大韓每日申報
대한매일신보

4

1907. 8 ~ 1908. 7

한국학자료원

The Korea Daily News.

全 帙 目 次

제 1권　1904. 8 ～ 1905. 3

제 2권　1905. 8 ～ 1906. 7

제 3권　1906. 8 ～ 1907. 7

제 4권　1907. 8 ～ 1908. 7

제 5권　1908. 8 ～ 1909. 7

제 6권　1909. 8 ～ 1910. 8

The Korean Press Institute

대한매일신보
[大韓每日申報]

1904년부터 국권피탈 때까지 발간되었던 일간신문이다. 2012년 10월 17일 국가등록문화재로 지정되었다.

1904년 2월에 일어난 러일전쟁을 취재하기 위해 한국에 왔던 영국인 배설(裵說, 베델:Ernest Thomas Bethell)이 양기탁(梁起鐸) 등 민족진영 인사들의 도움을 받아 7월 18일에 창간하였다.

《대한매일신보》가 창간되던 무렵은 일본측이 한국 언론에 대해 검열을 실시하고 직접적인 탄압을 가하기 시작한 때였다. 그러나 《대한매일신보》는 발행인이 영국인이었기 때문에 주한 일본 헌병사령부의 검열을 받지 않고 민족진영의 대변자 역할을 다할 수 있었다. 사세(社勢)가 확장되고 독자수도 늘어나면서, 통감부(統監府)가 설치된 이후에는 민족진영의 가장 영향력 있는 대표적인 언론기관이 되었다.

《대한매일신보》는 창간 당시에는 타블로이드판(版) 6페이지로서 그 중에서 2페이지가 한글전용이었고, 4페이지는 영문판이었다. 창간 다음해인 1905년 8월 11일부터는 영문판과 국한문신문을 따로 분리하여 두 가지 신문을 발간하였다. 영문판의 제호는 《The Korea Daily News》였고, 창간 당시는 순한글로 만들었던 국문판은 국한문을 혼용하여 발간하였다. 그러나 국한문판을 이해하지 못하는 독자들을 대상으로 하는 한글전용 신문의 필요성을 다시 느끼게 되어 1907년 5월 23일부터는 따로 한글판을 창간하여 대한매일신보사(社)는 국한문 · 한글 · 영문판 3종의 신문을 발행하였으며, 발행부수도 세 신문을 합쳐 1만 부를 넘어 당시로서는 최대의 신문이 되었다. 논설진으로는 양기탁 외에 박은식(朴殷植) · 신채호(申采浩) 등이 있었다.

이와 같이 큰 영향력을 가진 신문이 일제의 한국침략정책을 정면으로 반박하고 나서자 일제는 이 신문에 대해 여러 가지 탄압을 가하게 되었다. 일본측은 외교경로를 통해 소송을 제기하여 발행인 배설은 1907년과 1908년 2차례에 걸쳐 재판에 회부되었고, 양기탁도 국채보상의연금(國債報償義捐金)을 횡령했다는 혐의로 체포되어 재판에 회부되었으나 무죄로 석방되었다. 배설은 이러한 탄압과 싸우는 가운데 1908년 5월 27일부터 발행인 명의를 영국인 만함(萬咸:Alfred Marnham)으로 바꾸었다.

그러나 1909년 5월 1일 배설이 죽고 난 후, 1910년 6월 1일부터는 발행인이 이장훈(李章薰)으로 바뀌었고, 국권피탈이 되면서 조선 총독부의 기관지로 전락했다.

2012년 10월 17일 국가등록문화재로 지정되었으며, 대한매일신보(2012-1)은 서울 서초구 국립중앙도서관에, 대한매일신보(2012-2)는 서울 종로구 국립고궁박물관에, 대한매일신보(2012-3)은 서울 관악구 서울대 중앙도서관에 각각 소장되어 있다.

대한매일신보 [大韓每日申報] (두산백과 두피디아)

大韓每日申報 題号의 변천

大韓每日申報
대한매일신보

창간 당시 題号, 1904년 7월 18일부터

The Korea Daily News.

英文版 The Korea Daily News 題号

大韓每日申報
대한매일신보

国漢文版 1905년 8월 11일 (제 3 권 1호) 부터

大韓每日申報
대한매일신보

国漢文版 1906년 12월 19일 (제400호) 부터
한글판은 1907년 5월23일자 창간호부터 이 제호를사용

大韓每日申報

国漢文版 1907년 4 월16일 (제487호) 부터

大韓每日申報

国漢文版 1909 년 11월 9 일 (제1237호) 부터

대한매일신보
大韓每日申報

한글판 1909년11월 9 일 (제714호) 부터 1910년 8 월까지

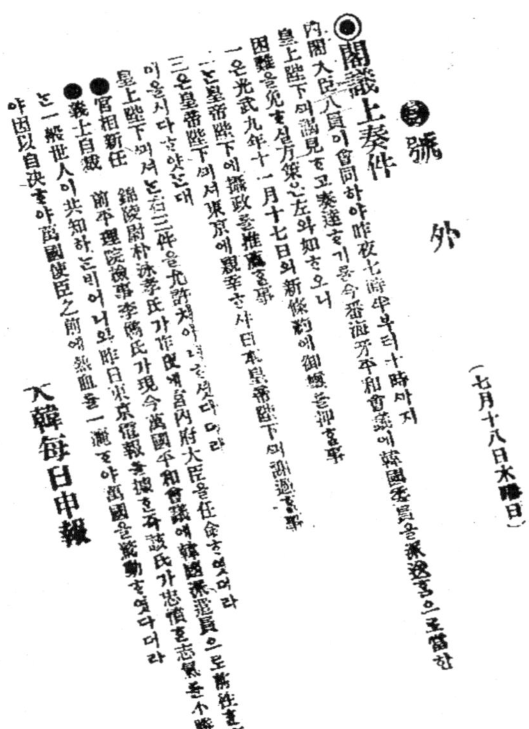
號外 (七月十八日木曜日)
◉閣議上奏件
內閣大臣八員이會同하야昨夜七時半부터十時까지
皇上陛下의謁見하고奏達한기는今番海牙平和會議에韓國委員을派送함으로當한
困難을免할실方策은左와如하오니
一은光武九年十一月十七日의新條約에御璽를押할事
二는皇帝陛下에攝政을推薦할事
三은皇帝陛下씌서東京에親幸하사日本皇帝陛下의謝過할事
이올시다하얏는대
皇上陛下씌서는右三件을允許치아니하셧다더라
●宮相新任 錦陵尉朴泳孝氏가昨夜에宮內府大臣을任命하엿더라
●義士自裁 前平理院檢事李儁氏가現今萬國平和會議에韓國派遣員으로赴往한事
는一般世人이共知하는바어니와昨日東京電報를據한즉該氏가忠憤한志氣를不勝하
야因以自決하야萬國使臣之前에熱血을一灑하야萬國을驚動하엿다더라
大韓每日申報

号外. 1907년 7 월18 일자

大韓每日申報편집국　志士風의 갓쓴 기자들이 붓을 들고 기사를 쓰고 있다.

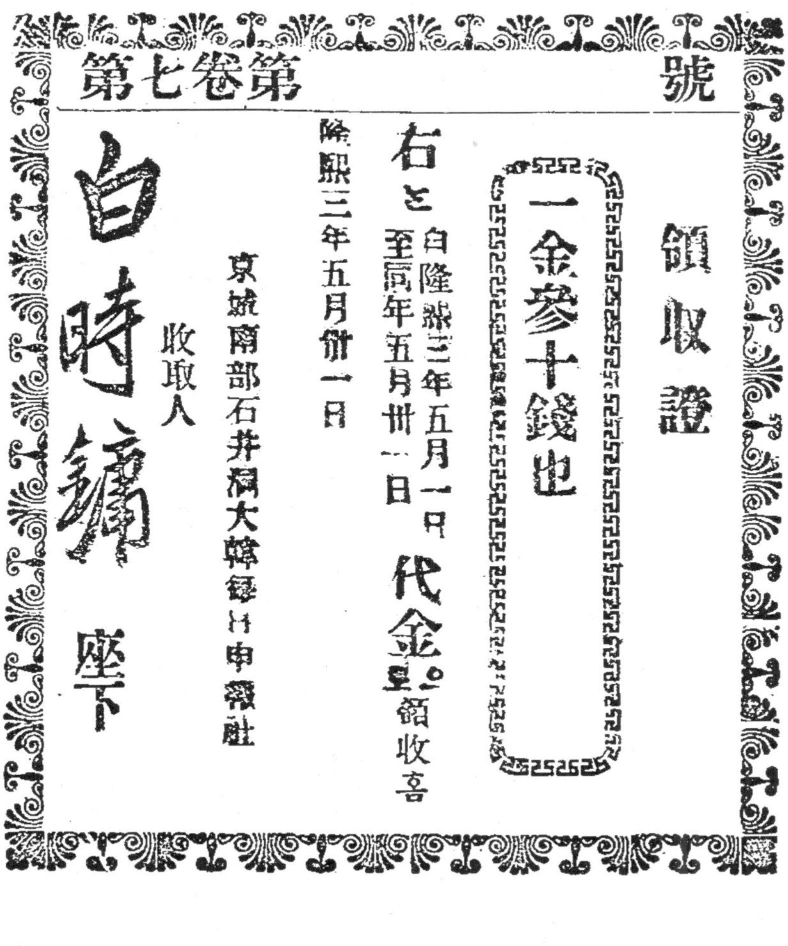

第七卷第　號

領收證

一金參十錢也

右と 自隆熙三年五月一日 至同年五月卅一日 代金으로 領收홈

隆熙三年五月卅一日

京城南部石井洞大韓每日申報社

收取人

白時鏞 座下

大韓每日申報구독자領收證
1909년 5월분으로 구독한 사람은 白時鏞, 구독료는 30錢이다.

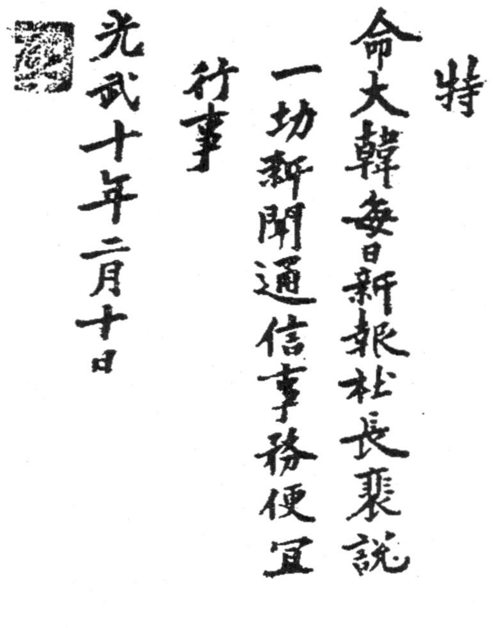

特

命大韓每日新報社長裵說

一切新聞通信事務便宜

行事

光武十年二月十日

高宗의 勅令文 裵說에게 新聞通信 사무의 모든 편의를 행사토록 했다.

大韓每日申報사장 英国人 裵說 그는 1904년에 来韓하여 국한문판, 영문판, 한글판등 3종의 신문을 발간했다.

裵說의 墓 裵說은 合邦한해 전인 1909년5월1일 이땅에서 죽었다. 이듬해 梁起鐸, 張志淵등이 墓碑를 세웠으나(왼쪽) 日人 들이 그 碑文을 깎아 없앴으므로 1964년 언론인들이 새로 작은 碑를 세우고(오른쪽) 그 碑文을 새겼다.

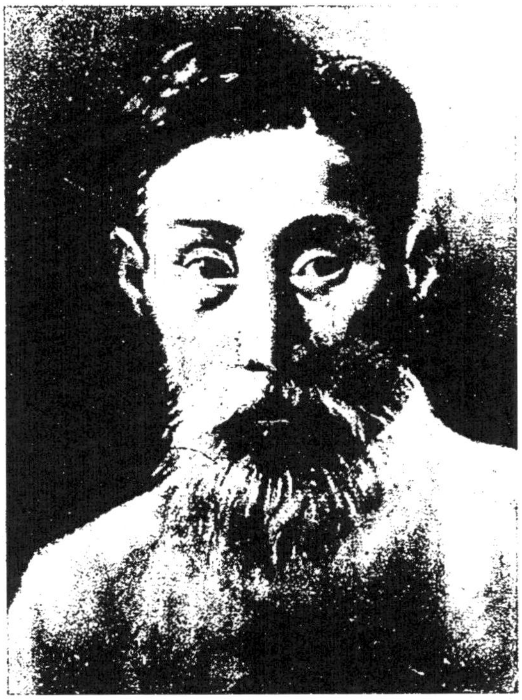

論說委員

大韓每日申報主筆 梁起鐸 실질적 제작 책임자로서 강경한 抗日論說을 집필하여 자주독립사상을 고취하고 日帝와 싸웠다.

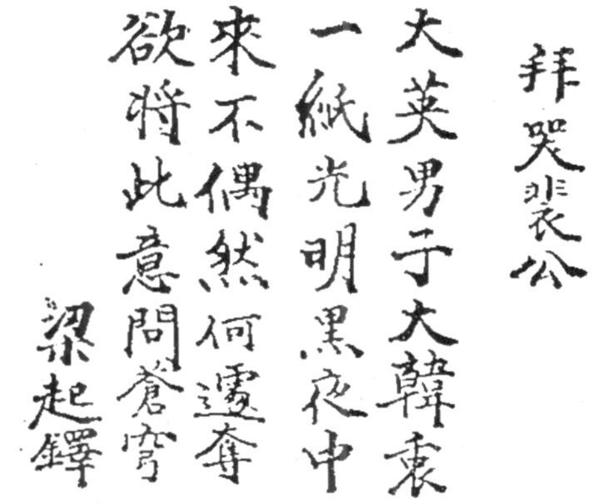

拜哭裵公
大英男子大韓裵
一紙光明黑夜中
來不偶然何遽奪
欲將此意問蒼穹
梁起鐸

裵說의 죽음을 애도하는 梁起鐸의 弔辭.

朴 殷 植

申 采 浩

大韓每日申報工務局 상투틀고 짚신신은 文選工들 오른쪽에 활자케이스가 보인다.

駐韓英国総領事館건물 1891년에 건립되어 1907년과 1908년 두차례에 걸쳐 裴説에 대한 裁判이 진행되었다.

明治四十年 同文館發行教育及家庭書類一覽 一月改正

倫理及修養書類

倫理學
教育的倫理學
修身教材詳解
修身教授法集成
修身訓話
修身講話
修身要義
教育者の教師
人格の力
人生とは何ぞや
教師論
時代と教育
學術の進歩

教育學及教育史類

教育學精義
大教育學
新教育學
教育學本論
教育學
社會的教育學
教育學
小教育學
近世教育史
教育史
教育史
内外教育史

心理學及論理學

心理學精義
心理學
心理學
生理的心理學
心理學
兒童心身の發達

實際的兒童學
兒童心理提要
論理學
論理學

國語及算術書

國語教材詳解
國語讀本
國語典
國文典教科書
口語文典
近古文抄
算術教科書
算術教科書

教授法書類

大教授法
各科教授法精義
教授の原理
教授の實際
教授法の原理及應用
教授法教科書
小學教授法
小學校教授法
小學教授法
教授新論
二部教授法
算術教授法眞髓
算術教授提要
算術教授法精義
發音教授法
理科教授法講義
商業教授書
農業教授法
社會教科教授法
小學校の初學年

●同文館發行商業經濟財政書目は御申越次第無代進呈仕候
●同文館は東京市神田區表神保町二番地にあり電話本局一五三九番

이곳치과광고

경계자는 본인이귀국에나온지수삼년간
에귀국동포남녀로쇼의즁치。졀치。소락치。
젼락치、와각종병치를다수히치료ᄒᆞ얏삽ᄂᆞᆫ
ᄃᆡ쳠년동포의게는치의병근을졀단ᄒᆞ고도ᄇᆡ
의묘법을ᄌᆞ재히셜명ᄒᆞ야병인ᄒᆞᆫ혐무은공금
ᄒᆞ고특별히소락치와젼락치는모ᄒᆞ모ᄒᆞ며
ᄀ물을쎄고스ᄂᆞᆫᄃᆡᆫ。련。
ᄒᆞ서ᄋᆡᄒᆞ야드련의무한
ᄀᆡᄂᆡ의ᄌᆞ금위。세。ᄒᆞ。야。
료홀터이오니
다수광림ᄒᆞ심을쳔만바
一셔。판。은미이상오八재
셔ᄋᆡ재
月 日
동셔ᄃᆡ의셥즁
덕박ᄉᆞ한대위 근백

大韓每日申報에끼워 배포되었던 伝単広告들
上은 서적광고, 下는 치과광고

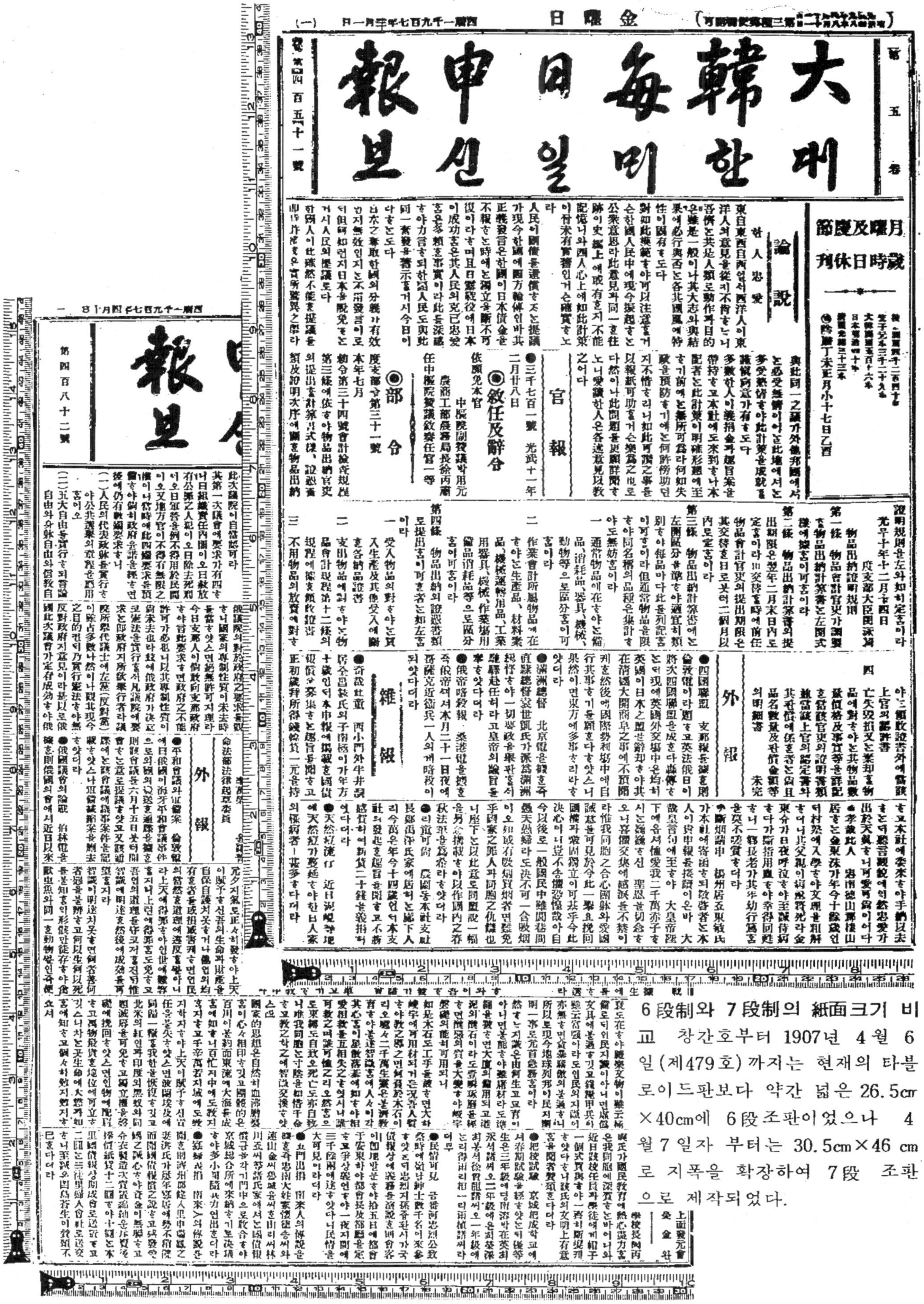

6段制와 7段制의 紙面크기 비교 창간호부터 1907년 4월 6일(제479호)까지는 현재의 타블로이드판보다 약간 넓은 26.5㎝×40㎝에 6段조판이었으나 4월 7일자 부터는 30.5㎝×46㎝로 지폭을 확장하여 7段 조판으로 제작되었다.

後　記

本影印本의 발간을 위해 1年餘에 걸쳐 각 圖書館과 個人이 所藏하고 있는 大韓每日申報를 백방으로 조사하여 완벽을 기하려 하였으나 창간호를 비롯하여 모두 29號가 발견되지 않아 부득이 이대로 完刊을 했읍니다。혹시 다음에라도 발견되는대로 補完하겠읍니다。

缺號는 다음과 같습니다。(괄호 안은 號數)

1904、7、18(1)~8、3(15)까지
1904、8、5(17)~8、8(19)까지、8、15(25)、
8、19(29)、8、22(31)、8、26(35)、8、29(39)
1904、9、30(64)
1904、10、1(65)
1904、11、30(112)
1905、1、20(14)
1908、5、13(803)
1909、7、18(1150)

이 影印本中 後期分에 印刷가 鮮明치 못한 부분은 当時는 오늘날과 같이 活字를 매일 鑄造하지 못하고 한번만든 活字로 一年내지 数年동안 印刷를 했기 때문에 原本자체가 희미한데다가 이것을 다시 影印을 하자니 印刷効果가 나지 않았음을 밝힌다。

本 大韓每日申報 影印本은 韓国文化芸術振興院의 支援으로 刊行된 것입니다.

大韓每日申報
第五卷 第五百七十八號

月曜及慶節
歲時日休刊

檀君開國四千[illegible]
箕子元年三千[illegible]
大韓開國五百[illegible]
日本明治四十年
[illegible]
陰曆丁未六月二十三日壬午

論說

保種策의續論

昨日本紙上論說이大韓人民의保種之策은社會團合과敎育과殖産等事業을勉勵홈에지ᄒᆞ다ᄒᆞ얏고右三種事業이障碍가無히進就ᄒᆞ기ᄂᆞᆫ耶穌敎를崇信ᄒᆞᄂᆞᆫᄃᆡ在ᄒᆞ다ᄒᆞ얏스니一般人士가對此論說ᄒᆞ야一致欽受에同聲讚美ᄂᆞᆫ固不易得이라果然若有詰之者ᄒᆞ야曰吾ᄃᆞᆯ가春秋之筆ᄒᆞ야主張天下之公論이今旣有年矣라不爲勢力所屈ᄒᆞ며不爲利害所動ᄒᆞ야觸邪關說之怒而無少回撓하며伸洩鬱者之冤而極意辯護일ᄉᆡ但以公昔直言로播諸世界之耳目ᄒᆞ니人道가頗以維持焉ᄒᆞ고開此國民之智識ᄒᆞ니文化가從以增進焉은卽我一般人士의所共信者라今에我韓國權이墜地無餘ᄒᆞ고種族이滅絶ᄒᆞᆯ境遇에陷溺ᄒᆞᆫ것을悲吊惻然ᄒᆞ야特其保種之策을揭ᄒᆞ야告我同胞하되社會團合과敎育殖産等事業을勸勉ᄒᆞᆷ에지ᄒᆞ다ᄒᆞᆷ은惟我一般人士가孰不同聲讚美리오至若此等事業의發達이耶穌敎를崇信ᄒᆞᄂᆞᆫ대지ᄒᆞ다ᄒᆞᆷ은竊有疑惑焉이라夫我韓은宗尙儒敎之國이라其爲敎也ㅣ明倫理崇道德ᄒᆞ야爲天地立心ᄒᆞ며爲生民立極ᄒᆞ며爲萬世開太平은卽其傳授之心法也오格致誠正修齊治平은是其徹頭徹尾底工夫也라以此持己에心廣體胖ᄒᆞ야無往不樂ᄒᆞ고以此及人에致君澤民이無遠不宜어ᄂᆞᆯ何必捨吾固有之宗敎ᄒᆞ고從彼異國之敎然後에可以濟國救民乎아此ᄂᆞᆫ吾邦儒徒之極力擯斥者어니와今欲進耶敎而代儒敎ᄒᆞ면尙恐其害이適足取怒於公衆而無補於國也ᄒᆞ노라記者曰吾儕가對ᄒᆞ야敎育가何敢欲進耶敎而代儒敎說야諸敎界之宗主ᄂᆞᆫ無論東西洋ᄒᆞ고以救世爲心法은一也라夫大韓儒時代에競義爭詞ᄒᆞ고倫理整齊ᄒᆞ야蔚然爲東方之名國은卽儒敎之功德이니爲數諸說아然而世級이變遷ᄒᆞ고人文이改新ᄒᆞ야時措之宜ᄂᆞᆫ不可執一이論이라大抵衛日文化가非不盛美法良이로대其規模가完全ᄒᆞ지能치못ᄒᆞᆫ것은時代의幼稚홈으로以ᄒᆞᆫ지라

何者오昔日之敎ᄂᆞᆫ施于貴而不施于賤故로貴者ᄂᆞᆫ學執剞劂ᄒᆞ고賤者ᄂᆞᆫ役爲奴隷하니此非敎育之完全者也오昔日之敎ᄂᆞᆫ施于男而不施于女故로男子ᄂᆞᆫ擅權之議ᄒᆞ고女子ᄂᆞᆫ常處閨伏之位ᄒᆞ니亦非敎育之完全者也라凡爲國民하야ᄂᆞᆫ無論貴賤男女ᄒᆞ고其在國民之責任은一也어ᄂᆞᆯ昔者에僧男不令受其敎育이면今國人民十分之七八은將其無國民之責任者니何當國競爭에優勝劣敗之時代를하야以此對小之規模로果能維持其國家ᄒᆞ고保全其宗族乎아以此觀之ᄒᆞ면東西二敎에比例가孰爲完全이며孰爲不完全耶아且大韓儒敎가저於往昔에ᄂᆞᆫ固彬彬之美어니와挽近以來로其創이已甚ᄒᆞ고分裂이多端ᄒᆞ야一言不合이動成楚越ᄒᆞ고同室相爭이互構戈戟ᄒᆞ니以此規模로其能成全國之大團體乎아況其非謀者ㅣ古ᄒᆞ고不察時宜하야現世界實學新法은一切排斥ᄒᆞ야惟恐聞知ᄒᆞ니、此之謂로果可謂當世之用야아且其藉口가動稱獨善其身ᄒᆞ고國家安危와生民休戚과時局形便은관若相忘ᄒᆞ야惟恐入山之不深하고入림之不密ᄒᆞ니是ᄂᆞᆫ名稱爲仁而歸於不仁者ᄒᆞ니豈不惜哉아夫所謂宗敎者ᄂᆞᆫ家絃戶祝ᄒᆞ고人人이崇拜者니今日韓人이信仰儒敎가其能到達於此야아

嗚呼라韓國現狀이過去之韓國은目思無餘이오未來之韓國의經立을圖謀홀지라敎界之新陳代謝가亦伏氣數之使然이니夫何足怪哉아何況國權이大去ᄒᆞ고人種이垂滅之秋를際ᄒᆞ야엇지社會의團合과敎育과殖産等事業이惟一無二ᄒᆞᆫ宗敎로써人心을維繫ᄒᆞ고國俗을融通치아니ᄒᆞ면決難成立이라團合도他人의妨害가有ᄒᆞ면不能이오敎育도他人의沮戱가有ᄒᆞ면不能이오殖産도他人의箝制가有ᄒᆞ면不能이라惟是耶敎一門에歸依ᄒᆞ야聖靈의自由權을占得ᄒᆞᆫ然後에此三種事業의目的을得達ᄒᆞᆯ지라故로曰崇信耶敎가爲韓人保種之策이라ᄒᆞ노니對証投藥에不得不爾라使貳千萬衆으로一致信敎ᄒᆞ야成一大團體ᄒᆞ고諸般事業이存發進步ᄒᆞ면國權之回復을指日可覩어니와若其膠守往轍ᄒᆞ야不求變通之方이면全國同胞生命이將不知其歸於何境이니子其思之ᄒᆞ라客이唯唯而退어ᄂᆞᆯ乃述其言ᄒᆞ야巾此揭示ᄒᆞ노라

官報

◎第三千八百三十號 光武十一年七月二十日

敍任及辭令

任長湍郡守 正三品趙[illegible]
平安南道觀察道參書官金[illegible]
任振威郡守
任蔚珍郡守 六品李殷[illegible]
平安北道觀察道警務署警務官 李大珪
任內部書記官
九品김海湛 前主事[illegible]
任內部書記官 完

◎第三千八百三十二號 光武十一年七月三十一日

◎敍任及辭令

陸軍法院判事 정[illegible]
解敍任陸軍監獄長 陸軍法院理事 尹[illegible]
命兼任陸軍監獄長
[illegible]相호 金[illegible]旭 九品 정圭璞 복[illegible]
任度支部稅務主事
九品리寅興 丁奎顯 洪[illegible]
북勝源 九品리陽九 趙宗식
許하관 九品尹忠秀 吳延煥
任度支部稅務主事 未完

◎法律

法律第五號
新聞紙法 續

第二십七條 第拾二條第拾六條에違反ᄒᆞᆫ境遇에ᄂᆞᆫ編輯人을拾個月以下禁獄又ᄂᆞᆫ五拾圜以上三百圜以下罰金에處홈

第二拾八條 第二拾一條를리ᄒᆞ야行ᄒᆞᆫ處分에違反ᄒᆞᆫ境遇에ᄂᆞᆫ발行人編輯人及印刷人을五십圜以上三百圜以下罰금에處홈

第二십九條 第拾三條第拾四條에違反ᄒᆞᆫ境遇에ᄂᆞᆫ編輯人을五十圜以上三百圜以下罰금에處홈

第卅條 第一條의許可를受치아니ᄒᆞ고新聞紙를발行ᄒᆞ거나第二拾三條에違反ᄒᆞ야發行을繼續ᄒᆞ거나又ᄂᆞᆫ保證금을納付치아니ᄒᆞ고新聞紙를第五條의[illegible]境遇에ᄂᆞᆫ발行人을五拾圜以上百圜以下罰금에處홈

第卅一條 第拾八條第九條第拾條第拾一條에違反ᄒᆞᆫ境遇에ᄂᆞᆫ編輯人을拾圜以上百圜以下罰금에處홈

第三拾二條 第二條第六條第七條에違反ᄒᆞᆫ境遇에ᄂᆞᆫ發行人을拾圜以上五十圜以下罰금에處홈

第卅三條 [illegible]境遇에ᄂᆞᆫ[illegible]關係者의告訴를待ᄒᆞ야其罪를論홈

第卅四條 新聞紙의記事에關ᄒᆞ야編輯人을處罰ᄒᆞᄂᆞᆫ境遇에ᄂᆞᆫ其記事에署名ᄒᆞᆫ者ᄂᆞᆫ編輯人과共히其責을當케홈

第卅五條 本法을犯ᄒᆞᆫ者ᄂᆞᆫ自首減等[illegible]以上處斷例及[illegible]處分의例ᄂᆞᆫ不用홈

附則

第卅六條 本法의規定은定期發刊ᄒᆞᄂᆞᆫ雜誌類에此를準用홈

第卅七條 本法은頒布日로부터施行홈 本法頒布前에發行ᄒᆞᄂᆞᆫ新聞紙ᄂᆞᆫ本法施行後二個月以內에本法의規定을從ᄒᆞ야相當ᄒᆞᆫ節次를履行홈이可홈

光武拾一年七月拾日
御押 御璽
奉勅
內閣總理大臣勳二等 李完用
內部大臣 任善準
完

外報

◎炭坑慘事 東京電報를據ᄒᆞᆫ則九州[illegible]炭坑에서[illegible]ᄒᆞᆫ者가四百二十六人內에死屍를收容ᄒᆞᆫ것이二百六十一人이라더라

◎海底電線 現今世界海底電線의延長이將四十五萬英里요其中百分의六拾分은英國이오百分의拾八分은米國이오百分의九分은法國이오百分의六分은德國이라더라

◎馬賊使用 北京電報를據ᄒᆞᆫ즉俄人이滿洲에馬賊을募集하야間島探險隊의護衛를作ᄒᆞ야該島調査次로人送케ᄒᆞ얏다ᄂᆞᆫ說이有ᄒᆞ다더라

◎英德兩帝會見 伯林電을據ᄒᆞᆫ則英帝陛下에서八月十四日에德國우이루헤루무宮을訪問ᄒᆞ실意로公佈되얏다더라

雜報

遊覽會 淸國留學韓人

嘆時事之變遷

於是乎同胞之心이與時俱變ᄒᆞ야昨日離散이今日團合이오昨日相鬪가今日相保라其立揭會之聲聞이使外人欽慕ᄒᆞ며同胞說服이라誰知十七人之組織이天下人으로開眼聳聽이며一幅紙之新報가捉網於二千萬之眼界리오積小成大ᄂᆞᆫ由海之語이오自弱至强은列國之發達이오有死得生은[illegible]之定理라何幸臻諸에到着ᄒᆞ니韓人之壯觀이오敎堂은[illegible]가俱備ᄒᆞ고眞理敎報에其進會를[illegible]用이다可賀變遷之速이로다日本에至ᄒᆞ니淸俄旅客ᄂᆞᆫ天下에榮光이ᄂᆞᆫ田畝에困窮은國內에[illegible]이오盜賊新발刊은令人小心ᄒᆞ고淫慾當俗ᄒᆞᆫ大學生이無期이마

未完

雜報

●南氏云任 憲兵隊長李用漢氏는主殿院卿을被任ᄒ고李南張氏는葉宜法究長을被任ᄒ다는說이有ᄒ더라

●人減俸增 各軍隊尉官을減額ᄒ고其預算으로仍存ᄒ尉官의月俸을增加ᄒ다더라

●兩處視務 內閣外事局記錄課會計課는其前內閣에仍存視務ᄒ는該三課奏任官은每日內閣으로仕進視務ᄒ야兩處가奔汨益甚하다더라

●判事云免 平理院判事김正穆氏가免官된다는說이有ᄒ더라

●最大獨擅 具然壽씨가警視總監을被任ᄒ顚末을槪據ᄒ즉總理大臣以下各部大臣이農大宋秉畯의家에會同ᄒ얏난대總理가말ᄒ되警務使김지豐氏는旣爲免官則代無其人이라ᄒ거날송農相曰具然壽氏가莫過於此라ᄒ더니各大臣이問具然壽씨는誰耶아宋農相曰吾[illegible]에留[illegible]ᄒ도다皆曰諾다ᄒ야[illegible]되얏다더라

●院長[illegible] 陸軍法院長白性基氏는[illegible]되얏더라

●[illegible]相指[illegible] 醫務總監具然壽氏가被任時에宋農大에게面談ᄒ되大監의德澤으로此窠를被ᄒ얏스나才果難堪이라ᄒ며宋農相이答ᄒ되爲先丸山[illegible]訪問ᄒ고[illegible]騷訛에對ᄒ야告示나發ᄒ야揭示하라ᄒ얏더라

●[illegible]禮院奏本 掌禮院에서奏本을上奏ᄒ얏는대 皇帝卽位吉日은七月十九日巽時로定ᄒ옵고追封純明妃閔氏爲皇后命下矣陵號當爲議定而議號吉日以何間推擇事率旨ᄒ얏는대陰曆八月望間擇入하라하옵셧더라

●補助醫院 統監府에서學部로公函ᄒ되平壤郡에公立同仁醫院의附屬醫學校敎育費四千圜을補助하라ᄒ얏다더라

●侍從云[illegible] [illegible]部書記官[illegible]會[illegible]서[illegible]從[illegible]로轉任ᄒ다는說이有ᄒ더라

●[illegible]院云任 經理院卿沈相薰시ᄆ特進官으로轉任ᄒ代에京畿觀察使崔錫敏시ᄆ被任하기로內定이되얏다더라

●[illegible]府奏本 宮內府에서奏本을上奏ᄒ얏는대 定廟朝有建太上王宮府之典矣宮號府號令本府內閣弘文館으로問議定奪奉旨依奏ᄒ라ᄒ셧더라

●內閣提議 總理大臣以下各部大臣이昨日下午三時에內閣에會同하야施政改善ᄒ方針을提議하얏다더라

●主殿云廢 主殿院은存置ᄒ必要가無ᄒ다ᄒ야將次廢止ᄒ다더라

●[illegible]人任用 各府部院廳에外人으로官吏任用令을將行頒布된다더라

●履歷送交 宮內府에서各府部院廳에輪牒ᄒ되所管勅奏判任官의履歷書와年齡居住地所經歷詞件을修成冊送交ᄒ라ᄒ얏더라

●法艦到仁 [illegible]二十六日上午十時에法國軍艦一隻이仁川港에到泊ᄒ얏다고該府尹이內部에報告ᄒ얏다더라

●內次仕進 內部次官俞星濬氏가신病으로仕進치못ᄒ다는說은已揭前報어니와昨日에는仕進ᄒ얏다더라

●兩守逮捕 [illegible]郡守李承욱과단郡守尹宗求兩氏가公貸欠逋事로京畿監獄署에牢囚ᄒ얏다더라

●三氏被捉 春川郡에義兵과和應ᄒ림贊옥黃奇雲韓炳伊等을捉囚ᄒ얏다고江原道觀察가內部에電報하얏다더라

●行人搜身 去七曜日에城內人士八名이龍山江畔에沐浴次出往하는데南門內에서車票를買ᄒ時에日兵數人이來到ᄒ야該人의衣服을搜探ᄒ얏다더라

●燕ᄒ虫災 연기郡에는自五月로無名毒虫이발生ᄒ야田穀苗秧을擧皆括食ᄒ야所存者가只是경幹이라고該郡守趙用熙시가內部로報告ᄒ얏다더라

●辯護設所 前檢事沈鍾大氏가辯護士로法部에許可ᄒ얏다는說은已爲掲道어니와該氏가夜峴等地에事務所를設ᄒ고日昨爲始하야凡於訴訟을處辦ᄒᆫ다더라

●政黨欲占 日本小尉향양광길이가率兵ᄉ五名ᄒ고來到于開城郡ᄒ야該郡東軒을欲爲居接인대若爲出給이면本郡은居接無處이라고該郡守劉漢容氏가內部로電報ᄒ얏다더라

●김氏歸國 官立日語學校장金漢升氏가學事上視察次로日本에前往ᄒ事는前報已揭어니와該氏가視察從日昨에回國하얏다더라

●漢尹揭示 新任漢城府尹張憲식시ᄆ漢城內各방曲에揭示ᄒ기를一般人民等은安堵如故하야 上으로國家의安寧秩序를紊亂치말고各其業을營ᄒ야生命을保存ᄒ라ᄒ얏더라

●宋시演說 內部書記官宋之憲시가日前에在京郡守를會同ᄒ야該部에서演說하기를挽近以來로郡守들이去就를輕게ᄒ는無他라身分上의利益無多홈인則身分利益에關係ᄒ야不能盡其職홈은反無義務이니熱心視務ᄒ야地方民情을整頓安情케하라ᄒ얏다더라

●官卿特書 黃州郡守ᄆ京部에報告하는데封套에六品通政大夫라書하얏는대該시의官啣을甚不欽仰ᄒ다더라

●蠶々虫災 醴泉[illegible]는[illegible]中蚕하ᄂ是有십二介[illegible]分되는無名毒虫이[illegible]田而生ᄒ야[illegible]農物을沒數[illegible]하미一郡民情이[illegible]該郡守金炳황시ᄆ內部로[illegible]하얏다더라

●義兵傳檄 [illegible]文이발見이되얏다고該地來人에傳說이有ᄒ더라

●三시復命 日本博覽會[illegible]員中偏院[illegible]重顯三시ᄆ昨日下午[illegible]見復命ᄒ얏다더라

●視察出發 內部書記[illegible]南[illegible]등十餘人이北墾島[illegible]로昨日에발程ᄒ다더니[illegible]尙不[illegible]하야[illegible]발程하얏다더라

●日語之故 學部書記官鄭[illegible]泳시와學官[illegible]世용[illegible]相換됨은已爲揭報ᄒ얏거니와其由를詳聞ᄒ則會計課장은日語를能通하는人이라야必[illegible]有ᄒ다는所以라더라

●條々雜談 [illegible]든前樂安郡守림炳瓚[illegible]가[illegible]某氏와筆談홈이如左하니 貴國之[illegible]併我國非衆心也惟伊藤長谷川等八[illegible]開我國奸臣之慾[illegible]行此[illegible]我國生民[illegible]劉[illegible]倂吞之日[illegible]之亡[illegible]先我國[illegible]我[illegible]則勢已[illegible]容[illegible]貴國則今[illegible]許多隱處矣[illegible]住兵者[illegible]々則生怨露兵之不[illegible]待貴國之生隙[illegible]也我國之[illegible]則[illegible]心若與露合力挾攻則[illegible]外之兵必難保[illegible]此是外憂之一二也[illegible]武則[illegible]渴[illegible]渴則民怨民怨則亂生且[illegible]白與[illegible]滿洲[illegible]多年拘留其怨久積亦不無心[illegible]矣待民[illegible]

[illegible]

●志ᄉ設校 前議官리喜轍시가拾年前에遊學하야國語을精通ᄒ고開見이博洽ᄒ더니今夏에南陽紳士崔[illegible]湖[illegible]로[illegible]活ᄒ야同郡靑年子弟가昧於新[illegible]홈을慨歎ᄒ야明進義塾을私立ᄒ야校舍을新建ᄒ고校科[illegible]를擇ᄒ야英日語와新學問으로學徒을實心敎授ᄒ야[illegible]ᄒ니志ᄉ니稱譽諸시가盛此[illegible]助하야熱心[illegible]하고[illegible]務을勉力ᄒ다더라

●船覆人溺 安東新[illegible]동과洛東江間에셔本月십八日에雨水ᄆ暴至ᄒ야江水ᄆ漲溢ᄒ미商船二隻이顚覆되야溺死者八名이오其他貨物도損害ᄆ頗多ᄒ다더라

○日兵交遞 今番釜山에上陸ᄒ第십二師團兵은釜山大邱仁川에分ᄒ야排設ᄒ고從來駐在ᄒ던第拾三師團兵은京城으로引揚ᄒ얏더라

▲孤 朋 細 話▼

▲旱天炎炎ᄒ게大衆이當中ᄒ야熱度가已極ᄒ야十萬局聯吏와[illegible]具來ᄒ야國民이受[illegible]게在呼吸ᄒ니[illegible]良手ᄂ當世에[illegible]誰오

▲總理大臣李完用氏ᄂ日昨에日本人俱樂部에발ᄒ야農商大臣宋秉畯氏私邸에訪問하고耳語가半晌ᄒ얏다니兩氏耳語에七協約이已成ᄒ야時局이變ᄒ얏ᄂ니또무삼新策을醞出ᄒ고促膝[illegible]語ᄒ種種不絶하니亦一大可疑處로다

▲平山地方에一大平野가有ᄒ대該地農事組合長中西讓氏가該地를開墾次로圖面을成ᄒ야統監部에서農商工部로照會ᄒ얏다니大韓에閑曠地를日人에占領無餘ᄒ면韓國人民은何處居生ᄒ는지

▲近日각部大臣이仕進視務ᄒ기를稀少히ᄒ다니向日有事之時에는泥峴寒地로抱頭鼠竄ᄒ다가時局이稍靜ᄒ면花紋步[illegible]八仙床[illegible]

[illegible]

▲近[illegible]에一[illegible]

[illegible]各地方人民은이揭[illegible]기를一進[illegible]郡守[illegible]下[illegible]

▲大韓[illegible]

▲近日京城[illegible]商合[illegible]分[illegible]愛[illegible]하야[illegible]物을買取ᄒ기로[illegible]一事業하더니此時局을當ᄒ야避[illegible]ᄒ기로注意ᄒ야所謂十勝地를[illegible]ᄒ로余역ᄒ야武源桃源이知지何處오十勝之地를찾지말고[illegible]片에[illegible]者을洗[illegible]하고國家思想을注入하야資金을[illegible]用ᄒ면十勝之地보다倍勝홈이로다

◉社告

布哇에서本社에送付한美金壹百弗拾弗二拾九弗三張에分한郵便爲替를受하얏스나何許人이何許事件으로送付하얏는지書字가無하야疑訝이며니郵便에交涉하야錢額은已爲推尋이고出付人은布哇留國찬錢씨로認得이나何許事件으로送金인지速文詳示홈을切望홈

大韓每日申報

寄書

咸原郡書記리澤點梁창鎬리在植姜大炯等諸씨가期成會에送函한全文이如左하더라

生等以遐陬蟻微로生爲而望政府하고死爲而望政府하나民國大勢는몽然是혀고之春秋이옴더니今回賣會에國債報償之說이唱起三千里강役乙昏夢하야替宣跋躄과丐乞僻賃이莫不爭前募捐하야民情之趨赴가有如洪水之滔滔하야能門山而頁之能禦하니當此時機하야頭戴大韓之天하고足蹈大韓之地者誰有不血誠奮勵이리오 噫惟我大韓이自古道禮義之邦이라磅礴一氣가撑柱乎宇宙之間하야殺身殉國도猶且不避어든矧玆多少捐金之區區效침乎아政府는自有政府之籌策이오道郡은自有道郡之做措이온바生等이以一錢徵之書記나二千萬之備數이옴기一朔月給條三十二圓을舉數輸送하오며現與本境士民으로贊成一會하야勉强계成이오며繼日巨額之借款이必有以爾家之大發爲則借款後發爲之就完與否는非所與知로되國若有債면國將不保오國若不保면民亦不保니民國이不保하면宗廟社稷과三千六[illegible]將奈何며將奈何오言及于此에淚盡斷血이라 國家苟有不諱已之費用이오면宜圖自國內從長措辦하야使天下萬國으로咸知大韓之有國有民이오不當逓借隣債하야以植利于後償還이너今此一千三百萬圓借還之後에는雖有費用之境遇라도何告于二千萬民하야使二千萬民으로隨力義募케하시고勿借隣債하시와使我國權으로一時於可强하시미恐未知如何하신지熱血攸激에言不知裁하오니照亮倘燭하소서

詞藻

◎哭然士경君在洪

惟公獨立競爭秋　憤々歎人不自由　[illegible]千載恨　偏他[illegible]

[illegible]　已死　[illegible]

再續五絕

昔淸閔刀泣　[illegible]　魂魂遠去　[illegible]

◎追慕閔忠正公

五約翻成八域聲　公先義死[illegible]　蒼生　聲言各館明[illegible]　哭奏　禁階媦成誠　[illegible]　亡天大節竹風前　寄語暴[illegible]英　烈魂　抑私扶正暢與肯

◎追悼崔先生勉庵公

勒占宗土辱皇宮　舉義爭衛率　[illegible]　拳拳士蹈東海上　燕强　匹鎖北原中　[illegible]德千秋留[illegible]月　忠誠萬里[illegible]　竭力扶韓々　奏　復蒼天不吊白頭翁

◎追悼義士리公建奭

傍國流傳護國者　招招國士抗斯論　丹心激烈[illegible]　白首凄凉鎖獄門　生能一死留芳跡　死亦千秋作義魂　雲空水逝悠悠恨　强되三盃哭九原

懸古生李觀稙

廣告

農商工部認許를承準하야本組合을黛榮津에設立하고楊花津麻浦蠶栗銅雀江漢江五區域을營業하야汽船과木船을準備하야人物渡涉을便宜케하오니內外國人은以此照亮하시오

[illegible]船京江組合　告白

第二回學員募集 廣告

○本校에서第一學年試驗을經하온바學員을募集하오니願學人은九月一日以內(陰七月二十四日)로入學請願書를本校에來하야請求홈

課程　本校規則에지홈

年齡　十五歲以上

試取日　九月二日

試取科目　本國歷史　本國地誌　讀書　作文　算術(四則以內)

開學日　九月六日

光武十一年八月一日

漢城中署[illegible]洞　普成中學校

本人身病이有하와教務를難堪故로牧師之職을辭免하오니至愛教會僉員은以此照亮하심을敬要홈

基督教監理會牧師　李殷升　告白

本館에서大廣橋北川邊前紙廛小部屋을半洋製로一新修改하옵고精潔한浴沐湯과각色料理를新鮮準備하와陰曆六月初十日爲始하야開業홀터이오니僉君子는陸續來臨하심을伏望

內外沐浴湯　大韓料理各色　西洋上等酒　菓子各色及此外에도각樣烟草食料를隨求酬應홀터이외다

廣通館告白

本人名泰燁의燁字以燮字로改定知會聞照諒

六品前議官吳泰燮　告白

大東寄宿館

[illegible]

大東寄宿館　館長　鄭熙燦　廣告

[illegible]

大東寄宿館總務[illegible]　告白

[illegible]

鎭南郡紙島七條縣主김發振　[illegible]　告白

本人等이典동支所越便에셔各科書와各種新舊書冊이俱備하오니有志하신僉君子는陸續購覽하시옵

平壤鍾路　耶穌教冊肆　尹衡弼　告白

大韓新地誌

定價金一圓

[illegible]

本人이日本大阪商業家와特約하고日本內地의各種物品과西洋各種物品及機械等物을我大韓에輸入하야販賣을便利케契約하얏사오니商工業에有意하신僉君子는某物이든지請求코저하시거든本社에셔로手數料를만受領홈

興業社本店　漢城北部[illegible]

支店京城南門內水標五十一統六戶　培養會社

仁川港內[illegible]

本人等이典舖이옵다가今에合資設舖營業하오니典執하실僉員은陸續來臨하시옵

中署典동영信號典舖　金경秀　車基倫　金榮觀　告白

●일본遊覽[illegible]

[illegible]

學徒裝히冊　學徒運動과帽子　羅紗各種　美國金鷄納　衣服裁縫其他雜貨도廉價放賣하오니諸君子는來臨하심을바라나이다

仁川港奇峴開新冊肆

本人이陰六月初五日에京南大門外停車場에서[illegible]貸三百八十圓於音을遺失이오니誰某拾得하와도休紙施行홈

平壤金聖洙　告白

[illegible]

金濟鉉 각卄전 리[illegible]십전

▲下宗里
김鎔奎 김尙佑 김지調
崔 亨 김潤湖 張敬澤
金용甲 각卄錢 박치淳
金仁[illegible] 리지[illegible] 朴遠鉉
김[illegible] 朴基成 리成[illegible]
[illegible] 金武錫 리明[illegible]
최[illegible] 강炳洪 각拾錢

▲[illegible]里
김[illegible] 김기창 각六拾錢
리潤鎬 金福[illegible] 리潤옥
[illegible] 林炳淳 각四十전
리秉圭 리秉榮 리璣[illegible]
鄭宗셔 손齊문 림又[illegible]
박用錫 宋憲載 辛佑션
蘇炳朝 許 潤 各卄錢
박俊옥 高吉[illegible] 림正근
林再栢 김列옥 최宗錫
김宗鎭 김用八 리운宇
각拾錢

▲中里

[illegible]

大韓每日申報

月曜及慶節 歲時日休刊

檀君開國四千二百四十年
箕子元年三千二十九年
大韓開國五百十六年
日本明治四十年
淸國光緖三十三年
陰曆丁未六月大二十四日癸未

論說

海牙會議

海牙府에設ᄒᆞᆫ整嚴ᄒᆞᆫ議席에博識深思之人이蒞參ᄒᆞᆫ거슨吾人이一般揣度ᄒᆞᄂᆞᆫ비나然이나諸國人民의게誠爲質稱ᄒᆞᆯ何如案件이決定될지ᄂᆞᆫ難可信이니參會委員中에도不滿之心이已生ᄒᆞ엿고且其中幾人은各日私語ᄒᆞ되代表者가自國에有關係ᄒᆞᆫ何許問題를提出ᄒᆞ든지列國委員이已之所欲대로各自발論ᄒᆞ야未有結言ᄒᆞ니何好如箇決案을其能得見이리오ᄒᆞᄂᆞᆫ도다列國使節이각執已之所見ᄒᆞ야如彼爭論ᄒᆞᆯ거슨自然之勢니有何論責이리오異見者의게反對되ᄂᆞᆫ案件을三四强國이決定ᄒᆞ려ᄒᆞᆷ에對ᄒᆞ야異見을持ᄒᆞᆫ他一國이無心히讓許ᄒᆞ기에不能ᄒᆞᆷ은重大關係를因ᄒᆞᆷ이라列國代表人이각執此勢故로今此會議의結効가戰時新規則을但設ᄒᆞᆷ에無過ᄒᆞ리로다

會議가將至二朔이어날完結된거슨不多ᄒᆞ니無形ᄒᆞᆫ決案을果或有之矣나重要에近ᄒᆞᆫ事項은一致可決된거시何有오可否의多少數로或有決案이나少數에在ᄒᆞᆫ否使人으로其決案을不從ᄒᆞᄂᆞᆫ權限을固守ᄒᆞ기에一致ᄒᆞ엿도다

以余所見으로ᄂᆞᆫ此會議가旣至困難ᄒᆞᆫ事態를更使混亂케ᄒᆞᄂᆞᆫ디或止ᄒᆞᆯ거시라眞實好果가遠今甚少ᄒᆞ니지금바의議件은海戰案에置ᄒᆞ엿고公式으로宣戰ᄒᆞᄂᆞᆫ거슨一치되엿스나宣戰後交戰前에時日를指定ᄒᆞ기ᄂᆞᆫ但以可多로決定되엿스며戰時에海上私有物의捕獲을廢止ᄒᆞᄂᆞᆫ것도姑未至決이요軍備定限의問題ᄂᆞᆫ二三强國의强硬反對를受ᄒᆞ야更待後議가不勝케되엿고南美騷亂國의外債事項과如ᄒᆞᆫ細小問題에도不同ᄒᆞᆫ意見이甚多ᄒᆞ니以此事實노觀之컨대參會委員들이審慮가不許ᄒᆞᆫ가에同意ᄒᆞ기로會集ᄒᆞᆷ과如ᄒᆞ도다

此會議를樞鎭ᄒᆞᆫ대셔免脫케ᄒᆞᆫ形態ᄂᆞᆫ但韓國使節의表著와淸國代表人의優美ᄒᆞᆫ기시라若無此兩件이런들此議席에特著之事가果無ᄒᆞ엿스려니와雖有此兩件이라도尙未有特著之事ᄒᆞ야大失望을但表ᄒᆞᄂᆞᆫ도다雅美問題가略有ᄒᆞ니戰役의必要가何由로忠愛之爲美가何오吾人이一國의臣民을作ᄒᆞᄂᆞᆫ代에世界의臣民을作ᄒᆞᄂᆞᆫ줄을自度ᄂᆞᆫ智識을不得實認ᄒᆞᆷ이何由로第一答辭ᄂᆞᆫ其係自然이是也요第二ᄂᆞᆫ是乃無數ᄒᆞᆫ死亡으로從生ᄒᆞᆫ吾人遺業을爲ᄒᆞᆷ이是也요第三은吾人中에社會主義를持ᄒᆞᆫ者ㅣ多數에未至함이是也라此三種答辭를嚴妥으로排破ᄒᆞ면海牙會議가或結好果ᄒᆞ려니와不至於此면但未免失敗用力ᄒᆞ리로다

官報

●第三千八百三十二號 光武十一年七月三十一日

敍任及辭令 續

九品張然哲 石蒸濟 朴思緖
량爲熙 申鳳均 韓錫夔
金益用 朱道相 九品沈상윤
趙中熙 九品夔 현 朴鴻陽
朴泳丕 최益煥 박雲학
九品김永右 金寬濟
九品리起韶 九品鄭德鎔
任觀淳 九品趙昌衍
九品田泳稷 金鳳圭
九品리樂臣 權리소 김商契
리興緖 리台용 리星煥
리建輝 孟鼎淳 九品吳忠植
리源永 김容乾 김世欽
리鍾國 리珍九 리能鎬
趙器翼 김晩植 라弼相
서聖錫 前敎官리教和
邊泰淳 尹柱赫 趙成根
金鉉旦 尹炳哲 沈相哲
김昶식 박善哲 丕競顯
玄斗暎 리潤영 김卿錫
俞鎭國 趙徹煥 申 영
成樂新 정琦源 權政식
前主事徐丙冊 仝 리鴻善
仝 嚴熙燮 仝 丕象淳
仝 서장淳 仝 金宁榮
仝 최榮潁 仝 리惠珪
仝 洪應嶷 仝 정鎣漢
仝 리能器 仝 權萬注
仝 尹熙섭 仝 리錫珪
仝 리鎬燮

任度支部稅務主事
德源府尹리秉教
文川郡守리庸稙
命元山防備隊海軍用地調査委員
經理院卿沈相薰
侍從武官長리鍾健
命宮內府特進官
命奉常司提調主殿院卿리敏식
侍從院副卿洪淳厚
命奉常司提調
軍部大臣陸軍副將리秉武
命臨時署理侍從武官長事務 社
免本官 表勳院參書리秉
任學部書記郎九品 김完鎭
完

宮廷錄事

●第三千八百三十三號 光武十一年八月一日

掌禮院卿臣申箕善謹
奏因內閣
奏本
皇帝大號進稱事批旨承大朝處分勉從矣旣膺大號則不可無即조之禮
即位處所以何處擇錄日字以何間推擇乎敢
奏 奉
旨依參處所即조堂爲之日子陰曆來月望後擇入

掌禮院卿臣신箕善謹
奏皇帝即位吉日以陰曆來月望後擇入事
命上矣今日宮김東杓推擇則七月拾九日巽時爲吉云以此日擧行何如謹上
奏 奉
旨依奏

掌禮院卿臣申기善謹
奏今此追封
皇后進封
皇后時
金冊
金寶造成令宮內府擧行
冊문令弘문館撰進何如謹上
奏 奉
旨依奏

掌禮院卿臣신기善謹
奏追封
純明妃민氏爲
皇后事
命下矣
陵號當爲議定而외號吉日以何間推擇乎敢
奏 奉
旨陰曆來月望間擇入 未完

外報

●杭州鐵道開通 上海電을據ᄒᆞᆫ즉浙江省鐵路、嘉興、杭州間의鐵道가本月二十四日부터開通되얏다더라

●袁總督의司法改定案 北京電을據ᄒᆞᆫ즉袁總督이直隸省官辦行政司法組織五十四個條를上奏ᄒᆞ얏ᄂᆞᆫ데其中審判分廳을府城에置ᄒᆞ고地方審判廳은縣城에置ᄒᆞ고裁判局、高等裁判所、은巡警區域의裁判事務、裁判時에承審官、裁判事務、同審官、書記官檢察官各一人을置ᄒᆞ고裁判을公開ᄒᆞᆷ訴訟用紙를需用ᄒᆞᆯ事인디目下法部에셔協議中이라더라

●國際裁判 海牙電을據ᄒᆞᆫ즉目下數强國委員間에常設國際裁判設置案을起草ᄒᆞ기로議ᄒᆞᄂᆞᆫ대其方法은人口三千万以上이有ᄒᆞᆫ國은各一人式判官을選出ᄒᆞ고其以下國은聯合ᄒᆞ야一人式選出ᄒᆞ야是等은常設裁判所를構成後에仲裁事項을處理ᄒᆞᄂᆞᆫ外에互相國際法理를研究ᄒᆞᄂᆞᆫ대在ᄒᆞ다더라

●獨露兩帝會見 伯林電을據ᄒᆞᆫ즉獨露兩帝ᄂᆞᆫ八月三日에獨逸領海에셔會見ᄒᆞᆫ다더라

雜報

●孤兒難支 漢城孤兒院校ᄂᆞᆫ第三慈善事業인대近聞ᄒᆞᆫ즉該校經費가窘絀ᄒᆞ야支保키難ᄒᆞᆷ으로該院主가[illegible]用을節減ᄒᆞ기爲ᄒᆞ야同院[illegible]으로移置ᄒᆞᆫ다더라

●狼傷人命 淳化郡等地에서一首狼이忽出ᄒᆞ야二歲兒에게闖入猛咬ᄒᆞ고山中으로入去ᄒᆞ야有脚을喫食ᄒᆞ얏다더라

●吉校興旺 吉州郡紳士前副鄕韓鎭穆前郡守許源과監役리錦敎齊氏若干人이設措ᄒᆞ고各出義捐ᄒᆞ야建設校名曰吉成이라ᄒᆞ고延聘教師ᄒᆞ며贊成員은本郡守沈赫之氏로推薦ᄒᆞ고選擇一部學童子弟ᄒᆞ야熱心敎育ᄒᆞ니一年之內에大有進步라ᄒᆞ더라

遊覽會

英國留學韓人

嘆時事之變遷
男女同俗ᄒᆞ며同[illegible]가人[illegible]俗이나世界[illegible]가人[illegible]非온且夕이이십年이오外交之[illegible]信은隣國欺負하며世上[illegible]ᄉ揮ᄒᆞ니可惜ᄒᆞ다東方[illegible]國이西方人에게嘲笑蔑視를바ᄂᆞᆫ도다淸人數萬學生이[illegible]宮[illegible]私費은學業實業을勉强ᄒᆞ히못ᄒᆞᆯ廳가有ᄒᆞ리오婦人學生七八百名에熱心志學은[illegible]이나學費困難에令人落淚로다然而[illegible]은經濟後良節을知하나니如此困難中愛國愛民之心頃刻不息ᄒᆞ야太極學會를組織ᄒᆞ며學報를발刊ᄒᆞ니學業餘暇에事務를參ᄒᆞ며困難之中學報를實行이라變而上齊此於하고萬之邁進措日相對로다

嗚呼哀哉라[illegible]든연嶺도넴집을차ᄌᆞ오고놀에ᄂᆞᆫ듣여호도재구멍을차거든우리韓種은아갈곳[illegible]國이라ᄒᆞᆫ번[illegible]비라보니長安城中大關門에我皇帝[illegible]分明ᄒᆞ고北義州양面에父母兄弟를居로다[illegible]의五水七[illegible]ᄒᆞᆫ대[illegible]人선[illegible]官人辭紋은[illegible]ᄒᆞ나[illegible]로[illegible]내[illegible]關ᄒᆞ나[illegible]一[illegible]이라港口[illegible]陸路에셔[illegible]錢路三[illegible]巡檢길미[illegible]役[illegible]이갓치逢인가다시보니輪船에단旗ᄂᆞᆫ太極이아니오 未完

雜報

◉軍隊解散詔勅

總理大臣軍部大臣以下各大臣이連日密議ᄒᆞᆫ結果로昨夜에發布ᄒᆞᆫ군대解散詔勅의全文이如左ᄒᆞᆷ

朕이오직國事多艱ᄒᆞᆫ時를値ᄒᆞ야極히冗費를節略ᄒᆞ고利用厚生의業을應用ᄒᆞᆷ은今日의急務라竊惟컨ᄃᆡ現在軍隊ᄂᆞᆫ傭兵으로以ᄒᆞ야組織ᄒᆞᆫ故로上下가一致ᄒᆞ야國家의完全ᄒᆞᆫ防衛를ᄒᆞ기에足지못ᄒᆞ니朕은自今으로軍制刷新을圖ᄒᆞ며士官養成에專力ᄒᆞ야他日에徵兵法을發布ᄒᆞ야鞏固ᄒᆞᆫ兵力을具備케ᄒᆞ며朕이玆에有司의게命ᄒᆞ야皇室侍衛에必要ᄒᆞᆫ者를選置ᄒᆞ고其他ᄂᆞᆫ一時에解散케ᄒᆞ며朕은汝等將卒의宿積ᄒᆞᆫ勞를顧念ᄒᆞ야特히隨其階級ᄒᆞ야賜金을頒與ᄒᆞ노니汝等將校以下士卒은克體朕意ᄒᆞ야各就其業ᄒᆞ야愆이無케期ᄒᆞᆯ지어다ᄒᆞ셧더라

◉軍隊解散顚末

●解散決議　再昨日午前에李軍部大臣과長谷川大將이統監邸에集會ᄒᆞ야現存ᄒᆞᆫ韓國軍隊를解散ᄒᆞ기로決定ᄒᆞᆫ結果로同日午後六時四十分에李總理와趙法相이參內上奏ᄒᆞᆫ後에詔勅을頒布ᄒᆞ얏더라

●人心不穩　軍隊解散詔勅은別項과如ᄒᆞ거니와此詔勅이발布되기前붓터日兵은戒嚴이尤甚ᄒᆞ얏고韓國大臣들은預先避亂ᄒᆞ얏ᄂᆞᆫᄃᆡ詔勅이頒布되면軍心이不穩ᄒᆞ야將有事焉이러라

●只留一대　京城在韓國軍대ᄂᆞᆫ侍衛第一聯대第一第二第三대大대及第二聯대第一第二第三대大대와及砲兵工兵騎兵각中대及混成大대인대其中에서시衛第一聯대第二大대만置ᄒᆞ고其餘ᄂᆞᆫ盡皆히散케ᄒᆞ얏더라

●將校召集　昨日上午七時부터長谷川大將과韓國時原任將以下를召集ᄒᆞ야嚴重히訓諭ᄒᆞ얏더라

●參領自刎　昨曉에軍部大臣이각대將領官을召入ᄒᆞ야今日下午八時에각대兵丁에武裝을解除ᄒᆞ고訓鍊院에셔解散式을擧行케ᄒᆞ라ᄒᆞ매各대將官이或承命ᄒᆞ며或激憤ᄒᆞ더니中有一人ᄒᆞ야失聲放哭ᄒᆞᆫ後에自刎以殉ᄒᆞ니其人은卽侍衛一대大대長朴星煥氏더라

●誘兵出營　昨日午前十時에각대兵丁을訓鍊院에集合ᄒᆞ고解散式을擧行ᄒᆞ기로決定ᄒᆞ고각대將官이士卒을向ᄒᆞ야訓鍊院으로往ᄒᆞ야空手運動ᄒᆞ자ᄒᆞ고誘引ᄒᆞ야領率而去ᄒᆞᆫ대日兵이擁簇而去ᄒᆞ더라

●乘空占奪　典洞侍衛三대營외良洞宿衛所ᄂᆞᆫ昨日上午八時量에日兵이가占入ᄒᆞ고營門內徵士一隊ᄂᆞᆫ同九時量에占入ᄒᆞ얏ᄂᆞᆫᄃᆡ韓兵을解散ᄒᆞ기로日兵은昨夜부터預先準備ᄒᆞ얏다가韓國각대將官이兵士를指揮ᄒᆞ야出營ᄒᆞ기를待ᄒᆞ야其空營을占奪ᄒᆞ얏더라

●兵器收容　昨曉七時에長谷川大將官邸에韓國各大隊長以上이出席ᄒᆞ얏ᄂᆞᆫᄃᆡ李軍部大臣이別項詔勅을示ᄒᆞ고訓諭ᄒᆞᆫ後에韓國將校ᄂᆞᆫ歸自대ᄒᆞ고日本將校ᄂᆞᆫ傳騎十同伴ᄒᆞ야八時부터각대의兵器를收容ᄒᆞ기에着手ᄒᆞ얏더라

●一대擧兵　侍衛第一聯대第一大대長朴星煥씨가時局을慨歎ᄒᆞ야稱病不出이러니解散命令을受ᄒᆞ고憤氣를不勝ᄒᆞ야自刎殉節ᄒᆞ매其部下兵ᄉᆞ가將官의自刀ᄒᆞᆷ을聞ᄒᆞ고大驚ᄒᆞ여曰此ᄂᆞᆫ日本의所爲라ᄒᆞ고羣皆憤激ᄒᆞ야遂히擧兵ᄒᆞᆷ에至ᄒᆞ얏더라

●日兵占營　侍衛一대가擾動ᄒᆞᆷ을見ᄒᆞ고第二聯대第一大대도呼應ᄒᆞ며合兵ᄒᆞ야南大門外日本兵舍를襲擊ᄒᆞ려ᄒᆞ매日兵이應戰ᄒᆞ야發砲ᄒᆞ고昨日上午十一時에兩대兵營을日兵이全就占領ᄒᆞ얏더라

●門外小戰　侍衛一대의셔脫營ᄒᆞᆫ兵卒一小대ᄂᆞᆫ昨朝九時頃에南門外에出ᄒᆞ야日本兵丁及巡査와約半時間交戰ᄒᆞ얏ᄂᆞᆫᄃᆡ南門을警衛ᄒᆞ든日兵은齊히南門樓上에셔小銃을放ᄒᆞ야韓兵을射擊ᄒᆞ얏ᄂᆞᆫᄃᆡ兩便의死傷이互相甚多ᄒᆞ다더라

●又一小戰　其後十時에韓兵이更起ᄒᆞ야日兵을攻擊ᄒᆞ라ᄒᆞᄂᆞᆫᄃᆡ日兵이更히應戰ᄒᆞ야機關砲를使用하매城內城外에砲聲이震動ᄒᆞ더라

●日婦捉兵　시衛兩大隊ᄂᆞᆫ訓鍊院解散式에參列을拒絶ᄒᆞ고日兵과交戰ᄒᆞᆫ지半時餘에衆寡不敵ᄒᆞ야乃終에四散奔走ᄒᆞ야人民家屋에隱避하얏ᄂᆞᆫᄃᆡ日兵의搜索은姑舍ᄒᆞ고日人女子ᄭᆞ지人家에擅入搜索ᄒᆞ야日憲兵派出所에拘留ᄒᆞ더라

●韓日死傷　兩便死傷의詳細ᄒᆞᆫ나現場에出見ᄒᆞᆫ者의報道를據ᄒᆞᆫ則彼此間積屍相枕하야數를可詳考라하며日人探報를據ᄒᆞᆫ則日兵은中隊長一人이死ᄒᆞ고其他下士卒의死傷이三십餘名이오韓兵은將校五人下士四拾名이死하고三十名이負傷ᄒᆞ고捕虜가五拾餘名이라ᄒᆞ얏더라

●日兵設砲　日本兵丁數三십名이昨日上午二時부터鍾路에速射砲를掛置ᄒᆞ고戒嚴이比前嚴密ᄒᆞ다더라

●日兵突入　侍衛兵ᄉᆞ가四散逃避ᄒᆞ매日兵은韓兵을捕捉ᄒᆞᆫ다ᄒᆞ고南門內外人家에突入ᄒᆞ야到處搜索ᄒᆞᆫ다ᄒᆞ더라

●最終勅諭　昨日上午十時부터各兵丁을訓鍊院에召集ᄒᆞ야解散式을擧行ᄒᆞᆯ서日兵이四面環圍하야堅如鐵筒ᄒᆞᆫ中韓國尉官을困在該院ᄒᆞ야大대將이曉諭後　將卒이互相作別敬禮를施ᄒᆞ고將校ᄂᆞᆫ姑爲待命이고下士ᄂᆞᆫ八十圜式兵卒은一年以上勤務者ᄂᆞᆫ五十圜式一年以下者ᄂᆞᆫ貳십五圜式頒賜ᄒᆞ얏다라

●韓兵揮淚　昨日訓鍊院에서解散된韓兵들이恩賜를受ᄒᆞ고出來하야意氣를不勝ᄒᆞ야或은紙錢을裂碎ᄒᆞ고或者ᄂᆞᆫ衣冠諸俱를買ᄒᆞ며落淚者多ᄒᆞ더라

●ᄉᆞ官派日　각軍대士官[illegible]日本에派送ᄒᆞ야武官學校에入學卒業케ᄒᆞᆫ다더라

●朝市撤閉　再昨夜以來로城內人心이更히不穩ᄒᆞ야昨朝부터人民이恐怯ᄒᆞ야避難出城者多ᄒᆞ며朝市를撤廢ᄒᆞ며店門을緊閉ᄒᆞ얏다라

●禁門嚴密　慶運宮闕門의一般官吏가昨日上午九時頃에仕進ᄒᆞ라다가任意出入치못ᄒᆞ야[illegible]或有ᄒᆞ얏다더라

●來往不便　漢城內各街曲에把守ᄒᆞᆫ日兵이總히嚴ᄒᆞᆷ으로人民來往이不便ᄒᆞ다더라

●帶同陛見　昨日下午六時頃에伊藤統監이長谷川司令官을帶同陛見ᄒᆞ얏다더라

●先通宮內　宮內府所屬官吏中禮式官이든지侍從이든지毋論某官人ᄒᆞ고召命이有하야入侍ᄒᆞ더라도宮內府大臣과九用氏의게로先通電話ᄒᆞ되今以召命入侍 하면리윤用氏가許可後入侍ᄒᆞ고退出後에ᄂᆞᆫ何事로有召命이시라도又通電話하ᄂᆞᆫᄃᆡ入侍人이리윤用氏의게先通치아니하고ᄂᆞᆫ不得入侍ᄒᆞᆫ다더라

●尙未仕進　閔忠植氏가侍從을被任ᄒᆞᆫ지가多日에門標ᄭᆞ지出來하얏스되官報頒布가尙今延遲ᄒᆞᆫ故로不得仕進ᄒᆞᆫ다더라

●緣何被捉　前秘書丞李愚冕氏ᄂᆞᆫ日昨警廳에被捉ᄒᆞ얏더라

●統監運動　伊藤統監이歸朝一後에ᄂᆞᆫ桂伯으로統監을運動ᄒᆞᄂᆞᆫ者有하다더라

●각大不仕　각部大臣들이昨日은一齊히仕進치아니ᄒᆞ얏다더라

●目被正任　韓日新協約의結果로目賀田顧問은度支大臣을任ᄒᆞ고丸山顧問은內部次官을任ᄒᆞᆫ다더라

●美醫慈善　美國醫員어비슨氏가侍衛一隊士卒이日兵과交戰ᄒᆞ야死傷이多ᄒᆞ다ᄂᆞᆫ事를聞知ᄒᆞ고飛丸이如雨中에人力車를多數히領率ᄒᆞ고負傷韓兵을濟衆院으로擔而去ᄒᆞ얏더라

●內眷移寓　內部大臣任善準氏가再昨日에自己私第에留宿치아니하고其內眷도一齊히移處何處ᄒᆞ얏ᄂᆞᆫ지未知ᄒᆞ깃더라

●閣議必待　奏任以上官職敍任을內閣에서經議ᄒᆞ야統監府에同意를得ᄒᆞᆫ後에上奏ᄒᆞᆫ다더라

●一並逐出　闕內에內人과內侍를昨日來로一並逐出하야不得入闕케ᄒᆞᆫ다더라

●無過見替　宮內府에서官職을組織ᄒᆞ면該府所管官吏ᄂᆞᆫ秘書丞ᄭᆞ지라도過失만無ᄒᆞ면永久히在職이된다더라

●白晝被賊　去拾三日寧邊郡梧里面松江里居白龍基ᄂᆞᆫ逢賊ᄒᆞ얏ᄂᆞᆫᄃᆡ被害金이三十三圜七十[illegible]이러라

●警務揭示　警務總監具然壽씨가坊曲에揭示ᄒᆞ되一般人民은妄動치말고安心營業ᄒᆞ야免罪○ᄒᆞ라ᄒᆞ얏더라

●電話斷絶　慶運宮內에再昨夜부터日本兵丁이護衛하고電線을斷絶ᄒᆞ야各處로不通ᄒᆞᆫ다더라

●內衛巡署　抱川郡內衛[illegible]務分署로設置ᄒᆞ기로門[illegible]主事官이該郡守의게公函ᄒᆞ얏ᄂᆞᆫᄃᆡ該郡에서京部에報告ᄒᆞ다더라

●賊漢破捉　陰六月初七日에賊漢五名이懷仁郡西面陽[illegible]里前參奉趙[illegible]家及宋議官延인氏家ᄒᆞ야家産什物을沒數奪去ᄒᆞᆫ故로該郡에서巡檢與官隷을派送追踪ᄒᆞ야該面沙浦里酒店에서該徒中鄭甲同一名을被捉ᄒᆞ얏다더라

●電話廢止　電話斷絶ᄒᆞᆫ事ᄂᆞᆫ別項과如ᄒᆞ거니와昨에군部에電話를廢止ᄒᆞ기爲ᄒᆞ야宮內府電話課主事金益龍[illegible]束ᄒᆞ얏다더라

●敎師契約　學部에서[illegible]語學校敎師淸國人杜方城氏를聘契約을內閣에請議ᄒᆞ얏난ᄃᆡ該敎師가若期分을不守하며則違越ᄒᆞ면學部에서統監에知照ᄒᆞ야統監府에서該國領事館에照商ᄒᆞ야辭退케ᄒᆞ되未滿期를不拘ᄒᆞ고薪收金은[illegible]給ᄒᆞ지말기로約ᄒᆞ얏다라

●博覽會設置　農商工部에서南大門及東大門兩處商品陳列博覽會를設置ᄒᆞ야人民에게工業上貨物을觀覽케ᄒᆞᆫ다더라

▲燕市悲歌▼

▲夜來風雨聲에大問題가又出ᄒᆞ야砲聲起處에一屋疑懼ᄒᆞ야漢城이鼎沸라回首一問ᄒᆞ니此時가何時오

▲所謂七賊大臣은泥峴等地에[illegible]야神器異策이愈出愈奇ᄒᆞ야宗社와三千疆土ᄂᆞᆫ眼際에去來ᄒᆞ니於渠에게무슴快樂이有ᄒᆞᆫ지大臣地位를食ᄒᆞᄂᆞᆫ車[illegible]知ᄒᆞ여도畢竟은鳥盡弓藏ᄒᆞᆯ이로다

▲[illegible]隊에日兵이突入ᄒᆞ야[illegible]取ᄒᆞ야赤手空拳으로[illegible]엿스니所謂軍大리乘武[illegible]連勝ᄒᆞ야軍隊를革除ᄒᆞ[illegible]數協議하다가乃[illegible]結果[illegible]古今天下에軍隊업[illegible]大臣이어ᄃᆡ잇스리오언제[illegible]大臣이라稱ᄒᆞᆯᄂᆞᆫ지

▲[illegible]兵이擁衛ᄒᆞ고闕門[illegible]機關砲를設置ᄒᆞ고[illegible]隊々交換ᄒᆞ니日本軍隊[illegible]韓官闕을一營門으로知ᄒᆞ[illegible]機關이로고

▲[illegible]에서人民이會集ᄒᆞ야不[illegible]ᄒᆞᆫ狀態가有ᄒᆞᆫᄃᆡ該道[illegible]月二十四日[illegible]京城[illegible]民衆을恐겁ᄒᆞ야尙[illegible]ᄒᆞ니該民에독갑[illegible]無[illegible]ᄒᆞ야人[illegible]驅逐치못[illegible]

▲[illegible]이辭入ᄒᆞᆫ時[illegible]에保護ᄂᆞᆫ一並除去[illegible]左右로擁護ᄒᆞ고[illegible]道路隨ᄒᆞ니堂々威[illegible]王者의乘亦韓人으로[illegible]好ᄒᆞᆫ것은日[illegible]

▲[illegible]李完用氏가自己家[illegible]時에[illegible]太[illegible]貨與金을多數히領[illegible]理大臣家ᄂᆞᆫ自[illegible]

▲韓國兵丁이兵器를見奪ᄒᆞ매[illegible]이을엇고[illegible]散逃走ᄒᆞ니居留氏이無論男女老少하고韓兵을見ᄒᆞ면[illegible]犬과如하야泥峴[illegible]一齊히捉去ᄒᆞ니韓國兵丁의獨[illegible]을맛낫고

社告

布哇에셔本社에送付ᄒᆞᆫ美金壹百弗拾弗二拾九弗三張에分ᄒᆞᆫ

郵便爲替를**受**ᄒᆞ얏스나何許人이何許ᄒᆞᆫ件으로送付ᄒᆞ얏ᄂᆞᆫ지書字가無ᄒᆞ야疑訝이오니郵便에交涉ᄒᆞ야錢額은已爲推尋이오니何許ᄒᆞᆫ人은布哇留閔찬鎬씨로認得이나何許事件으로送금인지速々詳示ᄒᆞᆷ을切望ᄒᆞᆷ

大韓每日申報

寄書

江北蘇子繡敬豊國債報償趣旨書

竊嘗聞楚爲五常有戀土之懷ㅎ던可以人이ᄒᆞ如乎아天賦彝性이皆知追逺報本之理者ᄂᆞᆫ惟彼是爲焉이라凡此移居者가同是五百年 先王赤子오二千萬同胞蒼生으로天日所照와雨露所潤에皆莫非 祖國遺風餘澤이라今聞國債報償이寔出於扶國殖民之䂓範且大矣ㅣ져譬如木之根本이腐傷則枝葉이盡瘁ᄒᆞ고水之本源이枯渴則支流가盡涸ᄒᆞ니以觀之ᄒᆞ면理所固然이라況且朔方은自有箕子基離親戚 流民으로久羇於散瘠ᄒᆞᆫ者도不勝遺感矣라ᄒᆞ니迄十外債窘迫之日ᄒᆞ야若使踰時不償則國無片土矣리니民亦烏有哉아

雖在於異域風霜이나殘縷餘生이亦知吾先本之義則繼云將項塗腦라도豈不欲毛亦有倫報乎아大抵屈之猶顧에支之則起焉하고器之將欲에鑿 則究안ᄒᆞ나니諺에有曰百足之虫이至死不僵은以其扶之者衆也라ᄒᆞ니以若浮萍轉蓬으로도少有滴於涓埃之效로爲蟻援螞與한亦必曰故國遺民이生在於世界上矣라ᄒᆞ리니

今以回勝方趾之類로若不顧祖國之危急이면何面目으로立於天下乎아從以言之ᄒᆞ면不如吾言論얻서玆以仰佈ᄒᆞ오니伏願玆土同社諸留八萬餘口僉員은莫忘祖國之恩ᄒᆞ고特思報本之意ᄒᆞ야各出義捐에以補一千三百萬圓巨債之額ᄒᆞ야使 先王國土로無延失於外借之處ᄒᆞ고祝我 皇儲에有環拱於北辰之居則造豈非 先王赤子所以報ᄒᆞᆫ道乎아今有此擧가實由我 皇上億千萬年無疆之休라惟我諸君子ᄂᆞᆫ俯悉此意를切要

發起人 金仁洙 박國楠 박亨奎 [illegible]

◉海巡行檢 延安郡報告에셔兩郡囚徒ㅣ破獄ᄒᆞ야逃走ᄒᆞ얏ᄂᆞᆫ대初六本郡守가郡主事와書記二名을騎率ᄒᆞ고下人을帶同行次ᄒᆞ야一日은該嶋에셔留宿行檢ᄒᆞ고翌日에該獄에關係ᄒᆞᆫ동民九名을提致還郡ᄒᆞᆫ대一日留宿ᄒᆞᆫ食費與轎馬貫을該하여當坪으로八百三十二兩五錢을徵給ᄒᆞ얏더니該獄關係諸人이入邑就訟ᄒᆞᆫ지五六日後에海州警署總巡金鳳燕氏가派訓令下來ᄒᆞ야 郡守行檢은不得어니ᄒᆞ고該關係諸人을本部에往復ᄒᆞᆷ이[illegible]邑下에[illegible]滯囚ᄒᆞᆫ情由를慰諭ᄒᆞ고道間檢行에所用ᄒᆞᆫ費를條々히査實ᄒᆞ야先太永郡에徵給ᄒᆞᆫ酒食轎馬費八百餘兩은當場推給ᄒᆞᆫ間ᄒᆞ고姑爲未推ᄒᆞᆫ外他各樣雜費等坪[illegible]八[illegible]兩[illegible]書記[illegible]ᄒᆞ야[illegible]ᄒᆞ고仍即出往後[illegible]之[illegible]에面屍行檢과각[illegible]招[illegible]ᄒᆞ고自己와書[illegible]巡檢[illegible]下隷一名에食價를[illegible]自[illegible]ᄒᆞ고[illegible]에即還[illegible]ᄒᆞ엿ᄂᆞᆫ데[illegible]孟酒一草價

之貽害洞中이라ᄒᆞ더라

◉金氏義務 全南光州國債報償期成會長김永奎ᄂᆞᆫ素以名下高士로雖是紛擾時節이라도勸諭全省同胞ᄒᆞ야償債의目的을到達ᄒᆞ기로ᄒᆞᆫ다더라

廣告

本郡鄭觀朝多有勢力者而本人昨年該人之兄嫂安召史處田畓從時價買得矣忽於今春狎親丕麗親本人之殘弱而暗生凶計以欲價放賣紹介于平理院而裁判之場本人置之落科強弱不同伸訴末由玆以廣佈一般同胞照亮爲希 平壤리毛癸 告白

第二回學員募集廣告

○本校에셔第一學年試驗을經ᄒᆞᆫ바學員을募集ᄒᆞ오니願學人은九月一日以內(陰七月二十四日)로入學請願書를本校에來ᄒᆞ야請求ᄒᆞᆷ

課程 本校規則에져ᄒᆞᆷ

年齡 十五歲以上

試取日 九月二日

試取科目 本國歷史 本國地誌 讀書 作文 筭術(四則以內)

開學日 九月六日

光武十一年八月一日

漢城中署磚洞 **普成中學校**

慶南漁괴派員됨恩洙가不遵詔勅與訓칙ᄒᆞ고有文卷籍有民私條를肆自放賣ᄒᆞ기로數千條民이仍此失業에幾至死境故로條主더리裏足千里ᄒᆞ야呼訴于京部이기玆以廣佈ᄒᆞᆷ

鎭南郡紙島七條條主김[illegible]張鄭周서 李蘇賢等 告白

大東寄宿館 館主 鄭觀燮 廣告

[illegible]

本館에셔大漢[illegible]北[illegible] 小部[illegible]製[illegible]改ᄒᆞ옵고[illegible]料理 [illegible]新鮮[illegible]

大東寄宿館 漢植 告白

廣通館 告白

[illegible]

本冊肆에敎會書籍과各學校敎科書와各種新出書冊이俱備ᄒᆞ오니有志ᄒᆞ신僉君子ᄂᆞᆫ陸續購覽ᄒᆞ시옵

不壞鐘路 **廣韓書林**(?) 尹衡弼 告白

大韓新地誌 定價金一圜

[illegible]

本人이日本大阪商業家와特約ᄒᆞ고[illegible]洋各種物品과機械等物을我大韓에輸入ᄒᆞ야委托을便利케契約ᄒᆞ얏ᄉᆞ오니商工業에有意ᄒᆞ신僉君子ᄂᆞᆫ其物이든지請求코져ᄒᆞ시거든本社로來議ᄒᆞ시오本社에셔ᄂᆞᆫ手數料만受領ᄒᆞᆷ

本社 [illegible]部 [illegible]南門內水橋五十一統六戶 培養會社

本人等이典洞支所越便에셔各資典舖가옵다가今에合資設舖ᄒᆞ옵고典執하실僉員은陸續來臨ᄒᆞ심ᄒᆞᆷ

中署典洞영信號典舖 車基倫 金[illegible] 告白

◉일본[illegible]

[illegible]

學徒裝히書冊

學徒運銃과脂紅

羅紗各種

美國金鷄納

衣服裁縫其他雜貨도廉價放賣ᄒᆞ오니[illegible]來臨ᄒᆞ심을바라나이다

仁川港[illegible]

원산과셔울잔게셔온인이살던소(肥牛)를박이스갓스니쇼과눈져군은다수히팔너오시옵

최봉춘 고빅

新刊 [illegible] **大全**

[illegible]

新刊 [illegible]

[illegible]

國債報償義捐金收入廣告

●…西面冬音里下合錢 九百四十八戶 張濟天 一圜

●忠北鎭川郡草坪面琴嚴里 桑溪김在宰 三圜卅전
主事김在彬 主事김弁燮
金翼鉉 각一圜
前都司馬金在潤 主事김承鉉
김元澈 金지尚 金元鉉
김영兩 김영年 申明求
柳海彬 리暘雨 각五十
金우현 張十錢 김昌한
김지能 김지鎭 金暻현
김應현 김지昭 黃지현
金차彦 김남현 鄭현鎭
김영國 김형百 김性진
各田錢 김初현 金綺현
김定현 김麟현 김國현
김厚현 김德연 김弁현
김지賢 김지宗 金영俊
김영悅 김영鎭 김大鎭
金영鎭 각廿錢 姜龍賢
十錢 金不圖 박龍和
金台經 나伯範 崔今石
각十錢 金用甫 윤봉古
黃良潤 各十전
合二十…圜

●在日本東京留學生共修會
…泳賢 鄭東秀 각五圜
김晩圭 韓 濟 姜 전
吳滋학 尹台鎬 趙용殷
니相稷 장기澤 니相旭
各二圓 전영植 朴有秉
김興麟 劉 銓 니相鎭
朴瑞稙 김誠庸 元勛常
오毅鎭 崔鳳찬 玄 楨
高準演 국중圖 文圭奎
양致中 鮮于斌 閔莊기
申昇均 김英烈 洪昌植
各二圓 玄爽建 玄 거
장弘식각五십전 尹敎重
洪鍾徹 高 喆 전석弘

[illegible]

●長湍江北面鑑石동
侍郞沈相철 박주彬
각四십錢 沈相璉 박殷복
박殷亮 리承烈 니學浩
閔致祥 閔致章 黃應천
黃商현 黃利현 黃과현
황德模 황泳悳 황泳慈
황泳浩 尹滋悳 金致守
申致令 申光云 각卄전
沈宇鉉 황陽현 황泳慈
김容王 각卅錢 리道天십전
강弘五 卄錢
合五圓九拾錢

●…面…里台系 趙性協
…理…前…泰…
…合錢 각…圓 于용洙
▲…面 오顯變 …박시
合十三圓五十전

●상州…面…井里
박龍… 박台… 각四拾전
박萬… 박英… 각拾五錢
박… 박… 박斗…
박… 김… 각卄전
니子鎬 박麟… 김…洙
各拾錢
합二圓四拾전

●求禮土旨面丹田里
桑泰千鍚龍二圓 子大湜
子斗湜 天仁湜 林鍾圭
니允儀 弟南儀 니…섭
각…圓 니東儀 니起하
各卄전 尹錫瀚 王지夏
각四十전 지涉 지德
각卄전 龐備人지秀 拾전
오井… …任佑 김學文
김法桐 각卄전 金正妶
二圓 리宗奇 龐備人니秉茂

●忠南新昌…
前…
각五十…
…
▲小東面…
…
▲小東面…里
…
▲小東面과里
羅敬集 …十錢
김致官 金成오 김…
崔지天 金正玄 각卄錢
崔明七 …
정殷才 각十錢
合二拾八圓八十전

●江原道春川史內面廣德
김宅洙 中…

[illegible]

●美國合필이아石炭礦勞動人 等
리… 宋斗… 각十圓

大韓每日申報社 廣告

本所와 本社는 國債報償 義捐諸氏의 氏名을 …以此義務以後로 氏名과 成册이 竣役함으로 漢文報에 不得掲佈ᄒ고 本社 國文報 一箇에 義捐 氏名을 連續揭載ᄒ오니 從今으로 國文報와 同一ᄒ오니 照亮ᄒ심

國債報償志願金總合所 白
大韓每日申報社 白

發行兼編輯人 英國人 裵說
發行所
南署石井洞苑外地三層洋屋家 大韓每日申報社

第五百八十號

大韓每日申報

第五卷

月曜及慶節 歲時日休業

陰曆丁未六月大二十五日甲申
檀君開國四千二百四十年
箕子元年三千二十九年
大韓開國五百十六年
日本明治四十年
淸國光緖三十三年

別報

昨日에金益秀張夏相安吉洙等拾五人이伊藤侯爵의게投函ᄒᆞᆫ全文이如左ᄒᆞ니

敬啓者夫貴敝兩國隔一葦水均是黃種車書亦同而自三數千年來玉帛交聘至于中間失和紛議未免ᄒᆞ更今當列强交逼競爭之際不可與前日鎖國之時比擬也職貴國以東洋之先覺與敝邦同盟者雖知有脣齒連環之勢故以東洋平和維持大韓獨立扶植疆土保全聲明於列强約條於敝邦者不啻申複而夫何挽近以來對韓行動專出於欺詐反覆無非失當陽托忠告利用我愚迷縱恿我奸細以充無厭之欲一有違拂者以威嚇恐喝勢力脅制今日求一件明日要一約無細不求々無不獲自郵電兩司以至機關之發達ᄒᆞ成新約奪外交之權以杜列强之口締結羣小陰藉以勢權以之使用於實踐之장倫一從自家之命令噫彼群小徒以從和患失之習甘作日本之鷹犬不顧壓制之侮辱自削自國之權利以與日本猶恐不及是可忍也孰不可忍也所以至於國破民亡之境如是而謂之扶植我獨立可乎環海三面漁採之利航行之權盡歸日民甚至不通商口岸漁採商業亦自占有自釜馬兩港西至龍灣之境鐵路電線縱橫貫通以握大陸上交通之權所經沿道必廣占地段韓人之田畓家屋墳土森林無不毁破據聯隊成日本之村落庄土猶以不足廣衍膏沃之土將云買取必廣占白奪者不可勝數可憐韓國之民擧皆蕩産敗業流離渙散哀號煩怨到處皆是地無處質接如是而謂之保全我疆土可乎外托扇淸 宮禁內實圖守我大皇帝陛下如是謂之倚賴我皇室可乎無信義背破約者在敝邦乎在貴國乎早稻田大學校討論會詬天罵日之辭何如二六報卿両新報廢移之說窮凶極惡之侮辱何如乱喝向者海牙之萬國平和會議數三韓人之呼訴演說云然姑未聞知以何措辭然毋論某國人見彼人之强制垂亡之境而有愛國家思想者其無一言恥易地處之則爲何如也自反而不縮則當反躬自責矣自反而縮則彼言妄矣適足爲一哂而已其在自國之失其道一不反省論實擧累而但以海牙之事爲藉口奴使敝邦賊臣脅迫 君父至有禪位之擧若以聖意之乾斷則有名正言順之禮然旣以外辟之强迫諸大臣之脅逼而成故國人之心莫不沸騰目之以六七賊臣之所与成紳士憤激噴血市民撤廛騷亂民心者雖至柔而皆至剛者也何以鎭靜乎又未幾日而新約七條由何而成奴使沒覺不道之諸賊臣張擬懸併吞手段而外稱爲速圖韓國之富强而諸賊臣常非但不爲抗論反以追讀 君父而謂日何以瞞過世界之耳目也惟 閣下與告貴政府諸公其於侮辱弊邦 皇室之事監及各報館無嚴肆者判照律勘罪不義定不當行之條約則不可違勿施也若如六七條約則不可謂之有韓國亦不可謂之韓政府矣生等窃不勝添室之激切不避斧鉞敢陳悲衷惟閣下確然改圖亟定方針勿爲目前之小利永求無窮之利益使兩國消釋嫌憾實心忠告亟改善之際其奸小僨事者一切斥退勿爲政界之間爲適時宜識時務之公平正直者布列政府凡百內修外交共爲心腹協商登排互相敎示信誼釐敦親密只以保東洋將衛之勢爲心勿有一毫猜嫌之意於其間則自有兩國之幸福矣 閣下何不察今之好小附於日者或非前日附俄之黨歟必得不偏倚剛毅正直者然後可與共濟大業必無僨事之歎矣若不歸正於此時則雖威脅之殺戮之暫々服從於非義之地而愈懷仇視日本思想終不免鬪騰之恥而必致歐米之侮矣惟 閣下三思焉

官報

◎第三千八百三十三號 光武十一年八月一日 續

◎宮廷錄事

陸軍法院長白性基辭職疏批旨省悉所請依施

◎敍任及辭令

度支部稅務官박容俊 依願免本官

度支部書記郎李建린 任度支部稅務官

度支部書記郎金敎憲 依願免本官

度支部稅務主事李明求 任度支部書記郎

完

●號外 光武十一年八月一日

宮廷錄事

詔曰朕惟ᄒᆞ건ᄃᆡ國事多難ᄒᆞᆫ時ᄅᆞᆯ値ᄒᆞ야極히冗費ᄅᆞᆯ節略ᄒᆞ야利用厚生之業에應用ᄒᆞᆷ이今日의急務라竊惟我現在軍隊ᄂᆞᆫ傭兵으로組成ᄒᆞᆫ故로未足爲上下一致ᄒᆞᆫ國家完全之防衛임서朕은從今으로軍制刷新을圖ᄒᆞ야士官養成에專力ᄒᆞ고他日에徵兵法을발布ᄒᆞ야鞏固ᄒᆞᆫ兵力을具備코ᄌᆞᄒᆞ오니朕이玆에有司ᄅᆞᆯ命ᄒᆞ야皇室侍衛에必要ᄒᆞᆫ者ᄅᆞᆯ選置ᄒᆞ고其他ᄂᆞᆫ一時解散케ᄒᆞ노라朕은汝等將卒의積年勞苦ᄅᆞᆯ顧念ᄒᆞ야特히階級을隨ᄒᆞ야恩金을頒與ᄒᆞ노니汝等將校下士卒은克體朕意ᄒᆞ야各其業에就ᄒᆞ야無衍ᄒᆞᆷ을期ᄒᆞ노라

內閣總理大臣勳一等臣李完用
軍部大臣陸軍副將勳二等臣李秉武
宮內大臣陸軍副將勳一等臣李允用

奏今此 太皇帝陛下上號時議號節令掌禮院磨鍊擧行何如

上奏 奉 旨依奏

詔曰軍隊解散時人心動擾치아니토록豫防ᄒᆞ고或違勅暴動者ᄂᆞᆫ鎭壓ᄒᆞᆯ事ᄅᆞᆯ統監에게依賴ᄒᆞ라

內閣總理大臣勳一等李完用

外報

羌商雜誌타입쓰報의短評

▲日俄에ᄂᆞᆫ海戰은疑心업시太平洋海面에서起ᄒᆞᆯ이로다

▲日本이萬若英國軍艦과雌雄을試驗ᄒᆞ라ᄂᆞᆫ狀態가有ᄒᆞᆯ더이면美國은日本軍艦이接觸ᄒᆞᆯ만ᄒᆞᆫ處에臨ᄒᆞᆯ이로다

▲美國海軍은맛당히西便海岸으로來ᄒᆞ야西便各州에派遣ᄒᆞ야지活動ᄒᆞᆯ이로다

▲合衆國을爲ᄒᆞ야忠實ᄒᆞᆫ功勳이有ᄒᆞᆫ水師提督[illegible]氏ᄂᆞᆫ速히海岸으로招來ᄒᆞᆫ거시必要ᄒᆞᆷ이로다

▲日本人은實地가無ᄒᆞᆫ騷動을잘ᄒᆞ나[illegible]ᄒᆞ지도안으가

▲日本公使靑木氏ᄂᆞᆫ活動ᄒᆞᄂᆞᆫ것이極히寬容ᄒᆞ야日本人의性質은不同ᄒᆞᆫ處가多ᄒᆞ더라

▲日本人은不道의스ᄉᆞ로紛擾ᄒᆞᆫ中에陷溺ᄒᆞᆷ이로다何故오ᄒᆞ면彼ᄂᆞᆫ日本이其才能에適度ᄒᆞᆫ敎育을行ᄒᆞᆫ故라ᄒᆞᆷ이로다

●日艦進水 [illegible]建造ᄒᆞᆫ戰鬪艦은도레쓰노트型新式大戰鬪艦인ᄃᆡ[illegible]포스마우스港에서進水式을擧行ᄒᆞᆫ다더라

●立憲準備 淸國에서立憲派[illegible]國內에政治家數多ᄒᆞᆷ이有ᄒᆞᆫ데[illegible]兩氏ᄂᆞᆫ特히奏請ᄒᆞ야日本立憲制度ᄂᆞᆫ日英兩國이最히完美ᄒᆞ고又淸國時勢에適當ᄒᆞ니日英兩國에駐在ᄒᆞᆫ公使의게憲法을調査케ᄒᆞ야其預備法을參考ᄒᆞᆷ을供ᄒᆞᆷ이可ᄒᆞ니다ᄒᆞᆫ데太后ᄂᆞᆫ其言을嘉納ᄒᆞ야駐日淸公使의게面議ᄒᆞ고又慶親王으로ᄒᆞ야금駐英淸公使의게電訓케ᄒᆞ얏더라

雜報

●[illegible]宿舍 [illegible]郡守[illegible]가學部로報告ᄒᆞ되本郡公立普通學校生徒寄宿舍ᄂᆞᆫ自光武十年으로該校公廨九間ᄒᆞ와圖本校部인온바本年四月頃에自本部[illegible]으로寄宿舍[illegible]이온바不意에[illegible]派駐所[illegible]가[illegible]其隸라ᄒᆞ고擱附方役故로本郡守가[illegible]面談ᄒᆞ야所補助員[illegible]ᄒᆞ와現今[illegible]之境에本道觀察使[illegible]에該寄宿舍ᄅᆞᆯ出陷巡査ᄒᆞᆫ事로調到郡守[illegible]에曰巡査[illegible]太田이[illegible]敎員代辨김[illegible]ᄒᆞ야多般[illegible]에議會[illegible]ᄒᆞ오며自部으로ᄂᆞᆫ[illegible]止[illegible]이옵기一邊照[illegible]于本道觀察道ᄒᆞ옵고擧實報告ᄒᆞ오니照亮[illegible]ᄒᆞ오셔多數生徒로無至失所케ᄒᆞ라ᄒᆞ얏더라

●濬倅報告 東萊府尹김敎獻氏가學部로報告ᄒᆞ되本府學務委員[illegible]等이有ᄒᆞ다ᄒᆞ온기館字ᄅᆞᆯ觀ᄒᆞᆫ則東西大廳이廣爲宏壯ᄒᆞ와敎育之所로適宜ᄒᆞ기로敎育에充用ᄒᆞ라신訓勅이有ᄒᆞ온바[illegible]關閉ᄒᆞ얏든儀仗等物을[illegible]移[illegible]ᄒᆞ오며[illegible]有欠[illegible]ᄒᆞ고本府[illegible]交[illegible]ᄒᆞ얏더라

●水原無事 京畿觀察署理[illegible]金營泳씨가內部로報告ᄒᆞ되去月二十九日安城人民鎭撫事로本郡巡檢과補助員協同時權任신向務派遣ᄒᆞᆫ事ᄂᆞᆫ業已報告이온바其時本郡警務ᄒᆞ補助員도亦爲出張該郡而會集人民을說諭解散ᄒᆞ되竟不聽從ᄒᆞ고演說場而ᄒᆞ야使諸民으로撤案故로該府委員金[illegible]ᄂᆞᆫ捉致本署ᄒᆞ옵고其餘ᄂᆞᆫ曉諭解散케ᄒᆞ엿ᄉᆞ오며竹山陽智郡에도或有人民會集之端이옵기現方探中이오며管轄下水原郡에ᄂᆞᆫ人民이죽安其業이라ᄒᆞ얏더라

●伊倅報告 伊川郡守石[illegible]氏가內部로報告ᄒᆞ되民間執[illegible]을[illegible]公ᄒᆞ얏더니本郡巡査[illegible]이空懷逸躁ᄒᆞ오니顧問部에交涉ᄒᆞ야急速處分ᄒᆞ라ᄒᆞ얏더라

●家作顧問 漢城府에서家舍顧問八八을日本人으로雇聘ᄒᆞᆫ다더라

雜報

●禁經乎 각대解散하든日에學部大臣李載崑씨는自己私邸에셔終日토록閉門不出ᄒ얏다더라

●總理移接 總理大臣李完用氏는內相任善準氏搬移ᄒ라든興觀新買家屋으로移接ᄒ얏다더라

●昨今移去 其前內閣에仍存視務ᄒ든外事局記錄課會計課三課는再昨日布德門內로沒數移去ᄒ라다가當日門路가不通ᄒ야停止ᄒ고작日에移去ᄒ얏다더라

●訓諭郡守 昨日下午一時에內部에셔日昨新任흔郡守十五人을該部內로會同訓諭ᄒ얏더라

●參領自裁의續聞 侍衛一大隊參領박勝煥氏ᄀ自處흔事는已揭昨報어니와該氏의自斃흔事를得聞흔則再昨日上午七時에長谷川大將의게각대領尉官이會同ᄒ야各其대兵사를領率ᄒ야訓鍊院에往ᄒ야解放式을擧行흔後解散ᄒ라흠미本대로向ᄒ야該대之側西小門內路小井에當ᄒ야言흠되吾가幾年을領軍之任으로지ᄒ얏다가何說노解散ᄒ다고軍卒를對ᄒ야發言치못ᄒ깃스니차라리我ᄀ死하는거시當然ᄒ다고即地에自斃ᄒ디日軍이該營內로携入以置ᄒ얏더니其季氏가西醫士와同往ᄒ야屍檢ᄒ얏는디該兵丁이其死에自斃를目睹ᄒ고悽慘ᄒ야接戰이되얏는대悲說에告曰是將是卒이라ᄒ더라

●戰死人數 再昨日軍대解散時에尉官兵被사흔說은已揭昨報어니와致死흔身體調査흔거會得흔則尉官이七人이오兵丁이九十八名이라더라

●無主尸躰火葬 再昨日韓兵戰死者六拾八名을光熙門外墓地로收容刻置ᄒ얏는디漢城府에셔각人尸體를覓去ᄒ라고頒布ᄒ얏는디若過幾日이면無主尸體는火葬ᄒ다더라

●南氏病劇 警務廳에多日滯囚흔南廷哲氏는身病이沉重하야方在危急中인故로自該廳으로南氏의자章熙氏을招待侍病ᄒ얏다더라

●日賊日捉 再昨日侍衛一대의셔職敗흔兵丁을搜覓ᄒ다稱托ᄒ고日本勞動者가南門內外人家에突入ᄒ야錢財와什物를多數盜去ᄒ얏는디昨日에日警官이該日人等를警廳으로捉去ᄒ얏다더라

●徐ᄂ橫厄 再昨日에侍衛대兵丁이日兵으로交爭時의韓兵이被逐ᄒ야該營底人家로投入ᄒ얏슨대前叅判徐相喬氏家의日兵이亂入搜索ᄒ더니該氏를以銃背로亂打한後에因即押去ᄒ얏다더라

●獄囚數爻 監獄署에現囚ᄀ合三百七拾五名인대平理院所管懲丁及禁獄이二拾二名이오漢裁所管懲丁及禁獄과雜囚幷二百廿八名이라더라

●農部再訓 農商工部에셔各觀察使의게訓飭ᄒ야地方農民과商民家의或博남會物品所存이로買上하라흔지가已爲過期이되物品을不送하는故로지次調促하얏다더라

●將校押來 軍部에서憲兵을派送ᄒ야日軍司令部에被囚흔兵丁五百餘名內에兵丁은置之ᄒ고將校만押來하얏다더라

●曉諭解散 日本憲兵司令部에被捉ᄒ얏든尉官以下兵丁等百餘名을即時曉諭解放ᄒ고幾拾圓式을支援ᄒ얏다더라

●軍大恐怖 軍隊解散흔事에對하야恐有後慮에軍部大臣리秉武씨家를再작日부터憲兵巡檢等數十名이晝夜로把守흔다더라

●有無調査 警視總監이각署로電話하고각其管內에居住ᄒ든兵丁有無와行悖의擧動有無를一一調査하야即爲報來하라하얏다더라

●韓兵被捉 再昨日下午四時頃에藥峴等地에兵丁십餘名을日本司令部에被捉이되얏다더라

●一대仍置說 今番각軍대를還置하라신詔勅이已爲頒布어니와侍衛渾成旅團司令部만仍置흔다는說이有ᄒ더라

●韓人又傷 昨日下午一時量에新門外金鷄洞으로飲水次韓人幾名이獨立館後에過去ᄒ야니日人勞働者六七名이無闕放銃하야韓人三名이重傷ᄒ야濟衆院으로擔舁而去ᄒ얏다더라

●同日殉節 侍衛二聯隊大대副尉오義善氏도再昨日朴勝煥氏와同히以刀自處하얏더라

●即地被殺 再昨日韓日兩國兵이交戰ᄒ다가韓兵이勢窮力盡ᄒ야該營近地居民家에潛入隱伏ᄒ엿더니日兵과日役夫가突入民家ᄒ야兵丁을捕縛ᄒ는대即地打殺흔者가數拾名이라더라

●次官被辱 軍部次官韓鎭昌시가再작日흥等地로避去ᄒ는디不知何許人이唾罵하기을支不避死하고何面目으로街路上에行動하는아하고詬辱이滋甚하되허시는默無一言하고自已家로即時歸去ᄒ얏다더라

●閣臣提議 昨日에總理大臣以下각部大臣이內閣에會同ᄒ야多小議案을提議ᄒ얏다더라

●警視合番 韓日兩國新協約以後로暴動의慮가有흘듯하야警視廳에서合番留宿하다가稍稍解嚴하더니再昨夜부터更히合番흔다더라

●年號改定의協議 각府部院高等官吏들이學禮院에會同ᄒ야年號를改定흘事에對ᄒ야爛商協議ᄒ얏다더라

●美敎師救療 再昨日上午八時半으로拾二時ᄭ지韓日兵이互相接戰흔事는昨報와如ᄒ거니와當ᄒ에大韓耶蘇敎總理師趙元時氏와貞洞聖書公會總幹事閔休氏와醫士魚조信氏와原道坝方宣教師高永福清州地方宣敎師閔羅氏가西小門內營門에買入흔후韓國兵丁數百名이中丸도지하얏는대其中僅存殘孑者五十名을沒數히人力車에擔乘ᄒ야濟衆院으로治療次以送ᄒ얏다니哀哉此人生의底絕殘孑을憐惜復續者는誰오彈丸如雨하고人影絕종흔대不顧自己生命之存亡ᄒ고冒入彈丸之中如是拯救ᄒ얏스지라爲韓人民者孰不感泣致賀萬々哉아如此慈善을印肺銘心ᄒ고念々在玆ᄒ야顚沛不忘ᄒ고人皆血盟흔다더라

●民家經刦 自再昨夜로昨日ᄭ지韓國逃兵을搜索次로日巡查等이擔銃ᄒ고西小門內外來往ᄒ며로或閭閻家에도入來ᄒ얏다는故로該동人民이大段驚慌ᄒ얏다더라

●保護宏壯 法部大臣조重應學部大臣리載崑兩氏가昨日각其本部에往ᄒ는대巡檢巡查及憲兵等數三十名式保護하얏더라

●警廳告示 警視總監이각坊曲에揭示ᄒ되今番軍대解散하는事因ᄒ야勿爲恐動ᄒ고一般商民等은一齊開廛ᄒ야각其營業如故ᄒ라하얏더라

●法訓각裁 一切民事訴訟에第一審은各郡守가裁判ᄒ고該郡에서第壹審치아니흔거슨각裁所에接受치아니ᄒ고第二審만ᄒ되漢裁及各港市裁判所에서는第一審이라고接受ᄒ며각部와裁判所에一次式모呈訴흔然後에得訟ᄒ든지못하든지更訴치못ᄒ고民訴에原被告親族을拘因치아니하고裁判判決宣는拘囚ᄒ기로訴訟法을法部에告後셔改定ᄒ고平漢兩裁及十三道及각港市裁判所判事의게訓令하얏더라

●日關官有 작日內部版籍局에日人某氏가來到ᄒ야大延平島와小延鵝島와梧柳島等地官有地에人民居生與否를探問ᄒ거날該局에서其探問ᄒ는根因을問흔대日人曰有官地에若無居生人民이면行將交涉政府ᄒ야借貸居接흘計劃이라하더라

●日收韓彈 水原에駐在흔日本守備대長은韓兵의彈藥을沒數押收ᄒ얏다더라

●光州消息 二日午後着光州電을據흔則求禮郡及河東郡에셔郡吏及有志사가聯合ᄒ야暴動흘慮가有ᄒ야軍대와警官을急派ᄒ얏고同日同電을據흔則光州鎭衛대長은작日에上京次出發時에部下를召集하야演說하여日今回에日本軍대가渡來흠은目的이未詳하나軍器等物를押收흘야는지難測하니汝等은決勿放心하라하얏더라

●安東不安 安東郡士人리種夏氏가大小人民을各郡에集合ᄒ라고檄文을發行ᄒ얏는디該事件인則郡守의交迭이라고凝議흔者라ᄒ나其實은時局에關係로會合흔듯ᄒ고思想이有ᄒ미郡守는리鍾夏氏를說諭ᄒ얏스니多少聚合이有흘듯ᄒ야方警戒中이라ᄒ더라

東京電報

八月二日着

●福島渡韓 叅謀本部次將陸軍中將福島安正씨는무삼事端이有흔지渡韓命을受ᄒ고二日朝에出發흔다ᄒ더라

▲俠藪椎理▼

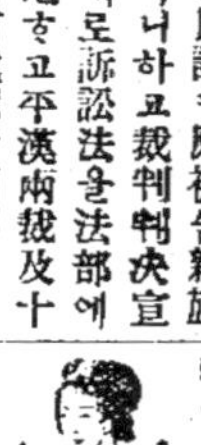

▲兩次風雨에所謂七賊大臣에秘謀奇策이神籌가已成ᄒ니무슴功名을更圖흘經營인지日本에大勳勞를樹立ᄒ얏스니日本內閣大臣을圖得흘는지

▲總理大臣리完用시가泥峴日本俱樂部에留宿하는디各部大臣이該處로往訪하야密議가頻數ᄒ더니畢竟大事를釀出ᄒ얏스니同時시가留連흘處가無ᄒ야日本俱樂部를視作自己家舍ᄒ니日人이功績을酬給하기로俱樂部를讓與ᄒ얏는지

▲所謂軍大李秉武시가軍대解散흔事에對ᄒ야大事業을成흔줄노向人說道ᄒ여曰軍대를設施以後로於國事에小無益焉하고國庫금만損害ᄒ나今番에解散흠이當然ᄒ다ᄒ얏다니俗語에云ᄒ되鼻飮三斗醋라야能作宰相事業이라ᄒ니同氏에脾胃가能히이러흔事業을흘만ᄒ고

▲內部大臣任善準氏는각隊가解散되며呈삼暴動에有흘줄노預料ᄒ고三昨夜에家眷을泥峴俱樂部로移接ᄒ고同씨는該處에서李總理와同宿ᄒ엿다니該以臨機應變에先見之明은朝三暮四에乘銓之任을흘만ᄒ거고

▲內閣書記官金演洙씨가昨日上午九時頃에仕進次로布德門前에到達흔則把守ᄒ든日巡查兵丁等이拒絕不納故로門票ᄭ지出示ᄒ야도初不應從흠으로還爲退出ᄒ얏다니日兵이闕門를把守ᄒ고後로는영泄ᄒ고不通ᄒ야門票도無效ᄒ도다

▲慈川郡所管島嶼에官有民有의田畓及山林等屬을調査ᄒ야七月三拾日內로送交ᄒ라고群山理事廳에서該郡守에게公函ᄒ얏다ᄒ고報部ᄒ얏스니日人이平陸의膏腴地를占領以盡ᄒ다가海島ᄭ지占奪코저ᄒ니大韓江山잘되얏고

▲宮內府에서官職을組織흠이라는대官制만組織되면雖秘書丞씨지라도永久히勿遞ᄒ다ᄒ니從今以後로는宮內府官職이合氏庫氏가될거시니大臣子姪中에幾人이나入叅ᄒ얏는지리總理子李恒九氏도現今秘書丞이라지

▲再昨日長谷川大將이軍部에서軍藥을一々히搜去ᄒ얏다니解放흔軍隊에도何處흔는지可謂紙上空文이로고

▲再昨日부터各部에는次官以下官吏들이依例仕進ᄒ야되自然事務에는着手치아니ᄒ얏스나히停務가되얏다니所謂旅進旅退에尸素之譏를難免이로고

▲今番軍隊解放흔事로各地方鎭衛隊에도數日前부터着手ᄒ야日本軍隊에서兵器를奪取ᄒ고該營을占奪흔後領尉官以下々卒을逐出하며該隊々卒은事機를不知ᄒ고軍部로電報ᄒ야決就를質問흔다하니韓國軍隊는一網打盡이로고

◉社告

布哇에서本社에送付ᄒᆞᆫ美金壹百弗拾弗二拾九弗三張에分ᄒᆞᆫ

郵便爲替를**受**하얏스나何許人이何許事件으로送付하얏ᄂᆞᆫ지署字가無ᄒᆞ야疑訝이더니郵便에交涉ᄒᆞ야錢額은已爲推尋이고出付人은布哇留閔찬鎬씨로認得이나何許事件으로送금인지速々詳示ᄒᆞᆷ을切望ᄒᆞᆷ

大韓每日申報

雜報

海外同胞寄恤孤兒

경啓者本人等이數年前에美國領地布哇國에渡來ᄒᆞ야勞働의僅故라가十餘朔胞ㅁ同心合力ᄒᆞ여秒錙積々搾養ᄒᆞᄂᆞᆫ都給을圖得ᄒᆞ여十餘朔을不顧風雨ᄒᆞ고從業이러니本國平安道三和郡居ᄒᆞᄂᆞᆫ金鍾斧氏가水土不服으로偶然得病ᄒᆞ여數朔身苦에百方無效ᄒᆞ와必竟은生命을保全치못ᄒᆞ고去年拾一月分에身死ᄒᆞᆫ지라

本人等이該씨家計告키爲ᄒᆞ여四方으로探問ᄒᆞᆫ則本是씨가早失父母ᄒᆞ고遊移八道라가北地에來渡하얏다ᄒᆞᄂᆞᆫ證據가確實ᄒᆞᆫ지라事不如意ᄒᆞ와一言이無ᄒᆞ얏더니月前에都給을畢ᄒᆞ미該氏의得利금一百餘圓이라如干他人所貸을還報ᄒᆞ고餘額금이五拾五弗四拾錢이온대若該씨의親戚이有ᄒᆞ면依例히寄附ᄒᆞᄂᆞᆫ것이常事理治어니와無親戚獨身이라何處에보내오릿가

本人等과其他同胞가會議ᄒᆞ고서諸般社會나或學生界나或其外라도捐助ᄒᆞᆯ處가多ᄒᆞ나特히孤兒院은남의게도음을밧지아니치못ᄒᆞᆯ곳이라 貴院으로捐助ᄒᆞᄂᆞᆫ것이上策으로決定되얏기로右金五拾五弗四拾錢을以郵便ᄒᆞ와仰呈ᄒᆞ오니 貴社ᄒᆞ오니海諒ᄒᆞ신後推尋于京城郵便局ᄒᆞ심을爲要ᄒᆞᆷ

美國布哇島와이바두留
金鎭煥　김利濟　安元奎
洪得秀　경告

廣告

本港耕辦宮成氏가熟諳時宜ᄒᆞ야永興校를刱立初에生徒를募集하야學科를勸勉ᄒᆞᄂᆞᆫ대該校에經用을[illegible]巨額ᄒᆞ고一切財務를[illegible]港[illegible]春任聖王方春元[illegible]徐岐見金仲[illegible]植[illegible]成律김亨中金啓春박[illegible]汝諸氏로[illegible]心贊成에另究方略ᄒᆞ야生[illegible]稍增ᄒᆞ고[illegible]現이漸旺ᄒᆞ야彬彬可觀에必[illegible]他日宗國之棟幹을기然可待이오니南宮氏之如此熱心教育ᄒᆞᆫ바視이옵기玆에廣告ᄒᆞᆷ

務安木浦港박華一　告白

本郡主事李用燦이恐嚇柴油ᄒᆞ고私討民財ᄒᆞᆷ으로先官後贓ᄋᆞᆯ不給民人ᄒᆞ고初無干涉ᄒᆞᆫ本人等을誣訴觀察府ᄒᆞ야裁判을請ᄒᆞ얏스니此所謂背虎衛尾라到此境遇ᄒᆞ야公決ᄒᆞ고本人等이李濡換과稱物ᄒᆞ야贓錢을一々推給民人ᄒᆞᆯ것ᄉᆞ오니僉君子ᄂᆞᆫ照亮ᄒᆞ시오

淮陽郡民
박泰민　劉錫祚　박龍九　告白

三和港龍井[illegible]字第[illegible]一統七戶草家八間半家契를失故로廣告ᄒᆞ오니[illegible]某拾得은紙施ᄒᆞᆷ

尹　瀨　告白

本人先山在於安岳蛇紅坊이니本邑有權力朴毅才昨年閏四月에本人歷代先山에厭勝ᄒᆞ야葬故로本人禁葬則賊反荷杖이오昝本官有何請錢이ᄃᆞᆫ지本人歷代山을ᄂᆞ掘하니世豈有如此聽訟之道理乎不勝抑冤玆廣告ᄒᆞᆷ

信川魚鹽坊崔丙燁　告白

以晉州稅務官事로本郡大小民人의告白中以本人의姓名으로揭載ᄒᆞ얏다ᄂᆞ本人은該事件에初無相關이오亦未詳裏由ᄒᆞ니此必僞名誤載故로玆以聲明正誤ᄒᆞᆷ

慶南河東郡居金鉉淳　告白

第二回學員募集廣告

○本校에서第一學年試驗을經ᄒᆞ온바學員을募集ᄒᆞ오니願學人은九月一日以內(陰七月二十四日)로入學請願書를本校에來ᄒᆞ야請求ᄒᆞᆷ

課程　本校規則에지ᄒᆞᆷ

年齡　十五歲以上

試取日　九月二日

試取科目　本國歷史　本國地誌　讀書　作文　筭術(四則以內)

開學日　九月六日

光武十一年八月一日

漢城中署礡洞**普成中學校**

慶南巡검派員김應洙가不遵詔勅與訓칙ᄒᆞ고有交卷罷有民私條를肆自放賣ᄒᆞ기로數千餘民이仍此失業에幾至死境故로條主더리裏足千里ᄒᆞ야呼訴于京部이기玆以廣佈ᄒᆞᆷ

鎭南郡紙契七條條主김발振　鄭周서　李[illegible]賢等　告白

大東客宿館廣告

大東客宿館請長鄭熙燦

[illegible]

廣告

本館에서大廣橋北川邊前紙廛小部家를洋製로一新移改ᄒᆞ옵고宿泊ᄒᆞᆫ浴沐湯과各色料理를新鮮準備ᄒᆞ와陰曆六月初十日爲始ᄒᆞ야開業ᄒᆞ엿ᄉᆞ오니僉君子ᄂᆞᆫ陸續來臨ᄒᆞ심을伏望

一內外沐浴湯
一大韓料理各色　西洋上等酒菓각色及北外國도각樣烟草食料를隨求酬應ᄒᆞ리이외다

廣通館告白

大韓新地誌

一帙二冊三百六十頁　定價金一圜

[illegible]

總發賣所　平壤鍾路耶穌教冊肆

本冊肆에教會書籍과各學校教科書와各種新舊書冊이俱備ᄒᆞ오니有志ᄒᆞ신僉君子ᄂᆞᆫ陸續購覽ᄒᆞ시옵

尹衡弼　告白

本人이日本大阪商業家와特約ᄒᆞ고日本內地産出各種物品과西洋各種物品及機械等物을我大韓에輸入과委托을便利케契約ᄒᆞ얏ᄉᆞ오니商工業에有意ᄒᆞ신僉君子ᄂᆞᆫ其物이든지請求코져ᄒᆞ시거든本社로來議ᄒᆞ시오本社에서ᄂᆞᆫ手數料만受領ᄒᆞᆷ

興業社本店　開城北部蘇洞
支店京城南門內水橋五十一統六戶　培養會社

仁川港內동廣濟

本人等이典동支所越便에서各營業하오니典執하실僉員은陸續來臨ᄒᆞ심을爲要

中署典동영信號典舖　金경秀
車基倫　金榮觀　告白

◉일본遊覽者募集

一遊覽會員募集　人員은五十名이오一圓[illegible]不問ᄒᆞ고[illegible]入ᄒᆞ시옵

一遊覽地　東京[illegible]

一往復日數　[illegible]七日間

一浮費　遊覽費[illegible]

一出發일　請入員[illegible]

一出發[illegible]

一請入所　在京城各신聞社[illegible]十八銀行경성支店　天一銀行

一會員은[illegible]後ᄂᆞᆫ本會와關係가小無ᄒᆞᆷ

一南대門서釜山으로直行[illegible]지或은東京으로直行하ᄂᆞᆫ者의게ᄂᆞᆫ[illegible]一便法으로同行請入을應諾ᄒᆞᆷ

日本人遊覽協會事務所[illegible]
東亞商會

學徒裝히書冊
學徒運動과諸具
羅紗各種
美國金鷄納
衣服裁縫其他雜貨도廉價放賣ᄒᆞ오니諸君子ᄂᆞᆫ來臨ᄒᆞ심을바라나이다

仁川港寺峴開新冊肆

원산과성진간에서본인이살진소(肥牛)를만이ᄉᆞ깃스니쇼파ᄂᆞᆫ제군은다수이팔너오시옵

최봉준　고백

◉**[illegible]錄大全**

[illegible]

出贈修正[illegible]錄大全은法律家의最緊要ᄒᆞᆫ書籍이온대年來見本이殆히絶種에至ᄒᆞᆫ지라此로法部에認可를得ᄒᆞ옵고此를新刊ᄒᆞ얏삽ᄂᆞᆫ대國漢文으로解釋ᄒᆞ야模糊ᄒᆞᆫ句節이無ᄒᆞ오니法律學에有志ᄒᆞ신이와學校之任에居ᄒᆞ신[illegible]購覽ᄒᆞ시옵

[illegible]　김昭濟　發售所

越南亡國史

[illegible]

[illegible]

所　發行

店書名有各都京

國債報償[illegible]

[illegible]國債報償取入遠號[illegible]
七月中收入總合計四千九百六拾九圜五拾八錢二厘也

◉安城郡東里洞中

박승운 김濟弘 박承六
[illegible] 박武業 박斗秉
[illegible] 리河用 朴□一
[illegible] 鄭昌源三圜 朴承元
[illegible] 각二圜五십전
[illegible] 리??? 朴成雨
[illegible] 정문유
[illegible] 朴敎[illegible]
[illegible] 리[illegible]夏
[illegible] 각二圜
[illegible] 金[illegible]서
[illegible] 孔明守 石泰[illegible]
九龍山[illegible] 乃東國 金[illegible]
[illegible] 鄭[illegible]
리[illegible] 리培雲 리윤成
[illegible]成濟 洪義근 鄭成九
宋[illegible]장 우윤凡 리致日
韓[illegible]덕 鄭成賀 洪光洙
김윤瑞 崔天五 김斗鉉
[illegible]萬洙 니聖九 라인守
咸喜敬 최덕鎭 朱덕순
孔상혁 리哲燕 리敬初
리學玄 權明壽 安斗遐
김昔賢 丕鍾億 南啓恒
강리遐 니台榮 최昇溥
니承鉉 尹宅鎭 니홍夏
崔文鉉 南敬云 朴承銖
安琦善 宋用甫 洪光순
金성燁 각一圜 리瓚夏
리덕建 각八十錢 니明化
洪光云 박成보 韓永洙
孫永實 박徽鎬 박致仲
리德仲 각六十錢 박之厚
五拾錢 니준문 許英三
니敬學 김윤介 리德在
韓云必 任敬인 리昌雨

[illegible]
咸敬九 張在鉉 김同俊
申金敬 [illegible] 金창祿
[illegible] 리처敬 진敬倫
[illegible] 각五十錢
[illegible]
黃순日 권순化 리乙欲
강錫元 韓敎[illegible] 鄭用[illegible]
朴[illegible]化 金鉄주 呂希셩
朴用三 徐敎三 김文伯
張金辰 鄭[illegible]建 우德元
田錦富 우寬弘 林[illegible]
강錫鎭 김윤實 이元培
權永德 尹萬集 김永順
정처正 각卅전 김聖寬
卄五전 韓用汝 朴元五
리[illegible]史 김化敬 方化春
白明燮 니明五 니春伯
崔德五 孫敬順 정義敬
洪처京 김卜烈 尹千五
김德汝 신召吏 리海云
田聖秀 鄭化셕 鄭聖鎭
崔蠅祚 강君成 복인介
色元西 김永實 리平國
徐치甫 金辰旭 정明來
徐君心 朴善知 강道弘
리昌五 김聖天 강千日
김주鉉 安春明 니春敬
金奇賢 申萬用 康公西
강化實 鄭德인 孫五江

[illegible]
리元希 咸어守 최有보
김敎선 金萬必 南敬西
張宗實 方學敎 김敬九
安鼎元 崔윤三 리光三
洪士元 리永俊 [illegible]
김仁先 趙李大 [illegible]卜賢
각十錢 [illegible]
[illegible]

△陽村
吉영叔 二圜 [illegible] 朴永植
김璧鉉 각一圜 리[illegible]
片右복 각五십전 리月南
김奉石 白興云 吉慶云
김鳳哲 박金淹 각卅전
李永伯 卄전
合二百三圜六拾二錢五厘

▲安城郡陽面青龍洞
리盛旅 리瑗應 각주賢
각五拾면 趙德友 김인遠
오德日 김昌鎭 각四十전
沈燮澤 정春一 安甚遐
정德仲 高仲五 申成培
高永五 朴正五 각卅錢 리載玉
리淳應 高榮弼 孔學德
吳敏영 박淳世 김應連 김光先
高云先 高云五 張順先
김仲葉 김春化 김영守
김春西 김正白 金君一
김聖又 김公老 金善在
리正在 니明西 김萬如 林仲連
權銀河 安德順 정伯心

[illegible]
오덕[illegible] 丕義순 朱十國
박春보 [illegible]
洪大與 徐致寬 [illegible]成里
각拾錢

▲安城郡[illegible]面[illegible]里
洪香甫二圜 [illegible]
되聖化 [illegible]
각六拾錢
리鍾益 [illegible]
각五拾전 [illegible]
정春先 洪[illegible]
洪金汝 [illegible]
孫敎永 洪[illegible]
金聖[illegible]
金聖先 [illegible]
박元五 許[illegible]
각拾전

▲[illegible]面[illegible]里洞中
洪鍾德八圜 鄭學[illegible]一圜
金白秀 리召史 각五拾전
변桂弘 리燦彬 각四拾錢
洪在萬 韓致裕 정寬路
黃文五 각卄錢 鄭秉一
정吉年 安正用 정喜錫
리洛道 金顯明 柳厚卿
리承義 리蕆益 리東五
南鎭元 리鎭和 김학濟
오連成 각卄전 成且孫
安明근 각拾五전 리正封
김先喜 리炳敎 리東九
高鎭賢 리東遠 리東萬
정興起 金正錫 김京헌
各拾錢

▲[illegible]乃三岩里洞中
柳東秀一圜 김경在 洪지健 각二圜
柳遠지 柳海珠 權學益
각四십錢 柳善文 卄五錢
柳遂精 류莚 류鼎学
류遂鳳 류寬秀 류文馨
柳昌秀 柳義秀 柳터馨

▲[illegible]新面洞中
金元必 任學西 徐[illegible]여
[illegible]永在 鄭世西 리萬여
정[illegible] 俞聖化 金舜瑞
[illegible]윤三 각五拾전 金[illegible]
[illegible]
洪順七 리多인 [illegible]泰西
김甫京 孟圭섭 孟弘述
[illegible] 孟行淳 各廿전
姜世輔 沈元之 俞鍾철
리鍾殷 俞洪濬 俞致交
俞[illegible]成 朴正德 宋元道
俞德三 리영元 [illegible]
송門보 송成五 김경天
송正路 송春三 高致선
송덕順 되平淑 丕國先
리경元 송석윤 박京선
高元實 박경列 俞영化
리덕元 安光太 리鍾순
복拾喜 辛起주 各拾錢

▲[illegible]洞
리熙주 리熙元 趙大賢
[illegible]大順一圜 丕大順一圜 정公習
리元瑞 東光宅 김善吾
김振玉 黃致伯 각五拾錢
趙大範 趙경九 리元伯
되仲三 趙大雲 丕大文
리成보 丕경直 丕近여

[illegible]
合六拾五圜九拾五錢
리[illegible]여 리덕一 각卄전

◉[illegible]面[illegible]新學校學徒
安學源二圜 리東禧 리象서
[illegible] 趙瑗淵 리時철
[illegible] 洪乾主 呂章金
[illegible] 리象焱 리泳悳
[illegible] 리濟주 金윤昇
[illegible] 趙永식 金잔[illegible]
[illegible] 洪大勳 張[illegible]淵
[illegible]
리吉元 馬[illegible] 각五拾전
金元[illegible]
合二拾九圜[illegible]十전

◉[illegible]新興村
趙[illegible] 徐致元 리[illegible]식
玄[illegible]九 각十拾錢 千興善
리召史 [illegible]
徐[illegible] 각四十전 鄭成元
김[illegible] 리[illegible] 최召史
宋敬實 各拾錢 김聖善
二圜 申敬俊 白召史
[illegible]
申[illegible] 신允八 崔用柱
金順奉 徐덕[illegible] 김順國
河聖明 신昌鉉 김召史
문여道 림春六 各廾錢
前敎官리允映 前敎官洪성서
申成五 鄭紹益 각五十전
강學基 김舜必 각卅전
合拾一圜八十錢

總合三百卅圜八十七錢五厘
國文報廣告總合一百四拾三圜○六젼
前號總合四萬二千八百八拾一圜譯拾二錢二厘
都總合四萬三千三百五拾五圜○六전七厘

一箇月 [illegible]
一個年 [illegible]
六個月 一圜七十錢
郵稅一部 [illegible] 十三錢

廣告
四號活字十三字詰 每日每行一寸에對하야五錢
(每日每行六錢에相當홈)
二週日에 每日每行四錢五里에相當 二圜五十錢
一箇月에 每日每行四錢一里에相當 五圜
其期限의長短과字行의多寡를依하야酌減이有홈

發行兼編輯人 英國人 裵說
發行所 京城南署石井洞[illegible] 大韓每日申報社

第五卷

大韓每日申報

第五百八十一號

月曜及慶節歲時日休刊

檀君開國四千二百四十年
箕子元年三千二十九年
大韓開國五百十六年
日本明治四十年
淸國光緒三十三年
陰曆丁未六月大二十六日乙酉

論說

韓兵解散

吾人은此度에極甚不善ᄒᆞᆫ勅告를由ᄒᆞᆫ詔勅이特降ᄒᆞ야日昨訓鍊院에서韓兵은解散ᄒᆞᆫ次로武備를解除ᄒᆞᆫ兵卒을召集ᄒᆞ엿스니世界에何如軍人이던지如此情形으로武裝의解除를當ᄒᆞᆷ은自己에게是最甚屈辱이라武備를仍持ᄒᆞᆫ韓兵이如此命令을不肯服從ᄒᆞᆫ거슨不足驚異어니와日昨撕命及流血의全部關係ᄂᆞᆫ如此提議의實行을不謹或服從로幇助ᄒᆞᆫ者의게直接ᄒᆞ엿도다日昨死傷의殘酷景況을略報하ᄂᆞᆫ바韓國內日本政策에吾人이今此殺戮을因ᄒᆞ야尙可論責이로다西小門내에在ᄒᆞᆫ兵營에서此勅令을聞知ᄒᆞᆫ바數大隊장이즉行自殺ᄒᆞᆫ지라伊日上午八点中에起擾가始ᄒᆞ야幾乎正午에至ᄒᆞ도록連續ᄒᆞᆫ바韓國兵卒들은營내에彼自隔居ᄒᆞ야彼之特撰者ᄂᆞᆫ以死防禦ᄒᆞ기로作定ᄒᆞᆷ이顯然ᄒᆞ나所有武備를剋除ᄒᆞᄂᆞᆫ것보다히除식히라하ᄂᆞᆫ者의게運用ᄒᆞ기를迅速히ᄒᆞ야西隣兩문내와貞동附近에一帶地方이戰場을成ᄒᆞ엿도다最初에ᄂᆞᆫ砲聲이突然而起ᄒᆞ더니日兵이武備及兵力을漸次增加ᄒᆞᆫ後에連射砲聲이連發ᄒᆞᆫ지라營내韓兵이屋上에砲射形ᄒᆞᆫ거슨雖然이나幾久後에幾處되엿스니韓營의堪觀ᄒᆞᆫ實地景況은探悉키不能ᄒᆞ엿스나日兵이機關砲二문을携持ᄒᆞ엿스니防守ᄒᆞᆫ韓兵이用武上에誤失之悔ᄂᆞᆫ未有ᄒᆞ리로다

及其戰終之後에營內一區가便似肉市ᄒᆞ야著示處에死有死者ᄒᆞ며隱密之隅에傷有傷者ᄒᆞ고軍需品은顯露ᄒᆞᆫ거시未有ᄒᆞ엿스니推測으로何以露出ᄒᆞᆫ거슨韓兵이武備가乏絕ᄒᆞ도록如彼久戰後에日本機關砲之殘忍之火에魂飛魄散ᄒᆞ야探得嬴身之處라가防護無策ᄒᆞ야日人彈丸ᄯᅩ劍刃에伏死ᄒᆞ야血流於地ᄒᆞ거시라伊時所擇으로ᄂᆞᆫ死傷이半分ᄒᆞ야韓兵에幾十名이오日兵에死傷도幾乎與同此一이로다本記者ᄂᆞᆫ人命之如彼大損失에直接關係된不滿勸告의行動을強硬論責ᄒᆞ며兼ᄒᆞ야此全部ᄂᆞᆫ憾을中心으로恨歎ᄒᆞ거니와同時에亦可信認ᄒᆞᆯ거슨韓人이合宜之擧로推度ᄒᆞᆫ今此防禦가世界報道의普通說明ᄒᆞ던韓人의겁나怠慢이라ᄒᆞᆫ것이無理之說이됨은日人及世人共目에界示ᄒᆞ엿도다

官報

◉號外 隆熙元年八月二日

宮廷錄事

內閣總理大臣勳二等臣李完용謹
奏臣等欽奉
勅旨改元年號議定以入之謹
上
奏奉
旨依奏
改元年號
隆熙 太始
奉旨改元年號用隆熙二字欽此
內閣總理大臣勳二等李完用
宮內府大臣陸軍副將勳一等
臣리윤用謹奏年號議號單子
既已
奏下矣招致禮郞傳授之意謹上
奏奉
旨依奏
宮內府大臣陸軍副將勳一等
臣리윤용謹
奏
太皇帝宮號府號令宮內府與內閣
弘文館會同議定事
奏下矣
宮號議定另具別單府號以
承寧議定以入之意謹上
奏奉
旨依奏
太皇帝宮號望單
德壽
宮內府大臣陸軍副將勳一等臣
리윤用謹
奏
太皇帝宮號既已
奏下矣
宮號單子招致禮郞傳授之意
謹上
奏奉
旨依奏

◉第三千八百三十五號 隆熙元年八月三日

◉宮廷錄事

弘문館學士金鶴鎭辭職疏
批旨省疏具悉此時문원重任何可輕遞卿其勿辭行公
弘문館學士조秉弼辭職疏
批旨省疏具悉卿其行公
平理院檢事李址鎔
批旨省疏具悉所請依施

◉敍任及辭令

中樞院副贊議김寬鉉
中樞院副贊議洪鍾裕
中樞院副贊議李址溶
中樞院副贊議조鼎운
中樞院副贊議徐采鳳
升解任
命宮內府特進官 制度局總裁李근호
命制度局總裁 從一品金윤植
任官內府大臣官房主事 奉常司主事경寅煥
任奉常司主事 九品리獻榮
陸嘉義 秘書監卿丕民熙
陸從二品 正三品경寅興
內閣書記官長韓昌洙
陸從二品 秘書監郞金鴻洛
陸正三品 宮內府特進官리容泰
侍講院副詹事閔鳳植
兼任掌禮院相禮金駿漢
免本官

外報

◉法國總選擧 紐育電을據ᄒᆞᆫ則法國總選擧의結果로共和黨이大勝利에歸ᄒᆞ고保守黨은閣合이減少ᄒᆞ얏ᄂᆞᆫ대此結果로見ᄒᆞ면구레만스內閣은依然히國民大多數의承認을得ᄒᆞᆯ것과如ᄒᆞ더라

◉紐育의大火 紐育에著名ᄒᆞᆫ遊樂地군이嶋三分에三分一이火災에罹ᄒᆞ야旅館二十戶가破壞ᄒᆞ고消防夫約三十名이負傷ᄒᆞ얏다더라

◉印度大雨 印度孟買에서ᄂᆞᆫ未曾有ᄒᆞᆫ大降雨가六月初一日以來로八尺에達ᄒᆞ얏다더라

◉獨立의小國 新嘉坡와遅羅間에이쓰루싸오가라稱하ᄂᆞᆫ獨立國이有하니人口가僅히過二千名인대其附近諸國과歐洲諸國에吞食되얏스나該國은能히此間에存하야八百年間을繼續獨立ᄒᆞᆫ다더라

◉革命黨의勢焰 支那電을據ᄒᆞᆫ則政府ᄂᆞᆫ革命黨을殆히投之如虎ᄒᆞ니是ᄂᆞᆫ革命黨의不屈ᄒᆞᄂᆞᆫ精神이漸次節制運動을ᄒᆞᆷ으로由ᄒᆞᆷ지라안徵巡撫暗殺에關ᄒᆞ야自官廳에가殘酷에經ᄒᆞ고刺客을嚴刑에處ᄒᆞᆷ으로民心이더욱政府를離ᄒᆞ야暗히同情을革命黨의게寄ᄒᆞᄂᆞᆫ傾向이有ᄒᆞ다더라

雜報

遊覽記 美國婦學菊人 續

鐵路에滿載ᄒᆞᆫ과兵丁巡檢諸語難辨이라ᄒᆞᆯ뇌성ᄉᆞᄒᆞ되服貼ᄒᆞ語도同一變遷ᄒᆞᆷ인가問於鄕人ᄒᆞ니含悲而答曰外是鄕而內實日也라鐵路線郵遞路出由랑港口川濟이無非日人所奪유而甚至於良田沃宅美女枯骨이任於彼ᄂᆞᆫ所欲之則博逐之則逐殺之則殺ᄒᆞ야韓人生亦不能死不敢欲이라出使ᄂᆞᆫ牛屋에縮頭然而居者是吾同胞而帶劍橫行村市者皆是日人兵丁巡檢商人顧問敎師遊覽人而昨日司令府內鞫殺者是韓人박해房이오저ᄀᆡ被逐以綁者是乃韓人이니君欲知韓日人之關인된若從此徒이면知悉ᄒᆞ리라ᄒᆞ나心酸眼沸에看然問曰我 皇帝ᄂᆞᆫ安寧乎아答曰若何其毁損오幽閉若痛ᄒᆞ頭腦能安寧耶乙巳變後日本統監이擊鍾ᄒᆞ야迫讓位而出入을不能任意오翔陟不能自選니라然則政府大臣諸不能尊嚴 皇上而保護人民耶答曰尊嚴 皇上保護人民姑舍ᄒᆞ고欺詐賣國賊自虐民인아니ᄒᆞᆫ者이지경이야되얏슬가然則人民이雖弱ᄒᆞ나所重者艱선骨傳來業이오所競者我嬌女搏我血頸所愚의滅亡이어니何以綿頭下氣而已乎嗚呼忠臣烈士自殺其身者知其數而愚민之盜得目前殘命而歸降도莫知公議莫覺이라敎育捐助國債報償社會出義도不當不用力防害毁訪ᄒᆞ니寧不寒心哉엇日殘民愚망不暇言이어니와有志선覺者必有團體일이라然則然國巡鑑이라佛國以曾로與ᄒᆞ되我國以曾로亡이라所謂一進會가奪我利권亡韓興日은口不可忍言而況若無者之爲倭其外或有賊會나綱之東고何以用力일이오故我只待國亡命絶뿐이로다ᄒᆞ거날仰天歎曰是非變而下者變而退者耶國亡我死오고나心思紛紜ᄒᆞ고血淚가圍行타가精神稍定ᄒᆞ야非夢似夢間隱々一聲이自天謂我曰이何不以이之於日傑退之罪로爲悔而反以國亡이死로爲哀乎何不以政府賊臣之賣國虐民爲死而反以外人之暴虐爲恨乎何不以人民之夢寐無識으로爲歎而反以政府賊臣外人暴虐爲痛哭耶今不晚이라이自反省用力耶哀哭亡死가變爲笑歌與生일이니試觀秦서荷蘭稱납伊티利法덕서班牙北美ᄅᆞᆯ라陷之死地然後生ᄒᆞ나니라既相經ᄒᆞ니是乃上帝之默諭ᄒᆞ信乎天上不欺라今之與미徵弱懈惰貧窮惡劣離散으로變出死亡則後日敎育熱心實業努力勇進團合이면變造與復安樂일터이니誰ᄅᆞᆯ願ᄒᆞ며誰ᄅᆞᆯ依ᄒᆞᆯ이오盡吾責任而已矣胞々에著死榮亡而己어니와好生欲與則盡心竭力ᄒᆞᆯ지어다勢不能生인댄死於義則生道生ᄒᆞ고然不能與인댄亡吾家則與道與ᄒᆞᆯ이라嗚呼同胞여

完

雜報

●年號改正 改元年號望은隆熙로奉定ᄒᆞ얏더라

●宮號正號 太皇帝宮號望은德壽라ᄒᆞ시고府號望은承寧이라ᄒᆞ옵섯다더라

●三氏陞任 京畿觀察使崔錫敏ᄂᆞᆫ經理院卿을任ᄒᆞ고正三品리濟齊ᄂᆞᆫ王殿院卿을任하고秘書記官리會九씨ᄂᆞᆫ侍從院副卿을任ᄒᆞ얏더라

●日人正任 警視廳顧問官丸山重俊氏ᄂᆞᆫ警務總監을任하얏더라

●爲爾爲之 農商工部大臣宋秉畯氏ᄂᆞᆫ內閣總理大臣을陞任ᄒᆞ고其代에ᄂᆞᆫ統監府農務總長木內氏가被任ᄒᆞᆫ다ᄂᆞᆫ說이有ᄒᆞ더라

●工商大勳 農大宋秉畯氏의總理大臣을陞任ᄒᆞᆫ다ᄂᆞᆫ說은別項과如ᄒᆞ거니와今番韓日協約과新日新條約에前後效勞가多大홈으로首揆에推薦ᄒᆞᆫ다더라

●年號改定의電飭 昨日內閣에서각部로通牒ᄒᆞ되年號ᄅᆞᆯ以隆熙元年으로改定發表ᄒᆞ엿스니從今爲始ᄒᆞ야年號ᄅᆞᆯ以隆熙二字로施行ᄒᆞ고公文号數도以一號로改正ᄒᆞ라ᄒᆞ얏ᄂᆞᆫ대內部에셔각觀察道의年號改正事ᄅᆞᆯ卽爲電飭ᄒᆞ엿다더라

●緊急大臣 農商工部大臣宋秉畯氏ᄂᆞᆫ有何緊急稟奏事인지昨日下午時에獨히 詣闕陛見ᄒᆞ얏다더라

●任大臣 內部大臣任善準氏ᄂᆞᆫ昨日부터仕進視務ᄒᆞᆫ다더라

●沈氏差役 前經理院卿沈相薰氏ᄂᆞᆫ現今漢城病院에서治療中인대快有差道라더라

●經理院廢 經理院文簿ᄅᆞᆯ一一査ᄒᆞᆫ後ᄂᆞᆫ該院을因卽廢止ᄒᆞᆫ다ᄂᆞᆫ說이有ᄒᆞ더라

●龍尹內移 龍川府尹庶允迪氏ᄂᆞᆫ學部編輯局長을任하얏다더라

●日兵無紀 昨日午後二時에日兵二名이携銃ᄒᆞ고 本社二層에直入ᄒᆞ야新聞ᄅᆞᆯ願買云矣러니本社員이何小隊에附屬과각人姓名을相通코ᄌᆞᄒᆞᆫ대該日兵이新聞도不買ᄒᆞ고不答而直去ᄒᆞ더라

●誤發生겁 再昨日上午九時頃에軍部大臣리秉武氏家ᄅᆞᆯ保護ᄒᆞ던憲兵이所持銃丸이誤發ᄒᆞ야擧家가驚怯ᄒᆞᆯ뿐더러附近人民家에서도暫時驚怯ᄒᆞ얏다더라

●慘不忍見 侍衛隊尉官權基泓ᄋᆞᆫ도今番亂砲에中丸致斃ᄒᆞ얏ᄂᆞᆫ대本家에서不知死生ᄒᆞ다가再昨日에서야覓來ᄒᆞ얏ᄂᆞᆫ대其慘酷ᄒᆞᆫ情景은目不忍見이라더라

●路呈詳問 楸子島流終身罪人金必濟氏夫人이其夫의宥還ᄒᆞ기ᄅᆞᆯ爲ᄒᆞ야法部大臣조重應시仕進時에路呈ᄒᆞ얏ᄂᆞᆫ대趙法大가該夫人을法部로招待ᄒᆞ야路呈ᄒᆞᄂᆞᆫ原因ᄅᆞᆯ詳問ᄒᆞ얏다더라

●死生調査 侍衛第一聯隊第二聯隊兵卒이日兵과交戰ᄒᆞ다가被縛ᄒᆞᆫ後에其尉官諸氏家에셔生ᄉᆞ存亡을未知ᄒᆞ야憂鬱莫甚ᄒᆞᄂᆞᆫ지라昨日憲兵司令部에셔生存ᄒᆞᆫ尉官四拾人과特務正校二名을爲先調査ᄒᆞ야該當에告示ᄒᆞ고兵卒은査覈中이라ᄒᆞ더라

●入直處分 敦德殿에入番ᄒᆞᄂᆞᆫ日語尉官英語尉官은雖無士卒이라도仍爲入直케ᄒᆞ라신處分이下하셧다더라

●察畿與學 京畿觀察使되셕敏시가管下各郡에訓飭하야當學問을敎授ᄒᆞᄂᆞᆫ私塾을幷히革罷하고新學問을發達케ᄒᆞ라ᄒᆞ엿다더라

●陽守被囚 陽智郡守리承옥시가京畿觀察道裁判所에捉囚ᄒᆞ얏다더라

●長濱歸國 內部治道局事務官長濱榮之郞시가避暑次로日間에歸國ᄒᆞᄂᆞᆫ데往還間三週日ᄅᆞᆯ酌定ᄒᆞ얏더라

●리家獨亂 三昨日侍衛一大隊에서日兵의게被逐을當ᄒᆞᆫ兵丁四五拾名이西小門外輪림동總稅務司書記官리康湜시家로避入ᄒᆞ얏ᄂᆞᆫ되該家에日兵砲丸이如雨落下ᄒᆞ얏ᄂᆞᆫ대兵丁一名은中丸ᄒᆞ고卽入房而臥ᄒᆞ얏고一名은廚後에서中丸致死ᄒᆞ얏ᄂᆞᆫ되擧家男女가避禍于隣ᄒᆞ얏다가伊日산後에還家ᄒᆞ야見之則房넉房과에流血成川뿐더러尸身이在家ᄒᆞ얏고銃與兵丁의服裝이滿庭ᄒᆞ고뇌外四節衣服이一無所存ᄒᆞ얏ᄂᆞᆫ대男女食口二拾餘人衣服을或着或裂ᄒᆞ야纏頭以去하얏ᄂᆞᆫ되衣裝破傷과汁物損害幷ᄒᆞ면一千餘元可量을見害하얏ᄂᆞᆫ대리康湜시ᄂᆞᆫ今番獨乱을當하얏고西署에서別巡檢二名과服色巡檢一人이來到ᄒᆞ야銃一十四柄과服裝을並ᄒᆞ야一幷該署로持去하얏다더라

●死卒葬埋 內部에서漢城府에訓令ᄒᆞ되貴報告內開光熙門外移置ᄒᆞᆫ兵卒屍體ᄅᆞᆯ來請葬埋者總不過拾九名이ᄋᆞᆸ고尙且五拾四名은因此炎熱ᄒᆞ야腐敗ᄒᆞ形質은觀感이라도難辨이ᄋᆞᆸ기時日爲急ᄒᆞ와茲又仰報ᄒᆞ오니移照軍部ᄒᆞ야設法措處케ᄒᆞ시거나卽使本府로辦理葬理케ᄒᆞ시든지右兩端間至急訓示等因인바當此熾熱에屍體葬埋가晷刻爲急ᄒᆞ니自本府로辦理葬埋ᄒᆞ라ᄒᆞ얏다더라

●軍物搜索 阿峴及藥峴等地民人家에兵丁潛伏ᄒᆞᆫ者ᄅᆞᆯ搜索ᄒᆞ다홈은已揭어니와民家에서査得ᄒᆞᆫ銃이七拾柄이오彈丸이一千四百八十發이오革帶及藥囊等物은不知其數라더라

●物品移置 警視顧問丸山重俊氏ᄂᆞᆫ警視總監을被任홈은別項과如ᄒᆞ거니와內部顧問室에諸般汁物을警視廳으로昨日에移置ᄒᆞ얏다더라

●已遞亦仕 遞任된警視總監具然壽氏ᄂᆞᆫ何名色으로昨日에仕進ᄒᆞ얏던지印章을堅持ᄒᆞ고不爲仕遞ᄒᆞ거날在傍某씨가勸告하기ᄅᆞᆯ已遞之官으로仕進ᄒᆞ聽ᄒᆞᄂᆞᆫ것이不爲妥當이라ᄒᆞ거ᄂᆞᆯ該具씨가答ᄒᆞ기ᄅᆞᆯ吾의副總監官卿이明日은贖에頒布가되리라ᄒᆞ얏다더라

●被囚調査 再昨日憲兵司令部에서被囚된正尉以下尉官에姓名과被傷ᄒᆞᆫ同隊將校及士卒을南大門內濟衆院에現方治療ᄒᆞᄂᆞᆫ三拾 人姓名과同日本衛戍病院에서治療ᄒᆞᄂᆞᆫ將校及士卒六拾四人姓名合一百四十三人姓名을揭付于該部門外壁上ᄒᆞ얏난대被囚된兵丁은方在調査中이라더라

●兩시請願 漢城裁判所判事尹邦鉉太明식兩시가法部에辭職請願ᄒᆞ얏더라

●幼年放ᄉᆞ 幼年학校에서再昨日夏期放學式을擧行ᄒᆞ얏더라

●閔시慈善 聖書公會總務閔휴시가日昨韓日兵交戰時에彈丸을不避ᄒᆞ고負傷ᄒᆞᆫ韓兵들을南門外濟衆院으로昇送治療케홈은各報에已所揭載어니와昨日에基督敎書數百卷을該病院에又爲寄送ᄒᆞ야負傷人處에分給하고學理上에注意케ᄒᆞ니閔시之前後慈善은人皆稱頌ᄒᆞᆫ다더라

●女徒義擧 三昨日에韓日兵交戰時에負傷ᄒᆞᆫ韓國兵丁을南門外濟衆院에收容治療ᄒᆞᆫ단말은已爲揭佈어니와該院男女看護員과普救女館看護員들이至誠救護홈은己無擧論이오蓮洞女中學校學徒들이會同相議曰彼同胞ᄂᆞᆫ爲國而殉者도有ᄒᆞᆫ대我輩ᄂᆞᆫ雖女ᄌᆞ나不可不出義라ᄒᆞ고當日夜부터濟衆院에齊往ᄒᆞ야負傷將卒ᄅᆞᆯ熱心看護ᄒᆞ미其將卒도女徒의義擧ᄅᆞᆯ感服하야揮淚致謝ᄒᆞᆫ다ᄒᆞ며又當日에半洋服ᄒᆞᆫ一女ᄌᆞ가能通英日兩國語ᄒᆞ며彈雨中에來到하야衆人을向하야吾國同胞ᄂᆞᆫ吾人이不子면其誰爲之리오하고親自馳奔ᄒᆞ야傷兵을四面求索ᄒᆞ야病院으로擔舁而送ᄒᆞ얏고又一韓國看護婦ᄂᆞᆫ戰場內에서傷兵을救護ᄒᆞ기에血痕이遍身ᄒᆞ미見者가莫不感泣ᄒᆞ더라

●女中豪傑 中谷等地에一美人이來住하ᄂᆞᆫ대年今十八歲에英日淸三國語ᄅᆞᆯ通達卒業하야外交에小無滯碍ᄒᆞ고且秉詩書論ᄒᆞ야現今貿易生하ᄂᆞᆫ되將次女ᄉᆞ校에入學ᄒᆞ야法律ᄅᆞᆯ卒業ᄒᆞᆫ다더라

桑港電報 八月三日着

●密使渡美 韓帝의皇族이라稱ᄒᆞᄂᆞᆫ韓國密使가紐育에着ᄒᆞ야曰余等의渡美目的은米國大統領을訪ᄒᆞ야韓國을日本에서救出ᄒᆞ기을乞홈이인대日本人이余等을暗殺ᄒᆞ랴ᄂᆞᆫ되就ᄒᆞ야警察의注意로望ᄒᆞ며又日本皇帝ᄂᆞᆫ比律賓侵略野心을抱ᄒᆞ며英領印度을破壞ᄒᆞ랴ᄒᆞᆫ다고言及ᄒᆞ얏더라

東京電報 同日着

●中將渡滿 福島中將의渡韓ᄒᆞᄂᆞᆫ事ᄂᆞᆫ滿洲視察ᄒᆞᆯ目的으로京城에一泊홀뿐이오時局에對하야誤解홀慮가有ᄒᆞᆯ가恐ᄒᆞ야韓國視察은中止ᄒᆞ엿다더라

同日着

●日築韓城 陸軍성에서一千万元을支出ᄒᆞ야咸鏡北道會寧等地에築城ᄒᆞᆫ다더라

▲寸鐵冷笑▼

▲軍大李秉武 ᄂᆞᆫ三昨日에長谷川大將과農相宋秉畯氏私邸에訪問ᄒᆞ고密議가有ᄒᆞ얏스며法大趙重應氏ᄂᆞᆫ三昨日에農大宋秉畯氏와倶樂部에留ᄒᆞᄂᆞᆫ總理大臣리完用氏ᄅᆞᆯ訪問密議하얏다니近日ᄌᆞ大臣이密議ᄒᆞᆫ後에大問題가必出ᄒᆞ니또무삼未盡ᄒᆞᆫ事件이有하야眉語가種種ᄒᆞᆫ지

▲今番軍隊解放ᄒᆞᆫ事件에對ᄒᆞ야恐有後慮ᄒᆞ야軍部大臣리秉武氏家ᄅᆞᆯ把守ᄒᆞᆯ뿐더러該氏家附近坊曲에도日憲兵一名式擔銃警衛ᄒᆞᆫ다ᄒᆞ니該氏에勢力은大端히宏壯ᄒᆞ고日本兵卒ᄅᆞᆯ任意로指使ᄒᆞ야自己家近에도把守하니아마日本軍部大臣까지兼ᄒᆞ야ᄂᆞᆫ지

▲總理大臣리完用氏가筆동義親王殿下의別邸가現今空虛ᄒᆞᆫ故로同殿下還國ᄒᆞ시기前까지借居ᄒᆞ기ᄂᆞᆫ確定ᄒᆞ얏다니該氏ᄂᆞᆫ內下ᄒᆞ신邸宅과賤財ᄂᆞᆫ置之可處ᄒᆞ고家舍ᄅᆞᆯ借居ᄒᆞᄂᆞᆫ지必是泥峴近處에住接ᄒᆞ기ᄅᆞᆯ爲홈인죽何必泥峴으로移接ᄒᆞᆯ이오日本으로移居ᄒᆞᆫ지

▲今番[illegible]都監監造官ᄅᆞᆯ差下하얏ᄂᆞᆫ대牛峯리氏와潘南박氏가差下되야리박兩姓이各立黨派ᄒᆞ야首望을互相競爭ᄒᆞᆫ다하니兩班競爭이此時代을當하야富然ᄒᆞᆯ만ᄒᆞᆫ일이나斗峯便에ᄂᆞᆫ經理大臣리完用氏又ᄂᆞᆫ一等領首가任하니朴敗리務은已所預料로다

▲安岳部에서人民이會集ᄒᆞ야該部一進會事務所ᄅᆞᆯ圍擁ᄒᆞ야乱棒石ᄌᆞ로揮打人來ᄒᆞ야該會員을打倒하며事務所ᄅᆞᆯ打破ᄒᆞ며門牌ᄅᆞᆯ破碎ᄒᆞ고學徒들을毆打逐出ᄒᆞ얏고日昨寺동으로一進會員이過去ᄒᆞᄂᆞᆫ데人民이以石投擊ᄒᆞᆫ즉該會員이飛身逃走하얏다니京鄕人民이一進會ᄅᆞᆯ逢着毆打하야住接이無處ᄒᆞᆫ즉一齊히日本으로가지

▲侍衛隊死亡ᄒᆞᆫ多數兵丁의尸體ᄅᆞᆯ再昨日에水口門外로移去ᄒᆞᄂᆞᆫ대該遺族이無論男女老少ᄒᆞ고尸體ᄅᆞᆯ搜索ᄒᆞᄂᆞᆫ되號哭之聲이震動ᄒᆞ니天日이爲之冥冥ᄒᆞ고山川이爲之悲慘ᄒᆞ도다

▲日昨韓日兵이交爭時에飛丸이如雨ᄒᆞᆫ대韓國간護婦一人이人力車ᄅᆞᆯ率來ᄒᆞ야負傷兵丁을濟衆院으로擔去ᄒᆞ고蓮동學校女學徒ᄂᆞᆫ濟衆院에前往ᄒᆞ야負傷兵을極力救療ᄒᆞ얏다니該婦人이同胞ᄅᆞᆯ愛護ᄒᆞᄂᆞᆫ思想은耶蘇敎中에서出來하얏슨즉勝於男ᄌᆞ遠矣로다

▲이쓰루싸오國은人口가不過二千이로대獨立ᄅᆞᆯ八百年繼續하얏ᄂᆞᆫ대大韓은人口가二千萬이오地方이三千里로되從人壓制下에져ᄒᆞ야喘息呼吸을不得自由하니衆多ᄒᆞᆫ人口가寡小ᄒᆞᆫ人口ᄅᆞᆯ부그럽지안ᄒᆞᆫ자

▲한城府에서日人八名을新稅羅聘ᄒᆞᄂᆞᆫ대其理由ᄂᆞᆫ한城內外각家쾌等을統率ᄒᆞ야家舍賣買ᄒᆞᄂᆞᆫ口문의稅金과家屋稅금을主管케ᄒᆞᆫ다ᄒᆞ니近日에日人雇聘이許多ᄒᆞ더니甚至於家舍賣買ᄭᆞ지日人이主管ᄒᆞ니日人雇聘하기前에ᄂᆞᆫ家舍口문의稅금도不收하얏던지

◉社告

布哇에서本社에送付홍美金壹百弗拾弗二拾九弗三張에分홍郵便爲替을受하얏스나何許人이何許爲替인지送付하얏는지姓字가無하야疑訝이셔니郵便에交涉하야錢額은已爲推尋이고出送人은布哇留関찬爲ᄒ야로認得ᄒ거나何許事件으로送금인지遠々詳示홍을切望홈

博川郡에李鴻成氏로本支社員으로認定ᄒ얏기玆以仰佈ᄒ오니該郡近地에本申報購覽ᄒ실僉君子는右氏의게請求하심을務望홈

大韓每日申報社

雜報

●珍島新校　全羅南道珍島郡에公立學校를設ᄒ고名曰光新이라前郡守李秉化씨와該郡人리承희氏로副敎長을薦選하고國漢문을敎授ᄒ더니殷日之間에生徒來集者ㅣ七十八의至ᄒ고稅務主事曹秉玉과該郡主事姜敬承과敎員박晉道諸氏가熱心注成하고郡人조석사氏許某는四拾元과朴啓培氏十圓과六面에서拾兩斗四圓式을義捐贊助ᄒ얏고郡守拾圓의試驗을行ᄒ는데本郡守가紙筆로行賞하얏는데校況이大段興旺ᄒ더라

●上學退期　長동私立中東夜學校에서夏期放學을當時에秋期上學ㅅ陰曆七月初一日로定ᄒ엿더니日氣ㅣ尙熱ᄒ으로因ᄒ야同月念間으로退ᄒ엿다ᄒ고上學日에學徒와新入學員도募集홀터이라

廣告

本郡首書記尹晟赫은素是不良悖吏라戚倚衛削하여羅守ᄒ고二兩朔月俸을尋食ᄒ고終不出給ᄒ고戶籍紙價로今春調査戶에新舊戶錢式磨鍊ᄒ야郡內私立主人處에勒捧하되大坊葉三百餘兩中坊二百餘兩小坊一百餘兩式督捧ᄒ야日每連絲하니月餘空官에臨與條官이더니新倅가始ᄒ到任ᄒ엿다고該邸貸을發拾置集ᄒ니該郡ᄒ尹哥行爲ᄒ고發差ᄒ되終來頑拒則誠爲恐ᄒ本郡人民도漁肉이되깃다더라

定州郡　金希明　李淳明等　告白

本郡主事李[illegible]이[illegible]ᄒ고[illegible]으로[illegible]ᄒ야[illegible]人等을[illegible]ᄒ야[illegible]請ᄒ[illegible]李[illegible]推薦ᄒ[illegible]照亮ᄒ시오

推薦[illegible]　朴[illegible]　告白

大東文粹　全一冊　金七十五錢

箕子以來로至國朝　宸章及名文精選漢文必讀合用敎科

新撰地文學　全一冊　金四十錢

凡屬地質學理與圖式精良簡易合用敎科

生理衛生學　全一冊　金四十錢

吾人生理上關係衛生具圖式切要簡易合用敎科

發賣所　布屛下廣學書舖　東口越邊中央書舖　寺동漢陽書舖　鍾路大東書市　小廣橋高裕相書舖

本人先山在於安岳乾紅坊더니本邑有權力朴義才昨年閏四月에本人屢代先山에厭膽ᄒ葬故本人禁葬則賊反荷杖으로營本官有何請錢이든지本人屢代山을ᄂ掘하니世豈有如此聽訟之道理乎ᄉ勝抑冤玆廣告홈

信川魚蘆坊　崔丙燁　告白

第二回學員募集廣告

○本校에서第一學年試驗을經ᄒ온바學員을募集ᄒ오니願學人은九月一日以內(陰七月二十四日)로入學請願書을本校에來ᄒ야請求홈

課程　本校規則에져홈

年齡　十五歲以上

試取日　九月二日

試取科目　本國地誌　讀書　作文　筭術(四則以內)　本國歷史

開學日　九月六日

光武十一年八月一日

漢城中署磚洞普成中學校

慶尙道[illegible]派員김[illegible]洙가不遵詔勅與訓칙ᄒ고有文卷確有民私條을肆自放賣ᄒ기로數千條民이仍此失業에幾至死境故로條未이리裏足千里ᄒ야呼訴于京部이기玆以廣佈홈

鎭南郡紙島七條條主김[illegible]振[illegible]　李[illegible]　告白

本人의漢城銀行當株四拾九株金一百拾貳圓五拾錢第十九號와第十八號領受證武枚를서失ᄒ얏기廣告ᄒ오니勿論誰某ᄒ고得ᄒ야도休紙施行事

李[illegible]　廣告

大東寄宿舘

[illegible]

大韓新地誌

[illegible]

本册肆에敎會書籍과各學校敎科書와各種新舊書册이俱備ᄒ오니有志ᄒ신僉君子는陸續購覽ᄒ시옵

不壞鍾路　[illegible]敎册肆

尹[illegible]　告白

本人等이典동支所越便에셔各貰典舖이옵다가今에合資設舖營業하오니典執하실僉員은陸續來臨爲要

中署典동영信號典舖　金[illegible]秀　車基倫　金[illegible]觀　告白

●일본遊覽者募集

一遊覽會員募集　人員은五十名으로一個人이[illegible]인찬일인ᄒ會不問ᄒ고速히請入ᄒ시옵

一遊覽地　東京博覽會及橫濱、西京、大坂等地

一往復일수　十七日間

一浮費　遊覽費及手數料을合ᄒ야總計四十八圓

一出發日　請入順次을從ᄒ야出發日은[illegible]直接히通知홈

一請入所　在京城各新聞社와十八銀行경성支店　天一銀行

一會員은遊覽을終ᄒ야歸航ᄒ後에는本會와關係가小無홈

一南대門서釜山으로直行ᄒ던지或은東京으로直行하던지ᄒ야도同一便法으로同行請人을應諾홈

遊覽人協會事務所[illegible]

南大門通　東亞商會

學徒被帽와書冊

學徒運銃과諸具

羅紗各種

美國金鷄紐

衣服被縫其他雜貨도廉價放賣ᄒ오니陸續來臨ᄒ심을바라나이다

仁川港[illegible]

本人이[illegible]를遺失ᄒ얏스온ᄃ其中에李涉[illegible]推次[illegible]六十圓[illegible]名[illegible]類을誰某拾得ᄒ던지休紙施行홈

茶洞[illegible]金[illegible]

[illegible]

鐵[illegible]大全

[illegible]

[illegible]

[illegible]

發行所　京鄕各有名書店

[illegible]

◉忠淸[illegible]道[illegible]部右支[illegible]
[illegible]二圓 沈永俊
前護衛官總敎部 리凡順 김連喜
參奉최蕙鎬 五衛將金鍾佑
각一圓 金使司泰植 五圓
議官崔雨식 五拾전 김元奎
박우경 각一圓 主事洪宗日
三圓 田都鎭 主事許炳
[illegible]金우[illegible] 議官田夏鎭
參奉[illegible]根 南사윤 김자윤
[illegible] 玄瑆秀 박泰公
金錫元 金鼎秀 金允敎
김明顔 김琦鉉 高德昌
최漢용 문在옥 趙致云
리景信 趙濟善 각一圓
리喜[illegible] 五十던 김正立
김正[illegible] 田敬七 리秉穆
정俊弼 최龍燮 정乃元
최德인 림景元 崔春植
沈天澤 趙成윤 리多有
김完基 리元長 김君習
김乃晳 김덕化 白崇年
曹윤日 각一圓 박成보
八拾전 김德瑞 金成玉
림成喜 白滋千 각七十錢
림逵夏 박鳳여 각六十錢
高正化 리逵先 리秉奎
尹基鳳 鄭成五 金千日
리靑龍 김학秀 리春三
金正九 全明淑 최正德
김주伯 高영般 金夏贊
金德洙 손景三 한용洙
림平日 문順五 니寬여
강致云 金進七 신公直
리先보 김正옥 오우善
박亨圭 咸順九 南宮孟瑞
朴乃弘 [illegible]宋日 金윤益
廉東奎 정在景 朴應元
張中보 김若윤 김正賢
金光 呂尹여益 尹滋淳 白영道
鄭中昆 리明五 김啓창

[illegible]
[illegible]門지[illegible] 리여[illegible] 曹滋[illegible]
劉行元 오道明 리乃成
정泰여 宋德弼 趙학元 吳益洙
각五拾錢 河學洙 리根勳
孫明三 俞元여 리聖臼
니凱洪 朴益洙 리致日
리化여 리春賢 車亥淑
鄭敬九 각[illegible]전
先達李[illegible]仲 김[illegible]여 리[illegible]景
崔春[illegible] [illegible] 리仲和
리和[illegible] [illegible] 김[illegible]化
박中日 [illegible] [illegible]明
김滔[illegible] [illegible] [illegible]
최一[illegible] [illegible] [illegible]
朴윤[illegible] [illegible] [illegible]여
南春[illegible] [illegible] 조金賢
박宗[illegible] 김德彬 [illegible]能
田사[illegible] 張[illegible]三 盧翼道
김應洙 리윤[illegible] 송洛서
정윤日 崔學燁 리明順
리云서 김영寶 김[illegible]
김中五 宋元白 리仲五
리景禧 曹永五 김錫良
박萬보 黃白成 리天여
리學鉉 최聖校 국秉전
劉德五 卄五전 박萬宗
김元伊 田인서 田化서
김宗八 權元八 韓延佑
김永윤 尹德化 文윤三
리聖弼 金京星 朴永[illegible]
리金化 김윤明 劉成烈
리乃京 리文선 卜敎局
韓창孫 韓聖五 姜萬금
리成五 리連서 김箕瑞
조日龍 박在先 김[illegible]立
리化中 宋萬서 김金善
高덕在 박元弼 權영植
리사賢 각卄錢 리俊[illegible]
權景年 盧성云 安영서
崔金七 崔致三 김成[illegible]
김성근 김行서 각拾五전
閔元淑 리鉉옥 김正烈
오景連 徐學魯 림星七

許[illegible] [illegible] [illegible]
박翊[illegible] 김덕七 박덕[illegible]
오덕信 韓成五 박덕立
文鳳千 김春瑞 리성順
田巨복 各今전 박元龍
主事리聚云 각一圓
主事김덕基 羅영善 劉光三
각五十錢 主事李肯執
리士元 黃執中 김성煥
김鬪七 각廿전 김致덕
梁敬道 [illegible]春京 千洛子
각卄전 參奉리致三 一圓
主事韓치[illegible] [illegible]十전
正尉[illegible]武[illegible] [illegible] 林[illegible]
二십전 申五[illegible] 김平五
리金俊 국五十전 김春化
拾전 [illegible]錫[illegible] 徐치[illegible]
白明元 김仲先 김영哲
각十五전 김치傚 [illegible]瑛
任鎭俊 孫성찬 孫永[illegible]
최明三 金수榮 최用云
各卄錢 김인성 김正선
김喜文 리純九 任在鎬
리成儀 金成一 任[illegible]仲
리성範 金치野 국卄던 리치文
최在[illegible] 리[illegible]종 각五拾전
복哲化 김영서 각拾전
박덕六錢 任星宰 [illegible]春化
박元明 平大[illegible] 박化寶
任敏成 김益三 任成보
韓성[illegible] 국십五錢 박덕三
정云先 최영[illegible] 朱영云
김사원 각십전 [illegible]成俊
오成원 전원성 任成七
김龍云 文成여 安京五
복敬[illegible] 各廿전 白成七
김성云 각五전 曹定여
主事김규榮 盧道여 韓윤寬
김[illegible]여 김조玄 曹敬烈
국卄전 任惠인 金錫조
都事김學文 니柄주 김正덕
오성[illegible] 김公弘 니德선
김順八 陳平心 각卄전

[illegible]
림德[illegible] 金[illegible] [illegible]
각五拾전 최錫[illegible] [illegible]
任靑一 김千서 [illegible]明淑
니보여 강相運 각拾전
金여七 박성吉 박성天
니武京 각卄전 류善長
金지貞 徐성執 니敏[illegible]
조夏은 니年雨 [illegible]熙
任心三 손春和 [illegible]五[illegible]
金孟文 金德明 任[illegible]淑
국卄전 徐善長 [illegible]
국五전 정秉[illegible] [illegible]
오然大 任夏三 [illegible]
김一河 국九十전 [illegible]
정自裕 조公[illegible] 김[illegible]
김明老 김敬一 尹金옥
니원[illegible] 池치[illegible] 정在[illegible]
김鏞賢 리景文 각廿錢 정泰煥
四十전 박魯臣 김지吉
김良여 니德玄 明敎여
金원비 국卄錢 김光보
신天益 김權종 申興寬
金泰玄 각拾錢 具明五
具덕보 리彦弼 金面금
니官七 신一男 장[illegible]선
黃文弘 張善良 김公윤
各卄전 洪윤益 리春習
張여良 김學보 국一圓
南宮善敬 四拾전 김눈伯
송正寬 각卄錢 박敬七
장民[illegible] 김時化 각五十전
최正옥 김炳均 羅눈보
조三峰 朱正寬 박正五
김壁玄 羅壽天 韓영섭
각卄錢 金治伯 김良道
김奇영 許치叔 각拾五전
車千五 鄭士榮 김눈長
오원京 김明仲 리원西
국拾전 오奇三 金여[illegible]
南云京 국五十전 김良[illegible]
羅눈문 국卄錢 오덕영

[illegible]
[illegible] [illegible] [illegible]
鄭주賢 長[illegible]三 송明化
리인[illegible] 류贊京 林宗덕
최順弼 劉사逸 국[illegible]錢
羅善五 장成三 各廿錢
김武敬 林지春 복원逸
[illegible]십전 강[illegible]凡 김성武
국[illegible]시[illegible] 룸복吉 니金塔
[illegible]必 [illegible]원 홍一보
[illegible]春 [illegible]성三 김敎金
[illegible]
[illegible]성[illegible] 김원[illegible] 국[illegible]
金성윤 許정운 국[illegible]
[illegible]성[illegible] 황원南 국[illegible]
安敎賢 盧炳洙 정[illegible]玄
김지信 각五拾錢
정萬여
參奉김성出 羅[illegible]淑 김奇[illegible]
복春心 복辰洙 리영言
이時白 강성[illegible] 리成[illegible]
각卄전 조원[illegible] 金[illegible]武
복영[illegible] 申윤七 김宋문
복正[illegible] 김덕[illegible] 各卄전
최云서 조원七 각십견
달[illegible]옥 리奇八 리[illegible]洙
梁치곤 徐良보 복[illegible]
복辰洪 최炳[illegible] 김月[illegible]
최[illegible]원 리化寶 국卄전
리치[illegible] 許[illegible]玄 [illegible]萬化
회영道 白樂春 金윤千
권윤[illegible] 오孟선 박大京
비[illegible] 金化京 김[illegible]
김萬보 박덕윤 김[illegible]
[illegible]성화 곽중보 김用여
니성[illegible] 徐平중 박성화
김士文 김부여 [illegible]局玄
최성[illegible] 각十錢 곽치三
盧덕문 각십五錢 [illegible]奇옥

[illegible]
림[illegible] [illegible] 니치伯
각[illegible] [illegible] 각卄전
韓京[illegible] [illegible] 니중옥 卄錢
조윤弼 [illegible] 具弘錫
박斗玄 申[illegible] 김윤九
리[illegible]선 문成千 정영화
림윤여 [illegible] 박金京
[illegible] [illegible] 각十錢
[illegible] [illegible] 조武淑
[illegible] [illegible] 신士원
[illegible] [illegible] [illegible]던
[illegible] [illegible] 복원[illegible]
[illegible] [illegible] 五[illegible]
[illegible] [illegible] 송宗玄
[illegible] [illegible] 張[illegible]玄
[illegible] [illegible] 河元老
국一圓 金[illegible]七 金正伯
朴[illegible] 朴[illegible]종 송영信
朴明윤 박치行 국五拾전
金聖순 四拾[illegible] 池윤九
[illegible]公直 尹金[illegible] 조京중
류正[illegible] 金應五 국卄錢
리원三 조원[illegible] 尹화益
국[illegible]십錢 金盈斗 一圓
羅[illegible]子 리[illegible]叔 具士吉
許지문 리[illegible]화 韓君必
徐천[illegible] [illegible] 徐錫三
[illegible]덕 [illegible] [illegible]五
[illegible]伯 [illegible] 림[illegible]凡
[illegible]拾전 [illegible] 姜[illegible]중
安[illegible]下 [illegible]三 국卄전
[illegible] 羅金[illegible] [illegible]윤千
[illegible]전
合二[illegible] [illegible]圓[illegible]八전五厘
未完
[illegible]文羅[illegible]總合一百拾六전
[illegible]總合四萬三千三百五拾五
[illegible]〇六전[illegible]厘
[illegible]總合四萬三千七百〇六圓二拾五錢一厘

第五卷

大韓每日申報

六十二

月曜及慶節歲時休日刊

檀君開國四千二百四十年
箕子元年三千二十九年
大韓開國五百十六年
日本明治四十年
淸國光緖三十三年
陰曆丁未六月大二十八日丁亥

論說

韓日協約에對ᄒᆞ야何에從事ᄒᆞᆯ고

鐵峴敎堂에셔發行ᄒᆞᄂᆞᆫ 京鄕新聞의論說을譯載ᄒᆞᆷ

七月二拾四日에韓日新協約이頒布된거ᄉᆞᆯ見ᄒᆞ니二年前新條約보다我의獨立을愈益減少케ᄒᆞᄂᆞᆫ貌樣이니諸條中에特別히可畏ᄒᆞᆫ것은自今으로ᄂᆞᆫ統監府의意志를從ᄒᆞ야日本人으로我國諸官吏를任ᄒᆞᆷ이라日本權勢가加大ᄒᆞᆯᄉᆞ록我國獨立은愈少ᄒᆞᄂᆞᆫ도다此協約을調印ᄒᆞᄂᆞᆫ데大韓便에ᄂᆞᆫ總理大臣李完用氏一人이오日本便에ᄂᆞᆫ統監一人인대李完用氏ᄂᆞᆫ伊藤統監의所立ᄒᆞᆫ者라此約條下에在ᄒᆞᆫ二人의名이伊藤統監의名을證書ᄒᆞᆫ것과如ᄒᆞ고大韓의所願대로ᄒᆞᆫ것ᄂᆞᆫ아니니然ᄒᆞ나壹朔前에政府가責任內閣된後로부터ᄂᆞᆫ內閣大臣들이國家의全權을掌ᄒᆞ얏스니비록 大皇帝陛下ᄭᅴ서親爲ᄒᆞ심은아니나他國所見에ᄂᆞᆫ斷々히有力ᄒᆞᆫ約條와如ᄒᆞᆫ지라若我國人이無力ᄒᆞᆫ約條라ᄒᆞ면日本이兵丁을多送ᄒᆞ야有力ᄒᆞᆯ줄노思惟케ᄒᆞ리니如此ᄒᆞᆫ危痛ᄒᆞᆫ境遇에ᄂᆞᆫ何以處之ᄒᆞᆯ고此約條를廢止ᄒᆞ[illegible]爲ᄒᆞ야人民이起而戰爭ᄒᆞ면[illegible]가[illegible]爭코져ᄒᆞᄂᆞᆫ者ᄂᆞᆫ國家에有益ᄒᆞᆫ[illegible]을做ᄒᆞᄂᆞᆫ줄노[illegible]ᄒᆞᆫ것이[illegible]戰爭ᄒᆞᆷ이眞實노[illegible]改[illegible]ᄒᆞᆫ[illegible]

다가死ᄒᆞᄂᆞᆫ것이眞實노義勇이나若其戰爭에成事치못ᄒᆞ고反히其禍敗를加ᄒᆞ게되면其戰爭이無益ᄒᆞᆫ流血이라우리가戰爭을ᄒᆞ야或日人을勝ᄒᆞ기ᄂᆞᆫ或他國의挾助를得ᄒᆞ면有益ᄒᆞ깃스나然ᄒᆞ나我國은兵丁도無ᄒᆞ고軍器도無ᄒᆞ고戰法도未精ᄒᆞ니日本의衆多ᄒᆞᆫ兵丁을抵當키難ᄒᆞᆯ것이오戰爭ᄒᆞᄂᆞᆫ緣故로他國이우리를究[illegible]ᄒᆞᆷ을見ᄒᆞ고우리를爲ᄒᆞ야日本과戰爭ᄒᆞ겟나냐伊前에ᄂᆞᆫ或此를思想ᄒᆞ얏더래도卽今은此를思想ᄒᆞᆷ이愚痴ᄒᆞᆫ者이라近間에도遐鄕他方의傳說이米國兵船이多數渡來ᄒᆞ야我國을挾助ᄒᆞ리다ᄒᆞ니此ᄂᆞᆫ皆無根ᄒᆞᆫ風說로우리의게虛荒ᄒᆞᆫ思想만生케ᄒᆞᆷ이니實노우리의게大害가되ᄂᆞᆫ者라然則實言은如左ᄒᆞ니他國에何國이던지自己에有益ᄒᆞᆷ을爲ᄒᆞ야日本과戰爭ᄒᆞ고져ᄒᆞ면我國事情을稱托ᄒᆞ고[illegible]始作ᄒᆞᆯ듯ᄒᆞ나只今인즉皆日本을畏ᄒᆞᄂᆞᆫ지大韓이偏小ᄒᆞᆫ故로相關ᄒᆞᆯ것이無ᄒᆞ다ᄒᆞᄂᆞᆫ지或日本과協約ᄒᆞᆫ邦國이其協約을因ᄒᆞ야噴言이無ᄒᆞᆫ지日本이大韓에[illegible]ᄒᆞᄂᆞᆫ지日本의行[illegible]도無[illegible]任者[illegible]日報[illegible]新聞[illegible]

不問明ᄒᆞᆫ國이大韓을刷新ᄒᆞ여야人民이生活ᄒᆞ깃다ᄂᆞᆫ대列國中에此事를擔着ᄒᆞᆯ者ᄂᆞᆫ日本과如ᄒᆞᆫ者ㅣ無ᄒᆞ다ᄒᆞ엿스니此等新聞을閱ᄒᆞ고日本이我國에干涉ᄒᆞᄂᆞᆫ것이好事인줄노認ᄒᆞ기가無怪ᄒᆞ도다만은日本이우리大韓에干涉ᄒᆞᆫ後로부터우리人民이日人挾雜輩의多大ᄒᆞᆫ損害를受ᄒᆞ난것을認ᄒᆞ면他列國이或他注意가有ᄒᆞᆯ듯ᄒᆞ나然이나此를知悉치못ᄒᆞᄂᆞᆫ故로他國이挾助ᄒᆞ기ᄂᆞᆫ姑未可望이로다然則아모것도絶望이되야아모事業도못ᄒᆞᆯ가日否라萬々코如此ᄒᆞᆫ思想을存치勿ᄒᆞᆯ지어다今番協約으로大韓이아조亡ᄒᆞ엿다고ᄂᆞᆫ姑未可謂오且大韓人民이精神을刷勵ᄒᆞ야本國을建立ᄒᆞ려ᄒᆞ면建立ᄒᆞᆯ슈가有ᄒᆞ나諸般要緊ᄒᆞᆫ事業을몬져知得ᄒᆞ여야方可做去ᄒᆞᆯ지라愚痴ᄒᆞᆫ生覺을抛棄ᄒᆞ되他國이我를助ᄒᆞ면我가生ᄒᆞ고我를助ᄒᆞᄂᆞᆫ者가無ᄒᆞ면我가死ᄒᆞᆯ것이다ᄒᆞᄂᆞᆫ愚痴ᄒᆞᆫ思想도前日과如히存치勿ᄒᆞ고吾人의力은吾人手中에在ᄒᆞᆷ을確信ᄒᆞᄂᆞᆫ것이第一要緊이오前日보다우리同胞가各其勉力ᄒᆞ되日人을畏懼치勿ᄒᆞ고義理를從ᄒᆞ야做去ᄒᆞ기로勉力ᄒᆞᆯ지니如此做去ᄒᆞ기가前日보다容易ᄒᆞᆫ形便이有ᄒᆞ니今에日人들이大韓人의惡ᄒᆞᄂᆞᆫ줄을知悉ᄒᆞ엿스니前日과ᄀᆞᆺ치虐待만ᄒᆞ면我國니에셔彼의事業도될슈[illegible]아니면엇지[illegible]로今番事를因ᄒᆞ[illegible]ᄒᆞ기始作ᄒᆞ[illegible]識道ᄒᆞ얏고日本[illegible]怨望ᄒᆞ되[illegible]가大韓에셔所爲[illegible]ᄒᆞ고大韓人民[illegible]ᄒᆞ얏스니今後에[illegible]ᄂᆞᆫ者도多ᄒᆞᆫ

故로彼의事業을爲ᄒᆞ기도ᄒᆞ고他列國眼前에亡身될것도免ᄒᆞ기爲ᄒᆞ야前日과ᄀᆞᆺ치아니ᄒᆞ기도ᄒᆞᆯ만ᄒᆞ니但義理를從ᄒᆞ야做去ᄒᆞ기를勉力ᄒᆞᆯ것이오絶望ᄒᆞᆯ것도아니오哭泣만ᄒᆞᆯ것도아니오오직要緊ᄒᆞᆫ事業을察ᄒᆞ야勉勵ᄒᆞᆯ것이第二要緊ᄒᆞᆫ것이오開明進步ᄒᆞ기위ᄒᆞ야已往着手ᄒᆞ얏든事業을一毫라도中止치勿ᄒᆞ고前日보다學校도더욱熱心ᄒᆞ고各種實業에도더욱用力ᄒᆞᆯ지어다

此三項은特別히緊要ᄒᆞᆫ것이니깁히生覺ᄒᆞᆯ것이오伊後에도更히言明ᄒᆞᆯ것이나戰爭을ᄒᆞ라든지絶望ᄒᆞ라든지他國의幇助를希望ᄒᆞ라든지如彼ᄒᆞᆫ說話를出치도勿ᄒᆞ고聽치勿ᄒᆞᆯ지라機會를遭遇ᄒᆞ야獨立을眞實히建設ᄒᆞᆯ目的을眞實勤告ᄒᆞᆷ은우리相愛ᄒᆞᄂᆞᆫ同胞의게眞實ᄒᆞᆫ相愛로相愛ᄒᆞᆷ이라ᄒᆞ노라

官報

●號外 隆熙元年八月三日

◉宮廷錄事

本月二日에領敦寧司事閔[illegible]의게 親任式을擧行ᄒᆞᆫ事

●第三千八百三十六號 隆熙元年八月五日

◉敍任及辭令

警務廳顧問官丸山重俊 任警視總監

學部視學官尹[illegible] 依願免本官

學部書記官[illegible] 任學部視學官 未完

外報

◉阻止日人 華盛頓電을據ᄒᆞᆫ즉米國國務卿은米國々境을越ᄒᆞ야[illegible]ᄒᆞᄂᆞᆫ日本人勞動者阻止ᄒᆞᆷ目的으로墨西哥國과協議ᄒᆞᆷ을開始ᄒᆞ엿다더라

◉德國의勢力 北京電을據ᄒᆞᆫ즉德國이滿洲商工業에對ᄒᆞ야德國의經營이日英俄等諸國을凌駕ᄒᆞᆯ뿐아니라江北提督陸建昌氏가陸軍部右侍郎으로被任ᄒᆞ며淸國練兵處에在ᄒᆞᆫ日本陸軍士官을解傭케ᄒᆞᆷ도德國의運動이라ᄒᆞ고又湖北砲兵工廠에在ᄒᆞᆫ日本陸軍士官은解傭ᄒᆞᆫ事에對ᄒᆞ야德國士官을採用ᄒᆞᆫ다ᄂᆞᆫ說도有ᄒᆞ고又滿洲總督徐世昌氏가赴任時에北京에在ᄒᆞᆫ德國軍醫와同行ᄒᆞ얏다지라然則此等事ᄂᆞᆫ淸國이日本을疎遠케ᄒᆞᄂᆞᆫ경向이有ᄒᆞᆷ이로되德國도亦注意ᄒᆞᆫ者이더라

◉袁總督辭意 北京電을據ᄒᆞᆫ즉[illegible]袁總督이[illegible]府方針이一定치못ᄒᆞ고又自己노屢次彈劾을被ᄒᆞᆷ으로因ᄒᆞ야辭職ᄒᆞᆯ意가有ᄒᆞ다ᄂᆞᆫ데北洋大臣은非袁莫可라ᄒᆞ야特히秘密上諭를下ᄒᆞ얏다더라

●防禦水雷의設備 同電을據ᄒᆞᆫ則英國海軍이日俄戰爭經驗을因ᄒᆞ야一萬七千個의防禦所用水雷를設備ᄒᆞ얏다더라

雜報

◉內閣告書 日昨에[illegible]韓이內閣에[illegible]左와ᄀᆞᆺ[illegible]

[illegible]其罪乎於乎忠失我國之[illegible]人道之[illegible]於乙未播遷之[illegible]臣리完用與其兒[illegible]館乃以日[illegible]紀綱而竊位乘權實啓今日之禍者也

再直於議政當六條其時外部大臣署理리址鎔賣國而國內大之罪也

三債於新約五條其時外部大臣박齊純幹成五賊而[illegible]政之罪也

終亡於今日之新內閣所謂總理大臣리完用包以直경之心藉以賊大之勢自擠以四賊之所不忍爲得勤告闕[illegible]自投爲各部大臣之罪也

內部大臣任善準直以完用서々之前初爲[illegible]之[illegible]任其於[illegible]乘時之奴[illegible]令是從[illegible]職在銓人物之地而作奴使於[illegible]

農商工部大臣宋秉畯以[illegible]設會[illegible]

學部大臣리載崑[illegible]人而其兄爲[illegible]

[illegible]

未完

雜報

●尉官公俸 軍部게서奏本을日間奉呈ᄒ얏ᄂ인데今番解散된軍隊尉官中可勤人은特爲區處ᄒ고其餘尉官은一年例俸額을恩賜하야與業資로케ᄒ다더라

●部奏將呈 內部게서部守奏本을陰曆晦初間에奉呈ᄒ다더라

●卒業叙任 內閣에서勅奏判任官을從茲以往으로無論何人이던지隨其卒業ᄒ야收用ᄒ고卒業이無ᄒ人은不得叙用ᄒ다더라

●宮屬減省 內侍와掖隷을減額ᄒ다ᄂ說은前報에掲載ᄒ엿거니와내官二人宮人四人과別監武藝合五十人만仍存ᄒ고其餘ᄂ沒數減下ᄒ다더라

●警局廢止 內部警務局에서各地方警察을總轄ᄒ더니該局顧問官丸山氏가警視總監을陞任ᄒ며各地方警察을該總監이監董을ᄒ인故로內部警務局은廢止ᄒ다ᄂ說이有하더라

●戒嚴嚴密 近日각部大臣家에保護兵戒嚴ᄒ去益緊密ᄒ야無論何人이던지接見次로往訪하면名帖을先交ᄒ고또官職有無居住處를詳知然後乃得許入ᄒᄂ뿐더러每日一二次式來賓의姓名을侍從職에報明ᄒ다더라

●宋獨不仕 內閣總理大臣以下各部大臣이昨日에도一體로각其部에仕進視務ᄒ얏ᄂ대惟獨農商工部大臣宋秉畯氏ᄂ不爲仕進ᄒ얏다더라

●統務固張 統務官習生으로書記官을叙任ᄒ고給銜官이日漸각要地處所로移駐ᄒ다더라

●警廳解番 警視廳에서警務官巡査等을逐々지連日合番ᄒ더니再昨日부터解番이되얏다더라

●姑不仕進 新任警視總監丸山重督氏ᄂ副總監叙任前에ᄂ仕進視務치안키로決定ᄒ얏다더라

●朴氏免官 保安府叅書官朴宗煥氏ᄂ行政上不法ᄒ事이多有홈으로日間免本官이된다더라

●丸山轉說 警視總監丸山重俊氏ᄂ將次內部의高等官으로遷轉이되리라ᄂ說이有ᄒ대警視總務長一窠를增置ᄒ다ᄂ巷說이有ᄒ더라

●鎭隊解散 軍部에서兵丁解散事로各地方鎭衛隊에電飭ᄒ얏다ᄂ說은前報에掲載ᄒ얏거니와各鎭衛隊尉官ᄃ은一齊히上來ᄒ지라軍部에서京隊解散ᄒᄂ規則을依ᄒ야恩賜金幾千圜式該尉官의게ᄂ給下送ᄒ야兵卒을효喩遣送ᄒ라ᄒ얏다더라

●巷亦亂離 西小門內館井동等地에서三四日前에巡査憲兵五六名式逐戶突入ᄒ야侍衛隊敗兵의軍物을推覓하ᄂ대銃으로毆打ᄒ미婦女들이惧겁氣塞하야精神을收拾ᄒ지못하며虛銃을放ᄒ야示威홈으로該近人民이驚겁ᄒ야一場亂離를經ᄒ얏다더라

●美國議員到京 美國元老院議員스톤氏와議會議員라운氏가比律賓을視察ᄒ고回路에漢城에到着ᄒ야骨佛安氏家에留宿ᄒ다더라

●鐵路火藥 西來人의傳說을聞ᄒ則何許人이平山郡鐵路線上에火藥一石을暗置ᄒ고乘車日人이預知ᄒ고驚겁躍下ᄒ다가或折骨傷脚ᄒ야醫院病院으로擔來治療ᄒ다ᄒ라

●金氏辭疏 度支局總裁김윤식씨ᄂ再昨日에辭職疏를奉呈하얏다더라

●辭職被捉 有何曲折인지不知ᄒ거니와內外勅奏判任官을無論ᄒ고近日에辭職請願ᄒᄂ者가或被捉ᄒᄂ弊도有ᄒ야辭職하기ᄂ難處ᄒ다ᄂ說이有ᄒ더라

●유家逢賊 再昨日下午九時에賊黨三名이西宮동劉參元氏家에突入하야拔劍威脅ᄒ고衣服佩物等屬과紙貨八圜을掠奪以去ᄒ얏다더라

●牧師懽迎 蓮동長老敎牧師美人奇一氏가昨年陰四月分에歸國ᄒ얏다가明日入城하ᄂ故로각敎會게서남門外停車場에一제出往ᄒ야歡迎會를設ᄒ다더라

●軍物輸去 平壤豊慶宮留陣鎭衛隊所在彈丸六萬九千一百七十六發을本月一日에平壤駐차日本守備隊에서輸去ᄒ얏다고該觀察使가內部로報告ᄒ얏더라

●吊慰戰亡 再昨日下午三時에西學峴倫敦敎堂에서今番에死亡ᄒ韓國尉官 下士卒의哀魂을慰ᄒ기爲ᄒ야敎徒를率ᄒ고光熙門外에前往하야死亡ᄒ尉官及士卒을爲ᄒ야祈禱ᄒ얏다더라

●開採占地 日本人仲又七郞씨等이中和郡에到着ᄒ야農商工部認許가有ᄒ야金銀炭을將次開採ᄒ깃다고揷標ᄒ界홈으로人民等이現方嗷嗷中이라더라

●國有財産修報 內部에서십三道觀察使의게訓令ᄒ고所管各郡에國有財産을一一修報ᄒ라ᄒ얏더니今然不報ᄒ觀察使ᄂ一제히重譴에處ᄒ다더라

●大砲移置 慶運宮內에警備ᄒ기爲ᄒ야所置ᄒ大砲와門을軍部大臣의命令으로再昨日에旅團司令部로移置ᄒ얏다더라

●萬國祈禱 近頃에自美國渡來ᄒ耶蘇教宣敎師某의所傳을據ᄒ則萬國教人이一齊히大韓을爲ᄒ야祈禱ᄒ라니世界宗教家에서韓國을爲ᄒ야萬國이同情을表홈은振古未有ᄒ事라以此觀之하면大韓前途의命運은人有希望이즐로信認ᄒ노라

●兩守請免 杆城郡守申鉉九鍾城郡守李承植兩氏ᄂ辭職請願ᄒ얏더라

●請罷別砲 漆谷郡民裴영琪等이該郡別砲를卽爲革罷ᄒ라고內部에請願ᄒ얏더라

●星郡賊警 去月拾九日星州郡加泉面倉동에서强盜九名이각持六혈砲ᄒ고突入ᄒ야八人의家를衝火ᄒ야家産什物를沒數燒燼ᄒ얏ᄂ대該賊魁ᄂ國先達이라稱ᄒᄂ者라더라

●緣何請願 赤十字社事務員朴영大氏ᄂ何事件을因홈인지昨日에辭職請願ᄒ얏다더라

●統照學部 統監府에서學部로照會ᄒ되日韓協約第五條를據ᄒ즉本統監이推薦ᄒᄂ日本邦人을貴國官吏의任命ᄒᄂ場에ᄂ其官名官等及俸給額等을任命一應別紙樣式을據하야本統監의同意를求ᄒ라ᄒ얏더라

●完卿仕進 新任經理院卿崔錫敏氏ᄂ昨日受勅ᄒ고今日부터仕進視務ᄒ다더라

●門樓付屬 農商工部에서서部로照會하되東南門樓를博物館에附屬ᄒ야博覽會陳列에備用홈이合宜ᄒ다ᄒ얏더라

●必歸於日 法部次官呂珏鉉氏가宮內府協辦으로轉任ᄒ代에侍從副卿李寅九씨가運動ᄒ미라ᄂ더니實은該部參與官野澤武之助씨가被任ᄒ다ᄂ說이有ᄒ더라

●海倅請願 海州郡守呂인섭河東郡守리圭三兩씨ᄂ각該觀察使에게辭職請願하얏더라

●二倅免官 通川郡守沈在昇穩城郡守김와天茂山郡守張榮信濟氏ᄂ行為不正ᄒ故로內部에서免官ᄒ다더라

●日人所爲 日前朝鮮大韓新聞게嚴俊源、가同友會決死隊에金千圜을寄付ᄒ얏다、揭載ᄒ얏ᄂ대嚴氏家에서其事實를査覈ᄒ즉該氏家에來留하ᄂ日本人能嶋進의所爲라ᄂ대該能嶋進은方今理事廳에被捉되얏다더라

●日兵着海 日本守備隊兵이自仁川港으로七月二十九日에海州郡에到達ᄒ야前種機所와使令廳에住接ᄒ얏ᄂ대一般人民等이不知理由하고因此驚々하다더라

●官制修正 近日巷說을據ᄒ則統監府에서각府部院廳의官制를現今修定하ᄂ中이라더라

●伊藤歸國 東京電을據ᄒ則韓國敎所의速成的日韓語學校를設置할터인데其設備方法은伊藤統監의歸朝를待하야決定ᄒ다더라

●三氏訪問 昨日리址鎔趙熙閔泳綺三氏가伊藤統監邸에訪問ᄒ엿다더라

●東峽消息

今月三日에江原道地方에서來ᄒ消息을聞ᄒ則決死隊二百名이各持銃劍ᄒ고交派ᄒ야襲擊ᄒ미居民이相應하ᄂ대補佐官이軍대를派遣하라고急報가有하고竹山郡에서韓兵四십名이集合하야각處義兵과相應ᄒ다고陽智郡分派所補佐官에急報가有하고昨夜에淸風分派所에서決死隊三十名이侵入ᄒ고當夜에又處兵分兵하야丹陽堤川영春각郡을襲擊한다ᄂ니必是原州鎭衛대에解散한兵丁인듯하다고該地補佐員의急報가有ᄒ더라

北京電報

●佛壓이甚 （四日發） 雲南에在ᄒ佛國이壓迫이日甚ᄒ報가有홈으로西太后ᄂ林紹年[illegible]巡撫인故로其意見을訪求ᄒ얏다더라

東京電報

●大使更迭 （同日發） 駐獨井上大使ᄂ來月上旬에賜暇歸國하며靑木美國大使와更迭된다더라

▲筆下木鐸▼

▲古來新君即位에不逾年而改元을謂之廢立乎아謂之傳位乎아萬世史筆이自有定論이어니와彼七賊大臣게行賞을封ᄒ야比義理를何可容論이리오

▲李完용氏ᄂ宋秉畯의指揮를服從하야總理大臣을圖得ᄒ고鷹犬을甘作ᄒ야千萬古에初有ᄒ大名義를辭하얏거니와宋秉畯氏ᄂ大臣의椅子를奪取코자ᄒ더니李完用氏ᄂ其代에大功을樹成ᄒ매總位를奪失ᄒ니宋秉畯氏ᄂ可謂悲憤ᄒ이오ᄂ可謂快樂이로고

▲內閣에서閣議를得ᄒ事實인즉皇帝陛下即位ᄒ신事由로慶賀를表ᄒ기爲ᄒ야各部에公通ᄒ야一一히滅ᄒ얏다니今番에皇帝陛下에傳位ᄒ신事가邪道卽에萬歲를이로고

▲日本陸軍省에서一千萬元을支出ᄒ야韓國咸鏡北道會寧등地에城堞을建築ᄒ다니此ᄂ日露兩國戰士를自己內地로認定ᄒ고巨款을費用ᄒ야日後俄國의衝突을防禦코자홈이나日本人이韓國內에서無限壓迫을行ᄒ야人心을失ᄒ고險阻ᄒ城堞으로國防을經營ᄒ니古人所謂不知禍起소墻內ᄒ고盧築防胡萬里城이안될가

▲萬國耶蘇教에서韓國을爲ᄒ야所禱ᄒ다니一國을爲ᄒ야萬國이所禱ᄒᄂ事ᄂ世界萬國에初有ᄒ事인즉天下事에極則必變하고變則必通이라韓國에來頭希望이至此一擧ᄒ니天道ᄂ福善禍淫이요

▲變亂時代를當ᄒ야人民이依賴處가無ᄒ면其勢가必孤ᄒᄂ니近日耶蘇敎에京鄕紳士가多數히入參ᄒ다니大韓에人民이團體ᄒ야智識를發達ᄒ야國權을挽回할基礎를從此可期리近日으로儒道ᄒᄂ者ᄂ敎를西洋에一種異道로指斥ᄒ나實不知該敎目的이로다

▲大韓人民가事變이一出하면無稽ᄒ謠說에異議를紛紜히相傳ᄒ야所謂下詩之說인이라弓乙乙인이利在田田인이殺我者ᄂ小頭無尾인이勿入東西學이라ᄂ許多ᄒ流說謠言를術士舌端에做出하야富客에錢財를務取ᄒᄂ方術을一傳十訛ᄒ야愚昧ᄒ人民이偏信篤惑ᄒ一生을誤了ᄒᄂ人이多ᄒ니此等妖說을拒絕ᄒ고國民社會에入參ᄒ야智識을開明ᄒ여야保身安命之方이될이로다

▲人民社會에서自治會를組織ᄒ야行政에議事機關을設ᄒ고郡守ᄂ理事機關으로郡의決議를施行ᄒ야行政界ᄒ기로決定ᄒ얏다니邑邑히自治制度를研究하야人民이團體하면自强之策이될줄이로다

▲總理大臣李完用氏의十三歲된[illegible]李宮相私第에來하여日昨侍衛隊敗兵이該處로向ᄒ다ᄂ流傳이有ᄒ며即時家人을送ᄒ야泥峴日本警察部로率來ᄒ엿다니可謂傷於虎者로고

◉社告

布哇에서本社에送付흔美金壹百弗拾弗二拾九弗三張에分흔郵便爲替을受하얏스나何許人이何許에서送付하얏는지姓名이無허야疑訝이러니郵便에交涉허야發額은已爲推尋이로되其人은布哇留[illegible]찬鍋씨로認得이나何許事件으로送金인지速々詳示홈을切望홈

博川居住李鎭成氏로本支社員으로認定하얏기玆以仰佈하오니該附近地에本申報購覽하실僉君子는右氏의게請求하심을要홈

大韓每日申報社 告白

雜報

◉電信不通의理由　三昨日電話가通치못흔新線을所以라고前報에揭載허엿더니와電信못된理由를得聞흔즉同日上午五時에日巡査가電話課官員及雇員下隸를一人을縛去하야敦德殿에留置하얏다가軍隊解散後에解送흔故로該課에無一人허야通신치못허고斷線은아니라허얏다더라

◉何故落膽　京畿觀察使沈宜錫氏가經理院卿을被任흠은別項과如허거니와傳說을得聞흔則該院一般官吏가有何屛節인지不落膽失魂흔다더라

◉局長說話　新任[illegible]昨日內部에서新任[illegible]會同허야地方局長실[illegible]一場演說에[illegible]任地에赴任흘을勸諭허얏다더라

◉辭職請由　咸南觀察使[illegible]內部로報告하되該道[illegible]警務官報告內[illegible]總巡成健[illegible]願으로開하고이速捕하야鹽坂亂民의破흔餘[illegible]快[illegible]고더待爲限

國債報償志願금總合所금七百七拾二圜二拾七錢을領置흔事

江原道三陟郡第一回금二百七圜七십錢과咸南永興郡第三回금五拾圜三拾錢과慶南鎭南郡第一回금二百壹圜九拾七錢과全南莞島郡第一回금三百二圜三十錢合七百七十二圜二十七錢을貯置于電氣會社內銀行홈

國債報償志願금總合所

支收所來納금　電氣會社內銀行

大東文粹　全一冊 金七十五錢

我天以來로至國朝宸章及名文精選흔文必讀合用教科

新撰地文學　全一冊 金四十錢

凡關地質學理具圖式精良簡易合用教科

生理衛生學　全一冊 金四十錢

吾人生理七關係衛生具圖式切要簡易合用教科

發賣所　布屛下廣學書舖　東口越邊中央書舖　寺동[illegible]書舖　鍾路大東書市　小廣橋高裕相書舖

廣告

安東李鍾夏氏檄文集合說木郡校院公[illegible]動華事로學校人이謀陷該氏故로玆以廣告홈

安東郡金白鹿 告白

本人의長子正潤性本浮浪허와今月拾六日抱川居朴道陽과同往于皇城허여挾雜으로爲計허오니內外國人切勿見欺홈

喜谷鶴浦一面大대동 黃견과 告白

朔給由事等因이옵기玆에報告라허얏더라

廣告

本人이昨日에圖章을遺失허얏숩기玆以廣告허오니知悉照亮홈

寺동五統四戶俞致성 告白

本人의四寸리[illegible]居酸泉洛谷素以浮浪浮類蕩敗家産酗酒道路行悖傷人從兄弟家牛馬田畓無數盜賣惡習不悛허니外國人其勿相關홈

慶北豊基리鍾商 告白

第二回學員募集廣告

○本校에서第一學年試驗을經흔바學員을募集허오니願學人은九月一日以內(陰七月二十四日)로入學請願書를本校에來허야請求홈

課程　本校規則에有홈

年齡　十五歲以上

試取日　九月二日

試取科目　本國歷史　本國地誌　讀書　作文　算術(四則以內)

開學日　九月六日

光武十一年八月一日

漢城磚洞 **普成中學校**

慶南漁기派員김鳳洙가不遵詔勅興訓칙허고有文卷稱有民私錢을肆自收賣허기로數千餘民이仍此失業에至死境故로條主에리裏足千里허야呼訴干京部이기玆以廣告홈

鎭南郡紙島七條條主[illegible]　鄭周서 李語賢 等 告白

本人의漢城銀行株券四拾九株금八百拾貳圜五拾錢에第四十八號領受證貳枚를서失허얏기廣告허오니勿論誰某하고拾得하야도休紙施行事

李鳳來 廣告

大東宿館

[illegible]

大東宿館長 鄭熙燦 廣告

[illegible]

漢館 告白

內外沐浴湯 大韓料理各色 西洋上等酒菓각色과外에各樣烟草食料品을[illegible]

[illegible]湯[illegible]告白

大韓新地誌

一帙二冊三百六十頁　定價金一圜

[illegible]

發行所 [illegible]

本人이日本大阪商業家와特約허고日本內地[illegible]各種物品과西洋各種物品及機械等物을我大韓에輸入허와委托販賣도便利케허와約허얏사오니商工業에有意허신僉君子는其物이든지請求코저허시거든本社로來議허시오手數料는[illegible]

開城北部[illegible]本店　支店京城南門內水橋五十一統六戶

[illegible]會社

仝仁港內동廣告

本冊肆에敎會書籍과各學校敎科書와各種新舊書冊이俱備허오니有志허신僉君子는續續購覽허시옵

平壤鍾路 [illegible]教冊肆 尹衡弼 告白

本人等이典동支所越便에서各資典舖이옵다가今에合資設舖營業하오니典執하실僉員은陸續來臨홈

中署典동信號典舖　金경秀　車光倫　金榮觀 告白

◉일본遊覽者募集

一 遊覽會員募集 [illegible]

一 [illegible]

一 往復일[illegible]十七일間

一 [illegible]

一 出發일 [illegible]

一 [illegible]

一 南대門셔釜山으로直行하는者

[illegible]

仁川港[illegible]新冊肆

[illegible]

최봉순 고빅

續修無冤錄大全

[illegible]

越南亡國史　譯述　定價[illegible]

[illegible]

布屛下김相萬 告白

[illegible]

[illegible]

차成七 ?三 金?先
田原서 田正賢 張?보
韓?보 리?大 讃正옥
金成玉 각五拾錢 申德永
閔?? 金鎭爽 金?文
申?秀 ?顯五 張舜日
리?五 黃?日 윤치형
리明春 리石보 리石보
金치德 ?영永 金?潛
최?先 김才덕 각卄錢
니치云 ?鋼詩 趙순化
복敬유 金덕여 金元보 박公老
복公西 朴舜七 金益西 이應三
되印敬 張경준 오道日
정덕玄 金明玄 金순경
姜公弼 宋윤必 韓千보
金영? 徐덕玄 조元종
박元弼 박주경 金성辰
姜先五 姜尙叔 曹才同
박치局 ?宅洙 김敬安
金士益 복好先 되局老
강先여 정士형 박同伊
安서용 니聖? 高덕圭
田치先 되在弘 김치순
金聖七 량사윤 宋영三
강巴同 任원實 宋원實
韓聖五 정德仁 韓영實

⊙與陽郡部內
正二品申?모 七圓
子前參奉?實求 五圓
前?참奉?칠休 五圓
斗休 二圓 ?乞 協雨
二圓 國? 一圓
前主事申?모 一圓 子?求
?求 각 五십錢 前議官신우求
八圓 子當休 斤休 各一圓
신忠求 二圓 자道休 손延雨
각 五圓 신?求 一圓 ?喜
四十錢 功休 八休 각三十錢
신?求 자文休 井休
各五십전 신煥求 弟?子
곡一圓 金?子 신明休
各五拾錢 弟慶休 三십錢
子?雨 二拾전 신益喜
五십錢 조?雨 二十錢
신티喜 三拾錢 신翊子
五十錢 조鎭喜 三拾전
?喜 二십전 신典子
三十錢 前參奉김錫河
조琪티 前議官정티곡五圓
孫相? 相亨 각一圓
弟錫秋 五拾전 前主事김鏞티
三圓 자相翊 相律 相두
손泓炫 각五拾전 김應티

[illegible]

本所와 本社로 國債報償義捐諸氏에 對하야 ... 氏名과 金額을 ... 成冊이 ... 漢文報 ... 國文報 一篇에 義金과 氏名을 ... 續續揭載하오니 ... 從今으로 國文 漢文 ... 照亮홈

國債報償志願金總合所 白

大韓每日申報社 白

發行兼編輯人 英國人 裴說
發行所 南署石井洞號外地三層洋屋家
大韓每日申報社

國債報償義捐金 收入廣告

●海州郡州내면海西종倍曾第三回
吳鳳煥 十圓 리鳳楷
七圓十五錢 元殷常 리德相
김貞和 孔泰勳 각五圓
정基明 林晩榮 각四圓
김應道 김潤成 金宗淳
朴敏卿 각三圓 리基丕
吳雲三 김덕鍵 김炳선
宋伯心 리영相 리濟훈
金在明 리炳斗 김炯근
卞金景 각二圓 卞斗燦
弟斗泳 각五十錢 리陽楨
二圓六십錢 오永煥 문昌鎬
각一원五拾錢 김仁玉 二圓
子永麟 一圓 김在雨
리重근 김熙奎 윤致鉉
리光祿 윤貞弼 리召史
妓리仙玉 黃在鎬 장順방
姜基連 김基正 孫濟호
김창植 元容우 韓덕丕 오炳仁
金창一 각一圓 차덕주
一圓五십자錢命錢一圓子命山
五十錢 朱興遂一원 ᄌ文叔
五拾전 次자文殿 二十錢
孫ᄌ京成二十錢次孫用成十錢
리鶴益 ᄌ鶴永 각一원
次ᄌ鶴山 五十錢 三ᄌ鶴擧
三拾錢 장明淳 鶴京煥
각六十錢 박영근 리承源
리根호 김孝錫 金炳옥
각五十전 邊德和 김貞浩
각四拾錢 安基澤 김理根
高桂秀 金永煥 각三十錢
김乃盈 二拾전 김貞國
趙汝九 김益哲 각一원
박能守 八拾전 리艮巳
五十전 白京지 四十전
丕히瑞 丕行용 梁學善
오天伯 各三十錢 金世鉉
오性환 박京于 오元三

韓인傑 韓지化 윤용守
洪영俊 金鍾명 各二十전
오宗瑞 拾七전 리인坤
拾五전 리可連 趙근瑞
오京八 丕奇瑞 오卓官
梁學徽 洪道恒 梁學인
각十전 김致善 김二손
魯尙준 並拾圓 형圓齋敎師
신容舒一원 學徒閔丙헌一圓
민丙형 정殷亨 각五十錢
신斗鉉 高古長 各二十전
池益鉉 孫韶鳳 손근培 任與成
각十錢 강世창 복宗根
河所回 정業성 韓京植
黃성河 林二才 廉道芝
각五전 方지滿 魯初才
申初才 리名山 조덕영
최元玉 崔文惠 신七덕
各二전五厘 盲人 洪基輔
복秉奎 梁奎亨 리룡海
김鍚鉉 金益瑞 金泰현
장昭군 오鳳丕 김룡成
박지元 金정習 洪俊식
리근창 金岩石 丕逸星
金泰殷 리枝繁 김룡奎
黃덕亨 박亨弼 丕덕丕
리영근 並拾원
合一百五拾三원六十七전

●海州최대
白樂萬 洪俊희 각壹圓
邊永學 五拾전 韓俊弘
李漢和 각壹圓 양弘淳
武今전 崔恩稷 오錢
정賢갑 五십錢 裴遂春
拾ᄌ 裴學坤 三십錢
김宗希 壹圓 박창根
四拾鉉 張德奎 車仁培
각拾전 오德汝 廿五錢
崔敏永 五拾전 梁善根
二拾錢

▲第一小대
리永培 리鳳元 各五拾錢
리舜教 리在善 各四拾錢
林鴻植 김貞우 김昌錫
김東敏 許鳳 박致善

김珠형 林鎭玨 郭在興
白京善 金三錫 白明로
각合拾전 安珏伊 宋世勳
車賢用 김長孫 복容夏
리命근 박윤晟 柳興韶
박奉俊 각廾五錢 복連根
元艮호 박鵬益 閔應圭
리德培 梁成日 리台鉉
장學成 김龍三 박영錫
박明珠 姜贊영 奉濟順
白樂成 신春苹 丕在龍
魯銀三 각廿전 韓龍杰
康應龍 各拾錢

▲第二小덕
兪永會 車희周 각壹圓
金창근 八拾錢 安用珠
김成현 金世權 宋勉丕
安鳳국 최常보 정영丕
각卅전 高인煥 박熙元
崔基周 金창鉉 金斗樹
김用文 박덕식 金恩鶴
김乃世 宋世煥 박致亮
김應俊 徐用煥 박창섭
김基元 金京植 김弘錫
김경雲 정룡석 이용成 申충福
洪淳영 리영奎 국廿전 김경浩
十五전 리昌玉 리덕允
장允澤 주奉吉 오在弼
박斗壽 千學模 宋昌학
각拾전
合貳十九원九拾전

●州너面
박鳳九 壹원 리壽山
리二孫 각五十전 리룡連
리昌基 리근煥 각五十전
丕汝千 金昌景 黃連守
국四拾錢 張良보 三십면
리君西 孫道三 리元吉
리宗善 趙正文 리明化
리근成 김석順 리덩順
리東圭 黃澤룡 리將軍
김千萬 리七星 김正須
趙明學 리순烈 리昌奎
리光云 리行祿 최錫俊
리明七 리明圭 리明範
리致坤 리致善 김千壽

丕成煥 리宮君 복七星
조七星 최昌奎 리成根
각廾전 孫룡云 丕룡石
金昌敎 韓昭武 胡인煥
리光益 丕창植 리錫根
최지弘 리昌夏 김七星 김순在
趙黃石 趙昊興 국십전
合拾三圓

●西遊面
金규鉉 五십원 리政三圓
자衡식一원 金宅洙 二원
코석鏡一圓 姜漢九 五拾錢
ᄌ台秀 四拾면 김영壽
김有洙 리鼎在 崔致詳
朴良弼 최在옥 張仲烈
주賢文 리錫亨 리석寅
리聖音 리致江 리鍾德
金行元 각五拾견 리南稙
리순稙 최元석 金致根
각六十전 金순根 박京善
강敏秀 리長德 리長韶
리근在 각四拾면 김순先
강호秀 이承章 김致明
주창蘇 각卅錢 趙心서
주用孫 장養문 주孝遂
高奎赫 高聖蘢 白吉복
리錫鉉 尹영錫 김炳善
리願伊 姜恒秀 김容健
張海壽 리창호 홍秀煥
김益河 高仁龍 김興丕
細壽天 리景稷 리庚順
韓巨福 리창數 洪君杓
홍年道 국廿錢 니廷혁
니寅稙 각二원 니亮穀
니萬직 朴壽南 朴壽衛
각一원 니承雨 박창璇
각六十전 박창嵛 國拾전
니承鳳 三十錢 呂東瑚
리殷穀 각廾錢 김근權
拾전 리承우 ᄌ창직
各二圓 ᄌ尙직 一圓
ᄌ英직 二拾전 孫ᄌ懸珪
次손應珪 各卅전 니漢직
壹圓 니耘직 리承淵
리承懋 리承堯 리承耆

니命직 各五十錢 니南직
六拾錢 니源夏 니源京
니光珪 各四十전 니회珪
니承顔 국卅전 니大직
니殷직 니鴻직 니大珪
각卅전 니完穀 리源慶 니원節
니원保 니원行 니承렬
니承老至 니承학 니承傑
리承원 니致範 各卄전
니원亨 리勉직
국拾二전五厘 리承龜
이世직 국拾錢 挪明선
周明蘇 宋景守 국五拾전
오成웅 姜敏龜 각四拾錢
김遠浩 三拾전 오致壽
오致業 오景宅 류長汝
이相守 이근植 김公三
박允松 손용봉 국廿전
이賢植 이杭용 송致서
국拾전 金 종 이원辰
각四십전 安致連 奇선宅
이承堯 이學培 許天汝
김東健 국廿전 趙完식
趙完식 三십전 ᄌ賢숙
십전
壹百九원九십五전

▲瀛東面
이悅教拾圓 리充教六圓
니鍾淑四圓 리鍾學 許晦
국二원 김相基 安承奎
安成鎬 국一원 리應룡
니㭿孫 국六십전 정益丕
五拾錢 安敬烈 元容희
김문亨 박南轍 국四십錢
되인서 김俊淳 金元淳
高學희 김用成 각卅전
리最永 최徹諭 安明鎬
김相哲 김奎基 安환鎬
김京성 安성모 安贊영
金문杓 박昌근 安邊鎬
리奎基 국廿전 金文浩
金봉鉉 국십전 金인奎
리창浩 국三圓 송인서二圓
송運元 黃龍燮 리정鎬

강仁洙 김지恒 高先日
송汝참 강用손 宋東섭
송영範 金行善 김순丕
국一圓 宋永주 宋應元
卬益煥 金承창 김윤和
陳德哉 니元여 니지熊
田元至 각六拾전 최윤日
송永利 姜利숭 각五十전
최학손 박善好 金미明
리仲七 김伯京 각四十전
김圭成 崔成보 宋元汝
최근보 국卅錢 강선爽
韓인守 兪奉岩 김巨福
김用文 리창五 송영鎭
최汝宅 高석孝 金永實
洪宅洙 趙行默 리在丞
宋伯인 강윤秉 金承權
嚴吉丕 梁지叔 김應權
徐相淳 각廿전 金덕元
高秋石 니元영 김始年
강永守 국十錢
合六十九圓拾전

▲大德面
尹元默二圓 윤定根 최宗식
각一圓 최觀善 八십錢
복壽元 六十전 윤宅鉉
눈鵬호 복敏석 니相淳
국四十錢 尹창호 윤世根
윤智호 丁萬영 김영默
니萬壽 박壽煥 박壽彦
各卅錢 閔致瑩 廿五錢
윤旭鉉 윤宗근 尹義호
윤鳳근 윤현根 윤喆호
尹春호 최載필 최承五
최承俊 최창植 최仲植
咸石癸 니學奉 박壽홍
박발손 安明三 閔百福
되承學 朴용서 韓得문
최지華 田承烈 奇주行
최觀仲 許 玉 니원章
각廿錢 尹成근 尹天호 김인默
김충連 박春成 김容默
김益禮 各十錢 김永日六환
母夫人김씨五십전 次ᄌ觀洙
二十錢 次女 三십전

김錫眞十拾錢 ᄌ해근二십전
柳斗學三환 ᄌ承이 一원
자承藥 오十전 자承晋卅전
숭양鎬 二圓 爲三舘
ᄌ仁圭 국卅전 김麟浩
明圓 류海宗 安鍾명
최駿鎭 各二圓 최ᄌ鎭
윤商默 安元근 金一圓
니창秀 류海영 이哲圭
류海運 정源석 김영澤
姜再成 국五십전 김見식
정규학 국卅전 朴ᄂ陽
廿九錢 류天碧 류海용
柳達馨 柳文馨 정奎馨
홍淳기 이圭鎔 박우석
尹敎순 尹汝燮 柳學馨
정圭산 류淵燮 류淵馨
류기馨 각卄錢 楊承鎬
이기석 적錫煥 정재회
국십錢 김裕習一환 김益丕
六十전 김商식 五십선
김益용 三십錢 김용식
金鍾彦 이인弼 吳지숙
金益裕 이경손 安明숙
張인哲 오明옥 각卄전
김益弘 김益深 金見식
容光潤 金益彩 이炳習
이鐵善 박機석 金裕伯
각십錢 이長稷 五전
崔봉규 오宗益 白齋蘭
尹영丕 各四전 최鳳學
최덕支 이夏영 各十전
合五十七圓八십五전

●花陽면
金仲巽 최鴻疇 拾圓
崔京漢 一圓 손윤五
박平叔 리창淳 국六十錢
金창仁 오德夏 각四拾전
車今石 리大連 김宗植
김判순 박지淸 국三십錢
高成集 奉國汝 奉貞순
千殷三 安창義 劉漢보
김官옥 니京선 각二십전
千문述 金문敎
合十七元三十錢

◉三谷면 니天영 三圓
◉犢午면 최瑤善 二원
◉月谷면
니鳳永 十원 오成선 八圓
오喆근 五圓 니敏彔 二圓
자弼영 四圓 오萬善
오석泳 오德영 오赫근
朴창植 각一圓 김益培
四十錢 김긔營 辛聖宇
강時京 오德聖 각三十錢
김긔祜 오정賢 朴창寬
오致文 니成賓 오俊영
朴창정 오성근 安景和
오顧和 국二拾전 尹東근
오裕영 오正三 니成春
김긔창 오時연 [illegible]元서
朴壽鉉 김지쥰 김裕鎭
오士德 오순보 김章善
各十전 박긔源 五圓
天과欽 一圓 弟긔勳
二십錢 오昌榮 四圓
오봉善 복창순 오弼煥
국二圓 朴壽浩壹圓 김今善
오將영 오鎭근 국六十錢
오창인 五拾錢 오吉영
朴完식 박창근 국四拾錢
오학영 박壽봉 니민호
各三拾錢 오晩영 니근영
오起영 오成근 니春서
니七日 박창赦 니민佐
각二拾錢 오福근 니元日
朴敬八 尹宗圭 니晩영
니世영 국十錢
六십二환七십전

◉雲谷면 니회순 弟회喆 니회珍
각一환 니회봉 六十전
니회瓚 三十전 니회万
니완圭 니원圭 각卄전
이석죠 장志和 이창근
각十錢
四환八拾錢

▲秋伊면
민영덕 민亨植 민쥰식
민衛긔 국四圓 민덕식
五十圓 민章식 一百圓

민영健 四十圓 민懋식
민庚喜 각十圓 민憪식
민光鎬 국二圓 민斗식
민서鎬 민觀鎬 민영창
민蘭식 민武호 민好식
민명鎬 민저식 민丙卓
각一圓 민영哲 민丙인
각六十錢 민天鎬 五十전
민泳찬 閔泳學 閔泳憲 각四十錢
閔丙鳳 閔泳斗 각三拾전
閔泳玉 閔泳님 閔在植
閔인식 閔泳인 민泳信
각卄錢 韓价煥 리용義
각四圓 리儀奎 許 逵
리殿來 국二圓 정鎬석
韓道教 리學來 강積熙
趙祖夏 리齊會 許 遜
리賢來 許春卿 국一圓
윤덕老 六십錢 리容完
강찬회 리寅서 리우서
리明仲 리순옥 각五拾錢
강윤元 오善默 趙南夏
니正順 니영西 니京七
각四拾錢 니萬복 許槃哉
박奉운 趙秉益 각卅전
니容稷 許 遜 니秉弘
니長成 강伯元 니明善
許周瑞 김회道 各卄전
趙영석 손顯모 각십錢
김平瑞 六十錢 강錫석
四十錢 車鍾인 二원
韓洋東 니可用 車鎰均
車鍾爽 니복蘇 김明지
국一圓 니元보 六十전
김汝三 咸順영 車亨三
車용岩 張元容 金鴻聲
車鍾賢 국五십전 차雲학
정召史 국四十錢 劉창伯
강先汝 각卅전 孫분보
차鍾函 차益보 니世卿
차致煥 千致建 鄭긔三
니贊用 차信영 金致潞
咸奉祿 오순成 김순善 趙貴奕
각廿전 千景安 김應吉
차鍾植 劉古長 각十전

김瑩卿 차益濟 각三圓
복순万 니하舜 장윤植
니潤英 국二원 복영培
니率호 김정煥 최용洙
김京弼 劉澤서 우순九
최相五 국一圓 니仲은
三圓 니용云 二圓
박영彦 七十전 辛정國
吳能煥 국六십전 최達쥰
白鎭夏 김근默 윤大鉉
홍덕守 김영祚 각五十전
김致탁 韓元순 各四십전
김佳云 니宗西 림인규
니古長 高巳영 장承祚
김召史 朴순碧 손영斗
각三拾전 김순得 오윤엽
오순용 김순석 김순洛
申守一 김영安 康지植
김순창 리元圭 이南星
이成道 辛正三 이成云
張君天 복七星 万七星
각口전 이致培 십錢
김召史 四圓
合三百二十七원三十전

▲青雲면
리긔榮 二圓 차益鎬
洪지郁 리元영 梁지默
梁지우 각一圓 金巖京
朴쥰弘 지成九 洪鍾萬
국五십전 鄭老京 홍召선
니인鎬 복쥰傑 홍在석
김亨培 니春영 니濟儀
김奉영 니학成 복쥰檀
량在혁 니石곤 차호植
니種혁 니炳連 최柱석
각四拾錢 량지夏 김鉉世
各三십錢 安相곤 김눈鏡
니발영 김京서 朴준敏
鄭지용 張泰순 朴쥰權
洪鍾應 각二拾錢 安근오
니京佑 니永쥰 니致환
오 浹 장덕회 劉덕夏
국拾錢 류긔東 柳과영
김인소 류召史 白樂榮

金티호 국二圓 류긔寅
張興教 張辰永 김학쇼
차순七 니雲경 각一圓
千석우 千석範 千석봉
柳경春 張儀슈 張근凡
劉孔厚 秋德三 지석손
니원지 김興도 各五十전
金원쥰 五圓 柳士규
柳聖幹 柳召史 張儀夏
장긔호 김윤인 각六十전
장朱호 羅日영 이友伯
김發默 劉遜成 朴영근
량明叔 국四拾전 漲承教
張之安 국三拾전 柳伯仲
류聖寬 류致강 류景寬
張之還 張千輔 張千万
張雞경 우士賢 우창培
우順경 김士辰 高창五
신千善 羅聖丘 김仲會
홍순仲 김영三 이원회
오쥰杓 최益祚 趙文祥
박退근 손有成 손영守
김영순 이윤和 손應규
박창순 차有영 이五三
뉴가三 뉴可선 각二拾錢
장東식 一圓 天善우
五拾전 우영賢 五十전
자덕오 三十錢 이강欽
이강範 죠道增 이炳榮
方奉用 김炳德 각二원
盧긔洛 이汝來 홍敏섭
국一圓 이강舜 차斗亨
이智會 元益常 류巖죠
류冀善 국五십전 이강文
이인식 각四섭전 이선식
죠창晨 김긔浩 이秉근
각삼십전 이긔贊 이季丁
김원教 박룡得 강긔영
李起崙 강긔호 우應仲
리병룡 趙인會 우應守
리聖뇌 金인輔 李巖會
리병利 李병學 李병斗
李룡뇌 盧덕섭 金영鎭
각二拾錢 林容鎬 五圓

오完근 四圓 리긔源
손潔모 陳道환 각삼圓
金裕헌 李긔원 차영석
각二圓 洪昇섭 朴祉輝
李긔儆 李강五 李承轍
田경學 김보현 리陽逵
오경信 김석培 최大錫 김敏슌
各一圓 鄭致伯 우辰영 차鍾九
국六拾전 이康烈 정인文
최자化 국五십전 차喜죠
유景삼 朱훈영 최寬영
김云삼 [illegible]영祿 康티영
金召悌 各四십전 김영万
김윤규 최윤弘 金仲鎬
洪영教 魯學明 오濟川
국三십전 이康國 림春京
김元培 박順보 김병律
김敏教 최윤學 김容삼
최지호 죠君보 韓덕손
국卄錢 김大甘 김치秉
죠경老 김容夏 申영守
최충用 申右成 김덕옥
各십錢
合一百三십四圓七십錢

▲所羅면
朴源룡 경찬용 各一圓
朴민弘 박源규 尹郁렬
奇致默 朴치夏 국一圓
류寬영 一원五十錢
박源영 崔호선 리承甲
各五십錢 具士弼 六십錢
리起孝 유辰元 리成宇
각四십전 朴문行 박源림
최璇五 국三십전 박源豐
崔吉선 朴源會 李철儀
리宗宇 리蓉儀 박能弘
국卄錢 김益영 奇룡鎭
奇鳳鎭 김영순 각십전
리노儀 박源裕 국二圓
박彦고 朴宗茂 朴源信
各一圓 박源稷 貳圓
天응모 一圓 弟源偁
四십錢 박源兆 五십錢 弟源實
二십錢 金근식 六십전

奇陽叔 五拾錢 박源亮
김益蓀 具然逑 림창근
이豊영 각四십錢 김英식
具滋孝 이긔영 각卅전
박可윤 김창식 金益陰
김치善 류宗祐 박勳경
安順鎬 이潤宇 김긔룡
류寅섭 오應元 최吉明
各卄전 박충國 이壽萬
黃쥰甲 이긔善 각십전
리士國 이士夏 박文杓
각五십전 이秉圭 朴긔泰
박경석 각二圓 尹得元
이思殷 高能秀 高順垣
박우석 각一圓 박가斗
二圓 弟긔興一환 박文찬
五십錢 天初才 廿錢
高辰환一圓십전 김益興
四환 김斗善 김敬善
리逵亨 김東식 김긔周
국一圓 죠召史 김의哲
김의海 李象逵 김인善
김유芳 김種善 김弘식
김유昆 金泰식 各五拾錢
김유會 김의準 김謂식
리逵杓 김西默 국四十전
李家進 김익孝 김정식
국二拾錢 김敏善 장五信
김의河 김유석 김暢석
국卄전 장인培 김若宅
김사현 김聖식 김順善
김윤선 김긔尙 辛쥰燮
辛興善 홍지琦 국십전
민亨식 五錢 金裕生
四圓 김洛善 김益孝
金近식 金긔逑 김긔曾
김益信 김슈선 金룡식
김暉선 洪益순 각壹圓
金夏식 七십전 김옥선
이興삼 국六십전 金世식
김敏선 安擇쥰 각五십전
김裕英 김穌식 김치仲
金相식 金炳식 各四十錢
김益여 김萬선 김명쥰

이亨祜 김충식 김益潤
김益哉 金時善 김敏식
金익兆 김의형 각卅전
김益恒 이희鎭 이相鎭
김의景 김지선 김의휴
金應식 김宗식 金鉉식
趙東昊 김教식 김應식
김裕형 金興秀 金[illegible]식
김영順 김송식 우[illegible]鎬
尹聖규 박인슈 金[illegible]
각卄전 金裕殷 박홍죠
金遇海 정충영 奇東주
김의현 김의쥰 국十錢
尹仲현 二元 김충悅
민鼎鎬 류承룡 朴宗運
오덕春 국一圓 박치章
朴치翰 박민逸 각五십錢
박德日 민壽鎬 각卅錢
金鎰晉 민치赫 金元日
국卄錢 김海식 김의鼎
각一원 김옥선 六십전 김鎭夏
二십전 김경렬 김규선
국二圓 김聖賢 김明八
金익錯 김여文 尹在文
尹치澤 김文식 오지順 리万伸
국一錢 이樂汝 김경보
이주明 各六十錢 리建英
이경洛 김乃化 각五십錢
오충근 김정긔 김乃元
윤士必 윤원伯 이항元
金時경 各四拾錢 김순[illegible]
이군元 이仲心 박여[illegible]
이敏坤 이쥰明 국三拾
윤明지 이재明 鞠인[illegible]
박文國 金의[illegible] 金덕상
윤榮근 김여弘 金明보
김乃文 리宗巖 洪應學
김裕찬 김성六 국二十錢
김敬雷 김용여 죠石奉
김仲弼 方明殿 김지석
김원善 김文逵 리順凡
各십전
合一百三십五원三십五전
都合一千一百四십六圓七십二전
(末完)

第五卷

大韓每日申報

第五百八十三號

月曜及慶節休日時歲

檀君開國四千二百四十年
箕子元年三千二十九年
大韓開國五百十六年
日本明治四十年
淸國光緖三十三年
陰曆丁未六月大二十九日戊子

別報

美國獨立日有感
桑港共立報論說謄載

七月四日은美國에셔크게紀念ᄒᆞᄂᆞᆫ節日이라官府에셔公事를停止ᄒᆞ며市井에셔買賣를停止ᄒᆞ고家々國旗를高懸ᄒᆞ고人々懽悅ᄒᆞ야或禮拜堂에셔慶祝禮式을行ᄒᆞ며或社會에셔慶祝會를開ᄒᆞ며或戱臺에셔慶祝會로演戱를行ᄒᆞ야多般盛況으로老少男女가一齊懽呼之聲과相悅之色이天地에彌滿ᄒᆞᆫ지라此日은何日고一思再思ᄒᆞ리로다美國의他名節이許多ᄒᆞ지마ᄂᆞᆫ此日에셔더큰名節이無ᄒᆞ고또各國에다큰名節이有ᄒᆞ지마ᄂᆞᆫ美國七月四日에셔더크게여기ᄂᆞᆫ名節이無ᄒᆞ니此ᄂᆞᆫ非他라此日은美國이外國의羈絆을免ᄒᆞ고自由國이되얏스며人民은自由國民이되고江山草木과禽獸昆虫々지라도外國의勒絆을脫ᄒᆞ야自由獨立ᄒᆞᆫ世[illegible]ᄒᆞᆫ日이니此節[illegible]祝ᄒᆞ노라

西曆一千四百九十二年에[illegible]班牙人科倫[illegible]新世界를發見[illegible]洲各國이五[illegible]人야自國의領[illegible]洲로渡來ᄒᆞᆫ[illegible]에歐洲政治와[illegible]抑制를避코ᄌᆞᄒᆞ야此에[illegible]ᄂᆞᆫ者도亦多ᄒᆞᆫ지라其後英西班牙等國이殖民地를爭ᄒᆞ야數拾年戰爭을經過ᄒᆞᆫ後殖民地拾三州가皆英國의所有가되니英國政府에셔天理와人道를思念치안코殖民의自由權을奪ᄒᆞ며經理ᄒᆞ能制ᄒᆞ야[illegible]物件의製造를禁ᄒᆞ며學校를廢ᄒᆞ며多般壓制가日甚ᄒᆞ니殖民들이[illegible]ᄒᆞ여기ᄂᆞᆫ中에

一千七百六拾四年에英國政府가預算이不足ᄒᆞᆷ으로美洲殖民地에印紙稅를頒布ᄒᆞ매殖民들이代表者를英國에派送ᄒᆞ야反[illegible]되如[illegible]치못ᄒᆞ고其翌年에印紙條例를頒布ᄒᆞ거ᄂᆞᆯ代表[illegible]페츄의헨리 ᄂᆞᆫ有志男兒[illegible]러美洲第一辯士라此事를見ᄒᆞ고大端憤激ᄒᆞ야[illegible]로英政府의[illegible]法을辯論[illegible]時에헨레리氏를逆賊이라指目ᄒᆞᄂᆞᆫ者[illegible]中에皆爲感服ᄒᆞ야當時英國에對ᄒᆞ야[illegible]何[illegible] [illegible] 時[illegible]泊ᄒᆞ라ᄒᆞᄂᆞᆫ지라人民들이大憤ᄒᆞ야船의載ᄒᆞᆫ茶를海中에投ᄒᆞ니是時ᄂᆞᆫ一千七百七十三年拾二月十六日이라其時에누욕과필내들피아에셔도此와如히行動ᄒᆞ려ᄒᆞ미茶船이[illegible]國으로還歸ᄒᆞ얏고인나포리쓰地方에셔ᄂᆞᆫ茶를縱火焚之ᄒᆞ니英國政府가此事를聞ᄒᆞ고憤怒ᄒᆞ야壓制政策은愈益採用ᄒᆞ니라 未完

官報

◎第三千八百三十六號 續 隆熙元年八月五日

◎敍任及辭令

任學部書記官 九品尹世용
龍川府尹魚允迪 任學部編輯局長
任全羅南道裁判所檢事 洪淳욱
任慶尙北道裁判所檢事 平理院檢事박有觀
任全羅南道裁判所檢事 法部書記郞洪認杓
任平理院檢事 全羅北道裁判所檢事尹惠求
任京畿裁判所檢事 江原道裁判所檢事李重赫
任全羅북道裁判所檢事 平理院判事安弘潤
任江原道裁判所檢事
任平理院判事 正三品박齊선
弘文館秘書主事朴基秉
任農商工部書記郞 完

◎第三千八百二十七號 隆熙元年八月六日

◎宮廷錄事

尊奉都監都提調臣李根命謹
奏 都監別看役
[illegible]六品李東遂
若干使之看役何如敢
奏 奉
旨依奏
尊奉都監都提調臣李根命謹
奏本都監監造官六望別單書入之意敢
奏 奉
旨依奏
尊奉都監別單
監造官六望
內部書記郞리玄[illegible]
九品리德祜
九品김炳協
九品曹秉憲
九品尹會榮
農商工部書記郞吳永[illegible]
尊奉都監都提調臣리根命謹
奏本都監郞廳二望別單[illegible]入之意敢
奏 奉
旨依奏
尊奉都監別單
郞廳二望
弘文館學士[illegible]
[illegible]리[illegible]
尊奉都監都提調臣李根命[illegible]
奏
玉冊文製述官[illegible]
玉冊[illegible]書寫官[illegible]入之意敢
奏 奉
旨依奏
尊奉都監別單
[illegible]
玉冊文製述官
[illegible]
[illegible]
兒[illegible]官
命[illegible]監[illegible] 未完

外報

◎安南王被捕 佛國政府를反抗ᄒᆞᆫ罪로安南王은佛國에捕ᄒᆞᆫ바되야攝政設置를布告ᄒᆞ다ᄒᆞ고대王의第三子를決定ᄒᆞ야攝政케ᄒᆞᆫ다더라

◎統監府官制 東京電을據ᄒᆞᆫ則新協約實施의要로ᄒᆞ야多部에統監府官制를[illegible]爲ᄒᆞ야統監府의減少論이[illegible]에셔提唱ᄒᆞᆫ다더라

◎[illegible] [illegible]資業[illegible]日에結[illegible]同盟[illegible]拾[illegible]하야[illegible]에[illegible]決議ᄒᆞᆫ[illegible]紛[illegible]라[illegible]則[illegible]則[illegible]가鎭撫[illegible]대[illegible]州府新[illegible]에서[illegible]ᄒᆞ다더[illegible]則[illegible]라 [illegible]

[illegible]

雜報

公函도陷沒ᄒᆞᆫ다더라

◎內閣[illegible] 日昨에김[illegible]等이內閣에[illegible]文이如左ᄒᆞ니

所謂新內閣[illegible]所[illegible]意操縱[illegible]治政[illegible]도莫敢或[illegible]大問題가[illegible]理大臣李完用[illegible]度事之如[illegible]館之所謂[illegible]者[illegible]擧論 代理之[illegible]國에豈有如[illegible]非卓之所不[illegible]突天[illegible]야使我國[illegible]人得誅之法[illegible]皆之忠[illegible]之際某々元[illegible]頃效死抗[illegible]은無人云者[illegible]紳士市井이[illegible]腦而無[illegible]務之國民이[illegible]聽又未幾日而[illegible]乎此而[illegible]條約之[illegible]進幸[illegible]段이며[illegible]也[illegible]印乎[illegible]約[illegible]得如約[illegible]喜[illegible]以生[illegible]衛自[illegible]民[illegible]不[illegible]盡退ᄒᆞ야[illegible] 完

雜報

●總理辭職 再昨日下午一時에 各大臣이 內閣에 會同하야 官制改正하는 件을 提出하고 同六時의 內閣總理大臣 李完用氏가 辭職을 請하얏다더라

●訪問伊藤 美國元老院議官 스룬氏와 國會議員 라운氏가 晉佛安씨家에서 留連하다 함은 昨報에 已揭어니와 該兩氏가 昨日上午九時頃에 伊藤博文을 訪問하얏다더라

●四名解送 度部大臣 李載崑 度支大臣 高永喜 兩氏는 昨日에 保護하는 警官四名을 解送하고 幾個人만 保護케 하얏다더라

●叙任決定 軍部顧問 野津氏는 該部 軍務局事務官으로 叙任하기로 決定하얏다는 說이 藉藉하더라

●是何廉隅 再昨日 總相 李完用씨께 從二品加資를 特下하옵신데 該氏가 於心에 不安하다하야 還納하얏다더라

●品格昇高 內大 任善準 軍大 李秉武 法大 趙重應 農大 宋秉畯 四氏의게 正二品加資를 日間에 特下하옵신다더라

●百訴不遞 襄陽郡守 남宮億씨는 雖百番請遞이라도 內部에셔 許遞치 아니하기로 決定하얏다더라

●軍大請暇 軍部大臣 李秉武氏가 自再昨夜로 身病이 有하야 昨日에 仕進치 못하얏다더라

●望間歸國 伊藤統監이 避暑次로 本月望間에 歸國한다는데 往還期限은 三個朔을 受由하얏는데 其間에는 長谷川大將이 署理事務하기로 決定하얏다더라

●顧問廢止 內部顧問 丸山重俊씨가 原任官吏를 被任함으로 顧問二字는 自然廢止되야 所屬官吏 事務官은 將次 解雇가 된다하며 他各部로 排置한다는 說도 有하더라

●辯護認許 漢城裁判所判事 太明軾 尹邦鉉 兩氏는 辭職請願하얏더니 法部의 請願하야 辯護士를 認許하얏다더라

●日語必取 宮內府巡檢을 一齊試取하야 日語能通한 者로 揀定한 人數에는 減縮하기로 現今擬議中이라더라

●經費窘乏 尊奉府監所의 經費一萬五千圓을 支撥하더니는대 大臣署理한 說樣이라더라

●樞院通牒 中樞院에서 去月曜日에 例會를 停止하고 來月曜日에는 무슨 重要한 案件을 提議한다지 該院一般官吏의게 通牒을 輪示하되 無一員決席하고 一齊會同하라 하얏다더라

●兩氏請願 星州稅務官 리錠환 錦山稅務官 弘模 兩씨가 度支部에 辭職請願하얏다더라

●履歷修正 近日 各部官吏의 履歷書를 修正送交하라고 內閣에서도 通牒이 有하고 宮內府에서도 通牒이 有하다더라

●旅團塡充 今番解隊中 自願者로 準成旅團司令部의 闕額을 代를 塡充한다더라

●忠察鎭壓 忠淸北道 永春 丹陽 淸風 堤川 四郡等地에 人民이 煽動하야 民情이 大端不穩한 狀態가 有하매 該觀察使 李鍾成氏가 該四郡에 巡行하야 曉諭鎭壓할 次로 前往한다더라

●收兵審査 憲兵司令部에 押致한 尉官及特務正校 合四十二人을 陸軍法院으로 送交審査할 터인대 該院이 狹窄한 故로 送交치 아니코 該部에서 每日 十五人式 審査하되 侍衛一隊에 現在한 士卒 審査난 尉官에 審査를 畢한 後에 된다더라

●服裝從同 現在한 兵丁들 日本兵丁에 服裝과 又치 한다는 說이 有하더라

●平民慶祝 大皇帝陛下 寶位에 登極하신 大경事에 慶祝하기 爲하야 平壤 民人이 該郡守의 指揮로 市上家家戶戶에 三日間 國旗와 或 球燈을 揭揚하엿다고 該道觀察使가 內部로 報告하얏더라

●賊魁被捉 寧海 平海 英陽 靑松 興海 郡間으로 閃忽往來하던 義兵大將 신돌석 部下 後陣大將 白南守 靑松郡 應接大將 南又八 護砲軍 李鳳伊 朴海重 丁坤拜 等五名을 捕捉하얏고 慶北警務官 박準孝가 內部로 報告하얏더라

●志願是從 今番에 解隊치 아니한 軍部及侍衛 一大隊와 硏成隊 合三隊 尉官과 士卒도 從志願取捨한다더라

●歸來多數 軍部에서 今番解散한 軍隊尉官을 對하야 其意見을 取問하되 爲운官乎아 爲警官乎아 爲武官在職乎아 爲歸休乎아 한즉 該尉官氏가 歸來二字로 意見書를 呈한 人이 多數하다더라

●死卒掩土 今番에 致死한 尉官及士卒中 無主之尸는 憲兵司令部에서 尉官은 北布 疋 白紙 三卷이오 士卒은 北布拾尺 白紙 一卷으로 戶親이 來覓한 限內야 光熙門外에 掩土하얏다더라

●緣何被囚 前參領 具哲祖氏는 何事件을 因함인지 司令部에 拘囚되얏다더라

●言之何益 日兵이 二名式作隊擔銃하고 閭巷間에 行巡示威하는대 北署齋洞 何許人 果木田에 攔入하야 果實을 充腹摘食하고 猶爲不足하야 多數히 懷中에 摘去하되 其主人은 連日砲聲에 經刧之餘에 不敢發一語하얏다더라

●失物存案 近日 警視廳에서 閭巷間에 逢賊한 人이 有하면 巡檢을 派送하야 見失한 物品을 一一히 錄去하야 該廳에 存案하는대 其事由인즉 日後 賊漢을 捕捉하면 該物品을 도로 査給함을 準備함이라더라

●鄕妓不必 再昨日에 內部大臣 任善準氏가 部證進宴에 需用할 計로 鄕曲妓生을 多數히 招上하라 한즉 該部次官 俞星濬氏가 反對하되 京中妓生만하여도 不患不足하니 鄕妓招上이 万々不可라 하얏다더라

●內照統府 內部에서 統監府로 照會하되 鏡城郡守 報告를 據한즉 咸鏡北道觀察使의 報告書를 接準하온즉 當地에 駐在한 貴國步兵第二十五旅團長이 鏡城郡 自梧村面北城外로 至富寧郡 靑津界에 輕便鐵道를 敷設인즉 該敷地를 時急轉買할 意로 所請求라 하오니 該輕便鐵道가 果係軍用上 要로 不得不敷設이온지 貴軍司令部에 照探示明하라 하얏더라

●意見不一 統監府에서 各府部院廳에 官制를 改定한다는 事은 己揭어니와 吏聞한 則 警視總監 丸山重俊의 事件으로 二論이 紛紜하다는데 內部顧問으로 치任時에는 地方警察을 管轄하다가 現今은 權利가 減縮함으로 警視廳을 獨立衙門으로 地方警察까지 管轄하자 하며 內部次官으로 轉任하야 警視廳을 監督하자고 하야 각其意見이 不一하다더라

●三分加斂 南來人의 傳說을 聞한 則 懷德郡守 朴봉賢氏가 民間에 告示하되 각面長의 欠逋가 미處라 하야 每戶에 牟 斗租 壹斗年々 補助하라 하니 面長들이 恃其官令하고 大主人 小主人 勸農有司 名目으로 每戶에 牟五斗式 늑捉한다가 牟가 乏竭한 戶에는 蔘으로 代捧하야 怨聲이 狼藉하고 또 結錢收捧時에 料次面長이라 稱하고 每兩頭五分式 加斂하다가 民訴가 답至하야 度支部께서 勿施하라고 訓令이 下한이 畢竟 三分式 加斂하얏는대 民怨이 漲天하다더라

●砥郡警報 本月三日上午十時頃에 人民百餘名이 各擔銃하고 砥平郡分派所與郵便分所를 擊破하는 故로 該分派所巡檢及呂州郡分派所巡檢等이 幷力禁斷하얏다더라

●殺請奏免 以原州 秘書官 丁元燮씨가 署理觀察로 在할 時에 華川郡 禁養松楸를 木商輩에게 擅自許斫하고 楊口郡守 리창鉉에 不法行事로 該觀察이 論警次 報部러니 此等 移件事를 預先移通하고 道니 郡守許게 解以顧助하고 或二十圓 或拾圓式 恣意排斂하얏스니 卽爲奏免하라고 該觀察使 黃鐵氏가 내部로 報告하얏더라

●原民鬪日 原州에서 人民數百名이 會集하야 昨日午前게 日本守備대 二小대 兵과 約二時間을 交戰하야 郵便取扱所를 打破하얏다고 電報가 財政顧問部에 到達하얏다더라

●參領逃走 原州鎭衛대 參領 洪祐晳氏가 軍部大臣의 命令으로 從卒一名을 率하고 上京하는대 同郡 黑川에 至한즉 人民百餘名이 突出하야 該氏의 乘轎를 奪取하고 該氏와 從卒은 當夜에 郡衙에 率入하야 看守하는데 乘機逃走하야 呂州郡 自己私第에 避亂하얏고 該人民은 多數한 銃劍과 彈丸을 帶持하고 去月四日午後一時게 急行하얏다고 水原顧問支部의 電報가 來到하얏다더라

●忠州戰報 忠州郡財務部의서 度支財政顧問部로 電報하기를 昨日午前에 該郡 數百名이 郵便取扱所를 打破하고 日兵과 數時間을 交戰하얏다더라

●諸氏熱心 慶상道 咸昌郡에서 私立學校를 設立하얏는대 郡守 김炳□氏가 熱心興學하야 該郡有志紳士 김斗鉉과 영成 宋正憲 司空澤 幼學 남斌 徐瑞敎 諸氏로 協贊設校하는데 陰丙으로 至月로 爲始하야 生徒가 八拾餘名에 達하고 普通科程으로 實地敎習業하야 校樣 興旺하고 生徒가 頗有前進之望하니 以若編部으로 敎育家看心이 極히 嘉欽하더라

▲倚劍一笑▼

▲內大 任善準氏는 三昨日에 總理大臣을 訪問하고 四時頃을 談話하며 法大 趙重應氏도 三昨日에 總理大臣을 訪問 秘議를 하얏다니 각大臣 偶語中에 疑雲이 凝하야 靈土가 浮沈하니 漢城人士가 一層疑眩하도다

▲再昨日에 各部大臣은 각其本部에 仕進視務하되 農部大臣 宋秉畯氏는 自己私邸에 高臥하야 該部에 緊急한 문簿를 私邸에서 處辦한다 하니 日前에는 各大臣이 宋氏私邸에 會同하야 各般公務를 處理하야 一內閣을 成立하더니 近日 諸大臣이 각歸하되 同氏는 獨히 仕進치 안이하니

▲商大臣은 참 體面한 大臣이로고

▲學大臣 李載崑氏가 近日 切한 人을 對하면 到底히 日 今番 協約時에 각大臣이 統監府에서 協力反對치 안이하얏더면 本皇帝陛下께옵서 幾乎 東京에 幸行하셧실터인대 各大臣에 功賴가 不小하다 하니 詞씨는 不日에 문字로 雕飾하야 欺世盜名하면 手段이라 協約이 已成한 日 功을 自伐하니 如견肺肝이로고

▲日人 仲又七郎 等이 中和郡에 到達하야 四面에 立標定界하고 金銀炭三種物를 開採한다는대 農部認許를 恩藉하는지라 該郡守가 내部에 報告하민 該部에서 農部로 照會한즉 認可한 事가 初無하다 하니 日人이 上地掠奪하다 못하야 拔至於公문를 虛造하니 日人에 坐測心腸을 充極可痛이로고

▲여보 世上에 놀대업는 물건 안쇼 創變人에 網巾과 黃門勢客에 別宅과 □隊을 ㅁ部大臣이더고

▲法大 趙重應氏와 農大 宋秉畯氏가 무合事端을 因함인지 近日 兩大臣이 大端이 不協한 貌樣이라 하니 向日 各大臣이 心腸을 相連하야 協約을 勸成하야 日本에게 大功을 成功하고 及其論功之日에 각相不協하야 圭角이 已露하니 이 可謂盜生其皮로고

▲警視總監 具然壽氏가 選任되던 日의 該廳에 仕進하야 繼繼難退하더니 신時假廠에 또 該廳에 人來하야 辭하니 是日에 部大臣을 往見한즉 丁寧히 문簿에는 警視副監으로 發布되얏더니 그뒤로 仕進하라 하기에 또 入來하엿노라 하더니 其翌日까지 分撥에 發布가 아니되매 무연히 出去하엿다니 該氏 雖是 貪進盜出身이나 忠人之變 其如是 部兩하니 合 [illegible] 面面이로다

▲今番 [illegible] 대 [illegible] 人과 從 [illegible] 이지 [illegible] 該慘狀 [illegible] 고 또 拔 [illegible] 自處 [illegible]

▲近 [illegible] 나 [illegible] 對한야 憤 [illegible] 미 내部에 [illegible] 大臣家 [illegible] 가保 [illegible] 兵에 [illegible] 有之하다니 此等人種은 [illegible] 地로 移送하 [illegible] 合當하도다

◉社告

布哇에서本社에送付한美金壹百弗拾弗二拾九弗三張에分한

郵便爲替를受하얏스나何許人이何許事件으로送付하얏는지書字가無허야疑訝이더니郵便에交涉허야錢額은已爲推尋이고此爲替ㅅ은布哇留関찬鑑서로認得이나何許事件으로送금인지速々詳示를切望홈

博川舊律李鎭成氏를本支社員으로認定하얏기玆以仰布하오니該附近地에本申報購覽하실僉君子는右氏의게請求하심을務望홈

大韓每日申報社

廣告

亭동居李承旨健榮이가土亭長木廛李창錫이게長火木六百八拾五介積置標셔失故永爲無日後之弊로玆廣告홈

李健榮　告白

全南道海南郡守리容愿은赴任八載에不受民賂하고常愛民吏는恒有慈善之格인데噫라世降至此에人心이不淑하야抱災作弊之民이不得其願故로數月前에如此不倖을反作不治之様으로陰四月日에國民新報中海民作歌라고하얏스나此는不得其面者之嫌說이라部下萬民이面面立牌하기故何然고 曰

一은自余幾千圓을賑식各面社首處하야年年利出노民間戶布錢補弊요

一은無論大小事訟하고不受他請의如玉公決이요

一은郡底陳弊를拔근革之也요

一은治下각部面任與官屬輩의게次例金을勿容受인데故로境內人民이咸曰我候라頌德인데海民作歌라誤出事緣은一箇人의私嫌之說故로廣告하오니僉君子는照亮爲望

海南郡民人　李德甫

姜漢京　方寬玉等　告白

北署齋동四統十二戶權重協家券을失於日俄戰爭中되니外國人이誰某拾得하여도休紙施行

權석俊　告白

本人의漢城銀行에株四拾九株와百拾貳圓五拾錢第十九號金第四十八號領受証貳枚를서失하얏기廣告하오니勿論誰某拾得하야도休紙施行事

李鳳來　廣告

雜錄

●廣校試驗　孔德里私立廣成學校에서普通科第一回夏期試驗을經하얏는데甲班優等에劉根洪文第에김任熙宋駿憲崔在潤리載鉦咸鍾選김永藁義敏等八人이오乙班優等朱晨學及第에김永祿南鍾喜進級에姜為在馬봉용等五人이오丙班優等에姜脫及第에安敬昧具武쇠進級에姜秀京等四人인데紙筆黃墨冊子로優數히施賞하얏다더라

●大東文粹新刊　徽文義塾에서大東文粹를新刊하얏는대箕子洪範으로부터高句麗와百濟와新羅와高麗의歷代文章과本朝諸大家의著述에擷英選秀하야一部文粹을集成하얏스니一般학塾의良好한教科이요國家精神의緊要한文字이더라

大東文粹 全一冊 金七十五錢

箕子以來로至國朝 宸章及名文精選漢文必讀合用教科

新撰地文學 全一冊 金四十錢

凡屬地質學理具圖式精良簡易合用教科

生理衛生學 全一冊 金四十錢

吾人生理上關係衛生具圖式切要簡易合用教科

發賣所　布屛下廣學書舖　東口越邊中央書舖　寺동漢陽書舖　鍾路大東書市　小廣橋高裕相書舖

第二回學員募集廣告

○本校에서第一學年試驗을經하온바學員을募集하오니願學人은九月一日以內(陰七月二十四日)로入學請願書를本校에來하야請求홈

課程　本校規則에지홈

年齡　十五歲以上

試取日　九月二日

試取科目　本國歷史　本國地誌　讀書　作文　算術(四則以內)

開學日　九月六日

光武十一年八月一日

漢城中署磚洞 **普成中學校**

慶南漁곡派員김鳳珠가不遵詔勅與訓칙하고有文卷確有民私條를肆自放賣하기로數千條民이仍此失業에幾至死境故로條主더리裏足千里하야呼訴于京部이기玆以廣布홈

鎭南郡紙島七條條主김泰振

鄭周서　李春賢等　告白

大東寄宿館

大東寄宿館長 鄭熙燦 廣告

[illegible]

大東寄宿館事務員 鄭漢植 告白

[illegible]

本館에서大廣橋北川邊南紙廛小部家를半洋製로一新修改하옵고精潔한浴沐湯과各色料理를新鮮精備하와陰曆六月初十日爲始하야開業하옵더니僉君子는陸續來臨하심을伏望

內外沐浴湯

大韓料理各色　西洋上等酒

菓子各色이外에도각様烟草食料를隨求應辦하오이다

廣通館告白

本人이日本大阪商業家와特約하고日本內地各種物品과西洋各種物品及機械等物을貿易大商會를設立하야便利케契約하얏스오니商工業에有意하신僉君子는某物이든지請求로져하시거든本社로來議하시오本社에서는手數料만受領홈

興業社本店　漢城北部群洞

支店京城南門內水標五十一統六戶

仁川港內동廣濟　培養會社

本冊肆에教會書籍과各學校教科書와各種新舊書冊이俱備하오니有志하신僉君子는陸續購覽하시옵

平壤鍾路 [illegible]榮教冊肆

尹衡錫　告白

大韓新地誌

[illegible]

本人等이典동支所越便에서各貨典舖이옵다가今에合資設鋪營業하오니典執하실僉員은陸續來臨爲要

中署典동信號典舖　金경秀

車基倫　金榮觀　告白

●일본遊覽者募集

一遊覽會員募集　人員은五十名으로一團하되人員이不足하야도不問하고遊覽하실人은

一遊覽地　東京博覽會와其他東京大阪神戶

一往復日數　十七日間

一浮費　遊覽費及手數料合하야總計四十八圜

一出發日　請入順次를從하야出發하고仁川영子直接히通知홈

一請入所　在京성各新聞社五十八銀行경성支店　天一銀行

一會員은遊覽을終하야開散한後에本會와關係가小無홈

一南大門서釜山으로直行하는者或은東경으로直行하는者의許하야도同一便法으로同行請入을應諾홈

大日本人遊覽協會事務所 南門通

東 [illegible] 會

學徒裝制書冊

學徒運動과踏具

羅紗各種

美國金鷄納

衣服裁縫其他雜貨도廉價放賣하오니諸君子는來臨하심을바라나이다

仁川港奇嶋關新冊肆

원산파성진잔에서본인이살진소(肥牛)를만이사깃스니쇼파는제군은다수이팔너오시옵

최봉준　고백

菊初先生李人稙氏著

[illegible]

◉增修無冤錄大全

定價金新貨七拾五錢

發秩壹白七十頁

此增修無冤錄大全은法律家의最緊要한書籍이온데年久未現이든바[illegible]法部에認可를得하야此를發刊하얏사오니大韓國漢文을解得하는이와法律學에有志하신이와公任에居하신이는不可不購覽하실지어다

中署布屛下

發賣書舖 김相萬　發售所

越南亡國史 譯述 玄采

[illegible]

布屛下김相萬

國債報償義捐金

(續入於)

◎高陽邱瑞龍面舖堂洞

洪...三圜 吳羲鉉
許...各二圜 千鎔大
...東燁 車秉翊 吳保鉉
許...極 吳奭현 吳鶴鉉
...一圜 許鉉 八十전
리正弘 정寅鎔 洪選厚
...景承 許鈺 洪正厚
許錫 나在元

●高陽下道面大花田

尊位리志용...闘 洪...
五十錢 리斗應 金...
김興根 尹季成 조영돈
리學先 리東根 각卄전
申聖安 三拾전 ...
리得成 리용巳 金...
정士淵 張命...
리八童 각十錢
리皆同 각拾五전

合拾圜七十전

七歲리行文

[illegible]

三十錢 合十圜四拾二錢五厘

●不南殷山郡龍化面文昌學校

合拾圜七십전

◎韓國國債報償志願金總合所 ...

國債報償金總合所 ... 白

本所와 ...

國債報償志願金總合 ... 白

大韓每日申報社 白

報와 同一 ... 報 를 請購 ... 續揭載 ... 文

(廣告)

四号活字十三字詰
每日每行尺一寸 ...
(每日每行六錢 ...)
二週日에 　二圜五十錢
(每日每行四錢 ...)
一箇月에 五圜
一每日每行四錢 ...
其期限의長短과字...

發行兼編輯人 英國人 裵說
發行所 南署石井洞 ...
大韓每日申報社

第五卷

大韓每日申報

第五百八十四號

月曜及慶節 歲時日休刊

檀君開國四千二百四十年
箕子元年三千二十九年
大韓開國五百十六年
日本明治四十年
淸國光緖三十三年
陰曆丁未六月大三十日己丑

論說

是乃日人之公正耶아

皇帝의禪位ᄒᆞ심을因ᄒᆞ야暴動이起ᄒᆞᆫ後에統監府에셔即時發令하야韓人의게武器及武裝의賣渡或與執을禁止ᄒᆞ얏스니伊時人民의激발된情形을顧念컨되此府令이한城니에平和及秩序를維支ᄒᆞ기에必要件을作ᄒᆞᆫ지라由是로此新發令에對하야怨訴를起ᄒᆞᆷ이未有하고但官憲의當行ᄒᆞᆯ智明之擧로認悉ᄒᆞ엿더니伊後拾二日이經過ᄒᆞ야武器를持ᄒᆞᆫ日人凶徒가著露하매時局의形態가全然히變更된지라統監府의셔日人의持其凶器ᄒᆞᆷ을容許하고韓人의게ᄂᆞᆫ施其嚴令ᄒᆞᆷ을한城의在ᄒᆞᆫ西歐人들이公然評論하되使此韓人으로如彼凶徒의게强奪及殘虐을被케ᄒᆞᆷ이其乃官憲의希望耶아殺傷毆打로戲件을作ᄒᆞ야擅行之習이有ᄒᆞᆫ此凶徒와公然干涉ᄒᆞ기를畏或恐怖耶아ᄒᆞᄂᆞᆫ도다均同無偏ᄒᆞᆫ公正二字를信認하ᄂᆞᆫ純潔ᄒᆞᆫ外人은對此武器問題ᄒᆞ야混乱之態가頗有ᄒᆞ니外人態度의日本凶徒가한城의到着ᄒᆞᆷ이非徒爲特於韓人이라外人의게도亦然ᄒᆞᆷ거ᄉᆞᆫ一般所知인故로此時를特當ᄒᆞ야韓人의게施ᄒᆞᆫ武器禁令을日人의게도亦行ᄒᆞᆷ이普通公正인줄노認定하엿도다如彼凶悍之徒가西歐人의게惡行을加ᄒᆞ면受罰之日이竟有ᄒᆞᆯ줄을彼或自知故로外人은能護自身이어니와韓人은不然ᄒᆞ야此凶徒處分에余係ᄒᆞ야一次復讐도不能ᄒᆞ고强壓窘逼을但被로다

吾人은此禁令의取消되기를不願이라但統監府에셔自國籍民의所持銃劍을即收ᄒᆞ고若不即行鎭壓이면重大結果를不免할紊乱의原質에深密注目ᄒᆞ기를要請ᄒᆞ노라京城新報도不美ᄒᆞᆫ日人이此地에現露됨을亦述ᄒᆞ엿스니向日激戰時에白人의血을執케ᄒᆞᆫ此凶猛之徒의게但如彼記述은甚輕ᄒᆞᆫ諷評이나然이나日人은常是요韓人은常非로區分ᄒᆞᄂᆞᆫ거슨同報의習慣이라近者起擾를綱說ᄒᆞᄂᆞᆫ되도日人의不美之蹤은一不擧言ᄒᆞ고韓人의게貽累된報導ᄂᆞᆫ一不許容하얏스니正直筆法을用ᄒᆞ엿다稱키不能이로다

官報

●第三千八百三十七號 隆熙元年八月六日 續

◉叙任及辭令

命經理院卿 京畿觀察使최錫敏
命主殿院卿 正三品李議濟
命侍從院副卿 學部書記郞李晳九
命弘문館副學士 法部次官김珏鉉
命奉常司提調 宮內府協辦리能九
兼宮內府協辦 法部次官金각鉉 完

●第三千八百三十八號 隆熙元年八月七日

◉宮廷錄事

掌禮院卿臣申箕善謹
奏
陵號議定吉日以陰曆來月望間擇入事
命下矣今日官김東灼推擇則七月十八日爲吉云原任議政니閤大臣宮니府大臣協判니閤書記官長ᄌᆞ部次官諸閤堂上本院堂上同叅會議何如謹上
奏 奉
旨依奏

掌禮院卿臣신箕善謹
奏今此遣使追封
皇后時
懿孝殿冊寶擡上後仍行改題
主之禮曆鍊擧行何如謹上
奏 奉
旨依奏

掌禮院卿臣신箕善謹
奏今此遣使追封
皇后時
懿孝殿
冊寶擡上改題
主後祭禮依大祭例曆鍊遣大臣
攝行
祝文令侍講撰出何如謹上
奏 奉
旨依奏

掌禮院卿臣申긔善謹
奏陰曆七月拾九日進封皇后後
皇后前百官當有陳
賀之節矣同日
和中殿頒
詔後百官仍爲行禮事曆鍊擧行
何如謹上
奏 奉
旨循倬例爲之 未完

外報

●勢力挽回策 北京電을據ᄒᆞᆫ則直隷總督袁世凱氏가前軍機大臣瞿鴻機의彈劾을被ᄒᆞ엿스나現任慶親王의謀術으로猶히目下淸皇室一家의大感動을惹起하ᄂᆞᆫ지라今에韓國命運을引證ᄒᆞ야立憲政體의크게必要ᄒᆞᆫ旨를唱道ᄒᆞ고數通意見書를奉呈ᄒᆞ야크게勢力挽回策을努力ᄒᆞᆫ다더라

●慶王의謙議 同電을據ᄒᆞᆫ則西太后가慶親王을召ᄒᆞ야振貝子로御前大臣을任命ᄒᆞᆯ意로勅諭를下ᄒᆞ섯더니경親王이奉答ᄒᆞ야曰振貝者ᄂᆞᆫ長處가無ᄒᆞᆫ則現今國步艱難ᄒᆞᆫ際에各親王及大臣의子弟中에서有爲에材를擇ᄒᆞ야破格任用ᄒᆞ쇼서ᄒᆞ얏더라

●海業問題의未決 奉天에日本領使와淸國徐總督이交涉ᄒᆞᆫ단鹽問題ᄂᆞᆫ彼此提案이甚히懸殊ᄒᆞᆷ으로追徒商議ᄒᆞ기로ᄒᆞ고去月廿九에更히漁業問題에關ᄒᆞᆫ談辦을開始하얏다더라

●英國議員의宣言 倫敦電을據ᄒᆞᆫ則英國海軍書記官兼下議院議員로바도손氏가宣言ᄒᆞ야曰海牙平和會議에서英國政府와提出ᄒᆞᆫ軍備減縮問題가成立되지못ᄒᆞᆫ境遇에ᄂᆞᆫ政府에서即時또몃도노도형의大戰鬪艦을製造ᄒᆞᆯ意向이라더라

別報

美國獨立日有感

桑港共立報論說譯載 續

一千七百七十四年九月五日필내델파아에서聯合會를開ᄒᆞ니叅會者五十五人이라英政府의不法을聲明ᄒᆞ며自由를不得ᄒᆞ면死하야도屈치아니ᄒᆞᆯ것다고演說ᄒᆞ얏고九月二十八日에生命自由와財產自由라ᄂᆞᆫ宣言書를起草ᄒᆞ얏스며또自由男子會와自由女子會가組織되여自由精神과獨立基礎를振起ᄒᆞ더라翌年四月十九日에美國民兵이英國兵파처음으로獨立戰이始作되니聯合會에서當年六月十五日에華盛頓으로大원帥를選擧ᄒᆞ미七月三日에行禮ᄒᆞ얏스니其時華盛頓部下의軍人가一萬四千名이되總鍊을不解ᄒᆞᄂᆞᆫ者가半部가되며또軍服도無ᄒᆞ며軍器도鈍하고彈丸이每名에九介式뿐이라然ᄒᆞ나華盛頓이言ᄒᆞ기를美國의目的은定코護得ᄒᆞᆷ이라하고百戰百敗하얏스되落心치아니ᄒᆞ고氣를厲ᄒᆞ야軍를振ᄒᆞ야或勝或敗하다가一千七百六十六年六月七日에리한레리시가聯合會에動議ᄒᆞ기를殖民地ᄂᆞᆫ맛당이自由獨立國으로世界에頒佈하야政治上에英國과相關이업슴을表하자하미衆論이紛紛하야留案ᄒᆞ얏다가七月一日에更히會集하야獨立問題로可否討論을ᄒᆞ고獨立檄文을起草ᄒᆞ얏더라然ᄒᆞ나아직作定은되지못ᄒᆞ얏ᄂᆞᆫ되其時의獨立檄文을宣告ᄒᆞ기로作定이되면該議會에서自由鍾을鳴하야自由精神을活潑케ᄒᆞ며人民으로ᄒᆞ야금一時에自主獨立ᄒᆞᆷ을知悉케하고져ᄒᆞᆷ서一千七百七十六年七月四日에獨立을世界에宣告ᄒᆞ기로作定하며自由鍾을처음으로鳴ᄒᆞ얏ᄂᆞᆫ되懽天喜地에無恨이鍾이破하도록鼓하얏스며萬衆에惱呼之聲이其鍾聲과ᄒᆞᆫ가지로天地에彌滿ᄒᆞ얏더라其後에도七年間이나英美가交戰ᄒᆞᄂᆞᆫ대英은本是强大ᄒᆞᆫ國이오操演ᄒᆞᆫ兵사와銳利ᄒᆞᆫ兵器를持ᄒᆞ얏스나美國에孤弱ᄒᆞᆫ卒과軍備缺乏ᄒᆞᆫ대比ᄒᆞ리오마ᄂᆞᆫ美國人民이自由를不得ᄒᆞ면死ᄒᆞ야도休치아니ᄒᆞᆯ것다ᄂᆞᆫ自由獨立精神이上天을感動ᄒᆞ야英國이先히講和를請ᄒᆞᆷ서一千七百八十三年九月三日에法國巴里城에서英國이條約을交換ᄒᆞ얏고世界上에北米合衆國이完全ᄒᆞᆫ獨立國이되얏더다

寄書

北美合衆國紐育留박恩來寄書

離國辭家作萍水於天涯東韓西旋逆旅無定寤寐間嘆祖國之悲狀食息間含身勢之淚矣乃於七月四日淸晨睡夢中忽聞四面砲聲震地鼓樂喧天愕然驚醒問于傍人答曰今日乃美國流血七年而結局獨立之日也故滿國士女紀念一絕代喜樂之日也予聞是語熱血鼓起振衣出衢望見花旗家々飄ᄒᆞ고通衢花燭찬爛ᄒᆞ며炮鉦喧震山沸河軍樂隊々以喜音老人은群舞少年也若狂小兒也婉戲樓樓鳴吾聲自由々々衛々揺鼓聲又明々々風飄旗角哮獨立獨立々天地更一層精明日月復爲之光耀산川亦含喜色草木狀帶自由也目擊狀景不覺彼喜而我悲之然歸店感淚縱橫自歎天高難訴茫茫無聞適於此際看美國之新聞論韓國慘狀日尤甚矣是大韓疾呼氣到數次傍人이解之曰今日韓國이如是慘狀非他人做之也即君等之過也韓人性質務要開遊肯爲人下故釀受今日之害未㨿他人之侮虐萬万將往者不可諫來者猶可追也從今自勵則二千万中豈無一華盛頓豈無一倡獨立者乎然則今日如美國之喜樂未久更存于東中國矣奈何自傷如是大抵有非常之人有非常之事然後에非常之[illegible]日正是明見得意之[illegible]乃[illegible]自勵[illegible]以望同胞[illegible]呼令胞亦吾同胞[illegible]據哉我士以不忍人其作紙慘受奴隷

雜報

●軍隊處分 再昨夜九時頃에 내閣에셔開議ᄒ고下午二時에각部大臣八人이會ᄒ야셔 處分을發表하야各部官吏를召集ᄒ되각大臣의職務를預先通知ᄒ야ᄒ얏다더라

●闕內承候 敦玉軒門外에日巡査의把守가에ᄒ야緊嚴ᄒ야近侍는不得出入ᄒ고每日下午三四時쯤에侍從卿閔丙奭氏와宮내府大臣니윤用氏만暫時承候ᄒ다더라

●大廳電話廢止 自上으로셔각府部院廳으로通信ᄒ던電話는近日來로廢止ᄒ얏다더라

●陵號改定 原任議政과宮내府及니諸大臣과中樞院議長이昨日下午一時에入侍ᄒ야孝明妃陵號改定議節을詢商上奏ᄒ얏다더라

●總理移舍 總理大臣李完用氏가居接ᄒᆯ家屋이無ᄒ야日本人俱樂部에借居ᄒ더니日前부터筆洞前 義親王殿下留連ᄒ시든旅宮으로全眷을移接ᄒ얏다더라

●李氏到美消息

美國電報가東京에來到ᄒ엿ᄂ디韓國人李相설氏가美國에來到ᄒ여 大統領 에게見을要ᄒᆫ대 大統領 께셔 答ᄒ기을公體로接見ᄒᆫ것시아니라 私見禮 로接見ᄒ깃다ᄒ셧ᄂᆫ대東京각新聞들은沸騰ᄒᆫ議論이大端ᄒ다더라

●恩賜一例 宮部에셔今番解散兵丁판恩賜金을頒給ᄒᆯ뿐아니라殘存軍隊의兵卒도一款로恩賜金을頒給ᄒ는대正校以下參校는八십圜이오以下兵卒은五십圜이오一等兵은二십五圜이라하다더라

●統監出發 伊藤統監이來拾一日에下ᄒ야二日에軍艦笠置를搭乘出발ᄒᆫ다더라

●農部囑托 農商工部에셔산林局部囑托으로田淵三郎氏를務囑托을雇聘ᄒ고月給舍宅料는三拾五圜式支給ᄒ고一箇年俸은一千七百圜이라더라

●稅額改正 度支部에셔補助貨額數를改正變更ᄒ기로내閣에셔提議하얏다더라

●老婆積德 警視廳에被囚ᄒ錦陵尉박泳孝氏가再昨日에窓隙으로咳唾ᄒᆯ際에路傍에七拾歲假量된老婆가喘息以坐어날박氏가莫知其故ᄒ야送人探知則艱辛이答ᄒ되幾日絕火에筋力을不當收拾이라ᄒ거ᄂᆯ該박씨가聞知情景ᄒ고惻隱之心을不勝ᄒ야新貨五圜을使人送致ᄒ얏더니同老婆가逢人첩說하되박씨의恩德을稱頌不已ᄒ더라더라

●勸辭之故 近日平壤兩裁判檢事가辭職請願ᄒ야遞任된理由인즉法部大臣趙重應氏가辭職ᄒ라고勸告ᄒ얏다더라

●結城請願 結城郡守宋敏憲氏는內部에辭職請願ᄒ얏다더라

●巡査不法 開城郡警務分署總巡박致宇氏가鎭攝執탈하야民家를此曰恐喝ᄒ얏스니特爲嚴懲하라고學院老學리箕沼氏가內部에請願ᄒ얏다더라

●喪一元老 特進官沈相薰氏가身病으로在日濟衆院에셔治療ᄒ되小無差度ᄒᆫ故로再昨日下午二時에自己私第로還來하야同五時量에竟至長逝ᄒ얏다더라

●賊黨不絕 日昨東小門外樓院等地에셔剽奪ᄒᆫ賊黨二名이각持ᄒ현장로該居人家에突入ᄒ야財를搶奪以去ᄒ얏다더라

●聞者絕倒 前參贊總監具然壽氏가昨日에警部副總監으로頒布되얏거니와傳說을得聞ᄒᆫ則再昨日夜에宋秉畯氏私邸에서警視廳으로電話ᄒ되諸般事項을何不修報오ᄒ고一場論責ᄒ얏는대該廳에셔는何名目으로報告ᄒᆯ는지莫知頭緒ᄒ얏는대聞者莫不絕倒ᄒ얏다더라

●原隊敗報 原州鎭衛隊兵과日兵이交戰하다가原州隊가忠州郡으로敗走ᄒ얏다고再昨日에電報가內部에到達ᄒ얏다더라

●非配伊囚 黃州郡鐵島配所에滯在ᄒᆫ閔衡식씨를該郡駐在ᄒᆫ日本憲兵대에셔留連케ᄒ다는電報가有하다는대其理由인則流配罪人으로旅館任便이不爲妥當ᄒ다는所以라더라

●將卒皆泣 今番에闕內에入直ᄒ얏다가多日替直이되지못ᄒ든侍衛二大隊尉官以下ᄉ卒이日昨에야解直이되야出番ᄒ는대宮女及掖屬等이不勝感懷ᄒ야無非流涕하미尉官사卒도亦皆落涙ᄒ얏다더라

●事在緩急 京鄉ᄉ림라祇옥리甚夏等섭人이內部에請願ᄒ되公州郡雞龍山後谷殿內端宗朝以下列位忠臣을依舊例配享케ᄒ라ᄒ얏더니指令ᄒ되現今政務多端에事有緩急ᄒ니退修學業ᄒ고更俟處分ᄒ라ᄒ얏더라

●稅務相左 각地方稅務所에은結監總報告가財政支部顧問의報告보다多有相左ᄒᆫ故로度支部에셔각道稅務監의게訓飭ᄒ야管下稅務所에ᄀ別伸飭ᄒ야相左之弊가無케ᄒ라ᄒ얏다더라

●儀節準備 陰六月십九日에擧行ᄒᆯ禮式을行ᄒ리대儀節에對ᄒ야現今準備中이라더라

●忠北消息 本月二日에忠北觀察使니鍾氏가丹陽等內部에不穩ᄒᆫ狀況이有ᄒ믜曉諭鎭壓次로往ᄒ야다가昨報와如ᄒ거니와該地에到ᄒ야觀察使는鎭衛隊留在ᄒᆫ巡檢은暫駐次로分派所에니義兵三拾餘名이各持銃械ᄒ고分派所에突入ᄒ야革銃三柄과保護次出張巡檢의帽子와刀服裝을幷爲奪去ᄒ며該所巡檢與保護巡檢은結縛毆打ᄒᆫ際에該觀察與郡守는間에避身ᄒ야幸免禍厄하얏다더라

●日兵向堤 再昨日에日兵一小隊가堤川으로向ᄒ야昨日에또日巡査數十名이鎗銃騎馬ᄒ고該地로발往ᄒ얏다더라

●學校勸勉 一陟郡守安기煥氏는舊日學校設立하고勸勉ᄒᆫ弊가有ᄒ으로該道觀察使가니部에報告ᄒ고即爲免官하라ᄒ엿다더라

●無論取ᄒ 主殿院婦리경濟氏가有何事項ᄒᆫ지一般官吏를招集ᄒ고取고기를本院에事務가比前煩劇할니이ᄉ不辭勞苦ᄒ고如前視察ᄒ야하얏다더라

●日兵妄猜 三和港龍井洞耶蘇敎小學校에課程에一日에二次式依例體操ᄒᆫ課程이有ᄒ기로一日二次式吹號ᄒ며體操하는대日兵이有何猜疑ᄒ야該學校를注目하야殆히攻擊하라는意가有ᄒ다고耶蘇敎의兒童學校가於日人의게有何關係ᄒ야如是防害ᄒ는지不知ᄒᆯ깃더라

●蛟責一進 三和港田仁俊氏는家是義氣男子라國勢危急ᄒᆷ을見하고痛哭嘔血이라가該港一進會를對ᄒ야被責曰汝等이謂四大綱領에 皇室을尊嚴히ᄒ다ᄒ더니今番에如此不測之變을釀出ᄒ얏스니 皇室을尊重保護ᄒᆷ이냐ᄒ고且汝等이不農不商ᄒ고朝聚暮散ᄒ야挾雜과紛競만爲一能事ᄒ니一日國家에遊賊이오二日人民에強盜요三日自家에敗子니ᄀ歸本家ᄒ야農者는農하고商者는商ᄒ고工者는工ᄒ야ᄀ安其業ᄒ라하고該會門牌을破碎ᄒ미港民이皆曰善哉라快人快事라ᄒ얏다더라

●日兵占衙 內部에셔宮內府로照會ᄒ되去月二拾八日에日本陸軍正尉征矢野가率一中隊兵丁ᄒ고來到于開城郡ᄒ야該郡東軒을函請讓與ᄒ고本郡公廨는借與郵便所及稅務所ᄒ야本郡守ᄂ接이無處하야奠接이一日爲急ᄒ야該郡所在分奉常司가雖是尊重之地오나不得不暫時移接ᄒ야待後方便이라ᄒ얏더라

●警視官制變更 각地方警官들도警視廳의官制와如히多少間變更ᄒᆫ다는대總巡은警部로改稱ᄒᆫ다더라

●日官增置 各地方裁判所에日人警察官을或一人或二人式配置ᄒ야法務補佐官의職務를補佐케ᄒᆫ다더라

●三氏遞任 法部民事局長리鎭協漢城裁判所首判事리秉和平理院檢事김正穆三씨가遞任된다더라

●報請鎭壓 忠北觀察使署理가內部로報告ᄒ되即接堤川分派所巡檢報告내開에原州鎭衛隊許多退兵이與匪徒로合心蜂起ᄒ야각面각里에砲軍與獵銃이沒數募集하야取入于該郡邑이온바該匪徒等之如是鬪발이[illegible]

地方通信

正日午後二時頃에原州軍에셔義兵이郵便所取扱所를襲擊하야엿는대該所日人을僅免ᄒ고ᄒ엿고郵便物과多少物品을[illegible]外他物品을放火ᄒ엿고堤川郡警務分派所도危險함으로郵便取扱所與ᄒ야忠州로撤回하엿고淳昌郡은四일에形勢가不穩함으로郵便所及取扱員은光州로撤退하엿고七日七時洪川[illegible]地鎭衛되兵四십餘名이昨日三時에武器를携持ᄒ고結城郡方面으로向ᄒ엿는대形勢가不穩ᄒᆷ을認知ᄒ고日兵이追往ᄒ엿다더라

東京電報

八月六日발

●軍艦去내 韓國警備艦中에笠置와新高는撤歸ᄒ기로決定ᄒ고驅逐艦은現在艦外의數隻을增派ᄒᆫ다더라

▲雪 歌 誰 解▲

▲向日漢陽에砲響이泪ᄒ며全國이疑惧하야炯炯이未霽ᄒ니一局黑白에風雲이從環라過行高手가一點이遲々ᄒ니臥龍不起면蒼生이奈何오

▲伊藤統監은內閣大臣의게對ᄒ야地方각官吏의從來遊休公貨은一萬湯減하야國家의懷器ᄒᆫ澤을施ᄒ고將來를警戒케ᄒ라고勸告ᄒ얏다니韓國官吏의公道有無가統監의게有何關係하야如是勸告ᄒ는지可謂沒酒生面이로고

▲內大任善準과法大趙重應과軍大리秉武農大宋秉畯四氏가正二品加資를周旋ᄒ다ᄒ니四氏는大韓에무功績가有ᄒ야加資를圖ᄒ는지[illegible]政府에加資를[illegible]後一時에[illegible]하야무슨事項으로[illegible]趙重應氏는統監에前往ᄒ야伊藤統監을訪問密議ᄒ얏다ᄒ니近日각大臣에密議가何其頻數ᄒᆫ지亦一疑點도다

▲警部總監丸山重俊氏가니部로報告하되日本理事廳警部삼人을警務顧問補佐官佐를招聘ᄒ는而今番을締結ᄒ라고請求하얏나니日人이警視總監을被任ᄒ매初頭에日人補佐를招聘ᄒ니警視廳은日人警視廳이되엿고

▲近日地方각郡守에辭職請願이逐日답至ᄒ는대니閣에셔郡守의免이나或免官案에對하야무슨關係가有ᄒᆫ지該郡守에年齡을의例查照ᄒ는故로니部總書課에셔年齡을調査ᄒ기로一層紛忙ᄒ다ᄒ니閣에셔請願郡守의年齡을調査ᄒ야用之何處ᄒᆯ는지亦一不知ᄒᆯ事로고

▲今番에解散된각大隊에參領以下尉官은아즉如何ᄒᆫ調飭이無ᄒᆫ故로平服으로ᄀ該隊에仕進ᄒ다니尉官이服裝을解脫ᄒ면平民과無異ᄒᆷ뿐더러兵丁이亦업는衛門에尉官만仕進하야無卒之將이逼付一笑로다

▲鏡城郡에駐屯ᄒᆫ日本第卄五旅團에셔該郡外富寧郡淸津界셔지輕便鐵道를敷設ᄒ려ᄒ니該地段을急히買入케ᄒ라ᄒ고郡守에게請求ᄒ얏다니日人이韓國土地를軍用地니鐵路敷設地니許多稱托으로占領已盡ᄒ다가又是輕便鐵道로地段을入取ᄒ니片土가無餘ᄒ이로다

社告

布哇에서本社에送付ᄒᆞᆫ美金壹百弗拾弗二拾九弗三張에分ᄒᆞᆫ

郵便爲替를**受**ᄒᆞ얏스나何許人이何許事件으로送付ᄒᆞ얏ᄂᆞᆫ지姓字가無ᄒᆞ야疑訝이더니郵便에交涉ᄒᆞ야錢額은已爲推尋이오辺付人은布哇留囡찬錢씨로認得이나何許事件으로送金인지速々詳示ᄒᆞᆷ을切望ᄒᆞᆷ

博川西部李鎭成氏로本支社員으로認定ᄒᆞ오니該附近地에本申報購覽ᄒᆞ실僉君子ᄂᆞᆫ右氏의게請求ᄒᆞ심을希望ᄒᆞᆷ

雜報

郡守不法　咸北觀察尹性普氏가內部로報告ᄒᆞ되鏡城郡守□□□ᄂᆞᆫ從任三職에諸般不法行政이罔有其極이옵기慶源郡守기柄命으로另定查官ᄒᆞ야查則戶斂錢額이四萬二千六百七십兩六젼三分이오戶粟收捧이爲二百七十八石二斗요隱結전潛用이六千三百九拾六兩一젼八分이오戶木排徵이爲오百四拾兩요鄕校任亂差數가爲四十九人이오니如此郡守ᄂᆞᆫ不可不仍置라ᄒᆞ얏더니指令ᄒᆞ되該郡守ᄂᆞᆫ已經免이나斂排ᄂᆞᆫ外과雜隱結과食이合有當徵ᄒᆞ니卽當捉送司法ᄒᆞ라ᄒᆞ얏더라

●應試□□　關城居一□士가姓名을不露ᄒᆞ고本社에寄函ᄒᆞ되當此暑濕之時ᄒᆞ야大吐大瀉가往々有之ᄒᆞᆫ더本人이屢試屢驗ᄒᆞᆫ藥方이有ᄒᆞ기로責報紙面을借ᄒᆞ야廣佈于世를要ᄒᆞ노라ᄒᆞ얏ᄂᆞᆫ더其方은人蔘白朮乾薑炙ᄒᆞ付子각二錢吳茱萸桂心藿香甘艸草각一錢唐木香七分인되無論男女老少ᄒᆞ고皆可試用而但小兒則去付子一전이라ᄒᆞ얏더라

●殺死回生　前觀察使尹喆圭氏가日前에鴉片을吞下ᄒᆞ고危境에至ᄒᆞ얏더니리南熙卫明濟兩氏가急히身體를摩察ᄒᆞ야幸히免死ᄒᆞ얏ᄂᆞᆫ대該氏所言이余가國家思想으로自處ᄒᆞ려다가親舊의救急으로死를不得ᄒᆞ얏노라ᄒᆞᄂᆞᆫ대人或謂之ᄒᆞ되該氏가□고三□□爭詰ᄒᆞᆫ餘憤도有ᄒᆞ되決死之計로由ᄒᆞ얏다ᄒᆞ니未知孰是라ᄒᆞ더라

廣告

次月一日爲始ᄒᆞ야□□□□

東萬前에**本會設出張所**를開設ᄒᆞ고左開ᄒᆞᆫ一般倉庫業을營行ᄒᆞ오니多少를不拘ᄒᆞ고去來ᄒᆞ심을仰要

一 一般商品의保管
一 保管物品에對ᄒᆞᆫ金融
一 換錢

隆熙元年八月七日

京城南大門外　漢城共同倉庫株式會社
電話五四四番

仁川각國居留地　同出張所
忠淸南道江景浦　同出張所
平澤停車場　同出張所

本人의所有梨太院第二십一統六戶草家六間文券서失ᄒᆞ얏기玆에廣告ᄒᆞ오니誰某拾得ᄒᆞ면지휴紙施行ᄒᆞᆷ　李興根　告白

北署齋동四統十二戶權重協家券見失於向日벌據中內外國人이誰某拾得休紙施行
權錫俊　告白

大東文粹　全一冊　金七十五錢
箕子以來로至國朝　宸章及名文精選漢文必讀合用敎科

新撰地文學　全一冊　金四十錢
凡屬地質學理具圖式精□簡易合用敎科

生理衛生學　全一冊　金四十錢
吾人生理上關係衛生具圖式切要簡易合用敎科

發賣所　布屛下廣學書舖　東口越邊中央書舖　寺洞漢陽書舖　小廣橋高裕相書舖

第二回學員募集廣告

○本校에서□□學年試驗을經ᄒᆞ온바學員을募集ᄒᆞ오니願學人은九月一日以內(陰七月二十四日)로入學請願書를本校에來ᄒᆞ야請求ᄒᆞᆷ

課程　本校規則에지ᄒᆞᆷ
年齡　十五歲以上
試取日　九月二日
試取科目　本國歷史　本國地誌　讀書　作文　筭術(四則以內)
開學日　九月六日

光武十一年八月一日

漢城磚洞普成中學校

慶南漁괴派員김鳳珠가不遵詔勅與訓칙ᄒᆞ고有文卷有民私條를肆自放賣ᄒᆞ기로數千條民이仍此失業에幾至死境故로條主머리裏足千里ᄒᆞ야呼訴于京部이기玆以廣布告

鎭南郡紙島七條條主김泰振　鄭周서　李蕃謨　告白

大東寄宿舘　廣告

本舘에셔大廣橋□小都家를斗洋製ᄒᆞᆷ고精潔ᄒᆞᆫ浴室을新鮮準備ᄒᆞ고始ᄒᆞ야□君子ᄂᆞᆫ□臨ᄒᆞ시믈伏望

□□□湯과各色料理와陰曆六月初十一新修改ᄒᆞ□□□□ᄒᆞᆫ더이오니僉□來臨ᄒᆞ심을伏望

內外酒　大韓□　葉茶　食料□　各色　西洋上等酒　此外에도각樣烟草□□□□□이외다

廣□□□告白

大韓新地誌

定價金一圓　頁三百六十二冊一秩

本冊肆에敎會書籍과各學校敎科書와各種新舊書冊이俱備ᄒᆞ오니有志ᄒᆞ신僉君子ᄂᆞᆫ陸續購覽ᄒᆞ시옵

平壤鍾路耶穌敎冊肆
尹衡模　告白

本人이日本大阪商業家와特約ᄒᆞ고日本內地產出各種物品과西洋各種物品及機械等物을我大韓에輸入과委托을便利케契約ᄒᆞ얏사오니商工業에有意ᄒᆞ신僉君子ᄂᆞᆫ某物이든지請求코저ᄒᆞ시거든本社로來議ᄒᆞ시오本社에셔ᄂᆞᆫ手數料金만受領ᄒᆞᆷ

興業社本店　開城北部群洞
支店京城南門內水標五十一統六戶
仁川港內今廣□　堵養會社

本人等이典당支所를趙便에셔各貸典舖이옵다가今에合資設營業ᄒᆞ오니典執ᄒᆞ실僉員□來臨ᄒᆞ심을爲要

中署典당영信號典舖　金□秀　車基倫　金榮□　告白

學徒裝ᄒᆞᆫ書冊　學徒運動과諸具　羅紗各種　美國金鷄納　衣服穀類其他雜貨도廉價放賣ᄒᆞ오니諸君ᄌᆞᄂᆞᆫ來臨ᄒᆞ심을바라나이다

仁川港奇□開新冊肆

원산과성진자에서본인이살진소(肥牛)를만이ᄉᆞᆺᄉᆞ니쇼파ᄂᆞᆫ재군은다수이팔너오시옵
최봉준　고백

越南亡國史　國漢文

定價貳拾伍錢

發賣所京城廣橋高裕相書舖　鍾路大東書市　布屛下김相萬　告白

法律辭彙大全

國債報償義捐金

一원 次孫載赫
叅奉安昇植五圓　姪炳儀
廿圓　安袭植二圓　長子炳弘
안　연　안國植各二圓
弟顯서 五十전　안恒植
安子炳德 안재植 未彭안調植
안丸주 ㅈ一圓　안　익
안　환　안國植　ㅈ五십전
長子炳世　廿錢　姪炳璉一圓
안鼎植　五拾錢　弟貞植
二拾전　안亭植　안調植
ㅈ五십錢　안　당　弟　영
안　해　ㅈ廿전　弟　발
조益鎭　全　濟　二拾전
안塏식　안吉植　안稔植
안大植　안瑾植　안祈植
안應植　안坤植　안麗植
안濟植　안炳규　安炳峻
안炳傳　各廿전　안麗鎭
안　湜　안　大　안元식
안　진　안　準　ㅈ廿전
박宗益　리一祥　각廿錢
조癸福　二拾전

合六拾四圓八十전

交河衛洞面金陵里
丁大善　조完근　ㅈ一환
俞鎭우　정漢益　ㅈ卄전
愼宗杰　김宗遠　정顯川
최錫식　ㅈ廿錢　金大權
김能岳　정興雲　金子權
김守哲　方奉文　최漢식
愼宗설　최壽命　최순天
愼宗元　김斗崇　김元教
박宜興　조기範　리리淳
김晉吉　리ㅈ浩　[illegible]
정鎬ㅈ　[illegible]　韓[illegible]
정弘柱　愼宗淳　丁弼석
丁元吉　愼宗흥　韓봉源
愼宗德　愼炳旭　조윤增

[illegible]
지[illegible]　愼宗五　愼炳柱
愼宗鎬　愼宗一　조能增
洪顯錫　愼宗도　愼병錫
姜命欽　姜貴哲　愼창鉉
愼병熙　리북孫　리金鎭
韓達成　조봉이　姜남산
신병元　신宗獻　리完興
신明哲　신貞九　신宗寧
신宗贊　河錫泓　강春산
신宗日　신병交　ㅈ拾전

合十四圓十錢

槐산北中面北沃동
조君元　김春日　정成汝
박資鎭　박榮鎭　김學식
朴慶錫　朴劉鎭　朴德鎭
유[illegible]　[illegible]　박準寅
박準영　조金敬　박元極
유孔烈　리千日　박致勳
리重七　方九三　조君哲
尹淙春　ㅈ拾전　박滿浩　一圓
유載德　五拾전　조秉鎭　四十錢
박準元　박海鎭　박準봉
유[illegible]　[illegible]
유載봉　박準ㅈ　각卄錢
洪寬식　박貞鎭　유載璇
權春西　유洪烈　김容成
김縉奎　박東鎭　박準亨
김正學　강周英　박明보
각卄전　조元亨　우道元　각卄錢
朴最云　박相鎭　각拾五전
辛영로　리云西　張德永
朴聖奎　朴正七　조德文
각拾전

合十四圓二拾五錢

槐산北面吉동
金宗연　八拾전　김承熙
五拾錢　李股雨　朴萬鎬
威龍植　各卄전　리奎弘
리容雨　리리雨　박찬鎬
리濟中　成變植　ㅈ卄전　리樹沐

澤哲鉉　박興伊　각卄전

合四圓二拾전

괴산北中面上芳동
鄭紀用　辛用善　張啓운
韓致서　韓인날　朴遠善
金用根　金영주　各拾錢
林裕日　五拾錢　리孟記
咸君史　金致心　각卄錢
최윤集　拾五錢　리文秀
정毅永　김연守　각卄錢

合二圓九十五전

忠北槐산郡北上面明덕里
淸州慶良宋中
鄭烈　宅重　[illegible]
[illegible]重　[illegible]春　선　鍾
[illegible]龍　哲浩　ㅈ五十전

合五圓

安岳邑瑠山등三浙齋
리始馨　許　潤　張長孫
ㅈ五十전　許二才　朴七星
宋世人　최여兒　김食山
嚴始奎　리長星　白吾長
安용成　任允甫　각卄錢
宋萬형　卄五錢　리占산

合五원拾五전

黃海道金川江北面
리斗吉二圓　김석[illegible]
張문옥　김석主　ㅈ四十錢
김景浩　리여根　김윤옥
尹聖辰　白俊三　최元西
조창식　ㅈ卄錢　김聽安
白淳汝　韓京直　김石宗
馬基建　신元仁　각五拾錢
신千晟　신應文　곽　錠
신宗李　조學善　리義斗
黃士彬　리潤哲　ㅈ四拾전
신宗志　進士신明奎　申錫三
咸召史　리義鉉　各五拾전
리敎昌　申行五　리宗五
리福萬　金학용　리致克
申應善　각卄錢　리經녀
리金석　리汝行　리政곤

[illegible]
리[illegible]
ㅈ卄전
柬道六선
리宜용　김延림
리尙乾　리俊五
孔문甫　나士光
申鳳守　리公老
나汝弼　鄭致守
나舜京　김昌雲
徐化春　신昌成
신淳조　지鳳吉
[illegible]　標三　許伯元
나[illegible]學　나병琪
김奎　영　高士문
南尙秀　박영수
權東珠　金昌熙
殷顯石　崔亨昌
韓在恩　金用斧

신炳ㅈ　一圓　신봉[illegible]
一圓五拾전　신[illegible]
신宗[illegible]　七拾전　리[illegible]
十五錢　신[illegible]　金[illegible]문
東春문　張吉복　김守보
박聖業　申成岩　ㅈ廿錢
조昌九　拾五錢　리允性壹圓
리汝佐　朴元培　각二圓
池迎潮　五십전　咸仁燮
洪淳七　姜상權　ㅈ卄전
宋實복拾錢　최淳宗　리興식
최一權　咸ㅈ섭　각四十전
김龍[illegible]　최京[illegible]　각五십錢
梁德[illegible]　[illegible]　김淳七
나와[illegible]　ㅈ一圓　孔在[illegible]

慶北[illegible]郡上道面[illegible]洞
合七十八圓〇九錢

[illegible]
朴泰[illegible]　金正奎　各一圓
南孔洙　六拾錢　[illegible]
朴泰緖　[illegible]
金[illegible]　黃리夏　각四拾전
김潤命　박[illegible]　[illegible]
南年[illegible]　나[illegible]春
리乙佐　나以[illegible]
[illegible]　[illegible]
김[illegible]洙　강[illegible]洙　나春發
南[illegible]　나[illegible]　나道[illegible]
權中[illegible]　김鎭九
각卄錢　權中健
나鉉煥　[illegible]　리[illegible]錫
南周[illegible]　나[illegible]　나吉佐
朴영哲　김景洙　김治[illegible]
趙[illegible]　박相殷
玄상화　김章升　박[illegible]伊
김道[illegible]　나昌得　정[illegible]成
김문京　[illegible]　姜中[illegible]
ㅈ十전

리[illegible]
ㅈ卄전
[illegible]
나[illegible]
[illegible]　[illegible]
[illegible]
리[illegible]
[illegible]
金[illegible]
[illegible]
[illegible]
[illegible]
[illegible]
[illegible]
金鳳雲　ㄴ[illegible]
林[illegible]
朴[illegible]
박[illegible]
[illegible]
[illegible]
리[illegible]
나[illegible]
나元보　[illegible]
나義綱　나友[illegible]
각五십錢　朴根春
박仁[illegible]
洪지[illegible]　리京[illegible]
ㅈ子五전　權淳伯
나炳[illegible]　최[illegible]
신宗奎　나台欽
安海[illegible]　ㅈ一圓
리學吉　리在[illegible]
나鍾鉉　리春日
趙[illegible]　方道元
유영浩　五十전
[illegible]　金應浩

廣告

連[illegible]
延日[illegible]居
蔚山[illegible]松대居　金龍[illegible]
大邱[illegible]
全[illegible]
延日日月동居　나化[illegible]
尙州[illegible]城동居　문[illegible]
京城獨立館後[illegible]洞[illegible]
각四圓　[illegible]道[illegible]
[illegible]鹽下[illegible]安洞居
慶州[illegible]內居　係扶[illegible]
喜興[illegible]洞[illegible]洞居　韓永[illegible]
求禮北內洞居　梁甲[illegible]
安城南面[illegible]
新[illegible]江[illegible]　김영泰
大邱[illegible]　金春[illegible]
[illegible]大平洞居　박得伊
陝川[illegible]光洞居　張水[illegible]
鎭川邑居　리殷求
江原道原州石東里[illegible]　[illegible]世成
영平[illegible]岩동居　[illegible]元[illegible]
ㅈ二圓　大邱[illegible]山동居崔基문
寧邊[illegible]下谷居　康[illegible]
[illegible]南산[illegible]居　徐봉[illegible]
[illegible]泉居洪[illegible]　[illegible]
夫人우[illegible]州[illegible]시
江原三涉下[illegible]　ㅈ五拾전
[illegible]　김春[illegible]　[illegible]市居
[illegible]府[illegible]시　夫人孫시
弟[illegible]三[illegible]金　[illegible]
平昌河一洞居　류연섭一圓
夫人[illegible]시　五십전
平창河一[illegible]　白[illegible]二圓
夫人리시[illegible]　子八歲[illegible]
六十錢　弟[illegible]　五拾전
[illegible]
原州[illegible]
ㅈ十圓　[illegible]州[illegible]　리정[illegible]
五拾錢　[illegible]
合[illegible]　八圓
[illegible]六圓[illegible]십전
[illegible]八七십三전
[illegible]九拾七[illegible]十二전

本人[illegible]
[illegible]上
[illegible]氏名과
[illegible]此[illegible]氏名
[illegible]期[illegible]故로漢文報
에不得[illegible]호야本社國文
報一篇에義金과氏名을連
續揭載호오니從今으로國文
報를請購호시고漢文
報와同一호오나照亮홈
國債報償金總合所白
大韓每日申報社白

廣告

每[illegible]十三字詰
每[illegible]尺一寸에新貨廿五錢
(每日[illegible]六錢에相當홈)
二週日에　二圓五十錢
(每日經行四錢五厘이相當홈)
一箇月에　五圓
(每日經行四錢一厘에相當홈)
其期限과長短과字行의多寡
를隨호야特減이有홈

[illegible]
發行兼編輯人英國人裴說
[illegible]
大韓每日申報社

第五卷

大韓每日申報

第五百八十五號

月曜及慶節幾時日休刊

檀君開國四千二百四十年
箕子元年三千二十九年
大韓開國五百十六年
日本明治四十年
淸國光緖三十三年
陰曆丁未七月大初一日庚寅立秋末伏

論說

韓美關係

昨日漢城에到達ᄒᆞᆫ日本타임스新聞을接讀컨대東京아사이報紙에揭載ᄒᆞᆫ美國來電을關係ᄒᆞ야論述홈이有ᄒᆞᆫ바其特電은海牙에着ᄒᆞ얏던韓國使節이美國에到達된것과大統領루스벨트氏가此使節을私式으로接見ᄒᆞ야聞其所言ᄒᆞ기로許諾ᄒᆞᆫ거슬通知ᄒᆞᆫ거시라日本타임스新聞은此電信을指稱ᄒᆞ되無稽無理ᄒᆞ야不足信也라ᄒᆞ엿스나吾人意見에ᄂᆞᆫ此電信이有理且確이로다合衆國大統領은何如人을勿論ᄒᆞ고其信任書가合宜ᄒᆞᆫ者를接見ᄒᆞ기에門을開ᄒᆞ나니韓國使節의代表가合宜ᄒᆞᆫ줄노量度ᄒᆞᆫ진된大統領의私式上接견이尙其理勢로다

타임스報ᄂᆞᆫ此電信不合理不足信으로商擬ᄒᆞ나本記者ᄂᆞᆫ對此同意키不能ᄒᆞ니東京아ᄉᆞ이報館의通信員이其或誤探인지ᄂᆞᆫ不知로대其所報事項은非不其然之勢요非不外交之策이라公化國에一大統領은君主國法式에無關ᄒᆞ야豁達大度인容許를可期니由是로今此接見之說은確有理勢로다

吾人의貴賓希望ᄃᆡ로果至接見이면此ᄂᆞᆫ韓國後來安樂에其或多有關係ᄒᆞᆯ지라他列强이今番新條約을承認ᄒᆞᆫ고로美國이韓國事를現今에ᄂᆞᆫ干涉키不能ᄒᆞᆯ터이ᄂᆞ自國의隣邦된日本을關係ᄒᆞᆫ意思에ᄂᆞᆫ今此接見이効力을可致로다此不幸ᄒᆞᆫ韓國使節이諸般妄罵之辱을不拘ᄒᆞ고愛顧를得ᄒᆞᄂᆞᆫ說이多ᄒᆞ나此ᄂᆞᆫ確固ᄒᆞᆫ忠愛로辨明이自著ᄒᆞ야明確히立ᄒᆞᄂᆞᆫ비라他人과不同ᄒᆞᆫ如此特異之人의게訴辱을加ᄒᆞ기ᄂᆞᆫ其乃容易ᄒᆞ나然이나如彼罵詈ᄂᆞᆫ不足論辨이오不足敬重이로다暫待數日이면日本타임스新報의推度이正確ᄒᆞᆫ지其或誤失인지自至證明ᄒᆞ려니와本記者ᄂᆞᆫ韓人을常愛ᄒᆞᄂᆞᆫ思想으로執筆ᄒᆞᆫ故로同報의推測意思가誤失에歸ᄒᆞ기를眞實히希望하노라

官報

●第三千八百三十八號 隆熙元年八月七日 續

◎宮廷錄事

懿孝殿提調尹相衍辭職疏
批旨省疏具悉卿其勿辭行公

◎敍任及辭令

任度支部書記郞 六品朴容贇 六品李選鎬 六品최麟植
任度支部稅務主事

●號外 隆熙元年八月六日

宮廷錄事

詔曰內閣大臣宮내府大臣明日入侍原任議政中樞院議長副議장禮堂特進官同爲入侍

●號外 隆熙元年八月七日

宮廷錄事

詔曰封英王垠爲皇太子冊封儀節令宮內府掌禮院照禮擧行

隆熙元年八月七日

내閣總理大臣勳二等李完用
宮내府大臣勳一等李允用
내部大臣任善準
度支部大臣勳二等高永喜
軍部大臣勳三等李秉武
法部大臣趙重應
學部大臣勳三等李載崑
農商工部大臣宋秉畯

宮내府大臣陸軍副將勳一等臣리윤用謹
奏今此
即位大禮後
皇帝陛下誕辰慶節改稱以乾元節而
皇后陛下誕辰月日新曆印明件謹具關錄以欠之意謹上
奏
乾元節陰曆二月初八日
皇后誕日慶節陰曆八月二十日
奉
旨依奏

●第三千七百三十九號 隆熙元年八月八日

宮廷錄事

[illegible]院卿申긔善辭職疏
[illegible]旨省疏具悉令內閣大臣原任
[illegible]詢問以入
[illegible]臣金윤植辭職疏
[illegible]旨省疏具悉往事何必縷陳卿其勿疏行公

敍任及辭令

慶尙南道觀察道主事김容孝 依願免本官
任警視副監 前警務使具然壽
解任 中樞院副贊議尹夏榮 秦川郡主事白炯爛 黃州郡主事金相郁
免本官
特陞正二品 軍部大臣李秉武 內部大臣任善準 法部大臣趙重應 農商工部大臣宋秉畯 水原郡主事沈遠석 大靜郡主事김學鉉
平安南道觀察道警務署總巡金溶서 依願免本官

外報

●大觀艦式 倫敦電을據ᄒᆞᆫ즉英國皇帝皇后兩陛下씌옵셔쇼렌트에셔百八拾八隻의大觀艦式을行ᄒᆞ시ᄂᆞᆫᄃᆡ艦列이二십四哩海面에散ᄒᆞ야撮히壯大ᄒᆞᆫ光景을呈ᄒᆞ얏다더라

●仲裁裁判制度改正 海牙電을據ᄒᆞᆫ즉平和會議에셔現在仲裁其裁判所制度改正事로俄美兩國이其意見을발表ᄒᆞ고列國의委員이皆찬成ᄒᆞᆯ傾向이有ᄒᆞ더라

●佛艦出動 倫敦電을據ᄒᆞᆫ즉佛國戰艦三隻과巡洋艦四隻은두론에셔出航準備中인대運送船三隻과二千五百의陸兵이搭乘ᄒᆞ고漸漸모도쓰고를向ᄒᆞᆯ터이라ᄒᆞ얏고英國軍艦二隻도또ᄒᆞᆫ모로쓰고로出動ᄒᆞ라ᄂᆞᆫ命을受ᄒᆞ얏더라

●西國又出兵 同電을據ᄒᆞᆫ즉西班牙南方에駐지ᄒᆞᆫ各聯隊ᄂᆞᆫ로모쓰고에向ᄒᆞ야出發ᄒᆞᆯ터인ᄃᆡ此等의兵은알젠라쓰條約에規定을依하야八個所港에駐屯ᄒᆞᆯ터이라더라

●鎭壓手段의준備 上海電을據ᄒᆞᆫ즉新任駐日淸公使리家駒氏가近近히日本東경으로往ᄒᆞᆫ다ᄂᆞᆫᄃᆡ該公使가지日本留學生의革命的行動에對ᄒᆞ야鎭壓手段ᄋᆞᆯ준備中이라더라

別報

●公函統府 議世運徐始承李世榮等九人이伊藤侯府의게公函ᄒᆞᆫ全文이如左ᄒᆞ니

伏以貴國兩國之便宜方針略陳頗末謹致書于鄕便倫鳴原亮否

竊伏惟兩國之前後同盟指不勝屈而約條之際兩國之代表者共爲着署則雖細微之一約一條何可不爲實施而歸之文具乎其在馬關之約東洋平和維持大韓獨立扶植之聲明於列强實施於敝邦其絕大之功懷還之德何等感謝而況敝邦四千年來 皇室獨立未遑之事乎其時君臣上下相慶孰不讚頌於貴國扶植之德也噫天運不幸人謀不臧其時奸小李允用李完用兄弟리載完리載崑兄弟及리址鎔리晉作黨派共爲附俄欺敵 宸聰 播俄館異已者則目之以日黨而排斥之構陷無比遂使貴國扶植之熱誠便做中傷之悠悁貴公使林權助之對韓方針無非失當矣

及其協定六條日施政改善忠告皇室安全康寧獨立及領土保全確實保証之事協約而又未幾勒定五條先奪電郵兩司廢止外部次奪警察權軍權財權政權取捨操縱無不恣意而無論政府官吏之誰某退之逐之無非貴館之所謂忠告也陞之進之無非貴館之稱云忠告者而且多置聘貴國之人列於府部院廳五署及각道각郡각港口無不設置顧問警部督視補佐理事巡査等各項外官共理國事政治交涉無不協商妥辦爲之而政治無不一新事治化未敗不能節財用國庫蕩竭徒負巨款之外債國勢岌岌生靈塗炭靡所底定是誰之過歟內外國官吏皆得其人而如是歟不得其人而如是歟得其人在於閣下也不得人在於閣下也

今閣下貴國之元勳應察人之善不善而推薦官吏內外國人之際何如是不明之甚而至於國計之僨事若是至甚也自反而熟思之則確知其得人與否政治得失而國家趾與否制集於閣下之一身也噫新內閣官吏組織亦莫非唯我太皇帝陛下所諮詢於內閣內閣之所推薦則其爲人也能識時務治亂可用之材而薦之歟其所平生履歷能內修外交之材而爲之歟抑或以邪逖奸猾能隨時善附於人而薦之歟古人有言曰疑人勿用用人勿疑如用之其於政治任其所爲能歟不勝其任則忠告退之可也流之可也不此之爲凡百施政每火曜日例定會議於貴官邸而政無一善國交漸損生等竊以爲兩國之信誼未損在於閣下也致損交誼在於閣下也至於國之亡域在於閣下民情之騷訛在於閣下其責이在敝邦乎

未完

雜報

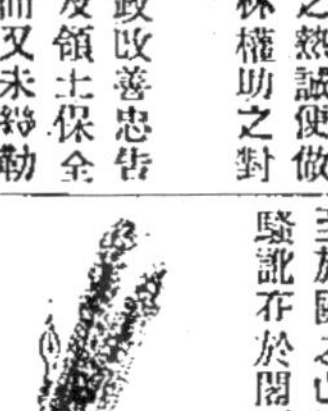

●軍港境域의圖本 內部에셔德源文川兩郡에訓令ᄒᆞ되現接內閣照會內閣에德源府尹趙秉敎와文川郡守李庸稙兩人으로元山防備隊海軍用地調査委員을任命ᄒᆞ얏ᄉᆞ온바永興軍港境域에立標定界을元山防備隊附海軍小佐森本義覽及同地理事廳理事官과該地에會同協定ᄒᆞᆯ事로貴部에셔該員等에게詳細發訓ᄒᆞ심을爲等要因인바此를査ᄒᆞ야玆以發訓ᄒᆞ니到即元山防備隊附海軍小佐森本義覽及同地理事官과會同該地ᄒᆞ야軍港境域을協定立標ᄒᆞ고[illegible]數와境域內犯人ᄒᆞᆫ國有官有公有民有의土地家屋과有主無主의墳墓를幷爲區別詳錄ᄒᆞ고另具圖本ᄒᆞ야即爲馳報ᄒᆞ라ᄒᆞ얏다더라

雜報

●皇太子冊封 詔曰英王垠爲皇太子冊封儀節令宮內府掌禮院擇日擧行하라ᄒᆞ셧더라

●英王疏批 英親王殿下의셔批答下ᄒᆞ셔曰 省疏具悉備悉儲嗣早定古爲宗國本之大策況於今日乎哉疾嗇猶遲사國之定而且宗社故事可尊而爲法再兆勿辭讓竝体朕意ᄒᆞ라ᄒᆞ셧다더라

●嘉禮儀節 英親王께셔皇太子되신故로吉禮를更히嘉禮儀節을擧行ᄒᆞᆫ다더라

●電飭各道 英親王殿下로皇太子를冊封ᄒᆞ신事로내部에셔십삼道에電飭及發訓ᄒᆞ야使一般人民으로知悉케하라ᄒᆞ얏다더라

●嘉禮後留學 皇太子殿下의셔嘉禮後에ᄂᆞᆫ日本에前往留學ᄒᆞ신다더라

●展謁日字 皇帝陛下太廟展謁日字ᄂᆞᆫ以秋節間으로擇入ᄒᆞ고洪陵展謁日字ᄂᆞᆫ以秋念後로擇入ᄒᆞ라ᄒᆞ셧다더라

●兩氏轉任 내部次官兪星濬씨ᄂᆞᆫ侍從院卿장으로轉任ᄒᆞ고警務局장趙義淵氏ᄂᆞᆫ龍川府尹으로轉任ᄒᆞ다더라

●承寧府官制 承寧府官制를將次磨鍊ᄒᆞᆯ터인ᄃᆡ勅任大夫以下奏判任官을次第敍任ᄒᆞᆫ다더라

●春季坊仍置 春季坊을廢止ᄒᆞ라ᄂᆞᆫ說이有ᄒᆞ더니 英親王殿下의셔冊封ᄒᆞ신故로該坊을仍留存置ᄒᆞᆫ다더라

●履歷送交 各閣에셔각部官吏의履歷書를修正ᄒᆞ라ᄂᆞᆫ說은已爲報道어니와其理由를聞ᄒᆞᆫ則該履歷書를統監府로送交ᄒᆞ다ᄂᆞᆫ說이有ᄒᆞ더라

●特下優典 特進官沈相薰氏卒逝事ᄂᆞᆫ昨報와如ᄒᆞ거니와皇帝陛下씌옵셔詔曰此重臣敎厚之姿謹懿之性歷試內外夷險一節往歲衙護ᄂᆞᆫ勞樹立之卒確斷々忠悃云胡可設逝單遽至深用愴져卒特進官沈相薰東園副器一部輸送葬需令宮內府從優輸送特贈大臣領敎寧之職節惠之典을待狀議諡ᄒᆞ라ᄒᆞ셧더라

●慶節改稱 皇帝陛下卽位大禮後에慶節은改稱乾元節이라ᄒᆞ신다더라

●門票會見 內閣을布德門내로移設ᄒᆞᆫ後로該閣一般官吏가每日仕進仕退時에把門日兵이門票를要見ᄒᆞᄂᆞᆫ故로進退甚難ᄒᆞ다더라

●派兵保護 리숭錫氏가還第ᄒᆞᆫ後에日資巡二名이保護ᄒᆞ더니日兵一中隊를加派保護ᄒᆞᆫ다더라

●四年囚困境 侍從副卿宋台觀氏가警務廳에被捉ᄒᆞᆫ以後로四閒에四年囚ᄒᆞ야困境이莫甚ᄒᆞ다더라

●有子如無 特進官沈相薰氏가장逝ᄒᆞᆫ後其子弟一人은本來失眞ᄒᆞ야無精神ᄒᆞ고其次三兄弟ᄂᆞᆫ日本에前往ᄒᆞ야現無主喪之人인故로初終凡百이万不成樣이라더라

●日被官官 統監府總務長官鶴原定吉氏ᄂᆞᆫ宮內府協辦을被任ᄒᆞ얏다더라

●日占내部 統監府農務總장木내써ᄂᆞᆫ내部次官을被任ᄒᆞ고釜산理事官松井茂氏ᄂᆞᆫ내部警務局장을被任ᄒᆞᆫ다더라

●補助支給 政府에셔咸興農工銀行所에補助금三萬一千九百二十五圓을無利殖으로支給하고五年以後限ᄒᆞ年ᄒᆞ고年賦償還ᄒᆞ라ᄒᆞ얏다더라

●報告繳還 咸南觀察경봉時ᄂᆞᆫ가六月拾七日에遞任되얏ᄂᆞᆫ데七月十六日에發ᄒᆞᆫ該觀察使의報告가農商工部에來到ᄒᆞᆫ지라該報告를작還ᄒᆞ얏다더라

●勸告辭職 내閣法制局장박慶陽氏ᄂᆞᆫ總理大臣리完用氏의勸告를因ᄒᆞ야辭職疏를奉呈ᄒᆞ얏다더라

●日官增置 法部에셔十三道裁判所에訓令ᄒᆞ되貴裁判所에便利ᄒᆞᆷ을爲ᄒᆞ야日本人警察官一員或二員을配置ᄒᆞ야法務補佐官의事務를補助하게되얏스니該員등執務上에無礙토록ᄒᆞ項事를預先準備ᄒᆞᆷ이可ᄒᆞ니此를依하야施行ᄒᆞ라ᄒᆞ얏다더라

●河氏拿致 警視總監丸山重俊氏가法部에報告하되前議官河相驥에게刑事上審査ᄒᆞᆯ事가有ᄒᆞ야行將拿致ᄒᆞᆯ터이오니玆以報告하오니照亮 上奏ᄒᆞ와卽爲拘拏케ᄒᆞ라ᄒᆞ얏다더라

●民家借接 開城郡泉峴을日本正尉矢野씨가請借占入ᄒᆞᆫ說은已揭昨報어니와該郡守가事務室이無ᄒᆞ야該邑底民家를借接ᄒᆞ야窃食ᄒᆞ며處務ᄒᆞᄂᆞᆫ대邑民이莫甚ᄒᆞ다고ᄒᆞ더라

●尉官退送 解隊令을에出他ᄒᆞ엿다가未及營門ᄒᆞ야仍爲避身ᄒᆞ엿든侍衛一大隊尉官幾人이憲兵司令部에自現ᄒᆞ얏ᄂᆞᆫ대該部에셔該員등을對하야言ᄒᆞ기을敗軍之將과同ᄒᆞᆫ즉此所에셔ᄂᆞᆫ處理치아니ᄒᆞᆫ다ᄒᆞ고退送ᄒᆞ엿다더라

●三씨照律 平理院에셔리相설씨等에案件을審査照律ᄒᆞ야法部로報告ᄒᆞ얏ᄂᆞᆫ대리相설씨ᄂᆞᆫ絞에處ᄒᆞ고리瑋鍾리僞儁시ᄂᆞᆫ從犯으로役終身에處ᄒᆞ얏다더라

●日兵派送 原州及忠州等郡에義兵을鎭壓ᄒᆞᆯ次로再昨日에日兵二百名式을派送하얏다더라

●以叔代任 農部文書課장金思濬시ᄂᆞᆫ該部秘書課장으로分掌ᄒᆞ고其代에ᄂᆞᆫ該部大臣從叔리敏應시가피任ᄒᆞᆫ다더라

●防衛生 南署草洞人民등이內部에請願ᄒᆞ되淸國勞働者가泥峴等地人糞을該洞內菜田에運置ᄒᆞ거ᄂᆞᆯ成산ᄒᆞ야當此夏節ᄒᆞ야臭氣가觸鼻ᄒᆞᆯ뿐더러衆民이將至發病中에埋死ᄒᆞᆯ터이니禁斷ᄒᆞ라ᄒᆞ얏다더라

●進級擧 一進會員中으로내外職員判任官을敍任ᄒᆞᆫ다ᄂᆞᆫ說이宋秉畯씨該會장리容九씨의게委托ᄒᆞ야合格ᄒᆞᆫ人을選擇ᄒᆞ랴ᄒᆞ얏다더라

●丸산勸告 警視總監丸산重俊시가警務廳내仕進觀務ᄒᆞᄂᆞᆫ一般官吏의게勸告ᄒᆞ되警察事務ᄂᆞᆫ比前益勤ᄒᆞ야秩序를不紊ᄒᆞ라ᄒᆞ얏다더라

●兩局廢止 軍部軍務局과敎育局及陸軍硏成學校를一切廢止ᄒᆞᆫ다더라

●尉官需用 내閣에셔會議ᄒᆞ기을解隊ᄒᆞᆫ中尉官을隨其合格ᄒᆞ야地方官으로需用ᄒᆞᆫ다더라

●責任觀務 各部내에所지ᄒᆞᆫ參與官이니囑托員이니ᄒᆞᄂᆞᆫ名稱ᄂᆞᆫ廢止ᄒᆞ고該事務官等을각局課로排置ᄒᆞ야觀務케ᄒᆞᆫ다더라

●賊漢被捕 前軍部大臣尹雄烈氏가該國으로爲治療老病ᄒᆞ야彰義門外에住ᄒᆞᄂᆞᆫ一二家童으로靜僻爲居러니本月六日夕에突然히洪原崔姓名人이率徒黨五人ᄒᆞ고入家내하야無數恐喝ᄒᆞ며取財ᄒᆞ려다가彰義門分派所巡檢에게捕縛되야北署에押囚ᄒᆞ고盜賊恐喝노處斷ᄒᆞᆫ다더라

●堤川消息 忠北堤川郡은卽江原道原州郡으로接壤之地인대該地方에셔人民이多數集合ᄒᆞ야方欲該郡을襲擊코져ᄒᆞᄂᆞᆫ데該地에分派ᄒᆞᆫ補佐官補高津嘉志와及巡洪繼榮以下補助員三人巡檢七人과日本憲兵二人守備兵三人이共同出張ᄒᆞ엿다고該部急報가有ᄒᆞ다더라

●敗兵徵役 侍衛一隊敗兵四百七拾餘名을日司令部에被捉ᄒᆞ야侍衛隊本營으로押囚ᄒᆞ엿더

●侍衛리川淸氏가自再昨日法敗兵은一次百名式審査ᄒᆞᄂᆞᆫ대平民으로誤捉ᄒᆞ엿던徐相喬氏等七人과衛人一名은昨日에放釋ᄒᆞ엿고徐氏ᄂᆞᆫ年今七旬인뒤日人의게致刑ᄒᆞ야臂脚이重傷하야血痕淋漓에其所慘狀을目不忍見이오且起居를不得自由ᄒᆞ고左右가扶擧ᄒᆞ야使同廢人이라ᄒᆞ더라

●關東警報

本月三日午後십一時에砥平郡에셔義兵四五百名이集合ᄒᆞ야不穩ᄒᆞᆫ情態가有ᄒᆞ다고양根取扱所急報가有ᄒᆞ고또巡檢에所報를據ᄒᆞᆫ則義兵魁首양근邑居趙仁煥과權化京二氏가民衆을會集ᄒᆞ야砥平義兵과合勢ᄒᆞ야경城을向ᄒᆞ야急行ᄒᆞᄂᆞᆫ貌樣이라ᄂᆞᆫ대該郡守ᄂᆞᆫ內部大臣의게報告ᄒᆞ고八月四日에京城으로發向ᄒᆞ얏고

淸風邑에義兵三拾名이八月三日午後拾一時에該地警務分派所을襲擊ᄒᆞ엿고또該地巡檢에報告를據ᄒᆞᆫ즉義兵이淸風邑附近에同志를糾合ᄒᆞ야四個團體를組織ᄒᆞ고淸風堤川丹陽永春각郡을襲擊ᄒᆞᆫ다하고居留日人을盡滅無餘ᄒᆞᆫ다揚言ᄒᆞ고

또八月四日午前에義兵이多數히楊根으로入向ᄒᆞᄂᆞᆫ뒤取扱所日人은家眷을領率逃避ᄒᆞ엿고

八月一日堤川警務顧問支部에셔忠州顧問支部에所報를據ᄒᆞᆫ즉七日午後一時에義兵一團이中原州分派所를襲擊ᄒᆞ야武器와彈藥을强奪ᄒᆞ고補助員六名이中에二名은被縛ᄒᆞ고四名은服裝을脫去逃走ᄒᆞ얏ᄂᆞᆫ데義兵中에도韓兵이多數參加ᄒᆞ얏다더라

東京電報

●統監勤務 伊藤統監은[illegible]國情이[illegible]ᄒᆞ야[illegible]國務를要求하라고[illegible]라더라

▲靑萍綺語

▲發彼뒤邊ᄒᆞ야天下를窺覦ᄒᆞ니西邊風雲에戰敗이無常ᄒᆞ야軍艦이往來ᄒᆞ고[illegible]列頭이爭雄ᄒᆞ야伯業을謀ᄒᆞ고弱肉强食에競爭이不息ᄒᆞ도다

▲內閣에셔昨日에각部稱[illegible]課長을會同ᄒᆞ야官制改正ᄒᆞᆫ事를協議ᄒᆞᆫ다니近日各大臣이協約를成立ᄒᆞᆫ以後에官制改[illegible]ᄒᆞ기로爲一事業ᄒᆞ니大韓政府에官制改正以外에其他事務ᄂᆞᆫ업ᄂᆞᆫ지

▲警視廳은內部警務局과合ᄒᆞ야獨立衙門으로改正ᄒᆞ야國內警察事務를統轄ᄒᆞ기로決定ᄒᆞ야其官制를方在協議中이라ᄒᆞ니日人이韓國政府를壓制ᄒᆞ다가丸山重俊씨가警視總監을正任ᄒᆞᆫ後에내部節制를豈肯甘受ᄒᆞ리오獨立衙門으로改定ᄒᆞᆷ은必然之勢로다

▲現今食在ᄒᆞᆫ官吏及下兵丁은從前부터其俸給을倍加增擬ᄒᆞᆫ다니軍隊ᄂᆞᆫ一並解散ᄒᆞ면[illegible]殘餘ᄒᆞᆫ將卒의月俸만增給ᄒᆞ면一般萬人ᄒᆞᄂᆞᆫ勇猛이싱길ᄂᆞᆫ지

▲圭殿院이廢止되고該院에吏와事務ᄂᆞᆫ警視廳에合ᄒᆞ게된다ᄂᆞᆫ대新任圭殿院卿리謙濟씨가三昨日에該院所屬官吏를會同ᄒᆞ고實査ᄒᆞ되院務가漸次繁劇ᄒᆞᆫ데이니諸君이能히其任을堪當ᄒᆞᆯ것ᄂᆞᆫ야ᄒᆞ얏다니廢止ᄒᆞᄂᆞᆫ院屬을對ᄒᆞ야事務가一層繁劇이라ᄒᆞᆷ은무슨意見인지

▲一進會總代[illegible]部에請願ᄒᆞ되安[illegible]에暴徒가妄動ᄒᆞ야損害가[illegible]하니該會員등이[illegible]다ᄒᆞ니三進人民이一進會[illegible]行動을[illegible]홈으로該[illegible]二進[illegible]天下가疾視로다

▲新溪郡守리乘哲氏ᄂᆞᆫ[illegible]陛下ᄭᅴ셔[illegible]대治行을[illegible]計ᄒᆞ니이未由ᄒᆞᆫ京城에[illegible]食ᄒᆞᆯ숫千兩 放買下送ᄒᆞ야ᄒᆞ것다니同씨가[illegible]世ᄋᆞ이指目ᄒᆞ[illegible]에旣經가[illegible]ᄒᆞ니天文도無영ᄒᆞ다

▲皇帝陛下[illegible]大韓人民에新京ᄒᆞᆫ[illegible]近日에勝覺請求가日々增加ᄒᆞᆫ다ᄒᆞ니人民智識之漸次發達을爲一攢賀ᄒᆞ노라

▲[illegible]에셔[illegible]多少間變更ᄒᆞ엿ᄂᆞᆫ데爲先[illegible]三人을解[illegible]其代에ᄂᆞᆫ本人으로敍任ᄒᆞ기로內定ᄒᆞ야日間頒布된다니[illegible]卽一日本臨域이로다

▲釋[illegible]靑[illegible]을曉諭ᄒᆞᆯ宜士가神次[illegible]自己의質衛ᄒᆞ고他人에게[illegible]傳ᄒᆞ야身[illegible]近日에[illegible]士가神方[illegible]試ᄒᆞ고新[illegible]諸以[illegible]면民智之發이倍於前日이로다

◎至急社告

自南大門外紫巖으로至新문안華산사지本社中設分舖하든本社員리俊과張志淑兩人이申報價領受證을가지고本月七日에逃躱ᄒᆞᆫ故로玆以仰告ᄒᆞ오니本申報購覽ᄒᆞ시는僉君子ᄂᆞᆫ爲先統戶를更査ᄒᆞ야本社로送交ᄒᆞ시고만일該兩人이領受證을가지고潛往ᄒᆞ여申報代金을索捧ᄒᆞᆯ지라도切勿出給ᄒᆞ시며設或領受證업시出給ᄒᆞ여서도本社에서ᄂᆞᆫ領受證으로施行ᄒᆞ겟사오니照亮ᄒᆞᆷ

大韓每日申報社

雜報

◎臨東情形　東來消息을據ᄒᆞᆫ즉砥平용頭里에人民의僞名이子持銃丸하고呂州等地에도人民이蜂聚蟻屯ᄒᆞ얏고平창郡方林地에入民百餘名이屯聚ᄒᆞ얏고原州鎭衛隊兵丁一百名은該郡汶幕等地에埋伏ᄒᆞ고二百名은邑中에屯聚하야兵庫를打開ᄒᆞᆫ鐵砲一千六百柄을出給民兵ᄒᆞ야行路가阻絶ᄒᆞ얏다더라

●齊民訴貪　北靑郡守洪醇元氏가光武十年度戶結殘秋等錢부터直納支金庫而舊貨葉八十兩에以新貨十二圜式捧納은卽葉錢通用각省之新定規則이거ᄂᆞᆯ該洪氏가生慾加計하야不遵規則이고依舊例督捧戶結전拾三萬零三百拾七兩三전七厘을收納古庫이고加計條四萬零二百十五兩二錢을尙此乾沒ᄒᆞ고終不還給于民故該郡民人ᄃᆞᆯ이多數上京ᄒᆞ야還推次로呈訴于平理院ᄒᆞᆫ다더라

●西人宴會　再昨日下午十一時頃에蛤洞居米國人骨佛安시家에西洋人이多數聚集ᄒᆞ야宴會를開ᄒᆞ얏다더라

◎漣校試驗　漣川郡私立學校에서夏期試驗을經ᄒᆞ얏ᄂᆞᆫ대三年學級優等生의리孝信리丙吉박貴준級在學及第生의金益龍박萬基二年級優等生의정되준姜學黑級丙及第生權祖甲姜舜臣姜敬이오一年級優等生洪審命盧寅龍鄭富成及第김忠卿정周鎬리仁信김興孫박鳳鎭金鴻식等二十一人인ᄃᆡ校장以下贊成諸氏가各種物品을施賞ᄒᆞ고學徒의父兄이齊會ᄒᆞ야校務委員會를組織ᄒᆞ얏다더라

◎盜究討財　忠南來人에傳說을聞ᄒᆞᆫ즉恩津扶餘石城등地에盜賊이大치ᄒᆞ야掘塚偸骨ᄒᆞ되墓主가或不贖去ᄒᆞ면故現今은富家幼兒를盜去ᄒᆞ야贖財를多般討索ᄒᆞᆫ다더라

廣告

本人이關草을遺失ᄒᆞ얏숩기玆에廣告ᄒᆞ오니내外國人은勿爲施行ᄒᆞᆷ

水閣橋三拾九統二戶 리自天白

本月一日爲始하야 平澤停車場前에 本會社出張所를開設ᄒᆞ고左開ᄒᆞᆫ一般倉庫業을營行ᄒᆞ오니多少를不拘ᄒᆞ고去來하심을仰要

一 一般商品의保管
一 保管物品에對ᄒᆞᆫ金融
一 換錢

隆熙元年八月七日
京城南大門外
漢城共同倉庫株式會社
電話五四四番
仁川각國居留地五號 同出張所
忠淸南道江景浦 同出張所
平澤停車場前 同出張所

大東文粹 全一冊 金七十五錢
箕子以來로至國朝 宸章及名文精選漢文必讀合用教科

新撰地文學 全一冊 金四十錢
凡屬地質學理具圖式精良簡易合用教科

生理衛生學 全一冊 金四十錢
吾人生理上關係衛生具圖式切要簡易合用教科

發賣所 布屛下廣學書舖　東口越邊中央書舖　寺동漢陽書舖　鐘路大東書市　小廣橋高裕相書舖

第二回學員募集廣告

○本校에서第一學年試驗을經ᄒᆞ온바學員을募集ᄒᆞ오니願學人은九月一日以內(陰七月二十四日)로入學請願書를本校에來ᄒᆞ야請求ᄒᆞᆷ

課程 本校規則에지ᄒᆞᆷ
年齡 十五歲以上
試取日 九月二日
試取科目 本國歷史 本國地誌 讀書 作文 算術(四則以內)
開學日 九月六日

光武十一年八月一日
漢城中署磚洞 普成中學校

慶南漁리派員김鳳珠가不遵潛勤興議칙ᄒᆞ고有文卷確有民私條를肆自放賣ᄒᆞ기로數千條民이仍此失業에幾至死境故로條主며리裹足千里ᄒᆞ야呼訴于京部이기玆以廣布ᄒᆞᆷ

鎭南郡紙島七條條主김泰振 鄕周서 李錫贊等 告白

大東寄宿舘 廣告

[illegible]

大東寄宿舘長 鄭熙燦 廣告

[illegible]

大東寄宿舘事務員 鄭漢植 告白

本舘에서大廣橋北川邊前紙廛小部家屋를半洋製로一新修改ᄒᆞ옵고精潔ᄒᆞᆫ浴沐湯과各色料理와新鮮ᄒᆞᆫ備ᄒᆞ와陰曆六月初十日爲始ᄒᆞ야開業ᄒᆞᆯ터이오니僉君子ᄂᆞᆫ陸續來臨ᄒᆞ심을伏望

內外沐浴湯
大韓料理各色　西洋上等酒
菓각色及此外에도각樣烟草
食料를隨求酬應ᄒᆞᆯ터이외다

廣通舘告白

本冊肆에敎會書籍과各學校教科書와各種新舊書冊이俱備ᄒᆞ오니有志ᄒᆞ신僉君子ᄂᆞᆫ陸續購覽ᄒᆞ시압

平壤鐘路 耶穌敎冊肆
尹衡[illegible] 告白

大韓新地誌

一帙二冊三百六十頁　定價金一圜

[illegible]

發賣所 布屛下金相萬書舖　鐘路大東書市　洞口越邊朱翰榮書舖　寺동漢陽書舘　小廣橋高裕相書舖　[illegible]

本人이日本大阪商業家와特約ᄒᆞ고日本內地로出各種物品과西洋各種物品及機械等物을我大韓에輸入과委托을便利케契約ᄒᆞ얏ᄉᆞ오니商工業에有意ᄒᆞ신僉君子ᄂᆞᆫ某物이든지請求코져ᄒᆞ시거든本社로來議ᄒᆞ시오本社에서ᄂᆞᆫ手數料을만受ᄒᆞᆷ

興業社本店 開城北部洋洞
支店 京城南門內水橋五十一統六戶 增益會社
仁港內동廣濟

本人等이典동支所越便에셔各貰典舖이옵다가今에合資設舖營業하오니典執하실僉員은陸續來臨ᄒᆞᆷ을要

中署典동信號典舖 金경秀 車基倫 金榮觀 告白

●일본遊覽者募集

一 遊覽會員募集 人員은五十名으로一團을成ᄒᆞ고남녀인不問ᄒᆞ고速히請入ᄒᆞ시압
一 遊覽地 東京博覽會와橫濱京都大阪神戶
一 往復日數 旦十七日
一 浮費 遊覽費及手數料合ᄒᆞ야總計四十八圜
一 出發日 請入順次ᄅᆞᆯ從ᄒᆞ야出發ᄒᆞᆷ인ᄃᆡ仁川에셔直發ᄒᆞᆷ
一 請入所 在京성各신문社 第五十八銀行경성支店 天一銀行
一 會員은遊覽을終ᄒᆞ야還國ᄒᆞᆯ後도本會와聯絡關係가有ᄒᆞᆷ
一 南大門셔釜山으로直行ᄒᆞ던지或은東경으로直行하던者의게對ᄒᆞ야도同一便法으로行 請入을應諾ᄒᆞᆷ

本人遊람協會事務所 南門通 東亞商會

學徒裝制書冊
學徒運動과諸具
羅紗各種
美國金鷄納
衣服類與其他雜貨도廉價放賣ᄒᆞ오니諸君ᄌᆞᄂᆞᆫ來臨ᄒᆞ심을바라나이다

仁川港 奇觀 開新冊肆

진산파성진잔에셔본인이살진소(肥牛)를만이스깃스니쇼파ᄂᆞᆫ제군은다수이팔너오시옵

최봉준 고빅

[illegible]

增修無冤錄大全

定價金新貨七拾五錢

此增修無冤錄大全은法律家외檢驗家에必需書籍이온디年來現本이殆히絶種에至ᄒᆞᆫ지라故로法部에認可를得ᄒᆞ옵고此를新刊ᄒᆞ얏삽ᄂᆞᆫ대國漢文으로解釋ᄒᆞ야模糊ᄒᆞᆫ句節이無ᄒᆞ오니法律學에有志ᄒᆞ신니와學校之任에居ᄒᆞ신니ᄂᆞᆫ不得不覽ᄒᆞᆯ冊ᄌᆞ이오니注意購覽ᄒᆞ시압

中署布屛下 廣學書舖 김相萬 發售所

越南亡國史 國漢文

定價貳拾伍錢

發賣所 京城廣橋高裕相書舖 [illegible]

布屛下김相萬 告白

京鄕各書肆 [illegible]

國債報償義捐金 收入廣告

◎正誤 自六月十五日至七月廿七日本報五百七십四號ㅅ지五月度收入義捐금廣告인바其廣佈總額은一萬九千五百八拾三圜二십七젼六厘에셔五百五拾四圜식에光州東角面弄庠服等三拾圜은疊揭故消刪하야減ᄒᆞ고五百六拾二號에務安府三鄕面八拾壹圜拾九젼도疊揭故減ᄒᆞ고五百四拾号附錄第一面弄在襄內合計金拾二圜五십젼으로正誤ᄒᆞ야십圜을減ᄒᆞ고國文報五千三號에北署訓局里合計金九圜廿五젼으로正誤하야拾圜을減ᄒᆞ고五百七拾二號納寧齊體里合計에拾一圜을加ᄒᆞ고五百五十七号總合에拾젼을加ᄒᆞ고五百六拾數號總合에百圜을加ᄒᆞ고國文報十九號總合에百圜을加ᄒᆞ고壹圓 壹젼은六月度收入금廣告中에混入이나

五月度廣告中에揷用編入하야야

五月中收入實總額 壹萬九千六百六十四圜十九錢六厘

四五兩朔都總合三萬八千八百七십七圜九십六젼貳厘

니吉元 각二圜 니昊丕 五拾젼 졍元岩 四십젼 全州최秉斗 三圜 김弘默 니泰春 니永丕 김學丕 申인셕 니水明 김學㫿 각四十八錢 북도洪 徐福萬 각廿八젼 최若水 卅八젼 任正浩九錢 吳영곤 申達윤 명奉丕 각拾九젼 金方初 九젼 니吉洪二圜 니吉信 니吉夏 馮益三 尹緒赫 셩善學 金德九 최秉煥 각一圜 니宗晳 一圜五十젼 니之行 二拾錢 명武圭五圜 최秉笛二圜 니賢贊四圜 姜在옥 姜明安 尹산虹 尹永東 각拾젼 徐京丕 二十젼 문東旭 尹수옥 김勝현 黃鍾선 송北仲 各一圜 김學均 四十젼 니成敏卅젼 최潤斗三圜 羅漢基二圜 최明三 김京근 김용謙 각十錢 박應三壹圜 오연영 四十젼 徐成基 官有坤 각廿셕 曹成三 官春丕 費日斗 각십錢 邑底農民 명영云 최擧集 張八도 金京三 박支辰 강益阿 니元京 權化一 박外辰 김仲汝 尹상彦 金化中 박仲三 복仲西 니廿西 김京七 니京模 金明叔 박致三 김ㅅ酉 니仲彦 남克老 니仲先 黃正玄 김윤三 金學凡 徐若涉 황平彦 김平叔 박乃옥 김영俠 徐明珍 金봉周 니忠彦 金사成 許成우 朱子洪 申用옥 김見見 니益中 김宗현 니君先 비玄丕 박末用 尹順石 丁成杓 김㦤奉 尹桂完 김今用 姜상彦 노우奉

◎金剛郡天嶽發務社 최秉模십圜 林鍾默 林性珠 각廿젼 정順丕一원 東良默母 四拾젼 니暢夏 니元吉 최성洙 각一圜 尹瓚 김운波 尹升赫 각三圜 명奉卒 尹吉洪 명寶炯 ㅇ元吉 명영紋 각一圜 김周鎬 參拾젼 니吉化 五拾錢 趙응烈 복병球 우善유 박尙洪 南草廛中

尹聖丕 梁石洪 니도也之 명헌年 김圭洪 張相옥 林圭洪 張相옥 趙明三 박在文 박作亂 김之用 김益三 명원俠 각十錢 南草廛商民 김德三 김桂一 김順西 니振五 박汝洪 尹윤二 오順五 조在叔 曹영云 김桂옥 김洪三 김賢一 당영賢 黃仲원 니京先 沈京西 량致京 張致여 尹益三 柳以明 김京三 林成圭 許化白 니致三 吳元仲 金國여 박在益 니莫西 오致凡 姜議彦 각廿錢 金祥斗一圜 子영洪 一圜 김乙洪 二十연 成正泰一圓 리宋玉四百錢 合一百二圜八拾五錢

◎德郡北面上里 主事니秉丕 五拾錢 리熙輔 三拾전 리英根 卄전 主事리𡸫默 二圓 金德叔 姜德顯 박廷顯 韓鳳益 각廿錢 白動化 司果張某 각卅전 合四환四십젼

◎南署ᄂ泥洞九拾四統四戶 박泓瓚 一圓

▲北靑老德面東村 安道介 三圓 安道成 二圓

▲江原道鐵原邑내田里 主事윤秉柱 五圓 合拾一圓

◎全州府南四契洞中 김찬영拾圓 金영鎬 李職化 丁元仲 각五圓 김洛丕 김熙國 白남寅 白仁淑 최允煥 김京煥 각二圓 리奇化 一圓四拾젼 니升煥 정瑀丕 정泰一 十歲김鳳文 李準徽 리國弼 張鶴用

각一圓 張利卿 리石宗 張文卿 되윤初 김宅万 柳根石 陳益善 정根好 각六십젼 姜順東 五十錢 김熙徹 리光烈 박京彦 조乃元 리士亨 리在喆 박公集 리聖彦 정貞杓 각四拾錢 김德順 卅錢 張水東 洪 熊 송龍順 김孝南 柳인濬 김炳甲 박봉玉 宋在창 金成在 張尙洙 니化仲 정덕謙 니忠濟 김明成 박京凡 박子日 鄭啓化 김吉明 정明謙 박益達 張致衡 김文化 張泰吉 각廿錢 니복同 徐漢明 박水복 김 京 각十전 김창영夫人 銀指環一介 二兩重 合五十九圓八十젼

◎慶南居昌郡熊陽面東湖里 延安리씨宗中 리浚鶴 니현元 拾 니太永 四圓 니明均 니鉉碩 니祐永 니연旺 각三圓 리浚逸 리泰性 니應均 니현창 리彩均 니政均 니悌均 리浚晳 각二圓 리숲玉 니鉉九 리鎭환 니현謨 니鎭문 리祐均 니榮均 리현中 리鉉正 리益均 리현介 니秀永 리濟水 니貞判 리셩物 각一원 리현章 리希均 리相均 니舜均 리현璜 리현옥 각六拾전 리현中 八十錢 리鎭億 니璿升 리현七 리현武 니현時 니夏均 리현學 니修永 니귀永 리현球 리賜영 리병영 리현德 각四拾錢 리源性 리宗稼 리지謨 리현락 리浚甲

니浚八 니현稷 니현胄 니存東 니宗成 니鎭龍 니鎭根 니鎭甲 니鎭和 니忠均 니有佑 리萬性 니新出 니洙영 니현容 니景均 리衡均 니鎭弘 니현斗 니判哲 니殷均 니鎬㙔 니東雲 니현三 각廿錢 니현玉 니哲均 각五十전 문귀業 兩십錢 문基常 六십젼 문사宗 一圜四십錢 문기東 문洪均 문기謙 박上여 김鍾영 金佑덕 조昌九 각廿젼 부基謨 박蘇영 張八介 조鼎八 各四十젼 文愚락 朴영永 복佑연 각六十錢 합六拾圜六拾연

◎西署龍山坊內倉內契 洪秉鎰 朴璞俊 복致三 林枝和 최大鉉 김應敎 각一圓 金興喜 咸義文 金元根 오永春 朴春根 韓徵西 조仲根 김思秀 조季弘 鍼準相 羅徵才 림永志 趙文淑 최益源 박聖俊 김益善 림윤秀 리徹淳 최履煥 정致敎 김漢珪 張俊여 羅徵三 盧永寶 김永俊 김辰植 최淑熙 盧相鎭 박계弘 리春식 리甲辰 徐聖弼 洪明國 조興玉 洪完基 安與心 김善鉉 張春景 리化爲 박聖二 박春鎬 니東完 김만遜 朴春三 鍾光洙 박春旺 吳季헌 김영基 朴聖燁 리化春 崔振문 羅應相 張聖集 咸善益 김昌錫 리文철 김영보 김世憲 各四拾전 延和淳 리善玉 高永俊 각卅전 高在成 리兼순

◎抱川郡內風流산洞 金在弘 김義淳 림聖春 成致到 각卄錢 合三十一圜三拾젼 니欽濟 니承文 각一圜 리鼎식 김顯基 리鶴純 각一圜五十전 리撤純 리鼎濟 각五拾젼 리윤濟 四十錢 리麟濟 리周祀 리光純 리榮濟 리宗値 각廿錢 리明濟 리宗殷 리秉敎 리三烈 리思식 김古晳 각廿전 김鎭善 리秉純 리鳳식 리秉㙔 리石竝 리丙濟 리聖六 徐日謙 박南永 각십젼 리文純 卅건 合拾一圜二십錢

◎楊根郡二西面月內里 趙氏宗 張炳煥 김致善 당ㅅ順 金水洙 각一圓 張學倫 徐京淳 각六十젼 朴潤浩 張東奎 設蹄奄 각四십錢 宋順宗 黃기鉉 宋인權 리ᄂ俊 權在萬 徐京興 리開東 鄭聖俊 정萬謝 朴宗根 朴源玉 張인坤 各廿젼 合拾一圓三十젼 박連維 문達浦拾전

◎江原道鐵原서邊面內先谷里 김祖慶 김長燮 김日立 김東圭 김인淳 김昌淳 金丕淳 김鳳彬 김希淳 각卅전 김東忠 김東勳 김儀淳 김應淳 김彰淳 김元淳 김鳳烈 김鳳儀 김鳳周 主事김敎賢 각五十錢 김ㅅ淳 主事김秉淳 각一圓 김德淳 一圓四十錢 김興淳卅전 合十圓五십전

總合三百三十二圜七十五錢 國文報廣告總合一百〇六圜九拾四젼

五月度收入금廣告中差額加入八拾圜九拾二젼

前號總合四萬五千〇九拾一圜六拾二젼二厘

都總合四萬五千六百拾二圜二十三錢二厘

◎特別廣告◎

國債報償金三日間所捧은姑留本社이고但前日의所捧總合五萬二千九百七十五圜六十五錢은該金은本社內銀行에貯置ᄒᆞ얏스고其貯置額中三萬二千三百圜은國債報償總合所로移交홈

大韓每日申報社

第五卷

大韓每日申報

第五百八十六號

月曜及慶節歲時日休刊

檀君開國四千二百四十年
箕子元年三千二十九年
大韓開國五百十六年
日本明治四十年
淸國光緒三十三年
陰曆丁未七月大初二日辛卯

別報

韓國在平和會控告之詞 合爾賓報謄載

英報近登錄韓和平會使上和平會總代表書署名者爲韓皇所派之三大臣書中所述錄下祗承皇命胹告于貴總代表之前專務韓國自主曾于千八百八十四年爲각國所公認卽現在貴國亦未始不承認之也自千九百另五年拾一月칠日以後敝國相證見日人違背萬國公法藉兵權对手強逼韓國異議其固有與각國際交涉之權利因此特將日人違其狡謀肆其恫嚇破壞我一切法律政權之事詳明陳列折爲三條謹呈鑑察一切政事日人待韓皇之允諾擅自施行二日人爲私利起見倖仗海軍勢力反對韓國政府三日人破壞韓國之一切法律風俗

貴總統按公理而斷則可知日人之違背公法若何矣試問吾韓國既爲自主之地豈能容日人干預我國際交涉而時㞃蕩遠東和平之局耶

惟日人毁壞我國際交涉之權利故敝使等雖有敝皇全權使命而不得與於斯會此則敝使等所深惜者也

今將日人在韓所行之政至敝使等啓程日止附呈鑑하深冀貴總統加意此事쯤於敝國有絶大之關係也

貴總統若尙求詳悉式欲得有僕等全權之憑據則請照知當無不惟命是從

敝國以放棄國際交涉之權利殊非由韓之本意悉由日本用强力以壓制韓國之故所以特遣敝使等來赴懇於貴總統望濟弱扶危慨施助力使敝使等得與於茲盛和平公會而得詳細申訴日人在韓一切之施爲則銘感無旣矣

按韓人此請實爲公平允當之至而韓皇竟以此故爲日人逼行退位不意和平會復行辭絶竝不肯提議所謂韓之境遇亦可哀矣

然和平會者成立之本意原爲照萬國之公法求正當之裁判今和平會竝韓人所請而不受則是開會伊始業已不正和平會允宜允韓使之請而施以助力此則該會之誤也

官報

●號外 隆熙元年八月八日

◎宮廷錄事

詔曰命完舍君李載完爲追封皇后時正使正二品趙鼎漢朝爲副使

詔曰命完平君이昇應爲追封皇后時正使弘文館大學士金鶴鎭爲副使

詔曰此重臣敦厚之姿謹각之性歷試내外夷險一節往歲衛護之勞樹立之卓確斷忠愼云何可諉逝卑遽至深用愴悼卒特進官沈相薰喪需一部輸送葬需令宮내府從優輸送特賜大匡領敦之職節惠之典不待狀葬諡議

詔曰卒特進官沈相薰成服日致侑奉有

大朝官亦於伊日遣秘書丞致祭々文當親選以下矣

英王(垠)上疏大槪若控哀懇冀蒙矜許事

旨省疏具悉爾懇爾雖多方異議朕意已定亦已仰承六朝處分矣擇賢册儲多有故事亦係今日國家大計斷不聽爾之辭免爾其亟斷來章祗응成命事遣秘書卿傳諭

●附錄 隆熙元年八月九日

布達

宮內府官制中改正件을左又치定奪홈이라

勅 奉

宮內府大臣陸軍副將勳一等리윤用

布達第一百五拾六號

宮內府官制改正件

宮내府官制及官等俸給令中協辦은次官으로發露書記官은書記郞으로竝改正홈이라

●第三千七百四十號 隆熙元年八月九日

◎宮廷錄事

掌禮院卿臣신箕善謹

奏

太皇帝陛下上號時議號曰子陰曆來月何前擇入事命下矣吉日令日官金東杓推擇則七月初四日爲吉云以此日定行如何謹上

奏 奉

旨依奏

掌禮院卿臣신箕善謹

奏

英王冊封

皇太子儀節令宮내府掌禮院照例舉行事

詔下矣

冊封吉日以何間推擇手政

奏 奉

旨陰曆來月念後擇入

內閣總理大臣勳二等臣리完用謹

奏

帝室有及國有財產調查局印章今既鑄成矣另具鑑本恭備乙남行時使用之意謹上

奏 奉

旨依奏

◎敍任及辭令

統監府技師堤慶藏

敍勳六等賜太極章

任江原道裁判所主事 김永熙

法部民事局장李鍾協

漢城裁判所首班判事李采和

平理院判事김灐

仝 김正穆

仝 李容成

度支部建築所技師김철鎬

任中樞院副贊議

漢城裁判所判事太明식

仝 尹邦현

忠淸南道裁判所檢事權丙勛

平安北道裁判所檢事安秉찬

平理院檢事陸鍾覺

依願免本官

正三品皮相範

中樞院副贊議崔鎭

任漢城裁判所判事

漢城裁判所檢事李秀京

任平安北도裁判所檢事

前博士李鍾雨

任한城裁判所檢事

黃海도裁判所檢事洪祜燮

任忠淸南도裁判所檢事

前檢事權丙勛

任黃海도裁判所檢事

法官養成所敎官朴晥緖

任平理院判事

公立鏡城普通學校教員김遠源

兼任公立鏡城普通學校장

外報

●東三省의改政預備 滿洲報를據호則北京政府가東三省과直隷와江蘇에三處로써試辦憲政에先行地를삼아三處地方에官紳議事廳을設立호야凡平民事係公論者가有호면可히紳士로由호야代表케홈더이대政府가이의三省督撫의게飭호야個人自治會設立을準호야自治를講求호則四五年後에辦理가得法호면大效를必收홀지니然後에實力으로立憲政治를施行호면可히絲毫障碍가無호리라호얏더라

●兩帝會見 伯林電報를據호則獨露兩帝는쓰구이레문대沖에서頗히祕密호會見을호지라初에獨逸皇帝는宰相비유로公을從하야露國皇帝를拱衛에訪問호니露帝는答禮호고獨帝는乘艇호헨쓰오루레른을訪問시船內에서盛大히觀艦式을擧行호고露帝는六日에出發歸國하얏다더라

●大官異動 北京電을據호즉北京大官은重大호異動이有하야袁世凱氏가內閣副總理를任호다더라

●繪圖被捉 七月十一日子바센리고電報에日本人一名이該地에서地形을繪圖호다가綻露되야被捉되얏다더라

●威海衛還付擬議 淸國政府에셔親王과大臣等이集議호야威海衛로써英國人을向호야設法贖回호야北洋海軍根據地를삼고져호미각軍機大臣이다同情을表호고外務部로由호야英使의게就호야商確호고一面으로駐英大使의게電飭호야英國政府에探議호기로호다더라

別報

●公函統府 趙世翼徐始孜李世榮等九人이伊藤侯爵의게公函호全文이如左호니 竊然聞竊 總作奸犯科者緣於閣下之誤爲人也欲以暗行不正秘密事者絲於閣下之誤爲八不正導率下僚之所致也由此觀之則給不在敝邦而歸咎於閣下者亦非妄言也噫旣 約皇室安全康寧而使外兵闖入宮闕上弁宵旰之憂者其實雖見欺於敝邦之奸小而然者然오在貴約章之本意乎鐵路電線軍用地所到之處必欲占地毁民不聊生오在領土保證約條之本旨乎夫稅者以軍繼財政權謂之有國而今全權盡歸於閣下之掌握中使敝邦措手不得安지獨立保證定約之本意乎反不如扶서獨立之前鋼度爲自爲政令爲自出之時爲愈也且時則雖恥지淸之屬國之名禮樂敎化政治法律無不自由而實爲獨立之虛名而假仰屈伸亦不得自由於是乎大覺貴國之背約失신矣噫卓稻田大學校言之則以我皇室之侮辱大書特書於討論之場使世界人所共見聞之則豈有如許凶凶之說乎아貴政府似유不聞不知然則無禮無發胡主此極也且夫海牙之事謂之留使呼訴於万國平和會議之中作一大問題此亦貴國之不思者甚也若不壓制我韓主於亡域則豈若有海牙之訴乎其實貴國自取者也易地則盡皆然乎今貴政府反有乖當之論而才館亦以區區惡侮辱之說構敎使世界之耳目莫不聞見而奴隷敝邦之謂減臣而迫我

君父竟至於傳禪代理之境矣

皇上之傳禪廢立者天下之大事也若以公正史家直筆則不日強降之脅制而謂之春秋之大義歟賊臣之脅迫而謂之

先王之盛德歟諸賊臣叛國弊賊伍是從於外人者謂之醜也不可避閣下則以道德著聞於世界而恐因各之一切合關下惜之也 未完

雜報

◎再疏批 英親王殿下께셔再次疏批를下ᄒᆞ옵셔曰省批具悉爾懇爾雖多方巽讓朕意已決亦已仰承 大朝處分矣擇賢冊儲多有攸與亦係今日國家大計斷不聽爾之辭免爾其亟斷來章祗膺成命ᄒᆞ라ᄒᆞ셧다더라

◎脫帽爲禮 再昨日부터內閣大臣이謁見ᄒᆞᄂᆞᆫ데脫帽敬禮만擧行ᄒᆞ다ᄒᆞ얏더라

◎無非日人 각觀察道事務官一人을增置ᄒᆞᆫ다ᄂᆞᆫ說은前報에已揭어니와京畿觀察道事務官은竹內卷四郞氏로叙任ᄒᆞ고또其外主事三人도日人으로叙任ᄒᆞ라고伊藤統監이內閣으로推薦ᄒᆞ얏다더라

◎永田叙任 贊觀廳訊問課長張宇根氏ᄂᆞᆫ中樞院贊議로轉任ᄒᆞ고其代ᄂᆞᆫ永田補助官을贊觀로叙任ᄒᆞ야一部長을陞任ᄒᆞᆫ다더라

◎畢竟被任 度支部次官은該部顧問目賀田氏가被任ᄒᆞᆯ터인ᄃᆡ該氏가不肯ᄒᆞᄂᆞᆫ故로尙未叙任ᄒᆞ야ᄂᆞᆫ대畢竟目賀田氏가被任된다더라

◎日人叙任 각部次官은一齊히遞任되고日人으로叙任ᄒᆞᆫ다더라

●郡參修正 再昨日下午四時에內部秘書課長與在豐씨를內閣으로招往ᄒᆞ야郡守二十餘窠奏本을修正ᄒᆞ얏다더라

◎郡奏鱗次 郡守現窠가六拾餘窠인대今番奏本後에鱗次奏本ᄒᆞᆫ다더라

◎判任亦危 각部參任官以上高等官을連日多數히日人으로叙任이되ᄆᆡ其下判任官은通語가不便ᄒᆞ야必是日語嫺熟ᄒᆞᆫ人이나日人이나判任官을叙任ᄒᆞᆯ貌樣이라ᄒᆞ야각部一般官吏가遞任이非朝則夕으로知了ᄒᆞ야大端히搖擾中이라더라

◎張氏轉任 內部治道局技師張鵬氏ᄂᆞᆫ地方參事官으로轉任ᄒᆞᆫ다더라

◎鈴木內參任說 農商工部次官劉猛시ᄂᆞᆫ遞任되고木內總長이內部次官으로參任視務ᄒᆞᆫ다ᄂᆞᆫ說이有ᄒᆞ더라

◎각郡合幷說 近日閭巷傳說을聞ᄒᆞᆫ즉地方각郡을合倂ᄒᆞᆫ다ᄂᆞᆫ說이有ᄒᆞ더라

◎權氏辭職 內部警務局長權鳳洙氏ᄂᆞᆫ昨日辭職疏를奉呈ᄒᆞ얏다더라

◎何部不然 學部次官李圭환씨ᄂᆞᆫ京畿觀察使로轉任ᄒᆞ고其代에ᄂᆞᆫ該部參與官俵孫一氏가被任ᄒᆞᆫ다더라

◎戒嚴益甚 近日각部大臣家에憲兵巡査의保護戒嚴이益甚ᄒᆞ야夜間이면該大臣家門前에尋常行人을一切嚴禁ᄒᆞᆫ다더라

◎年限計俸 각部書記郞月俸三十圜以上은除汰ᄒᆞ고三拾圜月俸人은五年從仕요二拾五圜月俸人은拾年從仕ᄒᆞ고二拾圜月俸人은十五年從仕하게ᄒᆞᆫ다더라

◎刑法譯刊 김敎珏李正世李容赫三氏가刑法大全을以國文으로翻譯發刊ᄒᆞ야京鄕의愚夫愚婦라도便利購覽ᄒᆞ야確知其法律條例ᄒᆞ고漸進發達ᄒᆞ야無至犯過ᄒᆞ기爲ᄒᆞ야方欲設刊이나至於法律하야ᄂᆞᆫ私自刊行이似可違規인故로特爲認許ᄒᆞ라고法部에請願ᄒᆞ얏다더라

◎削髮逢敗 近日에京城百餘里外에ᄂᆞᆫ下鄕人民이削髮人을逢ᄒᆞ면一進會라고家々戶々히人民이齊出ᄒᆞ야打殺ᄒᆞᆫ다ᄒᆞ니削髮人이逢敗을當ᄒᆞᆫ者不必ᄒᆞ다더라

●兩倅請願 谷城郡守김鎭賢[illegible]內部에三次辭職請願ᄒᆞ얏[illegible]

◎花月送別 韓國各大官과伊藤統監與原長官丸山總監加藤目賀田顧問과其他諸人이花月樓에會集ᄒᆞ야統監에送別宴을開張ᄒᆞ얏다더라

◎巡檢增俸 巡檢月給을新貨二拾圜式으로支給ᄒᆞᆫ다ᄂᆞᆫ說이有ᄒᆞ다더라

◎動접損害 軍部에서금番京鄕각隊解散兵의軍物種類를調査ᄒᆞᆫ터인ᄃᆡ該調査費二万圜을度支部에請求ᄒᆞ얏다더라

◎苦學事情 日本留學生監督申海永씨가學部에質稟書ᄒᆞ되第二號質稟書苦學生事件에關ᄒᆞᆫ指令을前月三十日에接承ᄒᆞ와該學生等에게傳布ᄒᆞ옵고今後부터內下金에對ᄒᆞᆫ觀念을一切斷却ᄒᆞ고各自去就ᄒᆞᆷ이妥當ᄒᆞᆫ意로甲々面諭ᄒᆞ온바翌三拾日에該學生等二拾三名이本監督部空舍一隅에挈携入處ᄒᆞ야食住一欵을專히依賴하고尙待上部處分ᄒᆞ옵기玆에該事件에不啻結果를因ᄒᆞ야其事實顚末을備陳이라ᄒᆞ얏다더라

◎訓査贓錢 平澤郡守안垠桓氏의贓錢이三萬八千餘兩에達ᄒᆞᆫ지라內部에서該觀察使의게訓飭ᄒᆞ야該郡守의贓錢을一々査報ᄒᆞ라ᄒᆞ얏다더라

◎諸씨移囚 警務廳에被捉된同友會諸氏를再昨日에監獄署로送交ᄒᆞ얏다더라

◎夜行被捉 日昨夜에北署壯洞前主事林在競氏가出他하얏다가還家ᄒᆞᄂᆞᆫ대西十字閣等地에셔日憲兵의게被捉되여迎秋門內騎兵隊處所로가셔夜行ᄒᆞᆫ事를査問後旋即放出ᄒᆞ얏더라

◎會員譏査 總理大臣李完用農商大臣宋秉畯氏가發論ᄒᆞ되此科京協會々員이學會等志人士ᄂᆞᆫ不可不擇用ᄒᆞ야各部官吏[illegible]名이有ᄒᆞᆫ人은一齊히擇用方針을[illegible]로決定ᄒᆞ얏다ᄂᆞᆫ대伊藤統監이此事件에對하야亦爲贊成이라ᄒᆞ얏더라

◎久芳同伴 目賀田氏가家用次二日頃에歸國ᄒᆞᆯ터인ᄃᆡ久芳稅務官과[illegible]厚監査官을帶同歸國ᄒᆞᆫ다더라

◎八人放送 侍衛一대兵卒과同히日軍司令部에被縛ᄒᆞ엿던平民八名은再昨日에放送ᄒᆞ얏다더라

◎果商可矜 日昨夜에壽進洞屛門에서餘兒一名이果實廛을開設ᄒᆞ얏더니日兵七八名이來到ᄒᆞ야果實을과去ᄒᆞ거ᄂᆞᆯ該兒가果價를推尋ᄒᆞᆫ즉該日兵이恐喝示威ᄒᆞᄂᆞᆫ지라該兒가不勝恐겁ᄒᆞ야更不推價ᄒᆞ얏다더라

◎外人陛見 米國上議院議員스돈씨와下議院議員타운시와紐育허를드記者오올시와잇쇼씨엣트푸래記者맥코미크四시를伊藤統監이帶同陛見ᄒᆞ야太皇帝께도拜알ᄒᆞ얏다더라

◎會員解放 今番解隊된兵丁을搜索ᄒᆞᄂᆞᆫ中에一進會員十餘名이日本軍司令部에被捉되얏ᄂᆞᆫ데一進會名錄을一一詳考後에解放ᄒᆞ얏다더라

●김씨仕進 新任制度局副總裁김允식씨ᄂᆞᆫ再昨日에受勅ᄒᆞ얏ᄂᆞᆫ데仕進視務ᄒᆞ얏다더라

◎稻器購入 本國人民이農業에昧方ᄒᆞ기로農部에서設校敎習ᄒᆞᆯ터인ᄃᆡ爲先稻扱器를日本에서購入ᄒᆞᆫ事로三百二십圜을度支部에請求ᄒᆞ얏다더라

●日間蒙放 警務廳에被囚ᄒᆞᆫ박泳孝리道宰南延哲三시ᄂᆞᆫ別無審査ᄒᆞᆯ事라ᄒᆞ야일間蒙放된다ᄂᆞᆫ說이有ᄒᆞ더라

◎日兵派遣 洪州鎭衛隊中에[illegible]派遣ᄒᆞᆫ者가[illegible]ᄒᆞ야形勢益不穩ᄒᆞ므로昨日公州에서日兵幾名을派遣ᄒᆞ얏다더라

◎南原不穩 南原地方에ᄂᆞᆫ兵丁과人民의暴動이頻々發起ᄒᆞ야形勢가不穩ᄒᆞᆷ으로昨日全州에日本守備兵若干名을南原地에派遣ᄒᆞ얏다더라

◎民有規則 內閣不動産調査會에서民有不動産에關ᄒᆞ야規則을條定ᄒᆞ야勅令으로頒布ᄒᆞᆫ다ᄂᆞᆫ대其槪意를據ᄒᆞᆫ즉地券及然券을발行ᄒᆞᄂᆞᆫ地域及時期을分別區定ᄒᆞᆫ다더라

◎日艦着港 日本國驅逐水雷艇二隻이本月八日上午五時頃에仁川港에到泊ᄒᆞ얏다고該府尹이內部에報告ᄒᆞ엿더라

◎日兵拜觀 昨日上午십二時頃에日本水兵四五百名이景복宮을拜觀하얏다더라

◎新聞縱覽會 宣川郡有志李源奎鄭治鍵金日贇鄭治鍊류成道諸氏가一般同胞의智識을開發ᄒᆞᆯ目的으로新聞縱覽소를該郡月洞에設立ᄒᆞ얏다니此等事業이隨處擴張ᄒᆞ여普通敎育으로文明前進이大有可望이라하노라

◎華塾卒業 抱川郡華野義塾에第一回卒業試驗을經ᄒᆞ얏ᄂᆞᆫ대高等科卒業生은김錫기洪承喜李鶴柱李海亮俞寅식등拾三人이오尋常科卒業生은羅甲俊김忠錫李瑞창姜驪燮李鳴柱等六인이라더라

◎事必歸正 昨日雜報欄內에賊漢被捕란題下에洪原進士鏡氏事件에對ᄒᆞ야同氏與諸人이本社에卞明ᄒᆞ야日前軍部大臣尹雄烈氏가南兵使在任時에父兄의전財를伏威勒奪ᄒᆞᆫ事로該씨가抱恨ᄒᆞ얏다가今番에上京ᄒᆞ야該勒奪錢을還償之意로屢次交涉ᄒᆞ야終不見效ᄒᆞ고昨年에[illegible]因ᄒᆞ야[illegible]尹雄烈氏가北營에서對質裁判ᄒᆞ야徵償ᄒᆞᆯ次로一々詳陳ᄒᆞ되北營에서仍爲白放ᄒᆞ얏다ᄒᆞ니其賊漢被捕云者ᄂᆞᆫ傳者의誤失임으로玆에正誤ᄒᆞᆷ

◎延郡設校 黃海道延安郡에增排島가有ᄒᆞᆫ데島中人民을[illegible]開ᄒᆞᆷ을發達ᄒᆞᆯ小學校를設立코져ᄒᆞ나高明ᄒᆞᆫ敎師가無ᄒᆞᆷ을恨歎ᄒᆞ더니京居宋暻用씨ᄂᆞᆫ業以日語卒業生으로該學의創設無人ᄒᆞᆷ을慨歎ᄒᆞ고奮然下去하야校名을進明小學校라하고學員을募集ᄒᆞ매島民의子姪들이爭先赴課ᄒᆞ야不日間學員이二拾餘名에達ᄒᆞ엿고本郡守洪禹觀씨ᄂᆞᆫ以該校々長之任으로熱心協贊ᄒᆞ야敎育을擴張케ᄒᆞ니校장과敎師兩씨의勤勞ᄒᆞᆫ效力으로海嶋一隅가文明之域에將進ᄒᆞᆯ望이有ᄒᆞ다고西來人의傳說이無不稱頌ᄒᆞ더라

▲薤 士 飯 歌▼

▲風雲이飜覆ᄒᆞ고政界가變幻되매官吏ᄂᆞᆫ高官要任을意外橫出하야揚揚自得ᄒᆞ되人民은烟塵에埋沒ᄒᆞ야奔走東西에呼哭이狼籍ᄒᆞ니人歌人哭砲聲中이로고

▲여보슈我大韓 皇室에事變과新協約이海牙事件으로因緣ᄒᆞ야된쥴노아오그러치안쇼日人心算에此等政策를內定ᄒᆞᆫ지已久ᄒᆞ얏지前此에二六新聞의揭佈ᄒᆞᆫ것을보지안앗쇼

▲總理大臣以下각部大臣의月俸을支撥ᄒᆞᄂᆞᆫ데總理의月俸과交際費를每朔一千圜式計算ᄒᆞ야六月七月兩朔條二千圜과각部大臣은每朔五百圜式兩朔條一千圜을小切手로支撥ᄒᆞ얏다니近日各大臣이新協約을成立ᄒᆞ야日本政府에大勳이有ᄒᆞ니[illegible]

▲內部[illegible]統監[illegible]

[illegible]茂氏가被任ᄒᆞ[illegible]內部[illegible]今日人이漸次占取ᄒᆞ[illegible]日本內部가되얏지

▲各部判任官中에月俸三拾圜以下ᄂᆞᆫ一齊除汰ᄒᆞᆫ다ᄂᆞᆫ某報에說道ᄒᆞ얏다니判任官中高級은除汰ᄒᆞ면後任은誰某가關得ᄒᆞᆯᄂᆞᆫ지判任官ᄭᆞ지라도月給만稍高ᄒᆞ면日人이占奪ᄒᆞᆫ다더구

▲內部次官한日人이被任ᄒᆞᆯ뿐아니라각部次官도日人이占取ᄒᆞᆫ다니畢竟각大臣도未안ᄒᆞᆯ것지

▲內外職奏判任官를一進會員中으로叙任하기로宋農相이該會長리容九氏의게合格人을選擧ᄒᆞ라ᄒᆞ엿다니此時局ᄒᆞ야一進會가乘勢ᄒᆞ야大韓官職를佔盡無餘ᄒᆞᆯ거시니죠코나蔚觸나ᄒᆞᆫ마듸ᄒᆞ여보게단ᄃᆞ차면기우너니

▲日本國朝報를據ᄒᆞᆫ則韓日協約이된結果로田健次郞柴田家門外幾名을近近히韓國官吏로任用ᄒᆞ기로內定ᄒᆞ엿다니그러니져러니ᄒᆞ여도大韓이아죠도무던ᄒᆞ고隣邦이臣服ᄒᆞ야官職을次第叙用ᄒᆞᄂᆞᆫ고

▲徐午淳氏가熱心經營ᄒᆞᆫ湖南鐵道ᄂᆞᆫ日本人木原씨가主管케되야現今交涉을引繼ᄒᆞᆫ다ᄒᆞ니日人이韓國人民에營業ᄭᆞ지佔奪ᄒᆞ니韓人은營業ᄒᆞᆯ事가必無ᄒᆞᆯ너도다

▲太田等地에居留ᄒᆞᄂᆞᆫ日本人이韓國人民等을對ᄒᆞ야말ᄒᆞ기를韓國은日本에附屬되얏다하고蠢昧ᄒᆞᆫ人民等을煽動ᄒᆞᄂᆞᆫ故로人心이尤極騷擾하다ᄒᆞ니近日각地方에義兵이蜂起ᄒᆞ야日人과交戰ᄒᆞᆷ은實로日人이鼓動ᄒᆞᆫ비로다

◉至急社告

自南大門外紫殿으로至新문外華산까지本申報分傳하든李俊과張志淑兩人이申報價領受證을가지고本月七日에逃躱훈故로玆以仰告하오니本申報購覽ᄒᆞ시든僉君子는爲先統戶를更書ᄒᆞ야本社로送交ᄒᆞ시고만일該兩人이領受證을가지고潛往ᄒᆞ여申報代金을索捧ᄒᆞᆯ지라도切勿出給ᄒᆞ시며設或領受證업시出給ᄒᆞ여셔도本社에셔ᄂᆞᆫ領受證으로施行ᄒᆞᆯ터이오니照亮ᄒᆞᆷ

布哇에셔本社로送付ᄒᆞᆫ美금壹百弗拾弗二拾九弗三張에分ᄒᆞᆫ

郵便爲替를受ᄒᆞ얏스나何許人이何許事件으로送付하얏ᄂᆞᆫ지書字가無ᄒᆞ야疑訝이며나郵便에交涉ᄒᆞ야錢額은已爲推尋이고出付人은布哇留閔찬鎬씨로認得이나何許事件으로送금인지速々詳示를切望ᄒᆞᆷ

博川郡律李鎭成氏를本支社員으로認定ᄒᆞ얏기玆以仰布ᄒᆞ오니該附近地에本申報購覽ᄒᆞ실僉君子ᄂᆞᆫ右氏의게請求하심을務望ᄒᆞᆷ

大韓每日申報社

◉淸風夜學　北署新橋居ᄒᆞᄂᆞᆫ리祥來氏가該洞淸風學校內에英語夜學一課을設始ᄒᆞ얏ᄂᆞᆫ되校長은장憲說氏로推薦ᄒᆞ고校

廣告

務을擴張ᄒᆞᆷ은已揭前報ᄒᆞ엿거와月前에月終試驗을經ᄒᆞ얏ᄂᆞᆫ되優等은金癸星氏等四人이오及第에ᄂᆞᆫ姜錫洪氏七八人이라仝日에校長及敎師諸氏가優等生의게優數ᄒᆞᆫ賞品을施給하야次第勸ᄒᆞ얏고學徒을增募ᄒᆞᆫ다하니該校長贊成及敎師諸氏에熱心敎育은莫不稱頌ᄒᆞ더라

◉兩社奬學　三和港優兩機에김영권韓치鎬金尙奕卓인혁諸시가本以敎育에從事로本思에學校가無ᄒᆞᆷ을慨歎하고靑年이虛度光陰ᄒᆞᆷ을憫憐ᄒᆞ야財產을不惜ᄒᆞ고교舍을構買ᄒᆞᆫ後에교去을耶蘇敎小學교라ᄒᆞ고敎師을延聘ᄒᆞ며聰俊을募學ᄒᆞ여期圖進而本港紳商會社에셔金三拾元과신發社에셔김拾元을捐助ᄒᆞ야學徒을培養ᄒᆞᆷ으로一望之내에男女學徒가五六拾名에達ᄒᆞ엿스니諸시之熱心과兩社之贊成이俱極可尙이라더다

廣告

本月一日爲始하야平澤停車場前에本會社出張所를開設ᄒᆞ고左開ᄒᆞᆫ一般倉庫業을營行ᄒᆞ오니多少를不拘ᄒᆞ고去來하심을仰要

一　一般商品의保管
一　保管物品에對ᄒᆞᆫ金融
一　換濟

隆熙元年八月七日

京城南大門外

漢城共同倉庫株式**會社**

電話五四四番

仁川각國居留地五号同出張所
忠淸南道江景浦同出張所
平澤停車場前同出張所

大東文粹　全一冊　金七十五錢

箕子以來로至國朝寢章及名文精選漢文必讀合用敎科

新撰地文學　全一冊　金四十錢

凡屬地質學理具圖式精且簡易合用敎科

生理衛生學　全一冊　金四十錢

吾人生理上關係衛生具圖式切要簡易合用敎科

發賣所　布屛下廣學書舖　東口越邊中央書舖　寺동漢陽書舖　鍾路大東書市　小廣橋高裕相書舖

第二回學員募集廣告

○本校에셔第一學年試驗을經ᄒᆞ온바學員을募集ᄒᆞ오니願學人은九月一日以內(陰七月二十四日)로入學請願書를本校에來ᄒᆞ야請求ᄒᆞᆷ

課程　本校規則에저ᄒᆞᆷ

年齡　十五歲以上

試取日　九月二日

試取科目　本國歷史　本國地誌　讀書　作文　筭術(四則以內)

開學日　九月六日

光武十一年八月一日

漢城中署磚洞**普成中學校**

慶南派員김鳳洙가不遵詔勅與訓칙ᄒᆞ고有文登碓有民私餘를肆自放賣ᄒᆞ기로數千餘民이仍此失業에終至死境故로條陳ᄒᆞ더리數足千里ᄒᆞ야呼訴于京部이기玆以廣佈ᄒᆞᆷ

鎭南郡紙島七條條陳김永振　鄭周서　李謹賢等　告白

大東客宿館廣告

本館을設ᄒᆞᆷ은學校에留學ᄒᆞᄂᆞᆫ學員과便利ᄒᆞᆫ宿所를爲ᄒᆞᆷ이라本館에敎師와舍監이有ᄒᆞ야規則을嚴定ᄒᆞ고食料金은四圓八拾錢으로定ᄒᆞᆷ

館長　鄭熙燦

○放ᄒᆞ에高衣籍具左但賣코자留學服明所用物品을本館中에하와他食事士製造帽品門下의것與食員應聘ᄒᆞ야諸般設置ᄒᆞ기會員에게特히約束ᄒᆞ여仰告廣告本館及韓書學ᄒᆞᆷ

大東客宿館事務員　鄭漢植　告白

本館에셔大廣橋北川邊前紙廛小都家를半洋製로一新修改ᄒᆞ옵고精潔ᄒᆞᆫ浴沐湯과各色料理를新鮮準備ᄒᆞ와陰曆六月初十日爲始ᄒᆞ야開業ᄒᆞ얏사오니僉君子ᄂᆞᆫ陸續來臨ᄒᆞ심을伏望

內外沐浴湯
大韓料理各色　西洋上等酒
菓각色及此外에도각樣烟草
食料를隨求應辦ᄒᆞ겟더이외다

廣通館告白

本冊肆에敎會書籍과各學校敎科書와各種新舊書冊이俱備ᄒᆞ오니有志ᄒᆞ신僉君子ᄂᆞᆫ陸續購覽ᄒᆞ시各

平壤鍾路**耶穌敎冊肆**　尹衡弼　告白

大韓新地誌

一帙二冊三百六十頁　定價金一圜

本人이日本大阪製造家와特約ᄒᆞ고日本內地出産各種物品과西洋各國物品과各樣洋物을我大韓에輸入ᄒᆞ야委托ᄒᆞ야便利ᄒᆞᆫ價로約定ᄒᆞ얏스오니商工業에有意ᄒᆞ신僉君子ᄂᆞᆫ某物이든지請求ᄒᆞ시거든本社로來議ᄒᆞ시오

本社에셔ᄂᆞᆫ手數料金만受領ᄒᆞᆷ

興業社本店　漢城北部齋洞
支店京城南門內大宮五十一統六戶

全仁港西門外廣貨　培養會社

本人等이典동支所越便에셔各資典舖이옵다가今에合資設營業하오니典執하실僉員은陸續來臨爲要

中署典동信號典舖　車基倫　金榮斌　金學秀　告白

◉일본遊覽者募集

一　遊覽會員募集　人員은十十名으로一團을成ᄒᆞᄂᆞ니官民을不問ᄒᆞ고速히請入ᄒᆞ시옵
一　遊覽地　東京博覽會와其他大名都
一　往復일數　約二十七일間
一　旅費　遊覽費及手數料를合ᄒᆞ야總計四十八圓
一　出發일　請入員은次第를從ᄒᆞ야出發三일前으로直接히通知ᄒᆞᆷ
一　請入所　在京城各신聞社五十八銀行경성支店　天一銀行
一　會員은遊覽을終ᄒᆞ야開散ᄒᆞᆫ後에ᄂᆞᆫ本會와關係가小無ᄒᆞᆷ
一　南대門셔釜山으로直行ᄒᆞ면서지갈은東경으로直行하ᄂᆞᆫ대와ᄒᆞ야도同一便法으로同行請入을應諾ᄒᆞᆷ

일本人遊람協會事務所명동南門通　東亞商會

學徒修學旅行冊
學徒運動銃과器具
羅紗各種
美國金鷄納
衣服襪鞋其他雜貨도廉價放賣ᄒᆞ오니諸君子ᄂᆞᆫ來臨ᄒᆞ심을바라나이다

仁川港奇觀閣新冊肆

원산파성진간에서본인이산진소(屍牛)물단이스짓스니쇼파ᄂᆞᆫ제군은다수이팔너오시옵

최봉준　고ᄇᆡᆨ

鬼의聲

菊初先生李人稙氏著

◉增補無冤錄大全　全一冊　紙數白七十頁　定價金新貨七十五錢

此書ᄂᆞᆫ增修無冤錄大全은法律家의最緊要ᄒᆞᆫ書籍이나年來印刊이殆히絕版에至ᄒᆞᆫ지라故로法部에認可를得ᄒᆞ옵고此를新刊ᄒᆞ야삽ᄂᆞᆫ대國漢文으로解釋ᄒᆞ야模糊ᄒᆞᆫ句節이無ᄒᆞ오니法律學에有志ᄒᆞ신니와字牧之任에居ᄒᆞ신니ᄂᆞᆫ不得不覽ᄒᆞᆯ冊子이오니注意購覽ᄒᆞ시옵

中署布屛下　廣學書舖　김相萬　發賣所

越南亡國史　國漢文　定價貳拾伍錢

發賣所　京城廣通橋高裕相書舖　鍾路議政府前川鄕萬書舖

布屛下김相萬　告白

中央書館　發行　京鄉各書舖　發賣所

國債報償義捐金

㊣誤 自六月十五日至七月廿七日本報五百七十四號
에지五月度收入義捐金廣告인
바其原額總額은一萬九千五百
八拾二圓二十七錢六厘에서五
百五拾四号에九州東角面弃庫
很等三拾圓은誤揭故消却하야
減ᄒᆞ고五百六拾二圓에務安府
三鄕面八拾壹圓拾九전도誤揭
故減ᄒᆞ고五百四拾号附錄第一
面第六欄內合計叁拾二圓五十
전으로正誤ᄒᆞ야십圓을減ᄒᆞ고
國文報第十三號에光署細橋里
合計로九圓廿五전으로正誤하
야拾圓을減ᄒᆞ고五百七拾二號
義興郡記里合計에拾一圓을加
ᄒᆞ고五百五十七号總合에拾전
을加ᄒᆞ고五百六拾壹號總合에
百圓을加ᄒᆞ고國文報十九號總
合에百圓을加ᄒᆞ고壹圓〇壹전
은六月度收入금廣告中에混入
이나

五月度廣告中에挪用編入하야

五月中收入實總額

이壹萬九千六百六十四圓이九錢六厘

四五兩朔都總合三萬八千八百
七십七圓九십六전貳厘

◉廣州郵便取扱所梁寅鐸 一圓

▲京城

從二品尹相衍 二십圓

正三品尹相紀 五圓

六 品尹相鎬 五圓

▲金川하瀧面中좌산

洪行元 □圓 洪淳璉二원

▲晉산府大韓每日申報支社

第四回 計開等 三四卅전

◉得善坊玉屛洞十歲幼兒

리戊成 十五錢

▲楊州시石面古영里總代等

리應鳳 金乙進 金在道

金鳳用 金殷쥰 각拾錢

合四十圓九십五전

◉砥平郡上서面延安里

김敎錫 六拾錢 리性夏

리慶夏 리秉夏 朴鼎夏

리正業 림學奉 池福인 박長春

리插士里 각卄錢 朴用德

박用天 리元福 各卄錢

박用麟 七拾면 梁用문十錢

리五福 五十錢 리云福

김正龍 김正鎰 표有賢

池正玉 池복祿 각四십錢

박用鳳 김敎寅 各卄전

김貞照 趙命效 閔致貞

徐永學 리義복 김어금

元錫弘 리奉成 각卄전

김萬成 리有복 金비用

池末此복 元興복 김敎潤

박聖문 咸빅用 池長玉

리大石 각拾전

合拾圓二拾전

◉安州郡國債報償會第二回

金榮鶴三百원 張成錄二원

許宗洽 三十면 문경린

五拾錢 洪正國 四拾전

黃贊廷卄전 김亨涉 咸琫弘

徐英度 리天복 함基린

리化발 金用彦 咸明初

각一원 咸基豊 五십전

오덕인卄錢 김문觀卄전

劉弘模 張元涉 각二원

洪承龍 六十전 高亨奎

五圓 崔應涉卄전 김夢學

二圓 金鼎化 七십전

▲州南면長生里

김光順 朴녀죠 복亨鎭

申덕守 박영鳳 각一圓

니주顯 申용湖

각一圓五拾전 박徠슈 三圓

김룡勳 박基煥 金翊善

申承峻 申永守 梁贊斌

량敬道 김景稷 박송학

金致稀 박禹瑞 복연德

박官인 盧鳳鳴 申倫珏

申인珏 량鎬문 량化龍

申룡益 申룡彬 申用棋

崔雲鶴 申虎각 니用裕

玄石九 張鳳珍 曹學範

림지룡 니奎範 趙基衍

劉在룡 吳濟民 복致煥

김益度 최영鎭 趙基延

각六十錢 박치五 신룡田

선영蕃 박鍊여 각八십錢

니熙昌二圓 申룡순 申룡덕

申룡現 各七십錢 朴윤淸

량龍奎 趙기成 각卄錢

▲卅南生天동

최가用 최치善 김贊伯

각五十전 廉成燁 古正룡

김인瑞 朴成老 卓顯문

니成云 각卄錢 黃치聖

趙영彬 鄭文燁 金사用

각卄錢 리元순 拾전

▲北部百勝동

김應大 二拾전 김承각

三十전 박利貞 羅成稀

金化각 尹成淡 림志賢

滋弘甲 리延守 申明涉

각拾전

▲東部덕井동

김洛用 박香芝 각卄전

강千頤 金達成 니學成

金기병 康頤甫 김昌浩

리영浩 明贊주 각五拾錢

延成道十전 오贊斗 김用勳

각一圓 리奉吉 朴淳福

각卄錢

▲北部鎭北등

김인옥 卄五전 김윤學

리大深 各卄전 박修德

三십전 김玉石 張복덕

각ㄱ전

▲卅南緇興里

박基슈一圓 리承俊 리東熏

高用圭 리時燁 각卄전

金鍾賢 徐영麟 高태中

각五拾전 김송湖 二拾전

崔德亨 拾전

合三百八十一圓四十五전

◉京城南署藤江

림宗相 五拾圓 림暎珠

림光珠 각卄圓 朴淳亨

리영斗 韓昌基 發信契中

각십圓 박淳英 리宗赫

黃道俊 각六圓 리東和

金英植 金点植 各五圓

朴윤德 설영均

각民國八拾전 鄭昌興

리春逵 리興善 박淳約

림興珠 조浩謙 咸商寶

각四圓 朴順九 김明洙

金學順 박雲培 류在烈

김景化 류在鎔 金振玉

金斗源 량桂煥 림春泰

鄭龍光 崔錫基 劉석斗

리圭容 박선弘 각三圓

김炳昊二圓八拾전 김啓元

二圓五十전 林翊相

二환四拾전 박九남 장鍾善

리창옥 林冠相 리宗翊

리宗泰 리大畯 김大賢

리丙承 金昭창 洪文琮

김士順 김윤九 정光道 리德植

림不玉 복인범 김白룡 박奎謙

리元順 정海寬 김殷權

김敎錄 梁龍善 金在윤

徐尙根 각二圓 리良善

니文在 리今善 呂興元

宋尙俊 김興文

각一원五拾전 김守천

一圓四십錢 정창植 金賢培

리公燁 류奎燁 리秀洪

延宗益 具景道 김景煥

류興寬 金學培 리致순

姜興석 김창奎 최인洙

劉景烈 朴長복 류창漢

金基鉉 韓春옥 박興순

박敬叔 김봉鉉 康德문

조億福 박善汝 김千吉

김宜史 呂영云 金成汝

리春昌 리희순 柳성汝

安龍佑 리희순 저英상

량顯弘 鄭順發 金泰浩

김賢濟 리鍾順 윤泰明

安永鎭 강時봉 安鎭二

方用達 崔云凡 류自옥

신成五 吳致文 정윤弘

延宗煥 리聖옥 각一원

박영錄 류인守 呂恩식

리병吉 金順원 韓森化

각八十錢 량경約 七십전

리운浩 조윤達 鄭三環

류益喜 최德基 정八恩

金연福 최漢章 徐亨守

박用益 리경浩 鄭興國

리應道 洪濟一 김學三

김敬煥 김淑산 柳敬益

니敎完 림準顯 신益均

리여秀 김守賢 金廷有 박長叔

리仲根 安萬守 安鎭여

각덕根 崔景元 김興식

柳萬榮 복六根 신大順

리建業 김敬主 리인順

니鍾銀 崔國信 黃道俊

니鶴善 함在順 金四龍

朴윤實 申雙鶴 金덕奎

량聖인 김文成 복日祿

니귀俊 박順덕 복順三

니善明 金岩回 김원白

니在弘 정基浩 김建順

림敬先 박奎植 리道致

복在煥 柳인植 김命돌

조孝亨 조公逸 柳應文

니明植 徐윤植 리順興

리固伊 김道應 朴應주

리用振 尹景三 김顯三

柳昌五 리龍權 리太興

徐大云 朴龍權 崔덕根

柳昌회 김英복 리命보

崔遠順 리寶옥 며인石

田영煥 리龍國 각六十錢

정三보 柳윤道 김경五

량聖寬 정덕化 洪龍산

日鍾萬 니用道

安金興 申云福 김賢寶

니商淑 리千有 리성瑞

鄭尙游 정長福 정奉조

朴致德 리常貞 鄭宗郁

東淡三 정永조 各五십전

朴俊鉉 崔萬釗 張厚老

張德俊 安景燁 김白千

金好成 金相恩 니德善

니善圭 김秀弘 劉德哉

安命哲 洪正石 김유石 김漢吉

김應昌 김永濟 김景成

복碩순 니命吉 金德甫

宋素培 日潤根 鄭永俊

日□宗 許伊連 林萬순

□顯守 조영順 柳在明

鄭白□ 樂金根 方銀昌

姜齊玉 김宗建 박永國

南興福 韓命용 김德善

俞尙云 니준一 박河源

權正순 니賢植 鄭二文

潘昌興 니英식 延春老

김德吉 김白信 경致明

정贊善 류文옥 김聖云

정德云 宋云조 각四拾錢

安斗弘 徐有史 니漢俊

羅應哲 리相云 니有史

延윤二 신興식 김기순

嚴윤식 김應允 최永보

長宇윤 정恩用 김明식

申有奎 許士雄 김石熙

朱덕奎 成景옥 김福순

각卄錢 니召史 복長春

니召史 김汝寬 김瑞복

니善弘 김太石 니召史

金明瑞 皮銀돌 김용순

金敎문 俞英奎 張슌在

량興甲 최瓊德 각卄錢

徐召史十五전 張召史十錢

申영均 二圓

合四百六拾九圓九拾五전

總合九百〇四圓五十五錢

國文報廣告總合一百六拾一圓

○八전

五月度收入計廣告中差額加入

八拾四圓九拾二전

前號總合四萬五千六百拾二圓

二十三錢二厘

都總合四萬六千六百七十七圓

八십六전二厘

◎特別廣告◎

國債報償金에關ᄒᆞᆫ所謂은姑留
本社ᄒᆞ고任何月日以所繳總合五
萬二千九百七十三圓六十五錢
을當爲總合社內銀行에貯置ᄒᆞ
얏고此貯置額中
三萬二千三百圓은國債報償志
願金總合所로移交ᄒᆞᆷ

大韓每日申報社

本所와本社로國債報
償義捐諸氏에게廣佈ᄒᆞ노
니設此義務以後로氏名과
成册이漸至放로漢文報
에不得盡佈ᄒᆞ야本社國文
報一篇에義金과氏名을逐
續揭載ᄒᆞ오니從今으로國文
報를請購參覽ᄒᆞ시오漢文
報와同一ᄒᆞ오니照亮ᄒᆞᆷ

國債報償志願金總合所 白
大韓每日申報社 白

○特別廣告

四号活字十三字詰
每日每段尺一寸에新貨廿五錢
(每日每行六錢)에相當홈
二週日에 二割五十錢
每日每行四錢五里에相當홈
一箇月에 五割
一每日每行四錢一里에相當홈
一其期限의長短과字行의多寡
를依ᄒᆞ야割減홈이有홈

發行兼編輯人英國人 裵說
發行所
南署石井洞號外地三層洋屋家
大韓每日申報社

第五卷

大韓每日申報

第五百八十七號

月曜及慶節
廢時日休務

檀君開國四千二百四十年
箕子元年三千二十九年
大韓開國五百十六年
日本明治四十年
淸國光緖三十三年
陰曆丁未七月大初三日壬辰

別報

論韓皇之退位 遠東報照謄

近日來에韓國이代議士를私遣ᄒᆞ야萬國平和會에赴ᄒᆞᆫ問題로中外報紙의議論을不可勝數라盖韓國代議士가 韓皇의親派되여祕히密旨가有하고御印을用ᄒᆞ야써日本이 韓國에在ᄒᆞ야任意行爲ᄒᆞᄂᆞᆫ것을各國代表人之前에表明ᄒᆞᆫ지라玆에漢城의東京來電을得ᄒᆞ니日人이 韓皇의代議士를擅派ᄒᆞ야海牙平和會에赴ᄒᆞᆷ을因ᄒᆞ야勒令 韓皇退位ᄒᆞ고擬立一幼年之 皇子ᄒᆞ야繼續其位라ᄒᆞ니此後에韓國全土가日人의自由辦法을聽ᄒᆞ야阻力이無ᄒᆞᆯ지라 韓皇의退位에ᄂᆞᆫ日人이韓國新派之大臣으로ᄒᆞ여금勒令ᄒᆞᆷ지니此ᄂᆞᆫ日人所選으로皆媚日者라於是에 韓皇이日本兵隊와及韓國之賣國奴大臣의게圍困ᄒᆞᆫ바되니 韓皇이退位하신지라 韓皇이己之生活을不顧ᄒᆞ시며他人의隱衷을不諳하시ᄆᆞ로오히려韓國의自主를保하게로伊藤侯의게懇求ᄒᆞ셧스나 韓皇의熱衷於自主ᄂᆞᆫ亦可槪念이로다韓國人民이 韓皇의忠於國家ᄒᆞ심을深敬ᄒᆞ시公憤을働ᄒᆞ야日人을反對ᄒᆞ나韓國의無兵無刃ᄒᆞᆫ人民이日本의兵器齊備ᄒᆞᆫ兵隊로더부러爭ᄒᆞ니엇지能敵ᄒᆞ리오日本兵隊가韓民을擊散ᄒᆞ니韓人이三五成群ᄒᆞ야賣國ᄒᆞᆫ大臣의家宅을燒毀ᄒᆞ얏다ᄒᆞ고또電信에云ᄒᆞ되 韓皇이退位ᄒᆞ심에與伊藤侯로二小時之久를談話하셧다니其退位가出自逼迫은無疑라日人이迫 韓皇退位ᄒᆞᆫ一場戱ᄂᆞᆫ世之觀者가何如히 韓皇을憐憫ᄒᆞ며如何히日人을畏懼ᄒᆞᆯ가日人이欲 韓皇退者ᄂᆞᆫ繼位之 皇子가自當聽日人之指揮矣라雖然이나 韓國皇帝씌서爲日人傀儡도尙不可多得之時代라何則고日人이稱韓人爲同種이非其本意라日人이待韓人을台灣野人을待ᄒᆞᆷ과無異ᄒᆞ고其待台灣人은野獸를待ᄒᆞᆷ과無異ᄒᆞ야台灣民族이日見衰滅ᄒᆞ니朝鮮人民의將來ᄂᆞᆫ若何ᄒᆞᆯ가羅馬古諺에日人相處가與狼相遇로同이라ᄒᆞ니此語가可爲日本人諷之라日人이固好認同種ᄒᆞ고好言同胞者나觀其待同種待同胞者ㅣ何如오黃人은皆日本同種이라吾輩黃人은誦羅馬之古語ᄒᆞ야각自警戒ᄒᆞᆯ지어다否則所謂同種之名詞內에實은滅其同種之義가藏有ᄒᆞᆫ것을深恐ᄒᆞ노라ᄒᆞ얏더라

官報

◉第三千七百四十一號 隆熙元年八月十日

◉宮廷錄事

尊封都監提調臣 리근命 謹
奏謹考謄錄則
玉冊或以五箇爲一貼或以六箇爲一貼而近年則皆以七箇爲一貼矣今番則何以爲之乎 敢
奏 奉
旨以六箇爲一貼

尊封都監提調臣 리근命 謹
奏本都監都廳李元世有身病呈狀乞遞矣改差其代以弘文館侍講李泳學差下使之察任何如 敢
奏 奉
旨依奏

◉敍任及辭令

內閣法制局長박慶陽辭職疏
批旨省疏具悉所請依施

前判事陸鍾冕
任法官養成所敎官 박容식
任咸鏡北道裁判所主事
江原道裁判所主事김泌秀
任平安北道裁判所主事 六品丕炳烈
任京畿觀察道主事 牟正豊
任平안南道觀察道主事
任덕源府主事 洪종杰
任木原郡主事 前主事車徵衡
任海南郡主事 九品朴종完
任長興郡主事 林友松
任大靜郡主事 高桂炯
任淮陽郡主事 宋宅英
任楊州郡主事 盧基敎
任寧邊郡主事 車國轅
任안岳郡主事 九品李容夏
咸鏡南道分察常司主事陳宅墉
仝 姜鳳焜
依願免本官 李達주 金雄鎬
任咸鏡南道分察常司主事
農商工部技手洪成海
任農商工部書記郞 九品김瀅틱
任農林學校敎授補 六品韓廷敎
兼任農林學校司監 農林學校敎授補韓廷敎

外報

◉列國賀英 伯林電을據ᄒᆞᆫ則海牙平和會議에서英國은諸國의協贊을經ᄒᆞ야第三回平和會議를千九百拾四年에開ᄒᆞ기로決議ᄒᆞ얏더라

◉居留難禁 北京電을據ᄒᆞᆫ則新疆巡撫가電報ᄒᆞ되露國은迪化府에서居留地를擴張ᄒᆞ기로此를禁止ᄒᆞ여도聽從치아니ᄒᆞᆫ다고ᄒᆞ얏더라

◉派兵中止 北京電을據ᄒᆞᆫ則安南의根據地를置ᄒᆞ고安南을窺覦코ᄌᆞᄒᆞᄂᆞᆫ되就ᄒᆞ야國境의守備兵을駐屯케ᄒᆞ라ᄒᆞ고佛國은此에干涉ᄒᆞ야派兵ᄒᆞ라다가中止ᄒᆞ얏다고雲貴總督이外務部에打電ᄒᆞ엿더라

◉改革의實行 北京電을據ᄒᆞᆫ즉淸國袁總督이施政改革案을上奏ᄒᆞᆫ結果로淸廷에서爲先內閣의 制度、資政院、敎育、地方自治의四件을實行ᄒᆞ기로決定ᄒᆞ얏다더라

◉滿洲開放 伯림電에曰華盛頓通信을據ᄒᆞᆫ則淸國外務部에서滿州의七箇市를万國에貿易市場으로開放하야貿易市場이且下十六箇所가된것로美國政府에通牒ᄒᆞ얏다더라

◉三國同盟 同電에曰倫敦타임스新聞에所報를據ᄒᆞᆫ則俄德兩帝會見의結果로巴烎半嶋政策을講求ᄒᆞ기爲하야德俄奧三國同盟을締結ᄒᆞ리라더라

別報

◉公函續騰 權世運徐始昇李世榮等九人이伊藤侯爵의게公函ᄒᆞᆫ全文이如左ᄒᆞ니 續

噫今又更定七條約此乃無國之日也生雖愚昧深憂自國之危値憂東洋大勢之危急謹陳愚衷當此競爭時代歐米貪嗣之說脈貽其頭腦韓日淸三國若不同心協力以爲鼎足之勢則東洋缺裂必在於不多年矣惟願閣下勿急目前之小利但以恒久不易之保東자策爲慮必以改善忠告爲心必以依賴阿諛於閣下者與親之以奸少必以承命唯諾於閣下者則視之以偏佞斥之黜之必以抗論兩國之利害者謂之公正必以謁謁於閣下之善惡者謂之國사衆以達事理識時務者幷薦之引之則不難於得人而可與共濟大事可與數示服心而無損國交矣若爾則雖更設外部擴張軍制還財政權無所疑嫌於其間必共保脣齒之勢ᄒᆞ同必務軍國政權致損於耳目不服於國民而反不成保東之策乎以海嶽淵看之則東洋三國莫非我同胞也若用連鎖之依則共保無窮之幸福矣否則不免自國之不保而各自有後悔之日矣惟閣下照亮爲盼 完

雜報

안義古縣面義捐金志願書

敬啓者竊聞堯舜之民以堯舜之心爲心惟上好仁下樂爲義者是也有君若是有民若是何忠乎國不富而民不殷乎惟我
帝國雖云小矣三千封疆依舊亦日哀哉五百年垂命維新此何巨獨借欵貽我宵旰宸憂外則列强虎視內而忠良蟄伏由是而財政漸移由是而國權難持凡我臣民者孰非愛國之齊發請還之論誠不待家諭而戶說以至斷烟而誠發郞等雖選七亦一化中之物熱心所激故不得不一敬誠物之多小각隨其力而人々樂從亦可愛也玆俯左錄獻音而一闕紙貨忘略汗是以助國債報償之資万一伏望以是照亮

發記人 정禧協 李鍾㬤

◉孝女鳴冤 祥原郡居李근培가甲辰年四月分에以獄事橫被首犯으로處於終身役이라가其女息이年少寡婦으로挺出矣然之孝義ᄒᆞ야憐于父之橫罹役ᄒᆞ고含冤抱訴于法司에辭旨明白하야初審십五年減等ᄒᆞ고再審五年減等이며昨年 東宮慶禮時에特蒙三年減等인바自甲辰으로處役이至過四年則役限이只餘三年이라李根培가年過六십에獄中多病이大發ᄒᆞ야將至斃死之境이라其女息이東西丐乞ᄒᆞ야救護饋餉ᄒᆞ며供給朝夕이無所不爲ᄒᆞ니爲人男子者貫難能行ᄒᆞᆯ거던況以守閨寡婦으로彈身竭力ᄒᆞ야不懈如是者鮮矣라리召史에孝誠과情境이令人惻然下淚케ᄒᆞᄂᆞᆫ지라其父之役限이雖屬三年이나三年之還이猶似百年ᄒᆞ야際此 新皇帝陛下即祚之慶會ᄒᆞ와將欲上京鳴寃呼籲ᄒᆞᆫ다더라

◉疑々蜂起 本月五日發堤川通信을據ᄒᆞᆫ則發兵이自淸風으로該郡方面에集合ᄒᆞ얏ᄂᆞᆫ대砲兵을募集ᄒᆞ야一時에蜂起ᄒᆞ며該郡邑內吏屬이多數히相應ᄒᆞ야不穩ᄒᆞᆫ情態가有ᄒᆞ다더라

◉總巡闕明 黃州天道敎리正信道亨씨이가與一進會居間事로海州警署에就捉在囚하얏ᄂᆞᆫ되此兩人이納賄𧸘放ᄒᆞ기를左右圖囑ᄒᆞᄂᆞᆫ되本道裁判所檢事에廳直이와該所廳員과本警署巡檢을因緣ᄒᆞ야葉錢五百兩을成納於官ᄒᆞᆫ지라其關係가一則巡檢이오一則檢事에廳直廳員인故로不爲深査ᄒᆞ고只按例인되該署總巡金麟燕 日官吏之賂賂은尤當警察이오況法家廳直은期於提來嚴覈乃已라此若不別般擧措면何可臨民行政乎아ᄒᆞ고該檢事廳直과該員을一幷捉致ᄒᆞ야與巡檢等으로係々面質嚴訊得實ᄒᆞ이巡檢은爲先罷免ᄒᆞ고該廳直은押送法所ᄒᆞ얏다더라

雜報

●儲宮定妃說　皇太子妃는總理리完用씨의令孃으로擇定ᄒᆞᆫ다는說이有ᄒᆞ더라

●伊藤歸國　伊藤統監은本日午後二時二十分에南大門外停車塲의서臨時列車로인港에下去ᄒᆞ야翌日午前十時에笠置軍艦을搭乘ᄒᆞ고馬關으로出向ᄒᆞᆫ다더라

●度大訓諭　昨日度支部大臣高영喜씨가今番叙任ᄒᆞᆫ稅務主事八十九名을會集訓諭ᄒᆞ되稅務行政이與他有異ᄒᆞ니特別嚴重히結民에게信用을示ᄒᆞᆯ뿐더러結전을少勿犯用ᄒᆞ고國庫에準數収入ᄒᆞ기를希望이라ᄒᆞ얏다더라

●김氏辭疏　法部刑事局長김洛憲氏가日間辭職疏를奉呈ᄒᆞᆫ다더라

●俞氏辭職　新任法制局長俞星濬氏는辭職疏를奉呈ᄒᆞᆫ다더라

●一局存置　軍部에서該部內諸局을廢止ᄒᆞ고軍務一局만存置ᄒᆞᆫ다더라

●姑未承認　法部次官은洪肯섭시로內閣에請議ᄒᆞ얏는대統監府에서姑未承認ᄒᆞ얏다더라

●丁遞一任　法部民事局長리鍾協氏遞任ᄒᆞᆫ代에前郡守김喆鉉氏가被任ᄒᆞ얏다더라

●專歸日人　無論京鄕ᄒᆞ고各警察署에高等官人은一齊히日人으로叙任ᄒᆞᆫ다더라

●總業已放賣　總理大臣李完用氏의堂姪리會九氏가日昨에勅教를奉承ᄒᆞ얏다ᄒᆞ고前判書김世基氏家에來到ᄒᆞ야該家舍를리總理의게出給ᄒᆞ라ᄒᆞ는대該家舍를曾往에김世基氏가리根澔氏의게七十萬兩에業已放賣ᄒᆞᆫ지라김氏가還退ᄒᆞᆯ줄노리근澔氏의게言及ᄒᆞᆫ則리가答ᄒᆞ되비록勅教가有ᄒᆞᆯ서도家舍는不可還退라ᄒᆞ얏다더라

●內閣通牒　陰曆七月初四日太皇帝陛下上號議定時와同月十八日裕康園陵號議定時에原任議政內閣大臣宮內府大臣協辦內閣書記官各部次官館閣堂上學禮堂上이同參會議事로奏下ᄒᆞ얏다고內閣에서各部로通牒ᄒᆞ얏다더라

●郡奏差遲　再昨日內部에郡守奏本事는昨報에揭載어니와統監府에同意表를繕送ᄒᆞᆫ거시還來치아니ᄒᆞ야奏本치못ᄒᆞᆫ다ᄒᆞ고一說은新任ᄒᆞᆫ內部次官木內氏가仕進視務ᄒᆞᆫ然後에야郡守奏本이된다는說이有ᄒᆞ더라

●亡命客歸國　東京電을據ᄒᆞᆫ則日本으로亡命ᄒᆞ얏던趙義淵張博李申고李範善리斗甲趙義文俞吉濬諸氏等이十二日에出發歸國ᄒᆞᆫ다더라

●京鄕新聞의特色　鍾峴聖教堂에서發行ᄒᆞ는京鄕新聞은詞理가當然ᄒᆞ고筆法이公直ᄒᆞ야國民의獨立精神을培養ᄒᆞ는ᄃᆡ最히要緊ᄒᆞᆫ新聞이니吾輩가同業之義에實노攅賀不已ᄒᆞ거니와國家와社會上에莫大ᄒᆞᆫ利益을供ᄒᆞᆯ줄노信認ᄒᆞ노라

●營門一空　各侍衛隊解兵된營門은日兵이一齊히占領ᄒᆞ얏더니該日兵이各地方으로派送ᄒᆞᆫ故로各營門은更히一空되고解隊된尉官만姑爲仕進ᄒᆞᆫ다더라

●探偵請撥　忠北觀察使리鍾成시가內部로電報ᄒᆞ되挽近各處에偵探ᄒᆞ는普通旅費五百圜을度支部에交涉ᄒᆞ야卽爲支撥ᄒᆞ라ᄒᆞ얏더라

●月亭涼納　度支部財政顧問部稅務部員諸氏가本日上午八時에로양津月波亭에前往ᄒᆞ야納涼宴을開ᄒᆞᆫ다더라

●報不捺印　東萊府尹김教猷씨가法部報告狀에捺印치아니ᄒᆞᆷ으로徵送ᄒᆞ얏다더라

●辯護請願　平理院前判事김澤氏가法部에辯護士로請願ᄒᆞ얏더라

●醫印造成　醫觀廳印章을造成ᄒᆞ얏다고醫觀總監丸山重俊씨가各部에報告ᄒᆞ고該印章鑑本을粘送交ᄒᆞ얏더라

●江隊脫營　本月八日午前十時에仁川발電江華郵便取扱所所報를據ᄒᆞᆫ則該郡鎭衛隊兵丁이銃器를携帶脫營ᄒᆞ얏는ᄃᆡ去處가不明하다더라

●兩教員免官　振威郡公立普通學校教員尹大善副教員박斗永兩씨가頻數曠務ᄒᆞ야學徒가退散ᄒᆞ고教育課程을亦無實施하야校况의進就가無하다고學部에서該兩씨를免官ᄒᆞ얏다더라

●橫守被捉　再昨日에春川觀察使黃鎭씨가內部로電報ᄒᆞ되橫城郡守沈興澤씨를本月七日에砲兵이捉去라하얏더라

●電稟誤矣　英親王殿下로皇太子를冊封ᄒᆞ신事로內部에서各道觀察使에게電訓ᄒᆞ얏더니慶南觀察使가電稟ᄒᆞ기를皇太子의子字가似是誤書ᄒᆞ니卽爲回電하라ᄒᆞ얏더라

●三氏被囚　侍衛步兵제一聯隊二大隊正尉太有善씨와同第三大ᄃᆡ正尉김석金永國諸氏가有何事件인지陸軍法院에被囚ᄒᆞ얏다더라

●醫廳擴張　醫觀總監丸산重준씨가內部에報告ᄒᆞ기를醫觀廳을現特擴張ᄒᆞ기爲ᄒᆞ야憲兵司令部와渾成旅團司令部로移接ᄒᆞ갯스니現在ᄒᆞᆫ兵卒及什物을他營으로移置ᄒᆞ라ᄒᆞ얏다더라

●脫身上京　原州鎭衛隊參領洪祐馨시가解隊後에民兵에게挽執이되얏다가昨日에艱辛히脫身上京ᄒᆞ얏다더라

●ㅣ仕免官　主殿院主事金奎植시는叙任半載에都不仕進ᄒᆞᆷ으로免本官되얏다더라

●統照各部　統監府에서各部에照會ᄒᆞ되從今以後로地方觀察郡守의重要ᄒᆞᆫ報告라던지各郡에서重要事件으로地方官에게電飭及訓令을統監에게先爲處辦後에施行ᄒᆞ라ᄒᆞ얏더라

●日兵敗走　本月六日에原州郡解散兵과民兵이合同ᄒᆞ야京城서발着ᄒᆞᆫ日兵과數時間을交戰ᄒᆞ야日兵及醫務補助員等은忠州로逃走하얏다고同月七日에該道觀察使가內部에電報ᄒᆞ얏더라

●始抵配所　黃州郡鐵島流配罪人閔衡식시를該日憲兵대에留宿케ᄒᆞᆫ다더니日前에配所로移去ᄒᆞᆫ다고本第에電報가來到ᄒᆞ얏는ᄃᆡ生庭伯씨閔明식시가昨日에其私弟를尋訪次로발程ᄒᆞ얏다더라

●鞭人如牛　昨日上午九時頃에南門內에서日本人一名이청根壹負를韓人으로使之擔負以去ᄒᆞ얏는ᄃᆡ該募軍이不勝其力ᄒᆞ야緩步徐行ᄒᆞᆫ則日人이在後鞭撻ᄒᆞ는ᄃᆡ該人의情景은慘不忍見이라더라

●博覽參觀　農商工部에서拾三道觀察使에게公函하되博覽會를現方京城에設立ᄒᆞᆯ터인ᄃᆡ九月一日로爲始ᄒᆞ야拾一月拾五日內로各觀察使는一재上京參觀ᄒᆞ라ᄒᆞ얏다더라

●躬行築보　南人確信을據ᄒᆞᆫ則全北古阜郡白산面八旺坪에有一築보ᄒᆞ야灌流蒙利가以至幾千石落인ᄃᆡ年來該보被害ᄒᆞ야數千戶口가盡至廢庄離散之際에該郡守鄭龍구시가矜憐民情ᄒᆞ야躬行村閭의務致安業ᄒᆞ고堅築該보이러니又値夏間霖月之旱하야閱其枯苗ᄒᆞ야親執杖삽ᄒᆞ고遍行郊原의分水均灌ᄒᆞ미該시에爲民勞焦는人皆稱頌ᄒᆞ더라

●日人殺害　平昌郡은本月五六日頃에義兵數百名이平昌을襲ᄒᆞ고同地에郵便取扱所員日人十名과韓人傭夫一名을皆殺害ᄒᆞ얏다더라

●張시獎校　漣川郡稅務主事張문煥시는視務餘暇에學校敎育을熱心贊成ᄒᆞ야如干薪俸을補充學費ᄒᆞ와開明進就에從事ᄒᆞ기로校樣이興旺ᄒᆞᆫ다더라

●新興有望　梨峴下氷庫郡家에警察學校를設立ᄒᆞ얏더니該校는他處로移設ᄒᆞ고該等地有志人士들이私立小學校를設始하고校名은新興이라命名ᄒᆞ고校長과學監을選定ᄒᆞ얏는ᄃᆡ각贊成員의補助金이數萬圜에達ᄒᆞ얏다더라

●神溪校況　江原道高城郡神溪寺普通學校熱心敎育은已職前報어니와夏三試驗에優等生更試하는ᄃᆡ甲班長羅英뽀乙班長尹守天等諸氏는敎育에有志ᄒᆞ야事務를勤實케ᄒᆞᆫ다더라

●洪明新校　洪州郡西面月峴洪明普通學校는該郡居김炳穆尹滋鼎김始元趙종獻諸시가發起設立ᄒᆞᆫ바인ᄃᆡ김始元시는自已家屋을校舍로空給ᄒᆞ고尹滋鼎金金炳穆兩시는學資金巨額을自擔ᄒᆞ야熱心敎育ᄒᆞᆫᄃᆡ敎師二人에敎課는法律外史經濟學等이오學徒六十餘名에達ᄒᆞ얏고諸시敎務熱心을無不欽贊ᄒᆞ더라

●改稱光南　南署華洞私立漢南學校校名을以光南學校로改稱ᄒᆞ얏더라

東京電報

●探偵渡日　九日발　支那政府는革命黨이巡撫을暗殺ᄒᆞᆷ으로日本에도同類가有ᄒᆞ다하야最近船便數命探偵이渡來하얏다더라

桑港電報

●三項締約　米國政府는韓日兩國에國際狀態를鑑ᄒᆞ야三項을條件삼아日本과締結하얏다더라

一　韓國에서治外法權을廢ᄒᆞᆫ事

一　韓日兩國의稅關同盟을承認事

一　日本의歸化權을認ᄒᆞᆫ事

▲劍士話心▼

▲여보世界각國人이賣國奴를多數賀去ᄒᆞ랴거든大韓으로것너오시오皇族貴人과政府大官이無非賣國奴요某社會幾百名이皆是賣國奴라그代金도至歇ᄒᆞᆯ듯ᄒᆞ오그거슨ᄉᆞ다가무엇ᄒᆞ게豚犬만도못ᄒᆞᆫ것슬거저쥬어도가져가지안켓네

▲內部에서再昨夜에郡守二十窠와參書三窠奏本을奉呈ᄒᆞ얏는대伊藤統監의同意를得ᄒᆞᆫ次로預先通知ᄒᆞ엿다니官職任免에一從統監指揮는固所預料어니와各部大臣은市井間에餘利쟝푼슈나되는지

▲三昨日부터洋服을着ᄒᆞᆫ臣僚는陛見時에脫帽頂禮ᄒᆞ고曲拜禮는廢止ᄒᆞ얏다니至今도禮服을着ᄒᆞᆫ臣僚는曲拜古典을尙此不廢ᄒᆞᆯ것이니一視之下에半開未開가斑駁이太甚이로고

▲醫觀廳內에部長一窠를增設ᄒᆞ고醫觀영田氏가該職을被任ᄒᆞᆫ다니日人이我國官職을占奪ᄒᆞ는대窠缺을ᄒᆞᆯ慮가有ᄒᆞ면一二窠를增設ᄒᆞ는거시亦一奇妙한手段이로고

▲度支部內에在ᄒᆞᆫ貨幣交換所는三昨日에泥峴第一銀行으로移設ᄒᆞ얏다니韓國에財政을日人이掌握에在ᄒᆞ야金融이枯渴ᄒᆞ더니交換所ᄭᆞ지移去하니日人眼前에는쇠삿이라면무셔대

▲今番軍隊解散된後에諸般整理費를軍部에서二萬圜으로計算ᄒᆞ얏다니軍隊를革罷ᄒᆞ고또整理費를多數히支撥ᄒᆞ니소일코송아지갑일는格이로고

▲陸軍幼年學校는預算額이本無ᄒᆞ고但軍部에서各大隊經費中剩餘金으로維持ᄒᆞ얏는대각大隊解散ᄒᆞᆫ結果로今後에는剩餘條가無ᄒᆞᆯ터인즉該校는自然廢止될貌樣이라하니該校는士官材料을養성ᄒᆞ는學校인즉兵卒이無ᄒᆞᆫ士官을養成ᄒᆞ야쓸ᄃᆡ잇나

▲여보大韓이至今에아주판들엇소그러할슈잇ᄂᆞ이제라도大韓人民이一體로서게되면일엇ᄯᅳᆫ거슬도로찻기가어렵지아니ᄒᆞᆯ지니아모조록人民을서게ᄒᆞᆯ道理를ᄒᆞ시오

▲西關는民智가稍開ᄒᆞ야문明首唱之地로擧世가屬望ᄒᆞ는대近日該地富名某氏가京城에上來ᄒᆞ야如此時局에도官職을圖得ᄒᆞᆯ야고某處에昏夜乞哀ᄒᆞᆫ다니此等人物은만장가온대흠인子息이로고

▲一進會員洪肯섭氏가法部次官을圖得ᄒᆞᆫ다니近日에각部次官은日人안이면一進會員이라야叙任ᄒᆞ는대日人은多數ᄒᆞ고一進會는一人만圖得ᄒᆞ얏스니上典과奴隸가懸殊ᄒᆞ고

◉至急社告

自南大門外紫巖으로至新문外華산까지本申報分傳하든 李俊과 張志淑兩人이申報價領受証을가지고本月七日에逃躱ᄒᆞᆫ故로茲以仰告하오니本申報購覽ᄒᆞ시든 僉君子ᄂᆞᆫ爲先統戶를更書ᄒᆞ야本社로送交ᄒᆞ시고만일該兩人이領受証을가지고搾往ᄒᆞ여申報代金을索捧ᄒᆞᆯ지라도切勿出給ᄒᆞ시며設或領受証업시出給ᄒᆞ여셔도本社에셔ᄂᆞᆫ領受証으로施行ᄒᆞᆯ터이오니照亮ᄒᆞᆷ

大韓每日申報社

廣告

本人이인港모셀씨의囑托을受하야同씨住宅(日本理事廳後邊)에셔本月십五日(木曜)십六(金曜)両日에每日午前十時(東京時間)부터始作ᄒᆞ야左開ᄒᆞᆫ美麗貨品ᄒᆞᆫ諸般什物을拍賣ᄒᆞᆯ터이오니僉君子ᄂᆞᆫ居期來購ᄒᆞ심을務望ᄒᆞᆷ

接待室食堂寢室應室浴沐室所用木製家具와特別히美麗ᄒᆞᆫ鏡板柵架寢室諸具와德國찬장과食ᄒᆞ과料理器具와圖畵와壁上裝物과高燭臺와花缸과裝飾物品과床卓裝物과自鳴鍾과紗幔과冬節房帳과屛風類와장籠과茶卓과傍床과象牙飾卓子와각種椅子와각種燈燭과燭臺와爐具와문匣等類와각種煖爐와주房器具와炊飯器皿과각色雜貨가多有ᄒᆞ며 此外에도洋酒와三板酒와各種飮料와각色盆花가俱備ᄒᆞ오며

本月십四日(水曜)午后二時부터五時까지物件을看品케ᄒᆞ오니價額은現金으로受ᄒᆞᆷ

拍賣人 갈니스키 告白

本人等이挽近沿江商業이日益凋殘ᄒᆞᆷ을慨歎ᄒᆞ야同志人이資金壹萬圜을爲先募集하고客主를本地에剏立ᄒᆞ야京鄕商客의各樣物品을普通으로買賣ᄒᆞᆷ을擧行ᄒᆞ오되販賣도特이便利케ᄒᆞ며物價도捧不捧間에卽地撥付ᄒᆞ와商況이一層振興ᄒᆞ기를懇切이希望ᄒᆞ오니각處商業家僉員은陸續來臨ᄒᆞ심을爲荷

京西龍山麻浦鹽廛頭第一百七十一統三戶

普信号客主
主務員田圭煥
吳斗泳
崔喜永
金浴夏 告白

廣告

慶尙南道鎭南郡守權重瓚氏가莅任ᄒᆞᆫ後에廉雅治政ᄒᆞ야愛民矯弊ᄒᆞ니農歌市舞ᄅᆞᆯ一郡이欣抃ᄒᆞ야限十年除授ᄒᆞᆷ을衆民이裹足千里ᄒᆞ야願訴京府이기玆以廣告ᄒᆞᆷ

鄕民 李晃國 丁啓燮 송憲正 박大浹 高泰仁 劉衡琨 鄭圭鎔 告白

本月一日爲始하야 平澤停車場前에 本會出張所ᄅᆞᆯ開設ᄒᆞ고左開ᄒᆞᆫ一般倉庫業을營行ᄒᆞ오니多少ᄅᆞᆯ不拘ᄒᆞ고去來하심을仰望

一 一般商品의保管
一 保管物品에對ᄒᆞᆫ金融
一 換錢

隆熙元年八月七日
京城南大門外
漢城共同倉庫株式會社
電話五四四番
仁川각國居留地五號 同出張所
忠淸南道江景浦 同出張所
平澤停車場前 同出張所

大東文粹 全一册 金[illegible]十五錢
箕子以來로至國朝 宸章及名文精選漢文必讀合用教科

新撰地文學 全一册 金四十錢
凡屬地質學理具圖式精良簡易合用教科

生理衛生學 全一册 金四十錢
吾人生理上關係衛生具圖式切要簡易合用教科

發賣所 布屛下 廣學書舖
東口越邊 中央書舖
寺동 滙陽書舖
鍾路大東書市
小廣橋 高裕相書舖

第二回學員募集廣告

○本校에서第一學年試驗을經ᄒᆞ온바學員을募集ᄒᆞ오니願學人은九月一日以內(陰七月二十四日)로入學請願書ᄅᆞᆯ本校에來ᄒᆞ야請求ᄒᆞᆷ

課程 本校規則에지ᄒᆞᆷ
年齡 十五歲以上
試取日 九月二日
試取科目 本國歷史 本國地誌 讀書 作文 算術(四則以內)
開學日 九月六日

光武十一年八月一日
漢城中署磚洞普成中學校

慶南漁郡派員李[illegible]洙가不遵詔勅與訓令ᄒᆞ고有文卷確有民私條ᄅᆞᆯ肆自放賣ᄒᆞ기로數千條民이仍此失業에幾至死境故로條主더리裹足千里ᄒᆞ야呼訴于京部이기玆以廣佈ᄒᆞᆷ

鎭南郡紙島七條條主김종振 鄭周서 李蕃賢等 告白

大東客舘

大東客舘 舘長 鄭顯燦 廣告

[illegible]

大東客舘事務員 鄭漢植 告白

[illegible]

本舘에셔大廣橋北川邊前紙廛小部家ᄅᆞᆯ洋製로一新修改ᄒᆞ고諸具ᄅᆞᆯ浴沐湯과各色料理와新鮮洋饌ᄒᆞ와陰曆六月初十日爲始開業ᄒᆞ오니僉君子ᄂᆞᆫ陸續來臨ᄒᆞ심을伏望

內外沐浴湯
大韓料理各色 西洋上等酒
菓子各色及此外에도각樣烟草食料ᄅᆞᆯ隨求應ᄒᆞᆯ터이오다

麗通舘告白

本册肆에敎會書籍과各學校敎科書와各種新舊書册이俱備ᄒᆞ오니有志ᄒᆞ신僉君子ᄂᆞᆫ陸續購覽ᄒᆞ시옵

平壤鍾路 耶蘇敎册肆 尹衡弼 告白

大韓新地誌

一秩二册三百六十頁 定價金一圜

[illegible]

本人이日本大阪商家와特約ᄒᆞ고日本內地産出各種物品과西洋各種物品을輸入販賣ᄒᆞ오며便利케契約ᄒᆞ얏사오니商工業에有意ᄒᆞ신僉君子ᄂᆞᆫ某物이던지請求ᄒᆞ시거던本社로來議ᄒᆞ시오本社에셔ᄂᆞᆫ手數料만受領ᄒᆞᆷ

興業社本店 開城北部雜洞
支店京城南門內水橋五十一統六戶 [illegible]會社
仁港內동廣濟

本人等이典동支所越便에셔各資典舖이옵다가今에合資設鋪營業하오니典執하실僉員은陸續來臨爲要

中署典동영信號典舖 金경秀 車基倫 金榮觀 告白

●일본遊覽者募集

一 遊覽會員募集 人員ᄂᆞᆫ五十名으로一團을成ᄒᆞ나한일인을不問ᄒᆞ고速히請入ᄒᆞ시옵
一 遊覽地 東京博覽會及京都大阪神戶
一 往復일數 약十七일間
一 浮費 遊覽費及手數料을合ᄒᆞ야總計四十八圜
一 出發일 請入員이次第從ᄒᆞ야出發ᄒᆞᆯ일期에直接히通知ᄒᆞᆷ
一 請入所 在京성各신聞社 五十八銀行경성支店 天一銀行
一 會員은遊覽을終ᄒᆞ야解散ᄒᆞᆫ後ᄂᆞᆫ本會와關係가小無ᄒᆞᆷ
一 南대門셔釜山으로直行ᄒᆞ던지或은東경으로直行하ᄂᆞᆫ者외ᄒᆞᆯᄒᆞ야도同一便法으로同行請入을應諾ᄒᆞᆷ

일本人遊람協會事務所 ᄒᆞᆫ셩西門通 東亞商會

學徒裝히書冊
學徒遊鏡과諸具
羅紗各種
美國金鷄納
衣服裁縫共他雜貨도廉價放賣ᄒᆞ오니諸君子ᄂᆞᆫ來臨ᄒᆞ심을바라나이다

仁川港奇峴開新册肆

원산과성진잔에셔본인이살진소(肥牛)를만이스깃스니쇼파ᄂᆞᆫ제군은다수이팔너오시옵

최봉준 고ᄇᆡ

越南亡國史 國漢文 定價貳拾伍錢

發賣所 京城廣橋高裕相書舖 [illegible]
布屛下김相萬 告白

增修無冤錄大全

壹秩壹白七十頁 定價金新貨七拾五錢

此書ᄂᆞᆫ無冤錄大全은法律家의最要ᄒᆞᆫ書籍이온ᄃᆡ年來現本이殆히絶種에至ᄒᆞᆫ지라故로法部에認可ᄅᆞᆯ得ᄒᆞᄋᆞᆸ고此ᄅᆞᆯ新刊ᄒᆞ얏삽ᄂᆞᆫᄃᆡ國漢文으로解釋ᄒᆞ야擬調ᄒᆞᆫ句節이分明ᄒᆞ오니法律學에有志ᄒᆞ신이와字牧之任에居ᄒᆞ신이ᄂᆞᆫ不得不覽ᄒᆞ심이오니注意購覽ᄒᆞ시옵

中署布屛下 廣學書舖 김相萬 發售所

著者 菊初 李人稙先生

紙數百四十八頁

[illegible]

發行所 中央書舘
京鄕各有名書店 發賣所

國債報償義捐金
收入廣告

●正誤 本報第五百八十四號
國債報償金廣告中槐山吉洞김
宗현은誤植이기로全宗鉉으로
正誤홈

●華川郡南面龍巖里上村
리德基 二圓廿전 리恩鉉
一원 文日善 리恩善
申榮善 라恩甫 라春範
吉亨根 리鍾元 각七十錢
리恩稷 리榮기 리鍾斗
니恩直 各六十錢 니恩宗
吉仁澤 리明基 李濟和
吉台錫 리恩鳳 金忠基
申孝承 申々永 리範基
리恩임 리恩學 각五拾錢
安鍾八 리壽興 리昌기
리文春 리鳳基 리錫기
리敎爾 리敎範 각四十젼
리恩淑 김召史 宋泰섭
리恩哲 리邦基 리春三
각卅전 리恩木 리恩宅
朴汝弘 朴箕弘 리顯基
리恩者 리應永 리淳基
吉聖天 리龍基 각卅전
리奎基 박弘壽 리恩榮
金鳳儀 리恩源 宋聖壽
리恩榮 리恩德 張元川
리々範 柳衡斗 柳衡植
리恩學 리德一 김德兼
신石朝 리順範 리用基
리應三 辛晉春 吉聖化
朴源寬 金永南 리千釗
김三돌 각拾錢
合二十六圓

●華川郡南面位羅里
宋榮熙三圓 김韓鍾二圓
金泳洙一元五십錢 金泳穆
安鍾成 宋利섭 安鍾善
宋雲燮 김殷鍾 宋觀섭
各一圓 김泳日 七십전

김泳儁 김鮮鎰 安鍾軒
김泳默 安熙淳 김泳萬
金世鍾 命智鍾 각五십전
김泳周 金始鍾 各四十錢
安鍾祿 김泳俊 김世基
宋冕섭 宋俊섭 각卅전
김泳行 김泳雲 리恩德
김泳북 김泳珍 宋載섭
김泳宇 송榮發 송甚殷
金衆林 김영轍 김敎夏
리龍俊 리龍雲 각卄전
김泳煥 김啓天 宋기德
리鍾純 송相섭 金泳爵
김泳澤 김泳爰 김영武
송榮斗 리淵學 安鍾斗
리良淵 池道賢 니光보
鄭元甲 각拾전
合二拾四圓九拾젼

●華川郡南面龍巖里下村
吉延鎔 吉洛永 吉聲錫
安增祥 宋慶浩 吉陽석
吉晚錫 박胤壽 安範淳
宋榮淳 安德淳 각一圓
박宗賢 吉承錫 吉承錫
吉浩필 吉 진 각七拾전
宋和섭 一圓卄錢 吉浩병
安鍾九 각八拾전 吉亨북
安奎夏 方春植 吉 주
各五十젼 吉忠植 吉仁植
吉浩覺 吉希錫 각四十젼
吉昌植 安奎益 安奎華
리文煥 安衡淳 宋榮來
운奎謙 吉 훈 운增九
朴景壽 각五십錢 박宗德
운夏淳 方元植 吉亨斗
니佐魯 吉丙석 각卅전
吉浩然 吉浩昇 吉寬錫
박仁壽 각廾錢
合二拾八圓五拾전

●전南求禮吐旨面竹川
리奎찬七십五전 박升鎭
四십五錢 니奎祥 리奎韶
니相容 孔正斗 류濟九

刘도根 각卅전 王奉□
니奎華 박祥學 崔昊□
류濟碩 류國善 김日敎
都成煥 姜 涉 김봉相
명洛成 최元근 각拾九錢
류齊唐 姜 澔 各七젼五厘

▲美洞
桑奉류濟陽 一원五십젼
子準桓 孫瑩業 각七拾五전
류濟杓 子正桓각一圓五拾전
류濟赫 三拾전 류濟형
柳栗환各拾五錢류爾화류德문
류相稷 리元식 리원模
류興宋 金락圭 김漢兆
각七錢五厘

▲龍頭
金春漢卅전 김창漢 김忠훈
김학洙 김東기 김東旭
류永석 박汝성 金相珍
니永賓 니正승 박萬心
리千욱 량進환 니白文
王순보 韓太元 각拾五전
김영훈 김成훈 김啓훈
김규훈 김昌木 김문훈
金達훈 김南훈 김良근
김太근 金主훈 김인훈
金斗훈 김万國 柳성근
류長근 김성玉 金貞훈
김二千 梁지浩 량春雨
김福龍 金存亨 韓인兆
成順吉 최間巡 朴用石
리起근 김相祿 羅在根
각七젼五厘

▲장要 丁昌一 丁창學
각십五전

▲金洞 進士馬서河 三원

▲垣內
조봉圭 수십五錢 徐相海
徐炳支 徐炳辰 각卅錢
徐炳旭 徐炳인 徐在遠
김世皓 니基三 尹命식
趙其浩 沈東模 각십五전
徐炳準 徐炳宗 박小인

김德□ 金鍾哲 정學敎
김永근 명봉금 김찬五
리敬근 각七전五厘

▲陽岸
김基大 三十전 具万水
니敬兆 강巡宅 니鍾伯
각拾五錢 니巡卓 魏보甲
각七전五厘

▲鳳巢
김永兆 김亨兆 각拾五錢
김巡兆 김善兆 각七전五厘

▲梧坪 리문會 卄錢

▲丹谷
前都事文在順 二圓廿五면
黃潤淵 三십錢 오濟寬
문其斗 각拾五전 王지凡
七錢五厘

▲內竹
김한斗 四拾五전 곤지達
류濟宜 각卅錢 니石浩
정훈其 최李權 韓明石
각十五전 류齊찬 김用鶴
니良雨 河奉圭 각七젼五厘

▲環洞
馬鍾漢 四십五錢 庾斗煥
니보賢 유永喆 權奉兆
각拾五전

▲中산
김正浩 정훈圭 각四拾五전
박昌보 정훈路 鄭훈石
각卅錢 金允斗 南계會
玉太보 김洪達 김元達
정훈祿 김獻奎 각十五전
최進五 鄭桂國 정영國
명훈模 각七錢五厘

▲上竹
議官金正喆 七拾五錢
裵淑夫人申氏 三十錢
金正權 四십九전 朴準煥
박準식 각卅전 박準宋
수五전 高昌柱 張斗煥
張正煥 金永근 리영雨
김巡巷 조秉宇 각七전五厘

▲佛堂

沈宜□ 김□化 金春□
김영兆 리恩超 각十五錢
姜 현 니炳圭 각七錢五厘

▲栗峙 김文斗 김철斗

▲中대
김末祿 각十五전
趙用基 二十錢 張世淳 유濟문
니敬佑 리敬珍 曹石万
趙鏞旭 조鏞直 니根字
各拾五錢 張훈植 申永蘭
각七錢五厘

▲九萬
前果지李錫 張昌淳
林恩錫 趙用希 林啓元
각拾五전 정영洙 林興達
김其凡 김창西 정二柱
各七錢五厘
合三拾九원八拾七錢五厘

●대안동국채보샹부인회 대륙
회

●경북디구군부인지회의금
명긔동시부인서시 스십환
리회영씨부인한시
은지환귀긔합일양구젼오픈중
문셩봉시 츠즈부리시
은빈여호긔팔젼오픈중
리의관시 디부인깁시
은장도훈별훈양두돈중
박소스 스십젼
合四十원스拾전
銀合四兩重

●利川郡鄕務義社
리日창 최鍾道 潘長석
各二圓 강 鉦 리起聖
朴斗煥 각一圓

▲沙面道立陂
嚴柱厦 嚴柱영 각四圓
黃현긔三圓 嚴柱稷 嚴晉영
任承學 嚴德섭 嚴柱恩
리鶴來 리炳極 黃현호
名一圓 리봉來 리水會
黃영奎 황元植 각륙拾錢
嚴柱殷 五십錢 라潤應
리상인 □逢吉 니御吉
황資根 尹주成 리希先
黃源춘 황道根 黃道一

각四십錢 威萬釗 니道治
니光大 나金宗 니馬宗
張奉吉 嚴結영 니壽吉
김正植 니奎化 강治明
黃헌化 黃一根 黃明根
김存근 金學先 강在근
오春先 각廿전 니今用
拾錢

▲蓉面遠頭里
宋秉鎭四圓 김지淵 八十전
김徽淵 니奎春 각六拾전
宋명젼 김윤鎭 각四십錢
尹在鎬 宋萬鎭 宋絅鎭
徐상械 김덕化 각卄錢

▲장面木동
니뎡웅 니光창 각二圓
金殷錫 一圓廿젼 金內弼
金內支 尹 경 金典汝
전喜慶 각一圓 延영有
리윤五 각八拾錢 김啟夏
金翼武 니致보 니道一
각六拾젼 니光直 니天應
전景春 니景水 延영奎
전義녀 니致三 니성辰
각四拾錢 니윤道 니黃龍
전奎瑞 강斗照 전德淳
니道인 전春서 전春善
젹셩근 김金근 니윤여
김셩公 니창弼 千창賢
니윤弼 박元보 梁益武
니化善 각卄錢

▲沙面京대
니教成四圓 니厚卿五십錢
니鶴榮 四拾錢 니鍾錫
니升석 니鍾덕 니教亨
각卄錢 니敎셩 拾錢

▲沙面沙옥里
곽恭應四圓 嚴석奎 嚴丙燮
각一圓 嚴明영 八拾전
嚴善영 리지夏 各八십전
嚴柱復 嚴柱鶴 김錫柱
尹正燮 成기鎬 리봉식
嚴柱德 정寬敎 羅宗昭
각四拾전 嚴敎영 嚴經영
羅漢雲 羅漢澤 禹道命
金新默 金春成 각卄전
合四拾三圓십전

總合一百〇一圓五拾七錢五厘
國文報廣告總合八拾圓三八拾
전
前號總合四萬六千六百七十七
圓八십六전二厘
都總合四萬六千九百六十一圓
四拾三錢七厘

◎特別廣告◎

國債報償金五日間所捧은姑留
本社이고伊前日의所捧總合五
萬二千九百七十五圓六十五錢
은豫氣合社內銀行에貯置호
야合고其貯置額中
三萬二千三百圓은國債報償志
願金總合所로越交홈

大韓每日申報社

○廣告料
四号活字十三字詰
每日每壹尺一寸에新貨廿五錢
(每日每行六錢에相當홈)
二週日에 二圓五十錢
每日每行四錢五里에相當홈
一個月에 五圓
一每日每行四錢一里에相當홈
其期限의長短과字行의多寡
를依호야增減홈이有홈

發行兼編輯人英國人 裴說
發行所
南署石井洞號外地三層洋屋家
大韓每日申報社

第五卷

大韓每日申報

第五百八十八號

月曜及慶節 歲時日休刊

檀君開國四千二百四十年
箕子元年三千二十九年
大韓開國五百十六年
日本明治四十年
淸國光緖三十三年
陰曆丁未七月大初五日甲午

論說

鐘峴敎堂에서發行ᄒᆞᄂᆞᆫ京鄕新聞의論說을譯載ᄒᆞᆷ

溝洫愈深

近來日人이諸般行動으로我國人의憎惡ᄅᆞᆯ贓取하니實노兩國人心間에阻隔되ᄂᆞᆫ溝洫을鑿成ᄒᆞᆫ지라紙面에約條記로結合ᄒᆞ얏다ᄒᆞ나此ᄂᆞᆫ用處가無ᄒᆞᆫ것이오人心이結合ᄒᆞ여야可ᄒᆞᆯ지라兩國人心間에隔ᄒᆞᆫ溝洫을塡而平之ᄒᆞᆫ즉면반다시好個友誼와好個行爲로以ᄒᆞ나니吾儕의所願ᄒᆞᄂᆞᆫ되로日本兩便黨中에大韓幸福을爲ᄒᆞᄂᆞᆫ便黨에서對韓政策을處理ᄒᆞ기로確實히希望ᄒᆞ엿더니可惜ᄒᆞ다近間行爲를見ᄒᆞᆫ則吾儕의所望은影響도絕無ᄒᆞᆯ뿐아니라兩國人心間에隔ᄒᆞᆫ溝洫이愈益深濶ᄒᆞ엿도다本月初一日에 勅令으로我國兵丁을解散하며早朝부터십二時ᄭᆞ지我國兵丁과日本兵丁이交戰ᄒᆞ야兩便에死傷ᄒᆞᆫ者ㅣ多하얏스니此其溝洫을友誼로塡ᄒᆞᆷ이아니오流血로塡ᄒᆞᆷ이니結合ᄒᆞ기最難ᄒᆞ게되얏도다

或者ㅣ言ᄒᆞ되勅令으로解散식키거날何故로兵丁들이順從치아니ᄒᆞ고解散치아니ᄒᆞ고ᄌᆞᄒᆞ얏ᄂᆞ뇨答하되順從치아니ᄒᆞ면順從케ᄒᆞᆯ方策이自在하거날何故로第一不忍見의酷毒ᄒᆞᆫ貌樣과第一結合ᄒᆞ기最難ᄒᆞᆫ憎惡를크게做出ᄒᆞᄂᆞᆫ行動을ᄒᆞ엿나뇨我國人民이如彼行爲를見ᄒᆞ리엇지如彼行爲가法律을遵守케하ᄂᆞᆫ懇切ᄒᆞᆫ心曲으로從生하ᄂᆞᆫ줄노認ᄒᆞ고大韓을凌侮ᄒᆞ며損害를加ᄒᆞᄂᆞᆫ心計로從生ᄒᆞᆫ줄을不知ᄒᆞ겟ᄂᆞᆫ가

日本人은愛國之誠이多ᄒᆞ다ᄒᆞ면서我國兵丁이愛國之心이有ᄒᆞᆫ것을不知ᄒᆞ엿든가愛國之心이有ᄒᆞᆫ者ᄂᆞᆫ日人들이第一尊敬ᄒᆞ고愛好ᄒᆞᆯ것인줄을認知ᄒᆞᆫ다면서何故로我國兵丁의愛國ᄒᆞᄂᆞᆫ거슨尊敬ᄒᆞ고愛好ᄒᆞᆯ것인줄은不知ᄒᆞᄂᆞᆫ고日本外에ᄂᆞᆫ全世界가國이無ᄒᆞᆫ줄노認ᄒᆞᄂᆞᆫ가或吾人을同一ᄒᆞᆫ人數가아닌줄노認하ᄂᆞᆫ가兵丁을解散ᄒᆞᄂᆞᆫ것이大是難事인즉兵丁의心을傷치勿ᄒᆞ고智明ᄒᆞᆫ處事로行ᄒᆞᆯ것인되何故로解散식길때에兵丁의心을크게傷ᄒᆞ고恥辱을加ᄒᆞᄂᆞᆫ貌樣으로하얏ᄂᆞᆫ가何故로抑制로써順從케ᄒᆞ려ᄒᆞᆯ때에日本兵丁만任하지아니코狗畜을捕ᄒᆞ려고作ᄒᆞᄂᆞᆫ것과ᄀᆞᆺ치鐵杖과鞭과杖을持ᄒᆞᆫ日本下人無賴輩를多數援行케ᄒᆞ야兵丁과合力ᄒᆞ게하얏ᄂᆞᆫ가

何故로戰罷ᄒᆞᆫ後에武器를不帶ᄒᆞᆫ兵丁은國法대로捕捉지아니ᄒᆞ고銃과銃을持ᄒᆞ야打하며射ᄒᆞ며殺ᄒᆞ야捕捉ᄒᆞ얏ᄂᆞᆫ고交戰ᄒᆞᆯ마ᄶᆞ死ᄒᆞ고傷ᄒᆞᆫ後에ᄂᆞᆫ更히怨疥가無ᄒᆞ고恭敬ᄒᆞᆯ것뿐이라ᄒᆞᆷ은各文明國에公正ᄒᆞᆫ法律인대何故로列國公法도不知ᄒᆞ고我의傷ᄒᆞ고死ᄒᆞᆫ兵丁을昇去하ᄂᆞᆫ日本下人들이예고뛰며마고ᄒᆞᆯ며笑ᄒᆞ고辱ᄒᆞ며日本下人의男女老幼가羞態업시昇去ᄒᆞᄂᆞᆫ屍體를隨往ᄒᆞ며啼哭ᄒᆞ고死亡ᄒᆞᆫ兵丁의父母와妻子들이哭泣ᄒᆞᄂᆞᆫ것은笑罵하되將官들이此를見ᄒᆞ고도一言不發ᄒᆞ고反히喜樂ᄒᆞᄂᆞᆫ貌樣으로ᄒᆞ얏ᄂᆞᆫ가以此觀之ᄒᆞ면日人들이或空言으로만開化ᄒᆞ고眞實노ᄂᆞᆫ開化ᄒᆞ지아니ᄒᆞ얏ᄂᆞᆫ지或軍器外ᄂᆞᆫ全世界가他力이無ᄒᆞᆫ줄노認ᄒᆞᄂᆞᆫ지不知ᄒᆞ거니와日人이恒常我國을對ᄒᆞ야如彼ᄒᆞᆫ行爲만ᄒᆞ면我國을아무리開化식킨다고說明ᄒᆞ나반다시못될것은我國人民이如彼ᄒᆞᆫ開化ᄂᆞᆫ크게憎惡ᄒᆞ고慘酷ᄒᆞᆫ것으로認ᄒᆞ리로다

兵仗外에도또ᄒᆞᆫ堅固ᄒᆞᆫ力이有ᄒᆞ니我國人도人類오獸畜이아닌즉獸畜과ᄀᆞᆺ치ᄯᅢ려다ᄉᆞ리지못ᄒᆞᆯ지라吾人은如彼ᄒᆞᆫ것을見ᄒᆞ고우리가弱ᄒᆞᆫ故로此境에當ᄒᆞᆫ줄을認ᄒᆞ야變改ᄒᆞ기로用力ᄒᆞᆯ지니此에用力만ᄒᆞ면아모리銳利ᄒᆞᆫ大砲와銃劍의力이無ᄒᆞ여도心中에固結ᄒᆞᆫ眞力으로國家를建立ᄒᆞᄂᆞᆫ理由ᄂᆞᆫ世界각國史記를覽ᄒᆞᆫ즉軍器力이國家의眞力이아니오但히軍器力만有ᄒᆞᆫ國은幾許間은有力ᄒᆞᆫ貌樣이存ᄒᆞ야도久々히耐得지ᄂᆞᆫ못ᄒᆞ나니國家의眞力은人民心中의存ᄒᆞᆫ것이오吾人의實有ᄒᆞᆫ力이니相愛ᄒᆞᄂᆞᆫ同胞들은如此境遇에希望을勿失ᄒᆞ고其眞力을保存ᄒᆞ고加大케ᄒᆞ야世界에著顯케ᄒᆞᆯ지어다

官報

◉第三千八百四十二號 隆熙元年八月十二日

◉宮廷錄事

掌禮院卿申箕善謹

奏陰曆七月初四日

太皇帝陛下上號諡定時原任議政內閣大臣官內府大臣次官內閣書記官長各部次官館閣堂上本院堂上同參會議何如謹上

奏 奉

旨依奏

掌禮院卿臣申箕善謹

奏冊封

皇太子吉日陰曆來月念後擇入事命下矣今日官김東杓推擇則七月三十日爲吉云以此日定行乎敢

奏 奉

旨依奏

宮內府大臣陸軍副將勳一等臣李允用謹

奏卒特進官沈상薰附諡案謹上

奏 奉

旨依奏

卒特進官沈상薰諡號望

忠肅 危身奉上曰忠 執心決斷曰肅

宮內府大臣陸軍副將勳一等臣李允用謹

奏故判府事리鎬준諡號望

附諡案謹上

奏 奉

旨依奏

故判府事李鎬준諡號望

忠翼 慮國忘家曰忠 思慮深遠曰翼

宮內府大臣陸軍副將勳一等臣리윤用謹

奏附議政閔斗鎬附諡案謹上

奏 奉

旨依奏

附議政閔斗鎬諡號望

孝獻 慈惠愛親曰孝 聰忠內德曰獻

宮內府大臣陸軍副將勳一等臣리윤用謹

奏今此追封

皇后陵號議定後表石亦當改竪矣令表石所一鉉擧行何如謹

奏 奉

旨依奏각

陵表石尙未竣工爲萬未安秘書監卿김宗漢表石所提調加差下使之别般操飭凡係冗費一切革除務從省略不日告功

宮內府大臣陸軍副將勳一等臣리윤用謹

奏卽伏見弘문館議定諡望單子則臣父諡望亦在其中臣不敢循例具案上

奏矣而旦爲之敢

奏 奉

旨自是公議勿拘 未完

外報

◉法西兵의下陸 倫敦電을據ᄒᆞᆫ則法國政府에서摩洛哥國으지부란地로陸海軍을輸送ᄒᆞ야同國軍隊千五百名이現今軍艦의保護를因ᄒᆞ야下陸中이오西班牙軍隊도法兵과同一히行ᄒᆞᄂᆞᆫ대가ᄉᆞ부란가의市街ᄂᆞᆫ今에排歐士民六十餘名에게包圍ᄒᆞᆫ바되얏고外國人의墓地ᄂᆞᆫ該土民의게凌辱ᄒᆞᆫ바되얏다더라

◉摩洛哥의砲擊 佛國巡洋艦가리피ᄂᆞᆫ각國領事館의保護兵을排置ᄒᆞᆫ後에摩洛哥國人의部落及其附近을砲擊ᄒᆞ얏ᄂᆞᆫ대摩洛哥國人의死者가五十餘名이라더라

◉皇后聯隊 浦塩電을據ᄒᆞᆫ則八月四日에露國皇后陛下셔서當地東方西伯利亞狙擊隊名譽聯隊長의게命ᄒᆞ야今後로ᄂᆞᆫ同聯隊를皇后陛下隊로名稱ᄒᆞ라ᄒᆞ얏더라

◉電線布設要求 上海電을據ᄒᆞᆫ즉佛國은北京靑島間에電線布設權을淸國政府에要求하얏다더라

雜報

◉內閣長書 昨日에金賓旭尹泰相李우永等十九人이內閣에公函ᄒᆞᆫ全문이如左ᄒᆞ니

敬啓者嗚呼痛矣亂臣賊子何代無之而孰有如今日我國之接踵而起者乎不斷君臣之大義不念國民之貴重依賴外人但知從利竟至於自底滅亡之域痛矣痛矣憤矣憤矣尙忍言哉復何言哉前後亂賊愈出愈甚五賊實啓於前七賊謀逆於後苟論其罪指不勝僂而第以今回事變言之尤極心寒而骨冷莫尊者天位也莫嚴者皇權也歷虞之禪堯三代之傳子子聽於天而非人臣之所能輕議擅行故以及漢晉唐宋皆遵三代之典制而反是則纂也逆也其遺又古法章々可攷故至若代理也傳位也廢立也放逐也關係重大名義森嚴父王年老不能行政而代之以子而父猶不位則曰代理也父王昏荒不能聽政而傳之於子而父爲上王則曰傳位也王無道而公卿大夫從國民之望廢宗社之危廢昏而立明哲則曰廢立也不論其王之善惡明暗權逆類神器而假立曰立則曰放逐也所以改元之法不可擧議於代理之時也至於受傳位之君則逾年然後可擧者自春秋以來至於綱目天子之崩諸侯之薨而新王卽位之後不書新王之元於舊王崩薨之當年而必書新王之元於舊王崩薨之翌年此乃前王不忘而大君之常經古今之通義也惟廢立之放逐之然後乃可改元於新王卽位之當年則今我皇室之擧指謂之代理乎謂之傳位乎謂之廢立乎謂之放逐乎

未完

雜報

●留學退期　皇太子殿下게서日本에留學ᄒᆞ신다더니更聞ᄒᆞᆫ즉同殿下의春秋가尙幼ᄒᆞ시고漢文에識이亦未嫺熟ᄒᆞ신故로待幾年後留學ᄒᆞ시기로酌定ᄒᆞ엿다더라

●內閣云變　내閣總理大臣以下各部大臣中으로多少間變更이된다ᄂᆞᆫ대或說에ᄂᆞᆫ伊藤統監이還任前에ᄂᆞᆫ仍舊視務케하얏다고들ᄒᆞ더라

●三週爲期　伊藤統監의歸國발程ᄒᆞᆷ은已爲報道어니와往還期限을三週日노酌定ᄒᆞ야長谷川氏의署理視務ᄂᆞᆫ停止ᄒᆞ고緊急ᄒᆞᆫ事件이有ᄒᆞ거던日本으로電報ᄒᆞ라ᄒᆞ얏다더라

●亦歸於日　內閣秘書官김寯鎭씨ᄂᆞᆫ該大臣李完用씨가辭職請願ᄒᆞ라고屢次勸告ᄒᆞ매不得已ᄒᆞ야辭職請願ᄒᆞ야遞任되고其代에ᄂᆞᆫ學部事務官上村씨가被任ᄒᆞ얏다더라

●三守辭職　韓山郡守金基潤三嘉郡守閔明植呂州郡守李僖三씨가內部에辭職請願하얏더라

●屋貸幷給　日本人이韓國官吏被任ᄒᆞᆫ人ᄂᆞᆫ家宅費을磨鍊支給ᄒᆞ다ᄂᆞᆫ說이有ᄒᆞ더라

●龜山轉任　內部參與官龜山氏ᄂᆞᆫ釜山理事官을被任ᄒᆞ다더라

●內次仕進　新任ᄒᆞᆫ內部次官木內重四郞氏가該部에仕進ᄒᆞ다더라

●김氏辭疏　法部檢事課長金晦秀氏가辭職請願ᄒᆞ얏다더라

●法長受勅　新任法制局장兪星濬시가昨日에受勅ᄒᆞ얏다더라

●辭守圖稅　前蔚珍郡守尹榮兌氏가請願免官ᄒᆞᆫ後稅務官을被任ᄒᆞᆫ다ᄂᆞᆫ說은前報에已揭ᄒᆞ엿거니와該氏가水原稅務官을叙任ᄒᆞ얏다더라

●收標促辭　警視廳에捉囚ᄒᆞᆫ電話課技師金徹영원熙夏沈雨澤三씨에門標를三昨日에收入ᄒᆞ얏고該課主事가三氏家에가其傳言ᄒᆞ되辭職請願書를伊日內로繕入ᄒᆞ라하얏다더라

●因嫌送妻　總理大臣리완用氏의婿郞洪雲杓氏가新門外歸樂堂에居接ᄒᆞ더니向日리완用씨家舍衛火ᄒᆞᆯ時에洪氏가避亂次로忠州等地로下去ᄒᆞ얏더니該地人民들이逆賊의婿郞이라고論駁이滋甚ᄒᆞᆫ지라洪씨가自己夫人을對하야日世人이我을以逆賊婿郞으로指目ᄒᆞ야不可安接이니親庭으로還爲上去ᄒᆞ라ᄒᆞᆫ대該夫人리씨가리완用氏의게此意으로書簡을告達ᄒᆞ엿더니리總理所答의事旣如此ᄒᆞ니卽爲上來ᄒᆞ라ᄒᆞ엿다더라

●逃將還送　原州鎭衛隊參領洪祐馨氏가解隊ᄒᆞᆫ後에士卒이沸鬱之氣를觀之ᄒᆞ고避禍次로脫身上京하다가呂州等地人民에게削髮之人이라고捕執하야困境을無數히當ᄒᆞ야哀乞ᄒᆞ고艱辛免禍ᄒᆞ야上京ᄒᆞᆫ後日昨에軍部大臣리秉武氏를訪見ᄒᆞᆫ즉리軍大가言하기를原州人民이暴動ᄒᆞ얏ᄂᆞᆫ데解散ᄒᆞᆫ兵士가赴從ᄒᆞ야其勢가大熾ᄒᆞᆫ즉若非命監이면鎭壓無策이니不日下去ᄒᆞ라고勸諭ᄒᆞᄂᆞᆫ故로洪氏가勢不得已ᄒᆞ야再昨日早朝에發程ᄒᆞ얏다더라

●總理變色　總理大臣李完用시가數日前에伊藤統監을對ᄒᆞ야亡命客諸시의來不來를質問ᄒᆞᆫ則伊藤사日今番則永히出來라ᄒᆞᆫ되李完用시가무合事件이有ᄒᆞᆫ지面如土色ᄒᆞ얏다더라

●坐高勢減　警視總監丸山氏가內部警務局을廢止ᄒᆞ고地方警察을監督ᄒᆞ려다가事不如意ᄒᆞ야漢城內警察權만總察ᄒᆞᄂᆞᆫ故로該氏의勢力이內部警務顧問으로在任時보다頗有減損이라더라

●目賀歸國　目賀田種太郞시가歸國次로今日上午八時에京釜鐵道第一番列車를搭乘ᄒᆞ고발向ᄒᆞ얏다더라

●實業人請宴　漢城判尹張憲植氏가日昨夜에城內각實業家有志人을明月館으로請邀宴待ᄒᆞ고實業上有益ᄒᆞᆫ方針을說明ᄒᆞ얏다더라

●薙髮人逃避　洪州德山等地에도義兵이蜂起하미該附近에居ᄒᆞᄂᆞᆫ薙髮ᄒᆞᆫ人들이避亂次로多數히上京ᄒᆞ얏다더라

●兩氏放釋　漢城內에서義兵을唱起ᄒᆞᆫ여ᄒᆞ엿다ᄒᆞ야日司令部에被捉ᄒᆞᆫ具哲祖鄭寅興兩시를該部에서査實ᄒᆞᆫ즉事甚無據ᄒᆞᆫ故로已爲放釋ᄒᆞ엿다더라

●迎接伯씨　法制局長兪星濬씨가其伯씨를迎接次로今日上午八時에京釜鐵道로釜山港에發行ᄒᆞ얏다더라

●審査何遲　去番각隊解隊時에日本司令部에捕縛되얏던將校下士兵卒等을憲兵司令部와侍衛一대로分囚ᄒᆞ고軍法委員諸氏가會同審査ᄒᆞ야個々成案結果로日昨에軍部大臣에게報告하얏다더라

●榮郡殺聲　慶北榮川郡에서義兵三百餘名이屯聚하야將有不穩狀態라고財政顧問部에電신이來到ᄒᆞ얏다더라

●郡奏延期　今番郡守奏本이多日延拖ᄒᆞᆷ은統監府同意를姑未承認ᄒᆞ야尙未奏裁가遲滯되얏ᄂᆞᆫ대該奏本인즉總理以下각部大臣이각其緊切ᄒᆞᆫ食口와南北村某々人을需用ᄒᆞ기로決議ᄒᆞᆫ비라더라

●有何效勞　去番韓日兵이交戰紛亂時에각警察ᄒᆞᄂᆞᆫ日巡査가效勞가有ᄒᆞ다ᄒᆞ야賞與金도厚히支給ᄒᆞᆯ뿐더러巡査部長으로陞差ᄒᆞ야一級俸으로六十圓式支撥ᄒᆞᆫ다더라

●庫金何關　각部大臣의保護ᄒᆞᄂᆞᆫ日巡査와巡檢의所乘人力車夫의月給을每朔十五圜으로磨鍊ᄒᆞ야國庫金中으로支出ᄒᆞᆫ다더라

●井水亦汚　軍部에駐在ᄒᆞᆫ日兵이學部內에在ᄒᆞᆫ井水에裡衣及말子等屬을洗去도ᄒᆞ고沐浴을ᄒᆞ야不淨ᄒᆞᆫ故로該近人民이食水를引汲지못ᄒᆞᆫ다더라

●派所見逐　本月五日上午九時에義兵一百五十名이砥平郡分派所에突入ᄒᆞ야諸般문簿를裂破ᄒᆞ고軍刀二柄과服裝二件을奪去ᄒᆞ얏다더라

●列坐嚴禁　向日人民이暴動ᄒᆞᆯ時에來往ᄒᆞᄂᆞᆫ日人이間或被害ᄒᆞᆫ所以로警視總監이五署警務官에게申飭ᄒᆞ고각屛門에役夫等이列坐ᄒᆞᆷ을嚴禁ᄒᆞ라ᄒᆞ얏다더라

●一進被害　春川郡緣秣等地에서一進會員五六家가居生ᄒᆞ더니該附近人民들이會同하야該會員五六人을殺害ᄒᆞ얏다ᄂᆞᆫ說이有ᄒᆞ더라

●慘不忍見　今番에死亡ᄒᆞᆫ侍衛一聯대一대隊參尉張世貞시은事變을當ᄒᆞ야四顧無親之地에艱辛히葬禮ᄂᆞᆫ經過ᄒᆞ얏스나該시室內와十二歲된女息에哀痛ᄒᆞᄂᆞᆫ情狀은慘不忍見이라더라

●洋服拒絕　端川郡守劉문卿시가赴任後에洋禮服을着ᄒᆞ고客舍賀禮後에鄕校에前往ᄒᆞ야謁聖ᄒᆞ라ᄒᆞ미齋任들이拒絕ᄒᆞ기를此等服色으로ᄂᆞᆫ不可謁聖이라하매本郡守가不得已ᄒᆞ야因卽還官ᄒᆞ얏다더라

●打殺一進　傳說을得聞ᄒᆞᆫ則原州郡幕동에一進會員四五家가居生ᄒᆞᄂᆞᆫ데今番解대時에該洞居ᄒᆞᄂᆞᆫ人民等이該一進會指斥하기를賣國賊에同類라ᄒᆞ야沒數殺害하얏다더라

●亡命客渡韓　日本에逗留ᄒᆞᄂᆞᆫ亡命客諸氏의還國ᄒᆞᆫ다ᄂᆞᆫ說은前報에揭載ᄒᆞ엿거니와昨日發程하야明日釜산에到泊ᄒᆞᆫ다더라

●總部見逐　天道敎中央總部에서淸人同순릭의家屋을每朔二百二十圜式定貰借居ᄒᆞ엿더니該敎中에서財政이窘乏ᄒᆞ야兩朔貰錢을不給ᄒᆞ엿던지同순泰가該敎人을逐出ᄒᆞ야現今定處가無ᄒᆞ다더라

●三氏移囚　警視學校에被囚ᄒᆞ얏든朴泳孝李道宰南廷哲三씨를昨日붓터更히訊問課로移囚ᄒᆞ얏다더라

●呂氏又捉　三昨日警務中署에서同友會員呂奎冕씨를捕捉ᄒᆞ야警視廳으로押送ᄒᆞ얏더라

●江華風塵

再昨日水原鎭衛隊尉官小倉大尉가步兵一小대를率ᄒᆞ고該衛大대長를伴ᄒᆞ야江華島鎭衛分遣所를解散ᄒᆞ기을爲ᄒᆞ야出張ᄒᆞᆫ되午後四時에江華의到着ᄒᆞ야將次上陸ᄒᆞᆯ時에韓兵約五拾名이猛烈히射擊ᄒᆞᄂᆞᆫ대日兵이强行上陸ᄒᆞ야北方一地를占領ᄒᆞ미韓兵은江華府로退却ᄒᆞ야更히民徒約三百을增加ᄒᆞ야城壁를據ᄒᆞ야頑强케抵抗ᄒᆞᄂᆞᆫ지라同대에小銃十挺이有ᄒᆞ고居民이尙續々히징加ᄒᆞᆷ朕이오目下彼此가對戰中인대日兵死傷은戰死卒이四名이오船夫가一名이오行衛不明者下士一名이오負傷兵이五名이요船員이一名이오船夫二名인대右情報를接ᄒᆞ야日軍司令部에서步兵第拾四聯대赤司少佐의率ᄒᆞᆫ步兵約二中대의機關砲二門과그兵將校以下十四名을今拾一日午前六時二拾分에발ᄒᆞᆫ列車를搭乘ᄒᆞ고應援討代ᄒᆞ기로出向ᄒᆞ엿다더라

●地方通信

十日發江陵來電을據ᄒᆞᆫ則義兵이忽起ᄒᆞ야遞傳一名을殺害ᄒᆞ야形勢가不穩ᄒᆞ다ᄒᆞ고

十一日春川來電을據ᄒᆞᆫ則原州郵便局장에弟ᄂᆞᆫ義兵의게被殺ᄒᆞ고下林少佐가率ᄒᆞᆫ軍대가昨日原州에着ᄒᆞ야義兵을偵探追擊ᄒᆞᄂᆞᆫ되原州安창에서日人二名이被害ᄒᆞ얏다ᄒᆞ고

安東來電을據ᄒᆞᆫ則榮川郡에서義兵三百名이忽起ᄒᆞ야分遣所를襲擊ᄒᆞ고鐵道를破壞ᄒᆞᆫ다고聲言ᄒᆞᆫ다ᄒᆞ고

堤川來報를據ᄒᆞᆫ則義兵四五拾名이忽起ᄒᆞ야該郡警務分遣所를襲擊ᄒᆞ다ᄒᆞ며忠州顧問支部補佐員一人과巡檢三人을殺害코져ᄒᆞ며其首魁ᄂᆞᆫ甲成大라ᄒᆞᄂᆞᆫ되時局問題에對ᄒᆞ야慷慨ᄒᆞᆫ檄문을發ᄒᆞ야同志를糾合ᄒᆞ고向日에義兵으로自稱ᄒᆞ던火賊도一齊히來附ᄒᆞᆫ다더라

東京電報

八月십日發

●調查會議　外務省에서산座政務局長과陸海軍省參事官等을參集하야平和會議에關ᄒᆞᆫ調査會를開ᄒᆞ엿더라

紐育電報

八月拾一日발

●艦대集合　米國海軍省은巡洋艦六隻을太平洋으로回航ᄒᆞ라고命令ᄒᆞ고且巡洋艦拾六隻은桑港에서戰鬪艦대에合ᄒᆞ얏

▲劍歌和筑▼

▲扶桑海天에大風이東起하야三千槿域이一時에吹撼ᄒᆞ야滿目愁雲이九疑가連緜ᄒᆞ야烟진이忽起에處處慘狀은號哭이繼起로다

▲再昨日倭將臺에서泥峴居留日本民團에서園遊會를盛設ᄒᆞ얏ᄂᆞᆫ되總理大臣리完用宮內大臣리윤用兩氏와각部大臣及勅任官이往參ᄒᆞ얏다니現今각人臣은賣國奴에行色이온不足深誅어니와今番日人宴會에韓人面目으로야창아往參ᄒᆞᆯ슈잇나

▲今回協約以後로總理리完用氏가其伯氏리윤用氏를薦任ᄒᆞ야宮中에出入ᄒᆞᄂᆞᆫ人을宮相에계許可를承ᄒᆞᆫ然後에야謁闕케ᄒᆞᆫ다하니內閣事務ᄂᆞᆫ리完用氏가日人의命令을服從ᄒᆞ고宮內諸般事項은리윤用氏가措縱ᄒᆞ야內外相應ᄒᆞ니若家兄弟ᄂᆞᆫ不可當이로고

▲日本人來往時에ᄂᆞᆫ韓國官吏가南大門外停車場에서餞別ᄒᆞ더니今番伊藤統監歸國時에ᄂᆞᆫ總理大臣李完用農商大臣宋秉畯法部大臣趙重應諸氏가仁港ᄭᆞ지下往餞別ᄒᆞ얏다니統監餞別이若此히鬱々ᄒᆞᆯ진ᄃᆡ日本ᄭᆞ지同往同來ᄒᆞ지

▲忠北江原兩道에서義兵이一進會를逢着ᄒᆞ면危害를加ᄒᆞᄂᆞᆫ故로該道에一進會로新任ᄒᆞᆫ郡守ᄂᆞᆫ不得已赴任을延期ᄒᆞᆫ다ᄒᆞ니近來所謂一進會가日人에奴隸를自作ᄒᆞ야行無所不爲ᄒᆞ더니義兵이蜂起ᄒᆞ야ᄂᆞᆫ郡守를圖得하야도畏㥘未赴ᄒᆞ니一進會도ᄒᆞ잘것업고

▲內部에서將次七十餘郡守를叙任ᄒᆞᆯ터인대南北村獵官者流가각大臣에게緊程을要穿ᄒᆞ야도獨立協會久勤人이許多名稱으로百般哀乞ᄒᆞ니나라ᄂᆞᆫ亡ᄒᆞ든지興ᄒᆞ던지郡守만圖得ᄒᆞ엿

◉謹急社告

自前大門外紫巖으로移轉新築하야 本社를 中署로分傳하읍고 本社事務를 中署에서 ... 俊과 張志...兩人이 中報...價金受領을 가시고 本月七日에 ...

大韓每日申報社

廣告

前檢事 辯護士 李建鎬 法律事務所

西署小平洞第六十統十戶

大東文粹

新撰地文學

生理衛生學

第二回學員募集廣告

課程

年齡

試取日

試取科目

開學日　光武十一年八月一日

漢城中署 普成中學校

大東書市

大韓新地誌

辯護士 太明軾

同 金澤

事務員 安必中

法律事務所

廣通館告白

越南亡國史

本人等이 ... 告白

國債報償義捐金收入廣告

◉忠北堤川郡
洪範周五圜 元楨常一圜
경 鎬 五십錢 리炳善壹圜
리鍾震三圜 박俊陽 趙万敎
각五十錢 김 濂二圜
리시榮一圜 최영奭三圜
申鉉哲 俞鎭翊 각拾圜
김嚴鎬 一圜
郡守리瓚永 十圜
郡主事리命夏 二圜
書記량麟鎬 嚴佳誠 嚴允셥
見習生趙秀晃 各一圜
廳直리九鳳 안창稙
使喚리甲奉 정奉學 송在文
각五十錢 房子김萬石卄전
前郡守具翊鉉四圜 리종鼎
參判俞鎭弼삼圜 리命壽五圜
최창식 各三圜 정鶴源
한在榮 각二圜 신在善
리창雨 許 창 윤養元
元泰常 각一圜 김應셥
權亨圭 김相說 柳興道
최秉珏 黃인복 리秉彝
리종욱 박受益 김亨식
池源淵 각一圜 具然性
六十전 리복淵 姜秀종
김演爽 申在學 최泳樂
최영穆 崔相진 안鴻淳
각五十錢 리喆雨 김萬식
리雲夏 리鍵壽 具然弼
리종儀 박受인
前郡守沈相倫
리相益夫人嚴氏 리寅셥
각五拾면 리淳圭 니弘根
丁般셥 정 순 洪達주
孫영逵 金귀豐 리晃儀
각五拾錢 김學인 장鎭杓
리종燦 김炳龜 洪定根
嚴柱賢 김善圭 김귀안
金丙섭 안奭鎬 리長益
洪敬주 리지用 김炳鎬

김泰玄 박聖孫 곽興大
신在衡 리周用 리鳴夏
리圭璜 리德雨 리종観
리相玉 沈鈴弼 김利豐
權學인 량濬煥 리종成
김浚裂 리寅奭 洪우學
金귀夏 孫영壽 洪極주
閔지麟 柳德귀 金지興
오得泳 權宇善 리根元
梁在連 梁在河 리樹敏
徐相龜 리鼎雨 김鎭海
리俊春 신俊均 車炳鉉
尹 우 姜基用 최弘眞
각卄전 徐相容 四拾전
박景석 鄭海寬 尹養正
雇人김學贇 金泰春 리덕先
안지洙 김영三 池雲三
張召史 리炳夏 오지淑
金顯昌 盧영三 池源浡
리寅學 리寅喆 안日成 南鉉佑
南相彦 리근夏 김秉斗
리時夏 高考琨 韓光弼
權석大 박準鎬 梁복돌
金麟求 리종成 石字用
니頤雨 黃希秀 리종昌
金今奉 니寅玉 리相進
김榮德 金完奎 장信煥
沈鍾相 黃인鍚 孫景文
리辰甲 김之洙 김章興
金裕덕 朴受喆 안德회
崔東식 孫영爽 박풍鎬
김大夏 김弘培 김鳳卿
송必求 박星彩 朱榮昌
류秉덕 金在賢 김思貞
김鎭承 류與一 朴麟陽
류百基 申正均 姜대榮
김 영 류與地 申海左
申命來 신泰均 김定成
張錫주 張鳳임 元錫伶
張萬相 옥獨已 郭文赫
權大元 鴻룡澤 金學圭
김富胥 姜奉雲 孫化卜
김鎭漢 강종伊 박已川
김伯형 박元用 金支然

각卄錢 徐相淳 리春春
김石山 丁振옥 閔丙安
림敏國 金學道 림洙덕
高允明 張奎相 김裕昆
김星在 黃桂允 金學瑞
金東운 신在哲 [illegible]範弼
신光世 최지[illegible] 리尚夏
리관壽 리圭楨 리緖夏
金貢金 金인秀 黃鍾奉
리春成 尹秀萬 孫盛業
김斗與 韓영金 류海源
尹봉燮 具文贊 沈宜行
최周안 尹東根 안在鎬
경雲섭 리夏雨 최益春
沈麟洙 沈元澤 정光宗
리宅인 沈吉應 孫덕식
劉文金 石八千 崔五長
金과鉉 김應道 박영臣
白命奎 리支淵 박龍秀
韓弼東 윤滋善 김世林
류洪기 尹滋晹 蔣大源
안지豊 朴順국 韓萬卜
嚴壽영 김弘洙 朴繼석
任業伊 宋琪男 김千萬
안學常 한明鎬 리龍文
리鍾儀 김윤淑 김思元
신正均 류昌赫 리道榮
金종英 최學윤 김孝重
俞鎭常 김振聲 俞鎭河
俞鎭洪 俞文濟 안錫熙
안錫회 朴受天 오季晏
權承善 리啓學 리裕麟
각십錢 리道夏 리若雨
金용甲 金윤興 리斗九
각拾五錢 梁奇煥 許 逵
奚귀善 류礎귀 리東雨
梁지珖 梁孝煥 오炳國
최鉉陵 리秉儀 리根明
김商錫 許돌壽 송七釗
朴영逢 리주錫 趙舜敎
박圭烈 박醫秀 趙德淳
리奎哲 趙光允 리哲영
리淵支 趙창元 최璨憲
윤滋穆 陳相옥 김致옥

신一星 리永出 리斗萬
洪榮根 嚴興元 閔格石
柳致文 김斗회 리若奎
徐在근 嚴長業 리令孫
權白元 權正文 최時宗
權晳元 박海淳 리潤夏
安石崇 리正云 김輝鼎
崔聖國 최三石 安孝伯
張寬全 니熙全 김在셜
閔三用 김鳳圭 김恒熙
장鳳來 신鉉창 장遂中
리啓哲 黃萬吉 嚴大云
嚴石崇 최相祐 장秀源
김德甲 최文甫 신鉉국
오鶴玉 각拾錢 洪鎭宅
최善益 金輝榮 奎以伯
손景伊 김在源 許덕文
니萬石 白萬복 沈운澤
복奉春 各五면 리潤奎
一圜 安鍾大 三十전
니悅雨 류인澤 각卄전
安壽돌拾전 신석梯拾五錢
△廷石面九鶴洞 九圜卄五전
△道비洞 三圜五拾錢
△寶禮동 四圜卄錢
▲明道里 八圜
▲山尺里 七圜
合二百〇一圜七拾전

◉華川郡南面居禮里
權쁨인拾圜 張順敎二圜
손元馥 손興鎭 朴益壽
崔樂善 崔秉求 金基萬 崔元求
김仲建 각一圜 崔永善 최在喆
최炳善 吉致元 손영鎭
각八십면 吉支範 朴齊性
閔泳厚 吉支殷 白南奎
閔擇瑞 朴鎭壽 朴南壽
朴齊德 崔花範 吉根錫
각七십전 朴여正 吉成根
尹寅求 崔德賢 吉文善
吉文三 高鳳商 崔덕善
각六십錢 은明汝 柳聖五
閔成貫 吉汝賢 吉錫주
吉文弘 崔聖仲 鄭東셥

吉敬道 손昔根 각五拾전
최賢克 최敬仲 韓명殷
최文明 손仲有 朴德俊
吉基俊 閔元鎬 각四拾錢
吉敬集 吉道元 김致俊
박公一 김孝秀 朴敬彦
張汝先 최聖天 韓升鉉
각卅전 閔宗鎬 최德順
宋元謙 최應三 최德仲
최周益 최文甫 朴承俊
黃文七 吉善一 白永元
최殷三 御聖道 吳敬國
각卄전 리敬化 리윤一
韓益思 손炳權 손炳吉
黃汝吉 金福金 曹鶴煥
최殷八 朴聖五 吳武賢
오圭國 최泰勝 吉泰然
吉學鎬 리京烈 최龍釗
최在範 최汝逵 金敬祖
閔道三 吉俊卿 吉道亨
吉文成 吉文五 崔光彦
최洛瑞 최永樂 리善卿
閔公三 閔元錫 김道三
리化瑞 각십錢
合五拾三圜五拾錢

◉京畿南陽郡[illegible]堤面七谷洞
崔주淳 崔鼎영 각卄錢
최成大 崔成翊 洪鍾厚
任德喜 각一圜 김聲魯五十전
김[illegible]降 申영日 각一圜
리昌浩 리在光 각五十전
申甫玄 김在弘 梁聖彥
김윤西 金春明 각五십전
申允在 김相根 각一圜
신順日夫人김씨 五十錢
許 찬夫人趙씨 一圜
최聖淳 申若三 秦우三
박春根 박元有 洪致化
리영善 김善明 리春榮
洪致浩 각卅錢 崔成樂二圜
최成鳳 申道先 리谷字
김春보 리敬先 각四十전
최成學 任德三 嚴春數
崔順必 각卄錢 任義鎭
김致先 許 찬 申順日
각三圜 리相支 복尙順

김成必 김啟三 洪[illegible]
신德日 洪致淳 각六十錢
崔선大 尹大鄭氏 김在根
洪壽敬 김天福
각拾錢김창麟準 八김氏一圜
合四拾一圜

◉砥平南面曲水洞中
鄭雲보四圜 박元석 朱덕윤
洪聖奎 각二圜 辛守京
니敎化 安聖西 張元支
각五십전 박昌식 一圜
張聖七 리敬憲 鄭복汝
張元보 김敬天 姜殷하
각卄전 尹종운 류영道
金致뻐 趙早鉉 宋壽장
최桂春 최鉉弼 정영浩
玄元弼 安澤西 각卄전
리泰日 최順化 리영先
각십전
合십七圜십錢

◉[illegible]消防課乙谷消防手
車元存 오鎭泳 각卄錢
최基煥 三十전 최殷식
김相乾 니덕根 김昌식
俞龍九 申덕善 朱聖完
류귀成 鄭元明 成大山
嚴春식 니인섭 최明식
최興喆 金榮根 최덕여
니香善 니致奎 劉福蘇
裴萃完 최完成 方昌吉
최占萬 김영金 정光先
리덕民 니能爽 洪昌雲
니能奎 니운煥 박興錫
각卄錢 高恩金 심전
合七圜

◉江華北面中湖洞 林敬贇 五拾전
▲楊根南中面梧里
리喆圭 尹東鎬 각一원
리得雨 金興吉 각卄전
▲黃海道金川郡江西面二里
東津村 十六원四拾錢
▲江原道洪川郡西面斗乺동
二十四圜
合四拾三圜五十錢

總合三百六拾三圜八拾錢
國文報廣告總合二百〇八圜四拾전
前號總合四萬六千九百六十一圜四拾三錢七厘
部總合四萬七千五百三拾二圜六十三전七厘

◎特別廣告◎

國債報償金六日間所捧은姑留本社이요餘額日의所捧總合五萬二千九百七十五圜六十五錢을前京城銀行에貯置하얏다가會社에貯置額中三萬二千[illegible]圜을國債報償志願金總合所로移交함

大韓每日申報社

本所와本社로國債報償義捐諸氏에게廣告하는니設此義務以後로氏名과成册이遲延故로漢文報에不得揭佈하야本社國文報一篇에義金과氏名을連續揭載하오니從今으로國文報를請購하여보시오漢文報와同一하오니照亮하심

國債報償志願金總合所白
大韓每日申報社白

發行兼編輯人 英國人 裵說
發行所 南署石井洞號外地三層洋屋家
大韓每日申報社

國債報償義捐金收入廣告

海州郡州內面海西洞情會第
第三回　前號附錄續
●白雲面
강奎求　십五원　복正華
一원　合십六원
▲海南면
오치규　강孝源　許泓
겨四원　오인根　오興常
김자혁　니承영　강合원
김의享　김중션　김치運
김秉석　박수東　각二圓
오蘂常　오치明　오치儀
오鼎환　김顯度　리在鎬
김炳현　吳치영　許암
각一圜　김漢善一圜五十錢
박昌春　高春根　오興善
오健泳　姜유泳　姜琢영
姜뇌元　오長欽　각六十錢
金象인　박壽萬　오壽영
최봉烱　姜제會　각五十錢
박能澤　오政영　徐恒直
趙吉孫　각四십錢　김永壽
김用孫　俞秉勳　吳金根
오淳영　오元근　金覆伯
姜致영　姜信廉　김永浩
李璉業　오章煥　安承鐘
李鎭洙　오文煥　오濟元
各卅錢　朴相翼　김相봉
김相鎬　김榮召　뎡允永
오性연　오遇常　朴昌鼎
김汝洙　姜仁元　姜得元
姜暉영　姜璧영　강셜元
姜윤영　李穉善　오致鉉
林永壽　림영駿　강信혁
각廿젼　李汝仲　吳致順
오聖九　各拾錢
合六十圓五拾젼
▲高山面
정象鉉　五拾錢　子順學卅젼
孫子曇彩廿錢　李斗회五圓
박相션　二圓　복昌得

子괴永　박鳳鎬　朴창鎮
朴相순　각一圓　安承션
박긔煥　朴基셕　각六拾젼
리根永　리蕙哲　각五拾錢
安哲호　리稱德　리호潤
리采희　안弘식　박창俊
강鎧永　복창德　박基溫
박자仲　각四십젼　리種玉
리完順　복창운　복창雲
리龍洙　趙東明　趙연夏
趙璨夏　趙漢九　각拾錢
리昌永　리夏영　리種션
林載春　俞창션　安國伊
오千命　韓允奐　리介千
徐龍成　김慶석　安教慶
리智창　리鳳洙　丕東華
리種陽　趙東周　리秉億
리慶석　趙東淵　리種順
趙東정　리種元　申春培
리鍋惠　박文欽　박창호
박基션　박긔欽　복基亨
각廿젼　리敏春　安周호
리健泳　安教인　安教근
林載夏　安창호　오及遠
리우永　김산石　韓복突
金介突　리種션　리秉振
리用周　리智弘　리南鎬
리種七　리貞鎮　리敏영
리聲鎮　리可言　趙南규
丕東元　리慶鎮　박範鎬
趙기夏　趙範九　리인영
리殷培　리智洙　張判셕
蔣션培　류七星　각拾젼
리智호　五錢
合卅一圓九十五錢
▲錦山面
김奎元　二圓　김公立
李正녹　金允夏　각四十젼
류聖西　김行達　劉億用
김奎完　각卄젼　李東健
玄基煥　黃德二　李興相
孔春瑞　崔云浩　洪榮華
각十젼　鄭在熙　卅錢
李寧吉　二十錢　吳貞煥

六圓　박承源　김順汝
김洛守　각二圓　김之介
李명九　元丰錫　각一圓
박永和　六拾五錢　崔仁守
丕成鎬　呂成三　元明汝
趙德石　김周伯　各六十뎐
李孝訥　李鎬永　吳京有
김福汝　김昌成　李應相
李惠龍　呂乃文　각四十젼
李君必　李國西　梁春成
朴永三　金元植　김敏식
至탁汝　각三拾錢　류李安
嚴弼文　黃光宇　李봉伊
趙順五　趙寬汝　尹順甫
정應權　丕順七　卓德守
朴仁伯　박윤錫　박可行
朴윤行　李仲一　韓昌燁
朴元江　朴承祚　朴致三
吳道玄　李伯三　丁三信
至發秀　金古長　김在성
복영伯　각廿젼　申汝元
許京實　尹聖三　朴京錫
치良之　朴致幹　朴善長
沈相記　李應七　李鳳錫
李長석　柳君善　각拾젼
김承範　六拾젼
合三拾六환七拾五錢
▲茄佐面
朴昌畯　朴창근　각一圓
朴元규　五圓　子중인
長孫滐영　각二圓
次손恩영　一圓　李範徹
三圓　박鎭善　六十錢
合拾五원六拾젼
▲席동面
韓士인　五拾젼　정락元
金行權　金亨權　각四십錢
金인權　林正鎬　朴昌駿
박긔成　朴壽俊　金긔鎬
李華壽　김壽明　吳觀濟
각卅錢　정京元　정락俊
김昌成　趙君七　吳炳贊
박昌九　오鎭述　朴鳳欽
김士善　김應善　柳식永

盧德七　金元根　복창南
朴창河　김긔셕　김正殷
오始濊　박昌丕　李教弼
李敦義　오션武　李종日
尹昌玉　오善鳳　오善辰
각廿젼　金君範　金益亨
박京有　박順영　각十젼
오善述　십圓　오龍濟
三圓　오國東　오元東
각二圓　오夔東　오冕東
오必福　각壹圓　오起龍
오興龍　김良善　김긔秀
김주善　각五十錢　金益明
김駿善　김燦善　오道東
각六拾젼　오션유　김起萬
金益영　박淵유　박긔先
각四십錢　김吉셕　高所回
김락平　姜允成　오장連
각廿錢　김順八　廿五젼
合三拾八圓十五錢
▲茄川面
리有근　二환　子秉魯　一圓
長손在봉　孫婦오氏
曾孫종弼　各五十젼
次孫在和　二拾錢　김厚善
一圓　子益영　長孫　達식
次손　창植　각五십젼
박창木　一圓　장손弘셕
五십젼　曾손宗善　십젼
박창大　六십젼　정介觀
六十젼　리근苹　七十錢
정翼張　一圓　박有鶴
六十젼　정락셥　五拾젼
崔承龍　一圓　즈락植
子華楠　각五十錢　子봉植
四拾젼　김坤秀　김競秀
각四拾젼　김崙秀　三십젼
金恩弘　一圓四십젼
子炳긔　四拾錢　子炯基
三十錢　리락烈　一圓
정秀贊　五拾젼　박亨伯
정인복　四십젼　리可行
卅젼　宋石인　김巨복
鄭晉영　姜齊石　金恩金

金순지　愼萬晟　빅智石
각二십젼　리昌丕　박창吉
회承干　각拾錢
合二拾三圓
▲東大面
리在璣二圓　趙祖元　丕炳호
리圭信　각一원　리鳳梧
趙登奈　각六拾젼　리智夏
趙弼元　趙台行　趙麟行
金希奈　各五拾젼　리漢孝
四拾錢　丕宅善　리奎孝
丕炳淳　리東彬　최順瑞
리濟浩　각卅젼　리鍾浩
리東善　리東云　신철熙
丕炳恩　리션宗　리金孝
리京龍　리智영　니教信
니東圭　니智哲　니기孝
니昇孝　金鳳祚　장士立
윤東一　김善三　각廿錢
니東錫　丕炳默　리東煥
리昌龍　宋士賢　리장손
各신젼
合拾五圓拾젼
▲代陳面
閔영鶴　二십圓　閔진鎬
四환　閔서浩　閔봉鎮
각二圓　閔瑾호　閔泳鳳
閔泳인　뎡乃셥　景장손
각一환　정蘭셥　尹宗洙
김인石　각五십錢　閔濬호
閔형호　閔장호　閔泳恒
정戴麗　안元吉　각四십뎐
景學善　三拾錢　정大셥
오性元　안寬鎮　燮應祥
리鬫吉　景學鳳　閔泳창
리承甫　金致範　정海석
각廿젼　정창셥　拾五錢
魯先甫　拾三젼　정戴鶴
김鳳協　景仲煥　景鳳션
徐在悳　景文旭　강인石
오致泳　金영셥　최聖祚
閔지慶　리용근　정眞同
景金玉　金大然　각十錢
리晄복　景千萬　徐三根

각八錢　정夏섭　尹烈模
정긔션　徐在元　리京在
박창文　박창淳　리龍산
김鳳福　김文성　각五젼
리敬慈　정漢찬　韓福履
류乃應　각一圓　김祚亨
八십錢　리在萬　리鍾建
權봉식　金鎭庚　각五拾젼
최敬善　四拾젼　정漢창
韓殷教　方辰圭　각卅錢
리泰魯　方聖圭　方命圭
각廿錢
합五拾圓四拾二젼
▲馬산面
김弼三　리周永　오스元
리尙淳　각二圓　김락운
金긔福　白운燁　劉　학
박衡正　빅京祿　성영振
박창順　尹應点　원時亨
尹華三　趙영日　張應周
리京호　김良서　趙영黏
각壹圓　朴鴻植　同夫人
壹圓二拾젼　金奉右　同夫人
壹원二拾錢　김영道　김제石
成召史　宋鎭弼　리윤命
김창丕　각五十錢　金守千
張成윤　각卅젼　박召史
朴영祐　정順영　김영丕
任七星　各廿錢　權元羲
三拾錢
合三拾壹圓三拾젼
▲栗枝面
김순弼　五圓　孫東健
강逵주　강敏珪　각壹圓
千明守　尹文叔　오益鉉
각六十젼　김창헌　강貞九
각五十錢　千창鉉　비希丕
강範禹　黃賢澤　尹경奎
각四拾錢　오致서　徐聖守
各卅젼　김行션　梁奎煥
리敏夏　金應成　리敏義
리成春　元成道　金過聖
김祥鼎　리容交　리敏철
김윤丕　리敏體　金弘九

崔承원　林윤恒　徐相현
俞원植　徐希叔　김益孝
金千根　손京先　오德成
김蘭根　박孝원　田원稷
各卄젼　김大吉　申有산
리윤恒　嚴영祿　金貞植
김영植　박炳喜　강炳老
金尙玉　각拾젼　원致서
六拾젼
合二十圓拾젼
▲古壯面
정秀겸　子恩燮　장孫載潤
각一원　次孫載漢　曾손丙玉
각五十錢　정季敏　정풍영
각一圓　박在吉　尹德老
崔吉鉉　리敬宇　리鍾律
각五십젼　정都영　뎡秀貢
정秀成　정秀弼　리稱燕
오곽영　리창日　각四십젼
오洙영　리可善　정창영
조秀恒　각卅젼　정宅永
리潤信　子敏華　각五拾젼
손영찬십錢　정憲영　一圓廿젼
鄭興燮　八십젼　김덕南
정運영　정鉉教　정宣영
정敷伯　정希伯　최지彙
되七星　리象玉　池龍成
崔창션　되乃明　강奎會
최承龍　각廿젼　오昌根
오平壤　되貞叔　정邦영
各십錢　최延善　四拾錢
子承輝십圓　崔載心六圓
최載응四圓　子진善二圓
崔遂션　최興션　車衡大
池吉享　洪白文　각五十젼
최承鳳　최承龍　각四拾뎐
최道션　최性션　崔承年
김承烈　각卅젼　禹邦鎭
張士七　趙원창　辛景先
김永贊　金德汝　林士彬
金敬正　김應三　鄭斗澤
박창棻　金致澤　김致圭
오榮善　洪和손　田命得
田在문　리근澤　최用石

田윤온 김俊吉 리준傑
各卄전
合九십圓卄전
▲東江面
良招祚 黃聖祜 각六십전
良덕鉉 韓宗鉉 崔聖祚
陰즈鶴 黃긔亨 各五拾錢
黃達亭 崔君化 김영우
각四十전 黃濟운 황連식
각卅전 張萬甫 황운鶴
良泰주 각卄전
合六圓拾전
▲어車面
정義瑢 박창年 각二圓
정極鎔 六십錢 정万영
林淵셥 각四拾전 정得鎔
三十錢 정인션 卄五전
정燮셥 오榮相 具龜書
金基河 정慈鎔 리용河
리奎來 閔영殷 崔成默
정슌영 各卄전 박창仲
박基殷 정난영 김弘九
方석孝 方영孝 각十전
박壽문 一圓
合九圓五拾五錢
▲睡鴨島 文聖翊 五圓
▲日新面
吳源영 參拾圓 夫人趙氏
一圓 子七봉 一圓六십二전
崔來薰 二십圓 徐光뎌四圓
徐윤弼 박상ㅁ 孔洛鉉
최운達 쥬 瓚 오雲善
子溜泳 오敏션 오退영
각二圓 라鳳汝 김智永
김永西 량致寬 리敬보
오昌道 김正奐 각一圓
김益鍋 朴영문 各六拾錢
洪재鳳 洪正圭 김在文
오성根 오爾전 盧秉一
박來寬 姜인馨 각五拾전
김成寬 梁好禍 리원ㄴ
洪致쉬 김天應 劉良西
정七元 김啟商 오京문

劉在賢 류泳夏 각四십錢
梁致션 오泰泳 姜明준
오秉근 오敏洙 박경보
柳京淑 리化西 조顯柱
劉慶하 劉炳하 각卅전
梁聖祜 洪鍾鶚 오學龍
리京九 리경西 리甚하
任上근 오인서 김在손
정益哉 安영達 劉富원
오致萬 金원상 김근植
김슌京 정俊五 安興模
劉良信 류相滬 김윤恒
김문보 盧士문 박模五
萬桂三 각卄전 安京範
오창成 류윤京 金윤一
김윤京 니承西 김永哉
오汝辰 오■션 洪三손
劉汝션 각十전 崔用九
八錢 徐相鎬二원 김秉鎭
김泰릐호 김承호 릐泳稷
申릐應 류雲叔 최聖浩
조千서 조종燮 김京培
각一元 吳영執 김春보
각六拾錢 金昌호 정릐영
리伯錄 최汝常 리東원
복원益 리鳳哉 方원四
각五拾전 高봉岡 조益鉉
조鍾원 조鍾弼 리여化
各四拾전 리桂明 김션有
劉仲三 김致星 복順實
리威葉 정汝션 金春澤
리仲佑 각卅전 石岐서
高富興 김창化 洪承命
劉致尙 최윤보 丁寬弼
리時培 韓영彦 韓大吉
정與成 趙應亓 복仲鎬
유致守 김영三 니長命
오릐원 石義寶 尹호京
尹호星 조雲서 趙學京
김서三 리근옥 方卓官
方成官 김順조 김成云
林甘룡 趙學인 각卄錢
趙鍾祿 리원巨 김成三
趙濟서 각拾錢
合壹百卄九원

▲日新面四里 八원
▲延安郡道隆面 洪淳弼
拾원 洪鍾션 二환
合십二환
▲장淵郡牧甘面 리원世一환
▲海州郡州內面第二回
丁暢爕 一원
合六百원○七十貳전
前號附錄總合壹千壹百三十
圓○七십二錢
都總合壹千七百三十壹원四
십四錢
國債報償義捐金本社收入廣
告
●延安郡龍川面東六리大坪동
前議官오원근 五圓
前主事김鳳來 進士明海宗
각一圓 張致然 三圓
李德조 丁世煥 朴貞三
각一圓 車貞三 박汝섭
車弼三 김和然 각六拾전
俞主一 俞德弘 高致조
최원七 池應秀 張준西
김德化 오인培 金云商
라應조각四십전 최賢甫
車萬석 각卅전 박敬天
리德有 문긔然 金致龍
정根영 各ㅁ전 리成天
柳相成 박宗克 千준弼
崔成운 金운瞻 姜晋鄉
高濟石 金云巨 張弘寬
鄭京운 조원祥 박汝成
高致寬 池末力 崔元益
최洛西 千云汝 林益善
오聖洛 김成보 田德三
柳漢西 각卄錢 리成凡
十전 洞中 三圓五拾전
合卄五圓六拾전
●開城培義學校生徒김裕成
三圓
●咸鏡南道덕源원山上里橋下
洞
▲洞中 二圓
韓成락 二十전 김啓化

五拾錢 林致寬 一圓
南숲熙 五拾전 리永達
二圓 萬化一 三圓
池奉云 二圓 韓秉基
一圓정先봉 五圓 리창弘
五圓 김重河 一圓
崔召史 一圓 張泰成
一圓 김仕윤 貳圓
尹競호 一원 김明表
一圓 조龍洙 一圓
김창淳 一원 오翰洙
一원 김哲守 一원
조用河 一元 魏顧烨
一圓 리京奐 一환
박將軍 壹圓 金陽率 五十錢
리인서 三拾錢 리炳쥬
三十전 김成인 三환
박承澤 五十전 安召史
五十전 김尙쥬 五십전
洪炳敏 一환 최秦준
二원 리用三 三십錢
黃明준 貳원 손義淳
一원 김敬션 五환
복岩于 一원 김긔洙
一원 子用台 一원
박인贊 一원 김用錫
二원 곽召史 一圓
申益서 五十錢 리召史
五십전 정仁明 五拾錢
리조王釗 五拾전 申錫九
五십전 리炳基 一圓卅錢
우炳道 壹圓 리守豊
壹圓 김致션 拾전
合六拾七圓
▲德원원山上里南山洞
洞中 十圓 沈쥬源 五拾전
김大守 五拾錢 김成창
五圓 安用觀 五圓
장子정오 次子량오 각一圓
김秉섭 二圓 崔奉兆
三圓 子 成禧 一圓
손 基万 一圓 김基弘
二圓 子 斗鉉 一圓
리駿熏 五圓 夫人盧氏

二圓 장子 在憲
子婦 張氏 女子 용女
각一圓 林化實 오錫殷
량學준 各五十錢 강보文
卅七錢 劉召史 二圓
金秉學 一圓 김禧淳
康承用 각五拾錢 복基春
二圓 리召史 張世用
각卅七전 김주원 四拾면
張公오 卅七錢 박基贊
壹원 孔仁聖 卅七전
金有哲 강召史 각一원
安定球 六십錢 孔인机一환
남廣熙 四拾錢 김룡濟
四拾전 복윤煥 卅七錢
尹錫오 四拾錢 오利樹
五십전 黃成윤 一원
朴處근 卅七전 정道明
四拾錢 宋東섭 壹환
韓範洙 九拾七錢 金德淳
二원 陳원樞 壹환 金치榮
三圓 박基貞 全奉益 曹炳淳
각壹환 남延夏 千환
裵인衡 崔긔郁 각二환
夫人趙氏 壹환 子金用
五拾錢 女銀珠 九拾錢
김基贊 四拾전 김以문
徐駿達 각二환 김秉哲
卅、錢 김錫奎 五拾전
韓召史 趙秉근 각拾九전
김景호 六拾錢 朴致서
四拾錢 申奉天 馬章煥
각五拾전 朴인호 壹환
方道賢 五拾錢 김贊模
壹환 林宗植 二拾전
장奉益 二십전 리致榮
壹환 문보여 六十錢
최亨參 壹환 金應吉
五十錢 全효원 四十錢
되인植 金基섭 각壹환
徐成淑 二환 김병洙
壹환 尹殷션 二환
合壹百○肆환陸十一錢

▲鎭南郡 金릐화 四원 리宇一
二원 金錸海 拾원
복원淑 二원 孔聖集
六拾錢 朴大有 四십전
박成厚 六십전 정원淑
一圓 박문洙 八十전
정今石 강릐淑 각六拾錢
정원五 壹원 류士明
四拾錢 遠三面中 四拾圓
合六拾四원
●여州康川面歸亭
韓鎭浩 鰲源 璣源 馨東
▲馬甘 韓赫東 稷東 기東
競東 鎭설 鎭命 始源 孟憑
▲雲谷 韓百源 창東 문東
각五십전
合五圓
▲馬甘
慶석조 權봉集 김德老
복龍大 각拾錢 복者斤龍
卄전 辛大榮 리壯實
각拾錢
合八拾錢
●廣州樂셕面板橋동
前參判權丙承 三圓
前水使權鍾■ 六圓
九品權鍾赫 壹圓
六品權重七 五拾전
正三品곽鍾龜 壹圓 南廷황
南台熙 各卄전 南宅熙
南相奎 九品南相翼 각卅전
南相箕 四拾전 南상璧
南冕우 六品權興洙 각卄전
南상惠 權學洙 沈在昇
리炳漢 각十전 리炳淑
리基寧 각廾전 리원寧
리萬寧 각拾전 리義철
류春秀 柳公秀 각卄錢
進사리學九 五십전
童蒙任乙三 張希三 각拾전
三品徐상寅 徐景心 徐丙손
각卄錢 三品정준鎬 三拾전
出身정有成 出身韓萬成

韓萬룡 각卄錢 申乙用四십錢
申원石 三品韓命石 김漢景
出身김회영 김順用 각卄전
六品김性■ 김化連 김順明
김用■ 김萬守 김南산
김先奉 각十던 김奉吉
八錢 金嗣인 五전 洪明先
洪明三 각廾錢 洪장■
張致ㅁ 리五吉 최七同
白덕成 각拾錢 全宗祿
二拾錢 羅三돌 拾錢
林在祿 五錢 우明汝 十錢
高三出 五錢 出身박萬석
二十錢
合二십壹환四十三錢
●鉄原東邊面長興상동
申永운 四원
●延安食峴面六里前從二品오
찬泳義捐금 壹원
◉忠州蘇坡面중洞리써鎭安大
君派門中
博사리惠坤 壹圓
幼學리起浩 壹圓五拾錢
리成烈 三拾錢 리明坤
三拾錢 리회철 四拾錢
리章浩 五拾전
合四환
●慶尙南道宜寧봉山面오산洞
許윤興 八拾전 박봉吉
四拾錢 曹一금 十전
■在敬 一원 문ㅅ君卄전
魯윤輔 一원四拾전 魯春五
卄전 박봉ㄴ 拾錢 김明五
六拾전 魯문先 四拾전
金明吉 二拾전 김順七
六拾錢 박션七 拾전
金聖七 卄전 魯문贊
八십錢 許문ㅁ 二拾錢
嚴운吉 六십면 박션汝
四十전 박春여
嚴桂明 五원 二십전
合十二환五십전
合三百十三圓九十四전

第五卷 第五百八十九號

大韓每日申報

月曜及慶節 議時日休刊

檀君開國四千二百四十年
箕子元年三千二十九年
大韓開國五百十六年
日本明治四十年
淸國光緖三十三年
陰曆丁未七月大初六日乙未

論說

日美關係

去月六日倫敦某報에云ᄒᆞ엿스되

現今日本及美國의互相發怒가極度에至ᄒᆞ엿스니戰爭이欲免不得之勢를成ᄒᆞ도록此怒氣가其將繼起耶아我英國에對ᄒᆞ야此問題가亦甚重要ᄒᆞᆫ지라日美兩國의게並히親友를作ᄒᆞᆫ英國이因此煩惱ᄒᆞᆷ은依例어니와現今世界政策을依ᄒᆞ야我之國務大臣들은此競爭에干預ᄅᆞᆯ不有ᄒᆞ리로다

我國內에서ᄂᆞᆫ日美事態ᄅᆞᆯ晉不多聞이나然이나認悉ᄒᆞ기에必要ᄒᆞᆫ一事ᄂᆞᆫ現今에亞大驕傲ᄒᆞᆫ日本이晉與東洋諸國으로歐美兩洲人의不善ᄒᆞᆫ待遇ᄅᆞᆯ旣受ᄒᆞᆷ을記憶ᄒᆞ나니日本이自國勢力을顧恃ᄒᆞ야如彼待遇ᄅᆞᆯ更不受容하기로定意ᄒᆞᆷ은不足怪也라日本이些少ᄒᆞᆫ輕蔑을對ᄒᆞ며라도其必不服ᄒᆞᆯ거슬歐洲諸邦에셔ᄂᆞᆫ今皆實認이어니와美國에셔ᄂᆞᆫ日本이文明國民之列에報ᄒᆞᄂᆞᆫ거시困難을特生ᄒᆞ엿스니蓋累年以來로日本人民이美國에多數移住ᄒᆞᆫ바節儉을尙ᄒᆞ야白人의不能生活ᄒᆞᆯ給料ᄅᆞᆯ滿足히受ᄒᆞᄂᆞᆫ도다美國勞動者의思想은推度키容易ᄒᆞ니갈니포니아洲와及其他洲에在ᄒᆞᆫ日人役夫들이自己들의生命을掌中에當任ᄒᆞᆷ으로其蠻性歐打에셔白人들의怒氣가發ᄒᆞᆷ이오且今갈니포니아洲에在ᄒᆞᆫ美國勞動業家들은皆有勢力ᄒᆞ야其洲를主管ᄒᆞ나니該地日人들이從往보다困難ᄒᆞᆫ時를今當ᄒᆞ엿도다且如彼日人들은自國이强大ᄒᆞᆫ俄國과戰勝ᄒᆞᆷ을見ᄒᆞᆫ故로自國政府의保護를訴求ᄒᆞᆷ은自然ᄒᆞᆫ理勢라雖英德人이라도此機를若當ᄒᆞ면此擧를必行ᄒᆞ리로다

然이나兩國政府에對ᄒᆞ야加一層困難ᄒᆞᆫ他一問題가特有ᄒᆞ니此ᄂᆞᆫ學校事件이라以此로紛議가既有ᄒᆞ엿스나確然ᄒᆞᆫ結末은尙未得聞이로다日本이갈니포니아에在ᄒᆞᆫ日人으로該地白人學校에入ᄒᆞ기를請求ᄒᆞᄂᆞᆫ거시니似未有紛々爭端이나然이나其實은解決키不能ᄒᆞᆫ特一問題라日本男子만白人男學校에願入ᄒᆞ고日本女子만白人女學校에願入ᄒᆞ면有何難處之端이리오마ᄂᆞᆫ事態가不然ᄒᆞ야갈니포니아學校에ᄂᆞᆫ男女가混入ᄒᆞ이어ᄂᆞᆯ日本學徒ᄂᆞᆫ장幼ᄅᆞᆯ兼備ᄒᆞᆫ지라其使美國人으로發言케ᄒᆞᄂᆞᆫ거슨日人役夫들이學校에入ᄒᆞ야年幼女子와同席而坐ᄒᆞᄂᆞᆫ거시是也로다數朔前에協約이締結되여以此로日本은勞動者를갈니포니아로不得更送ᄒᆞ고設滿學校ᄂᆞᆫ日本學徒를受容ᄒᆞ엿스나此協約이紛爭을未決ᄒᆞᆷ은報紙를閱讀ᄒᆞᄂᆞᆫ人士의一般所知라近日에도日人이襲擊을被ᄒᆞ엿고日人의家屋이破壞를當ᄒᆞ엿스니日人이將何以爲之리오 (未完)

官報

●第三千八百四十二號 隆熙元年八月十二日 (續)

◉宮廷錄事

宮內府大臣陸軍副將勳一等臣李允用謹
奏卒特進官沈相薰喪成服日遣秘書丞致祭事
命下矣何秘書丞進去乎敢
奏 奉
旨李秉紹進去

宮內府協辦兼任弘文館副學士掌禮院掌禮禮式所堂上臣金珏鉉謹
奏今日申時
慶嬪葬所石儀入排後慰安祭設行之意謹上
奏 奉
旨依奏

宮內府大臣陸軍副將勳一等臣李允用謹
奏卒特進官沈相薰賻贈案謹上
奏 奉
旨依奏

敍任及辭令

內部警務局長權鳳洙辭職疏
批旨省疏具悉本職許遞

任法官養成所教官 內部次官俞星濬 리聖默

任內閣法制局장

任平理院檢事 正三品洪鍾億

解任 中樞院贊議李始學

從二品리在正

仝 趙英熙

任中樞院副贊議 固城郡守치範錫

茂山郡守張樂信

免本官 前主事安得健

任度支部稅務主事 洪萬杓

任京畿觀察使 學部次官李圭桓

任內部次官 木內重四郎

任學部次官 俵孫一

命奉常司調提 宮內府協辦金珏鉉

帝室會計審查局장李鳳來

命帝室會計審查局長 鶴原定吉

命宮內府次官 宮內府特進官沈相薰

附正一品大匡輔國崇祿大夫領敎寧司事 主殿院主事김準植

公立振威普通學校敎員尹大善

公立振威普通學校副敎員 박斗永

免本官 完

●號外 隆熙元年八月十二日

宮廷錄事

太皇帝上號望
壽康
奉勅敬依

掌禮院卿臣申箕善謹
奏陰曆七月初四日上
號議定後議
號單子
親受之節何以爲之乎敢
奏 奉
旨內入

掌禮院卿臣申箕善謹
奏陰曆七月初四日上
號議定後褒문
親上之何以爲之乎敢
奏

內閣總理大臣勳二等臣리完用謹
奏臣等欽奉
勅旨
太皇帝陛下上
號定以入之意謹上
奏 奉
旨依奏

外報

●馬賊討伐準備 伯林電을據ᄒᆞᆫ則滿洲總督徐世昌氏가東三省馬賊이近來太半이나革命黨과聯絡ᄒᆞ야愈益猖獗ᄒᆞᄂᆞᆫ故로方今討伐準備中이라더라

●總督更迭說 北京電을據ᄒᆞᆫ則袁世凱ᄂᆞᆫ軍機大臣을任ᄒᆞ고蜀方은直隷오張之洞은兩廣이오陳夔龍은兩江으로轉任ᄒᆞᆫ다ᄂᆞᆫ說이有ᄒᆞ더라

●각部尙書更迭 同電을據ᄒᆞᆫ則淸國袁總督이施政改革議로上奏ᄒᆞ고又陸軍組織에不可ᄒᆞᆷ을攻擊ᄒᆞᆫ지라此ᄂᆞᆫ陸軍部尙書鐵良氏를間接으로攻擊ᄒᆞᆫ者니此로由ᄒᆞ야鐵良氏가辭職請願ᄒᆞᆫ故로先代에伊犂將軍長庚이가被任ᄒᆞᆫ다ᄂᆞᆫ說이有ᄒᆞ며陸軍에官制를再次改革되리라ᄒᆞ고又度支部尙書載澤은資政院장으로四川總督趙爾巽은度支部尙書로郵傳部尙書陳璧은四川總督으로轉任ᄒᆞ고郵傳部尙書ᄂᆞᆫ端方或載振貝子가被任ᄒᆞᆫ다ᄂᆞᆫ說이有ᄒᆞ더라

●地中海總司令 倫敦電을據ᄒᆞᆫ則콘노도公殿下ᄂᆞᆫ東部地中海艦대總司令任命이되야몰타島에駐在ᄒᆞᆫ더이라더라

●對마政策 英國巡洋艦派遣에報를非認ᄒᆞ고自國臣民의利益保護上으로佛서兩國의行動을對ᄒᆞ야絕斷的의滿足을表ᄒᆞᆫ더이라ᄒᆞ더라

雜報

●內閣公函 昨日에金寅植尹泰相李承永等十五人이內閣에公函ᄒᆞᆫ全文이如左ᄒᆞ니 (續)

以 詔勅을字而觀之則或曰代理可也或曰傳位可也以改元改年號而觀之ᄒᆞ면有若廢立之擧放逐之狀이니此何變也며此何亂也오以今賊臣輩所爲論之ᄒᆞ면去年丁未를謂之光武十一年乎아謂之隆熙元年乎아謂之光武十一年則是代理也得位也謂之隆熙元年則是廢立也放逐也如是做去則下稍究竟將何以爲之耶噫彼賊臣巨魁完用秉畯允用輩乘武蠶業者無厭之慾喙但不利之心無端以降國報館之所揭載爲口實恐動我
皇上과양我
皇上威脅我
皇上試之以代理之事行之以傳位之節終之以廢立放逐之貌樣此等罪狀論置一則辭若使隣邦而奴使我國逆賊輩實有此擧則是公法以外事也且於萬國之公議何哉以愚見揣度則以若是明之隣國而源知國際之公法而祭世界之大勢則必無此等行爲也若藉此而揣度世界則東洋之失和並稱之無賴則君觀火彼是所之隣國必無此等行爲也以海牙會議之時我國君個人之說明亦皆之臣각爲其主民각爲其國是天賦秉彝之良性也自是時國人反而思之是果臣民當行之義務則以是明之隣國而必無以此藉端欲使我
皇上勤海外之蹤也痛逆賊輩雖唱雖和內降外旋不分存亡莫知方向而遑爲此古今天下世界万國所未有之事也自古亡國者何限而未有若是之乎倫滅理無義之甚者雖無日下之人莫必有能頭之天誅豈不危哉可不懼哉惟照究爲盼 完

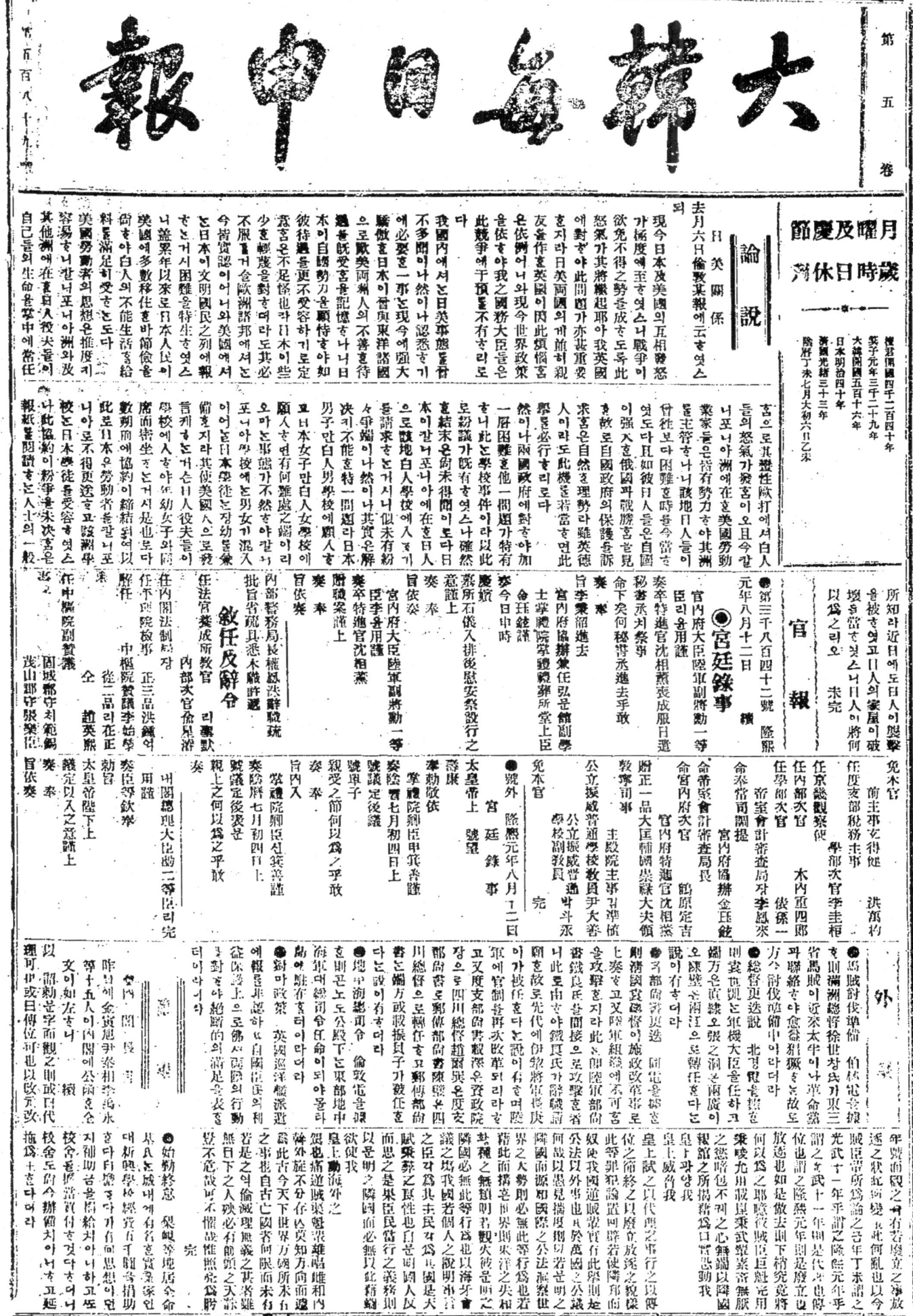

●始勸終怠 梨峴等地居金命某氏ᄂᆞᆫ城내에有名ᄒᆞᆫ實業家인대新興學校經費千圓을捐助ᄒᆞᆫ다ᄒᆞ더니擧ᄒᆞ다가有何思想이던지補助금을給치아니ᄒᆞ고또校舍를辦措實付ᄒᆞ갯다ᄒᆞ더니校舍도尙今辦備치아니ᄒᆞ고延拖爲十ᄒᆞᆫ다더라

雜報

●尊號議定 再昨日尊奉都監에서 太皇帝尊號ᄅᆞᆯ議定ᄒᆞ엿ᄂᆞᆫ되壽康二字로議號奉上ᄒᆞ엿다더라

●陛見上奏 再昨日下午七時에總理大臣以下각部大臣이詣闕 陛見하고 太皇帝 尊号議定ᄒᆞᆫ事를 上奏ᄒᆞ얏다더라

●有何緊議 軍部大臣리秉武氏ᄂᆞᆫ有何緊議事이던지再昨日上午九時에장谷川大將을訪問ᄒᆞ고數時間을其秘議인則宮闕護衛ᄒᆞᆫ兵丁存廢ᄒᆞᆫ事와徵兵令實施에關ᄒᆞᆫ事이라더라

●兩氏同件 目賀田씨가昨日同夫人발程ᄒᆞᄂᆞᆫ데岡總長도亦爲同伴渡去ᄒᆞ얏다더라

●松井上京 釜山理事官松井茂氏가警務局長을被任ᄒᆞᆫ故로該理事廳文簿ᄅᆞᆯ磨勘ᄒᆞᆫ後限拾日後에上京ᄒᆞᆫ다더라

●協約結果의後聞 今番新條約ᄒᆞᆫ結果를後聞ᄒᆞᆫ則當初에伊藤統監이舊政府大臣에게該事件을請議ᄒᆞᆫ則叅政大臣以下각部大臣이設論ᄒᆞ되年前條約承立後로吾輩가上으로皇帝陛下ᄅᆞᆯ奉承키惶悚ᄒᆞ며下으로國民을對ᄒᆞ기難ᄒᆞᆫ則今番事ᄂᆞᆫ寧死언졍決不協議이라ᄒᆞ얏ᄂᆞᆫ되其中에리完用氏가反對ᄒᆞ고該協約을擔保成立ᄒᆞᆷ이라더라

●丸山歸國說 警視總監丸山重俊씨가將次歸國ᄒᆞᆫ다ᄂᆞᆫ대其理由인則韓國에對ᄒᆞ야協議組織ᄒᆞᆯ事가有ᄒᆞᆷ이라더라

●日人主事 內部에서觀察道主事八名을日本人으로修定ᄒᆞ야再昨日內閣에請議하얏다더라

●丸山룡斷 내部顧問丸山重준氏가警務總監을被任ᄒᆞᆫ後로顧問附屬은廢止ᄒᆞᆫ다더니更聞ᄒᆞᆫ則該名稱은仍舊存置ᄒᆞ야總監이兼任ᄒᆞ고月俸은顧問의月給으로支給ᄒᆞ야달나고該總監이懇請ᄒᆞ엿다더라

●리씨仕進 昨日新임ᄒᆞᆫ學部文書課長리敏應氏가仕進視務ᄒᆞ얏더라

●尹氏轉任 學部書記官尹世鏞氏가宮內府書記官으로轉任ᄒᆞᆫ다더라

●門標請交 昨日內部次官木內重四郞씨와京畿觀察使리圭桓가當日受勅ᄒᆞᆯ더이니闕門出入門標ᄅᆞᆯ繕交ᄒᆞ라고侍從院으로通牒ᄒᆞ엿다더라

●特赦將下 兪吉濬張博氏等이歸國ᄒᆞᆫ다ᄒᆞᆷ은已揭前報어니와該씨等에게日間 特赦詔勅이下ᄒᆞᆫ다더라

●韓씨外移 學部書記郞韓普源씨가郡守로移職ᄒᆞ얏다더라

●判事有人 漢城裁判所首班判事ᄂᆞᆫ前觀察使리始榮씨가被任ᄒᆞᆫ다더라

●宮人履歷 宮內府에서 皇宮內人과各宮內人의自何年入宮ᄒᆞ야歷事幾朝ᄒᆞᆫ履歷書ᄅᆞᆯ修正以納ᄒᆞ라고指揮ᄒᆞ얏다더라

●兩氏獻議 前議官박是병氏가女子衣服均一事와長衣禁斷事와改嫁事等事로中樞院에獻議ᄒᆞ엿고또리敏설씨가倫尼嫁娶事로該院에獻議하엿다더라

●兩醫闕仕 東署及西署兩醫務官은數日前부터有何事故인지不爲視務ᄒᆞᆫ다더라

●리氏自現 리준鎔씨가昨日平理院에自現次로壽洞越便정某紙塵二層洋屋上에暫時來留ᄒᆞᄂᆞᆫ대保護ᄒᆞᄂᆞᆫ日巡査와尉問ᄒᆞᄂᆞᆫ來賓이該商店上下層에連續ᄒᆞ얏다더라

●奏判皆占 學部叅與室日人諸씨를統監府에서解雇ᄒᆞ얏ᄂᆞᆫ대各部奏判任間區處ᄒᆞᆫ다ᄂᆞᆫ說이有ᄒᆞ더라

●會審法案 日司令部에被縛되얏던侍衛一二聯隊尉官과兵卒을會審結案ᄒᆞᆫ事ᄂᆞᆫ昨報已揭이어니와尉官中餉官軍醫等某某氏ᄂᆞᆫ無罪放免되고其餘尉官某某氏ᄂᆞᆫ管罰에施ᄒᆞ고兵卒은甲乙兩簿로姓名을懸錄ᄒᆞ야甲簿에記名人은恩賜金을支給ᄒᆞ고乙簿에記名人은恩賜금을不給ᄒᆞ기로酌定ᄒᆞ얏ᄂᆞᆫ되昨日正午에解隊式을擧行ᄒᆞ얏다더라

●尉官審査 憲兵司令部에서尉官四拾二人을審査後軍部大臣에게報告ᄒᆞ얏다ᄂᆞᆫ說은已揭前報어니와該尉官照律ᄒᆞ기ᄅᆞᆯ日韓兩兵接戰時에領軍ᄒᆞ얏던尉官은照律懲勘ᄒᆞ고其時에領軍치아니ᄒᆞ얏던尉官은無事放免된다ᄂᆞᆫ說이有ᄒᆞ더라

●移職理由 學部書記官尹世鏞씨가宮內府書記官으로移職되ᄂᆞᆫ理由인즉宮內府大臣리윤用씨가尹씨로써日語가嫺熟ᄒᆞᆫ故로該大臣이手下에親信ᄒᆞᆫ心腹으로委托ᄒᆞ려고移任케ᄒᆞᆫ다ᄂᆞᆫ대宮內府月俸은각部에不及ᄒᆞᆷ으로尹氏의게狼狽가될가ᄒᆞ야厚級을付ᄒᆞᆫ다ᄂᆞᆫ說이有ᄒᆞ더라

●兵丁不服 侍衛一大隊營에方在該因ᄒᆞᆫ兵丁을逐々審問ᄒᆞᄂᆞᆫ되或自服ᄒᆞᄂᆞᆫ者도有ᄒᆞᆫ대其中三十餘名이不服ᄒᆞ고屢次審問에如前答供하되身爲兵丁ᄒᆞ야意外에解隊之說을聞ᄒᆞᆫ즉國內에無兵ᄒᆞᄂᆞᆫ것이憤恨ᄒᆞ야但有死之心으로試砲인즉更無他言이라ᄒᆞ고以死自處ᄒᆞᆫ다ᄂᆞᆫ說이有ᄒᆞ더라

●議案姑停 再昨日中樞院에서四禮改定事와男女衣服均一事와改嫁事와校香院답將校廳답을附屬學校敎育事와自治制度實施事와니外官吏俸給雜給廳受人을爲先一體斷髮事와該院職權實施事와還上米ᄅᆞᆯ拔本ᄒᆞ야學校에附屬ᄒᆞᆯ事와倫尼嫁娶等諸案件을開會議決ᄒᆞᆯ더인ᄃᆡ該案件이係是重要인故로未能經議妥決이라ᄒᆞ야更히審査後來月曜日에開議ᄒᆞ기로姑爲停案ᄒᆞ얏다더라

●向車發砲 再昨夜北行最終列車가通過ᄒᆞᆯ際에水原驛南方約一里許左山에서汽車를向ᄒᆞ야二拾餘發砲가有ᄒᆞ얏ᄂᆞᆫ되被害者ᄂᆞᆫ無ᄒᆞ다더라

●都是日人 漢城五署警務官과警視廳醫官은一幷도遞任이되고其代에ᄂᆞᆫ日本人으로將次叙任ᄒᆞᆫ다더라

●江華消息 江華郡에不穩ᄒᆞᆫ狀態를據ᄒᆞᆫ則韓日兩兵이交戰ᄒᆞ야兩國兵이多數殺傷ᄒᆞ얏고韓兵은隊隊逐逐이要害處를防守ᄒᆞᆯ뿐더러或金浦通津等郡으로도移處ᄒᆞᆫ者도有ᄒᆞ다ᄒᆞ고江華十一日戰鬪에韓人死傷이五십餘名이라더라

●萬國靑會 來十月頃에美國華盛頓에서萬國基督敎靑年會大會를開ᄒᆞᆯ더인ᄃᆡ日本淸國印度英國法國德國等諸國靑年會에서代表委員을選送ᄒᆞᆯ터이며大韓靑年會에서ᄂᆞᆫ尹致昊氏를該會의代表委員으로選定ᄒᆞ야來九月八日頃에派送ᄒᆞᆫ다더라

●敎師新到 皇城基督靑年會英語總敎師ᄂᆞᆫ美國펜실뷔니아州푸랜스톤大學校得業生쓰아이머氏가被任ᄒᆞ야日本에滯在하ᄂᆞᆫ該會學監具禮九氏와同伴ᄒᆞ야今月念間에來到ᄒᆞᆯ듯하다ᄂᆞᆫ대氏ᄂᆞᆫ文學哲學心理學에專修ᄒᆞ야學士學位를得ᄒᆞ얏다더라

●李씨閑養 李東暉씨ᄂᆞᆫ경城에住在ᄒᆞ야方今閑養中이라더라

●稅署請願 巨濟船장承浦에稅關署를設置ᄒᆞ기爲ᄒᆞ야該地民有地五십坪을買收後에該郡守에게請諾ᄒᆞᆫ則上部訓令이無ᄒᆞᆫ則不可擅施라하얏ᄂᆞᆫ되總稅監目賀田氏가ᄂᆡ部에公函ᄒᆞ고該郡守에게發訓許施케ᄒᆞ라ᄒᆞ얏다더라

●地方消息

地方來信을據ᄒᆞᆫ則義兵이自春川으로加平郡을來襲ᄒᆞ얏고榮川에ᄂᆞᆫ原州脫營兵이火賊과合倂ᄒᆞ야約三百名에達ᄒᆞ얏ᄂᆞᆫ되勢甚猖獗ᄒᆞ고安東鎭衛隊兵丁은尙不解散ᄒᆞ야義兵과合勢ᄒᆞᆯ야ᄒᆞ고

通津郡은十一日에江華敗兵이該郡郡衙에侵入ᄒᆞ야郡守의게銃器와彈藥을强請ᄒᆞᄂᆞᆫ대暴威를不當ᄒᆞᆷ으로郡守와巡檢은村落에潛伏ᄒᆞ미人心이洶々ᄒᆞ얏고

金山郡은排日主義를懷ᄒᆞᆫ同郡守ᄂᆞᆫ掛冠而去ᄒᆞ얏ᄂᆞᆫ되郡守를失ᄒᆞᆫ郡民은何時에暴擧가有ᄒᆞᆯᄂᆞᆫ지不知ᄒᆞ야目下에戒嚴中이라ᄒᆞ얏고

呂州郡은頗히危險ᄒᆞᆫ情態가有ᄒᆞ야行路가阻絶ᄒᆞ얏고

原州鎭衛대ᄂᆞᆫ人民數百名과合力하야酒泉과橫城의兩路로分ᄒᆞ야猛進ᄒᆞ얏고

十日에義兵三百餘名이堤川에進入ᄒᆞ얏고

江陵에서平昌으로去ᄒᆞᆫ다ᄂᆞᆫ遞傳夫ᄂᆞᆫ行跡이不明ᄒᆞ고兩邑之間에義兵總數ᄂᆞᆫ現在六百餘名인대江陵을根據地로ᄒᆞ고更히大擧ᄒᆞ야경城을屠戮ᄒᆞᆫ다고각郡에檄文을발ᄒᆞ매形勢가益急ᄒᆞᆫ지라元山駐在日本軍대에서一個中대를測量艦에搭乘케ᄒᆞ고十二日午前七時半에發出ᄒᆞ야同地로急派ᄒᆞ얏고상此臨機ᄒᆞ야應援ᄒᆞᆯ터이라ᄒᆞ고

原州에서進入ᄒᆞᆫ韓兵과義兵은昨日橫城郡義兵과集合ᄒᆞ야銃及彈丸을携帶ᄒᆞ고平昌方面으로向ᄒᆞᄂᆞᆫ데其數가一千名以上이라더라

東京電報

八月十二日發着

●協約反對 日露協約中에含ᄒᆞᆫ蒙古의關ᄒᆞᆫ規定은日本有力家에서反對者가有ᄒᆞ야同協約이發表되지못ᄒᆞᆫ所以라더라

倫敦電報

八月拾三日午後着

●膠州難棄 獨逸레푸엔드로伯爵은膠州灣의周圍를評ᄒᆞ여日軍事上의見地로觀察ᄒᆞᆯ時ᄂᆞᆫ膠州灣이防禦ᄒᆞ기ᄂᆞᆫ不緊ᄒᆞ나東亞의通商에關ᄒᆞ야ᄂᆞᆫ些少ᄒᆞᆫ價値가有ᄒᆞᆫ故로國威를墜ᄒᆞᆯ虞가有ᄒᆞᆷ으로放棄치아니ᄒᆞᆯ게라고ᄒᆞ얏더라

▲夕陽對酒▼

▲宮內府에서承寧府를設置ᄒᆞ고官制를組織ᄒᆞ며 皇太子宮에서도侍講院官制를組織ᄒᆞ며皇后宮에도官制를組織ᄒᆞ니兩班家에淸宦이또싱겻스니如此時局을當ᄒᆞ야도淸宦만ᄒᆞ면좃킷지

▲日前內部에서郡守와警務局長敍任件에同意表를修正ᄒᆞ야統監府에送交ᄒᆞ얏더니其回照가無ᄒᆞᆷ으로頒布가되지못ᄒᆞᆫ다니該府에서答照치아니ᄒᆞᆷ은意見이不同ᄒᆞᆷ인즉同意表가안이라不同意表로고

▲日人이各部次官을佔奪ᄒᆞ더니家舍費ᄭᆞ지磨鍊ᄒᆞᆫ다니韓國內閣에서各部奏任을日人에게見奪ᄒᆞ고家舍貲를又爲奉呈ᄒᆞ니现今內閣大臣은日人에奴隷라忿愧之心이無ᄒᆞᆯ여니와有限ᄒᆞᆫ國庫금을無限ᄒᆞᆫ日人에月俸으로枯渴乃已ᄒᆞᆯ니로다

▲崔석敏氏ᄂᆞᆫ時機를窺察ᄒᆞ고一進會에阿附하야經理院卿를圖得ᄒᆞ야各地方에驛屯土派員과收稅官等屬를一一히一進會員의게分給ᄒᆞ고勢力를挽回코져ᄒᆞ니該氏의蝙蝠行色이又爲露出ᄒᆞ니可觀ᄒᆞᆯ事가多出ᄒᆞᆯ이로다

▲大邱에서ᄂᆞᆫ今回軍隊恩賜금의紙貨가多數히下賜ᄒᆞᆫ신故로紙貨價格이低落ᄒᆞ야一圓에葉四兩五錢이라ᄒᆞ니該地方에서ᄂᆞᆫ軍隊ᄂᆞᆫ解散이되얏스나貨幣ᄂᆞᆫ低落ᄒᆞ얏스니이것도財源融通이라ᄒᆞᆯᄂᆞᆫ지

▲近日宰相兩班들이珠旋晝閣과如水枕簟에無思無慮히臥送歲月ᄒᆞ다가對人ᄒᆞ면憂世之思가忽發하야天然히長歎ᄒᆞ여日각地方에義兵이蜂起ᄒᆞ나生靈만殺害ᄒᆞ니國事가將不知何境이라ᄒᆞ면서時也에有關ᄒᆞᆫ손님이來到ᄒᆞ면耳語가密勿ᄒᆞ야別般運動이層生ᄒᆞ니낫간질한일도만터구

▲原州鎭衛隊叅領洪祐馨氏가軍隊解散時에不穩ᄒᆞᆫ情態가有ᄒᆞᆷ을見ᄒᆞ고逃避上京ᄒᆞ야軍大李秉武氏를往見ᄒᆞᆫ則該軍隊를還送解放하라고催促ᄒᆞ미該氏가勢不得已發行ᄒᆞ엿스ᄂᆞ此所謂觸藩之羊이進退亦難이로고

▲江華郡守鄭環珠氏ᄂᆞᆫ元來一進會出身이라義兵이忽起ᄒᆞ미暫時避身코져ᄒᆞ다가已爲被執ᄒᆞ야無數毆打에幾至死境타가三昨日에竟至長逝ᄒᆞ엿스니近日一進會員이郡守를多數히圖得ᄒᆞ엿스나赴任ᄒᆞ기가大端히畏겁ᄒᆞ깃고

雜報

●鐵線調査　農商工部에셔 鐵道事業調査囑托工學士白石直治와 技師以下一行이 鐵道線路調査次로 拾三道管下各地로 出張호야 測量을 施行홀터인ᄃᆡ 該一行所到處에 地方各郡守는 極力保護호라고 各觀察使에게 발訓호얏더라

●總所答函

國債報償總合所長 尹雄烈씨가 日前 洪原 崔震鏞等의 嫌碍를 拘홈인지 該所에 辭免書를 繕送호얏는ᄃᆡ 總所任員諸氏가 答函호 全文이 如左호니

敬復者 下函을 奉悉이온바 是何夢外之辭意乎아 本所所長之任이 望且難矣故로 素以閣下로 從公議選擧而閣下之務盡本所功績은 一世所共知어니와 날 挽近洪原崔震鏞等의 雜記播傳之說로 閣下之辭免이 於義何當이며 於鑿何關가 今以該事顛末로 言之則 閣下之往擬南營時에 設有是事라도 삼십年 前事가 今日所長之任에 有何關係며 且閣下與 진鏞 面質之席에 日不知日不然之說로 無限說明은 滿場紳士의 所同認이오니 豈以一部分私疑로 辭乎 全國同胞之發務信用 還乎아 玆에 下函을 還呈호오니 仍舊出席호시믈 千萬顒望이라 호얏더라

廣告

新門外紙廛在家 金東潤 許에 紙貨八萬圓於音一片과 紙貨五千圓於音一片을 遺失호얏기 玆에 廣告호오니 內外國人은 拾得호와도 休紙施行홈

吳明根　告白

朝月　金壹錢五厘

광고

우리상회는 광무팔년붓터 일한인의 합자상회오

우리상회담비는 한국의 제일됴흔담비를 무역호야 셕거셔 일본권연쵸 만드는 법과 갓치 만든거시요

우리상회담비는 외국에셔 오는거시 아닌고로 셰금도 닉지안코 또ᄐᆡ가도 먹지안코 졔됴호는 일도 다 한국사롬을 식히여 편리호고로 담비를 싸게 팔슈잇스오니 그것 손다잡수시는 쳠군ᄌᆞ의 이익이오

우리상회담비는 일본사롬이든지 청국사롬이든지 먹는고로 나라의 이익이오

우리상회는 벽돌이층집일쟌이 네집으로 잇는고로 얼마든지 만들수가 잇스오니 만히 파라쥬시옵

졔됴소는 경셩소광교　광강상회

八朝　金壹錢五厘

民事訴訟代理와 刑事辯護及鑑定願問과 諸문案起草等 諸般事務를 迅速處理홈

漢城中署瑞麟坊 許屛 셴젼 병문
西南隅八統二戶

辯護士　尹邦鉉
同　太明식
同　金澤
事務員　安必中
法律事務所

金昌九氏 熱心으로 漢文教師씨 柳洪九氏로 雇聘호고 七月初十日로 開學하오니 願학호시는 僉年子弟는 居期入學호심을 望홈

北署阿峴坊十四統 一戶
韓興學校　盧圭혁　李遇鎬
徐東洙　都成俊　告白

本人等이 挽近沿江商業이 日益凋殘홈을 慨歎호야 同志人이 資金壹萬圓을 爲先募集하고 客主를 本地에 設立호야 京鄕商客의 各樣物品을 普通으로 買賣를 奉酬호오되 販賣도 特이 便利케호며 物價도 捧不捧間에 即地撥付호와 商況이 一層振興호기를 懇切이 希望호오니 각處商業家 僉員은 陸續來臨호심 也爲荷

京西署麻浦鹽廛頭第一百七十一統三戶
普信號客主
主務員　田圭煥
吳斗泳
崔喜永
金洛夏　告白

本人이 西署龍山坊孔德里契粉峴洞卅십三統一戶리 智性家券을 셔失호얏스오니 誰某拾得호여도 休紙施行홈

盧益亨　告白

基督 廣告

第二期學員募集

本學館에셔 秋期開學日字를 九月三日(陰七月二十六日)로 定호얏스니 舊學員은 趁期上學호려니와 新學員을 募集호오니 願學人은 本月二十五日內로 入學請願書를 本學館에 請求홈

課程　**普通課** 本朝歷史地誌 萬國歷史地誌 算術 數學 物理學 化學 生理學 經濟學 聖學 聖經 日英語 讀本

語學課 日語(讀本) 英語(讀本) 教科書 日英語

工業課 (待開學排定)

商業課(速成) 商業地誌 簿記 算術 商業 書類

夜學課(隨意) 日語 英語 簿記

年齡 十六歲以上

試取日 八月二十六日 陰七月十八日

試取科目 國漢文讀書作文 但工商課 算術四則以內加試

隆熙元年八月十三日
漢城中署鍾路里門內
皇城基督教靑年會學館　告白

開會日字는 司事部決議를 待호야 更告호깃스오니 僉會員 照亮爲要

敎育年會

本人의 養子 [illegible]泳이 不如意하기로 罷養하얏사오니 伏願僉君子는 照亮호시옵

交河炭浦面德水洞 朴[illegible]鎬 告白

前檢事 辯護士　李建鎬
法律事務所
西署小平洞第六十統十戶

大東文粹 全一冊 金七十五錢
箕子以來로 至國朝 宸章及名文精選 漢文必讀合用教科

新撰地文學 全一冊 金四十錢
凡屬地質學理 具圖式 精良簡易合用教科

生理衛生學 全一冊 金四十錢
吾人生理上關係衛生 具圖式 切要簡易合用教科

發賣所 布屛下廣學書舖 東口越邊中央書舖 寺洞漢陽書舖 鍾路大東書市 小廣橋高裕相書舖

學徒裝히 書冊
學徒運動과 諸具
羅紗各種
美國金鷄納
衣服裁縫其他雜貨도 廉價放賣호오니 僉君子는 來臨호심을 바라나이다

仁川港 奇觀閣新舖

本人이 日本大阪商業家와 特約호고 日本內地產出各種物品과 西洋各種物品及機械等物을 販賣에 輸入호야 委托을 便利케 契約호얏스오니 商工業에 有意호신 僉君子는 其物이 무슨지 請求코져 호시거든 本社로 來議호시되 本社에셔는 手數料만 受領홈

[illegible]社本店
開城北部[illegible]
支店 京城南門內水標五十一統六戶
培養商社
仝 仁川港內[illegible]

大東客宿館 廣告

宿所를 便利케 [illegible] 本館을 設立호야 [illegible] 食料 [illegible] 四圓 [illegible] 八錢으로 [illegible]

大東客宿館 館長 鄭熙燦　告白

오 放호에 居住衣籍員左[illegible] [illegible]

大東客宿館事務員 漢植 告白

[illegible] 派員 [illegible] 不道 [illegible] 有民 [illegible] 京部이 가 [illegible] 以廢佈홈

[illegible] 告白

완산과 셩신샤에셔 본인이 샹찬소(肥牛)를 [illegible] 다수이 팔너오시옵

최봉쥰　고빅

●일본遊覽者募集　人員은 五十名으로 一團을 成호니 [illegible] 者는 不日를 고速히 請入호시옵

一遊覽地　東京 [illegible] 大阪 神戶

一往復日數　[illegible] 十七日間

一經費　遊覽費及手數料를 合호야 總計四十八圓

一出發일　請入順次를 從호야 出發日에 直接히 通知홈

一請入所　在京 경셩신聞社 五十八銀行 경셩支店 及 [illegible] 銀行

一會員은 遊覽을 終호야 歸國호後는 本會와 關係가 小無홈

一南大門셔 釜山으로 直行호던지 或은 東京으로 直行하는 者의 請求호야도 同一便法으로 同行請入을 應諾홈

日本人遊람協會事務所 [illegible]

東[illegible]商會

●增修無冤錄大全

定價 新貨 七十錢

此增修無冤錄大全은 法律家의 [illegible] 이 [illegible] 年來 [illegible] 至호지라 故로 [illegible] 部에 認可를 得호고 此를 新刊호얏삽는ᄃᆡ 國漢文으로 解釋호야 模糊혼 句節이 無호오니 法律學에 有志호신니와 官職에 居호신니는 不得不 [illegible] 購覽호시옵

中署布屛下
[illegible] 發行所

歷史 [illegible] 東國史

[illegible] 告白

國債報償義捐金收入廣告

◎黃海道長淵郡西大救坊田村
갈밧말
金炳浩 정濟寬 리在元
각五拾錢 리致원 安光鎭
오國西 박昌九 니윤得
각壹圜 박근亭 八십젼
박지浩卄젼 조恒敏 김俊守
金基豐 리지三 각卄錢
니貞植 정學天 각五십錢
김병션 拾戈
▲대陣洞
리承浩 손益昌 韓宅寬
尹炳문 각卄젼 박貞順
十젼 최宗學 김基석
各의拾錢
▲금와동쇠두무
김成律 니長蘇 各壹원
강濟현 六拾젼 리致浩
五拾戈 興涉셔 김成九
孫平國 리自京 리召史
김官五 각四拾젼 김希원
□希영 강齊默 각卄戈
金京敏 五拾錢 權貞金
智應여 洪京用 趙吉서
김와集 朴大弘 禹致貞
宋계宅 魯汀영 각卄젼
金才石 洪京인 김用出
洪京生 조明보 邊興順
각十錢 洪召史 七十錢
▲沙器洞
김所辰 崔창五 리順培
각六十전 김所回 安孝子
김長安 김君先 各卄錢
리致조 김應淵 各五拾錢
▲古杜村
張貝현 김濟원 각壹원
柳春植 五拾錢 리윤煥
김영조 柳명영 각卄젼
리于三 六拾戈 김興洛
柳창영 張錫先 최才根
리윤여 각卄錢

▲上산洞
니敏才 니應赫 김계先
김万鎭 니自天 각壹원
김石日 四十전 張녕玄
五拾錢 金應煥 강宗헌
리계鉉 박金조 김思淸
복영조 정萬赫 리원영
박彦조 각卄錢 김剛浩
김宗호 김淳赫 곽圭
각卄錢 명윤先 김계先
최덕鳳 각十錢
▲弄盤동
議官니命赫拾원 主事리廷一
니英源 김문錫 金辰星
각壹원 니吉金 김致永
리云學 金용宅 김룡西
김珍星 김才先 김용國
柳成守 鄭寬燮 鄭여守
呂東식 呂東述 命덕成
김致京 김達順 니寅涉
니寅極 각卄錢 命致先
四十戈 鄭錫祖 金子玄
김龍云 金치坤 손치寬
김公보 김창浩 呂東益
각卄전
▲龍水동
니圭浩六원 김應弼壹원
김應源 六十錢 김應益
五十錢 김應涉 조仁宅
金希瓚 각三拾錢 김應軫
金순安 강제준 김應先
金達用 崔원鉉 김明汗
김永洙 각卄전 丁大興
拾젼 孔魯成 四십젼
▲白水洞
최치귀二원 金山弘 김應河
各七십젼 곽치奎 니근守
니尙珍 金寅浩 김根상
각六拾전 니창植 김순조
각九拾錢 朱창云 김應信
각八십면 孫寬圭 柳득善
리敏相 金鉉九 정道恒
郭연 魯韶成 孫永權
곽선 김光서 姜윤煥

김太賢 김永浩 魯明信
鄭京培 리東元 김應集
리根永 김花永 金化春
각卄전
▲宣村
柳秉文 김洛리 一圓五拾錢
尹圭락 김伊永 趙大興
니京田 姜信浩 宣반錫
김弼永 김爵一 各一圓
김락춘 姜守永 金金善
김克善 각卄전 김鼎銀
四拾전 柳명守 김洛洙
니成호 각六십전 리宗吉
김應元 각五십錢 金□淳
니유珍 孫元圭 윤圭善
각卄錢
▲龍淵동
議官박秉珠 趙發元 白雲五
최成조 김貞淳 각一圓
裴召史 박才先 박昌連
金秦化 김得連 姜召史
각五拾전 리기琛 강云吉
리召史 김成弼 니東國
朴大汗 趙德元 각卄戈
韓龍복 강守吉 최廷元 리昌坤
리永環 각六十전 김成敏
김창辰 趙聖乾 각四십錢
▲육삼洞
김道燮 五십전 강致三
박齊建 金汝俊 정長孫
박太비 各卄전 趙寬永
拾전 趙弼영 김昌用
각卄전 金영煥 卄五戈
장桂順 십五전 강致順
四十전
▲牧洞
김聖준 니昌吉 김君邦
각五拾錢 최宗信 金根哲
김영先 金昌九 김成宅
장윤先 鄭乃玄 각四십戈
김成吉 김萬交 니成道
朴영洙 廉石訓 니根영
김元호 김寬涉 洪昌조
金京伯 박영섭 각卄전
김元明 張永吉 各십戈
박山守 리石培 金益才
張應과 각卄錢
▲中산村

니□□ 一圓文 김伯玄
金來□ 任致□ 각卅전
□□ 孫□信 각八拾전
朴鉉敏 尹昌道 각五十전
니□ 니龍星 孫致寬
각십五錢 니正俊 六拾錢
김應喆 卄五전 박영근
니應玄 朴貞식 리貞二
각十전 金宗金 니龍煥
각一원 리龍敏 卄五전
김覺弘 孫京信 손致斌
리□仁 김升甫 김元植
各卄전 조興玄 손致우
최承彦 각四拾錢
▲梨木洞
손庚玄一원四拾錢 손宗玄
一圓拾전 손宗禹 니寅弘
김汝文 손昌植 손致涉
각一圓 손宗信 九십錢
김炳浩 七십錢 손君七
六十전 리殷京 五十면
김興근 손영信 손致葉
손光玄 손京贊 각四拾전
손致益 김昌順 손文玄
손貞玄 손鳳石 박昌호
각卄錢 孫致玉 최守근
金大汝 趙奉辰 孫玄辰
손치天 김京年 손致凡
김昌信 손致鳳 니奉信
각卄전 金창道 십五錢
김汝九 손奉洙 각십錢
김尙旭 卄오전
▲德村
니世煥一원 니윤星 손成烈
鄭元西 박윤仲 박윤植
各卄전 손基玄 五십錢
최成學 白창順 張云京
김振文 김윤文 朴윤學
朴義學 박成七 각卄전
니延煥 拾錢 최成玄
김士玄 각십전
▲野村
元致손 박君欽 각五十錢
박참준一원 朴창根 金達順
김致明 복창永 각卄錢
池明九 四十錢 김文守
박유秉 김作敏 김경交
黃永石 各卄전

合一百六十五圓五전
◎信川郡□□□第五洞
▲東谷 申致京 五圓
▲開上 김淳熙 一圓
▲開中 俞貞心 十五錢
▲河南面龍淵洞
신泰賢 리基榮 각一圓
印德三 九拾錢 신命夏
四십錢 申명彦 印亨奎
신덕노 각卄전 신東完
신덕煩 각十錢 印宗贊
韓義謙 각십전
▲深下里
宋基徵 宋영益 宋秉徵
宋持洪 각一圓 宋石周
宋士辰 리道春 尹貞鎬
각五십錢 宋光烈 宋德基
宋숭玉 신승선 宋德銘
선下一 宋倂烈 申光섭
각卄전 申小섭 宋容玉
宋孟舟 宋應三 宋東옥
김元汝 宋伯吉 申子섭
리官吉 각拾錢
▲城北里
니應祀 리창鎬 니仲吉
祖石신 각一圓 尹伯鎬
니敬相 尹인洙 각五十錢
尹敬玉 리忠相 니문相
각三拾면 俞仲문 張仲乾
리영春 리斗一 리完德
최致奐 韓周錫 金演吉
각卄전 신錫조 리吉榮
리京燮 리봉준 리庚守
宋龍玉 俞인奐 리吉命
김長근 신岩回 각拾전
▲靑石面□□里
魯應璧 魯元弼 각二圓
尹滋□ 리영호 魯應玉
김應□ 김京호 김致觀
각 환 리東華 김完植
姜玉成 鄭忠善 魯顯奎
魯成甫 김化四 리창九
김致府 鄭孝善 김錫瓚
박成烈 姜문享 각五十錢
魯學보 七十전 魯致京
니良서 각四十錢 리應燦
三拾錢 權族리棟 五拾錢
김應雲 주興雲 魯應道
니창祚 김益西 최致서
김仲弼 김致奎 김完碧

노長□ 가汝淳 □□□
노인보 鐵南도 각卄전
金金命 許명三 金京錫
김리京 金龍仁 金石山
각십錢 金成守 십五전
▲下邑面長命石里
김錫基二圓 金潤德 김道淵
각一圓 黃팔德 황濬德
盧光옥 니영熙 白召史
趙万才 니應國 리興顯
리基彦 각五十錢 김大敎
四십전 리□一 韓錫龍
각三십錢 徐奉星 盧成吉
黃泳□ 千君□ 韓基호
수□□ 鐵燮淳 김用一
리永春 각卄錢 윤平國
金才鉉 각십錢
合六십二圓三십錢內
交換費二十五錢除
實合六拾一圓八拾五錢
◎驪州邑近東面亭바위에수멋
뎌부인 오십錢
김씨부인 이십錢 됴시부인
고시부인 이십전 소십전
소십전 류시부인 김시부인
권시부인 이십뎐 소십전
십錢 박시부인 십전
김시부인 이십전 허시부인
이십전 니시부인 오십전
合二元八十錢
◎忠北陰城郡左文社
김寬鉉 申특鎭 리東根
각四拾錢 박秉和 徐和淳
각卄錢 李明鎭 十전
박기榮 李圭元 막卄면
朴成玉卄錢 최榮부卄면
張春근 최宗立 각拾錢
俞平心 尹根白 김敎化
徐순京 許敬仁 김卄錢
黃斉欽拾면 南錫勳卄錢
李在浩拾錢 김殷濟卄錢
김相雲 白正勳 柳春浩
각拾錢 林순化 安敬三
각卄전 최併瑠 拾錢
石成文 李亨相 김基榮
김奇□ 최道燮 각卄전
洪事九 四拾전 宋成元
朴기亨 각拾전
合七圓
◎黃海道장淵郡西大救坊松川

各五十□
□光玄二圓
六拾錢 夫人김氏 一圓
姜淳경 五圓 리斗珍 四圓
니鳳瑞 김龍仁 리承祥
김인澤 鄭德根 각二圓
손錫浩 김인尙 姜秉俊
김元西 김貞容 尹今喆
오致경 최晶연 韓可善
安基伸 김二程 강有弘
김汶瑞 許士玄 黃齊宗
朴辨弘 각一圓 편必會
六十전 김汝奎 김龍雲
김元永 김영宅 각五拾錢
金能奎 리인基 박辰福
오基福 각四十錢 김奉俠
宋明奎 김金□□ 각卄錢
玄창丘 김인祚 김丙西
리석煥 니明辰 리晶淚
김濟孝 鄭龍운 金尙五
복義善 니道殷 金東守
각卄錢
合六十一圓十錢
◎信川大非坊山水동五月宗中
리衆현 二拾錢 리東鉉
一圓五拾전 리□鉉 리九鉉
각五十錢 리七鉉 二圓
리祺현卄전 리三현 卄錢
리周현一圓 리殷현 리俊현
리麟현 리大현 리千현
각五十전 리道현 리宗현
각卄전 리秦과 리鍚顯
合一圓 리□區 一圓五拾전
리덕乃 리덕瞻 각五拾전
리덕準 리덕憲 리덕袞
리덕郁 각卄錢 리덕智
십錢 리秉模 리聖瓚
각一원 리亨 三拾전
리宗模 리麟模 각五拾면
姜彦會 黃贊周 각一圓
合二십圓

總合三百拾七圓八拾錢
國文報廣告總合一百六十二圓
二拾전
前號總合四萬七千五百三十三
圓八拾三錢七厘
都總合四萬八千○拾三圓六十
三젼七厘

第五卷　大韓每日申報　第五百九十號

月曜及慶節 時日休刊

檀君開國四千二百四十年
箕子元年三千二十九年
大韓開國五百十六年
日本明治四十年
清國光緒三十三年
陰曆丁未七月大初七日丙申

論說

日美關係（續）

美國에在ᄒᆞᆫ日人은必要를隨ᄒᆞ야自國政府의開戰을力勸ᄒᆞᆯ것이오日本內思想은貴族院中反對派의首領다니子爵의談話를其或効倣ᄒᆞ리니其談話에云ᄒᆞ얏스되桑港日人의所當壓迫은其甚不義라若以外交로滿足ᄒᆞᆫ解決을ᄌᆞ得ᄒᆞ면兵甲에控訴ᄒᆞᄂᆞᆫ거시惟一道理니吾人은心志를確定ᄒᆞᆯ다ᄒᆞ얏도다

同子爵이且云ᄒᆞ되美國이讓許ᄒᆞᆯ거슨確然ᄒᆞ다ᄒᆞ얏스나然이나障碍物이不無ᄒᆞ니美國政府ᄂᆞᆫ其或讓許ᄒᆞᆯ터이나今此所遇事에ᄂᆞᆫ政府가갈니포니아地方政局을對ᄒᆞ야權限이未有ᄒᆞᆫ지라갈니포니아人民이其將讓許耶아如此者機가無ᄒᆞ도다

何如人士ᄂᆞᆫ戰端이必生ᄒᆞᆯ줄노料度ᄒᆞ거나와今者形勢가西美開戰과俄日開戰의機微에不及ᄒᆞᆷ이未有ᄒᆞ니若果有戰役이면其結果가何如ᄒᆞᆯ고紙上所報로ᄂᆞᆫ美國이勝捷ᄒᆞ리니兩國勢力의比較表가如左ᄒᆞ도다

戰鬪艦	美國 三十	日本 十七	裝甲巡洋艦	美 拾五　日 拾三
巡洋艦	美 十七	日 十七	海軍	美 四萬一千　日 三萬五千

以其戰鬪艦對之ᄒᆞ면美國은新式最固艦三隻과一等艦二拾隻을有ᄒᆞ얏거날日本에ᄂᆞᆫ新式最固艦이二隻이오一等艦이不過十隻이며且美國은戰列에召集ᄒᆞᆯ艦隻이亦有ᄒᆞ나日本은水雷艇及驅逐艦을多有ᄒᆞ얏스니一熟達人의所報를據ᄒᆞᆫ대此等艇艦이日本에ᄂᆞᆫ四百六拾一이오美國에ᄂᆞᆫ二百五十二라其熟達人이列强의艦力을較計ᄒᆞᆯ시美國은第三位에置ᄒᆞ며日本은第五位에置ᄒᆞ고德國은其間에置ᄒᆞ얏도다

然이나日本은陸軍百萬或加多ᄒᆞᆫ人을有ᄒᆞ얏고美國은拾萬陸軍을有ᄒᆞ얏스니若此戰役이陸戰을作ᄒᆞ야日本이陸軍을合衆國니에驅入ᄒᆞ면一國을其將盡掃하리로다

我同盟日本과我親友美國間에戰端이起ᄒᆞᆫ은果是一國의憂慮ᄒᆞᄂᆞᆫ비라我英國이其能靜守ᄒᆞ면所得이將유ᄒᆞᆯ지라貸重高ᄒᆞᆫ利子로鉅額을兩國에貸給ᄒᆞ리니資本家에利益이오兩國이戰用物品을多求ᄒᆞ리니我之出口物이非常히擴張될거시며交戰兩國은物貨出口를不暇ᄒᆞ리니我英國은極東에日本競爭을除免ᄒᆞᆯ거시요全世界에美國競爭을亦免ᄒᆞ리로다

官報

●第三千八百四十三號　隆熙元年八月十三日

◉宮廷錄事

懿孝殿提調尹相衍辭職疏

批旨省疏具悉卿其勿辭行公

敍任及辭令

任公立義州普通學校副教員　金潔世

任公立鎭南浦普通學校副教員　金錫元

中樞院副贊議李敏應

任學部書記官　務安府參書官朴星煥

公立郭山普通學校副教員　金弘龜

免本官

●號外　隆熙元年八月十三日

宮廷錄事

宮內府大臣陸軍副將勳一等臣리윤用謹

奏

太皇帝上號議號畢子今既

發下矣招致禮郎傳授之意謹上

奏　奉

旨依奏

●第三千八百四十四號　隆熙元年八月十四日

◉宮廷錄事

掌禮院卿臣申箕善謹

奏今此追封

皇后時

懿孝殿床卓等儀物當爲改備矣令宮內府即速擧行何如謹上

奏　奉

旨依奏

掌禮院卿臣申箕善謹

奏今此

皇太子冊禮時應行諸事預設都監然後可以擧行都監堂郎令宮內府差出何如謹上

奏　奉

旨合設於尊奉都監

敍任及辭令

懿孝殿祀丞黃彦性

度支部書記郞최崙源

仝　命영해

仝　安鍾哲

度支部技手安書英

依願免本官　義親王府典衛金森鎭

任景孝殿祀丞　九品黃彦性

任義親王府典衛　九品김永해　六品金崙源

任度支部書記郞　九品安鍾哲

任度支部建築所主事　六品최承七

任度支部書記郞　尹宋夏

太僕司書記郞리換同

依願免本官　侍從院書記郞리明宇

任主殿院書記郞　侍從院庶務課分主事오致賢

任侍從院書記郞　九品秦學善

任太僕司書記郞　度支部主事崔榮憲

依願依本官

任度支部稅務主事　리旅稼

外報

●淸廷戒嚴　近頃에淸國革命黨이大西洋에서兵船五隻과水雷艇十隻에軍器를搭載ᄒᆞᆫᄂᆞᆫ듸船內에ᄂᆞᆫ猶太人을用ᄒᆞ고각國旗를揭揚ᄒᆞ며秘密히장으로入ᄒᆞ야一齊히각地에散布ᄒᆞᆯ야ᄒᆞ고革命黨의領首梁啓超ᄂᆞᆫ日本으로서上海에入ᄒᆞ얏다가偵探이嚴重ᄒᆞᆷ으로部下二十餘名을隨ᄒᆞ야膠州灣으로逃ᄒᆞ얏다ᄒᆞ며또革命黨이到處에潛伏ᄒᆞᆫ形跡이有ᄒᆞ야此際에一層警戒를要ᄒᆞᄂᆞᆫ飛報가有ᄒᆞ야人心이動搖ᄒᆞᆫ傾向이有ᄒᆞᆫ故로慶醇兩親王이兩宮에對ᄒᆞ야長久히이和宮에御留치말으시고速히還宮ᄒᆞ시기를面奏ᄒᆞ얏다더라

●摩洛哥經援　路透電을據ᄒᆞᆫ則摩洛哥國으로서來ᄒᆞᆫ諸報에佛國兵은가사푸광가에서敵兵의大砲를集ᄒᆞᆫ前面의서上陸을開始ᄒᆞ얏ᄂᆞᆫ대非常ᄒᆞᆫ失策을示ᄒᆞᆷ과如ᄒᆞ야部落人들은其好機를不失ᄒᆞ고ᄌᆞᄒᆞ야全市街를掠奪ᄒᆞ고猛烈히一齊射擊을開始ᄒᆞ얏ᄂᆞᆫ대佛國領事館에公報ᄂᆞᆫ其事實을詳細히報ᄒᆞ여曰가사푸광가에領事館所在地에驛醫三士人의攻擊이大虐殺에極ᄒᆞ야八月七日朝에至ᄒᆞ야ᄂᆞᆫ四隻巡洋艦이防護者를子援ᄒᆞ라고來著ᄒᆞ얏ᄂᆞᆫ대佛國人에死者ᄂᆞᆫ七名外에將校二名兵士十名이負傷하얏고또西國兵대에ᄂᆞᆫ多數ᄒᆞᆫ死傷者가有ᄒᆞ얏고佛國救援軍은市街外파에서强硬ᄒᆞᆫ士人六千人의攻擊을擊退ᄒᆞ야今에ᄂᆞᆫ秩序가수然히恢復이되얏더라

●交際尤輯　桑港警務廳에서日人의勞動所를禁止ᄒᆞ고門牌를다拔去ᄒᆞ얏ᄂᆞᆫ데日本全國人民이大段히感情을起ᄒᆞ야伊前學校에서學生排斥時에料理店破碎ᄒᆞᆯ時보더難擾ᄒᆞ다더라

●比人排日　桑港報를據ᄒᆞᆫ則싸골리大學校에서就學ᄒᆞᄂᆞᆫ比律賓學生들이月報를出刊하ᄂᆞᆫ되日本이將次比律賓을經營ᄒᆞ야ᄂᆞᆫ것을大端히痛歎ᄒᆞ야論說하얏더라

●美兵對日　美國서日本의파測ᄒᆞᆫ行動이有ᄒᆞᆷ은知ᄒᆞ고大西洋艦隊를太平洋으로急速히回航ᄒᆞ거니와近日桑港近邊에在ᄒᆞᆫ陸軍들은特別히操鍊ᄒᆞ며敵兵防禦ᄒᆞᆯ方法을研究ᄒᆞᄂᆞᆫ中이라더라

雜報

●忠察報告　忠北觀察使리錫成氏가內部로報告하되即接管下堤川郡守趙冕翊氏의報告內에發兵之情形을益加偵探이온等酒泉所在百餘名과李昌等地에所在三百餘名이合聚ᄒᆞ야陰去月二十七日에卽入平昌邑取扱所ᄒᆞ야日本人二名을砲殺後에路上에서遞送遞傳夫一名하야卽爲砲殺이다고原州等地에서부터繼到則該郡新林等地에서부터行路阻絶ᄒᆞ야不能前進ᄒᆞ고還來而去月二拾九日에本郡邑三里長處에自該徒發通內開將行陣出去矣니每戶에糧米三升草鞋九件式準備ᄒᆞ라고且各洞口를嚴密把守하야若有殊常之人則執留하고同月三拾日에抵到於邑距十五里許남미岩巖地ᄒᆞ야直入邑底이다이온바情形을遣加詗探ᄒᆞ야機關驅報ᄒᆞᆯ意로指飭該郡ᄒᆞ고自道로別派加目에四處偵探中이라하얏더라

●與留發문　平北의所聞을聞ᄒᆞᆫ則本道檢事안秉瓚가下車半年에頒滿一道라刑則于撫綏ᄒᆞ야修刑政而至平ᄒᆞ고法約了不犯ᄒᆞ야執法而至公ᄒᆞ니소省之安이安公之德이라安公이安可安歸리오難欲留而遐蹤이나可郡儒生之蒼派와一道人民之願留가比日騈起하고至於慰失微吼ᄒᆞ야도所經要路에會同聚集ᄒᆞ야期於遮道ᄒᆞ기로通文을齊起ᄒᆞ며離拔日字를探偵ᄒᆞ다더라

●奈廣始決　前明禮宮庄金海等地蘆田所出除利가稍廢ᄒᆞ야每多紛競터니今年間自각宮事務整理所로一一調査ᄒᆞ야除심月二十三日에入札公賣ᄒᆞ얏ᄂᆞᆫ데李濟東李圭直兩人이呼價額數가相等ᄒᆞ야整理委員長과宮內府顧問官과諸委員이會集ᄒᆞ야兩人을抽籤ᄒᆞ얏ᄂᆞᆫ대리圭直은先抽空字而落榜ᄒᆞ고리濟東은後抽當字而入參ᄒᆞ얏다더라

雜報

●事務協議 再昨日下午二時에總理大臣以下各部大臣이學禮院에會同ᄒᆞ야尊奉都監의事務處理ᄒᆞᄂᆞᆫ方針을擱商協議ᄒᆞ얏다더라

●仕進無名 內部顧問室이廢撤된은人所共知어니와一般事務員들은如前視務仕進홈으로無名色ᄒᆞᆫ仕進이라ᄂᆞᆫ批評이有ᄒᆞ더라

●職姓示明 度支部에셔금領支撥에便利ᄒᆞ기爲ᄒᆞ야現今각部션受官의職姓名을從速示明ᄒᆞ라고移照各部ᄒᆞ얏다더라

●一任日人 內閣大臣과伊藤統監이日人이韓國官吏敍任事件에對ᄒᆞ야決議ᄒᆞ되각部大臣과地方觀察郡守外에ᄂᆞᆫ無碍任用ᄒᆞ기로酌定ᄒᆞ얏다ᄂᆞᆫ說이有ᄒᆞ더라

●警總發行 江華郡의不穩ᄒᆞᆫ狀態를鎭靜ᄒᆞ기爲ᄒᆞ야警視總監丸山重俊씨가巡査幾名을領率ᄒᆞ고昨日上午八時頃에該郡으로發向ᄒᆞ얏다더라

●학次相見 學部次官俵孫一씨가昨日부터仕進視務ᄒᆞᄂᆞᆫ데一般官吏가會同ᄒᆞ야相見禮를行ᄒᆞ얏다더라

●總理移舍 總理大臣李完用氏의撤移ᄒᆞᆫ事ᄂᆞᆫ屢爲報道어니와昨日上으로셔水橋嚴俊源氏의家舍를下賜ᄒᆞ옵신故로三昨日에該家舍로撤移ᄒᆞ얏다더라

●英艦入港 英國巡洋艦二隻이再昨拾三日午後에仁川港으로入ᄒᆞ야投錨ᄒᆞ얏다더라

●日艦領歸 仁川港에到泊ᄒᆞ얏던日本軍艦千早新高笠置三隻과驅逐艦四隻을本月십二日에伊藤統監이領率歸國ᄒᆞ얏다더라

●便同覽會 각道各郡에셔近日以來로博覽會出品件이每日農商工部에답至홈으로該部ᄂᆞᆫ便同博覽所를幻成ᄒᆞ얏다더라

●法院의審問 리준鎔氏가平理院에自現就囚ᄒᆞ얏다가保放이된은別項과如ᄒᆞ거니와該씨ᄂᆞᆫ皇室의懿親이오事係重大홈으로特別法院을設置ᄒᆞ고審査處理ᄒᆞ기로法部大臣이 上奏ᄒᆞ얏다더라

●一齊剃髮 內部使令과房直等도昨日부터壹齊剃髮ᄒᆞ얏다더라

●何故被捉 奉侍洪宅柱氏도何事件을因홈인지再昨日警視廳에被捉되얏다더라

●日打韓兒 昨日下午八時에十五歲兒가自行車를搭乘ᄒᆞ고瓦所近地에過홀時에何許日人三名이突出ᄒᆞ야該自行車를欲奪ᄒᆞᆫ즉該兒가不給ᄒᆞ미其日人이無數亂打ᄒᆞ야該兒가幸以免死ᄒᆞ나全身을重傷ᄒᆞ엿스니韓國은兒輩라도道路에行ᄒᆞ기가極難ᄒᆞ다더라

●尉官移囚 憲兵司令部에被囚ᄒᆞᆫ尉官及兵卒을審査ᄒᆞ얏ᄂᆞᆫ데其中에不服ᄒᆞᆫ尉官二拾名은昨日上午拾二時에陸軍法院으로移囚ᄒᆞ얏다더라

●리氏被捉 江華郡普昌學校長리東暉씨ᄂᆞᆫ有何事件인지再昨日警視廳에被捉되얏다더라

●日兵向東 本月八日에日本陸軍步兵小佐가中隊長以下兵卒二百五拾名과騎馬駄重 百三拾四를領率ᄒᆞ고양근郡에到着ᄒᆞ얏다가翌日에砥平郡으로발向ᄒᆞ얏다고該郡守가內部에報告ᄒᆞ얏다더라

●兵卒慘狀 再昨日正午에侍衛一二聯隊兵卒五百餘名을解隊放送ᄒᆞᆫ디恩金도不給ᄒᆞᆫ兵卒은當場生活之道가無ᄒᆞ야痛哭ᄒᆞᄂᆞᆫ慘狀을慘不忍見이라더라

●關東義聲 原州等地來人의傳說을聞ᄒᆞᆫ즉各處解散兵이原州鎭衛隊脫營兵으로合勢ᄒᆞ얏ᄂᆞᆫ대八百餘名에達ᄒᆞ얏고該附近義徒가唱起ᄒᆞ야獵鹿ᄒᆞᄂᆞᆫ一等山砲를募集ᄒᆞ얏ᄂᆞᆫ디二千餘名에達ᄒᆞᆫ지라解散兵丁과砲軍은服裝를解脫ᄒᆞ고頭上에白巾를纏ᄒᆞ며衣色은草色과同ᄒᆞ야茂林中에潛伏ᄒᆞ얏ᄂᆞᆫ디草與人을難辨ᄒᆞ고民丁은峰巒峻急處에礡石을積聚ᄒᆞ야路를俟望ᄒᆞ고婦女兒童은簞食壺醬으로三四拾里에遠近를不計ᄒᆞ고揮淚來饋ᄒᆞ며自楊根等地로至江陵郡々지首尾가相接ᄒᆞ고義聲所及에慶北方面에도一時에響應ᄒᆞ얏ᄂᆞᆫ디勢如鐵桶ᄒᆞ야日兵斥候가不得接近ᄒᆞ고行路가阻絶ᄒᆞ얏고一邊으로ᄂᆞᆫ彈丸을製造ᄒᆞ고一邊으로ᄂᆞᆫ砲軍을鍊習ᄒᆞᄂᆞᆫ대軍容은整齊ᄒᆞ야秋毫도不犯ᄒᆞ고民心은樂從ᄒᆞ야一體團合ᄒᆞᆫ貌樣이라더라

●發兵中止 傳說을得聞ᄒᆞᆫ則韓國各地方에不穩ᄒᆞᆫ狀態를鎭壓ᄒᆞ기爲ᄒᆞ야日本서兵丁二師團이派送되엿ᄂᆞᆫ대有何層節인지出發中路에서姑爲停止되엿다더라

●日兵傷命 水原通信을據ᄒᆞᆫ則去十一日早朝에巡檢三人이三里許村落에前往하야夜間에何許人이放銃ᄒᆞᆫ理由를探問ᄒᆞᆫ則放銃ᄒᆞᆫ形跡도無ᄒᆞ고何等銃器도無ᄒᆞ며居民이答ᄒᆞ기를家內를搜索ᄒᆞ라ᄒᆞ매巡檢等이退歸ᄒᆞ엿더니同日上午拾一時量에日兵四十名이該村의前往하야家々戶々히突入ᄒᆞ야房屋을搜索ᄒᆞ며人民을捕縛ᄒᆞᄂᆞᆫ디江邊遊客을亦爲被縛ᄒᆞ엿고該村落四面田地에耘々ᄒᆞ든이此를喫겁走避之際에日兵等이數次亂射ᄒᆞ야 人을致斃ᄒᆞ고其他ᄂᆞᆫ電傷을被ᄒᆞᆫ지라被害人은卽吳徹鵬인대年今二十四라一外國人이此慘狀을見ᄒᆞ고救療次로急往ᄒᆞᆫ즉一時間을不過ᄒᆞ야已爲致命ᄒᆞᆫ지라頭部가中丸ᄒᆞ야고頭에髻가有ᄒᆞ야兵卒로認홀바ᄂᆞᆫ無ᄒᆞ고單衫短袴를着ᄒᆞ얏스니兵器를携帶ᄒᆞᆫ嫌도無ᄒᆞ미慘酷히日兵銃에中丸致斃ᄒᆞ엿고日兵이村家에搜索ᄒᆞᆫ事ᄂᆞᆫ其時停車場附近에居留日人이該官憲의게誣告ᄒᆞᆫ所以라더라

●狂談何救 近日事變以來로遠近間無根風說이種々盛行ᄒᆞ야或曰某地方에셔日軍幾拾名이陷沒이라ᄒᆞ며或曰某地方에셔日軍幾百名이敗死ᄒᆞ얏다ᄒᆞ야口々相傳ᄒᆞᄂᆞᆫ대如彼확言을本報에不爲掲載ᄒᆞᆫ故로一種狂謬輕薄之徒가往々히無稽之說로本社를對ᄒᆞ야肆然詰責ᄒᆞ니此等狂談은不足與較어니와大抵報筆義務ᄂᆞᆫ實地證據가無ᄒᆞᆫ風說은不得掛記載ᄒᆞᄂᆞᆫ것이오苟其事實이的確ᄒᆞ면何者를顧忌ᄒᆞ야有所隱諱ᄒᆞ리오愛讀僉員은併皆諒之어다

●牧師歡迎 蓮洞耶蘇教堂牧師奇一氏가歸國ᄒᆞ얏다가四五日前에渡來ᄒᆞ얏ᄂᆞᆫ대男女學徒와教友數二千名이再昨日에同氏를爲ᄒᆞ야歡迎會를該教堂에셔設行ᄒᆞ얏ᄂᆞᆫ대盛況을呈ᄒᆞ얏ᄂᆞ더라

●地方情形

各地方來信을據ᄒᆞᆫ則去十日에驪州郡距東州里安倉에셔義兵이暴起ᄒᆞ야日本船을襲擊ᄒᆞ얏ᄂᆞᆫ대日人二名은捕捉ᄒᆞ고商品을沒數히取奪ᄒᆞ얏고清風郡에셔韓兵一百名과義兵二百名이集合ᄒᆞ야必要ᄒᆞᆫ步哨를排置ᄒᆞ얏고原州脫營兵의主力은安倉에在ᄒᆞ고平昌江陵襄陽方面에出往ᄒᆞ야軍資金과義兵을募集ᄒᆞᄂᆞᆫ대二千餘名의達ᄒᆞ얏다ᄒᆞ고端川郡에셔義兵團이暴起ᄒᆞ얏ᄂᆞᆫ디勢力이强盛ᄒᆞ야新協約을抗議ᄒᆞ고義兵中一人이自京으로該郡에歸來ᄒᆞ야一層激昂ᄒᆞ며舊式獵銃을蒐集ᄒᆞᄂᆞᆫ대日人分遣所에保管ᄒᆞᆫ武器彈藥은搬出홀計劃이無ᄒᆞ다ᄒᆞ고巨濟郡에셔各洞에二人式會集ᄒᆞ야合二百餘名이무삼協議가有ᄒᆞ얏다ᄒᆞ고陽智竹山兩郡에ᄂᆞᆫ文信이不通ᄒᆞ야民心이騷擾ᄒᆞ고形勢가不穩ᄒᆞ얏고江華郡에셔韓日兵이爭鬪時에英國宣教師家族은日警官이嚴密히保護ᄒᆞ얏다더라

十二日에水原에셔發ᄒᆞᆫ日人의電報를據ᄒᆞᆫ則同郡禿山里에셔砲死ᄒᆞᆫ韓人屍體를發現ᄒᆞ엿다ᄒᆞ엿고堤川郡에셔도江原道各郡人民이多數聚集ᄒᆞ얏다홈을聞ᄒᆞ고相繼코ᄌᆞᄒᆞ여各洞里에셔民徒를募集ᄒᆞᆫ다ᄒᆞ얏고

●死傷未詳

江華郡戰鬪時와現今江原道各郡의戰鬪時에日人의死傷은日人이掩跡ᄒᆞ여俯不發布ᄒᆞ고韓人의死傷은外人의公眼도無ᄒᆞᆫ處에셔日人의殘虐으로玉石이俱焚홀줄노認ᄒᆞ노라

●三氏移囚 警視廳에多日滯囚ᄒᆞᆫ朴泳孝南廷哲李道宰三氏ᄂᆞᆫ訊問을畢了ᄒᆞ고昨日平理院으로移囚ᄒᆞ얏다더라

桑港電報

十四日發

●密使發言 韓國密使ᄂᆞᆫ熱烈히米人에게感情을訴請ᄒᆞ되我國人은最後血을見ᄒᆞ기ᄭᆞ지日本을抵抗ᄒᆞᆯ터이오歐米人은文明平和를爲ᄒᆞ야我國에獨立을不可不救라고聲言하엿다더라

▲蟬聲益淸▼

▲總理大臣李完用氏의兄弟ᄂᆞᆫ俱是絶等ᄒᆞᆫ巧諂手段으로曾前에附俄排日ᄒᆞ던者오東學黨은侍天主造化定을唱ᄒᆞ면서斥洋斥倭를大談ᄒᆞ더니到今ᄒᆞ야ᄂᆞᆫ다日人의奴隸가되야販賣祖國을爲一能事ᄒᆞ니此兩派의行爲가亦一世界上奇觀이로다

▲近來日人들이錦陵尉朴泳孝氏를指目ᄒᆞ야日忘恩之徒라ᄒᆞ다ᄒᆞ니彼於前日에ᄂᆞᆫ固以日本爲可恃者어니와今見其不可恃矣라苟其祖國思想이有ᄒᆞ면엇지一種賣國奴의行爲와又치홀가

▲伊藤侯가韓國大官을對ᄒᆞ면懇々說話가惟是韓國의文明을指導ᄒᆞ며富强을圖謀ᄒᆞ기로晝宵進務하노라ᄒᆞ니聽其言也면大端히感謝ᄒᆞ거니와統監府行政以後로韓國人民의慘酷ᄒᆞᆫ情況은如水益深ᄒᆞ고如火益熱ᄒᆞ니此所謂言之太甘에其中必苦인가

▲學部參與官의一般事務員들은三昨日에解雇되얏ᄂᆞᆫ디將次隨其棄闕ᄒᆞ야正任으로需用ᄒᆞᆫ다ᄒᆞ니日人이韓國의雇聘ᄒᆞ야顧問인지參與官인지許多名稱으로月銀을苟且히偸食ᄒᆞ더니協約以後로ᄂᆞᆫ正任으로次第敍任ᄒᆞ니各部官員은日人의奇貨가되엿고

▲表勳院은擴張ᄒᆞ기爲ᄒᆞ야該院內에總務局을增設ᄒᆞ고局長은前製章局長鄭東楷氏로任命케ᄒᆞ라고伊藤統監이總理大臣의게勸告ᄒᆞ얏다니近日日人의게ᄂᆞᆫ勳之有無ᄂᆞᆫ姑舍ᄒᆞ고如學勳章을多數히製給ᄒᆞ니日人이表勳院을擴張ᄒᆞ라고勸ᄒᆞᄂᆞᆫ것슨實로제일제가홀게로고

▲農商工部에셔各道에發訓ᄒᆞ고土地産物을隨ᄒᆞ야博覽會出品料를輸上하라ᄒᆞ얏ᄂᆞᆫ디北靑郡守洪祐元氏가蔘蕈一貫을農商工部에輸納ᄒᆞ엿다니農大ᄂᆞᆫ一進會領인즉蔘選帽子갑으로셔ᄉᆞᄒᆞᆫ게로고

▲여보內閣大臣은무엇ᄒᆞᄂᆞᆫ것시오人民을爲ᄒᆞ야設置ᄒᆞᆫ것시지오그러면現今時局이日非ᄒᆞ야各地方에烟塵이四起ᄒᆞ야號哭이狼藉ᄒᆞ되內閣大臣은恬若尋常ᄒᆞ야如何ᄒᆞᆫ方策이無ᄒᆞ니韓國에도政府가有ᄒᆞ다ᄒᆞ겟쇼現今七賊大臣은韓國大臣이아니오卽不過日人의奴隸오賣國賊民은日人보다甚ᄒᆞᆫ지오

▲農商工部所管으로國有未墾地事務局을設置홀官制를編成ᄒᆞ야農大臣가聯署하야內閣에請議ᄒᆞ얏다니兩大臣의事業은陳荒地을起墾ᄒᆞ면田野가闢ᄒᆞ고人民이安樂홀걸

▲近日一進會가郡守를多數히圖得하더니各地方에義兵의騷擾홈으로畏却未赴ᄒᆞ매供背獎ᄒᆞᆫ法部次官을圖任ᄒᆞᆫ다ᄒᆞ고俞鶴柱氏ᄂᆞᆫ平理院判事를敍任ᄒᆞ얏스니地方이不穩ᄒᆞ면門戶으로돌너붓ᄂᆞᆫ고

▲京城日報에日本人의裸體ᄂᆞᆫ變俗을改良홀目的으로從來短衣一枚를腰腕에圍ᄒᆞ고客을應接ᄒᆞ며妙齡婦人은裸로室에居ᄒᆞᄂᆞᆫ것을論非ᄒᆞ고大阪警察署에서裸體取締를勵行ᄒᆞᆫ다ᄒᆞ니古來이往時代에韓國文化를輸入ᄒᆞ얏스되裸體ᄒᆞᄂᆞᆫ蠻風은未改ᄒᆞ얏더니韓國에風俗을遵倣ᄒᆞ야人事改良은今年부터始作ᄒᆞᄂᆞᆫ가

◎至急社告

自南大門外紫殿으로至新문싸華산까지本申報分傳ᄒᆞ든李俊과張志淑兩人이申報價領受證을가지고本月七日에逃躱ᄒᆞᆫ故로玆以仰告ᄒᆞ오니本申報購覽ᄒᆞ시ᄂᆞᆫ僉君子ᄂᆞᆫ爲先統戶을更書ᄒᆞ야本社로送交ᄒᆞ시고만일該兩人이領受證을가지고潛往ᄒᆞ여申報代金을索捧ᄒᆞᆯ지라도切勿出給ᄒᆞ시며設或領受證업시出給ᄒᆞ여서도本社에서ᄂᆞᆫ領受證으로施行ᄒᆞᆯ터이오니照亮홈

布哇에서本社에送付ᄒᆞᆫ美금壹百弗拾弗二拾九弗三張에分ᄒᆞᆫ

便爲替을受ᄒᆞ얏스나

何許人이何許事件으로送付ᄒᆞ얏ᄂᆞᆫ지簽字가無ᄒᆞ야疑訝이오니郵便에交涉ᄒᆞ야錢額은已爲推尋이고出付人은布哇留閔찬鎬씨로認得이나何許事件으로送금인지速々詳示를切望홈

博川舊淮李鎭成氏를本支社員으로認定ᄒᆞ얏기玆以仰布ᄒᆞ오니該附近地에本申報購覽ᄒᆞ실僉君子ᄂᆞᆫ右氏의게請求ᄒᆞ심을務望홈

大韓每日申報　社

◎本社補助錄

七月度

一日　金사梧　萬圓
二日　李相淡　貳圓
三日　白德坤　壹圓
同日　無名氏　六拾錢
八日　金漢相　壹圓
同日　金貞鉉　壹圓五拾
貳錢
十一日　北美紐約共濟館
徐弼淳等　七圓
二十三日　窮?李弼憲　貳圓

十六日　錦山박箕緒　壹圓
同日　開城永창學校校監
元漢圭　貳圓
十八日　海南閔慶鎬　壹圓
同日　全州柳斗煥　壹圓
十九日　中和私立光成學校
校長李恒稙　壹圓
卅一日　平壤김泰善　壹圓
同日　甲山김준恒　五십錢
合計拾三圓六拾二錢

雜報

◎妓生試取　德奉都監에서妓生을錄習ᄒᆞᆯ터인데昨日에妓生數十名을會同試取ᄒᆞ얏다더라

◎賣淫調査　再昨日에서賣淫女를調査ᄒᆞ얏ᄂᆞᆫ대五십七名에有病者ㅣ四人이라더라

◎罷民願留　西來人에傳說을聞ᄒᆞᆫ則通川府尹魚允迪씨가本以有名的政治家로莅任該府에處官如家ᄒᆞ며愛民如子라嫺於外交에入民이安堵ᄒᆞ고勸于教育에ᄂᆞᆫ校鬱興이라一境威化ᄒᆞ야歌以來袴러니該氏가近日學部編輯局長을被任ᄒᆞᆷ에一府人民이願留呼訴次로日間上來ᄒᆞᆫ다더라

◎리家賊警　陰六月二십六日德山郡大德面面長리一喜家에賊黨이突入ᄒᆞ야結전二百七拾二兩과戶稅전五拾兩을奪去ᄒᆞ얏다더라

◎經由廢止　內部각項公문을顧問室에經由ᄒᆞ야同意을得ᄒᆞᆫ後에實行ᄒᆞ더니丸山重준씨가解顧됨으로再昨日부터該部大臣의命令으로經由ᄒᆞᄂᆞᆫ例을廢止ᄒᆞ엿다더라

◎민氏辭明　[illegible]學務局學課長김晦秀氏가辭職請願ᄒᆞ고仕進치아니ᄒᆞᆫ說은[illegible]ᄒᆞ얏거니와該部大臣이請願狀을封還ᄒᆞ얏더니該氏가昨日에仕進ᄒᆞ얏ᄂᆞᆫ데經濟課長김基璧씨와面談ᄒᆞ야期於辭職退去ᄒᆞ곗다ᄒᆞ매김秘書課長이辭職ᄒᆞᄂᆞᆫ것시不可ᄒᆞ다고說明ᄒᆞ얏다더라

◎리氏請質　리준鎔氏가平理院에自現就囚ᄒᆞᆫ다ᄂᆞᆫ說은昨報에已爲報道어니와昨報와如히自現就囚ᄒᆞ야所供ᄒᆞ기를多年留學外國ᄒᆞ고回國ᄒᆞᆫ則罪在居首ᄒᆞ와萬々惶悚ᄒᆞ오니其時法官과對質卞白ᄒᆞᆯ것다고ᄒᆞᆫ事로平理院에서法部로報告ᄒᆞ야該部에서上奏ᄒᆞ얏다더라

◎月曜一仕　研成學校附尉官學徒諸氏들은解不解間에今番軍部大臣의指揮ᄒᆞᆷ留待ᄒᆞ야每月曜日에一次式該校內에仕進ᄒᆞᆫ다더라

◎特別法院　리熙斗林在德리甲三씨事件을審査ᄒᆞ기爲ᄒᆞ야特別經理法院을設始ᄒᆞ고審査委員은曾經陸軍副將으로選定ᄒᆞᆫ다더라

廣告

西署石山坊沙村里內統四戶瓦家十間草家六間半家券丁未六月二十七日에失故玆以廣告ᄒᆞ오니內外國人은誰某拾得ᄒᆞ와도休紙施行

최?默　告白

西署龍山坊沙村里契所在草家四十二統二戶六間家券今六月二十七日中路에서失故ᄒᆞ야以廣告ᄒᆞ오니內外國人間休紙施行홈

高炳斗　告白

兼檢事　辯護士　李建鎬
法律事務所
西署小?洞?八十統十戶

皇城基督青年學館　第二期學員募集廣告

本學館에서秋期開學日字를九月三日(陰七月二十六日)로定ᄒᆞ얏스니舊學員은趁期上學ᄒᆞ려니와新學員을募集ᄒᆞ오니願學人은本月二十五日內로入學請願書를本學館에請求홈

課程

普通課　本朝歷史地誌　萬國歷史地誌　算術　數學　物理學　化學　生理學　經濟學　星學　聖經　日英語(隨意)

語學課　日語(隨意)　英語(隨意)　教科書　日英語

工業課　(待開學排定)

商業課　速成　簿記　商業　商業地誌　算術　商業　書類

夜學課　隨意　日語　英語　簿記

年齡　十六歲以上

試取日　八月二十六日　陰七月十八日

試取科目　國漢文讀書作文
但工商課　算術四則以內加試

隆熙元年八月十三日
漢城中署鐘路里門內
皇城基督教青年會學館　告白

開會日字ᄂᆞᆫ司事部決議를待ᄒᆞ야更告ᄒᆞ깃사오니　僉會員照亮爲要

皇城基督教青年會

本人의養子□□○이如意하기로罷養하얏사오니伏願僉君子ᄂᆞᆫ照亮ᄒᆞ시옵

交河炭洞面德永?　金?鎬　告白

民事訴訟代理와刑事辯護及鑑定顧問과諸문案起草等諸般事務를迅速處理홈

漢城中署瑞麟坊許屏　셴전병문
西南隅八統二戶

辯護士　尹邦鉉
同　太明식
同　金澤
事務員　安必中
聯合法律事務所

本人等이挽近沿江商業이日益凋殘ᄒᆞᆷ을慨歎ᄒᆞ야同志人이資金壹萬圓을爲先募集ᄒᆞ고客主를本地에設立ᄒᆞ야京鄕商客의各樣物品을普通으로買賣ᄒᆞᆯ뿐더러醵書오되販賣도特이便利케ᄒᆞ며物價도捧不捧間에卽地撥付ᄒᆞ와商況이一層振興ᄒᆞ기를懇切이希望ᄒᆞ오니각處商業家僉員은陸續來臨ᄒᆞ심을爲荷

京西龍山麻浦?頭第一百七十一統三戶
普信號客主
主務員田圭煥
吳斗冰
崔喜永
金洛夏　告白

本人이西署龍山坊孔德里契粉?洞四十二統一戶리智性家券을서失ᄒᆞ얏스오니誰某拾得ᄒᆞ여도休紙施行홈

盧益亨　告白

學徒裝飾諸般
學徒實驗科諸具
紗帽各種
美國金鷄蠟

衣服裁縫其他雜貨도廉價放賣ᄒᆞ오니至今來臨ᄒᆞ심을바라나이다

仁川港?????號

大東文粹　全一冊　金七十五錢

箕子以來로至國朝宸章及名文精選漢文必讀合用教科

新撰地文學　全一冊　金四十錢

凡屬地質學理具圖式簡易合用教科

生理衛生學　全一冊　金四十錢

吾人生理上關係衛生具圖式切要簡易合用教科

發賣所　布屏下廣學書舖　東口越邊中央書舖　寺동漢陽書舖　鐘路大東書市　小廣橋商務相書舖

本人이日本大阪商業家와特約ᄒᆞ고日本內地로出各種物品과西洋各種物品及機械等物을我大韓에輸入ᄒᆞ오며商工業에有意ᄒᆞ신僉君子ᄂᆞᆫ某物이든지請求코져ᄒᆞ시거든本社로來議ᄒᆞ시오本社에서ᄂᆞᆫ手數料金만受領홈

興業社本店　開城北部?洞
支店京城南門內水橋五十一統六戶
全仁?內동廣濟　培發會社

慶南巡檢派員김鳳珠가不遵詔勅

慶南巡檢派員김鳳珠가不遵詔勅與調칙ᄒᆞ고有文卷所有民私條을肆自放賣ᄒᆞ기로數千條民이仍此失業에幾至死境故로條主ᄃᆡ리裹足千里ᄒᆞ야呼訴于京部이기玆以廣佈홈

慶南鎭海帶紙島七條條主김榮振
發起代表　李喜賢　告白

원산파성진간에서본인이살진소(肥牛)를만이ᄉᆞ깃스니쇼파ᄂᆞᆫ제군은다수이팔너오시옵

최봉준　고백

◎일본遊覽者募集

一遊覽會員募集　人員은五十名으로一團을成ᄒᆞ니참연인은不問ᄒᆞ고速히입入ᄒᆞ시옵

一遊覽地　東京橫濱名古屋京都大阪神戶

一往復일ᄌᆞ　日兩十七일間

一經費　遊覽費及手數料을合ᄒᆞ야總計四十八圓

一出發일　請入順次를從ᄒᆞ야出發三일前에通報ᄒᆞ야通知홈

一請入所　在京성府신閣紅瓦十八銀行경성支店　天一銀行

一會員은遊覽을終ᄒᆞ야歸來ᄒᆞᆯ時ᄂᆞᆫ本會와關係가小無홈

一就대門서釜山으로直行ᄒᆞ던지或은東京으로直行ᄒᆞ되旨의자ᄒᆞ야도可一便法으로同行홈

請入人은遊覽者商所[illegible]

東亞商會

◎增修無冤錄大全

定價金新貨七拾五錢
全秩壹白七十四頁

無冤錄은法律家의最要ᄒᆞᆫ書籍이온ᄃᆡ原本은漢文이오[illegible]國漢文으로解釋ᄒᆞ야[illegible]ᄒᆞ오니[illegible]

中署布屏下
匯東書舖　김相萬　發售所

越南亡國史　國文

定價貳拾伍錢

發賣所京城廣學書舖
[illegible]書舖

김相萬　告白

國債報償義捐金收入廣告

●正誤 本報五百八拾二号國債報償金廣告第六欄內高陽下道面난上里洞中義金은二圜으로正誤홈

●錦州外西面禮義洞中
李鍾旭 六十전 白樂昭
四十전 尹龍東 金洙璉
韓鎭教 金永卲 金영俊
金영丕 金柄殷 金柄夏
金영宜 각二十전 尹인東
金영中 姜願汝 우漢綱
張應九 許君先 金영福
金영喜 尹聖俊 姜珠和
金培根 [illegible] 尹智兆
金鐵濂 金德前 각六전
合四圜八錢

●全羅北道礪山郡皮堤面沙川里
前主事權泰述 一圜 閔泳錫
四拾전 宋信吾 三십전
宋鎭萬 三拾전 張大心
二拾錢 金萬甫 二十錢
朴聖初 二拾錢 김中玉
二십錢 宋義信 二十錢
蔣在天 二拾錢 李忠良
二십전 俞敬述 具連洪
각拾五錢 박德老 拾錢
張士天 김京云 각拾전
合四圜

●全北長水郡溪南面內洞里
吳大翁 二圜 李奉奎
李龜濟 崔衡默 각一圜
李宅奎 八十錢 李寶榮
李應奎 리宅烈 리소吏
韓奎一 각六拾전 崔경鉉
李在文 金道集 리鍵洪
朴璇陽 송希三 洪鳳서
白九元 각四십던 申洪均
경在九 각三십錢 孫濟영
孫흥영 韓鳳洙 孫舜영 리鉉奎
리宇恒 梁석洪 吳相淳
柳文鎭 黃漢翼 손琪煥
정宗文 리승烈 윤周殷
박縞석 정基朝 蘇승瓚
車奉均 金學哲 박秉學
박秉先 리道敬 송漢朝
리鉉俊 리우석 梁善영
리春曾 김萬熙 김基朝
리相烈 송文度 金勝海
巾成才 김仁石 陳영弘
김一璇 김奎澤 김萬朝
김宗宅 박斗석 吳[illegible]生
각二십錢 韓윤弼 리奎祥
洪永成 김奎七 김昌燮
송相一 리華盈 리春才
梁遠舜 김鳳文 黃[illegible]철
각十전 宋鉉淵 六전
合二십二圜십六錢

●東署敦巖里
리源敏 郭東식 宋인식
리宗敏 각一圜 林善英
金化식 張公先 정大洙
각五拾錢 리允敏 崔雲學
朴인승 김學洙 郭士文
리允吉 최汝先 安壽들
宋石崇 吳漢兼 김永根
송致寬 郭윤식 安致正
韓連洙 리興寬 安亭天
김興順 鄭인식 韓用宇
송奉손 鄭貴英 各四拾전
김石崇 김己植 宋元淳
文병奉 閔致弘 박聖卜
朴正陽 김炳浩 오興根
各卅전 安德淳 니完石
각廿五錢 金日千 金連植
리淳益 리支男 金聖寬
鄭道영 오命祿 오光祿
김永煥 河益善 王漢九
리俊淳 安聖根 崔致權
김宗宇 吳元兼 鄭元根
김化淳 송學淳 박云西
김果인 리學돌 文炳圭
朴文陽 裵景云 朴영善
宋致連 리元根 김完己
김聖玉 최윤浩 리文玉
김光祿 리昌根 洪士영
千云甲 리用卜 리貴石
리甲淳 곽善有 박장祿
김化成 南守山 金奉吉
김致俊 리昌有 龍從雲
吳인植 박泰山 리在煥
柳大恩 박光三 박召史
리局辰 송興植 吳命돌
김良浩 裵云學 邊興근
김巳豊 박在喜 吳卜돌
김宇璡 林仲先 洪俊영
김소문 金貴成 복慶三
각卄錢 박지옥 오用善
金奉李 [illegible]召史 각십錢
리景宗 四拾전 문석奉
강成五 각卄전
合三십二圜八拾錢

●楊州徵斤面松山里
前五衛將[illegible]啓[illegible] 二원
正三品南啓楨 二圜
前主事南達元 一圜
▲平北鐵山郡[illegible]面鳳谷里
前郡守오熙[illegible] 卅圜
▲平壤外城
前主事김鴻均 一圜
▲砥平上北面坪村里
前議官池義顯 二圜
▲慶北禮安郡
前參奉리晩佐 二원
▲영光郡外湖里
前郡守김商基
前秘書承김鍾관 각拾圜
▲抱川산내面艮子동
鄭永錫 一圜
▲慶南熊川中面豊湖里
朱容翼 六십錢
▲慶南熊川下西面松亭里
우廷植 二圜
▲西署龍山坊新孔德里
韓夏敎 韓應敎 各五십錢
合六十四圜六十전

●仁川영宗月村里慶州金氏門中
金普濟 一圜五拾전
우濟 駿濟 각四拾전
東爀 東國 東轍 東緈
각二拾五전 東濟 東輝
[illegible]璣 東憲 東習 각卄錢
東均 卅전 東倫 東新
東國 卄전 東煥 윤煥
각卄전 徹煥 진煥 각卅전
東[illegible] 拾전
合七圜

●通津迭用面偶洑里동中八圜
廣學書舖김相万收八

●春川郡北內一作面松巖上里
류 선 一원 主事리思[illegible]
尹益謨 각六拾錢 [illegible]錫
五拾二전 [illegible]順 主事최淳鎰
류興[illegible] 沈[illegible] 리周頭
신석[illegible] 各五拾錢 姜[illegible]
鄭春永 리敎[illegible] 각四十錢
류遠周 류蔣務 리思樂
리柄舜 洪春澤 辛英奎
리敎[illegible] [illegible]用台 各卅전
리希王 申大均 宋淳弼
黃元鎭 박敎徵 尹正哲
류芝秀 柳基韶 沈宜學
宋元鉉 리九良 韓德徵
柳思永 김學圭 崔[illegible]禮
辛在恩 辛在衡 鄭寅華
韓用直 박聖時 최[illegible]俊
리元一 각二십전 申泰玉
柳聖均 김春韶 각拾五전
柳麟永 경寅夏 각十錢
▲介日里
리成鎬一환 안鍾[illegible] 任桂煥
각五拾전 閔영燮 四十전
리基豊 崔行善 리思인
沈宜淡 姜恩植 리聖鏞
姜柄煥 리丙台 정[illegible]殷 각卅전
洪秉奎 박奎섭 강柄吉
오化然 朴善明 閔영기
韓用三 柳 暎 黃元鎭
강柄台 姜致求 任洲옥
羅人張順九
리来麟 리기부 리기台
金寰生 黃奎鎭 리武鎬
沈寶봉 沈宜식 黃孝鎭
최東인 洪敬기 沈能復
정化水 최深七 각卄전
合二十四圜三十七錢五厘

●慶北聞慶加北面都台坊
左社각西民
韓台源 리啓彪 彰世혁
리茂宗 각一원 申成문
一원八十전 최宗業 二圜
晉[illegible]成 卄전 沈相穀五십던
리圭一 金得萬 강聖守
沈찬淳 각六십전 金弘伊
南鵬海 尹영學 각오십던
리聰得 金聰錫 박在洙
孫光述 김인樣 崔明奎
余윤介 南[illegible]鎭 각四십錢
리順男 李[illegible]영 박基淵
감學祿 박正준 각卅던
김先興 리明宰 최成玉
박[illegible]寅 崔性眞 김俊祿
니水龍 리鍾煥 錢日水
魏啓芳 崔性云 우孔穀
리鍾[illegible] 黃起日 박東淵
박基興 崔一對 金聲鉉
정雲乘 복峨山 김相근
黃雲奇 姜[illegible]成 張馨一
김致彦 徐秉文 鄭完준
리關伊 林凝鶴 梁丹星
김明順 김性出 김尙基
김光욱 리學서 김春三
곽命千 강武준 朴寅弼
咸聖有 김希亨 김振옥
김在弘 申元기 黃聞慶
각卄菱 趙哲濟 리우哲
趙明舜 高有性 니聖根
奚八원 柳學龍 박用道
裵有鎭 白金敏 柳長春
宋松冬 리岩伊 윤尙局
박영叔 김相翊 張守文
梁明秀 徐學釗 강致永
리啓和 김云石 朴文派
김性七 曹景云 裵哲慶
오開慶 리順安 張萬근
邊今石 각拾전 盧白順
白泰惠 각七전 柳萬釗
八전니春宅 陳基明
김顯明 趙圭夏 鄭化俊
각六전 지聖元 최相晉
박在萬 리奎瑞 니德信
리泰化 니順明 金正道
박正得 宋應道 裴啓云
白得珠 張致[illegible] 니萬石
니化春 孫公述 각五전
박萬釗 金述伊 최在成
김長珠 비順石 각四錢
合三拾圜四십二錢

總合一百九拾七圜四拾三錢九厘
國文報廣告總合一百十六圜三拾七전
再昨日附錄廣告總額中三百十三圜九십四전
前號總合四萬八千〇〇六圜四十六전七厘
都總合四萬八千六百三十四圜二拾一錢二厘

●正誤 自七月卄八日至八月十四日本報五百八拾九号까지六月度收入義捐金인바其[illegible]總額은九千一百卅九圜六십七錢五厘에서一圜一전은六月度廣告中에挪用編入인故로誤호고五百七십七号에鱗蹄南面合計를一百四拾四圜八十전으로正誤호야五錢을減하고國文報五십六號에東萊平[illegible]面合計를十二원卅전으로正誤호야五전減호고五百八십三号에竹山南一面山田上下洞五圓六十전은國문報에疊揭故로減호고國문報六拾二号에南署大韓學堂合計를十四圜拾五전으로正誤호야六拾전을減호고國문報五십一號에都總合을一百八拾九圜五십九던으로正誤하야四拾던을減호고國문報五拾五號에[illegible]合計를卄二圜六십던으로正誤호야五拾四던을加호니

六月中收入實總額이
九千二百二十八圓
五拾錢○五厘이오
四五六三朔都總合이四萬八千○○六圓四십六전七厘

◎特別廣告◎

國債報償金七百[illegible]所捧은姑留本社이고其[illegible]日의所捧總合五萬二千九百七十五圜六十五전을[illegible]會社內銀行에貯置호얏고其貯置額中三萬二千三百圜은國債報償志願金總合所로越交홈

大韓每日申報社

本所와**本社**로**國債**報償義務**諸氏**에게廣佈하노니收款此[illegible]務以後로**氏名**과錢額이浩多[illegible]故로**漢文**報에不得盡[illegible]하야本社**國文**報一篇에錢額과**氏名**을連續[illegible]하오니從今으로**國文**報를詳覽하시오**漢文**報과[illegible]一호오니**照亮**홈

國債報償志願金總合所白
大韓每日申報社白

◎本報定價
一張代金 新貨二錢五厘
一個月前納 三十錢
三個月 九十錢
六個月 一圜七十錢
一個年 三圜四十錢
郵稅一部 新貨五厘
一個月 十三錢

◎料廣告
四号活字十三字詰
每日每行尺一寸에新貨廿五[illegible]
(每日每行六전에相當홈)
二週日에 二圜五十錢
每日每行四錢五厘에相當홈
一箇月에 五圜
一每日每行四錢一厘에相當홈
其期限의長短과字行의多寡를依호야增減홈이有홈

發行兼編輯人 英國人 裵說
發行所 南署石井洞號外地三層洋屋家
大韓每日申報社

第五卷

大韓每日申報

第五百九十一號

月曜及慶節休日時識

檀君開國四千二百四十年
箕子元年三千二十九年
大韓開國五百十六年
日本明治四十年
淸國光緖三十三年
陰曆丁未七月大初八日丁酉

論說

日美關係에對ᄒᆞ야法報의論說概意

去七月七日法國巴里發佈에云ᄒᆞ되美國大統領루스벨트氏가艦隊를太平洋에送ᄒᆞᄂᆞᆫ命令에對ᄒᆞ야滋昧가有ᄒᆞᆫ줄로認ᄒᆞ며또각新聞에論說ᄒᆞ기를日本이卽今이나美國과對敵ᄒᆞ야볼ᄂᆞᆫ지十年만되면美國이艦隊를더옥擴張ᄒᆞᆯ터이오파나마運河의開通이畢役될터이니其時에ᄂᆞᆫ決斷코日本이美國과相敵ᄒᆞᆯ슈업스리라ᄒᆞ엿더라

盖此兩國人民間에猝然感情이發生ᄒᆞ야轉相衝激에紛擾를惹起ᄒᆞᄂᆞᆫ事狀으로推測ᄒᆞ건ᄃᆡ兩國政府가아모리此를調劑ᄒᆞ야友誼를維持ᄒᆞ고戰爭이不生ᄒᆞ도록互相用力ᄒᆞᆯ지라도多數國民間에衝激되ᄂᆞᆫ感情은和解不得ᄒᆞᆯ것이오國民間感情이和解치못ᄒᆞ면畢竟戎衣相見은欲避不得이라若果兩國이太平洋海面에서雌雄을決코ᄌᆞᄒᆞᄂᆞᆫ境遇에ᄂᆞᆫ日本이將何以禦之오欲以速戰爲利乎則滿洲大役을新經ᄒᆞᆫ餘에財政이枯渴ᄒᆞ고瘡痍가未起ᄒᆞ니巨款을更費ᄒᆞ고大衆을再起ᄒᆞᆷ은極難之事ㅣ니速戰을不可遽議也오欲以緩圖乎則美國은世界上第一豊富之國이라若過幾年이면艦隊가益加擴張ᄒᆞ고運河가從以竣功ᄒᆞᆯ지니其時에ᄂᆞᆫ日本이對敵키尤難ᄒᆞᆯ터인즉緩圖가亦非長策이라如此事機를日本政界及社會에서豈不意度이리오마ᄂᆞᆫ彼의恒常倡言ᄒᆞ던東洋大局의平和를維持ᄒᆞ다던效果가安在오

聽ᄒᆞ라天下之事變이日出不窮ᄒᆞ니雖能預度이리오夫日美兩國間에從來親善ᄒᆞ던狀態로써忽然히雲翻雨覆ᄒᆞ야平日에握手披肝이一朝에怒目相視ᄂᆞᆫ誠是料外之事ㅣ니究其原因ᄒᆞ면離生厲階오向者美國羅省타임스報의評論을據ᄒᆞ건ᄃᆡ日人은材能에過度ᄒᆞᆫ教育을行ᄒᆞᄂᆞᆫ故로ᄉᆞ사로紛擾中에ᄲᅡ지리라ᄒᆞ얏스니此言이日人所短에關ᄒᆞ야果是切中ᄒᆞᆫ者라古語에云ᄒᆞ되君子ㅣ居其室ᄒᆞ야出其言에善則千里之外應之ᄒᆞ고出其言에不善則千里之外違之라ᄒᆞ니善惡之報가捷於影響이라

東洋之人이在於東洋ᄒᆞ야其行爲之善不善이或似無關於西洋之人이나乃西洋人之感情이有甚於東洋人은何也오天下之公理가自然而然矣라今者日人이俄人을戰勝ᄒᆞᆫ後에愈其突進ᄒᆞᄂᆞᆫ氣習을使用ᄒᆞ야韓滿兩界에權利를獨佔ᄒᆞᆫ貪慾을恣行ᄒᆞ니韓滿人民의寃恨은極度에達ᄒᆞ얏스나在於西洋人民ᄒᆞ야ᄂᆞᆫ宜若無關이로대今乃美洲人民이對日本人民ᄒᆞ야非常ᄒᆞᆫ感情이發生ᄒᆞᆷ은公理之不得免焉者ㅣ니何足怪哉아若使日人으로戰勝强俄ᄒᆞᆫ威勢를藉ᄒᆞ고持盈守成의長策을取ᄒᆞ야宣戰詔勅의主旨를遵施ᄒᆞ야同洲同種의友誼를益敦케ᄒᆞ며文明開導의忠告를實行ᄒᆞ얏스면東洋大局의鼎峙之勢가完全鞏固ᄒᆞᆯ터이오大信大義가昭著宇內ᄒᆞ야世界각國이皆欽服而讚誦ᄒᆞ야莫敢輕覩ᄒᆞᆯ터이어날惜乎라日本이計不出此ᄒᆞ고小利를貪ᄒᆞ야大義를棄ᄒᆞᆫ結果로他洲人民과紛爭을購得ᄒᆞ엿도다

官報

●號外　隆熙元年八月十四日

宮廷錄事

詔曰當移御于慶運宮矣修理之節令宮內府斯速擧行

●第三千八百四十五號　隆熙元年八月十五日

◉宮廷錄事

掌禮院卿臣申箕善謹奏謹稽謄錄則東宮冊禮後賀行於翌日而或因特敎當日爲之矣今番則何以爲之乎敢奏

奉旨擬停例當日爲之

掌禮院卿臣申箕善謹奏皇太子冊禮後東宮受賀之節當爲磨鍊而謹稽謄錄則或有權停例行禮之例或有權停之禮今番則何以爲之敢奏

奉旨權停

奎章閣學士閔泳徽辭職疏批旨省疏具悉所辭中學士之任依施

弘文館學士金奭鎭辭職疏批旨省疏具悉所請依施

敍任及辭令

依願免兼任弘文館副學士　帝室會計審査局長金正鉉

度支部書記官韓相鶴

兼任弘文館副學士　軍部大臣李秉武

命軍法會議判士長　副將閔丙奭　叅將韓鎭昌

叅將李南熙

命軍法會議判士　步兵正領申叔永

命軍法會議判士長　步兵副領김[illegible]顯

步兵叅領李龍漢

仝　박養斌

命軍法會議判士　主殿院書記郞李源升

依願免本官　侍從院庶務課分主事文祺鎭

任主殿院書記郞

任內部警務局長　松井茂

濼山郡守김[illegible]鉉

任法部民事局長

任平理院判事　正三品洪祐晳

正三品李始榮

任漢城裁判所首班判事

任平理院判事　正三品宋振옥

任平理院判事　四品俞鶴柱

경기前觀察使崔錫敏

解兼任京畿裁判所判事

京畿觀察使李圭桓

命兼任京畿裁判所判事

解任　中樞院副議長金深

前警務廳警務官殷宇根

任中樞院副贊議

任法部書記郞　림량운

外報

●日艦解送　桑港報에云ᄒᆞ되七月五日린리포電을據ᄒᆞᆫ則도롱고포가위等地水軍站에서日人勞動者를雇傭ᄒᆞ야砲臺를建築ᄒᆞ더니近日에一並解送하얏ᄂᆞᆫ대또말ᄒᆞ되現今美國水軍府에서比律賓水軍站을整頓히ᄒᆞ야日本으로부터開戰ᄒᆞ다ᄒᆞ얏더라

●日旗拔去　同報에云ᄒᆞ되만쳐노섯디來電을據ᄒᆞᆫ則七月四日獨立紀念日에該地方鐵道役塲에서勞動日人ᄃᆞᆯ이日本國旗를留宿ᄒᆞᄂᆞᆫ車上에高懸하얏더니該地方警務廳에서巡檢을送ᄒᆞ야곳旗를下ᄒᆞ라ᄒᆞ미日人이抗拒ᄒᆞ거ᄂᆞᆯ法官이說明ᄒᆞ여日美國境內에서美日兩國旗를ᄒᆞᆷᄭᅴ다ᄂᆞᆫ것은可ᄒᆞ거니와日本旗만懸치못ᄒᆞ나니萬一更懸ᄒᆞ면該警務廳에서旗를奪取以去ᄒᆞ다ᄒᆞ얏더라

●馬賊預防　大連電을據ᄒᆞᆫ則都督府에서滿洲鐵路의請求를依ᄒᆞ야來拾六日에馬賊預防을爲ᄒᆞ야各列車에守備兵이乘車ᄒᆞᄂᆞᆫ同時에從來警官과同乘은廢止ᄒᆞ다더라

●袁氏意見의採用　北京電을據ᄒᆞᆫ則淸國立憲會議에서袁總督의意見을多히採用되야軍機處와現今內閣은廢止ᄒᆞ고更히內閣을新設ᄒᆞ야左右丞을置ᄒᆞ고각部尙書와各省督撫ᄂᆞᆫ樞機에參預케ᄒᆞ고政務處及政治館會廢ᄒᆞ며諮議院(上議院)과資政院(元老院)을設ᄒᆞ기로決定ᄒᆞ얏더라

雜報

旅美韓人國債報償趣旨書

論窮ᄒᆞ면變ᄒᆞ고變ᄒᆞ면動ᄒᆞᆷ은理의易치못ᄒᆞᆯ비라今我海內二千萬同胞가國債一千三百萬圓에對ᄒᆞ며思외潮ᄒᆞᆷ이埃及의慘ᄒᆞᆫ지라遂告[illegible]ᄒᆞ며力을竭ᄒᆞ며死를决코償ᄒᆞᆯ진ᄃᆡ에야己코ᄌᆞ保國一誠이蒸蒸日上ᄒᆞ니我韓四千年未有ᄒᆞᆫ精神이오未有ᄒᆞᆫ活動이라噫라寂寞乾坤의昏昏衆生이抑何一朝에有此風潮오痛이極ᄒᆞ면忍을忍치못ᄒᆞᆷ이라종의濃ᄒᆞᆷ이腹中三寸외厚ᄒᆞ니決코皮를裂ᄒᆞ며血을灑ᄒᆞᄂᆞᆫ者를作ᄒᆞ야但中腐汁의汚穢를潔케洗키前에ᄂᆞᆫ新藥의效를奏키難ᄒᆞᆯ지라自古로宗教와社會의多少ᄒᆞᆫ血이아니면多少ᄒᆞᆫ功을奏치못ᄒᆞᆷ은是로因ᄒᆞᆷ이니故로殺人志士가一國衆生을爲ᄒᆞ여血을灑ᄒᆞᆷ을榮에歸ᄒᆞᆷ이此와職ᄒᆞᆷ인저今의一般國民이痛에給ᄒᆞᆫ者守錢虜가아니여던엇지義를封ᄒᆞ여復生ᄒᆞᆫ榮祭을力치아니리오今我留中數百志士가益忠義捐ᄒᆞᆫ거시米貨數百弗에達ᄒᆞ여고益加推廣ᄒᆞ야以報內地二千萬同胞至誠之萬一코ᄌᆞᄒᆞ나이다　內外愛國同志照亮

北美大韓人大同保國會中央
會長李秉瑚　書記邊昌洙　謹識

●禁止日鑛　黃海道長淵殷栗兩郡에日本人이鉄鑛을潛採ᄒᆞ니該郡稅務와계務課禁止ᄒᆞ라고農商部에서內部로照會ᄒᆞ얏더라

●依前派兵　開城參政所派兵과[illegible]에出駐兵丁을一倂撤還ᄒᆞ얏슨즉依前派兵例로巡檢을派送守護케ᄒᆞ라고宮內大臣이經理院卿의報告를因ᄒᆞ야內部로照會ᄒᆞ얏더라

●警醫移接　警務中醫가狹窄ᄒᆞ야居接ᄒᆞ기極難ᄒᆞ니典洞侍衛一聯三大隊로移接ᄒᆞ게ᄒᆞ라고警視廳에서內部로報告ᄒᆞ얏더라

●[illegible]　日前夜에宋秉畯씨家에發砲中有一人이發中蠟諸宏大發ᄒᆞ야驚動附近ᄒᆞ얏ᄂᆞᆫ데一家諸眷이다리日本守備隊에尉官一名이甚至於拔劍來到ᄒᆞ야其理由를詳探後에鎭靜이되얏다더라

●리氏保放　리준鎔氏가自現就囚ᄒᆞ얏다ᄒᆞᆷ은已揭어니와保放請願ᄒᆞᆫ것은되依願許施ᄒᆞ엿다더라

雜報

●總理樹黨 總理大臣李完用씨가內閣大臣中에勢力이一層宏大하야莫敢誰何ᄂᆞᆫ世所共知어니와其樹黨은其伯氏李允用氏가宮內府大臣이오其査頓任선準氏가內部大臣이오其妻男趙民熙氏가平理院裁判長이오其甥姪趙永熙氏가中樞院贊議요其富族李鎬成氏가忠北觀察使오其堂姪李會九氏가侍從副卿이라더라

●四察云遞 咸北平北海州大邱觀察使ᄂᆞᆫ一齊히遞任된다더라

●證書先頒 本月二十七日에皇帝卽位ᄒᆞ옵신後勅奏判任官에게一齊히紀念章을頒賜ᄒᆞᆯ터인대紀念章을製造ᄒᆞᆯ日字가促急ᄒᆞ야爲先該證書를頒給ᄒᆞ기로表勳院에셔各府部院廳에通牒ᄒᆞ야一般官吏에職姓名을一一示明ᄒᆞ라ᄒᆞ얏다더라

●必由農大 內閣에셔要緊ᄒᆞᆫ事項이有ᄒᆞ면依例히宋農相私邸에會同協議ᄒᆞᄂᆞᆫ時가多有ᄒᆞᆫ대再昨日下午八時에總理大臣李完用氏가有何重緊ᄒᆞᆫ事이던지詣闕ᄒᆞ얏다가卽時宋農相을訪問ᄒᆞ얏다더라

●相持之故 內部에셔郡守奏本草를內閣에請議ᄒᆞᆷ이拾餘日이되야도不爲叙任ᄒᆞᆷ은一說에統監府의同意를不承ᄒᆞᆷ이라더니其理由를詳聞ᄒᆞᆫ則今番奏本에一進會員이七名인대內閣에셔某某大臣이反對ᄒᆞᆷ으로宋農相과現今相持中이라더라

●轉任勳裁 修學院長李載克氏가表勳院總裁로轉任ᄒᆞ엿더라

●上奏事件 總相李完用法相趙重應兩氏가再昨日下午五時에詣闕陛見ᄒᆞ고皇帝陛下게옵셔慶運宮으로移御ᄒᆞ실事와李垠鎔씨의自現就囚ᄒᆞᆫ案件을從速處理ᄒᆞᆯ事로上奏ᄒᆞ얏다더라

●兪晩逢着 兪吉濬氏가昨日釜山港에到着ᄒᆞᆯ預定이라더니更聞ᄒᆞᆫ즉本月十四日에馬關에서統監을逢着談話ᄒᆞ얏다ᄂᆞᆫ듸今에셔야釜山港에到泊ᄒᆞᆫ다더라

●兪ᄀᆞ辭職 新任平理院判事兪鶴柱氏ᄂᆞᆫ不滿這意思가有ᄒᆞᆫ지昨日에辭職請願ᄒᆞ얏다더라

●三倅請願 鳳山郡守李承載寧邊郡守南奎元報寧郡守李容弼三氏가내部에辭職請願ᄒᆞ얏다더라

●內閣議案 再昨日에內閣大臣이會議를開ᄒᆞ얏ᄂᆞᆫ대其議案을得聞ᄒᆞᆫ즉平壤郡에礦山事務局을設始ᄒᆞ고該局官制를磨鍊ᄒᆞᆯ事와內部技師張驥氏ᄂᆞᆫ江原道叅書官으로大邱郡守徐相奎氏ᄂᆞᆫ平壤叅書官으로叅査官정寅韶氏ᄂᆞᆫ務安府叅書官으로叙任ᄒᆞᆫ事件이라더라

●免官受笞 昨日憲兵司令部에서陸軍法院으로移囚ᄒᆞᆫ尉官中十六人은軍部에서免官奏本ᄒᆞ기로內閣에請議ᄒᆞ얏ᄂᆞᆫ대免官後笞八十에處ᄒᆞᆫ다더라

●羅氏陞叙 法官養成所敎官羅진씨가漢城裁判所檢事를被任ᄒᆞᆫ다더라

●供饋ᄒᆞ기敗家 學部大臣李載崑씨家에셔保護ᄒᆞᄂᆞᆫ日巡査等을供饋ᄒᆞ되朝夕飯은每名每時에獸鷄一首鷄卵五介式依例히進排ᄒᆞ고烟草도敷島나埃及外에ᄂᆞᆫ不吸ᄒᆞᄂᆞᆫ故로該大臣遞任前에供饋를向如是ᄒᆞ면家勢難支ᄒᆞ깃다더라

●歸於辯護 前平理院判事李容相氏가法部에辯護士認許를請願ᄒᆞ얏다더라

●金氏仕進 新任ᄒᆞᆫ法部民事局長金철鉉시가昨日該部에仕進ᄒᆞ얏다더라

●服費支給 內部에셔雇員以下使令에洋服費每名에十圓式支給ᄒᆞ얏다더라

●臥食足矣 農相宋秉畯氏ᄂᆞᆫ一自新協約以後로本部에一不仕進ᄒᆞᆷ으로諸般公文은該部秘書課長이每日處辦以來ᄒᆞᄂᆞᆫ듸財政困境도莫甚ᄒᆞᆯ뿐더러該氏ᄂᆞᆫ一千圓月俸이不足ᄒᆞᆫ所以인지臥食國庫금이未安ᄒᆞᆫ事라고批評이有ᄒᆞ다더라

●叙任停止 洪肯섭氏가法部次官을叙任ᄒᆞᆫ다난說은前報에揭載ᄒᆞ얏거니와該事件을內閣大臣이長谷川시의同意ᄒᆞ되長谷川시가承認치아니ᄒᆞ고伊藤統監이還任ᄒᆞ거든同意ᄒᆞ다ᄒᆞᆫ故로아즉停止ᄒᆞ얏다더라

●追吊通牒 佛敎各宗聯合會에서今當ᄒᆞᆫ日兩國兵卒死亡의追吊會를泥峴本願寺에서今日下午三時에設行ᄒᆞᆯ터인듸各府部大臣의게通牒ᄒᆞ고屆期來臨ᄒᆞ라ᄒᆞ얏더라

●衛生幻燈 本日下午十時부터東大門內光武臺演劇場에셔衛生幻灯會를設行ᄒᆞᆯ터인듸該會에主장은내部衛生課長閔元植씨오目的은각食料品與諸般日用事物이衛生上防害되ᄂᆞᆫ者를明瞭히人民에게表示ᄒᆞ야注意ᄒᆞ게ᄒᆞᆫ다더라

●契約索納 徐午淳丙奭諸氏等이日本人木原忠一橫田虎彦씨와湖南鐵道를合同竣工ᄒᆞᆯ事로契約書를規成ᄒᆞ얏ᄂᆞᆫ듸農商工部에셔反對ᄒᆞ기를本部에不爲通知ᄒᆞ고私自契約이格外라ᄒᆞ야該契約書를索納ᄒᆞ얏다더라

●通辯俸給 各部次官을日人으로叙任ᄒᆞᆫ後에또日人通辯一名式聘置ᄒᆞ야各項公文處辦ᄒᆞᄂᆞᆫ事를該人의게션爲言及ᄒᆞ야事務에便利케ᄒᆞ고月給은年俸給千餘圓으로磨鍊ᄒᆞᆫ다더라

●義兵及呂 本月拾二日下午二時에義兵等이自原州等地로呂州郡에侵入ᄒᆞ야該郡分署를打破ᄒᆞ고日巡査二人日女二人을打殺하고該分署總巡李完圭와巡檢一人을捉去ᄒᆞ얏ᄂᆞᆫ대姑未知死生이라더라

●木內演說 內部次官木內氏가日前本部仕進ᄒᆞᆯ時에一般官吏를會同演說ᄒᆞ기를朝鮮兩班이推想ᄒᆞ기를外國人이官位에參列ᄒᆞ니至於判任官이라도無復餘望이라ᄒᆞᆯ듯ᄒᆞ나現今間은決無與意ᄒᆞ니盡心奉職ᄒᆞ며且余의게扇子一柄이라도賄賂ᄒᆞᆯ思想을革去하라ᄒᆞ얏다더라

●列坐亦禁 近日各署巡檢들이各屛門에勞働者의列坐ᄒᆞᆷ을禁止ᄒᆞᆫ다ᄒᆞ고虐待가太甚ᄒᆞᆷ으로民氣이沸騰하ᄂᆞ더라

●自强開會 大韓自强會에셔本月十七日土曜(陰七月九日)下午二時에通常會를開ᄒᆞ고事務를處理ᄒᆞ되演說은姑爲停止ᄒᆞ기로傍聽은不許ᄒᆞᆫ다더라

●府屬薙髮 宮內府所屬一般官吏와雇員使令ᄭᆞ지一體斷髮ᄒᆞᆫ다더라

●能語者可堪 再昨日內部次官木內氏가初次仕進ᄒᆞ얏ᄂᆞᆫ대地方局長兪濂贊모씨가木內씨를帶同ᄒᆞ고각局課에循察ᄒᆞ면서日語를粗解ᄒᆞᄂᆞᆫ官吏를一一히贊頌ᄒᆞ야曰此人이外國語도能通ᄒᆞᆯ뿐더러學問에發達ᄒᆞ야擧皆可堪之人이라고納媚獻諂ᄒᆞᄂᆞᆫ지라在傍觀者가無不目笑하얏다더라

●留釜電答 亡命客兪吉濬張博等諸氏에留國ᄒᆞᆫ다ᄂᆞᆫ說은已爲報道어니와兪씨가自日本第로電報ᄒᆞ되京城으로即入ᄒᆞ라釜山에到泊ᄒᆞ라兩端間示明ᄒᆞ라ᄒᆞᆫ故로本第에셔昨日答電ᄒᆞ되釜山에姑爲來留ᄒᆞ라ᄒᆞ얏다더라

●地方警報

각地方通신을據ᄒᆞᆫ則江陵으로派遣ᄒᆞᆫ日兵一中隊ᄂᆞᆫ八月십三日에海軍陸戰隊로共히南大川河口로上陸ᄒᆞ야江陵을占領ᄒᆞ얏다ᄒᆞ고

平창義兵은江陵珍富에三百名平창에三千名이有ᄒᆞ고首魁ᄂᆞᆫ原州鎭衛대장金德濟라ᄒᆞ고

十四日江陵來電을據ᄒᆞᆫ則日兵은昨日江陵을占領ᄒᆞ고四五日間에ᄂᆞᆫ原州派遣日兵과聯絡ᄒᆞᆯ터이라하며江陵郵便局日人三名이義徒의게被害ᄒᆞ얏다ᄒᆞ고

平昌及江陵方面에ᄂᆞᆫ遞日遞傳夫가義兵의게捕捉된以來로ᄂᆞᆫ交通이杜絶ᄒᆞ야情況이不穩ᄒᆞ고忠州의避亂ᄒᆞᆫ堤川郡守의所傳을聞ᄒᆞᆫ則昌郵便取扱所日人二名과遞傳夫一名은銃殺하얏고

南原鎭衛대武器彈藥은日人이收容ᄒᆞᆫ以後에稍稍히穩하더니漸次京城決死대에檄문이同地에傳佈ᄒᆞ며人心이尤益動搖하야各處鄕兵들이會集ᄒᆞ다ᄒᆞ고

拾日에洪州鎭衛대ᄂᆞᆫ雖爲解散하얏스나黨이蜂起ᄒᆞ야鹿島를占據하야募兵擧事ᄒᆞᆫ다하며

江華脫營兵이通津의來到ᄒᆞ야선放空銃ᄒᆞ고良民을威脅ᄒᆞ며同地分派所의保管ᄒᆞᆫ銃십挺과彈藥을沒數히掠去ᄒᆞ엿고

義兵四拾餘名이呂州分派所를襲擊ᄒᆞ야日巡査一名은即殺하고一名은負傷ᄒᆞ고一名은日人의家族을掩護하야逃走하다가中路의疲困頓仆하야原州守備대로向ᄒᆞ엿고

십五日午前零時頃에黑衣을着ᄒᆞᆫ韓人數拾餘名이水原停車場附近을向ᄒᆞ야拾餘발放砲하얏ᄂᆞᆫ듸水原守備대에셔派兵追跡ᄒᆞ엿고

拾五日安城電을據ᄒᆞᆫ則義兵三百名이武器를携帶하고竹山에來到하야安城을襲擊ᄒᆞᆯ形勢가有ᄒᆞ고長湖院에居留ᄒᆞ던日人九名은避亂ᄒᆞ야安城을向ᄒᆞ다가竹山에셔一名은被害되엿고

十二日에義兵四十名이呂州分派所를突然히襲擊하야日巡査와三時間을接戰하얏ᄂᆞᆫ듸日巡査松村은下腹部에銃傷하고備井은頭部를傷ᄒᆞ얏고佐藤은受丸即死ᄒᆞ고此時에日人의彈丸十餘發이僅餘ᄒᆞᆫ지라商人男女拾人을率하고日巡査三人은脫圍하야救護而往하다가日女一人은中路에倒死ᄒᆞ고木幾에義兵拾餘名이追至하야山谷에셔對戰ᄒᆞ다가寡不敵衆하야日巡査가山中으로逃走ᄒᆞᆯ時에日暮不見하고救護ᄒᆞ던日人拾名은生死를未知라ᄒᆞ더라

▲醒腹一笑▼

▲漢城東風에風色이危險ᄒᆞ야人人眉端에疑雲이凝聚ᄒᆞ야半毛新令이日出還生ᄒᆞ니臨深履薄에一層疑懼ᄒᆞ도다

▲여보人韓同胞ᄂᆞᆫ外國人의愛國ᄒᆞᄂᆞᆫ思想을보시오年前韓日新條約締結後에日本拾二歲女兒가新聞上에該事實을覩聞ᄒᆞ다가韓國外部大臣박齊純시를罵ᄒᆞ야曰此가大臣이라ᄒᆞ얏스니韓國政界에此가大臣이非獨박시一人이라稱有一人이지日本兒女가부그럽지아니ᄒᆞᆫ가

▲警務中署가挾窄ᄒᆞᆫ즉典洞侍衛一聯隊三大隊로移接ᄒᆞᆷ이適合ᄒᆞ다고警視總監丸山시가內部에報告ᄒᆞ얏다니人請求에何事를不遂ᄒᆞ리오軍隊之不幸은警署之幸이로고

▲再昨年에五條條約은五賊大臣이成立ᄒᆞ고今番에七條協約은七賊大臣이締結ᄒᆞ얏스니ᄒᆞᆫ總理李完用씨ᄂᆞᆫ前一條後一條에其功이倍蓰ᄒᆞ얏스니首相地位에居ᄒᆞᆯ만ᄒᆞ고

▲向日砲聲에ᄂᆞᆫ경城이騷擾ᄒᆞ고今日義兵이蜂起ᄒᆞ매地方이紛紜ᄒᆞ니십勝之地를차져가던지避亂軍은都下로도라든다

▲경城博覽會에物品看守人을女子로募集ᄒᆞᄂᆞᆫ대若或日語를通ᄒᆞ면尤極良好ᄒᆞ다ᄒᆞ니日語를通ᄒᆞ、女子를求치말고日女를屆置ᄒᆞ면向日東경博覽會에셔韓國大邱女子를買置ᄒᆞᄂᆞᆫ對擧가되지

▲각地方에千石家廣石君은生經綸이田地를買收ᄒᆞ기를貪饕ᄒᆞ야以富吞貧으로爲一能事하더니此時代를當ᄒᆞ야義擾가四起ᄒᆞ매東奔西馳에抱頭鼠竄ᄒᆞ니至今도田土買收ᄒᆞᆯ經營이有ᄒᆞ지

△務安木浦港에ᄂᆞᆫ自來로葉錢을行用ᄒᆞ더니日前부터韓日商民이決議ᄒᆞ고新貨를融通ᄒᆞ기로ᄒᆞ얏다니元來貨幣ᄂᆞᆫ商民이通用ᄒᆞ여야融通ᄒᆞ나니該港商民은隨時應變이로고

▲각大臣들이憲兵、巡査接對에家產이蕩收ᄒᆞᆯ境遇에至ᄒᆞ얏다니、身을保護ᄒᆞ기爲ᄒᆞ야家產을蕩盡ᄒᆞ면大臣을遞任된以後에ᄂᆞᆫ一身만남깃고

◉至急社告

自南大門外紫巖으로至新문外華산사지本申報分傳하든 李俊과張志淑兩人이申報價領受証을가지고本月七日에逃躱ᄒᆞᆫ故로玆以仰告하오니本申報購覽ᄒᆞ시든 僉君子ᄂᆞᆫ錢先統戶를更書ᄒᆞ야本社로送交ᄒᆞ시고만일該兩人이領受證을가지고潛往ᄒᆞ여申報代金을索捧ᄒᆞᆯ지라도切勿出給ᄒᆞ시며設或領受証업시出給ᄒᆞ여셔도本社에셔ᄂᆞᆫ領受証으로施行ᄒᆞᆯ터이오니照亮ᄒᆞᆷ

郵使爲替를受하얏스나

布哇에셔本社에送付ᄒᆞᆫ美금壹百弗拾弗二拾九弗二張게分ᄒᆞᆫ何許人이何許ᄒᆞᆫ件으로送付하얏ᄂᆞᆫ지씸字가無ᄒᆞ야疑訝이더니郵便에交涉ᄒᆞ야錢額은已爲推尋이고出付人은布哇留閔찬鎬씨로認得이나何許事件으로送금인지速々詳示ᄒᆞᆷ을切望ᄒᆞᆷ

博川盜津李鎭成氏를本支社員으로認定ᄒᆞ얏기玆以仰布ᄒᆞ오니該附近地에本申報購覽ᄒᆞ실僉君子ᄂᆞᆫ右氏의게請求하심을希望ᄒᆞᆷ

大韓每日申報社

雜報

日前本報에兩次揭載된副將ᄀ雖烈시와洪原崔㙁鎬시의件에對ᄒᆞ야尹시의令胤致昊시가本社에寄書辨明이如左하니

一은家親이南關在任時에稗幕中에本無리褒人或리監ᄒᆞ오

果若有之면崔시가何不率待下質이며二ᄂᆞᆫ崔시가言必稱ᄒᆞ야親의威力에恐縮ᄒᆞ야三拾年忍過云ᄒᆞ니家親이南關遞歸後ᄒᆞ年謫居ᄂᆞᆫ世所共知라伊時에何無一言이며三은崔시言니에錢額則或曰幾千或幾萬이라ᄒᆞ며리監役則或曰喪人或曰薙髮ᄒᆞ며최시年紀則或曰二十八或曰三十餘ᄒᆞ니如有確據면何如是션後矛盾ᄒᆞ야橫竪說去며四ᄂᆞᆫ彼出曲直은如無執公裁判이면必誰査正이라최시가何不執證起訴ᄒᆞ고率黨閃忽ᄒᆞ야或瞰隙勒討ᄒᆞ며或乘昏恐嚇ᄒᆞ야行色이如斯不正ᄒᆞ고言理가如彼不正이라ᄒᆞ얏더라

●文簿積滯 內部治道局에셔積滯ᄒᆞᆫ文簿를該大臣게處辦ᄒᆞ기를仰稟ᄒᆞᆫ대該大臣言內에次官木內氏가仕進ᄒᆞ거던處決ᄒᆞ라ᄒᆞ얏던지再昨日에木내씨가受勅前暫爲仕進ᄒᆞ얏ᄂᆞᆫ되該局事務官정溢鎔氏가文簿를抱持ᄒᆞ고木內氏의게處辦ᄒᆞ기를仰請ᄒᆞ거ᄂᆞᆯ任㫆一般官吏가受勅前에聚其處辦이頗甚急遽라ᄒᆞ니정씨가문簿를還爲持去ᄒᆞ얏다더라

廣告

西署龍山坊沙村里四統四戶瓦家十七間草家 間半本劵丁未六月二十七日셔失故ᄋᆞᄋᆞ以廣告ᄒᆞ오니內外國人拾得ᄒᆞ와도休紙施行

최演默 告白

西署龍山坊沙村北契에在草家四間ᄒᆞᆫ二統二戶 문劵今六月二十七日中路서失故로玆以廣告ᄒᆞ오니內外國人間休紙施行ᄒᆞᆷ

高炳ᄉᆞ 告白

本人이金堯勛用債ᄒᆞᆫᄃᆡ居保ᄒᆞ얏더니錢主김聲振이가김堯勛의家産什物을沒數奪去ᄒᆞ야當捧額보다葉전七千餘兩을加徵ᄒᆞ고도猶爲不足ᄒᆞ야請囑完營ᄒᆞ야本人의父子를移囚輪ᄊᆡᄒᆞ고本人의祖包八百石과沓土九十三石落文劵을奪去ᄒᆞ얏ᄉᆞ니김聲振의不法行爲ᄂᆞᆫ如右ᄒᆞ거니와김判書宗漢이尹相五를救護ᄒᆞᆫ다憑托ᄒᆞ고盡九錢五萬兩을金聲振의게物托ᄒᆞ고該沓劵을脅奪ᄒᆞ야仍作己物ᄒᆞ고聲言ᄒᆞ기를金聲振의게買得이라ᄒᆞ니所謂宰相이라ᄒᆞᄂᆞᆫ人이盜漢의背를打ᄒᆞ야他를取ᄒᆞ고ᄉᆞ主가欲ᄒᆞ며ᄒᆞᆫ則威嚇却之ᄒᆞ고擧訴ᄒᆞᆫ則請囑圖免ᄒᆞ니其行爲ᄂᆞᆫ金聲振보다凶險ᄒᆞᆫ지라本命絶以前에ᄂᆞᆫ期ᄒᆞ여還ᄒᆞ깃ᄉᆞ니本人의冤痛ᄒᆞᆫ肽과金聲振金宗漢兩人의暴惡ᄒᆞᆫ行爲를不敢緘秘ᄒᆞ고天下公眼에呈ᄒᆞ기爲ᄒᆞ야廣告ᄒᆞᆷ

前參奉尹相五 告白

開寫眞館

本人等이 … 小廣橋 … 寫眞館을 … 各樣寫眞을 … 面議ᄒᆞ시오

寫眞館主人 金主鎭 朴昌鎭 白告

第二期學員募集

皇城基督 廣告

本學館에서秋期開學日字를九月三一(陰七月二十六日)로定ᄒᆞ얏ᄉᆞ니舊學員은趂期上學ᄒᆞ려니와新學員을募集ᄒᆞ오니願學人은本月二十五日內로入學請願書를本學館에請求ᄒᆞᆷ

課程

普通課 本朝歷史地誌 萬國歷史地誌 算術 數學 物理學 化學 生理及經濟學 星學 聖經 日英語讀意

語學課 日語(讀意)(講修) 英語(讀意)(講修) 教科書日英語

工業課 (待開學排定)

商業課 速成 簿記 商業 商業地誌 算術 商業 書類

夜學課 隨意 日語 英語 簿記

年齡 十六歲以上

試取日 八月二十六日 陰七月十八日

試取科目 國漢文讀書作文 但工商課 算術四則以內加試

隆熙元年八月十三日

漢城中署鍾路里門內

皇城基督敎靑年會館 告白

敎育年會

開會日字ᄂᆞᆫ司事部決議ᄅᆞᆯ待ᄒᆞ야更告ᄒᆞ깃ᄉᆞ오니 僉會員照亮爲要

北署桂洞十六統七戶ᄂᆞᆫ田故協辦金錫圭氏家舍인대黍尉黃璉秀氏가僞造文劵ᄒᆞ야農工銀行에典執ᄒᆞ랴다가發覺되얏ᄉᆞ니內外國人은切勿見欺ᄒᆞᆷ

家舍借主人田元ㄱ 告白

民事訴訟代理와刑事辯護及鑑定顧問과諸문案起草等諸般事務를迅速處理ᄒᆞᆷ

漢城中署瑞麟坊許屛선전병문西南隅八統二戶

辯護士 尹邦鉉

同 太明식

同 金澤

事務員 安必中

聯合法律事務所

本人等이挽近沿江商業이日益凋殘ᄒᆞᆷ을慨歎ᄒᆞ야同志人이資金壹萬圜을爲先募集ᄒᆞ고客主를本地에擬立ᄒᆞ야京鄕商客의各樣物品을普通으로買賣ᄒᆞᆯ뿐醞書오되販賣ᄒᆞᄂᆞᆫ特이便利케ᄒᆞ며物價도捧不捧間에即地撥付ᄒᆞ와商況이一層振興ᄒᆞ기를懇切이希望ᄒᆞ오니각處商業家僉員은陸續來臨ᄒᆞ심을爲荷

京西署麻浦遯ㅁ頭第一百七十一統二戶

普信号客主

主務員田圭煥 吳斗冰 崔喜永 金洛夏 告白

學徒裝飾書冊 學徒運銃과諸具 羅紗各種 美國金鷄納 衣服緞緞其他雜貨도廉價放賣ᄒᆞ오니諸君子ᄂᆞᆫ來臨ᄒᆞ심을바라나이다

仁川港奇峴開新册肆

前檢事 辯護士 李建鎬

法律事務所

西署小平洞第六十統十戶

大東文粹 全一冊 金七十五錢

箕子以來로至國朝 寢章及名文精選漢文必讀合用敎科

新撰地文學 全一冊 金四十錢

凡屬地質學理與圖式精且簡易合用敎科

生理衛生學 全一冊 金四十錢

吾人生理上關係衛生與圖式切要簡易合用敎科

發賣所 布屛下廣學書舖 東口越邊中央書舖 寺洞漢陽書舖 鍾路大東書市 小廣橋高裕相書舖

本人이日本大阪商務家와特約ᄒᆞ고日本內地出各種物品과西洋各種物品及機械等物을我大韓에輸入과委托을便利케ᄒᆞ約ᄒᆞ얏ᄉᆞ오니商工業에有志ᄒᆞ신僉君子ᄂᆞᆫ某物이든지請求코져ᄒᆞ시거든本社로來議ᄒᆞ시오本社에셔ᄂᆞᆫ手數料만受領ᄒᆞᆷ

興業社本店 開城北部群洞

支店 京城南門內水閣五十一號

培養會社

全仁港內동廣濟 六戶

慶尙道과派員김鳳洙가不遵詔勅內訓칙ᄒᆞ고有文劵羅有民私條ᄒᆞ야肆自放賣ᄒᆞ기로數千餘民이仍此失業에幾至死境故로條主의리裹足千里ᄒᆞ야呼訴于京部이기玆以廣布ᄒᆞᆷ

慶尙南道紙島七條條主김桑振 李鍾贊等 告白

원산과성진간에서본인이살진소(肥牛)를만이ᄉᆞ것ᄉᆞ니쇼과는제군은다수이팔너오시옵

최봉준 고ᄇᆡᆨ

●일본遊覽者募集 人員은五十名으로一團을成ᄒᆞ니한일인을不問ᄒᆞ고速히納入ᄒᆞ시옴

一遊覽地 東京及觀覽會並西京大阪神戶

一往復일수 十七일間

一浮費 遊覽費及宿料을合ᄒᆞ야總計四十八圜

一出發일 請人數決定을從ᄒᆞ야出發三日前에直接히通知ᄒᆞᆷ

一請入所 在京城신聞社五十八銀行경성支店 天一銀行

一會員은遊覽을終ᄒᆞ야歸國後ᄂᆞᆫ本會와關係가小無ᄒᆞᆷ

一南大門서釜山으로直行ᄒᆞ며者或은東京으로直行ᄒᆞ는者외에ᄒᆞ야도同一便法으로同行請入을應諾ᄒᆞᆷ

日本人遊覽協會事務所

西門通 東亞商會

◉增修無冤錄大全

定價金新貨七拾九錢

登秋雪日 七十ㅁ頁

此增修無冤錄大全은法律家의最緊要ᄒᆞᆫ書籍이온ᄃᆡ年來現本이殆히絶種에至ᄒᆞᆫ지라故로法部에認可를得ᄒᆞ옵고此를新刊ᄒᆞ얏삽ᄂᆞᆫ대國漢文으로解釋ᄒᆞ야隱晦ᄒᆞᆫ句節이無ᄒᆞ오니法律學에有志ᄒᆞ신니와字牧之任에居ᄒᆞ신니ᄂᆞᆫ不得不覽ᄒᆞᆯ補ᄌᆞ이오니注意購覽ᄒᆞ시옵

中署布屛下

廣學書舖 김相萬 發售所

越南亡國史 國漢文

定價貳拾仙錢

發賣所 京城廣通橋高裕相書舖 鏡川郡

布屛下김相萬 告비

國債報償義捐金收入廣告

◎陽智郡朴谷面淸溪里
韓三근 韓禮成 吳洛泳
오在泳 각貳圜 宋錫憲一圜
오德云 六十錢 辛順成
南敞熙 각五十錢 申重均
오延善 各々십錢 俞明五
곽元鉻 李 燦 최龍瑞
각三十전 朴連玉 南光熙
南延杓 李學凡 崔敬先
孫尙根 오益善 오景弼
오덕甫 오仁順 韓春實
安鍾台 오德三 徐伊先
오仁根 郭佑鉻 李亨基
安錫均 각卄전 오順弼
十二전五厘 李啓甲 李德基
오聖玉 오尙根 오인化
오一奉 俞基奎 곽信鉻
郭昌根 徐秉斗 李會元
韓明三 丁八奉 金千年釗
복明信 丁性耆 各拾錢
柳明善五錢 朴英順 九전
合拾八圜貳전五厘
氷捧四円

◎錦州外西面大中里洞中
張炳瀚 一圓 盧順澤
六拾錢 박斗先 四십錢
姜文두 張炳五 최지範
張炳煥 張병圭 각卄錢
合三圓

◎天安金谷居民等
박鎭勳 六십전 鄭寅昌
進士리鶴珪 각五拾연
리家楨 정寅燮 安龍鎬
각卄전 리赫珪 孟敎喆
孟敎敏 정英朝 정安朝
윤鍾영 각卄전 최有鉉
十전
合三圓八십전

◎忠南木川二東面大芝靈耶蘇敎堂
趙瓊澤 박晳哲 金文三
朴股圭 리熙林 각一圓
徐炳斌 류學配 김相燦
조炳奎 金正玉 尹秉升
김春三 김振秀 각五十錢
권正圭 韓인洙 각々십전
김化成 韓成伯 韓箕洙
黃相鎬 柳成得 김순基
각卄연 柳日長 白千壹
김正化 柳禹鎬 류道元
류學서 류致雲 睦學선
김龍見 류奇서 김麟서
尹德壹 박致三 徐稀千
成奇景 김성賢 김化善
김學圖 金元汝 趙亨元
류重武 강景安 정成三
윤明中 金希道 윤慶良
崔德中 리漢鐘 리天吉
리金鉉 각卄전 金元七
조元덕 리定三 리지冠
김明金 金致文 김元道
각십五전 장春日 嚴士壹
김日連 류致선 金春實
류大元 金榮雲 윤成業
김鶴서 金德賢 박正習
金致今 조正云 윤潤成
高正선 박令淑 李成雲
崔순九 안繁章 權萬福
金元三 裵道淵 金순天
尹鍾述 각十전
合貳拾壹圓○五전

◎경紬洞
姜선會 四십錢 子윤永
姜文永 각三拾전 姜元영
二십전

◎水橋
梁圭榮 리珪섭 각二십錢

◎楊州蘆原南면下契踶洞
리炳華 洪贊周 洪우宅
각卄錢 리學澤 劉相彦
리明化 리富成 리圭夏
金三天 張日化 申壽卜
劉元규 리星基 리與卜
千壽山 최五장 金敬善
各拾전
合三圓六십錢

◎恩德面 니部官廳 각二圓
김완洙 김鎭完 김昌일
류相㕵 최應均 金秋雄
리章有 리喚德 朴潤玄
송啓福 盧漢甲 高廷弼
魚得찬 異照成 리承근
방宜식 劉旨환 리恩錫
김敬熙 金駿히 리지琪
김宜坤 申泰衡 리廷혁
林華鎭 々孝植 安宜成
각二十錢
合五圓四십연
以上兩處義금金捐當收入

◎全南長興康津兩郡商民等
任文奎 周昌柱 周昌현
名二圓 任正奎 任順奎
周창麟 복奉洪 南弘노
尹滋玉 김鄕先 김玄日
김云先 吉明七 吉成七 김炳煥
鄭士圭 周成旭 宋允才
손用圭 김成서 明贊永
김玄哉 各一圓 리在默 鄭明華
梁琨九 김以경 김伯鉉
김興成 朴體圭 김仲燮
崔成九 吉斗燮 김인叔
김成九 리致先 복仲京
金治用 許子連 유成七
손應圭 姜德문 각六十錢
김性仲 김昇玄 리德玄
任順彔 김洛二 尹德五
宋汝根 리창辰 김先日
최仲淑 宋治根 牟泰化
리京七 니明才 손大玄
鄭윤坤 김率尙 김應圭
呂大旭 김君七 閔大連
金洛인 정大旭 리京春
조明善 리文三 金承〻
林贊汝 김鳳三 崔有善
정京先 姜贊仲 각四拾錢
최京振 김化執 任德玄
복正完 任奎彩 리子三
朴在先 姜仲先 최昆信
劉君實 김誠均 方允道
任덕完 辛彩圭 리成云
羅玉斗 김有植 김福伯
리슈萬 정昌福 尹玉汝
梁六彦 김治京 尹京三
김以燮 김斗奉 정完西
최여先 리春五 김윤信
金鼎五 方春永 金治學
리公先 정福岩 林子日
박化淑 리吉西 김明才
장春益 리京鉉 최正현
金汝化 權明先 林化京 김汝先
김益先 복덕日 宋玉선
리汝甲 尹官西 嚴明信
김化윤 김達洙 김大志
黃基洪 尹德與 朴윤선
房相木 장仲國 리洙영
김인洪 김士文 김基叔
金윤京 김鉉道 김金彩
리京西 金德永 김今京
최長浩 金叔洪 니大辰
中明仲 任昇喆 嚴應元
최창凡 馬成日 朴贊西
리京선 김德洪 정石元
최局선 리永西 劉成日
오淳執 郭京순 金子벼
리潤奎 김萬春 尹光선
金亨云 尹官珍 黃明洙
김永선 尹成淑 金서若
金正八 복金尙 尹奉升
김大彦 정南圭 최殿信
具時윤 김子선 孫信一
최德信 김윤才 정奉辰
최선有 최武三 申坤中
白선明 김士一 리京乃
김彩洪 金成化 박인彦
김萬基 김西日 朴完贊
김京三 孫世完 曹成九
尹서中 최相洪 김德彦
리京春 孟洙鶴 김仲吉
崔尙三 최春三 손大器
김成玉 孫成培 尹昌彦
梁元玉 高光先 리仲玄
梁大圭 박基洪 申東根
河萬太 池允朵 김道局
김士益 송武辰 리德三
리憲植 孫良彦 송在京
리京春 千成凡 리成佐
리乃連 김坤成 俞성贊
김用西 박宗吉 박京日
林尙洙 리玄叔 申致五
文士吉 黃石基 曹子仁
최春化 손應三 김明先
김官玉 경樂산 崔錫선
김九中 卞순七 김洛圭
方成玉 孫亨彩 손允範
田在圭 정化三 南處一
韓甫象 南在午 최尙준
리在春 박承玄 김成執
김學三 김士준 朴成伯
박成午 김德午 리希先
河京西 복仁明 鄭斗亨
리成若 강宋云 신서益
송中三 姜坤三 조明厚
김以象 鄭達三 尹貴洪
박덕洪 최京보 김成升
姜大民 최仁杓 김明化
金明淑 김文玉 장덕天
姜官汝 강道民 金덕均
徐宗三 리大圭 김洪叔
嚴子玄 林桂仲 최보仁
김大京 리京洪 김永贊
各廿錢 朴仁옥 金日成
金云西 崔仲 김玄叔
鄭준圭 리京三 馬敬九
徐允五 羅淳用 陳洛玄
金必中 金元道 金明辰
曹윤玉 각拾전
合九十九圓九十錢

◎長興郡郡內校村
任光俊 최奎叔 房興信
각四십전 박致明 卅錢
박成安 牟奎化 리亨俊
車老乙보 김升文 리지木
박千俊 김京선 리大平
金士益 주락玄 리京선
各十전 崔汝順 니昌用
車昌吉 黃成卜 리玄淑
김和奎 박正巳 각拾錢
박用包 朴덕洪 徐日千
劉吉安 劉元在 김子京
崔正來 김明才 韓野介
박昌祿 니千선 김制수
朴化亨 박윤선 박日祚
니宗학 리永泰 朱士非
신大洪 리亨五 각六전
리公善 四十전
合六圓二拾전

◎高陽郡沙里大面奈山里
趙弼顯 趙長鎬 各五십전
리炳喆 慶 혁 박旣先
각四拾전 趙益 顯金學기
최益天 각三拾전 趙斗顯
二拾전 리璇應 趙景顯
趙命顯 조泰顯 韓 鎬
韓 鎭 韓 夏 최常玉
박榮植 최斗榮 韓 鎬
각二십錢 리炳熙 趙 顯
趙義元 趙성옥 리鍾興
최載九 최進돌 최自斤石
박昌連 丁돌石 趙職國
趙職永 趙憾國 각各전
최日元 二拾錢 崔여學
리寅安 리서돌 각拾錢
朴道元 二拾錢 최廷國
십전
[illegible]圓六十전

◎豐德郡中面東江里
리關德 리關祐 송晩哲
각二十전 리廷炫 卅錢
리關像 리觀善 리漢朝
尹昌緖 리鍾麟 리成炅
리鍾晃 리關爛 南廷一
각拾錢 許 필 二拾전
리勉燮 兪成浚 각五전
리仲玉 김昌玄 리敏榮
리觀春 리觀熙 각二十전
리觀克 三拾錢 리錫圭十전
合三圓五十錢
以上兩處義금김相萬收入

總合一百六拾八圜○七錢九厘
國文報廣告總合一百九十八圜五拾전五厘
前號總合四萬八千六百三十四圜二拾一錢二厘
都總合四萬九千圜○○七十九전二厘

發行兼編輯人 英國人 裵說
發行所 南署石井洞外地三層洋屋家
大韓每日申報社

第五卷 第五百九十二號

大韓每日申報

月曜及慶節時休日刊

檀君開國四千二百四十年
箕子元年三千二十九年
大韓開國五百十六年
日本明治四十年
淸國光緖三十三年
陰曆丁未七月大初九日戊戌

論說

將有大成功

若支那國民이昏夢을速罷ᄒᆞ[illegible]此ᄂᆞᆫ袁世凱氏의無限ᄒᆞᆫ用力과顯赫ᄒᆞᆫ才能을最多히因ᄒᆞᆷ이라數年之際에同氏가位居總督ᄒᆞ야其行政이常著明白ᄒᆞ며常務改良인바自國人民의遲緩ᄒᆞᆫ性質을確察ᄒᆞ야漸次改良이有其効力ᄒᆞᆫ것과急速變革은反生危害ᄒᆞᆯ거슬稔知ᄒᆞ엿스며以其鍊兵으로觀之라도同氏가急速을不務ᄒᆞ고精銳로爲其目的ᄒᆞ야今此結果가列國武官의稱譽를被ᄒᆞ나니日淸交戰에指揮ᄒᆞ던淸兵의無力을今不可復言이로다

同氏가世界內職局에鞏固ᄒᆞᆫ勢力을可成ᄒᆞᆯ軍隊를設備ᄒᆞᆯ뿐不啻라政府官吏에無能腐敗者를一體로掃除ᄒᆞᄂᆞᆫ거시必行之務인줄을實認ᄒᆞᆫ지라如此改良을施設ᄒᆞ기에不無危險이어날同氏와近日行事를據ᄒᆞᆫ건대如此危險을不避ᄒᆞ엿도다首領되ᄂᆞᆫ官職을壟占ᄒᆞᆫ如彼多數의有力人들이供職에杳然不合ᄒᆞᆫ지라此를敵視ᄒᆞ기ᄂᆞᆫ其改良人의勢力과協助에在ᄒᆞ거니와其意志의公正ᄒᆞᆷ도成功之道에亦一原因이니同씨가此를兼有ᄒᆞᆫ外에必要ᄒᆞᆫ一件事가特有ᄒᆞᆷ은 皇太后의信任을得ᄒᆞᆫ거시로다近者同氏의上奏案이其甚必要ᄒᆞᆫ줄은一般所知어니와最近來電을據ᄒᆞᆫ則 皇帝께셔同奏案에四件을採用ᄒᆞ기로內定ᄒᆞ얏스니其一은內閣을變更ᄒᆞᄂᆞᆫ거시오其二ᄂᆞᆫ樞密院을設置ᄒᆞᄂᆞᆫ거시오其三은敎育을關係ᄒᆞᄂᆞᆫ거시오其四ᄂᆞᆫ地方自治制度를關係ᄒᆞᆫ거시라同氏의才能이此諸問題를處理ᄒᆞ기에ᄂᆞᆫ些少疑點이不無ᄒᆞ나淸國의改良을實行ᄒᆞᆯ一人은袁世凱氏인줄로豫度ᄒᆞᄂᆞᆫ諸人은今此事業의成或不成을着心注目ᄒᆞᄂᆞᆫ도다

官報

◉第三千八百四十八號 隆熙元年八月十六日

◉宮廷錄事

掌禮院卿臣申箕善謹
奏
太廟
展謁日子以季秋節間擇入事
命下矣吉日令日官金東杓推擇則陰曆八月初十日爲吉云以此日定行乎敢
奏 奉
旨依奏

掌禮院卿臣申箕善謹
奏
洪陵
展謁日子以季秋節後擇入事
命下矣吉日令日官金東杓推擇則陰曆八月二十七日爲吉云以此日定行乎敢
奏 奉
旨依奏

敍任及辭令

禮산郡主事李衍求
內部治道局技手리奈煥
依願免本官

任度支部水道局技手 金鍊克
內閣總理大臣秘書官김淸鎭
度支部稅務官孫弘모
仝 리錠植
依願免本官

任龍川府尹 正三品權鳳洙
內部治道局技手[illegible]秉昇
任內部治道局技師 前郡守[illegible]榮兌
正三品趙重應
任度支部稅務官 大邱郡主事徐相升
任平安南道觀察道參書官 內部治道局技師張鵬
任江原道觀察道參書官 帝室會計審查局審查官정寶소
任鎭安府參書官 步兵副尉崔翼鉉
免本官

外報

◉露兵擊退 路透電을據ᄒᆞᆫ則佛國海軍提督피리바氏가報告ᄒᆞ야曰摩洛哥國은가사블랑가에셔夜襲을企圖ᄒᆞ고去土曜日午后에猛烈ᄒᆞᆫ攻擊을ᄒᆞ얏스나整然히擊退가되얏더라

◉增援準備 伯林電을據ᄒᆞᆫ則佛國은引續히摩洛哥에向ᄒᆞ야增援隊를派送ᄒᆞ기로準備ᄒᆞᆫ다더라

◉獨立運動 香港電을據ᄒᆞᆫ則菲律賓留學生人이集合를開ᄒᆞ고比律賓獨立에請願書를作ᄒᆞ야米國大統領의게提出件을決議ᄒᆞ얏ᄂᆞᆫ데其主動者ᄂᆞᆫ曾히日本에셔遊學ᄒᆞᆫ人이라더라

◉[illegible] 伯林電에曰美國造船所職工이同盟罷工을延ᄒᆞ다더라

◉內閣變動說 北京電을據ᄒᆞᆫ則慶親王은總理를辭任ᄒᆞᆫ다이고袁世凱張之洞은代理를ᄒᆞᆫ다인데慶親王은將次退隱ᄒᆞᆫ다이라더라

◉日東防穀 東京電을據ᄒᆞᆫ則關東州에防穀令을布ᄒᆞᆫ旨로淸國政府로부터日本에通牒이來ᄒᆞ얏ᄂᆞᆫ데日本租借地를一般外國과同視ᄒᆞᆷ必要를抗議ᄒᆞ얏다더라

雜報

◉明進學校趣旨書 覺皇

深達物機而凡所施爲ᄂᆞᆫ在時에도亦有之矣라所謂學校ᄂᆞᆫ養育精神之原이며陶鑄才器之所니敎化之所從出也니라曲成其器ᄒᆞ야盡就其道則品物을不遺일ᄉᆡ故로巧梓ᄂᆞᆫ順輪干之用ᄒᆞ야枉直에無廢其材ᄒᆞ고良御ᄂᆞᆫ適險易之宜ᄒᆞ야駑驥에無失其性케ᄒᆞᄂᆞ니物旣如此인ᄃᆡ人亦宜然이라雖有成器成道之資나若不深培厚養覆用이면是ᄂᆞᆫ廢材失性이니廢失則非特無補於自己之業也라豈其邪僻而不免爲家之棄物也리니爲國宗敎之興과衛國之忠이리오且養育陶鑄之要ᄂᆞᆫ在乎誠신이니存誠於中이면定當解惑이오存신於己면可以敎人無欺ᄒᆞ야立而修之ᄒᆞ고坐而行之여든何必棄當貴忘功名ᄒᆞ고灰心泯志於深山幽谷之間ᄒᆞ야調飮木食而終其身哉리오

修身治心則與人으로共其道ᄒᆞ고興事立業則與人으로共其功ᄒᆞ고道成功著則與人으로共其名ᄒᆞ야堅確精進成辦學業이면所以道無不明ᄒᆞ며功無不成ᄒᆞ며名無不宏이라吾之宗脉이以之而大振ᄒᆞ며吾之法會가以之而殷盛ᄒᆞ리니安有沙門之害焉而國家之棄物也哉아有志法侶ᄂᆞᆫ宜各勉之어다

發起人洪月初

◉忠警報告 忠北警務官金寅大氏가內部로報告ᄒᆞ되淸風郡出張警檢金인培리光雨報告내에十一日上午四時에自堤川郡으로義兵二百餘名이來到北倉ᄒᆞ야[illegible]一切防禁ᄒᆞ며附近各處及山上에數拾名式緊々把守ᄒᆞ오며該徒二百餘名이與[illegible]而各持銃劍ᄒᆞ얏스며本郡駐在守備隊與憲兵도與對이不多ᄒᆞ온바百端術策에設備不給ᄒᆞ와玆에報告ᄒᆞ오니彈丸一千五百發을不日下送ᄒᆞ라ᄒᆞ얏다더라

◉禪門敎育 江原道高城郡新溪寺僧侶韓東湖가該寺에年幼ᄒᆞᆫ僧徒를敎育ᄒᆞ기爲ᄒᆞ야設校ᄒᆞ고校名은東一學校라稱ᄒᆞ깃다고內部에請願ᄒᆞ얏다더라

◉醫學試驗 孔德里私立醫成學校에셔普通科第一回定期試驗을經ᄒᆞᆫ바甲班優等生에[illegible]金在默金駿憲諸氏[illegible]李鍼鉉金영鎭黃鎭敍學七人이오乙班優等生에宋[illegible]人이오內[illegible]具武釗造殺에[illegible]品으로施賞ᄒᆞ얏다더라

◉必因誣陷 江華郡普昌學校長리[illegible]가[illegible]視廳으로被任되얏다ᄂᆞᆫ說은已揭昨報어니와該시가月前上경ᄒᆞ얏다가還[illegible]에[illegible]城人民의[illegible]務을見ᄒᆞ고江華[illegible]爲下去ᄒᆞ야一般[illegible]員에게[illegible]치말고安[illegible]ᄒᆞ라[illegible]仍即上경ᄒᆞ얏ᄂᆞᆫ데[illegible]何事端[illegible]이되얏고其[illegible]이該시[illegible]被縛時에[illegible]對ᄒᆞ야當ᄒᆞ[illegible]가[illegible]이면[illegible]ᄂᆞᆫ거시當然ᄒᆞ고若[illegible]이여든通道下明ᄒᆞᄂᆞᆫ거시다ᄒᆞ얏더라

◉橫件放送 槐城郡[illegible]시가砲兵에게被捉ᄒᆞ얏다ᄂᆞᆫ說은前報에揭載어니와其理由를得聞ᄒᆞᆫ則原州砲兵等이來到[illegible]城郡ᄒᆞ야[illegible]件을對ᄒᆞ야[illegible]ᄒᆞ라ᄒᆞ며[illegible]ᄒᆞ엿ᄂᆞᆫ뒤[illegible]在官長ᄒᆞ야官米穀이라[illegible]取入ᄒᆞᄂᆞᆫ거시[illegible]에行ᄒᆞ야[illegible]게다ᄒᆞᆫ즉軍器를[illegible]給ᄒᆞ라ᄒᆞ거ᄂᆞᆯ軍器ᄂᆞᆫ初無ᄒᆞ다ᄒᆞ얏더니即爲捉去于原州邑ᄒᆞ얏ᄂᆞᆫ데該邑儒림이橫暴[illegible]捉去ᄒᆞ고발[illegible]ᄒᆞ야一齊[illegible]處하야官長을捉去ᄒᆞᆫ거시[illegible]當치아니ᄒᆞᆫ줄노[illegible]即爲放送ᄒᆞ얏다더라

◉成校興旺 [illegible]學校를設始以後에學徒가[illegible]集하더[illegible]中校資金을二朔取[illegible]日定例則收殖[illegible]前[illegible]用이[illegible]지라本郡有志紳士[illegible]源[illegible]裴[illegible]源孝李[illegible]大[illegible]가[illegible]에熱心ᄒᆞ야各其[illegible]ᄒᆞ야[illegible]을先當支用ᄒᆞᆷ으로校[illegible]興旺ᄒᆞ야人皆[illegible]ᄒᆞ더라

◉調查軍器 法部에셔韓日[illegible]차軍副官陸軍步兵少佐入多[illegible]新씨의게公函ᄒᆞ되[illegible]地方에駐지ᄒᆞᆫ[illegible]國軍器에對[illegible]際國裁判所에法務補佐官及補佐官補씨가民刑事裁告人에[illegible]診察을要請ᄒᆞᆷ이有ᄒᆞᆫ時ᄂᆞᆫ醫가公務防碍ᄒᆞᆷ이無하게ᄒᆞᆫ時時診察을施ᄒᆞ도록訓飭ᄒᆞ라ᄒᆞ엿軍醫하오서准此照遵케하심을爲要라ᄒᆞ엿더라

◉四氏助校 端川郡荷田社의有志人士가敎育上注意로小學校를設立ᄒᆞ야學徒를募集하며敎師를延聘ᄒᆞ며敎科書를準備ᄒᆞᄂᆞᆫ데資金이不敷ᄒᆞ야經費가甚絀ᄒᆞᆫ지라該社居尹李元發氏가此를聞ᄒᆞ고[illegible]之數이有ᄒᆞ야金貨[illegible]을捐助ᄒᆞ얏고參書官金錫圭씨ᄂᆞᆫ七圜으로該府主事[illegible]ᄂᆞᆫ十圜으로李鍾[illegible]씨ᄂᆞᆫ一圜으로捐助ᄒᆞ미一般人士가其熱心을欽歎ᄒᆞ야則於勉力하야該校를維持케ᄒᆞ기로ᄒᆞᆫ다더라

雜報

◉大詔煥發 皇帝陛下께옵서詔書를下ᄒᆞ셔曰人生三十而有室과二十而嫁ᄂᆞᆫ古昔三代盛法이어ᄂᆞᆯ挽近早婚의弊가國民의病源이莫甚ᄒᆞᆫ故로年前禁令이有하되迄未實施ᄒᆞ니豈非有司之過리오今의維新之秋를際ᄒᆞ야風俗을改良홈이最是急務라不容不參古酌今ᄒᆞ야男年滿十七女年滿十五已上으로始許嫁娶ᄒᆞ야凛遵無違케ᄒᆞ라ᄒᆞ셧더라

◉都監儀節上奏 再昨日下午三時에內閣大臣이會同ᄒᆞ야今番都監儀節을爛商協議ᄒᆞ고同五時에總理大臣李完用氏와宮內府大臣李允用氏와學部大臣李載崑氏와軍部大臣李秉武氏가詣闕 陛見ᄒᆞ야協議ᄒᆞᆫ儀節件을 上奏ᄒᆞ고同六時에退闕ᄒᆞ얏다더라

◉三件將施 伊藤統監이還任ᄒᆞᆫ後에ᄂᆞᆫ地方合郡事와法律改正과警察官制變更事三件이實施된다ᄂᆞᆫ說이有ᄒᆞ더라

◉警官增置 各地方警察署에總巡과警視를多數增置ᄒᆞᆫ다더라

◉李氏自列 李埈鎔씨가平理院에自現ᄒᆞᆫ後特放이됨은昨報에已揭어니와再昨日에該氏가又自列疏를奉呈ᄒᆞ얏다더라

◉薙髮將施 皇帝陛下即位ᄒᆞ신後로薙髮令이即時頒布가된다ᄂᆞᆫ디衣制ᄂᆞᆫ仍舊使用ᄒᆞ고首飾은一帽子만掛着케ᄒᆞᆫ다더라

◉職姓名先通 外國人을高等官任命時에諮議前에職姓名을先爲通知ᄒᆞ라고內閣에셔각部로通牒하얏다더라

◉公使發論 日本軍兵二師團이韓國에出航ᄒᆞ랴다가中止되얏다홈은已爲揭報어니와其事項을據ᄒᆞᆫ즉日本에駐在ᄒᆞᆫ各國公使館에셔議論ᄒᆞ되何事件을因緣ᄒᆞ야軍艦을出動ᄒᆞᄂᆞ냐ᄒᆞᆫ則答ᄒᆞ기를韓國에暴動을鎭壓홈이라ᄒᆞᆫ디又公使論ᄒᆞ기를韓國保護權을自擔ᄒᆞᄂᆞᆫ境遇에派兵鎭壓홈이大違公例라ᄒᆞ얏다더라

◉改稱巡查 無論京鄉警察署ᄒᆞ고巡檢의名稱을日本과如히巡查로改稱ᄒᆞᆫ다더라

◉習儀舉行 昨日上午十時에光化門前에셔御用馬車習儀를舉行ᄒᆞ얏다더라

◉都是訊問 朴泳孝趙廷哲李道宰三氏가平理院으로移交ᄒᆞ얏더니更聞ᄒᆞᆫ즉該三氏가警視廳에滯囚ᄒᆞᆫ以後로都是一次訊問ᄒᆞ고該廳에尙今拘留ᄒᆞᆯ뿐이라더라

◉軍物收上 內部에셔江原觀察使黃鐵시에게訓令하되관下各郡山砲名色을一並解散ᄒᆞ고鳥銃等物을收上軍部ᄒᆞ라ᄒᆞ얏더라

◉兩守被召 江界郡守김用來와原昌郡守리尙珪兩시가部道訓飭을視若尋常ᄒᆞ고國有財產을尙不報來ᄒᆞᆫ事로內部에셔견責에處ᄒᆞ얏다더라

◉郡奏調查 向日內部에셔修定ᄒᆞᆫ郡守奏本草를現今統監府에셔郡守의資格을調查ᄒᆞᄂᆞᆫ대或排日黨이아인지或勢力家의運動이아인지或錢力이아인지一一히採根ᄒᆞᆫ다ᄂᆞᆫ디日間叙任頒布되리라더라

◉尉官逗留 黃州鎭衛隊에셔ᄂᆞᆫ兵卒을無事解放ᄒᆞ고該隊尉官諸氏ᄂᆞᆫ去留間軍部에셔姑無如何指揮ᄒᆞᆫ故로該地에逗留中이라더라

◉三氏仍囚 警視廳에被捉ᄒᆞᆫ同友會員十九人을這這訊問後監獄署로移囚ᄒᆞ얏ᄂᆞᆫ대강淡善梁柱益리學宰三氏ᄂᆞᆫ警視廳에仍因ᄒᆞ얏다더라

◉特放致賀 中樞院顧問리址鎔씨가再昨日下午五時에리埈鎔氏舍舘에來訪ᄒᆞ야特放됨을致賀ᄒᆞ고龍山江亭으로出往ᄒᆞ얏다더라

◉兵丁呼訴 각侍衛隊兵卒이去番紛亂時에各有緊幹ᄒᆞ야公用證을持ᄒᆞ고出番ᄒᆞ얏던人은解隊時恩賜金을未受ᄒᆞᆫ故로각該隊營에呼訴가有ᄒᆞ다더라

◉服裝燒火 侍衛一聯隊營門內에積置ᄒᆞ얏던兵卒服裝을再昨日에日人이沒數燒火ᄒᆞ얏다더라

◉리드博士敍勳 本年春間에越到韓國ᄒᆞ야각處로周行演說ᄒᆞ든리드博士ᄂᆞᆫ日本皇室에셔勳二等旭日章을賜ᄒᆞ셧다더라

◉日人配置 學部에셔각局課에日人一人式을昨日부터配置ᄒᆞ야視務ᄒᆞ얏다더라

◉洪川電報 義兵五拾餘名이自春川郡으로洪川郡에突入하야郵便取扱所와日本與當局을打破ᄒᆞ고方今徒黨을召募中이라고江原觀察使가內部에電報ᄒᆞ얏다더라

◉日砲撤去 軍部門前에設置ᄒᆞ얏던機關砲를再昨日에撤去ᄒᆞ얏ᄂᆞᆫ대該部에駐留하ᄂᆞᆫ日兵도撤去ᄒᆞᆫ다더라

◉熟馬看檢 宮內府大臣리윤용시가昨日上午拾時光化門前에軍幕을鋪陳ᄒᆞ고御熟馬를一一看檢ᄒᆞ얏다더라

◉嫁娶報告 人民의婚娶法을改良ᄒᆞᆫ 詔勅은別項과如ᄒᆞ거니와從今以後로ᄂᆞᆫ漢城及地方에無論某人ᄒᆞ고男女嫁娶ᄒᆞᆯ時에婚主者가各所管官廳에報告ᄒᆞ기로某姓人으로結婚ᄒᆞ얏다ᄂᆞᆫ事由를先爲通知케ᄒᆞᆫ다더라

◉薙髮提議 挽近以來로地方人民들이一進會員을或毆打도ᄒᆞ며或殺害ᄒᆞᄂᆞᆫ弊가種々有之홈으로宋秉畯씨가諸事件에對ᄒᆞ야都是地方人民들一切히薙髮홀理由를內閣會議에提出ᄒᆞ기로決定하얏다더라

◉處處義兵

十六日着大邱電을據ᄒᆞᆫ則大邱西南約一里되ᄂᆞᆫ偏城에셔義兵이蜂起形勢가不穩홈으로本日同地守備隊에셔派兵ᄒᆞ얏고同日海州電을據ᄒᆞᆫ則江華島에셔散走ᄒᆞᆫ韓兵이黃海道沿岸에셔出沒ᄒᆞᆫ다홈으로海州守備대에셔斥候兵을派送ᄒᆞ얏고江原道方面으로出ᄒᆞᆫ軍隊의軍需輸送을掩護ᄒᆞ기爲ᄒᆞ야日軍이忠州에步兵幾箇中隊를派遣ᄒᆞ야同地에駐在ᄒᆞ엿고平昌取扱所長通信屬金宗源及通信事務員山田參吾兩人은義兵의게被殺ᄒᆞ엿고義兵三四千名이平昌에根據ᄒᆞ야將欲大擧ᄒᆞ서ᄂᆞᆫ故로派遣대ᄂᆞᆫ十四日朝에珍富驛을向ᄒᆞ야前進ᄒᆞ얏ᄂᆞᆫ디數日來로韓日兵의大戰爭이될이라ᄒᆞ고日兵은江陵元山間에小蒸氣船一隻으로聯絡來往ᄒᆞᆫ다ᄒᆞ고楊根郡守ᄂᆞᆫ他處로逃避ᄒᆞ엿고呂州에駐지하던日巡사松村과佐藤과其家族은盡皆被殺ᄒᆞ얏고呂州郵便所금庫ᄂᆞᆫ破壞되얏고楊根郵便取扱所長과同地駐지日巡사와其他警部一行中日巡사六과家族五와巡檢四ᄂᆞᆫ官금帳簿等을取奪ᄒᆞ야所屬家族과共히십四日에呂州方面에셔乘舟ᄒᆞ고京城으로引還ᄒᆞ엿고同地에戰後慘狀을詳聞ᄒᆞᆫ則日巡사分派所ᄂᆞᆫ片々破碎ᄒᆞ얏고橫街戶廛ᄂᆞᆫ一無收埋ᄒᆞ니彼雖日人이나慘不忍見이고附近村落은一空寂寞에住民이絕影ᄒᆞ고人烟蕭瑟이라其中四名은巡檢이保護隱匿ᄒᆞ야孤生ᄒᆞ얏다ᄒᆞ고

十五日發忠州電을據ᄒᆞᆫ則日本警察대가昨夜에呂州安창附近으로巡行ᄒᆞ얏ᄂᆞᆫ대義兵은砥平呂州方面으로向ᄒᆞ다가路中에셔日本副理事의行裝看護者二名을銃殺ᄒᆞ야江中에拋棄하얏고日人避亂船二隻을遇ᄒᆞ야搭載ᄒᆞᆫ貨物은一並奪取ᄒᆞ고人命은未詳ᄒᆞ얏고洪州地方에셔騷擾動擾ᄒᆞᄂᆞᆫ邑東三十里許에셔民徒五十名이出沒ᄒᆞ더니十四日午後三時에一擧이大起ᄒᆞ야洪州邑을襲擊ᄒᆞ엿고十三日에義兵三十餘名이武器를携帶ᄒᆞ고竹山에來到ᄒᆞ야該地住在日人熊井을銃殺ᄒᆞ고附近村落에巡行ᄒᆞ며人民을說誘ᄒᆞ야入黨擧義케ᄒᆞ라ᄒᆞ고義兵三百餘名은榮川北面梧龍의人家를攘ᄒᆞ야榮川郡을襲擊코자ᄒᆞ매同地에住在ᄒᆞᆫ日人은預先避亂ᄒᆞᆫ다ᄒᆞ고甲山郡民數百名은數日來로集合ᄒᆞ얏ᄂᆞᆫ대向日北靑셔解散된韓兵이聞風來會ᄒᆞ야民兵을倡導ᄒᆞ니此地에도騷動이大起ᄒᆞᆯ줄로認ᄒᆞᆫ다더라

◉江華消息

十三日京城一進會總務員以下十六名이江華에來着ᄒᆞ야日人을幇助ᄒᆞ야韓兵을搜索ᄒᆞᄂᆞᆫ데大端히便宜케ᄒᆞ얏다고日人들이稱賀ᄒᆞᆫ다더라

十四日에ᄂᆞᆫ日兵曹長以下數拾名이巡查를援助ᄒᆞ야警務를勵行ᄒᆞ야民家를搜索ᄒᆞ얏고십五日午後에韓兵三名이突出ᄒᆞ야南門에셔突暗ᄒᆞᄂᆞᆫ日兵을狙擊ᄒᆞ며日軍의셔特務曹長과斥候兵拾名이應戰射擊ᄒᆞ얏ᄂᆞᆫ대韓兵二名은終至死境ᄒᆞ엿다더라

東京電報

八月십五日發

◉日露協約 日露協約이發表되얏ᄂᆞᆫ데其要領이如左ᄒᆞ니兩締盟國은互相히他一方에領土保全을尊重히ᄒᆞ고清國에獨立과領土保全과同國에셔列國商工業의機會均等主義를承認ᄒᆞ고兩國의一切平和的手段으로現狀에存續과及前記主義의確立을擁護支持ᄒᆞ기로約ᄒᆞ얏더라

▲筆舌銀河▼

▲總理大臣리完用씨와法部大臣趙重應氏가三昨日八時退闕홀時에農大宋秉畯氏私邸에往訪ᄒᆞ고무숨議論이密勿ᄒᆞ엿다니總理以下각大臣이協議홀事가有ᄒᆞ면宋祖邸에每日會集ᄒᆞ나秉준씨ᄂᆞᆫ協議座席에主壁大臣이로고

▲度支部所관水道局에셔日本人茅野正吉을行將囑托ᄒᆞᆫ다ᄂᆞᆫ대月俸은百元이라ᄒᆞ니近日韓國官廳에셔득ᄒᆞ면日人으로囑托ᄒᆞ니日人업ᄂᆞᆫ天地에ᄂᆞᆫ事務ᄂᆞᆫ못홈ᄂᆞᆫ지

▲農大宋秉畯氏ᄂᆞᆫ近來에本部에ᄂᆞᆫ尙不仕進ᄒᆞᄂᆞᆫ대諸般公문은該大臣私邸에每日送致ᄒᆞ야處辦以來ᄒᆞᆫ다ᄒᆞ니同氏ᄂᆞᆫ仕進은아니ᄒᆞ여도月俸과交接費ᄂᆞᆫ一分도연락이업실거시니此所謂臥食八字로고

▲向日內部에셔選定ᄒᆞᆫ二拾餘郡守奏本이尙今延拖ᄒᆞᄂᆞᆫ디一說은伊藤統監이渡來ᄒᆞᆫ後에更히選擇奏裁ᄒᆞᆫ다ᄒᆞ고一說은營爲勿施된다ᄒᆞ니該奏本入參ᄒᆞᆫ諸氏에勞心焦思ᄂᆞᆫ已無可論이어니와奏本이만일勿施되면홀번郡守님들이로고

▲近日각大臣의出入威儀를傍觀ᄒᆞ면넷憲兵巡查가四名式人力車上에擔銃ᄒᆞ고前後左右에擁立ᄒᆞ고韓人은隨從一人이或有或無ᄒᆞ니外面은保護라稱ᄒᆞ나其實은각大臣이잡피딕기ᄂᆞᆫ貌樣이로고

▲近日共進會에셔一時勢焰을藉恃ᄒᆞ고각項行悖ᄒᆞᆫ者을一網打盡ᄒᆞᆯ計料로搜探捉撫ᄒᆞ야附人不測ᄒᆞᄂᆞᆫ手段과種々取行ᄒᆞ니該會目的은自國을滅亡ᄒᆞ고또다시同胞를消滅코자ᄒᆞ니國土도업셔지고民族도업셔지면於心에滿足ᄒᆞᆯ것ᄂᆞᆫ지皇天이在上ᄒᆞ니惡不可多積이라ᄒᆞᆷ그만두지

▲學部大臣리載崑氏ᄂᆞᆫ年前에乾支山秘訣을今며맛친效力으로內部協辦과學部協辦과法部協辦을次々獵取ᄒᆞ더니今番에賣國魁首리完用氏와비가마져大臣地位를占有하얏스니同氏도또ᄒᆞᆫ不草々ᄒᆞᆫ人物이로고

▲沃溝五龍洞附近日本人墓地內에韓國人所有土地及移葬費二百二圓을支撥ᄒᆞ라고內部에셔度支部에三次照會ᄒᆞ얏다니日人이韓國土地를墓地로占奪ᄒᆞ고韓人에移葬費土地와價를韓國庫금으로支撥ᄒᆞ니소경제닭잡어먹ᄂᆞᆫ格이로고

▲度支部檢查局을以會計檢查院으로特設獨立ᄒᆞ야檢查院長을置ᄒᆞ고歲入歲出의預算決算의檢查監督을掌理케ᄒᆞᆫ다ᄒᆞ니該部에셔檢查院長이無ᄒᆞ야財政이窘渴ᄒᆞ얏던지院長을設置ᄒᆞ면財政이豊足ᄒᆞ야外國借款ᄭᅡ지報給ᄒᆞᆯᄂᆞᆫ지

◉至急社告

自南大門外紫殿으로至新문外華산까지本申報分傳하든李된俊과張志淑兩人이申報價領受證을가지고本月七日에逃躱흔故로玆以仰告하오니本申報購覽하시든僉君子는爲先統戶를更書하야本社로送交ᄒ시고만일該兩人이領受證을가지고請徃ᄒ여申報代金을索捧홀지라도切勿出給ᄒ시며設或領受證업시出給ᄒ여셔도本社에셔는領受證으로施行홀터이오니照亮흠

布哇에셔本社에送付흔英금壹百弗拾弗二拾九弗三張에分흔

郵便爲替를受하얏스나

何許人이何許事件으로送付하얏는지番字가無ᄒ야疑訝이며니郵便에交涉ᄒ야錢額은已爲推尋이고出付人은布哇留閔찬鎬에게認得이나何許事件으로送금인지速々歸示를切望흠

晉州郡李鎭成氏를本支社員으로認定ᄒ얏기玆以仰布ᄒ오니該附近地에本申報購覽ᄒ실僉君子는右氏의게請求ᄒ심을希望흠

大韓每日申報社

■學部訓令 學部에셔語學校及私立學校外에京鄕官立각學校[illegible]學校와學徒를團束[illegible]各學校에셔각々方法을[illegible]ᄒ엿슬지라大抵學徒의게[illegible]事項을訓諭ᄒ며且父兄의게도此를知得케ᄒ야學校와家庭이互相連絡ᄒ야品性의陶冶를顧흠은敎育의效果를顯[illegible]必要흠으로認ᄒ[illegible]

서學徒管理法에有意치아니ᄒ야學校에셔敎授흔善良習慣을失케흠과如흔事가有하면遺憾이不少흠으로別紙注意要領을左開訓令ᄒ니照亮槪酌ᄒ와學徒及父兄의게傳佈服膺케흠이爲可事라ᄒ얏더라

◉監督報告 日本留學生監督申海영氏가學部에報告ᄒ되苦學生等에狀況及措處方略에關ᄒ事는第六號質稟書에備陳이온바該學生이自家의情願과一般留學生에意견흔書를玆又提陳ᄒ옵기附左呈報告ᄒ오며兼ᄒ와內賜금을使用흠에關ᄒ야第二號質稟書에致陳흔私견과如히記念物에用費흠보다學生養成흠에供用ᄒ야國家에直接裨益을務圖ᄒ옵이得當흘듯ᄒ옵기私견을並陳ᄒ오니査照裁處ᄒ오셔斯速訓示ᄒ라ᄒ얏더라

◉苦學請願 日本苦學生리규영氏等二十八人이留學生監督申海영氏의게請願흔全문의本學生等이三次請願ᄒ는것시此皆一般留學生全體의公同흔意見을代表흔者로決非本苦學生一部에私論編見이온바今此俱樂部을設흠은即南김圖書館의面目을幻흔者와其非를흔줄노認ᄒ는一般留學生의意견을구ᄒ付ᄒ야玆에仰派ᄒ오니洞亮ᄒ오셔學部에更ᄒ야閣下ᄒ신一萬원을 詔勅을依ᄒ야必要흔敎育을實行ᄒ야使此半途廢止ᄒ는학生으로以完成就케ᄒ이上以揚 聖旨ᄒ시고下以慰與情케ᄒ심을伏[illegible]이라ᄒ얏더라

◉觸馬被傷 昨日上午九時에宮內府[illegible]윤用시가仕進ᄒ다가大[illegible]의侍衛兵이騎馬[illegible]ᄒ다가新門外에셔年可四十餘歲된女人을馬蹄에觸傷ᄒ야

이該女人의僞處을컨하고慰諭而去ᄒ얏다더라

◉休信風說 可信흔報道를據흔則端川郡에獵砲蒐集云云은初無事實인듸心是騷訛中風說이라ᄒ더라

廣告

咸鏡介坪鄭旭相三寸淳宅이性本愚駿ᄒ야與其從弟淳琢으로符同ᄒ야莫重宗家田畓을僞造文券ᄒ야欲爲偷賣라가竟從綻露ᄒ야又爲上京에不無後慮故玆以廣告ᄒ오니內外國人切勿見欺흠

河東鄭氏門長鄭煥弼　告白

寫眞館開設

本人等이皇城中署小廣橋下石井洞金圭鎭家後庭에寫眞館을設置ᄒ고大小不拘ᄒ고各色寫眞을撮影ᄒ기爲ᄒ야開設ᄒ얏ᄉ오니內外國男女僉員은本館에來臨ᄒ시와面議ᄒ시오

寫眞館主人 金圭鎭 朴宙錫　告白

[illegible]六組合員等이牛肉販賣營業을[illegible]ᄒ와衛生을[illegible]ᄒ며淸潔ᄒ야肉種의腐敗을禁斷ᄒ고[illegible]擴張[illegible]ᄒ고與販茂[illegible]ᄒ야均與組合[illegible]成[illegible]ᄒ야取入印紙分賣所[illegible]組合[illegible]組合處[illegible]五[illegible]百[illegible]二戶로[illegible]ᄒ오니僉[illegible]希望

皇城 基督 第一期學員募集 廣告

本學館에셔秋期開學日字를九月三日(陰七月二十六日)로定ᄒ얏ᄉ니從學員은趁期上學ᄒ려니와新學員을募集ᄒ오니願學人은本月二十五日內로入學請願書를本學館에請求흠

普通課 本朝歷史地誌 萬國歷史地誌 算術 數學 物理學 化學 生理學 經濟學 星學 聖經 日英語 讀本

語學課 日語(讀本) 英語(專修) 日英語 敎科書

工業課 (待開學排定)

商業課 速成 簿記 商業 商業地誌 算術 商業

夜學課 附設 書類 日語 英語 簿記

年齡 十六歲以上

試取日 八月二十六日 陰七月十八日

試取科目 國漢文讀書作文 但工商科 算術四則以內加試

隆熙元年八月十三日

漢城中署鐘路里門內

皇城基督敎青年會學館　告白

[illegible]會[illegible]에[illegible]司[illegible]部決議를待ᄒ야更告ᄒ깃ᄉ오니僉會員照亮爲要

敎書 會年

北署[illegible]六統七戶는即故協辦金錫圭氏家舍인대해奈尉黃轍ᄌ氏가僞造文券ᄒ야農工銀行에典執ᄒ라다가發覺되얏ᄉ오니內外國人은勿見欺흠

[illegible]會[illegible]人[illegible]元[illegible]　告白

邦補益藥本

이약은대미국사룸방보써가지은것이니세상사룸들이괴질이약ᄒ야매양요슈흠을근심ᄒ야다년혈심으로궁구ᄒ고궁구ᄒ야이미약을신발명흔것인대효험이신긔ᄒ야세계각국셔이약으로효험본자ㅣ적지아니흔고로본인도우리동포를위ᄒ야미국방보회사와계약ᄒ고이약슈츌ᄒ니다가동포의소청을공급흠

효력 이약쓰ᄂ대는 부족증 뇌점병 ᄌ지못ᄒ는병 실음흔대 도한증 허한증 적병(속병) 천촉증 월우부족 허약흔대와 연주창 둥병후 오줌소리 설ᄉ 리질 싱산못ᄒ는대 심긔부족 나뒤흔대

발매소 경셩남대문안 상동교당압 박문셔관

前檢事 辯護士 李建鎬
法律事務所
西署小平洞第六十統十戶

本人等이挽近沿江商業이日益凋殘흠을慨歎ᄒ야同志人이資金協商團을爲先募集ᄒ고客主를京[illegible]地에設立ᄒ야京鄕商客의各樣物品을普通으로買賣委託ᄒ오되販賣도特이便利케ᄒ며物價도極不撓間에卽地撥付ᄒ와商况이一層擴張ᄒ기를懇切이希望ᄒ오니京[illegible]處商業家僉員은陸續來臨ᄒ심을[illegible]

一京西江[illegible]廳前[illegible]館
一百七[illegible]一統[illegible]
普信[illegible]客主
主務員 田[illegible]煥
吳斗[illegible]
[illegible]喜[illegible]
金洛[illegible]　告白

民事訴訟代理와刑事辯護及鑑定願問과諸문案起草等諸般事務를迅速處理흠

漢城中署瑞麟坊許屛생젼 병문
西南隅八統二戶

辯護士 尹邦鉉
同 太明식
同 金澤
事務員 安必中

聯合法律事務所

大東文粹 全一冊 金七十五錢

[illegible]以來로至國朝 宸章及名文精選漢文必讀合用敎科

新撰地文學 全一冊 金四十錢

凡屬地質學理具圖式精良簡易合用敎科

生理衛生學 全一冊 金四十錢

吾人生理上關係衛生具圖式切要簡易合用敎科

發賣所 布屛下廣學書舖 東口越邊中央書舖 寺동滙陽書舖 鍾路大東書市 小廣橋高裕相書舖

本人이日本大阪商業家와特約ᄒ고日本內地産出各種物品과[illegible]諸機械等物을我[illegible]大[illegible]人[illegible]委托을便利케契約ᄒ[illegible]니商工業에有意ᄒ[illegible]物이든지請求ᄒ시오[illegible]社로來議ᄒ시오[illegible]手數料[illegible]受領흠

[illegible]社本店
[illegible]部[illegible]
[illegible]門內水[illegible]五十一統六戶
培[illegible]會社
仁港內동廣濟

學徒裝飾書冊學徒用鉄과諸具羅紗各種美國金鷄씨衣服裁縫其他雜貨도廉價放賣ᄒ오니諸君子는來臨ᄒ심을바라나이다

仁川港[illegible]

廢南漁과派員김鳳珠가不道詔勅與訓칙ᄒ고有文卷雖有民私條흘肆目放賣ᄒ기로數千條民이仍此失業에幾至死境故로條主더리忍足千里ᄒ야呼訴于京部이기玆以廣佈흠

鎭南郡紙[illegible]七條條主김[illegible]振鄭[illegible]서 李[illegible]賢等　告白

원산과셩진간에셔본인이살진소(肥牛)를만이ᄉ깃ᄉ니쇼과는제군은다수이팔너오시옵

최봉쥰 고빅

◉일본遊覽者募集

一遊覽會員募集 人員은五十名으로一團을成ᄒ니한일인을不問ᄒ고迅히請入ᄒ시옵
一遊覽地 東京博覽會旗[illegible]京都大阪神戶
一往復일數 日抵十七일間
一浮費 遊覽費及手數料을合ᄒ야總計四十八圓
一出發일 請入順序를從ᄒ야出發三일前에直接通知흠
一請入所 在京성各신聞社五十八銀行경성支店 天一銀行
一會員은遊覽을終ᄒ야開散흔後는本會와關係가小無흠
一南대門셔釜山으로直行ᄒ는者지或은東경으로直行ᄒ는者의게ᄒ야도[illegible]一便法으로[illegible]
[illegible]請人[illegible]
[illegible]會[illegible]所[illegible]

國債報償義捐金

收入廣告

◎北美갈리포니아富理新路改
培士里大同保國會會員
림士元拾圓 文昌與八圓
朴中集 權士喜 강命吉
申禾철母親安氏武嚴 張鵬天
각五圓 리士克 박泰輔
각四圓 申宥成 박成謙
각五圓 金在賢 一圓
박道香 申敬煥 각三圓
安英植 니인墉 鄭鳳鉉
리萬和 洪在영 류得春
니花春 文護穆 각二圓
金在基一圓五拾錢 宋士元
리在善 尹壽天 각一圓
金윤炳 申永철 각五십錢
박順烈廿五전 金鳳夏十錢
▲公立協會々員 리文洪
柳錫淳각一圓 申昌均五拾錢
合美金九十二圓卅五전內
換貸五圓五拾九전五厘除
實額貨一百七拾二圓五拾一전
加計 五圓卅전 加入
實合計一百七十八원七十一전

◎北美紐育共濟館
徐弼存 김承濟 리明辰
金元章 각卅圓 安奉善
심四圓 申聲求 河相麟
庚寓圭 鄭寅洙 張秀永
車斗煥 尹錫圭 孫亨龍
니鍾國 각섬圓 니源益六圓
박鳳來 張윤熙 黃 烋
우泰鼎 각四圓 張仁植
申鉉哲 宋德齊 각二원
合二百拾二圓

◎開城九君亭射契員
射師金洪植 掌務金昌烈
박延夏 각六十錢
射員高昌錫一圓 리윤愛
趙貞賢 金永淑 김貴星
김翊현 趙重夏 趙明夏

林庆浩 김容勳 各六十전
金昌煜 리永培 리徵근
리時淑 呂夏鉉 金秉鎬
吳大心 安敎成 翁瑞鍊
박明서 金奇亨 崔永蘇
리德裕 吳輔卿 趙錫근
元伯和 趙敎華 元永圭
최錫雲 孫世혁 高영준
白南俊 리文奎 金漢國
박春應 각五十전 박濟괴
정能鍾 申球경 金興俊
김영誥 金道源 최允根
각四十전 張道源 정世德
高永在 오貴鳳 趙준석
김光玉 趙明煥 정光五
金昌浩 박成德 白雲展
강容숙 각卅전 趙應선
리鍾成 朴昌浩 李義教
高형根 각廿五전 김行善
梁亨五 니明遐 김南心
孫致鳳 金殷成 申유경
기文郁 張明玉 金弘德
洪泰淸 林昌瑞 리時磐
최德俊 김鼎煥 韓尙鳳
呂與周 金希福 林德인
김德源 각卅면 리星五십錢
合三拾二圓四십五전

●南門外靑坡二契漆木洞
高聖煥 조晶夏 김學權
김龜鎬 각一圓 成錫鉉
김[illegible]濟 文德先 김範祥
崔德秀 高錫煥 池洋근
黃淳煥 각五拾전 金鎭祥
二拾錢
合八圓二拾錢

●楚山越邊淸國輯安縣楡樹面
楊子洞耶蘇敎人
白時禎 白時官 신秀貞
白利元 白서鳳 白行潤
각一圓 鄭昌興 一圓拾錢
니春正 七十二전 白壽鶴
황正律 各五십錢 김奎준
리正煥 黃季河 張世和
각四십五전 리윤武 洪奎俊

白巳鍋 각卅錢 니宗贊
廿七錢 白乃斗 廿錢
黃學河夫人 卅전
▲太平面羅岩彩耶蘇敎人
張昱賢 김時和 각一원
高鍾湖 白成문 리永楨
니祥旭 盧玄默 韓昌斗
朱應涉 金昭文 白玄玉
각九拾錢 리文相 六拾錢
니윤官 四十錢 盧承烈
金成律 高石鎬 니道益
최弘麟 각卅전 김영世
리岐鎭 박公문 경仁進
張初鉉 千宗敏 복형儉
龍川經人박泰龍 림彩奇
長齊云 리支守 김孝珍
각卅 최承烈 니인伯
리泰烈 김厚建 리益化
김泰錄 朴형道 각十전
▲女敎友
張景鉉夫人박시 各十전
박應武夫人리시
리永禎夫人김시
金영世夫人尹시
김成九母親리시
韓時和夫人리시
리允禎夫人오시 각拾錢
尹成魯夫人千시 십五전
박奉先女息 五전
合二拾六圓六十九錢

◎黃州邑居黃巳라
▲開城德巖박在德 각六拾전
上仝 박熙규 廿전
▲南署美洞契香木洞
白衡鎭 四拾錢
▲富平石川九芝里
徐丙興 一圓
▲日本靑森縣立畜産學校內留
니在寅 二圓
▲慶北豊基郡殷豊下里面香
一百十七圓
會長昇道年面長南巒潛收入
合一百二拾一圓八拾錢

◎義州府古寧朔面天摩동
出身김鳳서 二圓 리윤錫

一圓五십錢 리서임
김尙鎭 김濟曾 각一圓
獨孤경 洪潤河 김濟相
리道喜 金碩助 五拾전
조炳俊 金永模 리기서
各卅전 張현弼 김顯시
각九拾전 出身崔呂華
金貞烈 金元善 各二拾전
김元升 김元玉 김元哲
김志尹 강尙介 리時興
徐尋문 각십전 김志興
김尙河 김殷坤 김尙윤
김志善 강初範 조夢說
김亭說 김志健 김志深
김君鎭 白光化 최志南
金漢化 白光인 김志吉
김亨일 김應우 獨孤전
桂聞天 최益中 리濟인
안希賢 徐起문 조晉三
獨孤侃 獨孤錄 白光道
尹玉錫 김其組 徐京문
김碩瓚 安敎坤 김應賢
獨孤淑 桂田石 韓時運
리永守 白昌哲 김德尙
洪呂源 許學祿 최영터 리時湖
韓得仲 洪居玉 김益鎭 金萬복
綠형根 金인奎 崔윤鎭
오尙吉 리濟문 김惡寬
獨孤楨 金碩欽 金永浩
尹股殷 박景鶴 장明化
김碩弘 張인國 金碩珍
니致善 리春鎬 박世鶴
姜碩均 장龍보 白인源
니元的 張永麟 金鳳恩
張봉運 리信有 김義範
김時亨 전志겸 리龍云
리玉善 리學元 張서鶴
김斗玩 車義郁 裵雲鶴
김玉元 高義吉 김貞玩
張鳳發 張用華 張인華
張雲鳳 金光淵 김明守
盧志化 徐相俊 獨孤균
獨孤선 獨孤국 김方說
韓正連 김應謙 김志貞
獨孤連 金志興 金志英

張明善 諸仲하 安國賢
오龍서 金思德 金仲燁
김應祚 김志潤 리時和
리春卿 김應祚 김應燁
김영珍 김應呂 金연순
金殷一 김明曾 韓文涉
김其台 김麟化 김洪奎
金信化 許 赫 김利澤
車雲模 洪承윤 田河濟
洪義濟 김成贊 金成萬
黃益三 리玉亨 用錫鎭
최元석 박利元 김昌玉
文國信 리元玉 洪麟祚
洪仲祚 張君福 洪允濟
문天여 洪貞燮 韓昌國
洪景禧 리世運 최泰爾
安京元 김之溪 安東信
幷廿八圓六十錢
合四十一圓六십연

◎開慶加北面福亭洞
商業家金啓圭 二拾圓
仝 金신圭 拾圓 강佑周
一圓 리圭元 八십전
宋元弼 六拾전 成容煥
五拾전 정日鎔 三十錢
조貴奉 우石俊 金址洙
김甲成 林秉鎬 方長금
方一萬 各卅전 김龍伊
북春돌 김德文 각十錢
金萬成 六전
▲瓦甫洞
유秉문 六拾錢 박來영
綠龍基 四拾전 박聖一
김吉鉉 金秀敎 각卅錢
박基成 成龍犯 金秀문
김七福 尹 檀 김若成
黃一淸 리石元 우成鍾
安昊夜 南相漢 각卄전
權爽夜 崔덕守 최石米
吳石柱 김濟元 리成澤
金淸一 尹 松 김明振
각拾錢
▲下大洞
강 혁 김益洙 각一圓
具炳하 五拾錢 權機淵

리金稙 김敎석 각四十전
金錫俊 裵同근 權龜淵
各武지
▲中大洞
鄭道觀 韓應甲 發영命
김宗욱 리基鎭 각四拾전
김濟진 정우龍 리상學
金炳德 리圭賢 리斗섭
리圭五 리升白 리起雨
김學漢 尹進生 金發吉
각영錄 문박藥용 南啓華
각十전
▲蜂巖洞
鄭昌賢 [illegible]十各 趙東民
우奉鎭 馬中九 리光植
김萬鎭 리鳳斤 各十전
▲上大洞
박相默 六十전 金炳準
四十전 김一鎭 宋慶奎
金瑞興 鄭三英 곽應元
조作彬 리景還 梁吉伊
洪炳紹 각卄전 곽兆龍
洪錫銓 金殷錫 金營用
曺錫奎 孫鍾형 송기錫
鄭鍾元 黃宅不 공在秀
權리殷 각十전
▲新坪洞
박貞錫 琴性基
비문鎬等 五十四人
合十圓[illegible]十四錢
▲五峯亭洞
金敬鍚 서欽世 비서문
공順福 김상선 각卅錢
▲楠峴洞
김元澤 卅錢 신桂岳
沈萬斤 卞영植 신石萬
각卄錢 김敬서 拾五전
리교烈 朴殿一 리福用
리鳳學 朴永鶴 김榮排
金金鎭 각十전
▲上괴洞
金鎭錄 一圓 림敬源
曹田 정錫河 金斷祐 각卄錢
郭[illegible]瑛 六錢 리九서

郭基[illegible] 리同伊 錢潤守
각四十전 리丁錫 김明漢
김有得 鄭光鎭 高振瑞
각二십전 張萬斤 拾전
安承斤 六전
▲院北洞
동中六圓
▲下괴洞
김錫圭 六십전
合八拾一圓二拾七전四厘貨
加計除 實合計八十圓○二전
總合七百○一圓四十七錢
國文報廣告總合二百七十二圓
三拾전
前號總合四萬九千○○七十
九전二厘
都總合四萬九千九百七十四圓
五十六錢二厘

◎本社廣告◎
國債報償金七月間所捧으로始留
本社이오日間에所捧을代[illegible]
殿二千九百七十五圓六十五전
[illegible]本社內銀行에付
얏숩고貯置額中
三萬二千三百圓을國債報償
願金總合所로移交홈
大韓每日申報

發行兼編輯人英國人 裵說
發行所 南署石井동號外地三層洋屋家
大韓每日申報社

第五卷

大韓每日申報

第五百九十[illegible]號

月曜及慶節 毁時日休刊

檀君開國四千二百四十年
箕子元年三千二十九年
大韓開國五百十六年
日本明治四十年
淸國光緖三十三年
陰曆丁未七月大初十日己亥

論說

無辨別

日人의隱蔽ᄒᆞᄂᆞᆫ錄熟手段이日本과列强間關係에大有進益이라何如外人이던지韓國政府之務에不請而自至ᄒᆞᆫ人民을毁謗ᄒᆞ라면其不法의證據를先探ᄒᆞᆯ거시어ᄂᆞᆯ吾人이日人의不法行爲를確知홈은種々有其機나其顯證을擧ᄒᆞ기ᄂᆞᆫ亦難이로다明成皇后의遭難도日本으로公式上指導가有ᄒᆞᆫ줄을吾人이確知ᄒᆞ나擧證키不能이요再昨年新條約도何如武力之下에서締結된줄은雖知나其時首席大臣이暫時拘囚를被ᄒᆞᆫ것外에ᄂᆞᆫ擧行의表證을引用키亦不能이며所謂此新條約을踐行ᄒᆞᆫ以後로此國의歷史가韓人의被掠情形을長述ᄒᆞᆯ지라多數ᄒᆞᆫ個人의格外行動이吾人注目에列着ᄒᆞ야本報上에記載홈도旣有ᄒᆞ거니와世人이自己의게急速ᄒᆞᆫ關係가不有ᄒᆞᆫ不公에ᄂᆞᆫ無感ᄒᆞᆫ줄을日人이實히推測ᄒᆞ고如彼格外의濫報됨을故意로不計ᄒᆞ엿도다

韓國內에連次發生ᄒᆞᄂᆞᆫ諸般事가日本指導를全然服從홈이요表面으로獨立된內閣諸大臣은統監府令을聽從ᄒᆞ야一動一靜이爲人所使라盖諸般不法의犯行을吾人이知悉無餘요且此地에서列國의均等을維持ᄒᆞᆫ다ᄂᆞᆫ說은純然ᄒᆞᆫ欺瞞之言인줄을亦知나然이나普通으로知悉ᄒᆞᆫ日人犯過를使之自告케ᄒᆞᆯ權證을能擧ᄒᆞ기ᄂᆞᆫ其罕有ᄒᆞ도다

然而日人의隱僞隱蔽ᄒᆞᄂᆞᆫ手段과才能은不拘ᄒᆞ고日人의게傷害되ᄂᆞᆫ報導가往々히自著ᄒᆞ더니日本셔스로新報를接閱컨대今有一機라次號에其將續報ᄒᆞ깃노라　未完

官報

◉號外　隆熙元年八月十六日

宮廷錄事

詔曰朕이將施政改善ᄒᆞ야一世에維新을圖ᄒᆞᆯ진ᄃᆡ必自朕躬으로始ᄒᆞᆯ지라當於即位日에斷髮戎裝ᄒᆞ리니臣民은知悉ᄒᆞ야克遵朕意ᄒᆞ라

內閣總理大臣李完用

敍任及辭令

任陸軍步兵參尉　皇太子　[illegible]

●第三千八百四十七號　隆熙元年八月十七日

◉宮廷錄事

宮內府協辦兼任弘文館副學士掌禮院掌禮兼所掌上臣金各鉉謹

奏

廣嬪葬所石役排設今旣告竣故本日撤所退去而禮葬所所隨錄修正時應行諸事叅酌府錄謹具附錄依此施行何如謹上

奏

奉

旨依奏

掌禮院卿臣申箕善謹

奏今此遊封

皇后時

皇后ᄭᅴ

所遊於以何

殿廣錄乎歟

奏本

官當日內部之奏刑…至閤門外

奉侍俯奏以入

敍任及辭令

任內部治道局技手　孫應模

免本官　鏡城郡主事정元一

宮內府秘書官金國善

任經理院技師

學部書記官尹世鏞

任宮內府秘書官

宮內府秘書官윤世鏞

兼任宮內府大臣官房秘書課長

外報

●兩帝會見　倫敦電을據ᄒᆞᆫ則英帝ᄭᅴ서本月十三日에마리엔바도溫泉場에셔發行ᄒᆞ야十五日에오스도리아이스루市에셔奧帝와所見ᄒᆞᆫ다더라

●輸出入額의增加　同電을據ᄒᆞᆫ則英國에셔去七月에輸入은三百六十萬磅輸出은七百萬磅에增加를얏ᄂᆞᆫᄃᆡ輸出品中에重要ᄒᆞᆫ者ᄂᆞᆫ鋼鐵綿花機械等이더라

◉德艦製造　伯林來電을據ᄒᆞᆫ則千九百八年度의德國海軍預算中에ᄂᆞᆫ新式戰鬪艦이二隻과最大形巡洋艦이一隻에新造費初年度를計算ᄒᆞ얏ᄂᆞᆫᄃᆡ此等의新造艦은千九百十年에竣工을見ᄒᆞᆯ터이라더라

●總督上京　上海電을據ᄒᆞᆫ則湖廣總督張之洞氏가立憲問題에關ᄒᆞᆫ會議에叅預ᄒᆞ기爲ᄒᆞ야上京의命을被ᄒᆞ얏더라

雜報

◉江華光景

江華兵丁의解散홈다ᄂᆞᆫ說을聞ᄒᆞ고尉官이砲丸을先收ᄒᆞ야ᄂᆞᆫ軍隊鎭衛러니及其日兵四人이來隊ᄒᆞ야砲丸을收ᄒᆞ미該隊兵卒이渠의解散을憤慨히녀겨尉官의게砲丸出給ᄒᆞ기를請求ᄒᆞ미尉官이答曰軍物搜納이已有ᄒᆞᆫ則今에ᄂᆞᆫ不可出給이라ᄒᆞ니兵丁이不給ᄒᆞ거ᄂᆞᆯ該兵이尉官을困迫ᄒᆞ고軍物庫를打破ᄒᆞ여砲丸庫房深鎖者를破碎ᄒᆞ고各持砲丸ᄒᆞ며邑下居民의게分給砲丸ᄒᆞ고北門을破壞ᄒᆞᆫ則…ᄒᆞ미部下에無賴者가多數依附ᄒᆞ야兵丁과合力ᄒᆞ야陰曆七月初一日下午六時頃에放砲起鬧ᄒᆞ미日兵四人은閉門脫危出城ᄒᆞ야乘船下仁ᄒᆞ고日巡査一名은未及避身ᄒᆞ야爲兵丁의所殺ᄒᆞ고郡中人民이扶老携幼ᄒᆞ고一時慘撒ᄒᆞ야深更山野에哭聲이動地ᄒᆞ며隊內에城關砲聲이撼動ᄒᆞ니當塲殺戮은慘不忍見이러라

日本商船一隻이適到甲串津이어ᄂᆞᆯ兵丁이向船放丸ᄒᆞ야韓人一名이適在船上이라가中丸即斃ᄒᆞ고流丸所到에人命誤傷ᄂᆞᆫ姑不可調査요

初二日午後二時頃에日兵이乘小輪船ᄒᆞ고來泊甲串津頭ᄒᆞ야方下陸홀際에沁兵이齊發砲丸ᄒᆞ야日兵五十三人을殺害ᄒᆞ니日兵一小隊가從後門衝突ᄒᆞ니沁兵服行受敵에不能抵當ᄒᆞ고因即解逃ᄒᆞ나中丸致死者一十五六名에至ᄒᆞ얏고

江華郡守鄭…ᄂᆞᆫ被兵圍擬ᄒᆞ고閔…逃ᄒᆞ야…捕ᄒᆞ매…五名이執捉…日本…에方有事ᄒᆞᄂᆞᆫ中守士之…何處로逃走ᄒᆞᆫ…乙巳…脫危ᄒᆞ야到于此地ᄒᆞ나生與殺之ᄂᆞᆫ惟在兆兄…이라ᄒᆞ거ᄂᆞᆯ該兵이因…ᄒᆞ고…亂打ᄒᆞ야與同行一進會員二名을幷縛ᄒᆞ船ᄒᆞ야還到江華邑中ᄒᆞ야洪洞川家에置之러니其夜에因爲致死ᄒᆞ얏고同留長은一隊屈傷ᄒᆞ엿고

沁兵逃走時에邑下市廛與饒戶에投入ᄒᆞ야金財를搜取以去ᄒᆞ며山伊浦에到ᄒᆞ야逐戶燒盡ᄒᆞ야一洞五百餘戶가無人不逃ᄒᆞ고各村人民이擧皆避難ᄒᆞ야一邑이空虛ᄒᆞ얏ᄂᆞᆫᄃᆡ日兵은附山과堂峴에留陣ᄒᆞ고一隊ᄂᆞᆫ鎭撫營內에入處ᄒᆞ얏스니…兵…而已러라

南山下火藥庫와尉官…家와甲串津…에衝火ᄒᆞ고三板…沙工與日兵之隨從ᄒᆞᆫ韓人외…ᄒᆞ야一境人民이…이라도幷皆消散ᄒᆞ야…이라ᄒᆞ더라

擧羅二人이著笠而遁去ᄒᆞᄂᆞᆫ것會日兵이誤認以兵丁ᄒᆞ고放丸ᄒᆞ니…와…員들이城市에…來ᄒᆞ야…我同胞人民은切勿忘…ᄒᆞ야以圖…ᄒᆞ다ᄒᆞ고懇切勸諭ᄒᆞ얏ᄂᆞ니今에…이反爲日人에所殺ᄒᆞ니…惜也라하며當此危急擾亂之日ᄒᆞ야…若在…中이면必不至如此之擧措라하고莫不咄歎ᄒᆞ더라

日兵이入城ᄒᆞ야軍物을搜探ᄒᆞᄂᆞᆫ時에淸人宣敎師가日兵隊과交涉ᄒᆞ야日兵을…ᄒᆞ고人民을使…치말나ᄒᆞ기로日兵이作弊가無ᄒᆞ고…敎師를依賴ᄒᆞ야…者이有ᄒᆞ며敎民은…이初不相關ᄒᆞ고…ᄒᆞ다더라

漢陽學校趙昌世

夫東西諸國을勿論ᄒᆞ고乃其國家의富强과人民의啓發方針이何에在ᄒᆞ뇨皆曰敎育二字라ᄒᆞ나니然이나敎育이有方ᄒᆞ야人의心理精神을…物에…利用…써吾人生活의…缺치못ᄒᆞᆯ…ᄂᆞᆫ者라…國家가…光하고人民이…後的進就의…其一的…ᄒᆞ야自其天然의…者ᄂᆞᆫ自其造化의…地ᄒᆞ야國民…至ᄒᆞᆫ…上가…三子가…二小說…의…

雜報

●薙髮協議經過 再昨日上午十時에總理大臣李完用氏가宋農大私邸에訪問하고 皇帝陛下의薙髮하실事件을協議ᄒᆞᆫ後에下午四時에宮內府大臣李允用씨와軍部大臣李秉武씨가同時詣闕ᄒᆞ야議事案을 上奏ᄒᆞ고退闕時에宋農大를再次訪問ᄒᆞ얏다더라

●宋邸會議 農商大臣宋秉畯씨ᄂᆞᆫ該部에도仕進치아니ᄒᆞᆷ으로內閣諸大臣이會議件을宋農大私邸에往議ᄒᆞᆫ다더라

●一進存拔 總理大臣李完用氏와內部大臣任善準氏가今番郡守奏本草件을三次變改ᄒᆞ야一進會員幾人을存拔ᄒᆞ얏던지農商大臣宋秉畯氏가該事件에對ᄒᆞ야李總理와任內相을見ᄒᆞ고大端히質責ᄒᆞ얏다더라

●囑托派送 內部次官木內씨가統監府事務의浩煩ᄒᆞᆷ을因緣ᄒᆞ야該部에仕進視務ᄒᆞ기가難便이라ᄒᆞ야統監府秘書官生田淸三郞氏를囑托으로該部에派送視務케ᄒᆞᆫ다더라

●冠服廢止 陰曆本月十九日 皇帝卽位ᄒᆞ신後百官進賀入叅에其時官服은一齊廢止ᄒᆞ고斷髮服裝으로擧行ᄒᆞᆫ다더라

●法院更審 侍衛一二聯隊尉官을陸軍法院에서審査ᄒᆞᆫ事ᄂᆞᆫ屢報ᄒᆞ얏거니와正尉以上叅領은流一年에處ᄒᆞ고副尉以下叅尉ᄂᆞᆫ笞八十에處ᄒᆞ기로照律ᄒᆞ얏더니무삼稱節이有ᄒᆞᆫ지長谷川사령관이更히審査ᄒᆞ라ᄒᆞᄂᆞᆫ故로更히新次官韓鎭昌시가法院長署理를被任ᄒᆞ야更히審査ᄒᆞᆫ다더라

●移接定室 學部學務局은再昨移接于前[illegible]興官室하얏다더라

●仕進時間 學部一般官吏가上午八時에仕進ᄒᆞ더니一時半을退定ᄒᆞ야上午九時半으로仕進ᄒᆞᆫ다더라

●諸氏着京 再昨日下午九時에俞吉濬張博趙羲淵趙羲聞李斗璜李珍鎬李範來趙重應諸氏가南大門外停車場에到着ᄒᆞ야泥峴巴城館으로入來ᄒᆞ얏다더라

●李氏移館 李奎鎔氏가平理院에自現ᄒᆞᆯ時에ᄂᆞᆫ鄭某紙屋에서連三日을留連ᄒᆞ고自列疏를奉呈ᄒᆞᆫ後에ᄂᆞᆫ農工銀行長白完赫氏家로移館ᄒᆞ얏더라

●兩氏尙留 俞吉濬氏等諸人의來ᄒᆞᆷ은別項과如ᄒᆞ거니와陸鍾胤李承九兩氏ᄂᆞᆫ日本에尙今逗留ᄒᆞᆫ다더라

●不卜日成禮 學部大臣李載崑氏가其令允을閔泳韶씨의令孃과定婚ᄒᆞ얏ᄂᆞᆫ다早婚禁令頒佈되던前日에不卜日ᄒᆞ고酌水成禮하얏다더라

●冠宕廢止 薙髮以後로冠制를改定ᄒᆞᆫ다ᄂᆞᆫ대官民間에等分을磨鍊하야製定ᄒᆞᆯ터이라ᄂᆞᆫ대冠宕을一切廢止ᄒᆞᆫ다더라

●[illegible]令 殺然 前漢城府尹박義秉씨ᄂᆞᆫ有何緊議事이던지不知어니와保護巡檢은如前히隨後ᄒᆞ고內部에入來ᄒᆞ얏ᄂᆞᆫ데免懲戒處分도未蒙ᄒᆞᆫ境遇에官廳出入이便人난然ᄒᆞᆫ事라고論評이有ᄒᆞ더라

●早川解聘 農商工部에서勸業모範場聘ᄒᆞᆫ技師早川作治郞氏를解雇ᄒᆞᆫ다더라

●因病闕仕 法部大臣趙重應씨가身病으로連日仕進視務치못ᄒᆞᆫ다더라

●何故遺漏 漢城내各署와各埠方경務官을一齊히警視로改正叙任ᄒᆞ기로內部警務局에서叙任案을修正하ᄂᆞᆫ대東署長朴喜旭씨와西署長柳麟錫시ᄂᆞᆫ叙任修正案에遺漏가되얏다더라

●恩給標紙 侍衛隊一二聯隊解散兵中一百四十餘名의恩賜金은何時節인지未及頒賜ᄒᆞ고推去ᄒᆞ라ᄂᆞᆫ標紙만書給ᄒᆞ얏ᄂᆞᆫ데尙今延拖未撥ᄒᆞᆫ다더라

●散會姑停 漢城內에在ᄒᆞᆫ各種會名稱을解散ᄒᆞᆫ事로日前內閣會議時에提議가되얏다ᄂᆞᆫ데姑爲停止ᄒᆞ얏다ᄂᆞᆫ說이有ᄒᆞ더라

●龍윤赴任 新任龍川府윤權鳳洙氏ᄂᆞᆫ將次發赴次昨日에受勅ᄒᆞ얏다더라

●飛飭府郡 薙髮詔勅을下ᄒᆞ신事에對ᄒᆞ야內部에서한城府와各觀察道에訓하고飛飭管下각府郡하야廓揮乾斷하신聖意를曉諭ᄒᆞ라ᄒᆞ얏더라

●妓生習禮 今日부터尊奉都監에妓生四十餘名이來會習禮ᄒᆞᆫ다더라

●致士免官 東萊府富平洞에所在ᄒᆞᆫ太僕사基址ᄂᆞᆫ年前農商工部所用으로陞總하얏ᄂᆞᆫ대該府윤金敎獻氏가該基址를日本人에게放賣ᄒᆞᆫ事가綻露가되야將次免官ᄒᆞᆫ다더라

●原供交關 平理院檢事洪鍾億시가從二品李奎鎔씨에原供案을交주事判付內辭意에 聖旨를布諭後卽爲放還ᄒᆞ고原供案은直주ᄒᆞ얏다고法部에報告ᄒᆞ얏더라

●待帽例變 宮內府各司中主殿院付屬各課官人以下至於下隷ᄭᆞ지先爲薙髮ᄒᆞ얏ᄂᆞᆫ대電務課工頭와扈衛隊軍士의帽子를磨鍊支給ᄒᆞ여야例變ᄒᆞ겟다ᄒᆞ고姑未薙발ᄒᆞᆫ다더라

●豈無酬勞 平理院判事宋振玉시가敍任된理由를聞ᄒᆞᆫ즉法部大臣趙重應시의家舍를買給ᄒᆞᆫ勞力으로敍任이되얏다ᄂᆞᆫ說이有ᄒᆞ더라

●軍法議與論 今番에陸軍法院에就因된軍人에對ᄒᆞ야軍部大臣이原告이거날該大臣李秉武시가判事長되ᄂᆞᆫ것시格外이오陸軍法律에役拾五年以上이라야特別軍法議를設施ᄒᆞᄂᆞᆫ例인데此軍人은坐罪後不滿笞刑인데軍法議를設ᄒᆞᄂᆞᆫ것과不論照律ᄒᆞ고先爲免官은尤甚不當ᄒᆞᆫ事이오若原告로判事長이되여도無碍ᄒᆞ면凡於訟事에原告가裁判長을ᄒᆞᆫ後에起訟ᄒᆞᄂᆞᆫ게無妨이라ᄂᆞᆫ巷議가紛々ᄒᆞ더라

●山砲革罷 內部에서江原道觀察使황鐵시의報告를因ᄒᆞ야從來로國獵山砲를一切革罷ᄒᆞ게ᄒᆞ라고宮내府로照會ᄒᆞ얏더라

●日艦警備 日本測量艦松江萬城兩艦은警備艦으로衆ᄒᆞ야江原道近海岸에지ᄒᆞᆫ다더라

▲義兵消息

십六日午後水原來電을據ᄒᆞᆫ則십四日夕六시頃에廣州城內에人民이騷擾ᄒᆞᆷ은同地距三拾里平安面에서多數ᄒᆞᆫ義兵이集合ᄒᆞ야將次廣州城을押據ᄒᆞᆫ다ᄂᆞᆫ所以라ᄒᆞ고

十六日午後二時發安城電을據ᄒᆞᆫ즉長湖院에서竹山으로避亂ᄒᆞ얏든宮川千波ᄂᆞᆫ義兵의게被殺ᄒᆞ얏ᄂᆞᆫ데頭를斷하고尸躰ᄂᆞᆫ餘存ᄒᆞᆫ故로補佐員이收埋ᄒᆞ고同地에在ᄒᆞᆫ義兵은十四日朝에陽智郡無巳市場으로引揚ᄒᆞ야徒黨을會合ᄒᆞ되紀律이整齊ᄒᆞ야勢甚猖獗ᄒᆞ다ᄒᆞ고十五日呂州로서成歡驛으로避亂日人男六名女三名의援護를爲ᄒᆞ야驪州分派所에서補佐員八名과警部一名이奔出ᄒᆞ얏ᄂᆞᆫ대가去拾二日에某處에偵察次로往赴ᄒᆞᆫ지라適其時ᄒᆞ야義兵이突出ᄒᆞ야分派所를襲擊ᄒᆞᄂᆞᆫ데包圍攻擊ᄒᆞ야部장一名은卽死ᄒᆞ고二名補佐員과婦人은行衛가不明ᄒᆞ얏ᄂᆞᆫ데射擊이益益猛烈ᄒᆞᄂᆞᆫ中에一條血路를尋ᄒᆞ야逃避ᄒᆞᄂᆞᆫ途中에서長湖院居留日人으로共히竹山으로逃走ᄒᆞ다가再次義兵을遭ᄒᆞ야宮川은被害ᄒᆞ얏ᄂᆞᆫ데該義徒ᄂᆞᆫ原州敗兵과呂州駐兵으로合勢ᄒᆞ야同地方에서人民을煽動ᄒᆞᆫ다ᄒᆞ고再昨日에韓兵一百五십餘名과民兵六拾餘名이堤川에聚合ᄒᆞ야隊伍를整齊하고方欲前進이라가適其時에日本末安中尉의所率ᄒᆞᆫ偵察隊를遇着ᄒᆞ야一場을交鋒ᄒᆞ야四時間에延及ᄒᆞ얏ᄂᆞᆫ데韓兵의奮勇을不敵ᄒᆞ야偵察隊가忠州로退却ᄒᆞ얏ᄂᆞᆫ대日兵의重傷者가數名이라ᄒᆞ얏고拾六日忠州電을據ᄒᆞᆫ즉末安中尉의一대ᄂᆞᆫ新림을經ᄒᆞ야堤川距二十里許의嶺을設ᄒᆞ고十五日에居民의게探問ᄒᆞ고斥候兵을派出ᄒᆞ야韓兵住在處十里許에至ᄒᆞ야ᄂᆞᆫ時에韓兵의數ᄂᆞᆫ民兵과合ᄒᆞ야二千餘名이라각處에步哨를配列ᄒᆞ얏다가日兵斥候에發ᄒᆞᆷ을見ᄒᆞ고卽時射擊ᄒᆞ야交鋒ᄒᆞ다가午後五時에斥候兵은堤川邑에서五百米突되ᄂᆞᆫ高地에占據ᄒᆞ얏고韓步哨ᄂᆞᆫ寧越方面에在ᄒᆞᆫ高地를越ᄒᆞ야退却ᄒᆞ얏ᄂᆞᆫ데砲烟稍息에邑中이一空ᄒᆞ고人烟이頓絶ᄒᆞᆫ바日已黃昏이라日兵은淸風街道로沿ᄒᆞ야民家에投宿코ᄌᆞᄒᆞᆯ際에義兵이回旗ᄒᆞ야不意에逆擊ᄒᆞ고衛前面高地에서도義兵이猛烈히射擊을始ᄒᆞ야左右挾攻ᄒᆞᆷ으로日軍은兵을未及反ᄒᆞ고馬[illegible]黃昏[illegible]戰ᄒᆞ기[illegible]因止ᄒᆞ고[illegible]此를[illegible]ᄒᆞ야警衛右邊高地를占據ᄒᆞ야盛히射擊ᄒᆞ얏스나義兵은相거八馬場에散兵線을排列ᄒᆞ야十里에延亘ᄒᆞ고日軍을包圍ᄒᆞ매日軍이勢孤不敵ᄒᆞ야兵巡이合勢ᄒᆞᆫ지라義兵은益々衆勢ᄒᆞ야圍益急ᄒᆞ니時適午後九時三십分이라日軍은淸風街路로向ᄒᆞ야退却코ᄌᆞᄒᆞ나前方面의도多數集合ᄒᆞᆷ을聞ᄒᆞ고敢不向前하고一里를退却ᄒᆞ야左旋右折하야高산方面에退하야露營ᄒᆞᆯ目的으로突圍超險하야山中외隱入ᄒᆞ얏스나尙恐突襲하야徹夜不寐ᄒᆞ고翌日午前六時에近左面院北地로退却하얏ᄂᆞᆫ대韓兵은死傷이無ᄒᆞ고日軍은日人報告을據ᄒᆞᆫ즉重傷一名과行衛不明이一名이라ᄒᆞ얏고義兵은氣勢가尤壯ᄒᆞᆫ데日本兵巡은彈藥이乏絶ᄒᆞ야不能再振하야忠州로退却하얏더라

東京電報

八月拾六日발

●日露通商 航海條約及漁業條約은십八日外務省에着ᄒᆞᆫ덕이데樞密院諮詢을經ᄒᆞᆫ後에廿八日頃에發表ᄒᆞᆯ터이더라

▲書燈新凉▼

▲晩炎이益熾하야病于夏天터니梧桐一葉에天下가報秋ᄒᆞ니當此時節ᄒᆞ야凉風을謳揚ᄒᆞ야酷吏炎炎을一時에掃盡ᄒᆞ야淸凉世界를復覩ᄒᆞᆯ는지

▲近日內閣에서七賊大臣이連勝接肚ᄒᆞ야許多問題가日々醸出ᄒᆞ더니假變問題가又出ᄒᆞ니現今地方에烟塵이不絶ᄒᆞ야生靈이塗炭ᄒᆞ되安撫之策은無聞ᄒᆞ고斷髮一欵이第一急先務가될는지

▲日本人으로交部次官[illegible]命ᄒᆞᆫ者와警視[illegible]從二品加資를下ᄒᆞ[illegible]이韓國官職을圖得ᄒᆞ야月俸을貪ᄒᆞᆯ뿐아니라加資ᄭᆞ지圖取ᄒᆞ니日人에榮光이極端일가

▲西署薙髮亭基地에日本人木抹을揷立ᄒᆞᄂᆞᆫ故로西署에서巡檢을派遣ᄒᆞ야査實ᄒᆞᆫ즉日本人이韓國土地를買得ᄒᆞ야到處에揷標ᄒᆞ니[illegible]日에田地를侵盡無餘ᄒᆞᆯ려ᄂᆞᆫ지

▲學部大臣李載崑氏ᄂᆞᆫ[illegible]歲된令윤과輔國閔泳韶氏의[illegible]歲된令孃을再昨日에成禮ᄒᆞ엿다니早婚禁令을內閣에서同是協議ᄒᆞ고先行ᄒᆞ니法之不行은自上犯之로고

▲農商大臣宋秉畯씨가本月[illegible]日에大韓移民株式會社를日人북島宜二等[illegible]人과同設ᄒᆞ야秘露國南部地方에渡航ᄒᆞᄂᆞᆫ移民取扱營業을許可ᄒᆞ얏스니[illegible]도亦一韓國人物노써[illegible]諮許ᄒᆞ얏스나韓國人民을[illegible]無餘하얏스면於心에快ᄒᆞ겟는지

▲日人이大韓海面에漁業을占奪無餘ᄒᆞ더니近日에또[illegible]砲을一切革罷ᄒᆞᆫ다니日人이畢竟은韓國山海之利를盡歸於日人이로고

▲一進會副會長[illegible]氏ᄂᆞᆫ平理院判事를被任ᄒᆞᆫ대辭職請願ᄒᆞᄂᆞᆫ대指頭에印朱를塗ᄒᆞ야姓名下의捺ᄒᆞ엿다ᄂᆞᆫ姓名이[illegible]顯은外面粧飾이기자

▲酒類와烟草稅를統監部에서[illegible]에交涉ᄒᆞ야目下調査中이라從此以往은百物不稅하리로다

◉至急社告

自南大門外棠殿으로至新문外華산사지本申報分傳하든 李俊과 張志潑兩人이申報價領受證을가지고本月七日에逃躱亡故로玆以仰告하오니本申報購覽하시든 僉君子는爲先號戶를更書하야本社로送交하시고만일該兩人이領受證을가지고該往하여申報代金을索捧할지라도切勿出給하시며設或領受證업시出給하여서도本社에서는領受證으로施行할터이오니照亮홈

大韓每日申報社

雜報

告 全 國 同 胞

嗚呼哀哉라大韓同胞여夫國之不與은由於民之無知오民之無知는由於靑年子弟學與不學이니然則國之與業基礎는必懸於靑年子弟之爲不爲가明白ᄒᆞ도다今日我大韓形便을思之컨ᄃᆡ不忍見이며口不可形言이로다然이나不勝憤氣하야略言ᄒᆞ노니

風聞則日人이云ᄒᆞ되져政ᄒᆞᆫ有ᄒᆞᆫ韓人을誘惑케ᄒᆞ야移去他뎌ᄒᆞ야奴奴로皆賣라ᄒᆞ니如此之言을聞ᄒᆞᆫ대엇지置若無聞이리오如此之事가從何以來오皆從愚民之無知昏暗之中이分明ᄒᆞ다

근日新報에도軍人之事에對ᄒᆞ야勸誘之語를揭載ᄒᆞ얏거니와於此에勸告ᄒᆞ노니假令無論何人ᄒᆞ고十七歲以上은皆人學ᄒᆞ고[illegible]之與不與은勿論ᄒᆞ고父母妻子가皆至死境ᄒᆞ리니此는僅々得生之百姓으로卒入軍中케ᄒᆞ면食上에又可食이오難上에又加難이라다大韓이以此로行之면可興乎아

不然ᄒᆞ다昔에文王은以七十里로得百里ᄒᆞ얏고傑紂는富國强兵이로ᄃᆡ一朝에亡ᄒᆞ얏고今에日俄戰爭에도日本이以國大强兵으로勝俄國乎아然則國之興不與이必係國兵多少乎아此事를觀ᄒᆞ라도可知也니

惟願大韓同胞는深念々々ᄒᆞ와不受外國人之指囑ᄒᆞ고以自主之權을行ᄒᆞᆷ을千萬伏望ᄒᆞᆷ

況且靑年子弟는我大韓之形便을尤思ᄒᆞ와熱心으로古當其職ᄒᆞ고學徒는憤氣之心으로工夫ᄒᆞ야以免外國之羞恥뿐더러又先黑暗之中에在ᄒᆞᆫ百姓을警醒케ᄒᆞ기를山仰海祝ᄒᆞ노라鄙는不勝心中之鬱氣ᄒᆞ야以掘言으로勸告ᄒᆞ옵나이다

黃州郡南門內小學徒崔承浩

廣 告

本人의子相爽이以蒙騃所致로本郡淳賴俞致烈爲名漢이誘引偕往安城邑ᄒᆞ야鎭川木川所在田畓文券을僞造ᄒᆞ야符同安城挾雜輩ᄒᆞ여欲爲典執出債ᄒᆞ니不動產證明章程規則이自在ᄒᆞᆫ故로如以賣ᄒᆞ오니內外國人은切勿見欺ᄒᆞᆷ

鎭川邑李漢星 告白

南署藥峴坊[illegible]宮洞契銀制洞第三十九統七戶家券을失ᄒᆞ고玆에告ᄒᆞ오니內外國人間亨지시행ᄒᆞᆷ

新進宮高貞燮 告白

北部通義坊[illegible]統五戶瓦家二十[illegible]許貫入當三千兩[illegible]失故玆以廣告ᄒᆞᆷ

[illegible]內均 告白

寫眞舘開

本人等이今春以後에宮中府中及各處에서多年熟練ᄒᆞᆫ寫眞術로本舘을開設ᄒᆞ오니僉員은本舘에來臨ᄒᆞ시와撮影ᄒᆞ심을伏望

寫眞舘主人

朴全金主鎭 告

本組合員等이牛肉販賣營業ᄒᆞ옵ᄂᆞᆫ데開進時代를當ᄒᆞ와衛生淸潔을爲ᄒᆞ야肉種에腐敗을禁斷ᄒᆞ고營業을擴張키爲ᄒᆞ와均販茂質을設ᄒᆞ고官許承認ᄒᆞ옵고興組合을成ᄒᆞ고取入印紙分賣所을本組合에서設下ᄒᆞ옵고組合處所ᄂᆞᆫ吳器後井洞第一百十五統二戶로權定ᄒᆞ고玆에廣佈ᄒᆞ오니僉君子ᄂᆞᆫ照亮ᄒᆞ심을希望

均興組合會議所 告白

大東文粹　全一冊　金七十五錢

我天以來로至國朝 宸章及名文精選漢文必讀合用敎科

新撰地文學　全一冊　金[illegible]

凡屬地質地理具圖式詳要簡易合用敎科

生理衛生學　全一冊　金四十錢

吾人生理上關係衛生具圖式切要簡易合用敎科

發賣所　[illegible]廣學書舖　[illegible]中央書舖　[illegible]書舖　[illegible]大東書市　[illegible]書舖

皇城基督敎廣告

第二期學員募集

本學舘에서秋期開學日字를九月二日(陰七月二十六日)로定ᄒᆞ얏스니舊學員은趁期上學ᄒᆞ려니와新學員을募集ᄒᆞ오니願學人은本月二十五日內로入學請願書를本學舘에請求ᄒᆞᆷ

課程

普通課　本朝歷史地誌　萬國歷史地誌　算術　數學　物理學　化學　生理學　經濟學　聖經　日英語

語學課　英語(隨意)日英語　敎科書

工業課　(待開學排定)

商業課　速成　簿記　商業　商業地誌　算術　商業

夜學課　隨意　日語　英語　簿記

年齡　十六歲以上

試取日　八月二十六日 陰七月十八日

試取科目　國漢文讀書作文　但工商課　[illegible]以內加試

隆熙元年八月十三日

漢城中署[illegible]

皇城基督敎青年會舘 告白

開會日字는司事部決議를待ᄒᆞ야更告ᄒᆞ깃ᄉᆞ오니　僉會員照亮爲要

平會 敎青

咸鏡介坪鄭[illegible]相三寸[illegible]宅이性本愚駭ᄒᆞ야與其從弟[illegible]環으로符同ᄒᆞ야莫[illegible]宗家[illegible]畓을僞造文券ᄒᆞ야將爲僞賣[illegible]竟[illegible]綻露ᄒᆞ야又爲上京에[illegible]無後慮故玆以廣告ᄒᆞ오니內外國人勿見欺ᄒᆞᆷ

[illegible]鄭[illegible]門[illegible]部 告白

大東寄宿舍

大東寄宿舍長 鄭熙燮 廣告

本舘宿舍를開設ᄒᆞ고利用[illegible]ᄒᆞ야學校學生의食料金은規則上[illegible]圜四圜八錢으로定ᄒᆞᆷ[illegible]

廣

오放ᄒᆞ에高衣[illegible]員左右에[illegible]商ᄒᆞ야[illegible]洋服[illegible]帽子[illegible]洋品[illegible]價[illegible]

大東寄宿舍專務員　蔡殖植　告白

民事訴訟代理와刑事辯護及登記定額[illegible]와各[illegible]書類[illegible]務[illegible]處理ᄒᆞᆷ

漢城中署[illegible]坊[illegible]

西南[illegible]八統二戶

辯護士　尹邦鉉

同　　太明식

同　　金澤

事務員　安必中

聯合法律事務所

北署桂洞十六統七戶는卽故協辦金錫圭氏家舍인대前參尉黃轍喬氏가僞造文券ᄒᆞ야農工銀行에典執ᄒᆞ라다가發覺되얏스니內外國人은切勿見欺ᄒᆞᆷ

家舍借主人田元五 告白

前檢事 辯護士 李建鎬

法律事務所

西署小平洞第六十統十戶

[illegible]大阪商業家와特約[illegible]各種物品과[illegible]機械等物을我[illegible]托을便利케[illegible]工業에有意ᄒᆞ신僉君子는[illegible]物이든지請求코저ᄒᆞ시거든本社로來議ᄒᆞ시오[illegible]에서는手數料만受領ᄒᆞᆷ

興業社本店

開城北部祥洞

支店京城南門內水標五十一統六戶

全仁港內동廣濟

培養會社

閔丙漁가派員김鳳洙가不遵詔勅與訓칙ᄒᆞ고有文簿罹有民私條를肆自放賣ᄒᆞ기로數千條民이仍此失業에幾至死境故로條未ᄒᆞ리오足千里ᄒᆞ야呼訴于京部이기玆以頒布ᄒᆞᆷ

[illegible]郡紙島七條條主김[illegible]振
[illegible]서　李[illegible]等 告白

[illegible]
[illegible]

仁川港[illegible]新[illegible]

[illegible]

◉增修無冤錄大全

壹秩 壹白七十張 定價 新貨七拾五錢

[illegible]이[illegible]ᄒᆞ야[illegible]

中署布屛下

[illegible] 김相[illegible]

◉일본遊覽者募集

一遊覽會員募集　人員[illegible]名으로一團을成ᄒᆞ되[illegible]不問ᄒᆞ고[illegible]人ᄒᆞ시옵

一[illegible]遊覽　東京[illegible]都大阪神戶

一往復일數　[illegible]

一經費　遊覽費及手數料을合ᄒᆞ야總計四十八圜

一出發일　[illegible]

一出發三일[illegible]

一請入所　在京성各신[illegible]十八銀行경성支店

一會員은遊覽을[illegible]ᄒᆞ야[illegible]

一[illegible]대門서釜山으로[illegible]

[illegible]

行請人을[illegible]

일본人[illegible]

[illegible]門通

東亞[illegible]

越南亡國史

[illegible]所京城[illegible]川[illegible]

[illegible]김相[illegible] 告白

國債報償義捐金收入廣告

平壤府東柔鄕人民協成會
第[illegible]洞西部面上元里
리基茂 六十전 리能奉
강興國 金炳煥 리順萬
각四洛면 김龍益 리德인
각卅면 리孝櫓 리允成
김玄九 각廿錢 崔麟甲
五十錢 鄭起齊 四十전
▲玉禾里
監役김鶴鉉卄錢 進士김潤稲
韓응鎭 各二원 韓元植
韓俊植 韓道彥 金潤教
각一圓 韓貞鎭 김履濟
김三옥 各五拾錢 金潤茂
三拾전 韓윤식 洪應奎
韓元根 韓丙熙 韓善植
각五전
▲鵝井里
進士김인鉉拾圓 主事김和현
金貞杰 각三원 김基찬
一圓五十전 金忠현 김漢鏞
김龍양 위宗元 김奎煥
각九拾전 金致勳 金大奎
김珍瑞 各卅전 金奎炳
金濟瓚 金南鏞 各卄전
김敬淵 김李榮 각拾전
▲李村里
김李恒一圓 리仁淳五十전
김鳳先 김在權 鄭凡烈
各卅면
▲齋洞里
위宗植 김淵俊 위寬植
각二圓 위成洙 위鎭益
위孝식 위太錫 위道養
위道南 각一圓 위憲植
五十전 리觀燮 위楨錫
위基厚 정應烈 위炳烈
최炯心 위鎭綏 각卅錢
申用均 복道元 각廿전
▲德池面龍巖里
김麟起五圓 子鎭弘 一圓

文子鎭三五拾면 金德곤
김錄[illegible] 각二원 [illegible]麟[illegible]
五十錢 김찬연 安起坤
각一圓五십錢 金瑞恒
김麗國 金道海 金炳斗
각一圓 金洛信 金윤明
黃문成 각五십전 金찬경
최丁곤 김養稷 金영鳳
김化信 韓德燁 金鼎先
각卅錢 白齊兼 金윤甲
盧찬模 김潤珍 金贊一
任麟祿 니大곤 石永詩
김麟鎭 韓俊珏 申一철
韓萬斗 김養鎭 김潤酷
각卄전 康世鳳 김丁涉
石道國 金鼎淳 宋九世
정永彬 金봉吉 宋益瑞
鄭召史 김영贊 金明天
金亨珍 김聚國 安泰涉
최致鎭 리丁龍 박泰根
김三佛 金鎭洙 崔觀益
오養宅 김聯麟 宋召史
丕承云 張正賢 김鼎化
각十전 韓恩希 김召史
각五전 김찬浩 김祥奎
김潤植 각十五錢
▲聽松里
리鼎祿 康현涉 各一圓
康基洛卅錢 김昌麟七十錢
박錫範 五십전 김利賢
니南涉 田澤櫻 각十錢
▲堂中里 리大乾 卅전
金一煒 박경德 趙召史
각拾전
▲華峴里
韓鼎云 元道선 최賢三
각卅전 文玉麟 오拾전
徐元國 二拾전
▲齋下里 文學成 김明덕
김鉉民 각卅五전 徐重珍
김明輝 각廿전
▲松峴里
리慶衡 白利歲
각一圓五拾錢 金炳贊

정鉉崙 리不衡 康朋麟
각七十錢 정龍麟 千子七
리漢衡 각卄전 정昌奎
洪基斗 김鎭豊 리漢朋
정成奎 各卅전
▲龍興里
康正麟二圓 손영奎 康召史
박京燦 각五拾전 孫孤潤
손日덕 朱聖益 각廿전
손錫奎 康鎭斗 孫明朋
邢貞선 金召史 康學九
각卄면 申應模 盧宗希
康學觀 洪錫範 각拾전
▲白노面楸洞里
김元봉 成영達 리良瑞
김炳益 金重淳 各三[illegible]
각五拾전 宋석인 康在龍
金全薰 康應洛 高達元
宋基然 丕貞洛 김奎鎭
각卄전 宋之念 申항淳
각卄면金麟爾金奎基각四拾錢
▲楸巖里
主事강與一二圓 공與八
康貞模 각一圓 우茂賢
愼成洙 각五十錢
▲鶴堂里
李道一 리廷燁 니希섭
각一圓 박民煥 니升신
최명化 복正熙 車天之
각卅錢 김乃奎 니경大
리夢良 니升知 김리植
김生呂 각卄전 니贊實
五십錢
▲獨巖里
니興죠 五十錢 니元죠
金觀옥 니元八 각卄錢
金利奉 리元豊 각十전
▲東部面長坪里
南선浩 김영죠 각一圓
정연烈 七十錢 張錫俊
김召史 리東華 정道형
리永서 金奉鉉 각五拾錢
南병奎 김寬涉 趙賢八
니錫弘 정利鎭 문得麟

[illegible] [illegible]田 각卅[illegible]
오光[illegible] [illegible] 정鉉[illegible]
孫宗八 [illegible] 김養[illegible]
각卅錢
▲月川里
박윤선一圓 니啓선 박희淳
王永朋 宋영贊 孫啓모
盧應官 리鶴순 리基燦
니錫영 각卅전 박貞洙
盧弘植 김龍浩 各卄전
리貞燦一환 오영錫 五拾錢
申徵奎 三원 盧官奎二圓
▲紫霞里
文弘植 김리弘 각二원
孝宗呂 [illegible]영
각一원五十전 김根 一원
김昌稷 김주발 高澤涉
김昌範 각五拾전 高澤吉
金基淳 각卅錢 김鼎정
김 鉉 김之貢 김明奎
各卄전 김弘德 拾전
▲余站里
韓京학三원 김得恩二圓
金서胤一원 徐用幹七십錢
朴문吉 김明涉 朴남濟
김得麟 김敎和 각六十錢
徐三大 김학彥 최致선
徐用杰 리亨漸 박道吉
각卅錢 金演涉 車允九
각卄錢 金呂洙 五拾錢
▲宮溝里
정恩진卅錢 金기瓊 康升煥
각卄錢
▲通湖面三館里
康鎭珏 김元[illegible] 각三원
康元植 리윤株 康기洙
裵윤植 각一圓 박문喆
金明坤 정濟國 康學洙
각七拾전 최鵬서 최聖燦
김志淳 김用涉 安鳳麟
康형植 각萬化 각五十전
최聖燁 四十錢 김德洙
金顯洙 鄭贊益 김炳鉉
成用鎭 김乙元 윤亨烈

張信석 김[illegible] 各卄錢
成啓信 曾光燁 김형준
각卄錢
▲竹田里
김顯濟二圓 金益鎭一원
김成서 崔尙錫 각五十전
申重珍 박德令 최貞洙
각卅錢 최晉洙 리基萬
成봉國 趙承鉉 리윤坤
각卄전 오한燮 十전
閔池錫 成致麟 각一圓
정世珏 七十錢 김德섭
五십錢 리형一 四十전
리時和 卅[illegible]
▲리鄕里
鄭觀敎一원 최觀洙 [illegible]益淳
각六拾錢 정寬稷 김濟濬
각卅전 리應浩 리[illegible]
최之坤 김良[illegible] 각卅전
▲上界面花山里
安奎德 위時겸 김用彬
김자江 各卄錢 康應平
武儀益 각拾錢
▲용頭里
박基洙 리時麟 方應곤
吳문石 각七拾전 김國信
리윤貞 리呂振 金明吉
각四십전 金鳳來 金리호
宋用善 任덕奎 각卄전
白賢淑 리鉉才 김明鎭
吳용涉 김鳳鉉 니윤곤
金用奎 리용洙 任봉國
各拾錢
▲嘉次里
리霖鉉三圓 리鵬현一圓
김淵一 六拾전 리기健
리大旭 각五十錢 리明玄
리暎鉉 리寬亨 리會喆
리봉洙 리會烈 오應先
각卅전 彭啓俊 孫時겸
리예奎 리觀洙 리召史
각廿錢 리鴻[illegible] 리翊濟
리기禎 각拾전
▲柳岩里

정大[illegible]一圓 [illegible]
박[illegible] [illegible]拾전 [illegible]
니[illegible] [illegible]在[illegible] 리[illegible]
각卅[illegible] 정啓[illegible] 니[illegible]
최成[illegible] 각卄전 니[illegible]
리成白 니志[illegible] [illegible]인호
리[illegible] 니영[illegible] 각拾錢
▲[illegible]面[illegible]里
박[illegible] 각一원 [illegible]
[illegible] 一[illegible] [illegible]
각[illegible] [illegible] 卄[illegible]
安[illegible] 박[illegible] 孫[illegible]
洪[illegible] 각[illegible] 趙[illegible]
金[illegible] 金[illegible] 洪[illegible]
니根[illegible] [illegible] 김[illegible]
[illegible] 각[illegible] 김[illegible]
洪[illegible] [illegible] 金[illegible]
[illegible] [illegible] 각拾[illegible]
[illegible] 羅문호 [illegible]전
▲[illegible]面[illegible]里 宋錫根 五圓
▲馬鶴里 東濟[illegible] 삼圓
[illegible]鉉 東濟[illegible] 각一圓
沈연善 首人楊인[illegible] 각五拾전
▲大[illegible]里 金啓元 二圓
金[illegible]麟 鄭升[illegible] 金演[illegible]
각一圓
▲東部面大夫里 박南燮六圓
于宗升 吳奎益 各一圓
司果金廷濬 卄錢
▲紫霞里
리洸植一圓 니化龍십전
▲西部面防岩里 鄭世顯一圓
鄭祥升 六拾전 오燁赤
五拾전 정南升 정興升
각卅전 정昌升 卄전
▲淡林里 許 鴻 三圓
니錫신 二圓
▲東部面水晶里
姜應三 三圓 申泰燁 二圓
▲中部面[illegible]柳里
김舍起 一圓 金鎭咸 一圓
김漢起 五拾錢 김인起
김鎭七 韓致榮 김召史

▲[illegible] 리[illegible] 一圓
劉[illegible]拾五錢 [illegible]
合三百十二圓
前次報廣告合九百[illegible]三圓
二拾八錢
前號總合圓合九千九百七拾四
圓十[illegible]
總合[illegible]萬一千二百十九圓八
十[illegible]錢
國債報償金[illegible]日前所[illegible]
本社에[illegible]
合一千九百七拾五圓六[illegible]
[illegible]銀行[illegible]
合五[illegible]
二萬三千三百[illegible]
[illegible]總合所로[illegible]

本所와 本社로 [illegible]償金
價義捐諸氏에게 [illegible]오
니設此 義務以後로 氏名과
成册이 漸多故로 漢文報
에不得盡揭호야 本報國文
報一篇에 錢額과 氏名을 逐
續揭載호오니 從今으로 國文
報을請求하시오 漢文報
와同一호오니 照亮홈
國債報償志願金總合所 白
大韓每日申報社 白

發行兼編輯人英國人 裵說
發行所
南署大[illegible]井洞號外地三層洋屋
大韓每日申報社

大韓每日申報

第五卷

月曜及慶節歲時日休刊

檀君開國四千二百四十年
箕子元年三千二十九年
大韓開國五百十六年
日本明治四十年
淸國光緖三十三年
陰曆丁未七月大十二日辛丑

論說

無辨別（續）

日本서스트新聞의所報가如左矣러라

木內씨가向日에內部次官兼農商工部次官으로內定되엿더니該氏가農商工部次官은오가氏의게讓與케되엿도다오가氏로內部宮職이似其希願이나木內氏가農商工部次官을帶ᄒᆞᄂᆞᆫ것보다內部로移轉홈이適合ᄒᆞᆫ줄노諒解ᄒᆞ엿스니此理由ᄂᆞᆫ無他라木內氏가宋農大의承認으로韓國宮內府의所管[illegible]起案ᄒᆞ라ᄂᆞᆫ고로反抗ᄒᆞᄂᆞᆫ評論을欲避ᄒᆞ야農部官職을讓與ᄒᆞ[illegible]他人ᄒᆞ고內部[illegible]移[illegible]홈이라ᄒᆞ엿더라

木內[illegible]가農部에顧問官으로져ᄒᆞ야該所[illegible]가[illegible]可[illegible]이라[illegible]此之[illegible]가今[illegible]初聞이나然이나日人의論非[illegible]今[illegible]人의[illegible]此[illegible]爲[illegible]注目[illegible]ᄒᆞ노라

太皇帝나新皇帝씌셔啓[illegible]ᄒᆞᆫ三拾四[illegible]號을自許ᄒᆞ셧실지라도人不能拭度이니此를得홀時에何知强迫手段을用ᄒᆞᆫ거ᄉᆞᆫ推度ᄒᆞ기에有理ᄒᆞ고且如此强迫은木內氏의[illegible]宋農大가必行ᄒᆞ엿스려니와[illegible]ᄒᆞᆫ四處의價貫ᄒᆞᆫ礦産이木內氏의領有에今在ᄒᆞ엿스니[illegible]礦産告檢[illegible]ᄒᆞᆫ一[illegible]社가[illegible]에셔成立되다ᄂᆞᆫ[illegible]導을各大[illegible]數[illegible]內에可以[illegible]聞ᄒᆞ며

로다

韓國內에報貴ᄒᆞᆫ特許案이或不公ᄒᆞᆫ契約으로日人手中에盡歸ᄒᆞ엿고其他列國人의계ᄂᆞᆫ此機會를不知케ᄒᆞ얏스니韓國內에列國人民의利益을保護ᄒᆞᄂᆞᆫ거스로爲其職務者ㅣ對今事態ᄒᆞ야其將圖明合默ᄒᆞᆯ지ᄒᆞ思料ᄒᆞᄂᆞᆫ지雖ᄒᆞ나由是로宋農大와木內氏의今番所成이歸於疑事ᄒᆞ기를希望ᄒᆞ노라吾人이今此報導를不必確신이나然이나無火之突에烟同從生이리요必有確據ᄒᆞᆫ거시無疑로다

官報

第三千八百四十八號 隆熙元年八月十九日

◎宮廷錄事

[illegible]

奏本

太皇帝上號吉日以[illegible]擇[illegible]

奏本

旨陰曆八月[illegible]擇ᄒᆞ

宮內府大臣陸軍副將勳一等 臣李允用謹

奏

皇太子[illegible]誕辰月日新曆印明件[illegible]以人之[illegible]上

奏

皇太子千秋慶節陰曆九月二十五日[illegible]

旨依奏

宮內府大臣陸軍副將勳一等 臣李允用謹

奏慶運宮修理之節令宮內府[illegible]速擧行事

[illegible]下[illegible]役[illegible]宮[illegible]的

推擇則陰曆七月初八日未時爲吉云以此日時定行何如敢

奏本

旨依奏

敍任及辭令

孝陵令 박仁和
圜丘壇祀祭署令 韓鳳熙
宮內府禮式官 尹基益
秘書監丞 박台熙
秘書監郞 김鴻洛
敦寧司長 李禹珪
主殿院電務課技師 元鼎貞
全 沈雨澤
全 김철榮
內藏司檢査課長 李容復

依願免本官

任內藏司檢査課長 六品 金 澤
任경畿觀察道警務署警視 飯田章
任忠南全 泉研介
任忠北全 鈴木重民
任全北全 增田彰
任全南全 宮川武行
任慶南全 小川吉太郞
任慶北全 赤谷隆志
任咸南全 松下亭助
任咸北全 [illegible]淺水
任平北全 闘谷[illegible]
任平南全 向田幸藏
任黃海全 柴[illegible]市
任[illegible]原全 島田文之助
任[illegible]北觀察道事務官 塩川一太郞
任京畿全 竹內勞太郞
任平北全 本田常吉
任成[illegible]全 岡本利平
任[illegible]全 新庄順정
任黃海全 野崎新太郞
任平南全 大木安之助
任[illegible]全 新川元恭
任全南全 平渡信
任[illegible]全 和田[illegible]郞
任[illegible]北全 竹崎六次郞
任江原全 多賀高延

解兼任경畿稅務監 京畿[illegible]觀察使崔錫敏
命兼任경畿稅務監 경畿觀察使李圭桓
解軍法會議判士長 軍部大臣李秉武
副將閔丙奭 叅將韓鎭昌
全 李南熙
解軍法會議判士 步兵正領申載永
解軍法會議判士長 步兵副領金學[illegible]
全 步兵叅領李龍漢
解軍法會議判士 박[illegible]
命臨時署理陸軍法院長事務 軍部次官韓鎭창
命[illegible]署理[illegible] [illegible]
任內閣總理大臣秘書官 [illegible]
免本官 度支部書記[illegible]

[illegible]校[illegible]히[illegible]測量[illegible]業試驗時에竊取試紙ᄒᆞ야塗抹改正ᄒᆞ야行爲[illegible]不可仍置이기是以免本官

外報

◎[illegible]大[illegible]免[illegible] 北京政府에셔[illegible]의外[illegible]同[illegible]懦弱으로由ᄒᆞ야免[illegible]ᄒᆞ고徐世昌과[illegible]의[illegible]ᄒᆞ얏다

◎皇帝親政 西太后ᄂᆞᆫ淸曆[illegible]年으로以ᄒᆞ야垂簾政을撤ᄒᆞ고皇帝씌셔萬機를總攬ᄒᆞ신다ᄂᆞᆫ報道가再起ᄒᆞ야政府에셔目下[illegible]中이라ᄒᆞ더라

◎[illegible] 伯林電을據ᄒᆞᆫ則[illegible]國가[illegible]市에서法國所屬의外國軍隊（他國人을募集ᄒᆞ야編成ᄒᆞᆫ軍隊）의兵卒이騷動을惹起ᄒᆞ야德英兩國의移住者가多大ᄒᆞᆫ損害를被ᄒᆞ얏다더라

◎黑龍江 俄國黑龍江新[illegible]대中에三隻은[illegible]日코ᄌᆞ오루[illegible]上

雜報

◎[illegible]에셔製造ᄒᆞ야부라고에셔젼ᄉᆞ子[illegible]으로[illegible]ᄒᆞ얏ᄂᆞᆫ데[illegible]八十三[illegible]式이라더라

◎交通線被害 東京[illegible]則十五日[illegible]으로東海와信越中央에各線[illegible]電信電話의不通ᄒᆞᆫ[illegible]가多ᄒᆞ다더라

◎不辨不[illegible] 公州來人傳說을聞ᄒᆞᆫ則남浦[illegible]郡守徐相[illegible]氏가乙巳[illegible]等[illegible]錫[illegible]와[illegible]記ᄒᆞ창均[illegible]式頭[illegible]出[illegible]ᄒᆞ엿다가以滿限[illegible]이라ᄒᆞ야更[illegible]頭[illegible]式[illegible]ᄒᆞ고[illegible]一[illegible]二[illegible]의[illegible][illegible]

[illegible]後金[illegible]保[illegible]因[illegible]

◎[illegible]

[illegible]安[illegible]所[illegible]守가[illegible]라ᄒᆞ얏더라

◎[illegible]檢[illegible] [illegible]州府檢事[illegible]求[illegible]가[illegible]에食[illegible]入[illegible]定ᄒᆞ고[illegible]紹介로事[illegible]曲直은不[illegible]ᄒᆞ고孔方이[illegible]ᄒᆞ더니[illegible]務가不過一年에[illegible]을得ᄒᆞ야奸[illegible]를排[illegible]ᄒᆞ고田土를[illegible]置ᄒᆞᆷ으로今番[illegible]官이[illegible]ᄒᆞ더니[illegible]에[illegible]ᄒᆞ야水原府檢事[illegible]任ᄒᆞ얏다더라

◎[illegible] [illegible]에[illegible]가下ᄒᆞ야新義州白馬間에[illegible]線十[illegible]所가破壞ᄒᆞ고[illegible]가不通ᄒᆞᆫ故로昨今日中修改ᄒᆞᆫ다[illegible]日人[illegible]事[illegible]에電報가有ᄒᆞ다

◎是非[illegible] 忠[illegible]賞玉[illegible]後[illegible]더니[illegible]선[illegible]가[illegible]公[illegible]緣[illegible]하야[illegible]人의[illegible]一[illegible]外[illegible]人의[illegible]ᄒᆞ야[illegible]告[illegible]不選[illegible]ᄒᆞ얏더라

◎[illegible] [illegible]觀[illegible]가[illegible]僧[illegible]琉璃[illegible]設ᄒᆞ고一[illegible]金[illegible]

[illegible]

[illegible]八月二十[illegible]日[illegible]陰七月[illegible]

[illegible]十九日[illegible]서기[illegible]

다ᄒᆞ얏ᄂᆞᆫ데[illegible]

[illegible]閣[illegible]이오[illegible]下午十一時[illegible]入[illegible]務[illegible]中[illegible]一枚에時代[illegible]一[illegible]이오存ᄒᆞᆫ一枚에代[illegible]十拾錢이라ᄒᆞ얏더라

◎[illegible] [illegible]平理院[illegible]金[illegible]希[illegible]가[illegible]昨에總理大臣李[illegible]用氏를[illegible]ᄒᆞ고宋秉畯[illegible]洪[illegible]事件에[illegible]法官[illegible]ᄒᆞ야一[illegible]ᄒᆞ얏다더라

一[illegible] [illegible]시기[illegible]士[illegible]一[illegible]에[illegible]ᄒᆞ야[illegible]會[illegible]ᄒᆞ고[illegible]가[illegible]認可ᄒᆞ야시가[illegible]定ᄒᆞ고法部에[illegible]ᄒᆞ얏다더라

雜報

●嘉禮에關ᄒᆞᆫ上奏 太皇帝陛下ᄭᅴ옵셔ᄂᆞᆫ昨에早婚禁令을頒布事件에對ᄒᆞ야內閣諸大臣의게下詢ᄒᆞ옵시되 皇太子嘉禮ᄂᆞᆫ拾五歲曾行禮ᄒᆞᄂᆞᆫ거시何如오ᄒᆞ신ᄃᆡ諸大臣이伏 奏하되至於 皇太子婚禮ᄒᆞ와ᄂᆞᆫ國家에緊急事가有ᄒᆞᆫ境遇에ᄂᆞᆫ年限이或未滿ᄒᆞ와도嘉禮를行ᄒᆞᄂᆞᆫ것시未有不可라ᄒᆞ고上 奏ᄒᆞ얏다더라

●軍刀를特造 皇太子殿下ᄭᅴ셔陸軍參尉를被任ᄒᆞ신故로斷髮服裝하시고軍刀를佩用ᄒᆞ실터인ᄃᆡ恒用軍刀ᄂᆞᆫ尺長ᄒᆞᆫ故로短尺軍刀를特爲造成ᄒᆞᆫ다더라

●猝難變通 陳賀時에一般官吏의衣制ᄂᆞᆫ猝難變通ᄒᆞᆫ人은羅癸은一體로施行하되服色은本國小禮服이나大禮服이나朝服이나品階를隨ᄒᆞ야擧行케ᄒᆞ기로內閣에서提議ᄒᆞ얏다더라

●李氏陛見 리容鎔씨가再昨日에詣闕陛見ᄒᆞ얏다더라

●統府照會 統監府에서각部所屬現在奏任官以上에官名官等俸給位勳氏名年齡住址를錄送하라고각部에照會ᄒᆞ얏다더라

●職姓名錄送 今次大皇帝陛下卽位禮式時에貴部所屬勅奏任官과外國人雇傭中에勅奏任待遇及陛見資格이有ᄒᆞᆫ人員에게請牒을發送ᄒᆞ깃기로玆에仰布ᄒᆞ오니照亮後貴部所屬勅奏任官及雇傭人員職姓名을本月十九日內로錄送于禮式院하라ᄒᆞ고宮內府에서각部로通知ᄒᆞ얏더라

●郡守奏本 郡守奏本이多日延타된理由ᄂᆞᆫ屢報ᄒᆞ얏거니와該奏本同意章件이三昨日下午에統監府에서內閣으로送交ᄒᆞ야昨夜에奏裁ᄒᆞ얏ᄂᆞᆫ데二十窠라더라

●樞院提議 昨日中樞院에셔會議를開하고去月曜日에停案ᄒᆞ얏던諸議件을可決ᄒᆞ야內閣으로提議ᄒᆞ얏다더라

●度部官制 度支部에셔檢查局과印刷局을特別局으로設置ᄒᆞ고官制를現今磨鍊ᄒᆞᆫ다더라

●日長韓副 漢城五署와各地方警察署에도警視廳總監副總監과如히署長은日警視로敍任ᄒᆞ고副署長은韓人으로敍任ᄒᆞᆫ다더라

●松井視察 內部警務局長松井茂시ᄂᆞᆫ昨日에仕進視務하얏ᄂᆞᆫᄃᆡ該部內각局課를視察ᄒᆞ얏다더라

●合部設警 地方三百四十餘郡을三十一郡으로合幷ᄒᆞ야每郡에警務分署를置ᄒᆞ고分署下에分派所十五處式增置ᄒᆞ고警察事務를一層擴張케ᄒᆞᆫ다더라

●自昨始仕 農商工部大臣宋秉畯씨가一自被任以後로該部에仕進치아니ᄒᆞᆷ은屢報ᄒᆞ얏거니와昨日부터始爲仕進視務ᄒᆞᆫ다더라

●閔씨辭職 學部學務課長閔健植씨가有何事件인지稱病不進ᄒᆞ고辭職請願하얏ᄂᆞᆫᄃᆡ其後任은該部參與官事務官某시가被任ᄒᆞᆫ다더라

●稅主觀望 각地方稅務主事들이陰本月望後一齊發程ᄒᆞᆯ터인ᄃᆡ江原道로派送ᄒᆞᄂᆞᆫ稅務主事들은義擾頓定前에ᄂᆞᆫ未得發程이라ᄒᆞ더라

●不可不退 近日宮內府所屬官吏가請願辭職ᄒᆞᄂᆞᆫ人이多數ᄒᆞᆫ되其理由인즉有級官吏가一齊斷髮ᄒᆞ고高等官은大禮服을着ᄒᆞ고判任官은厚綠古套를着ᄒᆞᆯ터인대以若判任官의薪俸으로厚綠古套를製着ᄒᆞᆯ勢力이無ᄒᆞᆫ故이라더라

●事務協議 度支部에셔東萊府尹의게訓令ᄒᆞ되水道局工役上에爲其民弊를矯正次로本局事務官을派遣ᄒᆞ며技手金鍾克을該水原地에現方另派ᄒᆞ니工役之際에或有防碍者와諸般應役需用之節을協議措辦ᄒᆞ라ᄒᆞ얏더라

●支俸不公 각解隊尉官의月俸을今月ᄭᆞ지支발ᄒᆞᄂᆞᆫ대侍衛一二聯隊尉官의月俸은不爲支給ᄒᆞᆫ다더라

●稅主被打 楊根稅務主事黃祐貞시가該郡義兵의게紙貨百圓與문簿를沒數被奪ᄒᆞ고日昨에避身上경ᄒᆞ얏ᄂᆞᆫ대其時에無數被打ᄒᆞ야方在調理中이라더라

●警官預算 각地方分涉警察署總巡六人을敍任ᄒᆞ기로內部警務局에셔度支部로預算을請求ᄒᆞ얏더니該部에셔支出ᄒᆞ기로承認하얏다더라

●工事監督部 學部學務局이移接ᄒᆞᆫ事ᄂᆞᆫ前報에揭載어니와前學務局은該部所管경鄕각學校建築ᄒᆞᄂᆞᆫ工事監督部를設置ᄒᆞ얏더라

●形式上大臣 軍部大臣리秉武시가諸般行政處理에不得自由ᄒᆞ야今日處辦件을明日에更次改定ᄒᆞᆷ으로該部官吏중一人이勸告ᄒᆞ기를如是ᄒᆞ구야事務가何以就緖乎아ᄒᆞᆫ則該大臣이발怒答言ᄒᆞ되余가形式上大臣이지多少事件을不能自由處理로라ᄒᆞ얏다더라

●募商爲兵 近日日人兵營에셔泥峴等地에居留ᄒᆞᄂᆞᆫ商民을招募ᄒᆞ야隊伍에編入ᄒᆞ고操練을經ᄒᆞᆫ後에不穩ᄒᆞᆫ地方으로派送ᄒᆞᆫ다더라

●笑罵從他 一進會評議員安鍾煥시ᄂᆞᆫ警視廳總監의게每日納媚獻諂ᄒᆞ야訊問課員을運動中이라ᄂᆞᆫ대行爲部倖ᄒᆞᆷ을莫不唾罵ᄒᆞᆫ다더라

●同僚懇親 昨日下午四時에내部衛生課長閔원植시가白蓮洞金嘉鎭시別墅에設宴ᄒᆞ고該部奏任官을請ᄒᆞ야同僚懇親會를ᄒᆞ얏다더라

●一進挾雜 三和港一進會에서屠畜이라稱ᄒᆞ고牛一隻에四五十전式捧食ᄒᆞ며니至今은該海千兩從津浦를內部公문이라稱ᄒᆞ고勒奪코ᄌᆞᄒᆞᆫ다더라

●私鑄綻露 社稷洞居前總巡金道濟氏가白銅貨와紙貨를私鑄ᄒᆞ다가情跡이綻露ᄒᆞ야該氏ᄂᆞᆫ逃躱하고機械만警視廳에셔收入ᄒᆞ얏다더라

●一進破殺 淸風郡義徒가漸々熾盛ᄒᆞ고堤川郡義徒가一進支會副會長을打殺ᄒᆞ얏다고忠北警務官金箕大시가내部로報告ᄒᆞ얏더라

●義將姓名 淸風等郡에셔暴動ᄒᆞᄂᆞᆫ義兵大將은平康人박汝成인데年三十四五假量이오召募將은淸風人趙東教인데年可三十이오領率官은姓名不知乎壞兵丁이오應募者ᄂᆞᆫ淸風人黃大成趙東奎方必成박德俊崔奉等이라더라

●李氏殉節 侍衛隊參尉李忠淳氏ᄂᆞᆫ前連山郡守李秉淸氏之子로六七年見習窠의在ᄒᆞ더니去月二십三日兵丁解散時에痛國恥之罔極而其父在鄕故與其庶母로泣而訣曰吾職이雖微나身旣許國當此國家變亂之時ᄒᆞ야不可以親在而圖免이라ᄒᆞ고遂馳入直其所ᄒᆞ야竟至中丸而死ᄒᆞ며其父親이聞其凶報ᄒᆞ고自鄕으로京ᄒᆞ야欲爲返葬이나家素貧寠ᄒᆞ야經紀ᄒᆞᆯ路가無ᄒᆞᆫ故로呼泣道路ᄒᆞᄂᆞᆫ其情狀이令人可憫이라더라

●笠寺到着 寺垣事令官공洽七日午後에軍艦笠置號를率ᄒᆞ고城津에到着ᄒᆞ얏다더라

●義 兵 消 息

▲청州郡十七日報道를據ᄒᆞᆫ則청州에居留ᄒᆞᄂᆞᆫ日人大工藤口龜吉이가십六日槐산郡에셔還歸ᄒᆞ다가中道에서義兵三百餘名이槐산청安兩郡에集合團結ᄒᆞᆷ을聞ᄒᆞ고間路를從ᄒᆞ야左邊산路을尋ᄒᆞ야청州로向ᄒᆞᄂᆞᆫᄃᆡ槐산距約二里쯤되ᄂᆞᆫ路傍五百米突高地에셔韓兵二三十餘名이突出ᄒᆞ야一齊射擊을ᄒᆞᄂᆞᆫᄃᆡ飛彈이身邊에墜落ᄒᆞᆫ지라危險을僅脫하고急急히逃走ᄒᆞᄂᆞᆫ대送擊을加ᄒᆞᄂᆞᆫ故로산路로隱避ᄒᆞ얏다ᄒᆞ고

▲十八日春川電을據ᄒᆞᆫ則十七日에義兵三百三十名이驛踏鄕을來襲ᄒᆞ야郡衙와書記廳及分派所를破壞ᄒᆞ고書記巡檢외私家器物을打破ᄒᆞ얏ᄂᆞᆫ데勢甚猖獗ᄒᆞ야景狀이危險ᄒᆞᆫ지라郵便局員及補佐員은他處로逃避하얏다ᄒᆞ고

▲江原忠北兩道에셔倡起ᄒᆞᆫ漢兵은恒常連絡ᄒᆞ야軍事的行動이頗有可觀이오武器彈藥은多數히帶持ᄒᆞ고原州鎭衛隊將校以下로附近人民을煽動ᄒᆞ야擧措가將生ᄒᆞᆫ貌樣인대原州郡武器庫를調查ᄒᆞᆫ則銃器一千二百挺及彈藥四萬發은韓兵이沒數히持去ᄒᆞ얏고

▲堤川方面으로警察次出張ᄒᆞ얏던日人末安中尉의所率ᄒᆞᆫ一隊가苦戰ᄒᆞᆫ情況은旣報와如ᄒᆞ거니와其後報道를據ᄒᆞᆫ즉日兵이義兵의게夜襲을遭ᄒᆞ야後面高地로退ᄒᆞ얏다가十七日에忠州에到着ᄒᆞ엿다더라

東來所聞

連日關東에義兵消息을다만日人報道를依ᄒᆞ야揭載ᄒᆞ얏거니와東來人의歷次所傳이如出一口가大略如左ᄒᆞ니

▲原州鎭衛隊將卒이脫營時에前參尉係在軍시가發論ᄒᆞ여曰若留지邑中ᄒᆞ야與日兵으로交鋒ᄒᆞ면人民이多害ᄒᆞᆯ거시니出往他處ᄒᆞ야依山排陣ᄒᆞᄌᆞᄒᆞᆫ즉衆將이承諾ᄒᆞ고率兵退出ᄒᆞᆫ되日兵이水蔘에至ᄒᆞᆫ지라韓兵은掘壕放銃하야數時間을交戰ᄒᆞᄂᆞᆫ대日兵幾十名을射斃하고彈丸과速射砲를奪取ᄒᆞᆫ즉日兵이忠州等地로退却ᄒᆞ엿다ᄒᆞ니此係確信인줄은有難懸度일시姑此略記ᄒᆞ야更待確報를ᄒᆞ노라

▲薇市鋤歌▼

▲總理大臣李完用氏ᄂᆞᆫ日昨에泥峴日本俱樂部에出發ᄒᆞ야農相宋秉畯氏를先爲訪問ᄒᆞ고內閣에仕進ᄒᆞ엿다가詣闕 陛見ᄒᆞ고同日六時에農相을又爲訪問ᄒᆞ엿다니稱以首揆大臣ᄒᆞ고무ᄉᆞᆷ事件을農大의게進必告退必告ᄒᆞ니其追勢情態ᄂᆞᆫ令人可笑로다

▲憲兵司令部를警視廳에附屬ᄒᆞᆫ後에該隊領尉官은相當職으로移任시키고憲兵等은漢城과各道郡에分派ᄒᆞ야警察上에從事케ᄒᆞ고警視總監이管轄指揮ᄒᆞ다ᄒᆞ니丸山重俊氏ᄂᆞᆫ韓國警察權을專管ᄒᆞ더니또憲兵ᄭᆞ지統轄指揮ᄒᆞ니日本官人中에同氏權勢가第一宏壯ᄒᆞ도다

▲各地方에日人警視十三人과또日人事務官十三人이新任을엿스ᄆᆡ韓國에警吏ᄂᆞᆫ警察도못ᄒᆞ고官吏ᄂᆞᆫ事務도못ᄒᆞᄂᆞᆫ지日人을多數히敍任ᄒᆞ나무ᄉᆞᆷ効力이有하리오國庫金만浪費ᄒᆞᆯ것지

▲軍隊解散ᄒᆞᆫ結果로本年度不用費見定額二十萬圓을度支部預算額이不足ᄒᆞᆫ故로該額을預備금으로充用ᄒᆞ기로度支部에셔 議에提出ᄒᆞ엿다니韓國에셔軍隊를解散ᄒᆞ고國庫금을又爲費損ᄒᆞ니可謂雙綱이俱失이로고

▲有人이農相宋秉畯씨를對ᄒᆞ야日現今地方人民이忿鬱ᄒᆞ야徒黨을嘯聚ᄒᆞᄂᆞᆫ다斷髮令이頒布되면地方이尤極騷擾ᄒᆞᆯ이라ᄒᆞᆫ대同氏가勃然曰大韓人種을折半減損ᄒᆞᆫ後에敎育이實施될이라ᄒᆞ얏다니同씨ᄂᆞᆫ人種을減損ᄒᆞ기爲ᄒᆞ야移民條例를認許ᄒᆞ얏ᄂᆞᆫ지

▲여보近日봉상한ᄉᆞ람이만코斷髮令이頒布되며網巾장ᄉᆞ가봉상ᄒᆞ고冠宕이廢止되면갓장사와宕巾장사가봉상ᄒᆞᆯ터ᄂᆞᆫ예또슈ᄂᆞᆫᄉᆞ람도잇소麥藁帽子장사와구두장ᄉᆞ와洋服장ᄉᆞ가슈나겟소有勢ᄒᆞᆫ物件은日本人에物件인즉韓人은장ᄉᆞ도못ᄒᆞᆯ깃지

▲近日에도郡守를圖得ᄒᆞ야고某大臣門前에昏夜哀乞ᄒᆞ야금靜거暗動ᄒᆞ니郡守에所食은月俸外에ᄂᆞᆫ更無별分ᄒᆞ야金民膏澤을못ᄒᆞᆯ터인대如是주旋이亦一不知ᄒᆞᆯ事로고

▲近來鄕客이空然히上京逗留ᄒᆞ야許多挾雜이層生疊出ᄒᆞ야蕩敗家產者無數ᄒᆞ더니斷髮令이忽出ᄒᆞ매鄕客으로下去ᄒᆞ면斷髮을圖免ᄒᆞᆫ다하야紛忙히束裝하니鄕客逐送ᄒᆞ기ᄂᆞᆫ第一이로고

雜報

◎避義上京 日昨에義兵三拾餘名이楊根邑東軒門으로放銃卽入ᄒᆞᆫ지라該郡守鄭元譚氏가不勝恐刦ᄒᆞ야避身上京ᄒᆞ얏다더라

●法院審判 陸軍法院에被囚ᄒᆞᆫ李熙斗리尹鼎潭三氏事件에對ᄒᆞ야本日에陸軍法院長韓鎭昌氏와日本理事가會同審辦ᄒᆞᆫ다더라

●有誤必正 日昨本報欄내豈無酬勢라ᄂᆞᆫ題下에對하야更聞ᄒᆞᆫ則宋振옥시가法大의家舍買給云々은必是誤聞이라더라

廣告

日爾李泰順 思念積又積
爾中汝父母 委席將至死
榮貴雲外事 若無歸家期
何似父母妾 只望一書寄
外叔韓世鴻 廣佈
癸山錦山面

本人이淸州玄巖居ᄒᆞᄂᆞᆫ前牙山郡守리冕永에田畓이在於淸州西面烏致院東後坪而畓則二十六石落果綿花田三十三日耕을收捧足券與秋收記로幷以今年二月十六日에江原道春川邑居리東根에게典執次로來言이기로紙貨三千五百圜을依리冕永便지夏樞으로委往鑒驗以來ᄒᆞ고契約書出給而限則今五月三十日內準數備報이되若過此限則出庄土을永爲許給事로其三寸鍾律과其弟洛永과保人경大平洞前叅領朴晶煥이俱爲捺章立證이的確ᄒᆞᆫ지라今過此限이오되乃無如何之辨勸ᄒᆞ니이東根은依契約書ᄒᆞ야此리冕永에庄土을本人에所有되미法程에的當ᄒᆞᆫ듯이옵기로內外國人은春川리與根에田답인즐咸知ᄒᆞ실意로玆에仰告ᄒᆞ오니內外國人은照亮ᄒᆞ심을伏望홈
江原道春川郡下居리東根

龍과自再昨年으로相訟ᄒᆞ야該僧寺等이僞造公文ᄒᆞ야勒奪ᄒᆞ얏든畓土二十四石八斗落과洑一庫과四年秋收을該院公決을承有하와一々還推ᄒᆞ얏ᄉᆞᆸ기土在地名과該畓字號斗落을左開하와玆에廣告홈

左開

通川郡々內面 宇字畓十斗落 玄字畓一石七斗落 黃字畓十三斗落 養元面 衣字畓二石八斗落 裳字畓二石落 文字畓八斗落 制字畓十斗落 字字답二石七斗落 山南面 坐字답一石十三斗落 虞字二石落 羌字賓字合답五石落 吊字답十三斗落 有字답十二斗落 鳴字답一石五斗落 虛字답七斗落 洑一庫
通川郡居박尙敏等 告白

△第二回學員募集 廣告

本校에셔第一學年試驗을經ᄒᆞᆫ바學員을募集ᄒᆞ오니願入ᄒᆞᆯ人은九月一日以內(陰七月二十四日)로入學請願書를本校에來ᄒᆞ야請求홈

課程 本校規則에在홈

年齡 十五歲以上

試取日 九月二日

試取科目 本國歷史 本國地誌 讀書 作文 筭術(四則以內)

開學日 九月六日

光武十一年八月一日

漢城中署磚洞 普成中學校

契川遊洞三十九統六戶瓦九間草一間과東署仁昌坊伏車橋下九統十戶草家十一間을買得矣러니正月分에遭父故悲慟中에兩處家券을見失ᄒᆞ얏ᄉᆞ니現蹤間無하와誰某ᄒᆞ고右券을拾得ᄒᆞ야도休紙施行ᄒᆞ고或有典執이라도內外國人은勿爲見欺홈
主事金珍衡 告白

邦補益藥水

이약은대미국사룸방보씨가지은것이니세상사룸들이괴질이약ᄒᆞ야매양요슈홈을근심ᄒᆞ야다년혈심으로궁구ᄒᆞ고궁구ᄒᆞ야이약을신발명ᄒᆞᆫ것인대효험이신긔ᄒᆞ야세계각국셔이약으로효험본자ㅣ젹지아니ᄒᆞᆫ고로본인도우리동포를위ᄒᆞ야미국방보회사와계약ᄒᆞ고이약슈를니다가동포의소쳥을공급홈

효력 이약쓰ᄂᆞᆫ대ᄂᆞᆫ 부족증 뇌겸병 ᄌᆞ지못ᄒᆞᄂᆞᆫ병 실음ᄒᆞᆫ대 도한증 허한증 젹병(속병) 쳔축증 월우부족 허약ᄒᆞᆫ대와 연주창 종병후 오좀소틔 셜ᄉᆞ 리질 싱산못ᄒᆞᄂᆞᆫ대 신긔부족 낙티ᄒᆞᆫ대

발매소
경셩남대문안 상동교당압 박문셔관

民事訴訟代理와刑事辯護及鑑定顧問과諸般起草等諸般事務를迅速處理홈

漢城中署瑞麟坊許屛생전병문
西南隅八統二戶

辯護士 尹邦鉉
同 太明식
同 金澤
事務員 安必中
聯合法律事務所

一堂蔡天

天然堂齒眞師 朴主鎬 金主鎬 告白

本人等이天然堂이라ᄒᆞᄂᆞᆫ齒科醫院을開設ᄒᆞ고各樣齒科를治療ᄒᆞ며入齒ᄒᆞ오니內外國男女大小間은來臨ᄒᆞ시오

本組合員等이牛肉販賣營業ᄒᆞᆷ으로開進時代에當ᄒᆞ야衞生淸潔을爲ᄒᆞ야肉種에腐敗을禁斷ᄒᆞ고營業을擴張ᄒᆞ야販賣ᄒᆞᆷ을官許承認ᄒᆞ야均興組合을成立ᄒᆞ고收入印紙分賣所을本組合에셔買下ᄒᆞ옵고組合處ᄂᆞᆫ東署後井洞第一百十五統二戶로權定ᄒᆞ고玆에廣布ᄒᆞ오니僉君子ᄂᆞᆫ照亮ᄒᆞ심을希望

均興組合會議所 告白

大東文粹 全一册 金七十五錢
箕子以來로至國朝ᄒᆞ야宸章及名文精選ᄒᆞᆫ文必讀合用敎科

新撰地文學 全一册 金四十錢
凡關地質學理具圖式簡易合用敎科

生理衛生學 全一册 金四十錢
吾人生理上關係衛生具圖式切要簡易合用敎科

發賣所 (大)屛門 廣學書舖 東部越邊中央書舖 寺洞 ... 書舖 鍾路大東書市 小廣橋 ... 書舖

야ᄉᆞᆸ기玆廣告ᄒᆞ오니內外國人은勿爲施行홈
唐谷四統一戶김容正 告白

皇城基督 第二期學員募集 廣告

本學館에셔秋期開學日字를九月三日(陰七月二十六日)로定ᄒᆞ얏ᄉᆞ니舊學員은趂期上學ᄒᆞ려니와新學員을募集ᄒᆞ오니願學人은本月二十五日內로本學館에請求홈

課程 普通課 萬國歷史地誌 算術 代數學 物理學 化學 生理學 經濟學 聖經 日英語
語學課 日語(隨意)敎科書 英語
工業課 (待開學排定)
商業課 簿記 商業 速成 商業地誌 算術 書類
夜學課 日語 英語 簿記

年齡 十六歲以上

試取 八月二十六日 (陰七月十八日)

試取科目 國漢文讀書作文 但工商課 算術四則以內加試

隆熙元年八月十三日

漢城中署鍾路里門內
皇城基督敎青年會學館 告白

本會日字ᄂᆞᆫ司中部決議ᄒᆞ야更告ᄒᆞ깃ᄉᆞ오니照亮爲要
敎育年會 會員

前檢事 辯護士 李建鎬
法律事務所
西署小中洞第六十統十戶

광고

우리상회ᄂᆞᆫ광무팔년봇터한일인의합자상회오
우리상회담비ᄂᆞᆫ한국의제일됴흔담비를무역ᄒᆞ야셔거셔일본권연쵸만드ᄂᆞᆫ법과갓치만든거시요
우리상회담비ᄂᆞᆫ외국에셔오ᄂᆞᆫ거시아닌고로셰금도나지안코또ᄒᆞ가도먹자안코제됴ᄒᆞᄂᆞᆫ일도다한국사룸들을식회여편리ᄒᆞᆫ고로담비를싸게팔슈잇ᄉᆞ오니그것은다잡수시ᄂᆞᆫ쳠군ᄌᆞ의이익이오
우리상회담비ᄂᆞᆫ일본사룸이든지쳥국사룸이든지먹ᄂᆞᆫ고로나라의이익이오
우리상회ᄂᆞᆫ벽돌이층집일섄이네집이잇ᄂᆞᆫ고로얼마든지만들수가잇ᄉᆞ오니만히파라쥬시옵
제됴쇼ᄂᆞᆫ경셩소광교 광강상회

本人이日本大阪商業家와特約ᄒᆞ고司京內地에出各種物品과西洋各種物品及機械等物을我大韓에輸入ᄒᆞ야委托을便利케契約ᄒᆞ얏ᄉᆞ오니商工業에有意ᄒᆞ신僉君子ᄂᆞᆫ某物이든지請求코져ᄒᆞ시거든本社로來議ᄒᆞ시오本社에셔ᄂᆞᆫ手數料金만受領홈

總發社本店
漢城北部磚洞
支店京城南門內水標五十一統六戶
仁港內동廣濟
培養會社

慶南漁採派員김鳳洙가不遵詔勅與頒칙ᄒᆞ고有文卷雖有民私條을肆自放賣ᄒᆞ기로數千餘民이仍此失業에幾至死境故로條主ᄂᆞᆫ리裹足千里ᄒᆞ야呼訴于京部이기玆以廣佈홈
鎭南郡紙島七條條主김奎振 鄭周서 李鍾賢等 告白

學徒裝飾書冊 學徒運銃과諸具 羅紗各種 美國金鷄納 衣服裁縫其他雜貨도廉價放賣ᄒᆞ오니僉君子ᄂᆞᆫ來臨ᄒᆞ심을바라나이다
仁川港 ...

咸鏡介坪鄭旭相三寸淳宅이性本偬駭ᄒᆞ야與其從弟淳環으로符同ᄒᆞ야冀惠宗家田畓을偏遣文券ᄒᆞ야欲爲偸賣라가覺露ᄒᆞ야又爲上京에恐有後弊故玆以廣告ᄒᆞ오니內外國人은勿見欺宮
洞東鄭氏門長鄭煥ᄭᅵ

... 신자에셔본인이이살진소肥牛을만히ᄉᆞ깃스니쇼파ᄂᆞᆫ제군은다수이팔너오시옵
최봉쥰 고빅

[illegible]國債報償義捐金[illegible]

◎[illegible]義捐金[illegible]
吳九孫 윤顯鎬 安相東
吳点述 각卄錢 오內鍾
최允成 국卄五전 최여錫
張化三 문宗吉 徐甲謨
權錫範 金錫元 張亨돌
李龍周 김元得 [illegible]外成
金秉甲 [illegible]先述 劉八孫
金敬秀 박顯돌 김壽福
裵甲釗 리承九 김[illegible]
金壽男 리承業 최여[illegible]
김金宗 김日聲 申[illegible]烈
鄭漢益 리觀旗 趙臣元
국수연 張成杰 張昌成
각拾五전 윤致億 김[illegible]興
국사연 경錫봉 [illegible]
尹甲吉 [illegible]在錫 리與吉
리明來 박東伊 蔡鳳男
[illegible]貴福 趙点東 박金爲
최昌男 최[illegible] 정贊喆
김元육 許[illegible]成 오金吉
오茂釗 김得宗 裵德成
김壽得 윤萬興 金興福
趙壽男 兪山得 리金영
范乙龍 金壽男 羅成宏
각卄전 김榮煥 十七전五厘
劉库洙 오壽得 복東兒
金鳳振 朴興복 韓노瑪
국十전 리甲龍 三十전
리漢龍 朴치淳 全成吉
윤興吉 具宗伊 리昌孫
宋八鳳 趙翊元 김壽億
尹顯興 林四龍 나[illegible]還
나壽吉 김武吉 각卄전
洪晶厚 정壽重 金永玨
김여錄 각十五전 리日用
十二전五厘 김銀錄 조千世
宋点돌 朴壽萬 劉順男
오武增 오壽鳳 林壽哲
全成龍 黃봉麟 羅点돌
鄭春봉 나甲成 김복成

[illegible]
◎[illegible]郡[illegible]義人等
정[illegible] 裵德正 각五圓
김行宰 四圓五拾연 金才준
김利田 각三圓 金信景
徐영徵 김창治
각一圓五十錢 金振瑾
張得坤 김成龍 朴時찬
韓[illegible]奉 白元一 洪錫天
리正雄 [illegible] 史敬賢
김[illegible]太 元[illegible] 金道[illegible]
국一圓 [illegible] 二圓五십錢
元인길 니장[illegible] 리[illegible]
許[illegible] 오[illegible] 니[illegible]
高伯彦 盧문翮 [illegible]
金道立 김[illegible] 김[illegible]
趙龍河 각[illegible] [illegible]碩九
元두윤 [illegible]
국卄전
◎文敬夫人等
김才金夫人김氏
최德正夫人리씨 各一圓
史敬賢夫人李氏
許성鴻夫人리氏善信
리榮升夫人羅氏基磐 各十錢
오義眞夫人김氏義信七전五厘
合五十二圓五拾七錢五厘內
郵送費三拾八전除
實合計五拾二圓拾九錢五厘
●黃海[illegible]殷[illegible]上帥新德
金在權 玉윤鉉 金友鉉
박永秦 朴문三 收入
鄭宅화 오拾錢 孫鳳錫
三십전 니濟千 니弘欽
국卄錢 梁夫水 리吉石
손在鳳 各拾錢
▲松亭
吳汝善 리영郁 趙香石
국卄전 김召史 조秉圭
각卄錢 최仲學 四拾전
최河嵩 五十錢
▲內洞

리[illegible]一圓 [illegible]京 [illegible]
康子夏 宋[illegible] 각卄전
최[illegible] [illegible]鎬
리良보 [illegible]
△俊村
文昌淳 류昌곤 차卄전
張德日 차致成 국卄전
리善八 五수전
▲谷村
張箕秀 五십전 玉南보
니宅仁 각卄전 김京龍
차學淳 [illegible] 차拾원
김汝伸 [illegible] 김啓哲
저[illegible] [illegible] 許士麟
니[illegible]順 [illegible] 국卄전
▲石洞
權學[illegible] 趙發太 김[illegible]
宋[illegible] 宋[illegible] [illegible]
김昌福 박찬[illegible] 金[illegible]
趙[illegible] 孝卄錢
▲住洞
吳壽보 四拾錢 김[illegible]
金윤명 龍[illegible] 오敎信
국卄전 김舜山 卄전
△山水洞
김영俊 金益秀 국五十전
朴최良 四十錢
▲甑岩
崔윤啓 오仁化 국一圓
김起京 五拾전 오日先
宋京日 宋明善 申明叔
각卄전
▲上隅
김應五 니明三 金貞山
오敎友 金敏鎬 김世仁
국拾전 김士善 오貞煥
오敎殷 金恒善 김인善 국卄전
김順석 四十錢 김秉형 卄전
▲栢林
김益준 김益恒 金泰明
각卄전 김俊善 김蘭植
김善良 金時永 各拾전 국殷植
김益章 김益孝 김應七
김泰成 김永곤 김興坤
각십전
▲新垈山

[illegible]
리 [illegible] 丁光[illegible] 一원
各一圓 김京鎬 [illegible]
각五십錢
▲板橋
申良用 六拾錢 趙元植
고성면 김益一 김京云
김[illegible] 국一錢 張興圭
최[illegible] 국[illegible]
▲鶴峰
윤致[illegible]一원 [illegible] [illegible]光廟
국[illegible] [illegible] 리[illegible]
文욱철 김[illegible] 국卄錢
니樂在 [illegible] [illegible]
김[illegible] 국十전
▲士[illegible]洞
리日守二圓 盧[illegible]一圓卄전
김善守一圓 盧致俊 리漢圭
魯善汝 리善圭 오[illegible]
五십전 니근영 四十전
邊桂[illegible] 盧七[illegible] 리善化
各卄전 리元圭 黃正順
김지天 姜云서 리相于
국卄전 니相[illegible] 盧致默
任成손 김龍學 각十錢
▲獅洞
김京天 김명九 국一원
趙義京 리春三 趙高西
김致[illegible] 국五십각
▲上青羅洞
金[illegible]烈一원 成學인 邊應豪
김桂默 박영浩 김斗현
리金弼 [illegible]力 千周慶
各五십전 成守京 金益順
김인善 각兩十전 김稚三
오눈一 오눈지 국卄전
리문현 金桂[illegible] 成學道
박明三 오在석 국卄전
▲下青羅

[illegible]
김[illegible] [illegible]一원
최成[illegible] [illegible] 각[illegible]
오순明 [illegible] [illegible]십錢
洪汝鏡 安龍學 강辰[illegible]
각卄전 최河[illegible] 邊成云
김成談 복敏옥 각卄원
▲早栗洞
金友鼎 二십원 夫人리氏
七[illegible] [illegible] 각一원 김在[illegible]
二[illegible] 張子[illegible] 五拾錢
次子[illegible] 三[illegible]
金[illegible]一圓 [illegible] 六十錢
리京天 白[illegible] 각五十錢
張金學 리[illegible] 윤[illegible]
白윤옥 김[illegible] 문昌윤
최[illegible] [illegible] [illegible]
최윤복 [illegible] [illegible]
오[illegible]必 김稚正 각卄전
[illegible] 秋必九
金영[illegible] 朴元영 윤경순
徐光복 윤子善 오인순
국卄전 니圭黃 니[illegible]
니명恪 국십전
▲孤山
복承준二圓 楊大聖 張致安
陶稚善 金元甫 金益祗
강文汝 김원益
各四拾면 韓用得 김勝道
각一圓 池[illegible]宗 崔益培
국五拾면 車長默 三拾전
김명三 張稚康 康春報
김益[illegible] 오순汝 池致영
국卄전 김京三 池楊三
張致顧 梁錫在 조明天
오元[illegible] 국拾錢
▲白樂村
林萬葉三圓 趙炳益 오知玄
국一圓 김學[illegible] 六十전
趙京云 崔元永 郭在能
복根種 민元明 송相燁
각五拾錢 오齊根 四十전

[illegible]
△鐵峴
韓成汝 林장彦 張智守
각一圓 김洪善 리[illegible]元
각六拾전 林[illegible] 욕[illegible]
오始默 김稚[illegible] 各五十錢
김俊栄 四拾전 [illegible]창一
[illegible]一 高七[illegible] 국卄전
林옥[illegible] 김[illegible] 리共一
趙경석 金益[illegible] 오석인
옥인坤 문學秀 金一[illegible]
申[illegible] 安命산 成[illegible]
오형根 각卄錢 림[illegible]
張永[illegible] 김정곤 리[illegible]
申士善 국十錢
▲大東[illegible]
오仁煥一圓 許[illegible] 六十전
金윤明 김益在 오完玉
류益甫 국卄錢 金[illegible]
劉石建 국卄전 유石[illegible]
▲倉村

[illegible]

發行所
發行兼編輯人 英國人 裴說
[illegible]署石井[illegible]外[illegible]
大韓每日申報社

大韓每日申報

第五卷

月曜及慶節
歲時日休刊

檀君開國四千二百四十年
箕子元年三千二十九年
大韓開國五百十六年
日本明治四十年
淸國光緖三十三年
陰曆丁未七月大十三日壬寅

論說

吾人의力이他國援助에不在ᄒᆞ고吾人의게自在홈을信홀것이라

鐘峴聖教堂의京鄉新聞論說譯載홈

吾國人의茶飯恒言이他國의援助를得ᄒᆞ면生存홀것이오他國의援助를不得ᄒᆞ면生存홀슈업다ᄒᆞᄂᆞᆫ것이無用之言이라我의獨立을爲ᄒᆞ야戰爭ᄒᆞᆫ邦國이無ᄒᆞᆫ것은去番에分明히證驗ᄒᆞ엿스니再言을不俟ᄒᆞ려니와他國이援助를不爲ᄒᆞᄂᆞᆫ것이吾國에利害相關이되ᄂᆞᆫ것을思想홀지라外樣으로만觀ᄒᆞ면참害로은듯ᄒᆞ나甚深히深思ᄒᆞ면害로은것이아니라反히利홈듯ᄒᆞ도다想覺ᄒᆞᆫ건대吾의獨立이업서지ᄂᆞᆫ것만害로은것이아니라獨立을하며保存ᄒᆞ기爲ᄒᆞ여우리의要緊ᄒᆞᆫ力을입사ᄒᆞᄂᆞᆫ것이第一害로은것이니假令幾許間에獨立을ᄒᆞ다가自力이不足ᄒᆞ야保存치못ᄒᆞᄂᆞᆫ地境이면國事아조改良치못ᄒᆞ게되리니然故로他國의援助를得ᄒᆞ면完全ᄒᆞᆫ獨立을得홀ᄂᆞᆫ지想覺홀것이오吾國의自力이弱ᄒᆞ기爲ᄒᆞ야他國의援助가有益홀ᄂᆞᆫ지想覺홀것이라

一은他國이我를援助ᄒᆞ야獨立을得ᄒᆞ게홀貌樣이兩件뿐이[illegible]政平和會[illegible]聚集ᄒᆞᆫ列國이大韓의獨立을[illegible]定ᄒᆞ다던지或何[illegible]ᄒᆞ야戰爭[illegible]이[illegible]ᄒᆞ기에和合ᄒᆞ기가大端히難從ᄒᆞ고萬一酌定이될지라도그酌定대로遵行치아니ᄒᆞᄂᆞᆫ國이有ᄒᆞ면其他諸國이抑制로遵行ᄒᆞ게홀슈無ᄒᆞ니然則戰爭이無케ᄒᆞ기爲ᄒᆞ야會同ᄒᆞᆫ平和會가反히戰爭이되게ᄒᆞᄂᆞᆫ것이라然則平和會에서ᄒᆞᄂᆞᆫ事가大端히큰關係되ᄂᆞᆫ것이아니오또何許强國이獨히我를援助ᄒᆞ면何如홀고古談에云ᄒᆞ되馬와鹿이相鬪ᄒᆞ게되얏ᄂᆞᆫ대馬가得勝ᄒᆞ기爲ᄒᆞ야向人乞援ᄒᆞ거날人이援助ᄒᆞ랴고其馬를乘ᄒᆞ고鹿을打하야勝ᄒᆞᆫ지라此로因ᄒᆞ야其人이其馬를아조乘홀것으로認ᄒᆞ고自己所有를合아使用홈과如히他國이我를援助ᄒᆞ면其援助ᄒᆞᆫ價値를出ᄒᆞ여야되ᄂᆞᆫ니此도我의獨立에甚히危殆ᄒᆞᆫ것이라然故로我의獨立을爲ᄒᆞ야他國이援助홈은完全ᄒᆞᆫ利를予홈이아니라

二ᄂᆞᆫ吾의自力을크게ᄒᆞ기爲홈인대他國의援助가有益지아닐뿐아니라反히甚害가될지니譬컨데嬰兒가行步를始作홀時에其母가兒孩의行步가難ᄒᆞ야힘ᄡᅳᄂᆞᆫ것을見ᄒᆞ고行步치못ᄒᆞ게ᄒᆞ야恒常其兒孩를負ᄒᆞ고만되니면此ᄂᆞᆫ其兒孩의게有益ᄒᆞ지못홀뿐더러其兒孩의脚力이不生하게ᄒᆞᄂᆞᆫ것인즉크게害롭게ᄒᆞᄂᆞᆫ것이라此와如히他國이我를援助하더라도我가恒常他人의게만依賴ᄒᆞ야自力을用치안코自力을顯出치아니ᄒᆞ리니此[illegible]ᄒᆞᆯ것이라

或이言ᄒᆞ되大韓人民이無力ᄒᆞ여至今ᄭᆞ지開化ᄒᆞ지못하얏스니未來에도力을엇지用ᄒᆞ며顯出ᄒᆞ리오答ᄒᆞ되至今我國이如此히悲慘한境遇에至ᄒᆞᆫ것은人民의力이不足하야된것이아니라다만開化를遲緩히生覺ᄒᆞᆫ緣故뿐이오遲緩ᄒᆞᆫ것도人民의志意가아니라七八十年前에西洋王教와鐸德들이我國에渡來ᄒᆞ얏슬時에我政府가我國의恢復됨이何에在ᄒᆞᆫ것을認ᄒᆞ얏더면其人들을殺戮지아니ᄒᆞ고其人들노因ᄒᆞ야西洋諸國과約條ᄒᆞ야참洞化하며保存ᄒᆞ얏슬것이로대國의門戶를不關ᄒᆞ고即今은抑制로關ᄒᆞ게되얏스니此ᄂᆞᆫ人民의所爲가아니며또大韓人民의精神과才調와心志를觀察ᄒᆞ면日本과ᄀᆞᆺ치開化홀力이無ᄒᆞ다ᄒᆞ지못홀것이오또力도有ᄒᆞ고力을顯出홀만도ᄒᆞ나其力을如何히用홀ᄂᆞᆫ지此後에言홀터이니即今에言홀것이아니오다만即今에言홀것은吾人의게自力이有ᄒᆞᆫ줄을急々히確信홀지라誰某든지吾國人은아무力도업다하거나吾人이암만力을用ᄒᆞ야도興起홀수업다ᄒᆞ거나獨히ᄂᆞᆫ弱ᄒᆞ야耐得지못ᄒᆞ다ᄒᆞᄂᆞᆫ者ᄂᆞᆫ斷定코우리京鄉新聞을覽치勿홀지어다吾人은吾人의力이吾人中에自在홈을堅確히信하노니伊前에ᄂᆞᆫ畏懼가太甚ᄒᆞ야恒常他人의게依賴가太甚ᄒᆞ며吾人의力을疑訝가太甚ᄒᆞ얏스나今後에ᄂᆞᆫ他人의게依賴홀슈가無ᄒᆞᆫ줄을認ᄒᆞ고吾의力을盡ᄒᆞ고吾의力을大ᄒᆞ게홀것이오然然히吾應ᄒᆞ고用力홀줄을不知ᄒᆞ며吾人의言을悟得지못ᄒᆞᄂᆞᆫ者ᄂᆞᆫ其內心이他人의奴隸될思想만存ᄒᆞᆫ者라這樣人은吾國을興起치못홀者니誰某던지如此極難ᄒᆞᆫ境遇에ᄂᆞᆫ吾國의有益ᄒᆞᆫ것을思想ᄒᆞ고國家를爲ᄒᆞ야用力홀志意가有ᄒᆞᆫ者ᄂᆞᆫ吾人의心과吾人의言과ᄀᆞᆺ치合ᄒᆞ게ᄒᆞ야吾國의病痛을識破ᄒᆞ기로用力ᄒᆞ며適當ᄒᆞᆫ藥料를預備ᄒᆞ기로用力ᄒᆞ면아무疑心업시吾國에病을醫治ᄒᆞ리라ᄒᆞ노라

官報

●號外 隆熙元年八月十九日

宮廷錄事

詔日今承
太皇帝下教矣라
太皇帝御服裝規側을議定以入ᄒᆞ라

●第三千八百四十九號 隆熙元年八月二十日

◎宮廷錄事

掌禮院卿申箕善辭職疏

批旨省疏具悉方玆典禮務殷病未暇詳又豈可言去卿其勿辭行公

死罪臣李[illegible]錫榮懇祈許疏

批旨省疏具悉旣諭於前奏該之矣卿之逈心無他朕旣洞悉向來獄招自歸虛揑何足多辯卿其安心勿煩

敍任及辭令

任京畿觀察道主事 橫山藤三郎 不田俱集 岩倉一

任忠淸北道觀察道主事 岩谷武市 高木國則

任忠淸南道觀察道主事 橫山宜雄 岡崎進

市原 蕃 中尾寫義 吉山文一郞

任全羅北道觀察道主事 阪本直一郞 交野忠雄

任全羅南道觀察道主事 今井延太郞 佐藤信好 五十嵐[illegible]

任慶尙南道觀察道主事 相良安道 犬崎 茂

任黃海道觀察道主事 山內忠市

任平安北道觀察道主事 加藤淸次 山名知恒 今북島善次

任咸鏡南道觀察道主事 市川 明 岩本善文 山口三次

任咸鏡北道觀察道主事

平安北道觀察道主事吉[illegible]

依願免本官

會寧郡主事리[illegible] 三和府主事安[illegible]

免本官

修學院長李[illegible]

任[illegible]

前[illegible]長[illegible]

任表勳院書記官

內部警務局長權鳳洙

解臨時帝室有及國有財産調査局委員

內部地方局長[illegible]

命臨時帝室有及國有財産調査局委員

外報

●淸廷對擂 北京電을據ᄒᆞᆫ則近者에淸國政府의非常히錯亂ᄒᆞᆫ대諸人이安心치못ᄒᆞ야軍機大臣鹿傳霖은歸鄉홈을奏ᄒᆞ고瞿鴻禨岑春煊은不平心을懷ᄒᆞ고林紹年도亦辭職홀意가有ᄒᆞ다더라

●內閣去變 同電을據ᄒᆞᆫ즉慶親王은退隱ᄒᆞ고醇親王總理요張之洞袁世凱兩人은副總理를任ᄒᆞᆫ다더라

●革命黨의戒嚴 同電을據ᄒᆞᆫ則袁總督이兩廣湖南兩總督과山東江蘇兩巡撫의게電報하되孫逸仙等의革命派가江浙寶者의一派와聯合ᄒᆞ야淸國南北의셔一時에冒險下陸ᄒᆞ랴ᄒᆞ고陸軍兵勇과夫役兵勇을誘引ᄒᆞ야其革命運動에加盟케ᄒᆞ랴ᄒᆞ니各地方官의게此意로訓飭戒嚴ᄒᆞ라ᄒᆞ얏더라

●江蘇不穩 同電을據ᄒᆞᆫ則江蘇省의通[illegible]方이不穩[illegible]로蔣州巡[illegible]賦山縣[illegible]을詐求ᄒᆞ얏[illegible]

●滿鐵陰期[illegible]ᄒᆞᆫ則滿俗[illegible]輸를下ᄒᆞ야[illegible]源되ᄂᆞᆫ[illegible]ᄒᆞ얏더라

●土民擊退 [illegible]가사푸랑가ᄂᆞᆫ[illegible]日朝에土民이[illegible]擊退가되얏더라

●六週日降雨 [illegible]間에度페支스地方에ᄂᆞᆫ未[illegible]ᄒᆞᆫ大降雨가有ᄒᆞ얏ᄂᆞᆫ되[illegible]을續降ᄒᆞ야今日ᄭᆞ지[illegible]千二百六十七哩에達ᄒᆞ지[illegible]作物과其他財産의損害가[illegible]고大洪水가起ᄒᆞ얏다더라

雜報

●리스移配 [illegible]州로流配ᄒᆞᆫ[illegible]世직씨가[illegible]로移配ᄒᆞ기로[illegible]部大臣趙重應氏가上奏裁可[illegible]얏다더라

●講師請聘 漢城裁判所[illegible]異東作氏가[illegible]所教[illegible]대徵兵義務에서講師로請[illegible]스니一週間一時식講義[illegible]깃다고法部에請願ᄒᆞ얏더[illegible]

●伯爵徵選 一進會副會長[illegible]行셜氏가商業會議所會頭[illegible]選ᄒᆞ얏다더라

●赤痢流行 仁川[illegible]人居[illegible]內에셔[illegible]病者[illegible]由ᄒᆞ야赤痢[illegible]이流行ᄒᆞᄂᆞᆫ대日人十五六名이나死境에擬ᄒᆞ얏다더라

●[illegible]延期 陸軍幼年學校에셔本月二十一日로開學ᄒᆞ다더니虎疫이[illegible]ᄒᆞ야[illegible]로二週間을延期ᄒᆞ얏더라

[illegible]義捐[illegible]（續）

◎春川北內二作面松岩下里
柳 혁 리思範 리思孔
각一원 柳 연 五拾전
柳麟희卅錢 류彰秀 柳鎰秀
리寅昇 柳漢根 리介川
최再立 리通津 복晉釗
南敬희 각廿전 리正夏
四拾錢 황基益 五拾전
慶 鍵 黃鶴鎭 鄭樂賢
최淳烈 각廿전 黃영창
成爵永 각拾錢 黃啓鎭卅전
박晉來 六拾錢 리桂秀
리思龍 尹鼎植 김春吉
각廿전 정洛永 朴德植
복鴻淳 박宗周 윤文植
리雲用 각拾전 黃鍾根
五十전 리思弼 四拾전
리容圭 三拾錢 成樂元
柳興丞 柳興守 柳興착
리思勳 박 渤 洪義淳
黃경鎭 류萬역 南宮鎭
임浩錫 리來봉 慶泳浩
김光錫 全學돌 박喜龜
각廿전 박命周 十錢
柳元集 최[illegible] 黃여기
각三拾錢 박喜陸 三拾전
리承道 一圜五拾錢
合拾七圜六拾전

◎開慶郡松面中里
參奉리正載 拾圜 弟리肯載
七원 主事리鍾益 三원
申憲模 弟申[illegible]模 각卅錢
鄭文煥拾錢 委員박時煥三圜
五衛將김東植 仝 박明淳
各五拾錢 通政김 혁 卅전
農民김學見 卅錢 김六福
孫永蘇 리在祿 鄭允培
김光植 安문옥 鄭有實
리興云 宋才道 최德奎
南宮士元 김有福 김千吉

박기龍 각卅전 全英傑
卄五錢 최敬道 祖百萬
리在寬 최英鎭 정萬雄
복洛元 리俊榮 全順用
김俊植 각拾錢 김永培
김允成 孫永祿 朴龍金
黃희順 김春根 林點崇
김旺伯 리鳳근 朴哲祿
朴日甲 최貴龍 김石哲
박萬興 黃守奉 徐聖근
宋致東 각拾전 林元興卄전
合三십一圜○五전

◎리川郡院上里耶蘇敎人等
梁鳳翔 최學奎 김光沃
梁鎭基 梁來열 최학鳳
각一원 박達用拾錢 김恩祥
五十전 梁鎭贊 五圜
리영能 리明濟 각卄전
合金二圜內送替料拾전除
實合十一圜九拾전

◎抱川淸凉面左議里
任憲宰 니德韶 각卅전
車忠植 최弘錫 車興植
김容夏 南宮在 車聖元
각廿錢 曹相弼 리圭觀
니圭榮 리鍾學 任庠鎬
任漢宰 任正鎬 車正得
김容殷 南宮우 니基慈
리基一 車奎成 趙희元
趙희憲 김台洙 조희範
김榮洙 조희鎭 김明洙
김敏洙 車正得 趙八복
宋敬淳 洪大圖 조始淑
趙희春 김起洙 趙怡淑
金士哲 김金明 車玉伊
趙叡植 김在興 니啓淳
姜麟봉 리石寬 車聖寬
車白斤卜 최順吉 니興石
최今山 각拾전
合六圜

◎義州府水鎭面龍門洞
김陽興 니成信 김鳳儀
朴仁俊 최光福 黃千年 一[illegible]

윤錫賢 김元昇 각一圜
박宗厚三圜 니承寅 洪應연
각五십전 김宗彦 김國士
김致寬 元承祚 최基錫
白文燦 安永道 김思祥
리允興 김時亨 金來奉
各五십錢 김윤根 九拾錢
최윤亨 四拾錢 梁基秀
韓基觀 김영옥 각拾錢
元기平 김時潤 張乙善
文致俊 김時旭 김[illegible]明
최希창 김正和 洪基貞
김時준 라윤휴 劉桂信
權丙坤 朴允得 張연表
元[illegible] 김志옥 張[illegible]坤
文錫윤 김[illegible] 김[illegible]
각卅錢 [illegible] 니[illegible]珍
림曾緣 張元坤 니得元
최得規 김二奎 [illegible]
최德坤 림鳳[illegible] [illegible]
각廿錢
合二拾七圜六十전

◎殷寧上柳面중김栗[illegible]等二同
二百九拾二圜六拾四錢
▲光州邑齋港 黃恩濟 二圜
合二百九拾四圜六拾四전

◎珍山郡內面外校村
陳천升 黃春吉 裴元三
각五拾錢 리明心 니聖心
洪元七 김경九 각拾전
黃裕元 黃元必 各拾전
合二圜五拾전

◎[illegible]尙州化北面長湖
김鎭봉 全台鎭 각五拾錢
朴창來 리觀成 김夫容
各卄錢 姜裕泰 김大成
김敎賢 각卅錢 최應浩拾錢
合二圜六拾전

◎[illegible]川郡城내入
김用範一圜五십錢 김[illegible]海
니炳鎭 김雲祥 張六彬
오成贊 리承洛 윤창옥
安成奎 崔金先 金承문

金成鉉 張[illegible]찬 김[illegible]洽
김承有 명錫潞 최선원
김承奎 각一圜 김日與
김相雲 리奉원 량益濟
우창德 리桂尙 니형三
원錫道 김泰鉉 金志潤
리敏彦 최孝원 리奉熏
安연洙 오基奉 오得道
각萬基 최天都 金基洽
金用健 韓奉瑞 김允奉
리承洽 咸錫濟 鄭鍾淡
張金潞 최수俊 鄭致學
咸順承 리奉璋 김石奉
김[illegible] 리[illegible] 각五십錢
김[illegible]秀 양千枝 金升鉉
[illegible]秀 니[illegible] [illegible]
각卅錢 [illegible] 한應[illegible]
[illegible] [illegible] 姜大石
[illegible] [illegible] [illegible]
[illegible] [illegible] 김[illegible]仲
[illegible] 각卄錢 리學濟
宋敬[illegible] 張宅[illegible] 각拾단
金東才 五錢

夫人列名
池石신 박신榮 리愛道
高윤誠 金泰治祖母金시
安世雄母親박시
金[illegible]母金시
宋덕誠 리奉道 韓敬신
林순신 金美道 朴愛主
洪石선 리金道 김선學
각五십전 강泰신 김신[illegible]
獨孤실 박愛신 林문[illegible]
任善道 조金[illegible] 최신道
리化京夫人오시
김升[illegible]母[illegible]시
金영[illegible]母親박시 각卅錢
리[illegible]和母親
[illegible]夫人김氏 姜신건
김[illegible]德 각卅전 리泰和夫人
池[illegible]母 리恩신 각十전
合五십一圜九拾五錢

◎全北珍山郡北面[illegible]
鄭[illegible] 鄭昊[illegible]拾錢
鄭時權 二拾전 全成奎
二拾전 당[illegible]權 二拾전

당允權 三十전 吉 면
二十전 白樂哲 三十전
김仲權 二拾錢 趙炳燕
壹圜 김容德二十錢 琴聖元
拾단 당致植三십전 당弘植
拾전 당泰植五錢 당容弼
五錢 金順福 五전 당容琪
拾전 吳士連십錢 리千鳳
五十전 高成三십전 白南龜
五十전 당容六십전 리智鎬
십전 吳士局 五전 당毅權
십錢

◎南面鶴坪
車東明 五十[illegible] 김[illegible]德십전
김鎭[illegible] 十전 김志[illegible]卄錢
김永彬 拾전 김[illegible]卄전
김[illegible] 拾錢 김[illegible]십전
車炳[illegible] 拾전 박[illegible]五전
陳用學 拾전 朴[illegible]十전
車炳[illegible] 拾전
合八圜十五錢

◎竹山西一面栗峴洞
리承榮 前五衛將金[illegible]
김若濟 각一圜 리建선
[illegible]
[illegible]拾전
리[illegible]斗 유慶道 리道能
[illegible] 朴일煥 리[illegible]
리萬植 陳明德 김命[illegible]
리元文 洪永千 朴景문
리[illegible]南 리[illegible] 朱元[illegible]
김裕선 金與西 車永連
리榮[illegible] 리正云 리光西
림石보 각十전

▲長[illegible]
前五衛將리榮鎭二圜 리元[illegible]
二十錢 朴觀元 김연球
安致明 安敬汝 리元西
리元[illegible] 各拾錢
合十圜八十錢

◎龍頭里
尹容[illegible] 前出身金炳煥
각一圜 前監察安斗옥

김영순 량允문 各卅錢
리德汝 四拾전 金敬西
安德日 鄭德원 各[illegible]
박浩俊 김원[illegible] 오[illegible]默
姜敬윤 각십전
合四圜卅전

◎上冷洞
鄭一善 정德[illegible] 각卄전
俞錫원 卄六錢 俞錫明
박德一 池雲植 吳哲[illegible]
권利常 白南憲 김敬來
량[illegible]成 각拾錢
合一圜四拾六錢

◎排[illegible]
通政[illegible]
[illegible] 각卄전
[illegible]
合二圜[illegible]

◎[illegible]
김[illegible] 栗[illegible]
리洪[illegible] 리[illegible] 각[illegible]
[illegible]
合一圜[illegible]

總合[illegible]七[illegible]四圜[illegible]
日文[illegible]總合二百[illegible]
二[illegible]七錢[illegible]
[illegible]號[illegible]合五萬一千七百二拾六
[illegible]六십六[illegible]七厘
都[illegible]合[illegible]萬二千四百[illegible]八[illegible]
四[illegible]三錢九厘

國債報償[illegible]日[illegible]所[illegible]
이고[illegible]前日에[illegible]總[illegible]
千八百兩拾一圜八拾[illegible]
[illegible]銀行에貯置[illegible]
其貯置額中
三萬三千三百圜은國債報償
國金總合所로移交홈

本所와本社로國[illegible]
償義捐諸氏에게[illegible]上
니設此義務以後로氏名과
成冊이遲延故로漢文報
에不得盡佈ᄒᆞ야本報國文
報一篇에幾金과氏名을通
續揭載ᄒᆞ오니從今으로國文
報을請求多覽ᄒᆞ시오漢文報
와同一ᄒᆞ오니照亮ᄒᆞᆷ
國債報償志願金總合所 [illegible] 白
大韓每日申報社 [illegible]

支社
[illegible]
宮川邑[illegible]
義州西門外[illegible]
釜山港[illegible]
三和港[illegible]
[illegible]
[illegible]學校
大邱市[illegible]
[illegible]
[illegible]
元山[illegible]
安州[illegible]內書館
淸州南門外[illegible]
[illegible]川邑
光州[illegible]門
[illegible]城[illegible]校[illegible]
[illegible]山[illegible]
安岳[illegible]
[illegible]川[illegible]
大韓每日申報社
發行所
發行兼編輯人 英國人 裵說
京城[illegible]石井洞[illegible]
大韓每日申報社 印刷

第五卷

大韓每日申報

第[illegible]號

月曜及慶節
歲時日休刊

檀君開國四千二百四十年
箕子元年三千二十九年
大韓開國五百十六年
日本明治四十年
淸國光緖三十三年
陰曆丁未七月大十四日癸卯

論說

◉日本及韓國

不仁ᄒᆞᆫ同化ᄅᆞᆯ世界가注目ᄒᆞᄂᆞᆫ도다

最近來到ᄒᆞᆫ桑港크로늬클新報의記述이如左ᄒᆞ도다

韓日兩國人의德行은此例表ᄂᆞᆫ姑舍ᄒᆞ고著出ᄒᆞ엿스나韓人의巧能이日人만不如ᄒᆞᆫ거슨確然ᄒᆞ고韓國政府가地球上에最甚不美ᄒᆞᆫ거신즁도亦無疑로다然而我合衆國이韓人의性質과及其政府의形態ᄅᆞᆯ詳히知悉ᄒᆞ고一千八百八十三年六月四日에與韓政府로締結條約ᄒᆞ야該約이尙今有效力인바其盟款이如左ᄒᆞ엿도다

若他列强이締約ᄒᆞᆫ兩國中에一政府ᄅᆞᆯ對ᄒᆞ야不公或輕侮히待遇ᄒᆞᆫ면他一政府ᄂᆞᆫ此ᄅᆞᆯ聞知ᄒᆞᄂᆞᆫ더로[illegible]協[illegible]ᄒᆞ야[illegible]得ᄒᆞ기에[illegible]ᄒᆞ야如此히兩國의[illegible]ᄅᆞᆯ表示喜事

此條約이兩國政府에서外交代表者ᄅᆞᆯ互相[illegible]備ᄒᆞ엿도다[illegible]條ᄅᆞᆯ韓國에駐人ᄒᆞ야[illegible]運을即其時로[illegible]管[illegible]거슨一般[illegible]知ᄂᆞ[illegible]가有[illegible]인[illegible]行動이라韓國政府가[illegible]官憲의用力[illegible]權限을帶함으로此[illegible]ᄒᆞᆫ거슨旣知ᄒᆞᆫ바여[illegible]未有ᄒᆞ엿고韓國 皇帝의[illegible]

許가强迫에서出ᄒᆞᆫ거슬吾人이非不知悉이어마ᄂᆞᆫ[illegible]默從ᄒᆞ야我國과交代表ᄅᆞᆯ召還ᄒᆞ엿도다吾人所見에ᄂᆞᆫ[illegible]이韓人의게[illegible]所有보다良好ᄒᆞᆫ政府ᄅᆞᆯ[illegible]ᄂᆞ韓人所見은此에不近ᄒᆞ지니由是言之컨[illegible]我政府가韓國政府ᄅᆞᆯ[illegible]認ᄒᆞ야[illegible]定ᄒᆞᆫ履行[illegible]務ᄅᆞᆯ[illegible]ᄒᆞ야我之國民信用을破[illegible]다

何如[illegible]當行義務[illegible]拒[illegible]韓國 皇帝[illegible]

[illegible]

◉第三千八百五十號
隆熙元年八月二十一日

◉宮廷錄事

宮內府大臣陸軍副將勳一等臣李允用謹
奏承製君[illegible]

敍任及辭令

[illegible]

勅令

[illegible]

[illegible]

雜報

●閣議諸件 再昨日下午二時에總理大臣以下各部大臣이內閣에會同ᄒᆞ야宮中에理髮所設置ᄒᆞᆫ와各部書記等을書記郞으로變稱ᄒᆞᆯ事와 尊奉都監에緊急事項處理件을提議ᄒᆞ얏다더라

●三次陛見 再昨日下午五時頃에總理大臣李完用宮內府大臣리允用씨가 陛見ᄒᆞ고同七時에退出ᄒᆞ얏다가有何 上奏ᄒᆞᆯ事인지宮大리윤用시ᄂᆞᆫ第三次 陛見ᄒᆞ얏다더라

●紀念造成 皇帝即位ᄒᆞ신後文武百官의게頒賜ᄒᆞᆯ紀念章을表勳院에서製造치아니ᄒᆞ고印刷局에서日人이造成ᄒᆞᆫ다더라

●軍大上奏 再昨日上午拾時에軍部大臣李秉武시ᄂᆞᆫ有何事件인지長谷川大將을訪問ᄒᆞ고即時詣闕 陛見ᄒᆞ얏ᄂᆞᆫ디地方에不穩ᄒᆞᆫ情狀에對ᄒᆞ야鎭壓ᄒᆞᆯ事를 上奏ᄒᆞᆷ이라더라

●內大憤激 前警務補佐官으로官吏敍任하라ᄂᆞᆫ警視總監報告에對ᄒᆞ야內部大臣이發言ᄒᆞ기를此等事件은官制도磨鍊치아니ᄒᆞ고敍任만ᄒᆞ라ᄂᆞᆫ것이大違格例라ᄒᆞ고憤激ᄒᆞᄂᆞᆫ中이라더라

●內訓留案 내部大臣任善准시가再昨日內閣에서提議ᄒᆞ기를現今地方人民이不穩ᄒᆞᆫ中에薙髮訓飭을발布ᄒᆞᄂᆞᆫ것시失當ᄒᆞᆫ지라ᄒᆞ야該訓令을姑爲留案ᄒᆞ얏다더라

●十五郡守 再昨日內部에서郡守奏本을 上奏ᄒᆞ얏ᄂᆞᆫ대白川[illegible]寅基海州韓炯履草溪金承源金化趙範夏禮安鄭象煥綾州[illegible]象鎬[illegible]仁洪範植鬱[illegible]沈能益鐵原金彰鉉固城兪肇淳楊口趙완九영平박義陽甄律郞蔡應河京리承과安遜兵達泳諸氏더라

●三士編輯 學部學政參與官三土忠造氏를編輯局編輯員으로補囑ᄒᆞ기로該部에서統監府의同意를經ᄒᆞ얏다더라

●兩氏被任 盧伯麟氏ᄂᆞᆫ武官學校長을被任ᄒᆞ고趙性根씨ᄂᆞᆫ軍務局長을被任ᄒᆞ얏다더라

●日人七名叙任 警視總監丸山重俊시가내部大臣에게報告ᄒᆞ되補佐官中에四王天數馬ᄂᆞᆫ監獄署長으로其他桐原逢吉岩井警太郞等七人은警視로叙任하라하얏다더라

●江參免官 江原道參書官丁元섭氏ᄂᆞᆫ免本官이되얏더라

●五人脫漏 今番郡守奏本草를統監府에서履歷을調査ᄒᆞᆫ즉已爲揭載어니와其漏閱ᄒᆞᆷ을據ᄒᆞᆫ則二십窠中에五人은履歷이無ᄒᆞ다하야脫漏하얏다더라

●五守請願 龍潭郡守徐相準珍島郡守李秉化韓山郡守金基潤慈仁郡守金榮淑四氏가內部에辭職請願ᄒᆞ얏고朔寧郡守崔泓俊氏ᄂᆞᆫ再次辭職請願ᄒᆞ얏더라

●再次請願 平理院判事兪鶴柱시ᄂᆞᆫ再次辭職請願ᄒᆞ얏ᄂᆞᆫ디撥以情實에斷不可視務라ᄒᆞ얏다더라

●兩局仍存 軍部官制을改正ᄒᆞ야參領십六人은八人으로副領四人은一人으로主事三拾二人은十三人으로減額ᄒᆞ고局課를廢止ᄒᆞ야但軍務局經理局만仍存ᄒᆞᆫ다더라

●郡守幸免 江原道觀察使黃鐵氏가內部로報告ᄒᆞ되義兵等이現今占據于平昌麟蹄兩郡而平昌郡取扱所日人二名은被害ᄒᆞ엿고該兩郡守ᄂᆞᆫ幸免避身ᄒᆞ야現到觀察道라ᄒᆞ얏더라

●提議無效 日昨中樞院에서四疊改定件等諸議案을可決ᄒᆞᆫ事ᄂᆞᆫ昨報已揭ᄒᆞ얏거니와當日開議時에贊議김晥秀씨가一議案을提出ᄒᆞ되現今地方에서義兵이니暴徒니處々蜂起ᄒᆞ야人民이魚肉이될貌樣이니鎭壓ᄒᆞᆯ方針을講究ᄒᆞᄂᆞᆫ거시急先務오諸議案은時急之務가아니라ᄒᆞ고一場說明ᄒᆞ되議長以下가一無應答ᄒᆞᆫ故로金氏之발論이竟歸無効ᄒᆞ얏다더라

●一不往參 軍部大臣李秉武氏의舍第가公州郡에자ᄒᆞᆫ디십餘日前에該씨大夫人의生辰宴을設ᄒᆞ고附近某々諸씨을請邀ᄒᆞ얏ᄂᆞᆫ디諸氏들이發論ᄒᆞ되現今軍部大臣家宴席에往參ᄒᆞᄂᆞᆫ거시道理가아니라ᄒᆞ고一不進參ᄒᆞ얏다더라

●銀行條例 度支部에서各銀行條例를改正ᄒᆞ야內閣에請議ᄒᆞ얏다더라

●固守照律 固城郡守채範錫시ᄂᆞᆫ民財를奪取ᄒᆞ다가暴動을惹起케ᄒᆞ엿다고該道裁判所에서役십五年에照律ᄒᆞ야法部로報告ᄒᆞ엿더라

●是何勸告 昨日警視廳警務課長리惠珪氏가내部文書課에前往ᄒᆞ야勿論某公문ᄒᆞ고各新聞探員의게出示치말나고勸告ᄒᆞ얏ᄂᆞᆫ대該씨가他部까지公文出視치못ᄒᆞ게ᄒᆞᄂᆞᆫ거시越權이라ᄂᆞᆫ說이籍籍하더라

●湖隊解散 全羅南北道에所在軍隊ᄂᆞᆫ幷無事解散ᄒᆞ얏다고光州觀察使가內部로電報ᄒᆞ얏더라

●欠逋調査 經理院에서각道收租官의欠逋를一々調査ᄒᆞ야平理院으로拿囚督捧ᄒᆞ고收租官은一體改遞ᄒᆞᆫ다더라

●楊郡義擾 楊根郡境內에砲軍等이作擾ᄒᆞᆫ다고該郡守경元談氏가內部로報告ᄒᆞ얏다더라

●義兵占校 淸州長命里故丞旨洪嘉裕ᄉ家에學校를設始ᄒᆞ야子弟를敎育ᄒᆞ더니日前에義兵數百名이來到ᄒᆞ야該家에占據ᄒᆞ고각處로通文을輪示ᄒᆞ되兄弟가有ᄒᆞᆫ人이어든一人式義所로來集ᄒᆞ라ᄒᆞ얏다더라

●暗婚可歎 早婚令頒布後近日에暗婚으로成禮ᄒᆞᄂᆞᆫ人이多數ᄒᆞᆫ디對ᄒᆞ야再昨日法部大臣趙重應씨가該部에仕進ᄒᆞ야言ᄒᆞ되禁婚令以後自卿宰로至閭巷家에夜婚을行ᄒᆞᆫ다ᄒᆞ니夜婚은即暗婚이요暗婚도律文이自在ᄒᆞᆫ뿐더러暗婚所生은私生子요私生子ᄂᆞᆫ姓도無ᄒᆞ니라ᄒᆞ고不遵法令을慨歎不已ᄒᆞ얏다더라

●三氏保放 警視廳에多日滯囚ᄒᆞ얏든박泳孝리道宰南廷哲三씨를昨日上午拾時에平理院에서保放ᄒᆞ야壽洞越便정두煥家에姑爲住接ᄒᆞᆫ다더라

●李氏勘處 陸軍參領李基豹氏ᄂᆞᆫ禁獄一箇月에處하기로軍部大臣이 上奏裁下ᄒᆞ얏다더라

●何故押上 高陽郡巡檢四人과使令三人이有何事件이던지日昨警視廳에押上ᄒᆞ얏다더라

●古佛參會 江原道觀察使黃鐵氏가農商工部博覽會物品을上送ᄒᆞ얏ᄂᆞᆫ대二千四百餘年된金佛이라더라

●法律何論 法律士에談話를據ᄒᆞᆫ즉官廳이無故히自己私邸에서印章을使用ᄒᆞ야三日을稍過ᄒᆞ면笞八十에處ᄒᆞᄂᆞᆫ律문이自在ᄒᆞᆫ즉今番宋農相으로論之ᄒᆞ면何律문이妥合ᄒᆞᆯᄂᆞᆫ지ᄒᆞ더라

●洪씨逃走 原州郡鎭衛隊參領洪祐馨시가解隊時에脫身上京ᄒᆞ얏더니軍部에서催送ᄒᆞ야該兵丁을曉諭解散케ᄒᆞ라ᄒᆞ얏더니該시가百爾思量ᄒᆞ야必死乃已故로中路에서逃走ᄒᆞ얏다더라

◉處處義兵

▲地方來信을據ᄒᆞᆫ즉十九日午前七時에坡州一山驛鐵道停車場을義兵數百名이來襲ᄒᆞ얏다ᄒᆞ고

▲寧越堤川方面에義兵六七百名이徘徊ᄒᆞᆫ다ᄒᆞ고

▲長湖院等地에電線을修理ᄒᆞ기爲ᄒᆞ야派遣ᄒᆞ얏던電信工夫二名이義兵의게被害ᄒᆞ얏고

▲拾四日麟蹄加里山으로부터郡邑一里에進入ᄒᆞᆫ義兵은廣灘에蜂起ᄒᆞ야士民과氣脈을相通ᄒᆞ고郡邑을襲擊ᄒᆞᆯ貌樣이有ᄒᆞ다ᄒᆞ야分派所日人이逃走ᄒᆞ얏다ᄒᆞ고

▲拾四日珍富에서義兵이集合ᄒᆞ야平창方面으로向ᄒᆞ얏고

▲蔚珍江陵間에通路가危險ᄒᆞᆫ情態가有하다ᄒᆞ야日人이郵便遞送은水路로連絡ᄒᆞᆫ다ᄒᆞ고

▲十五日楊根郡에서義兵百餘名이分派所와郵便所取扱所를襲擊ᄒᆞᄂᆞᆫ대日人은知機逃走ᄒᆞ고北方십里용門山에入據ᄒᆞ야檄문을傳布ᄒᆞ며徒黨을募集ᄒᆞ고取扱所를包圍ᄒᆞᆯ際에韓人遞傳夫一名을捕捉ᄒᆞ얏ᄂᆞᆫ대村民의哀訴를依하야殺戮을免ᄒᆞ고毆打放送ᄒᆞ얏고

▲洪川郡에서義兵이來襲ᄒᆞᆫ다ᄂᆞᆫ諜報를據ᄒᆞᆫ則十四日午後三時에武器를携帶ᄒᆞᆫ義兵七八十名이東西兩道로分ᄒᆞ야橫城方面으로過ᄒᆞ야該郡에到着ᄒᆞ야日人의家屋을破壞ᄒᆞ고午後八時頃에再襲ᄒᆞᆫ다揚言ᄒᆞᄂᆞᆫ故로日人이內三浦로逃走ᄒᆞ얏고

▲鎭川形勢ᄂᆞᆫ一刻에危險에至ᄒᆞᆷ으로日人이防備ᄒᆞᆫ다ᄒᆞ고家族等은拾九日午前五時에淸州로逃走ᄒᆞ얏고

▲麟蹄의兵은양口의兵과合勢ᄒᆞ야徒黨을聚集ᄒᆞᄂᆞᆫ대該地산砲手團匪來부ᄒᆞᄂᆞᆫ대形勢가益壯하얏고

▲利川附近에電柱數十本을斷絕ᄒᆞᆷ으로二十一日에日兵一中隊를急派ᄒᆞ야呂州附近경城間에連絡ᄒᆞᆯ計劃인디所經沿路廣州等地에서武器와彈藥을義兵의게掠奪ᄒᆞᆯ慮가有ᄒᆞ야大端히恐畏ᄒᆞᆫ다ᄒᆞ고

▲忠州로向ᄒᆞᄂᆞᆫ日人二名은叢兵의게被殺ᄒᆞ얏고副理事官의貨物約貳千圓을奪取ᄒᆞ얏고

▲十八日未明에義兵三十餘名이英陽郡住在警務分派所를襲擊ᄒᆞ얏ᄂᆞᆫ디巡檢의去就와損害ᄂᆞᆫ不明하다더라

▲秋燈琴話▼

▲美國某報에評論ᄒᆞ야韓國人民이無他可讚이나惟其忠愛ᄒᆞᄂᆞᆫ性質이有하다ᄒᆞ얏거날日人報筆에ᄂᆞᆫ韓人을無知野蠻으로指斥ᄒᆞ며甚者ᄂᆞᆫ日豚犬不如라ᄒᆞ니彼가以同洲同種으로凌蔑凌辱이無復餘地ᄒᆞ니其殘忍刻薄이엇지人道가有ᄒᆞ다ᄒᆞ리오

▲現今七賊大臣이向人大談曰世人이今日에ᄂᆞᆫ我輩를逆賊이라ᄒᆞ나他日에ᄂᆞᆫ忠臣이되리라ᄒᆞᆫ다니忠臣은何國忠臣고日本忠臣이되깃지

▲各港場市租界地稅와土地買賣에關ᄒᆞᆫ收入額을從前監理署에서句管ᄒᆞ다가日本理事廳에서管理ᄒᆞᄂᆞᆫ대統計表를錄送ᄒᆞ라고度支部에서內閣에照會ᄒᆞ얏다니近日日人이官職을佔奪ᄒᆞ고土地을占領ᄒᆞᄂᆞᆫ대租界內地稅句管은不啻例事로고

▲軍部所管武官學校와幼年學校와硏成學校ᄂᆞᆫ一處로附合한다ᄂᆞᆫ대其位置ᄂᆞᆫ武官學校로定ᄒᆞ고또司法制度를一層擴張ᄒᆞᆯ터인故로陸軍法院을仍置ᄒᆞᆯ必要가無ᄒᆞ야將次廢止ᄒᆞ고普通裁判所에合附ᄒᆞᆫ다ᄒᆞ니現今軍隊ᄂᆞᆫ已爲解散되얏ᄂᆞᆫ대長官養成所ᄂᆞᆫ一處로都聚ᄒᆞ니無卒之將을用之何處며陸軍法院을普通裁判所로合附ᄒᆞ니無軍之法을施之何處오此所謂無火之爐로고

▲近來各地方官의犯逋를一切蕩滅ᄒᆞᆫ다고度支部에서發論이有ᄒᆞᆷ으로犯逋ᄒᆞᆫ官吏中에辦納ᄒᆞ기로準備上京ᄒᆞ얏든人도觀望躊躇ᄒᆞᄂᆞᆫ故로度支部에서變慮ᄒᆞᆫ다니제발등을제가띡ᄂᆞᆫ게로고

▲度支部에서官制를多少間變更ᄒᆞᆫ다ᄂᆞᆫ더該部所管印刷局에製章課를增設ᄒᆞ야實施日부터表勳院을廢止ᄒᆞᆫ다ᄒᆞ니表勳院總裁ᄂᆞᆫ勳戚大臣에區處ᄌᆞ리가되엿더니一時에廢止가되면勳戚大臣이落莫ᄒᆞ깃고

▲地方각郡에遠近을隨ᄒᆞ야三百四十餘郡을合附ᄒᆞ야一百餘郡으로磨鍊ᄒᆞ라고將次內閣에서地方旅行에慣習ᄒᆞᆫ人을選擇ᄒᆞ야派送調査ᄒᆞᆫ다니合郡이實施되면現任郡守도秋風落葉이될거시니至今에도郡守를圖得ᄒᆞ야도金神을使用ᄒᆞᄂᆞᆫ者ᄂᆞᆫ철모르ᄂᆞᆫ子息이로고

▲會寧郡守가韓人이日本人의게賣買ᄒᆞᄂᆞᆫ土地에對ᄒᆞ야證明을拒絕ᄒᆞᄂᆞᆫ故로損害가多大ᄒᆞ다고昨日法部에서該道觀察使尹性普氏에게禁止ᄒᆞᆯ事로訓令ᄒᆞ엿다니韓國土地를日人의게沒數히賣渡ᄒᆞ면人民은何에居生ᄒᆞᆯᄂᆞᆫ지移民條例가自然히實施되깃고

▲韓人無賴輩가日人의探偵으로爲其生活ᄒᆞ야無辜ᄒᆞᆫ同胞를陰害中傷ᄒᆞ기로爲一能事ᄒᆞ니如彼之輩ᄂᆞᆫ實로世界萬國에未有ᄒᆞᆫ惡種이로고

雜報

◎代辦節次 學部에서該部內문書代理處辦에關ᄒᆞᆫ節次을規定ᄒᆞ얏ᄂᆞᆫᄃᆡ
大臣이事故가有ᄒᆞᆯ時에ᄂᆞᆫ次官이代決ᄒᆞ되重要ᄒᆞᆫ事件은此限에不在홈
一次官이事故가有ᄒᆞᆯ時에ᄂᆞᆫ學務局長이代理ᄒᆞ야大臣의게進達홈
一局長이事故가有ᄒᆞᆯ時에ᄂᆞᆫ上官이指定ᄒᆞᆫ課長이代理하야上官의게進達홈
一課長이事故가有ᄒᆞᆯ時에ᄂᆞᆫ上官이指定ᄒᆞᆫ課員이代理ᄒᆞ야上官의게進達홈
第二條代理處辦에문書ᄂᆞᆫ執行後에遲滯말고當該本官의閱覽에供홈이라ᄒᆞ얏더라

◎挾雜綻露 全北茂長居崔基洪과全羅靈光居박應文兩人은以挾雜業로使朴應文立保하고崔基洪處葉二千兩을債用이다가期限迫到에右젼을不日督促이거날兩人이暗生凶計ᄒᆞ야隣洞居ᄒᆞᄂᆞᆫ李殷天의所用이라ᄒᆞ고以李殷天姓名으로僞造手標ᄒᆞ야以給錢主가誤認李殷天所用ᄒᆞ고過限以給이거를崔박兩人이符同靈光巡檢하야捉去리殷天故로리殷天言內에吾不如許債用이라ᄒᆞ고告官ᄒᆞ니該本郡則郡守徐相璟氏가從便處辦之地에최朴兩人의挾雜이現露ᄒᆞ야박哥ᄂᆞᆫ逃走ᄒᆞ고崔哥ᄂᆞᆫ鍛考退去ᄒᆞ얏슨則리之無關於債用과최朴挾雜之罪ᄂᆞᆫ不辨明白이나리之還徵用錢ᄒᆞᆫ宜乎徵捉于崔朴이요以南巡檢으로亦爲捉北道之人이都是挾雜이니不可仍置라ᄒᆞ고리殷天이呼訴于平理院次로上京ᄒᆞ얏다ᄒᆞ더라

◎庄土之故 安邊郡石橋洞故崔[illegible]이가有子松默栢默ᄒᆞ니松默은有子應來ᄒᆞ고栢默은無子ᄒᆞ기遠族子應球로系后ᄒᆞ얏더니應球가生子亨爲良會ᄒᆞ고身故後其妻與二子가家貧亦立故로應來가其二兒를率育成娶ᄒᆞ야矜給家庄ᄒᆞ고ᄌᆞ居後亨爲妻洪氏가其夫의育恩을難報ᄒᆞ여應來喪에受服ᄒᆞ더니應來子鏞奭이가有孩子敏奎ᄒᆞ고昨冬에身故ᄒᆞᆫ즉長㑹의章奎가其八寸弟兒의庄土를奪食코ᄌᆞᄒᆞ여七寸叔鏞奭이가庶子이기吾母가前日受喪ᄒᆞ얏다고那道에呈訴落科ᄒᆞ고平理院前檢事박有觀을締結ᄒᆞ여本院에訟呈ᄒᆞ야該庄土를分半以給ᄒᆞ라고判決ᄒᆞᆫ다ᄂᆞᆫ說이有ᄒᆞ매被告敏奎母洪召史가號哭通路ᄒᆞᆫ다더라

廣告

人義捐金

……延安郡龍川面東門里
數一 三拾錢 金……
一圓四十전 리현鎔 리인……
李…德 林致淳 림……
리仲五 李應五 리致先
鄭…燮 각一圓 김學秀
…… 각六十錢 리在……
金…영 리…… 李德浩
…… 리学…… 金德成
…鶴 …… ……先
…… 각卄전 ……
…… 洪致… 리……
…… 金…… ……
…… 洪…三 金召史
…… 리…… 高士元
리…龍 劉文淑 김……
申…八 申致五 林致永
리…行 鄭…石 리윤북
…明 리永三 東文…
車太星 童…리太元
…… 리…先 신…文
…… 리仲三 趙…三
…면 리…… 리洛京
…… 리士元 各拾전
…… 四拾전 私…金…男
一拾전
合…圓
…… 七十전 金召史一圓
…律 오…… 曹문彬
…… 高…星 金…山
권…보 최…서 金…
申…보 최千年 洪元裕
金…云 朴…賢 金昌浩
…… 각卄전 宋文五卄錢
金… 一 拾전 未…卄전
合二拾八圓……
……和…… 一圓
文…… 拾…圓 김昌…
金…用 …… ……
…… 각五원 최承煥
…… 각三원 田有年一원

劉鼎錫 各一圓 김……
酒婆김召史 리召史
金千鋒 ……
車…… ……
리…… ……
김…… ……
리…… ……
리永八 ……
……學…… ……
각三圓 ……
…昌…… ……
리周鉉 각卄전 리召吏
김根成 각卄전 林…奎
박永祖 九歲…… 각一圓
十一歲김龍泉……각五拾전
김인奎 ……
리召史 오十전 ……
申承支 金…… 각一圓
리京旭拾전 김文赫 ……
各…圓 리…… 각十전
韓用弼 劉…… ……
各五拾錢 ……
각一圓 拾一…… ……
趙業極三원 ……
一圓五십錢 ……
基督學徒김…… ……
玄…… 申良均 ……
各卄전 리明…… ……
각十錢 玄…… 一圓 ……
김…… …… 각…
屈召史 三拾錢 宋……
三圓 오…… 리……
박召史 拾三歲…… 리…

合一百九拾六圓……

……
尼…合 김錦川 각십원 ……
坤命…… ……
孝宜 ……
洪…秀 ……
合一百四七십二錢
……城……龍岡…所
博士…… ……
各五…… ……
……

合…圓

……山…下…里
金…夏 김昌…
金…… 劉…… ……

……

……

3406

第五百九十一號

大韓每日申報

第五卷

月曜及慶節時日休刊

檀君開國四千二百四十年
箕子元年三千二十九年
大韓開國五百十六年
日本明治四十年
淸國光緒三十三年
陰曆丁未七月大十五日甲辰

別報

◎弔大韓自强會文　大呼生

嗚呼大運不齊六氣不調星辰蕩越雷雨滂騰青邱全幅淪滄苦海妖氛乖沴大肆其毒魑魅魍魎叫呈跳躍舉目山河慘無天日哀我同胞毒罹荼毒曾無一點生機戰々慄々罔不俱于非辜此吾韓四千年來未有之變局也世界萬國最甚劇烈之厄會也

于時一個法人取給精神團結團體以惻怛悲愛之心勵堅確不拔之志蓋々撑天柱而盤々[illegible]喚醒我人民之自由挽回我國家之獨立頭角漸嶄根基稍完以教育殖產等材料供給同胞培養元氣然立也天頭功效種果得果種豆獲々乎其日進亦屹々乎壁其特豆君功天助其齊萬年者非吾大韓自强會耶胡乃一朝遽至于斯耶

蓋此法人之命運卽吾大韓之命運豈不悲哉豈不痛哉噫彼猜吾自强之精神憚吾自强之名義終乃毁吾自强之全體必欲食之而甘心者非吾同種耶何其賦性之不良如彼其甚也雖然吾自强之屬體雖彼之毁手旣見其破壞而渙散矣至若自强之精神隱然貫徹于我同胞之腦髓者孰能以毁之者得以毁之

惟此法人之精神團結不解[illegible]上蒼冥冥下透重泉翱翔四海云爾[illegible]國或爲[illegible]之[illegible]或爲子房之鐵椎或爲荊卿之[illegible]或[illegible]思[illegible]之[illegible]或爲[illegible]之自由鐘聲々烈々伸我自主之人權復我獨立之國基者豈無機會之必至哉天道好還生理不息必不使吾無辜之法人終於滅絕而已也易曰尺蠖之屈以求伸也龍蛇之蟄以存身也惟我同胞欲使吾自强之命運如耶蘇救主之復活而顯其功德焉則在於自强之精神而不在於自强之驅殼也予所以對吾自强大呼以哭繼又向我同胞惓々而勉之者也

官報

◎第三千八百五十一號　隆熙元年八月二十二日

◎宮廷錄事

掌禮院卿臣申箕善謹奏太皇帝上號冊寶以陰曆八月旬前擇入事命下矣令日官金東杓推擇則八月初二日爲吉云以此日定行乎敢奏 奉旨依奏

冊封都監都提調臣李根命謹奏冊封都監[illegible]金尉以獻進官金寶篆文書寫官[illegible]寶篆文書寫官預差別單書入之意敢奏 奉旨依奏

冊封都監別單

金冊文製述官　弘文館大學士金鶴鎭
預差　掌禮院卿申箕善
寶篆官　從一品[illegible]
預差　宮內府特進官[illegible]
金寶篆文書寫官　完順君李載完
預差　侍從院卿閔丙奭

弘文館大學士김鶴鎭言事疏
批旨省疏具悉令內閣大臣原任議政掌禮卿詢問以入
景孝殿提調尹達榮辭職疏
批旨省疏具悉所請依施

◎敍任及辭令

軍器廠主事김秉述
江原道觀察道參書官丁元燮
主殿院庶務課長金相允
依願免本官
林川郡守최用珪
河東郡守리圭三
楊口郡守리昌錄
三陟郡守안기煥
안州郡守리圭瑢
北靑郡守洪祐元
安邊郡守리鍾林
永平郡守리敎承
綾州郡守[illegible]
白川郡守趙元奎
德安郡守[illegible]康準
[illegible]郡守[illegible]
金化郡守리昌夏
海州郡守呂仁설
吉州郡守沈赫之
結城郡守[illegible]
[illegible]郡守洪鵬[illegible]
杆城郡守[illegible]
鎭安郡守安[illegible]
草溪郡守리圭煥
[illegible]郡守尹연鉉
通川郡守김孝[illegible]
泰仁郡守宋[illegible]斌
度支部稅務主事趙象淳
仝　리[illegible]
依願免本官
任白川郡守　六品김[illegible]
度支部[illegible]
任[illegible]郡守
[illegible]

任草溪郡守　六品리範夏
任金化郡守　六品鄭象[illegible]
任禮安郡守　正三品閔象鉉
任綾州郡守　正三品洪範植
任泰仁郡守　沈能瑩
任鬱島郡守
陸軍幼年學校教官김彰鉉
任鐵原郡守
慶尙南道觀察道主事俞[illegible]淳
任固城郡守　六品趙완九
任楊口郡守　六品박[illegible]陽
任永平郡守　六品鄭[illegible]
任長津郡守　正三品리承斗
任河東郡守　正三品[illegible]泳
任安邊郡守　正三品金[illegible]
任學部書記官　金敎哲
任度支部書記郎　元貞常
六品趙[illegible]
任度支部稅務主事
侍衛步兵第一聯隊第一大隊正尉　趙우樹
步兵正尉　金在洽
仝　丁[illegible]
仝　羅[illegible]鎬
侍衛步兵第一聯隊第一大隊副尉　李[illegible]
步兵副尉　[illegible]
仝　[illegible]圭
仝　[illegible]
仝　白[illegible]
仝　白[illegible]
仝　張[illegible]
步兵參尉　吳[illegible]泳
仝　申[illegible]
仝　[illegible]泳
仝　吳[illegible]
仝　朴[illegible]
侍衛步兵第二聯隊第一大隊正尉　閔仲植
步兵正尉　黃台[illegible]
侍衛步兵第二聯隊第一大隊副尉　文[illegible]
步兵副尉　리在鐸
仝　리敎相
仝　金炳[illegible]
步兵參尉　[illegible]

右는該員等이俱是領兵之任으로部下之妄動을不能止戢은換以軍紀에不可仍置이옵기令陸軍法院照律懲辦홈이免本官　仝　[illegible]

外報

◎協約에警戒　北京電을據혼則慶親王은十七日露日協約全文을探呈혼바當日西太后는[illegible]臣을[illegible]호여日佛日露日協約은表面으로均히中國保全을名호나其目的은我强弱에依호야定호거시니我若臣은맛당히深々精을加호야韓國安南을鑑호라호고西太后는協約全文을閱에下호야慶親王과[illegible]으로議호야各々意見을奏호라호며又外務部는佛日協約에就호야佛日兩國에[illegible]照會호얏다라

◎[illegible]明　倫敦電을據혼則[illegible]國[illegible]쓰[illegible]가[illegible]底에[illegible]避身[illegible]明[illegible]器械[illegible]에[illegible]가[illegible]彼[illegible]하는[illegible]用[illegible]上衣를[illegible]

◎英皇詔勅　倫敦電을據혼則世界에셔[illegible]皇帝[illegible]領이第一多[illegible]皇帝께셔[illegible]에勸勵不息[illegible]多事[illegible]

◎日人被捉　[illegible]日本勞働者七十名이[illegible]行[illegible]

[illegible]

◎張[illegible]

◎偵探과[illegible]

[illegible]

雜報

◎防賊捐資　[illegible]超[illegible]

雜報

◎享祭除禮 典禮를規定ᄒᆞᄂᆞᆫ대 宗廟와 景孝殿과 懿孝殿에 大祭와 朔祭만設行ᄒᆞ고俗祭ᄂᆞᆫ廢止ᄒᆞᆫ다ᄂᆞᆫ說이有하더라

◎帶同 陛見 昨日下午二時에리載冕시와其子丕鎔시가詣闕 陛見ᄒᆞ얏다더라

◎新皇禮服 陰本月十九日大皇帝陛下께오셔卽祚堂에셔卽位禮式을行ᄒᆞ실時에ᄂᆞᆫ각差備官이服裝은高帽를着ᄒᆞ고行禮ᄒᆞ며卽位後에中和殿에權停例로陳賀行禮時에ᄂᆞᆫ韓國大禮服으로行禮ᄒᆞᆫ단說이有ᄒᆞ더라

◎內閣二論 近日內閣大臣이斷髮問題에對ᄒᆞ야議論이不一ᄒᆞ야農商大臣宋秉畯氏와法部大臣趙重應氏와軍部大臣리秉武三氏ᄂᆞᆫ斷髮後冠宕을廢止하고參謀子를一幷製着케ᄒᆞᄌᆞᄒᆞ고總理大臣리完用氏와內相任善準氏와學大리載崑氏와度大高永喜四氏ᄂᆞᆫ斷髮後冠宕은仍舊着之ᄒᆞ야人民의自由를勿奪ᄒᆞᄌᆞᄒᆞ야可否를未決中이라더라

◎統府同意 日昨內閣會議時에中樞院贊議리容成氏와幼年학校敎官白潤基氏의依免請議件을統監府에同意가有ᄒᆞ얏다더라

◎進恭預錄 宮內府에셔昨日에각部로電話ᄒᆞ되今番진賀時에奏判任官中에大禮服及厚祿高套가無ᄒᆞᆫ官員은進參ᄒᆞ기를不爲經營ᄒᆞ고其外에進參ᄒᆞᆯ官吏의數爻를斯速錄交ᄒᆞ라ᄒᆞ얏다더라

◎高守將免 高陽郡守박準설씨ᄂᆞᆫ何等不法行爲가有ᄒᆞᆫ던지경畿觀察使에報告를因ᄒᆞ야內部에서將次免官ᄒᆞᆫ다더라

◎但稱日人 大皇帝陛下卽位紀念證書을內外國官吏에게贈與ᄒᆞᆯ터인대日本人囑托官及參與官을大日本國人이라名稱ᄒᆞ고囑托及參與等字句ᄂᆞᆫ刪去ᄒᆞᆫ다더라

●調査月俸 帝室有及國有財産을調査ᄒᆞᆫ다홈은已爲揭載어니와調査期限은六個月노定ᄒᆞ고書記ᄂᆞᆫ文筆嫻熟ᄒᆞᆫ者로雇聘ᄒᆞᆫ다ᄂᆞᆫ대月俸은每朔二十圓式支給ᄒᆞᆫ다더라

◎閔氏更仕 학部학務課長閔健植氏가再次辭職請願ᄒᆞ얏더니該請願書를又爲封還되얏ᄂᆞᆫ대該氏가昨日븟터仕進視務ᄒᆞ얏다더라

●承寧府官吏 承寧府官吏를叙任ᄒᆞᆯ次로統監府에同意를請ᄒᆞ얏다ᄂᆞᆫ대總管은리載完시로副總管은朴齊斌시로侍從長은김宗漢시로侍從은丁適求趙重國리龍九尹起植四시로내定ᄒᆞ얏다더라

●韓氏向北 度支部翻譯官韓奎俊氏가今月二十六日에日本海關公事部官人某氏를帶同ᄒᆞ고脊陣等地로往ᄒᆞᆫ다더라

●美학士云任 美國에現在ᄒᆞᆫ리承晩氏가桑港大학校卒業을授ᄒᆞ얏ᄂᆞᆫ대將次大학士를被任ᄒᆞᆫ다ᄂᆞᆫ確報가有ᄒᆞ더라

◎餞別俵孫 昨日上午七時에京釜間行列車로學部次官俵孫一氏가歸國ᄒᆞᄂᆞᆫ되學部大臣리載崑氏와학部局長尹致오氏와各局과某々諸氏가南門外停車場에出往餞別ᄒᆞ얏다더라

●稅主留待 度支部에셔各地方稅務主事를派送ᄒᆞᄂᆞᆫ되期日이已過ᄒᆞ얏스되地方에騷擾를因緣하야尙未發程ᄒᆞᆫ人이多數ᄒᆞᆫ대度支大臣高永喜氏가該主事를調喩ᄒᆞ야日姑勿輕發ᄒᆞ고留待幾日ᄒᆞ야觀看動靜ᄒᆞ라ᄒᆞ얏다더라

◎必用食口 宮내府大臣리允用시가該府庶務課長김倘允시遞任ᄒᆞᆫ代에自己에緊客黃鎭國시로叙任ᄒᆞ고繼應文시로該府警務官을叙任ᄒᆞ얏ᄂᆞᆫ되該兩시ᄂᆞᆫ俱是目不識丁ᄒᆞ고外人을依賴ᄒᆞ야挾雜에無雙ᄒᆞ던人이라더라

●宣諭將送 각地方不穩ᄒᆞᆫ情景이近日入聞됨으로내閣에셔將次宣諭使를擇送ᄒᆞ야曉諭安堵케ᄒᆞᆫ다더라

◎何其多也 財政顧問目賀田氏가度支部로覽報ᄒᆞ고日本官吏中叙勳及恩賜金을受ᄒᆞᆫ者를錄送ᄒᆞ얏ᄂᆞᆫ되勳五等旭日章金二百圓鈴木務監査官과勳六等瑞寶章金二百二拾圓伊藤恒藏財務官과勳同金八拾圓藤川利三郞監査官과勳同平野與次事務官과勳同金一百圓不破直象事務官과勳同金一百二拾圓馬場영一監査官諸시더라

●租官亦一進 國有財産調査所에서各道收租官을一體改差ᄒᆞᆫ다ᄂᆞᆫ說은已爲報道어니와其改差ᄒᆞᄂᆞᆫ內容을得聞ᄒᆞᆫ즉新任收租官은一齊히一進會員으로任用ᄒᆞ야徵收租官의月俸外에多數利條ᄂᆞᆫ會中經費를補用ᄒᆞ기로調査委員장宋秉畯시가酌定홈이라더라

◎帳籍輸上 內部에셔黃海觀察使의게訓令ᄒᆞ되戶口를從實編籍事로上部訓飭이不啻申複이고收納期限이已經月餘이거ᄂᆞᆯ糊塗紊亂이至於此甚ᄒᆞ니極爲慨歎이라ᄒᆞᆸ니帳籍을不日輸上ᄒᆞ야無至大生梗케ᄒᆞ라ᄒᆞ얏더라

●有何罪目 박泳孝리道宰南廷哲三시를日前平理院에셔審査ᄒᆞᆯ時에朴泳孝시가裁判長에게對ᄒᆞ야發言하기를本人等의裁判 欵은何罪目으로受理ᄒᆞᄂᆞᆫ야ᄒᆞ얏다더라

●放釋詳議 陰六月拾日頒詔中六犯罪人外에情理可原者ᄂᆞᆫ一幷放釋ᄒᆞ라시ᄂᆞᆫ事로法部에셔平漢兩裁判所에可合放釋者를修正ᄒᆞ얏ᄂᆞᆫ되平理院에ᄂᆞᆫ已決未決並ᄒᆞ야四십六人이요漢城裁判所에ᄂᆞᆫ已決未決幷ᄒᆞ야四拾六人인대將次內閣에셔請議ᄒᆞᆫ다더라

◎三氏放送 法部에셔平理院에訓令ᄒᆞ되貴院審理被告朴泳孝리道宰南廷哲에處辨件을已爲裁下ᄒᆞ얏스니到卽該박泳孝리道宰南廷哲을笞八十에贖刑放送홈이可ᄒᆞ기로玆에訓令ᄒᆞ얏다더라

●參謀商兵 地方게不穩홈을鎭壓ᄒᆞ기爲ᄒᆞ야泥峴居留ᄒᆞᆫ商民을募集ᄒᆞᆫ다홈은已報어니와參謀官은韓國言語를嫻熟ᄒᆞᆫ者로選擇ᄒᆞ고月俸은每朔三百圓式을支給ᄒᆞ기로決定ᄒᆞ얏다더라

●金氏脫身 呂州郡義兵이該郡主事김錫培氏에게軍粮米一百石을辦出ᄒᆞ라홈으로金主事가不勝困苦ᄒᆞ야再昨日에脫身上京ᄒᆞ얏ᄂᆞᆫ되該郡情形이萬不成說이라더라

●海牙消息 海牙通信을據ᄒᆞᆫ즉去月二十四日에韓國派遣使리瑋종리相설兩氏가路透通信員의演述ᄒᆞᆫ說話가千餘言에至ᄒᆞ얏ᄂᆞᆫ대次號에揭載ᄒᆞ깃노라

●兩守被害說 麻田竹山兩郡守도義兵에게被害되얏다ᄂᆞᆫ說이有ᄒᆞ더라

●陽守被害說 陽智郡守沈宜赫시가義兵에게被害ᄒᆞ엿다ᄂᆞᆫ說이有ᄒᆞ더라

●三시慘酷 江華郡暴動을鎭壓次로派送ᄒᆞ얏던日本巡査一名이該郡民金秉洙시等十人을捕縛上京ᄒᆞ야다가中路에셔同三人을砲殺ᄒᆞ엿다더라

◎安氏講道 明日下午八時에尙동禮拜堂에셔安昌鎬氏가講道ᄒᆞᆫ다더라

●幻燈衛生 東大門內光武臺에셔每金曜日에衛生幻燈會를設行ᄒᆞᄂᆞᆫ事ᄂᆞᆫ前報와如ᄒᆞ거니와昨日에도設行ᄒᆞ고內部衛生課長閔元植氏가衛生에關ᄒᆞᆫ事를懇切히說明ᄒᆞ얏다더라

◎南방賊警 林川郡人의傳說을聞ᄒᆞᆫ則陰曆今月初二日에賊黨數十名이洋銃과環刀를各持ᄒᆞ고韓山北面無愁동에突入ᄒᆞ야該동居民에財産을沒數掠奪ᄒᆞ고午飯ᄭᆞ지勒討ᄒᆞᄂᆞᆫ대當日附近地에行路가阻絶ᄒᆞ얏다더라

◎試見眞僞 義兵이斷髮之人를逢着則問其斷髮理由ᄒᆞ야或학徒或兵丁이라ᄒᆞ면學習을試見하야所答과如ᄒᆞ면卽爲放送ᄒᆞ고若有假稱者면當場에打毆ᄒᆞᆫ다더라

◉義兵消息

▲八月八日原州來電을據하則厚州鎭衛隊ᄂᆞᆫ將校指揮下에在ᄒᆞ야兵丁約三名이排日的主義로該地에셔義兵三百餘名을募集ᄒᆞ야二隊로分ᄒᆞ야一枝兵은堤川方面으로向ᄒᆞ고一枝兵은橫城方面으로出發ᄒᆞ얏다ᄒᆞ고

▲橫城平昌等地에義兵이出沒ᄒᆞ야蹤跡이眩亂ᄒᆞ야日本軍隊로遭遇ᄒᆞᆫ情態가有ᄒᆞ고去拾五日末安中尉以下二十九名되ᄂᆞᆫ偵察隊ᄂᆞᆫ忠州原州等地로出行ᄒᆞ야同日午時에堤川에到着하야銃器를帶ᄒᆞᆫ義兵으로約四時頃을交戰ᄒᆞ다가同地로退走ᄒᆞ야拾七日午前九時에忠州로逃走ᄒᆞ니此戰場에ᄂᆞᆫ日兵死傷이多數ᄒᆞ엿다ᄒᆞ고

▲再昨日忠北觀察報告를據ᄒᆞᆫ즉二十二日에義兵八十名이淸風郡에來到ᄒᆞ야日兵及巡査有無를偵探ᄒᆞ고堤川으로向하얏고

▲堤川郡義兵은三千名에達ᄒᆞ얏ᄂᆞᆫ데鎭衛隊銃及獵銃이有ᄒᆞ고官兵은約一百六十名이라ᄒᆞ고

▲本月십九日正午에楊根等地로셔義兵約百餘名이砥平郡衙에突入ᄒᆞ야郡守金秉식이가日兵을率牛接對홈으로郡守를捕縛하야市街의砲殺ᄒᆞ얏고

▲三陟郡의셔數日前의兵丙십五名이該郡을襲擊ᄒᆞ야郡主事를捕縛ᄒᆞ고兵器彈藥을奪取ᄒᆞ고旌善面방으로向ᄒᆞ얏고

▲二십二日忠州電을據ᄒᆞᆫ則日巡査六名이同日午前九時의淸風郡衙의來到ᄒᆞ얏다가義兵의게襲擊을受하야逃走ᄒᆞ얏다ᄒᆞ고

▲二拾三日忠州電을據ᄒᆞᆫ則義兵四百名이突然히來襲하ᄂᆞᆫ데日兵이應戰하엿다더라

◉慶節休報

本日은大韓開國紀元節인故로慶祝ᄒᆞ기爲ᄒᆞ야一日休刊홈

▲秋水爲歌▼

▲近日七賊大臣이出入時엿日巡査와日憲兵이左右로擁護ᄒᆞ야威儀가宏壯ᄒᆞᆫ대宮內大臣리允用씨ᄂᆞᆫ協約以後에叙任ᄒᆞ얏스니戒嚴ᄒᆞᆯ事가無ᄒᆞᆯ터인데其出入威儀가各大臣과如ᄒᆞ니同氏ᄂᆞᆫ日人保護를좀혼時體로知ᄒᆞᄂᆞᆫ게로고

▲地方人民이一進會를疾之如讐ᄒᆞ야按劍相視ᄒᆞᄂᆞᆫ되십三道觀察과三百餘郡守令은一進會員으로만시켯스면地方騷擾가鎭壓이잘될걸

▲近日政府大臣이解散에急々注力ᄒᆞ야軍隊ᄂᆞᆫ解散ᄒᆞ엿[illegible]自强會를解散시켯스니이다음에ᄂᆞᆫ무엇슬解散시킬고二千萬生靈을解散ᄒᆞᆯ터이오畢竟은自己家族도解散되겟자

▲내部에셔각觀察使에게發訓ᄒᆞ되不[illegible]管下大小[illegible]歷[illegible]進修正ᄒᆞ야起[illegible]正三品으로[illegible]吏

▲[illegible]리[illegible]씨의[illegible]處之變이[illegible]念慮[illegible]六日前에京[illegible]一齊히上來[illegible]다니同씨[illegible]閔錄[illegible]ᄒᆞ야鄕谷에[illegible]차져[illegible]가

▲近日에[illegible]로차져온[illegible]로고

▲河陽郡守宋憲冕씨ᄂᆞᆫ一場演說後에登記冊을一切斷髮케ᄒᆞ얏고本郡境내에若有義援면驗이擔當하깃다고내部에報告ᄒᆞ얏스니同씨ᄂᆞᆫ該郡境內에義兵이無ᄒᆞᆫ것슬미리擔當ᄒᆞᆫ깃다고大談ᄒᆞ니原州砥平等郡으로移拜ᄒᆞ얏스면同氏에게더옥좃케고

▲農大宋秉畯氏ᄂᆞᆫ斷髮令을期於實施ᄒᆞ기로用力ᄒᆞ더니地方騷擾로因ᄒᆞ야停止된다니宋氏의筋力도大端치못ᄒᆞ고

▲橋下路傍에新生兒을抛棄ᄒᆞᄂᆞᆫ惡習이種々ᄒᆞ야情狀이慘酷ᄒᆞ니此等惱婦에게ᄂᆞᆫ改嫁法를實施ᄒᆞ얏스면減傷和氣가되지안치

▲여북怪惡ᄒᆞ여야外人의奴隸되ᄂᆞᆫ것슬功名으로알며여북凶惡ᄒᆞ여야外人의探偵得食으로生活을ᄒᆞ나

上海電報

二十二日發 上海에虎列剌病이猛히大熾ᄒᆞ야一週日間에患者九千名에及ᄒᆞ고蘇州에도虎列剌가蔓延ᄒᆞ야一日에死者가百名에不下ᄒᆞᆫ다더라

○學資第 學部에셔度支部에照會ᄒᆞ되第二期學務擴張ᄒᆞ야本年度에普通學校三十校新設ᄒᆞᆯ計劃이有ᄒᆞᆫ데第一期擴張ᄒᆞᆫ時와如히臨時敎員養成所를開設ᄒᆞ고通譯敎員을養成코ᄌᆞᄒᆞ야別紙調査와經費를本年度預筭내에增額ᄒᆞᆯ事로玆에養成所開設額을添付ᄒᆞᆫ다ᄒᆞ엿더라

●안산安學 안山郡슈리面宰氏가리職增씨와윤明變氏訟事에對ᄒᆞ야法外說去ᄒᆞ야稱以윤明變氏留運費ᄒᆞ고三百餘兩을徵納之意로恐喝ᄒᆞ며職增씨則該人이據法不屈則即爲退送ᄒᆞ고畝地揷抹ᄒᆞ야該郡居其族人을亂派官隸ᄒᆞ야以리爲名者ᄂᆞᆫ見着捕縛에所謂差使例錢ᄒᆞ고勒奪이至有六百兩之多ᄲᅮᆫ더러該地居리民二十餘戶男女老少가四散避禍ᄒᆞ야不得棲違에其情狀이矜ᄒᆞ오尙此停訴之際에該郡人民을如此殘傷이是可妄擧며且以刑事勿論ᄒᆞ고捨此當事者而故捉他人이據何章程이라ᄒᆞ더라

●連校興旺 連山郡培養학校의創立된은而報에已爲揭載어니와此監督姜泰根氏가每年의一百圓式例助ᄒᆞ기로擔任홈으로一般有志가各自義捐ᄒᆞ야基金이稍立ᄒᆞ고학徒가惟口來集ᄒᆞᄂᆞᆫ대自洪陵으로香炭需餘剩條도영付該校ᄒᆞ야以助其학資費故로該郡多少士民이莫不感戢ᄒᆞ야倍加熱心홈으로大有進就之望이라ᄒᆞ더라

義州府灣友夜學會趣旨書

今古殊異에時事變遷ᄒᆞ야列强交際ᄒᆞ고立紀維新ᄒᆞ니回想時宜컨ᄃᆡ言語法律이急先學務라嗟吾灣友가汨沒産業ᄒᆞ야做工無暇ᄒᆞ니何以則做得餘力之暇문ᄒᆞ야盡其國民之義務乎아僉議會同曰古有志士之螢晴夜讀ᄒᆞ니晝爭生計ᄒᆞ고夜做時宜가豈不美哉아所以로去五月七日開學會也에學是英語日語法律三件而學員則本府紳商間靑年志氣者三十員을募集ᄒᆞ고選擇敎師ᄒᆞᄂᆞᆫᄃᆡ趙在榮朴東元金學俊김永一諸氏가非但名譽素著라嫺熟於外邦言語及法律而嘆惜灣友之未達新學ᄒᆞ야不受資聘ᄒᆞ고自願敎師ᄒᆞ야熱心敎導에期圖就緖ᄒᆞ오니伏願同胞ᄂᆞᆫ感服此意ᄒᆞ야克勉進就ᄒᆞᆯ자이다

發起人 李明煥 李鎭容

●課程正誤 昨日廣告欄內의典동私立中東夜학校秋期上학廣告課程漢語日語隨意專門을英語日語로誤書ᄒᆞ얏기正誤홈

廣告

本校에셔六個月速成科로학員을募集ᄒᆞ오니諸員은陰七月二十四日에來臨ᄒᆞ시옵

晝학 婦人학科
筭術 日語 婦人敎師敎授
夜학科
筭術 數학 日語

北署掌원洞 橋講數院장 全聖旭 告白

◉夜學員募集 廣告

本校에셔秋期開學日字를九月二日(陰七月二十六日)로定ᄒᆞ얏스니舊學員은趁期上學ᄒᆞ려니와新學員도繼續募集ᄒᆞ오니願學人은陰曆本月(二十二日二十三日)下午八点에本校로來ᄒᆞ야請願書ᄒᆞ기를爲要

課程은(漢語 日語)隨意專門
時間 下午七点半至九点半
年齡은 十五歲以上
月謝金 二十五錢也

隆熙元年八月二十三日
中署典동漢城官立漢語學校內
私立中東夜學校 告白

水産株式會社承認組織而第一回受入金旣爲漁具之所備也現今資本金積立爲一急務故第二回受入期限一個月內玆先公告
京鄕株主勿論新舊照亮屆期焉

南署大仁峴卅八統四戶 臨時事務所 張基렴 崔翊煥 任尙宰 朴仁植 金永濟 金明洙 金漢柱

大韓自强會解散後에月報代金未收額을南署草동八十統七戶洪弼周家에서收捧ᄒᆞ야負債를抵償코ᄌᆞ호오니京鄕間月報購覽ᄒᆞ시든僉員은與受를此處로爲準ᄒᆞ시기를望홈

自强會 告白

南門內水橋朴仁昌氏大人以宿患今月十四日午時別世也延虞時弔客除禮知舊僉員照亮홈
護喪 陳錫祚 告白

本會에셔本月二十七日(陰七月十九日)下午五時에祝慶의禮式을擧ᄒᆞ와忱誠을表ᄒᆞ랴ᄒᆞ오니本會會員齊臨홈

大東學會

本人이昨冬에喪夫ᄒᆞ고只與시叔鄭公迷으로相依ᄒᆞᆫ바시叔은性本嫺雅ᄒᆞ야在家讀書러니本洞居悖類崔致永韓相一韓昌先等이百万誘引ᄒᆞ야出沒京鄕에다ᄂᆞᆷ券을僞造ᄒᆞ야多數得用ᄒᆞ야勒徵於本人詐料故과足上來ᄒᆞ와玆以廣告ᄒᆞ오니內外國人은愼勿見欺홈

溫陽郡西面實玉洞李召史 告白

本校에셔本月二十六日(陰七月十八日)에秋期開학ᄒᆞ고再次학生을募集ᄒᆞᄂᆞᆫ대年齡十歲以上十五歲以내로應選ᄒᆞ오니願학ᄒᆞᆫ娘은此月晦내로本校에來議ᄒᆞ시옵

▲課程 英文 漢文 歷史 筭術 地誌 修身학 圖畫 繡刺 針工 體操 風琴 生理학 尺牘

北署壯洞進明女학校 告白

邦禰益藥水

이약은대미국사ᄅᆞᆷ방보씨가지은것이니세상사ᄅᆞᆷ들이괴질이약ᄒᆞ야매양요슈홈을근심ᄒᆞ야다년혈심으로궁구ᄒᆞ고궁구ᄒᆞ야이약을신발명ᄒᆞᆫ것인대효이이신긔ᄒᆞ야세계각국셔이약험로효험본자ㅣ젹지아니ᄒᆞᆫ고로본인노우리동포를위ᄒᆞ야미국방보회사와계약ᄒᆞ고이약슈를니다가동포의소청을공급홈

효력 이약쓰ᄂᆞᆫ대ᄂᆞᆫ 부족증 뇌졉병 ᄌᆞ지못ᄒᆞᄂᆞᆫ병 실음ᄒᆞᆫ대 도한증 허한증 젹병(속병) 쳔축증 월우부족 허약ᄒᆞᆫ대와 연주창 증병후 오좀소ᄅᆡ 셜ᄉᆞ리 절 성산못ᄒᆞᄂᆞᆫ대 신긔부족 낙ᄐᆡᄒᆞᆫ대

발매소 경셩남대문안상동교당압 박문서관

今番에本人等이商店을新設ᄒᆞ고左開物品을美國셔直輸入ᄒᆞ얏ᄉᆞ오니僉君子ᄂᆞᆫ愛顧하심을伏望

▲洋鞋각種 인도고長靴各種
▲洋襪각種 時標各각種
▲洋服(已成) 各種
▲上品熊膽 油帽 油衣
▲房帳각種 刀子각種
▲花布각種 반자紙각種
▲비누각種 양탄자각종
其他洋服附屬品多有

西署夜照峴三街呈二層洋屋 加比老鄭商社

大東文粹 全一冊 金七十五錢
箕子以來로至國朝寂章及名文精選漢文必讀合用敎科

新撰地文學 全一冊 金四十錢
凡屬地質學理具圖式精良簡易合用敎科

生理衛生學 全一冊 金四十錢
吾人生理上關係衛生具圖式切要簡易合用敎科

發賣所 布屛下廣學書舖 東口越邊中央書舖 寺동漢陽書舖 鍾路大東書市 小廣橋高裕相書舖

民事訴訟代理와刑事辯護及鑑定顧問과諸문案起草等諸般事務를迅速處理홈

漢城中署瑞麟坊許屛생전병문 西南隅八統二戶
辯護士 尹邦鉉
同 太明식
同 金澤
事務員 安必中
聯合法律事務所

本人姓名日角圓章二介陰七月初三日夜見失僉君子切勿見欺
大邱通運社 徐相汶 徐仲友 告白

△第一回學員募集 廣告

本校에셔第一學年試驗을經ᄒᆞᆫ바學員을募集ᄒᆞ오니願學人은九月一日以內(陰七月二十四日)로入學請願書를本校에來ᄒᆞ야請求홈

課程 本校規則에在홈
年齡 十五歲以上
試取日 九月二日
試取科目 本國地誌 本國歷史 筭術(四則以內) 讀書 作文
開學日 九月六日

光武十一年八月一日
漢城中署磚洞 普成中學校

本人이日本大阪商業家와特約ᄒᆞ고日本內地産出各種物品과西洋各種物品及機械等物을我大韓에輸入과委托을便利케契約ᄒᆞ얏ᄉᆞ오니商工業에有意ᄒᆞ신僉君子ᄂᆞᆫ某物이든지請求코져ᄒᆞ시거든本社로來議ᄒᆞ시오本社에셔ᄂᆞᆫ手數料金만受領홈

興業社本店 開城北部詳洞
支店 京城南門內水橋五十一號六戶
培養會社

全仁港內동廣濟
學徒製히書冊 學徒鉛筆과諸具 羅紗各種 美國金鷄納 衣服裁縫其他雜貨도廉價放賣ᄒᆞ오니諸君子ᄂᆞᆫ來臨ᄒᆞ심을바라나이다
仁川港海峴開新號舖

皇城基督 第二期學員募集 廣告

本學館에셔秋期開學日字를九月二十六日(陰…)로定ᄒᆞ얏스며舊學員은趁期上學ᄒᆞ려니와新學員을募集ᄒᆞ오니本月二十五日內로入學請願書를本學館에請求홈

課程 普通학 本國歷史地誌 英語 數學 物理學 化學 生理學 經濟學 聖經 日英語隨意
語학課 日語(隨意) 英語(專修) 日英語 敎科書
工業課 (待開學排定)
商業速成課 商業地誌 簿記 商業 筭術 商業 書類
夜學課 隨意 日語 英語 簿記
年齡 十六歲以上
試取日 八月二十六日 陰七月十八日
試取科目 國漢文讀書作文 但工商課 筭術四則以內加試

隆熙元年八月十三日
漢城中署鍾路里門內
皇城基督敎靑年會學館 告白

開會日字ᄂᆞᆫ司事部決議를待ᄒᆞ야更告ᄒᆞ깃ᄉᆞ오니僉會員照亮爲要
基督敎靑年會

前檢事 辯護士 李建鎬
法律事務所 西署小平洞第六十統十戶

國債報償[illegible]收入廣告

八月二十一日까지收入總額
一千二百四拾圓八拾七錢
自四月至七月收入總額
五萬二千九百七十五圓
六十四錢九厘
都總合五萬四千二百十六圓五
十一錢九厘

●忠南定山郡木面梧산洞七原
尹시善旅
尹衡讀 通政金영東
議官金敎學 通政尹炳殷
金永華 尹永善 윤泰遠
合一百원

●寧邊郡大韓自强支會會員
議官김慶善 主事김喜澤
박문원 각五원 議官김應銓
出身김殷奎 각二환 裵晉慶
최九承 각一원 洪우錫
六拾전
合二십二원六십전

●全南寶城郡彌力面竹谷村
前參奉김升栄 一원九拾전
子前主事김가燁 五십연
合二원

●中署豆錫洞
강夫人 김夫人 각一원
남夫人 五십전 閔夫人
三拾錢 리夫人 박夫人
문夫人 康夫人 각廿錢 孔夫人
박夫人 김貞權 김夫人
리夫人 최夫人 최夫人
박夫人 尹夫人 각拾전
施리愚 閔丙稷 權善將 權善榮
김俊福 리源明 朴大興
各五十錢 김순遇 김錫源
각四十전 尹時榮 김在奎
김星玨 각卄錢 김學俊
김순문 박根显 朴根洪
各廿젼 김蔡三 안成鎬
문龍鎬 리鳴石 각拾錢
최병두 卄전
合拾一원拾전

●龍川□邑面泰興里
洪德澤 韓致明 안道順
리國禮 각一圓 安祚遠
五拾錢 子用臣 卅錢
用瑞 用錫 각廿錢 안志恒
裵致元 복基洙 김基漸
洪永贊 안正官 각五拾錢
安用景 안用彬 안義聖
洪利澤 김奉伯 各卅젼
안道留 오문興 최崇瑨
각廿젼
合拾원三拾錢

●北署苑洞 리公植 一圓
總合一百四십六圓
前號總合五萬三千七百九拾六
圓○一錢九厘
都總合五萬三千九百四十二圓
○一전九厘

◎特別廣告◎

國債報償金兩日間所捧은姑未合計이고伊前日의所捧總合五萬三千八百四拾一圓八拾七錢은漢城共同倉庫會社內銀行에貯置ᄒᆞ얏삽고該貯置額中三萬三千三百圓은國債報償志願金總合所로移交홈

廣告

●일본遊覽者募集

一遊覽會員募集 人員은五十名으로一團을成ᄒᆞ되잡일인을不問ᄒᆞ고速히請入ᄒᆞ시옵
一遊覽地 東京遊覽ᄒᆞ고歸路에京都大阪神戸
一往復日數 明抵十七日間
一浮費 遊覽費及手數料를合ᄒᆞ야總計[illegible]八圓
一出發日 請入期限을從ᄒᆞ야出發三日前에直接히通知홈
一請入所 在京城各新聞社及十八銀行경성支店 天一銀行
一會員은遊覽을終ᄒᆞ야開散ᄒᆞᆫ後ᄂᆞᆫ本會와關係가小無홈
一南대門서釜山으로直行[illegible]

지國은東京으로直行하는者외對ᄒᆞ야도同一便法으로同行請入을應諾홈
日本人遊람協會事務所겸경城
南門通 東亞商會

원산셩진장에셔본인이살진소(肥牛)를만이소셧스니쇼파는제군은다수이팔녀오시옵
최봉쥰 고ᄇᆡᆨ

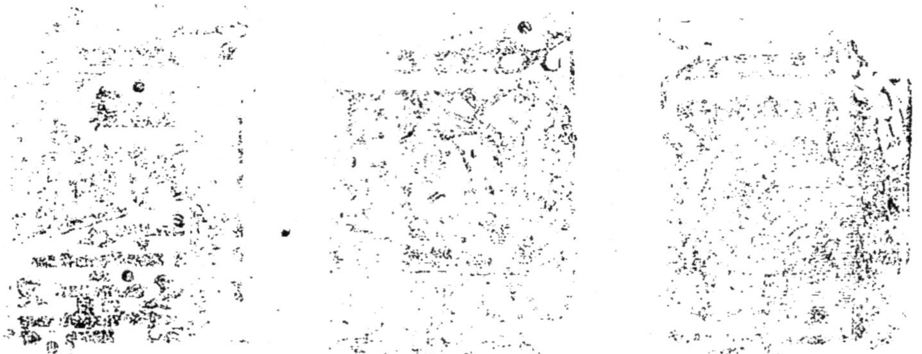

이샹슴 죵은샹 품으로 졔죠ᄒᆞ 야위싱 샹에지 극유의 ᄒᆞ니무 론모인 ᄒᆞ고본 사에닉 림ᄒᆞ옵

대한제국인쳔항
재물품지현연쵸회사

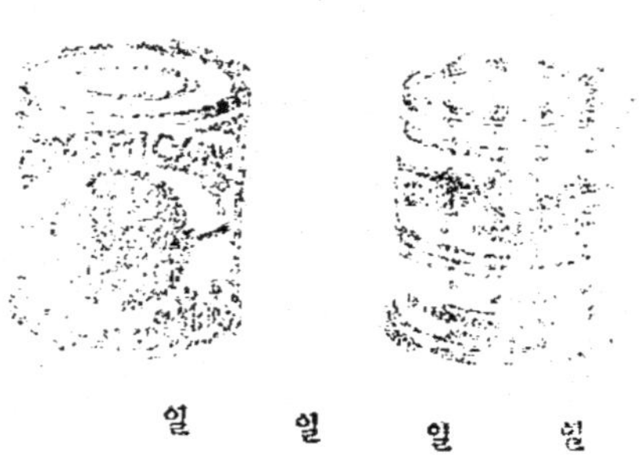

일 운조패첩농우유
일 금연관쳔농결우유
일 무쌍가용긔화락
일 쌧ー든산제조빅분화
합우유

이샹은샹시에저축ᄒᆞ얏슴
미국츅유항쌧ー든쓰농결수유회사
일수터리졈
대한인쳔항 세챵양ᄒᆡᆼ

●구젼령ᄉᆞ라 본인이ᄉᆞ방법을신비ᄒᆞ야제조ᄒᆞᆫ령단인ᄃᆡ남녀노소에무론ᄒᆞ고징ᄒᆞ고통치하오며무병시에도복ᄒᆞ면평싱의신체가건강ᄒᆞ며소아ᄂᆞᆫᄉᆞ오젼죵ᄐᆞᆨ복ᄒᆞ면십세안에무병ᄒᆞ기를담보ᄒᆞ오며
●구젼령ᄉᆞ만응단은져광 한징과즁풍졔질과이목졔병과림질에신효ᄒᆞ오
●구젼령ᄉᆞ보명단은초싱소아 경풍 간긔 히소 복챵젹 반악징신효ᄒᆞ오
●구젼령ᄉᆞ졔즁단은쥬체 식체 혈젹 토ᄉᆞ 광난 이질 토혈 ᄒᆞ혈 운긔 시질 챤징신효ᄒᆞ오
●구젼령ᄉᆞ자금단공서리 결렵 샹간챵 ᄒᆞᆫ감챵금창창과재반독챵악죵에무불신효ᄒᆞ오니쳠군자ᄂᆞᆫ니문ᄒᆞ시오
니슈ᄉᆞ젼득갑이골샹우졔일가 리호졍이ᄉᆞ 고ᄇᆡᆨ

○[illegible] 定價
一箇月 [illegible]
三箇月 [illegible]
六箇月 一圓七十錢
一箇年 三圓[illegible]十錢
郵稅一部 新貨五里
一箇月 十三錢

○料廣告
國文活字十三字詰
每日每英尺一寸에新貨拾五錢
（每日연行六진에相當홈）
一週日에 二圓五十錢
每日每行國文[illegible]
一箇月에 五圓
一每日每行[illegible]

[illegible] 平壤上水口門內 仁川[illegible] 宣川邑[illegible] 義州[illegible] 三和[illegible] 咸興[illegible] 大邱[illegible] 全州邑濟衆院 鐵山邑[illegible] 元山[illegible] 淸州[illegible] 安州[illegible] 信川邑 定州[illegible] 邑城[illegible] 郭山[illegible] 安岳[illegible] 博川[illegible]

發行兼編輯人 英國人 [illegible]
發行所 南署石井洞[illegible] 大韓每日申報社

第五卷 第五百九十九號

大韓每日申報

檀君開國四千二百四十年
箕子元年三千二十九年
大韓開國五百十六年
日本明治四十年
淸國光緒三十三年
陰曆丁未七月大十九日戊申

[illegible]

別報

●海牙에韓國使節의演說

海牙通信을據ᄒᆞᆫ則去月二十四日에韓國파遣使李瑋鍾李相설兩氏가新聞記者通信員의게如左ᄒᆞᆫ演說을述ᄒᆞ얏ᄂᆞᆫ대李相설演說에吾儕의使節職務가失敗에歸ᄒᆞ얏다고言ᄒᆞ지못ᄒᆞᆯ것이吾儕의帶ᄒᆞᆫ職務ᄂᆞᆫ尙今擬議中인ᄃᆡ始終結末이아니오我 皇上陛下씌셔吾儕를派遣ᄒᆞ신時에海牙平和會議에參預ᄒᆞ라심이아니라歐美各國에遍往ᄒᆞ야韓國이現今日本의壓迫을受ᄒᆞᄂᆞᆫ情形과獨立權을決코不捨ᄒᆞᆫ事와日本의保護를不受ᄒᆞᆫ事를一々히說明ᄒᆞ라신命令을奉ᄒᆞ고海牙會議에出發ᄒᆞ야列國代表委員의게吾儕의所帶事件을提出ᄒᆞ야特別히英法德美諸國代表委員이韓國의忿然ᄒᆞᆫ情景에對ᄒᆞ야提出ᄒᆞᆫ대로力勝ᄒᆞᆯ것이라ᄒᆞᄂᆞᆫ確證을接受ᄒᆞ고其他各國으로서도聽從의承諾을受ᄒᆞ얏ᄂᆞᆫ디英國政府에셔ᄂᆞᆫ此事情을始末詳述이나吾儕가迅速히特別員을擇定ᄒᆞ야倫敦에派遣ᄒᆞ야韓國內에日本이行政을抗拒ᄒᆞ기에從事케ᄒᆞᆷ이오至今도吾儕가美國에先往ᄒᆞ야日本이韓國에셔物搾ᄒᆞᆫ一千九百五年十一月新條約을皇上의承諾이無ᄒᆞᆷ을說明ᄒᆞᆷ이니此故로華盛頓으로卽行ᄒᆞ야大統領과會見ᄒᆞᆫ後에各都會를一々訪問ᄒᆞ고英國으로往ᄒᆞ야學事ᄒᆞᆯ時에ᄂᆞᆫ一般官吏이合力團結ᄒᆞ리이라ᄒᆞ고

諸各韓國皇帝讓位와閣內暴亂等에對ᄒᆞ야李瑋鍾氏의演說이如左ᄒᆞ니

吾儕가讓位되신 皇帝陛下의特別勅令으로派遣이되얏ᄂᆞᆫ디京城을發ᄒᆞ기前에도日本이我皇上씌讓位케ᄒᆞ라ᄂᆞᆫ說은微聞ᄒᆞ얏스나如何手段이無ᄒᆞ얏고日本政府ᄂᆞᆫ吾儕가日本을[illegible]을各國政府에抗議ᄒᆞ기爲ᄒᆞ야派遣된줄도知ᄒᆞ고韓政府에셔도 皇帝가讓位되시면吾儕가使節職務를繼續치못ᄒᆞᆯ줄로預料ᄒᆞᆷ이오近日事變도吾儕의預料에셔秋毫도不差ᄒᆞ나吾儕가京城을出發ᄒᆞᆯ時에 皇帝陛下의最後勅諭에中々히ᄒᆞ야敎ᄒᆞ사曰朕이殺戮을當ᄒᆞ더ᄅᆞ도附等은顧念치말고繼續做ᄒᆞ야五百年宗社의韓國獨立을回復ᄒᆞ고二千萬生靈의自由를[illegible]케ᄒᆞ라ᄒᆞ셧스니今回壓制讓位ᄂᆞᆫ吾儕의做事行動에少無影響이오設或新皇帝께셔繼位를諒認ᄒᆞ시드라도 太皇帝께셔ᄂᆞᆫ不允ᄒᆞ실터이오日本은吾等을毀滅ᄒᆞ고韓國全民의게遣送ᄒᆞ기를試ᄒᆞ얏스나吾儕ᄂᆞᆫ做事ᄒᆞ기를少不間斷ᄒᆞᆯ니이오韓國人民中에雖一介人이라도獨立權을喪失ᄒᆞᄂᆞᆫ대肯好ᄒᆞᆯ者ᄂᆞᆫ[illegible]ᄒᆞ고最後血로부터獨立과自由權이發生될터인ᄃᆡ吾儕ᄂᆞᆫ於世界列强之手中이라

吾儕ᄂᆞᆫ韓國이孤獨과自[illegible]와瑞士國과ᄀᆞᆺ치中立國되기를願ᄒᆞ야歐洲列邦에接洽ᄒᆞᆷ이오吾等은固有ᄒᆞᆫ平和에[illegible]이라

韓亂은不顧이오此後로ᄂᆞᆫ歐洲列邦과通商을願ᄒᆞ고日本은一毫도信字치아니ᄒᆞᆯ줄로決定ᄒᆞ얏노라

日淸戰爭後에日本이韓國에셔利益權을多々攫取ᄒᆞ얏셔도聯邦間題로發說치아니ᄒᆞ더니到今ᄒᆞ야셔ᄂᆞᆫ萬々無理ᄒᆞᆫ議論을數次提出ᄒᆞ얏스나反히聯邦은成치못ᄒᆞ얏고今番讓位ᄂᆞᆫ雖云成立이나此ᄂᆞᆫ賊臣之所爲오繼位ᄒᆞ신

皇帝陛下씌셔ᄂᆞᆫ柔弱ᄒᆞ샤日本에對ᄒᆞ야抑制ᄒᆞ실슈업슴으로測量ᄒᆞᆷ은 陛下씌셔日本官憲과自身을[illegible]於日本ᄒᆞᆫ賊臣叢中에在ᄒᆞ심이라

海牙遣使의照律勅令에頒布를拒斷ᄒᆞᆯ時에應當 陛下씌셔ᄂᆞᆫ付之一笑ᄒᆞ시고도不得已頒下ᄒᆞ심이오ᄯᅩᄒᆞᆫ日本官憲에게流出ᄒᆞ심이라然故로吾儕가歸國ᄒᆞ기에少無恐懼나歸國ᄒᆞᆫ時에ᄂᆞᆫ必不免砲殺或暗殺오國事에大不幸ᄒᆞᆫ事이라決不歸國이오吾儕가一言을屆ᄒᆞ야韓國內에日本의政策을表示코저ᄒᆞ노니何者오日本이韓國에十年前廢止ᄒᆞ얏던慘刑을更爲實施ᄒᆞ야世界列强을恐怖케ᄒᆞᆷ이라ᄒᆞ노라

官報

●第三千八百五十三號

隆熙元年八月二十四日

宮廷錄事

[illegible]

批旨省疏具悉[illegible]

辭令

[illegible]

敍任及辭令

[illegible]

依願免本官

制度局書記郎朴昌彬

侍從院書記郎洪弼섭

解各宮事務整理所書事員

懿陵參奉리鍾應

任懿孝殿祀丞 永禧殿參奉趙一元

任思陵參奉

任永禧殿參奉 리昌用

●號外 隆熙元年八月二十五日

宮廷錄事

詔曰時明日 眞殿茶禮遣完平君李載[illegible]去番行勳任官以上奏章開入參

詔曰卽位行禮處所ᄂᆞᆫ以敦德殿爲之ᄒᆞ고聽行儀節은掌禮院新禮ᄒᆞ야令宮內府掌禮院으로磨鍊擧行ᄒᆞ라

詔曰時措有異ᄒᆞ니自今으로勳章[illegible]時에侍衛聯錄과軍隊取舍ᄒᆞ[illegible]省頒을廢止ᄒᆞ고凡關服儀仗은參酌內外新例ᄒᆞ야另定新式以入ᄒᆞ라

●第三千八百五十三號

隆熙元年八月二十六日

●宮廷錄事

宮內府大臣陸軍副將勳一等臣李允用謹

奏卽接主殿院卿李[illegible]報告[illegible]以爲主殿院[illegible]

在[illegible]

[illegible]

奏

奉

旨依奏

敍任及辭令

[illegible]

命英親殿提調 從二品韓光[illegible]

[illegible]

依願免本官

[illegible]

任帝室會計審査局審査官

任[illegible]監 從二品박用元

任掌禮院[illegible] 六品[illegible]

任宮內府經理官 六品李仁[illegible]

任主殿院[illegible]務官 六品蘇允잉

免本官 主殿院[illegible]務官金俊植

雜報

●美國의排日問題 美國에서出ᄒᆞᄂᆞᆫ日本人新世界新聞에言ᄒᆞ되日本人이北美에셔野蠻的迫害를當ᄒᆞ고排日運動이日甚ᄒᆞ되無可奈何인듯ᄒᆞ더니近日에ᄂᆞᆫ大統領루스벨트씨도變ᄒᆞ야日人排斥ᄒᆞᄂᆞᆫ言論을發成ᄒᆞᄂᆞᆫ디此ᄂᆞᆫ外交手段이[illegible]腐敗ᄒᆞᆫ方향이더라

●日人의[illegible] 馬尼羅[illegible]를據ᄒᆞᆫ則比律賓群島로려가보고[illegible]가[illegible]이대鎭守府의[illegible]將은日本人이[illegible]되얏ᄂᆞᆫ디[illegible]命令으로[illegible]ᄒᆞ얏다더라

●[illegible]의上奏 北京電을據ᄒᆞᆫ則淸國[illegible]公이天津에서北京에[illegible]야[illegible]銀貨[illegible]造[illegible]貨[illegible]增[illegible]奏ᄒᆞ얏다더라

●[illegible]日人의抗[illegible] [illegible]太[illegible]은[illegible]日本人[illegible]고로미아[illegible]抗[illegible]團[illegible]ᄒᆞ야[illegible]라

●[illegible]更迭說 上海[illegible]에[illegible]徐[illegible]歷々히[illegible]名으로其代에四川[illegible]가後任되리[illegible]라

[illegible]

雜報

●內內斷髮 太皇帝陛下와皇帝陛下와皇太子殿下께서昨日上午十二時에一體斷髮ᄒᆞ옵셧다더라

●禮服製下 皇貴妃殿下게셔리彼蒐씨와리죤錄씨의게大小禮服을各三件式製下ᄒᆞ기로上奏ᄒᆞ고現今製造ᄒᆞᄂᆞᆫ中이라더라

●宮內申飭 本日大皇帝陛下卽位禮式에差備官與入參ᄒᆞᄂᆞᆫ官人은禮服을未備ᄒᆞ얏스면創髮ᄒᆞ고雖小禮服에紗帽를着ᄒᆞ야도一新鮮明케ᄒᆞ라고宮內府에셔所掌官人에게屢々申飭ᄒᆞ얏다더라

●靈壽閣肅拜 制度局議長金유식氏가耆老所에入參ᄒᆞᆫ故로再昨日에該氏가子姪輩를帶同ᄒᆞ고靈壽閣에肅拜ᄒᆞ얏다더라

●奏任參與 今日登故時에돈德殿이挾窄ᄒᆞ야外國官吏ᄂᆞᆫ奏任三等以上만參與ᄒᆞᆫ다더라

●敎員試取 學部에셔昨日上午十時에敎員檢定會를開ᄒᆞ고敎員三人을試取ᄒᆞᆯ터인대應參者가五十餘名에達하얏다더라

●春桂坊減額 元來春坊官員이六人이오桂坊官員이八人인ᄃᆡ內閣에셔春坊官員二人을減額ᄒᆞ고桂坊官員四人을減額하야合八人으로任用ᄒᆞ되現今職員은一齊陶汰ᄒᆞ고他人으로改差ᄒᆞᆫ다ᄂᆞᆫ說이有ᄒᆞ더라

●醫官侍讀 侍讀은前校理라大科ᄒᆞᆫ人外에ᄂᆞᆫ不得敘任ᄒᆞ더니日內閣에셔從今以往으로ᄂᆞᆫ科擧ᄂᆞᆫ勿用ᄒᆞ고醫官이라도無得敘任ᄒᆞ기로擬議中이라더라

●將領狼狽 原州鎭衛隊參領洪勳錫氏와參次尉官諸氏가銃丸은該隊兵卒의게沒數見奪ᄒᆞ고逃身上京ᄒᆞ야軍物見奪ᄒᆞᆫ事由를軍部에報告ᄒᆞ얏다더라

●完興君省楸 昨日에完興君李載冕氏가其子李錞氏를帶同ᄒᆞ고孔德里興宣大院君墓所에省楸次로前往ᄒᆞ얏다더라

●軍卿仍舊 軍部에셔今番解散中領尉官의志願을隨ᄒᆞ야日本守備隊로모生을派送ᄒᆞ며或恩賜金을附與ᄒᆞ야軍人官卿을創奪도ᄒᆞ며恩賜金을不爲支給ᄒᆞ고軍卿은仍舊施行케도ᄒᆞᆫ다더라

●莫敢出入 自今日로ᄂᆞᆫ官人이나至於下隷ᄭᆞ지創髮치아니ᄒᆞ고ᄂᆞᆫ闕門에出入지못ᄒᆞᆫ다더라

●請兵於日 內閣各大臣이地方에義兵이猖獗홈을憂慮ᄒᆞ야長谷川司令官을訪見ᄒᆞ고懇乞ᄒᆞ여日軍隊를派出ᄒᆞ야義兵을掃除ᄒᆞ여달나ᄒᆞᆫ대長谷川氏가若欲請援커던此事件을內閣大臣이會案을提出ᄒᆞ야貴國大皇帝陛下씌上奏ᄒᆞ야大皇帝陛下로日本天皇陛下씌動兵을請求ᄒᆞ라홈으로再昨日에該事件을內閣에셔會議ᄒᆞ엿다ᄒᆞ니長谷川氏에陰險深計ᄂᆞᆫ人所難及이라고輿論이有ᄒᆞ더라

●民訟收理 法部와平漢兩裁에셔民事訴訟을小暑以後停訟ᄒᆞᆷ은已爲報道이니와昨日부터民訟을收理ᄒᆞᆫ다더라

●朴氏更囚 朴泳孝李道宰南廷哲三氏가蒙放ᄒᆞ얏다ᄂᆞᆫ事ᄂᆞᆫ前報에揭載ᄒᆞ얏거니와該三氏가放釋ᄒᆞ던當日에朴泳孝氏ᄂᆞᆫ暫爲還第ᄒᆞ야不過一時間에巡檢巡査와補佐官一名이又爲來到ᄒᆞ야日顧問部에셔有未了案ᄒᆞ야暫爲質問ᄒᆞᆯ事有ᄒᆞ다ᄒᆞ고因爲捉囚ᄒᆞ얏ᄂᆞᆫᄃᆡ日間放釋이된다더라

●三氏行樂 宮相李允用總理리完用氏가法部文籍課長김晦秀氏를帶同ᄒᆞ고去土曜日의東小門等地에前往ᄒᆞ야一日消暢ᄒᆞ얏다더라

●輪回設卓 各府部大臣이每日二次式官例히尊奉都監에前往ᄒᆞ면該都監의一二三堂上이輪回로料理一卓式을接待ᄒᆞᆫ다더라

●局長說明 內部地方局長張仲讓씨가日昨內部에셔某郡守를對ᄒᆞ야說明ᄒᆞ되新任郡守가斷髮치아니ᄒᆞ고赴任ᄒᆞᆯ터이면請願辭職ᄒᆞᄂᆞᆫ거시妥當ᄒᆞ다ᄒᆞ얏다더라

●山訟不公 舒川郡守扈根錫氏가該郡居洪在衡趙東獻兩氏山訟事件에對ᄒᆞ야今番殿最에居下가되얏다더라

●巡檢增俸 漢城及地方一般警署에巡査月俸은每名二十圓式을支給ᄒᆞ기로決定ᄒᆞ얏다더라

●書記忠憤 西茶人에傳說을聞ᄒᆞᆫ즉齊遊觀察道書記金甚弘氏가現今內閣大臣에去番七條約을成立홈을聞ᄒᆞ고日雖一介書記라도當此亡國時代하야不取服役이라ᄒᆞ야宣化堂延前에셔一場痛哭ᄒᆞ고書記之任을棄去ᄒᆞ얏다더라

●兵俸磨鍊 宮城護衛次近衛一隊만存置ᄒᆞ고該兵士의月俸은每朔十二圓으로磨鍊ᄒᆞ얏다더라

●園遊內容 日間에內閣大臣이園遊會를開設ᄒᆞᆫ다ᄂᆞᆫ대其內容인즉今日進賀에在官中厚祿古套가無ᄒᆞ야不得人參ᄒᆞᆫ人은賜宴에參席지못ᄒᆞᆫ故로此人等을宴待ᄒᆞ기爲ᄒᆞᆫ所以라더라

●義兵氣勢

▲廣州來電을據ᄒᆞᆫ즉廣州郡에義兵約四百名이二拾四日에該郡一進會支部를燒火ᄒᆞ고首領南大熙氏ᄂᆞᆫ自已家舍를自手로燒拠ᄒᆞ야必死心을發現ᄒᆞ며部下에在ᄒᆞᆫ義兵은指揮에在ᄒᆞ얏다ᄒᆞ고

▲二拾四日水原來電을據ᄒᆞᆫ즉陽智郡方面에義兵이尙今出沒ᄒᆞ야危險ᄒᆞᆫ狀態가有ᄒᆞ야日兵이義兵과爭鬪ᄒᆞ얏ᄂᆞᆫ대日兵은避走ᄒᆞ고農相宋秉畯家에日巡査拾五名을派送保護ᄒᆞᆫ다ᄒᆞ고

▲二十四日海州來電을據ᄒᆞᆫ즉江華島으로셔延安白川郡沿岸에義兵이上陸ᄒᆞᄂᆞᆫ貌樣이라ᄒᆞ고

▲二十四日義兵約二百名이堤川方面으로셔忠州에在ᄒᆞᆫ日兵을猛烈히襲擊ᄒᆞ고한江을涉ᄒᆞ야京城街道로退軍ᄒᆞ얏고

▲午後二時頃에義兵約一百名이淸風方面을襲擊ᄒᆞ얏ᄂᆞᆫ대日兵은忠州박面約二十米突되ᄂᆞᆫ地에셔交戰하매義兵은同地村落에相拒하야約一時頃에日兵이多數被傷ᄒᆞ얏고

▲義兵約八百名이堤川方面으로忠州를回擊ᄒᆞᆯ貌樣이라ᄒᆞ고

▲二拾三日忠州來電을據ᄒᆞᆫ則義徒가漸次城外에接近ᄒᆞ야漸々增加ᄒᆞ매日兵이包圍에在ᄒᆞ얏다ᄒᆞ고

▲同日鐵原郡에義兵一部가接近來到ᄒᆞᆫ다ᄂᆞᆫ情報가有하미在留ᄒᆞᄂᆞᆫ日人은家族을率ᄒᆞ고附近民家로逃避ᄒᆞ얏고

▲廣州郡附近에山砲數箇가義兵과合同하야韓國侵入ᄒᆞᆫ다ᄂᆞᆫ說이有홈으로在留ᄒᆞᆫ日人에家族은逃避ᄒᆞᆫ다

▲驪州在ᄒᆞᆫ二百餘名은漸次楊口로向하야進行ᄒᆞᆫ다ᄒᆞ고

▲新昌郡에셔京城에戰死ᄒᆞᆫ兵士에遺族이合謀가되여檄文을飛傳ᄒᆞ고同志을糾合ᄒᆞᆫᄃᆡ形勢가益益不穩ᄒᆞ다ᄒᆞ고

▲十七日麟蹄郡에義兵이六里地에接近한다ᄂᆞᆫ報를聞ᄒᆞ고居留ᄒᆞᄂᆞᆫ日人이元山으로逃走ᄒᆞ엿고

▲十九日에義兵約一百名이麟蹄邑內을來襲ᄒᆞᄂᆞᆫ디一時에放火ᄒᆞ고郵便取扱所을破壞ᄒᆞ엿다ᄒᆞ고

▲盈德蔚珍兩郡에義兵이蜂起하야更히平海郡에侵入하야形勢가危險홈으로郵便取扱所日人은興海로逃走하얏고

▲鎭川方面光惠院에셔의兵約五십名이來合하고陰城方面으로向하얏고

▲二拾一日山井面에셔의兵八십名이來着ᄒᆞᆫ다하고

▲槐山郡은堤川義兵이延燃을繹하야漸次來襲ᄒᆞᆫ다하고

▲義城郡에義兵이集合ᄒᆞ야銃器와軍糧을徵發ᄒᆞᆫ다ᄒᆞ고

▲德山郡에셔日巡査가民家를搜索ᄒᆞ다가村民의게二名이負傷ᄒᆞ얏다하고

▲金山郡에셔二拾一日上川面若明동山中에義兵이多數히募集ᄒᆞ야前三日中에日人을襲殺ᄒᆞᆫ다고揚言ᄒᆞ얏고

▲忠州發電을據ᄒᆞᆫ則驪州郡義兵約五百餘名이來襲ᄒᆞᄂᆞᆫ形勢가危急홈으로郵便局日人은逃走ᄒᆞᆫ다ᄒᆞ고

▲二十六日夜에陽智郵便局을向ᄒᆞ야人民이投石하엿고二十日夜에數十名이聚合ᄒᆞ여三百餘次를投石하엿ᄂᆞᆫ대卽時解散ᄒᆞ엿도一人도未捉ᄒᆞ엿고

▲陽智秋溪에ᄂᆞᆫ郵便取扱所와日本巡査가集合ᄒᆞᆫ處인故로義兵이追跡雲集ᄒᆞ야陸續來着ᄒᆞᆫᄃᆡ水原街路에셔日人幾名를殺害ᄒᆞ엿고

△呂州와陽智水原은危險이切迫ᄒᆞᆫ故로日人이保護機關은全失ᄒᆞ야郵便取扱所日人과巡査ᄂᆞᆫ逃避ᄒᆞ엿고

△平昌橫城方面에ᄂᆞᆫ日兵이不足ᄒᆞ나各處에義兵이漸次增加ᄒᆞᆫ다ᄒᆞ야兩路로分하야一部ᄂᆞᆫ鵠島入據ᄒᆞ고一八部ᄂᆞᆫ日本西村大尉를應援코ᄌᆞᄒᆞ야忠州로向ᄒᆞ고大隊ᄂᆞᆫ박達嶺附近三里森林中의散在ᄒᆞ고日兵의支隊ᄂᆞᆫ二拾四日午後의丹陽方面으로向ᄒᆞ고第一中隊ᄂᆞᆫ同日의영春方面으로向ᄒᆞ고堤川方面의ᄂᆞᆫ西村의中隊가住在ᄒᆞ야兩陣이互相堅守中이오

▲二十一日에淸州參院의來着ᄒᆞᆫ의兵은槐山方面를經하야二拾二日의報恩等地로來着ᄒᆞ엿고

▲拾九日의德山邑內의셔의義兵二百餘名이蜂起ᄒᆞ야警務分派所을合擊ᄒᆞ야ᄂᆞᆫᄃᆡ補佐官二名이重傷하야全身의塗血ᄒᆞ얏다더라

東京電報

八月二十三日發

●人民遊覽 英國陸軍韓다프르ᄂᆞᆫ가世界를遊覽ᄒᆞᄂᆞᆫ路에日本으로九月末에來抵ᄒᆞᆫ다더라

◉慶甘休報

本日은大韓皇帝卽位ᄒᆞ시ᄂᆞᆫ日인故로慶祝ᄒᆞ기爲ᄒᆞ야一日休刊홈

▲秋士擊鋤▼

▲日本이韓國을經營ᄒᆞ야施政改善을假托ᄒᆞ고一切利益만攫取ᄒᆞ기로爲主하며全國人民이절之ᄒᆞ야讎ᄒᆞᄂᆞᆫ賊黨를使用홈으로民心이憤激하야騷擾가日起ᄒᆞ매日本人民의損害도不少ᄒᆞ니日本政黨은戀想ᄒᆞᆯ지어다數年以來에施行ᄒᆞᆫ政策이於韓於日에무슴利益이有ᄒᆞ얏ᄂᆞ

▲여보日本의手段으로新協約以後에韓國官吏[illegible]擧ᄒᆞᆫ디내內而各部院[illegible]而各府각郡에一切事務을[illegible]不占取ᄒᆞ고韓國官人[illegible]大臣이[illegible]니觀察이[illegible]守니ᄒᆞᄂᆞᆫ者色뿐이오[illegible]諸氏와[illegible]次持되얏스니참奇妙ᄒᆞᆫ手段이요

▲여보朝鮮兩班들갓이라도人性이잇거든좀生覺ᄒᆞ여보시오所謂三韓甲族이니先正子孫이니喬木世臣이니무삼수잇쇼米洲의土種과ᄀᆞᆺ치深山窮谷으로몰몰녀들어갈뿐[illegible]越南의氏族과ᄀᆞᆺ치靑天白日을보지못ᄒᆞᆯ터이니불상ᄒᆞ고답답ᄒᆞ오

▲大阪每日新聞에[illegible]統監[illegible]近日에元老會議를廢ᄒᆞ고韓國行政上에要ᄒᆞᆫ人物을選定ᄒᆞᆯ터인ᄃᆡ控訴院二個를新設ᄒᆞ고專히日本法官으로써組織ᄒᆞ야司法制度刷新의中心点을成ᄒᆞ다ᄒᆞ얏스니[illegible]이韓國官吏를手中에籠絡하다가[illegible]法司[illegible]置ᄒᆞ야新法律을施行코져ᄒᆞ니此所謂無人[illegible]이로고

▲各地方에義兵이蜂起ᄒᆞ야[illegible]目睹之[illegible]無[illegible]하미近日[illegible]義徒를撲[illegible]하고[illegible]略인지宣諭使를[illegible]ᄒᆞᆫ다[illegible]侍ᄒᆞ고功賴[illegible]

[illegible]總理李完用[illegible]宋秉畯[illegible]

▲[illegible]

雜報

關東消息

▲東人의 傳說을 據혼즉 原州鎭衛隊營門에는 日兵二百餘名이 入來호얏는디 義兵이 該地要路에 排陣호야 弓矢와 彈藥을 製造호며 民丁은 磚石을 運聚호야 [illegible]로 日兵이 義兵에 氣勢를 畏怯호야 不敢出頭혼다 호고

▲日前 忠州[illegible]面에서 日本騎兵隊가 [illegible]着호민 義兵이 迎擊호는대 [illegible]出砲一隊가 火繩銃을 持호고 茂林中에 突出호야 一時射擊혼즉 騎兵이 倒盡無餘호얏다더라

▲日昨 利川方面에서 日兵이 來到호야 義兵으로 交鋒호는대 山砲와 [illegible]銃을 敏速혼 手法에 死傷이 衆多혼즉 日兵이 敗走호다가 [illegible]에 放火호야 該地北面一帶가 [illegible]蕩無餘호야 滿目愁慘호얏다고

▲日前 日兵이 廣州火藥庫를 燒火時에 該地人民이 忿激호야 [illegible] 雖手無寸鐵호나 二人이 [illegible]日兵一名이라 호고 [illegible]動호 [illegible]態가 有홈으로 慶安面[illegible]面에 [illegible]說諭호고 已爲止戢호얏다더라

▲[illegible]祝 西友學會에서 本月二十七日(陰七月九日) 大皇帝陛下 卽位式擧行時에 慶祝[illegible]會員과 在京[illegible]은 伊日下午七點半에 [illegible]館으로 這這來叅호기[illegible]다더라

▲[illegible]報 忠州接[illegible]報[illegible]

金在殷氏家에 罔夜來到호야 適知호되 再昨에 日兵이 與義兵으로 三次交戰호얏는대 初次에 義兵二百名이 襲來홈을 擊退호얏더니 少頃에 又三百名이 襲來호매 又爲退却호고 我軍隊는 少게之際에 八百名義兵이 忽然히 四路로 分호야 襲擊호매 日兵은 手足을 失措호야 應戰치 못호야 陷沒을 當호고 郡守는 危急홈을 見호고 逃躱不在호며 我는 商品을 沒數拋棄호고 亡命逃來호야 飢渴을 不堪호깃다 호는 故로 該民家에서 一器飯을 給與호얏다더라

●辯護開設 辯護士 玉東奎 許憲 兩氏가 合同호야 法律事務所를 開設호얏는대 法理의 解釋이 明快호고 事務의 處理가 迅速혼 故로 人民이 其抑鬱홈을 伸張코져 호야 陸續往赴혼다더라

●農民難保 各地方義擾를 鎭壓혼 次로 日兵이 多數下往호는대 沿路農民의 牛隻을 强制力으로 彈丸과 軍器等屬을 載去호되 雇價를 不給호고 空手還送호는 故로 農民이 支保無路라더라

▲尹氏提議 [illegible]中樞院에서 例[illegible]建議[illegible] 發論호되 此地方人民의 騷擾之時호야 [illegible]信用之人으로 擇任호야 民情을 鎭撫호[illegible] 急先之務라 호[illegible] 建議호기로 可決호얏다더라

漢城西署[illegible]橋[illegible]作路 四十三統[illegible]

辯護士 玉東奎

辯護士 許憲

本人이 陰七月十二日夜 逢賊時에 姓名圖章을 見失 故로 玆以廣告호오니 內外國人은 見失圖章을 切勿施行홈 金相[illegible] 告白

本人의 姓名月圖章을 [illegible]說에 僞造圖章이 잇다 호기 前圖章은 廢止호고 新圖章을 行用호오니 內外國人은 照諒홈 裴東혁 告白

本學會에서 本月二十七日(七月十九日) 稱慶禮式 祝賀會를 伊日下午八時에 擧行호오니 僉會員은 齊會于事務所하심을 爲要

輔仁學會告白

全南務安郡居 金영와 與[illegible] 一相 山訟事 今平理院裁判之場에 [illegible]之立案이 綻露僞造 故 犯罪는 還[illegible] 知也且證人[illegible]押[illegible]로 已發 平理院訓令 而[illegible]不來[illegible] 押到[illegible]落科中罪 低於律法[illegible]以廣告홈

咸平邑 鄭在明 告白

本郡首書記 尹景赫 [illegible]心[illegible] 身無犯贓[illegible]無[illegible] 尹氏念此 時代民막[illegible]本郡使令五十餘名[illegible]各面私[illegible]八餘名多則 七八千兩少則五六千兩式 [illegible]故本守到任[illegible]期[illegible]來紀綱[illegible]如[illegible]然該使令[illegible] 尹氏[illegible]此亦不[illegible]使令魁首 金義明 리淳明 尹氏擇[illegible]起訴[illegible]部至於發訓[illegible]年爲始[illegible]令[illegible] 還徵私土入[illegible]之意[illegible] 本郡則[illegible]章程[illegible]五十餘名[illegible] 向私立名目[illegible]郡[illegible]呼訴[illegible] 部法部[illegible]懲法[illegible]廣告

黃州十八面民等 代 安相健 告白

⊙夜學員募集

本校에서 秋期[illegible]를 九月二日(陰七月二十六日)로 定호얏스니 舊學員은 趁期上學호려니와 新學員도 [illegible] 本月(二十二日)(二十三日) 下午八点에 本校로 來호야 [illegible]請願호[illegible]

課程 (漢語 日語) 隨意專門

時間 下午七点半至九点半

年齡은 十五歲以上

月謝金 二十五錢也

隆熙元年八月二十三日

中署[illegible]官立[illegible]語學校內

私立 東[illegible]夜學校 白

木[illegible]株式會社[illegible] 第一回[illegible] 今[illegible]資本[illegible] 京[illegible] 事務所[illegible] 公告

本人이 昨冬에 [illegible]夫호고 只與[illegible]叔鄭公逃노相依온바 시叔[illegible]性[illegible]雅호야[illegible]居[illegible]致永韓相[illegible]韓昌[illegible]이 百方誘引[illegible]出[illegible]京[illegible] 券을 僞造[illegible]多數[illegible]用호야[illegible]料[illegible]故로 足上[illegible]호오니 內外國人은 [illegible] 溫陽郡西面[illegible]李[illegible]史 告白

大韓自强會解散後에 [illegible]報代金 未收額[illegible]戶洪[illegible]家에서 [illegible]京[illegible] 을 抵[illegible]코[illegible] 購[illegible]시든 [illegible]은 [illegible] 로[illegible]시[illegible]

自强會 告白

本校에서 本月二十八日(陰七月[illegible]) 秋期開學호고 [illegible]學生을 募集호대 [illegible]年齡[illegible]十[illegible]歲以上 [illegible]내로 [illegible]本校에[illegible]

▲課程 漢文 歷史 地誌 修身학 算術 綱鑑 針工 圖畫 生理학 體操 [illegible] 尺牘 [illegible]

第[illegible] 日語 婦人敎師敎授 [illegible] 夜學科 [illegible]

辯護士 尹邦鉉

同 太明식

事務員 安必中

聯合法律事務

今番에 本人等이 商店을 新設호고 左開物品을 美國서 直輸入하얏스오니 僉君子는 愛顧하심을 伏望

▲洋鞋각種 인[illegible]靴各種

▲洋靴各種 時鐘各種

▲洋服(已成) 各種

▲上品氈帽 油帽 油衣

▲房帳各種 刀子各種

▲花布各種 반자紙各種

▲비누各種 양산자각[illegible]

其他洋服附屬品[illegible]有

西署 夜照峴 三街里二層洋[illegible]

民事訴訟代理와 刑事[illegible] 定額[illegible] 務를 迅速處理홈

漢城中[illegible]瑞麟坊 許屛 [illegible]

本會에서 本月二十七日(陰七月十九日) 下午五時에 祝慶의 禮式을 擧行하와 忱誠을 表호라 호오니 本會會員은 齊臨호오심 大東學會

△第一回學員募集 告廣

本校에서 第一學年 試驗을 [illegible] 九月[illegible]

課程 本校規則에 依홈

年齡 十五歲以上

試取 [illegible]

試取科目 本國歷史 讀書 作文 本國地誌 算術 四則以內

開學日 九月六日

光武十一年八月一日

漢城 中署 普成中學校

東文[illegible] 全一冊 金七十錢

新撰地文學 全一冊 金四十錢

生理衛生學 全一冊

[illegible]

皇城[illegible] 第一期 秋期學員募集 告廣

[illegible]九月[illegible]

[illegible]

收入廣告

◉國債報償義捐金

八月中本社收入總額、每日逐号明細錄

◉八月二十三日

第一五○七号利川邑倉前里鄉務社第三回　三拾一원

第一五○八号順天郡國債報償義務社第一回　七拾七원六拾五錢

計一百○八圓六拾五전

八月二十三日싸지收入總額　一千三百四拾九圓五拾二錢

自四月至七月收入總額　五萬二千九百七十五圓六十四錢九厘

都總合五萬四千三百二十五圓十六錢九厘

◉利川邑倉前里鄉務發社

第三回鉢面자藤里

先達高俊근 拾圓　김敬元

리德根　리膺汝　각五拾戔

리公武　韓錫貞　各一圓

박致實　趙景和　各廿錢

韓公弼　姜國甫　鄭錫奉

구景德　김興壽　복正玉

최春和　리公玉　박基天

리泰遠　국廿전　朴영國

韓君弼　각십전

◬鉢面石塘里

리榮懲　鄭敎敎　리敏華

각世전　리台魯　車光魯

각廿전　나鳳世　宋鳳寅

각十전

◬鉢面於農동

박齊明　五圓　김永佑

一원五十錢　박召史　朴鳳壽

복영玆　오大根　김영과

김永문　국五拾전　오龍甫

복云京　리學운　정奎漢

車致明　韓樂西　安周伯

박應瑞　윤永實　박幾京

安伯敎　김致京　徐聖京

…永均　…廿錢　리允楷

三십전　安春三　김春日

尹錫求　박基鉉　박基영

정香燮　각十전

合三拾一원

前號總合五萬三千九百四拾二圓○一錢九厘

都總合五萬三千九百七十三圓○一전九厘

◎特別廣告◎

國債報償金三日間所捧은姑未合計이고伊前日의所捧總合五萬三千八百四拾一圓八拾七錢은電氣會社內銀行에貯置ᄒᆞ얏솝고其貯置額中三萬三千三百圓은國債報償志願金總合所로起交홈

廣告

◉일본遊覽者募集

一遊覽會員募集　人員은五十名으로一團을成ᄒᆞ니참입인을不問ᄒᆞ고速히請入ᄒᆞ시옵

一遊覽地　東京博覽會와밋京都大阪神戶

一往復일數　더延十七일間

一浮費　遊覽費及手數料을合ᄒᆞ야總計四十八圓

一出發일　請入順次를從ᄒᆞ야出發三일前에直接히通知홈

一請入所　在京성各신聞社及十八銀行경성支店　天一銀行

一會員은遊覽을終ᄒᆞ야開散ᄒᆞᆫ後と本會와關係가小無홈

一南대門서釜山으로直行ᄒᆞ얏지或은東경으로直行ᄒᆞᆫ者의對ᄒᆞ야도同一便法으로同行請入을應諾홈

일本人遊覽協會事務所경성南대門通

東亞商會

越南亡國史

定價貳拾伍錢

發賣所 京城[illegible]書舘

[illegible]書舘

布屛下 김相萬 告백

[illegible] 제군은다수이팔녀오시압

최상춘 고빅

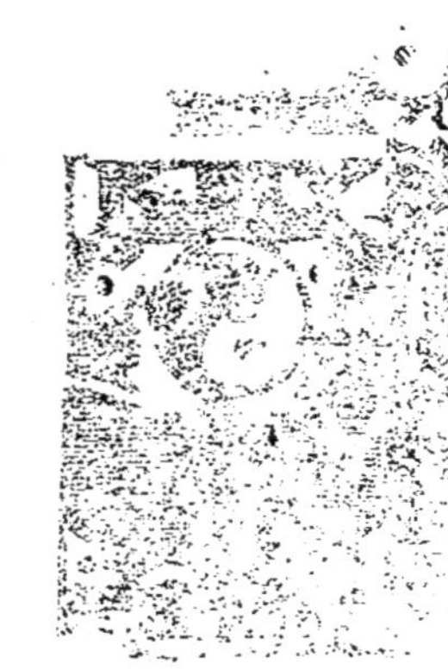

이상ᄉᆞᆷ 죵은상 픔으로 제죠ᄒᆞ 야위싱 상에지 국유익 ᄒᆞ니무 론모인 ᄒᆞ고본 사에셔 림ᄒᆞ옵

대한제국인천항

제물포지권연연초회사

일 [illegible]농우유

일 금인표현농견우유

일 무쌍가유미화락

일 ᄲᅢ—든쓰제조믹분화 함우유

이상은상시에져축ᄒᆞ얏솝

미국츅유항ᄲᅢ—든쓰농견우유회사

일수더리점　대한인천항

세창양힝

세창양힝

◉구젼령ᄉᆞ라　본인이ᄉᆞ방법을신비ᄒᆞ야제조ᄒᆞᆫ령단인디남녀노소에무론ᄒᆞ고징ᄒᆞ고통치하오며무병시에도복ᄒᆞ면경심의신체가건강ᄒᆞ며소아는ᄉᆞ오젼죵만복ᄒᆞ면섭세안에무병ᄒᆞ기를담보ᄒᆞ오며

◉구젼령ᄉᆞ만응단은셔광　한경과즁풍제질과이목제병과림질에신효ᄒᆞ오

◉구젼령ᄉᆞ보명단은소셩소아　경풍　간긔　회소　부창졔반약징신효ᄒᆞ오

◉구젼령ᄉᆞ졔중단은쥬쳬　식체　혈괴　토ᄉᆞ　곽난　이질　토혈　ᄒᆞ혈　운긔　시질　산징신효ᄒᆞ오

◉구젼령ᄉᆞ자금단공시뢰　결렴　샹감창　ᄒᆞ감창급당챵과제반독챵악종에무불신효ᄒᆞ오니쳠군자는뇌분ᄒᆞ시와너슈ᄉᆞ졍득갑미골샹우제일가

리호경이ᄉᆞ　고빅

◎代金[illegible]

一個月 [illegible]　六個月 [illegible]　一個年 一圓七拾錢 [illegible]

郵稅一部 [illegible]

[illegible]

大韓每日申報各處支社

平壤上水口門內 [illegible]

仁川[illegible]　宣川邑[illegible]　義州[illegible]　金浦[illegible]　三和港[illegible]　開城[illegible]　大邱[illegible]　元山[illegible]　淸州[illegible]　安州[illegible]　公州[illegible]　定州[illegible]　[illegible]

發行兼編輯人 英國人 [illegible]

發行所 南署石井洞[illegible]

大韓每日申報社

第五卷

大韓每日申報

第六百號

月曜及慶節 發時日休刊

檀君開國四千二百四十年
箕子元年三千二十九年
大韓開國五百十六年
日本明治四十年
淸國光緖三十三年
陰曆丁未七月大二十一日戊戌

論說

◎韓國礦產規則　商務派遣人所述

新編ᄒᆞᆫ韓國礦產規則을實行ᄒᆞᆫ이已經一年ᄒᆞ엿ᄉᆞ니日人의發得ᄒᆞᆫ礦產을開採ᄒᆞᆷ이幾何인지吾人이願知인바日人이外人의게讓渡ᄒᆞ라ᄂᆞᆫ礦處의數爻ᄂᆞᆫ商擺在대開採業務의既成이甚少或全無ᄒᆞᆫ지라

日人이所得礦產을不能發達ᄒᆞ진된此를何以附之ᄒᆞᆯ지亦一問題로다然則以此礦產規則으로日本의所得利益이雖何오此規則이外人의게不美之擧를作ᄒᆞᆷ은一般所知어니와且其事態에着加詳察이면此乃日人의利益만純然히爲ᄒᆞᆷ이오其他外人은不顧ᄒᆞ엿다斷言ᄒᆞᆯ지니是豈均商政策이리오然이나此規則이反히日本의게危害를已加ᄒᆞ엿고且將更加ᄒᆞ리니南滿鐵道의典執得債事가失敗됨도此規則을幾多關係ᄒᆞᆷ인즉은不足驚異라益倫敦에一般資本家들이此國內에礦產或鐵道事業을共ᄒᆞᆯ기에其路가已絶故로甚是不便이로다

特派員人으로不勝驚異케ᄒᆞᄂᆞᆫ거ᄂᆞᆫ今月十六日에發刊된日本메일報에記載ᄒᆞᆫ거시라其云ᄒᆞ엿스되宮內府에셔農商工部로讓渡ᄒᆞᆫ二十三處礦產을請願ᄒᆞᆫ이如此ᄒᆞ니부산氏가五處요부지다씨가四處오가무라氏가十處오名不詳外人이一處오호와이氏가一處오진다氏가五處라ᄒᆞ엿도다請暫量度ᄒᆞᆯ지어다

此礦이農商工部로移付된지가不滿一朔이어ᄂᆞᆯ如右諸人이奚暇에四五乃至十處를看審ᄒᆞ며測量ᄒᆞ며繪圖ᄒᆞ야請求ᄒᆞᆷ에既至ᄒᆞ엿나ᄂᆞᆫ雖設ᄒᆞ라地球上에居生ᄒᆞᄂᆞᆫ以後外人으로此期限에此事務를何以能究就ᄒᆞ엿ᄂᆞᆫ고以余量度으로ᄂᆞᆫ日人이自身으로不能究就ᄒᆞ엿스리니由是로可以斷言ᄒᆞ거ᄂᆞᆫ農商部에移屬될거슨果爾當에日人의게通知ᄒᆞ야地圖等必要件을預備케ᄒᆞᆷ이是也라此를無偏ᄒᆞᆫ均商이라고可稱耶아如此行動과且於本內에서唱導ᄒᆞᄂᆞᆫ日韓關稅同盟之議가彼一般外人으로驚怪疑訝케ᄒᆞ니日本의現今財政形勢로觀之컨대日本의當行ᄒᆞᆯ政策은雖內心에不甘ᄒᆞ더라도外人事業을獎勵ᄒᆞᄂᆞᆫ것시勝計요淺見으로從生ᄒᆞᆫ如此礦產規例와關稅聯盟으로外人을逐送ᄒᆞᄂᆞᆫ거슨下策이라若日人이下策을固執ᄒᆞ면其得債能勢ᄂᆞᆫ現今보다도尙復多艱ᄒᆞ리로다

官報

◎第三千八百五十五號
隆熙元年八月二十七日

◎宮廷錄事

掌禮院卿臣李重夏謹
奏今此追封
皇后時
諡孝殿冊寶進入臣擬上事
奏下矣不敢
冊寶撰上時以領議政行事而今宮與前行事何以爲之乎敢
奏
旨以正使擧行

掌禮院卿臣李重夏謹
奏今此
皇帝陛下卽位後各祭享
祝式當爲改正矣
廟　殿　宮　陵　園　墓
祝文干支下當有措語添入謹具
謄錄以　入而
圜丘以下各祭享
祝文間依例以
皇帝陛下敬遣臣某敢昭告于
擧行謹上　奏　祝文中措語
干支下(加因書)
太皇帝陛下…
皇帝臣御諱敢昭告于
旨依所奏施行

宮內府特進官李道宰自引疏
批旨省疏具悉往事何必爲引卿其勿辭行公
宮內府特進官成健鎬辭職疏
批旨省疏具悉所請依施
宮內府特進官延哲自引疏
批旨省疏具悉往事何必爲引卿其勿辭行公

敍任及辭令

依願免本官
…
解…
命…

◎第三千八百五十六號
隆熙元年八月二十八日

宮廷錄事

宮內府大臣陸軍副將勳一等臣李允用謹
奏　謹依與　進上肉旣自…府行訓令部以爲擧行者而時多民弊矣此時民情不可不念從…國皆將爲撤饌而應供肉亦不可停廢矣並依謄錄代用何如謹
上　奏　奉
旨依奏

山猪　當猪代用
熊　牛代用
鹿　羊代用
獐　自京貿用
　　自京貿用

宮內府大臣陸軍副將勳一等臣李允用謹
奏
英親王宮號今已廢止則所屬財…移屬于何處乎敢
奏　奉
旨依奏移屬于慶善宮

敍任及辭令

帝室會計審查局長…
祕書監丞…
解…任掌禮院…
祕書監丞金…
命…任掌禮院掌禮
知敦寧司事閔泳…
命懿孝殿收…　主書寫官
騎兵副領尹致…　參領…
正尉…　副尉洪完植
補侍從武官府侍從武官
參領金應善　正尉張…
補陪從武官府陪從武官
騎兵參領…　正尉…
工兵副尉…
補軍部大臣官房副官
副尉全永…

◎東京附近大洪水　東京電…
…東京附近神奈川…
…
五十年來…
…

◎…
…

交涉中이라더라

[illegible]

雜報

◎卽位禮式 再昨日 大皇帝陛下서卽位禮式을惇德殿에서行禮ᄒᆞ시ᄂᆞᆫ디親勅任官만入參ᄒᆞ고禮畢後中和殿에서奏判任官까지入參ᄒᆞ야權停禮로陳賀式을擧行ᄒᆞ시ᄂᆞᆫᄃᆡ新大禮服을未備ᄒᆞᆫ人은厚祿古套와舊大禮服을無礙着用ᄒᆞ고同日下午七時에賜宴ᄒᆞ시ᄂᆞᆫ대燕尾服이無ᄒᆞᆫ人은不得入參ᄒᆞ얏다더라

◎慶祝費分撥 各府部院廳으로慶祝費五百圓을內下ᄒᆞ옵시고分排以給ᄒᆞ라ᄒᆞ옵셧다더라

◎洪守回程 洪川郡守南龍회씨가赴任次로發程下去타가中路에서義兵騷擾로道路가阻絕ᄒᆞ야勢不已ᄒᆞ야日昨에還歸上京ᄒᆞ얏다더라

◎軍大發程說 各地方不穩ᄒᆞᆷ을鎭靜ᄒᆞ기爲하야日本에電報ᄒᆞ고單兵二師團을請求ᄒᆞ얏더니該事件의關ᄒᆞ야軍部大臣李秉武씨가日間發程ᄒᆞᆫ다ᄂᆞᆫ說이有ᄒᆞ더라

◎慶祝宴會 再昨日公故後下午八時에內閣에서總理大臣以下各部大臣과內外國紳士及新聞記者를會同ᄒᆞ야宴會ᄒᆞ얏다더라

◎有何戒嚴 總理大臣以下各部大臣이再昨日陳賀公故時에詣闕ᄒᆞᆯ時에有何戒嚴ᄒᆞᆫ事이던지坊曲에日巡査及憲兵等이羅列ᄒᆞ얏다더라

◎政院爲[illegible] [illegible]主殿院을廢止ᄒᆞ야宮內府로名稱ᄒᆞ야警視廳에附屬ᄒᆞ고警務官一人과總巡二人과巡檢五十名을置ᄒᆞᆫ다더라

◎辯護請認 [illegible]北檢事안秉瓚氏가法部에辯護士認許를請願ᄒᆞ얏더라

◎斷髮抑勸 內部에서斷髮訓飭을發布ᄒᆞ얏ᄂᆞᆫ대漢城內人民의理髮變服遵行與否를調査ᄒᆞ야閒容侯ᄒᆞᆫ後에不爲遵行ᄒᆞᄂᆞᆫ者ᄂᆞᆫ警視廳에서抑勸實施ᄒᆞᆫ다더라

◎觀察危境 忠北觀察使李鍾成氏ᄂᆞᆫ管下各郡에巡回ᄒᆞ다가危險ᄒᆞᆫ境遇를當ᄒᆞ얏다더라

◎廢憲爲巡 憲兵司令部廢止ᄒᆞᆫ다ᄂᆞᆫ說은前報에揭載ᄒᆞ얏거니와該隊長李用漢氏가憲兵七十名은巡檢으로使用ᄒᆞ고下士尉官並二十五名은總巡으로敍任ᄒᆞ라고現今警視廳에交涉ᄒᆞᄂᆞᆫ中이라더라

●忠義感泣 向日侍衛隊長박星煥氏殉節時에該隊副尉南相悳氏가忠憤이激發ᄒᆞ야兵丁을指揮ᄒᆞ야日兵과交戰ᄒᆞᄂᆞᆫ되日將梶原은日俄戰爭時에捷勝을成ᄒᆞᆫ人이라相敵ᄒᆞᆫ時頃에梶原이가南相悳氏銃丸에中死ᄒᆞᆫ지라韓兵의彈丸이幾盡ᄒᆞᆷ을見ᄒᆞ고日兵이毒戰ᄒᆞ야南氏亦殉節ᄒᆞ얏ᄂᆞᆫ되四日後에尸體를披覓而還ᄒᆞ엿ᄉᆞ니只今各兵丁들이南氏의忠勇과智略을感泣不已ᄒᆞ고日兵도梶原에致哭ᄒᆞᆷ을愛惜不已ᄒᆞᆫ다더라

●一洞沒燒 解說을聞ᄒᆞᆫ즉呂州郡天陽地ᄂᆞᆫ義兵의根據라ᄒᆞ야日兵이衝火ᄒᆞ얏ᄂᆞᆫ되一洞이沒燒ᄒᆞ얏다더라

●民戶沒燒 砥平郡長水洞에서ᄂᆞᆫ義兵과日兵이接戰ᄒᆞ다가日兵이放火ᄒᆞ야二百餘戶가延燒ᄒᆞ얏고老弱航하야拾名이燒死ᄒᆞ얏다더라

●日巡査의暴惡 再昨日南大門停車場에서觀光者中一人을以遲緩退去라하야日巡査二名이銃器로써無數攻擊ᄒᆞ야胸與腰가重傷이라더라

◎韓日一色 日巡査의服裝을韓國巡檢과同一히ᄒᆞ기로酌定ᄒᆞ얏다더라

◎趙氏被招 昨日法部大臣趙重應氏가有何質問事인지商業會議所前會頭趙鎭泰시를該部로招來하얏다더라

◎服價空費 警視廳總巡諸氏가日昨陳賀에入參ᄒᆞ라고禮服一件式製造ᄒᆞ얏더니該廳에서判任官은不得進參이라ᄒᆞ야停止ᄒᆞᆫ故로禮服價一千五百兩式만空費ᄒᆞ얏다더라

●人民破逐 再昨夜各部에서慶祝宴을設하고妓樂이喧籍ᄒᆞᆫ대農商工部와度支部에서傍觀ᄒᆞᄂᆞᆫ人民이如山如海ᄒᆞᆫ지라巡檢과巡査와兵丁을請求ᄒᆞ야人民을驅逐ᄒᆞᄂᆞᆫ故로衆說이沸騰ᄒᆞ얏다더라

●一進陰害 日警部渡邊씨가陰本月十八日에貞洞耶蘇教堂에來到質問하되耶蘇教人이韓國事에對ᄒᆞ야連絡ᄒᆞ야有何運動力이라ᄒᆞ며靑年會에서各地方에發文ᄒᆞ야人民을激起ᄒᆞᆫ다ᄂᆞᆫ說이有ᄒᆞ니果有確據否아ᄒᆞ거ᄂᆞᆯ該教堂에서宣教師가答ᄒᆞ되教人은元來宗教에만信入ᄒᆞ기로注意ᄒᆞ고政界上에ᄂᆞᆫ少無關係ᄒᆞ니近日一進會員들이教人을暗害ᄒᆞ라고無據之說을釀出ᄒᆞᄂᆞᆫ거시니此等陰凶之說을更勿信聽ᄒᆞ라ᄒᆞ얏다더라

◎稅主避禁 蔚珍郡稅務主事元敬常氏가度支部로報告ᄒᆞ되本郡無賴輩錫愛圖培張鎭守等이無知愚氓을煽動ᄒᆞ야妨害稅政ᄒᆞ로旣有所報어니와三漢이今此投入義徒ᄒᆞ야本月十四日夜에引率二百餘名ᄒᆞ고突入于本郡ᄒᆞ야衙內及民戶ᄒᆞ며搜索本員ᄒᆞ야將爲捉去하ᄂᆞᆫ지適其時에出張平海邑이러니該徒가亦爲追到欲害ᄒᆞᆫ은禍色이迫近時刻이기勢不得已ᄒᆞ야堅要文簿若干束裝ᄒᆞ고與本郡鄕便所로避身ᄒᆞ야平海의幸得避身ᄒᆞ고現方滯留於慶北[illegible]日前의回形便ᄒᆞ야卽爲還署라ᄒᆞ얏다더라

◎無恥不義

▲京城忠州電信線路百餘里間에電桿電線大部分을利川義兵이絕斷ᄒᆞᆷ으로不通이되얏ᄂᆞᆫ대開通이無期ᄒᆞ다하고

▲二拾七日各地方情報를據ᄒᆞᆫ즉京城環圍坡州祭廳里에經過ᄒᆞᆫ電線三百二拾九間이絕斷되엿고

▲楊根廣灘義兵은尙今屯聚ᄒᆞ야廣州邑與民의避亂ᄒᆞ기를宣言하고只이歸來ᄒᆞ기를待ᄒᆞ야一齊襲擊ᄒᆞ기로決定하엿고

▲新昌居崔德汝ᄂᆞᆫ往年에東學黨接主로指揮排日主意를唱道ᄒᆞ더니其黨羽使求시가京城變亂에殉死ᄒᆞᆷ을聞ᄒᆞ고不勝憤激ᄒᆞ야尹某와더부러同謀ᄒᆞ고柿田에서人民을煽動하고徒黨을嘯聚ᄒᆞᆫ다ᄂᆞᆫ이라ᄒᆞ고

▲二拾二日報恩郡山外西院坪동의서義兵四拾名이來到ᄒᆞ야人民을煽動ᄒᆞ야黨類와銃器를募集하고郵便取扱所醫務分派所를襲擊ᄒᆞ다揚言하며尙州方面으로向ᄒᆞ엿다하고

▲二十二日鎭川의ᄂᆞᆫ白巾을着ᄒᆞᆫ銃器를携ᄒᆞᆫ從黨七八十名이來襲ᄒᆞ야飮食草鞋를徵發ᄒᆞ고附近村落의往ᄒᆞ야資財와銃器를徵發ᄒᆞ다ᄒᆞ고

▲십八日英陽의ᄂᆞᆫ義兵二三十名이邑中에侵入ᄒᆞ야分派所와郡衙와郵便取扱所를砲擊ᄒᆞᆫ대郡守以下ᄂᆞᆫ避亂ᄒᆞ고義兵은隊伍를整齊하고東方으로向ᄒᆞ엿다ᄒᆞ고

▲眞寶의有名ᄒᆞᆫ義魁申돌石部下一百五拾名을率ᄒᆞ고二拾一日에馬頭로向ᄒᆞ고義將[illegible]ᄂᆞᆫ府杆方面으로向ᄒᆞ얏ᄂᆞᆫ대衆皆砲銃[illegible]엿다ᄒᆞ고

▲眞寶의義兵一部ᄂᆞᆫ靑松郡에侵入ᄒᆞ미郡民이卽担應附하야勢甚猖獗ᄒᆞ다ᄒᆞ고

▲平돌石에一隊二三拾[illegible]盜德을襲擊ᄒᆞ얏ᄉᆞ나日人은見機逃走ᄒᆞᆫ지라同地에在ᄒᆞᆫ平素의同志者를揮動ᄒᆞ야三陟으로向ᄒᆞ얏고

▲慶北各郡에義兵이蜂起ᄒᆞ야四方에橫行ᄒᆞ매其數가各各四五百에不下ᄒᆞ며平海寧海兩郡에도義兵이遍滿ᄒᆞ얏다ᄒᆞ고

▲拾五日三陟에義兵이所達末若兩面에侵入ᄒᆞ야將次三陟城內에突入ᄒᆞᆫ다ᄒᆞ야勢漸不穩ᄒᆞ고

▲江陵에ᄂᆞᆫ沿海邊外에面面村村히老少人民이箇箇義兵에應附ᄒᆞ야一箇良民이無ᄒᆞ고皆壁이大振ᄒᆞ다ᄒᆞ고

▲江原忠北兩道를跨ᄒᆞᆫ義兵數千名은榮川方面을中心으로合고集合ᄒᆞᄂᆞᆫ貌樣이有ᄒᆞ고日軍中隊ᄂᆞᆫ先此知機ᄒᆞ고準備旣完이라ᄒᆞ고

▲八月二十四日에日本步兵第一聯隊明石少佐部下의서將校斥候가楊根白동으로進ᄒᆞ야東方千餘未突高地의서展望ᄒᆞ고高橋中尉의數十兵은龍門등方面으로向進ᄒᆞ야[illegible]生死[illegible]搜探ᄒᆞ더니蓮[illegible]에서義兵이突出ᄒᆞ야一與接戰ᄒᆞᆯᄉᆡ日軍中隊ᄂᆞᆫ鶴동東方高地로散開ᄒᆞ야遠々히射擊ᄒᆞᄂᆞᆫ대二小隊鈴木小尉ᄂᆞᆫ數拾名을率ᄒᆞ고縣嶺동에來하야民家를燒火ᄒᆞ고同日夕陽에日軍中대ᄂᆞᆫ蓮安幕西方高地에前進ᄒᆞ미義兵이逆擊ᄒᆞ얏고第三小대田川小尉ᄂᆞᆫ數拾名을率ᄒᆞ고蓮安寨에來到ᄒᆞ야民[illegible]燒却ᄒᆞ고義兵百餘名[illegible]名[illegible]作대야龍門등에서混동ᄒᆞ[illegible]ᄒᆞ얏고日軍ᄂᆞᆫ대로[illegible]營에[illegible]ᄒᆞ야ᄂᆞᆫ疲困이太甚ᄒᆞ고飢渴을難堪ᄒᆞ야行且不得ᄒᆞ고且且難得하야龍門寺南方高地에서不得已露營ᄒᆞ고

▲二拾五日에日兵이龍門동淵村幷其附近村落을燒却하엿고

▲東來木商에所傳을據ᄒᆞᆫ則呂州甓寺下江中으로日兵이乘船下去ᄒᆞᄂᆞᆫ되義兵이左右山壁에서突出ᄒᆞ야一時에射擊ᄒᆞ야沒數捕獲ᄒᆞ얏다더라

東京電報

●東京孤立 각地에水害甚烈ᄒᆞ야東京에通ᄒᆞᄂᆞᆫ각鐵道가悉破損不通ᄒᆞᆷ으로當地ᄂᆞᆫ孤立ᄒᆞᆫ狀態라더라

▲倚劍冷笑▼

▲近日內閣에서義援을安戢ᄒᆞᆯ方策으로宣諭使를設定ᄒᆞᄂᆞᆫ되四色으로分排ᄒᆞ야各地方에下送ᄒᆞ니義兵도四色義兵이有ᄒᆞᆫ지四色宣諭使가曉喩하면義兵이一時에解散ᄒᆞᆯᄂᆞᆫ지

▲各番各軍隊解散ᄒᆞᆫ中에領尉官의志願을隨하야日本守備隊營門에派送ᄒᆞ야見習ᄒᆞ기로擬議ᄒᆞᆫ되志願者가不過幾十名이오學資金은每名每朔[illegible]圓이하하니向ᄒᆞ日本留學을中[illegible]에陸軍[illegible]에入學코저ᄒᆞ되[illegible]入치아니ᄒᆞ니今番尉官의[illegible]習의教授를잘ᄒᆞᆯᄂᆞᆫ지

▲忠淸北道義兵偵探費二千圓을度支部에서支援하엿ᄂᆞᆫ대內閣에서ᄂᆞᆫ義兵을大韓人民으로知치아니ᄒᆞ고敵國으로視ᄒᆞ야安撫ᄒᆞᆯ計劃은無ᄒᆞ고偵探費를支援ᄒᆞᄂᆞᆫ되偵探費를支援ᄒᆞᆷ이며이면日本서支援ᄒᆞ지

▲度支部鑄解部에貯置ᄒᆞᆫ亦銅五分錢一萬七千圓及棄ᄒᆞᆫ五百餘萬枚를昨[illegible]하얏[illegible]鎔融[illegible]

▲中樞院議官尹喆炳氏ᄂᆞᆫ[illegible]에發論ᄒᆞ되[illegible]情이騷擾하[illegible]富饒民[illegible]ᄉᆞ니郡[illegible]內大臣善準[illegible]ᄂᆞᆫ奏케ᄒᆞ[illegible]

▲近日一進會員들이自己家에入處ᄒᆞ면杜門思咨ᄒᆞᄂᆞᆫ대服仲模氏와洪肯燮氏가[illegible]一齊謝絕ᄒᆞ다니羞恥之心이有ᄒᆞ야그러ᄒᆞᆫ지畏懼之情이有ᄒᆞ야그러ᄒᆞᆫ지守穴[illegible]이로고

▲度支部技師(造幣局鑄解技師)西尾[illegible]往年日俄戰爭의功勞로勳[illegible]金二百六十圓[illegible]니日俄戰爭功勞[illegible]勳ᄒᆞᆫ것시[illegible]章製給ᄒᆞ기[illegible]韓國[illegible]ᄒᆞ겟고

▲再昨日[illegible]漢城人民이慶賀ᄒᆞ[illegible]値ᄒᆞ야台[illegible]外日兵이무삼[illegible]야[illegible]門[illegible]니韓[illegible]視도못하겟고

▲俄國[illegible]대芬蘭[illegible]獨의財[illegible]財ᄒᆞ야ᄂᆞᆫ只[illegible]往ᄒᆞ야又爲[illegible]을期ᄒᆞ得逐ᄒᆞ[illegible]다ᄒᆞ니[illegible]一個[illegible]實論[illegible]事功[illegible]繼嗣이具有ᄒᆞᆫ男子[illegible]有ᄒᆞᆫ人士ᄂᆞᆫ彼處[illegible]하면언지感[illegible]起[illegible]思想[illegible]無ᄒᆞ리오

廣告

公文

京釜鐵道用地賠償金을 左記日字及處所에셔 交付ᄒᆞᆯ터이니 地段收用ᄒᆞᆯ 當時에 土地所有ᄒᆞ얏던 債權者ᄂᆞᆫ 賠償金領受ᄒᆞ기 爲ᄒᆞ야 該期日午前九時로셔 午後五時ᄭᆞ지 印章을 携帶ᄒᆞ고 來到ᄒᆞᆯ事 但本人又ᄂᆞᆫ 其相續人이 親自來到홈을 要ᄒᆞ고 他人으로ᄒᆞ여금 代理出頭케홈을 不得ᄒᆞᆯ事

隆熙元年八月二十三日 度支部會計課

交付期日	交付ᄒᆞᆯ停車場名	來到ᄒᆞᆯ土地所有者所屬郡名
九月 三日	始興	始興
九月 四日	軍浦場	果川廣州
仝 五日 六日	水原	水原
仝 七日 八日	振威	振威
仝 九日	西井里	陽城
仝 十日 十一日	成歡	稷山
仝 十二日 十三日	天安	天安
仝 十四日 十五日	全義	全義
仝 十六日 十七日	烏致院	燕岐淸州
仝 十八日	永同	永同
仝 十九日 二十日	黃澗	黃澗
仝 廿一日 廿二日	金泉	金山開寧
仝 廿三日	倭館	仁同
仝 自廿四日至廿六日	大邱	漆谷大邱
仝 廿七日 廿八日	慶山	慶山
仝 廿九日 三十日	淸道	淸道
十月 一日 二日	密陽	密陽
仝 三日 四日	勿禁	梁山
仝 五日 六日	草梁	東萊

本人畓十九石餘斗落 在於利川沙北面新대交러니 日前에 文券見失ᄒᆞ온ᄌᆞ 如或浮浪輩가 收拾文券ᄒᆞ야 爲典賣이거든 勿論內外國人 毋至見欺後悔를 爲望

閔[illegible]玹 告白

漢城西署松峴新作路 四十三統二戶
辯護士 玉東奎
辯護士 許憲
合同法律事務所

新築工事落成移轉廣告

本行에서 南署廣通坊大廣橋에 營業所新築工事를 落成ᄒᆞᆫ故로 來九月二日부터 該所에서 營業ᄒᆞ깃ᄉᆞᆸ기 玆에 廣佈ᄒᆞ오니 僉君子ᄂᆞᆫ 照亮ᄒᆞ신後 陸續去來ᄒᆞ심을 要홈

資本金 四拾萬圓
政府貸下金 三拾一萬四千二百圓
農工債券 拾五萬圓
當座預金 日步一錢二厘
小額預金 日步一錢六厘
支店所在地 忠州 公州 鏡城 春川 江景浦

南署廣通坊大廣橋
株式會社 漢湖農工銀行
(電話五二四番)

本人이 家舍를 西署盤松坊池下契新村 二拾九統六戶 瓦九間半은 덩煥珉의 名下와 東署仁昌坊伏車橋下 九統十戶 草十二間은 金聖文의 名下로 買置矣러니 正月分에 遭父故悲惶中 兩處家券을 見失하얏스니 親疎間無論誰某ᄒᆞ고 右券을 拾得ᄒᆞ야도 休紙施行하고 或有典執이라도 內外國人은 勿爲見欺홈

內需司二十六統七戶 金珍衡 告白

◉夜學員募集廣告

本校에서 秋期開學日字를 九月二日(陰七月二十六日)로 定ᄒᆞ얏ᄉᆞ오니 復學員은 趁期上學ᄒᆞ려니와 新學員도 繼續募集ᄒᆞ오니 願學人은 陰曆本月(二十一日二十二日)下午八点에 本校로 來ᄒᆞ와 請願ᄒᆞ기를 爲要

課程은 (漢語 日語) 隨意專門
時間 下午七点半至九点半
年齡은 十五歲以上
月謝金 二十五錢也

隆熙元年八月二十三日
中署典洞前官立漢語學校內 私立中東夜學校 告白

本校에서 本月二十六日(陰七月十八日)에 秋期開學ᄒᆞ고 再次學生을 募集ᄒᆞᆫ대 年齡十歲以上 十九歲以內로 應選ᄒᆞ오니 願學令孃은 此月晦내로 本校에 來議하시옵

▲課程 英文 漢文 歷史 算術 地誌 修身학 圖畫 編物 針工 體操 風琴 生理학 尺牘

北署壯洞 進明女學校 告白

拜補益藥水

이약은 대미국사ᄅᆞᆷ 방보씨가 지은것이니 세상사ᄅᆞᆷ들이 괴질이 약ᄒᆞ야 매양 묘슈홈을 근심ᄒᆞ야 다년 혈심으로 궁구ᄒᆞ고 궁구ᄒᆞᆫ야 이약을 신발명ᄒᆞᆫ것인대 효이 이신긔ᄒᆞ야 세계각국셔 이약험로 효험본자、젹지아니ᄒᆞᆫ고로 본인도 우리동포를 위ᄒᆞ야 미국방보회사와 계약ᄒᆞ고 이약슈출ᄒᆞ니다가 동포의 소쳥을 공급홈

효력 이약 쓰ᄂᆞᆫ대ᄂᆞᆫ 부족증 뇌졈병 지못ᄒᆞᄂᆞᆫ병 심음ᄒᆞᆫ대 노한증 허한증 적병(속병) 쳔축증 월우부족 허약ᄒᆞᆫ대와 연주창 중병후 오슴소릐 셜ᄉᆞ 리질 싱산못ᄒᆞᄂᆞᆫ대 신긔부족 낙되ᄒᆞᆫ대

발매소 경셩남대문안 상동교당압 약문서관

本人의 姓名圖章을 現說에 僞造圖章이 이라ᄒᆞ기 前圖章은 廢止ᄒᆞ고 新圖章을 行用ᄒᆞ오니 內外國人은 照諒홈

設[illegible]혁 告白

本學館에서 新學員을 增募ᄒᆞ오니 入學志願者ᄂᆞᆫ 本月晦日內로 入學請願書를 提呈ᄒᆞ고 試驗科目等은 本館 號新聞을 參閱ᄒᆞ시옵

試驗日字 陽八月三十一日 陰七月二十三日

皇城基督教青年會學館 告白

本校에서 今月卅一日(陰曆七月二十三日) 開學ᄒᆞ깃ᄉᆞ오니 僉學員은 屆期來學ᄒᆞ시옵

私立晉光學校

本人이 昨冬에 喪夫ᄒᆞ고 只與시叔鄭公述노 相依ᄒᆞᆫ바 시叔의 性本淵雅ᄒᆞ야 在家讀書ᄒᆞ더니 本洞居悖類 崔致永 韓相一 韓昌先 等이 百方誘引ᄒᆞ야 出沒京鄕에 다 券을 僞造ᄒᆞ야 內外國人에게 債錢을 多數得用ᄒᆞ야 物徵於本人 計料故로 足上奉ᄒᆞ와 以茲告ᄒᆞ오니 內外國人은 愼勿見欺홈

溫陽郡西面實玉洞 李召史 告白

今番에 本人等이 商店을 新設ᄒᆞ고 左開物品을 美國셔 直輸入ᄒᆞ얏ᄉᆞ오니 僉君子ᄂᆞᆫ 愛顧ᄒᆞ심을 伏望

▲洋鞋각種 인도고무長靴各種
▲洋襪각種 時標줄각種
▲洋服(已成) 各種
▲上品帽 油帽 油衣
▲房帳각種 刀子각種
▲花布각種 반자紙각種
▲비누각種 양단자각色
其他洋服附屬品 多有

西署夜照峴三街里二層洋屋 加比老郭商社

民事訴訟代理와 刑事辯護와 鑑定顧問과 諸문案起草等 諸般事務를 迅速處理홈

漢城中署瑞麟坊許屛ᄉᆡᆼ원병문 西南隅八統二戶
辯護士 尹邦鉉
同 太明식
事務員 安必中
聯合法律事務所

大韓自强會解散後에 月報代金 未收額을 南署草洞八十統七戶 洪弼周家에서 收捧ᄒᆞ야 負債를 抵償코자ᄒᆞ오니 京鄕間月報購覽ᄒᆞ시든 僉員은 來受ᄒᆞᄂᆞᆫ 此處로 爲準ᄒᆞ시기를 望홈

自强會 告白

本人이 음七月十二日夜에 逢賊ᄒᆞ야 時에 姓名圖章을 見失ᄒᆞᆫ故로 玆以廣告ᄒᆞ오니 內外國人은 見失圖章을 切勿施行홈

金相樂 告白

△第一回學員募集廣告

本校에서 第一學年試驗을 經ᄒᆞᆫ바 學員을 募集ᄒᆞ오니 願入人은 九月一日以內(陰七月二十四日)로 入學請願書를 本校에 來ᄒᆞ야 請求홈

課程 本校規則에 在홈
年齡 十五歲以上
試取日 九月二日
試取科目 本國地誌 讀書 作文 本國歷史 算術(四則以內)
開學日 九月六日

光武十一年八月一日
漢城中署磚洞 普成中學校

大東文粹 全一冊 金七十五錢

箕子以來로 至國朝 疏章及名文精選 漢文必讀合用敎科

新撰地文學 全一冊 金四十錢

凡關地質學理具圖式詳畧簡易合用敎科

生理衛生學 全一冊 金四十錢

吾人生理上關係衛生具圖式 切要簡易合用敎科

發賣所 布屛下 廣學書舖 東口越邊 中央書舖 寺洞 漢陽書舖 鍾路 大東書市 小廣橋 高裕相書舖

本校에서 六個月速成科로 學員을 募集ᄒᆞ오니 諸員은 陰七月二十四日까지 來臨ᄒᆞ시옵

晝學 婦人學科 算術 日語 婦人敎師 敎授
夜학科 算術 數학 日語

北署齋洞 講數院장 全聖旭 告白

皇城基督 第一期學員募集廣告

本學館에서 秋期開學日字를 九月二日(陰七月二十六日)로 定ᄒᆞ얏ᄉᆞ오니 學員은 趁期上學ᄒᆞ려니와 新學員을 募集ᄒᆞ오니 願學人은 本月二十五日內로 入學請願書를 本學館에 請求홈

課程 普通학 本朝歷史地誌 萬國歷史地誌 算術 幾何 物理學 化學 生理學 經濟學 星學 簿記 日英語隨意
語학 日語(讀譯) 英語(讀譯) 日英語敎科書
工業科 (待開學排定)
商業科 速成 簿記 商業 商業地誌 算術 商業
夜學課 隨意 日語 英語 簿記 書類

年齡 十六歲以上
試取日 陽八月二十六日 陰七月十八日
試取科目 國漢文讀書作文 但工商二科ᄂᆞᆫ 算術四則以內加試

隆熙元年八月十三日
皇城中署鍾路里內
皇城基督教青年會學館 告白

開學日字ᄂᆞᆫ 司事部決議를 待ᄒᆞ야 定告ᄒᆞ깃ᄉᆞ오니 僉學員은 照亮ᄒᆞ심을 要홈

教育 青年會

前檢事 辯護士 李建鎬 法律事務所
西署小笠洞第六十統十戶

本人姓名角圖章二介를 陰七月初三日夜에 見失ᄒᆞ와 玆以廣告ᄒᆞ오니 切勿見欺

大邱達成郡 徐伯汶 徐仲友 告白

國債報償義捐金收入廣告

◉國債報償義捐金
八月中本社收入總額
每日逐号明細錄
◎八月二十六日
第一五〇九號楊州郡伊淡面朴
山里 十三圜四十전
第一五一〇号鐵山郡邑場
申德厚 一圜
第一五一一號鳳山郡舍人坊선
山市 五十九圜五拾錢
第一五一二釜山港本社支社三圜
第一五一三號春川郡史外面〇五
芝下村 十二圜九拾二錢
第一五一四號寶城郡彌力面松
林박緊奎 拾圜
計九拾九圜八十二錢
八月二十六日까지收入總額
一千四百四拾九圜三拾四錢
自四月至七月收入總額
五萬二千九百七十五圜
六十四錢五厘
新總合五萬四千四百二十四圜
九十八錢九厘

◉順天郡松光面大興里
裴永燁 五拾錢 裵鐵鉉
房□源 박應辰 曹玉永
金□□ 吳永午 陸辰錫
□□洙 曹秉斗 房辰弼
박순三 洪淳鶴 각卄전
부基淳 拾전
▲九枃洞
최在鵬 김在煥 최千用
崔在鎮 丕宗奎 정承湖
리奎□ 김性珏 오鎬俊
오秉潤 鄭永泰 각卄전
최信영 趙宗奎 각五拾전
리奎浩 최在烈 최在佑
각四拾재 김應培 정炳鉉
리漢文 최지安 최煥輸
崔君三 각拾전 趙鵬燮
六拾전 任祥鉉 一원

▲五龍동
姜泰合 六拾전 姜영鎬
리相弼 각四十전 曹琪承
曹□承 □□□ 曹秉哲
박宗敏 리圭浩 리□燮
각卄전
▲□□동
□□□ 房□□ 姜熙會
□□□ 韓□□ 曹□□
김□□ 金□□ 각卄錢
金円琪 三拾전 洪淳謂拾錢
▲□□□
曾□□一원 □□□四拾錢
□仲用 二拾전
▲□□동
金相鉉 趙秉燦 김영中
리喜淑 최민秀 김琪煥
리希一 김鎬秀 白雲集
金正錫 池鎭順 金宗文
박琪鎭 金伊表 박洙煥
각卄전 朴東奎一圜 박潤鎭
三拾錢 朴泰一 최喆秀
최奇秀 孔煥弼 朴□浩
池寬泳 池寬謨 각十錢
金영旬 최正鎭 각四拾전
▲梨邑동
진□仲 六十錢 趙海섭
부泰允 최喜秀 金東植
리正寬 宋永徐 陳學坤
리永奎 김在命 各卄錢
宋鳳吉 김癸完 김星連
宋昌吉 박鳳辰 羅聖寬
리貞寬 朴鳳和 김鏞伯
김윤玉 각拾전
▲梨邑洞
리영俊 崔和秀 李鍾仁
진在善 박鳳律 진在用
宋化淑 각十전 박宗贊六錢
▲古邑洞
최耀洙 박漢敦 김世현
박琪永 박漢圭 리得榮
박相文 최림秀 白二宗
任煥玉 任桂煥 김在仁
리巳成 김영琪 각卄전
박承善 최時玉 崔翼秀

成一默 白鍾元 崔□□
최時윤 김敬洙 박宗和
金영剛 김福萬 崔時穆
김應五 羅一成 金明七
朴漢弼 김明道 朴杜燁
白漢文 崔時用 최時安
白敬云 각拾전 崔在表
金善一 成永默 최鳳昭
韓貫汝 각六전 리百行
박弘三 각四전
▲出北동
趙正燮 一원 子圭선一圜
趙鎭섭 金東植 김顯炳
각卄錢 朴宗□ □拾錢
□□□ 盧學鉉 金永□
박琪燦 박文弘 각卄전
▲竹田洞
김彩鎬二圜 子泰云四十錢
김燁燦 二拾錢 子炳釆拾전
陳在義卄전 子昌浩拾전
▲德洞
박秉烈 四十전 박秉鳳
六十전 김鍾洙 김基洪
각卄전
▲鐵동
崔秀桓 각十錢
姜永洙 박基洪
▲永峰동
리根安 任相賢 六拾錢
박千云 각卄錢
▲仁德동
丁宗源 二拾錢 趙致敬
박顯一 각拾錢
▲朔瑞동
徐相홍 六十錢
金斗三 리熙윤 각卄錢
▲道弄동
曹良煥 曹學煥
白烈仁 리正烈 白斗인
각卄錢
▲中村
金鳳基 池德秀
鄭中龍 鄭學五 각卄錢
▲泰川동
陳漢燮 박東日 朴春先
陳殷섭 각卄錢 陳明섭
四십錢 高元甲 朴□□
각拾전 陳永烈 九전
陳在홍 十八전
▲方丑동

金源伯 □□ 人文化□전
▲平地洞
리□□ 六十錢 子宗洙
□拾□ 金□甫 金相謨
각五拾□ 鄭漢鎰 朴東회
金光鎬 金基洪 각卄전
▲外垈洞
리基台 九拾□ 리在福
리潛淑 朴信□ 千寬汝
각십전 金世明 二十錢
▲津材洞
崔允澤 六十錢 徐仁八
三十錢 沈元澤 김斗萬
金永洙 林任福 각卄錢
朴斗用 千四福 김斗釆
리顯五 각十전
▲新興洞
金基炳 拾錢 金世華
金斗峯 林敬振 金翠七
朴樂旭 崔東元 吳진善
朴喆鎭 朴樂烈 金漢順
朴喜同 朴錫春 朴午鎭
각卄錢 金良錫 최一千
林鍾섭 각卄錢 林有振拾錢
▲넉五洞
張基弘 趙潤炯 趙顯模
羅□文 오達善 趙重□
鄭仁植 金斗永 朴□근
各卄錢
▲洛水洞
리秉謨 鄭星烈 리章섭
谷一원 리敬默 金元錫
박敬植 각六십錢 리永信
四十錢 리文甚 二十錢
金龍植 拾전
▲旺대洞
河成淵 曹秉順 각四十錢
趙奎鍾 三拾錢 趙仁燮
김秉成 박東植 부宗喆
리宜五 각卄錢
▲后谷
김炳斗 趙壽浩 리助漢
金箕斗 趙秉旭 金喜斗
趙秉涉 각卄錢 孔成女
白智鎬 金納勳 裵□柱

□花□ 徐영□ 리富□
박性善 리東□ 金善斗
孔□鎬 金□均 崔永敏
金□斗 金水日 리信謨
□鳳斗 리泰煥 金占洙
金百斗 趙文섭 리東杜
徐인贊 리東采 各拾錢
孔□祿 卄錢
▲新豐洞
리一得 김世煥 각卄錢
▲士店
리鳳섭 徐容煥 各卄錢
▲石峴洞
崔□旭 박琪鉉 각卄전
▲士水洞
陳富一 趙秉淳
림선형 林正五 각卄전
▲楸동
金錫斗 姜영燦 金純미
리□□ 朴彩基 趙경섭
安性梧 林基相 각卄錢
▲於田里
김喜春 梁相基 梁환영 각卄錢
▲古阜
리春榮 김正淳 曹秉龍
尹泰元 鄭德興 리鍾守
鄭致文 김尙鉉 각卄錢
合七拾七圜〇五錢
加入六拾錢
都合七十七圜六拾五전
前號總合五萬三千九百七拾三
圜〇一錢九厘
都總合五萬四千〇五十圜六拾
六전九厘

◎特別廣告◎
國債報償金自日同所捧은姑未
合計이고伊前日外所捧總合五
萬三千八百四拾一圜八拾七錢
은電氣會社內銀行에貯置ᄒ얏
슴고其貯置額中
三萬三千三百圜은國債報償志
願金總合所로越交홈

◎正誤 本報第五百六十八號
附錄國債報償義捐金廣告中龍岡郡
義學校生徒김錫成은今番成의
誤植인故로正誤홈

廣告

[illegible]
一名으로 [illegible]
一巡遊地 東京 [illegible]
一旅程日數 약 三十七日間
一浮費 巡覽費及手數料를合
하야總計 百十八圜
一出發日 陰八月三日 [illegible]
一請入所 在京城各新聞社五 十八銀行경성支店 天一 銀行
一會員은巡覽을終ᄒ야閑散홀 後로ᄂ各其 [illegible] 國勢가小無ᄒ니
一南대門外 [illegible] 로直行ᄒ 지或은東京으로直行ᄒᄂ者 [illegible] 一便宜으로 圖
行請入을應諾홈
일本人遊覽協會事務所 [illegible]
[illegible] 京畿商會

◉增修無寃錄大全

定價新貨四拾五錢
[illegible]
此册은增修無寃錄大全을 [illegible] 緊要ᄒ書籍이온바 [illegible]
[illegible]
南署布屛下
[illegible] 書舖 김相萬 發行所

(每日發行) 一部 [illegible] 五錢
二週間에 二圜五十錢
每日每行四號活字 [illegible] 五圜
一個月에
一每日每行四號活字一里에 廣告
共期限의長短과字行의多寡를
依ᄒ야增減홈이有홈

◎大韓每日申報各處支社廣告
中署布屛門下 金相萬冊肆
平壤上水口門內 金□□
仝 崔□恒
仁川 [illegible] 李東暉
宣川邑 [illegible] 宋濬
義州西門外 [illegible] 大興房
金山 [illegible] 徐□局
三和港 [illegible] 金元俊
咸興 [illegible] 曹□林
開城 [illegible] 李助鉉
大邱 [illegible] 崔一鉉
□□邑 [illegible] 鄭夢麟
元山 [illegible] 安□文
鐵原 [illegible] 鄭七熙
清州 [illegible]
安州 [illegible] 金昌鎭
□川邑 리源植
定州 [illegible] 洪成인
[illegible] 許錫
尙州 [illegible] 李鎭瑞
安岳 [illegible] 羅道善
博川 [illegible] 李敬成

大韓每日申報社
發行兼編輯人英國人 裵說
發行所 南署石井洞 [illegible] 大韓每日申報社

第五卷
大韓每日申報
第六百□號

月曜日休刊
廣告

檀君開國四千二百四十年
箕子元年三千二十九年
大韓開國五百十六年
日本明治四十年
淸國光緒三十三年
陰曆丁未七月大廿二日辛亥

論說

◉均商

上海英人商會에셔每週一次式發刊하는商況報告에如左論述이有하도다

上海에居留하는英國商業家中에年來로韓國通商을着眯혼者ㅣ多有하더니到今하야는此諸人이與韓商務의臨迫혼墮落을自覺하는도다

英國商務局에셔韓國通商을不以大能關係之故로政府와日本의對韓行動을非或辱常看過하더니然이나민치스터(英國地名)의物貨가上海를經由하야韓國과滿洲로商務를交通홈이其果多年이어날今使日本으로關稅問題를作하야韓中商에商務를從得徵取케홈인딘如此혼英國의與韓通商은歸於烏有홈이로다今英國이移民問題로從生혼難題之糾會談判하야日本의如彼糾紛혼交涉이有하라는結果가有하니英國도其與韓國通商을亦要로不度홈이다

何如컨지暖數年前에韓滿兩處의商業人을關係하야緊決時하던公正無偏혼均商之策을再論하기는今日이即其時로다

讀此論述컨대英國商會가日人의說敎호競爭을斥認하는거슬若示하엿스니其要義는稅則홈이라若其競爭이公正之道를用홈이면有對反則이오마는特此重大事項에政府가不感홈은白人의操縱홈은果係當行이로다現今에는日本이韓國과關稅同盟을假不能設行이라此는力辭不足이라商業으로當務하는英美兩國人의無過를亂生케호것보다從發케하고不能홈을但固홈이로다

今者日本의所據은錢額이오且錢額을發用홈은東亞全部에白人의權利와白人의商業을漸次撤廢홈기시是也라法國이與日新協約을締結하엿스나如此히經用錢額의借款을其肯擔荷하지는特一疑問處로다

官報

◉第三千八百五十六號　隆熙元年八月二十八日（水）

敍任及辭令

參領柳東說
補軍部軍務局馬課長
砲兵正尉崔承祿
補軍部軍務局馬政課員
二等軍醫長김從澍
補軍部軍務局衛生課長
一等軍醫□敎準
補軍部軍務局衛生課員
參領尹致均
補軍部軍務局軍法課長
三等軍官司張錫嗣
補軍部經理局第一課長
一等軍司司□源
補軍部經理局第一課員
三等計算官鄭重燮
補軍部經理局第二課長
一等軍司□過春
補軍部經理局第二課員
砲兵副領김鼎우
副領韓弼相　仝 閔用基
正尉趙運完　仝 方泳柱
仝 정 현　仝 文普運
副尉玄 환　參尉李秉健
二等軍醫孫祖秀
三等軍醫李濟奎
補軍部附
正領盧伯麟
補陸軍武官學校長
正위李基鈺
補陸軍武官學校副官
二等軍醫金明植
二等軍司金炳升
三等獸醫김賢澤
補陸軍武官學校附
參領權泰鎬
補陸軍武官學校敎官兼生徒隊長
正위□福男　仝 崔容封
仝 金敎先　仝 金敎善
補陸軍武官學校敎官
副尉李升鍾　仝 趙滿淳
仝 張錫快　仝 우鎭鉉
騎兵副위□雲鴻
補陸軍武官學校生徒隊附
副領王瑜植
補近衛大隊長
正위金司元　正위徐丙德
補近衛大隊副官
仝 車□□　參위朴來元
仝 □□□　仝 리秉弘
一等軍醫□守鉉
一等軍司任炯準
補近衛大隊附
正위白昌基　仝 鄭觀秀
仝 □重彬　仝 宋啟榮
補近衛大隊中隊長
副위리京植　仝 林榮선
仝 리浩□　仝 리濟楨
仝 金思鎰　仝 리殷相
仝 申八均　仝 閔泰祐
參위리應九　仝 리秉燮
仝 鄭殷銘　仝 리學來
仝 리根默　仝 리宜鎔
仝 南相翊　仝 리秉燾
補近衛大隊中隊附
特務正校□하洙
補武官學校生徒隊附
特務正校리用鎬
仝 金敬吉
仝 方穆周
仝 金川鎔
補近衛大隊中隊附
前書記郎申泰鵬
仝 金誠鎭
仝 尹炳燮
仝 太懋杜
仝 尹致求
仝 申鉉國
仝 白□圭
仝 리周永
仝 金有鐸
任軍部書記郎
前技手張在植
前書記郎俞相佐
仝 許 빈
仝 리弘純
任軍部書記郎　竝

◉第三千八百五十七號　隆熙元年八月二十九日

敍任及辭令

掌禮院祀祭長□川國
度支部書記官韓相龍
依願免本官
正二品金思濬　從二品鄭□永
仝 金容成　仝 李建榮
解兼任弘文館副學士
中樞院議官趙英熙
命宮內府特進官
中樞院副贊議李琪和
幼年學校敎官白潤珪
命兼任弘文館副學士
錦山郡守俞哲濬
新寧郡守申勝休
比安郡守정鎬駿
依願免本官
五品徐相珪
任新寧郡守
侍講院侍從官리文用
任錦山郡守
顯陵令□重萬
任比安郡守

外報

◉德國과淸國留學生　北京電을據혼則近來日本에留학하는淸國留학生이減少홈으로德國이此機會를利用하야德國에留학케하는대此로由홈인지山西湖南福建三省에셔留학生拾餘名이日本에派遣혼것로其經費는자자籌備하얏더니猝然히學部의命令이有하야拘折하야德國에留학케하고又北京淸國□□社에셔도該에派遣하얏던留學生二名을今番에□後로即還하야德國에留학케혼다더라

◉五十年來暴風雨　東京電을據혼則五十年來暴風雨는其損害召遣하야被害가가로七千人에達하얏고其被水는三千餘戶에至하얏는대皆慘酷혼情狀을極하고龍中村木縣下大谷川은二丈一尺以上에漲水가되고日光町은全部가浸水하고日光町과中禪寺의交通은全히杜絕하얏고中禪寺의湖水는八尺以上의水量을增하얏는딕尙히增水홀稅樣이오又古□山一部가崩壞하야此邊一帶는往來가杜絕하고又一層豪雨가猛烈하야大木이折倒하고岩石이墜落하야危險혼狀態를增하야附近住民은一同히安心치못하야避외外出치도못하고目下同地에가는邦人二十九名外國人八拾三名旅客이滯留에在하고又東海道線富士川以北은線路가流失하야鐵道不通하고又關川鐵橋附近의隄防一百八拾尺이決壞하야破損이甚하고又玉縣秩父郡村山農家는山崩이崩壞홈으로六戶가流失하고拾七名이溺死하얏다더라

◉函館大燒　東京電을據혼즉去二十五日夜에函館에大火가起하야官衙學校會社□□□□□失이一萬五千戶에至□□이라焦土가되고死□□□□名以上이라더라

◉艦隊回航　□□□□□□□□大統領의移諭를□□□□□□發의艦隊가十一月에□□□로向하야出發하□□□日에□□□□□□□陜을□□하야□□□□이라더라

雜報

◉拾錢得士　東署□□□□鎭□□□八百□□□에大田□□□光□□校□□에서銀□□□□□□□水升로□送하야□□□□을待하야□□하다고□托이有하더라

◉幼年可嘉　韓□□校學徒□集元이年今十五에春□□□學校에居혼人이라月前에□□가同友會所□□하다가□□□□하야一週日形跡이渺然홈□門外□□□□□□이□□□음少年□□□□因홈을□後早□□□待□□□□□□長□□□□□□父가無□□□□□□□□日□□□法□□□□□□니□□不□□□□□□□다

◉정□然行　□□□□武安□□土人□□成氏가家勢가□□야年□二十八에□□□□□下□□□□□光□氏□□居十年에生一女　男□□□十歲男은□□□□□□□七月初□□□□□□□□□□氏□□□□□□六에□□□□하고□□□□□□□□男妹□□□□□□□□□以臨下水□□□□□□□異□行□一□□□□□□이더라

雜報

●盛式記念 再昨日下午三時에總相以下各部大臣이一齊히詣闕陛見ᄒᆞ얏다ᄂᆞᆫ대其理由인則 大皇帝陛下와同一히搭影ᄒᆞ야一大盛式을記念홈이라더라

●戒嚴何故 大皇帝即位禮式을行하시던日에각部大臣家의派巡保護ᄒᆞ야一層戒嚴事ᄂᆞᆫ已爲報道ᄒᆞ얏거니와學部大臣리載崑氏家에ᄂᆞᆫ內眷ᄭᆞ지他處로移接ᄒᆞ얏다더라

●移交平院 軍部所管陸軍法院與監獄署를廢止ᄒᆞᆫ後에已決未決囚를句管이無路ᄒᆞ야軍法課에서處理만ᄒᆞ고平理院으로移交ᄒᆞᆫ다더라

●尉官解送 解散ᄒᆞᆫ각隊尉官이合爲千餘名인대就中六十名만區處ᄒᆞ고其餘ᄂᆞᆫ盡爲解送ᄒᆞ얏다더라

●恩賜尉官 軍部大臣李秉武氏가昨日該部에서各解散隊尉官을會集ᄒᆞ야恩賜金을頒給하얏ᄂᆞᆫ데參領은六百圜正尉ᄂᆞᆫ五百圜副尉은四百圜參尉三百圜이오硏成學校尉官은一百五十圜式頒給ᄒᆞ얏다더라

●宣諭帶日兵 各道宣諭使가日兵三十名式領率前往ᄒᆞ기로酌定ᄒᆞ얏다니宣諭使가아이오討捕使와無異ᄒᆞ다ᄂᆞᆫ巷說이一層喧藉하더라

●法大說明 法部大臣趙重應氏가昨日下午一時頃에平漢兩裁一般官吏와該部內一般官吏를大廳에會同ᄒᆞ고司法에關ᄒᆞᆫ處理順序를一場說明ᄒᆞ얏다더라

●軍大說明 各營門解隊ᄒᆞᆫ領尉官의恩賜金을頒給ᄒᆞ얏다ᄂᆞᆫ事ᄂᆞᆫ別項과如ᄒᆞ거니와該官員을昨日下午十一時에軍部에會同ᄒᆞ야該部大臣李秉武씨가懇激ᄒᆞᆫ言辭로說明ᄒᆞ얏다더라

●廿八副敎 日昨에學部에副敎員試驗檢定會를開ᄒᆞ얏ᄂᆞᆫ데取選人이二十八人이라더라

●朴氏請願 錦陵尉朴泳孝氏가昨日濟州로發往ᄒᆞᆫ다더니該氏가其令孃의婚禮를過行ᄒᆞ고發程ᄒᆞᆯ터이니幾日間遲滯ᄒᆞᆯ意로內部에請願ᄒᆞ얏다더라

●劉胥可慮 農大宋秉畯씨가蘇興文이宮內府贊務官叙任ᄒᆞᆫ事件에對ᄒᆞ야總理大臣李完用씨를對ᄒᆞ야日蘇興文은前乙未年에總相金弘集氏와贊襄을割ᄒᆞᆫ人인데今日또贊務官을叙任ᄒᆞ얏스니大監의贊襄도見失ᄒᆞᆯ기가十分疑慮ᄒᆞ노라ᄒᆞᆫ데리總相이即時其伯氏李宮大에게宋農大의言을通奇ᄒᆞ얏더니蘇興文씨가請願辭免하얏다더라

●林氏放免 參領補林在德氏가陸軍法院에多日滯囚ᄒᆞ얏더니再昨日에無罪放免하얏다더라

●軍物收取 日本尉官一人이率士卒二十八人ᄒᆞ고本月二十五日에來到ᄒᆞ야駐隊軍物을收拾ᄒᆞ얏다고慶南觀察使가內部로電報ᄒᆞ얏다더라

●日人視察 平理院法務補佐官事務員中村竹藏北條久淸兩人이視察次로水原仁川大邱平壤鎭南浦開城等地에出張ᄒᆞᆫ旅費二百八拾八圜七拾五錢을支撥ᄒᆞ라고該院에서法部로照求ᄒᆞ얏더라

●砲殺日人 龍仁郡에서義兵이日本人一名을砲殺ᄒᆞ얏다고該郡守가內部로報告ᄒᆞ얏더라

●虎烈流行 日本福岡縣門港等地에虎烈刺病이發生ᄒᆞ야罹病者가七十九人中五十六人이死亡ᄒᆞ얏스니韓國沿海에도通行을注意ᄒᆞᆯ事로各理事官에게知委ᄒᆞ얏다고統監府總務長官鶴原定吉氏가內部로通知ᄒᆞ얏다더라

●倍固然矣 憲兵司令部와輜重대와軍器廠兵도昨日에解散ᄒᆞᄂᆞᆫ뒤時局에對ᄒᆞ야激昂ᄒᆞᆫ言論을主唱ᄒᆞᄂᆞᆫ者도有ᄒᆞ고飮泣歸家ᄒᆞᆫ者도有ᄒᆞ다더라

●一進攜謬 金浦郡守리性稙氏ᄂᆞᆫ昨年分에一進會員奇乘術이가貪虐不法으로構誣內部而至於定査官于通津安山兩郡守ᄒᆞ얏ᄂᆞᆫ대據實査報에前後如一하야卞明好帖矣러니該會員이不悛前習ᄒᆞ고㞐以前事로揭示國民新報故로該守가不勝憤鬱ᄒᆞ야辭職請願ᄒᆞᆫ즉本郡民情이當此騷擾之際ᄒᆞ야若失此守면無處依賴하야本郡八面面長等이以衆民代表로上京願由ᄒᆞ야據實訴狀于內部ᄒᆞ되未蒙還任之題ᄒᆞ야大段憫鬱中이라더라

●巾笠依舊 按廳은斷髮ᄒᆞ더니대所著ᄒᆞᆫ帽子가無ᄒᆞᆫ中別監과武監은削髮ᄒᆞ고ᄂᆞᆫ草笠과戰笠을難着이라고宮大에게呼訴ᄒᆞ얏더니姑爲仍舊ᄒᆞ라ᄒᆞ얏ᄂᆞᆫ대別監은削髮ᄒᆞ고沒宕巾에草笠을着ᄒᆞᆫ다ᄂᆞᆫ說이有ᄒᆞ더라

●鄕長欠逋 泰仁郡前鄕長金秉櫨氏가公錢欠逋가業錢三萬餘兩之多인대現今郡主事를圖得次로四面請囑ᄒᆞᆫ다더라

●恩賜憲兵 再昨日에憲兵隊를解散ᄒᆞᆷ은別項과如ᄒᆞ거니와憲兵每名에게恩賜金百圜式을支給ᄒᆞ얏다더라

●江都餘聞 日兵이向日江華를占領ᄒᆞᆯ時에四門을堅閉ᄒᆞ고人民에出入을禁止ᄒᆞ매柴炭이乏絶ᄒᆞ야日兵은普昌學校冊床과交椅等物을破作火木ᄒᆞ얏다더라

●雜技被捉 日昨에東關居李侍呂南祺氏가雜技局을設ᄒᆞ고十餘名이賭技ᄒᆞ다가呂南祺的侍衛三大隊參領李회昇第四人이警視廳으로捉去ᄒᆞ얏ᄂᆞᆫ데其餘十餘人은現今調捉中이라더라

●女子慈善 女子敎育會々員이昨日養正義塾에서會同ᄒᆞ야孤兒學院維持ᄒᆞᆯ方針을爛商協議ᄒᆞ얏다더라

●手數料半減 理髮業組合所總代日本人川本憲藏이가警視廳에稟申書를提呈ᄒᆞ되今番韓國大皇帝陛下게옵서斷髮戒裝ᄒᆞ옵심은一大改革을實施ᄒᆞ심인故로本人이不勝歡抃ᄒᆞ야本月二拾七日부터三日間에韓國斷髮者에게ᄂᆞᆫ特別히手數料를半價式除減ᄒᆞᆫ다ᄒᆞ얏더라

●宿弊復興 固城郡屯土稅上納이一千七十石인대土薄稅重ᄒᆞ다고民怨이大起ᄒᆞ미乙巳春에經理院에서晉州觀察府主事김翔昊씨를査檢委員으로調定ᄒᆞ야上納無欠ᄒᆞ고民冤이亦無케ᄒᆞ라ᄒᆞ니該氏가該郡에到ᄒᆞ야築底査檢ᄒᆞᆫ則原屯土中膏腴沓幾百斗落을奸吏가拔出ᄒᆞ야無稅耕食ᄒᆞ고且原稅外에四千斗를斗々勒加高捧ᄒᆞ야官況을作ᄒᆞᆫ지라該氏가奸吏幻弄沓에懸稅ᄒᆞ고加捧租四千斗ᄂᆞᆫ民間에分減ᄒᆞ고斗子도烙定ᄒᆞ야實施ᄒᆞᆷ이未解러니該郡守씨가收租官리德泳을符同ᄒᆞ야依舊히四千斗를加봉ᄒᆞ고且深斗로高捧ᄒᆞᆫ故로民擾가起ᄒᆞ엿ᄂᆞᆫ대該郡民이김翔昊氏의明檢대로永定ᄒᆞ라고呈訴次로上京ᄒᆞ얏다더라

◎義兵詳報

東來人에所傳을據ᄒᆞᆫ즉義兵이江原一道와忠淸北道의ᄂᆞᆫ無邑無之하고또一處에聚ᄒᆞᆫ거시안ᄒᆞ고或高峯이深谷과或岸邊으로가處把守ᄒᆞᄂᆞᆫ뒤日兵이敢入지못ᄒᆞ고還間에義兵이散兵과奇兵으로襲擊도ᄒᆞ며伏兵으로突擊도ᄒᆞ며或夜擊도ᄒᆞ야日兵을殺害ᄒᆞᆫ數爻가千名以上이오速射砲二門과機關砲六門과洋銃一千二三百柄과馬四拾八頭와彈丸九駄와各項輜重을多數히奪取ᄒᆞ엿고一進會ᄂᆞᆫ逢則殺之ᄒᆞ고또日兵은足繭으로行步가不利ᄒᆞ야呼泣而行ᄒᆞ니勢不能敵이오義兵은三萬名以上인대山砲와民丁이樂從ᄒᆞ야日日增加ᄒᆞᄂᆞᆫ貌樣이라더라

▲日兵行惡▼

▲地方消息을得聞ᄒᆞᆫ즉利川邑外四面拾二동을日兵이衝火汲燒ᄒᆞᄂᆞᆫ대人民이多數被害ᄒᆞ얏고婦女를逢첨劫奸ᄒᆞ얏다ᄒᆞ고

▲忠州邑에서義兵과日兵이互相交戰ᄒᆞ야日兵一百五拾名이陷沒ᄒᆞ고敗兵八名이隱避上京ᄒᆞᄂᆞᆫ대所過處에ᄂᆞᆫ行惡이無所不至ᄒᆞ야婦女ᄂᆞᆫ無論老少ᄒᆞ고逢첨劫奸ᄒᆞ얏고

▲廣州蔭峙日兵站所에서ᄂᆞᆫ附近村閭에橫行하야老小婦女를劫奸ᄒᆞ며鷄猪를任意殺食ᄒᆞ얏다ᄒᆞ고

▲楊州遂川等地에서ᄂᆞᆫ日兵이居民의屋을沒數히衝火ᄒᆞ얏다더라

●地方情報

▲二十八日水原電을據ᄒᆞᆫ즉水原驛南方三里許에서韓人이汽車에投石ᄒᆞ야琉璃窓一枚가破壞ᄒᆞ엿고

▲公州府에設立ᄒᆞᆫ天道敎ᄂᆞᆫ會員近百名이되더니二十三日에門標를撤廢ᄒᆞ고解散ᄒᆞ엿고

▲二十日에淸州南方二十里杏亭前參領李敏稷氏家에義兵幾名이突入하야軍刀一柄과洋銃三柄을奪去ᄒᆞ엿고

▲昨日에龍山下流二十里地에義徒가出現ᄒᆞᆷ으로該地駐在日本軍隊가搜索ᄒᆞᄂᆞᆫ中이라ᄒᆞ고

▲義城街道五十里東後面新基洞兩班二十七名이集合密議ᄒᆞᆫ結果로檄文을四方에飛傳ᄒᆞ고義兵募集에盡力中이라ᄒᆞ고

▲二拾三日堤川來報를據ᄒᆞᆫ즉該郡邑內大部分을過般에燒却ᄒᆞ엿ᄂᆞᆫ대人民은尙未還歸ᄒᆞ엿다ᄒᆞ고

▲原州義兵一部ᄂᆞᆫ該邑二十里地에尙在ᄒᆞ야再次大擧ᄒᆞᆫ다ᄂᆞᆫ說이有ᄒᆞ야勢甚不穩ᄒᆞ다ᄒᆞ고

▲二拾三日午前에洛東江岸에義兵과日兵이接戰ᄒᆞ얏고義兵一團은盈德方面에屯聚ᄒᆞ엿다더라

東京電報

二十八日發

●水災損害 今回水害로각鐵道、道路、及橋梁의損害가一千萬圜이오農作物의被害가一千五百萬圜以上이라더라

同日發

●火災損害 函館大火災에就ᄒᆞ야東京과大阪에火災保險會社에서右被害地保險契約의金額이都合三百五十萬圜에達하얏스니此ᄂᆞᆫ保險會社創設以來로曾未有ᄒᆞᆫ大損害라더라

▲曲中峨洋▼

▲三昨日에七賊大臣本第에ᄂᆞᆫ平服巡檢五人과服裝巡査五人式을總巡一人이領率ᄒᆞ고嚴重히保護ᄒᆞ엿다니各其私邸에般保護가무ᄉᆞᆷ事段인지自知其罪에疑懼가萬端이로고

▲三昨日에憲兵司令部에서憲兵隊ᄅᆞᆯ解散ᄒᆞ얏ᄂᆞᆫ뒤警視廳에서憲兵을騎馬巡檢으로試取ᄒᆞ야巡檢의闕額을塡充ᄒᆞᆫ다ᄒᆞ니韓國에軍隊ᄂᆞᆫ一幷解散ᄒᆞ고至於憲兵ᄭᆞ지解散ᄒᆞ면서巡檢은充數ᄒᆞ니무삼ᄭᆞ닭이오모를것무엇잇쇼日人이警視總監을被任ᄒᆞᆫᄭᆞ닭이지

▲各隊營門에在ᄒᆞᆫ銃器와大砲를日本軍隊에서奪取而去ᄒᆞ엿스니向日에日人이秘計을暗晳ᄒᆞ야大韓軍隊를解散식인것시軍物을奪取ᄒᆞᆯ計劃이로고

▲關東地方에서日兵이義兵과交鋒하다가及其勢窮ᄒᆞ면村閭에放火ᄒᆞ야人民이爛死에[illegible]이漲天ᄒᆞ고呼哭이載路ᄒᆞ야人民이失棲에痛憤이激起ᄒᆞ야死生을不顧ᄒᆞ니村閭를燒却하ᄂᆞᆫ것시義兵을倡起ᄒᆞᄂᆞᆫ거시로고

▲軍用地調査委員長及所屬八人旅費九百三十六圜六十一錢을支撥ᄒᆞᆯ事로度支部에서內閣에請議하얏다니日本軍用地로韓國土地를讓與ᄒᆞ고또調査費로國庫金을浪費ᄒᆞ니此所謂蟹網이俱失이로고

▲一進會員洪肯燮氏ᄂᆞᆫ法部次官을運動ᄒᆞ야가무삼事段이有ᄒᆞ던지圖得치못ᄒᆞ고商會所會頭를圖取ᄒᆞ얏시니一進會員쓰쇠못븐일의ᄂᆞᆫ汎然치안코

▲去月十日로서中村彥氏ᄂᆞᆫ農商工部所管國有未墾地事務監督을囑托ᄒᆞ얏다니日人이韓國陳荒地를攫取코ᄌᆞᄒᆞ더니未墾地事務를囑托ᄒᆞ얏스니荒蕪地ᄂᆞᆫ片土도無餘ᄒᆞᆯ깃고

▲平南觀察박重陽氏ᄂᆞᆫ人民을非常히壓制ᄒᆞ고學校敎育을妨害ᄒᆞ며學徒에體操를嚴禁ᄒᆞ다ᄒᆞ니果然日人의게合當ᄒᆞᆫ觀察이오韓民의게ᄂᆞᆫ大不幸이로고

雜錄

坡州郡新聞雜誌縱覽所趣旨書

日敎育焉ᄒᆞ며日敎育焉ᄒᆞ야行口者ㅣ첫日敎育이爲急先務라ᄒᆞ되敎育界의現狀이萎靡不振者ᄂᆞᆫ何也오盖其施措也自失順序故也니嗚呼라何國을勿論하고全體人口가成年以上이多ᄒᆞ고幼齡以下가少ᄒᆞᆷ은理勢固然이니若使成年人의思想으로敎育의感覺이初無ᄒᆞ면學齡人의敎育志願이膨脹ᄒᆞᆯ들爲可得乎아故로吾人은必曰敎育順序가必先社會始라ᄒᆞ나니果自社會로敎育을發端코ᄌᆞᄒᆞᆯ진ᄃᆡ如何ᄒᆞᆫ方法을要ᄒᆞᆯ고先從各種機關而着手矣리니如演說、討論、講義等會와新聞、雜誌、圖書、各種이是也라雖然이나至若此郡ᄒᆞ야ᄂᆞᆫ僻在一隅ᄒᆞ야交通이不便ᄒᆞᆷ으로各種團體로써機關을成立키容易치못ᄒᆞ야志士에遺憾이不鮮ᄒᆞ더니何幸新使君沈宜性君이莅任以來로쳡語人以社會敎育之必要故로於是乎에同志諸君이携手相起ᄒᆞ야建設一機關ᄒᆞᄂᆞ니此新聞雜誌縱覽所之所由設也라西諺에有曰言論은直接으로人의思想을代表ᄒᆞ고文字ᄂᆞᆫ間接으로人의思想을表示ᄒᆞᆫ다ᄒᆞ얏스니竊惟我有志諸君은直接을勿拘ᄒᆞ고知識上交換의結果로常塞ᄒᆞᆫ知識을開拓ᄒᆞ면於社會敎育에庶幾有萬一之補라ᄒᆞ노니勉旃哉어다

發起人　徐　憲　申鉉謨
　　　　김敎成　정寬好

●塩商抱恨　韓國內閣指令內에塩補益去ᄒᆞᆫ創主木村源一郞大兄身死ᄒᆞᆷ을藉稱ᄒᆞ니可歎々々이로다壞價推還一節은相續人金之助가亦陷貧困ᄒᆞ야無以辦償云則援以法律에無處責償일지오統監府에도屢經交涉ᄒᆞ얏스나實無辦法ᄒᆞ니極用悶隘이건과虛度光陰ᄒᆞ야徒生浮費가有害無益하니退歸安業ᄒᆞᆯ事라ᄒᆞ얏슨즉一國法官으로民情保護ᄂᆞᆫ可커니와韓日兩國法律은都是弱ᄒᆞᆫ대만用之ᄒᆞᄂᆞᆫ지不知어니와此事件에對하야ᄂᆞᆫ非但韓日兩國習知라抑天下列國이所共俯聞者也니其事情至冤極痛은孰有不諒哉아鹽商김斗源이擅一千八百八拾桶價金五千一百九拾一圓九拾錢이오巳亥年六月十六日以後로至九年에不得公決ᄒᆞ니大抵日本政府에셔當然히徵給ᄒᆞᆯ理由가分明ᄒᆞᆫ대韓國政府에對ᄒᆞ야甲午以後로行用ᄒᆞ든所例대로九年에九倍를計ᄒᆞᆫ즉五萬一千九百九拾一圓九拾錢이라韓國政府內閣大臣은民情을不顧ᄒᆞ고國庫에金銀貨幣만濫費ᄒᆞ고外國人의게依賴하야疆土나許給ᄒᆞ고弱ᄒᆞᆫ本國人이나壓制ᄒᆞ니豈不痛哭者리오金斗源氏가本社에와서說明ᄒᆞ기를先親冢瘞에下直을하얏다ᄒᆞ면서此事件에對하야死生을韓國에야니ᄒᆞᆫ십으로決心酌定을ᄒᆞ얏다더라

●通明校況　長湍郡有志紳士가私立通明學校를極力組織ᄒᆞ야學徒募集ᄒᆞᆷ이七十餘名에逑ᄒᆞ얏ᄂᆞᆫ대該郡守趙重恩씨가下車初로熱心贊成ᄒᆞ야朝夕勸勉에務圖擴張ᄒᆞ야學員들이勤孜受業ᄒᆞ니校況이장차ᄯᅢ단이興旺ᄒᆞᆯ터이라더라

●漢校開學　蘇趙洞漢北學校에서今月二拾八日에任員敎師가一齊來會ᄒᆞ야開學禮式을設行ᄒᆞ고多數學員이仍爲上學ᄒᆞ얏다더라

●宣諭訣別　地方宣諭使派送ᄒᆞᆫ다ᄂᆞᆫ說은前報와如ᄒᆞ거니와該宣諭使諸氏가地方에前往ᄒᆞ얏다가義兵의게死生을不知ᄒᆞ야各其家人의게永訣發往ᄒᆞᆫ다더라

●鹵田宜辦　年前農商工部에賜給된泉橋港富平洞在司僕基址를府尹金敎獻씨가日人의게賣渡ᄒᆞ얏다ᄒᆞᆷ은更聞ᄒᆞᆫ즉虛無之說이더라

廣告

公告

京釜鐵道用地賠償金을左記日字及處所에셔交付ᄒᆞᆯ터이니地段收用ᄒᆞᆯ當時에土地所有ᄒᆞ얏든債權者ᄂᆞᆫ賠償金領受ᄒᆞ기爲ᄒᆞ야該期日午前九時로셔午後五時ᄭᆞ지印章을携帶ᄒᆞ고來到ᄒᆞᆯ事但本人又ᄂᆞᆫ其相續人이親自來到ᄒᆞᆷ을要ᄒᆞ고他人으로ᄒᆞ여금代理出頭케ᄒᆞᆷ을不得ᄒᆞᆯ事

隆熙元年八月二十三日　度支部會計課

交付期日		交付ᄒᆞᆯ停車場名	來到ᄒᆞᆯ土地所有者所屬郡名
九月	三日	始興	始興
九月	四日	軍浦場	果川廣州
仝	五日 六日	水原	水原
仝	七日 八日	振威	振威
仝	九日	西井里	陽城
仝	十日 十一日	成歡	稷山
仝	十二日 十三日	天安	天安
仝	十四日 十五日	全義	全義
仝	十六日 十七日	鳥致院	燕岐淸州
仝	十八日	永同	永同
仝	十九日 二十日	黃澗	黃澗
仝	廿一日 廿二日	金泉	金山開寧
仝	廿三日	倭館	仁同
仝	自廿四日 至廿六日	大邱	漆谷大邱
仝	廿七日 廿八日	慶山	慶山
仝	廿九日 三十日	淸道	淸道
十月	一日 二日	密陽	密陽
仝	三日 四日	勿禁	梁山
仝	五日 六日	草梁	東萊

國債報償義捐金收入廣告

◎國債報償義捐金
八月中本社收入總額
每日逐号明細錄

◎八月二十八日
第一五一五二 恩津郡論山私立
論山學校及各中 卅圓
計三十圓

八月二十八日까지 收入總額
一千四百七十九圓三拾四錢
自四月至七月收入總額
五萬二千九百七十五圓
六十四錢九厘
都總合五萬四千七百二十四圓
九十八錢九厘

리然大 리敎一 徐寅昌 각廿錢
孫秀用 김縱稙 金泳三 金能龍
咸千遇 宋祥혁 각十八錢 정泓
金漢成 金光祿 리居南
咸斗섭 정德三 徐學甫
任治德 孫明俊 강大弘
圖永二 成正元 白應成
各拾二錢 宋在西 趙明濟
黃龍鎭 리敎三 리殷緖
리舜七 黃鳳鎭 金聲鎭
柳覲運 金致萬 각十전
合十二圓九拾二錢

◎鳳山金人坊션山洞
리殷謙 오濟喜 오仁表
崔永立 김泰均 각五圓
方達鉉 朴在현 각二圓
리明厦 鄭昌提 鄭元道
박承淳 金錫豊 朴益培
趙仁守 趙奉祚 각一圓

▲立石村 金永龢 尹儀重
金桂白 方玄周 김斗鉉
洪應守 김啓錄 韓正益
오辰江 崔良秀 金변喻
梁相翮 강士弘 黃周鉉
趙寬淳 각一원 金成謙
리致華 姜基俊 金元健
강錫俊 비正吉 趙萬錫
金辰億 柳亨根 림鋼煥
金習健 정光俊 리泳基
박承益 宋敏浩 池錫賢
邊行奎 趙亨植 정寬祚
金基祚 麗人林松道 金錫点
嚴成興 리萬吉 니利權
朴宗贊 朴仁厚 表成彬
림根宅 尹昌文 尹辰玉
각五十錢 柳京化 朴泳俊
金成汝 리致益 각卄전
박成根 박信根 崔丙直
정應學 각卅錢
合五十九圓五拾전

◎釜山支社社員第五回

九十八錢九厘

◎楊州郡伊淡面䄷山里
김演益 二圓 沈우澤
一원九拾전 金演性 金演燾
金秉옥 김秉俊
각一져 김秉熙 김學精
각五拾전 丁秉益 金秉煥
金秉夏 金秉賢 각卅전
金秉禧 김秉賢 金學은
리鎬恩 南基元 김秉龜
김榮九 김秉羲 金秉懋
申成用 정泰山 각日錢
金演敎 리泰京 리秉一
金秉徜 金演燮 각十전
合十三圓四十錢

◎江原道狼川郡史外面歪五芝
下村
崔奉宗淳弼 三圓 宋淳一
卅四전 宋在根 黃𡍼衡
김基八 박應三 각五十錢
宋環鎭 박敏昇 宋在郁
趙敎重 각四拾전 洪명麟
卅四전 宋璜鎭 三拾錢
宋一鎭 卄六錢 宋緯鎭
宋在萬 宋恒鎭 宋淳喆

前侍從金在희 商務某(?)
仝 張範相 仝 박在瑛
洪千裕 金亨九 崔鳳一
金明見 孔址洙 리源八
각卅錢
合三圓

●寶城彌力面松林
正三品朴泰奎 十圓
▲忠南禮山郡場市總厚 一圓
合拾一圓

總合九십九圓八拾二錢
前號總合五萬四千○五十四圓六
拾六錢九厘
都總合五萬四千一百五拾四圓
十八전九厘

◎特別廣告◎

國債報償金六日前所捧은姑未
合計이고伊前日의所捧總合五
萬三千八百四拾一圓八拾七錢
은電氣會社內銀行에預置호얏
숩고其預置額中
三萬三千三百圓은國債報償志
願金總合所로移交홈

廣告

本人이日本大阪商業家와特約
호고日本內地產百貨種物品과
西洋各種物品及機械等物을我
大韓에輸入호야委托을便利케契
約호얏스오니商工業에有意호
신僉君子는某物이든지請求로
져호시거든本社로來議호시오
本社에서는手數料을受領홈

興業社本店
開城北部隣洞

支店京城南門內水標五十一統
六戶

仝仁港內동廣濟
培養會社

本校에서今月旬日(?)에開學호깃스오니
月二十三日)開學호깃스오니
僉學員은剋期來臨호시옴

私立普光學校

皇城第二期學員募集廣告

本學館에서秋期開學日字
를九月三日(陰七月二十
六日)로定호얏스니舊學員은
趁期上學호려니와新學員을募
集호오니願學人은本月二十五
日內로入學請願書을本學館에
請求홈

課程

普通학 本朝歷史地誌
萬國歷史地誌 算術 數學
物理學 化學 生理學經濟學
星學 學經 日英語

語학 課程 日語(英語)敎科書
(英語)日英語

工業課 (待開學排定)

商業課程 商業地誌 簿記 商業

書類

夜學課程 日語 英語 簿記

年齡 十六歲以上

試取日 八月二十六日(陰七月十八日)

試取科目 國漢文讀書作文
但工商課 算術四則以內加試

隆熙元年八月十三日
漢城中署鐘路里門內
皇城基督敎青年會學館 告白

開會日字는司事部決議를待호
야更告호깃스오니 僉會員
照亮爲要

敎育靑年會

仁川港各學校 有(?) 有志 洞新聞學(?)
호오니諸君子는來臨호심을伏望호나
라나이다

大東洋服製造所 本店

(大)朝鮮 內 ...

숩하 製造專門店으로 ...

黎 ... 廣告

大東商會(?) 左記 ... 帽子 ... 洋品 ... 獎勵

원산과성진에서부인이상진
소(肥牛)를만이사깃스니쇼파
는제군은다수이팔너오시옴

최봉술 고백

發行兼編輯人英國人 裴說
發行所 南署石井洞號外地三 ...
大韓每日申報社

第五卷

大韓每日申報

第六百二號

月曜及慶節
歲時日休刋

檀君開國四千二百四十年
箕子元年三千二十九年
大韓開國五百十六年
日本明治四十年
淸國光緖三十三年
陰曆丁未七月大廿三日壬子

寄書

祝賀保種案 日本留學生

萬里殊邦에一羈旅를作하야居諸를浪擲ᄒᆞᆷ이於焉間半年이라祖國을西望ᄒᆞ니愁雲이慘담ᄒᆞ고血雨가霏々ᄒᆞ야日月이色을失ᄒᆞ고草木이愁을含ᄒᆞ야慘酷ᄒᆞᆫ殺氣가眼下에在ᄒᆞᆫ듯ᄒᆞᆫ지라痛憤을견ᄃᆡᆯ슈업서彫虫小技에學課를頓然히全廢ᄒᆞ고卄辱臣死ᄒᆞᄂᆞᆫ節義를猛省ᄒᆞ니苟々ᄒᆞᆫ殘喘이尙今支延하ᄂᆞᆫ거시偸生에過치못ᄒᆞ도다大抵人이世間에生ᄒᆞᆷ이輕塵이弱草에棲ᄒᆞᆷ과如ᄒᆞ야一死之日이一瞬間에必有ᄒᆞᆯ쌔더러古來歷史를溯考ᄒᆞ건대堯舜禹湯은仁ᄒᆞᄉᆞ도崩ᄒᆞ시고孟賁烏獲은勇ᄒᆞ여도死ᄒᆞ얏거늘今我ᄂᆞᆫ極惡大變에猛毒ᄒᆞᆫ虐待를當ᄒᆞ여도奮發踊躍에一縷殘喘을ᄒᆞ야獘國萬一이何其難也오余로以ᄒᆞ야余를看ᄒᆞ야도碌々ᄒᆞᆫ小人은苟念ᄒᆞ고人面獸心에免치못ᄒᆞ도다異日에何面目으로同胞를相對ᄒᆞ리오ᄒᆞ다가乃反省自究曰旣捷身을殉ᄒᆞ야國을報치못ᄒᆞᆯ진대實力이나養成ᄒᆞ야後日獨立에一分子가되리라揣度ᄒᆞ다가國이無ᄒᆞ면民이無ᄒᆞᆫ前鑒을追想ᄒᆞ니我ᄒᆞᆫ光點아喉然ᄒᆞᆫ자라念이此에大韓宗族이隱然中隨하야滅絶及ᄒᆞᆷ에滿心憂懼ᄒᆞ야管을窺ᄒᆞᄂᆞᆫ愚見으로頭族保存ᄒᆞᆯ方便을싱각ᄒᆞ여도其策이余沒ᄒᆞ야皇天에呼유ᄒᆞ나漠々히答이無ᄒᆞ신지라余ㅣ枕上에俯伏하야流涕ᄒᆞᆯ而已러니至公無私ᄒᆞ고光明正大ᄒᆞ온春秋筆法으로殘虐을誅戮ᄒᆞ시고純良을培養ᄒᆞᄉᆞ우리二千萬同胞의게慈音을下ᄒᆞ시고幸福을賜ᄒᆞ시ᄂᆞᆫ大韓每日申報社長께ᄋᆞᆸ서保種策을發明ᄒᆞ야論說에揭載ᄒᆞᄋᆞᆸ서醉生夢死ᄒᆞᄂᆞᆫ同胞를喚醒ᄒᆞ셧스니其大慈大悲ᄒᆞ신福音은巍々蕩々ᄒᆞ야能히名ᄒᆞᆯ슈업도다伏乞同胞ᄂᆞᆫ前日에腐敗ᄒᆞᆫ精神과頑固ᄒᆞᆫ思想을快斷ᄒᆞ고文明ᄒᆞᆫ程度와慈善ᄒᆞ신敎誨를服從ᄒᆞ야一條生路耶蘇門ᄒᆞ一日밧비信仰ᄒᆞᆸ시다今日暴亂못보왓소무어슬觀望ᄒᆞ며무어슬企待ᄒᆞ오彊土를剝盡ᄒᆞ며種族을殄滅ᄒᆞ면死無容身ᄒᆞᆯ터이니제발덕분精神차려沒死ᄒᆞ지마ᄋᆞᆸ시다埃及波蘭의亡國事蹟이昭然自在ᄒᆞ여잇소伏乞鄕曲同胞僉員은孔子ㅣ曰孟子ㅣ曰興也라賦也라좀그만두고一條生路耶蘇門에밧비々々드러가셔自信國體成立ᄒᆞᆫ後에法律政治師範科와各項實業普通學問을一心精力으로工夫ᄒᆞ야彊土를保存ᄒᆞ고獨立을恢復ᄒᆞ야太極旗章을놉피달고大韓日月발근아래昇平同樂하여보세

官報

●第三千八百五十六號

隆熙元年八月二十八日

敍任及辭令

掌禮院掌禮金宇鉉 依願免本官

任掌禮院掌禮 六品朴時奎
命京畿宣諭使 從二品鄭寅興
從二品金重煥
命慶尙北道宣諭使
平理院判事洪祐晳
命江原道宣諭使
正三品李舜夏
命忠淸北道宣諭使
前主事韓昌履
任度支部稅務官
朴太緖
任官立漢城日語學校敎官
九品李相元
任官立漢城漢語學校敎官

外報

●排日熱傳染 倫敦電을據ᄒᆞᆫ則加奈太政府ᄂᆞᆫ一年에六百人以上의日本人이入國을許可치아니ᄒᆞ고舊制度를復舊ᄒᆞ기로商議를開始ᄒᆞ고ᄯᅩ로우무ᄊᆡ아州에勞働者ᄂᆞᆫ東洋人의對ᄒᆞ야暴力을用ᄒᆞ고脅威를行ᄒᆞᆯ터이라ᄒᆞ더라

●福知山大慘狀 東京電을據ᄒᆞᆫ則福知山에水害가非常ᄒᆞᆫ慘狀을呈ᄒᆞ야市街가太半流失ᄒᆞ고溺死者一千餘名이라ᄒᆞ더라

●兵營新築 寬城子電을據ᄒᆞᆫ則俄國이王道子ᄭᅦ大兵舍를建築하기로計畫ᄒᆞᆫ다ᄒᆞ더라

●葡王暗殺의計畫 倫敦電을據ᄒᆞᆫ則葡萄牙首府에서國王을暗殺ᄒᆞ라ᄂᆞᆫ陰謀가發覺되얏다더라

●海軍社會感情 米國海軍社會ᄂᆞᆫ日本이艦隊를編成ᄒᆞ야香港上海方面에遊弋ᄒᆞᆷ으로ᄡᅥ오슈라ㅣ베會議决定에서ᄒᆞᆫ米國이大西洋艦隊를太平洋方面으로派遣ᄒᆞᆷ에對ᄒᆞᆫ報酬라ᄒᆞ더라

●領事館破壞 東京電을據ᄒᆞᆫ則函館大火재에米國領事館을除ᄒᆞᆫ外에各國領事館은悉皆破壞가되얏다ᄒᆞ더라

●馬賊跳梁 寬城子電에曰吉林에서順化縣에至ᄒᆞᄂᆞᆫ道路中張廣棚山附近地에馬賊萬餘名이出沒ᄒᆞ야掠奪을恣行ᄒᆞᆷ으로巡撫가屢屢히討伐ᄒᆞᆫ대官兵이敗北ᄒᆞ고馬賊은愈益猖獗ᄒᆞ다더라

雜報

冠洞義塾趣旨書

人物之性이均賦天地之理氣而蠢愚智識之不齊者ᄂᆞᆫ以其有偏全之判異故也라蓋物類之作巢掘穴은振古如今而依然是一様而已오人類之衣食住居與器用은隨時改良而漸進發達ᄒᆞ니豈惟賦性之使然也리오未是不由於敎育之有無也라

此所以物類之爲人所驅除而又爲所制取資用이니果非無敎之明驗耶아然則邃自邃古로盡性之君師相繼而起ᄒᆞ야設爲敎育이久矣라人類之智識이宜若無大相不同이어ᄂᆞᆯ奈之何紅皮之蕃至絶種과黑奴之墮在暗黑과被濶刺南之致滅亡과印度緬甸之被覊絆은何其劣也며歐米白人種之繁昌强勁은何其優也오豈又非有關於敎育之발達耶與否아

由是觀之컨대人而無敎育之발達이면自同於他動物而不能保其生存이니豈不哀哉아然而羽毛以禦寒熱은他動物之所能隨時變處而人之仍舊不變者ᄂᆞᆫ觀他何如也오嗚呼라我國之今日形勢ᄂᆞᆫ果至何境也오凡有人心者ᄂᆞᆫ應有所恐矣라

旭日方升에四隣이敲門ᄒᆞᆫ대尙做前夜之酣夢이可乎아天時大寒에舉世擁裘ᄒᆞᆫ대獨着夫夏之絺葛이可乎아夫士者ᄂᆞᆫ國之元氣也라士皆以是而自處爲ᄒᆞ고上下亦以是而推重焉이러니今其元氣果能不病而完全乎아凡讀書之士ᄂᆞᆫ必論其病之深矣라若但知有前日粱肉之爲補而不知有今日藥石之爲療則必死乃已리니惡在其爲讀書之効也오今日之藥石은卽今日之新敎育也라

所謂新敎育者ᄂᆞᆫ豈大相反於古之道哉아但此諸古敎之德行道藝而特加損益ᄒᆞ야以助人智之開進也라昔에孔夫子ᄂᆞᆫ問官於담子ᄒᆞ시고有學在四夷之歎ᄒᆞ시며孟子ᄂᆞᆫ學孔子而往々有據其所未發者ᄒᆞ시니古之聖人이何嘗泥於古而不通於今ᄒᆞ며局於此而不取於彼乎아當此人種競爭之世ᄒᆞ야固當明目張膽而思所以保安之計耳라不然則先進은既享대日太平之福而自在於目前之姑息이어니와其於後生之前程에何哉오茫惶我輩上이惟是之憂ᄒᆞ사擊鼓ᄒᆞᆫ校之勤勵諄々申複而自國都로至國巷히稍有학校之府興하니可見草廚之風而亦可驗天時人事之變遷也라噫我蓮山은不可謂無士之鄕而獨於敎育界上에낭乎後人而自획者ᄂᆞᆫ何也오其在忠君愛國之義務而獨不愧士子之名乎아是以로有志諸公이猛省覺悟ᄒᆞ야刱設冠洞一校ᄒᆞ니是誠蓮古茹今ᄒᆞ고彼量此하야窮變而通者也라由是而不入於物類之叢도此其機也오因是而不陷人類之劣도亦其時也라乘其時而投其機則聖慈之對揚과國權之引伸과元氣之擴充과人文之開明을固可預卜於今日矣라雖然이나名實이不副則自貽世譏오終始不一則必招人笑니此又非大加猛省處乎아噫라絲雖易斷이나合之則毅ᄒᆞ고箭雖易折이나束之則勁ᄒᆞ나니惟我一鄕人士가苟能一其心力이면何難支斯校之維持也리오以若國民服務之方法으로遂于固飽自治之目的이면凡我頂天立地者之所宜拭目而待之矣니冠洞一區之文明이將發揮於全國而卓冠於世界也夫인저

發起人 金永睦 鄭昌八

●火砲奪去 加平花浪浦居ᄒᆞᄂᆞᆫ洪承奉舜相家의셔防賊ᄒᆞ기로同里之人으로統契을設ᄒᆞ얏더니陰七月二十日의砲軍義兵이라ᄒᆞ고七十餘名이突入ᄒᆞ야家々搜索ᄒᆞ다가火砲를沒數奪去ᄒᆞ얏다더라

●三兄弟砲殺 江華郡府內面市民金東秀氏ᄂᆞᆫ三兄弟가日前夜에砲殺을當ᄒᆞ얏ᄂᆞᆫ데皆是耶蘇敎信徒인이라ᄒᆞ며該敎會昌學校長과校監氏家ᄂᆞᆫ日兵이燒火ᄒᆞ얏다더라

學校 日兵이燒火ᄒᆞ얏다더라爲可謂慈善ᄒᆞᄂᆞᆫ鎬川居吳鳴煥씨ᄂᆞᆫ前般廢校이未能ᄒᆞᆷ을痛惜ᄒᆞ야陸續學員朴在旭氏ᄂᆞᆫ帽子一部를寄付ᄒᆞ고中樞원氏ᄂᆞᆫ高衣一宋子씨一作을寄付ᄒᆞ얏다니誠所謂慈善家라고世人이稱頌ᄒᆞᆫ다더라

●日隊占校 公立東萊普通學校長金炳大씨가學部에報告함ᄒᆞᆫ뢰去六月拾七日에日本守備隊가本校에來住ᄒᆞ온바由ᄂᆞᆫ已爲前報이온바該兵士가來丸月一日노拾日ᄭᅡ지延期請借ᄒᆞ온즉本校開學은勢不得已ᄒᆞ야臨時休學ᄒᆞ얏다더라

詞林

弔大韓烈士李儁海牙孤魂

日墜東方玉石焚從橫利害行誰分孤帆遠影傑人起萬古勁風今李君
凄雨一天來隨月長風萬里起冤雲血濺例國臣樹烈從今海左有人云

紫霞山人 金琫

雜報

◎兩氏相換 學部書記官金鍇基씨와官立日語學校長金漢奎氏와相換ᄒᆞ얏다더라

◎三氏轉任 稅務官金敎聲朱相翊趙漢璧三씨ᄂᆞᆫ度支部書記官으로轉任ᄒᆞ얏다더라

◎總理訪問 再昨日下午四時에總相李完用氏가陛見ᄒᆞ고同八時에退闕ᄒᆞ야農大宋秉畯氏家를訪問ᄒᆞ고數時間을談話ᄒᆞ얏다더라

◎李氏辭疏 赤十字社總裁李載覺氏가辭疏를奉呈ᄒᆞ얏ᄂᆞᆫ딕不允ᄒᆞ셧다더라

◎朴氏發程 錦陵尉朴泳孝씨가濟州島의安置次로再昨日上午七時發에京仁鐵路로發程ᄒᆞ얏다더라

◎內閣照會 內閣에서內部에照會ᄒᆞ되各宣諭使의印章齎送과旅費等節을斯速支撥ᄒᆞ야不日登程케ᄒᆞ고其餘各觀察使에게一幷訓飭ᄒᆞ야使之曉諭安堵케ᄒᆞ라ᄒᆞ얏더라

◎朴氏塡任 日昨內閣會議에平理院判事兪鶴柱氏請願ᄒᆞᆫ代에朴塔台氏로塡任ᄒᆞ기로決議ᄒᆞ야統監府에同意하얏다더라

◎李氏辭職 平理院判事李容相氏가法部에辭職請願ᄒᆞ얏더라

◎銃砲嚴禁 銃砲及火藥은性質이危險ᄒᆞ다ᄒᆞ야關束ᄒᆞ기爲ᄒᆞ야政府에서人民으로ᄒᆞ야금私自行使하거나私自製造홈을嚴禁ᄒᆞᆯ事로內部大臣軍部大臣法部大臣이聯署ᄒᆞ야內閣에請議ᄒᆞ얏다더라

◎平民一致 軍部에서休職ᄒᆞ얏던將領尉官을一槪解任ᄒᆞ기로內閣에請議ᄒᆞ얏다ᄂᆞᆫ딕其解任ᄒᆞᆫ由를得聞ᄒᆞᆫ즉前官을永히削ᄒᆞ야平民과同一케ᄒᆞᆫ다더라

◎必由同意 再昨日軍部에서解散ᄒᆞᆫ領尉官에게恩賜金頒給事ᄂᆞᆫ昨報揭載어니와侍衛一大隊에ᄂᆞᆫ兵士暴動時에因公ᄒᆞ야闕內각處에入直ᄒᆞ얏던尉官數拾餘人의恩賜金을頒給치아니ᄒᆞ얏ᄂᆞᆫ대該諸氏ᄂᆞᆫ無罪無賞ᄒᆞ야將次軍部에서長谷川大將에게同意後에左右間決定ᄒᆞᆫ다더라

◎李祭日宴 再昨日에泥峴日本人俱樂部에서宴會를設ᄒᆞ얏ᄂᆞᆫ대宮內大臣李允用氏가參宴ᄒᆞ얏다더라

◎內訓各道 內部에서宣諭使下去치아니ᄒᆞᄂᆞᆫ各道에ᄂᆞᆫ地方義徒에鎭壓一事를各該本觀察使에게全擔ᄒᆞ니善爲曉諭ᄒᆞ야務圖止戢ᄒᆞ라고각道에訓令ᄒᆞ얏더라

◎軍照法部 軍部에서法部로照會ᄒᆞ되陸軍法院를今旣廢止인則罪人處理가無所인바該罪囚等을移送平理院ᄒᆞ고其審問等節은自該部로專管處決이實合이기該請議書을繕交ᄒᆞ니聯署送交ᄒᆞ심을爲要라ᄒᆞ얏더라

◎日兵渡韓 日兵一師團이釜山元山에到着ᄒᆞ야流伊入來ᄒᆞᆫ다더라

◎法訓各裁 法部에서赦典詔勅을奉承ᄒᆞ야地方各裁判所에訓令ᄒᆞ되六犯以外人에可合放釋者ᄂᆞᆫ勿論已決未決ᄒᆞ고修成冊報來ᄒᆞ라ᄒᆞ얏더라

◎反對之故 今番 大皇帝陛下即位時에解散ᄒᆞᆫ憲兵에게恩賜金五十圓式을支給ᄒᆞ고主殿院巡檢에게도幾十圓式支給ᄒᆞ라ᄒᆞ고發親衛隊侍從에게도支給ᄒᆞ라ᄂᆞᆫ대總相李完用內大任善準兩氏가反對不肯홈으로支署巡檢等이鬱鬱ᄒᆞ다더라

◎斷髮隊募集 人民의斷髮하기爲ᄒᆞ야警視廳에서將次斷髮隊를四五百名을爲限ᄒᆞ고募集ᄒᆞᆯ計劃이라더라

◎薙髮電報 光州觀察使金奎昌氏가內部에電報ᄒᆞ되本月二十七日에管下各郡守를會同ᄒᆞ야慶祝을擧行ᄒᆞ고各郡守及道主事ᄂᆞᆫ一切薙髮ᄒᆞ얏다더라

◎各減一等 法部에서平漢兩裁와十三道각裁判所에訓令ᄒᆞ되本年陰曆七月十九日頒詔文中(謀叛强盜殺人通姦騙財竊盜)六犯外各減一等事 命下矣시온바欽此 詔勅內辭意를奉審施行이되貲所管已決囚中謀叛强盜殺人通姦竊盜六犯外에可合減等者를修成揭贓報而各該犯人名下에犯罪事實과就囚年月日을照詳註明ᄒᆞ야以便審錄이可ᄒᆞ기로玆에訓令이라ᄒᆞ얏더라

◎赦罪放免 昨年瑞興郡守崔東埴氏猝死ᄒᆞᆫ事로該郡鄕長文禎淳通引吳영렴박命夏書記김聖大朴樹浩김在德使令金玉善等을平理院에서抑致審査ᄒᆞᆫ즉別無可疑之端ᄒᆞ야放免이라더라

◎致疑被殺 傳說을據ᄒᆞᆫ즉龍仁郡執陽市에서義兵이僧一名을砲殺하얏ᄂᆞᆫ대其砲殺理由ᄂᆞᆫ日兵의偵探客인가致疑ᄒᆞᆫ所以라더라

◎募軍脫走 楊州郡廣灘附近德峯等地에義兵이屯聚홈으로解散ᄒᆞ기爲ᄒᆞ야日兵이募軍으로ᄒᆞ야彈丸櫃를使之負去라가該募軍等이中路에서脫身逃走ᄒᆞ얏다더라

◎部守誘往 忠北觀察使守鎬成氏가內部에電報ᄒᆞ되義兵騷擾ᄒᆞᆫ事件을因홈인지忠州郡守金在殷씨가不知去處인대現今探知ᄒᆞᄂᆞᆫ中이라ᄒᆞ얏더라

◎無故被捉 公州司院貼商鄕週司長崔鳳植씨와廣修居洞承旨에沈相敬氏를該部에派送ᄒᆞᆫ日憲兵이無故히捉去ᄒᆞ얏다ᄂᆞᆫ대其被捉ᄒᆞᆫ根因인즉崔氏가春間上京ᄒᆞ야數朔留連ᄒᆞ다가其七叢慈親病報를聞ᄒᆞ고음六月望間에下去ᄒᆞ얏더니附近洞知舊들이京毛를來問ᄒᆞ거날崔氏侍湯無暇에別無閒談ᄒᆞ고新聞을出示ᄒᆞ고七大臣의行事를評論ᄒᆞ얏더니此를義士亂類라稱ᄒᆞ야被捉ᄒᆞ얏고沈씨도亦無所犯이라더라

◎到處衛火 楊根呂州利川等地에來說을據ᄒᆞᆫ則日兵所到에觸處衛火ᄒᆞ야人民家屋이靡不被燒ᄒᆞ야玉石俱焚에山川이失色하니日人의殘暴ᄒᆞᆫ行動과韓民의慘酷ᄒᆞᆫ情景은印今天下에曾所未有라더라

各地情況

▲二十九日各地情報를據ᄒᆞᆫ즉義兵三十餘名이驪城附近村落에集合ᄒᆞ야二十四日에各洞으로橫行ᄒᆞ다가玉山面實菜洞에入據ᄒᆞ야砂邑을侵入ᄒᆞ라ᄒᆞ미日人은避亂ᄒᆞ엿다ᄒᆞ고

▲過日來로義兵이背松邑을襲擊ᄒᆞᆫ다ᄂᆞᆫ報道가有ᄒᆞ미邑內人民은靑雲洞에避亂ᄒᆞ엿고

▲二十二日盈德郡馬項에서義兵과日兵이接戰ᄒᆞ엿ᄂᆞᆫ딕勝敗ᄂᆞᆫ未詳ᄒᆞ고

▲利川에ᄂᆞᆫ義兵이屯聚ᄒᆞ얏ᄂᆞᆫ대日軍一小隊가二十九日夕에廣州로부터該地에到着ᄒᆞ야三十日午前八時에相맛고交戰홀際에義兵이突進襲擊ᄒᆞ야兩陣이目下酣戰中이라ᄒᆞ고

▲京城忠州間電線은尙今不通이오京城春川間電線도約三百五十間이遮斷되얏고

▲報恩에ᄂᆞᆫ去二十四日붓터義兵幾拾名式附近몽里에出沒하매居留ᄒᆞ던日人은豫先逃避ᄒᆞ얏고二拾八日에邑니를襲擊ᄒᆞ야日人을斬殺ᄒᆞ며郵便局員은沃川으로逃走ᄒᆞ얏고

▲日本步兵九十一聯隊第一中隊殿村軍曹가兵丁을率ᄒᆞ고糧食을忠州로護送ᄒᆞᄂᆞᆫ道次에二十三日午後五時에梨浦에來到ᄒᆞᆫ지라義兵千餘名이雲集襲擊ᄒᆞ야二時半을互相苦戰ᄒᆞ다가日兵一等卒이中丸而死ᄒᆞ고全陣은呂州로敗走ᄒᆞ야同地守備대가應援合勢ᄒᆞ야翌日梨浦로更到하야再次決戰코ᄌᆞᄒᆞ나義兵에形跡을難尋이라忿不自勝ᄒᆞ야梨浦及其附近村落을燒盡ᄒᆞ얏고

▲二十九日洛東電報를據ᄒᆞᆫ즉二十七日午後四時에義兵四百名이蜂起ᄒᆞ야順興分派所를襲擊ᄒᆞ야日人補佐員은生死가未詳ᄒᆞ고西岡大尉ᄂᆞᆫ兵卒二十五名을率ᄒᆞ고榮川에來到ᄒᆞ야互相激戰中인ᄃᆡ日人이勢孤ᄒᆞ야抵敵키難ᄒᆞᆫ急報를送ᄒᆞ니日本警部補佐員以下八名과官原所率一대도應援次로急行ᄒᆞ얏다ᄒᆞ고

▲二拾九日忠州電을據ᄒᆞᆫ즉春分派所補佐員三名은섭五日孔子廟에서義兵이包圍擊殺ᄒᆞᆫ미判明ᄒᆞ엿다ᄒᆞ고

▲二十七日에ᄂᆞᆫ日軍의小대가鎭川에入ᄒᆞ야數處小대와會合ᄒᆞ얏다더라

東京電報 二十九日發

◎鐵道修費 各地鐵道ᄂᆞᆫ洪水에被害가六百餘里에達ᄒᆞ얏ᄂᆞᆫ딕其復舊費ᄂᆞᆫ九十萬圓以上이라더라

北京電報 二十九日發

◎淸韓境界 淸國은韓日協約에依ᄒᆞ야日本이韓國諸境防備를當홈을見홈이韓國一帶境界를定ᄒᆞ기爲하야徐世昌의게命令ᄒᆞ야測量技師를滿洲口에派遣ᄒᆞ얏다더라

▲瑞雲烟▼

▲日前惇德殿宴饗時에長谷川司令官이立食에同參ᄒᆞ엿더니農相宋秉畯氏가追後來到ᄒᆞ야食卓의順序를見ᄒᆞ고李宮相을向ᄒᆞ야體禮에無識홈을責ᄒᆞ고屛風으로食場을遮障ᄒᆞ고賓客坐次를表示ᄒᆞ엿시니宋氏의日人을尊崇홈은已無可論이어니와立食에도坐次를보ᄂᆞᆫ지

▲各地方에義擾를安戢ᄒᆞ기爲ᄒᆞ야宣諭使를下送ᄒᆞᄂᆞᆫ되各其日兵三十名式領率發程ᄒᆞᆫ다니宣諭使가아니라日兵隊長으로下去ᄒᆞᄂᆞᆫ게로고

▲城津港日人租界에結稅十二結八十八負五把를蠲減ᄒᆞ기로度支部에서內閣에請議하엿다니日人이韓國土地를佔奪ᄒᆞ고結稅ᄭᅡ지蠲減ᄒᆞ니可謂土地를分割ᄒᆞᄂᆞᆫ貌樣이로고

▲開城郡에各公廨ᄂᆞᆫ日本守備隊에서入處ᄒᆞ야該地方官은作接이無處ᄒᆞ야諸般事務에妨害가不少하다니日軍所到處에大韓官吏를無視하야公事가退頽ᄒᆞ니可謂無人之境이로고

▲內官과內人을多數히減額ᄒᆞᆫ다더니日前에景孝殿懿孝殿陳設差備內官[illegible]先減額ᄒᆞ얏다니近日風波에內官이沙汰낫고

▲軍樂隊ᄂᆞᆫ解散ᄒᆞᆫ後宮內府에移付ᄒᆞ야音樂隊라改稱ᄒᆞ얏다니軍隊ᄂᆞᆫ解散ᄒᆞ어도軍樂隊ᄂᆞᆫ[illegible]稱ᄒᆞ야音樂만存置ᄒᆞ면[illegible]中에萬軍이自退홀는지

▲近日解散ᄒᆞᆫ尉官들이相[illegible]면汝[illegible]百圓에參尉官[illegible]ᄒᆞ얏ᄂᆞᆫ야喆業[illegible]幾十[illegible]知者가左[illegible]左右[illegible]實業은等棄不習ᄒᆞ다가急[illegible]此日ᄒᆞ야職業이全無ᄒᆞ니[illegible]在前ᄒᆞᆫ다ᄒᆞ며握手相歎ᄒᆞ[illegible]事勢固然이지

▲近日南北村에金貫子玉貫子[illegible]班들이街路에出行ᄒᆞ다가[illegible]盜[illegible]査에게逢辱ᄒᆞᄂᆞᆫ者가比比有之ᄒᆞ니金玉貫子가當時에[illegible]物로今日에逢변ᄒᆞᄂᆞᆫ物品[illegible]ᄒᆞ얏스니物貴則賤이各[illegible]고

▲一進會副會長兪鶴柱가[illegible]理院判事를敍任ᄒᆞ얏ᄂᆞᆫ데[illegible]底로가有ᄒᆞ야再三請願ᄒᆞ야[illegible]얏다니高等官을못하야보[illegible]지

▲國民新報ᄂᆞᆫ一進會機關으로本報를對하야往往히怨望과凌辱을加ᄒᆞ니如彼無理之說은[illegible]足論辨인故로付之一笑하거니와一進會에서ᄂᆞᆫ一般國民의忿怒ᄒᆞᄂᆞᆫ狀態가緣何發生인줄을不知ᄒᆞᄂᆞᆫ가地方人民이聲討ᄒᆞᄂᆞᆫ檄文을應當보앗슬걸

寄書

日本東京留學生 全合憲

天下之事를研究ᄒᆞᆯ진대雖然至微至細나理致外에脫落ᄒᆞᆷ이無ᄒᆞ다謂키不能ᄒᆞ도다盖鉛鐵이柔軟이나經百鍊而爲剛ᄒᆞ고松脂가鹽粗나受百變而成珀은初爲小美之質로終焉成器者也오大廈가傾覆에人必傷命에多大ᄒᆞᆫ不待蓍龜라도昭然明鑑이어ᄂᆞᆯ追此日此時ᄒᆞ야坐視傾覆을如越視秦瘠이可乎아否乎아泰恒險路에墜車覆轍이면但責歸於馬驁ᄒᆞ고不護財產이可乎아否乎아吾儕가迫此强食弱肉ᄒᆞ며殄滅競爭ᄒᆞ야大有望於挽回國權ᄒᆞ야磨拳擦掌ᄒᆞ고당目切牙ᄒᆞ야傾財破產으로西涉歐美ᄒᆞ며東渡扶海ᄒᆞ야文明氣를吸ᄒᆞ며發達志를開하다가今於休學暇에或以歸寧으로旋旆者도有之ᄒᆞ며或以學費不足으로還家辦備者도有之ᄒᆞ며或以體格健强力으로旅行者도有之인대噫此黑獄々에處ᄒᆞᆫ鄉議巷說人이以已之心으로忖人之志ᄒᆞ야胥動訛言曰彼遊外學生들이今日國步退縮ᄒᆞᆷ으로絕望於自由하고落魄於復權ᄒᆞ야樂爲歸家라ᄒᆞ니此何言也며是何說也오凡爾木石은松栢에勁節이오磨而不改ᄒᆞᆫ金石에堅質이라老益壯窮益堅은青年志士에準的인故로吾子ᄒᆞᆫ時代를當ᄒᆞ여非常之業을做하고艱大ᄒᆞᆫ局勢를着ᄒᆞ야安危之策을成ᄒᆞ나ㅣ第觀[illegible]ᄒᆞᆯ지어다 未完

雜報

○ [illegible]烟霧伊淡[illegible]國債報償[illegible] [illegible]本人等이僻處鄉隅ᄒᆞ야消遣有[illegible]者備면急開國債償[illegible]ᄒᆞ,咸曰近日에ᄂᆞᆫ京鄉有義捐金額니似不如初云ᄒᆞ니旣緊且感이러가因發發慨歎曰我ㅣ胡不富且饒ᄒᆞ야能ᄂᆡ擔外債款中半分三分十分一ᄒᆞ고又不能自贖이어던寧可無生於天地ᄒᆞ야脫此羈絆之辱과壓制之困이어ᄂᆞᆯ旣當此時ᄒᆞ니此鄉을鳥何己乎아積涓爲海ᄒᆞ고累진成山은固其理也라不當以力少而不力ᄒᆞ고事巨而中廢故로一夫倡言에全洞民人니感從ᄒᆞ야욕署漏屋之憂와窮竈斷火之慘을不顧ᄒᆞ고各以分錢揖勅에合至拾三圜四拾錢이라嗚呼라人情이如水ᄒᆞ야導之則流ᄒᆞ고塞之則止하나니各以所住方面으로身先倡導ᄒᆞ야竣此義務을奚待誰人勸告리오만ᄂᆞᆫ但先天祝禱ᄒᆞ노라

發起人 김演性 白

●誤傳必正 再昨日雜報欄內에ᄂᆞᆫ進陰害라ᄂᆞᆫ題下에日髻部渡邊氏가貞洞教堂에來則來矣나連락運動이라ᄒᆞ며發文激動이라ᄒᆞ며一進陰害라ᄒᆞᄂᆞᆫ言辭ᄂᆞᆫ初無라ᄒᆞ기로玆以正誤ᄒᆞᆷ

廣告

梨峴居ᄒᆞᄂᆞᆫ教人이라稱ᄒᆞ고基督新興學校를稱以設校ᄒᆞ고藉托基督하야成群作黨ᄒᆞ야侵奪人家ᄒᆞ며勒捧捐助ᄒᆞ야甚至於毆打詬辱에衆怨 狼藉하니學校設立은是何所重이關其擧措ᄒᆞ면不啻悖類ᄲᅮᆫ더러其於學教에도名譽上에이尤極痛恨이옵기玆에仰佈ᄒᆞ오니內外僉人은照亮ᄒᆞᆷ

進福教堂 告白

本人이食商으로業而安居ᄒᆞ다가本人光稙이來留一宿에食價及物價를不報ᄒᆞ고逃ᄒᆞ며名章으로六萬八千兩於音을僞造ᄒᆞ여가지고[illegible]聚ᄒᆞ얏스니誰某든지此於音을받[illegible]光稙[illegible]來[illegible]ᄒᆞᆷ

水橋[illegible]統[illegible]戶[illegible]告白

△學員募集廣告

本塾에서秋期開學을九月五日(陰七月二十八日)木曜下午七時로定ᄒᆞ고特別히初等英語科에ᄂᆞᆫ本塾에서印刷ᄒᆞᆫ教科書를教授ᄒᆞᆯ터이니舊學員과願學僉員은屆期來臨ᄒᆞᆯ事

南大門暘谷四十三統七戶 廣化新塾

本人從今非侍天教人入錄於天道教則僉君子照亮ᄒᆞᆷ

平北義州 비峴面 高乃賢 告白

●西署玄石里玄成學校捐助記

前都事박亨來	新貸五拾圜
前議官박斗병	五拾圜
前主事南昌祐	五拾元
幼學鄭元文	五拾元
前主事朴性德	五拾元
幼學李康倚	貳拾五元
前參奉高鳳樹	貳拾五元
前守門將裵龍植	貳拾元
前主書南鴻祐	拾元
前議官朴明來	貳拾五圜
教師張益一	貳拾圜
進士崔浩然	拾元
總巡李思說	五元
前議官李殷鎬	五元
前參奉朴東曄	五元
前博士李瀷諾	拾元
前主事金永模	五圓
幼學全[illegible]	五元
太永善	五元
[illegible]	五元
前[illegible]	五元
前主事金[illegible]濟	五元
幼學[illegible]鎬遠	五元
[illegible]祐	一圓
前參奉[illegible]	三圓
幼學盧相琪	[illegible]圓
[illegible]漢	貳圓
劉[illegible]	貳[illegible]
李演學	貳圓
宋岐瑞	貳圓
安德良	貳圓
金應信	貳圓
朴承錫	貳圓
張爽鎭	貳圓
前教官李顯謨	貳圓
前議官李漢九	貳圓
進士金奎璜	貳圓
前主事朴禹然	貳圓
前主事朴性緒	貳圓
前宣傳官李祥儀	貳圓
幼學徐禹聲	貳圓
張燕	五拾錢
鄭啟淳	壹圓
劉興澤	壹圓
崔柄德	壹圓
崔浚明	壹圓
崔澤汝	壹元
李應燁	壹元
權[illegible]良	壹元
全成九	壹元
馬允祚	壹元
前委員權丙承	壹元
幼學林命天	五拾錢
金思哲	五拾錢
宋昌根	五拾錢
禹洪準	五拾錢

新築工事落成移轉廣告

本行에서南署濟通坊大廣橋에營業所新築工事를落成ᄒᆞᆫ故로來九月二日부터該所에서營業ᄒᆞᆯ것슴기努에廣佈ᄒᆞ오니僉君子ᄂᆞᆫ照亮ᄒᆞ신後陸續去來ᄒᆞ심을要ᄒᆞᆷ

資本金 四拾萬圜
政府貸下金 三拾一萬四千二百圜
農工債券 拾五萬圜
當座預金 日步一錢二厘
小額預金 日步一錢六厘
支店所在地 忠州 公州 開城 春川 江景浦

南署[illegible]坊大廣橋 株式會社 漢湖農工銀行 (電話[illegible])

本人이家舍를西署盤松坊池下契新村三拾九統六戶瓦九間半은당娛珉의名下와東署仁昌坊伏車橋下九統十戶草十二間은金聖文의名下로買置矣러니正月分에遭父故悲惶中兩處家券을見失하얏스니親疎間無論誰某ᄒᆞ고右券을拾得ᄒᆞ야도休紙施行하고或有典執이라도內外國人은勿爲見欺ᄒᆞᆷ

內需司二十六統七戶 金珍衡 告白

邦補益藥水

이약은대미국사ᄅᆞᆷ방보씨가지은것이니세상사ᄅᆞᆷ들이괴질이약ᄒᆞ야매양요슈ᄒᆞᆷ을근심ᄒᆞ야다년혈심으로궁구ᄒᆞ고궁구ᄒᆞ야이약을신발명ᄒᆞᆫ것인대효이이신긔ᄒᆞ야세계각국서이약헙로효험본자ㅣ적지아니ᄒᆞᆫ고로본인도우리동포를위ᄒᆞ야미국방보회사와계약ᄒᆞ고이약슈를니다가동포의소청을공급ᄒᆞᆷ

효력 이약쓰ᄂᆞᆫ대ᄂᆞᆫ
부족증 뇌점병 ᄌᆞ지못ᄒᆞᄂᆞᆫ병
실음ᄒᆞᆫ대 도한증 허한증
적병(속병) 천축증 월우
부족 허약ᄒᆞᆫ대와 연주창
증병후 오즘소리 설ᄉᆞ리
질 성산못ᄒᆞᄂᆞᆫ대 신긔부족
낙되ᄒᆞᆫ대

발매소
경성남대문안 박문서관
상동교당압

今番에本人等이商店을新設ᄒᆞ고左開物品을美國서直輸入하얏스오니僉君子ᄂᆞᆫ愛顧하심을伏望

▲洋鞋各種 안ᄂᆞ고무靴各種
▲洋襪各種 時標各種
▲洋服(已成)各種
▲上品能膽 油帽 油衣
▲房帽各種 기[illegible]각種
▲花各種 반자紙各種
▲비누各種 양탄자各種
其他洋服附屬品具備

西門[illegible]夜珠峴[illegible]
三街[illegible]

公告

京釜鐵道用地賠償金을左記日字及處所에서交付ᄒᆞᆯ터이니地段收用ᄒᆞᆯ當時에土地所有ᄒᆞ얏든債權者ᄂᆞᆫ賠償金領受ᄒᆞ기爲ᄒᆞ야該期日午前九時로서午後五時ᄭᆞ지印章을携帶ᄒᆞ고來到ᄒᆞᆯ事

但本人又ᄂᆞᆫ其相續人이親自來到ᄒᆞᆷ을要하고他人으로ᄒᆞ여곰代理出頭케ᄒᆞᆷ을不得ᄒᆞᆯ事

隆熙元年八月二十三日 度支部會計課

交付期日	交付ᄒᆞᆯ停車場名	來到ᄒᆞᆯ土地所有者所居郡名
九月三日	始興	始興
九月四日	軍浦場	果川廣州
仝五日 六日	水原	水原
仝七日 八日	振威	振威
仝九日	西井里	陽城
仝十日 十一日	成歡	稷山
仝十二日 十三日	天安	天安
仝十四日 十五日	全義	全義
仝十六日 十七日	鳥致院	燕岐清州
仝十八日	永同	永同
仝十九日 二十日	黃澗	黃澗
仝廿一日 廿二日	金泉	金山開寧
仝廿三日	倭館	仁同
仝自廿四日至廿六日	大邱	漆谷大邱
仝廿七日 廿八日	慶山	慶山
仝廿九日 三十日	清道	清道
十月一日 二日	密陽	密陽
仝三日 四日	勿禁	梁山
仝五日 六日	草梁	東萊

本人이舍弟前侍御汝顯素是不諳無識不顧ᄒᆞ고出沒京鄉의以酒色雜技爲業이라가本人家宗家所留智件亭里所在沓十七斗落과[illegible]仁川谷洞所在田二日耕文券을乘夜盜取以走欲爲典執放賣이온기茲에事由를告官出證明給ᄒᆞ고舊券은休紙施行ᄒᆞ오니內外國人은切勿見欺ᄒᆞ옵

[illegible] 宋斗顯 告白

本人이黑角圖章을陰五月廿六日夜에見失ᄒᆞ얏스니僉君子ᄂᆞᆫ照亮ᄒᆞᆷ

順川 金潤錫 告白

嚴相永或稱永右頓有痕悖而類蕩産無賴內外國人間後外上及出債勿爲見欺後悔

嚴季善 告白

國債報償義捐金收入廣告

八月內本社收入總額

每日逐號明細錄

[illegible]

韓判[illegible] 洪[illegible] 孫化[illegible]

김化文 강顯道 [illegible]相市

各[illegible]錢

合三拾圜

●抱川內동面八夜里

許甲釗 許돌釗 許三東

리疑泰 김顯成 各四十錢

許百萬 김學峯 리容漢

김性祿 洪登조 리源協

각拾錢 김漢甲 리起哲

各卅錢 洪秉川 리起範

趙銀石 洪允섭 各廿錢

合四圜

◉八月二十九日

第一五一六號抱川郡內동面八夜里 四圜

八月二十九日까지收入總額

一千四百八拾三圜三拾四錢

自四月至七月收入總額

五萬二千九百七十五圜

六十四錢九厘

都總合五萬四千七百二十八圜

九十八錢九厘

●恩津論山諸私立論山학校及洞中

校長김在煥 四원四十전

副校長池光회 監督崔序敎

敎師金영極 事務員宋宇錫

각一圜 仝 리興植 拾錢

學員池應相 박喜洙 김鍾龍

각一圜 리久章 許敬泰

盧洙鉉 김淳澤 各五拾錢

金德鎭 許 화 各卅錢

韓甲錫 韓完錫 各拾錢

京人朴從老 김鳳洙 各一圜

司果安明玉 金永稷 각二원

趙顯夏一圜 許 운 김應泰

姜昌伯 정宗鉉 朴光卓

김在昇 各五拾전

前郡守趙重燁 金貞鉉

金雲鶴 박喜伯 리俊儀

孫化叔 각卅전 鄭召史

劉濟龍 楊俊錫

拾一歲리壽男 오太赫

徐基伯 비道植 韓爽敎

拾二歲리東方錫 각卅錢

리裕絶 리富擧 各十五錢

成在萬 鄭元京 張志益

成光鎬 오召史 崔召史

總合三십四圜

前號總合五萬四千一百五拾圜

四十八錢九厘

都總合五萬四千一百八拾四圜

四十八錢九厘

◎特別廣告◎

國債報償金七日間所捧은姑未合計이고伊前日의所捧總合五萬三千八百四拾一圜八拾七錢은電氣會社內銀行에貯置하얏삽고其貯置額中三萬三千三百圜은國債報償志願金總合所로移交홈

廣告

本學館에서新學員을增募하오니入學하실僉員은本月晦日內로入學請願書를提呈應試홈을爲要 學科及試驗科目等은前號新聞을考閱하시옴

試驗日字 陽八月三十一日 陰七月二十三日

皇城基督教靑年會學館 告白

[illegible]第一回學員[illegible]

本校에서第一學年試驗을經[illegible]온바學員을募集하오니願入[illegible]은九月一日以內(陰七月二十[illegible])로入學請願書를[illegible]호야請求홈

課程 本校規則에在홈

年齡 十五歲以上

試取日 九月二日

試取科目 本國歷史 本國地誌 讀書 作文 算術(四則以內)

開學日 九月六日

光武十一年八月一日

漢城中署磚洞 普成中學校

民事訴訟代理와刑事辯護公證定願問와諸문案起草等諸般事務를迅速處理홈

漢城中署瑞麟坊許屏[illegible]

西南間八統二戶

辯護士 尹邦鉉

同 太明식

事務員 安必中

聯合法律事務所

本人이日本大阪商業家와特約하고日本內地産出各種物品과西洋各種物品及機械等物을我大韓에輸入하야委託을便利케契約하얏사오니商工業에有意하신僉君子는其物이든지請求코저하시거든本社로來議하시오 本社에서는手數料만受領홈

與業社本店 開城北部[illegible]

支店京城南門內水橋五十一統六戶

仝仁港內동廣濟 培養會社

皇城基督教靑年會學館 第二期學員募集廣告

本學館에서秋期開學日字를九月三日(陰七月二十六日)로定하얏스니在學員은趁期上學하려니와新學員을募集하오니願入僉員은本月二十五日內로入學請願書를本學館에請求홈

課程

普通학 本朝歷史地誌 萬國歷史地誌 算術 數學 物理學 化學 生理學 經濟學 星學 簿記 日英翻譯

語학課 漢語[illegible] 日語 英語 教科書(待開學排定)

工業課 [illegible] 簿記 商業

商業課 商業地誌 算術 商務 書類

夜學課 日語 英語 簿記

年齡 十六歲以上

試取日 八月二十六日 陰七月十八日

試取科目 國漢文讀書作文 但工業課는算術四則以內加試

隆熙元年八月十三日

漢城中署鍾路里門內

皇城基督教靑年會學館 告白

開會日字는司事部決議를待하야更告하깃사오니 僉會員은照亮爲要

敎育靑年會

大東客舘

仁川港[illegible]新開[illegible]

[illegible]

大東客舘舘長 [illegible] 廣告

오늘[illegible]

[illegible]

告白

원산과성진잔에서본인이살진소(肥牛)를많이사깃스니쇼파는제군은다수이팔니오시오

최봉준 고뷕

一 遊覽[illegible] 人員은五十[illegible]

名으로[illegible]하나하한일인

[illegible]하고速히請人하시옴

[illegible]

一 往復[illegible] 十[illegible]일間

一 料金 [illegible]及手數料을合[illegible]

一 出發[illegible]

[illegible]

日本人遊覽協會事務所 [illegible]

[illegible] 東[illegible]

◎新撰法規類大全

壹秩冊白七十張頁

定價金新貨七拾五錢

[illegible]大全은法律家와[illegible]이온바年來現行[illegible]

[illegible]

越南亡國史 國漢文

定價貳拾伍錢

發賣所 中署布屛下 廣學書舖 김相萬 發售所

發賣所京城廣通橋[illegible] 布屛下김相萬 告白

◉大韓每日申報各處支社廣告

中署布屛門下 金相萬冊肆

平壤上水口門內 金[illegible]

仁川[illegible] 崔[illegible]

[illegible] 李東[illegible]

義州西門外[illegible] 安[illegible]

釜山[illegible] 大[illegible]局

三和[illegible] 徐[illegible]局

咸興南門[illegible] 金元[illegible]

開城培義學校 曹[illegible]林

寧邊邑[illegible]院 姜[illegible]

大邱市[illegible] 崔一弘

鐵山邑東部 劉夢澤

元山[illegible] 安 [illegible]

淸州南門外[illegible]學校內 劉七[illegible]

安州[illegible]書館 金昌[illegible]

信川邑 리源[illegible]

定州[illegible] 洪成인

昌城[illegible] 新[illegible]

郭山興岩 李[illegible]

安岳[illegible]坊[illegible] 廉道[illegible]

博川[illegible] 李[illegible]成

大韓每日申報社

發行兼編輯人 英國人 裵說

發行所

南署石井洞號外地三牌[illegible]

大韓每日申報社

第五卷

大韓每日申報

第六百三號

月曜及慶節歲時休日刊

檀君開國四千二百四十年
箕子元年三千二十九年
大韓開國五百十六年
日本明治四十年
淸國光緖三十三年
陰曆丁未七月大廿四日癸丑

論說

●韓國內戰役

此問題를初見ᄒᆞ면驚異ᄒᆞᆯ者ㅣ其或多有ᄒᆞᆯ터이나再次閱讀ᄒᆞ면其實情이明確ᄒᆞ도다韓國南部에戰役이今有ᄒᆞᆫ바其乃獨立ᄒᆞᆫ터의亂擊인고로鎭壓ᄒᆞ기가極難이라本記者ᄂᆞᆫ此形態의現存은甚恨ᄒᆞ노니此ᄂᆞᆫ如此戰役이無期일뿐더러及其末也에ᄂᆞᆫ韓人이必敗ᄒᆞ야殘忍ᄒᆞᆫ人民의게嚴酷ᄒᆞᆫ法律과鎭壓을必施ᄒᆞᆯ거슬顧念ᄒᆞᆷ이어니와同時에但能發言ᄒᆞᆯ거슨忠愛之心이有ᄒᆞ고自己의게及ᄒᆞᆫ日本政府의刺針을銳敏覺悟ᄒᆞᄂᆞᆫ人의게셔亂擊以外에他結果를不可期ᄒᆞᆯ거슨一般人士의確知ᄒᆞᄂᆞᆫ비로다西歐人士ᄂᆞᆫ日本이韓國을威脅과僞人으로營構케된줄을自信키容易하나韓國野人으로此를信認케ᄒᆞ기ᄂᆞᆫ如此容易ᄒᆞᆷ에不至ᄒᆞ리니蓋在野韓人은實地上에行事ᄒᆞ고論理上으로ᄂᆞᆫ不行ᄒᆞᄂᆞᆫ지라自己種族의潛伏起ᄒᆞᆫ事端을目擊ᄒᆞ엿스미以此事端으로累年不和에在ᄒᆞ던者ㅣ今始急起之擧이나然이나人類된設備를自著ᄒᆞᆷ이로다

今日韓國에如此情形이有ᄒᆞᆷ은果是極甚ᄒᆞᆫ痛恨이니一邊으로ᄂᆞᆫ此擧의無益ᄒᆞᆷ을因ᄒᆞᆷ이오一邊으로如此事態를昔起ᄒᆞᆫ統監府의疎忽과愚昧ᄒᆞᆷ을亦因ᄒᆞᆷ이어니와尙復恨嘆ᄒᆞᆯ거슨日本이他方策을採用ᄒᆞ얏더면韓國內에今日地位를得ᄒᆞ기에現今戰爭과人民의憎怨을不取ᄒᆞ엿슬거시로다如此評論은甚易ᄒᆞ다或稱ᄒᆞ리니其或然矣나猶可記憶ᄒᆞᆯ거슨漸次로運用하ᄂᆞᆫ것과無偏히行事ᄒᆞᄂᆞᆫ것과人民의傳來習俗을敬重ᄒᆞᄂᆞᆫ것과勸行威力을不行ᄒᆞᄂᆞᆫ거시是也요一國을若以平和手段으로欲取ᄒᆞ면其急先務ᄂᆞᆫ雖自國人民이라도犯罪ᄒᆞᄂᆞᆫ境遇에ᄂᆞᆫ其被襲된國民의게用ᄒᆞᄂᆞᆫ同一ᄒᆞᆫ懲罰을必施ᄒᆞᆫ模範을擧示ᄒᆞ야被襲된國民으로ᄒᆞ야금存心케ᄒᆞᆯ거시是也로다

日本이韓國을何如히取ᄒᆞᆯ거슨既往이라不欲更論이어니와但日本의占居韓國을今欲略陳ᄒᆞ노니 皇帝禪位를强行ᄒᆞᆷ이非智明之策이오軍대를一朝에解散ᄒᆞᆷ이狂妄之擧라此事端이現今困難을生ᄒᆞᆷ이니若官憲이漸次施設을滿足히認하엿스면如此困難이豈有ᄒᆞ엿스리오一國民을對ᄒᆞ야ᄂᆞᆫ十二個月이一点間光陰보다短ᄒᆞ니若其軍대解散을以一年定限ᄒᆞ야漸次로取行하엿더면現今騷亂이不起ᄒᆞ엿슬거시어ᄂᆞᆯ不然ᄒᆞ야今已潰散된民戶가千餘인바且將繼續이며百餘戶를包含ᄒᆞᆫ多數村落이全然破燒ᄒᆞ야其內에ᄂᆞᆫ不得逃出ᄒᆞᆫ生物은一個도餘存ᄒᆞᆷ이無ᄒᆞ도다一國을取하ᄂᆞᆫ道理가豈其如此리오若日人이如此ᄒᆞᆫ줄노虛度ᄒᆞᆯ진던尤可痛悔ᄒᆞᆯ거시其或繼次更生하리로다今此蜂起之黨을其必鎭壓ᄒᆞᆯ줄은吾人의確然覺悟ᄒᆞᆫ바라速止ᄒᆞᄂᆞᆫ대로韓國의게有益하려니와本記者ㅣ但一論陳ᄒᆞᄂᆞᆫ거슨他方策을用ᄒᆞ엿더면此困難이不生ᄒᆞ엿슬거시로다

官報

●第三千八百五十九號

隆熙元年八月三十一日

◉宮廷錄事

赤十字社總裁李載覺辭職疏

批旨省疏具悉係是重任何可遽解

秘書監卿金宗漢自劾疏

批旨省疏具悉遂事何必爲引卿其勿辭行公

敍任及辭令

李源敎 李廷哲 金榮郁
洪河龍 洪賢植 金相憲
李重乾 金炅洙 趙永來
崔翊鉉 徐相朝

任度支部技手

宮內府特進官閔景식

命懿孝殿提調

依願免本官 秘書監郞金鶴秀

任秘書監郞 九品정寅抱

內部治道局技手 李根雨

外報

●米艦演習 倫敦電을據ᄒᆞᆫ則太平洋으로回航ᄒᆞᄂᆞᆫ米國戰艦隊ᄂᆞᆫ昨今에戰鬪操鍊과演習을行하고또射擊을演習ᄒᆞᆫ後에船渠에入ᄒᆞ야船體를檢査ᄒᆞ니아마十二月十五日로以ᄒᆞ야太平洋을向ᄒᆞ야發航ᄒᆞᆯ터이라더라

●艦隊編成 紐育電을據ᄒᆞᆫ즉東航ᄒᆞᄂᆞᆫ艦대ᄂᆞᆫ戰鬪艦十六隻水雷艇六隻給炭船二隻으로編成ᄒᆞ얏더라

●滿洲鐵道聯絡 滿洲電을據ᄒᆞᆫ則南滿洲東淸兩鐵道ᄂᆞᆫ九月十日부터聯낙輸送을開始ᄒᆞᆫ다더라

●英帝의德國訪問 伯林電을據ᄒᆞᆫ則英國도로스新聞所報에曰千九百八年에英國皇帝及皇后ᄭᅴ셔德國을訪問ᄒᆞ신다더라

●英領에排日 桑港電을據ᄒᆞᆫ則英領加奈多노우리베크에서猛烈ᄒᆞᆫ排日運動이起ᄒᆞ야大集會席上에서發言ᄒᆞ야曰我等이銃을携ᄒᆞ고東洋人運來ᄒᆞᄂᆞᆫ汽船을向하야射하라고激勵ᄒᆞᆫ者가有하고日本人으로由하야取扱ᄒᆞᄂᆞᆫ木材와魚類와其他에對ᄒᆞ야嚴重히買賣를拒斥ᄒᆞ기로決議하얏다더라

●職工稱迫 英領콜놈비아에職工等이東洋人에게暴行을加ᄒᆞ기로稱迫하얏다ᄒᆞ니라

●戰艦新造計畫 桑港電을據ᄒᆞᆫ則華盛頓政府ᄂᆞᆫ二萬噸戰鬪艦四隻을新造ᄒᆞ기로計畫中이라더라

●獵者襲擊 同電을據ᄒᆞᆫ則諸方面報道에曰日本人民의獵虎獵者가白令海峽子린히푸諸嶋村落의獵虎集合地에서獵者를襲擊하얏다더라

雜報

●會員再函 下鄕一進會員이本社에再次寄函이如左ᄒᆞ니

一進會가當初爲三道四十餘萬人을募集ᄒᆞ야以四大綱領新發明目的爲也라每朔月捐金二拾錢式收送于京本部而同甘苦ᄒᆞᄌᆞ盟誓ᄒᆞ얏더니及其登仕에ᄂᆞᆫ頭領者만得意ᄒᆞ고下鄕會員은勿論ᄒᆞ니京會員은才質이優耶아學識이博耶아如此行爲ᄂᆞᆫ野蠻도不爲ᄒᆞᆯ거시니從今以後로ᄂᆞᆫ下鄕會員은一齊退會ᄒᆞ기로廣告ᄒᆞ니京鄕間僉君子ᄂᆞᆫ更勿兒欺ᄒᆞ심을敬要라ᄒᆞ얏더라

●均明試驗 西署萬里峴私立均明學校에서夏期試驗을經ᄒᆞ얏ᄂᆞᆫ대卒業生尹昌龍甲班優等生李容圭韓東成等四人이오乙丙丁三班優等生安德成崔奇童朱凡伊等十人이오及第生任道成等二十一人이라校監朱寅植氏와任員諸氏가多數ᄒᆞᆫ賞品을捐助ᄒᆞ엿고學監崔元錫氏ᄂᆞᆫ多數ᄒᆞᆫ書冊과紙筆과當日需用物品을全數擔當하얏다더라

●新設講院 三淸洞掌苑署다리게全羣旭氏가算數專門學으로講數院을設立ᄒᆞ고講員을募集ᄒᆞᄂᆞᆫ대晝學徒ᄂᆞᆫ女子인ᄃᆡ敎科ᄂᆞᆫ算術日語오夜學은男子인대六個月速成科로算術數學日語를敎授ᄒᆞᄂᆞᆫ지라該仕夜學員과將來敎師될有志員이多數聽講ᄒᆞᆫ다더라

●師範養成 中和郡守金然尙氏가恒言에敎育之方은必使人無不學이오學無不精이라야乃可日擴張이오欲其擴張인ᄃᆡ須要改良이라ᄒᆞ야該郡光成學校內에另設師範科ᄒᆞ고發令于各面ᄒᆞ야凡在書塾은一切廢撤ᄒᆞ며民年十八以上으로四十以下에漢文慣熟者를各其面任이還即抄出ᄒᆞ야入送郡學이면郡學은試其資格ᄒᆞ야每面二人式選定而其做供은自本學校擔當케ᄒᆞ며限六個月ᄒᆞ고授以師範速成科ᄒᆞ야俾爲後來各該面敎師之材料라ᄒᆞ더라

●寄宿開始 北署小安洞大東寄宿舘에서僉學員의寄宿을本月七日(陰七月二十日)로부터開始ᄒᆞᆫ다더라

●工數進就 東署洞口內工數學校에서工數學科를敎授ᄒᆞ다가該校長이有故ᄒᆞᆫ事로裁判長趙民熙氏가校長으로出席ᄒᆞ야校務를觀察ᄒᆞ고維持方針으로期圖發達이라더라

●負傷將卒의게寄贈 負傷ᄒᆞᆫ將卒의게諸氏에寄贈ᄒᆞᆫ物品이如左ᄒᆞ니

女子敎育會에서
上下袴衣四十二件
纒絓四十二件
紙貨七十圜

大韓每日申報社長裴說氏
紙貨三圜

仁川居留民長
菓子五箱子

副領金永憲氏
扇子二十四柄
卷烟五箱子

參領鄭寅煥氏
正肉十斤
白米二斗
林檎五百介

正尉鄭炫氏 乾民魚二尾

正尉張奎鎭氏 小和一箱子

幼學鄭協朝氏 小和一箱子

女子敎育會員金世順氏
林檎二朴

女子敎育會總務李玉卿
紙貨三十圜

●敎人과一進 西來人의傳說을聞ᄒᆞᆫ則耶蘇敎人과一進會人이陰曆七月九日에耶蘇敎人十餘名이一進會事務所에往ᄒᆞ야該會主旨를問ᄒᆞᆫ즉答曰人民이生活ᄒᆞᆯ슈無ᄒᆞ기로一心으로結合ᄒᆞ야國家를平和케ᄒᆞᄌᆞᄒᆞ엿더니至今은後悔ᄒᆞᆯ事라하거ᄂᆞᆯ敎人들이言曰若然이면自今으로一進會를罷ᄒᆞ라ᄒᆞ니不得已ᄒᆞ야門牌를撤ᄒᆞᆫ지라其時觀光者ᄒᆞ야[illegible]務所下人이日本巡査[illegible]ᄒᆞ야及其來見에ᄃᆡ[illegible]言說로만是非ᄒᆞᆯ뿐이오他事ᄂᆞᆫ無ᄒᆞᆫ지라日本巡査의所言이我等을何故로請來耶아ᄒᆞ니一進會人들이答ᄒᆞ기를請來ᄒᆞᆫ事가無ᄒᆞ얏다ᄒᆞ고皆散歸ᄒᆞ얏다더라

雜報

●何其緊急 再昨日下午一時에總理大臣以下各部大臣이內閣會議를開ᄒᆫ後同五時에內部度部兩大臣以外에各大臣이一齊히詣闕 陛見ᄒ고同八時에退闕ᄒ얏ᄂᆞᆫ되軍部大臣李秉武氏ᄂᆞᆫ有何緊急事件인지長谷川大將을訪問ᄒ얏더라

◎部官請議 部經現餘가四十餘圜인되再昨日에部에셔閣議十餘圜을[illegible]請求ᄒ야內閣에請議ᄒ얏다더라

◎一進潛蹤 [illegible]宮은別有과如ᄒ거니와今番에ᄂᆞᆫ一進會員이多數入參ᄒ얏다더라

●附屬金庫 西北營繕經費十万圜을興業銀行에서引出ᄒ야中央金庫에附屬ᄒ얏다더라

●閣議案件 再昨日內閣會議案件을閱覽ᄒᆫ즉人民이私自行使ᄒᄂᆞᆫ銃砲火藥團束法을從速施行件과今番宣諭使의旅費支撥等件이라더라

●崔氏投印 釜山港檢事崔應氏가該府尹金教獻氏報告書中에自己의關係가有ᄒ다ᄒ야印章을棄投ᄒ고因爲上京ᄒ얏다더라

●宿食於是 宗親副監具然壽씨가仕進仕退를아니ᄒ고該廳에親務宿食ᄒᄂᆞᆫ되朝夕飯은每床에十五兩式泥峴巴城館에서買來ᄒᆫ다더라

●鄭氏請願 新任禮安郡守鄭象煥氏ᄂᆞᆫ身病이有ᄒ야未得赴任ᄒ깃다고內部에再次辭職請願ᄒ얏다더라

●法大論訓 警視總監丸山重俊씨가賂技罪人呂南植을捉致審査後緣由를法部에報告ᄒ얏ᄂᆞᆫ대報不以洋ᄒᆷ으로法部大臣에게論訓을當ᄒ얏다더라

●何故云秘 昨日內部文書課에서各部에輪示하고 詔勅이有ᄒᆷ은各新聞記者가知得코저ᄒ야該課에往ᄒ야出示ᄒ기를請ᄒᆫ즉該課官人某씨가秘密件인故로出示치못ᄒ깃다ᄒ얏스니大抵 詔勅에도秘密事件이有ᄒ며人民이不知ᄒᄂᆞᆫ 詔勅이有ᄒ리오該課官人이新聞記者를[illegible]蔑ᄒᆷ은可痛可恨이라[illegible]論[illegible]漏洩ᄒ더라

●[illegible]狂客 昨日內部地方局에何許新發一人이來宜ᄒ야[illegible]拜ᄒ고曲折을問ᄒᆫ즉該人言內에[illegible]郡守窠를願爲叙任이라ᄒ거ᄂᆞᆯ必是狂客이라ᄒ야使人逐出ᄒ얏다더라

●地長宣詔 昨日上午十二時에內部地方局長兪伸模氏가該大臣의命令을承ᄒ야宣諭使諸氏를該部內에招集ᄒ얏ᄂᆞᆫ대該大臣이宣諭使諸氏를對ᄒ야 詔勅을傳論ᄒ고訓諭ᄒ얏다더라

●學優而仕 普成專門學校經濟科卒業生申奎善氏가度支部主事를叙任하얏다더라

●帽子와宕巾 宮內府所管各官廳下隷等을削髮ᄒ라고甲飭ᄒ여도頭에所着이無ᄒ다고削발치아니ᄒᄂᆞᆫ대就中秘書監房直은削발ᄒ고學徒의帽子를買着ᄒ얏고閣監廳軍士ᄂᆞᆫ每名徵貨八元式內下ᄒ여削발하고宕巾과笠을着ᄒ얏다더라

●宣諭登程 宣諭使諸氏ᄂᆞᆫ陰本月二十六日에出發ᄒᆫ다더라

●請願封還 平理院判事李容相씨가法部辭職請願ᄒ얏다ᄂᆞᆫ說은昨報에揭載어니와該辭願를卽爲封還ᄒ얏다더라

●稅主發程 地方각稅務主事가次第發程ᄒᄂᆞᆫ대各其所管部의結稅民未納과官逋及吏逋를一一調査ᄒ야度支部에報告ᄒ면該部에셔不日督刷ᄒ기로決定ᄒ얏다더라

●見本送呈 前局長張鵬九氏가日語獨習을編輯印刷次로見本一冊을學部에送呈ᄒ얏더라

●[illegible]東渡姑止 日本留學生諸氏가夏期休學後歸國ᄒ얏다가昨에[illegible]南門外停車場[illegible]聯絡[illegible]票를買[illegible]日本서洪水[illegible]鐵路破壞[illegible]不得通路라ᄒ[illegible]停止ᄒ얏다더라

●遊食調査 近日警視廳에서巡檢을派送ᄒ야家家戶戶에遊食之人을一一調査ᄒᆫ다더라

●鄕客言歸 斷髮令이頒佈ᄒᆫ後로無事留京ᄒᄂᆞᆫ鄕客은一齊히下去ᄒ고京鄕兩處에家屋을排置ᄒᆫ人은斷髮稱에一次下鄕ᄒ야家廟와父兄의게告諭ᄒ기로多數下去ᄒᆫ다더라

●建築無地 龍川府에서官舍를建築ᄒᆯ터인대地段이沒入於軍用地ᄒ야建築ᄒᆯ基地가無ᄒᆫ지라該府尹權鳳洙씨가內部에報告ᄒ되統監府와交涉ᄒ야基地를借與ᄒ라ᄒ얏거ᄂᆞᆯ內部에서統監府에交涉ᄒᆫ즉統監所答에度支部에서有公用地ᄒ야已爲借與ᄒ얏신즉更難許借라ᄒ얏거ᄂᆞᆯ內部에서度支部에移照ᄒ되貴部에서有何公用인지該地段을許與ᄒ야官舍를建築케ᄒ라ᄒᆫ즉度支部에서答照ᄒ되統監府와初無交涉公用地라ᄒ거ᄂᆞᆯ內部에셔該事件에對ᄒ야統監府에更히交涉中이라더라

●巡査守直 東中兩警署에서巡査各五人式을前陸軍法院에派送守直케ᄒ얏다더라

●勒削計畫 昨報에揭載ᄒᆫ斷髮隊募集ᄒᆫ다ᄂᆞᆫ說은更聞ᄒᆫ즉[illegible]募集ᄒ야[illegible]의前隊가되야地方人民의頭髮을削除ᄒᆯ計畫이라더라

●觸馬重傷 樓閣洞居老婆一人이昨日[illegible]宮前路에서日人騎馬에被觸重傷ᄒ야警視廳에서大韓醫院으로昇送治療ᄒ라ᄒ얏더라

●書板照檢 學部에서[illegible]政府[illegible]訓令ᄒ되[illegible]改[illegible]議題[illegible]乃係及科所用圖書[illegible]句讀이어니와且[illegible]必由[illegible]檢[illegible]發上政府[illegible]到卽繕飭管下各府郡ᄒ야各該官廳及寺刹私家等處에所藏官公私有各種書籍鋟板을一一調査이되經史子集及光璧文集與稗史小說等板은一不遺漏ᄒ고依別紙式樣ᄒ야從實錄報ᄒ야以便照檢ᄒ며如有活版印刷所어든亦一切査報ᄒ되若過來九月不報면難免漫漶之責ᄒ리니懍遵施行ᄒ라ᄒ얏더라

●義兵消息

▲去三十日水原電을據ᄒᆫ則同日呂州소川方面에서義兵이日本不破大隊와野村中隊로數回接戰ᄒ얏ᄂᆞᆫ대利川을占領ᄒᆯ目的으로强硬히戰鬪ᄒ얏고

▲淸州來報를據ᄒᆫ則去二十三日陰城郡沙多山面에서義兵七八十名이潛伏하얏다가日巡查四名巡檢三名在留日人幾名曰兵十餘名과約二時間을接戰ᄒ얏ᄂᆞᆫ대義兵은北方으로退却ᄒ고日人死傷은未詳ᄒ고義兵七名은戰死하고義兵이委棄ᄒᆫ軍工兵의上着服一件과火藥一件을日兵이鹵獲ᄒ얏다ᄒ고

▲同日大邱電을據ᄒᆫ則兩陣戰鬪ᄂᆞᆫ二拾八日午後ᄭᆞ지繼續ᄒ다가義兵은豊基郡에서竹嶺으로退却ᄒ고日軍[illegible]總히榮川으로撤退ᄒ얏고[illegible]巡查一名은斬殺되고義兵은今明間榮川을襲擊ᄒᆫ다ᄒ고

▲日本小卿中尉ᄂᆞᆫ去三十日夜沃川에到着하며砲聲이四起ᄒᄂᆞᆫ지라四方으로嚴重히搜索ᄒ엿스나義兵은形跡이無ᄒ엿고[illegible]

▲[illegible]

[illegible]百餘名에達ᄒ되韓兵[illegible]將校들은兵卒을[illegible]揮指揮ᄒ며日軍에서도一齊射擊ᄒ야兩陣酣戰하얏ᄂᆞᆫ되義兵은掘處隱身ᄒ야射擊을加ᄒ얏고

▲不破少佐의所率隊ᄂᆞᆫ銃聲을遠聞하고呂州에서急行하야利川에到着ᄒ얏ᄂᆞᆫ되此時에義兵의大陣은驪峯山을經하고一部ᄂᆞᆫ廣州街道를取ᄒ야西方으로退却하고不破隊ᄂᆞᆫ目下에義兵을追蹤中이라ᄒ고

▲陰城方面에義兵三百名이去二十九日에槐山을襲擊ᄒ얏ᄂᆞᆫ되日本守備隊ᄂᆞᆫ其時에不過五六名이라淸州守備隊에告急ᄒ야中隊가派遣되얏고

▲報恩來電을據ᄒᆫ則義兵七拾餘名이二十八日午後七時에同地郵便取扱所에突入ᄒᆷ으로該所員은僅僅히脫身하야太田에避亂하얏ᄂᆞᆫ대日女一名은去處가不明하다하고

▲去二十七日에順興豊基間에義兵四百餘名이蜂起ᄒ야順興郡分派所를襲擊하엿ᄂᆞᆫ대日巡查一名은生死가未詳허고榮川의在ᄒᆫ日本守備隊가豊基郡壽川의來到ᄒ야義兵과接戰ᄒ엿다ᄒ고

▲[illegible]이集合ᄒ얏스며他邦邑各處에散在ᄒ엿ᄂᆞᆫ되[illegible]地人民은擧皆避亂ᄒ여家屋이空虛ᄒ엿고

▲堤川平昌方面의ᄂᆞᆫ義兵이尙今屯聚ᄒ여日軍의[illegible]

▲二十七日[illegible]義兵二百餘名이[illegible]他處로[illegible]散[illegible]

▲義兵의[illegible]日의青松方面으로向ᄒ엿ᄂᆞᆫ대貳拾餘名은各其小銃을擔ᄒ고彈丸이具備ᄒ얏더라

北京電報

三十一日着

●淸日衝突之虞 徐世昌氏ᄂᆞᆫ淸韓國間島境에軍隊를派遣ᄒ야ᄂᆞᆫ대日本兵과衝突ᄒᆯ虞가有ᄒ다더라

●聖節休刊 明日은大韓太皇帝陛下萬壽聖節이신故로慶祝ᄒ기爲ᄒ야一日休刊ᄒᆷ

▲鋤士懷秋▼

▲日本人이大韓人을指斥ᄒᆫ茶飯恒言이日排日排日ᄒ더니意外에美國人民은日本勞動者를拒斥ᄒᄂᆞᆫ排日이有ᄒ고英領加奈多人民은日人의物品賣買를拒斥ᄒᄂᆞᆫ排日이有ᄒ니排日二字ᄂᆞᆫ日人의言讖이되얏고

▲日本函館에市街ᄂᆞᆫ天火을被ᄒ야焦土가되고大韓呂州等郡에村落은日人의兵火을被하야焦土가되얏스니東洋天地에ᄂᆞᆫ火禍이燃居ᄒᄂᆞᆫ고

▲三昨日에總相李完用氏와官相李允用氏가退闕路에泥峴俱樂部에前往ᄒ야農相宋秉畯氏를訪問ᄒ고密議가有ᄒ얏다니무슴事件인지兄弟發動은每事不成이헷말이로고

▲軍部[illegible]

▲[illegible]

[illegible]이噭々ᄒ다ᄒ더日人이[illegible]地을占據ᄒ고猶爲不足ᄒ야鐵額ᄭᅡ지中間에挾雜ᄒ니公人施詞의所爲가[illegible]

▲咸興郡守鄭在淳氏ᄂᆞᆫ郡遞主事金鎭龍을締結ᄒ야本郡吏廳의地을定價ᄒ야四百圜으로放人의게潛賣ᄒ얏다고某郡에說道ᄒ얏스니此等凶計가漸長不已ᄒ면咸興一郡은片土가無餘ᄒ깃고

▲各地方에人民이不穩ᄒᆷ으로一進支會에서一時를保全키難ᄒ니相當措處ᄒ라고該本部에ᄒ會報ᄒ가每日답至ᄒ더니一進會員도同是韓人으로무슴行爲가不正ᄒ던지人民이日人에奴隷로指目ᄒ니下鄕一進을保全ᄒᆯ方策을報請치말고日人의奴隷를免ᄒᆯ道理를踐行ᄒ면自然히安保ᄒ지

▲新任主殿院庶務課長黃鎭謨氏ᄂᆞᆫ年前에宮大李允用氏의捧借差人으로外人을符同ᄒ야勒捧督刷ᄒᆫ功勞가有ᄒᆷ으로現職을被任ᄒ얏다ᄒ니國家公器ᄂᆞᆫ官大私人의功勞를報酬ᄒᄂᆞᆫ物品이로고

◉社告

本支社員은安州城內義井洞金熙河氏로定ᄒᆞ얏ᄉᆞ오니該附近本申報購覽ᄒᆞ시ᄂᆞᆫ僉君子ᄂᆞᆫ一從支社로請求ᄒᆞ시고代金도該氏의게送交ᄒᆞ시옴

來函

朴珪承甘憲良等

敬啓者ᄂᆞᆫ竊唯勸善懲惡은賢聖之彼訓이오開智廣識은人民之急務也라然이나勸之懲之ᄅᆞᆯ不可容埋而日見이오開之廣之ᄅᆞᆯ不可朝待而夕期니一般人民이難乎其人於文明之域이라況今我大韓이當此萬國通和之日ᄒᆞ야山梯海船과火車電線이輻湊並臻의無所不通ᄒᆞ니比諸前日컨ᄃᆡ天壤之懸殊요風馬牛不及이라若非大經綸大力量이면人民을何以勸懲이며民志ᄅᆞᆯ何以開設이리요猗歟盛哉라功效之能이及於此者ᄂᆞᆫ大韓每日申報也라議論之光明이可與日月로爭光ᄒᆞ고辭義之謹嚴이堪與春秋로厲筆이며信重有理ᄒᆞ고公正無諱ᄒᆞ야政府發施之策과閭巷微細之事라도一々無遺ᄒᆞ야宛如耳聞而目睹ᄒᆞ야有欲可泯者ᄒᆞ며有欲可掩者ᄒᆞ니惡者ㅣ聞之에當思改過之道ᄒᆞ고善者ㅣ見之에益修就敎之方ᄒᆞ리니其於勸懲之道에可爲一大升矩요且引喩列邦之事ᄒᆞ사援其足可爲摸範者ᄒᆞ야鼓動人民之心故로令人讀之에秉彝良心이藹然萌出ᄒᆞ야有慷慨悲憤處ᄒᆞ며有心驚骨戰處ᄒᆞ며有嗚咽哽塞處ᄒᆞ며有酒落상쾌處ᄒᆞ니謂不如是者ᄂᆞᆫ實非人情也라然則愚者ᄂᆞᆫ可明이오貪者ᄂᆞᆫ可廉이며鈍者ᄂᆞᆫ能銳오弱者ᄂᆞᆫ能强이며其於開進之道亦可爲一大標準이라至若本人ᄒᆞ야ᄂᆞᆫ山林寒士요江湖浪跡이라素以鄕身穀腸과耳目蓬心으로鑑管이豈識海天之大며초요가豈追驥馬之步리오마ᄂᆞᆫ閱貴報則不覺手舞足蹈에茅塞이頓開ᄒᆞ야其所盡善盡美홈이比如糟糠之口ㅣ始嘗珍味ᄒᆞ고布褐之身이換着錦繡라自以爲同胞之耳目을從此可廣이오同胞之智識을從此可達이라ᄒᆞ노라

雜報

●陳列所基址 農商工部에셔東署兩大門外商品陳列所ᄅᆞᆯ設置ᄒᆞ다홈은已爲揭報어니와昨日에該部에셔調査委員을兩大門에派送ᄒᆞ야基址에便不便을觀覽ᄒᆞᄂᆞᆫ데韓觀廳에셔巡查二名을派送保護ᄒᆞ얏다더라

●仁檢報告 仁川港裁判所檢事李熙穆氏가法部에報告ᄒᆞ되本港警務署總巡金允福報告ᄅᆞᆯ據ᄒᆞᆫ즉本署監獄有囚徒之接准內開에本署監獄被囚ᄂᆞᆫ欠穿이온多數ᄒᆞ옵고當此暑炎이如烝ᄒᆞ고獄囚難耐이라病疾飢餓之狀은不忍正見이옵고該囚徒에亦有因病致死라도專히埋葬費ᄒᆞ오며雖有如干經費이오나莫救飢渴之命이온바頃於懲稅局贓物八穴砲四柄을宜乎放賣納上國庫이오나砲器之經費ᄂᆞᆫ如是不敷이온즉此將斥賣ᄒᆞ와以付本署則前日罪人二名致死埋葬費도可勘이옵고現在獄中四拾名之飢渴之命을可濟이오니照亮處理ᄅᆞᆯ伏望이라ᄒᆞ얏더라

●普校試驗 普成中學校에셔學徒ᄅᆞᆯ多數募集ᄒᆞᆫ次로再昨日試才ᄒᆞ엿ᄂᆞᆫᄃᆡ應試ᄒᆞᆫ諸願者가數百度에達ᄒᆞ얏다더라

●各校上學 各官立普通學校에셔夏期休學ᄒᆞ얏더니秋期가已到ᄒᆞᆫ故로本日부터一齊히開校上學ᄒᆞᆫ다더라

●昌明有望 昌城郡昌明學校에셔教師ᄂᆞᆫ申哲永씨를請邀ᄒᆞ야熱心敎導ᄒᆞ야期於就緒ᄒᆞᄂᆞᆫ대學徒가爭先入校ᄒᆞ야殆至六十餘名이오該校任員에許墻許錢리晟瑞等七八人諸씨가校事를誠心視務ᄒᆞ고金寅秀氏ᄂᆞᆫ家貧ᄒᆞ야本以赤立之地에傾棄ᄒᆞ야六十金을捐助ᄒᆞ니物雖不多나誠則大矣며敎師申哲永씨가先考祥으로請由上京ᄒᆞᄂᆞᆫ대任員과學徒가盤資을各隨其力ᄒᆞ야優數辦給ᄒᆞ얏ᄂᆞᆫ데該校가雖絶峽遐陬나先進文明을可期라고西來人의傳說이有ᄒᆞ더라

●醉兵尤怕 去月二十日夕時에安城使令朴會瑞가渠家로還歸ᄒᆞᄂᆞᆫ데무상言詰ᄒᆞᄂᆞᆫ聲이有ᄒᆞᆷ이見ᄒᆞᆫ즉巡檢廳에셔日巡查가酗酒ᄒᆞᄂᆞᆫ지라不關ᄒᆞ고歸家ᄒᆞᄂᆞᆫ대一箇年老ᄒᆞᆫ女人을逢着ᄒᆞ야相語ᄒᆞ며ᄂᆞᆫ데砲聲이九次出ᄒᆞᄂᆞᆫ中에朴哥가三次中丸而倒ᄒᆞ니一丸은足과에入ᄒᆞ고一丸은비에入ᄒᆞ고一丸은股에入ᄒᆞᆫ지라巡檢의게言及ᄒᆞ니巡有一人이巡檢의所答이何故로路上에相談이有ᄒᆞ야放銃者ᄂᆞᆫ日兵이오日兵丁의酸酒者라日兵丁은醉ᄒᆞ거든銃을放ᄒᆞ여야大韓人民이生活ᄒᆞ리라ᄒᆞ얏다더라

廣告

國債報償義務金 收入廣告

◉國債報償義捐金 八月中本社收入總額 每日逐号明細錄

◉八月三十日

第一五一七號稷山郡二北面各 里 第一百九拾九圓七十八錢五厘
第一五一八稷山郡商務右社 四拾二圓二十九錢
計二百四拾二圓〇三錢五厘

八月二十日까지收入總額 一千七百廿五圓卅七錢五厘
自四月至七月收入總額 五萬二千九百七十五圓 六十四錢九厘
都總合五萬四千九百七十一圓〇二錢四厘

◉忠南稷山郡商務右社
尹滸鎬一圓卅錢 閔稙泌二圓
趙光淳 鄭伯元 박亨權
許學根 金亨權 리應三
朴仁章 宋大汝 朴連才
尹益三 申明顯 金濟弘
리奇元 趙光根 朴樂先
各一圓 姜善五 六十錢
朴元性 五拾一錢 朴用西
金明國 리應允 리서贊
高啟浩 朴周伯 朴允日
朴世秉 全平國 丁啟善
宋德化 宋良俊 尹春三
韓用臨 林明化 鄭仁玉
姜善京 각五拾錢 柳仲化
孔奇惠 각四拾錢 崔允西
卞奇甫 정永西 최敬先
韓石淡 孫炳寶 趙啟元
량致西 趙承五 鄭秉喜
김平奎 김元伯 리培云
각卅錢 김明三 최영信
崔善淑 리泰和 조京成
趙用蒙 柳治云 구德七
林明先 김公員
崔秉五 최用秀 최大玉
元平顯 朴敬仲 尹學七
리致明 박英心 김大有
韓致順 申成汝 吳道敏
吳明서 鄭惠俊 吳周汝
宋義京 宋天日 咸大亨
崔萬五 鄭在奉 洪元秀
리鍾聲 각卅錢 姜倩道
鄭敬俊 尹京化 各拾五錢
崔淸成 김奎玄 김泰石
韓道汝 卞春明 박致云
鄭致民 리明德 金用西
元溜五 文道善 康致三
韓士晉 박公善 閔性勳
리致五 許英 리順一
朴致三 文德天 리明先
姜敬文 오性昭 각拾錢
張元汝 裴元興 鄭永水
리奇連 劉承九 각五전
김致三 四錢
合四拾二圓二拾五錢

前號總合五萬四千一百八拾四圓四十八錢九厘
都總合五萬四千二百二拾六圓七十三전九厘

◎特別廣告◎

國債報償金八日間所捧은姑未合計이고伊前日의所捧總合五萬三千八百四拾一圓八拾七錢은電氣會社內銀行에貯置하얏슴고其貯置額中三萬三千三百圓은國債報償志願金總合所로越交홈

廣告

大東寄宿舘

留學生을爲하야本舘을設立하고 今에本寄宿舘이 現在學生의衣食과 모든 필요를供給하오니 來留하시는 學生諸君은 本舘으로 來臨하시오

大東寄宿舘長 鄭顯燦 廣告

廣告

但本舘內에舘員左右衣服과各種雜貨와 學生用品을廉價로 販賣하오니 來購하시기 敬要

大東寄宿舘事務員 漢植 告白

越南亡國史 國漢文

定價貳拾伍錢

發賣所 京城廣通橋高裕相書舖 鍾路大東書市 南大門外 佈屛下 김相萬 告白

美國金鷄納 衣服類紗其他各種雜貨도廉價放賣하오니諸君子는來臨하시옵

仁川港各國租界新坍舖

廣告

蔡汝玉 告白

나의약은대미국사람방보팅근지 유것이나 세상사람들이 다 이약을쓰면 전신이 다쇠약하고 모든 병이 낫나니 … 세계각국에 이약을 신발명한 것이니 본인은우리동포를위하야 미국 방보회사와계약하고 이약을 우리동포에게 공급하오니

효력 이약쓰는데는 부족증 뇌전병 쓰지못하는병 실음한대 도한증 허한증 적병(속병) 천촉증 월수 부족 허약한데와 연주창 즁병후 오좀소티 셜ᄉ 리질 셩산못하는대 신긔부족 낙태한대

발매소
평양남대문안 상동교회압 박문서관

◉增修無冤錄大全

定價金新貨七拾五錢 郵稅金百七十 (?)

此增修無冤錄大全은法律家의最緊要한書籍이온데年來現本이殆히絶種에至한지라故로法部에認可를得하옵고此를新刊하얏삽는대國漢文으로解釋하야模糊한句節이無하오니法律學에有志하신니와字牧之任에居하신니는不得不購覽할者이오니注意購覽하시옵

中署布屛下 廣學書舖 김相萬 發售所

廣告

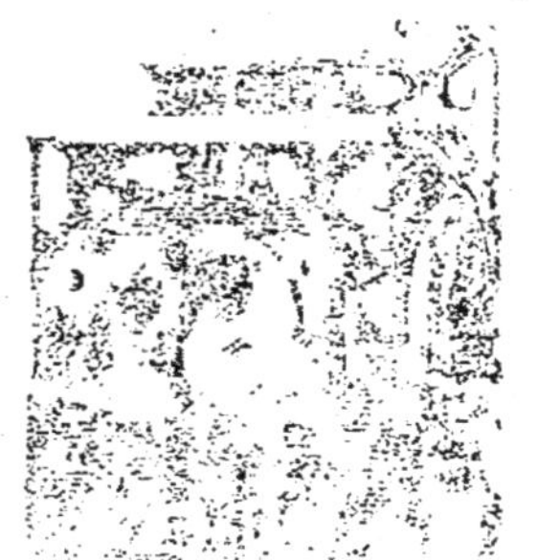

이상 좋은 상품으로 제조한 야위 실 샹에 지 국 유 의 한 니 무 론 모 인 하 고 본 사 에 니 림 하 옵

대한제국인천항

제물포지권연급연초회사

廣告

◎廣告料

一圓 [illegible] 二十錢 [illegible] 三圓四十錢 [illegible] 一圓七十錢 [illegible] 十三錢 [illegible] 二圓五十錢 [illegible] 五圓

大韓每日申報 各地方支社

平壤大同門內 金萬灝
仁川港 李東暉
宣川邑 安濬
義州 大藥局
釜山港 徐藥局
三和港 金元섭
咸興 曹喜林
開城 姜助遠
大邱市 崔一弘
載寧邑 劉瀅澤
鐵山邑 安支
元山 劉七熙
淸州 尹泰燕
安州 金昌鎭
信川邑 리源植
定州 洪成인
昌城 許鎬
郭山 李銀瑠
安岳 康道善
博川 李鎭成
忠州 金翼河

發行兼編輯人英國人 裴說
發行所 南署石井洞號外地三層洋屋家 大韓每日申報社

光武九年八月十一日 明治卅八年八月十一日 〔第三種郵便物認可〕 水曜日 西曆一千九百七年九月四日

第五卷

大韓每日申報

第六百四號

月曜及慶節 臨時休刊

檀君開國四千二百四十年
箕子元年三千二十九年
大韓開國五百十六年
日本明治四十年
淸國光緖三十三年
陰曆丁未七月大廿七日丙辰

別報

◉宿虎衝鼻
鐘峴聖敎堂의京鄕新聞
論說을譯載홈

大皇帝陛下씌옵셔傳位호심으로부터京城서人民이即時起鬨홀事情을우리新聞에逐々히記載호야後日에如何히될고思想호야言호기를每事를다抑制로만行호고人民이戰鬪호게만호면兩國이長久호도록害를受호깃다호엿고如彼혼곤란狹을免호기로希望호엿스나即今四方所聞을據혼則곤란狹을免치못홀뿐더러反히長久히될貌樣이로다

現今에京城은安穩호나鄕曲서논人民이搖動호야日人이나一進會人과怨讎를結호야日人商店과郵遞所를破碎호논故로日本兵丁이下往하야戰鬪홀時에兩便에死傷者가多호도다

法되로호논戰爭이라도恒常害로온거시어늘如彼無法혼戰爭은最甚撲耐치못홀것이라罪가有혼者만死호면法되로된다호려니와如彼戰爭에논罪가有혼者논非常消脫호야害를免호고罪가無혼者가큰害를受호며死호논者가多호도다兵丁이兵丁과戰鬪호논것은法대로되논것인故로公義가되거니와現今은我國에兵丁이無혼故로日本兵丁들이軍器가無혼人民을殺호고또日本兵丁을伴行하논日本下人들이盜竊以外에他를不知호논것이며우리便에도義兵이나國을爲하야血戰호논이가多호나其中에賊漢도有호고恒產이업시殊常혼貌樣으로遊食을求호논者도多호야日本人의게보다大韓人의게害롭게호논者가多호고

또如彼戰爭에害를受호논者를이何如人고하니大韓의게害를加호논日人은不多하고私自行商호논日人이나大韓에有益혼郵遞人들이오우리便에도義兵이나暴徒들은一處에在혼日人을害호고逃亡호면其後에日本兵丁이來호야事實이全無혼淳樸良民만殺호니是以로兩國이恢復되기를願호논人士들이如彼戰爭이速히止息되기를懇切히希望호논도다平安히되기로甚切히希望호논도다

盜兵人民의搖動혼緣故를思想하면其곤란狹을止息호게홀貌樣도知得홀것스니其緣故논大韓의民心을크게傷혼거이라

何許邦國이던지政府와人民이結合호여야될것인디即今吾國은一便에政府가有호야政府논民心을全不顧念호고人民의心은無限히積傷호여其間相去가千萬里라其中에積傷혼民心을政治擬혼法이有혼가企待호얏논대政府에新法을主張호논心으로從宗호엿다호나其法이人民의傷혼心을治療홀논지反히宿虎의鼻를衝호논것이될논지商搖치아니호고抑制로만行라논것이可惜호도다

去番에우리兵丁을解散혼時에民心을無限히傷케호고至今에또由[illegible]호논訓令을頒布호논것은反히砲手들노호여금義兵이되게호논訓이아닌가婚姻法改良도幾百年風俗에慣習혼人民이不以爲怪호고善爲服從호논지知홀수無호고尤其斷髮訓令은人民이第一厭惡호논것이니如彼諸件이엇지다人民을驚動케호논罪가아니리오如彼혼法이不好타謂홈이아니지마논安堵혼人民이라도其心에厭惡호논것을抑制로服從케하면驚動이되거든況其已往驚動된人民의게抑制로行호리오已往驚動된人民을또驚動되게호논것이엇지宿虎의鼻를衝호논者가아니리오

官報

◉號外 隆熙元年八月卅一日

宮廷錄事

詔曰各節日及九千行禮後問安을從今廢止호고依各國通行之規호야署名節次를令宮內府磨鍊호야著爲定式호라

◉號外 隆熙元年九月一日

宮廷錄事

詔曰命宮內府特進官李根命爲册封皇太子時正使海豐府院君尹澤榮爲副使

詔曰命海豐府院君尹澤榮爲領敎命司事

詔曰命完順君李載完爲承寧府總管

敍任

任領敎命司事 海豐府院君尹澤榮
任承寧府總管 完順君李載完

◉第三千八百六十號
隆熙元年九月二日

敍任及辭令

前主事金用鎭
前技手李奎學
任軍部軍務局軍法課錄事

◉號外 隆熙元年九月二日

宮廷錄事

掌禮院卿臣申箕善謹
奏
萬壽聖節陳
賀時
皇帝致詞陳
賀之節依例磨鍊乎敢
奏奉 旨既承 大朝處分權停

●第三千八百六十一号
隆熙元年九月三日

解兼任掌禮院掌禮 秘書監丞金天洙
命兼任掌禮院掌禮 秘書監丞趙秉灺
命兼任掌禮院掌禮 秘書監丞趙秉灺
解兼任掌禮院掌禮 秘書監丞朴用元
命兼任掌禮院掌禮
故忠文公閔台鎬
追封驪恩府院君
貞敬夫人尹氏
追封坡城府夫人
貞敬夫人宋氏
追封鎭陽府夫人
貞敬夫人閔氏
封宜昌府夫人
陸軍副將尹澤榮
封海豐府院君
貞夫人兪氏
封慶興府夫人
韓天錫 九品金明洙
任度支部書記郞
度支部技手吳大奎
免本官
度支部技手柳[illegible]英
依願免本官
[illegible]李勝[illegible]
奎章閣[illegible]記郞[illegible]
內藏司[illegible]記郞玉東奎
依願免本官
[illegible]司長金永振
命奉常司提調
內部技師沈宜碩
命營繕司長
正尉張寅[illegible]
補英親王府武官
金永杓 李根夏 金明奎
[illegible]
任侍從武官府書記郞
洪光鉉 李孫[illegible] 宋興植
任陪從武官府書記郞

外報

●[illegible]新聞의南方報道를據혼則淸國總督袁世凱氏と德美淸同盟의利를主張혼다더라

●德人僱聘 東三省總督徐世昌氏と奉天農務司를爲호야德國人을農務顧問으로僱聘호다더라

●五萬戶淹水 東京電을據혼則東京部下郡府에淹水家屋이總計五萬五千十九戶오道路破壞가約一萬間이오流失橋梁이三十인대道路橋梁의役修費用이百萬圓以上이라더라

●元老大臣會議 三十一日東京電을據혼則昨日元老大臣會議と韓國政費補給과司法制度整頓等에關혼條件인데何如혼던지伊藤統監의要求를通호야決議홀터이라더라

◉由良川大慘狀 舞鶴電을據혼則由良川에水溢혼大慘狀이係호야京都府警察의調査를依호건되流失及倒潰家屋이千二百二十七이오由枯崩壞가六百十이오堤防決潰가二百五十八이오死者가百七十名인데全部가殆히滅亡혼貌樣이라日本三景의第一되と天橋立은日에洪水가有호고또盜賊에[illegible]이有호야去一[illegible]가中斷이되니天下勝景의資格을失호얏다더라

◉北淸議北淸[illegible] 同[illegible]盛京[illegible]則露國은北部滿洲에[illegible]호야更히日本에讓步홀터인데其內에と松花江流域을다太의勢力範圍로承認혼條件이包有호얏と대新聞報道에對호야と[illegible]에서探知호と中官的宜言을보여否認이되얏다더라

雜錄

◉漢陽秋月間將卒陶魂
張[illegible]相

[illegible]七月日에歸혼[illegible]의魂이여有何恨而歸乎이[illegible]君父母乎이爲君妻子乎아爲[illegible]乎아當上鶴髮이倚門[illegible]何[illegible]不歸오國中[illegible]이失[illegible]혼대君何歸不歸오日下孤[illegible]이喚友哀呼혼대君何[illegible]오破[illegible]光에可[illegible]城下[illegible]急丸이射汝頭[illegible]이劍汝竹[illegible]에[illegible]어든況其妻子며兄弟[illegible]心이只在國이로다壯哉壯哉라[illegible]變에深抱[illegible]이不死[illegible]悠々秋風에[illegible]呼라魂也魂也여[illegible]來我頭하야[illegible]朝혼[illegible]外寇手段은[illegible]千萬生靈으로[illegible]니所謂[illegible]호야衆兵[illegible]起하니[illegible]腔하非常[illegible]將[illegible]大韓[illegible]에黃泉[illegible]이[illegible]乎리오悲歎[illegible]惶然[illegible]敍호고[illegible]呼라[illegible]那[illegible]에[illegible]야其[illegible]이[illegible]之死[illegible]國[illegible]魂은猶不死[illegible]之父母에[illegible]如逐君之孩子에[illegible]君之死[illegible]호고我[illegible]之不死호리로다不可忘이며不可忘로다光武十一年丁未六月時[illegible]嗚呼噫嘻라魂也々々여

雜報

●聖節陛見 再昨日은 太皇帝陛下萬壽聖節인故로同日上午九時에總理大臣以下各部大臣과各國總領事와長谷川大將이一時에陛見ᄒᆞ얏다더라

●禮院通牒 掌禮院에서各府部院廳에通牒ᄒᆞ되陰曆本月二十八日 皇太子殿下冊封三度習儀時와陰曆九月初一日 太皇帝陛下上尊號三度習儀時에宗戚文武百官이黑團領으로進參ᄒᆞ라ᄒᆞ얏다더라

●宴費內下 再昨日 太皇帝陛下誕辰에各部宴費錢一百八十圜을內下ᄒᆞ신故로幾許圜式頒給ᄒᆞ야慶祝宴을設하얏다더라

●問安廢止 闕內公故時에百官問安은廢止ᄒᆞ고 御覽冊子一卷을敦德殿에措置ᄒᆞ고公故時면百官이敦德殿에直入ᄒᆞ야該冊子에姓名을列錄ᄒᆞ고拱章退出ᄒᆞᆫ後에該冊子만 乙覽次로奉呈ᄒᆞᆫ다더라

●聖節賜饌 再昨日下午四時頃에各部大臣과外國領事에게一齊히賜饌ᄒᆞ오셧더라

●總理設宴 總理大臣李完用氏가主張ᄒᆞ야日間貞洞孫擇孃邸에宴會를盛設ᄒᆞ고內外國高等官들을請邀接待ᄒᆞᆫ다더라

●兩氏往日 度支部次官柳正秀氏와[illegible]局長[illegible]氏가本月初十日에日本造幣局視察次로往ᄒᆞᆫ다더라

●趙氏陞任 平理院裁判長趙民熙氏ᄂᆞᆫ侍從長으로陞任ᄒᆞ얏다더라

●[illegible] 忠南觀察使[illegible]氏가該道參書官으로署理ᄒᆞ고管下各郡을巡視ᄒᆞᆫ다더라

●宣諭保護 宣諭使가日間各其所管區域으로發向ᄒᆞᆫ다ᄂᆞᆫ데保護ᄒᆞ기爲ᄒᆞ야日憲兵幾名式을領率發程ᄒᆞᆫ다더라

●經費裁下 度支部에서學部所管本廳廳費旅費增額六千七百三十四圜四十七錢을預備金中支出事로會議ᄒᆞᆫ後 上奏裁下ᄒᆞ얏다고學部로通知ᄒᆞ얏다더라

●尉官見習 領尉官中에守備隊에見學志願을ᄒᆞᄂᆞᆫ다ᄂᆞᆫ說은已揭前報어니와志願者가四十人中에十五人을選拔ᄒᆞ얏ᄂᆞᆫ데月俸은각其本職月俸을隨ᄒᆞ야支給ᄒᆞᆫ다더라

●兩裁罪囚 監獄署에懲丁及平漢兩裁雜囚幷合時囚가四百十二名이라더라

●試百取半 陸軍武官學校學徒百名을試取ᄒᆞ야半額을減ᄒᆞᆫ다더라

●忠察戒嚴 忠北觀察使리鍾成씨가內部로報告ᄒᆞ되義徒等이闕入府下五里許ᄭᆞ지向城放銃故로現今戒嚴中이라ᄒᆞ얏다더라

●軍大譜牒 合番에軍部官制를改定ᄒᆞ야叙任하얏ᄂᆞᆫ대該部大臣리秉武氏의同族과食口로만沒數叙任ᄒᆞ얏스니該叙任件은無異該大臣에譜牒이라ᄂᆞᆫ巷說이有ᄒᆞ더라

●農部一進 再昨日 太皇帝陛下萬壽聖節에各部에서官人들이同慶祝ᄒᆞᄂᆞᆫ대就中農商工部에ᄂᆞᆫ妓樂跌宕ᄒᆞ야徹夜에農大臣宋秉畯氏가往參ᄒᆞ얏ᄂᆞᆫ데觀光之人이多數ᄒᆞᆫ中에一進會員이一部에充滿ᄒᆞ얏다더라

●憲兵充巡 警視廳巡檢現闕이六十名인데交番解隊ᄒᆞᆫ憲兵中一百五十名을甲乙丙三班으로試取ᄒᆞ야甲班에被選者五十名은即填巡闕ᄒᆞ고乙班四十餘名과丙班三十餘名은隨闕填充ᄒᆞᆫ다더라

●軍物輸去 通津郡에所在軍物을江華巡檢이沒數輸去ᄒᆞ얏다고京畿觀察使가內部로報告ᄒᆞ얏다더라

●金守被傷 金川郡守柳昇璟씨가日昨義兵에게被傷ᄒᆞ얏다더라

●郵夫幸免 遞傳夫一名이京距九十里에서義兵을逢着ᄒᆞ야三處을被丸ᄒᆞ고艱辛逃走ᄒᆞ야昨日十時頃에醫務廳에告發ᄒᆞ얏ᄂᆞᆫ데血痕이遍身이라더라

●法部訓令 三昨日法部에서平理院과漢城裁判所에訓令ᄒᆞ기를前檢事安秉瓚과九品許憲과六品玉東奎가旣嫻法律ᄒᆞ고且有請願이기辯護士를認可ᄒᆞ얏스니法律範圍內辯護權을行케ᄒᆞ고相當ᄒᆞᆫ待遇를許與ᄒᆞ라ᄒᆞ얏더라

●條何被捉 昨日에前參判李明翔氏가有何事件인지未知커니와警視廳에被捉ᄒᆞ얏ᄂᆞᆫ데警視總監은不知ᄒᆞᆫ事이오副監具然壽氏의指飭ᄒᆞᆫ事이라더라

●借居被逐 安洞別宮內借居人을宮內府에서逐出ᄒᆞᆫ다ᄂᆞᆫ說은已爲報道어니와去土曜日에巡檢五名이來到ᄒᆞ야該宮內借居ᄒᆞᆫ三十餘戶를一齊히逐出ᄒᆞᄂᆞᆫ데奠接無處ᄒᆞ야其棲屑之狀은慘不忍見이라더라

●報恩燒燬 八月二十七日에義兵近百名이報恩郡에突入ᄒᆞ야郵便取扱所를打破ᄒᆞ고日本人三名을殺害ᄒᆞ얏다ᄒᆞ며本郡守申甲完씨도亦爲殺害ᄒᆞ고져ᄒᆞᆷ으로該郡守ᄂᆞᆫ知機逃避ᄒᆞ야幸免ᄒᆞ얏다ᄂᆞᆫ說이有ᄒᆞ다더라

●益山物品 益山郡守김正基씨가京城博覽會物品으로朱漆黃燭一首와年久ᄒᆞᆫ笠子一立과麥穗兩岐一本을農商工部에納送ᄒᆞ얏다더라

●商客兵服 釜山港으로來入ᄒᆞᆫ人의傳說을據ᄒᆞᆫ則去月二十六日頃에日本으로서商民三百餘名이假扮으로該港에下陸ᄒᆞ야兵丁의服裝을換着ᄒᆞ고各地方으로派送되얏다더라

●聯合辯護 前檢事安秉瓚氏가辯護士를認許ᄒᆞ라고法部에請願ᄒᆞᆷ은本報에已揭어니와法部에서即時依願認許ᄒᆞ고認可狀을裁給ᄒᆞ얏ᄂᆞᆫ데安辯護士가辯護士李建鎬氏와聯合ᄒᆞ야法律事務所를西署盤松坊池下契小平洞第六十統十戶로定ᄒᆞᆫ後辯護士職權을實行ᄒᆞ기爲ᄒᆞ야日前法部에屆出書를呈ᄒᆞ고各裁判所에披露書를送致ᄒᆞ고民事訴訟代理와刑事辯護及鑑定顧問仲裁와諸文案起草等諸般法律事務를一切處理ᄒᆞᆫ다더라

●普校紀念 陰本月二拾八日에普成中學校에서創立紀念式을舉行ᄒᆞᆫ다더라

●各校慶祝 再昨日 太上皇帝陛下誕辰에各官立學校에서慶祝宴을盛設ᄒᆞ얏거니와壯洞進明女學校에서ᄂᆞᆫ一般學徒가皇貴妃殿下의召入ᄒᆞ심을蒙ᄒᆞ야詣闕慶祝ᄒᆞ고萬歲를高呼ᄒᆞ얏다더라

●贊校擴張 贊文學校에서今番秋期上學에ᄂᆞᆫ校務를新擴張ᄒᆞ고講師ᄂᆞᆫ尹泰榮李相憲金汶植張興均四씨가名譽로教授ᄒᆞᆯ터인대開學日字ᄂᆞᆫ陰本月二十五日로定ᄒᆞ고學員을多數히募集ᄒᆞᆫ다더라

●把校慶祝 再昨日太皇帝萬壽聖節에官私立學徒가錢學部에도往ᄒᆞ얏다가各該校內에서慶祝ᄒᆞ얏ᄂᆞᆫ데私立把成學校學徒ᄂᆞᆫ喇叭을呼ᄒᆞ고隊伍를整ᄒᆞ야大韓門前에進往ᄒᆞ야山呼萬歲ᄒᆞ고갓다더라

●尉官下獄 原州鎭衛隊尉官某某五씨가避身上京ᄒᆞ얏다가軍部에自現ᄒᆞ얏ᄂᆞᆫ대[illegible]로下囚ᄒᆞ얏다더라

●風流太守 殷栗郡[illegible]氏은當此時局ᄒᆞ야奬念國家之務ᄒᆞ고競設학校中이나惟一邑에學校情形은萬分窘跲인대本郡守리升采氏ᄂᆞᆫ莅臨跨月의身爲學校監督ᄒᆞ야全然不顧時急之教育ᄒᆞ고南산蘇陰中과明月官樓에서借郡主事로男사당風流로消遣歲月ᄒᆞᆫ다더라

●培校落成 開城郡培義學校를新建築ᄒᆞᄂᆞᆫ대去月十七日에落成宴을開ᄒᆞ고一郡有志紳士를請邀하야該校贊成員及學徒父兄諸氏二百五十餘員과學徒一百三十餘名이出席ᄒᆞ야愛國歌를齊唱ᄒᆞᆫ後에該校長林圭永씨以下諸員이趣旨을說明하고來賓中崔文鉉劉元杓韓教學朴載陽尹致昊諸氏가次第演說ᄒᆞ얏다더라

●地方通信

▲昨日三時發瑞興來電을據ᄒᆞᆫ즉義兵이金川郡守을襲ᄒᆞ야二名重傷이有ᄒᆞ얏ᄂᆞᆫ데日本補佐官二名이出張ᄒᆞ얏다ᄒᆞ고

▲三日午前發電을據ᄒᆞᆫ즉天安小井里京釜鐵道線에서義兵百餘名이忽起ᄒᆞ야停車場을燒却ᄒᆞ얏ᄂᆞᆫ대日本驛員과行衛가不明ᄒᆞ고保線事務員은一齊히避亂ᄒᆞ얏다ᄒᆞ엿고

▲去二十八日에雲山郡東洋金礦支配人이寧邊理事廳에來報ᄒᆞ되義兵이日本人을襲擊ᄒᆞᆫ다ᄂᆞᆫ說이有ᄒᆞ니日巡査를出張ᄒᆞ기를要求ᄒᆞ얏ᄂᆞᆫ대三十日에補佐官一名과巡査四名이出張ᄒᆞ얏다더라

東京電報

九月二日發

●統監還任期 伊藤統監은今夜에再次入京ᄒᆞ야十七八日間ᄭᆞ지諸般要務를整理ᄒᆞ고二十日頃에歸任ᄒᆞᆯ豫定이라더라

●淸政抗議 間島問題에就ᄒᆞ야淸國政府에서抗議를提出ᄒᆞᆫ以來로日本政府에서도更히回答ᄒᆞ얏ᄂᆞᆫ데尙此北京서交涉을開始ᄒᆞ얏다더라

三日發

●英露讓步 九月一日露都에서調印을畢ᄒᆞᆫ英露協約의範圍ᄂᆞᆫ西藏과阿富汗과尼斯坦과波斯等을合ᄒᆞ얏ᄂᆞᆫ대波斯北部ᄂᆞᆫ露國에讓步을依ᄒᆞ야英國商業上의企畫으로開放ᄒᆞ고英國도南部波斯에서露國에對ᄒᆞ야一同讓步을하엿다더라

路透電報

●排日大會 太平洋沿岸에合衆國과加奈多에서東洋人排斥ᄒᆞᄂᆞᆫ同盟會ᄂᆞᆫ目下에大會를開催ᄒᆞ기로計劃이라더라

▲郢雪高唱▼

▲年前五條約以後에ᄂᆞᆫ李根澤氏ᄂᆞᆫ軍部大臣으로其弟氏李根湘씨로宮內府大臣을圖任ᄒᆞ야內外相應ᄒᆞ야勢力을維持코저ᄒᆞ더니今番七條約以後ᄂᆞᆫ總相李完用氏가其伯씨李允用氏로宮內大臣을圖任ᄒᆞ야同聲相應의勢力이尤壯ᄒᆞ니天下의無不對로고

▲龍川府官舍을關殿前에新建築ᄒᆞᆯ터인대該基址가日本軍用地區域內에在ᄒᆞᆷ으로內部에서統監府尹의報告를因ᄒᆞ야統監府로照會하고其基址를許與ᄒᆞ라ᄒᆞ얏더니該地段은許借키難ᄒᆞ다答照ᄒᆞ얏다니韓國土地을日人이占領ᄒᆞᆫ後에官廳의基址所用으로反爲請求ᄒᆞ야도不許與ᄒᆞ니뎌주고비속도못비러먹ᄂᆞᆫ게로고

▲今番軍制를改定ᄒᆞᆫ대現職補職人員의帶有ᄒᆞᆫ領尉官職名은並解免되얏ᄂᆞᆫ대尉官들은門牌에官職을除去ᄒᆞ얏스니一朝間功名은浪花가無痕이로고

▲至今도南北村兩班ᄎᆞ에서都監監造官을一等淸官으로知ᄒᆞ고家數별음이나 色별음이나紛競이益甚ᄒᆞ야埋頭沒身ᄒᆞ니時局은엇더ᄒᆞ던지淸宦만闘得ᄒᆞ면第一功名이되겟지

▲時局이擾攘ᄒᆞ매城內富客이安靜之地를尋訪ᄒᆞ야고東西로術客을訪求ᄒᆞ니武陵桃源이知在何處오秘訣을深信ᄒᆞ야그러ᄒᆞ나修德者ᄂᆞᆫ生ᄒᆞ고失德者ᄂᆞᆫ亡이라ᄂᆞᆫ句語ᄂᆞᆫ不信ᄒᆞᄂᆞᆫ지

▲農商工部에서國有未墾地事務局을行將實施ᄒᆞᆯ터이니該經費를即速支撥ᄒᆞ라고度支部에照會ᄒᆞ얏나니陳荒地를起墾ᄒᆞᄂᆞᆫ거슨雖是生命財產에大關事나幾百年己墾沃土ᄂᆞᆫ外人의게佔奪을被ᄒᆞ면서起墾을實施ᄒᆞ면得能補失이될ᄂᆞᆫ지

▲郡守를運動ᄒᆞᄂᆞᆫ者流들이至今도某大臣門前에昏夜乞ᄒᆞ야雖砥平郡守라도叙任ᄒᆞ야주면義兵을安撫ᄒᆞ깃다하ᄂᆞᆫ데中에此外紛競이有하면서何必砥平郡守을自薦ᄒᆞᄂᆞᆫ지必是郡守에만慾火가大發ᄒᆞ야死生을不顧ᄒᆞᄂᆞᆫ者이지

▲天下事를果然難測者가잇소大韓政府가一進會政府된以後에ᄂᆞᆫ該會가大段與任ᄒᆞᆯ줄노認ᄒᆞ얏더니近日地方情況을詳聞ᄒᆞᆫ즉各處會員들이舉皆[illegible]首魁[illegible]不敢發[illegible]이라ᄒᆞ니是何故耶[illegible]物盛則衰가되야그러ᄒᆞᆫ가

▲軍部에서各營에發訓ᄒᆞ야山砲를禁止ᄒᆞ고銃器를收取ᄒᆞ더니大抵山砲ᄂᆞᆫ[illegible]一柄銃으로[illegible]生活ᄒᆞ거ᄂᆞᆯ今에銃器를收取ᄒᆞ니[illegible]山砲에生涯ᄂᆞᆫ斷絶[illegible]百姓을按撫ᄒᆞ기ᄂᆞᆫ思치안코도리여義兵에들게ᄒᆞ[illegible]

◉社告

本支社員金安州城內養井洞金淳河氏로定ᄒ얏ᄉ오니該附近本申報購覽ᄒ시ᄂ僉君子ᄂ一從支社로請求ᄒ시고代金도該氏의게送交ᄒ시옵

寄書

日本東京留學生金台憲 寄

嘉富耳의復國과華盛頓의獨立은艱苦에經ᄒ소록志氣益勵ᄒ고困ᄒ에在ᄒ여도精神을更奮홈이니是로以ᄒ야世界列强에最大富强이오名譽ᄒ英傑이라現今國勢岌々에抱膝嘯歎ᄒ고淚痕眉愁가非徒無益이니擲新亭之淚ᄒ야翻成嘗膽之膽ᄒ고歇楚囚之泣ᄒ야乃變燕市之慷慨가雄傑男에게奮厲之秋며國民臣子에게義務之日也라學問上義務ᄂ個身上自任自擔에一大責이나自家에擔任을憂慾關係로居然挑之擲之哉아今日에懈怠면明日委靡ᄒ고明日委靡면幾百他人의奴隷羈絆을免키難ᄒ리로다一夫가撞鐘에萬夫가夢悟ᄒ고一醫가針砭에千人이痼痊ᄒ나니嗚呼同胞ᄂ勿以訛言으로墮人之志ᄒ고愼以提醒之告로青年을勸之勉之어다 完

雜俎

◎縮天歌 知眞生

同胞야同胞야二千萬名同胞들아 獨立ᄒ一片精神웨그리업단말가 秦武陵桃源에봄바람이길헛ᄂ가 淸江口가을달에무결이잔々일세 위水邊淸風에고기락ᄂ지미보나 더진날에隆中草堂三分을經營ᄒ나 國權과民權이날을쫏차떠러지고 剝奪과壓制力은셕々로극심일세 二三人同胞ᄂ모히지못ᄒ지오 五里와十里村에任意로갈슈업네 不決을抗拒코自由獨立말ᄒ지면 虐殺코束縛ᄒ야運動을ᄒ슈잇나 拿坡倫猛勇과斯巴達의政略이며 項羽의力拔山과諸葛亮의智慧로도 쓸곳이업고서自盡滅亡當ᄒ지니 有志ᄒ僉君子은무어슬觀望ᄒ오 强壯ᄒ靑年은北海島와樺太島에 新開拓墾山通道移民이될터이라 지극히치우며氣候風土不平ᄒ 絕島에孤魂되며陰雨에슬피울뜻 老弱과男女ᄂ몃千名式시러다가 東海와西海中에寃鬼가될터이니 차라리故國에忠魂될만ᄒ니 눈압헤姑息之計生覺들마르시오 二千萬同胞中十萬餘名예슈교인 世上을救援ᄒᄂ理致로아앗ᄉ니 ᄉ룸을ᄉ랑키自己몸과ᄀ치ᄒ며 自由를사랑ᄒ미生命이輕ᄒ도다 歐美ㅅ各國에文明人을불작이면 同胞와自由爲히生命이草芥로세 自己의나라를에수우에세온후에 自由를保全ᄒ고安樂을누리거든 大韓國數人은그런理致모름으로 天國일世上일을空然히分別ᄒ네 집일은잘ᄒ고나라일은相關업서 同胞가塗炭이나傍觀者資格일세 예수ㅅ大義로代人贖罪ᄒ신것과 救世救大宗旨가못노니어ᄃᆡ잇나 셩경의마셔가이ᄉ라엘族屬들을 埃及셔引導ᄒ여救홈을엇비ᄒ고 米洲에敎人도英國束縛버셔남은 내同胞ᄉ흘진된偶然히될수잇소 北海島樺太島와海外移民홀ᄯᅢ 可憐타예수교인避홀수잇슬는지 亡我國亡我家奴隷犧牲된사름이 ᄒ나님公審判을堪當能力잇나 사랑코내형님이날니셔當ᄒ여서 ᄒ나님道理대로ᄒ번더성각ᄒ오 天堂길다른날에수ᄊ가내손잡고 ᄒ나님寶座右便平安히안친後에 寃旒冠恩寵에天國糧食無窮ᄒ여 ᄒ네누讚誦ᄒ여永遠福누려보세

⊛怨則怨矣 忠南沔川郡泛川里前坪居金龍汝가江門坪五洞數千人口命脈이懸在ᄒ洑監官을食路二百金ᄒ고惡痴ᄒ李正長을私薦于洑ᄒ야論官李正長이洑洑不完ᄒ야以至破潰에一坪數百石落이已至荒畓ᄒ고數千人口가將至飢餓轉壑之境은同龍汝食路二百金ᄒ고薦非其人ᄒ緣故라고怨聲이藉藉ᄒ더라

廣告

國債報償義捐金收入廣告

◉國債報償義捐金
八月中本社收入總額
每日逐号明細錄
◉八月三十一日
第一五一九號北靑郡南門內[illegible]
時晉[illegible]會 七圓卅一錢
第一五二〇號抱川郡內北面二
加采里趙俊植 一圓
計八圓三十一錢
八月三十一日까지收入總額
一千七百卅三圓六拾八錢五
厘
自四月至七月收入總額
五萬二千九百八十一圓
二十四錢九厘
都總合五萬四千七百十四圓九
拾三錢四厘

◉忠淸稷山郡二北面각里
△大下里
徐璟淳三圓 南道源二圓
鄭致宗 四拾錢 鄭善汝
三十錢 朴致雲 二십錢
劉秉徹 申有史 俞致道
리春三 각拾錢
△安陽里
라德心 三圓 金敬心
安秉五拾錢 리相陳一圓廿錢
리相憙一圓拾錢 高太岳
리明老 羅學옥 朴順擧
각一圓 리相淳 七십錢
김明順 八拾錢 김興用
김弘伊 朴學天 羅義景
崔學凡 김時燦 각九拾錢
李元三 리德必 각四拾錢
리相義 申鎰三 리相萬
各卅錢 崔玉山 權凡山
金春實 各廿錢 김楚明
리鍾善 각拾錢
△官里
權永璇二圓 安公弼 오貞浩
오鉉三 각一圓 朴仁木
五拾錢 洪世錫 오寶稷

各卅錢 李元甫 朴學九
崔漢祺 鄭有西 權敬采
리致[illegible] 리漢[illegible] 金敬在
오文汝 김興水 김弘數
各卅錢 權信采 오德浩
姜元敎 김敬文 權添一
오春先 각拾錢
▲巳洞
趙淵鏡 韓慶淳 高太岳
高完興 각一圓 徐明鎭
六拾錢 金敬默 朴致成
劉敬선 各卅錢 洪敬섭
任成準 各五拾錢 김春西
鄭道連 金允心 각四拾錢
趙東赫 石道敬 石京云
石天賓 각廿錢
▲水川里
徐明元 徐相憲 각四圓
리錫圭五圓 徐明五二圓
徐相憲 오鉉九 오千日
徐永西 劉致[illegible] 徐寬日
徐平日 각一圓 오鉉五
趙五然 각五十錢 金東圭
柳得用 리春三 김春景
朴學道 朴致三 각卅錢
김德鎭 權重百 리京三
俞樂汝 趙俊汝 徐平肅
梁元日 崔甲山 김萬奉
崔京甫 리春實 劉京五
尹文甫 리用石 崔昌用
各廿錢 朴化實 徐興淳
각十錢
▲弘慶里
高致敬一圓五拾錢 리連善
一圓 徐明順 김德文
林元圭 각卅錢 리成來
南廷原 崔春伯 金春實
林炳均 김春西 崔錫八
각廿錢 方德元 리友吉
文成俊 安學甫 각拾錢
▲新井里
徐廷贊 徐用錫 徐鳳錫
각二圓 리文秀 徐興錫
各一圓五拾錢 秦達和
韓秉翼 리泰儀 각一圓

韓俊敎 張見弘 徐[illegible]
尹秉學 徐驥銀 洪鍾淵
김興[illegible] 金元甫 각五拾錢
玄益敬 四拾錢 徐駿鎬
任用準 高鶴桂 金致鎬
徐在[illegible] 김濟[illegible] 윤光三
韓泳和 각卅錢 리昌學
高鳳桂 韓澤敎 金鐵山
리萬鎰 윤光五 각廿錢
▲知足洞里
오鉉銘五圓 韓宗錫四圓
安英洛 오命稷 각二圓
金貞浩一圓五十錢 리章燮
리漢水 오學浩 김[illegible]
각一圓 리炳九 오鉉五
김[illegible] 오始稷 각五十錢
오鉉徹 石[illegible] [illegible]
[illegible] 각四十錢 리鶴圭
오俊[illegible] 韓[illegible] 韓學敎
각卅錢 張敬西 韓學東
金汝受 리昌[illegible] 申[illegible]
김學洙 오英稷 리用實
[illegible]文甫 각卅錢 申[illegible]春
拾五錢 오[illegible]浩 윤元三
각十錢 오[illegible]逢 三錢五厘
▲都監里
尹秉衡六圓 오養浩 리學洙
각五圓 洪戰華二圓 리鍾大
尹秉燕 리台永王[illegible]夫人李氏
오殷浩 洪泰華 리敬南
각一圓 洪永[illegible] 오鉉大
趙雲祥 安敎文 각五十錢
洪永鉦 三拾錢 朴元甫
오善浩 崔樂奎 박裕秉
崔先敎 俞鎭用 睦榮根
리用德 洪儉華 吳周浩
洪炳[illegible] 安敎德 리元伯
鄭成鎭 각卅錢 오鉉九
리芳秀 鄭用鎭 鄭雲和
安定玉 리善商 吳[illegible]錢
安敎善 鄭龍采 각十錢
▲鶴仙동
韓成伯一圓 嚴雲敎 韓學業
각五拾錢 趙元京 丁學元

각四拾錢 金文三 梁學俊
金明玉 각卅錢 金大實
鄭光春 [illegible]春京 韓有老
각卅錢
▲中舍里
趙雲瑞二圓 權致三一圓
金[illegible]源 八十錢 리注燮
리鍾哲 元周鎬 리東宰
각五拾錢 [illegible]周默 崔俊根
趙興植 각卅錢 崔俊京拾錢
▲大井里
오哲根 김在承 각二圓
김繼[illegible]一圓五拾錢 오麗泳
오麗[illegible] 김明化 高致道
각一圓 林[illegible]日 五십錢
김[illegible] 四拾錢 김德根
[illegible]成伯 [illegible]泰汝 [illegible]君必
김成七 김明添 朴英甫
[illegible]成九 徐[illegible]實 金成三 김明實
金學汝 리明汝 [illegible] 申錫淵
각卅錢 姜春京 張元明
姜順明 韓德[illegible] 김[illegible]春
趙一[illegible] 申[illegible] 金[illegible]
리仲玄 金伯順 林學元
金必三 金永보 崔春[illegible]
俞順[illegible] 김俊西 김春[illegible]
金[illegible] 趙[illegible]山 洪[illegible]
각十錢
▲下舍里
리德敎 九圓 夫人[illegible]氏
子顯性 姙浩性 각二圓
韓用德一圓五十錢 리泰性
[illegible]性 金永春 각三圓
金雲心一圓 車順汝五拾錢
리元實 김石보 각四拾錢
洪裕尙 鄭裕善 鄭善弼
梁仁洙 각三十錢
合一百九拾九圓七十八錢五
厘
前號總合五萬四千二百二拾六
圓七十三전九厘
都總合五萬四千四百二拾六圓
五십二錢四厘

◎特別廣告◎

國債報償金九日間所捧은姑未
合計이고伊前日의所捧總合五
萬三千八百四拾一圓八拾七錢
은本社內銀行에貯置ᄒ얏
合고其貯置額中
三萬三千三百圓은國債報償志
願金總合所로移交홈

大韓每日申報社
發行所
發行兼編輯人 英國人 裵說

第五卷

大韓每日申報

第六百五號

月曜及慶節 歲時日休刊

檀君開國四千二百四十年
箕子元年三千二十九年
大韓開國五百十六年
日本明治四十年
淸國光緒三十三年
陰曆丁未七月大廿八日丁巳

論說

◉地方에爭鬪

韓日兩國人의各俳ㅎ는地方來報를據ㅎ건ᄃᆡ起擾의不止가殘酷然ㅎ고且日人의現行ㅎ는殘酷과玉石을不分ㅎ고壓伏ㅎ는方策이擾亂을永久히止息홀지는似未有者殘로다居民을逐出ㅎ며村家를燒㧺ㅎ는거시뎌其騷頓之計리오如此村民의全部가排日運動或起擾에其不盡叅호거슨量度키有理ㅎ니勸業良民들노居接處가無케홈은所擇徒를熾盛케助力홈而已로다今此起擾를純然호政治的性質노만思料홈은不可ㅎ도다擾亂中에今在호忠北慶北兩道의人民은韓人과日本居留民或旅行者間에幾乎每日解生ㅎ는爭鬪를目擊홈이已至多矣이라各報紙에多述호暴動及殺害가政治意思에全然不係호거도或有ㅎ고且自己의被害를不得矯正ㅎ며抑寃을莫伸호前日良民이暴識之人과解散된軍隊를應從ㅎ야排日徒黨을成홈인즘은其可推測ㅎ깃스니今若日人이但人命及財産을殘滅홈으로爲務인된此徒黨의增加는確然호結果로다

日人이殿酷호手段其鎭撫之策으로固執ㅎ야如此行動이多有ㅎ面其機나然이나現今情形之下에는其殿酷호方策이能怒호人民을更激홈이라火炎에薪炭을但加홈이니止息을得홀지는不無疑問이로다本記者의目擊과無

𨀁호外人들의觀光호實證을據ㅎ건대兩者漢城內起擾에도日人의殘酷과蠻行이多有호지라無罪良民이砲丸을被ㅎ고被捉之人이虐待를受ㅎ엿스며西小門內營中에在ㅎ던韓兵一人은鎖鑰에二十餘創을被ㅎ엿스나兵卒은不能行動케ㅎ며에는其中三創이足矣어날如彼多數에致死리오日人의血貧之性이似發於兵暗矣며且一注目홀거슨譬醫附近에서被殺호多數兵卒中에는一人도武器를持호者ㅣ未有호거시니此韓兵卒이起擾에其不同樂호거슨可以論證이로다

日人이多少外人의注目을被ㅎ는漢城內에서如此히行動호진된隔遠호地方에서야其殘虐行動이此에서幾倍가加多ㅎ리로다此는疑度ㅎ기에不美호問題나本記者는此全部의悲慘을深嘆ㅎ는바이니雖日人이라도韓人의今次戰爭이其非無端인즘노其將想容ㅎ젼져然이나今日은奇異神蹟이已過之時라强者義者間에職役이是編上普通結果를成ㅎ리로다

官報

◉號外　隆熙元年九月三日

宮廷錄事

留日　上號前再度習儀藥行於三度習儀

留日冊封時再度習儀藥行於三度習儀

●第三千八百六十二號

隆熙元年九月四日

宮廷錄事

詔曰陳賀頒詔時差掌禮秘書丞李範설幷加資

詔曰追封皇后時差掌禮秘書丞金天洙加資

詔曰進封皇后時差掌禮秘書丞趙秉健加資

掌禮院卿리重夏謹　奏今此太廟　展謁出還宮時　皇太子獻迎隨駕之節依例磨鍊乎敢　奏　奉　旨勿爲磨鍊

掌禮院卿臣리重夏謹　奏　太皇帝上號後頒　詔陳　賀禮停例爲之事　命下矣　皇太子受　賀之節亦當以權停例磨鍊而百官行禮處所以何殿磨鍊乎敢　奏　奉　旨威儀殿爲之

掌禮院卿臣리重夏謹　奏因　裕陵表石所　奏本裕陵表石將爲奉出磨淨始役吉日及先告事由之擧令掌禮院擇日舉行事　奏下矣始役吉日令日官金東杓推擇則陰曆七月二十八日丙時爲吉云以此日時舉行而先告事由祭同日曉頭設行　祝文令侍講撰出何如謹上　奏　奉　旨依奏

掌禮院卿臣리重夏謹　奏　裕陵表石將爲奉出移還安之節矣始役吉日令日官金東杓推擇則陰曆七月二十八日寅時爲吉云以此日時舉行而先告事由祭同日表石奉出告由祭兼行移安同日時　還安及告安祭後隨時設行祝文添入撰出等事令侍講撰行事分付何如謹上　奏　奉　旨依奏　洪陵　裕陵　幸行令陰曆八月二十七日　出宮洪陵齋室　進停　自闕門十里洪陵展謁　親　祭　仍詣

裕陵展拜　自　洪陵十里　自闕門十五里　親　祭當日　還宮

敍任及辭令

內部書記郞金珍衝
陞從二品　秘書監丞金天洙
陞從二品　秘書監丞趙秉健
陞從二品　秘書監丞朴用元
陞正三品　六品리範설
任度支部主事　申洪善
　度支部主事리元模
依願免本官　度支部主事陳麟錫　吳肯燮
任度支部稅務主事
　陸軍副將趙東潤
任陪從武官長
任陸軍步兵叅領　陸軍工兵正尉金亨섭　리甲
任陸軍砲兵正尉　憲兵正尉趙重完
　仝　金秦元
任陸軍步兵正尉　騎兵副尉리殷相
任陸軍步兵正尉　六品朱定均
任軍部軍務局軍法課理事　六品洪淳模　九品盧天鎬
任軍部繙譯官　平理院檢事俞鶴柱
依願免本官　任平理院判事　朴용台
補軍部軍務局兵器課員　砲兵正尉金亨섭　李完

外報

●山梨水害의慘狀　東京電을據혼則山梨峴에水害가最히甚慘이極ㅎ야家屋流失倒壞가無數ㅎ고溺死者가亦多數ㅎ고米一升에一圓씩자騰貴하엿더라

●丹後水害의慘況　同電을據혼則丹後由良川附近에悲慘이極ㅎ야上岸二十村이全潰ㅎ고增水가五丈以上이라더라

●日債被捉　桑港電을據혼則日本人一名이寫眞器械를持ㅎ고各砲臺를撮影ㅎ다가官吏에게被捉되야現今訊問中이라더라

●北美中美의協約　伯林電을據혼則美國大統領루스벨트氏가墨西哥大統領과將來中央亞美利加에紛擾가起ᄒᆞᆯ時에調停ᄒᆞᆯ事로協約을締結ᄒᆞ얏다더라

●英露協約成　倫敦電을據혼則英露協約은里役得保에서調印ᄒᆞ얏ᄂᆞᆫ대同協約의批准書ᄂᆞᆫ不日交換이되고協約條款을世界에發表ᄒᆞ리라더라

●南洋無人島의發見　日本賀易商西澤吉治씨가澳門北律賓의中間에在호一無人島를發見ㅎ야本月八日에同志者一二十名을帶來ㅎ고該島에下陸ㅎ야探檢調査혼則該島의周圍가五六十里이오燐礦石塊樹木이彫多ㅎ고海產物이甚多ㅎ야頗히有望홈으로該島에永久[illegible]ㅎ고同還ㅎ얏ᄂᆞᆫ뒤更히探檢次로發往ㅎ야該島를[illegible]ㅎ리라더라

●福建省의暴動　福建省泉州에匪賊이蜂起ㅎ야住民數百名을殺害ᄒᆞᆫ지라陸軍部ᄂᆞᆫ直히軍隊를該地에派遣ᄒᆞ기를命令ᄒᆞ얏다ᄂᆞᆫ報가有ᄒᆞ얏다더라

雜報

◉日報의對宣敎師方針　韓國에在ᄒᆞᆫ外國宣敎師ᄂᆞᆫ[illegible]韓國에傳敎ᄒᆞᄂᆞᆫ英法德國宣敎師中에不下行爲ᄂᆞᆫ我統監府에今番政府에서[illegible]ᄒᆞ얏거니와今統監府에서[illegible]ᄒᆞ며彼等은本國에官敎[illegible]國에서行호不正俘道의步調를[illegible]ㅎ야信徒間에一種治外法權을得코ᄌᆞᄒᆞ야政敎混合에傾ᄒᆞ야殊히海牙密使事件에發頭人이美國宣敎師中에서出ᄒᆞ야傳道ᄂᆞᆫ[illegible]이오一種利益을[illegible]ᄒᆞ기爲ᄒᆞ야韓國政治上에[illegible]ᄒᆞ고斷然不[illegible]ᄒᆞ니此等[illegible]ᄒᆞ며[illegible]統監이[illegible]韓國과列國에對ᄒᆞ야現行條約은不可不[illegible]ᄒᆞ시오統監의[illegible]不正ᄒᆞ日人에對ᄒᆞ야[illegible]치不正宣敎師ᄂᆞᆫ處分ᄒᆞ지못ᄒᆞ미今에[illegible]ᄂᆞᆫ대統監府에서宣敎師의게對ᄒᆞ야[illegible]處分이無ᄒᆞ을全[illegible]ᄒᆞ고敎會所屬韓人을政治上에取締ᄒᆞ야宣敎師로서不正을行ᄒᆞ거시[illegible]가無ᄒᆞ미共히韓國代表外交官의게對ᄒᆞ야宣敎師[illegible]ᄒᆞ고韓國統監에[illegible]ᄒᆞ야[illegible]ᄂᆞᆫ方法에因ᄒᆞ야在韓宣敎師問題를解決ᄒᆞᆯ것이라ᄒᆞ엿더라

西敎之人은韓國은實上西敎文化를輸入ᄒᆞᆫ一人이라韓人이信仰西敎가日益附加홈은一般宣敎師의熱心布敎로由ᄒᆞ얏거니와加之政府의壓制와日人의虐待로因ᄒᆞ야人民이無所歸依엿석政其生路를西敎門에得ᄒᆞᆯ가ᄒᆞ야信徒가[illegible]ᄒᆞᄂᆞᆫ대日人이此에對ᄒᆞ야或政治上關係에犯入ᄒᆞ가ᄒᆞ야[illegible]然히[illegible]ᄒᆞᄂᆞᆫ影響이不[illegible]ᄒᆞ며今에大韓日報의所[illegible]ᄒᆞ며統監府에將次西敎를[illegible]ᄒᆞ야政策을運用ᄒᆞ기가十分無疑ᄒᆞ도다然이나爲[illegible]其結果[illegible]何ᄒᆞ이甚不及[illegible]로

雜報

●冊封時行禮　內閣에셔各府部院廳에通牒ᄒᆞ되陰七月三十日 皇太子冊封中和殿遣使權停例行禮時宗親文武百官四品以上朝服五品以下黑團領으로行禮ᄒᆞ고 皇太子冊禮後翌日頒 詔陳賀時宗親文武百官四品以上朝服五品以下黑團領으로中和殿權停例行禮後仍以朝服으로陳賀于皇妃前如儀行禮事奏下ᄒᆞ얏기로玆仰佈라ᄒᆞ얏더라

●赦典裁可　今番赦典詔勅에對ᄒᆞ야平漢兩裁에已未決囚를修正ᄒᆞ야法部大臣이上奏裁可되얏ᄂᆞᆫ대平理院에ᄂᆞᆫ四十四名이오漢城裁判所에ᄂᆞᆫ四拾五名이라더라

●統府同意　再昨日各部大臣이內閣에會同ᄒᆞ야會議를開ᄒᆞ얏ᄂᆞᆫ대其案件을得聞ᄒᆞᆫ즉武官학校教官四人叙任件을決案ᄒᆞ야統監府로同意ᄒᆞ얏다더라

●蔭官無碍　奉金冊奉金譜差備官을문科人外에ᄂᆞᆫ不得入叅이自有前例ᄒᆞ더니今番 皇太子冊封時金冊金譜差備官은蔭官이라도無碍任用ᄒᆞ얏다더라

●實職乃叅　闕內公故時각差備官을各部奏任官中加資ᄒᆞᆫ未叅ᄒᆞᆫ人으로差出ᄒᆞ야加資를蒙케ᄒᆞ고實職ᄒᆞᆫ人은不得入叅ᄒᆞ기로閣內에셔決議ᄒᆞ얏다더라

●九守蒙免　洪州郡守金祥演德산郡守洪鍾觀舒川郡守尼(?)鎭岑郡守鄭爲永連산郡守리鍾國臨陂郡守閔泳殷金堤郡守宋榮和藍浦郡守丁相燮諸氏를蒙免ᄒᆞ라고忠南觀察使가內部로報告ᄒᆞ얏다더라

●勅任招致　漢城裁判所檢事韓東履씨ㅣ法部에質問ᄒᆞ되刑事被告證人을雖勅任官이라도招致乎아ᄒᆞᆫ즉法部大臣趙重應씨가該質問에對ᄒᆞ야雖勅任官이라도招致ᄒᆞᆯ라하얏다더라

●朱氏請願　軍部理事朱定均氏가再昨日에請願書를繕呈ᄒᆞ얏다더라

●館長報告　成均館長金有濟氏가學部에報告ᄒᆞ되大成殿과東西廡와四賢祠滲漏處를修理ᄒᆞᆯ터이니修理ᄒᆞᆯ日字ᄂᆞᆫ學部에셔擇送ᄒᆞ고奉安日子ᄂᆞᆫ掌禮院에通牒擇定ᄒᆞ라ᄒᆞ얏다더라

●餓死可慮　軍部에文官各官人이多年從仕ᄒᆞ다가恩賜金에도叅與치도못ᄒᆞ고官職도遞任ᄒᆞ미將次餓死ᄒᆞᆯ터이라고相遇相歎ᄒᆞᆫ다더라

●日語叙任　今番軍部官制를改正ᄒᆞ야近衛隊를編制ᄒᆞᄂᆞᆫ대長谷川大將과該部顧問官野津氏가協議修整ᄒᆞ야該部大臣李秉武氏會請邀出示ᄒᆞ얏ᄂᆞᆫ대該隊尉官이役數히日語粗解者로叙任ᄒᆞ얏다더라

●自裁明確　海牙平和會에前往ᄒᆞ얏든리儁씨의別世ᄒᆞᆫ報道가或云病斃ᄒᆞ며或云自裁에傳疑不一ᄒᆞ더니日昨에自海港來信을據ᄒᆞᆫ則該氏가陰曆六月六日에會席에셔痛哭自裁ᄒᆞᆫ事實이明確ᄒᆞᆫ故로該氏에夫人이發喪ᄒᆞ얏다더라

●忠守在京　忠州郡守김在殷氏가不知去處라고該道觀察使가報告ᄒᆞ얏다더니김郡守가現今上京逗留ᄒᆞᆫ다더라

●麟守免官　麟蹄郡守에리漢用氏ᄂᆞᆫ義擾를因ᄒᆞ야該觀察道로避身ᄒᆞ얏다ᄒᆞᆷ은已揭어니와該리郡守가發言ᄒᆞ기를義兵이將次本觀察道에到達ᄒᆞ리라ᄒᆞᆷ으로人民等이避亂ᄒᆞ야府下一空인대該道觀察使黃鐵氏가內部에報告ᄒᆞ고該郡守ᄂᆞᆫ卽爲免官ᄒᆞ라ᄒᆞ얏다더라

●三人之中　平理院裁判장은洪肯燮俞鶴柱兩氏中으로叙任되리라ᄒᆞ며一說에ᄂᆞᆫ法部顧問野澤武之助氏가被任ᄒᆞᆫ다더라

●박氏發往　錦陵尉박泳孝氏가仁川港에셔多日留連ᄒᆞ더니再昨日下午五時量에輪船을搭乘ᄒᆞ고木浦를經ᄒᆞ야濟州島로發往ᄒᆞ얏다더라

●擲翠盛宴　再昨日下午六時頃에泥峴擲翠樓에셔長谷川大將이宴會를設ᄒᆞ얏ᄂᆞᆫ대總理大臣以下각部大臣이一齊叅宴ᄒᆞ얏다더라

●日師雇聘　師範高等學校教師로日本人산내愛助氏를雇聘ᄒᆞᆯ次로學部에셔統監府의同意를請ᄒᆞ얏다더라

●藍守挾私　忠南藍浦郡守某氏의不美ᄒᆞᆫ事件은前報에揭載ᄒᆞ엿거니와該郡守가김在一處에捧賂ᄒᆞ고郡主事張錫덕더러請願ᄒᆞ라ᄒᆞᆫ되張씨가答ᄒᆞ되무合事件으로請願ᄒᆞ라ᄂᆞᆫ지我ᄂᆞᆫ請願ᄒᆞᆯ事가無ᄒᆞ니惟意爲之ᄒᆞ라ᄒᆞ엿더니該郡守가張氏의請願書를不待ᄒᆞ고自寫暗됴ᄒᆞ엿다더라

●墾嶋所聞　內部書記官三員과巡檢七人이北墾嶋視察次로發行ᄒᆞᆷ은각新聞에揭載ᄒᆞᆫ바어니와更聞ᄒᆞᆫ즉過從로日兵이該地로派送가된다더라

●一齊斷髮　京畿觀察使리圭桓氏가日前 太皇帝陛下誕辰에該府一般官屬을會同ᄒᆞᆫ所에發(?)ᄒᆞ야 皇上陛下게셔先爲斷髮ᄒᆞ신 聖旨와人民衛生上에大有便利ᄒᆞᆫ理由를說明ᄒᆞ고斷髮ᄒᆞ기를勸勉ᄒᆞᆫ대上下官屬이擧皆樂從ᄒᆞ야一齊斷髮ᄒᆞ고至於退吏ᄭᆞ지肯從薙髮

●合有酌量　漢城裁判所首班判事리始榮氏가法部에報告ᄒᆞ되被告申性休의案件을檢事公訴에由ᄒᆞ야審理ᄒᆞᆫ와刑法大全鴉烟吸ᄒᆞᆫ者律에照ᄒᆞ야懲役三年에處ᄒᆞᆯ지라其吸也冒禁에其情也痼疾이기其情狀을酌量ᄒᆞ야本律에二等減ᄒᆞ야懲役二年에處辦定告ᄒᆞ옵고該犯이係是曾經奏任官故同第百條를依ᄒᆞ야報告라하얏더라

●指飭土主　農商工部에셔統監府에照會ᄒᆞ되京仁鐵線改良에犯入ᄒᆞᆫ田畓을分給ᄒᆞᆯ터인대貴國人은携貳之弊가有ᄒᆞᆫ즉土主處에指飭ᄒᆞ야俾無紛挐케ᄒᆞ라하엿더다

●云是吉兆　黃州郡守韓貞奎氏가內部에報告ᄒᆞ되本郡城內김思說家에有一杏樹而枝葉이靑靑에庇其根러니自陰曆六月初旬爲始ᄒᆞ야枝葉이蕭爲荒落ᄒᆞ고至同月十五日ᄒᆞ야ᄂᆞᆫ再含春意而新葉이發生ᄒᆞ야漸長成陰ᄒᆞ얏더니且一陣蜂群이同十九日午刻에飛入于此杏樹ᄒᆞ야擁頭食頃이온즉該家主가捨而養之이다郡民等이稱曰吉兆라고傳聞이藉藉이유기郡守가亦爲親往觀之則果如所聞이온바描以事狀ᄒᆞ고今當刷新之時ᄒᆞ야 聖德을感應而然이온지杏樹之再含蕊와蜂之擁附杏樹者가事甚奇異ᄒᆞᆷ기玆에報告라ᄒᆞ얏더라

●懲接請願　徵文義塾長張志淵氏ᄂᆞᆫ教育事務를擔任ᄒᆞ야漸次擴張에注念ᄒᆞ더니무含不협ᄒᆞᆫ事가有ᄒᆞ던지日昨에請辭免ᄒᆞ얏다더라

●義兵砲殺　水原郡守衛隊에셔捕捉ᄒᆞᆫ義兵劉元룡김君一을砲殺ᄒᆞ얏다고京畿觀察使가內部로報告ᄒᆞ얏다더라

●洋銃取去　日前東門外德所等地에判書洪淳馨氏家에義兵이多數來到ᄒᆞ야軍糧萬石과万支給ᄒᆞ라ᄒᆞ거날洪씨言內에軍糧萬石을猝地에何可繼給乎아ᄒᆞᆫ즉該家에賊漢防禦ᄒᆞ기爲ᄒᆞ야買置ᄒᆞ엿던洋銃七箇만取去ᄒᆞ엿다더라

●東萊惡耗　東萊人에報道를據ᄒᆞᆫ즉自義兵이暴起以後로日兵이到處에衝火ᄒᆞ야大小村落이無不被燒ᄒᆞ고韓民을逢着則放砲ᄒᆞᄂᆞᆫ故로被傷者가不知其數에尸身을田中이나산中에셔覓來ᄒᆞᆫ다더라如是不幾日則東峽人民은擧皆沒死之境이라더라

●條何被捉　北署齋동原任議政大臣閔泳奎氏의子鳳植씨가무삼事端인지警廳에被捉이되고히氏家에書類를沒數搜去ᄒᆞ얏다더라

●民戶沒燒　呂州來人의確信을據ᄒᆞᆫ즉該郡邑距五里되ᄂᆞᆫ內沼에日兵이衝火ᄒᆞ야該洞四十餘戶가沒數被燒ᄒᆞ얏ᄂᆞᆫ대就中內部衛生課長閔元植씨의鄕第八拾餘間에家藏汁物이并爲沒數被燒되얏고名不知白主事가銃丸을被ᄒᆞ야治療次로上京ᄒᆞ얏고該郡人民과男女老幼가擧皆携手登산ᄒᆞ야子木爲巢ᄒᆞ야日夜로號哭之聲이不絕ᄒᆞ니其情狀은慘不忍見이라더라

●通辭作孽　驪州白니沼里四十餘戶를日兵이衝火沒燒ᄒᆞ얏ᄂᆞᆫ데其放火ᄒᆞᆫ理由를詳聞ᄒᆞᆫ즉人民等이日兵通辭韓國人을詬辱ᄒᆞ얏더니通辭人이日兵에게反間ᄒᆞᆫ所致라더라

●日人砲殺　報恩郡에셔義兵이日人兩名을砲殺ᄒᆞ얏다고該郡守申泰完氏가內部로報告ᄒᆞ얏다더라

◉地方情報

▲三日朝小井里停車場을燒却ᄒᆞᆫ後로義兵이至敵附近에潛伏ᄒᆞ야附近停車場을襲擊ᄒᆞᆯ貌樣이라ᄒᆞ고

▲二日午後二時에利川南方約二十里新岱附近에셔電信修理ᄒᆞᄂᆞᆫ日人을히村落에셔二三十名義兵이集合ᄒᆞ야突然히四五發銃으로射擊하얏ᄂᆞᆫ대電線을掩護ᄒᆞᄂᆞᆫ日兵이互相冲突ᄒᆞ얏고

▲春川京城間電線은再次不通ᄒᆞ엿고

▲三日午後三時半에義兵이聞慶을襲擊ᄒᆞ고同日午後에尙州洛東江電線을斷絕ᄒᆞ얏ᄂᆞᆫ되其後情況은不明ᄒᆞ엿고

▲義兵一團은新灘津을渡ᄒᆞ야沃川을襲擊ᄒᆞᆯ貌樣이라ᄒᆞ고

▲三日水原發電을據ᄒᆞᆫ즉京城東北五十里楊州孫(?)江面德沼里에義兵四百五十名이自砥平楊根方面으로忽地驅入ᄒᆞᄆᆡ人心이洶々ᄒᆞ다하고

▲三日發太郎電을據ᄒᆞᆫ則忠北報恩郡에셔義兵一百七十名이尙州를襲ᄒᆞᆫ다揚言ᄒᆞ고昨夜셔方三十里에來ᄒᆞᆫ다ᄂᆞᆫ報를據ᄒᆞ고官民이共히警戒中인대太田에日兵二十二名이偵察次로來到하얏다더라

◀秋辭一曲▶

▲北間島ᄂᆞᆫ元來韓國疆土인뎌靑陝之地요要害之處라一邊은淸領이오一邊은俄領이오一邊은韓人이住着ᄒᆞ얏ᄂᆞᆫ대日人이此에流涎ᄒᆞ야統監이上演說에有ᄒᆞᆫ거슨曰ᄒᆞ고國際上交涉이有ᄒᆞᆫ거슨日已蕿ᄒᆞᆫ物을삼고자ᄒᆞᆷ인디現今滿洲總督의派兵之擧가有ᄒᆞ니日人의所欲대로될는지

▲平壤礦業所監督은巨智部忠承과事務主務ᄂᆞᆫ佐瀨熊鐵로技術主務ᄂᆞᆫ牧田又五郎으로囑托ᄒᆞ고農商工部에셔統監府에照會ᄒᆞ야同意를請ᄒᆞ얏더니日人을囑托하기ᄂᆞᆫ日人의願意를求ᄒᆞ니可謂以良求良이로고

▲壯洞居金召史가大韓赤十字社病院에八九歲된女兒의病을診察ᄒᆞᄂᆞᆫ대事務보ᄂᆞᆫ日人卜部가藥價五錢을要ᄒᆞᆫ되金召史가言ᄒᆞ되此院에셔藥價를不受ᄒᆞᆫ다ᄒᆞ기로持來치아니ᄒᆞ얏노라ᄒᆞᆫ즉該日人이以杖으로亂打重傷ᄒᆞ얏ᄂᆞᆫ대該女人은年今四十餘에方在孕胎中이라ᄒᆞ니該日人은病院事務를視치아니ᄒᆞ고毆打事務를視ᄒᆞᄂᆞᆫ게로고

▲近日鄕曲間에樵童牧豎들이三々五々히作作結隊ᄒᆞ야或산上과林中에團聚ᄒᆞ야國家의中興을上帝께祈禱ᄒᆞᆫ다니童子何知아志在民國이是豈偶然이리오此ᄂᆞᆫ將來에少年大韓國을建立ᄒᆞᆯ兆候로다

▲農相宋秉畯氏私邸附智部에在ᄒᆞᆫ日兵五十名이護衛ᄒᆞ고該近에義擾가忽起ᄒᆞᆷ으로一進會員이紛擾ᄒᆞ야日兵이在ᄒᆞᆫ農相家로避亂ᄒᆞᄂᆞᆫ되數爻가七八百名에達ᄒᆞ야朝夕供給을依例히ᄒᆞᆫ다니同氏의勢力도宏壯ᄒᆞ거니와財力도亦富ᄒᆞ고

▲日前某大臣家에셔多數來賓이名牌를들여달나ᄒᆞ거늘日巡査가來賓들을對ᄒᆞ야[illegible]貴國風氣가雖門勢[illegible]야求仕ᄒᆞᄂᆞᆫ工夫ᄂᆞᆫ[illegible]問과名界만ᄒᆞ면功[illegible]ᄒᆞᆯ것시[illegible]不可라ᄒᆞᆫ대諸客이慚然而退[illegible]엿다니[illegible]一箇日巡査의게도[illegible]스니可謂人人愧로고

▲印度國民이[illegible]自動屛[illegible]發明ᄒᆞ얏ᄂᆞᆫ지採購치아니ᄒᆞ며[illegible]도滿鐵이自生ᄒᆞ고韓國에ᄂᆞᆫ地方人民을指使ᄒᆞᆫ人이無ᄒᆞ여도忠憤이自然ᄒᆞ야義擾가蜂起ᄒᆞ니現今世界에人物間에自動力이多生ᄒᆞᆫ고

社告

本支社를 安州城內 發井洞 金秉河氏家로 定ᄒᆞ얏ᄉᆞ오니 該附近 本申報購覽ᄒᆞ시ᄂᆞᆫ 僉君子ᄂᆞᆫ 一從支社로 請求ᄒᆞ시고 代金도 該氏의게 送交ᄒᆞ시옵

寄書

顧諸君 荷汀 盧[illegible]

青年諸君아 今日宇內大勢가 如何ᄒᆞ뇨 從目而觀察ᄒᆞ며 從耳而聽得ᄒᆞ야 入腦裡而硏看ᄒᆞ라 國際間엔 强權과 約으로 相待ᄒᆞ며 此外엔 砲兵과 刃으로 相觀ᄒᆞ[illegible] 이 東洋形勢上으로 觀察ᄒᆞ면 大小進否는 懸殊ᄒᆞ나 兩者는 春秋雲月이며 後者는 楚漢風烟과 恰似ᄒᆞ야 遂日[illegible]이 可謂英雄의 謀猷를 供給ᄒᆞ며 烈士의 夢魂을 惹起ᄒᆞ는 霜寒秋日이라 ᄒᆞᆯ지로다

況隣接國權과 塡塞民情이 極點에 到達ᄒᆞᆫ 韓半島에 靑年[illegible] 勵精[illegible]ᄒᆞ라 吾人이 [illegible] 小數弱의 總積으로 母의 服界를 出世ᄒᆞᆫ 後 今日雄壯體積과 强健氣力이 成ᄒᆞᆫ 中間에 加大ᄒᆞᆫ 骨血筋肉을 從何而得가 俱是我韓動植諸物이 發分ᄒᆞ야 成立된지라 我韓肉地를 [illegible] 何忘韓邦아 檀聖韓邦아 臨御皇天이 吾民族을 [illegible] 愛ᄒᆞ사 [illegible] 此界에 [illegible] 特賜ᄒᆞ신 것을 與吾人이 未嘗[illegible] 扶勉進치 안코 相害相殺ᄒᆞᆷ은 不當ᄒᆞ니 [illegible] 愚昧者 汚穢者 懶惰者 放逐者 無智識 無能爲者 無氣力者 習慣이 晩來者等의 惡敵文明에 陰鬼며 進就에 毒菌된 人類가 [illegible] 滋殖홈으로 一般政界에 [illegible] ᄒᆞ야 操弄不久에 [illegible] 今日悲境을 [illegible] 俱是

我罪오 爾罪라 誰怨誰咎리오 青年아 各自猛省ᄒᆞᆯ지어다 此韓半島는 決非衰老人韓半島요 吾少年韓半島라 我韓主人公은 靑年이오 相當發達進하게 吾人들도 左記 人類社會에 一分子를 甘作ᄒᆞ며 昇沈興替ᄒᆞᄂᆞᆫ 것은 決코 勇斷을 [illegible] 古來[illegible] 傑과 方[illegible] 列强에 橫行ᄒᆞᆫ 政治軍略 [illegible] 家가 只是智識을 供給ᄒᆞ는 諸般學問의 力이 人과 合倂活動홈에 不過라는 決心을 彫刻ᄒᆞ고 諸般學問은 吾人으로 英雄을 養成ᄒᆞ는 甘液肥料인 줄노 알고 一聲響으로 一步進ᄒᆞ야 各各 [illegible] 鬼毒菌을 消滅撲殺ᄒᆞ는 赤荷毒藥이 되며 昏昏迷霧를 破滅撥捲ᄒᆞ는 電閃疾風이 되여 百折不回ᄒᆞᄂᆞᆫ 蓋世氣拔山力으로 進進不已ᄒᆞ면 成事多大ᄒᆞᆯ지라 靑年아 應聲者幾個靑年가 少年아 前醒者幾個少年가

●男女教育 三淸洞 全聖旭氏가 自己私邸에 [illegible] 校를 設始ᄒᆞ고 晝夜學課를 分定ᄒᆞ야 晝學에ᄂᆞᆫ 男子를 [illegible] 夜學에ᄂᆞᆫ 婦人을 敎授ᄒᆞ고 [illegible] 敎授ᄒᆞᆫ다더라

●日新請額 私立日新義塾長 金宗遠氏가 學部에 請願ᄒᆞ되 本校學員이 六十名이 熱心做學ᄒᆞ야 學有漸進之望이온바 徒以財政이 窘絀ᄒᆞ야 校舍를 尙未辦備ᄒᆞ야 [illegible] 多數學員이 已多ᄒᆞᆫ즉 困難而現値秋期之上學時ᄒᆞ야 更無依接處ᄒᆞ온바 伏望中龍洞 [illegible] 前種痘司家屋이 空閑이오니 特念教育之前進ᄒᆞ시와 [illegible] 特付本塾ᄒᆞ시와 [illegible] 多數[illegible] 無至渙散케 ᄒᆞ라ᄒᆞ얏더라

●平壤發成 平壤發成學校ᄂᆞᆫ 經費를 京鄕有志諸君의 義捐으로 支用ᄒᆞ던바 [illegible] 財政이 窘拙홈으로 [illegible] 校長 金[illegible]

●度氏가 四百五十圜價値되ᄂᆞᆫ 家舍를 捐助ᄒᆞ고 諸般經費를 一切 自擔ᄒᆞ야 卽今에 校況이 日盛ᄒᆞ니 金氏의 熱誠은 人皆稱頌ᄒᆞᆫ다더라

●是乃風說 去月二十三日 本報欄內에 仁川府 耶蘇敎徒가 支[illegible] 市에 [illegible] 地로 삼고 人民을 煽動ᄒᆞᆫ다ᄂᆞᆫ 것을 更히 該地方으로 從ᄒᆞ야 確實히 探ᄒᆞᆫ즉 全히 無根風說이더라

廣告

湊南草萊宰設郡請願書

更張以後에 [illegible] 賤人籍이나 無生業故로 屠獸爲業이 거날 慶南各郡에 旣爲革罷ᄒᆞᆫ 官奴驛隸가 渠矣設庖ᄒᆞ고 自營擅賣홈으로 宰設革等이 農商工部에 呼訴ᄒᆞ야 切嚴ᄒᆞᆫ 題旨內開에 官隸驛隸의 操縱庖肆ᄂᆞᆫ 寔係泥古謬習이니 宜卽痛禁ᄒᆞᆯ 事이라ᄒᆞ얏기 題旨를 本道에 到付ᄒᆞ야 各郡에 等訓ᄒᆞ야 官隸輩의 惡習을 痛禁ᄒᆞ얀 中인대 金海郡에서ᄂᆞᆫ 如前侵漁ᄒᆞ오나 此ᄂᆞᆫ 革罷ᄒᆞᆫ 官奴驛隸가 吏屬과 內應ᄒᆞᆫ 緣由라 上部令飭을 一向不遵ᄒᆞ고 侵漁新民ᄒᆞ니 不勝至冤故로 更爲呼訴ᄒᆞ깃ᄉᆞ 玆에 廣告홈

東萊宰設郡邸事務長 金承[illegible]

[illegible] 部府衛學監督國鉉ᄂᆞᆫ [illegible] 病院長 [illegible] ᄒᆞ얏기에 [illegible] 告

本人이 陰七月二十一日 初昏丁 [illegible] 百二十九號五分 斗藤條三千四百二十九號五分 [illegible] 을 秦華鑑任置ᄒᆞ고 受標而來라가 當夜見失故로 玆以廣告ᄒᆞ오니 誰某拾得ᄒᆞ야도 休紙施行홈

金炳[illegible] 告白

江東府 高泉面 [illegible] 麟淑

成川 了波 丁斗赫 告白

●刑法大全改正草案 全四卷 [illegible] 錢

●[illegible]語獨習 全 五十錢

●幼年必讀 上下 八十錢

[illegible] 發賣所 銅峴下 古今書海館

生命保險株式會社開設廣告

●敝社ᄂᆞᆫ 韓國及淸國에서 生命保險의 普及ᄒᆞ기 爲ᄒᆞ야 今番 京城小公洞(大觀亭側)에 開設ᄒᆞ얏ᄉᆞ오니 貴顯紳士ᄂᆞᆫ 生命保險 契約ᄒᆞ시기를 希望홈

敝社 資本金五拾萬圓

◀ 敝社의 特旨 ▶

●敝社ᄂᆞᆫ 被保險人이 如何ᄒᆞᆫ 職業에 從事ᄒᆞ야도 保險料를 增加치 아니ᄒᆞ고 保險金額도 不減ᄒᆞᄂᆞᆫ 故로 職業을 幾回變換ᄒᆞ야도 通告홈이 無홈

●敝社ᄂᆞᆫ 被保險人이 死亡之時에 其實을 確認ᄒᆞ면 葬儀前이라도 從速히 保險金을 出給홈

●韓國支社 所管내 關係ᄒᆞᄂᆞᆫ 者ᄂᆞᆫ 本社에서 保險金을 直接出給홈

韓國京城小公洞(大觀亭側)電話六五一

東洋生命保險株式會社韓國支社

敝店에서 理髮홀 머리를 多數買入ᄒᆞᆯ터이오니 遠方僉君子 速續持來ᄒᆞ시옵

南門內 鮭鹽 金永완 告白

◉夜學員募集廣告

本校에서 第三回 學員을 募集ᄒᆞ오니 願學人은 來議홈

開學日은 陽曆本月十一日

隆熙元年九月四日

西署奉常司 私立 贊文學校 白

本人이 京釜鐵道用地賠償金額 [illegible] 受ᄒᆞ올거시 不少ᄒᆞ온ᄃᆡ 去月에 不知何許四五人이 本義邑에 留ᄒᆞ고 地段價를 出給云이오나 [illegible] 不知ᄒᆞ와 [illegible] 領[illegible] 陰七月二[illegible]日에 [illegible] 次來到ᄒᆞ야 [illegible] 云以德坪商[illegible] 段價ᄒᆞ고 一千 百三十一圜 [illegible] 五夕 을 出給于李恒[illegible] 該受李恒[illegible] 領收標ᄒᆞ고 仍去云ᄒᆞ온 故로 本人地段[illegible] 領受ᄒᆞ오ᄆᆡ 往金義邑 [illegible] 次[illegible] 遂未得 對質故로 廣告ᄒᆞ오며 本人地段價ᄂᆞᆫ 不顧受矣리니 本人地段價 條ᄂᆞᆫ 還爲推去을 申呈홈

金義德坪商堂里 金甲能 告白

이 쇼셜은 순국문으로 미우 주미잇게 만드러 일반 국민의 익국스샹을 비양ᄒᆞ는 칙이오니 익국ᄒᆞ는 유지ᄒᆞᆫ 남ᄌᆞ와 부인은 만히들 사셔 보시오

라란부인젼

근셰 뎨일 애국 부인 라란부인 젼

정가금 십오젼

신화 오젼

◎發賣所◎ 南署 石井洞 大韓每日申報社 / 布屛下 廣學書舖 / 仁川 峴 開新冊肆

漢城西署松橋新作路 四十三統二戶

辯護士 玉東奎

辯護士 許憲

合同法律事務所

北署順化坊司宰監上牌契壯洞 十三統八戶 草家九間半 家券을 月二十日 逐賊中에 失故로 玆以廣告ᄒᆞ니 勿論內外國人拾得ᄒᆞ야도 休紙行홈

金[illegible]洪 告白

本人이 南門外 蓮洞 朴[illegible] 許 時日 排次 二十八號 五千兩 於音 一丈을 서失ᄒᆞ얏슴기 玆以廣告ᄒᆞ오니 內外國人間에 拾得ᄒᆞ더ᄅᆡ도 休紙施行홈

李[illegible] 告白

本院에서 曾往ᄒᆞᄂᆞᆫ 中學科와 英語만 敎授ᄒᆞ더니 今學期부터ᄂᆞᆫ 日語를 增授ᄒᆞ야 英語에 中學科를 兼授ᄒᆞᄂᆞᆫ 科ᄂᆞᆫ 英文學科라 稱ᄒᆞ고 日語에 中學科를 兼授ᄒᆞᄂᆞᆫ 科ᄂᆞᆫ 日文學科라 稱ᄒᆞ니 願學靑年은 隨意來學ᄒᆞ오

學科及學年의 分排ᄂᆞᆫ 如左

科程	第一學年	第二學年	第三學年	第四學年
修身	人倫道德口授	上同	同上	倫理學
聖經	新約全書講義	上同	舊約全書 敎會歷史	舊約全書 敎會歷史
國語	國文大要			
漢文	古文	經書摘抄		
外國語	日語英語隨意	上同	同上	同
歷史	本國史	萬國史		
地理	本國地理	萬國地理	地文法	天文大要
數學	筭術	上同	代數幾何	幾何三角
理科	博物	生理	物理	化學
法制經濟			法學	經濟學
商業及簿記				簿記
圖畫	自在畫	用器畫		
體操	普通兵式	上同	同上	同

私立 青年學院長 柳一宣

南大門內尙洞

瑞士建國誌

◉定價 金 新貨十五錢

此冊은 政治小說이니 志士의 救國救民ᄒᆞ는 思想과 人民의 愛國心을 從成하는데 緊要ᄒᆞᆫ 冊子오

發賣所

▲大韓每日申報社

▲仁川港 大韓[illegible]口 [illegible]文店

▲中署 布屛門下 [illegible]

▲平壤 城內 烈女洞 教育書舘

▲銅峴下 古今書海舘

[illegible] 義捐金 [illegible]

[illegible] 八月二十日取入國債報償金廣告逐號明細錄中에第一五〇四号定산郡木面彌勒里尹氏門中一百圓이漏落되엿기八月中本社取入總額에編入홈

◎國債報償義捐金

八月中本社取入總額

每日逐号明細錄

隆九月三日

第一五二一号長湍郡中西面[illegible] 순리朴氏宗中 五圓

第一五二二[illegible]郡古東面[illegible] 金九圓五拾錢

[illegible] 六圓六拾錢

[illegible] 一圓拾錢

[illegible]

◎[illegible]義捐[illegible]

[illegible]二圓 [illegible]

徐[illegible] 리乙龍 김씨宗

鄭完夏 [illegible] 張甲童

沈相顯 [illegible] 張[illegible]衛

林[illegible] [illegible] 김[illegible]

只六十錢 [illegible] 四十錢

合拾六圓六拾錢

◎長湍中西面[illegible]羅산면朴氏宗中

朴來[illegible] [illegible] 朴用[illegible]

朴[illegible] [illegible]

朴敎[illegible] 朴敎[illegible] 박[illegible]

[illegible] 朴[illegible]

合[illegible]

◎長湍郡古東面[illegible]

尹[illegible] [illegible]

[illegible]

合拾九圓[illegible]十錢

總合四十九圓[illegible]

[illegible]總合[illegible]

[illegible]四圓[illegible]

[illegible] 一圓

[illegible]合[illegible]

[illegible]三萬三千三百圓은[illegible]

廣告

大東[illegible]

[illegible]

郡[illegible]

이약은대미국사룸방보미[illegible]지은것이니세상사룸들이[illegible]약ᄒᆞ야[illegible]약을[illegible]
다년[illegible]심으로궁구ᄒᆞ고[illegible]야이약을신발명ᄒᆞᆫ것인대효으이신[illegible]ᄒᆞ야셰계각국서이약[illegible]로[illegible]본자ㅣ적지아니ᄒᆞᆫ고로본인노우리동포를위ᄒᆞ야미국방보회사와계약ᄒᆞ고이약[illegible]니다가동포의소청을공급[illegible]

효력 이약쓰는대는 부족증 치질병 ᄭᅳ지못ᄒᆞᄂᆞᆫ병 [illegible] 허한증 [illegible] 적병 [illegible] 부족 허약ᄒᆞᆫ대와 [illegible] 증[illegible] 오좀소[illegible] [illegible] [illegible] [illegible]

대매 상환 [illegible] 일환오십전

발매소 경성남대문안 박문서관 상동교당압

本館에서敎育界에便利ᄒᆞ기爲ᄒᆞ야新[illegible]各種紙[illegible]과[illegible]八月一日부터定價대로大[illegible]ᄒᆞ오니有志[illegible]

李[illegible] 告白

◎[illegible]大[illegible]

[illegible]

元山 [illegible]

春城[illegible] 金[illegible] 告白

本人이陰六月二十[illegible]日[illegible]

[illegible]一百二[illegible]六

[illegible]

金[illegible] 告白

越南亡國史 國漢文

定價貳拾錢

[illegible] 京城[illegible]

[illegible]

[illegible] 김[illegible] 告白

[illegible]

美國金[illegible]

[illegible]

라나이다

仁川港[illegible]

원산과성진[illegible]에서본인[illegible]

소(肥牛)들만이[illegible]

눈재[illegible]다수[illegible]팔너오시요

최봉[illegible] 고뵈

[illegible]

第五卷

大韓每日申報

第六百六號

月曜及慶節臨時休日發行

檀君開國四千二百四十年
箕子元年三千二十九年
大韓開國五百十六年
日本明治四十年
淸國光緖三十三年
陰曆丁未七月大廿九日戊午

寄書

◉蜜啞子問答

去春에蜜啞子劉元杓氏가水原地에往ᄒᆞ야農事試驗場을觀光ᄒᆞ고回路에舊日所親知一人을訪見ᄒᆞ고促膝對坐ᄒᆞ여阻懷를敍ᄒᆞ며情話를相照하더니適其時少年一人이册籠一隻을持來ᄒᆞ여主人之前에서披開ᄒᆞᄂᆞᆫ대主人이滿面喜色으로各樣册子를占檢ᄒᆞᄂᆞᆫ지라蜜啞子가在傍觀之則該册子ᄂᆞᆫ四書三經과唐詩品彙와詩學全書와史略[illegible]古文眞寶와通鑑史略等等也라蜜啞子ㅣ愕然이問於主人曰此等册子ᄂᆞᆫ用諸何處乎아主人曰我家門內에靑年子弟이多故ᄒᆞᆫ則不可不工夫ᄒᆞᆯ시이것가로不惜重價ᄒᆞ고貿來ᄒᆞ엿노라

蜜啞子ㅣ不勝驚塞ᄒᆞ여兩眼에淚珠가滂々ᄒᆞ며曰ᄒᆞ되去甲午年에日本全權公使大鳥圭介氏가我[illegible]에來駐ᄒᆞᆫ時에我國當局[illegible]兩氏를對ᄒᆞ야言ᄒᆞ기를今에貴國에駐箚ᄒᆞᆫ지數月에貴國政府程度와民俗程度를見ᄒᆞᆫ則五百年宗國이萬無其理ᄒᆞ여疑訝未定이더니日前에貴國에所用ᄒᆞᄂᆞᆫ大全通編이란冊子를閱覽ᄒᆞᆫ則五百年享國ᄒᆞᆫ原因이果在於此邪라ᄒᆞ엿다더니但傳聞이亦以我國之若此微弱으로將至滅亡之境ᄒᆞᆫ由를爲覺者久矣而未得이러니今見大監行爲則始得其根因이로ᄂᆞ이라今以大監行爲言之하면無心性無思想無精神無耳目이라ᄒᆞ여도果非誣言이올시다大抵我國頑數의染化가原來精神章甫와老士宿儒의先次履行之影響이온대今日大監의習性行爲를보온則我國風敎의來頭影響은無復餘地로소이다主人이亦愕然問曰此册子가卽非天主學册子也오又非佛經等册子也어날君言이何爲而至此語乎아

蜜啞子尤爲聽塞ᄒᆞ야復不一言而出門歸來ᄒᆞᆯ시仰天歎曰悠々蒼天아我國이休矣로다悠々蒼天아我國이滅矣로다ᄒᆞ며伏地祝天曰我國　列聖祖在天之靈이　上帝께請願ᄒᆞ옵서我國上下社會에此等人類의心性習을換易改良케ᄒᆞ여주옵소서ᄒᆞ면셔拜祝不已하더니少年一人이喘息而來ᄒᆞ야言曰우리祖父께셔先生을挽住請回ᄒᆞ옵내다蜜啞子不得已隨其少年而還入其家則主人이改容謝曰與君相離十餘年에今始逢晤而爲可說此敍懷談情矣러니忽見該册子而如此擧措가是何委折耶아願聞其詳ᄒᆞ노라

蜜啞子答曰現今世界萬國에所謂有志人士가各自以自强保存之思想으로改良其政治法律文學工藝ᄒᆞ며改良其風俗産業農商及食物百般事ᄒᆞ야欲圖富强之術者ㅣ莫非革舊維新ᄒᆞ야以趣文明之域者也라故로今日我國之上下人士之於一般社會가亦[illegible]다大監은我國上等社會에風敎主權者是子孫敎育方法을何若是頑惡之甚耶오非但大監門內子孫之前途不幸이라全國人種의自滅之張本이오니豈不痛惜哉아一言而蔽之ᄒᆞ고近日新聞紙와月報雜誌等書를閱覽치아니시닛가主人曰所謂新聞紙와月報라ᄒᆞᄂᆞᆫ거시原來諺文眞書를雜用ᄒᆞ얏슨則文法과文格이賤陋ᄒᆞ여점자ᄂᆞᆫ소롬이볼것시아니기로初不相關하엿노라

蜜啞子ㅣ曰不在多言ᄒᆞ옵고今日我國之百度改良之中에最急先務로改良ᄒᆞᆯ거시上等人類의心情을改良ᄒᆞᆯ거시외다主人이默思半晌타가卒然問曰然則彼將年齡을可敎何樣書册乎아

蜜啞子ㅣ答曰目今京鄕各處에小學中學大學校가無處不有ᄒᆞ고各樣敎科書와各樣實地試驗科가無物不備ᄒᆞ니靑年諸生은派送각處ᄒᆞ야隨科就學케하려니와大監과相親ᄒᆞ신宿德重望의頭腦네도心性改良ᄒᆞᆯ敎科書가有ᄒᆞ오니여러분이結社聚會ᄒᆞ여速成科로

彼淸國哲學博士梁啓超의著述ᄒᆞᆫ飮氷室文集十八冊을買心熟覽ᄒᆞ야擴悉其義則天下形勢와國治方略과人道就緖의大方針이自然開生ᄒᆞ여若此히危弱ᄒᆞᆫ亡ᄒᆞᆫ國勢라도自是挽回之事業由리니然則國家之興亡과民族之存滅이專在於大監네心性之改良與不改良而已오否乎아若能改良其頑固心性則文學이亦從此而自臻改良之域이오

각其浮華虛文하이自臻改良則國내自然가各自革從制而莫不隨分隨改ᄒᆞ야國勢가自振ᄒᆞ고民力이自强者ᄂᆞᆫ不待智者而知也오且以心性改良之非難으로言之라도不過國내宿德章甫네가各其自心을自改自良ᄒᆞ야自主自專者也오乃非他人之指導干涉이며且非借得於別人之能力權利者也니有何爲難이며有何拘礙이완대若是一直頑忍而誓不改良ᄒᆞ야坐觀自國之自亡無餘者ㅣ亦抑何心性乎잇가此可謂不爲也언정非不能也니若此非難之事를何故不爲而國步亡民擧滅ᄒᆞᆫ대大監네自心에도必不無遺憾이오며天下後世之公筆公論에도我國章甫頑儒를將謂何等人種之評騭哉잇가人之[illegible]에ᄂᆞᆫ木이回生散이第一靈藥이오國之衰頹滅亡에ᄂᆞᆫ飮氷室文集이第一靈藥이오니苦口之藥과逆耳之言이利於病利於行者ᄂᆞᆫ大監ᄭᅴ서洞悉矣시리니부대此冊을買覽ᄒᆞ옵소서ᄒᆞ고作爲歸宿之地이더라

官報

◉第三千八百六十二號

隆熙元年九月四日

敍任及辭令

補軍部附　正尉趙東完
　正尉金泰元
補近衛步兵大隊附　正尉리殷相
補近衛步兵中隊附
命承寧府總管　從二品朴齊斌
　平理院裁判長[illegible]
命承寧府侍從長　從二品尹[illegible]榮
命皇后宮大夫　侍從院侍從朴貞相
依願免本官　侍從院侍從리[illegible]在
任經理院技師　正三品尹適求　仝 리[illegible]九
　六品洪運丕　六品尹範植
任承寧府侍從　正三品方成求
任皇后宮大夫
　六品趙重國　正三品金瓚鎭
任侍從院侍從

任軍部軍務局장　陸軍參將趙[illegible]
任軍部經理局장　陸軍司計監李康夏
任陸軍參將　李[illegible]
經理院技師　鄭[illegible]琦
仝　金鍾協
仝　金[illegible]善
仝　崔炳日
仝　金重鎬
仝　[illegible]昌
仝　張[illegible]
仝　閔[illegible]
仝　李光默
仝　李圭璜
仝　朴[illegible]
仝　劉[illegible]烈
仝　李應若
主殿院[illegible]務課技師　申[illegible]游
仝　최周泳
仝　정일永
仝　[illegible]
仝　田[illegible]圭
仝　趙[illegible]
經理院技手　孔[illegible]
仝　宋琦相
仝　金[illegible]鎬
主殿院[illegible]務課書記郞　金德[illegible]
仝　[illegible]
並解任　[illegible]

[illegible]

宮廷錄事

◉宮內　隆熙元年九月四日

詔曰洪陵展謁後當親祭祭文親撰以下矣

本月四日에承寧府總管李[illegible]完과[illegible]尹澤榮의게親任式을行ᄒᆞᆫ事

◉敍任

[illegible]尹澤榮

陞正一品上輔國

◉第三千八百六十三號

隆熙元年九月五日

◉敍任及辭令

宮內府大臣官房主事劉[illegible]

外報

◉平和會議閉會　海牙來電을據ᄒᆞᆫ즉[illegible]會議ᄂᆞᆫ九月二十一日에閉會[illegible]라고決議ᄒᆞᆫ同日[illegible]

◉防穀撤廢　北京電報를據ᄒᆞᆫ즉淸國外部에서關東州防穀令을撤廢ᄒᆞ기로內決ᄒᆞ얏다더라

◉德皇出遊　[illegible]德國皇帝께서新[illegible]로명일에서傳送ᄒᆞᄂᆞᆫ대[illegible]

◉[illegible]　[illegible]ᄒᆞ다더라

◉[illegible]

◉韓國司法制度　伊藤統監이韓國司法制度에關ᄒᆞ야[illegible]

◉[illegible]　[illegible]政府에서[illegible]北京에서交涉[illegible]

雜報

◉追封王爵 故興宣大院君은大院王으로追封ᄒᆞᄂᆞᆫ것이可ᄒᆞᆫ줄노上疏ᄒᆞ엿더니內閣諸大臣과特原任議政이協議 上奏ᄒᆞ야裁下되얏더라

◉封君處分 리준鎔氏ᄂᆞᆫ將次封君ᄒᆞ라신 處分을下ᄒᆞ옵신다더라

◉答禮大使差遣 大韓 皇帝卽位式에日本大使가參列ᄒᆞᆷ에對ᄒᆞ야答禮大使로侍從院卿閔丙奭씨로日本에差遣ᄒᆞᆯ議가有ᄒᆞᆫ대宮內府에서統監府로照會ᄒᆞ야日本帝室에差遣ᄒᆞᆯ事를照會ᄒᆞ얏스나아직回答이無ᄒᆞ다더라

◉內閣議案 再昨日下午二時에總理大臣以下各部大臣이內閣에會同ᄒᆞ야多少議案을提議ᄒᆞᆫ後에學部大臣[illegible]氏가[illegible]ᄒᆞ얏다더라

◉總理訪問 總理大臣李完用氏ᄂᆞᆫ何等緊要ᄒᆞᆫ事件인지再昨日上午十二時에日本統監官舍에訪問ᄒᆞ얏다더라

◉三殿[illegible] 昨日上午十時頃에[illegible]殿에서 皇太子殿下께서[illegible] 行ᄒᆞ얏다더라

◉[illegible] [illegible]部에서[illegible]

[illegible]

…얏ᄂᆞᆫ대其案件을得聞ᄒᆞᆫ즉金弘集與鄭秉夏[illegible]上奏伸冤ᄒᆞ기로決議ᄒᆞ얏다더라

◉郡主試取 忠南觀察使梁在翼氏가管下各郡主事를二三人式을本道로招集ᄒᆞ야試取後에文筆이不足ᄒᆞᆫ者ᄂᆞᆫ一齊免官ᄒᆞ얏다더라

◉十八人被選 今番解隊領尉官中에진流氏等十八人을日本軍隊에見學生으로被選이되얏다더라

◉參領奏請議 昨日內部에서郡守十人窠送不許을修正ᄒᆞ야內閣에提議ᄒᆞ얏다더라

◉五郡奏免 龍宮郡守김炳燮 海[illegible]郡守李[illegible] 平康郡守金[illegible] 潤[illegible]郡守張應根 咸北觀察道參與官[illegible]瑞圭諸氏ᄂᆞᆫ其請願을依ᄒᆞ야內部에서 上奏依免ᄒᆞ얏다더라

◉校長發任 官立漢城[illegible]學校敎官[illegible]氏ᄂᆞᆫ該校代辦校長之任을[illegible]ᄒᆞ엿더라

◉郡守漏聞 再昨日內部에서郡守數十窠를奏本ᄒᆞ얏다ᄂᆞᆫ대[illegible]郡守記錄中리鶴來元大圭趙[illegible]氏가被任ᄒᆞ얏ᄂᆞᆫ데[illegible]郡守[illegible]

◉[illegible]庭護 [illegible]殿院[illegible]務官[illegible]

[illegible]

◉博士考選 學部에서將次博文士로博士를考選ᄒᆞᆯ터인대該部大臣이此間에를廣告ᄒᆞᆫ後에各觀察使에게指飭ᄒᆞ야[illegible]을都聚上送케ᄒᆞᆫ다더라

◉日費見習 度支部에서稅務見習生三十名을將次試取ᄒᆞᆯ터인대見習生의日費ᄂᆞᆫ每日二十錢式支撥ᄒᆞᆫ다더라

◉通辭作擘 三和港兵站所通辭金昌祖ᄂᆞᆫ再昨年新條約時에該民이鬱憤ᄒᆞ여國事를痛論ᄒᆞᆫ것을探聞ᄒᆞ여兵站所에告發ᄒᆞ더니今番七條約時에細々히偵探ᄒᆞ여兵站所에告發ᄒᆞ고甚至於虛言妄說로誣告ᄒᆞᆫ故로各社會人民과各學校生徒들이放心安過치못ᄒᆞᆫ다더라

◉軍物輸去 咸鏡南道에所在ᄒᆞᆫ軍物은自日本軍隊로沒數輸去ᄒᆞ얏다고該道觀察使가內部로電報ᄒᆞ얏다더라

◉燒不殘滅 呂州郡에日兵所過處村閭ᄂᆞᆫ沒數焚燒ᄒᆞ얏다고京畿觀察使가內部로報告ᄒᆞ얏더라

◉荒地認許 農商工部에서各地方陳荒地開墾事에對ᄒᆞ야依[illegible]認許ᄒᆞ거니와本月十五日爲始ᄒᆞ야ᄂᆞᆫ日本人一名을囑托ᄒᆞ야認許與否에干涉케ᄒᆞᆫ다더라

◉杏亭餘禍 高陽一山停車場近處에居ᄒᆞᄂᆞᆫ日人[illegible]名이金浦銀杏亭近邊에來到ᄒᆞ야該地居人과閑爲釣魚ᄒᆞᄂᆞᆫ대韓人이日人을對ᄒᆞ야有何失言이던지日人이銀杏亭一村을衝火ᄒᆞ고女[illegible]ᄒᆞ다더라

[illegible]慘酷 砥平郡守리[illegible] [illegible]祖[illegible]가日兵이該所居[illegible]에到ᄒᆞ야衝火ᄒᆞ민家[illegible]산ᄒᆞ야幾日만에日兵이過去ᄒᆞᆫ도ᄒᆞ고下산ᄒᆞ야往ᄒᆞᆫ該村ᄒᆞᆫ되日兵이該民을逢着ᄒᆞ야[illegible]居燒火之中에投擲ᄒᆞ야白骨[illegible]

◉[illegible]詳 [illegible]郡에서日前에[illegible]日兵이[illegible]互相交戰ᄒᆞ얏다ᄂᆞᆫ대[illegible]敗ᄂᆞᆫ始未詳知라더라

◉義州暴雨 西來人의傳說을據ᄒᆞᆫ즉義州郡에셔去月十八日上午三時頃으로九時ᄭᆞ지猝地暴雨가驟注ᄒᆞ야人民溺死와家屋渋沙가多數ᄒᆞ다더라

◉楊倅被捉 再昨日에楊州郡守洪泰潤氏ᄂᆞᆫ무삼[illegible]端이有ᄒᆞᆫ던지警視廳에被捉이되얏ᄂᆞᆫ대該氏家에一切書類를一々搜索而去ᄒᆞ얏다더라

◉倡譜被捉 安[illegible]來人의傳說을得聞ᄒᆞᆫ즉前日[illegible]在ᄒᆞᆫ韓人의平服을換着ᄒᆞ고邑底에巡行ᄒᆞ야人民의尋常ᄒᆞᆫ私語者를任意捉去ᄒᆞ야困[illegible]이莫甚ᄒᆞ다더라

◉紙面因說

▲三和港에서[illegible]月二十五日[illegible] 太皇帝陛下讓位[illegible]學校가大韓[illegible]로三和府尹의게[illegible]府尹의[illegible]이[illegible]ᄒᆞ고禁止ᄒᆞᆫ[illegible]故에셔ᄂᆞᆫ[illegible]府社[illegible]會長과學校敎師[illegible]로各學校生徒[illegible]故[illegible]

[illegible]

石동[illegible]敎師와生徒一八과耶蘇敎人을捉囚ᄒᆞ고學校敎師를招致ᄒᆞ야詰問ᄒᆞ엿다ᄒᆞ고

▲同夜에日兵과日巡查가擔銃ᄒᆞ고碑石동學校後에埋伏ᄒᆞ고射擊ᄒᆞᆯ듯ᄒᆞ게ᄒᆞ얏고

▲龍井동耶蘇敎會堂에서ᄂᆞᆫ懸燈도不擧케ᄒᆞ고聽祝人도禁ᄒᆞᆫ데日兵과巡檢이擔銃ᄒᆞ고와서會堂窓戶三介을破碎而去ᄒᆞ얏다더라

▲義兵情形▼

▲四日午後[illegible]水原[illegible]을據ᄒᆞᆫ즉義兵이[illegible]面再下里을根據地로삼고六日에ᄂᆞᆫ烏井里와三[illegible]地[illegible]村落에서金[illegible]과[illegible]을計劃이라ᄒᆞ고

▲同郡南北四十里前爲에約三拾名義兵이宿泊ᄒᆞ고安城方面으로向ᄒᆞ엿고[illegible]東十里[illegible]에ᄯᅩ三四十名이宿泊ᄒᆞ고竹산으로向ᄒᆞ엿고

▲三日에三十名義兵은安城北方縣內面에來着ᄒᆞ야一進會員二名을殺害ᄒᆞ엿고

▲鷄[illegible]地方은義兵에[illegible]이오[illegible]場에ᄂᆞᆫ數百名이入據ᄒᆞ야[illegible]ᄒᆞ고夜間에ᄂᆞᆫ來往ᄒᆞ야掠奪ᄒᆞᆫ다ᄒᆞ엿고

[illegible]

▲二日午後三時에義兵은[illegible]陽[illegible]을襲ᄒᆞ고日人家屋을放火ᄒᆞ엿고日巡查ᄂᆞᆫ一邊防戰ᄒᆞ면서日人을領率ᄒᆞ고避亂ᄒᆞ엿고

▲尙州奉化附近에一般義兵이蜂起ᄒᆞᆫ貌樣이라ᄒᆞ엿고

▲鎭川에ᄂᆞᆫ去三日午後에數百名義兵이來襲하야翌日午前ᄭᆞ지同地에在ᄒᆞ엿고

▲去三日密陽倉을據ᄒᆞᆫ즉當地에義兵이襲來ᄒᆞᆯ貌樣이有하야形勢가不穩ᄒᆞ고人心이흉々ᄒᆞᆫ데本日午後韓人側에서徵發ᄒᆞᆫ軍器彈藥에火藥이七百八拾斤이오유彈이二捆이오火繩銃이三百挺이오鉛九拾本等을釜산方面으로送付ᄒᆞᆫ것이到着ᄒᆞ얏다ᄒᆞ고當夜에危險이甚ᄒᆞᆷ으로日本居留民全部ᄂᆞᆫ釜산으로引揚ᄒᆞ얏다더라

東京電報

◉經營費의協贊 九月四日發 韓國經營費에就ᄒᆞ야貴族院에서反對ᄒᆞᄂᆞᆫ說이有ᄒᆞ나研究會와幸俱樂部와其他에서ᄂᆞᆫ五介年間에韓國財政整理를遂ᄒᆞ기를得ᄒᆞ기로協贊을不惜ᄒᆞᆫ다ᄂᆞᆫ議가多ᄒᆞ더라

◉間島守備兵 五日發 統監府에서間島守備兵으로一個大隊를[illegible]ᄒᆞ기爲ᄒᆞ야韓政府[illegible]에附屬ᄒᆞ게[illegible]ᄒᆞᄂᆞᆫ議[illegible]ᄒᆞ다더라

▲秋燈劍語

▲近日地方騷擾로因ᄒᆞ야[illegible]의傷害와家屋의被燒ᄒᆞᆷ이[illegible]然ᄒᆞ야無辜ᄒᆞ니[illegible]之類[illegible]哀哀韓民[illegible]非常之禍[illegible]冥然[illegible]

▲[illegible]

[illegible]

村[illegible]六佐伯關[illegible]郞大垣丈夫高橋章之助[illegible]對ᄒᆞ야曆日某紙에攻駁[illegible]ᄒᆞ엿나니今에該[illegible]에公判閣廷이有ᄒᆞ다니其是非曲直은自當發落ᄒᆞ려니와[illegible]社會界에서若是ᄒᆞᆷ이[illegible]美事ㅣ리오

▲各道各郡에在ᄒᆞᆫ財務顧問支部에經費四十圓式加撥ᄒᆞ기로度支部에서決定ᄒᆞ얏다니[illegible]政界에日々所聞은日人의官職敍任과日人의俸給增撥ᄒᆞᄂᆞᆫ事뿐이로다

▲驪州郡守[illegible]義兵[illegible]

[illegible]

本支社[illegible]安州[illegible]
[illegible]本社[illegible]君子는一[illegible]從支社[illegible]

本支社[illegible]朴致吉氏로定하얏사오니該附近木[illegible]從[illegible]三一從[illegible]求하시고代金도該氏의게送交하시옵

本支社員을鐵原邑棠洞[illegible]大氏로定하얏사오니該附近에서由報購覽하실君子는一從支社로請求하시고代金도該氏의게送交하시옵

雜報

●罪可知　洪西來內部[illegible]則其全文이如左하니[illegible]我大韓[illegible]此는誠可忍言哉[illegible]리오만은十三道中最不孝者는[illegible]

[illegible]之訴訟[illegible]理[illegible]者[illegible]之民이[illegible]非果如何[illegible]直을爲하야呼哭而歸者多하며與日人으로[illegible]相交하야多欽賭技하다가[illegible]本參酒十瓶을能飮無餘하고日人은[illegible]瓶을僅飮하여시니飮酒로는朴重陽이라말고李太白이라謂할지오每招倡優妓生等하야[illegible]短笛如倡優[illegible]

[illegible]六十비에[illegible]巨里라高低和[illegible]明하며[illegible]의行檢은[illegible]하면敎育振作과民智發達이大爲不難이라고隣郡人士가欽羨不已한다더라

●三和港牌石洞學徒鄭鎬仁은慶祝하다가巡査의게[illegible]當할時에巡檢崔在煥이와抗論하고港內에서痛哭하고遊行하엿더니其翌日에捉去하야笞刑을施하니港內諸民이皆曰幼兒學徒가如此히壯丁이라도難堪할笞刑을被하얏스니生存하기爲無하다고落淚者多하더라

[illegible]所聞에皆々嘆惜이오陰今月二十[illegible]太皇帝陛下聖誕日이라自官으로雖無知愚民等이나咸以今之誠으로滿城人民이國旗를高揚하고萬歲를呼에各學校敎師들도生徒를率하고正齊히委往觀察道하야欲爲敬祝하려[illegible]하더니觀察使朴重陽氏는[illegible]에坐하엿다가각학徒[illegible]親으로하면서稱病不接하여시니[illegible]分[illegible]我國[illegible]하노라

[illegible]更加熱心　城津府尹李[illegible]氏의敎育[illegible]은[illegible]에屢[illegible]府로派遣된漢北學校[illegible]生十六人中二人은有故退學[illegible]校도私設하고將次女學校도創立하기로更加熱心注意한다니[illegible]에如許한官吏를擇送하옵

平壤支社金[illegible]淵　告白

廣告

●學員募集廣告
本學校에서第二回男女學生을募集하오니入學코저하는人은陽九月十日내로來試함
本校科程
國漢文、英語、本國地誌、算術、博物、國語、修身、聖書、體操
本校에서預備와原班이有한바六歲로十五歲까지入학試驗을許하야年齡과학力에適當한班에入학케함
[illegible]
南大門[illegible]公玉小學校

本敎[illegible]部를多[illegible]于中署[illegible]坊[illegible]第二統六戶이오니愈君子는照亮하시옵

天道敎中央總部　告白

[illegible]報愛讀[illegible]君子[illegible]本報를平壤支社의서[illegible]代金을[illegible]領受証업시分傳人의게私[illegible]事가已有하시면自本月로至九月十日까지爲限하야[illegible]時에[illegible]에[illegible]無效에歸할줄노認知하시옵

●刑法大全改正　定價金四十錢
●日語獨習　五十錢
●幼年必讀上下　八十錢
發賣所　銅峴下古今書海館

南門內[illegible]金泳완　告白

本人이陰七月二十一日初昏丁과赫條二千四百二十九錢五分을泰華[illegible]任[illegible]하고受[illegible]而來라가當夜見失故玆以廣告하오니誰某拾得하와도休紙施行함
江東高泉面[illegible]
成川了波[illegible]　丁뢰혁　告白

이 쇼셜은 순국문으로 미우 자미잇게 문드러 일반 국민의 이국스샹을 비양하는 칙이오니 이국하는 유지한 남조와 부인은 만히들 사셔 보시오

전부　라란　디방
슈십일　[illegible]　에는
폐지
근세 부夫 너즁
데일 인人 영웅
명가금 정價 신화
수신 젼화 오젼

◎發賣所
南署大韓每日申報社
布屛下[illegible]書館
仁川[illegible]峴[illegible]
尙洞博文書館

漢城[illegible]作路
四十三統[illegible]戶
辯護士　玉東奎
辯護士　許憲
合同法律事務所

瑞士建國誌

◉定價金新貨十五錢
此冊은政治小說이니志士의救國救民하는思想과人民의愛國心을養成하는대緊要한冊子오
發賣所
▲大韓每日申報社
▲仁川港大韓每日申報支店
▲中署布屛門下金相萬冊肆
▲平壤城內烈女洞敎育書館
▲銅峴下古今書海館
▲[illegible]口郵便中央書館
▲鍾路大東書市
▲廣[illegible]來書館
▲尙洞博文書館

本院에서前往에는中學科에英語만敎授하엿더니今學期부터는日語를增授하야英語에中學科를兼授하는科는英文學科라稱하고日語에中學科를兼授하는科는日文學科라稱하니願學靑年은隨意入學하오
學科와學年의分排가如左

科程／學年	第一學年	第二學年	第三學年	第四學年
修身	人倫道德口授	上	同上	倫理學
聖經	新約全書講義	上	舊約全書 敎會歷史	舊約全書 敎會歷史
國語	國文大要			
漢文	古文	經書摘抄		
外國語	日語英語隨意	同上	同上	同上
歷史	本國史	萬國史		
地理	本國地理	萬國地理	地文學	天文大要
數學	算術	同上	代數幾何	幾何三角
理科	博物	生理	物理	化學
法制			法學	經濟學
商業				簿記
圖畫	自在畫	用器畫		
體操	普通兵式	同上	同上	同上

南大門內尙洞
私立青年學院長　柳一宣

邦補益樂水
이약은 대미국 사람 방보씨가 지은 것이[illegible] 세상 사람들이 [illegible] 약을 하야 배양[illegible] 다년 [illegible] 이신[illegible] 본인도 우[illegible] 방보씨와 계약[illegible]하고 이약슐을 [illegible]
효력　이약쓰는대는　부족증　외[illegible] 조지못하는 병　실음하는대　도한증　허한증　적병(속병)　천촉증　월오부족　허약한대의 연주창　증병후 오좀소리 설사 리질　성산못하는대　신긔부족　낙태한대
대병 삼환
쇼병 일환오십젼
발매소　경성남대문안 상동교당압 박문서관

◉增修無冤錄大全
[illegible]

越南亡國史　[illegible]譯
[illegible]
發行所[illegible]
布屛下金相萬　告白

正誤 本報第六百一號遞送費細錄部總合金五萬四千四百六拾圓五拾八錢九厘로六百二部總合金五萬四千四百六拾八圓五拾八錢九厘로六百三號總合金五萬四千七百〇六圓六十二錢四厘 正誤홈

國債報償義捐金

本社收入總額

續日遞付明細錄

九月四日

一五二四號 鴻山邑내秀谷 前參奉리定求 二圓

第二回

四日까지收入總額

一圓十錢

八月收入一千七百卅三圓六八錢五厘

自四月至七月收入總額 五萬二千九百八十一圓二十四錢九厘

合五萬四千七百五十八圓三錢四厘

鴻山邑내秀谷 前參奉리定求 二圓

總合五萬四千四百七拾五圓九十三錢四厘

總合五萬四千四百七拾七圓九十三錢四厘

◎本社廣告◎

國債報償金十一日間所捧集合計이五千萬圓의所捧總合五萬三千八百四拾一圓八拾七錢을總合所內銀行에貯置ᄒᆞ얏ᄂᆞᆫ바貯置額中二萬三千三百圓은國債報償志願總合所로移交홈

大東寄宿館

元山 港仁濟藥局後隣

春城書舖 金秉洽 告白

金在鍊 告白

최봉준 고빅

仁川港築港開新開

大成錢學校

이상산

좋은상

품으로

재조ᄒᆞ

야위싱

상에지

각유이

ᄒᆞ니우

문모인

ᄒᆞ고본

사애리

랍ᄒᆞ옵

대한매국연초회사

제물포지원연초회사

▲洋服(已成) 各種

▲洋靴各種 時標各種

▲上品雜貨·油類 油衣

▲房籍各種 刀子各種

▲花布各種 만자紙各種

▲비누각種 양담자각종

其他洋服附屬品具有

西署夜照峴 三街里二統洋屋廣北茂號商店

民事訴訟代理와刑事辯護

律師 事務員 安必

金光

第五卷 第六百七號

大韓每日申報

月曜及慶節 隆時日休刊

檀君開國四千二百四十年
箕子元年三千二十九年
大韓開國五百十六年
日本明治四十年
淸國光緖三十三年
陰曆丁未七月大三十日己未

論說

◎老媼解

九月五日上午拾點鐘에有一老媼가率一女僕ᄒᆞ고來訪本館ᄒᆞ야曰余人은慶尙南道晉州郡黑洞村居金姓女也라早年喪夫ᄒᆞ고中歲哭子而一縷殘喘이尙延不死ᄒᆞ야年今六十九라若有兩孫兒가在於膝下ᄒᆞ야相依爲命일식設置私塾ᄒᆞ고敎以文字ᄒᆞ니兩孫兒가頗聰明ᄒᆞ야繼其先生ᄒᆞ야受新聞紙讀之ᄒᆞ니本人이亦以接續ᄒᆞ야討論其意趣ᄒᆞᄂᆞᆫ대現今吾韓民族이陷於千層地獄ᄒᆞ야受外人之鉗制ᄒᆞ며被外人之剝割ᄒᆞ야諸般苦楚가罔有紀極ᄒᆞ되爲吾韓人者ᄂᆞᆫ皆飮恨含淚ᄒᆞ고不敢出一言發一聲하야以鳴其苦痛慘劇之情ᄒᆞ니是可謂生存之人命乎아貴社ᄂᆞᆫ[illegible]以外國紳士로特垂大慈大悲之念ᄒᆞ시와我大韓同胞의代表가되야伸我冤痛ᄒᆞ며喚醒我耳目ᄒᆞ야發明世界之公理ᄒᆞ며維持天下之公論ᄒᆞ시니貴報ᄂᆞᆫ卽我韓之一線生脈이라近今之時ᄒᆞ야若無貴報이런덜吾韓人民은耳도無ᄒᆞ며目도無ᄒᆞ며口도無ᄒᆞᆫ肉塊而已니雖被他人之噉食이나哀告ᄒᆞᆯ聲音亦不得聞ᄒᆞ얏슬지라

本人이雖是一個女子나[illegible]與[illegible]兒로讀論貴報ᄒᆞ면感激之深은不覺涕淚之滂沱이오爽快之[illegible]ᄂᆞᆫ殆若沉痾之去體라貴社[illegible]은與是我韓에無窮洪福을贊予ᄒᆞ시ᄂᆞᆫ活佛이오一般社員도必皆吾國의忠義之士이올지라是以로本人이擬欲一次來謁ᄒᆞ야表其感謝之忱이나ᄒᆞ니久矣로대或家務으로以ᄒᆞ며或身恙으로以ᄒᆞ야趑趄未遑ᄒᆞ얏더니今才得暇ᄒᆞ야不遠千里ᄒᆞ고訪問貴社ᄒᆞ야平日所蘊ᄒᆞᆫ區々敬意를仰布하노라ᄒᆞ더라

本記者ㅣ曰大韓은東土의文明古國이오一般民族이皆禮義成俗ᄒᆞᆫ優等人種이라探其風謠ᄒᆞ건대閭巷間婦女童稚가往往히特異ᄒᆞᆫ忠愛之情을發現ᄒᆞ니是孰使之然哉아蓋其天性之固有者라嗚呼大韓이其有望乎인저人民之愛國이如此ᄒᆞ고豈可終於衰滅耶아彼一箇老媼之心이卽全國同胞之心이니事不可誣也라噫彼政界上賣國六賊은[illegible]主人으로仇視本報가[illegible]或有之어니와所謂社會中同業界에도攻擊不遺가殆有餘地ᄂᆞᆫ抑何心腸고是可曰大韓人種耶아

官報

◎第三千八百六十三號
隆熙元年九月五日

◎敍任及辭令

宮내府書記官[illegible] 任[illegible]

兼任宮내府大臣官房外事課장 六品李[illegible]珪 全 [illegible]
全 吳[illegible]默 全 [illegible]
全 白萬甲 全 張仁[illegible]
全 劉時찬 全 閔肯鎬
全 李敏鎬 全 高義天
全 高[illegible] 全 黃潤[illegible]

任宮내府大臣官房書記郞
九品任冕淳 全 鄭寅煥

任宮내府大臣官房書記郞
六品張錫駿 全 韓義容
九品趙演默 全 趙[illegible]衍
全 朴[illegible]彬 全 金命圭

任制度局書記郞
六品金[illegible]永 全 金洛純
全 嚴允燮 全 洪日성

任侍從院[illegible]記郞

任奎章閣書記郞
六品金龍圭 全 [illegible]
九品정[illegible]鵬
全 [illegible]龍 全 [illegible]
全 柳[illegible] 全 金永[illegible]
全 李[illegible]鎬 八品康台鉉
六品郭[illegible]鉉 六品尹[illegible]善
全 李[illegible]秀 全 朴[illegible]
六品[illegible]弘烈 五品리寅斗
全 金[illegible] 全 張世[illegible]

任掌禮院書記郞
六品成圭[illegible] 全 리[illegible]紹
全 金[illegible]賢

任掌禮院掌樂課書記郞
六品[illegible]秉傑 全 金[illegible]

任宗簿司書記郞
九品[illegible]範九 全 리玩求

任[illegible]學司書記郞
六品方啓榮 全 沈永鎬
全 鄭光[illegible]

任太醫院書記郞
六品[illegible] 全 魏洪[illegible]
全 리[illegible]旭 九品高[illegible]中
全 [illegible]錫元 全 朴在淳
六品림[illegible]亨

任內藏司書記郞
六品[illegible] 全 [illegible]演
全 張[illegible]奎 全 徐[illegible]榮
全 朴[illegible]用 全 尹承秀
全 金宗[illegible] 全 [illegible]煥
全 安[illegible]定

任[illegible]院書記郞 九品[illegible]尙鎬

任經理院書記郞
六品리[illegible]永 九品리[illegible]榮

任奉常司書記郞
六品林冕植 九品朴鎭鉉
全 李圭夏

任開城郡分奉常司書記郞
九品李[illegible]周 全 金雄[illegible]

任咸鏡南道分奉常司書記郞
六品劉時혁 全 南重[illegible]

任典膳司書記郞
六品車顯[illegible] 全 任忠鎬

任尙方司書記郞
六品鄭沖永 全 李[illegible]增
全 韓[illegible]源

任主殿院書記郞
九品[illegible]性根 全 鄭寅[illegible]

任主殿院[illegible]務局書記郞
四品金[illegible]熙 六品張[illegible]介
全 李[illegible]善 九品申鉉周
六品趙[illegible]鎭 全 高永進
全 鄭秀穆

任主殿院[illegible]務課書記郞
六品劉海鎭 全 林炳[illegible]
全 金宇[illegible] 全 趙漢정
全 方敬壽

任營繕司書記郞

任太僕司書記郞
六品徐廷弼
六品崔[illegible]植 全 崔相宜
全 리完敎 全 朴斗和

任帝室會計審査局書記郞
六品金錫英 全 金[illegible]
九品朴[illegible]선

任西[illegible] [illegible]

宮內府大臣官房書記郞安商說
全 金[illegible]演
全 張[illegible]

兼任內廷司書記郞 [illegible]

◎第三千八百六十四號
隆熙元年九月六日

[illegible]

任[illegible]院校[illegible]
正尉吳진永 全 尹[illegible]鎬
副尉[illegible] 全 高[illegible]均
全 柳[illegible] 全 俞[illegible]
全 洪[illegible]正 全 李[illegible]
全 韓昌[illegible] 參尉朴用[illegible]

全 金[illegible] 全 金[illegible]
全 李[illegible] 全 [illegible]九
全 [illegible] 全 許[illegible]
全 金[illegible] 全 李承旭

命日本軍隊見學
[illegible]兵正領魚[illegible]
參領李[illegible]甲

[illegible]

外報

◎英露協商의內容 [illegible]

[illegible]

一西藏及阿富汗의[illegible]

[illegible]

雜報

[illegible]

十六人에死亡이[illegible]

이오虎列刺인저[illegible]

九十六人에死亡이八十[illegible]다더라

[illegible]

雜報

●內閣通牒 內閣에셔各府部院廳에通牒ᄒᆞ되陰八月二日丙時에 太皇帝七號時에宗親文武百官以公服中和殿權停例行禮ᄒᆞ고同日太時稱慶頌 詔陳賀時百官以公服中和殿權停例行禮ᄒᆞ고 皇后陳賀時百官仍以公服中和殿行禮ᄒᆞ고 皇太子陳賀時百官仍以公服咸寧殿權停例行禮ᄒᆞ라ᄒᆞ얏더라

●陞品議案 再昨日內閣會議에李垠鎔氏의特陞從一品案件을提議可決ᄒᆞ얏다더라

●兩시 陛見 再昨日下午三時頃에總理大臣李完用學部大臣李載崑兩씨가詣闕 陛見ᄒᆞ얏다더라

●臥而致之 內部次官木內氏가近日仕進치아니ᄒᆞᄂᆞᆫ故로該部에셔무合理ᄒᆞᆫ公文이有하면該시에게로公文을送ᄒᆞ야捺章ᄒᆞᆫ다더라

●統監[illegible] 伊藤統監은再昨日下午二時에目賀田長官과岡警視長과古谷國分兩秘書官과[illegible]記官等을統監府出張所에召集ᄒᆞ야統監府改良官制와改正에對ᄒᆞ야協議ᄒᆞ얏다더라

●兩大臣訪問 再昨日午前八時頃에[illegible]大臣李完用法部大臣[illegible]가統監府農務總長[illegible]私第에訪問ᄒᆞ얏다더라

●[illegible] 內部秘書課書記官[illegible]가[illegible]技師로陞任[illegible]

●[illegible]試驗 [illegible]學校에서幼年[illegible]一百[illegible]中에學徒募集[illegible]試取選擧ᄒᆞ얏다더라

●[illegible] 內部技師沈宜頌氏가參繕司長으로轉任ᄒᆞᆫ代에農商工部技師金東完시가被任ᄒᆞ엿다더라

●判事特別 內閣에셔奏判任官의陞六加資事에對ᄒᆞ야決議ᄒᆞ되實職이無ᄒᆞᆫ人은監造官이나郎廳이나叙任ᄒᆞᆫ기前에ᄂᆞᆫ別單中에不得入錄케ᄒᆞᆫ다더라

●朱遞尹任 軍部理事朱定均氏請願ᄒᆞᆫ代에陸軍法院理事尹益善氏가被任ᄒᆞᆫ다더라

●飭送物品 農商工部에셔咸南觀察使에게訓令ᄒᆞ고京城博覽會出品件을飛飭管下各郡ᄒᆞ야不日上送케ᄒᆞ라ᄒᆞ얏다더라

●宣諭旅費 內部에셔度支部에照會ᄒᆞ되宣諭使旅費一萬二千四百十三圜을不日支撥ᄒᆞ야斯速發程케ᄒᆞ라ᄒᆞ얏다더라

●醫院移接 大韓醫院은硏成學校로移接ᄒᆞᆫ다더라

●書類還推 日昨桂동李容圭氏家에日憲兵이來到ᄒᆞ야托有審査ᄒᆞ고一般書類를沒數搜去ᄒᆞ더니其翌日에李容圭氏家로還送ᄒᆞ되別無審査하니書類를還爲推去ᄒᆞ라ᄒᆞ얏다더라

●閔시放免 閔鳳植시의被捉ᄒᆞᆷ은昨報에揭載ᄒᆞ얏거니와更聞ᄒᆞᆫ則該시가初無實犯이기로卽爲放免ᄒᆞ얏다더라

●上京中止 경畿觀察使리圭桓씨가受由上京ᄒᆞ라고내部에報告ᄒᆞ얏더니姑無許題ᄒᆞ야上京치못ᄒᆞ얏다더라

●[illegible]人入京 近日에義兵과日兵이交戰ᄒᆞᄂᆞᆫ騷擾로以ᄒᆞ야扶[illegible]携幼ᄒᆞ고避亂入京者ㅣ絡繹不絶ᄒᆞᆫ다더라

●[illegible]兵火 [illegible]郡守申[illegible]完시가[illegible]部로報告ᄒᆞ되本月一日[illegible]時에義兵이自校宮後麓으로即來ᄒᆞ야將欲狙擊日兵之際에日兵이已知機微ᄒᆞ고自衛合後從此로應砲迎戰ᄒᆞ야兩陣交戰이幾近半時頃而莫[illegible]ᄒᆞᆫ地가便成一戰場이고及其義兵追去ᄒᆞᆫ後에日兵이大成殿을衝火ᄒᆞ야文宣王以下諸賢位牌가幷入灰燼이고大成殿東西廡가盡爲瓦礫인바不勝황々罔措ᄒᆞ야姑先離報ᄒᆞ고秋享이在邇에位牌를何以爲之由와享禮設行之節은惟伏侯政府處分이고郡守가不敢偃然在邑ᄒᆞ야方將離往覓廨計料라ᄒᆞ얏더라

●義日交戰 日昨에豊基郡에셔義兵四百餘名과日兵이交戰ᄒᆞ얏다고慶北觀察使李忠求시가內部에報告ᄒᆞ얏더라

●妓生日費 京城博覽會에셔人民이多數來觀ᄒᆞ기爲ᄒᆞ야該會內에演戲場을設置ᄒᆞ고妓生十人을雇傭ᄒᆞ야雜歌로跌宕ᄒᆞᄂᆞᆫ대妓生每名에日費ᄂᆞᆫ五圜式支給ᄒᆞᆫ다더라

●李시被捉說 從二品李範[illegible]시가警視廳에被捉ᄒᆞ얏다ᄂᆞᆫ說이有ᄒᆞ더라

●李시被捉 再昨日新門外月岩洞李浩應시家에日巡査가來到ᄒᆞ야該시父子를捉去ᄒᆞ얏더니其子ᄂᆞᆫ放還이되고其父ᄂᆞᆫ日軍司令部에被囚하얏다더라

●武官捉囚 今番解隊中武官學校習監李基[illegible] 尉官李世煥等四五人이日本軍司令部의捉囚를被하얏다더라

●罪囚放釋 平漢兩裁罪囚六犯外可放者ᄂᆞᆫ昨日에一齊히放釋ᄒᆞ얏다더라

●書記逃走 五[illegible]觀城[illegible]을被ᄒᆞᆫ期觀察府書記六名이斷髮을避ᄒᆞ야逃走ᄒᆞ얏다더라

●韓日分析 桑港韓人[illegible]ᄒᆞᆫ즉美國쓸러랏方에在ᄒᆞᆫ韓人이一百五六十名假量인대日本人과共히雜居ᄒᆞ기를不肯ᄒᆞᆫ故로韓人만一處에聚集ᄒᆞ야特別히韓人村을設立ᄒᆞ고勞動하ᄂᆞᆫ대[illegible]處로從來ᄒᆞᄂᆞᆫ韓人의數爻가日增ᄒᆞ고하시모도鐵道에在ᄒᆞᆫ韓人이言ᄒᆞ기를우리韓人의自由ᄒᆞᄂᆞᆫ것이有ᄒᆞ니怨讎갓흔日本人과暫時라도雜居ᄒᆞᄂᆞᆫ것은韓人의義務가아니라ᄒᆞ고數十圓車費를不惜ᄒᆞ고一齊히韓人村으로來集ᄒᆞᆫ다더라

●賛校情況 賛文學校에셔日間秋期開學ᄒᆞ기爲ᄒᆞ야有故ᄒᆞᆫ任員의代를選定ᄒᆞ엿ᄂᆞᆫ대校監은該校講師金汝楨시가代辦視務ᄒᆞ고會計ᄂᆞᆫ天一銀行事務員安晶玉시가視務ᄒᆞᆫ다ᄂᆞᆫ데財政이恒窘ᄒᆞᆷ으로諸任員이慨歎ᄒᆞᆫ다더라

●塾師熱心 咸興郡私塾敎師金鼎弼시가學究于本洞이凡十年間에該시의時務之熱心은殆非腐儒로同[illegible]而卒[illegible]과脫舊日ᄒᆞ야童蒙敎育之方이多倣學校之儀式이되不察資財之窘絀ᄒᆞ고諸般新學冊子을師料月給中으로購買ᄒᆞ야頒給諸生에聚首講習ᄒᆞ고且申報가逐日來到ᄒᆞ매晝則與諸生으로討論ᄒᆞ며夜則與鄕人閑話之席ᄒᆞ야以奇聞異說로讀而聽之ᄒᆞ매風俗이漸開ᄒᆞᆫ다고該郡人士가本社에寄函ᄒᆞ얏더라

●平壤慶祝 今番萬壽聖節에平壤서ᄂᆞᆫ家々히太極旗를高揭ᄒᆞ고其外萬國旗ᄂᆞᆫ[illegible]와如히盛設ᄒᆞ엿스며名處에셔ᄂᆞᆫ慶祝會를開ᄒᆞ고祝[illegible]ᄒᆞ며夜에ᄂᆞᆫ鍾路大街에[illegible]會同ᄒᆞ야萬歲를嵩呼ᄒᆞ며[illegible]徒ᄂᆞᆫ提燈行列로愛國歌를[illegible]ᄒᆞ며當夜太平世界를成ᄒᆞ엿[illegible]設觀察道에셔ᄂᆞᆫ依舊[illegible] [illegible]學徒가[illegible]祝式으로委進[illegible]觀察使[illegible]稱病不接ᄒᆞ얏다더라

●西師講道 明日日曜日午后[illegible]点에貞洞會堂에셔英國[illegible]名ᄒᆞᆫ傳道師[illegible]氏가講道ᄒᆞᄂᆞᆫ데[illegible]七趙元時々가翻譯ᄒᆞ고下午七点中에ᄂᆞᆫ牧師[illegible]炳憲氏가傳道ᄒᆞᄂᆞᆫ대問題ᄂᆞᆫ聖經工夫에效力이라더라

●日昌校況 郭山郡居金락汝박麟成兩氏의寄函을據ᄒᆞᆫ則該郡草下里居金昌淼씨가觀察時宜에注意敎育ᄒᆞ야專擔設校ᄒᆞ고熱心勸奬ᄒᆞ야前進之望이有ᄒᆞ더니不幸身故에校隨而廢ᄒᆞᆫ則人士之慨歎이深矣러니其季昌臺氏가遊學日本ᄒᆞ다가去年還第ᄒᆞᆫ지라其伯氏의志事를繼述成就코자ᄒᆞ야該校를日昌으로命名ᄒᆞ고盡心敎育ᄒᆞ미學徒가二十三名이오夜學徒가十八名에達하미該郡紳士가無不稱頌ᄒᆞᆫ다더라

●有志學案 平壤居金有鐸시가官海風波에無心ᄒᆞ고敎育殖産에有志ᄒᆞ야所帶軍部書記郞을請願辭免ᄒᆞ고飄然還鄕ᄒᆞᄂᆞᆫ대婦人及勞働者敎育에必要ᄒᆞᆫ敎課書와隆熙元年八月以後新刊되ᄂᆞᆫ書籍은特約發賣ᄒᆞ기로ᄒᆞᆫ다더라

●電信不通 義兵이漸次南下ᄒᆞᄂᆞᆫ傾向이有ᄒᆞ다더니果然電信을破壞ᄒᆞᆯ圖謀가有하야太邱忠州間에通信이杜絶ᄒᆞ얏고聞慶附近에混線된原因[illegible]現ᄒᆞ얏더라

●學校燒燬 聞慶北面大上里에道川學校ᄂᆞᆫ一[illegible]에서設立ᄒᆞ고日前漸[illegible]ᄒᆞ얏더니今番義兵亂離에燒燬ᄒᆞ얏다더라

[illegible]

◎地方消息

▲[illegible]午前十時頃太邱電을據ᄒᆞᆫ즉去一日午前三時에淸河郡에義兵約四十名이來襲ᄒᆞ야郡[illegible]火ᄒᆞ고巡檢一名을捕縛銃殺ᄒᆞ고竹長面으로退却ᄒᆞ엿고

▲丹陽郡守ᄂᆞᆫ去四日夜에忠州로避亂來到ᄒᆞ야報告ᄒᆞ되去三日丹陽郡南四十里德村에셔義兵四五十名이集合ᄒᆞ야榮川義魁部下數十名과韓兵二十餘名을加ᄒᆞ야目下數三百餘名에達ᄒᆞ얏ᄂᆞᆫ대丹陽을襲擊ᄒᆞᆫ다고聲言ᄒᆞ얏다ᄒᆞ얏고

▲奉化郡에韓兵과義兵百餘名이在ᄒᆞᆫ대日本軍隊와相鬪ᄒᆞ다가他處로退却ᄒᆞ얏고

▲安東郡에셔도太端히不穩ᄒᆞᆫ情態가有ᄒᆞ다ᄒᆞ며日本軍隊ᄂᆞᆫ六日에同方面으로向ᄒᆞᆫ다ᄒᆞ고利川에ᄂᆞᆫ日兵一小隊가尙今駐在ᄒᆞ얏다ᄒᆞ고

▲四日午後九時水原發電을據ᄒᆞᆫ즉楊州郡德智里에義兵은漸々增加ᄒᆞ야銃器二十柄을收取ᄒᆞ고一部ᄂᆞᆫ加平郡과江原道方面으로向往ᄒᆞ얏다ᄒᆞ고

▲振威郡守報告를據ᄒᆞᆫ즉去八月三十一日夜에義兵十六名이該郡北面[illegible]東泉洞에來到ᄒᆞ야同村에셔洋銃七挺을收去ᄒᆞ얏다더라

◎[illegible]貨千斤

▲[illegible]大[illegible]私邸에來賓이名刺[illegible]時에該[illegible]의命[illegible]李晉[illegible]가名刺[illegible]先受ᄒᆞ야可入者[illegible]可入者ᄂᆞᆫ[illegible]大臣이來賓[illegible]接見ᄒᆞᆫ時[illegible]錢을先者[illegible]名刺와[illegible]章을受ᄒᆞᆫ入[illegible]ᄒᆞ러니[illegible]圖章을受[illegible]有ᄒᆞᆫ거시니[illegible]

▲內部[illegible]로軍[illegible]倍로고府[illegible]鐵道漢判[illegible]入으로叙[illegible]日平壤[illegible]이狼藉ᄒᆞ더니現今調査局에셔被任ᄒᆞᆫ거슨軍用埋調査ᄒᆞᆫ功績인지

▲學部에셔博士를試取ᄒᆞᆫ대每年三拾名式試取ᄒᆞ더니今年에ᄂᆞᆫ五十名으로定數ᄒᆞ고初試ᄂᆞᆫ地方官이試驗하고再試ᄂᆞᆫ學部에셔施行ᄒᆞᆫ다ᄒᆞ니科擧가廢止以後로京鄕間詩日賦日客이恨歎不已ᄒᆞ더니博士會試에額數가增加ᄒᆞ야科擧가又生ᄒᆞ니學部大臣의事業은博士科나加設ᄒᆞᆷ뿐이로고

▲度支部에셔稅務講習生二十餘人을加募ᄒᆞᄂᆞᆫ데日語를通ᄒᆞᄂᆞᆫ人만試驗許入ᄒᆞᆫ다ᄒᆞ니稅務一款은有國大政인데外他事務ᄂᆞᆫ何如ᄒᆞ던지日語만能通ᄒᆞ면稅政이절노될는지

▲忠南觀察使梁在[illegible]씨가一般居民에게斷髮을實施코져ᄒᆞ야即時에[illegible]商店市商細巾商의製造機具를一々히收入ᄒᆞ엿다가民情이沸鬱ᄒᆞᆷ으로該機具를還爲出給ᄒᆞ고斷髮은中止ᄒᆞ엿다니此所謂三日公事로고

▲龍山等地에居留ᄒᆞᄂᆞᆫ[illegible]의民留地域을定界ᄒᆞᄂᆞᆫ데麻浦山으로부터孔德里를經ᄒᆞ야京城居留境界々지連接ᄒᆞ고西氷庫로漢江一帶에區域을定[illegible]ᄒᆞ니該地四五處에幅圓[illegible]야韓人家屋이稠密ᄒᆞᆫ대忽[illegible]에日人이佔據ᄒᆞ면韓人[illegible]移住ᄒᆞᆯ지墨西哥로[illegible]나되지

▲近日某輔國某判書[illegible]老大臣들은國勢가此境에至ᄒᆞ야도國家思想은半點도無ᄒᆞ고[illegible]安靜ᄒᆞᆯ[illegible]覺ᄒᆞ야[illegible]妾子나[illegible]全ᄒᆞ고[illegible]身[illegible]天ᄒᆞ니三千里疆土ᄂᆞᆫ[illegible]도宰相의安逸ᄒᆞᆫ一片[illegible]

◎廣告

[illegible]南城內[illegible]非洞金[illegible]近[illegible]失之[illegible]附近[illegible]從[illegible]子と一從[illegible]所에代金도讀[illegible]

本[illegible]定[illegible]本[illegible]中[illegible]從[illegible]請求[illegible]代金도[illegible]交

[illegible]本[illegible]定[illegible]오니該附近[illegible]申[illegible]子と一從[illegible]社로請求[illegible]시고代金도[illegible]의게[illegible]送交[illegible]시옵

雜俎

◎歐美國實業家로一씨傳

東京留學生　述

實業家成功[illegible]多[illegible]中에도出身於貧賤[illegible]千辛萬苦의困地[illegible]境[illegible]能成ㅎ로一씨의經歷은實로吾人의게[illegible]大[illegible]敎訓을與[illegible]도다[illegible]勇이여氏의[illegible]品性[illegible]多[illegible]吾人의[illegible]事業[illegible]외品性[illegible]實로氏의奮鬪와씨[illegible]의堅忍에在ㅎ이라

嗚呼[illegible]魔戱오造化と無[illegible]不料之天災가使[illegible]半途而歸於爲有[illegible]孔孟之聖도[illegible]於失敗之列이고多以沒常識者로待之[illegible]一起一蹶에面目이大滿[illegible]經育市之大鉄橋여一時[illegible]之人으로變動耳目[illegible]大美國物質的文明之[illegible]功果耶아其餘大小之事業은不遑枚擧而[illegible]不在[illegible]之[illegible]業而在乎氏之奮鬪[illegible]以弱齡으로流寓異邦[illegible]야歷千辛而排[illegible]하며耐飢寒而斥[illegible]야能히遂大[illegible]志氣[illegible]不撓[illegible]完[illegible]事業을得成ㅎ經驗[illegible]足히儒夫[illegible]奮起[illegible]며蕩子[illegible]死[illegible]리로다

▲氏의幼時奮鬪

씨[illegible]英國愛蘭之人也라氏之祖父と[illegible]以富豪로[illegible]約束手形[illegible]之誤[illegible]야家產分散의處分을受[illegible]以[illegible]便作一寒窘之人일서至於父代[illegible]能히家運을挽回치못ㅎ을其父慨嘆[illegible]야祖業回復之任을暗托于씨之身上ㅎ고朝夕勉勵以此事로대一家生活이全然[illegible]路[illegible]야未辦學資故로未免退學[illegible]니綴修初學이나씨之自[illegible]自大之心은一層堅固ㅎ야實로씨의一身이都是自尊自大之心이오其外と更無他物이로다

故로自勉自勵[illegible]야遂不陷于絶望이라晚年에씨語人曰余少時에常刺激余心[illegible]야發[illegible]余[illegible]은非特志在乎恢復祖業[illegible]回家道也라進可爲[illegible]實業界之偉人[illegible]退不失奮鬪家之地[illegible]云[illegible]以此觀之면最初[illegible]之[illegible]望은有似無望[illegible]이로대氏之[illegible]心은益[illegible]故로[illegible]身으로投於浪[illegible]이라도[illegible]之惡[illegible]이毫不感染[illegible]며陷于絶[illegible]라도少不落心[illegible]며臨于天崩地塌的大[illegible]라도少無[illegible]色은氏의特長이로다

未完

廣告

本人이勢不得已[illegible]야[illegible]職을請願[illegible]고平壤[illegible]道[illegible]洞本第로還歸[illegible]온대[illegible]變이忽急[illegible]여面[illegible]拜別치못[illegible]오니想[illegible]시고[illegible]勿忘[illegible]고種々相訪[illegible]심을伏[illegible]

九月七日　金有錄　告白

本人이小時[illegible]不正乙[illegible]女을一[illegible]之事가有之[illegible]其後[illegible]嫁[illegible]러니三年前何許人이稱以爲子[illegible]고來訪[illegible]其年則二十九歲오名[illegible]辰이라[illegible]果然이면汝母[illegible]必是有[illegible]汝母가[illegible]則必非子라[illegible]母가身死[illegible]고至今이[illegible]來而不去故何如[illegible]婦作配[illegible]여[illegible]게[illegible]性本不良[illegible]여締結亂類[illegible]故로玆以廣佈[illegible]오니設有請債라도內外國人은毋以見欺[illegible]

[illegible]張璧炫　告白

天然堂寫眞

特別廉價不變色

婦人은內堂에서婦人이撮ᄒ고出ᄉ이甚便ᄒ

皇壇下石井洞十一統五戶

廣告

金[illegible]

測量製圖所

本所에서鑛山及開墾地等測量을依[illegible]製圖[illegible]오니有意僉君子[illegible]臨[illegible]議ᄒ시옵

京城南署館後[illegible]동十五統一戶兪炳玉家內

測量製圖所　告白

京[illegible]坊城北洞一統三戶草五間板刻一張戶籍一張本月二十七日泥峴等地에서遺失ᄒ얏스니誰某拾得하시거든每日申報社로傳送ᄒ시면厚謝ᄒ게ᄉ

家主吳寧仁　告白

支收所納金

永川郡第一回金[illegible]九十七圜[illegible]錢[illegible]電氣[illegible]社內銀行에貯置ᄒ事

國債報償志願金總合所

國債報償志願金總合所金三百九十七圜拾錢을[illegible]置ᄒ事

電氣會社內銀行

◎학원募集廣告

本학校에셔第二回男[illegible]학[illegible]募集ᄒ오니入학코ᄌ[illegible]と人은陽九月十日[illegible]來[illegible]

本校科程

國漢文、[illegible]語、外國地誌、算術、博物、圖畫、修身、[illegible]體操

本校[illegible]셔預備와[illegible]班이[illegible]야六歲로十五歲[illegible]入學[illegible]驗을[illegible]야年齡과학力[illegible]適當ᄒ班에入학케ᄒ

本校에셔小학校와[illegible]科와[illegible]語를[illegible]라[illegible]내、時[illegible]에需用될根本을培養ᄒ

南大門內[illegible]洞攻玉小학校

漢城西署[illegible]作路四十三統二戶

辯護士　玉東奎

辯護士　許憲

合同法律事務所

天道敎中央總部

本敎總部를移[illegible]于中署[illegible]坊[illegible]絹紬洞第二統六戶이오니僉君子と照亮ᄒ시옵

天道敎中央總部　告白

邦[illegible]藥

이약은대미국사[illegible]로써[illegible]지은것이[illegible]계상사[illegible]이괴질이약ᄒ야매양[illegible]근[illegible]약다년[illegible]로궁구ᄒ고궁구ᄒ야이약을신발명ᄒ것인대효므이신과[illegible]야셰계각국셔이약협로효험본자[illegible]적지아니ᄒ고로본인도우리동포를[illegible]ᄒ야미국방보회사와계약ᄒ고이약슈출니야가동포의소청을공급[illegible]

효력　이약쓰と대と　북족증　뇌접병　[illegible]지[illegible]と병　실음ᄒ대　또한증　허한증　적병(속병)　[illegible]축증　월우　부족　허약ᄒ대와　[illegible]창　증병후　오즘소티　[illegible]리　질　싱산못ᄒ논대　친긔부족　나되ᄒ대

대병　삼환　소병　일환오십젼

발매소　경[illegible]대문안　상동[illegible]당압　박문서관

◎東洋生命保險株式會社

開業廣告

◎弊社と韓國及[illegible]國[illegible]셔生命保險의普及ᄒ기爲ᄒ야今番京城小公洞(大觀亭側)에開設ᄒ얏ᄉ오니[illegible]紳士と生命保險契約하시기를希望ᄒ

弊社　資本金五拾萬圓

◎弊社と被保險人이如何ᄒ職業에從事ᄒ야도保險料를增加치아니ᄒ고保險金額도不減ᄒ논故로職業을幾回變換ᄒ야도通告ᄒ이無ᄒ

◎弊社と被保險人이死亡之時에其證을確認ᄒ면葬儀前이라도從速히保險金을給ᄒ

◎韓國支社所管내關係ᄒ논者と[illegible]社에셔保險金을直接用給ᄒ

▲弊社의特旨▲

韓國京城小公洞（大觀亭側）　電話六五一

東洋生命保險株式會社韓國支社

瑞士建國誌

◎定價　金新貨十五錢

此冊은以前小說이니志[illegible]救國救民ᄒ논思想과人[illegible]의愛國心을[illegible]成ᄒ논대緊要ᄒ書ᄉ오

發賣所

▲大韓每日申報社　大韓每日申報社中[illegible]文店
▲仁川港　金[illegible]
▲中署布屛門下　敎育書館
▲平壤城內烈女洞　古今書海館
▲銅峴下　中央書館
▲[illegible]口越便　[illegible]
▲鍾路　大東[illegible]
▲大廣[illegible]　匯東書館
▲[illegible]　[illegible]書館

學員募集

本院에셔[illegible]ᄒ야[illegible]中[illegible]英語만[illegible]ᄒ日語[illegible]語에[illegible]科[illegible]授ᄒ[illegible]稱ᄒ고[illegible]靑年은[illegible]ᄒ오

學科及學年의分排ᄂ如左

科程			
修身	人倫道德	上	同
讀書	新約[illegible]	上	[illegible]
國語	[illegible]	文典	
漢文	[illegible]	經濟摘抄	
外國語	日語[illegible]	上	同
歷史	[illegible]	萬國史	本國史
地理	本國地理	萬國地理	地文天文大要
數學	算術	上	代數幾何幾何三角
理科	博物	生理	物理化學
法制			法學
商業			經濟簿記
圖畫	自在	商用器畫	
體操	普通兵式	上	同

南大門內尙洞

私立靑年學院長　柳一宣

[illegible]

九月五日

一千二百五十錢 吉州郡東海社館 ... 五圓

九月五日부터 收入總額

五十八圓十錢

八月收入 一千七百 ...

各八錢五厘

自四月至七月收入總額

五萬二千九百 ...

二十四圓 ...

六品 ... 一圓 ... 十錢

各 ... 呂錫鍾 呂鳳天

合計 ...

三十錢

合五萬四千四百七十 ...

九千六百八十二錢

... 九十三錢四厘

◎ ... 告 ◎

合計 ... 十二日 所捧 ... 總合五

萬三千八百四圓八十七錢

이 ... 銀行에 ... 置 ... 앗

... 三百 ... 報 ...

南門內 ... 金 ... 告白

●刑法大全改正草案 四十錢

●日語獨習 五十錢

●新訂必獨 上下 八十錢

發賣所 銅峴 ... 海館

大東客宿館

... 東客宿館長 鄭 ...

大東客館 漢植 告白

本館에서 敎育界의 ... 各種 ... 東西로 ... 定價대로 ... 有志僉君子는 ... 購

仁川港 ...

元山 ... 春城 ... 金 ...

최봉준 고백

本人이 日本大阪 ... 와 ... 日本內地 ... 各種物品과 西洋各種物品 ... 大韓商人의 委托을 便利케 ... 約하앗스오니 ... 商工業에 有意하신 僉君子는 ... 物이 든지 請求코져 하시거든 本社로 來議하시오 本社에서 는 手數料 ... 受領홈

興業社 本店

漢城北部 ...

支店 京城南門內 ... 五十一統 六戶

仁川港內 ... 號

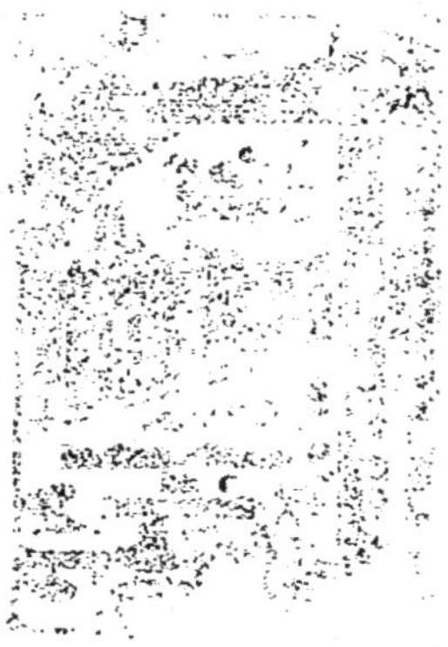

廣告

이상심 ... 좋은 ...

대한매국인천항

제물포지권연 ... 회사

第六百八號 · 第五卷

大韓每日申報

月曜及慶節臨時休刊

檀君開國四千二百四十年
箕子元年三千二十九年
大韓開國五百十六年
日本明治四十年
淸國光緖三十三年
陰曆丁未八月小初一日戊申

論說

◉韓國內日政策

去月三十日에日本元老와及其內閣大臣이對韓後策을妥商ᄒ고지ᄒ야會議를開ᄒᆫ바今接明된新報를見ᄒᆫ즉伊藤侯爵의提出案이該會議에서可決되얏스니其案件은韓國內에財政整理와補助金問題와司法制度에何如ᄒᆫ方策을採用ᄒᆯ거시로다

統監府官僚ᄂᆫ韓廷官職으로多移ᄒ리니該府職員의幾許減削될거시著示ᄒ엿고韓國行政費用에日本이金額을補助ᄒᆯ거슨特一問題라伊藤統監의請求額은明年度에二百三十萬圓이오且以五年定限ᄒ야每年에二百五十萬圓式이며同侯爵이韓國의稅納財源을再整ᄒ야右記金額을日本에漸次로상還ᄒᆯ計劃을提案에亦添ᄒ엿스니實是借款이어니와借款或補助를勿論ᄒ고現京官憲들은伊藤侯爵의計策을反對치아니ᄒ고但相妥議ᄒᆯ거시며特其細則은日本財務大臣과統監府職員間에共將協定ᄒ리라ᄒ엿도다

本記者ㅣ對此計策ᄒ야懸異ᄒ난거슨五個年에每年二百五十萬圓式支給ᄒᄂᆫ金額이或非借款인거시라朝日報ᄂᆫ此를補助金이라고明言ᄒ엿스니果然耶아盖此帝國에게利子가頂ᄒᆫ巨款錢額을貸給ᄒᆷ은非智明之策이라同報의明言이正確ᄒᆫ에至ᄒ기를希望ᄒ노라然이나伊藤侯爵의提案에ᄂᆫ상還ᄒᆯ方策을添附하엿스니此ㅣ豈非借款이리오何如ᄒᆫ지韓國이如彼金額을還報ᄒᆯ地位에確在ᄒ니今此借金을遲遲으로漸次상還케되면有誰謗訴리오

特格稅納의問題로ᄂᆫ何如困難이有ᄒ니課稅ᄒ기보다收稅ᄒ기가尤難ᄒᆫ지라收稅ᄒᄂᆫ대正直ᄒᆫ方策을不用ᄒ면諸般困難이層生ᄒ기甚易ᄒ니若其方法이出於誤失이면弊頭에更生ᄒᆯ混亂은自然ᄒᆫ結果로다

官報

●第三千八百六十三號 隆熙元年九月五日

●叙任及辭令 續

宮內府大臣官房書記郞劉時찬
兼任西京豐慶宮書記郞
前特務正校金弘均
任陸軍武官學校書記郞
公立鐵原普通學校副敎員鄭應普
公立安山普通學校敎員李仁雨
公立忠州普通學校副敎員孫命世
公立黃州보通학校副敎員韓延斌
依願免本官
公立金海普通校敎員리浩鎬
任公立晉州普通학校敎員
公立普通學校敎員韓永諧
任公立金海普通학校敎員
公立淮陽普通학校敎員리哲斧
任公立南陽普通學校敎員
公立長湍普通학校敎員鄭範時
任公立振威普通학校敎員
公立黃간보通학校敎員崔秉喜
任公立兎山보通학校敎員
任公立公州보通학校副敎員 柳寅夏
任公立忠州仝 신圭錫
公立咸興보通학校副敎員 南相瓚
任公立葦山보通학校副敎員
任公立咸興仝 韓부렴
任公立淸州仝 朴南圭
任公立驪州仝 尹茂榮
任公立開城仝 具啟魯
任公立山陵仝 [illegible]大河
任公立安州仝 金愼圭
任公立定平仝 李寅秀
任公立振威仝 李必흠
任公立郭山仝 李찬性
任公立長津仝 羅亨權
任公立安山仝 柳贊東
任公立鐵原仝 柳興韶
任公立豐德仝 禹台鼎
任公立安邊仝 尹直鉉
任公立黃간仝 金宗鉉
任公立廣州仝 金興賢
任공立楊ㅇ仝 安作純
任공立寬陽仝 尹貞求
任공立金化仝 李商徵
任공立長湍仝 趙錫九
任공立金川仝 李承烈
任공立高原仝 金洛薰
任公立淮陽仝 李喆鎬
任公立永興仝 洪淳和
官立교洞보通학校敎員申鉉鼎
任官立梅洞보通學校敎員
官立齋洞보通學校敎員李潤甲
任官立校洞보通學校敎員
官立梅洞普通학교敎員許 煥
任官立齋동普通학교敎員
宮內府大臣官房書記郞李熙圭
任承寧府書記郞
中殿院庶務課書記郞申鉉周
任承寧府書記郞
主殿院庶務課書記郞鄭秀穆
任掌禮院書記郞
金用淡 洪德王 尹寅求
任承寧府書記郞
學務院書記郞金益熙
任奎章閣書記郞 최昌植
任宮內府大臣官房書記郞
掌禮院禮式課主事李康斧
任掌禮院書記郞
任內藏司書記郞 李明夏
李顯用 李圭昇
任主殿院庶務課書記郞
任孝陵令
仁陵參奉金敎浒
任仁陵參奉 李鶴九
健陵參奉金哲洙
任園丘壇祠祭署令
任健陵參奉 元永常
任顯陵令
寧陵參奉李벽鎔
任寧陵參奉 宋修憲
貞陵參奉沈鍾찬
任景孝殿祀丞 李範敏
任貞陵參奉
侍從院侍從趙南益
仝 李鎭恒
仝 尹炳皓
仝 朴基駿
任中樞院副贊議
學部書記官金演基
依願免本官
官立漢城日語學校長金漢奎
任學部書記官
全羅北道裁判所判事李重赫
任京城控訴院檢事
京畿裁判所檢事尹憲求
任全羅北道裁判所檢事
金榮鎭 朴勝瑾 李榮赫
李鎭浩 張基鎬 劉英根
金秉濟
任農商工部書記郞
右은[illegible]李築人 完

●號外 隆熙元年九月六日

宮廷錄事

詔曰上號日當維宮官觀上致詞于德壽宮少伸微忱矣
詔曰[illegible]禮式[illegible]節總已[illegible]行從今凡千賀儀亦放此例令宮內府掌禮院磨鍊擧行

●第三千八百六十九號 隆熙元年九月九日

叙任及辭令

忠淸北道觀察使[illegible]
全羅北道仝 李[illegible]
黃海道仝 金[illegible]
平安南道仝 金能[illegible]
仝 [illegible]
平安北道觀察使[illegible] 李[illegible]秀
咸鏡南道仝 李[illegible]
拜解
命忠淸北道地方事務委員 [illegible]
命全羅南道仝 [illegible]
命黃海道 仝 [illegible]
命平安南道仝 九品[illegible]
命平安北道仝 九品盧[illegible]
命平安北道仝 金[illegible]
命咸鏡北道仝 韓洛鍾
任度支部書記郞 朴有煥
解法部法律起草委員 李[illegible]
解法部法律起草委員 崔[illegible]

外報

●出水被害統計 萬朝報를據ᄒᆫ즉內務省에서調査ᄒᆫ各地出水에被害가如左ᄒ니

府縣				
東京	[illegible]	[illegible]	[illegible]	三
京都	一八	四三九	五一二	三
大阪	[illegible]	[illegible]	[illegible]	六
群馬	四五	[illegible]	一六	一四
埼玉	[illegible]	[illegible]	一〇〇	一〇
山梨	一四九	六三	五五六	[illegible]
靜岡	[illegible]	[illegible]	[illegible]	三
長野	五	[illegible]	[illegible]	[illegible]
山形	五	二	四九	二三
神奈川	[illegible]	[illegible]	[illegible]	六
福島	七	九	二	[illegible]
栃木	[illegible]	五	六〇	四五
宮城	二	[illegible]	八	[illegible]
[illegible]	[illegible]	[illegible]	三	三
計	一八四	五四一	一七二一	[illegible]

●淸人延聘 淸國四川總督이成都府外五六里되ᄂᆫ處에製造廠을經設ᄒᆫ지竣工後에小銃을製造ᄒᆯ次로德國에서技師三名을延聘ᄒ고機械等屬도德國에서輸入ᄒ다더라

●世界最大의砲彈 英國子뭇[illegible]라

●俄國大使의說 東京電을據ᄒᆫ則[illegible]大使는任ᄒ다더라

●[illegible] 北京電[illegible]外務部尙書를任ᄒ야[illegible]이[illegible]다라

●[illegible] 東京[illegible]八千九百七十七圓인대[illegible]數에[illegible]ᄒ얏더라

●朝鮮會見說 [illegible]韓國皇帝와會見ᄒ[illegible]計劃이더라

●虎列刺蔓延 日本[illegible]三府十[illegible]縣에[illegible]患者[illegible]四百四十二名이라더라

雜報

●敎育情況 [illegible]文學校에서[illegible]學校를[illegible]選定ᄒ얏ᄂᆫ대[illegible]監[illegible]金[illegible]씨가代辦[illegible]稅[illegible]財政이[illegible]數[illegible]다더라

雜報

◎降詔蕩滌 皇帝陛下께서詔曰開國五百四年八月事變을朕이不忍提言이로되實犯之輩ᄂᆞᆫ己就戮ᄒᆞ고餘外諸人은實無所犯을朕所確知而尙在蒙昧之中ᄒᆞ야任自勿問이殊非刷新尊和之意라金弘集鄭秉夏趙羲淵兪吉濬張博李斗璜李範來李軫鎬趙羲聞權東鎭等罪名을蕩滌ᄒᆞ라ᄒᆞ셧더라

●上號致詞 陰八月初二日 太皇帝陛下上號時에 皇帝陛下께옵서德壽宮에致詞ᄒᆞ실터인대 皇太子殿下께옵셔도行禮節次를磨鍊ᄒᆞ신다더라

●慶節盛況 昨日은 皇太子殿下冊禮慶節인故로各府部院廳과民鋪에國旗를高揭ᄒᆞ야慶意를表ᄒᆞ얏더라

◎裁長云任 平理院裁判長은檢事洪鍾檍으로陞任ᄒᆞ기로內閣에請議ᄒᆞ얏다더라

●云有彈文 原任議政趙秉鎬씨가 大皇帝陛下即位禮式時와 太皇帝陛下誕辰에不爲進參ᄒᆞᆷ으로現帶勳任官中에셔拘拿懲辦ᄒᆞ자ᄂᆞᆫ事疏를奉呈ᄒᆞᆫ다ᄂᆞᆫ說이有ᄒᆞ더라

●日人被任 度支部次官柳正秀시가辭職請願을奉呈ᄒᆞ얏다ᄒᆞᆷ은前項과如ᄒᆞ거니와其代에ᄂᆞᆫ日本政府主稅局長荒井시가被任ᄒᆞᆫ다ᄂᆞᆫ說이有ᄒᆞ더라

◎趙씨云任 前郡守[illegible]溫陽[illegible]을擬ᄒᆞᆫ則內部에셔[illegible]中趙[illegible]씨[illegible]嘉[illegible]림學[illegible]씨ᄂᆞᆫ祥原으로前郡守[illegible]ᄂᆞᆫ溫陽으로박영[illegible]ᄂᆞᆫ[illegible]이라더라

◎[illegible]來 [illegible]本川시와[illegible]昨日에리준鎔시를訪問ᄒᆞ얏ᄂᆞᆫ딕其翌日에리준鎔시ᄂᆞᆫ長川시에게回訪ᄒᆞ얏다더라

◎大院王遷葬 大院王墓所를陰曆九月間에遷葬ᄒᆞ기로自上으로處分을下ᄒᆞ옵셧ᄂᆞᆫ대該葬費二萬圜을宮內府次官鶴原長吉시의게取用ᄒᆞ기로下敎ᄒᆞ셧다더라

◎徐씨辭職 農商工部工務局長徐丙珪시가昨日에辭職疏를奉呈ᄒᆞ얏ᄂᆞᆫ대其理由를得聞ᄒᆞᆫ則度量衡事務局日本人씨가該시에게銘行車一介를公用으로買渡ᄒᆞ라ᄒᆞᆫ則該徐시가不爲肯從ᄒᆞ야互相詰問에自有未安ᄒᆞᆫ所以라더라

●堤守免官 堤川郡守趙重翊씨가義擾를因ᄒᆞ야該印信을奉ᄒᆞ고觀察使에게投棄上京ᄒᆞ얏ᄂᆞᆫ대觀察使가內部에報告ᄒᆞ고該郡守ᄂᆞᆫ即爲奏免ᄒᆞ고可堪ᄒᆞᆫ人을敍任下送ᄒᆞ라ᄒᆞ얏다더라

●郡奏留案 郡守奏本件을統監府에同意次로送交ᄒᆞ얏더니有何曆節인지該府에셔아직留案ᄒᆞᆫ故로奏裁치못ᄒᆞᆫ다더라

◎각校慶祝 昨日은 皇太子冊封ᄒᆞ시ᄂᆞᆫ慶日인故로각官私立學校에셔慶祝ᄒᆞ기爲ᄒᆞ야一齊히休學ᄒᆞ얏다더라

●整理局官制 帝室有財産調査를畢了ᄒᆞᆫ後에整理局官制를因爲設立ᄒᆞᆫ다ᄂᆞᆫ說이有ᄒᆞ더라

◎[illegible] 堤川郡守趙重翊氏가投印經歸ᄒᆞ얏다ᄒᆞᆷ은前項과如ᄒᆞ거니와該郡守署理ᄂᆞᆫ永春郡守[illegible]씨로差定ᄒᆞ얏다더라

◎[illegible]派 京元鐵道沿線에挽近[illegible]暴徒가去益熾盛ᄒᆞᆷ으로保護ᄒᆞ기爲ᄒᆞ야內外國[illegible]多數히派送ᄒᆞᆫ다더라

◎調査所經費 再昨日下午三時頃에帝室及國有財産調査委員[illegible]入[illegible]會同ᄒᆞ야[illegible]整理[illegible]商協議ᄒᆞ얏다더라

◎日佐巡視 全南裁判所法務補佐官樋山廣業씨가法律에注意ᄒᆞ야該道각郡을巡視ᄒᆞᆫ다더라

●海守長逝 海州郡守呂仁燮씨가身病으로卒逝하얏다ᄂᆞᆫ說이有ᄒᆞ더라

●魚씨發論 각道府郡과各該官廨及寺刹私家等處에所藏公私有각種書籍을一々調査와照檢ᄒᆞᄂᆞᆫ訓令을學部에셔각道에發하얏다ᄂᆞᆫ說은前報에揭載어니와此事業은學部編輯局長魚允迪씨가發論ᄒᆞ고實施ᄒᆞ라ᄂᆞᆫ事이라더라

●蠶業改良 秦仁郡有志人士가蠶業에注意ᄒᆞ야蠶業을改良發達ᄒᆞᆯ次로株式會社를設始ᄒᆞ고農商工部에請願ᄒᆞᆫ다더라

●海民願留 海南郡守리恩容씨가位任八載에治績이優著ᄒᆞᆫ故로新聞에報道ᄒᆞ얏거니와該郡守가期於辭職ᄒᆞᆯ次로닉部에再次請願ᄒᆞ고觀察道에二次辭一免ᄒᆞ얏ᄂᆞᆫ대該郡一境吏民等이心願戴ᄒᆞ되內部에셔비록新郡守를許遞ᄒᆞ고新郡守를擇送ᄒᆞ되도期於히不從ᄒᆞ기로吏民이決議ᄒᆞ얏다더라

◎[illegible]有志 軍部軍務局理事朱定[illegible]의請願ᄒᆞᆫ理由를得聞ᄒᆞᆫ則該氏가仕退餘暇에曾成專門학校講師稅務를兼帶ᄒᆞ얏ᄂᆞᆫ데法部에셔該時間을不許ᄒᆞᄂᆞᆫ지라該氏가官職을爲辭免이언정敎育은不可廢止라ᄒᆞ야請願辭職ᄒᆞ얏다더라

●堤郡醉亂 堤川郡院西等地에셔該邑서相距가爲五拾里인듸義兵과日人의兵禍를酷被ᄒᆞ야五拾里間店幕이沒數燒盡ᄒᆞ야人烟이영絕이라더라

◎院隷斷髮 中樞院下隷ᄂᆞᆫ尙今薙髮치아니ᄒᆞ얏ᄂᆞᆫ딕該院에서昨日一齊히斷髮入來ᄒᆞ라고申飭ᄒᆞ얏다더라

◎一無訊問 楊州郡守洪泰潤시가警務廳으로被捉ᄒᆞ얏다ᄂᆞᆫ說은已揭前報어니와該시가被因多日에一次訊問도無ᄒᆞ다ᄒᆞ매有罪無罪를未知ᄒᆞᆯ깃다ᄂᆞᆫ巷說이有ᄒᆞ더라

●日隊來住 去月二十八日에日本隊長一員이憲兵步兵二十五名을領率ᄒᆞ고溫陽溫泉病院에來住ᄒᆞ얏다고忠南觀察使가內部로報告ᄒᆞ얏다더라

●委員騙財 金海郡一進會封圭가該郡鳳림里居文위鏞을誘引ᄒᆞ야自原馬山浦에帶同前往ᄒᆞ야或以酒誘之ᄒᆞ고或以色誘之ᄒᆞ야不過幾日에藥錢五千餘兩을得給하얏다ᄒᆞ고文씨의田沓四石落文券을勒奪以去ᄒᆞ얏다더라

◎損害同然 度支部次官柳正秀씨가日本大坂造幣局觀察次로發程ᄒᆞ라고該隨員에게旅費를一一지給ᄒᆞ야諸般行具를整理ᄒᆞ얏더니該次官이忽然見遞됨으로遊覽損害가有ᄒᆞ얏다더라

◎南來消息

▲聞慶避亂人의日記를據ᄒᆞᆫ則安東郡義兵大將리光[illegible]은甲午年에倡義ᄒᆞ던[illegible]餘黨假領將ᄒᆞ고聞慶[illegible]城隍寺에來到ᄒᆞ야[illegible]各持洋銃ᄒᆞ고[illegible]ᄒᆞ고샷보를着ᄒᆞᆫ지라一[illegible]로敎鍊ᄒᆞ고一邊으로[illegible]ᄒᆞ야紀律이嚴正ᄒᆞ나[illegible]東面大基에道川學校ᄂᆞᆫ一進[illegible]에셔設立ᄒᆞᆫ日人數[illegible]ᄒᆞ야校舍를藉托ᄒᆞ고民間[illegible]棠과私錢을徵出ᄒᆞ야民怨이[illegible]藉ᄒᆞᆷ으로義兵이該校를燒掉ᄒᆞᆫ딕主務ᄒᆞ던黃氏二人이被害ᄒᆞ얏다ᄒᆞ고

▲또黃氏中富客一人[illegible]不肯出ᄒᆞᄂᆞᆫ故로討罪ᄒᆞ여日汝가日人이來到ᄒᆞ면惟命是從ᄒᆞ고吾衆의所請은牢却ᄒᆞᄂᆞᆫ야ᄒᆞ고猛打를加ᄒᆞ얏스며因ᄒᆞ야聞慶邑으로前往ᄒᆞ야日人과交戰ᄒᆞ야韓巡二名이被殺ᄒᆞ고日本巡査와商民은尙州로逃走ᄒᆞ고

▲其翌日에咸昌邑을襲擊ᄒᆞ야日人死傷者幾名이오義兵이또尙州郡을襲擊ᄒᆞᆫ다聲言ᄒᆞ고咸昌距遊岸亭에在ᄒᆞᆫ日本兵丁三十名과韓巡十名이將次咸昌邑에入ᄒᆞ야義兵과接戰ᄒᆞᆫ다ᄒᆞ고

▲黃간秋風嶺에義兵이檄문을揭示ᄒᆞ여日數日內로接戰ᄒᆞᆯ터이니汝亦準備ᄒᆞ라ᄒᆞ얏고

▲尙州邑은日巡四五名이介城ᄒᆞ얏고太田停車場에ᄂᆞᆫ日兵千名假量이在ᄒᆞᆫ대二百名은尙州로入去ᄒᆞᆫ다ᄒᆞ고義兵이到處에一進會員은逐첩打滅ᄒᆞ며農民은到底히保護ᄒᆞ고人民은安接ᄒᆞ라고曉諭ᄒᆞ면서民財ᄂᆞᆫ秋毫도不犯ᄒᆞ고榜文을處々에揭示ᄒᆞ여日至於稅納ᄒᆞ야ᄂᆞᆫ大韓用이되지못ᄒᆞ고日人의게捧食ᄒᆞᄂᆞᆫ것시니結견과秋租ᄂᆞᆫ一切不納ᄒᆞᄂᆞᆫ것시可하다ᄒᆞ얏다더라

◎地方通信

▲二十六日水原觀察府[illegible]를據ᄒᆞᆫ즉義兵約四百名이龍仁郡東北三十里[illegible]에集合ᄒᆞ야情形이不穩ᄒᆞᆷ으로巡檢을急派ᄒᆞ야[illegible]偵探中이라ᄒᆞ고

▲二十六日水原發電을據ᄒᆞᆫ즉去[illegible]義兵[illegible]名이自龍仁郡[illegible]宋鍾[illegible]ᄒᆞ야獨步동으로[illegible]ᄒᆞ다ᄂᆞᆫ[illegible]

▲二十日午前[illegible]六郎[illegible]을據ᄒᆞᆫ즉共木驛北三十里에義兵約二拾餘名이襲來ᄒᆞᆫ다ᄂᆞᆫ急報가有하야日[illegible]巡査一名과韓巡一名과理事廳[illegible]巡査二名과日兵八名을今朝에急派ᄒᆞ엿다ᄒᆞ고

▲去六日水原발信을據ᄒᆞᆫ則發兵이秋溪南方距五十里廣州暨安里方面에義兵이檄문을飛傳ᄒᆞ야徒黨을募集ᄒᆞᆫ다ᄂᆞᆫ報가有ᄒᆞᆷ으로方在偵探中이라더라

東京電報

●勸銀設立議 六日發 韓國에서農工業을發展하기爲ᄒᆞ야勸業銀行을設立하자ᄂᆞᆫ議가有ᄒᆞ고目下調査中이라더라

●警艦急航 同日發 新高ᄂᆞᆫ元山、桂城은馬山을警備ᄒᆞᆯ必要로差遣ᄒᆞ야急航ᄒᆞ얏더라

桑港電報

●日占美認 同日發 日本人이뿌락트船을占領하얏다ᄂᆞᆫ報ᄂᆞᆫ非律賓을威嚇ᄒᆞᄂᆞᆫ것이라고美人一般이認ᄒᆞᆫ다더라

●美人宣明 同日發 美國政府ᄂᆞᆫ뿌락트船에對ᄒᆞ야何等權利가無ᄒᆞ다고宣明하얏더라

▲秋蓮爲歌

▲總理李完用과法大趙重應兩氏가三昨日에統監府鶴原總長을訪問하고一時頃[illegible]談話ᄒᆞ얏다니各部大臣이무ᄉᆞᆷ[illegible]件이有ᄒᆞ면統相에게[illegible]ᄒᆞ며今番談話에ᄂᆞᆫ또何等問[illegible]提出ᄒᆞᆯᄂᆞᆫ지

▲여보現今內閣[illegible]大臣이누구요總理大臣[illegible]지[illegible]內閣에서提議[illegible]면總理大臣이農相[illegible]一히稟處ᄒᆞᆫ後에[illegible]니主務大臣은[illegible]그러ᄒᆞ면總理大臣[illegible]相의使喚大臣이[illegible]고

▲總理大臣以下各大臣이昨日에長谷川統監代理와鶴原不內鍋嶋丸山加藤野津日人諸官諸氏를貞洞孫澤孃邸에招待ᄒᆞ야晩餐會를開催ᄒᆞ얏다니現今政府大臣은各地方에不穩ᄒᆞᆫ情態를止戢ᄒᆞᆯ方策은無關ᄒᆞ고宴會만頻數ᄒᆞ니昇平日月에開宰相에承業이로고

▲農商工部에서咸南觀察使에게訓令ᄒᆞ되京城博覽會出品을維獨貴管下各府郡에舉行이沒환ᄒᆞ야所到物品이極涉寥寥ᄒᆞ니飛飭各郡ᄒᆞ야物品을不日上送ᄒᆞ라고論訓ᄒᆞ얏스니當此國勢岌業之時ᄒᆞ야第一急務가博覽會뿐인지

▲內部에서郡守十六窠奏本案을修正ᄒᆞ야內閣에入送ᄒᆞ엿더니姑未上奏하고今番奏本에ᄂᆞᆫ內閣에서更히改正ᄒᆞ야二十一窠을上奏ᄒᆞᆫ다ᄒᆞ니內部奏本을內閣에서添入ᄒᆞ니何必內部에서郡奏를上奏ᄒᆞ리오內大와[illegible]務ᄂᆞᆫ總相이兼帶ᄒᆞ지

▲農部工務局長[illegible]氏ᄂᆞᆫ[illegible]部大臣宋秉畯氏에게무ᄉᆞᆷ未安ᄒᆞᆫ事가有ᄒᆞ여던지[illegible]請[illegible]엿더니即時에[illegible]이엿다니農商部ᄂᆞᆫ一進會[illegible]엿스니該部[illegible]

▲[illegible]면단거먹[illegible]

▲[illegible]

[illegible]說[illegible]議[illegible]도다

◉社告

本支社員을安州城內毅井洞金溶河氏로定호얏ᄉ오니該附近本申報購覽ᄒ시ᄂ僉君子ᄂ一從支社로請求하시고代金도該氏의게送交하시옵

本支社員을高原邑朴敎吉氏로定ᄒ얏사오니該附近本申報購覽ᄒ실僉君子ᄂ一從支社로請求ᄒ시고代金도該氏의게送交ᄒ시옵

本支社員을鐵原邑棠洞趙鏞大氏로定ᄒ얏ᄉ오니該附近本申報購覽ᄒ실僉君子ᄂ一從支社로請求ᄒ시고代金도該氏의게送交ᄒ시옵

車韓館에서本支社를請願ᄒ산兩氏中宣川支社員安瀨氏保薦이先到ᄒ얏기安瀨氏로支社員을定ᄒ얏사오니該附近地에서本申報購覽ᄒ실僉君子ᄂ一從支社로請求하시고代金도該氏의게送交ᄒ시옵

雜報

●治療物品　(三淸洞治療所의來函을據ᄒ즉女子敎育會에서本所治療將卒의게物品寄送ᄒ時에日本頁傷士卒의게도紙貨五十餘元을寄贈ᄒ얏ᄉ니兩國同胞를對ᄒ야同是愛恤ᄒ盛擧를人皆讚頌ᄒ다ᄒ며參尉曹成煥氏ᄂ紙貨五元參尉리종奭氏ᄂ朝日一箱子를寄贈ᄒ얏더라

●郡主其人　向日江華隊解放時起擾情況은本報에屢揭어니와該島來人의傳說을聞ᄒ즉伊時韓兵이交戰ᄒ다가韓兵이敗走ᄒᄂ지라日兵이府中으로入來ᄒ야機關砲及速射砲를府東門城에設ᄒ고府中人民을方欲放火屠戮之際에郡守ᄂ逃躲ᄒ다가中路被害ᄒ고該郡主事ᄂ[illegible]가ᄒ야多人民의無辜殺戮을[illegible]더라

●[illegible]戮됨을憂慮ᄒ야其身을不顧ᄒ고砲丸如雨ᄒ中에冒入ᄒ야日本隊長과交涉ᄒ야人民의無罪ᄒ을萬端說明ᄒ야起火放砲ᄒ을使之停止케ᄒ고一邊으로渙散人民을招集ᄒ야使之安堵케ᄒ며其後起擾根因을懲戢ᄒ時에無辜人民이日兵에게誤捉되야將施砲刑者를抵死辨明ᄒ야多數救活ᄒ지라該氏의捨己拯民하ᄂ慈悲之心은人所難行이요若非道郡主면一府生靈이無孑遺ᄒ번ᄒ엿다고一島가無不稱頌ᄒ다더라

●軍物措處　鏡北觀察使가內部로電報되本道衛軍物을自日隊措處ᄒ터이니下燭ᄒ라ᄒ엿더라

●張李有志　西來人의傳說을聞ᄒ즉平北龍川舊邑面東明學校贊成長張永化시와昌明學校贊成長리基唐시가敎育主義로互相決心하고循回面內하며到處勸勉하야學校設立ᄒ義務를懇々演說하니人多激勸에학校가日興ᄒ貌樣니더라

●開校慶祝　開城敎育總會에서開國紀元節을慶祝ᄒ기爲ᄒ야各학徒를政德관에聯合ᄒ야上午十時에愛國歌를齊唱ᄒ後에會長[illegible]학씨가祝辭를後에萬歲를唱ᄒ고閉會ᄒ얏ᄂ대進參ᄒ학徒ᄂ公立普通에四十八人과開城학校에二十一人과孟東에二十三人과培義에七十八人과普昌에三十三人과永昌에五十二人과韓英에七十二人과光明에五拾人과松明에三拾二人인데合四百八人이集合ᄒ고一府니男女老少千餘名이一齊히慶祝ᄒ後에培義學校長林圭永氏ᄂ학徒를對ᄒ야祖國精神을注意ᄒ라고一場演說ᄒ얏다더라

●敎師固議　南來人傳說을聞ᄒ즉忠北報恩郡有志紳士들이本郡發明學校를重設ᄒ고敎師ᄂ同郡南岳里居前敎官李鍾七氏로望定ᄒ고學徒를定送ᄒ야修業ᄒ게ᄒ얏더니李鍾七氏가固辭曰本人이現帶孫安郡安民鳴廣英學校敎師之責인즉任人子弟ᄒ야不可中道改信矣니本郡則他高明ᄒ敎師를協力廣求ᄒ야敎育을益進케ᄒ라고固辭ᄒ얏다더라

廣告

長薰學校告白

本校에서九月十一日(陰八月四日)에開學ᄒ터이오니僉學員은이日上午九時에齊到ᄒ事

本人이陰去月二十三日에牛隻을駄과上京ᄒ얏다가東門內梨峴等地에서賊漢의게失牛ᄒ얏더니該賊아松部等地로率牛而去ᄒ다가該地巡檢吳某의게情跡現露ᄒ야牛隻을執留ᄒ고主人을苦待ᄒ다기로本人이聞而往推ᄒ얏ᄉ오니吳巡檢의警察上의公明ᄒ을不勝感服ᄒ기로玆以廣告ᄒ

始興[illegible]範八　告白

本敎總部를移接于中署貞善坊綿紬洞第二統六戶이오니僉君子는照亮ᄒ시옵

天道敎中央總部　告白

本人이今月二十五日에上京타가錯中에서挾囊을遺失ᄒ얏ᄂ대其中圖章과平山漏川居宋弼五의四百七十餘圓手標를遺失ᄒ故로來弼五와說話更證ᄒ얏스나失標도勿施ᄒ고圖章도改造ᄒ야亦爲勿施ᄒ

金[illegible]綾州[illegible]宋在鳳　告白

東署崇信坊城北洞一統三戶草五間板刻一張戶籍一張木只二ᄒ七日泥峴等地에서遺失ᄒ얏ᄉ니誰某拾得하시거든每日申報社로傳送ᄒ시면厚謝ᄒ게ᄉ

家主吳[illegible]仁　告白

本所에서鑛山及附整地等測量을依託圖製ᄒ터이오니[illegible]僉君子ᄂ臨相議ᄒ시옵

京城南署館後茶洞十[illegible]統一戶俞炳玉家內

測量製圖所　告白

本人이小時에不正之寡女와次相鬪之事가有之ᄒ[illegible]嫁不知去處러니三年[illegible]何[illegible]八이稱以爲子ᄒ고來訪故로問之ᄒ其年則二十九歲오名은應辰이라ᄒ기로果然이면汝母가必是有言이요汝母[illegible]則必非子라ᄒ즉厥母가身死ᄒ고至今이야왓다ᄒ며來而不去故何如間에寡婦作配ᄒ여居生ᄒ게ᄒ엿더니性本不良ᄒ여締結亂類ᄒ고出沒無常故로玆以廣布ᄒ오니[illegible]有[illegible]라도內外國人은毋或見欺ᄒ

[illegible]　告白

●학員募集廣告

本학校에서第二回男女학員을募集ᄒ오니入학코져ᄒᄂ이ᄂ陰九月十日내로來議ᄒ

本校科程

國漢文、英語、本國地誌、算術、博物、圖畫、修身、聖經、體操

本校에서預備와原班이有ᄒ야六歲로十五歲까지入학試驗을許ᄒ야年齡과학力이適當ᄒ班에入학케ᄒ

本校에서小학校와普通科ᄂ英語를가라쳐내여時勢에需用될根本을培養ᄒ

南大門外쇼동攻玉小학校

邦補益樂水

이약은대미국사ᄅ방보씨ᄀ지은것이니세상사ᄅ을위ᄒ야길이약ᄒ야에양ᄒ슈ᄒ니야다년헙심으로공부ᄒ야이약을싱[illegible]이신과야세계[illegible]약험로효험본자젹지아니ᄒ고로본인이우리동포를위ᄒ야미국방보회사와계약ᄒ고이약슈를니[illegible]동포의소쳥을공급ᄒ

효력　이약쓰ᄂ대ᄂ부족증　뇌졈병　ᄌ지못ᄒᄂ벙실음혼대　도한증　허한증젹병、(속병)　쳔쵹증　월슈부족　허약혼대와　여슈창증병후　오즘소티　셜ᄉ리질　싱산못ᄒᄂ대　신긔후[illegible]낙되혼데

대병　삼환
쇼병　일환오십젼

발매소
경셩남대문안
상동교당압　박문서관

漢城西署松橋新作路四十三統二戶

辯護士　[illegible]
辯護士　許　憲

合同法律事務所

◉[illegible]續[illegible]全

[illegible]

本院에서從來、[illegible]英語만[illegible]더니今學期부터[illegible]增設ᄒ야[illegible]中分科[illegible]授ᄒ고[illegible]에[illegible]授ᄒ는[illegible]青年은隨意志願ᄒ고學科及學年의分排가如左

科程	學年	[illegible]
修身	人倫、[illegible]授上	[illegible]
聖經	新約[illegible]上	[illegible]
國語	國[illegible]文[illegible]	
漢文	古文	文[illegible]摘抄
外國語	日語[illegible]隨意	上[illegible]
歷史	本國史	萬國史
地理、天文	本國地理	萬國地理、天文
數學	[illegible]術上	代數、幾何
理科	博物	生理、物理、化學
法制、經濟		[illegible]濟
商業及簿記		[illegible]簿記
圖畫	自在畫	用器畫
體操	普通兵式上	同上

南大門內[illegible]
私立青年學院長　柳一宣

瑞士建國誌

◉定價金新貨十五錢

此冊은政治小說이니志士의救國救民ᄒᄂ思想과八[illegible]愛國心을發成하ᄂ대緊要ᄒ冊子오

發賣所

▲大韓每日申報社　大[illegible]
▲仁川港　金[illegible]
▲中署[illegible]屛門下　敎育[illegible]
▲平壤[illegible]內烈女洞　古今[illegible]
▲銅峴下　中央書[illegible]
▲[illegible]日越便　大東[illegible]
▲鍾[illegible]　匯東[illegible]
▲大廣橋　[illegible]
▲尙동　[illegible]書舘

[illegible]

一圓四拾錢 [illegible] 拾錢
鄭慶兆 [illegible] 方衍今
▲尖[illegible]洞
[illegible]月 [illegible] 朴順祚
리召史 丁令伯 裴錫云
김允則 成化伯 黃文郎
각廿錢 김[illegible]男 潘召史
孫召史 各十錢 鄭[illegible]伸
김順得 黃[illegible] 김[illegible]
崔水月 리召史 裴巨今
[illegible] 曹[illegible] 曹辰煥
各六拾錢 리鎭[illegible] 閔君實
각三拾錢
▲化龍동 林世昌 四圓
▲紙所
김碩文 리鳳國 김富萬
丁甲龍 鄭在春 각四拾錢
宋明開 八拾錢 김元吉
宋聚丁 裴哲國 崔鎭宋
리致賢 각六十錢 魯文吉
리明間 河學伊 김召史
김應漢 韓益福 김光文
各廿錢 박仁守 一圓
▲九湖동
리景壽一圓 通政曹奎承

[illegible]

▲望亭洞
崔鳳麟 朴昌守 리奎成
정鎭欽 [illegible]大鎭 崔榮佑
鄭元興 鄭賢興 각六拾錢
崔玲朝 尹宗海 許 담
정鎭與 박[illegible] 申昌鶴
리錫化 許 杓 權相勝
각四拾錢 리日千 리光鎬
김瑩圭 鄭花興 韓周文
정仲興 김斗宗 정文鶴
각廿錢 崔啓炳 權宜富
安도鍊 鄭鳳鸞 崔萬述
許 交 崔令白 權丙根
리在夏 安基賢 정致祥
韓永俊 孫東天 姜千根
정錫與 林慶祚 김毅永
崔宗鵬 정承化 정寅興
각拾錢
▲也史洞
김允心 五拾錢 김悅伊
리以萬 리正心 리以今
각四十錢 김龍心 許哲經
각六拾錢 리[illegible]郎 姜貴業
리云每 廿龍伊 김萬守
權卜進 리以萬 리日分
각廿錢 姜大守 拾錢
千今禮 朴正禮 曹永述
宋七萬 박有哲 정日進
각四拾錢 정日千 六十錢

[illegible]

金政日 김石述 박永
각一圓 崔奉來 김順祚
각四拾錢 김得伊 六十錢
權在春 廿錢
▲台郞洞
박納月 우成老 孫奉俞玉淳
각一圓 비을鶴 최達文
韓올伊 김進根 김六孫
각六拾錢 金德執 리喆守
申邦佑 각四拾錢 박萬述
리昌伊 각廿錢 리春紅一圓
▲果田동
박正郞二圓 崔好方四拾錢
김又甲 林士玉 金洪山
각一圓 김日東 六拾錢
리能伊 徐萬守 각四拾錢
白乭伊 金方伊 각拾錢
김召史 김春成 김在守
각廿錢

未完

大東客館

[illegible]

大東客館事務員
鄭漢楨 告白

[illegible]

本人이日本大阪商業家와特約ㅎ고日本內地産出各種物品과
西洋各種物品을各種販賣ㅎ는中
大韓에輸入販賣委託을民和商業家와
約ㅎ얏스오니商工業에有意ㅎ신
僉君子는其物이든지請求ㅎ
져ㅎ시거든本社로來議ㅎ시오
本社에셔는手數料金만受領홈
興業社本店
開城北部鮮洞
支店京城南門內水標橋第十一統六戶
全仁港內동貿商號 培養會社

[illegible]

○郵稅價
一張代金 新貨二錢五厘
一個月 [illegible]
三個月 三十錢
六個月 六十錢
一個年 一圜七十錢
[illegible] 三圜四十錢
郵稅一部 新貨五里
一個月 十三錢

發行兼編輯人英國人 [illegible]
發行所 大韓每日申報社
南署石井洞[illegible]

第五卷

大韓每日申報

第六[illegible]九號

月曜及慶節翌日休刊

檀君開國四千二百四十年
箕子紀元三千二十九年
大韓開國五百十六年
日本明治四十年
清國光緒三十三年
陰曆丁未八月小初三日壬戌

論說

討國民新報

所謂國民新報者가連日魔戰을擧ᄒᆞ야本報를每日핍攻이라指斥ᄒᆞ며又日昨에所謂雲峴生寄書라ᄒᆞᆫ一文을更揭ᄒᆞ야本報를誣汚멸ᄒᆞᆷ이罔有紀極ᄒᆞ얏더라

本記者ㅣ喟然仰天而歎曰人之無良이乃至此乎아彼亦韓天履地者며彼亦耳聽言動者며彼亦大韓國民之一分子로셔喪心失性이胡爲此極고

昆蚊拔劍은智者의所笑오分黑別白은公眼이自在인則以我堂々正々之筆鋒으로試々玄麼小魔가誠是可惜故로至今含忍而不發也러니哀哉라長夜不曙에리魅가縱橫ᄒᆞ니荊棘不剪에狐狸가跳梁이로다

噫彼國民報記者야來爾醜面目ᄒᆞ라吾且一見ᄒᆞ리라

(一)國民報者日每日報ᄂᆞᆫ地方賊徒를主動者가되야賊徒를卿以義兵ᄒᆞ야誘導漸暢이라義賊漸播이라ᄒᆞ야特筆讚揚ᄒᆞᆫ다고指斥ᄒᆞ얏스니今姑無論義兵之爲不義ᄒᆞ고試問義兵一字가是彼自作之名詞乎아抑本報獨創之名詞乎아名從主人은古今所同이니稱爲兵曰義兵이有何不可리오本報漢字論說에曰此非關가選北ᄒᆞᄂᆞᆫ대是韓國에有益ᄒᆞ리라ᄒᆞ얏거날獨不見乎아今乃與論諸之曰是義兵之手動이라ᄒᆞ니其亦悖矣며其亦偽矣로다噫彼國民報者아爾欲知義兵之本體乎아試人之道口一談에所謂五賊七賊이是也며虐殺爾同胞之一進會가是也라爾國政府大官等이割讓爾疆土ᄒᆞ며奴隸爾二千萬ᄒᆞ야國是가日紊ᄒᆞ고現狀이日慘ᄒᆞ야贍彼八域에樂彈을遍埋ᄒᆞᆫ中에加之一進會黨이其身分은皆下等社會에目不識丁之類로但其迷惑於幾個人之甘言利誘ᄒᆞ고爭於是富ᄒᆞ면大臣協辦과觀察郡守가皆自僞來之物로認知ᄒᆞ고家屋과田土를放賣ᄒᆞ야爭自投入ᄒᆞ얏ᄉᆞ니是其愚痴가祖國의利害가何如ᄒᆞᆫ지外人의利用이되ᄂᆞᆫ지全然不知라但恐藉外勢ᄒᆞ고以爲莫敢誰何라ᄒᆞ야凌轢無辜之同族으로爲其能事ᄒᆞ니士民中稍有秉彝之性者가孰不痛恨激忿於是哉아哀哉韓民이여擧手에觸羅網ᄒᆞ고動足에羅陷井ᄒᆞ야四顧山河에生路를難覓ᄒᆞ니此所以不度力不量勢ᄒᆞ고不顧其生死而出於此者也라

然則韓國內義兵之主動者ᄂᆞᆫ第一은政府黨이오第二ᄂᆞᆫ一進會오其次國民報ᄂᆞᆫ以賣國倡鬼之機關新聞으로邪尊怪說이字々觸犯ᄒᆞ야士々憤ᄒᆞ며讒舌惡筆이何々衝男兒之血ᄒᆞ나니斯又義兵之助動者연뎌今乃賊反荷杖에指本報曰義兵機關이라ᄒᆞ니嗚呼惟爾라出於爾心乎아出於爾口乎아

(二)國民報者ㅣ曰賊徒行動이能爲國ᄒᆞ고能爲民ᄒᆞ고能排外ᄒᆞ면猶不日發리오만은危急ᄒᆞᆫ國家를速亡케ᄒᆞ며困窮ᄒᆞᆫ民族을塗炭케ᄒᆞ며猖獗ᄒᆞᆫ外勢를益盛케ᄒᆞ니亡國賊이오滅種賊이오附外賊이라云々ᄒᆞ얏스니噫라發與賊之區別은不在乎强弱成敗之間이라今日能排外ᄒᆞ며能爲國爲民ᄒᆞ면是義어니와不能排外ᄒᆞ며不能爲國爲民이면是賊이라ᄒᆞ니國民報者ㅣ幾識이一至此哉아

現今韓國에欲爲國而欲亡其國ᄒᆞ며不欲爲國民而欲殺其民ᄒᆞ며不欲對外獨立而但甘心讓國於外人者가雖敗아吾不謂하더리도爾必自覺ᄒᆞ려니와此派ᄂᆞᆫ爾不名之曰賊이라ᄒᆞ고至於義兵ᄒᆞ야ᄂᆞᆫ即以爾言推之라도是欲爲國爲民而不能也며欲排外而不能也니以其不能者로謂之賊이可乎아至以亡國賊、滅種賊、附外賊으로勒加義兵ᄒᆞ니爾亦甚矣로다五條約이是義兵之所締結乎아宣言書가是義兵之所발표乎아列宗疆土가是義兵之所斥賣乎아人民權利가是義兵之所剝奪乎아

嗚呼라亡國賊、滅種賊、附外賊은別有所存이거날爾其不知耶아抑知之而故譏之乎아此非把筆之時에其不撫心而赧顔乎아

(三)國民報者曰國報에外兵의暴行을駁斥ᄒᆞ니究亦何心고賊徒가起ᄒᆞ면外兵이自生ᄒᆞ거날賊徒ᄂᆞᆫ起케ᄒᆞ고外兵은毒케말나ᄒᆞ니此ㅣ飮燭教坐홈과何異오云々ᄒᆞ얏스니失義徒의起케ᄒᆞᆫ者ᄂᆞᆫ前節에論之詳矣어니와至於外兵暴行之駁斥에도乃如此批評ᄒᆞ니不仁哉라國民報者여使日兵으로不問公論之剌謬ᄒᆞ고益無顧忌에逞其淫威ᄒᆞ야玉石을不分ᄒᆞ고韓民之殄於義兵者도殺之ᄒᆞ며不殄者도殺之ᄒᆞ고韓人村落을處々焚燒ᄒᆞ야東南數千里에若至人烟이滅絶이면其爲韓國之慘禍ᄂᆞᆫ姑舍ᄒᆞ고日兵之暴虐其殘酷行動於天下者ㅣ當何如耶아雖欲爲日人謀忠이라도決不可以由加掩諱而助成之也라

日兵之提至ᄂᆞᆫ因由於義兵之起나義兵起後에ᄂᆞᆫ日兵暴行이愈當行庭事乎아爾欲作日人之辨護ᄒᆞ야惟恐駁斥之或至ᄒᆞ나其實은於韓에爲大不仁이오於日에亦未爲忠告이니設心做計가其亦誤矣로다 (未完)

官報

●號外 隆熙元年九月七日

宮廷錄事

掌禮院卿臣李重夏謹
奏上號日率百官 親上致詞于德壽宮時 皇太子行禮之節依例磨鍊乎敢 奏奉 旨依例磨鍊

掌禮院卿臣李重夏謹 奏今此 皇太子冊禮後頒詔陳賀及太皇帝上 號後頒詔陳 賀頒以權停例爲之事命下矣太皇帝兩百官進 箋陳賀之節亦以權停例磨鍊之意上奏奉 旨依奏

●號外 隆熙元年九月八日

宮廷錄事

今陰曆八月初二日
太皇帝上 號正時丙初初刻
太皇帝上 號後率百官 親上致詞時 出宮初嚴未正二刻 二嚴未正三刻 三嚴申初初刻

●第三千八百六十六號

隆熙元年九月九日

宮廷錄事

宮內府大臣勳一等臣李允用謹 奏侍講院官制今旣改定矣侍講以下幷解任何如謹上 奏奉 旨依奏

冊封都監提調臣李根命謹 奏今此 冊禮時 金冊文金寶及其各一件謹此封進而各一件太皇帝前 皇太子宮一體封進之意敢 奏奉 旨依奏

冊封都監提調臣李根命謹 奏今此 冊禮時 金冊、金寶印出一件 冊寶同紙一貼列書製述官書寫官지姓名謹此封進而太皇帝前 皇太子宮一體封進之意敢 奏奉 旨依奏

掌禮院卿臣李重夏謹 奏奉 旨依奏

掌禮院卿臣李重夏謹 奏因宮內府 奏本 興宣大院君追隆封王 驪興府大夫人追封妃 完和君追封王 延原郡夫人封妃儀節令掌禮院磨鍊擧行事 奏下矣謹以次第擧行而興宣大院 封王諡號 完和君附王 大夫人封妃諡號 驪興府封號當爲議定矣吉日令日官金東均推擇則陰曆八月初六日申時爲吉云以此日時擧行何如謹上 奏奉 旨依奏

敍任及辭令

秘書監丞趙秉健
仝 朴用元
弘文館侍講辛泳學
仝 尹柱成
農商工部書記郞趙[illegible]翊
依願免本官
命侍講院詹事 正三品金甲洙
任秘書監丞 正三品徐相勛
任仝 正三品趙命[illegible]
九品金永善 仝 李秉洪
任弘文館侍講 正三品姜敬[illegible]
任侍講院詹事 正三品金春洙
任侍講院侍讀 正三品尹喜求
仝 六品宋鍾國 仝 閔載禎
仝 李海昇 仝 趙南復
任侍講院侍從官 秘書監丞徐相勛
命兼任掌禮院掌禮 度支部書記郞李相[illegible]
任侍講院書記郞 六品沈能友 仝 [illegible]

外報

●駐日美大使新任 新任駐日美大使오부이안氏ᄂᆞᆫ프르씨와同伴ᄒᆞ야來十日에시아틀港에서發ᄒᆞᄂᆞᆫ汽船을搭乘ᄒᆞ고出發ᄒᆞᆫ다더라

●會議政務所 北京電을據ᄒᆞᆫ則會議政務所에서第一回會議를去月二十九日에開ᄒᆞ얏ᄂᆞᆫᄃᆡ第一은滿洲問題오第二ᄂᆞᆫ[illegible]요第三은王公과大臣의外國에留學ᄒᆞᆫ件과[illegible]件을決議ᄒᆞ얏더라

●淸國感情 日法과日露協約을締結ᄒᆞᆫ以後로淸國의王과大臣들은日本에對ᄒᆞ야惡感情을抱ᄒᆞᆷ이々甚ᄒᆞ니目下에日本人의對淸事業이頗多困難ᄒᆞ다더라

●水害飢況 東京電을據ᄒᆞᆫ則山梨縣세子附近水害地에서ᄂᆞᆫ逐日糧食이不足ᄒᆞ야昨今에至ᄒᆞ야ᄂᆞᆫ白米一升價一圓에至ᄒᆞ야目下罹災者ᄂᆞᆫ飢餓에瀕ᄒᆞ얏다더라

●將卒多病 同電을據ᄒᆞᆫ則駐韓日本軍隊ᄂᆞᆫ昨今氣候가漸々變更ᄒᆞ얏서도一般히流行病과水土病에患者가多ᄒᆞ고其中에馬匹은賦骨症으로斃ᄒᆞᆫ者도少有ᄒᆞ다가昨今은絶無ᄒᆞ나但將卒中에自殺者와精神病患者가比較的으로多數와ᄒᆞᆫ대此ᄂᆞᆫ氣候와風土가與ᄒᆞ고慰藉ᄒᆞᄂᆞᆫ材料가少ᄒᆞ여精神上快樂을得ᄒᆞ기不能ᄒᆞᆷ이其主因이라ᄒᆞ얏더라

雜報

●宮殿修理　大皇帝陛下移御ᄒᆞ실殿閣과　皇太子殿下臨御ᄒᆞ실宮殿을現今修理ᄒᆞᄂᆞᆫ中이라더라

●兩大謁見　再昨日下午二時에總理大臣李完用學部大臣李載崑兩씨가詣闕　謁見ᄒᆞ얏다더라

●兩處勸告　今番郡守奉本이拾五窠를修正ᄒᆞ얏ᄂᆞᆫ대內閣大臣에게推薦이五窠오統監府勸告가五窠오一進會勸告가五窠라더라

●都監畢了　追封　皇后進封　皇后及　皇太子冊封等諸般都監의事務를再昨日에야畢了ᄒᆞ얏다더라

●樞院建議　中樞院顧問諸씨가地方에情形을安靖ᄒᆞᆯ計策으로將次協議ᄒᆞ야內閣에建議ᄒᆞᆫ다ᄂᆞᆫ說이有ᄒᆞ더라

●意見提出　內部次官木內씨가日昨에該部一般奏任官을會同ᄒᆞ고部務에相當ᄒᆞᆫ意見書를各其提出ᄒᆞ얏다더라

●落仕區處　軍部官制를改正ᄒᆞᆫ後落仕ᄒᆞᆫ敎官翻譯官主事等諸씨中可堪人을擇選ᄒᆞ야地方郡守로區處ᄒᆞ기로決定ᄒᆞ얏다더라

●上號擧行　昨日自上午十時로下午四時ᄭᆞ지宗親文武百官이中和殿에서上　尊號公故를擧行ᄒᆞ얏다더라

●軍大不仕　軍部大臣李秉武氏ᄂᆞᆫ有何事故인지再昨日에不仕進視務ᄒᆞ얏다더라

●減等報告　平北裁判所에서ᄂᆞᆫ陰七月十九日頒　詔中六犯外各減一等ᄒᆞᆯ罪人이十七名이라고該道參書官張孝根氏가法部에報告ᄒᆞ얏다더라

●六守叙任　內部에서郡守三十一窠가奏本叙任ᄒᆞ얏다ᄂᆞᆫ事ᄂᆞᆫ前報와如하거니와崔泰容氏ᄂᆞᆫ洪州郡守오內部書記郎林鶴來氏ᄂᆞᆫ[illegible]原郡守요同趙嚴鳳氏ᄂᆞᆫ三嘉郡守요金東完氏ᄂᆞᆫ金義郡守요前郡守金寅植氏ᄂᆞᆫ杆城郡守로被任ᄒᆞ얏더라

●三氏流配　警視廳에多日滯囚ᄒᆞᆫ李愚明金大鐵宋台觀三씨ᄂᆞᆫ珍嶋流配磨鍊이되야本日에發配ᄒᆞ얏다더라

●各歸私第　去番에還國ᄒᆞᆫ兪吉濬趙羲淵等諸氏가多日趙羲甲씨家에留連하더니特赦頒佈가된故로昨日에一齊히各其自已私第로歸去ᄒᆞ얏다더라

●何故詗捉　警視廳에서南北村某々官人의姓名을列錄ᄒᆞ야現今譏查中인대捉囚ᄒᆞᆫ者가七十餘名假量이라더라

●鎭守上京　鎭川郡守申麒念씨ᄂᆞᆫ義擾를因ᄒᆞ야再昨日에上京하얏다더라

●會長辭免　進明夫人會長申蕭堂氏ᄂᆞᆫ무ᄉᆞᆫ事端이有ᄒᆞ던지請願辭免ᄒᆞ얏다더라

●視察隨員　度支部次官柳正秀씨가日本造幣局을視察次로再昨日에發程하얏ᄂᆞᆫ대隨員은該府書記官兪承兼氏等이라더라

●大吁何為　再昨日下午에何許衣冠人　名이大漢門外에서揚臂大呼曰七賊大臣이出來ᄒᆞ면一擧打殺이라ᄒᆞ며賣國逆臣이라고罵不絶口ᄒᆞᄂᆞᆫ대把門巡檢이置之度外ᄒᆞ고不爲捉去ᄒᆞ얏다더라

●外任回辭　農商工部技師金璟完씨가金[illegible]郡守를被任ᄒᆞᆫ事ᄂᆞᆫ別項과如하거니와兩次에平海郡守를叙任하얏더니該氏所願이아니하ᄂᆞᆫ故로更히金義郡守를叙任ᄒᆞ얏ᄂᆞᆫ대今番에도固辭ᄒᆞ기로決心하얏다더라

●改規頒佈　法部에서該部處務規定의細則四十一條로改ᄒᆞ얏ᄂᆞᆫ뎨該條를京鄕各裁判所에도頒布ᄒᆞᆯ터이라더라

●慶節休假　昨日은　太皇帝陛下上尊號ᄒᆞᄂᆞᆫ慶節인故로慶祝ᄒᆞ기爲ᄒᆞ야各府部院廳과各官私立學校에서休假廢務ᄒᆞ얏다더라

●尉官審查　陸軍監獄에下囚ᄒᆞᆫ原州鎭衛隊尉官과江華隊尉官諸氏를本日審查ᄒᆞᆫ다더라

●日語添科　再昨夜에背成中學校에서講師諸氏가開會ᄒᆞ고法律專門學校와中學校에日語一科程을添入ᄒᆞ기로決議ᄒᆞ얏다더라

●多數捉囚　警視副監具然壽씨가每夜에別巡檢을帶同ᄒᆞ고閭巷間에巡行ᄒᆞ야言語行動에殊常之人을多數捉囚ᄒᆞ엿다더라

●卒業需用　日本醫務科에서卒業歸國ᄒᆞᆫ吳錫裕氏를相當需用ᄒᆞ라고學部에서內部로照會ᄒᆞ얏다더라

●義擾迫近　日昨東門外議政府日兵站所에서義兵一百三十餘名이來到ᄒᆞ야日兵과交戰ᄒᆞ야日兵二名이被害ᄒᆞ고彈丸一百三十餘發과銃幾柄을奪去ᄒᆞ얏다더라

●軍器被奪　日昨楊州郡에서京城으로輸來ᄒᆞᄂᆞᆫ軍器五駄와牛隻ᄭᆞ지義兵이奪去ᄒᆞ얏더라

●火藥沒燒　寧邊郡山城에陰雨之備로原來火藥幾萬斤을積置ᄒᆞᆫ것시有하더니該郡에駐在ᄒᆞᆫ日本守備隊가山城에來到ᄒᆞ야火藥庫를燒却ᄒᆞᄂᆞᆫ대火光이衝天ᄒᆞ고爆聲이竟日에該近人民이大端驚慌하얏다더라

●坡守隱避　昨日坡州郡에義兵이多數히侵入하얏ᄂᆞᆫ대該郡守沈宜性씨ᄂᆞᆫ避身하얏다더라

●砲彈收去　沔川郡에서砲兵의所持ᄒᆞᆫ十四柄과彈丸四百五十發을洪州警務署에서收去ᄒᆞ얏다고該郡守朴芝陽氏가內部로報告ᄒᆞ얏다더라

●虎列流行　鴨綠江中島의셔韓人一名이怪疾의罹ᄒᆞ엿고去七日의患者二名이有ᄒᆞ고漸々蔓延ᄒᆞᆯ兆가有ᄒᆞ다ᄒᆞ며目下安東縣에ᄂᆞᆫ多數ᄒᆞᆫ患者有ᄒᆞᆷ으로內地의侵入을防遏ᄒᆞᆯ目的으로警視總監丸山씨가宜士佐佐木과齋藤兩씨를同地로派送ᄒᆞ엿다더라

▲各地通信▼

▲八日水原發電을據ᄒᆞᆫ즉京釜線餅店驛東北三拾里先長洞에義兵七百名이集合ᄒᆞ야烏山驛과振威驛을襲擊ᄒᆞᆫ다揚言ᄒᆞ고

▲七日忠州발電을據ᄒᆞᆫ則去三日에義徒二十名이延豐에서聞慶邑에來ᄒᆞ야當地補佐員과郵便局員과日本商人들과接戰ᄒᆞ야日人은尙州方面으로退却ᄒᆞ얏ᄂᆞᆫ데其中에一名은重傷ᄒᆞ며日人遞傳夫ᄂᆞᆫ被害ᄒᆞ고義兵은日人居住ᄒᆞ던附近民家十五戶와并郵便局을燒却ᄒᆞ고該近電柱六本을折倒ᄒᆞ고延豐으로退却ᄒᆞ엿고

▲八日大邱發電을據ᄒᆞᆫ즉當日午後三時에義兵約一百五十名이星州邑을來襲ᄒᆞ야廳舍及日人家屋全部를燒火ᄒᆞ얏ᄂᆞᆫ데郵便局長과日人三名과巡檢三名은生死가不明ᄒᆞ다ᄒᆞ고

▲醴泉郡에도不穩ᄒᆞ야郵便局과分派所ᄂᆞᆫ尙州로引揚ᄒᆞ얏다ᄒᆞ고

▲八日鳥致院發電을據ᄒᆞᆫ則秋風嶺北方約四十里遠ᄒᆞᆫ地方에義徒數百名이集合ᄒᆞ야星州分派所를襲擊ᄒᆞ엿다ᄂᆞᆫ報가有ᄒᆞ고

▲餅店驛東北約三十里龍仁郡仙谷洞에義兵七百餘名이集合ᄒᆞ얏ᄂᆞᆫ데所內西南山洞尹基善家外에火繩銃二柄과東面金永喜家에서洋式獵銃一挺을掠奪ᄒᆞ고竹山方面으로向ᄒᆞ얏다ᄒᆞ고

▲九日鳥致院發電을據ᄒᆞᆫ즉京釜線列車가平澤驛을發ᄒᆞ야約四十間을經過ᄒᆞᆯ時에韓人五六名이投石ᄒᆞ엿스나損害ᄂᆞᆫ無ᄒᆞ다ᄒᆞ고

▲二日午後八時에義兵七十名이突然히平海分派所를襲擊ᄒᆞ매日本巡查三名이對戰ᄒᆞ다가衆寡不敵ᄒᆞ여各自逃避ᄒᆞ엿다ᄒᆞ고

▲寧越東方五十里地点에서義兵五十名과日兵一部대가遇着接戰ᄒᆞ야日兵一名이戰死ᄒᆞ얏고義兵은死傷이不明ᄒᆞ다ᄒᆞ고

▲忠州郡附近戰鬪報道를據ᄒᆞᆫ則八月二十三日午前拾一時에韓兵約二百名이堤川街道에서忠州郡을進擊ᄒᆞᆫ다ᄂᆞᆫ報告가有ᄒᆞᆫ대日兵게豐饒대ᄂᆞᆫ北門을占領ᄒᆞ고戰鬪斥候ᄂᆞᆫ校洞高地와南部高地의셔一時頃을對戰ᄒᆞ얏ᄂᆞᆫ대曹長은衛兵及其下를指揮ᄒᆞ야兵舍를守備케ᄒᆞ엿다ᄒᆞ고

▲同日二時에校洞戰鬪斥候에報告ᄒᆞᆫ則義兵約九拾名이淸風街道一千二百米突高地中心에散開ᄒᆞ고其後方八百米突에서舊式野砲를据置하고猛烈히射擊ᄒᆞ엿다ᄒᆞ고

▲同日午後零時에堤川間遞步哨에報告ᄒᆞᆷ을據ᄒᆞᆫ즉忠州邑約三十五里地点一帶高地에서義兵과日兵이交戰ᄒᆞᄂᆞᆫ대義兵의氣勢가猛烈ᄒᆞ여日兵一餘名이負傷ᄒᆞ엿다ᄒᆞ고

▲同日三時의二宮대에報告를接ᄒᆞᆫ則義兵約百餘名이淸風街道에서襲으로北方約千五百米突되ᄂᆞᆫ地를涉ᄒᆞ야占領ᄒᆞ고日兵은約千二百米突距離에駐在ᄒᆞ엿ᄂᆞᆫ데二拾餘名義兵은五百米突附近에前進ᄒᆞ고又約拾名은日兵의左翼으로迂回ᄒᆞ야交戰ᄒᆞ엿다ᄒᆞ고

▲同日에忠州東方面의셔義兵이日本憲兵대와强硬히交戰ᄒᆞ엿다ᄒᆞ고

▲八月二十六日의義兵約三百名이延豐邑을來襲ᄒᆞ야郡守와書記를捕捉ᄒᆞ고同郡南方約三十里地方으로退却ᄒᆞ얏고

▲七日午前발成歡電을據ᄒᆞᆫ則安城附近에義兵이蜂起ᄒᆞᆫ貌樣이有ᄒᆞ야同日朝에居住日人四十餘名이成歡으로逃走ᄒᆞ엿다더라

東京電報

●日本의暴風雨　九月九日발　暴風雨에日本九州가被害ᄒᆞ엿ᄂᆞᆫ데大分宮崎福岡諸縣이最甚ᄒᆞ다더라

路透電報

●歸航聲言　同月八日발　米國大艦隊은太西洋에留置ᄒᆞᆯ意思가無ᄒᆞ고只是太西洋에서太平洋에航海를試驗ᄒᆞ고任務를終ᄒᆞ고ᄂᆞᆫ太西洋에歸航ᄒᆞᆯ것다고公言ᄒᆞ엿더라

▲燕市斜陽▼

▲現今全國이鼎沸ᄒᆞ고烟塵이四起ᄒᆞ야號泣之聲이狼藉ᄒᆞᆫ되內閣大臣은宴會나頻數ᄒᆞ고勢力을維持코저ᄒᆞ야統監府나訪問ᄒᆞ고百方納媚ᄒᆞ니八域人民은陷溺拯除ᄒᆞ면內閣大臣의勢力은何處에可施ᄒᆞᆯᄂᆞᆫ지

▲近日某々大官과元老들이一體로從一品을陞ᄒᆞ엿스니原來品秩은金玉貫子로表示ᄒᆞ더니官人이斷髮을創ᄒᆞᆫ後ᄂᆞᆫ도陞資ᄂᆞᆫ如前히되니俗所謂쥭에堂上이라ᄒᆞ고

▲度支部次官柳正秀ᄂᆞᆫ疏遞되고日本人荒井賢太郎氏가被任ᄒᆞ엿스니각部次官은日人의버슬자리가되엿스니現今各部次官에餘存이幾何오畢竟盡失乃已ᄒᆞᆯ리로다

▲開城參政課ᄂᆞᆫ經理院所管인되該課ᄂᆞᆫ廢止ᄒᆞ고參圃ᄂᆞᆫ人民이營業으로ᄒᆞ고該參政은農部에附屬ᄒᆞ엿스니參政課長劉臣赫氏가狼狽로고

▲本月四日에京城南大門兩側道路開修의計畫을確定ᄒᆞ야一二日內에稅關工事部에서工役에着手ᄒᆞ야該道路ᄂᆞᆫ廣八間인되一般交通이最히便利ᄒᆞ게ᄒᆞ다니現今地方에砲聲이繼起ᄒᆞ야道路가杜絶ᄒᆞᆫ되京城에만道路를開修ᄒᆞ면交通이절로되ᄂᆞᆫ지

▲三和港에募軍等二百餘名이一進會四大綱領에保國安民之說에誤信ᄒᆞ야入會하엿더니該會行動이所言과不同ᄒᆞ야所望에大違ᄒᆞᆷ으로一齊退會ᄒᆞ고國債報償과學校設立에出義捐助ᄒᆞ니大韓人民의向善愛國이漸次發達은推此可見이로고

▲內閣에서義兵을止戢ᄒᆞ기爲ᄒᆞ야宣諭使를下送ᄒᆞ나각地方에日兵이人民家屋을衝火ᄒᆞ고無辜老弱을砲殺ᄒᆞ야人影이永絶ᄒᆞ고鷄犬이無聲ᄒᆞᆫ處가許多ᄒᆞ니人民이無ᄒᆞᆫ地方에무ᄉᆞᆷ宣諭를施ᄒᆞᆯ리오宣諭使라稱치말고慰諭使라稱ᄒᆞᆯ지

▲여보近日閭巷間에別文字싱겻셥다다무엇시오土匪이지요土日이란거시무엇시오韓人이日人의月銀을捧食ᄒᆞ고無罪ᄒᆞᆫ人을排斥ᄒᆞ야義兵干連이니無端히排捏ᄒᆞ야謂之秘密偵探이라ᄒᆞ고日人에게通知ᄒᆞ야坑塹에陷落케ᄒᆞ니雖是韓人面目이나心腸은日人보다尤甚ᄒᆞ니此等人物을謂之土日이라ᄒᆞ오

▲無名色偵探人을義兵이見ᄒᆞ면一進會도致疑加害ᄒᆞ고戰爭處에存接人를日兵이逢ᄒᆞ면義兵이라致疑加害ᄒᆞ니存接偵探이俱是人民의게禍根로고

雜報

●靑隊悲泣　陰七月十九日北靑鎭衛隊咸興駐隊兵士를解散ᄒᆞᄂᆞᆫ대兵營附近에日兵幾百名이斥候ᄒᆞ야不意를防備ᄒᆞ며幾十名은營門에圍立ᄒᆞ야各兵의銃帶劒ᄒᆞ고大隊長金命煥氏가朝勅을頒布ᄒᆞᆫ後에解散을督促ᄒᆞᄂᆞᆫ대副校習喜明氏가抗議ᄒᆞ되現聞朝勅하온즉國家預筭이不足ᄒᆞ여罷兵을解散하고徵兵을將行ᄒᆞ리라ᄒᆞ시니大凡民이有ᄒᆞ면國이有하고國이有ᄒᆞ면軍이有ᄒᆞᆷ은萬國이皆然ᄒᆞᆫ대韓國은一個兵도無케ᄒᆞ심은是何言意온지我駐隊ᄂᆞᆫ雖是給料가無ᄒᆞ더라도兵舍를守ᄒᆞ고徵兵實施日까지有ᄒᆞ여國恩을期報ᄒᆞ깃ᄉᆞ오니解散式을停止ᄒᆞᆷ을屈ᄒᆞ고報部ᄒᆞ심을願ᄒᆞ노라ᄒᆞᆫ즉隊長所答이京鄕各隊가皆爲解散ᄒᆞ얏ᄂᆞᆫ즉不可報部라ᄒᆞ미該副校가奮然曰他人의所爲가奚ᄒᆞ면從ᄒᆞ려니와不美하더라도從ᄒᆞ라ᄒᆞᆷ은我駐隊를업ᄂᆞᆫ物노知ᄒᆞᆷ인즉決코不爲服從이라ᄒᆞ니日兵이一齊威迫에甚至驅逐ᄒᆞ니該氏가勢無奈何ᄒᆞ야呼天痛哭ᄒᆞ니幾百名韓兵의悲淚縱橫ᄒᆞ미當日景況을慘不忍見이라더라

●鄕豪驅財　寧邊郡居吳亨淳씨ᄂᆞᆫ商業家인대物品貿米次로宣川郡에往ᄒᆞ얏더니該郡鄕豪金審邊爲名人이物品居買以給ᄒᆞ마ᄒᆞ고七八千金을持去ᄒᆞ면셔口文ᄭᆞ지併食ᄒᆞ고셔藉其豪勢ᄒᆞ야他鄕客蹤을蔑視ᄒᆞ고物品도買給치안코錢財도亦以奪食之計로携貳延拖에經年不報ᄒᆞᆷ으로吳씨ᄂᆞᆫ一朝에蕩産亦立之境에至하야呼泣于道路ᄒᆞ더라

●楊郡慘報　再昨日夕刻에日兵一小隊가大砲를引率ᄒᆞ고楊州邑附近으로過去ᄒᆞᆷ의該地居民은邑近處에서戰爭이起ᄒᆞᆯ念慮가有ᄒᆞ야男女老少가擧皆避亂次로登山隱匿ᄒᆞ얏더니日兵은義兵을捉하엿다가逃走ᄒᆞᄂᆞᆫ줄로知ᄒᆞ고追放銃ᄒᆞᆷ미避亂人民이多數히被斃ᄒᆞ얏고又其近洞에衝火ᄒᆞ야家屋이沒燒ᄒᆞ얏다더라

●自願滅義　慶北尙州內西面村居廉氷相爲名人이統監府에請願ᄒᆞ되本人이乙未東援에率自費兵五十人ᄒᆞ고東徒를剿滅ᄒᆞ오나素無褒錐之性ᄒᆞ와尙未蒙褒賞之典이옵거니와今에日兵十名만出給ᄒᆞ면自費兵二十名과誘率ᄒᆞ고慶北一道內에義兵을盡滅ᄒᆞ깃ᄉᆞ니認施ᄒᆞ라ᄒᆞ얏더라

●報郡被燒　南來人의傳說을據ᄒᆞᆫ則報恩郡에義兵이入來ᄒᆞᆫ時에郡守가逃避ᄒᆞ고人民이亦皆渙散ᄒᆞ얏ᄂᆞᆫ데其익日에日兵이來到ᄒᆞ야即時告示를揭ᄒᆞ야人民은還集安堵ᄒᆞ라ᄒᆞ기를至于再次ᄒᆞ되郡守가赴不還衙ᄒᆞ고人民이ᄯᅩᄒᆞᆫ還歸치아니ᄒᆞᄂᆞᆫ故로日兵이衝火ᄒᆞ야五百餘戶가沒燒ᄒᆞ얏다더라

●東來人의傳說을據ᄒᆞᆫ즉昨日에日兵百餘名이砥平邑蟾窟동에入ᄒᆞ야義兵의根據地라稱하고仍以衝火ᄒᆞ야該洞에十餘戶가沒燒ᄒᆞ얏ᄂᆞᆫ대其近동徐判書家를衝火하며男丁은皆逃避亂ᄒᆞ고婦女六人中一婦女ᄂᆞᆫ孕胎六七朔인대被燒慘死하얏다더라

●銃器沒取　報恩郡東面赤巖村에서原來火賊防備ᄒᆞ기爲ᄒᆞ야銃器二十七柄을購鍊以置ᄒᆞ얏더니陰七月十八日夜에義兵一百名이突入ᄒᆞ야該里所存銃器를沒數搶去ᄒᆞ얏다더라

●英校試檢　全州私立養英學校에서第一期試檢을經ᄒᆞ얏ᄂᆞᆫ대甲班最優等生은本郡居張仁錫鎭安居元炳喜尙州居金應煥本郡居李현宰諸氏오優等生은鄭承謨張德勳諸씨오乙班優等生은朴又教氏오丙班優等生은金鳳柱徐正煥李昌成宋漢燮諸氏오其餘及第生은不必盡記而學問進就가頗有可觀이러라

本院에서曾往에ᄂᆞᆫ中學科에英語만兼授ᄒᆞ얏더니今學期부터ᄂᆞᆫ日語를增授ᄒᆞ야英語에中學科를兼授ᄒᆞᄂᆞᆫ科ᄂᆞᆫ英文學科라稱ᄒᆞ고日語에中學科를兼授ᄒᆞᄂᆞᆫ科ᄂᆞᆫ日文學科라稱ᄒᆞ니願學靑年은隨意來學ᄒᆞ오

學科及學年의分排가如左

科程	第一學年	第二學年	第三學年	第四學年
修身	人倫道德口授	上同	上同	倫理學
聖經	新約全書講義	上同	舊約全書 敎會歷史	舊約全書 敎會歷史
國語	國文大要			
漢文	古文	經書摘抄		
外國語	日語英語隨意	上同	上同	上同
歷史	本國史	萬國史		
地理天文	本國地理	萬國地理	地文學	天文大要
數學	算術	上同	代數幾何	幾何三角
理科	博物	生理	物理	化學
法制及商業			法學	經濟學 簿記
圖畫	自在畫	用器畫		
體操	普通兵式	上同	上同	上同

南大門內尙洞

私立靑年學院長　鄭一宣

◎[illegible]永川郡鑄鍾洞

崔□□ □相源 楊命述
□□□ □聖千 리龍特
김國餘 □龍俊 김在鶴
各卅錢 최相三 鄭布□
鄭文哲 최□天 각四十錢
朴□龍 文武得 최□介
崔玲□ 尹九卜 리哲伊
김□祥 각十錢 崔正業
최遇□ □□堂 김云發
김□得 宋宗大 리仁敦
각廿錢 □學用 六十錢

▲完山面□□
尹斗□ 리致敬 비斗□
김□守 □□□ 각四十錢
尹斗□ 文千石 尹斗□
金正□ □□龍 鄭□周
尹永道 □□文 오□선
리丁丹 宋□哲 리浩哲
朴□彥 尹斗□ 林卜□
崔□□ □□鉉 尹斗海
各卅錢 □□文 □卜丹
尹斗□、李文□ □達用
各拾錢

▲外동
리浩斗二圓 리琪构 리斗构
리命令 各六十錢 曹達碩
拾錢 監察김顯復 一圓
리熙源 리희道 리熙馥
리鍾构 金□弼 朴圭翰
리仁凡 리□돌 리仁돌
徐□龍 尹錫俊 朴圭白
리최斗 각廿錢 朴成翰
六十錢

▲泛魚동
김山宗 김相鉉 김贊來
김永□ 各六拾錢 리仁构
四十錢 김□□ 김致夏 尹其洙
김致秀 尹□化 리□祚
김正□ 리□天 김洛□
各四拾錢 김□□ 리俊碩
리□鎬 리釜치 리鍚构

白□花 □宗□ 리觀祚
리仁秀 □正□ 리敬치
김宗烈 리元构 文以□
김□□ 김□俊 리哲□
박永□ 리鍾凡 皇甫範
□基식 김永昊 김鶴珠
朴錫□ 리鍾悅 各卅錢
김□□ □鶴□ 리鍾善
白□祚 □□□ 朴錫奎
□□□ 김基秀 리日宗
鄭斗치 각一□ 리□□
鄭□祚 리□□ 各八□

▲금□洞
□□□ □永珠 □永□
各一□ 리□□ 宋正五
各六十錢 徐□伊 리千伊
沈□九 各四拾錢 김相文
석致玉 리千得 리永石
김□史 김□史 박辰珠
鄭斗采 申□化 各卅錢
盧□□ □□□ 각八拾錢
김□守 徐召史 □□鎭
김元伊 리致五 김聖文
김□□ 宋在用 김先東
徐□俊 文喜祚 沈□甲
김根□ 리□洪 리摩時
각四拾錢
김宗□ 각六拾錢

▲內洞
尹斗弼一圓 尹斗松 尹斗建
尹斗□ 尹斗海 尹永述
玄千月 각卅錢 尹斗燮
金正郁 □哲文 裵卜丹
裵山龍 鄭□用 裵慶문
너丁丹 安慶哲 朴希彥
朴문哲 鄭在鉉 최龍達
각拾錢 리致敎 김泰守
裵斗慶 김慶祿 각四十錢
오鳳선 리浩哲 林卜順
崔寬卜 각廿錢

▲道동
成在熒 成洛翰 리奉奎
張석庠 각四十錢 林永碩
一圓 리沙川 許石

方昌賢 張石史 林在浩
너斗伯 각廿錢

▲古村面水興동
너鍾彥一圓 박柄泰 박柄九
박柄道 각六拾錢 박柄慶
八拾錢 너鍾錫 宋泰賢
宋泰문 너元道 박斗□
각四拾錢 박盛夏 최永道
박道夏 김□坤 최奎哲
너□碩 박炳五 박炳連
鄭□永 리宗泰 宋□述
각廿錢

▲□亭洞
韓公弼 鄭方佑 각一圓
김永馨 김永□ 각八拾錢
金□敎 박元山 각六拾錢
박錫榮 박明亨 □□云
崔寬守 김在浩 각四十錢
정弼彥 리正□ 황命□
김□伊 각廿錢 정弼□
一圓 □문□ 韓錫珠
金□郁 金益東 최洪□
각四拾전 장□周 張振□
俞□元 박鎭守 金日坤
각廿전 박鎭亨 六拾전
리正守 八十전

▲上溪동
辛載珠 趙益鉉 각一圓廿전
金致□ 趙□道
각一圓四拾전 徐廷□
徐□凡 각一圓 최□□
六拾전 張昌文 최夏榮
각廿전

▲雲光동
徐日凡 八拾전 리根佑
너仁在 徐景伊 최三祿
沈昌문 각四拾전 박宗哲
김士元 너春發 김聖학
최琪道 박道治 각廿전
(未完)

◎本社廣告
○申報價
一張代金 新貨二錢五里
一個月前納 三十錢
三個月 九十錢
六個月 一圓七十錢
一個年 三圓四十錢
郵稅一部 新貨五里
一箇月 十三錢

(每日發行[illegible])
二週日에 [illegible]
每日發行四號五號에[illegible]
一箇月에 [illegible]
一每日發行[illegible]
其期限의長短과字行의多少를依하야[illegible]

大韓每日申報各處支社
仁川□□□ [illegible]
□川邑□南□ [illegible]
義州南門外 [illegible]
三和港□□ [illegible]
成興南州□西門外 [illegible]
開城□義學校 [illegible]
大邱市廳 [illegible]
□寧邑濟衆院 [illegible]
鐵山邑東部 [illegible]
元山□□ [illegible]
淸州南門外淸□學校 [illegible]
安州南門內書館 金昌□
宣川邑 [illegible]
定州□門 [illegible]
□城郡校동 [illegible]
郭山與□ 許□
安岳□□坊□동 李□□
博川□□ 李□□
鐵原邑□洞 金□河
□州城內□井洞 趙鏞大
高原邑 朴敬吉
□州申□館 安濟

大韓每日申報社
發行兼編輯人英國人 裵說
發行所
南署石井洞號外地□□洋屋
大韓每日申報社

第五卷

大韓每日申報

第六百十號

月曜及慶節臨時休刊

檀君開國四千二百四十年
箕子元年三千二十九年
大韓開國五百十六年
日本明治四十年
淸國光緒三十三年
陰曆丁未八月小初四日癸亥

論說

◉討國民新報 (續)

(四)國民報者가恒常本報를황황報라論斥ᄒᄂ니本報之황與不황은是在公眼之審擇이오設或本報가瑣々細事에偶有一一황處라도卽加正誤ᄒ야如此月之更이어니와大황哉라國民報여好哉라國民報여鄙哉라國民報여險哉라國民報여韓面日腸에如老狐之善幻ᄒ며韓鎔日心에如狂犬之反噬ᄒ야七條約又은淡乎之所痛哭이어ᄂᆯ彼乃手舞足蹈에歌之頌之曰破壞時代에破壞事業이라ᄒ며日人韓官은尺童之所扼腕이어ᄂᆯ彼乃歡迎成祝에贊之祝之曰施政改善을將賴彼等이라ᄒ며軍隊解散이亦一悲慘之歷史어ᄂᆯ彼乃瞋目張膽에自欺々人曰備兵은不可用이라ᄒ며名譽志士가何害於渠완ᄃᆡ彼嘗搆虛捏無에大筆特揭曰某是煽動黨魁首라ᄒ야俾作獄中之幽囚ᄒ며自強會之無故解散이人權剝奪之悲境이어ᄂᆯ彼乃陽吊陰快에魔誘國民曰後々志士ᄂᆫ愼勿效自強會라ᄒ며朴泳孝氏之無罪流配ᄂᆫ亦志者之所痛哭處어ᄂᆯ彼乃外歎內賀ᄒ야嚇脅社會曰一般人士ᄂᆫ勿如朴泳孝라ᄒ니噫彼國民報者아眞所謂司馬昭之心은路人皆知ᄂᆫ다爾之一段精神은欲賣全國人民ᄒ야以做日本之倀鬼故로伊藤統監之口에一唾가落地ᄒ면非祇不已ᄒ며本國志士之膣에點血이尙熱ᄒ면狂吠無時ᄒ고日本之勢力이加一層하면千丈喜躍ᄒ며韓國之悲運이添一段ᄒ면萬般欣賀ᄒ야鼓舌如簧에迷誘愚人ᄒ니噫爾國民報者아爾亦讀書種子ᄒ야粗辨黑白ᄒ면서舉筆로々에甘作宋秉畯之忠奴ᄒ니爾換腸乎아爾失魂乎아抑亦被累於口腹而不得已然乎아

(五)噫라本記者가駐此韓國ᄒ야若其三千里內之生靈이烟月康衢에含哺鼓腹ᄒ야上歌政府之功德ᄒ고下樂自家之幸福ᄒ면可祝可慶이莫大於此이깃거ᄂᆯ今也에不然ᄒ야地方騷擾에農作이失損ᄒ고外兵所過에衛火가相望ᄒ야村閭가愁慘에鷄犬이無聲ᄒ고天日이闇黑에白骨이滿地하야死亡之家ᄂᆫ父哭其子에兄哭其弟ᄒ고幸生之人은夫妻相携에孺負相屈ᄒ야艱辛拮据之幾間蝸屋과幾件殘衣ᄂᆫ斷送於咸陽之一炬ᄒ고來頭生計之幾畝禾稻와幾斗黃粟은已付烏有之夢ᄒ야三歲孩子가嗷々索飯ᄒ나仰天俯地에丐乞無路ᄒ고十歲女兒ᄂᆫ瑟々寒戰ᄒ니風餐露宿에寄宿無處ᄒ니國民이何辜완ᄃᆡ當此荼毒ᄒ고國民도必曰是自作之孽이라ᄒ리로다本記者ᄂᆫ扼腕搔背에怒目切齒曰否々라天下之最冤은是韓人이라接百年之貴族ᄒ며家에喫飯無扂木樓ᄒ고俯首從諸ᄒ야是以人이며纔十四貪官汚吏에輪盡膏血液하고도猶詩禮服ᄒ니是人이라胡爲乎禍之韓人이不有大悲歸大恥辱ᄒ고但可以養其父母며養其妻子면安居一室에熙々然樂生이거날酷哉라五賊七賊이여險哉라一進會人이여自己同胞의土地也家屋也生命也活動也權利也를或自割自割ᄒ며或讓渡於日人而割割之ᄒ야毛髮皮肉에刀斧가日至하며津血唾液에機管이[illegible]加ᄒ야雖彼至柔至順之韓人이라도迄今忍之에無復可忍이라公仇私讎가歲積月堆ᄒ고眼淚腔血이日沸時湧ᄒ야不計死生ᄒ고揭竿爭起ᄒ니雖其無教育無實力之結果로不無愚昧之舉動이며亦但至悲慘之境界ᄒᆯ지나若以公心公眼으로評斷今日之事情ᄒ면當此脊邱[illegible]幅碎이支離破碎之時ᄒ야無丸區々之血忿者도亦非人類也니雖彼日人이라도平心思之ᄒ면容或諒恕其情矣어ᄂᆯ名曰韓人者가乃以匪徒賊徒之惡名으로聲討不已ᄒ니噫爾國民報여是出於韓人之手者歟아

與彼國民報而對辨ᄒ니吾筆이陋矣로다만은但國民報者가見我結舌ᄒ고狂도多日ᄒ면譬如寸雲이障日에日雖無傷이나必也世界衆眼은恨不一快披而見靑天故로略々假答ᄒ거니와雖然이나本記者筆力이只足以聲討彼罪而已오至於魔跡之永掃ᄂᆫ究非本報筆之所能也니何也오彼亦韓國今日에一大倚勢之魔報라韓國興之日에ᄂᆫ彼自然消聲匿影ᄒᆯ것이오韓國亡之日에ᄂᆫ彼當洋々得意에飛升天衢하리니亡歟아興歟아大韓國乎여本記者ᄂᆫ歐洲人也로ᄃᆡ深望北地ᄒ야與我愛讀者로緣이亦已久矣니隨講說法에不勝惓惓ᄒ야於誅討彼報之末에特附此一段ᄒ노라 完

宮報

●宮廷錄事

●外 隆熙元年九月九日

詔曰須弼陳賀時各差備以下別單書入

詔曰東宮陳賀時各差備以下別單書入

詔曰冊禮時都監都提調以下別單書入

●第三千八百六十七號 隆熙元年九月十日

●宮廷錄事

內閣總理大臣勳一等臣李完用

謹 奏臨時帝室有及國有財產調查委員長臣宋秉畯의報告를據ᄒ와經理院所管雜稅廢止及移屬에關ᄒᆫ案件을査ᄒ온즉從來該院所管이多係與庫應人이온바一切營稅와無名雜稅의貽弊生民이不少 其端이온지라百度維新日을當하와可廢者ᄂᆫ廢止ᄒ고可移者ᄂᆫ移屬ᄒ옴이妥當ᄒ오니該局所報를依ᄒ와爲先施行ᄒᆷ을內閣會議를經ᄒ옵고原案을另具ᄒ와謹上 奏ᄒ옵나니다奉

旨依奏

經理院所管雜稅調査案

庖稅ᄂᆫ國庫收入으로定ᄒᆯ事

右ᄂᆫ各庖稅를現今農商工部에서管理收入인바京畿忠淸兩道庖稅만。典院에屬ᄒᆫ은稅法不一ᄒᆷ으로此를國庫收入으로定ᄒ고農商工部로主管케ᄒᆷ이可ᄒᆷ

一鹽稅ᄂᆫ廢止ᄒᆯ事

一水産稅ᄂᆫ廢ᄒᆯ事

右ᄂᆫ度支部에原定稅規가自在ᄒᆫ즉一切營稅가不可ᄒ오니廢止ᄒᆷ이可ᄒᆯ事

一船稅ᄂᆫ廢止ᄒᆯ事

右ᄂᆫ農商工部에原定稅規가自在ᄒᆫ은즉一船舶稅가不可ᄒ오니廢止ᄒᆷ이可ᄒᆷ

一浦稅ᄂᆫ廢止ᄒᆯ事

右ᄂᆫ性質이地方稅에近ᄒᆫ즉他日地方稅實施日에措處ᄒ기로現今間廢止ᄒᆷ이可ᄒᆷ

一蔘稅ᄂᆫ廢止ᄒᆯ事

右ᄂᆫ耕作은一般이온바特別이人蔘에對ᄒ야加稅ᄒᆷ이不可ᄒ오니廢止ᄒᆷ이可ᄒᆷ

一平安道浿江稅ᄂᆫ國庫收入으로定ᄒᆯ事

右ᄂᆫ性質이海關稅에彷彿ᄒ기國庫收入으로定ᄒ고度支部에移屬管理케ᄒᆷ이可ᄒᆷ

一竹田稅 松田稅 種桑稅
柴山稅 栗木稅 干田稅
山麓稅 芦稅 草稅
燒木稅 炭木稅 蜂蜜稅
水營土稅 其他土地의附帶ᄒᆫ雜稅ᄂᆫ國庫收入으로定ᄒᆯ事 奏完

外報

●同航員義 紐育電을據ᄒᆫ則美國政府ᄂᆫ戰艦艦隊의太平洋回航에對ᄒ야目下銳意로準備ᄒᄂᆫ中인ᄃᆡ現任艦長의過半은少壯의將校를交代ᄒᆯ지오艦ᄃᆡ回航이頁意에代ᄒ야國民間에不安ᄒᆫ念慮가有ᄒᆷ은不可掩ᄒᆯ事實이라더라

●艦影彷彿 同電을據ᄒᆫ則紐育에셔ᄂᆫ우ᄃᆡᄂᆫ比律賓群島에接近ᄒᆫ一小島(所謂西澤島)日本國旗를樹立ᄒ얏다ᄂᆫ報道를接ᄒ얏다ᄒ고日本의來年度豫算에台灣과香港間에新艦대를置ᄒ기爲ᄒ야其經費를計上ᄒ리라ᄂᆫ報道를想起ᄒ면其眞意를想像ᄒᆷ이足ᄒ다고論評ᄒ얏더라

●淸官과日人의衝突 奉天電을據ᄒᆫ則去二日에淸國巡査와日本人間에大衝突이有ᄒ기로萩原總領事ᄂᆫ強硬ᄒᆫ抗議를總督의게提出ᄒ얏더라

●英國의淸韓新策 今回에上海에英國租界商議員會에서淸韓兩國에關ᄒ야會議의結果로二個新命令을發表ᄒ얏ᄂᆫᄃᆡ右ᄂᆫ千九百四年에會議로부터發ᄒᆫ바든命令에修正을加ᄒ고千九百五年의命令은箇條를增ᄒ야擴充變更ᄒᆫ者인ᄃᆡ淸韓兩國에關ᄒᆫ司法官과領事官은更히其權限을擴張ᄒ야各自任意의處分을執ᄒ야從來法廷에見ᄒ든時日의浪費를節約ᄒ야有效케ᄒ고且居留地各區에關ᄒᆫ認許ᄂᆫ互相關係를圓滑케遂行ᄒᆯ事이더라

以上二個의新命令中에其第一命令의最重要ᄒᆫ四箇條ᄂᆫ左의二大原則을包容ᄒ야商標의侵害와及擾亂煽動의出版物에關ᄒᆫ件控訴手續에改正과及各領事官吏에對ᄒ야淸韓兩國에잇ᄂᆫ英國臣民과他國民間에爭議를融和ᄒᆷ에勉ᄒᆷ으로써ᄒᆫ者이며第二命令은單히韓國에關ᄒᆫ英國總領事에從ᄒᆫ兩國의英國公使에附與ᄒᆫ裁判權을讓與ᄒᆫ者이라右二命令은倫敦에서千九百七年二月十一日에附ᄒ야五日로써上海의高等法院에公示ᄒ얏다더라

雜報

●慈善奬學 女子教育에셔一般同胞가憂患疾苦者의擾을前紀을爲ᄒ야慈救學會社長金雲修以下諸氏가血心으로周旋ᄒ야共立病院을該會內에設置ᄒ고病院事務를於八月初一日부터實施ᄒ엿ᄂᆫᄃᆡ第八道檢科學生諸氏ᄂᆫ不料로治療케ᄒ고特別히孤兒와學徒ᄂᆫ無料로治療ᄒ야준다더라

雜錄

●果非細慮 地方에騷動이만連不戢ᄒᆞᆷ이果非細慮라ᄒᆞ야내閣諸大臣이鎭壓安靖ᄒᆞᆯ方針을協議ᄒᆞᆫ다ᄂᆞᆫ說이有하더라

●免官과依免 內部에서地方郡守를將次免官ᄒᆞᆯ人이三十一가오依免ᄒᆞᆯ人이九名인ᄃᆡ該事案을재閣에請議ᄒᆞᆫ다더라

●統府照會 從來로各部高等官敍任時에統監府와協議照會로同意치말고內閣總理大臣에게先爲照會ᄒᆞ야總理大臣이統監府로同意케ᄒᆞ라고統監府에서各部로照會ᄒᆞ얏다더라

●陵令從獻官 各陵祭享時에獻官을該陵令으로典祀官及獻官으로ᄒᆞ고參奉은大祝祭祝史로擧行ᄒᆞ게ᄒᆞ고獻官은不爲差送ᄒᆞ기로磨鍊ᄒᆞᆫ다더라

●繼續修正 地方見闕郡守가合爲三十餘窠인ᄃᆡ日前內部에서修定ᄒᆞᆫ郡守가발布된後에即時修定敍任ᄒᆞᆫ다더라

●一體解任 陸軍副將以下一般官은一體로本官을解ᄒᆞ고時任軍部大臣과近衛隊官人만仍舊施行ᄒᆞᆫ다더라

●內次晩餐 內部次官木내씨가今日下午四時頃에日水俱樂部에서晩餐會를設ᄒᆞ고各部高等官吏를請邀款待ᄒᆞᆫ다더라

●蔡守上京 泰安郡守趙東潘씨가身病으로視務치못ᄒᆞ얏더니該道觀察使에게辭狀ᄒᆞ고不待回題而上京ᄒᆞ얏다더라

●保護還送 中樞院議官李址鎔씨家에巡査二名과巡檢一名이保護ᄒᆞ더니三昨日부터保護巡査와巡檢을還送하얏다더라

●殘額報告 軍用地調査委員長박義晋씨가該調査事務를畢了ᄒᆞᆫ結果三次用度額一萬六千五百五十五圓ㅅ拾七錢은國庫에還納ᄒᆞᆯ事로內部에報告ᄒᆞ얏다더라

●堤守投印 堤川郡守趙重翊씨가該觀察道에辭免ᄒᆞ매該觀察使가辭免狀을封還ᄒᆞ얏더니趙郡守가投印徑歸ᄒᆞᆫ지라該觀察使가內部에報告ᄒᆞ되當此地方騷擾之時하야郡守를不可曠官이니新郡守를斯速擇送ᄒᆞ라ᄒᆞ얏다더라

●告示還收 高陽郡守朴準陽씨가民間에斷髮令을告示ᄒᆞ얏더니境內人民等의民擾가將起ᄒᆞ야不穩ᄒᆞᆫ狀態가有ᄒᆞᆷ으로該告示를還收ᄒᆞ얏다더라

●稅務講習所 京城及各地方要害處에稅務講習所를設置ᄒᆞ고學徒를募集하야稅務에關ᄒᆞᆫ書類를敎授ᄒᆞ기로度支部에서現今經紀ᄒᆞᄂᆞᆫ中이라더라

●教授方法 學部에서今日에師範及高等學校의敎師를會同ᄒᆞ야各其敎授方法을爛商協議ᄒᆞᆫ다더라

●譯入演說 海牙發電을據ᄒᆞᆫ즉韓人李瑋鍾氏가國際協會主催下에서演說ᄒᆞᆫ다더라

●盜討免官 熙川郡主事某氏가民間財貨를科外濫討ᄒᆞᆫ事로該郡守가內部에報告ᄒᆞ되似此郡主事ᄂᆞᆫ不可一日仍置니火速免官ᄒᆞ라ᄒᆞ얏다더라

●讚愛特業 女子教育會에서共立病院設立ᄒᆞᆫ다ᄂᆞᆫ言을皇貴妃殿下씌옵서드르시고大端讚頌愛悅ᄒᆞ셧다더라

●教師兼任 普成專門學校에서日語課程을添入ᄒᆞᆫ다ᄂᆞᆫ說은昨報에已揭ᄒᆞ얏거니와該課程을夜學課로分定ᄒᆞ고敎師ᄂᆞᆫ漢城判尹張燾植씨가被選ᄒᆞ얏다더라

●三氏退社 彰信社員金元植朴亚稷等三人이共發社를設始ᄒᆞᆫ故로彰信社一般社員이總會를開ᄒᆞ고金元植等三氏ᄂᆞᆫ退社ᄒᆞ얏다더라

●賊奪商船 再昨夜西江蠶頭下에서水賊五十餘名이各持銃劍ᄒᆞ고商船八隻을奪去ᄒᆞ고또鹽倉江頭에서商船五隻을奪去ᄒᆞ얏다더라

●灌漑請認 晉州人成在老等諸人이南江川邊田畓에水利灌漑하기爲ᄒᆞ야該資本金三萬圓을鳩聚하야農商工部에認許를請願ᄒᆞ얏다더라

●平民願留 平山郡守洪應祖씨의免官奏本을너部에서奉呈ᄒᆞ얏다ᄂᆞᆫ奇別이有ᄒᆞᆫ매該邑人民이遮道ᄒᆞ고願留次로方今上京ᄒᆞ얏다더라

●不許晉面 리愚明씨流된配所ᄂᆞᆫ前報와如ᄒᆞ거니와再昨夜에該씨의別室이贊觀譽門前에來到하야號泣哀乞曰發配前에一次相面이나ᄒᆞ여달나고無數懇乞ᄒᆞ되該廳에서不許相見ᄒᆞ얏다더라

●日打車夫 大韓病院滊罐을輸入ᄒᆞᄂᆞᆫᄃᆡ再昨日下午의鐵路等地에서該役夫ㅁ人이韓國車夫一名을亂打ᄒᆞ야幾至死境ᄒᆞ얏ᄂᆞᆫᄃᆡ治療次로昇送病院ᄒᆞ얏다더라

●清郡義擾 本月二日義徒七十餘名이各持銃丸ᄒᆞ고突入淸河郡ᄒᆞ야警務分派所를燒燼ᄒᆞ고巡檢박來鎬를砲殺ᄒᆞᆫ後에該郡國債報償會長郭太榮씨를捉致ᄒᆞ야報償金二百三十二圓을奪去ᄒᆞ얏다더라

●銃丸輸去 楊州郡守署理處基殷氏가內部로報告ᄒᆞ되本月六日上午九時에義兵百餘名이樓閣院에來ᄒᆞ야本郡軍物輸去ᄒᆞᆫ日兵二名遞傳夫一名巡檢一名을襲擊ᄒᆞ되日兵二名은中丸致死ᄒᆞ고遞傳夫와巡檢은逃避하고所輸ᄒᆞ든銃丸은義兵等이輸去라ᄒᆞ얏더라

●日兵行悖 加平郡邑內에日兵二小隊가來住ᄒᆞ여義兵의蹤跡을搜探ᄒᆞᆫ다ᄂᆞᆫᄃᆡ該日兵이行悖無雙ᄒᆞ야無論某家ᄒᆞ고突入內庭ᄒᆞᄂᆞᆫ故로該邑附近婦女ᄂᆞᆫ沒數避亂하얏다고東來人의確信이有ᄒᆞ더라

●坡守報告 坡州郡守沈宜性씨가內部로報告하되本月七日上午五時頃에義兵三百名假量이襲擊楊州郡ᄒᆞ고本郡廣灘面之間巨山에根據하야本郡及楊州郡을睥睨ᄒᆞᆫ다ᄒᆞ기別派耳目ᄒᆞ야方今詗探이라더라

●奪銃致傷 報恩郡東面赤岩村에서義兵이突入ᄒᆞ야銃器沒收ᄒᆞᆫ事ᄂᆞᆫ昨報에已揭어니와銃器奪取之際에村民이防禦ᄒᆞ다가被打重傷ᄒᆞ며沒數見奪ᄒᆞ엿다더라

●滊車口破壞 大邱電을據ᄒᆞᆫ즉八日午後一時半에伊院停車場北에서何許韓人이大石을轉下ᄒᆞ야滊車升降口를破壞ᄒᆞ얏다더라

●湖中義擾 本月三日忠淸木川郡義徒三拾餘名이作黨突入ᄒᆞ야使喚김長煥을砲殺ᄒᆞᆫ後向于鎭川等地ᄒᆞ얏고又今義郡西距十里에도義兵若干이放銃衝火ᄒᆞ야停車場事務室을燒燼無餘ᄒᆞ얏다더라

●報郡詳報 前日義兵과日兵이報恩에셔交戰ᄒᆞᆫ時에該附近各里人民에死傷과家屋이被燒ᄒᆞᆫ거슬該郡守申泰完氏가調査하야內部로報告ᄒᆞ얏ᄂᆞᆫᄃᆡ日本藥商北村同妻一口와雜物商淸水同妻一口와邑下農夫尹岩回及退兵陸夏受六人은義徒의게被殺ᄒᆞ고農民金順京김召史姓名不知者從四名合六名은日兵에게被殺ᄒᆞ얏고農民金好律下召史와召史文淡谷離散僧二名은日兵의게中丸致傷ᄒᆞ야死生이未辨中이오被燒戶ᄂᆞᆫ邑內百四戶竹田里四十九戶鐵谷里二戶長新里三戶新村里十四戶皮村里十戶校洞十三戶士禮洞四戶風吹十四戶仁帳內四戶漁岩三戶晩旨十四戶求仁二戶達山五戶ᄒᆞ얏더라

▲地方通信▼

▲九日午後全州發電을據ᄒᆞᆫ則井邑郡에義兵이集合ᄒᆞ얏다ᄒᆞᆷ으로日巡韓巡이警察次로出張ᄒᆞ얏다ᄒᆞ고

▲八日夜錦山郡西一面에義徒二十餘名이來襲ᄒᆞ야同地에서日巡査와交戰ᄒᆞ다가珍山方面으로退却ᄒᆞ얏ᄂᆞᆫᄃᆡ全州守備隊에서將卒을派送ᄒᆞ고日本補佐官以下와韓國巡檢六名이出張ᄒᆞ얏고

▲九日鳥致院發電을據ᄒᆞᆫ則木川郡沃谷洞에義兵四十名이來ᄒᆞ야徒黨을募集ᄒᆞ고郡衙를襲擊할야ᄒᆞᆫ다ᄒᆞ미日本軍隊가同日에地方으로向ᄒᆞ얏스미互相衝突ᄒᆞᆯ勢가有ᄒᆞ다ᄒᆞ고

▲同日同電을據ᄒᆞᆫ則義兵百餘名이金烏山附近에集合ᄒᆞ얏다ᄒᆞ고

▲九日開城발電을據ᄒᆞᆫ즉義兵三百名이積城郡을襲擊하야日人一名을殺害ᄒᆞ얏고

▲義兵一團이聞慶烏嶺關에駐屯ᄒᆞ얏ᄂᆞᆫᄃᆡ日兵一部隊가九日午前二時에襲擊ᄒᆞ얏ᄂᆞᆫᄃᆡ兩軍의死傷이互有ᄒᆞ얏다하고

▲槐山戰鬪에報를據ᄒᆞᆫ즉八月三十日에義兵四百名이槐山邑을襲擊ᄒᆞ얏ᄂᆞᆫᄃᆡ日軍南少尉가忠州에서出發ᄒᆞ야三十一日拂曉에大德里西方鞍部에到着ᄒᆞ야數回에喊聲이大起하며大呼曰日兵이還來ᄒᆞᆫ다ᄒᆞ니이것은義兵步哨에偵探ᄒᆞᆷ이러라時에槐山邑內에ᄂᆞᆫ義兵의露營이大小並ㅎ六處라燎火가四圍에照耀ᄒᆞᆫ대日本軍隊緒方分隊ᄂᆞᆫ鞍部南方高地에到ᄒᆞ야射擊을開始하엿고南少尉ᄂᆞᆫ괴山北側에서新莊少隊ᄂᆞᆫ괴山東側에서露營을齊向ᄒᆞ야猛烈히突擊ᄒᆞ고中隊長은突入하며各小대ᄂᆞᆫ追後突入하미義兵이一部ᄂᆞᆫ陰城方面으로一部ᄂᆞᆫ淸安方面으로退却ᄒᆞ엿다더라

東京電報

九日發

●條約交換 日露兩國通商航海及漁業의三條約은本日午後에外務省에서林外相과露公使間에批准交換을了ᄒᆞ얏ᄂᆞᆫᄃᆡ十一日에發表ᄒᆞᆯ터이라더라

▲秋士話心▼

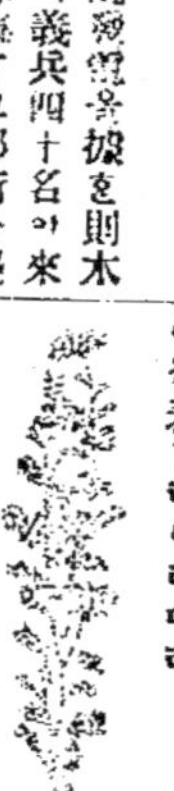

▲餘初七日 大皇帝陛下씌옵서宗廟展謁ᄒᆞ옵실時에儀仗兵은日本騎兵을借用ᄒᆞ기로預定ᄒᆞ얏다ᄂᆞᆫ大韓國軍隊ᄂᆞᆫ已爲解放ᄒᆞ고莫重嚴之地에外國兵丁을借用케ᄒᆞ니世界各國에大羞恥될事도고

▲度支部次官師正務氏ᄂᆞᆫ次官은日人에게見奪ᄒᆞ고該部囑託員이되야稅務事務를仍帶ᄒᆞ고日本大坂造幣局事務視察은遞任되여도三昨日에發程ᄒᆞ얏다니巳往에ᄂᆞᆫ日人辭員을囑託으로稱號ᄒᆞ더니至今에ᄂᆞᆫ韓國官人을囑託으로稱號ᄒᆞ니可謂客反爲主로고

▲近日地方각郡守가義擾를驚怯하야逃避ᄒᆞ기로爲主ᄒᆞ니百里之憂를擔任ᄒᆞ고人民을曉諭ᄒᆞ야安堵ᄒᆞᆯ方策은無ᄒᆞ고一聲砲響만出ᄒᆞ면抱頭鼠竄에去處不知ᄒᆞ니此等人物도牧民之官이라稱ᄒᆞᆯᄂᆞᆫ지

▲國民新報에目賀田씨遞歸ᄒᆞᆫᄃᆡ對ᄒᆞ야愛惜하ᄂᆞᆫ者가多ᄒᆞ다고張皇說去ᄒᆞ얏스니愛惜ᄒᆞᄂᆞᆫ者ᄂᆞᆫ誰也오該報記者가獨히愛惜ᄒᆞ거든挽留나ᄒᆞ야보지

▲美國紐約에셔十歲前兒孩三名이狗子를戱弄ᄒᆞ다가一兒曰此狗가韓國에賣國賊이야ᄒᆞᆫ즉一兒가大怒曰此雖畜物이나韓人과他人을分揀ᄒᆞ거날이러ᄒᆞᆫ累名을둘어씌우니집에두지못ᄒᆞᆯ이라ᄒᆞ고其狗를三層樓上에셔投却하엿다니世界各國에兒孩들도賣國賊이란虛名은狗子라도投棄ᄒᆞ여거날사ᄅᆞᆷ되고참으로賣國ᄒᆞᆫ者야虛名듯ᄂᆞᆫ狗子만치도못녀이깃지

▲銅峴韓日博覽會에셔妓生十餘名을雇傭ᄒᆞ야每日風流가迭宕ᄒᆞᆫ다ᄒᆞ니該博覽會ᄂᆞᆫ物品博覽會가아니라妓生博覽會로고

▲去六月末日에韓國에居留하ᄂᆞᆫ日人戶口調査ᄒᆞᆫ바를據ᄒᆞᆫ則十萬戶에近ᄒᆞ되漸次增加하니今年에ᄂᆞᆫ十萬戶오明年에ᄂᆞᆫ幾十萬戶가될거시니韓國土地ᄂᆞᆫ自然히日人土地가되고말깃고

▲日人二名이果川郡에來ᄒᆞ야自永登浦로至振威ᄭᆞ지鐵路地段價를擔任分給ᄒᆞᆫ다ᄒᆞ고該價額中에十二除ᄅᆞᆯ人民에게督促ᄒᆞᆫ다니人民은土地를見奪ᄒᆞ고價額ᄭᆞ지十二除도見失ᄒᆞ니죽을거슨韓國百姓이로고

▲大韓新聞에서本社總務員이日本司令部에拘留되얏다고揭報ᄒᆞ얏스니該報에서無根之說을做出ᄒᆞ야世人의耳目을眩亂케ᄒᆞ니是何意想인지

◉社告

本支社員을安州城內發井洞金聚河氏로定ㅎ얏ᄉ오니該附近本申報購覽ㅎ시ᄂ僉君子ᄂ一從支社로請求하시고代金도該氏의게送交하시옵

本支社員을高原邑朴教吉氏로定ㅎ얏사오니該附近本申報購覽ㅎ실僉君子ᄂ一從支社로請求ㅎ시고代金도該氏의게送交ㅎ시옵

本支社員을鐵原邑榮洞趙鎭大氏로定ㅎ얏ᄉ오니該附近本申報購覽하실僉君子ᄂ一從支社로請求ㅎ시고代金도該氏의게送交ㅎ시옵

東發館에서本支社를請願ㅎ신兩支中宜川支社員安濟氏保薦이先到ㅎ얏기安濟氏로支社員을定ㅎ얏사오니該附近地에서本申報購覽ㅎ실僉君子ᄂ一從支社로請求하시고代金도該氏의게送交ㅎ시옵

美國紐育에留學生朴鳳來氏가其兄朴鳳鶴氏의게書信이本社에來到ㅎ야傳致을要ㅎ얏스나番地가未詳ㅎ오니該家에서此를覽ㅎ시고即爲覓去ㅎ시옵

美國鹽湖市西寺街一百二十五番共立館內留ㅎᄂ崔有涉氏가日貨一百五十二圓七十六錢을本社에送到ㅎ얏ᄂ대무ᄉ名目으로보닌것인지更爲示明ㅎ심을望홈

雜報

●美國實業家로ㅣ씨傳（續）

▲ㅣ씨의少年時代奮鬪

其後家運이衰替ㅎ야沈淪於艱困之極이라當時愛蘭情況은人多地狹ㅎ야實業이萎靡ᄒ으로如干從事之人이라도生計困絀ㅎ야或稍屬望的一業이면許多有力之人이爭先奔奔에疾足者ㅣ先占爲ㅎ니以若赤身空拳之一少年으로爲有用武之地哉아愛蘭은褊狹ㅎ야不能遂丈夫之志라ㅎ고彼蕩々양々ᄒ大西洋天一方에隔土ᄒ美國이天地濶에將來之目的을屬ㅎ나囊橐一空에渡航沒策이라然이나氏의矢心鐵腸은受一敗則益堅ㅎ며喫一困則愈壯이라ㅎ되既離渡美에不能恢復祖業이라丈夫出世에若所志未就면生不如死라ㅎ고遂決志ᄒ海路去之際에自一紐育가船이任風過岸타가望見一少年이將欲投身ㅎ고絶派小舟ㅎ야教得同歸ㅎ니舟人이叩其由而壯其志ㅎ야遂同舟進發ᄒ시未到中程에以天氣不順으로海風烈ㅎ야所駕之舟가幾乎顚覆일시卒不慣於駕舟ㅎ고又兼船僕之役에其苦痛情況은不言可想而氏之竭々然銳氣가安背爲苦痛之所制者哉아當嬉然泰然히終能無事航海ㅎ야遂得卅脚十大港ㅎ니라

▲ㅣ氏의青年時代奮鬪

子然一身으로孤立ᄂ地ㅎ니時年이十五라直至紐育市街하야潤步彷徨ㅎ니時維九月에自覺貝衫이不勝寒薄이라日暮途窮에接足無處로다美洲雖大나隻身을難容이라擧目에有山河之異ㅎ고自顧에有形影/吊나空卷寸心外ᄂ一無所有엔만은猶張拳自語曰我自信力ㅎ며我有忍耐力ㅎ며我有熱沸心ㅎ니有何不成이리오ㅎ고遂不避近同鄕人之勸告ㅎ야乃投身于紐실시호우입鐵工場ㅎ야從事于製鉄ㅎ니此工場은强健ᄒ少年들이技術을研究ㅎ야將來立身基礎를作ㅎᄂ處라一邊으로言ㅎ면流寓異邦ㅎ야無親無助之青年으로安全ᄒ苦ㅣ難ㅎ도다千百職工中에能히損友를避ㅎ며惡習感染을免ㅎ은實로難之事라然이나斷然코此等誘惑을峻拒ㅎ며惡習에不染ㅎ고甚至於飲酒가有害ㅎ다ㅎ야不飲一滴ㅎ며喫烟이衛生에有損ㅎ다云ㅎ야不吸一口ㅎ고百般行已가嚴且格也라至於性質ㅎ야ᄂ溫良且順ㅎ며愛友至篤ㅎ야或有同僚中不和之人이면諄々然忠告而懇勸ㅎ야使一般職工으로益篤於友之感化之中ㅎ니名雖同儕나隱然以尊長으로事之待之러라時移物換ㅎ야十周星霜을於焉送之ㅎ니年正二十有五라自顧自身에十年間磨鍊技術과貯蓄資力이足以獨立自營에遂解하工場ㅎ고始活動于社會之表面ㅎ니라（未完）

●艱辛免禍　東署檢金鎭澤가去月에其親患急候를聞ㅎ고忠州鄕第로下去ㅎ다가中路當城地에서義兵의게被捉을安ㅎ야砲殺하려ㅎᄂ故로該氏가前後去就를昭詳說明ㅎ고百般哀乞ㅎ야艱辛免禍하얏스나於焉間에毆打를受ㅎ야更히上京ᄒ수가無ㅎ다고昨日에郵便으로請願ㅎ엿다더라

●中橋試驗　私立中橋義塾日語夜學速成科게第一回卒業試驗을經ㅎ얏ᄂᄃ卒業生廳察翊白元弼高永煥金道東四人이오進級生이多數ᄒ대第二回學員을募集ㅎ야熱心教授ᄒ다더라

●發明愛國　三和港埠頭에二百餘名募集團等이一進會圓四大綱領게保國安民ᄒ다ᄒ을聞ㅎ고盛䄵、合ㅎ야奮然勝々ㅎ더니現今國勢가日非ᄒ을見ㅎ고翻然改悟曰此會所謂保國安民이安在오不過是逆黨會라하고一齊出會曰吾輩가雖募軍이나二百餘名이國을助ㅎ면一百餘力이加有ㅎ리라ㅎ고術習을忽變ㅎ야今番國債報償에二百餘圓을收納ㅎ고該港億兩機學校舍一坐을一千四百餘金으로買得ᄒ時에도一百圓을補助ㅎ고幷皆煙草를絶斷ㅎ고愛國誠이感發ᄒ故로港內人民이擧皆稱頌ㅎ더라

●通津賊患　通津金浦等地에强盜四十餘名이各持銃鎗ㅎ고村閭에橫行ㅎ야財產을掠奪하며婦女를劫奸ㅎ야貲從를不分ㅎᄂ故로民情이洶洶ㅎ다더라

●屯土附校　通津郡所在經理院所管屯土를該郡小學校에附屬ㅎ고校費를補用케ㅎ되饒富ᄒ人沈能遷采圭兩氏로擔任幹事케ᄒ다더라

●普光擴張　私立普光學校에서自今月拾五日로爲始ㅎ야特別日語科를專門으로叛設ㅎ고每日下午五時로同六時까지教授ㅎᄂ되高明ᄒ教師를延聘ㅎ야簡易ᄒ講課로應用ㅎ고學員은官廳及社會上事務에出勤ㅎᄂ諸氏의年紀와多少를不拘ㅎ여卒業期限은一個年으로定ㅎ얏ᄂ대願人人員이多數ㅎ다더라

●高氏有志　利原郡遮湖居ㅎᄂ高河常氏ᄂ元來有志ᄒ紳士라本里普成學校에財政이艱窘ㅎ야教師를延聘치못ㅎ여教育上에阻礙됨을悶嘆ㅎ야自巳의特菜ㅎᄂ資本中으로紙貨六十圓을特捐ㅎ야教師延聘費를充撥ㅎ니人々이氏게熱心과教育에進就와民智發達이不難ㅎ다ㅎ매一般社會에稱頌이藉々ㅎ더라

◎國債報償義捐金總合所 支取所來納金廣告 (續)

◎慶北永川郡并店동
吳興寬 박在水 각六拾전
김萬ᄐ 정石千 김喜仲
정致龍 각四拾전 金영學
정館伊 니萬車 박淑伊
박萬洙 박花浩 金仲述
각ㅂ전

▲德岩洞
崔顯爵 崔鶴齡 徐寬守
리종榮 徐執鎭 俞鎭九
崔昌益 俞鎭元 辛永純
徐鎭分 徐英俊 리鍾根
俞鎭領 각六拾錢 崔景水
리회奎 辛觀洪 김命元
각廿錢 吳元俊 一圓 金聲采
八十錢 崔鉉植 鄭崇重
各四十錢

▲合城洞
權寧鉉 리종發 朴應年
各六十錢 리○奎 朴鳳來
리應淑 金永坤 리浩俊
각四十錢 박時東 五拾錢
리在完廿錢 김仁淑廿錢

▲鶴亭洞
金○鎭一圓 黃基文 박在先
朴守ㅏ 張石廷 各六拾錢
鄭宗伊 二十錢

▲魯洞
權佑永 八拾錢 權宜祚 金基俊
김錫祺 權宜學 金錫律 裵周伯
김元根 各六十錢 김守永
김聲振 김基川 김錫元
金錫彥 金禹柄 김基瑞
김聲奎 김國永 김錫祚 金基賢
김在權 各廿錢 金錫文
金錫潤 김基祚 崔宅俊
김基玉 김周洙 김基範
리仲珠 리成春 申首浣
黃又成 各四十錢

▲下德동
孫世浩 鄭致石 각一圓
리孝永 김永年 辛淑錫

辛敬永 辛觀根 박敬弼
리正成 各四拾錢 리立鉉
金영壽 리夏昧 리國容
박權準 金三山 각廿錢
辛觀烈 吳排洞 각十錢
合三百九十七圓十錢
完

廣告

本郡境內本報購覽ᄒᆞ시ᄂᆞᆫ僉彥은本報代金을每朔陽曆月終에送交于支社ᄒᆞ되翌月五日內로換送于元社케ᄒᆞ시되無違定期送付之地를切望而若多延納故送에廢佰宮
郭山支社李鍛培 告白

本校에서秋期開學을本月十七日로定ᄒᆞ고夜學을新開이온바地로敎授ᄒᆞ오니資學員은屆期上學ᄒᆞ고願入僉員은同期三日來校ᄒᆞ와應試ᄒᆞᆷ事
科程은來校問議ᄒᆞᆷ
中署敎化門前三十統二戶
工數學校

本所에서鑛山及開墾地等測量을依請繪圖ᄒᆞ오니有意僉君子ᄂᆞᆫ來臨相議ᄒᆞ시옵
京城南署帽館後茶동十五統一戶俞炳玉家內
測量製圖所 告白

漢城西署松橋新作路四十三統二戶
辯護士 玉東奎
辯護士 許憲
合同法律事務所

越南亡國史 國漢文
定價貳拾伍錢
發賣所京城廣橋高裕相書舖
鏡南路川郡禹時夏書舖
布屛下김相萬 告白

邦備從藥本

이약은대미국사롬방보씨가지은것이니세상사롬을위ᄒᆞ야괴질이약ᄒᆞ야매양요슈ᄒᆞᆷ을근심ᄒᆞ야다년혈심으로궁구ᄒᆞ고궁구ᄒᆞ야이약을신발명ᄒᆞᆫ것인대효은이신긔ᄒᆞ야세계각국서이약험로효험본자ㅣ적지아니ᄒᆞᆫ고로본인노우리동포를위ᄒᆞ야미국방보회사와계약ᄒᆞ고이약슈블니다가동포의소청을공급ᄒᆞᆷ

효력 이약쓰ᄂᆞᆫ대ᄂᆞᆫ 부족증 뇌점병 ᄌᆞ지못ᄒᆞᄂᆞᆫ병 셜움ᄒᆞᆫ대 도한증 허한증 적병(속병) 천촉증 월우 부족 허약ᄒᆞᆫ대와 연주창 증병후 오좀소틔 셜ᄉᆞ 리질 성산못ᄒᆞᄂᆞᆫ대 신긔부족낙되ᄒᆞᆫ대

대병 삼환
쇼병 일환오십전
발매소 경셩남대문안 상동교당압 박문서관

◎增修無冤錄大全
全秩 ○○七十 ○頁
定價金新貨七拾五錢

此增修無冤錄大全은法律家에最緊要ᄒᆞᆫ書籍이온ᄃᆡ年來現本이殆히絕種에至ᄒᆞᆫ지라故로法部에認可를得ᄒᆞ옵고此를新刊ᄒᆞ얏삽ᄂᆞᆫᄃᆡ國漢文으로解釋을ᄒᆞ야摸糊ᄒᆞᆫ句節이無ᄒᆞ오니法律學에有志ᄒᆞ신이와學校之任에居ᄒᆞ신이ᄂᆞᆫ不得不覽할冊子이오니注意購覽ᄒᆞ시옵
中署布屛下
廣學書舖 김相萬 發售所

鍾店에셔 ○報紙를머리운○○買入ᄒᆞ려오니四方僉君子速紹持來ᄒᆞ시옵
南門內韓昌鎬 金永완 告白

◎刑法大全改正草案全 四十錢
◎日語獨習全 五十錢
◎幼年必讀 上下 八十錢
發賣所銅峴下古今書海館

大東寄宿館 廣告

[illegible]

大東寄宿館長 鄭熙燮 廣告

大東寄宿館 事務員 濱植 告白

[illegible]

▲各種○○○舖
各種時計및修繕
羅紗各種
美國金鷄納
衣服裁縫其他雜貨도廉價放賣ᄒᆞ오니諸君子ᄂᆞᆫ來臨ᄒᆞ심을바라나이다
仁川港香峴開新舖

本館에서敎育界에便利ᄒᆞ기爲ᄒᆞ야新舊書籍과各種紙筆墨과學校諸具를東京에셔輸來ᄒᆞ와陰八月一日부터定價대로大發售ᄒᆞ오니有志僉君子ᄂᆞᆫ陸續來購ᄒᆞᆷ
元山 ○仁濟醫局後
漢城書館 金興洽 告白

원산과셩진간에셔분인이상전소(肥牛)를만이ᄉᆞ것ᄉᆞ니쇼파ᄂᆞᆫ제군은다수이가져오시옵
최봉준 고빅

本人이日本大阪商業家와特約ᄒᆞ고日本內地各種特産物品과西洋各國物品及機械等物을設ᄒᆞ고大韓에輸入ᄒᆞ야委托을便利케契約ᄒᆞ얏ᄉᆞ오니商工業에有意ᄒᆞ신僉君子ᄂᆞᆫ某物이든지請求코져ᄒᆞ시거든本社로來議ᄒᆞ시오本社에서ᄂᆞᆫ手數料金만受領ᄒᆞᆷ
興業社本店 開城北部○洞
支店京城南門內水標五十一統六戶
培養會社
在仁港內동廣濟號

伏望
[illegible]

▲洋襪各種 인도고及靴各種
▲洋襪各種 時標各種
▲洋服(已成)各種
▲上品熊膽 油帽 油衣
▲房毯各種 刀子各種
▲花布各種 반자紙各種
▲비누各種 양탄자各種
其他洋服附屬品各行
西署 ○○○ 三街里二層洋屋 ○○洋○○○

民事訴訟代理와刑事辯護及登記와諸般法律事務를迅速處理ᄒᆞᆷ
漢城中署瑞麟坊許屛 셥거 명문
西署○八統二戶
辯護士 尹邦鉉
同 太明식
事務員 安必中
同 金光潤
同 金思元
聯合法律事務所

◎本社廣告
○申報價
一張代金 新貨二錢五厘
一個月前納 三十錢
三個月 九十錢
六個月 一圓七十錢
一個年 三圓四十錢
郵稅一部 新貨五厘
一個月 十三錢

二週日에 二圓
每日每行四號字五厘에相當ᄒᆞᆷ
一個月에 五圓
一每日每行四號一至에相當ᄒᆞᆷ
(每日每行六점의相當ᄒᆞᆷ)

大韓每日申報 各地方支社 [illegible]
咸興 [illegible]
大邱市 ○ 崔一弘
載寧邑濟衆院 ○○○
鐵山邑東西 ○○○
元山倉前 安○玄
海州南門外 劉七錫
安州南門外府南學校內 ○○○
安州南門內書舖 金昌鎬
信川邑 리源植
定州南門內 洪成인
開城郡校동 許○
郭山邑 李銀瑢
安岳細宮坊成동 康道○
博川倉津 李鎭成
安州城內義井洞 金鳳河
鐵原邑○洞 趙鍾大
高原邑 朴敦吉
義州車輦館 安濟

大韓每日申報社
發行兼編輯人英國人 裵說
發行所
南署石井洞號外地三層洋屋家
大韓每日申報社

第五卷

大韓每日申報

第六百十一號

月曜及慶節歲時日休刊

檀君開國四千二百四十年
箕子元年三千二十九年
大韓開國五百十六年
日本明治四十年
淸國光緖三十三年
陰曆丁未八月小初五日甲子

寄書

美國經育留學生박[illegible]來

僕이遍行美洲라가一日은一處旅館에來投ᄒ야擧目一覽ᄒ니屋宇의雄壯ᄒ고器皿의堅緻ᄒ고窓牖의玲瓏은耀映日光ᄒ되五洲世界에各處遊覽者가多數落着이라有一內衣少年이向余而問日貴君形貌를ᄒ니想是東亞人物인대未知귀라貴位ᄂ是何國人民고對日余ᄂ無國之民이로라其人이惟而問之日世豈有無國之民乎아

余日吾乃大韓人民이라吾國은東方四千年獨立國이더니不幸히今日에至ᄒ야日本이恃強逞貪ᄒ야余國權利를無遺奪去ᄒ故로無國之民이되얏노라其人이日現今貴國에君主와政府가尙存否乎아余日有之로라其人이日然則何謂無國고余日國之爲國은外交權과軍權과財政權과政治權과警察權을自由主張ᄒ然後에國이라稱ᄒ터인대今에此等權利가皆歸於日本ᄒ고加之人民産業사지日人의게强占을被ᄒ야余國生靈이遑遑然因之慘境에至ᄒ얏스니엇지國이存ᄒ얏다謂ᄒ리오

其人이日然則君우엇지日本國民이라稱치아니ᄒ나뇨余日我國民族이四千年獨立ᄒ던資格으로비록今日此境에至ᄒ엿스나엇지一朝에低首下心ᄒ야日本의奴隷를甘作ᄒ며且日人이欺詐手段으로我國을蠶食ᄒ얏스니엇지萬國公法의容許홀바이리오

其人이日貴國에人口總數가幾何이며土地廣狹이幾何오對日人口ᄂ二千萬이오土地ᄂ三千里라ᄒ니其人이拍案大咁日如許ᄒ土地가有ᄒ고如許ᄒ人民이有ᄒ고서他族의奴隷가되ᄂ가若ᄂ丁抹國人이라吾邦은地方이六百里오人口가二百萬에不過ᄒ되堂々ᄒ獨立帝國으로列强之間에倂立ᄒ거날貴國人民은何若是劣弱耶아吾聞韓廷大官이但其私慾을競ᄒ고甘心賣國ᄒ다니果有是耶아ᄒᄂ지라適其時에主人의子女二人이皆十歲前之弱齡이라忽聞賣國云々ᄒ고趂上狗兒日汝도賣國賊耶아ᄒ니一兒가聞之ᄒ고怒日此雖畜ㅣ이나主人과偶人을分別ᄒ則何可比之於賣國賊耶아此物이得此醜名ᄒ얏스니不可避之吾家라ᄒ고便投ᄒ狗於三層누下ᄒ니一兒ᄂ欲下梯救之어늘一兒復闔ᄒ閉之恐痴가何其似韓國人民耶아ᄒ더라余가此을目擊ᄒ미不勝悲愴故로略此記述ᄒ야告ᄒ내國同胞ᄒ노라

官報

●第三千八百六十七號 隆熙元年九月十日

◎宮廷錄事

一鑛礦稅 鐵礦稅 鑛店稅 水鐵稅ᄂ國庫收入으로定홀事

右ᄂ農商工部에셔管理케ᄒ고收入은國庫에納入케홈이可홈

一紙稅及其他生産營業에賦課ᄒᄂ諸雜稅ᄂ廢止ᄒ事

右ᄂ無名雜稅이기一切廢止홈이可홈

一安邊衛與社關欲稅及諸官欲稅及各項礦利鑛名色은並廢止ᄒ事

右ᄂ原資本을根據가無ᄒ온中民間에排徵홈이不可ᄒ오니廢止ᄒ이可홈

一寶官營의事業은農商工部로主管케ᄒ고其收入은國庫에納入케홀事

右ᄂ國의特産인바年來監採保護의方法이不正當ᄒ으로蔘政弊막이滋生ᄒ야殖産興業의發達을妨害ᄒ고生弊ᄒ處가不無ᄒ온지라此를改良興旺ᄒ기爲ᄒ야農商工部로主管케ᄒ고國庫로取入케홈이可홈

掌禮院卿李址夏謹 奏興宣大院君追封王 驪興府大夫人追封妃吉日以何間推擇乎敢 奏奉 旨依奏

掌禮院卿臣李址夏謹 奏 完和君追封王吉日以何間推擇乎敢 奏奉 旨陰曆來月念後擇入

掌禮院卿臣李址夏謹 奏 延陽郡夫人封妃吉日以何間推擇乎敢奏奉 旨陰曆來月念後擇入

侍講院詹事金甲洙自劾疏 批旨省疏具悉往事何必爲引辭爾其勿辭察職

奉孝殿提調尹德榮辭職疏 批旨省疏具悉卿其勿辭行公

宮內府次官[illegible]辭職疏 批旨省疏具悉所請依施

◎敍任及辭令

叙勳一等賜太極章 日本陸軍中將[illegible]生三

贈正二品資憲大夫議政府贊政尹徹求

贈正一品大匡輔國崇祿大夫領敦寧司事 正一品輔國崇祿大夫領敦寧司事海豐府院君尹澤榮考依法典追 贈

陞敍掌禮院相禮 侍講院侍從官宋鍾國

解 耆老所典務官 吳在豐

命 耆老所典務官 正三品李丙찬

完

●第三千八百六十八號 隆熙元年九月十一日

◎敍任及辭令

解文官銓考所委員 法部刑事局長金洛憲

解前官立漢城外國語學校長[illegible] 任官立漢城師範學校敎官

任度支部次官 荒井賢太郞

農商工部書記官박[illegible]

解文官銓考所委員 法部書記官張[illegible] 農商工部書記官[illegible]

命文官銓考所委員 秘書監丞徐相勛

解奏任掌禮院掌禮 秘書監丞洪性友

命奏任掌禮院掌禮

外報

●英艦借用 上海電을據ᄒ則英國艦隊의專用홀루지노쓰오우이드報에云ᄒ되英國艦隊의專用홀루지노쓰오우쓰로써코澳洲借人ᄒ얏ᄂ되期限은五個年間이라더라

●日人激昂 桑港電을據ᄒ則布哇監獄拘禁中에日本人囚徒一名이逃走以ᄒ야斬ᄒ고又次에死囚ᄒᄂ으로同地日本人은非常히激昂ᄒ야暴動의擧가起홀가恐怖ᄒ다더라

●[illegible] [illegible]에서非公式的發表ᄒ바

●美國發起 向日軍隊解散時에侍衛隊員에戰死ᄒ者와軍隊에서死傷ᄒ者어亡ᄒ고或有折臂折脚之人이온대該傷人等이皆日命脈을存ᄒ나屈伸을不得ᄒ면生不如死라ᄒ니卽欲自殺ᄒ려ᄒᄂ비其狀을惨不忍見이라賜金數等諸氏가適任間에洞窟病院에셔勞病人後에義損을依ᄒ고救助ᄒ야義 ...

●依ᄒ야東洋에赴ᄒᄂ美國戰鬪艦隊ᄂ比律賓群島에立ᄒ야쓰에쓰運河ᄅ經過ᄒ야大西洋을橫斷ᄒ야歸國ᄒ터인대又美國政府ᄂ更히一個戰鬪艦隊를增設ᄒ意思가有ᄒ다더라

●開船問題의抗議 北京電을據ᄒ則淸國外務部ᄂ開船問題에對ᄒ야第三回抗議를提起ᄒ고日本齋藤中佐等의撤退를要求ᄒ얏다더라

●山縣一派의 [illegible]郞? 據ᄒ則伊藤統監의口에서意氣가軒昻ᄒ얏 [illegible]實際與馬은甚荒ᄒ지라元老大臣會議의打合ᄒᄂ際에經營補助問題를提出ᄒ얏스나其[illegible]에文部ᄂ何事던지該省의首任ᄒ라면山縣派의[illegible]ᄒ야反對ᄒᄂ情이益發ᄒ다더라

●滿洲匪賊打破 北京電을據ᄒ則滿洲巡撫大臣은滿人만採用ᄒ던田쇄滿洲全域을打破ᄒ기로始作ᄒ야從慣을打破ᄒ고今後로滿漢을不問ᄒ고任命ᄒ다더라

●養蠶과牧畜 大邱[illegible]學校長[illegible] [illegible]栽培ᄒ은蠶桑苗數萬株와牧畜ᄒ是[illegible]

雜報

●恩津學校 今番陸軍幼年學校를廢止ᄒ고恩賜金을領給ᄒᄂ대該校의敎가[illegible]을領受ᄒ고又其隨其家ᄒ노대其中一人이諸從도ᄒ야揮淚而言日余等이積年敎育目的으로一心注力ᄒ다가今日解散을當ᄒ얏스나此恩金을解散豐用하면[illegible]上의恩德을背忘홈이니余等이學校를創立ᄒ고同徒의敎育을[illegible]ᄒ야[illegible]學校를 ... 必要ᄒ[illegible]

●[illegible] [illegible]

●[illegible]校 [illegible]

雜報

●儲宮觀覽 昨日 皇太子殿下씌옵서高等學校와其附屬普通과武官學校를遊覽ᄒᆞ실터인故로各部에서昨日브터諸般物饌로別宮門前及左峴高等學校門前ᄭᆞ지와大漢門前에서德壽宮으로至博覽會ᄭᆞ지橋梁을修補ᄒᆞ엿ᄂᆞᆫᄃᆡ四百十七圜八十六錢이라더라

●昌德宮行啓 皇太子殿下씌오서遊覽ᄒᆞ신다ᄂᆞᆫ說은別項과如ᄒᆞ거니와午後은昌德宮에셔進御ᄒᆞ신다더라

●再次請願 鐵川郡守申祺秀韓川郡守김邦埔懷德郡守鄭鳳根延ㅣ郡守閔容植潘氏가內部에再次辭職請願ᄒᆞ얏더라

●有旨賜宴 再昨日下午二時에總理大臣以下各部大臣과中樞院顧問官諸氏가博覽會에前往ᄒᆞ야物品을玩賞ᄒᆞᆫ後鶴原定吉씨宴會에進參ᄒᆞ얏다가同七時에散會ᄒᆞ얏다더라

●欠逋將拿 各道收租官中多數欠逋ᄒᆞᆫ者三四人이대ᄒᆞᆫ間平理院으로拘拿督捧ᄒᆞᆫ다더라

●兩大保護 宮內大臣李允用氏가還齋宗陵奉審次로再昨日上午九時에京義鐵道로下去ᄒᆞ얏ᄂᆞᆫ듸警部一人과巡査四人과警視廳巡檢一人과主殿院巡檢一人이帶同保護ᄒᆞ다더라

●學徒祗迎 皇太子殿下씌셔學校視察ᄒᆞ신다ᄂᆞᆫ事ᄂᆞᆫ別項과如ᄒᆞ거니와當日에官立日語學校學徒ᄂᆞᆫ齋洞四街에셔祗迎ᄒᆞ고校和學道와校외師範學校學徒ᄂᆞᆫ齋洞卷地에셔祗迎ᄒᆞᆫ다더라

●同意尙無 平理院判事洪鍾억氏로裁判長任命ᄒᆞᆫ請議書를內閣에셔經議ᄒᆞ야統監府에同意求로照交ᄒᆞ얏더니有何附節인디統府에서同意가尙無ᄒᆞ얏다더라

●何回對策 內部大臣任善準氏가今日下午一時에在京各部守를本部로會同ᄒᆞ야地方의不穩ᄒᆞᆫ狀態를鎭靜ᄒᆞᆯ方略으로訓諭ᄒᆞᆫ다더라

●改定後發布 日前內部에서修定ᄒᆞᆫ三十餘條規則守를現今이閣에서改定ᄒᆞᆫ다ᄂᆞᆫ대數日後에야發布가된다더라

●減等修報 法部에서本年陰曆七月三十日 皇太子冊封時頒詔文中一切謀叛强盜殺人通姦騙財竊盜六犯外各究情踪ᄒᆞ야可以減等者ᄂᆞᆫ各減一等事命下矣시온바欽此 詔勅內辭意를奉齋施行ᄒᆞ기로平漢兩裁及十三道各裁判所所管罪囚中六犯外에各究情跡可合減等者를修成冊醜報ᄒᆞ라고訓令ᄒᆞ얏다더라

●恩賜均霑 侍衛一大隊兵丁暴動時에因公ᄒᆞ야其時犯過가無ᄒᆞᆫ尉官의게恩賜金을支給지아니ᄒᆞ야無罰無賞인대將次交涉ᄒᆞ야可否間決定된다ᄂᆞᆫ說은已揭前報어니와更히交涉이되얏ᄂᆞᆫ지其時에犯過가無ᄒᆞᆫ尉官과至於其前受由ᄒᆞ얏든尉官ᄭᆞ지라도恩賜金을支給ᄒᆞᆫ다더라

●博覽會請邀 銅峴博覽會에셔本月十五日上午九点鍾에該會開會式을擧行ᄒᆞᄂᆞᆫ데各部奏任官以上을請邀ᄒᆞᆫ다더라

●時間更定 學部에서每日仕退를下午二時로ᄒᆞ더니本月爲始ᄒᆞ야下午四時로退定ᄒᆞ얏다더라

●鶴原通牒 京城博覽會長鶴原定吉氏가各府部院廳에勅奏任官에게通牒ᄒᆞ고來拾五日博覽會開會式을擧行ᄒᆞᆯ터이니赴會來臨ᄒᆞᆷ을바라ᄒᆞ얏다더라

●民心遍搜 昨日브터東署擧內에ᄂᆞᆫ日巡査가遍搜ᄒᆞ야人民에家屋을搜索ᄒᆞᄂᆞᆫ故로人心이大端히沸鬱ᄒᆞ다더라

●商工研究 兪吉濬趙羲淵等諸氏가一般國民이遊食之人이多ᄒᆞᆷ을憂慮ᄒᆞ야商工上에發達ᄒᆞᆯ方針을一層注意ᄒᆞ야商工學校를設立ᄒᆞ고全國人民을敎育ᄒᆞ기로現今研究ᄒᆞᄂᆞᆫ中이라더라

●是何狂賊 昨日上午十二時에何許人이宕巾에學衣를着ᄒᆞ고年可三十된者가武橋前軍部協辦嚴柱益氏家에來ᄒᆞ야自稱義兵中隊長이라ᄒᆞ고 十萬兩을出給ᄒᆞ라고行色이殊常ᄒᆞ미該家에서毛橋支所로通奇ᄒᆞ야所巡檢一人이來到ᄒᆞ야該人을即爲捉去ᄒᆞ얏다더라

●私校風波 再昨日梅洞普通學校에서日語敎課事件에對ᄒᆞ야校長과學徒間에不穩ᄒᆞᆫ形狀이有ᄒᆞ야一場風波가大起ᄒᆞ얏ᄂᆞᆫ디日語敎師某氏ᄂᆞᆫ避身逃躱ᄒᆞ얏다더라

●星州義報 義兵이星州分派所를襲擊ᄒᆞ얏다고該道警務官박迎孝氏가內部에報告ᄒᆞ얏다더라

●韓氏名譽 美國아이다호도쎈이쓰셔에居留ᄒᆞᄂᆞᆫ韓人들이勞動에眞實ᄒᆞ며品行이端正ᄒᆞᆷ으로該省에日 이ᄂᆞᆫ人은排斥ᄒᆞ고韓人은懽迎ᄒᆞᄂᆞᆫ意가多ᄒᆞ다고某報에揭載ᄒᆞ엿더라

●韓氏同盟 美領布哇에居留ᄒᆞᄂᆞᆫ韓氏들이時局의切迫ᄒᆞᆫ것을察ᄒᆞ고憤慨ᄒᆞᆫ熱心으로同盟會를組織ᄒᆞ얏ᄂᆞᆫ데桑港에在ᄒᆞᆫ韓人共立協會와聯合相應ᄒᆞ기로ᄒᆞ얏다더라

●義哉此擧 平北龍川郡居鄭錫迺氏ᄂᆞᆫ英年有志에担任遊學ᄒᆞ야學業을成就ᄒᆞ고今焉還鄕ᄒᆞ야學校設立을到底勸勉ᄒᆞ며又同胞의知識啓導를爲ᄒᆞ야該郡白馬驛前에新明義塾所를開設ᄒᆞ고각種新聞雜誌를購以置ᄒᆞ야公衆의眼目을開廣ᄒᆞ니此實文明進化에重要機關이라一般有志ᄂᆞᆫ同心贊成ᄒᆞ야該氏의注意ᄒᆞᄂᆞᆫ目的을到達키로十分顧念ᄒᆞ노라

●竟乃致命 日昨鍾路에셔日人의게被打ᄒᆞᆫ車夫ᄂᆞᆫ濟衆院에셔治療ᄒᆞ다가再昨日에竟至致斃ᄒᆞ얏다더라

●淸人被責 桑港에居留ᄒᆞᆫ즉美國某地方에在ᄒᆞᆫ韓人一名이淸人家에往ᄒᆞ야雜技를ᄒᆞ려ᄒᆞ거날該主人이韓人을對ᄒᆞ야辱說曰汝의國이如彼危亡ᄒᆞ얏거ᄂᆞᆯ國民된者가아모思想업시雜技만ᄒᆞ려ᄒᆞᄂᆞᆫ냐ᄒᆞ고 面責嘲ᄒᆞ고足으로쳑ᄒᆞ야逐出ᄒᆞ얏다ᄒᆞ니今日韓人된者ᄂᆞᆫ맛당이思想ᄒᆞᆯ것이라ᄒᆞ노라

●疹疫流行 十日新義州發電을據ᄒᆞᆫ則新義州에怪疾眞症을確定ᄒᆞ얏고安東縣에ᄂᆞᆫ日本人十名이死亡ᄒᆞ얏고淸國人은約百名이罹病ᄒᆞ얏ᄂᆞᆫ대死亡은未詳ᄒᆞ다더라

●鵝財好施 黃海道安岳郡內齋石坊里居前參奉김聖三씨ᄂᆞᆫ本是富豪家인대淸淨寡慾ᄒᆞ야不貪非理ᄒᆞ고每十兩이有ᄒᆞ면 兩을用之於自己家事ᄒᆞ고九兩은散施於窮貧隣人ᄒᆞᆷ으로同氏의鵝財好施ᄒᆞᄂᆞᆫ義俠心을人皆稱讚ᄒᆞᆫ다더라

●船舶檢疫 川稅關에셔日本으로브터入港ᄒᆞᄂᆞᆫ船舶에對ᄒᆞ야旣히先月에檢疫을實行ᄒᆞ고更히再昨日노브터安東縣方面으로入港ᄒᆞᄂᆞᆫ船舶도檢疫을開始ᄒᆞ엿다더라

●普校盛況 私立普成小學校에ᄂᆞᆫ普等科卒業生이二十六人이오高等科와初等科進級生이二百ᄂᆞᆫ人인데時騷로因ᄒᆞ야證書授與式을停止ᄒᆞ얏다가去九月十一日午十一時에證書와賞品을授與ᄒᆞ고校監과講師와來賓諸씨가一場勸勉ᄒᆞ야盛況을極ᄒᆞ얏ᄂᆞᆫᄃᆡ學徒父兄中尹始鎭씨ᄂᆞᆫ貢品을寄附ᄒᆞ고丁明燮氏ᄂᆞᆫ宴需를寄附ᄒᆞ얏다더라

▲地方消息

▲十日水原發電을據ᄒᆞᆫ즉日本中隊ᄂᆞᆫ即時積城을包圍ᄒᆞ고威嚇ᄒᆞ더니日兵이追後偵探ᄒᆞᆫ즉壓砲擊ᄒᆞ엿스나義兵의形跡이無ᄒᆞ더니日兵이追後偵探ᄒᆞᆫ즉三百名以上이隊伍를整齊ᄒᆞ고銃器를携帶ᄒᆞ고昨日에漣川朔寧方面으로向往ᄒᆞ얏다ᄂᆞᆫ디發魁ᄂᆞᆫ權俊이라ᄒᆞ고

▲十日烏致院發電을據ᄒᆞᆫ즉同日午後五時에秋風嶺附近某村에서義兵斥候中에二名이日兵의게捕捉되얏ᄂᆞᆫ當夜에義兵이襲來ᄒᆞᆯ親睦이有ᄒᆞᆷ을同驛日巡査의報告ᄒᆞ미太田守備隊長이派兵排置ᄒᆞ얏다ᄒᆞ고

▲全州地方人民이時局에對ᄒᆞ야ᄂᆞᆫ平穩ᄒᆞ고斷髮ᄒᆞ기를對ᄒᆞ야ᄂᆞᆫ觀察使가大段히勸諭ᄒᆞ여도剃髮ᄒᆞᄂᆞᆫ者가少ᄒᆞ고忠淸南道接近地方에ᄂᆞᆫ排日思想을抱ᄒᆞᆫ者ㅣ時々出入ᄒᆞ야民心을煽動ᄒᆞᆫ다ᄒᆞ고

▲十日光州발電을據ᄒᆞᆫ즉十日午前六時에義兵四十餘名이淳昌取扱所를襲擊ᄒᆞ얏ᄂᆞᆫ대日本補佐員과取扱所員을 光州도避亂ᄒᆞ얏고義兵에數交ᄂᆞᆫ四百名이라ᄒᆞ고

▲去月一拾六日에鎭川當悉院東兩始里梧山에서義兵과日兵이遭遇ᄒᆞ야接戰ᄒᆞ얏ᄂᆞᆫ대死傷은未詳이라ᄒᆞ고

▲原州東方約二拾里葛谷品栢ᄂᆞᆫ데葛谷셔二拾里許高地山下에ᄂᆞᆫ十名收容ᄒᆞᆯ만ᄒᆞᆫ個와捨瓦突兀ᄒᆞᆫ騰射ᄒᆞᆫ兵壕와天然鹿柴를構築ᄒᆞ고日間에高日兵一隊가來ᄒᆞ야射擊ᄒᆞ미該地에赴役ᄒᆞ던義兵은一齊히退却ᄒᆞ엿다더라

東京電報

九月十日發

●經費會議 西園首相以下各大臣이參與ᄒᆞ고井上伯이參列ᄒᆞ야對韓經營에就ᄒᆞ야協議ᄒᆞ얏다더라

路透電報

十一日發

●晩香坡의排日暴動 七日英領晩香坡港에서每日暴動이起ᄒᆞ고八日夜에復起ᄒᆞ얏ᄂᆞᆫ대日本人은强硬ᄒᆞᆫ決心을示ᄒᆞ고武器로以ᄒᆞ야護身ᄒᆞ며爆裂彈도用ᄒᆞᆯ意思를示ᄒᆞᆷ으로七人은恐怖ᄒᆞ야攻擊을止ᄒᆞ고日本人은八千名暴徒를無難히破ᄒᆞ고督官은武器를用ᄒᆞ기로日本人의게許ᄒᆞ얏다云ᄒᆞ더라

▲琴中山水

▲度支大臣高永喜、ᄂᆞᆫ經理院卿으로轉任ᄒᆞᆫ다ᄒᆞ니該氏가七賊大臣中에入參ᄒᆞ야不世之勳을成ᄒᆞ고大臣地位를永久히維持ᄒᆞᆯ줄로自期ᄒᆞ엿더니忽然에獨先退ᄒᆞ니이되면間隔之歎이不無ᄒᆞ깃고

▲內部에서各郡守中에謂廢을因ᄒᆞ야派免이三十餘窠오免을當ᄒᆞᆫ이九窠인ᄃᆡ將次修正ᄒᆞ야內閣에請議ᄒᆞᆫ다ᄒᆞ니近日에郡守沙汰가낫스니□鄕曲獵官者流ᄂᆞᆫ一層奔忙ᄒᆞ깃고

▲一種人에게發車二百餘名이愛國心이奮發ᄒᆞ야 進ᄒᆞᆷ을反對ᄒᆞ고國債報償金을捐助ᄒᆞ더니校設立에補助ᄒᆞ고本國卷頓絶斷ᄒᆞ야ᄂᆞᆫ尤極可惜이所謂士家ᄒᆞ고不知有民國者ᄂᆞᆫ此社會에比ᄒᆞ면霄壤之判

▲總理大臣李完用씨ᄂᆞᆫ긔爲ᄒᆞ야南署老人亭을修繕ᄒᆞᆯ터인데日本請負者와契約을成ᄒᆞ얏다니當此時局擾攘之際ᄒᆞ야一老人亭을兒一窟로삼아身名을保全코ᄌᆞᄒᆞᄂᆞᆫ것이로구

▲여보게農大宋秉畯씨가谷川大將을訪問ᄒᆞ고무ᄉᆞᆷ請求를ᄒᆞ얏다가大段無顔을當ᄒᆞ얏다니그理由를아 가나도듣엇지그말이狼藉ᄒᆞ데

▲安岳郡에樵童牧童들이□會를設立ᄒᆞ고愛國思想으로國權回復을祝願ᄒᆞ야每夜에不避風雨ᄒᆞ고該郡南山에登臨ᄒᆞ야上帝께祈禱ᄒᆞ되百日을限定ᄒᆞ며國債報償에熱心ᄒᆞ야或勸於市場ᄒᆞ며或勸勉於個人ᄒᆞ야金額을募集ᄒᆞᆫ다니此ᄂᆞᆫ天之良心으로不待敎而自發이니人心이如此에天意를可知니彼政府上幾個人이아모리나라를□아먹으라고힘을되려도될걸

▲鎭海郡은將次軍用地로付入ᄒᆞᆫ다ᄂᆞᆫ디該郡守정海八씨ᄂᆞᆫ山郡守로轉任ᄒᆞ엿다니韓□을日本軍用地로漸次取用ᄒᆞ니可謂附蛋食之ᄒᆞ고

▲各地方에義徒를討伐ᄒᆞ기爲ᄒᆞ야日兵이鳥致院에下陸ᄒᆞ야軍物을輸送ᄒᆞᆯ時牛馬를徵發ᄒᆞ라ᄒᆞ거날該地居民이兵의牛馬를執來ᄒᆞ다村間에橫行ᄒᆞ야虐待ᄒᆞ니莫甚ᄒᆞ고鳥致院은日本居留地인지該地居民은日人보다尤甚ᄒᆞ다

▲近日地方騷擾ᄒᆞᆷ을因ᄒᆞ야各郡守의投出逐出ᄒᆞ야在々相望ᄒᆞ郡守도狼狽ᄒᆞ오民情이慘酷ᄒᆞ內大任善準씨의郡守ᄡᅥ먹을이ᄂᆞᆫ도아가싱기니同씨ᄂᆞᆫ獨擅年을맛낫고

◉社告

本支社員을原邑朴敎吉氏로定ᄒᆞ얏사오니該附近本申報購覽ᄒᆞ실僉君子ᄂᆞᆫ一從支社로請求ᄒᆞ시고代金도該氏의게遞交ᄒᆞ시옵

本支社員을鐵原邑柴洞趙鍾大氏로定ᄒᆞ얏ᄉᆞ오니該附近本申報購覽ᄒᆞ실僉君子ᄂᆞᆫ一從支社로請求ᄒᆞ시고代金도該氏의게遞交ᄒᆞ시옵

本報館에서本支社를請願ᄒᆞ신兩氏中宣川ᄋᆞ社員安濬氏保證이先到ᄒᆞ얏기安濬氏로支社員을定ᄒᆞ얏사오니該附近地에셔本申報購覽ᄒᆞ실僉君子ᄂᆞᆫ一從支社로請求ᄒᆞ시고代金도該氏의게遞交ᄒᆞ시옵

美國紐育에留學生朴鳳來氏가其兄[illegible]의게寄信이本社에來到ᄒᆞ야傳致를要ᄒᆞ얏ᄉᆞ나該氏가在鄕ᄒᆞ오니該家에셔此를探ᄒᆞ시고即爲推去ᄒᆞ시옵

美國[illegible]市 西寺街一百二十五番共立館內留ᄒᆞᄂᆞᆫ崔有涉氏가日貨一百五十二圜七十六錢을本社에送到ᄒᆞ얏ᄂᆞᆫ대무슨名目으로보낸것인지要爲示明ᄒᆞ심을望ᄒᆞᆷ

雜報

●讀美國實業家로ㅣ씨傳 續

▲獨立自營

商工視察次로西部諸洲를遊歷ᄒᆞ시西部ᄂᆞᆫ人稀地沃에於農有望ᄒᆞ나於工不合ᄒᆞᆷ을默知ᄒᆞ고復米紐育ᄒᆞ야同僚職工과共同製鐵所를設立ᄒᆞ니元資力이不豐에規模且小라且競爭이日甚에以小敵大ᄂᆞᆫ至難之事라然而以氏之且非職工ㅣ敏腕으로鼓舞激勵ᄒᆞ니算無不中ᄒᆞ고事無不成이라不幾年而事業이益盛ᄒᆞ야遂架紐育之鐵橋ᄒᆞ야使全歐鐵道動ᄒᆞ니苦衝無從ᄒᆞ運退時非도다据器械ㅣ俄然破裂ᄒᆞ야工場粉碎에人命은亦損이라嗚呼라謀事在人이오成事在天이로다可憐ᄒᆞ라로ㅣ지氏ᄂᆞᆫ又作一貧民ᄒᆞ도다 未完

●正誤 本報第六百二號廣告欄內에玄成學校捐助記中前牧官金顯모ᄯᆡ의金字ᄅᆞᆯ李字로誤植이기正誤ᄒᆞᆷ

廣告

京畿陽城郡元堂面佳川居故參奉南相龍이幾十年之所有廣州初木洞茅谷洞一處所坐位土와佳川先塋位土와佳川伏在十五斗七升落과田路上十石一斗九升과振威郡方余谷伏在三石一斗落과田三斛과文券을沒數見失ᄒᆞᆫ故로該土在官에屋案立旨를請願許可ᄒᆞ옵고該見失文券은一並休紙施行ᄒᆞ오니無論內外國人ᄒᆞ고勿爲見欺ᄒᆞᆷ

南相祐 告白

○本人이乙巳九月分出捧時에正字圖章을買儿不帶이옵더니今에還家則卽失이온기通知ᄒᆞᆷ

義州古城面畑下洞金贊模告白

▲學員募集廣告

本學館에셔學員을增募ᄒᆞ오니願學人은本月十二日爲始ᄒᆞ야限二週日內로來臨問議ᄒᆞ옵

課程 **普通學** 本朝歷史地誌 萬國歷史地誌 算術 數學 物理化學 生理學 經濟學 聖經 日英語講讀講記

語學專門課 英語(發音) 日語(會話) 敎科書英日文

工業課 圖學 物理學 算術 木工

夜學課 英語 日語隨意

隨意 午下 生理學 化學

試取科目 國漢文讀書作文 但工課算術四則以內加試

隆熙元年九月十二日

青年會學館 告白

本社員에朴承稷李元植李[illegible]瑞三ᄂᆞᆫ가定款의違反이有ᄒᆞ기로除名ᄒᆞ얏ᄉᆞ오니內外國人은照亮ᄒᆞᆷ

合名會社彰信社 告白

本校에서九月十一日(陰八月四日)에開學ᄒᆞ겟디이오니敎學員우이日上午九時에齊到ᄒᆞᆷ을

長薰學校 告白

現今義擾ᄒᆞ本郡이最甚難保오니往日丙申年에義兵을歸化ᄒᆞ야國境을安堵시키든前參判洪在英씨를從民願ᄒᆞ와朝廷의셔再任ᄒᆞ시送ᄒᆞᆷ을伏望

平昌郡大小民人等建斗等告白

本人子錫祥이가脊朴承直으로同謀ᄒᆞ여借債爲計ᄒᆞ니內外國人은勿欺ᄒᆞᆷ

安岳 金致龍 告白

本部境內本報購覽ᄒᆞ시ᄂᆞᆫ僉彦은本報代金을每朝陽曆月終에送交于支社ᄒᆞ라ᄯᆡ每月五日內로換送于元社케ᄒᆞ시되無違定期送付之地를切望而且多滯納故로茲에廣佈ᄒᆞᆷ

郭山支社 李銀瑞 告白

測量製圖所 告白

本所에서鑛山及開墾地等測量을依法繪圖ᄒᆞ겟사오니有意僉君子ᄂᆞᆫ臨時來議ᄒᆞ시옵

京城南署館後洞等十五統一戶俞炳玉家內

漢城西署松橋新作路四十三統二戶

辯護士 **玉東奎**

辯護士 **許憲**

合同法律事務所

◎增修無冤錄大全

定價新貨七拾五錢 紙洋製白七十錢

此增修無冤錄大全은法律家의最緊要ᄒᆞᆫ書籍이온딩年來現本이殆히絕種에至ᄒᆞᆫ지라故로法部에認可를得ᄒᆞ옵고此를新刊ᄒᆞ얏삽ᄂᆞᆫ대國漢文으로解釋ᄒᆞ야模糊ᄒᆞᆫ句節이無ᄒᆞ오니法律學에有志ᄒᆞ신이와學校之任에居ᄒᆞ신이ᄂᆞᆫ不得不覽ᄒᆞᆯ바오니注意購覽ᄒᆞ시옵

中署佈屛下 廣學書舖 김相萬 發告所

越南亡國史 國文

定價貳拾伍錢

發行所 皇城南署[illegible] 김相萬 告白

邦補益藥水

이약은대미국사름방보씨가지은것이니세상사름들이괴질이약ᄒᆞ야매양보슈ᄒᆞᆷ을근심ᄒᆞ야다년혈심으로궁구ᄒᆞ고궁구ᄒᆞ야이약을신발명ᄒᆞᆫ것인대효으이신긔ᄒᆞ야세계각국셔이약협로효험본자적지아니ᄒᆞ고로본인ᄒᆞ우리동포를위ᄒᆞ야미국방보회사와계약ᄒᆞ고이약슈를니다가동포의소청을공급ᄒᆞᆷ

효력 이약쓰ᄂᆞᆫ대ᄂᆞᆫ 부족증 뇌졈병 ᄌᆞ지못ᄒᆞᄂᆞᆫ병 허한증 심읍ᄒᆞᆫ대 도한증 적병(속병) 천촉증 월우부족 허약ᄒᆞᆫ대와 연주창 즁병후 오좀소틔 셜ᄉᆞ 리질 셩산못ᄒᆞᄂᆞᆫ대 신긔부족 낙되ᄒᆞᆫ대

대병 삼환 쇼병 일환오십전

발매소 평양남문안 박문서관 상동교당압

弊店에셔理髮ᄒᆞ머리를多數買入ᄒᆞ얏더오니四方僉君子速續持來ᄒᆞ시옵

南門內鞋廛 金永완 告白

●刑法大全改正草案全 四十錢

●日語獨習全 五十錢

●幼年必讀上下 八十錢

發賣所銅峴ㅏ古今書海館

本院에셔曾往에ᄂᆞᆫ中學科에英語만兼授ᄒᆞ얏더니今學期부터ᄂᆞᆫ日語를增授ᄒᆞ야英語에中學科를兼授ᄒᆞᄂᆞᆫ科ᄂᆞᆫ英文學科라稱ᄒᆞ고日語에中學科를兼授ᄒᆞᄂᆞᆫ科ᄂᆞᆫ日文學科라稱ᄒᆞ니願學靑年은隨意來參ᄒᆞ오

學科及學年의分排가如左

科程 / 學年	第一學年	第二學年	第三學年	第四學年
修身	人倫道德口授	上同	上同	倫理學
聖經	新約全書講義	上同	舊約全書 教會歷史	舊約全書 教會歷史
國語	國文大要			
漢文	古文	經國摘抄		
外國語	日語英語隨意	上同	上同	上同
歷史	本國史	萬國史		
地理 天地文	本國地理	萬國地理	地文學	天文大要
數學	算術	上同	代數幾何	幾何三角
理科	博物	生理	物理	化學
法制及商業			法學	簿記 經濟學
圖畵	自在畵	用器畵		
體操	普通兵式	上同	上同	上同

私立 **青年學院長 柳一宜** 南大門內尙洞

瑞士建國誌

◉定價 紙 新貨十五錢

此冊은政治小說이니志士의救國救民ᄒᆞᄂᆞᆫ思想과人民의愛國心을養成ᄒᆞᄂᆞᆫ대緊要ᄒᆞᆫ冊子오

發賣所

▲大韓每日申報社 大韓每日申報支社
▲仁川港 金山[illegible]
▲中署布屛門下 敎育書館
▲中署[illegible]洞 古今書海館
▲銅峴 中央書館
▲西口越便 大東書市
▲鐵山 匯東書館
▲安城 博文書館
▲開城

第 …

…六百九十五전
…拾四錢
…拾九錢
…沙土里

崔在夏 …民 韓用辰 丁國성 崔殷俊 최경鎬 徐在學 박性文 리鳳祚 又四拾錢
任德平 兪玄文 趙昌年 趙京變 韓子汝 金德淳 鄭德三 尹滋淑 …拾四錢 黃德之

▲義州府…敎人
金…四十九錢

▲吉祥洞面敎人
…全州人…
朴亨敏 각一圜 리承瑞
리允亨 …基弘 金碩命
安元京 獨孤炯 각五十錢
리鎭念 七十錢 리元凱
林元夏 김國祚 各卄錢
金用涉 리喜交 張學九
朴基仲 최鶴尙 獨孤五近
리윤河 趙衍正 韓得命
趙仲基 각卄錢 韓松수
최承祿 최俊貞 각十錢
리윤富 五拾錢
合拾二圜七拾錢

▲嚴道面正心洞敎人
劉天顯一圜 리元鳳 金鳳俗
김仲覺 박京懋 張賢
각五十錢 김윤河 리成律
리從문 김仲化 최基念
리萬春 각卄錢 金尙用
洪石珍 김孫丁 김承駿
金尙德 각卄錢 張治浩一圜
김鎬湜二圜 張寶欽拾전
김四坤 劉宗浩 張益河

▲綿工契員
…

▲… 一圜

獨孤… 朴世鎬 金碩俊 …
獨孤佑 …
獨孤伯 …
…
申文齋 尹李玉 朴準哲
리尙涵 김一龍 리道臨
朴夢麟 김志洽 徐正敏
張□文 최近泰 리金鉉
최□鎬 김鍾山 張…
김碩燦 張世健 林道春
林泉善 각卄錢 金廷煥
三拾錢 박世文 …五錢
김碩儀 김永祿 리義武
김吉祿 최得會 林丙浦
金尙麟 리贊玉 리인武
獨孤俱 리昌辰 白香組
김化俊 김東世 朴存欽
獨孤武吉 兪利鼎 최元坤
白奉世 김泰潤 김德說

都合 百…
合二拾…
總合一百四十…
前號總合五萬四千四百八拾二…
都總合五萬四千六百三拾錢○

…錢四厘

◎特別廣告◎

國債報償金昨日所捧은姑未合計이고明日々지所捧總合五萬四千九百拾圓拾七錢은電氣會社內銀行에預置ㅎ얏슴고其貯置額中三萬二千三百圓은國債報償志願金總合所로還交홈

廣告

…

大韓每日申報社

第五卷 第六百十二號

大韓每日申報

月曜日休刊 廣告料金 [illegible]

大韓開國五百十六年 檀君開國四千二百四十年 孔子誕生二千四百五十九年 日本明治四十年 淸國光緖三十三年 陰曆丁未八月小初六日乙丑

寄書

◉萬國平和會議

日本報紙에 揭載ᄒᆞᆫ 電信을 據ᄒᆞᆫ 건ᄃᆡ 海牙萬國平和會議가 今月拾六日노 畢了ᄒᆞ기로 期ᄒᆞ엿ᄉᆞ니 果然이면 此會議가 幾乎三個月을 費ᄒᆞᆷ이라 此三個月之際에 無限ᄒᆞᆫ 說話ᄅᆞᆯ 述ᄒᆞ야 會議記者들과 速記者들이 無暇ᄒᆞ엿ᄉᆞ며 議事記錄가 積成卷軸ᄒᆞ엿도다 諸大人이 事務를 畢了ᄒᆞᆫ 後에 其所得結果를 觀ᄒᆞᆫ진ᄃᆡ 本記者와 與今指明ᄒᆞᆫ 것보다 過ᄒᆞᆷ거시 不甚多ᄒᆞ리니 戰役을 指揮ᄒᆞᄂᆞᆫ 新規則을 創出ᄒᆞ엿슴터이나 其中幾條ᄂᆞᆫ 何許列强이 皆不一致ᄒᆞ엿ᄉᆞ니 如此列國이 若有戰役이면 自不同意ᄒᆞᆫ 規條ᄂᆞᆫ 不遵ᄒᆞ기에 表發ᄒᆞ리로다 世人이 對此悲觀ᄒᆞᆷ은 不得已之勢라 蓋其試圖가 千年之期를 絶促코져 ᄒᆞᆷ이니 [illegible] 在焉이라오 議席에 提出ᄒᆞᆫ 但 [illegible] 要案은 [illegible] 避ᄒᆞ엿ᄉᆞ니 [illegible] 定限으로 [illegible] 致ᄒᆞᆯ 得ᄒᆞ기 不能ᄒᆞᆫ 期限에 無形ᄒᆞᆫ 結案이 其有ᄒᆞ나 實은 未有ᄒᆞ고 名稱만 雅典ᄒᆞ도다 對此會議ᄒᆞ야 最可注目ᄒᆞᆯ 거슨 [illegible] 久ᄒᆞᆫ 會議의 期限과 參席員中에 記ᄒᆞᆫ 口戰乃猶昆而已라 其會席에 行動과 設話된 術ᄒᆞᆫ 거ᄉᆞ로 觀ᄒᆞᆫ건대 己欲이 參席諸員의 韓廷規例를 作ᄒᆞ엿ᄉᆞ니 諸代表人이 其國家以己欲으로 自國利益을 保守ᄒᆞ려 ᄒᆞᆷ이 見다 本記者ㅣ 此를 否認ᄒᆞᆷ은 아니나 但此會議가 處置不和를 爲ᄒᆞᆷ인 듸 互相讓與ᄒᆞᆷ도 有ᄒᆞ며 諸國이 [illegible] 少加諒解ᄒᆞ시오 一致可決ᄒᆞ니 至今 [illegible] 少ᄒᆞᆫ 所見으로 [illegible] 平和 [illegible] 諸人의 [illegible] 非常ᄒᆞᆫ 休暇 [illegible] ᄒᆞᆷ이오 世界에 大利가 될 議案에 ᄂᆞᆫ 學者未免失敗라 若同人이던 지 [illegible] 此若議가 將一般이리라 云ᄒᆞ리로다

官報

◉ 隆熙元年九月十一日 宮廷錄事

詔曰上 [illegible] 提調以下別單 書入

詔曰陳賀時各差備以下別單 書入

詔曰 [illegible] 致詞時各差備以下別單 書入

◉第三千八百六十九號 隆熙元年九月十二日

[illegible]

法部刑民事局長 [illegible]

解法部法律起草委員 [illegible]

命法部法律起草委員

法部 [illegible]

解法官銓考委員

命法官銓考委員

法部民事局長 [illegible]

外報

◉加奈太의 約響 [illegible] 暴民이 蜂起ᄒᆞ야 [illegible]

◉[illegible] 破壞ᄒᆞ고 [illegible] 百 [illegible] 救 [illegible]

◉美國艦隊 [illegible]

◉美德協約說 [illegible]

◉[illegible]

◉[illegible] 國에 于式校를 派遣ᄒᆞ더라

◉寫眞과 測量 [illegible]

◉暴風雨의 出水 九月八日 [illegible] 橫濱에서 [illegible] 出水로 因ᄒᆞ야 橋梁이 流失ᄒᆞ고 [illegible]

[illegible]

寄書

[illegible]

雜報

●演習停止 皇太子殿下께셔盛崇로臨學ᄒᆞ오셔高等學校와武官學校演習을姑爲停止ᄒᆞ셧다더라

●奉審復命 前議政閔泳奎氏와宮內大臣李允用氏가齊厚兩陵을奉審ᄒᆞ고再昨日午後一時에入城復命ᄒᆞ얏다더라

●학大陛見 학部大臣李載崑씨가再昨日下午四時에詣闕陛見ᄒᆞ고同六時에退闕ᄒᆞ얏다더라

●調査報告 內閣에서度支部와農商工部에照會ᄒᆞ되帝室有國有財産調査委員長宋秉畯報告를因ᄒᆞ야貴部에附屬ᄒᆞᆫ案件을粘付仰照ᄒᆞ니認眞準辦ᄒᆞ라ᄒᆞ얏다더라

●郡守遞交 郡守奏本을內閣에서更히改定ᄒᆞᆫ다ᄂᆞᆫ說은昨報에揭載ᄒᆞ얏거니와該奏本이合爲二十一窠ᄂᆞᆫ대[illegible]郡守資格에不合ᄒᆞᆫ者가多數ᄒᆞ다ᄒᆞ야內閣에셔更히任投修正ᄒᆞ기로再昨日에閣議를開ᄒᆞ얏ᄂᆞᆫ대[illegible]統監府로送交ᄒᆞ얏다더라

●金氏代辦 度支部建築所長[illegible]氏가日本에前往ᄒᆞᆫ代에該所事務를金明濟氏가代辦視務ᄒᆞᆫ다더라

●[illegible] 각府部院廳一般官吏를[illegible]奏判任四等으로磨鍊ᄒᆞ야[illegible]小人이니稱ᄒᆞ던[illegible]法을[illegible]宮內府大臣李允用[illegible]奏承ᄒᆞ야內閣에[illegible]內閣에[illegible]由ᄒᆞ야各府部院廳에照會ᄒᆞ얏다더라

●[illegible] 經理院所管雜稅移屬件을農商工部에[illegible]爲先施行ᄒᆞ기로內閣會議에提出ᄒᆞ얏다더라

●統監歸任期 本月五日萬朝報를據ᄒᆞᆫ즉伊藤統監은來二十日에近ᄒᆞ야東京에셔發程ᄒᆞ야歸任ᄒᆞᆯ途에上ᄒᆞᆯ터인ᄃᆡ吏員任用과其他職務에關ᄒᆞ야統監府出張所ᄂᆞᆫ當分간東京에置ᄒᆞ야處理ᄒᆞᆯ터이오尙發程前에貴衆兩院議員을招ᄒᆞ야韓國將來方針에就ᄒᆞ야談話ᄒᆞᆯ터인대內議ᄂᆞᆫ姑未確定이라더라

●慰勞頒給 軍部官制를改正ᄒᆞᆫ後減下된該部主事들도尉官恩賜금과如히慰勞금을年俸으로頒給ᄒᆞᆫ다ᄂᆞᆫ說이有ᄒᆞ더라

●還接本課 學部文書課를其間修理ᄒᆞ기로還閣에交官室로權接視務ᄒᆞ더니該修理가竣工이되야昨日부터本課로還接ᄒᆞ얏다더라

●橋氏査簿 宮內府補佐官橋氏가再昨日經理院에來到ᄒᆞ야多年歲入歲出과納文簿를一一摘査ᄒᆞ고退去ᄒᆞ얏다더라

●三大祭宴 再昨日下午七時에학部次官木內氏가日本俱樂部에서宴會를設ᄒᆞ얏ᄂᆞᆫ대總理大臣李完用씨와農大宋秉畯씨와學大李載崑氏가往參ᄒᆞ얏다더라

●訓諭懲慈 內部大臣이在京郡守를召同訓諭ᄒᆞ다ᄒᆞᆷ은已爲揭報어니와其訓諭槪意를得聞ᄒᆞᆫ則道此騷訛ᄒᆞ야不日發程이[illegible]遷延ᄒᆞ면依章程論斷ᄒᆞᆫ다ᄒᆞ얏다더라

●[illegible] 學部에서書記郞幾人을[illegible]增設ᄒᆞᆫ다ᄂᆞᆫ대日語學校卒業生으로備用ᄒᆞᆫ다ᄂᆞᆫ說이有ᄒᆞ더라

●開會退定 학部職에서員會를昨日에開ᄒᆞᆫ다더니有何事件인지明日로退定ᄒᆞ얏다더라

●橡實收上 農商工部에서京畿及江原道에訓令ᄒᆞ되每道에橡實각二十石式을取上ᄒᆞ라ᄒᆞ얏다ᄂᆞᆫ데其事項은森林發達ᄒᆞᆯ目的으로取種ᄒᆞᆯ計策이라더라

●博覽事務 東南兩大門에農商工部에서商品陳列所를設始ᄒᆞᆫ다ᄒᆞᆷ은已揭어니와博覽會事務員이昨日에第三次觀察ᄒᆞ얏다더라

●免報停止 慶北來人의傳說을據ᄒᆞᆫ즉振威郡主事司空湜씨가事務에專昧ᄒᆞ고行色이鄙悖ᄒᆞ야欺人騙財ᄒᆞ다가巡檢의게捕縛을當ᄒᆞ얏고孝令面結錢二百八十元을償貸ᄒᆞ라다가財務官의게面駁을當ᄒᆞ야免官報告가上來ᄒᆞ얏ᄂᆞᆫ데左請右囑ᄒᆞ야艱辛停止ᄒᆞ얏다더라

●巡檢見汰 解隊ᄒᆞᆫ憲兵二百五拾名을巡檢으로塡充ᄒᆞ기爲ᄒᆞ야再昨日警視廳에서西署巡檢二拾餘人과東南中北四署巡檢二拾餘人을無故除汰ᄒᆞᆫ데怨聲이狼藉ᄒᆞ얏다더라

●巡檢請願 日昨에警視廳에서各署巡檢의履歷書를一一收聚ᄒᆞ야就中久勤者幾名을請願退去ᄒᆞ라ᄂᆞᆫ데請願者ᄂᆞᆫ服務多年에特異ᄒᆞᆫ功勞가[illegible]ᄒᆞ기로請願이라ᄒᆞ얏ᄂᆞᆫ데請願ᄒᆞᆫ額數가東署二名西署十九名南署十名北署五名中署五名監獄署四名이라더라

●寄付目的 再昨日下午九時에西大門外法國人旅館에셔慈善義捐寄付ᄒᆞᆯ目的으로演劇場을設ᄒᆞ고入場券을放賣ᄒᆞᆫ대每張에二圜式이라더라

●軍物奪去 日兵이東萊舊都와水營舊鎭과釜山鎭과影島鎭과多大鎭에自來貯置ᄒᆞ얏던銃器와火藥을沒數奪取ᄒᆞ기를無主之物과如ᄒᆞ야搜其好品ᄒᆞ야ᄂᆞᆫ日本으로輸去ᄒᆞ고品劣者ᄂᆞᆫ韓人의게還賞ᄒᆞ엿다고附來人의傳說이有ᄒᆞ더라

●義兵取去 再昨日에義兵이漢城九署에通文을揭付ᄒᆞ얏ᄂᆞᆫ데[illegible]通文을警視廳에[illegible]ᄒᆞ얏다더라

●農牛被奪 南來人의傳說을聞ᄒᆞᆫ則淸州木川鎭川等地에서日兵所過處에ᄂᆞᆫ村家農牛를奪取ᄒᆞ야軍物等屬을馱去ᄒᆞ되[illegible]ᄒᆞ야時援가難爲鎭靜ᄒᆞ더니[illegible]年秋牟耕種과禾穀馱人이奔然無路라더라

●淳昌義援 全北觀察使가內部에報告ᄒᆞ되淳昌郡守署理主事報告內開ᄒᆞᆫ즉陰曆八月初二日寅時에義徒百餘名이自長城郡으로來到本郡ᄒᆞ야[illegible]五日下死亡이六名이라더라

●[illegible] 日本農商務省[illegible]水産講習所練習船[illegible]破傷[illegible]夫兩人을砲殺ᄒᆞ얏고[illegible]

●加[illegible]續報 陰去月二十八日에義兵數百名이春川郡[illegible]子에往ᄒᆞ야[illegible]後[illegible]谷里로往ᄒᆞ얏다가[illegible]里로부터加[illegible]

●惡疾流行 十一日專遞電報를據ᄒᆞᆫ則義州에ᄂᆞᆫ四日以來로虎列刺와似ᄒᆞᆫ病氣가流人ᄒᆞ야死亡이二名이오罹病者二名이오赤痢者六名이라ᄒᆞ고拾二日西[illegible]人一名이虎列刺에病死ᄒᆞ고中[illegible]韓人一名은罹病ᄒᆞ고[illegible]

●化學[illegible]範 各學徒化學教授方을模範ᄒᆞ기爲ᄒᆞ야學部에[illegible]鄕普通學校植[illegible]動物[illegible]一介式頒送ᄒᆞ얏더라

地方情報

▲七日午[illegible]義兵約七百名이[illegible]川[illegible]守備隊로더브러[illegible]戰ᄒᆞ다[illegible]北方山中으로退却ᄒᆞ얏ᄂᆞᆫ대兩陣의死傷은未詳ᄒᆞ다ᄒᆞ고

▲八日通津에서江華兵丁劉明奎[illegible]捕縛ᄒᆞ야訊問ᄒᆞᆫ즉八月九日에江華暴動時에武器를市民에게分給ᄒᆞ고東門外에서郡守及一進會首領을謀殺ᄒᆞ얏ᄂᆞᆫ대衛兵所에留置ᄒᆞ얏더니[illegible]抵抗ᄒᆞᆷ으로當境에銃殺ᄒᆞ얏다ᄒᆞ고

▲拾日에義兵五拾名이淳昌郡을襲擊ᄒᆞ얏ᄂᆞᆫ대[illegible]警官은潭陽으로逃走ᄒᆞ고[illegible]郵便所長은光州로退去ᄒᆞ얏다ᄒᆞ고

▲長城附近에도多數義兵이東[illegible]ᄒᆞ얏ᄂᆞᆫ데[illegible]羅北道井邑[illegible]地方에서남[illegible]者이[illegible]ᄒᆞ고

▲[illegible]統[illegible]線에서[illegible]電線을破壞ᄒᆞᆫ義徒[illegible]名을捕捉ᄒᆞ얏[illegible]

▲[illegible]日烏致院發電을據ᄒᆞᆫ則[illegible]夜中에振威驛[illegible]義兵의[illegible]이顯出ᄒᆞ[illegible]發砲ᄒᆞᆫ則[illegible]山中으로避入ᄒᆞ얏다ᄒᆞ고

▲十一日春川發電을據ᄒᆞᆫ즉昨日에義兵四百名이華川邑에[illegible]ᄒᆞ야巡檢四名을捕捉ᄒᆞ고官物을奪取ᄒᆞ엿다ᄒᆞ고

▲[illegible]日에[illegible]總理大臣以下각大臣이鶴原定吉氏園遊會에往參ᄒᆞ얏다니各地方에砲聲이不絶ᄒᆞ야呼哭之聲이到處에狼藉ᄒᆞ되各大臣은擊壤歌도知ᄒᆞ고太平盛世가頌ᄒᆞᆫ지

▲現今地方에不穩ᄒᆞᆫ狀態가不息ᄒᆞᆷ으로內部大臣이在京郡守를招集ᄒᆞ야人民을安堵ᄒᆞᆯ方針을一場訓示하고三日內로一齊[illegible]ᄒᆞ라ᄒᆞ얏시니該大臣은[illegible]萬衆이自[illegible]知[illegible]

▲[illegible]

▲[illegible]下陳馬▼

▲世上에兄弟가[illegible]兄弟도有ᄒᆞ며[illegible]兄弟도有ᄒᆞ고[illegible]兄弟도有ᄒᆞᆫ데日大韓世界에兄弟新聞이[illegible]大韓新聞[illegible]進會도父母[illegible]

雜報

●海州風波　去陰七月十九日夜에該府一進會員七八十名이각각會旗ᄒᆞ며各着麥藁帽子ᄒᆞ며又持采色燈籠ᄒᆞ고歌曲을唱ᄒᆞ면셔緩步로行到南門外三街上ᄒᆞ니忽有何許民數十名이左右突出ᄒᆞ야齊聲大呼曰一進會人은乃逆賊盜니即打殺이라ᄒᆞ고或以石打之ᄒᆞ며或以手擊之ᄒᆞ며或以足척之ᄒᆞ야風波大起에該會諸人은皆聞風而避走ᄒᆞ고該會總代辦金尙田評議兪承潤金運務等數人이獨被所傷而或折脚或傷肩或破頭에点点赤血은洒添路上ᄒᆞ고麥藁子及會旗와燈籠은片片裂碎ᄒᆞ야散棄道衢ᄒᆞ고日兵數十名과多數巡檢이一齊來到ᄒᆞ미衆人이擧皆畏避ᄒᆞ야蹤跡이寥寥ᄒᆞ야一時擾況이極爲騷擾ᄒᆞ얏다더라

●婦人會獻品　愛國婦人會韓國本部長鶴原誠子가再昨日에皇帝陛下씌英製花瓶一對를獻上ᄒᆞ얏다더라

●一女兒偷買　三和港寄居ᄒᆞᄂᆞᆫ安商淳은鴉片烟을吸ᄒᆞᄂᆞᆫ者로陰曆七月間에大韓女兒를淸人에게三百兩에賣食ᄒᆞ고又八月初에大韓女兒十歲孩를淸人에게二百兩賣食ᄒᆞ얏ᄂᆞᆫ대蹤跡이綻露되야被捉ᄒᆞ얏고該女兒ᄂᆞᆫ淸人의게셔覓來ᄒᆞ얏다더라

●解約已罷　合名會社彰信社員朴承稷金元植崔暎瑞三氏ᄂᆞᆫ彰信社設立初에不憚勞苦ᄒᆞ고已爲創立後에商業會議所商擔役西原龜三씨에紹介를因緣ᄒᆞ야日本富士紡績의社代理小林會社와契約을成ᄒᆞ고廣木을專賣之計로將有就緖之際이러니西原龜三씨와五百圓請求之事에對ᄒᆞ야重役間感情이有ᄒᆞ다ᄒᆞ야彰信社ᄂᆞᆫ排却ᄒᆞ고西原龜三과合意ᄒᆞ야兩會社間何樣周旋이던지永爲解約케ᄒᆞ고合名共益社를組織ᄒᆞᆫ後富士紡績會社代理小林會社와契約을成立ᄒᆞ얏다더라

●正誤　昨日廣告欄內에陽城南相卨氏의住川沓十五斗之斗字를以石字로改正홈

[illegible]人[illegible]

[illegible]義捐金
八月中本社收入總額
每日送分明細錄

●九月拾一日
第一五二八號定州郡馬山面清
亭里 一百二圓
第一五二九號龍川府南面松峽
里 六拾二圓八拾錢
第一五三〇號大阪[illegible]도아후
八十二圓二十一錢
計二百[illegible]拾八圓拾一전
八月拾一日까지收入總額
四百二十三圓[illegible]錢
[illegible]十四圓
[illegible]
總合五百[illegible] 百三十八圓
二十[illegible]

[illegible]米國[illegible]洞開睦[illegible]不
傑[illegible]
[illegible] 리鍾[illegible]
[illegible] 김[illegible] 리[illegible]
[illegible]龍珠 [illegible]道水
리[illegible]賢 韓光益 申燦道
리[illegible] [illegible] [illegible]俊水
[illegible] 鄭家[illegible] 리[illegible]夏
任[illegible] [illegible]成五 劉[illegible]
[illegible] [illegible] [illegible]
趙鍾[illegible] 김相[illegible] 金인亨
二[illegible] 박九玉三圓 [illegible]水[illegible]
김昌植 박敬[illegible]
각一圓[illegible]拾錢 金敬[illegible]
鄭[illegible]식 鄭[illegible] 梁俊伊
[illegible]成[illegible] [illegible]義[illegible] 申[illegible]
리[illegible] 金[illegible]云 [illegible]延植
박[illegible] 鄭成七 宋[illegible]
[illegible]順一 [illegible]上 [illegible]昌[illegible]
[illegible] 洪鍾[illegible] [illegible]成文
최[illegible] 리敬[illegible] [illegible]
[illegible] 리[illegible] [illegible]

[illegible]
리[illegible] 金[illegible] 金[illegible]龍
五十[illegible] 최[illegible] 각一圓 [illegible]
合一百二拾九圓內交換日貨
實入二百[illegible]拾九圓九十五錢
●美國[illegible]哇[illegible]아후島아이아부
쿠의농중
鄭[illegible] [illegible]夏 김[illegible]
[illegible] 리[illegible]
[illegible] [illegible]文
[illegible]
十[illegible]大亨 각五십전
[illegible]弗內交換日貨
[illegible] [illegible]拾[illegible]
[illegible]面松峴洞
[illegible] 二十圓 [illegible]
[illegible] 각二圓
金[illegible] 김成圭
[illegible]
金麗[illegible] 각一圓 [illegible]
[illegible] 金承官 金浩京
[illegible] 김[illegible] 각三十錢
[illegible] [illegible] 文[illegible]
[illegible] [illegible] 김[illegible]
[illegible] [illegible] 각廿[illegible]
合六十[illegible]八十[illegible]
●平北定州馬山面[illegible]
리[illegible] [illegible] 姪子[illegible]
林東[illegible] 각五[illegible] 弟京[illegible]
再從[illegible] 각一[illegible]
祖母貞夫人[illegible]三圓 金龍五
二圓五拾錢 리[illegible]二圓
金[illegible]一圓五[illegible] 卓昌浩
一圓 弟昌俊 二拾五전
金[illegible] 리[illegible] 김洛興
김[illegible] 김[illegible]
각一圓 長子玉鉉 五十錢
次子利鉉[illegible]五錢 [illegible]錫[illegible]一圓
長子齊浩 次子齊植
각五十錢 리鳳[illegible] 弟[illegible]
각一圓 [illegible] 五十錢

[illegible]
[illegible] 金[illegible]
[illegible] 金[illegible]
김明[illegible] [illegible]
각五十圓 [illegible]元根[illegible]
金[illegible]一 리[illegible] 金[illegible]
四十[illegible] 각九十錢 [illegible]
[illegible] [illegible]乃[illegible] 金[illegible]
[illegible] [illegible]
[illegible] 朴[illegible]
[illegible]
각[illegible] 趙[illegible] 李宗元
張[illegible] 리昇煥
박乃[illegible]一圓 弟[illegible]
金水守 [illegible]乃珍
김[illegible] [illegible]
리[illegible] [illegible]
각[illegible] 리[illegible] 최[illegible]
金[illegible] [illegible]仲[illegible]
[illegible] 趙[illegible]
金[illegible]元 김[illegible]
리俊英 十[illegible] 康[illegible]
一圓[illegible] 張應珍 康[illegible]
[illegible] 子天奎 [illegible]元浩
각[illegible]錢 康[illegible] [illegible]
[illegible] 趙[illegible]
각[illegible] [illegible] [illegible]
김成道 [illegible]國[illegible] 洪[illegible]
[illegible] 리贊汝 최致行
각[illegible]錢 리[illegible] 五拾錢
金[illegible]植 [illegible]光浩 [illegible]
김在元 [illegible]昌元 林[illegible]元
洪錫奎 洪仁[illegible] 金[illegible]洪[illegible]
각廿錢 리枝[illegible]
리枝洙 리[illegible] 김光均
卓昌河 林[illegible]文 각十錢
金呂向 廿五錢 리世[illegible]
劉京律 [illegible] 각卅錢
金貞植[illegible]母洪召史
박彩玉[illegible]母박召史 各五拾錢
一[illegible]母親郭召史 廿錢

[illegible]
[illegible] 各一圓
[illegible] 一圓
[illegible] 一圓
[illegible]
慶[illegible] 一圓
[illegible] 一圓
[illegible] 十錢
[illegible]
[illegible]一圓
[illegible]五錢
[illegible]김海[illegible]
[illegible] 一圓
[illegible] 各五十錢
[illegible]김相元 一圓
[illegible] 一圓五十錢
[illegible] 一圓
[illegible]州[illegible]仁淳 二圓
[illegible]城두우[illegible] [illegible]
[illegible]五 一圓
合一拾一弗交換日貨
實入六拾二圓三拾一錢
總合五百〇八圓二十一錢
前號總合[illegible]萬[illegible]千六百[illegible]
〇[illegible]
都總合[illegible]五千一百三拾八圓
二十八錢四厘

第二卷 第五卷

大韓每日申報

第六百七十二號

月曜及慶節翌日休刊

檀君開國四千二百四十年
箕子元年三千二十九年
大韓開國五百十六年
日本明治四十年
淸國光緖三十三年
陰曆丁未八月小初七日丙寅

論說

●墨西哥에在ᄒᆞᆫ韓人의實況

年前日本人大庭貫一이大陸殖民會社를開設ᄒᆞ고韓國人民을募集以去ᄒᆞᄂᆞᆫ대于時韓民이墨西哥地方으로渡往ᄒᆞᆫ者ㅣ千餘人이라嗚呼韓人은大洋一隅에在ᄒᆞᆫ幾千年閉鎖之國에셔生長ᄒᆞᆫ지라世界各地에風土氣候와人情物態에全然蒙昧ᄒᆞᆫ바彼墨國地方이極上樂園이되ᄂᆞᆫ지千層地獄이되ᄂᆞᆫ지無從知得矣오況絶域萬里에消息이茫然ᄒᆞᆫ지라其親戚朋友가朝々夕々에翹首瞻望曰我兄弟之在彼者ㅣ庶幾無疾苦歟아既離無死亡歟아ᄒᆞ더니

厥後에支那人이該地情況을探得ᄒᆞ고同種之陷於悲境ᄒᆞ야特히寄書一篇을大韓皇城新聞社에轉致ᄒᆞ니該地氣候의異常炎烈과韓國人民의無限慘狀을纖悉言明ᄒᆞᆫ지라于時皇城新聞이將載其文ᄒᆞ고又以論說로再三咄道ᄒᆞ야韓國同胞를警醒ᄒᆞ얏고又韓國志士朴容萬氏가遊歷美洲ᄒᆞ다가該地附近에轉往하야得其情形ᄒᆞ고歷々指陳ᄒᆞ야寄函于本社ᄒᆞ얏고又美洲留學生朴[illegible]氏가以目覩實況으로寄書言明ᄒᆞᆫ故로爲之翻譯而布告矣러니

統監府ㅣ開政之日에最先着手者ㅣ移民條例라旣而오大庭貫一이委來本社ᄒᆞ야韓人의請願書一冊을持ᄒᆞ고爲之說明曰該處ᄂᆞᆫ樂土라在彼韓人이皆此生活의安便을得ᄒᆞᆫ故로有此請願홈이니貴報ᄂᆞᆫ將此事實ᄒᆞ야爲之揭載ᄒᆞ야以破韓人之惑ᄒᆞ라ᄒᆞ거날本社員이對曰此支那人이皇城新聞에寄書ᄒᆞᆫ바實로써證據홀진대彼韓人의困難情況은慘不忍聞이거날今日生活安便云者ᄂᆞᆫ殊未可信이로다

大庭이日此ᄂᆞᆫ支那人이我의移民事業을防害ᄒᆞ고彼의會社를獨專홀計劃으로虛言을揑造ᄒᆞ야韓人을眩惑케홈이니라

本社員이日非但淸人之文字라我韓留學生數人이該地附近에往ᄒᆞ얏나니其情況을探ᄒᆞ야本社에寄書가有ᄒᆞ니此ᄂᆞᆫ吾黨之確信者로다大庭이日此ᄂᆞᆫ不過一二個人이自已에有所不得홀感情으로由홈이라ᄒᆞ더니日前에韓人權丙淑氏가來到本社ᄒᆞ야日該處農庄에服役이頗厚ᄒᆞ나勤實服役者ㅣ得以生活이快足ᄒᆞ다云이러라

數昨에有一勞働夫가面帶菜色ᄒᆞ고來而本館曰本人은忠淸南道牙山郡貧寒地居하던바遂存이라自受窮乏ᄒᆞ야以勞働資活이옵더니愚昧之致로外國人의誘見賣ᄒᆞ야墨西哥에渡往ᄒᆞ얏다가數年風霜에千辛萬苦를受ᄒᆞ야一縷殘喘은幾乎不保라가幸得脫身潛逃ᄒᆞ야生還故土이온대

又聞本國內에移民募集이有ᄒᆞ다ᄒᆞ니本人의身所經歷을事實로新聞에揭布하야一般同胞도ᄒᆞ야금知彼情況을調悉케ᄒᆞ야前轍을蹈치勿하게ᄒᆞ옵소서散處農作의服役은어져귀나무둘싸ᄂᆞᆫ일이오毎日雇錢은墨貨二十五錢이온딕該地物價로較用ᄒᆞᆫ즉면韓貨白銅一分의價値ㅣ넘지못하고所食은安南米飯에鹽이오而一服役이農主之意에不適하면笞鞭을受ᄒᆞ고且困難의狀을不堪ᄒᆞ야逃躱ᄒᆞ다가警廳에捉囚ᄒᆞᆫ被害者도多ᄒᆞᆫ대一逃被捉ᄒᆞ면笞가二十五度오再逃被捉ᄒᆞ면笞가五十度라甚至於妻子棄ᄒᆞ고逃亡ᄒᆞᄂᆞᆫ者도有하며어저귀나무에項을結ᄒᆞ야死ᄒᆞᄂᆞᆫ者有ᄒᆞ며疾病에罹ᄒᆞ야死亡ᄒᆞᄂᆞᆫ者도有ᄒᆞ야當初渡往者ㅣ千餘人에生存者ㅣ六百餘名이라所謂生存ᄒᆞᆫ者도皆一點生氣가無ᄒᆞ야朝夕瀕死者와如ᄒᆞ니엇지生存ᄒᆞ다可望ᄒᆞ리오

通譯權丙淑氏ᄂᆞᆫ每月俸給이二百圓인대該處兵丁巡檢과共히韓人을捕捉홈으로써職務를ᄉᆞᆷ을뿐이라本人이今年陰正月에若干旅餠을帶ᄒᆞ고逃走ᄒᆞ야막쓰코德國人家에役人ᄒᆞ야幾日經備ᄒᆞ야盤費를辦ᄒᆞ고日本商人을隨하야船에나려墨國을떠나神戶에來ᄒᆞ얏다가今始本國에得達ᄒᆞ얏ᄂᆞᆫ대首尾凡七朔이라這間出入生死ᄒᆞᆫ許多困難은何可盡言가ᄒᆞ더라

本記者ㅣ此言을聽了에泫然出涕曰韓人이奴隸乎아現世界文明法律에ᄂᆞᆫ不許奴隸之販賣也오韓人이犬馬乎아現時代文明風化에亦無犬馬之虐待也라然則今日韓人은奴隸와犬馬의待遇를不得ᄒᆞ니何其不幸이至此之極이며均是同胞로謂[illegible]可歎이라하며謂利益可圖라ᄒᆞ야人命販賣로爲其營業者ᄂᆞᆫ又何不仁之甚也오是用痛言復言ᄒᆞ고歷歷告ᄒᆞ야大聲不已ᄒᆞ노니嗚呼韓人은戒之戒之어다

官報

●號外 隆熙元年九月十二日

敍任

陸從一品	宮內大臣	李允用
仝	弘文館學士	[illegible]
仝	正二品	鄭漢朝
仝	仝	李容直
陸正憲	知敎簿司事	閔泳璘
陸正二品	從二品	閔贊鎬
仝	仝	金甲圭
仝	仝	金春熙
仝	仝	[illegible]
仝	仝	[illegible]顯奭
仝	仝	[illegible]淵
仝	仝	韓龍敎
陸崇義	宗簿寺提調	全永[illegible]
仝	宮內府禮式官	金[illegible]鉉
仝	仝	安百[illegible]
陸從二品	侍從院副卿	李會九
仝	正三品	李秀[illegible]
仝	仝	李肯稙
仝	仝	李承宇
仝	宮內府禮式官	[illegible]發誠
仝	仝	嚴[illegible]
仝	仝	李[illegible]均
仝	仝	趙存升
仝	仝	[illegible]麒源
仝	侍從院侍從	李[illegible]
仝	仝	沈[illegible]
陸正二品	宮內府秘書官	朴叙陽
仝	掌禮院掌禮	金世[illegible]
仝	內部書記官	宋之憲
仝	學部書記官	金思[illegible]
陸崇祿	從一品	金[illegible]敏
陸從一品	正二品	李[illegible]範
陸正憲	仝	康世允
陸從二品	正三品	金元[illegible]

●第三千八百七十七號 隆熙元年九月十三日

敍任及辭令

度支部稅務主事 [illegible]
仝 [illegible]

依願免本官 平理院檢事 洪鍾億
任平理院裁判長
命兼任平壤礦業所總裁 農商工部大臣 宋秉畯
命兼任平壤礦業所監督 礦務局監 巨智部忠承
任度支部稅務主事 九品 [illegible]汝根 林炳稷
免本官 度支部稅務主事 韓[illegible]
任度支部稅務主事 [illegible]赫
公立安州普通學校敎員 尹起[illegible]
依願免本官

雜報

●兩帝陛見 [illegible]皇帝陛下께셔ᄂᆞᆫ [illegible] 統監首府에셔會見ᄒᆞ신다더라

●新艦進水 露國戰鬪艦파울大帝號ᄂᆞᆫ聖彼得堡에셔進水ᄒᆞ얏ᄂᆞᆫ대排水量이一萬七千六百噸이라더라

●防城陷落 上海電을據ᄒᆞᆫ則廣東省防城郡은叛徒手에占領ᄒᆞᆫ바가되야居留ᄒᆞᆫ人은欽州로避亂ᄒᆞ얏ᄂᆞᆫ대甚히危險ᄒᆞ다ᄂᆞᆫ報가有ᄒᆞ더라

●陸軍演習 英國우엘도시아에셔陸軍演習을終了ᄒᆞ고南阿戰爭以來로被服關係의延長을遇ᄒᆞ던傾向을廢ᄒᆞ고軍隊의排列과過去四十年間英國에셔行ᄒᆞ던方法에比較ᄒᆞ야一般習慣을除用ᄒᆞᄂᆞᆫ데至ᄒᆞ게新習中兵士ᄂᆞᆫ勞가多홈으로發火線에在하야往往睡ᄒᆞ더라

●駐淸公使選說 駐淸公使林權助氏ᄂᆞᆫ職을辭ᄒᆞ고統監府重職에就ᄒᆞ고加藤高明氏가駐淸公使로任ᄒᆞᆫ다ᄂᆞᆫ說이有ᄒᆞ다더라

●水災彙報 九日東京朝日新聞을據ᄒᆞᆫ즉關東에ᄂᆞᆫ七日夜에大雨가加하야栃木二川에出水ᄒᆞ야鐵工事場所가甚히破壞ᄒᆞ고足利附近吉祥院村의浸水가三百餘戶오其他被害가多ᄒᆞ다ᄒᆞ엿고[illegible]山에ᄂᆞᆫ六日夜에暴風雨로旭川에出水가一丈餘오市民이流避ᄒᆞ取하야附ᄒᆞ고避難者ㅣ多ᄒᆞ야危險이極ᄒᆞ더니幸히雨歇ᄒᆞ야八日朝에二尺減水가되얏스나沿岸民家의浸水가多ᄒᆞ고[illegible]ᄒᆞ다ᄒᆞ고廣島에ᄂᆞᆫ六日晨雨가[illegible]日에至ᄒᆞ야愈烈ᄒᆞ니午後八時頃에太田川이十五尺增水ᄒᆞ매非常巡檢이總出ᄒᆞ야堤防과橋梁을警戒ᄒᆞ고八日午前一時頃에大手町四丁目河岸이崩壞ᄒᆞ야一戶가倒壞ᄒᆞ고其他川에出水浸害가多ᄒᆞ고宮島에ᄂᆞᆫ[illegible]町에激浪이起來ᄒᆞ야防波堤가破壞ᄒᆞ고浸家數人ᄒᆞ야被害가甚ᄒᆞ고日本鋼山에路段壞ᄒᆞ야家屋一棟이破壞ᄒᆞ얏ᄂᆞᆫ데人畜의害ᄂᆞᆫ無ᄒᆞ고門司港에ᄂᆞᆫ[illegible]ᄒᆞᆫ船丸이怒波로ᄡᅥ沈沒[illegible]內에셔沈沒하얏고松江에ᄂᆞᆫ七日朝에暴風雨로縣下諸川이溢水ᄒᆞ야鹿足郡津和野에[illegible]川小學校가流失하고同町에浸水家屋이七十餘오實地家屋浸水가四尺이오沿岸田畑이皆浸水ᄒᆞ고美保灣의漁船一隻이沈沒ᄒᆞ고田畑被害가多ᄒᆞ다ᄒᆞ고鳥鵜에ᄂᆞᆫ六日夜暴風雨로각川이出水ᄒᆞ야市內에水田浸[illegible]가流失ᄒᆞ고鐵道不通ᄒᆞ야被害가多大ᄒᆞ다ᄒᆞ고靜岡縣에ᄂᆞᆫ七日夜에驟雨ᄒᆞ야大湖町에[illegible]ᄒᆞ야家屋五戶가倒壞ᄒᆞ고[illegible]破損이四棟이오[illegible]死ᄒᆞᆫ者一名이오沼津이[illegible]라ᄒᆞ고赳野川에溢水ᄒᆞ야[illegible]ᄒᆞ야藥客一名의行方을不明ᄒᆞ다더라

雜報

●李氏封君 從一品李垂鎔氏ᄂᆞᆫ永宣君을封ᄒᆞ얏더라

●鑛務方針 再昨日下午三時에內閣大臣이會議를開ᄒᆞ고地方鑛務方針과鑛商協議ᄒᆞ고同六時에散會하얏다더라

●有何緊議 學部大臣李載崑씨가有何緊議事이던지昨日上午拾一時에內部大臣任善準氏를本部로訪問ᄒᆞ고卽時學部로往進ᄒᆞ얏다더라

●有何解折 內部에서日前修正ᄒᆞᆫ郡守三拾餘窠ᄂᆞᆫ有何事件인지不知ᄒᆞ거니와內閣에서統監府로同意表를送交치아니ᄒᆞ얏다더라

●法大訪問 法部大臣趙重應씨가再昨日에中樞院議長徐正淳씨私第에訪問ᄒᆞ고前判書趙定熙氏를訪問ᄒᆞ얏다더라

●郡守咄歎 內部에서去番에敍任ᄒᆞᆫ郡守를催促下送ᄒᆞ나地方義擾ᄂᆞᆫ益々漸熾하야赴任無路ᄒᆞᆫ故로各郡守들이咄歎不已ᄒᆞ되進退兩難이라ᄒᆞ더라

●所掌詳問 再昨日宮內府次官鶴原定吉씨가宮內府所管各宮廳及內侍府ᄭᆞ지各該十管吏侍從卿을招來ᄒᆞ야각其所掌與供職之務을細細詳問ᄒᆞ고至於武監以下掖隸에服務ᄒᆞᄂᆞᆫ者들問之ᄒᆞ엿ᄂᆞᆫ대此事인즉冗官及不緊之役을減ᄒᆞᆯ主意라더라

●李氏弘襟 李垂鎔氏가日本에留連ᄒᆞᆯ때에京城居某人이ᄒᆞ何謀害를이던지李垂鎔씨가歸國ᄒᆞᆫ後에該人을招待曉諭曰從事ᄂᆞᆫ必有指嗾人이오非君素志이니不必掛嫌이라從今以後로余之門下에源々來往ᄒᆞ라ᄒᆞᆫ대該人이李氏의弘襟을感服無地ᄒᆞ엿다더라

●欠逋多數 度支部에서法部로照會ᄒᆞ되公納延滯ᄒᆞᆫ郡守들詳細錄示ᄒᆞ라ᄒᆞ얏더니法部에서多數欠逋ᄒᆞᆫ郡守李炳욱等三十餘人을錄交ᄒᆞ얏다더라

●監獄囑托 日本人紹羽玄哲로贊務監獄署敎師를囑托ᄒᆞ얏다고昨觀察監丸山重垂氏가내部로報告ᄒᆞ얏더라

●博覽의蔘種 農商工部에서開城郡蔘政課長에게發訓ᄒᆞ되博覽會物品으로紅白兩種蔘을三十斤만送上ᄒᆞ라ᄒᆞ얏다더라

●度部答照 農商工部에서勸業模範場囑托事務官末五郎氏開勢金을支撥ᄒᆞ라고度支部로照會ᄒᆞ얏더니度支部에서答照하되現今에出ᄒᆞᆯ預金이無ᄒᆞᆫ則自費部經費中으로支撥ᄒᆞ라ᄒᆞ얏다더라

●門鮮多數 傳說을聞ᄒᆞᆫ즉宮內府大臣李允用氏家에近日以來賓客이답지ᄒᆞᆷ으로無席出入ᄒᆞᄂᆞᆫ人외게ᄂᆞᆫ門限을縛給ᄒᆞ얏ᄂᆞᆫ데六十餘張에達ᄒᆞ얏다ᄂᆞᆫ說이有ᄒᆞ더라

●日巡保護 定州郡所在牧場與畜士를調査ᄒᆞ기爲ᄒᆞ야復役相蔡襄煥兩人을下送ᄒᆞ니日巡査一名을派送保護케ᄒᆞ라고各宮事務整理所委員金鎔濟氏가內部로照會ᄒᆞ얏더라

●內閣照會 內閣에서各府部에照會ᄒᆞ되現에統監府來文을接ᄒᆞᆫ즉從來日本人은各部에屬ᄒᆞᆫ官吏에任用과又其囑托을受ᄒᆞᄂᆞᆫ境遇ᄂᆞᆫ其同意와或承認을主管大臣이直接으로統監에게求ᄒᆞᆫ事가有ᄒᆞ얏사온바自今此等은其官等을又奏任待遇以下擬ᄒᆞᆫ者에任免者及囑托解托ᄒᆞ기類히貴國人官吏任免에待遇와同ᄒᆞᆫ節次를依ᄒᆞ야閣下께서同意又今承認을求ᄒᆞ실事로照에出ᄒᆞᆫ等因이온바此를遵ᄒᆞ야自今日本人을各部에屬ᄒᆞᆫ官吏에任用ᄒᆞᆫ境遇에其官等奏任待遇以上任免及囑托解托을一依本國官吏任免節次ᄒᆞ야本閣에서經議施行ᄒᆞ깃다ᄒᆞ얏다더라

●辭免有罰 學部에서各地方公立普通學校副敎員의과期를六箇年으로定限ᄒᆞ고若限內에請願辭免ᄒᆞᄂᆞᆫ人이有ᄒᆞ면罰金을徵出하기로決議ᄒᆞ얏다더라

●背會入義 各地方에서義兵이進會員을捉得ᄒᆞ야質問ᄒᆞ되汝若赴義則生之ᄒᆞ고若不然則殺之라ᄒᆞ매好生惡死ᄂᆞᆫ人之常情이라該會員이背會入義者多數ᄒᆞ다더라

●敎師避亂 安城郡普通學校商弁敎師가時擾를因ᄒᆞ야該地에同留ᄒᆞ던日人과避亂ᄒᆞ얏다더라

●無邑不然 春川觀察使黃鐵氏가昨日內部에電話ᄒᆞ되該道內에義兵이處々蜂起ᄒᆞ야無邑不然이라ᄒᆞ얏다더라

●義兵押去 再昨日午後에日兵이義兵拾四名을捕縛ᄒᆞ야日軍司令部로押去ᄒᆞ얏다더라

●郵便始通 春川觀察道에ᄂᆞᆫ拾餘日前부터郵便이不通하더니數日前부터通信이된다더라

●何功圖郡 十餘日前에金化郡에서義兵一名이逃又奔持來하야該郡生昌面居前參奉李信道處에偶致ᄒᆞᆫ즉該人은卽一進會員이라義兵을捕縛ᄒᆞ야該附近地日兵站所에通文과幷히傳納ᄒᆞ고卽走上京ᄒᆞ야此功으로該道本部에서郡守一窠를圖差ᄒᆞᆫ다더라

●平壤檢疫 鴨綠江岸에虎列剌病으로因ᄒᆞ야平壤에서ᄂᆞᆫ十二日로브터汽車檢疫을開始ᄒᆞ얏다더라

●馬山檢疫 馬山港에서ᄂᆞᆫ十一日브터海港檢疫을開始하얏다더라

●商會設立 湖州郡有志人士들이商業會議所를設立ᄒᆞ기로方今財政을鳩聚ᄒᆞᄂᆞᆫ中이라더라

●地方消息

▲開城警察分署報告를據ᄒᆞᆫ즉八日午前부터午後七時ᄭᆞ지義兵約三百餘名이兩隊를分ᄒᆞ야積城郡衙에闖入ᄒᆞ야巡檢을捕縛ᄒᆞ고軍物을奪取ᄒᆞ고富民家의貨財를討出ᄒᆞ고日本賣藥商一名을銃殺ᄒᆞ고麻田方面으로向ᄒᆞᄂᆞᆫ貌樣이라ᄒᆞ고

▲九日에長湍郡南面에서義兵約百名이突出ᄒᆞ야日本藥商一名을銃殺ᄒᆞ고臯浪浦를襲擊ᄒᆞᆫ模樣이라하고

▲昨日에義兵이再次積城郡에入來ᄒᆞ야二十分間을砲擊이不絕ᄒᆞ며火焰이衝天ᄒᆞ더니積城義兵과合勢ᄒᆞ야朔寧과山方面으로退却ᄒᆞ야漣川義兵과相通하며開城을連絡ᄒᆞᄂᆞᆫ模樣이라ᄒᆞ고該郡駐在日巡査와郵便取扱所員은金化로逃走하얏다ᄒᆞ고

▲秋風嶺京釜線附近에聞慶義兵一帶가兩隊를分ᄒᆞ야襲擊ᄒᆞᆯ形跡가有ᄒᆞ야當地日補佐官이一層戒嚴ᄒᆞᆫ다ᄒᆞ고

▲十日午前九時에秋風嶺에義兵이潛伏ᄒᆞ얏다ᄒᆞ야日兵이日本居留民과一同協力ᄒᆞ야防禦ᄒᆞ기를準備ᄒᆞ더니他處에서日本人男女一百六十名이避亂次로來到하ᄂᆞᆫ것을見ᄒᆞ고嚴戒ᄒᆞᆫ다ᄒᆞ라ᄒᆞ고

▲拾二日鳥致院發電을據ᄒᆞᆫ즉日兵이義兵捕虜를取調ᄒᆞ얏ᄂᆞᆫ데尙州郡에扈衛砲軍이判明ᄒᆞᆷ으로放還ᄒᆞ고武器ᄂᆞᆫ領置ᄒᆞ얏다ᄒᆞ고

▲拾二日新溪發電을據ᄒᆞᆫ즉昨日에義兵六拾餘名이槐山邑을來襲ᄒᆞ얏ᄂᆞᆫ데郡守와巡檢은逃走하얏다ᄒᆞ고

▲淸安北方二拾里沙場의在ᄒᆞ던兩百名義兵은拾月午後에地境洞及鳥致院方面으로移駐하얏다하고

▲韓兵이混雜ᄒᆞᆫ義兵一千五百名은九日에聞慶에入ᄒᆞ야一部ᄂᆞᆫ廣院과康津附近으로一部ᄂᆞᆫ馬浦院西南村落에在ᄒᆞᆫ대至於關에서聞慶에至ᄒᆞᆫ電線全部ᄂᆞᆫ破壞ᄒᆞ엿고

▲聞慶東方二拾里新院에義兵五百名이會ᄒᆞ야城門에電線으로以ᄒᆞ야防禦를設하며聞慶東北四十里金龍方에五百名이오東北拾五里大城方에五百名이오聞慶南四拾里下里面에四百名이合ᄒᆞᆫ대義兵에根據地ᄂᆞᆫ金龍方大城方兩處이라ᄒᆞ고

▲淳昌과鎭發ᄒᆞᆫ義兵은約三百名인데全州方面으로退却ᄒᆞ얏ᄂᆞᆫ데日人二名이被害하얏다하고

▲一日午後八時頃에義兵拾五名이각持銃器하고淸州郡東北二十里南一面趙杏亭李敏植家에侵入ᄒᆞ야其弟敏斗를人質로捉去ᄒᆞ야除來月末에金一萬兩과洋銃一百挺을尙州郡金龍方面으로持來ᄒᆞ라고嚴令이有ᄒᆞ고淸川市場方面으로退却하얏다더라

桑港電報

九月拾日發

●晩香坡市街戰 晩香坡의日淸人市街ᄂᆞᆫ宛然히戰場이되야各人이皆武器를購入ᄒᆞ고同市四拾五里에在ᄒᆞᆫ日淸兩國人은總히徵集하야暴徒를驅退ᄒᆞ기로準備中이오市街戰鬪ᄒᆞᆫ府에淸國人은皆逃ᄒᆞ고日人은最後々지勇敢戰鬪ᄒᆞ얏다더라

路透電報

九月十三日東京發

●民心漸穩 英國加奈多晩香坡에民心이漸々鎭靜되며旅館에屆衛하던亞細亞人은漸次復業ᄒᆞ얏더라

同日發

●日人制限 加奈陀政府에서ᄂᆞᆫ日本移民의入國ᄒᆞᆷ을制限을置ᄒᆞ기로希望ᄒᆞᆫ다더라

東京電報

九月十二日發

●韓國派兵 現在韓國에駐屯ᄒᆞᆫ兵力으로ᄂᆞᆫ暴徒鎭壓에充分치못ᄒᆞ미不少ᄒᆞᆷ으로近日외更히數個聯隊를增遣ᄒᆞᆯ터이라더라

十三日發

●中央銀行 韓國中央銀行設置件에就ᄒᆞ야先決問題로第一銀行에處置가必要ᄒᆞᆷ으로井上伯이調停하야大略解決에至ᄒᆞ얏다더라

▲唾成珠玉▼

▲日前內閣에서經理院所管廢止件과農商工部로移屬ᄒᆞᆯ件을施行ᄒᆞᆯ事로提議可決ᄒᆞ얏스니一進會에서驛屯土收稅官을欲慾ᄒᆞ야關으로認作貪中物ᄒᆞ더니該稅가農部로移屬ᄒᆞᆫ즉該部大臣이維持ᄒᆞᆯ것시니所願已就로고

▲各道各郡에派遣ᄒᆞᆫ稅務主事가民情이不穩ᄒᆞᆷ으로往赴치못ᄒᆞ얏더니度支部에서한速赴任ᄒᆞ라고催促ᄒᆞᆫ다니現今地方에烟塵이漲天ᄒᆞ야家屋을燒蕩ᄒᆞ고人影이永絶ᄒᆞᆫ處가往往相望ᄒᆞ니稅務官吏ᄂᆞᆫ雖爲促送ᄒᆞ나人民이無ᄒᆞᆫ地方에ᄂᆞᆫ稅納을何處에徵收ᄒᆞᆯ이오人民에與接ᄒᆞᆯ方策이第一急務로다

▲內部大官木內重四郞가泥峴俱樂部晩餐會에總理大臣李完用內大任善準法大趙重應씨와前漢城判尹朴義秉氏가往參宴樂ᄒᆞ얏스니當此[illegible]時代ᄒᆞ야韓日官吏가宴會가頻數ᄒᆞ고一往一來ᄒᆞ야樂意相關에少不願忌ᄒᆞ나人々이俱樂ᄒᆞᄂᆞᆫ지

▲今番에解隊ᄒᆞᆫ憲兵을警視廳巡檢으로塡充ᄒᆞ기爲ᄒᆞ야각署內巡檢中에劾勞가無ᄒᆞᆫ者을請願退去ᄒᆞ라ᄒᆞ얏다니向日에軍隊解散時에ᄂᆞᆫ兵丁沙汰가나더니今日에ᄂᆞᆫ憲兵을收用ᄒᆞ기爲ᄒᆞ야巡檢沙汰가또낫고

▲農大宋秉畯氏ᄂᆞᆫ平壤礦業所總裁를兼任ᄒᆞ얏스니同氏의力도宏壯ᄒᆞ거니와黃金貨泉을管理ᄒᆞ야無限ᄒᆞᆫ富源을釀出ᄒᆞᆯ것시니富上添富가되깃고

▲內藏司長李根沐氏ᄂᆞᆫ地位를維持코저ᄒᆞ야百般運動ᄒᆞ다가不得已疏遞ᄒᆞ얏다니當時에該氏桃園에勢焰이掀動ᄒᆞ야雖兄弟라도더니一時에墮落되미一內藏司長을維持치못ᄒᆞ니前何壯也며今何衰也오

▲日本名士가農大宋秉畯氏를評論ᄒᆞ여曰剽輕淺浮ᄒᆞᆫ可驚이오且長於排陷擠排라ᄒᆞ엿스니果然마로다其剽輕淺浮ᄒᆞᆫ行爲를論ᄒᆞ면不可枚擧ᄒᆞ며韓國政界와社會間에被其排陷擠排者가亦不可勝數어니와今番軍隊解散과斷髮頒佈에도長谷川大將이宋씨의게見欺ᄒᆞ엿다지

▲軍大李秉武씨ᄂᆞᆫ今番協約以後로軍隊解散ᄒᆞᆫ事로不世大功을樹ᄒᆞᆫ줄노知ᄒᆞ고意氣가揚々ᄒᆞ야勢力을長久ᄒᆞ기를目期ᄒᆞ나兵丁업ᄂᆞᆫ軍部大臣의地位가鞏固ᄒᆞᆯ지

●至急社告

美國鹽湖市南西寺街一百二十五番共立館內 崔有涉 氏所送金額新貨一百五十二圓七十六錢 已爲領收이나何許事件으로送ᄒᆞᆷ인지詳爲示明ᄒᆞᆷ을切望홈

寄書

留日本東京苦學生

嗟我同胞여此時何時며此日何日고擧目山河에愁雲이慘淡ᄒᆞ고撫念種族에血淚汪洋이라本人等이일즉祖國의危亡을深憂ᄒᆞ고自己의知識을渴求ᄒᆞ야離親還家에奮然決心ᄒᆞ고海外에留學ᄒᆞᆷ은斷斷亦爲ᄒᆞ야文明의學術을研究하고諸般의技藝을實踐ᄒᆞ야將使我韓으로世界列强에齒케ᄒᆞᆷ이一般我國民의最急時務인줄노認ᄒᆞ고互相勸勉ᄒᆞ야目的의希望을達코ᄌᆞᄒᆞ얏더니本學生等은不幸히學資가中絶ᄒᆞ야半途에廢工을未免ᄒᆞ여彷徨棲屑에四顧沒策이더니今年二月六日에促還ᄒᆞᆫ詔勅이渙發ᄒᆞ신內閣에聯邦게留學ᄒᆞᄂᆞᆫ半途廢工ᄒᆞᆫ志篤力敏의學生을蒐聚ᄒᆞ야以完成就케ᄒᆞ라고一萬圓을 내下ᄒᆞ신事에對ᄒᆞ야學部의物論이或圖書館을設立ᄒᆞᆫ다ᄂᆞᆫ說이有ᄒᆞᆷ으로我一般留學生의同情을代表ᄒᆞ야爲ᄒᆞ야其不可ᄒᆞᆷ을發明ᄒᆞ고詔勅을奉ᄒᆞ야엿效ᄒᆞᆫ教育費에充用케ᄒᆞ리고自本年四月爲始ᄒᆞ야至于今日留學生監督部에連次請願ᄒᆞ얏더니日前에학部指令이來到ᄒᆞ얏ᄂᆞᆫ데其內開에曰ᄒᆞ되詔勅에ᄂᆞᆫ雖曰志篤力敏의학生을支給ᄒᆞ라ᄒᆞ야시나日本東京에俱樂部를設立ᄒᆞ야永久의物를作ᄒᆞ다ᄒᆞ얏스니詔勅에本旨ᄂᆞᆫ何에在ᄒᆞ며今又來到ᄒᆞᆫ指令ᄂᆞᆫ聞에此ᄂᆞᆫ내下金에對ᄒᆞ야今此학生이妄欲留 恩이라ᄒᆞ얏스니願此韓國학生으로我皇上陛下의 聖旨에對ᄒᆞ야依詔勅留 恩코ᄌᆞᄒᆞᄂᆞᆫ것이此是妄念인지觀此數語에寧欲無言이나當此局勢ᄒᆞ야國是ᄂᆞᆫ措地無餘ᄒᆞ니大呼一聲에痛哭太息이라今에現勢에米由ᄒᆞᆷ을因ᄒᆞ야一部ᄂᆞᆫ歸國에行을作ᄒᆞ고一部ᄂᆞᆫ勞働의役에赴ᄒᆞ야내外相須에益加勸勉ᄒᆞ되今我信仰ᄒᆞᆫ곳이無ᄒᆞᆫ韓國학生은前途에雖如何ᄒᆞᆫ境遇를當ᄒᆞᆯ지라도학問에目的을必遂ᄒᆞ고同胞의相愛로益加ᄒᆞ야現我國勢가最後擴張이吾儕靑年의兩肩上에在ᄒᆞᆫ外에ᄂᆞᆫ更無ᄒᆞᆷ을斷定ᄒᆞ고玆에 言을述ᄒᆞ야本학生等의前後情跡을내地同胞의게略告ᄒᆞ노라

雜報

●治安維持乎治安妨害乎 前韓國報論說騰載

自强同友二會를解散ᄒᆞ며朴泳孝를放逐ᄒᆞᆫ當局者ㅣ作言ᄒᆞ야曰於治安維持之意라ᄒᆞ니是當局者聽測에不過ᄒᆞᆫ지라此擧가果能治安을維持ᄒᆞᆯᄂᆞᆫ지自非神明이면知키不能이로되或治安妨害ᄒᆞᆯ因이되ᄂᆞᆫ지도亦未可知로다

解散以後에基督靑年會門前에假兒雜沓ᄒᆞ야合에新人이ᄂᆞᆫ者가一日計六百人以上이라ᄒᆞᆫ대及其姓名을査ᄒᆞᆫ則悉是自强同友二會에餘黨이라ᄒᆞ니然則解散者ᄂᆞᆫ空名而已라滅於東而起於西ᄒᆞ야彼等團體ᄂᆞᆫ依然存在ᄒᆞᆫ지라

道路相傳에日現內閣及一進會長庇保ᄒᆞ기爲ᄒᆞ야一切團體를所爲解散이오且今後에ᄂᆞᆫ不許樹立이라ᄒᆞ니愚亦甚이로다一方으로ᄂᆞᆫ政社를許ᄒᆞ고一方으로ᄂᆞᆫ政社를不許ᄒᆞ니天下何國이有此横暴리오且韓國政治ᄂᆞᆫ以韓國人民으로爲本位니現內閣一進會와如ᄒᆞᆷ이九牛一毛而已니라

新協約軍隊解散以來로一千萬國民이不平懌勃ᄒᆞ야死且不避에色이有ᄒᆞ니當此時ᄒᆞ야今次處置가使民心으로加其激發케ᄒᆞ야將外敵의援助를借ᄒᆞ야此怨을報ᄒᆞ리라ᄒᆞ야滔滔相率ᄒᆞ야靑年會에赴ᄒᆞ리니爲靑年會騷擾ᄒᆞᄂᆞᆫ者誰也오治安을維持코져ᄒᆞ야反成治安妨害의機를作ᄒᆞᆷ주當局者가將何以自謝乎아

朴泳孝를放逐ᄒᆞᆷ이可謂得計乎아雖然이나現內閣政敵된者가何止於一個朴泳孝리오若當局이失態再三則今韓手戈皆立ᄒᆞ니及此時ᄒᆞ야欲放逐 千萬人乎아現內閣은是宋秉畯의內閣也라吾友與宋者不少ᄒᆞ되皆曰一代才人也라頃來公私見證을見ᄒᆞ매慓悍浚急ᄒᆞ가可懼이오且長於構陷排擠라ᄒᆞ니戒之戒之어다可畏敵이不在於外間이오在於汝儕中이라

●關東來信

▲淮陽附近에義兵이更히多數會集ᄒᆞᆫ대金剛寺內長安寺에約二百名이集合ᄒᆞ얏ᄂᆞᆫ대同時면지郡邑을襲擊ᄒᆞᆫ貌樣이有ᄒᆞ야該郡은便取扱局은十日에元山으로逃走ᄒᆞ얏다ᄒᆞ고

▲蔚珍竹邊浦沿에建設ᄒᆞᆫ漁業日人의家屋을再昨日에義兵이燒却ᄒᆞ고更히同地에上陸ᄒᆞ야日人三名을銃殺ᄒᆞ고同地方面에四五百名義兵이集合ᄒᆞ얏다ᄒᆞ고

▲十一日春川鎭을據ᄒᆞᆫ則十日에義兵一百七十名은洪川으로來到ᄒᆞ고또春川北約九里에發兵四百名과合勢ᄒᆞ야郡邑을襲擊ᄒᆞ얏ᄂᆞᆫ데巡檢四名을捕縛ᄒᆞ고官物을奪取ᄒᆞᄂᆞᆫ지라日人三名은艱辛히逃走ᄒᆞ얏다더라

●日人避亂 京釜鐵路安養驛附近에義兵約百名이襲來ᄒᆞᆫ다ᄂᆞᆫ的確ᄒᆞᆫ情報가有ᄒᆞᆷ으로軍浦場과安養兩驛에居留ᄒᆞᄂᆞᆫ日本人은永登浦로避亂ᄒᆞ얏다더라

●展宮哨配置 京城發兵이侵入ᄒᆞᆫ貌樣이有ᄒᆞ다ᄒᆞ야南山絕頂에日本上等兵五名과東小門에九名을展宮哨로부터配置ᄒᆞ얏다더라

●遞夫被害 太田停車場郵便局遞傳夫川保久藏이가六月二十五日에錦山馬達嶺에서賊漢의게被害ᄒᆞ얏ᄂᆞᆫ니通信管理局에서該人의慰藉金 百圓을撥ᄒᆞ라고度支部로照會ᄒᆞ얏다더라

●司令官徵物 咸鏡觀察使韓南奎氏가內部로報告ᄒᆞ되本道警軍物을自日本軍隊로轉移保管ᄒᆞ다더라

●果無是事 從二品李範喬氏가暴徒에被捉되얏다ᄂᆞᆫ說은初無之事라더라

廣告

本月八日陰七月廿一日에圖章과四柱를落失ᄒᆞ얏ᄂᆞᆫ대一百十兩手標를並爲遺失ᄒᆞ온대各處換錢所와手記等을서失日前後間一無所用이오니僉君ᄌᆞ勿爲入欺幸甚

本名崔鍾鎬를字改爲鼓字施行ᄒᆞᆷ 崔敬鎬 告白

本人의父親이壬寅年에靑山所在ᄒᆞᆫ舍山畓文券을使李應道으로紹介於毅九居處而當五二千兩을債用ᄒᆞ고翌年에與本邊三千八百四十兩沒數畢報于作間之李應道則只給毅九處ᄒᆞ고領收標ᄒᆞ고文券與手標ᄂᆞᆫ不爲推給故로屢次督促에延拖歲月ᄒᆞ야丙午二月에李應道ᄂᆞᆫ말이從速推給ᄒᆞ고日後에若有言端則自己擔當之意로成標而又過周年에尙不推給ᄒᆞ니該文券手記ᄒᆞ고稱以已有ᄒᆞᆫ慮이不無ᄒᆞ야玆以廣告ᄒᆞ오니內外國人은勿以該李兩人之言으로聽施홈

朴榮來 告白

故參判沈相燮氏子璜奭이가昨年將二十에性本浮浪ᄒᆞ야挾雜少年友로東西南北에不計晝夜ᄒᆞ고誘引陷沒ᄒᆞ야於音紙幾萬兩式各物을假立保證幾千幾萬式借料與負債幾千兩式或家券田畓券典執債用ᄒᆞᄂᆞᆫ誘引術에沉溺之習이種々有之故로玆以廣告ᄒᆞ오니無論內外國人ᄒᆞ고如此行爲에切勿信之ᄒᆞ시고無至追悔之境ᄒᆞ시며自本家로ᄂᆞᆫ都不施行ᄒᆞ오니更勿見欺홈

北署諫洞 金召史 告白

本人의菜田 三耕이在於西署盤石坊松亭洞이온바姪子興秀性本浮浪ᄒᆞ야僞造文券欲爲偷賣ᄒᆞ오니內外國人間如有相關이면不免白失이오니勿爲見欺홈

西署平동 李讓榮 告白

民事訴訟代理及刑事辯護顧問鑑定仲裁文案起草等諸般事務를迅速處理홈

京城北署桂洞二十四統四戶

辯護士 桂命燮

辯護士 李鍾燁

事務員法律卒業生 李源生

共同法律事務所

本院에서曾往에ᄂᆞᆫ中學科에英語만敎授ᄒᆞ얏더니今學期부터ᄂᆞᆫ日語를增授ᄒᆞ야英語에中學科를兼授ᄒᆞᄂᆞᆫ科ᄂᆞᆫ英文學科라稱ᄒᆞ고日語에中學科를兼授ᄒᆞᄂᆞᆫ科ᄂᆞᆫ日文學科라稱ᄒᆞ니願學靑年은隨意來學ᄒᆞ오

學科及學年의分排가如左

科程 \ 學年	第一學年	第二學年	第三學年	第四學年
修身	人倫道德口授	上同	上同	倫理學
聖經	新約全書講義	上同	舊約全書 教會歷史	舊約全書 教會歷史
國語	國文大要			
漢文	古文	經書摘抄		
外國語	日語英語隨意	上同	上同	上同
歷史	本國史	萬國史		
地理	本國地理	萬國地理		
天地文			地文學	天文大要
數學	算術	上同	代數幾何	幾何三角
理科	博物	生理	物理	化學
法制及			法學	簿記
商業				經濟學
圖畫	自在畫	用器畫		
體操	普通兵式	上同	上同	上同

南大門內尙洞

私立青年學院長 柳一宣

瑞士建國誌

●定價 新貨十五錢

此冊은政治小說이니志士의救國救民ᄒᆞᄂᆞᆫ思想과人民의愛國心을養成ᄒᆞᄂᆞᆫ대緊要ᄒᆞᆫ册이오

發賣所

▲大韓每日申報社 大韓每日申報支社
▲仁川港 金相萬書舖
▲中署布屛下 敎育書舖
▲平壤大寺洞 古今書海館
▲銅峴十 中央書館
▲日越便 大東書市
▲鍾路 匯東書館
▲大廣橋 博文書館
▲尙洞

收入廣告

八月中本社收入總額

第一五三一卒峽郡邑內 十二원

九月拾二日까지收入總額

四百三十五圓卅九錢

自四月至八月收入總額

五萬四千七百十四圓

九十三錢四厘

合五萬九十一百五十五圓二

十八錢四厘

黃宗周 二圓

合拾二圓

總合九萬五千一百三拾八

圓二十八錢四厘

十八錢四厘

◎廣告◎

[illegible]

三萬二千三百圓은國債報償

總合所로移交홈

廣告

漢城西署松峴洞作路

第十三統二戶

辯護士 王東奎

辯護士 許憲

合同法律事務所

學員招募

本學館에서學員을增募ᄒᆞ오니

願學人은本月十二日爲始ᄒᆞ야

限二週日內로來館問議ᄒᆞ음

課程 普通學 本國歷史地誌

萬國歷史地誌 算術

數學 物理化學 生理學

經濟學 經學

日英語文

語學專門課

日語 英語 日文

實業課

夜學課 英語 日語

隨意班

試取科目 國漢文

隆熙元年九月十二日

青年會學館告白

本所에서鑛山及田土等測量

을依囑ᄒᆞ시면이오니有意

測量製圖所 告白

越南亡國史

邦船征蠻

이약은대미국사름방으셔ᄒᆞ지

온것이니세상사름들이과질이

약ᄒᆞ야매양요슈ᄒᆞᆷ슉근ᄒᆞ야

다년혈심으로공구ᄒᆞ고공구ᄒᆞ

야이약을신발명ᄒᆞᆫ것인대효으

시신기ᄒᆞ야세계각국셔이약힘

보효험본자ㅣ적지아니ᄒᆞᆫ고로

본인노우리동포들위ᄒᆞ야이국

방보회사와계약ᄒᆞ고이약슈를

니다가동포의소청을광급ᄒᆞ

효력 이약쓰는대로 부

죽중 뇌점병 즈지못ᄒᆞᆫ병

실ᄒᆞᆫ대 도한증 허한증

젹병(쇽병) 젼쵹증 월우

부족 허약ᄒᆞᆫ대와 연주창

중병후 오좀소텽 셜ᄉ 리

질 싱산못ᄒᆞᄂᆞᆫ대 신긔부족

나되ᄒᆞᆫ대

대병 삼환

쇼병 일환오십젼

발매소

경셩남대문안

샹동교당압 박문서관

大東書館

[illegible]

第五卷

大韓每日申報

第六百十四號

月曜及慶節翌日休刊

檀君開國四千二百四十年
箕子元年三千二十九年
大韓開國五百十六年
日本明治四十年
淸國光緖三十三年
陰曆丁未八月小初八日丁卯

論說

◉間島

韓淸間國界分定의問題가國際上誤解의幾微를包含흔거신줄노前記者ㅣ一年以前에指言하엿더니其豫言이偶至證明이라日本政筆들이過去數週際에此問題를多述하엿스니今以其著態로觀之컨대日本齋藤中佐가憲兵三拾人을領率하야間島地方에行進하엿고淸國政府에셔는何如官人이던지該地方占領흠을拒斥하엿도다

事態를明言흠진된韓淸間에紛爭되던此定界가數百年衝突에但係하야其性質이泰西法律家의게도不可委托處理흘거시라其限界가甚是不確흔바二百餘哩相距되는俱是同名의兩地幅이南北에分在흔지라韓人은如此兩地의北線을韓界로請求하거늘支那人은南線을兩國間分界로固執하나니此乃紛爭의要領이라以其表面으로觀之면此紛爭을淸國政府와擬任된韓國代表者間에整理흠이但可흐도다

然이나外交上通信을關係하더리도過見이有하엿스니此는該地方居民의思想과希願을不許하는거시라以此定界로紛爭흐는一國에나或兩國에俱是滿足흠何如解結을得흐리오間島居民中에不滿足을未免하리니該間島를觀知흐며數地에政治上情況을該解하며雜居人民의眞實向意를確知흐는人士와吾人의談論이多유其機흐엿노라該地韓人이漢城에告訴흐엿다흠을日本報紙들이重要로認흐엿스니自己의게適合흔거슴分別흠은日人의權限內라適於已흔訴에는過度注目을與흐고已所不願인告訴는其或聽而不聞하리로다

謹愼흔報導로探聞컨디該地居民이韓國의服事를因흐야伊藤侯爵의計策範圍에自入흐기는小無希願이오且彼但不整頓흔野人이라不竭흐는窮乏을有흔勤熟礦夫요豊肥흔土壤을有흔農民이오一年半期에는嚴酷흔氣候로困惱흐고半期에는豊富흔土地産出을收納흐며泰西習俗으로區定된法律은未有흐나韓淸居人이頗其自由와安易흔方策을각自反抗흔다흠은未聞흐엿도다日人接受흐엿다는該地人의論說가雖或其實情이라도謹愼注目之人은同一히眞實흔他論證을其能自備흐리라確言흐노라

官報

●第三千八百七十一號

隆熙元年九月十四日

◉宮廷錄事

尊奉都監提調臣이●命謹
奏今此上號時玉冊文
玉寶文眞書各一件謹此書入
而各一件
太皇帝前 皇太子宮一號書
入之意敢 奏奉 旨依奏

尊奉都監提調臣李根命謹
奏今此上號時玉冊玉寶
印出一件玉寶同姓一貼列書
製述官書寫官職姓名謹此封
進而
太皇帝前 皇太子宮一體封
進之意敢 奏奉 旨依奏

掌禮院卿臣李重夏謹奏卽接齊陵令尹敎性參奉嚴柱華報告則本 陵西方隅石屛石向外開隙以木尺廣爲一尺四分戌方隅石屛石開隙廣爲九寸四分亥方隅石屛石隙廣爲三寸六分子方屛石隙廣爲一尺二分丁子閣東西簷塗灰박落月臺上方甎破傷云云矣 寢宮修改莫重 陵上石物如是隙處萬々驚悚修改之節政府以下進去奉審後當爲 稟處而見今官制與前有異何以爲之乎敢 奏奉旨太醫院都提調宮內大臣掌禮卿爲繕司長進去

宮內府大臣勳一等臣李允用謹奏卽接掌禮院卿李重夏報告書則以爲報恩郡 大成殿位牌有失火之變흐야道內秩高守令兼掌禮差下使之奉審事已經奏下云矣라靑山郡守韓興敎로兼掌禮差下흐야使之馳往該郡흐야 位牌造成後奉安而仍差獻官흐야慰安祭을不卜日設行흐고形止馳報何如謹上奏奉 旨依奏

宮內府特進官李建容解職疏
批旨省疏具悉所請依施
內藏司長李根沐辭職疏
批旨省疏具悉所請依施

◉敍任及辭令

前鎭衛第五大隊 李芝璉
隊副官副尉
前鎭衛第五大隊 權丙允
醫官三等軍醫
前鎭衛第五大隊 李漢益
餉官一等軍司
前鎭衛第五大隊 崔泰熙
隊中隊長正尉
前鎭衛第五대대中대長正尉 金濟惠
前鎭衛第五대대副尉 金采옥
仝 白南庸
仝 張世鎭
仝 權泰榮
仝 李顯用
仝 李敎承
仝 尹泳元
前鎭衛第二大대附副尉 李觀稙
仝 參尉 崔啓求
前侍衛第二聯대第一大대副官副尉 金恩澤
前侍衛一聯대第三大대中대長正尉 金昌錫
仝 正尉 金永國
仝 正尉 李鍾郁
前鎭衛第一大대附副尉 閔完植
仝 閔泳洛
免本官
任忠淸北道裁判所主事 朴勝熙
法部次官 金廷鉉
解辯護士試驗委員長
法部刑事局長 김洛憲
法部書記官 張燾
漢城裁判所檢事 柳東作
法官養成所敎官 劉文煥
務安府尹 洪在祺
正三品 李冕宇
六品 石鎭衡
解辯護士試驗委員
前敎官 [illegible] 洪仁杓
仝 [illegible] 仝 沈宜昇
任陸軍武官學校敎官
[illegible] 技手 崔元植
工業傳習所技手 金有聲
依願免本官
[illegible] 工業傳習所技手
陞敍任工業所司監
[illegible] 工業傳習所司監

外報

●美人暴動 華盛頓州벨링햄에서五百名暴徒는外國人就業흐는製粉場을襲擊흐야掠奪을擅行흐고外國人宿舍에窓戶를破壞흐고多數印度人을打破흐야七百五十名은英領골롬비아國境으로退去케흐는대暴動의原因은人種的感情과印度人이製粉場에서白人勞動者의地位를奪흠이라더라

●馬賊의跳梁 鐵嶺探信을據흔則馬賊이猖獗흐야白晝에市中民家를검掠하되淸國巡警隊가其防禦를制止키不能흐야人心이恟々흐더라

●日本의國債 日本大藏省에서八月末에內外國債의調査흔바를據흔則內國債는十億九千六百五十六萬九千七百二圓이오外國債는十三억三百十萬七千六百六拾圓이라더라

●暴動의後報 路透電을據흔則曉香坡暴動은已爲鎭定흐얏스나九日夜에又暴民이日本人의小學校를放火흐얏는대直히消止흠을得흐얏다더라

●災後應急方策 東京電을據흔則內務省에서今回水害及函館大火에應急흘爾後策의手段으로今回工場家屋橋梁과其他建造物에要흘木材石材及贈與救恤品에對흐야運賃을半減흐거나或全部無賃으로運送흘條件을附흐야遞信省에交涉흔則遞信성에서快諾을與하얏다더라

●經督視察 滿洲總督徐世昌氏는去兩三日中에奉天서出발흐야各地를視察흔다더라

●米價騰貴 日本當局者에서는米價騰貴로因흐야太藏省에셔此際에關稅를低減하야外國米를輸入흐야米價平準을保흐기로目下農商務성과協議中이라더라

●同盟罷工 日本名古屋電을據흔則名古屋에石炭運搬夫는賃價를上흐기爲흐야全部六十名이罷工흐얏다더라

●損害賠償 桑港電을據흔則日本外務省石井通商局長은小村大使의게打電흐야美國政府의注意를求흐며且數日前損害賠償을要求흠를更公請흐얏는대晩香坡市長은부안民흔損害賠償을應흐거不能흐고事件은聯邦政府에서處理흐다고發言흐얏더라

●暴徒의性質 倫敦電報를據흔則日本人排斥運動은總히勞働者首領의指揮인듸스간지아비아人도또흔聲援흐얏다더라

雜報

●加郡慘歎 加中來人의傳說을聞흔則該郡守[illegible]民가赴任흔지十餘日만에仍爲上京흐고郡中事務는在郡[illegible]私邸에隊흐얏는대現今日兵二小隊가該郡碑石里에駐箚흐야一郡民戶內外가無常突入흐야無主空家와又치흐기로自陰七月二十五日以後로郡內民戶가婦女老弱과家產計物을沒數移山흐고郡守還官흐기를苦待흐되終無消息흐고日兵의行悖는去益甚爲흐되所謂通譯도亦爲驛常暴行흐며諸般[illegible]物을賴駄不歷흐는故로邑村居民이魚肉乃已라흐더라

●漢陽報特色 漢陽報는扶植韓國의有志흔日本諸名士가經輯발行흐는者라兩國國政治關係와人民交際에對흔元老와俊士의言論을假搜傍采흐야優短得失을公證明辦흐야實로有志人士의識見을增長흐는要旨也니一般人士는汲々購覽흠을切望흐노라

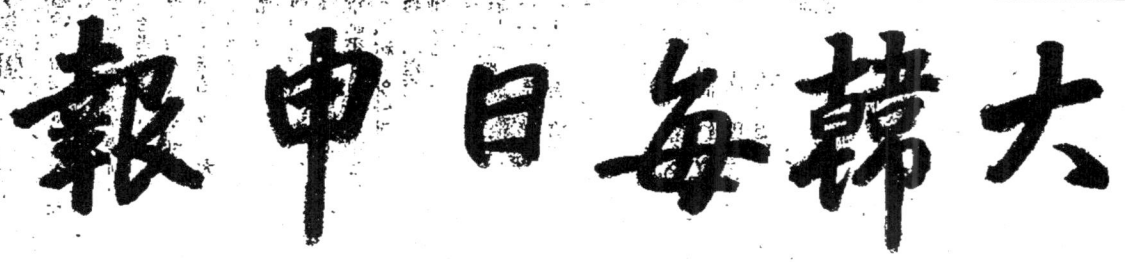

●學校上學 普成專門學校에셔秋期開學을來月曜日부터上學흔다더라

雜報

●治道始役 英陵과寧陵에動駕ᄒᆞ실日字가漸近ᄒᆞᆫ故로內部治道局에셔該兩陵에道路와橋梁을修築ᄒᆞᆯ次로再昨日부터工役을始ᄒᆞ얏다더라

●總理陛見 總理大臣리完用氏가再昨日下午四時에詣闕陛見ᄒᆞ얏다더라

●紀念頒給 大皇帝即位禮式後各府部院廳一般官人의紀念章證書를日昨表勳院에서一齊히頒給ᄒᆞ얏다더라

●詔勅送交 太皇帝詔勅도依例히統監府에同意ᄒᆞᆫ後에頒佈ᄒᆞᄂᆞᆫ티今番에宣諭使派送ᄒᆞᆫ詔勅을統監府에同意次로送交ᄒᆞ얏다더라

●宮大復命 宮內府大臣리允用씨가再昨日上午十一時에宗廟를奉審ᄒᆞ고下午一時頃에永禧殿을奉審後에詣闕復命ᄒᆞ얏다더라

●法大訪問 法部大臣趙重應氏가何事件을因緣ᄒᆞᆷ인지再昨日上午十時頃總理大臣私邸에訪問ᄒᆞ고宮內府長官邸에訪問ᄒᆞ고更이總理大臣을訪問ᄒᆞ얏다더라

●儲宮鍊習 皇太子殿下씌셔叅尉를被命ᄒᆞ신故로每月三次式軍部에往臨ᄒᆞ오셔敎鍊法을鍊習ᄒᆞ신다ᄂᆞᆫ說이有ᄒᆞ더라

●統監出發期 伊藤統監과度支部次官荒井賢太郞氏가同件ᄒᆞ야本月二十五日에東京셔出發ᄒᆞᆯ豫定이라고度支部財政顧問室에到達ᄒᆞ얏다더라

●儲駕停止 皇太子殿下씌옵셔今日博覽會閉會式에叅與ᄒᆞ신다더니尙今까지廳事ᄒᆞ심으로出駕치아니ᄒᆞ신다더라

●墓地審査 完興君리載冕씨가大院王墓所를坡州等地에遷封ᄒᆞ기로該山地를送人察查ᄒᆞ얏ᄂᆞᆫ대手本을奉呈ᄒᆞ얏다더라

●總理訪問 再昨日下午三時頃에各部大臣이內閣에會同ᄒᆞ얏ᄂᆞᆫ대總理大臣리완用씨ᄂᆞᆫ有何緊急事인지泥峴으로前往ᄒᆞ야長谷川氏를訪問ᄒᆞ엿다더라

●郡奏還送 今番內部에셔修正ᄒᆞᆫ郡守三十一窠가屢折이多端ᄒᆞᆷ은屢爲報道ᄒᆞ엿거니와近日內閣에셔該請議件을更히修正ᄒᆞᆯ次로內部로還送ᄒᆞ엿다더라

●赦典奏裁 法部에셔再昨日에各地方裁判所罪囚六犯外可釋者를一齊放釋ᄒᆞ기로奏裁ᄒᆞ얏다더라

●目賀田着京 財政監查長目賀田氏가本日下午九時에入城ᄒᆞᆫ다더라

●郡守會同 再昨日農大宋秉畯氏가在京郡守를該部로會同ᄒᆞ고農商工에發達ᄒᆞᆯ方針을一場演說ᄒᆞ얏다더라

●履歷繕呈 近日有無實職間一般官人들이內閣에履歷書를繕呈ᄒᆞᄂᆞᆫ대官報課에셔印刷ᄒᆞᆫ履歷紙가乏絶ᄒᆞᆫ境에至ᄒᆞ얏다더라

●總理自嘱 總理李完用氏가奏稟ᄒᆞ기를向年에도小臣兄弟가爲國盡忠하와誰某々와同議ᄒᆞ고俄館으로避臨ᄒᆞ시와至今까지安享國福ᄒᆞ엿사오니今此刷新에ᄂᆞᆫ若非小臣兄弟同謀盡忠이오면 陛下씌셔발서日本으로動駕ᄒᆞ실것을盡命竭忠ᄒᆞ와國勢盤安이오니小臣兄弟命盡ᄒᆞ기前에ᄂᆞᆫ一毫도憂慮치마시옵소서涕淚滂々ᄒᆞ엿다ᄒᆞ며統監과署理統監에게와至於宋秉畯에게라도吾兄弟命盡以前에ᄂᆞᆫ決코統監指揮대로奏稟ᄒᆞ여一新改政ᄒᆞᆯ깃다ᄒᆞ얏스며 皇太子殿下씌셔博覽會와各學校視察ᄒᆞ실ᄯᆡ에對ᄒᆞ여 皇太子殿下씌셔雲峴宮祀宇에拜謁ᄒᆞ시기를倡言ᄒᆞ시미滿廷諸臣이歡喜蹈舞ᄒᆞᄂᆞᆫ데李完用氏가默然사傍라가以李○○之被大逆之名而亡命外國ᄒᆞ야今爲藩滌이옵고內實有事오니切不親近ᄒᆞ시라ᄒᆞ엿다더라

●春察電報 春川觀察使黃鐵씨가內部로電報하되該道叅書官張鸚氏를催促下送ᄒᆞ야協議觀務케ᄒᆞ되日人과相關되ᄂᆞᆫ文字ᄂᆞᆫ一切棄置ᄒᆞ고不日派送ᄒᆞ라ᄒᆞ얏다더라

●水道費支出 仁川水道費一萬七千圜을興業銀行에셔引出ᄒᆞ야中央金庫에附屬ᄒᆞ얏다더라

●日語試取 再昨日학部에셔師範學校書記一人과該部委員二人을日語嫻熟之人으로試取하얏ᄂᆞᆫ대師範學校ᄂᆞᆫ리圭鎭氏오該部委員은김東衡康民榮兩씨라더라

●醫巡試取 昨日警視廳에셔醫務學徒中巡檢五拾名을試取ᄒᆞ얏다더라

●兒童詬罵 忠南觀察使梁在翼氏ᄂᆞᆫ 大皇帝陛下即位日에慶祝을擧行後에演說ᄒᆞ다가使酒失措ᄒᆞ얏던지兒童輩에게詬罵를當하얏다ᄂᆞᆫ說이有ᄒᆞ더라

●槐郡守焉在 괴山郡守張紀淵氏가不知去處라고該郡主事洪承溶씨가本道觀察使에게로報告ᄒᆞ얏ᄂᆞᆫ대該觀察使가內部에報告ᄒᆞ엿다더라

●天然痘流行 近日漢城內에天然痘가流行ᄒᆞ야生命의夭札之禍가多數ᄒᆞ되내部衛生局에셔ᄂᆞᆫ種痘의預防ᄒᆞᆯ方針을實施ᄒᆞ지안코尋常看過ᄒᆞᆫ다고巷說이喧藉ᄒᆞ더라

●虎列漸熾 拾三日發新義州電을據ᄒᆞᆫ즉當日該地에虎列刺에罹ᄒᆞᆫ者가韓人이一名이오馬田洞에ᄂᆞᆫ韓人二名이오現患者가十名이오總數가二拾二名이라더라

●虎列預防 新義州理事廳補佐官補是澤吳一郞氏ᄂᆞᆫ該郡에發生ᄒᆞᆫ虎列刺病을預防費외先投함으로內部에셔命令하얏다더라

●匪義伊賊 金川郡守ᄂᆞᆫ義兵의게被殺ᄒᆞ얏다더니更聞ᄒᆞᆫ則暮夜間에賊徒二名이突入ᄒᆞ야及唱通引二名을殺害ᄒᆞ얏고本郡守ᄂᆞᆫ初無被害라더라

●橫守上京 橫城郡守沈宜澤氏ᄂᆞᆫ義擾를因ᄒᆞ야帶印上京ᄒᆞ얏다더라

●軍物輸去 慶南觀察道에有ᄒᆞᆫ舊軍物을日本隊에셔輸去ᄒᆞ얏다고該觀察使가內部에報告ᄒᆞ얏더라

●一瞥一免 平南觀察使가內部로報告ᄒᆞ되內部訓令을因ᄒᆞ야三和府主事의民間討財를調査ᄒᆞ야報來ᄒᆞ라ᄒᆞ엿더니指令하되該府尹은雖無躬犯贓汚나蓄吏謬弊를不革거ᄂᆞᆯ더러主事與書記를不奔監督ᄒᆞ고任他售奸ᄒᆞ야貽害生靈ᄒᆞ니不勝駭歎이라府尹은當施重警ᄒᆞᆯ지며主事安養駿은卽爲罷免이라ᄒᆞ얏더라

●主事被害 華川郡主事沈宜道씨가義兵의게被害ᄒᆞ얏다ᄒᆞ고再昨日內部에電報가到達ᄒᆞ얏다더라

●龍珠兵火 三昨日水原龍珠寺의義兵幾拾名이來到ᄒᆞ야午飯을勒討ᄒᆞ거ᄂᆞᆯ該寺僧一名이糧米를區處ᄒᆞᆫ다ᄒᆞ고急步로水原邑日兵站所에來告ᄒᆞᆫ즉日兵五十名이卽到該寺ᄒᆞ야義兵을多數捕縛ᄒᆞ고該寺ᄂᆞᆫ衝火沒燒ᄒᆞ얏다더라

●慘不忍聞 日兵이農民을執捉ᄒᆞ야擔負를시기고忠州로往ᄒᆞ더니無端히中路에셔七名을砲殺ᄒᆞ고또旅途에一個女人이錢을腰에帶ᄒᆞ얏ᄂᆞᆫ데日兵이此를義兵의主人이라ᄒᆞ야砲殺ᄒᆞ고錢을奪去ᄒᆞ얏다ᄂᆞᆫ報道가有ᄒᆞ더라

●普校開學 公立水原普通學校ᄅᆞᆯ該地駐箚守備隊가借接ᄒᆞᆷ으로開學치못ᄒᆞᆫ다ᄂᆞᆫ說은前報에揭載어니와該隊가他所로移接ᄒᆞᆷ으로該校에셔本月十一日에開學ᄒᆞ얏다더라

●紳士慈善 淸國安東縣市場通二丁目岩田寫眞舘支店內留ᄒᆞᄂᆞᆫ韓人吳熙泳氏가本國孤兒院에財政窘拙하야維持ᄒᆞᆯ策이無ᄒᆞᆷ을聞하고不勝矜惻ᄒᆞ야萬端勸勉之說로寄書ᄒᆞ고決心斷烟ᄒᆞ야代錢三十錢式毋朔送付ᄒᆞᆫ다니遊外國ᄒᆞ야本國無依ᄒᆞᆫ孤兒同胞를顧恤ᄒᆞᆫ心은誰不感謝라ᄒᆞ더라

●地方情報

▲十二日水原發電을據ᄒᆞᆫ즉十二日午前에義兵約六十名이竹山郡에侵入ᄒᆞ야一進會員二名을銃殺ᄒᆞ고會員家三戶와巡檢家屋을燒火ᄒᆞ얏다ᄂᆞᆫ急報가有ᄒᆞ고

▲十三日發金城電을據ᄒᆞᆫ즉十二日에淮陽郡楓山面安與里에서義兵二百名과日本橫山少尉一行을遇着ᄒᆞ야午前拾時부터一時間을戰鬪ᄒᆞ다가義兵이退却ᄒᆞ얏ᄂᆞᆫ대死傷은未詳이라ᄒᆞ고

▲同日發鳥致院電을據ᄒᆞᆫ즉昨日正午에木川中谷에義兵六十八名이來ᄒᆞᄂᆞᆫ대其中에一名은騎馬指揮ᄒᆞ고拾名은洋銃을擔ᄒᆞ고其餘ᄂᆞᆫ火繩銃을携ᄒᆞ고村民의게命午發而食ᄒᆞ고午後에溫陽方面으로向ᄒᆞᆫ다稱하나其實은天安方面으로向ᄒᆞ얏다ᄒᆞ[illegible]

▲十二日鳥致院電을據ᄒᆞᆫ즉十一日午前에四百名義兵이淸州郡靑川地에集合ᄒᆞ얏ᄂᆞᆫ데각持銃器ᄒᆞ얏고解隊兵十餘名이編於隊伍ᄒᆞ고[illegible]隊에中隊長은元是二等兵덕德源이오首魁ᄂᆞᆫ安城居朴某라ᄒᆞ며淸州北方二十五里鏡津에二百名과後浦城에一百五[illegible]名이十[illegible]日午後에入ᄒᆞ야尙今滯在ᄒᆞ고[illegible]셔後浦城을經ᄒᆞ야[illegible]지一帶ᄂᆞᆫ義兵에橫行ᄒᆞᄂᆞᆫ地域이라各處에出沒ᄒᆞ며附近에[illegible]가多大ᄒᆞ다ᄒᆞ고

▲拾二日發全州電을據ᄒᆞᆫ즉南原四十里距一村落에拾餘名義兵이集合ᄒᆞ얏ᄂᆞᆫ대拾[illegible]日에長水分派所補助員財津太村二名이來擊ᄒᆞ얏스나義兵은地物을依據ᄒᆞ야强硬히抵抗ᄒᆞ니衆寡不敵ᄒᆞ야材津은中丸微傷ᄒᆞ고山中으로逃走ᄒᆞ야翌日에南原에到着ᄒᆞ얏다더라

東京電報

●日兵排備 九月十三日發 韓國守備대ᄂᆞᆫ一月交代期로브터配備法을變ᄒᆞ고必要ᄒᆞᆫ程度를應ᄒᆞ야各地에配備ᄒᆞᆯ터이라더라

▲秋色滿襟▼

▲宮內大臣李允用씨ᄂᆞᆫ近日에門庭이如市ᄒᆞ야人海가成ᄒᆞᆷ으로無常히出入하ᄂᆞᆫ人의게ᄂᆞᆫ門票를繕給ᄒᆞ엿다니宮禁에만闌濟ᄒᆞ기爲ᄒᆞ야門標가잇ᄂᆞᆫ줄아엿더니私家에셔도門票를쓰ᄂᆞᆫ것이犯蹕치아니ᄒᆞᆫ지

▲三昨日內部에셔在京ᄒᆞᆫ各郡守를會同ᄒᆞ얏ᄂᆞᆫ데該部次官이各郡守를對ᄒᆞ야行政上에一般[illegible]訓示ᄒᆞ고각其操守ᄒᆞ라ᄒᆞ미각郡守가一齊히操守ᄒᆞ엿스니設或貪鄙ᄒᆞᆫ心術을包藏ᄒᆞᆫ[illegible]圖章만捺ᄒᆞ면[illegible]ᄂᆞᆫ지

▲學部에셔成均館博士名稱을司業으로改稱ᄒᆞ고四十以上된儒生으로四人을試取ᄒᆞᆫ다ᄒᆞ니晉往科場에老人科가特有ᄒᆞ더니開明時代에出身ᄒᆞᆫ大臣이라면셔舊時代에弊習을復設ᄒᆞᄂᆞᆫ가

▲農商工部에셔勸業模範場[illegible]託少川末五郎氏의[illegible]道ᄒᆞ라고度支部에셔[illegible]ᄒᆞ니大韓國[illegible]와關勞金에盡入[illegible]ᄒᆞᆫ것[illegible]不足額은何處에[illegible]

▲內閣에셔地方人民의被害情況을日司令部에交涉ᄒᆞ야該部에對ᄒᆞ야日旗所過處에玉石이俱焚ᄒᆞᆷ은非不知也ㅣ나其蔓延ᄒᆞᆷ은不可止戢ᄒᆞᆯ뿐아니라良莠를分揀키亦難ᄒᆞ야不得已出此ᄒᆞᆷ이라ᄒᆞ얏다니此所謂非我也라兵也로고

▲本月五日國民新報論說에殺人之膽이라ᄒᆞ얏고頭同種子를滅ᄒᆞ기로猛烈ᄒᆞᆫ手段을쓰라ᄒᆞ얏스니天下에엇지殺人ᄒᆞ라고勸告ᄒᆞᄂᆞᆫ新聞이잇나요近以로某新聞에該報를痛駁ᄒᆞ야日所謂開化시키노라고ᄒᆞᄂᆞᆫ會에셔主張ᄒᆞᄂᆞᆫ新聞이阿弗利加野蠻의言을ᄒᆞᆫ다ᄒᆞ얏니名不虛得이로고

▲近日新聞社에셔財政이窮絀ᄒᆞ야維持키難ᄒᆞᆷ으로今番에ᄂᆞᆫ村某大臣이有何思想이던지經費를自擔ᄒᆞᆯ깃가ᄒᆞ미該社에셔ᄂᆞᆫ[illegible]의言辭를感激ᄒᆞ야紙面을一層擴張ᄒᆞ얏더니該大臣이紹介[illegible]變遷ᄒᆞ야頓不顧念ᄒᆞᆫ故로[illegible]之境에至ᄒᆞ얏다니[illegible]國民의知識을開發ᄒᆞᆫ[illegible]境에至ᄒᆞ얏스니一般人士[illegible]惜不已하거니와該大臣은누구신지몽ᄋᆞ되即一食[illegible]

◉宏急社 告

美國에湖市南西寺街一百二十五番共立館內崔有涉氏所送金額新貨一百五十二圓七十六錢已爲領收이나爲許事件으로送呈인지詳爲示明홈을切望홈

寄書

◉勸諭諸生文　徽文義塾總監

諸生金玉也金玉之質雖美其品雖貴如小鍊不磨不能成爲成器只是璞金璞玉而已奚足以稱其美貴也哉故白鍊之金能鑄干將之劒千磨之玉方成和氏之璧金玉一也以其鍊磨愈精而價値愈高譬猶均是人也學問愈精而品格愈高者也況此時代與古逈殊以民智之優劣定爲國家之成敗生存競爭卽其本勢之自然而我國家到底艱危之狀諸生之所目擊而迫此救國之責惟在諸生身上諸生之責任誠重且大矣以故父詔其子兄勉其弟懇懇以教育爲義務欲其子弟之成器而增我國民之資格也爲人子爲人弟者不可以父兄之心爲心不可以國民之責任也哉昔日羅馬幷得積弱之餘遂以志氣半二載之難普魯士之敗挫於法國也曾之人士發奮而學勵力不怠故能振興學述而竟致今日之隆盛此皆諸生之所習知者也向使當時羅普不用力於實學實業則惡能樹不世之宏勳而致中興之盛業也哉苟或昧於時勢ㅣ無疑眩之懷想者諸生皆篤陶於新學問研究於新智識宜ㅣ無此等疑晦也然而竊恐不無率動於時勢 影響或因此自墮志氣自沮意想則其於前途進學之方難保無妨害 慮故爲此警告凡我靑年諸生切勿沉迷此等事態愈益奮發志氣愈益刻苦筋力猛加省悟學以學問爲思想輾轉以國家爲精神使千金一刻之石火光陰毋至虛擲於消磨之地俾吾金玉身鑛鍊又鍊磨又磨做成貴重之寶器則不負父兄之希望而能盡吾國民之責任矣近者數月休暑之暇雖保無貿芽之塞而口誦之生矣迨今秋風條嗜新凉入郊正露滿庭蟲聲繞壁正是親燈讀書之時也案頭積塵徵可拂架上舊籤想宜拭百倍努力着着烝進以鼓發其邁往勇前之志以激勵其百折不挫之氣務期精進學問振興發達使此教育一界頓然生色豈非諸生之幸福歟此非獨爲吾塾諸生地也抑亦爲全國諸生而懇切希望者也惟願諸生其勉哉勗哉

◉寫眞擴張　前侍從金圭鎭氏ᄂᆞᆫ天然堂寫眞館을開設營業ᄒᆞᆫ事ᄂᆞᆫ前報에已揭어니와非但價廉術巧라內賓外客의撮影處所를各設ᄒᆞ고婦人撮影時에ᄂᆞᆫ婦人이幻術ᄒᆞ야男人은一切不得出入ᄒᆞ니內外嚴肅홈으로故로近日에婦人撮影者와內外幷搭者가日々답至ᄒᆞᆫ다더라

◉孤兒院上京　孤兒院ᄂᆞᆫ於恩培氏가補助도請求ᄒᆞ고孤兒도取集ᄒᆞᆯ次로全羅道로前往ᄒᆞ다가中路에偶然得病ᄒᆞ야事不借意ᄒᆞ고直往鄕第而多日治療ᄒᆞ다가今則小愈ᄒᆞᆫ기로昨日에還爲上京ᄒᆞ엿다더라

廣告

本俱樂部被服地質價ᄂᆞᆫ本月三十日內에軍部副官朴榮喆의게로來納ᄒᆞ되過限不納ᄒᆞ면本部에서相當ᄒᆞᆫ處置를行홀事

軍人俱樂部

▲學員募集 廣告

本校에서學員을試選ᄒᆞ겟더이니願入僉彦은九月廿四日(陰曆八月十七日)에入學請願書를本校로來呈ᄒᆞ고仍爲應試事

但入學請願書ᄂᆞᆫ本校로來購ᄒᆞ고試驗時所用紙筆墨은携來홈

一 入學年齡 十二歲以上

一 試驗課目 國漢文讀書及作文

私立漢城日語學校長 金奭基

本塾에서教授ᄒᆞ던夜學科를改良ᄒᆞ며高名ᄒᆞᆫ講師를延聘ᄒᆞ고學員을廣募ᄒᆞ오니有志僉員은來十五日內로來議ᄒᆞ심을敬要

入學試驗 國漢文讀書作文

年齡 十八歲以上卅歲以下

科程 漢語 日語 法學 算術

東署登子동三統六戶　東交義塾夜學

本人의父親이壬寅年에靑山所在ᄒᆞᆫ舍田畓文券을使李應還으로紹介於設九星處而當五三千兩을債用ᄒᆞ고翌年에俱本邊三千八百四十兩沒數畢報ᄒᆞ고仍間之李應還則只給設九星之領收標ᄒᆞ고文券與手標ᄂᆞᆫ不爲推給故로屢次督促에延拖兩月ᄒᆞ야丙午二月에李應還이가많이從速推給ᄒᆞ고日後에若有手標則自已撕當之意로成標而又過周年에尙不推給ᄒᆞ니恐搆文券手記ᄒᆞ고稱以已有ᄒᆞᆯ慮이不無ᄒᆞ야玆以廣告ᄒᆞ오니內外國人은勿以毀李兩人之言으로聽施홈

朴榮來 告白

本人이魚兩金鼎禹處와紙貨三百九十六圜捧留標內二百圜先上ᄒᆞ고標서失矣拾得內外國人休紙施行홈

朴基英 告白

彰義門外常中坊經理廳契二十五統六號家舍公券을遺失故로方今證明券을낼터이니前公券은休紙施行홈

리培鎔 告白

平澤居崔應九에桑田이振威소在桑樹則二萬七千株라崔某가德居李錫雨處의債務로이ᄒᆞ야該桑田文券을리某의게越送ᄒᆞ야僞越處債務ᄒᆞ매리某가本女의게該桑田文券을典執ᄒᆞ고葉錢八千兩을得債以去矣러니리還賣漢ᆞ衍ᄒᆞ야本女의孤子ᄂᆞᆫ受蔑視ᄒᆞ고本女買置ᄒᆞᆫ稷山郡成歡停車場後草瓦家五拾八間文券及桑田문券을强制로典債도不報ᄒᆞ고欲以勒奪故로本女가兩漢에威制를不勝ᄒᆞ야該文券을一並投火以燒ᄒᆞ니內外國人은一切勿見欺ᄒᆞ옵

平澤郡將中召史 告白

向者軍대解散時에負傷ᄒᆞᆫ將卒中에死者ᄂᆞᆫ已矣어니와折腰折臂折脚之人ᄂᆞᆫ命脈은尙存이나運動ᄒᆞᆯ由ᄒᆞᆯ該等이將欲自裁ᄒᆞ니合ᄒᆞᆫ鼻酸이라本人等이往見慰勞ᄒᆞ고而醫에게以印刷所이刻ᄒᆞ도擬製臂脚이온則八人의該價額이至爲二千五百圜之多인바一人助力으로難見奏效ᄒᆞ와玆以廣布ᄒᆞ오니願須慈善僉君子ᄂᆞᆫ勿拘多小ᄒᆞ시고救恤金을寄付ᄒᆞ와使陷死同胞로拯濟ᄒᆞ심을爲望

隆熙元年九月日

發起人　정ᄂᆞᆫ煥　尹孝勳　安秉錫　曹成煥

救恤金取合所　皇城新聞社　大韓每日申報社

出金人의姓名은新聞에廣告홈

咸北鏡城府從嚴洞居金俊鉉이以從祖母孝烈事로呈訴狀累度ᄒᆞ고蘭足千五百里에呈于掌禮院ᄒᆞ야褒獎旌閭ᄒᆞ니此乃人所可做之事나力此擾攘中ᄒᆞ야ᄂᆞᆫ猶且難能而齎宥嗚冤에期欲褒而後已ᄒᆞ니其意甚勤분안여詳酌狀訴ᄒᆞ면孰不嘆賞이울잇가玆廣告홈

李鍾碩 告白

本人의桑田一天耕이在於西署盤石坊松亭洞이온바姪子興秀性本浮浪ᄒᆞ야僞造文券欲爲偸賣ᄒᆞ오니內外國人間如有相關이면不免白失이오니勿爲見欺

西署李동李鎭榮 告白

民事訴訟代理及刑事辯護顧問鑑定仲成文案起草等諸般事務를迅速處理홈

京城北署松峴二十四統四戶

辯護士 桂命夔

辯護士 李鍾聲

事務員法律卒業生리源生

共同法律事務所

▲學員增募 廣告

本學館에서學員을增募ᄒᆞ오니願學人은本月十二日爲始ᄒᆞ야限二週日內로來臨聞議ᄒᆞ옵

課程

普通學　本國歷史 地誌　萬國歷史地誌　算術　數學　物理化學　生理學　經濟學　聖經

語學專門課　英語(隨意)　日語(隨意)　日英語讀書聽記　本科英日文

工業課　圖學　物理學　算術　木工

夜學課　英語　日語隨意

隨意班　午下　生理學　化學

試取科目　國漢文讀書作文　但工課算術四則以內加試

隆熙元年九月十二日

靑年會學館告白

測量製圖所 告白

本所에서鑛山及測墾地等測量을依賴請應ᄒᆞᆯ터이오니有意僉君子ᄂᆞᆫ來臨相議ᄒᆞ시옵

京城西署館後茶동十五統一戶俞炳玉家內

本院에서曾往에ᄂᆞᆫ中學科ᄒᆞ英語만教授ᄒᆞ얏더니今學期부터ᄂᆞᆫ日語를增設ᄒᆞ야英語에中學科를教授ᄒᆞᄂᆞᆫ科를英文科라ᄒᆞ고日語에中學科를教授ᄒᆞᄂᆞᆫ日文學科라稱ᄒᆞ고라靑年은隨意來學ᄒᆞ오

學科及學年의分排ᄂᆞᆫ如左

科程／學年	第一學年	第二學年	第三學年	第四學年
修身	人倫道德口授	同上	同上	倫理學
聖經	新約全書講義	同上	舊約全書教會歷史	[illegible]
國語	國文大要			
漢文	古文	經書摘抄		
外國語	日語英語隨意	同上	同上	同上
歷史	本國史	萬國史		
地理天文	本國地理	萬國地理	地文學	天文學
數學	算術	同上	代數幾何	幾何三角
理科	博物	生理	物理	化學
法制及商業			法學	經濟簿記
圖畫	自在畫	用器畫		
體操	普通兵式	同上	同上	同上

南大門內尙洞

私立靑年學院長 柳一宣

瑞士建國誌

◉定價 新貨十五錢

此冊은政治小說이니志士의救國救民ᄒᆞᆫ思想과人民의愛國心을養成하ᄂᆞᆫ데緊要ᄒᆞᆫ冊子오

發賣所

▲大韓每日申報社

▲仁川港

▲中署布屛門下

▲平壤城內烈女洞

▲銅峴下

▲泥口越便

▲鍾路

▲大廣橋

▲尙동

大韓每日申報

金相萬冊肆

教育書舘

古今書海舘

中央書舘

大東書市

匯東書舘

博文書舘

國債報償義務金收入廣告

◉國債報償義捐金 八月中本社收入總額 每日逐号明細錄

自九月拾三日

第一五三二號北靑郡拱北集義 會三回 卄九圓卅錢

第一五三三號義州府古寧朔面西城洞 十四圓

第一五三四號[illegible]山郡商務社 六拾一圓

計一百四圓三十錢

九月拾三日까지收入總額 五百三十九圓六拾五錢

自四月至八月收入總額 五萬四千七百十四圓九十三錢四厘

總合五萬五千二百五十四圓五十八錢四厘

●北靑郡拱北集義會 第三回

李正在 金基弘 金衡鎭 각一圓 魯仲燮 吳敬俊 各四十錢 方斗列 方仁錫 각五拾錢 金性甫 三拾錢 金泰獻 金龍獻 金承獻 金泓璇 各二十錢 金興龍 鄭基昌 각九拾전 鄭于烈 趙丙善 각一圓 李達周 鄭文敎 錢六十錢 張德厚 金大河 전四拾錢 金希元 朴理厚 각卄錢

●北里

朴成晨 李政在 김종玄 各一圓 洪종鎭 金永旭 各六十錢 金泳鎬 [illegible]守連 尹興大 김錫坤 李鍾기 李春國 金魯均 리慶在 金順도 李冕坤 金丙是 각四拾錢 尹采衡 崔鎭宇 金雲行 李思孝 김尙洛 김德在 金석凡 金應用 尹會大 朴治韶 박根于

서希順 許寅燮 尹命成 玄宗述 玄斗益 金丙化 鄭大圖 金好炳 朴順圖 尹寅成 崔玄九 金錫 리甲錫 東龍述 車成述 李學林 李永周 劉先圖 方京守 李宗成 車仁述 李昌洙 金文錫 胡可漢 金在赫 朴相明 李冕采 尹俊孝 각卅錢 金義철 四十錢 朴阜 二拾錢

合二拾九圓三十錢

●義州古寧朔面西城洞

金致淳 一圓 金昌源 金致鉢 李泰然 白尙起 白允益 李鳳秉 李光旭 韓貞楠 張俊聖 各五拾錢 김석俊 金頭燮 각四拾錢 金應燁 김碩昌 白正敏 獨孤權 김碩義 張汝化 각卄錢 金陽錫 卄五錢 김成河 卄七錢 金頭興 김석仁 金化吉 白光順 崔錫俊 李燦實 朴應權 張大孝 趙興世 각卄錢 申석文 김文玉 金京玉 복孝天 박應還 김益璜 趙重갑 崔己世 각拾八錢 高億斋 金重拔 김석欽 獨孤京 安鳳益 김석弘 獨孤焰 李順弼 趙仁化 金得守 金性默 獨孤俊 金永祥 金希祚 金大旭 白正文 각拾錢 金致洛 金석順 金善模 韓龍日 梁河坤 각九전 獨孤山 五錢

合拾四圓

●稷山郡商務所

김文和 五拾錢 鄭文化 一圓五十錢 丁忠習 一圓 崔允信 박京和 趙春景 각五拾전 김成九 李永實 각卅錢 김文先 五拾錢

朴昌云 김辰金 각卅錢 金公三 崔正云 각五十錢 李圭鎬 一圓 金顯奎 五十錢 김士九 四十錢 김甫鉉 一圓 張德仲 三十錢 柳與先 三圓 成佑永 四圓 高春根 五拾錢 吳占金 三十錢 李燦卿 一圓 方允集 五拾錢 金雲夏 孫云日 李舜卿 각五圓 [illegible]致文 一圓 李成七 [illegible]五拾錢 김東汝 박得守 朱[illegible]西 金士鉉 각一圓 成樂天 全夫人 각一圓五拾錢 宋奴梁斗星 金在鶴 李在春 崔德賢 各一圓 梁善敎 [illegible] 각五拾錢 李東[illegible] 一圓 安俊明 五拾錢 박成玉 田時化 각卅錢 [illegible]三汝 表致先 各五十錢 김元習 三十錢 張遺敎 五圓 김弘文 一圓 리[illegible] 金錫潤 金興瑞 張聖培 각五十錢 張聖道 崔樂瑞 各卅錢 鄭俊鎔 一圓

合六十一圓

總合一百四圓三拾錢

前號總合五萬五千一百五拾圓二十八전四厘

都總合五萬五千二百五拾四圓五十八錢四厘

◎特別廣告◎

國債報償金四日所捧은姑未合計이고伊前日々지所捧總合五萬四千九百拾圓拾七錢은電氣會社內銀行에貯置ᄒ얏삽고其貯置額中三萬二千三百圓은國債報償志願金總合所로起交ᄒ

◎本報價目
一張代金 新貨二錢五厘
一個月 三十錢
三個月 九十錢
六個月 一圓七十錢
一個年 三圓四十錢
郵稅一部 新貨五厘
一個月 十三錢

[illegible]
發行所 大韓每日申報社
發行兼編輯人 英國人 裵說
[illegible]

第五卷　大韓每日申報　第六百十五號

月曜及陽曆節日休刊

檀君開國四千二百四十年
箕子元年三千二十九年
大韓開國五百十六年
日本明治四十年
清國光緒三十三年
陰曆丁未八月小初十日己巳

別報

(京鄕新聞論說續騰)

◎可笑可泣

吾儕가日々新聞을閱覽ᄒᆞᄂᆞᆫ中에近日兩新聞의論說을覽ᄒᆞᆫ後에思惟ᄒᆞ되此言이當時에所言인가夢裏에所言인가ᄒᆞ노라已往에도新聞에或兩方에無ᄒᆞᆫ言論을屢次接見ᄒᆞ얏거니와今番에ᄂᆞᆫ異常이太甚ᄒᆞ야吾儕가夢裏에在ᄒᆞᆫ가ᄒᆞ여手로眼을拭ᄒᆞ고見ᄒᆞ니丁寧코夢中은아닌되何如是異常ᄒᆞ뇨此가可히笑ᄒᆞᆯ것인지可히泣ᄒᆞᆯ것인지思想ᄒᆞ노니此新聞을覽ᄒᆞ시ᄂᆞᆫ이도此言이可히笑ᄒᆞᆯ것인지可히泣ᄒᆞᆯ것인지思想ᄒᆞ여보시오

一新聞은日本新聞인대其言에曰大韓에在ᄒᆞᆫ各國敎師들이不正ᄒᆞ야日本을憎惡ᄒᆞ고韓日兩國間에離間을行ᄒᆞ야人民의暴動ᄒᆞᆫ根原이라ᄒᆞ고不正ᄒᆞᆫ敎師를大韓에서逐出치못ᄒᆞ깃스나敎會에屬ᄒᆞᆫ韓人은政治上에處決ᄒᆞ야不正ᄒᆞᆫ宣敎師ᄂᆞᆫ列國代表者의게對ᄒᆞ야韓國治亂에相關치못ᄒᆞ기로要求ᄒᆞᄂᆞᆫ法을ᄒᆞ라하엿ᄂᆞᆫ지라此ᄂᆞᆫ諸外國의敎師를指言ᄒᆞᆫ것이라吾儕ᄂᆞᆫ他敎會를不知ᄒᆞ고但天主敎會의事만知ᄒᆞᄂᆞᆫ故로知ᄒᆞᄂᆞᆫ대로言ᄒᆞ노라假令戰爭이던지不知ᄒᆞᄂᆞᆫ者를言ᄒᆞ던可笑홀뿐이라譬ᄒᆞ건대未諳이戰爭法을不知ᄒᆞ거날兵丁의進退ᄒᆞᄂᆞᆫ것을見ᄒᆞ고何故如彼오ᄒᆞ여嘲笑ᄒᆞ면實노可笑홀事오또城市에서安坐遊食ᄒᆞ던人이農作ᄒᆞᄂᆞᆫ法을不知하고農夫의耕耘ᄒᆞᄂᆞᆫ것을見ᄒᆞ고何故如彼오ᄒᆞ여嗤笑하면此도可笑홀것이라此와如히敎師들對ᄒᆞ야言ᄒᆞᄂᆞᆫ것ᄂᆞᆫ實로不知者의言이니可笑ᄒᆞᆯ事요또敎師가日本을憎惡ᄒᆞ야大韓人民을煽動ᄒᆞ야起擾케ᄒᆞᆫ다ᄒᆞ니아마日本國에서萬里鏡을持ᄒᆞ고仔細히觀測ᄒᆞᆫ것이로다

他國敎師가大韓에來ᄒᆞᆫ것은大韓人을愛ᄒᆞ야大韓人으로ᄒᆞ여금正路로啓導ᄒᆞ기爲ᄒᆞᆷ이라誰某던지大韓人의게有益ᄒᆞᆫ것을行ᄒᆞᄂᆞᆫ者ᄂᆞᆫ大韓人과共히愛ᄒᆞᆯ지어오大韓人의게害를加ᄒᆞᄂᆞᆫ者ᄂᆞᆫ또ᄒᆞᆫ大韓人과共히惡ᄒᆞᆯ지니此ᄂᆞᆫ義理上에當々ᄒᆞᆫ者라如其不然이면엇지人道에違反ᄒᆞᆫ者가아니리오盜賊의行爲를行ᄒᆞ면日本人이라도不可不賊漢이라ᄒᆞᆯ지니如此히言ᄒᆞᄂᆞᆫ것을指ᄒᆞ야日本을憎惡ᄒᆞᄂᆞᆫ言이라ᄒᆞ면日本賊漢은大人이라君子라ᄒᆞᄂᆞᆫ가精神이少有殘存者ᄯᅥ엇지如此히言ᄒᆞ리오

日本新聞이如此히思想업시放言ᄒᆞᄂᆞᆫ것은或他國敎師들이畏겁ᄒᆞ야自退而去ᄒᆞ기를希望인가此亦可笑之事라天主敎의敎師ᄂᆞᆫ大韓에來ᄒᆞ면必然코入韓에서殉命ᄒᆞᆫ人이라己往에敎師를逐ᄒᆞ던朝鮮政府의게數位敎師가被害ᄒᆞ엿스나敎師들이畏겁하얏스면何不自退以去하고此處에서生命을抛棄ᄒᆞ엿ᄂᆞᆫ가此亦不知者의言이니또ᄒᆞᆫ可笑之事오

如彼之言을揚ᄒᆞᄂᆞᆫ日本人이大韓에來하야敎師들의行ᄒᆞᄂᆞᆫ事를粗見ᄒᆞ엿스면無妨ᄒᆞ깃도다萬一人民을煽動ᄒᆞᆫ事가有ᄒᆞ면裁判長을定ᄒᆞ고列國代表者前에서裁判을ᄒᆞᆯ것이라ᄒᆞ노니如此ᄒᆞᆫ事件으로月給을受ᄒᆞ고裁判長이되ᄂᆞᆫ者ᄂᆞᆫ必然餓死ᄒᆞ리로다

敎師의行ᄒᆞᄂᆞᆫ事ᄂᆞᆫ眞實開化를시기ᄂᆞᆫ것이오人民의福됨을願ᄒᆞᆷ이니日本이自前으로우리幾番이나言ᄒᆞ던되로大韓의福됨만願ᄒᆞ면敎師의心과무어시不合ᄒᆞᆫ것이有ᄒᆞ야如此之言을做出ᄒᆞᄂᆞᆫ고此도可笑ᄒᆞᆯ事가아닌가

或이言ᄒᆞ되他國敎師가大韓에多有ᄒᆞᆫ故로日本人이自己事에觀光者가多ᄒᆞᆷ을厭忌ᄒᆞ야如彼作言ᄒᆞ다ᄒᆞ니實노然ᄒᆞ면이제ᄂᆞᆫ笑치勿하고泣ᄒᆞᆯ것이로다好個事를做ᄒᆞᄂᆞᆫ人은觀光者를厭忌치아닐뿐아니라反히多數히來禁ᄒᆞ기를願ᄒᆞ고惡ᄒᆞᆫ事를做ᄒᆞᄂᆞᆫ人은觀光者가多키ᄂᆞᆫ姑捨ᄒᆞ고一個라도厭忌ᄒᆞ나니以此之故로日人들이他國敎師의觀光ᄒᆞᄂᆞᆫ것을不悅ᄒᆞ면實노可泣ᄒᆞᆯ事가아니리오

또他新聞의言은本月五日國民新報論說題目에殺人賊이라超라ᄒᆞ고頑固種子를滅ᄒᆞ야업시ᄒᆞ기로猛烈ᄒᆞᆫ手段을用ᄒᆞ라ᄒᆞ엿스니可恥哉라如彼ᄒᆞᆫ言을作ᄒᆞᄂᆞᆫ者ᄂᆞᆫ大韓人인가此世上에서人의生命과如히貴重ᄒᆞᆫ者가無ᄒᆞ거ᄂᆞᆯ何故로精神이有ᄒᆞᆫ人이如彼히惡ᄒᆞᆫ言을發ᄒᆞ고滅하야업시ᄒᆞᄂᆞᆫ地境이면玉石俱焚이아니되ᄂᆞᆫ가盜賊도同類를愛惜ᄒᆞᄂᆞᆫ데何故로大韓人이大韓人을殺害하ᄂᆞᆫ것을慫慂ᄒᆞ야放言하리오打敎로開化시기노라고하ᄂᆞᆫ[illegible]新聞이阿弗利加의野蠻의言을ᄒᆞᄂᆞᆫ가吾國을勸告ᄒᆞᆫ開化가此外에無ᄒᆞᆫ가吾國을敎導ᄒᆞᆫ先生이此人뿐인가

或이言ᄒᆞ되此ᄂᆞᆫ精神업시ᄒᆞᄂᆞᆫ言인가보다하나然ᄒᆞ면該新聞에論說ᄒᆞᄂᆞᆫ者가精神이無ᄒᆞᆫ것은實노可笑ᄒᆞᆯ事라ᄒᆞᆯ만ᄒᆞ나余ᄂᆞᆫ吾邦新聞에如此히誤ᄒᆞᆫ言이有ᄒᆞᆫ것을見ᄒᆞ고實노慙愧ᄒᆞ고冤痛ᄒᆞ야所言을不知하노니衆位同胞ᄂᆞᆫ可笑ᄒᆞᆯ것보다可泣ᄒᆞᆯ것이多ᄒᆞᆫ지思想ᄒᆞ여보시오

官報

勅號外　隆熙元年九月十四日

宮廷錄事

太醫院口傳
奏曰即伏聞待令醫官所傳之言則殿軒升降之際脚部受損玉度彌寧區區下情不勝惶悶之至函許臣等率醫入　診詳察證候議定當　進之劑千萬顒祝惶恐敢　奏　答曰進用之劑當自내爲之卿等不必入侍矣

內閣總理大臣勳二等臣李完用謹　奏興宣大院君追封王諡號　興宣府大夫人追拜妃諡號完和君追封王號議定事由掌禮院　奏下矣臣等敬奉旨意會議以入之意謹上
奏奉　旨依奏

大院王　諡號
獻懿　聰忠翊德曰獻　行見中外曰懿
勅恭依　大院妃　諡號
純穆　中正和粹曰純　布德執義曰穆
勅恭依　完和君追封王號望
完　憲　奉　주圖封號用完字
欽此

宮內府大臣勳一等臣李允用謹　奏　興宣大院君追封王諡號　興宣府大夫人追封妃諡號完和君追封王號單子今奏下矣招致禮郞傳授之意　謹上

謹上　奏奉　旨依奏

勅號外　隆熙元年九月十五日

宮廷錄事

掌禮院卿臣李重夏謹　奏
移御日子陰曆今月旬間擇入事命下矣吉日令日官金東杓推擇則八月初十日丙時爲吉云以此日時擧行何如謹上　奏　奉
旨依奏

太醫院口傳　奏曰總徹請診之　奏矣伏承　批旨未蒙允兪　悲用之劑雖承自內議定之　敎而診候未即診察臨下情轉益焦迫敢申籲伏願函許臣等率醫官人　診千萬顒祝惶恐敢　奏　答曰知道　嘗自內爲之卿等不必入侍

太醫院口傳
奏曰夜間　聖節益有添度乎昨際口　奏頭候　召接之　命竟未蒙允許區區下情遑悚憧憧此時　診察詳承　證候議定當進之劑不容少緩伏乞　函許臣等率醫官人　侍千萬顒祝惶恐敢奏　答曰知道

太醫院口傳
奏曰伏聞入　診醫官之言則脉度稍勳之候尙緊於遲復常湯劑以加味正氣散議定云故一貼今方煎　入方文書　入而臣等職忝督藥不敢違越私次自今日輪直本院之意敢　奏
答曰知道湯劑製入直醫之

◎第三千八百七十二號
隆熙元年九月十六日

◎宮廷錄事

宮內府大臣勳一等臣李允用謹　奏　勅令第□號凡國際儀仗은各節內外事例를依ᄒᆞ야另定新式以入事
謹下奏한라禮儀班次를參考更式ᄒᆞ야另單錄入之意謹上　奏奉
旨依奏

宮內府大臣勳一等臣李允用謹上　奏　慶運宮修理之節今旣告竣ᄒᆞ얏기謹上　奏奉
旨依奏　宮內府大臣勳一等臣李允用
謹　奏完和君祭需單謹上　奏奉
旨依奏
宮內府大臣勳一等臣李允用
謹　奏特　賜祭謹上　奏奉
旨依奏　太完

雜報

●馬尼剌의排日熱　長崎電을據ᄒᆞᆫ則八幡丸이馬尼剌로부터歸航ᄒᆞᆫ客의談에日同地在留米人은米國官憲과相應ᄒᆞ야日本人排斥에努力ᄒᆞ고同地實業家日人監視를嚴ᄒᆞ게ᄒᆞ여서探井씨의ᄂᆞᆫ기야만同船에서拘ᄒᆞ야米國軍法會議所에押送ᄒᆞ엿다ᄒᆞ며同地에在ᄒᆞᆫ多數日人勞働者ᄂᆞᆫ開戰의로以ᄒᆞ야目下에收監코排斥ᄒᆞᆷ이務ᄒᆞ다ᄒᆞ고士人은一般日米開戰을愉避ᄒᆞᄂᆞᆫ中인며開戰ᄒᆞᆫ臨時ᄂᆞᆫ土地家屋을日人의게賣却ᄒᆞ라ᄂᆞᆫ者가有ᄒᆞᆫ더라

●排日事件續報　紐育電을據ᄒᆞᆫ則晩香坡에서ᄂᆞᆫ在日人勞働者의示威的狀態ᄂᆞᆫ日淸兩國人으로因ᄒᆞ야其業務를閉鎖ᄒᆞ엿고ᄒᆞ얏ᄂᆞᆫ대彼等은防禦ᄒᆞ기爲ᄒᆞ야其居駐區域에聚集ᄒᆞ얏더라

●不穩引續　加奈太總督은伯爵은晩香坡市長의게이윤特命으로派送ᄒᆞᆫ石井씨를面晤ᄒᆞ기로企圖ᄒᆞᆫ대大的暴動을準備ᄒᆞ기爲ᄒᆞ야急嚴重ᄒᆞᆫ豫防手段을采ᄒᆞᆷ으로써引續的態不安의狀況은依然ᄒᆞ더이라

●日兵配置　東京電을據ᄒᆞᆫ則韓國內에在ᄒᆞᆫ兵隊ᄂᆞᆫ京城에一師團司令部一旅團司令部平壤에一旅團司令部를置ᄒᆞ고其他重要地에一聯隊又ᄂᆞᆫ一中小隊를配置ᄒᆞ다더라

雜報

●玉體靡寧 大皇帝陛下게옵셔數日前붓터 玉體가靡寧ᄒᆞ옵시다더라

●濬明堂移御 今日大皇帝陛下게옵셔慶運宮濬明堂으로移御ᄒᆞ신다더라

●藥院口啓 本日太廟展謁ᄒᆞ실터인대 大皇帝陛下게옵셔靡寧ᄒᆞ옵신故로藥院口啓로退定이되엿다더라

●大臣攝行 大皇帝陛下께오셔玉體靡寧ᄒᆞ옵신故로昨日眞殿茶禮에遣大臣攝行ᄒᆞ기로磨鍊ᄒᆞ얏다더라

●禮院通牒 昨日掌禮院에서각府部院廳으로通牒ᄒᆞ되明日大皇帝陛下太廟展謁時에文武百官이依例進參하되新裝大禮服과厚祿古套를一齊着用ᄒᆞ라ᄒᆞ엿다더라

●學徒祗迎 學部에서각學校에指飭ᄒᆞ되本日 大皇帝陛下動駕時에學徒마다國旗를各揭ᄒᆞ고祗迎ᄒᆞ라하얏다더라

●醫官習禮 大皇帝陛下게옵서宗廟에展謁ᄒᆞ실터인데醫觀廳에서昨日에一般醫官이陪從ᄒᆞᆯ節次를乘馬習禮ᄒᆞ얏다더라

●永宣君受勳 永宣君李埈鎔氏가三昨日에詔闕受勳ᄒᆞ얏다더라

●金印造成 興宣大院君追封王과府大夫人追封 에妃金印造成은宮內府에서擧行ᄒᆞᆫ다더라

●博覽會況上奏 總理以下각部大臣이再昨日에博覽會開會式에進參ᄒᆞ얏다가下午二時에一齊히詣闕 陛見ᄒᆞ고該會盛況을上奏ᄒᆞ얏다더라

●官制改定說 伊藤統監이還任ᄒᆞᆫ後에ᄂᆞᆫ韓國官制를一躰改定ᄒᆞᆯ터인故로各部에新任ᄒᆞᆫ日本官吏의事務方針은何樣視務ᄒᆞᆯᄂᆞᆫ지未有頭緖ᄒᆞ야姑未着手ᄒᆞᆫ다더라

●司令部訓令 軍部大臣李秉武氏가各地方日兵이衛戍ᄒᆞᄂᆞᆫ事에對ᄒᆞ야長谷川大將과屢次交涉ᄒᆞ야該弊端을禁斷ᄒᆞ기로協議ᄒᆞ야軍司令部에서各地方派駐隊에訓令ᄒᆞ얏다더라

●統府官制改正 東京通信을據ᄒᆞᆫ즉統監府官制改正案은漸次內議에定ᄒᆞ야十日에成案ᄒᆞ고十一日에法制局으로回附하얏다더라

●法官被任 法官養成所敎官羅진氏ᄂᆞᆫ平理院檢事로該所敎官陸鍾冕氏ᄂᆞᆫ漢城裁判所主事로前內部參書官石鎭衡씨ᄂᆞᆫ法官養成所敎官으로普成專門學校卒業生李恒鍾氏ᄂᆞᆫ法官養成所敎官을被任ᄒᆞ얏다더라

●目賀田氏迎接 度支部大臣高永喜司計局長元應常兩씨가昨日下午九時에南大門外停車場에前往ᄒᆞ야目賀田種太郞씨를迎接ᄒᆞ얏다더라

●綬章若若 統監署理長谷川以下七八高等官에게勳章을賜與ᄒᆞᆯ터인데長谷川大將은金尺大綬章을下賜ᄒᆞ신다더라

●年齡과居住의探知 今番郡守奏本이延타되ᄂᆞᆫ內容을得聞ᄒᆞᆫ즉各人의年齡居住를懸錄지아니홈으로內閣에서姑爲留案ᄒᆞ얏ᄂᆞᆫ대東西南北之人의年齡居住가多有模糊ᄒᆞ야現今探知中이라더라

●趙氏被捉 趙南升氏가三昨夜에東署等地閣成社에서玩賞ᄒᆞ다가警視廳에被捉ᄒᆞ얏다더라

●職名還收 禮陽正李載規씨ᄂᆞᆫ嬌則氏衆ᄒᆞ고行爲乖悖ᄒᆞ니職名을爲先還收하라고 詔勅이下ᄒᆞ셧다더라

●軍器沒收 警視廳에서漢城內人民家屋에銃戶數와姓名을錄去ᄒᆞ고銃鎗領受證을出給ᄒᆞᆫ다더라

●派巡搜索 警視廳에서再昨日에巡檢과日巡査를派送ᄒᆞ야前漢城判尹朴昌善氏家을搜索ᄒᆞ얏다더라

●朴氏自現 朴昌善氏家를搜索ᄒᆞ얏다ᄂᆞᆫ說은別項과如ᄒᆞ거니와該氏가平理院에自現ᄒᆞᆫ다더라

●請置日兵 江原道觀察使黃鐵氏가內部로報告ᄒᆞ되日兵을春川沿路에排置ᄒᆞ야公文來往을便宜케ᄒᆞ라ᄒᆞ얏더라

●體操講習 日間에各官立普通學校敎師與敎員이校洞普通學校에會同ᄒᆞ야限二週日ᄒᆞ고體操講習會를設行ᄒᆞᆫ다더라

●位牌造成 掌禮院에서學部로照覆ᄒᆞ되報恩大成殿失火事由ᄂᆞᆫ該郡守報告가來到故로該道內守令中으로承掌禮差下하야使之馳往奉審ᄒᆞ며位牌를同夜造成하야權安明倫堂ᄒᆞ고慰安祭를即爲設行ᄒᆞ며重建後奉安祭香祝을亦即磨鍊下送事로奏裁ᄒᆞ와即爲飭該郡ᄒᆞ고自香祝課ᄂᆞᆫ資持香祝ᄒᆞ야已爲下送이라하얏얏다더라

●咸郡義警 慶南觀察使金思默氏가內部에電報ᄒᆞ되淳昌郡集合ᄒᆞ엿던義兵百餘名이將次咸陽郡에突入ᄒᆞᆯ狀態가有ᄒᆞ다ᄒᆞ얏더라

●安城慘報 安城來人의傳說을聞ᄒᆞᆫ則陰本月初二日에該郡派駐ᄒᆞᆫ日兵이義兵을逐去ᄒᆞ다가梅南里四十餘戶를衝火沒燒ᄒᆞ야幼兒二名이燒死ᄒᆞ얏다ᄒᆞ고初二日에外坪里居都正의子某氏를義兵과干連이有ᄒᆞ다ᄒᆞ야該邑底로捉致ᄒᆞ야即爲砲殺ᄒᆞ얏다더라

●柴商呼冤 果川等地柴商들이越江ᄒᆞ야洞雀里沙場을過ᄒᆞᆫ즉勞動者日人이柴駄를解ᄒᆞ고雜石을卜駄ᄒᆞ야里太院으로二三次式往ᄒᆞ고雇價ᄂᆞᆫ一分도不給ᄒᆞ며若不然則無數亂打ᄒᆞ니鄕曲殘民이柴商도못ᄒᆞ깃다고冤聲이藉々ᄒᆞ더라

●誣告反坐 星州郡警察署에서內部로報告ᄒᆞ되該郡居朴龍鎭이가日兵의게誣告ᄒᆞ기를該郡守가義兵을嘯起ᄒᆞᆫ다ᄒᆞᆫ지라日兵이從岐採問ᄒᆞᆫ즉果是無據之說이라日兵이朴龍鎭을還爲捉囚라ᄒᆞ얏ᄂᆞ더라

●藥商被害 長湍郡에서義兵이日本藥商二名을打殺ᄒᆞ얏다ᄒᆞ고京畿觀察使가內部로報告ᄒᆞ얏다더라

▲地方情形

▲十六日發安城電을據ᄒᆞᆫ즉飯田補佐官은補佐員十名을率ᄒᆞ고十五日朝에成歡을經ᄒᆞ야安城에着ᄒᆞ야偵察ᄒᆞ얏다ᄂᆞᆫ데義兵의數交ᄂᆞᆫ二百名에不下ᄒᆞ고其首魁ᄂᆞᆫ十四日에鎭川方面으로退却하얏고其殘部ᄂᆞᆫ十五日에同地로引揚ᄒᆞ얏고日本醫士吉田과一巡員一名이義兵의게被害ᄒᆞ얏고入江補佐員에行衛ᄂᆞᆫ不明ᄒᆞ고一巡査員四名도不知下落이라ᄒᆞ고安城分派所及郵便局은義兵이襲擊하얏ᄂᆞᆫ데日本居留民의家屋店舖을毀破ᄒᆞ얏다ᄒᆞ고十五日最終北行列車線成歡平澤間에九六十名이集合投石ᄒᆞ얏ᄂᆞᆫ데被害ᄂᆞᆫ無ᄒᆞ다ᄒᆞ고

▲日本快臨丸은遭難地에派遣ᄒᆞᆫ補佐員의報告을據ᄒᆞᆫ즉同船은一百三拾七噸帆船인대九月九日午前六時에慶南延日郡東面九龍沿岸에서破傷이되얏ᄂᆞᆫ데船形이已無ᄒᆞ야吉永喜八郞과久末川有一과池野仲藏과遊谷資三四名은溺死ᄒᆞ얏다ᄒᆞ고

▲十五日發鳥致院電을據ᄒᆞᆫ즉日人坂本警部ᄂᆞᆫ巡査八名을率ᄒᆞ고安城을經ᄒᆞ야白山方面으로急行偵察ᄒᆞ다가義兵約二百五十名의게包圍ᄒᆞ야死者二名을遺棄潰走ᄒᆞ야安城方面으로逃走ᄒᆞ고島田小尉ᄂᆞᆫ補佐員을率ᄒᆞ고交戰ᄒᆞ다가白山方面에서數拾名義兵게의包圍ᄒᆞᆫ비되얏다ᄒᆞ고

▲十五日發成歡電을據ᄒᆞᆫ則十四日安城市中에約二百名義兵이分派所를包圍砲擊ᄒᆞ야該所員오暫時應戰ᄒᆞ다가同地居留日人十一名을領率ᄒᆞ고괴山成歡間에危險을經ᄒᆞ얏다ᄒᆞ고鶴田少尉에一對ᄂᆞᆫ四散ᄒᆞ고居留日人二名이被殺ᄒᆞ고入江補佐員에行衛ᄂᆞᆫ不明하다ᄒᆞ고

▲十二日에義兵約六拾名이竹山邑내에侵入ᄒᆞ야巡檢家屋을燒却하고同日白巖面에向ᄒᆞ야近二面에서一進會員리俊杜等三人에家屋을燒火하고二名은銃殺하고白巖市附近에集合ᄒᆞ야山上에步哨를配置ᄒᆞ고戒嚴이大端ᄒᆞ다하고

▲拾五日發鳥致院電을據ᄒᆞᆫ즉稷山郡木德院과成歡街道에銃器를携ᄒᆞᆫ義兵拾餘名이在하야該地에出張ᄒᆞᆫ矢島入木二巡査와交戰ᄒᆞ얏다ᄒᆞ고

▲拾五日發春川電을據ᄒᆞᆫ즉拾五日春川에ᄂᆞᆫ義兵約三百名이會集ᄒᆞ야日巡査와交戰ᄒᆞ얏다ᄒᆞ고

▲十四日발水原電을據ᄒᆞᆫ즉利川驪州間에義兵約四拾名이小松警部一行과交戰ᄒᆞ야日警部를擊退ᄒᆞ얏다ᄒᆞ고

▲十四日飼電을據ᄒᆞᆫ則兎山郡에義兵約百名이駐在ᄒᆞ야警部一行와交戰ᄒᆞ엿다ᄒᆞ더라

路透電報

十五日北京發

●씨야를의排日 씨야를에서日淸兩國人은目下權要ᄒᆞᆫ準備中인대東洋人排斥協會ᄂᆞᆫ同地에서連合의示威運動을하리라더라

東京電報

十五日發

●北滿稅關問題 北滿洲稅關收稅規則에對ᄒᆞ야淸國側에서曲解가有홈으로露公使ᄂᆞᆫ不當ᄒᆞᆫ意로交涉中인데滿國稅關은魯西亞人의로못ᄒᆞᆫᄂᆞᆫ데損害를受ᄒᆞ리라더라

▲筆下春秋▼

▲淸國廣東省에도叛徒手에危險이頗多ᄒᆞ고英領晩香坡에도排日騷動으로暴行이激烈ᄒᆞ고大韓에도義兵이蜂起ᄒᆞ야勢甚猖獗ᄒᆞ니大陸風塵이何時乾淨ᄒᆞᆯ고

▲向日부터副統監을設置ᄒᆞᆫ다ᄂᆞᆫ說이喧藉ᄒᆞ더니該議案이歸一ᄒᆞ야不日間副統監官制를發表ᄒᆞᆫ다고某報에說道ᄒᆞ얏스니副統監은何等事務를管理ᄒᆞᆯ지

▲連日內閣會議에무슴重要ᄒᆞᆫ議案이有ᄒᆞᆫ지各大臣中에某々氏가日本軍司令官長谷川大將을訪問ᄒᆞ고交涉이頻數ᄒᆞ다ᄒᆞ니何等問題가又生ᄒᆞᆫᄂᆞᆫ지近日最미畏者가各大臣에議案이로다

▲平南安州城內에瑄田炭山兩處를日本人廣瀨氏가所謂有幾部認許ᄒᆞ고無難採掘ᄒᆞ엿다ᄒᆞ고該道觀察使가報部ᄒᆞ얏다니農部에서認許與否ᄂᆞᆫ姑知치못ᄒᆞ거니와該郡城內에民戶가稠密ᄒᆞᆫ대兩礦을採掘ᄒᆞ면人民은何處에移居ᄒᆞᆯᄂᆞᆫ지

▲近日漢城五署內一般人民이自衛的으로藏置ᄒᆞ얏든銃砲及環刀等物을所管各署에서收取ᄒᆞᄂᆞᆫ대警務中署에現今收合ᄒᆞᆫ것이一廳間에充滿ᄒᆞ얏ᄂᆞᆫ대此를因ᄒᆞ야閭巷에騷擾ᄒᆞ니軍物亂離가또싱겻고

▲內部大臣任善準氏ᄂᆞᆫ今番郡守奏本을何如히繕呈하엿던지內閣에서方式이不正ᄒᆞ다고還爲退部ᄒᆞ얏다니內大貌樣이大段猖披ᄒᆞ얏고

▲地方郡守中에行政上蒙昧ᄒᆞᆫ事가有ᄒᆞ야上部로報告ᄒᆞᆯ時에所管事項을不辨ᄒᆞ야度支部로修報案件을內部로修報ᄒᆞ야각部에서事務處理에困難ᄒᆞᆷ이多ᄒᆞ다ᄒᆞ니各郡守ᄂᆞᆫ各部所管事項을不辨ᄒᆞ니行政上紊亂을推此可知로고

▲水原郡土浦에義兵이集合ᄒᆞ얏다ᄂᆞᆫ虛說이有ᄒᆞ야日兵十餘名이來到ᄒᆞᆫ즉不過三十戶村落에義兵에形跡이無ᄒᆞᆫ지라該동尊位家에衝火ᄒᆞ고錢財를搜集ᄒᆞ거날家主徐宅淳氏가日兵을對ᄒᆞ야曰以若文明國兵丁으로如此行爲가有ᄒᆞ냐汝等이必非日兵이라ᄒᆞᆫ데該兵丁이七十九歲老人을結縛仆地ᄒᆞ고猛笞八九度에精神이昏倒ᄒᆞ고氣息이奄奄하다ᄒᆞ니此等行色은必非日兵에所爲오즉假日兵이또싱겻고

▲一進會에서近日에무삼端緖인지圭角이忽生ᄒᆞ야各相疾視에不平氣色이風波가種種ᄒᆞ니同盟一心이라가忽에生變ᄒᆞ니必是官職을不均히圖得ᄒᆞᆫ싸닥이니農大宋秉畯氏ᄂᆞᆫ許多怨聲을一時에區處ᄒᆞ기가大端히困難ᄒᆞ깃고

雜報

勤駕時鹵簿班次 (續)

總巡乘馬　總巡乘馬
警視乘馬　警視副監乘馬
總巡乘馬　總巡乘馬
騎兵
騎兵　左掌禮　馬
騎兵　馬車　宮內府次官
騎兵　禮式課長　車
騎兵
宮內府大臣　馬車
近衛將校　正尉乘馬
騎兵正校
御旗　近衛將校　參領乘馬
近衛將校　正尉乘馬
內乘　乘馬
御馬車
侍從院卿陪乘
侍從武官乘馬　侍從乘馬
近衛將校正尉乘馬
侍從武官長乘馬　太僕司長乘馬
近衛將校正尉乘馬
侍從武官乘馬　侍從乘馬
秘書監丞
親王馬車　馬車
典醫
騎兵
騎兵　總巡乘馬
總理大臣馬車　騎兵
騎兵　總巡乘馬
騎兵

●覆美國實業家로ㅣ써傳 (續)

▲奮鬪에勝利

同事者見此不意之變災ᄒᆞ고皆紛々逃匿ᄒᆞ야一無應援者에善後設策이라然而씨가毫無落心ᄒᆞ고乃從容言曰事業은吾之性命也라此業未復之日은乃吾最後之日也니吾當獨擔ᄒᆞ야再興此業하리라且今者之失敗가非吾運否之誤오乃一時之數奇也라以로ㅣ지之腕力으로捲土重來ᄂᆞᆫ決非難事라ᄒᆞ고遂決志運動ᄒᆞ얏나니氏ㅣ本非鬼神이라以赤手空拳으로計將那裡出來리오此亦苦心修爲에困難非常터니此一時로다氏之德望이素著ᄒᆞ고技藝非凡은遠近所共知者也라故로不幾年에自遠近來者ㅣ不計其數오左右有力之人이亦多相助ᄒᆞ야巳往之業을經之營之ᄒᆞ야計日而成ᄒᆞ니其規模壯大와機具完備가比前에毫無遜色이라此豈非奮鬪之結果哉아大哉라奮鬪之效力이여　完

●槐民被埋　槐山郡主事洪承潛氏가內部에報告하되陰七月二十三日에忠州로셔日兵이來到ᄒᆞ야本郡民이義兵에干連이有ᄒᆞ다ᄒᆞ야三十八人을捕縛以去ᄒᆞ얏ᄂᆞᆫ대十九人은生還ᄒᆞ고十九人은埋死ᄒᆞ얏다하얏더라

●郡會不成　忠南觀察梁在翼씨가今夏에該道各郡守와稅務官吏와地方委員과日醫視와財政顧問을觀府로會同하야諸般規則을議成ᄒᆞᆫ後其道會議案을該各郡에頒布ᄒᆞ고使各郡守로郡會를起成하야該議案件을實施ᄒᆞ라ᄒᆞ얏ᄂᆞᆫ대列邑人民은該議案을見ᄒᆞ고各其郡會를願ᄒᆞ되郡守가擧皆郡會를不肯ᄒᆞᆫ故로郡會가尙無ᄒᆞ다더라

●學校細則　各普通學校에細則이尙無ᄒᆞ더니學部職員會에서學校細則을磨鍊ᄒᆞ야各普通學校에細則施行하가로頒佈ᄒᆞ얏더라

●寶衛貿新　河陽郡守宋憲冕씨가該郡에所在ᄒᆞᆫ舊軍物을放賣ᄒᆞ야洋銃幾柄을貿來防賊하깃다고내部에報告ᄒᆞ얏더라

●朱氏熱心　平北博川郡居朱運壽씨가閭里貧民의子弟가學問에從事치못ᄒᆞᆷ을慨嘆ᄒᆞ야自巳의有家屋을夜學校로設立ᄒᆞ고各樣經費을專擔ᄒᆞ야夜學徒五十餘名을募集ᄒᆞ야敎育의必要ᄒᆞᆫ諸般敎課書를辦備ᄒᆞ야熱心勸奬ᄒᆞ미鄕俗이漸開ᄒᆞ니降境人士가無不稱頌ᄒᆞᆫ다더라

●强盜被殺　本月四日에連山郡豆磨面三巨里酒店金和春家에賊徒數十名이각持銃劍ᄒᆞ고突入ᄒᆞ야行商嚴來承의金四拾八圜과名不知李哥의金二拾圜을强奪ᄒᆞᆫ故로該分派所補助員三人과巡檢二人이合同出張ᄒᆞ야該賊六名을捕獲ᄒᆞ야押領歸所之中路食汗面分時에서該漢等이自意解縛ᄒᆞ고補助員與巡檢을還欲殺害ᄒᆞᆫ故로皆爲砲殺하고以該洞民으로使之埋葬케ᄒᆞ얏다더라

●李氏慈善　京大寺동居李華榮氏가月前에黃州等地에下去ᄒᆞ얏다가京義鐵道로上來ᄒᆞ다가瑞興停車場에到ᄒᆞ야義州居申應鎬이乙巳年에瑞興에來ᄒᆞ야鐵路役夫로僅々保命ᄒᆞ다가今年六月에山役ᄒᆞ다가兩脚을重傷ᄒᆞ야如干錢兩은沒入於治療中ᄒᆞ고乞食保命ᄒᆞᄂᆞᆫ中에淸國馬賊의게被害ᄒᆞ야其父母ᄒᆞ얏다ᄂᆞᆫ消息을聞ᄒᆞ고停車場에서終日痛哭ᄒᆞᄂᆞᆫ대李씨가觀其情狀ᄒᆞ고紙貨七兄을出給ᄒᆞ며乘車還去ᄒᆞ기를勸諭ᄒᆞ얏다더라

廣告

國債報償義捐金 收入廣告

◎國債報償義捐金 八月中本社收入總額 從月逐次明細錄

◉九月拾四日

第一五三五號 陰川郡 德安面 西八里 李春欽 門內 一圜三拾錢

第一五三六號 寶城郡 龍門面 盧馬谷 崔興善 一圜

第一五三七號 河川郡 菲芳串面 島里 二十圜

第一五三八號 安山郡 陽谷 李起형 二十五錢

第一五三九號 白川南面 弓月西五里 富蘇山 三圜四十錢五厘

計二千九圜九十五錢五厘

九月拾四日까지 收入總額 五百六十五圜六拾錢五厘

自四月至八月 收入總額 五萬四千七百十四圜

九十三錢四厘

總合 五萬五千二百八十圜五

十三錢九厘

◉白川郡 南面 弓月西五里 富蘇山 金濟건 金교甲 김應화 … 金正駿 김樞甫 각五拾錢 金文鉉 拾錢 리近瑞 五錢

合三圜四拾錢五厘

◉河川郡 菲芳串面 島里 리恩三 리芝順 裵德近 安明仁 金召史 吳正三 … 金永甫 리元芝 … 朴成來 八十錢 張能連 張午淑 高尙윤 洪瑞深 리學信 禹判鉉 박準淑 각卄錢 朴象來 張若實 각五拾錢 趙召史 … 김應七 林先甫 金昌運 각卄錢 崔明雨

朱成甫 朴鶴來 朱興… 리正習 각卄錢 金光弼 朱德根 高尙玉 각四十錢 리万瑞 金敬天 각七拾錢 朴復來 九拾錢 金道… 八拾錢 金元培 六拾錢 朱德深 一圜 朴正云 徐光明 高致右 印正凡 李公式 각卄錢 金道三 金德有 각四拾錢 金德信 金元汝 리學伊 南啟有 각卄錢 林容奭 리春實 리才連 金正然 각五十錢 金次二 七拾錢

合二十圜

◉安山郡 陽谷 李起형 卄五錢

◉全羅南道 寶城郡 龍門面 盧馬谷 前五衛將 崔興善 子祥琢 각五拾錢

合一圜

◉陰川郡 德安面 西八里 리圭鉉 門內 리圭鉉 一圜 弟圭善 子一龍 姪光屹 각拾錢

合一圜三拾錢

總合 卄五圜九十九錢五厘

前號總合 五萬五千二百九拾四圜五十八錢四厘

都總合 五萬五千二百八拾圜五十三錢九厘

◎特別廣告◎

國債報償金五日所捧은姑未合計이고伊前日까지所捧總合五萬四千九百拾圜拾七錢은電氣會社內銀行에貯置하얏삽고其貯置額中三萬二千三百圜은國債報償志願金總合所로移交함

廣告

向者에 解散時에 傷한 卒中에 死者는 已矣어니와 折腰折臂한 人은 命脈이 尙存하니 … 勸하야 … 義捐 … 隆熙元年九月日

發起人 安爲鎬 정淳煥 윤致勳 曹成煥 …

[illegible]

◎邦福谷 …

이 약은 대미국사 … 효험 … 도한증 … 지급 …

대영 삼화 쇼병 일환오십젼

발매소 경성남대문안 상동교당압 박문서관

漢城西署松橋新作路四十三統二戸

辯護士 王東奎

辯護士 許憲

合同法律事務所

大東新館 …

[illegible]

本館에 … 一切 … 告白

◉刑法大全改正草案 金四十錢

◉日語獨習 金五十錢

◉幼年必讀上下 八十錢

發賣所 銅峴 … 古今書海館

南門內 韓國金泳완 告白

美國金鷄蠟 … 商業 …

仁川港 … 新舖

辯護士 桂命夔

辯護士 李鍾聲

京城北署 … 二十四統四戸

事務所 …

共同法律事務所

鐵道 …

國文 …

最新 …

◉本社 定價 …

一紙代金 … 一個月 … 三個月 … 六個月 … 一個年 …

廣告料 …

◉各處 販賣所 …

本社 …

◎새 … 大全

[illegible]

◎本社告白

[illegible]

大韓每日申報社

第五卷

大韓每日申報

第六百十六號

月曆及慶節
歲時日休刊

檀君開國四千二百四十年
箕子元年三千二十九年
大韓開國五百十六年
日本明治四十年
淸國光緖三十三年
陰曆丁未八月十一日 [illegible]

論說

◉地方困難

韓國南鄕에起擾가極惡ᄒᆞᆫ性質의戰鬪를表著ᄒᆞ야文明的形態는一無ᄒᆞ고殘忍之行이漸加ᄒᆞᄂᆞᆫ도다本記者ㅣ如彼犯過者를但其日人이라고豈欲稱之리오非徒不欲이라韓國暴徒가日兵을模倣ᄒᆞ야家屋을燒却ᄒᆞ며人民을殺害ᄒᆞᄂᆞᆫ것도自意로揭報ᄒᆞ노라

可信ᄒᆞᆫ報道가自地方으로來到ᄒᆞᆫ바此에論評을不加ᄒᆞ고但其情況만記載ᄒᆞ노라其報道人이日昨에忠州附近自家에셔發行ᄒᆞ야平澤을經ᄒᆞ야此地에來到ᄒᆞᆫ지라其所報를據ᄒᆞᆫ즉自堤川高路로近七十里界에ᄂᆞᆫ日兵이每村每戶를盡燒ᄒᆞ야烟塵以外에無他餘存이요日昨鎭川邑에셔ᄂᆞᆫ日兵五十人이來住ᄒᆞᆫ지라該地居民이日兵의所請각項을供給ᄒᆞ엿더니義兵이自國人을不忠이라責ᄒᆞ야懲罰ᄒᆞ기로決意ᄒᆞ고多數會集ᄒᆞ야該邑을襲擊ᄒᆞᆯ새初次에ᄂᆞᆫ居民들이逃避山間ᄒᆞ엿고但日兵五十人을攻擊ᄒᆞ야義兵이竟勝ᄒᆞᆫ지라日兵八人을殺害ᄒᆞ고其餘ᄂᆞᆫ安城方面으로脫逃ᄒᆞ엿스며其後에ᄂᆞᆫ義兵이該邑全部를沒燒ᄒᆞ엿고義兵은所持[illegible]物이舊式이요器械이라도不足ᄒᆞ다ᄂᆞᆫ대此戰役에셔頗多ᄒᆞᆫ新式軍械를獲得ᄒᆞ엿스며同時에義兵一部ᄂᆞᆫ附近山谷間에셔日兵小隊伍를探出ᄒᆞ야全數를盡殺ᄒᆞ엿고忠州城內에ᄂᆞᆫ千餘日兵이駐屯ᄒᆞᄂᆞᆫ대其官憲들이効力을益生코ᄌᆞᄒᆞ야舊時戰術을採用ᄒᆞ다ᄒᆞ며軍兵들이婦女及幼兒ᄭᆞ지亦殺ᄒᆞᆫ다ᄂᆞᆫ報道가亦有ᄒᆞ나此報道의實證은本記者ㅣ不擔ᄒᆞ노라

戰鬪에不關ᄒᆞᆫ數千人이日兵을因ᄒᆞ야家屋을失ᄒᆞ엿스니義兵의增加ᄂᆞᆫ自然ᄒᆞᆫ結果로다

官報

◉號外 隆熙元年九月十五日

宮廷錄事 續

掌禮院卿李重夏謹 奏 齊陵陵上石物有處修改之節ᄒᆞ야擇日擧行事 奏上矣修改吉日時令日官金東五推擇則陰曆八月二日巽時爲吉云以此時擧行告先告事由祭同日曉頭設行告安祭修改事畢後隨時設行祝文令侍講撰出而有政府以下遣夫監董之例亦有關係府留守專管監董之例矣見今官制與前有異何以爲之乎敢 奏 奉
旨掌禮院卿啓稟司員進去
掌禮院卿臣李重夏謹 奏
洪陵 展謁 親祭 裕陵
展拜 親祭出宮時 皇太子
敦門外祗送 還宮時敦門外祗
迎事隨 [illegible]節何以爲之乎敢
奏 奉
旨勿爲擧行
掌禮院卿臣李重夏謹
奏陰曆八月二十日
皇后誕日 賀禮停事

命下矣同日 皇太子於
皇后宮令所 [illegible]令該
司[illegible]親進排事[illegible]行例
如議上 奏 奉 旨依允
宮內府特進官李[illegible]辭職疏
批旨疏省具悉所請依施
宮內府特進官李鍾[illegible]辭職疏
批旨省疏具悉所請依施
宮內府特進官鄭周[illegible]辭職疏
批旨省疏具悉所請依施
宮內府特進官金裕成辭職疏
批旨省疏具悉所請依施 完

敍任及辭令

陞從二品 秘書監丞徐相勛
仝 侍講院詹事金甲洙
仝 侍講院副詹事姜敬[illegible]
仝 秘書監丞洪性友
仝 度支部書記官韓相鶴
仝 侍講院侍讀金春洙
陞正三品 秘書監郞鄭寅旭
仝 掌禮院相禮宋鍾國
仝 掌禮院掌禮朴時奎
特超從一品 從二品李[illegible]鎔
命奉常提調 侍從院侍從沈遠澤
正三品李秉[illegible] 仝
仝 金濚培 박[illegible]
任侍從院侍從 九品嚴[illegible]
正三品閔丙[illegible]
任侍從院侍從 從一品李[illegible]鎔
封永宣君 [illegible]大夫掌禮院副[illegible]
特贈從二品 故侍講院侍從官李[illegible]
鄕[illegible] 中樞院[illegible]議[illegible]熙

◎宮廷錄事

詔曰移御宮日爲之[illegible]殿儀節[illegible]
太醫院日侍 奏曰 謹奉茶禮
親行已有 成命而第伏念
玉候欠寧
大朝惟懸之念 聖人節宣之方
尤宜深軫伏乞 亟寢 成旨
命以攝行千萬顒祝惶恐敢
奏 答曰知道遣內特進進去擧
行勅任官以上奎章閣入參
詔曰 廟展謁待降旨

◉第三千八百七十三號
隆熙元年九月十七日

◉宮廷錄事

詔曰今番日本特派大使一行不可無酬勞之典特派大使軍司令官男爵大勳長谷川好道特陞敍大勳位賜金尺大綬章隨員外務書記官勳二等外嶋椎次郞特陞敍勳一等[illegible]書記官勳二等[illegible]軍司令部副官勳四等[illegible]敍賜八卦章軍司令部副官勳四等內藤貞特陞敍勳三等軍司令部通譯官勳五[illegible]花[illegible]介特陞敍勳四等各賜八卦章外務省屬伊藤金次郞特敍勳六等賜八卦章
表勳總院總裁勳一等 李載克

◉敍任及辭令

度支部技手 [illegible] 宋秉[illegible]
任度支部技手 度支部稅務主事李[illegible]求
依願免本官 柳[illegible]
任度支部稅務主事
任臨時新選用及鐵道用地調査
局技手 正二品朴義秉

解[illegible]任弘文館副學士
[illegible]裁判所首班判事李始榮
命[illegible]任弘文館副學士
公立安州普通
學校副[illegible]員 [illegible]
任[illegible]安州普通學校副敎員
[illegible] 成禧[illegible]
[illegible]商工部技手白元弼 沈寅燮
任農商工部[illegible]

◎號外 隆熙元年九月十六日

英國皇帝陛下의親交되ᄂᆞᆫ日本
皇帝陛下의臣民을[illegible]하며虐
過하며[illegible]罰ᄒᆞᄂᆞᆫ事가遺憾이라
고秩序를恢復ᄒᆞ고犯人을處罰
하기로希望ᄒᆞᆫ다더라

◉北海暴風 九日午後로부터北海道管내에暴風으로函館地跡에假小屋이倒하야死者一이오負傷이四오流家가八이오破損이十二戶오尻屈島에셔ᄂᆞᆫ帆船이遭難하야死傷이有하고稚尻에셔ᄂᆞᆫ帆船四隻이破損ᄒᆞ야行衛不明者가四十八名이오本泊에셔ᄂᆞᆫ十九隻가破損ᄒᆞ얏다더라

◉美紙冷嘲 倫敦電을據ᄒᆞᆫ則排日騷動이美國에셔起ᄒᆞᆫ當時에英國諸新聞紙가手腕을揮ᄒᆞ야攻擊을加ᄒᆞᆷ을不絶ᄒᆞ더니今에英國領土내에셔排日騷動이爆發을見ᄒᆞᆷ에至ᄒᆞ야ᄂᆞᆫ美國諸新聞紙가何如ᄒᆞ던지此事件을論ᄒᆞ야冷嘲ᄒᆞᄂᆞᆫ語氣로以ᄒᆞ리라더라

◉輕氣球偵察 倫敦電을據ᄒᆞᆫ則佛國軍用輕氣球隊ᄂᆞᆫ가스부랑카에서空中에飛翔ᄒᆞ야亞弗利加人의陣地를偵察ᄒᆞ얏다더라

◉排日騷動 倫敦도리뷴新聞을據ᄒᆞᆫ則加奈太總督이東洋人排斥案調印을拒絶ᄒᆞᆷ으로부터暴徒ᄂᆞᆫ晩香坡에셔日本人及支那人街에對하야暴行을開始하얏스나日本人一名은小刀로써暴徒를追하야十餘名이被傷ᄒᆞᆷ으로因ᄒᆞ야[illegible]ᄒᆞ고暴徒ᄂᆞᆫ[illegible]名이[illegible]日本人數名[illegible]ᄒᆞ얏스나[illegible]

[illegible]報

◉加奈太排日公報 加奈太에서日本人商店을破壞ᄒᆞᆫ것이五十六에至하야日人二名이負傷ᄒᆞ고發砲ᄒᆞ야日人의家屋에放火ᄒᆞ고[illegible]ᄒᆞ얏더라

◉美人煽動 시야털셔發ᄒᆞᆫ電에云ᄒᆞ되今回騷動은多數美國勞動者首領에게依ᄒᆞ야組織[illegible]

晩香坡市街의게對ᄒᆞ야排斥은[illegible]

伊[illegible]시야털에셔開[illegible]ᄒᆞᆫ會議에參席ᄒᆞᆫ後晩香坡에赴ᄒᆞ야石井通商局長에對ᄒᆞ야太平洋全岸에在ᄒᆞᆫ勞動者의一致合同을示ᄒᆞ기爲ᄒᆞᆷ이라더라

◉日人立退命令 桑港電을據ᄒᆞᆫ則該日外國勞動者排斥의暴動으로諸盛頓州베리크市에잇ᄂᆞᆫ日本人及支那人은速히同地에셔立退ᄒᆞ라ᄂᆞᆫ脅迫的命令을受取ᄒᆞ얏ᄂᆞᆫ뎨日本人은武裝으로抵抗ᄒᆞᆯ準備를ᄒᆞᆫ다더라

◉雲南道臺新任 北京電을據ᄒᆞᆫ則昨年歐洲에派遣ᄒᆞ엿다가歸國ᄒᆞᆫ前駐韓公使館參贊銓式은淸國으로佛國에對ᄒᆞ야交涉ᄒᆞ기爲ᄒᆞ야雲南道臺을任ᄒᆞᆫ다더라

◉露帝避難 伯林電을據ᄒᆞᆫ則露國皇帝皇后兩陛下의御召快遊船은芬蘭灣口항고附近에서坐礁ᄒᆞ얏ᄂᆞᆫ대救助艇이直히現場에到着ᄒᆞ얏ᄂᆞᆫ대兩陛下ᄂᆞᆫ無事ᄒᆞ시고一族은商船에在ᄒᆞ다더라

◉大罷業 倫敦電을據ᄒᆞᆫ則加奈太鐵道에勞働協會ᄂᆞᆫ위인백에서東洋勞動問題를討議ᄒᆞ고同協會의二三代表者ᄂᆞᆫ日本人에對ᄒᆞ야國民的反威를示ᄒᆞ기爲ᄒᆞ야加奈太全部에大同盟罷工을主張ᄒᆞ다더라

◉暴動의損害 晩港電을據ᄒᆞᆫ則晩香坡에서本月八日에東洋人排斥ᄒᆞᆫ暴動의損害總額이略二萬弗이라ᄒᆞᄂᆞᆫ데東洋人街에ᄂᆞᆫ日本人의敎會堂一個所만無事ᄒᆞ고其他ᄂᆞᆫ家屋의窓戶은總히破壞되얏고暴行을ᄒᆞᆫ勞動者一萬人이라더라

[illegible]

◉[illegible] [illegible]서去十[illegible]
[illegible]

雜報

●皇上移御 大皇帝陛下께오셔昨日丙時에咸寧殿即祚堂으로移御ᄒ옵셧다더라

●大臣進參 大皇帝陛下께옵셔昨日咸寧殿에移御ᄒ시ᄂᆫ디宮內府大臣以下一般官吏와各部大臣이一齊進參ᄒ얏다더라

●各大陛見 大皇帝陛下께오셔關部受損ᄒ신事로再昨日下午二時頃에總理大臣以下各部大臣이詣闕陛見ᄒ얏다더라

●治道費支撥 大皇帝陛下께옵셔洪陵及裕陵에動駕ᄒ신다홈은已爲揭載어니와治道費一萬五千圜을即爲支撥ᄒ라고內部에서度支部에照促ᄒ얏다더라

●完興陛見 昨日下午一時에完興君李載冕氏가永宣君李埈鎔씨를帶同ᄒ고詣闕 陛見ᄒ얏다더라

●李氏陛見 中樞院顧問官李址鎔氏가昨日에詣闕 陛見ᄒ얏다더라

●印章還交 宣諭使鄭寅興氏等四人이內閣發程홀디에印章을再昨日宮內部에서內部로還交ᄒ얏다더라

●奏本勢還 內部에서請議ᄒᆫ郡守奏本草를內閣에서還爲退却ᄒ다홈은已爲揭載어니와再昨日內部에[illegible]還ᄒ얏다더라

●蘇氏依舊 宮殿院贊務官蘇[illegible]氏는[illegible]免本官이되얏다[illegible]

●[illegible] 內部參書官本內氏[illegible]昨日上午八時頃에京釜鐵[illegible]ᄒᄂᆫ대總理大臣[illegible]部大[illegible]가南門外停車場[illegible]ᄒ얏다더라

●[illegible] 近日에宮內各廳所유補佐官이逐日調査ᄒᄂᆫ디再昨日에ᄂᆫ閔農圃와木覓間을調査ᄒ얏다더라

●印刷計料 學部에서각地方에訓令ᄒ야書冊을收集ᄒᆫ다ᄂᆫ說은旣聞ᄒᆫ바各地方寺刹이던지都底이던지可觀ᄒᆯ冊板이有ᄒ면該冊板을收上ᄒ야書冊을印刷ᄒᆯ計料라더라

●稅務改正 各部에서ᄂᆫ每日人直ᄒᄂᆫ主事가各該課에서視務ᄒ다가夜則番房에入直ᄒ거ᄂᆯ內部에서ᄂᆫ番所에該部印章을置ᄒ고當日人直官은番日에該課視務ᄂᆫ不爲ᄒ고晝夜로番所에在ᄒ야印章을保管ᄒ더니昨日부터ᄂᆫ印章을秘書課에保管ᄒ고番所ᄂᆫ房直이가守直ᄒ고番次主事ᄂᆫ本課에서視務ᄒ다가夜則直所로來ᄒ야入直ᄒ기로改定ᄒ얏다더라

●恤金祭料 典洞營門兵丁暴動ᄒᆯ時에鐘路에서被害ᄒᆫ日本侍部及補佐官補等拾二人외家族救恤金과祭祀料合爲二萬八百餘圜을支撥ᄒ라고內部에서度支部로照會ᄒ얏다더라

●證券代用 大韓殖民合資會社에서農商工部에納付ᄒᆯ保證金一萬圜을日本國債證券으로代用ᄒ기로該社에서農部로照會ᄒ얏다더라

●前宮被捉 中尙宮이三昨日에巡檢의게被捉ᄒ야南署에拘留ᄒ얏다가警視廳으로押囚ᄒ얏다더라

●李氏被捉 掌禮院掌禮課長李哲榮氏가再昨日闕內에入ᄒ얏다가敎德殿에서被捉ᄒ야警視廳으로押囚ᄒ얏다더라

●박氏被捉의後聞 박昌善씨家를搜索ᄒ얏다ᄂᆫ說은昨報에已揭ᄒ얏거니와該氏가彰義門外寺刹에留連ᄒ더니警視廳에서該家를搜索ᄒ며該家人이急報ᄒ되家有緊急事ᄒ니即爲入來ᄒ라ᄒ거날該氏가還家ᄒ얏다가再昨日警視廳에捉囚ᄒ얏다더라

●李氏處譴 侍從院侍從李喬永氏ᄂᆫ公文捺印에不能審愼홈으로以致錯誤라ᄒ야譴責에處ᄒ얏다더라

●仕宦捷徑 一進會에서每金曜日에評議會를開ᄒ고會員을入會ᄒᄂᆫ대近日每評議會에南北村落仕宦ᄒᆫ人들이數十名式入會ᄒᆫ다더라

●國文研究會 再昨日下午一時에國文研究會委員諸氏가會同ᄒ야開會ᄒ얏다더라

●遂安瞥報 遂安郡守李承仁氏가內部로報告ᄒ되自稱義兵咨가衆民을驅ᄒ야邑中으로入來ᄒ다고揚言이라ᄒ얏더라

●海西瞥報 載寧海州等地에도義徒가猖獗ᄒᆫ다고該道觀察使朴齊陽씨가內部로報告ᄒ얏다더라

●安城義擾 安城郡에義兵이取扱所를襲擊ᄒ얏다ᄂᆫ說은昨報에揭載어니와伊日은該郡市日인디義兵二百五十名이行商樣으로三三五五히流入ᄒ얏ᄂᆫ디洋銃八十柄假量을或草席에도裹ᄒ고或藁草中에도藏匿ᄒ야人來ᄒ다가午後五時量에暴起ᄒ얏대居民이十에八九ᄂᆫ避亂ᄒ야市場에人影이阻絶이라고該郡公立普通校敎師尙井松太郞씨가學部에報告ᄒ얏다더라

●虛驚逃避 靑山郡分派所總巡朴秉九氏ᄂᆫ虛驚逃避ᄒ얏다고該道警務官金鎭大氏가內部로報告ᄒ얏다더라

●洋銃見奪 괴山郡主事洪承潜氏ᄂᆫ該郡所在洋銃을義兵의게見奪ᄒ얏다고該道觀察使가內部에報告ᄒ고即爲免官ᄒ라ᄒ얏다더라

◀各地消息▼

▲日本上陸隊報告를據ᄒ즉本月二日에義兵一百五十一名이銃器를携帶ᄒ고高城郡에侵入ᄒ야民間에서午飯을催食ᄒ고赤壁江을涉ᄒ야榛洞으로向ᄒ다가日兵과遭遇ᄒ야交戰ᄒ엿다ᄒ고

▲蔚珍郡의서四百米突되ᄂᆫ地에義兵과日兵이交戰ᄒ다가日巡査部長은戰死ᄒ고巡檢五名은去處不明ᄒ고日兵에게被奪ᄒ얏던物品은義兵이一切還收ᄒ엿다ᄒ고

▲本月拾日蔚珍郡에서多數의解散兵이義兵과集合ᄒ야日人三名을殺害ᄒ고去拾五日一隊로부터來ᄒᄂᆫ日警官을襲擊ᄒ얏ᄂᆫ디勢甚猖獗ᄒ다ᄒ고

▲去一十八日에義兵三十餘名이高城에再入ᄒ야日人과交分이有ᄒᆫ人의家屋을破壞ᄒ고猶銃三柄을收取ᄒ얏다ᄒ고

▲去二十八日에義兵一百五十名이杆城郡을襲擊ᄒᄂᆫ디日語學校와郵便取扱所全部를毁破ᄒ고四日을逗留ᄒ다가乾鳳寺를襲擊ᄒ고姑味城附近으로向ᄒ얏ᄂᆫ디義徒ᄂᆫ獨鹿ᄒ던山砲手라義兵最多處ᄂᆫ楊口麟제等地라ᄒ고

▲京釜鐵道若木附近에서投石도ᄒ고放火도ᄒᆫ機微가有ᄒ고砲擊이時々로出ᄒ야物情이騷擾ᄒ며該驛附近住民及婦女多數히避亂ᄒ엿고安城郵便取扱所ᄂᆫ去八日의復舊ᄒ엿더니十四日夕에義兵二百九十餘名이不意에該郡을襲擊ᄒ야郵便取扱所[illegible]警務分派所에到ᄒ엿스나旣爲官一人도無ᄒ며仍히[illegible]義兵이取扱所及分派所를包圍ᄒ매所員은皆逃走ᄒ엿ᄂᆫ대所長은所內各門을鎖ᄒ고僅々逃身ᄒ야道中에警官一行을追及ᄒ야十五日에成歡으로避亂ᄒ고此를因ᄒ야成歡安城間에郵便이再次杜絶ᄒ엿다ᄒ고

▲本月七日에懷德郡衙門柱에左開겨文을貼付ᄒ엿ᄂᆫ대民心이煽動ᄒ고出兵을督促ᄒ다ᄒᄂᆫ디

懷德 郡守 鄭展

吾今將出世之意가有ᄒᆫ대士卒이不多ᄒ야行陣에困難이甚ᄒᆫ故로貴郡下에通知ᄒ노니砲卒二百名을遲滯말고行陣을探知ᄒ야秘密히起送ᄒ라若不如意ᄒ면失望이甚ᄒᆯ지라來月一二日외ᄂᆫ入郡爲計ᄒ노니疑慮치말고注意注意ᄒ라臨時ᄒ야後悔가無도록施行ᄒ지어다此事를秘密勿泄ᄒ라丁未七月二十五日在淸州義兵盟主孟永俊起督徐敬夏라ᄒ얏고

▲十四日午後五時에李康年이가率ᄒᆫ義兵百名이聞慶東方亦城에서夕食ᄒᄂᆫ대日本松野大尉가來襲ᄒ야銃劍으로突擊ᄒ야義兵의死傷이多ᄒ다ᄒ고殘兵은石谷과道苗로逃走ᄒ얏다ᄒ고

▲黃海道兎山에서義兵이郡衙武器庫에銃器彈藥全部와人民居村에所謂大部分取去ᄒ얏고安峽郡에서도武器彈藥을收集ᄒᄂᆫ대義徒가日々增加ᄒ야目下四百名에達ᄒ엿지라一兩日中에伊川에到ᄒ야新溪谷山을襲擊ᄒ고平壤에到ᄒ다고流傳ᄒ얏고

▲華川北方三十里仁嵐附近에서十九日午後四時에義兵約二百名과[illegible]方面에派遣ᄒᆫ日本將校斥候가互相衝突ᄒ얏고

▲十五日에同福郡을襲擊ᄒᆫ義兵은約二百名인디一部ᄂᆫ露月方面으로一部ᄂᆫ谷城方面으로退却ᄒ얏고十五日以來로義兵은昌平玉果方面에서谷城附近으로集合中이오義兵의區域은淳昌潭陽玉果同福昌平附近인것시的確ᄒ다ᄒ고

▲拾六日成歡安城間啓陳村에義兵의嚴[illegible]者가有ᄒ고成歡의義兵의間諜이入來ᄒᆫ形跡이有ᄒ고安城외ᄂᆫ義兵이再次集合ᄒ얏다ᄒ고

▲拾七日烏致院發電을據ᄒ즉昨夜拾二時에暴徒拾四名이銃器를携帶ᄒ고振威驛東拾里一北面에來ᄒ야洞長을結縛ᄒ고洋銃二柄을强奪ᄒ얏다더라

東京電報

●副統監虛說 十六日發 目下編製中統監府官制ᄂᆫ副統監을置ᄒ기로大略決定ᄒ얏ᄂᆫ디候補者ᄂᆫ長谷川陸軍大將과伊東海軍大將이呼望이되얏다더라

●顧問赴任 同日發 同仁會의推薦을依ᄒ야韓國顧問二十一名이十三日에一同赴任ᄒᆫ다더라

▲秋燈琴話▼

▲昔에齊桓公이葵邱之會에振矜之色이有홈으로叛者九國이오曹瞞이荊州를破ᄒ고驕慢之氣가有홈으로赤壁之敗가即至ᄒ지라今에日本이强大ᄒᆫ露國을戰勝ᄒ고東洋大局에權利를掌握ᄒ엿스니實로所古未有ᄒᆫ偉績이라雖然이나國債가山積ᄒ고內地各處에洪水와風雨之災로人民의死亡과財産의損害와年形의飢饉이可謂悲慘이오外로韓國內에騷擾가大熾ᄒ야居留日人의損害가夥多ᄒ고英美兩國에居留日人도工人의暴動을遭ᄒ야損害가非常ᄒ디日本의元老大臣들이歡迎會나ᄒ면서自己功績이나誇張ᄒ고人民의塗炭은忘却ᄒ니亢滿有悔가되지아니홀는지

▲中樞院副贊議와贊議俸給을近今幾朔에尙無如何施措ᄒ니官無俸祿이면是欠典이라고該院에서內閣으로請求ᄒ엿스나內閣에서ᄂᆫ日人을雇聘ᄒ면家舍料셔지支給ᄒ면셔中樞院官吏ᄂᆫ月俸도不給ᄒ니此可謂所厚者에薄이로고

▲日本某博士가新協約에對ᄒ야談論ᄒ되今番新協約은日本國家에防衛上及平和保持上韓國을前否ᄒᄂᆫ一階梯를作ᄒ엿다ᄒ고又曰世界輿圖中에韓國又치權利束縛이된者ᄂᆫ未有ᄒ라ᄒ고又曰一步를進ᄒ야斷然코韓國을合並아니홈으로遺憾이된다ᄒ엿스니大韓人士ᄂᆫ日人의此等言論을精細차려보시오

▲度支部建築所에서事務가浩繁홈으로日本人高原辰五郎을技手로囑托ᄒ엿다니韓國官吏ᄂᆫ事務에全昧ᄒ야그러ᄒ지日人이無ᄒ時에ᄂᆫ事務를엇지ᄒ엿ᄂᆫ지

▲總相李完用氏의藥峴第宅은向日에決死會의衛火를被ᄒ얏더니近日鎭川郡所在農莊이義徒의게燒火ᄒ얏다니可謂[illegible]單行이로고

▲春川觀察使黃鐵氏ᄂᆫ[illegible]城閭에[illegible]ᄒ기爲ᄒ야[illegible]口兵을排設케ᄒ라고報部ᄒ얏스니以一省觀察重任으로人民을安堵ᄒᆯ方策은無ᄒ고日兵의威를借ᄒ니可謂狐假虎威로고

▲天安郡에地段貨도日人이額만出給홈으로人民이吸收ᄒ더니該郡守가該地段을[illegible]ᄒ야人民에게定日分給ᄒ[illegible]該日人이奸計莫測[illegible]狙가大民ᄒ깃고

◎至急[illegible]告

美國 湖市 [illegible]西寺街一百二十五番 共立館內 權有涉氏
所送 金額 新貨 一百五十二圜七十六錢 已爲 [illegible]收이나 何許事件으로 送홈인지 詳細示明홈을 切望홈

日本大[illegible]賀博士의談

[illegible]新協約은日本이韓國의外交와防衛上及[illegible]利의保持上에必要홈을倂行[illegible]一路를作호것인대日本의[illegible]지[illegible]잇는優越權을獲得호者됨이[illegible]호지라即其第一條를依[illegible]야統監은韓國의施政改善에對[illegible]야韓國을指揮호는權能을得[illegible]지라故로統監의意見에[illegible]야施政을改[illegible][illegible]야日本에[illegible]잇는施政은可[illegible]홀지오第二條로依[illegible]야法令의制定과[illegible]行政上의處分은統監의承認을不經하[illegible]는此를施行[illegible]기不[illegible]지라故로[illegible]政[illegible]日[illegible]政處[illegible]

[illegible]通行[illegible]可[illegible]

設置[illegible]며法典을制定[illegible]야써韓國行政[illegible]自己의意志로法[illegible]務를左右[illegible]야[illegible]從來의弊習을[illegible]除[illegible]지며韓國[illegible]法及行政上에[illegible]然[illegible]一大改革을可見홀지오第[illegible]四條로依[illegible]야內閣의各大臣으로부터各道巡檢及其他高等官吏에至[illegible]日本에[illegible]잇는者[illegible]을見홈에[illegible]지오第五條로依[illegible]야韓國中央政府及各方面의官衙[illegible]의官吏라[illegible]는者가[illegible]出[illegible]야學[illegible]及其他各學校卒業生의供給을可見홀지오第六條로依[illegible]야外國人은統監의必要로[illegible]聘[illegible]는者外에韓[illegible]約[illegible]야自己의利益을謀홈과如[illegible]者[illegible]斷然히其跡을絶홈에[illegible]지니

[illegible]要之컨대新協約의結果로韓國은將來統[illegible]되게一[illegible]相談홈으로써[illegible]可不統監과共同[illegible]야政治[illegible]行[illegible]야[illegible]國되는資格을充分히[illegible]호者라可謂홀지니世界가[illegible]中韓國과如히其權利[illegible]東[illegible]된者는未有호지라[illegible]約[illegible]歐米各國에意向이如何홈을見[illegible]건대何等反對의色이無[illegible]고只從來의關係上異議를唱[illegible]가有[illegible]고露國도不日[illegible]表[illegible]協約에韓國이日本勢力範圍에[illegible]기로承認홈으로써新協約에對[illegible]야異議를唱치아니홀지라[illegible]이나余로써見[illegible]건대新協約으로[illegible]야日本의受홀利益이不少홈은認홀지나一步를進[illegible]야[illegible]然히韓國을日本에合倂아니홈으로遺憾이라하노라

未完

[illegible]自[illegible]慘[illegible]不[illegible]十六[illegible]까지虎列拉[illegible]生[illegible]新[illegible]義州에新患者[illegible]人一[illegible]人[illegible]淸[illegible]이[illegible]患者[illegible]人[illegible]二淸人[illegible]韓[illegible]人一淸人[illegible]死亡이오[illegible]義州에新患者韓人[illegible]二오舊患者韓人[illegible]人인대[illegible]人二名이死亡이오[illegible]嚴[illegible]新患者가韓人一日人[illegible]이오舊患者가韓人二日人二淸人二인[illegible]韓人一[illegible]人一淸人二가死亡[illegible]얏다더라

[illegible]日兵出[illegible] 再昨日日兵百名이自京城도[illegible]向[illegible]야春川等地로[illegible]發[illegible]얏다더라

◎爲[illegible]天祈[illegible] 前陽[illegible]隱居[illegible]李召史가法部에請願하되矣夫李[illegible]甫가往[illegible]乙未八月二十日事變之時에矣夫가以文科曾經注書로[illegible]闕[illegible]則其時에秘書院[illegible]無一人故로自上處分으로有卒[illegible]勅之教이온故로即[illegible]擧行[illegible]爲[illegible]온바勅令內[illegible]에大小政令을[illegible]內閣大臣으로[illegible]施[illegible]라신勅教를奉承이올더니其後에矣夫가因後[illegible]疑案中獄[illegible]하와至丙申二月六日에[illegible]殺[illegible]얏사오니[illegible]抑[illegible]乎잇가矣女[illegible]其後에携稚丐乞에[illegible]今保命이[illegible]矣子則年今十七에[illegible]他人之[illegible]冤[illegible]고日夜泣訴[illegible]더[illegible]抑[illegible]와[illegible]니[illegible]伸雪케[illegible]라[illegible]얏더라

◎尹氏被厄 平邱來人의傳說을聞호則日兵[illegible]名이來到[illegible]야該地居[illegible]尹肯[illegible]씨[illegible]捉出[illegible]야指路人으로前行[illegible]고[illegible]거날尹[illegible]以死自處[illegible]야萬不聽從[illegible]대日兵이末乃不得已放去[illegible]얏스나尹氏가幾年間杜門不出[illegible]고世事를願望[illegible]더니忽地困境을當[illegible]얏다더라

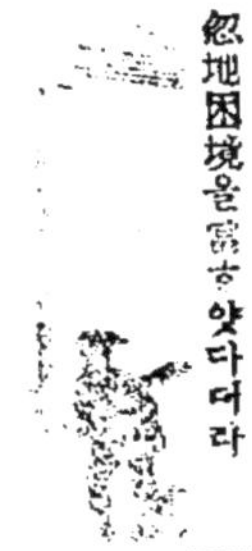

廣告

[illegible]人[illegible]當[illegible][illegible]州[illegible]彥家[illegible]야[illegible]엿사오니以[illegible]

鍾路[illegible]川[illegible] 金[illegible]熙 告白

本人이[illegible]善坊[illegible]洞三十[illegible]統九[illegible]買[illegible]立志文券을[illegible]浦[illegible]서失[illegible]얏스오니誰某拾得이라도勿施홈

金[illegible]達 告白

西氷庫一契十九統三戶段致正所有家屋瓦九間草三間板刻文券을去癸卯年分에本人이典執[illegible]얏다가家[illegible]서偶然[illegible]失[illegible]얏기로今將[illegible]府에請願[illegible]板[illegible]고[illegible]以[illegible]오니[illegible]文券은誰某拾得하야도休紙施行홈

西小門外蛤[illegible]金世鉉 告白

本人이[illegible]府[illegible]門[illegible]外[illegible]人[illegible]於[illegible]遺失[illegible]얏스니[illegible]休紙施行홈

[illegible]森[illegible] 告白

[illegible]樂[illegible]破[illegible]月[illegible]內[illegible]副[illegible]의[illegible]納[illegible]되[illegible]면[illegible]에서相當호處置[illegible]

軍人俱樂部

本人이[illegible]坊[illegible]契小安洞[illegible]統三戶[illegible]草家九間文券을[illegible]月[illegible]서失[illegible]얏스니[illegible]國人間誰某拾得[illegible]여도休紙施行홈

南門外萬里峴居[illegible]完[illegible] 告白

本人이[illegible]在[illegible]桑樹則二[illegible]七千株라[illegible]某가[illegible]居[illegible]處의[illegible]이[illegible]야該桑田文券[illegible]某의게[illegible]價[illegible]매리[illegible]이本女의게[illegible]桑田[illegible]券[illegible]典執[illegible]고[illegible]八千兩[illegible]得[illegible]矣더니[illegible]漢[illegible]야本女의孤子[illegible]置[illegible]稷山郡成歡[illegible]七[illegible]內外草瓦家[illegible]拾八間[illegible]券及[illegible]田[illegible]券을[illegible]制[illegible]도不[illegible]以勒奪[illegible]로本女[illegible]에威[illegible]勝[illegible]야該[illegible]券[illegible]一[illegible]以燒[illegible]內外國人은切勿[illegible]買者어[illegible]本女에게來議[illegible]시옵

[illegible]部[illegible]中[illegible] 告白

本人田畓在於豐德三[illegible]坪二十二[illegible]一石拾九斗落結六口五[illegible]二卜[illegible]東[illegible]古[illegible]坪[illegible]답稱[illegible]十七石十三斗落結四口[illegible]卜[illegible]東[illegible]都[illegible]拾石拾二斗落結[illegible]口[illegible]拾九卜六束放賣次[illegible]俊[illegible]與[illegible]二兩人處[illegible]文記一[illegible]失[illegible]限[illegible]以[illegible]內外[illegible]人休紙施行홈

崔[illegible] 告白

本人이逢賊時에正書[illegible]刻호姓名圖章을遺失[illegible]엿사오니誰某가拾得[illegible]여도勿施홈

西湖李[illegible] 告白

孔德里居卜文玉處[illegible]當坪九千九百兩於音二片遺失[illegible]얏사오니誰某間或得이[illegible]든休紙施行[illegible]옴

許[illegible] 告白

從二品李熙[illegible]之[illegible]字를以本名正字改正홈

李熙正告白

近々工業이漸隆[illegible]야道路[illegible]梁新設及山林田畓宅址等調查의[illegible]急지로測量及設計製圖等[illegible]託의特[illegible]應[illegible]

本所는遠近을不拘[illegible]고以上諸[illegible]

京城[illegible]大門外南[illegible]第六家

土木測量設計[illegible]所

主任 [illegible]之煥 告白

尋人

上海人姓金名千[illegible]年十六歲於六日間走去尙未回來[illegible]倘蒙二人君子[illegible]者[illegible]付[illegible]謝金[illegible]或[illegible]西[illegible]興[illegible]可也

[illegible]人[illegible]

▲學員募集

本校에서學員을試選홀터이니願入諸彥은九月廿四日(陰曆八月十[illegible]日)에入學請願書를本校로來呈[illegible]고仍爲應試[illegible]但入學請願書는本校로來[illegible]고試驗[illegible]所用紙[illegible]는[illegible]携[illegible]

一 入學年齡十二歲以上

一 試驗課目 國漢文讀書及作文

[illegible]立漢城[illegible]校長 金[illegible]基

本院에서曾往에는中學科와英語만[illegible]授[illegible]얏더니今學期부터는日語를倂授[illegible]야英語에中學科를倂授[illegible]는科는英文學科라稱[illegible]고日語에中學科를兼授[illegible]는科는日文學科라稱[illegible]며[illegible]靑年은隨意[illegible]오

學科及學年의分排가如左

科程 / 學年	第一學年	第二兩年	第三四年	四學年
修身	人倫道德口授	上	同 上	同 倫理學
聖經	新約全書講義	上	同 [illegible]	[illegible]
國語	國文大要			
漢文	古文	經書摘抄		
外國語	日語英語隨意	上	同 上	同 上
歷史	本國史 萬國史	萬國史	同	
地理 天文	本國地理	萬國地理	地文學	天文大[illegible]
數學	算術	上	同 代數幾何	幾何三[illegible]
理科	博物	生理	物理	化學
法制及經濟			法學	經濟 簿記
商業				
圖畫	自在畫	用器畫		
體操	普通兵式	上	同 上	同 上	同

南大門內[illegible]洞

靑年學院 [illegible] 御一宜

國債報償義務金收入廣告

◎國債報償義捐金
八月中本社收入總額
每日逐號明細載
九月拾六日

第一五四〇號巨濟郡河淸面淸水동
尹永善 三圜
計三圜
九月拾六日까지收入總額
五百六十八圜六拾錢五厘
合四月至八月收入總額
五萬四千七百十四圜
九十三錢四厘
總合五萬五千二百八十三圜
五十三錢九厘

◎巨濟郡河淸面淸淸洞
鄕民樂局尹永吉 三圜
合三圜
前號總合五萬五千二百八拾圜
五十三錢九厘
今號總合五萬五千二百八拾三圜
五十三錢九厘

◎告白◎

國債報償金六日所捧은姑未合計이고往前日々지所捧總合五萬四千九百拾圜拾七錢은電氣會社內銀行에貯置ᄒᆞ얏습고其貯置額中三萬二千三百圜은國債報償志願金總合所로移交홈

廣告

漢城서署紫巖橋新作路
四十三統二戶
辯護士 王東奎
辯護士 許 憲
合同法律事務所

이 쇼셜은 순국문으로 매우 [illegible] 일반국민의 조미잇게 [illegible] 발양ᄒᆞᄂᆞᆫ 척이오 익국ᄉᆞ상을 [illegible] 유지ᄒᆞᆫ 남ᄌᆞ와 부인은 [illegible] ᄉᆞ셔보시오

전부 수십일 폐지	라羅 란蘭	디방 에는
근세 애국	부夫 인人	너즐 영웅
명가금 신학 수편	전傳	신화 오젼

◎◎ 발매소
남서 대한리일신보샤
셔평동 광학셔포
배경령문 아래 미신칙ᄉᆞ
인천 싸리재 박문셔관
남문안 상동 고금셔히관
구리기 아래 대동셔시
종로 교육셔화관
평양결녀동

向者第대解散時에[illegible] 折腰折臂에死者는已矣어니와折腰折臂之人은命脈이[illegible]存하니其[illegible]動이由라該人等이將從[illegible]自殺을[illegible] 나令人鼻酸이[illegible]本人等이往見慰勞ᄒᆞ고西醫에게[illegible]療케ᄒᆞᆫ바擬提臂腿이온[illegible]八人의該醫療費이至爲二千五百圜之多인바一人助力으로難[illegible]ᄒᆞ와茲以廣佈ᄒᆞ오니望須慈善僉君子는勿拘多小ᄒᆞ시고救恤金을寄付ᄒᆞ와使陷死[illegible]胞로拯濟ᄒᆞ심을爲要
隆熙元年九月日
發起人 정[illegible] 윤[illegible]
安[illegible] [illegible]
救恤金收合所 皇城新聞社
大韓每日申報社
出金人의姓名은新聞에廣告홈

◎學員增募廣告

本學館에서學員을增募ᄒᆞ오니願學人은本月十二日爲始ᄒᆞ야限二週日內로來臨問議ᄒᆞ옵

課程
普通學 本朝歷史 地誌
萬國歷史地誌 算術
數學 物理化學 生理學
經濟學 聖學 [illegible]

語學專門課(英語 日語)
日英語[illegible]
敎科書英日文

工業課 圖畫 物理學
算術 木工

夜學課 英語 日語隨意
隨意科 生理學 化學

試取科目 國漢文讀書作文
但工課算術[illegible]以內加試

隆熙元年九月十二日
靑年會學館告白

◎邦[illegible]益藥水

이 약은 대미국 [illegible] 방으로 [illegible] 가지
은것이니 세상사람들이 [illegible] 이
약ᄒᆞ야 매양 요숨을 근심ᄒᆞ야
다년 [illegible]심으로 궁구ᄒᆞ고 궁구ᄒᆞᆫ
야 이약을 신발명ᄒᆞᆫ 것인대 효으
미신긔ᄒᆞ야 세계 각국셔 이약 협
로효험 본자 ㅣ 젹지 아니ᄒᆞᆫ 고로
본인도 우리 동포를 위ᄒᆞ야 미국
방보회사와 계약ᄒᆞ고 이약을
니다가 동포의 소청을 공급ᄒᆞ
효력 이약 쓰는대는 부
죡증 뇌점병 죠지못ᄒᆞᆫ 눈병
실음ᄒᆞᆫ대 도한증 허한증
젹병(속병) 천촉증 월우
부죡 허약ᄒᆞᆫ대와 셜ᄉᆞ 리
증병후 오줌소티 셜ᄉᆞ
질 셩산못ᄒᆞᄂᆞᆫ대 신긔부죡
낙뒤ᄒᆞᆫ셰

대병 삼환
쇼병 일환오십젼
발매소
경셩남대문안
상동교당압 박문셔관

◎[illegible]

大東[illegible]館長 鄭[illegible] 廣告

[illegible]

大東[illegible]

大東[illegible]館 告白

[illegible]

京城北署[illegible]三十四統四戶
仁川港[illegible]
民事訴訟代理及刑事辯護顧問
鑑定仲裁文案起草等諸般事務
登迅速處理홈
辯護士 崔命變
辯護士 李[illegible]
事務員法律卒業生[illegible]
共同法律事務所

[illegible]

[illegible]廣告

원산파셩[illegible]에서 본인이 [illegible]
쇼(肥牛)로 만이 사깃ᄉᆞ니 쇼파
ᄂᆞᆫ 제군은 다수히 팔너 오시옵
최봉준 고백

本人이[illegible]大阪商業家와[illegible]
ᄒᆞ고[illegible]各種物品과
西洋各種物品及機械等物을[illegible]
大韓에[illegible]人의委托을便利케[illegible]
約ᄒᆞ얏ᄉᆞ오니商工業에有意ᄒᆞ신
僉君子ᄂᆞᆫ[illegible]物이든지需求코
져ᄒᆞ시거든本社로來議ᄒᆞ시오
本社에셔ᄂᆞᆫ手數料만受領홈
[illegible]本店
[illegible]北部[illegible]
[illegible]南門內[illegible]五十一統
六戶 [illegible]
全仁港內[illegible]

[illegible]

[illegible]

◎[illegible]大[illegible]

[illegible]

◎本社廣告

○申報價
一張代金 新貨二錢五厘
一個月前納 三十錢
三箇月 九十錢
六個月 一圜七十錢
一箇年 三圜四十錢
[illegible]一部
一箇月 [illegible]三錢

[illegible]

[illegible]
(每日報[illegible])

[illegible]

大韓每日申報社 [illegible]

仁川 [illegible]
宣川 [illegible]
[illegible]
[illegible]
[illegible]
[illegible]
大邱[illegible] 徐一[illegible]
[illegible] 安[illegible]
鐵山[illegible] 劉七[illegible]
元山[illegible]
[illegible] 金[illegible]
安州[illegible]
信川邑 [illegible]
定州[illegible] 洪[illegible]
[illegible] 許[illegible]
郭山[illegible] 李[illegible]
安岳[illegible] 廉[illegible]
博川[illegible] 李[illegible]
[illegible] 金[illegible]
鐵原邑[illegible] 趙[illegible]
高原邑 朴[illegible]
[illegible] 安[illegible]
[illegible]

發行兼編輯人 英國人 裴說
發行所 大韓每日申報社

第五卷

大韓每日申報

第六百十七號

日曜及祭日翌日休刊

檀君開國四千二百四十年
箕子元年三千二十九年
大韓開國五百十六年
日本明治四十年
淸國光緖三十三年
陰曆丁未八月十二日癸亥

論說

◎騷動

日昨에셔울프리스報가在京韓人의宣言書를譯載하얏스니其韓人은此宣言書와警示書를頒行치勿ᄒ며此를重大로發表ᄒ노라ᄒ니盖其文字에譏多說明과貪血的要請과此地韓人의生命을全然不計ᄒ이警示ᄒ엿스니揭佈ᄒ미不可여날셔울프리스報가日本에일新報의譯載를照檢ᄒ얏스니此ㅣ豈非驚異之態耶아此宣言書가本記者의手中에在ᄒ이近於二週로ᄃ本報에不爲頒布ᄒ은吾人이韓國人民과日本官憲間에抵抗意思를惹起키不願ᄒ이니眞實職役을明覺ᄒ人士가其議慘ᄒ形態와更起ᄒ을有誰肯見이리오

今番셔울프리스報英文에記載된거슬此地日人新報에其必譯載ᄒ리니此地韓日人間에惡感을增加키確然ᄒ지라我同業者가此多誤失이나然이나今此宣言書를揭佈ᄒ것보다加大ᄒ誤失을述ᄒ얏ᄂ지確信키不可ᄒ도다此結果가現今困難을其成抑揚ᄒ이라吾人이如彼揭報를故意的으로爲ᄒ所가難ᄒ나但其用於惡思的으로爲ᄒ者及ᄒ노라此宣言書가敎育을受ᄒ內人의게ᄂ不合理之語에不過ᄒ고敎育을不受ᄒ韓人의게ᄂ此乃離然ᄒ激動之語이라此國內에在此를揭布ᄒ은奬勵[illegible]歟아此書를發布ᄒ이非乎아一般兩等日人이韓國內에서希望ᄒᄂ二大問題ᄂ平和와人民의好感을得ᄒ이是也인즉吾人이必測이어날此를不拘ᄒ고其行事ᄂ民族的嫌惡을不得케ᄒ기에不能이로다

吾人이不平人民과將校를擬惑ᄒ것만日人을對ᄒ야一般이며日因緣之始로吾人이韓人을感從ᄒ야依令機械이나然이나此國人의起擾를對ᄒ야ᄂ於日不可라ᄒ얏노니何如起亂에던지反對ᄒᄂ理由ᄂ其無望無用이是也ㅣ라騷動ᄒ延ᄒ며同國人民間에惡感을增加ᄒ事端은吾人의深恨痛嘆ᄒᄂ바로다

官報

●敍任及辭令 隆熙元年九月十七日

宮廷錄事

太醫院日將 奏日前伏聞入診則所傳之言則今日當改進御疏湯五錢方匹書以入一貼同爲製入之意敢奏

答曰知道

●第三千八百七十四號 隆熙元年九月十八日

◎宮廷錄事

宮內府大臣勳一等臣李允用

謹 奏今此追封 大院王 大妃 完王封 懿王妃冊印造成時 都監都提調[illegible]官 [illegible]記 六品李[illegible]下使之 [illegible]役何如謹上 奏 奉 旨依奏

宮內府特進官金[illegible]

批旨省疏具悉所請依施

◎敍任及辭令

漢城裁判所主事金宜洵 依願免本官

法官養成所敎官陸鍾允

任漢城裁判所主事 六品石鎭衡

任法官養成所敎官 李恒鎔

任法官養成所敎官 寧陵令金斑燮

依願免本官 裕陵參奉李近弼

任寧陵令 東明陵參奉趙[illegible]

任禧陵令 崇義殿參奉金煥斗

任裕陵參奉 禧陵令李範錫

任東明王陵參奉 六品成壎鎭

任崇義殿參奉 徐丙斗

金尙琰

金顯?

林光勛

命掌禮院禮制課分主事 正一品閔泳亟

命宮內府特進官

依願免本官 裕陵參奉金思洪

任裕陵參奉 閔貌?

正一品鄭顯英

仝 [illegible]

命宮內府特進官

典醫院技師 金宗完

主殿院醫務官 鄭九榮

依願免本官

任主殿院醫務官 九品李邦協

解兼任掌禮院掌禮 秘書監丞洪性友

命兼任掌禮院掌禮 秘書監丞李恒九

外報

●兵營新築 俄國陸軍이今番에東淸鐵道守備兵을爲ᄒ야哈爾賓東南方距九十俄里의鐵道河子에一大兵營을建築ᄒ기로決定ᄒ얏ᄂᄃ工費ᄂ一千萬元에達ᄒ다더라

●海港의戒嚴 今番俄國이外國에서海蔘威港에入ᄒᄂ外國輪船을禁止ᄒ다더라

●飛行器實驗 倫敦來電을據ᄒ즉陸軍省에서其所發明ᄒ新式飛行器를試驗ᄒ엿다더라

●[illegible]에對ᄒ야新式[illegible]의陸軍[illegible]에派出所를設ᄒ고[illegible]

●加奈太의東洋人排斥 加奈太의東洋人排斥ᄒᄂ騷動에關ᄒ야英國政府에서ᄂ日本政府와協議ᄒ야此事件을解決ᄒ기로ᄒ엿다더라

●排斥問題 加奈太의排日問題ᄂ日英同盟에影響이有ᄒ다ᄒ야[illegible]

●外交紛議 日本政府ᄂ[illegible]

●各港의[illegible] 桑港의排日運動은[illegible]

●外交問題 今天津駐箚淸國의[illegible]問題의重大ᄒᆷ으로以ᄒ야日本이通商을通하ᄂ關係의延長ᄒ기를[illegible]任命ᄒ고[illegible]

●加奈太의東洋人排斥 加奈太의東洋人排斥[illegible]各港의檢査를ᄒᄂ日本人이加奈太總督府에抗議ᄒ야[illegible]

●[illegible] 桑港에서[illegible]日本移民이[illegible]

●西報 英國新聞에日本勞動者를[illegible]

●[illegible] 日本學生三名이同市公立學校에入학을反對ᄒ다더라

●形勢危險 桑港에서[illegible]

●明十二日에[illegible]

雜報

○劉氏寄函

[illegible]

夫國而不可無民이오民而不可無業일식我大韓은自四千載以來로非無士農工商而皆明閉鎖獨立之時에安於泥固ᄒ야未能劾新之氣ᄒ러니一自山梯涉航이交通以後로觀感이自然漸中ᄒ야農業實業이比於前日頗覺有稍可觀이나近以來各國[illegible]

●[illegible] 一兌一出[illegible]一進會議員[illegible]

●[illegible] 日昨下午十[illegible]

●學校有進 安[illegible]有志紳士[illegible]氏가[illegible]敎育을[illegible]學校를設立ᄒ야[illegible]

[illegible]

雜報

●展謁退期 大皇帝陛下게옵서 太廟展謁日子를陰本月十七日로退定ᄒᆞ기로內定이되얏다더라

●頒詔文發送 皇太子殿下冊封陳賀時의頒詔文을奉準ᄒᆞ야內部에서十三道觀察使에게一度式을奉承發送ᄒᆞ얏다더라

●日任農次 統監府警務顧問岡喜七郎씨ᄂᆞᆫ農部次官을任命ᄒᆞ고現任次官劉 猛씨ᄂᆞᆫ觀察使로轉任ᄒᆞᆫ다더라

●更云修正 今番郡守奏本에內閣大臣이各某緊切ᄒᆞᆫ食口로二八式區處ᄒᆞ고其他ᄂᆞᆫ內部에서推薦ᄒᆞ얏ᄂᆞᆫ뎨該奏本案이解節이疊出ᄒᆞ야尙此延拖中인뎨一說은勿梅ᄒᆞ고更히修正ᄒᆞᆫ다ᄂᆞᆫ說이有ᄒᆞ더라

●法大親察 法部大臣趙重應氏가再昨日에平理院及監獄署의罪囚를一々親察ᄒᆞ얏다더라

●橘氏講査 宮內府補佐官橘園壽氏가昨日上午九時量에敦寧司에前往ᄒᆞ야事務實況을調査ᄒᆞ고宗正府로前往ᄒᆞ야諸般留物을調査ᄒᆞ얏다더라

●晉察電報 晉州觀察使金恩默氏가內部로電報ᄒᆞ되義兵이散在各處에其中二千餘名이來到河東郡이기方派巡檢察이라ᄒᆞ얏더라

●催促發程 地方의不穩ᄒᆞᆫ狀態가尙今蔓延ᄒᆞᆷ으로鎭靜ᄒᆞ기爲ᄒᆞ야宣諭使를不日間發程ᄒᆞ도록內閣에서擬議ᄒᆞ얏다더라

●朴氏講陳 日昨에宮內府制度局審議官朴泳好氏가請願ᄒᆞ되自己乙未以後其弟의派遣係殺과永惠翁主祠板香祀等을支撥ᄒᆞ라ᄒᆞ얏다더라

●調査局任選 假用鐵道調査局을內部內에設置ᄒᆞ고新任局長朴義秉氏가昨日붓터仕進ᄒᆞ야調査에着手ᄒᆞ얏더라

●茂守徵納 度支部에서茂長郡守徐相環氏의게訓令ᄒᆞ되前任錦山珍山兩郡守時와現任茂長郡未納公錢이合爲三萬餘圜이니不日徵納ᄒᆞ라ᄒᆞ얏다더라

●公守還官 公州郡守兪甲濬氏가何事를因ᄒᆞ야上京ᄒᆞ얏던지再昨日該道觀察使沈在舜씨가金씨의게電報ᄒᆞ되當此地方騷擾之時ᄒᆞ야不可一日曠官이니卽爲下來ᄒᆞ라ᄒᆞᆫ故로昨日發程還官ᄒᆞ얏다더라

●社長改選 皇城新聞社長金相天氏ᄂᆞᆫ請願遞任ᄒᆞ고柳瑾氏로公議選定되얏다더라

●法官銓考 法部에서法官銓考會를日間開ᄒᆞᆫ다더라

●領事會審 經理院에서官蔘을淸人의게放賣ᄒᆞ기로契約하얏다가更히日人에게放賣ᄒᆞᆫ事로昨日漢城裁判所에서日淸法三國領事가會審ᄒᆞ얏다더라

●目賀田씨視察 財政監査長目賀田씨가二三日間에印刷局과鍊瓦製造所와保稅倉庫會社를視察ᄒᆞᆯ터인ᄃᆡ各新聞記者中欲有同往之人則請求ᄒᆞ라고ᄒᆞ엿다더라

●規則更改 閣內公故時間安廢止ᄒᆞᆫ說은前報에揭載ᄒᆞ얏거니와親勅奏任官이敎德殿에錯置ᄒᆞᆫ名簿冊에自署捺章ᄒᆞ더니該規則을又爲改正ᄒᆞ야昨日붓터同官人의名帖을領受ᄒᆞ야該冊子에綴錄ᄒᆞ야 乙覽ᄒᆞ시도록奉呈ᄒᆞᆫ다더라

●趙氏放釋 趙南升氏가警視廳에被捉ᄒᆞᆫ事ᄂᆞᆫ前報에揭載ᄒᆞ얏거니와一場訊問後別無實犯인故로再昨日에旋爲放釋ᄒᆞ얏다더라

●檢疫委員 鴨綠江岸地에近日以來로虎列剌가蔓延하ᄂᆞᆫ狀態가有ᄒᆞ야預防ᄒᆞᆯ必要로內部에서醫師及檢疫委員을派送ᄒᆞᆫ다ᄂᆞᆫ說이有하더라

●尉官受笞 陸軍監獄署에滯囚ᄒᆞᆫ原州江華兩鎭衛隊尉官五씨ᄂᆞᆫ笞八拾에照律로決處ᄒᆞ얏다더라

●請議작還 各地方郡守殿最中下等郡守가慶尙南北道에九人이오忠淸南北道에七人이오平安南北道에八人合爲二拾四人인대內部에免官하기로內閣에請議ᄒᆞ얏더니法制局長兪星濬氏가該事案을反對ᄒᆞ야日殿最中下等文字로治不治를不可準信이니該人의治蹟을特別히調査ᄒᆞᆫ後에可免이라ᄒᆞ야該請議案을작還ᄒᆞ얏다더라

●統照內部 統監府에서內部로照會ᄒᆞ되地方義兵의損害를因ᄒᆞᆫ線路修繕工事에關ᄒᆞ야貴國地方官도援助ᄒᆞᆯ意로所管官廳에게調飭하라ᄒᆞ얏더라

●畿察報告 京畿觀察使李圭桓氏가防匪安民規則을製作ᄒᆞ야內部에報告ᄒᆞ얏다더라

●卒業留用 日本에留學ᄒᆞ야醫科를卒業歸國ᄒᆞᆫ申相鎬氏를相當留用하라고學部에서內部로照會ᄒᆞ얏다더라

●法訓平院 法部에서平理院에訓令ᄒᆞ되檢事所報未決囚徒案各除赦放者與內亂犯罪懸越者外에厥數猶爲二十一名之多ᄒᆞ고其已公議未宣明件中除赦放者外에厥數가爲二十八名之多而考其日月則亦多久遠者ᄒᆞ니是豈司法之則에懲惡伸冤之本意歟아大凡獄囚有不服思量者莫有伸免ᄒᆞ야有此伸訴者인즉受理之日에宜卽査覈ᄒᆞ야其冤曲僞와其犯虛實을條々審理ᄒᆞ고參酌其情跡之怙ᄒᆞ야可以放免者ᄂᆞᆫ放免ᄒᆞ고可以擬斷者ᄂᆞᆫ擬斷ᄒᆞ야無使曠日滯獄케ᄒᆞᆷ이卽其當行職務이거ᄂᆞᆯ其於伸訴者를一切入獄에到經歲月ᄒᆞ야不念其桎梏之痛과飢寒之苦ᄒᆞ고置之忘域ᄒᆞ니爲罪囚者ᄂᆞᆫ備嘗窮厄에不堪苦楚ᄒᆞ야易罹疾病에必致瘐死ᄒᆞ리니苟有一分矜恤이며豈忍爲斯리오言念及此에不覺慨咄이라到卽前後伸訴未決案을並無過一旬하고罔夜察斷ᄒᆞ되歷辦件名을繼續報來ᄒᆞᆷ이可라하얏더라

●春察弄鞭 江原觀察使黃鐵씨가日巡査與巡檢을多數派送ᄒᆞ야沿江上流에서下來ᄒᆞᄂᆞᆫ筏木을一々執捉ᄒᆞ며木商等에損害가不小ᄒᆞᆯ샏아니라在江與城中에柴木이絶之境이오木商呼冤이不絶ᄒᆞ고且內部에서亂變하라신詔勅을因ᄒᆞ야懷導擧行ᄒᆞ라고十三部에訓令ᄒᆞ미該씨ᄂᆞᆫ官廳을府中人民家에派送ᄒᆞ야命飭ᄒᆞ되勿爲騷擾하고主人이有ᄒᆞ거든卽爲揭貼ᄒᆞ고若主人이無ᄒᆞᆫ境遇면必是匪徒에往參ᄒᆞᆫ거신즉該家에ᄂᆞᆫ放火燒신ᄒᆞ라ᄒᆞᆫ故로該道내騷動이一層激仰ᄒᆞ얏다고京來人에傳說이有ᄒᆞ더라

●地方消息

▲十七日發洪州電을據ᄒᆞᆫ則洪州及附近에一般人民이益々不穩ᄒᆞᆫ兆朕이有ᄒᆞᆷ으로一朝에該地居留日人婦女ᄂᆞᆫ再次仁川方面으로避難ᄒᆞ얏다ᄒᆞ고

▲一昨에義兵六十名이新昌分派所를襲擊ᄒᆞᆫ되詰肥補助員이單身으로放銃應戰ᄒᆞ다가衆寡不敵ᄒᆞ야卽時退却ᄒᆞ얏ᄂᆞᆫ뎨該補助員에ᄂᆞᆫ一名이重傷을負ᄒᆞ고溫陽溫泉里日本警官療養所에現今治療中이라ᄒᆞ고

▲牙山屯浦에義兵이多數히入來ᄒᆞᆫ形跡이有ᄒᆞ고目下에義兵ᄂᆞᆫ石湖에集合ᄒᆞ야日兵의動靜을偵探ᄒᆞᆫ다ᄒᆞ고

▲禮山郡에駐在ᄒᆞᆫ巡査의報告를據ᄒᆞᆫ즉同郡隣郡三方面에義兵이蜂起ᄒᆞ야襲擊이不絶ᄒᆞ고四五日前에義兵이附近兩班家를襲ᄒᆞ야軍糧을收取ᄒᆞ엿다ᄒᆞ고

▲溫陽溫泉里에ᄂᆞᆫ時態가愈々危急ᄒᆞ고人心이恟々ᄒᆞ야該近에在留ᄒᆞᆫ日人은目下에溫陽館으로避難ᄒᆞ엿다ᄒᆞ고

▲拾四日夕에聞慶郡與老北面石峴에서西原中尉에率ᄒᆞᆫ一隊ᄂᆞᆫ李康秊에一派約五拾名義兵을遭遇交戰하다가日兵二拾餘名이死傷ᄒᆞ고醴泉方面에約二百名義兵이留在ᄒᆞᆫ다ᄂᆞᆫ報告가有ᄒᆞ미日兵이偵探하ᄂᆞᆫ대安同久保中兩補助員이醴泉郡에서義兵의게包圍ᄒᆞᆫ비되야逃走ᄒᆞ다가追擊을受ᄒᆞ야戰死ᄒᆞ얏고

▲十七日發洛東電을據ᄒᆞᆫ즉長谷豬觀一行의搜覓ᄒᆞᆫ結果로安勝補助員의死體ᄂᆞᆫ十五日에發見火葬ᄒᆞ고久保中補佐員은聞慶郡身北面村吳이埋葬ᄒᆞᆫ것발見하고尙猶木湞兩補助員의行衛가不明ᄒᆞ다ᄒᆞ고

▲十七日水原郡假田補佐官의報告를據ᄒᆞᆫ則入江巡査의所在ᄂᆞᆫ不明ᄒᆞ다ᄒᆞ고宋邸補助員의報告ᄂᆞᆫ去拾四日에坂本警部一隊가白巖市場을襲擊하다가一名은戰死ᄒᆞᆫ模樣이라ᄒᆞ고

▲小松警部一行은十五日에危險을冒ᄒᆞ고呂州로向하야同日午後九時에邑내에到着하야洞長의言을聞ᄒᆞᆫ즉義兵約七八十名이陰曆七月二日에近邑에留ᄒᆞ다가同日에楊根으로引揚ᄒᆞ얏다하고

▲十五日振威驛東方拾里許東泉洞李圭錫家에火繩銃十三挺을携帶ᄒᆞᆫ義兵十四名이侵入ᄒᆞ야破損ᄒᆞᆫ火繩銃二挺을收取ᄒᆞ고不日內에振威郡과烏山水原驛을襲擊ᄒᆞᆫ다揚言ᄒᆞ엿고

▲日本斥候ᄂᆞᆫ約拾餘名이拾五日에米院에서義兵三百名을遭遇하야約 時間을交戰ᄒᆞ다가日兵이西方으로逃走하고義兵은三十里外에退陣하얏ᄂᆞᆫ되日兵一名은銃傷하얏다ᄒᆞ고

▲兎山附近에義兵은安峽을根據地로合고目下에兵器와軍糧과金錢을徵出ᄒᆞᄂᆞᆫ대其兵數ᄂᆞᆫ四百名에不下ᄒᆞᆫ다ᄒᆞ고

▲全南同福을襲擊ᄒᆞᆫ義兵이同地附近電線을折斷ᄒᆞ얏ᄂᆞᆫ대十七日午後에更히開通ᄒᆞ얏다더라

東京電報

十七日發

●鹿島艦의不幸 日本第一艦隊戰鬪艦鹿島ᄂᆞᆫ昨朝에아부도島附近에서戰鬪射擊演習中에彈藥이爆發하야將校下士卒四十名이死傷ᄒᆞ얏ᄂᆞᆫ대原因은裝塡ᄒᆞᆫ不發彈丸을拔出ᄒᆞ다가發火ᄒᆞ얏다더라

▲聽梧緘猿▼

▲現今八城이纖發ᄒᆞ고腥塵이未掃ᄒᆞ되內閣大臣은視若他人家事ᄒᆞ야大賊ᄒᆞᆫ爵祿은無關ᄒᆞ고宴會나頻繁ᄒᆞ야若此히危急ᄒᆞᆫ時代를太平盛代로知ᄒᆞᄂᆞᆫ模樣이로고

▲內部에셔內閣에入送ᄒᆞ얏던郡守奏本案을還爲撤還하얏다니地方에無辜ᄒᆞᆫ生靈이魚肉이되얏ᄂᆞᆫ대字牧之任을下送ᄒᆞ기가一時가爲急ᄒᆞᆫ대內部와內閣에서무삼肝折이有ᄒᆞᆫ지相持해持ᄒᆞ야奏裁가延라ᄒᆞ니이것시政府大臣의責任이라ᄒᆞᆯ도다

▲日昨 大皇帝陛下께셔宗廟에展謁ᄒᆞ신다ᄂᆞᆫ대法部게서齋洞街二府洋屋郡과煥氏家를法官祗迎休憩所와特當場付ᄒᆞ고一百借家貰新貸十圜을運致ᄒᆞ얏다니曾往에ᄂᆞᆫ自 上으로 動駕ᄒᆞ실ᄉᆞ가有ᄒᆞ면南北村大官家에서無論某人家ᄒᆞ고路傍家屋이면如斗印覈으로某宅依幕이라貼付하면貰家은姑舍ᄒᆞ고當時該家主의損害가不少ᄒᆞ되少不顧忌ᄒᆞ더니今番에法官이家貰를新旋ᄒᆞ니참만ᄒᆞᆫ일이로고

▲去七月拾九日京城騷擾時에鐵路에서日人死傷ᄒᆞᆫ者에게祭祀料及扶助料二萬八百七十六圜을界外支撥ᄒᆞ얏다니韓人死傷者ᄂᆞᆫ尸體가暴露ᄒᆞ야無人收埋ᄒᆞᆷ으로市民이出義葬埋ᄒᆞ되內閣大臣은頓不顧念ᄒᆞ더니日人의死傷者만優助ᄒᆞ니불상ᄒᆞᆫ게韓人이로고

▲何許一農人이本社에寄書ᄒᆞ되大韓人은攻本에兩中인대닷돈은軍務이가져가고닷돈은義兵이가져가고닷돈은一進이가져가서資本이無餘ᄒᆞ야死境에昭ᄒᆞᆫ지라밧비밧비實業의힘을쓰라ᄒᆞ얏스니果然有理ᄒᆞᆫ말이오

▲南北村落仕人들이近日附日이면數十名式一進會에入參ᄒᆞ다니該會가自初로鄕曲愚民의仕宦思想으로多數投入ᄒᆞᆫ것인ᄃᆡ卽今에南北村獵官者流가該會를仕宦捷徑으로認ᄒᆞ고參者가日々增加ᄒᆞ니該會ᄂᆞᆫ明年來에一心進步가아니오仕宦蹊徑에一心進步로고

▲各大臣保護巡檢人力車費移整理費中三千圜을雜費에移增額ᄒᆞ라고內部에서度支部로請求ᄒᆞ얏다니保護巡檢잇ᄂᆞᆫ것슨各大臣에一身만保護ᄒᆞᆫ것이대至於人力車費ᄒᆞ야ᄂᆞᆫ該巡檢이隨從에便利ᄒᆞ기爲ᄒᆞᆷ인즉人力車費를國庫金中으로支出ᄒᆞᄂᆞᆫ것시當然ᄒᆞᆯᄂᆞᆫ지

●至急廣告

美國에湖山南西寺街一百
二十五番共立館內 崔有涉氏
所送金額新貨一百五
十二圓七十六錢은已爲
領收이나何許事件으로送ᄒᆞᆷ인
지詳爲示明ᄒᆞᆷ을切望ᄒᆞᆷ

◉社告

美國紐育에留學生朴鳳來氏가其兄朴桑奉處로來ᄒᆞᆫ書信이本社에來到ᄒᆞ야傳致ᄒᆞᆯ을要ᄒᆞ얏스나居地가未詳ᄒᆞ오니該家에셔此를覽ᄒᆞ시고即爲覓去ᄒᆞ시오

美國墺湖市西寺街一百二十五番共立館內留ᄒᆞᄂᆞᆫ崔有涉氏가日貨一百五十二圓七十六錢을本社에送到ᄒᆞ얏ᄂᆞᆫ대무合名目으로보낸것인지更爲示明ᄒᆞ심을望ᄒᆞᆷ

本支社員을濟州城內一徒里居金等商亨來氏로定ᄒᆞ얏신즉該附近[illegible]該支社로[illegible]ᄒᆞ시여[illegible]諸[illegible]ᄒᆞ시옴

論說

目賀田千賀博士의談（續）

何爲然이뇨ᄒᆞ면韓國에農業牧畜漁業鑛山森林其他富源은歐米人이所爲流涎하ᄂᆞᆫ處인대現今彼等이發出金鑛其他二三의事業을經營ᄒᆞᆷ에此ᄒᆞᆫ者ᄂᆞᆫ韓國에對ᄒᆞ야不安ᄒᆞᆫ念慮가有ᄒᆞᆷ인則今後日本이韓國을指導ᄒᆞᆷ에至ᄒᆞᆯ진ᄃᆡ彼等의其生命財産의保障을得ᄒᆞᆷ을利ᄒᆞ야是等無盡에富源을獲得ᄒᆞ야諸種의計畫을ᄒᆞᄂᆞᆫ者紛紜ᄒᆞᆯ지라勿論日本人이此種의經營에就ᄒᆞ야歐米人과比ᄒᆞᆷ에非常ᄒᆞᆫ便宜를비록有ᄒᆞ나一方으로ᄂᆞᆫ最惠國條款이存ᄒᆞᆷ에有ᄒᆞ야韓國과이의締盟國된歐米人에對ᄒᆞ야日本人뿐만其富를占有하기不能ᄒᆞᆯ지오而歐米人의商業上에手腕으로日本人의及ᄒᆞᆯ가不能ᄒᆞᆯ비라是以로新協約後엔韓國의富源은何時의間에ᄒᆞ던지歐米人의게吸收ᄒᆞᆷ이될지니後年韓國을日本에合倂ᄒᆞᆯ時에ᄂᆞᆫ日本人의受ᄒᆞᆯ產業上에利益이甚少ᄒᆞᆯ지라日本人은惟政治上엣權威를張得ᄒᆞᆯ狀態가될ᄂᆞᆫ지도不可知ᄒᆞᆯ뿐아니라假使日本이第三國과交戰ᄒᆞᄂᆞᆫ境遇에交戰國과韓皇과間秘密條約을結ᄒᆞ야交戰煽動下에叛亂과其他妨害的行動을日本에向ᄒᆞ야行ᄒᆞᆷ이有ᄒᆞᆫ則日本은此로由ᄒᆞ야非常ᄒᆞᆫ損害를受ᄒᆞᆷ에至ᄒᆞᆯ지오更히交戰은無ᄒᆞ야도雜擾의奸策으로因ᄒᆞ야日本이韓國을倂呑ᄒᆞᄂᆞᆫ上에不便을生ᄒᆞᆷ도不無ᄒᆞᆫ故也라

是故로日本은早晩韓國을不可不倂呑ᄒᆞᆯ者인즉寧히此際에斷然[illegible]一般年에不使障碍ᄒᆞᆷ만不如ᄒᆞ다지라日本은今日韓國을倂呑ᄒᆞᄂᆞᆫ利益及此를尤ᄒᆞᆷ이山과如ᄒᆞᆫ故ᄒᆞ얏스니遲ᄒᆞ遠ᄒᆞᆷ必要ᄒᆞ爲付手아然則倂呑의結果如何를云ᄒᆞᆯ진대日本이韓國을倂呑ᄒᆞᄂᆞᆫ時ᄂᆞᆫ從來韓國과間에締ᄒᆞᆫ歐米各國에條約은自然히消滅ᄒᆞᆯ지라只治外法權의居留地問題就中治外法權에多少抗辯을見ᄒᆞᆷ은雖不可避나ᄒᆞ나此에對ᄒᆞ야ᄂᆞᆫ倂呑前에韓國과締結ᄒᆞᆫ歐美各條約國에對ᄒᆞ야ᄂᆞᆫ暫時의間即日本이韓國엣[illegible]保護를得以前ᄒᆞᆷ에至ᄒᆞ기까지治外法權을特許ᄒᆞ고然後에更히新條約을締結ᄒᆞ면佳ᄒᆞᆯ지라而我政府에商ᄒᆞ야今回의協約以上의手腕을望ᄒᆞᆷ은到底至難ᄒᆞᆫ注文이라余ᄂᆞᆫ只比較的으로能히ᄒᆞᆷ을認ᄒᆞᆷ에止ᄒᆞᆯ뿐이로다　完

●滯報何故　各地方에셔購覽ᄒᆞ시ᄂᆞᆫ이가每々延滯되며漏落된다ᄂᆞᆫ報道가無日不至ᄒᆞᄂᆞᆫ故로已往에도郵遞局을對ᄒᆞ야屢々警告ᄒᆞ얏거니와至於近日에本報의延滯或漏落之弊가比前尤多ᄒᆞ다니此ᄂᆞᆫ文明開化에障碍가될뿐더러本社와本局間에損害가不少ᄒᆞ니自今으로郵局에셔更加注意ᄒᆞ야此等弊端이無케ᄒᆞ기를切望ᄒᆞᆷ

●新聞發送　美國桑港에셔發刊ᄒᆞᄂᆞᆫ共立新報社에셔該新聞一張을漢城監獄署로送致ᄒᆞ야一般罪囚에게輪覽ᄒᆞ라ᄒᆞ얏ᄂᆞᆫ데署長金相설氏가該新聞을考閱ᄒᆞ則政治上에關係가不少ᄒᆞ다ᄒᆞ야警視廳으로即爲送致ᄒᆞ얏다더라

●學徒寥星　春川公立普通學校長金寅煥氏가學部로報告ᄒᆞ되本校所在郡은時擾가大端ᄒᆞ야人民이畏懼而避難者ㅣ十常八九이온中秋期開學ᄒᆞ야依規設行이오나學徒가寥星ᄒᆞ와僅히出席者ㅣ不過十餘人이오니其在敎育之地에不勝悶迫이라ᄒᆞ얏더라

●特校擴張　特設專門學校에셔本月三日秋期上學을實施ᄒᆞᄂᆞᆫ데附近新建築ᄒᆞᆫ校에셔開ᄒᆞ고一般校務를刷新擴張ᄒᆞ얏ᄂᆞᆫ데講師ᄂᆞᆫ日本明治大學校普通科卒業生[illegible]明法學士[illegible]法學卒業生[illegible]中學校[illegible]新聘ᄒᆞ야分擔敎授ᄒᆞ야熱心敎授ᄒᆞ며現今學生은二百餘名에達ᄒᆞ고學徒顧人이多ᄒᆞᆷ으로[illegible]又爲募集ᄒᆞ다더라

●落成所費　全南觀察使金奎昌氏가光州郡新建築學校를竣工ᄒᆞ고落成式을本月二十二日에設行ᄒᆞ더인ᄃᆡ學校情形이舒暢ᄒᆞ니落成式所費一百圓만特爲劃下ᄒᆞ라고學部에報告ᄒᆞ얏더라

●郡守退队　加平郡守廉圭桓氏ᄂᆞᆫ該郡各面長의게訓令ᄒᆞ되勿論某洞某里ᄒᆞ고人民이合心ᄒᆞ야雜髮ᄒᆞᆫ客人이入ᄒᆞ거든暴徒遇ᄒᆞ야暴徒에行色과如ᄒᆞᆫ者어든該面洞中으로逐送케ᄒᆞ라ᄒᆞ얏더니義兵이此訓令을見ᄒᆞ고邑中으로入來ᄒᆞᆫ다揚言ᄒᆞᆷ이氏가不勝驚怯ᄒᆞ야雜役人中官奴一名을率ᄒᆞ고竹杖芒鞋로逃役上京ᄒᆞ야將近一朔에不顧邑之如何ᄒᆞ고偃然退队ᄒᆞ얏다ᄂᆞᆫ輿論이藉々ᄒᆞ더라

●軍物收去　木川郡所在巡軍物을日本軍隊에셔收去ᄒᆞ얏ᄂᆞᆫ고該郡守[illegible]가內部로報告ᄒᆞ얏더라

廣告

會員募集廣告

本校에서 會員을 試選ᄒᆞ오니 願入僉彦은 九月廿四日(陰曆八月十七日)에 入學請願書를 本校로 來呈ᄒᆞ고 仍爲應試ᄒᆞ되 入學請願書ᄂᆞᆫ 本校로 來購ᄒᆞ고 試驗時所用紙筆墨은 自備來ᄒᆞᆷ

一 入學年齡 十二歲以上

一 試驗課目 國漢文讀書 及作文

官立漢城[illegible]學校長 金璇基

[illegible] 所有田畓[illegible]田 三百七十[illegible] 文券을 [illegible] 本文[illegible] 七十八間 文券 一張 [illegible] 八十兩을 [illegible] 文券을 [illegible] 本文이 [illegible] 文券을 一並 [illegible] 若有 [illegible]

[illegible] 申召史 告白

[illegible] 王興奎

[illegible] 許憲

[illegible]事務所

이 쇼셜은 [illegible]으로 미우 자미잇게 만들어 일반국민의 외국ᄉᆞ상을 비양ᄒᆞᄂᆞᆫ 칙이오니 의국ᄒᆞᄂᆞᆫ 유지ᄒᆞᆫ 남ᄌᆞ와 부인은 만히들 사셔보시오

[illegible] 다발 / [illegible] 에는 / [illegible] 녀중 영웅 / [illegible] 신쇼셜 / [illegible] 전 / 셩화 오젼

발매소

남셔 대한매일신보사

[illegible] 아래 광학서포

[illegible] 미신착소

[illegible] 상동 박문서관

[illegible] 고금서해관

대동서시

교육서화관

[illegible] 學徒募集 廣告

本[illegible]學員을 募集ᄒᆞ오니 願入人은 本月十二日爲始ᄒᆞ야 [illegible] 來議ᄒᆞ옵

普通學 本國歷史 地誌 [illegible]歷史地誌 算術 物理化學 生理學 [illegible] 聖經

語學 英語 日語 [illegible]

工業課 [illegible] 物理學 算術 木工

夜學 英語 日語 隨意

隨意科 生理學 化學

試驗科目 國漢文讀書作文 但工業課算術四則以內加試

隆熙元年九月十二日

靑年會學館告白

[illegible] 廣告

[illegible] 面者 [illegible] 死者 [illegible] 所願之人 [illegible] 自願 [illegible] 人助力으로 [illegible] 이至爲二千 [illegible]

隆熙元年九月[illegible]日

發起人 [illegible] 尹[illegible]

[illegible] 總代[illegible] 出古人 [illegible] 廣告

미약은 미국사름 [illegible] 은것이니 세상 [illegible] 약ᄒᆞ야 매양 [illegible] 다년열심으로 [illegible] 야 이약을 신발명 [illegible] 효으 이 신긔ᄒᆞ야 [illegible] 약힘 [illegible] 본자 [illegible] 방보회사와 계약ᄒᆞ고 이약 [illegible] 동포의 소경 [illegible]

효력 이약 쓰ᄂᆞᆫ 대로 [illegible] 각죵 뇌졈병 [illegible] 신음ᄒᆞᆫ대 [illegible] 적벌(積熱) [illegible] 부족 허약ᄒᆞᆫ데와 [illegible] 증병후 [illegible] 전 [illegible] 낙뒤ᄒᆞᆫ대

대병 삼환 쇼병 일환오십젼

발매소 경셩남대문안 상동교당압 박문서관

[illegible]

大東書館 [illegible]

[illegible]

刑法大全改正[illegible]

[illegible]

幼年必讀 上下 [illegible]

[illegible]

仁川 [illegible]

民事新訟代理 [illegible]

[illegible]

京城北署 [illegible] 二十[illegible]

[illegible] 李[illegible]

[illegible] 法律 [illegible] 共同[illegible]

[illegible] 告白

本人이 [illegible]

[illegible]

[illegible] 六戶

[illegible] 告白

[illegible]

第五卷

大韓每日申報

第六百十八號

月曜及慶節休刊

箕子紀元三千二十九年
大韓開國五百十六年
日本明治四十年
淸國光緖三十三年
陰曆丁未八月小十三日壬申

論說

◎晩香坡暴動

最近來電을據ᄒ則晩香坡에起擾가前日桑港에所經보다重大ᄒ야猶加ᄒ며危險홈이尙多ᄒ야日人家屋의五十六戶가破壞되얏고損害額이拾萬圓에過ᄒ얏도다此困難이純然히勞働問題로從生홈이니白人이給料의緣由로黃人의게勞働業을殷奪됨을反對홈이라白人을愛顧ᄒᄂ評論도有ᄒ고黃人을愛顧ᄒᄂ評論도亦有ᄒ되但可結言홀거슨益其人種問題가解決키極難ᄒ야東西로不曉케홈이로다明白ᄒ言辭와且以我英國形態로記述ᄒ건ᄃ吾人이我國官態의開滿公正ᄒ行政을深信ᄒ노니暴徒의首領을必捉致ᄒ야正確ᄒ刑罰을加ᄒ지라爲英人者ㅣ其能自誇홀거슨英國旗幅이飄揚ᄒᄂ國內에서該地에在ᄒ各人을均一ᄒ公正으로處辦ᄒ야歐英人이나亞細亞人이나澳太利人을不辨ᄒᄂ거시是也니何如規則던지以法律決案ᄒ고自官態으로踐行ᄒᄂ도다今番暴動을何樣으로觀之ᄒ던지其甚恨歎홀바어니와多端ᄒ混雜이必有ᄒ엿스리니英國과加奈陀와日本의諸[illegible]問題가[illegible]忙ᄒ리로다此日關係에英國을緊係ᄒ지라加奈大에致制官行ᄒ야其困難이稍息홀거시오世界가懷疑ᄒ던바이多로는見ᄒ리이나然이나人種問題ᄂ解決홈에[illegible]難이遠ᄒ가[illegible]此困難의餘痕이未盡ᄒ리니此問題의何如解決은人不敢預言이로다

日本의게全部同情을發ᄒ고以其外態로觀之면此困難의原因은假是日人의移住ᄒᄂ者가韓國民과同化ᄒ기를不欲홈이라日本人은歐羅巴人民의移住他國ᄒ야爲其國民者와不同ᄒ고以忠愛思想으로日本國民을常作ᄒ야他人種을ᄃ리ᄂ其心은常是日人이요其行事가亦同ᄒ나니以其愛國으로ᄂ吾人이讚揚ᄒ게스나然이나他國에居民됨을[illegible]約ᄒ야入籍ᄒ後에ᄂ離棄홈은本國을爲ᄒ야行事홈에ᄂ吾人이非難홀外에無他言이로다本記者ᄂ對此全部事態ᄒ야但能發言홀거슨惋恨二字而已요更無發言홀거슨此困難이純然ᄒ地方事件이오政治上에不關ᄒ거시是也라此事態에關係된諸政府ᄂ深信ᄒ나니犯科者의게公正ᄒ判決이對有ᄒ려니와英國과及其領地ᄂ從今至后公平正直으로爲事ᄒ엿스니到今ᄒ야서兩國이自誇ᄒ純潔ᄒ史稿를怨變ᄒ지ᄂ難信이로다

官報

◎第三千八百七十一號 隆熙元年九月十九日

敍任及辭令

任度支部書記郞 金在煥
平理院書記 具[illegible]
依願免本官
前平理院主事 前主事 高殷相 [illegible]다라

外報

◎移民制限의交涉 紐育電을據ᄒ則日本石井通商局長이加奈太政府首相르라써와日本移民制限事件을報告ᄒ기爲ᄒ야十月十六日에오다와港에서會同ᄒ다더라

◎次回에平和會議 第三回萬國平和會議準備委員은十二日에小會合을催ᄒ고次回ᄂ一千九百拾四年으로써開會ᄒ기로決ᄒ고此에就ᄒ야準備委員會의意見으로本會議에提出ᄒ려이오本會議에서도必也此를決議案에可決ᄒ러이오且次回ᄂ提出議案을一個準備ᄒ기爲ᄒ야會期二年前假設에委員을設ᄒ야諸般整理ᄒᄂ데遺憾이無케ᄒ더이라더라

◎혼춘占領 北京電을據ᄒ則露國은間島에서日本例를倣ᄒ야[illegible]ᄒ고吉林省에혼춘을占領ᄒ다더라

◎內閣新設會議 軍機大臣의廢止幷內閣의建設에關ᄒ北京政府의大官會議ᄂ來二十日에開會ᄒ다더라

◎巨艦試航의成績 倫敦電을據ᄒ則巨艦루시다니아ᄂ五日五十四分間을要ᄒ야平均速力이二十三海里가되ᄂ데獨逸巨艦도이지랑도號의初航에比ᄒ면平均半海里를拔ᄒ고同艦의初航後된오레신도에比ᄒ면半海里가劣ᄒ다더라

◎日人排斥 路透電을據ᄒ則우잉돈子ㅣ셔開催ᄒ加奈太勞働者大會가東洋勞働者問題에研究ᄒᄂ대其代表者ᄂ日本人에對ᄒ야國民的嫉惡狀을示하기爲ᄒ야加奈太에서一般同盟罷行을開催ᄒ事件을提議ᄒ다라

雜報

◎調査員派遣 滿洲經營調査昌씨ᄂ境界問題에對ᄒ야日本과協議ᄒ기爲ᄒ야調査委員을間島에派遣ᄒ얏다더라

◎鐵道借款 上海電을據ᄒ則滬寧鐵道借款은十四日北京에서調印ᄒ얏다더라

◎忠淸公州郡[illegible]七氏의投函

日前에本人이鎭岑郡邑內新垈居住ᄒ[illegible]坤氏를勸誘ᄒ라고公州郡城市로從ᄒ야鎭岑으로來ᄒ다가路上에서日暮하얏는대鎭岑郡巡檢李河亨金鎭錫이가以巡檢行路로泥醉行倒ᄒ야脚步를不定ᄒ고酒氣揚揚ᄒ며本民을捕繩으로結縛ᄒ야[illegible]ᄒ고來ᄒ다가本人을見ᄒ고人事을請ᄒ기에老兄은太平ᄒ시며爲民警察에미우熱心ᄒ시니盛謝ᄒ외다홈즉巡檢이以手打頰ᄒ며不問曲直ᄒ고蹴踏毆打ᄒ며以捕繩으로緊緊結縛ᄒ야曰汝是平民으로巡檢을罵辱ᄒ니官吏인ᄃ何不進賜라稱ᄒ고罵辭이老兄이라ᄒᄂ야ᄒ며以軍刀背도本人에左右肩部를亂打ᄒ거ᄂ本人이言ᄒ되無辜ᄒ民을如是毆打ᄒ며老兄ㄱ稱이何關劣行인대如是打ㄱ乎아哀乞不已ᄒ야도終不聽施ᄒ고打頰蹴踏ᄒ기로不勝痛結ᄒ야昏倒仆地ᄒ졋巡檢은各歸處所ᄒ얏고本人은不省人事ᄒ고達夜昏倒ᄒ얏사니如此者類가爲警察ᄒ고其外에[illegible]官을ᄒ며末由之嘆은[illegible]且下先境內人民이[illegible]이오巡檢行路를論ᄒ면飮酒行悖와貪其[illegible]之勢力ᄒ고打罰民間와[illegible]民에게脅迫强制ᄂ一錄雜記ᄒ判斷ᄒ惡이甚於大賊ᄒ온즉依乞ᄒ爲揭載ᄒ야使我政府로[illegible]是政케ᄒ시기를伏望홈

◎韓國之山은不可不禿이오其人民은不可不懶惰

前[illegible]日本法學博士[illegible]次郞氏의所述이라

以前에相應ᄒ文明에適ᄒ얏던韓國이何故로今日에如斯히[illegible]ᄒ뇨余의所見으로도[illegible]治의腐敗ᄂ即其主要ᄒ原因이라ᄒ노라余가[illegible]韓國의禿山에就ᄒ야按考ᄒ건ᄃ[illegible]의山이次荒廢ᄒ거시아니라以前에ᄂ相當히繁茂ᄒ森林으로被蔽ᄒ얏더라[illegible]이無從오[illegible]造林事業等도稍히發達되얏스며森林保護法도相當히[illegible]ᄒ얏슨則其山林이今日ᄭ지赤禿홈에至홈은[illegible]이[illegible]ᄒ야[illegible]近[illegible]의事러라[illegible]韓國政府ᄂ山林保護等을[illegible]外에[illegible]홈뿐아니라其已存ᄒ樹木도亂伐ᄒ고且亂伐ᄒ後에ᄂ後日을顧慮홈이更無ᄒ야其[illegible]에成長ᄒ與否를自然에放任ᄒ며[illegible]者ㅣ行ᄒ더라도其一私人의所有물勿論ᄒ고政府가即時[illegible]命令을[illegible]ᄒ야此를採伐ᄒ고其外에採伐ᄒᄂ者ᄂ[illegible]을[illegible]ᄒ야[illegible]ᄒ기ᄂ事가[illegible][illegible]然[illegible][illegible]ᄒ고서及其[illegible]成[illegible]에[illegible]ᄒ야政[illegible]ᄒ는[illegible]放ᄒ[illegible]ᄒ다는[illegible]이[illegible]人ᄒ것은自然[illegible]

[illegible] 忿生士大夫之心ᄒ야[illegible]同類然ᄒ放[illegible]ᄂ食肉吮血ᄒ라[illegible]

◎[illegible]의[illegible] 附近人의[illegible]ᄂ以[illegible]守[illegible]ᄒ야學校ᄅ[illegible]ᄒ야[illegible]ᄒ야[illegible]ᄒ며熱心勸設立ᄒ고[illegible]ᄒ니青年英才가[illegible]興起ᄒ야[illegible]業이日[illegible]ᄒ다더라

◎[illegible] 有志人[illegible]

◎梅花[illegible] [illegible]千重村씨가[illegible][illegible]

雜報

●各大問安 總理大臣以下各大臣이昨日下午四時에敎德殿에進入ᄒᆞ야問安公故를擧行ᄒᆞ얏다더라

●內大提議 騷擾나或事變이有ᄒᆞᆫ時에ᄂᆞᆫ警察官吏定員外에警官幾名을臨時任用ᄒᆞᆯ案件을內部大臣任善準氏가內閣에提出ᄒᆞ얏다더라

●承宣訪問 永宣君李埈鎔씨가再昨日下午兩時頃에副參政大臣朴齊純과軍部大臣權重顯兩씨를訪問ᄒᆞ얏다더라

●兩大訪問 再昨日下午六時에度支大臣高永喜와學大李載崑兩氏가內部大臣任善準씨의私邸에訪問ᄒᆞ얏다더라

●郡守停止 內部에서內閣에請議ᄒᆞ얏던郡守發令事項은內部參與官木內씨가歸任ᄒᆞ기前에ᄂᆞᆫ不爲奏下ᄒᆞᆫ다더라

●兩守請願 慶源郡守李範佐慈山郡守洪淳九兩씨가內部에辭職請願ᄒᆞ얏더라

●奇任致任 江原道檢事安致潤氏가辯護士請願ᄒᆞᆫ代에本理院主事奇泉衍씨가被任ᄒᆞ얏다더라

●辭職理由 漢城裁判所主事陸鍾覺氏가法部에辭職請願ᄒᆞ얏ᄂᆞᆫ데其理由ᄂᆞᆫ吞議가不合ᄒᆞ고檢事로主事叙任ᄒᆞᆫ것시不滿之意가有ᄒᆞ야辭職ᄒᆞ얏다ᄂᆞᆫ說이有ᄒᆞ더라

●準式頒布 [illegible]部에서取消外國人官吏의官職式樣을會同報ᄒᆞ며日本顧問部에서公佈ᄒᆞ얏다더라

●警官出張 再昨日下午에警視廳에서警部以下巡檢巡查十餘名을該郡部로出張ᄒᆞᄂᆞᆫ대或二人或三人式流伊出行ᄒᆞ얏다더라

●測候所支出額 漢城及平壤等地에建設ᄒᆞᄂᆞᆫ氣像測候所의經費ᄂᆞᆫ足額이六百餘圓인대事外支出하라고農商工部에서度支部로照會ᄒᆞ얏다더라

●手當金支給 昨日警視廳에서各警巡檢을會同ᄒᆞ야日語의優劣로試取ᄒᆞ얏ᄂᆞᆫ대隨其優劣ᄒᆞ야手當金幾圓式을磨鍊支給ᄒᆞᆫ다더라

●朴氏放免 朴昌善氏被捉ᄒᆞᆫ事ᄂᆞᆫ前號에揭載ᄒᆞ엿거니와再昨日에無事放免ᄒᆞ얏다더라

●請願繳還 海南郡守李容爀氏가內部에再次請願ᄒᆞ엿더니該請願書를繳還하얏다더라

●賠償徵給 日昨漢城裁判所에서官蔘事件으로淸法日三國領事가會審ᄒᆞᆫ事ᄂᆞᆫ前報에揭載ᄒᆞ얏거니와賠償拾八萬圓을徵給ᄒᆞᆫ다ᄂᆞᆫ說이有ᄒᆞ더라

●擴充甚急 忠北警務官이內部로報告ᄒᆞ되警視總監丸山重俊씨報內以解隊兵을採用巡檢ᄒᆞᆫ더이니增員을回示ᄒᆞ라ᄒᆞ얏기其時現額百十名을日本警問支部로已爲通知而目今管下各郡鎭撫之時에其擴充이甚急이라ᄒᆞ얏더라

●印紙實施 全北觀察使金奎熙氏가人民訴訟에印紙를不用ᄒᆞ던지度支部에서訓令ᄒᆞ되人民訴訟에印紙를使用ᄒᆞ야訟理에便利케ᄒᆞ되訓書到著에刻卽實施ᄒᆞ라ᄒᆞ얏다더라

●造蔘檢察 農商工部에서開城及金川平山兎山等八郡에造蔘을檢察ᄒᆞ기爲하야該部書記官張永鎬氏와書記郎李宅鎔氏를派送ᄒᆞᄂᆞᆫ대該兩씨가昨日下午兩時에京義鐵道로發往ᄒᆞ얏다더라

●蔘政開設 開城郡蔘政課長韓鎭九氏가農商工部에電報ᄒᆞ되再昨日下午三時에蔘事役을開始ᄒᆞ얏다ᄒᆞ얏더라

●三씨押還 珍島에流配罪人宋台觀과愚明金大鎭三氏를保護ᄒᆞ얏던巡檢이昨日에入城ᄒᆞ얏다더라

●龍民避難 金郡居人本月初九日에義兵約九百名이龍仁郡泉洞里에來住ᄒᆞ야隣近饒戶에分排하ᄂᆞᆫ대該地人民이避身上京者多數ᄒᆞ다더라

●減等放釋 鍾路에서桑蠶ᄒᆞ던兵丁羅禹相씨等八名을流年에照律處辦ᄒᆞ얏다가減一等ᄒᆞ야一切放釋ᄒᆞ얏다더라

●法人慈善 來土曜日夕에新門外停車場旅館에서活動寫眞을놀니ᄂᆞᆫ데觀覽券을三拾枚식歐洲에서新到ᄒᆞ야極品奇妙ᄒᆞ고館主馬田씨가入場券代金을每人의게二元式收合ᄒᆞ여慈善目的으로法國과英國과敎堂에在ᄒᆞᆫ孤兒를救恤코져ᄒᆞ니如此ᄒᆞᆫ事業을協贊ᄒᆞ와多數來玩ᄒᆞᆷ을希望ᄒᆞᆫ다더라

●日女師延聘 大邱郡에서養成女學校ᄅᆞᆯ創設하얏ᄂᆞᆫ데徒가三拾餘名에達ᄒᆞ얏고敎師ᄂᆞᆫ日本師範學校卒業ᄒᆞᆫ日本人西山熊助씨의夫人을延聘하야敎授ᄒᆞᆫ다더라

●日兵駐箚 日兵八十名이忠南稷山郡成歡에駐箚ᄒᆞ얏다고該道觀察使梁在翼씨가內部로報告ᄒᆞ얏더라

●懷民願留 懷德郡人民等이該郡守趙國根氏를內部에願留請願次로多數上京ᄒᆞ얏다더라

●日佔典營 昨日下午一時頃에日本兵丁四五百名假量이自南大門으로典洞營門에入處ᄒᆞ얏다더라

●地方情形

▲丁天蔡山에在ᄒᆞᆫ日本搜索隊에情報를據ᄒᆞᆫ즉去八日鹿島에서日軍斥候三名과日巡查一名과日本商民二名과韓人四名은洪州解散兵六名及同鴨民二百名에게慘殺ᄒᆞᆫ바되얏ᄂᆞᆫ데其尸體ᄂᆞᆫ日軍隊에서收容ᄒᆞ얏고同日義兵은向今屯駐ᄒᆞᆫ本隊에[illegible]婦女二名은義兵陣中에包圍ᄒᆞ얏다ᄒᆞ고

▲豐基郡에셔義兵이去[illegible]日에日本西岡中隊와交戰ᄒᆞ얏ᄂᆞᆫ대二中隊ᄂᆞᆫ敗退ᄒᆞ고義兵은覺華寺附近에서日軍에軍物을多數히徵收中이라ᄒᆞ고首魁ᄂᆞᆫ原州鎭衛隊特務正校閔泳綺인대檄文을飛傳ᄒᆞ며文武兩班을召集ᄒᆞ고軍粮을取ᄒᆞ며日軍이來到ᄒᆞ면險阻를堅守ᄒᆞ야抗戰ᄒᆞᆫ다ᄒᆞ고三日未明에二面으로連絡ᄒᆞᆫ義兵이日軍을迫逐ᄒᆞᆫ대僧侶에一行二百餘名이日本情報와覺華寺에셔戰鬪ᄒᆞᆫ대砲聲이數時을不絶ᄒᆞ다가義兵은太白山方面으로敗却ᄒᆞ얏다하고日軍이道成菴과落寺庵과東庵等寺刹에放火ᄒᆞ야僧侶와義兵과合勢ᄒᆞᆯ後慮를除ᄒᆞᆷ이라ᄒᆞ고

▲十八日安城稷山附居洪標秀ᄂᆞᆫ年可四十이오忠州居李世仁은年可三拾인대共히成歡驛一進會員某氏에來到談話ᄒᆞᄂᆞᆫ대行動이殊常ᄒᆞ다ᄒᆞ고同驛守備隊에密告하야補助員이取調ᄒᆞᆫ즉洪은義兵會計오非丁璘은召衆ᄒᆞ고李ᄂᆞᆫ其助手라ᄒᆞ야自白ᄒᆞᆫ지라兩人에身體를檢查ᄒᆞᆫ즉金六百九拾九圓을帶持ᄒᆞ엿스며人은日軍隊에서處置ᄒᆞ고該金額은守備隊에保管ᄒᆞ얏다ᄒᆞ고

▲去七日에義兵八百名이洪川에駐屯ᄒᆞᆫ日軍隊를包圍하얏ᄂᆞᆫ데兩陣이猛烈히交鋒ᄒᆞ야死傷이多ᄒᆞ엿다ᄒᆞ고

▲去十日華川郡에義兵百餘名이襲來ᄒᆞ야同地分派所日巡查一四名을捕捉ᄒᆞ야監禁ᄒᆞ고同日午後七時頃에義兵二百名이更히同邑으로向ᄒᆞ야屯駐ᄒᆞ기爲ᄒᆞ야百餘名은華川邑으로[illegible]中에二名은[illegible]本隊ᄂᆞᆫ乘ᄒᆞ야春川으로逃走ᄒᆞ고二名은守備不明타하고

▲華川郡에集合ᄒᆞᆫ義兵이洪川郡에서日軍과衝突ᄒᆞ다가一部ᄂᆞᆫ同地에退却ᄒᆞ고一部ᄂᆞᆫ他處에集合ᄒᆞ얏ᄂᆞᆫ대春川을包圍襲擊ᄒᆞᆫ다揚言ᄒᆞ고

▲本月九日에永興郡君子樓에義兵이檄文을貼付ᄒᆞ얏ᄂᆞᆫ대警務補佐官이日下에搜覔ᄒᆞᆫ다ᄒᆞ고

▲永興附近은今姑平穩ᄒᆞ나何等義兵의蹤絡가檄文中에發見ᄒᆞ야ᄂᆞᆫ대其根因인즉警務補佐官이郡守의事變을急迫히勸告ᄒᆞᆷ이라ᄒᆞ고

▲本月四日未明旌善에서日軍下士哨와義兵二百名이互相交戰하야死傷이多ᄒᆞ얏다ᄒᆞ고

▲十四日旌善西北約二十里碧灘에서日中尉ᄂᆞᆫ義兵四十名을遭遇交戰ᄒᆞ얏다하고

▲拾日旌善東北方高地에서日軍이露營ᄒᆞ얏ᄂᆞᆫ대義兵이同日에何間攻擊ᄒᆞ야數時間을猛戰ᄒᆞ얏다ᄒᆞ고

▲新昌溫陽附近에襲擊하던義兵ᄂᆞᆫ牙山을經ᄒᆞ야天安成歡間에駐屯ᄒᆞ얏다ᄒᆞ고

▲同月拾八日에日人三名이竹逕에서露航하얏ᄂᆞᆫ대八十名義兵이來襲ᄒᆞ야三名은銃殺하얏다ᄒᆞ고

▲義兵이蔚珍郡蘇東里의集合ᄒᆞ야寧海郡의右ᄒᆞᆫ中돌石의率ᄒᆞᆫ義兵四百名과合勢ᄒᆞ얏다ᄒᆞ고

▲陰城方面을向ᄒᆞ야派遣ᄒᆞᆫ日本二宮小대ᄂᆞᆫ十七日에倉洞老[illegible]

▲本月[illegible]十八日에義兵約[illegible]名이陽口郡을襲擊ᄒᆞ고郵便取扱所內에器物은破壞하며巡檢一名은銃殺ᄒᆞ고三日을留ᄒᆞᆫ다가三拾日에이蹤跡로出沒ᄒᆞ얏다하고

▲本月貳日洪州方面에약二百名義兵이駐屯ᄒᆞ야洪川邑을襲擊ᄒᆞᆫ다聲言ᄒᆞᆫ다더라

東京電報 拾八日發

●視察渡韓 [illegible]國暴動을視察ᄒᆞ기爲ᄒᆞ야臨時侍從을差遣ᄒᆞᆫ다더라

●副統監被任 同日發 韓國副統監은長谷川大將이被任ᄒᆞ고伊藤統監은施政의大綱을立ᄒᆞᆫ後[illegible]地에서其職을行ᄒᆞᆯ터이라더라

▲秋山夕陽

▲法入道鄭逸氏ᄂᆞᆫ昨日에大觀亭에往ᄒᆞ야長谷川大將을訪問ᄒᆞ고總相李完用과農相宋秉畯氏ᄂᆞᆫ入[illegible]訪問하고密議ᄒᆞ엿다ᄒᆞ니所密議ᄂᆞᆫ무삼密議오혹시各地의騷擾ᄒᆞ[illegible]가有ᄒᆞ엿다ᄒᆞ[illegible]人民을安[illegible]方策인가ᄒᆞ여도그런人이나密議ᄒᆞ얏스면[illegible]의職務라ᄒᆞ게

▲北幽陵地九郡에[illegible]氏가均田稅[illegible]ᄒᆞ[illegible]買得ᄒᆞᆫ자하고諸勢力을[illegible]故로民冤이徹天ᄒᆞ더니今番內閣에셔均田稅ᄅᆞᆯ革罷ᄒᆞ기로提議ᄒᆞ얏다니十年之막이一朝革祛ᄒᆞᄂᆞᆫ잘될걸

▲日本元老坂垣[illegible]

▲軍用及鐵道[illegible]

▲北間島에[illegible]人[illegible]

[illegible]

◉社告

美國紐育에留學生朴鳳來氏가其兄朴[illegible]에게書信이[illegible]야偕致를[illegible]ㅎ얏스나[illegible]地가未詳ㅎ오니該家에서此를[illegible]ㅎ시고即爲覓去ㅎ시옵

本社員[illegible]州城[illegible]一徒黑客[illegible]氏[illegible]하얏신즉該[illegible]申報購覽ㅎ실僉君子는該支社로請求ㅎ시며代金도該氏게送交ㅎ시옵

美國紐約市[illegible]街一百二十五番共立館[illegible]留ㅎ는崔有涉氏가日貨一百五十二圓七十六錢을本社에送到ㅎ얏는대무슴名目으로보닌것[illegible]更爲示明ㅎ심을望함

雜報

●統監府新官制　統監府正官制[illegible]統監下에副統監을置ㅎ고副統監이統監의事故가有ㅎ時又任地에在치아니ㅎ時는統監職務를代理ㅎ게되[illegible]初에副統[illegible]

總務部及外[illegible]不拘하고[illegible]하야農商工部[illegible]果로農商工務[illegible]官되고總務長官及外務[illegible]長은存置하고但總[illegible]名稱은改하고

統監府參事官과與官二名을置ㅎ야勅任一等又二等인대其一名은外交事務를掌하야外務總長으로改名하고他一名은[illegible]事務를掌하야新히任命을見ㅎ더이요

又韓國各部次官要職에在ㅎ人이統監府參與官이兼任ㅎ리이요

韓國側에서는各府官制通則과其他도統監歸任을待하야改訂ㅎ다더라

●日本鹿兒島에韓人村落 (北修學觀勝號)

處日之士ㅎ고語日之言ㅎ며服日之衣ㅎ고食日之穀ㅎ며籍於日ㅎ고臣於日ㅎ니孰不曰非日人耶아然遂往[illegible]에倍懷[illegible]國ㅎ야東望九千里外太白之雲ㅎ고遙哭四千年前檀君之靈ㅎ니胡可曰無韓國之國性耶아然則曷[illegible]然乎아必有故也니吾將敍之ㅎ리라

宣祖大王時에有名ㅎ壬辰役은世人이明記ㅎ는바어니와時에日本關白平秀吉(日本云豊臣秀吉)이平行長과加藤淸正과小西飛等으로百萬大兵을率ㅎ고八路를蹂躪ㅎ는지라大段히悚懼ㅎ더니

皇天이眷顧ㅎ샤千古名將을降生ㅎ샤百萬敵兵을一時剿滅케ㅎ시니忠義가堂々ㅎ야日月로爭光ㅎ고威가凜々ㅎ야敵軍이落膽ㅎ던當時三道統制使忠武公李舜臣이非耶아公이[illegible]激戰入[illegible]破ㅎ고[illegible]勝ㅎ[illegible]敵軍을大殲ㅎ고[illegible]莫通ㅎ야[illegible]倒[illegible]謹ㅎ야[illegible]倍日東走ㅎ다가[illegible]兵이含暴心[illegible]으로韓國同胞[illegible]男女를擄[illegible]歸ㅎ니[illegible]敗軍[illegible]將[illegible]有俘虜之[illegible]此[illegible]化가燦然ㅎ야[illegible]이巧[illegible]中[illegible]特히陶工의發達[illegible]我韓의陶器[illegible]模倣[illegible]的이오로被擄[illegible]子는陶工[illegible]十[illegible]噫라噫[illegible]非其種也며宋[illegible]宋非가非以下[illegible]라厥[illegible]가韓人의陶製的方만吸收ㅎ고衰彼韓種은不啻投[illegible]局外라加之以種々酷[illegible]ㅎ며制之以別々苛法ㅎ야[illegible]待가無[illegible]에[illegible]狀이莫甚ㅎ니風雨장[illegible]非我[illegible]也ㅎ[illegible]이非我種也라棗魔之中에子孫가雜[illegible]이라耿々厲々에幾乎無遺러라　未完

●楊根戰鬪　三昨日楊根蘇來場市에서義兵과日兵이交戰되여砲聲이猛烈홈으로該近人民이驚겁避亂ㅎ는대山谷之中에哭聲이狼藉ㅎ며上京ㅎ者도多有ㅎ되其[illegible]負ㅎ는[illegible]無[illegible]報러라

●[illegible]眠　南門外[illegible]洞居[illegible]制[illegible]李根[illegible]ㅎ는[illegible]으로卒逝ㅎ얏다더라

●梧村恐惧　本川郡北面梧村에義兵이過去ㅎ얏는대其後에日兵이來到ㅎ야該洞民을對ㅎ야詰ㅎ되日後에義兵이來此村ㅎ는地境이면一洞을燒盡ㅎ리라ㅎ는故로該洞民等이大段恐惧ㅎ다더라

●[illegible]贊成請求　京城[illegible]日前[illegible]을設行[illegible]會[illegible]을組織ㅎ고贊成金을請求ㅎ야[illegible]대各大臣은一百圓式[illegible]ㅎ고各部奏任官은隨[illegible]力ㅎ야義捐ㅎ다더라

●多員憐孤　趙[illegible]元李[illegible]써[illegible]京城孤兒[illegible]財政이窮[illegible]ㅎ야維持ㅎ方策을金力擔負ㅎ고平壤等地로前往ㅎ야熱心補助ㅎ다[illegible]非但[illegible]上先進ㅎ[illegible]鄕志紳士[illegible]慈善家가合力贊成ㅎ사와[illegible]附金[illegible]敎育[illegible]노預料ㅎ노라

●劉々勸勉　私立興化學校에서任員會를開ㅎ고校長을推薦홀시紳士劉臣赫씨로一致可決되지라校監[illegible]碩[illegible]氏가陞席ㅎ기로[illegible]備ㅎ얏는대該씨가教育思想에抱負홈熱心으로昨日에御爲出席ㅎ지라諸學員과[illegible]禮를舉行ㅎ는대校長劉臣赫氏가學員을對ㅎ야勸勉的主旨로侃々히演說ㅎ매滿場諸員이恬然靜聽ㅎ야莫不感服ㅎ얏다더라

廣告

◎乾材洋藥廣賣

漢城銅峴路慈惠藥房에서各種洋藥을廣賣ᄒᆞᄂᆞᆫ中外邦俄(?)은○亦是試擇廣賣ᄒᆞ오니內地各處紳彦게서小包郵便으로取用ᄒᆞ심을仰望

▲大瓶 三圜
▲小瓶 一圜五十錢

乾材洋藥發賣人 濟衆院 醫學員 朴慈惠 告白

官人俱樂部

本俱樂部被服地質價ᄅᆞᆯ本月三十日內에○○關(?)○○品외게도來納ᄒᆞ되過限不納ᄒᆞ면本部에서相當ᄒᆞᆫ處置를行ᄒᆞᆷ

官人俱樂部

本人의당초竹洞水宙도서울海州李時彦家宿宿ᄒᆞ다가見失ᄒᆞ영사오니以此聲明

金浦郡州面李昌熙 告白

平○居○鄭○九에桑田이張氏소시에○○○代(?)○○○○三萬七千株ᄭᅡ지○○가○○賣○居리ᄊᆞ兩度의債○○○이○ᄒᆞ야該桑田文券은時外에는○○○○ᄒᆞ미리其外本女의게該桑山문券과稷田○○○○○○○七○○內外宜五○七十八間文券을一並與執ᄒᆞ고藥錢八十兩을得債以失ᄒᆞ얏더니李○兩漢이本女에게孤子ᄒᆞ야賣稅ᄒᆞ고該典執文券을滿○○典○도不報ᄒᆞ고相○勸○○○○本女와兩漢의威○를不○ᄒᆞ야該文券을一並投內以燒燬이外國人은切勿見欺而若有○○者이든本女의게來議ᄒᆞ시옵

申召史 告白

▲學員募集廣告

本校에서學員을試選ᄒᆞ터이니願入僉彦은九月廿四日(陰曆八月十七日)에入學請願書를本校로來納ᄒᆞ고○○應試ᄒᆞ되試驗時所用紙筆墨을携來ᄒᆞᆷ

一 入學年齡十二歲以上
一 試驗課目 國漢文讀書 及作文

官立漢城日語學校長 金興基

辯護士 玉東奎
辯護士 許憲

▲學員增募廣告

本學館에서學員을增募ᄒᆞ오니願學人은本月十二日爲始ᄒᆞ야限二週日內로來館問議ᄒᆞᆷ

課程 普通學 本國歷史 地誌 萬國歷史地誌 算術 數學 物理化學 生理學 經濟學 ○學 ○經 日英語讀○

語學專門課 英語 日語 (隨意選擇) 教科書 英日文
工業課 圖學 物理學 算術 木工
夜學課 英語 日語隨意
隨意班 午下 生理學 化學
試取科目 國漢文讀書作文
但工業課는四則以內加試

隆熙元年九月十二日
青年學館 告白

向者에大○發起人○○○此死者는已矣어니와折脚之人은命脈이尙存ᄒᆞ야○○由ᄒᆞ야○人이將欲自裁ᄒᆞ니○○○○○이○○○○往見慰勞ᄒᆞ고○○○○印刷○도提○○○이온○○○○○○○○이至爲二千五百餘人之多이나一人助力으로難○○○오니○○○○○慈善僉君子는勿拘多少ᄒᆞ시고救恤ᄒᆞ심을○○ᄒᆞ오니○○○○○○○○로拯濟ᄒᆞ심을爲要

隆熙元年九月日

發起人 ○○○ ○○○

救恤金收合所 大韓每日申報社 ○○○○社

出捐人의姓名은新聞에廣告함

◎补腦益壽水

이약은미국사○○○○○○○○○○○○이지은것이니세상사람들이이약을사용ᄒᆞ야매양효험을본다ᄒᆞ며○○○○○○○○○○○ᄒᆞ야다년협심으로공구ᄒᆞ고공구ᄒᆞ야이약을신발명ᄒᆞᆫ것인대효으이신기ᄒᆞ야세계각국서이약으로효험본자 적지아니ᄒᆞᆫ고로본인도우리동포를위ᄒᆞ야미국방보회사와계약ᄒᆞ고이약슈를비다가동포의소정을공급ᄒᆞ

효력 이약쓰는대는 부족증 뇌졈병 졍지못ᄒᆞ는법

실음ᄒᆞᆫ대 도한증 허한증
젹병(속병) 천촉증 월우
부족 허약ᄒᆞᆫ대와 연주창
즁병후 오즘소릐 셜ᄉᆞ 리
질 싱산못ᄒᆞᄂᆞᆫ대 신긔부족
낙뒤ᄒᆞᆫ대

대병 삼환
쇼병 일환오십젼

발매소
경셩남대문안 상동교당압 ○문서관

[Lower half of the page (advertisements, including a large display advertisement, a book-sale notice, and lists of agents and prices) is too degraded in this scan to transcribe reliably.]

大韓每日申報

第五卷

第六百十七號

檀君開國四千二百四十年
箕子元年三千二十九年
大韓開國五百十六年
日本明治四十年
淸國光緖三十三年
西曆丁未八月小十四日發行

論說

◎讀城內日本報館

日昨에英프리스報論說에日報記者가自身을辨護에關ᄒᆞ엿도다我同業人이英國樞密院의頒令ᄒᆞᆫ新著好個인줄노歡悅ᄒᆞ엿스나其記ᄒᆞᆫ此規例를六個月以前에旣知ᄒᆞᆫ비라英韓文을勿論ᄒᆞ고大韓每日申報의政策은因此變易이未有ᄒᆞ리로다本報主筆人을非理無恥로記者라고彼가稱ᄒᆞ엿고且本報의行爲는日人과及智明ᄒᆞᆫ韓人의歡恨嘆ᄒᆞᄂᆞᆫ비라亦言ᄒᆞ엿스니如此論責은說辨을不待ᄒᆞᆯ거시라本報는愛讀ᄒᆞᄂᆞᆫ僉員의日度에任置ᄒᆞ려니와何如ᄒᆞᆫ지同報記者가雖是日本人이나但人類에尙不過ᄒᆞᆷ을揭示ᄒᆞᆷ이니同씨의今般ᄒᆞᆫ惡感은何如困難ᄒᆞᆫ形態를附ᄒᆞᆷ인줄노想容ᄒᆞᆯ거시로다蓋大韓每日申報ᄂᆞᆫ韓人의게公正을爲ᄒᆞ야發行ᄒᆞᄂᆞᆫ거시오且一般外人의均等之機를爲ᄒᆞ야立ᄒᆞᆫ거시라如此所務를欲就ᄒᆞᆷ으로頻煩히日人을不美ᄒᆞᆫ事를示ᄒᆞ엿노라

本報가但報에記載ᄒᆞᆷ을受取ᄒᆞ야此地에韓人及外人이日人의게校女發行及不公을往々히揭論ᄒᆞ엿더니如此揭報가辨駁을見ᄒᆞ엿던지修辨을國要ᄒᆞᆷ이던지日本官吏은常是一經이오伊藤候爵의謝過가無能ᄒᆞ도다我同業人이英國政府에셔英報記者의日本編ᄒᆞᆫ울노痴想ᄒᆞ고自言으로結論ᄒᆞ되同씨가韓國內進行ᄒᆞᆫ英字報에眞實ᄒᆞᆫ交人과普通으로今此規例를歡迎ᄒᆞᆫ다ᄒᆞ엿스니聽之에다同記者여歡喜ᄒᆞᆫ것을探求ᄒᆞ다가非常之段을遇ᄒᆞ엿도다本記者ㅣ左開路千開를提出ᄒᆞ고且曜의一期를定限ᄒᆞ노니同氏ᄂᆞᆫ請答其諸件ᄒᆞᆯ지어다

一何如히日人이韓國郵電事務를取ᄒᆞ엿나뇨二松都玉塔은何處에在ᄒᆞ며何故뇨三何故로日人이韓字京城日報를始刊ᄒᆞ엿다가廢止ᄒᆞ엿나뇨四韓國의獨立이安在오五英完全은安在오六及其皇室尊嚴은在何오七日本에셔新報를何如히量度ᄒᆞ나뇨八서울프리스報에對ᄒᆞ야ᄂᆞᆫ何如히量度ᄒᆞ나뇨

我同業人이여日氣가甚悩ᄒᆞᆷ을知之ᄒᆞ노니一日休暇됨이於公에其或爲美乎인저

(사요나라)

官報

號外 隆熙元年九月十九日

◎宮廷錄事

太醫院日侍 本日卽伏聞入診醫官所傳之言則今日當改進交感溫臟湯三[illegible]故方文正等以入一貼同爲謹 又之敢

奏 曰知道

◎第三千八百十六號 隆熙元年九月二十日

◎宮廷錄事

宮內府大臣勳一等臣李允用

謹 奏卽接掌禮院卿李達鎔報告書則以爲

太皇帝尊奉上 號

皇帝卽位時元追封

皇后追封 純明皇后 陵號

皇太子冊封今旣禮成矣卽當繼

錄於 璿源譜略 國朝御牒

八高祖圖

皇后世譜而在前登譜之時或有放廢之例亦有當不須行之例云矣今番則何以懸錄乎敢

奏 奉 旨奉司舉行

宮內府大臣勳一等臣李允用

謹 奏卽接[illegible]記郎李玩求報告書則以爲

太皇帝尊封上 號

皇帝卽位時元追封

皇后 皇太子冊封今旣禮成矣卽當紀錄於 [illegible]譜冊而在前如此之時自本司都監擧行之例云矣今番則何以爲之乎敢

奏 奉 旨奉司擧行

宮內府大臣勳一等臣李允用

謹 奏 裕陵表石修改時篆文寫官以宮內府特進官閔泳韶差下何如謹上 奏 奉

旨依奏

◎敍任及辭令

補軍部附 參將李熙斗

內部書記郎李圭正

任內部技師

度支部務務官權重哲

軍部軍務局軍法課理事朱[illegible]均

依願免本官

前陸軍法院理事尹[illegible]

任軍部軍務局軍法理事

任陸軍步兵正尉 林在德

度支部書記郎閔丙鎬

任度支部稅務官

農商工部工務局長徐丙珪

依願免本官

農商工部書記官[illegible] 灝

任農商工部工務局長

農商工部技師李容[illegible]

任農商工部書記官

農商工部技手劉琓鎔

任農商工部技師

雜報

◎韓淸[illegible]交涉 淸國政府에셔日本政府와交涉ᄒᆞ야[illegible]總督代理滿洲代에對ᄒᆞ야[illegible]事態가容易치아니ᄒᆞ므로北京政府에電報ᄒᆞ야來ᄒᆞ니淸國政府에셔此에對ᄒᆞ야法律에干涉ᄒᆞᆫ際가有ᄒᆞᆫ으로迅速히解决ᄒᆞ라고訓令ᄒᆞᆫ지라總督代理가同時에欽差兵備道에게電訓하되今番의紛爭은外交上에解决될[illegible]起ᄒᆞᆫ慮가有ᄒᆞ니極力鎭壓하라ᄒᆞ엿더라

◎松花江의調査 日本政府에셔哈爾濱에駐ᄒᆞᆫ川上領事의게命ᄒᆞ야松花江流域을實地로調査케ᄒᆞ라ᄒᆞ엿더라

◎秘密遊說 北京電을據ᄒᆞᆫ則袁世凱氏ᄂᆞᆫ內宮에謁見ᄒᆞᆫ際에極히秘密히皇太子冊立ᄒᆞᆫ事를建議ᄒᆞ얏다더라

◎國防軍의募集 伯林電을據ᄒᆞᆫ則英國陸軍卿할덴씨ᄂᆞᆫ第二防禦軍으로國防에對ᄒᆞ야第一部隊召集을要求ᄒᆞᄂᆞᆫ대同部隊ᄂᆞᆫ一般徵兵令을從ᄒᆞ야募集ᄒᆞᆫ다더라

◎海軍擴張 伊太利國은海軍擴張ᄒᆞᆯ計劃을ᄒᆞᆫ다더라

◎防城危 上海電을據ᄒᆞᆫ則防城의叛徒ᄂᆞᆫ擧皆武裝ᄒᆞ고百餘名騎馬대를加ᄒᆞ야同地知縣以下二百餘名을殺害ᄒᆞᆷ으로以ᄒᆞ야兵一千을現場에急派ᄒᆞ얏다더라

◎援助請求說 紐育電을據ᄒᆞᆫ則淸國政府ᄂᆞᆫ他强國의侵略的慾望에對ᄒᆞ야英國의援助를請ᄒᆞᆫ다ᄂᆞᆫ說이有ᄒᆞ더라

◎洪水被害의調査 [illegible]報를據ᄒᆞᆫ즉八月中에各地方水害를被ᄒᆞᆫ程度에就ᄒᆞ야日本內務省에셔調査ᄒᆞᆫ結果가如左ᄒᆞ니死者가四百五十九人이오傷者가二百三十七人이오行衛不明者가一百十八人이오全潰家屋이一千四百五十九戶오半潰家屋一千八百八戶오流失家屋이三千[illegible]戶오浸水家屋이十八萬七千四百[illegible]九戶오堤防決潰가三千四百[illegible]個所오橋梁流失이二千六百六十九個所오山崩崩壞가四千三百八十二個所오土堤流失埋沒이一萬三千九百二十四町八反이며浸水面積은十五萬五千四百四十一町이라더라

◎賠償拒絶 加奈太政府ᄂᆞᆫ日本政府의要求ᄒᆞᆫ損害賠償額에對ᄒᆞ야一萬元以內賠償을應ᄒᆞ기로決定ᄒᆞ얏ᄂᆞᆫ대此에對ᄒᆞ야晩香坡市長은此를拒絶하며市長과政府間에紛議가甚ᄒᆞᆫ故로日本政府ᄂᆞᆫ損害賠償要求를撤回ᄒᆞ고被害者로移轉케하며滿足히ᄒᆞ얏다더라

ᄒᆞ야진짓[illegible]不可[illegible]ᄒᆞᆫ바ㅣ往時日本[illegible]ᄒᆞᆫ韓人이[illegible]現가可行ᄒᆞ[illegible]에對ᄒᆞ야[illegible]何ᄒᆞᆫ村落이던지[illegible]ᄒᆞᆫ家屋이[illegible]이職務ᄒᆞᆫ政府에[illegible]避ᄒᆞ[illegible]適ᄒᆞ[illegible]屬ᄒᆞ[illegible]宗[illegible]鄕民의村落에ᄂᆞᆫ[illegible]絶種ᄒᆞᆷ인듯ᄒᆞ더라

◎光校[illegible] 私立光[illegible]校에셔校舍狹窄ᄒᆞᆷ을因ᄒᆞ야[illegible]請願ᄒᆞ[illegible]官廳[illegible]察ᄒᆞ야一[illegible]ᄒᆞ고[illegible]察ᄒᆞ얏다더라

◎斷指勸進 [illegible]校의狀況이[illegible]揭하얏거니와該校[illegible]씨가去月二十[illegible]陛下誕日에一[illegible]男女老少數千名이[illegible]ᄂᆞᆫ대[illegible]愛國的思想이人[illegible]智識發達ᄒᆞᆫ[illegible]自斷指의血로[illegible]ᄂᆞᆫ大書[illegible]ᄂᆞᆫ대[illegible]題ᄒᆞᆫ六[illegible]飮泣[illegible]에[illegible]人心[illegible]互相[illegible]同[illegible]

寄書

◎韓國之山은不可不禿이오其人民은不可不懶惰 [illegible]

又從其々ᄒᆞᆫ山野一般이多是荒蕪ᄒᆞ야[illegible]耕作에適合ᄒᆞᆫ土地ᄂᆞᆫ幾許가無ᄒᆞᆫ것도亦是政治不良의結果로看做ᄒᆞ노라或云韓民은擧皆怠惰ᄒᆞᆫ者라ᄒᆞ나恐컨대此는韓民의天性이아니라大抵如何ᄒᆞᆫ國에如何ᄒᆞᆫ人을勿論ᄒᆞ고[illegible]으로一生을安逸코ᄌᆞᄒᆞᄂᆞᆫ[illegible]人々皆有ᄒᆞᆫ것이오旣因此慾望이有ᄒᆞᆫ以上에ᄂᆞᆫ勢必勤々動作ᄒᆞᆯ것거날何必韓人만不然ᄒᆞᆷ이其有ᄒᆞ리오否라此亦政府暴斂의結果에不外ᄒᆞ도다

韓國民은비록如何히動作ᄒᆞ더라도其裕福을享受치못ᄒᆞ나니何者오動作ᄒᆞ면반다시[illegible]ᄒᆞᄂᆞᆫ것이나備諸ᄒᆞ면곳政府에見奪ᄒᆞᄂᆞᆫ故로或不備諸ᄒᆞ더라도[illegible]

雜報

●洪陵 幸行 大皇帝陛下ᄭᅴ서洪陵 裕陵에 動駕ᄒᆞ시ᄂᆞᆫ데 太皇帝陛下ᄭᅴ셔와 皇太子殿下ᄭᅴ셔도同爲 動駕ᄒᆞ신다더라

●儲宮遊覽 皇太子殿下ᄭᅴ옵셔 諸學校와武官學校를遊覽ᄒᆞ시기ᄂᆞᆫ 太皇帝陛下ᄭᅴ옵셔 太廟展謁ᄒᆞ신後에ᄒᆞ신다더라

●度支大臣 度支部大臣高永喜씨가身病으로昨日까지仕進치못ᄒᆞ얏다더라

●副統監 敍任 統監府副統監으로長谷川氏가被任ᄒᆞ엿다더니更히前日本大藏大臣曾祢荒助氏가被任ᄒᆞ얏다더라

●觀察轉任 全北觀察使金奎熙氏ᄂᆞᆫ中樞院贊議로移任ᄒᆞ고度支部次官劉猛氏ᄂᆞᆫ全北觀察使로移任ᄒᆞ얏더라

●兩次官 農部次官은岡喜七郎氏가被任ᄒᆞ고法部次官은倉富勇三郎씨가被任되얏더라

●府議被任說 法制局長金星濟씨ᄂᆞᆫ選任되고日本法學士梅謙次郎씨가被任ᄒᆞᆫ다더라

●勅任待遇 統監府技師中原貞三郎씨ᄂᆞᆫ內部에서勅任待遇로雇聘ᄒᆞᆫ다더라

●道路修理 皇太子殿下ᄭᅴ옵셔[illegible]ᄒᆞ실時에道路를修繕ᄒᆞ기爲ᄒᆞ야內部大臣任善準씨가內部土木課에格別修理ᄒᆞ라ᄒᆞ얏다더라

●特別閣議 再昨日에內閣大臣이[illegible]ᄒᆞ야閣議를開ᄒᆞ얏ᄂᆞᆫ데[illegible]를[illegible]ᄒᆞᆫ則 勅令案으로[illegible]案件을決議ᄒᆞ얏다더라

●觀察上京 江原觀察使黃鐵씨ᄂᆞᆫ京城博覽會를觀察ᄒᆞᆯ事와地方行政上에協議ᄒᆞᆯ事가有ᄒᆞ야上京ᄒᆞ얏다더라

●[illegible] 統監府官人海津[illegible]氏ᄂᆞᆫ[illegible]에서[illegible]件條件으로[illegible]及[illegible]局에囑托[illegible]의請願ᄒᆞ으로備[illegible]ᄒᆞ얏다더라

●觀察開局 [illegible]記官[illegible]海龍[illegible]北關[illegible]非[illegible]村에[illegible]路[illegible]고內部로報告ᄒᆞ얏더라

●冊板北此 [illegible]에서十三道觀察使의[illegible]調ᄒᆞ되各種書籍冊板[illegible]라ᄒᆞᆫ[illegible]已揭ᄒᆞ얏거니와漆谷郡守金[illegible]氏가報告ᄒᆞ되本郡에ᄂᆞᆫ佛冊板은無ᄒᆞ고只於松廣寺에忠壯公遺事冊板이有ᄒᆞᆫ대寺敗僧散ᄒᆞ야保管無人홈으로擧皆遺失ᄒᆞ야今部冊版은無路知得ᄒᆞ고現存板數ᄂᆞᆫ[illegible]箇라ᄒᆞ얏더라

●殘額償還 開國五百四[illegible]年에日本銀行에서借款ᄒᆞ야用ᄒᆞᆫ金額이三百萬圓인대流用償還ᄒᆞ고殘額이二拾餘萬圓인대併不利ᄒᆞ야三拾餘萬圓을度支部에서支出ᄒᆞ얏다더라

●佳節休暇 明日은[illegible]嘉午佳節인故로本日부터各部에서休暇ᄒᆞ고各學校에서도休學ᄒᆞᆫ다더라

●閔氏風流 前侍從閔丙復씨와宮內府書記郞趙濟默씨가近日風情이一倍豪蕩ᄒᆞ야[illegible]園花陌에放娼이相隨ᄒᆞ고花室酒樓에顏面이慣熟ᄒᆞ야[illegible]光武臺[illegible]ᄂᆞᆫ國[illegible]에玩賞ᄒᆞᆫ다더라

●新路開通 [illegible]道太田으로부터[illegible]北道錦山에至ᄒᆞᄂᆞᆫ道路에ᄂᆞᆫ[illegible]嶺이險阻ᄒᆞᆷ이有ᄒᆞ야鄕便과盜匪旅交通上에安全ᄒᆞ기爲ᄒᆞ야胎峰山을經由ᄒᆞᄂᆞᆫ대로新路를開ᄒᆞ기로統監府에서內部로交涉ᄒᆞ야該殿에新路를開ᄒᆞ다더라

●鍾岑賊患 鍾岑郡來人의傳說을據ᄒᆞᆫ즉該郡等地에ᄂᆞᆫ賊擾가無ᄒᆞ야賊患이大熾ᄒᆞ야人民이坐針氈中該郡巡檢과鎭兵이[illegible]河[illegible]人이本來奸吏로巡檢을圖得ᄒᆞ야府民에게計策之際가非一非再에際此巡官ᄒᆞ야行惡이尤甚ᄒᆞ야邑與民이將不得[illegible]境이라더라

●警所設置 十三道管下各郡에警務分派所를設置ᄒᆞ야人民의不穩ᄒᆞᆫ情形을鎭靜ᄒᆞ게ᄒᆞᆫ다ᄂᆞᆫ로內部에서現今擬練中이라ᄒᆞᆫ說이有ᄒᆞ더라

●隊ᄂᆞᆫ京 本月[illegible]一日에本隊가坡州郡에서上京ᄒᆞ얏다고該郡守가內部에報告ᄒᆞ얏더라

●天安兵火 天安郡守趙漢壁氏가度支部로報告ᄒᆞ되該郡遠一驛대距里[illegible]九戶를日兵이衝火沒燒ᄒᆞ얏다더라

●[illegible]義擾 [illegible]義兵이處處蜂起ᄒᆞ야外人을殺害ᄒᆞ니剿捕之力으로迅速措辦ᄒᆞ라고京畿觀察使李圭桓씨가內部로報告ᄒᆞ얏더라

●[illegible]死[illegible]查報 [illegible]日城內擾亂時에逃檢死者와負傷者를調查報來ᄒᆞ라고內部에서警視廳으로指揮ᄒᆞ얏다더라

●臨陵戰報 [illegible]月[illegible]日에日兵一百七十名이[illegible]慶[illegible]에入ᄒᆞ야郡[illegible]李康年을招致ᄒᆞ야請責曰汝[illegible]兵이屯聚ᄒᆞᆫ지已久에一不發明ᄒᆞ니汝必是義兵으로符同이라ᄒᆞ고即時砲殺ᄒᆞ얏고邑底居[illegible]趙[illegible]俘虜捉去ᄒᆞ야[illegible]汝[illegible]ᄒᆞ야義兵을[illegible]ᄒᆞ얏다ᄒᆞ야即地砲殺ᄒᆞ얏다ᄒᆞ고其翌日에義兵이包圍日兵ᄒᆞ야新院[illegible]姑山城에서大戰ᄒᆞ야日兵의多數死傷ᄒᆞ니義兵氣勢ᄂᆞᆫ大熾ᄒᆞ고居民은沒數避居ᄒᆞ얏다더라

●楊根義兵 義兵[illegible]名이楊[illegible]邑[illegible]屯[illegible]ᄒᆞ얏다[illegible]城兵丁[illegible]是[illegible]ᄒᆞ얏더니兵이[illegible]或[illegible]砲[illegible]兵[illegible]ᄒᆞ고四面[illegible]嚴[illegible]把守[illegible]上來航[illegible]夜[illegible]二日[illegible]에皆[illegible]放送[illegible]면서險[illegible]ᄒᆞ여日[illegible]間에[illegible]留此邑ᄒᆞ야兵丁을休息ᄒᆞ고衣裝을整着ᄒᆞᆫ대去來人의傳播說을禁止코저ᄒᆞ야執留ᄒᆞ노라見[illegible]陣勢[illegible]嚴正ᄒᆞ고大將은[illegible]正尉라ᄒᆞᄂᆞᆫ데兵丁은[illegible]東ᄒᆞ야毫無侵弊ᄒᆞ다더라

●義兵通牒 義兵大將權仲[illegible]가[illegible]觀察使의게通牒ᄒᆞᆫ[illegible]合該道各郡[illegible]가戶部로上納ᄒᆞᄂᆞᆫ대該通牒槪意ᄂᆞᆫ[illegible]川[illegible]日[illegible]隊[illegible]千名假扮ᄒᆞ야水原龍珠寺에入據ᄒᆞ깃스니官帑所用으로[illegible]米[illegible]百石北魚二百駄海蔘一百立을預先貯待ᄒᆞ야無至臨時狼狽케ᄒᆞ되若不然이면令監도必有相逢之日이라ᄒᆞ얏더라

●洪川慘報 洪川避亂人의傳說을聞ᄒᆞᆫ則義兵이[illegible]城蹂躪[illegible]州等地로서聚合ᄒᆞᆫ者五六百名인ᄃᆡ其中原州隊解散兵이二百餘名이오京隊解散兵三百餘名이合勢ᄒᆞ야洋銃彈丸도俱備ᄒᆞ고兵勢猛烈ᄒᆞ야洪川郡南里許城前에據ᄒᆞ더니洪邑駐屯ᄒᆞᆫ日兵二十餘名과[illegible]二十八日에交戰ᄒᆞ다가日兵이洪邑에退却ᄒᆞ얏다가日兵四十餘名이自春川郡으로增加ᄒᆞ야翌日에更向城ᄒᆞ며義兵이已爲他處로[illegible]지라城前村百餘戶가被燒ᄒᆞ고洪川邑에還到ᄒᆞ미義兵이七月晦日未明에洪川邑北田에二百餘名과南山에三百餘名이追到ᄒᆞ야四五時間을交戰ᄒᆞ다가義兵이山而으로退却ᄒᆞ고日兵은八月二日에春川으로移去ᄒᆞ얏ᄂᆞᆫ대洪川邑에近三百戶가被燒ᄒᆞ얏다더라

[illegible]疹[illegible]則昨[illegible]九日新義州發[illegible]韓人一名이[illegible]或[illegible]虎[illegible]拔[illegible]權ᄒᆞ미新義州金部를[illegible]的[illegible]法을設行ᄒᆞ얏고安東縣[illegible]서[illegible]每[illegible]平均히[illegible]假[illegible]이權患ᄒᆞᆫ다ᄒᆞ고龍巖浦에서ᄂᆞᆫ[illegible]名이權患ᄒᆞ얏ᄂᆞᆫ데二[illegible]死亡ᄒᆞ얏다더라

▲地方消息▼

▲本月十七日에伊川邑으로셔開城에避亂ᄒᆞᆫ人의言을據ᄒᆞᆫ즉義兵은積城[illegible]平安峽兎山地方에서壯丁[illegible]募ᄒᆞᆫ다ᄂᆞᆫ數爻ᄂᆞᆫ目下에[illegible]五百名에達ᄒᆞ엿다ᄒᆞ고十五日伊川郡에義兵百餘名이侵入ᄒᆞᆫ다ᄂᆞᆫ대韓[illegible]郡守ᄂᆞᆫ義兵이[illegible]殺[illegible]ᄒᆞᆫ다ᄂᆞᆫ[illegible]開ᄒᆞ고部內에武器를收合ᄒᆞ야何時던지避亂ᄒᆞ다ᄒᆞ며義兵은平康石溪[illegible]面으로[illegible]沒ᄒᆞ야[illegible]傳ᄒᆞᄂᆞᆫ대大略如左ᄒᆞ니

大抵日人은壬辰以來로韓國人의敵이되야數[illegible]來로[illegible]地에[illegible]橫[illegible]日人과混居ᄒᆞ면我國八域之民이滅亡[illegible]것인故로人民을救濟ᄒᆞ기로義兵을聚集ᄒᆞ[illegible]오[illegible]穀物을隨力否附ᄒᆞ라ᄒᆞ얏[illegible]義魁[illegible]聚默이라ᄒᆞ고

▲金城分派所電[illegible]를據ᄒᆞᆫ즉日人太田[illegible]長外一行은십八日에金城淮陽[illegible]山谷中에서數拾名의義兵과交戰ᄒᆞ다가義兵은平康方面으로退却ᄒᆞ고日[illegible]道譯은銃鉛에受傷ᄒᆞ야院中에入ᄒᆞ야[illegible]九日에死亡ᄒᆞ고義兵의死傷은不明ᄒᆞ다ᄒᆞ얏고

▲十九日에兎山方面에서義兵六十名이集合ᄒᆞ야日兵과交戰ᄒᆞ얏다ᄒᆞ고

▲鹿嶋ᄂᆞᆫ安眠郡에서相距百里인대民戶가六十餘戶오屯田兵八名이在[illegible]데洪州解散兵이[illegible]合ᄒᆞ야[illegible]前[illegible]日兵과接戰ᄒᆞ야偵[illegible]隊[illegible]衛[illegible]明ᄒᆞ다ᄒᆞ고島內에人影이永絕ᄒᆞ고家屋이空虛ᄒᆞ되[illegible]兵이孤島[illegible]ᄒᆞ야兵[illegible]搜索[illegible]대民家[illegible]放[illegible]ᄒᆞ고宣告ᄒᆞ[illegible]ᄒᆞ고

▲春川[illegible]邑[illegible]道路ᄂᆞᆫ僅通ᄒᆞ나邑底人心은悔ᄒᆞᆫ데觀察[illegible]가[illegible]ᄒᆞ야頓케ᄒᆞ니避亂ᄒᆞᄂᆞᆫ人이[illegible]增加ᄒᆞ야現今餘存은殘[illegible]酒[illegible]店[illegible]이오高灘里에서義兵[illegible]가黨徒三名을砲殺ᄒᆞ얏ᄂᆞᆫ대二名은私娼으로[illegible]者이오一名은民用물掠奪ᄒᆞᆫ인즉其行掠케[illegible]가[illegible]ᄒᆞ엿다더라

▲海外有山▼

▲주슴事端이何ᄒᆞᆫ지度支大臣高永喜氏ᄂᆞᆫ[illegible]財政顧問目賀田氏가[illegible]ᄒᆞ다ᄂᆞᆫ며前[illegible]正[illegible]가被任ᄒᆞ며[illegible]가[illegible]ᄒᆞ나고其[illegible]道ᄒᆞ엿스[illegible]大臣은大[illegible]功[illegible]位가[illegible]固ᄒᆞᆯ로般[illegible]人이知[illegible]獨히遐任이된다[illegible]宮[illegible]果是誰測이[illegible]고

▲[illegible]極[illegible]訓[illegible]給을[illegible]擬[illegible]라[illegible]에[illegible]照[illegible]ᄒᆞ얏[illegible]今[illegible]에[illegible]木[illegible]ᄒᆞ야[illegible]施ᄒᆞ기어렵[illegible]ᄒᆞ얏스니該[illegible]官[illegible]給이[illegible]移케ᄒᆞ[illegible]此[illegible]政府[illegible]恥[illegible]일[illegible]

▲近來[illegible]方[illegible]遞任되ᄂᆞᆫ換雜[illegible]出役[illegible]며[illegible]다[illegible]

[illegible]兵[illegible]에[illegible]獻ᄒᆞᄂᆞᆫ[illegible]路[illegible]로[illegible]幻[illegible]狀[illegible]ᄒᆞ다[illegible]止ᄒᆞ려[illegible]이[illegible]을[illegible]ᄒᆞ야政[illegible]底[illegible]理에[illegible]政碑로民[illegible]만禁止[illegible]ᄒᆞ야[illegible]政碑[illegible]지[illegible]ᄂᆞᆫ[illegible]스며[illegible]것소

▲[illegible]內에[illegible]張[illegible]玩[illegible]ᄂᆞᆫ女[illegible]的[illegible]設始[illegible]고[illegible]男女의[illegible]放公케[illegible]閑會[illegible]되얏[illegible]

▲間日[illegible]되면[illegible]子弟[illegible]고[illegible]敗ᄂᆞᆫ[illegible]가無[illegible]諸人이[illegible]金網雜코ᄌᆞ[illegible]玩[illegible]ᄒᆞ야[illegible]ᄒᆞ얏다[illegible]로고

▲帝[illegible]ᄒᆞ야[illegible]大韓人[illegible]ᄒᆞ니大韓人[illegible]心[illegible]케ᄒᆞ[illegible]

◉至急社告

美國湖市(西寺街一百十五番共立館內)有涉氏 所送金額新貨一百五十二圓七十六錢已爲領收이나[illegible]으로發送홈인지[illegible]

會議[illegible]

本人[illegible]州城內[illegible]에[illegible]하얏신즉該[illegible]中[illegible]覽ᄒᆞ실宴君子는該[illegible]來ᄒᆞ시며[illegible]이送致ᄒᆞ시옴

寄書

◎日人[illegible]韓人村落 (其[illegible]) 文[illegible]야[illegible]汝等은新[illegible]ᄒᆞ[illegible]可近[illegible]結ᄒᆞ야日冠[illegible]自我[illegible]休[illegible]和同[illegible]世界ᄒᆞ[illegible]無[illegible]ᄒᆞ다[illegible]가漸[illegible]可百餘오人可[illegible]州鹿[illegible]今一[illegible]閱[illegible]行[illegible]以ᄒᆞ[illegible]不忘ᄒᆞ다니[illegible]衣韓ᄒᆞ며[illegible]反히外人心腸[illegible]念ᄒᆞ고[illegible]人보다는[illegible]可偷이라다 完

[illegible]義塾趣旨書

[illegible]益我[illegible]介於[illegible]萬二[illegible]千有餘이오民族이計二千萬이라語其外交則近自日淸으로遠暨歐美히梯航相通ᄒᆞ고玉帛相聘ᄒᆞ야無往不交에傑然爲東亞自主之邦이러니近近則無外交耳라然則將永遠無外交而止歟아抑將藉諸義塾敎育而作挽回外交之起點歟아或曰此塾之設이即由[illegible]語等四[illegible]科目而組成則學可藉此一語學之義塾ᄒᆞ야謂之挽回外交이可乎아蓋此語學이雖曰外交上初近一部分이나凡於鄰國締盟聘問之際에交誼之疎密이未嘗不由乎譯言之能否則語學之關係가義重歟아語云杯勺이可以成滄海之深이오寸土가可以作泰山之崇이라ᄒᆞ니由此淺近之語學ᄒᆞ야繼長增高에進進不已則奚但挽回外交已也리오將與歐美列强으로並駕齊驅ᄒᆞ야光榮六洲를可拭目而竢이니惟我靑年은勉旃勉旃이어다

發起人 崔鴻淳 趙承敎

●義兵散去 洞東郡義兵은一齊散去ᄒᆞ얏다고[illegible]南觀察使金思默氏가內部로報告ᄒᆞ얏더라

●賊徒衛火 永同郡에ᄂᆞᆫ賊徒가衛火ᄒᆞ야八戶가延燒ᄒᆞ얏다고該郡守가內部로報告ᄒᆞ얏더라

●捕捉所遣 江華郡[illegible]府[illegible]가[illegible]被囚ᄒᆞ지라[illegible]質[illegible]이라[illegible]兵站所에捕捉ᄒᆞᆫ事이라더라 一進會員金君[illegible]

●[illegible]學 本月二十三日月曜下午一點半에[illegible]에서秋期[illegible]式을行ᄒᆞᆫ다더라

●挾雜綻露 [illegible]收租官[illegible]二萬二千[illegible]에約[illegible]가現露되여[illegible]收租官[illegible]ᄒᆞ면人은[illegible]가不少ᄒᆞ거ᄂᆞᆯ[illegible]收租官[illegible]가그[illegible]ᄒᆞ더라

●裁判繼續 官[illegible]事件으로日昨漢城裁判所에서各國領事가會同審辦ᄒᆞᆫ事ᄂᆞᆫ[illegible]告ᄒᆞ엿거니와[illegible]某[illegible]理院卿[illegible]代[illegible]某[illegible]該事件을未決ᄒᆞ야[illegible]裁判ᄒᆞᆫ다더라

●辯訓勒排 [illegible]義[illegible]東萊[illegible]挾雜ᄒᆞ야今年[illegible]考卜[illegible]結頭에[illegible]式[illegible]支部訓令ᄒᆞ고民間에[illegible]面長을受賂私[illegible]ᄒᆞ야民怨이狼藉ᄒᆞ다더라

●全羅報告 全南[illegible]部로電報ᄒᆞ되夫十[illegible]日朝에義徒九十餘名이[illegible]ᄒᆞ고十八日朝에[illegible]ᄒᆞ야不知所往ᄒᆞ고[illegible]라

●明川設校 明川郡[illegible]居[illegible]敎員[illegible]氏ᄂᆞᆫ一郡[illegible]首로名望頗重이[illegible]開悟時局ᄒᆞ고[illegible]敎育ᄒᆞ야即地設校이[illegible]將來[illegible]自[illegible]先[illegible]附金이萬餘[illegible]에達ᄒᆞ[illegible]來田[illegible]募集ᄒᆞ야[illegible]李河[illegible]兩氏가臨時敎授ᄒᆞ고師範科[illegible]聘ᄒᆞ[illegible]月俸은[illegible]으로[illegible]

●[illegible]抱川郡[illegible]塾卒業[illegible]本月七日에行ᄒᆞ얏ᄂᆞᆫ대[illegible]勅語[illegible]學[illegible]說明ᄒᆞ고塾監[illegible]海[illegible]氏ᄂᆞᆫ本塾來歷을說明ᄒᆞ고塾長[illegible]韓[illegible]氏[illegible]敎育大旨로勸勉ᄒᆞ고朴[illegible]天[illegible]兩[illegible]祝辭[illegible]李[illegible]天[illegible]大來賓[illegible]百餘人이[illegible]觀光[illegible]ᄒᆞ야敎育의趣旨[illegible]莫不稱頌ᄒᆞ더라此郡[illegible]有名ᄒᆞ[illegible]習慣이稍稍[illegible]되여다더라

●[illegible]明部[illegible]明川[illegible]崔河[illegible]太[illegible]가[illegible]士[illegible]習으로[illegible]此[illegible]局ᄒᆞ야[illegible]業可[illegible]建築ᄒᆞ고孔夫子의[illegible]後에[illegible]民間에派人[illegible]某[illegible]所[illegible]官吏[illegible]ᄒᆞ고[illegible]傳說이[illegible]ᄒᆞ더라

●[illegible]郡州[illegible]本人의先山이在於[illegible]州[illegible]祖父[illegible]時에[illegible]田[illegible]結[illegible]元[illegible]族人[illegible]定出[illegible]守護이옵더니[illegible]田[illegible]이沒於壬[illegible]本人弟[illegible]가[illegible]流離他鄕ᄒᆞ와久闕省墓이옵더니[illegible]祖父[illegible]塚을人[illegible]局內[illegible]位

廣告

本人의名在鏞와[illegible]字로改定하얏사오니[illegible]照亮하시옵

中和郡[illegible]武面龍湖洞居 [illegible]主事 [illegible]告白

▲乳母廣求

두살된으히롤젖먹일더인듸조곰도병업시집에와셔유모노릇ᄒᆞᆯ부인이잇거든 대한매일신보샤회계과로와셔의론ᄒᆞ시요

武官生徒募集

[illegible]武官生徒를募集하깃스니志願者ᄂᆞᆫ來十月一日午前十時에武官學校로來ᄒᆞ야應試ᄒᆞᆷ

試驗課目

一 國漢文
二 算術
三 地理 歷史

年齡은滿十六歲至二十歲
但[illegible]選된武官幼年學校徒도一體로再試ᄒᆞᆯ터이니
右項에可格만來ᄒᆞᆷ事

隆熙元年九月十九日 軍部

本人[illegible]陰二十七日에本人의姓名圖形[illegible]刻圖章을見失하얏기玆에廣告ᄒᆞᆷ

尹台鎭 告白

本人의從子兒名[illegible]이今在京城云ᄒᆞ니大寺洞十四統八戶[illegible]宅으로[illegible]訪ᄒᆞᆷ

平壤中和郡[illegible]村 李[illegible]一

本人子[illegible]龍[illegible]字ᄂᆞᆫ[illegible]彦인ᄃᆡ年至二十六에性本不良ᄒᆞ야出沒[illegible]地에[illegible]偽造文券으로欺人[illegible]而挾雜[illegible]主[illegible]ᄒᆞ오니內外國人은切勿見欺ᄒᆞᆷ

[illegible]面尹斗[illegible] 告白

漢城[illegible]藥房에서各種洋[illegible]藥[illegible]中에邦[illegible]水[illegible]各處[illegible]彦[illegible]으로取用ᄒᆞ심을[illegible]

[illegible]洋藥[illegible]
▲大瓶 三圜
▲小瓶 一圜五十錢

[illegible]濟衆院[illegible] 朴慈惠 告白

◉急々廣告

京州[illegible]主事[illegible]避[illegible]門第百三統九戶[illegible]步行客[illegible]亭雨家로오셔平壤[illegible]金大成을[illegible]望[illegible]誰某[illegible]該氏[illegible]見ᄒᆞ거던此家로指示ᄒᆞ심을切望

平壤人金大成 告白

近々工業이漸[illegible]ᄒᆞ야道路橋梁新設及山林[illegible]地等調査[illegible]遠近을不拘[illegible]及設計製圖等[illegible]

土木測量設計[illegible]所

京城[illegible]大門外[illegible]

主任[illegible] 告白

本人이[illegible]年[illegible]月에[illegible]應九[illegible]田[illegible]畓[illegible]復應七[illegible]當錢八[illegible]年四月ᄒᆞ야文券[illegible]以田畓與家舍로[illegible]로[illegible]文券[illegible]圖[illegible]告訴[illegible]新式成[illegible]訟中이오니內外國人은切勿見欺ᄒᆞ시옵

[illegible]居李錫雨 [illegible]

國債報償義捐金收入廣告

◉國債報償義捐金
九月中本社收入[illegible]
每日新報明細錄
◉九月拾九日
[illegible]五拾一號[illegible]州郡外西面
[illegible]光濟[illegible]入 一百四拾圓
計一百四十圓
[illegible]月拾[illegible]日까지收入總額
[illegible]百○六圓六拾錢五厘
[illegible]月至八月收入總[illegible]
[illegible]萬[illegible]百十[illegible]
[illegible]三[illegible]
[illegible]八[illegible]三[illegible]九厘
[illegible]金光[illegible]入
[illegible]名[illegible]己[illegible]子
[illegible]十[illegible]三[illegible]
[illegible]九[illegible]八錢
[illegible]一百[illegible]
[illegible]二[illegible]八[illegible]三

學員募集廣告

本校에서[illegible]員을[illegible]이니
願入僉彥은九月廿四日(陰曆八月十七日)내[illegible]入學請願書를
本校로來呈[illegible]試事
但入學請願書는本校로來購[illegible]
[illegible]所[illegible]備來[illegible]
一 入學年齡十二歲以上
一 [illegible]日[illegible]
[illegible]作文

[illegible]立漢城[illegible]校長金[illegible]

[illegible]
總務[illegible]
[illegible] 許[illegible]
[illegible]

[illegible]增[illegible]

[illegible]서[illegible]오니
[illegible]本月[illegible]日[illegible]야
[illegible]
[illegible]學 [illegible]歷史 地誌
[illegible]歷史地誌 算術
[illegible] 物理化學 生理學
[illegible] 醫學 [illegible]
[illegible]記

[illegible]學[illegible]
[illegible]英語[illegible]文
工業[illegible] 商學 經濟學
[illegible] 算術 木工
夜學[illegible] 英語 日語[illegible]
[illegible] 午下 生理學 化學
[illegible]取科目 國漢文[illegible]作文
[illegible]工課[illegible]以內[illegible]試
[illegible]十一日

[illegible]會[illegible]館[illegible]告白

[illegible]

平[illegible]居[illegible]에[illegible]七千
석의[illegible]대[illegible]
株타[illegible]가[illegible]리[illegible]兩
處의[illegible]이[illegible]야[illegible]田文
券을[illegible]業의[illegible]一[illegible]
某가本女의[illegible]券과[illegible]
山郡成歡[illegible]內
外草瓦家七十八間文券은一並
典執[illegible]八[illegible]
失失리[illegible]이[illegible]女에[illegible]
子[illegible]
[illegible]本[illegible]
[illegible]外國人[illegible]
[illegible]者에[illegible]本女[illegible]
[illegible]
[illegible]

商[illegible]解[illegible]
이死[illegible]
折[illegible]之人[illegible]
[illegible]由[illegible]
나命人[illegible]이[illegible]
[illegible]에[illegible]
[illegible]
이至爲二千五百[illegible]
人[illegible]으로[illegible]
[illegible]오[illegible]須
慈善[illegible]君子는[illegible]小[illegible]
救恤金을[illegible]
[illegible]
隆熙[illegible]月[illegible]日
發起人 정[illegible] 윤[illegible]
安[illegible] [illegible]
救恤[illegible]收合所 [illegible]城[illegible]
出[illegible]人[illegible]姓名[illegible]
大[illegible]申報社

[illegible]오[illegible]方[illegible]
[illegible]을[illegible]
南門[illegible]
◉刑法大全[illegible]
◉日語[illegible]全
◉幼年[illegible]
[illegible]所[illegible]

[illegible]藥[illegible]
[illegible]名[illegible]
[illegible]
[illegible]오니[illegible]
[illegible]이다
[illegible]
民事訴訟代理及刑事[illegible]
[illegible]
[illegible]

大韓每日申報
第五卷
第六百二十號

月曆及發行
歲時日休刊

大韓開國五百十六年
[illegible]
日本明治四十年
淸國光緖三十三年
歲次丁未八月小十五日甲戌

寄書

日本東京留學生

故主席生一千九百七年九月七日之土曜에大韓帝國留學生의[illegible]年會를日本東京市神田區西小川町會館에大開ᄒ니會員參拜가二百有餘人에達ᄒ얏ᄂ대盛況을[illegible]外에憂然ᄒ[illegible]所[illegible]音은[illegible]ᄒ니欽哉美哉라我海外留學生의[illegible]이從此成立ᄒ야[illegible]知[illegible]行ᄒ고親密者余關이로다[illegible]不手舞足蹈하야欣然[illegible]故아大抵我韓之種族保全도在此[illegible]力의[illegible]이오後日獨立權의恢復도在此團體力이니確實은已有大韓每日申報에[illegible]紙論說ᄒ니不必更陳이어니와伊日會員中一人의演說이靜々有理ᄒ야[illegible]人[illegible]故로[illegible]大槪ᄒ야不拘文[illegible]ᄒ고[illegible]列于左ᄒ노라

於鄙라惟我大韓이[illegible]邦으로東洋中土에據ᄒ야合國人士와性情與言語와衣服飮食이適於中而[illegible]共[illegible]歐洲의[illegible]ᄒ고[illegible]悲[illegible]之國이라ᄒ니[illegible]以韓[illegible]之[illegible]余[illegible]本邦獨立이不在[illegible]於[illegible]必[illegible]中이라ᄒ노라[illegible]外交[illegible]道德으로[illegible]活潑ᄒ自信으로[illegible]合ᄒ면[illegible]富[illegible]

而立ᄒ지라

余ㅣ閱此光貨[illegible]兩兒의剝奪ᄒ自恃ᄒ고純良ᄒ[illegible]害이可痛可惡ᄒ야所携[illegible]狀으로頑悍兩兒의[illegible]欲作[illegible]打[illegible]於[illegible]丈夫之威力ᄒ야[illegible]撤ᄒ더라現今二十世紀[illegible]東西洋[illegible]ᄒ야結[illegible]合要議ᄒ[illegible]務之[illegible]이라惟我[illegible]大[illegible]ᄒ야[illegible]信仰ᄒ야[illegible]시[illegible]大[illegible]ᄒ[illegible]

饒ᄒ財政이不過[illegible]에因然中擴張ᄒ야[illegible]兵과千百大砲라도無足[illegible]요今日已失ᄒ國權을[illegible]復ᄒ[illegible]라ᄒ노라

余ㅣ日[illegible]에[illegible]時에偶遇ᄒ더니何[illegible]兩兒가似是兄弟[illegible]一則年可十歲요一則年可七歲[illegible]인대天性純良ᄒ態度가外面에顯著ᄒ더라何[illegible]好之[illegible]可愛可敬하면서兩相歡[illegible]路上으로[illegible]二[illegible]剝奪[illegible]兒가[illegible]巧[illegible]ᄒ야怒目[illegible]ᄒ고[illegible]兩兒에[illegible]戲遊ᄒᄂ玩好인서上頭[illegible]之物을欲[illegible]力雖不足이나惜其玩好ᄒ야漸次抗拒에勢甚急迫ᄒ야堅執其物ᄒ고呼泣

行ᄒ諸般惡習이[illegible]不勝[illegible]이어니와余ㅣ年前에淸國에往返ᄒᆯ時에滊船을搭乘ᄒ고仁川港에來泊ᄒ야來人이[illegible]上陸[illegible]ᄒ니擧皆일을ᄒ버리고蓬頭ᄂ[illegible]목[illegible]ᄒ고빗설々々하면서往來ᄒᄂ지라心甚訝怪ᄒ야[illegible]良久타가[illegible]追想ᄒ니余亦[illegible]에입을ᄯᅡ버리고다니엿스되習慣에深染하야頓然不知ᄒ엿더니驗淸[illegible]外國人의貌樣을觀覽ᄒ다가[illegible]樣을[illegible]ᄒ더라此等[illegible]怪ᄒ[illegible]習慣의浸染이入路如是ᄒ니惟日[illegible]快斷ᄒ고우리[illegible]에[illegible]順受ᄒ야[illegible]永遠ᄒ[illegible]獨立을共享ᄒ기至誠切祝ᄒ노라

歷死로ᄒ고若不然則[illegible]其[illegible]骨을ᄒ야竟作[illegible]人케ᄒ며自[illegible]々文과歷史地誌[illegible]을다不習ᄒ고支那古書[illegible]ᄒ며人材ᄅ[illegible]用치아니ᄒ고門[illegible]하며勝己[illegible]朕之ᄒ고歷[illegible]

皇帝若曰朕이[illegible]洪基를丕承ᄒ바才[illegible]力[illegible]ᄒ야我太皇帝付托[illegible]ᄒ야[illegible]ᄒ야[illegible]息을不追ᄒ노니[illegible]ᄂ오今因時[illegible]에[illegible]故로朕이即位以來로大[illegible]ᄒ야獨막[illegible]革ᄒ고[illegible]一念이[illegible]國便民에[illegible]已라更張[illegible]多[illegible]로써[illegible]民이[illegible]致ᄒ야[illegible]ᄒ고[illegible]騷擾ᄒ니[illegible]가[illegible]隣[illegible]에[illegible]의[illegible]ᄒ야[illegible]不忍[illegible]起ᄒ[illegible]有ᄒ니朕故로靜[illegible]면朕의[illegible]가[illegible]ᄒ야[illegible]이未에[illegible]치못ᄒ[illegible]야[illegible]가上에[illegible]치못ᄒ에出[illegible]이니[illegible]在朕이라故百姓에게何[illegible]리오[illegible]에命ᄒ야[illegible]各道에宣諭케ᄒ노니惟爾[illegible]民은朕[illegible]ᄒ야[illegible]迷[illegible]ᄒ야兵[illegible]ᄒ고[illegible]家에[illegible]ᄒ야王法에觸치勿ᄒ고父母와妻子로더부러太平에[illegible]共享ᄒ자어다[illegible]政野ᄒ야[illegible]이라[illegible]ᄒ면[illegible]이錯치아니ᄒ[illegible]와[illegible]ᄒ[illegible]의[illegible]이[illegible]라

官報

隆熙元年九月二十日

●宮廷錄事

號外

太醫院口傳　啓曰昨於　前席仰瞻[illegible]諸節漸有[illegible]度[illegible]萬[illegible]進御之後益臻康復乎[illegible]時　診察不容暫緩伏乞[illegible]許臣等率[illegible]侍千万[illegible]祝[illegible]恐[illegible]　奏　答曰知道

太醫院口傳　奏曰[illegible]之[illegible]夜來益臻康復乎[illegible]伏[illegible]此時　診[illegible]伏乞[illegible]臣[illegible]人　侍[illegible]恐[illegible]　答曰知道

●第三千八百七十七號

隆熙元年九月二十日

◉宮廷錄事

諭下三道大小民人[illegible]

[illegible]內閣總理大臣[illegible]

[illegible]

任中樞院議官

任農商工部次官　劉猛
任法部次官　倉富勇三郎
任[illegible]工部[illegible]　岡[illegible]七郎

任法部[illegible]

任[illegible]

任[illegible]工業傳習所技手[illegible]

任[illegible]工業傳習所司監

任[illegible]北道[illegible]

外報

●[illegible]　[illegible]　[illegible]에對ᄒ[illegible]皇帝와[illegible]本皇帝[illegible]에[illegible]셧더라

●[illegible]北京電을據ᄒ則[illegible]ᄂ上奏ᄒ立[illegible]에[illegible]國[illegible]兩宮[illegible]復[illegible]

●排斥同盟會[illegible]人排斥同盟會[illegible]에[illegible]에[illegible]ᄒ야[illegible]ᄒ엿더라

●排外人會　[illegible]電을據ᄒ則來十月[illegible]港[illegible]에[illegible]ᄒ야[illegible]人排斥國際大會를開ᄒ다더라

●官軍不利　香港電을據ᄒ즉[illegible]에[illegible]ᄒ야激烈하야官軍數千名이[illegible]敗ᄒ故로[illegible]地에서[illegible]待ᄒ다더라

●[illegible]國[illegible]復의[illegible]　[illegible]와佛國公使間에[illegible]ᄒ야[illegible]

●[illegible]스[illegible]市에[illegible]氣球[illegible]는[illegible]와佛國에[illegible]스지[illegible]ᄒ엿고[illegible]리를[illegible]距離에飛揚ᄒ얏는대[illegible]을得ᄒ얏다더라

●[illegible]　[illegible]라港에서ᄂ[illegible]에[illegible]患者가千六百六拾三名인대死亡者가八百四十九人에達ᄒ고其他各地方에도病勢가[illegible]ᄒ다더라

●印人[illegible]　[illegible]度人이[illegible]ᄒ야[illegible]宿泊과食[illegible]ᄒᄂ故로[illegible]에서[illegible]ᄒ다더라

●[illegible]　東京電을據ᄒ則[illegible]ᄒ[illegible]에서[illegible]ᄒ야又[illegible]ᄒ야[illegible]되얏다더라

雜報

●[illegible]　[illegible]金[illegible]

●[illegible]　[illegible]

●[illegible]　[illegible]人의[illegible]

●[illegible]　[illegible]百[illegible]이라ᄒ얏더라

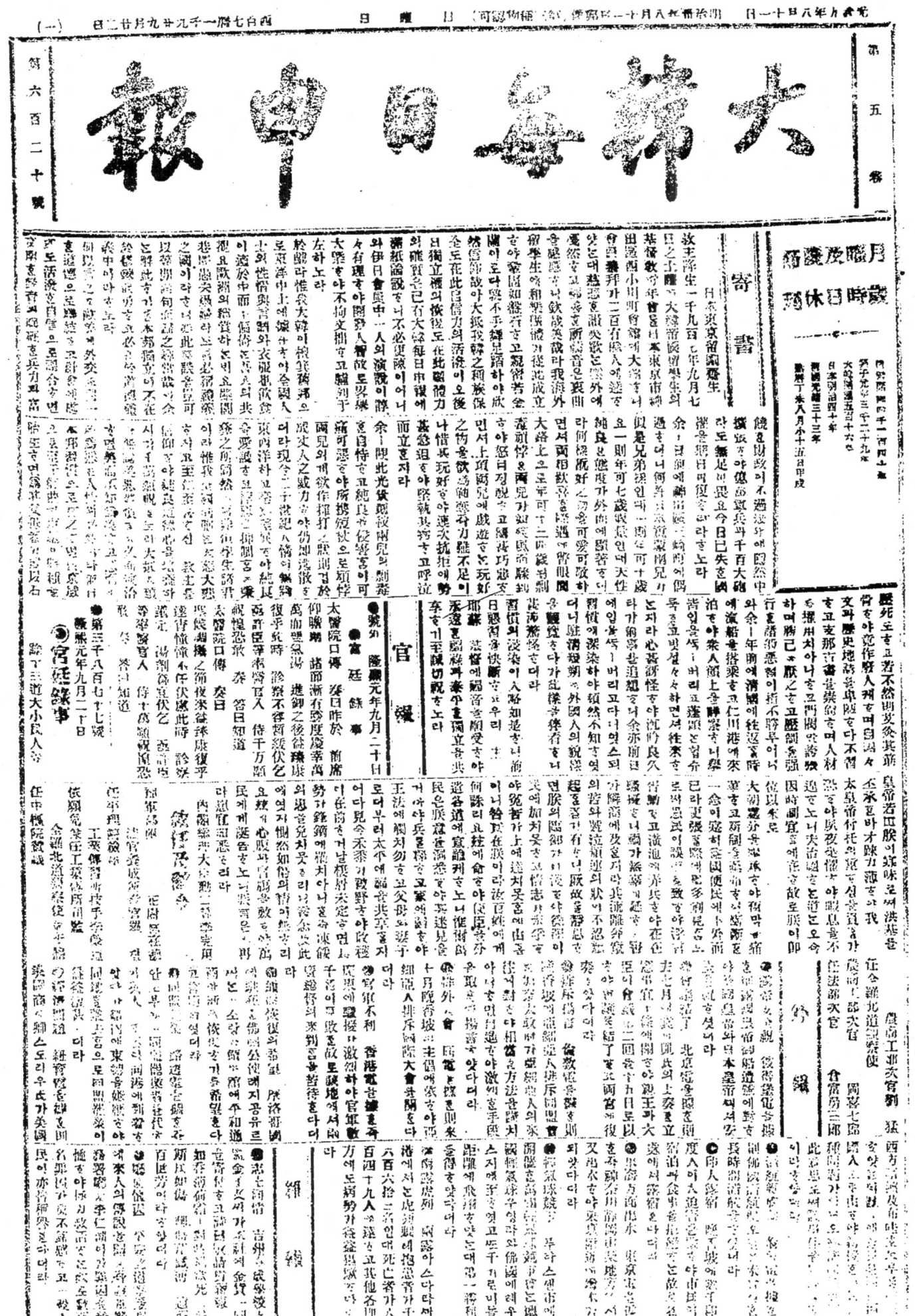

[illegible]美國[illegible]스도리우氏가美國[illegible]民이[illegible]더라

國債報償義捐金收入廣告

◎國債報償義捐金 九月中本社收入總額 每日逐号明細錄

●九月二拾日

第一五四二號 …郡禾山面各里 二百三十六圓八十錢

計二百三拾六圓八拾錢

九月二拾日까지收入總額 九百四十五圓四拾錢五厘

自四月至八月收入總額 五萬四千七百十四圓 九十三錢四厘

都總合五萬五千六百六十四圓三十三錢九厘

●平安…郡禾山面

金得華拾圓 金道興八圓 韓思逸七圓 孫乘漢 朴璟洙 金氏 各四圓 女金氏一圓 金致鼎 金寶鉉 咸熙績 金鳳興 孫時楠 金承國 金澤熙 리贊端 각三圓 라京麟 趙敏斗 각二圓五十錢 리光淑 리祚運 각二圓 子根春一圓 金瓚允二圓 子觀鉉一圓 石光柱 血濟璜 朴永德 朴志洙 宋辰貞 金澤田 宋浩俊 崔炳基 崔奉漢 金珍赫 盧成德 金治白 金致德 각二圓 子振興 子君七 子興興 子寶興 각一圓 리龍學 金有成 리炳雲 리炳寶 康達俊 金石希 韓洛信 金斗元 김貞戊 尚麟貞 孫時璟 리時和 리明淳 康仁寶 宋之鵬 김貞贊 宋辰漸 崔錫林 각一圓五十錢 [illegible] 三十錢 [illegible]

리雲燮 子致善 洪燦以 各一圓 金龍濬 五拾錢 劉汗麟 김元國 孫時贊 孫在后 金乾興 金成業 趙澤麟 孟宗八 鄭來洙 韓石俊 리관 리宗選 金孝源 宋之鵬 韓石貂 韓允濟 金龍九 朴用俊 金貞敎 全石善 孫時여 孫然後 金陽洙 崔應海 邊達濟 李勳 孫時吉 孫時俊 孫然鏞 朴仲和 車鶴範 韓仁石 리禎運 朴永禧 車濟訓 金道鉉 각一圓 김元柱 五十錢 金義浩 洪潤模 金智用 각七拾錢 張貨吉 리達憲 金官鮮 盧永珍 車在範 리孝根 朴宗根 咸陽烽 梁奉右 金子洪 各六十五錢 리元涉 金應三 各六拾錢 金昌錫 金興祚 石東洙 孫然淳 金治潤 趙澤文 金元亨 曹奉山 孟宗七 孫時杓 金一守 田炳九 車基範 리氏 韓天福 車麟範 金麟 金基用 金應兌 리元輔 韓永祚 金七星 金觀浩 金承元 宋官俊 金召史 楊濟學 朴成根 金永珍 金相乃 金相圭 리和俊 韓永縣 金學元 崔澤鉉 朴學龍 梁奉念 金奉雲 金俊成 宋極南 林官涉 金玉來 崔仁九 김京文 孫時仲 韓允根 馬召史 리輔選 金七星 金基昌 金俊弘 申寧善 康海三 金俊興 韓義閔 각五拾錢 金仁石 金信用 各四拾錢 文致範 全德吉 朴召史 韓成國 全元玉 鄭得璜 金利守 朴宗浩 金丁惠 리丁吉

리根英 金贊經 朴尙元 金珍根 林貞老 朴宗浩 宋允祚 金石根 金承根 리兄澤 鄭基贊 宋信雲 孫然興 鄭金贊 金石俊 康以貞 리古浩 朴珍用 安希太 全京涉 咸一善 孫然建 김珍淳 金呂恒 文學巳 康儒道 金貞夏 各卅錢 孫官九 廿五錢 金模三 리雨燮 金石吉 金應龍 崔在鉉 金呂江 金澤謙 리之和 曹奉德 金澤用 崔元淳 趙永學 리啓信 김一根 리秉然 金永瑞 金贊斗 金基涉 石奉斗 朴永涉 石近昔 金贊植 金斗洙 金潤允 리在德 朴仲錫 朴燦燁 殷元淳 白仁學 리德善 趙九稷 朴仁贊 朴贊貞 各二錢 吳召史 十五錢 池成ᄂ 朴明云 김鳳淳 리時雄 金鎭浩 各丁錢 金有信 宋得南 咸兄模 각五十錢 姜順福 三十錢 리允燮 朴承祚 韓元石 각卅전 金珍煥 一圓

合二百三十六圓八十錢

前號總合五萬五千四百二拾三 圓五十三錢九厘

都總合五萬五千六百六拾四圓三十三錢九厘

◎特別廣告◎

國債報償金七日所捧金額과 前合計이오 伊前日々지 所捧總合五萬四千九百拾圓拾七錢은 漢城銀行에 貯置하얏고 其會社內銀行에 貯置額中 三萬二千三百圓은 國債報償志願金總合所로 越交홈

…書舖에서 …머리 …多數買入하엿사오니 四方僉君子 速速購覽하시옵

南門內 …金永완 告白

●刑法大全 改正草案 全 四十錢

●日語獨習 全 五十錢

●幼年必讀 上下 八十錢

發賣所 銅峴下 古今書海館

大東寄宿舘

大東寄宿舘長 [illegible] 廣告

[illegible]

大東書館 … 漢植 廣告

[illegible]

◆生徒敎科書 … 學徒運動에 … 各種 美國金鷄納 衣服裁縫其他類賣도 廉價放賣하오니 諸君子는 來臨하심을 바라나이다

仁川港 [illegible]

民事訴訟代理及刑事辯護顧問 鑑定仲裁文案起草等諸般事務를 迅速處理홈

京城北署松峴三十四統四戶

辯護士 桂命夔

辯護士 李鍾聲

事務員法律卒業生 리源生

共同法律事務所

越南亡國史 國漢文

定價貳拾伍錢

發賣所京城廣通橋 … 鏡南鍾川郡 … 布屛下 김相萬 告白

원산과 성진간에서 본인이 … 소(牝牛) 를만이 … 잇스니 … 찻져 가오시옵

최봉준 고백

本人이 日本大阪商業室와 特約하고 日本內地産出各種物品과 西洋各種物品及機械等物을 大韓에 輸入하야 委託을 便利케 販賣하오니 僉君子는 其物이든지 請求하시거든 本社로 來議하시오 本社에서는 手數料 金만 受領홈

興業社本店 [illegible]

大戶 支店 京城南門內水橋五十一號 [illegible]會社

◆新에本人이 商店을 新設하고 左開物品을 美國서 直輸入하얏사오니 僉君子는 愛顧하심을 伏望

▲洋鞋각種 언모고 長靴各種

▲洋靴각種 時辰表각種

▲洋服(已成) 各種

▲上品紙 油紙 油衣

▲男襪각種 刀子각種

▲花布각種 반자紙각種

▲비누각種 양탄자각種

其他洋服附屬品多有

西署夜照峴 三街里二牌洋屋 加比老 郭漢承

◉增修無冤錄大全

登秩 五日 七十頁

定價金新貨七拾五錢

此增修無冤錄大全은 法律家에 緊要한 書籍이온데 年來現本이 絶稀에 至혼지라 故로 法部에 認可를 得하옵고 此를 新刊하야 難解한 句節이 無하도록 國漢文으로 解釋하오니 法律에 有志하신 이와 字牧之任에 계신이는 不得不 覽할 필요가 잇사오니 照亮購覽하시옵

中署布屛下 總發賣所 김相萬 發賣所

本社廣告

○申報價

一張代金 新貨二錢五厘

一個月前納 三十錢

三個月 九十錢

六個月 一圓七十錢

一個年 三圓四十錢

新貨通用

○廣告料

四號活字十三字詰 每日每英尺一寸에新貨 …錢 (每日每行六… 相當홈)

二週日에 二圓五十錢

一箇月에 五圓 (每日每行四錢 一星에 相當홈)

其期限외長短과字行의多數를 依하야 增減홈이 有홈

●大韓每日申報各處支社廣告

中署布屛門下 金相萬書舖

平壤上水口門內 金…

仁川 … 新聞舖 李東…

宜川邑 …

義州西門外 … 大…

釜山港佐川 …

三和港 …

咸興南州社西門外 曹…

開城培養學校 李…

大邱市 …

載寧邑濟衆院 …

鐵山邑東部 安…

元山倉前 劉七…

清州南門外 … 김…

海州南門內 … 朴…

定州南門內 洪成…

昌城郡校 … 許…

郭山興岩 …

安岳 …

博川 …

安州城內 …

鐵原邑 … 金…

高原邑 朴致吉

東萊 … 安…

濟州 …

大韓每日申報社

發行兼編輯人 英國人 裵說

發行所 南署石井洞 …

第五卷

大韓每日申報

第六百廿一號

月曜及慶節翌日休刊

檀君開國四千二百四十年
箕子元年三千二十九年
大韓開國五百十六年
日本明治四十年
淸國光緖三十三年
陰曆丁未八月十六日丙子

別報

(美國라임쓰報譯謄)

로스인질쓰에서발刊ᄒᆞᄂᆞᆫ라임쓰報에論說ᄒᆞ얏스되假令他人의家屋을借居ᄒᆞᆯ時에其主人의許可업시ᄒᆞᆷ부로入處ᄒᆞ면犯罪者라ᄒᆞᆯ지니今日에日本이韓國에對ᄒᆞ야ᄒᆞᄂᆞᆫ行動은確實히犯罪者라고ᄒᆞᆯ지라

何如ᄒᆞᆫ境遇던지正直ᄒᆞᆫ人은반다시正直을固守ᄒᆞᆷ과又치世界公論은恒常正直ᄒᆞᆷ을固守치아니치못ᄒᆞᆯ지라此時를當ᄒᆞ야日本이韓國에對ᄒᆞ야ᄒᆞᄂᆞᆫ行動을正直ᄒᆞ게判斷ᄒᆞ면何如타謂ᄒᆞᆯ가

韓國은果然獨立國이니獨立이라ᄒᆞ고보면日本은무ᄉᆞᆷ權利와무ᄉᆞᆷ權勢가有ᄒᆞ기로 皇帝를廢ᄒᆞ며該國都城에大砲를置ᄒᆞ고人民을ᄒᆞᆷ부로砲殺ᄒᆞ나냐韓國은老朽ᄒᆞᆫ國이라ᄒᆞ지만은今日ᄭᆞ지아직主權을不失ᄒᆞ엿고已往에淸國羈絆을受ᄒᆞ엿스나此ᄂᆞᆫ다만暫時間事라ᄒᆞᆯ터이오拾六世紀初 壬辰年에日本이鐵甲으로武裝ᄒᆞᆫ軍艦을將ᄒᆞ고脅迫ᄒᆞ엿스되反히日本을擊退ᄒᆞ엿스니其時代에朝鮮人은强壯勇敢ᄒᆞᆫ氣力으로成功ᄒᆞ엿스니此ᄂᆞᆫ고가시안人種과比較ᄒᆞᆯ만ᄒᆞᆫ지라然ᄒᆞ나韓國은他國의迫脅을休息ᄒᆞᆯ暇隙이업시受ᄒᆞ야淸國을免하면俄國이오俄國이아니면日本이侵略ᄒᆞ야今日此境에及ᄒᆞᆫ지라然ᄒᆞ나世界ᄂᆞᆫ韓國獨立을承認ᄒᆞ엿고韓國도獨立을公布ᄒᆞᆫ것은各國이記臆ᄒᆞᄂᆞᆫ비라

一千八百九十五年(乙未年)日淸戰爭以後馬關條約을見ᄒᆞ면朝鮮은淸國과干涉이업게되고完全ᄒᆞᆫ獨立國이되얏스니其間에俄國과日本의嫌이生ᄒᆞᆫ緣故로日俄戰爭이起ᄒᆞ야포스마우쓰媾和條約에日本은다만韓國外交權만차지ᄒᆞ게되얏고其外政權은韓國獨立體面을維持케ᄒᆞ기로承認ᄒᆞᆫ것이로대日本은恒常野心을抱ᄒᆞ고隙을伺ᄒᆞ야機會를待ᄒᆞ다가平和會議에使臣派遣ᄒᆞᆫ것을密使派遣이라고嘖을執하야今日變亂이有하엿스니

密使事件은무어시나獨立國된韓國은他獨立國과共히平和會에使臣을送ᄒᆞᆫ것이무ᄉᆞᆷ不可ᄒᆞᆫ事가잇ᄉᆞ며日本은密使派遣ᄒᆞᆫ賠償이라고 皇帝의位를易ᄒᆞ며大砲로威脅ᄒᆞ야國權을盡奪ᄒᆞ엿스니忠臣되시어다一千九百四年(甲辰年)韓日條約中에許ᄒᆞ기를

日本은韓國皇室을尊嚴케ᄒᆞ고獨立威權을鞏固케ᄒᆞᆫ다ᄒᆞ엿스니

巧詐ᄒᆞᆫ日本은此條約을違ᄒᆞ고韓國寶器를掘ᄒᆞᆫ지라當時에韓國은장ᄎᆞ세지못ᄒᆞ고잇다가畢竟今日에至ᄒᆞ야京城街路에流血成川ᄒᆞ고慘酷ᄒᆞᆫ地境을當ᄒᆞ고야비로소장ᄎᆞ세ᄂᆞᆫ것ᄀᆞᆺ도다日本은元來韓國의土沃ᄒᆞ고金銀銅鐵과石炭과無數ᄒᆞᆫ地物을生慾하야多年遊涎ᄒᆞ다가併呑ᄒᆞᆯ機會와開隙을伺ᄒᆞᆫ것은明白하도다然이나終末成敗ᄂᆞᆫ姑未可知로대다만世界各國은韓國과日本의今日狀態에關係되야何時ᄭᆞ지ᄯᆞ라도證據入되ᄂᆞᆫ것을注意ᄒᆞᆯ바이라ᄒᆞ엿더라

官報

◎號外 隆熙元年九月廿一日

◎宮廷錄事

大醫錄口傳 奏曰夜間

詔攝諸節何如昨於 診筵證候幾臻復常誠不勝攢抃之至而交感溫膽湯繼 進之後益有勝度乎箕在 保養之道隨時承察不容少懈 伏乞 亟許臣等率醫官八 侍千萬顒祝惶恐敢奏 答曰知道今已向差卿等不必入侍矣

●第三千八百七十八號

隆熙元年九月二十三日

◎宮廷錄事

詔曰親上致詞時承寧府總管以下別單書入

詔曰親上致詞時耆老所秘書장以下別單書入

內閣總理大臣勳二等臣리完用謹

奏 策封都監 冊封都監別單付中敍品敍勳下付閣議件臣等會議以入而臣完用臣載崑務蒙恩典惶恐不敢循例懷遐之意議上 奏 奉 旨賞典不必襃諭依別單判付施行

宮內府次官臣原定吉辭職疏

批旨省疏具悉特授意非徒然而旣有兼務之窒礙所請依施

◎敍任及辭令

秘書監郎鄭寅旭
侍從院左侍御趙鏞夏
奎章閣書記郎金奎鳳
江原道裁判所檢事安致淵
依願免本官

任秘書監郎 六品崔炳直
任侍從院左侍御 正三品李仁永
任 宣陵參奉 李人植
命京畿宣諭委員 正三品崔晶在 六品崔斗榮
命忠淸南北道宣諭委員 前副敎員리德楨 九品리春世
命慶尙北道宣諭委員 九品朴容圭 仝 리相應
命江原道宣諭委員 正三品權泰駿 六品金容孝
任江原道裁判所檢事 平理院主事奇東衍
解臨時帝室有及國有財産調査局委員 殷商工部次官劉猛
命臨時帝室有及國有財産調査局委員 內閣法制局長俞星濬
制度局理事金鎔濟
命臨時帝室有及國有財産調査局臨時委員 度支部稅務主事林炳稷
依願免本官 洪宅奭 前委員高錫弘
任度支部稅務主事

外報

●美國海軍力 紐育에서發行ᄒᆞᄂᆞᆫ統計表를據ᄒᆞᆫ則世界上第一强大ᄒᆞᆫ海軍力은英國이오欽甲船의完實ᄒᆞᆷ은美國보다優ᄒᆞᆫ國이無ᄒᆞ다ᄒᆞ얏더라

●西報論韓 桑港에서發行ᄒᆞᄂᆞᆫ美國新聞엑시미너에論說에云ᄒᆞ기를至今法國이摩洛哥에서行動ᄒᆞᄂᆞᆫ것이日本이韓國에서强奪ᄒᆞᄂᆞᆫ것과彷似ᄒᆞᆫ데日本이韓國에서行ᄒᆞᄂᆞᆫ대對ᄒᆞ야諸種議ᄒᆞᄂᆞᆫ國이無ᄒᆞ되法國이摩洛哥에서行ᄒᆞᄂᆞᆫ되對ᄒᆞ야ᄂᆞᆫ英德兩國이不平ᄒᆞᆫ意를表示ᄒᆞᆫ다더라

●三部山鳴動 日本松江電을據ᄒᆞᆫ則能義大原仁多三部境界되ᄂᆞᆫ三部山은本月初旬부터時々鳴動ᄒᆞᄂᆞᆫ데此數日은每日幾時間을震動ᄒᆞ고白烟이揚ᄒᆞᆫ다더라

●總督巡視 奉天總督徐世昌은二十三日前後로以ᄒᆞ야吉林黑龍江省을巡視ᄒᆞᆫ다더라

●張氏上奏의議決 北京電을據ᄒᆞᆫ則張之洞氏의上奏ᄒᆞᆫ立憲紀綱十八條를政務處大臣會議에附ᄒᆞ미右十八條中拾四條를議決되야不日上奏ᄒᆞᆯ터이라더라

●東京出水 本月拾八日來豪雨로以ᄒᆞ야東京市內低地에出水ᄒᆞ야荒川及多摩川에增水가되얏더라

●比律賓戒嚴 美國海軍은比律賓海面을嚴密히警戒ᄒᆞᄂᆞᆫ데日本人은더욱注意ᄒᆞ야夜則巡邏船數三隻이海上으로巡行ᄒᆞ고陸地에서ᄂᆞᆫ軍器廠에서ᄂᆞᆫ百餘드內에ᄂᆞᆫ誰某던지入ᄒᆞ지못ᄒᆞ게ᄒᆞᆫ다더라

●國府津에海嘯 本月十七日國府津附近海岸에東風이猛烈ᄒᆞ야激浪怒濤가相撲ᄒᆞᆷ으로陸地ᄭᆞ지汎濫ᄒᆞ야橋梁과家屋의流失이不少ᄒᆞ다더라

●德國과美人 昨年夏期에美國人이歐洲諸國에遊歷ᄒᆞᄂᆞᆫ者甚多ᄒᆞᆫ中에德國에遊歷ᄒᆞᄂᆞᆫ者만ᄒᆞ야도三十餘萬人에不下ᄒᆞ고旅客一人이德國에서消費ᄒᆞᄂᆞᆫ金額이七百八十弗로槪算ᄒᆞ면二億二千八百萬에達ᄒᆞ고又英國婦人이每年法國巴里에서衣服을製造ᄒᆞᄂᆞᆫ者가三萬人以上이니其費用이少不下一千萬弗이라더라

●紀州海嘯 拾八日東京電을據ᄒᆞᆫ則昨日北牟婁郡長島町에暴風雨로海嘯가되야人家破壞가一이오浸水ᄂᆞᆫ無數ᄒᆞ고又南牟婁郡에도海嘯로以ᄒᆞ야人家가浸水ᄒᆞᆷ으로民心이恂々ᄒᆞ다더라

學界

●池校新設 江華郡下道面沙器洞李範夏氏가用務를分撥ᄒᆞ야私立啓明義塾을設立ᄒᆞ고該郡鎭撫營納爲沈圭澤學監趙炳學諸氏가熱心敎育ᄒᆞ야進就의步가大有其望이라고稱譽가藉々하다더라

●學優可賞 鎭城郡公立小學校에서該郡居朱秉洙씨가靑年子弟를勸奬ᄒᆞ기爲ᄒᆞ야校費를優數히捐助ᄒᆞ며校務에熱心ᄒᆞᄂᆞᆫ故로該校에서副敎員으로選擧ᄒᆞ얏다더라

●孤兒院新設 京城孤兒院主李忠健씨가今番上京時에糧米數十石을得來ᄒᆞ얏ᄂᆞᆫ대今月頃道ᄂᆞᆫ僅々支撥ᄒᆞ여노ᄂᆞᆫ後月經度ᄂᆞᆫ全無計策이라ᄒᆞ며院主가該院에來到ᄒᆞ여曰今則自上으로剏設ᄒᆞ얏스니우리孤兒院諸任員도新設ᄒᆞᄂᆞᆫ거시可타ᄒᆞ고說明勸告ᄒᆞ야院主與諸任員이日間에一齊新設ᄒᆞᆫ다더라

●一校兩長 晉州公立普通學校長尹弼求씨가現今該校에서視務ᄒᆞᄂᆞᆫ대李滄鎬氏가該校에來ᄒᆞ야曰ᄒᆞ되學部에서我를校長으로敍任하얏기視務次로下來ᄒᆞ얏다ᄂᆞᆫ대尹校長은移職ᄒᆞᆫ다도無ᄒᆞ고該校에校長ᄒᆞᆫ證據가無ᄒᆞ니新舊校長兩氏가爭端理山中이라고該郡守人에確譽이有ᄒᆞ더라

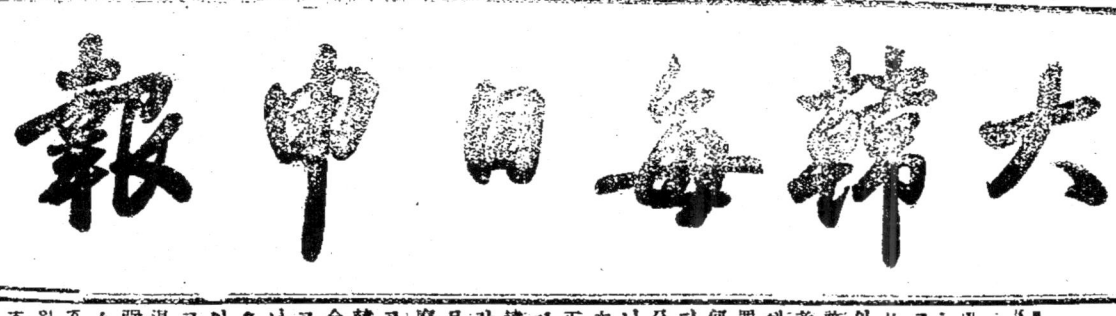

●洪校春試 忠南洪州郡月峴洪明學校에서春季學期試驗을經ᄒᆞ얏ᄂᆞᆫ대優等生은鄭稷謨趙廷來元榮益尹炳益尹炳烈氏인데多數ᄒᆞᆫ賞品을施與ᄒᆞ얏다더라

雜報

●勅駕定期 大皇帝陛下ᄭᅴ셔太廟展謁日子를陰二拾六日勅駕ᄒᆞ시기로內定이되얏다더라

●遊覽停止 再昨日宮內府에셔醫觀廳으로指揮ᄒᆞ되皇太子ᄭᅴ셔昨日高等學校에遊覽ᄒᆞ신다ᄒᆞᆷ으로醫觀廳에셔中署와北署에伸飭하야治道와醫衛節次를準備ᄒᆞ라ᄒᆞ얏더니有何事件이던지停止가되얏다더라

●完親王立后 完親王ᄭᅴ셔婚禮를未成ᄒᆞ시고喪逝ᄒᆞ셧ᄂᆞᆫ대先朝已例를依ᄒᆞ야顧問官李址鎔氏子海忠씨로 立后ᄒᆞ기로內定이되얏다더라

●帝有恩言 各道宣諭使가三昨日에辭陛ᄒᆞ얏다ᄒᆞᆷ은前報에揭載어니와傳說을據ᄒᆞᆫ則 大皇帝陛下게옵셔勅敎ᄒᆞ시되地方不穩ᄒᆞᆫ中에江原道가尤甚ᄒᆞ나ᄒᆞ니不日발程ᄒᆞ야家論戶說에使一般赤子로各安其業ᄒᆞ라ᄒᆞ옵셧다더라

●爆砲禁止 內閣에셔內部로照會ᄒᆞ되警務廳에訓令ᄒᆞ야街路上에兒童輩가或爆竹或紙砲를발ᄒᆞᄂᆞᆫ것을禁止케하라ᄒᆞ얏더라

●院長其人 度支部檢査院을設置ᄒᆞᆫ後에財政監査長目賀田씨가被任ᄒᆞᆫ다ᄂᆞᆫ說이有ᄒᆞ더라

●寄付出捐 各部大臣이博覽會協贊會에寄付金一百圜式捐出ᄒᆞ얏다더라

●鹽場視察의發程 度支部大臣高永喜氏가仁川郡製鹽場을視察ᄒᆞᆫ다ᄒᆞᆷ은已揭어니와昨日上午八時頃에京仁鐵道로發向ᄒᆞ얏ᄂᆞᆫ데該部各局課長들이一體隨行ᄒᆞ얏다더라

●平守請願 平山郡守洪應祖氏가內部로辭職請願ᄒᆞ얏다더라

●抱守署理 楊州郡主事某씨ᄂᆞᆫ免官ᄒᆞ고抱川郡守韓晩容氏로楊州郡守署理를敍任ᄒᆞ야昨日該郡으로派送하얏다더라

●宣諭告別 宣諭使諸氏가本日發程次로昨日內部에會同ᄒᆞ야該部大臣與局長에게告別ᄒᆞ얏다더라

●宣諭發程 宣諭使李舜夏金重煥兩氏가昨日內部에前往ᄒᆞ야該印章을奉承ᄒᆞ고今日발程ᄒᆞᆫ다더라

●整理費支出 度支部에셔軍部所管各解散隊整理費萬圜을支出ᄒᆞ얏다더라

●度部支撥 度支部에 洪陵裕陵幸行時各處道路橋梁修繕費一萬五千圜과各道宣諭使族費手當金一萬二千四百拾三圜을支撥ᄒᆞ얏다더라

●佳茗送上 製茶一業이殖産에要務라ᄒᆞ야農商工部에셔慶南觀察使의게訓令ᄒᆞ되河東郡에産出佳茗이라ᄒᆞ니該郡에飭ᄒᆞ야所産佳茗을限一斤送上케ᄒᆞ라ᄒᆞ얏다더라

●蔡씨放送 固城郡守蔡範錫씨가民擾事로監獄所에被囚ᄒᆞ얏ᄂᆞᆫ대法部에셔平理院으로訓令ᄒᆞ고該罪囚에게聖旨를布諭放送하라ᄒᆞ얏더라

●高守被囚 高敞郡守張命相씨ᄂᆞᆫ刑事上에審査ᄒᆞᆯ事가有ᄒᆞ다ᄒᆞ야平理院에被囚되얏다더라

●郡守越權 平南來信을據ᄒᆞᆫ則新任寧遠稅務主事李鍵輝씨가到任後에文簿를調査ᄒᆞ고與論을探採ᄒᆞᆫ則本郡守가稅政에關ᄒᆞ야頗有隱情이라該氏가本郡守를對ᄒᆞ야稅政은郡守의職務가아니거날胡爲越權干涉ᄒᆞᄂᆞᆫ야ᄒᆞ고强梗詰責ᄒᆞᄂᆞᆫ지라該郡吏屬이大段嫌憚ᄒᆞᆫ다더라

●南道阻絶 南來人에傳說을聞ᄒᆞᆫ則唐津沔川等地에義兵四五百名이集合하야鷄谷山中에駐屯ᄒᆞ고往來人을搜探ᄒᆞᄂᆞᆫ故로道路가阻絶ᄒᆞ고該兩郡에居ᄒᆞ던一進會員數拾名이去十八日에仁港으로逃身하엿다더라

●强盜捕捉 再昨夜中署行巡巡檢에南關等地布木廛에셔强盜二名을捕捉ᄒᆞ얏다더라

●邊氏橫罹 何許人이鍾路邊永秀圖書舖에來ᄒᆞ야姓名章을僞造以去ᄒᆞ야通信管理局에往ᄒᆞ야授錢推去ᄒᆞ얏던지邊永秀氏를該事件으로警務中署에被囚ᄒᆞ얏다더라

●洞民被殺 再昨日에日兵路干이軍物을運搬次로漢江에出往ᄒᆞ야商船四隻을執留ᄒᆞ미船人이驚怯ᄒᆞ야沒數逃走ᄒᆞ얏ᄂᆞᆫ대適其時에該洞民一名이江邊으로過去ᄒᆞᆫ즉日兵은船人으로認知ᄒᆞ고捕捉次로追ᄒᆞ미該人도如何事端을不知ᄒᆞ고卽地逃走ᄒᆞᄂᆞᆫ거슬砲殺ᄒᆞ얏다더라

●會所打破 安岳郡居李文永等이一進會所와學校를打破ᄒᆞ얏다고該道觀察使가內部로報告ᄒᆞ얏다더라

●江船執留 五江等地船隻을日兵이執留ᄒᆞ야糧種軍器等物을載ᄒᆞ고水上으로運去ᄒᆞᄂᆞᆫ故로近京江沿邊에船隻이空虛ᄒᆞ다더라

●靑守被害說 靑陽郡守趙鼓顯氏가義兵에게被害ᄒᆞ얏다ᄂᆞᆫ電信이該氏本第에到達ᄒᆞ얏다더라

●院主苦心 孤兒院主李殷瑢氏가該院經費가窘拙ᄒᆞᆷ으로維持ᄒᆞᆯ方針을熱心硏究ᄒᆞ야무삼實業的으로經費를補用코저ᄒᆞ야現今極力周旋中인데有志紳士들은該氏의敎育熱心ᄒᆞᆷ을贊成ᄒᆞᆫ다더라

●女學卒業 東門外舞鶴島養蠶女學校에셔陰七月二十九日에女學徒七人과男學徒一人이卒業試驗을經過ᄒᆞ얏ᄂᆞᆫ대養蠶實地를尹滋鎔氏에夫人崔淑卿氏가敎授ᄒᆞ고學文은龍山養蠶學徒卒業生으로農商工部技手를敍任ᄒᆞᆫ박正熙氏가敎授ᄒᆞ얏ᄂᆞᆫ대右兩氏에熱心敎授ᄒᆞᆫ結果로生徒八人에養蠶實地練熟ᄒᆞᆷ과學文에進就ᄒᆞᆷ을人皆贊頌ᄒᆞᄂᆞᆫ대卒業證書式은來賓에便宜를爲하야日間苑동女子敎育會內에셔設行ᄒᆞᆫ다더라

●李校漸旺 平安南道永柔郡李花學校ᄂᆞᆫ再昨年봇터設始하얏ᄂᆞᆫ데校長本郡守朴容觀氏ᄂᆞᆫ晝宵로靑年才子를勸勉奬勵ᄒᆞ고日本敎師正柳好彬씨와漢文敎師李相玉씨ᄂᆞᆫ高明ᄒᆞᆫ學識으로熱心敎導ᄒᆞ고校監幹事諸員도極力維持ᄒᆞᆷ으로該校情況이漸就興旺하야學徒가百餘人에達ᄒᆞ얏다더라

●沔守興學 沔川郡守朴芝陽씨ᄂᆞᆫ境內有志紳士와協議ᄒᆞ야帽山學校를設始ᄒᆞ고銅貨二百元을捐助ᄒᆞ매境內紳士의吳復善柳錫祿南震熙姜仁基金秉旭李敎性辛興敎姜魯述具然彭李鍾祥諸氏가熱心贊成ᄒᆞ야漢文敎師洪熙裕씨요算學敎師洪鍾寬氏로延聘ᄒᆞ얏ᄂᆞᆫ대出席學徒가二十餘名에達ᄒᆞ야興旺ᄒᆞᆯ端緖가有ᄒᆞ다더라

●英校就緖 中和郡培英學校ᄂᆞᆫ設立有年에學員이日增하야七十餘名에達ᄒᆞ얏스나財用未敷로幾至廢撤러니本郡守金然尙氏가熱誠贊助ᄒᆞᆷ으로校況이就緖하야將進ᄒᆞᆯ期望이恰有하다더라

●統監渡發期 二十一日東京電을據ᄒᆞᆫ則伊藤統監은二十七日大磯에셔發ᄒᆞ야宮島에來ᄒᆞ야笠置艦을乘ᄒᆞ고渡韓ᄒᆞᆯ豫定이라더라

●統監發程 二十二日發同電을據ᄒᆞᆫ즉伊藤統監은本日午後二時에村田少將과古谷秘書官等과大磯로發向ᄒᆞ얏다더라

●地方消息

▲二拾二日鳥致院電을據ᄒᆞᆫ즉同日에義兵約二十五名이武器를携帶ᄒᆞ고稷山郡衙를襲擊ᄒᆞ얏ᄂᆞᆫ대成歡驛에出動ᄒᆞᆫ日巡査三名이急往ᄒᆞᆫ즉義兵은旣히退却ᄒᆞᆫ지라適其時에郡守ᄂᆞᆫ不在ᄒᆞᆷ으로義兵이郡主事를結縛ᄒᆞ야人事를不省ᄒᆞ고該郡罪囚二名을放送ᄒᆞ얏다ᄒᆞ며또分派所에侵入ᄒᆞ야物品을搜索하고安城方面으로向ᄒᆞ얏다ᄒᆞ고

▲同日全義地方에셔軍隊輸送ᄒᆞᄂᆞᆫ臨時滊車발行時오拾二三歲된小兒가投石ᄒᆞ야哨子窓이破碎ᄒᆞ엿다ᄒᆞ고

▲拾八日陰城無極場市에義兵七百名과砂亭里에三百名이駐屯하얏ᄂᆞᆫ데當夜에陰城邑을襲擊ᄒᆞᆫ다揚言하고砂亭里에在ᄒᆞᆫ義兵은洋銃을持ᄒᆞᆫ者가一百五十名이오火繩銃을持ᄒᆞᆫ者가百五十名인대其中에韓兵百餘名이混雜ᄒᆞ얏다ᄂᆞᆫ데日兵幾小隊ᄂᆞᆫ陰城으로부터十九日未明에砂亭里로발向ᄒᆞ야義兵과交戰ᄒᆞ야義兵의先頭ᄂᆞᆫ鞍部에退陣ᄒᆞ얏다가擬砲火와如ᄒᆞᆫ것을日軍隊를向ᄒᆞ야猛烈히射擊을開始ᄒᆞ미日兵은南方山上으로敗走ᄒᆞᆷ으로義兵이追擊을猛加ᄒᆞᆫ則東西를不分ᄒᆞ고四散逃走ᄒᆞ로義兵大部ᄂᆞᆫ無極市로向ᄒᆞ얏고

▲二十日春川東方約十里許에셔義兵과日兵이互相衝突ᄒᆞ야數時間을戰鬪ᄒᆞ얏ᄂᆞᆫ대死傷은未詳이라고하고

▲去十五日英陽北二十里許에셔義兵과日兵이交戰ᄒᆞ다가義兵은盛德方面으로向ᄒᆞ얏다ᄒᆞ고

▲東海岸蔚珍方面에ᄂᆞᆫ義兵이尙此屯駐ᄒᆞ얏다ᄒᆞ고

▲各地方에義兵이折倒ᄒᆞᆫ電柱가總히五百八拾一株에達ᄒᆞ얏ᄂᆞᆫ대京釜線에셔忠州[illegible]州間四拾里貳百四拾本이오京城忠州間에셔利川ᄭᅡ지電線不通ᄒᆞᄂᆞᆫ處가有ᄒᆞ고利川과鳥致院間에約四十里에二百四拾本이오長湖院忠州間約拾五里에ᄂᆞᆫ九十本인데同地附近에ᄂᆞᆫ義兵이最多ᄒᆞᆫ處라其被害가多ᄒᆞ고其外京城春川間에五個所가被害되얏고京元線우樓院에十一本이오楊州附近에義兵이蜂起ᄒᆞ야春川方面ᄭᅡ지電柱가破壞하얏다더라

東京電報

●伊藤着京期 十三日發 伊藤侯ᄂᆞᆫ本月三日에京城에着ᄒᆞ야大會議를開ᄒᆞ고對韓方針을定ᄒᆞ야大韓設備ᄒᆞᆷ을待ᄒᆞ야議會開會前의職務ᄂᆞᆫ副統監의게委ᄒᆞ고歸朝ᄒᆞᆯ터이라더라

▲推玉藏金▼

▲日前內部郡守蔡洙榮을內閣에셔不公ᄒᆞᆷ이多ᄒᆞᆫ則當此地方騷擾之時ᄒᆞ야任非其人이라ᄒᆞ야己爲勿施ᄒᆞ고內閣에셔更히曾經善治守令와平日에聲價가有ᄒᆞᆫ諸氏로擇望敍任ᄒᆞᆫ다고物論이行ᄒᆞ더니果然그럿케될ᄂᆞᆫ지

▲內部에셔各地方郡守가任命多日에尙未赴任ᄒᆞᆫ者와受由上京ᄒᆞ야無故逗留ᄒᆞ며動靜을觀望ᄒᆞᄂᆞᆫ者를免官ᄒᆞ기爲ᄒᆞ야方今調査中이라ᄒᆞ니그런일은ᄒᆞᆯ만ᄒᆞᆫ일이오

▲內閣官報課에一年經費가三千八百五十圜이라ᄂᆞᆫ데該金額中에셔各地方에所付ᄒᆞᄂᆞᆫ新聞料八百餘圜을度支部에請求ᄒᆞᆫ지가五朔이되되尙不支撥ᄒᆞᆷ으로該課ᄂᆞᆫ自然廢止ᄒᆞᆯ境에至하얏다니度支部에셔許多浪費로國庫金을蕩盡ᄒᆞ면서國家에有益ᄒᆞᆫ事務ᄂᆞᆫ一不顧念ᄒᆞ니무含셈인지

▲日兵幾名이日昨漢江에前往ᄒᆞ야軍需米를輸運ᄒᆞᆯ次로該洞居民을役夫로募集ᄒᆞᄂᆞᆫ데一般人民等이恐怯ᄒᆞ야각其登山避身ᄒᆞᆷ의該동이空虛ᄒᆞ얏다ᄒᆞ니人民騷擾ᄂᆞᆫ京鄕이一般이로고

▲銅峴博覽會內에園藝模範을設置하얏ᄂᆞᆫ대周回ᄂᆞᆫ不過六米突인데所種花卉ᄂᆞᆫ不過是一年菊及其他雜草幾種이오其傍에ᄂᆞᆫ竹片을挿ᄒᆞ얏스니一小兒遊戲物이라所謂物品價와그役價外에또賞與金으로千三百萬圜을該部에셔日人에게支給ᄒᆞ엿스니주ᄂᆞᆫ사ᄅᆞᆷ도廉恥업고밧ᄂᆞᆫ사ᄅᆞᆷ도염恥업더구

▲日本人마에다라ᄒᆞᄂᆞᆫ者가假人의偵探軍으로指目을受ᄒᆞᄂᆞᆫ者인데去月拾八日에東경市를過去ᄒᆞᆯ際에一隊人民이會集ᄒᆞ야大呼曰以我帝國人民으로假偵探軍노릇하ᄂᆞᆫ者ᄂᆞᆫ살려두지못ᄒᆞᆯ이라ᄒᆞ고一時에打殺ᄒᆞ엿다니大抵日本人民에愛國特性은韓國人民의比ᄒᆞᆯ바아니로고

◉社告

地方各支社와 個人購覽員에게 本申報配達이 或滯留或遺漏가 非一非再인바 但以書辭通知가 確據가 無ᄒ야 郵便局交涉이 難便ᄒ니 此後로ᄂᆞᆫ 申報封皮에 出付와 收到日付印期限이 過隔者를 摘拔聚合ᄒ얏다가 本社로 委送ᄒ심을 爲要홈

各地方에셔 本申報購覽ᄒ시ᄂᆞᆫ 中 或二三朔代金未納ᄒ신 僉彦의게ᄂᆞᆫ 來十月一日부터 停送ᄒ올터이오니 本月內로 未納金을 爲替換送ᄒ오셔 無至停送케ᄒ심을 其望

本支社員을 濟州城內一徒里 客舍등高亨來氏로 定하얏신즉 該附近地 本申報購覽ᄒ실 僉君子ᄂᆞᆫ 該支社로 請求ᄒ시며 代金도 該氏의게 送交ᄒ시옵

大韓每日申報社

雜纂

國之强弱은 在乎國民之團結與否 (留學生會報論說)

現時世界人數를 總計ᄒ면 十六億의 多에 達ᄒ니 人類社會의 全盛時代라 稱ᄒ리로다 於是에 或數萬數十萬 或數百萬數千萬으로 乃至數萬萬ᄒ히 種而別之ᄒ고 族而聚之ᄒ야 五大洲上에 星羅棊布ᄒᆫ 三十餘箇國民團體가 有ᄒ도다

其大小가 不齊ᄒ고 文野가 有異ᄒ야 日進月步ᄒ 競爭이 不息ᄒ고 優勝劣敗로 吞倂을 是事ᄒ야 彼强者明者ᄂᆞᆫ 盡心機之靈巧ᄒ고 彼窮者暗者ᄂᆞᆫ 窮宇宙之源竇ᄒ야 鷹揚虎視에 享無上之福利ᄒ고 彼弱者暗者ᄂᆞᆫ 或奄奄如西墜之日ᄒ며 或耿耿如油盡之燈ᄒ고 不然이면 舁祖宗之疆土ᄒ야 爲他人之隷屬라가 終陷于澌滅烟消之慘境ᄒ나니 嗚呼라 此豈興乎아 常乎아 宜其然乎아 自造物而賦之면 均是人也라 雖强誰弱이며 誰優誰劣이리오 且夫所謂强者ᄂᆞᆫ 豈嘗三頭六臂와 四耳八眼으로 有挾山超海之能과 掀天動地之術이며 所謂弱者ᄂᆞᆫ 亦何嘗傀儡연々ᄒ야 無靈無覺之蠢物而已哉아 均是上帝赤子也며 均是國土之人民也어날 然而如此者ᄂᆞᆫ 必有所因原處也로다

窃觀東西古今에 無論何國何代ᄒ고 其國民之團躰結集中者ᄂᆞᆫ 强ᄒ고 分裂離中者ᄂᆞᆫ 弱ᄒ니 未有以流離渙散하고 忘公營私ᄒ야 箇々孤立之民으로 爲國者也라 從約已解에 六國이 亡ᄒ고 楚歌가 起에 霸王이 死ᄒ니 烏合之衆은 孫吳도 不能將也오 解剖之躰ᄂᆞᆫ 扁倉도 不能活也라 未完

平安南道永柔郡禾山面國債報償會趣旨書

嗚呼噫嘻라 惟我大韓同胞여 既有秉彝之性則又豈無愛國之心乎아 今此國債報償ᄒᆯ 意로 歷有諸氏之勸諭ᄒ고 又有幾氏之布告ᄒ야 一唱百應ᄒ고 百唱萬應ᄒ니 至於吾儕ᄒ야ᄂᆞᆫ 何敢架鱉別議而吾儕도 亦化育中一物也라 本郡本面은 民不過二百餘戶오 財未有數千餘金者ᄒ니 力既不及에 誠亦何用고 敢設小會하고 蟻附鳩聚ᄒ야 合同金二百三拾六圜八十錢을 晤慚寶呈ᄒ오니 或可爲泰山之片壤과 河海之細流일지 幸勿見誚

發起人 朴容觀 李雲燮
金潤起 金基昌
會長 李祥運 事務 石光柱

●靑會實學

靑年會에셔 來書가 如左ᄒ니 大抵人類가 此世에 處ᄒ야 自己의 百體에 如何홈을 知코ᄌᆞᄒᆯ진ᄃᆡ 何如히 呼吸ᄒ며 如何히 食物이 筋肉을 滋養ᄒ며 何如히 身體를 健强케ᄒ야 百病感觸을 脫免ᄒᆯ 諸般躰質을 推究홈은 不可不 生理學을 勉强치 아니ᄒ면 全然 不知ᄒᆯ지라 近日에 靑年會學館에서 每月水金曜下午四点半에 特別히 生理化學을 敎授ᄒ야 有志年少로 體質上에 何如홈과 嘗時不捨ᄒᄂᆞᆫ 空氣水火等及其他 化學的變化와 各項藥材로 實地를 經驗ᄒ야 每火木土曜下午四点半에 洪錫厚 朴瑞陽 兩씨가 盡心敎授하며 手足을 勤作ᄒ야 日用使物에 最要히 需用ᄒᄂᆞᆫ 木工을 專門으로 學習케ᄒᆫ다ᄂᆞᆫ대 現世歐美列國에서 新發明ᄒᆫ 機械를 使用ᄒ야 學生으로 學習ᄒᄂᆞᆫᄃᆡ 便利케ᄒ며 非但箱櫃子等 木工만 敎授ᄒᆯ뿐아니라 測量圖學 算術生理諸般科程으로 每日上午九点부터 上學ᄒ야 下午二時에 下學케ᄒᆫ다ᄒ니 今日靑年은 歲月을 虛送치말고 如此善美ᄒᆫ 目的을 遂ᄒ면 於國於家에 大效大實力이 有ᄒ리라ᄒ엿더라

▲贊醒歌 (元) 寥兮 生

우리人生 此世界에 / 儻然ᄒᆯ 임무 엇인고
내ᄒᆫ몸을 도라보라 / 온全國을 도라보라
알어라응 알어라응 / 알시구나 알일이라오
셔여라응 셔여라응 / 셔려무나 셜날이라오
後斂

내ᄒᆫ몸도 重치마는 / 二千萬이 더 만코나
이ᄒᆫ몸을 ᄇᆞ리고셔 / 二千萬을 사고보면
後斂

그利益이 엇마되며 / 그榮光이 엇ᄯᅥᄒ랴
榮光利益 姑舍ᄒ고 / 國敗家亡 然後에ᄂᆞᆫ
後斂

그몸ᄎᆞᆺ차 망ᄒᆞᄂᆞ니 / 어ᄃᆡ가셔 置身ᄒᆯ가
그러모로 忠義烈士 / 나라爲히 죽고살고
後斂

草木又ᄒᆫ 一個物件 / 몸을 앗겨 躊躇마소
몸은 죽다ᄒᆯ지라도 / 死後忠節 되가리도
後斂

頑固ᄒ고 未開ᄒᆫ者 / 恒茶飯에 ᄒᄂᆞᆫ말이
어ᄂᆞ나라 도아줄가 / 天運오면 回復될가
後斂

天運回復 밋지말고 / 他人依賴 더욱마소
自强力이 업슬지면 / 天運인들 엇지ᄒ며
後斂

自治實力 업고보면 / 他人인들 엇지ᄒ리
내實力을 내가돕고 / 내나라를 내가ᄉᆞ랑
後斂

日就月將 又明進步 / 거름々々 나아가셔
奴隷羈絆 버서나고 / 自主獨立 ᄒ여보세
後斂

나라爲히 奮發ᄒ고 / 同胞爲히 設方하야
無窮思想 無限恨을 / 慷慨悲歌 노리ᄒ니
後斂

大韓天地 넓은江山 / 和唱ᄒᆯ이 몃々쳔고
이노ᄅᆡ를 和唱ᄒ여 / 同志者가 多數되면
後斂

愛國誠이 自在ᄒ고 / 團合力이 自然成立
이내同志 알어라응 / 우리同胞 셔여라응
後斂

●正誤 本報第六百二十號不平秋辭란 題下에 美國과韓國句節은 美字下에 國과ᄉ國에ᄂᆞᆫ 勞動者排日이 生ᄒ고 十二字가 脫落되얏기 玆以正誤홈

●傳之者誤 去土曜日本報欄內에 [illegible]南復趙漢默兩氏의 風情이 囊滿云云은 更聞則右兩氏가 本不染跡於此等行爲인ᄃᆡ 必是傳者之誤矣라더라

廣告

本人이 姓名을 圖形으로 刻ᄒᆫ 圖章을 見失ᄒ엿기 玆에 廣告ᄒ오니 誰某拾得이라도 勿施홈

李尙穡 告白

本人이 藍浦郡主事로 薦報된것은 本郡守가 公薦으로 ᄒᆫ것인대 何許人이 本郡守의게 納賂圖得ᄒᆫ 樣으로 構誣成說ᄒ야 申報에 揭載되얏스니 此乃初無之事이온ᄃᆡ 橫遭此謗이기로 玆에 辨明홈

藍浦 金在一 告白

◉隨意專門科廣告

本校에서 漢語日語를 速成夜學으로 하던바 一新改良ᄒ여 陽曆十月一日부터 英語算術簿記를 添八ᄒ오니 願學僉員은 陽曆本月三十日內로 來臨ᄒ심을 爲要홈

▲科程及年限時間은 如左홈

漢語英語ᄂᆞᆫ 十五個月式으로 日語ᄂᆞᆫ 十二個月로 簿記ᄂᆞᆫ 六個月로 算術은 十個月로 ᄒ되 甲班의ᄂᆞᆫ 自少數요 乙班의ᄂᆞᆫ 自四則初요 時間은 下午六点半至十点半

典洞官立漢語學校內
私立中東夜學校 告白

去八月二十日 江原道春川居李東根廣告中에 本人所有 淸州西面烏致院後坪沓二十六石落과 綿花田三十三日耕文券을 典執於李東根ᄒ고 限以五月三十日ᄒ야 若過此限則該庄土를 永爲許給事라ᄒ얏시니 本人이 久在鄕第하야 未見新聞라가 今始聞之ᄒ고 覓見該新聞則果有李東根廣告矣라 本人與李東根으로 素昧平生이고 且無田沓文券典執事이온ᄃᆡ 未知緣何曲折ᄒ야 如是搆捏이온지 玆에 廣告ᄒ오니 內外國僉君子ᄂᆞᆫ 李東根의 廣告가 虛無孟浪ᄒᆫ 事로 照亮ᄒ심을 伏望

淸州玄巖 李冕永 告白

本人의 從子兒名미덕이 今在京城云ᄒ니 大寺洞十四統八戶 寶烈宅으로 來訪ᄒᆷ

平南中和郡唐村 李[illegible]一

▲乳母廣求

두살된 ᄋᆞ히를 젓먹일터인ᄃᆡ ᄌᆞ긔 ᄋᆞ히 업시 집에 와셔 유모노릇ᄒᆯ 부인이 잇거든 대한매일신보샤 회계과로 와셔 의론ᄒ시요

故承旨沈宜純이 既無嗣續ᄒ야 生家仲兄宜常之次子로 立后ᄒ얏더니 沈承旨神主에ᄂᆞᆫ 傍題ᄒ고 以上祖先祠堂에ᄂᆞᆫ 稱以游翩ᄒ깃스니 十五歲前에ᄂᆞᆫ 不可傍題라ᄒ야 初不傍題ᄒ고 王大夫人喪에 承重은 尙矣라 魂帛으로 三年終喪ᄒ고 至於大祥日合독之時ᄒ야 坤位에ᄂᆞᆫ 孝孫成澤奉祀라ᄒ고 乾位ᄂᆞᆫ 孝子宜純奉祀라 傍題ᄒ야 安[illegible]失禮가 罔有紀極而 以上祖上祠堂은 仍舊以來ᄒ야 至于今仍傳이고 又言養母死後에야 乃可送養이라ᄒ고 生父宜常은 流涎於財産ᄒ야 寡居弟嫂李召史와 百般誘之ᄒ야 欲爲逐出後 沒呑産業故로 沈門老少가 齊會ᄒ야 論罪宜常之罪ᄒ고 昨年九月分에 宗會ᄭᆞ지ᄒ고 罷養ᄒᆫ後 以十四寸宜一之次子喜澤으로 立后而門長着啣ᄒ여 呈于掌禮院ᄒ야 至有 奏[illegible] 旨之禮曹이거늘 沈承旨之內從尹聖善이 年々正租二十五石式과 錢二百元을 討索ᄒ기로 以窘塞으로 不能施行이러니 含嫌ᄒ야 罷養成澤之兄의 妻父李起憲을 符同ᄒ야 與沈宜常으로 三人이 共謀에 百般挾雜ᄒ야 欲圖囑內外國法官辯護等事云々ᄒ오니 幸須內外國文明僉君子ᄂᆞᆫ 切勿見欺ᄒ심을 千萬切仰

水口門內靑寧橋一百四十九統八戶 李召史 告白

本人의 先親이 早孤餘生으로 賴張氏之厚恩收養ᄒ와 生時에 以張爲姓이 幾十年온 不負收養之恩이옵더니 臨終時遺言이 如此ᄒ시고 不失本姓이 理之當然이옵기 還本姓ᄒ와 張在[illegible]을 以車圭鎬로 廣布ᄒ오니 知舊間照亮ᄒᆷ

典洞三十八統加三戶 車圭鎬 告白

이쇼셜은 슌국문으로 리우ᄌᆞ미잇게 문드러 일반국민의 익국ᄉᆞ상을 비양ᄒᆞᄂᆞᆫ 칙이오니 익국ᄒᆞᄂᆞᆫ 유지ᄒᆞᆫ 남ᄌᆞ와 부인은 만히들 사셔보시오

근셰뎨일 녀중영웅 라란부인젼 (羅蘭夫人傳)
젼부 ᄉᆞ십일 페지
뎡가금 신화 ᄉᆞ십젼
디방에ᄂᆞᆫ 신화 오젼

◎발매소◎
남셔 대한ᄆᆡ일신보샤
셕졍동
배젼병문 아래 광학셔포
인쳔 싸리저 긔신칙ᄉᆞ
남문안 샹동 박문셔관
구리기 아래 고금셔회관
종로 대동셔관
평양 셜녀동 교육셔회시

本俱樂部被服地質價를 本月三十日內에 軍部副官朴榮喆의게로 來納ᄒ되 過限不納ᄒ면 本部에셔 相當ᄒᆫ 處置를 行ᄒᆯ事

軍人俱樂部

廣告

●乾材洋藥發賣

漢城鍾路慈惠藥房에셔各種洋藥을廣貿ᄒᆞᄂᆞᆫ中에邦補益藥水를極擇廣貿하오니內地各處僉彥께셔小包郵便으로取用ᄒᆞ심을仰望

▲大瓶　三圜
▲小瓶　一圜五十錢

乾材洋藥發賣人 濟衆院醫學員 朴慈惠 告白

近々工業이漸隆ᄒᆞ야道路橋梁新設及山林田畓宅址等調査의關係時急키로本所ᄂᆞᆫ遠近을不拘ᄒᆞ고以上諸測量及設計製圖等囑托의特히應ᄒᆞ옴

京城西大門外南便第六家
土木測量設計囑託所
主任 金之煥 告白

本人의당主竹南永信도서울海州李時彥家留宿ᄒᆞ다가見失ᄒᆞ엿사오니以此照亮

雲津茄川面裴昌熙 告白

向者軍대解散時에負傷將卒中에死者ᄂᆞᆫ已矣어니와折腰折臂折脚之人은命脉은尙存이나運動未由라該人等이將欲自裁ᄒᆞ니令人鼻酸이라本人等이往見慰勞ᄒᆞ고西醫에게以印度膏도擬製臂脚이온則八人의製費額이至爲二千五百圜之多인바一人助力으로難見奏効ᄒᆞ와玆以廣布ᄒᆞ오니望須

慈善僉君子ᄂᆞᆫ勿拘多小ᄒᆞ시고救恤金을寄付ᄒᆞ와使陷死廢軀로拯濟ᄒᆞ심을爲要

隆熙元年九月日
發起人 정규煥 尹秉勳 安昌鎬 嚴成煥

救恤金收合所 皇城新聞社 大韓每日申報社

出금人의姓名은新聞에廣告ᄒᆞᆷ

▲學員募集廣告

本校에셔學員을試選ᄒᆞᆯ터이니願入僉彥은九月廿四日(陰曆八月十七日)에入學請願書를本校로來呈ᄒᆞ고仍爲應試事

但入學請願書ᄂᆞᆫ本校로來購ᄒᆞ고試驗時所用筆墨을携來ᄒᆞᆷ

一 入學年齡十二歲以上
一 試驗課目 國漢文讀書及作文

官立漢城日語學校長 金爽基

武官生徒를募集하갓스니志願者ᄂᆞᆫ來十月一日午前十時에武官學校로來ᄒᆞ야應試ᄒᆞᆷ事

試驗課目
一 國漢文
二 算術
三 地理 歷史

年齡은滿十六歲至二十歲

但前日被選된武官幼年兩校學徒ᄂᆞᆫ一體로再試ᄒᆞᆯ터이니右項에可格만來ᄒᆞᆷ事

隆熙元年九月十九日 軍部

漢城西署松橋新作路四十三統二戶
辯護士 玉東奎
辯護士 許憲
合同法律事務所

瑞士建國誌

◎定價金 新貨十五錢

此書ᄂᆞᆫ政治小說이니志士의救國救民ᄒᆞᄂᆞᆫ思想과人民의愛國心을養成하ᄂᆞᆫ더緊要ᄒᆞᆫ冊子오

發賣所
▲大韓每日申報社
▲仁川港杻峴 開新冊肆
▲中署布屛門下 金相萬冊肆
▲平壤城內鍾路 敎育書館
▲銅峴下 古今書海館
▲洞口越便 中央書館
▲鍾路 大東書市
▲大廣橋 廣東書館
▲尙 博文書館

大東旅宿館

本館을[illegible]

[illegible]

大東旅宿館長 鄭[illegible] 廣告

大邱左[illegible]商店 廣告

[illegible]

鄭鎭植 告白

●刑法大全改正草案全四十錢　五十錢
●日語獨習全
●幼年必讀上下　八十錢

發賣所銅峴下古今書海館

本人이西洋[illegible]店에셔理髮ᄒᆞᆫ머리털을多數買入ᄒᆞ엿더오니四方僉君子ᄂᆞᆫ速願持來ᄒᆞ시옵

南門內桂屋金永완 告白

學徒裝制各樣
學徒運動冠과制冠
羅紗各種
美國金齒鉛
衣服裁縫其他雜貨도廉價放賣ᄒᆞ오니諸君子ᄂᆞᆫ來臨ᄒᆞ심을바라나이다

仁川港奇峴關新冊肆

民事訴訟代理及刑事辯護顧問鑑定仲裁文案起草等諸般事務를迅速處理ᄒᆞᆷ

京城北署松峴三十四統四戶
辯護士 桂命夔
辯護士 李鍾[illegible]
事務員法律卒業生리源生
共同法律事務所

越南亡國史

國漢文
定價貳拾伍錢

發賣所京城廣橋高裕相
鎭南浦[illegible]
布屛下김相萬 告白

원산과성진잔에서분원이산전소(肥牛)를만이수갓스니쇼과는제군은다수이왓너오시옵

[illegible]

本人이日本大阪商[illegible]商工業에有意ᄒᆞ신僉君子ᄂᆞᆫ其物이든지[illegible]本社에셔ᄂᆞᆫ手數料金만受領ᄒᆞ[illegible]

西洋各種物品及機械[illegible]大韓에輸入ᄒᆞ[illegible]便利케ᄒᆞ[illegible]

興業社本店 漢城北部[illegible]
支店京城南門內水橋五十一統六戶
仁川港內[illegible]
[illegible]商會社

刑法[illegible]大全

[illegible]七十五頁
定價金新貨七拾五錢

此書ᄂᆞᆫ[illegible]法律[illegible]

[illegible]

[illegible] 中署布屛下

○本社廣告

○申報價

一個月前納	新貨二十錢	三十錢
三個月		九十錢
六個月		一圜七十錢
一個年		三圜四十錢
郵稅一個月	新貨五厘	十三錢

●大韓每日申報支社及發賣所

中署布屛門下 金相萬冊肆
平壤上水口門內 金浩淵
[illegible] 崔叔恒
仁川港奇峴關新冊肆 李東皓
宣川邑 安濬
義州西門外 大[illegible]
釜山港 徐樂局
三和港 金元섭
咸興 曹喜林
開城 姜助[illegible]
大邱 崔一弘
[illegible] 劉夢[illegible]
鐘山邑 安圭
元山 劉七錫
[illegible] [illegible]
海州南門內 朴昌鎭
定州南門內 洪成吉
[illegible] 許錫
[illegible] 李鍾璣
安岳 盧道善
[illegible] 李鍾成
博川 金鎭河
鐵原邑 趙鏡大
高原邑 朴敎吉
車輦館 安濟
濟州城內 [illegible]

每日每行六尺一寸에新貨[illegible]錢
一箇月에[illegible]
二週日에 二圜五十錢
每日每行四號五號[illegible]

洋鞋各種 인도고長靴各種
洋傘各種 時標各種
洋服(已成) 各種
上品熊膽 油帽 油衣
房帳各種 刀子各種
花布各種 반자紙各種
미누리 양단자각種
其他洋服附屬品多有

西[illegible]夜照峴
三[illegible]二層洋屋加比老郭漢承

發行兼編輯人 英國人 裵說
發行所 [illegible]
[illegible]

第五卷

大韓每日申報

第六百廿二號

月曜及慶節 議時日休刊

檀君開國四千二百四十年
箕子元年三千二十九年
大韓開國五百十六年
日本明治四十年
淸國光緖三十三年
陰曆丁未八月十八日丁丑

論說

◉伊藤侯爵의對韓談話

日本타임스報에今月十五日紙를據ᄒᆞ건ᄃᆡ伊藤侯爵이東京紳士의特設宴待ᄒᆞᆫ會席에셔演述ᄒᆞᆷ이有ᄒᆞᆫ지라其演說을正確히照譯ᄒᆞ얏ᄂᆞᆫ지ᄂᆞᆫ非吾人之所斷言이나然이나若果正確이면吾人이不得已히信認ᄒᆞᆯ거ᄉᆞᆫ同侯爵이常時로運用하던慣例를廢棄ᄒᆞ고同써가實地로管轄ᄒᆞᄂᆞᆫ韓國人民에게威嚇을示ᄒᆞᆷ이니其演說이如左히揭報되엿도다

諸位大人이여本人이昨年에統監之任을被ᄒᆞᆫ後로兩次締約ᄒᆞᆷ을諸員이是認ᄒᆞ야帝國首府를代表ᄒᆞᆫ僉員이今此宴待를特設ᄒᆞ시니感激無比며特이澁澤男爵의方今說話를對ᄒᆞ야ᄂᆞᆫ其讚頌이太甚過度ᄒᆞ야本人이敢當ᄒᆞ기에甚遠ᄒᆞᆷ을自知ᄒᆞ노라本人職務의其甚重要ᄒᆞᆷ은非不自知라帝國命令에服從ᄒᆞᆷ을表證코져ᄒᆞ야極力ᄒᆞᆯ거ᄉᆞᆫ是果本人의定意어니와若據今所爲를其成稱之以成就인된所當職務의但其一部를完遂ᄒᆞᆫ줄노自度ᄒᆞ겟노라現今事爲의順序가尊嚴ᄒᆞ신大皇帝의美德과光榮ᄒᆞᆫ陸海軍의成績과及國民威權을欲擧ᄒᆞᄂᆞᆫ日本民族의國合力과으로從生ᄒᆞᆫ거시라帝國命令의權力과非但我文武官憲의協力이라一般人民의結合ᄒᆞᆫ勢力이使本人으로目的을能히達케ᄒᆞᆫ거ᄉᆞᆫ自信키但能이로되本人이如何卓越ᄒᆞᆫ事業을成ᄒᆞᆫ줄노ᄂᆞᆫ不認ᄒᆞ노니事勢가如此故로今者本人에게加ᄒᆞᄂᆞᆫ如是尊敬을當키不敢이오但諸公에게中心으로感謝ᄒᆞ노라

來賓中伯爵桂太郞의報導에關ᄒᆞ야ᄂᆞᆫ本人이諸公或我國民의應助를以ᄒᆞ야本人의最小ᄒᆞᆫ才能을極用ᄒᆞ깃노라고答述ᄒᆞ깃노라本人이韓國現態를對ᄒᆞ야何如思想이不無ᄒᆞ며其國에後來를亦望이로ᄃᆡ며諸公所知와如히韓人의公衆心志가一年前부터煽動之界에在ᄒᆞ야諸般計劃及擴張에尙今未定ᄒᆞᆫ情形이라不幸히其勢ㅣ如此故로今者에何如豫言을發키不敢이어니와何如던지一言은可述이니本人之心에韓國現形을急遽히變革ᄒᆞ야實行ᄒᆞᆯ政策을加ᄒᆞᄂᆞᆫ거시或有能勢인지是一疑点이라其政策이維何오今者本人이韓國內에셔日本을代表ᄒᆞ얏스니該國內外政改良을日本指導下에셔實行ᄒᆞ며該國人民을數百年來困苦에셔拯出ᄒᆞᆯ거시本人의當務오且韓人을開明之道로其必引携ᄒᆞᆯ지니本人의言稱ᄒᆞᄂᆞᆫ政策이盖如此ᄒᆞ도다 未完

官報

●號外 隆熙元年九月廿三日

◎宮廷錄事

太醫院口傳 奏曰夜間 調攝中何如昨日交感溫膽湯 繼進之後益有復常之道慶乎愈切憧憧之忱伏乞 亟許臣等率醫官入 侍詳承諸節仍爲 診察千萬顒祝惶恐敢 奏答曰知道今旣快復常度卿等不必入侍更勿煩 奏

●第三千八百七十九號 隆熙元年九月二十四日

◎宮廷錄事

掌禮院卿臣李重夏謹
奏謹稽謄錄則在前上
諡冊印時上 印官以參政擧行矣今此追封 大院王 大院妃時上 印官何以爲之乎敢
奏 奉 旨完順君爲之

掌禮院卿臣李重夏謹
奏今此追封 完王時正副使令宮內府差出何如謹上
奏 奉 旨依奏

掌禮院卿臣李重夏謹
奏 今此追封 大院王 大院妃時金印 內入 內出還所以何 殿磨鍊乎敢 奏 奉
旨中和殿磨鍊

掌禮院卿臣李重夏謹
奏遣使追封、完王及封 義王妃時依例以 中和殿 親臨磨鍊乎敢 奏奉 旨權停例磨鍊

敍任及辭令

正一品完興君李載冕
敍大勳賜李花大綬章

九品金基煥 前委員鄭台煥
命京畿宣諭委員

[illegible]榮鎭 黃憲性
命忠淸南北道宣諭委員

九品吳在淳 金秉[illegible]
命慶尙北道宣諭委員

九品李圭象 仝 韓宜東
命江原道宣諭委員

官立漢城德語學校副敎官 李仁植
依願免本官

韓相東
任官立漢城德語學校副敎官

崔贊[illegible]
任農商工部技手

工業傳習所書記金澤榮
兼任工業傳習所司監

學部次官俵孫一
敍勳二等賜太極章

[illegible]事廳理事龜山理平太
敍勳三等賜八卦章

學部事務官上村正已
敍勳四等賜太極章

醫務顧問補佐官井上萬平
仝 伊藤茂市
仝 西京寅太
敍勳六等賜太極章

醫務顧問補佐員吉永早次郎
仝 米綱次郎
敍勳七等賜太極章

任平理院主事 正三品崔鼎在

外報

●國會豫備 上海電을據ᄒᆞᆫ則上諭를依하야溥倫貝子ᄂᆞᆫ新設諮政院의總裁를任命ᄒᆞ얏ᄂᆞᆫ대同院은國會豫備를組織ᄒᆞᆷ이라더라

●協約成立 倫敦電을據ᄒᆞᆫ則聖彼得堡에셔發表된바英露協約은波斯灣에셔ᄂᆞᆫ露國의發展에對ᄒᆞ야英國의地位를保障ᄒᆞ고且亞富汗에셔ᄂᆞᆫ英國의優越權을承認ᄒᆞ되但其同時에英國은亞富汗을露國에對ᄒᆞᆫ軍事上에要地로아니ᄒᆞ기로ᄒᆞ얏다더라.

●新平和條約 紐育電을據ᄒᆞᆫ즉伊太利及南米아루센진共和國은海牙市에셔平和條約ᄒᆞ얏더라

●萬國郵便交換開始 大連電을據ᄒᆞᆫ즉寬城子에日露郵便局에셔ᄂᆞᆫ十月一日부터萬國郵便交換事務를開始ᄒᆞᆯ터인대從來멜線에셔歐洲郵便物은一月以後로全部가大連을經由ᄒᆞ야南滿線에至케ᄒᆞᆯ事라더라

●暴徒騷擾 桑港電을據ᄒᆞᆫ즉桑港에電車同盟罷工이尙今未歇하얏ᄂᆞᆫ데暴徒가各所電車를襲擊ᄒᆞ야多數乘客이負傷ᄒᆞ얏고日本人街에셔ᄂᆞᆫ特別히巡査三名을雇人ᄒᆞ야日本人이在ᄒᆞᆫ地를巡回ᄒᆞᆫ다더라

●福州大火 本月七日에淸國福州에셔大火가出ᄒᆞ야千餘戶가被燒ᄒᆞ얏다더라

●大雨出水 日本浦和比企郡荒川筋川島領橫見領은大雨로以ᄒᆞ야出水ᄒᆞ야床上浸水가八百戶오床下浸水가一千二百戶에達ᄒᆞ얏다더라

●間嶋抗議 淸國政府ᄂᆞᆫ間嶋問題로昨日二通에抗議書을日本에致ᄒᆞ얏ᄂᆞᆫ대其大意ᄂᆞᆫ貴國이今에連續間嶋에向ᄒᆞ야軍兵을送ᄒᆞᆫ故로至急히撤退를督促ᄒᆞᆫ다ᄒᆞ고東三省總督에電報가照繁ᄒᆞ야至急히此意를貴國政府에傳ᄒᆞᆫ다ᄒᆞ고또一通은間嶋의境界論을到底ᄒᆞᆫ問題로豆滿江下流에錯綜ᄒᆞᆫ韓淸의境界가不明ᄒᆞᆷ으로彼我委員을選定ᄒᆞ야調査ᄒᆞᆯ터이라ᄒᆞ얏더라

●比律賓과美國 美國에셔來十二月에開會ᄒᆞᆯ議會에셔比律賓問題가大問題될터이오大統領루스벨트ᄂᆞᆫ今番議會에比律賓의位를作定ᄒᆞᆯ次心인ᄃᆡ將次獨立國을成ᄒᆞᆯ지保護國을成ᄒᆞᆯᄂᆞᆫ지又或殖民地其他名義로屬地를成ᄒᆞᆯᄂᆞᆫ지尙今未定이로대元老院議員스톤氏ᄂᆞᆫ諸島合併을反對ᄒᆞ고代議院議員等은合併을贊成ᄒᆞᆫ다더라

雜報

●大韓精神의血書 謙谷生

日者金君河琰이訪余於報館之日에吾吉州修進學校敎師權炳燾氏가向於太皇帝陛下誕日에聯合各學校ᄒᆞ고慶祝演說ᄒᆞ다가卽自斷指의血노特書大韓精神力五字ᄒᆞ얏스니其意所在가無乃稗思蔘之丰義歟아願先生은一筆贊揚ᄒᆞ야慰其權友之膽氣하며說其五字之與義ᄒᆞ야使天下聞者로激感踴躍하야志權友之志ᄒᆞ며行權友之事하야國家公益과社會進步에有可爲之事則今日에斷一指ᄒᆞ며明日에斷二指ᄒᆞ야以及耳目口鼻와全部肉體를不惜盡斷이라도於大韓精神에如有培養之實力則盍可爲之哉리오願先生은勿惜一毫之勞라ᄒᆞ니余聽之半에愀然正襟曰壯哉라權友여熱哉라權友여智哉라權友여善哉라權友여勇哉라權友여何其壯也며何其熱也오夫我大韓은向許名詞也오三千里金歎江山이卽其國土也며二千萬血族이卽其人民也며檀箕四千載禮義東邦이오我太祖五百年來로繼天立極에獨立帝國之稱號也라無奈世運이變遷ᄒᆞ고地球도通ᄒᆞ야萬鬼環瞰ᄒᆞ며百虎眈視ᄒᆞᄂᆞᆫ大舞臺에以我劣弱으로孤立保存을豈可望乎아優勝劣敗와弱肉强食은天演之公例라 未完

●松隅義兵 九月二拾日抱川郡松隅場에義兵六七十名이下午八点鐘에潛入ᄒᆞ야該場人李應裕之子가謂其賊漢ᄒᆞ고放銃ᄒᆞ얏더니義兵이捕縛砲殺ᄒᆞ고一進二名이亦爲被捉ᄒᆞ얏다더라

●興學書館 開城郡姜助遠氏ᄂᆞᆫ敎育上注意로新學問書籍을京城各書舘에셔特約으로購得ᄒᆞ야開城府大門內에興學書舘을設置ᄒᆞ얏다더라

雜報

●法大陛見 法部大臣趙重應씨가再昨日下午一時에仕進ᄒ얏다가同三時에詣闕陛見ᄒ고四時에退闕ᄒ얏다더라

●墓堂審定 大院王墓所를坡州等地로遷封ᄒ다ᄂ說은前報에揭載ᄒ얏거니와完興君李載冕氏와永宣君李埈鎔氏가該山地를審定次로日間發往ᄒ다더라

●政府變動說 各部大臣이匪久에一番變更이된다ᄂ데就中農大宋秉畯氏와法大趙重應氏ᄂ其座席이堅固ᄒ다더라

●宣諭發程 宣諭使四씨가昨日一齊히發程ᄒ야保護巡檢一名式帶同前往ᄒᄂ데該巡檢의旅費ᄂ忠淸北道와江原道에ᄂ三十圜式이오京畿道에ᄂ十五圜이오慶尙北道에ᄂ二拾五圜이라더라

●韓氏選任說 內閣書記官長韓昌洙氏ᄂ選任ᄒ다ᄂ說이有ᄒ더라

●法大訪問 法部大臣趙重應軍部大臣李秉武兩씨가再昨日下午四時에大觀亭에前往ᄒ야長谷川大將을訪問ᄒ고回路에法大趙重應씨ᄂ申箕善徐正淳兩씨를輪回訪問ᄒ얏다더라

●學大觀察 學部大臣李載崑씨가再昨日에校洞普通學校를觀察ᄒ얏다더라

●總理入城 總理以下內大臣度大農大四氏가再昨日에仁川測候所를觀察ᄒ고同下午三時汽車에入城ᄒ얏다더라

●接待磨鍊 日本皇太子殿下와高等官吏가來月拾日頃에渡韓ᄒ다ᄒ은已揭前報어니와禮式院에서接待等節을現今磨鍊ᄒ다ᄂ說이有ᄒ더라

●同守請願 同福郡守李範俊氏가辭職退歸ᄒ기로決定ᄒ지已久타더니昨日에內部로辭職請願ᄒ얏다더라

●遠島安置說 中樞院被囚ᄒ事ᄂ已爲報道어니와遠島에安置ᄒ다ᄂ說이有ᄒ더라

●恤金特下 內部에서今番被害ᄒ郡守와郡主事를調査ᄒ야恤金을特下ᄒ기로內閣에請議ᄒ다더라

●內訓各道 內部에서宣諭使下去하ᄂ以外각道觀察使에게訓令하되今因內閣照會ᄒ야宣諭使派遣ᄒᄂ以外各道에鎭撫安戢을專委觀察使로己有ᄒ訓令인바現今地方擾攘이一直未定ᄒ야滋蔓澗洳가日甚一日이기茲更嚴訓ᄒ노니訓到卽時에本使가巡行各郡ᄒ야坊曲人民에게披露丹心에布告理勢ᄒ고曉譬利害ᄒ야響應ᄒ兆朕이發見ᄒ地方은渙然釋疑ᄒ야一人이라도妄動ᄒᄂ危機가切無케ᄒ지며姑爲安靜ᄒ地方은預先覺悟ᄒ야聞風疑惧ᄒᄂ影響이自絕케ᄒ되事機時急에擔分甚重ᄒ니十分惕念ᄒ라ᄒ얏더라

●字牧擇人 內部에서地方의不穩ᄒ情狀을鎭壓ᄒ기爲ᄒ야字牧之官을擇其可堪ᄒ야騷擾ᄒ地方郡守를叙任後에該地方人民에게曉諭安堵케ᄒᄂ거시妥當ᄒ다ᄒ야現今擬議中이라더라

●松井說明 內部警務局長松井茂씨가說明하되次官이나本局長이大臣과談話홀時에官吏가或入來ᄒ과或竊聽ᄒᄂ일이不爲妥當ᄒ니該弊端을無케ᄒ라ᄒ얏다더라

●監官의證金 各宮庄을供進所로合附ᄒ後宮士舍音을監官으로改稱하고該監官을差出ᄒ되官士秋收의多少를隨ᄒ야保証金을幾百圜式先受派送ᄒ다ᄂ대監官을圖得코자ᄒ야保証金請願書가數千度에達하얏다더라

●電線架設 內部警務局長松井茂氏가地方局長에게對ᄒ야大臣家에電線을架設ᄒ이亦欠事體ᄒ니卽時架設ᄒ거시妥合ᄒ다더라

●咸民呼訴 咸鏡南道民李濬說氏가度支部에請願ᄒ되該道觀察使郡守檢事가不法行爲로毆人驅財ᄒ고結稅中取剩條가五十餘萬兩에達ᄒ얏다ᄒ지라度支部에서該道觀察使韓昌洙氏의게發訓ᄒ되李民의請願을接見ᄒ즉聞甚駭然ᄒ니訓到卽地에該事由를逐條調査ᄒ야罔夜報明ᄒ라ᄒ얏다더라

●美校廢止 美國人이스믈넥익氏가日本서士官學校을設立ᄒ고韓國學生을熱心敎育ᄒ더니近頃에日本人이何樣沮毁ᄒ얏ᄂ지廢止ᄒ境에至ᄒ얏더라

●人心難測 圖書舖邊永友氏가僞造姓名章을造給ᄒ事로中署에被囚ᄒ事ᄂ昨報에揭載ᄒ얏거니와該事件을詳聞ᄒ즉前自強會書記鄭鎬冕氏가僞造章을製去ᄒ야錢一萬七千餘兩을通信局에서推去ᄒ事가現露되야再昨日警視廳에被捉하얏다더라

●招僧何事 내部地方局에셔果川郡守에게通牒ᄒ되事係緊急하니該郡冠岳山念主菴主張僧을即速起送하라ᄒ얏다더라

●日隊移駐 龍山에駐在ᄒ日本守備隊ᄂ將次大邱郡으로轉移ᄒ것다고該隊少將이內部大臣에게通牒ᄒ얏다더라

●日兵向東 三昨日에日兵數百名이軍粮과機械等物六拾餘馱를帶同ᄒ고東大門外로出往ᄒ야關東等地로向ᄒ얏다더라

●被傷兵昇來 再昨日下午에四五十名日兵이被傷ᄒ兵丁一名을擔昇하고東門으로入來ᄒ얏다더라

●賊漢投書 近日城內各富人家에賊漢의投書가逐夜沓至ᄒᄂ故로警視廳에서現今跟捕中이라더라

●水原義擾 陰本月十五日에義兵七八名이擔銃脅從ᄒ고水原郡八灘市에入하야午飯을食ᄒ後該郡雙埠居金然佶家에往ᄒ야軍粮與草鞋를辦給ᄒ라고督促ᄒ얏다더라

●竹山督報 日昨竹山郡에서一進會員二拾名과巡檢拾名이義兵과接戰ᄒ야會員五名巡檢二名이致死ᄒ얏고義兵ᄂ即時成歡을襲擊ᄒ後京城으로直向ᄒ다고聲言ᄒ얏다고京畿觀察使가內部로報告ᄒ얏다더라

●全察電報 全南觀察使金奎昌氏가電報ᄒ되靈光郡에義徒가突入ᄒᄂ거슬旋卽逐送ᄒ고八名을捕捉ᄒ얏고求禮郡에ᄂ義徒가該郡巡檢一人을砲殺ᄒ얏다더라

●兩湖飛檄 湖南倡義總理高光洵湖西倡義大將金東臣二人이各郡鄕校에檄文을發布하얏다더라

●全察請兵 全南觀察使金奎昌氏가內部로電報ᄒ되各郡에義徒가日甚ᄒ니軍隊를加派ᄒ라ᄒ얏더라

●爲國說冤 美國로쓰인길리쓰學校에서工夫ᄒᄂ韓人신鳳회씨가該地方에留ᄒᄂ法國法學士某씨를遇ᄒ야光武九年拾一月十七日에日本이五條約을勒定ᄒ時에 大皇帝陛下께서裁可치아니ᄒ신事實과其他許多ᄒ日本의不法行動을一一히說明ᄒ고該法學士다러其事實을法文으로譯述ᄒ야巴里某新聞社에送하얏더니該新報社에서一一揭載ᄒ고또日本의强暴ᄒ것을論說ᄒ얏다더라

●衛生新聞 內部衛生課長閔元植氏가全國人民에게衛生關係가如何ᄒ을覺悟케ᄒ야衛生新聞을擬設ᄒ고每月一次式발刊ᄒ기로計劃하얏ᄂ데本月에第一號를刊出하야各社會와地方種痘委員에게一部式發布ᄒ얏다더라

●吏侍罹禍 靑陽郡守黃祐瓚氏의被害說은頗多ᄒ기聞을因ᄒ야揭載인바該氏本第에서來言ᄒᄂ바를據ᄒ則初無電信之來到云ᄒ니必是風說인듯ᄒ나該事實의有無를確知ᄒ신이ᄂ更히詳傳ᄒ야破惑케ᄒ기를切望ᄒ옴

◉地方情形

▲去十五日에義兵約六十名이新昌郡分派所를襲擊ᄒᄂ데日補助員一名은頭部三處가受傷ᄒ얏고義兵은西方山谷으로退陣ᄒ매補助員一行은溫泉里로逃身하고日兵一隊ᄂ溫陽方面으로出向ᄒ고義兵二三十名은牙山을經ᄒ야天安成歡間의鐵路를橫斷ᄒ고東南으로向ᄒ다ᄒ고

▲去二十一日水原警察署報告를據ᄒ則陰七月十三日에義兵三十名이原州街道牛萬里에來到ᄒ얏고呂州로去ᄒᄂ船夫를本月拾四日에楊根等地에執留ᄒ얏고義兵中에韓兵三百餘名이混雜ᄒ얏다ᄒ고

▲二十二日에義兵五十名이曲水場市에入來ᄒ얏다ᄒ고

▲日補佐官의所報를據ᄒ즉楊根等地에在ᄒ義兵約二百名이在ᄒ얏ᄂ대七八名은巡檢服裝을着ᄒ고新式銃을携帶ᄒ고彈丸七八十個式帶持하고或火繩銃을持하얏스며十四日에楊根上深里로向하얏다ᄒ고

▲二十一日沙場里太田洞에서義兵三千餘名이侵入하야日人眞淵寬及日女와韓人二名을捕하얏다하고

▲十九日에義兵約五拾名이禮郡分派所를襲擊하얏ᄂ데巡檢一名을砲殺ᄒ고順天으로向하얏다하고

▲二十二日에忠淸南道稷山郡報得院에서火繩銃을携持ᄒ義兵約四十名이襲來하야日人家屋을放火ᄒ고後方山腹에서日本軍隊와遭遇하야數時間을交戰ᄒ얏고同院에在留하던日本人五拾名은三谷里로逃身하고또日本人十名은暫時獨山上으로避身ᄒ얏다가成歡으로逃走하얏다ᄒ고

▲拾六日夜에報恩郡西南約二拾里天洞山谷中에義兵一部가潛伏하얏ᄂ데日軍中尉가一部를率ᄒ고西方約一里에前往ᄒ야義兵을搜索ᄒ얏다더라

▲秋氣崢嶸▼

▲日本政治家에서對韓政策을論斷ᄒ야日新協約을依ᄒ야韓國大臣椅子를日人이踞坐ᄒ려니行政上才能은勿論ᄒ고實地上으로困難이多生ᄒ지니此ᄂ他라韓國大臣椅子ᄂ韓人上流社會에서第一大欲所歸이라國家가亡ᄒ던지君主가엇더케되던지ᄒ더라도골몰이의쓰지아녀ᄒ되大臣椅子를日人이占領ᄒᄂ日에ᄂ비록今日에日本黨이지마ᄂ明日에곳排日黨이되야陰謀手段이生홀터이니其大臣地位를取ᄒᄂ利益보다害가더生길것이라然故로統監이一切政權을握ᄒ얏스나大臣地位ᄂ置之ᄒ고職任만協辦局長과갓치使用ᄒᄂ거시無妨ᄒ다ᄒ얏스니韓國大臣의地位日人手中에香餌가되엿고

▲內部에서警官을臨時增加ᄒ다ᄂ案件에依ᄒ야前尉官中閑人으로警視를叙任ᄒ야各地方에派送ᄒ다니官務와警務가睦實이不同ᄒ터인데忽地에尉官으로警察事務를擔任케ᄒ니此所謂말더러쥐를잡으라ᄂ格이로고

▲江原道觀察使黃鐵氏가內閣諸大臣에게上書ᄒ七條槪意의則宣諭使를下送ᄒ니國庫만浪費홀뿐이오義徒解散에ᄂ一分도實效가無홀뿐이라宣諭使ᄂ召還ᄒ고該徒ᄂ皆是無賴之輩雖幾千幾萬이라도國家人民에게有補ᄒ者無ᄒ니軍司令部에交涉ᄒ야兵丁을多派ᄒ야捕勦滅ᄒ고警務를各郡에擴張ᄒ야該徒을調察勦絶ᄒ라ᄒ엿스니同氏ᄂ一道方伯의職任으로地方騷擾를鎭撫코져ᄒ야도自已가擔着ᄒ것이오討伐코져ᄒ야도自已가擔着ᄒ것인데此를顧念치안코外兵을借用코ᄌᄒ니참無耻無謀ᄒ魔鞭이로고

▲再昨日一進會에서總務會를開하고決議ᄒ여日我會에서當初斷髮ᄒ은開明上進步뿐아니라會員을團結一致ᄒᄂ目的에出ᄒ이어ᄂ現今 皇室과政府가擧皆斷髮ᄒ얏슨則本目的은達ᄒ이라自今以後ᄂ入會人員의髮之斷不斷을不拘ᄒ기로決定ᄒ엿다니該會ᄂ一進目的을遂ᄒ後에ᄂ目的을退步코져ᄒ니一退會가되엿ᄂ지

▲軍隊解散에ᄂ恩賜金을頒給ᄒ고또向日憲兵을區處ᄒ기爲ᄒ야各署巡檢을多數히除汰ᄒ미生道가杜絶ᄒ야呼冤이狼藉ᄒ니巡檢解散에ᄂ恩賜金도업ᄂ지

◉社告

本社支社를左開三處에設置ᄒᆞ얏ᄉᆞ오니該附近에셔本申報購覽ᄒᆞ실 僉彦은一切該支社로請求ᄒᆞ시고代金도該氏에게로送交하심을務望흠

代金 英文申報 每朔幷郵稅四十三錢
國文申報 中報 仝 三十八錢

左開

支社位置	氏名
井邑邑內	朴議官性天 李益兼
泰仁邑內	金先達德弘 宋伯彦
扶安乍浦	金參奉鼎濟

地方各支社와當人購覽員에게本申報配達이或滯留或遺漏가非一非再인바且以書辭通知가確據가無ᄒᆞ야郵便局交涉이難便ᄒᆞ니此後로ᄂᆞᆫ申報封皮에出付와收到日字印期限이過隔者를摘拔聚合ᄒᆞ얏다가本社로委送ᄒᆞ심을爲要흠

各地方에셔本申報購覽ᄒᆞ시ᄂᆞᆫ中或二三朔代金未納ᄒᆞ신僉彦의게ᄂᆞᆫ來十月一日부터停送ᄒᆞ올터이오니本月內로未納金을爲替湊送ᄒᆞ오셔無至停送케ᄒᆞ심을其望

大韓每日申報社

雜報

●洪明學校趣旨書

有人이면斯有學이니學之者ᄂᆞᆫ所以設成人材也라有其材오도不以設成이면材非其材也ㅣ라杞지ᄌᆞ木이非梓匠之繩墨이면無以成棟樑之材오和璞之寶ㅣ非良工之雕琢 면無以盛貢流之璠이니故로天下之物이莫不待栽成而爲用하나니而況乎人材之最貴而最大者乎아夫國家ᄂᆞᆫ合衆人以成者也ㅣ라書에曰民唯邦本이라ᄒᆞ고又曰后非民이면罔與守邦이라ᄒᆞ니無人而能爲國者ᄂᆞᆫ未之有也ㅣ라爲國에旣不可無人인則爲人에即不可無學이니無學이면斯非人矣니라

故로禮에曰學은三代共之라ᄒᆞ니蓋其損益은或有異同이나設校而教育之ᄂᆞᆫ莫之或改也ㅣ라自國都로以至于鄉里에庠序校塾이無有不遍ᄒᆞ야四民之成業者ㅣ於斯焉ᄒᆞ며百官之登庸者ㅣ於斯焉ᄒᆞ야入而事其父兄ᄒᆞ며出而事其長上ᄒᆞ며當事任職에無不稱能ᄒᆞ야於是乎國家治而百姓安ᄒᆞ나니由是而觀이면爲國之本은寔在於設校而教育之也ㅣ니라

唯我大韓이更張以來로今已十有餘載에尙不能用力於教育之道ᄒᆞ야國勢之淩夷ᄒᆞᆷ이自此而可謂極矣라挽近以來로學校之公私設立이稍々增加ᄒᆞ야教育之道ㅣ漸就발達而國勢之岌業凌夷者ㅣ庶幾有扶植恢復之望하되唯玆洪州一人物之殷庶豈盛이不下他州而學校之設은尙寥々無聞터니何幸近日에有志諸人이慨然以爲己憂ᄒᆞ야於是乎鳩財力力ᄒᆞ야設校ᄒᆞ고命名曰洪明이라ᄒᆞ니洪者ᄂᆞᆫ洪大오明者ᄂᆞᆫ文明也ㅣ라事業이日就洪大而教育이璨文明ᄒᆞ면豈惟爲玆土之幸福이리오抑國家億萬年無窮之基業에도玆校也ㅣ與有榮焉ᄒᆞ리니猗歟休哉라唯我同志ᄂᆞᆫ勉乎哉어다

발起人 金炳穆 趙重獻 金始元 尹滋鼎 鄭寅五

●平北龜川郡楊西面果行學校趣旨書

太陽勞雲翳者轉晴大삼臺林積者聳耳對此ᄒᆞ家失火西隣汲水之日適有立德立言之人道齊斯民、新學凡有眼有耳者孰不覩思明聰思聽哉唯本人等處仕朔漠之沿厓지而食鑿而飲徒知花開爲春葉落爲秋其於隨時通變之道味々沒々猶瞽矣聵矣豈意醉生夢死之間忽世界更新物色相猜也山東之桑已屬蚕食地中之珠將敗鯨呑觀我生知進退類誰力支扶持搔首出門孔孟消息已而夕陽捧心倚欄耶蘇精神少焉秋月於是乎遂晤々相謂曰從前吾儕雖處長於康衢之烟月假寐於黑甜之春風方此國家艱虞之時豈可下帷囚首反袂拭面不思所以就新學修一半分民子之職乎肆置一校使吾生徒活潑與緊漸摩成材蹟性命於仁里致國家於壽域是其趣旨也夫吾同胞須權鑑焉相杵焉

발起人 張奎奭 金炳鍊 崔聖權 崔觀寔

▲愛國歌 (亨) 秀兮

愛國誠아愛國誠아
全國同胞크게불너
歡迎ᄒᆞ게반가워라
愛國誠々愛國誠을 後斂
알어라응알어라응
알시구나알일이ᄂᆞ응
서여라응서여다응
서려무나절날이오

네의功勞아ᄂᆞᆫ사ᄅᆞᆷ
愛國誠이절노난다 後斂
네의功勞말ᄒᆞ랴면
許多邦國中興國 後斂
英法德意모든强國
네의功勞ᄲᅳ히닙고
美國獨立네의效力
日本維新네의勳功 後斂
간곳마다功을세워
나라마다富國强兵
周流天下돌고돌아
西로브터東에오니 後斂
淸國으로가ᄂᆞᆫ길에
우리大韓들넛ᄂᆞᆫ가
사ᄅᆞᆷ마다너를ᄉᆞ랑
온나라이너를ᄉᆞ랑 後斂
너를ᄉᆞ랑나라ᄉᆞ랑
나라ᄉᆞ랑내몸ᄉᆞ랑
ᄉᆞ랑々々이ᄉᆞ랑에
國權回復거긔잇네 後斂
熱心나ᄂᆞᆫ네生覺과
血誠잇ᄂᆞᆫ네일흠을
三千餘里江山게
二千萬衆우리同胞 後斂
腦髓에다고로々々
能力되로부어주면
一心團體절노되고
大韓魂을自然셰여 後斂
ᄒᆞ로밧비文明되고
쉬지말고進步ᄒᆞ여
維新政治서로세고
獨立基礎確立ᄒᆞᆫ後 後斂
大韓帝國萬々歲를
이노래에석거불너
太極旗를놉히들고
네의일홈讚揚ᄒᆞᆯ제 後斂
二千萬衆다너니여
네ᄒᆞᆫ몸이一等功臣
大勳功을세우ᄂᆞᆫ날
歷史上에빗나도다 後斂

●龍珠不火 水原龍珠寺가兵燹에破燒ᄒᆞ얏다ᄂᆞᆫ說은各報에揭載되엿거니와該寺僧의寄書를據ᄒᆞᆫ즉純是虛說이라더라

寄書

故丞旨沈宜純이旣無嗣ᄒᆞ야生家仲兄宜常之次子로立后ᄒᆞ얏더니沈丞旨神主에ᄂᆞᆫ傍題ᄒᆞ고以上祖先嗣堂에ᄂᆞᆫ稱以薄遷ᄒᆞ깃ᄉᆞ니十五歲前에ᄂᆞᆫ不可傍題라ᄒᆞ야初不傍題ᄒᆞ고王大夫人喪에承重은尙矣라魂帛으로三年終喪하고至於大祥ᄒᆞ야合享之時ᄒᆞ야坤位에ᄂᆞᆫ孝孫成澤奉祀라ᄒᆞ고乾位ᄂᆞᆫ孝子宜純奉祀라傍題ᄒᆞ야忘發失禮가罔有紀極而以上祖上嗣堂은仍舊以來ᄒᆞ야至于今仍傳이오又言養母死後에야乃可送養이라ᄒᆞ고生父宜常은流涎於財産ᄒᆞ야寡居弟嫂李召史를百般誘之詔之ᄒᆞ야欲爲逐出後沒呑産業故로沈門老少가齊會ᄒᆞ야論駁宜常之罪ᄒᆞ고昨年九月分에宗中셔지ᄒᆞ고絶養ᄒᆞᆫ後以ㄱ四寸宜一之次子喜澤으로立后而門長贊卿ᄒᆞ여呈于掌禮院ᄒᆞ야至有奏 裒奉 旨之時書이거날沈丞旨之內從尹明善이年々正租二十五石式과錢二百元을討索ᄒᆞ기로以窮寒으로不能施行이러니今嫌ᄒᆞ야罷養成澤之兄의妻父李起憲을符同ᄒᆞ야與沈宜常으로三人이共謀에百般挾雜ᄒᆞ야欲圖囑內外國法官辯護等事云々ᄒᆞ오니幸須內外國文明僉君子ᄂᆞᆫ切勿見欺ᄒᆞ심을千萬切仰

水口門內齊洞橋一百四十五統八戶 李召史 告白

廣告

●乾材洋藥發賣

漢城鍾路慈惠藥房에서 各種洋藥을 廣賣ᄒᆞᄂᆞᆫ中에 邦補益藥水을 揀擇廉賣하오니 內地各處僉彦께서 小包郵便으로 取用ᄒᆞ심을 仰望

▲大瓶 三圜
▲小瓶 一圜五十錢

乾材洋藥發賣人 濟衆院 醫學員 朴慈惠 告白

學員募集 廣告

本校에서 學員을 試選ᄒᆞᆯ터이니 願入僉彦은 九月卄四日(陰曆八月十七日)에 入學請願書를 本校로 來呈ᄒᆞ고 仍爲應試事 但入學請願書ᄂᆞᆫ 本校로 來購ᄒᆞ고 試驗時所用紙筆墨은 携來ᄒᆞᆷ

一 入學年齡 十二歲以上
一 試驗課目 國漢文讀書及作文

官立漢城日語學校長 金爽基

辯護士 玉東奎
辯護士 許憲
漢城西署松橋新作路四十三統二戶
合同法律事務所

近々工業이 漸隆ᄒᆞ야 道路橋梁新設及山林田畓宅地等調査의 關係時急키로 本所ᄂᆞᆫ 遠近을 不拘ᄒᆞ고 以上諸測量及設計製圖等囑託의 特히 應ᄒᆞ옴

京城西大門外南便第六家

土木測量設計囑託所

主任 金之煥 告白

武官生徒를 募集하깃스니 志願者ᄂᆞᆫ 來十月一日午前十時에 武官學校로 來ᄒᆞ야 應試ᄒᆞᆯ事

試驗課目
一 國漢文
二 算術
三 地理 歷史

年齡은 滿十八歲至二十歲
但前日 武選컨 武官幼年兩校學徒도 一體로 再試ᄒᆞᆯ터이니 右項에 可格만 來ᄒᆞᆯ事

隆熙元年九月十九日 軍部

瑞士建國誌

◎定價金 新貨十五錢

此冊은 政治小說이니 本土의 救國救民ᄒᆞᄂᆞᆫ 思想과 人民의 愛國心을 養成하ᄂᆞᆫ데 緊要ᄒᆞᆫ 冊子오

發賣所
▲大韓每日申報社
▲仁川港杻峴 匯新冊肆
▲中署布屛門下 金相萬冊肆
▲平壤城內烈女洞 敎育書舘
▲銅峴下 古今書海舘
▲洞口越便 中央書舘
▲鍾路 大東書市
▲大廣橋 滙東書舘
▲向동 搭文書舘

本人의 당호 竹南家屋으로서 울 漢州李時彦家留宿ᄒᆞ다가 見失ᄒᆞ엿사오니 以此照亮

金津茄川面姜昌熙 告白

向者軍대解散時에 負傷將卒中에 死者ᄂᆞᆫ 已矣어니와 折腰折臂折脚之人은 命脉은 尙存이나 運動ᄉᆞᆷ由라 該人等이 將欲自裁ᄒᆞ니 令人鼻酸이라 本人等이 往見慰勞ᄒᆞ고 西醫에게 以印度膏도 擬製臂脚이온則 八人의 該費額이 至爲二千五百圜之多인바 一人助力으로 難見奏效ᄒᆞ와 玆以廣布ᄒᆞ오니 惟願慈善僉君子ᄂᆞᆫ 勿拘多少ᄒᆞ시고 救恤金을 寄付ᄒᆞ와 使殘死回甦로 拯濟ᄒᆞ심을 爲要

隆熙元年九月 日
發起人 정主煥 尹泰勳 安重鎬 曹成煥
救恤金收合所 皇城新聞社 大韓每日申報社
出금人의 姓名은 新聞에 廣告홈

藥店에서 運搬ᄒᆞᆫ머리오니 … 入ᄒᆞ터 오니 四方僉君子ᄂᆞᆫ 來ᄒᆞ시옵

南門內 … 金永완 告白

●刑法大全改正草案全 四十錢
●日語독習全 五十錢
●幼年必讀上下 八十錢

發賣所 銅峴下 古今書海舘

大東寄宿舘 廣告

[illegible] 本舘에서 … 規則을 … 金錢으로 定ᄒᆞᆷ … 刊名 … 大東寄宿舘 … 每人員에 一朔 … 다住ᄒᆞ

大東寄宿舘長 鄭희燦 廣告

오 … 本舘에 … 大東寄宿舘事務員 鄭漢植 告白

[illegible] … ᄒᆞ오 … 諸君子 來臨ᄒᆞ심을 바 …

仁川 … 事務所 … 辯護士

民事訴訟及刑事 … 鑑定仲裁文 … 等迅速處理

京城北署松峴三十四統四戶

辯護士 桂命夔
辯護士 李鍾聲
事務員法律卒業生 리源生
共同法律事務所

越南亡國史 國漢文

定價貳拾五錢

發賣所 京城廣通橋 高裕相書舖 … 時夏 … 鍾路 … 布屛下 김相萬 告白

전산과 셩진간에서 본인이 살진 소(肥牛)를 만이 ᄉᆞ깃스니 소파ᄂᆞᆫ 제군은 만ᄋᆞ 이팔니 오시옵

최봉순 고백

本人이 日本大阪商業家와 特約ᄒᆞ고 日本內地産出各種物品과 西洋各種物品及機械等物을 我大韓에 輸入과 委托을 便利케 契約ᄒᆞ얏ᄉᆞ오니 商工業에 有意ᄒᆞ신 僉君子ᄂᆞᆫ 某物이든지 請求코 저ᄒᆞ시거든 本社로 來議ᄒᆞ시오 本社에서ᄂᆞᆫ 手數料金만 受領ᄒᆞᆷ

興華社本店 開城北部薛洞
支店 京城南門內水橋五十一統六戶
仝 仁川港內동廣濟號
培養會社

◎增修無寃錄大全

登秩 壹百七十頁
定價金 新貨七拾五錢

此增修無寃錄大全은 法律家의 最緊要ᄒᆞᆫ 書籍이온ᄃᆡ 年來 現本이 殆히 絶種에 至ᄒᆞᆫ지라 故로 法部에 認可를 得ᄒᆞ옵고 此를 新刊ᄒᆞ얏삽ᄂᆞᆫ대 國漢文으로 解釋ᄒᆞ야 校閱ᄒᆞ고 句節이 無ᄒᆞ오니 法律學에 有志ᄒᆞ신 니와 字牧之任에 居ᄒᆞ신 니ᄂᆞᆫ 不得不覽ᄒᆞᆯ 바이오니 速히 購覽ᄒᆞ시옵

中署布屛下 廣學書舖 김相萬 發售所

◎本社廣告

○申報價

一張代金	新貨二錢五里	
一個月前納	三十錢	
三個月	九十錢	
六個月	一圜七十錢	
一個年	三圜四十錢	
郵稅一部	新貨五里	
一個月	十三錢	

仝 本人이 商店을 新設ᄒᆞ고 各種物品을 英國서 直輸入ᄒᆞ야 放賣ᄒᆞ오니 僉君子ᄂᆞᆫ 愛顧하심을 伏望

▲洋鞋각종 인도고무長靴各種
▲洋帽各種 時標各種
▲洋服(已成) 各種
▲上品洋絲 油帽 油衣
▲房鋪각종 刀子각종
▲花布各種 반자紙各種
▲비누各種 양탄자각종
其他洋服附屬品多有

西署夜照峴
三層第二層洋屋 加比老郭漢承

○廣告料

廣告活字十三字每行
(每日每行六行에 相當함)
每日每行一寸에 新貨十錢
二週日에 二圜五十錢
一個月에 五圜
每日每行四錢以上에 相當함
(每日每行四錢一字에 相當함)
其期限의 長短과 字行의 多數를 依ᄒᆞ야 特減ᄒᆞᆷ도 有ᄒᆞᆷ

◎大韓每日申報支社及代辦所

平壤上水口門內 金浩淵
中署布屛門下 金相萬冊肆
仝 崔叙恒
仁川杏峴西新街 李東皓
宣川邑南新街 安 潛
義州西門外 大榮局
釜山港佐川 徐樂局
三和港築洞 金元성
咸興南州社西門外 晋喜林
開城培義學校 姜助遐
大邱市廳 崔一弘
黃州邑齊衆院 劉夢澤
鐵山邑東部 安 主
元山倉前 劉七錫
淸州南門外淸湖學校內 金參熙
海州南門內書舘 朴昌鎭
定州南門外 洪成인
昌城邑校동 許 錫
郭山與岩 李銀瑠
安岳鎭동坊成동 廉道善
濟川道津 李鉉成
安州城內發井洞 金聲河
鐵原邑榮洞 趙鏞大
高原邑 朴敎吉
車籠舘運輸會社內 安 濟
濟州城內一徒里客舍洞局亭 李來
非邑邑內 李益象
泰仁邑內 金德弘
扶安半浦 金鼎濟

大韓每日申報社
發行兼編輯人英國人 裵 說
發行所
南署石井洞號外地三層洋屋
大韓每日申報社

第五卷 大韓每日申報 第六百廿三號

大韓每日申報

月曜及慶節 議時日休刊

檀君開國四千二百四十年
箕子元年三千二十九年
大韓開國五百十六年
日本明治四十年
清國光緖三十三年
陰曆丁未八月十九日戊寅

論說

◎伊藤侯爵의對韓談話 續

本人이韓人을頑愎ㅎ야可敎導라고不稱ㅎ며且韓人이日本의眞實注意를不解ㅎ다고도不稱ㅎ노라대但韓人이外邦의指導를不從ㅎ時에ㄴ行政上改良을自圖키不能이며且彼等이何日에던지日本을其不公然抵抗ㅎ지ㄴ確證이未有ㅎ니若到此境이면韓國의滅亡은不以外人이요其乃自棄라如此事機가至ㅎ은是非我 皇帝及國民의對韓希望이로다事態가吾人所望과其終不同ㅎ가或恐이나然이나本人은使韓人으로悔悟케ㅎ기에極力ㅎ야써彼等을敎導ㅎ가로定意ㅎ엿노니使韓人으로 我皇帝의注意를其能實認케ㅎ이希望ㅎ노바로라若彼等이本人의藥策을不從ㅎ고自刑自棄에至ㅎ면彼等을救濟ㅎ기가無望이니此目的이리오以本人으로ㄴ操今從事ㅎ던政策을固執ㅎ야我國에서承認되行動을眞實ㅎ과熱心으로進行ㅎ려니와但現今을爲ㅎ건대後來管務를不可不顧慮ㅎ거시라何以觀之ㅎ련지此等事가極困難을包含ㅎ엿스나本人은諸公의後援을必要ㅎ깃노라本人의才能이微弱ㅎ은自知ㅎ니韓國對ㅎ困難形態ㅎ야帝國政府와及其國民의助力을深請ㅎ거니와但一壁言ㅎ거슨本人의微弱ㅎ權力이存ㅎ時까지ㄴ我國民的政策을成就ㅎ기에專力ㅎ깃노라ㅎ今後待를對ㅎ야更述感謝하노라

本記者ㅣ對此說話ㅎ야評論을試加ㅎ노니蓋吾人이現今統監의非常ㅎ眼識가對立ㅎ을認悉ㅎ며且同氏의元老智明과人格을認悉ㅎ거니와若使韓人으로日本主管을受容ㅎ는거시韓人의利益인줄노信認케ㅎ기가其有能勢일진단人類以上에在ㅎ此能務을其或成就ㅎ기에ㄴ伊藤侯爵이日本에但其一人인줄ㄴ信ㅎ노라吾人이同氏의優美ㅎ才能을確許ㅎ며且同씨의希望이韓國을些少困難도不過ㅎ고急速히吸收ㅎ려ㅎ이나同氏ㄴ感覺之人이라其敗政의先擧가威嚇과勢力으로表著됨을記憶ㅎㄴ國民을敗取ㅎ야에困難이有ㅎ거슬自認ㅎ엿도다同氏說話中에云ㅎ엿스되使韓人으로我 皇帝의注意를其能實認케ㅎ이希望ㅎ노비라若彼等이本人의藥策을不從ㅎ고自刑自棄에至ㅎ면彼等을救濟ㅎ기가無望이라ㅎ엿스니其語意가雖不明이나然이나特一顯然ㅎ거슨似是太重ㅎ威嚇이로다聚ㅎ其謂文이政府ㅎ야伊藤侯爵의强硬ㅎ政策을採用ㅎ기로決定ㅎ엿슴진되吾人은日本이彼側에留有ㅎ던最大關係를擴廣ㅎ다假稱ㅎ깃노라 完

官報

◎第三千八百八十號 隆熙元年九月二十一日

敍任及辭令

解法部法律起草委員 崔明來
命法部法律起草委員 朴齊衍

外報

◎憲政大臣의急派 北京電을據ㅎ則英德日三國에派送ㅎ憲政考察大臣은急速히赴任케ㅎ다더라

◎袁總督의意見 同電을據ㅎ則淸國張之洞씨가入學士를被命ㅎ後에內閣에서王大臣과會見ㅎ고立憲問題로協議하얏다더라

◎海參威港의武裝費 紐育電을據ㅎ則俄國政府에서海參威港에完全ㅎ武裝을施ㅎ기爲ㅎ야千九百萬留를支出ㅎ게되얏다더라

◎勞動者大會憤激 桑港電을據ㅎ則加奈太우인니퍽에서開ㅎㄴ全國勞動者大會ㄴ未曾有ㅎ憤激을現ㅎ야首相로랴氏에對ㅎ야六個月以內에日加條約取消ㅎ을要求ㅎ고且日本人問題를解決ㅎ기爲ㅎ야全國各州에서委員을選定ㅎ고强硬히抗議ㅎ다ㄴ趣旨로打電ㅎ얏다더라

◎海軍建設 露國國防委員은同國海軍再興建設費로一億ㄴ「羅布」을計定ㅎ얏다더라

◎戰鬪艦新造 英國에래로ㅎ은號로伊排水量七百噸을多ㅎ(도리쓰도노-도)型新戰艦은來十一月부터(포-스모쓰)軍港에서起工을着手ㅎ다더라

◎驅逐艦建造 英國政府ㄴ별平인式따이헌驅逐艦을具ㅎ야驅逐艦十隻을建造하라고同國造船所에命ㅎ얏다더라

◎虎列剌蔓延 旅順來電을據ㅎ則日本水產聯合의漁夫二名이虎列剌에罹ㅎ야死ㅎ以來로漸漸가蔓延ㅎ야第五十三聯隊小川小尉가同病에罹ㅎ야死ㅎ지라陸海軍及民政部等이防疫委員을命ㅎ야嚴重히豫防ㅎ다더라

◎條約의影響 上海電을據ㅎ則福建省의支那人은佛日과露日協約에關ㅎ야大會를開ㅎ라다가同地官憲과紳士로爲ㅎ야中止ㅎ얏ㄴ데此ㄴ日本新聞에露國은蒙古佛國은安南을日本은福建을獲得ㅎ다ㄴ意味의報를依ㅎ故라더라

◎派兵請求 二湖電을據ㅎ則馬賊猖獗ㅎ으로東三省總督徐世昌氏가楊直隷總督의게對ㅎ야兵隊一鎭을派送ㅎ을請求ㅎ얏다더라

◎美艦着港 布哇來報를據ㅎ則近日에日美戰爭說을因ㅎ인지英國軍艦이聯絡不絕ㅎ야布哇로來到ㅎㄴ대去八月三十日에一等巡洋艦四隻이該港에到着ㅎ얏다더라

雜錄

◎大韓精神의血書 譏谷生 稿

所以今日에我國이落在至醫至慘之手中ㅎ야緊々束縛ㅎ며保々繼繞ㅎ야無敢萌芽孵卵而惟有所爭强人意에殘乎望生機者ㄴ精神敎育이是也라然而目擊現狀에滿東極良之結果ㅣ야鳴呼라學自山河게徒下新亭之淚ㅎ며拖腦時局에空作楚囚之泣ㅎ니於國에何益이며於民에何補리오所以有志人士ㅣ爭唱敎育에各設學校ㅎ되求敎諸生ㅎ면但言其受用之術ㅎ도自難維持用之說노吐恐不定ㅎ며如非日語算術이면物理格致之說으로作爲一主義ㅎ야注入於靑年之腦髓ㅎ니旣不能立志於匪躬之節ㅎ고亦不能ㅎ며精神之培養乎아不知今日設校敎人之意가其將智之乎아抑威恐之乎아抑將欲使爲國家而禦侮用之乎아抑將爲學生而謀他日衣食富貴之路乎아噫彼設校之人은非不欲智之며亦嘗爲國家而用之나苟無精神이면是借文明之術ㅎ야自行殘政坑儒之事로尤其甚焉ㅎ리니奚但此此리오其敎育之目的이如非大韓精神이면雖手不釋新書ㅎ며口不絶西法이라도使學生으로缺獨立自重之志氣ㅎ야棄卑污劣下之俗夫ㅎ면其將腐敗天下에自速滅亡ㅎ리니豈不可懼哉아

嗚呼라溯觀歷史에莫不過於此하리니稗思麥之小學敎育도卽德國之主發也ㅣ오馬志尼之靑年敎育은卽意太利之老大國也ㅣ오瑞西頓之自由鐘은卽美國之獨立也오何謂之臥薪嘗膽ㅎ其心이日常往來於治吳也오據說之滌身嘗膽은不忘其君也오日本之維新者은太和魂이是也라

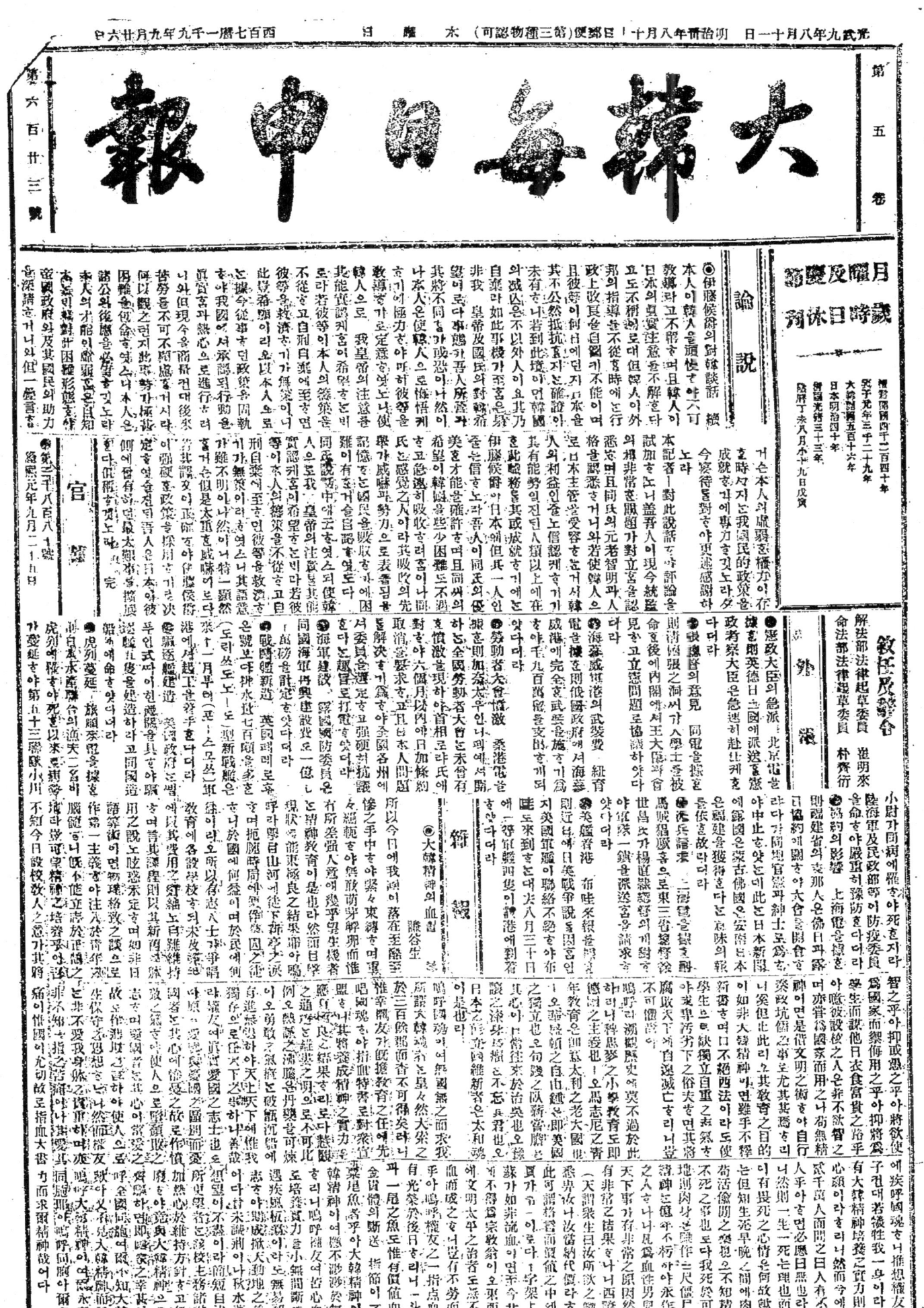

嗚呼國魂이여無國無之而求我所謂大韓魂ㅎ은皇々然大衆之於三百餘郡而杳不可得矣라니惟幸權友가旣擔敎育之任에先唱國魂ㅎ야指血特書로對衆宣盟ㅎ니其將養成精神之實力으로其良之結果ㅎ리로다慧闢之道ㄴ雜沓之列으로不可比例오然議之滿腔은丹聰을可煉이오勇敢之氣槪ㄴ破甑沉船에有進無退하야天吐天下에惟我獨存으로任天下之事하나善哉라權友여眞實愛國之志士也로다原ㅎ愛國民愛國之臨淵而愛國者ㄴ其心에惻隱之故로作憤激之氣ㅎ야使人으로墮顏敗之志ㅎ며愛國者ㄴ其心이常愛之故로作淵之言하야使人으로生保守之思想ㅎ나然而權友ㄴ非不愛我身軀之實罪하며排不辨ㅎ指之浩瀚ㅎ나惧愛其痛이惟國이尤切故로指血大書에疾呼國魂ㅎ니推想權友之腔子건대若犧牲我一身이라도如有大韓精神培養之實力則是所心願이라ㅎ리니然而今에試向萬千萬人而問之曰人有不死之人乎아ㅎ면必應曰無也라ㅎ리니然則一生一死ㄴ理也而人人이有畏死之心情은何故歟아此ㄴ但知生死早晩之間에肉體上苟活偸閒之榮은不知精神的不死之事也로다我死於可死之地則肉身은雖作三尺僵尸나其精神은億萬年不朽ㅎ야永作不死之人ㅎ나니凡爲血性男兒야允有非常之結果ㅎ니西諺에云天下事가有非常之原因然後에(天詔衆生曰汝所欲之物를吾悉畀汝나汝當納代價라ㅎ니)此可謂格言而價値之中에血의買가一이로다十字架上에耶蘇가如非流血이면于今廿世紀에不得爲宗敎翁이오東西兩國에文明太平之治者도莫不從流血而成之ㅎ니豈有不勞而得者乎아嗚呼權友之一指点血이必有光榮於後日ㅎ리니一斗之菜과一尾之魚도惟有價値血乎金貴體의斷送 指節이不知斗菜尾魚者乎아大韓精神이여大韓精神이여儼不涉涉矣無何鄕ㅎ리니嗚呼權友여皆心血으로培養實力을小無間斷ㅎ고難遇疾風板蕩이라도無易初心素志ㅎ야戰成掀天動地之美名哉어다昔未識洲이나秋水兼葭에所望이不盡이라竹短自述에惟所望者ㄴ該校毛務諸君은加熱心於維持方針ㅎ고無或中廢ㅎ야竟與大韓精神으로幷濟齊驅ㅎ면卽國家之幸甚이라嗚呼全國同胞여國不知大韓精神ㅎ야又不知大韓精神而已耶아嗚呼大韓精神이여永忘大韓同胞耶아嗚呼同胞아爾自養實力而求爾精神哉어다 完

雜錄

●日二間寢 大皇帝陛下께셔每日朝夕으로 太皇帝陛下께問候次로咸寧殿께셔漱玉軒ᄭᆞ지徒步로臨御하시ᄂᆞᆫ딕侍從卿閔丙奭氏와宮內府大臣李允用氏가逐日護從ᄒᆞᆫ다더라

●口啓停止 大皇帝陛下씌옵서受傷ᄒᆞ옵신 玉體가近日平復ᄒᆞ옵서三昨日부터太醫院口啓ᄅᆞᆯ停止ᄒᆞ셧다더라

●忌辰公故 今日은 明成皇后의忌辰인故로宗親文武百官이一齊入參ᄒᆞᆫ다더라

●三日進糜 明成皇后忌辰이隔日ᄒᆞ신故로昨日爲始ᄒᆞ야忌辰日ᄭᆞ지 太皇帝進御ᄒᆞ옵실粟米飮을太醫院에셔每日一次式封入ᄒᆞᆫ다더라

●四察云遞 慶北咸北平北海州四道觀察使가一體改遞ᄒᆞᆫ다ᄂᆞᆫ說이有ᄒᆞ더라

●郡察更修 內部께셔己往內閣에請議ᄒᆞᆫ三拾餘棄郡守ᄂᆞᆫ勿施가되고該部次官木內氏가歸任後에更爲修定ᄒᆞ야請議ᄒᆞᆯ內容이라더라

●月俸擬議 各部次官의月俸을每朔一千圓式으로磨鍊ᄒᆞ기로某處에셔擬議中이라더라

●三次調査 三昨日에宮內府補佐官橋園壽氏가昌德宮調査ᄂᆞᆫ已經三次ᄒᆞ얏다더라

●財長宴會 財政監査長目賀田氏가再昨日午後七時에自己私邸에셔宴會ᄅᆞᆯ設ᄒᆞ얏ᄂᆞᆫ대總理大臣以下各部大臣이齊進參宴ᄒᆞ얏다더라

●樞院留案 中樞院에셔昨日會議ᄅᆞᆯ開하고地方鎭撫ᄒᆞᆯ方針에對ᄒᆞ야義兵討滅ᄒᆞᆯ터인대該事件이重大홈으로議長와贊議諸氏가未得妥決ᄒᆞ고該院顧問官을會同妥議ᄒᆞ기로姑爲留案ᄒᆞ얏다더라

●複道數設 法部에셔參與官室과大臣官房에來往便利ᄅᆞᆯ爲ᄒᆞ야自參與官室로至大臣官房ᄭᆞ지將次複道ᄅᆞᆯ數設ᄒᆞᆫ다더라

●復命期限 各道宣諭使의復命期限은六十日로酌定ᄒᆞ얏다더라

●修費支撥 度支部에셔成均館修繕費一千六拾餘圜을支撥ᄒᆞ얏다더라

●農次伴來 新任ᄒᆞᆫ農商工部次官岡喜七郎氏ᄂᆞᆫ伊藤統監이渡韓時에伴來ᄒᆞᆫ다더라

●日皇太子轉覽 日本皇太子殿下께셔十月十日에東京에셔발行ᄒᆞ야軍艦鹿取號ᄅᆞᆯ乘ᄒᆞ고仁川에直航ᄒᆞ야京城에滯留中에我國 皇室을訪問ᄒᆞ고歸路에仁川에셔鹿取號ᄅᆞᆯ乘ᄒᆞ고鎭海灣으로前往하얏다가佐世保에歸航ᄒᆞ야軍艦利根號의進水式에參與ᄒᆞ고鹿兒嶋宮崎大分德島高知의諸縣을巡遊ᄒᆞᆯ預定이라더라

●祝史譴責 崇義廟節祭諸執事摘奸에享祝史任忠鎬氏가趂不待令홈이不可無警이라ᄒᆞ야譴責에處ᄒᆞ얏다더라

●銃彈請撥 內部에셔江原道宣諭使洪祐晳氏에請願을依ᄒᆞ야短銃二百發을撥給ᄒᆞ라고軍部로照會하얏다더라

●反對又生 日前一進會에셔總議ᄅᆞᆯ開ᄒᆞ고地方情形이不穩ᄒᆞᆫ事로鎭靜ᄒᆞ기爲ᄒᆞ야會員을組織ᄒᆞ야각地方에派送ᄒᆞ기로協議하얏ᄂᆞᆫ대會長李容九中樞院贊議尹吉炳兩씨가反對ᄒᆞ얏다더라

●蔘稅調飭 開城郡蔘稅가磨鍊되야蔘商等의呼冤이狼藉홈으로農商工部에셔蔘政官邊永鎭씨에게訓飭하되蔘稅ᄂᆞᆫ不由本部ᄒᆞ고何以規定인지[?]甚訝愬ᄒᆞ니該稅之有無ᄅᆞᆯ昭詳馳報ᄒᆞ라하얏다더라

●欠逋督捧 經理院卿崔錫敏氏가再昨日에各道收租官中多數欠逋가有ᄒᆞᆫ六人을拘拿ᄒᆞ라고法部로移照ᄒᆞ얏다라

●無試檢定 昨日上午九時에學部에셔副敎官無試驗檢定會ᄅᆞᆯ開ᄒᆞ얏다더라

●李氏被捉 前內藏司長李普鉉氏ᄂᆞᆫ有何事件인지不知ᄒᆞ거니와昨日上午十二時頃에警視廳에被捉되얏다더라

●獵蝇新藥 農商會員慶義夏氏가旌義郡에셔獵蝇藥ᄅᆞᆯ新發明ᄒᆞ고農商工部에販賣權을請認ᄒᆞ얏다더라

●秋收執留 內部大臣任善準氏의田庄이鎭川廣惠院等地에在ᄒᆞᆫ딕義兵이該舍音과ᄌᆞ作人을招致ᄒᆞ야秋收記ᄅᆞᆯ執留ᄒᆞ며曰今年秋收ᄂᆞᆫ稱義所로收納ᄒᆞ야軍糧을需用케ᄒᆞ라ᄒᆞ얏다더라

●只撥月俸 각道收租官덜이本來月給은無ᄒᆞ고旅費와駄價만支給ᄒᆞ더니自今年爲始ᄒᆞ야收租官을一變改遞ᄒᆞ고旅費와駄價ᄂᆞᆫ勿施ᄒᆞ고月給으로每朔三十圜式支撥ᄒᆞ기로酌定ᄒᆞᆫ다더라

●日二一々 竹山白巖場市에셔義兵과日兵이交戰ᄒᆞ다가日兵이敗走ᄒᆞᄂᆞᆫ대三名을生擒ᄒᆞ야質問ᄒᆞᆫ즉二名은日人이오一名은一進會人이라當場砲殺ᄒᆞ얏다더라

●建築費加請 平理院及漢城裁判所에建築費ᄅᆞᆯ七月以後로月別槪算ᄒᆞᆫ計에當ᄒᆞᆫ其時預算額에二千圜만增加ᄒᆞ라고稅關工事部에셔法部에照會ᄒᆞ얏다더라

●籠鳥還飛 全羅南道咸平郡여황面公錢領收員朴尙來가其徵收ᄒᆞᆫ稅金九百二十三圜五十二錢을携帶逃走ᄒᆞ얏ᄂᆞᆫ딕該漢을本月六日에日本東京門司港에셔日本警視廳巡査二子石貞馬外一名이逮捕ᄒᆞ야韓國雇聘巡査車田明의게押付홈의即時光州裁判所로押來ᄒᆞ다가本月十二日全南榮山浦渡船場에到ᄒᆞ야上陸ᄒᆞᆯ時에該朴尙來가又爲逃躱失捕ᄒᆞ얏ᄂᆞᆫ대法部에셔該裁判所에訓令ᄒᆞ야別岐詗捉ᄒᆞ고라另飭警署ᄒᆞ라ᄒᆞ얏다더라

●日兵又東 昨日午前에日兵이馬匹을執留ᄒᆞ야軍糧器械六十餘駄ᄅᆞᆯ帶同ᄒᆞ고東大門으로出往ᄒᆞ얏다더라

●邑無完邑 義兵이處ᄋᆞ有之로ᄃᆡ京畿陽川富平果川始興金浦通津安山等地에ᄂᆞᆫ無ᄒᆞ나賊患이比々有之ᄒᆞ다더라

●義兵執穀 永平郡義兵이京人沓舍音處에來言ᄒᆞ되京人이看秋次로下去ᄒᆞ야打租後一斗穀이라도若上送ᄒᆞ면大端히生硬이出ᄒᆞᆯ터이니貯置ᄒᆞ라하얏다고該沓舍音等이沓主에게何以措處之方을來問ᄒᆞᆫ다더라

●日醫留楊 積城麻田等城에義兵鎭壓次로日本醫部一人이巡査六名을率ᄒᆞ고楊州分派所에來留ᄒᆞᆫ다고京畿觀察使가內部로報告ᄒᆞ얏다더라

●臨守治聲 全北觀察使가內部에報告ᄒᆞ되臨陂郡이處在兩湖之間ᄒᆞ고連値七年之歉ᄒᆞ야便窮難蘇之局이러니自郡守莅任以來로處官如家에實心圖治ᄒᆞ고聽訟明辨에務從廉公ᄒᆞ니官屬之誅求와洞任之濫斂이從以革거ᄒᆞ고植木利生ᄒᆞ며築堰縮海ᄒᆞ니民情賴安이오兩津利涉ᄒᆞ고西時修平하니行旅頌德이라外交爲務盡時務ᄒᆞ고興學爲可期發達ᄒᆞ니以此良手ᄂᆞᆫ合有褒賞之典이옵기玆에報告ᄒᆞ오니查照ᄒᆞ오셔該臨陂郡守林潑榮을特施褒賞之典ᄒᆞ라ᄒᆞ얏더라

●稅主避身 洪川郡稅務主事徐丙肅氏가度支部에報告ᄒᆞ되本員이八月十日義徒起擾以後로隱避樓屑ᄒᆞ야不能視務이더니去月二拾日에日偵隊가來住本署인즉亦無住接之所하야書記蔡圭三家에暫留ᄒᆞ더니三十日에日兵과義兵이互相交戰ᄒᆞ야殊極危險故로九月一日께來到春川本署이더니七日에日軍隊와義兵이又爲接戰于洪川郡內ᄒᆞ야日軍隊ᄂᆞᆫ觀察道로撤還ᄒᆞ고郡內人民家屋은盡爲破燒하야于今ᄭᆞ지郡中이空虛故로未得還署라ᄒᆞ얏더라

●志士寄函 豐德南面佳井里居ᄒᆞᄂᆞᆫ閔泳禹氏가本社에寄函ᄒᆞ되國債報償은我韓同胞之義務也라自春徂夏로自紳ᄉᆞ以至婦孺傰丐히莫不爭先ᄒᆞ야猶恐或後ᄒᆞ더니迨夫六月以後에人心沮散하야或謂適勢至此國債之繳不報을奚暇學論가하나鄙等之意ᄂᆞᆫ大有不然者하니國債淸帳義가務ᄉᆞ免羈絆復國權之意也라是以로鄙等은不計多寡ᄒᆞ고有始成終이乃是義務기에玆에醵金十三圜七十錢을齎呈이라하얏더라

●德校有望 忠南德山郡道谷明新學校ᄂᆞᆫ乙巳年에進士金東旭씨가倡義設立ᄒᆞ야漢文宗教와本國地誌歷史等科ᄅᆞᆯ熱心教育ᄒᆞ고去年春의新學教師ᄅᆞᆯ延聘ᄒᆞ얏다가財擾ᄅᆞᆯ因ᄒᆞ야廢止ᄒᆞ얏더니去年秋에更設ᄒᆞ야學徒ᄅᆞᆯ募集하야二十餘名의趨하얏ᄂᆞᆫ딕右科ᄅᆞᆯ講習ᄒᆞᆫ다더라

●忽入高風 卞榮憲氏ᄂᆞᆫ端雅ᄒᆞᆫ人인딕家貧親老하야菽水ᄅᆞᆯ難繼ᄒᆞᆯ뿐더러窘ᄒᆞ야家屋이無ᄒᆞᆫ지라恩蠲不得ᄒᆞ야求乞次로前局長吳相奎氏ᄅᆞᆯ往見ᄒᆞ고情勢ᄅᆞᆯ說明ᄒᆞᆫ則吳氏가沉默良久에日明朝에來ᄒᆞ라ᄒᆞ거ᄂᆞᆯ如期往見ᄒᆞ얏더니金四十圜을給ᄒᆞ고日爲先救急하라ᄒᆞ고更히典洞所在瓦家拾餘間及家産什物을備給ᄒᆞ얏다ᄂᆞᆫ딕吳氏가卞氏의게面分이初無ᄒᆞ고但慈善心에出ᄒᆞᆷ이라더라

●逢접相鬪 ▲二十二日에原州安昌等地에셔義兵이日本偵探隊와遭遇ᄒᆞ야互相衝突ᄒᆞ다가義兵은砥平을向ᄒᆞ야退却ᄒᆞ얏다더라

東京電報

●春宮供奉 九月二十四日發 日本春宮殿下께셔御渡韓에就ᄒᆞ야村木春宮大夫代理木戶東宮侍從長田內黑水兩東宮武官 ᄉᆞ下가供奉ᄒᆞᆫ다더라

●英魯協約 英魯協約은日本政府와其他締盟國政府에今日에公式의通知가有ᄒᆞᆫ딕明日에ᄂᆞᆫ倫敦及魯都에셔發表ᄒᆞᆫ다더라

◎日清交涉 仝日 二十五日發 奉天에在ᄒᆞᆫ日本領事와滿洲總督間에交涉中滿洲問題ᄂᆞᆫ一部決定되얏다ᄂᆞᆫ報가有하나此ᄂᆞᆫ無根之說이오尙今一部도決定치못ᄒᆞ얏다더라

▲閨門秋歎▼

▲各地方에砲聲이不絶ᄒᆞ고哭聲이繼起ᄒᆞ야觸處情景이滿目愁慘ᄒᆞᆫ되內閣大臣은近日政海가不穩홈으로地位ᄅᆞᆯ恐失ᄒᆞ야出入이頻數ᄒᆞ고密議가紛紜ᄒᆞ야騷擾ᄅᆞᆯ止戢ᄒᆞᆯ方針은寥々無聞ᄒᆞ되地位ᄅᆞᆯ維持ᄒᆞᆯ策은神出鬼沒ᄒᆞ더고

▲內部에셔臨時軍用及鐵道用地調査局長朴義秉鐵原郡守金彰鉉江華郡守高靑龍海州郡守韓炯履等諸氏ᄂᆞᆫ무슴勤勞가有ᄒᆞᆫ지等級을特陞ᄒᆞ라고內閣에照會ᄒᆞ얏다니 來에ᄂᆞᆫ功勞업ᄂᆞᆫ賞與가왜그리許多ᄒᆞᆫ지

▲內閣에셔現今地方義擾가日甚ᄒᆞᆫ즉地方官賞罰이分明하여야鎭壓ᄒᆞᆯ方針이從此出ᄒᆞ리이니今番被害ᄒᆞᆫ郡守ᄂᆞᆫ特別褒奬ᄒᆞ야恤金을優下하고京城에逗留ᄒᆞᄂᆞᆫ郡守ᄂᆞᆫ罪의輕重을隨ᄒᆞ야自免官으로至譴責ᄭᆞ지라도斷當實行ᄒᆞ기로提議ᄒᆞ얏다니當此之時하야現任郡守ᄂᆞᆫ去亦難不去亦難이로고

▲會寧郡公廨ᄂᆞᆫ日本軍隊가盡爲占居ᄒᆞ고至於閭家라도稍可容接處면皆已着鞭ᄒᆞ고로該郡稅務署ᄂᆞᆫ三間土屋을借居ᄒᆞ야視務가難便ᄒᆞ다니各處公廨에日兵이占領ᄒᆞᆫ處가許多ᄒᆞ니該國官吏ᄂᆞᆫ視務도말ᄂᆞᆫ것이로고

▲向日에ᄂᆞᆫ仕官家에셔地方官을運動ᄒᆞᆯ야고반蹊曲逕으로埋頭沒身ᄒᆞ야幸而圖得ᄒᆞ더니地方이不穩ᄒᆞᆷ이危險을憂慮ᄒᆞ야觀望躊巡에進退ᄅᆞᆯ未決하니可謂鷄肋을難[?]이로고

▲南北村케케무근金玉貫子ᄅᆞᆯ臨處ᄒᆞ기爲ᄒᆞ야各陵令正三品以上으로ᄂᆞᆫ敍任ᄒᆞ고祭官을因以佩帶케ᄒᆞᆫ다ᄒᆞ미加資高下와光先後ᄅᆞᆯ各相比較ᄒᆞ야[?]大臣의게公頌이紛紜ᄒᆞ니[?]의慾은去去益甚이로고

▲帝國新聞社에셔財政이窘絀ᄒᆞ야巳爲廢刊ᄒᆞ미有志人士가慨歎不已ᄒᆞ더니近日商業에셔出義捐助ᄒᆞ고女子社會에셔도發起捐助ᄒᆞ야期於繼刊ᄒᆞ기로ᄒᆞ니韓國男女에[?]一可賀ᄒᆞ노라

◉社告

本社支社를左開三處에設置ᄒᆞ얏스오니該附近에서本申報購覽ᄒᆞ신僉彦은一切該支社로請求ᄒᆞ시고代金도該氏에게로送交하심을務望ᄒᆞᆷ

代金　申報　徵收每朔幷郵稅四十三錢
　　　國文申報仝　三十八錢

左開

支社位置及氏名

幷邑邑內　朴議官性天　李益象
泰仁邑內　金先達德弘　宋伯彦
扶安牛浦　金參奉鼎濟

地方各支社와箇人購覽員에게本申報配達이或滯留或遺漏가非一非再인바但以書辭通知가遲緩가無ᄒᆞ야郵便局交涉이難便ᄒᆞ니此後로ᄂᆞᆫ申報封皮에出付와收到日付印期限이過隔者를摘拔粘合ᄒᆞ얏다가本社로委送ᄒᆞ심을爲要ᄒᆞᆷ

各地方에서本申報購覽ᄒᆞ시ᄂᆞᆫ中或二三朔代金未納ᄒᆞ신僉彦의게ᄂᆞᆫ來十月一日부터停送ᄒᆞ올터이오니本月內로未納金을爲替換送ᄒᆞ오셔無至停送케ᄒᆞ심을其望

本支社員을濟州城內一徒里客舍동高亨來氏로定하얏신즉該附近地本申報購覽ᄒᆞ실僉君子ᄂᆞᆫ該支社로請求ᄒᆞ시며代金도該氏게送交ᄒᆞ시옵

大韓每日申報社

◉至急社告

美國湖灣市南西寺街一百二十五番共立館內崔有涉氏所送金額新貸一百五十二圓七十六錢已爲領收이나何許事件으로送ᄒᆞᆷ인지詳爲示明ᄒᆞᆷ을切望ᄒᆞᆷ

大韓每日申報社

寄書

日本留夢遊生

最夕이乍凉에秋意가宛然이라二階上四壘席에書燈을相對ᄒᆞ야實業界畜産論을次第로閱覽터니案頭에警夜鐘은十時를징ᄭᆞᆨᄒᆞ고枕上에喚睡魔ᄂᆞᆫ兩眸에昏々ᄒᆞ니僧淵黙감何處在오蒼凉夜色單衾寒이로다

俄而요一雙蝴蝶이翩천飛入ᄒᆞ야前路를引導ᄒᆞᄂᆞᆫ지라余亦浩然若兩脇生翅ᄒᆞ야飄々然蕩々然行到一處ᄒᆞ니宮闕이宏壯ᄒᆞ고丹靑이照耀ᄒᆞᆫᄃᆡ黃金大字로白玉殿이라題額ᄒᆞ고守門軍卒이如羆如虎ᄒᆞ야執戟而立ᄒᆞ얏스니天上玉京分明ᄒᆞ다方向을未定ᄒᆞ고道路上에躊躇터니自東邊으로大路上에超軒三座가前導後擁에連絡而來ᄒᆞᄂᆞᆫ지라仔細定睛而看ᄒᆞ니

第一位ᄂᆞᆫ閔忠公이시오第二位ᄂᆞᆫ趙忠公이시오第三位ᄂᆞᆫ崔忠臣이시더라頭戴金冠ᄒᆞ고身着朝服ᄒᆞ시연ᄂᆞᆫ데儼然威儀ᄂᆞᆫ使人敬服ᄒᆞ더라余ㅣ不勝欣悅ᄒᆞ야叉手拜謁ᄒᆞ고跟隨其後ᄒᆞ야卽入白玉殿ᄒᆞ니

上帝께옵서玉塔에臨御ᄒᆞ시고仙官이羅列ᄒᆞ얏ᄂᆞᆫᄃᆡ三忠臣은鞠躬四拜를畢ᄒᆞ신後殿上에侍立ᄒᆞ셧ᄂᆞᆫᄃᆡ　勅語를下ᄒᆞ사賣國奴를押入ᄒᆞ라ᄒᆞ신ᄃᆡ法官이下敎를傳諭ᄒᆞ니軒々健卒이一時에聽命ᄒᆞ고一個漢을足不履地ᄒᆞ게星火捉入ᄒᆞ니波蘭敎會에賣國黨首領이라ᄒᆞ더라其罪를數ᄒᆞᄂᆞᆫ되너ᄂᆞᆫ엇더ᄒᆞᆫ心腸으로祖國을忘却ᄒᆞ고私權을鞏固ᄒᆞᆯ慾計로外人의게依附ᄒᆞ야疆土를賣渡ᄒᆞ고生靈을殄滅ᄒᆞ야膏腴를吸取ᄒᆞ니罪惡이盈天에晷刻을難貸라拔舌地獄司法官의게押付ᄒᆞ야苦楚ᄒᆞᆫ刑罰을一々執行ᄒᆞ라ᄒᆞ신ᄃᆡ左右에邏卒이一時吶喊ᄒᆞ고風雨又치押出ᄒᆞ더라

余欲觀光ᄒᆞ야其所到處에隨往ᄒᆞ니陰風이怒號에腥雲이慘담ᄒᆞ고寒雨가蕭颯에白日이依迷ᄒᆞᆫᄃᆡ臺上에司法官이高坐ᄒᆞ고臺下에無數鬼卒이執戟而立ᄒᆞ고各項刑具를一々準備ᄒᆞ얏더라

其무손죄首領이라ᄒᆞᄂᆞᆫ罪人을拿入ᄒᆞ야　勅敎를傳諭ᄒᆞ고刑罰을執行ᄒᆞᄂᆞᆫᄃᆡ斷舌拔目하고割耳劓鼻ᄒᆞ고斷手割膝ᄒᆞ니流血淋漓ᄒᆞ야目不忍見이오哀呼慘酷은耳不忍聞이더라

少焉에油확은大沸ᄒᆞ고其中에投入ᄒᆞ더라余ㅣ看此光景ᄒᆞ니癛然而恐ᄒᆞ야不能久立ᄒᆞ고卽出門外ᄒᆞ야更到白玉殿ᄒᆞ니

上帝께옵서寶塔에御坐ᄒᆞ시고三忠臣은依前侍立ᄒᆞ시야祖國에生靈保存과强土維持와獨立回復ᄒᆞᆯ事件을次第上奏ᄒᆞ시니　天顔이和悅ᄒᆞ샤忠心을稱賞ᄒᆞ시고當有處分矣리니容俟幾日ᄒᆞ라ᄒᆞ시더라

少頃에法官을更爲　命召ᄒᆞ샤捉待ᄒᆞᆫ安南政府賣國賊臣을一體拿入ᄒᆞ야嚴行訊問ᄒᆞ고依律勘處ᄒᆞ라ᄒᆞ신ᄃᆡ健卒數百名이뎔미잡ᄃᆞᆺ次第拿入ᄒᆞ야其罪目을數ᄒᆞᄂᆞᆫᄃᆡ天地簽判ᄒᆞᆫ後에亂臣賊子가何代無之리오만은如汝等之設謀逞計ᄂᆞᆫ萬古所無라或羈懷纂逆에渠奪其位ᄒᆞ야欲享富貴나厭其穢德ᄒᆞ야每々誅戮이어니와爾等則以何歡心으로自國强土를讓渡異國ᄒᆞ고本朝官爵을獻納他人之計로符同外人ᄒᆞ야爲迫君父가罔有紀極ᄒᆞ고殺戮生靈이莫此爲甚ᄒᆞ니極惡大懟ᄂᆞᆫ合置重辟이라卽爲押送于湯蹈地獄ᄒᆞ야具格嚴刑을如上頂賣國奴ᄒᆞ라

勅語가嚴重ᄒᆞ신ᄃᆡ法官이俯伏奉　命ᄒᆞ고卽行押領ᄒᆞᄂᆞᆫᄃᆡ左右鬼卒이如疾風而馳入ᄒᆞ야爲先結縛에兩肩相接ᄒᆞ고加之鐵鞭에下手猛毒ᄒᆞ니衆賊哀呼之聲에毛骨이竦然ᄒᆞ고兩耳에砭入ᄒᆞ야大驚而起ᄒᆞ니南柯一夢分明ᄒᆞ다ᄌᆞᆷ々ᄒᆞᆫ電車은絡繹而不絕ᄒᆞ고耿々ᄒᆞᆫ書燈影은依俙而不滅ᄒᆞᆫ데징々ᄒᆞᆫ警夜鐘은十二時를始報ᄒᆞ더라

雜談

●國之强弱은在乎國民之團結與否　續

（留學生會報論說）

使華盛頓으로無十三州之響應이면安能收獨立之功이며俾士麥으로無二十五邦之聯結이면安能舉復讎之師리오南洋에有穴蟻ᄒᆞ야成鬪則能斃大獅ᄒᆞ고西國에有尾猿ᄒᆞ야相啣則能涉大河ᄒᆞ나니大哉라團合之爲力이여昆虫獸類도亦知其然커든況人類乎아

露國版圖之大가占據歐亞半幅이로ᄃᆡ取敗於日本故也오印民國合力이不及日本者ᄂᆞᆫ以其國度人口之衆이殆近全米總數로ᄃᆡ受制於英國者ᄂᆞᆫ亦不外乎其國民이不似英人之團合也라故로日國民之團結與否ᄂᆞᆫ卽全世界强國弱國之所以分也라ᄒᆞ노니

顧念我韓之現狀컨ᄃᆡ土壤이三千里오人民이二千萬이라果能團結而爲公乎아抑分裂而就私乎아五百餘年之間에骨肉相競이宜其疲弊思革矣라所謂便色之軋轢也며京鄕之欺侮也며班常之分間也며偕儒之ᄌᆞ訐也ㅣ顧何所爲而何所成乎아徒增長其傾壹之風과腐敗之俗하야日就衰亡而不自知也라然而挽近以來로外侮가頻至ᄒᆞ고風潮가日迫ᄒᆞ야不假金歐一片好地於未開未發之民ᄒᆞ야使之自相踐踏也則爲其民者ㅣ宜乎奮然而動ᄒᆞ고油然而合ᄒᆞ야은々壘々히講究對外之策이可也어날而可見其已久之陋癖惡習이莫之頓除ᄒᆞ야同胞而自逆耳之言則必怒目而向之ᄒᆞ고異族而有甘口之誘則諂傾心而和之ᄒᆞ야豹虎橫行ᄒᆞ되恬爲無步ᄒᆞ고鷸蚌相持에慮不及後하며上不毆下ᄒᆞ고下不知上ᄒᆞ야各自圖生에汲々於營私而已라

凡此豈獨於草野頑固之輩와權門奔勢之徒에見之哉아所可太息痛恨者ᄂᆞᆫ今日之有新學問ᄒᆞ며吸新空氣ᄒᆞᆫ憂國嘆時之士와扼腕噴血之間에도亦不免此弊之流行也로다

廣告

◉乾材洋藥廉賣

漢城鐘路慈惠藥房에셔各種洋藥을廉賣ᄒᆞᄂᆞᆫ中에邦補益藥水ᄂᆞᆫ極擇廉賣하오니內地各處僉彦게셔小包郵便으로取用ᄒᆞ심을仰望

▲大瓶 三圜

▲小瓶 一圜五什錢

乾材洋藥發賣人 濟衆院 醫學員 朴慈惠 告白

◉學員募集廣告

本校에셔學員을試選ᄒᆞᆯ터이오니願入僉彦은九月廿四日(陰曆八月十七日)에入學請願書를本校로呈ᄒᆞ고仍爲應試事

但入學請願書ᄂᆞᆫ本校로來購ᄒᆞ고試驗時所用紙筆墨은携來ᄒᆞᆷ

一 入學年齡十二歲以上

一 試驗課目 國漢文讀書及作文

官立漢城日語學校長 金基爽

漢城셔署松橋新作路四十三統二戶

辯護士 玉東奎

辯護士 許 憲

合同法律事務所

近々工業이漸隆ᄒᆞ야道路新設及山林田畓宅[illegible]爲[illegible]關係時急키로本所[illegible]不拘ᄒᆞ고以上諸測量及設計製圖等囑托의時ᄂᆞᆫ應ᄒᆞᆷ

土木測量設計囑託所

京城西大門外兩𠘿第六家

主任 金之煥 告白

武官生徒를募集하갯스니志願者ᄂᆞᆫ來十月一日午前十時에武官學校로來ᄒᆞ야應試ᄒᆞᆷ事

試驗課目

一 國漢文

二 算術

三 地理 歷史

年齡은滿十六歲至二十歲

但別日起選ᄒᆞᆫ武官幼年兩校學徒ᄂᆞᆫ[illegible]도再試ᄒᆞᆯ터이니右項에可格만來ᄒᆞᆯ事

隆熙元年九月十九日

軍部

本人와당호竹器[illegible]州李時商家留宿ᄒᆞ다가見失ᄒᆞ엿사오니以此發死

長津甫川面安昌[illegible] 告白

同者軍隊解放時에負傷[illegible]中에死者ᄂᆞᆫ已矣어니와折腰折脚之人은命脈은尙存이나運動未由하야該人等이將欲自殺을니今此慘酷ᄒᆞᆫ人等이往見慰勞ᄒᆞ고西醫에게以印度書도接骨續脚이온則八人의該費額이至爲二千五百圜之多인바一人助力으로難見奏効ᄒᆞ와茲以佈佈ᄒᆞ오니望須慈善僉君子ᄂᆞᆫ勿拘多小ᄒᆞ시고救恤金을寄付ᄒᆞ와使招死同胞로拯濟ᄒᆞ심을爲要

隆熙元年九月日

發起人 정主煥 尹[illegible]勳

安[illegible]鎬 曹[illegible]

救恤金取合所 皇城新聞社

大韓每日申報社

出言人의姓名은新聞에廣告ᄒᆞᆷ

瑞士建國誌

◉定價金 新貨十五錢

此誌ᄂᆞᆫ政治小說이니志士의救國救民ᄒᆞᄂᆞᆫ思想과人民의愛國心을養成하ᄂᆞᆫ데緊要ᄒᆞᆫ冊子오

發賣所

▲大韓每日申報社 開新冊肆

▲仁川港杻峴 金相萬冊肆

▲中署布屏門下 敎育書館

▲平壤城內烈女洞 古今書海館

▲銅峴下 中央書館

▲洞口越便 大東書市

▲鍾路 匯東書館

▲大廣橋 博文書館

▲尙今 [illegible]

[illegible]

南門[illegible] [illegible] 告白

◉新訂大全政正[illegible]金四十錢

◉日語獨習全 五十錢

◉幼年必讀上下 八十錢

發賣所 銅峴下 古今書海館

仁川港 青[illegible]冊肆

[illegible]

民事訴訟代理及刑事裁議訴狀鑑定仲裁及契約起草等諸般事務를迅速處理ᄒᆞᆷ

京城北署嘉會坊三十四統四戶

辯護士 桂命夔

辯護士 李鍾聲

事務員法律卒業生 리源生

共同法律事務所

大東宿舘

大東宿舘宿泊請負會社長 鄭[illegible] 廣告

[illegible]

刊名[illegible]設[illegible]每人宿[illegible]一例[illegible]

本社는大東宿館에[illegible]

大東宿館事務員 漢植 告白

放賣ᄒᆞᄂᆞᆫ[illegible]

越南亡國史 國漢文

定價貳拾伍錢

發賣所 [illegible]

[illegible] 布屏下 김相萬 告백

[illegible]

소(肥料)[illegible]

[illegible] 봉[illegible] 고백

[illegible]大阪[illegible]業[illegible]ᄒᆞ며日本[illegible]出[illegible]各種[illegible]品과西洋各種物品及機械等物을販賣ᄒᆞ와大韓에輸入과委托을便利케됨을約ᄒᆞ엿사오니商工業에有志ᄒᆞ신僉君子ᄂᆞᆫ[illegible]物이든지請求ᄒᆞ시거나[illegible]社로來議ᄒᆞ시오

[illegible]本店

漢城北部[illegible]

支店京城南門內水標五十一統六戶

[illegible] 商會社

全仁港內[illegible]廣務[illegible]

[illegible]

▲[illegible]

▲[illegible]

▲洋服(已成) 各種

▲上品鞄㩲 油[illegible] 油衣

▲房機각種 刀子각種

▲花布각種 반자紙각種

▲비누각種 양탄자각種

其他洋服附屬品多有

西署夜照峴

三街里二層洋屋 加比老郭漢承

◉增修無寃錄大全

定價金新貨七拾五錢

[illegible] 七十頁

此增修無寃錄大全은法律의[illegible]最緊要ᄒᆞᆫ書籍이온데年來絶版되야欲見者이殆히絶[illegible]에至ᄒᆞᆫ지라此書를新刊ᄒᆞ야[illegible]部에發賣ᄒᆞ오니[illegible]得ᄒᆞ옵

中署布屏下 김相萬 發賣所

◉本報價金

一個月 新貨三十錢

三個月 九十錢

六個月 一圜七十錢

一個年 三圜四十錢

廣告費 一行 新貨五錢

(每日四號字一行[illegible])

[illegible]

中署布屏門下 金相哲

平壤上水口門內 金浩[illegible]

[illegible] 崔[illegible]

宣川邑 李東皓

義州西門外 安 濬

釜山港 大[illegible]

三和港 徐[illegible]

咸興 金元섭

元山 曹[illegible]林

大邱市 姜助選

城津 崔一弘

[illegible] 劉[illegible]

[illegible] 安[illegible]

[illegible] 劉七錫

濟州南門外 金[illegible]

海州南門內 朴昌[illegible]

[illegible] 洪[illegible]

[illegible] 許 錫

[illegible] 金[illegible]

[illegible] 李[illegible]

[illegible] 金[illegible]河

高原邑 趙鍾大

東萊 朴敦吉

濟州城內 安 [illegible]

井邑邑內 李益[illegible]

泰仁邑內 金[illegible]弘

扶安牛浦 金鼎濟

發行兼編輯人英國人 裵 說

發行所 大韓每日申報社

南署石井洞[illegible]外[illegible]洋[illegible]

大韓每日申報社

第五卷

大韓每日申報

第六百廿四號

月曜及祭節
發時日休刊

檀君開國四千二百四十年
箕子元年三千二十九年
大韓開國五百十六年
日本明治四十年
淸國光緖三十三年
陰曆丁未八月小二十日己卯

論說

◉晩香坡困難

解決手段의仁愛함이晩香坡에셔順序로進行ᄒ나니倫敎과오다와及東京에政府들이局勢의重大함과互相讓與及取得하난政策이敦睦ᄒ解決을得ᄒ直徑인줄을實認ᄒ엿도다何如ᄒ던지桑港及晩香坡에在ᄒ公衆法目의特著ᄒ問題로觀之ᄒ면關係된政府들이解決을畢了하고相謂호ᄃᆡ此事態가互相尊重之道로締定되엿다ᄒ지라도人民은同一ᄒ意見을陳述키不得하리니此는英國콜넘비아와美國海岸에居民들이亞細亞人을極히反抗하야宇內에政客及公衆이雅美ᄒ說話를多述ᄒ며라도此反抗意思는其不輕減ᄒ거시로다本記者도此反抗의移變을顯見이나如此能勢의進行을得見키不能ᄒ니凡此事態에重要問題는勞動業이是也라但以一言으로此困難을播去ᄒ거ᄂᆞᆫ白人邦國에서亞細亞役夫의居生及勞動을禁止ᄒ이是也나同時에日本政府ᄂᆞᆫ如此規例를斷不承認ᄒ리니若政府가承認이면其人民이起擾하야政府大臣을毆石亂打ᄒ거시오非特止此라日本國民의豪氣가如此案件을篇措하는것도不許ᄒ지라然則此特異ᄒ問題가關係된諸政客을困惱ᄒ거시오此困難은今日에致良ᄒ야消ᄒ야도明日에復生ᄒ리로다第此可悉ᄒ거ᄉᆞᆫ解決方策이今에進行이나互相議許를但因함이오永久ᄒ決策은未成하야其弊瘼의原因을不破ᄒ엿스니桑港及晩香坡에可嘆ᄒ景況이遠去하엿다謂ᄒ리오若有再起之端이면關係된列强이此全部問題를再論ᄒ리이나其局勢가曾往보다愈益不美ᄒ을將見ᄒ리로다蓋人種反抗이如彼急速히現出ᄒ는一理由는日本人民이自己의移居ᄒᄂᆞᆫ處에國民과同化ᄒ기를不能ᄒ이라고向者本報에已揭ᄒ바라日人이其或雍容可敬이요勤役之民이나然이나己之移住國을着味ᄒ야該國民의一部分을作ᄒ기에는全然不能ᄒ야常是日人이오常是東人이며公平正直이欠性이며彼之特辯은他人의秘密을探知ᄒ며奸巧로他人을詭欺ᄒ에在ᄒ니此或非日人의過失이요但或東西의區別이ᄂᆞᆫ然이나過失이던지此乃現今苦痛에重要ᄒ原因이로다

官報

●號外 隆熙元年九月廿五日

◉宮廷錄事

掌禮院卿臣李重夏謹 奏 景孝殿辰祭 太皇帝親行時 皇太子終獻之節依例曆錄乎敢 奏 奉 旨勿爲曆錄

掌禮院卿臣李重夏謹 奏 景孝殿奠酌禮 太皇帝親行時 皇太子陪參之節依例曆錄乎敢 奏 奉 旨勿爲曆錄

掌禮院卿臣李重夏謹 奏 長孝殿酌獻禮親行時 皇太子陪參之節依例曆錄乎敢 奏 奉 旨勿爲曆錄

●第三千八百八十一號 隆熙元年九月二十六日

敍任及辭令

[illegible] 李完圭

平安北道觀察道警務署總巡 金永一

慶尙北道觀察道主事 崔蕃達

依願免本官

六品申鴻求 仝 洪淳復

任臨時軍用及鐵道用地調査局書記郎

全羅南道觀察道警務署總巡 張東煥

任平安北道觀察道警務署總巡 李大英

任全羅南道觀察道警務署總巡 尹浚植

任全羅北道觀察道通譯官 金永柱

任三和府通譯官 朴孝國

任沃溝府通譯官 李範喜 全奉燁

任慶尙南道觀察道主事 前敎官崔海發 崔德林

任慶尙北道觀察道主事 朴麟鎬

任平安北道觀察道主事 前司果石璣煥

任廣州郡主事

任大邱仝 前主事金鼎九

任靈山仝 前書記生成沃根

任振威仝 前副敎員崔東羲

任兎山仝 柳泳秀

任昌原仝 成樂夏

任鐵山仝 鄭士夢

任瀏川仝 金商淵

任同福仝 房在絢

任南陽仝 洪喆厚

任安峽仝 黃宗述

任齊桐仝 全在燮

命宮內府次官 小宮三保松

宗設院扈衛局員閔丙雲

免本官

正三品李鎔一 仝 李 儁

六品尹敦求 前敎官宋綺用

九品柳필根

命國文硏究所委員

農商工部書記郎洪承海

任農商工部技手 六品金容默

任農商工部書記郎

雜報

●早婚禁止 北京報를據ᄒ則御史英瑞는二十歲未滿의早婚을禁ᄒ기爲ᄒ야婚姻에課稅ᄒ고印紙貼用의請書를徵ᄒ야官의鈐印이無ᄒ者에는嗣子를否認ᄒ기로上疏ᄒ얏스나存中에는留中되얏다더라

●諮政院開設期 淸國에서는諮政院을設立ᄒ는ᄃᆡ籌ᄒ야參議員은各省으로推擧ᄒ게ᄒ되이나該院新任總裁는淸曆明年正月二十日에開院ᄒ기로豫定ᄒ얏다더라

●富士降雹 靜岡縣沼津電을據ᄒ則去二十日夜에富士山七合目에降雹ᄒ얏다더라

●汽車衝突 關西部에셔急行列車가衝突ᄒ야死者가數十一名이오傷者가二十七名이라더라

●議會召集 兩江總督端方씨는政府를向ᄒ야速히議會開設ᄒ기로奏請ᄒ얏다더라

●暴動의原因 倫敦電을據ᄒ則近頃加奈太에在ᄒ日人勞働者이晩香坡暴動事件의原因을左三點에歸ᄒ니一日人種的嫌惡心이오二日東洋[illegible]白人勞働者의[illegible]競爭이오三日或一部의政治家가政黨派의投票運動을爲ᄒ야右派[illegible]的偏見을利用ᄒ으로由ᄒ이[illegible]더라

●靜岡縣水害 本月十九日로二十日午後ᄭᆞ지磐田郡에서山水ᄒ야堤防長五拾間과幅三十間이崩壞ᄒ고小笠郡山崩ᄒ으로以ᄒ야道路十八間과家屋三戶半이潰壞ᄒ고同郡橫松町에는浸水家屋이床上十六이오床下百五十九오田畓이二百二十五町이오淸水港에積在ᄒ石炭三萬五千斤은流失ᄒ얏다더라

●損害要求 伯林電을據ᄒ則摩洛哥國카사부랑카에在留ᄒ法國人과德國人의損害賠償前拂ᄒ事를自國政府에請願ᄒ얏다더라

雜報

●黑龍江의女將軍 黑龍江督軍幕下의萬永勝者는黑龍江城의鎭官이라去年夏에馬賊이蜂起ᄒ거늘將軍의命을奉ᄒ야討伐ᄒ다가月餘를經ᄒ되功을奏치못ᄒ니人이彼를將軍의게讒ᄒ되馬賊으로더부러通款ᄒ얏다ᄒ니將軍이其讒을聽信ᄒ고彼를殺ᄒ지라其妻一丈靑이크게含怨ᄒ야其妹花蝴蝶과及張海鵬[illegible]과北大壯과相謀ᄒ야[illegible]을糾率ᄒ고出沒ᄒ야擄掠ᄒ며哈爾濱距二百餘淸里의地와他拉哈에서[illegible]ᄒ야村落을[illegible]ᄒ니官軍이[illegible]ᄒ야剿討ᄒ나[illegible]計無策ᄒ야[illegible]의計劃이[illegible]結果로不得已ᄒ야奉天督將軍의軍을撥ᄒ야討滅將軍이八面으로圍攻ᄒ야女賊을討伐ᄒ라ᄒ니瑞統領이馬隊五百五十騎와山砲一門을提ᄒ고直히彼의巢窟을肉薄ᄒ야大破ᄒ니彼等이僅以身免ᄒ야蒙古로逃ᄒ얏다더니末還에賊兵二千을糾合ᄒ야龍江에勢를張ᄒ야再次黑龍江에來ᄒ야稱王ᄒ며將兵과戰ᄒ야竊히將敗ᄒ決意形勢에在ᄒ지라一丈靑은廿三歲오花蝴蝶은廿歲인ᄃᆡ共히花顔玉骨의美人이오張大和는二十三歲인ᄃᆡ又紅顔美丈夫라ᄒ니右事實이足히小說家의材料가될만ᄒ더라

●養蠶卒業盛況 在龍山大韓婦人會養蠶講習所에서春夏蠶隆盛ᄒ은累已報道어니와秋蠶飼育도彩多ᄒ成因을得ᄒ얏스니本會敎師吉田次郎씨의熟練妙法과一般生徒의熱心講習ᄒ거슨推此可知라本月十八日에卒業式을行ᄒ얏ᄂᆞᆫᄃᆡ曾孫李鍾卿氏와尹宮大擬重顯氏夫人과李綾鎔씨夫人과農相代行農務長朴鎔弘씨와技師安藤又直氏와統監府農務課長代行宵戶氏와其他許多紳士貴嬪이參觀ᄒ야卒業證書頒給ᄒ後에其實地發達ᄒ事에對ᄒ야我大韓國家를富饒케ᄒ基礎라고各其勸勉ᄒ며學徒[illegible]生을感謝ᄒ文辭으로答辭ᄒ얏다더라

●勞動同胞의愛國 三和港埠頭勞働에서[illegible]新ᄒ은己爲拒絶ᄒ얏거니와該港通信을更接ᄒ則同港勞働者가更爲發誓曰今我同胞의肝膽塗地ᄒ야[illegible]延燒刃若是其慘酷이거ᄂᆞᆯ吾亦二千萬之中人이라雖不能死ᄒ고生ᄒ나豈忍圖ᄒ니豈敢飮酒喜樂이며開遊雜技乎아ᄒ고一切酒技를禁止ᄒ며[illegible]를圖發ᄒ며國家思想이發ᄒ니下等社會에도[illegible]變ᄒ야十餘名紳商社에보담捐發ᄒ다더라

雜報

●茶禮親行 昨日景孝殿朝夕上食과晝茶禮에 太皇帝陛下와 大皇帝陛下ᄭᅴ옵서同爲親行ᄒᆞ옵셧다더라

●陵行退定의理由 大皇帝陛下ᄭᅴ옵서洪陵及裕陵展謁ᄒᆞ실日字를退定ᄒᆞ신ᄂᆞᆫ其理由인則幸行時班次를更爲磨鍊홈으로諸般儀節이未備ᄒᆞᆫ所以라더라

●忌辰의禮服 明成皇后忌辰에入參ᄒᆞᄂᆞᆫ百官은烏紗帽淺淡服烏角帶로入參ᄒᆞ라고內閣에서各部에電話ᄒᆞ얏더라

●上食將撤 景孝殿과洪陵의朝夕上食은忌辰後에ᄂᆞᆫ將撤ᄒᆞ신다더라

●內閣秘議 再昨日下午三時에內閣에會同ᄒᆞ야무삼重大ᄒᆞᆫ事件을秘密會議ᄒᆞ얏다더라

●法大訪問 法部大臣趙重應氏가再昨日下午三時에閣議를罷ᄒᆞᆫ後同五時에大觀亭에前往ᄒᆞ야長谷川氏를訪問ᄒᆞ고同六時에制度局總裁金允植씨를訪問ᄒᆞ얏다더라

●猝難變通 昨日公故에入參ᄒᆞᄂᆞᆫ百官이淺淡服을着用ᄒᆞᆫ은別項과如ᄒᆞ거니와親勅奏任一般官吏가猝地에淺淡服을變通無路ᄒᆞ야公故에不參ᄒᆞᆫ者가多數ᄒᆞ다더라

●度次出發 度支部次官荒井賢太郞씨가昨日東京에서出發ᄒᆞᆫ다고度支部에電報가來到ᄒᆞ얏다더라

●完察上京 遞完察金奎熙씨가群港에서輪船을搭乘ᄒᆞ고仁川에到着ᄒᆞ야京仁鐵路로上京ᄒᆞᆫ다더라

●北察遞任說 咸北觀察使尹性普氏ᄂᆞᆫ有何事件인지遞任되얏다ᄂᆞᆫ說이有ᄒᆞ더라

●樞院會議 昨日中樞院에서顧問閔泳玑와鄭重顯兩씨와贊議가會同ᄒᆞ야地方의騷擾홈을鎭壓ᄒᆞ기爲ᄒᆞ야徵兵令을實施ᄒᆞ기로ᄒᆞ얏다더라

●內訓畿觀 내部에서京畿觀察使의게訓令ᄒᆞ되拾月拾日에日本皇太子殿下遊覽次渡韓時에祇迎儀節을不容不預先準備인바航路作行ᄒᆞ야仁港에到泊ᄒᆞ셔卽向京城ᄒᆞ실ᄂᆞᆫ지釜港에到泊ᄒᆞ셔滊車로作行ᄒᆞ실ᄂᆞᆫ지姑未確知ᄒᆞ니仁川府에預先另飭ᄒᆞ야迎接儀節을準備以待ᄒᆞ야航路作行이라도無至窘束케ᄒᆞ고本使도亦須預備ᄒᆞ야自釜山作行이라도亦無窘給케ᄒᆞ고沿路各郡守의게一々飛飭ᄒᆞ야無或疎漏케ᄒᆞ라ᄒᆞ엿더라

一道路를淨潔修治事

一韓日國旗를各官廳과民人家門미에交叉高揭事

一祇迎處所에綵門을建立ᄒᆞ고韓國旗를交叉高揭ᄒᆞ며夜則球灯을裝飾ᄒᆞᆯ事

一所經沿路各學校學童이左右로整齊排立ᄒᆞ야敬禮萬歲ᄒᆞᆯ事

●懽迎節次協議 日本皇太子ᄭᅴ서渡韓ᄒᆞ시ᄂᆞᆫ事에對ᄒᆞ야漢城內人民이歡迎ᄒᆞᆯ節次를內部에서漢城府尹을招請ᄒᆞ야爛商協議ᄒᆞ얏다더라

●內訓각察 宣諭使派送ᄒᆞᆫ外各道觀察使에게內部에서訓令ᄒᆞ고各道觀察使가躬行각郡ᄒᆞ야飭諭ᄒᆞᆫ前以後에形止를隨時馳報ᄒᆞ라ᄒᆞ엿다더라

●有難刑便 尙州郡所在軍器를日人이請求ᄒᆞ나自郡으로多有難便이라고該郡守가內部로報告ᄒᆞ얏더라

●淮守報告 道路危險ᄒᆞ야行旅阻絶ᄒᆞ와公文來往에協涉難便이라고淮陽郡守南宮薰氏가內部로報告ᄒᆞ얏더라

●日教師補囑 公立城津普通學校教師隱助寺常太郞氏가依願解囑ᄒᆞᆫ代에東京府荏原郡大井村鮫濱尋常高等小學校訓導兼校長渡邊政太郞氏로學部에서統監府로照覆ᄒᆞ야右教師를補囑ᄒᆞ얏다더라

●工頭剃髮 電務課工頭ᄂᆞᆫ帽子를製給ᄒᆞ야薙髮ᄒᆞᆫ다ᄂᆞᆫ說은已揭前報어니와該課에서帽子를尙未製給ᄒᆞ엿ᄂᆞᆫ데工頭等이各其自費ᄒᆞ야三昨日에一齊削髮ᄒᆞ고帽子를着ᄒᆞ얏다더라

●斷髮施行 咸北觀察使尹性普氏가內部로電報ᄒᆞ되郡守가斷髮을施行ᄒᆞᆫ事로人民이集合ᄒᆞᆫ故로警視及補佐官이發往該地라ᄒᆞ얏다더라

●日官不法 北署壯洞居前正尉崔旭載氏가實業的으로卷烟商店을開設코ᄌᆞᄒᆞ야泥峴等地日人某의게卷烟器械를買來次로價額을先給ᄒᆞ얏더니該日人이器械를延拖不給ᄒᆞ고避身不現ᄒᆞᄂᆞᆫ故로日警察署에該事由를呼訴ᄒᆞᆫ즉答以不知라ᄒᆞ거날更히理事廳에往訴ᄒᆞᆫ즉該廳에서亦云不知라ᄒᆞ거ᄂᆞᆯ崔氏가一場質問ᄒᆞ되以若文明國法官으로此等事를處理치앗ᄂᆞᆫ다ᄒᆞ고大端論駁而歸ᄒᆞ얏다더라

●諸氏慨孤 石鎭衡韓錫振李元稙郭漢永等諸氏가孤兒院經費窘拙홈을嘆惜ᄒᆞ야大演藝會를剏設ᄒᆞ고入場券을放賣ᄒᆞ야該院經費를補助ᄒᆞ기로決定ᄒᆞ얏다더라

●賊漢被縛 再昨日下午二時量에何許女人이무삼物件을頭戴ᄒᆞ고社稷洞等地로過去ᄒᆞᄂᆞᆫ데賊漢이該女人의銀장을掠取ᄒᆞ다가該坊曲支所巡檢의게被縛ᄒᆞ야西署로押付ᄒᆞ얏ᄂᆞᆫ대該賊漢의姓名은鮎笠동居姜昌秀라더라

●軍器收去 殷山郡軍器를洪州分派署日人이持去ᄒᆞ얏다고該郡守署理大興郡守金允秀氏가內部로報告ᄒᆞ얏다더라

●刑事局長의照會 陰本年六月初拾日赦典에已決未決囚中可合放釋者ᄂᆞᆫ業經奏裁ᄒᆞ야頒令ᄒᆞ얏거니와憑考ᄒᆞᆯ事가有ᄒᆞ니蒙放ᄒᆞᆫ囚徒를勿論已未決ᄒᆞ고各其名下에年齡과罪名과居住와已決囚외에ᄂᆞᆫ判決日字와未決囚외에ᄂᆞᆫ逮捕日을並昭詳開錄ᄒᆞ야卽速送致ᄒᆞ라고法部刑事局長金洛憲氏가京鄕各裁判所檢事에게照會ᄒᆞ얏더라

●星郡賊警 公立星州普通學校副教員金學瑞氏가學部로報告ᄒᆞ되本月七日夜에火賊三拾餘名이各持銃劍ᄒᆞ고突入本郡內而放砲를十分間이드니警視分派所與郵便局에突入ᄒᆞ야諸般文記와器具를擧皆破碎燒燼ᄒᆞ고連次放砲에向於市家ᄒᆞ야家々器具를燒燼ᄒᆞᆫ故로驚刼中에學徒ᄂᆞᆫ父兄이携而逃走避亂ᄒᆞ고本校ᄂᆞᆫ幸免ᄒᆞ와書籍을保管ᄒᆞ고學徒等은避亂ᄒᆞ야未卽歸家ᄒᆞᆫ故로勢不得已一齊退學ᄒᆞ고去月十六日부터如前開學ᄒᆞ얏다더라

●鴉針殺人 近者에京鄕間鴉片針者가多有ᄒᆞ되或泄瀉者痢疾者가有ᄒᆞ면鴉片針을無常用之故로意外에死者가多有ᄒᆞ되警察官吏ᄂᆞᆫ鴉片針者를何不禁ᄒᆞᄂᆞᆫ지輿論이沸騰ᄒᆞ다더라

●工數維持 工數學校가經費窘拙ᄒᆞ야廢止ᄒᆞᆯ境에至ᄒᆞᆫ지라該校長趙民熙氏ᄂᆞᆫ辭免ᄒᆞ고總務宋世熙氏ᄂᆞᆫ斷指同盟ᄒᆞ야該校를永久維持ᄒᆞ기로決心ᄒᆞ얏다더라

●銃丸出給 軍部에서內部로照會ᄒᆞᆫ것을因ᄒᆞ야淸州隊所在銃丸을該郡警務署에出給ᄒᆞ얏더라

▲地方形情▼

▲二十三日에漣川郵便局에出張ᄒᆞᆫ日人技手ᄂᆞᆫ同地方이不穩홈으로金化로避身ᄒᆞ엿다가更히歸任ᄒᆞ엿더니又是騷擾ᄒᆞᆫ즉金化로更逃ᄒᆞᆯ際에多數義兵이襲擊ᄒᆞ야該技手를砲殺ᄒᆞ엿다ᄒᆞ고

▲十九日에日本連絡步兵二名이平昌西南方道頭里約二十里에서義兵二百五十名을遭遇ᄒᆞ야一名이負傷ᄒᆞ얏다ᄒᆞ고

▲十四日에約二百名義兵이旌善邑을包圍攻擊ᄒᆞ미日兵分遣隊ᄂᆞᆫ警官과協力ᄒᆞ야擊退ᄒᆞ얏ᄂᆞᆫ데四名은戰死ᄒᆞ얏다ᄒᆞ고

▲二十三日에加平郡에서郵便遞送夫一名이義兵에게被害ᄒᆞ고郵便物々지被奪ᄒᆞ얏ᄂᆞᆫ데該地方은義兵의巢穴이라電線은時時絶斷된다ᄒᆞ고

▲平壤發電을據ᄒᆞᆫ則二十五日黃海道平山方面에서日本討伐隊와義兵이接戰ᄒᆞ얏ᄂᆞᆫ데瑞興分遣所에서應援을請求ᄒᆞ얏슴으로日本警部와巡査가同地에派遣되얏다ᄒᆞ고

▲十五日에日本步兵下士斥候兵一組ᄂᆞᆫ旌善東方高地에서五十名義兵이在홈으로探知ᄒᆞ고旌善分遣隊와共히襲擊ᄒᆞ얏다ᄒᆞ고

▲十八日외日兵一部隊ᄂᆞᆫ丹陽北方約五百米突되ᄂᆞᆫ地에五十名義兵과遭遇ᄒᆞ야互相衝突ᄒᆞ얏다ᄒᆞ고

▲二十四日에義兵五拾名이安城에侵入ᄒᆞ고追後에一百五十名이增加ᄒᆞ얏ᄂᆞᆫ대義兵隊長은先入隊에向ᄒᆞ야黨類에亂暴을痛責ᄒᆞ여日日本人一部에對ᄒᆞ야惡感情으로迎ᄒᆞᄂᆞᆫ거시當然ᄒᆞ나無理ᄒᆞᆫ在留日本商人々지亂暴를加홈은賊의行爲오義兵의行爲ᄂᆞᆫ아이니汝等은我指揮를不從ᄒᆞ면脅迫을加ᄒᆞᆯ이라ᄒᆞ얏다ᄒᆞ고

▲春川郡北山面에서義兵約二百名이集合ᄒᆞ얏다가其後春川距百拾五町되ᄂᆞᆫ地에移駐ᄒᆞ얏ᄂᆞᆫ데日本斥候와衝突ᄒᆞ다가日兵은楊口方面으로向ᄒᆞ고義兵은泉田方面으로向ᄒᆞ얏다ᄒᆞ고

▲洪川郡에ᄂᆞᆫ義兵이時々로出沒ᄒᆞᆫ다ᄒᆞ고

▲十九日長湖院에서義兵三百名이同地日本守備隊를襲擊ᄒᆞᆫ데二時間을交戰ᄒᆞ고附近電線을破壞ᄒᆞ얏다더라

●慶日休刊 本日은大韓皇后陛下誕日이신故로慶祝ᄒᆞ기爲ᄒᆞ야一日休刊홈

東京電報

●間嶋警備 九月二拾五日發 滿洲總督徐世昌씨ᄂᆞᆫ間嶋을警備ᄒᆞ기爲ᄒᆞ야更히兵二百五拾名을同地에派遣ᄒᆞᆫ旨로奉天日本總領事에公電이有ᄒᆞ더라

▲醉後冷談▼

▲各部次官을日人이被任ᄒᆞ미次官의月俸을統監府에서一千圓으로支給ᄒᆞ기로擬議中이라ᄒᆞ니各部大臣의月俸은五百圓에不過ᄒᆞ되次官의月俸은千圓으로支給ᄒᆞ면乙丑甲子되엿고

▲江原道宣諭使洪祐晳씨ᄂᆞᆫ短銃二柄과彈丸二百發을該部에請求ᄒᆞ얏다니大抵宣諭使의責格은聖旨을宣布ᄒᆞ고人民을曉諭ᄒᆞ야無事解散에各自安業케ᄒᆞᄂᆞᆫ것시어ᄂᆞᆯ武器를請求ᄒᆞᆫ것시自己一身上을保護ᄒᆞ기爲홈인지不知ᄒᆞ거니와人民을宣諭치아니ᄒᆞ고討伐ᄒᆞᆯ計劃인지

▲日前內部에서郡守二、窠을內閣에請議ᄒᆞ얏다가還爲勿施ᄒᆞ얏ᄂᆞᆫ뒤內容인즉該部次官木內氏의歸任ᄒᆞ기를待ᄒᆞ야更히奏本을修正ᄒᆞᆫ다ᄒᆞ니現今地方이不穩ᄒᆞ야字牧之任이時日이爲急ᄒᆞᆫ데木內氏가假量幾個月을不還ᄒᆞ면幾個月이라도郡守ᄂᆞᆫ敍任치못ᄒᆞ깃고

▲慶北咸北平北海州四觀察이一體改遞된다고物論이藉藉ᄒᆞ니後任홈이ᄂᆞᆫ누구인지몰으거니와當此優擾之時ᄒᆞ야四道觀察을一網打盡ᄒᆞ니運動力이大段ᄒᆞ게고

▲向日一進會에서總會를開ᄒᆞ고地方騷擾를鎭靜ᄒᆞ기爲ᄒᆞ야會員을派送ᄒᆞ고宣言書를發布ᄒᆞᄂᆞᆫ事에對ᄒᆞ야同會長李容九尹吉炳氏가極口反對ᄒᆞ엿다니該事件은誰가提出ᄒᆞ얏ᄂᆞᆫ지知치못ᄒᆞ거니와果然反對홈만ᄒᆞᆫ일인거시지

▲中樞院에서各地方情形을提議ᄒᆞᄂᆞᆫ데各郡守를假擇ᄒᆞ야不日下送事와臨時募兵ᄒᆞ야卽爲鎭壓事에對ᄒᆞ야軍國重要事件이라取決치못ᄒᆞ고六顧問을會集更議ᄒᆞᆫ다니六顧問은무삼[illegible]ᄒᆞᆫ良策이有ᄒᆞᆯᄂᆞᆫ지

▲三和港에勞動者數百名이向日에ᄂᆞᆫ國債報償과學校補助에熱心ᄒᆞ더니今又一層進步되여飮酒와雜技를痛禁ᄒᆞ고新聞을購覽ᄒᆞ야知識을開發ᄒᆞᆫ다ᄒᆞ니大[illegible]程度ᄂᆞᆫ下等社會가上等社會보다勝ᄒᆞ고

▲[illegible]塔事件에對ᄒᆞ야各日報筆이旣有論駁일ᄲᅮᆫ더러日本二六新聞에도譏刺ᄒᆞᆫ바有ᄒᆞ더니日人[illegible]에도此를論ᄒᆞ야日田中光顯氏가君恩을荷ᄒᆞ고以私慾으로辱使命ᄒᆞᆫ것이醜劣미惡이라ᄒᆞ엿스니天下公議ᄂᆞᆫ自然不謀而同이로고

●社告

本社支社를左開三處에設置ᄒ얏ᄉ오니該附近에서本申報購覽ᄒ실僉彦은一切該支社로請求ᄒ시고代金도該氏에게로送交ᄒ심을務望홈

代金　漢文中報　每朔幷郵稅四十三錢
　　　國文中報仝　三十八錢

左開

支社位置及氏名

井邑邑內　朴議官性天　李益秉

泰仁邑內　金先達德弘　宋伯彦

扶安牛浦　金[illegible]奉鼎濟

地方各支社와僉人購覽員에게本申報配達이或滯留或遺漏가非一非再인바因以書辭通知가殘煉가無ᄒ야郵便局交涉이難便ᄒ니此後로ᄂ申報封皮에出付와收到日付印期限이過隔者를摘拔聚合ᄒ얏다가本社로委送ᄒ심을爲要홈

各地方에서本申報購覽ᄒ시ᄂ中或二三箇月代金未納ᄒ신僉彦의게ᄂ來十月一日부터停送ᄒ올터이오니本月內로未納金을爲替換送ᄒ오셔無至停送케ᄒ심을共望

大韓每日申報社

雜報

●習慣改良論

嗚呼라習慣의難變이여何如ᄒ習慣을勿論ᄒ고人이一次習慣에陷ᄒ면容易히此를脫出키難ᄒ도다吾人이形體를此世에寄留ᄒ以上의ᄂ此世에規則(法律과道德을總含)에服從ᄒ야善良ᄒ習慣을作ᄒ것은人類가社會的共同生活을營ᄒᄂ上에必要ᄒ條件이라

然이나此規則이라ᄒᄂ것은制限이有ᄒ死物이오吾人의生活ᄒᄂ狀態ᄂ時代에變遷과智識發達의程度를從ᄒ야變遷不止ᄒᄂ者ㅣ니故로習慣도또ᄒ社會規則의變遷에應ᄒ야變改치아니치못ᄒ것이라然이나吾人은恒常過去習慣即過去狀態에姑安키易ᄒ고新事爲를實行키難ᄒ者이라

故로過去習慣中에多少ᄒ缺點을着破ᄒ면셔도此를勇斷快革ᄒᄂ氣象이少ᄒ고新事爲의長處를自認ᄒ면셔도此를容易히ᄒ것은아마一般人性의弱點ᄒ人의先ᄒ야實行ᄒᄂ勇力이少ᄒ도다高尙ᄒ理想을實現ᄒᄂ使命을帶來ᄒ吾儕青年勇斷前進ᄒᄂ氣象의富ᄒ吾儕青年은恒常如此ᄒ點에對ᄒ야炯眼으로此를洞察치아니치못ᄒ려니와個中寒心ᄒ者ᄂ舊日閉門自活ᄒ던時代에自尊的思想으로頑惡ᄒ舊習慣을固守ᄒ고變ᄒᄂ者니其害毒이엇지少타ᄒ리오

我國은本是四千年歷史를有ᄒ文化의舊邦이라我國民의善良ᄒ習慣으ᄂ論ᄒ지라도無論少치아니ᄒ거니와또他의面으로觀察ᄒ면今日時代ᄂ適合치못ᄒ惡習慣이또ᄒ少타謂치못ᄒ지라我國이不幸히數百年太平無事ᄒ結果로一般國民의思想이浮華文弱에流ᄒ야怠惰로習을成ᄒ고種々ᄒ惡習慣이千枝萬葉으로社會上의害毒을流及ᄒ이實로底止ᄒ바를不知ᄒ되一人도此에對ᄒ야大聲叫呼로痛快ᄒ革新을主張ᄒᄂ者이無ᄒ니三千里疆土中에아직曙光이未到ᄒ야迷夢이未破ᄒ얏ᄂ가二千萬人口中에一快男兒가無ᄒ나　未完

●疾病調查　北署長俞鎭明씨가近日漢城內에虎列剌流行홈을憂慮ᄒ야非番巡檢을合番ᄒ야轄內人民의疾病有無를昨日부터調查ᄒ다더라

●陳家逢賊　西署養生坊客主陳昌洪氏家에再昨日下午九時에强盜二名이各持六穴砲ᄒ고突入ᄒ야錢財及什物을沒數奪去ᄒ얏다더라

●鹿島警報　江華郡의解散兵이慈川郡鹿島에突入ᄒ야日兵三名巡查二名과日人六名韓人四名을砲殺ᄒ얏다고該道觀察使가內部로報告ᄒ얏다라

廣告

●培材學堂開學廣告●

本校가復設되ᄂ거슨已往에도廣告ᄒ엿거니와本校ᄂ預備科一年中學科三年大學科四年으로定ᄒ고純英文으로教授ᄒ깃ᄉ오니願學僉彦은速々來議ᄒ시오開學은陽來十月九日이오入學合格人試驗은十月六七兩日間에하깃소

培材學堂總教師房巨　告白

●北署桂洞私立敦明義塾政治經學科第二回學員募集入廣告

學科　在本塾規則

年齡　十七歲以上身體康健者

試驗　陽曆十月十三日陰曆九月初七日　時間은上午十時下午三時以外ᄂ不受홈

免試　中等科以上卒業証이有ᄒ人

請求　入學証書ᄂ本塾에서無代價로請求를應ᄒ야授與홈

本人家에陰曆八月十八日午后九点鐘賊漢三名이各持銃劒ᄒ고突入ᄒ와時存錢壹萬貳千三百六十貳兩五錢과同里頭牌壹件塗金時計貳箇金同串貳錢五分重眼鏡貳件과永同虎灘面居朴蓮三錢七千六百八兩五錢山峕武芝網市貳立稷山邑居李敬武砂金五兩四錢重任ᄂ浩砂金貳兩重을奪去ᄒ고家物取探之際에

阿峴金奉九　八月二十五日　推次音二千九百兩

笠廛金奉圭　八月二十五日　推次音三千九百三十兩

南門外木李文永　八月晦日　推次音貳萬兩

笠廛金奉圭　八月晦日　推次音壹千貳百兩

藥峴趙敬煥　九月初五日　推次音二千壹百兩

阿峴金尙浩　九月初五日　推次音七千壹百三拾兩

藥峴趙敬煥　九月初九日　推次音七千貳百六拾兩

葉洞金應龍　九月初五日　推次音壹萬八百拾兩

旅宿館金鳳源　四月十五日　推次音五百兩

南門內魚廛李永祚　五月二十日　推次音印錢三千七百八拾六兩

鹽井洞金環植　九月初九日　推次音五百貳拾壹號三千四百五十八兩五錢

幷셔失ᄒ와기玆以廣告ᄒ오니內外國人은照亮後該音標ᄂ休紙施行

西署養生坊三十八統八戶　客主陳昌洪　告白

本人이典執ᄒ東署崇信坊東門外五統十一戶李聖燁草家間文券及手標路上遺失誰某拾得休紙施行홈

仁峴張錫忠　告白

北署常平坊經理廟契書某洞二十一統八戶草家拾貳五九間板刻文券을遺失ᄒ엿스니誰某拾得勿施홈

金昌模　告白

前主ᄂ劉鎭勃ᄂ勃字ᄂ以完字로更定홈

劉鎭完　告白

西江坊玄石里第十三統一戶舊文記壹張을셔失ᄒ얏삽기玆에廣告ᄒ오니內外國僉君子ᄂ拾得ᄒ와도休紙施行ᄒ시옴

西江玄石里居權直賢　告白

西署盤松坊尾洞九十三統一戶瓦家四十五間家主金柱煥

右家舍放賣ᄒ오니遠近僉君子ᄂ今月晦日內로來臨買賣하옴

西署盤石坊趣池契趣洞四十一統七戶瓦家五十間家舍를廉價放賣ᄒ터이오니願買人은今月內로來臨買賣ᄒ옴

家主崔容夏　告白

平安南道甑山貢象面升盈里居前參奉羅在禹에名字을瑀字로改定ᄒ옵기玆以廣布ᄒ오니知舊間照亮ᄒ시옴

羅在瑀　告白

本人이姓名을圖形으로刻ᄒ圖章을見失ᄒ옵기玆에廣告ᄒ오니誰某拾得이라도勿施홈

李尙穡　告白

武官生徒를募集하깃ᄉ니志願者ᄂ來十月一日午前十時에武官學校로來ᄒ야應試ᄒ事

試驗課目

一　國漢文

二　算術

三　地理　歷史

年齡은滿十六歲至二十歲

但前日被選된武官幼年兩校學徒도一體로再試ᄒ터이니

右項에可格만來ᄒ事

隆熙元年九月十九日　軍部

近々工業이漸隆ᄒ야道路橋梁新設及山林田畓宅址等調査의關係時急키로本所ᄂ遠近을不拘ᄒ고以上諸測量及設計製圖等囑托의特히惠ᄒ옵

京城西大門外南便第六家

土木測量設計囑託所

主任　[illegible]之煥　告白

漢城西署松橋新作路四十三統二戶

辯護士　玉東奎

辯護士　許憲

合同法律事務所

▲學員募集廣告

本校에서學員을試選ᄒ터이니願入僉彦은九月廿四日(陰曆八月十七日)에入學請願書를本校로來呈ᄒ고仍爲應試ᄒ事

但入學請願書ᄂ本校로來購ᄒ고試驗時所用紙筆墨은携來홈

一　入學年齡十二歲以上

一　試驗課目　國漢文讀書及作文

官立漢城日語學校長金基璵

本人生父炳淳氏昨年十二月晦日別世後家無餘地所居家대放賣次文券搜索則只有地契家契서失故家契將欲更出毋論內外國人雖拾得休紙施行홈

仁港[illegible]峴外洞二十統八戶　金容圭　告白

●乾材洋藥廉賣

漢城鐘路慈惠藥房에서各種洋藥을廉價로賣ᄒᄂ中에邦補益藥水를新擇廉價하오니사ᄂ이各處僉彦께서小包郵便으로取用ᄒ심을仰望

▲大瓶　三圜

▲小瓶　一圜五十錢

乾材藥商濟衆院　醫學士　朴慈惠　告白

本社에서活版器具를一新設備ᄒ고本月一日부터各項印刷를開業ᄒ오니印刷請求ᄒ실僉君子ᄂ來議ᄒ시옴

北署安國坊安峴十統一戶

普文社

▲乳母廣求

두살된아희를젓먹일터인되조과ᄋ히업시집에와셔유모노릇ᄒ부인이어잇거든

대한매일신보사회계과로와셔의론ᄒ시요

天然堂寫眞

特別廉價不變色

婦人은內堂에서婦人이撮ᄒ고出入이甚便홈

布德門外에서皇壇으로向ᄒᄂ新作路邊

金圭鎭

國債報償義捐金收入廣告

◎國債報償義捐金 九月中本社收入總額 每日逐號明細錄

●九月二拾五日

第一五四三號 豐德郡南面佳井里洞中 拾三圜七拾錢

第一五四四號 豐德郡東面蛇谷里螢岩坊 七拾錢

計拾四圜四拾錢

九月二拾五日까지收入總額 九百五十九圜八拾錢五厘

自四月至八月收入總額 五萬四千七百十四圜

九十三錢四厘

都總合五萬五千六百七十四圜 七十三錢九厘

●京畿豐德南面佳井里洞中

前參奉張慶植 一圜 張爰稙 張環煥 張東煥 각五拾錢 四拾錢 張奎煥 張箕煥 各卅錢 張宗煥 張鉉雄 各五拾錢 張鉉文 張春汲 張昌植 張英植 張介汲 張壁煥 張鉉惠 張鼎煥 張鉉禹 張豊煥 張胤洙 張敦植 각十錢 張殷植 張範植 張景植 張大汲 張俊植 張殷汲 張會汲 張德煥 張鉉信 張璇汲 각拾錢 리敏儀 三拾錢 리明善 리興彥 각卄錢 리光彬 리景成 리周淳 리守一 리基元 리禹成 리在天 리季伯 閔泳泰 閔亢植 閔常植 朴定會 朴承台 朴承斗 柳奎奎 黃尙俊 劉連興 鄭鳳吉 權伯龍 崔柱浩 각拾錢 리聖守 리和景 리季興 리連景 리思興 閔丙儀

柳奎恒 柳奎倪 高亨淳 鄭永道 趙和듣 宋点孫 劉虎鳳 劉天興 梁青龍 각卄錢 朴承敦 任淳英 각卄錢

合拾三圜七十錢

▲東面蛇谷里螢岩坊

鄭俊五 五拾錢 洪明宣 卄錢

合七十錢

總合十四圜四十錢

前號總合五萬五千六百六拾圜 三十三전九厘

都總合五萬五千六百七拾四圜 七十三錢九厘

◎特別廣告◎

國債報償金八日所捧은姑未合計이고從前日々지所捧總合五萬四千九百拾圜拾七錢은龍氣合社內銀行에貯置ᄒᆞ얏ᄉᆞᆸ고其貯置額中三萬二千三百圜은國債報償志願金總合所로移交홈

廣告

●刑法大全改正草案全 四十錢
●日語獨習全 五十錢
●幼年必讀上下 八十錢
發賣所 鍾路古今書海館

向者軍隊解散時에負傷騎卒中에死者ᄂᆞᆫ已矣어니와折脚折臂折脚之人은命脈은尙存ᄒᆞ니ᄂᆞ遲動未由라該人等이將欲自殺ᄒᆞ니令人鼻酸이라本人等이往見慰勞ᄒᆞ고西醫에게以印度齋도擬製臂脚이온則八人의該發額이至爲二千五百圜之多인바一人助力으로難見實効ᄒᆞ와茲以廣布ᄒᆞ오니望須慈善僉君子ᄂᆞᆫ勿拘多小ᄒᆞ시고救恤金을寄付ᄒᆞ와使陷死同胞로拯濟ᄒᆞ심을爲要

隆熙元年九月日
發起人 정士煥 윤泰勋 安圭鎬 曺成煥
救恤金取合所 大韓每日申報社 皇城新聞社

出금人의姓名은新聞에廣告ᄒᆞᆷ

瑞士建國誌

◎定價金 新貨十五錢

此誌ᄂᆞᆫ政治小說이니志士의救國救民ᄒᆞᄂᆞᆫ思想과人民의愛國心을養成ᄒᆞᄂᆞᆫ데緊要ᄒᆞᆫ冊子오

發行所 ▲大韓每日申報社
發賣所 ▲仁川港桂硯 圖新冊肆 ▲中署布屛門下 金相萬冊肆 ▲平壤鍾內烈女洞 敎育書舖 ▲鍾路 古今書海館 ▲銅口越便 中央書館 ▲[illegible] 大東書市 ▲大廣橋 [illegible]書館 ▲[illegible] 朝陽書館

入셤다오니四方僉君子ᄂᆞᆫ速續持來ᄒᆞ시요 [illegible]店에서[illegible]ᄒᆞᆫ머리ᄒᆞᆫᄉᆞᆷ敗買

南門內鞋廛金永완 告白

本人의당主竹南永信도서울遊州李時彥家留宿ᄒᆞ다가見夫ᄒᆞ엿사오니以此照亮

鎭津茄川面婆鳥縣 告白

大東寄宿舍

宿舍長 鄭[illegible]

留學生의宿食과衛生을本舍에셔[illegible]

[illegible]

大東寄宿舍 舍長 鄭漢植 告白

[illegible]

學徒鞋靴等書籍文具學徒運動服帽鞋襪各種美國金鎖釘衣服裁縫其他雜貨도廉價放賣ᄒᆞ오니諸君子ᄂᆞᆫ來臨ᄒᆞ심을바라나이다

仁川港[illegible]新冊肆

民事訴訟代理及刑事辯護顧問鑑定仲裁文案起草等諸般事務를迅速處理홈

京城北署松峴三十四統四戶

辯護士 桂命燮
辯護士 李鍾聲

事務員法律卒業生리源生
共同法律事務所

越南亡國史 國漢文

定價貳拾伍錢

發賣所 京城[illegible]高裕相 [illegible]
布屛下 金相萬 告白

[illegible]

●本人等이商店을新設ᄒᆞ고左開物品을美國서直輸入ᄒᆞ얏ᄉᆞ오니僉君子ᄂᆞᆫ愛顧ᄒᆞ심을伏望

▲洋靴각種 인도고長靴各種
▲洋襪각種 時標중各種
▲洋服(已成) 各種
▲上品[illegible] 油帽 油衣
▲房[illegible]각種 刀子각種
▲花布각種 반자紙각種
▲비누각種 양단자각種
其他洋服附屬品多有

西署夜照峴 三街[illegible]洋服[illegible]

◎增修無冤錄大全

[illegible] 登百七十頁 定價金新貨七拾五錢

此增修無冤錄大全은法律家에[illegible]이은[illegible]이的當ᄒᆞᆫ紹介에至ᄒᆞᆫ지라故로諸에[illegible]ᄒᆞ옵고[illegible]新刊ᄒᆞ얏ᄂᆞᆫ대國漢文으로[illegible]ᄒᆞ오니[illegible]

[illegible]

發賣所 [illegible] 김相萬

◎本社廣告

○新聞代金

一部代金 新貨二錢五厘
一個月前金 三十錢
三個月 九十錢
六個月 一圜七十錢
一個年 三圜四十錢

○廣告料

活字二號 每行五錢
一號 十三錢

[illegible] 每日每英尺一寸에新貨八[illegible]
二週日에 二圜五十錢
每日每行四號五號活字[illegible]
一箇月에 [illegible]
(每日每行四號一百에[illegible])
其期限의長短과字行의多寡[illegible]

●大韓每日申報[illegible]
中署布屛門下 金相萬
平壤上水口門內 金浩瑞
仁川港[illegible]新冊肆 崔叔恒 李東皓
宣川邑[illegible] 安濬
義州西門外 大[illegible]
[illegible] 徐興局
三和港[illegible] 金元섭
咸興[illegible]西門[illegible] 曹喜林
開城培義學校 姜明道
大邱市[illegible] 崔一弘
[illegible] 劉夢澤
[illegible] 安支
元山倉前 劉七錫
濟州南門外 金[illegible]
[illegible] 許昌鎭
[illegible] 洪成[illegible]
[illegible] 許鏡
[illegible] 李鎭瑞
[illegible] 廉道善
[illegible] 李錫成
[illegible] 金龜河
[illegible] 趙鎭大
[illegible] 朴敬吉
[illegible] 安濟
[illegible] 李[illegible]
[illegible]李
全州邑內 [illegible]
非邑內 [illegible]
扶安牛前 金鼎濟

發行所 大韓每日申報社
[illegible] 發行兼編輯人 裴說
[illegible]

第五卷 第六百五號

大韓每日申報

月曜及慶節時日休刊

檀君開國四千二百四十年
箕子元年三千二十九年
大韓開國五百十六年
日本明治四十年
淸國光緖三十三年
陰曆丁未八月小廿二日辛巳

論說

◉韓國之進化程度

觀夫世界各國之進化歷史ᄒᆞ건대一日哲學家가以著述而倡導之ᄒᆞ고一日雄辯家가以演說而皷發之ᄒᆞ야歲積月深에革故鼎新的思想이漸次浸灌於人人之腦髓中ᄒᆞ야其機已轉ᄒᆞ고其效已滿이라於是乎政治家와敎育家와法律家와實業家等屬이投機而作ᄒᆞ고聯武而興ᄒᆞ야萬般事業이烝烝日進ᄒᆞ야文化之昌明과國步之發展이火燃泉達에莫之能禦ᄒᆞ나니此其進化之次第程度而究其源委ᄒᆞ면皆自上流社會로達於下流社會者也라至若大韓ᄒᆞ야ᄂᆞᆫ東洋一隅에久閉深鎖之國이라至世界之局面이一變ᄒᆞ고風潮가浸邊ᄒᆞ야如江海之浸溢ᄒᆞ고如雷霆之震擊ᄒᆞ되猶是頑迷不醒에顏色이自若ᄒᆞ니及其時局이日危急ᄒᆞ야疾痛思痛가迫於肌膚ᄒᆞ야ᄂᆞᆫ苟有動物之靈覺者ㅣ豈其無恐懼悔改的思想乎아然而自上流社會而觀之ᄒᆞ면尙未見其有變動之機也로다何以言之오哲學家之以著述而倡導之者ㅣ幾人이며雄辯家之以演說而皷發之者ㅣ幾人고寔不可多得矣오以言乎政界則過去及現在에非屑劣無能之徒則皆混濁不潔之流라但其伎倆이東奔西趨ᄒᆞ甘作外人之爪牙ᄒᆞ야戕害祖國之命脈而不顧者也니何足論哉며何足論哉아至若敎育家와法律家와實業家等屬이倡勵萌芽時代에尙未發現其特色矣오所謂世臣巨室과閥閱富貴之家ᄂᆞᆫ依然是舊日習慣으로仕宦之癖이枯於腦髓ᄒᆞ야一資半級과一宦一職을患得患失이蠅營狗苟ᄒᆞ야全沒廉隅ᄒᆞ니此輩肚裏에何嘗有救國救民的思想乎아至若綺紈子弟遊蕩少年ᄒᆞ야ᄂᆞᆫ憑藉先世之遺業ᄒᆞ고罔念自身之修省ᄒᆞ야携朋挈儔ᄒᆞ고往來於料理店과賞花室과花鬪骨牌賭博者ᄂᆞᆫ惟是協律社와光武臺之場而已니彼於身家生活에도尙不顧念커든況於民國思想乎아然則韓國命運이其將終於沉淪而止乎아噫嘻悲夫라吾其旁探而求之矣오四顧而探之矣라乃自下流社會로現出其進化兆候者ㅣ往往而有ᄒᆞ니豈不奇哉며豈不異哉아自國債報償事件而觀ᄒᆞ면傾其所有ᄒᆞ야出捐義金者ᄂᆞᆫ多是婦女兒童과賤役卑賤과困窮丐乞之同胞也니不有愛國之天良이면何以有此리오此其可異者ㅣ一也오三和港埠頭에勞動數百名이一時에發誓ᄒᆞ야永絶ᄒᆞ며飮酒와雜技를禁止ᄒᆞ고國債에出捐도ᄒᆞ며學校에補助도ᄒᆞ며新聞도購覽ᄒᆞ야愛國思想이日進一步ᄒᆞ니此其可異者ㅣ二也오安岳郡에樵童牧豎가互相結隊ᄒᆞ야稷餘를設立ᄒᆞ고夜則讀郡南山에登陟ᄒᆞ야國家에中興을上帝에祈禱ᄒᆞᆫ다ᄒᆞ고老人長者들이或聚飮於酒家라가被兒童之諫止ᄒᆞ야境內酗酒之風이凹絶이라ᄒᆞ니是乃天心之所發이라豈有他人之指導哉아此其可異者ㅣ三也라然則韓國之進化程度ᄂᆞᆫ自下流社會而始焉者ㅣ非耶아

嗚呼라彼勞動之夫와樵牧之童이能斷其嗜慾ᄒᆞ야注意公益ᄒᆞ며盡其誠ᄒᆞ야祈禱國運ᄒᆞ니此非忠愛之國民乎며此非進化之國民乎아由是而推之ᄒᆞ야全國數十萬勞動之夫와數十萬樵牧之童이同聲相應에擧皆一致ᄒᆞ면亦足振國勢而植民權矣니此ᄂᆞᆫ吾輩가再拜而祝賀之者也라

噫라居彼上流社會之位者ᄂᆞᆫ聞此下流之風ᄒᆞ고獨不羞愧이며獨不興起乎아卷烟도可斷이오飮酒도可斷이오公益도可以注意오國運도可以祈禱오民命도可以顧念이오進化의事業도可以勉勵ᄒᆞᆯ思想이有ᄒᆞᆯ지외다

官報

◉號外 隆熙元年九月廿六日

◉宮廷錄事

本月廿九日號外官報 宮內府
達第一號中에行禮時刻은十二
時오 還御時刻은二十日上午
二時로幷改正홈이라

◉第三千八百八十二號
隆熙元年九月二十七日

敍任及辭令

英陵參奉金璉中
景孝殿參奉李般弼
依願免本官
任元陵參奉 尹弘燮
任景孝殿參奉 尹正燮
全羅北道觀察使金奎[illegible]
解兼任全羅北道裁判所判事
全羅北道觀察使劉猛
命兼任全羅北道裁判所判事

◉第三千八百八十三號
隆熙元年九月二十八日

◉敍任及辭令
陸軍武官學校附 金炳升
陸軍二等軍司
命休職
任官立師範學校書記 九品朴應來
中和郡主事 金鋼
咸鏡南道觀察道主事金勉弼
宜陵參奉李人稙
依願免本官
正三品孫容憲
解帝室會計審査委員
贈吏曹判書金命均
贈從一品崇政大夫判敦寧司事
從一品崇政大夫弘文館大學
故綏陵參奉趙宅顯
士金鳴鎭者依法典追 贈
贈正二品資憲大夫內部大臣
故晉州牧使趙徽林
贈從二品嘉善大夫掌禮院副卿
以上正二品資憲大夫法部大
臣趙秉應者祖考依法典追
贈
故學生金永鎭
贈從二品嘉善大夫掌禮院副卿
贈司僕寺正金宗鉉
贈正三品通政大夫秘書監丞
故學生金在爕
贈從三品通訓大夫掌禮院掌禮
以上從二品嘉善大夫侍講院
詹事金甲洙者祖考曾祖考依
法典追 贈
故交河郡守李惠用
贈從二品嘉善大夫掌禮院副卿
故綏陵令李錫昌
贈正三品通政大夫秘書監丞
上從二品嘉善大夫侍從院
副卿李會九考祖考依法典追
贈

外報

◉海牙會議後聞 倫敦電을據ᄒᆞᆫ則海牙平和會議ᄂᆞᆫ萬國捕獲審査檢所設立案을採用ᄒᆞ고又英美兩國政府의發表를據ᄒᆞ야韓國代表者에리도씨와提出ᄒᆞᆫ第三會議案을八年後에開ᄒᆞ고議案은列國이次期會議ᄂᆞᆫ二年以前에預히委員準備를任命ᄒᆞ야開會홀際에ᄂᆞᆫ充分히諸種의提案을討議ᄒᆞ기로主張이되엿더라

◉獨逸海相見擲 伯林電을據ᄒᆞᆫ則獨逸海軍大臣후올지루비쓰氏ᄂᆞᆫ軍艦鹿島의遭難에關ᄒᆞ야日本海軍省에懇切ᄒᆞᆫ慰問電報를發ᄒᆞ엿더라

◉日人逐送 路透電을據ᄒᆞᆫ則美國알아스가유공地方에서白人等이日本人七十七名을捕縛ᄒᆞ고白人三百名은强力으로써在留日本人을使之乘船하야美國西方으로逐送ᄒᆞᆫ더이라더라

◉留學生勸告 北京電을據ᄒᆞᆫ則在日本淸國留學生은東洋問題에關ᄒᆞᆫ讓步를勿爲ᄒᆞ라고政府에勸告ᄒᆞ엿더라

雜報

◉中東校擴張 典동私立中東學校에서秋期上學을去三日부터開始ᄒᆞ얏ᄂᆞᆫ데校監崔興模氏와講師諸氏가名譽로熱心히ᄒᆞ야漢、日語兩課를敎授홈으로開學以來로學員이逐日踏至ᄒᆞ야二百餘員에達ᄒᆞᆫ지라學員이如此多數히授業홈으로一新改良次로來陰曆十月一日부터英語算術簿記三課를添入ᄒᆞᆫ다인대此三課에高明ᄒᆞᆫ講師南順熙氏와田昌鎭氏가名譽로敎授ᄒᆞᆫ다ᄒᆞ고陰曆本月二十四日內로學員을募集ᄒᆞᆫ다ᄂᆞᆫ데授業課ᄂᆞᆫ合五課로되其中에서幾課를敎授ᄒᆞ든지但一課씩授業ᄒᆞ든지隨意專門으로ᄒᆞ고卒業年限은英語漢語兩課에ᄂᆞᆫ十五個月式이오日語課에ᄂᆞᆫ十二個月이오算術課에ᄂᆞᆫ十個月이오簿記課에ᄂᆞᆫ六個月로酌定이며新入學員이라도試驗을經ᄒᆞ야隨其學力ᄒᆞ야敎授ᄒᆞᄂᆞᆫ데算術科甲班에ᄂᆞᆫ小數로始作ᄒᆞ며乙班에ᄂᆞᆫ四則初課라더라

◉山僧呼訴 坡川冠岳山念主菴中僧徒何許僧이勒奪ᄒᆞ라고內部에訓令을圖得ᄒᆞ야該郡에到付ᄒᆞ엿던지該菴主僧劉璣等八名이日前內部에呼訴ᄒᆞ얏다더라

◉福音開會 靑年會館에서本日下午四点半鐘에福音會를開ᄒᆞ고平壤에서多年宣敎ᄒᆞ야効力ᄒᆞ던頗得ᄒᆞᆫ老邦氏를請邀聽講ᄒᆞᆫ다ᄂᆞᆫ데씨의今日大觀念은個個人이社會의活動ᄒᆞᄂᆞᆫ際에道義로方寸을發開치안코ᄂᆞᆫ一大社會의將來慾望도永絶ᄒᆞ리라ᄒᆞ야我韓人士로在天主堂丹誠信仰하야單純敎區의國民을養成코ᄌᆞᄒᆞᄂᆞᆫ志士며同日同時駐京美國總領事森蒙氏가洞察ᄒᆞ야國光코ᄌᆞᄒᆞᆫ다하니惟我同胞야勵作韓國魂이된花蕊哉여다ᄒᆞ얏더라

詞林

○哭李儁

列邦使節海牙城ㅣ獨鴆心百碎
强心腹腎隣同瓦礫吳英法德但
嗟傷魂歸 丹陛悄無跡氣河蒼
汚辱有光愧我同儕不同死哭君
西望日荒荒
英靈颯爽傑栗錚手裏猶挲太極
旗碧血千年埋何地銀河八月返
無期論盟老甘手應熟販國奸臣
貨更奇歐亞一球兀不缺只愁揚
破付纖兒
紅泥玉璽帶天香死去恐誰報我
皇萬里孤魂哀東海 腔熱血淚
西洋明神尙多飛頭夜列國何心
袖手傍極目國林招不見殘照斷
魂海茫茫

雜報

●諸氏署名 昨日에總理大臣以下각部大臣과完順君李載完義陽君李載覺顧問李址鎔等諸氏가 問安次로一齊히詣闕하야署名ᄒᆞ얏다더라

●祗迎指揮 皇太子殿下게옵셔本月二十四日高等學校를觀覽ᄒᆞ실터인ᄃᆡ沿道의官公私立學校와生徒가隨時祗迎ᄒᆞ라고學部에셔指揮ᄒᆞ얏더라

●郡奏將戚 內閣에請議ᄒᆞᆫ三十餘窠郡守中에居下ᄒᆞᆫ郡守ᄂᆞᆫ仍爲置之ᄒᆞ고其餘二十餘窠ᄂᆞᆫ統監府에經議ᄒᆞ얏ᄂᆞᆫᄃᆡ日間裁可가된다더라

●諸氏叙勳 內閣書記官長韓昌洙氏와審査局長김珏鉉시ᄂᆞᆫ勳二等이오內閣書記官洪運杓씨와秘書官金明秀氏ᄂᆞᆫ勳四等이오官報課雇傭日人山口씨ᄂᆞᆫ勳七等을叙勳ᄒᆞ기로日間內閣에셔上奏 裁下ᄒᆞᆫ다더라

●儀節相議 今番日本皇太子殿下渡航事에對ᄒᆞ야道路修治와諸般儀節을相議ᄒᆞᆯ事로昨日에仁川府尹金潤晶시가內部地方局에又來ᄒᆞ야該局長과相議ᄒᆞ얏다더라

●次官迎接 學部次官俵孫一시가今日에入城ᄒᆞᆫ다ᄂᆞᆫᄃᆡ該部事務官幾人이昨日釜港々지前往ᄒᆞ얏다더라

●坡守辭職 坡州郡守沈宜性씨ᄂᆞᆫ內部에辭職請願ᄒᆞ얏다더라

●宣使曉諭 京畿宣諭使鄭寅興시ᄂᆞᆫ二十五日水原郡에到着ᄒᆞ야曉諭人民ᄒᆞ고각坊曲에聖意를告示ᄒᆞ얏다더라

●觀察辭由 平北觀察使朴承鳳씨와慶北觀察使리忠求씨가辭由ᄒᆞ되面稟事가有ᄒᆞ다ᄒᆞ얏더라

●瓦造視察 昨日下午一時頃에日賀田씨가麻浦煉瓦製造場을視察ᄒᆞ얏ᄂᆞᆫᄃᆡ各部大臣에게請牒하야同伴觀覽ᄒᆞ얏다더라

●直房調查 漢城府에셔再昨日에家僧을派送ᄒᆞ야東關直房을調查ᄒᆞ얏다더라

●火稅廢止 度支部에셔經理院에公函ᄒᆞ되平壤郡所捧火稅를一切廢止ᄒᆞ야俾杜民瘼케ᄒᆞ라ᄒᆞ얏다더라

●經費停撥 經理院에셔華東學校經費를每朔三拾圜式支撥ᄒᆞ더니有何層節인지本月부터該經費를支給치아니ᄒᆞᄂᆞᆫ故로該校經用이窘絀莫甚ᄒᆞ다더라

●宣使威儀 宣諭使洪佑爽氏가江原道로發向ᄒᆞᄂᆞᆫᄃᆡ日兵四五十名이擔銃前導ᄒᆞ고該씨ᄂᆞᆫ四人轎를乘하고委員二人은騎馬ᄒᆞ고保護巡檢二名이隨後ᄒᆞ야威風이凜凜ᄒᆞ드라더라

●舟中設宴 本日午后一時에稅關部長永瀧盛三氏가仁川港光濟號中에設宴ᄒᆞ고總理大臣及각部勅任與內外國紳士々지請邀ᄒᆞ얏다더라

●局長請邀 公立平壤普通學校校舍를竣工ᄒᆞ고落成式을十月二日에擧行ᄒᆞᆯ터이니同日上午十一時에學部學務局長尹致旿氏를來參ᄒᆞ라고該校長田德龍씨가請邀ᄒᆞ얏더라

●判事請免 平理院判事朴齊선씨ᄂᆞᆫ身病이有ᄒᆞ야不能視務ᄒᆞ게스니即爲奏免하라고法部에請願ᄒᆞ얏다더라

●開守請免 開城郡守劉漢谷씨ᄂᆞᆫ該郡民人과有何相詰事件ᄒᆞ야行爲乖當에不可仍蹤ᄒᆞ니即爲奏免하라고該道觀察使리圭桓씨가內部에報告ᄒᆞ얏다더라

●檢疫設置 近日漢城內에虎列剌가漸次蔓延ᄒᆞ야人命의被傷ᄒᆞᄂᆞᆫ弊가種々有之홈으로預防ᄒᆞ기爲ᄒᆞ야檢疫委員部를前避病院에設置ᄒᆞᆯ意로警視總監丸山重俊시가內部에請認ᄒᆞ얏다더라

●軍物送日 內部에셔拾三道에訓令ᄒᆞ되各郡所在軍物을本部에報道ᄒᆞᆯ것업시日本軍隊에게送交ᄒᆞ라ᄒᆞ얏더라

●同等發訓 漢城府尹張憲植氏가京城博覽會物品을即速上送ᄒᆞᆯ意로城津府尹리元榮시의게訓令ᄒᆞ얏ᄂᆞᆫᄃᆡ該府尹이爲言ᄒᆞ되同等境遇에發訓이違格될뿐더러地方行政官博覽物品에干涉ᄒᆞᄂᆞᆫ것시不爲穩當이라ᄒᆞ고該訓令을작送ᄒᆞ얏다더라

●麻守避身 麻田郡守韓光河氏가義兵의게一場危險ᄒᆞᆫ地境을經ᄒᆞ고再昨日에避身上京ᄒᆞ얏다더라

●備聘承認 農商工部에셔統監府屬川설鍈馬等七名을備聘ᄒᆞᆯ意로該府에照會承認ᄒᆞ얏다더라

●吏奸亦甚 眞寶郡에李氏가世居ᄒᆞ더니該郡吏胥輩가리시를義兵에干連ᄒᆞ얏다고日兵의게做囑ᄒᆞ야數名을砲殺ᄒᆞ얏다더라

●劉氏廉潔 商業會議所內下錢五萬圜事件은屢報하얏거니와農商大臣宋秉畯氏가該部次官劉猛氏의게該錢推捧事를委托ᄒᆞ얏ᄂᆞᆫᄃᆡ數日前에劉猛氏가平日仰望ᄒᆞᄂᆞᆫ某氏가劉猛氏를來訪ᄒᆞ고該錢推捧에對ᄒᆞ야幾許間寬限ᄒᆞ기를懇請ᄒᆞ거ᄂᆞᆯ劉氏가答以大臣命令인즉不可退限이라ᄒᆞᆫᄃᆡ某시가屢々請托ᄒᆞ거ᄂᆞᆯ劉猛시가不得已許諾ᄒᆞᆫ즉某氏가一封書를付與曰余歸去後開見ᄒᆞ라ᄒᆞ거ᄂᆞᆯ 氏가追後拆見則請若一千圜即出給於音이라劉씨가農大宋秉畯氏를往見曰此於音을不可還退인즉天一銀行에推還ᄒᆞ얏다가五萬圜推捧ᄒᆞᄂᆞᆫ日에四萬九千圜만領受홈이妥當ᄒᆞ다ᄒᆞᆫ즉宋農大가亦云可라ᄒᆞ야一千圜을天一銀行에積置ᄒᆞ얏더니昨에何許輩가劉猛시가納賂寬限ᄒᆞᆫ줄노商業會議所任員의姓名으로農大의게投書하얏거ᄂᆞᆯ劉猛시를開示ᄒᆞ고一場拍笑ᄒᆞ얏다더라

●燈臺表式 稅關工事部燈臺局에셔韓國燈臺一覽表別冊을通히印刷ᄒᆞ얏다고一部式을各部에代送ᄒᆞ얏다더라

●明月會議 郭漢英石鎭衡리元植韓錫振閔元植等諸氏가孤兒院을維持ᄒᆞ기爲ᄒᆞ야一演戱會를設ᄒᆞᆫ다ᄂᆞᆫ說은前報에揭載ᄒᆞ엿거니와該氏等이本日下午六時에明月館으로會同ᄒᆞ야該方針을爛商協議ᄒᆞᆫ다더라

●發日俱砲 本月旬間에義兵十名이突入於同福郡衙ᄒᆞ야無數放砲ᄒᆞ다가即爲退去ᄒᆞᆫ後에日兵이又到ᄒᆞ야該邑東軒을向ᄒᆞ고放砲之際에該郡官奴三名이適在庭中다가中丸致斃ᄒᆞ얏다고該郡確信이有하더라

●殿最更報 慶南各郡守에貶題가擧皆模糊ᄒᆞ니春夏등各郡守의殿最를斯速更報ᄒᆞ라고內部에셔該道觀察使에게訓令ᄒᆞ얏다더라

●傳說難信 日兵數百名이三昨에江船四十餘隻을分乘ᄒᆞ고沙工八十餘名을帶同ᄒᆞ야水上으로向ᄒᆞᆫ대楊根樊灘近에到ᄒᆞᆫ즉義兵이灘邊左右에潛伏하얏다가出其不意ᄒᆞ야日兵을挾攻ᄒᆞᄂᆞᆫᄃᆡ沙工八十餘名은潛水以出ᄒᆞ고日兵은多數被害ᄒᆞ얏다ᄂᆞᆫ說이有ᄒᆞ다더라

●黃家被燒 尙州郡山陽面山陽里黃進士家屋을日兵이衝火沒燒ᄒᆞ얏다더라

●倏往倏來 十餘日前에義兵三十餘名이自唐津沔川等地로셔禮山邑場日에來到ᄒᆞ얏다가不知去處ᄒᆞ얏다더라

▲地方情形

▲二十六日發春川電을據ᄒᆞᆫ즉昨日春川附近에셔義兵約六拾名과日兵이四時間을交戰ᄒᆞ엿다ᄒᆞ고

▲二十六日長水郡邑內에셔의兵二百餘名이集合하야武器와軍糧을徵발ᄒᆞᆫ다ᄒᆞ고

▲同日水原에避亂ᄒᆞᆫ人에所傳을據ᄒᆞᆫ즉二十四日夜에義兵百餘名이該郡南方龍仁郡金良市場에셔北廟里에侵入ᄒᆞ야日兵과交戰ᄒᆞ얏다하고

▲二十日兎山附近에義兵六十名이日兵과遭遇ᄒᆞ야交戰ᄒᆞ얏다ᄒᆞ고

▲廿一日安峽에義兵約一百五十名이駐屯ᄒᆞ다가鐵原方面으로向ᄒᆞ얏고一部ᄂᆞᆫ大北浦船場에셔船隻을燒却ᄒᆞ고擧城에셔防禦工事를施ᄒᆞ고八名鐵工은銃器를修理ᄒᆞᆫ다하고

▲廿二日安峽擧城方面에셔義兵二部가日兵과交戰하ᄂᆞᆫᄃᆡ兩陣이相抵抗하얏다ᄒᆞ고

▲二十日春川에셔戰地를開張하고또愛里北方高地에셔義兵五十名이突出ᄒᆞ야日兵一小隊와相遇하야强硬히交戰하얏다하고

▲慶北安東駐隊副尉白南圭난軍隊解散 詔勅에對하야不平之懷를起ᄒᆞ야其時隊長金鋼鉉이萬壹之慮를預防ᄒᆞᆯ手段으로小銃과擊鐵을取際ᄒᆞᆫ苦心을不拘ᄒᆞ고兵卒을煽動ᄒᆞᆯ뿐아니라隊長의게彈藥供給홈을迫請ᄒᆞ야本月拾一月頃에醴泉邑來홀際에安東商人을逢ᄒᆞ야言ᄒᆞ기를我ᄂᆞᆫ兵卒을率ᄒᆞ고義兵을擧ᄒᆞᆯ터인ᄃᆡ大邱로向하야解散兵을率ᄒᆞᆯ經營이라하얏고又言ᄒᆞ기를今日에至於此境은金正尉와安東一進會長宋秉銓之所爲라此等을殺害ᄒᆞ다하고本月十日에聞慶赤城洞에셔日補佐官一行을擊退ᄒᆞ고李殷年一團과合勢하얏다ᄒᆞ고

▲二拾七日에義兵約二拾名이天安北面에突入ᄒᆞ야石取場을襲擊하얏ᄂᆞᆫᄃᆡ日本石手二名이被傷하고日人家屋을燒却하엿다ᄒᆞ고

▲平山附近數二郡에各處儒生이山砲와解散兵을會集ᄒᆞ얏ᄂᆞᆫᄃᆡ四五千名에達ᄒᆞᆫ지라日兵數十名과交鋒하야日兵은延安方面으로敗走하얏다더라

東京電報

九月二十八日발

●護衛騎兵派遣 日本皇太子게셔ᄂᆞᆫ渡韓ᄒᆞ실際에護衛兵은騎兵四箇中隊를派遣ᄒᆞᆯ터이라더라

▲夢中說夢▼

▲各地方에騷擾를止戢ᄒᆞ기爲ᄒᆞ야中樞院에셔籌策이方紆ᄒᆞ야徵兵問題를提出ᄒᆞ고獻議가又至ᄒᆞ야人民이政府를仇視ᄒᆞᄂᆞᆫ原因을說去ᄒᆞ얏스니病源을已知ᄒᆞ면治療方針이何在ᄒᆞ거날醫國良手가當局에有難으로

▲向日郡守奏本을內閣에셔內部로還送ᄒᆞ미該奏本을昨日內閣으로更送ᄒᆞ얏다니現今地方에烟塵이繼起하야哀呼慘狀은赤子의失乳와如ᄒᆞ야按撫가無人ᄒᆞᆫ데郡守叙任이時日이爲急ᄒᆞ되內閣과內部에셔各自相持ᄒᆞ야奏本一件을送而復還ᄒᆞ고還而復送ᄒᆞ니所謂雜宋忘送이로고

▲內部에셔度支部에照會ᄒᆞ되각郡賊徒와火賊을鎭壓ᄒᆞ기爲ᄒᆞ야大邱鎭衛隊所屬將校士卒을警視四人과巡檢五十人으로需用ᄒᆞᆯ터인ᄃᆡ此에關ᄒᆞᆫ經費五千圜을支撥ᄒᆞ라ᄒᆞ엿스니軍隊ᄂᆞᆫ解散ᄒᆞ고警吏를增設ᄒᆞ면義徒와火賊에禁戢이더잘될난지

▲近日地方에義兵이各寺刹을襲擊ᄒᆞ면서僧侶들一進會員이라고指斥ᄒᆞ야無數詰難ᄒᆞᄂᆞᆫ故로僧徒가避身上京ᄒᆞᄂᆞᆫ者이多數ᄒᆞ다고某報에說道ᄒᆞ얏스니削髮을致疑하야僧徒를一進會로錯認ᄒᆞᄂᆞᆫ것이可謂殃及池魚로고

▲數年以來로政府와각社會에셔善必稱施政改善이라ᄒᆞ더니近日場市와街路上에外人商店이居多ᄒᆞ니可謂市井改選이로고

▲帝國新聞을廢刊ᄒᆞᆫ事에對ᄒᆞ야警署에셔停刊理由를警視廳에查覈ᄒᆞ되該社經用이窘艱ᄒᆞ야廢刊ᄒᆞᆫ境에至ᄒᆞ얏더니閔泳綺시가度支大臣在任時에該社를救護ᄒᆞ기로爲約ᄒᆞ야器械등物를整備ᄒᆞ며紙面을擴張ᄒᆞ얏더니該大臣時에閔시가度大을遞任됨으로前日約條가烏有ᄒᆞᆫ所以라ᄒᆞ니度支大臣못ᄒᆞᆫ人은各社會에補助도못ᄒᆞᄂᆞᆫ지同시가度大遞任으로藉托ᄒᆞ고負約ᄒᆞᄂᆞᆫ것이欲哭打頭가아니가

▲前秘書丞洪在鳳시家에日晨에朴哥가突到ᄒᆞ야曰ᄂᆞᆫ日本警事廳偵探인ᄃᆡ今監督捉去次로來到하얏노라同시가愁訴曰尊與我가俱是大韓人族인則理事廳에셔捉去하ᄂᆞᆫ事件은錯言之ᄒᆞ라ᄒᆞᆫᄃᆡ朴哥가附耳而語曰若持千餘圜이면無事妥帖이라ᄒᆞ거ᄂᆞᆯ洪시가現無時存ᄒᆞ야幾日後出給於音으로出與ᄒᆞ얏더니及其限日에朴哥가더ᄒᆞ미同시가理事廳에告發ᄒᆞ야人幾名을捉送ᄒᆞ야作梗이無數ᄒᆞᆫ朴哥가被捉ᄒᆞ얏다니近日에最可畏者ᄂᆞᆫ假日人이로고

◉社告

本社支社를左開三處에設置하얏스오니該附近에서本申報購覽하심 僉彥은一切該支社로請求하시고代金도該氏에게로送交하심을務望함

代金 英文申報 每朔并郵稅四十三錢
國文申報 合設仝 三十八錢

左開

支社位置及氏名

井邑邑內 朴議官性天 李益乘

泰仁邑內 金先達德弘 宋伯彥

扶安牛浦 金參奉鼎濟

地方各支社와當人購覽員에게從日報廻達이或滯留或遺漏가非一非再인바以書辭通知가難據가無하야郵便局交涉이難便하니此後로는申報封皮에出付와收到期日印刷期限이遺漏者를摘拔聚合하얏다가本社로委送하심을爲要함

各地方에서本申報購覽하시는中或二三朔代金未納하신僉彥의게는來十月一日부터停送하올터이오니本月內로未納金을爲替換送하오셔無至停送케하심을其望

大韓每日申報社

◉至急社告

美國湖市南西寺街一百二十五番共立館內崔有涉氏所送金額新貨一百五十二圜七十六錢 已爲領收이나何許事件으로送함인지詳爲示明함을切望함

大韓每日申報社

雜報

●夫人慈善 平壤城內居李召史는故進士楊洛鉉氏室內인대寡居生涯로處事綜詳하고周窮四隣하더니同里崔奉梧氏가年滿九十에二十餘歲된一子와慘喪을當하야家徒四壁에送終之費가猶如하야撫尸呼哭에其所慘狀은亦不忍見이라李召史가特發慈悲之心하야四百餘金을辦出하야歛葬諸具를備給하니李氏의周急은今古에罕有할뿐아니라於國債報償에도捐出五百金하얏스니該氏의愛國急民은可謂女中君子라고該郡人의頌聲이藉々하다더라

●普明有望 富平郡毛月串面黔巖里私立普明學校는有志人士諸씨가今年正月分에設立하엿는대校長鄭洪錫氏와監督沈山德教師鄭泰憲諸씨가熱心教育함으로學徒가日益漸進에必有前進之望이라고該郡人에讚頌한다더라

●收租官內定 各道收租官十一課를修定한事는前報에揭載하얏거니와農大宋秉畯氏가相持하야各道屯土를農商工部에付屬하고收租官은但以三十圓月給으로만的定하얏는대收租官에氏名이如左하니全南에李台夏全北에白寅基忠南洪世泳忠北成文泳黃海道金明旭平南朴用珠平北洪在佑咸南韓用恪咸北許允慶南朱在鶴慶北李完順諸氏로擬定하얏는대伊藤統監還任한後에發表된다더라

●因擾停學 南原郡公立普通學校長朴台永氏가學部로報告하되日前南原附近에暴徒가蜂起함으로人心이恟恟하와大端騷擾키로去十一日十二日兩日間授業을停止하얏다더라

●贓錢調查 內部에서濟州民梁勝祉에請願을因하야該郡守尹元求氏에貪贓을查覈하라고全南觀察使에게訓令하얏다더라

●傷弓之鳥 昨日水原郡에義兵이攔入하다하야人民等이京城으로避身하는者多하다더라

廣告

●北署杜洞私立養明義塾普學科第二回學員募集大廣告

學科 在未塾規則

年齡 十七歲以上身體康健者

試取 陽曆十月十三日陰曆九月初七日時間은上午拾時下午三時以外는不受함

免試 中等科以上卒業證이有한人

請求 入學證書는本塾에서無代價로請求를應하야授與함

●民事訴訟代理와刑事辯護及鑑定顧問과諸文案起草等諸般事務를迅速處理함

漢城西署小平洞第六十統十戶

辯護士前檢事 李建鎬

辯護士前檢事 安秉瓚

聯合法律事務所

本人이康履孔履字를信字로改名하오니知舊間照亮함

康信孔 告白

光武十一年四月十日萬歲報中國債報償期成會廣告第三欄內載事三支江에姜泰俊은以康泰夏로正誤하고姜仁夏의姜字는以康字로正誤함

康弼文 告白

西署積善坊司宰洞三拾九統九戶瓦家四間草家二間半買入主金鳴達 本家主安奉柱買人의陰六月三拾日買錢五千兩立旨文券셔失하야八月七日인대셔失處는京畿道江華月串浦休紙施行함

金鳴達 告白

◉義州耶蘇敎內에中學校々舍新建하기爲하야各處有志紳士에서寄付한義捐金이如左하니本府尹尹鎭海 寧邊府檢事安秉瓚 雲山紳士李鼎玉 昌城郡守金相範 各拾圜 龍川府尹顯允廸 仝紳士崔時坤 雲山郡守榮鎭濟 碧潼郡守朴인玉 각五圜 本府參書官卿甲秀 本府主事李元奎 本府主事□時善 仝主事김斗煥 仝通譯官選用夏 寧邊郡守□□元 雲山신士趙昌敦 義州신士金涉 鐵山□□金相璇 金秉謙 各三圜 龍川郡前參書리心一 仝前正言張正瑄 雲山郡신士리致廷 리根永 吳泰植 昌城郡主事金鎮奎 仝稅務主事禹夏昌 碧동신士李養羽 朔州郡主事김時華 義州신士尹致珍 각貳圓 鐵山郡신士白雲輝 張寬善 安贊雨 博川郡守蔡在爵 雲山신士金翊鎔 申德潤 朴京玉 리□榮 리贊益 嘉山郡守趙台基 雲山신士鄭元述 김璟煥 熙川郡金京珍 昌城신士姜尙위 碧동郡主事金翊선 仝신士김興린 姜禮珍 昌城신士姜鎭璜 渭州郡主事安鎬鳳 仝신士朴鳳진 김永浩 各壹圓 楊景珠 리國璟 張應奎 白元奎 無名氏 각五拾錢 渭州郡守金雲根 七圜 無名씨 五拾圜

諸氏의義捐을不可以面々獻賀故로感謝함을茲以表함

義州中學會 告白

前參奉洪鎭杓改以甲杓 前主事李在熙改以哲熙 前參奉朴衡鎭改以衡璉

洪甲杓等 告白

中署澄淸坊黃土峴耆老所前第二十三統三戶

辯護士 李容成

辯護士 黃鎭菊

辯護士 安致潤

事務員 全奎基

事務員 康□勳

聯合法律事務所

●坡州坡南學校義捐金人員及金額

南宮식六十圜 吳潤泳 宋鎭永 子式拾圜 沈聖燮 李潤勉 各十圜 南宮업八圜 安永洙 五圜 李壽命 宋億禧 각四圜 □昌祿 俞道潤 崔恩來 金潤海 林順榮 李元容 安永漢 李雲培 각貳圜 梁鳳洙 壹圜五拾錢 林義文 表賢山 姜俊萬 金學仁 各壹圜 崔奎興 五拾錢 車日川里中 二百七十四圜二十六錢 遞郡守金奎昌 拾圜 光興學校 五圜

●培材學堂開學廣告●

本校가復設되는거슨已往에도廣告하엿거니와本校는預備科一年中學科三年大學科四年으로定하고純英文으로敎授하깃스오니願學僉彥은速々來議하시오開學은陽來十月九日이오入學合格人試驗은十月六七兩日間에하깃소

培材學堂總敎師房巨 告白

本人이典執한東署崇信坊東門外五統十一戶李聖燁草家圖文券及手標路上遺失하오니誰某拾得休紙施行함

仁峴張鎬憲 告白

平安南道甑山黃象面升盈里居前參奉羅在禹의名字를瑀字로改定하옵기茲以廣布하오니知舊間照亮하시옵

羅在瑀 告白

本人生父羅穆氏가昨年十二月晦日別世後에家券과田地所居家垈放賣文券을搜索則只有地契家契셔失故로圖人雖拾得休紙施行함

仁港□峴外洞二十統八戶

金容圭 告白

本人이姓名을圖形으로刻한圖章을見失하엿기茲에廣告하오니誰某拾得이라도勿施함

李命穡 告白

近々工業이漸隆하야道路橋梁新設及山林田宅地等調査의關係時急기로本所는遠近을不拘하고以上諸測量及設計製圖等囑託의特히應하옵

京城四大門外南便第六家

土木測量設計囑託所

主任 金之煥 告白

漢城西署松橋新作路四十三統二戶

辯護士 玉東奎

辯護士 許憲

合同法律事務所

▲乳母廣求

두살된으히를젖먹일터인더 괴으히업사집에와셔유모노릇할부인이잇거든 대한매일신보샤회계과로 와서의론하시요

本人이本商廛을世新設하고各種雜貨物品을交換하며直輸入하얏스오니僉彥은本字로愛顧하시옵

▲洋襪각種 ▲□□靴各種

▲洋傘각樣 時計各種

▲洋服(已成) 各種

▲上品紙燈 油衣

▲男襪각種 刀子각種

▲花布각種 반자紙각種

▲비누각種 영단가각種

其他洋服附屬品多有

西署夜照峴 三街里□洋品店 比兆郭漢承

●乾材洋藥廉賣

漢城鍾路慈惠藥房에서各種洋藥을廉賣하는中에邦補益藥水를極擇廉價하오니內地各處僉彥께서小包郵便으로取用하심을仰望

▲大瓶 三圜

▲小瓶 一圜五十錢

乾材洋藥發賣人

濟衆院醫學員 朴慈惠 告白

◉增修無冤錄大全

壹秩 全白七十頁

定價金新貨七拾五錢

此增修無冤錄大全은法律家에最緊要한書籍이온대年來現本이殆히絕種에至한지라故로法部에認可를得하옵고此를新刊하얏삽는대國漢文으로解釋하야模糊한句節이無하오니法律學에有志하신이와字牧之任에居하신이는不得不購覽할지오니注意購覽하시옵

中署布屏下

廣學書舖 김相萬 發售所

國債報償義務金收入廣告

◎國債報償義務捐金 九月中本社收入總額 每日逐号明細錄

●九月廿六日

第一五四五號義州郡大東外里 三拾六圜
第一五四六號義州聖義學校 八拾五圜二拾五錢
計一百二拾一圜二拾五錢
九月二拾六日ᄭᆞ지收入總額 一千〇八十一圜〇五錢五厘
自四月至八月收入總額 五萬四千七百十四圜 九十三錢四厘
都總合五萬五千七百九十五圜 九十八錢九厘

●義州府聖義學校
裴明善三圜 主事張明昊五圜
崔鎭夏 金斗衡 각三圜
崔得守 리明燦 司果朴永祚
發奉金源根 朴用楨 金天彌
리益明 金道彬 洪元日
각二圜 僉使金時鳳
司果洪鎭學 發奉張德俊
沈致祚 吳瑞鳳 金瑞奉
李龍雲 金聲煥 金貞明
金天奉 劉成淳 學徒裴錫亨
崔鳳瑞 朴用楫 리奉俊
리桂哲 黃承洛 黃恩律
黃在洛 金炳浩 金炳瑞
金在植 張成杓 張濟植
金山川 金世恒 朴昌奉
李昌德 李昌福 片官男福
각一원 朴長孫二圜 리宗實
白允瑞 崔元興 崔德成
崔德萬 崔舜彦 申祿麟
張得善 車速煥 朴用楷
趙회泰 金景玉 金昌玉
金成玉 金宗煥 金鳳岐
金承學 張明元 金孝錫
金孝哲 劉宗甲 劉漢章
劉漢永 劉漢晋 劉漢興
王時昌 趙義明 洪錫民
李昌麟 각五十錢 李千年
朴承洛 朴善行 朴善局
朴善旭 朴允世 尹正涉
尹國涉 尹雨涉 金億萬
金桂華 리根用 張成龍
金定麟 金丙于 各廿錢
李承俊 田伯秀 李金山
李銀山 李命秀 [illegible]
金澤俊 각卄五錢 金大되
白樂九 각卄錢 方吉石十錢
合八拾五圜二拾五錢

●平北義州府大東外里
通政趙性俊一圜 安丙浩五圜
金南涉 文基涉 崔炳河
朴汝順 金載善 車致德
白俊文 朴景煥 羅永俊
朴官珍 沈官根 鄭麟興
金明坤 鄭義何 각一圜
金華敏 金 杜 리膺淑
黃 鎰 金萬今 崔承奉
鄭鳳鶴 金龍雲 林德茂
李成洙 朴允河 崔明吉
金洛用 吳致景 崔德興
高承福 각五拾錢 林昌順
六拾錢 崔光珍 趙性洙
崔成龍 金龍虎 郭利賢
金允恒 金龍坤 金京祚
각卄錢 洪義善 朱明회
리尙文 林仲花 李英燁
崔永祿 金奉賢 李正祿
崔恩俊 金三福 鄭關秀
姜得甫 朴尙哲 趙永祿
崔興龍 李光民 韓致璜
李成哲 林枝永 白文吉
姜相甫 金陽年 각卄錢
趙漢默 梁仁世 崔致璜
黃得渭 金應祚 金應浩
각十錢
合三十六圜

總合一百二十一圜二十五錢
前號總合五萬五千六百七拾四圜七十三전九厘
都總合五萬五千七百九拾五圜九十八錢九厘

◎特別廣告◎

國債報償金九日所捧은姑未合計이고伊前日ᄭᆞ지所捧總合五萬四千九百拾圜拾七錢은電氣會社內銀行에貯置ᄒᆞ얏ᄉᆞᆸ고其貯置額中三萬二千三百圜은國債報償志願金總合所로越交홈

廣告

●刑法大全改正草案全 四十錢
●日語獨習全 五十錢
●初年必讀上下 八十錢
發賣所 鍾路古今書海館

向者軍隊解放時에負傷將卒中에死者는已矣어니와折腰折臂折脚之人은命脈은尙存이나運動末由라此人等이將欲自殺ᄒᆞ니令人鼻酸이라本人等이往見慰勞ᄒᆞ고西醫에게以印度書로擬製背脚이온則八人의醵費額이至爲二千五百圜之多인바一以勤力으로難見奏效ᄒᆞ와玆以廣布ᄒᆞ오니望須慈善僉君子는勿拘多小ᄒᆞ시고救恤金을寄付ᄒᆞ와使陷死同胞로拯濟ᄒᆞ심을爲要

隆熙元年九月日

發起人 정主煥 윤綵勳 安준鎬 曹成煥

救恤金收合所 大韓每日申報社 皇城新聞社

出告人의姓名은新聞에廣告홈

大東寄宿館廣告

大東寄宿館長 鄭[illegible] 告白

大東寄宿館事務員 鄭漢植 告白

民事訴訟代理及刑事辯護顧問鑑定仲裁文案起草等諸般事務를迅速處理홈

京城北署松峴三十四統四戶

辯護士 桂命燮
辯護士 李鍾聲
事務員法律卒業生 리源生

共同法律事務所

瑞士建國誌

◎定價 新貨十五錢

此書는敎育小說이니志士의救國救民ᄒᆞᆫ思想과人民의愛國心을養成ᄒᆞ는ᄃᆡ緊要ᄒᆞᆫ冊子오

發賣所
▲大韓每日申報社
▲仁川港栖硯 開新冊肆
▲中署布屛門下 金相萬冊肆
▲平壤城內烈女洞 敎育書舘
▲鍾路 古今書海館
▲銅口越便 中央書館
▲鍾路 大東書市
▲大廣橋 廣東書舘
▲尙동 博文書舘

本人이日本大阪綿紗業家와特約ᄒᆞ고日本內地産出各種物品과西洋各種物品皮貨機械等物을我大韓에輸入과委托을便利케契約ᄒᆞ얏ᄉᆞ오니商工業에有意ᄒᆞ신僉君子는其物이무엇이든지請求코져ᄒᆞ시거든本社로來議ᄒᆞ시오本社에서는手數料金만受領홈

興業社本店 開城北部祥洞
支店京城南門內水標五十一號
大戶 培養會社
仝仁港內용廣濟號

學徒製복書籍
學徒運銃과諸具
雜紗各種
美國金鷄納
衣服裁縫其他雜貨도廉價放賣ᄒᆞ오니諸君子는來臨ᄒᆞ심을바라나이다

仁川港寺洞新冊肆

越南亡國史 國漢文

定價貳拾伍錢

發賣所京城廣橋高裕相書舖 南川郡禹時夏書舖

布屛下김相萬 告白

원산과셩진간에서본인이살진소(肥牛)를만히사깃ᄉᆞ니쇼파는제군은다수히팔너오시옵

최봉쥰 고백

◎本社廣告

○申報價
一朔代金 新貨二錢五厘
一個月前納 三十錢
三箇月 九十錢
六個月 一圜七十錢
一箇年 三圜四十錢
郵稅一朔 新貨五厘
一箇月 十三錢

○告白料
四號活字十三字詰
每日每行一寸에新貨[illegible]錢
(每日每行六전에相當홈)
二週日에 二圜五十錢
每日每行[illegible]五厘에相當홈
一箇月에 五圜
(每日每行四錢一厘에相當홈)
其期限의長短과字行의多寡를[illegible]

◎大韓每日申報支社及代辦所
中署布屛門下 金相萬書舖
平壤上水口門內 金浩洞
仝 崔叙田
仁川栖硯新舖 李東皓
宣川邑 [illegible] 冊肆 安 浩
義州南門外 [illegible] 大藥局
釜山港佐川 徐藥局
三和港 [illegible] 洞 金元셕
咸興府 [illegible] 西門外 曹喜林
開城 [illegible] 義學校 姜助遐
大邱南門 崔一弘
載寧邑 [illegible] 院 劉夢澤
鐵山邑東部 安 호
元山倉前 劉七錫
濟州 [illegible] 金泰熙
海州南門內 朴昌鎭
定州 [illegible] 書舘 洪成一
[illegible] 許 錫
郭山 [illegible] 李銀瑞
安岳 [illegible] 鄭道善
[illegible] 川 [illegible] 李鍾成
公州 [illegible] 金翼河
鐵原邑 [illegible] 洞 趙鍾大
高原邑 朴敎吉
淸州 [illegible] 李益乘
非邑邑內 金德弘
泰仁邑內 金鼎濟
扶安 [illegible] 李基秀
京義線 [illegible]

大韓每日申報社
發行兼編輯人 英國人 裵說
發行所 西署石井洞號外地三層洋屋 大韓每日申報社

第五卷

大韓每日申報

第六百卄六號

月曜及慶節歲時日休刊

檀君開國四千二百四十年
箕子元年三千二十九年
大韓開國五百十六年
日本明治四十年
清國光緖三十三年
陰曆丁未八月小卄四日癸未

論說

◉貴重ᄒᆞᆫ줄을認ᄒᆞ여야保守ᄒᆞᆯ줄을認ᄒᆞ지

吁嗟乎大韓國民이여世界上第一貴重ᄒᆞᆫ者ᄂᆞᆫ獨立이아닌가國家의獨立이存在ᄒᆞ면人民의權利가存在ᄒᆞᄂᆞᆫ것이오獨立完全ᄒᆞ면人民의生活이完全하ᄂᆞᆫ것이어니와獨立이墮落ᄒᆞ면人民의權利가墮落ᄒᆞᄂᆞᆫ것이오獨立이遺失되면人民의生活이遺失되ᄂᆞᆫ것이니獨立者ᄂᆞᆫ國民의父母요國民의性命이오國民의手足이오國民의資本이니有此則生ᄒᆞ고無此則死ᄂᆞᆫ固然ᄒᆞᆫ理勢라是以로獨立二字가世界에第一無上ᄒᆞᆫ貴重底物事가되야其獲得也ㅣ甚難ᄒᆞ고其保守也ㅣ亦難ᄒᆞᆫ지라附佚之珠와和氏之璧이非可容易而得之者오亦不可慢藏而守之者은況國家의獨立은全邦人民의存亡生滅之關係가되ᄂᆞᆫ者니其獲得也와保守也가尤當何如哉아

試觀ᄒᆞ라美洲의合衆國과歐洲의希臘과意太利의獨立歷史가何如ᄒᆞᆫ가幾多志士의慘澹ᄒᆞᆫ經營과困難ᄒᆞᆫ境遇를經過ᄒᆞ여스며幾多人民의産業을波盪ᄒᆞ고生命을犧牲ᄒᆞ얏ᄂᆞᆫ가彼二三邦國이至于今日에獨立聲譽가騰溢全球ᄒᆞ고其光耀四海者ᄂᆞᆫ卽其祖先時代에腥風血雨中으로湧出ᄒᆞ야萬世子孫이無量ᄒᆞᆫ福樂을享有ᄒᆞᄂᆞᆫ것이니豈非天下之至貴至重者哉아

至若大韓之獨立ᄒᆞ야ᄂᆞᆫ寔出於隣人之供獻者ㅣ니可謂天賜之奇福이라大韓國民이何嘗煩一慮費一力而得之者乎아不惟不煩不費라獨立의性質如何와資格如何와價値如何ᄅᆞᆯ初不知道ᄒᆞ고但晏坐而受之而已라

古人이云ᄒᆞ되無故而得千金者ᄂᆞᆫ不有大福이면必有大禍라ᄒᆞ얏ᄉᆞ니世界上에第一貴重ᄒᆞᆫ獨立이猝然히我의게歸ᄒᆞ얏ᄉᆞ니此ᄂᆞᆫ禍福之機關이라萬一韓人이早히此ᄅᆞᆯ保守ᄒᆞᆯ思想이有ᄒᆞ야政界와社會가一心協力으로維新事業과文明制度를匝匝然着手做去ᄒᆞ야日進一日ᄒᆞ얏ᄉᆞ면十年之間에獨立基礎를可以鞏固ᄒᆞ야無疆ᄒᆞᆫ福樂을享有ᄒᆞ얏슬터이나此에反ᄒᆞ야獨立에貴重ᄒᆞᆫ거ᄉᆞᆯ全然不知라自修自强을不圖ᄒᆞ고優遊玩揭ᄒᆞ야虛送歲月하얏ᄉᆞ니此ᄂᆞᆫ天賜之福을自行拒斥ᄒᆞᆫ者라爲得今日之慘境乎아雖然이나獨立은天下之貴重者라人人의所以得之者ㅣ如彼其易故로其失之也ㅣ亦在俄頃之間이라況趙孟之所貴를趙孟이賤之ᄒᆞ나니他人의供獻ᄒᆞᆫ獨立이畢竟他人의奪去가되믄亦其理勢라

彼合衆國과希臘과意太利의獨立歷史를觀ᄒᆞ면全國人士가喫盡無限苦楚ᄒᆞ며過了幾恨困難ᄒᆞ야幾十年歲月을虛費ᄒᆞ며幾十萬生命을抛擲ᄒᆞ고完全ᄒᆞᆫ獨立을成就ᄒᆞ얏스니今此大韓의獨立도畢竟相當ᄒᆞᆫ價値를供給ᄒᆞ고相當ᄒᆞᆫ幸福을得ᄒᆞᆯ지라已往에失敗ᄂᆞᆫ依例之事라엇지此로以ᄒᆞ야男兒의志氣를汨喪ᄒᆞ며人民의步趨를越超ᄒᆞ리오必也大韓의獨立은大韓人의自力으로獲得ᄒᆞ고自力으로保守ᄒᆞ여야完全ᄒᆞᆫ獨立이될더이니아모조록獨立으로써父母를삼으며獨立으로써性命을삼으며獨立으로써手足을삼으며獨立으로써資本을삼아百難不屈ᄒᆞ고萬折不撓ᄒᆞ야어더셔지他人의壓制ᄅᆞᆯ勒을得脫ᄒᆞ고一個獨立國을新建築ᄒᆞ야八類의資格을世界에發表ᄒᆞᆯ지어다若不然이면大地가雖大ᄒᆞ고四海가雖廣이나無國之民은容足ᄒᆞᆯ地가無하나니思之勉之어다

官報

◉號外 隆熙元年九月卄七日

敍任

陞正憲 掌禮院卿李重夏
陞正二品 從二品沈相漢
陞嘉義 仝 李寅徹
仝 趙鎭萬
仝 鄭寅學
仝 閔哲勳
陞從三品 侍從院侍從尹炳皓
仝 正三品任命鎬
仝 趙鏞純
仝 尹相翊
仝 申應善
仝 鄭寅興
陞正三品 承寧府侍從洪運杓
仝 侍從院侍從趙重國
仝 弘文館侍講李殷乾
仝 辛泳允
仝 內閣書記官李源鎔
仝 高源植
仝 金裕台
陞正二品 學部學務局長尹致旿
陞嘉義 從二品金世濟
仝 吳元一
陞正三品 六品趙完相
陞崇祿 從一品張錫龍
陞正憲 太醫院卿尹德榮
耆老所秘書長閔丙奭
陞正二品 承寧府侍從長趙民熙
陞正二品 從二品徐衍淳
仝 李勝宇
陞嘉義 承寧府副總管朴齊斌
仝 從二品尹命燮
仝 洪承憲
陞從二品 正三品金敬圭
仝 鄭恒朝
仝 李敎敏
仝 李晥熙
陞正三品 奉常司典祀韓永元
仝 耆老所守直官金駿漢
仝 內閣書記官趙源誠
仝 內部書記官權輔相
仝 內部會計局長崔賢相
仝 度支部技師兪致卨
陞崇祿 侍從武官張然昌
從一品具元淳
陞正三品 六品白學祖
仝 李卜瑩
仝 金寬鉉

◉號外 隆熙元年九月卄九日

◉宮廷錄事

宮內府達第八號 陰曆八月二十四日에
太皇帝陛下게옵셔 大院王 大院妃祠宇奉安後還宗臣ᄒᆞ사攝行眞酌禮하시고
大皇帝陛下게옵셔 大院王 大院妃上印後還宗臣하ᄉᆞ攝行奠酌禮ᄒᆞ옵시고祭文은令文任撰進ᄒᆞ라신 旨意奉承ᄒᆞ이라
宮內府大臣勳一等臣李允用

外報

◉無線電信 倫敦電을據ᄒᆞᆫ則벨유氏ᄂᆞᆫ美國노우아스코샤州에無線電信을設ᄒᆞ야구레베地와聯通케ᄒᆞ얏다더라

◉加奈陀排日益甚 同電을據ᄒᆞᆫ則加奈陀유꼉州아도광에서白人鑛夫三百名이日本鑛夫七十九名을驅逐ᄒᆞᄂᆞᆫ것을本政府에서禁止ᄒᆞᄂᆞᆫ것시無理라ᄒᆞ고此等日本人을使之乘船ᄒᆞ야合衆國領土로輸送ᄒᆞ다더라

◉獨領主魁에殺害 伯林電에曰獨逸領西南亞非利加電報를據ᄒᆞᆫ則獨領主魁모렝가를殺害ᄒᆞ엿다더라

◉波斯內亂 聖彼得堡通信을據ᄒᆞᆫ則波斯國內政이頗히危險ᄒᆞ야現皇帝를廢ᄒᆞ고帝의伯父마스드親王을代立ᄒᆞ기로運動ᄒᆞᄂᆞᆫ데各皇族은劃策中이라더라

◉愛蘭騷擾 倫敦電을據ᄒᆞᆫ則愛蘭노스꽁몬部會에서國民黨間에衝突이起ᄒᆞ야遂히數名의負傷者가出ᄒᆞ얏ᄂᆞᆫ데警官은其秩序를回復하엿다ᄒᆞ고가ᄉᆞ부낭가의報告를據ᄒᆞᆫ則土人의三種族人質을提出하야降服ᄒᆞᆫ證印을受ᄒᆞ고八月一日歐洲人을殺害ᄒᆞᆫ犯人은武器를提出ᄒᆞᆷ으로賞金을與ᄒᆞ엿다더라

◉協約批准 倫敦電을據ᄒᆞᆫ則英露協約은去二十四에聖彼得堡에서批准을交換ᄒᆞ엿다라

◉摩洛哥戰報 同電을據ᄒᆞᆫ則佛軍은시비부라히항地에夜間偵探隊를派出ᄒᆞ야賊隊를砲擊ᄒᆞ고모못ᄉᆞᆫ人을擊退ᄒᆞ얏ᄂᆞᆫ데佛軍에死傷은中尉一人과卒十名이라더라

雜報

三淸洞私立講習院趣旨書

現値我百度革新之秋ᄒᆞ야第一急務者ㅣ卽敎育子弟ᄒᆞ야作成人材가豈非吾儕愛國之主旨乎아今에上自京城로下至鄕曲히校塾이方興ᄒᆞ고講誦相聞ᄒᆞ니郁郁乎文明進步를庶幾可觀로다雖然이나所可憂者ᄂᆞᆫ敎師之資格이欠乏ᄒᆞ고普通之科學이不徧ᄒᆞ야敎授之得人이甚難ᄒᆞ고開發之奏效가差遲ᄒᆞ니此ᄂᆞᆫ無他古籍이라前日吾人之所讀은只是經史之哲學而已오至於新學之科程은挽近之所期ᄒᆞᆫ者則當此敎務擴張之際ᄒᆞ야師範之人을不先養成이면雖有許多校舍와許多科程이라도徒歸文具오決無實効ᄒᆞᆯ지니此非吾人之所注力者ㅣ아假令政治經濟等其餘文字之間은猶或因文究解ᄒᆞ야傳得敎授之名이라도至其算數等學之深奧淺昧者ᄒᆞ야ᄂᆞᆫ決非文字之所解오必須諳練嫺熟然後에堪任敎授之任이니此ㅣ今日敎育之所不可不急先者ㅣ라本人等爲此慨然ᄒᆞ야新設講數院ᄒᆞ고專以算數諸學으로特爲科程하야專門으로培養速成코ᄌᆞᄒᆞ노ᄂᆞ니此난非特一個人의主見이라實노全國同胞의同心協贊ᄒᆞᆯ비니嗚呼라愛國에有志ᄒᆞ고敎育에熱心ᄒᆞ시ᄂᆞᆫ諸君은一功本院의事業을발達케하야事實上切効를奏ᄒᆞ기를懇切祈望하노라

發起人 閔健植 郭 璀
張志淵

◉日兵解兵 陰本月旬間에北靑解散兵五名이上京하다가元山南山嶺에到ᄒᆞ야日兵에게四名은砲殺ᄒᆞ고一名金가ᄂᆞᆫ僅乎漏脫ᄒᆞ야幸生逃京ᄒᆞ얏다더라

◉峨洋校況 峨洋義塾文學校ᄂᆞᆫ設立된지年인디經用窮絀에莫能擴張이더니該港富豪家趙孫宜씨가一切擔任하고리영根楊世鶴諸氏ᄂᆞᆫ敎務의熱心으로拔況이振興ᄒᆞ니該諸氏의公益熱誠은感賀ᄒᆞᆯ다더라

雜報

●皇太子遊覽　皇太子殿下께서 本日下午一時에 漢城府學堂及學校와 武官學校에 遊覽ᄒᆞ시므로 該校로 連ᄒᆞᄂᆞᆫ 街路人民이 道路와 橋梁을 一新修築ᄒᆞ얏더라

●封王時公故　陰八月二十四日坤時에 遣使追封老王時及同二十五日巽時에 遣使封義王妃時에 宗親文武百官이 以公服으로 中和殿에 齊進ᄒᆞ야 箋을 已經奏ᄒᆞ고 [illegible]에서 각部로 輪牒ᄒᆞ얏더라

●未安處分　陰本月二十日 明成皇后忌辰公故에 皇上陛下께오서 出宮ᄒᆞ시ᄂᆞᆫ 路에 有何事端이던지 宮內府大臣 李允用씨가 未安ᄒᆞᆫ 處分을 奉承ᄒᆞ야 辭職疏를 奉呈ᄒᆞ엿고 大祝 尹澤永씨ᄂᆞᆫ 元來無識ᄒᆞᆫ 人으로 年前祝官時에도 退逐之境을 當ᄒᆞ엿더니 今番에도 祝文을 不能奉讀ᄒᆞᆫ 故로 逐出ᄒᆞ얏다더라

●例會停止　昨日中樞院에서 議官 尹吉炳씨가 仕進치아니ᄒᆞᆫ 故로 例會를 停止ᄒᆞ얏다더라

●敎員被選　學部에서 副敎員 試驗檢定ᄒᆞᆫ다ᄂᆞᆫ 事ᄂᆞᆫ 前報에 已揭어니와 該檢定에 被選이 四十人이라더라

●表氏來往　學部次官 表孫一氏가 再昨日入城ᄒᆞᆫ다ᄂᆞᆫ 說은 已揭前報어니와 該氏가 再昨日下午十二時에 南門外停車場에 到着ᄒᆞ얏ᄂᆞᆫ데 該氏夫人及娉母與三子를 率來ᄒᆞ얏고 該部大臣以下局課長이 出迎ᄒᆞ얏다더라

●修學開學　修學院에서 本月二十日에 開學ᄒᆞ기로 裏定ᄒᆞ얏다더라

●國旗交叉　日本皇太子入城日에ᄂᆞᆫ 城內坊坊曲曲이 人民家屋에 韓日國旗를 門前에 交叉揭高ᄒᆞ도록 注意ᄒᆞ라고 警視副監 具然壽씨가 五署에 指揮ᄒᆞ얏다더라

●秘密偵探　近日義兵에 偵探輩이 城內에 遍滿ᄒᆞ다ᄒᆞ야 警視廳에서 巡檢을 平服으로 閭巷間에 多數派送ᄒᆞ야 秘密詗探ᄒᆞᆫ다더라

●有何査問　再昨日 警視廳에서 有何訊問ᄒᆞᆯ 事이던지 國民新報社長 韓[illegible]振을 招去ᄒᆞ얏다가 旋卽放送ᄒᆞ얏다더라

●[illegible]衛生　昨日軍部에서 日本醫士를 邀ᄒᆞ야 該部一般官吏의 衛生檢査를 設行ᄒᆞ얏다더라

●檢疫委員　再昨日 警視廳에서 虎列刺 流行ᄒᆞᆷ을 預防ᄒᆞ기 爲ᄒᆞ야 五署長을 會同ᄒᆞ야 檢疫委員을 差下ᄒᆞ얏다더라

●平察醫員　平北觀察使 朴[illegible]駋시ᄂᆞᆫ 臨時檢疫委員長을 被任ᄒᆞ얏고 日人 一惠五郎시ᄂᆞᆫ 副委員을 被任ᄒᆞ기로 內部大臣이 內閣에 提議取決ᄒᆞ얏다더라

●主事將免　懷德郡主事 宋완用시ᄂᆞᆫ 行政上에 欺官斂財ᄒᆞᆫ 事이 綻露되야 將次免官ᄒᆞᆫ다더라

●秋期運動　漢城高等學校에서 秋期運動을 本月四日에 訓鍊院에서 擧行ᄒᆞᆫ다더라

●洋家防盜　新門外西洋人家屋에 賊徒의 [illegible]를 防備ᄒᆞ기 爲ᄒᆞ야 警視廳에서 巡檢二三人式 每日派送保護ᄒᆞᆫ다더라

●婦人博覽　昨日 博覽會에서 각婦人敎會와 其他婦人만 入場케ᄒᆞ야 物品을 玩賞ᄒᆞ얏다더라

●警吏改服　警吏의 服裝을 改正ᄒᆞ기로 警視廳에서 方擬議中이라더라

●錯認義兵　日昨에 日兵若干이 公州郡甘城市場에 突入ᄒᆞ야 該市場에 會集ᄒᆞᆫ 人民을 義兵으로 認知ᄒᆞ고 猛烈히 射擊ᄒᆞ야 六名이 致斃ᄒᆞ고 五名이 重傷을 負ᄒᆞ얏다더라

●獄中虎列　義州警務署在囚ᄒᆞᆫ 朴七仲이가 虎列刺로 去月二十日에 致斃ᄒᆞ얏다고 該裁判所檢事가 法部에 報告ᄒᆞ얏다더라

●晋察報警　去月二十七日에 義徒十餘名이 自安義郡으로 轉向居昌郡ᄒᆞ야 方派巡詗察이라고 晋州觀察使가 內部로 報告ᄒᆞ얏다더라

●農訓蔘政　開城郡蒸蔘額은 一萬斤으로 計算ᄒᆞ얏고 農商工部에서 蔘政檢査官에게 發訓ᄒᆞ얏다더라

●巡檢生埋　日昨에 義徒가 京畿警務署巡檢 洪秉善을 生埋ᄒᆞ中ᄒᆞ얏다고 該署警務官 崔[illegible]泳씨가 內部로 報告ᄒᆞ얏다더라

●延郡義擾　延安郡에도 義徒가 猖獗ᄒᆞ얏다고 海州觀察使가 內部로 報告ᄒᆞ엿다더라

●郡隷告火　陰本月拾七日에 日兵이 加平郡비선거리場市에 衝火ᄒᆞ야 五六拾戶가 沒燒되엿고 仍卽邑內에 突入ᄒᆞ야 [illegible]戶가 延燒되얏난 故로 該郡守 鄭圭桓씨의게 告急次로 再昨日에 該郡使令 [illegible]名이 上京ᄒᆞ얏더라

●義兵砲巡　日昨義兵이 鎭川郡分派所巡檢 김秉희를 砲殺ᄒᆞ얏다고 該郡守 申기秀씨가 內部로 報告ᄒᆞ얏다더라

●一進擧火　公州郡一進支會長 金公彬가 自稱義兵ᄒᆞ고 該郡朴雲里四十餘戶를 衝火沒燒ᄒᆞ고 家屋什物을 沒數盜去ᄒᆞ얏다더라

●稱義稱將　平山郡居 崔天生씨가 討日報義所大將이라 稱號ᄒᆞ고 각坊曲에 榜文을 揭付ᄒᆞ되 日人一名을 生擒來納ᄒᆞᄂᆞᆫ 者가 有ᄒᆞ면 一百圜을 施償ᄒᆞᆫ다ᄒᆞ얏다더라

●進會把守　成歡驛村에서 一進會員이 把守ᄒᆞ야 來往人을 道々調査ᄒᆞ되 무삼 殊常ᄒᆞᆫ 文字가 有ᄒᆞᆫ가ᄒᆞ야 身體ᄭᆞ지 檢査ᄒᆞᆫ다더라

●리姬被捉　[illegible]皮洞居 리成宮이 有何事件인지 昨日에 警視廳에 被捉ᄒᆞ얏다더라

●虎列禁人　南署銀洞等地로 近日虎列刺가 大熾ᄒᆞ야 人民에 損傷이 多數ᄒᆞᆷ으로 該近洞에 一般來往之人을 檢이 嚴禁ᄒᆞᆷ으로 農部書記郎 李文夏시ᄂᆞᆫ 未得仕進ᄒᆞ얏고 貧寒ᄒᆞᆫ 人民들은 柴糧等屬을 艱難ᄒᆞ야 嗷々ᄒᆞᆫ 貌樣이라더라

●列車顚覆　三拾日午前四時發太田[illegible] 列車가 太田拾里許에서 顚覆ᄒᆞ얏ᄂᆞᆫ데 卽死者 韓人五名과 重傷者 日兵六名과 日人一名과 韓人十一名과 淸人二名이오 輕傷者ᄂᆞᆫ 日兵이 二拾五名이오 韓人二名인ᄃᆡ 原은 調査中이나 確實ᄒᆞᆫ 事實은 尙今不明ᄒᆞ다더라

●熱心敎育　[illegible]任益氏가 養正義塾에 日語夜學科를 設始ᄒᆞ고 每夜二時間式 日語를 敎授ᄒᆞ되 實業上에 有益ᄒᆞᆫ 學問으로 靑年子弟를 敎授ᄒᆞᆫ다ᄒᆞ니 該氏의 敎育을 熱心所願ᄒᆞᆫ다더라

●朔守貪贓　朔州郡守 金潤根시가 貪贓ᄒᆞᆷ이 有ᄒᆞ야 昌城郡守 金相範시로 査官ᄒᆞ야 該情跡을 內部로 査報ᄒᆞ얏ᄂᆞᆫ데 貪贓錢額이 多數ᄒᆞ다더라

●火災崑岡　自陽根邑으로 至三十里內八洞民家를 日兵이 衝火ᄒᆞ야 千餘戶가 沒燒ᄒᆞ얏다더라

●國文硏究　學部에서 昨日上午十時半에 國文硏究所를 開設ᄒᆞ고 該所委員을 會同ᄒᆞ야 [illegible]를 爛商協議ᄒᆞ얏다더라

●無處不然　靈光求禮等郡에로 義兵이 猖獗ᄒᆞ야 郵便局及警務分派所를 或打破或燒火에 人民이 現今嗷々ᄒᆞᆫ 貌樣이라고 該道觀察使가 內部에 報告ᄒᆞ얏다더라

▲地方情形

▲二十七日鎭原南方三十里地方에서 義兵一百五拾名과 日兵一隊로 一時二十分을 交戰ᄒᆞ얏ᄂᆞᆫ데 死傷이 有ᄒᆞ다ᄒᆞ고 日兵中隊ᄂᆞᆫ 炭幕大光里로 引揚ᄒᆞ다가 路中에서 義兵二百五十名이 突出ᄒᆞ야 日兵과 一時三十分을 交戰ᄒᆞ얏ᄂᆞᆫ데 日兵三名이 重傷ᄒᆞ얏다ᄒᆞ고

▲粮秣을 護衛ᄒᆞᄂᆞᆫ 日軍隊ᄂᆞᆫ 呂州로 向ᄒᆞᄂᆞᆫ데 二十七日月谷에서 義兵二百餘名이 突出ᄒᆞ야 互相交戰ᄒᆞᄂᆞᆫ데 日兵一名은 重傷ᄒᆞ고 日本役夫一名과 韓人役夫五名이 重傷ᄒᆞ얏다ᄒᆞ고

▲二十四日[illegible]泉附近에서 日本偵探隊와 義兵百餘名이 交戰ᄒᆞ다가 日軍은 原州方面으로 潰走ᄒᆞ엿다ᄒᆞ고

▲二拾七日에 義兵百餘名이 珍山郡을 襲來ᄒᆞ야 分派所를 破壞ᄒᆞ고 更히 錦山郡을 襲擊ᄒᆞᆫ다 揚言ᄒᆞᆫ다ᄒᆞ고

▲二十六日平山郡의서 義兵이 平壤守備日兵을 襲破ᄒᆞ얏ᄂᆞᆫ대 日兵의 去處ᄂᆞᆫ 不明ᄒᆞ다ᄒᆞ고

▲二拾九日에 全州觀察을 據ᄒᆞᆫ則 義兵四拾名이 永同郡[illegible]面으로 自茂朱郡을 襲來ᄒᆞᆫ대 日本警察에 行과 交戰ᄒᆞ다가 義兵은 居昌郡方面으로 向ᄒᆞ엿다ᄒᆞ고

▲二拾七日義兵約一百五十名이 太田方面으로 襲來ᄒᆞ야 分派所及巡檢家屋을 破碎ᄒᆞ고 高山으로 退陣ᄒᆞ엿다ᄒᆞ고

▲錦山永同方面三十里半高地에 義兵三百餘名이 屯聚ᄒᆞ얏ᄂᆞᆫ대 形勢가 增加ᄒᆞᆫ다ᄒᆞ고

▲二十日에 義兵百名이 抱川郡外北面에 侵入ᄒᆞ야 面長을 招致ᄒᆞ야 銃器를 收出ᄒᆞ라ᄒᆞ고 義兵은 紫色과 黑色을 着ᄒᆞ고 朝宗院에서 日兵七十名을 遭遇ᄒᆞ야 猛烈히 交戰ᄒᆞ얏다더라

東京電報

九月二十九日

●[illegible]露協約　[illegible]露協約의 發表된 其大要를 據ᄒᆞ니 兩國政府ᄂᆞᆫ 波斯灣北部金融協約과 及工業上을 列國義務均等의 主義를 採ᄒᆞ고 露國勢力範圍外에 西藏但上保全을 尊重히ᄒᆞ야 共히 內政을 干涉ᄒᆞᄂᆞᆫ 協約이라더라

北京電報

上同日

●皇室答禮　林貝子ᄂᆞᆫ 日本皇室答禮에 就ᄒᆞ야 目下日本政府間에 其時期를 交涉中인ᄃᆡ 該期ᄂᆞᆫ 十一月로 된다더라

▲秋 詞 曲▼

▲現今全國이 懷疑ᄒᆞ야 波濤가 橫流에 二千萬生靈이 其猶魚炙라 局勢之岌業과 民情之慘酷은 愁眉이 [illegible]朧ᄒᆞ야 龍門神斧가 疏鑿이 無人ᄒᆞ니 治水良醫ᄂᆞᆫ 於今에 有誰오

▲當此地方이 擾攘ᄒᆞ야 撫綏之策이 時爲急ᄒᆞᆫ데 [illegible]觀察使 金思默氏와 平北觀察使 朴[illegible]氏ᄂᆞᆫ 面稟ᄒᆞᆯ 事가 有ᄒᆞ야 上京ᄒᆞᆫ다ᄒᆞ고 咸北觀察使 尹性普氏도 請由ᄒᆞᆫ 京ᄒᆞᆫ다ᄒᆞ니 三觀察의 上京ᄒᆞᄂᆞᆫ 事ᄂᆞᆫ 무삼 事端이 有ᄒᆞᆫ지 知치 못ᄒᆞ거니와 省內人民을 撫綏ᄒᆞᆯ 事보다 京城周旋이 더 큰지

▲漢城府尹 張憲植氏가 何事件으로 城津府尹 리元榮氏에게 訓令ᄒᆞ얏ᄂᆞᆫ데 리씨가 言ᄒᆞ되 府尹은 一般인대 訓令ᄒᆞᄂᆞᆫ 것시 格外라ᄒᆞ야 該訓令을 繳還ᄒᆞ얏ᄂᆞ니 張씨ᄂᆞᆫ 以前漢城府尹으로 訓令과 照會를 不辨ᄒᆞ얏ᄂᆞᆫ지 訓令은 大端히 질가더구

▲內部에서 十三道에 訓令ᄒᆞ되 留物은 日本守備隊에서 請求ᄒᆞ거든 出給ᄒᆞ라ᄒᆞ얏스니 韓國軍隊를 已爲解散시켜 쓰미 無用軍物을 取還ᄒᆞᄂᆞᆫ 거니와 [illegible]을 外國軍隊에게 給與ᄒᆞᄂᆞᆫ 거슨 解釋기 難ᄒᆞᆫ 事 今에 이것 內大任[illegible]에 思想이 엇지ᄒᆞ야 그러ᄒᆞᆫ지

▲女子敎育會에 [illegible]에 補助를 請求ᄒᆞᆫ 公函에 [illegible]鍾卿 金雲卿 秦[illegible]胄에 姓名을 聯署ᄒᆞᆫ지라 該主人이 女子敎育을 公函에 男子에 姓名을 混雜ᄒᆞᆷ은 것시 不當이라ᄒᆞ야 退却ᄒᆞ얏나니 公函이 又到ᄒᆞ얏ᄂᆞᆫ데 姓名은 不書ᄒᆞ고 捺一圖章에 亦是男子의 姓名이라 再次退却ᄒᆞ얏다니 女會公函에 男子가 捺章ᄒᆞ니 巾幗男子가 또 잇ᄂᆞᆫ거로고

▲日氣에서 되게 水災라 각地方에 [illegible]ᄒᆞ고 昨日에 雪降이 又出ᄒᆞ다니 其[illegible]同潮에 [illegible] 司[illegible]憐ᄒᆞ미오마ᄂᆞᆫ 日本이 韓國을 對ᄒᆞ야 同音으로 寒이라ᄒᆞ더니 早秋飛雪이 日本도 寒國이 되라ᄂᆞᆫ지

▲度支部에서 각[illegible]委員 [illegible] 城稅務과 [illegible]派駐稅務主事 會同ᄒᆞ고 顧問部 [illegible]川[illegible]記官이 臨席ᄒᆞ야 訓示ᄒᆞ고 稅務와 貨幣와 金融等에 對ᄒᆞ야 諸般事項을 協議ᄒᆞᆫ다ᄒᆞ니 地方이 騷擾ᄒᆞ야 모委員會에 協議만ᄒᆞ면 諸般事項이 整頓가 될ᄂᆞᆫ지

▲警察事務를 擴張ᄒᆞᆫ다ᄒᆞ고 京城과 地方各處에 日巡査를 排置ᄒᆞ니 日人의 行恃惡習은 擁護ᄒᆞ기로 爲主ᄒᆞ야 置之不問ᄒᆞ고 韓人의게만 苛察을 行ᄒᆞ니 可謂一鍼私로고

◉社告

本社支社를左開三處에設置ᄒᆞ얏ᄉᆞ오니該附近에서本申報購覽ᄒᆞ실 僉彦은一切該支社로請求ᄒᆞ시고代金도該氏에게로送交ᄒᆞ심을務望홈

代金 漢文申報 每朔幷郵稅四十三錢
國文申報仝 三十八錢

左開
支社位置及氏名
井邑邑內 林議官性天 李益兼
泰仁邑內 金先達德弘 宋伯彦
扶安茁浦 金參奉鼎濟

地方各支社와當人購覽員에게本申報配達이或滯留或遺漏가非一非再인바且以書辭直知가確據가無ᄒᆞ야郵便局交涉이難便ᄒᆞ니此後로는申報封皮에出付와收到日付印期限이過隔者를摘拔聚合ᄒᆞ얏다가本社로委送ᄒᆞ심을爲要홈

各地方에서本申報購覽ᄒᆞ시는中或二三朔代金未納ᄒᆞ신僉彦의게는來十月一日부터停送ᄒᆞ올터이오니本月內로未納金을爲替換送ᄒᆞ오셔無至停送케ᄒᆞ심을其望

大韓每日申報社

◉至急社告

美國湖市(南西寺街一百[illegible]番 共立館內) 朴有涉氏所送金額新貨一百五十二圜七十六錢已爲領收이나何許事件으로送홈인지詳爲示明홈을切望홈

大韓每日申報社

雜錄

●習慣改良論 (續)

▲第一階級의制度를打破ᄒᆞᆯ지라

我國에社會制度는實로隨々ᄒᆞᆫ階級이有ᄒᆞ니上으로는無數ᄒᆞᆫ階級에在ᄒᆞᆫ班列과下로는또ᄒᆞᆫ無數ᄒᆞᆫ階級에在ᄒᆞᆫ常놈列이此間에連尾相接ᄒᆞ야等差級數를作成ᄒᆞ니其許多ᄒᆞᆫ名色에至ᄒᆞ야는到底히余의筆가枚擧키未能ᄒᆞᆫ者이로다

可使國民이其國家와社會上에偉大ᄒᆞᆫ功績을表彰ᄒᆞ는者에對ᄒᆞ야는國家가如此ᄒᆞᆫ人에게特典을施與ᄒᆞ며社會가尊敬을다ᄒᆞ야一은其人의功勞를慰勞ᄒᆞ고一은國民에게奬勵ᄒᆞ는實을擧케홈은古今萬國에通則이오人事의當然ᄒᆞᆫ趨勢나然ᄒᆞ나此로써代々子孫이此恩典에參預케ᄒᆞ야與日에無數ᄒᆞᆫ弊端이此로由ᄒᆞ야釀出ᄒᆞ고其子孫으로ᄒᆞ여금도리혀無爲無能에人物을作케홈은不可ᄒᆞᆫ지라我國에情形을回顧ᄒᆞ면一般國民의頭腦에所謂門閥觀念이深印ᄒᆞ야用人에門閥을先見ᄒᆞ며交際에門閥을相爭ᄒᆞ고甚至於婚姻等事에門閥을擇ᄒᆞ며所謂上級兩班은中級兩班을抑壓ᄒᆞ고中級兩班은下級兩班을抑壓ᄒᆞ고下級兩班은常놈을抑壓ᄒᆞ야如此히互相謀害侵奪홈으로써事業을作ᄒᆞ니如此ᄒᆞ고야엇지國民에眞正ᄒᆞᆫ融合을期望ᄒᆞ며一國에富强을云々ᄒᆞ리오

見ᄒᆞᆯ지어다彼平等自由로生命을삼는美國人民은四百萬黑奴에平等自由權을爲ᄒᆞ야南北의大戰爭을謀ᄒᆞ얏는가一天에二日은無ᄒᆞ고人外에人은또無ᄒᆞ도다

天性의遺傳習와學識에多少를因ᄒᆞ야人格의優劣은生ᄒᆞᆯ지언졍엇지人되는資格에야差別이有ᄒᆞ리오

完全ᄒᆞᆫ獨立을作成ᄒᆞᆯ我國國民은富國强兵의實을擧코ᄌᆞᄒᆞ면몬저如此ᄒᆞᆫ階級의制度를打破ᄒᆞ고人身賣買에惡習을禁止ᄒᆞ며可憐ᄒᆞᆫ奴婢를一齊解放ᄒᆞ고四民平等의制度를期圖ᄒᆞᆯ것이라 未完

●東來消息 東萊人의傳說을聞ᄒᆞᆫ즉義兵約四五百名이平廐郡에屯聚ᄒᆞ야各持銃劍에彈丸이具備ᄒᆞ고行伍가分明ᄒᆞ고軍制가整嚴ᄒᆞ며通街要害處에把守가緊密ᄒᆞ야行人을偵探ᄒᆞ며創變者와有髮人中에도一毫殊常이有ᄒᆞ면逢輒砲殺ᄒᆞ고周行村閭ᄒᆞ고富民의게軍粮을取用ᄒᆞ야陸續接待ᄒᆞᆫ다더라

●僧亦然乎 同方各郡에所有ᄒᆞᆫ寺刹에主持僧을日本僧侶로擇任ᄒᆞᆫ다는悲說이有ᄒᆞ다더라

●果其然乎 東萊府富民洞所在ᄒᆞᆫ前郵便司基址에文券을該府尹金敎獻시가幻弄作奸ᄒᆞᆫ事로農商工部에서內部로照會ᄒᆞ고相當措處ᄒᆞ라ᄒᆞ얏다더라

●宣使報部 江原道宣諭使洪祐哲氏가本月二十八日에到着春川郡ᄒᆞ얏ᄂᆞᆫ듸加平郡에義兵이旋來旋去ᄒᆞ얏다고內部에報告ᄒᆞ얏다더라

●溺而可憐 再昨日北署壯洞居申允ᄉᆞ이가年今二十一歲인대不知何事端인지該洞井에溺死ᄒᆞ얏다더라

●慈善會組織 石鎭衡韓錫振郭漢英諸氏가孤兒院維持ᄒᆞᆯ方針을爛商協議ᄒᆞᆫ次로再昨夜明月館에會同ᄒᆞᆫ事는前報에揭載ᄒᆞ얏거니와有志紳士四十餘人이會集ᄒᆞ고慈善夫人會에셔總代二人이來參ᄒᆞ얏ᄂᆞᆫ대孤兒院維持ᄒᆞᆯ方針으로慈善協贊會를組織ᄒᆞ고研究委員五人을選定ᄒᆞ얏ᄂᆞᆫ듸石鎭衡韓錫振金東完리人稙郭漢英諸씨가被選ᄒᆞ얏다더라

廣告

本人에ᄌᆞ식金亮述이가불힝ᄒᆞᆫ습으로협잡동유ᄒᆞ고져담보권을위죠ᄒᆞ야방매코ᄌᆞᄒᆞ며債用도ᄒᆞ랴고상경운이압기에본인이상녀하와ᄌᆞ식을쳐쳐광분ᄒᆞ와됴부지겨쳐이압기ᄌᆞ니광고ᄒᆞ오니內外國人은졀물거론ᄒᆞ옵
全羅北道興德 金致德 告白

北署諫洞三拾統西戶閔泳宋氏宅瓦家四十一間文券을陰曆八月一拾二日夜에安洞等地의셔皮匣에너은것을遺失ᄒᆞ와기玆以廣告ᄒᆞ오며漢城府에請頒ᄒᆞ야更爲문券맛깃ᄉᆞ오니誰某拾得ᄒᆞ와도休紙施行
幹事人 安應完 告白

西署盤石坊藥田契壹百十八統二戶
金重玉家券을서失故廣告홈
崔興植 告白

本人이姓名을圖形으로刻ᄒᆞᆫ圖章을見失ᄒᆞ옵기玆에廣告ᄒᆞ오니誰某拾得이라도勿施ᄒᆞᆷ
李尙稙 告白

▲競賣所 廣告

○대한풍속에는잡죵신구물을방매코ᄌᆞᄒᆞ야도적당ᄒᆞᆫ갑에ᄒᆞᆫ곳에가셔방매ᄒᆞ기용이치못ᄒᆞᆫ고로본소에셔문영각ᄉᆞ죵교를모범ᄒᆞ와죵노빅목젼륙방게경매소를셜시ᄒᆞ고이일칠일노매월ᄉᆞ추식셜장ᄒᆞ고각항물죵을편리ᄒᆞ게매미ᄒᆞ오니각항물죵매미ᄒᆞ실쳠군ᄌᆞᆫ육속니림ᄒᆞ시오

○아모물건이나가지고경매소로오시면ᄉᆞ교파시리가만이모힌즁로가ᄒᆞ야최고ᄒᆞᆫ갑에방매ᄒᆞ오

○물죵은ᄉᆞ기옹산의복긔명일데일용셰간등속이니매미ᄒᆞᄂᆞᆫ것업ᄉᆞ되군물은금물업고로상관치아니ᄒᆞ오

○물쥬가옹식ᄒᆞ야장놀을고뎌치못ᄒᆞᆯ경우에ᄂᆞᆫ아모놀이라도물죵을가지고오시면돈은상당ᄒᆞ게셤용노ᄒᆞ오

○물쥬의게뎌ᄒᆞ야매미구문은빅십쪼로계제ᄒᆞ고귀즁품물건당죵에쳔량이상갑에ᄂᆞᆫ빅오죠로계제ᄒᆞ오

○상놀이공일이나우셜노인연ᄒᆞ야셜장치못ᄒᆞᆯ경우에ᄂᆞᆫ그잇흔ᄂᆞᆯ노셜장ᄒᆞ오

○물쥬가유고ᄒᆞ야출장못ᄒᆞ고본소에의탁방매ᄒᆞᆯ경우에ᄂᆞᆫ물쥬에게거쥬통호슈와셩명직업을본소에통지ᄒᆞ오

○물쥬ᄂᆞᆫ물죵을졍가ᄒᆞ야의탁방매도ᄒᆞ오

○물쥬ᄂᆞᆫ졀가ᄒᆞᆫ후갑은당당히밧으되졀가ᄒᆞ야맛기고갈경우에ᄂᆞᆫ긔허잔이라도약죠젼을요구ᄒᆞ오

○매미ᄒᆞ야잔후에매쥬가환되미코ᄌᆞᄂᆞᆫ경우에ᄂᆞᆫ본소에셔ᄂᆞᆫ담임치아니ᄒᆞ오

○물쥬가방매ᄒᆞᆯ물죵은잇셔도입불사룸이업셔ᄂᆞᆫ쳐ᄒᆞ거던본소에긔별ᄒᆞ시면가셔보고공경ᄒᆞᆫ방침으로뉘락경매도ᄒᆞ오

○본소에셔경셩오셔장니긴요쳐마다지졈을셜시ᄒᆞ고영업ᄒᆞ오며ᄊᆞ졈셜시젼이라ᄂᆞᆫ경매ᄒᆞᆯ물건잇ᄉᆞ거던본소에오셔셔의론ᄒᆞ오면편리ᄒᆞᆫ도리로죠쳐ᄒᆞ오

○임치ᄒᆞ시ᄂᆞᆫ물죵을극진보관ᄒᆞᆫ가견실과파상은본소에셔담임ᄒᆞ되뎐지나타동지환에ᄂᆞᆫ담임치아니ᄒᆞ오

황셩죵로경매소
李會臣 崔灝
金性恵 權學濶 고빅

●民事訴訟代理와刑事辯護及鑑定顧問과諸文案起草等諸般事務를迅速處理홈
漢城西署小平洞第六十統十戶
辯護士前檢事 李建鎬
辯護士前檢事 安秉瓚
聯合法律事務所

●北署桂洞私立敦明義塾政治經濟學科第二回學員募集大廣告

學科 在本塾規則
年齡 十七歲以上身體康健者
試取 陽曆十月十三日陰曆九月初七日時間은上午拾時下午三時以外는不受홈
免試 中等科以上卒業證이有ᄒᆞᆫ人
請求 入學證書는本塾에서無代價로請求를應ᄒᆞ야投與홈

中署澄淸坊黃土峴耆老所前第二十三統二戶
辯護士 李容成
辯護士 黃鎭菊
辯護士 安致潤
事務員 全丕基
專務員 廉勳
聯合法律事務所

●培材學堂擴張廣告●

本校가復設된는거슨已往에도廣告ᄒᆞ엿거니와本校는預備科一年中學科三年大學科四年으로定ᄒᆞ고純英文으로敎授ᄒᆞ깃ᄉᆞ오니願學僉彦은速々來議ᄒᆞ시오開學은陽曆十月九日이오入學合格人試驗은十月六七兩日間에하깃소
培材學堂總敎師房巨 告白

▲乳母 廣求

두살된ᄋᆞᄒᆡ를졋먹일더인되ᄌᆞ긔ᄋᆞᄒᆡ업시집에와셔유모노릇ᄒᆞᆯ부인이잇거든
대한매일신보사회계과로와셔의론ᄒᆞ시요

近々工業이漸隆ᄒᆞ야道路橋梁新設及山林田畓宅址等調査의關係時急키로本所는遠近을不拘ᄒᆞ고以上諸測量及設計製圖等囑託의待ᄒᆞᆷ을應ᄒᆞ옵
京城西大門外南便第六家
土木測量設計囑託所
主任 [illegible]之煥 告白

漢城서署松橋新作路四十三統二戶
辯護士 玉東奎
辯護士 許憲
合同法律事務所

◉增修無寃錄大全

壹秩 壹百七十張
定價 新貨七拾五錢

此增修無寃錄大全은法律家에最緊要ᄒᆞᆫ書籍이온ᄃᆡ年來現本이殆히絶種에至ᄒᆞᆫ지라故로法部에認可를得ᄒᆞ옵고此를新刊ᄒᆞ얏삽ᄂᆞᆫ대國漢文으로解釋ᄒᆞ야模糊ᄒᆞᆫ句節이無ᄒᆞ오니法律學에有志ᄒᆞ신니와字牧之任에居ᄒᆞ신니ᄂᆞᆫ不得不覽ᄒᆞᆯ冊ᄌᆞ이오니注意購覽ᄒᆞ시옵
中署布屛下
廣學書舖 김相萬 發售所

國債報償義務金 收入廣告

◎國債報償義捐金
九月中本社收入總額
每日逐号明細錄
●九月二拾八日
第一五四七號廣州郡樓洞面長
牲里 拾太圓三拾錢
第一五四八號安州郡青山面雲
鶴里 拾七圓八拾七錢五厘
計三拾四圓十七錢五厘
九月二拾八日까지收入總額
一千一百一五圓廿三錢
自四月至八月收入總額
五萬四千七百十四圓
九十三錢四厘
總合五萬五千八百三十圓十
六錢四厘

●陽州樓洞面長牲里民人等
尹泰重 一圓九拾錢 崔在植
朴億萬 리銀石 각一圓
尹泰用 尹泰定 李興石
각六十錢 리康하 리快甲
리億根 [illegible] 金春景 柳震夏
尹泰鋼 尹泰成 周興福
각五拾錢 崔点龍 李三石
崔春琛 朴千根 崔在奉
崔化甫 金寅福 각四十錢
리興奉 卅錢 리相麟
리快云 崔在得 金命萬
리基万 金明善 羅厚文
리銀釗 리甘丘 尹秉錫
樓伐面民 黃岩君基 각廿錢
權麟奎 异俉均 각拾전
合拾六圓卅錢

平南安州郡青山面雲鶴里青
鶴洞拾一戶民等 夫人等
前平安監試李得淵氏夫人高氏
銀指環一雙賣金二圓卅八錢
前監察李寅茂夫人裴氏 一圓
[illegible]八韓氏 卅二錢九厘

李寅杰夫人韓氏
李己夏慈親金氏
李寅彰夫人安氏
李寅淑慈親韓氏 각拾錢
리甲夏夫人金氏
리乙夏夫人崔氏 각拾錢
曹仁恒夫人盧氏 五錢五厘
高大監童慈親金氏
金用賢夫人高씨 각五전
梁貞國夫人金氏 二錢五厘
金時俊夫人리氏 五厘
▲女兒等
리銀錄 李확실 高단실
각五錢 梁三寶女 一錢
曹大확실 小확실 三확실
四확실 각五厘 梁확실
二錢五厘
▲男人等
前監察李寅茂 리寅杰
리寅彰 각一圓
前正言吳仁泰 曹仁恒
曹仁涉 高南衡 梁貞國
朴明瑞 朴彭俊 리寅淑
리昌鶴 각六拾전 韓用植
五十錢 裴濟鶴 李基泰
李甲夏 李乙夏 리丙夏
金寬泰 리昌弘 金用賢
각廿錢 裴濟寬 拾五錢
韓用鶴 李仁化 梁秉勳
리泳夏 林楊鶴 朴明珍
朴義俊 吳秉鎬 金時俊
裴鳳夏 각拾錢 金鳳仁
寄口人 각一錢七厘 文宋守
拾錢 寄口人六錢
▲兒童等
曹岩外 裴長孫 高大監童
각十錢 리已夏 리庚夏
리壬夏 리癸夏 李之夏
曹長孫 金長孫 裴極夏
裴小童 吳秉承 吳秉爽
朴智俊 朴五俊 각五錢
朴禮奎 五錢五厘 金贊一
三錢 吳二孫 六厘
計拾七圓八十六錢七厘內
八厘加入
實合十七圓八十七錢五厘

總合三十[illegible]圓十七錢五厘
前號總合五萬五千七百九拾五
圓九十八전九厘
都總合五萬五千八百三拾圓十
六錢四厘

◎特別廣告◎

國債報償金今日所捧은姑未合計이고伊前日々지所捧總合五萬四千九百拾圓拾七錢은電氣會社內銀行에貯置하얏삽고其貯置額中三萬二千三百圓은國債報償志願金總合所로越交홈

廣告

本人이典執혼東署崇信坊東門外五統十一戶李聖燁草家間文券及手標路上遺失雖某拾得休紙施行홈　仁峴張錫忠告白

向者軍대解放時에負傷將卒中에死者と已矣어니와折腰折臂折脚之人은命脉은尙存이나運動未由라該人等이將欲自殺ᄒᆞ니令人鼻酸이라本人等이往見慰勞ᄒᆞ고西醫에게以印度膏도擬製臂脚이온則八人의該費額이至爲二千五百圓之多인바一人助力으로難見奏效ᄒᆞ와玆以廣布ᄒᆞ오니望須慈善僉君子と勿拘多小ᄒᆞ시고救恤金을寄付ᄒᆞ와使陷死同胞로拯濟ᄒᆞ심을爲要

隆熙元年九月日
發起人 정圭煥 윤泰勳
安重鎬 曹成煥
救恤金收合所 皇城新聞社
大韓每日申報社
出금人의姓名은新聞에廣告홈

大東旅館 廣告

[illegible]

大東旅館館長 鄭熙燦 廣告

오敢ᄒᆞ야高衣籍員左[illegible]

大東旅館事務員 鄭漢植 告白

●乾材洋藥販賣
漢城鍾路慈惠藥房에셔各種洋藥을廉賣ᄒᆞᄂᆞᆫ中에邦補益藥水를極擇廉賣ᄒᆞ오니內地各處僉彦게셔小包郵便으로取用ᄒᆞ심을仰望
▲大瓶 三圓
▲小瓶 一圓五十錢
乾材洋藥發賣人
濟衆院 醫學員 朴慈惠 告白

瑞士建國誌

◎定價 金 新貨十五錢
此冊은政治小說이니志士의救國救民ᄒᆞᄂᆞᆫ思想과人民의愛國心을發成ᄒᆞᄂᆞᆫ대緊要ᄒᆞᆫ冊子오
發賣所
▲大韓每日申報社
▲仁川港杻峴 開新冊肆
▲中署布屛門下 金相萬冊肆
▲平壤城內烈女洞 敎育書舘
▲鍾路 古今書海舘
▲洞口越便 中央書舘
▲鍾路 大東書市
▲大邱城 匯東書舘
▲尙ᄌᆞ 博文書舘

本人이日本大阪商業家와特約ᄒᆞ고日本內地産出各種物品과西洋各國物品及機械等物을我大韓에輸入ᄒᆞᄂᆞᆫ委托을便利케約定ᄒᆞ얏ᄉᆞ오니商工業에有志ᄒᆞ신僉君子ᄂᆞᆫ某物이던지請求코저ᄒᆞ시거든本社로來議ᄒᆞ시되本社에셔ᄂᆞᆫ手數料만受領홈
與業社本店
開城北部祥洞
支店京城南門內水標五十一統六戶
培英會社

學徒裝制書籍
學徒運銃과器具
絲紗各種
美國金鷄納
衣服裁縫其他雜貨도廉價發賣ᄒᆞ오니諸君ᄌᆞᄂᆞᆫ來臨ᄒᆞ심을바라나이다
仝仁港內 東廣濟號
仁川港杻峴新冊肆

越南亡國史 國漢文

定價貳拾伍錢
[illegible]川郡馬時夏 各[illegible]
布屛下김相萬 告白

경산좌경진자에셔본인이살진소(犯牛)를만이ᄉᆞ것스니쇼파는재군은다수이팔너오시오
최봉준 고빅

◎本社廣告

○申報價
一鈔代金 新貨二錢五厘
一個月前納 三十錢
三個月 九十錢
六個月 一圓七十錢
一個年 三圓四十錢
新報一鈔 新貨五厘
一個月 十三錢

○廣告料
每号活字十三字詰
每日每英尺一寸에新貨[illegible]
(每日每行六[illegible])
二週日에 [illegible]
每日每行四錢五厘에[illegible]
一箇月에 五圓
(每日每行四錢 一至에[illegible])
其期限의長短과字行의多少를[illegible]

◎大韓每日申報各處支社發賣所
中署布屛門下 金相萬冊肆
平壤上水口門內 金浩淵
仝 崔永恒
仁川杻峴[illegible] 李東皓
宣川邑[illegible] 安濬
義州西門外 大興局
釜山港佐川 徐樂局
三和港築洞 金元섭
咸興南州社西門外 曹喜林
開城培養學校 姜助遠
大邱市 崔一弘
載寧邑濟衆院 劉夢蓮
鐵山邑東部 安濬
元山倉前 劉七錫
海州南門外[illegible] 金泰熙
海州南門內 朴昌鎭
定州南門內[illegible] 洪成인
昌城郡校 許錫
[illegible] 李鉉瑞
安岳[illegible] 康道善
德川[illegible] 李錫成
安州[illegible] 金錫河
鐵原邑[illegible] 趙鍾大
高原邑 朴敎吉
濟州[illegible] 李[illegible]
井邑邑內 李益象
泰仁邑內 金德弘
扶安[illegible] 金鼎濟
京城桃峴[illegible] 李[illegible]秀

大韓每日申報社
發行兼編輯人英國人 裴說
發行所
南署石井洞外[illegible]三層洋屋 大韓每日申報社

第五卷

大韓每日申報

第六百廿七號

月曜及慶節 臨時日休刊

檀君開國四千二百四十年
箕子元年三千二十九年
大韓開國五百十六年
日本明治四十年
淸國光緖三十三年
陰曆丁未八月小廿五日甲申

論說

◉咸興事

去七月十日에맥켄이씨의寄書가本社에到達ᄒᆞᆫ바其內容은日人이咸興에無辜村民을殺害ᄒᆞᆫ事實을記述ᄒᆞᆫ거시라本紙에此寄書를揭載ᄒᆞ고其事變을虐殺이라說明ᄒᆞ엿더니此揭載ᄒᆞᆫ거시올푸리쓰報의게非過를作ᄒᆞ야同報가同月十六日에本報를詆히攻擊ᄒᆞ고本紙의一般報導를反駁ᄒᆞ야砲擊事端이曾有ᄒᆞᆷ을拒否ᄒᆞ며本記者를誣言者오乘亂平和者라ᄒᆞ고巧言ᄒᆞᆫ지라本報가記述ᄒᆞ되漢城咸興間에距里가頗遠ᄒᆞ니맥켄이氏의寄書를確辨ᄒᆞ기에多少光陰을必費ᄒᆞᆯ터이나迅速ᄒᆞᆫ대로此를試圖ᄒᆞ깃노라ᄒᆞ엿더니昨夕에元山居펜욱氏의게셔如左寄書를接受ᄒᆞ엿ᄉᆞᆫ즉本記者ᄂᆞᆫ我同業人의記述ᄒᆞᆫ虛言으로歸之케되엿도다

敬啓者

本人의遲緩ᄒᆞᆷ은千言으로謝過ᄒᆞᄂᆞᆫ바어니와本人이新聞通信員을作ᄒᆞ기不欲ᄒᆞᆷ은自認明確이로다맥켄이氏의探得ᄒᆞᆫ細小混亂은鹽三百斤一石과該一石에對ᄒᆞᆫ稅金을混記ᄒᆞᆫ거시라其後에表著된確實를據ᄒᆞᆫ건되當初에日人이韓人을派送ᄒᆞ야三百斤塩一石에葉錢九十個를收稅ᄒᆞ려ᄒᆞ거ᄂᆞᆯ人民이前稅를贖納이요此稅ᄂᆞᆫ收納지不能이라ᄒᆞ엿ᄉᆞ니其留稅ᄂᆞᆫ即一石에葉二十八個러라其後에更到ᄒᆞ야一石에葉錢一百八十個式을請求하고同時에ᄂᆞᆫ日巡査가與韓巡檢으로偕來ᄒᆞ야該洞頭民들을捉去ᄒᆞᄂᆞᆫ지라人民들이忠實히言及ᄒᆞ되若我頭民을捉去ᄒᆞᆯ진ᄃᆡ吾等도亦同去ᄒᆞ깃노라該囚ᄒᆞ기에頭民이吾人보다過ᄒᆞᆫ義務가何有리요ᄒᆞ고男類全體가一躰로從去ᄒᆞ되日人이發怒ᄒᆞ야人民의歸去를命令ᄒᆞ되人民이不諾ᄒᆞᆫ지라於是에日人이以銃赴群ᄒᆞ야衆人을重傷ᄒᆞ엿ᄉᆞ니一人은失其耳ᄒᆞ고一人은破其頭ᄒᆞ고他人은重傷其臂ᄒᆞ야如此々々ᄒᆞᆫ지라其巡査ᄂᆞᆫ已之生命을爲ᄒᆞ야即逃ᄒᆞ엿도다其翌日에日本騎兵이該洞을包圍ᄒᆞ야山上에大砲를設置ᄒᆞ고該村男女及幼稚를同一히射擊ᄒᆞ야衆人을殺害ᄒᆞ고衆人을捕縛ᄒᆞᆫ바其確數ᄂᆞᆫ探知키猶難이나其慘狀의實談이益如此로다

我同業人은此寄書에對ᄒᆞ야親愛로答述ᄒᆞᆯ지여다本報ᄂᆞᆫ前後寄書人의姓名을確記ᄒᆞ엿거니와同報ᄂᆞᆫ後聞은未有ᄒᆞ고確言을發ᄒᆞᆫ지라盖公正은全世界에一般이니本人所見으로ᄂᆞᆫ若서올푸리스報가本報의證據ᄒᆞᆫ것보다過越確證을不陳ᄒᆞ깃스면同報의七月十六日에記述을因ᄒᆞ야本社에謝過ᄒᆞᆯ거시ᄋᆞᆯᄒᆞ도다

官報

●號外 隆熙元年九月廿日

◉宮廷錄事

宮內府達第九號

皇太子殿下께옵서十月一日上午十一時三十分에九成軒에셔出御ᄒᆞ사高等學校를御巡覽ᄒᆞ옵시고同日下午四時三十分에還御ᄒᆞ옵실 旨를敬承ᄒᆞ온바道路ᄂᆞᆫ如左ᄒᆞᆷ이라

九成軒正門 平成門前路 雲橋下路 大漢門前路 布德門前路를經過ᄒᆞ사 新橋 黃土峴 惠政橋 鐘路 鐵橋 寺洞 安洞 別宮前路로高等學校에臨御ᄒᆞ시고 高等學校에셔 別宮前路로 安洞 齋洞四街 觀峴 苑洞으로 武官學校에臨御ᄒᆞ시고 武官學校에서 苑洞으로 觀峴 齋洞四街 安洞 寺洞 鐘路 惠政橋 黃土峴 新橋 布德門前路 大漢門前路 雲橋下路 平成門前路 九成軒에還御ᄒᆞ실이라

宮內府大臣勳一等李允用

宮內府達第十一號 陰曆八月二十四 完王追崇時에還宗白致祭ᄒᆞ시ᄂᆞᆫ 旨를敬承ᄒᆞᆷ이라

宮內府大臣勳一等李允用

◉第三千八百八十五號

隆熙元年十月一日

◉敍任及辭令

昭慶園參事李毅光
依願免本官
昭慶園參奉李耦承
任昭慶園參事
黃[illegible]
任昭慶園參奉
隆陵參奉朴勝墜
任宣陵參奉
兪鵬柱
任隆陵參奉
內閣書記官李源鎔
命坍補文獻備考監印委員
平安北道觀察使朴勝鳳
命臨時檢疫委員長
三穗[illegible]郞
命臨時檢疫副委員長
平安北道觀察府警務署警視關谷勇
命臨時檢疫副委員長
營繕司技師崔在鵬
依願免本官
從二品尹滋普
任敎導司長
三和府前通譯官補鮮于叙
解兼任三和港裁判所通譯官補
三和府通譯官崔永柱
解兼任三和港裁判所通譯官補
沃溝府通譯官補[illegible]成
解兼任沃溝府裁判所通譯官補
全羅南道觀察府通譯官補徐基殷
解兼任全羅南道裁判所通譯官補
全羅南道觀察府通譯官尹岳植
兼任全羅南道裁判所通譯官補

內部告示

新聞紙에關ᄒᆞᆫ請願及申告書式을左와如히定ᄒᆞᆷ

第一號書式

何新聞(雜誌類)發行請願

一 題號 何新聞(雜誌類以下亦同)
一 記事의種類 政治法律經濟工商業等類
一 發行의時 每日每週每月每年幾回
一 發行所 道、府、郡、面、洞、幾統幾戶
一 印刷所 同
一 編輯人 居住姓名 年齡
一 印刷人 同

右ᄂᆞᆫ新聞紙法을遵守ᄒᆞ고(年月日로부터)發行코져ᄒᆞ와玆保證金三百圓을添付請願홈

保證金을納치아니ᄒᆞᄂᆞᆫ新聞紙에在ᄒᆞ야ᄂᆞᆫ左와如홈

右ᄂᆞᆫ新聞紙法을遵守ᄒᆞ고(年月日로부터)發行코져ᄒᆞ와請願홈

隆熙元年 月 日

發行人 姓名印
編輯人 仝 印
印刷人 仝 印

內部大臣某 閣下

未完

外報

◉獨逸議會開期 伯林電을據ᄒᆞᆫ則獨逸國議會ᄂᆞᆫ十二月二十一日에開院式을行ᄒᆞᆫ다더라

●公使召還 同電을據ᄒᆞᆫ則波斯國駐在露國公使홀도子氏ᄂᆞᆫ波斯國內政에干涉ᄒᆞᆷ으로召還ᄒᆞ얏다더라

●美國國務卿訪問 同電을據ᄒᆞᆫ則美國外務卿루드씨ᄂᆞᆫ墨西哥大統領디아스氏를訪問ᄒᆞ얏다더라

●太平洋電信不通 東京電을據ᄒᆞᆫ則去二十一日來로太平洋海底電線이不通됨으로日本間電報ᄂᆞᆫ浦鹽斯德上海香港印度를經由ᄒᆞ야歐洲로迂回도ᄒᆞ고香港으로부터濠洲에至ᄒᆞ야英國의太平洋海底線으로加奈多로迂回ᄒᆞ야日美間通行을ᄒᆞᆫ다더라

●間島駐紮大臣 間島駐紮大臣을被命ᄒᆞ얏던陳昭常은武官測量隊約百名을率ᄒᆞ고二十七日에出發ᄒᆞ얏다더라

●美陸軍卿出發 東京電을據ᄒᆞᆫ則美國陸軍卿타프트씨ᄂᆞᆫ十月三日에東京에서發ᄒᆞ야神戶에서汽船을乘ᄒᆞ고比律賓으로向ᄒᆞᆯ터이라더라

雜報

●[illegible] 南來人의傳說을據ᄒᆞᆫ즉大邱觀察使[illegible]氏ᄂᆞᆫ前警務官在任時에已有聲績이거니와該道下車之後로益懋勵治에一念報答ᄒᆞ야外交에嫻熟ᄒᆞ고內政에恪勤ᄒᆞ야布告義兵而鎭撫地方ᄒᆞ며設立學校而擴張敎育ᄒᆞ며一省之內에頌聲이載路ᄒᆞ야惟恐暫失이온더忽於某郡에詿以猜托度支部阻梗之嫌ᄒᆞ고抑致各郡郡吏ᄒᆞ야懲勸徵이至爲四千餘圓之多라ᄒᆞ엿시니今日에果有都吏名色乎아雖有都吏라도因道抑致ᄒᆞ야容易辦納二三百圓乎아此則雖三尺童子라도可知誣陷而至於伊報에詰以遂私忘恩이라題目ᄒᆞ고如此觀察을一時容貸키難ᄒᆞ다ᄒᆞ얏스니此則尤極誤矣라當一路大寶擁下明ᄒᆞᆫ다더라

●慈善慈善 北靑體府洞居ᄒᆞᄂᆞᆫ前副尉孫九永氏와貧人林應澤氏ᄂᆞᆫ雖日隣居이나未嘗親熟이러니林氏가原來赤貧生涯로迫於㣲糯之節ᄒᆞ야家屋이東頹西落에頓無棲身之地ᄒᆞ야瘦妻乳兒가彷徨啼哭之際에孫氏의八歲된女兒가其子九歲를招命曰族類外寬爲之矢所도忍所難見이온况同胞乎아比家에悲哀ᄒᆞᆫ情景을汝亦念恤ᄒᆞ라ᄒᆞᆫ데孫氏자ᄂᆞᆫ是孝親的人이오抑亦慈悲善性的人也라五百金錢貨를擧得付與ᄒᆞ미林氏全家人口ᄂᆞᆫ幸得生活ᄒᆞ니孫氏ᄂᆞᆫ可謂順志孝子오慈善義人이라고悲頌이藉々ᄒᆞ다라

●陽校有望 平南陽德郡에서有志紳士諸氏가各히捐助ᄒᆞ야陽春學校를設立ᄒᆞ고新舊學問에夙業이有ᄒᆞᆫ韓延斌씨를敎師로延聘하야敎授에熱心ᄒᆞᄂᆞᆫ故로甲乙班學員이六十餘名에達ᄒᆞ야進步之望이大有ᄒᆞᆫ지라一鄕紳士가不惜幾百幾十圓ᄒᆞ고該校에寄付ᄒᆞ야協力贊成ᄒᆞᆫ다더라

雜報

●東宮臨校 皇太子殿下ᄭᅴ서昨日上午拾二時에動駕ᄒᆞᄉᆞ高等學校에臨御ᄒᆞ시ᄂᆞᆫᄃᆡ警務官警視等官吏가乘馬前驅ᄒᆞ고 皇太子殿下ᄭᅴ서ᄂᆞᆫ馬車에陪從武官長趙東潤씨가陪坐ᄒᆞ고宮內府大臣李允用氏와其他陪從官이乘馬後從ᄒᆞ고學部大臣李載崑氏ᄂᆞᆫ該校에前往ᄒᆞ야祗迎하고軍部大臣李秉武氏ᄂᆞᆫ該校에前往ᄒᆞ야學徒의祗迎節次와道路警衛等節을這這視察ᄒᆞ며各官私立學徒들은各坊曲路傍에서祗迎ᄒᆞ엿더라

●東宮賜給

▲皇太子殿下ᄭᅴ옵서學校視察ᄒᆞ시ᄂᆞᆫ所經沿路에각官公私立學校學徒가羅立祗迎ᄒᆞᆷ에 皇太子殿下ᄭᅴ옵서擧手答禮ᄒᆞ셧고

▲高等學校學徒의各科程實地上學ᄒᆞᆷ을 觀覽ᄒᆞ셧고

▲各部大臣과一般學徒ᄂᆞᆫ撮影ᄒᆞᆫ後에空冊及鉛筆等屬을優數賜給ᄒᆞ시고下午二時에武官學校로 行駕ᄒᆞ옵셧더라

●宮大陛見 再昨日下午一時에宮內大臣李允用氏가 陛見ᄒᆞ고同三時德壽宮에前往ᄒᆞ야 太皇帝陛下ᄭᅴ 陛見ᄒᆞ얏다더라

●修道立票 洪陵及裕陵間에修築ᄒᆞᆫ道路橋梁에牛馬가往來ᄒᆞ면破壞될慮가有ᄒᆞ니該學巡檢에게指飭ᄒᆞ야立票嚴禁하라고內部에서警視廳에指飭ᄒᆞ얏다더라

●總理新憂 總理大臣李完用氏ᄂᆞᆫ身病이有ᄒᆞ야仕進視務치못ᄒᆞ얏다더라

●郡窠豐年 今番郡守窠本二十七窠을 奏裁ᄒᆞᆫ後또四十餘窠을繼續奏本ᄒᆞ다ᄂᆞᆫᄃᆡ慶尙道窠闕에ᄂᆞᆫ安東密陽金海安義居昌淸道發興等七郡이오全羅道窠闕에ᄂᆞᆫ靈光靈岩海南南海井邑淳昌等六郡이라더라

●加藤餞別 宮內府顧問官加藤增雄氏가日間解雇歸國ᄒᆞᆯ터인故로該府所屬司一般官吏가宴費四圓式各其捐出ᄒᆞ야昨日餞別宴을設ᄒᆞ얏다더라

●加藤氏論駁 加藤增雄씨가軍隊解散事와日本人으로韓國官吏를敍任ᄒᆞᄂᆞᆫ事件에對ᄒᆞ야伊藤統監을論駁ᄒᆞ야日余ᄂᆞᆫ十三年을韓國에留連ᄒᆞ얏스되宮內府諸般事件을尙未盡察ᄒᆞᄂᆞᆫ디況統監府官吏ᄂᆞᆫ渡韓未幾에何可察識이리오解隊와日官敍任이大非平和的이오但生數端이라하얏다더라

●明月飮餞 再昨日下午六時에農商工大臣宋秉畯씨以下該部一般官吏가明月館에會同ᄒᆞ야劉猛씨餞別宴을開設ᄒᆞ얏다더라

●五人敍勳 今番地方不穩時에被害ᄒᆞᆫ郡守三人과主事二人의게敍勳ᄒᆞᆯ事로內部에서表勳院으로照會ᄒᆞ얏더라

●次官迎接 學部次官俵孫一씨가去日曜日下午十二時量에入城ᄒᆞ얏다ᄂᆞᆫ說은昨報에已揭ᄒᆞ얏거니와當日學部大臣李載崑씨가仁川港宴會에前往ᄒᆞ얏다가下午十二時量에南門外停車場에還着ᄒᆞ야桃洞李根秀씨家에前往駐留ᄒᆞ고該停車場에出來ᄒᆞ야俵孫一氏를留待ᄒᆞᄂᆞᆫᄃᆡ太田停車場에서電話가來到ᄒᆞ되輪車가破傷ᄒᆞ얏스니火輪車를更히下送ᄒᆞ라ᄒᆞ얏거ᄂᆞᆯ他火輪車를卽爲下送ᄒᆞ야俵孫一氏가搭來ᄒᆞ얏ᄂᆞᆫᄃᆡ學部大臣과該部官吏中某某氏가迎接入城ᄒᆞᆫ즉於焉間下午十二時量에至ᄒᆞ얏다더라

●普校體操 盧伯麟氏가校洞普通學校內에서각學校敎官과敎員을會集ᄒᆞ야體操를敎授ᄒᆞᄂᆞᆫᄃᆡ每日下午三時에開場ᄒᆞ야同五時에罷ᄒᆞᆫ다더라

●地段價調查 軍用地調查局長朴義秉씨가軍用鐵道에犯入ᄒᆞᆫ地段을調査ᄒᆞ야該人民에게地價를給與ᄒᆞᆯ次로日間平壤으로下去ᄒᆞᆯ터인ᄃᆡ往還期限은四週日이라더라

●願借一席 玄暎運氏가國文研究會委員長에게請願ᄒᆞ되本人이諺文硏究가幾至數十年이로ᄃᆡ所謂研究件을樂爲發表이옵고只待時機이옵더니倖幸今者에國文研究會를創設ᄒᆞ옵고委員이整齊ᄒᆞᆫ故로玆에請願ᄒᆞ오니委員會日에屈와之人이라도一席을假借ᄒᆞ오면本人에研究ᄒᆞᆫ바精力을仰布ᄒᆞ옵기를切望이라ᄒᆞ얏더라

●石破車窓 再昨日下午一時量에仁川牛角洞停車場에서何許人이投石ᄒᆞ야輪車琉璃窓이破쇄하얏다더라

●泥峴火災 昨日上午四時量에泥峴一等料理館掬翠樓에서失火ᄒᆞ야該附近俱樂部와最大私邸廳舍와寫眞館에延燒ᄒᆞ얏다더라

●明民解散 明川郡에서創擧ᄒᆞᆫ人民이會集ᄒᆞ얏ᄂᆞᆫᄃᆡ咸北觀察使와補佐官及巡査를派送ᄒᆞ고內部에報告ᄒᆞ얏다ᄂᆞᆫ說은前報에揭載ᄒᆞ얏거니와該郡에會集ᄒᆞᆫ人民을命卽解散ᄒᆞ얏다고該道觀察使가內部로電報ᄒᆞ얏다더라

●帶印逃走 平山郡主事金萬제씨가帶印逃走ᄒᆞ얏다고該觀察使가內部로報告ᄒᆞ얏더라

●孝化義擾 日昨에義徒가孝化郡分派所를衝火하얏다고慶北觀察使가內部로報告ᄒᆞ얏더라

●但告示而已 각道宣諭使가依例히騷擾ᄒᆞᆫ地方에往ᄒᆞ야一般人民에게曉諭安堵케하ᄂᆞᆫ것시是乃職責인대各其所管觀察道에留連ᄒᆞ고告示一張만揭布ᄒᆞᆫ다고物議가藉藉ᄒᆞ더라

●德沼戰報 傳說을得聞ᄒᆞᆫ則再昨日夜德沼에서義兵及日兵이互相交戰ᄒᆞ다가民家를衝火沒燒하얏고人命의死生은姑未的知라더라

●兪氏失樓 堤川居前承旨兪鎭弼氏가大小家屋을日兵의게衝火를當ᄒᆞ야沒燒無餘ᄒᆞᆷ으로該家全口가酒店에서逗留ᄒᆞᆫ다더라

●水雷傷命 九月二拾五日咸北城津鶴城面海濱에서水雷一個가漂着爆발ᄒᆞ얏ᄂᆞᆫᄃᆡ村民卽死者九名이오負傷者五名이라더라

●疑是虎列 去三拾日에平壤에서韓人一名이虎列剌에罹ᄒᆞᆫ듯ᄒᆞ야目下檢疫ᄒᆞ이다더라

●疹氣不絕 新義州에서虎列剌가尙今不絕ᄒᆞ야二名이死亡ᄒᆞ얏다더라

●統監渡仁 伊藤統監은三日夜에仁川에着ᄒᆞᆯ預定인ᄃᆡ二日에ᄂᆞᆫ國分書記官이下仁ᄒᆞ고三日에ᄂᆞᆫ鶴原長官을下仁ᄒᆞ야同日仁川驛에臨時列車로발行ᄒᆞᆫ다ᄂᆞᆫᄃᆡ統監의着船時刻은未定이라더라

●牛疫발生 平壤에牛疫이발生ᄒᆞ야八頭에達ᄒᆞ얏다더라

●미縫方策 忠州收租官劉宋興씨가經理院上納犯逋가爲四十餘萬兩인대當此督刷之時에彌縫無路하야招致各舍音而宣言日今年條捧賭中每石二十兩式先爲給我면我當秋收時除減ᄒᆞᆯ지니舍音中에如或新持면當卽收差ᄒᆞᆯ깃다ᄒᆞᄂᆞᆫ故로這間先給이二千餘萬兩에達ᄒᆞ얏더라

●明民可冤 咸北來人의傳說을據ᄒᆞᆫ則明川郡守韓南奎氏在任時에甲辰兵丁飯費藥一萬九千兩과民會査出錢萬兩과日兵斫木輪運費藥二千二百兩과露兵還時馱價錢萬兩과社還穀邊錢一千四百兩丙午春秋兩度結卜費十五百兩私立學校排斂錢二萬千兩을該倅遞歸時에一不査償ᄒᆞ고不念民情而反生壑慾ᄒᆞ야稱以加下하고民間에葉七千兩은排斂ᄒᆞ고郡主事를符同ᄒᆞ야示威威誘에一境이吻然ᄒᆞ고民皆流離呼泣故上部에呼訴次로上京ᄒᆞᆫ다더라

●何故被禍 禮山郡居前參判李南珪씨ᄂᆞᆫ原來博學能文ᄒᆞ고淸節直聲이一代士林의選流라年來屛跡谷塗ᄒᆞ고杜門讀書ᄒᆞ더니무삼事端으로日兵의게捕捉되야써ᄂᆞᆫ乘轎ᄒᆞ고其子ᄂᆞᆫ徒步隨從ᄒᆞ더니溫陽畏岩洞前에至ᄒᆞ야父子가一時에殺害를當ᄒᆞ엿다고湖來人의傳說이有ᄒᆞ더라

●情態固然 平南肅川郡肅明學校內漢文敎師石現復씨ᄂᆞᆫ本以有識之士로身居敎職이오今一載에徒以名學的敎授로恪勤職務ᄒᆞ더니到今滿期ᄲᅮᆫ不是라兼有家事之故ᄒᆞ야不得已遞任되고同郡士人吳尙俊씨가從望代任ᄒᆞ얏ᄂᆞᆫᄃᆡ去月二拾日에同校에서餞舊迎新ᄒᆞᄂᆞᆫ茶禮를備行ᄒᆞ고一般學徒가一欵一懷에懇密ᄒᆞᆫ懷를盛히陳述하얏다더라

▲地方消息

▲九月二十九日安城西方十里에서韓兵八十名이突出ᄒᆞ야日兵과交戰하얏ᄂᆞᆫᄃᆡ日兵이該地家屋二十戶를燒却ᄒᆞ얏고義兵約七百名이白巖市와竹山邑에屯聚ᄒᆞ엿다ᄒᆞ고興陽郡에서義兵이蜂起ᄒᆞᆷ으로該郡補佐員에所報가有ᄒᆞ다ᄒᆞ고

▲日人遞傳夫의口傳을據ᄒᆞᆫ즉十六日夜에興陽附近에서義兵五六百名이繼續蜂起ᄒᆞ야日本人及斷髮者ᄂᆞᆫ逢則砲殺ᄒᆞ며郵便所及分派所員은一時에避難ᄒᆞ얏ᄂᆞᆫᄃᆡ該地居有力者가極力挽止ᄒᆞ야當夜에幸히無事ᄒᆞ얏다ᄒᆞ고

▲二十一日太田驛에서義兵三十名이襲來ᄒᆞ야居留日人二名과其隣居韓人二名을捉去ᄒᆞ매日警官과憲兵과日兵等은公州로往ᄒᆞ야搜索하나尙今行衛가不明이라ᄒᆞ고또義兵이懷仁方面으로부터酒泉面의襲來ᄒᆞ야日人家屋을破碎ᄒᆞ얏ᄂᆞᆫ대公州로서來ᄒᆞᆫ日本偵探隊一小隊를遭遇交戰ᄒᆞ얏다ᄒᆞ고

▲去二十九日高山郡云聚下面南方高地에서義兵約四百五十名이突出하야珍山으로봇터來ᄒᆞᆫ日兵一小隊와遭遇ᄒᆞ야射擊을開始ᄒᆞ얏ᄂᆞᆫ대義兵은[illegible]同陣하고日兵은退却ᄒᆞ얏ᄂᆞᆫ대義兵一部ᄂᆞᆫ該地에서宿泊ᄒᆞ고三十日의珍山方面으로向ᄒᆞ얏다ᄒᆞ고

▲去二十九日成歡驛日守備兵四十名이安城西北約十里許에進向ᄒᆞᄂᆞᆫ데義兵約八十名이砲火를大擧ᄒᆞ야猛烈히交戰ᄒᆞ다가竹山方面으로退陣하얏고

▲去二十九日鎭川日守備隊가木川東北二十里半地方에서義兵約三十名과交戰ᄒᆞ엿다ᄒᆞ고

▲去二十五日에兎山附近石橋에서義兵이再次日兵一小隊와交戰하얏다하고

▲去二拾九日에原州로派遣ᄒᆞ엿던日兵一部隊가驪州로셔利川方面으로向하ᄂᆞᆫ대義兵約一百名이出其不意하야包圍急擊을受ᄒᆞ야二時間을應戰ᄒᆞ얏ᄂᆞᆫ대死傷은未詳이라더라

▲燕市悲歌▼

▲財政顧問附陶山武二郎氏를度支大臣의秘書官으로囑託ᄒᆞ얏다니秘書官은各部大臣의秘密機關을掌理ᄒᆞᄂᆞᆫ職任인대度支大臣은外國人으로秘書官을囑托ᄒᆞ니外國人을信之若已ᄒᆞᄂᆞᆫ게로고

▲近日각道各郡에民情이不穩ᄒᆞᆷ으로平理院과漢城裁判所에서訴訟ᄒᆞᄂᆞᆫ人이無ᄒᆞ다ᄒᆞ니獄訟이息ᄒᆞ야公庭이如水ᄒᆞᆷ은昇平日月에百姓이安樂ᄒᆞᄂᆞᆫ時代여ᄂᆞᆯ現今各司에서ᄂᆞᆫ騷擾를因ᄒᆞ야訴訟이無ᄒᆞ니亂極之時에도訴訟之息은治世와一般이로다

▲十三道僧下각郡寺刹의主持僧을日本僧尼로差出ᄒᆞ야諸般寺務를監督케ᄒᆞᆫ다니日人이大韓국官廳事務를管理ᄒᆞ더니甚至於僧尼의主持ᄭᅡ지占奪ᄒᆞ니白납衆山中에雲蹤跡도日下에管轄이되ᄂᆞᆫ고

▲各道宣諭使가登程赴任ᄒᆞᆫ지有日에義擾에猖獗ᄒᆞᆷ은畏겁ᄒᆞᆫ인지아各郡에回宣諭치못ᄒᆞ고但告示만頒布ᄒᆞ고各觀察道에逗留ᄒᆞᆫ다ᄒᆞ고果報케說道ᄒᆞ얏스니該宣諭使ᄂᆞᆫ何必各郡에巡回ᄒᆞ야曉諭에着力ᄒᆞ야危險을經歷ᄒᆞᆯ터오觀察道에高臥ᄒᆞ야一夢을深做ᄒᆞ다가義徒가自散ᄒᆞᆫ後에上京ᄒᆞ얏스면一等勳에高官大爵은自在ᄒᆞᆯ것지

▲公州甘城市場에서義徒가暫留發行ᄒᆞ얏ᄂᆞᆫ대日兵이市人을義兵으로知ᄒᆞ고連放發砲에四五人은致死ᄒᆞ고五六人은重傷ᄒᆞ얏다니日兵이無辜良民을義兵으로錯認하고殺害가多數ᄒᆞ니日兵眼中에ᄂᆞᆫ八公山草木이總是疑兵이로고

◉社告

本社支社를左開三處에設置ᄒᆞ얏사오니該附近에셔本申報購覽ᄒᆞ실 僉彦은一切該支社로請求ᄒᆞ시고代金도該氏에게로送交ᄒᆞ심을務望홈

代金 漢文申報 每朔幷郵稅四十三錢
國文申報 仝 三十八錢

左開

支社位置及氏名

井邑邑內 朴議官性天 李從兼
泰仁邑內 金先達德弘 宋伯彥
扶安午浦 金參奉鼎濟

地方各支社와商人購覽員에게本申報配達이或滯留或遺漏가非一非再인바且以書辭通知가確據가無ᄒᆞ야郵便局交涉이難便ᄒᆞ니此後로ᄂᆞᆫ申報封皮에出付와收到日付印期限이過隔者를摘拔褒合ᄒᆞ얏다가本社로委送ᄒᆞ심을爲要홈

大韓每日申報社

◉至急社告

美國湖湄市南西寺街一百二十五番 共立館內 宋有涉氏所送金額新貨一百五十二圜七十六錢 已爲領收이나何許事件으로送홈인지詳爲示明홈을切望홈

大韓每日申報社

雜報

◉未可知者七 笑笑子

日本政府에셔韓國의安寧을維持ᄒᆞ기爲ᄒᆞ야施政改善ᄒᆞ노라고統監府를漢城에設置ᄒᆞ미世界人士가一層注目ᄒᆞ더니京城과各地方에變亂이層生疊出ᄒᆞ야日韓兩國人民이多被慘殺ᄒᆞ니未可知者一이오

韓國政府ᄂᆞᆫ外邦의창鬼를甘作ᄒᆞ야大勳勞를樹立ᄒᆞ미地位가億萬年에鞏固不動홀줄로自己가自恃홀뿐아니라世人이亦以爲然ᄒᆞ더니近日에政府變更之說이流行ᄒᆞ니未可知者二오

某社會ᄂᆞᆫ韓國二千萬人의總代라고自稱하더니近日義兵이處々蜂起ᄒᆞ야某社會員을仇視慘殺ᄒᆞ니未可知者三이오

義兵이某社會員을慘殺홈은目的이或殊途ᄒᆞ야然ᄒᆞᆫ지不知어니와全國二千萬人은其總代되ᄂᆞᆫ某社會員의被遭慘殺홈을見ᄒᆞ고도不爲援護홀뿐아니라均是同國同胞로悲慘不忍之心이不著ᄒᆞ니未可知者四오

某大臣은某社會首領으로一朝에尊貴ᄒᆞᆫ政府椅子에高坐ᄒᆞ야同社會員이각地方에셔慘殺을遭ᄒᆞ야도保護之策을不施ᄒᆞ야恬若不知ᄒᆞ니是ᄂᆞᆫ大臣椅子를거坐ᄒᆞ미同前同志를道之忘域홈인지目的이忽變ᄒᆞ야然홈인지未可知者五오

近日에觀察郡守를某社會員이多數被任홈은地方會員을保護ᄒᆞ다고世論이喧藉ᄒᆞ더니該地方에셔發擾가益熾하야會員慘禍가尤甚ᄒᆞ니未可知者六이오

各觀察府에ᄂᆞᆫ日本人이事務官으로專任하고各郡에ᄂᆞᆫ日本人으로巡査와取扱所를派駐하야各地方에安寧을注意ᄒᆞᆫ다ᄂᆞᆫ데該地方慘禍가益甚焉ᄒᆞ니未可知者七이로다

◎習慣改良論 (續)

▲第二蓄妾의怪習을撲滅ᄒᆞᆯ지라

甚哉라蓄妾의弊害이여一身을此로由ᄒᆞ야亡ᄒᆞ고一家를此로由ᄒᆞ야滅ᄒᆞ고一國이此로由ᄒᆞ야衰ᄒᆞ도다此蓄妾ᄒᆞᄂᆞᆫ俗習은我東洋諸國에共通ᄒᆞᆫ習慣이나其中尤甚ᄒᆞᆫ者ᄂᆞᆫ我國이니我國의所謂中流以上社會에屬ᄒᆞᆫ人物은此蓄妾으로써紳士의依例件行事로思하고從此一般人民이此로써男子의特權으로知ᄒᆞ야蓄妾ᄒᆞᄂᆞᆫ者ᄂᆞᆫ恥됨을不知ᄒᆞ고또社會가如此ᄒᆞᆫ者에對ᄒᆞ야半點에非難을不加ᄒᆞ니엇지人事에如此히矛盾ᄒᆞ고不公平ᄒᆞᆫ事가有ᄒᆞ리오

柔弱ᄒᆞᆫ婦女子의게對하야婦德이니貞節이니志操이니ᄒᆞ고烈女ᄂᆞᆫ二夫를不更ᄒᆞᆫ다ᄒᆞ야靑春寡婦로ᄒᆞ야금再嫁를不許ᄒᆞ면셔엇지男子의게ᄂᆞᆫ如此特權을許與ᄒᆞᆫ뎨가何에在ᄒᆞᆫ요다못男子가腕力이强홈으로써만言하면此ᄂᆞᆫ도리혀禽獸에도不及ᄒᆞᄂᆞᆫ行爲라엇지萬物에靈長이라自稱ᄒᆞᄂᆞᆫ人類에行홀비리오彼禽獸에配偶를見홀지어다

人類에一夫一婦의制ᄂᆞᆫ天理의定ᄒᆞᆫ비라同是此世에一般人類로婦女를男子의一玩弄物로知ᄒᆞᄂᆞᆫ것은上古黑闇時代男子의腕力的自慾的思想에不過홈이라

또蓄妾의害로言ᄒᆞ면一々히枚擧키未遑ᄒᆞ나此로由ᄒᆞ야自己一人의勢身만誤홀뿐아니라一家에不和를提亂ᄒᆞ여至大ᄒᆞ면其影響이 國이禍端을招致ᄒᆞᄂᆞᆫ例가今古에不稀ᄒᆞ니平等自由를愛好ᄒᆞᄂᆞᆫ維我國民은今日노爲始ᄒᆞ야一般社會上에셔蓄妾ᄒᆞᄂᆞᆫ惡習을驅出홀지어다 未完

◎傳聞必誤 向日本報雜報欄內風流太守란題下에股票郡守李升宋氏가學校에無心ᄒᆞ고南山에往ᄒᆞ야男사당으로消日ᄒᆞᆫ다ᄂᆞᆫ說은更聞ᄒᆞᆫ則初無是事라더라

國債報償義務金 收入廣告

◎國債報償義捐金 九月中本社收入總額 每日逐号明細錄

●九月三拾日

第一五四九號東署蓮洞合成中學校中 三圜五十六錢八厘 計三圜五十六錢八厘

九月三拾日ᄭᆞ지收入總額 一千一百十八圜七拾九錢八厘

自四月至八月收入總額 五萬四千七百十四圜九十三錢四厘

都總合五萬五千八百三十三圜七十三錢二厘

●東署蓮洞合成中學校學徒 金鎭鍵 金鳳彬 吳碩枃 각六十三錢六厘 金彼得 四拾二錢四厘 李鳳鎬 簡承禹 각六拾三錢六厘 合三圜五十六錢八厘

前號總合五萬五千八百三拾[illegible]十六젼四厘

都總合五萬五千八百三拾三圜七十三錢二厘

◎特別廣告◎

國債報償金昨日所捧은全無이고伊前日ᄭᆞ지所捧總合五萬五千八百三拾三圜七拾三錢은電氣會社內銀行에貯置ᄒᆞ얏삽고其貯置額中三萬二千三百圜은國債報償志願金總合所로移交홈

自八月二十三日至十月二日 八月九月兩度收入義捐金인바

八月度 一千七百三十三圓六十八錢五厘

九月度 一千一百十八圓七十九錢八厘

九月ᄭᆞ지收入都總額이 五萬九千八百三拾三圓七拾三錢二厘

廣告

本人이姓名章圖形으로刻ᄒᆞᆫ印章을見失ᄒᆞ얍기玆에廣告ᄒᆞ오니誰某拾得이라도勿施홈

李尙稙 告白

漢城西署松橋新作路四十三統二戶

辯護士 玉東奎

辯護士 許　憲

合同法律事務所

天然堂寫眞

特別廉價不變色

婦人은內堂에서婦人이撮ᄒᆞ고出入이甚便홈

布德門外에서皇壇으로向ᄒᆞ는新作路

金圭鎭

이 小說은 순국문으로 미우 자미잇게 번역ᄒᆞ야 일반국민의 익국ᄉᆞ상을 비양ᄒᆞ는 칙이오니 익국ᄒᆞ는 유지ᄒᆞᆫ 남ᄌᆞ와 부인은 만히들 사셔보시오

젼부 ᄉᆞ십일 라란 부인 젼傳

패디방 라羅蘭 부夫人 젼傳

졔 근 셰 녀 즁 영 웅

명가금 신화 오젼 / 슈 신화 오젼

발 매 소 ◎◉

남셔 대한매일신보샤 / 셔졍동 배젼병문 아래 광학셔포 / 인쳔 싸리재 미신칙ᄉᆞ / 남문안 샹동 박문셔관 / 종로 고금셔히관 / 종로 대동셔관 / 평양닐녀동 교육셔화시

●增修無寃錄大全

壹秩 壹百 七十 頁

定價金新貨七拾五錢

此增修無寃錄大全은法律家의 緊要ᄒᆞᆫ書籍이온ᄃᆡ年來現本이殆히絶種에至ᄒᆞ지라故로法部에認可를得ᄒᆞ옵고此를新刊ᄒᆞ얏삽ᄂᆞᆫᄃᆡ國漢文으로解釋ᄒᆞ야模糊ᄒᆞᆫ句節이無ᄒᆞ오니法律學에有志ᄒᆞ신니와字牧之任에居ᄒᆞ신니ᄂᆞᆫ不得不購覽ᄒᆞ실지이오니注意購覽ᄒᆞ시옵

中署布屛下

廣學書舖 김相萬 發售所

向者軍대解放時에負傷將卒中에死者ᄂᆞᆫ已矣어니와折腰折臂折脚之人은命脉은尙存이나遐鄕未由라該人等이將欲自裁ᄒᆞ니令人鼻酸이라本人等이往見慰勞ᄒᆞ고西醫에게以印度齋도擬製臂脚이온則八人의設置額이至爲二千五百圓之多인바一人助力으로難見奏効ᄒᆞ와玆以廣布ᄒᆞ오니望須慈善僉君子ᄂᆞᆫ勿拘多小ᄒᆞ시고救恤金을寄付ᄒᆞ와使陷死同胞로拯濟ᄒᆞ심을爲要

隆熙元年九月日

發起人 정圭煥 윤泰勳 安蚕鎬 曹成煥

救恤金收合所 皇城新聞社 大韓每日申報社

出금人의姓名은新聞에廣告홈

大東寄宿舍廣告

本舍에셔學校[illegible]寄宿生을[illegible]舍費[illegible]食料金은[illegible]圓八拾錢으로定홈[illegible]

大東寄宿舍長 鄭[illegible]

監督 [illegible]

廣告

大東寄宿舍事務員 鄭漢植 告白

〔本舘에셔[illegible]〕

越南亡國史 國漢文

定價貳拾伍錢

發賣所 京城[illegible]

布屛下 김相萬 告白

西署盤石坊藥田契壹百十八統二戶

金重玉家券을셔失故廣告홈

崔興植 告白

瑞士建國誌

◎定價 新貨十五錢

此冊은政治小說이니志士의救國救民ᄒᆞᄂᆞᆫ思想과人民의愛國心을養成하ᄂᆞᆫ대緊要ᄒᆞᆫ冊子오

發 賣 所

▲大韓每日申報社
▲仁川港柵峴　開新冊肆
▲中署布屛門下　金相萬冊肆
▲平壤城內烈女洞　敎育書館
▲鍾路　古今書海舘
▲洞口越便　中央書舘
▲鍾路　大東書市
▲大廣橋　匯東書舘
▲南亭　博文書舘

本人이日本大阪商業家와特約ᄒᆞ고日本內地產出各種物品과西洋各國物品及機械等物을我大韓에輸入ᄒᆞ야委托을便利케ᄒᆞ기로約ᄒᆞ얏ᄉᆞ오니商工業에有志ᄒᆞ신僉君子ᄂᆞᆫ其物이든지購求ᄒᆞ시거든本社로來議ᄒᆞ셔오

本社에셔ᄂᆞᆫ手數料金만受領홈

興業社本店

開城北部[illegible]洞

支店京城南門內水橋五十一統六戶

全仁港內동殿[illegible]號

培養會社

●乾材洋藥販賣

漢城鐘路濟惠藥房에서各種洋藥을廉價販賣ᄒᆞᄂᆞᆫ中에邦補益藥水를發賣ᄒᆞ오니內地各處僉彦게서小包郵便으로取用ᄒᆞ심을仰望

▲大瓶 三圜

▲小瓶 一圜五十錢

乾材洋藥發賣人 濟衆院 醫學博士 朴[illegible] 告白

學徒製衣帽와學徒運動鞋及各種紗緞類와美國金鷄納衣服裁縫其他雜貨로廉價放賣ᄒᆞ오니諸君子ᄂᆞᆫ來臨ᄒᆞ심을望ᄒᆞ나이다

仁川港柵峴新冊肆

◎本社廣告

○申報價

一張代金 新貨二錢五厘
一個月前納 三十錢
三個月 九十錢
六個月 一圜七十錢
一個年 三圜四十錢
郵稅一部 新貨五厘
一個月 十三錢

〇特別廣告

四號活字十三字每日每英尺一寸에新貨[illegible]

(每日每行六字씩計算홈)

一週日에 二圜五十

每日每行四錢五厘에計算홈

一個月에 五

(每日每行四錢一厘에計算홈)

其期限의長短과字行의多少를依ᄒᆞ야[illegible]홈

大韓每日申報各處支社廣告

平壤上水口門內	金浩[illegible]
中署布屛門下	金相萬書舖
仝	崔[illegible]
仁川港 柵峴新冊肆	李東[illegible]
宣川邑[illegible]冊肆	安[illegible]
義州南門外東西	大東[illegible]
鎭南浦港佐川	徐樂[illegible]
三和港[illegible]洞	金元[illegible]
城津[illegible]州社西門外	曹喜[illegible]
[illegible]學校	姜助[illegible]
大邱市[illegible]	崔一弘
[illegible]濟衆院	劉夢[illegible]
[illegible]東部	安[illegible]
元山[illegible]	劉七錫
濟州[illegible]門外[illegible]學校內	金泰熙
海州[illegible]門內	朴昌鎬
定州[illegible]門內書舖	洪成안
[illegible]學校	許 鐵
[illegible]興[illegible]	李銀瑞
[illegible]坊成[illegible]	鄭道善
[illegible]川[illegible]	李鍾成
[illegible]內[illegible]	金羲河
鐵原[illegible]洞	趙鍾大
新[illegible]邑	朴敎吉
濟州[illegible]內一徒里客舍洞	[illegible]亨泰
井邑邑內	李益[illegible]
綾仁邑內	金德弘
扶安[illegible]	金鼎濟
京義線桃峴驛前市	李基秀

大韓每日申報社

發行兼編輯人 英國人 裵 說

發行所 南署[illegible]井洞號外[illegible]三層洋屋

大韓每日申報社

大韓每日申報

第五卷　第六百廿八號

月曜及慶節 議時日休刊

檀君開國四千二百四十年
箕子元年三千二十九年
大韓開國五百十六年
日本明治四十年
淸國光緖三十三年
陰曆丁未八月小廿六日乙酉

別報

◎韓國이渴望ᄒᆞᄂᆞᆫ人物 (太極報照謄)　崔錫夏

國이亂ᄒᆞᆷ에良臣을思ᄒᆞᆫ다ᄒᆞ얏스니韓國은忠臣을思慕ᄒᆞᄂᆞᆫ時代오非常ᄒᆞᆫ人物이生ᄒᆞᆫ然後에야非常ᄒᆞᆫ事業을成就ᄒᆞᆫ다ᄒᆞ얏스니韓國은非常ᄒᆞᆫ人物을要求ᄒᆞᄂᆞᆫ時代로다美國의獨立은華盛頓을待ᄒᆞ야其目的을達ᄒᆞ얏고德國의聯合은比斯麥을待ᄒᆞ야其主義를成ᄒᆞ지아니ᄒᆞ얏ᄂᆞᆫ가

嗚呼라我二千萬同胞가最愛ᄒᆞᄂᆞᆫ韓國아何故로今日ᄭᆞ지皇恩을報答ᄒᆞ고蒼生을廣濟ᄒᆞᆯ英雄兒를出産ᄒᆞ지아니ᄒᆞ나뇨頃年에閔忠正이라ᄒᆞᄂᆞᆫ豫言者의게聞ᄒᆞ니鐵生日이不遠에在ᄒᆞᆫ듯ᄒᆞ도다吾儕가滿腔血誠으로其英雄兒를歡迎ᄒᆞ려니와其英雄兒ᄂᆞᆫ如何ᄒᆞᆫ性格을具備ᄒᆞᆫ人物인가我二千萬同胞가探知코ᄌᆞᄒᆞ야覆役로研究를不怠ᄒᆞ리로다或이曰其人物은那破翁又ᄒᆞᆫ軍略家라날偏不振ᄒᆞᆫ民族을警醒ᄒᆞ야百敗不挫ᄒᆞᄂᆞᆫ勇氣를頭腦에注入ᄒᆞ야世界列國을一時에征服ᄒᆞ고太極國旗를五洲에揮揚ᄒᆞ면天下에第一强國이되리니엇지區々히獨立을愛慮ᄒᆞ리오快哉라此言이여言은壯ᄒᆞ나理ᄂᆞᆫ非ᄒᆞ도다何者오當年歐洲에ᄂᆞᆫ那破翁又ᄒᆞᆫ人物이一人만存在ᄒᆞᆫ故로一時에列國이其膝下에屈服ᄒᆞ얏거니와今日은世界軍略家中에無數ᄒᆞᆫ那破翁이存在ᄒᆞ얏스니엇지一個那破翁이無數ᄒᆞᆫ那破翁을對敵ᄒᆞ리오或이曰其人物은諸葛孔明又ᄒᆞᆫ大政治家라吳를親ᄒᆞ며魏를伐ᄒᆞ야國際上政策을敏活케ᄒᆞ며農桑을勸課ᄒᆞ며兵甲을鍊ᄒᆞ야南蠻을七擒ᄒᆞ며祈山에六出ᄒᆞ면霸業을可圖라엇지區々히國權回復을掛慮ᄒᆞ리오誤哉라此言이여其一을知ᄒᆞ고其二를未知ᄒᆞ도다

當年三國中에ᄂᆞᆫ孔明又ᄒᆞᆫ大政治家가一人만存在ᄒᆞᆫ故로最小最弱ᄒᆞᆫ西蜀一方으로써最大最强ᄒᆞᆫ吳魏兩國을對敵ᄒᆞ고能히自國의獨立을保全ᄒᆞ얏거니와今日世界政治家中에ᄂᆞᆫ無數ᄒᆞᆫ孔明이存在ᄒᆞ얏스니엇지一個孔明이無數ᄒᆞᆫ孔明을對敵ᄒᆞ리오然則神出鬼沒ᄒᆞᄂᆞᆫ軍略家도아니오經天緯地ᄒᆞᄂᆞᆫ政治家도아니라

天上天下에如何ᄒᆞᆫ人物을要求ᄒᆞ리오自古以來로一代偉人이되야一大偉業을成就ᄒᆞᄂᆞᆫ者ᄂᆞᆫ반다시其時代의要求를代表하며其人民의希望을代表ᄒᆞ야其目的을達ᄒᆞᆫ者ㅣ라故로世人이言ᄒᆞ되英雄은時代의産物이라ᄒᆞ니라今日我二千萬同胞의思想은何處에在ᄒᆞ뇨必然三尺童子도獨立自由라云ᄒᆞ리니然則獨立自由ᄂᆞᆫ我韓時代의要求오我韓國民의希望이라此理想을貫徹ᄒᆞᆯ者ㅣ卽我 韓의大人物이니誰가如此ᄒᆞᆫ大責任을負擔ᄒᆞ깃나뇨余ㅣ自答ᄒᆞ야曰此ᄂᆞᆫ別人物이아니라卽義務를知ᄒᆞᄂᆞᆫ國民이라ᄒᆞ노라古人이云ᄒᆞ되大英雄이大國民만不如ᄒᆞ다ᄒᆞ니至哉라此言이여千萬年不易ᄒᆞᄂᆞᆫ眞理를包含ᄒᆞᆫ格言이로다東西洋古今歷史를觀看ᄒᆞᆷ에英雄이建設ᄒᆞᆫ國家ᄂᆞᆫ其運命이短ᄒᆞ고國民이建設ᄒᆞᆫ國家ᄂᆞᆫ其運命이長ᄒᆞ도다

余言에不信ᄒᆞ거든實例를試看ᄒᆞ라秦始皇이六國을倂呑ᄒᆞ고版圖를擴張ᄒᆞ야前無後無ᄒᆞ던大帝國을創立ᄒᆞ얏스나始皇이去後에其偉業이始皇을從ᄒᆞ야墓中에埋藏ᄒᆞ얏고마게도니아亞歷山大王이龍韜虎略으로써一時에歐亞의大半을征服ᄒᆞ고大帝國을創立ᄒᆞ얏스나亞歷山大王이去後에其雄圖가泡花에歸ᄒᆞ얏스니何故也오此ᄂᆞᆫ非他라始皇이去後에始皇의偉業을相繼ᄒᆞᆯ國民이不出ᄒᆞ얏고亞歷山大王이去後에亞歷山大王의雄圖를繼承ᄒᆞᆯ國民이不出ᄒᆞᆷ으로由ᄒᆞᆷ이라法國은不然ᄒᆞ야建國以來로危險歷史를有ᄒᆞ야或은列强聯合軍의馬蹄下에蹂躪ᄒᆞᆷ을被ᄒᆞᆫ慘狀이有ᄒᆞ고或은怪傑의羅絡ᄒᆞᆷ이되야革命의酷禍를當ᄒᆞ얏스나萬死中에一生을得ᄒᆞ야今日에如許ᄒᆞᆫ富强의地位에居ᄒᆞᆫ것은其建國의基礎ᄭᅵ立國의原動力이國民에在ᄒᆞᆫ故也ㅣ라目下我韓現像을觀察ᄒᆞ니非常ᄒᆞᆫ手段과非常ᄒᆞᆫ勇氣와非常ᄒᆞᆫ熱心과非常ᄒᆞᆫ誠心이아니면決코吾儕의最後希望을達ᄒᆞᆯ수無ᄒᆞ니是ᄂᆞᆫ一二英雄의能ᄒᆞᆯ바ㅣ아니오오지無數英雄이同心協力ᄒᆞᆫ然後에能ᄒᆞᆯ바ㅣ라無數英雄은何를謂ᄒᆞᆷ이뇨卽義務를知ᄒᆞᄂᆞᆫ國民全體를指言ᄒᆞᆷ이니願컨ᄃᆡ我二千萬同胞ᄂᆞᆫ皆是無數英雄이되야國家에心身을獻ᄒᆞ야我祖先이遺傳ᄒᆞ신自由權을回復ᄒᆞ야千秋萬歲에殊勳을立ᄒᆞᆯ지어다

官報

●號外 隆熙九年十月一日

◎宮廷錄事

宮內府達十二號

陰曆二十六日에
大皇帝陛下ㅔ읍셔
太廟展謁ᄒᆞ옵시ᄂᆞᆫ 旨로奉承ᄒᆞ온바 出宮時刻과御道路ᄂᆞᆫ如左ᄒᆞᆷ이라
上午十時三十分에大漢門으로出御ᄒᆞ사 布德門前路 新橋 黃土峴 惠政橋 鍾路 鐵橋 敦化門前路를과ᄒᆞ사 御橋로 太廟南門을從ᄒᆞ사 齋室에入御ᄒᆞ사上午十一時三十分에還御ᄒᆞ셥이라

宮內大臣勳一等李允用

●第三千八百八十六號
隆熙元年十月二日

敍任及辭令

宮內府次官 鶴原定吉
特授嘉義 耆老所守直官 李國應
命大院王改題主書寫官 六品 洪正[illegible]
命大院妃改題主書寫官 九品 朴用健
命完王改題主書寫官 正三品 朴明煥
管繕司長 沈宜碩
正三品 閔泳徽
管繕司書記郞 金宇植
命帝室會計審查委員 陪從武官長勳一等 趙東潤
賜太極章 參任侍從武官長 軍部大臣勳三等 李秉武
陞敍勳二等賜太極章 侍從武官 尹致晟
敍勳四等賜太極章 陪從武官勳六等 金應善
超敍勳四等賜八卦章 侍從院卿勳一等 閔丙奭
陞敍大勳賜李花大綬章 正一品海豐府院君 尹澤榮
敍勳一等賜太極章 內閣總理大臣勳二等 李完用
陞敍大勳賜太極章 學部大臣勳三等 李載崑
超敍勳一等賜八卦章 帝室會計審查局書記官 兪鶴[illegible]
敍勳九等賜八卦章
內部書記郞 李浩升
仝 洪[illegible]
仝 鄭讓時
度支部書記郞 南相熙
仝 金炳璇
仝 鄭寅昉
農商工部書記郞 柳吉秀
仝 朴明緖
掌禮院書記郞 權錫진
六品 李[illegible]遜
學部書記郞 白南奭
敍勳七等賜八卦章 內閣書記官長 韓昌洙
法部前次官 金珏鉉
敍勳三等賜太極章 內閣總理大臣秘書官 金明秀
仁川府尹 金潤晶
內閣書記官 洪運杓
敍勳四等賜太極章 露國總領事 파흘계루베루구
繪書記官 [illegible]
敍勳一等賜太極章 統監府財政監司官 馬場영一
敍勳四等賜八卦章 日本人 山口恒次郞
敍勳七等賜八卦章
秦鍾國 韓相駿 安鍾郁
安鍾龍 金鍾培 尙達仁
邊光雲 千文基 權容珏
申鶴熙 鄭寅哲 宋敬俊
金廷燮 閔泳大 朴ᄉᆞ奎
金華東 李鍾협 梁惠鎭
崔熙英 許필 安興善
朴昌烈 權知重 洪炳泰
趙演奎 李晩夏 俞致浩
姜文會 金明國
任度支部技手

外報

●廣告巨額 英國人이每日廣告料의費가總計九拾萬元에達ᄒᆞᆫ다더라

●鉛筆輸出 德國에서每年三千萬個以上의鉛筆을外國에輸出ᄒᆞᆫ다더라

●廢立運動 伯林電에曰俄都通信을據ᄒᆞᆫ즉波斯國에셔現皇帝를廢ᄒᆞ고其叔父마쓰도親王을立ᄒᆞ랴ᄒᆞᆫ다더라

●五二館全燒 東京電을據ᄒᆞᆫ則東京五二館陳列所가再昨夜에至燒ᄒᆞ얏다더라

●防備隊條例 東京電을據ᄒᆞᆫ즉韓國港灣에關ᄒᆞᆫ防備隊條例가公布되얏ᄂᆞᆫᄃᆡ鎭海灣과永興灣에防備隊를置ᄒᆞ야共히佐世保鎭守府에屬ᄒᆞ고所在港灣及海岸海面에防備警備을十月十六日로施行ᄒᆞᆫ다더라

●門司市慘狀 日本門司市에虎列剌病勢가猖獗ᄒᆞ야每日罹病者卅餘名이續出ᄒᆞᆷ으로當局者ᄂᆞᆫ全力ᄒᆞ야防疫에從事ᄒᆞ고患者及死者를調査ᄒᆞᆫ則患者數ᄂᆞᆫ四百九十五名이오死者數ᄂᆞᆫ三百四名에至ᄒᆞ얏다더라

●張氏奏議 北京電을據ᄒᆞᆫ則張之洞씨가學校敎育을普及ᄒᆞ야海軍을擴張ᄒᆞ고賢能之才를任用ᄒᆞᆯ것과貴族의留學을實行ᄒᆞᆯ것과大工場을設ᄒᆞ야銃砲彈藥汽船汽車를自製ᄒᆞᆯ것과又各省에셔鐵道及鑛山을淸國人이自辦케ᄒᆞᆯ것과又立憲實行을確定ᄒᆞ야此를國內에發布ᄒᆞᆯ件을上奏ᄒᆞ얏다더라

雜報

●大廟展謁 皇上陛下씌옵셔大廟에展謁ᄒᆞ실次로本日上午十時에動駕ᄒᆞ옵셔下午一時에還宮ᄒᆞ옵신다더라

●春宮修學 皇太子殿下씌옵셔昨日修學院에셔入學ᄒᆞ셧다더라

●封妃公故 昨日은義王妃進封ᄒᆞ신故로總理大臣以下各部大臣과宮內府一般官吏가公故에入參ᄒᆞ얏다더라

●完興陛見 完興君李載冕氏가永宣君李埈鎔氏를帶同ᄒᆞ고昨日上午十二時에詣闕陛見ᄒᆞ얏다더라

●金印製造 再昨日에大院王을封爵ᄒᆞᆫ대親王과有異ᄒᆞᆫ故로金印만製造賜送ᄒᆞ시고玉冊文은製造치아니ᄒᆞ셧다더라

●統監迎接 伊藤統監이本日上午十時에仁川港의到着ᄒᆞᆫ즉迎接次로各部大臣中二人이總代로該港ᄭᆞ지下往ᄒᆞᆫ다더라

●內次入城 內部次官木內氏가歸國ᄒᆞᆫ지已有多日이더니再昨日下午九時에入城ᄒᆞ얏다더라

●法次作來 法部次官倉富勇三郎씨가伊藤統監과伴來ᄒᆞ야今日入城ᄒᆞᆫ다더라

●二十七郡守 內部에셔郡守二十七窠를修定ᄒᆞ야內閣에請議ᄒᆞ얏다ᄒᆞᆷ은已報어니와昨日에裁下가되얏다ᄂᆞᆫ데其氏名은慶興金然鎭、安城郭찬、林川金鍾圭、奈義金東完、杆城金仁根、三嘉趙載顯、吉州趙鑿根、慈仁蔡永濂、三陟朴來榮、長興朴永大、通川李秉根、清州尹泰興、富寧李根陽、呂州金璟鎭、稷山金箕憲、利川李喆榮、安州李仁洽、祥原林鶴來、龍潭吳景時、谷城李錫白、襄陽李海德、砥平閔泰楨、蔚山鄭海八、穀寧兪孝益、德山徐丙韶、北靑崔達斌、結城李承輔諸氏더라

●畿察還任 京畿觀察使李圭桓씨가受由上京하얏다가再昨日下去還任ᄒᆞ얏더라

●次官室擴張 法部에셔次官室을一新擴張ᄒᆞᆯ터인대該室修理時에ᄂᆞᆫ事務官室에居接視務ᄒᆞᆫ다더라

●把守調察 學部大臣李載崑氏家近處에巡檢一名이晝夜로把守ᄒᆞ야來往人을調察ᄒᆞᆫ다더라

●補助支撥 學部에셔度支部로照會ᄒᆞ되平壤同仁會附屬病院補助金三千六百圜을支撥ᄒᆞ라ᄒᆞ얏다더라

●內部協議 昨日內部各局課長이地方局에會同ᄒᆞ야今番義徒의被害ᄒᆞᆫ郡守의게救恤金施行事와贈品及敍勳ᄒᆞᆯ事를爛商協議하얏다더라

●學徒祗迎 昨日學部에셔各官私立學校에指飭ᄒᆞ되今日大皇帝陛下께서太廟展謁ᄒᆞ실時에一般任員諸學徒가宗廟門前에前期羅立ᄒᆞ얏다가祗迎하라하얏다더라

●切勿許由 農商工部에셔各道觀察使의게訓令ᄒᆞ되管下各郡守들이博覽會에發觀ᄒᆞᆫ것과或請由ᄒᆞᄂᆞᆫ郡守가有ᄒᆞ거든切勿許由ᄒᆞ라ᄒᆞ얏다더라

●宣諭報告 忠淸南北道宣諭使李舜夏씨ᄂᆞᆫ去二十八日公州郡에到着ᄒᆞ야府下父老를會集宣諭ᄒᆞ엿고慶尙北道宣諭使金重煥씨ᄂᆞᆫ大邱府에到着ᄒᆞ야民人을會集宣諭ᄒᆞ얏다고內部로報告하얏더라

●他洞不通 五署內에虎列刺病人이有ᄒᆞᆫ家에ᄂᆞᆫ該署內支所에서每日每名의米市升五合에水三碗式支給ᄒᆞ고不通他洞케ᄒᆞᆫ다더라

●消防費支出 虎列刺消防費를度支部에셔三萬圜으로支出ᄒᆞ기로ᄒᆞᆫ다더라

●雜技名家 近日園洞李址鎔氏家에技局을大設ᄒᆞ고晝夜로消遣ᄒᆞᄂᆞᆫ데主人과趙漢鏞氏ᄂᆞᆫ大得ᄒᆞ고趙民熙閔泳榮氏ᄂᆞᆫ四五千圜式大失ᄒᆞ얏다더라

●芹人獻誠 江界郡居鮮于某가年近六旬에家勢가赤立ᄒᆞᆫ데惟有一犢ᄒᆞ야恒言ᄒᆞ기를大皇帝陛下게獻誠ᄒᆞᆫ다하고飼養ᄒᆞᆫ지三四年에該犢이已爲健角ᄒᆞᆫ지라日前에牽牛上京ᄒᆞ야大漢門前에進伏ᄒᆞ얏다가不得獻誠ᄒᆞ고旅館에退歸하얏ᄂᆞᆫ대遐鄕蹤跡이行橐이罄空ᄒᆞ고외半가無計ᄒᆞ야樓屑情况은令人可悶이라ᄒᆞ더라

●鏡民報告 鏡城民吳長俊等이內部에電報ᄒᆞ되本道觀察使가淸白ᄒᆞ야民瘼이漸거러니今忽廢務私處ᄒᆞᆷ에民恐失之ᄒᆞ와齊聲仰告ᄒᆞ오니伏願勿遞仍任ᄒᆞ야使民安堵케ᄒᆞ라ᄒᆞ얏더라

●通文粘報 茂朱郡守趙命根씨가義兵通文一度를粘付ᄒᆞ야內部로報告ᄒᆞ얏더라

●兕郡困難 兕山郡에日兵百餘名이來駐ᄒᆞ얏ᄂᆞᆫ대鷄首與鷄卵等物을無價討索ᄒᆞᄂᆞᆫ故로該郡守金致說씨가供饋ᄒᆞ기에困難이莫甚ᄒᆞ다더라

●主僧運動 果川冠岳山戀主菴主持僧이元來妙章인대劉桂燁이라名稱ᄒᆞᄂᆞᆫ僧이內部에請願ᄒᆞ고主持僧의差帖을圖得ᄒᆞ얏ᄂᆞᆫ대內部에서追後聞知ᄒᆞᆫ즉劉桂燁의行爲가出於挾雜이라ᄒᆞ야差帖을繳收ᄒᆞ라ᄒᆞᆫ즉同桂燁이가泥峴本願寺에請囑ᄒᆞ야主持僧名目을百般運動中이라더라

●加郡兵火 九月二十三日에義兵幾十名이突入加平郡ᄒᆞ미居民輩이驚刧四散에日兵追後入來ᄒᆞ야衝火ᄒᆞ얏ᄂᆞᆫ데六十餘戶가沒燒ᄒᆞ얏다고京畿觀察使가內部에報告ᄒᆞ얏다더라

●엄死救恤 去月三十日에仁川府永宗津에셔津船開行ᄒᆞᆯ時에風猛船覆ᄒᆞ야男女合爲十四人이엄死ᄒᆞ얏ᄂᆞᆫ대三人의屍體ᄂᆞᆫ姑未拯出ᄒᆞ얏고該엄死人에게救恤金을優數施惠ᄒᆞ라고京畿觀察使李圭桓氏가內部에報告ᄒᆞ얏다더라

●學員調査 警察專門學校에셔秋期上學ᄒᆞᆫ다ᄒᆞᆷ은前報에已爲揭報어니와地方騷擾를因ᄒᆞᆷ인지學員이多數闕席ᄒᆞᆷ으로該校에셔方今調査하야一週日內에學員이各其事由를聲明하거나又ᄂᆞᆫ出席지아니ᄒᆞᄂᆞᆫ學員은黜學令을命ᄒᆞᆫ다더라

●慈善義務 京城孤兒院에셔財政困難ᄒᆞᆷ을因ᄒᆞ야特別賛成會를開ᄒᆞ고一般高明紳士가會同ᄒᆞ야本院을永久維持키爲ᄒᆞ야硏究爛商일시實業界를院內에設立ᄒᆞ고前途方針을確實히就緖키爲ᄒᆞ야資金을募集ᄒᆞᆫ次로特別이趙在元李聖翊兩氏를本院總代로請助委員을選定ᄒᆞ야該兩씨가平壤에到ᄒᆞ야一般有志ᄒᆞᆫ高明紳士를訪見ᄒᆞ고本院情況을一一討議ᄒᆞ고此請助事에對ᄒᆞ야別力周旋ᄒᆞᆷ을懇請ᄒᆞᆫ즉金有鐸、邊昌헌、金泰國、鄭在命、金允和、宋鍾遠、林基磐、鄭鎭學、玉卿淑、李德煥諸씨外에其他有志紳士가同心協力ᄒᆞ야期於該院有實效케熱心周旋ᄒᆞᆫ다ᄒᆞᆫ즉一般任員이叉手稱頌ᄒᆞ야維持ᄒᆞᆯ方策이自平壤으로特出ᄒᆞᆯ깃다고切望ᄒᆞᆫ다더라

●地方消息

▲去二十九日呂州에셔日兵壹部隊를包圍ᄒᆞ얏던義兵魁首全某ᄂᆞᆫ元來京城侍衛대將校로鎭川에셔日兵을擊ᄒᆞ고義兵一部대를合하야安城을襲ᄒᆞ고또대를分ᄒᆞ야長湖院에셔再次日兵을擊退ᄒᆞ고呂州로來襲ᄒᆞ얏다ᄒᆞ고

▲去三十日에日兵一대ᄂᆞᆫ安城西方十里許玉山에셔韓國將校를偵探하ᄂᆞᆫ대義兵七十名과解대兵五拾名이夜襲ᄒᆞ얏고當夜에義兵이同地에更히集合ᄒᆞ야交戰하얏다ᄂᆞᆫ대七名이死傷하얏다하고一日에日兵一小대가水原으로부터急行하얏다하고

▲二日成歡驛에셔日巡査四名이稷山等地에偵探次로出張하다가義兵約二拾名과遭遇하야交戰ᄒᆞ얏ᄂᆞᆫ데皆是火繩銃을携帶하고대長은赤色服을着하얏다하고

▲一日呂州郡西南二十里許에義兵四百五十名은安城으로부터來ᄒᆞ고五百名은原州로부터來하야關地에宿泊ᄒᆞᄂᆞᆫ데本日에日兵을擊退ᄒᆞᆫ다하고忠州守備대가交換ᄒᆞ야上京途中嚴里에셔義兵三百名을遭遇ᄒᆞ야二時間을戰鬪ᄒᆞᆫ다 義兵이退却ᄒᆞ얏스ᄃᆡ死傷은未詳ᄒᆞ다ᄒᆞ고

▲抱川日守備대ᄂᆞᆫ懸燈寺附近에偵探ᄒᆞ야下士斥候를派遣ᄒᆞ얏ᄂᆞᆫ데該寺山麓北側에迂回ᄒᆞᆫ際에梧管北方約四百米突地點에셔義兵과四十分을對戰ᄒᆞ얏ᄂᆞᆫ데義兵은山腹을攀登하여該寺方面으로退却하미義兵數爻ᄂᆞᆫ不明하다하고

▲同대ᄂᆞᆫ英陽衆北約四十里地에셔義兵約九十名을擊ᄒᆞ얏ᄂᆞᆫ데義兵은東北으로退却ᄒᆞ매十八名이死傷ᄒᆞ엿다ᄒᆞ고

▲去二十三日兕山에達ᄒᆞᆫ日兵一대ᄂᆞᆫ上田中대로合하고義兵三百名은鐵原에集合ᄒᆞ얏ᄂᆞᆫ데其一部ᄂᆞᆫ馬갈地에셔通行人을査問ᄒᆞᆫ다ᄂᆞᆫ報를接ᄒᆞ고該日兵이協力ᄒᆞ야掃蕩ᄒᆞ기로決ᄒᆞ얏다ᄒᆞ고

▲同日에日兵이兕山石橋西方一千米突에達ᄒᆞ야鐵原方面을偵探ᄒᆞ기로從事ᄒᆞ고義兵一部ᄂᆞᆫ日兵을追躡ᄒᆞ야射擊을開始ᄒᆞᄂᆞᆫ대日兵이石橋에突入ᄒᆞ미前進은繼行ᄒᆞ얏다ᄒᆞ고

▲朔寧郡에義兵七拾名이來到ᄒᆞ얏ᄂᆞᆫ대其中에解散兵三拾名이混入ᄒᆞ야各持洋銃ᄒᆞ고其餘ᄂᆞᆫ舊式銃을携帶ᄒᆞ엿ᄂᆞᆫ대郡主事與書記及分派所巡檢이擧皆逃避ᄒᆞᆫ지라義兵이分派所與主事書記ᄅᆞᆯ打破ᄒᆞ야主事와書記의逃避ᄒᆞᆷ을懲責ᄒᆞ고面長의게軍用品을請求ᄒᆞ고로山方面으로向ᄒᆞ고安峽邑은總戶가不過百卅戶인대日兵이燒却ᄒᆞ엿고

▲去廿三日에日兵은鐵原馬加乙地에達ᄒᆞᆯ時에該高郷의셔義兵의監視兵十餘名을遭遇ᄒᆞ야擊退ᄒᆞ고日兵은鐵原을包圍ᄒᆞ미義兵은觀音洞方面으로退却ᄒᆞ엿ᄂᆞᆫ대死傷은未詳이라ᄒᆞ고

▲三十日에日兵이安城附近의셔義兵七十名을夜襲ᄒᆞ엿다더라

▲執戟冷笑▼

▲日本萬朝報記者曰今日對韓政策이一部野心家等은頻頻히韓國을併吞ᄒᆞᆷ이得策됨ᄋᆞᆯ主張ᄒᆞ고韓國을合併ᄒᆞᆷ이何等困難ᄒᆞᆷ이無ᄒᆞ다揚言ᄒᆞ나我輩의所見은全然相反되니韓國은立國의歷史가悠久ᄒᆞᆯ뿐아니라仁義忠孝로써國民을訓化ᄒᆞᆫ國인則此를係累ᄒᆞ여併吞ᄒᆞᆷ이次코容易치못ᄒᆞᆯ것이今番新協約에對ᄒᆞ야도如彼히騷擾ᄒᆞ거든萬若更히進步ᄒᆞ야合併코져ᄒᆞ면其結果를難測이라ᄒᆞ엿스니以此觀之ᄒᆞ면仁義忠孝ᄂᆞᆫ國家에元氣오根本이라他人의强力으로奪去치못ᄒᆞᆯ者니韓國은四千年歷史에仁義忠孝로教化ᄒᆞᆫ國民이라目下에維持를能得ᄒᆞᆷ도此에在ᄒᆞ고將來獨立回復도此에在ᄒᆞ다ᄒᆞ노라

▲現今地方이不穩ᄒᆞᆷ으로各郡守가請由上京하ᄂᆞᆫ者와投印徑歸ᄒᆞᄂᆞᆫ者가許多ᄒᆞ매雄州巨邑이浮於空中ᄒᆞᆫ데獵官派가至今도流涎ᄒᆞ야某大臣의게自薦ᄒᆞ기를雄州一窠를敍任ᄒᆞ면義擾를一時掃除ᄒᆞ겟다고壯談ᄒᆞᆫ다니近日義擾가郡守道路ᄒᆞᄂᆞᆫ捷徑이되얏고

▲北關內通路에義擾하ᄂᆞᆫ대道傍左右에월낭을毁撤ᄒᆞ면其修理費一萬二千九百餘圜에達ᄒᆞᆫ다ᄒᆞ니修理費라稱치말고毁撤ᄒᆞ지

▲軍用地調査局長朴義秉氏가軍用地段價를調査ᄒᆞ기爲ᄒᆞ야日前平壤에下去ᄒᆞᆫ다ᄂᆞᆫ대往還期限은二週間이라ᄒᆞ니同氏ᄂᆞᆫ今番에ᄂᆞᆫ公正히調査ᄒᆞ야民怨이無ᄒᆞᆯᄂᆞᆫ지前轍을可戒ᄒᆞᆯ리로다

▲女子教育會에셔祭ᄒᆞᆫ一男子가出席ᄒᆞ야齡事務를左之右之ᄒᆞᆫ지라무삼不公ᄒᆞᆷ이有ᄒᆞᆫ지挾雜이綻露ᄒᆞᆷ매會中婦人이是非가紛紛ᄒᆞ야多數會員이自退ᄒᆞ엿다며婦人叢中에男子가干涉ᄒᆞᄂᆞᆫ것이既是格外에挾雜이又生ᄒᆞ니教育은잘되깃고

▲農商工部所管礦山技師黑巖休太郎과農林技師中村彥과水產技師庵原文一氏를雇聘ᄒᆞᆫ事로內閣會議에請議ᄒᆞ얏다니內閣에셔地方騷擾가現今急務어늘常設之度外ᄒᆞ고各官廳에日人만雇聘ᄒᆞ기를一大事로知ᄒᆞᄂᆞᆫ지

拾月二日午前十 ●天氣豫報 十月三日외附風

◉社告

本社支社를左開三處에設置ᄒᆞ얏ᄉᆞ오니該附近에셔本申報購覽ᄒᆞ실 僉彦은一切該支社로請求ᄒᆞ시고代金도該氏에게로送交ᄒᆞ심을務望홈

代金 漢文申報每朔幷郵稅四十三錢
國文申報仝 三十八錢

左開

支社位置及氏名

井邑邑內 朴議官性天 李益秉

泰仁邑內 金先達德弘 宋伯彦

扶安午部 金[illegible]奉鼎濟

地方各支社와商人購覽員에게本申報配達이或滯留或遺漏가非一非再인바由以書辭通知가羅遲ᄒᆞ야郵便局交涉이難便ᄒᆞ니此後로ᄂᆞᆫ申報封皮에出付과收到日字印期限이遇隔者를摘拔綜合ᄒᆞ얏다가本社로委送ᄒᆞ심을爲要홈

大韓每日申報社

◉至急社告

美國湖市南西寺街一百二十五番共立館內崔有涉氏所送金額新貨一百五十二圓七十六錢已爲領收이나何許事件으로送홈인지詳細示明홈을切望홈

大韓每日申報社

雜報

●習慣改良論 (續)

▲第二 怠惰의風習을一掃홀거시요

人의生命은活動에在ᄒᆞ니人이만일此世에서勞力을卑賤厭惡ᄒᆞᄂᆞᆫ者ᄂᆞᆫ此世에서生存홈을不許ᄒᆞ나니如此ᄒᆞᆫ人은死홈이可ᄒᆞ지라農者ᄂᆞᆫ節期를不失ᄒᆞ고農業에勤勉從事하며商者ᄂᆞᆫ商業에忠實ᄒᆞ고醫者ᄂᆞᆫ活人에不怠ᄒᆞ며仕者ᄂᆞᆫ仕者의責任을盡ᄒᆞ고學生은學生의職分을盡하야如此히人人이各自의天職을盡ᄒᆞ야써生命의資本을供給홈은人生人活의原則이라

我國은數百年來로一般國民이怠惰로習을成ᄒᆞ야子ᄂᆞᆫ父의게依賴ᄒᆞ야勞力치아니ᄒᆞ고弟ᄂᆞᆫ兄의게依賴ᄒᆞ며疏戚은親戚을依賴ᄒᆞ고少許의餘裕가有ᄒᆞᆫ家門子弟ᄂᆞᆫ神聖ᄒᆞᆫ此勞動으로써羞恥를作ᄒᆞ야全國에遊衣徒食ᄒᆞᄂᆞᆫ寄生虫이幾許될推算ᄒᆞ나니如此ᄒᆞ고其國이貧弱치아니ᄒᆞ면此ᄂᆞᆫ常理의違反ᄒᆞᆫ것이라人擧多端ᄒᆞᆫ今日을當ᄒᆞ야彼列國々民은時間과勞力을經濟的으로利用ᄒᆞ야富强의步武를益盡ᄒᆞ거날一國의基礎를完定ᄒᆞᆯ責任을雙肩에負擔ᄒᆞᆫ我國民은自今으로爲始ᄒᆞ야三千里版圖中에셔怠惰를逐出홀지어다

以上列擧ᄒᆞᆫ者ᄂᆞᆫ其中最顯著ᄒᆞᆫ者의二三實例를略指ᄒᆞ얏거니와此外에早婚ᄒᆞᄂᆞᆫ惡習이며婚禮喪禮의虛飾이며其他枚擧키不遑ᄒᆞᆫ面假이無ᄒᆞ도다如此ᄒᆞᆫ惡習慣이我民의敎育發達홈을從ᄒᆞ야漸次消滅홀것은當然ᄒᆞᆫ理勢나他邊으로思ᄒᆞ면如此ᄒᆞᆫ惡習慣이國民敎育에至大ᄒᆞᆫ影響을及홀것은또ᄒᆞᆫ當然ᄒᆞᆫ趨勢라

然則今日國民을指導ᄒᆞᄂᆞᆫ地位에在ᄒᆞᆫ人士ᄂᆞᆫ엇지此點에注意치아니ᄒᆞ고可ᄒᆞ며一般國民이今日大革新을要ᄒᆞᄂᆞᆫ機運을當ᄒᆞ야如此ᄒᆞᆫ惡習慣을人에先ᄒᆞ야勇進改革홈에一步를躊躇홀餘地가有ᄒᆞ리오 完

●敎育의 目的

如何ᄒᆞᆫ目的을爲하야人을敎育홈인지即人을敎育ᄒᆞ야到達코ᄌᆞᄒᆞᄂᆞᆫ目的은如何ᄒᆞᆫ것인지此問題에對하야ᄂᆞᆫ古來學者의所言이不一ᄒᆞ나然ᄒᆞ나此를一言으로論홀진대大抵敎育에目的은幼弱ᄒᆞᆫ人을善導ᄒᆞ야獨立自裁ᄒᆞᄂᆞᆫ域에達케ᄒᆞ야써將來社會上에立하야能히人된職分을完全케홈에在ᄒᆞ다謂ᄒᆞ리로다

此에人의職分이라ᄒᆞᄂᆞᆫ言에對ᄒᆞ야ᄂᆞᆫ人々의思量ᄒᆞᄂᆞᆫ바亦各異ᄒᆞ니或은人의職分은人의道德的生活을完成홈에在ᄒᆞ다ᄒᆞ며或은人으로ᄒᆞ야금天賦의性質을完成케홈에在ᄒᆞ다ᄒᆞ며或은人生의道德的品性을確立홈에在ᄒᆞ다謂ᄒᆞ야其所論이各異ᄒᆞ나畢竟同一ᄒᆞᆫ意義를有ᄒᆞ고또十分에解釋을盡치못ᄒᆞ얏도다

大抵人은生長後許多ᄒᆞᆫ境遇에處ᄒᆞ야活動ᄒᆞᆯ運命을有ᄒᆞᆫ者이니다못自己一個人의生活만能케홀ᄲᅮᆫ아니라凡一人된職分이라ᄒᆞᄂᆞᆫ것은其種々ᄒᆞᆫ境遇에處ᄒᆞ야一々히此에對ᄒᆞᆫ義務를完全히遂行홈으로由ᄒᆞ야비로서完盡홈을得ᄒᆞᆯ것이라其關係가太複雜ᄒᆞ나大略區別ᄒᆞ면左와如ᄒᆞ니

一 自己에對ᄒᆞᆫ關係
一 家族에對ᄒᆞᆫ關係
一 國家에對ᄒᆞᆫ關係
一 社會에對ᄒᆞᆫ關係
一 自然에對ᄒᆞᆫ關係

即人은何人을勿論ᄒᆞ고成長ᄒᆞᆫ後에ᄂᆞᆫ同是以上列擧ᄒᆞᆫ關係間에立ᄒᆞ야活動ᄒᆞᆯ運命을有ᄒᆞᆫ者ㅣ니所謂人類에普通職分이라ᄒᆞᄂᆞᆫ것은此等活動全範圍에對ᄒᆞᆫ義務를圓滿케홈에在ᄒᆞ다謂ᄒᆞᆯ지라

自己에對ᄒᆞᆫ關係ᄂᆞᆫ人々自己에對ᄒᆞ야生命을保存ᄒᆞ고自己에智識을增進ᄒᆞ며自己에道德을完成케ᄒᆞᄂᆞᆫ義務가有ᄒᆞ고家族에對ᄒᆞᆫ關係ᄂᆞᆫ人은家族間에셔生長ᄒᆞ야家族의一員으로生涯를送ᄒᆞᄂᆞᆫ者이미家族에幸福을增進ᄒᆞ며繁昌을經營ᄒᆞᄂᆞᆫ義務가有ᄒᆞ고國家에對ᄒᆞᆫ關係ᄂᆞᆫ人은國家의一員으로生活ᄒᆞ야國家의保護가有ᄒᆞᆫ後에其生을安ᄒᆞ며其業에服홈을得ᄒᆞᄂᆞ니人間幸福은實로完全ᄒᆞᆫ國家的生活로因ᄒᆞ야其最高度에達홈을得ᄒᆞᆯ지고人類의進步發達도또ᄒᆞᆫ此로由ᄒᆞ야完成홈을得ᄒᆞᆯ것이니故로國家的生活을營ᄒᆞᄂᆞᆫ것은人類一般에目的에適合ᄒᆞᆫ者라謂ᄒᆞᆯ지라然則人은國家의有用ᄒᆞᆫ一分子로其國家의隆盛發達에盡力ᄒᆞᆯ義務가有ᄒᆞ며

社會에對ᄒᆞᆫ關係ᄂᆞᆫ人은一般人類社會間에生存ᄒᆞ야此와相離치못ᄒᆞᆯ關係가有ᄒᆞ고社會의文化로因ᄒᆞ야其心身諸力의完全ᄒᆞᆫ發達을遂ᄒᆞᄂᆞᆫ者이미人은또社會에對ᄒᆞᆫ義務로社會에文明開化를增進ᄒᆞ며其不完全ᄒᆞᆫ點을改良ᄒᆞ야써後繼者로ᄒᆞ야금其文化의恩惠를浴케ᄒᆞᆯ義務가有ᄒᆞ고

自然에對ᄒᆞᆫ關係ᄂᆞᆫ凡社會에進步發達은專혀自然을利用ᄒᆞᄂᆞᆫ如何에關係홈인則人은自然의運法에從ᄒᆞ야厚生의資를供ᄒᆞ며또自然을愛護ᄒᆞᄂᆞᆫ道를取치아니치못ᄒᆞᆯ것이라即人生의職分은以上의境遇에處ᄒᆞ야各々其義務를完盡ᄒᆞᄂᆞᆫ者ㅣ니如此ᄒᆞᆫ人은다못一個人으로價値가有ᄒᆞᆯᄲᅮᆫ아니라社會에立ᄒᆞ면極히有用ᄒᆞᆫ人됨을得ᄒᆞᆯ지고此로由ᄒᆞ야人間에理想과社會進步에目的이平行發展홈을得ᄒᆞ리로다

人의職分이此와如ᄒᆞ면敎育의目的은言을不待ᄒᆞ고自明홀것시라即敎育의目的은人으로ᄒᆞ야곰將來成長ᄒᆞᆫ後에獨立自裁ᄒᆞ야以上種々의關係間에立ᄒᆞ야適當히身을處ᄒᆞ며其義務를完盡케ᄒᆞ기爲ᄒᆞ야此準備를與ᄒᆞᄂᆞᆫ대在ᄒᆞ다謂홀지라此目的을達ᄒᆞ기爲ᄒᆞ야敎育上에左記의方法을講치아니치못홀지니

一 敎育을受ᄒᆞᄂᆞᆫ人으로ᄒᆞ야곰成長ᄒᆞᆫ後以上各樣의義務를完全케ᄒᆞ기爲ᄒᆞ야幼時로부터身體의健全强壯ᄒᆞᆫ발達을遂케ᄒᆞᄂᆞᆫ事이니即體育이是也오

一 敎育을受하ᄂᆞᆫ人으로ᄒᆞ야곰將來道德的生活을完成케ᄒᆞ기爲ᄒᆞ야幼時로부터道德上行爲에律從케ᄒᆞᄂᆞᆫ事이니即德育이是也오

一 敎育을受ᄒᆞᄂᆞᆫ人으로ᄒᆞ야곰將來處世上에必要ᄒᆞᆫ智識과技能을得케ᄒᆞᆷ이이니即智育이是也라

●結民請願 全羅北道結民等이各道에셔ᄂᆞᆫ每結에八圓式納稅ᄒᆞ되惟獨本道에ᄂᆞᆫ十二圓式定稅ᄒᆞᆫ事에對ᄒᆞ야各郡에代表三人式定送ᄒᆞ야度支部에請願ᄒᆞ다더라

●梅校後聞 向日雜報中梅校風波란題下에日敎師가逃走ᄒᆞ얏다ᄂᆞᆫ說은更聞ᄒᆞᆫ즉該校學徒의科程이漢文이三科요日語가六科인대數學徒들이校長嶋用集氏를對ᄒᆞ야日語學徒가擧皆蒙學으로漢文이不足ᄒᆞᆫ즉日語科程은減數ᄒᆞ고漢文科程은增數ᄒᆞ야달나ᄒᆞᆫ즉嶋用集氏가學徒를大責曰放恣히科程增減을敢言ᄒᆞ니一向不從이면警視廳으로提送ᄒᆞᆫ것다ᄒᆞ거날諸學徒가嶋씨의壓制力을反對ᄒᆞ야上學치못ᄒᆞᆫ故로日敎師高橋敬後씨가還去ᄒᆞ얏고逃走ᄒᆞᆫ事ᄂᆞᆫ아니라더라

●沃守報告 沃川郡守任[illegible]氏가內部로報告ᄒᆞ되日軍隊二百五十名이本郡에來到ᄒᆞ얏다가即往懷德郡元岩等地ᄒᆞ얏ᄂᆞᆫ대人夫百餘名과駄牛六十餘匹을自郡으로調送ᄒᆞ라ᄒᆞ엿더라

●辨明 日前本報雜報欄內에原州鎭衛隊中隊長金德濟氏와安東鎭衛隊副尉白南奎氏가義徒에入參하얏다ᄂᆞᆫ語ᄂᆞᆫ誤傳이니德濟씨ᄂᆞᆫ解隊後에即時歸第ᄒᆞ야身恙으로痛臥ᄒᆞ얏고白南奎씨ᄂᆞᆫ本社에寄函ᄒᆞ얏ᄂᆞᆫ대解隊後에中隊長金鎭武와兩件上京하얏다고本社에來辨ᄒᆞ니兩씨의行動에分明ᄒᆞ기에玆에正誤홈

國債報償義捐金收入廣告

◎國債報償義捐金
十月中本社收入總額
每日逐号明細錄

●拾月一日

第一五五〇號江界郡校前洞
金世喜　二圜
計二圜
十月一日收入總額　二圜
九月收入一千一百十八圜七拾九錢八厘
自四月至八月收入總額
五萬四千七百十四圜九十三錢四厘
都合五萬五千八百三十五圜七十三錢二厘

●江界郡校前洞　金世喜二圜
合二圜
前號總合五萬五千八百三拾三圜七十三전二厘
都總合五萬五千八百三拾五圜七十三錢二厘

◎特別廣告◎

國債報償金昨日所捧은姑未合計이고伊前日ᄭ지所捧總合五萬五千八百三拾三圜七拾三錢은銀氣會社內銀行에貯置ᄒᆞ얏ᄉᆞᆸ고其貯置額中三萬二千三百圜은國債報償志願金總合所로越交ᄒᆞᆷ

廣告

越南亡國史　國漢文
定價貳拾伍錢
發賣所京城廣橋高裕相書舖
仁川港朝鮮郡萬時夏書舖
布屛下김相萬　告白

●北署桂洞私立敎明義塾政治畫學科第二回學員募集大廣告

學科　在本塾規則
年齡　十七歲以上身體康健者
試取　陽曆十月十三日陰曆九月初七日時間은上午拾時下午三時以外ᄂᆞᆫ不受ᄒᆞᆷ
免試　中等科以上卒業証이有ᄒᆞᆫ人
請求　入學証書ᄂᆞᆫ本塾에셔無代價로請求를應ᄒᆞ야投與ᄒᆞᆷ

이 쇼셜은 순국문으로 미우 ᄌᆞ미잇게 모ᄃᆞ러 일반국민의 익국ᄉᆞ샹을 비양ᄒᆞᄂᆞᆫ 칙이오니 익국ᄒᆞᄂᆞᆫ 유지ᄒᆞᆫ 남ᄌᆞ와 부인은 만히들 사셔보시오

젼부 ᄉᆞ십일 ᄌᆞ패　라란 羅蘭 부인 夫人 젼傳
근세 데일 녀중 영웅
디방에ᄂᆞᆫ
명가금 신화 ᄉᆞ젼
신화 오젼

◎◎발매소
남셔 셕정동 대한미일신보샤
배젼병문 아래 광학셔포
인천 싸리저 기신칙ᄉᆞ
남문안 상동 박문셔관
◎◎종로 고금셔희관
종로 대동셔관
평양멀녀동 교육서화시

漢城西署松橋新作路四十三統二戶
辯護士　玉東奎
辯護士　許憲
合同法律事務所

◎增修無冤錄大全

定價金新貨七拾五錢
登秩　壹百七十頁

此增修無冤錄大全은法律家에最緊要ᄒᆞᆫ書籍이온ᄃᆡ年來現本이殆히絶種에至ᄒᆞᆫ지라故로法部에認可를得ᄒᆞ옵고此를新刊ᄒᆞ얏사오ᄂᆞᆫᄃᆡ國漢文으로解釋ᄒᆞ야模糊ᄒᆞᆫ句節이無ᄒᆞ오니法律學에有志ᄒᆞ신니와字牧之任에居ᄒᆞ신니ᄂᆞᆫ不得不覽ᄒᆞᆯ書ᄌᆞ이오니注意購覽ᄒᆞ시옵
中署布屛下
廣學書舖　김相萬　發售所

向者軍隊解放時에負傷將卒中에死者ᄂᆞᆫ已矣어니와折脛折臂折脚之人은命脉은尙存이나還動未由라該人等이將欲自裁ᄒᆞ니今人鼻酸이라本人等이往見慰勞ᄒᆞ고西醫에게以印度書도援製臂脚이온則八人의該費額이至爲二千五百圜之多인바一人助力으로難見奏効ᄒᆞ와玆以廣布ᄒᆞ오니望須慈善僉君子ᄂᆞᆫ勿拘多小ᄒᆞ시고救恤金을寄付ᄒᆞ와使陷死同胞로拯濟ᄒᆞ심을爲要
隆熙元年九月日
發起人　정圭煥　윤泰勳
　　　　安중鎬　曹成煥
救恤金收合所　皇城新聞社
　　　　　　　大韓每日申報社
出금人의姓名은新聞에廣告ᄒᆞᆷ

大東寄宿舘

本舘을學校稠密ᄒᆞᆫ京城中部寺洞에新設ᄒᆞ고學員의便利를爲ᄒᆞ야衛生을注意ᄒᆞ며食料ᄂᆞᆫ低廉케ᄒᆞ얏고本舘設立ᄒᆞᆫ趣旨ᄂᆞᆫ大韓官私立學校에在學ᄒᆞᄂᆞᆫ學員이本舘에寄宿ᄒᆞ면衣食住ᄂᆞᆫ一切本舘에셔擔任ᄒᆞ고學金은大韓四圜及日貨八圜으로定ᄒᆞ며本舘規則은已爲廣布ᄒᆞ얏거니와本舘入舘ᄒᆞ실人은證書를呈ᄒᆞ시ᄋᆞᆸ
大東寄宿舘舘長　鄭(…)　廣告

大東寄宿舘　事務員
漢植　告白

本舘諸員左에開列ᄒᆞᆫ物品과洋品、雜貨、衣服、帽子、靴類、文房具、新書籍等을廉價로販賣ᄒᆞ오니(…)

中署澄淸坊黃土峴耆老所前第二十三統三戶
辯護士　李容成
辯護士　黃鎭菊
辯護士　安致潤
事務員　全奎基
事務員　(…)勳
聯合法律事務所

瑞士建國誌

◎定價　新貨十五錢

此冊은政治小說이니志士의救國救民ᄒᆞᄂᆞᆫ思想과人民의愛國心을養成ᄒᆞᄂᆞᆫᄃᆡ緊要ᄒᆞᆫ冊子오

發賣所
▲大韓每日申報社
▲仁川港桂峴
▲中署布屛門下　開新冊肆
▲平壤城內鍾路　金相萬冊肆
▲鍾路　敎育書館
▲洞口越便　古今書海舘
▲鍾路　中央書舘
▲大廣橋　大東書市
▲(…)　匯東書館
　　　　博文書舘

弊人이日本大阪商業家와特約ᄒᆞ고日本內地産出各種物品과西洋各種物品及機械等物을我大韓에輸入과委托을便利케契約ᄒᆞ얏사오니商工業에有意ᄒᆞ신僉君子ᄂᆞᆫ某物이든지請求ᄒᆞ시면本社로來議ᄒᆞ시고本社에셔ᄂᆞᆫ手數料金만受領ᄒᆞᆷ
興業社本店
漢城北部鮮洞
支店京城南門內水㯖五十一統六戶
仁港內동廣濟號　培養會社

●乾材洋藥廉賣
漢城鍾路慈惠藥房에셔各種洋藥을廉價ᄒᆞᄂᆞᆫ中에邦補益藥水를極擇廉賣ᄒᆞ오니內地各處僉彥께셔小包郵便으로取用ᄒᆞ심을仰望
▲大瓶　三圜
▲小瓶　一圜五十錢
乾材洋藥發賣人
濟衆院　醫學員朴慈惠　告白

學徒裝ᄒᆞᆯ書籍
學徒運動과器具
羅紗各種
美國金鷄納
衣服裁縫其他雜貨도廉價放賣ᄒᆞ오니諸君子ᄂᆞᆫ來臨ᄒᆞ심을바라나이다
仁川港寺峴洞新册肆

◎本社廣告

○申報價
一張代金　新貨二錢五厘
一個月前納　三十錢
三個月　九十錢
六個月　一圜七十錢
一個年　三圜四十錢
郵稅一部　新貨五厘
一個月　十三錢

○廣告料
四号活字十三字組每日每行一寸에新貨拾五錢
(每日每行六厘식相當ᄒᆞᆷ)
二週日에　二圜五十錢
一個月에　五圜
每日每行四錢五厘에相當ᄒᆞᆷ
(每日每行四錢一厘에相當ᄒᆞᆷ)
其期限의長短과字行의多少ᄂᆞᆫ協議ᄒᆞ야措處ᄒᆞᆷ이有ᄒᆞᆷ

◎大韓每日申報各處支社及發售所
中署布屛門下　金相萬
平壤上水口門內　金浩淵
仝　崔毅恒
仁川桂峴關新報所　李東暉
宣川邑倉南冊肆　安濬
義州南門外東西　六藥局
釜山港佐川　徐藥局
三郎港藥洞　金元섭
成興府州社西門外　曹喜林
開城培養學校　姜助遠
大邱市郡　徐一弘
載寧邑濟衆院　劉夢澤
鐵山邑東部　安圭
元山倉前　劉七錫
淸州南門外濟衆院內　金泰熙
海州南門內　朴昌鎭
定州南門內書舖　洪成인
昌城郡校동　許錫
郭山與岩　李銀瑞
安岳細동坊峨동　康道善
信川衙前　李鎔成
安州城內發弄洞　金殷河
鐵原邑衆洞　趙鍾大
高原邑　朴敎吉
濟州城內一徒里客舍洞高亨來
井邑邑內　李益鎭
泰仁邑內　金德弘
扶安牛浦　金鼎濟
京畿楊根郡砥峴驛市　李基秀

大韓每日申報社
發行兼編輯人英國人　裴說
發行所
南署石井洞號外地三層洋屋
大韓每日申報社

第五卷

大韓每日申報

第六百廿九號

月曜及慶節臨時日休刊

檀君開國四千二百四十年
箕子元年三千二十九年
大韓開國五百十六年
日本明治四十年
淸國光緖三十三年
陰曆丁未八月小廿七日丙戌

論說

◎英露協約

英露兩國이前日異見을忘却ᄒᆞ고敦睦之邦을作ᄒᆞ기로一致홈은在外英人의게一般滿足홀비라幾年前에ᄂᆞᆫ如此友誼를不致홀理由가何有리오마ᄂᆞᆫ但俄國의印度計劃은英國政客이置信ᄒᆞ야叚佩抗逆홀敵國으로視ᄒᆞ엿도다年來經閱을顧ᄒᆞᆫ건ᄃᆡ俄國이侵襲印度之策을實或商量ᄒᆞ엿ᄂᆞᆫ지ᄂᆞᆫ不無疑訝니如此意見이文武官懸幾人中에存ᄒᆞ엿슴은確然ᄒᆞ나一政府가全然히此意思를持ᄒᆞᆫ줄노ᄂᆞᆫ暫不置度ᄒᆞ노라但一國이印度를維持홈것과且其士民이俄國의管轄을交受ᄒᆞ려고英國管轄을抗棄ᄒᆞᄂᆞᆫ거ᄉᆞᆫ自殺을犯ᄒᆞᄂᆞᆫ것과無異ᄒᆞᆯ니일거ᄉᆞᆫ在外有志英人의所知와如히俄國도知悉홀비라以其事實노言之컨ᄃᆡ英國이印度人民及貴族의게許與ᄒᆞᆫ自由와思想及僻習의自由를俄國은其必不許ᄒᆞ엿스리니東亞人을何如히詐稱ᄒᆞ던지愚民이라謂之키不能이어든況其人이俄國을爲ᄒᆞ야英國을抗戰ᄒᆞ리라홈은意志가不深ᄒᆞᆫ信認이로다此協約이紛爭의原因을除去ᄒᆞ엿스니吾人의眞實히慶賀ᄒᆞᄂᆞᆫ비라波斯海灣에關ᄒᆞᆫ困難이因此解決되엿고戰意를釀成ᄒᆞ던多般機會가到今ᄒᆞ야ᄂᆞᆫ往事를成ᄒᆞ야波斯一部와印度北境에同一ᄒᆞᆫ結果를與ᄒᆞ엿도다余今明言컨ᄃᆡ兩國이互相友誼로前日보다敦睦홈을得홀지라其協約의全文은姑未頒布하엿스나其條件을論ᄒᆞ기ᄂᆞᆫ不能이되何如ᄒᆞᆫ지其約欵에一條가亞富汗斯坦을英國權限內에置ᄒᆞ되此地로不用ᄒᆞ다홈은僭認키不能인줄노量度ᄒᆞ노라蓋亞富汗斯坦은有力且勇ᄒᆞᆫ一獨立國이라何如强國으로던지其獨立을不得變遷케ᄒᆞ리니英露兩國이必是此國을現今과如히留之ᄒᆞ고但此國에何如土地던지侵襲或占領은不爲ᄒᆞ기로約諾ᄒᆞ엿스리로다如此約諾이實行ᄒᆞ기에愈益妥合홈은以此로印度及俄境間에混雜을永杜홈이라今此協約이平和를鞏固ᄒᆞ야海牙會議보다有効홈이加多ᄒᆞ니吾人於此에奚特慶賀而已리오

官報

●第三千八百八十七號

隆熙元年十月三日

敍任及辭令

解象任公立晋州普通學校長　前教員尹弼求
免本官　懷德郡主事宋璞用
公立成津普通學校敎員　鄭泰憲
公立春川普通學校副敎員　金東勛
免本官
官立梅洞普通學校敎員　金洪秀
依願免本官
官立인峴普通學校敎員　金元祜
任官立校洞普通學校敎員
公立○榮普通學校敎員　朴회命
任官立인峴普通學校敎員
前教員李鍾瑾
任公立東萊普通學校敎員
任中樞院副贊議　六品鄭秉殷
度支部稅務主事李鍾元
仝　金鎭鎭
仝　崔麟植
依願免本官
嚴鎭燮　李正華
前委員呂鍾萬
任度支部稅務主事
故中樞院議官李　황
贈從二品嘉善大夫掌禮院副卿
故學生李光穆
贈正二品通政大夫秘書監丞
故調練院主簿李　休
贈從二品通訓大夫掌禮院掌禮
以上從二品嘉善忠淸北道觀察使李鎬成考祖考曾祖考依法典追　贈
故通訓郎洪大絢
贈正二品資政大夫秘書監丞
從二品嘉善大夫侍從院副卿洪澤厚祖考依法典追　贈

◉告示（續）

第二號書式

何新聞題號變更請願

現今題號何新聞
變更題號何新聞
右ᄂᆞᆫ年月日로부터改正코자ᄒᆞ와玆에請願홈
隆熙元年　月　日
발行人　姓名印
內部大臣某　閣下

第三號書式

何新聞記載種類變更請願

一現今種類　政治、法律、農工商業等類
一變更種類　何類
右ᄂᆞᆫ年月日부터變更코져ᄒᆞ와玆에請願홈
（保證金을納치아니ᄒᆞ고발行ᄒᆞᆫ者가更히保證金을要홀種類로變更ᄒᆞᄂᆞᆫ時ᄂᆞᆫ左와如히請願홈）
右ᄂᆞᆫ年月日로부터變更코져ᄒᆞ와玆에保證金三百圓을添付請願홈
（保證金을納ᄒᆞ고발行ᄒᆞᆫ者가更히保證金을不要ᄒᆞᄂᆞᆫ種類로變更ᄒᆞᄂᆞᆫ時ᄂᆞᆫ左와如히請願홈）
右ᄂᆞᆫ年月日부터變更코져ᄒᆞ와玆에請願ᄒᆞ오니既往納付ᄒᆞ온保證金을還給ᄒᆞ심을伏望
隆熙　年　月　日
發行人　姓名印
編輯人　仝
印刷人　仝
內部大臣某　閣下

第四号書式

何新聞發行又ᄂᆞᆫ編輯或ᄂᆞᆫ印刷擔任者假定申告

何新聞發行人又ᄂᆞᆫ編輯人或은印刷人某某가何月何日死亡或은第三條의要件을失ᄒᆞᆫ故其後繼者의許可를受ᄒᆞ기까지ᄂᆞᆫ某某로써發行又ᄂᆞᆫ編輯或은印刷擔任者를假定ᄒᆞ고繼續發行코ᄌᆞᄒᆞ와玆에申告
隆熙　年　月　日
發行人　姓名印　居住
發行人이死亡ᄒᆞᆫ時ᄂᆞᆫ遺族親戚이連署홈
發行擔任者姓名印
內部大臣某　閣下
（未完）

外報

●特別會議　北京電을據ᄒᆞᆫ則去卅日에淸國政府에서特別會議를開ᄒᆞ고軍機大臣은滿洲에關ᄒᆞᆫ露淸協約과奉天에日淸間에食擔炭礦及開埠問題를即決홀必要로提議ᄒᆞ엿다더라

●下議院設立의發議　北京電을據ᄒᆞᆫ則淸國都察院左部御史陸寶忠氏가上奏ᄒᆞ되資政院은上議院과如ᄒᆞ야國民을代表ᄒᆞᆫ이아닌則急히下議院을設立하소셔ᄒᆞ엿더라

●轉航禁止의謬聞　桑港電을據ᄒᆞᆫ則加奈太政府에서內閣官吏一名을日本에派送ᄒᆞ야布哇에셔來ᄒᆞᄂᆞᆫ日本移民轉航禁止事로日本政府와協定케ᄒᆞᆫ다더라

●佛國洪水　倫敦電을據ᄒᆞᆫ則몬트페리에附近에豪雨로以ᄒᆞ야洪水가起ᄒᆞ얏ᄂᆞᆫ데葡萄園은荒廢가되고死傷者ㅣ數百首以上이오數個村落은水中에沒ᄒᆞ얏다더라

●五二館火災　東京電을據ᄒᆞᆫ則東京麴町區帝國五二館은去卅日午後八時半에出火ᄒᆞ야該部를燕燒ᄒᆞ고宏壯ᄒᆞᆫ建物에火勢가熖熖히天을焦ᄒᆞᆫ模樣이오該館附近帝國旅館에美國陸軍卿다후도氏의歡迎會에서非常히混雜이起ᄒᆞ고該館側日本硝子製造會社를延燒ᄒᆞ고遞政本業事務所를半燒ᄒᆞ고十時半에鎭火ᄒᆞ얏ᄂᆞᆫ데出火原因은未詳ᄒᆞ고火災保險會社의損害가十一萬圓에達ᄒᆞ얏다더라

●軍艦新製建議　伯林電을據ᄒᆞᆫ則美國海軍省에서快速力巡洋艦五隻과戰鬪艦四隻을新造ᄒᆞᆯ建議가有ᄒᆞᆫᄃᆡ大統領루스벨트氏ᄂᆞᆫ此의建議를助力ᄒᆞᆫ다더라

●巖手縣大火　日本巖手縣下東岩井郡與田村에서二十七日午後零時半에出火ᄒᆞ야四十戶가延燒ᄒᆞ고駐在所役場所郵便局이燒失ᄒᆞ얏다고該地方에公電이有ᄒᆞ다더라

寄書

在善生

歷代之行跡은繼承ᄒᆞ되因時以致治ᄂᆞᆫ一也오各國之宗敎ᄂᆞᆫ不同ᄒᆞ되勸民以爲善은一也니是故明王之行政也에必因其民俗而制宜ᄒᆞ고聖人之設敎也에必因其國性而立規ᄒᆞᄂᆞ니漢唐은豈不欲三代之政治而止於漢唐ᄒᆞ고三代ᄂᆞᆫ豈不欲唐虞之敎化而止於三代而已哉아民俗이相殊ᄒᆞ고國性이不同에時勢가固然也니余嘗觀當世之能言政敎者에行政立敎之實旨的偏見으로膠於舊言ᄒᆞ며動法往古而不知時變ᄒᆞ고惑於新者ᄂᆞᆫ本志ᄂᆞᆫ初不深究ᄒᆞ고惟以自己言論聞而不知自守ᄒᆞ야各以主我者로爲論ᄒᆞ고民俗國性之如何閑宜ᄂᆞᆫ少不揣量ᄒᆞ니所以로才自矯爲에冰炭矛盾ᄒᆞ야卒無繼從之岸ᄒᆞ니嗚呼라惟我大韓이以五百年尙文之國으로當此競爭之世界ᄒᆞ야國力이委靡不振에相率而爲他人之羈絆호ᄃᆡ晉然而不知發忿ᄒᆞ고喟然而不思自强ᄒᆞ니顧我二千萬人衆이豈無自國之性質而然乎哉아且緣民力이渙散ᄒᆞ고俗習이背馳ᄒᆞ야四分五裂에國聚無由矣리

與ᄒᆞ닐問者ᄂᆞᆫ膠於往古之陳跡ᄒᆞ야才聞開化新式則掩目擲卷ᄒᆞ고所以幻腸人ᄒᆞ고所謂新聞者ᄂᆞᆫ誇於開化之皮面ᄒᆞ야才見頑固舊學則嗤而嘲笑에置以夢中人ᄒᆞ야自相角逐에遂成對敵ᄒᆞ니如是而永欲國聚면其將何以得之乎아非但爲是也라亦有所謂以舊斥舊ᄒᆞ며以新排新者ᄒᆞ니以舊斥舊者ᄂᆞᆫ誰也오如近所謂儒者主理主氣者流며近古所謂老論少論四色黨派是也오以新排新者ᄂᆞᆫ誰也오如民間所謂大主天道之流며在政界所謂日黨俄黨各國黨流者是也라（未完）

雜報

●動駕儀節 昨日上午十時三十分에 大皇帝陛下씌옵셔 太廟에展謁ᄒᆞ시ᄂᆞᆫᄃᆡ節次威儀가如左ᄒᆞ니韓日兩國警察官吏와日本騎兵隊가導警衛ᄒᆞ고宮內府大臣李允用氏가乘馬車前導를ᄒᆞ얏스며 大皇帝陛下씌옵셔大元帥服裝을御着ᄒᆞ사侍從武官長閔丙奭氏와同一히馬車를 御乘ᄒᆞ옵셧고永宣君李埈鎔氏도乘馬車陪從ᄒᆞ얏스며內閣總理大臣李完用書記官長韓昌洙兩氏도同伴ᄒᆞ야乘馬車ᄒᆞ고各部大臣은乘人力車陪從ᄒᆞ얏스며日本騎兵隊가隨後警衛ᄒᆞ얏고各官私立學校學徒들은太極旗를各持ᄒᆞ야自黃土峴으로 宗廟門前ᄭᆞ지羅立ᄒᆞ얏다가祗迎敬禮를ᄒᆞ얏ᄂᆞᆫᄃᆡ 皇帝陛下씌옵셔擧手答禮ᄒᆞ옵시고同下午一時三十分에還御ᄒᆞ셧더라

●慶運宮臨御 昨日 大皇帝陛下게옵셔 太廟動駕時에 太皇帝陛下와 皇太子殿下게오셔慶運宮에 御臨ᄒᆞ옵셧다더라

●展拜禮服 昨日 大皇帝陛下씌오셔 宗廟와永寧殿展拜行禮ᄒᆞ오실제御着網巾에冕旒冠絳紗袍하셧고內班에入叅ᄒᆞᆫ大官은着網巾에或朝服或大禮服을ᄒᆞ얏고七班에ᄂᆞᆫ新大禮服或厚[?]古衣와舊大禮服으로多數叅與ᄒᆞ얏다더라

●展拜後賜饌 昨日 大皇帝陛下씌오셔太廟展拜하신後에各部大臣의게賜饌ᄒᆞ오셧다더라

●叅賀諸氏 再昨日義王妃誕辰時에該宮叅賀ᄒᆞᆫ氏名이如左ᄒᆞ니李載覺李埈鎔李達鎔嚴俊源金思轍諸氏더라

●大官奔忙 昨日은 大皇帝陛下게옵셔 宗廟에展謁ᄒᆞ시고伊藤統監이入城ᄒᆞᄂᆞᆫ事로總理大臣以下各部大臣이擧行節次에奔汨ᄒᆞᆫ情狀을呈ᄒᆞ얏다더라

●鎭撫協議 地方騷擾를鎭撫ᄒᆞ기爲하야各地方鎭衛隊를更히設置ᄒᆞ기로內閣에서擬議中이라더라

●何處安靜 郡守奏本을[?]次修正ᄒᆞᆫ다ᄂᆞᆫ說이有ᄒᆞ매郡守運動ᄒᆞᄂᆞᆫ客들이義擾가無ᄒᆞᆫ郡邑을圖得ᄒᆞ라고傍蹊曲經으로極力周旋ᄒᆞᆫ다ᄂᆞᆫᄃᆡ慶南全羅平安北道와咸鏡道를爭窠ᄒᆞᆫ다더라

●有力所奪 昨日 大皇帝陛下動駕ᄒᆞ실時에法部大臣趙重應씨家婦人덜이壽洞越便二層洋屋에依幕處所를占據ᄒᆞ얏ᄂᆞᆫᄃᆡ該處所ᄂᆞᆫ一般法官덜이祗迎ᄒᆞ기爲ᄒᆞ야張燾氏가給貰契約ᄒᆞᆫ家屋이라더라

●再次請願 漢城裁判所主事陸鍾冕씨가法部에再次辭職請願ᄒᆞ얏더라

●避禍上京 木川居趙議政秉鎬씨와前觀察使趙漢國氏가地方騷擾를避ᄒᆞ야京城으로日昨率眷[?]來ᄒᆞᆫ다더라

●宣諭手段 京畿宣諭使鄭寅興씨가水原郡에到하야該郡守徐丙肅을訪見하고各面에告示ᄒᆞ야面長을客舍로會集ᄒᆞ고詔勅을宣諭ᄒᆞᄂᆞᆫ대手段이訥ᄒᆞ야不能奉讀ᄒᆞᆫ대環聽人民이口々嘲笑하거ᄂᆞᆯ該郡守徐丙肅씨가代辦演說ᄒᆞ야人民을曉諭ᄒᆞ얏다더라

●不敢出頭 江原道宣諭使洪祐晳씨ᄂᆞᆫ春川觀察道에逗留ᄒᆞ고該管下列郡에不能循行曉諭ᄒᆞᆫ다더라

●藏衣脫却 昨日 大皇帝陛下ᄭᆡ셔 太廟展謁動駕時에女人等이藏衣를着ᄒᆞ고路邊에列立ᄒᆞ야觀光ᄒᆞᄂᆞᆫᄃᆡ巡査與巡檢이藏衣를脫ᄒᆞ고觀光ᄒᆞ라ᄒᆞ미藏衣를脫ᄒᆞᆫ女人은如前히觀光ᄒᆞ얏고或脫치아니ᄒᆞᆫ女人은坊曲으로逐之ᄒᆞ매擧皆藏衣를脫ᄒᆞ고觀光ᄒᆞ얏다더라

●求守脫身 求[?]守宋大鎭氏가避身ᄒᆞ야務安木浦로出來ᄒᆞ얏다더니更聞ᄒᆞᆫ즉群山港으로徒步來到ᄒᆞ야輪船을搭乘ᄒᆞ고仁川에到泊ᄒᆞ야再昨日에入城ᄒᆞ얏다더라

●日兵又來 再昨日上午에日兵百餘名이東大門外로出去ᄒᆞᄂᆞᆫ대騎兵이八名이오糧器械를載ᄒᆞᆫ駄馬[?]이二十六匹이오醫藥을載ᄒᆞᆫ馬[?]이二駄라더라

●翻車後聞 自太田來人의傳說을聞ᄒᆞᆫ즉去番輪車가破碎ᄒᆞᆯ時에韓人六名과日人六名은即致斃ᄒᆞ고其餘一百五十名은或輕傷或重傷ᄒᆞ얏ᄂᆞᆫᄃᆡ日人三名은漢城病院으로昇來ᄒᆞ고韓人八名은大韓醫院으로昇來ᄒᆞ야現今治療中인ᄃᆡ死境은免ᄒᆞᆫ듯ᄒᆞ다더라

●寺예絕糧 東來人의傳說을聞ᄒᆞᆫ즉鐵原寶蓋山[?]寺刹이四面環山ᄒᆞ야府岩絕壁이飛鳥難攀이오洞口ᄂᆞᆫ僅通人路가有ᄒᆞᆫᄃᆡ義兵五千餘名이該寺刹에根據ᄒᆞ고洞口에[?]數百名이駐ᄒᆞ야以待絕糧ᄒᆞᆫ다더라

●日兵來到 日兵이軍物을調査ᄒᆞ고賊徒를偵探次로寶平郡에來到ᄒᆞ얏다고該郡守全國煥氏가內部로報告ᄒᆞ얏더라

●暴徒押到 再昨日全南裁判所檢事가法部에電報ᄒᆞ되暴徒三十八名을當日에自羅州分署로押到라ᄒᆞ얏더라

●擒獲情狀 軍部大臣李秉武씨의第에日兵十名이保護ᄒᆞᄂᆞᆫᄃᆡ乞客一名이來到ᄒᆞ다가日兵을見ᄒᆞ고驚却避走ᄒᆞᄂᆞᆫ대日兵이義兵으로誤認ᄒᆞ고即爲砲殺ᄒᆞ얏다더라

●兩郡騷擾 慶南觀察使金思默氏가內部에電報ᄒᆞ되義兵이安義郡에闖入ᄒᆞ얏ᄂᆞᆫ대山淸郡도自然騷擾ᄒᆞᆫ다ᄒᆞ얏더라

●列車投石 二日발鳥致院電을據ᄒᆞᆫ則昨日午後八時에南行列車가[?]驛南十里에進行하ᄂᆞᆫ대何許人이投石ᄒᆞ야硝子窓一處를破傷ᄒᆞ엿다더라

●落成叅與 公立平壤普通學校落成式을本日擧行ᄒᆞᆫ다ᄂᆞᆫ說은已揭어니와該校落成式에學部大臣李載崑氏도往叅ᄒᆞᆯ터인대昨日 大皇帝씌옵서 太廟展謁ᄒᆞ시ᄂᆞᆫ公故에相値ᄒᆞ야未得往叅ᄒᆞ고學務局長尹致旿氏가該部事務官[?]山[?]一郎씨를帶同ᄒᆞ고昨日京義一番鐵路로發程ᄒᆞ야該校落成式에叅與ᄒᆞ얏다더라

●地方消息

▲黃海道平山郡에셔前木川郡守朴[?]協씨가解散兵數十名을率ᄒᆞ고平山郡馬山面等地에來ᄒᆞ야頑民等을煽動ᄒᆞ야[?]作ᄒᆞ고軍器及軍糧을[?]ᄒᆞ고兵員을召募ᄒᆞᄂᆞᆫ勢가有ᄒᆞ야猖獗ᄒᆞ더니[?]西域[?]에至ᄒᆞ고[?]即佛堂이며[?]에在ᄒᆞ고地가[?]流石灘[?]에侵入ᄒᆞ야居[?]의家屋을放火ᄒᆞ고米數百石을奪取하고日人一名을捕縛ᄒᆞ얏다ᄒᆞ고

▲去月二十二日에日警視部長은神佐員[?]名을率ᄒᆞ고石灘浦에使人ᄒᆞ야灌纓臺를向ᄒᆞ야谿谷에至ᄒᆞ가다가義兵包圍에陷ᄒᆞ야約一時半을對戰하다가血路를通ᄒᆞ야延安邑으로敗走ᄒᆞ야日軍一대와合ᄒᆞ야二十八日에更히該地로前進ᄒᆞ고該地居留日人은仁川으로避難ᄒᆞ얏다ᄒᆞ고

▲去二十三日平昌附近酒泉에서義兵이駐屯ᄒᆞ얏ᄂᆞᆫ대日兵一部隊와猛烈히交戰ᄒᆞ다가退却ᄒᆞ엿고更히二十四日에平昌堤川間에서義兵五十名과日兵이遭遇交鋒ᄒᆞ고義兵數隊ᄂᆞᆫ樂豐西方約十里許에徘徊ᄒᆞ다가五隊를分成ᄒᆞ야江陵西南方으로向ᄒᆞ야山中에駐屯ᄒᆞ엿다ᄒᆞ고

▲去二十五日公州東南白巖洞에서義兵이集合하얏ᄂᆞᆫ대日兵이夜襲ᄒᆞ얏다ᄒᆞ고

▲去二十七日義兵約一百五十名中에百餘名寄兵이沒雲峙에서日兵을遭遇ᄒᆞ야寄兵의[?]襲擊ᄒᆞ야日上等兵貝瀨正作이가中丸即斃ᄒᆞ고敗殘兵은珍富로逃走ᄒᆞ얏고二十八日未明襲擊附近에義兵約四拾名이日兵을突然襲擊ᄒᆞᆫ즉日兵은退却ᄒᆞ고五方林西方山中에서義兵이徘徊ᄒᆞᆫ다ᄂᆞᆫ報를接ᄒᆞ고日討伐隊가掃蕩ᄒᆞᆫ다揚言ᄒᆞ얏고

▲去二拾四日酒泉東方에서義兵의監視兵은日兵의게捕獲이되고義兵大部ᄂᆞᆫ退却ᄒᆞ고日隊ᄂᆞᆫ義兵이[?]ᄒᆞ엿다ᄂᆞᆫ[?]接ᄒᆞ고日步哨兵[?]勢ᄒᆞ야約[?]分[?]ᄒᆞᄂᆞᆫ대義兵이退却ᄒᆞ매日兵이[?]ᄒᆞ야[?]追擊ᄒᆞ야[?]衆을占領ᄒᆞ얏ᄂᆞᆫ대義兵의死傷은未詳이라ᄒᆞ고

▲去二拾五日鎭安郡에義兵이電柱二本을切斷ᄒᆞ미電信工夫가取調ᄒᆞ기爲ᄒᆞ야山中에入ᄒᆞᆫ즉義兵約三拾名을遭ᄒᆞ야逃走ᄒᆞᄂᆞᆫ道中에서再次義兵八拾名을遭ᄒᆞ야발砲를受ᄒᆞ엿스나幸히無事이歸着하얏고

▲長水郡에義兵約二百餘名集合ᄒᆞ야武器와糧食等을徵발ᄒᆞᆫ다ᄂᆞᆫ報를接ᄒᆞ고日憲査五名과巡檢을派遣ᄒᆞ얏다하고

▲二日발晉州電을據ᄒᆞᆫ즉安義郡守ᄂᆞᆫ該地方이不穩ᄒᆞᆷ으로昨日에山淸郡으로避亂하얏다ᄒᆞ고

▲三日발鳥致院電을據ᄒᆞᆫ즉一日安城에在ᄒᆞᆫ義兵을討伐ᄒᆞ기爲ᄒᆞ야派遣ᄒᆞᆫ水原日中隊小隊ᄂᆞᆫ昨朝八時頃에安城에서朝食ᄒᆞᆯ際에義兵의包圍를受하야戰鬪ᄒᆞᄂᆞᆫᄃᆡ成歡守備隊의應援ᄒᆞ기를急報ᄒᆞ얏다더라

滿洲通信

●領事通知 二日발 日本奉天總領事가淸兵衝突을避ᄒᆞ기爲ᄒᆞ야間島에多數兵을派치아니ᄒᆞᆯ方針이라고同巡撫에게通知ᄒᆞ얏다더라

▲秋 士 聲 [?]

▲海東風聲이昨日에又到ᄒᆞ니權界三千이一時에吹搖이라政海萬里에波瀾가又起ᄒᆞ야七隻巨艦이搖々不定ᄒᆞ[?]危[?]萬目이共注ᄒᆞ[?]

▲[?]日에[?]部[?][?]件이[?]ᄒᆞᆫ지[?]部[?]仕[?]次[?]잇다하니近[?]ᄒᆞᆫ[?]發ᄒᆞᆯ際하야各大臣에事務가[?]刻이爲急ᄒᆞ되太平時代에朋坐[?]에[?]爲를作ᄒᆞ야悠々汎々에等閒看過ᄒᆞ니尸素之譏를[?]得免ᄒᆞ고

▲近日某々大官이圓洞某大官家에晝夜會集ᄒᆞ야花鬪局을開設ᄒᆞ고幾萬元得失이有ᄒᆞ다ᄒᆞ니此輩가當路ᄒᆞ면賣國求榮ᄒᆞᄂᆞᆫ것이事業이오失勢ᄒᆞ면花鬪消日ᄒᆞᄂᆞᆫ것이長技라如此人物은進亦禍根이오退亦禍根이로다

▲三和港事軍廳에서ᄂᆞᆫ國家의危急을憂慮ᄒᆞ야卷煙과飲酒와雜技를一時斷絕ᄒᆞ고아모조록國民義務에從事코져ᄒᆞ니彼貴族巨室에花鬪宰相과比較ᄒᆞ면霄壤之判이로고

▲農商工部에서十三道에訓令하되博覽會事務整頓에隨ᄒᆞ야本月三十日內上來ᄒᆞ고[?]下[?]郡守의게指飭ᄒᆞ야亦即[?]來케ᄒᆞ라ᄒᆞ고該部에서또各觀察道의게訓令ᄒᆞ야[?]下各郡守들이博覽會에叅觀ᄒᆞ기ᄅᆞ고請由ᄒᆞᄂᆞᆫ郡守가有ᄒᆞ거든姑勿許由ᄒᆞ라ᄒᆞ얏스니去番[?]察部外의博覽會에叅觀ᄒᆞ라ᄒᆞ고또觀覽을禁止하라ᄒᆞ니名郡守ᄂᆞᆫ進亦難退亦難ᄒᆞ고나

▲近日에傳染病을因ᄒᆞ야該[?]等地에派[?]ᄒᆞ야人民의通行을禁止ᄒᆞᄂᆞᆫ日巡査에게ᄂᆞᆫ每名에每日[?]貸一圓式ᄒᆞ야撥給ᄒᆞ고韓國巡檢에게ᄂᆞᆫ一分도不給ᄒᆞᆷ으로怨聲이有ᄒᆞ다ᄒᆞ니使役之勞ᄂᆞᆫ韓日人이一般이어늘日巡檢에게만日貸를支給ᄒᆞ고韓巡檢은日貸를마자아니ᄒᆞ엿던가

[?]國[?]明[?]鍵[?]相[?] [?] 欣[?] [?]이[?]此[?] [?]志紳士[?]力招聘ᄒᆞ[?]由ᄒᆞ[?]스나至於維持之方針ᄒᆞ야ᄂᆞᆫ該報를一般人士가多數購覽에在ᄒᆞ니民智가漸發ᄒᆞ야該報가擴張ᄒᆞ기로懇切히更祝ᄒᆞ노라

天氣預報

▲十月四日은北風과西風이吹ᄒᆞ고晴하다

●社告

本社支社를左開三處에設置ᄒ얏ᄉᆞ오니該附近에서本申報購覽ᄒ실 僉彥은一切該支社로請求ᄒ시고代金도該氏에게로送交하심을務望홈

代金 漢文申報 每朔幷郵稅四十三錢
國文申報 仝 三十八錢

左開 支社位置及氏名

井邑邑內 朴議官性天 李益兼
泰仁邑內 全允達德弘 宋伯彥
扶安茁浦 金論奉鼎濟

地方各支社와個人購覽員에게本申報配達이或滯留或遺漏가非一非再인바되以書辭通知가頻煩가無ᄒ야郵便局交涉이難便ᄒ니此後로ᄂᆞᆫ申報封皮에出付와收到日付印期限이過隔者를摘拔聚合ᄒ야ᄯᅡ가本社로委送ᄒ심을爲要홈

各地方에서本申報購覽ᄒ시ᄂᆞᆫ中或二三朔代金未納ᄒ신僉彥의게ᄂᆞᆫ來十月一日부터停送ᄒ올터이오니本月內로未納金을爲先送交ᄒ오셔停送至停送케ᄒ심을望홈

大韓每日申報社

●社告

美國桑港市[illegible]西寺街一百二十九番共立館에居留ᄒᆫ有涉氏所送金額新貨一百五十一圓七十六錢을已爲領收이나何許事件으로送홈인지詳爲示明홈을切望홈

大韓每日申報社

雜報

●地段買支出 本年度에京仁鐵道改線의用地價額이九萬二千七百六拾餘圓인데鐵道管理局에서度支部로照會ᄒ고該價額을算外支出ᄒ라ᄒ얏다더라

●民有認定 壽進宮、於義宮、明禮宮、龍洞宮、毓祥宮等七宮과內需司의所管土地를四導掌으로區別ᄒ야作導掌役導掌等은帝室有로認定ᄒ고土地ᄂᆞᆫ民有로認定ᄒ얏다더라

●庖稅收納 農商工部에서京畿觀察使의게訓令하되管下府郡에庖肆稅二萬二百拾四兩을即速히交金庫로收納ᄒ라ᄒ얏더라

●物品審査 博覽會物品의優劣精粗를審査홈次로農商工部에서商業會議所에囑託ᄒ야審査委員六人을選出審査케ᄒ다더라

●高校撮影 昨日은官立漢城高等學校의創立紀念日이오日前 皇太子殿下게옵셔臨御ᄒ신榮幸으로昨日에該校長以下一般任員과學徒가會同하야撮影ᄒ얏다더라

●收租官廢止 [illegible]收租調査所에[illegible]委員들이列[illegible]ᄒ야協議取決ᄒ얏ᄂᆞᆫ데自今以後로ᄂᆞᆫ[illegible]收租官을廢止ᄒ고[illegible]委任ᄒ야[illegible]官吏人을差定ᄒ야收租事務를專擔케ᄒ다더라

●測候支所 韓國農商工部所管仁川測候所京城支所를京城東署馬頭山大韓醫院內에設置ᄒ고技手入江留介氏ᄂᆞᆫ支所長을命ᄒ야來十月一日부터事務를開始ᄒ다더라

●蠶網俱失 收租官을圖得ᄒ기로運動費幾千圓式을消耗ᄒᆫ者들이收租官廢正ᄒᆫ事로可謂蠶網俱失이라고落膽失望ᄒᆫ者多有하다더라

●檢疫報告 警視廳에서設置ᄒᆫ檢疫部에서京城五署內虎列剌에罹ᄒᆫ人을調査ᄒ야內部로報告홈이如左ᄒ니中署帽洞居李君善의孃年七歲인데九月三十日發病ᄒ야十月二日下午三時에死之하얏고北署司圃洞居李鍾九年十八은九月二十日發病ᄒ얏고東署下栢洞居朴和實年四十九인데九月三十日발病ᄒ야現在病院에고北署安洞居吳召史年六十六歲ᄂᆞᆫ九月二十九日발病ᄒ얏고中署廟洞居發銈水妻宋姓女年三十六은十月一日발病ᄒ야現在病院이라ᄒ얏더라

●虎列報告 釜山理事廳에서虎列剌발生以來로拾月一日ᄭᆞ지死亡與罹病ᄒᆫ者를調査ᄒ야內部로報告ᄒ얏ᄂᆞᆫ데死合이九名이오罹病者合이十九名이라더라

●旅費請給 平南裁判所法務補佐官中村敬直씨가和解裁判次로巡視ᄒ러[illegible]認可ᄒ고旅費支給ᄒ라고法部에照會ᄒ얏다더라

●學校紀念 昨日官立漢城高等學校에八回紀念式을擧行하얏다더라

●演說 東[illegible]地球上에慈善家로著名ᄒᆫ세버렌쓰氏가到京ᄒ얏ᄂᆞᆫ데韓國基督青年會에서該氏를爲ᄒ야歡迎會를本日下午七点中에設行하고其時에該氏가演說ᄒ다ᄂᆞᆫ데該會에서一般會員과有志青年이多數光臨ᄒ심을希望ᄒ다더라

●有志出捐 各地方有志人士가本社에捐補홈을深用感荷ᄒ노니觀[illegible]鴻浩씨ᄂᆞᆫ五圓이요鐵山金尚沃씨ᄂᆞᆫ二圓이오永興高膺瑚氏ᄂᆞᆫ一圓이오坡州吳厚根氏ᄂᆞᆫ一圓이더라

▲一心歌 (利) 寄書

여보시오同胞님네
生稲벌을못보시오
옹긔뭉긔ᄒᆫ桶속에
君臣上下同體되여
號令내려진문여니
千萬ᄉᆞ졸赴役ᄒ다
紀律도춤嚴肅ᄒ거니
糧食도차豊足코나
여보시오同胞님네
지아미를못보셔오
地陷속에잇슴망정
數百萬名同心合力
上通天文風雨防備
下達地理水道占領
行陣法은整齊ᄒ야
喇叭소래들니는듯
사람이되어셔야
벌네만도못ᄒᆯ손야
大丈夫의ᄒᆫ만일
愛國憂國前後間에
愛國커든圖ᄒ되고
憂國커든合心ᄒ소
圖ᄒ々말만말고
合心ᄒ야지
千사람이同志ᄒ면
열사람이同志ᄒ고
百사람이唱道ᄒ면
千사람이和ᄒ야
男女勿論同心ᄒ고
老少업시合心ᄒ야
一身을[illegible]救濟
貴賤업시셔로尊重
切齒腐心참아두고
私々일은던저ᄇᆞ려
目前일은落心말고
將來일만希望ᄒ야
ᄉᆞ당의字俠復ᄉ字
몸에품고뇌에식여
同胞게나ᄂ라게나
몸과몸을ᄒ뫼밧쳐
名譽竹帛우리目的
時機々々기ᄃ리며
二千萬口너나업시
ᄒᆫ몸ᄒᆫ뜻되고지고

廣告

大韓新地誌와地圖를今已竣工되얏ᄉᆞ니購覽僉員은各발賣所로來臨覓夫ᄒ시옵

大韓新地誌발賣所
中署寺洞三拾統二戶 漢陽書館
中署布屛門下 廣學書舖
中署罷朝橋越邊 中央書館

本人이仁川港㯖峴內洞第二十一統一號草家九間八拾米契官地契一張과同紐峴內洞署字第四十八號草家四間官夕記一張共兩張을家中遺失ᄒ얏ᄉᆞ오니誰某拾得ᄒ와도休紙施行홈

仁川港㯖峴洞池正益 告白

江界一邇年擾亂楊枝遠去七月分求化於上京時路需自會中支出不可辭悉矣稱以補充納除弊而鄕第事處由自南貸於故或恐民間排徵以廣布

江界高繼龍

北署安國坊安峴契小安洞合統三戶[illegible]券서失ᄒ로[illegible]第六百[illegible]號[illegible]廣告ᄒ엿[illegible]ᄒ오니已[illegible]廣[illegible]勿施홈
[illegible]門外[illegible]完[illegible] 告白

▲乳母所求

두살된으히를젓먹일터인되天[illegible]괴으히업시집에와셔유모노릇ᄒᆯ부인이잇거든 대한매일신보샤회계파로 와셔의론ᄒ시요

本郡守金秉吉氏ᄂᆞᆫ仁智勇畧으로素著嶺南에衆所欽仰이어니와丹城在任時三載에治蹟이居上ᄒ야民懷召杜터니何幸今年五月日에遷莅本郡ᄒ야愛民如子ᄒ야恤災救弊ᄒ며嫺熟外交에民賴按堵ᄒ고盜賊이屛息터니不意今夏等殿最에人雖質心이나昧於事務라ᄒ고居下되얏ᄉᆞ니何事務를昧ᄒ다홈인지前後訟案을歷々可徵이라도一無誤決은郡民所據證이거날胡爲此貶고闔境人民이咸曰我侯에一遞으로適路願留ᄒ고一遞으로據實齊訴內部次로上來ᄒ야玆先廣佈홈

咸安郡人民 趙鏞鶴 洪在壕 李益雋 安文煐 趙棟奎等 告白

忠州木川鶴身面令溪所在六千金價値家대를欲爲放賣次除今三月分에木川廣岩居族姪相瑾處ᄒ야委託出給文券矣라가適有自京有識人ᄒ야本人이先以新文記一張標紙一張으로永々放賣後以此爲證書欲推族於相瑾處이되于今幾月에渺無自ᄒ니與測委折故玆先廣告ᄒ니內外國人은以此照亮後勿爲見欺홈 京城沈[illegible] 告白

本人姓名圖章을見失ᄒ와毁布ᄒ오니誰某拾得이던지勿施ᄒ시오

[illegible]朴泳鎬 告白

●民事刑事訴訟代理辯護와[illegible]登記案起草[illegible]等[illegible]ᄒᆷ
漢城中署小[illegible]洞第六十統十戶
辯護士前檢事 李建鎬
辯護士前檢事 安秉瓚
聯合法律事務所

本人의名字를九로以延九로改定ᄒ얏ᄉᆞ오니內外國知舊ᄂᆞᆫ以此照亮ᄒ시믈爲盼

李延九 告白

●北署桂洞私立敎明義塾政治學科第二回學員募集大廣告

學科 在本塾規則
年齡 十七歲以上身體康健者
試取 陽曆十月十三日陰曆九月初七日時間은上午拾時下午三時以外ᄂᆞᆫ不受홈
免試 中等科以上卒業證이有ᄒᆫ人
請求 入學證書ᄂᆞᆫ本塾에서無代價로請求를應하야授與홈

●培材學堂開學廣告●

本校가復設되ᄂᆞᆫ거슨已往에도廣告ᄒ엿거니와本校ᄂᆞᆫ預備科一年中學科三年大學科四年으로定ᄒ고純英文으로敎授ᄒᆯ것ᄉᆞ오니願學僉彥은速々來議ᄒ시오開學은陽曆十月九日이오入學合格人試驗은十月六七兩日間에하깃ᄉᆞ

培材學堂總敎師房巨 告白

近々工業이漸隆ᄒ야道路橋梁新設及山林田宅[illegible]地等測量의關係가必要[illegible]

土木測量設計囑託所
京城南大門外南[illegible]第六統[illegible]
主任 金之煥 告白

國債報償義務金收入廣告

◉國債報償義捐金 十月中本社收入總額 每日逐号明細錄

◉拾月二日

第一五五一號黃澗郡 八圓九拾五전

第一五五二号鎭川郡萬升面下新谷 安召史 二拾錢

第一五五三號北署苑洞申瑀鉉 五拾錢

計九圜六十五錢

十月二日收入總額 十一圜六十五錢

九月收入一千一百十八圜七拾九錢八厘

自四月至八月收入總額 五萬四千七百十四圜九十三錢四厘

都合五萬五千八百四十五圜三十八錢二厘

◉黃澗郡

公立黃澗普通學校學徒中一圜

郡主事李根馨 朴寅達門中

各二圜 參奉李秉秀 一圜

郡事朴振英 吳弼相 金振鍾

各五十錢 敎員李承魯卅錢

主簿沈熙澤 沈相舜 朴喜九

各拾錢 李承魯母親

仝 生母親 각十錢

▲牛川柳召史 五錢 李謌魯

徐孟集 朴鳳湖 각拾錢

合八圜九十五錢

◉北署苑洞二十三統十戶

申瑀鉉 五拾錢

◉鎭川郡萬升面下新谷

安召史 二拾錢

總合九圜六十五錢

前號總合五萬五千八百三拾五圜七十三전二厘

都總合五萬五千八百四拾五圜三十八錢二厘

◎特別廣告◎

國債報償金을 本日所納을 始하야 未合計이고 伊前日々지所納總合五萬五千八百三拾三圜七拾三錢은 電氣會社內銀行에 貯置ㅎ얏숩고 其貯置額中 三萬二千三百圜은 國債報償志願金總合所로 越交흠

越南亡國史 廣告

國漢文 定價貳拾伍錢

[illegible] 廣橋 [illegible] 相

[illegible] 川郡 [illegible] 時夏

布屛下김相萬 告백

이 쇼셜은 순국문으로 미우 자미잇게 번등러 일반국민의 익국ᄉ샹을 비양ᄒᆞ는 칙이오니 익국ᄒᆞ는 유지ᄒᆞᆫ 남ᄌᆞ와 부인은 만히들 사셔보시오

견부 ᄉᆞ셥일 폐지

라란 羅蘭 부인 夫人 젼 傳

근세 메일 녀중 영웅

디방 예는

명가금 신화 ᄉᆞ젼

신화 오젼

◉발 매 소◎

남셔 대한미일신보샤

셔정동

베젼병문 아래 광학셔포

인천 싸리저 긔신칙ᄉᆞ

남문안 샹동 박문셔관

종로 고금셔히관

종로 대동셔관

평양멸ᄂᆡ동 교육셔화시

漢城서署松橋新作路四十三統二戶

辯護士 王東奎

辯護士 許憲

合同法律事務所

◉增修無寃錄大全

壹秩 壹百 七十 頁

定價金新貨七拾五錢

此增修無寃錄大全은 法律家의 最緊要ᄒᆞᆫ 書籍이오 [illegible] 이 殆히 絶種에 至ᄒᆞᆫ지라 [illegible] 而에 [illegible] 此를 [illegible] ᄒᆞ야 [illegible] 國文으로 解釋ᄒᆞ얏삽ᄂᆞᆫ데 [illegible] 야 模糊ᄒᆞᆫ 何節이 [illegible] ᄒᆞ오니 法律學에 有志ᄒᆞ신 니와 學校之任에 居ᄒᆞ신 니ᄂᆞᆫ 不得不 [illegible] ᄒᆞ오니 注意購覽ᄒᆞ시옵

中署布屛下

[illegible] 發售所

向者軍隊解散時에 負傷ᄒᆞᆫ 卒中에 死者ᄂᆞᆫ 已矣어니와 折腰折臂折脚之人은 命脉을 尙存이나 運動未由라 該人等이 將欲自殺ᄒᆞ니 令人鼻酸이라 本人等이 往見慰勞ᄒᆞ고 西醫에게 以印度齊도 擬製臂脚이 온則 八人의 該費額이 至爲二千五百圜之多인바 一人助力으로 難見奏効ᄒᆞ와 玆以廣布ᄒᆞ오니 望須慈善僉君子ᄂᆞᆫ 勿拘多小ᄒᆞ시고 救恤金을 寄付ᄒᆞ와 使陷死同胞로 拯濟ᄒᆞ심을 爲要

隆熙元年九月日

發起人 정圭煥 윤泰勳

安奎鎬 曺成煥

救恤金收合所 皇城新聞社

大韓每日申報社

出金人의 姓名은 新聞에 廣告흠

大東寄宿舍

[illegible]

中署澄淸坊黃土峴耆老所前第二十三統三戶

辯護士 李容成

辯護士 黃鎭菊

辯護士 安致潤

事務員 全奎基

事務員 慶勳

聯合法律事務所

瑞士建國誌

◉定價金 新貨十五錢

此書ᄂᆞᆫ 政治小說이니 志士의 救國救民ᄒᆞᆫ [illegible] 을 [illegible] 成하ᄂᆞᆫ데 緊要ᄒᆞᆫ 冊子오

發賣所

▲大韓每日申報社

▲仁川港租峴

▲中署布屛門下

▲平壤城內

▲[illegible]

▲[illegible]

▲[illegible]

▲大廣[illegible]

▲[illegible]

[illegible]

中央書舘

大東書市

[illegible]

[illegible]

本人이 日本大阪商業家와 特約 [illegible] 各種物品 [illegible] 機械等物을 [illegible] 大韓 [illegible] 委托을 便利 [illegible] ᄒᆞ오니 商工業에 有意ᄒᆞ신 [illegible] 은 其物이 [illegible] 본社로 來議ᄒᆞ시오 本社에셔ᄂᆞᆫ 手數料金만 受ᄒᆞ옵

[illegible] 京城南門內水標五十一統六戶

[illegible] 仁港內[illegible]

[illegible] 會社

◉乾材洋藥廉賣

漢城銅峴 [illegible] 藥房에서 各種洋藥을 廉賣ᄒᆞᄂᆞᆫ中 各邦 [illegible] 藥水를 廉賣ᄒᆞ오니 內地各處 [illegible] 彦께셔ᄂᆞᆫ 小包郵便으로 取用ᄒᆞ심을 仰望

▲大甁 三圓

▲小甁 一圓五十錢

乾材洋藥發賣人 濟衆院 醫學員 [illegible] 告白

學徒裝飾 [illegible]

學徒運動 [illegible]

[illegible] 紗各種

美國金鷄納

衣服裁縫其他雜貨도 [illegible] ᄒᆞ오니 諸君子ᄂᆞᆫ 來臨ᄒᆞ심을 바라나이다

仁川港 [illegible] 新[illegible]

◎本社廣告

○申報價

一個月前納 三十錢

三個月 九十錢

六個月 一圜七十錢

一個年 三圜[illegible]

一號代金 新貨二錢五里

郵稅一[illegible] [illegible]

一個月 [illegible]

○廣告料

[illegible]

[illegible] 一次에 新貨 [illegible]

二週日에 [illegible]

一個月에 [illegible]

[illegible]

[illegible] 金浩淵

[illegible] 崔[illegible]

仁川[illegible] 李東皓

[illegible] 安 浩

[illegible] 大[illegible]

[illegible] 徐樂局

[illegible] 金元섭

[illegible] 曺喜林

[illegible] 姜助遠

大邱[illegible] 崔一弘

[illegible] 劉夢澤

[illegible] 安 [illegible]

元山[illegible] 劉七錫

[illegible] 朴昌鎬

[illegible] 洪成일

[illegible] 許 錫

[illegible] 李鎭璟

[illegible] 康道善

[illegible] 李鎭成

[illegible] 金爽河

[illegible] 趙鍾大

高原邑 朴敎吉

濟州[illegible]內一徒里 [illegible] 李益象

井邑邑內 金德弘

泰仁邑內 金鼎濟

扶安[illegible] 李基秀

京義[illegible]

大韓每日申報社

發行兼編輯人 英國人 裴說

發行所 南署[illegible]洞[illegible]

大韓每日申報社

大韓每日申報

第五卷　第六百三十號

月曜及慶節
義時休日報

檀君開國四千二百四十年
箕子元年三千二十九年
大韓開國五百十六年
日本明治四十年
淸國光緖三十三年
陰曆丁未八月小廿八日丁亥

別報

◉搏虎者의說
(留學生會報照謄)
海外觀物客李重영

余가往歲에東峽遊覽의行을作하야山下孤郵을過去하다가適値日暮ᄒ야一軒을借宿ᄒ더니是夜將半에忽然窓外에셔衆人의跑蹌諠譁ᄒ는中에有物曳來ᄒ는聲이耳膜을來鼓ᄒ는지라余ㅣ初也에는林下豪客으로疑ᄒ얏더니畢竟에庄內渾口의出門笑迎홈을觀ᄒ니此其庄主ㅣ일너라余亦驚起坐러니少焉에庄主가一樽의濁醪를携ᄒ고外塾에出來ᄒ야見余而謝曰主人이晩歸ᄒ야致使來賓驚夢케ᄒ니實多罪悚云云이어늘余가避席而辭ᄒ고寒暄을相叙ᄒ後에松燈을對坐ᄒ야一酬一酢에問答이미미타가忽見ᄒ니庄主의面部에創傷과如ᄒ一皺劈의微痕이有ᄒ지라余ㅣ問其故ᄒ되答曰僕은本以此峽居生으로一姓家族이屢聚成隣ᄒ야洞口外百里山川을未覩ᄒ고自來로業는但耘鋤一事에不過ᄒ더니不意近年에虎警이頗甚ᄒ야今日에一畜을攫去ᄒ고明日에又一畜을攫去ᄒ야至隣八九家의廐柵이空虛ᄒ되本隣이僻在一隅ᄒ야縣衙烟月에太平을久享홈으로엇지獵醫와策을不講ᄒ야銃砲刀劍等과如ᄒ綢繆의謀가無ᄒ지라彼獸類도亦此를侵戒홈인지一日은里中長老의家에又到侵掠ᄒ야將欲害人에勢至切急故로僕이隻身擴脣에當前突入ᄒ야豹虎의直拍ᄒ다가其爪尖의微傷을被ᄒ엿스니豹虎도亦人의精神을未奪하고는能히人을噬치못ᄒ는者라於是에忿氣를不勝하야乃其同族兄弟二十人으로約束을團結ᄒ고且將來의患을豫防코자ᄒ야敢히馮夫의拳을磨ᄒ고復讐의心을決ᄒ야一蹤蹟에猛獸捕取ᄒ얏더니自玆以後로는虎豹이絶無云이어늘余曰壯哉快哉라ᄒ되庄主가乃微笑而答曰古語에不云乎아二人만心이同ᄒ지라도其利ᄒ것이斷金을斷ᄒ다ᄒ얏스니今我二十人의團合ᄒ心으로戮力共謀ᄒ야一豹를搏取홈을何를稱ᄒ리오伊後로는我二拾兄弟가虎를搏ᄒ는手段이已慣習ᄒ야每於歲務稍濟ᄒ後에는四處에遊行ᄒ야猶且山中에伏居ᄒ는豹虎도能히搏取하는故로年來十數介의豹皮를競買ᄒ야家計가稍足ᄒ지라俄者에群聚歸來ᄒ던人은僕의二十兄弟오其曳來ᄒ던物은即豹虎一頭라ᄒ며仍히戶를開ᄒ고庭畔을向ᄒ야照燈視之ᄒ니果有斑々的一個面短腰長ᄒ四足의獸가놀然顚倒ᄒ지라余乃愕然問日僕聞虎豹는人의可畏ᄒ者라ᄒ더니今에子의言論과事實을觀ᄒ면虎豹가反히人을畏홈만ᄒ다稱ᄒ거신則子의强大ᄒ氣岸은誠甚欽服어니와面部傷痕은實노可惜ᄒ도다ᄒ더庄主가呵々大笑曰公은虎豹의性質을詳求ᄒ시오虎豹가凶暴의計를將行코자ᄒ미怒吼生風에跳躍施威홈은總히其對着物의精神을先奪코자홈이니如此ᄒ其中情을早解ᄒ야能히畏怯의心을勿抱ᄒ고自已의眞正ᄒ精神만失치아니ᄒ면人은姑舍ᄒ고雖下等의獸類라도敢히害치못ᄒ고藥反避去홈은即實驗上의明證이라是로由ᄒ야觀ᄒ건ᄃᆡ人이되야엇지虎豹를畏ᄒ리오虎豹가人을畏ᄒ다홈이可ᄒ고且僕의微些ᄒ傷痕도論ᄒ진ᄃᆡ其時에는不幸으로言ᄒ얏스나今에는反히幸으로知홈만ᄒ도다若在前日에如許ᄒ危難을不受ᄒ엿스면엇지一境이虎患을不知ᄒ는安枕의福을享ᄒ며且雙眸耿々ᄒ는彼悍猾의獸를能히搏取홀思想이起ᄒ얏스리오然이나僕의豹의全體에取ᄒ는바는但其斑々可愛ᄒ毛皮而已오其骨肉은不取ᄒ노라余問何爲其然고ᄒ니答曰其肉의踐害홈은吾家에셔養ᄒ鷄豚의美홈에不如하고其骨의小홈은吾家에셔飼ᄒ牛馬의大홈에不如ᄒ故ㅣ라ᄒ더니翌朝에其屠宰홈을見ᄒ니果然毛皮만取ᄒ고骨肉은棄却ᄒ더라今에余가海外에出遊ᄒ야風俗을周察ᄒ다가偶然히此搏虎者의說를思ᄒ고心中에感ᄒ는바有ᄒ야我留學生諸君의게一告ᄒ노라

官報

◉號外　隆熙元年十月三日

◉宮廷錄事

敍任

帝室會計審査局長金珏鉉

帝室會計審査局蓍精司長沈宜碩

陞嘉義

帝室會計審査局審査官劉응烈

陞正三品　正三品金相昱

陞從三品　六品李秉[illegible]　全　金容琡

全　徐[illegible]　全　金[illegible]

陞正三品

◉第三千八百八十四號

隆熙元年十月八日

敍任及辭令

元陵參奉尹弘燮

景陵參奉尹正섭

依願免本官

任元陵參奉　九品金建中

任景陵參奉　六品李殷弼

侍從院左侍御李仁永

任主殿院尼衞局員

任侍從院左侍御　九品尹亨求

◉告示 (續)

第五号書式

何新聞發行人變更人請願

何新聞은現今々지誰某로發行人을定ᄒ야발行ᄒ얏더니年月日부터誰某로써新聞紙法을遵守ᄒ야발行코자ᄒ와玆에請願홈

(발行人으死亡ᄒ거나若第三條의要件을失ᄒ는時는左와如히請願홈

何新聞은現今々자誰某로써발行人을定ᄒ야발行ᄒ얏더니何月何日에死亡(或은第三條의要件을失ᄒ故로年月日로부터誰某로써新聞紙法을遵守ᄒ야발行코자ᄒ와玆에請願홈

舊발行人姓名印

(발行人이死亡ᄒ時는其遺族)
(親戚와新발行人이連署홈)

新발行人　居住　姓名印　年本

內部大臣某　閣下

第六號書式

何新聞編輯人(又는印刷人變更請願

舊編輯人(又는舊印刷人　姓名印

居住

新編輯人(又는新印刷人　姓名印

年齡

는年月日로부터變更코자ᄒ와玆에請願홈

隆熙　年　月　日

發行人姓名印

新編輯人(又는新印刷人)　姓名印

內部大臣某　閣下

第七號書式

何新聞發行時期變更申告

何年何月何日發行第何号々지隔日(或은每年一回又는幾回)發行ᄒ얏스나何年何月何日發行第何號로부터每日(或은每週又는幾回發行으로變更코자ᄒ와玆에신告홈

隆熙　年　月　日

발行人　姓名印

內部大臣某　閣下

第八號書式

何新聞발行所變更申告

印刷所變更신告도亦同홈

一舊發行所　何社　社號가無ᄒ者는戶主의姓名

一新發行所　何署何洞　何統何戶　何社　上同

右ᄂᆞᆫ年月日로부터變更코자ᄒ와玆에신告홈

隆熙　年　月　日

發行人　姓名印

內部大臣某　閣下

第九号書式

何新聞發行停止신告

何新聞은何年何月何日로부터何年何月何日々지발行을停止코자ᄒ와玆에신告홈

隆熙　年　月　日

발行人　姓名印

內部大臣某　閣下

完

雜報

◉德帝訪問　德國皇帝皇后兩陛下는來十一月十三日로以ᄒ야倫敦빌드홀御訪問의招待를受ᄒ얏는ᄃᆡ兩陛下는倫敦市長의奉迎及晝餐御饗을受ᄒ더이라더라

◉滊車不通　去二十九日日本[illegible]에降雨가大作ᄒ야鐵路線豊頃과池田間六十四英里와利別間과止若間에諸처이破損ᄒ야滊車가不通ᄒ얏는ᄃᆡ復舊는一週間豫定이라더라

◉徐總督轉任說　北京電을據ᄒ則今番上京ᄒ東三省總督徐世昌씨가中央政府에大臣으로轉任ᄒ다더라

◉美艦歡迎　桑港電을據ᄒ則布哇에셔美艦隊가來港ᄒ미市民이歡迎으로以ᄒ야大騷擾가되지안코聯合勞動派는國旗를揭ᄒ고日本人排斥의成功을發表ᄒ얏다더라

◉損害賠償問題　桑港電을據ᄒ則日本人訴訟裁判에問接ᄒ損害事件은棄却하얏다더라

◉淸廷改革의好望　路透電에袁世凱의提唱으로施政改革ᄒ議가提起하미第一着의故障은淸廷內部의調和에在ᄒ줄노豫想ᄒ얏는ᄃᆡ即政界에大立物이되는滿漢兩派나或進步保守의系統을代表ᄒ張之洞袁世凱鐵良端方岑春煊等이果然一致融和의態度를執홀는지一般疑慮ᄒ던비더니時局의進步는意外에是元勳之接近을促ᄒ야先히袁世凱와張之洞間에一致協力ᄒ야難局에當ᄒ默契가成ᄒ고鐵良端方兩人도大勢를不可抗ᄒ줄노見ᄒ야張袁에關와握手ᄒ기에至ᄒ엿고岑春煊은現內閣에一敵國의觀이有홈으로袁世凱는近者에岑씨를上海에셔呼起ᄒ야重要ᄒ地位를與ᄒ고內閣之疑ᄒ漸除ᄒ려홈에至ᄒ얏스며施政改革의運動도比較的으로발展ᄒ고立憲會議도無事ᄒ終決ᄒ야諮政院設置ᄒ上諭가出ᄒ고駐防八旗兵의改廢問題를意外에早히解決되여此問題를發表하얏고張袁內閣에施政改善은最新豫期ᄒ것보다多大ᄒ效果를見ᄒ게되ᄒ얏다더라

雜報

●統監接見 伊藤統監이副統監曾禰荒助씨와各府次官을帶同ᄒᆞ고今明間諸閣臣接見ᄒᆞᆫ다더라

●兩次伴來 伊藤統監의入城ᄒᆞᆷ은別項과如ᄒᆞ거니와宮內府次官小宮三保松氏와法部次官倉富勇三郎氏가同伴入來ᄒᆞ얏다더라

●各大迎接 再昨日下午四時量에伊藤統監이入城ᄒᆞᄂᆞᆫ데法相趙重應씨와農相宋秉畯氏ᄂᆞᆫ仁川港ᄭᆞ지前往迎接ᄒᆞ고其外各大臣과內外國文武高等官은南門外停車場에出往迎接ᄒᆞ얏다더라

●慶察請兵 慶南觀察使金思默씨가內部로電報ᄒᆞ되義徒數百名이入于安義郡ᄒᆞ며該郡守가山淸으로避身ᄒᆞ얏스니自京部交涉ᄒᆞ야急速派兵ᄒᆞ라ᄒᆞ얏더라

●慶福宮修理 慶福宮을現方修理ᄒᆞᄂᆞᆫ中인ᄃᆡ光化門外에架設ᄒᆞ얏던近侍廳所二間을毁撤ᄒᆞ얏다더라

●巡行旅費 宣諭使下去ᄒᆞᆫ以外八道觀察使가巡行宣諭ᄒᆞᆫ旅費各二百圜式內部에서支出ᄒᆞ얏다더라

●忠守將免 忠州郡守金在殷씨가義擾를因ᄒᆞ야帶印上京ᄒᆞ얏다ᄒᆞᆷ은已爲報道어니와該郡守가行政失當이라ᄒᆞ야內部에서將次奏免ᄒᆞ고印章은不日下送ᄒᆞᆫ다더라

●檢疫委員 警視廳에臨時檢疫委員部를設置ᄒᆞᆫ事ᄂᆞᆫ前報와如ᄒᆞ거니와該部委員長은警視副監具然壽氏오副委員長은丞田幸太郎氏오委員十八名은漢城府參書官金宇鉉氏와警視廳警官廿八人과日本佐々木四方富氏等十八人이더라

●旅費加撥 江原道觀察道事務官이昨日內部로電話ᄒᆞ되本道宣諭使洪祐晳氏가各郡에巡行宣諭次出발ᄒᆞ니其旅費를加額支撥ᄒᆞ라ᄒᆞ얏더라

●秘探新讀 內部에서十三道에訓令ᄒᆞ되新聞購讀者를秘探ᄒᆞ야其居住姓名ᄒᆞ야卽速馳報ᄒᆞ라ᄒᆞ얏다더라

●意見提出 內部各局課長이該部次官木內氏에指揮를承ᄒᆞ야各其時勢에適當ᄒᆞᆫ意見書를昨日에一齊提出ᄒᆞ얏다더라

●電報卽送 內部大臣이該部入直房에命令을ᄒᆞ기를從今以後로地方의危急ᄒᆞᆫ電報가來到ᄒᆞ거든卽時謄本ᄒᆞ야本大臣家로卽送ᄒᆞ고原本은警務局長家로卽送ᄒᆞ야勿爲遲滯하라ᄒᆞ얏다더라

●警吏措處 保安法第二條及七條에規定ᄒᆞᆫ笞刑은郡守의權限에在ᄒᆞᆫ지라現今地方騷擾ᄒᆞᆯ時를當ᄒᆞ야ᄂᆞᆫ犯罪가笞刑을當ᄒᆞᆯ만ᄒᆞᆫ事件은警察官吏가擅處實施ᄒᆞᆯ事로內部에서內閣에請議ᄒᆞ얏다더라

●農大之子 農商大臣宋秉畯氏子某氏가農工銀行에寄付金이라稱托ᄒᆞ고東署內各人家에勒爲討索ᄒᆞ다가東署에被捉ᄒᆞ야自該署로農商工部에電話ᄒᆞ되農工銀行에寄付金收納ᄒᆞᄂᆞᆫ認許를成給ᄒᆞ얏ᄂᆞ냐ᄒᆞᆫ즉農商部에서答電話가模糊ᄒᆞ야一時間을互相質問ᄒᆞ더니農大의保護ᄒᆞᄂᆞᆫ日巡查가該署에來到ᄒᆞ야始知爲農大之子ᄒᆞ고業誹日以若農相之子로何至欺人騙財乎아恐爲他人所知라ᄒᆞ고暗爲放送ᄒᆞ얏다더라

●石灰淸潔 警視廳에서虎列剌流行病을預防ᄒᆞ기爲ᄒᆞ야昨日부터城內에大淸潔을實施ᄒᆞᄂᆞᆫ데每戶에石灰一斗式預備ᄒᆞ얏다더라

●木手捉囚 平理院新建築ᄒᆞᄂᆞᆫ日本木手一名이外套를脫掛ᄒᆞ얏ᄂᆞᆫ데紙貨二圜을韓人木手가偸去라ᄒᆞ야中署에捉囚ᄒᆞ얏다더라

●被傷擡舁 再昨日下午四時에日兵被傷者四名을擡舁ᄒᆞ고東小門으로入來ᄒᆞ얏다더라

●洪氏被害 安城鎭室居洪敎官鐘德씨ᄂᆞᆫ年今四十八인ᄃᆡ陰八月十一日에其京家로避亂ᄒᆞ기爲ᄒᆞ야錢兩을辦備ᄒᆞ야가지고成歡驛內酒店에來到ᄒᆞ야午飯을方喫ᄒᆞᄂᆞᆫᄃᆡ日巡查二三人과日兵二三人과一進會員五六人이一齊來到ᄒᆞ야該氏를結縛ᄒᆞ야日兵站으로押去ᄒᆞ고義兵에게軍糧을擔給ᄒᆞ얏다稱ᄒᆞ고卽地砲殺ᄒᆞ얏다ᄂᆞᆫᄃᆡ其實況을詳聞ᄒᆞᆫ즉洪氏ᄂᆞᆫ本來家勢가稍饒ᄒᆞ고爲人이忠實ᄒᆞ야如此等事ᄂᆞᆫ一不參涉이라ᄂᆞᆫᄃᆡ何許有嫌人이該地에來到ᄒᆞᆷ을見ᄒᆞ고卽地日兵站에誣囑ᄒᆞ야被殺ᄒᆞ얏ᄂᆞᆫᄃᆡ該日兵站에서其尸身中으로搜出ᄒᆞᆫ紙貨六百九十九圜은留置ᄒᆞ얏다더라

●因嫌謀殺 南來人의確報를據ᄒᆞᆫ즉瑞山郡耶蘇敎會ᄂᆞᆫ境內有志紳士들이公州郡本區域에主管牧師우리암씨의許可를特受ᄒᆞ야禮拜堂을建築ᄒᆞ고熱心勸進ᄒᆞ되品行이端正치못ᄒᆞ면許入지아니ᄒᆞᄂᆞᆫ데該郡居金炳洙ᄂᆞᆫ素以武斷之習으로流毒生民ᄒᆞᆷ은鄕邑이所共知者也라入敎ᄒᆞ기를再三請懇ᄒᆞ나以溫辭拒絶ᄒᆞ얏더니金氏가因此抱嫌ᄒᆞ야多少敎人을謀殺ᄒᆞ기爲ᄒᆞ야洪州郡補佐官에게指囑ᄒᆞ기를名雖敎會나內實擧義라ᄒᆞ야陰八月十六日에洪州海美兩郡巡查二十餘人이來到ᄒᆞ야敎人任會宰任憲秀趙光淳三人을押囚洪州ᄒᆞ고査質次로金炳洙를亦爲捉捕ᄒᆞ얏다더라

●病家把守 齋洞尹明求氏家에서日前에吐瀉症이有ᄒᆞ얏ᄂᆞᆫᄃᆡ巡檢이該家에把守ᄒᆞ야家人의出入을拒絶ᄒᆞᆫ다더라

●陶器討索 雲峯郡書記監가陶器營業ᄒᆞᄂᆞᆫ者에게討器示威ᄒᆞᄂᆞᆫ弊가比々有之ᄒᆞᆷ으로內部에서該道觀察使의게발訓禁止케ᄒᆞᆫ다더라

●安昌兵火 日昨에原州安昌驛村에義兵이入來ᄒᆞ야椎牛ᄒᆞ고一場饗饋ᄒᆞᄂᆞᆫᄃᆡ當夜에日兵이追到ᄒᆞᆫ즉義兵은見機逃避ᄒᆞ얏ᄂᆞᆫᄃᆡ日兵이該村에放火ᄒᆞ고無辜ᄒᆞᆫ村民二名이致死ᄒᆞ얏다더라

●驪州慘報 驪州郡에ᄂᆞᆫ日兵의게衛火를當ᄒᆞᆫ洞里가四十餘處인대其接無路ᄒᆞ야號哭道路ᄒᆞᄂᆞᆫ慘狀은不忍見이라더라

●電線毁往 昨日上午拾時量에日兵二十餘名이二拾餘馬匹에電線을駄載ᄒᆞ야東大門으로出往하얏다더라

●安郡危急 慶府觀察使가內部로電報ᄒᆞ되安義郡에散在ᄒᆞᆫ義兵이幾至數百名이該地砲軍五十名과符同合勢ᄒᆞ야現狀이危急이라ᄒᆞ얏더라

●金化處驚 金化來人의所傳을據ᄒᆞᆫ즉咸鏡道에派駐ᄒᆞ얏던日兵이江原道로漸次越來ᄒᆞᄂᆞᆫᄃᆡ義兵은峽中으로入據ᄒᆞ고日兵은平灘處에逗留ᄒᆞ야互相抗拒中인ᄃᆡ該地方居民은自然不穩ᄒᆞ야晝夜處驚中이라더라

●義魁處刑 大邱裁判所에서義兵砲兵大將南又八과義兵參謀將白南善兩人을照律ᄒᆞ야南又八은處絞ᄒᆞ고白南善은役十年에處ᄒᆞ얏ᄂᆞᆫ대昨日法部에서奏裁ᄒᆞ얏다더라

●地方消息

▲豊基郡에義兵二百名이來襲ᄒᆞ야徒黨을招募ᄒᆞᄂᆞᆫᄃᆡ安東日本守備隊二百名이突至ᄒᆞ며一場交戰ᄒᆞ다가日兵은安東으로退却ᄒᆞᆫ際에義兵一隊가突出交鋒ᄒᆞ다가義兵은合勢ᄒᆞ야安東方面으로向ᄒᆞ고日兵은更히豐基에集屯ᄒᆞ얏다ᄒᆞ고

▲去二十五日頃에永春에서義兵約三百名이日本西岡中隊와衝突하야一時間을交戰ᄒᆞ다가退却ᄒᆞ얏ᄂᆞᆫ데該義兵은李康年의指揮로集團ᄒᆞ고安東鎭衛隊解散兵이其中에混雜힛다하고

▲三日발全州電을據ᄒᆞᆫ즉二日朝에二百名義兵이任實郡日部學校를襲擊하고該校日敎師鈴木信之助를銃殺하얏ᄂᆞᆫ대義兵中約八十名은韓兵의服裝을着ᄒᆞ얏다ᄒᆞ고

▲一日安城附近에韓兵一百名과義兵二百名이日本中原小隊及應援隊로互相衝突하야三時間을交戰ᄒᆞ다가竹山方面으로退却ᄒᆞ얏다ᄒᆞ고

▲去三十日呂州東南仰巖面江亭里高陽山一帶高地에서義兵六百名이現出하야日本內藤軍隊와二時間을應戰ᄒᆞ다가安平沙谷等地로退却ᄒᆞ엿다ᄒᆞ고

▲三日발太田電을據ᄒᆞᆫ즉義兵約百餘名이錦山郡分遣所를襲來하엿ᄂᆞᆫ대所員中二名은太田으로無事히引揚ᄒᆞ고二名은妻子幷ᄒᆞ야行衛가不明ᄒᆞ엿다더라

路透電報

三日발

●賠償支拂 오라와來電을據ᄒᆞᆫ則加奈太政府ᄂᆞᆫ先般暴動에就ᄒᆞ야其責任者晩香坡市에서六千弗賠償金을日本人의게支拂케ᄒᆞᆫ다더라

東京電報

三日발

●夫人救貧 東京에서라平로親을歡迎ᄒᆞᆷ은一般米人의好感情을與ᄒᆞ얏다ᄂᆞᆫ報가有ᄒᆞ고同夫人은貧民救助費로東京市에金圜을寄附ᄒᆞ얏더라

●協約祝賀 昨夜日露協會祝賀會에서露國公使ᄂᆞᆫ日露兩國이干戈를相交ᄒᆞ나文明幸福을爲ᄒᆞ야一致로極東平和를維保ᄒᆞᄂᆞᆫ데至ᄒᆞᆫ거슬祝ᄒᆞ노라演說ᄒᆞ얏더라

▲秋燈細話▼

▲向日 皇太子殿下께옵서擧校를巡覽ᄒᆞ시고 大皇帝陛下께巡覽ᄒᆞ신節次를上奏ᄒᆞ옵시고또學校를頻々히巡覽獎勵ᄒᆞ여야學徒를興起시키ᄂᆞᆫ데有效ᄒᆞᆯ터이니此後로ᄂᆞᆫ諸般儀節은除却ᄒᆞ고單騎로頻々히巡覽ᄒᆞ시다ᄒᆞ셧다니天縱하신英姿로敎育의方便을洞燭ᄒᆞ사鼓舞作成을躬親行之ᄒᆞ시니大韓人士ᄂᆞᆫ益益感泣ᄒᆞ리로다

▲俄國委員이俄淸境界條約을違反ᄒᆞ야吉林省三姓地方과俄領伯力間의境界碑를淸領百六十淸方里內에移動ᄒᆞ야其領地를擴張ᄒᆞ라ᄒᆞ야駐淸俄國公使에게交涉ᄒᆞᆫ다ᄒᆞ니現今世界ᄂᆞᆫ弱肉强食ᄒᆞᄂᆞᆫ時代라淸國領土를俄人이移碑占奪코저ᄒᆞ니此所謂稍蠶食之로다

▲支那政府에서陸軍部尚書鐵良氏가强國의基礎ᄂᆞᆫ陸軍多少에在ᄒᆞ다ᄒᆞ야全國에三十六箇師團을編制排備ᄒᆞ되各總督巡撫로ᄒᆞ야곰五箇年內에完成케ᄒᆞ되萬若期限前에編成ᄒᆞ면褒獎ᄒᆞᆯ거시오期限後에도完成치못ᄒᆞ면懲戒ᄒᆞᆯ意로上奏ᄒᆞ야裁可를蒙ᄒᆞᆫ故로陸軍部에서各省에通牒ᄒᆞ엿다니淸國서ᄂᆞᆫ政治改革을實施ᄒᆞ고軍隊를擴張ᄒᆞ야不久에國力을恢復ᄒᆞᆯ것이니此ᄂᆞᆫ東洋의幸福이오

▲再昨日 幸行時에漢城總館二層洋館과燒紙臺를一般官吏가祗迎ᄒᆞ기爲ᄒᆞ야蘇廉氏가給費契約ᄒᆞ고祗迎帖을擔付ᄒᆞ얏더니總理大臣宅內行과法部大臣宅內行과軍部大臣宅內行轎子가風雨又치擁入ᄒᆞ야左右를辟遠ᄒᆞ고該家를占奪ᄒᆞ얏다ᄒᆞ니法官諸씨ᄂᆞᆫ貫徹空矣ᄒᆞ얏슨즉先後境界ᄂᆞᆫ大臣勢力下의生에잇나

▲現今韓國內에駐在ᄒᆞᆫ日巡查의總數가一千五百人인데其中五百人은警務廳에派置ᄒᆞ고一百人ᄂᆞᆫ各地方分派所에二人或三人式二百八十六個所에配置힛다니韓國은日巡查天地로고

▲近日西洋人家에賊警이比々有之ᄒᆞᆫᄃᆡ詛後探知ᄒᆞᆫ즉是日人賊漢이라ᄒᆞᄂᆞᆫ故로進賊ᄒᆞᆫ洋人이警視總監에게交涉ᄒᆞᆫ지라該廳에서日巡查와巡檢을夜々派送ᄒᆞ야該處를警察ᄒᆞᆫ다니日賊을日巡査로禁防ᄒᆞᄂᆞᆫ것은可謂解痾治로고

▲韓國各寺刹에日本僧侶를派刹에一人式顧問으로置ᄒᆞ고諸般事務를主持ᄒᆞᆫ다ᄒᆞ니各官廳에日本人을顧問으로延聘ᄒᆞ얏다가田ᄒᆞ야韓國官吏를日人이敍任이되더니또各寺刹에顧問을置ᄒᆞᆫ則學徒에寺刹도政府機關이될터이니名刹界와淸淨界를勿論ᄒᆞ고日人이漫數占領ᄒᆞ則나몰것이무엇신가

天氣豫報

十月四日午前十一時四十五分仁川발

●暴風警報 海上風雨의虞가有ᄒᆞ니韓國北部의沿海를警戒ᄒᆞᆷ

▲十月五日은 西風이吹ᄒᆞ고曇後雨ᄒᆞᆷ

◉社　告

本社支社를左開三處에設置ᄒ얏ᄉ오니該附近에셔本申報購覽ᄒ실 僉彦은一切該支社로請求ᄒ시고代金도該氏에게로送交ᄒ심을務望흠

代金　漢文申報 每朔幷郵稅四十三錢
　　　國文申報仝 三十八錢

左開　支社位置及氏名

井邑邑內　林顯官性天　李益象

泰仁邑內　金先達鍾弘　宋伯彦

扶安茁浦　金議官鼎濟

地方各支社와個人購覽員에게本申報配達이或滯留或遺漏가非一非再인바但以書辭通知가確據가無ᄒ야郵便局交涉이難便ᄒ니此後로ᄂ申報封皮에出付와收到日付印期限이過隔者를摘拔聚合ᄒ얏다가本社로委送ᄒ심을爲要흠

大韓每日申報社

◉至急社告

美國湖濱市南西寺街一百二十五番共立館內崔有涉氏所送金額新貨一百五十二圓七十六錢 已爲領取이나何許事件으로送金인지辭爲示明흠을切望흠

大韓每日申報社

雜　報

●歎告我同胞諸君　崔裕鉉

昔賢智識에何先之務ㅣ오大抵國家ᄂ人民을聚成ᄒ者ㅣ라故로日호ᄃᆡ民有邦本이오本固邦寧이라흠은不待智者而可知로다인져國政이紊亂에政治가不善ᄒ면其國을國이라謂치못흘거시오民智가暗昧ᄒ야民權을ᄉ保ᄒ면其民을民이라謂치못흘時代로다然則民智가發達後에야本國邦事와民權同等이自在其中ᄒ거시오民智를普通발達흠에ᄂ何에在ᄒ뇨ᄒ면新聞報館에잇다흠이決非過言이로다報舘을譬喩컨ᄃᆡ居生ᄒᄂ宇內에明朗ᄒ燈燭과ᄀᆺ도다嗚呼라我國疆千萬大廈中에背暗向明을引導ᄒᄂ燈燭이幾個나잇나뇨皇城報帝國報兩個燭力이僅有ᄒ야狂風이吹打에欲爲撲滅至境을于辛萬苦로지내면서同胞諸君을引導흠이廣大ᄒ宇內에人口ᄂ屢千萬인ᄃᆡ燭力이不及ᄒ야極力知導ᄒ건만同胞諸君이黑暗ᄒ汚地로落入ᄒᄂ者 種々有之ᄒ온 皇天이도으ᄉ他洞居仁友를命ᄒᄉ鑑燈ᄀᆺᄒ燭力을주어보내ᄉ知路케ᄒ시니此ᄂ誰也오大韓每日申報가是也로다壯哉偉哉라大韓每日申報여被之狂打가種々如雨ᄒ되尤極强硬ᄒ說話ᄂ打除ᄒ면서如此知路之効力을誰가未知ᄒ며讚賞치아니ᄒ리오然이나二個燭力으로도知右不及ᄒ거든 燭力이廢消ᄒ면餘存ᄒ一燭力으로暗々ᄒ黑夜中에何以生何以死을何以知之ᄒ아 嗚呼라帝國新聞報가豈足지못ᄒᆫ經費으로有志僉君이血心出版이러니經費가窘拙ᄒ야不得已ᄒᆫ事情으로今將停止라ᄒ니全平다書이此에至ᄒ며屑岩이猝至隔前ᄒᄂ도다噫噫我同胞諸君아彼他文明國報館을不聞乎아數百千報館이日就月長에年々月々이增加ᄒᄂᄃᆡ我國에僅有ᄒ二個報館을不保ᄒ고셔竟至此境이豈非痛憤慚愧耶아有志諸賢은深硏深究ᄒ시면此一個報館扶助之策은非難之事오報館을增設ᄒ策도硏究中에存有ᄒ시리니惟願諸君은期於發論ᄒ시와不拘多少力ᄒ시고出捐扶助ᄒ여보옵시다

●磁器硏究　日前에泥峴居留人貼貝彷珍氏家에셔高麗磁器硏究會를開設ᄒ얏ᄂᄃᆡ農商局長鄭鎭弘씨가往參ᄒ얏다더라

●靑會演說　今日下午七点半에基督敎靑年會에셔美國哲學博士趙元時氏가特別演說ᄒ다ᄂᄃᆡ有志人士ᄂ一齊來臨ᄒ심을該會에셔希望ᄒ다더라

●校長選定　韓峴光興學校校長鄭喬氏가谷山郡守로外除ᄒ代에廣信商業學校校長郭泰鉉氏로選定ᄒ얏다더라

●寺刹整理　大韓僧侶에習慣을改良ᄒ고敎育ᄒ기爲ᄒ야京城에管理寺院을創設ᄒ고管理司長은日本僧이오副管理ᄂ己往에明進學校를創設ᄒ李寶潭으로囑托ᄒ고有志人士ᄂ僧俗을勿論ᄒ고事務員을選定ᄒ야地方各寺事務를整理케ᄒ기로某處에서協議ᄒ얏다더라

●敎明益明　桂洞敎明義塾의設立ᄒ事ᄂ已有揭載어니와該塾을自昨年設立ᄒ야以夜學으로政治學을敎授ᄒ더니近日에ᄂ크게擴張ᄒ고高明ᄒ敎師諸氏를延聘ᄒ야普學으로敎授ᄒ次로第一年級을方今募集中이라더라

●宣使奬學　慶北宣諭使金重煥氏가大邱普通學校를周覽後에各級學徒와課程을考察ᄒ고洋紙一百枚로施賞勸勉ᄒ얏다더라

●吉民攀轅　北來人에傳說을聞ᄒ즉吉州郡守沈赫之씨가設校興學ᄒ야闔境이訟德ᄒ더니今忽遞歸에士民이遮道挽留ᄒ얏다더라

●華校月費　華東學校에月費를經理院에셔不爲支撥ᄒ다더니更聞ᄒ즉依例支給ᄒ엿다더라

●請囑不公　一進會員朴營學씨가會寧郡守在任時에日本軍用地段價出給中에三千餘元을潛食ᄒ事가綻露되야該郡人民等이徵出次呼訴于漢裁ᄒ야裁判之場에朴氏가何以圖囑이던지推諉不公이라고該郡人民이裁判所門外에서放聲痛哭ᄒ얏다더라

●運柩不得　陽城郡守趙漢晳氏屍體를治喪運柩次로其伯氏가該邑에前往ᄒ얏ᄂᄃᆡ旅費가窘絀ᄒ야不得運柩ᄒ고該邑에姑爲掩土而來ᄒ얏다더라

●無認毁樓　咸鏡觀察使가內部로報告ᄒ되城堞毁撤事認許ᄂ日人已承部訓而撤毁門樓木石材을何以措處回敎ᄒ되自部初無認許訓令은何部訓令인지即電回敎이되門樓毁撤은即行禁止라ᄒ얏다더라

●古刹回祿　陰本月十二日日兵이驪州郡神勒寺를衝火하야屢百年古刹이一朝에歿燒되얏다더라

▲回春歌　(良)

歎然半夜우뢰소ᄅᆡ
地雷復卦자아내니
萬戶千門깁히든잠
ᄒ여ᄭᆡ나거셔다
뭇노라이어ᄂ때뇨
陽春佳節이아닌가
子方에서回春ᄒ니
寒梅花야네알손야
方春和時도라오니
草木群生自樂ᄒ고
江南갓든제비새도
녯집차자도라온다
草木禽獸도때차자
自然之理恢復커든
ᄒ물며이人生이야
自由恢復웨업스며
唯獨伊乃大韓에만
國權恢復웨업스리
바라건데同胞들아
落心失望ᄒ지마소
有志之士事竟成은
우리두고準備ᄒ말
天運循環ᄒ양이면
無往不復되고말요
四千年來禮義之邦
奴隷羈絆厲無ᄒ고
三千餘里錦繡江山
어ᄂ뉘게ᄲᅢ앗기리
二千萬口淳良人族
다滅種은못ᄒ려든
人種늘아잇ᄂ날이
우리獨立紀念祭日
天時人和相合ᄒ여
最後諸界凱旋歌로
朝野官民歡迎ᄒ며
太平同樂누려보세

未完

國債報償義捐金收入廣告

◎國債報償義捐金 十月中本社收入總額 每日逐号明細錄

◎拾月三日

第一五五四號鳳山郡洞仙坊梨泉兩坊各里 拾一圓

計拾一圓

十月三日々지收入總額 二十二圓六十五錢

九月收入一千一百十八圓七拾九錢八厘

自四月至八月收入總額 五萬四千七百十四圓九十三錢四厘

都總合五萬五千八百五十六圓三十八錢二厘

◎鳳山郡洞仙坊五柳村

李寅秀 崔秉최 李昌浩 각一圓

朴濟根、金秉찬 崔宗璜 崔宗연 各五拾錢

宋命根 韓元翊 金在宅 趙運守 張在成 각卅錢

韓興必 金과星 張玄根 李龍奎 印昌辰 吳基善

金洛浚 각廿錢 金桂淳拾錢

▲靈泉坊八德浦

金錫夏 金錫周 金學奎 각一圓

合拾一圓

總合十一圓

前號總合五萬五千八百四拾五圓三十八전二厘

都總合五萬五千八百五拾六圓三十八錢二厘

◎特別廣告

國債報償金三日所捧은姑未合計이고伊前日々지所捧總合五萬五千八百三拾三圓七拾三錢은電氣會社內銀行에貯置ᄒᆞ얏ᄉᆞᆸ고其貯置額中三萬二千三百圓은國債報償志願金總合所로越交홈

廣告

大韓新地誌와地圖를今已竣工되얏ᄉᆞ니購覽僉員은發賣所로來臨覓去ᄒᆞ시ᄋᆞᆷ

大韓新地誌발賣所

中署寺洞三拾統二戶 漢陽書館

中署布屛門下 廣學書舖

中署罷朝橋越便中央書館

越南亡國史 國漢文

定價貳拾伍錢

發賣所京城廣橋高裕相書舖 鏡南鐵川郡邑時夏書舖 布屛下김相萬 告白

이 쇼셜은 순국문으로 미우 ᄌᆞ미잇게 번역ᄒᆞ야 일반국민의 익국ᄉᆞ샹을 비양ᄒᆞᄂᆞᆫ 칙이오니 익국ᄒᆞᄂᆞᆫ 유지ᄒᆞᆫ 남ᄌᆞ와 부인은 만히들 사셔보시오

라란부인전 (羅蘭夫人傳)

전부 ᄉᆞ십일 페지 라라 디방 애ᄂᆞᆫ
근세 녀중 대일 영웅 부부
인
전 傳

명가금 신화 ᄉᆞ전
신화 오전

◎◎발매소◎◎

남셔 대한미일신보샤
셔졍동

배젼병문 아래 광학셔포

인천 싸리저 ᄀᆡ신칙ᄉᆞ

남문안 샹동 박문셔관

종로 고금셔희관

종로 대동셔관

평양텰녀동 교육셔화시

◎增修無寃錄大全

登秩 壹百 七十 頁

定價金新貨七拾五錢

此增修無寃錄大全은法律家에最緊要ᄒᆞᆫ書籍이온ᄃᆡ年來現本이殆히絕種에至ᄒᆞᆫ지라故로法部에認可를得ᄒᆞ옵고此를新刊ᄒᆞ얏사ᄋᆞᆸ는ᄃᆡ國漢文으로解釋ᄒᆞ야模糊ᄒᆞᆫ句節이無ᄒᆞ오니法律學에有志ᄒᆞ신니와字牧之任에居ᄒᆞ신니ᄂᆞᆫ不得不覽讀ᄒᆞᆯ지며오니注意購覽ᄒᆞ시ᄋᆞᆷ

中署布屛下

廣學書舖 김相萬 發售所

廣告

漢城西署積善坊新門內 四十三統三戶

辯護士 具䄵書

辯護士 許 憲

合同法律事務所

向者軍대解放時에負傷將卒中에死者ᄂᆞᆫ已矣어니와折腰折臂折脚之人은命脉은尙存이나運動未由라該人等이將欲自殺ᄒᆞ려ᄒᆞᆫ人慘酸이라本人等이往見慰勞ᄒᆞ고西醫에게以印度書도擬製臂脚이온則八人의該費額이至爲二千五百圜之多인바一人助力으로難見奏效ᄒᆞ와玆以廣布ᄒᆞ오니望須

慈善僉君子ᄂᆞᆫ勿拘多小ᄒᆞ시고救恤金을寄付ᄒᆞ와使陷死同胞로拯濟ᄒᆞ심을爲要

隆熙元年九月日

發起人 정圭煥 尹泰勳

安奎鎬 曹成煥

救恤金取合所 皇城新聞社 大韓每日申報社

出금人의姓名은新聞에廣告홈

大東客宿旅館

本館이京城南署苧洞에開設ᄒᆞ와內外國人의宿泊及食料를廉價로ᄒᆞ며[illegible]

大東客宿館長 · 鄭[illegible] 謹告

大東客宿館事務員 姜漢植 告白

本館內外國[illegible]衣類·洋服·[illegible]物品·帽子·雜貨[illegible]

中署澄淸坊 典洞 第二十三統三戶 ([illegible]觀耆老所前)

辯護士 李容成

辯護士 黃鎭菊

辯護士 安致潤

事務員 全奎基

事務員 裴勳

聯合法律事務所

瑞士建國誌

◎定價 新貨十五錢

此書ᄂᆞᆫ政治小說이니志士의救國救民ᄒᆞᆫ源泉와人民의愛國誠을養成ᄒᆞᆯ만ᄒᆞ며緊要ᄒᆞᆫ冊子오

發賣所

▲大韓每日申報社 開新冊肆

▲仁川港租界 金東書肆

▲中署布屛門下 教育書館

▲平壤城內䟽文洞 古今書海館

▲鐘路 中央書館

▲銅口越便 大東書市

▲鐘路 匯東書館

▲大廣橋 博文書館

▲向동

本人이自來大阪商業家와特約ᄒᆞ고日本內地産出各種物品과西洋各國物品及機械等物을我大韓에韓人의委托을便利케契約ᄒᆞ얏ᄉᆞ오니商工業에有意ᄒᆞ신僉君子ᄂᆞᆫ某物이든지請求코져ᄒᆞ시거든本社로來議ᄒᆞ시오本社에셔ᄂᆞᆫ手數料金만受領홈

興業社本店 南城北部辞洞

支店京城南門內承樞五十一統六戶

培養會社

仝仁港內洞廣濟號

學徒服지裁縫

學徒運動와靴類

羅紗各種

美國 鐵網

衣服裁縫其他雜貨도廉價裁賣ᄒᆞ오니諸君子ᄂᆞᆫ來臨ᄒᆞ심을바라나이다

仁川港寺觀開新冊肆

◎乾材洋藥廉賣

漢城鐘路慈惠藥房에셔各種洋藥을廉賣ᄒᆞᄂᆞᆫ中에邦補益藥水를極擇廉賣하오니內地各處僉彦께셔小包郵便으로取用ᄒᆞ심을仰望

▲大瓶 三圜

▲小瓶 一圜五十錢

乾材洋藥發賣人 濟衆院 醫學員 朴慈惠 告白

◎本社廣告

○申報 價

一張代金 新貨二錢五厘

一個月前納 三十錢

三箇月 九十錢

六個月 一圜七十錢

一箇年 三圜四十錢

郵稅一部 新貨五厘

一箇月 十三錢

○每日[illegible]

[illegible]

(新貨)[illegible]

二[illegible]日에 [illegible]

每日[illegible]

一箇月에 [illegible]

(新貨[illegible]一圜에[illegible])

[illegible]

[illegible]

◎大韓每日申報[illegible]

中署布屛門下 金相萬

平壤上水口門內 金浩端

仝 崔叙恒

仁川租界 李京皓

宣川邑 安濬

義州西門外 大韓[illegible]

釜山港佐川 徐漢局

三和港 金元셥

咸興南州 曾喜林

開城 姜助達

大邱市 崔一弘

聯寧邑 劉夢澤

鐵山邑東部 安[illegible]

元山 劉七錫

海州南門 朴昌鎭

定州南門內書舖 洪成인

昌城郡 許鎬

郭山 李銀瑞

安岳 張道善

[illegible]川 李鉉成

[illegible] 金瓊河

鐵原邑 趙鍾大

高原邑 朴敎吉

濟州城內一徒里客舍洞 高亨來

井邑邑內 李益(?)

泰仁邑內 金德弘

扶安半浦 金鼎濟

京義線桃峴驛替市 李基秀

大韓每日申報社

發行兼編輯人英國人 裴說

發行所

南署石井洞號外地三層洋屋內 大韓每日申報社

第五卷

大韓每日申報

第六百卅一號

月曜及慶節歲時日休刊

檀君開國四千二百四十年
箕子元年三千二十九年
大韓開國五百十六年
日本明治四十年
淸國光緖三十三年
陰曆丁未八月小廿九日戊子

論說

◎淸廷改革의好望

改革乎아々々々々淸國政府가今日에야改革을實施ᄒᆞ야實노懽迎ᄒᆞ고祝賀ᄒᆞᆯ만ᄒᆞ도다彼虛傲自大ᄒᆞ던淸人이今日에야宿夢을喚醒ᄒᆞ고舊習을脫却乎아因循偸惰ᄒᆞ던淸人이今日에야進步를思想ᄒᆞ고志氣를皷勵하ᄂᆞᆫ가腐敗無能ᄒᆞ던淸人이今日에야精神을刷新ᄒᆞ고事業을進取ᄒᆞᄂᆞᆫ가世界에最古ᄒᆞᆫ支那國土가將次新面目을畢出ᄒᆞ며東洋에最大ᄒᆞᆫ愛新覺羅氏의政府가新制度를發布ᄒᆞ깃도다

往在咸豊年間에英法兩國의大打擊을受ᄒᆞ고도倨傲自若ᄒᆞ야恬不動念ᄒᆞ얏고甲午之役에日本의毒鋒을被ᄒᆞ고도依然膠固ᄒᆞ야變改ᄅᆞᆯ不圖ᄒᆞ얏고庚子之變에列强의聯合攻擊을遭ᄒᆞ고도儆惕奮發ᄒᆞᄂᆞᆫ狀態를尙此未覩ᄒᆞᆫ지라[illegible]藩과李鴻章의經綸才略으로도敢히着手치못하얏고康有爲와譚嗣同의鐵血로[illegible]以ᄒᆞ야去[illegible]者ᄒᆞ고各的機會를待ᄒᆞᆫ지라宇內各國의改新事業은其價格이無窮ᄒᆞ고其弊害가無窮ᄒᆞᆫ此를엇지若個年의風霜을費ᄒᆞ고若個人의心力을勞ᄒᆞ야其效果를能得ᄒᆞᆯ비리오是以로各國의革命歷史를觀ᄒᆞ건대緩則七八十年이오速則三四十年을經過ᄒᆞ얏스며許多志士의慘澹ᄒᆞᆫ經營을費了ᄒᆞ고許多人民의血爭力戰ᄒᆞᄂᆞᆫ困難을度了ᄒᆞ고야비로소革舊鼎新의大事功을成就ᄒᆞᆫ지라況支那之爲國은地球上舊時代에最先文明ᄒᆞᆫ系統을承接ᄒᆞ엿스며亞洲全部에最大最富ᄒᆞᆫ疆土를領有ᄒᆞᆫ第一等名國이라其傲然自尊ᄒᆞ고侈然自足ᄒᆞᄂᆞᆫ氣習이豈容易變得ᄒᆞ리오所以로挽近四五十年間에列强의侮辱도多受ᄒᆞ고自國의困難도劇甚ᄒᆞ엿스나改革事業의動機ᄂᆞᆫ寥寥無聞ᄒᆞ더니

世界之風潮가日以震盪ᄒᆞ고人民之思想이漸次變遷이라一千九百六年에至ᄒᆞ야淸政府가비로소親王과大臣을各國에派往ᄒᆞ야憲政制度를攷察ᄒᆞ며立憲預備의詔勅을頒布ᄒᆞ고學校의强制敎育도践行ᄒᆞ고地方의自治局도設始ᄒᆞ야稍稍히改善의事業을企圖ᄒᆞ나然이나政界上頑固黨의軋轢을被ᄒᆞ야趑趄因循을未免ᄒᆞᆷ으로議者로ᄒᆞ여금遺憾을抱케ᄒᆞ더니

至于今日ᄒᆞ야[illegible]官의做傷의溺[illegible]提唱ᄒᆞ니一般[illegible]이亦皆融和ᄒᆞ야障碍者가無ᄒᆞᆫ지라資政院의設置와八旗兵制의改廢等事가皆其重大ᄒᆞᆫ問題로無事決了ᄒᆞ엿스니此ᄂᆞᆫ改新程度의好望이有ᄒᆞᆫ것을確認ᄒᆞ리로다

盖今者에君臣上下가一心儆惕ᄒᆞ야銳意新政ᄒᆞᆫ韓國의新協約의政變이即其中心을刺激ᄒᆞᆫ藥石이된所以니天下事業이果然時期와機會를待ᄒᆞ야結果ᄒᆞᄂᆞᆫ것이로다吾儕ᄂᆞᆫ彼淸廷의改新을對ᄒᆞ야窃有所感이로니東方四千年歷史에支那와韓國이恒常安危休戚과治亂盛衰에互相關係가有ᄒᆞ니其風氣와性質이相適ᄒᆞ고俗尙과文字가不遠ᄒᆞᆷ으로以ᄒᆞᆷ인지大抵支那의文明發達之日은即是韓國의文明發達之期니大韓人士ᄂᆞᆫ勉之勉之어다

官報

◎第三千八百八十五號

隆熙元年十月九日

敍任及辭令

全羅北道觀察使 金奎熙
解兼任全羅北道稅務監
全羅北道觀察使 [illegible]猛
命兼任全羅北道稅務監
陞從二品 正三品 신大均
仝 仝 李[illegible]
依願免本官 崇德殿參奉 朴文益
任崇德殿參奉 朴文관
免本官 慶興府尹 張起淵

外報

◎防備隊의條例 日本에셔軍令으로防備隊條例를制定ᄒᆞ고十月十六日부터施行ᄒᆞᆷ을公布ᄒᆞ얏ᄂᆞᆫᄃᆡ[illegible]

第一條 [illegible]備隊를[illegible]를鎭海防備ᄃᆡ라稱ᄒᆞ고永興灣의防備ᄃᆡ를永興防備ᄃᆡ라稱ᄒᆞ고

第二條 鎭海防備ᄃᆡ及永興防備ᄃᆡᄂᆞᆫ佐世保鎭守府에屬ᄒᆞ야其所在港灣及附近海岸海面에防備警備를掌ᄒᆞᆷ

第三條 防備ᄃᆡ에如左職員을置ᄒᆞᆷ

司令官 參謀 副官 分隊長 機關長 軍醫長 主計長이오又必要ᄒᆞᆷ을應ᄒᆞ야海軍中少尉 機關中少尉 軍醫及主計를置ᄒᆞᆷ

第四條 司令官은佐世保鎭守府司令長官에隸ᄒᆞ야部下를統率訓練ᄒᆞ고軍紀風紀를維持ᄒᆞ야防務를統轄ᄒᆞᆷ

◎西班牙의水害 伯林電을據ᄒᆞᆫ則西班牙의大洪水가有ᄒᆞ야마라가市에셔二千四百萬克의損害를被ᄒᆞ엿다더라

◎三萬噸艦 桑港電을據ᄒᆞᆫ則美國海軍省에셔次期議會에四萬馬力 十四吋砲十六門을搭載ᄒᆞᆫ三萬噸의一大戰艦을建造ᄒᆞᆯ計劃을提出ᄒᆞᆯ터이라더라

◎富豪慈善 빗스불구市에셔電報配達夫로生活ᄒᆞ던가네기氏가今世에富豪가되얏ᄂᆞᆫ지라晩年에至ᄒᆞ야該氏가各實業的에寄附ᄒᆞᆫ金額이二千五百萬磅以上에達ᄒᆞ얏ᄂᆞᆫᄃᆡ其半額은母國에寄附ᄒᆞ고또빗스불구市敎育에寄金[illegible]百萬磅과깅구에ᄂᆞ와스病院에寄金十萬磅과母國大學校에寄金三百萬磅을送附ᄒᆞ얏다ᄒᆞ니該氏의慈善ᄒᆞᆷ은世上에嚴優ᄒᆞ다더라

寄書

狂言生 稿

[illegible]라

若於鎖國自治之日則守舊的思想이非不爲可而當此適化競爭之世界ᄒᆞ야紙上理氣를將何用之며若少分色을何暇論之乎아唐虞政治를易言如掌이나求之事物上應用則菽麥을不辨ᄒᆞ니平生所學이亦云可惜이오講向頑今者而演說之ᄒᆞ노라

開明的學問이雖是今日之急務也나開明이果爲實地開明則孰曰不可이오若爲皮面開明則徒失自國之性質ᄒᆞ고甘作他人之虎倀ᄒᆞ야終至於以其身與人ᄒᆞ고以其國與人而不自覺悟ᄒᆞ니自主國權을何由得之乎며自强民力을何以維之乎아

歐美文明을雖曰如流나求之實地上應用則甘苦를不調ᄒᆞ니多年所業이亦云無益이라惟我同胞ᄂᆞᆫ勿以一偏的思想으로分立旗幟ᄒᆞ고爲使援舊而入新ᄒᆞ고知新而溫故ᄒᆞ야使全國之人衆으로期成團體ᄒᆞ야不相背馳니余所謂援舊而入新ᄒᆞ고知新而溫故者ᄂᆞᆫ其思想이安在乎아

日今西洋之法이莫稱於國會而以之維國權ᄒᆞ고以之保民力ᄒᆞ니頑舊者ᄂᆞᆫ謂以華法之所無라ᄒᆞ야反加排斥ᄒᆞ고頑新者ᄂᆞᆫ謂以西法之新制이라ᄒᆞ야競相慕羨이나鄒衍에不云乎아國人이皆曰可然後에用人殺人이라ᄒᆞ얏스니此非國會之本意耶아西法에官人을謂之公僕이라ᄒᆞ니謂其爲公衆之僕役也라以之無壓制治位ᄒᆞ고以之無專制政治ᄒᆞ야其國이富强ᄒᆞ니頑舊者ᄂᆞᆫ謂以華法之未有라ᄒᆞ야反加저斥ᄒᆞ고頑新者ᄂᆞᆫ謂以西法之新制이라ᄒᆞ야競相慕美이나林文에不云乎아官者ᄂᆞᆫ民役也오非[illegible]이라ᄒᆞ얏스니此非公僕之[illegible]

[illegible]要於[illegible]國之性質也니行夏之時ᄒᆞ며乘殷之輅ᄒᆞ며服周之冕이此非台其所長之證歟아治魯則親々而從賢ᄒᆞ고治齊則尙功而通商ᄒᆞ니此非順其國性之意歟아

大凡學問政治가其實施應用은實無新舊之相判而但其細則은因時制宜에不可膠守舊見也니惟願同胞諸君子ᄂᆞᆫ勿以舊學新學으로分作黑白ᄒᆞ고深究行政立敎之本義ᄒᆞ야務合於實施應用則舊學問도亦有可補於新式者ᄒᆞ며新學問도亦有可資於舊法者矣니如是則非徒不背타反有相資ᄒᆞ리니

全國人衆之思想이以是知得ᄒᆞ야痛切昨非ᄒᆞ고頓覺今是則疑雲이不蔽ᄒᆞ고惑舟가不迷ᄒᆞ야廓然學問이同歸一轍에頑固習慣은不燒而自灰ᄒᆞ고開明程度ᄂᆞᆫ不鞭而自進이라然後에民可以團聚ᄒᆞ고國可以獨立也니語에曰大舟가將覆에胡越이同心이라ᄒᆞ니胡越도猶爲同心커든況吾國之臣民乎아況吾一家之兄弟乎아

完

雜報

◎三港宴事 拾月一日은三和港開港ᄒᆞᆫ十週年일ᄃᆡ紀念ᄒᆞ기爲ᄒᆞ야所用經費千餘圓을韓淸日三國人에게分給ᄒᆞ며淸日兩國人은開宴ᄒᆞ야昇平世界를作ᄒᆞ고韓人紳會ᄂᆞᆫ不遊ᄒᆞᆫᄃᆡ惟獨紳商會가唱女唱夫를多集ᄒᆞ야音樂을開張하고喜樂을盡從容히ᄒᆞ엿다더라

◎收租官依前 十三道收租官廢止ᄒᆞᆫ다ᄂᆞᆫ說은前報에揭載ᄒᆞ얏더니更聞ᄒᆞᆫ즉十三課收租官은[illegible]이確定ᄒᆞ야[illegible]統監府[illegible]發表된다[illegible]

[illegible]錄[illegible]가[illegible]은[illegible]에已揭어니와該氏가大廟門前二府屋에敎育에[illegible]館을設立ᄒᆞ고書籍을多蓄ᄒᆞ야內外國人의請求를酬應ᄒᆞᆯ뿐아니라各學校所用物品과運動諸具와[illegible]觀時所用物品을製造도ᄒᆞ며發賣도하ᄂᆞᆫ데方在準備中이라ᄒᆞ더라

雜報

●陵幸退定 大皇帝陛下게옵서 洪陵과裕陵 幸行을以陰曆明春으로退定ᄒᆞ신다ᄂᆞᆫ說이有ᄒᆞ더라

●內閣云變 統監의監視를因ᄒᆞ야韓國內閣은統監籠絡後에勢力競爭이生ᄒᆞ야暗裏相鬪하야 五相反目擇噬中인ᄃᆡ 早晩間內閣이變動이되리라ᄒᆞ고或云伊藤統監에懇論을依ᄒᆞ야暫爲靜謐ᄒᆞ나若愈愈히爭鬪하면宮相과軍相과相의椅子ᄂᆞᆫ變更되리라고日人新聞에揭示ᄒᆞ엿더라

●郡奏留案 郡守奏本頒佈가一向延拖홈은屢報ᄒᆞ엿거니와 同意次로統監府에送ᄒᆞ얏더니長谷川氏가伊藤統監의게同意하기爲ᄒᆞ야尙今留案ᄒᆞ얏다더라

●總理訪問統監 內閣總理大臣李完用氏가再昨日에仕進觀務치아니ᄒᆞ고統監官邸에進往ᄒᆞ야伊藤씨를訪問ᄒᆞ얏다더라

●一體免官 內部에서在京ᄒᆞ야赴任치아니ᄒᆞᆫ郡守를秘密히調査ᄒᆞ야一體免官ᄒᆞᆫ다ᄂᆞᆫ說이有ᄒᆞ더라

●農次入城 農商工部次官岡喜七郎씨가昨日午後九時에入城ᄒᆞ얏다더라

●紅綠奏書 度支部에서各部에照會ᄒᆞ되各官吏의出給命令書ᄂᆞᆫ綠色으로ᄒᆞ고納入告知書ᄂᆞᆫ紅色으로刊行ᄒᆞ라ᄒᆞ얏다더라

●農校觀察 農商工部前次官劉猛農務局長鄭鎭洪書記官李容漢諸氏가昨日上午八時에水原郡農林學校를觀察次로發向ᄒᆞ얏다가下午九時에岡喜七郎氏와同伴入城ᄒᆞ얏다더라

●滙文牧上 海州觀察使ᄂᆞᆫ該道內兎山平山金川遂安等郡에周行ᄒᆞᄂᆞᆫ義兵通文을內部로收上ᄒᆞ얏더라

●姑無確信 日本皇太子씌셔渡韓ᄒᆞ신다ᄂᆞᆫ說은前已揭載어니와近聞ᄒᆞᆫ즉京城仁川間에虎列剌가流行홈으로延期가된다더니衆議를變更ᄒᆞᄂᆞᆫ것이不當ᄒᆞ다ᄒᆞ야軍艦을搭乘ᄒᆞ시고仁港에碇泊ᄒᆞ야韓國 皇室을一度訪問ᄒᆞ시고軍艦中에留連ᄒᆞ시다가虎列剌가終息ᄒᆞᆫ後에京城에入來ᄒᆞ신다ᄒᆞ나確信은姑無ᄒᆞ다더라

●極加保護 江原觀察使ᄂᆞᆫ宣諭使行程을極加保護ᄒᆞ라고警務署에嚴飭ᄒᆞ얏다더라

●報請免官 突山郡守吳克先氏ᄂᆞᆫ不由上京ᄒᆞ얏스니即爲免官ᄒᆞ라고該道觀察使가內部에報告ᄒᆞ얏다더라

●統監命令 再昨日에伊藤統監이警視總監丸山重俊氏를招致ᄒᆞ야命令ᄒᆞ기를漢城內에虎列剌가漸次蔓延홈은警察이擴張치못홈이니如是汗漫ᄒᆞᆫ境遇면泥峴區域은兵丁으로警察케ᄒᆞ깃다하얏다더라

●宣使報告 江原道管下二十六郡內에擅自上京ᄒᆞᆫ郡守와新差未赴ᄒᆞᆫ郡守와懸劫逃避ᄒᆞᆫ郡守가合爲十九郡인대義徒가因此蔓延ᄒᆞ니即速下送ᄒᆞ라고宣諭使洪祐晳氏가內部에報告ᄒᆞ얏더라

●日兵來住 永同郡守徐晦輔氏가內部로報告ᄒᆞ되日本守備隊兵三十八名이本郡에來住ᄒᆞ얏다더라

●見習請認 海州郡居莊源合가既有文識ᄒᆞ고兼解日語ᄒᆞᄂᆞᆫᄃᆡ法律見習홈을志願ᄒᆞ니依願認許ᄒᆞ라고該裁判所判事朴彝陽氏가法部로報告ᄒᆞ얏다더라

●內官解職 前報와如히再昨日에景孝殿內外官을解職ᄒᆞ얏ᄂᆞᆫ대提調四人에三窠ᄂᆞᆫ減ᄒᆞ야李恩敎氏만仍存ᄒᆞ엿고令과祀丞並四人은仍置ᄒᆞ고內官은宮선二人典守八人合十人은並解職ᄒᆞ얏다더라

●報守說明 報恩郡守申泰完씨ᄂᆞᆫ自己下等題目에對ᄒᆞ야說明書를內部로上送ᄒᆞ얏다더라

●總巡辭職 三和港總巡崔象鎭氏ᄂᆞᆫ內部에辭職請願ᄒᆞ얏다더라

●倉穀競賣 龜山別營倉에貯藏ᄒᆞ얏던經理院米穀六十石을昨日上午十一時에競賣入札ᄒᆞ얏다더라

●日人助手 農商工部에서國有未墾地事務에對ᄒᆞ야日本人彬原正助씨를助手로聘用ᄒᆞ고每月月俸은三拾五圜으로決定ᄒᆞ얏다더라

●何故退學 漢城高等學校學徒가合爲一百七拾餘名이더니무삼事端이有ᄒᆞᆫ지退學者五十餘名에達ᄒᆞ얏다더라

●衛生申飭 警視總監丸山重俊씨가昨日五署에循行ᄒᆞ야衛生에注意홈을申칙ᄒᆞ얏다더라

●靑會講道 今日下午三点半에靑年會館에서福音會를開ᄒᆞ고牧師玄楯氏가講道ᄒᆞᆫ다더라

●結弊革거 長城稅務主事程基奭氏가該郡結版에指徵無處ᄒᆞᆫ陳結二百餘結을特爲民情ᄒᆞ야報部請減ᄒᆞ고且戶卜乞托卜貰錢等弊를一幷革거ᄒᆞ얏다더라

●河東義警 河東郡에義兵이突入홀時에巡檢二名이重傷을被ᄒᆞ얏다고晋州觀察使가內部로電報ᄒᆞ얏더라

●客舍沒燒 日昨에日兵이楊根郡客舍에衝火ᄒᆞ야沒燒되얏다더라

●報辭模糊 法部에서慶南裁判所에指令ᄒᆞ되貴報ᄂᆞᆫ關涉이거니와처範鋸段은신防于平理院ᄒᆞ얏거ᄂᆞᆯ今此貴報에該犯에게 聖旨를布諭後에放送이라ᄒᆞ얏스니신飭ᄒᆞᆫ犯人을自貴所로放釋인지報辭之模糊가莫此爲甚이라到即飾詐俗報ᄒᆞᆫ委折을從實馳報ᄒᆞ라ᄒᆞ얏더라

●臨時救療 慈善婦人會總務崔永年씨가臨時救療所를設始ᄒᆞ고西醫와東醫를聘置ᄒᆞ고派內流行病에罹ᄒᆞᆫ人을治療ᄒᆞᆫ다더라

●實業注意 前郡守申大均氏가實業的에注意ᄒᆞ야安峴等地에大商店을開設ᄒᆞ얏다더라

●三種價額 今番五署內淸潔에灰價米石炭廢水價額預算이三萬八千圜에達ᄒᆞ얏다더라

●食物預防 警視廳에서虎列剌流行이預防ᄒᆞ기爲ᄒᆞ야食物中危險ᄒᆞᆫ物品을放賣ᄒᆞᄂᆞᆫ者가有ᄒᆞ면罰金十圜과拘留十日에處ᄒᆞ기로罰則을磨鍊ᄒᆞ얏다더라

●龍珠寺失物 今月二日에何許日人二名이水原龍珠寺에來ᄒᆞ야夕飯을買食ᄒᆞ고日暮에回程而去ᄒᆞ더니夜深後에更來ᄒᆞ야經宿而去ᄒᆞ얏ᄂᆞᆫᄃᆡ翌日에中鐘과雲板二個가無ᄒᆞᆫ지라衆人이四處尋覓ᄒᆞ야水原花山里에到ᄒᆞᆫ즉日人二名이中鐘과雲板을屢單一名의게買錢十七兩五錢을給ᄒᆞ고軍浦停車場으로負去ᄒᆞ야乘車上京ᄒᆞ얏다고該寺僧이探問次로入城ᄒᆞ얏다더라

●憲兵增派 韓國暴徒鎭定ᄒᆞ기爲ᄒᆞ야再度增援軍隊派遣說이屢屢傳播러니陸軍當局者ᄂᆞᆫ其必要가無ᄒᆞ고伊藤統監도또敢히增兵을要求홈意가有ᄒᆞ나此際에在韓憲兵隊擴張은討伐에援助를興홈이時宜에適合ᄒᆞᆫ事로意見이一致되야新히六百名의憲兵을募集ᄒᆞ야韓國에派遣ᄒᆞ야從來在韓二百名의憲兵과合ᄒᆞ야約八百名으로憲兵隊를編成홀事라ᄒᆞ며昨日에其編成을終ᄒᆞ야明日中에裁可를奏請ᄒᆞ야裁可를得ᄒᆞᆫ後에直히勅令을以ᄒᆞ야條例를발布ᄒᆞᆫ預備設에上等兵中으로憲兵을召集ᄒᆞ야十一月上旬頃에派遣을由ᄒᆞ야此를第十四憲兵隊라稱ᄒᆞ고憲兵司令官은明石大佐가少將에昇進ᄒᆞ야此를補케홀터이라더라

●呼價不貳 南署銅峴鞋廛金泰興씨ᄂᆞᆫ商業界에注意ᄒᆞ야物品을精良히買貿ᄒᆞᄂᆞᆫ대品高而價廉ᄒᆞ며呼價不貳ᄒᆞᆫ다더라

●沐浴消毒 麻동居某씨가日昨에有何崇이다가旋即蘇完하야冠網出入之際에日巡査와巡檢이來到ᄒᆞ야虎列剌가可慮ᄒᆞ니治療次東署로擔昇以去ᄒᆞ깃다ᄒᆞ거ᄂᆞᆯ該氏가初無虎列剌오暫有無何之祟라가今即快差ᄒᆞ야方今出入ᄒᆞᆫ다ᄒᆞ되巡査와巡檢이壓制로擔昇以去ᄒᆞ야一夜를該署에서經過ᄒᆞᄂᆞᆫ대消毒ᄒᆞᆫ다ᄒᆞ고五次沐浴ᄒᆞ야終夜喫苦ᄒᆞ고翌朝에出來하얏다더라

●義探押囚 再昨日에安동等地에義兵偵探人一名을警視廳에押囚ᄒᆞ얏다더라

●梁家回祿 十月四日下午九時量에西署東湖梁奎洙씨家에失火ᄒᆞ야四戶가延燒ᄒᆞ고米租六百餘石이沒燒ᄒᆞ얏ᄂᆞᆫ대損害金이壹萬圜可量이라더라

●地方消息

▲四日발晋州電을據ᄒᆞᆫ즉居昌安義兩郡이危險홈으로日本守備隊가四日朝에出張ᄒᆞ야同日午後四時에河東郡花開面에到ᄒᆞ얏ᄂᆞᆫᄃᆡ義兵五十名이忽地襲擊ᄒᆞ야巡査二名이重傷을負ᄒᆞ얏다ᄒᆞ고

▲四日發大邱電을據ᄒᆞᆫ즉慶州分派所補佐官補ᄂᆞᆫ三日午前에永川郡榮陽面에出駐ᄒᆞ얏ᄂᆞᆫ대義兵一百五十名이襲擊ᄒᆞ야日補佐員이中丸致斃ᄒᆞᆫ지라其首級은義兵이斬去ᄒᆞ고該一行은永春郡分派所로逃走ᄒᆞ얏다ᄒᆞ고

▲四日發太田電을據ᄒᆞᆫ즉義兵에게襲擊을當ᄒᆞᆫ錦山分派所補助員等五人은永同으로逃走ᄒᆞ고武藤警部夫妻의行衛ᄂᆞᆫ尙今不明홈으로當地日兵及補助員은應援ᄒᆞ기爲ᄒᆞ야急行ᄒᆞ얏다ᄒᆞ고

▲四日발全州電을據ᄒᆞᆫ則錦山分派所補助員瀨川孫平의夫妻外日人二名이重傷을負홈으로日本醫師를派送ᄒᆞ엿다하고

▲四日발鳥致院電을據ᄒᆞᆫ즉同日午後九時에北行列車가振威驛南方二十里地에通過ᄒᆞᄂᆞᆫ대何許人이投石ᄒᆞ얏스나損害ᄂᆞᆫ無ᄒᆞ다더라

▲寒舌風雲▼

▲近日支那政府에서日本을排斥ᄒᆞᄂᆞᆫ態度가日甚ᄒᆞ니因以置之ᄒᆞᆫ즉境이면東洋平和가不成ᄒᆞᆯ것시니日本은老練ᄒᆞᆫ政治家로北京에送ᄒᆞ야淸國의誤解ᄒᆞᄂᆞᆫ것을解釋케ᄒᆞᆯ터인ᄃᆡ極東事情도熟知ᄒᆞ고또淸國政府를慰安ᄒᆞᆯ만ᄒᆞᆫ外交家ᄂᆞᆫ大隈伯이라將次大隈伯을派送ᄒᆞᆯ議論도有ᄒᆞ고若不然이면韓國問題가解決되ᄂᆞᆫ때로伊藤侯를보내려ᄒᆞᄂᆞᆫ議論이有ᄒᆞ다고東京서發電ᄒᆞ얏다니淸國은不可容易下手라再昨年日淸條約에도伊藤侯가不肯自擔其任ᄒᆞ고借小村男之强壯手段하야往而締結에事未諧ᄒᆞ엿스니伊藤侯ᄂᆞᆫ此問題에도擔任치아니ᄒᆞᆯ걸

▲已往西班牙와戰爭ᄒᆞᆯ時에從軍ᄒᆞ든美國史官홉손씨ᄂᆞᆫ美日間題에對ᄒᆞ야晋ᄒᆞ기를美國서防備를怠慢히ᄒᆞ면日本은以偏小之邦으로比律賓을占領ᄒᆞ고布哇에入據ᄒᆞ며太平洋海岸에셔乘時砲擊ᄒᆞᆯ면알나ᄊᆞ가를占領ᄒᆞ게될터이니米國은海軍을速히擴張ᄒᆞ자고提議ᄒᆞ엿다ᄂᆞᆫ通信이有ᄒᆞ다니海外風雲에陰雨를先備로고

▲여보近日에伊藤統監이還任ᄒᆞᆫ後에무ᄉᆞᆷ所聞이有하오무ᄉᆞᆷ政策을變更ᄒᆞᄂᆞᆫ機關이이ᄯᆞ다지오各部官吏ᄂᆞᆫ減省ᄒᆞ고各官人의月給은加倍ᄒᆞ고地方政策은如何ᄒᆞᄂᆞᆫ지알슈잇소可謂雪上加霜이나아니될ᄂᆞᆫ지

▲農大宋秉畯氏子某氏가向日에造紙會社를設施ᄒᆞᆫ다稱ᄒᆞ고各人處에株式券을多數히酌票ᄒᆞ더니近日에ᄂᆞᆫ農工銀行에寄付ᄒᆞᆫ다稱ᄒᆞ고各人家에寄付金을抑勒으로請求ᄒᆞ다가東署에被捉이되얏다니以若農相의子弟로欺人討財라가至於被捉之境ᄒᆞ니可謂父面于洗로고

▲江原道宣諭使洪祐晳氏ᄂᆞᆫ內部에電報하되旅費가不足하니即速支撥ᄒᆞ야無至窘塞케ᄒᆞ라ᄒᆞ얏다니同氏ᄂᆞᆫ발程以後로春川府에逗留ᄒᆞ고各部에ᄂᆞᆫ接尺치도못ᄒᆞ면셔旅費만請求ᄒᆞ니此所謂治粧만ᄎᆞ리고시家에못가ᄂᆞᆫ格이로고

▲各郡吏屬의月俸을該道觀察使의命令으로各取扱所의按月支撥ᄒᆞᄂᆞᆫ대京畿忠南各道은八月以後로一分도不撥ᄒᆞ야困難이莫甚ᄒᆞᆫ지라其原因인즉觀察府書記輩가舊日懸習을肆行ᄒᆞ야其手數料를討索ᄒᆞ노라고新持홈이라各郡吏輩나觀察府書記ᄂᆞᆫ更屬은一般인ᄃᆡ手數料를爲ᄒᆞ야月給을不撥홈은以鐵食鐵이아닌가

◉社告

本社支社를左開三處에設置ᄒ앗ᄉ오니該附近에서本申報購覽ᄒ실 僉彦은一切該支社로請求ᄒ시고代金도該氏에게로送交하심을務望ᄒᆷ

代金　漢文申報每朔幷郵稅四十三錢
　　　國文申報仝　三十八錢

左開

支社位置及氏名

井邑邑內　朴議官性天
　　　　　李益秉

泰仁邑內　金先達億弘
　　　　　宋伯彥

扶安茅浦　金參奉鼎濟

地方各支社와個人請覽員에게本申報配達이或滯留或遺漏가非一非再인바但以書辭通知가確據가無ᄒ야郵便局交涉이難便ᄒ니此後로는申報封皮에出付와收到日附印期限이過隔著을摘拔聚合ᄒ얏다가本社로委送ᄒ심을爲要ᄒᆷ

大韓每日申報社

◉至急社告

美國湖鹽市南西寺街一百二十五番共立館內崔有涉氏所送金額新貨一百五十二圓七十六錢已爲領收이나何許事件으로送ᄒᆷ인지詳爲示明ᄒᆷ을切望ᄒᆷ

大韓每日申報社

雜報

●達城鄕校建旨書

大凡昏者明爲者智는係是隨材敎育이오弛而張替而興은職由因時倡導라不有以敎之면安得羣才를選이며不有以倡之면安得一變丕變리오是以로在昔三代之盛에敎術이燦備ᄒ야致聖神之功化ᄒ고現今列邦之强도敎科가益新ᄒ야成開明之世界인즉學校之設이豈其徒然而已耶아洪惟我 國家가爰自列聖으로右文興學을作爲家法하와內而成均四學이며外而校院齋塾이星羅棋佈ᄒ야賓興萬民이기에五百年文物이於斯爲盛인바大邱樂育齋는嶺一省養士之所也라朝家之預獎와牧伯之捐廩協贊이務蘊籍而食實效ᄒ야人物의府庫며州郡의冠冕이러니挽近敎弛에漸就文具ᄒ야渠屋이屢遷에攉興을莫承인바今我觀察使李忠求씨가慨然攬轡ᄒ야敎育目的에熱心注意ᄒ와欽遵 聖諭之懇惻ᄒ고博采道論之鄭重ᄒ야收拾樂育齋舊例ᄒ야協成學校를一省中央達城에建設ᄒ야以爲列郡之表準하고開迷鍵明에躬率倡勵ᄒ야世界上에發著明ᄒ氣力精神을我韓人民의腦髓腸肚中에湊入塡充코자ᄒ신懇懇思想이라我眼曠金珠ᄒ고淚灑江湖ᄒ는同胞僉君子가夫孰不感發而興起也哉아育天下英材는君子의所樂이오成天下大業은衆力의所協인故로所以樂育을協成ᄒ니名以時興ᄒ고學以敎向ᄒ야允合時措之宜이다共敎科程度는通天下之文字言語ᄒ고達萬國之交際法律ᄒ며至於工商術數厚生利用之時務에無不曲暢旁通케ᄒᆷ이擧出詩書六藝之範圍ᄒ야幼學壯行ᄒ고自家及國ᄒ야達步ᄒ階級이오獨立ᄒ基礎인바通明ᄒ性質로不患難進이며敎慈ᄒ智實로何憂難悟리오以其時則不可少殺之時也오以其人亦無非同志之人也라惟願僉同志는協心竭力에成立民規ᄒ야維持方針을擴張ᄒ고教育課程을贊助ᄒ와倡明開導에涵惡後學ᄒ야勉副昔時樂育之本意와今日協成之新義케ᄒ심을滿心希望

發起人　權錫禹　姜謚
　　　　安宅鎬　金趙銖　李憲求

●全南의結稅最重ᄒ情况　全南人民은無他營利ᄒ고惟有農業而土地執結은比諸各道컨된卜數가倍重ᄒ야十斗落假量이면下者는四五十負오中者는五六十負오上者는至八九十負ᄒ니稅額이與他道均定時에도其實은已爲倍徵이거는自更張後로稅額을以銅貨定率에各道官吏는皆以銅貨捧納主ᄒ미湖南官吏는勒捧鄕葉ᄒ야換納銅貨에取剩肥己ᄒ니國庫上納은比諸各道에雖無所增이나民間徵出은較彼捧銅에實爲倍徵이라初三拾兩再五拾兩則猶云可舒나又再以鄕葉八拾兩徵收ᄒ三四十間에官吏는盜富ᄒ고農民은盡弊ᄒ야野無而成蕪ᄒ고村敗而成墟ᄒ니每年考結時則沃土가無作ᄒ야沓主는强移於作人ᄒ고作人은還却于沓主ᄒ야結飯이紛々未定라가及開捧時則專以强制爲主ᄒ야作人은率牛拔鼎에執行家屋ᄒ고畓主은越結徵出에傾蕩汁物ᄒ고伍掌戶首는가鎖鞭打에晝夜酷急而猛校悍卒이如虎驪來에鷄動村閭ᄒ니哀此農民이如經亂離ᄒ야棄田拋沓에晉業無路矣러니年前의及閱新貨定稅之說ᄒ고附民이相慰日從今以後는我湖南도亦被均定一之王化ᄒ야將得舒力에可啓農業矣로다ᄒ더니新貨定額이比諸他道에又加四圜而爲拾貳圜ᄒ니湖南農民이遂斷溪蘇之望하야郡々邑々面々村々이騷然以動ᄒ야期以必死라가及見陰三月初四日度支部之從明年均定訓令ᄒ고十分安心ᄒ야今則依納十二圜ᄒ고惟待新稅之均定八圜矣라且連次訴該部에屢承均定之題音ᄒ오니政府命令을信如金石에民心解惱이不啻若太旱之將逢甘雨라惟願政府諸公은對此民情ᄒ야亟施八圜均定之澤則民國幸甚

●靑年開會　明日月曜下午七点半에靑年會館에서月曜會를開ᄒ고本會事務를處決ᄒ다는대傍聽은不許ᄒ고茶果禮를行ᄒ다더라

●日兵借校　公立水原普通學校長金炳天氏가學部로報告ᄒ되日本兵士二百名이本校에入來이다온바本校를一個日만借給ᄒ라云ᄒ오나自本校로不可擔借이오며先此日兵借住時에도非徒汁物之損害와敎育上妨害가不少ᄒ옵고且日兵來往에每々許借이온則便歸於旅館之例ᄒ올더이오나方便之道를火速指令ᄒ라ᄒ얏다더라

●培校窘況　開城培養校는晝夜生徒가一百五十名인대經費는自初로該校長林圭永氏가獨當ᄒ야家舍二座를四萬餘兩에收買ᄒ야校舍에供用ᄒ고敎師林鳳楨氏가名發로獨自敎授ᄒ더니昨冬에林鳳楨氏는繙譯에觀務人으로ᄒ미朴頤陽韓擇履兩씨와日語敎師鄭便事務員佐伯烈次郎氏를雇聘ᄒ고月給은每朔各十圜式校長이支給ᄒ고今秋이校舍를獨自一新修理ᄒ야前後措費가數拾萬金인더朴頃勝氏는韓英書院을拾五圓式移去ᄒ고敎師를尙未雇聘ᄒ지라該校情况이維支沒策ᄒ야勢將廢止乃已之境이라ᄒ야人皆嗟惜ᄒ더라

●必無是理　本報第六百二十七号雜報欄內彌縫方策이란題下의忠南收租官劉秉興氏가各舍音處에每石에二十兩式先納事는更聞ᄒ즉初無是事라더라

廣告

第五卷

大韓每日申報

第六百卅二號

月曜及變節
幾時日休

檀君開國四千二百四十年
箕子元年三千二十九年
大韓開國五百十六年
日本明治四十年
淸國光緒三十三年
陰曆丁未九月大初二日庚寅

論說

○實證의問題

本報가殘忍호虐殺이라고說明호咸興事件에對호야서울프리스報가以右問題로論說을記述호지라本記者는該事件으로本報에記述호거슬今에確信호노니益偏愛偏倚이無호兩日人이該事實을探聞後에報導호비라日人도此를其能辨慮호기에辨明이未有하도다메케이及펜의兩氏를何以觀之호던지俱是優雅之人이라同兩氏가其實을敬重호며公平及普通人情의歸向을知悉호야所遇事變에分明호報導를供給호엿스니吾人은其確言을信호노라

서울프리스報가論證호는原理를若知호면信服호論說을記述호거시어날不然호야攻罵之言이但其所用機關이라論證은不述호고歸罪及侮辱만但用호엿스니如此之戲는舊西歐中古人의所爲라若서울프리스報가西歐文明을採用홀希望이有홀진딘雅美호禮貌와公正호遊戲를學解홀지어다

本記者ㅣ更히훈數言이但有호니此處에居留호는一般外人은我同業人의記述과本報論陳의事業은商量하야各自斷言홀지어다其結果를自負호노라我同業人이本報를指稱호되其排附韓이오但排日이라호엿스니此乃訛言이라本報가日韓間에最親協約도容許호엿스니此堪起謾를鍼砭홈거신즉노訴惡호엿고但固執호는거슨戰術을普通人情으로進行홀거시是也로다與露交戰에는日人이文明規律로遵守호엿스니此는多數外人武官의觀光者와外人探報員와隨行이其或理由어니와今者擾亂地方에는實認된外人隨行이未有홈으로我同業人이日人은理從之位에置호고韓人은此와相反之地에置호는도다多年後에도서울프리스報가尙其維持면今日에日人과如히戲技홀好個時機인줄을同記者가其時에覺悟호리로다

官報

●號外 隆熙元年十月五日

●宮廷錄事

承寧府總管李載完辭職疏

批旨省疏具悉卿懇無妄之崇自可遄復卿其勿辭調理行公事遣府郞傳諭

●第三千八百九十號

隆熙元年十月七日

敍任及辭令

免本官 度支部技手 鮮于학

度支部稅務主事 南奎元

仝 洪宅燮

度支書記郞 尹載炳

依願免本官

方荷榮 朴銘洙 張致衡

任度支部稅務主事

度支部稅務主事 李基世

金應圭 成洛基 鄭海鎭

康漢永 俞翰植

任度支部書記郞

侍從武官府侍從武官陸軍騎兵副領 尹致晟

軍部大臣官房副官陸軍騎兵參領 朴榮喆

軍部軍務局敎育課長陸軍工兵參領 金基元

軍部附陸軍步兵正尉 鄭烇

近衛步兵大隊中隊長陸軍步兵正尉 權寬彬

近衛步兵大隊副官陸軍步兵正尉 徐丙德

陸軍武官學校敎官陸軍步兵正尉 姜容熙

免本職

騎兵副領 尹致晟

補軍部軍務局敎育課長

騎兵參領 朴榮喆

補侍從武官府侍從武官

工兵參領 金基元

補軍部大臣官房副官

步兵正尉 鄭烇

補近衛步兵大隊中隊長

補軍部附

步兵正尉 權寬彬

步兵正尉 徐丙德

補軍部軍務局敎育課員

步兵正尉 姜容熙

補近衛步兵大隊副官

法部次官 金玉鉉

解法律起草委員長

法部次官 倉富勇三郎

命法部法律起草委員長

外報

●美艦勢力 路透電을據호則太平洋에回航호는艦隊를三十二隻으로成호얏는대戰鬪艦이其半數를占하얏스니最初計劃보다勢力이增加하얏다더라

●米卿言明 美國國務卿루트氏는墨西哥大統領챠子氏를訪問호際에亞米利加의小弱國드로以호야恐怖호配慮가有호니墨西哥와共히利益홀바를言明호얏다더라

●大統領記者 紐育通信을據호則美國大統領루스벨트氏는任期가滿호미大統領退位호時에는共和黨의機關新聞紐育츄리베운報의主筆이되리라는巷說이有호다더라

●彗星出現 桑港某報에云호되日本通信을據호則去八月四日秋田縣大久保村에서彗星이出現호얏는대四尺長이되는尾가달녓다더라

●水雷艇修理 華盛頓電을據호則今番航海호艦隊準備로華盛頓造船所에서는水雷艇을修理하는工役이非常히忩忙호야十一月十五日內로竣工된다더라

●英艦增派 英國電을據호則美國艦隊가太平洋에回航호後英國도巡艦九隻을該洋에增遣홀터이라더라

●大統領巡視 美國電을據호則美國大統領루스벨트씨는三十日에華盛頓에서發호야一箇月을豫定호고中部南部를巡覽호는道에說홀으러大統領候補에對호人心의歸向을知호기欲이라더라

寄書

日本留學生李元鵬

上下位易

蓋天合이發判호後에天生蒸民호ᄉ最初는上位와下位가無호거시라人이誰던지我에自有호仁德의心으로親에對호야孝호며君에對호야忠으로盡心호여人道에當然호義務를호는者는上流라稱홀거시오反此호고家族을不和호며國을不顧호는者는下流라謂홀지라本人이 貴報를覽호던際에疑호는端가有호니 貴報에謂호바世臣巨室과閥閱富貴之家는一官一職을悉得悉失호며至若紈袴子弟遊蕩少年은携朋挈儔호고徒往徒來호는거슨料理店과花柳骨牌之場에야不顧自身生活호며不顧家事者를所謂上流라稱호고斷絶煙酒호야其價에出捐도호며學校에補助도호며權査온南山에登陟호야國家의中興을上帝게祈禱호며愛國思想이日進一步者는下流라稱호엿스니謂를上流라指호며謂를下流라指홈고余는決코當然호事業을義務로호는者는上流라指홈호얏고堂々호義務를自棄호는者는下流라謂홀거시니此所謂足反居上이오首爲居下로고

雜報

●新設已山小學校 吳尙煥

平安南道龍川郡邑面已山洞에서私立小學校를新設호얏더라

該校에서陰曆六月拾六日에開校호얏는대當日儀容을學徒가數拾餘人이오來賓이五十餘人에達호얏던터首로校監諸氏와校에超臨호야說明호얏고次로師徐挺一氏가學務에對호야演說호얏고又次에來賓諸氏도同聲演說호얏는대極히盛況을呈호얏더라

壯哉라是校也여曷日校是壯哉아壯哉라是校土務之諸氏也여日斯可壯也로니該校之設立의由가歷을略論호건대該地兩洞의愈彦이多向上熱心호야早拖호고德諸士와資力을夙養호야學自乙巳冬間으로學校之設立의旨義를協約호고財不之媚娛의經綸을講究호야殆今三載에至호되財金이目弄에達호야於是乎學務를開始호얏스니

壯哉로다如是여語에曰호되有志者ㅣ事竟成이라호얏더니彼辭가此에準備호語이로다壯哉我有志諸公이여僕이蒸手百拜호고敢賀一說호거니와興而復拜호고且祝來頭호노니傳에不云乎아篤于厥初니鮮克有終이라호니此諸氏는吾人의戒銘홀바이라有進無退호고有增無損호食位閣下에게對호야若是호付囑은似或有貴호며오나義在閣情之地에相勉相告가其適不無라茲에永遠의二字로實讖을附呈호노니苟如是永遠無窮호位置에立호야日新月加호야蕩々호雄通을醞釀홀지면今日已山一隅의文憾이日後如虹호야他日世界를鼓動指홀지安知리

鳴呼라此日讀局이며鳴呼라此日人亦로다此若卒日無事之時홀진대此後一個小學校之設을不足爲壯이로되目下現狀이何境에在호오僕然山河愁雨中에脈々호此時士氣가可以沮則沮矣여늘乃校之主務諸씨는加一層進々호니以是可賀者也며且觀數年以來로遍邦의蔚興호各設學校가不爲不多로되況若風燭之明滅호야設廢가無常호니實是可愛라該校之前途는亦由是祝之여나와兹又我學徒諸兄에게一語附贈호노니附之維何오只在勤勉二字호니勤之勉之호라

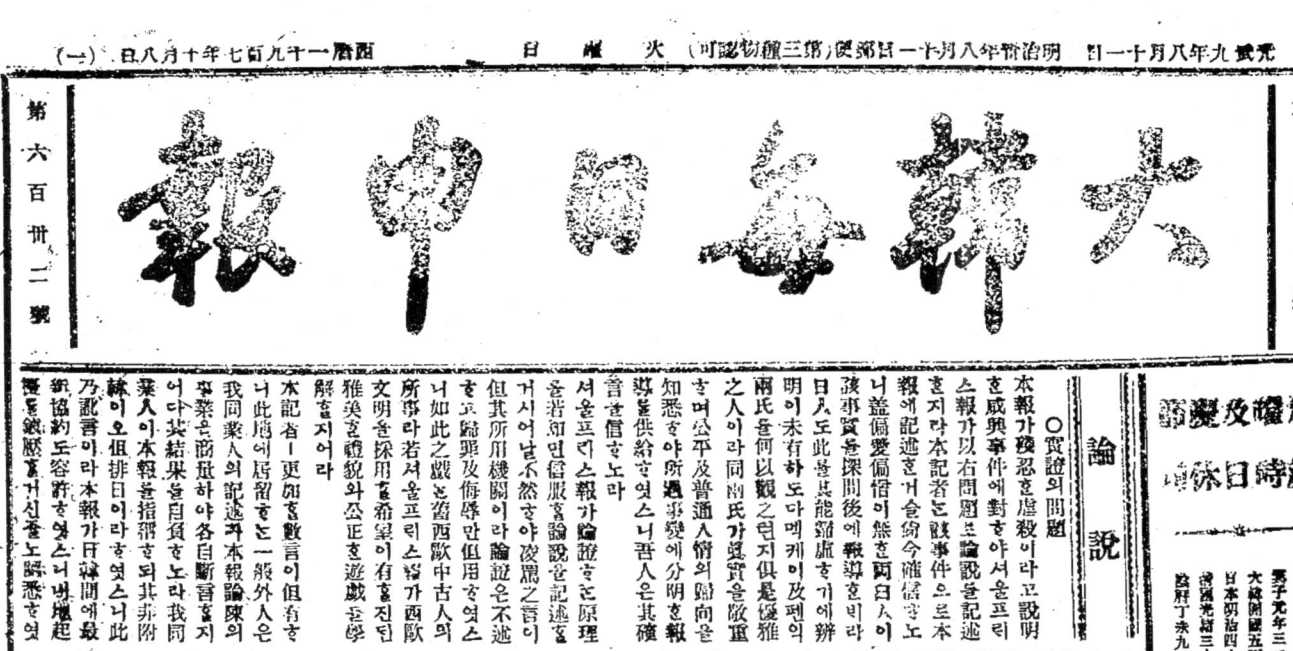

修身科에不云乎아雖日校堂은儼然히立호얏서도學徒의資格을一失호면名發을乃墜라호고又不云乎아今日의工課를明日에推하고明日에工課를又明日에讓호면歲月이我로不與하나니小年이易老라噫勝何故가호고又不云乎아昔에獨佛戰爭에모도게將軍이勝捷호고ᄀ此는全國小學徒의功力이라호니嗟我校徒弟兄이여資格을勿失호고工課를篤實호야精神을勿忘호면畢竟我獨立影響이我學友肩上에擔任호리니敬勸勉호야於斯心力을共克協贊어다

雜報

●陛見預定　統監府에서各府部官制를改定ᄒᆞ야該事務를畢了ᄒᆞᆫ後內閣에議決ᄒᆞ고伊藤統監이陛見ᄒᆞᆯ預定이라더라

●各大訪問　各大臣이有何緊議事인지再昨日에或先或後ᄒᆞ야一齊히內閣總理大臣私邸에訪問ᄒᆞ얏ᄂᆞᆫᄃᆡ總理大臣李完用氏ᄂᆞᆫ追後로統監을訪問ᄒᆞ엿다더라

●特進廢止　統監府에서現今각府部官制를改定ᄒᆞᄂᆞᆫ中이라ᄂᆞᆫᄃᆡ機關ᄒᆞᆫ則宮內府所管特進官窠ᄂᆞᆫ廢止ᄒᆞᆫ다더라

●先後訪問　前參政大臣朴齊純氏와法部大臣李夏榮兩씨가再昨日에或先或後ᄒᆞ야伊藤統監과長谷川大將을訪問ᄒᆞ얏다더라

●諸氏叙任說　去番에歸韓ᄒᆞᆫ兪吉濬趙羲淵等諸氏를將次叙任ᄒᆞᆯ터인ᄃᆡ曾經大臣은特進官을叙任ᄒᆞ고曾經奏任官은中樞院副贊議를叙任ᄒᆞᆫ다더라

●軍大薦　軍部大臣李秉武氏가該部減額된文官과其他可堪之才四十餘人을今後奏本에擇用ᄒᆞ라고內部大臣任善準씨의게公薦ᄒᆞ얏다더라

●伊藤向淸說　伊藤統監이該府一般事務를副統監의게委托ᄒᆞ고該氏ᄂᆞᆫ不久히歸國ᄒᆞᆯ터인ᄃᆡ무삼視察事가有ᄒᆞᆫ지淸國地方으로先向ᄒᆞᆫ다ᄂᆞᆫ說이有ᄒᆞ다더라

●一不接見　前軍部大臣李根澤氏가再昨日에統監官邸에往ᄒᆞ얏다가不爲接見ᄒᆞᆷ으로長谷川大將을訪問ᄒᆞ랴다가亦不接見ᄒᆞᆷ으로因卽還家ᄒᆞ얏다더라

●平察巡郡　平北觀察使朴勝鳳氏가因內部訓令ᄒᆞ야管下各郡에詔勅宣諭次로該道參書官張孝根씨로觀察署理케ᄒᆞ고發程ᄒᆞ야各郡에巡行ᄒᆞᆫ다더라

●度部日語　度支部書記郞이六十餘名인ᄃᆡ餘數ᄂᆞᆫ永히減額ᄒᆞ고六十名만存置ᄒᆞ되三拾名은韓人中日語能通解者로叙任ᄒᆞᆫ다더라

●日人局長　法部에서法務局을新設ᄒᆞ야局長은日人이被任ᄒᆞ고刑事局民事局은合設ᄒᆞᆫ다더라

●日人院長　度支部에서檢査院을設立ᄒᆞᆫ다ᄂᆞᆫ說은前報에揭載ᄒᆞ얏거니와該院長은財政監査長官目賀田氏가被任ᄒᆞ고檢査官二人을設置ᄒᆞᆯ터인ᄃᆡ日人으로叙任ᄒᆞᆫ다더라

●兩氏還任　法部參與官野澤武之助씨와事務官鷲田與吉兩씨가歸國ᄒᆞ야司法을視察ᄒᆞ고再昨日에渡韓入城ᄒᆞ야昨日該部에仕進視務ᄒᆞ얏다더라

●辭職理由　平北觀察使朴勝鳳과咸北觀察使尹性普兩씨가辭職圖遞ᄒᆞ얏ᄂᆞᆫᄃᆡ該兩씨가辭職ᄒᆞᆫ理由ᄂᆞᆫ各該道事務官과相得지못ᄒᆞᆫ所以라더라

●平察電報　平北參書官張孝根氏가內部로電報ᄒᆞ되觀察代辦은已爲報告어니와道務積滯을何以爲之乎아卽答ᄒᆞ라ᄒᆞ얏더라

●晋察電報　晋州觀察使가內部로電報ᄒᆞ되在京郡守를不日下送ᄒᆞ시고若一樣觀望이어든一幷免官ᄒᆞ라ᄒᆞ얏다더라

●尙宮出送　大殿에侍奉하던金尙宮의宮殿門標을三昨日에收奪出送ᄒᆞ얏다더라

●禍及先正　慶北醴安郡에在ᄒᆞᆫ退溪先生古宅及祠宇를日兵이冲火沒燒ᄒᆞ엿다니先生의道德學問은大韓셔만敬仰尊崇ᄒᆞᆯᄲᅮᆫ아니라日本學家에셔도先生을尊崇ᄒᆞ미大韓儒林의宋子와如ᄒᆞ더니今에古宅과祠宇가日人의衝火와酷被ᄒᆞᆫ거슨可謂斯文의一大刼運이로다

●李氏善擧　前侍從李鍾浩氏가自家의所有ᄒᆞᆫ女婢二十名을並爲釋放ᄒᆞᆷ으로同氏의開明上意見과慈善的主義를人皆稱頌ᄒᆞ더라

●聯合大運動　日本皇太子殿下께서御渡ᄒᆞ실時에觀覽키爲ᄒᆞ야各官私立學校에셔聯合大運動을設行ᄒᆞᆯ次로昨日學部에서節次議定委員을選擇ᄒᆞ얏다더라

●辯士出張　辯護士安秉瓚氏가平安北道에出張所를設置ᄒᆞ고將次出張處理ᄒᆞᆫ다더니現聞ᄒᆞᆫ즉同氏가該地에出張次로本日에發程ᄒᆞ얏다더라

●三郡義擾　安義居昌河東等郡에義兵이橫行ᄒᆞ야人民等이棲屑未定ᄒᆞ니偵探隊三百名을卽速支撥ᄒᆞ라고該道觀察使가內部에電報하얏다더라

●金化戰報　金化郡來信을據ᄒᆞᆫ則本月四日에義兵七百名과日兵二百名이互相交戰하얏ᄂᆞᆫᄃᆡ兩國人의死生은姑未確知라더라

●鹿島沒燒　稷川郡鹿島民戶가合爲八拾餘戶인ᄃᆡ陰曆去月初六日에日兵이解隊兵을搜索ᄒᆞᆫ다ᄒᆞ고衝火沒燒ᄒᆞ얏다더라

●楊邑又燒　日兵이楊根邑을衝火ᄒᆞ얏다ᄂᆞᆫ事ᄂᆞᆫ前報와如거니와伊時被燒戶數가邑內二百餘戶요沙灘德谷龍巖梧濱四洞에九十餘戶오玉泉里에二拾餘戶오又去月二拾六日에日兵二拾名이突入ᄒᆞ야邑內如干免火餘存戶을又爲燒却ᄒᆞ얏다더라

●李氏被害續聞

前參判李南珪氏父子가日兵에게被害ᄒᆞᆫ事ᄂᆞᆫ前已揭載어니와更聞ᄒᆞᆫ則同氏가日兵의게捉去를當ᄒᆞᆫ同時에筆談으로事由를質問ᄒᆞ고自己의아모事件이無ᄒᆞᆫ것을這々辨明ᄒᆞᆫᄃᆡ日人曰能文多智ᄒᆞ니必爲義兵이라ᄒᆞ고直히砲殺를行ᄒᆞ며其子二人이大哭扶持ᄒᆞᆫᄃᆡ幷卽砲殺ᄒᆞ얏다ᄒᆞ니大抵必爲二字之罪名을勒加ᄒᆞ고砲殺을行ᄒᆞᄂᆞᆫ것이是何乖常之行動이며況李氏ᄂᆞᆫ文學行誼로令譽가素著ᄒᆞ고位居亞卿ᄒᆞᆫ人이라今乃可執之端이剔無ᄒᆞ거ᄂᆞᆯ虛實을不問ᄒᆞ고三父子를一時砲殺ᄒᆞ얏스니此等行動이韓國人心으로愈益憤激케ᄒᆞᄂᆞᆫ事가아닌가

●地方消息

▲陰八月十三日午前에義兵四五十名이鐵原郡에突入ᄒᆞ야郵便取扱所를襲擊코자ᄒᆞ미保護兵二名與日巡查三名이放銃相應ᄒᆞ다가郡東門外로退却ᄒᆞᆯ時에日兵이放銃ᄒᆞ야十一歲兒一名이卽斃ᄒᆞ얏고義兵三十餘名은該郡西北方面으로退却ᄒᆞ얏고十餘名은突入ᄒᆞ야該郡郵便事務員과漣川郵便所長과商業日人에一行을追擊ᄒᆞ야郡東五里許石寺里에至ᄒᆞ야漣川郵便所長은卽地砲殺ᄒᆞ고事務員과日商一名은生擒하야大鳥洞으로去ᄒᆞ얏고

▲同十五日金化郡守備隊兵十餘名이鐵原郡에入來ᄒᆞ야一夜留宿ᄒᆞ고歸路에至石寺里ᄒᆞ야該洞九戶를沒燒ᄒᆞ고洞民三名을捉去于金化ᄒᆞ야二名은砲殺ᄒᆞ고一名은以老放送ᄒᆞ얏고

▲同日에日兵이安峽邑에突入ᄒᆞ야義兵의根據地라ᄒᆞ야民家六十三戶를沒燒ᄒᆞ고郡內寧石橋埸에到ᄒᆞ야民家拾餘戶를燒진ᄒᆞ야該동民一名이重傷ᄒᆞ얏다ᄒᆞ며同郡新대里에서近洞人二人과過客二人이被害ᄒᆞ얏다ᄒᆞ고

▲同拾七日에自朔寧等地로日兵百餘名이入于鐵原郡時에砲擊에驚動ᄒᆞᆫ人民이四散赴走라가二名은卽斃ᄒᆞ고二名은負傷ᄒᆞ얏다ᄒᆞ고

▲十八日에義兵四五百名이寶盖山中에屯聚ᄒᆞᆷ을日兵이探知ᄒᆞ고同夜에襲擊ᄒᆞ미義兵이退去어ᄂᆞᆯ日兵이該山中長承川里拾二戶를沒燒ᄒᆞ고軍物를略取而歸路에至大光里ᄒᆞ야從何義兵을逢擊ᄒᆞ미義兵死傷은未詳ᄒᆞ고日兵二名은重傷ᄒᆞ고一名은卽斃ᄒᆞ얏다하고

▲同拾九日에日兵拾餘名이出往郡西二拾里許大鳥洞日人被殺處하야民家二戶를放火ᄒᆞ얏다ᄒᆞ고

▲同二十日에日兵이沒數撤去于金化云而上項被燒人口가約百餘人인ᄃᆡ道路樓屑에其所慘酷은目不忍見이라ᄒᆞ고

▲五日발全州電을據ᄒᆞᆫ則任實方面에派遣ᄒᆞᆫ日補助員一行이道中에서小松補佐官一行과合ᄒᆞ야四日未明에長水郡等地에義兵과遭遇交戰ᄒᆞ얏ᄂᆞᆫᄃᆡ義兵의死傷이七名이라하고

▲六日발晋州電을據ᄒᆞᆫ則居昌安義河東一帶에義兵三百餘名內에解隊兵이五十名이合勢ᄒᆞ엿다하고

▲六日慈城郡에셔斷髮令을因ᄒᆞ야郡民四五百名이郡衙에侵入하ᄂᆞᆫ거슬說諭하야도不聽하고補助員村田을殺害ᄒᆞᆷ으로日守備隊가防禦하기爲하야發砲하얏ᄂᆞᆫᄃᆡ韓民四名이負傷ᄒᆞ고尙今不穩ᄒᆞᆫ模樣이有ᄒᆞ야補助員一名과巡檢五名이出張하고楚山分派所에서補佐官이七日出張ᄒᆞ얏다ᄒᆞ고

▲六日發全州電을據ᄒᆞᆫ즉日警部一行이五日錦山에着ᄒᆞ얏ᄂᆞᆫᄃᆡ義兵約數百名이三日前에珍山街道로襲擊ᄒᆞ야龍潭郵便所를破碎ᄒᆞ고日女二名을砲殺ᄒᆞ고日人男女五名이重傷ᄒᆞ고通信員一名이輕傷ᄒᆞ고郵便所及稅務署와日人家屋五座와韓家屋四座를衝火ᄒᆞ얏ᄂᆞᆫᄃᆡ分遣所ᄂᆞᆫ無事ᄒᆞ나器具ᄂᆞᆫ打破ᄒᆞ고彈藥을强奪ᄒᆞ얏다하고

▲五日十二時에振威驛東方拾五里東泉洞에셔義兵二拾四名이洋銃과火繩銃과軍刀을携帶ᄒᆞ고忽地侵入하야銃器를强收ᄒᆞ엿다ᄒᆞ고又同日三時에該驛東十里結居洞崔柱煥家에洋銃을携帶ᄒᆞᆫ義兵이突入ᄒᆞ야金十圓을奪取ᄒᆞ엿다ᄒᆞ고

▲去二十八日珍島西北約七拾里에義兵이駐屯ᄒᆞ얏다ᄂᆞᆫ報를接ᄒᆞ고日兵이義兵의步哨을射擊ᄒᆞ얏다더라

東京電報

五日發

●出兵不合　北京政府ᄂᆞᆫ間島問題에對ᄒᆞ야日本이出兵ᄒᆞᄂᆞᆫ거슨不合ᄒᆞ다하고憤慨ᄒᆞ야滿洲問題보다痛心ᄒᆞᆫ다더라

六日發

●派兵減少　支那政府ᄂᆞᆫ荻原總領事의勸告를容하야間島派遣兵을百名에減ᄒᆞ야陳相汝가是를率하고間島로向ᄒᆞ얏다더라

▲筆下春秋▼

▲日本皇太子殿下께옵서渡韓ᄒᆞ실時에大韓　皇帝陛下께옵서仁川ᄭᆞ지出迎ᄒᆞ시기로內閣에서決議ᄒᆞ얏다니吾儕所見으로ᄂᆞᆫ此是過恭이太甚이로다只於南大門外停車場ᄭᆞ지迎接이未爲不洽足이오雖不爲如是太過라도依泰西帝王之典禮컨ᄃᆡ亦未有欠缺이니韓廷大臣이여韓國에皇帝가尙有ᄒᆞ신것을豈不記憶乎아自國之帝王은自卑ᄒᆞ고他人만敬尊ᄒᆞᄂᆞᆫ것이分明是出於愛國心乎아否乎아

▲安城居洪鍾德氏가其京家로避亂ᄒᆞᆫ次로成歡驛에到着ᄒᆞᆫ즉日巡查及日兵과一進會員이該曾를結縛ᄒᆞ야義兵의게軍糧을擔給ᄒᆞ얏다稱ᄒᆞ고卽爲砲殺ᄒᆞ얏ᄂᆞᆫᄃᆡ同氏ᄂᆞᆫ此等事에ᄂᆞᆫ一不干涉ᄒᆞ얏다ᄒᆞ니如是而雖欲悅服韓民而以順從其政府命令인들豈可得乎

▲軍大李秉武氏第에日兵十名이保護ᄒᆞᄂᆞᆫᄃᆡ乞客一人이來到ᄒᆞ거ᄂᆞᆯ日兵이義兵으로指目ᄒᆞ고卽地砲殺ᄒᆞ얏다니此等乞人은若捉而審問ᄒᆞ면容易獲得은明知이ᄂᆞᆯ若此酷烈行爲를故施ᄒᆞᆷ은抑無所益이오以多數人衆으로向一個空手乞人而放銃이可云能事乎아

▲江原一省은二十六郡인ᄃᆡ叙任未赴ᄒᆞᆫ郡守가七이오擅自帶印上京ᄒᆞᆫ郡守가四이오受由上京郡守가三이오依免未差ᄒᆞᆫ郡守가四이오觀察使가執贓ᄒᆞᆫ郡守가一이라合爲十九이現今曠官이라ᄒᆞ니該道에現存郡守가不過七郡이라一省之內에郡守가無ᄒᆞᆫ貌樣이로고

▲水原郡普通學校에日本兵士二百名이該校에來到ᄒᆞ야一日만借給ᄒᆞ라ᄒᆞ얏다니日人이自稱開明國이라ᄒᆞ면서住接處가許多ᄒᆞᆫ것만ᄂᆞᆫ何必學校를借居코져하야教育을妨害ᄒᆞ니世界萬國에教育을妨害ᄒᆞᄂᆞᆫ文明國人도잇나

▲警視廳에서再昨日에各地方에派送ᄒᆞᆫ巡檢을新히募集ᄒᆞ야黃土峴에서戰鬪射擊을演習ᄒᆞᆫ다ᄒᆞ니巡檢에職責은警察事務만掌理ᄒᆞᆯ줄로知ᄒᆞ엿더니戰鬪射擊ᄭᆞ지演習하니可謂一身兩役이로고

◉社告

本社支社를左開三處에設置ᄒᆞ얏사오니該附近에셔本申報購覽ᄒᆞ실僉彦은一切該支社로請求ᄒᆞ시고代金도該氏에게로送交하심을務望홈

代金 漢文申報每朔幷郵稅四十三錢 國文申報仝 三十八錢

左開

支社位置及氏名

井邑邑內 朴議官性天 李益乘

濟仁邑內 金先達德弘 宋伯彦

扶安乎瀧 金議華顯濟

地方各支社와箇人購覽員에게本申報配達이或滯留或遺漏가非一非再인바但以舊辭遞知가確據가無ᄒᆞ야郵便局交涉이難便ᄒᆞ니此後로ᄂᆞᆫ申報封皮에出付와收到日付印期限이邁隔者를摘拔聚合ᄒᆞ얏다가本社로委送ᄒᆞ심을爲要홈

大韓每日申報社

◉至急社告

美國湖市南西寺街一百二十五番 共立館內 崔有涉氏所送金額新貨一百五十一圓七十六錢已爲領收이나何許事件으로送來홈인지詳爲示明홈을切望홈

大韓每日申報社

雜報

●義州府聚義學校國債報償趣旨書

本學校長韓明善氏가會同本校贊成員諸氏와學徒諸員ᄒᆞ고國債報償에對ᄒᆞ야說明曰人民된者의義務ᄂᆞᆫ國家에憂樂을擔負ᄒᆞᄂᆞᆫ責任이라是以로國泰則民安ᄒᆞ고國難則民困은古今常理라

嗚呼라挽近我國家가隣邦交際上의經費가夥多之致로外國債欵이乃爲壹千三百萬圓에達ᄒᆞᆫ지라今年不報ᄒᆞ고來年未完ᄒᆞ야逐上加邊ᄒᆞ고利子添利ᄒᆞ면其於生殖이倍徙其本ᄒᆞ리니此를誰之擔負오ᄒᆞ면我二千萬同胞是也라念于至此에不覺心寒膽塞ᄒᆞ야莫知攸爲矣니幸聞遠城斷烟同盟之首唱ᄒᆞ며繼有墨城期成報償之발起ᄒᆞ니豈不偉哉며豈不大哉리오

我大韓國權之恢復이在此國債之一擧오我同胞生命之保存이亦係會社之好時也라孰不爭先而興感ᄒᆞ며孰不欣抃而響應이리오顧此本州가雖在遐陬나我大韓三千里疆土之一部地也오吾儕가雖是蒼蟄이나我列聖五百年化育之一分子也라愛國之誠은遐邇가同然ᄒᆞ고爲民之道ᄂᆞᆫ上下가惟均이니熱心所激에義不可在後於人이니

我同胞ᄂᆞᆫ將此好機ᄒᆞ야互相鼓動에勿失此時ᄒᆞ고隨力捐助ᄒᆞ야淸完外債則國家幸甚이오臣民幸甚이라一擲激功之句語則本校諸員의爭先捐義ᄂᆞᆫ街突오適其時傍聽ᄒᆞ던隣洞少長이感日感泣홈에爭先出捐ᄒᆞ니以此觀之則人心은卽天心也라天意人心이感化明矣라何憂乎此債之未勸이며何患乎獨立之不牽이리오古云陷死後生라苦盡甘來ᄂᆞᆫ天道之循理오人事之常經矣니惟我同胞ᄂᆞᆫ幸以此心團體ᄒᆞ야報答 聖恩之萬一을千萬願祝이오다

發起人 張明昊 趙英善 金道彬 張贊鍊

●恩金支給　陸軍武官學校에서減除ᄒᆞᆫ員役二十餘人을或二十圓或三十圓式恩金을支給ᄒᆞᆫ다더라

●觸雷致斃　再昨日上午十時에疾風雷雨ᄒᆞᆫ은人所共知어니와十八歲된御順福이라하ᄂᆞᆫ兒가褒洞居閔炯植氏家廳下에서出門타가因爲電觸致死ᄒᆞ얏다더라

●敎師延聘　蓮洞耶蘇敎中學校에서前參贊李商在씨를敎師로延聘ᄒᆞ얏ᄂᆞᆫᄃᆡ該學徒들이莫不喜悅ᄒᆞᆫ다더라

●不是自退　高等學校學徒五拾餘名이自退라ᄂᆞᆫ說은已揭어니와自退ᄒᆞᆫ거시아니라夏期放學時에居鄕ᄒᆞᄂᆞᆫ學徒等이歸家ᄒᆞ얏다가地方이不靜ᄒᆞ야道路가阻絶ᄒᆞᆫ故로開學之期에到達치못ᄒᆞᆫ學徒가三拾餘人일뿐더러他校에도道路가不便ᄒᆞ야발程치못ᄒᆞ야上學치아니ᄒᆞᆫ學徒가不少ᄒᆞ다더라

●返葬指揮　內部에서平南觀察使의게訓令ᄒᆞ되今年七月에本道管下平壤郡南城外三十里地에住ᄒᆞᄂᆞᆫ金大成의子金興奎가與其姊徒安文奎로同往淸國이라가淸國[illegible]회縣에서瘟病致死ᄒᆞᆫ故로該縣이棺槨收斂ᄒᆞ야城內公地에暫厝하고其遺物은安文奎의게委任ᄒᆞ고安文奎와回國發程ᄒᆞ얏슨즉韓國官員에게照會ᄒᆞ야金興奎와該屍를迅令前赴하야領柩歸葬케ᄒᆞᆫ意로淸國領事가統監府에行文ᄒᆞ야統監府에서本部에知照ᄒᆞ얏기玆에轉飭ᄒᆞ니另飭該郡ᄒᆞ야金興奎의遺族을期於覓得ᄒᆞ야起送本部ᄒᆞ면自本部로卽爲交涉ᄒᆞ야領柩歸葬케ᄒᆞᆯ지니刻卽指揮하라하얏더라

●新穀會社　城內紳士들이實業的으로新穀會社를設始ᄒᆞ고股金은三萬圓假量인ᄃᆡ每股에十圓式募集ᄒᆞ기로日間發起ᄒᆞ고會社規則을發布ᄒᆞᆫ다더라

●虎列剌豫防法　元來本症은西曆一千八百八十三年에로베루두곳호氏發見ᄒᆞᆫ곰마바지루렌의傳染에原因ᄒᆞ야飮食의不攝生不良의飮水와腸胃等과凡物이此의媒介가되나니第一은生物을飮ᄒᆞᆷ과食ᄒᆞᆷ을지안키로注意ᄒᆞ며又寢冷薄着等으로부터內臟及皮膚와感冒에罹치안키로努力豫防ᄒᆞ되稀鹽酸(洋藥)十丸을每日數回에四五滴式沸過ᄒᆞᆫ冷水에混和服用ᄒᆞ고一般身體衣服住居의淸潔을保ᄒᆞ야到處에病魔가襲來ᄒᆞᆯ餘地가無케ᄒᆞᆷ에安心ᄒᆞᆯ거시요徒然히恐怖ᄒᆞᆷ이不可ᄒᆞ니同胞諸君은其各十分戒嚴ᄒᆞᆯ지어다

●灰水洗滌　警務廳에서閭巷大淸潔에對ᄒᆞ야灰水를家屋壁에亂灑ᄒᆞ얏더니有何委折인지灰水를更히洗滌ᄒᆞ라고巡檢巡査가閭巷에曉諭ᄒᆞᆫ다더라

●金氏熱心　東萊釜山開育英學校校監金宋均氏ᄂᆞᆫ元來該地商人으로別無學問이더니自數年來로敎育思想이自然발生ᄒᆞ야該校經費數百圓을自擔辦出ᄒᆞ며諸般事務를熱心做去ᄒᆞ야校况이大爲興旺ᄒᆞ야生徒가日增月加ᄒᆞᄂᆞᆫ故로遠近이莫不稱讚ᄒᆞᆫ다더라

●夏期試驗　廣州城內私立廣興學校에서陰曆七月初十日에夏期試驗을經過ᄒᆞ얏ᄂᆞᆫᄃᆡ一班優等에ᄂᆞᆫ石祗燦石祕均[illegible]宜來丞石默均石明均韓光燮石孝先石麟均宜永[illegible]朴秀[illegible]李[illegible]等拾六人이오二班優等에ᄂᆞᆫ李稚良[illegible]等拾七人이오三班優等에ᄂᆞᆫ李治龍朴稚秀四人인ᄃᆡ邑內紳士가多數히會集ᄒᆞ고校長本郡守吳泰泳씨와敎師具滋㬌氏가學徒에對ᄒᆞ야感格ᄒᆞᆫ言論으로淋漓勸勉ᄒᆞ고優數ᄒᆞᆫ賞品을授與ᄒᆞ얏다더라

廣告

競賣廣告

本商會基址及家屋을十月十八日午后三時에競賣ᄒᆞᆯ추로左開仰布ᄒᆞ오니商業家僉彦은注意ᄒᆞ옵

一 基址가二百二十坪
一 二層洋屋이二十八坪
一 日本製街家가九坪
一 半洋製屋이十四間
一 廠屋이十二間
一 位置ᄂᆞᆫ南大門外桃洞四街인ᄃᆡ前面은停車場에連接하고後面은濟衆院基址와分界ᄒᆞ얏스며電郵遞信局과運輸會社及倉庫會社等이連絡蔡布ᄒᆞ얏스니將殷繁에第一衝要之地라有意僉彦은勿失機會ᄒᆞ시고陽曆十月十四日부터十七日에往臨觀察ᄒᆞ시옴

京城南大門外金兄弟商會

南署山林契薪井洞七十一統八戶草舍十間에盃賣五千兩新舊文記三張과漢城府立旨一張과姓名圖章一個를陰曆八月二十三日夜에窃盜의게見失ᄒᆞ얏스니勿論內外國人ᄒᆞ고此文記와圖章은勿施ᄒᆞᆷ

朴宗泰 告白

本人의五代祖奴使公位土가在於忠南天安郡紗羅里이온바牙山비오박族人李冕宰兄弟가性本浮浪ᄒᆞ야將欲暗賣이온즉內外國人은切勿見欺홈

北署玉洞李奎진 告白

新刊書籍發售廣告

增修無寃錄大全 國漢文 定價金 七拾五錢
大韓法規類纂洋裝 三圓五拾錢 郵稅四拾錢
初等倫理學敎科書 二拾錢
初等衛生學敎科書 拾五錢
國家學綱領 拾五錢
國民須知 八錢
獨習日語正則洋裝 鄭雲復著 二拾五錢

發賣所 皇城布屛下 金相萬書舖

本郡守金乘吉氏仁智勇略은素著嶺南에衆所欽仰이어니와丹城在任時三載에治蹟이掃上ᄒᆞ야民懷召杜러니何幸今年五月日에還莅本郡ᄒᆞ야愛民如子에惟民救弊ᄒᆞ며擱熱外變에民賴按堵ᄒᆞ고盜賊이屛息터니不意今夏等殷嚴에人難實心이나欺於事務라ᄒᆞ고居下되얏스니何事務를昧ᄒᆞ다ᄒᆞᆷ인지前後設案을歷々可數라도一無誤決은郡民所共證이거날胡爲此貶고闔境人民이咸曰我侯에一遞으로遮路願留ᄒᆞ고一邊으로據實訴內部次로上來ᄒᆞ야玆先廣佈ᄒᆞᆷ

咸安郡人民

議[illegible] 洪在祿 李益萬 安文奘 趙秉奎等 告白

●民事訴訟代理와刑事辯護及鑑定證明과諸文案綴草等諸般事務를迅速處理ᄒᆞᆷ

漢城南署小平洞第六十統十戶

辯護士前檢事 李建鎬
辯護士前檢事 安秉瓚

聯合法律事務所

本人의先塋이在於稷山大井里及安山月谷面土沙里하와邱木禁養이屢百年에所叢宗孫은本人인ᄃᆡ近間何許浮雜輩가冒稱本孫ᄒᆞ며或稱居間興成이라ᄒᆞ고出沒京鄕ᄒᆞ야邱木放賣之說노四面藉嘵ᄒᆞ오니內外國人은切勿見欺ᄒᆞ시고如此無據之類가或不無假造圖章之慮矣라本人은案無姓名章行用이오니亦勿見欺ᄒᆞ시옴

中署校洞二十五統八戶前參判 吳王根 告白

本人의名字曹九를以斑九로改定ᄒᆞ얏사오니內外國知舊ᄂᆞᆫ以此照亮하시믈爲ᄒᆞᆷ

李斑九 告白

本人이仁川港紐峴內洞第二十一統一戶草家九間八拾米契約官地契一張과同紐峴內洞暑字第四十八號草家四間官文記一張共兩張을家中遺失ᄒᆞ얏사오니或某拾得ᄒᆞ와도休紙施行ᄒᆞᆷ

仁川港內洞沈相益 告白

▲乳母 廣求

무샹ᄒᆞᆫ은혀를젓먹일려인던지괴ᄋᆞᆫ혀엇시집에와셔유모노롯ᄒᆞᆯ부인이잇거든 대한매일신보샤회계쳐로와셔의론ᄒᆞ시요

逐々工業이漸隆ᄒᆞ야道路橋梁新設及山林田畓宅地等測量과區域界標와土木成築等調査와ᄂᆞᆫ速役을不拘ᄒᆞ고以上諸測量及設計圖等囑託의應ᄒᆞ옴

京城西大門外南門內第大家

土木測量設計囑託所

主任 金之鉉 告白

廣告

大韓新地誌와地圖를今已竣工되얏스니購覽僉員은各발賣所로來臨覓去ᄒᆞ시옴

大韓新地誌발賣所
中署寺洞三拾統二戶 漢陽書館
中署布屛門下廣學書舖
中署罷朝橋越便中央書館

中署澄淸坊黃土峴耆老所前第二十三統三戶
辯護士 李容成
辯護士 黃鎭菊
辯護士 安致潤
事務員 全奎[illegible]
事務員 [illegible]勳
聯合法律事務所

●乾材洋藥局賣

漢城鍾路慈惠藥房에서各種洋藥을廉賣ᄒᆞᄂᆞᆫ中에本邦補益藥水를極擇廉賣하오니內地各處僉彥께서小包郵便으로取用ᄒᆞ심을仰望

▲大瓶 三圜
▲小瓶 一圜五十錢

乾材洋藥發賣人 濟衆院醫學員 朴慈惠 告白

學徒敎科書籍
學徒運動用諸具
羅紗各種
美國金鷄納
衣服裁縫其他雜貨를廉價放賣ᄒᆞ오니諸君子ᄂᆞᆫ來臨ᄒᆞ심을바라나이다
仁川港香峴新冊肆

漢城西署盤松橋新作路四十三統二戶
辯護士 玉東奎
辯護士 許憲
合同法律事務所

本人이日本大阪商業家와特約ᄒᆞ고日本內地産出各種物品과西洋各種物品及機械等物을大韓에輸入ᄒᆞ며委托을便利케ᄒᆞ기로約ᄒᆞ얏ᄉᆞ오니諸工業에有意ᄒᆞ신僉君子ᄂᆞᆫ某物이든지請求ᄒᆞ시거든本社로來議ᄒᆞ시오本社에서ᄂᆞᆫ手數料金만受領홈

興業社本店
開城北部鮮洞
支店京城南門內水標洞五十一統六戶
培養會社
仝仁港內동廣濟號

이쇼셜은 순국문으로 미우 자미잇게 믄ᄃᆞ러 일반국민의 익국ᄉᆞ샹을 비양ᄒᆞᄂᆞᆫ 칙이오니 익국ᄒᆞᄂᆞᆫ 유지ᄒᆞᆫ 남ᄌᆞ와 부인은 만히들 사서보시오

근셰뎨일 녀중영웅 라란부인젼(羅蘭夫人傳)
젼부 수십일 페지
뎡가금 신화 수젼
디방에ᄂᆞᆫ 신화 오젼

발매소
◎남서 셕정동 대한미일신보샤
◉배젼병문 아래 광학셔포
인천 싸리재 미신칙ᄉᆞ
남문안 샹동 박문셔관
◉죵로 고금셔히관
죵로 대동셔관
◎평양멸녀동 교육셔화시

●北署桂洞私立敦明義塾政治學科第二回學員募集大廣告

學科 在本塾規則
年齡 十七歲以上身體康健者
試取 陽曆十月十三日陰曆九月初七日時間은上午拾時下午三時以外ᄂᆞᆫ不受홈
免試 中等科以上卒業證이有ᄒᆞᆫ人
請求 入學證書ᄂᆞᆫ本塾에서無代價로請求를應하야授與홈

向者軍隊解散時에負傷將卒中에死者ᄂᆞᆫ已矣어니와折腰折臂折脚之人은命脈은尙存이나運動末由라該人等이將欲自裁ᄒᆞ니令人鼻酸이라本人等이往見慰勞ᄒᆞ고西醫에게以印度膏도擬製臂脚이온則八人의費額이至爲二千五百圜之多인바一人助力으로難見奏効ᄒᆞ와玆以廣布ᄒᆞ오니望須慈善僉君子ᄂᆞᆫ勿拘多小ᄒᆞ시고救恤金을寄付ᄒᆞ와使陷死向臨로拯濟ᄒᆞ심을爲要

隆熙元年九月日
發起人 정圭煥 윤泰勳 安重鎬 曹成煥
救恤金收合所 皇城新聞社 大韓每日申報社
出金人의姓名은新聞에廣告홈

越南亡國史 國漢文

定價貳拾伍錢
發賣所京城廣橋高裕相書舖 鍾南錦川郡禹時夏書舖 布屛下김相萬 告백

瑞士建國誌

◉定價金 新貨二十五錢

此冊은政治小說이니志士의救國救民ᄒᆞᄂᆞᆫ思想과人民의愛國心을養成하ᄂᆞᆫ대緊要ᄒᆞᆫ冊子오

發賣所
▲大韓每日申報社
▲仁川港梧峴 開新冊肆
▲中署布屛門下 金相萬冊肆
▲平壤城內烈女洞 敎育書籍館
▲鍾路 古今書海館
▲洞口越便 中央書館
▲鍾路 大東書市
▲大廣橋 廣東書館
▲尙洞 滙文書館

일 매표관혈농우유
일 금인관혈농결우유
일 무쌍가용리화락
일 쎠-든쓰졔조미분화
합우유

이상은 상시에 저축ᄒᆞ얏슴
미국뉴욕항 쎠-든쓰농결우유회샤
일슈뎌리뎜
대한인천항 세창양힝

大東寄宿館

本館을[illegible]에設ᄒᆞ고[illegible]學生을[illegible]寄宿[illegible]講習[illegible]廣布ᄒᆞ야[illegible]證書ᄂᆞᆫ本館[illegible]監督ᄒᆞ고[illegible]刊[illegible]ᄒᆞ며[illegible]寄宿[illegible]衣食住[illegible]

大東寄宿舘館長 鄭[illegible] 總務 [illegible] 廣告

大東寄宿館 鄭漢植 告白

오래ᄒᆞ에高等衣裝[illegible]洋[illegible]用品[illegible]販賣[illegible]

○申報價
一張代金 新貨一錢五厘
一個月 三十錢
三個月 九十錢
六個月 一圜七十錢
一個年 三圜四十錢
郵稅一張 新貨五厘
一個月 十三錢

○廣告料
四號活字十三字詰每日每次尺一寸에新貨[illegible]
(每日每行次에相當홈)
二週日에 二圜五十錢
每日每行四號[illegible]相當홈
一個月에 [illegible]
(每日每行四錢一圜[illegible])
其期限의長短字行의多少[illegible]

◉大韓每日申報支社
中署布屛門下 金相萬冊肆
平壤上水口門外 金浩淵
仁川梧峴 崔敬恒
宜川邑 李東皓
義州西門外 安 濬
釜山港佐川 大韓藥局
三和港浚洞 徐藥局
咸興南州社西門外 金元성
開城培義學校 曹喜林
大邱市 姜助遐
醴泉邑 崔一弘
鐵山邑東部 劉夢澤
元山 安 [illegible]
海州 劉七錫
定州 朴昌鎭
昌城郡 洪啓[illegible]
龍山與岩 許 錫
安岳 李銀瓘
[illegible]川 張道善
安州 李鎭成
鐵原 金翼河
高原邑 趙鍾大
濟州 朴敬吉
井邑邑內 李容[illegible]
泰仁邑內 金德弘
扶安牛浦 金鼎濟
京義線枇峴驛 李基秀

大韓每日申報社
發行兼編輯人 英國人 裵說
發行所 南署石井洞[illegible]三層洋屋 大韓每日申報社

第五卷

大韓每日申報

第六百卅三號

月曜及慶節
歲時日休刊

檀君開國四千二百四十年
箕子元年三千二十九年
大韓開國五百十六年
日本明治四十年
清國光緖三十三年
陰曆丁未九月大初三日辛卯

別報

◎武備論 (大韓報照謄)

國之有武備ㅣ猶人之有手足屋之有藩蔽ᄒᆞ니若人而無手足이면爲人所侮에遭其장害而莫能捍이오屋而無藩蔽면爲盜所窺에遊俛竊取而不得防이라國而無戰備可乎아

假有一邦國ᄒᆞ야國土가廣邈沃腴ᄒᆞ며氣候物產이適順豊足ᄒᆞ며住民이衆多ᄒᆞ며又其性質이美ᄒᆞ고氣力이强ᄒᆞ야能히文明ᄒᆞᆫ法律과善良ᄒᆞᆫ制度로써政治組織을建設ᄒᆞ야內治外交가其宜를得ᄒᆞ면固無缺於國家的元素오亦無違於經邦之大道라謂是國威弱이不可나然이나惟武備를完全히ᄒᆞᆫ後에야其文明富庶ᄒᆞᆫ福祉를不墜ᄒᆞ야雄國을成ᄒᆞᆯ지라盖國家에內憂나外訌이有ᄒᆞ야其動機가不測ᄒᆞᆫ境에能히捍禦ᄒᆞ는强力이無ᄒᆞ면其國이비록文明ᄒᆞᆫ者라도敗亡을難免ᄒᆞᆷ은곳理勢의固然ᄒᆞᆷ이로다

故로謀國者ㅣ陰雨의備를不怠ᄒᆞ야平時에其威로써鎭ᄒᆞ고亂時에其力으로써敵ᄒᆞ야國家의安寧을維持ᄒᆞᆷ이可ᄒᆞ고爲民者ㅣ道理를持ᄒᆞ며義氣를揚ᄒᆞ야國家에對ᄒᆞ야兵役義務를克盡치아니ᄒᆞᆷ이不可ᄒᆞᆫ者라

然而翹首聘眸하야今日列强의狀態를觀察ᄒᆞ건ᄃᆡ彌其誠竭其力ᄒᆞ야汲々히經營ᄒᆞ는者ㅣ海陸軍의擴張이라此等武備의主義가果然內憂外訌을防禦코져ᄒᆞᆷ에止ᄒᆞᆯ가一層踔跳ᄒᆞ야可惜可惡ᄒᆞᆫ所謂軍國主義를遂코져ᄒᆞᆷ이라奪人利權ᄒᆞ며拓其版圖ᄒᆞ야縱其野心擅行而無厭ᄒᆞ니類其凶獰强暴之勢컨대能不掀天動地아立此世當此時ᄒᆞ야自備ᄒᆞᆫ强力이無ᄒᆞᆫ者ㅣ人의犧牲을免코저ᄒᆞᆫ들엇지容易하리오嗟呼試思試究ᄒᆞ라我國은有何原因而取何結果오自來完全ᄒᆞᆫ武備가無ᄒᆞᆯ뿐아니라昇平日久에文藝를徒學ᄒᆞ야國民의武氣武習을蔑視抑制하야맛杏ㅣ虛弱無狀ᄒᆞ고恥辱莫甚ᄒᆞᆫ今日狀況을退出ᄒᆞ얏스니雖悔曷追며嘆復奈何리오猛省奮발ᄒᆞ며撥時度勢ᄒᆞ야亟々히振興을圖ᄒᆞᆷ이可ᄒᆞ니若究振興之策인ᄃᆡ兵備를遽然히擴張ᄒᆞ기는非但勢與時之所不能이라於此에誠無必要로다

惟武氣를발揮ᄒᆞ야써權與를尊重ᄒᆞ며遊俠을崇尙ᄒᆞ야凡我國民의箇々堅其志作其氣에山岳이崩이라도泰然自若ᄒᆞ며雷霆이擊이라도毅然不撓ᄒᆞ야彼人逼壓에愈逼愈激ᄒᆞ며愈厭愈勵ᄒᆞ야人을打勝치못ᄒᆞ면不休ᄒᆞ고爲國挺身에有進無退ᄒᆞ고視死如歸ᄒᆞ야目的을達ᄒᆞᆫ後에야乃已ᄒᆞ는精神이有ᄒᆞ면是가곳我國의眞正完全ᄒᆞᆫ武備라者有此武備면人雖以力이나不及我氣오人雖以鐵이나不敵我血이라勝利를常獲ᄒᆞᆯ者ㅣ非我而誰오豈非入善迂論이라與日爭輝成功之要ㅣ在乎此而不在物質的武備로다

在昔龍蛇之役ᄒᆞ야水陸이披靡에民國이板蕩이라終能殄滅大敵에重整國威ᄒᆞ니是豈惟元帥李統制諸將指揮의致然ᄒᆞᆫ바일뿐이리오朝鮮民族의固有ᄒᆞᆫ武氣의效功이며

嘗聞一外國人이問我學生曰貴國의軍艦이幾何오曰既有者ᄂᆞᆫ無足道也ㅣ나惟新造者ㅣ多焉ᄒᆞ야或已開工ᄒᆞ며或將進水ㅣ니라外人이甚識曰君이以爲我全昧實狀耶아毋自妄誕ᄒᆞ라答曰君何以知之리오現今我邦國民腦髓裡에各有精神的軍艦ᄒᆞ야幼者는才已開工이오壯者는將以進水ᄒᆞ며且待完全ᄒᆞ야向太平洋驅逐이면誰敢抵敵이며竟握東洋海上權者ㅣ非韓國일는지君其知之耶아外人이於是乎嘆服不已矣러라ᄒᆞ니吾儕의自期가如斯ᄒᆞᆯ뿐아니라亦世人의忌憚ᄒᆞ는바ㅣ로다

是其厚ᄒᆞ니嗟我同胞乎여當不與感奮勵에益々奮我精神的武備ᄒᆞ야以有成功而免此困辱ᄒᆞ며更進一步而雄視宇內也哉아勗哉同胞乎여

官報

◎號外 隆熙元年十月七日

◎宮廷錄事

承寧府副總管朴齊斌
命署理總管事務

◎第三千八百九十一號

隆熙元年十月八日

◎宮廷錄事

弘文館大學士金鶴鎭辭職疏
批旨省疏具悉爻苑重任何可輕遞卽其勿辭行公

敍任及辭令

平理院檢事羅 진
命兼法官養成所敎官
平安北道觀察使朴勝鳳
咸鏡北道觀察使尹性普
解刑法校正官
法部書記官咸台永
仝 金晦秀
命刑法校正官

雜報

◎永田丸燒失 一日發芝罘電을據ᄒᆞᆫ則日本汽船十四永田丸總噸數가六百六十八인대昨夜七時에出火燒失ᄒᆞ야今朝에沈沒ᄒᆞ얏스나死傷은無ᄒᆞ다더라

◎英國歲入 倫敦電을據ᄒᆞᆫ則英國上半期歲入이六千四百零二萬一千三百二十二磅인대前年度上半期보담十八萬二千四百九十磅이增加ᄒᆞ얏다더라

◎鹿兒島出火 去三日午前二時十分에鹿兒島市出留町에서出火ᄒᆞ야四時半에鎭火ᄒᆞ얏는대四十七戶가全燒ᄒᆞ얏다더라

◎新潟縣下大火 去一日十二時新潟縣下西蒲原郡黑崎村字大野에서出火ᄒᆞ야全燒가約二百戶오郵便局一과尋常高等小學校一이失火ᄒᆞ고二日午前三時에鎭火가되얏는대罹災者가五名이라고同縣知事의公電이有ᄒᆞ다더라

◎火藥爆發 大阪電을據ᄒᆞᆫ즉四日午前五時에大阪府下三島郡大字冠에在ᄒᆞᆫ火藥商野原林之助의所有ᄒᆞᆫ解彈工場이爆發ᄒᆞ야大爭聲이발ᄒᆞ얏는ᄃᆡ同時에該場에서女工百餘名이死傷ᄒᆞ니悲慘은不可形言이라警察署에서는警官이總出하야目下調査中인대該工場內事務所及火藥貯藏所에工人이每日男女五百名이從事ᄒᆞ는대同所에女工만三十八名이一個空藥匣을取ᄒᆞ야其匣이空虛로思ᄒᆞ고玩弄ᄒᆞ는대其殘藥이爆發ᄒᆞ야忽然附近에如山히積ᄒᆞᆫ解彈二萬七千個에移발ᄒᆞ야大慘劇이出ᄒᆞ야女工等多數는木葉과如히空中으로吹飛ᄒᆞ고몸々ᄒᆞᆫ火焰는天을焦ᄒᆞ고爆발은猶不휴絶ᄒᆞ미焰焰ᄒᆞᆫ猛火는加勢如何를ᄂᆞ뎌이며僅々得生ᄒᆞᆫ數十名職工은該場所로避亂ᄒᆞ야淀川流水에沒身ᄒᆞ고其行衛不明ᄒᆞ고爆화는翌日午前三時에至ᄒᆞ기지猶不絶ᄒᆞ고遂히猛화는隣接화藥貯藏所에移接ᄒᆞ야彈藥數千발이爆發ᄒᆞ야南島가猛화中에埋沒ᄒᆞ고阿鼻叫喚之聲은不可耳聞이라焦熱地獄을現ᄒᆞᆷ과如ᄒᆞ며화中에서四十三名을救出ᄒᆞ얏다는此急報를接ᄒᆞ고警官은消防夫及醫員看護婦等數十名을率ᄒᆞ고該場에急行ᄒᆞ얏스나彈藥의恐畏로以ᄒᆞ야近處의慘狀을不能詳察이라더라

學界

◎大邱壽昌學校趣旨書

今之說學校論教育者ㅣ曰舊學은無用이오新學是務라ᄒᆞ니殷今之時ᄒᆞ고觀今之勢ᄒᆞ면其言이未始不可나然이나抑又諸揣其學校之大抵ᄒᆞ고細究其教育之本旨ᄒᆞ면舊學을不可以卒於無用而徒使新學으로斷爲맛之背馳而乃謂之新學之得則吾不信矣오又或好舊惡新者有不悟之懸則亦執迷之甚也라蓋隨時而變ᄒᆞᄂᆞᆫ聖賢之道라時至而不變이면是天道四時之序而人無進退取舍之謂也라然則變通變者ㅣ新이오守舊者는舊也라舊無新則蒙也오新無舊則偏也니偏而無根本之固則不可謂之開發成就之本也오變而無覺悟之術則是印黑守々不分東西者也라又然則新不可以無舊而舊爲新學之根本이오舊不可以無新而新爲舊學之開發이라夫所謂新舊二學者ㅣ相表裏爲名實然後之乃可得聞之要而不失其史에敎育之本旨也ㅣ라蓋學校設立明爲各國大政者ㅣ何時不然而値如今時局則尤當內內也오尤當汲汲也라所以 皇勅이屢降ᄒᆞ시고備之朝飭이而復不已者는欲使開吾民志ᄒᆞ고致吾國泰가知在乎敎育一路也ㅣ라限ᄒᆞ니學規爲秩秩有序ᄒᆞ야新舊學徒之敎가各爲百餘名而將來預算은必增加無疑也ㅣ라以今之所睹로論ᄒᆞᆫ은一校蒙發이頗有來望而校務之漸致與旺은惟在有志同胞贊成之有始終也ㅣ라夫事之作而非難이라成之實難ᄒᆞ고成之非難이라變易新舊에發ᄒᆞ야去其舊規ᄒᆞ고擴其新制ᄒᆞ니校基爲煥然改觀이라 一校之內에南北之堂을分爲新舊學二所而舊學敎師則弘博之士也ㅣ라限以十五歲以漢文諸科ᄒᆞ고新學敎師則外人也而亦公大學卒業之博士也라語學與諸般新學을授以十九歲以上爲凡爲吾王民者孰不爲感泣流涕에仰瞻 聖意하고俯從前途也리오本郡中에舊有東西二齋ᄒᆞ니乃私塾也라原來是多民之合契成塾而已爲百年之久而間文ᄋᆞ養成之實이猶可稱私塾之優等矣러니際玆時移之來ᄒᆞ니物亦盡隨이變니오破二齋合設一校ᄒᆞ고名曰壽昌校라ᄒᆞ고呈于學部하야承認ᄒᆞ고用巨額至作成이實難也라是校也雖爲衆人之私有나抑非主管者之熱心苦識이면寧復睹今日之大然役與而特特爲敎育上一大好事業也리오其主管而始終者는郡司果徐煥均氏有昌前吳秉麟前司果徐應般氏郡主事基夏也오作文而頌之者는事徐鳳綺也라더라

雜報

●移御事協議 總理大臣以下各部大臣이再昨下午三時에內閣에會同ᄒᆞ야 大皇帝陛下ᄭᅴ셔昌德宮으로移御ᄒᆞ실事를協議ᄒᆞᆫ後同四時에一齊히詣闕 陛見ᄒᆞ고該事件을上奏ᄒᆞ얏다더라

●昌德宮移御 昌德宮으로移御ᄒᆞ실터인ᄃᆡ修理等節은宮內府에셔擧行ᄒᆞᆫ다더라

●陵行日子 洪陵과裕陵幸行은陰九月初六日로擇定ᄒᆞ셧다더라

●大臣奔忙 再昨日에總理以下各部大臣이閣議를畢了ᄒᆞᆫ後四時에 陛見退闕ᄒᆞ야同六時에統監府에前往ᄒᆞ야伊藤統監을訪問ᄒᆞ고同七時에還第ᄒᆞ얏다더라

●伊藤陛見 伊藤統監이昨日下午二時三十分에詣闕 陛見ᄒᆞ얏다더라

●統監去就 日本皇太子ᄭᅴ옵셔渡韓ᄒᆞ셧다가還駕ᄒᆞ실時에伊藤統監과副統監이陪從ᄒᆞ얏다가伊藤統監은不爲還任ᄒᆞ고曾禰副統監만還任ᄒᆞ기로內定이되얏다더라

●修理審査 宮內府大臣李允用씨가昨日上午十時에侍從副卿李會九씨와秘書承李恒九氏와主殿院庶務課장黃鎭菊氏와營繕司長沈宜碩氏를帶同ᄒᆞ고昌德宮內에前往ᄒᆞ야修理等節을審査ᄒᆞ얏다더라

●儀節指揮 京畿觀察使李圭桓씨가今番에日本皇太子殿下渡韓時에迎接ᄒᆞᆯ儀節指揮次로本日仁川府에前在ᄒᆞ얏다가即爲還任ᄒᆞᆫ다더라

●奉迎委員 日本皇太子殿下奉迎委員長은侍從卿閔丙奭으로委員은宮內府書記官劉찬과禮式官高羲敬嚴達煥玄百運과內閣書記官長韓昌洙諸氏더라

●農次視務 農商工部次官岡喜七郎氏가再昨日부터仕進視務ᄒᆞᆫ다더라

●大運動協議 學部學務局에셔本日下午二時에該部各局課長과各官私立學校校長을會同ᄒᆞ야秋期大運動에對ᄒᆞ야諸般節次를協議ᄒᆞᆫ다더라

●移照督捧 度支部에셔已往公納欠逋ᄒᆞᆫ郡守中現任茂長郡守徐相경氏等十餘人을法部에移照ᄒᆞ야不日督捧ᄒᆞ라ᄒᆞᆫ지가已有多日이되無如何回答인故로度支部에又爲移照ᄒᆞ엿더니回照ᄒᆞ되皆爲保放하고無一分收捧이라ᄒᆞ엿거ᄂᆞᆯ度支部에셔또移照ᄒᆞ되不日督捧ᄒᆞ야俾完國庫財政케ᄒᆞ라ᄒᆞ얏다더라

●尹氏回還 學部學務局長尹致旿氏가該部事務官補山口一郎氏를帶同ᄒᆞ고公立平壤普通學校落成式에往參ᄒᆞ얏다ᄂᆞᆫ說은已揭어니와該兩씨가昨日에回還上京ᄒᆞ얏다더라

●徵兵設置 軍部에셔徵兵四千名을設置ᄒᆞᆫ다더라

●內官奪標 再昨日奉侍羅世煥金漢定兩氏의宮殿門標를收入ᄒᆞ고出送ᄒᆞ얏ᄂᆞᆫ대入直奉侍가無ᄒᆞ야出番奉侍의게請召ᄒᆞ얏더니該奉侍들이喫겁하야入來치아니하얏다더라

●捉徵金逋 農商工部會計局장金容純氏가公貨犯逋가二千四百餘圓인대該部에셔法部로照會ᄒᆞ고犯用額을即爲徵交ᄒᆞ라ᄒᆞ얏다더라

●犒金支撥 義援를鎭壓ᄒᆞ기爲ᄒᆞ야각地方에派送ᄒᆞᆫ日本兵弁에게호饋ᄒᆞᆯ金額三千圓을支撥ᄒᆞ기로內閣諸大臣이提議ᄒᆞ얏다ᄂᆞᆫ說이有ᄒᆞ더라

●咸察電報 咸北觀察使尹性普씨가法部에電報ᄒᆞ되木道判事가宣諭次로發向各郡ᄒᆞ니判事署理를指定回示ᄒᆞ라ᄒᆞ얏더라

●河氏罪案 漢城裁判所에셔法部에報告하되前局長河相驥案件을審査ᄒᆞᆫ즉仁川府尹在任時에李用默係儀文崔中根等을謂以國事犯이라ᄒᆞ고無罪拘禁에受賂銅貨六千圜ᄒᆞ얏슨즉其犯罪가十分無疑인바該員이曾經勅任官이기報告ᄒᆞ다ᄒᆞ얏다더라

●韓語講習 學部에셔韓語講習會를設施ᄒᆞᄂᆞᆫᄃᆡ規則은第一條로至十條로ᄒᆞ고會長一人은該部次官으로幹事二人은事務官으로講師二人은該部視學官李晩奎主事李完應兩씨오講習料ᄂᆞᆫ一人一個月에一圜이오該會에關ᄒᆞᆫ費用은講習料及寄附金으로支辨ᄒᆞ고該會ᄂᆞᆫ學部所屬日本人을爲ᄒᆞ야韓語韓文을講習ᄒᆞ야執務上에便益을圖ᄒᆞᆫ目的이라더라

●韓兵侍衛 動駕時에外國騎兵을借衛ᄒᆞᄂᆞᆫ거시非便ᄒᆞᆫ故로今番 洪陵裕陵 幸行時에ᄂᆞᆫ韓國騎兵으로侍衛ᄒᆞ기로決定ᄒᆞ야騎兵을限一百名選置ᄒᆞᆫ다더라

●兩人逃避 黃州郡鐵島流配罪人盧順根千應瑞兩人은蒼夜無知間에暗自逃避ᄒᆞ얏다고該郡守가法部에報告ᄒᆞ얏다더라

●廿人加置 軍部에文武官解散後에該部補十人을置ᄒᆞ얏더니事務上에窘急이有하야二十人을加置ᄒᆞ기로ᄒᆞ얏다더라

●巡檢施賞 開城府居留淸國人王沙望이潛賣紅蔘이라가警察署에被捉되얏ᄂᆞᆫ대巡檢을施賞하ᄌᆞ고蔘政警察官承鎭氏가農부에報告ᄒᆞ얏더라

●見習叙任 各地方稅務主事들이地方에不穩ᄒᆞᆷ을因緣ᄒᆞ야請願辭免ᄒᆞᄂᆞᆫ人이多數ᄒᆞᆫ故로稅務見習生으로叙任ᄒᆞᆫ다더라

●二窠變更 十三道收租官中에京畿江原兩道收租官은變更이되고其餘ᄂᆞᆫ如前頒佈된다더라

●韓警困難 近日日人强盜가多數渡來ᄒᆞ야京鄕間에作弊가無雙ᄒᆞᆫ대日警察官은不能詗捕ᄒᆞᄂᆞᆫ지尋常視之ᄒᆞ고警視廳에셔韓人警察官을對ᄒᆞ야日盜를不能詗捕ᄒᆞᆫ다고論責이太甚ᄒᆞ야現在困難中이라더라

●被押旋放 再昨日下午二時에警視副監具然壽氏가淸潔次로學部에來到ᄒᆞ야該部會計課長金漢奎씨를對ᄒᆞ야即爲淸潔ᄒᆞ라ᄒᆞ미金課장所答이限三日이라야一部뇌를淸潔ᄒᆞ깃다ᄒᆞᆫ즉具副監이金氏所答이頑慢ᄒᆞ다ᄒᆞ고直入大臣室ᄒᆞ얏ᄂᆞᆫ대該大臣은已爲仕退宮으로未ᄒᆞ而去ᄒᆞ더니同四時量에巡査與別巡檢이來到學部ᄒᆞ야金漢奎氏外有無를問ᄒᆞ거ᄂᆞᆯ該部員役이答以仕退ᄒᆞ얏다ᄒᆞᆫ즉更問居住ᄒᆞ미茶洞이라ᄒᆞ얏ᄂᆞᆫ데該巡査與別巡檢이即往其家ᄒᆞ야金漢奎氏를押致警視廳ᄒᆞᄂᆞᆫ데金課장이何以所答이던지旋即出來ᄒᆞ얏다더라

●光東移接 私立光東學校에셔校舍가狹窄ᄒᆞ야安洞普通學校로移接ᄒᆞ고學員을增募ᄒᆞᆫ다더라

●因嫌被誣 平山郡上西峰居閔泳雲氏ᄂᆞᆫ義兵의게銃一柄을見奪ᄒᆞ고軍需錢一分이라도給지아니ᄒᆞᆫ事ᄂᆞᆫ一郡所共知이거ᄂᆞᆯ邑底不良輩가以私嫌으로分派所에搆誣ᄒᆞ되義兵同參이라云故로巡査部長이警視廳에報ᄒᆞᆫ다고威嚇ᄒᆞᆫ다더라

●平山警報 向日黃海道平山郡桃坪等地에셔義兵과日兵이接戰ᄒᆞ다가義兵이延安等地로退去ᄒᆞᆫ事ᄂᆞᆫ已爲報道어니와義兵이住接ᄒᆞ얏던桃坪과고수귀兩村拾餘戶를日兵이沒數衝火ᄒᆞᄂᆞᆫᄃᆡ居民이倉黃避竄ᄒᆞᄂᆞᆫ中에幼兒輩의不能奔避者ᄂᆞᆫ被燒致斃ᄒᆞᆫ者가有ᄒᆞ다더라

●崔氏自現 光武四年九月十九日에處役之意로缺席宣告ᄒᆞ얏던崔延德씨가今玆自現이온바郞當執刑이오나此係年久之案이라고平理院에셔法部에報告ᄒᆞ얏다더라

●匿名交周 衛生課長閔元植씨가侍天敎支會를設始ᄒᆞ얏다ᄂᆞᆫ說은前報에揭載ᄒᆞ얏거니와日昨夜에何許人이該支會門上에匿名書로紛筆로書ᄒᆞ되此家에서一進會侍天敎人을多數會集ᄒᆞ다ᄒᆞ니若不移舍ᄒᆞ면義兵數百名이來到ᄒᆞ야全家를屠戮ᄒᆞ리라ᄒᆞ엿거ᄂᆞᆯ閔元植氏가該匿名書를交周ᄒᆞ면셔警察官의保護ᄒᆞ기를懇請ᄒᆞ얏다더라

●地方消息

▲去二拾五日영春義塾에셔義兵四五百名과日中隊와交戰ᄒᆞ다가義兵은小白山中으로退却ᄒᆞ고日中隊ᄂᆞᆫ該地에駐在ᄒᆞ얏다하고

▲五日洪川에侵入ᄒᆞᆫ義兵七十名과日兵이交戰ᄒᆞ얏ᄂᆞᆫ대義兵에死傷이有ᄒᆞ다ᄒᆞ고該義兵의魁首ᄂᆞᆫ楊校北方五六十산中에在ᄒᆞ다ᄒᆞ며

▲五日未明에懸燈寺附近에셔義兵五十名이互相衝突ᄒᆞ다가義兵은北方으로退却ᄒᆞ고該日兵은宮崎小隊를合ᄒᆞ야懸燈寺로前往ᄒᆞ야僧侶의言을聞ᄒᆞᆫ즉義兵이去月二十八日에日軍偵探隊와相戰ᄒᆞ다가二十九日에雲산芝浦동東附方約四十里山中으로退却하얏다ᄒᆞ고

▲水原電을據ᄒᆞᆫ즉六日午前三時에陽城閑岩道中에셔義兵約三十名과日軍偵探隊와遭遇ᄒᆞ야一時間을交戰ᄒᆞ다가義兵은龍仙方面으로退却ᄒᆞ얏다하고

▲延安郡에義兵이襲來ᄒᆞᆫ다ᄂᆞᆫ說이海州까지傳파ᄒᆞ야該地日本居留民은恐怯ᄒᆞ야避難ᄒᆞ기로豫備中이라하고平산郡馬산面에義兵은日兵과交戰ᄒᆞ다가義兵이退却하매該地日本府留民은一日間安堵하얏다ᄒᆞ고馬산面에尙今義兵이潛伏ᄒᆞ얏ᄂᆞᆫ대ᄒᆞ더니附近에日兵이偵探ᄒᆞ기爲ᄒᆞ야前往ᄒᆞ미ᄒᆞ地居民이恢惶히너기ᄂᆞᆫ다더라

東京電報

七日發

●露使晩餐 露國公使ᄂᆞᆫ昨夜에山縣大山兩公爵伊東元帥와其他를晩餐會에招ᄒᆞ야席上에日公使가兩國의平和的友誼的關係堅固와東亞의平和를確保ᄒᆞᆯ協約의成立을賀ᄒᆞ고終에ᄂᆞᆫ日露兩皇帝의萬歲를三唱ᄒᆞ고散會ᄒᆞ얏더라

▲夕陽劍歌▼

▲扶桑東天에大風이又吹ᄒᆞ더니政海波瀾가暗裏不平ᄒᆞ야繼長이下ᄒᆞᆫ재對彼農夫ᄂᆞᆫ야準路를先問ᄒᆞ니農夫가東西를誤指ᄒᆞ미感情이忽生ᄒᆞ야反目相視ᄒᆞ니胡肝越膽이靈犀가不通이로다

▲各部大臣이有何緊議事인지不知ᄒᆞ거니와總理私邸에一齊往訪ᄒᆞ얏ᄂᆞᆫᄃᆡ總理李完用法大趙重應兩氏가伊藤統監을訪問ᄒᆞ얏다니近日韓廷에셔무ᄉᆞᆫ問題가又出ᄒᆞᆫ지各大臣이踪々遂々히各相訪問게耳語密勿ᄒᆞ니一派疑雲이萬目에朦朧이로다

▲向日 大皇帝陛下ᄭᅴ옵셔幸行ᄒᆞ실時에依例히奉侍殺人式陪衛ᄒᆞᄂᆞᆫ것인ᄃᆡ今番太廟展謁ᄒᆞ실時에一人도陪從키를得지못ᄒᆞ얏슨則事體所在에不可晏然이라宮內府奉侍가一齊히詣闕ᄒᆞ얏ᄂᆞᆫᄃᆡ該請願을一々허接受하얏다ᄒᆞ니奉侍沙汰가또낫고

▲各部官制ᄂᆞᆫ統監府에셔現今改定이라ᄂᆞᆫᄃᆡ特進官은廢止가된다ᄒᆞ니韓廷에셔ᄂᆞᆫ急急事務ᄂᆞᆫ整理ᄒᆞᆯ方針은無聞ᄒᆞ고前만變更ᄒᆞ기로爲主ᄒᆞ야外人에게委托ᄒᆞ니官制를改定못ᄒᆞ야ᄒᆞᆯ일못ᄒᆞ엿ᄂᆞᆫ지

▲前軍大李根澤氏ᄂᆞᆫ掀天勢力을幾年을籠絡ᄒᆞ다가時機가不利ᄒᆞ야黃梁枕上에一夢을忽罷ᄒᆞ니自顧身分에榮耀가已極ᄒᆞ거ᄂᆞᆯ有何餘戀이尙此支離ᄒᆞ야外人勢力에一日兩訪ᄒᆞ다가一不接見ᄒᆞ니此所謂到處逢敗로고

▲軍部所管軍樂隊가宮內府에移屬ᄒᆞᆫ後에該隊長以下士卒은九月이已過에月俸을未給ᄒᆞ니其窮々ᄒᆞᆫ情況이一時難堪이라ᄒᆞ니軍樂隊만移屬ᄒᆞ면서月俸은不給ᄒᆞ면該隊兵卒의俸給은無ᄒᆞ여도仍存ᄒᆞᆯ貌樣이될ᄂᆞᆫ지

▲近日에韓人無良輩가錢財를貪하여秘密ᄒᆞᆫ事를偵探ᄒᆞ야日人의게通知ᄒᆞᄂᆞᆫᄃᆡ睚眦之怨이有ᄒᆞᆫ人이면無端搆誣ᄒᆞ야死地에陷케ᄒᆞᄂᆞᆫᄃᆡ有一好指目이又生ᄒᆞ니義兵의干連이라ᄒᆞ고其處에暗通ᄒᆞ면無罪而有罪ᄒᆞ야生還ᄒᆞᄂᆞᆫ者가無ᄒᆞ다ᄒᆞ니此ᄂᆞᆫ爲倀於國中이로다

天氣預報

▲十月九日 半陰半晴又南風

◎社告

本社支社를左開三處에設置ᄒ얏ᄉ오니該附近에서本申報購覽ᄒ실　僉彦은一切該支社로請求ᄒ시고代金도該氏에게로送交ᄒ심을務望홈

代金　英文申報　每朔幷郵稅四十三錢
　　　國文申報
　　　國漢文申報仝　三十八錢

左開

支社位置及氏名
井邑邑內　林議官性天　李益秀
泰仁邑內　金先達德弘　宋伯彦
扶安平浦　金[illegible]奉鼎濟

地方各支社와商人購覽員에게本申報配達이或滯留或遺漏가非一非再인바但以書辭通知가確據가無ᄒ야郵便局交涉이難便ᄒ니此後로と申報封皮에出付와收到日付印期限이過隔者를摘拔聚合ᄒ얏다가本社로委送ᄒ심을爲要홈

大韓每日申報社

◎至急社告

美國湖濱市南西寺街一百二十五番共立館內崔有涉氏所送金額新貨一百五十二圜七十六錢已爲領收이나何許事件으로送홈인지詳爲示明홈을切望홈

大韓每日申報社

寄書

◎警告國民報하고次로每日報와地方義兵　蕃軒堂生

子曰過則勿憚改라하니聞過不服ᄒ며狃暴不悛ᄒ야虎筆이淋漓에怙終賊刑之古鑑이知不逭於國民報也라何者오當此國勢岌嶪之秋ᄒ야活動力은一毫莫及ᄒ고倚賴心이忽地活발ᄒ야蹈舞而歌曰施政改善이니祝頌而賀曰維新時代니ᄒ야祖國精神은燒盡咸陽之一炬ᄒ고獨立思想은付諸桃源之春夢ᄒ니嗚乎惜哉라該報主筆者空費紙墨ᄒ고購覽者徒送歲月ᄒ야令人憫惜暴棄之痼가深入骨髓케ᄒ니如許橫說은植蘗待實이오緣木求魚로다本人은管豹井蛙之才質노眼力豁然키爲ᄒ야或時借覽該報則往々妄說이駭怪罔測이기撤讀危坐而心責曰該報主筆者落何人種이기喪心失性이胡至此極고彼亦戴天立地者요生斯長斯者로서忘君欺國ᄒ야買得南蠻北狄之陋名也아徒自仰天長歎이러니何幸每日申報第六百九號十號에討國民報라ᄒ고反覆督責이激溢忠君愛國之血誠ᄒ니正直哉라申報여忠告哉라申報여披閱未半에感淚滿眶ᄒ고熱血沸胷이라余乃讀了而感歎曰若爲視聽言動者면姐必對此而感服이라ᄒ엿더니器小哉라國民報여胡不猛改ᄒ고告之有過者를反爲저斥ᄒ고狂吠說ᄒ야慢罵詬辱으로惟一長技를作혼다ᄒ고羞極生憤ᄒ고憤極生怒ᄒ야終不悔改ᄒ니賊反荷杖者是也라每日報에激憤忠告者를該報에서指斥曰地方暴徒와煽動根因을萌於每日申報라고大書特揭ᄒ니當此時代에舍此社會團體ᄒ고國家保全之策을烏足以發達乎아良可寒心이로다有人於此ᄒ니醉倒雪路에群盜環立ᄒ야奪其物害其人홀際에無人救之면傍觀者忙忙然歸ᄒ야告共子弟可乎아不可乎아如無共戴之讐면急告其家ᄒ야往救其災케ᄒ리라大抵社會는警世醒眠之機關으로新聞購覽은革舊就新之嚆矢라豈有指嘱暴動之理哉아國民報에서義兵을匪徒라ᄒ지만易地思之ᄒ시오彼等인들胡不惜身命哉리오國民된忠憤으로雪恥免辱을僥倖을妄想턴이지何必指應呼答而然乎아惟我本邑은王化千里요海隅一方이라靑年勢勁者ㅣ라競爭時代는夢深五夜之枕ᄒ고熙皞風流는樂在三月之天훈둧狂歌醉舞로眩亂耳目터니往夏부터遊戱場은如避鴻門宴之劍舞ᄒ고夜學校는模得習藝士之教育ᄒ니時哉々々라차本城內에公立新明學校와耶蘇教堂男女學校熱心教育은不必更論이니와一日報濟夜學校二日進明夜學校三日光韓夜學校四日明興夜學校五日鄕明夜學校라該生徒合四百餘員이畫則各盡其業而勤事라가日暮에各就其學而勤讀ᄒ야愛國思想과獨立精神으로德育智育體育工夫가於斯爲盛ᄒ니明々上帝께옵서應有下鑒之理也라其餘各坊新設夜學校는未及一々枚論이니와漸進발達之基礎가伊誰之力고一日王化所及이어니와爲先每日申報國漢文間에日歌日歎이警世水鐸이오直筆直諫이憂國癸忱이라故로白首富翁은不惜千金而設校ᄒ고靑年聰俊은忽破春夢而焚膏하니此非每日激憤勵精之效力乎아　未完

◎春昌校報告

大丘私立春昌學校校監徐興均氏가學部에報告ᄒ되本校來歷은衆已屢蒙承認ᄒ옵고用費敢制ᄒ와除八月十九日設開校式ᄒ오니來賓은內外國紳士塡門其衆이오生徒는遠近地秀才盈庭過百이오校制爲鮮明ᄒ고學科爲新舊可以爲　國進步오可以禦侮有方이온거놀如之何本道觀察使誤聽奸細之嘱ᄒ고專以壓制權으로必欲破之必欲奪之ᄒ오니夫學校廣設은乃是聖勅也오朝令也오며且夫設校之法이不在小在多則今觀察使之擧措은反是ᄒ와欲破己成之校而撰付新設者ᄒ而在獨存이온즉壓迫之侵이無所不至ᄒ와上部許可을執留不給ᄒ오며又有據報不已者此誠本校莫保之悲이온바措辭發訓의俾保本校케하라ᄒ엿더라

◎稅務說明　地方委員會長漢城稅務官金敎聲氏가出席曰今此金融組合과租稅正風之事는大臣局藤川日人이已盡說明矣나特爲諸公ᄒ야更布一言者는自更化以來로委員敍任이不一其務而今此地方委員之責은第一租稅之收關也大抵納稅가是民之義務而奈之何民不能循義ᄒ야應納之際에或致頑慫ᄒ고各郡吏胥가又從而幻弄ᄒ야莫重公納을太半欠逋ᄒ니如是之慨ᄒ야肆設稅務之官而民情吏習이又有不恨報不信之感故로特置地方委員ᄒ야使處乎官民之間而法令所施와民務應行을戶諭人說에務要相孚ᄒ야期於上下疏通而俾無如前慫滯欠逋之弊가亦委員之擔任也且라各郡에必多隱結而新赴之稅務官吏가不能周察而詳覈則委員諸氏는久諳鄕事에必有周知之理則所謂隱結을到底查探ᄒ야通知本部分署ᄒ야以爲隘隱ᄒ며今秋課稅가亦將在卽ᄒ니亦善諭民ᄒ야務圖趁期淸納케하라ᄒ얏다더라

廣告

廣告

▲乳母 廣求

우살된은희홀것머얼더안된즈
긔은허인사집에와셔유모노릇
흘부인이잇거든
대한매일신보사회계과로
와셔의론ᄒᆞ시요

大韓新地誌와地圖를今已竣工되얏ᄉᆞ오니購覽僉員은各발賣所로來臨覓去ᄒᆞ시옵

大韓新地誌발賣所
中署寺洞三拾統二戶 漢陽書館
中署布屛門下 廣學書舖
中署罷朝橋越便 中央書館

中署澄淸坊貢士硯者老所前
第二十三統三戶
辯護士 李容成
辯護士 黃鎭菊
辯護士 安致潤
事務員 全奎鎔
事務員 慶 勳
聯合法律事務所

●乾材洋藥廉賣

漢城濟衆惠藥所에셔各種洋藥을廣貿ᄒᆞ는中に邦補益藥水를極擇廉賣하오니內地各處僉彥께서小包郵便으로取用ᄒᆞ심을仰望

▲大瓶 三圜
▲小瓶 一圜五十錢

乾材洋藥發賣人
濟衆院醫學員 朴慈惠 告白

漢城서署松橋新作路
四十三統二戶
辯護士 玉東奎
辯護士 許 憲
合同法律事務所

學徒裝制書籍 學徒運動과諸具 羅紗各種 美國金鷄鈉 衣服裁縫其他雜貨도廉價放賣ᄒᆞ오니諸君子는來臨ᄒᆞ심을바라나이다
仁川港奎峴開新册肆

本人이仁川港柾峴內洞第二十一統一戶草家九間八拾米突官地契一張과同柾峴內洞暑字第四十八號草家四間官文記一張共兩張을家中遺失ᄒᆞ얏ᄉᆞ오니誰某拾得ᄒᆞ와도休紙施行홈
仁川港內洞 池相益 告白

近々工業이漸隆ᄒᆞ야道路橋梁新設及山林田畓宅址等調査의關係時急키로本所는遠近을不拘ᄒᆞ고以上諸測量及設計製圖等囑托의特ᄒᆞ심을

京城西大門外南便第六家
土木測量設計[illegible]所
主任 金之煥 告白

本人이日本大阪商業家와特約ᄒᆞ고日本內地產出各種物品과西洋各國物品及機械等物을我大韓에輸入과委托을便利케契約ᄒᆞ얏ᄉᆞ오니商工業에有意ᄒᆞ신僉君子는某物이든지需求코져ᄒᆞ시거든本社로來議ᄒᆞ시오本社에셔는手數料金만受領홈
興業社本店
馬城北部祥洞
支店京城南門內水橋五十一統六戶
培養合社
仝仁港內洞廣濟號

●北署桂洞私立興明義塾政治學科第二回學員募集大廣告

學科 在本塾規則
年齡 十七歲以上身體康健者
試取 陽曆十月十三日陰曆九月初七日時間은上午拾時下午三時以外는不受홈
免試 中等科以上卒業證이有ᄒᆞᆫ人
請求 入學証書는本塾에셔無代價로請求를應ᄒᆞ야授與홈

向者軍대解放時에負傷將卒中에死者는已矣어니와折腰折臂折脚之人은命脉은尙存이나運動末由라該人等이將欲自殺ᄒᆞ니令人鼻酸이라本人等이往見慰勞ᄒᆞ고西醫에게以印度靑도接製臂脚이온則八人의該費額이至爲二千五百圜之多인바一人助力으로難見奏効ᄒᆞ와玆以廣布ᄒᆞ오니望須慈善僉君子는勿拘多小ᄒᆞ시고救恤金을寄付ᄒᆞ와使陷死同胞로拯濟ᄒᆞ심을爲要
隆熙元年九月日
發起人 정圭煥 윤泰勳 安奎鎬 曹成煥
救恤金收合所 皇城新聞社 大韓每日申報社
出金人의姓名은新聞에廣告홈

越南亡國史 國漢文 定價貳拾伍錢
發賣所京城廣橋高裕相書舖 鏡南鋪川郡禹時夏
布屛下김相萬 告白

瑞士建國誌

◉定價金 新貨十五錢

此書은政治小說이니志士의救國救民ᄒᆞ는思想과人民의愛國심을養成하는데緊要ᄒᆞᆫ冊子오

發賣所
▲大韓每日申報社
▲仁川港柾峴 開新書肆
▲中署布屛門下 金相萬冊肆
▲平壤城內烈女洞 敎育書館
▲鍾路 古今書海館
▲洞口越便 中央書館
▲鍾路 大東書市
▲大廣橋 廣東書館
▲同 博文書館

일 미[illegible]농우유
일 금인관힐농결우유
일 무쌍가용긔화락
일 쩌ㅡ든쓰제조밀분화
합우유

이샹은샹시에저츅ᄒᆞ얏습
미국뉴욕항쩌ㅡ든쓰농결우유회샤
일슈디리뎜 대한인천항 세창양힝

大東客宿館

[illegible]本館을設ᄒᆞ고[illegible]四規則은[illegible]及[illegible]人[illegible]證書[illegible]京城[illegible]發起人[illegible]大東客宿[illegible]館長[illegible]一이食住[illegible]
大東客宿館長 鄭[illegible] 廣告

鄭濩植 大東客宿館 告白

오[illegible]ᄒᆞ에[illegible]衣籍[illegible]左包[illegible]賣고客明洋[illegible]理所商館[illegible]하外留[illegible]服[illegible]用店中[illegible]卫他僉士製[illegible]物을에[illegible]合敎[illegible]品[illegible]下[illegible]기[illegible]員[illegible]新ᄒᆞ야[illegible]廣告[illegible]

◎廣告料
○四號活字十三字詰每日每英尺一寸에新貨拾錢
(每日每行六전에相當홈)
二週日에 二圜五十錢
(每日每行四錢五里에相當홈)
一箇月에 五圜
(每日每行四錢一里에相當홈)
其期限의長短과字行의多寡를依ᄒᆞ야增減홈이有홈

◎新報代價
○單報價
一張代金 新貨二錢五厘
一個月價 三十錢
三個月 九十錢
六個月 一圜七十錢
一個年 三圜四十錢
郵稅一個 新貨五厘
一個月 十三錢

◎大韓每日申報各處支社廣告
中署布屛門下 金相萬冊肆
平壤上水口門內 金浩淵
仝 崔瀷恒
仁川柾峴開新書肆 李東皓
宣川邑港南冊肆 安 濬
義州西門外東西 大韓局
釜山港佐川 徐藥局
三和港築洞 金元섭
咸興南州社西門外 曹喜林
開城培養學校 姜助遠
大邱市場 崔一弘
載寧邑濟衆院 [illegible]夢澤
鐵山邑東部 安 奎
元山倉前 劉七鎬
海州南門內 朴昌鎬
定州南門內書舖 洪成인
昌城郡校동 許 鎬
郭山興岩 李鉉瑞
安岳細동坊成동 廉道善
肅川復津 李鎭成
[illegible] 金敎河
鐵原邑桌洞 趙鍾大
高原邑 朴敎吉
濟州城內一徒里客舍洞 高亨泰
井邑邑內 李鼎燦
泰仁邑內 金德弘
扶安牛浦 金鼎濟
京義線枇峴驛替市 李基秀

大韓每日申報社
發行兼編輯人英國人 裵 說
發行所
南署石井洞號外地三層洋屋內 大韓每日申報社

第五卷

大韓每日申報

第六百卅四號

月曜及祝日休刊

檀君開國四千二百四十年
箕子元年三千二十九年
大韓開國五百十六年
日本明治四十年
淸國光緖三十三年
陰曆丁未九月大初四日壬辰

論說

○騷亂을止息ᄒᆞᆯ方策

地方義兵이蜂起ᄒᆞ야日兵과爭鬪ᄒᆞᆫ以來로騷亂ᄒᆞᆫ情況과殘忍ᄒᆞᆫ行動이聒然日至ᄒᆞ야曰某郡某里에幾千幾百戶가還燒를被ᄒᆞ얏다ᄒᆞ며某道某村에幾多人民이無罪히慘禍를當ᄒᆞ얏다ᄂᆞᆫ報道가不絕于耳ᄒᆞ니此世界에人心天理가有ᄒᆞᆫ者면엇지惻然動念하야急々히止息케ᄒᆞᆯ方策을到底講行치아니ᄒᆞ리오然이나此騷亂이發生ᄒᆞᆫ지가于今三個月이로ᄃᆡ日本統監府와韓國內閣에셔如何히措處ᄒᆞᆫ다ᄂᆞᆫ方策은杳然ᄒᆞ야聞ᄒᆞᆯ것스니是何故也오彼[illegible]智多謀ᄒᆞᆫ當局者가故[illegible]進步韓國人民을困難케ᄒᆞ며韓[illegible]少케ᄒᆞᆯ方策이有ᄒᆞᆫ가

噫라今之時代가雖曰優勝劣敗ᄒᆞ고弱肉强食으로人種淘汰가되ᄂᆞᆫ時代라ᄒᆞ나上天之主宰가自在ᄒᆞ고世界之公眼이自在ᄒᆞ니全히道德을背馳ᄒᆞ고殘暴를恣行하고자能치好結果를得ᄒᆞ깃ᄂᆞᆫ가吾儕가統監府와內閣에셔如何ᄒᆞᆫ方策이有ᄒᆞᆫ것을盡宵苦待ᄒᆞ다가尙此寂然ᄒᆞᆷ으로不勝憤懣ᄒᆞ야有此勸議ᄒᆞ노니統監府와內閣에셔苟一韓國人民을生存케ᄒᆞᆯ思想이有ᄒᆞᆯ진대其或傾聽ᄒᆞᆯ것이오如其不然이면今韓人民은舉皆魚肉乃已니不得不大聲疾呼ᄒᆞ야其取舍의如何로써韓國同胞의命運을決定ᄒᆞ리로다

大抵今日義兵의騷亂은向日軍隊解散을急速着手ᄒᆞᆫ結果인즉을不爲記臆乎아此失策으로由ᄒᆞ야騷亂을惹起ᄒᆞ얏스니遂事ᄂᆞᆫ不可諫이어니와此騷亂을鎭靜ᄒᆞᆯ方針에對ᄒᆞ야ᄂᆞᆫ宜乎前日失策을不蹈ᄒᆞ고時機와人情에適合케ᄒᆞ야最善方策을取行ᄒᆞᆯ것이어ᄂᆞᆯ今日行動이又是前日失策을復蹈ᄒᆞ니是ᄂᆞᆫ統監府와內閣에셔智慮가不足ᄒᆞ야然ᄒᆞᆫ것이아니오必是韓國人民을困難케ᄒᆞ고人種을減少케ᄒᆞᆯ詭計가有ᄒᆞᆫ듯ᄒᆞ도다萬一此詭計가無ᄒᆞ거든吾ᄇᆡ勸議를幸其聽之어다此方策에對ᄒᆞ야非但本報之言이라去陽曆京鄕新聞의論說大槪가如左ᄒᆞ니

碓臼中碓杵下에穀粒이避ᄒᆞᆯ대가無ᄒᆞ야不破ᄒᆞᆯ者가無ᄒᆞ고搗砧上搗椎下에在ᄒᆞᆫ物件이避ᄒᆞᆯ되가無ᄒᆞ야搗를不被ᄒᆞᆯ者가無ᄒᆞ고며루鐵마치下에在ᄒᆞᆫ鐵片이避ᄒᆞᆯ되가無ᄒᆞ야鍛鍊을免ᄒᆞᆯ者가無ᄒᆞᆷ과如히吾國各地方에人民들이義兵이라日兵이라ᄒᆞᄂᆞᆫ中에在ᄒᆞ야避ᄒᆞᆯ곳이無ᄒᆞ야대破碎ᄒᆞ여지니慘酷ᄒᆞ고極悶ᄒᆞ도다

義兵들이아모洞里던지入來하야人民의게飮食을求索하며財物을奪取ᄒᆞ고或人丁ᄭᅡ지義兵에入參ᄒᆞ라고逼迫ᄒᆞ미留撲ᄒᆞᆫ人民들이避ᄒᆞᆯ대ᄂᆞᆫ無하고臨搖危機를畏겁하야勢無奈何로飮食도供饋ᄒᆞ고財物도見奪ᄒᆞ고人丁도被押以去ᄒᆞ얏ᄂᆞᆫ대其翌日은日兵이또ᄒᆞᆫ以來하야義兵을供饋ᄒᆞ고義兵의게物件을給하고人丁ᄭᅡ지義兵과同往하얏스니此ᄂᆞᆫ義兵을援助ᄒᆞᄂᆞᆫ洞里오곳義兵의洞里라ᄒᆞ야人家를衝火하고物件을奪取ᄒᆞ고人丁ᄭᅡ지押去ᄒᆞ니此도避ᄒᆞᆯ터가無ᄒᆞ야當ᄒᆞᄂᆞᆫ대로當ᄒᆞ야生死를不知ᄒᆞᄂᆞᆫ事가種々有之ᄒᆞ니極히慘酷ᄒᆞ야不忍見陷ᄒᆞᆫ事리此境에在ᄒᆞᆫ人民이참碓臼中에在ᄒᆞᆫ穀粒이오搗砧上에在ᄒᆞᆫ物件이오며루鑽에在ᄒᆞᆫ鐵片이로다

義兵의게飮食이나物件을給ᄒᆞᄂᆞᆫ人民中에或義兵便되ᄂᆞᆫ者도不無ᄒᆞᆯ것이나義兵의威脅에勢無奈何로應ᄒᆞᆫ者가定코第一多數ᄒᆞᆫ것이며또義兵中에義兵의라코ᄒᆞ나義理대로아니ᄒᆞ고寶民盜賊질ᄒᆞᄂᆞᆫ惡類도必多有ᄒᆞᆯ지니人民들이彼等을待接ᄒᆞᄂᆞᆫ것이其畏惡ᄒᆞᄂᆞᆫ것을畏ᄒᆞ야不得已에出ᄒᆞᆫ것인즉을誰가不知리오日兵은或其事狀을不知ᄒᆞᆫ다ᄒᆞᆯ지라도日本과同行ᄒᆞᄂᆞᆫ一進會人들은大韓人이니仔細히知得ᄒᆞᆯ지라엇지不言ᄒᆞ고黙黙ᄒᆞ도다

아무리一便에義兵의害가有ᄒᆞᆯ지라도一便에避ᄒᆞᆯ때가有ᄒᆞ고人民의生路가有케ᄒᆞᄂᆞᆫ것시義兵을無케ᄒᆞᄂᆞᆫ대第一法이니막다른골노犬을逐치말나ᄂᆞᆫ語으로兩國人이다解得ᄒᆞ야懇切히希望ᄒᆞ노라ᄒᆞ얏더라

吾儕가此論說에大要를摘而揭之ᄒᆞᆫ즉抑亦反覆ᄒᆞ노니試問ᄒᆞᆫ대現今行動을概執ᄒᆞ야殺兵이逗留或過宿ᄒᆞᆫ村里人家를隨處衝火ᄒᆞ며玉石不分ᄒᆞ고無罪人民을恣行誅殺ᄒᆞᄂᆞᆫ것지非但人理之所不忍이라殺兵을殺ᄒᆞ게ᄒᆞᄂᆞᆫ方策이되지못ᄒᆞᆯ지라義兵이나非義兵이나被禍가一般이면是死耳라胡不得已而爲義兵ᄒᆞ야益堅其決死之志리오此ᄂᆞᆫ決코義兵을止息케ᄒᆞᄂᆞᆫ것아니오義兵을愈益增加케ᄒᆞᄂᆞᆫ것이라

設便淫威虐焰으로說使人民을盡行屠戮ᄒᆞ야絕其根株이면果然伏從가되며良策이되깃ᄂᆞᆫ가爲一紛擾가益甚ᄒᆞ고殺伐이愈張ᄒᆞ면統監의對韓政策이엇지失敗가無ᄒᆞ리라ᄒᆞ리오蔽一言ᄒᆞ고一便에生路를開ᄒᆞ야無辜良民은毫勿侵害하고設或義兵에干涉이有ᄒᆞᆫ者라도生路로써措遇ᄒᆞ야約할中에ᄒᆞ고威惡가交踐ᄒᆞᆫ然後에야此騷擾를止息케ᄒᆞᆯ方策이되리라ᄒᆞ노라

官報

隆熙元年十月五日

◎號外

宮廷錄事

詔曰朕移御于昌德宮矣라其修理之節을令宮內府로斯速擧行

宮內府告示第十九號

陰曆九月初六日에洪陵과裕陵에幸行ᄒᆞ옵셔親祭ᄒᆞ옵실旨를奉承ᄒᆞ온바出宮時刻과御道路ᄂᆞᆫ如左ᄒᆞᆸ이라

上午八時에大漢門으로出御ᄒᆞ사惇德門前路 新橋 黃土峴 鍾路 敎化門前路 新橋 太廟前路를過ᄒᆞ사東橋 興仁門을從ᄒᆞ사東關廟後路 安甘川 龍頭里 淸凉里 洪陵동口(自大漢門十里)로齋室에入御ᄒᆞ사同十時三十分에行禮ᄒᆞ오시고同十二時三十分에自洪陵動駕ᄒᆞ사淸凉里 龍頭里 馬場里 馬場里後川 沙斤峴 簡串大川造橋를渡ᄒᆞ사新坪 君子洞前路 華陽亭前路 裕陵동口(自洪陵十里)로齋室에入御ᄒᆞ사下午三時에行禮ᄒᆞ옵시고同四時三十分에自裕陵動駕ᄒᆞ사華陽亭前路 君子洞前路 新坪 簡串大川造橋 沙斤峴 馬場里後川 馬場里 龍頭里 安甘川 東關廟後路 興仁門 東橋 鍾路 太廟前路 敎化門前路 鍾路 黃土峴 新橋 惇德門前路 大漢門(自裕陵十五里)으로同六時에還御ᄒᆞ실이라

宮內府大臣勳一等李允用

◎第三千八百九十二號

隆熙元年十月九日

辭令

免本官 度支部技手 文炳[illegible]

解璿源譜略修正時纂修監印郎 聽 內閣記錄官 李源鎔

命璿源譜略修正時纂修監印郎 聽 弘文館侍講 魚永善

外報

◎大統領旅行 伯林電을據ᄒᆞᆫ즉美大統領루스벨트씨ᄂᆞᆫ美國中央諸州를向ᄒᆞ야出발ᄒᆞᄂᆞᆫ되其目的은미슈십히河流治水와湖水運河及墨西哥古灣에達ᄒᆞᄂᆞᆫ水路를確定ᄒᆞ랴ᄒᆞᆷ이라더라

◎德帝와蘭皇 倫敦電을據ᄒᆞᆫ則德帝及皇后ᄂᆞᆫ英國을訪問ᄒᆞ시고途次에蘭國女皇우일헬미나陛下를訪問ᄒᆞ실터이더라

◎通商協約 北京電을據ᄒᆞᆫ則駐西藏大臣張蔭棠氏ᄂᆞᆫ英國과西藏에通商條約二十二個條를協定ᄒᆞ얏다더라

◎東洋人排斥 路透電을據ᄒᆞᆫ則英領고론비아州우의ᄂᆞ리야人民大會에서東洋人排斥組合의支部를設ᄒᆞ기로決議ᄒᆞ엿다더라

◎淸廷의强硬政策 上海電을據ᄒᆞᆫ則張之洞袁世凱兩氏ᄂᆞᆫ東三省總督徐世昌氏와會議를開ᄒᆞ고兩軍機大臣은萬國公法을嚴重히實行ᄒᆞ고滿洲에셔日露兩國에對ᄒᆞ야ᄂᆞᆫ充分될强硬政策을取ᄒᆞ기로主張ᄒᆞ얏다더라

◎歡迎準備 伯林電을據ᄒᆞᆫ則英國은熱心으로獨逸皇帝의歡迎을準備ᄒᆞᆫ다더라

◎派兵繼續 北京電을據ᄒᆞᆫ則支那政府ᄂᆞᆫ間島問題의告急으로陳昭常을邊防大臣으로任命ᄒᆞ고步兵騎兵百名을派遣ᄒᆞ되引續ᄒᆞ야三鎭으로六箇中대를送ᄒᆞᆫᄂᆞᆫ것과又今長春步兵一個隊ᄂᆞᆫ로成ᄒᆞ고多數의兵을同地에派遣ᄒᆞᆫ다더라

◎江西省匪의鎭定 上海電을據ᄒᆞᆫ즉去月二十九日에省匪三百餘名이江西省贛州府를攻擊ᄒᆞ다가魁首가戰死ᄒᆞᆫ故로敗退되얏더라

◎滿洲總督更迭說 同電을據ᄒᆞᆫ즉東三省總督徐世昌氏ᄂᆞᆫ民政府尙書、民政府尙書肅親王으로民政府管理大臣으로、湖南巡撫岑春煊氏ᄂᆞᆫ東三省總督으로轉任ᄒᆞᆫ다ᄂᆞᆫ說이有ᄒᆞ더라

◎印度騷亂 路透電을據ᄒᆞᆫ則印度갈갓타地方에서大騷亂을惹起ᄒᆞ야警吏四十名은騷亂者의一齊射擊을受ᄒᆞ야負傷이多ᄒᆞ고歐洲人은投石으로鐵道列車을狙擊ᄒᆞ얏ᄂᆞᆫ대其原因은英國勞動者의首領의演說이公衆의激怒를買ᄒᆞᆷ에起因ᄒᆞ야英國印度事務大臣몰니氏ᄂᆞᆫ彼地에向ᄒᆞ야訓令을發ᄒᆞ얏스니倫敦에서ᄂᆞᆫ一層크게憂慮ᄒᆞᆫ다더라

雜報

●觀艦式幷行 大皇帝陛下께옵서日本皇太子渡韓時에인川港까지動駕迎接ᄒ시ᄂᆞᆫ觀艦式을幷爲擧行ᄒ신다더라

●迎接節次 皇太子殿下께셔도日本皇太子渡韓日에大皇帝陛下御駕를陪從ᄒ사인川港까지動御ᄒ야日本皇太子를迎接後先爲還駕ᄒ시고大皇帝陛下께서ᄂᆞᆫ日本皇太子와同爲還駕ᄒ신다더라

●斯速修理 昌德宮을修理ᄒᆯ터인ᄃᆡ 大皇帝陛下臨御ᄒ옵실殿閣만斯速修理ᄒ다더라

●景福宮臨御 日本皇太子께서渡來ᄒ실時에景福宮에幾日間旅館으로認定ᄒ얏다가歸國ᄒ신後에ᄂᆞᆫ 太皇帝陛下께옵서該宮闕에 臨御ᄒ신다ᄂᆞᆫ說이有ᄒ더라

●統監과各大 陛見 再昨日下午二時에總理大臣以下各部大臣이內閣에會同ᄒ얏다가同三時頃에伊藤統監과帶同陛見하얏다더라

●四大審査 宮內府大臣李允用氏와內大任善準氏와學大李載崑法大趙重應씨가昨日上午十二時에昌德宮에前往ᄒ야修理等節을審査ᄒ얏다더라

●內大審査 內部大臣任善準氏가洪陵과裕陵道路를審査ᄒᆯ次로本月에出往ᄒ다더라

●統監御覽 日本皇太子渡御ᄒ실時에御覽次로各道府郡戶口及道路里數等을詳細調査統計ᄒ야卽爲送交ᄒ라고統監府에서內部로催促ᄒ얏다더라

●法次相見 昨日上午十一時에法部次官倉富勇三郞씨가該部에任職ᄒ야該部一般官人을大臣室로招待ᄒ야相見禮를行ᄒᆫ後에該大臣과又치各局課를巡覽ᄒ얏다더라

●兩闕拜觀 昨日學部次官俵孫一氏의母親과夫人이昌德宮及景福宮을拜觀ᄒ얏ᄂᆞᆫ데該部書記郞李完應氏와事務官一人이隨往ᄒ얏다더라

●銅臭不絶 今番郡守奏本이延拖되ᄂᆞᆫ原因은詳聞ᄒᆫ즉銅臭가亦生하야統監府에서尙未同意ᄒᆫ所以라더라

●治道看審 內部土木課長權輔相技師리圭正書記郞權淳九三씨가昨日에洪陵裕陵兩處道路修治ᄒᆷ을看審次로出往ᄒ얏ᄂᆞᆫ데太僕司長玄泳運氏도馬車를搭乘ᄒ고同往看審ᄒ얏다더라

●警巡選拔 內部警務局에서警視廳으로通牒ᄒ되地方巡五六人을叙任派送ᄒᆯ터인대權任中一年以上勤務者를選報ᄒ라ᄒ얏다더라

●淸潔實施 警視副監具然壽氏가總巡一人과巡查一名을帶同ᄒ고每日漢城內各坊曲에大淸潔實施ᄒᆷ을逍遙巡察ᄒ다더라

●委員差出 再昨日에帝室有土地調査委員이會同ᄒ야十三道收租官은永爲廢止하고每道에委員一人式을差出ᄒ야收租事務를專擔케ᄒ기로議決ᄒ얏다더라

●一人仍存 奉侍等이一齊히請願辭退ᄒ얏다더니更聞ᄒᆫ즉該氏等의出入門票를召收還奪ᄒ고김舜敏氏一人만仍存ᄒ얏다더라

●檢疫事務署理 內部警務局長松井茂氏가檢疫事務를署理前에警務課長趙罄九氏가署理事務를任ᄒ얏다더라

●謀利現露 咸南裁判所檢事楊孝健씨가法部로報告ᄒ되定平郡民元吉麟等의訴狀을接閱ᄒ온즉內開에本郡春等結戶錢을前本道稅務監郞鳳時가前稅務官金貴鉉과定平郡守景台協으로同心謀利ᄒ야不遵章程ᄒ고以葉收捧ᄒ야餘剩萬餘金을各自分食ᄒᆫ前稅務官金貴鉉과景台協을招致審査ᄒ온즉現帶奏任官故先拿後奏라ᄒ얏더라

●配料講究 內部에서珍島郡守李奭和氏에報告를因ᄒ야法部에照會ᄒ되珍島郡流配罪人閔宗植等十八人이自由食料가全沒創窘ᄒ고小殘局에接濟末由요流配人이旣不能自備食料ᄒ고自郡으로亦不得辦ᄒ니言念及此에窮不勝悶然이라貴部所管인즉講究方策이/容少緩이니亟爲措處ᄒ라ᄒ얏더라

●遺族詳探 內部에서京畿郡에訓令ᄒ되本郡居崔公先이가美國布哇島에前往ᄒ얏다가本年六月에輪船에서落傷致死인바該遺族을廣詢詳探ᄒ야卽爲起送ᄒᆯ意로自部發訓이已經數朔에尙不報明ᄒ니揆以事體에須庸慨歎이라到卽該崔民遺族을到底詳探ᄒ야該郡上送이되毋或漫忽케ᄒ라ᄒ얏다더라

●博覽會事務官 農務局長鄭鎭洪工務局長兪顯鐵道局技崔相敦書記官리又夏諸氏等이京城博覽會務品을調査事務官으로被任ᄒ얏다더라

●森林調査 農商工部에서泙州大靜旌義等郡에발訓ᄒ되森林을調査ᄒ기爲ᄒ야林業技師日人岡鳳七及技手張斗炳을派送ᄒ니另施照料ᄒ라ᄒ얏다더라

●虎列病者 警視廳에서虎列刺發生以來로罹病者를調査ᄒᆫ즉京城에三十四名인川에九名釜山에三十三名新義州方面에七十二名인대去六日調査ᄂᆞᆫ京城에十三인川에五名釜山에二十名新義州에七名이라더라

●預防費請撥 平南觀察使가內部로電報ᄒ되虎列剌預防費四百圓을支撥ᄒ라ᄒ얏더라

●虎列死者 平南警務署에서內部로電報ᄒ되虎列剌에日人二名이八日에致死ᄒ고韓人八名日人一名은九日에發生ᄒ야韓人四名이致死라ᄒ얏더라

●官立請認 廣信商業學校에서經費가竭絀ᄒ야維持前途가杳然ᄒᆫ故로發起人諸氏들이學部에官立으로將次請認ᄒᆫ다더라

●日人捕縛 昨日上午九時量에日兵七十餘名이日人二名을捕縛하야南大門外로出往하ᄂᆞᆫ대무삼事件인지未知ᄒ거니와將次炮殺ᄒᆫ다더라

●宮警減額 宮內府警察官吏를四五人만置之ᄒ고其餘ᄂᆞᆫ沒數減額ᄒ기로내定ᄒ얏다더라

●訓禁毁樓 日本人山田字吉이가咸興郡萬歲橋堤堰處에演劇場을設置ᄒ랴다가內部에嚴禁하얏더니又生挾雜之心하야該郡東門樓를擅自毁撤ᄒ얏ᄂᆞᆫᄃᆡ內部에서嚴訓該觀察使ᄒ야其石材ᄂᆞᆫ另加保管ᄒ라ᄒ얏다더라

●兩校合設 順安郡守柳錫祐氏가學部에報告ᄒ되本郡私立學校ᄂᆞᆫ兩處設立이온데順成學校ᄂᆞᆫ先設於龍興面中會齋이오進明學校ᄂᆞᆫ後設於郡內鄕憲堂이옵더니以校舍窘拙로兩校가將至廢止이옵기會集兩校任員ᄒ옵고爛商協議ᄒ와合設於郡內鄕憲堂而名曰順明學校라ᄒ온바開校數月에學徒가雲集ᄒ와頗有進就之望故로學徒調查要領을成冊粘上이라ᄒ얏더라

●承召發徒 京畿警務署에서內部로報告ᄒ되現接永平郡來報則上月三十日에義徒三十名假量이自西方으로來襲本郡ᄒ와該分派所巡檢三人을縛而威脅ᄒ고所帶軍刀三柄을奪去라ᄒ얏더라

●秋收執留 中樞院顧問李根澤氏田庄이竹山等地에在ᄒᆫ데秋收次로家人을委送ᄒ얏더니義兵所에서軍糧을徵食ᄒ깃다ᄒ고該秋收官을逐送ᄒ얏다더라

●地方消息

▲七日午後九時에安義附近에서義兵約三百名이電線修理掩護隊와一時間을交戰ᄒ다가義兵은西北方面으로退却ᄒ얏ᄂᆞᆫ대兩陣死傷은互有ᄒ얏다ᄒ고

▲一日午後三時에永竹渡船處下流四十里端亭場對岸에서義兵約一百名이발見ᄒ야日中隊와三十分을互相射擊ᄒ다가義兵은上朔亭東北方面으로退却ᄒ매日兵이進蹤ᄒ얏스나義兵의影子도不見ᄒ엿다하고

▲開城日守備隊에서差遣ᄒᆫ斥侯ᄂᆞᆫ四日午前三時에長단에到着ᄒ야義兵의게燒棄되얏다ᄂᆞᆫ事ᄂᆞᆫ無根之說이라ᄒ고三日午後에義兵五十名은旣히板谷方面에서宿營ᄒ얏다ᄒ고

▲七日午後十時에韓巡一名이急報ᄒ되惠化門外十五里藥寺에서銃을携ᄒᆫ者가二오刀을帶ᄒᆫ者가三名이來ᄒ야夕飯을催食ᄒ다ᄂᆞᆫ報를依ᄒ야卽時日憲兵及日兵各二名과巡査巡檢各一名이偵探次로八日午後零時에藥寺로前往ᄒᆫ즉義兵約二十名이民屋에潛伏ᄒ얏다가日兵及巡查를見ᄒ고狙擊을始ᄒ얏ᄂᆞᆫ데日巡査一名이下腿를中丸ᄒ고日兵은家屋에密集ᄒ고地形이不明ᄒᆷ으로暗夜에危險을脫ᄒ야逃走ᄒ얏ᄂᆞᆫ대其時에日少尉리今以下四名이領率ᄒᆫ討伐隊가該地에到着ᄒ야義兵의存在를知ᄒ고一齊射擊ᄒᆫ즉義兵은退却ᄒ얏다더라

東京電報

●大演習參觀 八日發 今秋大演習에各國武官中一個國에多者ᄂᆞᆫ八九名小者ᄂᆞᆫ二三名式陪觀을希望ᄒᆫᄂᆞᆫ대淸國及其他各國에서多數渡來ᄒᆯ터이라더라

●在韓憲兵條例 八日發 韓國에在ᄒᆫ憲兵의關ᄒᆫ件을本日에公布ᄒ얏ᄂᆞᆫ대

一 在韓憲兵은治安維持에關ᄒ야警察을司ᄒᆷ職務를執行ᄒᆫᄂᆞᆫ대統監의게隷屬ᄒ고駐箚司令軍의指揮를受ᄒ야軍事警察을司ᄒᆷ事

一 本令은公布日로부터施行ᄒᆷ事

▲白石高歌▽

▲印度地方에서騷亂이起ᄒ야警吏四十名이負傷ᄒ고歐洲人에게投石ᄒ고鐵道馬車를襲擊ᄒ엿다ᄒ고淸國江西省에서擧匪三百餘名이貢州府을攻擊하엿다니現今東洋에烟氛이未淨ᄒ야不穩情態가處處現發ᄒ니戰爭時代가아닌가

▲各府部官制를屢數變更ᄒ야從速히頒布ᄒ다ᄂᆞᆫ데各地方ᄭᆞ지變更ᄒ야觀察使ᄂᆞᆫ知事로郡守ᄂᆞᆫ郡長으로改稱ᄒ다ᄒ니前次韓國官制를改定ᄒ야名稱을變更ᄒ면每々日人이叙任되더니郡守를郡長으로稱ᄒ고觀察를知事로稱ᄒᆫ것이또日人이叙任되ᄂᆞᆫ게로고

▲農商工部次官岡喜七郞氏가一般高等官을會同ᄒ야勸勉ᄒ되將次日本官吏가多數히渡來ᄒ야視察ᄒᆯ터이니期於和衷辦理케ᄒ라ᄒ엿다니日人이韓國官職을占奪ᄒ면서衷和辦理ᄒ기를强勸ᄒ니衷和ᄒ잘될걸

▲學部에서日本人이執權上에便利ᄒ기爲ᄒ야韓語講習會를設ᄒ고次官俵孫一씨로會長을推薦ᄒ고日人이韓語를講習ᄒ다니日에日語를粗通ᄒᆫ韓人이有勢ᄒ야通譯으로官職을圖得ᄒ더니日人이韓語를講習ᄒ면通譯이無勢ᄒ깃고

▲主殿院庶務課長黃鎭國과主殿院警務官蘇興文兩씨ᄂᆞᆫ宮內大臣食口로官職을圖得ᄒ얏ᄂᆞᆫ데內閣大臣이公議ᄒ되此兩人은目不識丁ᄒ고挾雜으로從事ᄒ던人이라任職이不可라ᄒᆫ대蘇氏ᄂᆞᆫ辭免ᄒ고黃氏ᄂᆞᆫ勢力을恃ᄒ고逡巡不退ᄒᆫ다하니勢力之下에ᄂᆞᆫ內閣大臣의公議도쓸대읍고

▲女子敎育會에서設始ᄒᆫ音樂會에서其間收入額이一千一百七十圓中의前後消耗費를除ᄒᆫ則剩餘ᄂᆞᆫ姑舍ᄒ고負債가還多ᄒ다고該會總務김芸谷씨가警廳에五週日을加限請願ᄒ엿다니女子會에서音樂으로經費를補用코저ᄒ다가消費가還多ᄒ니흥ᄯᅥ미라갓다가ᄯᅥ못친格이로고

여보此世上에通用ᄒᄂᆞᆫ文字ᄂᆞᆫ알으시오平和라ᄂᆞᆫ文字ᄂᆞᆫ競爭ᄒᆯ意味를包含ᄒᆫ거시오保護라ᄂᆞᆫ文字ᄂᆞᆫ奪取ᄒᆯ意味를包含ᄒᆫ거시오和衷이ᄂᆞᆫ文字ᄂᆞᆫ威脅ᄒᆯ意味를包含ᄒᆫ거시니此等文字에意味를誤信ᄒ게되면낭ᄒᆯ잘속가가쉽소

天氣預報

▲十月十日 午前晴明午後曇

을沮止ᄒ기로爲ᄒ야現在長春

寄書

警告國民報하고次呈每日報와地方義兵

蓉軒堂生 稿

國民報에셔日每日申報者가偏動二字를自知遁辭에無辭可答고로掩蹤不提다ᄒᆞ니是無答而不提也라諺所謂學語小兒와失性狂童之言을聽而不聞者大丈夫之言行也니라國民報又日每日報ᄂᆞᆫ地方賊徒의主動者가되여賊徒를稱以義兵이라하얏기申報答云義兵二字ᄂᆞᆫ彼是自作之名詞而名從主人은古今所同이라ᄒᆞᆫ대國民報에셔詰責日名從主人而稱之면假使人殺其父而自稱孝子可乎아人竊他物而自稱良民이可乎아ᄒᆞ니

此無理之妄辯을如其所問이면待天敎에濟世主를曾有濟世之功而稱日濟世主乎아方今一進會를世皆指目日賣國黨이라하되ᄀᆞ社文報에通稱一進者ᄂᆞᆫ是亦名從主人之勢也而語不切迫ᄒᆞ고愛無原薄之理也니라

臨風三泣而更告ᄒᆞ나니國民報ᄂᆞᆫ聞過則喜로銘心刻骨ᄒᆞ야上報皇恩ᄒᆞ며下濟蒼生이면二千萬同胞가口碑心祝日國民報之血誠義務라ᄒᆞ려니와若不反省而社會上諸君子로一向頑拒면千萬年歷史에永世相指日某報者之忘君滅種哉여ᄒᆞ리니何不愼哉며何不懼哉아

又告每日申報ᄒᆞ노니以推想之心과愛隣之德으로過勿責人ᄒᆞ며激勿怒人케ᄒᆞ야何等社會가或有引失이면警告勸勉ᄒᆞ고合國精神으로醒醒喚回胞之昏夢ᄒᆞ야喪失ᄒᆞᆫ國權을回復하기外에有何他事리요又告地方義兵ᄒᆞ나니合憤塞血ᄒᆞᆫ慷慨大義로處處蜂起ᄒᆞ거니와反以三恩하요若有利益於大韓者면雖碎身粉骨이라도吾亦力助而心祝ᄒᆞᆫ려니와現今非一千百人個個不義라或有一二個人之不義ᄒᆞ야或奪人財ᄒᆞ며或燒學校ᄒᆞ며或殺不辜ᄒᆞ며或逼官長ᄒᆞ야仰逆聖意에

玉體擁護케ᄒᆞ니此以義義者也요又馳草野烏合之卒ᄒᆞ야臨陣先겁ᄒᆞ며見敵先退ᄒᆞ야無益多損은不待明卞而昭昭여니와哀我同胞여累經喪亂에飢饉荐臻ᄒᆞ야屋梁黴條ᄒᆞ고杼軸俱空이라雖安靜鎭撫라도眼前生計가如在溝壑은姑舍하고青山白水에處處是哭寡女之痛이요冷烟斜日에家家是望汝遊母之恨이라

雖日天地崩坼인덜玉石俱焚之歎이比此有甚고嗚乎諸君이여息憤懲怒하고각安其家而教育殖產을務如義擧之忠憤則不幾年立我東邦之自主ᄒᆞ고免彼列强之壓制가不期然而然矣리니此非國家之幸福乎伏願社會事務ᄂᆞᆫ不分彼我而視之一家ᄒᆞ고義擧同胞ᄂᆞᆫ深量强弱而重惜千金之躬을切切敬要 完

廣告

本人公동金潤植標壹千壹百兩
鄭奎東標壹千六百五拾兩
鄭昶崔昌植標五百五拾兩
張澤永標文五百五拾兩
十月初五日限
安 標壹千壹百兩
十月初十日限 合五張標를서失ᄒᆞ엿ᄉᆞ니雖某拾得休紙施行
法增祥 告白

新小說 愛國婦人傳

◉一冊定價金 拾五錢 新鮮ᄒᆞᆫ圖本도具備홈

右冊은純國文으로世界에有名ᄒᆞᆫ法國婦人若安氏의愛國事蹟을譯出ᄒᆞ얏ᄉᆞ오니無論男女ᄒᆞ고愛國性이有ᄒᆞ신同胞ᄂᆞᆫ맛당이보실書冊이오니陸續購覽ᄒᆞ심을望홈

▲發賣所
▲皇城布屏下 金相萬書舖
▲南門內 博文書館
▲仁川 大韓每日申報支社
▲各地方 有名書店

本書肆에서教育界需用ᄒᆞ기爲ᄒᆞ야各種新書籍과各學校所用筆墨及帽子洋鞋等屬을廉價發售ᄒᆞ오니 照諒購覽ᄒᆞ시옵
開城鉢谷明新書市朴禎鎬

競賣廣告

本商會基址及家屋을今月十八日午后三時에競賣ᄒᆞ기로左開仰布ᄒᆞ오니商業家諸彦은注意ᄒᆞ옵
一 基地가二百二十坪
一 二層洋屋이二十八坪
一 日本製街家가九坪
一 半洋製屋이十四間
一 廳舖이十二間
一 位置ᄂᆞᆫ南大門外桃洞四街인ᄃᆡ前面은停車場에連接하고後面은濟衆院基址와分界ᄒᆞ얏ᄉᆞ며電鄕通信局과運輸會社及倉庫會社等이連接ᄒᆞ얏ᄉᆞ니諸般營業에第一衝要無二之地也라有意僉彦은勿失機會ᄒᆞ시고陽曆十月十四日부터十七間에枉臨視察ᄒᆞ시옵

本人이寺동十八統五戶申光浩許五月晦日推次當坪一千兩於音遺失雖某拾得休紙施行
安容九 告白

本人이中署貞善坊敦寧下契六十四統一戶박春植家劵典執ᄒᆞ얏다가陽八日에見失ᄒᆞ얏ᄉᆞ니休紙施行홈
李春明 告白

開城弘京浦鐵道는臨時軍用만運輸ᄒᆞ더니今年陽十月二十一日爲始ᄒᆞ와商業運輸貨物車를開通ᄒᆞ오니內外國 僉君子ᄂᆞᆫ照亮後某物開城浦로○着ᄒᆞ와運輸하오면運費低廉ᄒᆞ옵고商業에便利ᄒᆞ올터이오니海諒ᄒᆞ심을敬要
開城弘京浦 김濱樂 陰東益 告白

新刊書籍發售廣告
國漢文 增修無冤錄大全 定價金七拾五錢
大韓法規類纂 洋裝 三圓五拾錢 郵稅四拾錢
初等倫理學教科書 二拾錢
初等衛生學教科書 拾五錢
國家學綱領 拾五錢
國民須知 八錢
獨習日語正則 洋裝 鄭雲復著 壹圓二拾五錢
發賣所 皇城布屏下 金相萬書舖

本人의五代祖統使公位土가在於忠南天安郡紗羅里다온바牙山비옹방族人奎現奎행兄弟가性本浮浪ᄒᆞ야將欲暗賣이온즉內外國人은切勿見欺홈
北署玉동李奎진 告白

大韓新地誌의地圖를今已竣工되얏ᄉᆞ니購覽僉員은各발賣所로來臨覓去ᄒᆞ시옵
大韓新地誌발賣所
中署寺洞三拾統二戶 漢陽書館
中署布屏門下 廣學書舖
中署罷朝橋越邊中央書館

中署澄清坊黃土峴耆老所前第二十三統三戶
辯護士 李容成
辯護士 黃鎭菊
辯護士 安致潤
事務員 全중基
事務員 殷勳
聯合法律事務所

本郡守金秉吉氏仁智勇略은秉著嶺南에衆所欽仰이어니와丹城在任時三載에治績이居上ᄒᆞ야民懷召杜러니何幸今年五月日에還莅本郡ᄒᆞ야愛民如子에愼民救弊ᄒᆞ며嫻熟外交에民賴按堵ᄒᆞ고盜賊이屛息터니不意今夏等殿最에人雖質心이나昧於事務라ᄒᆞ고居下되얏ᄉᆞ니何事務를昧ᄒᆞᆫ다ᄒᆞᆫ인지前後訟案을歷々可數라도一無誤決은郡民所據證이거날胡爲此貶고闔境人民이咸曰我侯에一遞으로遞路願留ᄒᆞ고一遞으로擬賞齊訴內部次로上來ᄒᆞ야玆先廣布홈
咸安郡人民
趙鏞鶴 洪在璨 李益萬
安文燮 趙棟奎等 告白

●北署桂洞私立敦明義塾政治學科第二回學員募集大廣告
學科 在本塾規則
年齡 十七歲以上身體康健者
試取 陽曆十月十三日陰曆九月初七日時間은上午拾時下午三時以外ᄂᆞᆫ不受홈
免試 中等科以上卒業證이有ᄒᆞᆫ人
請求 入學證書ᄂᆞᆫ本塾에셔無代價로請求를應하야授與홈

本人이仁川港中峴內洞第二十一統一戶草家九間八拾米突官地契一張과同柤峴內洞暑字第四十八號草家四間官文記一張共兩張을家中遺失ᄒᆞ얏ᄉᆞ오니誰某拾得ᄒᆞ와도休紙施行홈
仁川港內洞沈相益 告白

近々工業이漸隆ᄒᆞ야道路橋梁新設及山林田畓宅址等調査의關係時急키로本所ᄂᆞᆫ遠近을不拘ᄒᆞ고以上諸測量及設計製圖等囑托의特허應ᄒᆞ옵
京城西大門外南便第六家
土木測量設計囑託所
主任 金之煥 告白

向者軍대解放時에負傷將卒中에死者는已矣어니와折腰折臂折脚之人은命脈은尙存이나運動未由라該人等이將欲自裁ᄒᆞ니令人歎惜이라本人等이惟見慰勞ᄒᆞ고西醫에게以印度膏도援製臂脚이온則八人의該費額이至爲二千五百圓之多인바一人助力으로難見奏效ᄒᆞ와玆以廣布ᄒᆞ오니望須慈善僉君子ᄂᆞᆫ勿拘多小ᄒᆞ시고救恤金을寄付ᄒᆞ와使昭死同胞로拯濟ᄒᆞ심을爲要
隆熙元年九月日
發起人 정主煥 윤泰勳
安奎鎬 曹成煥
救恤金取合所 皇城新聞社
大韓每日申報社
出金人의姓名은新聞에廣告홈

本人의先塋이在於稷山大井里及安山月谷面士沙里하와邱木禁養이屢百年에所蒙宗孫은本人이대近聞何許浮雜輩가冒稱本孫ᄒᆞ며或稱居間興成이라ᄒᆞ고出沒京鄕ᄒᆞ야邱木放賣之說노四面請囑ᄒᆞ오니內外國人은切勿見欺ᄒᆞ시고如此無據之類가或不無僞造圖章之慮矣라本人은素無姓名章行用이오니亦勿見欺ᄒᆞ시옵
中署校洞二十五統八戶前參判 吳正根 告白

●乾材洋藥廉賣
漢城鍾路慈惠藥房에셔各種洋藥을廉賣ᄒᆞᄂᆞᆫ中에邦補益藥水를極擇廉賣하오니內地各處僉彦께셔小包郵便으로取用ᄒᆞ심을仰望
▲大瓶 三圓
▲小瓶 一圓五十錢
乾材洋藥發賣人 濟衆院 醫學員 朴慈惠 告白

▲乳母廣求
두살된ᄋᆞ히를젓먹일러인더ᄌᆞ긔ᄋᆞ히업시집에와셔유모노릇홀부인이잇거든
대한매일신보샤회계파로와셔의론ᄒᆞ시요

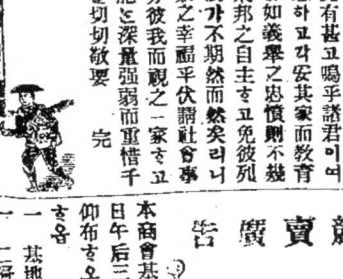

廣告

●釜山面育英學校請助金寄
付錄
錦陵尉朴泳孝
前法部大臣李夏榮
前監理李戴榮 本府尹金敎獻
稅務官鄭寅斗 前監役朴甲錄
前參官金敬伯 田自玉
각一百圜 前侍從金啓遠
三百圜 本面中 二百圜
主事金麟斗 凡二洞中
각六拾圜 前議官鄭永化
김仁吉 育英同文契中
각五拾圜 前議官吳珍泳
前參奉朴世珪 金致龍
金鎭惠 李慶五 參書黃鍾顒
裵敬化 主事白學魯
凡一洞中 下端各主社中
埋葬會社中 慕先契中
각卄圜 郡事김秉勋
主事宋邁用徐宇珣 金采均
崔鳳汝 前參領朴斗榮
鐵道局長崔相敦 承旨吳惠根
李敬伯 金定珪 金長旭
朴齊鍊 參書官崔惠
金子文 仁川港勸業社中
水晶동中 三樂契中
佐川동中 任召史
議官金敎相 각十圜
參奉金采英 前翰林金鎭永
金義俊 姜錫奎 朴敎贊
金仲浩 리英俊
本面白水契中 각十五圜
前議官리鐘喆 리根若
主事리相晳 郡正秋斗定
參領리光昱 主事리翰昱
參奉吳在根 趙尙年
技師金倫永 技手金準鎬
金武卿 前僉使宋熙用
議官宋元用 主事김容世
愼性衡 議官安舜克
參奉金聖謙 主事崔桂賢
主事秋月梧 金汝重 玄景振

主事崔錫鵬 리永玉 愼尙翼
朴章憲 朴喜玉 主事리秀榮
金章憲 孔圭洙 金炳文
崔鳳一 朴君遠 李武玉
文世河 主事鄭應哉 崔長德
리敬瑞 金千一 金千聲
金鎭伯 參奉宋重五 김和益
前總巡김準千 王禮振
洪俊 金元吉 崔聖明
리炳夏 通政金百行
議官리寅鉄 主事吳庠泳
申泰圭 宋德象 尹斗瞻
主事리鍾國 技手宋泰昇
仝 林英圭 參奉김永圭
主事김道翊 金鍾應
參奉徐禎淳 仝 朴斗弘
主事鄭益瑾 總巡梁兌煥
仁港紳商會社 佐一洞中
路下洞中 一洞二牌中
二동三牌中 佐二洞中
養老生辰契中 二동一牌中
二洞二牌中 孝終契中
榮聖契中 育英楮楡契中
同樂契中 沙下平林洞中
堂里洞中 槐井洞中
丁巳甲契中 海關杉板都中
興信契中 機張作廳
草梁洞中 浦上運輸會社中
草梁彭興會社中 蓬山契中
妓梅香 金合振 各十圜
下端洞中 十二圜 박敎直
김日化 각八圜 司果金德辰
池사景 姜敬先 金秉益
金仁實 孔文袤 山首동中
각七圜 鄭基大 二동四牌中
각六圜 金而振 徐炳厚
金建杓 崔鳳九 리士遜
侍從金文奎 張賓相
金文化 林子夏 金徽旭
張羽相 朴榮必 尹學瞻
金成伯 김卿中 林時夏
白元吉 黃敬一 權士珍
金元有 金士衡 金亨九
김景潤 徐致文 洪聲振
崔君淑 김元浩 監察金致五

孫性約 具昌一 金聲玉
金致旭 崔銓旭 朴善五
辛激順 林枝春 朴周彦
議官김致彦 仝 리敎箴
參奉徐致玟 孔文根 리敎玉
金南極 前議官朴宰瑛
仝 박瀾瑛 仝 崔命駿
金振玉 白允化 金明奎
尹文善 沈相민 主事金鍾瑗
仝 리洪昱 尹翩炳 리學珣
議官安光洙 五衛將秋斗永
박元최 主事김商烔
仝 吳仁奎 仝 秋乃有
參奉김禮仲 議官朴重奎
司果김應汝 主事부吉化
議官裵其八 參奉徐致賢
白明總 김桑一 白文若
박致化 李善如 김哲洙
리鎭雨 主事김仕鉉 裵學允
崔時鳴 主事崔有鵬
仝 김鳳儀 總巡김亢
鄭永吉 參奉尹顯和 徐裔五
김大鎭 리甲瑢 朴雲瑞
主事리奎和 崔汶鍊 김運浩
宣傳吳仁彦 金斑五
主事김聖佑 김羲鵬 鄭周昊
姜德一 南允一 萬戶鄭鳳璽
리觀斗 鄭性根 金基煥
瀛仙洞中 蓼忠契中
一동一牌中
佐川同文喪布契中
草梁通文會社 一洞三牌中
沙中面中 韓東年 卞竹儀
박玉田 朴蘭田 妓錦蘭
桃花 綵輝 三浪家 리贇殷
각五圜 리學成 趙致三
金化瑞 김性圖 宋泰吉
박時雲 김致順 박相振
朴祥五 각四圜
山首花遊契中
李漢根 趙致邦 李光瑞
朴文仲 丁禹益 朴士殷
朴乃辰 리敬敏 리鍾涉
姜其伯 申光俊 朴聖祭
尹相弼 김永柱 鄭重春

리余洪 金鳴國 리熙應
姜今伯 리南吉 정秉均 薛羽若
金致彦 金永元 主事金大峴
김斗培 議官金明玉
前五衛將張致象 金道謙
車周一 김善五 金允學
리善浩 김在有 리守洪
金仁俊 朴周五 崔遂守
金仁玉 白君一 主事姜允益
金成寬 丁發一 卞周學
朴위植 李桂一 禹泰旭
李文見 尹炳準 高在乙
張益相 張建相 朴希振
主事朴時睦 參奉朴銓弼
趙性謨 김元魯 金榮瓛
리成實 김庠河 鄭德浩
金太瀚 金致섭 朴根厚
김德一 吳根赫 리定和
裵登守 리鎭國 白成鶴
李珦爽 김千閏 卞周益
孫기彦 韓始龍 리亚淑
김成玉 김在容 김琪柱
鄭有明 安在伯 朴鵬來
沈能德 張泰弘 參奉朴致祚
參奉姜允善 參奉姜時雲
張景澤 徐聖直 河洛彦
朴子玉 議官千斗益
主事安汝觀 洪聖希
監察李喜成 參奉張德佑
各三圜 洪南奎 金鍾郁
粱正彦 김子玉 參奉朴仁善
李發器 金士振 張行彦
金成律 李祥伯 金俊化
김亨玉 徐琪約 通政裵基伯
朴武銓 趙重彦 具春業
金明見 金基春 辛榮琏
金弼應 金明和 朴汝益
徐林七 金定重 金文若
朴遂千 金和振 金佑先
日新号 李成煥 徐局瑞
姜子明 朴英瑞 徐允一
朴文五 金永聲 卞周昊
金斗植 金士潤 趙光昕
金德一 車元吉 金琪彦

都正李省三 李善玉
主事金相梧 李致明
金性汝 洪時敬 徐致五 秋瑞允
李德和 梁金己 李裕鳳 리裕日
前知事鄭澤榮 前主事郭在河
秋翰中 金敬善 辛聲一
前監察리乃玉 五衛將韓영有
尹命殷 金性漢 金極中
孔文善 金麟基 朴一龍
吳祐炯 邊武英 金景千
金堯度 安仁汝 김鳴根
孫敬叟 朴子賢
五衛將金商炳 任榮华
리智三 박奎振
議官金善有 嚴觀燮
리인善 朴聖佑 先達朴淑汝
參奉張士文 參奉박鳳汝
文守達 張善行 金今玉
朴聖化 議官金舜巨
張善弼 金德七 梁良浩
秋允植 金應吉 孔南國
張禾文 主事羅敎習
監察李和實 參奉김聖弼
리晚榮 許信洪 盧德七
先達리命瑞 權應三
崔君天 리尙文 李學三
秋元瑞 朴一得 김振玉
김琪道 김文五 朴貴玉
박應若 박秀若 各二圜
五衛將丁君一 都事張允一
議官朴元瑞 主事張世益
前議官朴弼奎 尹其彦
李性徹 房文一 尹君明
張인國 리敬化 李應浩
리子益 具春吉 丁敎三
鄭太學 金文旭 崔君淡
박善良 田周汝 김順益
崔泳國 김瑞一 김永旭
尹平汝 리佑卿 金希璉
韓尙瑞 김致雲 洪在化
具基律 金明叙 洪守日
金德賢 李義象 金應沃
각河玉 辛子인 리錫允
리長汝 金元卿 宋德學

金在坤 박士弘 金俊서
金化正 林迺善 沈時魯
金守日 리益善 張明彦
金善雅 尹武賢 白明吉
李乃順 李正煥 金斗영
金鶴根 梁德一 河淸一
林喜元 김桂柱 장道允
文允淑 孫在熙 韓岐鳳
趙斗榮 리德서 崔性實
愼明五 孔文淑 申逸龍
姜禹善 리元實 金成伯
辛敬振 金春實 박乃有
리世挺 崔璟相 리成九
郭瑞益 張인彦 김秉林
박秀五 박明化 박善化
박在成 李基賢 金壽年
김義俊 崔鳳守 崔泳杓
리根明 鄭讃善 孫亮鐸
호錫鉉 具昌祚 秦云汝
尹懿洞 金順贊 宋永和
洪五兼 각一圜

第五卷

大韓每日申報

第六百卅五號

月曜及慶節休日時發刊

檀君開國四千二百四十年
箕子元年三千二十九年
大韓開國五百十六年
日本明治四十年
淸國光緖三十三年
陰曆丁未九月大初五日癸巳

別報

◉虎列剌預防注意

一、虎列剌은劇烈ᄒᆞᆫ急性傳染病이라虎列剌菌이라稱ᄒᆞᄂᆞᆫ病毒의感染을因ᄒᆞ야發ᄒᆞᄂᆞ니此虎列剌菌은患者의排泄ᄒᆞᄂᆞᆫ糞便中과嘔吐ᄒᆞᄂᆞᆫ物中에有ᄒᆞ니如斯히吐瀉物과共히排泄ᄒᆞᆫ病毒은他人의게直接으로感染ᄒᆞ거나或各種器物에附着ᄒᆞ야傳染ᄒᆞᄂᆞᆫ지라譬컨대患者의吐瀉物의接觸ᄒᆞᆫ手指를嘗ᄒᆞ든지或其手로飮食器物을管理하면自此로病毒이口腔胃腸에達ᄒᆞ며又或病人의吐瀉物에汚穢ᄒᆞᆫ衣服을洗濯ᄒᆞ면其洗濯汚水ᄂᆞᆫ地中에滲入ᄒᆞ야井水에混ᄒᆞ야廣히傳播ᄒᆞᄂᆞᆫ事ㅣ有ᄒᆞᆫ故로病人의糞便은肉眼의見치아니ᄒᆞᄂᆞᆫ微量이라도오ᄌᆡ病毒을傳染ᄒᆞᆷ으로써甚히危險ᄒᆞ니라

二、虎列剌가流行ᄒᆞᄂᆞᆫ時에ᄂᆞᆫ規則이正히生活케ᄒᆞᄂᆞ니胃腸의障害ᄂᆞᆫ虎列剌의感染을助勢ᄒᆞᄂᆞᆫ지라故로過飮過食을謹愼ᄒᆞ고消化키難ᄒᆞᆫ食物을避ᄒᆞ고下瀉를促ᄒᆞ거나胃腸을害ᄒᆞᆯ거ᄂᆞᆫ特히注意ᄒᆞ야避ᄒᆞᆯ지며若或下瀉ᄒᆞᄂᆞᆫ時ᄂᆞᆫ即時醫師의診療를請ᄒᆞᆯ지니라

三、食物은熟煮치아니ᄒᆞᆫ者ᄂᆞᆫ食치말며飯麵에水를注加ᄒᆞ야食ᄒᆞᆷ은最히有害ᄒᆞ고且無時食飮을廢ᄒᆞᆯ지니라 菜蔬實果ᄂᆞᆫ繁히煮食ᄒᆞ며特히腐敗ᄒᆞᆫ듯ᄒᆞᆫ實果은下泄을發ᄒᆞᆯ虞가有ᄒᆞᆫ즉食치말지니라

四、水道及不潔ᄒᆞᆫ處에汚染ᄒᆞᆫ疑가有ᄒᆞᆫ水ᄂᆞᆫ洗濯或道路撒水라도使用ᄒᆞᆷ이不可ᄒᆞ고且井水附近에서洗濯ᄒᆞ거나或不潔物等을洗ᄒᆞᆷ이不可ᄒᆞ니라 城內大川의水ᄂᆞᆫ病毒汚染ᄒᆞᆫ疑가有ᄒᆞᆫ즉妄히川中에서手足을濯ᄒᆞ거나衣器를洗ᄒᆞᆷ이不可ᄒᆞ니라

五、飮料水ᄂᆞᆫ반다시煮沸ᄒᆞᆫ者를用ᄒᆞᆯ거시오使用水도亦然ᄒᆞ니何故오病毒이水中에存在ᄒᆞᆫ즉此로盥嗽ᄒᆞ거나食器를洗ᄒᆞ고食物을盛ᄒᆞ거나或洗濯及拭滌에供ᄒᆞ면病毒이直接間接으로身體에觸ᄒᆞ며口로轉入ᄒᆞᄂᆞᆫ故이니라

六、蠅은病毒傳染ᄒᆞᄂᆞᆫ媒介者이라其발生을防코ᄌᆞᄒᆞ야塵埃掃除에注意ᄒᆞ며溝渠ᄂᆞᆫ時々로浚渫ᄒᆞ야水의유滯ᄒᆞᆷ이無케注意ᄒᆞᆯ지오既已발生ᄒᆞᆫ蠅은有力ᄒᆞᆫ撲滅法을講究ᄒᆞ고且飮食器及飮食物에聚集ᄒᆞᆷ을防ᄒᆞᄂᆞᆫ設備를裝ᄒᆞᆯ지니譬컨대鐵紗戶卓子或鐵紗食蓋等을造ᄒᆞᆷ과如ᄒᆞ니라

七、圊厠의注意ᄂᆞᆫ最히緊要ᄒᆞ니妄히路傍溝渠等에糞便을排出ᄒᆞᆷ은病毒을撒布ᄒᆞᆷ과無異ᄒᆞᆫ故로古來의惡習을棄ᄒᆞ고還排處에不滲ᄒᆞᄂᆞᆫ器를埋置ᄒᆞ고糞便을排出ᄒᆞᆯ지오圊厠에ᄂᆞᆫ消毒劑를投ᄒᆞ고頻數히除滌ᄒᆞ야淸潔케ᄒᆞ며恒常蓋를覆ᄒᆞᆯ지오且自來로行ᄒᆞᆫ屋外에開放流出케ᄒᆞᆫ便所ᄂᆞᆫ危險이殆甚ᄒᆞᆫ則此時ᄂᆞᆫ此등改造ᄒᆞᆯ지며若或改造가不能ᄒᆞᆫ處ᄂᆞᆫ糞便을排出ᄒᆞᆯ時마다消毒劑로써消毒ᄒᆞ든지又或多量의木炭末을撒置ᄒᆞᆯ지니라

八、腹部ᄂᆞᆫ寒冷치아니케ᄒᆞᆯ지니腹部가冷ᄒᆞ면下泄키易ᄒᆞᆫ故이오又夜間에窓戶를開放ᄒᆞ거나室外에서寢睡ᄒᆞᆷ이不可ᄒᆞ니라

九、虎列剌病人이生ᄒᆞᆫ時ᄂᆞᆫ迅速히傳染病院에ᄒᆞᆫ方法을取ᄒᆞᆯ지라此ㅣ病人에거ᄂᆞᆫ滿足ᄒᆞᆫ看護及治療를施ᄒᆞᆯ지오又其家屬及其他人에게ᄂᆞᆫ病毒傳染ᄒᆞᆫ危險을預防ᄒᆞᆷ이니라

十、虎利剌病人及其家宅에ᄂᆞᆫ不可近이며尤其病室內에서決코飮食喫烟ᄒᆞᆷ이不可ᄒᆞ니라

十一、호列剌病人의吐瀉物과病毒汚染ᄒᆞᆫ物品은病毒을傳播ᄒᆞᆯ虞慮가有ᄒᆞᆫ則適當ᄒᆞᆫ方法으로消毒ᄒᆞ고決코井水邊에서洗滌ᄒᆞ거나川流에抛棄ᄒᆞᆷ이不可ᄒᆞ니라

十二、호列剌病人及死者의衣服器具ᄂᆞᆫ監督官衙의指揮를承ᄒᆞ야消毒ᄒᆞᆫ더任意로使用ᄒᆞ거나他人을給與ᄒᆞ거나他處에運搬치못ᄒᆞᄂᆞ니라

十三、要컨ᄃᆡ호列剌ᄂᆞᆫ體外에在ᄒᆞᆫ病毒이侵入ᄒᆞ야外敵이來襲ᄒᆞᆷ과如ᄒᆞ니吾人의身躰를康健케ᄒᆞ야外敵을防ᄒᆞᆯ方針을講究ᄒᆞ면畏怕ᄒᆞᆯ바ㅣ無ᄒᆞᆯ지라身體를康健케ᄒᆞᆫ진ᄃᆡ養生法에衆ᄒᆞ야養神ᄒᆞᄂᆞᆫ方法을研究ᄒᆞᆷ이될지라

官報

◉第三千八百九十二號
隆熙元年十月十日

◉宮廷錄事

宮內府大臣勳一等臣리윤용謹奏卽接宗簿司장리達稱報告書則以爲今此선源譜略修正時 獻懿大院王 純穆大院妃追封 完王追封義王妃冊封一體紀載之意措辭奏稟云矣使之依例紀載何如謹上奏 奉 旨依奏

掌禮院 以陰曆九月二十五日 東宮千秋節百官賀節月으로奉 旨權停 未完

外報

●演習期日　東京報을據ᄒᆞᆫ則今秋에東京宇都宮附近에서軍隊特別大演習擧行을十一月中旬으로決定ᄒᆞ얏더其時에大元帥陛下ᄭᅴ셔同月拾五日頃에行幸ᄒᆞ시기로決定ᄒᆞ셧스나萬一行幸치아니ᄒᆞ시면參謀總長이代理로出參ᄒᆞᆯ터이라더라

●艦隊回航의費用　米國艦隊ᄂᆞᆫ一萬四千英里長航路各要地에十萬噸石炭을準備ᄒᆞᆫ則其費用이殆히二百萬圓을要ᄒᆞ고再히大西洋引返에ᄯᅩᄒᆞ면同額의費用이四百萬元大金을要ᄒᆞ리라더라

●內閣制度의組織　北京電을據ᄒᆞᆫ則淸國政府에서日本內閣制度를模倣ᄒᆞ야新內閣을組織ᄒᆞ야總理大臣을置ᄒᆞ며海陸軍을獨立케ᄒᆞᆯ次로目下軍機大臣이密議ᄒᆞᆫ다더라

●兩國親交　伯林電을據ᄒᆞᆫ則四年以來로獨米兩國間親交에盡力ᄒᆞ미有ᄒᆞ더니獨米兩國國民協會ᄂᆞᆫ紐育에서總會를開ᄒᆞ고獨逸에綴多된旨를발表ᄒᆞ다더라

●米露密約說　紐育電을據ᄒᆞᆫ則米國戰艦隊를極東에赴ᄒᆞᆫ事에就ᄒᆞ야萬一有事之時에ᄂᆞᆫ浦鹽斯德을根據地로使用ᄒᆞ기로妥協을成ᄒᆞ얏다ᄒᆞ나所謂有事之時라ᄒᆞᆷ은如何ᄒᆞᆫ意味인지不知라ᄒᆞ얏더라

●艦隊出發　紐育電을據ᄒᆞᆫ則米國大統領루스베르트氏ᄂᆞᆫ戰鬪艦隊를十二月十五日에出발ᄒᆞᆯ기다ᄒᆞᆫ訓令ᄒᆞ얏다더라

●淺草馬道의大火　東京報을據ᄒᆞᆫ즉去五日午前四時半頃에淺草區馬道에七煎餠屋前田覺馬方의所有同番地工場에서발火ᄒᆞ야全燒가十八戶오半燒가二十七戶오工場一棟이燒失되얏다더라

●人造金剛石　倫敦로이알、인쓰티튜숀이라ᄒᆞᄂᆞᆫ學術會員인들유노분氏ᄂᆞᆫ學術經驗을因ᄒᆞ야金剛石을新發見ᄒᆞ얏ᄂᆞᆫ대其實驗은콜타(墨汁)와炭素로製造ᄒᆞᆫ火藥을爆發ᄒᆞ야其高熱이攝씨四千三百度에達ᄒᆞᆫ後에其藥室을仔細히檢査ᄒᆞᆫ則殘留物中에極微細ᄒᆞᆫ金剛石을發見ᄒᆞᆷ이라ᄒᆞᆷ우全히爆발之際에出生ᄒᆞᆷ이아니라高熱로된炭素의結晶이判然ᄒᆞ다云ᄒᆞ나該氏의經驗이實際又ᄒᆞ면人造金剛石이出見ᄒᆞᆯ터이라더라

雜爼

◉教育學序　謙谷生

教育學者何師範之學也曷爲乎師範之學所以資乎教育者也苟師範之學不足以資乎教育則雖公私學塾所在林立國中子弟盡數就學適足以壞人才錮民智而已烏在其教育之實效也是故世之識時宜識時務者莫不曰教育教育而師範養成尤其最急之務也噫而此我韓之教育盖貿貿焉矣學人家之幼年子弟委之于迂謬野昧之村學究其學科之書只是千字文古文眞寶史略通鑑等冊子而但責成誦不究意味窮晝夜咿唔毫無益於腦家而增智也加之夏楚之毒妄加頭腦損其精神呵叱之習專事東縛以其動力學塾一區無異囹圄冝其子弟之厭苦學問撓卷欲走也梁啓超所謂左道鄕愿爆無足以亾天下惟學究足以亡天下欲救天下當自學究始者豈不信哉

觀夫泰西教育之法皆極其簡便而切實完全而周備ㄱ家庭教育曰學校教育曰社會教育即其終身之藏修遊息者也曰體育要其身體之健强也曰智育要其智識之발達也曰德育要其德性之純全也其爲學也如彼其便易其收效也如彼其多大此其由個人之발達而爲社會之발達爲國家之발達致其文明富强之盛者也嗚呼世界之文化大進我韓人士盱衡時局講求急務汲々於設學校振教育然其於師範之材殆乎絶無奈何

崔君光玉夙抱大志出洋遊學者有年尋以疾歸第偃息牀第而其教育同胞之志甚於飢渴乃與同志若干設師範講習所于平壤要以供各塾教授之材又於海西之安岳郡置師範講習所日見其砥砥馬更取教育學之切要于師範者蒐爲一冊印行于世以資講習之指南其意尤勸矣噫使吾崔君之志得以발展于世則其嘉惠于靑年社會者奚止於此然入之讀此者於教育之門徑庶乎有得而能得作者之心於文字之外者幾人耶

●魚씨困況　報恩居魚英善氏ᄂᆞᆫ故度大魚允中氏의令允인ᄃᆡ本來有志ᄒᆞᆫ靑年이라居鄕ᄒᆞᆫ지十餘年에一毫非理의事가無ᄒᆞ고年來賊患을爲ᄒᆞ야砲軍을設置ᄒᆞ야一洞이賴安ᄒᆞ더니去月에義徒가闖入ᄒᆞ야銃器를奪去ᄒᆞ매一洞이渙散ᄒᆞ고魚씨의家眷도沃川으로避亂ᄒᆞ더니氏가乘間下鄕ᄒᆞ야家眷을率來ᄒᆞ야來旅館에逗留ᄒᆞᄂᆞᆫ대手無分錢ᄒᆞ야家舍도莫接치못ᄒᆞ고鄕第도日兵衛人가되얏다ᄒᆞ니써의情勢ᄂᆞᆫ進退維谷이라더라

雜報

●不日修理　大皇帝陛下게옵셔陛本月內로昌德宮에移御호시기로決定호셧다는대修理之節을不日內로畢了혼다더라

●總理廢止說　統監府에서各府部官制를變更혼다홈은已爲累報하얏거니와內閣總理의名號은廢止혼다는說이有호다더라

●統監贊成　昌德宮으로移御호시는事에對호야伊藤統監이贊成不已호고　列聖朝게셔臨御호시던殿閣은仍舊置之호고外他院廊은毁撤後에洋製로建築호는것이妥當홀뜻호다호얏다더라

●農大鞏固　內閣大臣이匪久에一躰變更혼다는대農商大臣宋秉畯氏坐席은堅固不搖혼다더라

●大官과會員奔忙　근日農大宋秉畯氏私邸에서政府變動事에對호야大官某某氏會員某某氏가晝夜協議호야大端奔忙中이라더라

●鎭隊設始　各地方에義徒猖獗홈으로第一地方軍隊解散혼結果로因緣홈이라하야伊藤統監이鎭靜호기爲하야各地方鎭衛隊를如前設置호기로現今擬議혼다는說이有호더라

●道路更修　太僕司長玄暎운氏가　大皇帝陛下幸行호실道路를再昨日에看審호얏는대馬車通行에不便혼所가多有호다호야昨日內部에셔更爲修補하얏다더라

●宮次看審　宮內府次官小宮三保松氏가昨日上午十一時에該府高等官某某氏를帶同호고昌德宮에前往看審호얏다더라

●總理奔忙　總理大臣李完用氏가再昨日上午十時에伊藤統監을訪問호고同十一時에校洞閔泳徽씨家에前往호야延謁를致賀호고下午六時에내閣顧問須知分氏를訪問호고同七時에前法大李夏榮씨를訪問호얏다더라

●宣諭報告　江原道宣諭使洪祐晳씨가內部에報告호되地方에有威力혼者로郡守를擇差叙任하여야不穩혼狀態을鎭靜호깃다호얏다더라

●宣諭停止　咸南觀察使韓南奎氏가內部로報告호되本道는地方이安穩호기로宣諭는停止호깃다호얏더라

●仁尹協議　仁川府尹김潤晶氏는該港民長丁致國에姓名을官報에揭載호야日本皇太子渡來時에迎接儀節擧行에便宜케홀事를協議호기爲호야昨日上京호야內部大臣과協議호얏다더라

●學徒祇迎　明日　大皇帝陛下씌셔　洪陵幸行時에各官私立學校職員及一般學徒는鐘路鍾閣隅東兩側으로整列祇迎홀더인디學校의排立順序는鍾閣隅에는師範學校及日語漢語醫學安동於義洞水下洞梅洞京橋普通學校요越便은高等英語德語法語校동齋동仁峴貞동普通學校等이오其外私立學校는順序를從하야左右로排立혼다더라

●敎員養成　官立漢城師範學校에서速成敎員養成科를設立호고敎員才格될人을募集호는대被選人이二十人인디本月十六日上午九時에一齊히本校로來홀더이라더라

●門樓修理費　農商工部에서度支로照會호되東南兩門樓에商品陳列所를設置홀터인대該門樓가年久頹落호얏스니修理費二千六百八十圓十六錢을算外支出호라호얏다더라

●附屬度部　經理院所管各驛屯土를度支部에附屬호기로內閣에서決議호얏다더라

●提燈擧行　日本皇太子殿下行駕到京時에官私立各學校學徒가奉迎及提燈行列을擧行호기로定호고各學校長이十二歲以上을考호야學徒數를調査호야本月十一日內에學部學務局에報告호고奉迎及提燈日時는本月十五日下午二時頃에來問于本部호라고學部에셔官私立各學校長에게公函호얏다더라

●禮院通牒　掌禮院에셔自前幸行時각府部院廳勅任官中一人判任官中一員이依例隨駕陪從호얏심으로內閣에通牒호얏다더라

●預防須給　警視廳에서虎列剌預防注意十三條件을刊出호야五署內每戶에一張式頒給호얏더라

●審訟裁判　李海昇氏가누洞宮畓訟事件에對호야統監府法務院에請願호얏던지自該院으로平理院에移照호고裁判庭決호기를催促혼다더라

●咸察報告　咸南觀察韓南奎氏가內部로報告호되本使가博覽會에參觀次발程호깃스니回敎하라호얏더라

●馬책傷人　再昨日中署中部洞에서一老人이過去호다가商人馬의게腹部를蹴책호야重傷호얏는디病院으로擔舁而去호얏다더라

●釜港檢疫　釜山港에檢疫預防호기爲호야該港理事廳理事官龜山理平本氏로事務處理와費用金額先授官으로內部에셔命令호얏다더라

●通文謄上　倡義所大將金東臣이咸陽郡에傳致혼通文을謄道觀察使金思默氏가謄草하야內部에報告호얏더라

●狂言取禍　農圃內居李用鎔이가本來狂人으로無室無家호야其再從漢鎔氏가에寄食호더니月前에大漢門前에서內閣大臣을七賊이라고斥罵호고其後에또鍾路等地에서自稱義兵擬起호얏다고大談호다가警視廳에被捉호야牢刑亂招之際에本川居自巳堂叔李乘奉某氏와義兵을謀起호엿다호얏던지李乘奉이適其婚需興成次로上京호야采緞等屬을貿得下鄕之際에警視廳에被因호야尙不蒙放호얏고其他諸人々亂招를被혼者가有호다더라

●胡不去穢　近日傳染病이流行호는時를當호야消毒淸潔홈을申飭호나三淸洞春生門外汚穢場을設置혼後로蒼蠅이繁盛호야人不堪耐호고食料易敗호는대警察官吏는但言消毒호고不知其害源혼다고洞論이紛々호야日汚穢場은行政處分으로人家가無혼空閒地에置홈은行政法上原則이라故로人家稠密處에設홈을許치아니홈이라汚穢物中蒼蠅의毒이尤甚호니其原인즉病毒의媒介者되는故以라淸潔을實施호라면汚穢物을移置홈이第一目的이라고혼다더라

●定倅挾雜　定平郡守裵台協氏가本郡國債報償捐補에對하야沈宜용李[illegible]鎰韓鎰璉三人으로挾定會長호고各面里에도會長與事務員을亦爲勒定而逐戶排斂이되或四五兩或數十兩式比比督刷에逐日傳令호며派送別遣호야收合者四千餘元인대積立處와寄附證이永無可據하니犯用乾沒이掀露無餘라大抵捐補之義가出於自願熱心이거날如此勒排에反以結冤於民하야沮害愛國誠호니景시之勅令不法과挾雜輩之弄奸이라고一郡民情이嗷嗷호다더라

●雜類牟利　南來人의傳說을聞혼則大興郡斷烟義捐金收歛時에領收員金擧圭시가窮春貧部에盡心竭力호야一々收捧則恰爲一千拾圜이라付給總務沈相駿시호고卽致新聞社之意로屢々言托이러니五百圜은巳付皇城新聞社호고其餘五百拾圜中에三百圜은留置京中이라하고二百十圜은該郡主事李起完이가以其錢으로殖利호고至今不送이라호니義捐金이何等重大이관되當初郡主事도以錢圖得하며니斷烟金으로謀利호는지民心이鬱沸호다호고沈相駿시는國債償還務를自貴호야大有所希호던지至今無發於已라호야京中所留錢도還爲覓來호야淡文學校를設立혼다호는故로領收員金擧圭시가萬々不可라고反對혼故로大興衛中에서一場風波가起하얏다더라

▲地方消息

▲九日發忠州電을據혼즉陰城郡無極市附近에義兵約三十名이會集호얏는데巡檢一名의行衛가不明홈으로補助員六名이變服호고巡檢八名을領率호고該巡檢을搜索次로急行호얏다호고

▲七日報恩東北約三十里南岳附近에서韓兵이混合혼義兵三百名이日兵과遭遇호야一時間을交戰호다가義兵은約六十里에退却호엿는대兩陣에死傷이有호다호고

▲日本內藤小대가呂州南漢江岸의서戰鬪혼報를據혼則該日되는去三十日午前에忠州에발호야南漢江左岸의進行호미對岸德里에士人三名이急走홈을見호하고且對岸高地上에數箇所義兵의展望哨가발見혼지라該日대가永竹에達호야士人이家産을後山谷中으로運移홈을見호고仰巖面에서休憩호는대義兵約六百名中一人은白馬를乘호고中方谷前高地에在혼지라日兵이該高地를突擊홀際에義兵의騎馬將은下馬호야二部로分호야一部는南方高地로退却하고一部는西北方으로退却호얏는디俄然히義兵六十名이賊聲을發호며日兵의前陣을逼迫하야糧秣衛兵을向호야盛히射擊호미日대가東北方으로來하야應戰을開始호다가午後三十分에退却호얏고義兵一部는中谷方面高地에서日兵을對호야屢次射擊호미日兵이晴夜을利用하야他高地에退却하얏다가更히該地로急進혼則義兵의形跡이無호얏다더라

東京電報

十月十日발

●渡韓就途　日本東宮殿下씌셔本日午前十時三十分에桂東鄕岩倉其他供奉員이隨호야御渡韓途에就호셧는디皇族以下奉送者가無數호더라

▲秋水精神▼

▲淸國政府에서新內閣을組織호고總理大臣을置호며海陸軍을獨立케홀次로目下軍機大臣이密議혼다호니淸廷의서는陸海軍을擴張호는디韓廷에셔는軍隊를解散호얏스니淸國改革은自强혼精神이요韓國改革은自弱혼精神이로다

▲警視廳에서各地方에派送혼巡檢五十名을加額選取호고宮內府警察官吏는多數減額혼다호니警察官吏는一般인ᄃᆡ加額選取와多數減額이取舍가無常이로고

▲京釜鐵道地段價支給委員이密陽等地에到着호야每坪에舊貨一元式頒給혼則人民等이會集호야地段價를不受혼다호니向日平壤軍用地段出給時에民怨이瀰天호더니現今密陽鐵道價로民怨이又生호니地段價額은到處의民怨거리로고

▲北間島에日兵이派駐홈으로淸國에서또혼派兵을繼續호니此問題로由호야將來兩國間衝突이無호면多幸호거니와萬若釁端이發生호게되면韓人某會에서責望을免홀는지

▲醫學徒一百五十名이再昨日에一齊連署請願退學호얏는디其理由인즉校主兪鎭五氏와校長리敎克氏主務尹敬重氏가無故히自退호야校費가窘絀호고學徒을實心敎授치아니홈이라호니同二氏는敎育界에名譽만取호야該校에入參호엿다가實心이無홈으로末乃自退호엿스니三氏名譽는及上及下로고

▲葉錢을流行호는地方에는稅務官吏가各項稅納에捧葉取剩호는弊習이種々現露호니韓國에貨弊가均一치못혼ᄶ닭이라現今政府에서金融을均一히流通홀方針을講究호야不日實施호면各官吏의取剩弊習은不禁而自禁홀이로다

▲慈善夫人會長朴英子와總務金石子의平日行爲와議會況을內部에서警廳으로査實報來호라호엿다니兩婦人의平日行爲가엇더호기에그리호는지

天氣預報

▲十月十一日　午前晴午後風細雨

◉社告

地方各支社와諸人購覽員에게本申報配達이或滯留或遺漏가非一非再인바但以書籍通知가確據가無ᄒ야郵便局交涉이難便ᄒ니此後로ᄂ申報封皮에出付와收到日付印期限이過隔者를摘拔聚合ᄒ얏다가本社로委送ᄒ심을爲要홈

大韓每日申報社

◉至急社告

美國湖[illegible]市南西寺街一百二十五番共立館內崔有涉氏所送金額新貨一百十二圓七十六錢已爲領收이나何許事件으로送홈인지詳爲示明홈을切望홈

大韓每日申報社

寄書

金興洲

近年以來로有志人士가文明模範을着々依倣ᄒ야各道各郡에學校設立이無處無之이오되豈有如平安北道鐵山郡乎잇가生은本平北之蹤으로ᄒ寓安州가凡有年所故로今秋省楸次로入往本鄕이라가摘蔴已訖ᄒ고要訪故舊ᄒ야滊車過站에暫泊鐵山ᄒ奇郡之面積이雖近於小나산川이秀麗ᄒ고人物이鍾氣라放目觀覽ᄒ며透迤前進ᄒ야透尋大衢小谷ᄒ니郡底에有四個學校也라一曰報濟學校니黃鍾大方濟善氏發起也오二曰進明學校니鄭士學金永深氏叔立也오三曰創明學校니金允梁金永弼氏設立也오四日光漢學校니鄭鳳韶鄭初泰氏創設也라上項諸氏가開悟時局ᄒ고有志敎育ᄒ야次第設校에熱心導變ᄒ고務圖進就에亟期發達ᄒ야進明生徒ᄂ募集士人ᄒ야普通敎課ᄒ고光漢生徒ᄂ募集市人ᄒ야商業敎授ᄒ고報濟創明生徒은募集農工家子弟ᄒ야農工敎課을勞働餘暇에晝夜敎授ᄒ기로각學校生徒가擧皆一百名式에達ᄒ얏고該郡外村有志者도倣此模範ᄒ야각自其面으로無非設校ᄒ고敎授靑年ᄒ니學校가興旺ᄒ고敎育이進就홈은全國中可謂第一之鐵山이라大抵萬物之中에惟人이最貴者ᄂ智識이有홈을謂홈이라人無智識이면豈有異於禽獸哉리오八씨之功이推及四校ᄒ고四校之精神力으로喚起一郡同胞ᄒ니欽仰敬服이孰有過於此乎잇가嗟呼라古昔無爲而治ᄒ時代에ᄂ孔孟之敎으로太平享福을得ᄒ얏거니와今日競爭時代의ᄂ强弱之勢가日殊ᄒ고存亡之機가日紛ᄒ니文來文對ᄒ고武來武對然後에야可以有國有民之勢則豈不變遷哉아彼此文明國이면其勢비等ᄒ야毫無凌虐之理由이어니와未開國民은初無學識之致로法律을未解ᄒ고殖産을失墜ᄒ야活動力이恒常先明國範圍內에在ᄒ니安得免奴隸犧牲之虐待乎며畢竟盡劇乃已니言念及此에學不勝戚而心悼哉아若脫此羈絆이라면勵精奮發ᄒ야亟修學識ᄒᄂ대但在이라鐵山八俊이開悟優ᄒ劣敗ᄒ며弱肉强食之勢ᄒ고擴張敎育ᄒ니識時務者是也라伏願 貴社ᄂ揭布天下ᄒ야郡々效鐵山ᄒ고人々模八氏케ᄒ시와以爲復闡擴啓民智之塲을切盼

雜報

●徐氏講道 今日下午七点半에靑年會館에서査經會를開ᄒ고承洞禮拜堂에서多年講道ᄒ시ᄂ徐相崙씨가講道ᄒ다ᄂ되有志人士가多數光臨홈을希望ᄒ다더라

●羅氏熱心 平安南道永柔郡內柳橋羅翰烔氏가敎育上에發達키爲ᄒ야自己家舍에學校를設立ᄒ고靑年子弟를募集勸勉ᄒᄂ대敎課程度ᄂ日語算術漢文等課요生徒ᄂ不過十餘日에三十餘名에達ᄒ고漸次募集中인대課度ᄂ日就月將ᄒ야可期我國文明之狹助ᄒ니大槪我人民이義務를各守ᄒ야全씨와如히國步上에進就氣像이有ᄒ면我國文明이不過幾年에東西列强과比肩而進ᄒ깃다고西來人의傳說이藉藉ᄒ더라

本郡守金秉吉氏仁智勇略은素著嶺南에衆所欽仰이어니와丹城在任時三載에治蹟이居上ᄒ야民懷召杜러니何幸今年五月日에遷莅本郡ᄒ야愛民如子에恤民救弊ᄒ며嫺熟外交에民賴按堵ᄒ고盜賊이屛息터니不意今夏等殿最에人雖實心이나昧於事務라ᄒ고居下되얏스니何事務을昧ᄒ다홈인지前後訟案을歷々可數라도一無誤決은郡民所據證이거날胡爲此貶고闔境人民이咸曰我侯에一遞으로適路願留ᄒ고一遞으로據實齊訴內部次로上來ᄒ야玆先廣布홈

咸安郡人民 趙鏞晧 洪在璨 李益爲 安文燮 趙棟奎等 告白

國債報償義捐金收入廣告

◉國債報償義捐金十月中本社收入總額每日逐号明細錄

●拾月九日

第一五五五號安州郡青山面雲鶴里全州李氏門中 十九圜五十錢

計拾九圜五拾錢

十月九日々지收入總額 四十二圜十五錢

自四月至九月收入總額 五萬五千八百三十三圜七十三錢二厘

都總合五萬五千八百七十五圜八十八錢二厘

本報第六百卄九號國債報償金廣告黃海郡欄內都事朴根英은李根英으로正誤喜

●平安南道安州郡青山面雲鶴里青鶴洞李氏門中

前監役李得淵 三圜再次

夫人高氏 二圜

弟庚淵 時淵 각一圜

子前監察寅茂 寅杰 寅彰

寅淑 姪寅英 寅恒

寅鶴 寅暻 長春

寅淳 寅秀 寅晃

七孫 六男 각五十錢

孫甲夏 乙夏 丙夏

泳夏 已夏 庚夏

壬夏 癸夏 之夏

從孫光夏 濟夏 兌夏

洪尙 각卅錢

再堂姪寅鈺 寅植 寅慶

三從孫鳳夏 용夏 南夏

完夏 鎭夏 각卄錢

合拾九圜五拾錢

前號總合五萬五千八百五拾六圜三十八전二厘

都總合五萬五千八百七拾五圜八十八錢二厘

◎特別廣告◎

國債報償金四個日所捧은姑未合計이고伊前日々지所捧總合五萬五千八百三拾三圜七拾三錢은電氣會社內銀行에貯置ᄒᆞ얏습고其貯置額中三萬二千三百圜은國債報償志願金總合所로移交喜

廣告

近々工業이漸隆ᄒᆞ야道路橋梁新設及山林田畓宅址等調査의關係時急키로本所는遠近을不拘ᄒᆞ고以上諸測量及設計製圖等囑托의特히應ᄒᆞ옵

京城西大門外南便第六家

土木測量設計囑託所

主任 金之煥 告白

●乾材洋藥販賣

漢城鍾路慈惠藥房에셔各種洋藥을廉賣ᄒᆞᄂᆞᆫ中에邦郁益藥水를極擇廉賣하오니內地各處僉彥게셔小包郵便으로取用ᄒᆞ심을仰望

▲大瓶 三圜

▲小瓶 一圜五十錢

乾材洋藥發賣人 濟衆院醫學員 朴慈惠 告白

●民事訴訟代理와刑事辯護及鑑定顧問과諸文案起草等諸般事務를迅速處理喜

漢城西署小平洞第六十統十戶

辯護士前撿事 李建鎬

辯護士前檢事 安秉瓚

聯合法律事務所

▲乳母廣求

무살된으히를젖머일더인딘지괴으히업시집에와서유모노릇흘부인이잇거든

대한매일신보샤회계파로와셔의론ᄒᆞ시요

向者軍隊解放時에負傷將卒中에死者ᄂᆞᆫ已矣어니와折腰折臂折脚之人은命脉은尙存이나運動未由라該人等이將欲自裁ᄒᆞ니令人鼻酸이라本人等이往見慰勞ᄒᆞ고西醫에게以印度膏도挼製臂脚이온則八人의該費額이至爲二千五百圜之多인바一人助力으로難見奏効ᄒᆞ와玆以廣布ᄒᆞ오니望須慈善僉君子ᄂᆞᆫ勿拘多小ᄒᆞ시고救恤金을寄付ᄒᆞ와使陷死同胞로拯濟ᄒᆞ심을爲要

隆熙元年九月日

發起人 정圭煥 金泰勳

安重鎬 曹成煥

救恤金收合所 皇城新聞社 大韓每日申報社

出金人의姓名은新聞에廣告홈

本人이日本大阪商業家와特約ᄒᆞ고日本內地產出各種物品과西洋各種物品及機械等物을我大韓에輸入ᄒᆞ야委托을便利케契約ᄒᆞ얏ᄉᆞ오니商工業에有意ᄒᆞ신僉君子ᄂᆞᆫ某物이든지請求코저ᄒᆞ시거든本社로來議ᄒᆞ시오本社에서ᄂᆞᆫ手數料金만受領홈

興業社本店 漢城北部齋洞

支店京城南門內水橋五十一統六戶 增養會社

仝仁港內동廣濟號

瑞士建國誌

◉定價金 新貨十五錢

此冊은政治小說이니志士의救國救民ᄒᆞᄂᆞᆫ思想과人民의愛國心을養成하ᄂᆞᆫ대緊要ᄒᆞᆫ冊子오

發

▲大韓每日申報社

▲仁川港栗峴 開新冊肆

▲中署布屛門下 金相萬冊肆

賣

▲平壤城內烈女洞 敎育書舘

▲鍾路 古今書海舘

▲洞口越便 中央書舘

所

▲鍾路 大東書市

▲大廣橋 廣東書舘

▲尙동 博文書舘

일 매표관천농우유

일 금안관힐농결우유

일 무쌍가용긔화락

일 쪼—든쓰제조믹분화

합우유

이상은상시에저축ᄒᆞ얏습

미국뉴욕항쪼—든쓰농결우유회샤

대한인천항

일유더리덤 세창양힝

大東寄宿舘

宿所를學校附近便利ᄒᆞᆫ地에擇定ᄒᆞ고本舘을設置ᄒᆞ야學生의寄宿을便利케ᄒᆞ며規則은新式을依ᄒᆞ야...

舘長 鄭 ...

廣告

本舘에셔寄宿ᄒᆞᄂᆞᆫ學生의衣服及學用物品과雜貨等을...

大東寄宿舘 鄭濩植 告白

◎本社廣告

○申報價

一朔代金 新貨二錢五厘

一個月前納 三十錢

三個月 九十錢

六個月 一圜七十錢

一個年 三圜四十錢

郵稅一朔 新貨五厘

一個月 十三錢

○廣告料

四號活字十三行為準

每日每英尺一寸에新貨十三錢

(每日每行六分의活字約用)

一週日에 二圜五十錢

一個月에 五圜

每日每行四號活字五號에新貨

(每日每行四號一厘의活字)

其期限의長短과行의多少

◉大韓每日申報各處支社

中署布屛門下 金相萬冊肆

平壤上水口門內 金浩淵

仝 崔叔恒

仁川栗峴開新冊肆 李東皓

宣川邑 安濬

義州西門外 大淡局

釜山港佐川 徐藥局

三和港築洞 金元석

咸興南門外 曹喜林

開城培養學校 姜助遠

大邱市廳 崔一弘

載寧邑 劉夢澤

鐵山邑東部 安

元山倉前 劉七錫

黃州南門內 朴昌鉉

定州西門內 洪成일

昌城郡校 許

郭山興岩 李銀瑞

安岳邑 康道善

晉川舊津 李鎭成

宁邊城內 金鎭河

鐵原邑 趙鍾大

高原邑 朴敎吉

濟州城內一徒里 高亨來

井邑邑內 李益象

泰仁邑內 金용燦

扶安半浦 金鼎濟

京義線桃峴驛 李基秀

大韓每日申報社

發行兼編輯人英國人 裵說

發行所 南署石井洞

大韓每日申報社

第五卷 大韓每日申報 第六百卅六號

月曜及慶節翌日休刊

檀君開國四千二百四十年
箕子元年三千二十九年
大韓開國五百十六年
日本明治四十年
淸國光緖三十三年
陰曆丁未九月大初六日甲午

別報

(京鄉新聞論說照謄)

◉火戲觀光中에他處放火ᄅᆞᆯ思想ᄒᆞᆫ다

沈月十五日京城博覽會에서開會式을宏壯히ᄒᆞᄂᆞᆫ대夜에ᄂᆞᆫ南山에梅花砲를埋ᄒᆞ고火戲를ᄒᆞᄂᆞᆫ지라全城內人衆이다觀光ᄒᆞᄂᆞᆫ中에우리도또ᄒᆞᆫ觀光ᄒᆞ니宏壯ᄒᆞ고繁華ᄒᆞ야觀光ᄒᆞᆯ염즉ᄒᆞᆫ則他人眼目에도畢竟觀光ᄒᆞ기가恰好ᄒᆞ엿스려니와우리가目覩치못ᄒᆞᄂᆞᆫ遐鄉에서某日에義兵이나日兵들이日本人의家屋이나大韓人의家屋에放火ᄒᆞᄂᆞᆫ것도可觀ᄒᆞᆯ것이有ᄒᆞᆫ듯ᄒᆞ도다近間四方으로傳來ᄒᆞᄂᆞᆫ所聞이或訛言도多有ᄒᆞ나定코確認ᄒᆞᆯ것은各地方에衛火ᄒᆞᄂᆞᆫ것이라然則此夜에도此等事가不無ᄒᆞ미로다

即今此處에서우리가觀光ᄒᆞᄂᆞᆫ火ᄂᆞᆫ樂觀的으로遊戲ᄒᆞ기爲ᄒᆞ야放ᄒᆞᄂᆞᆫ火어니와遐鄉에서放ᄒᆞᄂᆞᆫ火ᄂᆞᆫ惡感情으로加害코ᄌᆞᄒᆞ야火를放ᄒᆞᄂᆞᆫ것이오即今우리가觀光ᄒᆞᄂᆞᆫ火ᄂᆞᆫ博覽會에서商務興旺되기를希願ᄒᆞᄂᆞᆫ火요遐鄉에서放ᄒᆞᄂᆞᆫ火ᄂᆞᆫ오리도록商務가잘못되게ᄒᆞᄂᆞᆫ火요即今우리가觀光하ᄂᆞᆫ화ᄂᆞᆫ愉樂ᄒᆞ고嬉笑ᄒᆞᄂᆞᆫ화요遐鄉서放ᄒᆞᄂᆞᆫ火ᄂᆞᆫ哭泣ᄒᆞ고慘酷ᄒᆞᆫ화로다

即今우리ᄂᆞᆫ此화를觀光ᄒᆞᆫ後에吾家에還歸ᄒᆞ야安穩ᄒᆞ깃스나遐鄉서ᄂᆞᆫ彼화를當ᄒᆞᆫ後에ᄂᆞᆫ家屋도無ᄒᆞ고器物도無ᄒᆞ고食糧도無ᄒᆞ야老者나幼者나다恨歎ᄒᆞ며容膝ᄒᆞᆯ處를不得ᄒᆞ고또幾日이못되야嚴冬雪寒을當ᄒᆞ여人民들이風寒을禦ᄒᆞᆯ依幕도無ᄒᆞ고糊口ᄒᆞᆯ것도無ᄒᆞ야凍餒而死ᄒᆞᆯ뿐이로다

慘酷ᄒᆞ다萬哥慘酷ᄒᆞ다人民들이여時事가不至於此ᄒᆞ엿더면今日此觀光이아모冤痛ᄒᆞᆷ이無ᄒᆞ고懽樂ᄒᆞᆯ뿐일것이라日本人이吾邦에來ᄒᆞ야開化도잘勸告ᄒᆞ고商業ᄒᆞᄂᆞᆫ法도잘指導ᄒᆞ고此博覽會에兩國物品을合ᄒᆞ며燈과又치兩國人의燈이心도合ᄒᆞ고力도合ᄒᆞ고事도合ᄒᆞ야兩國의商業도合ᄒᆞ고眞實로開化ᄒᆞ야兩國의成績되여兩國의幸福됨이有ᄒᆞᆯ것이어날即今인즉博覽會에兩國物品이一致로一處에排置ᄒᆞᆫ것인대所乏者ᄂᆞᆫ兩國物品은一致로排置ᄒᆞ엿스나兩國人心은一致가되지못ᄒᆞᆫ則兩國々事와商業上에幸福됨이極難ᄒᆞ도다

吾儕ᄂᆞᆫ此화戲가眩恍ᄒᆞ야觀光ᄒᆞᆯ염즉ᄒᆞᆫ中에遐鄉人民들에家屋도燒火ᄒᆞ고器物도燒화ᄒᆞᄂᆞᆫ景狀을아니思想ᄒᆞᆯ수업도다

嗚呼라誰가八聲疾呼ᄒᆞ야省覺ᄒᆞ도록勸告ᄒᆞ깃나뇨大聲으로日本人의게勸ᄒᆞ기를遐鄉의화ᄂᆞᆫ無케하소義兵의게勸ᄒᆞ기를遐鄉의화ᄂᆞᆫ無케ᄒᆞ쇼ᄒᆞᆯ지라日本人의게勸ᄒᆞᆯ거ᄂᆞᆫ始作은잘못되엿스나來終은잘될슈잇나니大韓人民을至今이라도顧念ᄒᆞ야抑制로만行치勿ᄒᆞ고義員들대로엽ᄒᆞ여大韓을愛惜히ᄒᆞᄂᆞᆫ거슬著示ᄒᆞᆯ것이로다開化ᄒᆞᄂᆞᆫ法도抛棄ᄒᆞ고大韓人民도開化ᄒᆞᆯ念ᄒᆞᆯ것시無ᄒᆞ다ᄒᆞᆯ지라도日本人의經營ᄒᆞᄂᆞᆫ事만思想ᄒᆞ야日人을大韓에居留케ᄒᆞ고日人商業잘되기를爲ᄒᆞ야遐鄉人民의家屋에放화를勿ᄒᆞᆯ것이오義兵의게勸ᄒᆞ기를極히操心하소吾國事가亡ᄒᆞ여진거슬더亡ᄒᆞ여지게勿ᄒᆞ고日人中에無罪ᄒᆞᆫ商民을殺害ᄒᆞᄂᆞᆫ것이不法ᄒᆞᆫ事요아무日人의家屋을放火ᄒᆞᄂᆞᆫ것도不法ᄒᆞᆫ事요다만吾國事를改良ᄒᆞ기에他方針이有ᄒᆞᆫ것이니放화等事를行ᄒᆞ면本國人의게도厭惡을受ᄒᆞᆯ거시니무삼用處가有ᄒᆞ리오

吾國의悲慘ᄒᆞᆫ人民의게勸ᄒᆞ기를如此히困難ᄒᆞᆫ境遇를當ᄒᆞᆯ슈록精神을더욱刷勵ᄒᆞ야空然히畏겁지勿ᄒᆞ고凡事를法대로行ᄒᆞ며日兵이洞里에入來ᄒᆞ거든逃亡치勿ᄒᆞ고잘못ᄒᆞᆫ것이無ᄒᆞᆫ事狀을仔細히說明ᄒᆞᆯ것이라各地方人民들이逃亡ᄒᆞᄂᆞᆫ故로日兵이화를放ᄒᆞᆫ다ᄒᆞ니逃亡치勿ᄒᆞ고諸般困難을각其自力대로免ᄒᆞ기를務ᄒᆞᆯ지어다

吾國同胞들이다平安ᄒᆞ고眞實開化가잘되며諸般事가다就緖되야懽樂히會集ᄒᆞ야梅花화戲의觀光을恰好케ᄒᆞ기를希望ᄒᆞᆷ

官報

◉第三千八百九十三號 隆熙元年十月十日

敍任及辭令

漢城裁判所主事陸鍾完
依願免本官
前主事金宜均
任漢城裁判所主事
命日本國皇太子殿下奉迎委員
宮內府禮式官高羲敬
侍從卿閔丙奭
宮內府書記官劉찬
宮內府禮式官嚴達煥
仝 玄百運
內閣書記官長韓昌洙
命日本國皇太子殿下奉迎委員
完

◉第三千八百九十四号 隆熙元年十月十一日

◉宮廷錄事

宮內府大臣仰一等臣李允用謹奏郎璿源宗簿司長李逸鎔報告書則以璿源譜略修正時事勅下矣跋文製述官自本府稟旨擧行云矣弘文館大學士金鶴鎭跋文製述官差下何如謹上奏 奉旨依奏

敍任及辭令

仁川府主事趙隋稷
興海郡主事崔昌錫
依願免本官
忠淸北道觀察道警務署總巡朴承九
咸鏡北道觀察道警務署總巡李觀白
內部書記郎金右濟
免本官
咸鏡南道觀察道警務署總巡成健永
全羅北道觀察道主事市原蕙
依願免本官
全羅南道觀察道主事阪本直一郎
任全羅北道觀察道主事 高畑庸
任全羅南道觀察道主事 有田米藏
任忠淸南道觀察道主事
彙纂儀秘書監丞李恒九
敍勳三等賜太極章
秘書監郞權炳直
弘文館侍講金永善
淸州郡守閔泳殷
安城郡守金榮鎭
谷城郡守金鍾賢
龍潭郡守徐相津
興海郡守李석관
慶州郡守閔泳晩
德山郡守洪變과
昌慶郡守金鼎兌
寧邊郡守尹俊元
慈仁郡守金榮淑
連山郡守李鍾國
蔚山郡守李鍾奭
淳昌郡守李錫應
驪州郡守李 儀
延日郡守尹容植
金浦郡守리性稙
嘉山郡守趙台基
舒川郡守崔規錫
全義郡守宋秉和
南海郡守리台榮
三登郡守閔貞植
江西郡守리宇榮
利川郡守趙聖淳
寧郡守金𤣰燾
長興郡守陸泰容
利原郡守鄭煥朝
三嘉郡守閔明植
金川郡守朴承學
報寧郡守朴容弼
鳳山郡守리承穀
依願免本官
中樞院副贊議리鍾協
仝 趙南益
仝 張宇
仝 金正穆
仝 리啟恒
幷解任
正三品리珍鎬
仝 리範來
仝 리斗璜
仝 趙瀅開
仝 權東鎭
任中樞院副贊議
任慶興府尹 前郡守金榮鎭
任砥平郡守 前議官閔達植
任襄陽郡守 前參書官리海德
任蔚山郡守 鎭川郡守閔海八
任三陟郡守 前萬戶朴來榮
任吉州郡守 前郡守趙擧根
任淸州郡守 仝 尹泰興
內部書記郞林鶴洙
任祥原郡守
內部書記郞趙鎭鳳
任三嘉郡守
任安州郡守 前五衛將리仁治
任慈仁郡守 前參書官蔡永淳
未完

外報

◉艦艇急造 倫敦電을據ᄒᆞᆫ즉德國에서本年度에建造ᄒᆞᆯ艦艇을官立造船所가閉塞ᄒᆞᆷ으로私立造船所에注文ᄒᆞ얏ᄂᆞᆫ대其經費가七千二百萬磅이라一箇年度의製艦費로ᄂᆞᆫ未曾有ᄒᆞᆫ巨額이라더라

◉滿洲經營의外債 北京電을據ᄒᆞᆫ즉外債五千萬元을募集ᄒᆞᆫᄂᆞᆫ대就ᄒᆞ야東三省總督徐世昌氏가政府에承認을得ᄒᆞ야近에米國資本家와交涉을開始ᄒᆞ얏다더라

◉艦隊集合 路透電을據ᄒᆞᆫ즉米國裝甲巡洋艦二隻와카부우스少將이搭乘ᄒᆞ고太平洋으로向ᄒᆞ야富平돈으로브터出發ᄒᆞᆯ計劃이라ᄒᆞ며艦隊ᄂᆞᆫ全然戰時에武裝으로回航ᄒᆞ기로目下準備에着手ᄒᆞ고이부인스提督은拾六隻戰鬪艦과六隻驅逐艦을率ᄒᆞ고出발ᄒᆞ야太平洋沿岸의戰鬪艦三隻과聯合ᄒᆞᆷ이라ᄒᆞ고또少將로우돈氏의指揮ᄒᆞᄂᆞᆫ巡洋艦十三隻을出발ᄒᆞ라ᄒᆞ며米國艦隊ᄂᆞᆫ全部를率ᄒᆞ야太平洋에集合ᄒᆞᆯ터이라더라

◉答禮大使 發電에日本에서博恭王을淸國에派送ᄒᆞᆫ故로其答禮大使를淸國에서貝勒溥倫을派送ᄒᆞᆫ다ᄂᆞᆫ데來月下旬에發行ᄒᆞ야日本에서約一個月間滯留ᄒᆞᆫ다더라

雜報

●御相見禮 本月十七日上午十二時에惇德殿에서 大皇帝陛下와日本皇太子殿下ᄭᅴ서相見禮를行ᄒᆞ신後에 御會食ᄒᆞ옵시고十八日에ᄂᆞᆫ각部大臣이日本皇太子ᄭᅴ拜謁禮를行ᄒᆞ다더라

●夫人陛見 元老大臣의夫人과각部大臣의夫人과一般皇族家夫人들이昨日一齊히詣闕ᄒᆞ야 皇后陛下ᄭᅴ陛見ᄒᆞ얏다더라

●四氏叙勳 太醫院都提調閔泳藿ᄂᆞᆫ保護有勳에勞績이已著ᄒᆞ니特叙大勳賜李花大綬章ᄒᆞ시고永宣 李埈鎔은邇在宗室에夙著聲譽ᄒᆞ니特叙勳一等ᄒᆞ시고法大趙重應은勞有可表ᄒᆞ니特叙勳二等ᄒᆞ시고太醫院卿尹德榮은保護有勞ᄒᆞ니特叙勳二等에各錫太極章ᄒᆞ셧더라

●宮大看審 昌德宮修理ᄂᆞᆫ三昨日부터開役ᄒᆞ얏ᄂᆞᆫ대宮內府大臣李允用氏ᄂᆞᆫ修理等節을監督ᄒᆞ기爲ᄒᆞ야每日進去看審ᄒᆞᆫ다더라

●軍大監視 軍部大臣李秉武氏가再昨日下午三時에昌德宮에前往ᄒᆞ야修理等節을監視ᄒᆞ얏다더라

●歡迎經費 元老大臣들이再昨日掌禮院에會同ᄒᆞ야日本皇太子渡韓時에歡迎會節次를協議ᄒᆞ얏ᄂᆞᆫ데當日歡迎費ᄂᆞᆫ各其俸給中으로支用ᄒᆞ기로決定ᄒᆞ얏다더라

●供奉委員 日本皇太子殿下渡韓時에日本國供奉委員이陸軍大將海軍大將宮內次官等六七十名이라더라

●學大說明 學部大臣李載崑氏가再昨日에校洞普通學校에前往ᄒᆞ야本日 大皇帝陛下ᄭᅴ서行幸時에祇迎節次를大槪說明指揮ᄒᆞ얏다더라

●第三回借欵 內閣에서一千萬圜을日本에借欵하기로決議ᄒᆞ얏ᄂᆞᆫ대日本人이言ᄒᆞ기를分三期借去하라ᄒᆞ얏다더라

●地方官薦報 內部에서十三道관察使의게發訓하고管下各地方人士中에地方官合格ᄒᆞᆫ者를薦報하기로決定되얏다ᄂᆞᆫ說이有ᄒᆞ더라

●修理自退 東闕敎化門을丹靑修理ᄒᆞᆯ터인대統監府技師中村써가五千圜에決算ᄒᆞ얏다가該氏가前往審査ᄒᆞᆫ즉別無利益이라ᄒᆞ야修理工役을自退ᄒᆞ얏다더라

●春帖持去 東闕內觀覽票를宮內府에서成給ᄒᆞᄂᆞᆫ대近日日人이多數히該票를圖得以入ᄒᆞ야該闕內春帖을沒數持去ᄒᆞᆫ다더라

●稅務監督 度支部에서稅務監督部를設置ᄒᆞᆫ다더라

●리氏辭職 度支部理財局長을日本人으로叙任ᄒᆞᆫ다ᄒᆞ미現任局長리濬相氏가辭職上疏ᄒᆞ얏다더라

●差備委員 官私立各學校가聯合大運動ᄒᆞᆫ다ᄂᆞᆫ說은前報와如ᄒᆞ거니와再昨日에學部에서聯合大運動時差備委員七人이會同ᄒᆞ야運動節次를會議ᄒᆞ얏ᄂᆞᆫ대差備委員은高等學校長普通學校長視學官中에一人普成學校長四氏日本人三氏라더라

●乘車難便 各鐵道汽車에도挽近以來로虎列剌을檢査ᄒᆞ기爲ᄒᆞ야來往人은日本醫士가診察ᄒᆞᆫ다ᄂᆞᆫ데汽車를搭乘ᄒᆞᆫ人이不便ᄒᆞᆫ事가有ᄒᆞ다더라

●日打韓婦 日昨南署晦洞等地에서日巡査가某氏家에來到ᄒᆞ야淸潔을檢査ᄒᆞᄂᆞᆫ데適其時에該家主人與下人은皆出他ᄒᆞ고只有婦人ᄒᆞᆫ데日巡査가該婦人다려溝渠를掃除ᄒᆞ라ᄒᆞ거ᄂᆞᆯ第待下人歸來ᄒᆞᆫ後에掃除ᄒᆞ마ᄒᆞᆫ즉日巡査가該婦人의兩頰을猛打ᄒᆞ얏다더라

●宣使曉喩 忠淸南北道宣諭使ᄂᆞᆫ去六日下午二時忠州郡에到着ᄒᆞ야該郡二十四面頭民을召集曉喩ᄒᆞ얏다더라

●宣諭宣勅 慶北宣諭使金重煥氏가去八日善山郡廳에서境內人民을召集ᄒᆞ야詔勅을宣布ᄒᆞ고即時尙州郡으로발行ᄒᆞ얏다고內部로報告ᄒᆞ얏더라

●稅務收租 經理院所管驛屯土를度支部에移屬홈은已報ᄒᆞ얏거니와收租官을廢止ᄒᆞ고委員을派送ᄒᆞᆫ다더니更聞ᄒᆞᆫ즉稅務官으로收租케ᄒᆞᆫ다더라

●日兵又來 昨日上午六時에日兵이軍粮軍器等馬駄數百匹이東大門으로出往ᄒᆞ야關東等地로向ᄒᆞ얏다더라

●學徒名簿調査 學部에서各學徒名簿를調査ᄒᆞ기爲ᄒᆞ야學徒의姓名을修成冊ᄒᆞ야來十四日內로報告ᄒᆞ라하얏다더라

●研究會議 再昨日下午二時에學部國文研究會에서該委員諸氏가會同ᄒᆞ야再次會議ᄒᆞ얏다더라

●調査費額 내部에서十三道戶籍을調査ᄒᆞ기爲ᄒᆞ야調査費額一百二十千圜을算外支出ᄒᆞᆫ事로內閣에서請議ᄒᆞᆯ터이라더라

●許給日人 北闕塗排經費를韓人工匠은五百元에預算ᄒᆞ고日人工匠은八百元에預算ᄒᆞ얏ᄂᆞᆫ대主殿院卿李謙濟씨가有何主見인지日人의게許給ᄒᆞ얏다더라

●護衛兵來着 仁川電報를據ᄒᆞᆫ則日本皇太子護衛ᄒᆞ기爲ᄒᆞ야近衛騎兵百十二名이來着ᄒᆞ고昨日에도亦三百三十八名이來着仁川ᄒᆞ얏ᄂᆞᆫ대其箇隊ᄂᆞᆫ護衛의任務를終ᄒᆞᆫ後에韓國暴徒를討伐하기로決定ᄒᆞᆫ다더라

●漢尹內定 漢城府尹은日人으로叙任ᄒᆞᆯ터인대其候補者二三人中에現京城理事三浦彌五郞氏의呼聲이高하야大略內定이되얏ᄂᆞᆫ대但漢城府와理事廳이合倂與否를方在商議中이라더라

●戰鬪演習 再昨日弘濟院附近에서日兵一中隊가八時間을戰鬪射擊演習을ᄒᆞ얏다더라

●一進會의建設緣門 一進會에서ᄂᆞᆫ日本皇太子殿下를奉迎ᄒᆞ기爲ᄒᆞ야南大門內에大綠門建設을再昨日브터着手ᄒᆞ얏다더라

●間島經過 日人齊藤中佐가間島에발行ᄒᆞ야八月二十一日에該島에到着ᄒᆞ얏ᄂᆞᆫ대淸國官民等이恐慌ᄒᆞ야人心을動搖홈으로此를反對ᄒᆞ야與淸國人民으로急速合力하야淸兵을歐打홈에至ᄒᆞ얏고淸軍統領胡殿甲氏의日軍撤退홈을要求ᄒᆞ되到來ᄒᆞᆫ後即時率兵而來하야撤退ᄒᆞ라홈으로齊藤中佐ᄂᆞᆫ懇切이來意를說明ᄒᆞ고此를拒絕ᄒᆞ엿다니數日을經過하야北京政府로訓令이來到홈을見ᄒᆞ얏다더라

●往訴何處 中署中部洞居安世明이가무슴債訟事件으로法部에呼訴ᄒᆞ얏더니平理院에往訴ᄒᆞ라ᄒᆞ얏거ᄂᆞᆯ平理院에往訴ᄒᆞᆫ즉漢城裁判所에往訴ᄒᆞ라ᄒᆞ거ᄂᆞᆯ漢城裁判所에往訴ᄒᆞᆫ즉法部에往訴ᄒᆞ라ᄒᆞᆫ故로安氏가奔訴無處라더라

●食水困難 近日漢城內에衛生淸潔ᄒᆞ기爲ᄒᆞ야井泉을間々封廢홈으로食水에困難이莫甚ᄒᆞ다더라

●包蔘觀察 開城郡包蔘情況을視察ᄒᆞ기爲ᄒᆞ야農商工部에서書記官李範益氏를派送ᄒᆞ얏다더라

●靑會演說 今日下午七点半에鍾路靑年會館에서李商在氏가演說ᄒᆞᄂᆞᆫ데有志紳士가多數光臨ᄒᆞᆷ을希望ᄒᆞᆫ다더라

●產亦難便 三昨日倉洞等地閭閻家에서胎母가有하야분娩ᄒᆞᆯ時에腹痛으로間々痛聲이出ᄒᆞᆫ지라日巡査가其痛聲을聞ᄒᆞ고胎母을避病院으로擔去ᄒᆞ라ᄒᆞᆫ즉該家에서日巡査를對ᄒᆞ야日此非他病이라方將解產ᄒᆞ라ᄒᆞᄂᆞᆫ것이라고說明ᄒᆞ되不聽ᄒᆞ고該女人을轎子에乘ᄒᆞ야病院으로往ᄒᆞ다가中路에서解產ᄒᆞ야該家로還來ᄒᆞ얏다더라

●被轢致命 養閨義塾女學徒金振聲은年今十歲인데三昨日退學歸路에엇더ᄒᆞᆫ過去人力車에被轢重傷ᄒᆞ야病院으로擔昇ᄒᆞ얏더니昨日에竟至化去ᄒᆞ얏다더라

●普校友會 普成專門學校校友會에서第二回總會를來日曜日에龍山別營倉에設行하고船遊ᄭᆞ지衆行ᄒᆞᆫ다더라

●設會防病 現今釜山港에서虎列剌預防을爲ᄒᆞ야該港紳商이防疫會를組織ᄒᆞ고該會經費와治療費와各面洞里消毒及淸潔費을紳商及각會社에서爲先金六百五十元을辦出ᄒᆞ야極力消防ᄒᆞᆫ다더라

●蓮校決議 靑蓮學校에서經費가窘絀ᄒᆞ야靑坡七洞洞任이維持方針을會議ᄒᆞᆯ時에本洞所在各公廳은公衆所建이요또浮浪者流가逐日會集ᄒᆞ야博奕骨牌로日事蕩產ᄒᆞ니大端損害라該廳을付屬學校ᄒᆞ야以爲公用ᄒᆞ기로會議妥決ᄒᆞ얏다더라

●明川普成支校 明川郡上加蓮村에普成支校를設立ᄒᆞ고當地有志紳士와劉龍湝董文鉉李鍾鳳金河영諸氏ᄂᆞᆫ熱心贊成하고敎師黃웅演氏ᄂᆞᆫ名譽로敎授ᄒᆞ야校況이興旺ᄒᆞ얏ᄂᆞᆫ데本校의認許와書籍購來次로總代金德善氏를派送到京ᄒᆞ얏다더라

●補助勸設 典洞居리熙悳氏ᄂᆞᆫ家勢도別로饒足지못ᄒᆞᆫ데湖西學會에壹百圜錢과五石畓을補給ᄒᆞ며期於設立教育케하라ᄒᆞᄂᆞᆫ대今日學校에補助ᄒᆞᄂᆞᆫ者ㅣ或有ᄒᆞ되李熙悳氏ᄀᆞᆺᄒᆞ니ᄂᆞᆫ眞個稀罕ᄒᆞᆫ事라고ᄒᆞ더라

▲地方消息

▲六日午前六時에義兵約四百名이寧越郡守備隊를包圍攻擊ᄒᆞᆯ機微를該隊에서預知ᄒᆞ고前夜十一時에該隊長이十四兵卒을率하고寧越西方約一千米突高地에서警戒ᄒᆞ고其殘餘ᄂᆞᆫ直接應戰케하ᄂᆞᆫ대義兵이三方으로攻擊을開始ᄒᆞ되其一部ᄂᆞᆫ村內에潛入放銃ᄒᆞ고大部ᄂᆞᆫ日兵을화攻하야強硬히對戰九時間ᄒᆞ다가義兵은退却하얏고

▲十日발大邱電을據ᄒᆞᆫ즉日兵十五名이七日에興海郡에서宿營ᄒᆞ미義兵이包圍ᄒᆞ야突擊ᄒᆞ얏ᄂᆞᆫ데日兵三名이被傷ᄒᆞ고義兵의魁首ᄂᆞᆫ鄭完汝라ᄒᆞᄂᆞᆫ대約一時間을交戰하얏다ᄒᆞ고

▲十日발海州電을據ᄒᆞᆫ즉本月八日에義兵約五十名이白川郡衛及警務分派所와郵便所를襲擊ᄒᆞ미郡主事ᄂᆞᆫ避亂ᄒᆞ고巡檢一名은被害하얏다하고

▲十日발江陵電을據ᄒᆞᆫ즉本月二日에麟蹄郡東面에서義兵五百名과日補佐官一隊와交戰ᄒᆞ엿다더라

▲曲中山水▲

▲報知新聞을據ᄒᆞᆫ則日本皇太子殿下ᄭᅴ서渡韓ᄒᆞ시ᄂᆞᆫ데閣臣이上奏ᄒᆞᆫ結果[illegible] 皇帝ᄭᅴ서仁川에出迎ᄒᆞ실件을裁可ᄒᆞ고又太皇帝의承認을經하야唯唯確定ᄒᆞ야被保護國의禮를擧ᄒᆞᆫ다ᄒᆞ얏스니此報의所載으로觀ᄒᆞᆯ지라도 皇帝ᄭᅴ서仁川ᄭᆞ지出迎ᄒᆞ실은被保護國의禮라ᄒᆞ얏슨則果然同等國의禮가되지아닌것슨公言所在라向日本報가此事件에對하야大略意見으로閣臣의 上奏가過恭이라ᄒᆞᆷ은同等國의禮가아닌것스로恐惟ᄒᆞᆷ이러니京城日報와大韓新聞과國民新報가一齊히本報를駁斥ᄒᆞᄂᆞᆫ것시可謂四面楚歌라彼日人報筆은韓國을被保護國으로認定ᄒᆞᆷ이依例어니와所謂大韓新聞과國民新報ᄂᆞᆫ韓人主筆로被保護國의禮를踴躍萬丈ᄒᆞ고攻擊本報를看作機會ᄒᆞ나萬若日本報知新聞記者로ᄒᆞ야곰韓人의卑陋ᄒᆞᆫ思想을看破ᄒᆞ면當發一笑하리로다

▲地方의騷擾홈을因홈인지各郡守가往日內部에請願辭免ᄒᆞᄂᆞᆫ者多ᄒᆞ다ᄒᆞ니與方이無事ᄒᆞ면郡守를圖得ᄒᆞ야고百方周旋에埋頭沒身ᄒᆞ다가地方이不穩ᄒᆞ면鎭靜ᄒᆞᆯ方策은沒有하고辭職脫身ᄒᆞ기를爲一得策ᄒᆞ니是所謂甘呑苦吐로고

▲咸南觀察韓南奎氏ᄂᆞᆫ京城博覽會를叅관ᄒᆞ기爲ᄒᆞ야日間上京ᄒᆞᆫ다고內部에電報ᄒᆞ얏다니向日農商工部에서十三道관察使에게訓令ᄒᆞ기를近日관察郡守가博覽會를叅관ᄒᆞᆫ다하고藉托上京ᄒᆞᄂᆞᆫ것슨一切嚴禁ᄒᆞ라ᄒᆞ얏ᄂᆞᆫ데該관察은農部訓令을無視ᄒᆞᄂᆞᆫ模樣인지

天氣預報

▲十二日 午前曇午後晴風

◎社告

地方各支社와個人購覽員에게本申報配達이或滯留或遺漏가非一非再인바但以書辭通知가確據가無ᄒᆞ야郵便局交涉이難便ᄒᆞ니此後로ᄂᆞᆫ申報封皮에出付와收到日付印期限이過隔者를摘拔聚合ᄒᆞ얏다가本社로委送ᄒᆞ심을爲要ᄒᆞᆷ

大韓每日申報社

雜報

◎勸閱新報說

夫國家의富强을振興케ᄒᆞ며生民의智識을發達케ᄒᆞᄂᆞᆫ方針이其道不一이나上下老少와婦孺孩童에一般智識을啓發增進ᄒᆞᄂᆞᆫ第一捷徑은愛讀新聞이是也라是以로歐米之人은新聞愛讀이愈多故로其智愈明ᄒᆞ고報館이愈多故로其國愈强ᄒᆞ니閱報之於國民에其關係가深且大矣로다

且閱報之效力이其端甚多ᄒᆞ니上德을宣하며下情을通ᄒᆞᆷ과好僞를貶ᄒᆞ며忠良을褒ᄒᆞᆷ도新聞閱讀ᄒᆞᄂᆞᆫ效力에在ᄒᆞ고波蘭과越南에滅亾ᄒᆞᆫ前轍을懲戒ᄒᆞ며英美와法德에富强을模本ᄒᆞᆷ도新聞閱讀ᄒᆞᄂᆞᆫ效力에在ᄒᆞ고列强에擧動形止와法律變改ᄒᆞᆷ을明若觀화ᄒᆞᆷ도新聞閱讀ᄒᆞᄂᆞᆫ效力에在ᄒᆞ고愚可以智ᄒᆞ며濁可以淸ᄒᆞ며頑可以廉하며野可以文ᄒᆞ며小可以大ᄒᆞ며貧可以富ᄒᆞ며弱可以强ᄒᆞ며聾可以振ᄒᆞ며勢可以展ᄒᆞᆷ도新聞閱讀하ᄂᆞᆫ效力에在ᄒᆞ고學校를廣設ᄒᆞ고人才를敎育ᄒᆞᆷ과農工을硏究ᄒᆞ고殖産을발達ᄒᆞᆷ과各種敎課를擴張ᄒᆞ야普通專門에事業을實踐ᄒᆞᆷ도新聞閱讀ᄒᆞᄂᆞᆫ效力에在ᄒᆞ고絶域에遠信을通ᄒᆞ며殊方에密情을攄ᄒᆞ야天下에正位에立하며天下에大道를行ᄒᆞᆷ도新聞閱讀ᄒᆞᄂᆞᆫ效力에在ᄒᆞ고死生을鴻毛又치輕하고義節을泰山갓치重히ᄒᆞ야人民을水화에拯ᄒᆞ며國家를盤石에奠ᄒᆞᆷ도新聞閱讀ᄒᆞᄂᆞᆫ效力에在하고何許國은仁愛文明ᄒᆞᆷ으로列邦에欽賀가注集ᄒᆞ고何許國은巧詐殘忍ᄒᆞᆷ으로列邦에指目을可得하며何許國은共和政治로國勢日振ᄒᆞ고何許國은專制政治로國步日倒ᄒᆞ야興亡에原과消長에理를歷々經驗ᄒᆞᆷ도新聞閱讀ᄒᆞᄂᆞᆫ效力에在ᄒᆞ고舊習沉痼을革거하고新空氣를吸取ᄒᆞ며黑暗낭萎ᄒᆞᆫ變化ᄒᆞ야毅力을培養ᄒᆞᆷ도新聞閱讀ᄒᆞᄂᆞᆫ效力에在ᄒᆞ고世界大陸과時局形便에誰是誰非와誰得誰失과抑揚反覆과諷刺敏激과時路屆節과風潮起落과破夢妙喩와驚耳要訣과經營方針과動計籌과悽慘景況과活潑氣像과士兵工商의各盡義務와民心團結에事無不成ᄒᆞᄂᆞᆫ大小方策을一幅新報에逐條說明ᄒᆞ야我韓同胞에桃源春夢을喚起提醒ᄒᆞᆷ도新聞閱讀ᄒᆞᄂᆞᆫ效力에在ᄒᆞ고獨立에基礎를鞏固케ᄒᆞ며公法을爭衡ᄒᆞᆷ도新聞閱讀ᄒᆞᄂᆞᆫ效力에在ᄒᆞ나니

然則國家安危와人民興亾이實로新聞閱讀ᄒᆞᄂᆞᆫ効力에關係重大ᄒᆞ도다現今歐米諸邦은萬人이면萬新報를購覽ᄒᆞ고日本은萬人이면五千新報를購覽이어ᄂᆞᆯ痛哉라我韓이오萬人이면十新報를僅以購覽ᄒᆞ니推此觀之면智識이由何啓發이며富强이由何增進이며民權이由何伸張이며國力이由何振興乎아如是然後에其所結果者ㅣ受侮忍며貧弱也며被縛也며見制也가固當이라고로辛毒慘酷之禍가胎生今日ᄒᆞ야國家危急ᄒᆞ고民生魚肉ᄒᆞ니言念及此에心氣窒塞ᄒᆞ야切痛罔極이로다

今淚回思ᄒᆞ니是誰之過歟아非强隣之過也요亦非政府之過也오實是吾們同胞가膠守舊習ᄒᆞ고長夜昏몽ᄒᆞ야未開智識之故也로다然則開發民智ᄒᆞ며回復國權ᄒᆞᄂᆞᆫ大方針은眞非高遠難行之事也라個個人이新聞을閱讀ᄒᆞ야智識을交換ᄒᆞ며義務을擔任ᄒᆞ야實際에進步ᄒᆞᆷ主意로日人이新報支社을此地에開設ᄒᆞ고一般同胞가新聞購覽ᄒᆞᆷ을要ᄒᆞ야慈以發告ᄒᆞ오니唯願僉位紳士ᄂᆞᆫ俯覽ᄒᆞ시고五百年恩育ㅣ分子의資格을成立ᄒᆞ고國家思想ᄒᆞᆫ腦髓에灌注하고互相決心團體ᄒᆞ와決코每日新報을家家案頭에逐號不難ᄒᆞ야朝열暮讀ᄒᆞ면實力이從此이生ᄒᆞ고實權이從此이復ᄒᆞ여니와若也依舊頑명ᄒᆞ야不際錮性ᄒᆞ고不覽新聞則ㅣ不啻身家之莫保라種族之消磨滅亡을安可免乎아唯企同胞ᄂᆞᆫ勉之哉며奮之哉ᄒᆞ야同情을勿負ᄒᆞ고新聞을廣開ᄒᆞ고民智을日發ᄒᆞ야來頭吉福을指日可期합세다

發起人　甑山郡　金鼎淵

廣告

廣告

●民事訴訟代理와刑事辯護及鑑定顧問과諸文案起草等諸般事務를迅速處理홈
漢城西署小平洞第六十統十戶

辯護士前檢事 李建鎬
辯護士前檢事 安秉瓚
聯合法律事務所

●乾材洋藥販賣
漢城鐘路濟衆藥房에셔各種洋藥을廣賣호는中에我邦補益藥水를極擇廣賣하오니內地各處僉彦게셔小包郵便으로取用호심을仰望
▲大瓶 三圜
▲小瓶 一圜五十錢
乾材洋藥發賣人 濟衆院 醫學員 朴○○ 告白

學徒洋裝衣服
學徒涅靴鞋帽子
鐘錶各種
美國金鎖
衣服類鍛斧鑑禮服儀帽類等을廉價로放賣호오니諸君子는來臨호심을望홈이라
仁川港○○○

新刊書籍發售廣告
增修無寃錄大全 國漢文 定價金 七拾五錢
大韓法規類纂洋裝 三圜九拾錢 郵稅四拾錢
初等倫理學敎科書 二拾錢
初等衛生學敎科書 拾五錢
國家學綱領 拾五錢
國民須知 八錢
獨習日語正則洋裝鄭雲復著 壹圜二拾五錢
發賣所 皇城布屛下 金相萬書舖

近々工業이漸隆호야**道路橋梁**新設及**山林田畓宅**垈等調査의關係時急키로本所는遠近을不拘호고以上諸測量及設計製圖等囑托의特許認호옴
京城西大門外南從第六家
土木測量設計院所 主任 金之煥 告白

越南亡國史 國漢文 定價貳拾錢
發賣所京城廣橋高裕相 鍾路大東書市 南部鑄洞朱翰榮 布屛下김相萬 告白

新小說 愛國婦人傳
◉一冊定價金 拾五錢
右冊은純國文으로世界에有名호法國婦人若安氏의愛國事蹟을譯出호얏스오니無論男女호고愛國性이有호신同胞는맛당이보실書冊이오니陸續購覽호심을望홈
發賣所
▲皇城布屛下 **金相萬書舖**
▲南門內 博文書館
▲仁川 大韓每日申報支社
▲各地方 有名書店

▲乳母廣求
두살된으히를졋먹일러인디조리으히업시집에와셔유모노릇홀부인이잇거든 대한매일신보샤회계파로와셔의론호시요

向者軍隊解散時에負傷將卒中에死者는已矣어니와折腰折臂折脚之人은命脉은尙存이나運動未由라該人等이將欲自殺호니令人鼻酸이라本人等이往見慰勞호고西醫에게以印度書도擬製臂脚이온則八人의致費額이至爲二千五百圜之多인바一人助力으로難見奏効호와茲以廣布호오니望須慈善僉君子는勿拘多小호시고救恤金을寄付호와使陷死同胞로拯濟호심을爲要
隆熙元年九月日
發起人 정圭煥 崔○勤 安重鎬 曹成煥
款項收合所 皇城新聞社 大韓每日申報社
出金人의姓名은新聞에廣告홈

本人이日本大阪商業家와特約호고日本內地産出各種物品과西洋各國物品及機械等物을我大韓에輸入와委托을便利케招約호얏사오니諸工業에有意호신僉君子는其物이든지請求호시거든本社로來議호시오本社에서는手數料金만受領홈
興業社本店 翰城北部齋洞
支店京城南門內末洞五十一統六戶
大韓協會社
全仁港內동廣濟號

瑞士建國誌
◉定價金 新貨十五錢
此書는政治小說이니瑞士의救國救民호는思想과人民의愛國心을發成하는대緊要호册子오
發賣所
▲大韓每日申報社
▲仁川港柾峴 開新書肆
▲中署布屛門下 金相萬冊肆
▲平壤城內烈女洞 敎育書籍館
▲鍾路 古今書海館
▲銅口越便 中央書館
▲鍾路 大東書市
▲大廣橋 滙東書館
▲南동 博文書館
▲開城 康助遠冊肆

일 머료관할농우유
일 금인관할농결우유
일 무상가용괴화락
일 쪼ㅣ든쏘제조뫼분화
함우유
이상은상시에저축호얏습
미국뉴욕항쪼ㅣ든쏘농결우유회샤
일쥬티리뎜 대한인천항 세창양힝

大東旅館廣告
宿所를本館으로安定호시고學校에入學호시거나官廳에入仕호시거나事務를為호야出入호시는僉君子를為호야本館이設備를精潔히호고飮食과寢具를新備호오니遠近僉君子는來臨호심을望홈
大東旅館主 劉○○ 告白

大東旅館
本館에셔商客衣服을準備호야洋服과韓服과各種雜貨를放賣호오니僉君子는來購호심을望홈
館主 ○○○ 告白

◉本報價金
○本報
一張代金 新貨一錢五里
一個月前納 三十錢
三個月 九十錢
六個月 一圜七十錢
一個年 三圜四十錢
郵稅一部 新貨五里
一個月 十三錢

○廣告料
每日每行五號活字十三字詰 (每日每行에 ○○○)
二圜五十錢
一個月에 ○○
(每日每行以上는○○○○)

◉大韓每日申報各處支社
平壤上水口門內 金浩淵
中署布屛門下 金相萬
仁川柾峴 開新書肆 鄭敬恒
宣川邑 ○○○ 李承寬
義州西門外 ○○○
釜山港佐川 徐藥局
三和港 ○○ 金元성
咸興南州 西門外 曹喜林
寧邊培義學校 裵助遠
大邱市廳 崔一弘
載寧邑 ○○院 ○○○
鐵山邑東部 ○○
元山倉前 劉七鎬
海州南門內 朴○○
定州南門內 洪成○
江城郡校洞 許 鎬
郭山與岩 李銀鎬
安岳邑 ○○ ○○○
海川德津 李鎭成
安州城內 金致河
鐵原邑 趙鍾大
○○○ 許○○
海州城內一徒里 ○○○
井邑邑內 李益○
泰仁邑內 金商○
扶安牛浦 金鼎○
京義線枇峴驛前 李永秀

發行兼編輯人英國人 裴說
發行所 南署石井洞路外第三層洋屋 大韓每日申報社

第五卷

大韓每日申報

第六百[illegible]號

月曜及慶節
識時日休刊

檀君開國四千二百四十年
箕子元年三千二十九年
大韓開國五百十六年
日本明治四十年
淸國光緖三十三年
陰曆丁未九月大初七日乙未

論說

○美日關係

美國軍務卿타프트氏가日本東京에셔暫留ᄒᆞᆯ時에非常ᄒᆞᆫ禮遇를受ᄒᆞᆷ은一般人士의甚喜ᄒᆞᄂᆞᆫ바ㅣ라日本政府ᄂᆞᆫ同軍務卿을經由ᄒᆞ야美國을和解ᄒᆞ려ᄒᆞᆷ과如ᄒᆞ며且타프트氏의談話를據ᄒᆞᆫ건대同氏ᄂᆞᆫ會席主人을經由ᄒᆞ야日本을和解ᄒᆞ려ᄒᆞᆷ과如ᄒᆞ도다

타프트氏나或日本이空幻的快樂에耽溺ᄒᆞ기를希望ᄒᆞᄂᆞᆫ지ᄂᆞᆫ吾人의非所望이로대但相似之段가有一ᄒᆞ니此ᄂᆞᆫ日露交戰前에露國軍務卿구로팟킨氏가日本에一次遊覽ᄒᆞᆯ시諸般人士의게셔晩餐及寢待를受ᄒᆞ엿고且以其談話로觀之라도日本에最近ᄒᆞᆫ友ᄂᆞᆫ俄國이오俄國의게ᄂᆞᆫ日本이亦然인줄을使人信之케ᄒᆞ야平和氣像이宛然ᄒᆞ더니僅過一年에兩國이互相交鋒ᄒᆞ야敵國을成ᄒᆞᆫ거시是也로다

歷史가重複되ᄂᆞᆫ習慣이非不有之나然이나今者에ᄂᆞᆫ不至如此ᄒᆞ기를希望ᄒᆞ노라

若不然이면日露間大戰役의恐怖景況이日美間에抑揚될거시오若至此境이면美國이比律賓과及布哇諸島를必失ᄒᆞᆯ것과且自國西濱의巨大城市가破壞될凄慘ᄒᆞᆫ景況을表證ᄒᆞᆯ거슨一般人士의게確證ᄒᆞ비니此ᄂᆞᆫ欲免不得이나然이나亦一不忘ᄒᆞᆯ거슨後日이常有ᄒᆞᆯ거시라美國이國民의實據을欠ᄒᆞ기게不敢ᄒᆞ리니自國의旣失領土를回復ᄒᆞ야日本을竞勝ᄒᆞ기前에ᄂᆞᆫ日本과斷不結和ᄒᆞ리로다

諸般人士의唱導ᄒᆞᄂᆞᆫ美日戰爭之說이無用에歸ᄒᆞᄂᆞᆫ事實이有ᄒᆞ니日本은財用이無ᄒᆞ야開戰키不能이오若或財政이有ᄒᆞ다揣度ᄒᆞᆯ진댄美國은棄失키不能ᄒᆞ니此ᄂᆞᆫ美國危權이如彼災害之機를一人도不敢熟思ᄒᆞᆷ에低落ᄒᆞᆷ緣由로다非美非日인在韓吾人은此形態를靜觀ᄒᆞᆷ而已니其困難이韓國에不關이오且其結果가何如紛亂에至ᄒᆞ더라도此諸國에及ᄒᆞᄂᆞᆫ影響은不多ᄒᆞ려니와但其可度ᄒᆞᆯ거슨史編上에重複되ᄂᆞᆫ事態가非止一再인바今者구로팟킨及타프트兩氏의相似之段가一段에表明되엿고且一表著될거슨最甚必要ᄒᆞᆫ美國保守黨報中에爲一인紐育셔新報가幽鬱之態를著ᄒᆞ야戰役을欲避不得인거스로稍度ᄒᆞᆫ거시是也라同紙ᄂᆞᆫ素擅猜嫉之性이오純潔莫過ᄒᆞ니如此殺雖니如彼斷[illegible]時에必有其端인즉各知惡[illegible]다美國이他邦[illegible]宣戰ᄒᆞᆷ을務未有之矣오且[illegible]爲此ᄒᆞᆯ거슬[illegible]人이亦信이[illegible]處로希願ᄒᆞ노니日本은投身[illegible]ᄒᆞ기[illegible]謂思ᄒᆞᆯ시[illegible]錄能談話오且能勝[illegible]說이有[illegible]人이日人을[illegible]國은[illegible]이오日本은[illegible]이라고或可喚醒思想耶아

官報

●第三千八百九十四号　隆熙元年十月十一日　續

敍任及辭令

任谷城郡守　前參書官李鍾百
任龍潭郡守　前議官吳景麟
任全義郡守　前技師孟東完
江原道觀察道主事리東根
任通川郡守
任林川郡守　前學선김應圭
赤十字社事務官朴永大
任長興郡守　前主事리根陽
任富寧郡守　前郡守金孝益
任驪州郡守　前侍從官金璟鎭
任稷山郡守　前議官金箕慇
忠淸南道관察道主事徐丙韶
任德山郡守
任杆城郡守　前郡守金仁植
任結城郡守　前主事리承輸
任北靑郡守　前參書官崔達斌
任安城郡守　稷山郡守郭璨
任利川郡守　前主事리철榮
리鍾九　朴圭鎭
任度支部書記郎
完

●第三千八百九十五號　隆熙元年十月十二日

敍任及辭令

軍部書記郎리弘純
依願免本官　修學院敎官安宅重
敍奏任官四等　承寧府書記郎洪德杓
依願免本官
解英親王宮所屬全羅南道宮庄
査檢官　六品安重基
九品趙徹浩　仝　徐啓植
命英親王宮所屬全羅南道宮庄
査檢官
命[illegible]宮所屬全羅南道宮庄査
檢官　六品安重基
命內藏院所屬全羅南道宮庄査
檢委員　金圭遠　文封永

外報

●海牙平和會議　倫敦電을據ᄒᆞᆫ則海牙平和會議第一部委員會ᄂᆞᆫ强制仲裁裁判의主義를投票에依ᄒᆞ야採用ᄒᆞᆫ則其反對六人과賛成三十人에支那ᄂᆞᆫ此를反對ᄒᆞ얏다더라

●輕氣球軍用　伯林電을據ᄒᆞᆫ즉獨逸兵事週報ᄂᆞᆫ쓰에쓰베링式輕氣球가軍用에適當ᄒᆞ다고承認ᄒᆞ얏다더라

●防備會議　同電을據ᄒᆞᆫ則佛國內閣會議ᄂᆞᆫ新式의裝甲巡洋艦을以ᄒᆞ야印度支那沿岸을防備ᄒᆞᆯ會議를評議中이라더라

●西班牙人放逐　同電을據ᄒᆞᆫ則佛國政府에셔ᄂᆞᆫ佛國의摩洛哥地方政策을反對ᄒᆞᄂᆞᆫ多數西班牙人을巴里에셔放逐ᄒᆞ얏다더라

●艦隊訪問　倫敦電을據ᄒᆞᆫ즉十六隻되ᄂᆞᆫ獨逸艦隊ᄂᆞᆫ近日英國을訪問하라ᄂᆞᆫ指揮者ᄂᆞᆫ하이릿트親王이라더라

●國會合意　紐育電을據ᄒᆞᆫ則美國海軍卿멧도가후氏ᄂᆞᆫ次期議會에對ᄒᆞ야四隻戰鬪艦建造를勸奬ᄒᆞᆯ터인ᄃᆡ國會議員의意向은太平洋方面에駐留ᄒᆞᆯ大艦隊를代ᄒᆞ야太西洋에新艦隊를組織ᄒᆞᆷ이合意ᄒᆞ다더라

●淸廷抗議　北京電을據ᄒᆞᆫ則淸國外務部에셔日本公使館에向ᄒᆞ야敝國은貴政府의警告에依ᄒᆞ야間島에多數兵을派遣ᄒᆞᆯ事를中止ᄒᆞ엿스나元來貴國이셔憲兵等을無端히同地에駐在ᄒᆞᆫ것이不合하니伊藤統監의게打電ᄒᆞ야貴國官吏를撤退ᄒᆞ라ᄒᆞ얏고萬若不然ᄒᆞ면敝政府ᄂᆞᆫ其責任의方針을依ᄒᆞᆯ터이라고抗議ᄒᆞ얏다더라

●稅關問題　北京電을據ᄒᆞᆫ則滿洲政府에셔滿洲稅關問題를露國公使에向ᄒᆞ야數回督促ᄒᆞ얏스나同公使ᄂᆞᆫ本國政府에訓令이無ᄒᆞᆷ으로尙今不爲解決이라더라

雜報

●所聞種種　平安南道觀察使朴重陽氏가贈擊旅屯을日本人의게壹萬五百圓을捧價ᄒᆞ여가지고觀察道와務室修理費를三千五百圓이라ᄒᆞ고贅署郡因三間建築費를四千六百圓이라ᄒᆞ고用下ᄒᆞ얏스니其五六倍加錄濫食ᄒᆞᆫ것은一境이通知오幾尾商店에셔三判酒와麥酒洋果等屬買用ᄒᆞᆫ 이시四千二百圓에至ᄒᆞ얏스니鐵에ᄂᆞᆫ불가셔ᄅᆡ酒에ᄂᆞᆫ져어라謂ᄒᆞᆯ깃고且民訟은何等物로아ᄂᆞᆫ지不問曲直ᄒᆞ고主事文賦儀로判給ᄒᆞ라ᄒᆞᆫ즉此人은本是換錢ᄒᆞ類라有中證여던曲直間에判給ᄒᆞ고無中證則或二十日或一朔이되여도判決치아니ᄒᆞᄂᆞᆫ故로那民이旅費를不耐ᄒᆞ야競毛空返ᄒᆞ오니西道觀察은比他尤甚이오且[illegible]屯稅放를元稅外에二千一百圓을加徵ᄒᆞ고發訓[illegible]事[illegible]儀族[illegible]二[illegible]處에放賣ᄒᆞ얏스니加徵ᄒᆞᆫ二千二百圓은忠心이忽發ᄒᆞ야國庫에納ᄒᆞᆯᄂᆞᆫ지不知ᄒᆞ거니와徐文張三人은公ᄒᆞᆫ成綃[illegible]二拾[illegible][illegible]威儀[illegible]且[illegible]察使[illegible]委[illegible]稅[illegible]가人心을[illegible]擬ᄒᆞ고該行地價를指給ᄒᆞᆫ다ᄒᆞ더니及其償額出給之場에ᄂᆞᆫ或不肯准償ᄒᆞ고呼寃ᄒᆞᄂᆞᆫ民을使巡使로捕縛猛打ᄒᆞ야死境에幾至ᄒᆞ니기거이按撫ᄒᆞᄂᆞᆫ本意인지惟獨觀察使가該川土에秋收價一千圓을濫食코ᄌᆞᄒᆞ다가奸計가露出ᄒᆞ얏스니一城內가通知ᄒᆞᆫ바이더러財務官이觀察을對ᄒᆞ야言ᄒᆞ기를爲地方長官ᄒᆞ야ᄂᆞᆫ如此行爲가萬々不可라ᄒᆞᆫ즉勢難何ᄒᆞ야還爲出給ᄒᆞ얏다ᄒᆞ고西來人의投函이有ᄒᆞ더라

●捐助繼續　三和港埠頭里에서俊兩機保宋學校에捐助ᄒᆞᆫ事ᄂᆞᆫ已往揭載ᄒᆞ얏거니와卽今參節을當ᄒᆞ야生徒가冷房에셔工課ᄒᆞ기가難便ᄒᆞ깃다고新貨五十九圓을排備ᄒᆞ야碑石洞耶蘇敎男學校에十圓女學校에五圓龍井洞敎義學校에拾圓龍井非洞耶蘇敎男學校에十圓女學校에五圓傑兩機耶蘇敎男學校에十圓女學校에五圓을出捐ᄒᆞ면셔勸勉曰吾儕ᄂᆞᆫ勞働者라國民責任에助力키難ᄒᆞ거니와國權回復은學生에게在ᄒᆞ오니不怠勤課ᄒᆞ야自由獨立의回復을希望ᄒᆞ노라ᄒᆞ얏다더라

●諸氏熱心　平南德川郡社山居存志紳士李熙敦金炳道李應珂三氏가발起ᄒᆞ야隆興學校를創立ᄒᆞ고敎師ᄂᆞᆫ徐鳳一氏로延聘ᄒᆞ야聰俊子弟를敎育ᄒᆞᄂᆞᆫᄃᆡ學員이四十餘名에達ᄒᆞ야校務가漸進ᄒᆞ야佳果의結ᄒᆞᆷ을可期이오나經費窘絀ᄒᆞᆷ을因ᄒᆞ야常患ᄒᆞ더니已러니該洞居金元五明五兄弟兩氏가敎育의熱心으로慨發ᄒᆞ야家産의不贍ᄒᆞᆷ은不顧ᄒᆞ고巨款의命價를義捐ᄒᆞ야設校金을頒給ᄒᆞ야該校를永遠維持케ᄒᆞ오니是ᄂᆞᆫ卽其兄弟의血誠敎育을不贊치안ᄂᆞᆫ다더라

雜報

●幸行節次 大皇帝陛下께옵셔昨日上午八時에陵行次로 動駕호시논되其儀仗節次가如左호니

法部大臣趙重應씨와丸山警視總監이看審次로騎馬先導호얏고韓日兩國警察官吏와日本騎兵隊가前導하얏스며

禮式官과宮內府大臣李允用氏가各其馬車를搭乘陪從호얏스며大皇帝陛下께옵셔도馬車를御乘호셧논되侍從卿閔丙奭氏가驂乘陪坐호얏고

其次에논軍部大臣李秉武氏가本部將校數名을領率호고騎馬陪衛호얏고

總理大臣李完用씨와內閣書記官長韓昌洙氏가馬車를同爲搭乘호얏고

各部大臣及勅奏任官이人力車를搭乘陪從호얏논대同日下午五時頃에還 御호셧다더라

●別陪從官 昨日幸行時別陪從을各府部院勅奏任官一人式各大臣이呼薦호얏논대別陪從諸氏들은還 御後에勳章과加資를特受호다더라

●侍御諸臣 大皇帝陛下幸行臨節次가曾往과有異호야去番太廟展謁時에右侍御諸氏들이前隊班에不得參列호얏더니該侍御諸氏가該事件에對호야無用之職이라호야一齊히辭職辭免호얏다더라

●奉迎과勞問 日本皇太子殿下渡韓時에仁川港까지奉迎호논勅使논軍部大臣李秉武氏로定호고同太子게셔入城호야統監府에處호신後勞問使논侍從卿閔丙奭氏로定호얏다더라

●中宮께陛見 本日各部大臣이皇后陛下께 陛見호다더라

●陵行時禮服 昨日 大皇帝陛下께셔 洪陵外齋室에御臨호옵셔 御着網巾에淺淡服호시고展拜호신後 陵上과碑閣奉審호시고酌獻禮를호시논되承史와祭官은烏紗帽烏角帶淺淡章服이오參班호官人은新大禮服과原綠古套로參與호얏다더라

●政府變更說 각部大臣이變更된다논說은已揭前報어니와近日閭巷風說을聞호즉總理大臣리完用氏논學部大臣으로還任호고農商工部大臣宋秉畯씨논總理大臣을陞任호고其代에논全北觀察使劉猛씨가內移호고度支大臣은趙義淵氏로內部大臣은俞吉濬씨로法部大臣은閔博씨가被任된다호논說이有호더라

●統監談話 伊藤統監이日前에日本國紳士某氏와談話호얏다논說을漏聞호則余논皇太子殿下를陪從歸國호얏다가因하야不復還任홀터이오曾彌副統監은韓國物情에茫昧호事이或有호니顧君은極力補聽호야韓日兩國間에感情이無호고諸般行政에差錯이無케호라호얏다더라

●法大訪問 法部大臣趙重應氏가再昨日下午一時에商業會議所에前往호얏다가同三時에警視廳에前往호야總監丸山氏를訪問호라다가總監丸山氏가已爲仕退호지라同七時에丸山씨私邸에往訪호얏다더라

●軍務局設置 軍部논廢止호고軍務局을設置호논되軍部大臣李秉武씨논侍從武官長正任이된다논說이有호더라

●修理始役 昌德宮修理等節을各部大臣이輪回監督호다논되始役吉日은本日巽時로推擇호얏더라

●平部와漢府廢止 統監府에셔各府部院廳官制를新改正호야日間頒布가된다논되軍部와漢城府논廢止혼다논說이有호더라

●郡參禮類 郡守奏本數千眞를繼續修整호논되各部書記郎中可堪人과軍部解隊時無故落仕호文武官中으로擇用혼다더라

●禰氏歸國 日本大坂造幣局視察次로前往호얏던度支部前次官禰正秀氏와理財局長李溶相氏가昨日下午九時에直行列車로入城호얏다더라

●日人敍任 學部에셔官制를改正호얏논되觀象所技師二人은減額호고奏任二三人判任七八人을加設호되日本人으로敍任혼다더라

●日人三任 法部次官倉富勇三郎氏논刑法校正官과法官銓考委員長을兼任호얏다더라

●宮內淸潔 再昨日에宮內府各司에셔大淸潔을實施호얏다더라

●調查費請撥 帝室有及國有財産調查局經費加算額三千十八圜五十錢을準數히撥호라고內閣에셔度支部로照會호얏더라

●開墾費支出 內閣에셔度支部請議를因하야南大門路開鑿費增額二萬二千一百二十六圜을預備金中支出事로會議에提出호얏더라

●自然休暇 昨日은大皇帝陛下께옵셔 洪陵 裕陵에展謁호시논公故를因호야各府部院廳이自然休暇되얏더라

●錢當還給 高等學校長洪奭鉉氏가署長在任時에消防所를設始홀次로鍾路商民處에四百餘圓을收斂호야該署에任置호고洪氏가遞職還任혼後消防所를尙今未設호야商民의稱寃이狠藉홈으로洪氏가警視廳에請願호되消防所를若不設立이면右錢을商民處에卽爲出給케호라호얏다더라

●修築費支出 總稅務司에셔度支部로照會호되日本皇太子가渡韓호야仁川에上陸호실臨時橋梁修築費五千六百圜을支出호라호얏더라

●米領事歸京 美國總領事산모스시논昨日雲山에發호얏다가本日朝에歸京途에就호야午前九時에京城에到着호얏다더라

●家々診察 日本警察廳에셔巡查一名과醫師一人을派送호야南署內居民家에無論男女老少호고病之有無를審查호기爲호야脈氣를診察호다더라

●日兵保護 京畿宣諭使鄭寅興氏가水原觀察道에幾日逗留호다가現今振威郡에留連호논대來往時에日兵二十名或三十名式帶同保護호다더라

●義擾益甚 春川華川等郡에義兵이鎭衛隊解散兵과合勢호야去益猖獗에民情이嗷嗷호다고該道觀察使가內部에報告호얏다더라

●宣諭喫겁 江原觀察使黃鐵氏가春川華川兩郡에義徒가兩郡에三百餘名이屯聚作弊라가三百餘名은向往楊口等地호미此由로宣諭使에게照會호얏더니照覆內開에本使가任此之職으로已於日昨에向往于該徒所在處호야謄寫혼 勸文一度와告示一度를雇人專送호고使之勸解호되尙此不解호니書論面論가一是宣論어논宣論之下에一向梗化논勢無奈何而本使논但有宣論權이오實使논職在觀察호니幸即交涉于軍警호야以爲鎭壓케호라호니宣諭使의當行之職으로無論某處호고四處單騎로馳往호야皇勅을布諭解散호야衆民을安堵케홀논거인되無事호面里에略干人民을招集宣諭호고有事處에논畏怯不敢去호고隱人傳送호논거시是不過委任이오莫一身於臨席호니是豈事理리오該使照覆切切痛駭라고該觀察使가內部로報告호얏다더라

●義將喩書 楊根郡不峯里一村四十餘戶가皆是一進會員인대叛義所大將金某가單騎로該村에來到호야會長을招致曉論호되從玆以往으로一進會를背斥호라논대該會員들이答호되旣是入會라가本離背會라호거논義兵將金某가一場說明호되雖不背會라도行爲를端正히持호면放火殺戮之禍를得免호리라호얏더라

●坡校將廢 坡州郡恭陵參奉坡南學校가自設始以後經費가窘絀호야該場市牛隻買賣時每一頭口文十兩式收稅호야校費를補用호기로商民과契約을成立後呈官得許호야收稅補充호더니商民中悖類輩數許人이民怨을狠藉호즈로該郡守에게等訴호야該雙口文을還爲勿施호미校費가窘拙호야廢止홀境이라더라

●聯合運動 官私立各學校聯合大運動을日本皇太子께셔觀覽호시기爲호야設行호다더니同殿下께셔速히回國호시미觀覽치못호시논故로觀覽호시논聯合運動은廢止호고已爲出令혼聯合運動을擧行호다더라

▲地方消息

▲延安郡附近에셔義兵一百五十名과日守備隊와互相衝突호야約二時間을交戰혼後義兵은退却호엿다호고

▲本月八日에居昌郡西北六十里月城地에셔義兵三百名과日本砲兵과衝突하야二時間交戰호다가義兵은西方面으로退却호엿다호고

▲七日洪川外三里에셔日本守備隊가義兵의糧食一百五十石을燒却호엿다호고春川日本守備隊논狼川南方에셔義兵과二回衝突호엿다호고

▲忠州발電를據호則陰城郡無極方面에셔日表助員及變裝巡檢一行이義兵三名을遭遇하얏논되巡檢一行은行衛가不明호얏고同郡查瀾面에셔死體를발見호얏다호고

▲烏致院電을據호則安養驛西方十里安山에셔學校敎員이義兵十餘名의게捕縛을受호얏다논報를接호고卽時巡檢四名을派遣호엿고又龍山日守備대로應接케호라호고

▲永同郡南方四拾里許에셔義兵의게巡檢一名이被호엿다더라

東京電報

●皇后幸行 日本皇后陛下께셔二十一日橫須賀에셔擧行호논筱馬艦進水式에行啓遊호시기로確定호셧다더라

十月十二日發

●撤兵不應 淸國政府논又間島에警備憲兵을撤退호라고日本에要求호얏논되日本政府에셔此논軍事와性質이異홈으로以하야應키不能호다고回答호엿다더라

▲晩秋聲歌▼

▲韓國財政顧問部에셔財政整理方針을頻數히講究호다면셔國庫에金融이枯渴하야內閣에셔日本의借款問題가又出호니이것시財政顧問部에셔整理方針인지

▲各府部院廳에高官要任은日人이占領호고地方의不穩호狀態를鎭壓호기爲하야地方官을各該地方에聲譽가有호人으로敍任홀次로內部에셔現今擬議中이라하되漢城內仕宦家에셔內職은日人에게見奪호고地方官은鄕客에게見奪홀거시니此所謂上不及下不及이오

▲近日訟民들이冤抑호事가有호야漢城裁判所에呼訴호즉平理院에往訴호라호고平理院에呼訴호즉法部로往訴호라호고法部에往訴호즉漢裁로往訴호라호야訟民이抱狀棲屑에所向이無處호니此所謂네미묵내미묵이로고

▲近日宮闕修理役中에利益이有호야日人工師가都給으로占取호고利益을取호면韓國工師의게推托호니所謂甘呑苦吐로고

▲韓國政府에셔任用혼官職은次第日人이占領호더니今에從城府尹까지도日人으로敍任호기로內定되얏다니現在行動을觀호면來頭를可知라韓國官人은將來무合職業을求호야먹것쇼

▲京仁鐵道改良에犯入홀地段價額을農商工部에셔九萬二千八百六十圜을度支部에照會호얏다니韓國에셔논該鐵道에犯入혼段을見失호고地段價를反히韓國國庫金으로支撥호니所謂發網이俱失이로고

天氣預報

▲暴風警報 海上에風雨의度가有호니韓國南部沿海를戒홈

▲十月十三日 半晴半陰

▲十月十四日 晴暘

●社告

遠方各支社와諸人購覽員에게本申報配達이或滯留或遺漏가非一非再인바但以書辭通知가遲緩가無ᄒᆞ야郵便局交涉이難便ᄒᆞ니此後로ᄂᆞᆫ申報封皮에出付와收到日時印期限이過隔者를摘拔聚合ᄒᆞ얏다가本社로委送ᄒᆞ심을爲要ᄒᆞᆷ

大韓每日申報社

◉至急社告

美國湖港市(南西寺街一百二十五番共立館內)崔有涉氏所送金額新貨一百五十二圜七十六錢(已爲領取)이나何許事件으로送ᄒᆞᆷ인지辭爲示明ᄒᆞᆷ을切望ᄒᆞᆷ

大韓每日申報社

雜報

●郭索과蚯蚓을見ᄒᆞ라

李元鵬

郭索(蟹)ᄂᆞᆫ水族中에有名ᄒᆞᆫ介虫으로堅ᄒᆞᆫ甲을被ᄒᆞ고銳ᄒᆞᆫ戈를左右에執ᄒᆞ야四海에橫行ᄒᆞᄂᆞᆫ强悍的動物이오蚯蚓(地龍)은土壤中에穴居ᄒᆞᄂᆞᆫ不過幺麼ᄒᆞᆫ一無骨的弁樣微蟲이니其弱强大小ᄂᆞᆫ實로同一히語할비아니로대今에地層을鑽ᄒᆞ야其巢를營ᄒᆞᆷ에ᄂᆞᆫ蚯蚓은上으로枯壤를食ᄒᆞ고下으로ᄂᆞᆫ黃泉를飮ᄒᆞᆫ然後에止ᄒᆞ대郭索은此邊에서허비젹허비젹(搔파)彼邊에서허비젹ᄒᆞ다가畢竟에ᄂᆞᆫ一寸에士穴을鑽得지못ᄒᆞ고他의巢穴을借ᄒᆞ야居하나니

此ᄂᆞᆫ非他라郭索의麁粗ᄒᆞᆫ散性이能히蚯蚓의專精ᄒᆞᆫ一心에不及ᄒᆞᆷ이라彼一般下等虫類도如是커든况吾人은一世間에高等動物이라이凡事를營爲ᄒᆞᆷ에各其一定ᄒᆞᆫ目的를蚯蚓의專精ᄒᆞᆫ一心으로做去ᄒᆞ면十分滿足ᄒᆞᆫ極點에達ᄒᆞᄂᆞᆫ日이有ᄒᆞ려니와萬一에傑人이니達士니ᄒᆞ야雄論大辯으로天下事를坐談ᄒᆞ야足히一世界를掀動ᄒᆞ고六大洲를凌駕할만ᄒᆞᆫ縱謀奇術이自己掌握中에有ᄒᆞᆫ듯시實業은不修ᄒᆞ고高遠ᄒᆞᆫ獵等思想를空抱ᄒᆞ야此事에도이러더러彼事에도이러더러ᄒᆞ다가彼郭索의麁粗ᄒᆞᆫ散性의結果를未免ᄒᆞ야將次巢居할地界가無ᄒᆞ면此時에ᄂᆞᆫ다시誰의力를借ᄒᆞ리요吾儕ᄂᆞᆫ學生이라前途에進步ᄒᆞᆷ을晝夜講習ᄒᆞ던次에偶然히郭索과蚯蚓을見ᄒᆞ고取할바가有ᄒᆞ고로此에暫論ᄒᆞ노라

◉漢城大歡迎

今次日本皇太子殿下게옵서我韓에駕臨ᄒᆞ심은兩國에交誼가益々敦睦케되ᄂᆞᆫ機會뿐不啻라我東洋에開闢以來로初有ᄒᆞᆫ一大盛擧라東洋人된韓人民이欣賀치아니리無하나特히漢城에서ᄂᆞᆫ一般官民이手舞足蹈ᄒᆞ야慶幸ᄒᆞᆷ을더옥不啻ᄒᆞ야再昨九日에一般府民이鐘路京城商業會議所에會同ᄒᆞ야日本國皇太子殿下奉迎漢城府民會를組織ᄒᆞ고會長은漢城府尹張憲植氏오副會長은商業會議所會頭洪肯燮氏로推定하얏고商業會議所ᄂᆞᆫ同會本部오掌禮院에ᄂᆞᆫ同會交部로定ᄒᆞ야紳士가會同協議ᄒᆞᄂᆞᆫ대奉迎節次ᄂᆞᆫ殿下入城ᄒᆞ시ᄂᆞᆫ日에停車場에出迎ᄒᆞ고翌夜에提燈行列을ᄒᆞᆯ터인ᄃᆡ第一部第二部第三部第四部合四部이오此外에各學徒가同參ᄒᆞ되幷人數가無慮八九千人以上이오設備ᄂᆞᆫ水橋大漢門鍾路에奉迎門을建立ᄒᆞ며同事務가至極히浩繁ᄒᆞ야該會에서每日商業會議所에仕進視務ᄒᆞ야着々準備ᄒᆞᆫ다ᄂᆞᆫ대次號에隨聞揭載ᄒᆞ깃스나我韓에第一大壯觀大盛事이라더라

●校長報告

官立仁川日語學校敎官徐丙協씨가辭職請願ᄒᆞᆫ後職闕許久에現存職員으로實難掄擧ᄒᆞ야敎務上困迫이極甚ᄒᆞ니速爲遞辦塡闕ᄒᆞ야以整校務케ᄒᆞ라고該校兼校長仁川府尹金潤晶氏가學部에報告ᄒᆞ얏다더라

●無名氏義捐

定平郡國債報償會에不知何許人이金六圜을投人於會所門前ᄒᆞ고不記姓名而去ᄒᆞ니此實出於愛國之本性而不求名譽者라고一郡이贊頌ᄒᆞ더라

廣告

國債報償義捐金 收入廣告

●國債報償義捐金
十月十一日本社收入總額
每日逐号明細錄

●拾月十一日
第一五五六號義州水鎭面龍門洞 七圓五拾三錢
第一五五七號龍川楊西面北坪洞 拾圓
計拾七圓五十三錢

十月十一日々지收入總額
五十九圓六十八錢
自四月至九月收入總額
五萬五千八百三十三圓七十三錢二厘
都總合五萬五千八百九十三圓四十一錢二厘

●義州水鎭面龍門동
金致浩 李得明 徐永得
洪澤坤 朴世황 각五十錢
朴允守 金應彬 安呂亨
崔定위 각卅錢 金致雲
金明廉 金和順 각廿錢
元致永 四十五錢 朴允根
十八錢 金益雅 卄七전
車文信 十八錢 朴昌辰
十五錢 元鴻祚 金萬亨
各一圓
合七圓五十三錢

●龍川楊西面北坪동
前參奉崔觀瀷 五圓
前議官崔春瑞 二圓
金寬亨 金基潤 李仁學
각一圓
合十圓
總合十七圓五十三錢
前號總合五萬五千八百七拾五圓八十八전二厘
都總合五萬五千八百九拾三圓四十一錢二厘

◎特別廣告◎

國債報償金五個日所捧은姑未合計이고伊前日々지所捧總合五萬五千八百三拾三圓七拾三錢은電氣會社內銀行에貯置ᄒᆞ얏습고其貯置額中三萬二千三百圓은國債報償志願金總合所로越交홈

廣告

新刊書籍發售廣告
增修無冤錄大全 國漢文 定價金一七拾五錢
大韓法規類纂洋裝 三圓五拾錢 郵稅四拾錢
初等倫理學敎科書 二拾錢
初等衛生學敎科書 拾五錢
國家學綱領 拾五錢
國民須知 八錢
獨習日語正則洋裝鄭雲復著 壹圓二拾五錢
發賣所 皇城布屛下 金相萬書舖

近々工業이漸隆ᄒᆞ야 **道路橋梁**新設及**山林田畓宅垈**等調査의關係時急키로本所ᄂᆞᆫ遠近을不拘ᄒᆞ고以上諸測量及設計製圖等囑托의特히應ᄒᆞᆷ

京城西大門外南便第六家
土木測量設計囑所
主任 金之煥 告白

越南亡國史 國漢文
定價貳拾伍錢
發賣所京城廣橋高裕相書舖 南鐵川郡禹時夏書舖 布屛下김相萬 告백

▲乳母 廣求

무살된ᄋᆞ히를젓먹일터인되져고ᄋᆞ히업시집에와셔유모노릇ᄒᆞᆯ부인이잇거든 대한매일신보사회계파로와셔의론ᄒᆞ시요

向者軍隊解放時에負傷將卒中에死者ᄂᆞᆫ已矣어니와折腰折臂折脚之人은命脈은尙存이나運動末由라該人等이將欲自殺ᄒᆞ니令人鼻酸이라本人等이往見慰勞ᄒᆞ고西醫에게以印度書도援製臂脚이온則八人의該費額이至爲二千五百圜之多인바一人助力으로難見奏效ᄒᆞ와玆以廣布ᄒᆞ오니望須慈善僉君子ᄂᆞᆫ勿拘多小ᄒᆞ시고敎價金을寄付ᄒᆞ와使陷死同胞로拯濟ᄒᆞ심을爲要
隆熙元年九月日
發起人 정圭煥 윤泰勳
安荅鎬 曹成煥
敎槓收合所 大韓每日申報社 皇城新聞社
出금人외姓名은新聞에廣告홈

本人이日本大阪商藥家와特約ᄒᆞ고日本內地産出各種物品과西洋各種物品及機械等物을我大韓에輸入과委托을便利케契約ᄒᆞ얏ᄉᆞ오니商工業에有意ᄒᆞ신僉君子ᄂᆞᆫ某物이든지請求코져ᄒᆞ시거든本社로來議ᄒᆞ시오本社에셔ᄂᆞᆫ手數料金만受領홈
興業社本店
開城北部祥洞
支店京城南門內水橋五十一統大戶 培養會社
仝仁港內동廣濟號

瑞士建國誌

◉定價金 新貨十五錢

此書ᄂᆞᆫ政治小說이니志士의救國救民ᄒᆞᄂᆞᆫ思想과人民의愛國心을養成ᄒᆞᄂᆞᆫ데緊要ᄒᆞᆫ册子오

發賣所
▲大韓每日申報社
▲仁川港𣙜峴 開新册肆
▲中署布屛門下 金相萬册肆
▲平壤城內烈女洞 敎育書舖館
▲鐘路 古今書海館
▲洞口越便 中央書舘
▲鐘路 大東書市
▲大廣橋 廣東書舘
▲翰동 博文書舘
▲開城 康助遂冊肆

일 매표관힐농우유
일 금인관헌농결우유
일 무쌍가용긔화락
열 쏘―든쓰제조믹분화
합우유
이상온상시에저축ᄒᆞᆫ앗습
미국뉴욕항쏘―든쓰농결우유회사
일슈딕리덤
대한인천항
셰창양힝

大東寄宿館 廣告

本館을學校稠密ᄒᆞᆫ安洞에設ᄒᆞ고學員의便利ᄒᆞᆷ을爲ᄒᆞ야敎育에別로留心ᄒᆞ며食料全은本舘規則에依ᄒᆞ야四圜八及日圜八十五錢으로定ᄒᆞ며寄宿ᄒᆞᄂᆞᆫ人의衛生을特히注意ᄒᆞ야新建築ᄒᆞᆫ本舘은京城에서ᄂᆞᆫ第一이오니僉君子ᄂᆞᆫ每人員이寄宿ᄒᆞ야私立學校의刊行ᄒᆞᆫ名簿를査ᄒᆞ고東大門內本館에로來議ᄒᆞ시옵
大東寄宿舘長 鄭演植 廣告

大東寄宿舘 鄭演植 告白
本舘에藥局을置ᄒᆞ고他處에셔留學生이病이有ᄒᆞ면本舘에依ᄒᆞ야醫士의治療를施ᄒᆞ고寄宿員에게ᄂᆞᆫ藥價를特히減ᄒᆞ야洋藥、韓藥、雜貨、洋品等을廉價로販賣ᄒᆞ오니陸續來購ᄒᆞ심을望ᄒᆞᆷ

◉本社廣告

○申報價
一張代金	新貨二錢五厘	
一個月前納	三十錢	
三個月	九十錢	
六個月	一圜七十錢	
一個年	三圜四十錢	
郵稅一張	新貨五厘	
一個月	十三錢	

○廣告料
四号活字十三字詰每日每英尺一寸에新貨拾五錢(每日每行六錢에相當홈)
二週日에 三圓五十錢
每日每行四錢五厘에相當홈
一個月에 五圜
(每日每行四錢一厘에相當홈)
其期限의長短과字行의多寡를依ᄒᆞ야增減이有홈

●大韓每日申報各處支社
中署布屛門下 金相萬書舖
平壤上水口門內 金浩淵
仝 崔毅厚
仁川𣙜峴開新册肆 李東燁
宣川邑鎭南册肆 安濬
義州西門外ᄒᆞᆫ西 大韓舘
釜山港佐川 徐樂鎬
三和港築洞 金元셕
咸興南州社西門外 曺喜林
開城培養學校 姜駿達
大邱市廳 崔一弘
穀城邑濟衆院 劉夢澤
鐵山邑東部 安호
元山倉前 劉七鎬
海州南門內 朴昌鎬
定州臨門內書舖 洪成인
昌城郡校동 許鎬
郭山興岩 李銀瑞
安岳細동坊成동 康道善
德川舊津 李鍾成
安州城內義井洞 金翼河
鐵原邑菜洞 趙鍾大
高原邑 朴致吉
濟州城內一徒里客舍洞高亨來
井邑邑內 李益黨
泰仁邑內 金禹燒
扶安牛浦 金鼎濟
京義線𣙜峴驛替市 李基秀

大韓每日申報社
發行兼編輯人英國人 裴說
發行所
南署石井洞號外地三層洋屋內
大韓每日申報社

第五卷

大韓每日申報

第六百卌八號

月曜及祝節翌日休刊

檀君開國四千二百四十年
箕子元年三千二十九年
大韓開國五百十六年
日本明治四十年
淸國光緖三十三年
陰曆丁未九月大初九日丁酉

寄書

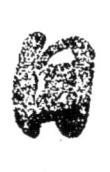

○破壞와維新의問題 雷塘生

僕은郊外荒村의一個農夫로凡於時局形便과政界方針에瞭然不知ᄒᆞᄂᆞᆫ者라間或親舊들이城內로부터來往ᄒᆞᄂᆞᆫ者의所傳을據ᄒᆞᆫ則近日內閣諸公이破壞時代에維新事業을成就ᄒᆞ얏노라고大談ᄒᆞ며自負ᄒᆞᆫ다ᄒᆞ고又一種新聞을接閱ᄒᆞᆫ則內閣諸公이破壞時代에維新事業을創建ᄒᆞ얏다ᄒᆞ고稱揚讚述이爛漫張皇ᄒᆞ니僕이비록老癡病廢ᄒᆞᆫ者나此를聽了에懽天喜地ᄒᆞ야不覺手舞足蹈ᄒᆞ면서內閣諸公의萬歲를唱ᄒᆞ고將次我同胞兄弟와協議ᄒᆞ야甲山之銅으로諸公의像을鑄ᄒᆞ며安州之絲로諸公의面을繡ᄒᆞ야萬代紀念을作ᄒᆞᆯ것이오又太史氏의게委托ᄒᆞ야大書特書屢書不一書로諸公의功德을記述ᄒᆞ야世界史家의特色을發表ᄒᆞ고千秋萬世에永々不朽케ᄒᆞᆯ지니豈不偉哉며豈不壯哉아雖然이나諸公所謂破壞와維新이라ᄂᆞᆫ問題에對ᄒᆞ야疑點이窃有키로一般社會의君子의게仰質ᄒᆞ노니幸其到底言明ᄒᆞ야此病漢의疑點을劈破ᄒᆞ여주시면死無餘憾이오다大抵破壞事業이라ᄒᆞᄂᆞᆫ것은自己의家屋이腐朽傾頹ᄒᆞᆫ者를不得不破壞ᄒᆞ고自手로新家屋을建築ᄒᆞᄂᆞᆫ것이破壞事業이라ᄒᆞᆯ터인대今에內閣諸公은自己家屋을自手로破壞ᄒᆞ야他手의建築을便利케ᄒᆞ니此가果然破壞手段인가此其可問者ㅣ一也오維新事業이라ᄒᆞᄂᆞᆫ것은十九世紀以來로西洋에英國이나法國이나德國이나美國이며東洋의日本과ᄀᆞᆺ치隆盛케ᄒᆞᄂᆞᆫ것시維新事業인가波蘭이나埃及이나安南과ᄀᆞᆺ치悲慘케ᄒᆞᄂᆞᆫ것시維新事業인가此其可問者ㅣ一也오新協約을締結ᄒᆞᆫ後에自國官廳을다外人으로敍任케ᄒᆞᄂᆞᆫ것시維新事業인가此其可問者ㅣ一也오不多ᄒᆞᆫ軍대를ᄲᅡᆯ々解散ᄒᆞ야兩國軍人의流血ᄒᆞᄂᆞᆫ光景이有케ᄒᆞᆫ것시維新事業인가此其可問者ㅣ一也오軍隊解散ᄒᆞᆫ結果로地方各處에兵火가衝天하고無辜生靈이肝腦塗地케ᄒᆞᄂᆞᆫ것시維新事業인가此其可問者ㅣ一也오有志社會를倂卽解散ᄒᆞ야人權을剝奪ᄒᆞᄂᆞᆫ것시維新事業인가此其可問者ㅣ一也오新聞을束縛ᄒᆞ야言權을鋼塞ᄒᆞᄂᆞᆫ것시維新事業인가此其可問者ㅣ一也오世界各國의維新事業을建立ᄒᆞᆫ人物은다剛毅正直ᄒᆞ고堅確忍耐ᄒᆞᆫ性質로써百難不屈ᄒᆞ고百折不撓ᄒᆞ야不偏不倚ᄒᆞ고自由獨立ᄒᆞᄂᆞᆫ精神으로ᄡᅥ樹立이如彼ᄒᆞ거날今에內閣諸公은昨日俄黨今日日黨으로營營苟苟ᄒᆞ야自己의私欲私利에만汨沒ᄒᆞᆫ心ᄒᆞᆯ뿐이오 皇室과國家와民族의安危如何ᄂᆞᆫ付諸夢外ᄒᆞ고但히有力ᄒᆞᆫ外人의一嚬一笑로써自己休戚을삼아一切要求를先意承迎ᄒᆞ고惟恐不及하면서維新事業을成就ᄒᆞ기ᄂᆞᆫ果是千萬古未曾有ᄒᆞᆫ事ㅣ니此其可問者ㅣ一也오彼意太利의建國ᄒᆞᆫ三傑은他國의羈絆을脫ᄒᆞ고自國의獨立을完全히ᄒᆞᆷ으로써維新事業을삼엇거늘今에內閣諸公은他人의奴隸를自願ᄒᆞ며自國의獨立을破壞ᄒᆞᆷ으로써維新事業을삼아ᄯᅢ此其可問者一也오日本의維新諸傑은尊攘論을主倡ᄒᆞ야皇綱을鼓重히ᄒᆞ며外侮를對抗ᄒᆞ며士氣를振作ᄒᆞ며民權을發展ᄒᆞ야維新事業을創建ᄒᆞ얏거늘今에內閣諸公은羅織을逞ᄒᆞ며陷非를暗證ᄒᆞ야搢紳士庶로ᄒᆞ야금杜口結舌ᄒᆞ며重足側目케ᄒᆞ야全國江山에一點生氣가無케ᄒᆞᄂᆞᆫ것시維新事業인가此其可問者ㅣ一也라異哉라諸公之破壞여異哉라諸公之維新이여古無今無ᄒᆞᆫ特別破壞요特別維新이로다

果然破壞時代에維新事業이될진ᄃᆡ我人民社會가맛당이如右所言과ᄀᆞᆺ치銅像이며繡面이며史筆로써諸公의功德을無窮히紀念ᄒᆞᆯ디이니金君子ᄂᆞᆫ詳細說明ᄒᆞ야此漢의許多疑點을劈破ᄒᆞ여주시옵

官報

●第三千八百九十六號 隆熙元年十月十四日

◎宮廷錄事

宮內府大臣勳一等臣李允用

謹 奏

昌德宮修繕之節을命宮內府로斯速舉行事命下矣라始役ᄒᆞᆯ吉日時를命日官金東玉로推擇ᄒᆞ온즉陰曆九月初七日巳時가爲吉云ᄒᆞ오니以此日時定行ᄒᆞ옵이何如謹

上 奏 奉 旨依奏

敍任及辭令

秘書監丞 金天洙
命署理卿事務 李承최
任珍嶋普通學校副敎員
任甑山仝 崔翊龍
任德山仝 李鉉象
任江華仝 鄭錫煥
任坡州仝 金洪柱
任黃州仝 呂圭赫
任富平仝 金永樂
任定平仝 永興 仝 洪淳和
法部前次官 [illegible]珏鉉
解法官銓考委員長
法部次官倉富勇三郞
命法官銓考委員長
法部前次官金珏鉉
解刑法校正官
法部次官倉富勇三郞
命刑法校正官
農商工部商工務局長徐丙珪
解兼任度量衡事務長
農商工部工務局長尙 灝
命兼任度量衡事務長
農商工部商工務局長徐丙珪
解兼任工業傳習所監督
農商工部工務局長尙 灝
命兼任工業傳習所監督
太僕司技師金允基
任經理院技師
任太僕司技師 六品玄暘
正三品吳慶殷
命 洪陵 裕陵 調査委員
秘書監丞金天洙
解署理卿事務
解法部法律起草委員 朴齊衍
命法部法律起草委員 李承權

外報

●留學生採用 北京電을據ᄒᆞᆫ則張之洞氏ᄂᆞᆫ宋慶等의反對를不顧ᄒᆞ고三名의日本留學生出身者를留學生試驗官으로定ᄒᆞ앗다더라

●溺死者近百名 上海通信을據ᄒᆞᆫ則日淸汽船會社의大福丸火災의關ᄒᆞᆫ該船長의報告를依ᄒᆞ니溺死者支那人八十八名과日本人二名이라더라

●三度放火 東京通信을據ᄒᆞᆫ즉東京本鄕區根津八重垣町砲兵工廠職工田邊八茂治ᄂᆞᆫ去六日에該廠에三次放火ᄒᆞ얏ᄂᆞᆫ대其根因은[illegible]保險會社에게賠償으로三百元을慾取ᄒᆞᆫ故로如此히放火ᄒᆞ얏다ᄒᆞ더라

●水害復舊 去般日本京都奇玉縣地方이暴風雨로破壞ᄒᆞᆫ家屋等을復設ᄒᆞ려면二百四十二萬圓以上에達ᄒᆞᆫ다더라

●新艦隊組織 紐育電을據ᄒᆞᆫ則太平洋에回航ᄒᆞᄂᆞᆫ艦隊ᄂᆞᆫ新例로同海上에仍置ᄒᆞ고其後에太西洋新艦隊組織을着手ᄒᆞᆯ터인ᄃᆡ國會議員多數ᄂᆞᆫ新艦製造에贊成ᄒᆞ리라더라

●大使交迭說 伯林電을據ᄒᆞᆫ則伯林에駐剳ᄒᆞᆫ美國大使쌀레만으로써ᄂᆞᆫ來春을以ᄒᆞ야現職을替任ᄒᆞᆫ다더라

●下議院設置議 北京電을據ᄒᆞᆫ則御史四十八名이連署ᄒᆞ야民選議院設立을請ᄒᆞ야曰立憲의要ᄂᆞᆫ議院을組織ᄒᆞ고人民에參政權을與ᄒᆞᆷ에在ᄒᆞ고或은都察院으로써國會에代理ᄒᆞᆫ다論ᄒᆞ나都察院御史ᄂᆞᆫ大臣의搖擧에係ᄒᆞ야彈劾上奏ᄅᆞᆯ得ᄒᆞ고國會ᄂᆞᆫ其性質이異ᄒᆞ나宜히一定의期限을定ᄒᆞ야存廢ᄒᆞᆯ事라ᄒᆞ고又王大臣으로ᄒᆞ야곰籌備將査ᄒᆞᆫ後下院을特設ᄒᆞ고民選의途를不失케ᄒᆞ엿다더라

雜報

●均稅請願 全南長城居宋榮淳[illegible]等諸人이各郡結民代表와合同ᄒᆞ야度支部에請願ᄒᆞ되我國結稅가畿湖兩南이收捧時에相無差等ᄒᆞ고定張後徵捧時에도亦無差等ᄒᆞ되今紙貨時에[illegible]獨히若等者ᄂᆞᆫ雖托以用葉郡이나當初制定結稅ᄂᆞᆫ亦以銅貨定率者를其時官吏가耽於取剩ᄒᆞ야勒捧鄕葉ᄒᆞ고銅貨로使爲禁物ᄒᆞ니民은何以通用乎잇가在上政府ᄂᆞᆫ退遠所致로莫察其情ᄒᆞ고反以兩南으로名稱用葉郡ᄒᆞ야八圓上加四圓而定ᄒᆞ니二[illegible]ᄒᆞ니哀此南民이抑以何辜로銅貨時則勒徵鄕葉之重稅ᄒᆞ고紙貨時則偏徵四圓之加稅ᄒᆞ니一視之下에果無不均之嘆乎잇가而以今春에民心이嗷々ᄒᆞᆫ故로論各郡ᄒᆞ야與之上京訴於矣러니光武財務部에서發文首頭呈提上하야探聞事實ᄒᆞ고發通文一度를發送于度支顧問部ᄒᆞ야使民情得徹則自度部로發訓各道ᄒᆞ되用葉郡은每結紙貨十二圓式酌定ᄒᆞ야與用銅郡相殊ᄂᆞᆫ乃通用貨弊之結果라此係暫時之宜오非久長之規니宜可追今矯救이니事係重大에有難一時議決이라其均定方法을方行調査인즉自明年爲始에將欲實施ᄒᆞ야以國平均之政이라ᄒᆞᆫ故로兩民이始得安心ᄒᆞ야今年稅納十二圓ᄒᆞ고明年則八圓으로均定ᄒᆞᆷ을上[illegible]顒望ᄒᆞ옵더니現今新結을考結作夫ᄒᆞ되均定ᄒᆞᄂᆞᆫ實施訓令은姑無下來ᄒᆞ니群情이悶鬱ᄒᆞ야特施一視之政ᄒᆞ와三月訓令을期於實施에兩南結稅를亦以八圓으로均定ᄒᆞ이달나고呼訴次上送ᄒᆞ얏다더라

雜報

◎寢陵陵行 大皇帝陛下께옵셔日昨洪陵幸行時에陪從臣을對ᄒ사下敎ᄒ옵시되各陵께도一次幸行ᄒ옵시겟다ᄒ옵셧다더라

◎皇后勅諭 再昨日下午二時에元老大臣과中樞院顧問及議官與諸王各大臣이 皇后陛下께셔引接ᄒ심을奉承ᄒ야謁見ᄒ얏ᄂᆞᆫ듸 皇后께셔各大臣에게勅諭를特下ᄒ시되 大皇帝陛下의嘉謨로翊贊ᄒ야國事가順遂ᄒ믈希望ᄒ노라ᄒ셧ᄂᆞᆫ듸諸大臣이戰々兢々ᄒ얏다더라

◎休暇不許 本月十一日에參政院長申箕善氏가 皇太子殿下씌拜稟ᄒ기를明日은 皇上陛下의誕辰을因ᄒ야一日休暇ᄒᆫ다ᄂᆞᆫ것이安當ᄒ다ᄒᆫ즉同殿下께셔下答ᄒ시되上午八時拜宿ᄒ실時에祗迎ᄒ고上學ᄒ깃다ᄒ시고休暇를不許ᄒ셧더라

◎睿學彌篤 皇太子殿下께옵셔每日上學時間을一不違背ᄒ시고熱心修業ᄒ신다ᄂᆞᆫ듸筆法ᄒ실力이日就月將ᄒ야國家의幸福이라고들ᄒ다더라

◎武官大將 軍部大臣李秉武氏ᄂᆞᆫ日皇太子殿下를奉迎ᄒᆫ勅使의任을被命ᄒᆫ故로明日上午七時에京仁列車를搭乘ᄒ고仁川港으로先발前往ᄒᆫ다더라

◎日本皇太子渡韓의節次 日本皇太子殿下께셔十六日에京城에到着ᄒ야十七日上午十一時三十分에 皇帝陛下께셔御會見ᄒ시고同日午後一時에御午食ᄒ시고十八日正午三十分에韓國大臣以下拜謁ᄒ고同日午後一時에親任官以上은御旅館에셔謁見ᄒ시고十九日正午에高等官以上과各國總領事及領事가拜謁ᄒᆫ後午後ᄂᆞᆫ賜宴ᄒ다더라

◎奉迎節次協議 再昨日에各部大臣이請對ᄒ얏다가因爲退闕ᄒ야日本皇太子殿下奉迎節次를商議ᄒ얏다더라

◎御住所審査 昨日上午八時에宮內府視察官具然壽氏와義城判尹張[illegible]植氏가日本理事官을帶同ᄒ고南門外에出往ᄒ야明日動駕時御住停所를審査ᄒ얏다더라

◎隆陵賊變 掌禮院에셔法部로照會ᄒ되本月十日에 隆陵令韓昌履報告를接ᄒᆫ즉守僕山直等入啓內에丁字閣奉排神輦一件이無乎云故로即爲奉審ᄒᆫ즉果如所告而詳審形便ᄒᆫ즉北神門窓戶가少裂ᄒ야奉置于其際ᄒ니萬々惶悚이온바守僕山直을爲先囚ᄒ고玆敢急報라ᄒ엿스니莫重之地에有此偸竊之變ᄒ니不勝驚悚이라神輦ᄂ卽爲改造入排이고當日入直齋官과守僕은令法部로拿問定罪ᄒ고偸漢은刻期詗捉ᄒ야査覈處之케ᄒ라ᄒ얏더라

◎紳士歡迎 李根命閔泳奎씨等十二元老가掌禮院內에紳士會를組織ᄒ고金四千圜을鳩聚ᄒ야日本皇太子渡韓時歡迎儀節을準備ᄒ고次로각官廳親勅奏判任에게公函을一齊送致ᄒ얏ᄂᆞᆫ듸宮內府所屬官吏中으로千圜이오各部院廳官吏中으로二千圜이요其他曾經大臣中으로一千圜을收聚ᄒ기預定이오官廳에ᄂᆞᆫ勅任官과奏任官五圜判任官一圜式收聚ᄒ다더라

◎訓院運動 去日曜日에官立高等學校와普成中學校와興化學校와校洞普通學校等諸學徒가訓鍊院에齊會ᄒ야秋期大運動演習을擧行ᄒ얏다더라

◎專任日人 各道收租官을廢止ᄒ고專務員二員式差出收捧케ᄒ다홈은已爲報道어니와更聞ᄒᆫ즉日本人財務官一人式을差出ᄒ야事務官이各導學區를別調査ᄒ면財政出納은日人이專擔ᄒ다더라

◎郡守受勳 今番에新任ᄒᆫ二十七郡守가次第發程ᄒ고昨日에詣闕受勅ᄒ얏다더라

◎參書印章行用 平北觀察使朴勝鳳氏가因內部訓令ᄒ야道내各郡에 詔勅宣諭次로携帶印章ᄒ야現承內閣指令과內部電訓ᄒ야本觀察使事務ᄂᆞᆫ諸時代辦으로ᄒ야本參書官印章으로行用이라고該道參書官張孝根氏가各部에報告ᄒ얏더라

◎講習開會 學部에셔師範講習會를設ᄒᆫ다ᄂᆞᆫ事ᄂᆞᆫ已揭前報어니와昨日下午四時에該講習會를兩次開會ᄒ얏더라

◎大宮殿建設 仁川港住日本人大神宮神職海老原松夫가水原郡八達山南麓을借用ᄒ야日本宗廟天照皇大神宮御分靈과大韓國開祖檀君을奉安致祭ᄒᄂᆞᆫ大宮殿을建設ᄒ야兩國交誼를敦睦ᄒ고將欲繁榮ᄒᆯ期圖ᄒ깃다고水原副理事官에게請願ᄒ미該理事官이觀察使의게照會ᄒ야觀察使가內部로報告ᄒ얏다라

◎綵門我願 一進會에셔日本皇太子奉迎ᄒᆯ綵門을造成ᄒᆫ다ᄂᆞᆫ經費額이千餘圜에達ᄒ얏다더라

◎法部照復 珍島郡流配罪人閔宗植等十八人이自備食料難便으로照會ᄒ얏다ᄂᆞᆫ說은已揭前報어니와法部에셔照復ᄒ되流刑罪人의발配期限中食費ᄂᆞᆫ貴部로例當支撥ᄒ오나配所拘禁中食費ᄂᆞᆫ與懲役禁獄徒食費로一般이온즉本非本部所管이오나自貴部로另行照辦ᄒ라ᄒ얏다더라

◎移配莞島 黃州郡鐵島流配身罪人李世永과流十五年罪人정雲京朴양來와流十年罪人조徽元閔衡植李敎鎬과流七年罪人金河圭黃潤一等諸罪人을移定配所于全羅南道莞島之意로法部에셔上奏ᄒ얏더라

◎緣何被捉 閣監金東旭氏가有何事件인지日昨에警視廳에被捉ᄒ얏다더라

◎被害伸冤 侍天敎人朴衡來씨가去甲午年에匪徒로被害ᄒᆫ諸人을一齊히 上奏伸冤ᄒᆯ意로法部에請願ᄒ얏다더라

◎雪上加霜 南來人의傳說을聞ᄒᆫ則忠淸道와慶尙道地方에ᄂᆞᆫ日兵과義兵所到之處에閭里가俱空ᄒ고烟火가蕭條ᄒᆫ中에加之火賊이乘時作亂ᄒ야搶奪을恣行ᄒ되官民俱禁戢之策이全無ᄒ니可謂雪上加霜이라고ᄒ더라

◎傳說難信 傳說을得聞ᄒᆫ즉日前鐵原寶蓋山에셔日兵及義兵各數三百名이互相交戰ᄒ얏다ᄂᆞᆫ듸彼此間에死傷이甚多ᄒ다더라

◎西友紀念 本日은西友學會設立ᄒᆫ一周年紀念日인故로本日下午四時에一般會員이同會館에齊會祝賀ᄒ다더라

◎偸鍾詗探 再昨日下午三時에何許人이各首洗服ᄒ고彰義門外淨土寺에來到ᄒ야該寺鐘을偸去ᄒ얏ᄂᆞᆫ대現今北署에셔詗探中이라더라

◎錦山其人 南來人의傳說을聞ᄒᆫ則錦山郡主事金[illegible]薰氏ᄂᆞᆫ學校를設立ᄒ야敎育을발達케ᄒ더니陰曆月二十六日에義兵數百名이環衛猝入ᄒ야放砲衝突ᄒ야本郡取扱所與稅務署와日人家屋五座를延燒ᄒ고民家五六戶ᄂᆞᆫ連燒라本郡守은姑未赴任ᄒ고外他官屬도皆逃避ᄒ고郡民도四散ᄒ엿스되韓氏가熱心布喩ᄒ야義兵은自然退却ᄒ고日兵幾十名이來着ᄒ야警備甚凜ᄒ되實心交涉ᄒ야郡民을安堵케ᄒ엿다더라

◎漁船會社設立 韓國南岸諸島의富源을開發ᄒ기爲ᄒ야爲先各島嶼의交通ᄒᆯ目的으로釜山港을中心을삼고資本金一百萬圓을投出ᄒ야韓日兩共同流船會社를設立ᄒ라고政府에補助를請ᄒ고度支部와農商工部와統監府에請願中이라ᄂᆞᆫ대右발起人은岡十郞大池忠助迫間房太郞福田增兵衛等及韓人五六人이라더라

◎金氏被囚 元山港居金斗源씨가日本人의게鹽價推尋ᄒ로多年呼訴ᄒ더니日前警視廳에셔捉囚ᄒ얏다더라

◎滿人指導 三和港埠頭廳에셔思想이一新ᄒᆫ것은已爲揭載ᄒ얏거니와詳聞ᄒᆫ즉강俊石리珠佃兩人이頭領이되以後로極力指導ᄒᆫ故이라더라

◉地方消息

▲十二日尙州來報를據ᄒᆫ즉同日該郡化寧場에셔義兵三百名이會集ᄒ야日兵과戰鬪ᄒ얏ᄂᆞᆫ데義兵의死傷이四十名이發見ᄒ얏다ᄒ고

▲七日에楊根楡木洞附近에셔義兵七十名이日兵을遭遇ᄒ야交戰ᄒ다가義兵은北方으로退却ᄒ고日隊ᄂᆞᆫ八日에該附近山頂을占領ᄒ고交戰ᄒ니夜에麟蹄를占領ᄒ얏ᄂᆞᆫ[illegible]에셔義兵二十名과交戰ᄒ얏고十日該郡九萬里附近에셔義兵約二百名과交戰ᄒ다가義兵은原州方面으로退却ᄒ얏다ᄒ고

▲十日驪川東方約十里渡附近에셔義兵約七十名이日守備隊로一時間을交戰ᄒ다가義兵은松亘里山中으로退却ᄒ엿다ᄒ고

▲十二日발春川을發ᄒᆫ則六日該郡[illegible]에셔義兵이日兵과交戰ᄒ다가義兵을退却ᄒ고또九萬里附近에셔義兵五百名이在ᄒ고同邑內에義兵五十名이宿泊ᄒ다가日兵과衝突ᄒ얏ᄂᆞᆫ대死傷이有ᄒ다ᄒ고日兵이民家二十餘戶를衝火ᄒ얏고原州附近에셔義兵三百名과交戰ᄒ얏다ᄒ고

▲十二日安山附近에셔義兵과日兵이忽然相遭ᄒ야二時間을交戰ᄒ다가義兵은退却ᄒ얏다ᄒ고

▲十日永春郡內西面威谷里에集合ᄒᆫ義兵二百名內에解散兵이多이혼雜하얏ᄂᆞᆫ데日警部一行과交戰二時間ᄒᆫ後에義兵은退却ᄒ고日警部ᄂᆞᆫ民家二十戶를燒하얏다더라

北京通信

十月[illegible]日發

◎試驗發表 外國留學生의試驗成績을發表ᄒ얏ᄂᆞᆫ데最優等은七名內에一名이오優等은十七名內에十二名이오中等은十四名內에十[illegible]名인대[illegible]生과美國留學生이出身ᄒ얏다더라

▲重陽把樽▼

▲政界風雲이變動ᄒ다ᄂᆞᆫ說이紛紛ᄒ더니近日新聞을據ᄒᆫ즉東京[illegible]政治進行上으로二三大臣이更迭ᄒᆯ가決定이되얏다ᄒ얏스니必是苗脈이不無ᄒᆫ것이로고

▲漢城內에ᄂᆞᆫ一進會가所産이오京畿諸道에ᄂᆞᆫ義兵이所産이오西北諸道ᄂᆞᆫ學校가所産이라하니三種所産이國家에利害關係가如何ᄒᆫ대畢竟學校所産이有益ᄒ지

▲日本人田渡茂治ᄂᆞᆫ東京施工廠에職工으로保險金三百圓을欲取ᄒ야該廠에一度放火ᄒᆫ事가有ᄒ더니大抵人類가되야義理를喪失ᄒ고利慾만縱肆ᄒ면危險ᄒᆫ性質이毒蛇猛獸보다尤甚ᄒᆫ거시니所以로人民을敎育ᄒᄂᆞᆫ者가德義로써根本을삼지아니ᄒ면비록一時富强ᄒᆫ效를得ᄒ나長久ᄒ지못ᄒ나니國民敎育의責任을擔荷ᄒᆫ者가엇지不審이리오

▲近日學部官制가變更된다ᄂᆞᆫ說이一層紛紛ᄒ야一問題가成ᄒ얏고且軍部와漢城府가廢止된다ᄂᆞᆫ說이擧世喧藉ᄒ야一疑問이되엿스니韓國의官制를變更ᄒ고廢止ᄒ고多ᄒ니餘存이幾何오

▲韓國이今日至誠ᄒ고[illegible]도際[illegible]國家의經濟가極히困難ᄒ야[illegible]餘가日在ᄒ되乃國財政이落湯ᄒ야借款問題가又出ᄒ니此亦大韓世界에一大尾閭穴이로다

▲[illegible]江西學校聯合大運動[illegible]學徒가다宿綿으로組織ᄒᆫ衣ᄂᆞᆫ土로染色ᄒ야洋服과帽子를製着ᄒ얏ᄂᆞᆫ데其品이甚好라ᄒ니此亦全國學徒의模範이될만ᄒᆫ것이오

▲淸國에셔ᄂᆞᆫ改革政治를實施ᄒ야立憲制度가次第準備되ᄂᆞᆫ대近日에上下議院을設ᄒ다ᄂᆞᆫ說이又起ᄒ니此亦東洋의好消息이로고

天氣與報

[illegible]十五日 晴暘ᄒ겟고午後[illegible]西北風이吹ᄒ지

◉社告

地方各支社와僉人購覽員에게本申報配達이或滯留或遺漏가非一非再인바但以書辭通知가確據가無ᄒᆞ야郵便局交涉이難便ᄒᆞ니此後로ᄂᆞᆫ申報封皮에出付와收到日字印期限이遲隔者를摘拔聚合ᄒᆞ얏다가本社로委送ᄒᆞ심을爲要홈

大韓每日申報社

◉至急社告

美國湖濱市南西寺街一百二十五番共立館內崔有涉氏所送金額新貨一百五十二圓七十六錢은已爲領收이나何許事件으로送홈인지詳爲示明ᄒᆞ심을切望홈

大韓每日申報社

雜報

◉輪告文

敬告者ᄂᆞᆫ惟我韓이數千年東方禮義之國이라禮有一家之禮ᄒᆞ고禮有一身之禮ᄒᆞ며禮有一國之禮하며義亦然矣라禮者ᄂᆞᆫ物與行動으로示之ᄒᆞ고義者ᄂᆞᆫ物與心情으로表之ᄒᆞ나니然이나禮之中에待賓之禮가最重이오賓中에賓이最貴오外賓中皇室之賓이最爲重且貴焉ᄒᆞ니今此大日本國 皇太子殿下께옵셔臨御于我邦ᄒᆞ시니貴重之莫重홈은已無可言이어니와韓日兩國의友誼敦睦된不是라近間痛癢休戚을一切相關에開進前途가以是而漸明하야國家富强之本이由是而著되이오且以禮設로言之라도友邦이先之也오以答禮로言之라도此實一國之共同也오以酬義로言之라도亦一國之共同也라然則漢城은一國中央大都會居之首府也라故로我居民이共同合心ᄒᆞ야奉迎會를組織ᄒᆞ고若干儀節을準備ᄒᆞ고答禮酬之一表ᄒᆞᄂᆞᆫ微忱을表코ᄌᆞᄒᆞ노니國民이一心歡動ᄒᆞᄂᆞᆫ것이即國賓을歡迎ᄒᆞᄂᆞᆫ國光을表示홈이可ᄒᆞ기로玆에敬通ᄒᆞ오니漢城境內居民은勿論縉紳商民工民ᄒᆞ고陽曆本月十七日下午四時量에新鮮ᄒᆞᆫ衣冠으로各其洞々戶々와各其町脉에서整齊組合ᄒᆞ야鍾路商業會議所前으로會集ᄒᆞ오셔一齊히明燭提燈ᄒᆞ고同殿下御留所門에進行ᄒᆞ야歡迎禮를擧行ᄒᆞ심을敬要

隆熙元年十月十三日

大日本皇太子殿下奉迎漢城府民會々長 張憲植

旗와燈燭은本會에셔旣爲準備ᄒᆞ얏ᄉᆞ오니各其供給ᄒᆞ오리다

昨日의李能夏金容直鄭宜東等十二人이伊藤公爵의게公函ᄒᆞᆫ全文이如左ᄒᆞ니

敬啓者伏以當此列强爭雄之時代ᄒᆞ야貴國以東洋之先覺雖有保東之志扶植敝邦保證保全疆土可謂無限感謝矣夫何挽近以來貴府下僚或非其人對韓方針未能蔑善國務轉移太阿倒持於是爲八域人民疑惧萬端在々蜂起召兵募糧無處不然居民莫敢誰何之際貴隊ᄎᆞᆺ到其處謂之義兵根黨之地殺掠無辜燒滅家屋ᄒᆞ고奸婦女貴兵所過之處則義兵亦謂之外兵接待之里殘害莫甚若此不已哀我韓民必盡劉乃已可不大爲隱痛奢乎敝邦所謂內閣賣國之輩無知蔡謀朋比醜黨固不足道也今閣下既於開國之元勳何不思善畫解散之方策而不能行撫綏安戢之道乎竊爲閣下恥之益施杖於欲哭之兒迫逐於曉天之虎則能不啼乎能不噬乎竊惟世界之人得無所笑於閣下之一失乎仄聞貴隊偵探之際誤聽一進奸嗾之言而每多砲殺者且有名譽於鄕里者則ᄎᆞᆺ多無故被害者所以鎭定無日此無異於欲止火而添薪助桀而爲虐者也切宜所到之處但示兵威用以環三十里無人之計數示信義使之自歸解散而實施愛惜一不傷害亦不犯秋毫各自安業門自然感服必不期然而解矣且簡拔各地方有勢力德望之士及瑰偉秀穎之人隨才適而用之則亦可有共濟大事之道矣不此之爲但行殺戮之策則鎭定必無其日矣益行一不義殺一不辜古聖所戒則今此殺戮兩國之無數生命是豈忍爲之事乎如行屠戮之凶計而執迷不悟則豈不畏上天主宰之嚴臨乎能瞞過世界公眼之俱瞻乎幸幡然改圖無妄殺戮禁止衛火勿行抑制著示信義俾保元元則閣下名譽豈不益彰乎惟閣下三思之

◉藥明學校趣旨書

禮記에曰化民成俗이必由於學이라ᄒᆞ고中庸에曰天命之謂性이오率性之謂道요修道之謂教라ᄒᆞ고鄒經에曰英才教育이爲樂이라ᄒᆞ니是皆準備於後學之語也라盖學由於教ᄒᆞ고教立於性ᄒᆞ고性復於天은理之固然而惟天이至公無私ᄒᆞ시니豈有强弱貴賤異同之理哉아人之貴賤强弱이亶在乎學問發達이니現今列强之邦이皆以實學發明으로爲基礎而我國同胞則由於習尙이徒讀其書ᄒᆞ고未達其理ᄒᆞ야每每談頭於先覺者ᄂᆞᆫ實非才智之不及이라業後之不多也요全由於教育之無實地故也라所以로有志紳士가往往設校에我韓靑年이多有進就之漸이나然이나其或舊學者ᄂᆞᆫ自歸腐敗ᄒᆞ고新學者ᄂᆞᆫ自棄放浪ᄒᆞ야卒難進就故로大法國丁大人加彌로氏가特出高義ᄒᆞ야創設一校ᄒᆞ옵시新築校舍於藥峴ᄒᆞ고錫名藥明學校ᄒᆞ니顧名思義則藥石蘇病之義歟아厥藥명眩ᄒᆞ야使我全國으로日진開明則實學於錫名之義니豈不盛且盛哉아凡我同志君子ᄂᆞᆫ副其高義ᄒᆞ고贊成補助ᄒᆞ야期臻永遠擴張之地를千萬顒祝

課程表

漢文　地誌　歷史
筭術　理化學　經濟
中等修身學　英語
日語　論討　操體

藥明學校校長李鶴浩

◉宣倅興學　平安北道宣川郡守金鎭浩氏ᄂᆞᆫ一自赴任以後로時局急務를洞知ᄒᆞ고靑年教育에熱心ᄒᆞ야郡內各面에學校를廣設ᄒᆞ고各里々社錢과淫祠處基木을付于學校ᄒᆞ야校務를擴張ᄒᆞ얏다고西來人의稱頌이藉々ᄒᆞ더라

◉務勤尤命　三和港에셔近日에日倡夫가每夜에遊戲ᄒᆞᄂᆞᆫ대所謂行世者流가自己의婦人을率ᄒᆞ고觀光이沓至ᄒᆞ대埠頭廳의셔ᄂᆞᆫ一人도觀光ᄒᆞᄂᆞᆫ者가無ᄒᆞᆫ故로人々이稱頌ᄒᆞ더라

廣告

國債報償義捐金收入廣告

◉國債報償義捐金十月中本社收入總額每日逐号明細錄

●拾月十二日

第一五五八号龍宮南面浦內洞鄭氏門中 二十圜

計二十圜

十月十二日々지收入總額 七十九圜六十八錢

自四月至九月收入總額 五萬五千八百三十三圜七十三錢二厘

都總合五萬五千九百十三圜四十一錢二厘

●慶北龍宮郡南面浦內洞鄭氏門中

正言鄭玄謨三圜 通政鄭圭運
鄭寅滄 각一圜 鄭寅昭
五拾錢 鄭寅赫 鄭祐鎬
鄭寅禹 鄭應鎬 鄭教鎬
鄭寅회 鄭寅馨 鄭斌鎬
鄭寅周 鄭寅煥 鄭瑗謨
鄭致鎬 정圭尙 정昌鉉
鄭佐鉉 정啓鎬 鄭寅洙
鄭寅春 鄭寅元 정寬鎬
鄭寅恭 鄭文錫 鄭龍鎬
정佑鉉 鄭寅鐸 정寅운
鄭禹錫 鄭希鎬 정璨謨
정禹錫 각四拾錢 정元朝
정昌朝 정寅希 정夏謨
정世謨 정準謨 각卄錢
정寅哲 정寅暭 정寅大
정春碩 각卄錢 정善謨拾錢

合二拾圜

前號總合五萬五千八百九拾三圜四十一전二厘

都總合五萬五千九百拾三圜四十一錢二厘

◎特別廣告◎

國債報償金六個日所捧은姑未合計이고伊前日々지所捧總合五萬五千八百三拾三圜七拾三錢은電氣會社內銀行에貯置호얏슴고其貯置額中三萬二千三百圜은國債報償志願金總合所로越交홈

廣告

新刊書籍發售廣告

增修無冤錄大全 國漢文 定價金七拾五錢

大韓法規類纂洋裝 三圜九拾錢 郵稅四拾錢

初等倫理學教科書 二拾錢

初等衛生學教科書 拾五錢

國家學綱領 拾五錢

國民須知 八錢

獨習日語正則洋裝鄭雲復著 壹圜二拾五錢

發賣所 皇城布屏下 金相萬書舖

近々工業이漸隆호야**道路橋梁**新設及**山林田畓宅**垈等調査의關係時急키로本所と遠近을不拘호고以上諸測量及設計製圖等囑托의特히應호옵

京城西大門外南便第六家

土木測量設計囑託所

主任 金之煥 告白

越南亡國史 國漢文

定價貳拾伍錢

發賣所京城廣橋高裕相 鏡南鋪川郡禹時夏書舖

布屏下김相萬 告빅

▲乳母 廣求

두살된으히를젓먹일려인니조과은히업시집에와서유모노릇홀부인이잇거든 대한매일신보사회계과로와셔의론호시요

向者軍隊解放時에負傷將卒中에死者는已矣어니와折脛折臂折脚之人은命脉은尙存이나運動未由라該人等이將欲自裁호니令人鼻酸이라本人等이往見慰勞호고西醫에게以印度香도擬製費脚이온則八人의該費額이至爲三千五百圜之多인바一人助力으로難見奏效호와玆以廣布호오니望須慈善僉君子と勿拘多小호시고救恤金을寄付호와使陷死困臚로拯濟호심을爲要

隆熙元年九月日

發起人 정圭煥 윤泰勳 安重鎬 曹成煥

救恤金收合所 皇城新聞社 大韓每日申報社

出品人의姓名은新聞에廣告홈

本人이日本大阪商業家와特約호고日本內地産出各種物品과西洋各種物品及機械等物을我大韓에輸入과委托을便利케契約을맷스오니商工業에有意호신僉君子と菜物이든지請求코저호시거든本社로來議호시오 本社에서는手數料金만受領홈

興業社本店 開城北部詳洞

支店京城南門內水橋五十一統六戶 培養會社

全仁港內동廣濟號

瑞士建國誌

◉定價金 新貨十五錢

此書と政治小說이니志士의救國救民호と思想과人民의愛國心을養成하と데緊要호冊子오

發賣所

▲大韓每日申報社

▲仁川港栍峴 開新冊肆

▲中署布屏門下 金相萬冊肆

▲平壤城內烈女洞 教育書舖館

▲鍾路 古今書海館

▲洞口越便 中央書館

▲鍾路 大東書市

▲大廣橋 匯東書館

▲尙동 博文書館

▲開城 康助遐冊肆

新小說 愛國婦人傳

◉一冊定價金拾五錢 新鮮호圖本도具備홈

右冊은純國文으로世界에有名호法國婦人若安氏의愛國事蹟을譯出호얏스오니無論男女호고愛國性이有호신同胞と맛당이보실冊이오니陸續購覽호심을望홈

發賣所

▲皇城布屏下 金相萬書舖

▲南門內 博文書館

▲仁川 大韓每日申報支社

▲各地方 有名書店

中署澄淸坊黃土峴耆老所前第二十三統三戶

辯護士 李容成

辯護士 黃鎭菊

辯護士 安致潤

事務員 全奎[illegible]

事務員 殷勳

聯合法律事務所

大韓新地誌와地圖를今已竣工되얏스니購覽僉員은各발賣所로來臨覓去호시옵

大韓新地誌발賣所

中署寺洞三拾統二戶 漢陽書館

中署布屏門下廣學書舖

中署罷朝橋越便中央書館

大東寄宿舘

[illegible]

大東寄宿館長 鄭[illegible] 廣告

[illegible]

大東寄宿館 鄭漢植 告白

◎本社廣告

○申報價

一張代金 新貨二錢五厘

一個月前納 三十錢

三個月 九十錢

六個月 一圜七十錢

一個年 三圜四十錢

郵稅一個年 新貨五圜

一個月 十三錢

○廣告料

四号活字十三字詰每段尺一寸에新貨五十錢 (每日每行六전에相當홈)

二週日에 二圜五十錢 每日每行四錢五厘에相當홈

一個月에 五圜 (每日每行四錢一里에相當홈)

其期限의長短과字行의多寡를依호야增減홈이有홈

●大韓每日申報各處支社所

中署布屏門下 金相萬冊肆
平壤上水口門內 金浩濟
仝 崔觀植
仁川栍峴開新冊肆 李東浩
宣川邑隧寄冊肆 安濬
義州西門外호西 大藥局
釜山港佐川 徐藥局
三和港築洞 金元성
咸興南州社西門外 曺憲林
開城培養學校 姜助遠
大邱市廳 崔一弘
城津邑濟衆院 劉夢澤
鐵山邑東部 安立
元山倉前 劉七錫
海州南門內 朴昌鎬
定州宮門內書舖 洪成인
昌城郡校동 許鎬
郭山與岩 李鉉琨
安岳細동坊成동 康道善
博川舊津 李錫成
安州城西 金翼河
鐵原邑菜洞 趙鍾大
高原邑 朴敎吉
清州城內一徒里客舍洞高亨來
井邑邑內 李益來
泰仁邑內 金禹燮
扶安半浦 金鼎濟
京義線桃峴驛旁市 李基秀

大韓每日申報社

發行兼編輯人英國人 裵說

發行所 南署石井洞鐵外地三層洋屋 大韓每日申報社

大韓每日申報

第五卷

第六百卅九號

日曜及慶節翌日休刊

檀君開國四千二百四十年
箕子元年三千二十九年
大韓開國五百十六年
日本明治四十年
淸國光緖三十三年
陰曆丁未九月大初十日戊戌

論說

○英國領事館裁判

韓國京城一千九百七年十月十四日月曜

午前十一点에코리아데일니쓰와大韓每日申報의裴說氏가英國總領事코번氏前에進ᄒᆞ엿스니此ᄂᆞᆫ淸韓兩國에英人報紙를關係ᄒᆞᆫ樞密院新命令으로提起된何如罪過를答辨ᄒᆞ라ᄒᆞᆷ이라其罪過ᄂᆞᆫ英文報에九月三日과十日과十二日과二十一日과二十四日과二十六日과十月一日의發刊及韓文報에九月十八日과十月一日及八日의發刊ᄒᆞᆫ欄內에公衆平和를傷害ᄒᆞ며人民으로政府를逆起케激動ᄒᆞᆫ줄노理解ᄒᆞᆯ何如句項이有ᄒᆞᆷ이러라

코번氏가裁判官의資格으로被告의게說明ᄒᆞ되告訴된罪過를答辨ᄒᆞ야容許ᄒᆞ던지拒言ᄒᆞ며其餘에ᄂᆞᆫ右記何項의理由를報導ᄒᆞ며實證을擧ᄒᆞ라ᄒᆞ더라

裴說氏 此機에原告가爲誰인지可詢잇가

코번氏 美國總領事館에홈氏가爲其原告니라

裴說氏 홈氏가本人을告訴ᄒᆞᆷ에進行됨은本人이確然覺悟이나此罪를始起ᄒᆞᆷ은爲誰인지願知로이다

코번氏 此問辭ᄂᆞᆫ今不能答일ᄉᆡ或恐이로대後日에ᄂᆞᆫ可答이오但今次에ᄂᆞᆫ告訴를容許ᄒᆞ던지或否認ᄒᆞᆯ거시라若容許ᄒᆞᆯ진ᄃᆡ法廷에서即速判決ᄒᆞᆯ깃노라

裴說氏 本人은何樣으로던지其告訴를容許치안노이다

코번氏 然則原告홈氏여裴說氏의不服을開ᄒᆞ엿슨즉告訴罪過의實證을擧ᄒᆞ며裴說氏가右記兩報句項을발刊ᄒᆞ엿ᄂᆞᆫ지或발刊케ᄒᆞ엿ᄂᆞᆫ지表證ᄒᆞᆯ거시當行之務로다

홈氏 本人所知에裴說씨가該兩報의所有主요발行人이니이다

코번氏 有何實證耶아

홈氏 韓文報末에裴說씨가발行及編輯人이라ᄒᆞ고漢文으로記載ᄒᆞ엿나이다ᄒᆞ고該報紙를引出ᄒᆞ야名字를裁判官의指示ᄒᆞ다

코번氏 裴說氏가該報의所有主인줄을確知耶아

但確信ᄒᆞ나이다

漢文記名과確信外에有何他證耶아

裴說氏가該報가自己所有라고本人의게言及ᄒᆞᆷ이多有其機니이다

裴說氏 本人의發言이或可乎잇가

코번氏 然矣로다

裴說씨 本人이此問題에對ᄒᆞ야홈氏를但以領事로談話ᄒᆞ엿스니此ᄂᆞᆫ此狀에關ᄒᆞᆫ씨의證을容許ᄒᆞᆯ거신줄노不度ᄒᆞ며同씨의官人資格으로ᄒᆞᆫ如此談論은秘密之談이요公格上外에ᄂᆞᆫ同씨로本人이該報에所有主발行人됨을推測케ᄒᆞᆫ談話가無ᄒᆞ니이다

코번씨 홈씨여余願知ᄒᆞ노니此報紙를關係ᄒᆞᆫ與裴說씨談話를以官人資格으로行之耶아

홈氏 然ᄒᆞ니이다然이나領事館에서恒常ᄒᆞᆫ거시아니이다

코번씨 비說씨여此問題의談話를常以公格耶아

비說씨 報紙를關係ᄒᆞ야ᄂᆞᆫ然ᄒᆞ니이다然이나願加一言ᄒᆞ노니雖公格上談話에라도同씨로ᄒᆞ여금本人이該報에所有主발行人됨을信認케ᄒᆞᆫ디無ᄒᆞ고且本人이領事의게公格으로言及ᄒᆞᆫ거슬同씨가持ᄒᆞ야本人을敵ᄒᆞᄂᆞᆫ證據를作ᄒᆞ면此乃不公이니如此規擧이何處에던지或反ᄒᆞᆯ거시니이다公格上이아닌談話ᄂᆞᆫ本人이其不反對나然이나若此를容許ᄒᆞᆯ진ᄃᆡ我領事가本人의게一日은勸告者요他日은求罪者로이다

코번氏 홈氏여有何他證耶아

홈氏 未有로이다

런어監督이裁判官의要請을依ᄒᆞ야報導ᄒᆞ되同씨ᄂᆞᆫ漢城에久居人이라비說씨를親知ᄒᆞᆷ이頗多ᄒᆞᆫ바其日인바비說氏가該兩報所有主인줄을信認ᄒᆞᆫ다ᄒᆞ더라

비說씨 런어監督이本人이若非該兩報의有主兼발行人인줄을將許ᄒᆞᆯ진ᄃᆡ辨駁ᄒᆞᆯ道理가無ᄒᆞᆷ이라同氏가但以公衆意思로發言ᄒᆞᆷ이요實證이未有ᄒᆞ니이다

코번氏 此에對ᄒᆞ야ᄂᆞᆫ不必論이로다

비說氏 本人이多繁困惱를貽ᄒᆞᆫ가或恐이나然이나本人이法律學識이未有ᄒᆞᆷ이요法廷을犯ᄒᆞᆯ思想은無ᄒᆞ니若犯이면此ᄂᆞᆫ法律進行을不解ᄒᆞᆷ이니이다

코번氏 비說씨여法廷을不將犯耶아余ᄂᆞᆫ困惱를受ᄒᆞ러在此로다

其後에新報에句項을裁判官이閱讀ᄒᆞ야實證으로受容ᄒᆞ다

其餘報導ᄂᆞᆫ次号에揭載ᄒᆞᆯ깃노라

官報

◉號外 隆熙元年十月十四日

辭令

承寧府副總管朴齊武

解署理總管事務

◉第三千八百九十七號

隆熙元年十月十五日

◉宮廷錄事

表石所提調臣金宗漢謹 奏健元陵表石先爲竪立碑閣次第畢役綏陵表石亦旣竪立箭窓壁防俱已完築貞陵表石今方磨淨而齊陵碑閣建築 表石竪立與仁陵碑閣建築 表石竪立之吉日時令掌禮院斯速推擇何如謹上奏 奉旨依奏

掌禮院卿臣李重夏 奏因表石所 奏本仁陵表石竪立 碑閣新建吉日時令掌禮院推擇事 奏下矣吉日時令日官金東杓則碑閣新建始役陰曆九月初八日巽時定礎同日申時先定東礎表石竪立同月拾九日巽時立柱同月二拾一日卯時先立東柱上樑同日未時爲吉云以此日時擧行而先告事由祭始役日曉頭設行 祝文令侍講撰出何如謹上 奏 奉 旨依奏

掌禮院卿臣李重夏謹奏因齊陵表石所 奏本齊陵表石所竪立碑閣新建吉日時令掌禮院推擇事 奏下矣吉日時令日官金東杓推擇則碑閣新建始役陰曆九月十九日巽時定礎同日申時先定東礎表石竪立十月拾三日巽時立柱同日申時先立西柱上樑同月十四日巽時爲吉云以此日時擧行而先告事由祭始役日曉頭設行祝文令侍講撰出何如謹上奏 奉 旨依奏

掌禮院卿臣李重夏謹 奏卽接隆陵令韓昌履報則守僕李奎榮山直安千福入告內丁字閣奉排 神轝一件無乎云故卽爲奉審則如所告而蹤跡形便則或神門窓戶小裂拳出予且陵?甚爲驚悚守僕山直爲先嚴囚敢此報云矣莫嚴之地有此偸竊之變不勝驚悚 神轝卽爲改造令法部拿問定罪偸漢亦令法部入排當日入直齋官及守僕等幷令法部刻期詗捉照律懲辦何如謹上奏 奉旨 聞甚驚悚該犯令法部刻期詗捉入直齋官待審處之可也

敍任

任一等軍司 步兵正尉尹錫 仝 正尉鄭觀秀

任陸軍砲兵正尉 砲兵正尉金亨燮

任陸軍步兵正尉 步兵正尉李般相

任陸軍騎兵副尉

外報

◉軍艦新造 路透電을據ᄒᆞᆫ즉伊太利國海軍大臣은訪問者에게語ᄒᆞ여曰入戰鬪艦의後을新造ᄒᆞᆯ뎨라면一百?噸에達ᄒᆞᆯ이라ᄒᆞ니此大ᄒᆞᆫ海軍을建設ᄒᆞᆯ計畫으로提出ᄒᆞᆫ議論이라더라

◉貨物揚屋出火 神戶來電을據ᄒᆞᆫ즉山陽鐵道線大久保驛貨物揚屋에서出火ᄒᆞ야百八十噸貨物이燒却ᄒᆞ얏ᄂᆞᆫ뒤其損害ᄂᆞᆫ三萬元이나된다더라

◉移民問題의談判 倫敦電을據ᄒᆞᆫ즉加奈陀政府ᄂᆞᆫ勞動者事件으로以ᄒᆞ야該政府大臣레미갓구쓰씨를日本에派遣ᄒᆞ야移民制限을談判ᄒᆞ라ᄒᆞ얏다더라

◉禁烟令違反 北京電을據ᄒᆞᆫ즉昨年에禁烟令을發布ᄒᆞᆫ以來로旣히一年의荏苒ᄒᆞ얏ᄂᆞᆫ대容親王과肅親王과陸寶瀛과陳名侃과部察院都御史等諸씨ᄂᆞᆫ依然喫烟ᄒᆞ니此諸氏等을卽爲休職을命ᄒᆞ고特別히代理를置ᄒᆞ야事務를處辦케ᄒᆞ고該諸氏가自今爲始ᄒᆞ야迅速禁烟ᄒᆞ면現職에復케ᄒᆞᆫ다ᄒᆞ고禁烟定限은三箇月로ᄒᆞ고萬一其定限을違反ᄒᆞ면嚴罰에處ᄒᆞᆫ다ᄒᆞ얏다더라

◉度量衡制定 北京電을據ᄒᆞᆫ즉度量衡은本來一定의式이有ᄒᆞ얏스나漸次舊例에違ᄒᆞ고公私에濫用ᄒᆞ야官民의出納과商賈貿易에貽害ᄒᆞᆷ이不少ᄒᆞ고不正의徒가此로써暴利를貪ᄒᆞ야官民商賈가其累를被ᄒᆞᄂᆞᆫ지라故로農工商部와度支部로ᄒᆞ여금六個月內에度量衡을一定ᄒᆞ야商業民生에便利케ᄒᆞ라ᄒᆞ엿다더라

◉間島問題議論 北京電을據ᄒᆞᆫ즉滿洲吉林巡撫ᄂᆞᆫ間島問題에對ᄒᆞ야長文의意見書를提出ᄒᆞ고目下議論中이라더라

◉聯絡協議 大連電을據ᄒᆞᆫ즉滿洲鐵道와東淸鐵道의聯絡에關ᄒᆞ야協議를開ᄒᆞᆫ다더라

◉印度饑饉 倫敦電을據ᄒᆞᆫ즉本年印度의收穫이不宜ᄒᆞᆫ대其範圍가廣大ᄒᆞ니今으로大救助를要ᄒᆞᆯ터이라더라

◉墺國皇帝訪問 伯林電을據ᄒᆞᆫ즉西班牙國王알폰쓰第十三世ᄂᆞᆫ皇后와同列로十月十八日에墺國皇帝를訪問ᄒᆞᆫ다더라

雜報

◎幸行時刻 本日에 大皇帝陛下께옵서仁川港 幸行ᄒᆞ옵시ᄂᆞᆫ대出宮時刻은上午十一時三十分이오還 御時刻은下午三時三十分이오 皇太子殿下께옵서仁川港에行啓ᄒᆞ옵시ᄂᆞᆫ데出 御時刻은上午十一時十五分이오還 御時刻은下午四時三拾分이라더라

◎勅任祗迎 本月十六日日本皇太子殿下御着時에 大皇帝陛下와 皇太子殿下께옵서御乘玉車ᄒᆞ옵시고仁川에幸行ᄒᆞ옵실時에勅任官以上이南大門外停車場에셔祗迎ᄒᆞ라고內閣에셔各部에輪牒ᄒᆞ얏더라

◎永宣君謁見 永宣君李埈鎔시가昨日下午二時에詣闕陛見ᄒᆞ얏다더라

◎學徒祗迎 大皇帝陛下께서와 皇太子殿下께옵서仁川港에 幸行ᄒᆞ시ᄂᆞᆫ대各官私立學校生徒가上午十時에大漢門前에進往ᄒᆞ야祗迎ᄒᆞᆫ다더라

◎國旗繕給 日本皇太子殿下入城時에各官私立學校門前에韓日兩國々旗를交揭ᄒᆞ되各旗ᄂᆞᆫ學部에셔繕給ᄒᆞᆫ다더라

◎兩大主管 經理院所關各驛屯土收稅委員을派送ᄒᆞ되京畿道忠淸南北道와慶尙南北道ᄂᆞᆫ總理大臣李完用시가主管ᄒᆞ고其外江原道黃海道와平安南北道ᄂᆞᆫ農大宋秉畯시가主管ᄒᆞ기로決定ᄒᆞ얏다더라

◎委任總理 宮內府大臣李允用시가該府所關一般官職任免과宮中要件을一齊히總理大臣李完用시의擔着ᄒᆞ고自己ᄂᆞᆫ不知라ᄒᆞ더라

◎四大臣職 前軍大趙義淵前內大俞吉濬前法大張博正二品金春熙四시가特進官을被任ᄒᆞ얏더라

◎入城과歸國期 日本皇太子께서明日入城ᄒᆞ야幾日間遊覽ᄒᆞ시고二十日頃에歸國ᄒᆞ신다더라

◎改部爲局 統監府에셔각府部院廳官制를改定ᄒᆞᆫ다홈은屢次揭報어니와變更ᄒᆞ얏다ᄂᆞᆫ說을漏聞ᄒᆞᆫ則각府部局課長의名稱ᄂᆞᆫ仍舊置之ᄒᆞ고書記郞은局一字로ᄒᆞ얏다ᄂᆞᆫ데李局金局朴局이라고名稱ᄒᆞᆫ다ᄂᆞᆫ說이有ᄒᆞ더라

◎修築費額 日本皇太子께서仁川港에到泊ᄒᆞ야下陸ᄒᆞᄂᆞᆫ昇降場을埠頭에修築ᄒᆞᄂᆞᆫ데該費額이五千六百圜에達ᄒᆞ얏다더라

◎海署署理 海州觀察使朴彛陽시가昨日法部로電報ᄒᆞ되宣諭次로발行이온데判事署理를參書官으로認可ᄒᆞ야該裁判所로回電ᄒᆞ라ᄒᆞ얏더라

◎學大勸勉 學部大臣李載崑시가再明日上午十時에徽文義塾에前往ᄒᆞ야一般學徒의게勸勉ᄒᆞᆫ다더라

◎勅任參宴 統監府에셔各府部院廳에請牒ᄒᆞ되今十八日日大皇太子御宴時에勅任官만來參ᄒᆞ라ᄒᆞ얏다더라

◎大禮服進參 統監府宴會에勅任官만請牒ᄒᆞ얏다ᄂᆞᆫ說은前項과如ᄒᆞ거니와厚祿古套ᄂᆞᆫ勿施ᄒᆞ고新裝大禮服으로進參ᄒᆞ다더라

◎宣使威儀 江原道觀察使黃鐵시가該道宣諭使洪祐晳써를論駁ᄒᆞ야再次內部로報告ᄒᆞ얏ᄂᆞᆫ대其報告辭意ᄂᆞᆫ宣諭使라ᄒᆞᄂᆞᆫ거슨人民을曉諭ᄒᆞᄂᆞᆫ目的이어날威儀만張大ᄒᆞ야四人轎을乘ᄒᆞ고追從四十餘名을率ᄒᆞ고所過郡面에人民이驚惶罔措ᄒᆞ야擧皆逃避ᄒᆞᆫ의宣諭使에目的이아니오討捕使의行爲와如ᄒᆞ다고東來人에傳說이有ᄒᆞ더라

◎民會公函 昨日漢城府民會에셔警視廳에公函ᄒᆞ되日本皇太子奉迎時에各署人民을一千名式指揮從送ᄒᆞ라ᄒᆞ얏다더라

◎新府尹說 東萊府尹김敎獻시ᄂᆞᆫ免官되고其代에ᄂᆞᆫ前留學生監督韓致愈시가被任ᄒᆞᆫ다ᄂᆞᆫ說이有ᄒᆞ더라

◎仁港火變 再昨日下午四時에仁川港日本人居留地에셔出火ᄒᆞ야長屋三軒이連燒ᄒᆞ얏다더라

◎舍音幻弄 各宮庄土가供進所로合附ᄒᆞᆫ後에該所委員金容濟시가各舍音을納賂ᄒᆞ야挾雜이多端ᄒᆞ다ᄂᆞᆫ巷說이喧藉ᄒᆞ더라

◎澁谷歸國 學部에澁谷事務官이家事上事務를因ᄒᆞ야日間日本에前往ᄒᆞᆫ다더라

◎兩察巡諭 光州觀察使金奎昌시ᄂᆞᆫ管下各郡宣諭次로三日에出發ᄒᆞ고咸北觀察使尹性普시ᄂᆞᆫ十一日에각郡宣諭次로出발ᄒᆞ얏다고內部로電報ᄒᆞ얏더라

◎職名還收 景恩君李載崐은蹤跡이陰秘ᄒᆞ고和應匪類ᄒᆞ니職名을先爲還收ᄒᆞ라고 詔勅이下ᄒᆞ셧더라

◎珍守請願 珍嶋郡守李秉化씨가身病으로前月兩次請願에一次ᄂᆞᆫ還封ᄒᆞ고一次ᄂᆞᆫ至今無還封無奏免이기로數써가請願書를內部에提出後에ᄂᆞᆫ民訟을不受ᄒᆞᆫ다더라

◎三日請用 日本陸軍省에셔屬員으로使用ᄒᆞ든秋本篤助와加賀美國光과下田一喜等三人은皆有確實ᄒᆞᆫ人物이니適當擇所에採用ᄒᆞ라고該三人의履歷書를粘付하야統監府에셔法部次官에게公函ᄒᆞ얏다더라

◎請願決心 珍嶋郡郵便取扱所主事趙政權씨가不遠間請願上京ᄒᆞ기로決心ᄒᆞ얏다더라

◎視之何益 咸興府東門樓를日本人松淸이가得認許ᄒᆞ고毁撤ᄒᆞᆫ다ᄂᆞᆫ事로該觀察使가內部에報告ᄒᆞ야自部로初無認許ᄒᆞ얏다ᄂᆞᆫ事ᄂᆞᆫ已爲前報어니와該門樓ᄂᆞᆫ已爲毁撤ᄒᆞ야材與瓦ᄂᆞᆫ即爲執留ᄒᆞ고京調을騰本粘附報告하라고該道觀察使韓甬奎시가內部에報告ᄒᆞ얏다더라

◎期圖解散 淸州靑川面等地에義兵魁首韓百源은自稱栗州隊라ᄒᆞ고任成準은自稱利川隊라ᄒᆞ야聯合屯聚ᄒᆞ야洋銃携帶者가居半이오鳥銃携帶者가居半인대宣諭使李舜夏시가期圖解散次로該郡에留連ᄒᆞᆫ다고內部에報告ᄒᆞ얏다더라

◎寺鐘還覓 白蓮寺鐘을賊漢이偸去ᄒᆞ얏다ᄂᆞᆫ說은前報에揭載ᄒᆞ얏거니와該寺僧徒數十名이舞鶴峴上에把守ᄒᆞ얏다가日人二名이該鐘을荷車에載來ᄒᆞ거ᄂᆞᆯ僧徒가一齊히協力推覓ᄒᆞᆫᄃᆡ日人賊漢이拔劍揮走ᄒᆞ야不得捕捉ᄒᆞ얏다더라

◎河東義擾 河東郡岳陽面花開面에義兵이屯聚하야富民에게錢穀을勒討ᄒᆞᆷ으로民難支保ᄒᆞ야皆口ᄂᆞᆫ各其親疎대로避接ᄒᆞ얏다더라

◎五囚執刑 監獄署에被囚ᄒᆞ얏던强盜罪人朴燦玉孫致認朴昌洙安景三朴昌喜等五名을昨日上午十一時에處絞執刑ᄒᆞ얏ᄂᆞᆫ디漢城裁判所檢事李啓雨시가參觀ᄒᆞ얏다더라

◎安養戰說 三昨日ᄒᆞ安養停車場에셔十里許되ᄂᆞᆫ安山郡時村等地에셔義兵과日兵이交戰ᄒᆞ야義兵八名이被害ᄒᆞ고義兵은散走ᄒᆞ얏다더라

◎韓人救日火 三和港에셔拾月二日夜에日人家屋에서발火ᄒᆞ여火焰이衝天ᄒᆞᄂᆞᆫ대龍井埠頭廳에셔永龍機을持往ᄒᆞ야極力消防ᄒᆞᆫ故로他處에不延ᄒᆞ고即時消防ᄒᆞ야火焰中에셔日人을救濟ᄒᆞ니人々이稱頌不已ᄒᆞ더라

◎廢校可歎 槐山郡普明學校ᄂᆞᆫ設立ᄒᆞᆫ지數年에其間屢折이多有ᄒᆞ야尙不成樣터니今年春에校長洪範植氏와總務李觀晩氏와本郡紳士李珪承氏가現今時代에敎育이不振ᄒᆞᆷ을慨歎ᄒᆞ야不惜勞苦ᄒᆞ고熱心贊成ᄒᆞ서敎場을擴張ᄒᆞ며任員을組織ᄒᆞᆫ미遠近多士가과糧負笈ᄒᆞ고日々雲集ᄒᆞ야敎場이不能容ᄒᆞ더니不幸히時擾로ᄒᆞ야[illegible]後生徒가一四散ᄒᆞ야更히國家의期望이屬ᄒᆞᆫ故로以ᄒᆞ所料로ᄂᆞᆫ廢校ᄒᆞᆫ境界를難免ᄒᆞ니有志人士에可惜可歎ᄒᆞᆫ비라더라

◎牛鬪致斃 三井物産會社에셔日人이蔘根을契約買去ᄒᆞᆫ다ᄒᆞᆷ은已揭ᄒᆞ얏거니와該蔘을本月拾二日에日人이輸出ᄒᆞ랴다가因雨未果ᄒᆞ얏고十二日에牛二隻으로輸出ᄒᆞᆯ際에兩牛相鬪ᄒᆞ다가一匹이力不能敵ᄒᆞ야避走陷井에因ᄒᆞ야致斃ᄒᆞ고追後一匹도亦爲陷井而死ᄒᆞ얏ᄂᆞᆫ데此事由를聞ᄒᆞ야蒸蔘事務를一日停止ᄒᆞ얏다고蔘政檢察官邊永鎭시가農商工部에報告ᄒᆞ얏더라

◉地方消息

▲水原日守備隊報를依ᄒᆞᆫ즉安山에派送ᄒᆞᆫ下士斥候와義兵二十名이十二日에二時間을交戰ᄒᆞ다가義兵이退去하얏ᄂᆞᆫ디十四名이被害ᄒᆞ얏다ᄒᆞ고

▲十四日발忠州電을據ᄒᆞᆫ則再昨日槐山郡七星嚴에셔義兵三百四十名이日兵을遭遇ᄒᆞ야約四時間을交戰ᄒᆞ다가義兵이退却하얏ᄂᆞᆫ대兩陣死傷이有ᄒᆞ다ᄒᆞ고

▲拾四日발鳥致院電을據ᄒᆞᆫ즉十三日淸州守備隊가該郡西南高地에셔義兵約一百餘名으로交鋒ᄒᆞ다가義兵은懷恩方面으로退去ᄒᆞ얏ᄂᆞᆫ데二名이被害하엿다더라

東京電報

拾四日發 統監府通信管理局에셔ᄂᆞᆫ今回東宮殿下行啓紀念ᄒᆞ기爲ᄒᆞ야菊花章을申請中인데本日에許可ᄒᆞᆯ터이라더라

路透電報

십五日발 太平洋艦隊의先驅로서裝甲巡洋艦데네시号華盛頓共一萬五千噸商艦隊ᄒᆞᆷ平돈로쓰를발ᄒᆞ야來春二月에桑港에着ᄒᆞᆫ다더라

秋來奇聞▼

▲世界萬國이다平和를希望ᄒᆞ고安樂을祝願ᄒᆞ기로大同一致ᄒᆞ거ᄂᆞᆯ現今西洋에ᄂᆞᆫ波斯와摩洛哥에不穩ᄒᆞᆫ狀態가有ᄒᆞ고東洋에ᄂᆞᆫ淸國廣西省과韓國隣部에擾亂이不息ᄒᆞ니世界人類가平和安樂을何日에나享有ᄒᆞᆯᄂᆞᆫ지

▲近日韓廷에셔百度를改革ᄒᆞ야維一政治라ᄒᆞ면서各官廳을廢止ᄒᆞ기로爲主ᄒᆞ야또經理院을廢止ᄒᆞ기로日昨內閣會議에決定ᄒᆞ엿다ᄒᆞ니韓廷大臣은各官廳을廢止ᄒᆞᄂᆞᆫ것슬維新政治로知ᄒᆞᄂᆞᆫ지

▲驛屯土ᄂᆞᆫ度支部에附屬ᄒᆞ고收租官은度支部에셔十三道에依前히差出ᄒᆞᆫ다ᄂᆞᆫ데該稅納은日本人이監察케ᄒᆞᆫ다ᄒᆞ니韓國官吏ᄂᆞᆫ該項稅納을掌理ᄒᆞᆯ이絶ᄒᆞ야그러ᄒᆞᆫ지無論大少稅額ᄒᆞ고日人手中에歸入ᄒᆞ니韓國官吏ᄂᆞᆫ用之何處오

▲統監府副統監의服裝及帽子의制度를改良ᄒᆞᆷ으로內閣에請議ᄒᆞ엿다니改良ᄒᆞᆫ리何如ᄒᆞ던지[illegible]改定ᄒᆞ려니와[illegible]改良ᄒᆞ[illegible]維新政治中第一[illegible]事項인지

▲[illegible]閣下顧問官[illegible]에一進[illegible]을[illegible]ᄒᆞ야[illegible]排斥ᄒᆞ야若楚越ᄒᆞ더니[illegible]議會에셔勢[illegible]이[illegible]顧問官가一進會員仕宦提議ᄒᆞ[illegible]ᄒᆞ고自請入會ᄒᆞ[illegible]之ᄒᆞ니顧問官諸曾中[illegible]仕宦之慾뿐이로다

▲元老[illegible]시가歡迎會를組織ᄒᆞ야紳士會를設立ᄒᆞ고[illegible]府部[illegible]判任官에게公函ᄒᆞ[illegible]ᄒᆞ야贊成을請求ᄒᆞ[illegible]會[illegible]가二圜式月俸中으로[illegible]出케ᄒᆞ엿ᄉᆞ니判任官의[illegible]으로[illegible]를出捐ᄒᆞ기가엇지困難치아니ᄒᆞᆯ가

▲여보[illegible]賊漢이跋扈ᄒᆞ던洋服이[illegible]許多ᄒᆞ든죠켄일[illegible]洋服을着ᄒᆞ고구두바닥[illegible]短杖을揮ᄒᆞ고실죽鏡을着ᄒᆞ고[illegible]開明ᄒᆞᆫ標準으로知ᄒᆞ얏더니賊漢이[illegible]混雜ᄒᆞ니洋服도알슈업소그런게안이오開明目的이洋服에잇슴닛가잇소

天氣預報

▲十月十六日 午前ᄂᆞᆫ晴ᄒᆞ고午後ᄂᆞᆫ曇ᄒᆞᆯ지

●至急社告

美國湖[illegible]市南西寺街一百二十五番 共立館內 崔有涉氏所送金額新貨一百五十二圓七十六錢 已爲領收이나何許事件으로送ᄒᆞᆫ인지詳爲示明ᄒᆞᆷ을切望ᄒᆞᆷ

大韓每日申報社

雜報

●大邱私立壽昌學校趣旨書

今之說學校說敎育者曰舊學은無用이오新學是務라ᄒᆞ니度今之時ᄒᆞ고觀今之勢ᄒᆞ면其言이未始不可ㅣ니然抑又潛揣其學校之大抵ᄒᆞ고細究其敎育之本旨ᄒᆞ면舊學을不可以卒歸於無用而徒使新學으로斷爲舊學之背馳而乃謂之新學之得則吾不信矣오又或好舊惡新者有不悟之患則亦執迷之甚也라

蓋隨時而變은聖賢之訓也라時至而不變이면是는天無四時之序而人無進退取舍之謂也라然則變處變者는新也오守處守者는舊也라舊無新則蒙也오新無舊則偏也니偏而無根本之固則不可謂之開發成就之來也오蒙而無發悟之漸則是即黑洞々不知東西者也라

又然則新不可以無舊而舊爲新學之根本이오舊不可以無新而新爲舊學之開蒙이라夫所謂新舊二學者相表裏爲名實然後에乃可得學問之要而不失其文明敎育之本旨也라益學校設立之爲有國大政者何時不然而値如今時局則尤當丙々也은尤當汲々也라所以綸勅이屢降ᄒᆞ시고職之網飭이申複不已者는欲使開悟民智ᄒᆞ고致吾國泰가知在乎敎育一路也라凡爲吾 王民者孰不爲感發流涕의抑鬱 聖意ᄒᆞ고俯從前道也리오本郡中舊有東西二齋ᄒᆞ니乃私塾也라原來是多民之合契成塾이已爲百年之久而尚文學養成之實이猶可稱私塾之優等矣러니際茲時移之來ᄒᆞ니物亦합隨而變이리오破一齋合設一校ᄒᆞ니名曰壽昌一校라ᄒᆞ고呈于學部ᄒᆞ야承蒙認許ᄒᆞ고用巨額ᄒᆞ야去其舊度ᄒᆞ고擴以新制ᄒᆞ니校樣爲煥然改觀이라一校之內에南北之堂을分爲新舊兩學而舊學敎師則弘博之士也라限以十五歲授以漢文諸科ᄒᆞ고新學敎師則外人也而大學卒業之博士也라語學與諸般新學을授以十五歲以上爲限ᄒᆞ니學規焉秩々有序ᄒᆞ야新舊學々徒之數가今爲百餘名而將來預算은必增加無量也라以今之所視記로는開蒙발英이頗有來望而校況之漸致興旺은惟在有志同胞贊成之有始終也라夫事之作이非難이라成之難ᄒᆞ고成之非難이라變易新舊의復至作成이實難也라是校也難爲衆人之私有나如無主管之熱心苦誠이면事復視今日之於然復興而特々爲敎育上一大好事業也리오其主管而爲終者는前司果徐與均前監察吳有昌前正校吳世麟前司果徐處般鄭來郁徐基夏也오作文而頌之者前主事徐恩綺也

●選擧開會　再昨日에去番歸國ᄒᆞᆫ兪吉濬氏等八시가東關內에人ᄒᆞ야選擧會를設ᄒᆞ얏다더라

●[illegible]島配逃走　黃州郡鐵島流七年罪人黃淸一流十五年罪人朴명來가陰八月二十五日에逃走ᄒᆞ얏다고該郡守韓貞奎시가法部에報告ᄒᆞ얏다더라

●李氏奬學　平安南道永柔郡居李基燦氏는國家急務가靑年子弟를敎育ᄒᆞᆷ에在ᄒᆞᆷ을知ᄒᆞ고本郡內李花學校에諸般事務를熱心勸勉ᄒᆞᆯ뿐더러逐日往校ᄒᆞ야公正ᄒᆞᆫ理談으로時々演說에生徒의智育을發達케ᄒᆞᆯ뿐不是라本郡居金光燁鄭日溫兩氏가學資가乏ᄒᆞ야不能就學ᄒᆞᆷ을可矜히녀여該兩씨를率來ᄒᆞ야衣之食之ᄒᆞ야入校修業케期成人材케ᄒᆞᆫ다고西來人이稱頌ᄒᆞ더라

●云無是事　本報第六百三十四號雜報란內官立請認이란題下에廣信商業學校에서經費窘絀ᄒᆞ야將次官立으로請認ᄒᆞᆫ다ᄒᆞᆷ은該校學員이初無是事라고本社에來辨ᄒᆞ더라

●初無聞知　紳士會發起事에對ᄒᆞ야前判書南廷哲시는初不聞知ᄒᆞᆫ事인대何許人이發起員으로偸名列書ᄒᆞ얏ᄂᆞᆫ지不知ᄒᆞ깃다고ᄒᆞ더라

廣告

國債報償義捐收入廣告

◎國債報償義捐金 十月中本社收入總額 每日逐号明細錄

◉拾月十四日

第一五五九號報恩郡南岳書齋 九圓三十錢
第一五六〇號德源赤田社新豊里 十三圓五十전
計二拾二圓八十錢
十月十四日ᄭᆞ지收入總額 一百〇二圓二十八錢
自四月至九月收入總額 五萬五千八百三十三圜 七十三錢二厘
都總合五萬五千九百三十六圜 二十一錢二厘

◉咸興德源赤田社新豊里
里首李淑儀 四拾錢 學議李師燮 二十錢 風憲金興漱 六拾錢 尊位安允洽 金辰五 金警旭 李鳳吉 金利鉉 姜弼成 李文五 金弼男 각二圓 池興龍 六拾錢 金潤遠 四拾錢 金昌彦 李斌 金仁學 各五拾錢 韓瑞國 崔潤萬 金永淸 金丕亨 金孟元 각廿錢
▲永登里寺洞
金大一 朴鼎浩 각四十錢
合拾三圓五拾錢

◉忠北報恩郡南岳書齋
李正雨 一圓 趙東咸 羅炳學 李春우 각五錢 朴來鉉 李憲誠 趙賢植 李鍾云 각卄錢 姜晩秀 金河鎭 金用熙 趙鍾植 金南龍 崔穆錫 金萬伊 林一喆 각卄錢 金赫東 金仁得 尹學成 各五十錢 趙鍾熙 四拾錢 趙광植 洪在喆 金癸得 李甲豚 池斗星 殷南極 盧秉默 각卄錢 二拾錢
▲岩洞
金學振 十錢
合九圓三拾錢
總合二十二圓八十錢
前號總合五萬五千九百拾三圜 四十一전二厘
都總合五萬五千九百三拾六圜 二十一錢二厘

◎特別廣告◎

國債報償金七個日所捧은姑未合計이고伊前日ᄭᆞ지所捧總合五萬五千八百三拾三圜七拾三錢은電氣會社內銀行에貯置ᄒᆞ얏삽고其貯置額中三萬二千三百圜은國債報償志願金總合所로越交홈

廣告

新刊書籍發售廣告

增修無冤錄大全 國漢文 定價金七拾五錢
大韓法規類纂 洋裝 三圓九拾錢 郵稅四拾錢
初等倫理學敎科書 二拾錢
初等衛生學敎科書 拾五錢
國家學綱領 拾五錢
國民須知 八錢
獨習日語正則 洋裝 鄭雲復著 定價二拾五錢

發賣所 皇城布屛下 金相萬書舖

近々工業이漸隆ᄒᆞ야**道路橋梁**新設及**山林田畓宅**地等調査의關係時急ᄒᆞᆫ故로本所에셔는遠近을不拘ᄒᆞ고以上諸測量及設計製圖等囑托의特히應ᄒᆞᆸ

京城西大門外南便第六家
土木測量設計囑託所
主任 金之煥 告白

越南亡國史 國漢文 定價貳拾伍錢

發賣所 京城廣橋高裕相書舖 鍾南鑄川郡禹時夏書舖
布屛下 金相萬 告白

向者軍隊解散時에負傷將卒中에死者는已矣어니와折腰折臂折脚之人이幸保餘命ᄒᆞ야尙存이나運動末由라該人等이將欲自殺ᄒᆞ니合人慘酷이라本人等이往見慰勞ᄒᆞ고西醫에게以印度會도擬製脚이온則八人의該費額이至爲二千五百圜之多인바一人助力으로難見奏効ᄒᆞ와玆以廣布ᄒᆞ오니望須慈善僉君子는勿拘多小ᄒᆞ시고救恤金을寄付ᄒᆞ와使殆死러人으로隆濟ᄒᆞ심을爲要

隆熙元年九月日
發起人 [illegible]煥 金[illegible]勳 安重鎬 曹成煥
救恤金收合所 皇城新聞社 大韓每日申報社
出금人의姓名은新聞에廣告홈

本人이日本大阪商業家와特約ᄒᆞ고日本內地產出各種物品과西洋各種物品及機械等物을大韓에輸入ᄒᆞ야委托을便利케契約ᄒᆞ얏ᄉᆞ오니商工業에有意ᄒᆞ신僉君子는某物이던지請求ᄒᆞ시거든本社로來議ᄒᆞ시오本社에셔는手數料金만受領홈

興業社本店 開城北部祥洞
支店京城南門內水橋五十一統六戶
協義會社 全仁港內洞廣濟號

瑞士建國誌

◎定價金 新貨十五錢

此冊은政治小說이니志士의救國救民ᄒᆞᄂᆞᆫ思想과人民의愛國心을發成ᄒᆞᄂᆞᆫ긴緊要ᄒᆞᆫ冊子오

發賣所
▲大韓每日申報社
▲仁川港[illegible] 開新冊肆
▲中署布屛門下 金相萬冊肆
▲平壤城內[illegible]女洞 敎育書舖
▲鍾路 古今書海館
▲洞口越便 中央書館
▲鍾路 大東書市
▲大廣橋 滙東書館
▲南署 博文書館
▲開城 康功道冊肆

新小說 愛國婦人傳

◎一冊定價金 拾五錢 新鮮ᄒᆞᆫ國本도具備ᄒᆞᆷ

右冊은純國文으로世界에有名ᄒᆞᆫ法國婦人若安氏의愛國事蹟을譯出ᄒᆞ얏ᄉᆞ오니無論男女ᄒᆞ고愛國性이有ᄒᆞ신同胞는맛당이보실書冊이오니陸續購覽ᄒᆞ심을望홈

發賣所
▲皇城布屛下 金相萬書舖
▲南門內 博文書館
▲仁川 大韓每日申報支社
▲各地方 有名書店

中署澄淸坊黃土峴者老所前第二十三統三戶
辯護士 李容成
辯護士 黃鎭菊
辯護士 安致潤
事務員 全[illegible]善
事務員 [illegible]勳
聯合法律事務所

大韓新地誌의地圖를今已竣工되얏ᄉᆞ니購覽僉員은各발賣所로來臨購去ᄒᆞ시옵
大韓新地誌발賣所
中署寺洞三拾統二戶 漢陽書館
中署布屛門下 廣學書舖
中署罷朝橋越便 中央書館

大東寄宿館

大東寄宿館長 鄭[illegible] 廣告

宿所를新設ᄒᆞ고學校를設立ᄒᆞ야本館에셔寄宿ᄒᆞᄂᆞᆫ學員의便利를圖ᄒᆞ고規則은館內에揭示ᄒᆞ얏ᄉᆞ오니有志僉君子ᄂᆞᆫ來臨ᄒᆞ시오 [illegible]

大東寄宿館 告白

本館에셔西洋各種衣服과毛物과靴子와日用雜貨等物을精美ᄒᆞᆫ品으로廉價發賣ᄒᆞ오니僉君子ᄂᆞᆫ陸續購求ᄒᆞ시기를望홈 [illegible]

本社廣告

○申報價
一張代金 新貨二錢五厘
一個月前金 三十錢
三個月 九十錢
六個月 一圓七十錢
一箇年 三圓四十錢
郵稅一箇年 新貨五圓
一個月 十三錢

○廣告料
四號活字十三字詰每日每行一寸에新貨五錢
(每日每行六字에相當홈)
二週日에 二圜五十錢
一箇月에 五圜
(每日每行四錢一厘에相當홈)
其期限의長短과字行의多寡를依ᄒᆞ야增減홈이有홈

◉大韓每日申報各處支社及總代
中署布屛門下 金相萬冊肆
平壤上水口門內 金浩洞
仁川港[illegible] 崔叙恒
宣川邑[illegible] 李東皓
義州西門外 安濬
釜山港佐川 大韓[illegible]
三和港[illegible]洞 徐潤局
咸興南[illegible]西門外 金元선
開城培義學校 曹喜林
大邱市[illegible] 姜助遠
[illegible]邑[illegible] 崔一弘
鐵山[illegible] 劉夢澤
元山倉前 安[illegible]
海州南門內 劉七錫
定州[illegible]門內 朴昌錫
晉城郡[illegible] 洪成인
郭山興岩 許[illegible]
安岳[illegible]坊成[illegible] 李銀瑞
瀋川[illegible] 原道善
安州城內[illegible] 李鎭成
鐵原邑[illegible]洞 金鳳河
高原邑 趙鍾大
濟州城內一徒里客舍洞 朴敎吉
井邑邑內 李益象
泰仁邑內 金國燮
扶安牛浦 金鼎濟
京義線[illegible] 李基秀
大韓每日申報社

發行兼編輯人 英國人 裵說
發行所 南署石井洞路外第三層洋屋 大韓每日申報社

第五卷 第六百四十號

大韓每日申報

月曜及慶節 祝時日休刊

檀君開國四千二百四十年
箕子元年三千二十九年
大韓開國五百十六年
日本明治四十年
淸國光緒三十三年
陰曆丁未九月大十一日己亥

論說

○英國領事館裁判

韓國京城一千九百七年十月十四日月曜

코번씨 홈씨여座下가大韓每日申報照譯三度를交付ᄒᆞ엿고且其告訴가英文報의句頃을最因홈을余亦注目ᄒᆞ엿노니此譯文이正確ᄒᆞᆫ줄을確信耶아

홈씨 否라未得確信이니다

코번氏 然則其何實證耶아

홈씨 리씨의據證이但有ᄒᆞ나이다

駐仁川英國領事리氏가進席ᄒᆞ야據證ᄒᆞ되裁判庭에付呈ᄒᆞᆫ該譯文이自己所述이오正確ᄒᆞ다ᄒᆞ며且同氏가韓文을英文으로正確히繙譯ᄒᆞ기에甚足ᄒᆞ다ᄒᆞ더라

코번씨 홈氏여據其告訴컨대裵說氏의發行ᄒᆞᆫ此兩報에今讀ᄒᆞᆫ句頃이公衆平和를傷害ᄒᆞᆫ矣ᄒᆞ다稱托ᄒᆞ엿스니如此稱言을證明ᄒᆞᆯ何如實證을可擧耶아

홈씨 本人이고맛氏를願請ᄒᆞ나이다

코번氏 고맛씨여余는貴下가統監府에一官人인줄을信認ᄒᆞ노라

고맛氏 然矣로이다

코번氏 貴下之在京城이幾久오

고맛씨 一年四個月이니다

코번氏 고맛씨여今此裵說氏를告訴홈에對ᄒᆞ야何如實證을給ᄒᆞᆯ깃나뇨

고맛씨 本人態度에關ᄒᆞᆫ辭를本人에必答ᄒᆞᆯ깃나이다

홈씨 爲先은該兩報에所稱句頃을成冊ᄒᆞ엿는지答述ᄒᆞ시오

고맛씨 英韓兩文報를俱讀ᄒᆞ엿나이다

홈씨 此國內現形을知悉ᄒᆞ엿나잇가

고맛氏 知悉ᄒᆞ나이다

홈氏 此現形을公將報導ᄒᆞ라나잇가

고맛氏 解散兵卒이政府를抗ᄒᆞ야叛亂을作홈으로生ᄒᆞᆫ困難及紊亂ᄒᆞᆫ形態니이다

코번氏 起擾의主意를說明ᄒᆞ온不適ᄒᆞ도다 고맛씨여

고맛氏 國內情形이如彼粗惡홈으로日本軍兵이韓國內日本官憲의訓示를依ᄒᆞᆫ總司令官의令으로暴徒를鎭壓ᄒᆞ러內地에派遣되엿나이다

此兵卒을何處로派遣ᄒᆞ엿나뇨

擾亂ᄒᆞᆫ南部地方으로派遣矣니다

京城에도何如ᄒᆞᆫ兵이在ᄒᆞ뇨

然矣니이다

幾何뇨

此問辭는不能答이니다

幾何로甚度ᄒᆞ나뇨

城內秩序를維支하기에足ᄒᆞ나城少ᄒᆞ더라도此에不下ᄒᆞ거슬確知치는못ᄒᆞ나信認ᄒᆞ나이다

城內에日人戶口가幾何뇨

本人의知에는萬戶니이다

고맛씨여此句頃의朗讀홈을聞ᄒᆞ엿스니對此說明ᄒᆞ려나뇨

本人이但略言ᄒᆞ노니本人所見에該兩報此句頃이平和를傷害홈이며且韓人部의對日惡感이此兩報로生ᄒᆞᆫ줄을感覺ᄒᆞ나이다

고맛씨여此로實證을作키不能일지ᄒᆞ노니事實을願得이오意思는不關ᄒᆞ오

홈씨 고맛氏여此惡感을諒解ᄒᆞ나잇가

고맛氏 然하오所親韓人의게聞ᄒᆞ미日本을不好홈을公然說明ᄒᆞ고且日韓官人及私人의게서聞하야此惡感이此兩報로生홈을感覺하나이다

코번氏 貴下의感覺이非實證이니由是로此說을不可受容이라但感覺이오不顧感覺ᄒᆞ오

고맛氏 然乎잇가然이나本人이聞ᄒᆞᆫ惡感의諸般報導가此兩報로連累ᄒᆞ엿나이다

코번氏 告訴된一句頃이日本皇太子의韓國遊覽을關係ᄒᆞ엿스니此遊覽을知悉ᄒᆞ나뇨

고맛氏 本人所知에今月十六日에將到韓國이니다

코번氏 大韓每日申報를讀ᄒᆞ는韓人이衆多ᄒᆞ뇨

고맛氏 然하니이다

코번씨 何以知之오

고맛氏 閱遊韓人이如此히言ᄒᆞ더이다

코번씨 特以言之면非自知오他人之言을聞홈이로다

고맛氏 然矣니다

코번氏 漢城內日兵의幾乎正確ᄒᆞᆫ員數를示ᄒᆞᆯ깃나뇨

고맛氏 軍隊가常時로離京ᄒᆞ고且營京ᄒᆞ니此는不能示니이다

코번氏 感謝ᄒᆞ오停止하옵시다

此後에午後를經하고下午二時十分에更設ᄒᆞ다

未完

官報

●第三千八百九十八號

隆熙元年十月十六日

敍任及辭令

新寧郡主事 寥在錫
興陽郡主事 申종休
依願免本官

免本官

陞從一品 正二品 閔廷哲
仝 仝 趙定熙
陞正憲 仝 趙同熙
陞從二品 承寧府侍從 李龍九
仝 制度局理事 俞致衡
仝 奎章閣直學士 張世基
仝 主殿院電務課長 徐相선
仝 正三品 金秉楣
仝 仝 許석
仝 內閣總理大臣秘書官 金明秀
仝 承寧府侍從 尹迪求
仝 正三品 趙變夏
陞正三品 宮內府秘書官 尹世鏞
仝 秘書監郎 吳在升
仝 奉常司典事 朴宗和
仝 六品 趙重鼎
仝 宮內府禮式官 李仁用
仝 侍從院侍從 金永甲
仝 六品 尹柱成
仝 奉常司典事 李善泳
仝 秘書監郎 許直弼
仝 六品 金炳星
仝 秘書監郎 李忠稙
仝 承寧府侍從 尹範植
仝 耆老所中直官 李國應
仝 六品 洪正희
仝 內閣書記官 魚용善
仝 修學院教官 嚴柱日
仝 內藏司檢查課長 金澤
仝 學部視學官 柳其泳
仝 侍從院侍從 朴華斌
仝 四品 吳영鐸
仝 六品 李相弼
陞崇祿 侍從院奉侍 金護定
陞從一品 仝 金洙瑩
陞嘉義 從二品 李復和
仝 仝 李漢稙
陞從二品 正三品 金錫禹
仝 仝 李周稼
仝 仝 黃軒柱
仝 仝 邊昌鎬
仝 仝 金其洙
仝 仝 安泰瑩
陞正三品 六品 金尙炒
仝 仝 李殷林
仝 仝 韓忠熙
仝 仝 鄭奎衍
仝 仝 李秀敏
仝 仝 金用려
仝 仝 崔圭鎰
仝 仝 李萬升
仝 仝 朴一潜
仝 仝 鄭海龍
仝 仝 明玉鼎
仝 仝 李復圭
仝 仝 柳浜鉉
仝 仝 宋世鏞

太醫院都提調勳一等閔泳奎
陞敍大勳賜李花大綬章
從一品永宣君李埈鎔
敍勳一等賜太極章
太醫院卿尹德榮
敍勳二等賜太極章
日本醫師佐佐木四方志
敍勳四等賜太極章

未完

外報

●殖民事務의兼察 淸國에서今番任命ᄒᆞᆫ各國憲法考察大臣三名中英國에派送汪大燮씨는英國植民事務도兼行考査ᄒᆞ게되얏다더라

●각大臣任命 北府電을據ᄒᆞᆫ則沈孝永씨愈稜二시英瑞氏를制定法律大臣으로任命ᄒᆞ야法律編纂ᄒᆞ는事務에從事케ᄒᆞ고張亨麟氏는都察院御史署理로管庭鶴氏는副都御史署理로任命ᄒᆞ엿다더라

●大使更迭 伯林電을據ᄒᆞᆫ則巴威國뮤닛구地에駐在ᄒᆞᆫ普魯士公使폴라데쓰씨는彼得堡駐箚德國大使에任命ᄒᆞ얏다더라

●佛國軍艦派遣 伯林電을據ᄒᆞᆫ則佛國內閣會議에서는摩洛哥國에派遣軍艦을召還ᄒᆞ고其代에小洋艦을派遣ᄒᆞ기로考慮中이라더라

●大統領物望 紐育電ᄒᆞᆫ則民主黨一派는식도選擧ᄒᆞᆯ大統領의前大統領읠넌씨의第三子제쓰월넌드氏로投票ᄒᆞ자는議論이盛行ᄒᆞ는대氏는年今四十九歲오工科에大學과法科의大學을卒業ᄒᆞ얏고名望이素著ᄒᆞᆫ이라더라

●漁民이大紛擾 大阪來信을據ᄒᆞᆫ즉神奈川在子安村漁民과生麥村漁民은海面漁場의境界로因ᄒᆞ야紛擾를起ᄒᆞ얏는ᄃᆡ兩處의意氣가益々猖盛ᄒᆞ야將次船合交戰ᄒᆞᆯ듯ᄒᆞ다더라

●伊國海軍費 伯林電을據ᄒᆞᆫ則伊太利國內閣會議에서는戰鬪艦四隻을新造ᄒᆞ기爲ᄒᆞ야二億磅을支出ᄒᆞ기로可決되얏다더라

●國教反對大會 倫敦電을據ᄒᆞᆫ則갈지무地方에서웰쓰國教反對大會를開ᄒᆞ고强硬ᄒᆞᆫ決議件을議決ᄒᆞ고 ... 一萬一千名이來集ᄒᆞ야示威運動을ᄒᆞ엿다더라

雜報

●駕由新路 昨日 大皇帝陛下께옵셔仁川幸行ᄒᆞ옵실제御路를南大門으로出御치아니ᄒᆞ시고城門의新作路로出駕ᄒᆞ옵셧더라

●諸官同車 大皇帝陛下게오셔昨日動駕ᄒᆞ실은別項과如ᄒᆞ거니와 陛下게오셔ᄂᆞᆫ先爲還駕ᄒᆞ옵시고 皇太子께옵셔ᄂᆞᆫ日本皇太子와車馬를同御ᄒᆞ시고統監府로臨御ᄒᆞ셧다가還宮ᄒᆞ셧다더라

●還宮路次 大皇帝陛下게셔昨日에動 駕ᄒᆞ실時에七閣洞口ᄂᆞᆫ로由ᄒᆞ셧고還宮ᄒᆞ실時에도ᄂᆞᆫ閣洞口ᄂᆞᆫ로返 駕ᄒᆞ시기로導 駕ᄒᆞ지先行ᄒᆞ얏ᄂᆞᆫ대前驅巡檢이七閣洞을經過ᄒᆞ야大觀亭前新作路로直向ᄒᆞ야逶迤이入來ᄒᆞ미 御車도該路로還駕ᄒᆞ오셧더라

●郡守決議 郡守現窠가四十餘窠인데去月曜日에各部大臣이內閣에會同ᄒᆞ야爲先二十窠만折衷奏本ᄒᆞ기로決議ᄒᆞ얏다더라

●改定頒布期 官制改定ᄒᆞᆫ다ᄂᆞᆫ說은已揭어니와官制改定頒布가日本皇太子回國ᄒᆞ신後에된다ᄂᆞᆫ說이有ᄒᆞ더라

●日隊陪衛 昨日上午十一時三十分에 大皇帝陛下께오셔와 皇太子殿下께셔出宮ᄒᆞ시ᄂᆞᆫ데近衛隊兵百餘名이大漢門前에셔羅立侍衛ᄒᆞ고南大門停車場에出駕ᄒᆞ실時에ᄂᆞᆫ日本騎兵隊만陪衛ᄒᆞ얏더라

●嘉猷補導 海豊府院君尹澤榮太醫卿尹德榮兩시가嘉猷嘉謨로 大皇帝陛下를極盡輔導ᄒᆞᆫ다더라

●日兵警衛 日本皇太子殿下入城ᄒᆞ실時에警衛ᄒᆞ기爲ᄒᆞ야昨日부터日兵十名式漢城各門누上에把守ᄒᆞ고五署內各坊曲에도一名式把守ᄒᆞ얏다더라

●國旗交揭 昨日은日本皇太子殿下께서入城ᄒᆞ시ᄂᆞᆫ데一般舖廛及臣民家에韓日兩國國旗를交揭ᄒᆞ야奉迎ᄒᆞᄂᆞᆫ意를表ᄒᆞ얏더라

●奔忙中休暇 昨今兩日은日本皇太子殿下奉迎之節에奔忙ᄒᆞ야各府部院廳에셔自然休暇ᄒᆞ얏다더라

●日醫來韓 日本醫士五百名이渡韓ᄒᆞ얏ᄂᆞᆫ대各地方에官許로醫舖을設始ᄒᆞ고營業資生케ᄒᆞᆫ다더라

●學徒祇迎 昨日官私立各學徒가 大皇帝陛下動駕出宮時에大漢門前에셔祇迎ᄒᆞᆫ다ᄂᆞᆫ說은昨報와如ᄒᆞ거니와祇迎後下午一時에官私立각學校學徒가一齊히學部에會同ᄒᆞ얏다가 大皇帝陛下와 皇太子殿下還宮及日本 皇太子殿下入城하시ᄂᆞᆫ데祇迎次로南大門으로進去ᄒᆞ야祇迎ᄒᆞ얏다더라

●提燈募民 本日民會에셔日本皇太子歡迎提燈ᄒᆞᆯ人千名을警視廳에請求ᄒᆞ얏다ᄂᆞᆫ說은已揭昨報어니와南署掌內民戶에만一千名을招送ᄒᆞᆯ터인데每戶一人式을本日下午二時에各所掌支所로送之ᄒᆞ라고指揮ᄒᆞ얏다더라

●海外有志 美國삭그라매ᄐᆞ地方에在ᄒᆞᆫ韓國人士들이桑港에셔發行ᄒᆞᄂᆞᆫ共立新報를더욱擴張ᄒᆞ기爲ᄒᆞ야捐金을募集ᄒᆞ야同社에送交ᄒᆞ얏다더라

●磨鍊困難 禮式課에셔日本皇太子接待等節을磨鍊ᄒᆞᄂᆞᆫ事에對ᄒᆞ야困難이莫甚ᄒᆞ다더라

●辭疏騰交 咸北觀察使尹性普氏의職辭疏草本을內閣에셔統監府로再昨日에騰交ᄒᆞ얏더라

●蔚倅請願 蔚珍郡守李啓復시가再昨日에請願書를內部에繕呈ᄒᆞ얏다더라

●別室宴會 宮內大臣李允用시別室이日前에自群山港으로上京ᄒᆞ얏ᄂᆞᆫ데金嘉鎭시別室과金珏鉉시別室과權益相시別室과池監理別室이각捐五百金ᄒᆞ고侍從副卿李會九시ᄂᆞᆫ一千兩을辦出ᄒᆞ야漢陽洞吳顯書시別室家에一大宴會를開設ᄒᆞ고李允用시別室을請邀宴待하얏다더라

●許시削階 內閣에셔奏本을上奏ᄒᆞ되漣川等地에前參贊許위가自爲匪魁ᄒᆞ야煽動愚民에汚辱國體ᄒᆞ니該品階ᄂᆞᆫ爲先削除ᄒᆞ고前期詗捉事奉 旨依奏ᄒᆞ얏다더라

●一進奉迎 一進會에셔南門內에日本皇太子奉迎門을宏傑建築ᄒᆞ고該會員들은其門前에셔羅立奉迎하얏다더라

●英校重建 私立東湖興英學校에셔學徒가日日增加ᄒᆞ미校舍가挾窄ᄒᆞ야該校舍을新建築ᄒᆞ기로該校을毀撤ᄒᆞ고日昨부터建築에着手ᄒᆞ얏ᄂᆞᆫ대該校舍竣工前에ᄂᆞᆫ校長鄭東昱시家로權設敎授ᄒᆞᆫ다더라

●軍物燒火 平南慈山郡慈母山城에積置ᄒᆞᆫ銃三千七百三十八柄과火藥二拾三箱子와邑內에在ᄒᆞᆫ銃五十三柄을日本警官이다燒火하고火藥四十箱子ᄂᆞᆫ水에投ᄒᆞ얏다가更히火藥庫에積置ᄒᆞ얏다고該郡守가內部에報告ᄒᆞ얏다더라

●犬種盡滅 大邱城內에셔日人一名이犬의咬를被ᄒᆞᆫ者가有ᄒᆞᆷ으로警視廳에셔城外城內에犬畜을沒數히업시ᄒᆞ라ᄒᆞ얏ᄂᆞᆫ대居漢을招致ᄒᆞ야十五日內로犬種을다업시지못ᄒᆞ면汝輩를懲役에處ᄒᆞᆫ다ᄒᆞ고巡檢을多派眼同ᄒᆞ야犬種을盡滅ᄒᆞ얏다고某新聞에揭載ᄒᆞ얏더라

●軍物移去 陽川郡舊軍物을仁川日駐隊에셔運去ᄒᆞ얏다더라

●반儒宿習 成均館西齋生李喆承시와東齋生張世昌시가五相談論ᄒᆞ다가宋允灌과許眉叟兩先賢의게有何語過이던지齋生들이通文을輪示ᄒᆞ고該兩人을逐出ᄒᆞ얏다더라

●因酒得金 延曙等地에셔數日前에勞動者一名이不勝酒力ᄒᆞ야如有痛聲이던지日巡査가適來見之曰此是虎列剌라ᄒᆞ야欲爲携昇而去어ᄂᆞᆯ勞動者曰我實無病이오酒之所使라ᄒᆞᆫ대巡査曰果若無病則與我로쓰름ᄒᆞ야君勝則賞與金五十兩을我當支給이오我勝則君之有病이分明하다ᄒᆞ거ᄂᆞᆯ勞動者가不得已與巡査로쓰름ᄒᆞ야盡力得勝ᄒᆞ엿더니該巡査가五十兩을如約出給ᄒᆞ얏다더라

●避病休業 公立平壤普通學校長田德龍시가學部에報告ᄒᆞ되現今虎列剌가漸熾ᄒᆞ야聽聞이悚懼ᄒᆞ옵고生徒의避病欠席과禁防區域內學徒의缺席이亦爲過半이옵기觀察使로相與妥議ᄒᆞ옵고目下情況을因ᄒᆞ야休日業이라ᄒᆞ얏더라

●日兵到着 三陟郡에日兵幾十名이到着ᄒᆞ얏다더라

●奉迎儀節

昨日南大門停車場構內奉迎節次

第一 南大門停車場奉迎者ᄂᆞᆫ左의資格이有ᄒᆞᆫ者에限ᄒᆞᆷ

一 韓日親任官
一 韓日高等文官及其待遇者
一 韓日高等武官
一 外國領事
一 貴衆兩院議員
一 民長民會議長及韓日商業會議所會頭
一 從六位勳六等以上
一 各宗派代表者

第二 構內奉迎者ᄂᆞᆫ大禮服이나相當ᄒᆞᆫ制服이나又燕尾服에禮帽를着用ᄒᆞᆷ

第三 構內奉迎者ᄂᆞᆫ左와如히注意ᄒᆞᆷ이可ᄒᆞᆷ

一 貨物取扱所前에設ᄒᆞᆫ構內奉영入場入口로ᄒᆞ야指定ᄒᆞᆫ位置에就ᄒᆞᆯ事
但其位置ᄂᆞᆫ票札을立ᄒᆞ야此를示ᄒᆞᆷ
一 奉영場入口에ᄂᆞᆫ警察官及鐵道員을配置ᄒᆞ얏스니制服을着用치아니ᄒᆞᆫ構內奉영者ᄂᆞᆫ入口에셔名刺를差出ᄒᆞᆯ事
一 奉영者ᄂᆞᆫ入口에셔下車ᄒᆞ야其馬車ᄂᆞᆫ入口左方空場에引入케ᄒᆞᆯ事
一 當日午後三時까지奉영場에入ᄒᆞᆯ事

第四 統監府及所屬官署判任官의構內奉영者ᄂᆞᆫ側旅客升降場整列ᄒᆞᆷ
但制服을着ᄒᆞ고停車場本屋側巡査派出所傍으로入場ᄒᆞᆷ

第五 南大門停車場前廣場及道路에ᄂᆞᆫ一切公衆人을禁入ᄒᆞᆷ
但道路一部만通用ᄒᆞᆷ을無妨ᄒᆞᆷ

第六 停車場構外에團體奉迎者의位置ᄂᆞᆫ左와如ᄒᆞᆷ
但奉迎團躰ᄂᆞᆫ堵列軍隊後에整列ᄒᆞᆷ

一 南大門內南側百間에ᄂᆞᆫ京城小學校生徒
一 次十間에ᄂᆞᆫ(京城婦人會員各派宗教團躰)
三 三拾間에ᄂᆞᆫ通信管理局員
四 次五間에ᄂᆞᆫ東洋協會학校生徒
五 南大門北側십間에ᄂᆞᆫ漢城市民奉영會員
六 次二百間韓國학校生徒
七 理事廳前에ᄂᆞᆫ廳員及家族各國領事家族
八 京城郵便前에ᄂᆞᆫ局員及家族
九 京城小學校運動場赤十字社員幼稚園生徒愛國夫人會員
十 一般公衆은團體奉영者의後方又ᄂᆞᆫ警察官의指示ᄒᆞᆫ場所에셔奉영ᄒᆞᆷ

團躰奉영者의位置ᄂᆞᆫ標札을立ᄒᆞ야此를示ᄒᆞᆷ

第七 奉送時도奉迎時와同ᄒᆞᆷ

追加

一 構內奉迎者의入口左奉迎場에參列ᄒᆞᆷᄂᆞᆫ左와如ᄒᆞᆷ
韓日親任官高等文武官同待遇者外國領事
一 同入口右奉迎場에參列ᄒᆞᆯ者ᄂᆞᆫ左와如ᄒᆞᆷ
貴衆兩院議員
從六位勳六等以上
正二品以上
各宗派代表者
民長民會議長韓日商業會議所會頭

▲菊榜晩香▼

▲大韓人의最甚痼疾이仕宦癖인대至今韓國官職을外人이多數占領ᄒᆞ니韓人의仕宦癖은自然쎌어질듯ᄒᆞ오아직도덜엇소現在에도有力ᄒᆞᆫ大臣家에逐臭蠅이紛紛합듸다

▲山林派ᄂᆞᆫ獨善其身을藉托ᄒᆞ야民國을救援ᄒᆞᆯ思想이無ᄒᆞ고宰相家ᄂᆞᆫ私權私利만競爭ᄒᆞ야國家를維持ᄒᆞᆯ思想이無ᄒᆞ고資本家ᄂᆞᆫ自己의飽煖만多幸히알고公益事業에注意ᄒᆞᄂᆞᆫ者가絕無ᄒᆞ니아마大韓에亡國之責은此三派가不得免焉이지오

▲江原道宣諭使洪祐晳시ᄂᆞᆫ全道人民을曉諭安戢ᄒᆞᆫ다고威風이堂々ᄒᆞ더니무ᄉᆞᆷ緣故로該道觀察使와相持가되얏ᄂᆞᆫ지一軍中兩將이不和ᄒᆞ면成功ᄒᆞ기難ᄒᆞᆯ걸

▲警視廳에셔警務를擴張ᄒᆞᆫ다ᄒᆞ고巡檢을增設ᄒᆞ야各地에派送ᄒᆞ되到處에賊黨과騷擾ᄂᆞᆫ去益熾盛ᄒᆞ야少無分效ᄒᆞ더니近日에十三道에警務를增設ᄒᆞ기爲ᄒᆞ야總巡ᄉᆞ四窠를增加ᄒᆞᆫ다니總巡을加派ᄒᆞ면騷擾이잘될ᄂᆞᆫ지

▲近日各道人民이經理院에셔文簿를調査ᄒᆞᆫ다ᄂᆞᆫ說을聞ᄒᆞ고已往宮內府와觀察府가抑制로不分公私ᄒᆞ고經理院에付屬ᄒᆞᆫ것을調査分揀ᄒᆞ야달나고經理院에呼訴ᄒᆞᄂᆞᆫ者至ᄒᆞ나該院에셔都不分揀ᄒᆞ고依前例施行ᄒᆞᆫ다니이것시調査ᄒᆞᄂᆞᆫ本意인가

▲經理院所屬各驛屯土에收租委員을派送ᄒᆞᄂᆞᆫ데東南各道ᄂᆞᆫ總理大臣李完用氏가次持ᄒᆞ고西北各道ᄂᆞᆫ度支大臣宋秉畯시가次持ᄒᆞ기로決定ᄒᆞ얏다니至今도政府大臣이分喫ᄒᆞᄂᆞᆫ舊習이尙存ᄒᆞ야收租委員이兩大臣의僕隷가되얏고

▲近日官制를改正ᄒᆞᆫ다더니各府部院廳에書記郞을屬一字로稱號ᄒᆞ니韓人習慣이官職中에도淸濁을必擇ᄒᆞ야前日國官을守奉官이라稱ᄒᆞ미三字啣이라ᄒᆞ야人皆賤之ᄒᆞ더니今에一字啣은大段히貴ᄒᆞᆯ걸

天氣預報

▲十月十七日 雷隷雨巳午次第風寒

社告

地方各支社와 個人購覽員에게 本申報配達이 或滯留或遺漏가 非一非再인바 但以書辭通知가 確證가 無ᄒᆞ야 郵便局交涉이 難便ᄒᆞ니 此後로ᄂᆞᆫ 申報封皮에 出付와 收到日付印期限이 過隔者를 摘拔聚合ᄒᆞ얏다가 本社로 委送ᄒᆞ심을 爲要홈

大韓每日申報社

寄書

●聞善必揚　逍遙子

高山을仰ᄒᆞ고景行을行ᄒᆞᄂᆞ니德을好홈은秉彛攸同이언만稱善을行홈은其人이何鮮고惟咸北城津居崔鳳俊金學萬安九鉉崔龍亨李大有諸氏가能好能行하야振家所有ᄒᆞ야以興教育ᄒᆞ며以扶會社ᄒᆞ며復有遠來同胞가貧窮無托이여든必曰我其周之라ᄒᆞ며死亡無歸이여든必曰我其葬之라ᄒᆞ야以其傾囷倒廩이不計幾十百千貨라人之爲善이多有有爲로ᄃᆡ諸氏ᄂᆞᆫ其所博施가必於遠朋ᄒᆞ니非爲情索이요必於貧窮ᄒᆞ니非爲勢利也요必於死者ᄒᆞ니非爲後報也라然則諸氏之意가若何오二千萬同胞를視以一己而已라全國同胞가皆能如諸氏之心焉則我大韓이其庶幾矣라風聲所屆에不無廉頑立懦ᄒᆞ야一言以表景仰ᄒᆞ노라

雜報

●納賂的確　忠州郡守金溶根氏가該郡十二面各長을納賂差出ᄒᆞ야二千三百兩을捧食ᄒᆞ엿ᄂᆞᆫ故로該道觀察使가該面長의姓名과錢額을調査ᄒᆞ야內部로報告ᄒᆞ얏더니指令하되該郡守의納賂實數가若是的確인즉本道裁判所에卽移送ᄒᆞ야左開贓錢을各該人處에一一推給ᄒᆞ라ᄒᆞ얏더라

●沈氏有志　前博士沈璿澤氏ᄂᆞᆫ湖中名士也라時務에注意ᄒᆞ더니今秋通津私立汾南學校의教授之任을自擔ᄒᆞ야教育之方에熱心講明ᄒᆞ미生徒가開風增進ᄒᆞᆫ다더라

●尤極嘉尙　三和港埠頭廳에서港內各學校에冬節薪草價로各十圜式捐助ᄒᆞ엿ᄂᆞᆫ대其原因을得聞ᄒᆞᆫ즉吾輩가前日에ᄂᆞᆫ飮酒雜技로虛費ᄒᆞ더니今者에ᄂᆞᆫ吾輩가酒技을禁止ᄒᆞ엿스니酒技로用ᄒᆞ든代金으로學校에用費홈이可ᄒᆞ다ᄒᆞ고捐助ᄒᆞ얏다더라

●校費窘絀　坡州郡隆興學校ᄂᆞᆫ該郡有志紳士朴珪緒宋榮朝氏等의熱心贊助홈으로該郡守沈宜性시가境內各面長을請邀協議ᄒᆞ야十一面民人의每戶에夏牟一斗秋租一斗式出援捐助ᄒᆞ야該校를維持케ᄒᆞ얏더니該面長等이出去後에更無如何回報ᄒᆞᆫ故로校費가窘絀莫甚ᄒᆞ다더라

●諭民設校　平北來信을據ᄒᆞᆫ즉該道觀察使朴勝鳳시가宣諭各郡ᄒᆞ야人民을安堵케ᄒᆞ기로到底言明ᄒᆞ야人皆感泣ᄒᆞ고兼ᄒᆞ야師範學校基本金으로設立홀만ᄒᆞᆫ針을指導ᄒᆞ야期於實施케ᄒᆞ얏다더라

廣告

本門長孫甚泰가性本浮浪誘入亂類ᄒᆞ야濫債許多中傳來宗土亦必斥賣保玆以廣告內外國人切勿見欺

宜川郡西門　德언　箕承　秉準　告白

漢城府民奉迎會에서本月十七日에擧行ᄒᆞ랴던大日本皇太子殿下奉迎提燈行列式을來十九日下午四時로退定ᄒᆞ옵기玆에告白ᄒᆞ오니僉君子ᄂᆞᆫ照亮ᄒᆞ오셔同日時에一切來會ᄒᆞ심을務望

隆熙元年十月十五日

漢城府民奉迎會告白

本校에서校況을一新擴張ᄒᆞ고學員을增募ᄒᆞ오니願學僉員은今廿七日入學請願書申呈홈

一 年十八歲以上三十歲以內

一 試驗科目　讀書　作文　算術　體操　國漢文

但普通科以上卒業氏ᄂᆞᆫ免試홈

警察專門學校

本人의年淺ᄒᆞᆫ子鳳이昨年五月分에遊覽次로上京이더니茶洞居金德秀의子昌一이가誘引ᄒᆞ야保人擔用ᄒᆞ고末梢에以仕宦을圖給ᄒᆞᆫ樣으로只給捧留標ᄒᆞ고荏苒時月ᄒᆞ야無意報給ᄒᆞ와本人이至於蕩産ᄒᆞ여도尙未報堪ᄒᆞ고將至一年에晝夜營屑限宮之境에呼泣道路ᄒᆞ더니十餘次漢裁質判ᄒᆞ야得蒙公決ᄒᆞ와捉囚督推가近二十日ᄒᆞ오니噫彼昌一이雖有勢力이나天理가昭々ᄒᆞ고法律이自在ᄒᆞ야使此遐鄕殘劣로可雪切齒之痛이옵기玆先廣告홈

全北井邑　金相泰　告白

開城弘京浦鐵道ᄂᆞᆫ臨時軍用만運輸ᄒᆞ더니今年陽十月二十一日爲始ᄒᆞ와商業運輸貨物車를開通ᄒᆞ오니內外國僉君子ᄂᆞᆫ照亮後某物間鄙浦로到着ᄒᆞ와運輸ᄒᆞ오면運費低廉ᄒᆞ옵고商業에便利ᄒᆞᆯ터이오니海諒ᄒᆞ심을敬要

開城弘京浦　김澤榮　陰東益　告白

▲新刊書籍發售 (正價 全)

東國史略	壹圓五拾錢
普通教科東國歷史	壹圓拾錢
新訂東國歷史	壹圓
歷史輯略	貳圓
大東紀年	貳圓
大東歷史	壹圓五拾錢
東國名將傳	四拾五錢
東國輿地勝覽	洋裝拾貳圓 並製拾圓
大韓疆域考	壹圓
大韓新地志	壹圓
大韓地誌附地圖	壹圓
初等地理教科書	七拾錢
新撰地文學	四拾錢
萬國地理	壹圓拾錢
士民必知國文	上製八拾錢 並製七拾錢
初學地誌	上製六拾錢 並製五拾錢
萬國史記	七圓
中等萬國史	七拾錢
精撰萬國史	六拾錢
東西洋歷史	壹圓五拾錢
五偉人小歷史	拾錢
世界一覽	二拾錢
世界年契	七拾五錢
公法會通	壹圓五拾錢
萬國公法要略	五拾錢
刑法大全	六拾錢
改正刑法草案	四拾錢
法學通論	壹圓
議會通用規則	拾五錢
現行法規類纂	三圓九拾錢
外交通義	壹圓貳拾錢
商業大要	六拾錢
國家學	五拾錢
牧民心書	壹圓廿五錢
家庭教育學	三拾錢
生理衛生學附圖	四拾錢
中等生理學	九拾錢
新撰小博物學	五拾錢
新編博物學	七拾錢
新撰小物理學	五拾錢
動物學國文	壹圓廿五錢
農政新編	五拾錢
蠶桑輯編國文	拾七錢五里
栽桑全書附葡萄栽培及釀酒法	四拾九錢
新訂算術	六拾錢
算術新書	八拾錢
精撰算學解式並	七拾錢
美國獨立史	四拾錢
法蘭西新史	四拾錢
埃及近世史	四拾五錢
波蘭末年戰史	四拾錢
普法戰記	四拾錢
羅馬史附意大利史	四拾錢
越南亡國史	貳拾五錢
俄國略史	拾五錢
交際新禮	拾五錢
國文西禮須知	貳拾錢
增修無冤錄大全 漢文	四拾錢
大東文粹	六拾錢
尺牘完篇	壹圓五拾錢
準備時代	拾三錢
進明叢論	三拾五錢
註解西廂記	壹圓
新小說鬼聲	三拾錢
新小說血淚	貳拾錢
近世女傑羅蘭夫人傳	四錢
政治小說瑞士建國誌	拾五錢
初等小學	壹圓五拾錢
幼年必讀	八拾錢
幼年必讀釋義	壹圓三拾錢
高等小學讀本	五拾錢
牖蒙千字	五拾錢
中等修身教科書	六拾錢
溫故知新堂叢鈔	七錢五厘
父師必讀小學指南	七錢五厘
世界全圖	廿七錢五厘
大韓輿地圖	拾七錢五厘
五洲各國統屬全圖	七錢五里
最新詳密京城全圖	二拾錢
最新韓國全圖	二拾錢
最新韓國地圖	拾五錢
分道詳密韓國新地圖	五拾錢
韓國新地圖	四拾錢
漢文萬國地圖	四拾錢
漢文地球全圖	四拾錢
萬國指掌全圖	貳圓五拾錢
韓語大成獨習	壹圓五拾錢
英語獨本	壹圓四拾貳錢五里
日韓通話	五拾錢
日語獨習	五拾錢
韓日會話辭典	一圓五拾錢
獨修日韓會話	三拾錢
速成普通日本語典	五拾錢
二十世紀朝鮮論	三拾五錢
比律賓戰史	四拾錢
比斯麥傳	拾五錢
中等萬國地誌	壹圓貳拾錢
師範教育學	五拾錢
高等小學修身書	廿五錢
礦物界教科書	貳拾錢
會社法	五拾錢
國文算學新編	四拾錢
貨幣論	壹圓貳拾錢
普通經濟學	八拾五錢
商業汎論	壹圓拾錢
中等地文學	五拾錢
大韓地理	七拾錢
漢文大韓地誌	五拾錢
飮氷室文集	四圓四拾錢
中東戰紀本末	四圓
西政叢書	拾圓
中外政治彙編	五圓五拾錢
時事新論	壹圓
美國名君言行錄	壹圓
泰西新史	貳圓五拾錢
萬國通鑑	三圓

▲發售書林

中署鐘路　大東書市　金基鉉

中署罷朝橋　中央書館　朱翰榮

南署大廣橋　匯東書館　高裕相

●學員募集廣告

本會에서西友學校를設立ᄒᆞ고學員을募集ᄒᆞ오니入學을志願ᄒᆞᄂᆞᆫ者ᄂᆞᆫ來十一月十二日(陰十月十日)內로本會에來議홈

一 教授科目

外國語(日語)　教育學　歷史

地誌　物理　化學　數學　漢文

圖畫　博物　植物　動物　礦物

生理學　星學　唱歌　體操

一 試驗科目

漢文　算術　四則以內

但年限은十八歲以上으로홈

隆熙元年十月十五日

西友學會告白

●西洋醫藥方書販賣廣告

西藥便方은　醫學校長勳五等池錫永氏序

陸軍三等軍醫洪陽厚氏翻譯

醫學校教官俞秉玹氏較正

濟衆院醫學員朴慈惠、發行

漢城鍾路慈惠藥房金一煥發賣

隆熙元年十月日에第一版으로발行ᄒᆞᄂᆞᆫ西藥便方이라ᄒᆞᄂᆞᆫ冊은西洋醫藥方書를我國文과漢文으로보기쉽게飜譯ᄒᆞᆫ冊인ᄃᆡ今年에第一版으로六十二病名과一百五十條處方과原因과證候와預後와治療法을路々히出版ᄒᆞ얏거니와明年에第二版을발行ᄒᆞ고後年에第三版을出版ᄒᆞ야乃至十數版에至ᄒᆞ도록版々改正增補ᄒᆞ야人體內科解剖圖와外科手術諸圖와新藥功用主治와藥物學과化學과生理學과衛生學과細菌學과病理學과診斷學을一一增補ᄒᆞ오니此可謂醫家에寶鑑이오衛生家에寶泉이되오니內地各處僉彦은愛讀ᄒᆞ심을望ᄒᆞᆷ　價金一圓五十錢小包郵稅十錢定

藥은　漢城鍾路慈惠藥房　發賣人濟衆院醫學員　박ᄌᆞ혜

北米國製補藥水에效力은男女間補氣血肥健補腦聰補腎久病人完蘇ᄒᆞᄂᆞᆫ藥力이過於鹿茸一瓶三十日服一圓英女精二十日服一瓶三十錢이오逸國製接骨丸에效力은老衰ᄒᆞᆫ男子와大人元氣를能助ᄒᆞ고陽氣를養ᄒᆞ야接胎三十日服四十五錢이오獨逸國製癎疾丸에效力은男女癎疾에奇效가有ᄒᆞ고三日服四圓이오方藥梅毒丸效力은창병에신효ᄒᆞ고一圓五十錢이오大韓國製止泄藥은泄瀉에效力이有ᄒᆞ야小兒泄에永止ᄒᆞ고一瓶拾錢이오動胎된婦人에保胎散이有奇效ᄒᆞ고瘧疾에製小瓶拾錢이오癎氣와驚氣에有奇效ᄒᆞ고一封拾錢이오腫氣에製小封一錢이오瘡毒에소곳奇效가有ᄒᆞ오니一人用一軍三拾錢이오漢城百濟藥이各項腫毒에合ᄒᆞ고名이우리잘되오니信友시製一封十錢이오右藥을內地僉彦께셔사시고저ᄒᆞ시거든五十錢以下되ᄂᆞᆫ代金은郵標로一圓以上되ᄂᆞᆫ代金은郵便局換전으로보내시면信實ᄒᆞ게小包로藥을보내오며小包代金表는四十兩以下二十兩以下十五錢以下三十錢

國債報償義捐收入廣告

◉國債報償義捐金十月中本社收入額 每日逐号明細錄

●拾月十五日

第一五六一號永柔郡花山校

四十四圓七錢五厘

計四拾四圓七錢五厘

十月十五日々지收入總額 一百四十六圓五十五錢五里

自四月至九月收入總額 五萬五千八百三十二圓 七十三錢二厘

都總合五萬五千九百八十□圓 二十八錢七厘

●平南永柔郡李花山校

校長朴容觀 校監李基燦 漢文教師李相玉 각四圓 生徒李治善二圓 金贊植 리희채 각一圓 韓承俊 六拾錢 白圭復二圓 田元三 一圓九十錢 金炳洙 鄭日溫 각五拾錢 任寬度一圓 金正彬 六十錢 金信坤 金鳳天 金鳳河 각廿錢 리圭燦 白樂善 각一圓 韓秉哲 金寬植 각七十錢 鄭龍河 六拾錢 張志翰 五拾錢 金炳植 金明植 각六十五錢 金油澗 金錄一 金用植 魯國贊 리性賢 千炳容 각卅錢 羅鎭坤 金鳳植 金元玉 각五拾錢 金永錄 八十錢 金命駿一圓 金永鎭 리丙鎬 리壬室 吳甫潤 金葵鎭 각卅錢 崔鍵九 羅用善 金元根 金六孫 각拾錢 馬龍八 馬龍三 桂昌殷 桂昌善 吳亨植 吳利權 安鳳麟 安鳳龍 安鳳鎬 徐泰根 徐泰楨 高鎭濟 리性逵 各拾錢 리彭敎 金三次 金川善 각廿錢 文光植 十五錢 田元七 朴在善 各五拾錢 任相彬 六拾錢 康少石 康三次 安光鎬 각五拾錢 任龍水 金溶根 金鳳昊 金尚煥 金永孫 각十錢 리希泰 趙成官 각五錢 朱錫珍 七錢五厘 金成麟 李注贊 金東燮 李星彦 朴長孫 各廿錢 吳萬洙 十五錢 李錫周 李永周 劉敎煥 各卅錢 卓成喆 六十錢

合四十四圓七錢五厘

前號總合五萬五千九百三拾六圓二十一전二厘

都總合五萬五千九百八拾圓二十八錢七厘

◎特別廣告◎

國債報償金八圓日所捧은姑未合計이고伊前日々지所捧總合五萬五千八百三拾三圓七拾三錢은電氣會社內銀行에貯置ᄒ얏ᄉ오며貯置額中三萬二千三百圓은國債報償志願金總合所로移交홈

廣告

新刊書籍發售廣告

增修無冤錄大全 國漢文 定價金七拾五錢

大韓法規類纂洋裝 三圓九拾錢 郵稅四拾錢

初等倫理學敎科書 二拾錢

初等衛生學敎科書 拾五錢

國家學綱領 拾五錢

國民須知 八錢

獨習日語正則洋裝 鄭雲復著 壹圓二拾五錢

發賣所 皇城布屛下 金相萬書舖

▲乳母廣求

두살된으히를젓먹일터이니괴으히업시집에와서유모노릇ᄒᆞᆯ부인이잇거든 대한매일신보사회계파로와서의론ᄒᆞ시요 告白

●乾材洋藥廣告

漢城鍾路廣惠藥房에서各種洋藥을廉價로파ᄂ中에邦補益藥水를極擇廉價하오니內地各處僉彦께셔小包郵便으로取用ᄒ심을仰望

▲大瓶 三圓

▲小瓶 一圓五十錢

乾材洋藥發賣人 廣濟院 藥學員 朴慈惠 告白

近々工業이漸隆ᄒ야道路와橋梁과新設及山林田畓宅址等調査와關係時急ᄒ기로本所ᄂ遠近을不拘ᄒ고以上諸測量及設計製圖等囑託의特히應ᄒ옴

京城西大門外南山洞第六家 土木測量設計囑託所 主任 金之煥 告白

本法洋裝書籍과學徒通號와諸般羅紗各種과美國金鷄納과衣服裁縫과其他雜貨를廉價放賣ᄒ오니諸君子ᄂ光臨ᄒ심을바라나이다

仁川 [illegible]

●民事訴訟代理와刑事辯護와鑑定顧問과諸文案起草等諸般事務를迅速處理홈

漢城西署小平洞第六十統十戶

辯護士前檢事 李建鎬

辯護士前檢事 安秉瓚

聯合法律事務所

中署澄淸坊黃土峴書老所前第二十三統二戶

辯護士 李容成

辯護士 洪鎭[illegible]

辯護士 安致[illegible]

事務員 金[illegible]

事務員 [illegible]動

聯合法律事務所

大韓新地誌와地圖를今已竣工되얏ᄉ니購覽僉員은各발賣所로來臨覓去ᄒ시옵

大韓新地誌발賣所

中署寺洞三拾統二戶 漢陽書館

中署布屛門下廣學書舖

中署罷朝橋越便中央書館

新小說 愛國婦人傳

◎一冊定價金拾五錢

新鮮ᄒ國文으로具備ᄒ右冊은純國文으로世界에有名ᄒ法國婦人若安氏의愛國事蹟을譯出ᄒ앗ᄉ오니無論男女ᄒ고愛國性이有ᄒ신同胞ᄂ맛당이ᄒ번볼冊이오니陸續購覽ᄒ심을望홈

發賣所

▲皇城布屛下 金相萬書舖

▲南門內 博文書館

▲仁川 大韓每日申報支社

▲各地方 有名書店

瑞士建國誌

◎定價金新貨十五錢

此書ᄂ政治小說이니志士의救國救民ᄒᄂ思想과人民의愛國心을養成ᄒᄂᄃᆡ緊要ᄒ冊子오

發賣所

▲大韓每日申報社

▲仁川港 開新冊肆

▲中署布屛門下 金相萬冊肆

▲平壤城內 敎育書籍館

▲鍾路 古今書海館

▲漢口越便 中央書館

▲鍾路 大東書市

▲大廣橋 [illegible]書館

▲南署 博文書館

▲開城 [illegible]冊肆

大東旅館

[illegible]

大東旅館館長 [illegible] 告白

[illegible] 告白

◎本社廣告

○申報價

一張代金 新貨二錢五厘

一個月價金 三十錢

三個月 九十錢

六個月 一圓七十錢

一個年 三圓四十錢

郵稅一個月 新貨五圓(?)

一個月 十三錢

○廣告料

四號活字十三字一行 [illegible]

二週日에 二圓五十錢

一個月에 五圓

(每日掲行四號一行)

其期限의長短과字行의多寡를依ᄒ야價額을[illegible]

◎大韓每日申報各處支社

中署布屛門下 金相萬書舖

平壤上水口門內 金浩淵

仝 崔叡恒

仁川 [illegible] 李東皓

宣川邑 [illegible] 安[illegible]

義州西門外 大藥局

釜山港佐川 徐藥局

三和港 [illegible] 金元[illegible]

咸興府 [illegible] 曹喜林

開城 [illegible] 姜助遠

大邱市 [illegible]

[illegible] 劉[illegible]

[illegible] 安[illegible]

元山倉前 劉七錫

[illegible]州南門內 朴昌鎬

定州南門內 洪成[illegible]

[illegible] 許[illegible]

[illegible] 李銀瑞

[illegible] 康道善

[illegible] 李鍾成

[illegible] 金翼河

[illegible] 趙鍾大

高原邑 朴敎吉

濟州城內一徒里客舍洞 高亨來

井邑邑內 李[illegible]

泰仁邑內 金[illegible]

扶安牛浦 金鼎濟

京義線 [illegible] 李基秀

大韓每日申報社

發行兼編輯人英國人 裵說

發行所 南署石井洞號外地三層洋屋 大韓每日申報社

第五卷

大韓每日申報

第四十一號

月曜及慶節
歲時日休

檀君開國四千二百四十年
箕子元年三千二十九年
大韓開國五百十六年
日本明治四十年
淸國光緒三十三年
陰曆丁未九月大十二日庚子

論說

○輕氣球의利

最近來電을據ᄒᆞᆫ즉英國軍用輕氣球의經驗이非常ᄒᆞᆫ成績을著示ᄒᆞ엿스니吾人이古代運輸方法의滊車或輪船을不用ᄒᆞ고但輕氣球를飛揚ᄒᆞ야支那或日本으로飛行ᄒᆞᆯ今日에竟至ᄒᆞ엿도다今其輕氣球가알더숏司令部에서始起ᄒᆞ야倫敦으로直行ᄒᆞ야승볼寺院을環行ᄒᆞ고軍部를橫過ᄒᆞ야색힝흠宮闕을訪見ᄒᆞ고其後에ᄂᆞᆫ시덴담으로離去ᄒᆞ야크라이스탈宮闕에서飛降ᄒᆞᆫ바其成績이非常ᄒᆞ야떠몬씨의硏究造成ᄒᆞᆫ바飛船보다卓越ᄒᆞ엿도다

今此英國輕氣車가成就된但數日前에法國輕氣車의試驗ᄒᆞᆫ報導를吾人이得聞ᄒᆞ엿스니此事業이一大問題를成ᄒᆞᆷ과如ᄒᆞᆫ지라何如國民을勿論ᄒᆞ고其中幾個人이自己生命을此空氣使用에費ᄒᆞ야以此試圖로生命을損棄ᄒᆞᆫ者도多有其機ᄒᆞ엿스니如此勇壯諸人의게一般吾人이尊崇을必表ᄒᆞ리로다

如此輕氣車가確然必要요現形과如히住居ᄒᆞᆷ이可ᄒᆞ다論評ᄒᆞᆫ者ㅣ或有ᄒᆞᆫ더이나對此一致키豈能이리오學理及硏究界ᄂᆞᆫ休息키不能이라誰其熱心深究之人은災害를不拘ᄒᆞ나니由是로其進步됨이常時繼續인바他行星이我地球星과衝突ᄒᆞ야極微ᄒᆞᆫ累累分子를成ᄒᆞ기ᄭᆞ지ᄂᆞᆫ其進步가不息하리로다

此輕氣車가究成ᄒᆞᆯ時에人民의驚怪之心이當何如오此를經營ᄒᆞᆫ던但其思想만도使人驚恐케ᄒᆞ리니今者吾人이此新發明을念及ᄒᆞᆯ時에法國에顯赫ᄒᆞᆫ著述人쥴스버니를可以記憶이로다驚異哉라同氏여幾百萬讀者를快樂케ᄒᆞ엿스며幾多價貴ᄒᆞᆫ暗示를學理家에給ᄒᆞ엿나되同氏의巨大ᄒᆞᆫ輕氣車여但同氏의巨大ᄒᆞᆫ腦髓로造成ᄒᆞᆷ이로다曾往에學理를人或輕嘲ᄒᆞ엿스나其後讀者ᄂᆞᆫ其著述이必合ᄒᆞᆷ을信認ᄒᆞ지라雖今日에라도其人의夢想ᄒᆞᆫ偶可實認이로다

官報

●第三千八百九十八號 隆熙元年十月十六日 續

敍任及辭令

日本國陸軍少佐長道省三 免本官
仝 荒川正武

敍勳二等賜太極章
日本國陸軍大尉增田大藏
日本國陸軍大尉八木熊太郎
日本國陸軍大尉大原亮

敍勳三等賜八卦章
日本國陸軍大尉栗原重平
仝 天野種雄
仝 大熊松彦
仝 光安勝

敍勳四等賜太極章
近衛步兵大隊中隊長步兵正尉 鄭觀秀
軍部軍務局兵器課員砲兵正尉 金亨섭
陸軍武官學校生徒隊附步兵副尉 李升事
近衛步兵大隊中隊附步兵副尉 李殷相

命休職
日本遊學步兵正尉 尹 鎬
仝 吳진泳

解任
主殿院卿李謙濟
內閣法制局長兪星濬
軍部軍務局長趙性根
度支部書記官成夏國
法部書記官金晦秀
從二品沈相璜

命 幸行時別陪從 陸軍一等軍司尹 鎬

補陸軍武官學校附 砲兵正尉鄭觀秀
補軍部軍務局兵器課員 步兵正尉金亨섭
補陸軍武官學校敎官 仝 吳진泳
補近衛步兵大隊中隊長 仝 李升事
補近衛步兵大隊中隊附 騎兵副尉李殷相
補陸軍武官學校生徒隊附

度支部稅務主事方泰泳
仝 金光秀
仝 盧日燮
仝 權赫周

任度支部稅務主事 九品鄭漢基 任玉淳 李秉春 吳泰泳 完

●第三千八百九十九號 隆熙元年十月十七日

敍任及辭令

敍勳四等賜八卦章 故學生리漢鎔
特陞從二品嘉善大夫 贈從二品리漢鎔
贈豐□君 從二品沈選澤
附奉常司提調 皇后宮大夫尹德榮
命奉常司提調 太醫院卿尹德榮
命兼任皇后宮大夫 宮內府大臣勳一等리允用
宮內府特進官勳一等閔泳韶 賜太極章
掌禮院卿勳三等리直夏 陞敍勳二等賜八卦章
侍從院副卿리會九 敍勳三等賜太極章
宮內府秘書官朴敍陽 敍勳四等賜八卦章
侍從院侍從리孫永
前軍部大臣趙義淵
前內部大臣兪吉濬
前法部大臣張 博
正二品金春熙
命宮內府特進官 九品朴勝夏
解經理院文簿整理委員

外報

●美國軍艦活動 倫敦電을據ᄒᆞᆫ則美國裝甲巡洋艦데네시號及各艦一萬四千五百噸은太平洋方面에向ᄒᆞ야무푸돈을拔錨ᄒᆞ얏스니是ᄂᆞᆫ即戰鬪艦隊太平洋回航의開始라兩艦은마구다니灣에至ᄒᆞ야演習ᄒᆞ더이라

●日本商品拒絕 爲尼刺通信을據ᄒᆞᆫ則日本物品輸入을新히衛生局에서試驗ᄒᆞᄂᆞᆫ데殆히輸入을拒絕ᄒᆞ기로日本人의損害가果多ᄒᆞ다하엿더라

●伊太利洪水 倫敦電을據ᄒᆞᆫ즉제ㅣ랑捏ᄃᆞ에셔洪水가出ᄒᆞᄂᆞᆫ데溺死者三名이有ᄒᆞ다ᄒᆞ더라

●排日大會 桑港電을據ᄒᆞᆫ즉來月十五日로사돌市附近에서排日會를開ᄒᆞ고十二月十五日은米洲加奈陀에서排日會를開ᄒᆞ고右兩會를共히사돌市에서排日大會를開ᄒᆞᆫ다ᄒᆞ이現今其準備中이라더라

●墨米兩國의關係 巴里電을據ᄒᆞᆫ則루쓰벨트氏ᄂᆞᆫ目下中米旅行ᄒᆞᆷ은無他라미스씨비航路關係와北方墨西哥灣에水路安全을調査ᄒᆞ기爲ᄒᆞ야船路上에서氏가演說ᄒᆞ야曰千九百十三年ᄭᆞ지ᄂᆞᆫ파나마運河가成就되리라ᄒᆞ고又墨國과合衆國은同一의位置로ᄒᆞ야亞米利加洲에在ᄒᆞᆫ各弱國을兩國에서保護ᄒᆞ지아니ᄒᆞ면不可라고言明ᄒᆞ얏다더라

●革命黨人北京 革命黨係逸仙等의神出鬼沒ᄒᆞᄂᆞᆫ行動에對ᄒᆞ야淸政府ᄂᆞᆫ戰々兢々으로目下에其鎭壓方法에就ᄒᆞ야百方手段을行ᄒᆞ나其一派ᄂᆞᆫ從來排滿興漢을標榜ᄒᆞ야鐵良端方等의滿人을首腦삼ᄂᆞᆫ北京政府를顚覆ᄒᆞᆯ事에全心盡力ᄒᆞᄂᆞᆫ대袁世凱張之洞等漢人이政權을握ᄒᆞ야從來專制政治를憲政으로代立ᄒᆞᆷ에對ᄒᆞ야彼等은以爲호ᄃᆡ此ᄂᆞᆫ革命의氣焰을緩和ᄒᆞᄂᆞᆫ政略에無過ᄒᆞ다ᄒᆞ야彼等은北京에서驚天動地의活動을行ᄒᆞᆷ이라然而袁世凱ᄂᆞᆫ名小陰謀를看破ᄒᆞ고目下革命黨員을捕縛ᄒᆞ얏다더라

雜報

●坡州郡有志多士가隆熙學校를發起ᄒᆞ야本月十二日에開學ᄒᆞ얏ᄂᆞᆫ대其趣旨書와任員이如左ᄒᆞ더라

夫璞은天下之良玉也로ᄃᆡ琢然後의成文ᄒᆞᆷ예樸은天下之美木也로ᄃᆡ斷然後의成器ᄒᆞᆷ即夫子ᄂᆞᆫ千古之聖人也ᄉᆞ되還然後의成大儒ᄒᆞ시니是知玉人이非能使璞文也라所以文之者ᄂᆞᆫ錐鑿也요匠人이非能使木器也라所以器之者ᄂᆞᆫ斧鋸繩墨이요聖人이非能使人材也라所以成材者ᄂᆞᆫ學校庠序也라雖然玉不琢이면混於珷玞而已ᄒᆞ나久必有並斧鋸者로ᄃᆡ人生而不以時成材면終於枯落而已後雖有周文이作人ᄒᆞ시고成致이擧敎나願安能有成也哉아故叫材貴乎時也라惟我坡山이介於兩京之間ᄒᆞ야寔玉化所先之地也라儒賢之蹶起와絃誦之不철이可溯洙泗而繼洛閩矣러니夫何敎弛學廢ᄒᆞ야人材之出이漸不古若고顧今自皇都以及遐荒히有志之士가莫不以興學校設敎로爲心ᄒᆞ야校舍之置가稍々星羅而獨我坡山이尙無誠心經紀之人ᄒᆞ니此殆隣邑之所羞者也러니幸賴我賢侯리任之初의首以立敎育材로爲急先務ᄒᆞ야上而克宣皇上作成之盛德ᄒᆞ시고下而欲啓發民開明之聯戶ᄒᆞ시니誠因此時ᄒᆞ야建一公立學校ᄒᆞ야使境內선々之英材로敎不失時ᄒᆞ야各得成就면其爲需世가非特玉之文과木之器也리니不其爲美也哉아

校長本郡守沈宜性
副校長前叅奉朴珪緖
校監尹滄榮 事務尹璋燮

●全校運動盛況 十月十五日에公立仝州普通學校에서五所私立學校를聯合ᄒᆞ야城內鎭北亭에서秋季運動會를開設ᄒᆞ얏ᄂᆞᆫ대運動委員金奎회씨가本校監督으로指揮贊成ᄒᆞ야諸般事務를擔任就緖케ᄒᆞ며生徒數ᄂᆞᆫ公私立合二百拾一名인ᄃᆡ甲乙丙丁四班으로聯合區別ᄒᆞ고課程은合同體操、人二脚徒步競走、蹴步一人一脚擧毬競走、百足輪脫、玉投入、後走、下拾障碍物、永字拾、盲目行列、盲目玉拾、提燈、綱登、競合二十課를兼分二十下ᄒᆞ야四班이競善運動ᄒᆞ며來賓은韓日官吏及生徒父兄이數百人이요觀光者가環視ᄒᆞ야計以數千이라當日은秋氣爽凉ᄒᆞ야止히運動인대儀式이具備ᄒᆞ고規律이整齊ᄒᆞ야聯合團體가足令玩賞이라此ᄂᆞᆫ敎育擴張의光榮이니關北上第一孝이더라

雜報

●移御時期 大皇帝陛下ᄭᅴ옵서陰曆本月內로昌德宮에移御ᄒᆞ옵신다더라

●日皇儲御陪食 日本皇太子殿下ᄭᅴ서昨日上午十二時에有栖川宮殿下와東鄕大將과桂大將과一般隨員과伊藤統監과長谷川大將을帶同ᄒᆞ시고 大皇帝陛下ᄭᅴ와 皇后陛下ᄭᅴ陛見ᄒᆞ셧고陪食ᄒᆞᆫ後下午三時에皇太子殿下와同伴ᄒᆞ야統監府로還御ᄒᆞ야晩餐會ᄅᆞᆯ開ᄒᆞ셧다더라

●問安後拜謁 각府部大臣이昨日早朝에 大皇帝陛下ᄭᅴ問安公故ᄅᆞᆯ擧行ᄒᆞᆫ後에日本皇太子殿下ᄭᅴ拜謁ᄒᆞ얏다더라

●完順勅使 日本皇太子殿下ᄭᅴ서入城ᄒᆞ신後勅使ᄂᆞᆫ完順君李載完씨가被任ᄒᆞ얏다더라

●入謁不許 再昨日에日本皇太子殿下ᄭᅴ서入城ᄒᆞ야統監府에入御ᄒᆞ신後각勅任官이同殿下에게拜謁ᄒᆞᆫ데永宣君李埈鎔與議政李根命兩氏ᄂᆞᆫ新裝大禮服을不着ᄒᆞ고厚縣古套만着用ᄒᆞᆫ故로不許入謁ᄒᆞ얏다더라

●勳章頒給 日本皇太子供奉諸氏의게品階ᄅᆞᆯ隨ᄒᆞ야勳章을頒給ᄒᆞᆫ다ᄂᆞᆫ說이有ᄒᆞᆫ데有栖川宮殿下의게ᄂᆞᆫ金尺李花大綬章을賜ᄒᆞ신다더라

●借款協議 總理大臣以下각部大臣이今番壹千萬圜借款ᄒᆞᄂᆞᆫ事에對ᄒᆞ야善良ᄒᆞᆫ方針을每日協議ᄒᆞᆫ다더라

●五相蹉跎 大皇帝陛下ᄭᅴ서再昨日還宮ᄒᆞ실時에統監總巡이七間洞口ᄅᆞᆯ經過ᄒᆞ야逶迤巡駕ᄒᆞ신事ᄂᆞᆫ昨報에揭載ᄒᆞ얏거니와自大漢門外로七間洞口ᄭᆞ지護衛ᄒᆞ던摠巡과巡檢이 · 御駕가經過ᄒᆞ심을莫知其由ᄒᆞ야縱橫疾走ᄒᆞ며孩洞等地에서闕光ᄒᆞ던如雲士女가從風而靡ᄒᆞ야五相蹉跎에一場風波가大起ᄒᆞ얏다더라

●惜固然矣 陰曆本月內로昌德宮으로移 御ᄒᆞ신다ᄂᆞᆫ說은別項과如ᄒᆞ거니와各直房에借接ᄒᆞᆫ人民을一齊逐出되ᄂᆞᆫ故로困難이莫甚ᄒᆞ다더라

●選定理由 各學徒가奉迎儀節을選定ᄒᆞ얏다ᄒᆞᆷ은別項과如ᄒᆞ거니와其理由ᄅᆞᆯ得聞ᄒᆞᆫ則日本皇太子殿下ᄭᅴ서昨今兩日은各項儀節에奔忙ᄒᆞ야閒養ᄒᆞ실時間이無ᄒᆞᆫ所以라더라

●兩元老前導 各元老大臣이紳士會ᄅᆞᆯ組織ᄒᆞ고日本皇太子ᄅᆞᆯ奉迎ᄒᆞᆫ다ᄒᆞᆷ은各新聞에已揭ᄒᆞ얏거니와其節次ᄅᆞᆯ議ᄒᆞᆫ에서磨鍊ᄒᆞ얏다ᄂᆞᆫ데李根命閔泳奎兩氏가各持國旗前導ᄒᆞ고一般紳士ᄂᆞᆫ球燈을各持隨從ᄒᆞ야日本皇太子御宿所에前往ᄒᆞ야呼萬歲ᄒᆞᆫ다더라

●각有所管 各郡庖肆人의認許狀은所管各該郡守가準給ᄒᆞ고稅額收捧等節은稅務官이專管케ᄒᆞ얏다더라

●墜車受傷 前參政韓圭卨氏가今十三日에曲橋로過去ᄒᆞ다가車下에跌ᄒᆞ미韓氏가墜車ᄒᆞ야腰部ᄅᆞᆯ受傷ᄒᆞ야連日苦痛ᄒᆞᆫ다더라

●提燈指揮 漢城府民會에서昨日下午五時에提燈ᄒᆞᆫ다더니更聞ᄒᆞᆫ즉警視廳指揮로十九日로改定ᄒᆞᆫ故로各官私立學校와一進會에서도同日提燈ᄒᆞ기로決定ᄒᆞ얏더라

●不赴者免 江原道宣諭使洪祐晳氏가內部로報告ᄒᆞ되當此地方擾攘之時ᄒᆞ야春川郡金鴻圭ᄂᆞᆫ叙任九十五日에尙未赴任ᄒᆞ고洪川郡守南龍熙ᄂᆞᆫ叙任六十九日에尙未赴任ᄒᆞ고原州郡守金泳圭ᄂᆞᆫ帶印逃避ᄒᆞ야自家에서閒養ᄒᆞ니似此三郡守ᄂᆞᆫ即爲免官ᄒᆞ고該地方人中有風力者로即速叙任케ᄒᆞ라ᄒᆞ얏더라

●咸民芹獻 咸從郡民李學權이가該郡所産栗一斗ᄅᆞᆯ背負上京ᄒᆞ야 大皇帝陛下ᄭᅴ進上ᄒᆞ깃다ᄒᆞ고闕門으로入去코ᄌᆞᄒᆞ미門把守巡檢이主殿院으로往ᄒᆞ라ᄒᆞ고指路ᄒᆞ얏더니再昨에該李民이主殿院外直所에入去ᄒᆞ야六百里程道에栗一斗ᄅᆞᆯ進上次로村々乞食ᄒᆞ며千辛萬苦ᄒᆞ야十日만에京城에到達ᄒᆞ얏스니即爲進上ᄒᆞ야달나고哀乞ᄒᆞ미該院庶務課長貢鎭衡氏가一箇民人으로進上物을奉呈ᄒᆞᄂᆞᆫ法이無ᄒᆞ니汝의誠意ᄂᆞᆫ嘉尙ᄒᆞ나奉呈키ᄂᆞᆫ極難ᄒᆞ니市廛에往賣ᄒᆞ야汝의食費나補用ᄒᆞ라ᄒᆞ얏다더라

●事無難便 忠北地判所檢事洪冕熙씨가平理院檢事에게對ᄒᆞ야去來公文을何以爲之ᄒᆞᆯ을지法部에報告ᄒᆞ얏ᄂᆞᆫ데指令ᄒᆞ되平理院首席檢事가地方裁判所檢事에對ᄒᆞ야訓指令을行ᄒᆞᆷ이裁判長과如ᄒᆞᆷ은近日自部로新定式이니公文去來之際에依其新式이無可難便之事오地方檢事가平理院判事에對ᄒᆞ야事係相關則亦無公文去來라ᄒᆞ얏다더

●中家回祿 再昨日下午三時에南署明哲坊申一哲家에서失火ᄒᆞ야三四間을燒燼ᄒᆞ고同四時間에撲滅하얏ᄂᆞᆫ데人命은幸不致傷ᄒᆞ얏다더라

●車觸致斃 高陽遺馬頭里居金春植이가細橋里附近鐵路邊으로牛隻을率過ᄒᆞ다가輪車에觸傷ᄒᆞ야擔昇歸家ᄒᆞ다가中路에서致斃ᄒᆞ얏다더라

●賊漢就縛 昨日上午五時에孩洞屛門等地에서賊漢一名이別巡檢에게被縛ᄒᆞ야警視廳으로押去ᄒᆞ얏다더라

●鄭氏被執 本月一日에居鄭某氏가避秋次로姓子楊州松羅洞에러니同五日夜에稱云義兵者四五名이來到該家ᄒᆞ야鄭씨ᄅᆞᆯ捉去威脅曰洋銃九百柄이던지錢一千二百圜을即納ᄒᆞ라고四十里外에執留ᄒᆞ얏ᄂᆞᆫ더라

●安守上京 安山郡守李興學氏ᄂᆞᆫ義兵及日兵의騷擾ᄅᆞᆯ因하야避身上京ᄒᆞ얏다더라

●村民悚慄 恩陵附近材里에秋等戶布錢을義兵所에收納ᄒᆞ라고所謂義兵大將의傳令이數處에서來到ᄒᆞ미該村里人民等이悚慄中이라더라

●終是爲有 東大門外塔洞普門寺女僧正雲이와普田里居米商韓敬三이가爲行ᄒᆞᆫ土地分休紙 張으로己爲兩城裁判所에셔韓敬三之誣訴的確ᄒᆞ기로己自法廷으로明査公決ᄒᆞ샤安貼無疑러니今忽韓敬三이가漢城裁判所下人二名을人力車에搭乘而來ᄒᆞ야恫喝도ᄒᆞ고推誘도ᄒᆞ여서土地有無ᄅᆞᆯ踏查ᄒᆞ온則果是오有也廣問東大門外許多農夫則的確無土고ᄒᆞ所謂裁延吏가擲頭而去ᄒᆞ엿다더라

●預防未習 漢城內旅館料理店과飲食店에서虎列刺預防上에注意ᄒᆞᆯ條件을警視廳에서발布ᄒᆞ얏ᄂᆞᆫ대其主旨인즉飲水及居處等節에一層淸潔케ᄒᆞᆫ다더라

●辯護有譽 辯護士許憲玉東査兩氏가松峴에事務所ᄅᆞᆯ擴張ᄒᆞᆷ은已爲報道어니와傳說을聞ᄒᆞᆫ즉兩씨가新舊法의學識이贍富ᄒᆞᆯ뿐더러事務의處理가敏速ᄒᆞ야凡於出廷에一不敗訴ᄒᆞ얏ᄂᆞᆫ대本報에廣告되얏든廳浦地訟勝利判決을得ᄒᆞ얏고其他多數事件을續續勝訴ᄒᆞ야人民의抑冤을伸雪ᄒᆞᆷ으로聲譽가有ᄒᆞ다ᄒᆞ더라

●支氏講道 今日下午七點半에鍾路靑年會에서牧師支栖氏가講道ᄒᆞᆫ다ᄂᆞᆫ대特別히有志紳士가多數光降ᄒᆞᆷ을希望ᄒᆞᆫ다더라

●普文有望 元山私立普文學校ᄅᆞᆯ設立ᄒᆞᆫ지六朔의學徒가七八十名의達ᄒᆞ고各項經費ᄂᆞᆫ贊成員安周觀李仕興리鼎玉諸시와任員南九討趙貞煥南廷善李汝天南延夏金秉洽諸시가擔當ᄒᆞ고講師尹定夏趙命道宋柱煥姜弼成諸시ᄂᆞᆫ熱心教授ᄒᆞ미將有成就之望이라고一境이贊成ᄒᆞᆫ다더라

●使令助校 咸興來信을據ᄒᆞᆫ즉本郡使令廳事務李範燮이該郡三學校에來言日本廳이幾百年設廳之際에今値吏恨ᄒᆞ야不得不自解散이온지라其廳內如干汁物을沒數打算이오면合爲四百五十兩假量이온데此不可各自分食이기合가邑內三學校에一百五十兩式平均付屬ᄒᆞ다ᄒᆞ오니此ᄂᆞᆫ等이於以官隷之屬으로敎育上熱心이一朝感發ᄒᆞ야至此傾棄相議ᄒᆞ니殊甚嘉尙이라ᄒᆞ더라

●孝哉此人 咸興郡州北面上里居ᄒᆞᄂᆞᆫ金泰鉉ᄂᆞᆫ草野一農夫라素無行有餘力之工而孝養老親에無所不至러니往在乙巳年十一月에八旬慈母가以時疫으로殆至危劇이어ᄂᆞᆯ泰鉉시가割股以供ᄒᆞ며斫血以喫ᄒᆞ고焚香祝天ᄒᆞ야願以身代에幸得蘇差ᄒᆞ야至今ᄭᆞ지無恙ᄒᆞ다더라

◉地方消息

▲拾月三日槐山府方三十里에서義兵一百二十名과日兵이交戰ᄒᆞ다가義兵이退去ᄒᆞ엿다ᄒᆞ고

▲十二日午後雙川에서義兵四百五十名假量이夕食을準備ᄒᆞ야在ᄒᆞᆯ時에日兵이急去하야交戰ᄒᆞᆫ즉義兵의一部ᄂᆞᆫ七星里高地에서猛烈이應戰ᄒᆞ며又一部ᄂᆞᆫ西方高地에서射擊을加ᄒᆞ야四時間을猛戰ᄒᆞ다가義兵은西北方으로退去하고日兵은東南方으로退陣ᄒᆞ얏다ᄒᆞ고

▲永同郡에서數日前에義兵이日偵探巡查及下卒二名을銃殺ᄒᆞ엿다ᄒᆞ고

▲央陽郡에서義兵이日兵과交戰ᄒᆞ얏ᄂᆞᆫ대義兵은退去ᄒᆞ얏ᄂᆞᆫ데該郡附近村家二拾餘戶가燒火하엿다ᄒᆞ고

▲兎山郡郡街에日兵이來ᄒᆞ야居接ᄒᆞᆫ데郡守ᄅᆞᆯ氏家에借居케ᄒᆞ고數日을留宿ᄒᆞᄂᆞᆫ데義兵은數日內로該郡을侵擊ᄒᆞᆫ다揚言ᄒᆞ얏다더라

東京電報

十月十六日발

●職員改正 樞密院會議에統監府와理事廳職員任用令改正件을決ᄒᆞ얏다더라

▲茶餘閒話▼

▲여보大韓人士들은目下形勢가좀이기우럿다ᄯᅥᆨ가느것다恨歎만ᄒᆞ야落心치말고어서밧비工夫ᄅᆞᆯ힘쓰시오前日에ᄂᆞᆫ工夫에要緊ᄒᆞᆫ것을不知ᄒᆞ고優遊度日ᄒᆞ다가知識과實力이他人의게不及ᄒᆞᆫ故로奴隸에入籍됨을不免ᄒᆞ엿스니이제라도工夫ᄅᆞᆯ힘써서知識과實力이他人과同等되면權利同等도自得ᄒᆞᄂᆞᆫ것시오

▲엇던兩班들은官報만購覽ᄒᆞ고新聞을購覽치아니ᄒᆞ니每日早朝稍融에官報行免만보면時局形便과政治得失과人文程度ᄅᆞᆯ足히知得ᄒᆞ깃ᄂᆞᆫ가此等兩班의精神은但히仕宦에만在ᄒᆞᆫ緣故지오

▲日前成均館齋生兩人이宋尤菴許眉叟兩先生의諱卽을呼ᄒᆞᆫ等로通文이난다逐出이된다ᄒᆞ야風波가起ᄒᆞ엿다니大韓儒林에서三百年이나競爭ᄒᆞ던道風이至今ᄭᆞ지珍ᄒᆞ다此時何時며今日何日고精神좀차리시오

▲日昨某々大官의別室二十餘人이各其五百金을醵合ᄒᆞ야盛宴을排設ᄒᆞ고團成社一隊ᄅᆞᆯ招致ᄒᆞ야一場跌宕ᄒᆞ다가忽地에殺風景이起ᄒᆞ야宴會ᄂᆞᆫ未畢ᄒᆞ고無味히解散ᄒᆞ얏다니此所謂宴無好宴이로고

▲平北觀察朴勝鳳氏가各郡鄕校의基本金으로써師範學校ᄅᆞᆯ設立ᄒᆞ라고勸勉ᄒᆞ니此其爲好個方針은人孰不知리오만은年來鄕儒輩들이校中財物로酒食之資ᄅᆞᆯ삼ᄂᆞᆫ것인대學校設立에經用되ᄂᆞᆫ것을未必樂從이니別般方針으로彼等의沮戱가無케ᄒᆞ여야就緖가되깃지

▲日本元老某氏가評品ᄒᆞ야曰韓國은自今으로六十年을經過치아니ᄒᆞ면開明發達이되지못ᄒᆞ리라ᄒᆞ니此ᄂᆞᆫ據何所見ᄒᆞ야若是確言ᄒᆞᄂᆞᆫ지不知ᄒᆞ거니와吾儕所見에ᄂᆞᆫ韓國의開明時期가一二十年에不過ᄒᆞᆯ듯ᄒᆞ니將來뉘말이마즐넌지

▲三和港募軍廳에서學校補助가非一非再러니咸興郡使令廳에서도學校補助가有ᄒᆞ니大韓의愛國思想과公益事業은下등社會에서始作이로고

天氣預報

▲十月十八日　午前晴午後曇

雜報

●大呼江山 에이베生

嗟我江山아

夫江山之有名은不在乎山高水深而在於靈ᄒᆞ고江山之有靈은不在乎山明水麗而在於人傑之鍾出也ㅣ라故로印度之히마라야와埃及之나일은爲世界最高最大之山河而至今有名이不及於和島之부사산與비파호之名者ㅣ其有以也오自中古觀之컨된支那大陸에六國江山이吞入於虎秦之口而劉項之徒ㅣ屈起ᄒᆞ야崑崙黃河之靈이震動天下ᄒᆞ고歐西半球에普佛山川이崩裂於三十年火砲之聲而拿破崙比斯麥之雄가相繼ᄒᆞ야巴畢柏林之雄이獨立世界ᄒᆞ니由此觀之컨된其江山에非常之人이出ᄒᆞ야非常之業을成ᄒᆞᆫ然後에야非常之名이現ᄒᆞᄂᆞ니江山은不待此論而古今東西에歷歷可記者也ㅣ로다嗚呼ㅣ라惟我江山은雄其壽邦이오中東隣境이라瑰占亞細亞東部之半島ᄒᆞ고名稱曰句麗 新羅 與 百濟라面積은大畧一萬五千方里오人口는不過二千餘萬同胞ㅣ라三韓故國에五嶽三山이라長白智異金剛之峻嶺은縱出南北ᄒᆞ고鴨綠豆滿大同之長流는抱廻西南이라峯高三角ᄒᆞ니王都寧於茲年이오波深五江ᄒᆞ니軍艦列於百里라望長安於漢北ᄒᆞ고拜陵墓於嵩南이라學禮가如天에武文書俗이라陽春白雪은文學士之詞宗이오紫氣騰霜은李將軍之武庫ㅣ로다金銀銅鐵은每時士產之富源이오暑濕風寒은適宜溫帶之位置라嗚呼ㅣ라風雲際會에日月이復何오水落石出ᄒᆞ니江山之眞面은不可復識이오物換星移ᄒᆞ니人事之變遷을從此可覩ㅣ로다

嗟喜다우리山嶽아—

爾不見麗麗三島之부사山이名冠四境乎아產出將軍大山巖ᄒᆞ야擊退露西百萬兵ᄒᆞ엿다

嗟喜다우리江水아—

爾不見麗麗三島之비파호가醒動五洋乎아產出海將東鄕平八郞ᄒᆞ야擊破海上波羅艦ᄒᆞ엿다

又不見台灣之산고山色가流臭萬年에無面對人間이라 又不見黃海之ᄒᆞᆫ강만水가嗚咽千秋에令人空灑淚ᄒᆞ나냐

嗟我江山아—

爾有靈乎아爾若有靈인딘吾將告之ᄒᆞ리라昇平四千年에已深雨露之恩커ᄂᆞᆯ嗚呼ㅣ三千里에不愧錦繡之名이며且縱難齊名於부사비파之高大나忍作眞肰於산고ᄒᆞᆫ강之景槩乎아

●育英學校唱歌

太極聖朝[?]ᄒᆞ온後에
海東朝鮮싱겨서라
三千里江山이요
二千萬生靈이라
六大洲가羅列中에
大韓일홈堂堂ᄒᆞ다
어화우리學徒들이
大韓二字싱각하세
英米法德西에잇고
露西亞가北에잇네
大和國이東에잇고
우리大韓其中일세
슯프다우리大韓
獨立二字어대긴고
獨立이여獨立이여
우리同胞稱與입세
可憐도다우리同胞
稱食을사어이설고
차저가세차저가세
獨立獨立차저가세
附노라學徒들아
獨立길이어ᄃᆡ매뇨
어서가고밧비가세
獨立길이여게잇네
五老峯邊樵樹裡에
우리學校分明ᄒᆞ다
英雄豪傑文章才士
學校로서못나나니
굿기하세굿기하세
一片丹心굿기하세
학問進步速히ᄒᆞ와
忠君愛國ᄒᆞ여보세
자며ᄭᆡ며晝宵間에
獨立二字잇지마세
西洋각國장간보쇼
智識發達먼쳠ᄒᆞ야
富國强兵速히된後
太平歌를누리난데
모려갯내우리大韓
夢中인지夜中인지
이러나오이러나오
어서밧비이러나오
이려나라ᄒᆞ난쇼리
ᄒᆞᆫ번두번아니지요
잠이라도廉恥잇고
ᄭᅮᆷ이라도廉恥잇지
우리학徒노리쇼리
깁히든잠ᄭᆡ아보세
우리學徒노리쇼리
獨立歌를불너보세
우리학徒노리쇼리
太平歌를불너보세

廣告

廣告

開城弘京浦鐵道를臨時通用만運輸來日十一(?)月二十一日에始호와所業運輸貨物車로開通호오니內外國僉君子는照亮後某物開浦로到着호와運輸하오면運費低廉홈을고商業에便利호올터이오니海諒호심을敬要

開城弘京浦　김(?)漢燮　徐東益　告白

●學員募集廣告

本會에서西友學校를設立호고學員을募集호오니入學을志願호는者는來十一月十二日(陰十月十日)內로本會에來議홈

一敎授科目

外國語(日語)　敎育學　歷史　地誌　物理　化學　數學　漢文　圖畵　博物　植物　動物　礦物　生理學　星學　唱歌　體操

一試驗科目

漢文　算術　四則以內

但年限은十八歲以上으로홈

隆熙元年十月十五日

西友學會告白

新刊書籍發售廣告

增修無冤錄大全　國漢文　定價金七拾五錢

大韓法規類纂洋裝　三圓五拾錢　郵稅四拾錢

初等倫理學教科書　二拾錢

初等衛生學教科書　拾五錢

國家學綱領　拾五錢

國民須知　八錢

獨習日語正則洋裝　鄭雲復著　壹圓二拾五錢

發賣所　皇城布屛下　金相萬書舖

西洋醫藥方書販賣廣告

[illegible]

漢城鍾路　慈惠藥房　乾村洋藥　發賣人　濟衆院醫學員　박조해

▲乳母廣求

두살된으히를젓먹일러인되조곰도흠업시집에와셔유모노릇홀부인이잇거든대한매일신보사회계파로와셔의론호시요

●乾材洋藥販賣

漢城鍾路慈惠藥房에셔各國洋藥을廉價호는中에邦補益藥水를廣擇廉價하오니內地各郡僉彦께셔小包郵便으로取用호심을仰望

▲大甁　三圓

▲小甁　一圓五十錢

乾材洋藥發賣人　濟衆院醫學員　朴慈惠　告白

近々工業이漸隆호야道路橋梁新設及山林田畓宅垈等調査의關係時急한故로本所는遠近을不拘호고以上諸測量及設計製圖等囑托의特히應호음

京城西大門外南契第六家

土木測量設計囑託所

主任　金之煥　告白

本店洋裝書籍을學徒運賤케하옵고

羅紗各種

美國金鷄納

衣服裁縫其他物品도賤價放賣호오니諸君子는來臨호심을바라나이다

仁川港奇觀新刊號

●民事訴訟代理와刑事辯護及鑑定顧問과諸文案起草等諸般事務를迅速處理홈

漢城西署小平洞第六十統十戶

辯護士前檢事　李建鎬

辯護士前檢事　安秉瓚

聯合法律事務所

瑞士建國誌

●定價金　新貨十五錢

此書는政治小說이니志士의救國救民호는思想과人民의愛國心을養成하는대緊要호冊子오

發賣所

▲大韓每日申報社

▲仁川港杻峴　開新冊肆

▲中署布屛門下　金相萬冊肆

▲平壤城內烈女洞　敎育書舖館

▲鍾路　古今書海館

▲洞口越便　中央書館

▲鍾路　大東書市

▲大廣橋　匯東書館

▲尙洞　博文書館

▲開城　康功選冊肆

新小說　愛國婦人傳

●一冊定價金拾五(?)

右冊은純國文으로世界에有名호法國婦人若安氏의愛國事蹟을譯出호얏스오니無論男女호고愛國性이有호신同胞는맛당이보실冊이오니購覽호심을望홈

▲發　▲皇城布屛下　金相萬書舖

▲賣　▲南門內　博文書館

▲所　▲仁川　大韓每日申報支社

▲各地方　有名書店

中署澄淸坊貢士洞耆老所前第二十三統三戶

辯護士　李容成

辯護士　黃鎭菊

辯護士　安致礪

事務員　全登瑞

事務員　殷動

聯合法律事務所

大韓新地誌와地圖를今已竣工되얏스니購覽僉員은各발賣所로來臨覓去호시옵

大韓新地誌발賣所

中署寺洞三拾統二戶

中署布屛門下廣學書舖

漢陽書館

中署銅峴橋越便中央書館

大東旅館　[illegible]

大東客舍　旅館長　鄭

[illegible]

大東旅館

鄭濟植　告白

本社廣告

○申報價

一張代金　新貨二錢五厘

一個月前納　三十錢

三個月　九十錢

六個月　一圓七十錢

一個年　三圓四十錢

郵稅一個年　新貨五十錢

一個月　十三錢

○廣告料

[illegible]

二週日에　二圓五十錢

每日發行四號五號활字

一個月에　五圓

(每日發行四號一號활자)

其期限과行數의多少는協議호심

●大韓每日申報各處支社

中署布屛門下　金相萬冊肆

平壤上水口門前　金浩潤

仝　崔敬恒

仁川杻峴　李東皓

宣川邑　安濬

義州西門外　大藥局

釜山港　徐藥局

三和港　金元성

咸興　曹喜林

鏡城　姜助遠

大邱市　崔一弘

海州　劉夢鎭

鐵山邑　安圭

元山　劉七鎬

定州　洪成인

海州南門內　朴昌鎔

郭山　許鎔

安岳　李鎭瑆

信川　張道善

安州　李鍾成

鐵原邑　金泳河

高原邑　趙鍾大

濟州　朴敎吉

井邑　李益來

泰仁邑內　金禹變

扶安　金鼎濟

京義線桃峴驛　李基秀

大韓每日申報社

發行兼編輯人　英國人　裵說

發行所　南署石井洞統外第三層洋屋

大韓每日申報社

第五卷

大韓每日申報

第六百四十二號

月曜及祝祭日休刊

檀君開國四千二百四十年
箕子元年三千二十九年
大韓開國五百十六年
日本明治四十年
淸國光緖三十三年
陰曆丁未九月大十三日辛丑

論說

○英國領事館裁判 續

韓國京城一千九百年十月十四日 月曜

下午에更集ᄒᆞ매고맛씨가發言ᄒᆞ되較正ᄒᆞᆯ거시有ᄒᆞ니漢城에日本人口가一萬六千이니다

其後에裁判官이設說氏다려經過ᄒᆞᆫ據證에對ᄒᆞ야有何問辭耶아ᄒᆞ더라

設說氏 求刑ᄒᆞᄂᆞᆫ事機가完結ᄒᆞ엿나잇가

裁判官 不必要케되엿도다

設說氏/本人이此를問ᄒᆞᄂᆞᆫ緣由ᄂᆞᆫ據令提出ᄒᆞᆫ實證에對ᄒᆞ야何如問辭로裁判時間만空費ᄒᆞᆯ必要를不見ᄒᆞᆷ이로이다

裁判官 此裁判庭이書類實證으로코리아데일늬우스와大韓每日申報를今有ᄒᆞ엿고且고맛氏의據證을有ᄒᆞ엿스나然이나其證이裁判에未滿足ᄒᆞ니뎐어監督을表證ᄒᆞ기에更請ᄒᆞ리로다

뎐어監督이就席ᄒᆞᆫ지라

裁判官問曰在京이幾久오

뎐어監督 都合十一年이니다

裁判官 排日意思를持ᄒᆞᆫ韓人이漢城內에或有ᄒᆞᆫ뇨特以習之면此國內에韓人이發源對日思想이何如하뇨

뎐어監督 與韓人談話에셔强硬ᄒᆞᆫ排日思想ᄒᆞᆫ確見하얏나이다

裁判官 公之大凡知悉에如此思想이廣布된줄노擬度ᄒᆞ나뇨

뎐어監督 然矣니이다

裁判官 廣布ᄒᆞ엿나뇨

뎐어監督 甚ᄒᆞᆫ廣布하얏다니다

裁判官 公之知悉에何如日兵이京城에在ᄒᆞᆫ뇨

뎐어監督 然ᄒᆞ오日兵이漢城에已往에도在ᄒᆞ얏고現今와도在ᄒᆞᆷ은本人이知之나幾何인지ᄂᆞᆫ不能言이니다

裁判官 漢城에日本居留民이幾何뇨

뎐어監督 衆多ᄒᆞ니八千或萬이라ᄒᆞᆫ報告가一二年前에有ᄒᆞ얏나이다

裁判官 內地韓人中에武器選動이有ᄒᆞᆷ을知悉ᄒᆞ얏나뇨

뎐어監督 本人의目擊ᄒᆞᆫ거슨江華事件而已나然이나報紙及旅行者의報導를觀ᄒᆞ건대頗多ᄒᆞᆫ武器擾乱이內地에有ᄒᆞ니이다

裁判官 衝突을親知ᄒᆞᆷ이有ᄒᆞ뇨

뎐어監督 然ᄒᆞ고江華城을取ᄒᆞᄂᆞᆫ거슨目擊ᄒᆞᆫ바요且個人의報導를接聽ᄒᆞ건대兩道에셔韓人과日本巡査及軍兵間에爭鬪가有ᄒᆞ니다

裁判官 日本皇太子의來到韓國을知悉ᄒᆞ뇨

뎐어監督 拾月十六日에來到韓國ᄒᆞᆷ을日本官人에게셔得聞ᄒᆞ엿나이다

其後에ᄂᆞᆫ裁判官이設說氏다려對此據證ᄒᆞ야何如質問을願ᄒᆞᄂᆞᆫ가問ᄒᆞ다

設說氏 方今에ᄂᆞᆫ無ᄒᆞ니此ᄂᆞᆫ本人이可抽ᄒᆞᆯ何如問辭가方今事機에影響이及ᄒᆞᆫ지不見ᄒᆞᆷ이니다

裁判官 有何問辭여든今必爲此어다

設說氏 若然則何人의例證으로今般罪過를本人의게賦ᄒᆞᆷ인지ᄒᆞᆷ씨의게願問ᄒᆞ나이다

ᄒᆞᆷ씨가裁判官의게問ᄒᆞ되此問辭를必答ᄒᆞ릿가

裁判官 曰否다

設說氏 本人이韓國政府의例證으로此求刑을或被ᄒᆞᄂᆞᆫ가可問乎잇가

此問辭도亦不許ᄒᆞ다

設說氏 曰고맛ᄉᆞ가內地起擾ᄅᆞᆯ八月皇闕侍兵解散後의始起되엿다報導ᄒᆞ엿스니同氏가此報導를確據ᄒᆞᄂᆞᆫ가可問乎잇가

고맛 曰日字ᄂᆞᆫ未確이나八月에何日이니다

設說氏 韓日人間惡意가何時에始生ᄒᆞ엿ᄂᆞᆫ지其日을能知ᄒᆞ깃나잇가

고맛氏 不能이니다

其後에ᄂᆞᆫ裁判庭에셔喜氏를命ᄒᆞ야告訴ᄒᆞᆫ句項의證木을給허라ᄒᆞᆫ지라此를行ᄒᆞᆫ後에리氏가證參ᄒᆞ야發言ᄒᆞ되大韓每日申報에記名ᄒᆞᆫ漢字가設說氏의爲其編輯及發行人임을齋ᄒᆞᆫ줄노信認ᄒᆞᆫ다ᄒᆞ더라

其後에ᄂᆞᆫ 小佐喜氏가證參ᄒᆞ다

設說氏 喜氏여코리아데일니늬우스報은不絕常讀ᄒᆞ엿지오

喜氏 然ᄒᆞ오常讀ᄒᆞ오

設說氏 公之意思에ᄂᆞᆫ該報句項이平和를傷害ᄒᆞᆫ줄노計算ᄒᆞ시나잇가

喜氏 否라且一言이無有ᄒᆞ니本人이常時로公의게說話ᄒᆞᆫ거슨武器로日人을抗逆허려ᄂᆞᆫ韓人의自殺的政策을重壓허라ᄒᆞᆫ거시是也니이다

設說氏 가고맛氏의게更問ᄒᆞᆷ을裁判庭에셔容許ᄒᆞ다

비說시 고맛시여大韓每日申報를閱讀ᄒᆞ엿다ᄒᆞ니韓文을知悉ᄒᆞ나잇가

고맛시 未解ᄒᆞ나이다

비說시 然則大韓每日申報를何以能讀ᄂᆞᆫ가

고맛 漢字를能辨ᄒᆞᄂᆞ이다

비說시 然이나其餘ᄂᆞᆫ未解ᄒᆞ잇가

고맛시 未解ᄒᆞᄂᆞ이다

其後에休會ᄒᆞ얏다가再開ᄒᆞᆯ時에裁判官이探悉ᄒᆞᆫ바를給ᄒᆞ얏스니此를明日에其能畢記ᄒᆞ기를希望ᄒᆞ거니와此盖비說시가코리아데일니늬우ᄉᆞ와大韓每日申報紙上에平和의傷害를激勵或發生ᄒᆞ려ᄒᆞᆫ다計算ᄒᆞᆫ事項을發判ᄒᆞᆫ結果로다

官報

●第三千九百号

隆熙元年十月十八日

◎宮廷錄事

內閣總理大臣勳一等臣李完用謹

奏內部大臣任善準의照會를接ᄒᆞ온즉通川等地에前參贊許위가自爲匪魁ᄒᆞ야擧衆七百餘名ᄒᆞ고侵掠各郡에民情이嗷嗷라ᄒᆞ온바該員이付明官籍에厥譏發理之攸關ᄒᆞ올거ᄂᆞᆯ煽動愚民ᄒᆞ야汚辱 國體ᄒᆞ오니似此悖類ᄂᆞᆫ不可暑刻容貸이올지라該品階를爲先削除ᄒᆞ옵고函合法部로刻期調捉ᄒᆞ야究覈懲辦하옴미何如ᄒᆞ올지謹上奏ᄒᆞ옵나이다 奉

旨依奏身爲宰列ᄒᆞ야奈昧發理ᄒᆞ고投匪爲魁煽動出盜究厥罪狀宜有常律爲先削除官籍函令法部調拿嚴處

外報

●問鴨派兵 東京電을據ᄒᆞᆫ즉日本政府ᄂᆞᆫ淸國政府의抗議를應接지아니ᄒᆞ고何時던지派兵을得ᄒᆞ라고長春에集中ᄒᆞ얏더라

●米露協約說 露人間에셔ᄂᆞᆫ다후氏가露國에來遊ᄒᆞᆷ으로米露協約이成立되기로豫想ᄒᆞᆫ다더라

●加奈陀排日熱 桑港通信를據ᄒᆞᆫ즉加奈陀에셔排日熱이尙今不絕이라더라

●佛西大洪水 倫敦電을據ᄒᆞᆫ則佛蘭西南部及西班牙에ᄂᆞᆫ大洪水가出ᄒᆞ야溺死者가多ᄒᆞ하고鐵道도不通이라더라

●淸日問題와米國 紐育電을據ᄒᆞᆫ즉淸國이米國陸軍卿다푸트氏에對ᄒᆞ야公式으로써歡迎ᄒᆞᄂᆞᆫ事實은該政府가當時交涉ᄒᆞᄂᆞᆫ對日外交問題에就ᄒᆞ야與一苦悩가生ᄒᆞᄂᆞᆫ地境에ᄂᆞᆫ日本에對ᄒᆞ야米國의後援을依賴허리라고信念ᄒᆞᆷ이더라

●露將斷言 華盛頓電을據ᄒᆞᆫ즉露國리네우잇지將軍은日本이滿韓에셔要塞를築造ᄒᆞᄂᆞᆫ거슬斷言ᄒᆞ고又同將軍이言ᄒᆞ기를東京政府에셔軍備上의諸般準備ᄒᆞᆷ은交戰ᄒᆞᆯ意思를示ᄒᆞᆷ이라고米國新聞에揭載허얏더라

●艦隊出發 紐育電을據ᄒᆞᆫ즉米國戰鬪艦되넷시뫼와華盛頓號ᄂᆞᆫ쎄풀리提督指揮로太平洋에向ᄒᆞ얏다더라

●桑港에黑死病 桑港에셔ᄂᆞᆫ黑死病이起ᄒᆞ야每日患者가七十八名에達ᄒᆞᄂᆞᆫ데死亡者가每日平均三拾七名에達ᄒᆞᆷ으로逐日捕鼠ᄒᆞ야病根을消除ᄒᆞᆫ다더라

●加奈陀政府의通牒 東京電을據ᄒᆞᆫ즉加奈陀政府의代表로勞働者의關ᄒᆞᆫ大臣과次官을日本에派遣ᄒᆞᆯ터이라ᄂᆞᆫ通牒이到着于日本政府라더라

●移民交涉委員 桑港電을據ᄒᆞᆫ즉加奈陀에셔特使를日本에派遣ᄒᆞᄂᆞᆫ데晩香坡를經由ᄒᆞ야日本에向ᄒᆞᆫ다더라

●杤木縣紛擾 大阪通信을據ᄒᆞᆫ즉杤木縣民은去十四開會ᄒᆞ얏ᄂᆞᆫ데政黨派議員이進步派를反對ᄒᆞᆷ으로紛擾를作ᄒᆞ얏다더라

雜報

◎必有運動 前參領延仁洪氏ᄂᆞᆫ昨年俄日開戰時에率俄兵ᄒᆞ고咸南北各郡에來往ᄒᆞᆯ時에當地富民을稱以日本偵探軍이라ᄒᆞ야捉致奉賂ᄒᆞ며城津駐屯時에其愛妓의做賊으로雜技債幾千元을勒捧ᄒᆞ얏ᄂᆞᆫ데日前에自海港으로潛行入京ᄒᆞ야現在明洞等地ᄒᆞᆷ으로其時被害人덜이將以擧訴ᄒᆞᆫ다더라

●義元義校 載寧郡義元學校ᄂᆞᆫ光武拾一年六月에郡中有志紳士들이同力設立이온ᄃᆡ維持ᄒᆞᄂᆞᆫ策有ᄒᆞᆫ郡中財物도暨用케ᄒᆞ고學徒募集現數가五拾餘名이오校長崔永周사ᄂᆞᆫ熱力熱心ᄒᆞᆷ으로邑中人士가皆皆感발이고敎師余秉鉉시ᄂᆞᆫ延聘時에月銀四拾元으로作定下來ᄒᆞ엿ᄂᆞᆫ대及其到校ᄒᆞ야ᄂᆞᆫ敎務의員의熱心周旋뿐아니라一年經費가太過ᄒᆞᆷ을見ᄒᆞ고月銀中拾元式을每月補校케ᄒᆞ니學校中主務會員의極力周旋ᄒᆞ시ᄂᆞᆫ功效ᄂᆞᆫ不少ᄒᆞ거니와敎師의減銀補校ᄒᆞᄂᆞᆫ誠意ᄂᆞᆫ士林이無不稱頌ᄒᆞᆫ다더라

雜報

●皇帝御勞問 大皇帝陛下게서와 皇太子殿下게서本日上午十二時에統監府에 親臨하사日本皇太子殿下를勞問하신다더라

●東宮訪問 昨日下午一時에皇太子殿下께서統監府에出臨하옵서日皇太子殿下를訪問하시고同三時에還宮하셧더라

●統邸宴會 昨日統監官邸에서宴會를設立하얏는데各府部院廳勅任官以上이一齊往參하얏다더라

●景福宮遊覽 今日에日本皇太子殿下께서景福宮을觀覽하실터인데法部大臣이昨日에該宮闕에前往하야一々看審하얏다더라

●日人增記 內部警務局에서書記官九人을增置하되日人으로叙任한다는대年俸은每人에一千二百圜式磨鍊中이라더라

●學徒祇迎 日本皇太子께서來二十日에出駕歸國하신다홈은已爲揭報하얏거니와出御時刻은上午十時二十分으로擇定하얏는데各官私立學徒가南大門에羅列祇送할다더라

●宮內府建築 昌德宮內에宮內府를新建築하고該府所屬司를一齊히合設할다더라

●澁谷발程 內部事務官澁谷氏가因公事上事務로日本에前往한다는事는前報와如하거니와昨日에발程하얏다더라

●元老와大臣謁見 再昨日下午에宮內府禮式官嚴達煥氏가各府部院廳에電話하되元老大臣과現任勅任以上人이十八日下午十一時三十分에各着新裝大禮服하고統監府에前往하야日本皇太子의謁見後立食에參與하라하얏다더라

●義旗와提燈 警視副監具然壽시가昨日각署에電話하되五署內各商民家에或韓日兩國旗를交义한處도有하고或不揭한處도有하니更히申飭하야一齊히兩國旗를交揭하고各洞統首의게指揮하야今日下午四時로人民一千名式商業會議所로起送하야提燈行列케하라하얏다더라

●見學試取 學部에서日本守備隊見學生二十八人을試取하얏는데參格者二十一人을將次內閣에請議發布하다더라

●依願奏免 文禮郡守宋大鎭 金城郡守元有常 安東郡守李觀紀 品陽郡守朴準설諸씨가辭職請願하얏는데內部에서依願奏免하다더라

●慶察宣諭 慶南視察使金思默씨가視察事務를該道參書官의게委任하고管下各郡에宣諭次로發程하다고法部에報告하얏더라

●門材補校 谷寧郡守李鍾振氏가內部로電報하되本郡南門이破傷되얏사오니其材料는普通學校建築에補用케하다하얏더라

●訂券同意 農商工部에서大韓植民會社保証金一萬圜을日本國債證券으로納入하기로統監府에同意를請하얏더니該府에서妥合하다는答照하얏다더라

●請議留案 內部書記郞現闕이合爲五窠인데一二窠를爲先修定하야內閣에請議하얏는데內閣에서는姑爲留案하얏다더라

●請願封還 侍從院左右侍御諸氏가一並辭職請願하얏다는說은已揭어니와該院에서諸씨의請願書를封還하얏다더라

●事務自休 近日平理院에서는補佐官이仕進치아니하는故로該院事務를多日廢止하얏다더라

●請遞不當 陽川郡守徐丙業氏가辭職請願하얏더니內部에서指令하되實病이雖云難强이나迨此地方多事하야莅任未幾에遽爾請遞가甚不妥當하니卽速還任하고勿致再煩하라하얏더라

●不可許遞 朔寧郡守崔弘俊씨가再次辭職請願하얏다는事은已揭前報어니와內部에서指令하되際此多事之會하야宜도分憂之策이거날一直請遞가甚不妥當이라卽速還官하고勿得致煩하라하얏더라

●巡檢受賞 巡檢金教元씨가義兵嫌疑者金聖宗捕捉한事에對하야警署에서本廳으로報告하되秘探逮捕함이實爲嘉尙이니特爲施賞하야以示勸奬하라하얏더라

●張氏照律 高敞郡守張命相氏가稅錢加排한事로平理院에서照律宣告하얏다더라

●汽車에投石 拾五日午後一時에沃川驛南方三拾里地에서南行列車에何許人이投石하야太子窓一枚를破壞하얏다더라

●一稅兩爭 結城郡廣川魚市에서米穀賣買時에所謂監官名色이自來素有한바近日一進會員은該會로附屬하야收稅하기로公文을圖得하고義親王宮의셔는本宮에附屬하야收稅하기로文蹟을成出하얏다하야互相紛爭中인대何處에서收稅할넌지未知하겟다더라

●兩人發配 慶北裁判所에서審查한義兵에干連者朴基運과南壽南二人을莞島로발配한意로法部大臣이上奏하얏다더라

●狂招押交 狂人李周鎔亂招에對하야其堂叔李發奉叔弘氏가셔지軍司令部에被捉한事는前報에揭載하얏거니와別無所犯이던지該兩氏를昨日前에警視廳으로押交하얏다더라

●虎列電報 平壤觀察使가內部로電報하되昨日後虎列刺發生이韓人三名日人一名內에韓人二名日人一名이死亡이라고하얏더라

●虎列調查 警視廳에서十五日々지각地에虎列刺現患者를調查한즉京城에日本人七名仁川에日本人一名釜山에日人九名韓人六名平壤에日本人四名韓人十五名이라더라

●申씨講道 今日下午七点半에靑年會館에서該會學校英語敎師申愛德씨가財政의關係란問題로演說한다는대有志諸君이多數來參함을希望한다더라

●水雷發見 北韓沿海巡航中의軍艦千早號는獨津附近에서水雷一個를發見하얏다더라

●憲兵着京期 日本서增派한憲兵三百名이來二十五日頃에釜山에到着하야直히入京한다더라

●構成法編纂 法部에서構成法을編纂하기爲하야委員長一人과委員九人幹事二人을任命하야編纂한는대委員長以下十二人에手當金과謄編찬所經費合三千三百圜을支出하라고度支部에照請하얏다더라

●結民連訴 湖南結民代表宋榮浮邊昇基九十九人이度支部에四次請願하되伏以天地는無偏私於一물오國家는無偏私於一方이니才有偏私면大地가不能爲萬物之天地하고國家가無以爲萬民之國家也니是故로王政이以制民田賦로爲始하니田賦不均이면王政이不行而黎民이不親矣리今生等이以兩南稅政之偏重不均으로連狀屢陳에敢冒煩瀆하야知進而不知退者는豈徒爲兩南結民之呼冤而然乎잇가實爲政府命令之必信而然也니非但爲是라以通貨之先後와物價之低昂으로莫重正供을加減輕重은天下萬國에應無是理也니와人瞻觀인들豈無內政不均之駁論乎잇가亦實爲朝家致賠之無損而然也니三月訓令에有云此是暫時之宜요非長久之規라하엿샤오니既知非長久之規則斯速改之矣니何如是持難乎엿가其日事關重大에有難一時議決하얏스오니一個人些少事도知非則不可仍置어든況乎民國之時急大政을豈可仍置하야自損朝家之政體하며自煽衆民之騷怨하며自取外人之駁論乎잇가揆以千目에毫無特難之端矣니照亮하신後亟施處辦하시와保蒙八圓均定之澤을伏望이라하얏더라

●郡主犯捐 西來人傳說을聞한즉敏寧郡主事命在東시가七八年鄉長에國結偷食과民財騙奪等事가多有하고郡主事在任後도其子呂默을差出坊長하야國債報償한다고民間에발逝하야金一百八十餘圜을收合乾沒하고新聞에不揭함으로捐民이呈訴還推한다더라

●郭氏橫厄 稷山郡守郭璨시의水原本家에暴徒가突入하야其子漢鎔시를捉去하야蹤跡이杳無한대其事實인즉稷山郡所在洋銃十八柄을空官時에日本軍隊가收去하얏는대郡守가出給한줄노執탈하야橫厄을當하얏다는說이有하더라

●郡主其人 長城郡主事金肯鉉시는本以鄉望으로推薦한人인데一經署理에治績이有하더니陰八月初에義兵이夜半突入한다고郡中이虛驚하야邑里가騷動하되該시가坐不移席하야說諭官民에鎭定郡民하고日兵來往에交涉辯明하야居民安堵라고傳셜이籍籍하더라

●錦山義援 錦山郡에는去十三日頃에義兵等이或二十名或三四十名式作隊하야該郡邑에入來한者近千餘名에達하야新任郡守의到不到를質問하고茂朱方面으로向往하얏다더라

●誤聞更揭 日昨本報欄內반備宿留이라는題下에張世昌은張泌相의誤植이라하고其時備生의些少爭端은雖有하얏스나通文이니逐出이니하는光景은無하얏다더라

東京電報

●淸官懲回答 在間島支那官吏가韓民에對하야不當한課稅를徵收에不應하는者면毆打함으로衝突의事가有한데淸國官憲이日本의忠告를依하야取締勵行하기로回答하얏다더라

詞林

立馬靑山下 呼兒問上人
暗聞廚下語 饑歲客胡頻
山家 東老生

▲酒後劇談▼

▲世界列强의外交政略을誰能預度이리오露日協約이不過幾日에米露協約說이又起하고且東京某新聞에云하되東露의浦鹽斯德을米國軍艦의使用地로租借된다는說이有하니此係風說인지姑未確知어니와大抵列强에外交狀態는變化莫測이로고

▲現今時代가雖日優勝劣敗하고弱肉强食하야人種交易이되는時代라고하나世界上公理二字는終是不滅하는理致가確有하니아무리一時勢力이宏壯하더리도德義를違背하고他人을壓制하기로만하면畢竟公理에不容되야못박망이를맛는날이잇더고

▲前郡守權直相氏는歷典郡邑하야如干官況을其愛妾의腹裏에從入하얏는대現今에權氏事勢가更無餘望함으로逐日蕩待가滋甚하더니日前에는痛飮泥醉한後高聲大叱曰舍廊에서寄食하는者가何漢乎아하고星火逐出하얏다니此所謂金盡情薄이로고

▲前參議李章植氏는近日官路에斷念하고實業에從事하기爲하야太平洞等地에서雜貨店을開하얏다하니同氏는可謂覺悟時機어니와尙今仕宦界에妄慾이滔々하야實業을不圖하다가窮餓를不免하는境遇에는後悔莫及이될걸

▲近日에新任各郡守가地方騷擾를因하야觀望不赴하는이가多有한대杆城郡守金仁植씨가卽地赴任하기로決意說明하얏다니盤根錯節을맛나고야利器를分別하는것시지

▲前秘書丞其氏는逐日蕩家子弟와悖類를作伴結隊하야各演戲場과妓生三牌家에서消遣하다니靑春時節에光陰을虛費하는것도可惜하거니와靑樓酒肆에自己도入하고他人까지亡케함은웨그리조화하는지

▲宣川郡守兪鎭浩氏가各面에學校를創設하야靑年을敎授하고薙髮詔勅에對하야人民을會集說諭하매一切薙髮하얏다니該郡은風氣가稍開하야人文이漸進하는地方이라學校設立도잘될거시오薙髮一事에도騷擾가必無하깃지

天氣預報

▲十月十九日 午前雨午後曇

社告

地方各支社와個人購覽員에게本申報配達이或滯留或遺漏가非一非再인바且以書辭通知가殊搬가無ᄒᆞ야郵便局交涉이難便ᄒᆞ니此後로ᄂᆞᆫ申報封皮에出付와收到日付印期限이過隔者를摘拔聚合ᄒᆞ얏다가本社로委送ᄒᆞ심을爲要홈

大韓每日申報社

寄書

義州 金碩伉

詩曰靡不有初나鮮克有終이라ᄒᆞ니其言이信也夫인저惟我韓國債一千三百萬元이實三千里疆土頹墜之根因而何幸 皇天이眷佑ᄒᆞ사觸感志士之衷情ᄒᆞ며鼓動愚婦之衆彝ᄒᆞ야斷烟同盟ᄒᆞ고自春至夏ᄒᆞ이出義金額이滿載于每日申報社矣리니一自入秋以來로日日凋殘ᄒᆞ니是可曰東洋禮義國民之義務耶況英美淸諸國이聞此義擧ᄒᆞ고先有褒揚之電文ᄒᆞ고又有捐助之義金ᄒᆞ니今若中途而廢止則各國人이必曰大韓人種은無信無發之動物也며오得免奴隸之稱리요할리니然則國權을何以挽回며外侮을何以圖禦리요惟我全國同胞ᄂᆞᆫ無猶豫回顧ᄒᆞ고각以尙義輕財之道로期圖淸장이되家勢富饒者ᄂᆞᆫ不必提論而貧乏不能存者도爲其國民ᄒᆞ야不可忘國民之務也니在一鄕則唱於一鄕ᄒᆞ며在一村則唱於一村ᄒᆞ야斯謀務에愼終如始ᄒᆞ야勿墜新國疆土ᄒᆞ며勿作列邦笑柄을千萬血祝之至

雜報

●人의强弱과國에盛衰가爲與不爲에在홈

上天이吾人을造成ᄒᆞ시ᄆᆡ其賦畀ᄒᆞ신原素質(即性)은四海萬國에圓顱方趾ᄒᆞ야云々于々ᄒᆞᄂᆞᆫ十五億同胞가均是一致인되何故로某國民은日로强ᄒᆞ고某國民은日로弱ᄒᆞ며某國勢ᄂᆞᆫ日로盛ᄒᆞ고某國勢ᄂᆞᆫ日로衰ᄒᆞ야其進其退와其興其亡ᄒᆞᄂᆞᆫ間에南北이干戈를相爭ᄒᆞ며東西가凌侮를互加ᄒᆞ야地球上脉脉ᄒᆞ게星列棋布ᄒᆞᆫ各國社會上에生存競爭이傾然히鶻快鷙睛ᄒᆞᆫ日이殆無ᄒᆞ니現世界에生ᄒᆞ야各其國民된者ᄂᆞᆫ此를可히써深思講究치아니치못홀지어다

僕은비록學問이素淺ᄒᆞ고智識이未開ᄒᆞ나亦是我大韓帝國一分子라祖國에形便을周察ᄒᆞ고列强에大勢를環顧ᄒᆞᆫ則彼所謂强ᄒᆞ고盛ᄒᆞᆫ者에結果가果然何를由ᄒᆞ야來ᄒᆞᆫ지此主要點에對ᄒᆞ야엇지十分注意ᄒᆞ여其前進ᄒᆞᆫ方針을共圖치아니ᄒᆞ리오玆에一言을敢述ᄒᆞ야我二千萬同胞의게告ᄒᆞ노라

先師가有訓ᄒᆞ되萬事가不如一爲라ᄒᆞ니誠哉라是言이여亘天地環古今에英雄豪傑과志士野哦의名稱이最初其由來된原因을細究ᄒᆞ면鐵히其爲與不爲ᄒᆞᄂᆞᆫ間에서分揀됨이確實ᄒᆞᆫ도다東西洋古來事를一々히歷覽ᄒᆞ라德國에比斯麥은彌腔熱誠으로六十年敎育을不爲ᄒᆞ얏사면誰가其雄大ᄒᆞᆫ志略을稱ᄒᆞ며美洲에華盛頓은百折不撓ᄒᆞᄂᆞᆫ堅忍的性으로英國의羈絆을能脫ᄒᆞ고一大完全ᄒᆞᆫ結果가無ᄒᆞ얏시면엇지誰가其宏傑ᄒᆞᆫ事蹟을論ᄒᆞ며東洋에近日史로言홀지라도日本의維新ᄒᆞᆫ傑某々人우由來ᄒᆞ던封建法을廢止ᄒᆞ고 皇室의大權을專一케ᄒᆞ고歐美에文明制度를參互ᄒᆞ야憲法에實行을不爲ᄒᆞ얏시면엇지今日에如彼其進步ᄒᆞᆫ結果를致ᄒᆞ얏시리오

此로由ᄒᆞ야觀之ᄒᆞ건되以上의論ᄒᆞᆫ바諸人이다別種의人物이아니라能히그爲홀바를爲홈ᄯᆡ름이니如此ᄒᆞᆫ人의國은日로强ᄒᆞ고日로盛ᄒᆞ야列强에齒ᄒᆞ고此에反ᄒᆞ야能히그爲홀바를爲치아니ᄒᆞ고苟且를求ᄒᆞᄂᆞᆫ人의國은日로弱ᄒᆞ고日로衰ᄒᆞ야消亡에陷홈이必然ᄒᆞ도다 未完

廣告

向者軍隊解散時에負傷將卒中에死者는已矣어니와折股折臂折脚之人은命脈은尙存이나運動未由라該人等이將欲自毀ㅎ니今入鼻酸이라本人等이往見慰勞ㅎ고西醫에게以印度膏도選製贈與이온則八人의贖膏額이至爲二千五百圜之多인바一人助力으로難見奏効ㅎ와茲以廣布ㅎ오니望須慈善僉君子는勿拘多小ㅎ시고收恤金을寄付ㅎ와使陷死同胞로拯濟ㅎ심을爲要

隆熙元年九月日

發起人 정운복 尹滋勤 安秉鎬 曹成煥

收恤金收合所 皇城新聞社 大韓每日申報社

出捐人의姓名은新聞에廣告홈

新刊書籍發售廣告

增修無冤錄大全 國漢文 定價金七拾五錢

大韓法規類纂 洋裝 三冊 九拾錢 郵稅四拾錢

初等倫理學敎科書 二拾錢

初等衛生學敎科書 拾五錢

國家學綱領 拾五錢

國民須知 八錢

獨習日語正則 洋裝 鄭雲復著 定價二拾五錢

發賣所 皇城布屛下 金相萬書舖

人民事訴訟代理와刑事辯護及鑑定顧問과諸文案起草等諸般事務를迅速處理홈

漢城西署小平洞第六十統十戶

辯護士 前檢事 李建鎬

辯護士 前檢事 安秉瓚

聯合法律事務所

近々工業이漸隆ㅎ야道路橋梁新設及山林田畓宅址等調査의關係時節이오本所는遠近을不拘ㅎ고以上諸測量及設計製圖等囑托의特히應ㅎ옵

京城西大門外南便第六家

土木測量設計囑託所

主任 金之煥 告白

學徒洋裝書籍 學徒運動과諸具 綿紗各種 美國金鷄納 衣服裁縫其他雜貨도廉價放賣ㅎ오니諸君子는來臨ㅎ심을바라나이다

仁川港奇觀閣新冊肆

本人이日本大阪商業家와特約ㅎ고日本內地産出各種物品과西洋各種物品及機械等物을我大韓에輸入과委托을便利케契約ㅎ앗스오니商工業에有意ㅎ신僉君子는某物이든지請求코져ㅎ시거든本社로來議ㅎ시오本社에셔는手數料金만受領홈

興業社本店 開城北部群村

支店 京城南門內水橋五十一統大戶

仝 仁港內동廣濟號 特派會社

越南亡國史 國漢文

定價貳拾伍錢

發賣所 京城廣橋高裕相 鎭南浦 [illegible] 書鋪

布屛下 김相萬 告白

西洋醫藥方書販賣廣告

●醫學校長池錫永氏序 ●陸軍軍醫洪錫厚氏校正 ●醫學校敎官劉秉珌氏校 ●濟衆院醫學校朴瑞陽氏飜譯 ●漢城慈惠藥房發行

隆熙元年十月日에第一版을發行ㅎ오니 [illegible]

藥

漢城鍾路 慈惠藥房 乾材藥 洋藥

發賣人 濟衆院醫學員 박즈혜

瑞士建國誌

◎定價金 新貨十五錢

此書는政治小說이니志士의救國救民ㅎ는思想과人民의愛國心을發成ㅎ는데必要ㅎ冊子오

發賣所

▲大韓每日申報社

▲仁川港杻峴 開新冊肆

▲中署布屛門下 金相萬冊肆

▲平壤城內烈女洞 敎育書舘

▲鍾路 古今書海舘

▲洞口越便 中央書舘

▲鍾路 大東書市

▲大廣橋 滙東書舘

▲仝 博文書舘

▲開城 廣助書冊肆

新小說 愛國婦人傳

◉一冊定價金 拾五錢 新鮮ㅎ國文本이오

右冊은純國文으로世界에有名ㅎ法國婦人若安氏의愛國事蹟을譯出ㅎ앗스오니無論男女ㅎ고愛國性이有ㅎ신同胞는맛당이보실書冊이오니陸續購覽ㅎ심을望홈

發賣所

▲皇城布屛下 金相萬書舖

▲南門內 博文書舘

▲仁川 大韓每日申報支社

▲各地方 有名書店

中署澄淸坊黃土峴耆老所前 第二十三統三戶

辯護士 李容成

辯護士 黃鎭翊

辯護士 安致淏

事務員 全益熙

事務員 [illegible]勳

聯合法律事務所

大韓新地誌와地圖를今已竣工되앗스니購覽僉員은各발賣所로來臨覓去ㅎ시옵

◎大韓新地誌발賣所

中署寺洞卅統二戶 漢陽書舘

中署布屛門下 廣學書舖

中署罷朝橋越便 中央書舘

大東旅舘

[illegible]

漢城旅舘

[illegible]

本社廣告

○申報價

一張代金 新貨二錢五里

一個月前納 三十錢

三個月 九十錢

六個月 一圜七十錢

一個年 三圜四十錢

廣告一行 新貨五里

○廣告料

四號活字十三字每行 [illegible]

二週日에 二圜五十錢

每日發行四號五號에揭載홈 五圜

一個月에

(每日發行四錢一里에翻譯ㅎ야)

其期限의長短과字行의多寡를依ㅎ야 [illegible]

◎大韓每日申報各處分社

中署布屛門下 金相萬書舖

平壤上水口門內 金浩瀾

仝 崔叙恒

仁川杻峴開新冊肆 李東皓

宣川邑磚街冊肆 安[illegible]

義州西門外 大藥局

釜山港佐川 徐藥局

三和港築洞 金元셕

咸興南州社西門外 曺喜林

開城培義學校 姜助逵

大邱市 崔一弘

載寧邑濟衆院 劉夢[illegible]

鐵山邑東部 安[illegible]

元山倉前 劉七錫

海州南門內 朴昌鎭

定州正門內書舖 洪成인

昌城郡校洞 許鎬

郭山興岩 李銀瑞

安岳細谷坊成谷 田道善

肅川舊津 李鍾成

安州城內義井洞 金觀河

鐵原邑菜洞 趙鍾大

高原邑 朴敎吉

濟州城內一徒里客舍洞 高亨來

井邑邑內 李益象

泰仁邑內 金禹燮

扶安午浦 金鼎濟

京義線桃峴驛替市 李基秀

大韓每日申報社

發行兼編輯人 英國人 裵說

發行所 西署石井洞鐵外地三層洋屋 大韓每日申報社

第五卷

大韓每日申報

第六百四十三號

月曜及慶節 臨時日休刊

檀君開國四千二百四十年
箕子元年三千二十九年
大韓開國五百十六年
日本明治四十年
清國光緒三十三年
陰曆丁未九月大十四日壬寅

論說

(京鄉新聞論說照謄)

○工夫가要緊홈

只今吾國의形便을不知ᄒᆞᄂᆞᆫ者ㅣ가無ᄒᆞ니知者ᄂᆞᆫ무어시何如타ᄒᆞ나뇨或은大地運數ㅣ니更히말ᄒᆞᆯ거시無ᄒᆞ다ᄒᆞ고或은吾人의罪罰이라ᄒᆞ고或은人民이闇昧ᄒᆞ고政府가不善ᄒᆞᆫ타시라ᄒᆞ나就中에誰의말이마ᄌᆞ뇨吾國人이闇昧則闇昧ᄒᆞ나其開明ᄒᆞᆫ者ᄂᆞᆫ何如ᄒᆞ뇨

某學校에幾日幾月을上學ᄒᆞᆫ데ᄒᆞ고畢業ᄒᆞ게卒業이라ᄒᆞ고日語마디나ᄒᆞ면爲先削髮洋服ᄒᆞ고本國人은奴隸로知ᄒᆞ고日人은上典으로知ᄒᆞ며何許人은本國에逆賊이오日本에忠臣되ᄂᆞᆫ法에卒業ᄒᆞ고何許人은宦勢의有餘ᄒᆞ고苟且홈은不計ᄒᆞ고創髮宕巾에실죽鏡쓰고毛織襪只에時計를佩ᄒᆞ고三四日만콤花柳水에頭를沐ᄒᆞ야理髮ᄒᆞ고出ᄒᆞ면酒肆齊樓에死生을共ᄒᆞᄂᆞᆫ뜻ᄒᆞᆫ親舊요入ᄒᆞ면幼稚ᄒᆞᆫ婢娟ᄒᆞᆫ烈女인데ᄒᆞ면서阿諂ᄒᆞᄂᆞᆫ少妾이나開口ᄒᆞ면開明이라開化라ᄒᆞ고

何許人은主事나委員ᄀᆞᆺᄒᆞᆫ거ᄉᆞ로月給푼이나有ᄒᆞ면自身의治粧이나汨沒ᄒᆞ고父母奉養ᄀᆞᆺᄒᆞᆫ거ᄉᆞᆫ思想이極少ᄒᆞ고開口則自由니自主니ᄒᆞ여尊長과老人을冒譏과籠逐ᄒᆞ고自己의主見되로任意踊躍ᄒᆞ니此開明이무ᄉᆞᆷ開明인고本國우ᄉᆞᆷ置ᄒᆞ고他國을慕ᄒᆞ며父母도不顧하며尊長을歷觀ᄒᆞᄂᆞᆫ開化로다家中에如此ᄒᆞᆫ開化人이有ᄒᆞ면其家人을이곳稱謂하되吾家에非常ᄒᆞᆫ才調가有ᄒᆞ야아모學問卒業에아모衙門主事라하며誇張ᄒᆞ니嗟乎라痛哭ᄒᆞᆯ事로다

우리同胞姊妹兄弟여吾의言을聽ᄒᆞ여보시오逆旅ᄀᆞᆺᄒᆞᆫ此世上에草露ᄀᆞᆺ치쓰러지며草木ᄀᆞᆺ치썩지말고時務學問勉力ᄒᆞ오顔回ㅣ子를은幼年으로부터三四十歲ᄭᆞ지工夫ᄒᆞ여飯이나喫하고晉必稱古昔ᄒᆞ여古人만仰親하고時代形便은不知ᄒᆞ야文明이라開化라ᄒᆞ면奇怪ᄒᆞᆫ說話라ᄒᆞ고文明開化ᄅᆞᆯ不知ᄒᆞ면時代에도太平히生活ᄒᆞ엿다人命이在天이라天不生無祿之人이라ᄒᆞᄂᆞᆫ說話나하고偃臥ᄒᆞ엿스니自身이나國家에利롭지못하고人을勸하야유益ᄒᆞᆫ데進케못하고反히靑年子弟들을召集ᄒᆞ야心地를頑固鐵로封鎖ᄒᆞ야他人의才質ᄭᆞ지誤了케ᄒᆞ니實로可哀可惜ᄒᆞ도다此等人의工夫여幼年으로부터三四十歲에至ᄒᆞ도록讀書만讀ᄒᆞ야一個도利ᄒᆞᆫ거슨無ᄒᆞ고害만不少ᄒᆞ니非他라歲月외迅速홈과時代에變遷홈을不知ᄒᆞ고但히冊子만閱覽하다가異常ᄒᆞᆫ文勢가有하면頭ᄅᆞᆯ點하며膝을拊하며鼻歌도吟詠하야滋味ᄅᆞᆯ着ᄒᆞ고人生의實事ᄂᆞᆫ不爲ᄒᆞ니可惜ᄒᆞ도다此精神此心力을實地上에用ᄒᆞ엿시면實로緊要ᄒᆞᆫ거슬虛華無用ᄒᆞᆫ데用ᄒᆞ엿스니可惜ᄒᆞ도다

우리同胞諸兄들은試思ᄒᆞ시오小學校卒業이라도眞實로卒業ᄒᆞᆫ者가三分一만되야도吾國이此境에ᄂᆞᆫ不至ᄒᆞ엿깃소何許人은말ᄒᆞ기를今則已晩矣라발서日本에緊仕ᄒᆞ엿스니암만工夫ᄒᆞ야卒業ᄒᆞ나日人의奴隸만되겟스니無用ᄒᆞ다ᄒᆞ나不然ᄒᆞᆫ거시七年之病에三年之艾를求ᄒᆞᆷ과如ᄒᆞ야求之不得이면곳新艾를刈而置之ᄒᆞ면病者가十年되ᄂᆞᆫ時에ᄂᆞᆫ可히治療ᄒᆞᆯ수有ᄒᆞᆯ것시오萬若今日에艾를刈而置之ᄒᆞ면何時를待하리오ᄒᆞ고因而廢之ᄒᆞ면十年二十年이되더라도病은治療ᄒᆞ可望기아주업서死外에他道가無ᄒᆞᆯ지라우리도此와如히時機를無用이라말고아모죠록工夫ᄒᆞ며또子婿弟姪이工夫ᄒᆞᆯ를ᄒᆞ거든極力助之ᄒᆞᆯ거시오

外國ᄭᆞ지라도出往ᄒᆞ야工夫ᄒᆞ고저ᄒᆞᄂᆞᆫ者면더구나萬番感謝ᄒᆞᆯ事로다工夫의善ᄒᆞ고不善홈은預定키難하나眞實ᄒᆞᆫ心地이면兵愛國ᄒᆞᄂᆞᆫ誠과爲人의職分을思想홈이豈不美哉리오此等事에對ᄒᆞ야沮戱ᄒᆞᄂᆞᆫ者도有ᄒᆞᆯ거슨우리가見ᄒᆞ고聞ᄒᆞᆫ것시有ᄒᆞ니此數八은可謂年孫ᄒᆞᆫ幼兒오戰頑이有ᄒᆞᆫ食獸라謂ᄒᆞᆯ지라某新學問書에云ᄒᆞ되人이되고義理가無ᄒᆞ면곳禽獸이라義理를知ᄒᆞ고禽獸를免ᄒᆞ려거든急히學校로入ᄒᆞ라ᄒᆞ엿스니學校ᄂᆞᆫ禽獸를脫却ᄒᆞᄂᆞᆫ處所니何如히多幸하오우리同胞들은工夫에十分用力ᄒᆞ여靑年子姪들을敎導ᄒᆞ기에急々히ᄒᆞ시기를懇切祝홈

官報

●第三千九百一号 隆熙元年十月十九日

◉宮廷錄事

宮內府大臣勳一等臣李允用謹

奏即接敎學司長尹寓善報告書則以爲今此

御牒譜增修正時

獻懿大院王

純穆大院妃追封

完王追封

[illegible]王妃冊封一體紀載之意措辭

奏藁云矣使之依例紀載何如謹

上奏 奉 旨依奏

宮內府大臣勳一等臣李允用

謹

奏即接秘書監丞李恒九報告書則以爲

景孝殿朔祭諸執事摘奸時에殿司 本殿令李相七이가趁不待令故玆以報告云矣라摘奸不進이與闕務으로有異ᄒᆞ然이나揆以事體에不可無警이온즉

景孝殿令李相七을施以譴責이何如謹上

奏 奉 旨依奏

叙任及辭令

東萊府尹尹命獻

朔州郡守金潤根

原州郡守金泳奎

免本官

侍從院卿閔丙奭

任判敎事司事

陞正二品 宗廟署提調金永典

陞正三品 督視監具然壽

外報

●間島問題 支那報를據ᄒᆞᆫ則外務部ᄂᆞᆫ日本公使의게向ᄒᆞ야貴政府가間島에電線을敷設ᄒᆞ고齋藤中佐ᄂᆞᆫ朝鮮人의村長百餘名을任命ᄒᆞ고延吉廳에朝鮮人이納稅홈을停止ᄒᆞ고支那里隊의種米納홈을禁홈과如히貴政府의所謂朝鮮人保護를主張ᄒᆞᄂᆞᆫ聲明에違反홈이至甚ᄒᆞ야此種不法行爲에中止를求ᄒᆞ야抗議ᄒᆞ고同時에駐日公使의게對ᄒᆞ야도日本政府와直接抗議ᄒᆞ라고訓令ᄒᆞ얏다더라

●桑港暴行 倫敦電을據ᄒᆞᆫ則去十四日夜에桑港에서日本人十名이泥醉ᄒᆞᆫ白人洗濯業者의게襲擊ᄒᆞᆫ바되야負傷ᄒᆞ얏ᄂᆞᆫ데警察官은直時暴行者를四散ᄒᆞ얏다더라

●造艦建議 伯林電을據ᄒᆞᆫ則米國海軍大將지우에루氏ᄂᆞᆫ潛水艇四隻水雷艇驅逐艇六隻과甲巡洋艦及石炭運送船各三隻의新造를建議ᄒᆞ얏다더라

●英露의附帶協商 波斯方面에셔英露協約에附帶ᄒᆞ야兩國은更히土耳其波斯間有事ᄒᆞᆫ時에兩國이其勢力圈을防禦ᄒᆞ기爲ᄒᆞ야兵力을使用ᄒᆞᄂᆞᆫ關係에對ᄒᆞ야協商을ᄒᆞᆫ다ᄂᆞᆫ데目下英國외후렌지將軍이露國에赴ᄒᆞᆫ것슨全히其用向이나近來波斯土耳其間의國境紛爭이再起ᄒᆞᄂᆞᆫ거슨兩國의最注意ᄒᆞᄂᆞᆫ點이라더라

●總選擧의期 伯林電을據ᄒᆞᆫ則露國第三議民議會總選擧ᄂᆞᆫ十月十七日로乃至三十日ᄭᆞ지擧行ᄒᆞᆫ다더라

●移民渡航 東京電을據ᄒᆞᆫ則美國桑港及布哇에서勞動者一百六十六名우벨샤号를乘ᄒᆞ고加奈陀勞動者三十名이기망號를乘ᄒᆞ고日本으로渡航ᄒᆞᆯ터이라더라

●旅順近況 神戶電을據ᄒᆞᆫ則旅順鎭守府로셔舞鶴鎭守府에轉任된日本山岸海軍軍醫大監은今朝神戶丸을乘ᄒᆞ고到着ᄒᆞ얏ᄂᆞᆫ데旅順의秩序ᄂᆞᆫ旣히恢復되고閉塞船引上事業도進涉되야港口의航海危險을不顧ᄒᆞ고見學ᄒᆞ기爲ᄒᆞ야外國武官等이多數來留ᄒᆞ얏다더라

●領事館設置 露國은近日에韓國元山에領事館城津에同分館을設置ᄒᆞᆯ터이라더라

●埃帝病氣 倫敦電을據ᄒᆞᆫ則埃國皇帝陛下게셔ᄂᆞᆫ只今御病中이라더라

●日米間電線修繕 去月二十一日로故障不通된日米間海底電線을目下修繕ᄒᆞ나波瀾으로ᄒᆞ야姑爲不通이라더라

●鐵道新聞發刊 橫濱셔今回鐵道新聞發刊ᄒᆞᆯ計劃이有ᄒᆞᆫ데來廿一日로爲始ᄒᆞ야發刊ᄒᆞᆯ터이라더라

雜報

●造幣視察報告 度支部臨時[illegible]勸止秀씨가日本大坂造幣局을視察ᄒᆞ고歸國하야我國貨幣造成의狀況을度支部에報ᄒᆞ얏ᄂᆞᆫ데如左ᄒᆞ더라

光武十年度에貨幣製造에供ᄒᆞᆫ材料ᄂᆞᆫ金地金이二十二貫二百三十二匁九分四里오銀地金이四千二百八十二貫八百八十九匁二分七里오白銅地金이八千九百九十三貫六百二十二匁四分三里오靑銅地金이三萬八千六百五十一貫四百十九匁七分二里니前年度에比較ᄒᆞᆫ즉金地金은其金量을增加ᄒᆞ얏고銀地金은四千三百九十貫七百七十七匁七分九里를減少ᄒᆞ얏고白銅地金은一萬六千三百六貫七百八拾九匁六分八里를減少ᄒᆞ얏스나靑銅地金은二萬五千五百九貫一百四匁九分을增加ᄒᆞ얏다더라

●俞一氏講道 今日下午三点半에靑年會舘에서福音會를開ᄒᆞ고開議會長奇 씨가講說ᄒᆞᆯ다ᄂᆞᆫ데씨가今番歐羅巴와印度埃及等地를觀察ᄒᆞ고來京ᄒᆞ얏다더라

雜報

●御駕親臨 大皇帝陛下게셔와 皇太子殿下께옵셔昨報와如히統監府의 親臨ᄒᆞ샤日本皇太子를勞問ᄒᆞ신後 大皇帝陛下게셔ᄂᆞᆫ先爲還宮ᄒᆞ옵시고 皇太子殿下께셔ᄂᆞᆫ日本皇太子殿下와同車ᄒᆞ샤昌德宮과景福宮을遊覽ᄒᆞ신後兩 皇太子殿下게셔同爲還宮ᄒᆞ셧다가日本皇太子殿下게셔ᄂᆞᆫ統監府旅館으로還御ᄒᆞ셧다라

●御撮影 昨日下午拾一時에 大皇帝陛下 皇太子殿下께옵셔 動駕于日本皇太子御旅館ᄒᆞᄉᆞ適發ᄒᆞ실時에韓日兩國高等官이陪叅ᄒᆞ얏고 御撮影ᄒᆞ셧다더라

●東宮留學의允許 日前日皇太子게셔 太皇帝陛下게陛見ᄒᆞ시고 皇太子殿下를日本에命送ᄒᆞ옵셔留學ᄒᆞ기를婆速ᄒᆞ고伊藤統監도該事件을또ᄒᆞᆫ奏稟ᄒᆞ얏ᄂᆞᆫ대 太皇帝陛下게옵셔允許ᄒᆞ셧다더라

●國舅와府夫人의待遇 日前에總理大臣以下각部大臣과其他丞史閔臣이一齊히入侍ᄒᆞ얏ᄂᆞᆫ데 大皇帝陛下께옵셔下敎ᄒᆞ옵시되國舅의待遇가與他逈別ᄒᆞ니府院君의待遇ᄂᆞᆫ與親王으로同一ᄒᆞ고府夫人의待遇ᄂᆞᆫ與親王妃로同一케ᄒᆞ야新官制에著爲定式ᄒᆞ라ᄒᆞ옵셧다더라

●大韓 皇室에셔日本東宮殿下의게御贈品이如左ᄒᆞ니

太皇帝陛下괴셔ᄂᆞᆫ
金三鞭盃一件 銀茶器一具

大皇帝陛下께셔ᄂᆞᆫ
甲胄一部

皇后陛下께셔ᄂᆞᆫ
銀燭臺一雙 太極緞四疋

皇太子殿下께셔ᄂᆞᆫ
金卷烟匣一件 豹皮四領

慶善宮께셔ᄂᆞᆫ
繡屛風一件 貝飾장一件

韓國 皇帝께셔伊統監의게下賜ᄒᆞ신物品은
一黃玉草盒一坐
一紬납二疋

●東宮餞別 皇太子殿下께셔日本皇太子殿下를餞別ᄒᆞ시기爲ᄒᆞ야本日上午十時에出御ᄒᆞ사인川港ᄭᆞ지動駕ᄒᆞ실터인데각部大臣이陪從ᄒᆞᆫ다더라

●海察宣諭 黃海道觀察使박彝陽氏가內部로報告ᄒᆞ되管下各郡에宣諭次로行將발程인고로觀察署總巡ᄂᆞᆫ該道叅書官박義노로定ᄒᆞ얏다더라

●設欄範圍 昨日日本皇太子殿下게오셔景福宮遊覽ᄒᆞ시난대景福宮西便南墻鮮魚橋南便至前營繕司門下ᄭᆞ지白色二幅黑色二幅帳으로設ᄒᆞ얏더라

●家舍承賜 閔元植씨의侍天敎友會處所가夾窄難容ᄒᆞᆫ故로慶善宮께셔夜珠峴崔元章氏家舍를下賜ᄒᆞ셧다더라

●農部照會 農商工部에셔度支部로照會ᄒᆞ되京仁鐵道改良線路用地價額九萬二千七百六拾圓六拾전을不日支出ᄒᆞ라ᄒᆞ얏다더라

●硏會退定 本日國文硏究會에셔第四回會議ᄒᆞ기로預定ᄒᆞ얏더니公事相値로因ᄒᆞ야來三十一日下午一時에開會ᄒᆞ기로退定ᄒᆞ얏다더라

●商會提燈 昨日商業會議所에셔提燈時에각商民至於家恰ᄭᆞ지燈一箇式頒給ᄒᆞ야提燈케ᄒᆞ얏다더라

●物品奉獻 一進會에셔日本皇太子殿下게각種土産及人造物品을多數히奉獻ᄒᆞ얏다더라

●府民獻品 漢城府民會에셔銀製造七楪飯器一具와山水畵帖二件을日皇太子殿下께奉獻ᄒᆞ얏다더라

●夫人會獻品 慈善夫人會에셔ᄂᆞᆫ日本皇太子殿下께松寫圖一幅을奉獻ᄒᆞ얏다더라

●勳章頒給 政府所管土木建築에功蹟이有ᄒᆞᆫ日本人을隨其品階ᄒᆞ야叙勳ᄒᆞ고度支部印刷局長金榮漢氏ᄂᆞᆫ勳三等太極章으로書記官리度熙氏ᄂᆞᆫ勳四等太極章을頒給ᄒᆞᆯ意로表勳院으로照會ᄒᆞ얏다더라

●運動定期 學部에셔各學校秋期聯合大運動日子를本月二拾七日로完定ᄒᆞ고각學校에指揮ᄒᆞ얏다더라

●御覽巡動 각官私立學徒運動日字ᄂᆞᆫ別項과如ᄒᆞ거니와 皇太子殿下께셔御覽次로伊日에動駕ᄒᆞ옵신다더라

●頒布後仕進 度支部次官荒井賢太郎氏가該部에一次仕進ᄒᆞᆫ後에尙不仕進ᄒᆞᆫ다ᄂᆞᆫ데其理由를得聞ᄒᆞᆫ즉官制改定案件頒布ᄒᆞᆫ然後에仕進視務ᄒᆞᆫ다더라

●法部休暇 昨日法部에셔각局課長이仕進視務ᄒᆞ고法部에셔만公故를因ᄒᆞ야休暇ᄒᆞ얏다더라

●委托辯護 醫視廳에滯囚ᄒᆞᆫ申尙宮과閣監李秉德兩氏가被囚ᄒᆞᆫ事件에對ᄒᆞ야日本辯護士某氏의게委托辯護ᄒᆞᆫ다더라

●地段價額 京釜鐵路用地段價支撥委員趙玩鍾氏가農商工部에報告ᄒᆞ되本月一日以後에自慶山至東萊密陽郡ᄭᆞ지支撥金額六萬三千三十圓이오人員이二千五百六十人이라ᄒᆞ얏더라

●獎忠祭期 本月二拾五日에獎忠壇秋期祭를設行ᄒᆞᄂᆞᆫ데軍部에셔각勅任官만詞遨ᄒᆞᆫ다더라

●日人暴行 인川報導를據ᄒᆞᆫ則去拾六日朝에海岸通街路에細沙를鋪ᄒᆞᆯ時에支那人二名이沙上으로過去ᄒᆞ거늘日人役夫가烈火와如히怒ᄒᆞ야毆打ᄒᆞᄂᆞᆫ대日巡查가來ᄒᆞ야取調ᄒᆞᆫ則該支那人은當地에駐箚ᄒᆞᄂᆞᆫ淸國領事唐恩桐씨라日人役夫를押ᄒᆞ야十日拘留에處ᄒᆞ얏다더라

●載寧義擾 載寧郡에義徒가猖獗ᄒᆞ야擾攘이不息ᄒᆞ니該郡守를函令擇差ᄒᆞ야不日下送ᄒᆞ라고海州觀察使박彝陽氏가內部로報告ᄒᆞ얏다더라

●醫補被害 江陵醫務分署補佐官岩元義行은義兵의게被害ᄒᆞ얏다고內部에報告ᄒᆞ얏다더라

●新聞發刊 十一月一日부터京城셔日人이日文으로京城新聞을發刊ᄒᆞᆫ다더라

●血書勸告 臨陂郡南二面下竹里居梁在渙씨가以血書로學部에勸告ᄒᆞ되廣設學校ᄒᆞ야敎育英材ᄂᆞᆫ國步增進에緊要ᄒᆞᆫ關鍵이오民智開發에指導ᄒᆞᄂᆞᆫ方針이라現今國勢의岌業과民生의困悴홈이民族의智識이素昧ᄒᆞ야國民된義務를全失ᄒᆞᆫ原因이니博采家國의事業을擔任ᄒᆞᆯ者ᄂᆞᆫ今에敎育을受ᄒᆞᄂᆞᆫ聰俊에게在홈은賤言을不待ᄒᆞ야도明若觀火어니와芝蘭갓튼香花라도培養치아니면蒼長키難ᄒᆞ고金玉갓튼良寶라도磨琢치아니면價格이歇ᄒᆞ거든況人이敎育이無ᄒᆞ면此에比치못ᄒᆞᆯ지라聖人이有訓ᄒᆞ샤ᄃᆡ逸居而無敎면禽獸의則近이라ᄒᆞ시니人生世間에敎而育之ᄒᆞ고作而成之ᄒᆞ며幼而學之ᄒᆞ고長而行之ᄂᆞᆫ往古來今에不易之事오大洲五洋이通行之義라民에進不進이國에興不興에關係重大ᄒᆞᆫ故로敢血書ᄒᆞ오니細々垂察ᄒᆞ사와數育令을頒下十三道ᄒᆞ야募集靑年敎育ᄒᆞ면不出拾年에國富民樂케ᄒᆞ심을伏望이라ᄒᆞ얏더라

◉地方消息

▲日本傳令兵은十一日旌善附近에셔義兵約三拾名의게被害ᄒᆞ얏다ᄒᆞ고

▲槐山郡方五십里松面場에셔義兵約百餘名이日兵과交戰ᄒᆞ다가義兵은退却ᄒᆞ얏다ᄒᆞ고

▲十月二日에襄陽附近에셔義兵約五百名이日兵과四時間을包圍攻擊ᄒᆞ얏ᄂᆞᆫ데日軍은多大損傷을受ᄒᆞ야彈藥이欠乏ᄒᆞᆫ故로包圍를破潰ᄒᆞ고珍富驛西北附近分派所에到着ᄒᆞ야彈藥을更持ᄒᆞ고義兵과更戰ᄒᆞ얏ᄂᆞᆫ데義兵의死傷은百名에近ᄒᆞ고日本巖本醫部ᄂᆞᆫ戰死ᄒᆞ고酒井二等卒은負傷ᄒᆞ얏다ᄒᆞ고

▲本月十日에谷山伊寧面五掛洞에셔義兵이增加ᄒᆞ야三百名에達ᄒᆞ얏ᄂᆞᆫ데十一日午後二時에邑內를襲擊ᄒᆞ매郵便取扱所ᄂᆞᆫ再次閉鎖ᄒᆞ고所員은重要品을收拾ᄒᆞ야醫官과共히夜半에新溪로引揚ᄒᆞ얏다ᄒᆞ고甕津附近에ᄂᆞᆫ尙此義兵이出沒ᄒᆞ야該邑을襲擊ᄒᆞᆯ貌樣이라ᄒᆞ야龍湖島로避亂ᄒᆞ얏든人民이更히他處로出向ᄒᆞ얏다ᄒᆞ고

▲長淵地方에ᄂᆞᆫ義兵이尙今徘徊ᄒᆞᄂᆞᆫ狀況이危險ᄒᆞ야海州로셔來ᄒᆞᄂᆞᆫ郵便遞送夫ᄂᆞᆫ信川을經ᄒᆞ야文化로引還ᄒᆞ엿다ᄒᆞ고

▲廣州郡內突馬面에集合ᄒᆞᆫ義兵은日本討伐隊가前進홈을探知ᄒᆞ고各方面으로散避ᄒᆞ되一部ᄂᆞᆫ郡邑附近에潛伏ᄒᆞᆫ模樣이라ᄒᆞ고

▲拾一日南陽郡에셔武器를携帶ᄒᆞᆫ義兵이水原方面으로草長面에侵入ᄒᆞ미同地居留日人郵便取扱所員은家族으로더부러他處로引揚ᄒᆞ엿고

▲拾二日水原古陽面에셔銃器를携帶ᄒᆞᆫ義兵卄名이出沒ᄒᆞᆫ다ᄒᆞ고

▲拾三日義兵이鐵原龍潭金礦을襲來ᄒᆞ야韓坑夫數名을擄去홈으로金礦에日本事務員은危險을見機ᄒᆞ고金介로避亂ᄒᆞ엿고義兵에根據地ᄂᆞᆫ鐵原邑인대其數가七百名以上이라ᄒᆞ고

▲十三日頃에義兵七八百名이下午八時頃에鐵原邑에突入ᄒᆞ야二日을留連ᄒᆞ다가김化郡에셔留駐隊日兵이越來ᄒᆞᄂᆞᆫ데義兵이步哨로以ᄒᆞ야日兵이來ᄒᆞᄂᆞᆫ消息을聞ᄒᆞ고西北으로退却ᄒᆞ얏ᄂᆞᆫ데拾五日曉에日兵百名假數이該邑에來駐ᄒᆞ고西北으로退去ᄒᆞᆫ義兵은四處에在ᄒᆞ다ᄂᆞᆫ대日兵來到之際에該邑人民은蒼劫奔避홈으로現今空虛ᄒᆞᆫ模樣이라더라

東京電報

●日皇太子歸國日程 二十日正午에御乘艦이인川에셔出港ᄒᆞ고二十二日午後六時에鎭海灣加德水道附近에着ᄒᆞ시고午前七時에驅逐艇을乘ᄒᆞ시고鎭海灣에御巡航ᄒᆞ야仝十時에歸艦이直히出발ᄒᆞ고午後二時三十分에對馬尾립灣에着ᄒᆞ고直히要港部滊艇으로竹敷에셔上陸ᄒᆞ야仝六時에歸艦이出발ᄒᆞ고二十三日佐世保軍港에着ᄒᆞ산다더라

▲箏燈漫許▼

여보大韓의文化發達을迅速히ᄒᆞᆯ方針이잇쇼村村里里에國文夜學所를設置ᄒᆞ고一般人民의婦人女子와樵童牧竪와居沽賤丁ᄭᆞ지라도限一朔만夜學으로普通敎授ᄒᆞ고各種有益ᄒᆞᆫ書冊을國文으로譯刊ᄒᆞ야隨暇學習케ᄒᆞ면不過芬年에人民의普通知識이開發될터이니有志人士ᄂᆞᆫ此에注意ᄒᆞ야보시오

▲他人의事業을猜忌치勿ᄒᆞ고自己의事業을擴張ᄒᆞᆯ거슬싱각ᄒᆞ며他人의壓制를怨望치勿ᄒᆞ고自己가壓制脫免ᄒᆞᆯ方針을生覺ᄒᆞ야보시오

▲各部官制를改定ᄒᆞᄂᆞᆫ데度支部에ᄂᆞᆫ理財局을廢止ᄒᆞ고檢査院을獨立設置ᄒᆞᄂᆞᆫ데院長은該部次官荒井賢太郎씨로兼任擧理케ᄒᆞ고該部主事六十五名中二十五名은本國官吏로仍任ᄒᆞ고四拾名은日本官吏로叙任ᄒᆞᄂᆞᆫ대年俸이千餘圓式이요內部에ᄂᆞᆫ書記官五名을加設ᄒᆞᄂᆞᆫ데警務局으로分掌ᄒᆞ고年俸은一千二百원이요下役의月俸은每朔四五拾圓式이라ᄒᆞ니大韓政界에日日增加ᄒᆞᄂᆞᆫ것슨日人叙任과日人俸給이요

▲忠淸南道木川郡東面等地에셔何許人이營葬ᄒᆞᄂᆞᆫ대多人이會集ᄒᆞᆫ지라日兵이過去ᄒᆞ다가義兵이屯聚ᄒᆞ얏ᄂᆞᆫ가疑訝ᄒᆞ야放銃突入ᄒᆞ미中丸致命者가二名이오被傷者가一名이라고否報에揭載ᄒᆞ얏스니日人所過에ᄂᆞᆫ觸處疑兵이로고

▲西署內需司居金壽坤氏ᄂᆞᆫ丙子年分에慶巨與金額을辦備ᄒᆞ야全羅務安郡猿項浦口에陳荒地百餘石곳을起墾ᄒᆞ얏다가慶善宮에셔占奪을因ᄒᆞ야但히金額만虛失ᄒᆞ얏더니該宮에셔도日本人의게見奪ᄒᆞ얏다가近日頃에還推ᄒᆞ얏다홈을聞ᄒᆞ고該畓額을欲推ᄒᆞ야中樞院에呼訴ᄒᆞ얏스나該院에셔訴訟處辦ᄒᆞᄂᆞᆫ權限이無ᄒᆞ다고退却ᄒᆞ얏다니人民의傾資開墾ᄒᆞᆫ土地ᄂᆞᆫ必然勢力下에所奪이되니所以로大韓人民은殖產事業을生意치못ᄒᆞᄂᆞᆫ거시오

◎社告

地方各支社와商人購覽員에게本申報發達이或滯留或遺漏가非一非再인바但以書辭通知가確據가無호야郵便局交涉이難便호니此後로는申報封皮에印付와收到日付印期限이過隔者를摘拔聚合호얏다가本社로委送호심을爲要홈

大韓每日申報社

雜報

●人의強弱과國의盛衰가爲與不爲에在홈 (續)

大抵凡事를做去호미十分完全호地頭에其目的을達코자홀진딘先히其拾分完全치못혼缺點處를改良치아니호야서는不能홀지라今에我國人의前進홀關係에對호야最先改良홀바缺點處는何에在호야허면即幾百年流來혼依賴習慣에在혼지라吾儕가國民이되야忠君은홀지언뎡依賴는不可호고子息이되야愛親은홀지언뎡依賴는不可호며少子가되야敬長은홀지언뎡依賴는不可허고朋友가되야忠告은홀지언뎡依賴는不可혼디

我國人은至今도此依賴心을未忘호야或은自己의一身이國家에付屬혼一無機質動物노自覺호며或은自己에一生權限이父母와長者의게在혼줄노思惟호고또朋友間에도權勢가財產이多혼人의게는或그機勢나財產을依賴호야自己의一世間營爲가但此人의指揮호는範圍內에셔承服호며甚至於天運을坐談호야曰將次神人이海島中에셔出호면一世를廣濟호야外人이自然退去호고前日과ᄀ치自國藩籬內에서安逸을共享호다가호야彼汽船汽車電信輕氣球等과如호것이畢竟은總히無效에歸호리라호는人도有호며或은西洋人이나日本人은特異호神智妙慧가有호줄노思호야曰我國人은彼의才能을不可及이라호며萬事가運數니八字니호고互相暴棄호야實地는不踐호고空虛를幸望호니此는다自己의平生을他人의게依仰코저호는思想에서出來홈이라如斯혼習慣을不棄호고야엇지國步에前進을期望호리오誠甚慨歎이로다

今日時代는前日과不同혼지라비록管樂에智謀와烏獲의勇猛이有혼들엇지天地를變遷하야電氣蒸氣空氣等의使用을沮止호며水陸을封鎖호야舟車를不通케호고國藩을獨守호야安樂을自留하리오一笑를可發홀만하리로라智慧와才能은東西古今에彼我에人種을勿論하고爲호고또爲호면能히爲치못홀事가無호나니 未完

廣告

本人의株券을前二聯一隊에留置호엿다가陽八月一日暴動時에셔失호얏기로玆에廣告호오니內外國人間拾得호와도休紙施行홈

阿峴居前正尉閔仲植 告白

本人이漢一銀行新貨一百六十元封留票任置他人偶然見失故玆廣告內外國人休紙施行

寺洞李俊 告白

慶尙南道金海府서면內二洞居호는我國中이가陰曆四月에無故이離家하야陰七月에上京하야還家치아니호는고로千里遠程에차ᄌ와스니龍浦二拾統壹戶至明善家로차ᄌ오기를바리다

張潤九 告白

全南光州郡元曉寺鶴傘堂大師가恒常水陸間戰亡호신忠魂義魄과엄沒僵屍혼無主孤魂을致齋慰安코ᄌ호야心不暫弛에念々在々호야本道內各寺僧侶中戒行法師數百人을請要호야陰八月十五日노二十日ᄭ지羅州郡靈山浦滄浪亭下流에셔小瀛船二隻으로滿載伎儀호고設法招魂於外洋호야獻供致齋호는대五嶽山神과四海龍神과億萬古戰亡忠魂義魄과或僵屍或엄沒혼諸位鬼魂이來臨喜饗호는듯호고掛佛々像의壯大嚴威와齋需珍品의精潔盛備와一般僧侶의法服鮮明과列立祝願에예叉手進退之節은極其盡誠호며傍觀瞻仰호는男女老少가數逾於屢萬이되一無喧譁而無不稱贊타가以及撥齋而散歸호을밧더러當日酉時量에一片黑雲이自西飛來더니大雨注下호야츄々鬼聲이엄然聆耳에宛然若或歌或笑之形호니鬼應那訴를於斯可言인즉化主鶴傘의誠意信心은世所罕有이옵기世界上에廣布ᄒ기爲호야玆以廣告홈

李景林 告白

漢城西署盤橋(新作路)第四十三統一戶

辯護士 玉東奎

辯護士 許憲

合同法律事務所

前協辦閔泳찬田畓이在於金浦이온바不知何許悖類가稱託숙性穗ノ同謀호고右庄畓案立旨을僞造호야私自放賣云云호니內外國人은勿爲見欺홈

陰九月十二日寺洞閔泳璨家 告白

[illegible]

向者軍隊解放時에負傷殘卒中에死者는已矣어니와折腰折臂折脚之人은命脈은尙存이나運動을由치못호는人等이將欲自殺호니今人類이라本人等이此見慈傷호고西醫에게以印度氏로擬製脚이온則八人의製造費이至於二千五百圓之多인바一人助力으로는難見奏効호와玆以廣布호오니慈善僉君子는勿拘多小호시고救恤金을寄付호와使陷死同胞로拯濟호심을爲要

隆熙元年九月日

發起人 정主煥 尹泰勳 安岳鎰 曺成煥

救恤金收合所 皇城新聞社 大韓每日申報社

出金人의姓名은新聞에廣告홈

本社에서確實혼不動產擔保에對호야內外人을不問호고金貨를貸用호되經濟으로호오니僉君子는來議호심을切望홈

京城(旭町二十目)長洞番外三十番地(電話第三六八番)

大韓勸農株式會社

取締役 白寅基
同 成文永
同 岡十郎
同 福島宜三
同 福田幹輔
同 白石鐵二郎
同 勝田啓一
社長 山田梯作

取締役專務 原勝一
監査役 吳永根
同 三輪傳七
同 近藤隆一
同 福田民平
同 林平四郎
相談役 趙鎭泰
同 溝口吉良

新刊書籍發售廣告

增修無冤錄大全 國漢文 定價金 七拾五錢
大韓法規類纂 洋裝 三圓九拾錢 郵稅四拾錢
初等倫理學敎科書 二拾錢
初等衛生學敎科書 拾五錢
國家學綱領 拾五錢
國民須知 八錢
獨習日語正則 洋裝 鄭雲復著 壹圓二拾五錢

發賣所 皇城布屛下 金相萬冊舖

▲新刊書籍發售▼ 正價金

東國史略 壹圓五拾錢
普通教科東國歷史 壹圓拾錢
新訂東國歷史 壹圓
歷史輯略 貳圓
大東紀年 貳圓
大東歷史 壹圓五拾錢
東國名將傳 四拾五錢
東國輿地勝覽 洋裝拾貳圓 紙裝拾圓
大韓疆域考 壹圓
大韓新地志 壹圓
大韓地誌附地圖 壹圓
初等地理敎科書 七拾錢
新撰地文學 四拾錢
萬國地理 壹圓拾錢
士民必知國文 上製八拾錢 並製七拾錢
初學地法 上製六拾錢 並製五拾錢
萬國史記 七圓
中等萬國史 七拾錢
精撰萬國史 六拾錢
東西洋歷史 壹圓五拾錢
五偉人小歷史 拾錢
世界一覽 二拾錢
世界年契 七拾五錢
公法會通 壹圓五拾錢
萬國公法要畧 五拾錢
刑法大全 六拾錢
改正刑法草案 四拾錢
法學通論 壹圓
議會通用規則 拾五錢
現行法規類纂 三圓九拾錢

外交通義 壹圓貳拾錢
商業大要 六拾錢
國家學 五拾錢
牧民心書 壹圓廿五錢
家庭敎育學 三拾錢
生理衛生學附圖 四拾錢
中等生理學 九拾錢
新撰小博物學 五拾錢
新編博物學 七拾錢
新撰小物理學 五拾錢
動物學 國文 壹圓廿五錢
農政新編 五拾錢
蠶桑輯要 國文 拾七錢五里
栽桑全書 附葡萄栽培法改釀酒法 四拾五錢
新訂算術 六拾錢
算術新書 八拾錢
精撰算學竝式 七拾錢
美國獨立史 四拾錢
法蘭西新史 四拾錢
埃及近世史 四拾錢
波蘭末年戰史 四拾五錢
普法戰記 四拾錢
羅馬史 附意大利史 四拾錢
越南亡國史 貳拾五錢
俄國略史 拾錢
多際新禮 拾五錢
國文西禮須知 貳拾錢
增修無冤錄大全 四拾錢
漢文大東文粹 六拾錢
尺牘完篇 壹圓五拾錢
準備時代 拾三錢
進明論 三拾五錢
註解西廂記 壹圓
新小說鬼聲 三拾錢
新小說血淚 貳拾錢
近世女傑羅蘭夫人傳 四錢
政治小說瑞士建國誌 拾五錢
初等小學 壹圓五拾錢
幼年必讀 八拾錢
幼年必讀釋義 壹圓三拾錢
高等小學讀本 五拾錢
牖蒙千字 五拾錢
中等修身敎科書 六拾錢
溫故知新堂叢鈔 七錢五厘
父母必讀小學指南 七錢五厘
世界全圖 廿七錢五厘

大韓輿地圖 拾七錢五厘
五洲各國統屬全圖 七錢五里
最新詳密京城全圖 二拾錢
最新韓國全圖 二拾錢
最新韓國地圖 五拾錢
分道詳密韓國新地圖 五拾錢
韓國新地圖 四拾錢
漢文萬國地圖 四拾錢
漢文地球全圖 四拾錢
萬國指掌全圖 貳圓五拾錢
韓語大成獨習 壹圓五拾錢
英語獨本 貳錢五里 壹圓四拾錢
日韓通話 五拾錢
日語獨習 五拾錢
韓日會話辭典 一圓九拾錢
獨修速成日韓會話 三拾錢
普通日本字典 五拾錢
二十世紀朝鮮論 三拾五錢
比律賓戰史 四拾錢
比斯麥傳 拾五錢
中等萬國地誌 壹圓貳拾錢
師範敎育學 五拾錢
高等小學修身書 廿五錢
鑛物界敎科書 貳拾錢
會社法 九拾錢
國文算學新編 四拾錢
貨幣論 壹圓貳拾錢
普通經濟學 八拾五錢
商業汎論 壹圓拾錢
中等地文學 五拾錢
大韓地理 七拾錢
漢文大韓地誌 五拾錢
飲氷室文集 四圓四拾錢
中東戰記本末 四圓
西政叢書 拾圓
中外政治彙編 五圓五拾錢
時事新論 壹圓
美國名君言行錄 壹圓
泰西新史 貳圓五拾錢
萬國通鑑 三圓

▲發售書林

中署銅峴 大東書市 金基鉉
中署布廛 中央書館 朱翰榮
南署大廣橋 匯東書館 高裕相

國債報償義捐金

收入廣告

十月中本社收入總額
◎國債報償義捐金
每日逐号明細錄
●十月十九日
第一五六二號智島郡各面里
三百七拾九圜四十八錢
計三百七拾九圜四十八錢
十月十九日ᄭᆞ지收入總額
五百二十六圜三錢五里
自四月至九月收入總額
五萬五千八百三十三圜
七十三錢二厘
都總合五萬六千三百五十九圜
七十六錢七厘

●智島郡郡內面
朴英奎 前通政崔相奎
趙根先 崔孟允 朴林洪
각一圜 朱時才 金善明
金廉善 陳應三 김大奎
김완培 각八拾錢 金昌集
梁珠玉 金廷秀 각一圜廿錢
前嘉善姜永夏 一圜
申在玉 金貴述 각廿四錢
金聖元 朴仁洙 金錫鏞
각卄六錢 金章龍 九十錢
朴陽均 朴彩均 黃炳植
黃範致 각六十錢
前監察朴珍奎 三圜六拾錢
黃南賢 朴大仲
각一圜三十二錢 曺秉玉
朴光彦 각九十六錢
羅炳洪 二圜四十錢
李炳元 朴孟元 張準楨
각七十二錢 金三錫 丁好賢
각四十錢 趙義玉 一圜四十錢
金明集 三拾四錢 洪正安
三十錢 梁奇化 九拾二錢
趙炳洪 二十錢
合三拾五圜九十四錢
▲蟬島
前參奉朴昇載 一圜五十錢
前司果金奉文 金炳旭
朴允玄 梁君敏 朴永彦
朴贊奎 金在日 朴學來
各七十五錢 梁仕洪 李元春
朱彦辰 朱致敏 朴致祥
朴斗安 각三拾八錢
李太彬 李俊善 金必仲
朴龍化 林局玄 各四十五錢
合十二圜三錢
▲梅花
徐致奎 鄭奉九
各一圜五拾錢 崔亮樣
權相奎 徐相용 韓永辰
崔應文 朴用彩 各七拾五錢
徐相淳 權錫奎 姜芝文
林杏彦 各三十八錢
合九圜二錢
▲古耳
成京日 朴希瑞 各七拾五錢
李奉淳 成道日 李春彬
牟玄在 金仁鐸 朴在成
各六拾錢 金文三 四拾五錢
金德化 卌전 李起洪 拾전
合五圓九十五전
▲屛風
李文卉 朴專必 李璣鎬
各七십五전 趙尙吉 四拾五전
金仁泰 三拾전 趙必善
四拾전 金永演 李大彦
朴仁洙 黃京化 金今浩
各卄二전 朴남秀 金炳化
趙敬連 朴致景 金永玄
金永範 金敏洪 吳云奇
金容來 曺化仁 各拾五전
合六圓
▲押海
朴炳煥 三圓七拾五전
朴化三 丁守燮 丁帆섭
金學範 李啓辰 金容九
김永白 姜望春
各一圓五십전 丁奎碩
金觀炫 高濟乙 高석柱
金창奎 文기樹 尹相斌
崔漢業 김寬淳 김如辰
朴元三 朴采貞 李京旭
申瑞雨 李栗采 朴允學
朴允洙 김德成 김明局
姜仁三 鄭聖洙 姜化一
張成雨 朴京春 吳俊吉
韓孟元 張洪基 張時仲
曺德汝 비文煥 李京春
千仕益 李允明 崔德元
千庸天 昔京淑 金聖連
朴炳權 각七十五錢 姜洛仲
高太化 각十五전 朴芝容
九十전 朴萬善 千振善
각六拾전 裵正局 曺辰明
趙寶益 梁奉西 朴京淑
李采文 千化益 吳正化
金成九 金聖元 各卌八전
白南仲 朴來元 各四十五전
千承根 鄭治水 姜文尙
千應守 權永云 各卄전
金鍾成 二圓卄五전 梁其淑
卄一전 金容休 二圓卄五전
張瑞四 三十전
合五拾七圓八拾六전
▲達里
金亨日 李仁白 金奉律
許允坤 羅仁善 金奎三
각七拾五전
合四圓五拾전 未完
郡合一百三十一圓三拾전
前號總合五萬五千九百八拾圜
二十전七厘
都總合五萬六千一百拾一圓五
十八錢七厘

◎特別廣告◎

國債報償金십一個日所捧은姑未合計이고伊前日ᄭᆞ지所捧總合五萬五千八百三拾三圓七拾三錢은電氣會社內銀行에貯置ᄒᆞ얏슴고其貯置額中三萬二千三百圓은國債報償志願金總合所로移交홈

廣告

◎本社廣告

○申報價
一張代金 新貨二錢五里
一個月前納 三十錢
三箇月 九十錢
六個月 一圓七十錢
一箇年 三圓四十錢
郵稅一箇 新貨五里
一箇月 十三錢

發行兼編輯人英國人 裵說
發行所
南署石井洞號外地三層洋屋號
大韓每日申報社

第五卷

大韓每日申報

第六百四十四號

月曜及慶節 識時日休刊

檀君開國四千二百四十年
箕子元年三千二十九年
大韓開國五百十六年
日本明治四十年
淸國光緒三十三年
陰曆丁未九月大十六日甲辰

寄書

●今日에要求ᄒᆞᄂᆞᆫ人物　欲人生金河琰

今日은即世界的二十世紀之初葉이오亦我東邦檀箕以來千餘載之今日이오又爲我　皇室五百餘年에繼天立極之今日也而嗚呼今日이여今日이何日고時勢與人物之相隨今日也로다語云時勢가造人物ᄒᆞ고人物이造時勢라ᄒᆞ니此皆格言也而旣有英雄이면必有時勢ᄒᆞ고旣有時勢면必有英雄ᄒᆞᄂᆞ니嗚呼今日이여東亞之厄運이已達極點ᄒᆞ고地球之殺氣가亦已深矣라都望이不云乎아以其數則可矣오以其時考之則可矣라ᄒᆞ니現今寰天下가翹首企足에喁々焉望人物之今日也로다然而其人物者ᄂᆞᆫ何許人也오必其生平言論行事가皆影響於全社會ᄒᆞ야一言一動과一筆一舌을全國之人이皆注目焉ᄒᆞ며甚至世界之人이皆注目ᄒᆞ야其人이姑未出現則已어니와若出現以後則社會之面目이爲之一變ᄒᆞᄂᆞ니如是然後에方可謂之眞人物而卽有先時而出ᄒᆞ며亦有應時而出者ᄒᆞ니先時而生者ᄂᆞᆫ其所志가無一不拂戾ᄒᆞ며其所事가無一不挫折ᄒᆞ야身亦窮愁慘辱에擧國이疾視ᄒᆞ고甚乃身死絶域에魂泣窮荒ᄒᆞ며應時而生有則其所志就ᄒᆞ며其所事成而身亦尊榮ᄒᆞ야名譽洋溢ᄒᆞᄂᆞ니爲一身計則先時人物이誠不如應時人物이나爲計會計則與其得十百應時人物로ᄂᆞᆫ無寧得一二三先時人物也니何哉오先時人物者ᄂᆞᆫ社會之原動力而應時人物之所從出者也라以此觀之면英雄之造時勢에豈恐無應時之人物哉아溯究歷史에班々可考로다法蘭西之拿巴侖은應時之人物也오意太利之瑪志尼ᄂᆞᆫ先時之人物也며曾爲ᄀᆡ之見領法人ᄒᆞ야國權全失之時에始有偉士麥ᄒᆞ고美利堅은受英壓制ᄒᆞ야民不聊生之時에始有華盛頓ᄒᆞ니然則人이特患不英不雄이언졍果爲英雄則時勢之艱難危險이於我에何有哉아暴雷烈風에鷙鳥集翼而恐懼라도蛟龍은乘之而飛行長空ᄒᆞ고驚濤駭浪에魚鼈은失所而錯愕이라도鯨鯢은御之而疾走千里ᄒᆞᄂᆞ니

故로英雄之能事가以川時勢로爲起點ᄒᆞ고以造時勢로爲究竟ᄒᆞᄂᆞ니果時勢與人物相隨之今日也而嗚呼今日이여目覩我國에相當最般者ᄂᆞᆫ先時人物而其已出現乎아抑或未出現乎아嗚呼今日이여擧目山河ᄒᆞ면只餘慨慨之士ᄒᆞ며扼腕時局ᄒᆞ고非無希望之人이나矢志飛的ᄒᆞ야紛々時日에耿々殘焰而已로다非所稍有知覺者ᄂᆞᆫ自料時局이懸弱懸殊에勢所然矣라ᄒᆞ며罹의關係에事莫奈何라ᄒᆞ야藥其平日所學ᄒᆞ고任自常路指使ᄒᆞ이便作俗下之鄙夫ᄒᆞ니又何可言哉아

就觀全國ᄒᆞ면夢々乾坤에不知今日之如何運轉ᄒᆞ야飢食飽遊ᄒᆞ며困睡從起ᄒᆞ야國之觀念은不値一錢이나自已謀利ᄂᆞᆫ不顧身命ᄒᆞ야연연然醉生夢死로涉々乎以終餘年ᄒᆞᄂᆞ니是可忍言哉아

嗚呼今日이여宜有人物之今日而若是渺然은何哉오凡在天下大事者ᄂᆞᆫ先有自信力ᄒᆞ야每處一事에旣見得透ᄒᆞ면破釜沈船에一往無前之勇氣而赴之ᄒᆞ며百折不屈之耐力而持之ᄒᆞ야猛虎가露爪牙於目前이라도不收其容ᄒᆞ며霹靂이震於頂上이라도不動其心ᄒᆞ고惟我所志로期達임地ᄒᆞ나니故로非無萬斤之力이면不得一寸之功이라然而從古來今에其人物之流ᄂᆞᆫ遭遇가雖各不同이나其達於時勢ᄒᆞ며歸於公理ᄒᆞ야所志之結果ᄂᆞᆫ卽其一也라

嗚呼今日之要求人物은吾非必願全國同胞가擧皆是人物이나此ᄂᆞᆫ事實上不可能之事而若有先時之人物이면其將做出許多應時之人物ᄒᆞ리니故로天生蒸民에有物有則ᄒᆞ고聰明睿智가出於其間ᄒᆞ면卽使之治而敎之라ᄒᆞ니譬如幾千噸之巨艦이라도航海先導者ᄂᆞᆫ卽數尺之다也라以此推之면不必全國民之盡是人物然後에爲快哉로다然則今日要求人物의定義ᄂᆞᆫ吾必以先時人物로斷言ᄒᆞ고其人物之最不可缺者ㅣ有三端焉ᄒᆞ니理想也熱誠也膽氣也가卽其要具라

其理想之宏이遠照千載ᄒᆞ며其熱誠之深이厚貫七札ᄒᆞ며其膽氣　雄우傑橫一世ᄒᆞ면自餘則於鄕而置命ᄒᆞ야如水之就下ᄒᆞ리니豈不壯哉며豈不勉哉아然而要求二字ᄂᆞᆫ是凡常人之事典이오非吾靑年輩之口訣이라以若覺々ᄒᆞᆫ靑年資格으로豈可袒人而不能貫已哉아抱大上天下에惟我獨存之志ᄒᆞ고行古往今來에非我其誰之夢ᄒᆞ면今日之人物은吾必應作ᄒᆞ야副全國之渴望ᄒᆞ며買歷史之光榮ᄒᆞ라嗚呼今日이여出人物之今日이오嗚呼靑年이여應作今日之人物撒이다

官報

●宮廷錄事

●號外　隆熙元年十月十九日
陰曆丁未九月初六日

誤陵　幸行시　侍從秘書監卿金宗漢秘書監丞李恒九徐相勛趙命煕秘書監郞許禹弼奕在升內閣總理大臣李完用宮內府大臣李允用內部大臣任善準度支部大臣高永喜軍部大臣李秉武法部大臣趙重應學部大臣李載崑農商工部大臣宋秉畯侍從院卿閔丙奭侍從리즁永趙重國以次侍立訖

上曰史官分左右仍　命總理大臣各部大臣進前喜閔與의位階가宗親與貴와同ᄒᆞ되禮遇가尤別ᄒᆞ니現今新官制에宜有定規라凡於公私待遇에府院君은親王과同ᄒᆞ고府夫人은親王妃와同ᄒᆞᆷ事로著爲定式ᄒᆞ야揭示ᄒᆞ야親ᄒᆞ미似好니卿等之意에何如오完用曰　聖敎至當矣

上曰以此入筵說修正이可也仍　命內閣大臣先退ᄒᆞ시고　命退丞史諸臣以次退出

●第三千九百二號
隆熙元年十月廿一日

敍任

任警視廳總巡　元丙喜

外報

●露人懽迎　오港役이루구ㅡ丛子에서米國陸軍卿다후도氏懽迎準備ᄂᆞᆫ非常ᄒᆞᆫ대到着當日은國祭日과指定ᄒᆞ야宮庭特別列車用意ᄒᆞᄂᆞᆫ軍樂隊ᄂᆞᆫ久히米國國歌를練習ᄒᆞ야表彰者의禮로待ᄒᆞᆫ다더라

●米露同盟說　米國陸軍卿다후도씨의西伯利亞旅行은重大ᄒᆞᆫ意義라고看做ᄒᆞ고露都에서ᄂᆞᆫ米露同盟說이高ᄒᆞ다더라

●墺帝快愈　伯林電을據ᄒᆞᆫ즉墺國皇帝께서ᄂᆞᆫ益々히快度에向ᄒᆞ셧다더라

●間島派遣吏消息　間島에駐箚ᄒᆞᆫ邊防大臣陳昌常은吉林에셔巡撫及間島의文武官을集ᄒᆞ야間島問題을商議中인데十五日吉林을發ᄒᆞ야間島로向ᄒᆞᆷ셔淸國에서ᄂᆞᆫ支那兵은俸給을支撥치아니ᄒᆞᄂᆞᆫ事ᄂᆞᆫ住民의內亂發生動ᄒᆞ야韓國人의損害를被ᄒᆞᆫ者多ᄒᆞ며一進會員某와如ᄒᆞᆫ者ᄂᆞᆫ右의兵士가監禁ᄒᆞ얏다ᄂᆞᆫ情報가有ᄒᆞᆷ으로써萩原領事ᄂᆞᆫ十六日에淸巡撫를訪ᄒᆞ고詰告ᄒᆞ얏다더라

●英國鐵道墜落　倫敦電을據ᄒᆞᆫ則經濟州에一鐵橋가墜落ᄒᆞᆷ야列車가溪谷에落ᄒᆞ얏ᄂᆞᆫ대死傷者二十名에達ᄒᆞ얏다더라

●美國火藥爆發　倫敦電을據ᄒᆞᆫ則美國잉데아나州火藥製造所에서火藥이爆發ᄒᆞ얏ᄂᆞᆫ데死者가二千五名이오重傷者가四十名이오輕傷者가六百名이오失踪ᄒᆞᆫ者가千二百名이라ᄒᆞ며製造場의周圍半哩나되ᄂᆞᆫ대其內建築物이多數破壞되얏다더라

●桑港暴徒再起　紐育電을據ᄒᆞᆫ즉桑港暴徒ᄂᆞᆫ其形을變ᄒᆞ야再次火와投手ᄒᆞᄂᆞᆫ醉狂의者ㅣ로同市洗濯屋에서爭鬪를起ᄒᆞ야日本人十三名이重傷을受ᄒᆞ엿ᄂᆞᆫ대幸히今回에ᄂᆞᆫ警官이怠速히設埠에法ᄒᆞ야氏首魁를捕紹홈으로써秩序를回復ᄒᆞ얏스나別로此事에就ᄒᆞ야外交上에懸念이無ᄒᆞᆫ模樣이라더라

●日人排斥聯合會　桑港電을據ᄒᆞᆫ즉來十二月十五日에日人排斥會를開催ᄒᆞᆯ터인대米國及加奈陀와日本人排斥聯合會準備로爲ᄒᆞ야本月十六日에當地本部에서協議會를開ᄒᆞ고此個事項을決定ᄒᆞ엿ᄂᆞᆫ디現行에支那人排斥法을日本人에게도適用ᄒᆞ나고決定ᄒᆞ엿다더라

雜報

●咸察辨明　咸南觀察使韓龍奎氏가明川郡在任時에貪汚醜行은前號에揭載ᄒᆞ얏더니追後確報를據ᄒᆞᆫ즉至若學校을以ᄒᆞᆫ氏가光武學校의意趣를搞ᄒᆞ야丙午義塾이라設立ᄒᆞ고敎師ᄂᆞᆫ日本木部隊曹長과一進會長으로聘用之意로學部에報告ᄒᆞ지ᄒᆞ고加下餘三千餘兩ᄂᆞᆫ該氏가咸察移任ᄒᆞᄂᆞᆫ同時에該郡民이感賀ᄒᆞ야結戶에排斂ᄒᆞ얏고外他事ᄂᆞᆫ初無染指ᄒᆞ얏다고本社에辨明ᄒᆞ얏다더라

●美醫善娩　蛤洞居金河琰氏의婦人이産患으로多日見苦이더니南大門外濟衆院美醫더氏와該院醫學生박瑞陽氏를請邀珍察ᄒᆞ야不過三時에天雄兒도誕瞎大日케ᄒᆞ고産後治療가善良ᄒᆞ야産母도亦得避免케ᄒᆞ얏다ᄒᆞ니我國習慣으로産時에拘忌인지致誠인지無用의方法을勿爲ᄒᆞ고此等事를模範ᄒᆞᆯ야人命의關係를注意ᄒᆞᆯ지어다

●端川女校　端川郡內東下里女史乃愛林家에女學校를設立ᄒᆞ고學徒三十餘名을募集ᄒᆞ고漢文敎師ᄂᆞᆫ該郡中學校敎師李爾善氏로國文敎師ᄂᆞᆫ申召史를延聘ᄒᆞ야熱心進就ᄒᆞᆫ다더라

雜報

●東宮의叙友誼　皇太子殿下게셔日皇太子殿下를對하셔日今日에相爲會見ᄒᆞ니兩國友邦之誼가比前益篤ᄒᆞᆯ뿐더러韓國獨立을維持ᄒᆞᆯ基礎가自今日爲始ᄒᆞᆷ과如ᄒᆞ다ᄒᆞ셧다더라

●東宮親臨　皇太子殿下씌셔각학校秋期大運動場에親臨ᄒᆞ오셔一般학徒六千名의게一々히賞品을頒賜ᄒᆞ신다더라

●日皇儲賜給　日皇太子殿下게셔春坊官員의게一齊히絹緞二疋式賜給ᄒᆞ셧다더라

●各大陪從　總理大臣以下각部大臣이再昨日에　東宮殿下를陪從ᄒᆞ고仁川港ᄭᆞ지前往ᄒᆞ얏다가同日下午二時三十分에詣闕　陛見ᄒᆞ얏다더라

●東宮接待　今番에　東宮殿下씌셔와日本皇太子殿下와互相接見ᄒᆞᆷ이頻繁ᄒᆞᆷ은已爲報道어니와凡於禮節과酬酌次席에對ᄒᆞ야一無差錯ᄒᆞ옵셧다더라

●三氏辭疏　特進官趙羲淵俞吉濬張博三氏가辭職疏를奉呈ᄒᆞ얏다더라

●郡奏修正　現闕郡守窠가合爲五十餘名이라ᄂᆞᆫ대日間內部에셔修正奏本ᄒᆞᆫ다더라

●祗送祗迎　再昨日上午八時에日皇太子게셔歸國次로京仁鐵道로發程ᄒᆞ시ᄂᆞᆫ대韓　皇太子께셔餞別ᄒᆞ기爲ᄒᆞ야仁川港ᄭᆞ지臨御ᄒᆞ셧다가下午二時에還宮ᄒᆞ셧ᄂᆞᆫ대各학校학徒들은南大門內에셔祗送祗迎ᄒᆞ얏다더라

●統監餞別　皇太子殿下씌셔日本皇太子殿下를仁川ᄭᆞ지親往餞別ᄒᆞ신ᄃᆞᆫ別項과如ᄒᆞ거니와陪從武官長趙東潤氏가南大門外停車場에親往餞別ᄒᆞ시ᄂᆞᆫ것시當然ᄒᆞᆫ줄노發論ᄒᆞ얏던지伊藤統監이該事件에對ᄒᆞ야日朝紙에已爲頒布ᄒᆞᆫ順序節次를臨時變改ᄒᆞᆷ이事體不穩이라고大段論駁ᄒᆞ얏다더라

●同意不必　地方郡守의免官案을內閣에셔統監府에同意를請ᄒᆞ얏더니回答ᄒᆞ기를觀察及郡守에免官ᄒᆞᆯ事由를각諸道事務官이査報만分明ᄒᆞ면同意를請ᄒᆞᆯ必要가無ᄒᆞ다ᄒᆞ얏더라

●紳會獻品　紳士會에셔日本皇太子殿下의金絲刺繡平常禮服학가마二十件을製造奉獻ᄒᆞ얏ᄂᆞᆫ대該價額이七千餘圜에達ᄒᆞ얏다더라

●運動의施賞假量　今二十六日各官私立학校秋期大運動時에학徒ᄂᆞᆫ六千名假量으로預定ᄒᆞ고優等賞外에特別히一般학徒中二千名만平均施賞ᄒᆞᆫ다더라

●宣諭遞任　慶北觀察使尹性普氏가宣諭各郡後當日에遞任이라고再昨日內部에電報ᄒᆞ얏다더라

●犯贓査報　內部에셔全南觀察使의게訓令ᄒᆞ되濟州郡守尹元求에犯贓을斯速히査報ᄒᆞ라ᄒᆞ얏다더라

●衛生熱心　內部衛生課長閔元植씨가該職을致任ᄒᆞᆫ後로衛生上에熱心ᄒᆞ야衛生幻燈衛生新聞과或학校에셔衛生二字의關係重大ᄒᆞᆷ을說明ᄒᆞ야人民을開導ᄒᆞ야頗有其効러니該씨가近日身病으로得由調理ᄒᆞ다가差効가無ᄒᆞᆫ되昨日辭職請願ᄒᆞ얏다더라

●衛生費三萬圜　五千圜은日本民團에衛生費오千五百圜은漢城病院이오千圜은赤十字社韓國支部本部오十圜은愛國婦人會韓國支部二千圜은仁川日本民團衛生費오千五百圜은仁川病院이오一萬圜은在韓日人教育奬勵費오京仁兩地各小학校에三百圜式과각病院에五百圜式衛生費六百圜式과四千圜은釜山公共事業費오平壤元山에千五百圜式이오龍山群山馬山木浦大子鎭南浦에千圜式이라더라

●校舍建築　黃州公立普通학校校舍를新建築ᄒᆞᄂᆞᆫ대該郡守와有志紳士들이出義補助ᄒᆞᆫ금額三百八十六圜에達ᄒᆞ얏다더라

●白晝發火　再昨日午前十一時에仁川本町에셔出火ᄒᆞ야十九戶가連燒ᄒᆞ얏ᄂᆞᆫ대其損害ᄂᆞᆫ取調中이나假令約五萬圜이나된다더라

●紀念趣旨　美國宣教師亞扁설羅氏가眞界에永歸ᄒᆞᆫ後에該教中徒弟가該氏의覺世鍾된功蹟을贊頌ᄒᆞ기爲ᄒᆞ야紀念鍾을製造ᄒᆞ기로최炳憲宋綺用呂炳鉉盧炳善等諸氏가趣旨書를發起ᄒᆞ고僉員의贊助ᄒᆞ기를希望ᄒᆞᆫ다더라

●外囑不可　闕內熟手金德爵리奉天兩人의將次受價ᄒᆞᆯ餅坪이其七百万兩假量인ᄃᆡ金德爵가리奉天을對ᄒᆞ야日外國人에게委托ᄒᆞ야十分에四分式納路ᄒᆞ고該受價ᄒᆞ기로推ᄒᆞ자ᄒᆞᆫ되리奉天이가答ᄒᆞ되吾爲韓國民ᄒᆞ야外國人의게請囑督推ᄒᆞᆫ거시萬不可當이라ᄒᆞ고却지ᄒᆞ얏다더라

●巡査多派　各地方에不穩ᄒᆞᆷ을鎭壓ᄒᆞ기爲ᄒᆞ야內部警務顧問室에셔巡査를多數히派送ᄒᆞ얏다더라

●齋財被捉　本月八日延豐郡長豊面等地로來往ᄒᆞ면서稱以義兵ᄒᆞ고民財를掠奪ᄒᆞ던趙士元申泰吉김寶植졍甫김흥一等은公州辨務署에被捉되얏더라

●忠郡義援　忠州郡老隱申尼川面등地에義兵四百餘名이聞々來往ᄒᆞ미民情이嗷々ᄒᆞ다고該道觀察使가內部로報告하얏더라

●報恩說明　報恩郡騷擾ᄒᆞᆫ事에對ᄒᆞ야該郡守申泰完氏가擅自上京하얏다고該道觀察使리鎬成氏가內部에報告ᄒᆞ고免官ᄒᆞ라ᄒᆞ얏ᄂᆞᆫ되該郡守申泰完氏가內部大臣任善準氏를訪問ᄒᆞ되該道觀察使ᄂᆞᆫ騷擾ᄒᆞᆯ時를當ᄒᆞ야避身田畝ᄒᆞ고無罪ᄒᆞᆫ郡守ᄂᆞᆫ擅自上京이라ᄒᆞ니抑鬱ᄒᆞ다ᄒᆞ얏다더라

●河東戰報　日前河東郡에셔義兵과日兵이互相交戰ᄒᆞ얏다ᄂᆞᆫ대義兵二十餘名이敗死ᄒᆞ얏고其餘ᄂᆞᆫ分散ᄒᆞ얏다더라

●利川戰報　京畿警務官김善泳씨가內部로報告ᄒᆞ되本月五日下午四時量에竹山守備隊日兵이利川等地에屯聚ᄒᆞᆫ義徒二百餘名을追擊ᄒᆞ야該徒十五名이中丸致死ᄒᆞ고二十一名은被傷ᄒᆞ고所獲軍物은洋銃十五柄과鉛一枝라ᄒᆞ얏더라

●海印屯聚　陝川郡海印寺에義兵三百名이屯聚ᄒᆞ얏다ᄒᆞᆫ즉安義郡에守備隊兵으로鎭壓ᄒᆞ기爲ᄒᆞ야該處로발向ᄒᆞ얏다고該道觀察使가內部에電報ᄒᆞ얏다더라

●리墓兵火　江原道洪川郡等地에셔前判書리正魯씨의墓所에存ᄒᆞᆫ되義兵數十名이該祠에來留ᄒᆞ다가白米一餘石을該墓에任置而去ᄒᆞ엿더니日兵이追後入去ᄒᆞ야該墓를衝火ᄒᆞᆫ되墓直安一昇이가被燒ᄒᆞ얏다ᄂᆞᆫ說이有ᄒᆞ더라

●木川兵火　陰九月十日에義兵約一十名이木川修身面에來到喫飯ᄒᆞᄂᆞᆫ되日兵二十名이自天安郡來到ᄒᆞ야玄岩飛鳳兩村을衝火ᄒᆞ얏ᄂᆞᆫ되玄巖에ᄂᆞᆫ二十八戶가沒燒ᄒᆞ고飛鳳에ᄂᆞᆫ十六戶가沒燒ᄒᆞ야該地民人에情狀은慘不忍見이라ᄒᆞ더라

●達察報告　慶北觀察使리忠求氏가法部에報告ᄒᆞ되司法制度를改善擴張ᄒᆞ시기爲ᄒᆞ와控訴院數箇所를國內에分置ᄒᆞ실計劃이有所傳聞ᄒᆞ온바本道가當南徼止中之地点ᄒᆞ야我民戶口數가數萬戶요外人住任가亦達二千ᄒᆞ야事物之繁과關係之重要가較諸他道ᄒᆞ오면實爲適然뿐더러地方形便과道里遠近으로論ᄒᆞ와도大邱가爲三南之中心点ᄒᆞ야四方聽受之路가極爲均適이오니控訴院一箇所位置ᄂᆞᆫ本道大邱郡으로設置하시면非但當地人民에蒙被便益이라位置上에似爲得當이옵고本道底民도此意로統監府와本部에請願書를提出ᄒᆞ와該院設置를希望ᄒᆞ옵기該請願書를上送하오니査照裁處ᄒᆞ라ᄒᆞ얏더라

◉地方消息

▲本月十二日榮川郡小太白山北麓에集合ᄒᆞᆫ義兵이約二百名인대此를日軍이探知ᄒᆞ고急擊ᄒᆞᆫ즉義兵의主力은영春方面으로退却하고其殘餘ᄂᆞᆫ四方山谷으로散走ᄒᆞ얏다ᄒᆞ고

▲去七日全州東方百二十里許에셔義兵二百名이運行ᄒᆞᆷ을日兵이보고即時射擊ᄒᆞᆫ즉義兵이退却ᄒᆞ다가重丸致死者가五名이라ᄒᆞ고

▲去拾三日任實郡渴馬洞及店촌에셔義兵約八十名이駐屯ᄒᆞ야徒黨을召集中이라ᄒᆞ고

▲本月六日竹山郡에셔義兵과日兵이交戰ᄒᆞ다가義兵의主力은該郡岩端方面으로退却ᄒᆞ고一部ᄂᆞᆫ망湖院으로退却ᄒᆞ얏ᄂᆞᆫ대義兵에死傷이十五名이라ᄒᆞ고

▲本月十七日午後九時頃에義兵約四拾名이廣州附近에在ᄒᆞᆫ日本人農場을襲擊ᄒᆞ야貯藏穀類及家財를掠奪ᄒᆞ고家屋은放火ᄒᆞ얏다ᄂᆞᆫ報道를京城警察署에서接하고巡査部長官及通譯이十九日朝에出張ᄒᆞ얏다ᄒᆞ고

▲去十七日忠州西北方約八十里泉浦에셔義兵約二百名이日軍輸送船을襲擊ᄒᆞ미日兵은呂州船夫로同히長湖院으로撫事到着ᄒᆞ고利川守備隊將校以下二十五名이急行ᄒᆞ얏다ᄒᆞ고

▲十六日忠州西北約四十里老隱面附近에서義兵三百名과日兵이交戰ᄒᆞ얏ᄂᆞᆫ대義兵은北方으로退却ᄒᆞ고義兵死傷이十八名이라ᄒᆞ고

▲十七日晋州七佛寺及靑곡寺附近의義兵約百餘名이日兵과交戰ᄒᆞ다가義兵은黃鄕津方面으로退却ᄒᆞ얏ᄂᆞᆫ대義兵의死傷이二拾二名이라ᄒᆞ고日兵은靑곡寺를燒却ᄒᆞ얏다ᄒᆞ고

▲同日全羅道智異山附近에셔義兵이日兵과交戰ᄒᆞ야日兵이義兵의魁首洪戚順以下拾五名을殺傷ᄒᆞ얏다ᄒᆞ고

▲載寧地方에셔義兵約四百名이蜂起ᄒᆞ기로日本人은砂利院으로引揚ᄒᆞ고該地理事廳에셔ᄂᆞᆫ黃州軍隊에通告ᄒᆞ얏ᄂᆞᆫ대該軍隊를派遣ᄒᆞᆯ터이라ᄒᆞ고

▼拾七日鐵原郡附近에셔義兵과日兵이互相衝突ᄒᆞ야午後三時로四時ᄭᆞ지戰鬪ᄒᆞ엿ᄂᆞᆫ대義兵의死傷이四十名이오其餘ᄂᆞᆫ四面으로退去ᄒᆞ엿다더라

伯林電報

十九日發

●石油礦發見　露國領土사가레島의나빌灣에셔好良ᄒᆞᆫ石油礦을發見ᄒᆞ얏ᄂᆞᆫ대露國政府ᄂᆞᆫ外國人을露國人과同等히採油權을許可ᄒᆞᆯ터이라더라

▲菊下短評▼

▲여보韓人社會에第一큰病痛이무어시요但히趨勢에만銳利ᄒᆞ고義理를喪失ᄒᆞᄂᆞᆫ것시第一큰病痛이오ᄂᆞᆫ便에셔有勢ᄒᆞ면南便으로趨附ᄒᆞ고北便에서有勢ᄒᆞ면北便의로趨附ᄒᆞ야一段自主的精神이沒有ᄒᆞ니엇지國家의基礎와人類의資格을維持ᄒᆞᆯ깃쇼

▲여보兩班도國民이오平民도國民이니國民의責任이엇지兩班에게有ᄒᆞ갯쇼大韓兩班들은前日에平民을虐待壓迫ᄒᆞ든陋習을破除ᄒᆞ고一般平民을對ᄒᆞ야互相國民된義務로一致勸勉ᄒᆞ고一心做去ᄒᆞ여야國力을充實케ᄒᆞᆯ期望이有ᄒᆞᆯ터이오

▲臨陂郡居某在炳氏가教育擴張ᄒᆞᆯ方法을擧ᄒᆞ야血誠으로勸勉ᄒᆞ얏ᄂᆞᆫ되學部官人들이其言을覺ᄒᆞ고ᄒᆞᄂᆞᆫ말이비린내암새가나ᄂᆞᆫ보다ᄒᆞ얏다니此ᄂᆞᆫ血誠을對ᄒᆞ야感動ᄒᆞᄂᆞᆫ心은無ᄒᆞ고비린내암새만실은거로고

▲今日地方에騷擾가不靖ᄒᆞ고生民의塗炭이日甚ᄒᆞ니分憂之責이一層艱棘ᄒᆞᆯ지라郡守之任을被ᄒᆞᆫ者가如何히焦勞憂慮ᄒᆞᆯ터인대某郡守某氏ᄂᆞᆫ欣悅非常ᄒᆞ야五百원의大卓으로親友를廣請ᄒᆞ야妓樂를携ᄒᆞ고宴遊娛宕하얏다니其來頭行政을推而可知로고

社告

地方各支社와僉人閱覽員에게

本社發送新聞이或遺漏가非一非再이와但以發辭通知가兩損가無ᄒᆞ야郵便局交涉이難便ᄒᆞ니此後로ᄂᆞᆫ由報封皮에出付와收到를手印標限이過滿者ᄂᆞᆫ領收證合ᄒᆞ얏다가本社로委送ᄒᆞ심을爲要홈

大韓每日申報社

雜報

◎大邱私立壽昌學校來函 本邑之源이遠且久矣라古之私塾이오今之學校라湖源厥本ᄒᆞ면殆百年有餘라學契物之優而備者亦深矣나迨此變革ᄒᆞ야거舊從新ᄒᆞ니校制焉奐矣美矣오一科爲新也舊也라根本이深故로變質이尤佳라凡百周備豈可與新設者로同日而語也리오陰八月十九日은乃本校開學式也라是日也天朗氣淸ᄒᆞ고酒香茶沸라來賓盈溢에生徒過百이라祝邦運之休强ᄒᆞ고頌校況之漸盛이라適玆 宣諭星主到郡ᄒᆞ야宣諭之暇에光臨本校ᄒᆞ야演說ᄒᆞᆫ其敎育本旨를發明其向國大義ᄒᆞ고仍不遐本校推薦ᄒᆞ고浩然登贊成長之席ᄒᆞ니校之增重이不啻若九鼎大呂也라吁此學擧ᄒᆞ여如彼使行이로다本校開校式前一日本郡宣諭之場에遐近이咸動ᄒᆞ니民衆萬計오學徒千數라蓋宣諭之語ᄂᆞᆫ乃聖上愛民憂民之盛意也라代紫綸而建辭ᄒᆞ니辭溫而深ᄒᆞ고懷黔首而布毅ᄒᆞ니發薰而大라提耳而喩ᄒᆞ고命面而告ᄒᆞ니曲々而盤ᄒᆞ고節々而申이라呻吟感泣ᄒᆞ고愁痛笑歌라詩曰邑中之黔이여實慰我心이로다ᄒᆞ니詩之旨其有在乎인저吁此辭析이여如彼使行이로다本校之於使行에未嘗有素而不期而期ᄂᆞᆫ是偶然也라宣諭蓋驗ᄒᆞ고暇贊敎育ᄒᆞ니校之賴而有뢰이庶幾又翁之化獨也라旣以感泣ᄒᆞ고敬而述宗而佈之라ᄒᆞ얏더라

◎不可不訴 苑洞居劉果川奕根씨가今年三月分에賊漢의게紙貨四千四圓과交洞都所在畓券서지見失ᄒᆞ야皇城新聞에廣告ᄒᆞ지ᄒᆞ얏더니忽於日前에何許人이該金音의게來ᄒᆞ야踏驗ᄒᆞ야달나ᄒᆞ기로金音所答에此土문券을賊漢의게見失일뿐일어有主之土를主人업시踏驗이不可成說이라고却之ᄒᆞ얏더니今에日人松宮竹次郎이韓人三名을帶同ᄒᆞ고該文券을携來하야曰該土를劉果川의子熙善의게典執이라고秋收ᄒᆞ야달나ᄒᆞ니劉氏의子ᄂᆞᆫ從來요熙善은初無ᄒᆞᆫ지라劉氏가將次法司에呈訴裁判ᄒᆞᆫ다더라

◎靑郡興學 北靑郡老德面에普成學校를設立ᄒᆞ얏ᄂᆞᆫ데任員은李濼崔寅昇玄昇濬金泳杓諸氏오ᄒᆞ陽面新浦里에義成學校를設立하얏ᄂᆞᆫ데任員은朱鳳元金始鉉張春伯金環柱李成學우現李穆稷吳壽憲黃鍾得諸氏라ᄂᆞᆫ데資本은各其百餘元式鳩聚ᄒᆞ야校舍도建築修理ᄒᆞ고敎師ᄂᆞᆫ延聘敎授ᄒᆞᄂᆞᆫ데學徒ᄂᆞᆫ日加月增하야數至百餘員이고任員外에도贊成ᄒᆞᄂᆞᆫ人이多有ᄒᆞ야咸南一省에大有稱頌이더라

◎一心新塾 北署壯洞居金正漢趙秉參崔寅錫가潤欽沈寅섭諸氏가靑年敎育에注意ᄒᆞ야一心新塾을발起設立ᄒᆞ고塾長은沈相弼氏로塾監은林又相氏로選定ᄒᆞ고生徒를募集ᄒᆞ며敎師을延聘ᄒᆞ며課程을準備하야期圖擴張ᄒᆞᆫ다더라

◎辯護也無 日昨雜報欄內에辯護聽在囚ᄒᆞᆫ甲尙宮과리秉惠氏가日人辯護士의게委托ᄒᆞᆫ것은初無之事라고ᄒᆞ더라

廣告

慶尙南道金海府서면內二洞居ᄒᆞᄂᆞᆫ張國中이가陰曆四月에無故이離家하야陰七月에上京하야還家치아니ᄒᆞᄂᆞᆫ고로千里遠程에차즈와스니麻浦二拾統壹戶金明善家로차즈오기를바라다

張潤五 告白

漢城西署松橋(新作路)第四十三統 戶

辯護士 玉東奎

辯護士 許憲

合同法律事務所

◎民刑事訴訟代理와刑事辯護及登記圖面과諸文案起草等諸般事務를迅速處理홈

漢城西署小平洞第六十統十戶

辯護士前檢事 李建鎬

辯護士前檢事 安秉瓚

聯合法律事務所

向者軍隊解散時에負傷將卒中死者ᄂᆞᆫ已矣어니와折脚折臂折脚之人은命脈은尙存이나還鄕無由ᄒᆞ야諸人等이將欲自裁ᄒᆞ니令人慘酸이라本人等이往見懇勞ᄒᆞ고西署에게以印度書도提聯醫脚이온頭八人의醫藥額이至爲二千五百圜之多인바一人助力으로難見奏効ᄒᆞ와玆以廣布ᄒᆞ오니惟願慈善僉君子ᄂᆞᆫ勿拘多小ᄒᆞ시고敎恤金을寄付ᄒᆞ와使陷死同胞로拯濟ᄒᆞ심을爲要

隆熙元年九月日

發起人 정규煥 윤泰勳 安𡐐鎬 曺成煥

義捐收合所 皇城新聞社 大韓每日申報社

出金人의姓名은新聞에廣告홈

大韓勸農株式會社

取締役 白寅基	取締役專務 原勝一
同 成文永	監査役 吳永根
同 岡十郎	同 三輪傳七
同 福島宜三	同 近藤敬一
同 福田幹同	同 福田民平
同 白石鉄二郎	同 林平四郎
同 藤田啓一	相談役 趙鎭泰
同 社長 山田愽作	同 瀧口吉良

本社에서確實ᄒᆞᆫ不動産擔保에對ᄒᆞ야內外人을不問ᄒᆞ고金貨를貸用ᄒᆞ되輕遜으로ᄒᆞ오니僉君子ᄂᆞᆫ來議ᄒᆞ심을切望홈

京城(旭町二十目)長洞番外三十番地(電話第三六八番)

新刊書籍發售廣告

增修無寃錄大全 國漢文	定價金七拾五錢
大韓法規類纂 洋裝	三圓七拾錢 郵稅四拾錢
初等倫理學敎科書	二拾錢
初等衛生學敎科書	拾五錢
國家學綱領	拾五錢
國民須知	八錢
獨習日語正則 洋裝 鄭雲復著	壹圓二拾五錢

發賣所 皇城布屛下 金相萬冊舖

新刊書籍發售 (正價金)

東國史略	壹圓五拾錢
普通敎科 東國歷史	壹圓拾錢
新訂東國歷史	壹圓
歷史輯略	貳圓
大東紀年	貳圓
大東歷史	壹圓五拾錢
東國名將傳	四拾五錢
東國輿地勝覽	洋裝拾貳圓 竝製拾圓
大韓疆域考	壹圓
大韓新地志	壹圓
大韓地誌附地圖	壹圓
初等地理敎科書	七拾錢
新撰地文學	四拾錢
萬國地理	壹圓拾錢
士民必知國文	上製八拾錢 竝製七拾錢
初學地誌	上製六拾錢 竝製五拾錢
萬國史記	七圓
中等萬國史	七拾錢
精撰萬國史	八拾錢
東西洋歷史	壹圓五拾錢
五偉人小歷史	拾錢
世界一覽	二拾錢
世界年契	七拾五錢
公法會通	壹圓九拾錢
萬國公法要略	五拾錢
刑法大全	六拾錢
改正刑法草案	四拾錢
法學通論	壹圓
議會通用規則	拾五錢
現行法規類纂	三圓九拾錢
外交通義	壹圓貳拾錢
商業大要	六拾錢
國家學	五拾錢
牧民心書	壹圓廿五錢
家庭敎育學	三拾錢
生理衛生學附圖	四拾錢
中等生理學	九拾錢
新撰小博物學	五拾錢
新編博物學	七拾錢
新撰小物理學	五拾錢
動物學國文	壹圓廿五錢
農政新編	九拾錢
蠶桑輯編 國文	拾七錢五里
栽桑全書及附蔬菓栽培醱酒法	四拾九錢
新訂算術	六拾錢
算術新書	八拾錢
精撰算學解式竝	七拾錢
美國獨立史	四拾錢
法蘭西新史	四拾錢
埃及近世史	四拾五錢
波蘭末年戰史	四拾錢
普法戰記	四拾錢
羅馬史附意大利史	四拾錢
越南亡國史	貳拾五錢
俄國略史	拾錢
國際新禮	拾五錢
國文西禮須知	貳拾錢
增修無寃錄大全 漢文	四拾錢
大東文粹	六拾錢
尺牘完篇	壹圓五拾錢
準備時代	拾三錢
進明論	三拾五錢
註解西廂記	壹圓
新小說鬼聲	三拾錢
新小說血淚	貳拾錢
近世女傑羅蘭夫人傳	四錢
政治小說瑞士建國誌	拾五錢
初等小學	壹圓五拾錢
幼年必讀	八拾錢
幼年必讀釋義	壹圓三拾錢
高等小學讀本	五拾錢
牖蒙千字	五拾錢
中等修身敎科書	六拾錢
溫故知新堂叢鈔	七錢五厘
父師必讀小學指南	七錢五厘
世界全圖	卄七錢五厘
大韓輿地圖	拾七錢五厘
五洲各國統合全圖	七錢五里
最新京城全圖	二拾錢
最新韓國全圖	二拾錢
最新韓國地圖	拾五錢
分道詳密韓國地圖	五拾錢
韓國新地圖	四拾錢
漢文萬國地圖	四拾錢
漢文地球全圖	四拾錢
萬國指掌全圖	貳圓五拾錢
韓語六成獨習	壹圓五拾錢
英語獨本	壹圓四拾錢
日韓通話	五拾錢
日語獨習	五拾錢
韓日會話辭典	一圓五拾錢
獨修日韓會話	三拾錢
普通日本典	五拾錢
二十世紀朝鮮論	三拾五錢
比律賓戰史	四拾전
比斯麥傳	拾五錢
中等萬國地誌	壹圓貳拾錢
師範敎育學	五拾錢
高等小學修身書	卄五錢
礦物界敎科書	貳拾錢
會社法	九拾錢
經文算學新編	四拾錢
貨幣論	壹圓貳拾錢
普通經濟學	八拾五錢
商業汎論	壹圓拾錢
中等地文學	五拾錢
大韓地理	七拾錢
漢文大韓地誌	五拾錢
飮氷室文集	四圓四拾錢
中東戰記本末	四圓
西政叢書	拾圓
中外政治策編	五圓五拾錢
時事新論	壹圓
美國名君言行錄	壹圓
泰西新史	貳圓九拾錢
萬國通鑑	三圓

發售書林

中署鐘路 大東書市 金基鉉

中署罷朝橋 中央書館 朱翰榮

南署大廣橋 滙東書館 高裕相

◉國債報償義捐金收入廣告

◉智島郡郡內面訥鶴 續
李應瑞 各拾五젼 金洛錄
鄭奇奉 金在泉 徐相善
各卅八젼 鄭寶元 尹宰辰
金應玉 各三拾젼
合二圓八拾七젼

▲佳蘭
趙道元 張裕部 趙斗元
趙納一 李延燮 金京仲
吳夫人 各七십五젼
張炳相 二圓二拾五젼
張炳友 一圓五拾젼
趙炳孝 三拾젼
合九圓三拾젼

▲上台
前議官朴延欽 三圓 子悌淳
前守門將朴福圭 朴璣圭
朴樸圭 朴必圭 朴贊圭
朴丙欽 박穆淳 朴慶欽
前參奉曹並爭 各七십五젼
前參奉許淵欽 一圓五拾젼
박鍾燦 朴明爾 高聖元
金守三 全成龍 金如日
曹永九 各卅젼 曹先五
曹夫權 金興水 金德仲
姜承周 金斗卜 全達云
김孟宗 全仁仲 김才恩
曹判早 任官德 曹力元
任官一 任德仲 高漢文
任公信 全順淑 任丙憲
白成春 全子律 全致極
白斗一 全徽辰 全長千
朴精欽 各십五젼 全權俊
십六젼 張聖圭 九十젼
合拾九圓五십젼

▲下台
尹挾 尹斗仁 尹順西
各三拾젼 尹義西 尹京天
張文日 鄭其日 尹道玄
尹元仲 郭來京 李仁同
崔寬山 李應辭 高道仁
尹元益 方成孝 各拾五젼
崔周鉉 李長花 金文三
朴公黍 각卅一젼 尹炳化
尹京植 崔奉局 各廿二젼
尹應秋 尹京仁 各八젼
四圓五십一젼

▲荷衣
前監察權永瑞 二圓二十五젼
박在문 諸京一 鄭仕奎
金權淑 金斗白 金予仁
各四十五錢 金權敏 禹子彥
梁斗洞 金昌律 禹子辰
禹仁熙 卞萬淑 李生奎
朴光彥 金京文 金權必
金玉周 尹在雲 朴二八
姜仁石 金大學 諸化彥
張仲三 梁敏彥 鄭安淳
各卅젼 鄭平淑 禹京悅
우子玄 各十五젼 우子成
우世善 各三十젼
合十二圓

▲長山
前司果朴元根 是味村中
飛所里村中 各一圓五十젼
崔玄明 中龍村中 鄭化律
金道亨 鄭南律 박局安
金德云 各七십五젼 박元仲
李白西 金道西 金正會
金俊成 박京西 金應五
金德仲 각卅젼 黃學必
金其九 金奉先 金永九
金武一 崔貴哲 金應先
金仕旭 박京玄 高洛仲
鄭瑞玉 鄭子範 鄭子日
각十五젼 金在連 朱學默
鄭元仲 鄭瑞鉉 金仕奎
黃龍인 각四十五젼
鄭昌淳 六拾젼 金奉辰
二十二젼
合拾七圓六十二젼

▲耆羅
文聖仲 一圓五十젼
文南七 文炳武 張來聲
문洛奎 張學元 張奎煥
張成奎 朱尙源 宋君珍
宋炳穆 박行俊 각七十五젼
金吉瑞 張時權 張괴權
張瑞千 孫洛玄 각四십五젼
박平徹 宋龍浩 黃祥雲
張日宣 각三십젼
前司衛將宋회順 一圓五十젼
合十四圓七拾젼

▲後曾
李潤瓚 全鶴龍 徐珍基
李문準 徐相鎬
前先達李貞奎 박化淑
安奇範 崔宗문 각七十五젼
鄭炳澤 李南俗 각一圓九十젼
崔方治 崔錫宗 李祥林
金奉植 鄭敬元 김善성
宣學範 李準元 全裕玄
李鳳洪 李鳳玄 박云益
박九中 박淳化 姜洪西
각四십五젼 徐能鎬
李南杰 박永奎 宣京佐
白玉賢 鄭永澤 安必化
김貫一 鄭任문 金문在
崔洛彬 朱永彥 崔宗西 각卅錢
리東應 金宜仲 申相致
김奇淳 각卄二젼
前監察김炳洪 一圓五拾젼
김昌鎬 김炳淳 金國彬
김寬成 각七십五젼
김洛成 一원卄젼 박亨來
박德光 리大元 각卅젼
박석賢 四십五젼
박化彬 七십五젼
合二십九圓八젼 未完

都合一百九圓五拾八젼
前號總合五萬六千一百拾一圓五十八젼七厘
都總合五萬六千二百二拾一圓十六錢七厘

◎特別廣告◎

國債報償金십三個月所捧은姑未合計이고伊前日々지所捧總合五萬五千八百三拾三圓七拾三錢은電氣會社內銀行에貯置하얏슴고其貯置額中三萬二千三百圓은國債報償志願金總合所로移交홈

廣告

◉本社廣告

中報價
一張代金 新貨二錢五厘
一個月前納 三十錢
三箇月 九十錢
六個月 一圓七十錢
一個年 三圓四十錢
廣告一行 新貨五厘
一箇月 十三錢

發行兼編輯人英國人 裴說
發行所 南署石井洞號外三層洋屋家
大韓每日申報社

第五卷

大韓每日申報

第六百四十五號

月曆及遞信
識時開日休

檀君開國四千二百四十年
箕子元年三千二十九年
大韓開國五百十六年
日本明治四十年
淸國光緖三十三年
陰曆丁未九月大十七日乙巳

論說

●淸國內改良

謹愼히注目ᄒᆞᄂᆞᆫ人士의게雖著ᄒᆞᆫ거슨淸國史編에改新之機가漸露되ᄂᆞᆫ거시니極遠ᄒᆞᆫ地方에處在ᄒᆞᆫ列强이如彼히遥涉ᄒᆞᄂᆞᆫ時代를삼ᄯᅢᄒᆞ야支那國民이如此列强中에參立ᄒᆞ려면自己의게適合ᄒᆞ던二十年前情形을捨棄ᄒᆞᆷ이可ᄒᆞᆯ줄노量度ᄒᆞᄂᆞᆫ人士가今有ᄒᆞᆫ지라袁世凱及張之洞兩氏와如ᄒᆞᆫ先進ᄒᆞᆫ元老가如右ᄒᆞᆫ量度을維支ᄒᆞᆯᄲᅮᆫ不啻라近日에頒布된詔勅을觀之컨ᄃᆡ西太后와皇帝가所當改良之務를隨行ᄒᆞᄂᆞᆫ實證이有ᄒᆞ도다數日前에日本데일니ᄒᆞ렐드新報가記述ᄒᆞ엿스되北京에셔頒布된詔勅은本紙에向已譯報ᄒᆞᆫ바라其中一件은地方自治之制를關係ᄒᆞᆷ이오其他一件은國民의게憲政之設을預備ᄒᆞᆫ方策을關係ᄒᆞᆫ거시니其第一件自治之制ᄂᆞᆫ其第二件憲法之治의完全ᄒᆞᆫ方針을預備ᄒᆞᆫ實地라第二件의實行될거시니第一件成就에至ᄒᆞᆫ은無所疑訝로다如此方策을採用ᄒᆞᆷ에셔可以注目ᄒᆞᆯ거슨政客의不欲急進ᄒᆞᆷ이是也라最近頒布된詔書에言ᄒᆞ거시有ᄒᆞ니此ᄂᆞᆫ人民을爲先教育ᄒᆞ야國務大事에信任되기前에地方事를必先練達케設備ᄒᆞᆷ지라其詔勅中에有言ᄒᆞ되人民은必先受教育ᄒᆞ야忠君愛國이學識의實地인줄을必究케ᄒᆞ며國家를困難及不平에引入ᄒᆞᄂᆞᆫ諸般弊瘼을必避ᄒᆞᆯ지어다ᄒᆞ엿스니其降詔如此ᄒᆞᆷ을觀之컨ᄃᆡ遥度忠愛와且國家에互相反抗이無ᄒᆞᆷ을著示ᄒᆞᆷ은日本模範ᄒᆞᆫ支那皇帝와現今忠告之人이存心ᄒᆞ엿ᄂᆞᆫ가亦可疑信이로다何如ᄒᆞᆫ지現今支那人民의게優勝ᄒᆞᆫ政治를引生ᄒᆞᆫ改良의大事業을實行ᄒᆞ기에一大妨碍ᄂᆞᆫ腐敗官人大部分中에現行ᄒᆞᄂᆞᆫ卑劣意思가是也라如此妨碍物을移變ᄒᆞ기에必要ᄒᆞᆫ거슨地方代表官職에任ᄒᆞᆫ其人을謹愼히擇差ᄒᆞᆷ에在ᄒᆞ니其人은廉潔及信實이俱備ᄒᆞ야衆民의利益과安樂을中心에存ᄒᆞ고同胞의享福을得하야擴發ᄒᆞ기를樂ᄒᆞᄂᆞᆫ人이라야乃可ᄒᆞ도다ᄒᆞ엿더라 未完

官報

●第三千九百三號 隆熙元年十月廿二日

敍任及辭令

德源府主事權賢섭

內部治道局書記金性鉉

依願免本官

任內部臨時軍用及鐵道用地調査局書記郞 三島吉泰

成川郡主事李疑修

慶基殿參奉金하奎

依願免本官

任慶基殿參奉 朴海鎭

外報

●平和會議調印 伯林電을據ᄒᆞᆫ즉海牙平和會議에셔十一月十八日에決議書類에調印ᄒᆞᆯ터이라더라

●地方匪亂責任 北京電을據ᄒᆞᆫ즉上諭에曰近年各處에匪徒가集合ᄒᆞ야人命及財產을奪取ᄒᆞᆷ이甚大ᄒᆞᆷ을隨ᄒᆞ야軍費를消費ᄒᆞᆷ이不勘ᄒᆞ니凡事一隅에起ᄒᆞᆷ도全局에及ᄒᆞᆷ이라其原因은各地方官의貪亂暗愚ᄒᆞᆫ所致라即其責任은督撫에在ᄒᆞᆫ故로將來弊變이有ᄒᆞᆯ時ᄂᆞᆫ院에二三官吏를彈劾으로써其責任을免ᄒᆞ려ᄒᆞᆷ을不許ᄒᆞ고各處에督撫ᄂᆞᆫ着任後六個月後에萬若所屬地方에서變亂이起ᄒᆞ면督撫責任의依ᄒᆞ야處罰ᄒᆞᄂᆞᆫ거시可ᄒᆞ다ᄒᆞ엿더라

●反對論文 倫敦電을據ᄒᆞᆫ즉紐育의政府反對新聞에可驚ᄒᆞᆯ論文을揭載ᄒᆞ얏ᄂᆞᆫ대其論文에日本이太平洋에艦隊가回航ᄒᆞᄂᆞᆫ理由ᄂᆞᆫ日米戰爭의準備를ᄒᆞ미라ᄒᆞ엿더라

●無線電信開始 倫敦電을據ᄒᆞᆫ즉마ᄅᆞ코니씨ᄂᆞᆫ本月十八日에言明ᄒᆞ야日英米間의無線電信의電報를揭載ᄒᆞ얏다ᄒᆞ엿더라

●炭礦발見 大連電을據ᄒᆞᆫ즉淸國新民屯北方십升附近에셔一大炭礦을발見하엿다더라

●靜岡大火 大阪電을據ᄒᆞᆫ則本月十七日午前一時五十分에江尻町天滿町牛肉店에셔出火之際에東風이大吹ᄒᆞ야四十七戶가全燒ᄒᆞ고五時三十分에鎭火ᄒᆞ얏ᄂᆞᆫ데人命死傷은無ᄒᆞᆫ模樣이나其原因은放火ᄒᆞᆫ者有ᄒᆞ야一名은捕縛ᄒᆞ고一名은逃走ᄒᆞ엿다더라

●日僧布敎反對 香港電을據ᄒᆞᆫ즉福州人士等이多數集合ᄒᆞ야日本僧侶의布敎를嚴禁ᄒᆞ라고北京政府에電稟ᄒᆞ엿다더라

●大地震襲來 紐育電을據ᄒᆞᆫ즉華盛頓地震豫知局에셔言ᄒᆞ기를又大地震이動ᄒᆞᆯ터인ᄃᆡ但所在地ᄂᆞᆫ不明이라ᄒᆞ엿다더라

●蘇格蘭豪雨 蘇格蘭南部에豪雨가降ᄒᆞ엿ᄂᆞᆫ대作物及飼羊에非常ᄒᆞᆫ損害를被하고鐵道不通ᄒᆞ얏ᄂᆞᆫ데두라스코近郊의線路ᄂᆞᆫ深水가六尺七尺에達ᄒᆞ얏다더라

●俄人感情 近日東京에在ᄒᆞᆫ俄人들이다撤歸ᄒᆞᄂᆞᆫ대其委折을聞ᄒᆞᆫ則日本에셔우리ᄂᆞᆫ偵探軍이라고嫉訴ᄒᆞ며우리와交際ᄒᆞᄂᆞᆫ日人도白晝에毆打ᄒᆞ니甚히恐懼ᄒᆞ야居住ᄒᆞᆯ수無ᄒᆞ야本國으로還歸ᄒᆞ거니와海參威에在ᄒᆞᆫ二十餘名日人도우리가其偵探이라指斥ᄒᆞ야困迫을加ᄒᆞᆯ것노라ᄒᆞ얏다더라

●海港防禦 俄國에셔海參威沿海를防禦ᄒᆞ기爲ᄒᆞ야工事費一千九百萬圜을支出ᄒᆞ야砲臺를建築ᄒᆞᄂᆞᆫ대黑龍江口로부터烏蘇里江間에兵營을建築ᄒᆞᆫ다더라

●排日決議 加奈太合州代表者가去月十七日에開會ᄒᆞ고又決議ᄒᆞᆫ條件이如左ᄒᆞ니

一 加奈太와關係를斷絕ᄒᆞ기爲ᄒᆞ야英日條約中에加奈太와關ᄒᆞᆫ條約은勿施ᄒᆞᆯ事

一 加奈太政府ᄂᆞᆫ特히英國으로ᄒᆞ야금日本과交涉ᄒᆞ야六個月內로期限을定ᄒᆞ야現行條約을廢止ᄒᆞᆯ事

一 此期限이過ᄒᆞᆫ後에ᄂᆞᆫ日本이更히特約을定ᄒᆞ야日本移民은一年에五百名으로限定ᄒᆞᆯ事

●衛生公布 桑港衛生局에셔ᄂᆞᆫ近日黑死病이流行ᄒᆞᆷ으로各醫員의게左와如히告示ᄒᆞ엿스니

一 黑死病이나或彷似ᄒᆞᆫ病이發生ᄒᆞᄂᆞᆫ時에ᄂᆞᆫ即時衛生局으로通知ᄒᆞ되所關을鎖ᄒᆞ야病里를擾亂케ᄒᆞ지안토록注意ᄒᆞᆯ事

一 黑死病에罹ᄒᆞᆫ者ᄂᆞᆫ衛生局에셔手勞金을不取ᄒᆞ고診察ᄒᆞᆯ事

一 黑死病消滅ᄒᆞᄂᆞᆫ藥은衛生局에셔代金을不取ᄒᆞ고請求ᄒᆞᄂᆞᆫ者의게出給ᄒᆞᆷ

一 黑死病이나或彷似ᄒᆞᆫ病으로死亡ᄒᆞᄂᆞᆫ時에ᄂᆞᆫ即時電話로衛生局에通知ᄒᆞᆯ事

●武器발見 上海電을據ᄒᆞᆫ則德國汽船엔상號ᄂᆞᆫ武器二十三箱을積載ᄒᆞ고入港ᄒᆞ니稅關에셔此를발見ᄒᆞ야곳官憲이着押ᄒᆞ얏다더라

●顧問會議 北京電을據ᄒᆞᆫ則頤和園에外務大臣政務部大臣徐總督等諸氏가出席ᄒᆞ야間島問題鐵路問題及森林問題本溪湖炭礦問題와鴨綠江漁業問題와並히官制改革에必要ᄒᆞᆫ諸經費를討議ᄒᆞ얏다더라

雜報

●宣諭助校 慶北宣諭使金重煥氏가宣諭之暇에丹邱學校ᄒᆞ야生徒一百六十餘人을對ᄒᆞ야學問本旨가忠君愛國四字로懇切히演說ᄒᆞ고洋紙□數를與ᄒᆞ고其學校八月二十日前州開學ᄒᆞ지에宣諭文發行ᄒᆞᄂᆞᆫᄃᆡ學徒가幾數히遠城路에大시邊에餞別을呈ᄒᆞ니ᄯᅡ의敎育贊成을觀光者莫不欽賞ᄒᆞᆫ다더라

●靑年獎學 新任北靑郡守澤斌氏가北郡留學生在京三十餘人의게名下에冊子二卷鉛筆二柄式分給ᄒᆞ고爲先該郡敎育을擴張ᄒᆞ기로注意ᄒᆞᆫ다ᄒᆞ니大端히可望이有ᄒᆞ다고聞者ㅣ稱頌ᄒᆞᆫ다더라

●仁川祇迎 大皇帝陛下께셔仁川港動駕時에牛角동에셔北城浦까지白色一幅紅色一幅을連ᄒᆞ야鐵道左右로設ᄒᆞ고該港各社會人士와各學校男女學徒가祗迎ᄒᆞ얏다더라

●學徒召見 皇太子殿下께셔日本皇太子殿下餞別ᄒᆞ시기爲ᄒᆞ야仁川港에動駕ᄒᆞ실時該港의祗迎ᄒᆞᄂᆞᆫ各學校學徒를咫尺으로召見ᄒᆞ셧다더라

●慰巡愼民 大皇帝陛下께옵서仁川港動駕時에該港巡檢金九賢氏가港民이凡百支應ᄒᆞᄂᆞᆫ데彌力ᄒᆞ기爲ᄒᆞ야日本國旗와旗竿을都買分給ᄒᆞᆫ故로人民의紛忙이不少ᄒᆞ다고一港이稱頌ᄒᆞᆫ다더라

●勤學忘病 李漢龍은松峴小學校生徒인대年今九歲라秉物이兩脚部上下의踵出ᄒᆞ야苦疼月餘에坐臥起居를不能自任이로대學校上學을倍加熱心이어늘其父母가그往來ᄒᆞᆷ을憐히여겨匪物의愈ᄒᆞᆷ을待ᄒᆞ야上學ᄒᆞ라고挽止ᄒᆞᆫ디以不然之說로聚其父母ᄒᆞ고如一來往ᄒᆞ다니此와如ᄒᆞᆫ者ᄂᆞᆫ學有ᄒᆞᆫ년ᄃᆡ려幼年生徒가모다李童의熱心勉强ᄒᆞᆫ거ᄉᆞᆯ模範ᄒᆞᆯ만ᄒᆞ다고輿論이藉々ᄒᆞ더라

●撲面能散 大邱居李泫淳씨ᄂᆞᆫ幼年失怙ᄒᆞ고年今三十餘에赤手成家ᄒᆞ야累巨萬에至ᄒᆞ엿더니今年八月歉荒에困難ᄒᆞᆫ窮交貧族에頗多賑給ᄒᆞ고只將田畓數石落ᄒᆞ고退村而居ᄒᆞᄂᆞᆫ故로人皆稱頌其發ᄒᆞᆫ다더라

●信川義擾 本月二十日에信川邑에義兵數百名이放銃突入ᄒᆞ여日百姓은勿動ᄒᆞ라ᄒᆞ고巡檢廳으로直向ᄒᆞᆫ則日巡査와巡檢이逃去ᄒᆞᆫ故로洋銃과六穴砲를取去ᄒᆞ엿다더라

雜報

●居接指定 大皇帝陛下게옵셔昌德宮으로移御하신다홈은已爲報道어니와再昨日에宮內府大臣과內閣書記郎이昌德宮에前往하야各其居接ᄒᆞᆯ處所를指定ᄒᆞ얏ᄂᆞᆫ대內閣及宮內府ᄂᆞᆫ日間移接ᄒᆞᆫ다더라

●東宮留學期 皇太子殿下께셔日本에留學ᄒᆞ신다ᄂᆞᆫ說은前報에揭載ᄒᆞ얏거니와來十一月頃에伊藤統監歸國ᄒᆞᆯ時에 御渡ᄒᆞ신다ᄂᆞᆫ대陪從武官長趙東潤씨가陪往ᄒᆞᆫ다더라

●親王冊封 完興君李載冕氏와永宣君李埈鎔氏로將次親王을冊封ᄒᆞ신다더라

●改定件頒布 各府部官制改定案件은日間頒布ᄒᆞᆫ다더라

●勳章製費支出 度支部에서內閣에請議ᄒᆞ되日本皇太子遊覽本邦時所用勳章一百五拾九枚製造費二千一百六圜拾二錢을預算金中支出之意로閣議에提出ᄒᆞ라ᄒᆞ얏다더라

●聯名修繕 主殿院에서有何必要ᄒᆞᆫ事狀인지각府部院廳에奏任官以上의聯名錄을修繕ᄒᆞᆫ다더라

●與於圖免 特進官俞吉濬氏ᄂᆞᆫ再昨日에辭職疏를奉呈ᄒᆞ얏ᄂᆞᆫ데若不蒙允이면雖百番辭疏라도期於圖免ᄒᆞ기로決定ᄒᆞ얏다더라

●遞任勸告 修학院長申箕善氏를遞任ᄒᆞ라고某大臣이宮內府大臣李允用氏의게勸告ᄒᆞ얏다더라

●道路修治 宮內府에서再昨日에內部로電話ᄒᆞ되今二十六日各學校秋期大運動場에 皇太子殿下게셔親臨觀覽ᄒᆞ실터이니橋梁道路를預先修治ᄒᆞ야俾無窘急케ᄒᆞ라ᄒᆞ얏다더라

●洋製로改造 三年爲限ᄒᆞ고明年度부터각府部舊殿撤ᄒᆞ고洋製度로一新改造ᄒᆞᆫ다더라

●內部修理 內部에서該部大廳을修理ᄒᆞ고地方局文書課版籍課秘書課詳細課室廳接室을臨內에合設ᄒᆞᆯ터인故로昨日부터大臣次官은顧問室로移接ᄒᆞ고秘書課ᄂᆞᆫ人直房으로移接ᄒᆞ얏다더라

●議會選定 再昨日中樞院에서開會次로議長以下贊議副贊議諸氏가會同ᄒᆞ얏다가議長徐正淳氏가身양이有ᄒᆞ야開會치못ᄒᆞᆫ故로本日로定ᄒᆞ라다가本日은繼天紀元節인故로明日로決定ᄒᆞ얏다더라

●日人技師 度支部印刷局技師一員을日本人橋本靑市로雇聘ᄒᆞᆫ다ᄂᆞᆫ데月俸은每朔百一十圜으로ᄒᆞ고舍宅料ᄂᆞᆫ三十五圜으로支出ᄒᆞᆫ다더라

●還納國庫 軍隊解散後에軍部今年度不用豫預算額이十萬七千餘圜인데內閣에提議ᄒᆞ고該金은國庫로還納ᄒᆞᆫ다더라

●三守請願 堤川郡守趙重翊楊口郡守趙완과蔚珍郡守李殷玆三씨가辭職請願ᄒᆞ얏더라

●義兵報告 陽城郡守를即爲奏差하라고京畿觀察使가內部로報告ᄒᆞ얏다더라

●郡守促送 忠淸南北道宣諭使가賑郡守을催促下送ᄒᆞ라고內部에報告ᄒᆞ얏더라

●擅離請免 橫城郡守沈興澤氏가擅離上京ᄒᆞ얏스니奏免ᄒᆞ라고該道觀察使가內部로報告ᄒᆞ얏더라

●醫務移接 內部醫務顧問室을昨日에警兵司令部로役處移接ᄒᆞ얏더라

●副統監設宴 曾미副統監이再昨日下午四時에泥峴天眞樓에서盛宴을排設하얏ᄂᆞᆫ대伊藤統監과各府部大臣이往參ᄒᆞ얏다더라

●節次議決 再昨日下午一時에官私立各學校校長諸氏가會同ᄒᆞ야今番聯合大運動會時各項節次를會議決定ᄒᆞ얏다더라

●運動會의請賓 本月二十六日官公私立聯合大運動會에學部에서各勅任官과奏任官待遇되ᄂᆞᆫ外國人과各新聞社社長及主筆과各銀行長을請邀ᄒᆞᆫ다더라

●桂大將出발 桂大將은本月二十三日午前九時二十分에南大門에서발ᄒᆞ야黃州에泊ᄒᆞ고安東縣方面야巡視ᄒᆞᆯ터인대隨員은大井大佐渡邊中佐梅崎大尉外從者二名과運輸部長이同行ᄒᆞᆫ다더라

●直接請求 七月分에鐵路에서被害ᄒᆞᆫ日本巡査의家族救恤金祭祀料幷ᄒᆞ야二萬餘圜을支出ᄒᆞ얏다더니警視總監丸山重俊씨가內部大臣에게不爲經由ᄒᆞ고直接으로度支部에請求ᄒᆞ고特急增額三萬一千餘圜을即還支撥ᄒᆞ라하얏다더라

●邊界行法 淸國疆界를劃ᄒᆞᆫ鴨綠江對岸西邊在留ᄒᆞᆫ韓國人에對ᄒᆞ야告訴告발을管轄ᄒᆞᆯ事로平化檢事가法部에質稟書ᄒᆞ얏다ᄂᆞᆫ事ᄂᆞᆫ已揭前報어니와法部에서指令ᄒᆞ되該人民의姓名이若公籍於淸國이면已無可諸이어니와該人民의居住ᄂᆞᆫ雖在淸國疆域內라도其姓名이若不入籍이면即本國人民이니正當ᄒᆞᆫ現行法律노써施用ᄒᆞ되但逮捕及搜索等事에關ᄒᆞ야淸國官憲交涉處決홈이可라ᄒᆞ얏더라

●軍物獻品 扈衛隊新營에留在ᄒᆞᆫ軍物中曹大木弓과箭叢等屬을主殿院卿李護濟氏가托以宸相宋秉畯氏指揮라ᄒᆞ고搜探以去ᄒᆞ야日本皇太子殿下긔獻品所用으로奉納ᄒᆞ얏다더라

●醫院費支出 平壤大邱兩處同仁醫院補助費金中으로支出ᄒᆞᆯ次로度支에서內閣에請議ᄒᆞ얏다더라

●以病請願 襄陽郡守李海德氏가身病으로內部에請願ᄒᆞ얏다더라

●抑冤奈何 西署尼洞居金潤植이가外國人의게自己家舍를見奪ᄒᆞᆫ境遇에至ᄒᆞ야抑冤之情이激발ᄒᆞ야將次以死決心ᄒᆞ고遺書를現今揣帥中이라더라

●已經蕩滌 平理院에서최正惠씨自現ᄒᆞᆫ事에對하야法部에質稟ᄒᆞ엿더니該部所答에去番赦典의已爲蕩滌ᄒᆞ얏스니置之勿問ᄒᆞ라ᄒᆞ얏다더라

●入敎日增 閔元植씨가侍天敎支會를設立ᄒᆞᆫ事ᄂᆞᆫ已爲報道어니와入敎ᄒᆞᄂᆞᆫ人員이日益增數ᄒᆞ야家舍가不能容接ᄒᆞᆫ다더라

●韓人團體 布哇通信을據ᄒᆞᆫ則去月初二日은各處에서遊息ᄒᆞᄂᆞᆫ日인故로各處에在ᄒᆞᆫ韓人同胞가호노루港口로會集ᄒᆞ야議論ᄒᆞ고各會를合同ᄒᆞ야合成協會를組織ᄒᆞ고規則을制定ᄒᆞ얏스며已往發刊ᄒᆞ던共進會報와親睦會報를合ᄒᆞ야更히合成會報로발行ᄒᆞᆯ터인데規模를一層擴張ᄒᆞᄂᆞᆫ事에對ᄒᆞ야桑港에在ᄒᆞᆫ共立協會에서도大段히致賀ᄒᆞᄂᆞᆫ同情을新報에發表ᄒᆞ엿더라

●李氏自現 前參領李채氏가李周鎔狂招를因緣ᄒᆞ야該氏가數日前警視廳에自現被囚ᄒᆞ얏다더라

●費窘役止 梨峴新興學校를設立後該校舍를新建築ᄒᆞᄂᆞᆫ데經費가窘乏ᄒᆞ야工役을停廢ᄒᆞ얏다더라

●咸鏡巡郡 咸南觀察使韓南奎氏가該道參書官崔韓溶氏로署理를定ᄒᆞ고巡行各郡次로발行ᄒᆞᆫ다고法部에報告ᄒᆞ엿더라

●宣諭電報 慶尙北道宣諭使金重煥氏가再昨日內部에電報ᄒᆞ되安東奉化等郡으로宣諭次行將發向ᄒᆞᆯ터인데尙州郡守金寅敍를隨員으로同伴前往ᄒᆞ니限二十日給由ᄒᆞ라ᄒᆞ얏다더라

●派巡査探 京畿警務官金善泳氏가內部로報告ᄒᆞ되本月拾一日上午七時에義兵二十餘名이安發等地로安山郡草山面谷里에至ᄒᆞ야民家所在獵銃三柄과六穴砲一柄을搜取ᄒᆞ고私立日語學校教師森下四方治의夫妻를俱爲招縛ᄒᆞ야將言砲殺ᄒᆞ고該里居李勳植을稱爲指路ᄒᆞ고幷率三人而直向仁川郡桃里故로其查探次로巡檢二人을派送該地라ᄒᆞ얏더라

●醉兵可怕 平安道에便五邑에所在貨物을日兵이取去ᄒᆞᄂᆞᆫ데日兵이衆酒豪飲ᄒᆞ고家家戶戶에無難投入ᄒᆞ야行悖多端ᄒᆞᆫ故로該地人民이驚動ᄒᆞ야夜不能眠ᄒᆞ고晝則守家不離ᄒᆞᆫ다더라

●韓日人爭鬪 去十八日夜에舊馬山浦에서韓日人이爭鬪하얏ᄂᆞᆫ데韓人이日本人兩名을打傷ᄒᆞ얏ᄂᆞᆫ데目下警察署에서其原因을取調中이라더라

●殷栗義兵 去十七日頃에突然이義兵이現出ᄒᆞ야郡衙를襲擊ᄒᆞ얏다ᄂᆞᆫ대巡檢二名의生命이朝夕에在ᄒᆞ고日本人一名이致死ᄒᆞ얏다더라

●興湖戰報 十八日泉浦北方約十五里興湖附近에서義兵約四百名이利川郡에셔出ᄒᆞᆫ日偵察小隊와交戰ᄒᆞ다가義兵이東方으로退去ᄒᆞ얏다더라

●淸鄕兵火 淸州郡率面里ᄂᆞᆫ元來四百餘戶大村인대義兵이來往間該村에서酒飯을討食ᄒᆞ얏던지日兵이衝火沒燒ᄒᆞ얏다더라

●公州兵火 公州郡新都內에서義兵과日兵이交戰ᄒᆞ다가義兵이退却ᄒᆞᆫ디日兵이衝火ᄒᆞ야數十戶가沒燒ᄒᆞ얏다더라

●洪州兵火 洪州郡에義兵과日兵의게燒火된家戶數가一百十八戶라더라

●日兵又東 昨日上午九時量에日兵이彈丸五駄와軍糧米三十駄를帶同ᄒᆞ고東大門外로出去ᄒᆞ얏다더라

●一進被害 淮陽郡義兵이一進會員七人을砲殺ᄒᆞ얏다고該郡守가內部로報告ᄒᆞ얏다더라

●兩郡兵巡 醴泉郡에出張ᄒᆞᆫ巡檢은豐基郡으로向ᄒᆞ고日兵은安東郡으로向往ᄒᆞ얏다더라

●郡守幸免 本月十五日에長湍郡守가民事上相關으로巡檢을捉入ᄒᆞᆯ時에義兵數十名이追往ᄒᆞ야巡檢을捉코ᄌᆞ홈ᄋᆡ巡檢은逃走ᄒᆞ고郡守만獨在ᄒᆞᆫ지라郡守를巡檢으로知ᄒᆞ고砲殺코ᄌᆞᄒᆞᄂᆞᆫ지라該守가事實을發明ᄒᆞᆫ則仍爲退去ᄒᆞ얏다더라

●巡檢被害 本月九日陰城郡無極與等地出張ᄒᆞ엿든忠北警署巡檢劉錫宗이가忠州毛陶院에서義兵二百名을逢ᄒᆞ야仍爲被害ᄒᆞ얏ᄂᆞᆫ대該警務署에서巡檢十二名과補助員五名을該地에派遣ᄒᆞ야屍身을覓來ᄒᆞ얏다더라

●沮戲者嚴懲 學部에서因陰城郡守劉漢容氏報告ᄒᆞ야法部로照會ᄒᆞ되現今敎育은朝家急務뿐더러爲其士民ᄒᆞ야晷刻惟急이거ᄂᆞᆯ該郡居崔象永이가百般沮戲ᄒᆞ야敎育이難振之境에至ᄒᆞ야有此報告ᄒᆞ니不勝駭歎이라발訓該部ᄒᆞ야崔象永을押上嚴懲ᄒᆞ시와永杜此弊케ᄒᆞ라ᄒᆞ얏더라

●林氏熱心 雲峴培養學校長林圭永氏ᄂᆞᆫ該校經費를獨自擔當ᄒᆞᄂᆞᆫ데財政이窘塞ᄒᆞ야維支沒策ᄒᆞᆷ은已報道어니와林校長이春雨學校經費도亦爲獨當인ᄃᆡ林씨가以爲學可廢飢虐寒이언뎡敎育은決不可暫緩이라ᄒᆞ고熱心을尤爲奮發ᄒᆞ야兩校를期於進就乃已라誓心ᄒᆞ야以敎育一欵으로爲己任ᄒᆞ야孜孜盡力ᄒᆞ며不啻諸學生之感服이라雖牧豎라도莫不稱頌에人皆健羨攢賀ᄒᆞ니林氏의志氣ᄂᆞᆫ可謂敎不倦이라由是而望京之文明進步를庶幾可期라더라

●慶節休刊 本日은大韓帝國繼天紀元節인故로慶祝ᄒᆞ기爲ᄒᆞ야一日休刊흠

▲對 酒 當 歌

▲現今各地方에兵火가不絕ᄒᆞ야一般同胞의死亡과流離ᄒᆞᄂᆞᆫ情況은可謂開闢天日이오慘無人理이거ᄂᆞᆯ漢城內富貴家子弟들은團成社와演劇場에서晝夜로風流가跌宕ᄒᆞ야音樂이喧聒ᄒᆞ니隣近人戶가不能成寐ᄒᆞ니漢城天地ᄂᆞᆫ特別히康衢烟月에太平時代인가

▲近日南北村에有名ᄒᆞᆫ兩班들이一進會에多投入ᄒᆞ니大韓兩班은億千年가도록勢力이自若ᄒᆞᆯ지奇勢를잘ᄒᆞᄂᆞᆫ方調로

▲嶺南紳士들은十年以來로本國政府와外國官人의게歎訴ᄒᆞ거시汗牛充棟ᄒᆞ되毫無補於國事ᄒᆞ엿스니早早歸家ᄒᆞ야子弟敎育이나熱력홈만不如ᄒᆞᆯ지오

▲大韓自强會ᄂᆞᆫ本國內에서ᄂᆞᆫ解散을當ᄒᆞ야會報文字를更不可得見이러니美領布哇에在ᄒᆞᆫ自强文會에서月報를刊行ᄒᆞ야本國에來到ᄒᆞ니此ᄂᆞᆫ碩果不食之理가아인가

◉社告

地方各支社와 個人購覽員에게 本申報配達이 或滯留或遺漏가 非一非再인바 但以書辭通知가 確據가 無ᄒᆞ야 郵便局交涉이 難便ᄒᆞ니 此後로ᄂᆞᆫ 申報封皮에 出付와 收到日付印期限이 過隔者ᄅᆞᆯ 摘拔聚合ᄒᆞ얏다가 本社로 委送ᄒᆞ심을 爲要홈

大韓每日申報社

雜報

●人의 强弱과 國에 盛衰가 爲與不爲에 在홈 (續)

但彼ᄂᆞᆫ 爲ᄒᆞ고 爲ᄒᆞᄂᆞᆫ 國에 人이오 爲치 아니ᄒᆞ면 一事도 能히 爲치 못ᄒᆞ나니 我ᄂᆞᆫ 爲치 아니ᄒᆞᄂᆞᆫ 地에 在ᄒᆞ얏실ᄲᅮᆫ이라 古人이 不云乎아 彼도 丈夫요 我도 丈夫라 ᄒᆞ얏스며 顔子가 不云乎아 舜은 何人이며 我ᄂᆞᆫ 何人고 爲ᄒᆞᄂᆞᆫ 者ㅣ 皆如是라 ᄒᆞ얏스니 易地則皆然이라 驥馬ᄂᆞᆫ 能히 千里ᄅᆞᆯ 行ᄒᆞᄂᆞᆫ 者로ᄃᆡ 展步치 아니ᄒᆞ면 駑馬에 跬步에 不如ᄒᆞ고 大鵬의 遠志로도 其翼을 擧치 아니ᄒᆞ면 엇지 蝼虫에 尺行에 如ᄒᆞ리오

顧念컨ᄃᆡ 我韓國에도 英雄과 志士의 項背相望이 列國에셔 還勝치 아니ᄒᆞᆯ 줄을 誰가 知ᄒᆞ리오 만은 但此依賴的 習慣이 痼막을 成ᄒᆞ야 人權을 未伸에 自由活動ᄒᆞᄂᆞᆫ 思想이 無ᄒᆞᆫ 所致로 當爲ᄒᆞᆯ 事ᄅᆞᆯ 能히 爲치 못ᄒᆞ야 今日ᄭᆞ지 雄大ᄒᆞᆫ 志畧을 稱ᄒᆞᆯ만ᄒᆞᆫ 比斯麥도 現無ᄒᆞ고 宏傑ᄒᆞᆫ 事蹟을 論ᄒᆞᆯ만ᄒᆞᆫ 華盛頓도 曾無ᄒᆞ며 皇室의 大權을 專一케ᄒᆞᆫ 十傑도 姑無ᄒᆞᆫ가

從玆以往으로ᄂᆞᆫ 我全國同胞가 前日에 妄思ᄒᆞ던 依賴的 習慣은 毒ᄒᆞᆫ 鴆毒로 知ᄒᆞ야 猛然脫去에 吾儕의 大地ᄅᆞᆯ 共戴치 아니ᄒᆞᆯ 劇酋汚ᄅᆞᆯ 快滌ᄒᆞ고 各其自由權活動力으로 今日國家의 勢와 同胞의 情을 克念ᄒᆞ야 共히 獻身的 精神으로 爲ᄒᆞ고 또 爲ᄒᆞ야 文明의 域에 進步ᄒᆞ면 此時에ᄂᆞᆫ 能히 與法鏖戰에 國恥ᄅᆞᆯ 快雪ᄒᆞᆫ 比斯麥도 凝出ᄒᆞᆯ것시오 英國의 羈絆을 能脫ᄒᆞ야 獨立權을 完全케ᄒᆞᆫ 華盛頓도 有ᄒᆞᆯ것시오 歐美의 文明制度ᄅᆞᆯ 參酌ᄒᆞ야 邦命을 維新케ᄒᆞᆫ 人도 十傑이나 百傑이 群起ᄒᆞᆯ지니 然ᄒᆞᆫ則 我國家와 人民의 强壯ᄒᆞ고 隆盛홈이 엇지 東西列國의게 讓步ᄒᆞ리오 海外孤榻에 寒燈을 對坐ᄒᆞ야 世界史ᄅᆞᆯ 方讀타가 故國懷舊ᄅᆞᆯ 難禁ᄒᆞ야 腐硯을 洗ᄒᆞ고 凍筆을 呵ᄒᆞ야 管見을 暫陳ᄒᆞ노니 願我同胞諸君은 爲之哉어다 完

●爲夫呼訴　黃海道新溪郡사러치居李豪班이 本洞셔 族戚寓資生타가 昨年十二月分에 何許人이 一次留宿以去러니 賊漢이 行賊何處라가 被捉ᄒᆞ야 道警務廳에 亂招李豪班ᄒᆞ미 同豪班이 도亦爲被捉ᄒᆞ야 訊問之場에 不耐酷刑에 隣洞居親知人朴景桓朴淳西處白木一疋錢三十五兩竊取分食이라 亂供ᄒᆞ미 該警務署로 賣賊逢賊도 不査ᄒᆞ고 交付裁判所ᄒᆞᆫ바 裁判所로 更審之時에 飭供은 不耐惡三刑에 皆是亂招이라 說明ᄒᆞᆫ이요 終是不服이요 贓檢事도 更無査實하고 未決囚로 七八朔滯獄식히다가 役十年에 照律宣告홈으로 李豪班之妻洪召史가 該道檢事權丙勳氏와 裁判次로 平理院에 泣訴ᄒᆞᆫ다 하더라

◎國債報償義捐金收入廣告(續)

◉智島郡郡內面前營
趙履元 趙澤元
각一圓五十젼 前教官鄭雲奎
一圓 趙營元
前五衛將趙炳演 趙炳稠
趙炳燮 趙斗衡 鄭洛賢
朴文奎 朴永卓 김奇文
각七拾五錢 趙炳禧
前監察朴毅老 각一圓五十錢
安教業 南基杓 각卅錢
朴奉洙 二十五젼
合十四圓五十七젼

▲箕佐
前萬戶申鉉光 三圓
前五衛將申鉉萬 金永漢
각一圓三拾錢 金達三
申鉉千 崔元益 각七十五錢
金泰三 鄭致洪 鄭永三
鄭成有 鄭近集 우啓賢
安成文 吳相範 朴太化
金一杓 李四益 吳世洪
李行淳 金汝範 尹京七
각卅錢 金南基 鄭道巡
金丙迪 金京杓 韓必淳
洪南郁 金元必 崔白淳
金明根 崔孟順 朴京玉
李學水 李益珍 金正化
崔建吾 李二謙 黃致彥
吳來勳 李仲元 李相永
鄭仕玉 吳道奎 金百元
金永伯 朱云圭 김德律
姜才權 吳贊八 朱洪三
李寬玉 朱玉九 李云九
李中學 박宗汝 崔敬石
崔奇石 金興元 김斗化
金洪中 張京彬 金鍾俊
金幸圭 金致九 金明權
金春九 崔二彥 각十五錢
姜正汝 김石奇 張哲中
金在才 金巡三 鄭旭權
崔昆水 金東均 김相俊
崔聖五 李正淳 朴仁永
林致花 鄭琪煥 曹益二
孫來先 鄭元植 李學先
각廿五錢 崔長敏 崔淳西
曹明三 金潤根 洪奉局
金相云 任正祚 김公道
김永信 郭益賢 김珍吉
金丙模 崔成萬 김秀福
合五錢 김有聲 김永仕
金行善 김國振 李成才 李仁淳
김玉汝 吳斗千 김萬善
姜四汝 金炳秋 金權九
金成九 金永才 金致郁
金學仲 吳山龍 金成去
鄭仕彥 鄭奇石 金洋三
김太權 金京安 金永彥
崔君實 鄭在元 정珍五
김中卷 金京九 김致九
高近福 高德元 孫京瑞
孫相彥 김德近 김平根
孫東彥 金成九 리炳彥
김京彥 金龍彥 崔祥石
崔二淳 崔奉春 崔相德
崔丙煥 申平巡 吳宗岳
최元洪 최相福 김應淑
徐相亨 김宇權 梁君益
김時哲 金奉千 金正植
정京云 劉贊九 孫求一
劉瑞益 金巡一 리文千
리云千 宋允九 李化益
吳應先 各十五錢 金良淑
四十五錢 金明益 廿七錢
金二九 四十五錢 金宗八
十四錢 孫寬巡五錢 朴成玉
九錢 최相敎 최聖必
최相琨 최允煥 최水煥
全長旭 최太巡 최春基
吳京先 洪宗權 리奉太
리云會 리允俊 鄭其仲
劉奉彥 河應元 金聖甫
리德奉 최元云 任永根
各八錢 金子吉 六十三젼
오太星 十四錢
礪山居金忠權 二圓廿五젼
合四拾圓五十八錢

▲古群산
리영伯 宋贊文各一圓五十錢
洪京善 七拾五젼 리云贊
四拾五젼 崔公善 高興元
각卅錢 面中 三圓四十五젼
飛鴈村中 三圓 최聖奎
七拾五錢 蝟島村中 六圓
合拾八圓七拾五젼

▲荏子
前議官金亨培 三圓 鄭道一
金度汝 리默玄 金洛玄
박大英 前教官정인澤 金敏浩
金聲洛 各一圓 任度玄
오權三 김相九 姜인兼
최학彬 前五衛將俞鎭榮
各五十錢 최云三 朴太琨
張학彥 各六拾錢 정혁문
陳成균 各四拾젼 리春才
八十錢 정明基 김琪贊
김善化 各卅錢 김日煥
朴인瑞 정義休 강浩彬
庾自喜 朴寶汝 羅玉允
各廿젼
合十九圓七十錢
洛月面中 三十圓
安昌面中 拾五圓
都合一百卌八圓六拾젼 完

前號總合五萬六千二百二拾一圜五十六젼七厘
都總合五萬六千三百五拾九圜七十六錢七厘

◎特別廣告◎

國債報償金을四個月間所捧은姑未合計이고伊前日々지所捧總合五萬五千八百三拾三圜七拾三젼은證氣會社內銀行에貯置ᄒᆞ얏ᄉᆞᆸ고其貯置額中三萬二千三百圜은國債報償志願金總合所로越交홈

社告

瑞士建國誌

◎定價金 新貨十五錢

此書은政治小說이니志士의救國救民ᄒᆞᄂᆞᆫ思想과人民의愛國心을養成ᄒᆞᄂᆞᆫ데緊要ᄒᆞᆫ冊子오

發兌 ▲大韓每日申報社
▲仁川港杻峴 開新冊肆
▲中署布屛門下 金相萬冊肆
發賣所
▲平壤城內烈女洞 教育書籍舖
▲鍾路 古今書海館
▲洞口越便 中央書館
▲鍾路 大東書市
▲大廣橋 匯東書館
▲向亭 廣文書舖
▲開城 康助冊肆

新小說

愛國婦人傳

◎一冊定價金拾五錢 新鮮ᄒᆞᆫ圖本도備ᄒᆞᆷ

右冊은純國文으로世界에有名ᄒᆞᆫ法國婦人若安氏의愛國事蹟을譯出ᄒᆞ얏ᄉᆞ오니無論男女ᄒᆞ고愛國性이有ᄒᆞ신同胞ᄂᆞᆫ맛당이보실書冊이오니陸續購覽ᄒᆞ심을望홈

▲發賣所
▲皇城布屛下 金相萬書舖
▲南門內 博文書館
▲仁川 大韓每日申報支社
▲各地方 有名書店

◎本社廣告
○申報價
一張代金 新貨二錢五厘
一個月前金 三十錢
三箇月 九十錢
六箇月 一圜七十錢
一箇年 三圜四十錢
郵稅一部 新貨五厘
一箇月 十三錢
發行兼編輯人 英國人 裵說
發行所 南署石井洞號外地三層洋屋家
大韓每日申報社

第五卷 第六百四十六號

大韓每日申報

月曜及臨時休刊

紀年
檀君開國四千二百四十年
箕子元年三千二十九年
大韓開國五百十六年
日本明治四十年
淸國光緖三十三年
陰曆丁未九月大十九日丁未

論說

○淸國內政改良 (續)

以余度之라도右記ᄒᆞᆫ擇人方策이特甚必要ᄒᆞ니此ᄂᆞᆫ改新政策을施設ᄒᆞ기에信任된官憲이公衆의德義를深念치아니ᄒᆞ며普通福利를爲ᄒᆞ야間斷이無ᄒᆞ게勤務ᄒᆞ기를極甚希願치아니ᄒᆞ면雖最開明ᄒᆞᆫ帝王이라도其諸般向意의發效가不多ᄒᆞᆯ理由가在ᄒᆞᆷ이로다如此ᄒᆞᆫ一模範이俄國史編에在ᄒᆞ니盖俄國에局踈政治客이爲私ᄒᆞᄂᆞᆫ行動과不善ᄒᆞᆫ勸告로皇帝의欲望을止息ᄒᆞ야國民의進步를阻碍ᄒᆞ엿도다今者淸國은其勢가此와相反ᄒᆞ야首領되ᄂᆞᆫ元老들은國民의게利益을多及ᄒᆞᆯ改良을採用ᄒᆞ기로上奏ᄒᆞ고皇帝ᄂᆞᆫ此를卽時聽從ᄒᆞ샤官民이一體로所當責任을各擔ᄒᆞ기에自能ᄒᆞ라詔諭ᄒᆞ엿스니此改新之機에對ᄒᆞ야興味가有ᄒᆞᆫ一形態ᄂᆞᆫ其改良이俄國內情形과如히叛亂黨의强請ᄒᆞᆷ에不至ᄒᆞᆫ거시是也로다淸國內에叛亂的性質도不足著示ᄒᆞᆫ分量인즉吾人이推測키不願이라其徒黨의起擾之機가非不頻繁ᄒᆞ엿스나特其如彼衆多ᄒᆞᆫ人口의成立으로比較ᄒᆞ면作亂之徒가幾乎小數에歸ᄒᆞ리로다淸國皇太后와皇帝와且其國務大臣이到今確認ᄒᆞᆫ거ᄉᆞᆫ若其國民이禪進을自作ᄒᆞ려면各其責任을必擔ᄒᆞᆯ事實이是也라專制國에賦與ᄒᆞᆫ權限을讓棄ᄒᆞᆯ希望을欲布ᄒᆞᆷ인ᄃᆡ最近詔勅에暗示ᄒᆞᆫ비니所有權限을讓與ᄒᆞᆫ거시多有ᄒᆞᆫ同時에人民及官僚의게셔信用을亦多得ᄒᆞ리니今日所餘ᄂᆞᆫ但其官民이此信用을表示ᄒᆞᆯ것而已로다

此全部方策을實行에置ᄒᆞ기에幾年光陰을將要ᄒᆞᆯ거ᄉᆞᆫ依例나然이나今其皇帝와首領元老가此問題로進路ᄒᆞ니以此形態로觀之컨ᄃᆡ美哉淸國後運이여

官報

●第三千九百四号
隆熙元年十月廿三日

◉宮廷錄事
死罪臣張博辭職疏
批旨省疏具悉往事何必爲引卿其勿辭行公

外報

●人才推薦 北京電을據ᄒᆞᆫ則上諭에日內外臣僚도ᄒᆞ야금每省에一人以上五人以下의人才를六個月以內로推薦ᄒᆞ라ᄒᆞ엿더라

●平和會議終結 倫敦電을據ᄒᆞᆫ則海牙平和會議의最終會議에셔日本委員都筑大使가平和會議와人道的勢력을賀讃ᄒᆞ되日本은最近三百年間平和中에在ᄒᆞ다가時日俄戰爭이榮光을稱ᄒᆞᆷ은永久에幸福과平和라ᄒᆞ고淸國委員은自國의命令이無ᄒᆞᆷ으로不能調印이라ᄒᆞ엿더라

●印度軍備縮少 스단다르新聞에揭載ᄒᆞ엿스되英國內閣에서ᄂᆞᆫ印度의軍備縮少問題를考察ᄒᆞ기로ᄒᆞ고英露協約의批准으로陸軍의縮少를可行ᄒᆞ리라ᄂᆞᆫ信念이起ᄒᆞ엿다ᄒᆞ엿더라

●大將陞任 上海電을據ᄒᆞᆫ則英國東洋艦隊司令長官무아中將은十月十日로以ᄒᆞ야大將에陞任ᄒᆞ엿ᄂᆞᆫᄃᆡ同大將은楊子江上流로同地에來着ᄒᆞᆯ터이라더라

●西國兩陛下墜河 路透電을據ᄒᆞᆫ則西班牙皇帝及皇后兩陛下게ᄋᆞ셔自動車를御乘ᄒᆞ시고同國레리라洪水地方을巡行ᄒᆞ시ᄂᆞᆫ道中의架橋가崩壞ᄒᆞ야御乘車가河中에墜落ᄒᆞ야兩陛下게서水中에投ᄒᆞ엿스나多幸히危險을免ᄒᆞ셧고陪從人도危險을得免이라ᄒᆞ엿더라

●議定書調印 倫敦電을據ᄒᆞᆫ則海牙平和會議에서最後의議定書를可決ᄒᆞ얏ᄂᆞᆫᄃᆡ來月十八日에該議定書를調印ᄒᆞ되十三種의協約과三箇의宜言書라더라

●異人種排斥 倫敦電을據ᄒᆞᆫ則두란스발首相포라將軍은요ᄒᆞ네스불구市에서演說ᄒᆞ야曰政府ᄂᆞᆫ余력을極盡히ᄒᆞ야印度人의不公平ᄒᆞᆫ競爭에對ᄒᆞ야小賣商人을保護ᄒᆞ며亞細亞人의移住를排斥ᄒᆞ미可ᄒᆞ다ᄒᆞ엿더라

●晩香坡暴動損害 桑港電을據ᄒᆞᆫ즉晩香坡暴動事件에關ᄒᆞᆫ日本人의損害調査를去十八日取調ᄒᆞᆫ즉直接損害ᄂᆞᆫ四千八百圓이오間接損害ᄂᆞᆫ二萬二千二百圓이라더라

●三國王會見 伯林電을據ᄒᆞᆫ則德國皇帝及皇后兩陛下게서倫敦附近우엉번宮에서西班牙皇及諾威國王과會見ᄒᆞ실터이라더라

●定界解決 北京電을據ᄒᆞᆫ則淸國政府에서間島境界劃定ᄒᆞᆫ것을解決ᄒᆞ기爲ᄒᆞ야陳常昭를該島로派遣ᄒᆞᆯ터이라더라

●北英暴風雨 倫敦電을據ᄒᆞᆫ則北英의內地及蘇格蘭에大暴風雨가降ᄒᆞ야村落이浸水ᄒᆞ야農夫의困비가滋甚ᄒᆞ고又海에서ᄂᆞᆫ波濤가起ᄒᆞ엿다ᄒᆞᄂᆞᆫᄃᆡ溺死者ᄂᆞᆫ姑未詳知라더라

雜報

●城津郡新民학校趣旨書 欲新夫國家者ᄂᆞᆫ人民之積也라欲新其國者ᄂᆞᆫ先新其民이오欲新其民者ᄂᆞᆫ當自學校始니學校者ᄂᆞᆫ人民을造成ᄒᆞ고國家를建立ᄒᆞᄂᆞᆫ基礎라泰西哲학家가常言ᄒᆞ되政府之與人民이猶寒暑表之空氣也라室中之氣候가與針裏之水銀으로其度ㅣ必相均而絲毫를不容假借ᄒᆞᆯ지라國民의文明程度가低ᄒᆞᆫ者ᄂᆞᆫ비록明主와賢相을得ᄒᆞ야代治ᄒᆞᆯ지라도及其人이亡ᄒᆞ則其政이息焉ᄒᆞᄂᆞ니譬컨ᄃᆡ嚴冬之際에置表於沸水中ᄒᆞ면雖其度가ᄎᆞᆷ升ᄒᆞ나水一冷而縣如故矣오國民의文明程度가高ᄒᆞᆫ者ᄂᆞᆫ비록暴君汚吏가偶有ᄒᆞ야虔劉一時ᄒᆞᆯ지라도其民력이自能補救而整頓之ᄒᆞᄂᆞ니譬컨ᄃᆡ隆寒之時에置表於氷塊上ᄒᆞ면雖其度가忽落이라도不俄頃에氷消而漲如故矣라ᄒᆞ얏스니然則苟有新民이면何患新國之不立이리오若其新民이無ᄒᆞ면雖政府가屢改ᄒᆞ고制度가屢更이라도亦東塗西抹에학步效嚬ᄒᆞ야未見其能濟矣라夫天下之物이久則老ᄒᆞ고老則弊ᄂᆞᆫ自然之理니老而弊者ᄂᆞᆫ必須革而新之라야乃能維持而全活ᄒᆞᄂᆞ니現世界列國에各色人種이値此競爭之運會ᄒᆞ야能開明而自新者ᄂᆞᆫ富厚强盛의福을享受ᄒᆞ고頑固而不能自新者ᄂᆞᆫ衰弱而殄滅ᄒᆞᄂᆞᆫ禍를取ᄒᆞᄂᆞᆫ지라我韓이處在東洋之中島ᄒᆞ야山川이明秀ᄒᆞ고風氣가溫和ᄒᆞ야倫常之敎와禮義之文이益彬彬ᄒᆞ니可謂世上有道之國이라但以閉鎖之久로民智가錮於因陋ᄒᆞ고學術이墮於浮華ᄒᆞ야遂致國力이脆弱ᄒᆞ야陷于今日之慘境ᄒᆞ얏스니苟有動物之性者 覩時發憤에豈不惕然改圖ᄒᆞ야奮발自新乎아追此之日ᄒᆞ야吾人이新民을造成ᄒᆞ야新國을建立ᄒᆞᆯ方針은오직敎育一門에在ᄒᆞ니此本校之所以設立而以新民命名者也라然則新民維何오梁啓超氏가釋新民之義에曰新民云者ᄂᆞᆫ非欲吾民이盡棄其舊以從人也라新之義ㅣ有二ᄒᆞ니一曰淬厲其所本有而新之오一曰採補其所本無而新之니二者에缺一이면時乃無功이라ᄒᆞ얏스니今日吾人의所本有者ᄂᆞᆫ倫常之敎와禮義之文이是也니宜其淬厲而新之也오所本無者ᄂᆞᆫ現時代文明各國의諸種實學之科가是也니宜其採補而新之也라是二者가幷行而進ᄒᆞ야日新又新ᄒᆞ야自獨立之精神을可以培養矣오一切文化之程度가可以발達矣니勉之ᄒᆞᆯ지어다

●黃海道兎山郡各洞任員等寄函 本郡稅務所設施初에稅務官李鍾氏가各坊各洞面長任員을招集ᄒᆞ야演說ᄒᆞ기를結稅를速卒ᄒᆞ면出帳ᄒᆞᆫ日은百二除를出給ᄒᆞ깃다ᄒᆞ며또各面에告示ᄒᆞ기를一期二期를定限ᄒᆞ니若過限日이면罰金이有ᄒᆞ다ᄒᆞᆷ으로一日이過限ᄒᆞ야도罰金責擇은不有餘地ᄒᆞ고每日督促書를出ᄒᆞ드ᄃᆡ每書出時마다手數料金一兩式은每名徵出이足不離地ᄒᆞ더니結稅畢捧이已過一週에所謂百二除ᄂᆞᆫ杳無消息故로欲問于稅務官則稅務官은在於瑞興邑故로相議于主事俞炳緖ᄒᆞ야請求書를修來云故로請求書를修納이已過數月의終無影響故又問其由則章程이更出ᄒᆞ엿시니請求書를更爲修來然後에야出給云故로如此請求書修納이非至一再요往問其由가將至百次로되東塗西抹에稱三竪四ᄒᆞ며終不出給ᄒᆞ니開明新式의始出章程도如是欺民乎잇가其或上部에서ᄂᆞᆫ出ᄒᆞᆫ데此是中間挾雜인지不知裏許라ᄒᆞ엿더라

●城津郡新校 咸鏡北道城津郡有志紳士李炳陶 李文辰 武擧金在稷 金周卿 鄭承甫諸氏가發起ᄒᆞ야該郡鶴山龍興亭에二里人士들과合력ᄒᆞ야학校를設立ᄒᆞ야新民學校라命名ᄒᆞ고敎師ᄂᆞᆫ鄭晉謨 金淳弘兩氏로延聘ᄒᆞ야聽從을敎育ᄒᆞᄂᆞᆫᄃᆡ校況이日新ᄒᆞ야學徒이六十餘名에達ᄒᆞ얏고又女子학校를幷設ᄒᆞ야女子敎育이一體共進케ᄒᆞ니該郡의文化발達은大有期望이라ᄒᆞ더라

●崔氏講說 今日下午七点半에基督敎靑年會에서査經會를開ᄒᆞ고崔光玉氏가講說ᄒᆞᆫ다ᄂᆞᆫᄃᆡ該氏ᄂᆞᆫ年前에日本에往ᄒᆞ야明治師範學校에서工夫ᄒᆞ고歸國ᄒᆞ야現今蓮洞경信학校敎師로敎授ᄒᆞᆫ다ᄂᆞᆫ데有志紳士가多數光降ᄒᆞ심을希望ᄒᆞᆫ다더라

●借接呼訴 東關左右直房七百餘間을修理次로現今毁撤中인ᄃᆡ該直房借接ᄒᆞ얏던人民이韓相寶가有ᄒᆞ면지抑鬱ᄒᆞᆷ을當ᄒᆞ야內府에呼訴ᄒᆞᆫ者가有ᄒᆞ다더라

雜報

●東宮下賜 皇太子殿下게셔學部에五百圓을下賜ᄒᆞ셧ᄂᆞᆫᄃᆡ該錢으로各학校에自鳴鐘一坐式과各학員의게手帖一冊式買與ᄒᆞᆫ다더라

●帶同陛見 日前에完興君李載冕永宣君李埈鎔完順君李載完三씨가 太皇帝陛下게陛見次로詣闕ᄒᆞᄂᆞᆫᄃᆡ日巡査가誰某인지不知ᄒᆞ얏던지沮遏不入ᄒᆞ다가侍從副卿李會九氏가帶同 陛見ᄒᆞ얏다더라

●委任農大說 伊藤統監이政府諸般事를農相宋秉畯氏의게一切委任ᄒᆞᆫ다ᄂᆞᆫ說이有ᄒᆞ다더라

●宮大云遞 宮內府大臣李允用씨ᄂᆞᆫ匪久히遞任된다ᄂᆞᆫ說이有하더라

●伊藤陛見 伊藤統監이昨日下午一時에詣闕陛見ᄒᆞ얏다더라

●永宣君訪問 永宣君李埈鎔氏가再昨日에學部大臣李載崑完順君李載完兩氏私邸에訪問ᄒᆞ얏다더라

●二十人仍存 官制改定案件을續聞ᄒᆞᆫ즉ᄂᆡ部及度支部에ᄂᆞᆫ親勅奏判任官幷하야本國人二十餘名만仍存視務케ᄒᆞᆫ다더라

●不如辭退 總理大臣李完用씨가宮禁廓淸事件에對ᄒᆞ야宮內府大臣李允用氏와侍從副卿李會九氏를見ᄒᆞ고大段論駁ᄒᆞ되責任을不勝ᄒᆞ니不如辭職退去라ᄒᆞ얏다더라

●日巡保護 海豊府院君尹澤榮氏와 皇后宮大夫尹德榮氏가特親臨에保護를請ᄒᆞᆫ지라日巡査一名巡檢二名을派送ᄒᆞ얏더니尹氏家에셔日巡査ᄂᆞᆫ退送ᄒᆞᆫ則日巡査가警視總監의命令이無ᄒᆞ니不可運歸라ᄒᆞ고留連保護ᄒᆞᆫ다더라

●派巡保護 學部에셔警視廳으로照令ᄒᆞ되각학校秋期大運動時에巡査巡檢八十名을派送保護하라ᄒᆞ얏다더라

●玩賞被逐 永宣君李埈鎔씨와法部大臣趙重應氏가再昨日博覽會에前往ᄒᆞ야妓舞를玩賞ᄒᆞᄂᆞᆫᄃᆡ該會事務員들이一般玩賞客을逐出ᄒᆞ야日親勅任官과同席玩賞이不可라ᄒᆞᄂᆞᆫ故로玩賞客들이一齊被逐ᄒᆞ얏다ᄒᆞ더라

●警官增置 警視廳에셔擔任一人巡檢十八人을增置ᄒᆞᆫ깃다고總監丸山重俊씨가內部로報告ᄒᆞ얏더라

●月俸支撥 農商工部에셔度支部로照會ᄒᆞ되前次官劉猛씨가全北觀察을被任以後도本部事務를繼續視務ᄒᆞ얏스니月俸은計日支撥ᄒᆞ라하얏다더라

●奉迎費請求 日前日本皇太子奉迎費에對ᄒᆞ야法部大臣趙重應氏가輔國閔泳徽氏家에前往하야幾百圓을捐助ᄒᆞ라고請求ᄒᆞ얏다더라

●修理看審 總理大臣李完用내部大臣任善準兩大臣高영喜三氏가再昨日에昌德宮에前往ᄒᆞ야修理工役을一一看審하얏다더라

●晬辰開宴 去火曜日은伊藤統監의生日인故로該府에셔宴會를設ᄒᆞ고각部大臣이一齊하往參ᄒᆞ얏다더라

●高校錬習 再昨日下午十時에官立漢城高等학校에셔東大門내訓鍊院에셔秋期大運動節次를鍊習하얏다더라

●運動鍊習 再昨日安동普通학校와신門外普通學校에셔慕華館等地에會同ᄒᆞ야運動鍊習을試行ᄒᆞ고水下동普通학校와良동普通학校에셔ᄂᆞᆫ陵內等地에前往ᄒᆞ야運動鍊習을試行ᄒᆞ얏다더라

●平校開學 平壤官立日語학校에셔虎列剌로因ᄒᆞ야休業ᄒᆞᆫ事ᄂᆞᆫ前報己揭어니와本月二十一日에開학ᄒᆞ얏다더라

●榮倅辭願 榮川郡守金教應氏가該觀察使에게辭願ᄒᆞ얏다고該觀察使가內部로報告ᄒᆞ얏다더라

●教會保護 曩者에日皇太子殿下씌셔歸國하실時에伊藤統監에게각敎會를保護ᄒᆞ야각國의是非를勿取홈이可ᄒᆞ다ᄒᆞ셧다ᄂᆞᆫ說이有ᄒᆞ더라

●軍樂使用 학部에셔宮內府로照會하되今番各학運動時에不可不軍樂을使用ᄒᆞ깃스니右日에指揮命送ᄒᆞ라ᄒᆞ더라

●宣諭剿義 江原道宣諭使洪祐晳氏의保護兵이原州地方츩嶺에셔義兵과交戰ᄒᆞ야二十餘名을退殺ᄒᆞ얏다더라

●리氏入會 近日以來로各部官吏中에셔도一進會에入參ᄒᆞᄂᆞᆫ人이或有하다ᄒᆞ며리起東氏도日前에入參ᄒᆞ얏다더라

●畿察報告 京畿觀察使가內部로報告ᄒᆞ되在京郡守ᄂᆞᆫ催促下送ᄒᆞ고未差郡守ᄂᆞᆫ不日敍任ᄒᆞ라ᄒᆞ얏다더라

●銓考應試 再昨日國有財產局을借得ᄒᆞ야文官銓考를經ᄒᆞ얏ᄂᆞᆫᄃᆡ應試者가七人에合格者四人인ᄃᆡ朴忠緖金光혁徐相臣陸定洙諸씨더라

●一進不受 前參領李敏稷氏가同友會에熱心從事ᄒᆞ다가該會가解散되미近日一進會에又爲入參코져ᄒᆞᄂᆞᆫᄃᆡ該會에셔却之不受ᄒᆞ얏다더라

●海外有志 美國各처地方에在ᄒᆞᆫ韓人金元喜시ᄂᆞᆫ敎育上에有志ᄒᆞ야학生리參容시에학費를專擔ᄒᆞ야工夫를專一케ᄒᆞᆫ다ᄒᆞ니以若海外漂泊之際으로勞動所得을將ᄒᆞ야同胞靑年의학費를專擔홈은世所罕有之事니내地同胞ᄂᆞᆫ此等美擧에對ᄒᆞ야感발興起ᄒᆞᆯ지어다

●義徒行跡 本月十二日에義兵五百餘名이自忠州陰城等地로犇入陰竹邑ᄂᆡᄒᆞ야討喫夕飯後呂州郡界로向往ᄒᆞ얏다더라

●長倅嚴囚 海州裁判所檢事權丙薰氏가法部로報告ᄒᆞ되長淵郡守李公雨가確有刑事上犯罪事實이옵기方爲嚴囚라ᄒᆞ얏더라

●東昌開業 官許工業運輸局東昌會에셔鐵木工場을發達ᄒᆞᆯ次로該社長金泰進氏와總務韓成奎氏가農商工部에認許를得ᄒᆞ야東署統內에方今鐵木工場을辦設ᄒᆞᆫ다ᄂᆞᆫᄃᆡ其工業上方針을槪聞ᄒᆞᆫ즉該業을三回에分ᄒᆞ야第一回에ᄂᆞᆫ馬車와荷車를製造ᄒᆞ고第二回에ᄂᆞᆫ人력車를製造ᄒᆞ고第三回에ᄂᆞᆫ自働車를製造ᄒᆞ야京城及各港口에廣發ᄒᆞᆫ다ᄒᆞ니果如是實施면工業上利益도宏大ᄒᆞᆯ뿐더러勞働者의게도大端便利ᄒᆞ고內外貨物品運輸에도亦爲方便ᄒᆞᆯ뜻ᄒᆞ다ᄒᆞ더라

●韓人美擧 美國싹그라미通信을據ᄒᆞᆫ則淸人居留地에頻頻來往ᄒᆞ면品行上에不美ᄒᆞᆫ것시有ᄒᆞᆫ故로該處에居留ᄒᆞᄂᆞᆫ韓人들이淸人居留地에來往치못ᄒᆞᄂᆞᆫ規則을定ᄒᆞ얏다더라

●愼金請求 忠州裁判所主事李徵承氏가陰七月十五日에義兵이入犯接戰之際에一府가擧皆避亂에客地踪跡이四顧無親ᄒᆞ고單獨一身이僅出城門ᄒᆞ야彈丸이如雨ᄒᆞ야莫知所向ᄒᆞ야顚倒蹉跌에仍爲致死하니當場慘狀은孰不流涕며以若孤立之勢로返柩無路하니特念情境하야愼金을從速出給ᄒᆞ라고氏에兄李弼承氏가法部에請願ᄒᆞ얏더라

●日兵保護 淮陽郡守南宮薰氏가保護次日兵三十名을該邑底에請留ᄒᆞ얏더니二十名은移送ᄒᆞ고現今十名만帶留하얏다더라

●朴氏寄函 慶南機張郡居朴기瑛氏가來遊於京師ᄒᆞᆯ식平南殷山郡居劉瀅準氏와同居旅館에問其所以則答云爲國之事가莫如敎育故로신設文昌학校而校中資本이不足故로欲付舊塾契錢與城학基地樹木之處로請願於학部數日에未得許施諷令故로姑留於此라ᄒᆞ야날朴시曰君之年光이未滿三十에離親戚棄墳墓ᄒᆞ고長住京師에形容이憔悴ᄒᆞ고衣服이懸鶉에無有歸覲之意乎아答曰爲國者ᄂᆞᆫ不顧私家라하고笑而不言이러니居數日에一札而來自殷山이어ᄂᆞᆯ該氏가雙手奉見하고仰天流涕曰父訓이如此切嚴ᄒᆞ고事不如意ᄒᆞ니此將奈何오하고使之一覽ᄒᆞ니其書에曰爲國者ᄂᆞᆫ不顧身하나니勿以父母妻子로爲念ᄒᆞ고熱誠請願ᄒᆞ야無使五十餘名학徒로至於廢학之境ᄒᆞ라此非有司之不明이라汝無熱誠故也니今若無面歸家則吾終身不復見汝라ᄒᆞ야거ᄂᆞᆯ慨然稱之曰若二千萬同胞之心이皆若劉君之父子則何患乎國民之不能開明發達이리오可謂有是父有是子로다ᄒᆞ얏더라

●趙倅促送 鎭安郡守趙秉璜氏를催促下送ᄒᆞ라고該觀察使가內部로報告ᄒᆞ얏더라

●穀物運置 학部에셔內部로照會하되於義동普通학校西邊에積堆ᄒᆞᆫ汚穢物을他處로運置케하야多數학徒에衛生을利益케ᄒᆞ라ᄒᆞ얏더라

●義兵衝火 陰本月十一日下午時頃에楊州楊根等에屯聚하얏든義兵數十名이廣州守禦坪에暗到하야該坪에住在ᄒᆞᆫ日人家屋을衝火燒燼ᄒᆞ얏다더라

◎地方消息

▲去十七日에安邊郡龍潭洞居勳里에銃器를携帶ᄒᆞᆫ義兵約四十名이現今徘徊홈으로元山에駐屯ᄒᆞᆫ日兵이出發ᄒᆞ얏다ᄒᆞ고

▲安邊秋田里로셔陽德郡에侵入ᄒᆞᆫ義兵의形勢가一層增加ᄒᆞ야村落에數日駐屯ᄒᆞ다가去十二日에谷山郡으로發向ᄒᆞ얏다ᄒᆞ고

▲谷山郡義兵은該邑附近에셔獵夫七十餘名을徵募ᄒᆞ야去十二日에加里를經ᄒᆞ야應晶里에到着ᄒᆞ얏ᄂᆞᆫᄃᆡ該義兵에後援이二百名이在ᄒᆞ다ᄒᆞ며數日後면谷山郡을襲擊ᄒᆞᆯ模樣이라ᄒᆞ고

▲楊州郡에狀況은靜謐홈으로郵便取扱員이去十三日에還任ᄒᆞ야事務를開始홀際에義兵約二百名이銃器를携帶ᄒᆞ고級地에郡邑을襲來ᄒᆞᆫ다ᄂᆞᆫ報를該所員等이接ᄒᆞ고邑에셔十里되ᄂᆞᆫ山中으로避難ᄒᆞ엿다ᄒᆞ고

▲積城郡에義兵이去拾三日에甘嶽山中으로발向ᄒᆞ엿ᄂᆞᆫᄃᆡ該魁首三名은騎馬ᄒᆞ고服色은上黑下白이라ᄒᆞ고

▲二十日午後六時에馬尾驛南方一千五百米突되ᄂᆞᆫ地에셔何許人이北行列車의投石ᄒᆞ야確子一枚가破損ᄒᆞ얏ᄂᆞᆫᄃᆡ乘客의損害ᄂᆞᆫ無ᄒᆞ다하고

▲去月十八日信川郡에義兵約三百名이蜂起ᄒᆞ야漸次戰事에侵入ᄒᆞ매日本人은去拾九日午後九時에砂利院에避難하엿다더라

▲菊榜餘話▼

▲日本統監府書記官塩川氏가年前에韓國某大官을對ᄒᆞ야曰貴國에栗谷先生과如ᄒᆞᆫ人物이在於今日이면維新事業을可做라ᄒᆞ얏스니大韓儒家에셔栗谷淵源을承受ᄒᆞ얏다ᄒᆞ면셔栗谷과ᄀᆞᆺ치通明ᄒᆞᆫ智識이無ᄒᆞ야時宜를不知ᄒᆞ고舊規만墨守ᄒᆞ다가遂使國家로今日慘境에至케ᄒᆞ얏스니反而省之ᄒᆞ면寧不羞愧아精神을좀차려보시오

▲大韓政府를刷新圖治ᄒᆞᆫ다며ᄂᆡ各部를明年에ᄂᆞᆫ一新히二層洋屋으로建築ᄒᆞᆫ다ᄒᆞ니二層高明ᄒᆞᆫ房屋에셔空氣를呼吸ᄒᆞ면前日大韓官人의鄙吝ᄒᆞᆫ心腸이自然消潔ᄒᆞ야질ᄂᆞᆫ지

▲度支部에셔日人樋本路市氏를印刷局技師로雇聘ᄒᆞᄂᆞᆫᄃᆡ月俸은一百二十圓이요舍宅料가三十五圓이라ᄒᆞ니大韓人中에ᄂᆞᆫ技師材木이無ᄒᆞ야日人만雇聘하ᄂᆞᆫ지日人이韓國官職을大小勿論ᄒᆞ고次次占奪ᄒᆞ니韓人은官職을맛못보깃고

▲日前에經理院卿趙民熙氏가該院官吏를會同ᄒᆞ야秘密히會議ᄒᆞ얏ᄂᆞᆫᄃᆡ經理院은經理課로改定ᄒᆞᆫ다ᄒᆞ니院을課로改稱ᄒᆞᄂᆞᆫ거시秘密事件인가

▲年前某大官이內部大臣으로在任時에無數ᄒᆞᆫ獵官輩가逐日待令ᄒᆞ며니同大官이夜闌에還任된지라獵官輩들이還任된줄을不知ᄒᆞ고門前에來到ᄒᆞ얏다가還任된奇別을始聞ᄒᆞ고直時門前에셔退郤ᄒᆞ야不見主人而歸ᄒᆞ얏스니韓國人類의趨勢情態ᄂᆞᆫ令人嘔逆이지요

雜報

●自助論

此論은英國近年碩儒스마이ᄅᆞ스氏의著ᄒᆞᆫ비라大凡個人의性品思想이國家運命에關ᄒᆞᆫ力이甚大ᄒᆞᆷ으로이에書를著ᄒᆞ야國民을醒覺케ᄒᆞᆷ이니世界到處에氏의著書를繙譯ᄒᆞᆷ이極多ᄒᆞ되自助論이即其一이라今에其書論中에的實ᄒᆞᆫ處를譯ᄒᆞ야讀者로ᄒᆞᆫ가지斯道를講究코자ᄒᆞ노니中興의國家에庶乎根本의力을得ᄒᆞ리라

▲國民及個人

一國의價值ᄂᆞᆫ即國家를組織ᄒᆞᆫ個人의價值라

吾人의所失이어ᄃᆡ在ᄒᆞᆫ요ᄒᆞ면國家行政制度의力을信ᄒᆞᆷ이過大ᄒᆞ고個人의力을視ᄒᆞᆷ이過少ᄒᆞᆷ에在ᄒᆞ니

大學에이른바天子로부터庶人에至ᄒᆞ야一是다修身으로ᄡᅥ本을삼나니其本이亂ᄒᆞ고末이治ᄒᆞ리否ᄒᆞ며其厚ᄒᆞᆫ바에薄ᄒᆞ고其薄ᄒᆞᆫ바에厚ᄒᆞ리有치안타ᄒᆞ나니正이是를謂ᄒᆞᆷ이라

國家에進步ᄂᆞᆫ個人의克己ᄒᆞ고勤勉ᄒᆞ고正直ᄒᆞᆫ程度에在ᄒᆞ며國家에退步도ᄯᅩᄒᆞᆫ個人의怠惰와私慾과卑劣ᄒᆞᆫ程度에在ᄒᆞ니個人의心이正ᄒᆞᆫ則國力이旺盛ᄒᆞ고個人의心이邪ᄒᆞᆫ則國步ㅣ艱難ᄒᆞ야法律制度를비록百回改良ᄒᆞ야도社會에弊害를淸掃ᄒᆞᆷ이可期치못ᄒᆞᆯ지니或一時의效를收ᄒᆞᆷ이有ᄒᆞ나其弊害ᄂᆞᆫ西에滅ᄒᆞ고東에現ᄒᆞ며或形을變ᄒᆞ야發生ᄒᆞ리니

大抵手脚을根源에不著ᄒᆞᆫ所致라今에最上乘의愛國心을發揮코ᄌᆞᄒᆞᆫ진ᄃᆡ至善ᄒᆞᆫ德風을宣布ᄒᆞ야法律制度ㅣ改變ᄒᆞᆷ을不用ᄒᆞ고오작個人이相勵相助ᄒᆞ야各々日新進德의行을立ᄒᆞ야自身을改善ᄒᆞ여야可得ᄒᆞᆯ거니라

天助自助란此一句ᄂᆞᆫ萬人이實驗ᄒᆞᆫ格니正確無疑ᄒᆞᆫ지라自助自新의精神은即是人間進步의根이며國民이多數히此精神을維持ᄒᆞ면곳그國의勢力이용然히發來ᄒᆞ리라

他力을賴ᄒᆞ며他助를仰ᄒᆞᆫ習性은恒常其人의活力을弱케ᄒᆞ고自助의精神은恒常其人의氣力을旺게ᄒᆞ나니人이自助의志엽서他助를呼ᄒᆞ니ᄂᆞᆫ恰然히婦人과如ᄒᆞ야往々이人의制馭를受ᄒᆞᆷ에甘心이야마참내無能無力ᄒᆞᆫ國民됨을免치못ᄒᆞ리라

政府法律의力은個人에向ᄒᆞ야幾許ᄒᆞᆫ感化가無ᄒᆞ거ᄂᆞᆯ人이往々이誤信ᄒᆞ야써自己의幸福安寧을오작國家社會의力에依ᄒᆞ고ᄂᆞᆫ득自心에力이能히自身을保ᄒᆞ고法律에力은生命財産의保護ᄒᆞᆷ에局限ᄒᆞ야此以上에個力이復無ᄒᆞᆷ을不知ᄒᆞ니何則고執法布政ᄒᆞᆷ이비록公明嚴正ᄒᆞ야도怠惰ᄒᆞᆷ이轉ᄒᆞ야勤勉ᄒᆞᆷ이되고放蕩ᄒᆞᆷ이變ᄒᆞ야質素ᄒᆞᆷ이되고惡人이化ᄒᆞ야善士되ᄂᆞᆫ事ᄂᆞᆫ到底히做ᄒᆞ기不得ᄒᆞ리니此改善의法은오작個人의克己自新之력依ᄒᆞ여야비로소成熟ᄒᆞ리라　未完

廣告

◉國債報償義捐金收入廣告

◉國債報償義捐金

十月中本社收入總額

每日逐号明細錄

●拾月十九日

第一五六三號廣州郡中壟面

巨岩里　二十圜四十錢

計二十圜四十錢

十月十九日々지收入總額

五百四十六圜四十三錢五里

自四月至九月收入總額

五萬五千八百三十三圜

七十三錢二厘

都總合五萬六千三百八十四圜

六錢七厘

●廣州中壟面巨岩里

沈魯駿　五十젼　金思默
李鎭永　朴仁會　김兵石
金完浙　각 圜　姜萬赫
一圜卄젼　裵致允　八拾錢
金演植　七拾젼　裵□明
六拾젼　金好巽　金덕演
金思殖　각五拾錢　沈魯旭
尹永赫　金思哲　金思達
吳長用　姜京叔　李千用
尹永昌　각四十錢　李鎭遠
洪萬岳　南今龍　金演堯
裵好吉　姜完賢　각卄錢
金思俊　李鍾叔　李鍾穆
安致重　朴衡鎭　尹桂學
姜三釗　姜子根釗　金興文
金尙石　裵鍾釗　李貫哲
김長石　李良文　沈鍾浩
각卄錢　김思順　尹仁學
金幾鄕　中守明　裵億釗
梁有石　李銀吉　裵三石
張順興　金大學　金弘伊
朴花鳳　金思종　金思공
金文弘　朴世鎭　金召史
全同하　朴在用　黃凡伊

각拾젼　俞召史　韓召史
각五錢　合二拾圜四十錢

前號總合五萬六千三百五拾九
圜七十六젼七厘

都總合五萬六千三百八拾圜
十六錢七厘

◎特別廣告◎

國債報償金付六個月所捧은姑未合計이고伊前日々지所捧總合五萬五千八百三拾三圜七拾三錢은電氣會社內銀行에貯置ᄒ얏삽고其貯置額中三萬二千三百圜은國債報償志願金總合所로移交홈

廣告

向者軍隊解放時에負傷將卒中에死者と已矣어니와折脫折臂折脚之人은命脈은尙存이나運動末由ᄒ야該人等이將欲自殺ᄒ니令人鼻酸이라本人等이往見慰勞ᄒ고西醫에게以印度膏도擬製醫藥이온則八人의該費額이至爲二千五百圜之多인바一人助力으로難見實効ᄒ와茲以廣布ᄒ오니望須慈善僉君子と勿拘多少ᄒ시고救恤金을寄付ᄒ와使陷死關廢로拯濟ᄒ심을爲要

隆熙元年九月日

發起人　정主煥　윤錫勳
安香鎬　曹成煥
救恤金收合所　皇城新聞社
大韓每日申報社

出금人의姓名은新聞에廣告홈

●學員募集廣告

本會에셔西友學校를設立ᄒ고學員을募集ᄒ오니入學을志願ᄒᄂ者ᄂ來十一月十二日(陰十月十日)內로本會에來議홈

一教授科目

外國語(日語)　教育學　歷史
地誌　物理　化學　數學　漢文
圖畵　博物　植物　動物　礦物
生理學　星學　唱歌　體操

一試驗科目

漢文　算術　四則以內

但年限은十八歲以上으로홈

隆熙元年十月十五日

西友學會告白

新刊書籍發售廣告

增補無冤錄大全國漢文　定價金七拾五錢

大韓法規類纂洋裝　三圜九拾錢　郵稅四拾錢

初等倫理學教科書　二拾錢

初等衛生學教科書　拾五錢

國家學綱領　拾五錢

國民須知　八錢

獨習日語正則洋裝鄭雲復著　定價二拾五錢

發賣所　皇城布屛下　金相萬書舖

▲乳母廣求

무살된은히를젖먹일터인되ᄌ긔으히업시집에와서유모노릇ᄒ부인이잇거든

대한매일신보사회계과로와서의론ᄒ시요

●民事訴訟代理와刑事辯護及鑑定顧問과諸文案起草等諸般事務를迅速處理홈

漢城西署小平洞第六十統十戶

辯護士前檢事　李建鎬

辯護士前檢事　安秉瓚

聯合法律事務所

濟衆院藥房

漢城鍾路濟衆院　發賣人　醫學士　박주석

乾坤汗藥　리갈

西藥便方은[illegible]

●醫學校[illegible]

●陸軍軍醫[illegible]

●濟衆院[illegible]

●漢城鍾路[illegible]

●隆熙元年十月[illegible]

[illegible]

代理店　京城　仁川[illegible]　李庚鳳　李信華

新小說 愛國婦人傳

◉一冊定價金拾五錢

右冊은純國文으로世界에有名ᄒ法國婦人若安氏의愛國事蹟을譯出ᄒ얏ᄉ오니無論男女ᄒ고愛國性이有ᄒ신同胞と맛당이보실新冊이오니陸續購覽ᄒ심을望홈

新鮮ᄒ國[illegible]

▲發行所　皇城布屛下　金相萬書舖

▲發賣所　▲南門內　博文書館
▲仁川　大韓每日申報支社
▲各地方　有名書店

瑞士建國誌

◎定價金　新貨十五錢

此冊은政治小說이니志士의救國救民ᄒᄂ思想과人民의愛國心을養成ᄒᄂ데緊要ᄒ冊子오

▲大韓每日申報社　▲仁川港柳峴　開新冊肆
▲中署布屛門下　金相萬冊肆
▲平壤城內　烈女祠　教育書籍館
▲鍾路　古今書海館
▲洞口越便　中央書館
▲鍾路　大東書市
▲大廣橋　匯東書館
▲尙동　滙文書館
▲開城　康助源冊肆

發賣所

中署澄淸坊黃土峴舊老所前第二十三統三戶

辯護士　李容成
辯護士　黃鎭菊
辯護士　安致潤
事務員　全孟善
事務員　□勳

聯合法律事務所

大韓新地誌와地圖ᄂ今已竣工되얏ᄉ니購覽ᄒ실僉員은各발賣所로來臨購去ᄒ시옵

●大韓新地誌발賣所

中署寺洞卅統二戶　滙東書館
中署布屛門下　廣學書舖
中署罷朝橋越便　中央書館

◉學部洋裝書冊
學徒運動과諸具
珊瑚各種
美國金鐲錦
衣服裁縫其他等品을廉價放賣ᄒ오니諸君子ᄂ來臨ᄒ심을바라나이다

仁川港香峴　新新冊肆

本人이日本大坂商業家와特約을立ᄒ고日本內地產出各種物品과西洋各國物品及淸國諸物을代理大韓에輸入ᄒ야委托을便利케契約ᄒ얏ᄉ오니商工業에有志ᄒ신僉君子ᄂ某物이든지請求코저ᄒ시거든本社로來議ᄒ시오本社에셔ᄂ手數料을밧고交易홈

興業社本店

開城北部好洞

支店京城南門內水標五十一號

大戶

仁川港內東興會社

越南亡國史　國漢文

定價貳拾五錢

發賣所京城布屛下　광학서포　金相萬書舖

◎本社廣告

○申報價額

一朔代金　新貨二十五錢
一個月前金　三十錢
三個月　九十錢
六個月　一圜七十錢
一個年　三圜四十錢

廣告一行　新貨五錢
一個月　[illegible]三錢

發行兼編輯人英國人　裵說

印刷所　[illegible]

發行所　南署石井洞第外港三十二屋

大韓每日申報社

第五卷

大韓每日申報

第六百四十七

月曜及慶節
歲時日休刊

檀君開國四千二百四十年
箕子元年三千二十九年
大韓開國五百十六年
日本明治四十年
淸國光緒三十三年
陰曆丁未九月大二十日戊申

別報

○布哇에在혼韓人敎會報를據혼則義務敎育을勵行호논것이必要라題호고論說이如左호니

夫吾儕가離親戚棄墳墓호고水路數萬里를渡來홀時에는愚夫愚婦라도必是一個目的이各其獨立門石柱와如히胸中에特立혼者가有하야靑年들은父母兄弟를離別홀時에告호되余가美國에往호야文明學術을取得호야國家를光榮케호리다호고窮乏을不堪호야布哇地方의金錢이나賺役으로獲得홀가하야渡來호시논同胞들은父母妻子를慰勞호되美國은天下之富國이라人心이厚호고財産이豊호다호니余가此土에往호야數三年만苦生하고저財를獲得而來호면足過平生호여볼세호엿더니及其布哇에下陸혼則形便이如意치못호야月給은賃貸로計호면一千八九百兩이라호나二十六日을不怠服役홀슈無호고十五六圓을得홀지라도이것저것計除호고보면金錢을貯蓄호논것은姑舍호고前月今月에穀價혼債錢이此日서지布哇에在혼同胞는數十圓數百圓을不負혼者가無호니豈不寒心哉리오然則우리靑年少年들은工夫도호지못호고歲月만虛送호며金錢이나獲得호라든同胞들도亦然호니엇지國家에利益이된다호리오萬一我同胞六七千名이本國에나在호엿더면今日此境을當호야國家에一臂之力이라도助홀이有호얏슬것인대數萬里滄海越便에在호야但히揃腐雪渫홀而已로다嗚呼奈何오今日吾儕가外人의게恥辱과壓制를受호논것은都是學問이無혼故라學問이有호엿스면日人은姑舍호고英美法德의列强인들엇지大韓을蔑視호리오然故로敎育을勉勵호논것시國權을恢復호고壓制를脫免호논兵器니推我同胞들은勉之홀거시로다今에布哇에在혼同胞들의게淺薄혼所見으로義務敎育을實行할方策을擧호야畧此瀝告호노니相愛호시논同胞兄弟들은깁히生覺호시고好個方策을益益講究호야同情을表호시기를希望홈나이다

義務敎育方針에對호야只今은美國서東洋移民을拒絶호얏슨則商賈와學生外에논渡往홀수가無호고學生으로言호진美國中學校의資格이라야入호니우리靑年中에中學校에入홀만호資格이幾人이나有호리오然則學問에有志혼者들노큰失望이라然호나호놀누에도中學校와高等學校가有호야此에서卒業혼즉美國大學校에無難入學홀터이니落心치말고工夫를勉力호시오우리유숙學校는昨年에학生들의工夫ㅣ進就호얏거니와舊財政이窘絀호야五六朔을工夫호다가經費가無호야中止호고農庄으로復往호게되니工夫의實效가別無혼지라今에一個方策을思究혼則各敎會中兄弟들과有志士들이合력호야一處農庄에幾個同胞가有호면지此敎育의必要홈을擧호야一場說明호고同胞中에願助者가有호면其姓名을記錄호야각其農主의게委托호고月給을受홀時면每朔十錢式만除貽호엿다가호놀놀누學校로送케하면其錢이不少홀지라布哇에在혼同胞가三千名假量中에三千은除호고二千名만홀지라도每朔學校로入來호논額이少不下二百圓則學徒五六十名을敎育할거시오學徒募集하논法은各農庄에서四五十名이捐助호논處이면該農庄에最히聰明혼兒童이나靑年十二歲以上으로十八歲以下된者를投票選定以送호면本港學校에서盡心敎育할거시니此是長久之計오敎育이擴張될거숨可期라호노라

官報

●第三千九百六号 隆熙元年十月廿五日

●宮廷錄事

宮內府大臣勳一等臣李允用

謹奏

奏卽接京畿觀察使李圭桓의報告書則以爲陰曆八月初二日夜에賊漢이崇政殿正殿에入호야刀割開門호고劍穿壁土이오나幸無見失之物이온바所派巡檢守護이오며同夜入直齋官과殿屬姓名與修理處를摘奸云云이라本殿令金芝洙가職在齋官에且以入直으로不能禁愼호야與直齋官之此에有此賊變이오니揆以事體에不可無警이온즉齋官殿令金芝洙를施以譴責이何如謹上

奏

旨依奏

從二品俞吉濬書事疏

批旨省疏具悉另陳箴切論中時宜維新之時不可舍卿爵秩有無何關卿卿其勿辭

死罪臣趙羲淵辭職疏

批旨省疏具悉任事何必爲引卿其勿辭行公

敍任及辭令

經理院叢整委員 金用濟

仝 吳容淳

經理院記事員 李元宇

仝 崔鍾鉉

仝 李容奭

仝 李時衡

經理院煤炭委員 姜鎭衡

幷解任

度支部前次官 柳正秀

解兼任金庫管理 度支部次官 荒井賢太郞

命兼任金庫管理 度支部次官 荒井賢太郞

命兼任度支部建築所長 慶興前府尹 張起淵

解兼任慶興港裁判所判事 慶興府尹 金榮鎭

命兼任慶興港裁判所判事 前正尉 朴榮鎭

前副尉 權重顯

仝 朴泰永

仝 李南寧

任警視廳警視

公立漢城普通學校敎員 李[illegible]

長津仝 羅[illegible]

依願免本官 公立城津普通學校副敎員 李光來

免本官 前敎員 李道根

解兼任公立漢城普通學校校長 公立晉州普通學校敎員 李濬鎬

兼任公立晉州普通學校校長 白鳳源

出公立黃州普通學校副敎員 陳[illegible]圭

任春川仝

外報

●德美親交 伯林電을據혼則紐育市에서德國將軍이南北戰爭에參與하든지겔氏의銅像除幕式을擧行홀際에德美親交를表示호고美國軍隊도該式에參與호엿다더라

●社會首領出發 同電을據혼則德國社會首領베벨氏는美國에出발호엿다더라

●人材登庸 北京電을據혼則國勢에進步는人材登庸에在혼지라然而大學士는各部侍郞以上으로任用호며都御史及副都御史는各省督撫等官位의高下로任用호고官職의有無는不問호고一名以上五名以下의人材를選擇호되才學經歷等은一々調査호야六個月以內에保奏호고公明正大혼大臣으로選拔任用호되其推擧者의薦不善으로써賞罰을給與하는것이可호다고上諭호셧다더라

●美人疑懼 華盛頓電을據혼則日本오(아라수가)의一港을收得호든지占領홀낫듯시海軍根據地로作홀計劃이有홈으로日美兩國間에戰爭은不可避의表示홈이라더라

●地方會設立 北京電을據혼則淸國諮政院과聯絡호기爲호야各省督撫는公明精選혼紳士를選擇호야省城의諮議局을創設호고所屬內合格의人民을選擧하야議員을삼아地方의政務를討議케호며督撫는此를參酌施行호야將來의諮政院議員은諮議局으로選擧호고諮政院에關혼諮問이有호면督撫及諮議局에서諮問하며各省州縣의議事會設立은諮議局에서計劃하기로定호고上諭호셧다더라

●伊太利大洪水 伯林電을據혼즉伊太利알平쓰地方에서大洪水가出호야家屋及架橋가多數崩壞되얏는디人命生死는未詳이라더라

●平和閉會 同電을據혼즉海牙平和會議는閉會되얏다더라

●大平洋地震 同電을據혼즉海底地震이有혼디海嘯가起호야布哇及墨西牙에[illegible]이起호얏다더라

●大阪黑死病 大阪電을據혼則本月廿四日以來로黑死病에死亡者가三百七拾名이오現今患者多數하다더라

●美國의新艦隊 美國海軍省에서目下南淸及比律賓海面에遊弋혼艦隊를編成홈에奔忙하다는대該艦隊는美國最良의軍艦을擇호야東洋方面에서强大戰鬪력이有홈에至호리라더라

●虎疫流行 韓國內에虎列剌病이流行호는디七月六日부터拾月십ㅣ지該病에罹혼者가八千二百九십九名이오其外三千九百九十九名이死亡하얏다더라

雜報

●靑會討論 今日下午七点半에靑年會館에서討論會를開호고"學天이勝於學人"이란問題로討論혼다더라

●講釋心字 今日貞洞會堂에서特別히心理學으로講道호논디一般敎徒與紳士가多數參會호시기를希望혼다더라

●學徒斷髮 平安北道觀察使朴勝鳳氏가 詔勅을奉承호고宣諭各郡호논次에學校를觀察호고學徒들을對호야敎育發達이國權回復의基礎가되는必要라爲先斷髮이便利혼理由를懇切히演說호더니一般學徒가莫不感激호야卽時斷발혼者가四百餘人이라더라

雜報

●東宮奬學 皇太子殿下게서本日각학校聯合大運動場에親臨ᄒᆞ오셔학徒의教育奬勵ᄒᆞᆫ方針을下諭ᄒᆞ신다더라

●本宮進排 宮內府에서本日上午에咸興永興兩本宮에衣帶香祝을進排ᄒᆞ얏다더라

●協議後訪問 內部大臣任善準度支大臣高永喜侍從卿閔丙奭三氏가昨日上午拾時에總相李完用氏私邸에會同ᄒᆞ야무삼事件을協議ᄒᆞ고同十一時에統監府로前往ᄒᆞ야伊藤氏를訪問ᄒᆞ얏다더라

●一局附設 軍部를將次廢止ᄒᆞ고侍從武官府에軍務一局을附設ᄒᆞᆫ다ᄂᆞᆫ說이有ᄒᆞ더라

●次官配置 각部에次官을二人式設置ᄒᆞ기로磨鍊ᄒᆞᆫ다ᄂᆞᆫ대韓日人으로配置ᄒᆞᆫ다더라

●表裏次分排 皇后誕辰에表裏次金額을각部大臣이分排之意로內閣에서각部에通牒ᄒᆞ얏다더라

●大臣增俸 각部次官을韓日兩人으로配置ᄒᆞᆫ다ᄂᆞᆫ說은別項과如ᄒᆞ거니와該次官의月俸은每朔에一千圜으로磨鍊ᄒᆞᆫ다ᄂᆞᆫ대元來각大臣의月俸은每朔五百圜式인즉次官의月俸보다反少ᄒᆞ다ᄒᆞ야大臣의月俸도更히一千圜으로磨鍊ᄒᆞᆫ다더라

●從二品陵官 新官制에각陵中進封ᄒᆞᆫ陵에ᄂᆞᆫ守陵官을從二品官으로差出ᄒᆞ고月俸은每朔二拾圜으로磨鍊ᄒᆞ얏다더라

●尹氏建議 再昨日中樞院에서例會를開ᄒᆞ얏다ᄂᆞᆫ대風俗改良ᄒᆞᆯ件과地方郡守를有風方ᄒᆞᆫ者로擇差敍任ᄒᆞᆯ案件을副贊議尹吉炳씨가建議ᄒᆞ야內閣에請議ᄒᆞ얏다더라

●日語吏選 今番官制改定에度支部에ᄂᆞᆫ判任二拾五名을設置ᄒᆞᆯ터인ᄃᆡ該部內判任官中日語를能解하ᄂᆞᆫ者를選擇ᄒᆞᆫ즉近四拾名이나되ᄂᆞᆫ故로其中에서更히選擇ᄒᆞᆫ다더라

●永濱氏擔任 財政監查長目賀田氏가日本國天長節을經過ᄒᆞᆫ後에來歸國ᄒᆞᆫ다ᄂᆞᆫ대總稅事務ᄂᆞᆫ永濱氏가擔任ᄒᆞ기로決定ᄒᆞ얏다더라

●典獄設置 今番官制改定ᄒᆞᆫ中警視廳所管으로典獄을設置ᄒᆞ고技師技手及通譯官補等五拾餘人을增額敍任ᄒᆞᆫ다더라

●餞別開宴 目賀田財政監司長이晦初間歸國ᄒᆞᆯ터인故로度支部官人과總稅務關官人이本日下午一時에寺동公園地에餞別宴을設ᄒᆞ고目賀田氏를請邀ᄒᆞᆫ다더라

●安倅着網 安城郡守郭燦氏ᄂᆞᆫ有何所幹이던지京畿觀察道에來ᄒᆞ야旅館에서留宿ᄒᆞᄂᆞᆫ故로觀察使李圭桓氏가還爲赴任ᄒᆞ라고面論ᄒᆞᆫ즉無他所答ᄒᆞ고但稱請願ᄒᆞ깃다고ᄒᆞ며更爲東髻着網ᄒᆞᄂᆞᆫ故로觀察이剃髮ᄒᆞ기를勸告ᄒᆞ나終是不聽ᄒᆞ얏다더라

●日旗竪立 日本理事廳에서咸興觀察道宣化堂庭前에日本國旗를竪立ᄒᆞ얏ᄂᆞᆫ대該觀察使韓[illegible]氏가自難擅許ᄒᆞ야內部로電報하얏다더라

●稅務支署 稅務監視支署를漢江과麻浦兩處에設立ᄒᆞ고來拾一月一日爲始ᄒᆞ야視務ᄒᆞᆫ다더라

●辦報來 法部에서平理院에訓令ᄒᆞ되李秉常等詐欺取財ᄒᆞᆫ事件에對하야咸南裁判所檢事金義濟를拿致審查ᄒᆞᆯ意로已有所발訓인바李秉常은以未決囚로準赦放送ᄒᆞ얏거니와金義濟ᄂᆞᆫ初不拿審ᄒᆞ엿ᄂᆞᆫ지處辦如何를詳細報來ᄒᆞ라ᄒᆞ얏더라

●度照法部 度支部에서法部로照復ᄒᆞ되流配罪人閔宗植等발配費四百九拾六圜五전과旅費請求ᄂᆞᆫ以貴部雜給及雜費中支撥ᄒᆞ라하얏더라

●移囚監獄 中尙宮李尙宮壽蓮三人을警視廳에牢囚ᄒᆞ엿더니再昨日에監獄署로移囚ᄒᆞ엿다더라

●합守請願 합川郡守李敏恒氏ᄂᆞᆫ內部로辭職請願ᄒᆞ얏더라

●報請恤金 被砲致死ᄒᆞᆫ白川郡分派所巡檢孫福賢을歷敍慰恤ᄒᆞ라고黃海道警務官李惠應氏가內部로報告ᄒᆞ얏더라

●養蚕所補助 婦人養蚕講習所長岩田次郎씨가農商工部에請願하되該所補助金二百五십圜를支撥ᄒᆞ라ᄒᆞ얏다더라

◎運動注意

今日각학校運動時에注意가如左ᄒᆞ다더라

一運動科目執行ᄒᆞᄂᆞᆫ場內에進入ᄒᆞ거나通行ᄒᆞᆷ을不得ᄒᆞᆯ事

一運動本部司令審辦施賞所及각委員處所에進入ᄒᆞ거나來往ᄒᆞᆷ을不得ᄒᆞᆯ事

一會長의許可와接待員의引導가無ᄒᆞ면大廳에進入ᄒᆞᆷ을不得ᄒᆞᆯ事

一不得已ᄒᆞᆫ事故가有ᄒᆞ야運動場外에出入ᄒᆞᄂᆞᆫ時ᄂᆞᆫ警護員의許可를得ᄒᆞᆯ事

一徽章은각其指令處에付着ᄒᆞ야標識에便利케ᄒᆞᆯ事

一靜肅을主ᄒᆞ야他人의視聽을眩亂케ᄒᆞ지勿ᄒᆞᆯ事

一以上諸件을注意치아니ᄒᆞᄂᆞᆫ時ᄂᆞᆫ警護員의指揮를服從ᄒᆞᆯ事

●運動鍊習 校洞官立日語학校에서昨日訓鍊院에前往ᄒᆞ야秋期大運動節次를鍊習ᄒᆞ얏다더라

●懇乞入會 李起東氏가入會ᄒᆞᆫ事ᄂᆞᆫ昨報에揭載ᄒᆞ엿거니와該氏가該會員某氏를對ᄒᆞ야曰自己에已往不善之事를幸勿芥嫌ᄒᆞ고善後做去ᄒᆞ기로無數懇乞ᄒᆞ얏다더라

●食言者肥 前景孝殿祀承李璦夏氏가安洞所在自己別室家舍文券을壽동越便紙廛鄭議官의게典執ᄒᆞ고五六年은過一分報償치아니ᄒᆞᄂᆞᆫ지라鄭議官과李璦夏氏가該家舍를放賣ᄒᆞ야彼此間細音을磨勘하기로契約ᄒᆞ고一萬五千兩에放賣ᄒᆞ야萬兩은鄭議官이次知ᄒᆞ고五千兩은李璦夏氏가持去ᄒᆞ얏더니不幾日에李氏가漢城裁判所에何樣搆訴ᄒᆞ얏던지該家를又爲還退以去ᄒᆞ얏다더라

●得妾逐妻 俄國領事館通譯趙光顯氏ᄂᆞᆫ二十年前에娶妻同居ᄒᆞ다가該氏가四年前에遊學次로俄國에前往ᄒᆞ얏다가昨年에歸國ᄒᆞᆫ지라其室內가四年之間에針裁로爲業ᄒᆞ야시父를竭誠奉養ᄒᆞ더니及其同씨가歸家ᄒᆞ야一美人을作妾ᄒᆞ고其室內를逐出ᄒᆞ니捿屑呼泣ᄒᆞᄂᆞᆫ情況은慘不忍見이라더라

●蒸蔘畢了 開城郡蒸蔘事務를本月拾九日에停火ᄒᆞ얏ᄂᆞᆫᄃᆡ前後採蔘蒸出ᄒᆞᆫ것이三萬餘斤이라더라

●軍器保管 治安維持ᄒᆞ기爲ᄒᆞ야軍部大臣이內部大臣과日本軍司令官과協議ᄒᆞ고각郡에所在ᄒᆞᆫ軍器彈藥을整理保管ᄒᆞᆯ意로각道각郡에訓令ᄒᆞ얏다더라

●日隊向西 昨日上午八時量에日兵一中대가軍糧二拾駄를帶同ᄒᆞ고新門外로出去ᄒᆞ얏다더라

●鐵界兵火 鐵原寶蓋山義兵의所據ᄒᆞ엿든深源寺를日兵이燒火ᄒᆞ얏다고該郡守가內部로報告ᄒᆞ얏더라

◉地方消息

▲二十一日夜天安郡에서義兵이日兵과交戰ᄒᆞ다가義兵은該郡東方으로逃走ᄒᆞ얏다하고

▲二十日午前에金城郡梧根場西南約二拾里附近에서韓兵四十名이混合ᄒᆞᆫ義兵六十名이淸州로서派遣ᄒᆞᆫ日本斥候와交戰ᄒᆞ얏ᄂᆞᆫ대雙兵의損害와死傷이有ᄒᆞ다하고

▲十七日文化郡警務分派所를義兵이襲擊ᄒᆞ얏ᄂᆞᆫ대資州郡守備隊에서此報를接ᄒᆞ고卽時日兵이出發하얏다ᄒᆞ고

▲十九日午前五時頃에淸州邑約十里許에義兵七八名이日本人四名을砲殺ᄒᆞ고日軍의運般ᄒᆞᄂᆞᆫ物品을奪取ᄒᆞᆫ義兵數百名이武器를携帶ᄒᆞᆫ中洋銃을持ᄒᆞᆫ者五十名의一部ᄂᆞᆫ全義方面으로發向ᄒᆞ얏다ᄒᆞ고

▲十六日朝에義兵二百名이平昌郡으로서堤川郡柴谷里에來ᄒᆞ야日遞傳夫를毆打ᄒᆞᆯ際에該郡日守備隊가急行ᄒᆞᄂᆞᆫ道中에義兵이射擊ᄒᆞ미數時間應戰ᄒᆞ다가退却ᄒᆞ얏다ᄒᆞ고

▲十七日未明에義兵五十名이龍潭郡郵便取扱所에忽地突入ᄒᆞ야物件及文簿書類를或破壞或燒棄ᄒᆞ얏다ᄒᆞ고

▲十九日午前九時에義兵約百名이鎭安郡郵便取扱所를襲擊ᄒᆞᄂᆞᆫ中에所員은官私物品을遑急히收拾ᄒᆞ다가事勢危急ᄒᆞᆷ으로逃走于山中ᄒᆞ얏ᄂᆞᆫ대義兵이該所內에乱入ᄒᆞ야物品을破壞ᄒᆞ고多數物件을燒却ᄒᆞ고兵器를奪取而去라ᄒᆞ고

▲二十日泰仁方面에서義兵이出現ᄒᆞᆫ情報가全州守備隊에達ᄒᆞ얏ᄂᆞᆫ대日兵이發向ᄒᆞᆫ다ᄒᆞ고

▲十九日靈光郡에서銃器를携帶ᄒᆞᆫ義兵約兩拾名이韓人傳道敎員一名을殺害ᄒᆞ고二拾日夜半에義兵이郡邑을襲擊ᄒᆞᆫ다ᄂᆞᆫ情報가有ᄒᆞ야郵便取扱所員은同夜에法聖浦로避乱ᄒᆞ얏다ᄒᆞ고興德郡에서危險ᄒᆞᆫ狀況이有ᄒᆞᆷ으로同地郵便取扱所에서ᄂᆞᆫ警戒中이라ᄒᆞ고

▲十七日陝川郡에義兵三百餘名이加衣面崇山面尾山面等地에現出하야漸次邑內에襲來ᄒᆞᆯ狀況이有ᄒᆞᆷ으로同郡郵便取扱所員은警官의注意를依ᄒᆞ야重要ᄒᆞᆫ物件를携帶ᄒᆞ고十七日에三嘉로避難ᄒᆞ엿다ᄒᆞ고

▲十七日廣州郡義兵約二十名이楊根方面으로同郡九川面新坪里에來襲ᄒᆞ야同地日人의農林園建物을燒却ᄒᆞ고楊根方面으로走回ᄒᆞ얏ᄂᆞᆫ대新坪里에居留ᄒᆞ던日本人은京城으로避難ᄒᆞ엿다ᄒᆞ고

▲十九日혐谷郡에義兵이蜂起ᄒᆞᆫ다ᄂᆞᆫ情報가元山에達ᄒᆞ얏ᄂᆞᆫ대日討伐隊가出向ᄒᆞᆫ다하고

▲去十日義城郡桃李院市場에義兵이襲來하야市民과混雜을乘ᄒᆞ야多數에金品을取ᄒᆞ고善山郡으로出向하엿다더라

▲秋氣上筆▼

▲淸國은近日에地方自治會를設立ᄒᆞ고督撫를選擇ᄒᆞ야議員選擧의規則을實施ᄒᆞ기로ᄒᆞᆫ다니淸國의改新政治ᄂᆞᆫ漸次進步가되ᄂᆞᆫ模樣이니一般世人이讚賀ᄒᆞᆯ만ᄒᆞᆫ일이오

▲總理大臣李完用씨가宮禁肅淸事로宮內大臣李允用를對하야心腹不注意ᄒᆞᆷ으로一向肅淸치못ᄒᆞᆫ다고大段論駁ᄒᆞ얏다니兄弟秉權에勢力이掀天ᄒᆞ다가忽焉에圭角이已露ᄒᆞ니此所謂兄患弟攻이로고

▲宮內府에現今所屬官吏가五千인대新官制에將次半數를減下ᄒᆞᆫ다니韓國官人의習慣이宮內府官職中에侍讀이니春桂坊이니弘文學士等職名을淸官으로知ᄒᆞ고埋頭沒身ᄒᆞ더니該府官職이半數減下ᄒᆞ면兩班家淸宦이難於上天이되깃고

▲年前에管理署를設施ᄒᆞ더니權重奭氏가슈가나고警衛院을設立ᄒᆞ더니李根澔氏가슈가나고電話課를設置하ᄆᆡ李圭讚씨가슈가나고供進所를始設ᄒᆞᄆᆡ金鎔濟씨가슈가나쓰니一司之設에每每히一人式슈가나ᄂᆞᆫ고

▲一進會에서斷髮着帽ᄒᆞᄂᆞᆫᄃᆡ近日會員中으로內外官職를稍稍敍用되ᄆᆡ會員目的을變ᄒᆞ고官人態度에傳染ᄒᆞ야着笠着宕ᄒᆞᄂᆞᆫ人이比比有之하니當初入會ᄒᆞᆫ目的이仕宦捷徑으로認知ᄒᆞ야出仕ᄒᆞᆫ後에得魚忘筌이라고國民報에論述ᄒᆞ얏스니責問當矣나此輩人之入會가出於仕宦思想인줄을當初에몰낫든가

▲忠北觀察使李鍾成씨가義兵을因ᄒᆞ야兩次를避亂ᄒᆞ야達川江邊으로避走ᄒᆞ면서管下각郡의殿最에對ᄒᆞ야避難郡守가中下에居ᄒᆞᆫ者十餘人이라ᄒᆞ니此所謂나ᄂᆞᆫ바담풍ᄒᆞ야도너ᄂᆞᆫ바람풍하야라ᄒᆞᄂᆞᆫ格이로고

▲慕華館石橋近處에서無賴輩幾名이作黨ᄒᆞ야來往ᄒᆞᄂᆞᆫ兒童의姓名을問ᄒᆞ며戲謔이無數ᄒᆞ다가毆打ᄒᆞᄂᆞᆫ境遇에至ᄒᆞ니該坊曲警察官吏ᄂᆞᆫ當此開明時代ᄒᆞ야無賴輩의謔浪悖習을禁止치안이ᄒᆞᄂᆞᆫ지알슈업ᄂᆞᆫ일이로고

◉社告

地方各支社와個人購覽員에게本申報配達이或滯留或遺漏가非一非再인바但以書辭通知가確據가無ᄒ야郵便局交涉이難便ᄒ니此後로ᄂ申報封皮에出付와收到日付印期限이過ᄒ者를摘拔聚合ᄒ얏다가本社로委送ᄒ심을爲要홈

大韓每日申報社

雜報

●司法制度　伊藤統監이韓日新協約을實施ᄒ기爲ᄒ야爲先韓國의司法制度를改定ᄒ다ᄂ대裁判所의組織을區裁判所地方裁判所控訴院大審院三審制度로ᄒ대區裁判所ᄂ單獨制며地方裁判所ᄂ三人控訴院及大審院은각五人의合議制로ᄒ고裁判所의位置及數爻ᄂ區裁判所ᄂ三百四十三郡에百十四個所니三郡에一個ᄶ오地方裁判所ᄂ各一道에一個所니即拾三個所오控訴院及大審院은京城에各一個所를設置ᄒ고職員은區裁判所에判事四百五十六人檢事二人書記六百九十六人通譯官二人通譯官補二百二拾九人이오地方裁判所에判事七十五人檢事四拾一人書記七十八人通譯官十四人通譯官補四十四人이오控訴院에判事十六人檢事五人書記長一人書記廿五人通譯官ᄂ二人通譯官補七人이오大審院에判事十二人檢事四人書記長一人書記十三人通譯官二人通譯官補五人이니合計判事가五百六十人檢事五십二人書記長二人書記九百拾二人通譯官補二百八十五人總計一千八百三십人이라其中에日人을任用하ᄂ問題에對ᄒ야ᄂ一時에充用ᄒ不能ᄒ故로五年或七年後에組織은完成ᄒ方針이며其間에日本에서도判檢事의補充法을改定ᄒ야試補의數爻를現在보다二三倍를增加ᄒ며韓國에서ᄂ法官養成所를設ᄒ고韓國人의裁判官을速成ᄒ야漸次로韓國司法制度를完成ᄒ게ᄒ다더라

廣告

本人의再從璣煥氏子般均이가素性이放蕩ᄒ야符同挾雜之輩ᄒ고欺人圖債ᄒ라ᄒ니內外國人은照亮ᄒ신後切勿見欺ᄒ심을爲要
京畿廣州郡內居石補煥告白

前主事李義鍾名字를以鍾冕으로改展ᄒ오니知舊ᄂ照亮홈
富平郡居李鍾冕 告白

本人의子丙石年今二十去六月分에往于平山의路逢郭仕夏同行而抵宿于尹祿端酒店ᄒ엿ᄉ尹郭兩人은出外ᄒ고丙石則獨宿空舘에尹哥自外人ᄒ여稱以渠妻暗奸ᄒ고無數亂打勒捧藥萬兩票則郭哥又人曰旣有萬兩票則與尹哥雜技推槊云故丙石曰我不知雜技요勒票가何處用之오郭哥稱以代技ᄒ고與尹哥로相弄技더니又勒捧三萬兩票於丙石ᄒ니豈有如許惶類乎此票ᄂ自歸休紙이오니內外國人은切勿見欺홈
黃海道信川郡閔龍植 告白

公州弓院崔氏之人其生年則甲戌也其兒名白鶴也十六歲出家上京被養於貞洞金五衛將家成人之後托籍於聖敎或出入於金銀房云故仰稟于廣告有或知其跟跡者寄信于西部昌體洞李順天宅講齋홈
洪秉敎 告白

本人이貞在二十五石을放賣次로南大門내李凡好米廛任置矣러니該任置標紙을中路서失ᄒ엿ᄉ오니誰某拾得ᄒ와도休紙施行홈
三湖安永根 告白

本舘에서新舊書籍을大發售ᄒ오니有志僉員은急々購覽홈
元山港 春城書館

黃海道權丙勳은法律에朦昧ᄒ여賊漢亂招로被捉된신溪居리豪班을寶贓逢賊도不査ᄒ고役十年에宣告ᄒ미該씨게任於此聽이면一般司法官이不免受恥뿐더러願該道殘氓을顧念ᄒ여別般措處之地泣訴홈
洪碣史 告白

●學員募集廣告
本會에서西友學校를設立ᄒ고學員을募集ᄒ오니入學을志願ᄒᄂ者ᄂ來十一月十二日(陰十月十日)內로本會에來議홈
一教授科目 外國語(日語) 教育學 歷史 地誌 物理 化學 數學 漢文 圖畫 博物 植物 動物 礦物 生理學 星學 唱歌 體操
一試驗科目 漢文 算術 四則以內
但年限은十八歲以上으로홈
隆熙元年十月十五日
西友學會告白

本人의子夏鉉이自幼時로符同類輩ᄒ야家產을蕩敗ᄒ기로玆以廣告ᄒ오니內外國人은勿爲去來ᄒ시옵若有去來之事라도移不施行ᄒ리니以此照亮홈
平南安州新井里金鼎祚告白

漢城西署松橋(新作路)第四十三統一戶
辯護士 玉東奎
辯護士 許憲
合同法律事務所

本人의再從堂叔曾善文氏ᄂ中間失精ᄒ人이라浮浪雜類輩들이此를奇貨로認作ᄒ고百般敎唆ᄒ야本人의平壤外川面三里所在田土를將欲僞券私賣云ᄒ기로玆에先布ᄒ오니內外國人은切勿見欺ᄒ시옵
平壤美林曾永煥 告白

南署屯芝坊四氷庫一契十四統四戶瓦家三十間文券日本騎兵隊借家移接時汁物東西分置不知中서失故玆以廣告誰某拾得休紙施行
段德浩 告白

競賣廣告

本人이本月二十五日(金曜日)及二十六日(土曜日)에東京時間으로新門外停車場越便大昌洋行倉庫에셔군스벅氏의諸般汁物을拍賣ᄒ터이니僉君子ᄂ屆期來購ᄒ시옵物件은現金으로領受ᄒ고交付홈
拍賣人캐리스키 告白

新刊書籍發售廣告

增修無冤錄大全 國漢文 定價金七拾五錢
大韓法規類纂 洋裝 三圓九拾錢 郵稅四拾錢
初等倫理學教科書 二拾錢
初等衛生學教科書 拾五錢
國家學綱領 拾五錢
國民須知 八錢
獨習日語正則 洋裝 鄭雲復著 壹圓二拾五錢
發賣所 皇城布屛下 金相萬書舖

▲新刊書籍發售廣告▼

	正價金
東國史略	壹圓五拾錢
普通教科東國歷史	壹圓拾錢
新訂東國歷史	壹圓
歷史輯略	貳圓
大東紀年	貳圓
大東歷史	壹圓五拾錢
東國名將傳	四拾五錢
東國輿地勝覽	洋裝拾貳圓 並製拾圓
大韓疆域考	壹圓
大韓新地志	壹圓
大韓地誌附地圖	壹圓
初等地理教科書	七拾錢
新撰地文學	四拾錢
萬國地理	壹圓拾錢
士民必知國文	上製八拾錢 並製七拾錢
初學地誌	上製六拾錢 並製五拾錢
萬國史記	七圓
中等萬國史	七拾錢
精撰萬國史	六拾錢
東西洋歷史	壹圓五拾錢
五偉人小歷史	拾錢
世界一覽	二拾錢
世界年契	七拾五錢
公法會通	壹圓五拾錢
萬國公法要略	五拾錢
刑法大全	六拾錢
改正刑法草案	四拾錢
法學通論	壹圓
議會通用規則	拾五錢
現行法規類纂	三圓九拾錢
外交通義	壹圓貳拾錢
商業大要	六拾錢
國家學	五拾錢
牧民心書	壹圓廿五錢
家庭教育學	三拾錢
生理衛生學附圖	四拾錢
中等生理學	九拾錢
新撰小博物學	五拾錢
新編博物學	七拾錢
新撰小物理學	五拾錢
動物學 國文	壹圓廿五錢
農政新編	五拾錢
蠶桑輯編 國文	拾七錢五里
栽桑全書 附衛栽培及醸酒法	四拾五錢
新訂算術	六拾錢
算術新書	八拾錢
精撰算學解式 並	七拾錢
美國獨立史	四拾錢
法蘭西新史	四拾錢
埃及近世史	四拾五錢
波蘭末年戰史	四拾錢
普法戰記	四拾錢
羅馬史 附意大利史	四拾錢
越南亡國史	貳拾五錢
俄國略史	拾錢
交際新禮	拾五錢
國文西禮須知	貳拾錢
增修無冤錄大全 漢文	四拾錢
大東文粹	六拾錢
尺牘完篇	壹圓五拾錢
準備時代	拾三錢
進明彙論	三拾五錢
註解西廂記	壹圓
新小說鬼聲	三拾錢
新小說血淚	貳拾전
近世女傑羅蘭夫人傳	四拾錢
政治[illegible]演說	拾五錢
[illegible]學	壹圓五拾錢
[illegible]讀	八拾錢
幼[illegible]義	壹圓三拾錢
高等小學讀本	五拾錢
牖蒙千字	五拾錢
中等修身教科書	六拾錢
溫故知新堂叢鈔	七錢五厘
父師必讀小學指南	七錢五厘
世界全圖	廿七錢五厘
大韓輿地圖	拾七錢五厘
五洲各國統屬全圖	七錢五里
詳密最新京城全圖	二拾錢
最新韓國全圖	二拾錢
最新韓國地圖	拾五錢
分道詳密韓國新地圖	五拾錢
韓國新地圖	四拾錢
漢文萬國地圖	四拾錢
漢文地球全圖	四拾錢
萬國指掌全圖	貳圓五拾錢
韓語大成獨習	壹圓五拾錢
英語獨本	壹圓四拾 貳錢五里
日韓通話	五拾錢
日語獨習	五拾錢
韓日會話辭典	一圓五拾錢
獨修速成日韓會話	三拾錢
普通日本語典	五拾錢
二十世紀朝鮮論	三拾五錢
比律賓戰史	四拾錢
比斯麥傳	拾五전
中等萬國地誌	壹圓貳拾錢
師範教育學	五拾錢
高等小學修身書	廿五錢
礦物界教科書	貳拾錢
會社法	九拾錢
國文算學新編	四拾錢
貨幣論	壹圓貳拾錢
普通經濟學	八拾五錢
商業汎論	壹圓拾錢
中等地文學	五拾錢
大韓地理	七拾錢
漢文大韓地誌	五拾錢
飲氷室文集	四圓四拾錢
中東戰記本末	四圓
西政叢書	拾圓
中外政治彙編	五圓五拾錢
時事新論	壹圓
美國名君言行錄	壹圓
泰西新史	貳圓五拾錢
萬國通鑑	三圓

▲發售書林
中署鍾路 大東書市 金基鉉
中署罷朝橋 中央書舘 朱翰榮
南署大廣橋 匯東書舘 高裕相

◎國債報償義捐金取入廣告
◎國債報償義捐金
十月中本社收入總額
每日逐號明細錄
●拾月廿四日
第一五六四號豐德中面東江慶州金氏門中 二圜
第一五六五号淳昌郡구面里 四百三十圜
計四百三十二圜
十月廿四日ᄭᆞ지取入總額
九百七十八圜四十三錢五里
自四月至九月收入總額
五萬五千八百三十三圜
七十三錢二圜
都總合五萬六千八百十二圜十
六錢七厘

●京畿豐德中面東江慶州金씨宗中
金順濟 四十錢 金與濟
金明濟 金世濟 각廿錢
金商聲 金仁濟 金道濟
金永濟 金禮濟 金用濟
金一濟 각十전 金洪濟卅錢
合二圜
●全北淳昌郡虎溪面深草里
張致圭 최輪鍾 白仁鎬
韓鍾錫
▲塔里 朴龍根 呂化彦
姜光伯 黃中元 박化汝
▲藪谷동 韓泰履 金弘在
高京化 김順五
▲龍巖里 尹錫基 洪俊京
▲井산里 최基龍 金京洙
▲八鶴동 楊錫烈 崔奎華
楊錫燁 洪鍾杓 각一圜
▲甲동 韓圭섭 二圜
韓邦基 韓鴻基 韓圭台각一圜
▲虎溪里 林炳旭 二圜
林炳煥 최鳳燁 林東圭
최升斗 卞在淳 각一圜
▲蘆동 韓景鎬 二圜

韓光洙 金時信
▲東村 양錫烈 양一烈
金용[illegible]
▲芝山村 [illegible]
▲柯木亭 [illegible]
各一圜
▲赤城面月谷里 양在模
韓光錫 각五拾전
▲龜南里 양在奉 二十錢
金台숲 양枝永 各四十전
▲池內里 최錫용 양錫裕
各五十전 양在根 柳贊養
趙君明 鄭琪準 各四十전
▲內赤里 趙夏榮 二圜
최榮洙 趙壽煥 各一圜
▲支北里 趙炳德 申基烈
柳洛煥 崔明善 各五十전
▲林동 박永玉 崔永祿각卅전
▲栗支里 權奉善 權萬奉
各一圜
▲妙동 박海鎭 權鎬字
각四拾전
▲大山里 金容默 一圜
申太休 嚴志弘 申在鎬
각五十전
▲平地里 리亨五 一圜
김致良 김大圭 鄭斗仁
梁德奉
▲文石里 趙진良 박乃전
각五十전 尹贊瑞 四拾전
▲錦灘面上伊동 林吉周
리建寧 각一圜 尹秉섭
尹泰國 各廿전
▲花灘里 리觀인 박萬根
리贊柱 崔延秀 각六십전
리興鎬 리鐵斗 각廿전
▲내伊동 林中吉 裵德玄
朴京云 金城西 裵相五
각五十전
▲金坂里 김用善 김道元
김京宅 各五십전
▲舊乾谷 徐인云 김華成
徐公三 ㅎ昌佑 河永학
各一圜 김元淑 김成漢
김子允 徐禎守 ㅎ云京
各五십전

▲昌申리 리贊文 文良善
各八十전 최永五 최亨淑
[illegible]淑 [illegible] 각五十전
[illegible] 彦淑 趙炳老
[illegible]旺 각一圜 鄭安國
趙成淑 각四십전
▲無愁川 洪善益 二원
박制根 리聲長 각五拾전
▲外伊동 閔吉瑞 閔乃元
尹光彦 林福賢 各六十전
林瑚奉 閔中國 김학[illegible]
각卅전
▲신乾谷 徐福德 강興슈
각一圜 徐春石 徐仁德
各八十錢 김一石 강逕奉
강斗奉 각五십전
▲鰲山面升八리 최光國
林宗洙 리圭빅 崔仁鎬
각四十錢
▲上東城 姜永天 二圜
姜永杓 金洪準 각五十錢
姜永祿 金학善 ㅎ洙會
각卅錢
▲閑寺동 朴準鎬 朴準希
각二圜 朴炳琦一圜 쓰乃圭
朴準舜 朴良鎬 金振鳳
具明柱 具然興 각四十전
▲池內里 朴成實 박祥圭
具然泰 각八拾錢 鄭在浩
朴準聖 각卅錢 金在鎬
金容德 각卄錢 未完
合一百十五圜七十전
總合一百十五圜七十전
前號總合五萬六千三百八拾圜
十六전七厘
都總合五萬六千四百九拾七圜
八十六錢七厘

◎特別廣告◎
國債報償金십一個日所捧은姑未合計이고伊前日ᄭᆞ지所捧總合五萬五千八百三拾三圜七拾三錢은電氣會社內銀行에貯置ᄒᆞ얏ᄉᆞᆸ고其貯置額中三萬二千三百圜은國債報償志願金總合所로移交홈

廣告

●本社廣告
○申報價
一張代金 新貨二錢五厘
一個月前納 三十錢
三個月 九十錢
六個月 一圜七十錢
一個年 三圜四十錢
郵稅一張 新貨五厘
一個月 十三錢

發行兼編輯人英國人 裵說
發行所
南署石井洞號外泥三層洋屋家
大韓每日申報社

第五卷

大韓每日申報

第六百四十八號

月曜及慶節 識時日休備

檀君開國四千二百四十年
箕子元年三千二十九年
大韓開國五百十六年
日本明治四十年
淸國光緖三十三年
陰曆丁未九月大廿一日己酉

別報

○京鄕新聞을據ᄒᆞᆫ則日本皇太子殿下씌셔韓國에渡來ᄒᆞ셧ᄃᆞᆫ事에對ᄒᆞ야論文이有ᄒᆞ니雖是過去事實이나其言論의意義ᄂᆞᆫ可以着味故로爲之謄載ᄒᆞᆷ

日本皇太子殿下씌셔吾邦에來ᄒᆞ샤五日頃을留ᄒᆞ시다가還國ᄒᆞ셧ᄉᆞ니其遊覽ᄒᆞ신거ᄉᆞ무ᄉᆞᆷ關係가有ᄒᆞᆫ가可히思攷ᄒᆞᆯ事로다此次遊覽ᄒᆞ신儀節의關係되ᄂᆞᆫ것도思攷ᄒᆞ야볼거시오其遊覽ᄒᆞ심에對ᄒᆞ야日本意向도ᄯᅩᄒᆞᆫ思攷ᄒᆞ야볼거시오其遊覽ᄒᆞ신ᄯᅢ에吾邦의來頭事가何如케될ᄂᆞᆫ지思攷ᄒᆞ야볼거시로다

其儀節의關係를思攷ᄒᆞᆫ건ᄃᆡ前에도日本 大皇帝陛下씌옵셔屢次大韓에奉命使臣을遣ᄒᆞ셧ᄉᆞ나다大臣이나高等官들이니家 大皇帝陛下씌臣民이오此次인則後日에日本 大皇帝陛下되실皇太子殿下를遣ᄒᆞ셧도다他國에셔使臣이나貴賓이來ᄒᆞ면우리 大皇帝陛下씌옵셔迎接次로大臣이나高等官들노代行ᄒᆞ시고親히行치아니ᄒᆞ셧거니와今番에ᄂᆞᆫ 大皇帝陛下와 皇太子殿下씌셔動駕ᄒᆞ샤迎接ᄒᆞ시고伊前에吾國이淸國을服事ᄒᆞᆯ時에奉命使臣이來ᄒᆞ면御駕가城外에만出ᄒᆞ셧ᄉᆞ되今番에ᄂᆞᆫ大皇帝陛下와皇太子殿下씌옵셔仁川ᄭᆞ지動駕ᄒᆞ셧ᄉᆞ니此儀節은果然創新이오比前特異ᄒᆞ니實로크게關係되ᄂᆞᆫ거시로다

今番遊覽ᄒᆞ시ᄂᆞᆫᄃᆡ日本의意向을思攷ᄒᆞᆫ건ᄃᆡ泰西에도國與國이互相約條ᄒᆞ면賓客이나使臣이互相來往ᄒᆞᆷ은其本意가互相條合ᄒᆞᆫ表도되고伊後ᄭᆞ지約條가鞏固ᄒᆞ기를爲ᄒᆞᄂᆞᆫ거시라今番에도日本皇太子殿下씌셔吾邦에來ᄒᆞ신거시此意로由ᄒᆞᆫ貌樣이니二年前과今年에日本과約條ᄒᆞᆫ거시他列國이互相約條와如히誠實ᄒᆞᆷ을表示ᄒᆞ고ᄯᅩᄒᆞᆫ鞏固케ᄒᆞᄂᆞᆫ거시特別히要緊ᄒᆞᆫ거시라吾國人民들이該約條를不悅ᄒᆞᆷ은分明ᄒᆞ니是故로他國眼目에든지韓日兩國人民의게든지該約條가誠實되고鞏固ᄒᆞ야지게ᄒᆞᄂᆞᆫ거시極히要緊ᄒᆞᆫ故로今番에日本皇太子殿下씌셔這意로由ᄒᆞ야來ᄒᆞ신즁을可信ᄒᆞᆯ만ᄒᆞ도다

今番遊覽ᄒᆞ신으로吾邦의來頭事가何如케될고思惟ᄒᆞᆫ건대二年前보다吾國의意外事가多出ᄒᆞ니來頭事를對ᄒᆞ야一定ᄒᆞᆫ排酌을ᄒᆞᆯ수無ᄒᆞ나吾人思想에ᄂᆞᆫ今番遊覽ᄒᆞ신거사로吾國에잘못된일을아조다改良ᄒᆞ깃다고生覺ᄒᆞᄂᆞᆫ거ᄉᆞᆫ愚痴ᄒᆞᆫ生覺이니然이나무삼好個效驗이有ᄒᆞᆯ줄노希願ᄒᆞᆯ만ᄒᆞ도다

只今에第一緊急ᄒᆞ고第一緊切ᄒᆞᆫ거ᄉᆞᆫ吾邦人民의存活케ᄒᆞ여줌이니去番新約條와兵丁을解散ᄒᆞᆫᄯᅢ에吾國人民들이憤忿的心을擧示ᄒᆞᆷ으로日本이兵丁을使用ᄒᆞ야人民을抑制로調和하게하려고軍器를使用하며日本兵丁들이人民의家屋을燒火ᄒᆞ고多般暴威를加ᄒᆞ야人民으로ᄒᆞ여곰더욱日本을憎惡ᄒᆞᄂᆞᆫ心이多大케하고晏居ᄒᆞ던人民도生活ᄒᆞᆯ수가無케됨으로義兵中에投入ᄒᆞ게ᄒᆞ니然故로大韓人民도生活치못ᄒᆞ고日本人民도鄕曲에셔ᄂᆞᆫ住接ᄒᆞᆯ수無하고日本商業도못되고日本이吾國에셔營爲ᄒᆞᄂᆞᆫ事가아직도다못되고伊後에도久々ᄒᆞ도록될期望이無ᄒᆞ니

日本人中에智慧도無ᄒᆞ고財物도無ᄒᆞ야濁水中에魚를捉ᄒᆞᆷ과如히ᄒᆞᄂᆞᆫ者들은相關이無ᄒᆞ거니와稍히智慧가有ᄒᆞ고財物도有ᄒᆞ고日本의營爲가잘되기를勉력ᄒᆞᄂᆞᆫ者ᄂᆞᆫ如此ᄒᆞᆫ거ᄉᆞᆯ見ᄒᆞ고엇지如此히智慧가업시ᄒᆞ나뇨ᄒᆞ지아니ᄒᆞ리오此ᄂᆞᆫ大韓을過度히疑訝ᄒᆞᄂᆞᆫ心으로然ᄒᆞᆷ이라

日人思想에ᄂᆞᆫ大韓政府가外面으로만우리와合意ᄒᆞᆫ貌樣이오實은우리를憎惡ᄒᆞ고厭忌ᄒᆞ야驅出코져ᄒᆞᄂᆞᆫ心뿐이라然故로如此히抑制로하ᄂᆞᆫ거시雖ᄒᆞ고驅ᄒᆞᆫ事나此外에ᄂᆞᆫ大韓政府나人民도가만히잇게ᄒᆞᆯ수無ᄒᆞᆫ故로如此히ᄒᆞᆫ다ᄒᆞ니然故로日本이吾國事情을더욱審知ᄒᆞ고우리를過히疑訝치勿ᄒᆞ며抑制를勿行ᄒᆞ고他方策으로大韓에對하야好個事를行ᄒᆞ면義兵이自然止息ᄒᆞ리로다

然故로大韓에셔營爲ᄒᆞᄂᆞᆫ事業務히ᄒᆞ고疑點이업셔지게ᄒᆞ기爲ᄒᆞ야日本皇太子殿下씌셔來ᄒᆞ신거시有益ᄒᆞᆯ줄노認ᄒᆞ노니日本皇太子殿下를迎接ᄒᆞ기爲ᄒᆞ야우리 大皇帝陛下씌셔ᄒᆞ신것보다加ᄒᆞᆯ수無ᄒᆞ니日本皇太子殿下씌셔나陪從ᄒᆞ고來ᄒᆞᆫ高等官들이더욱諒察ᄒᆞ기容易하깃기로如右ᄒᆞᆫ論과如히日本외諸般事가吾國人을過히疑訝ᄒᆞᆯ거시無ᄒᆞ니今番 皇太子遊覽ᄒᆞ심으로諸般事가卽時改良ᄒᆞᆯ줄은不知ᄒᆞ거니와其遊覽ᄒᆞ심에好個效驗이有ᄒᆞᆯ줄을希願ᄒᆞᆷ만ᄒᆞ다ᄒᆞ노라

官報

●號外 隆熙元年十月廿五日

◎宮廷錄事

皇太子妃再揀擇日子를陰曆九月二十日로推擇ᄒᆞᆫ掌禮院奏本還入ᄒᆞ야批旨를以待除旨로도收付票以下ᄒᆞ심이라

●第三千九百七号 隆熙元年十月廿六日

宮廷錄事

咸鏡北道觀察使尹甡普辭職疏

批旨省疏具悉所請依施

敍任及辭令

營繕司委員朴啓泓 任營繕司技手

命營繕司委員 姜鶴周

華寧殿參奉李龍稙 從二品박明煥 九品金顯模 崔완 朴泰欽 陳相烈 解享祀經費査整委員

趙漢雲 洪鍾恒 尹泰殷 리寅鶴 命享祀經費査整委員

外報

●憲政編纂 北京電을據ᄒᆞᆫ則憲政編纂官의上奏를依하야吉林의統計局과其他各省의調査局을設置ᄒᆞ고編纂官은編成局과統計局을相須ᄒᆞ야行ᄒᆞᆷ事로上諭를出ᄒᆞ얏더라

●英報論美 北京電을據ᄒᆞᆫ則英國로닙포스도新聞에華盛頓通信員이美國艦隊가太平洋으로派送되ᄂᆞᆫ眞意에對ᄒᆞ야如左히報道ᄒᆞ야曰淸國에셔早晩間에財政上에破滅을招ᄒᆞᆯ虞가有ᄒᆞᆷ으로美國에셔此를防備ᄒᆞ기爲ᄒᆞ야亞細亞近海에優勢ᄒᆞᆫ海軍을派送ᄒᆞ라ᄒᆞᄂᆞᆫᄃᆡ日本을對抗ᄒᆞ라ᄂᆞᆫ趣味ᄂᆞᆫ아니로ᄃᆡ事變發生時에日本의野心的計劃을挫折ᄒᆞᆷ이必要ᄒᆞᆷ으로認定된다ᄒᆞ고又大統領루스벨트씨ᄂᆞᆫ日本이諸國을排ᄒᆞ고特히優勢의地位를占有ᄒᆞᆷ을恐怖ᄒᆞ얏다더라

●火藥工場의變事 東京報를據ᄒᆞᆫ則去二十一日朝九時頃에三河豊橋市魚町의龍潭久平方烟花製造所에셔俄然爆發ᄒᆞ야火災로卽死가二名이오重傷三名이라더라

●海軍再興費 北京電을據ᄒᆞᆫ則陸軍部尙書鐵良氏ᄂᆞᆫ淸國各鐵道運賃의一分을增加ᄒᆞ야海軍再興費에充ᄒᆞ기로主張ᄒᆞᆫ다더라

●加奈陀大臣來日 倫敦電을據ᄒᆞᆫ즉加奈陀勞動大臣렘유씨ᄂᆞᆫ再히日本에行ᄒᆞᆯ計畫을變ᄒᆞ야倫敦에回치안코直接日本으로赴ᄒᆞᆫ다더라

●利權回收 同電에云ᄒᆞ되伯林官邊에셔公言ᄒᆞᄂᆞᆫ바를據ᄒᆞᆫ則淸國은山東에셔鐵道布設權에關ᄒᆞ야困難을惹起케ᄒᆞᆷ이有ᄒᆞ지라淸國公使ᄂᆞᆫ德淸에優劣ᄒᆞᆫ關係를鑑ᄒᆞ야德國이膠州鐵道布設權을棄ᄒᆞ라ᄒᆞᆷ을德國에要求ᄒᆞ니德國은適當ᄒᆞᆫ還退金을請要ᄒᆞᆷ이無ᄒᆞᆫ故로써此를拒絶ᄒᆞ얏다더라

●俄國飛船競爭 紐育電을據ᄒᆞᆫ즉聖路易市에셔重大ᄒᆞᆫ軍國的飛船競爭을擧行ᄒᆞᄂᆞᆫᄃᆡ此擧ᄂᆞᆫ目下强國의陸軍省에셔種々試驗이有ᄒᆞᆷ으로特稱趣味를惹起ᄒᆞᆷ이有ᄒᆞᆫᄃᆡ特히米國셔ᄂᆞᆫ此擧에加ᄒᆞᆫ事ᄂᆞᆫ空中飛行의成績에就ᄒᆞ야些少라도他國後에居치아니ᄒᆞᆷ을示ᄒᆞᆫ다더라

●波斯內閣의總辭職 北京電에曰波斯國政府에셔來報를據ᄒᆞᆫ則波斯內閣이總辭職ᄒᆞ얏다더라

雜報

●崔氏講說 今日下午三点半에靑年會館에셔福音會를開ᄒᆞ고蓮洞禮拜堂에셔傳道ᄒᆞ시ᄂᆞᆫ長老崔光玉氏가講說ᄒᆞ시오니有志諸君이多數光臨ᄒᆞ심을望ᄒᆞ나더라

●神人所感 蔚珍郡居宋洛明씨가昨年三月分에義徒의被捉ᄒᆞ여無限苦楚를經ᄒᆞ고僅以逃免ᄒᆞ엿더니本年正月三日에江陵巡檢의게被捉되여擄以義兵이라ᄒᆞ고無數惡刑ᄒᆞ되終未得情ᄒᆞ고移交春川ᄒᆞ야又無所犯ᄒᆞ야七月에平理院으로押上拘囚ᄒᆞ얏ᄂᆞᆫᄃᆡ其夫人史召史가亦身으로從行ᄒᆞ야江陵春川으로從入京城ᄒᆞ야平理院下食商李相辰家에셔雇傭ᄒᆞ여每日一器飯을求得ᄒᆞ야其夫를供給ᄒᆞ고平理院에累次呼訴ᄒᆞ얏더니昨日에無ᄉᆞ가蒙放된지라日法官家와法庭에가셔鳴冤ᄒᆞ니人皆稱其節行ᄒᆞ야莫不欽服以爲至誠所及이라ᄒᆞ더라

●慈善事業 典洞居李氏ᄂᆞᆫ其故鄕이堤川郡인ᄃᆡ今番兵火에該郡邑村邑閭被燒ᄒᆞ야數千家以上에達ᄒᆞ야無告民가流離ᄒᆞᄂᆞᆫ慘狀을聞ᄒᆞ고慈善心을自抑지不能ᄒᆞ야一郡同胞를莫接ᄒᆞ기爲ᄒᆞ야故鄕에下去ᄒᆞ야自己大小家四拾餘石落되ᄂᆞᆫ田畓文券을持來出債ᄒᆞ랴다가騷亂中途에가不通ᄒᆞ야下去치못ᄒᆞ다니目下該邑이稍稍靜靜ᄒᆞ다하매爲先其鄕谷有志ᄒᆞᆫ知舊間의게懇激ᄒᆞᆫ公函으로勸告ᄒᆞ야同胞救濟에協力ᄒᆞᄌᆞᄒᆞ고期於히實行ᄒᆞ기로斷定ᄒᆞ얏다더라

雜報

●東宮御臨節次

東宮殿下ᄭᅴ옵셔昨日각學校運動會에參與ᄒᆞ셧ᄂᆞᆫ대其儀仗節次가如左ᄒᆞ더라

同日上午九時三十分에出御ᄒᆞ셧ᄂᆞᆫ데武官服裝을服ᄒᆞ시고馬車를御乘ᄒᆞ셧ᄂᆞᆫ데陪從武官長趙東潤氏가驂乘하얏고自大漢門前으로爲始ᄒᆞ야所經沿路左右에韓日兩國警察官吏가整齊히羅立ᄒᆞ야人民의喧譁를警戒ᄒᆞ얏더라

●東宮答禮　同殿下ᄭᅴ옵셔運動場에臨御ᄒᆞ시미一般學徒가敬禮ᄒᆞ미擧手答禮ᄒᆞ셧다더라

●會議同參　總理大臣以下各大臣이再昨日奬忠壇招魂祭에一齊往參ᄒᆞ얏다가下午二時에一齊히統監府會議에往參ᄒᆞ고五時三十分에各歸其第ᄒᆞ얏더라

●學大勞問　漢城各官私立學徒가安洞寄宿舘에來留ᄒᆞᆷ은別項과如ᄒᆞ거니와學部大臣李載崑氏가當日下午에該舘에前往ᄒᆞ야該學徒를勞問ᄒᆞ얏다더라

●總長改稱　海關總稅務事를關稅總長으로改稱ᄒᆞ고度支部管轄로ᄒᆞᆫ다더라

●郡主事增設　今番官制改正案件을編成ᄒᆞᆫ즉地方각郡에郡主事를二人式增設ᄒᆞ야一案ᄂᆞᆫ日人으로任職ᄒᆞᆫ다ᄂᆞᆫ說이有ᄒᆞ더라

●日人叙任　警視廳으로典獄을設置ᄒᆞ고通譯官及技師等五拾餘을差出ᄒᆞᆫ다ᄒᆞᆷ은已報하얏거니와其官人은日本人으로叙任ᄒᆞᆫ다더라

●兪氏長書　特進官兪吉濬氏가政府에長書ᄒᆞ얏다ᄂᆞᆫ대其長書의趣旨ᄂᆞᆫ時局形便에關係ᄒᆞᆫ듯ᄒᆞ다더라

●巡査羅列　伊藤統監과長谷川大將이聯合大運動會에進參ᄒᆞᄂᆞᆫ대自統監府前으로訓鍊院運動場ᄭᆞ지巡査와巡檢이羅列把守ᄒᆞ야警戒가頗緊ᄒᆞ더라

●運動節次　各官私立學校聯合大運動會順序節次ᄂᆞᆫ第一隊合整列第二行進第三聯合躰操第四送旗競走第五徒步競走第六同第七投球競爭第八選送競爭第九旗取競走第十각學校體操第十一騎馬旗取競走第十二救護隊競走第十三廻竿送旗競走第十四決選徒步競走第十五職員競走第十六來賓競走第十七整列等諸科目이라더라

●運動盛況　今番運動은東宮殿下ᄭᅦ옵서臨御ᄒᆞ심으로一層光榮이되야一般學徒의整齊ᄒᆞᆫ隊伍와活潑ᄒᆞᆫ氣像은文明ᄒᆞᆫ域에達ᄒᆞ얏다고內外國紳士가無不贊頌ᄒᆞ더라

●女學徒進參　昨日聯合大運動會에각女學校學徒도進參하얏고但斷髮치아니ᄒᆞᆫ學徒ᄂᆞᆫ不許入參ᄒᆞ얏다더라

●李氏玩景　中樞院顧問리根澤씨가再昨日에其舍弟根湘根洪兩氏와吳普源白性基具然河리泰來리起弘白命基朴元敎林承學리起元諸氏와作伴하야東門外紅樹동居韓正鎬氏를訪見ᄒᆞ고即時借往于安岩洞趙鎭泰씨亭子ᄒᆞ야觀覽後又往塔동僧房ᄒᆞ야終日消暢ᄒᆞ고同下午六時에入城ᄒᆞ얏다더라

●憲兵出發　廿五日東京特電을據ᄒᆞᆫ즉同日에憲兵一百四十名이廣嶋에서發하야北韓으로向ᄒᆞ다ᄒᆞ얏더라

●病院擴張　韓國에在ᄒᆞᆫ미國有志者가金二萬八千圓을醵出ᄒᆞ야韓國미以敎會에寄付ᄒᆞ얏ᄂᆞᆫ대其目的은敎會에附屬ᄒᆞᆫ病院을擴張ᄒᆞ야韓國婦人과小兒을救濟ᄒᆞᄂᆞᆫ대充用하기로ᄒᆞ고因ᄒᆞ야同病院을東大門內에建築ᄒᆞ기로豫定ᄒᆞ얏다고某報에揭載ᄒᆞ엿라더라

●着宕被黜　一進會員으로脫帽着宕ᄒᆞᆫ會員은一切出會ᄒᆞ기로決定ᄒᆞ얏다더라

●朴家回祿　南署薰陶坊舊南部前동ᄀ八統四戶朴영漢家에서再昨日午前十一時三十分에出火ᄒᆞ야同午後一時五十分에鎭火되얏다더라

●委員譏笑　학部國文研究會委員들이意見書를提出ᄒᆞ얏ᄂᆞᆫ디宋綺用氏外에ᄂᆞᆫ國文吐도不成說ᄒᆞᆫ句節이許多ᄒᆞᆫ지라但以名譽로讓往을被選ᄒᆞ얏ᄂᆞᆫ지未知ᄒᆞ사다고哂笑者多ᄒᆞ다더라

●寄舘留宿　漢城各官私立九校학徒數百名이昨日聯合大運動에入參ᄒᆞᆫ次로上京ᄒᆞ얏ᄂᆞᆫ데服色도一新ᄒᆞ거니와體操行動이整整濟濟ᄒᆞᆫ데一齊히安洞寄宿舘에서留宿ᄒᆞ얏다더라

●日兵又東　再昨日上午八時에日本步兵大尉赤倉씨가ᄉᆞ卒一百二十名과騎兵십名巡査二名巡檢二名과一進會員三名을率ᄒᆞ고東門外로出往ᄒᆞ얏고仝十一時三十分에ᄂᆞᆫ日本士官三人이騎兵六십名及卜馬五拾八馱를率ᄒᆞ고東門外로出往ᄒᆞ얏다더라

●日人落傷　再昨日에敎化門樓上에서日人役夫一名이墮落重傷ᄒᆞ야漢城病院으로治療ᄎᆞ로昇去하얏다더라

●西嶋派巡　警視廳에서西間嶋에派送ᄒᆞᄂᆞᆫ總巡一人權任一人巡檢十八名이本月二拾二日에平壤서발程ᄒᆞ얏다고內部에서昨日統監府로知照ᄒᆞ얏다더라

●書記濫食　三和港에서家舍買賣時에新家契與地契를出給之時에新家契價를一張에千兩價値則二兩式原納ᄒᆞᄂᆞᆫ거시有ᄒᆞᆫ대其外에書記가六七圓式依例히捧食ᄒᆞᆫ然後에야出給ᄒᆞ니書記의依例捧食하ᄂᆞᆫ章程이有ᄒᆞᆫ지不知ᄒᆞ깃다고民譏이藉藉하다더라

●傳染可畏　開城郡永昌學校躰操敎師元濟祥氏ᄂᆞᆫ素有淋疾이더니近日에眼疾이有ᄒᆞ야自已수로洗眼ᄒᆞ다가淋疾이傳染ᄒᆞ야眼廢地境에至ᄒᆞ야百藥이無効라ᄒᆞ니該氏ᄂᆞᆫ名譽로培養學校와永昌學校에서熱心敎授ᄒᆞ다가近日에以病委頓故로人皆嗟惜이라더라

●視務未由　槐山稅務主事任元宰씨가度支部에報告ᄒᆞ되本職이避暑次로去月에至鎭川ᄒᆞ야路阻退還ᄒᆞ얏다가更任燕岐淸州等地ᄒᆞ야今方還署ᄒᆞ얏ᄉᆞ나時擾가홍홍ᄒᆞ야視務末由라ᄒᆞ얏다더라

●一年延期　共同倉庫會社長趙鎭泰氏가度支部에請願ᄒᆞ되金江景出張所前記ᄒᆞᆫ政府貸下金三萬圓을一個年만延期ᄒᆞ라ᄒᆞ얏ᄂᆞᆫ대該部에서認可하고年金額에對하야年六分의計算으로써利子를納入ᄒᆞ라ᄒᆞ얏다더라

●巡檢被害　呂州郡分派所巡檢南敎連이가義兵에게被害ᄒᆞ얏다더라

●義徒處刑　平理院에서法部로質稟ᄒᆞ되被告金得洙에對ᄒᆞ야內乱事件을檢事公訴에由ᄒᆞ야此를審理ᄒᆞ오니被告가途曆本年頃에鄭찬敬이來訪ᄒᆞ야慨歎時事ᄒᆞ고語于被告曰男兒當此時ᄒᆞ야不宜雌伏이니早晩何處에若有義兵이어던隨我同往이何如오ᄒᆞᄂᆞᆫ바答以吾亦從此逝矣라ᄒᆞ고同年六月에上京ᄒᆞ야義兵이四處蜂起ᄒᆞᆫ다ᄂᆞᆫ說을得聞ᄒᆞ고欲爲往投ᄒᆞ야河橋等地名不知리哥家에서六穴砲一柄을買得ᄒᆞ야纔出該家門前이다가仍即被捉인바義兵之目的은與日本人으로交戰ᄒᆞ야以正國事라ᄒᆞᆫ바其事實은被告陳供自服ᄒᆞ야明白ᄒᆞᆫ지라政事를變更ᄒᆞ기爲ᄒᆞ야亂을作ᄒᆞᆫ者律로從犯은首犯의律에一等減으로同條二項流刑의罪에ᄂᆞᆫ二等을減律에處ᄒᆞᆷ만ᄒᆞ야流七年에處辦宜告라ᄒᆞ얏더라

●報請還給　公立高山普通학校副敎員權濟淵氏가九月에自私家로發行ᄒᆞ다가中路에서被執於義徒ᄒᆞ야幾乎至死이러니幸以天命으로艱得逃身ᄒᆞ야今月拾六日에始到本校ᄒᆞ오니開其所遭에乃是再生人이오나今見本府尹指揮則方有本部訓飭ᄒᆞ와該員의一個月俸을即爲還納ᄒᆞ라ᄒᆞ오니該員이如是遭難이오며且其拾圓俸給이直不過一個月食資之地에又有減俸則該員이實難調遣이온故로特爲還給之意로該校長尹泰權氏가학部에報告ᄒᆞ얏더라

◎安城經擾後聞

▲去九月二十一日曉에義兵二十餘名이邑內에侵入ᄒᆞ야四동頭民을招ᄒᆞ야各동里에錢二百圓과唐木二十疋를出ᄒᆞ라ᄒᆞ면서說話하ᄂᆞᆫ際에富者들이다逃走ᄒᆞᆫ지라義兵들이商民處에往ᄒᆞ야唐木四十疋을奪取ᄒᆞ고價전은富者의게推覓케하ᄂᆞᆫ標를給ᄒᆞ고

▲二十二日에보동거리日人居ᄒᆞᄂᆞᆫ洞里에義兵들이衝火하고龍仁場村瀾里에ᄂᆞᆫ義兵이來往ᄒᆞᆫ故로日兵이衝火ᄒᆞ야三十戶가沒燒ᄒᆞ고

▲二十四日에ᄂᆞᆫ午前十一時에木川義兵이라ᄒᆞᄂᆞᆫ四十餘名은燦爛衣服을着ᄒᆞ얏ᄂᆞᆫ데場里酒店에八來ᄒᆞ야頭民을招ᄒᆞ야전二千元과唐木百疋을出ᄒᆞ라ᄒᆞᆯ時에또原州義兵이라ᄒᆞᄂᆞᆫ八拾餘名이남누ᄒᆞᆫ衣服을着ᄒᆞ고酒店에來在ᄒᆞ야木川義兵이頭民들에게討索ᄒᆞᆷ을聞ᄒᆞ고原州義兵이木川義兵이라ᄂᆞᆫ者를捉ᄒᆞ야義兵이아니오賊漢이라ᄒᆞ며동民을對ᄒᆞ야幾漢을殺ᄒᆞ고其殘餘의銃을奪ᄒᆞ야唐木十七疋을持去ᄒᆞ고

▲十五日午後에北便에서義兵五십餘名이一進會員二名을結縛來到ᄒᆞ야官舍前으로經過ᄒᆞ다가場市에榜文二片를揭付ᄒᆞ얏ᄉᆞ니一張은一進會다러改過ᄒᆞ라ᄂᆞᆫ거시오一張은百姓다러安心勿驚ᄒᆞ고義兵에게害를當ᄒᆞ거든義兵主將의게告ᄒᆞ면施罰ᄒᆞᆯ터이라ᄒᆞ얏더라適其시에日兵이來到ᄒᆞᆫ다ᄂᆞᆫ所聞이有ᄒᆞᆷ으로義兵이擧皆逃避하얏고

▲二十六日夜에逃走ᄒᆞᄂᆞᆫ義兵二十名이邑內로過來하ᄂᆞᆫ故로衆民이警畏避難ᄒᆞ얏고

完

◎通川不穩

▲二十日江原道通川郡에義兵八拾名이來襲ᄒᆞ야日軍隊와四時間을激戰ᄒᆞ다가一名은即死ᄒᆞ고　名은傷하고其餘ᄂᆞᆫ退却ᄒᆞ얏ᄂᆞᆫ대尚今不穩ᄒᆞ얏더라

路透電報

二十五日發

◉伊國大地震　伊太利南部에大地震이有ᄒᆞ야가라부리야地方에잇ᄂᆞᆫ四十都市ᄂᆞᆫ破壞되여死者六十百餘에達ᄒᆞ고居住無家ᄒᆞᆫ者가數千人이된다더라

▲燕市秋聲▼

▲韓國에軍隊ᄂᆞᆫ既是解散하고軍部만獨存ᄒᆞ더니近日에軍部를廢止ᄒᆞ고侍從武官府에軍務一局만附設ᄒᆞᆫ다ᄂᆞᆫ說이有ᄒᆞ니軍隊가無ᄒᆞᆫ軍部가從以廢止ᄂᆞᆫ自然之勢라皮之不存에毛將焉傅리오

▲各部次官을韓日人으로兩次官을置ᄒᆞ고月俸은每朔에各一千圓으로磨鍊ᄒᆞ며各部大臣의月俸은五百圓에不過ᄒᆞᆫ지라大臣의月俸이次官의月俸보다不及ᄒᆞ미不可ᄒᆞ다ᄒᆞ야大臣의月俸도更히一千圓으로磨鍊ᄒᆞᆫ다ᄒᆞ니大臣이次官의德을입엇고

▲各陵中　皇帝陵에ᄂᆞᆫ令參奉은廢止ᄒᆞ고從二品正三品으로叙任ᄒᆞ고其他各陵에ᄂᆞᆫ參奉은廢止ᄒᆞ고令으로仍存ᄒᆞ되奏任으로待遇ᄒᆞᆫ다ᄒᆞ니頑固兩班의게陵官ᄌᆞ리가재격이요

▲近日에도內部에各郡守의闕願이逐日沓至ᄒᆞᆫ다니內大臣任善準氏가被任以後로郡守窠闕이層生疊出ᄒᆞ야任意籠絡이不患不足ᄒᆞ니이것시內大의膂力이로고

▲中樞院에서再昨日에例會를開ᄒᆞ고徵兵令과守令愼擇과風俗改良件과該院贊議某氏가建議ᄒᆞᆫ鎭衛隊復設件을實施ᄒᆞ기로可否를取決ᄒᆞ야內閣에請議ᄒᆞ얏다니該院請議ᄂᆞᆫ호만ᄒᆞᆫ일이나實施가잘될ᄂᆞᆫ지

▲今番官制改定에度支部에ᄂᆞᆫ判任官二十餘名을設置ᄒᆞ고日語能通者로選擇ᄒᆞᆯ터인데該部判任官中에日語를能解ᄒᆞᄂᆞᆫ者가四十餘名이라하니俱是日語를能通ᄒᆞᆫ則孰存孰拔ᄒᆞ리요必是有無勢로가깃지

天氣預報

▲十月二十七日　晴明

◉社告

地方各支社와個人購覽員에게 本申報配達이或滯留或遺漏가 非一非再인바但以書辭通知가 確據가無ㅎ야郵便局交涉이難 便ㅎ니此後로는申報封皮에出 付와收到日付印期限이過隔者 를摘拔聚合ㅎ얏다가本社로委 送ㅎ심을爲要홈

大韓每日申報社

雜報

●自助論 (國民及個人) 續

故로其國의價値가權勢의大홈 에잇지아니ㅎ고個人의慣性과 社會에風習이如何홈에在홈을 可히써知홀지라

一國政府는其國民의影子니影 이能히形보담大치못홀지라故 로其國民의性品이恒常其政治 로더부러平衡比率ㅎ야品性이 발展홀則政治ㅣ또ㅎ발展ㅎ고 品性이墮落홀즉政治또ㅎ墮落 홀지니政府의知識은獨히進步 ㅎ고國民의知識은獨히低홈을 見치못ㅎ고政府의知識은獨히 低落ㅎ고國民에知識은獨히進 步홈을다시見치못ㅎ리니곳一 國의價値實力이國民品性의程 存如何홈에在홈을知홀지니政 治法律의력이關홈비甚小ㅎ지 라

國家者는個人의聚合ㅎ狀態니 文明이라稱ㅎ者는그國民의向 暮漸習ㅎㄴ心狀을指ㅎ야言ㅎ지 아니ㅎ리업ㄷ니라

人間進步의道如何홈은是古今 의問題어ㄴ臆見이또ㅎ조차多 ㅎ야或曰帝王統治의力에在라 ㅎ고或曰國民愛國性에基ㅎ다 ㅎ고或曰立憲制度에因ㅎ다ㅎ 니다肖에不中ㅎ지라 帝王主意者는拌金主義와又라 니自己를依賴ㅎ外의物을依賴 ㅎ念이漸盛ㅎ고自助自立의力 이漸々薄弱ㅎ야國家의元氣ㅣ 消耗ㅎ야可히다시回치못ㅎ리 라愛國性에려과立憲議會法案 도또ㅎ不足賴홀리라

大凡人間進步의道와國家發展 의術이國民本善의心에基치아 니ㅎ者업서社會와萬般事上에 各人本善의心을발動作用ㅎ야 朝野에信義ㅣ有ㅎ며貞實이有 케ㅎ지니如此ㅎ고進步발達치 아니ㅎ國이有치아니ㅎ니라

愛蘭에愛國者우이리야무다노 안의演說에曰獨立에語를聽홈 미能히吾國과吾市民에ㅎ說이 想起치아니ㅎ지못ㅎ나愛蘭에 獨立홈은或甲處에從ㅎ야따ㅎ 며或乙處에從ㅎ야따ㅎ며或丙 處에從ㅎ야따ㅎ나니吾人이비 록政治上獨立이全치못ㅎ나그 工藝的産業의獨立者는全히吾 人自身에려이存홈에在홈을信 홈이甚히甚ㅎ노라吾人이日々 마다行動言辭上에戒愼恐懼하 야박氷을履ㅎ는心으로써行己 홀時에累足으로進步ㅎ야國民 이此志世一ㅎ야進ㅎ면愛蘭國 民에不遠ㅎ고또他國民과如ㅎ 야可히安寧幸福의獨立地位에 達홈을得ㅎ리라　完

廣告

各收所來納金廣告

慶北永川郡第二回金一千四百 三圜九十八錢과全南光州郡二 回金七百圜二十八錢과和順郡 一回金八十八圜三拾錢合二千 一百九十二圜五十六錢을貯置 于電氣會社內銀行ㅎ事

國債報償志願金總合所

國債報償志願金總合所金二千 一百九十二圜五拾六錢을館置 ㅎ事

電氣會社內銀行

北靑郡咸南普成學校夏期試驗 時賞品出義員과優等生을如左

金 완空冊卌卷　韓尙烈仝十卷
李相夏仝三十卷　康建鳴仝十卷
金奎섭　金南勳　金永彪
金문鏞 各十卷　盧和淳
筆八拾柄　甲班　김敎英
金潤在　張豪烈　金景律
崔落憲　李柱星　金萬河
己上優等　李寅涉　李寅洪
金仁壽　鄭智鳳　朱景穆
金석杓　金德在　金淳在
己上及第　乙班　高濟漢
李賢洙　金炯俊　李喆鎔
金徹在　權明洙　金裕承
韓仁洪　金炯旭　已上優等
丙班　崔寅昊　趙基祚
張錫俊　李普厚　崔成鏞
李承洙　李德洙　尹馴
金元在　강周顯　金正孝
李종淳　崔종헌　已上優等

咸南普成學校　告白

長興郡總巡吳東燦氏는叙任周 年에外交上詳明과刑事問公正 을熱心實施ㅎ야付郡人民의誦 聲이藉々ㅎ야咸稱社父故로廣 布홈

長興居任文奎　宋亨老　告白

前主事李義鍾名字를以鍾冤으 로改艮ㅎ오니知舊曾照亮홈

富平郡居李鍾冤　告白

本館에서新舊書籍을大發售ㅎ 오니有志僉員은急々購覽홈

元山港　春城書館

黃海道檢丙勳은法律에朦昧ㅎ 여賊漢亂招로被捉된신溪居리 素班을賣賊逢賊도不査ㅎ고役 十年에宣告ㅎ미說써개任於此 業이면一般司法官이不免受恥 벋더러願該道殘氓을顧念ㅎ여 別般措處之地泣訴홈

洪召吏　告白

本人이再從職煥氏子殷均이가 素性이放蕩ㅎ야符同挾雜之弊 ㅎ고欺人圖債ㅎ라ㅎ니內外國 人은照亮ㅎ신後切勿見欺ㅎ심 을爲要

京畿廣州郡內居石補煥告白

本人이貿在二十五石을放賣次 로南大門내李允好米廛任置矣 러니該任置標紙를中路서失ㅎ 엿스오니誰某拾得ㅎ와도休紙 施行홈

三湖安永根　告白

本人의子夏鉉이自幼時로符同 類輩ㅎ야家産을蕩敗ㅎ기로玆 以廣告ㅎ오니內外國人은勿爲 去來ㅎ시을若有去來之事라도 終不施行ㅎ리니以此照亮홈

平南安州鮰井里金業祚告白

本人의再從堂叔曹善文氏는中 間失精ㅎ人이라浮浪雜類輩를 이此를奇貨로認作ㅎ고百般敎 唆ㅎ야本人의平壤外川面三里 所在田土를粥欲僞券私賣云ㅎ 기로玆에先布ㅎ오니內外國人 은切勿見欺ㅎ시옵

平壤美林曹永煥　告白

●學員募集廣告

本會에서西友學校를設立ㅎ고 學員을募集ㅎ오니入學을志願 ㅎ는者는來十一月十二日(陰 十月十日)內로本會에來議홈

一教授科目
外國語(日語)　敎育學　歷史
地誌　物理　化學　數學　漢文
圖畫　博物　植物　動物　礦物
生理學　星學　唱歌　體操

一試驗科目
漢文　筭術　四則以內
但年限은十八歲以上으로홈

隆熙元年十月十五日

西友學會告白

新刊書籍發售廣告

增修無冤錄大全 國漢文	定價金 七拾五錢
大韓法規類纂洋裝	三圜九拾錢 郵稅四拾錢
初等倫理學敎科書	二拾錢
初等衛生學敎科書	拾五錢
國家學綱領	拾五錢
國民須知	八錢
獨習日語正則洋裝 鄭雲復著	壹圜二拾五錢

發賣所　皇城布屛下　金相萬書舖

▲新刊書籍發售 廣告

書名	正價金
東國史略	壹圜五拾錢
普通敎科東國歷史	壹圜拾錢
新訂東國歷史	壹圜
歷史輯略	貳圜
大東紀年	貳圜
大東歷史	壹圜五拾錢
東國名將傳	四拾五錢
東國輿地勝覽	洋裝拾貳圜 並製拾圜
大韓疆域考	壹圜
大韓新地誌	壹圜
大韓地誌附地圖	壹圜
初等地理敎科書	七拾錢
新撰地文學	四拾錢
萬國地理	壹圜拾錢
士民必知國文	上製八拾錢 並製七拾錢
初學地誌	上製六拾錢 並製五拾錢
萬國史記	七圜
中等萬國史	七拾錢
精撰萬國史	六拾錢
東西洋歷史	壹圜五拾錢
五偉人小歷史	拾錢
世界一覽	二拾錢
世界年契	七拾五錢
公法會通	壹圜五拾錢
萬國公法要畧	五拾錢
刑法大全	六拾錢
改正刑法草案	四拾錢
法學通論	壹圜
議會通用規則	拾五錢
現行法規類纂	三圜九拾錢
外交通義	壹圜貳拾錢
商業大要	六拾錢
國家學	五拾錢
牧民心書	壹圜廿五錢
家庭敎育學	三拾錢
生理衛生學附圖	四拾錢
中等生理學	九拾錢
新撰小博物學	五拾錢
新編博物學	七拾錢
新撰小物理學	五拾錢
動物學國文	壹圜廿五錢
農政新編	五拾錢
蠶桑輯編國文	拾七錢五里
栽桑全書附衛萄栽培及釀酒法	四拾五錢
新訂筭術	六拾錢
筭術新書	八拾錢
精撰筭學解式並	七拾錢
美國獨立史	四拾錢
法蘭西新史	四拾錢
埃及近世史	四拾五錢
波蘭末年戰史	四拾錢
普法戰記	四拾錢
羅馬史附意大利史	四拾錢
越南亡國史	貳拾五錢
俄國略史	拾錢
交際新禮	拾五錢
國文西禮須知	貳拾錢
增修無冤錄大全漢文	四拾錢
大東文粹	六拾錢
尺牘完篇	壹圜五拾錢
準備時代	拾三錢
進明叢論	三拾五錢
註解西廂記	壹圜
新小說鬼聲	三拾錢
新小說血淚	貳拾전
近世女傑羅蘭夫人傳	四錢
政治小說瑞士建國誌	拾五錢
初等小學	壹圜五拾錢
幼年必讀	八拾錢
幼年必讀釋義	壹圜三拾錢
高等小學讀本	五拾錢
牖蒙千字	五拾錢
中等修身敎科書	六拾錢
溫故知新堂叢鈔	七錢五厘
父師必讀小學指南	七錢五厘
世界全圖	卅七錢五厘
大韓輿地圖	拾七錢五厘
五洲各國統屬全圖	七錢五里
詳密最新京城全圖	二拾錢
最新韓國全圖	二拾錢
最新韓國地圖	拾五錢
分道詳密韓國新地圖	五拾錢
韓國新地圖	四拾錢
漢文萬國地圖	四拾錢
漢文地球全圖	四拾錢
萬國指掌全圖	貳圜五拾錢
韓語大成獨習	壹圜五拾錢
英語獨本	壹圜四拾錢 貳錢五里
日韓通話	五拾錢
日語獨習	五拾錢
韓日會話辭典	一圜五拾錢
獨修速成日韓會話	三拾錢
普通日本文典	五拾錢
二十世紀朝鮮論	三拾五錢
比律賓戰史	四拾전
比斯麥傳	拾五錢
中等萬國地誌	壹圜貳拾錢
師範敎育學	五拾錢
高等小學修身書	廿五錢
礦物界敎科書	貳拾錢
會社法	五拾錢
國文筭學新編	四拾錢
貨幣論	壹圜貳拾錢
普通經濟學	八拾五錢
商業汎論	壹圜拾錢
中等地文學	五拾錢
大韓地理	七拾錢
漢文大韓地誌	五拾錢
飮氷室文集	四圜四拾錢
中東戰記本末	四圜
西政叢書	拾圜
中外政治彙編	五圜五拾錢
時事新論	壹圜
美國名君言行錄	壹圜
泰西新史	貳圜五拾錢
萬國通鑑	三圜

▲發售書林

中署鍾路　大東書市　金基鉉
中署罷朝橋　中央書館　朱翰榮
南署大廣橋　滙東書館　高裕相

◉國債報償義捐金收入廣告

◉國債報償義捐金
十月中本社收入總額
每日逐号明細錄
◉拾月廿五日
第一五六六號義州月華面 麻龍里 四拾二圓십전
第一五六七號鳳山鐵山坊 三圓六十전
計四十五圓七十전
十月廿五日ᄭᆞ지收入總額
一千廿四圓十三錢五里
自四月至九月收入總額
五萬五千八百三十三圓 七十三錢二厘
都總合五萬六千八百五十七圓 八拾六전七厘

●全北淳昌郡豊南面月山里錄
鄭錫煥 金鎭源 각二圓 金榮섭 朱錫立 박準吉 林章浩 金赫源 金海求 朱炳섭 각一圓 韓百圭 金默源 金善永 각六拾錢
▲竹田里 崔弘섭 鄭東鎭 각二圓 崔時院 리奉圭 박昌萬 각一圓 金八용 金弘大 각六拾전
▲上竹里 南啓沃 各五十전 南龜元 南正用 韓鳳赫 金萬祚 각四拾전
▲桐亭里 리容采 리容憲 各二圓 高得柱 리喜一 리鐘弼 各一圓 리秉萬 리喜潤 各五十전
▲下竹里 金奎善 金洪善 薛炳섭 金尙淳 各四十전 崔章淳 金在義 각廿전
▲德山里 權仁洙 崔燮섭 각八拾전 趙星浩 趙成용 각四十錢
▲金谷里 吳奉柱 吳南柱 吳長巳 각六十전
▲回德里 趙榮鎭 趙在淳 각六十전
▲臥룡里 리相傑 一圓 金奇煥 박達洙 各四十전
▲三峰村 趙琪碩 崔奇贊 趙浩鎭 朴聖之 김基석 각一圓
▲順亭里 羅緝熙 二圓 金聖一 金奇淳 趙用淳 각一圓 趙秉浩 趙秉基 趙在淳 趙深淳 각五十전
▲蘇村 金琪泳 安秉弘 각一圓 金思亥 南啓洪 각五十전
▲檻村 리炳萬 崔順宗 각廿전
▲金동面銅田里 설相基 설亨基 설憲基 설圭鎬 金光澤 설圭洪 金麗信 각卅전
▲內洞 설榮圭 一圓 설奎燮 설琪섭 각四拾錢 崔元圭 一圓 洪鍾宜 洪淳深
▲訪聖洞 楊秉哲 孔致祥 朴基東 각四拾錢 孔在鎭 孔貞鎭 각一圓
▲青龍里 金用權 鄭仁壽 各二圓 朴翰섭 金洪權 金炳權 각一圓 朴榮根 金佐權 각六十錢
▲大角里 金용權 二圓 金翼權 金學權 金炯允 김仍權 金濟완 각五십錢
▲高山동 吳洛中 六拾전 申貨俊 申公三 羅明淑 각二十錢
▲水楊亭 金在섭 金贊洙 各八拾전 丁時鍾 金洪求 朴日俊 각四十전
▲鉢山里 朱昌立 一圓 설鉉永 趙ㅁ煥 설萬石 김成合 各四十錢 洪鍾奎
二圓
▲木果面茅亭里 金滋鉉 姜大인 설鳳基 洪淳杓 洪鍾龍 洪鍾관 田基溝 尹秉璨 각四十錢
▲勤谷里 설超澤 南永元 설基煥 金奇淳 각四十錢
▲院洞 朴炳琦 金相俊 宋東元 徐京八 各卅전
▲虎峙里 설秉九 柳承洛 설亭源 趙樂鎭 각五十전
▲南溪里 柳煥東 魯琦采 柳昌基 각一圓
▲古禮里 楊錫升 九圓 孫斗男 具順業 각卅전
▲防築洞 박中憲 金宗憲 各六十전 崔東烈 金順燁 박成春 徐眞弘 李炳翊 各五十전 金千順 金斗玉 姜斗秀 各四十전 未完
合一百十三圓卅錢
前號總合五萬六千四百九拾七圓八十六전七厘
都總合五萬六千六百十一圓 十六錢七厘

◎特別廣告◎
國債報償金십二個日所捧은姑未合計이고伊前日ᄭᆞ지所捧總合五萬五千八百三拾三圓七拾三錢은電氣會社內銀行에貯置ᄒᆞ얏삽고其貯置額中三萬二千三百圓은國債報償志願金總合所로越交홈

廣告
漢城西署松橋(新作路)第四十三統 戶
辯護士 玉東奎
辯護士 許憲
合同法律事務所

●本社廣告
○申報價
一張代金 新貨二錢五厘
一個月前納 三十錢
三個月 九十錢
六個月 一圓七十錢
一個年 三圓四十錢
郵稅一張 新貨五厘
一個月 十三錢
發行兼編輯人英國人 裴說
發行所 南署石井洞號外地三層洋屋
大韓每日申報社

光武九年八月十一日 明治卅八年八月十一日郵便(第三種郵便物認可) 火曜日 西曆一千九百七年十月廿九日 (二)

第五卷

大韓每日申報

第六百四十九號

月曜及陽曆 幾時日休

檀君開國四千二百四十年
箕子元年三千二十九年
大韓開國五百十六年
日本明治四十年
淸國光緖三十三年
陰曆丁未九月大廿三日辛亥

別報

○天下大勢論 (太極報照謄) 友洋生

英雄이時勢를造ᄒᆞ고時勢가英雄을造ᄒᆞᄂᆞ니英雄과時勢ᄂᆞᆫ密接ᄒᆞᆫ關係가有ᄒᆞ도다故로一國의英雄이되라면一國의時勢를不可不知오一世의英雄이되라면一世의時勢를不可不知라蓋世英雄那破侖이何故로一朝에取敗ᄒᆞ야滄海孤島에囚客이되얏ᄂᆞ고重大ᄒᆞᆫ原因은非他라十九世紀ᄂᆞᆫ戰國時代가旣過ᄒᆞ고平和時代가到來ᄒᆞ얏거ᄂᆞᆯ時勢의變遷을全然不知ᄒᆞ고ᄒᆞᆫ갓人의國을僭竊妄奪ᄒᆞᆫ所以가아닌가然이나時勢ᄂᆞᆫ吾人의仇敵이아니오도로혀良友가되나니是를利用ᄒᆞᄂᆞᆫ者ᄂᆞᆫ强者오優者ㅣ是를利用치못ᄒᆞᄂᆞᆫ者ᄂᆞᆫ愚者오劣者니라

噫홉다二千萬同胞여我韓民族이天下大勢를能히利用乎아否乎아日淸戰爭時에所營이何處며日俄戰爭時에所營이何故오火及燎原에然從이不知ᄒᆞᄂᆞᆫ態度로高枕鼾志ᄒᆞ다가廢廢千萬習이飛灰發堆를成ᄒᆞᆫ時에始驚始哭ᄒᆞ나悔之何及고是ᄂᆞᆫ悲他라時勢를傍觀만ᄒᆞ고活用치못ᄒᆞᆫ故ㅣ라然이나一敗ᄂᆞᆫ兵家의常事ㅣ니何必再論가來事로不可不究로다

回顧ᄒᆞ야全球의外交界를周察ᄒᆞ니西洋은外交의原動力이오東亞ᄂᆞᆫ外交의目的物이로다

鐵血宰相比斯麥이普法戰爭의大勝利를得ᄒᆞ고千里一瀉의氣勢로獨逸帝國을統一ᄒᆞᆫ니數十年法國掌中에在ᄒᆞ던世界外交의中心點이德國에移來ᄒᆞ니라比斯麥이歐洲現狀을維持ᄒᆞ기爲ᄒᆞ야一面으로德奧伊三國同盟을締結ᄒᆞ야國威를四方에表彰ᄒᆞ며一面으로法國이他國의接近홈을防備ᄒᆞ더니國際上分合은一個人의能力으로左右ᄒᆞᆯ바아니라比斯麥이辭職後千八百九十五年頃에俄法의同盟이成立ᄒᆞ니德國이腹背兩間에對敵을受ᄒᆞ야外交上勢力이自然減退홈에至ᄒᆞ니라

德國現皇웰헬름二世ᄂᆞᆫ英傑의主라即位ᄒᆞᆫ初에ᄂᆞᆫ法國에種々敵慾을表示ᄒᆞ더니俄法兩國이携手同盟홈을見ᄒᆞ고忽然히對法政策을變改하야凡般機會를乘ᄒᆞ야好意를表ᄒᆞᆫ데至ᄒᆞ고東亞에서俄國과協約을求ᄒᆞ야精神上으로俄法同盟을冷化케ᄒᆞ고俄國으로ᄒᆞ여금東亞의勢力을扶植ᄒᆞ야歐洲에서壓迫ᄒᆞᄂᆞᆫ勢力을減殺케ᄒᆞ니라日淸戰役에德國이俄法과協約ᄒᆞ야遼東半島還附問題에對ᄒᆞ야日本에抵抗ᄒᆞ거시德國政略으로由ᄒᆞᆷ이라

比斯麥이去後에德國의外交政策은或은法國의友誼를求ᄒᆞ며或은俄國에秋波를送ᄒᆞ니其主義가進取的이아니오防禦的에不滿ᄒᆞ도다此間機會를利用ᄒᆞ야俄國은東亞에서活動ᄒᆞ야滿洲經營에最大利益을占得ᄒᆞ고歐洲에서飛躍ᄒᆞ야諸般外交問題에一々干涉ᄒᆞ야多數列强을虎視眈々ᄒᆞ니事實上으로世界外交에中心點이俄國에歸ᄒᆞ얏도다一盛은一衰를招ᄒᆞ나니孰能知之리오俄國이頃年에極東日本과開戰ᄒᆞ야連戰連敗의地位에立ᄒᆞ야포스마스媾和條約을締結ᄒᆞ니形式上으로觀ᄒᆞ면俄國의所失이樺太一部에不過ᄒᆞ나精神上으로論ᄒᆞ면亞東大經營이一時頓挫를當ᄒᆞ얏스니從來의威權을維持ᄒᆞ려면多少間遜色이有치아닐수無ᄒᆞ도다

未完

官報

●第三千九百八号 隆熙元年十月廿七日

敍任及辭令

秘書監郞리忠稙
侍講院侍從官趙南復
華學殿令金芝洙
西京 豊慶宮書記郞金昌식
依願免本官
命선源譜略修正時 國朝御牒書寫官 영宣君리준鎔
任華寧令 洪陵令洪承範
任洪陵台 六品金晉圭
任西京豊慶宮書記郞 鄭錫封

外報

●露領地震 俄領을總督ᄒᆞᆫ則本月二十日에사말칸드地方에서四時間을地震ᄒᆞ엿ᄂᆞᆫ데多數의家屋이破傷되얏다더라

●陰謀發覺 伯林電을據ᄒᆞᆫ則쓰알쓰코에세로地에서露國皇帝陛下께서露車를乘御ᄒᆞ셧ᄂᆞᆫ데此를利用ᄒᆞ야皇帝를謀計로暗殺ᄒᆞ라ᄒᆞᄂᆞᆫ者를發覺ᄒᆞ야彼得堡에서捕縛ᄒᆞ엿다더라

●鐵道電信收入豫算 東京電信을依ᄒᆞᆫ則來年度收入豫算表을頒布ᄒᆞ엿ᄂᆞᆫ데鐵道의利益額이約三千四百萬圓이오郵便電信收入額이約三千六百萬圓인ᄃᆡ郵便電信收入額을本年度에比較ᄒᆞ면約二百萬圓이增加될터이라더라

●淸國政府黨萌芽 北京通信을依ᄒᆞᆫ則梁啓超氏ᄂᆞᆫ政黨組織에就ᄒᆞ야最高에大隈伯에意見을開ᄒᆞ고預來政聞社를組織ᄒᆞ야政黨의基礎를定ᄒᆞᆫ淸國의當局者와提携活動ᄒᆞᆯ計劃으로孫逸仙씨를首領을삼ᄂᆞᆫ緣由로革命派ᄂᆞᆫ益々惡感情을抱ᄒᆞ고送別會ᄃᆡ錦輝館에서衝突이되깃다ᄒᆞ엿더라

●島港大工場 露國海軍省에서ᄂᆞᆫ오港에서何事의大工場創을하ᄂᆞᆫ대軍港司令長官臨時府의下에何를建築ᄒᆞᄂᆞᆫ지詳知치못ᄒᆞ거니와想必大造船所이라더라

●領地의所爭 淸國政府ᄂᆞᆫ日本人이占領ᄒᆞᆫ푸라다스島ᄂᆞᆫ淸國領土로ᄒᆞ야小廣總督張人駿의게重鎭을命ᄒᆞ엿다더라

●淸國留學生의黨派 目下日本에留학ᄒᆞᄂᆞᆫ淸國留學生의黨派와及其會員의數爻가如左ᄒᆞ니政俗黨會ᄂᆞᆫ代表者楊度宗旨預備立憲會員略五百人이오憲政講習ᄂᆞᆫ代表者熊希齡宗旨研究憲政會員略七八百人이오政聞社ᄂᆞᆫ代表者蔣智由宗旨空談은立憲會員略二三百人이오中國同盟會代表者孫文宗旨實行革命會員略四千餘名이라더라

●諮政院事務開始 北京電을據ᄒᆞᆫ則諮政院總裁傅倫貝子及孫家리氏가本月十九日에內閣에서會議ᄒᆞ얏ᄂᆞᆫ데伊日브터諮院事務를開始하얏더라

●廣西鐵道計劃 北京電을據ᄒᆞᆫ則廣西巡撫張鳴岐씨가該省鐵道를九十九年間私設測案으로ᄒᆞ고其期限以內에ᄂᆞᆫ政府에서勿爲還收ᄒᆞ고先行兩을支出ᄒᆞ야其測量費에充用ᄒᆞᆯ意로上奏ᄒᆞ얏다더라

寄書

閔良師于二千萬同胞

生此靑邱人族이孰不噓唏曰固我自由라야復我獨立이오將我獨立이라야生命財產을可保라ᄒᆞ려오然空言이何益가誓計莫若忘憂服發ᄒᆞ고反復研究ᄒᆞ지로다曰上陳ᄒᆞᆫ과如히國之獨立은在於國民ᄒᆞ고自由民之自由ᄂᆞᆫ必於敎育ᄒᆞ니道ᄂᆞᆫ在宏傑ᄒᆞᆫ民師의導之能致也라警世木鐸의先生을今局에胞의계踊躍ᄒᆞ노나非昔ᄒᆞ고熱際受業이며亦非徒發于耳라此先生은定座一處라도使全國人民으로安坐受業케하ᄂᆞᆫ能力이有ᄒᆞ니其志也剛直ᄒᆞ고其識也巨擘이라勤實ᄒᆞᆫ敎訓과激仰ᄒᆞᆫ論談이使人感服ᄒᆞ며其溫良嚴正의表範은使人悅服踊躍케ᄒᆞᄂᆞᆫ지라切刷道德을故而佩之ᄒᆞ며勤而聽之ᄒᆞ면其宏見博識과切當至論이言言節々에銘心刻骨케ᄒᆞ며自上古로至于今日의至德ᄂᆞᆫ學術과東西兩球上에經天緯地ᄒᆞᆫ文明과談과國內銀行과海外情形을源々不絕ᄒᆞ야使我東半島二千萬民族으로四千年祖國精神을研究ᄒᆞ야獨立自由의確然方針이藏在此先生頭腦ᄒᆞ니先生의敎育結果ᄂᆞᆫ豐國要素와經國資本을可得而向所謂空言虛歎이如水流雲捲할지니使窮而無力者와貧而無智者로得保護財產之能力이며得與旣產業之智力ᄒᆞᆯ지며使作他國倡鬼而失祖國精神者로不禁愧怍而勉々美性ᄒᆞᆯ지며使愛身者로自知身與國家之關係而愛國之心油然自動ᄒᆞᆯ지며使愛國者로宅心을從堅而愛國如家ᄒᆞ며愛國如身ᄒᆞ다가有時取義成仁을亦自甘心ᄒᆞᆯ지라此外諸般發達의方針을不能枚擧ᄒᆞᆯ지니使全局으로敎育이若是布達이면復我獨立이豈其難哉며豈不哉아大哉라先生之德也며微先生이면我等이與誰歸리오嗟我同胞共여受ᄒᆞ先生敎訓ᄒᆞ야復我個々自由ᄒᆞ고恢復我獨立을懇乞泣祝ᄒᆞ노니幸勿泛聽이어다先生은誰也오姓大韓氏每日申報也오力爲者ᄂᆞᆫ安東台云也로다

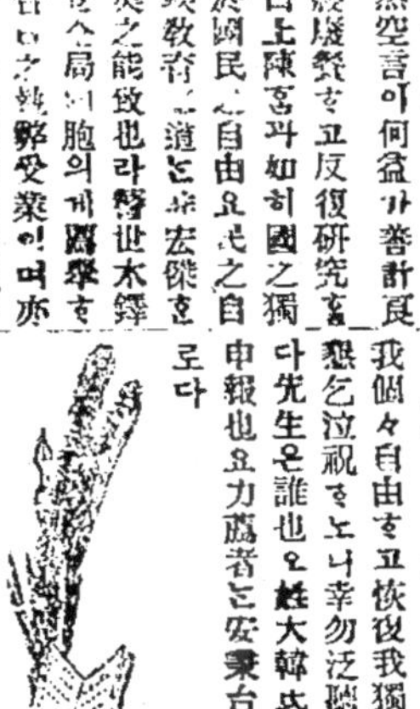

雜報

●狐假虎威 南來人의傳說을聞ᄒᆞᆫ則金山郡居朴鍾夏가本以奸吏之習으로殘滿某大官을憑籍ᄒᆞ고他人의田畓을狀僞로抑買ᄒᆞ며錢穀을非理로濫取ᄒᆞ다고怨聲이狼藉ᄒᆞ더라

●裁判公正 苑洞居崔英根氏의畓券事ᄂᆞᆫ前号에已載ᄒᆞ엿거니와該畓은土在官에呼訴ᄒᆞ야交河郡守尹某씨가判決ᄒᆞ되日人이畓券을雖曰典執이나官許證明書가初無ᄒᆞ고又不踏驗ᄒᆞ엿스니大韓法例라ᄒᆞ야日人松宮竹次郞을罰之落科ᄒᆞ고押領ᄒᆞᆫ畓券을禁止하미該郡守가新式에嫺熟ᄒᆞᆷ과裁判의公正ᄒᆞᆷ을聞者莫不稱頌ᄒᆞ다더라

雜報

●下諭학徒　東宮殿下께옵셔今番秋期大運動會에優等施賞ᄒᆞᆫ학徒에姓名을학部大臣에게下諭ᄒᆞ옵셧다더라

●學徒陪往　伊藤統監歸國時에　東宮殿下게옵셔日本東京에留學ᄒᆞ실次로出駕ᄒᆞ신다ᄂᆞᆫ대修學院학徒도留학次로　東宮殿下를陪從渡去ᄒᆞᆫ다더라

●官制改正件　各部官制改正件을擬議編聞ᄒᆞ와大審院을設立ᄒᆞ고院長一人檢查總長一人은日人이敕任ᄒᆞ고判事七人을置ᄒᆞ되四名은日人이被任ᄒᆞ고三名은韓人이오控訴院을設置ᄒᆞ고院長一人檢查正一人은日人이敕任ᄒᆞ고判事五人을置ᄒᆞ되三名日人이被任ᄒᆞ고二名은韓人이오法部에ᄂᆞᆫ法務局總장은日人이被任ᄒᆞ고民事局刑事局을合設ᄒᆞ야一等局으로磨鍊ᄒᆞ야局長은日人이被任ᄒᆞ고學部에ᄂᆞᆫ學務局을二等局으로磨鍊ᄒᆞ고內部에ᄂᆞᆫ會計局을改爲課라ᄒᆞᆫ다더라

●獻金分等　各部大臣이議決ᄒᆞ야度支部顧問目賀田氏ᄂᆞᆫ慰勞金一萬圜으로軍部顧問野津氏ᄂᆞᆫ八千圜으로宮內府顧問加藤增雄氏ᄂᆞᆫ五千圜을支給ᄒᆞᄂᆞᆫ것이妥當ᄒᆞ다ᄒᆞ얏다더라

●統監歸國期　曾미副統監은十一月上旬頃에歸國ᄒᆞ얏다가一週日後에歸任ᄒᆞ고伊藤統監은其後에即時歸任ᄒᆞᆯ豫定이라더라

●支出額會議　度支部에셔內閣에請議ᄒᆞ되漢城檢疫費一萬七百三千四圜八十전을豫備金中支出ᄒᆞᆷ와內部所關警務整理費增額三萬一千二百七十六圜四拾八전支出事를會議에提出ᄒᆞ라ᄒᆞ얏다더라

●餞別淚　目賀田氏가再昨日에送別宴을排設ᄒᆞ얏다홈은別項과如ᄒᆞ거니와其時景況을漏聞ᄒᆞᆫ즉總理大臣李完用氏와目賀田씨間에交情이尤極親密ᄒᆞ던지不知ᄒᆞ거니와互相間에惜別之情을不勝ᄒᆞ야飲泣而散會ᄒᆞ얏다더라

●慶尹發程　慶興府尹金榮鎭氏가赴任次로本日京釜鐵道一番列車로발程ᄒᆞ얏다더라

●斷不改遞　近日地方郡守들이義徒의騷擾ᄒᆞᆷ을因ᄒᆞ야或安靜ᄒᆞᆫ郡으로遷轉도ᄒᆞ라ᄒᆞ고或觀望逗遛ᄒᆞᄂᆞᆫ郡守가多數ᄒᆞ나內部大臣任善準씨가既往敍任ᄒᆞᆫ郡守ᄂᆞᆫ自己內大改遞ᄒᆞ기前에ᄂᆞᆫ斷不改遞ᄒᆞ기로決心ᄒᆞ얏다더라

●留學緊氏　經理院監督鄭臣혁氏가自己子兄弟를日本에留學次로日前에發送ᄒᆞᄂᆞᆫ대日警視某氏의게緊托ᄒᆞ야溫突을修造ᄒᆞ야居處等節을便利케ᄒᆞ여달나ᄒᆞ얏다더라

●研究延期　慈善演藝會에셔再昨日에養正義塾內에會集ᄒᆞ야諸般事務를研究ᄒᆞᄂᆞᆫ대任員이未備ᄒᆞ야來日曜日에會同研究ᄒᆞ기로延期ᄒᆞ얏스나事務員이準備치못ᄒᆞ야明日에도또延期가되리라더라

●賞金頒給　去番日本皇太子殿下渡韓時에警備ᄒᆞ던一般警官의게賞與金을下賜ᄒᆞ셧ᄂᆞᆫ대昨日警視廳에서該金을頒給ᄒᆞ되警部의게ᄂᆞᆫ各一圜式이오警部巡查와總巡巡檢에게ᄂᆞᆫ各五十錢式이라더라

●宴會二日　再昨日上午十二時에總理以下각部大臣이北闕內慶會樓에서財政監查장目賀田氏餞別宴을開設ᄒᆞ얏고昨日上午拾二時에ᄂᆞᆫ慶會樓에셔總理大臣以下각部大臣이官民同樂宴을盛設ᄒᆞ고각社會와女子社會ᄭᆞ지一齊히請邀宴待ᄒᆞ얏고本日은각大臣이桂大將餞別宴을盛設ᄒᆞ얏다더라

●鐵道保護　京釜鐵道를保護ᄒᆞ기爲ᄒᆞ야水原停車場과太田停車場兩處에軍司令部出張所를設置ᄒᆞᆫ다더라

●請願작還　侍從李秉禹氏가身病으로數十日을仕進치못ᄒᆞᆫᄂᆞᆫ故로請願書를繕呈ᄒᆞ얏더니該請願書를작還ᄒᆞ얏다더라

●規避不得　蔚珍郡守李啓復氏가地方騷擾를因ᄒᆞ야內部에請願ᄒᆞ엿더니該部에셔徽還ᄒᆞ고即速赴任하라ᄒᆞ얏다더라

●宣諭報告　鎭川郡守신奭秀忠州郡守金在殷堤川郡守趙重顯三氏ᄂᆞᆫ即爲勞免ᄒᆞ고可堪之人을擇差敍任ᄒᆞ야以協民望ᄒᆞ라고該道宣諭使리舜夏氏가內部로報告ᄒᆞ얏다더라

●장倅被傷　장湍郡守리公雨氏가該道裁判所檢事의拿引章을承ᄒᆞ야押上之際에中路에서義徒數拾名의게重傷을被ᄒᆞ얏다더라

●劉氏請願　法官養成所教官劉文煥氏가法部에辭職請願ᄒᆞ얏다더라

●百圜寄付　今番聯合大運動會에長谷川大將이一百圜을寄付ᄒᆞ얏다더라

●張氏出教　國成社々長張鎬永氏가遊潤教會中人으로教會에總心이無하고鄙悖ᄒᆞᆫ行爲가有ᄒᆞᆫ故로該教會中에셔出教ᄒᆞ얏다더라

●橫被兵火　伊川郡守石明瑄氏가內部로報告ᄒᆞ되本郡明德廣峴兩里居民이只是十戶而該兩里民이會集ᄒᆞ야登山伐木이러니日軍隊通詞一名이騎馬過去라가該民等을見ᄒᆞ고何許人인야問ᄒᆞ미樵夫ᄂᆞᆫ伐木ᄒᆞᄂᆞᆫ人이라答하얏ᄂᆞᆫ대就中明德里居耶甚金이가以醉홈으로通詞의去就를問ᄒᆞ얏더니通詞가殊常之人으로誤認ᄒᆞ고即時諸兵以來ᄒᆞ야無數放銃ᄒᆞ며該洞十家를放火連燒而女人一名이銃傷을受ᄒᆞ얏삽고該民等에莫接之策이別無民窮하와玆에報告ᄒᆞ오니該被燒十戶戶布ᄂᆞᆫ按例蠲減ᄒᆞ시고其所莫接之方과恤惠之典을特下處分ᄒᆞ라ᄒᆞ얏더라

●報請賞與　忠北觀察使리鍾成氏가內部로報告ᄒᆞ되暴徒의게被害ᄒᆞᆫ趙四蓬과生擒된鄭一用申泰蕃金完植金善一等五巡檢을特別褒賞ᄒᆞ라ᄒᆞ얏ᄂᆞᆫ데指令ᄒᆞ되醫藥賞與金을照ᄒᆞ야각署賞與金中으로適宜支給ᄒᆞ라ᄒᆞ얏다더라

●金氏好義　平安北道博川居ᄒᆞᆫ前都事金鶴弼씨ᄂᆞᆫ孝行이特異ᄒᆞᆫ되樂善好施ᄒᆞ야產母의米鹽과喪家의棺布와疾病의藥材와節日의전穀과窮春에賑粮과貧婚의義助와學校의義捐等事가累人不欽歎하야道內紳士가褒奬ᄒᆞᆯ意로府郡에齊籲ᄒᆞ나本觀察使가內部에報ᄒᆞ얏다더라

●開校興旺　今番大運動會에開城各學校의入京ᄒᆞᆫ盛况은前號에已報어니와培義學校校長林圭永孟東義塾長徐文鉉光明學校長金瀅植松明學校長尹聰斗普昌學校長金基夏永昌學校長閔泳弼開城學堂長韓教序春雨學校長馬又吉普通學校校長及教育總會會員劉元杓孫鳳文李寬根諸氏와並各학校任員三十二人과聯合學員一百八十六人總計二百十八人이來參ᄒᆞ얏ᄂᆞᆫ데行伍整齊ᄒᆞ고學業이優勝ᄒᆞᆫ지라　皇太子殿下께셔召見ᄒᆞ사靜々勸勉ᄒᆞ시미一般學徒가莫不愷感ᄒᆞ얏고且其中에最優等受賞이四人이니於是乎松京之文化振興은可謂可賀라더라

●安氏有志　白川郡道上面松城居安命鎬氏ᄂᆞᆫ常居에新학文에留意ᄒᆞ야手不釋卷ᄒᆞ고親戚故舊를勸以학文ᄒᆞ며自己子姪은送京入校ᄒᆞ얏다더라

●李氏寄付　三昨日官私立각학徒聯合大運動會에商務查局長李鳳來씨가空冊五十卷과鉛筆一匣을寄付ᄒᆞ얏더라

●育英移附　私立公州育英학校經費를該校長리殷喆씨가自備擔任ᄒᆞᄂᆞᆫ대無他補助에勢殫力絀ᄒᆞ야塗抹無策ᄒᆞ야維持末由ᄒᆞ야不得已廢校ᄒᆞ고學徒ᄂᆞᆫ移入于該郡普通學校ᄒᆞ얏다더라

●培英証書　中和郡私立培英學校學徒高等生卒業証書와尋常科進級證書授與式을陰十月十日에舉行ᄒᆞᆫ다더라

●一進被害　本月二日午後二時頃에暴徒四百名이自淮陽方面으로原州郡에來到ᄒᆞ야該郡羌南面口兩面에서一進會員幾名을砲殺ᄒᆞ고牛十七隻을奪去ᄒᆞ얏다더라

●海察請巡　黃海道觀察使가內部로電報ᄒᆞ되本道內各郡에暴徒가蜂起ᄒᆞ니巡檢一百二十九名을每名洋銃一柄과彈丸幾十발式給與ᄒᆞ야不日下送ᄒᆞ라ᄒᆞ얏더라

▲地方消息▼

▲二十三日積城郡甘嶽山에屯聚ᄒᆞ엿던義兵이楊州邑二十里許에侵入ᄒᆞ고其後義兵約二百名이同日에來襲ᄒᆞ야合勢ᄒᆞ엿다ᄒᆞ고

▲十八日安峽郡自岩里에集合ᄒᆞᆫ義兵一百二拾名이伊川邑을襲擊ᄒᆞᆫ다ᄂᆞᆫ情報가有ᄒᆞ며邑內人民等이多數히避難ᄒᆞ고郵便取扱所ᄂᆞᆫ引揚의準備홈으로襲擊을免ᄒᆞ엿다ᄒᆞ고

▲安岳長連殷栗三郡地境에在ᄒᆞᆫ九月山에義兵이潛伏ᄒᆞ엿다홈으로日兵四五十名이出向ᄒᆞ엿다ᄒᆞ고

▲本月十九日에義兵約二百五十名內解散兵約百名이珍高嶺西北方高地에서日兵이向ᄒᆞ야射擊ᄒᆞᆫ則日兵이約四時間을對戰ᄒᆞ야義兵을退却ᄒᆞ엿다하고

▲蔚珍郡北方約五十里松亭洞附近에셔集合ᄒᆞᆫ義兵과合勢하야蔚珍郡을攻擊ᄒᆞᆫ다揚言홈을日兵이探知ᄒᆞ고討伐ᄒᆞ기爲ᄒᆞ야出發하엿다ᄒᆞ고

▲去二十一日에義兵約三百五十名內에解散兵約二百名이混合ᄒᆞᆫ義兵이高城郡에서日兵과交戰ᄒᆞ다가義兵이退却하얏다ᄒᆞ고

▲二十六日발鳥致院電을據ᄒᆞᆫ則昨日午前二時頃에義兵約一百六十名이平澤郡衙을來襲ᄒᆞᄂᆞᆫ대外三門及分派所門을破傷ᄒᆞ며郡吏을毆打ᄒᆞ고水原方面으로走向ᄒᆞ얏고同日夜에安城川高湖對岸에義兵이潛伏홈을疑訝ᄒᆞ야成歡驛日守備隊에서日兵과巡查를派送ᄒᆞ얏다ᄒᆞ고

▲十八日全南光州守備隊의報告를依ᄒᆞᆫ즉去十七日曉에智異山中에在ᄒᆞᆫ義兵과日小隊가交戰ᄒᆞ얏ᄂᆞᆫ데義兵이敗走ᄒᆞ얏다더라

▲菊下對酌▼

淸國學部管理張之洞氏가各府縣에對ᄒᆞ야大村은每百戶에學校一個所를設立ᄒᆞ고小村은數三村에一個所를設立케ᄒᆞ기爲ᄒᆞ야戶籍을調査ᄒᆞᆫ다ᄒᆞ니支那政府에서人才를養成ᄒᆞ야國家의基礎을鞏固케ᄒᆞ고大韓政府에서도學校를稍稍成立ᄒᆞ야學徒의進就가頗有可觀ᄒᆞ니東洋世界에第一好消息이로고

▲日本名士某氏의所著ᄒᆞᆫ雜誌를據ᄒᆞᆫ즉重約束ᄒᆞ며殉公德ᄒᆞᄂᆞᆫ念이國民의精神을團配ᄒᆞᄂᆞᆫ間은其國이強盛을不失ᄒᆞ다가此念이一去ᄒᆞ면其國이孤弱立到ᄒᆞ나니人이生氣를一失하면雖有神醫이나亦不可救와如ᄒᆞ니라今省韓國現狀이實爲如何오士ᄂᆞᆫ信義가爲何物이며不解ᄒᆞ고民은公德이爲何物인지不知ᄒᆞ야舉世가利祿窮道의使役ᄒᆞᄂᆞᆫ바되여其心을照燭홈에亦可憫憐이라此虛僞精神을矯採ᄒᆞ야士風을作興치아니ᄒᆞᆫ즉中興自强을何日可得이리오ᄒᆞ얏스니大韓人士ᄂᆞᆫ此等藥石之言을三復眛念ᄒᆞ시오

▲國文研究委員들이國文吐도不成說話ᄒᆞ면서委員에參與ᄒᆞ야薪俸을提出ᄒᆞ니大韓사람ᄂᆞᆫ賢卿엽ᄂᆞᆫ名譽ᄂᆞᆫ몸시조아ᄒᆞ지

▲中樞院議官李根澔씨ᄂᆞᆫ當年에勢力이掀天하더니南柯一枕에甘夢을忽覺ᄒᆞ야無聊伽人이되여杯亭山寺에提携朋儕ᄒᆞ고消暢終日ᄒᆞ니可謂平地神仙이나賀禄은消凉치못ᄒᆞᆯ걸

▲近日에淸潔法을實施ᄒᆞᆫ다ᄒᆞ고坊坊曲曲에閭廁을封鎖ᄒᆞ고거름장ᄉᆞ를嚴禁ᄒᆞ미家家에糞堆가如山ᄒᆞ니淸潔實施가아니오汚穢實施로고

▲日昨訓鍊院에서各學校運動場에觀光하ᄂᆞᆫ人이男女老少가如雲히集ᄒᆞ얏ᄂᆞᆫ대日本巡查와韓國巡檢이道路左右에羅立ᄒᆞ야平民의入人홈을嚴禁ᄒᆞ되學徒와입人은無所拘碍ᄒᆞ지라人民中에子弟를學校에趂即教育치못홈을恨歎ᄒᆞ얏다니至今도[illegible]이지

◉社告

地方各支社와商人購覽員에게本申報配達이或滯留或遺漏가非一非再ᄒᆞᆫ바但以書辭通知가礙碍가無ᄒᆞ야郵便局交涉이難便ᄒᆞ니此後로ᄂᆞᆫ申報封皮에出付와收到日付印期限이過滯者를剔拔褒合ᄒᆞ얏다가本社로委送ᄒᆞ심을爲望홈

大韓每日申報社

雜報

●講壇設議 歐米各國에다講壇이有ᄒᆞ야時々로有名ᄒᆞᆫ석儒와或發明家를延聘ᄒᆞ야그談話를聽取ᄒᆞᄂᆞ니大槪新勢에進步ᄒᆞ미流水不停ᄒᆞᆷ과如ᄒᆞ고知識을啓ᄒᆞ며德行을ᄒᆞ고富强을圖ᄒᆞ대國誠殫力ᄒᆞ야晝로夜를繼ᄒᆞ며오ᄂᆞᆫ一日이라도人의後됨을恐ᄒᆞ니死國人民의稱勸ᄒᆞᄂᆞᆫ狀態가大槪如此ᄒᆞᆫ지라

이러므로學校教育外에다시講壇을設ᄒᆞ니此ᄂᆞᆫ社會教育에一關係也라日本은古來로寄席講談이有ᄒᆞ야古今에英雄豪傑人傳과游俠士傳과或怪談과戀愛談類를講話ᄒᆞ되그趣向을見ᄒᆞ면歐米講壇의規模와不同ᄒᆞ야市井勞働者를招集ᄒᆞ야그勸홈을慰勞ᄒᆞ고特異快奇ᄒᆞᆫ談說을作ᄒᆞ야一座로感興케ᄒᆞᄂᆞ니그品位를論ᄒᆞᆫ則不足ᄒᆞ나然而當時에聽講ᄒᆞ던人이一朝에軍旅에委身ᄒᆞ야提劍擔銃ᄒᆞ고臨陣對敵ᄒᆞ며그忠勇ᄒᆞᆫ精神이涌然奮발ᄒᆞ야死守不動ᄒᆞ니諸國軍들이日本兵士ᄂᆞᆫ不可及이라嘆賞不已ᄒᆞ니是ᄂᆞᆫ寄席講의效果가實多ᄒᆞᄂᆞ니다

且寄席講師ᄂᆞᆫ그身으로斯藝를任ᄒᆞ야十年二十年을研究ᄒᆞ되一心專志ᄒᆞ야奕秋의계聽홈과如ᄒᆞ나니그러므로及出席上ᄒᆞ야ᄂᆞᆫ巧言妙辯을연出ᄒᆞ야人耳를차從ᄒᆞ고로聽衆이數千이라도肅然靜默ᄒᆞ야一咳을不發ᄒᆞ나니라

話味가漸酣ᄒᆞ야或忠孝義烈을論ᄒᆞ며或人情悲哀ᄒᆞᆫ說話處에到ᄒᆞ면談者聽者가自己의身이其境에居ᄒᆞ며目이其事를도홈과如ᄒᆞ야滿座가或歔欷ᄒᆞ며或流涕ᄒᆞ야不能收攝ᄒᆞᆫ境에至ᄒᆞᄂᆞ니往々講席에皆然이라此가一場閒話에不過ᄒᆞ나그人心을感動하고그忠義를激발홈이如此하니라

今에我韓은財政이未整ᄒᆞ고國帑이空乏ᄒᆞ니此時를當ᄒᆞ야비록十三道에學校를普設코져ᄒᆞ나可辦키難ᄒᆞᆫ지라然이나敎養ᄒᆞᆯ방책가洵刻急ᄒᆞ고尤急ᄒᆞ니可히一日이라도廢置치못ᄒᆞᆯ지라西々키講壇을設ᄒᆞ되校舍新築ᄒᆞ기를要치말며또ᄒᆞᆫ敎師給俸을須치말고毋論都市村落ᄒᆞ고그中有志人家에就ᄒᆞ야一席을鋪ᄒᆞ고開演ᄒᆞ면ᄀᆡ無妨ᄒᆞ고聽者ᄂᆞᆫ或十人或數拾人이라도亦可也요其談話趣向도또ᄒᆞᆫ一定規式을要치아니ᄒᆞ야或聖賢遺話와英傑故事와農商工學이皆可也라大抵如此便宜ᄒᆞᆫ法이써教育欠缺을補하야全國人民으로孜々矻々ᄒᆞ야晷刻을留치아니케홈은時勢思潮를超코ᄌᆞᄒᆞᄂᆞᆫ意也라

且學校ᄂᆞᆫ少年子弟가可히就學홈이오年齡이三十四拾人은그恩波를沐浴키不能ᄒᆞ야依然히吳下阿蒙을作ᄒᆞᆯ奇恐을爲ᄒᆞᄂᆞᆫ道가未備ᄒᆞ야所損이極大로다今若講壇을議設ᄒᆞ야老少가混坐說聽ᄒᆞ야그益을均獲케ᄒᆞ면雖衰頹ᄒᆞᆫ國勢라도必當湧盛ᄒᆞ리니幸毋忽諸어다

●願留不得 鎭岑郡守鄭昌영氏가一自赴任以後로治蹟이優著ᄒᆞ야吏民이俱服ᄒᆞᆫ지라該郡守가辭免次로內部에再三請願ᄒᆞᆷ으로吏民이番々願留러니今番秋稼殿最에居下가된지라該郡守가上京코ᄌᆞᄒᆞᆫ대吏民等이會集ᄒᆞ야期欲不捨ᄒᆞᄂᆞᆫ지라該郡守가微服을換着ᄒᆞ고太田停車場에來到ᄒᆞ야衣冠을更着ᄒᆞ고鐵路로上京ᄒᆞ얏ᄂᆞᆫ데該郡吏民이如失父母라더라

●齊民呼訴 密陽郡人民代表人李遠憲傳說을聞ᄒᆞᆫ즉本郡이自來吏習의侵虐을被ᄒᆞ야每結頭當平三錢式加歛ᄒᆞ얏스니何幸今年結稅吏讓에舊吏ᄂᆞᆫ革罷ᄒᆞ고薦員은從民所望ᄒᆞ야採用이되稅務官李宗植씨가不違章程ᄒᆞ고各面薦員을仍用舊吏ᄒᆞ고加以每結頭新貨四十錢之說로威脅農民ᄒᆞ야促合考卜에民難支保라一郡之民이呼冤於府郡則區防이非不嚴禁이되所謂十二面面長이符同吏輩하야抑奪訴狀ᄒᆞ고敢於以新貨三十전으로侵漁結民ᄒᆞ니如此更張之世에密民은冤罪오不啻冤抑而體章府區ᄒᆞ야日間度支部에呈訴ᄒᆞᆫ다더라

廣告

前參奉金正漢名字以金昌漢改正知照閒照亮

金昌漢 告白

平壤中學徒鄭誠熙上京云本人今廿一日亦爲上來有相議事故玆以廣告與洞一統八戶正尉金顯來宅本臨希望

金鎭國 告白

長興郡總巡崔東燦氏ᄂᆞᆫ敍任周年에外交上詳明과刑事聞公正을熱心實施ᄒᆞ야付郡人民의誦聲이藉々ᄒᆞ야成稱社父故로廣布홈

長興居任文奎 宋亨老 告白

本館에서新舊書籍을大發售ᄒᆞ오니有志僉員은從々購覽홈

元山港 春城書館

本人의再從姪煥氏子般均이가素性이放縱ᄒᆞ야符同挾雜之弊ᄒᆞ고欺人騙貨ᄒᆞ라ᄒᆞ니內外國人은照亮ᄒᆞ신後切勿見欺ᄒᆞ심을爲要

京畿廣州郡居石禰煥 告白

本人의子夏鉉이自幼時로符同類輩ᄒᆞ야家産을蕩敗ᄒᆞ기로玆以廣告ᄒᆞ오니內外國人은勿爲去來ᄒᆞ시옵若有去來之事라도終不施行ᄒᆞ리니以此照亮홈

平南安州邑井里金鼎舜 告白

本人의再從堂叔曾善文氏ᄂᆞᆫ中南夫精ᄒᆞᆫ人이라浮浪雜類輩를이此奇貨로認作ᄒᆞ고百般敎唆ᄒᆞ야本人의平壤外川面三里所在田土를將欲僞券私賣云ᄒᆞ기로玆에先布ᄒᆞ오니內外國人은切勿見欺ᄒᆞ시옵

平壤美林曾永煥 告白

漢城銀行券壹百圜標見失ᄒᆞ엿스니誰某拾得休紙施行홈

徐相紫 告白

9008

○民事訴訟代理와刑事辯護及鑑定顧問과諸文案起草諸般事務를迅速處理홈

漢城南部小共洞第拾六統五戶

辯護士 前判事 前檢事 金正穆

事務員 前博士 鄭雨興

漢城西署松橋(新作路)第四十三統二戶

辯護士 玉東奎

辯護士 許憲

合同法律事務所

新刊書籍發售廣告

增修無冤錄大全 國漢文 定價金七拾五錢
大韓法規類纂 洋裝 三冊九拾錢 郵稅四拾錢
初等倫理學教科書 二拾錢
初等衛生學教科書 拾五錢
國家學綱領 拾五錢
國民須知 八錢
獨習日語正則 洋裝 鄭雲復著 壹圜二拾五錢

發賣所 皇城布屛下 金相萬書舖

▲新刊書籍發售廣告▼

東國史略	壹圜五拾錢
普通教科東國歷史	壹圓拾錢
新訂東國歷史	壹圓
歷史輯略	貳圓
大東紀年	貳圓
大東歷史	壹圓五拾錢
東國名將傳	四拾五錢
東國輿地勝覽	洋裝拾貳圓 並製拾圓
大韓疆域考	壹圓
大韓新地誌	壹圓
大韓地誌附地圖	壹圓
初等地誌教科書	七拾錢
新撰地文學	四拾錢
萬國地理	壹圓拾錢
士民必知國文	上製八拾錢 並製七拾錢
初學地誌	上製六拾錢 並製五拾錢
萬國史記	七圓
中等萬國史	七拾錢
精撰萬國史	六拾錢
東西洋歷史	壹圓五拾錢
五偉人小歷史	拾錢
世界一覽	二拾錢
世界年契	七拾五錢
公法會通	壹圜九拾錢
萬國公法要略	五拾錢
刑法大全	六拾錢
改正刑法草案	四拾錢
法學通論	壹圓
議會通用規則	拾五錢
現行法規類纂	三圓九拾錢
外交通義	壹圓貳拾錢
商業大要	六拾錢
國家學	五拾錢
牧民心書	壹圜廿五錢
家庭教育學	三拾錢
生理衛生學附圖	四拾錢
中等生理學	九拾錢
新撰小博物學	五拾錢
新編博物學	七拾錢
新撰小物理學	五拾錢
動物學國文	壹圓廿五錢
農政新編	五拾錢
蠶桑輯編國文	拾七錢五里
栽桑全書及附葡萄栽培釀酒法	四拾五錢
新訂算術	六拾錢
算術新書	八拾錢
精撰算學解式並	七拾錢
美國獨立史	四拾錢
法蘭西新史	四拾錢
埃及近世史	四拾五錢
波蘭末年戰史	四拾錢
普法戰記	四拾錢
羅馬史附意大利史	四拾錢
越南亡國史	貳拾五錢
俄國略史	拾五錢
交際新禮	拾五錢
國文西禮須知	貳拾錢
增修無冤錄大全 漢文	四拾錢
大東文粹	六拾錢
尺牘完編	壹圓五拾錢
準備時代	拾三錢
進明彙論	三拾五錢
註解西廂記	壹圓
新小說鬼聲	三拾錢
新小說血淚	貳拾錢
近世女傑羅蘭夫人傳	四錢
政治小說瑞士建國誌	拾五錢
初等小學	壹圓五拾錢
幼年必讀	八拾錢
幼年必讀釋義	壹圓三拾錢
高等小學讀本	五拾錢
訓蒙千字	五拾錢
中等修身教科書	六拾錢
溫故知新堂叢鈔	七錢五厘
父師必讀小學指南	七錢五厘
世界全圖	卅七錢五厘
大韓輿地圖	拾七錢五厘
五洲各國統屬全圖	七錢五里
最新詳密京城全圖	二拾錢
最新韓國全圖	二拾錢
最新韓國地圖	拾五錢
分道詳密韓國新地圖	五拾錢
韓國新地圖	四拾錢
漢文萬國地圖	四拾錢
漢文地球全圖	四拾錢
萬國指掌全圖	貳圓五拾錢
韓語大成獨習	壹圓五拾錢
英語獨本	壹圜四拾 貳錢五里
日韓通話	五拾錢
日語獨習	五拾錢
韓日會話辭典	一圓五拾錢
獨修速成日韓會話	三拾錢
普通日本語典	五拾錢
二十世紀朝鮮論	三拾五錢
比律賓戰史	四拾錢
比斯麥傳	拾五錢
中等萬國地誌	壹圓貳拾錢
師範教育學	五拾錢
高等小學修身書	廿五錢
礦物界教科書	貳拾錢
會社法	九拾錢
新文算學新編	四拾錢
貨幣論	壹圓貳拾錢
普通經濟學	八拾五錢
商業汎論	壹圓拾錢
中等地文學	五拾錢
大韓地理	七拾錢
漢文大韓地誌	五拾錢
飲氷室文集	四圓四拾錢
中東戰紀本末	四圓
西政叢書	拾圓
中外政治策編	五圓五拾錢
時事新論	壹圓
美國名君言行錄	壹圓
泰西新史	貳圓五拾錢
萬國通鑑	三圓

▲發售書林

大東書市 金基鉉

中央書館 朱翰榮

大成匯東書館 高裕相

◉國債報償義捐金收入廣告(一)

●全北淳昌郡

▲八等面舟谷里 劉 李致永
成用振 李東憲 各廿전
▲月谷里 徐興祿 張龜鉉
劉永吉 林昇默 각一圓
張漢柱 金國煥 金敬斗
張 긔 張秉鉉 金昌元
各六拾전 林吉炫 曹周煥
朴秉旭 金一順 각四拾전
▲竹林村 朴延生 二圓
朴[illegible] 朴正岩 각一圓
[illegible] [illegible] 金致학
[illegible] [illegible] 金永惠
각六拾전 朴基燁 朴正祿
金敏洙 각廿전
▲龜項里 姜大準 姜岐遠
강昌遠 각四拾전
▲新坪里 李載休 一圓
金永현 金洪현 李甲鎔
李尙鎔 각廿전
▲立石里 朴南來 趙演順
金在聲 徐延勳 金錫현
趙미淳 林晉謨 각六十전
林正奎 김현준 李龍應
李昌鎬 徐聖禮 최스寬
각四拾錢 邑太寬 李平鎬
黃淸中 安在順 각二拾전
▲茂林面南井동 趙仁元
박利權 劉漢日 최基成
각一圓 김東信 리士福
金永大 김萬유 각六십전
박成五 梁成國 張成守
朴淸中 裵德中 徐敬燮
각四십전 朱翰섭 一圓
▲雲泉里 尹秉朝 吳翰泳
吳相洙 丁錦淳 박澤烈
吳관泳 吳義善 秋秉德
▲五亭子 柳寅敬 柳寅謙
柳成厚 朴殷來 최洪文
梁云七 各二十전
▲花巖里 金致善 金振有
金德善 姜德현 金延順
金召中 徐元直 金文京

李德日 朴在明 朴文白
각六十전 金玉淵 徐元三
池文一 각四拾전
▲月坪里 최樂國 최程支
각六拾전
▲阿東面同心里 李鳳中
楊允三 김南守 沈善京
朴化之 朴敬賢 각八拾錢
▲梧石里 리昌敎 김京七
鄭君宅 鄭文化 尹七瑞
각一圓
▲於峙里 楊致永 楊錫行
楊錫俊 [illegible]현 각四拾전
▲鶴尾里 양[illegible] 二圓
양奎永 양[illegible] 양[illegible]
양秉武 양[illegible] 양化봉
양錫寧 각八拾전
▲龍동 양鎭河 양京宅
양弼永 양枝永 각一圓
양在一 양鎭京 양太永
양錫凡 양宗洙 각四拾전
▲仁化面馬屹里 中京浩
李德老 각六拾전 李三馥
尹世卜 최京執 金巡泰
金致京 姜汝弘 金乃榮
각四拾전
▲屯州里 丁章吉 趙幸烈
劉文善 丁東秀 각六拾전
▲中山里 양秉鎬 二圓
양秉休 一圓 蘇漢烈
양桂永 尹甲섭 趙秉斗
양鳳洙 柳 基 權炳萬
蘇章烈 양錫긔 각四十전
▲湖作谷 朴來奎 朴鏞浩
孫昌섭 각一圓 許永弼
金弘祚
▲車峙里 金錫祚 慈永奇
金成煥 각四十전
▲內馬里 裴云五 六拾전
權永淑 三拾전
▲細龍里 孫병默 一圓
박萬鎰 朴貞奎 申鼎植
申坪雨 申東求 李海圭
각四十錢
▲德進面龍頭村 趙今淳

六十전 趙光文 林斗燁
曾完吉 林永春 趙學永
李宗俊 각二十전
▲平地里 李光白 李汝白
각六十錢 李庸信 李翊日
李榮白 각二十전
▲東古里 金學斗 김化中
林致日 姜判石 林炳支
金乃山 各四十錢
▲德進里 김명洛 宋日浩
김上裕 金太民 김順巨
金平彦 各二十전
▲白巖里 [illegible] 二圓
[illegible] 權永洙 柳[illegible]
朴[illegible] [illegible] 오[illegible]
各[illegible]전
▲藏才村 林[illegible]洙 金[illegible]八
김斗奉 김斗億
▲玉戶里 徐道一 徐文行
김京元 李昌섭
▲玉井里 夏永白 尹庸鎬
夏昌奎 夏昌模 각廿錢
▲平倉里 김敬洙 五圓
尹秉一 金化一 각四十錢
▲粉桶里 姜漢洙 劉仁섭
尹璟현 李山雲
▲八旺里 吳東奎 朴炳基
姜俊安 尹其干
▲通川里 趙光湖 李性郁
安俊煥 尹方彦 各廿錢
▲台川里 尹明祚 四十錢
朴性道 金文洙 梁平汝 朴化一
朴春集 各二十錢 未完
合一百廿一圓九十錢
前號總合五萬六千六百拾一圓
十六錢七厘
都總合五萬六千七百卅三圓
○六錢七厘

◎特別廣告◎

國債報償金신二個月所捧은姑未合計이고伊前日ㅅ지所捧總合五萬五千八百三拾三圓七拾三錢은電報總社內銀行에貯置ᄒᆞ얏ᄉᆞ고其貯置額中三萬二千三百圓은國債報償志願金總合所로移交ᄒᆞᆷ

廣告

發賣人 濟衆院醫學員 박ᄌᆞ혜 리관

[illegible]

此書는醫藥方書也라

西藥便方은

●醫學校長[illegible]池錫永序

●陸軍軍醫洪[illegible]氏校閱

●漢城醫學校敎官劉秉珌氏[illegible]

●濟衆院醫學員朴[illegible]氏[illegible]譯

●隆熙元年十月日[illegible]一化[illegible]發行

[illegible]

●英國人[illegible]

[illegible]

代理店 京城龍山 仁川 濟生堂藥房 李庚華 李信[illegible] [illegible]郵便局

中署澄淸坊[illegible]第二十三統三戶

辯護士 李谷成

辯護士 黃[illegible]

辯護士 安致[illegible]

事務員 全[illegible]

事務員 康 勳

聯合法律事務所

大韓新地誌와地圖를今已竣工되얏스니購覽僉員은各발賣所로來臨覓去ᄒᆞ시옵

◉大韓新地誌발賣所

中署寺洞卅統二戶 漢陽書館

中署布屛門下 廣學書舖

中署館洞橋越便 中央書館

學徒洋裝書冊 學徒運動과諸具 羅紗各種 美國並鍛 衣服裝飾具[illegible]販賣ᄒᆞ오니諸君은[illegible]ᄒᆞ심을바라나이다

仁川港並峴 [illegible]書肆

[illegible]

[illegible]

◉定價金 新貨十五錢

此冊은政治小說이니志士의救國救民ᄒᆞ는思想과人民의愛國心을養成ᄒᆞ는[illegible]緊要ᄒᆞᆫ冊子오

發賣所

▲大韓每日申報社

▲仁川港杻峴 阿新冊肆

▲中署布屛門下 金相萬冊肆

▲中署[illegible]坊內烈女洞 敎育發行所

▲鍾路 古今書海館

▲洞口越便 中央書館

▲鍾路 大東書市

▲大廣橋 匯東書館

▲南署 滙文書館

▲開城 姜助遠冊肆

新小說

愛國婦人傳

◉一冊定價金 拾五錢

新鮮ᄒᆞᆫ圖本도備ᄒᆞᆷ

右冊은純國文으로世界에有名ᄒᆞᆫ法國에婦人若安氏의愛國事蹟을譯出ᄒᆞ얏ᄉᆞ오니無論男女ᄒᆞ고愛國性이有ᄒᆞ신同胞는맛당이보실書冊이오니陸續購覽ᄒᆞ심을望ᄒᆞᆷ

發賣所

▲皇城布屛下 金相萬書舖

▲南門內 博文書館

▲仁川 大韓每日申報支社

▲各地方 有名書店

越南亡國史 國文

定價貳拾五錢

[illegible]

布屛下 [illegible] 告白

[illegible]

◉本社廣告

○申報價

一張代金 新貨二錢五厘

一個月前納 三十錢

三個月 九十錢

六個月 一圓七十錢

一個年 三圓四十錢

郵稅一張 新貨五厘

一個月 十三錢

發行兼編輯人 英國人 裵說

發行所 [illegible]

大韓每日申報社

第五卷

大韓每日申報

第六百五十號

月曜及慶節時日休刊

檀君開國四千二百四十年
箕子元年三千二十九年
大韓開國五百十六年
日本明治四十年
淸國光緖三十三年
陰曆丁未九月大廿四日壬子

別報

○天下大勢論（太極報照謄） 友洋生 續

一倒一立ᄒᆞ고一敗一勝은外交界에常態라英國이幾十年以來로俄國의侵略政策을防備ᄒᆞ기爲ᄒᆞ야勢力焦思ᄒᆞ더니日俄戰爭에俄國이一敗塗地홈을當ᄒᆞ니豈其默坐ᄒᆞ리오千載一遇의好機會를得ᄒᆞ얏도다元來孤立으로써名譽를삼던英國이日本과破格의同盟을結ᄒᆞ야亞東의領土를保障ᄒᆞ고또歐洲舞臺에活動ᄒᆞ야法伊西諸國과友誼를敦篤케ᄒᆞ야一面으로俄國에對ᄒᆞ며一面으로德國에對ᄒᆞ니世界外交家에視線이英國에集中홈에至ᄒᆞ도다然而俄國은中槍之虎라其猖獗가平快ᄒᆞ기까지ᄂᆞᆫ暫時間外部에活動을中止치아니홀수無ᄒᆞ나德國은英氣勃々ᄒᆞᆫ新興國이라歐洲陸軍界에獅子의地位를占領ᄒᆞ엿스니英國에外交上成功을見ᄒᆞ고엇지拱手傍觀ᄒᆞ리오今日英德兩國의關係ᄂᆞᆫ敵愾心이極端에達ᄒᆞ얏도다頃者에英西兩國元首가갈나게나에서會合ᄒᆞ야友誼를親密케ᄒᆞ고西班牙新軍艦製造에對ᄒᆞ야英國이凡般保護를與ᄒᆞ기로約定ᄒᆞᆫ지라德國諸新紙가英國을罵詈ᄒᆞ야曰英國이西國軍艦製造에對ᄒᆞ야援助ᄒᆞ다ᄒᆞ니是何心爲오是ᄂᆞᆫ必是英國軍事上政治上으로西國의援을利用ᄒᆞ야德國을壓制코져홈이라云々由是觀之컨대英德兩國은現今外交界에原動力이되야서로覇權을爭ᄒᆞᄂᆞᆫ듯ᄒᆞ도다

那破侖의外交權이德國에移ᄒᆞ고德國의外交權이俄國에移ᄒᆞ얏더니日俄戰爭以後에大局이一變ᄒᆞ야外交의中心點이英德兩國間에往來ᄒᆞ야孰勝孰負를容易히判決홀슈無ᄒᆞ나現今現象으로論ᄒᆞ면德國은摩洛哥問題以後로列國의同情을少失ᄒᆞ야失策이多ᄒᆞ나英國은天下時勢가自國에適當홈을利用ᄒᆞ야一面으로日英同盟을方法으로삼아印度地方을保證하고一面으로羅甸民族諸國과協和同力ᄒᆞ니其外交上勢力이鞏固確實ᄒᆞ도다然이ᄂᆞ吾人이此間에大端히注意홀者가有ᄒᆞ니何者오即近日德美兩國의接近問題라德美兩國은元來南米殖民地問題에利害關係가相反홈으로多少間側目視之ᄒᆞ더니近間에德國이英國外交系統에屬ᄒᆞᄂᆞᆫ諸國의掣肘를被ᄒᆞ야恒常焦思中이더니世界時勢가德國으로ᄒᆞ야곰伴侶를美國에求케ᄒᆞᆫ지라先月以來로美國에好意를表하니若以此ᄒᆞᆫ現象이繼續하면不遠間에德美兩國이携手協力홀듯ᄒᆞ도다

嗟홉다今日我國은外交軌道에脫出ᄒᆞ야世界上問題와東洋問題ᄂᆞᆫ勿論ᄒᆞ고自國의問題에對ᄒᆞ야서도發言權이無ᄒᆞ니豈不痛哉아然이나皇天이自助者를助ᄒᆞ신다ᄒᆞ얏스니今後로我邦同胞가自助精神을不失ᄒᆞ면엇지機會가無ᄒᆞ리오故로余ᄂᆞᆫ於此에我韓國民은外交上思想을更一層養成ᄒᆞ야列國의一合一分이我韓에如何ᄒᆞᆫ影響이有홈을研究홀義務가有ᄒᆞ다하노라

아吾人의最敬最愛ᄒᆞᄂᆞᆫ東洋은如何ᄒᆞᆫ時局을當ᄒᆞ얏ᄂᆞ뇨一言으로形容ᄒᆞ면列國外交界에目的物이되얏도다試看ᄒᆞ라安南等地ᄂᆞᆫ法國의勢力範圍요楊子江一帶ᄂᆞᆫ日英의勢力範圍오膠州灣은德國의勢力範圍오支那東北部ᄂᆞᆫ日俄의勢力範圍가아닌가大概列强의帝國主義集合點은恒常衝突이多生ᄒᆞ야彼도不能犯ᄒᆞ고此도不能犯ᄒᆞ야서로峙蓄相持의態度를將ᄒᆞ더니近世ᄂᆞᆫ列國間에利益分割法이發達ᄒᆞ야一國內에서數國의利益이衝突ᄒᆞᄂᆞᆫ時에ᄂᆞᆫ互相妥議ᄒᆞ야比例法으로其利益을均割ᄒᆞ고其國의主人公의게ᄂᆞᆫ秋毫도容喙權을不許ᄒᆞᄂᆞ니라於此에吾人이大端히注意홀거슨自國내에一强國의壓迫力을排斥ᄒᆞ기爲ᄒᆞ야他强國의勢力을引부로援用ᄒᆞ면도로혀他强國의利用을被ᄒᆞ야滅亡을招ᄒᆞᄂᆞ니라

今番에側目相視ᄒᆞ던日法兩國이倉猝히協約을締結ᄒᆞ야對淸問題와東亞現狀維持政策을確立홈에世人의評論이不一ᄒᆞ나是ᄂᆞᆫ現今列强이慣用ᄒᆞᄂᆞᆫ兩國政策相認法을了解ᄒᆞ면其協約의眞相을明白可知라相認法則은非他라甲國이乙國에對ᄒᆞ야言ᄒᆞ기를我國의某處의某々政策을反對치아니ᄒᆞ리니貴國은我國의某々政策에反對치말나云ᄒᆞ고互相協和홈을謂홈이니此日法協約도此精神으로出産홈거시라日法兩國이別노歷史上關係ᄂᆞᆫ無ᄒᆞ나日淸戰役에一次衝突홈으로感情이不快ᄒᆞ야對東亞政策에每々相疑不信ᄒᆞ더니近日英國이法國에接近ᄒᆞᆫ結果로써日本이英國의紹介를得ᄒᆞ야法國과協約을結ᄒᆞ얏스니日本의外交上一成功이라謂ᄒᆞ리로다大蓋協約은條約과性質이大不相同하야保證力이微々ᄒᆞ야一時事件을協定홈에不過ᄒᆞ나此協約은歐人의評論과又치日法兩國이東亞에對ᄒᆞᆫ現狀維持政策에ᄂᆞᆫ確固ᄒᆞᆫ效力이有ᄒᆞ야今後로ᄂᆞᆫ容易히抵抗衝突홀理由ᄂᆞᆫ無ᄒᆞᆯ듯ᄒᆞ도다

以上列國의關係를略叙홈에東亞에서活動ᄒᆞᄂᆞᆫ列强의勢力擴張問題ᄂᆞᆫ暫時間現狀을維持홈에別異ᄒᆞᆫ衝突이無ᄒᆞᆯ듯ᄒᆞ나一個未知數ᄂᆞᆫ支那人의外交政策이라支那人이今日ᄭᆞ지寂々然不動ᄒᆞ면列强의協約的手段으로現地位를保持ᄒᆞ려니와萬一神州萬里에風雲兒가出ᄒᆞ야四億萬兵卒을指揮活動ᄒᆞ면히下一戰에楚覇王을折倒ᄒᆞᆯ수有ᄒᆞ도다吾人은괄目相待ᄒᆞ노라嗟홉다余의最敬最愛最服從ᄒᆞᄂᆞᆫ二千萬同胞여ᄒᆞᆫ갓韓國前途에對ᄒᆞ야失望落膽치말고內로實力을養成ᄒᆞ야自國의基礎를鞏固케ᄒᆞ고外로天下大勢를善察ᄒᆞ야活動의機會를失치말지어다始如處女라가後如脫兎ᄂᆞᆫ是孫兵仙의秘訣이니猛省猛省

完

官報

●第三千九百九号

隆熙元年十月廿九日

◉宮廷錄事

內閣總理大臣勳一等臣李完用內部大臣任善準度支部大臣勳二等臣高永喜軍部大臣陸軍副將勳一等臣李秉武法部大臣趙重應學部大臣勳一等李載崐農商工部大臣宋秉畯謹奏即接表勳院總裁李載克照會ᄒᆞ온즉今於維新에內閣大臣이翰忠秉義ᄒᆞ야劬勞俱著ᄒᆞ니內閣總理大臣李完用은陞叙大勳賜李花大綬章하고學部大臣李載崑은賜太極章ᄒᆞ고內部大臣任善準度支部大臣高永喜軍部大臣李秉武法部大臣趙重應農商工部大臣宋秉畯은幷特叙勳等賜太極章ᄒᆞ라신旨意로奉承ᄒᆞᆫ宮內府大臣照會를接准ᄒᆞ와仰佈ᄒᆞ오니照諒經議云云이온바臣等이顧無可紀之勞이온거ᄂᆞᆯ冒膺不稱之典ᄒᆞ오니揆分度義에不勝惶悚ᄒᆞ와不敢循例辭議之意로謹上奏ᄒᆞ옵나이다

奉 旨不須巽讓依詔旨施行

敍任

瑞川郡主事金允協 依願免本官

外報

●蒙古開放決定 北京電을據ᄒᆞᆫ則北京政府ᄂᆞᆫ蒙古內에셔重要地를外國通商에開放ᄒᆞ려고決定ᄒᆞ얏ᄂᆞᆫ티此에費用되ᄂᆞᆫ거ᄉᆞᆫ蒙古王의게 辦케ᄒᆞᆯ터이라

●伊領激發死者 路透電을據ᄒᆞᆫ則伊太利南部激發時에死者의總計가二千五百六十名이라더라

●日俄交涉의歸決 東京電을據ᄒᆞᆫ則現今日俄交涉案件의蒂韓間題와滿洲의諸般經營과화太境界劃定事件과沿海洲의漁業問題等은兩者의意見이一致ᄒᆞ고但화太의大測圖와明細圖等은明年四月에海參威에셔交換ᄒᆞᄂᆞᆫ事件以外에日俄媾和條約의結果에關ᄒᆞᆫ兩國의外交가玆에圓滿히歸決되얏다더라

●美國의輕氣球競爭 伯林電을據ᄒᆞᆫ則美國의輕氣球ᄂᆞᆫ日耳義國의輕氣球를勝利ᄒᆞ고賞牌를領受ᄒᆞ얏더라

●饑饉救助費 倫敦電을據ᄒᆞᆫ則俄國에셔一千九百八年의豫算案에七百七十三萬二千留를饑饉救助費로計算ᄒᆞ엿다더라

●西牙暴風雨 倫敦電을據ᄒᆞᆫ則馬德利來電에日西班牙비레니쓰半島에ᄂᆞᆫ暴風雨가降ᄒᆞ야人家의損害가不知其數라더라

●大統領訪問 伯林電을據ᄒᆞᆫ則시례아숨共和國大統領은德國海軍演習禮를보랴昨訪問ᄒᆞ고且德國皇帝와懇篤ᄒᆞᆫ假禮를交換ᄒᆞ엿다더라

●汽船沈沒 伯林電을據ᄒᆞᆫ則亞米利加汽船ᄒᆞᆫ隻의블샤号ᄂᆞᆫ대샤봉附近에서沈沒되얏다더라

●淸國의鐵道敷設 大連電을據ᄒᆞᆫ즉淸國은新民地에셔炭礦發見된處에鐵道를敷設ᄒᆞᆯ計劃인대來年春節에起工ᄒᆞᆯ터이라더라

●郵便拒絶問題 北京電을據ᄒᆞᆫ즉山海關奉天間에日本郵便遞送拒絶ᄒᆞᆫ件에就ᄒᆞ야로바트하드氏의運動이二個月에達ᄒᆞ엿다더라

雜報

●徐氏獎學 咸鏡南道洪原郡居前主事徐廷淑氏가往在本郡ᄒᆞ야公私立數三學校發起홀時에資心援助ᄒᆞ야激勵後生이러니再昨日聯合大運動時에本郡人李協在가以警察學校生徒로運動譜具가未備홈으로出場치못홈을見ᄒᆞ고自己의眼鏡을出與ᄒᆞ야紙貨六圓을辦出ᄒᆞ야帽子一個와子쓰一對로買給出場케ᄒᆞ니讀氏의熱心敎育은人人稱頌ᄒᆞᆫ다더라

雜報

●觀察後餐宴 伊藤統監이昨日上午八時에龍山軍用鐵道를視察ㅎ次로前往ㅎ얏다가同十二時에入城ㅎ야下午一時에慶會樓宴會에進參ㅎ얏다더라

●日皇儲賜金 日本皇太子게셔各學校에頒給ㅎ八千圓을統監府에셔再昨日에小切手로內閣에移照送交ㅎ지라內閣에셔該照會를因ㅎ야學部로送交ㅎ얏다더라

●餞別後審査 日前에總理大臣以下各部大臣이目賀田氏餞別宴을罷ㅎ後一齊히東闕내로會同ㅎ야修理等節를一一히審査ㅎ얏다더라

●樞院特別會 再昨日曜日에中樞院에셔例會를停止ㅎ얏디니贊議尹吉炳氏가最晩仕進ㅎ야停會홈을大段論駁ㅎ고其翌日에特別會를開催ㅎ기로決定ㅎ얏다더라

●舞蹈開會 昨日下午八時에目賀田顧問私邸에舞蹈會를設ㅎ고總理大臣以下각大臣과各國領事와內外高等官을請邀宴待ㅎ얏다더라

●衛生費請求 忠州觀察使가內部로電報ㅎ되本道警務署罪囚間에現存傳染罹患者ㅎ니衛生費壹圓을卽爲下送ㅎ라하얏더라

●內調春祭 內部에셔江原觀察使의게訓令ㅎ되連接本使所報則宣諭使論駁中復에甚至曰痛恨不已라節々痛駁라ㅎ야道辭過度ㅎ얏스니宣諭使는以資格論之면奉 勅命ㅎ使臣인즉撰以事躰에寧容若是리오嗣後는據實報告ㅎ되不必故尋이고秋毫方般에梗化人民을曉諭安菜이를刻爲急인즉本使與該使로安協相勸ㅎ야函使管下各地方人民으로願悟歸化케ㅎ라ㅎ얏더라

●學徒質問 日前各學校秋期대運動會에各學校生徒의數를半分ㅎ야黃赤二組로作爲ㅎ隊ㅎ야勝負를決ㅎ야每校生徒의半數는依例受賞케磨鍊ㅎ고學部에셔는該賞品을各校長에게出給ㅎ야該校分給케ㅎ얏는디梅洞普通學校長은當初에學徒數爻를誤報ㅎ야 皇太子殿下ㅎ셔셔下賜ㅎ신手帖도分給ㅎ다가不足數가生ㅎ고學部에셔出送ㅎ賞品冊子도多數欠縮하야務便生徒等이多不受賞ㅎ지라該生徒들이校長의不明不公홈을稱冤質問하며憤泣不已ㅎ거늘敎師신鉉鼎씨가見其光景ㅎ고撫諭禁止曰奚獨校長의不明이라하리오ㅎ고空冊一卷式買與ㅎ고益加勸業ㅎ기를勸勉ㅎ얏다더라

●官立女校 漢城官立女學校를設立ㅎ기로明年度預算中에編入ㅎ얏다더라

●僞造綻露 楊花渡野頭里所在禁山字內松楸를慶國동居柳在成이가僞造文券ㅎ야倉洞居吳相燁의게八百元을捧價放賣ㅎ엿던지情蹟이綻露ㅎ야警視廳에被囚ㅎ얏다더라

●楚守醜聲 楚山郡守李章遠氏가江北邊界에風憲等이差出ㅎ야稱以前郡守顧留盤라ㅎ고藥錢試千壹百餘兩을排斂勒懲ㅎ고逐民차國範金孟浩兩人을謂以不遂官令이라ㅎ고發校捉致ㅎ야無數亂打ㅎ며討索잡이爲壹千九百兩之多ㅎ야蕩産無餘ㅎ故로異域流民이莫知所向에擧皆嗷々中이라더라

●應使退去 警視廳應使가本來六十餘名이더니次々減額ㅎ야拾名이使役ㅎ더니또五名을減額ㅎ고五名만仍存ㅎ며該五名이不堪使役ㅎ깃다고昨日에一齊히退去ㅎ얏다더라

●李家孝婦 前郡守李玄稙氏가自六七年前부터風病이罹發ㅎ야精神이昏迷ㅎ더니自三年前으로는大小便을바다니고起臥를自由치못ㅎ는디其長子婦林氏가前後侍病에少不懈怠ㅎ고衣衿과腐敗ㅎ褥席을必親執澣濯ㅎ야一不推任於婢僕等ㅎ더니今月五日에李玄稙氏가下世ㅎ미林씨가養生之節과送死之禮에未盡홈을痛迫哀毁ㅎ니族戚과隣近이莫不稱歎ㅎ얏다더라

●取招移囚 警視廳에滯囚ㅎ얏던李周鎔李載弘楊燦俞某四氏를監獄署로移囚ㅎ얏는디取招之場에李載弘씨가笞刑을被ㅎ얏다더라

●三人押送 延安郡主事최殷協씨와該郡民劉應圭최官仲이有何事端이던지日軍隊에셔海州警務署로押送ㅎ얏다더라

●決非事端 內部에셔忠南觀察에게電報ㅎ되本道帳籍을自停車場으로輸送ㅎ고納籍人이不來ㅎ얏스니是何事端인지卽速起送ㅎ라ㅎ얏더라

●明月閉光 黃土峴明月館은房屋의鮮明과食料에精美가韓人飲食店中에最優ㅎ地位에居ㅎ더니年來食料의外上이太多하고價金의收合은末由ㅎ야勢不得已로廢業ㅎ는境遇에至ㅎ니韓人營業上에退步되는것을爲之嗟惜ㅎ노라

●兩處火事 三昨日夜九時半頃에京城壽町日本人居留地에서出火ㅎ얏는디其原因은石油燈에서出火ㅎ얏고再昨日午前九時頃에仁川港日本居留地料理店에서出火ㅎ야二層屋上部一廚이燒火되얏다더라

●文倅被害 文義郡境內는安ㅎ더니近日內로淸州懷仁兩處에義兵이來到ㅎ다는說이有ㅎ미該郡守慶必永氏가村閭에銃與軍物을收取ㅎ얏더니再昨夜에懷仁淸州兩處義徒가突入于文義郡衙ㅎ야該郡守에게質問ㅎ되吾等이郡守를明治로知ㅎ얏더니村閭에軍物을收取ㅎ다ㅎ니必是一進會員으로來하얏다ㅎ고相詰ㅎ다가昨日上午二時에該東軒에서慶郡守를砲殺ㅎ얏다고該郡通引이昨日京釜一番鐵路로該氏京第에來告ㅎ얏다더라

●虎列新患 二十八日發平壤電을據ㅎ즉虎列剌新患者日本人一名이라더라

●韓氏實業 京城社總務에韓成奎氏가營業上에有意ㅎ지多年이러니年前에日本을遊覽ㅎ時에一大實業家를訪問ㅎ고殷工商營業上에必要ㅎ富術를討論ㅎ가大倉組의鐵木工廠에宏大ㅎ利益을得聞하고歸來研究ㅎ며先以馬車와荷車實施ㅎ고今次鐵木工場을開設ㅎ야人力車與馬차及荷차自働거를幷爲製造ㅎ야京城及各港口에出賣ㅎ다하니大抵無窮ㅎ人造物을如此히製造使用ㅎ면其多大ㅎ利益은必有홈ㅎ다더라

●因人致敗 故判書李弘氏가年前에柳泰樸得債時에懸保ㅎ얏더니日人河野次郎이가漢城裁判所에呈訴ㅎ지라김判書는身故ㅎ고其允鐵赫氏家汁物을執行ㅎ얏더니昨日에安洞김鐵赫氏의汁物을一々히放賣以去ㅎ얏슨즉其父외懸保코其子의汁物을奪去ㅎ는거슨事甚抑鬱ㅎ뿐더러河野次郎은金氏의事務를洞知ㅎ여日大夫人의老來情況이甚可矜ㅎ다ㅎ는데河野次郎의代言人小栗榮吉이가辯護士를符同ㅎ야不顧事情ㅎ고刻薄이太甚ㅎ야該家汁物을斥賣奪去ㅎ야슨즉其價條는已爲安帖ㅎ얏다더라

●開校式退擧 公州公立普通學校를創立以來로開校式을擧行치못ㅎ얏는데新校舍에移擧을因ㅎ야同欠典을補行하야一般人士의敎育心을喚起홈을期코ㅈㅎ와右式費金三十圓만補給ㅎ라고該校장沈𩯭燮씨가學部에報告하얏다더라

●軍物輸去 交川郡軍器庫所在火繩銃三百一柄彈丸八駄環刀十三甲冑一件及槍ㅅ矢鏃等物을元山守備隊에서沒數輸去ㅎ다더라

●時宜急務 平北雲山郡紹대居ㅎ는崔昌燦씨는本是有志ㅎ勤仂士로日本에數年遊學ㅎ야諸般의實業을研究而來ㅎ얏는대自已村里에서植木養鷄養蜂等의最易ㅎ方法을爲先實施ㅎ는故로該附近地에는漸漸實業界의發達이된다고遠近人士가莫不稱歎ㅎ다더라

●靑郡新校 北靑郡添會面會新學校는該郡內最先創起ㅎ學校인대其面에財政이窘拙ㅎ야多受困難라가昨年九月부터有志석儒趙炳吉金明환偉閑協玄致李寅憲朱昌年朴秉德諸氏가奮발興起ㅎ야義捐金도二千圓에達ㅎ고學徒도二十餘名에至ㅎ얏는대漸次發達ㅎ期望이有ㅎ다더라

●研究會辨明 日前本報의委員義學라ㅎ題下宋綺用氏外에는國文吐가不成說ㅎ句節이多有라ㅎ句語에對ㅎ야宋綺用氏가本社에來言ㅎ되本研究會는幾百年에來創有之盛擧이오一般委員이皆文國上宿工이有ㅎ者인대宋某以外에國文吐도不成이라ㅎ은傳者之誤라ㅎ더라

▲地方消息▼

▲去十五에錦城郡隅川面德加里에서義兵이一進會員二名을殺害ㅎ얏다ㅎ고

▲去二十日에忠州郡西北約三十里滄洞附近에서義兵二百名이宣諭使護衛ㅎ日兵과交戰ㅎ다가美兵이退却하얏다하고

▲靑松郡新村面에屯聚ㅎ義兵과日兵이交戰ㅎ야義兵將二名을砲殺ㅎ얏다ㅎ고

▲去十七日에殷栗邑을襲擊ㅎ든義兵은日守備隊와交戰ㅎ다가義兵이退却ㅎ미日兵이南方으로向ㅎ則義兵이更히該邑을襲來홈으로郡守에家眷을京城으로避難케ㅎ얏다ㅎ고

▲兎山郡東北約五十里太田洞附近에서義兵約五十名이東方高地에據홈을日兵이見ㅎ고前進攻擊ㅎ는대義兵三十名은東南方으로退却ㅎ야該近高地에據ㅎ고韓兵二十名은地形을利用ㅎ야強硬히抵抗ㅎ야一時間을交戰하다가東方으로潰散ㅎ얏다ㅎ고

▲去二十日以來로각地에出沒ㅎ義兵이海州石浪浦에居留ㅎ는日人家屋을燒却하얏다ㅎ고

▲二十一日에海州郡松面場附近에集團ㅎ義兵을討滅하기爲하야日軍隊가集團處로向하야二百名義兵과衝突ㅎ엿고二十三日開慶郡七星里에서義兵約四百五十名이日兵과交戰ㅎ엿다더라

桑港電報

●回航에對ㅎ問答 二十九日발 日本靑木大使가美國國務卿루트씨와會見ㅎ고太平洋艦隊回航에就ㅎ야日本의抗議가有ㅎ다ㅎ고問에對하야루트氏曰日米關係是로爲ㅎ야少히妨害가無ㅎ고答ㅎ얏다더라

▲夕陽對酌

▲各部官制改正件을一般世人이注目ㅎ더니及其概畧을聞ㅎ즉各局課에日人叙任이半數에過ㅎ고韓人과日人이對等으로年俸差等이太甚ㅎ니韓은官人材木이못되야그러ㅎ지不均之歎이不無ㅎ깃고

▲近日각地方에騷擾를因ㅎ야上京ㅎ郡守들이安靜ㅎ地方으로轉任ㅎ야고內大任善準氏와게左請右囑ㅎ는지라同氏가決答ㅎ기를內大遷任ㅎ기前의勿論何郡ㅎ고遷動치아니ㅎ깃다ㅎ얏다ㅎ니郡守들陷得ㅎ時에는勿論何郡ㅎ고埋頭沒身ㅎ다가及其罷免ㅎ後에는安靜ㅎ地方을又擇코ㅈㅎ니此所謂먹은슈독양양이로고

▲日昨에各部大臣들이目賀田氏餞別宴을慶會樓에서設行ㅎ얏는데總理大臣李完用씨와目賀田氏가握手落淚ㅎ얏다ㅎ니一片離席에肝膽이相照ㅎ다가離別之場에雙淚가洒縱ㅎ야臨기前哭은英雄의手段이로고

▲一進會는開明ㅎ政會라自稱하면서近日該會員中에紹方官吏를被任者ㅣ多ㅎ니開明ㅎ政治가有ㅎ줄로認知하얏더니今乃不然ㅎ야某某와貪鄙이稱稱入聞ㅎ니該會員의開明은獵財上에開明인가

▲각地方에는烟塵이未霽ㅎ야無辜生靈에呼哭이狼藉ㅎ되鎭撫ㅎ方策은無ㅎ고總理大臣李完用氏는園遊會를開催ㅎ고朝野紳士를招待歡慢ㅎ다ㅎ니三千里江山에人歌人哭이로고

◉社告

地方各支社와個人購覽員에게本申報配達이或滯留或遺漏가非一非再인바但以書辭通知가繁瑣가無ᄒᆞ야郵便局交涉이難便ᄒᆞ니此後로ᄂᆞᆫ申報封皮에出付와收到日付印期限이過隔者를摘拔聚合ᄒᆞ얏다가本社로委送ᄒᆞ심을爲要홈

大韓每日申報社

雜報

●淸國中外日報의社說槪意

記者ᄂᆞᆫ三韓을爲ᄒᆞ야亡國을悲ᄒᆞ기不暇ᄒᆞ고我政府에對ᄒᆞ야此亡國의事情에鑑ᄒᆞ기를不得不望ᄒᆞ노라夫韓國에亡홈은黨爭에亡ᄒᆞ고黨爭의端은外人을依賴홈에起ᄒᆞ니○○온守舊黨의領袖로專히淸國에依賴홈으로以爲主義ᄒᆞ고○○ᄂᆞᆫ開化黨의領袖로專히露國에依賴홈으로以爲主義라所以朝局이水火에內訌이不止ᄒᆞ야和議甲申의變을釀ᄒᆞ고繼而甲午의變을釀ᄒᆞ고終也日俄戰局이定ᄒᆞᆫ後에至ᄒᆞ야三韓이遂墟ᄒᆞ니嗚呼라內訌과依外에足以亡國이如此其速ᄒᆞ니我淸國政府ᄂᆞᆫ觀之可不懼乎아今也淸國은滿漢이交鬨ᄒᆞ야門內에墻ᄒᆞ니內訌이極홈에外援을必乞이라外援이一至ᄒᆞ면或何黨의左袒홈을不問ᄒᆞ고即因利乘便ᄒᆞ야引狼入室은是韓國의事情을鑑홈에可知홀지로다彼等이外交上에至ᄒᆞ야ᄂᆞᆫ惟外助에依賴홈으로써惟一에目的이라ᄒᆞ나國을地球上에立ᄒᆞ고自爲振拔홈을不求ᄒᆞ고惟外人의保護를得홈으로爲幸ᄒᆞ면則外人이將乘間而入ᄒᆞ야保護에始ᄒᆞ야干涉에終ᄒᆞ고最後에ᄂᆞᆫ必權利의保衛와擾亂에防遏에藉口ᄒᆞ야人의宗社를移ᄒᆞ며人의政權을奪홈에至ᄒᆞ나니是韓國의事情에鑑홈에可知홀지니不知케라將來中國이能히三韓의覆轍을蹈치아니ᄒᆞᆯᄂᆞᆫ지吾儕ᄂᆞᆫ此를言ᄒᆞ기不能ᄒᆞ노라ᄒᆞ얏고

申報ᄂᆞᆫ雜報一隅에韓國問題에關ᄒᆞᆫ電報를附記ᄒᆞ야日朝鮮은古國이라中國에屬國이러니馬關條約이成ᄒᆞᆫ後로朝鮮이中國을離脫ᄒᆞ니朝鮮에無識者流ᄂᆞᆫ欣然自得也ᄒᆞ고日韓協約이成홈으로부터日本이獨立을保護ᄒᆞᄂᆞᆫ責을任ᄒᆞ니朝鮮의無意識者ᄂᆞᆫ以爲有恃無恐이라ᄒᆞ더니今日에朝鮮이如何오今日依賴心이有ᄒᆞᆫ者ᄂᆞᆫ勸ᄒᆞ노니某々國은我의土地를利ᄒᆞᄂᆞᆫ心이無ᄒᆞ다ᄒᆞ며我의主權을必能保全ᄒᆞ여我의獨立을必能維持ᄒᆞ리라ᄒᆞ나니此等에對ᄒᆞ야其感情이又如何오噫

●壯哉崔氏　平北龍川楊邑面居崔時健氏ᄂᆞᆫ年今二十餘라何等穎悟ᄒᆞᆫ지早知時宜ᄒᆞ고去年부터學校를設立ᄒᆞ고青年을敎育ᄒᆞᄂᆞᆫ대義捐을不須ᄒᆞ고經費를自辦ᄒᆞ야極力維持ᄒᆞ니境內人士가다그의熱心과如ᄒᆞ면何患乎敎育之不能興旺이리오爲之攢賀不已ᄒᆞ노라

●攻玉小學校行步歌

산놉고물맑은우리半島는
四千年來살아오는우리짱
四時氣候恒常됴코和平ᄒᆞᆫ데
우리그中에서呼吸ᄒᆞ누나
나아가누나나아가누나
우리學生들이나아가누나
하ᄂᆞ님은됴흔天地주셧스니
至今우리더욱힘쓸때로다
前日態度急히벗어ᄇᆞ리고서
强ᄒᆞᆫ勇猛으로나아가누나
智識을넓히고身體를强케히
富强興成ᄒᆞᄂᆞᆫ모든학問을
晝夜밧비寸陰다토아가면서
풀무속에百鍊鋼鐵이되게

無窮花歌

聖子神孫五百年은
우리皇室이요
山高水麗東半島ᄂᆞᆫ
우리本國일세
無窮花三千里
華麗江山
大韓사ᄅᆞᆷ大韓으로
길이保全ᄒᆞ세
忠君ᄒᆞᄂᆞᆫ一片丹心
北岳ᄀᆞᆺ치놉고
愛國ᄒᆞᄂᆞᆫ熱心義氣
東海ᄀᆞ리기ᄑᆡ
千萬人오직ᄒᆞᆫ마음
나라ᄉᆞ랑ᄒᆞ여
士農工商貴賤업시
職分만다ᄒᆞ세
우리나라우리皇室
皇天이도으샤
國民同樂萬々世에
泰平獨立ᄒᆞ세
弱肉强食險惡ᄒᆞᆫ오ᄂᆞᆯ當ᄒᆞᆫ世界
熱心ᄒᆞᄂᆞᆫ義氣우리甲胄일세
四面列强들은虎狼들ᄀᆞᆺᄒᆞ나
무릅쓰고마고몰아나가세
우리학生들은全國防牌되여
님군百姓위ᄒᆡ職責다ᄒᆞ여
二千萬衆平生모도大韓으로
泰平自作누려永々즐기세

廣告

◉國債報償義捐金收入廣告

◎國債報償義捐金 十月中本社收入總額 每日還爲明細錄

◉拾月廿八日

第一五六八號宜川水청面 四拾四圓五十五전

計四拾四圓五拾五전

十月廿八日々지收入總額 一千六十八圓五十八錢五里

自四月至九月收入總額 五萬五千八百三十三圓七十三錢二厘

總計合五萬六千九百〇二圓四拾一전七厘

◉全北淳昌郡

▲左部面屬동里 趙相旭 김漢燮 金正文 최基鴻 각二圓 趙奇源 一圓四十전 韓仁錫 韓주敎 趙相俊 李正規 김正三 박炳一 각一圓 申覺休 김在福 李영善 김明煥 金士玉 各五十錢

▲長德里 김巡業 金士益 김九益 김公三 韓亨執 成夏元 각二圓 韓在善 김學三 각一圓

▲右部白山里 李子善 리道汝 각二圓 리汝善 韓河元 박乃洙 각五十錢

▲南山里 申鶴休 申敬休 申哲休 各四十전 林在祿 三十전 韓萬瑞 二十錢

▲校洞 尹泰一 一圓 林々弘 尹正섭 각廿전

▲佳岑里 權應周 權學祖 權德洙 各四十錢

▲新興村 權炳文 박永靜 池學瑞 金寶西 각五十錢

▲舞袖洞 申은求 申赫求 각六十錢 신太休 卅전

▲新月里 權炳圭 설容源 權平植 各二十錢

▲彈琴里 全行之 金大益 各四十전 金奉民 林尙東 각一圓

▲龜巖面桶安里 鄭光七 一圓六拾전 全處明 三十錢 張贊五 八拾錢

▲安心里 강公三 一圓六十전 曹德贊 八拾錢

▲山內里 고金永彦 四圓 金中吉 三圓 朴中文 金乃贊 박敎汝 金中헌 각二圓 朴鳳基 三圓 朴致倩 金南村 각一圓

▲沙也谷 姜壯云 姜亨云 각一圓 馬允益 八十錢

▲耳廢里 林亨淑 一圓八十전 金允五 八十전 完

合七十九圓十전

●義州月華面廣龍里 高承연 십圓 金永善 金洙斌 金昌善 각二圓 崔成大 申益龍 崔錫連 林世稷 崔世坤 申繼鉉 趙西三 張영鐸 崔영俊 各一圓 金度律 七十전 白寅淑 金河根 金濟根 白寅宅 김亨則 金文玉 崔俊坤 林宗觀 林영孫 崔敬柱 각五十錢 박雲翩 金祚鶴 安用珍 崔영禮 김守河 權毅贊 崔영善 金錫夏 蘇계擧 李五奎 李景沃 崔安國 白寅亨 최致崇 각卅전 白寅淳 박世德 白寅杓 김俊得 金貞國 林宗斌 張영順 林雲奎 金連秀 申德潤 김鳳煥 김尙化 白義奎 최錫明 張雲新 趙尙世 林文鉉 각廿전 李仁德 崔영世 白尙흠 金官音 李仲信 洪學正 趙賢才 林宗九 김志鍊 金奉俊 徐古石 김린哲 림宗毅 김忠祿 신德明 崔聖俊 白陽祿 白영贊 崔成坤 蘇信浩 김仁平 金發西 림宗信 김官浩 趙奉壁 朴世贊 기官得 朴乃元 趙賢育 김奉國 림宗仁 김希泰 림元一 崔致奎 趙重祥 朴世化 李仁昌 朴允根 각십전

合四拾二圓十전

●鳳山錢山坊 丞基錫 一圓 丞基元 李良淑 각五十전 리仁淑 김召史 각二十五전 名大宿 二十전 리泰根 八拾전

合三圓六十전

總合一百廿四圓八十錢

前號總合五萬六千七百卅三圓〇六전七厘

都總合五萬六千八百五十七圓八拾六錢七厘

◎特別廣告◎

國債報償金을二個日所捧은姑未合計이고伊前日々지所捧總合五萬五千八百三拾三圓七拾三錢은電氣會社內銀行에貯置ᄒᆞ얏ᄉᆞ고其貯置額中三萬二千三百圓은國債報償志願金總合所로越交ᄒᆞᆷ

廣告

新刊書籍發售廣告

增修無冤錄大全 國漢文 定價金 七拾五錢

大韓法規類纂 洋裝 三圓五拾錢 郵稅四拾錢

初等倫理學敎科書 二拾錢

初等衛生學敎科書 拾五錢

國家學綱領 拾五錢

國民須知 八錢

獨習日語正則 洋裝 鄭雲復著 定價二拾五錢

發賣所 皇城布屛下 金相萬書舖

中署澄淸坊黃土峴耆老所前 第二十三統三戶

辯護士 李容成

辯護士 黃鎭菊

辯護士 安致瑞

事務員 全丕基

事務員 吳勳

聯合法律事務所

大韓新地誌와地圖를今已竣工ᄒᆞ야ᄉᆞ니購覽僉員은各발賣所로來臨覓去ᄒᆞ시옵

◉大韓新地誌발賣所

中署寺洞卄統二戶 漢陽書館

中署布屛門下 廣學書舖

中署鐘閣越邊 中央書館

學徒洋裝書冊 學徒運動과諸具 羅紗各種 美國金鷄蠟 衣服裁縫其他雜貨를廉價放賣ᄒᆞ오니諸君ᄌᆞᄂᆞᆫ來臨ᄒᆞ심을바라나이다

仁川港香舰 ... 新冊肆

本人이日本大阪商業家와特約 [illegible]

◉定價金 新貨十五錢

此冊은政治小說이니志士의救國救民ᄒᆞᄂᆞᆫ思想과人民의愛國心을養成ᄒᆞᄂᆞᆫ데緊要ᄒᆞᆫ冊子오

發賣所

▲大韓每日申報社

▲仁川港杻峴 開新冊肆

▲中署布屛門下 金相萬冊肆

▲平壤城內烈女洞 敎育書舖館

▲鐘路 古今書海館

▲洞口越便 中央書館

▲鐘路 大東書市

▲大廣橋 匯東書館

▲南李 博文書館

▲開城 姜助遠冊肆

新小說

愛國婦人傳

◉一冊定價金 拾五錢 新鮮ᄒᆞᆫ國本本도備ᄒᆞᆷ

右冊은純國文으로世界에有名ᄒᆞᆫ法國婦人若安氏의愛國事蹟을譯出ᄒᆞ얏ᄉᆞ오니無論男女ᄒᆞ고愛國性이有ᄒᆞ신同胞ᄂᆞᆫ맛당이보실書冊이오니陸續購覽ᄒᆞ심을望ᄒᆞᆷ

發賣所

▲皇城布屛下 金相萬書舖

▲南門內 博文書館

▲仁川 大韓每日申報支社

▲各地方 有名書店

越南亡國史 國漢文 定價貳拾伍錢

發賣所 京城廣橋 高裕相書舖 鎭南浦 ... 布屛下 김相萬 告白

[illegible] 漢城南大門內 興學書舖 ... 水標五十一統六戶 全仁港內 ... 培養會社

本社廣告

○中報價

一張代金 新貨二錢五厘

一個月前納 三十錢

三個月 九十錢

六個月 一圓七十錢

一個年 三圓四十錢

郵稅一張 新貨五厘 一個月 十二錢

發行兼編輯人英國人 裵說

發行所 漢城南署石井洞號外地三層洋屋家 大韓每日申報

第五卷　大韓每日申報　第六百五十一號

月曜及祝日休刊

檀君開國四千二百四十年
箕子元年三千二十九年
大韓開國五百十六年
日本明治四十年
淸國光緖三十三年
陰曆丁未九月大廿五日癸丑

論說

○猜嫉報筆과黃禍之說

日本으로븟터來ᄒᆞᆫ新報를閱覽ᄒᆞᆫ則非凡ᄒᆞᆫ電信이著ᄒᆞᆫ지라此를評論ᄒᆞ기前에其全文을揭布ᄒᆞ노니其如左矣로다

今月二十一日紐育발電

大西洋艦隊를派送ᄒᆞᄂᆞᆫ問題가多端報導之說을惹起ᄒᆞ야此艦隊運動의眞實目的을不分明케ᄒᆞ얏ᄂᆞᆫᄃᆡ全係ᄒᆞᆫ지라美國政府ᄂᆞᆫ從前의政策을固執ᄒᆞᆫ則此艦隊가實地演習을要ᄒᆞᆷ이나然이나此後에駐留之端이其或多有ᄒᆞ니那邊之說노ᄂᆞᆫ據ᄒᆞᆫ즉淸國에叛亂時機가漸熟이라美國에何如地点이此叛亂運動의首部로擇定되야該處에서今其運用計策을商議中이며且美國人一名으로首領을將擧ᄒᆞ더ᄂᆞᆫ지라此叛亂을關係ᄒᆞᆫ日本의形態가他列强의抵抗을將要ᄒᆞ거ᄂᆞᆫ或有其勢故로今其艦隊를太平洋에派遣ᄒᆞᆷ이兩個目的을包含ᄒᆞ엿스니第一은演習을爲ᄒᆞᆷ이오第二ᄂᆞᆫ預期ᄒᆞᆫ淸國叛亂을交涉ᄒᆞ기에列强을先導ᄒᆞᆯ地位에在ᄒᆞᆷ이로다

本記者ᄂᆞᆫ此艦대派遣은關係ᄒᆞᆫ多端報導를果聞ᄒᆞ엿스나今到ᄒᆞᆫ此電信이報館의像想을最甚揭起ᄒᆞᆫ報導로다吾人이特欲註解ᄒᆞᆫ거ᄉᆞᆫ該報의對蹠今迹이日本에存ᄒᆞᆫ我同業人을抗逆ᄒᆞᆷ이아니요但발信本源을抗逆ᄒᆞᄂᆞᆫ거시是也어니와吾人이不得已히決言ᄒᆞᆯ거ᄉᆞᆫ美國內報館之人이艦대派遣의眞實發導를不得ᄒᆞᆷ으로其理由를瞭解ᄒᆞ야方在研究中이로다電報通信員이如彼常習에依賴ᄒᆞᆷ은殊是不美ᄒᆞᆫ事態니此ᄂᆞᆫ如彼常習이世界의險을貽危ᄒᆞᆯ뿐不是라信任의信用이亦至破裂ᄒᆞᆯ緣由로다

吾人이一字도不信ᄒᆞᆯ지라可以公行ᄒᆞᆫ此預言的電報에在ᄒᆞᆫ黃禍라ᄂᆞᆫ古談을更見ᄒᆞᆯ긋도다此黃禍之說이過去를좃ᄎᆞ旣皇ᄒᆞ엿더니今者紐育에셔其機가更발ᄒᆞᆷ은吾人의驚異ᄒᆞᄂᆞᆫ비라淸國에暴動之機가漸熟이요其計策은美國內何如地点에서經營ᄒᆞ며且美國人一名이爲其首領ᄒᆞ야支那帝國及政府를抗逆ᄒᆞᆯ지라若至國境이면日本이即派兵于淸國ᄒᆞ야淸國完全을保護ᄒᆞ다稱ᄒᆞᆯ거시오且同時에土地의大部分을占取ᄒᆞᆯ뿐不啻라巨款賠償을亦請ᄒᆞᆯ거시可畏인고로美國이列强의向意를張ᄒᆞ야該淸國利益을保護ᄒᆞ기에巨額費用으로有力艦隊를派送ᄒᆞᆫ다ᄒᆞᆫ진대此果怪說이나然이나但日本을阻遏ᄒᆞ기爲ᄒᆞ야列强의頭發를自擅ᄒᆞ도록知彼特殊頭取ᄒᆞᆫ지ᄂᆞᆫ不可知也로다[illegible]詐ᄒᆞ야諸人으로ᄒᆞ야금新思想이起케ᄒᆞ나然이나微分商量을加ᄒᆞ면其不能之勢가明確ᄒᆞ니此但猜嫉之筆이라如彼特異方向에ᄂᆞᆫ此乃非常之事인즉本源을自認ᄒᆞ노라

官報

●第三千九百十号 隆熙元年十月卅日

◎宮廷錄事

宮內府達第四十二號

陰曆九月二十五日上午十時에

太皇帝陛下ᄭᅦ옵셔

景孝殿에展拜ᄒᆞ옵시고

大皇帝陛下ᄭᅦ옵셔展謁ᄒᆞ옵시ᄂᆞᆫ 旨를奉承ᄒᆞᆷ이라

宮內府大臣勳一等臣李允用

外報

●西班牙皇旅行　倫敦電을據ᄒᆞᆫ則英國戰闘艦스나웅號를乘ᄒᆞ야西班牙皇帝及皇后兩陛下ᄭᅦ서搭乘ᄒᆞ시고포스마스로向ᄒᆞ야今回에英國을訪問ᄒᆞ시려고約一個月間을豫定ᄒᆞ얏다더라

●新造艦要求　伯林電을據ᄒᆞᆫ則紐育헤랄드新聞은美國海軍省에要求ᄒᆞ기를三萬噸의戰闘艦三隻을新造ᄒᆞᆯ것다ᄒᆞ엿더라

●艦대回航告示　倫敦電을據ᄒᆞᆫ則美國루스벨트大統領은戰艦이가十二月二十六日에出發ᄒᆞ야太平洋에向ᄒᆞᆷ으로告示를裁可ᄒᆞ얏다더라

●各大臣의責任　淸國西太后ᄂᆞᆫ軍機大臣職之漏의게命令ᄒᆞ야諸般改革에從事ᄒᆞᄂᆞᆫ同時에袁世凱의게ᄂᆞᆫ外交를世續의게ᄂᆞᆫ內務를醇親王과鹿傳霖의게ᄂᆞᆫ一般政務를慶親王의게ᄂᆞᆫ總히財務의監督을命ᄒᆞ고如斯ᄒᆞᆫ軍機大臣의責任을盡力ᄒᆞ라ᄒᆞ고命ᄒᆞ셧다더라

●名古屋開港　東京電을據ᄒᆞᆫ則日本名古屋을來月十日로爲始ᄒᆞ야港口로建築ᄒᆞᆫ다더라

●大使被任　伯林電을據ᄒᆞᆫ則米國大統領의女婿롱구워쓰씨ᄂᆞᆫ德國駐劄大使를被任ᄒᆞ엿더라

●米艦의速力　倫敦電을據ᄒᆞᆫ즉英國巨船루시타니아號ᄂᆞᆫ紐育서發ᄒᆞ야四日廿二時間에英國에到着ᄒᆞ엿ᄂᆞᆫᄃᆡ此ᄂᆞᆫ世界에未曾有ᄒᆞᆫ速力이라ᄒᆞ더라

●森林問題解決　東京電을據ᄒᆞᆫ즉鴨綠江森林問題ᄂᆞᆫ現今那桐과阿部代理公使間에交涉中인ᄃᆡ經營의年限에就ᄒᆞ야ᄂᆞᆫ已히協定을了ᄒᆞ고目下伐採區域及幹部入選件은日本政府에서最後提案에依ᄒᆞ야其資本金은二百五十萬圓으로ᄒᆞ고該社員은淸國人이오理事役은日本人으로ᄒᆞ야其他伐採區域은確定ᄒᆞ엿다더라

寄書

●說大韓自强支會月報　桐隱生

秋風兮蕭瑟ᄒᆞ고秋日兮嬋娟이로다黃花兮泡露ᄒᆞ고碧梧兮藏霜이로다我思悠悠ᄒᆞ야在彼天이러니夫何金玉之音이鏗然來墜ᄒᆞ야驚我於寂寞之中耶아西風滿足에容함者誰며觸雪冷屋에送炭者誰오忙手披閱에喜眉先舞ᄒᆞ니乃大韓自强支會月報가是也라

嗟乎風霜이殿剝에山川이慘澹이라惟我背邱三千里內에不聞吾自强之消息ᄒᆞ고不見吾自强之影響이于今幾月矣라然而吾自强之精神이安所寄托乎아是以로我心傷悲ᄒᆞ야如慈母之別幼子ᄒᆞ고如蕩子之訣美人ᄒᆞ야晝而忘食ᄒᆞ고夜而忘寢ᄒᆞ야搖搖懸旌이殆不能定터니不圖今日에復見此會報之文字ᄒᆞ니即我同胞居留이在彼美領布哇ᄒᆞ야不暇自强之基礎ᄒᆞ고益勵自强之精神ᄒᆞ야有此會報之機關刊行者ㅣ니孰謂大韓自强之解散乎아夫我同胞之在彼者ㅣ凡六千餘名이니六千餘同胞合ᄒᆞ면豈不足以自强乎아碩果不食에當有復生之[illegible]不有學에豈然有旺之機리오[illegible]對此會報ᄒᆞ야一則爲吾海外同胞之自由生者也오一則悲吾內地同胞之酷被縛勒ᄒᆞ야欲歌旋哭ᄒᆞ니何以[illegible]嗚呼忠臣이[illegible]에奸賊遊가欲毁之ᄒᆞ고良女가潔己에强暴者ㅣ欲汚之ᄒᆞ니以其奇尙之不屈이라雖然이나三軍之帥ᄂᆞᆫ可奪也어니와匹夫之志ᄂᆞᆫ不可奪也ㅣ니惟我二千萬同胞之自强精神을執持[illegible]之리오人衆勝天이雖日暮ᄒᆞ나天定勝人이必有其日이니吾儕ᄂᆞᆫ對此會報之發刊ᄒᆞ야將卜大韓自强之亡與不亡이로니自我同胞之精神으로雖立自强之基礎ᄒᆞ면彼雖欲亡之나焉得以亡之리오念哉念之哉어다惟我同胞여

雜報

●救恤致謝　報恩郡居具夏祖朴昌彬等三人의公函이如左ᄒᆞ니

敬啓者ᄂᆞᆫ凡人生斯世에臨危逃難은亘古同情이오赴湯蹈火ᄂᆞᆫ如今其誰오今此本郡이成一戰場ᄒᆞ야烟焰漲天일시有其職有其任者가罔知所措ᄒᆞ니哀此人民이[illegible]被慘禍ᄒᆞ야無所依訴더니[illegible]設被災救恤事務所人李吉善公廳鐸이며素以經一心으로挺身於砲丸之中ᄒᆞ야多涉鋒鏑ᄒᆞ야人無橫罹之虞ᄒᆞ고籌助同胞에戶有結搆之期ᄒᆞ며隨事酬應ᄒᆞ야至誠惻怛ᄒᆞ니內外人이無不感服ᄒᆞ야保護不少ᄒᆞ니此郡에若無此二人이런들兵禍餘生이何以圖存이리오[illegible]非有意於人[illegible]衆心이悅服ᄒᆞ야口碑自在ᄒᆞ셔吾人等이於此有感焉이로라我二千萬同胞가人人皆持李氏之心ᄒᆞ고人人能行李氏之事면何患乎斯民之不保也리오故敢仰佈于 貴社ᄒᆞ오니勿以人棄要ᄒᆞ시옵더라

●湍郡新校　長湍郡稅務主事白南鎬씨와金永奎三氏가組織教育ᄒᆞ야[illegible]昨年八月에校設普校學校ᄒᆞ고同月十日開校에生徒日增ᄒᆞ야校況이漸進이온바[illegible]普昌學校李象年으로教師의責任을自擔ᄒᆞ고金永奎氏ᄂᆞᆫ熱心實務ᄒᆞ고體操教師ᄂᆞᆫ[illegible]校金成基氏라더라

●[illegible]自刎欲裁　近日各署巡檢이家家戶戶에七十老人有無를調査ᄒᆞᆫ다ᄂᆞᆫ說은已報ᄒᆞ얏거니와再昨日北署紅峴居文姓老人이該調査에對ᄒᆞ야七十以上老人等은調査ᄒᆞᆫ後에或投江水ᄒᆞ며或生埋ᄒᆞᆫ다ᄂᆞᆫ風說을得聞ᄒᆞ고自己의年은七十五歲인즉此等慘酷을難免ᄒᆞᆯ것다自刎ᄒᆞ야結項自[illegible]코자ᄒᆞᄂᆞᆫ대該家人等의極力救護ᄒᆞᆷ으로幸히免死ᄒᆞ얏다ᄒᆞ니此等調査ᄂᆞᆫ外國에例有ᄒᆞᆫ바아니라人生의壽天장短이衛生上에大有關係ᄒᆞᆫ故로今回警視廳에서其原因의結果를調査ᄒᆞᄂᆞᆫ初點이거ᄂᆞᆯ此等老物의自刎欲裁ᄂᆞᆫ恐出沒覺ᄒᆞᆫ所致오더라

●加撥二萬　財政監査長官目賀田氏의게賞與金一萬圓을支撥ᄒᆞᆫ다ᄂᆞᆫ前報에已揭어니와更聞ᄒᆞᆫ則三萬圓을支撥ᄒᆞ기로作定ᄒᆞ얏다더라

雜報

●嘉殿後留學 皇太子殿下께셔嘉禮後에ᄂᆞᆫ日本에留學ᄒᆞ신다더라

●帶同陛見 昨日下午一時에桂大將이辭陛ᄒᆞᄂᆞᆫ데伊藤統監과長谷川大將을帶同詣闕ᄒᆞ얏다더라

●御前陪食 昨日下午壹時에伊藤統監과桂大將이敦德殿에서陛見後에御陪食ᄒᆞ얏ᄂᆞᆫ데總理以下各部大臣이一齊參與ᄒᆞ얏다더라

●統監府移定說 昌德宮으로移御ᄒᆞ신後에慶運宮을統監府로定ᄒᆞ고現今統監府ᄂᆞᆫ統監府官吏의官舍로定ᄒᆞᆫ다ᄂᆞᆫ說이有ᄒᆞ다더라

●官制頒布 各府部官制改定件은數日間頒布가된다더라

●改定後奏本 現關郡守가不少ᄒᆞ야曠官地方에ᄂᆞᆫ民情이尤極嗷々ᄒᆞ다ᄂᆞᆫ데內部에셔宜乎奏本擇任ᄒᆞᆯ터이나地方官制를改定ᄒᆞᆫ後에야奏本ᄒᆞᆫ다더라

●桂大將演說 再昨日景福宮園遊會時에桂大將이演說ᄒᆞ얏다ᄂᆞᆫ趣旨를槪聞ᄒᆞᆫ즉今當日本皇太子渡韓時에官民이互相一致ᄒᆞ야奉迎에盛況을觀覽ᄒᆞᆫ즉韓日兩國의親誼가益々親密ᄒᆞ야平和的光榮이不少ᄒᆞ니此後로韓日兩國이凡事를熱心做去ᄒᆞ야東洋全局의平和를維持ᄒᆞ기로ᄒᆞ얏더라

●統監請牒 伊藤統監이各部勅任官에게請牒하되十一月三日天長節에本官邸에셔設宴ᄒᆞ니同夫人來臨ᄒᆞ라하얏더라

●別宴開設 財政監査長目賀田氏가日間歸國ᄒᆞᆯ터인데今日下午三時頃에自己私邸에셔送別宴을開設ᄒᆞ고度支部官僚를請邀宴待ᄒᆞᆫ다더라

●携妓無謂 去番各학校聯合大運動會에學部大臣李載崑氏가妓生二名을帶同而去ᄒᆞ얏ᄂᆞᆫ대主殿院卿李謙濟氏가該妓生을逐出코저ᄒᆞᆫ대學相李載崑氏曰余所帶來之妓니勿爲退逐ᄒᆞ라ᄒᆞ거ᄂᆞᆯ李謙濟氏曰此會가非園遊會席이오學校聯動場일ᄲᅮᆫ더러 皇太子殿下께셔親臨ᄒᆞ시고一般親勅任官이侍立ᄒᆞ얏ᄂᆞᆫ데妓生이何可參席이리오使巡檢으로卽爲逐出ᄒᆞᆫ대李載崑氏가赧然無色ᄒᆞ얏다더라

●春察報告 江原觀察使黃鐵氏가內部로報告ᄒᆞ되春川郡守金鴻圭ᄂᆞᆫ過期未赴ᄒᆞ고署理主事沈相悳가逐事綜詳ᄒᆞ야務圖方便에民賴以安ᄒᆞ오니如此優蹟之人은特爲陞敍奏任ᄒᆞ야以示朝家褒賞之典ᄒᆞ라ᄒᆞ얏더라

●隨員被捉 江原道宣諭使의隨從委員趙[illegible]駿氏가本月二十日에自原州郡으로寧越等地에偵探次發向ᄒᆞ얏다가中路에셔義徒의게被捉ᄒᆞ야死生을姑未詳知라더라

●日技傭聘 統監府技手山田照外二名을農商工部에셔傭聘ᄒᆞᆯ意로議府에同意를請ᄒᆞ얏다더라

●四倅발程 稷山郡守김鎭憲光州郡守趙聖根兩氏ᄂᆞᆫ三拾一日에赴任次로出발ᄒᆞ고安州郡守리寅洽氏ᄂᆞᆫ二拾日에出발ᄒᆞ얏고載寧郡守金孝益씨ᄂᆞᆫ二拾八日에出발ᄒᆞ얏다더라

●三守請免 忠淸南北道宣諭使리斗夏씨가內部에報告하되忠州郡守金在殷은帶印逃走ᄒᆞ엿고鎭川郡守신기秀ᄂᆞᆫ暴徒入境에携印脫身ᄒᆞ야使一邑之民으로隨而渙散ᄒᆞ고公司與民家大拾餘戶가一時被燒케ᄒᆞ엿고堤川郡守趙重翊은與劫上京하야使一邑之民으로至於渙散之境케ᄒᆞ얏스니三郡守ᄂᆞᆫ爲先奏下免ᄒᆞ고有名譽之人으로擇差下送ᄒᆞ라ᄒᆞ얏다더라

●運社送酒 日昨각學校聯合大運動會에大同運輸會社에셔麥酒一樽을寄贈ᄒᆞ얏다더라

●緣何被捉 完平君李氏리洛應씨가有何事件인지再昨日警視廳에被囚ᄒᆞ얏다더라

●兩氏被囚 李璟夏鄭斗煥兩氏家舍事件에對하야國民報發行人李寅榮씨ᄂᆞᆫ監獄署에下囚ᄒᆞ고鄭斗煥氏ᄂᆞᆫ警視廳에被囚ᄒᆞ얏ᄂᆞᆫ대新聞發行人을監獄署에下囚ᄒᆞᆷ은初有ᄒᆞᆫ事이라고巷說이喧藉ᄒᆞ더라

●宣諭報告 江原道宣諭使洪祐晳씨가內部에報告ᄒᆞ되本使가才識이蔑如에猥蒙宣諭之命ᄒᆞ야巡行曉勗에務無歸化之類ᄒᆞ야如非討伐이면不能鎭戢이니査照後에本職을奏免ᄒᆞ라ᄒᆞ얏다더라

●宣使報部 江原道宣諭使가內部로報告ᄒᆞ되原州郡守金泳奎免官之由ᄂᆞᆫ已有所報ᄒᆞ얏거니와本使가到該郡則郡主事리宅珪氏와首書記安在允이出境歡迎ᄒᆞ야 聖勅을奉來ᄒᆞᆫ敬意를表ᄒᆞ고暴徒偵探과居民安戢에百方設略而本使所睹로言之라도果是殊有이오니帶印擅歸ᄒᆞ야尙今不歸하ᄂᆞᆫ本郡守金泳奎ᄂᆞᆫ卽爲免官하고主事리宅珪로叙任ᄒᆞ고首書記安在允은本郡主事로叙任하라ᄒᆞ얏더라

●官吏失棲 槐山郡如干公廨도見借日隊ᄒᆞ야官吏棲接이難ᄒᆞ라고該郡守가內部로報告ᄒᆞ얏다더라

●倣新開校 私立進명倣新中學校를新建ᄒᆞ고來拾一月二日下午二時에開校式을設行ᄒᆞᆫᄂᆞᆫ데各部奏任以上을請邀ᄒᆞᆫ다더라

●稅官上京說 松禾稅務官具滋祿氏ᄂᆞᆫ義擾를因ᄒᆞ야民家에셔四五日을隱避ᄒᆞ다가甑南浦로出來ᄒᆞ다가汽船을搭乘ᄒᆞ고上京ᄒᆞᆫ다고度支部로電報ᄒᆞ얏다더라

●姑爲留案 各部書記郞을除汰ᄒᆞᆫ다ᄒᆞᆷ은各新聞에累累揭載ᄒᆞ얏거니와度支部에셔ᄂᆞᆫ減省ᄒᆞᆫ書記郞을稅務主事로叙任ᄒᆞᆫ다ᄒᆞᆷ으로日前에講習生中六人을叙任ᄒᆞ랴고記案ᄭᆞ지ᄒᆞ얏다가該部次官荒井賢太郞氏가姑爲停止ᄒᆞ라ᄒᆞᄂᆞᆫ故로留案이되얏다더라

●警察引繼 韓日警察을合同ᄒᆞᆫ結果로理事廳에셔警察事務를拾一月一日로爲始ᄒᆞ야韓國側警察을引繼ᄒᆞᆫ다더라

●宣使調査 江原道宣諭使洪祐晳씨가該道各郡情況을內部에調査報告ᄒᆞ얏ᄂᆞᆫ되道내巨魁ᄂᆞᆫ卽原州鎭衛隊前特務正校閔肯鎬而其部下가擧皆解散兵丁이오洪川郡에ᄂᆞᆫ首書記與郡屬이幷히逃蹤不現ᄒᆞ고郡巡檢三名은稱以被脅强從ᄒᆞ고一向隨從故로招還不來ᄒᆞ고橫城郡首書記吳宅善之父正默이曾以多年豪頭之吏로多聚山砲ᄒᆞ고又率使傭及勞動者六七名하고作黨作梗ᄒᆞ고砥平郡에ᄂᆞᆫ該郡居李寅榮李其讚과原州居張貴煥이率山砲數百名ᄒᆞ고出沒洪川麟蹄界而今已過半解散ᄒᆞ고洪川居朴良直李漢宰가與洪陵居名不知朱哥로率山砲三百餘名ᄒᆞ고入麟蹄라가遇日兵ᄒᆞ야奔竄ᄒᆞ고楊根居前參領沈相喜가率散兵百餘名ᄒᆞ고自洪川으로入麟蹄라가路逢日兵ᄒᆞ야解散ᄒᆞ얏다더라

●頗有此人 安山來人의傳說을據ᄒᆞᆫ즉該郡論谷이六拾餘戶大村인데義兵과日兵이踵至ᄒᆞ야一洞이騷動ᄒᆞ되該洞居리進士燦稙氏가義兵日兵을隨到交涉에善爲說明ᄒᆞ야無罪過去ᄒᆞᆫ故로一洞이安堵ᄒᆞᆫ다더라

●彭家火警 昨日上午六時量에南署大山林洞小造山等地居彭某家에셔石油燈이火起ᄒᆞ야家舍幾間을燒火ᄒᆞ고旋卽撲滅하얏ᄂᆞᆫ대人命은幸不致傷ᄒᆞ얏다더라

▲地方消息▼

▲十三日聞慶郡七星里에셔義兵四百五十名이日軍隊로交戰ᄒᆞ다가退却ᄒᆞ얏다ᄒᆞ고

▲開城府東北方大小洞에ᄂᆞᆫ去二十二日에義兵三百餘名이突入ᄒᆞ야洞口를把守ᄒᆞ고通行人을嚴禁ᄒᆞ미道路가阻絕되얏다ᄒᆞ고

▲積城郡에셔ᄂᆞᆫ義兵이柴作동居ᄒᆞᄂᆞᆫ一進會二名을砲殺ᄒᆞ얏다ᄒᆞ고

▲去二十二日에陰竹郡大山동及舞童村兩處에義兵二十名式來往ᄒᆞᆫ다ᄒᆞ고

▲榮川郡에셔日兵이醴泉郡居ᄒᆞᄂᆞᆫ農夫二名을該郡客舍大廳後面에셔銃殺하고又丹陽郡民一名을斬殺ᄒᆞ야其處重要地에留ᄒᆞᆷ으로該道觀察使가理事廳에交涉中이라ᄒᆞ고

▲去十一日에延安郡에셔義兵이日兵과二時間을交戰ᄒᆞ얏ᄂᆞᆫ데兩便에死傷이有ᄒᆞ다ᄒᆞ고

▲旌善郡에셔義兵이日兵과交戰ᄒᆞ다가該郡東北方三面의民家를多數히燒火ᄒᆞ얏다ᄒᆞ고

▲竹山郡黃石里에義兵一百五十名이屯聚ᄒᆞ고白岩里에도三百餘名이逗留ᄒᆞᆫ다ᄂᆞᆫ데其中七十餘名은解散兵이라ᄒᆞ고

▲去十八日에鎭安郡에義兵一百五拾餘名이突入ᄒᆞᆫ則該郡郵便取扱所長及巡査三名과遞傳夫一名과女一名이避身하얏다ᄒᆞ고義兵은其取扱所를燒火ᄒᆞ얏다ᄂᆞᆫ대該郡獄에罪囚ᄂᆞᆫ桀鬪ᄒᆞ야逃走ᄒᆞ얏다ᄒᆞ고

▲去十二日에槐山郡附近에셔韓日警部及日兵이義兵四百五拾名과交戰ᄒᆞ얏고또其翌日午前에該郡山群里에셔도交戰ᄒᆞ얏다ᄒᆞ고

▲去十七日에黃澗郡으로부터義兵百餘名이尙州郡으로發向ᄒᆞ얏다ᄒᆞ고또去二十日에義兵七拾餘名이該郡物開里에突入ᄒᆞ야徒黨을聚集ᄒᆞ야茂朱郡으로發往ᄒᆞ얏다ᄂᆞᆫ디日軍隊가該郡으로向ᄒᆞ얏다ᄒᆞ고

▲二拾六日臨津沿岸에셔日本斥候가義兵의偵探二名을銃殺ᄒᆞ엿다ᄒᆞ고日軍隊가臨津江沿岸갈동을經ᄒᆞ야梅谷에셔義兵拾名을襲擊하미西北方山中으로潰散ᄒᆞ엿고또甘岳山에在ᄒᆞᆫ義兵의根據된신殿동을소却ᄒᆞ고日兵은積城으로발向ᄒᆞ엿고義兵의一部ᄂᆞᆫ九化及유津附近에셔비회하고또一部ᄂᆞᆫ楊州附近에在ᄒᆞᆫ模樣이라ᄒᆞ고

▲二拾九日海州발電을據ᄒᆞᆫ즉去二十六日에義兵五拾名이松禾郡分派所補助員이不在中에分派所及郵便取扱所와稅務署와郡衙를襲擊ᄒᆞ야器物을破壞ᄒᆞ엿다더라

東京電報

三拾日着

●條約排棄의有無 旣香坡財政委員이日加條約排棄의決議를ᄒᆞ엿나ᄂᆞᆫ報에就ᄒᆞ야日本政府ᄂᆞᆫ木林川領事의게事實의有無를調査ᄒᆞ라고紹介ᄒᆞ얏다더라

●慶節休刊 本日은大韓 皇太子殿下誕日이신故로慶祝ᄒᆞ기爲ᄒᆞ야一日休刊홈

▲菊籬香話▼

▲近日에豊基金漸淳昌寧[illegible]城利原六郡守가內部에辭職請願ᄒᆞ얏다니地方이騷擾ᄒᆞᆷ으로郡守請願이日日답지ᄒᆞᆫ다니郡守[illegible]窠闕이豐年들엇고

▲京仁鐵道改良線路段價九[illegible]二千七百六十餘圓을度支部에對ᄒᆞ야支撥ᄒᆞ라ᄒᆞ더니現今庫儲가不敷ᄒᆞ야支撥치못ᄒᆞ다ᄒᆞ얏다니現今各郡[illegible]築費와宴會費와其他經用은多數히支撥ᄒᆞ면셔鐵線地段價에ᄂᆞᆫ支撥이無期ᄒᆞ니現今政府에셔ᄂᆞᆫ民情을少不顧念ᄒᆞᄂᆞᆫ지

▲中樞院議官尹吉炳씨ᄂᆞᆫ咸北觀察使로被任ᄒᆞᆫ다ᄂᆞᆫ說이喧藉ᄒᆞ니同氏ᄂᆞᆫ忠北觀察使로女子의바지를닙엇다더니咸北觀察[illegible]使로ᄒᆞ면男子바지를닙ᄂᆞᆫ지

▲江原道宣諭使洪祐晳씨ᄂᆞᆫ初到也에ᄂᆞᆫ冒險者敢爲ᄒᆞ다고某報에讚言ᄒᆞ더니近日에ᄂᆞᆫ喫怯不入ᄒᆞ다고謗說이有ᄒᆞ니兩說이[illegible]ᄒᆞ야그러ᄒᆞᆫ지人之毁譽가無常ᄒᆞ야그러ᄒᆞᆫ지

▲向者에ᄂᆞᆫ警部가變更이되ᄂᆞᆫ대某大臣某大臣家에셔運動ᄒᆞᄂᆞᆫ일이슈군슈군ᄒᆞ야日間무삼발표가잇슬듯ᄒᆞ더니近日에ᄂᆞᆫ警部이니大臣이니ᄒᆞᄂᆞᆫ말도업서寂寂ᄒᆞ야宴會에나紛走ᄒᆞ니至今은昇平世界가되얏ᄂᆞᆫ지

▲[illegible]番新官制에學部所管中에[illegible]女學校를增設ᄒᆞᆫ다ᄒᆞ니[illegible]相稍成立ᄒᆞ면[illegible]設ᄒᆞ니女子開明[illegible]

社告

本社支社를左開三郡에設置하앗사오니該附近地에셔本申報購覽ᄒᆞ실 僉彦은一切該支社로請求ᄒᆞ시고代金도該氏의게로送交ᄒᆞ심을務望ᄒᆞᆷ

代金 漢文每朔並郵稅四拾三錢
國文仝 三拾八錢

左開

支社位置及氏名

長湍邑南門內 崔載淳

殷栗邑右前里 金泰聲

殷栗 殷弼漢

吉阜邑許舖 姜允植

大韓每日申報社

發起

爲子孫營業會社趣旨書

夫人之所以爲人이有二ᄒᆞ니一曰明知天與오二曰用力受取며天之所以與人으二니一曰道理오二曰諸物이니라古人들이此를知ᄒᆞ야向道理而救靈魂ᄒᆞ고受諸物而養肉體더라乃若今有疑人커던仰觀俯察하고逆數千古ᄒᆞ며轉晒ᄒᆞ西時局ᄒᆞ고還入密室ᄒᆞ야閉目而默想ᄒᆞ라人之所以爲人之道誠不外乎此니라然則道理와諸物은人의게暫時라도分離ᄒᆞᆯ슈업ᄂᆞᆫ利用이온대此ᄅᆞᆯ知코受ᄒᆞᄂᆞᆫ者誰오受者ᄂᆞᆫ姑舍ᄒᆞ고知者鮮矣며設或知受者라도偏僻而無預備ᄒᆞ야枯渴貧窮者ㅣ何多中最甚者ᄂᆞᆫ惟今我韓人民이라自處於無可奈何之地ᄒᆞ고惟靈魂也安保自爲則우리부野蠻의二毛된身勢ᄂᆞᆫ死無可怨이어니와吾人之子孫骨骸ᄂᆞᆫ未知轉纍于何等境地나故로滿目悲淚로如干股金을募集ᄒᆞ야爲子孫營業會社一을設始ᄒᆞ나其於有無相資와商販旺達과製造由進也와家國致富를庶幾乎於斯可求어다며라人이命을養ᄒᆞᄂᆞᆫ資가乏ᄒᆞᆫ地에ᄂᆞᆫ道를向ᄒᆞᄂᆞᆫ志를保存키難ᄒᆞ며且今日에生ᄒᆞ야營業만務ᄒᆞ면凍餓ᄂᆞᆫ姑舍ᄒᆞ고流離孤魂이誠可憐이라다爲子孫父祖之同胞乎여七月詩를지은者의志槪를效則ᄒᆞ야子孫의預備를잘합세다吾人之子孫이非吾 皇國之子民乎아共受天賦而偏生偏亡은決非上主之定旨오니勿落心而且疑ᄒᆞ고一國々僉人的으로此會社를잘합세다此事가爲父祖者의養子孫ᄒᆞᄂᆞᆫ當然ᄒᆞᆫ職分이오其一번아니라爲人之道에傍黍無愧ᄂᆞᆫ生活之方에庶助萬一이ᄋᆞᆸ기咸須知悉極力順備를拱祝

發起人 崔重珍 金鼎濟

谷民抑鬱 谷山郡守鄭喬氏ᄂᆞᆫ時務에敏活ᄒᆞ고名譽가素著ᄒᆞᆫ人으로該郡에莅任ᄒᆞ야一境이賴安ᄒᆞ더니數月前上京ᄒᆞ야辭職請願ᄒᆞᆫ當此騷亂之時ᄒᆞ야民情이無所依恃ᄒᆞ야多數上來ᄒᆞ야還任케ᄒᆞ기를內部에請願ᄒᆞ앗ᄂᆞᆫ데內部에셔ᄂᆞᆫ有何事端인지却而不受ᄒᆞᄂᆞᆫ故로民情이尤甚抑鬱ᄒᆞ야本社에來言ᄒᆞ더라

廣告

南署薰陶방冷井洞第八統四戶李升宋家券을殷栗郡義兵襲擊時見失ᄒᆞ얏스니內外國人은以此知悉ᄒᆞᆷ 殷栗郡守李升宋 白

本郡騷擾中本人에三寸炳喆氏가避禍次로出他ᄒᆞ여終無消息故로玆以廣布ᄒᆞ오니急速還家ᄒᆞᆷ을切望

江華邑 崔永植 告
謹弟俞鎭植 白

本商이今月十五日에會洞布木商崔雲甫處下月晦日推次無號當錢票九千九百八拾八兩五錢과宣惠倉內布木商金致祥處十一月初十日推次三拾七號當錢壹萬六百六拾貳兩七錢五分並二張셔失而書及本處矣니誰某拾得ᄒᆞ와도休紙施行ᄒᆞᆷ

華商 廣和順 告白

本面亭子里居李召史亡信氏ᄂᆞᆫ少年寡居로多年以來에耶蘇敎를信奉ᄒᆞ야日夜修道를勤々至誠터니誠心所得ᄒᆞᆫ自己의親手紡績ᄒᆞᆫ勞動所得에餘計家産이田五日耕과柴山一麓과並瓦家六間을本敎會信成學校에義捐納附ᄒᆞ고李氏生前則該田所出數中十分一을學校에收用케ᄒᆞ고李氏死後則田地柴山家屋을永爲全附學校之意로該文券을亦學校에來納ᄒᆞ얏기로李氏의誠心을可賀ᄒᆞ야玆에廣告ᄒᆞᆷ

義州批峴面替馬 市耶蘇敎會堂 信成學校 告白

本院經費補充ᄒᆞ기爲ᄒᆞ야慈善演奏會를東大門內前光武臺에셔陰九月二十六日爲始ᄒᆞ야限三日開會ᄒᆞ야順序가如左ᄒᆞ오니慈善ᄒᆞ신僉君子ᄂᆞᆫ枉臨觀覽ᄒᆞ심을望ᄒᆞᆷ

順序

一 奏樂
一 有志紳士慈善演說
一 世界에有名ᄒᆞᆫ活動寫眞
一 衛生幻灯
一 奏樂
一 臨時ᄒᆞ야滋味잇ᄂᆞᆫ演藝도잇소

京城孤兒院 告白

明月舘 家屋及各種器具를速賣ᄒᆞᆯ터이오니願買僉君子ᄂᆞᆫ速々來議ᄒᆞ심을切望

主人金東檀 告白

本人庶弟成文、聚本人被囚盜二百斗畓券稱父遺言誣訴道郡圖得證書今欲放賣內外國人切勿見欺

大邱在囚金星濟 告白

本局에셔十年을研究ᄒᆞ야(靜香消捨丹)이란藥을發明ᄒᆞ얏ᄂᆞᆫ대男女勿論ᄒᆞ고무숨癇疾이던지(一劑十四箇)를每日一箇式服用ᄒᆞ면効驗이百發百中되ᄂᆞᆫ고로每日搭至ᄒᆞ와買去ᄒᆞ오니癇疾잇ᄂᆞᆫ僉位ᄂᆞᆫ오리고싱마시고速々히來臨ᄒᆞ야問議ᄒᆞ심을希望ᄒᆞᆷ

定價金 上品一劑金三圜
下品一劑金貳圜五角

本舖 仁川港杻峴和平局

發賣所 仝 龍洞濟生堂

京城鍾路 慈惠藥房

仝 共愛堂藥房

雖外邦이라도郵便으로부치ᄂᆞᆫ슈가잇소

本舘에셔新舊書籍을大發售ᄒᆞ오니有志僉員은急々購覽ᄒᆞᆷ

元山港 春盛書舘

本人의再從姪煥氏子股均이가素性이放蹤ᄒᆞ야符同挾雜之輩ᄒᆞ고欺人圖債ᄒᆞ랴ᄒᆞ니內外國人은照亮ᄒᆞ신後切勿見欺ᄒᆞ심을爲要

京畿廣州郡內居石補煥 告白

本人의再從堂叔曹善文氏ᄂᆞᆫ中間失精ᄒᆞᆫ人이라浮浪雜類輩들이此를奇貨로認作ᄒᆞ고百般敎唆ᄒᆞ야本人의平壤外川面三里所在田土를潛欲僞券私賣云ᄒᆞ기로玆에先布ᄒᆞ오니內外國人은切勿見欺ᄒᆞ시옵

平壤美林曹永煥 告白

平壤中學徒鄭誠熙上京云本人今廿一日亦爲上來有相議事故玆以廣告於洞一統八戶正尉金顯承宅來臨希望

金鎭國 告白

○民事訴訟代理와刑事辯護及鑑定顧問과諸文案起草諸般事務를迅速處理ᄒᆞᆷ

漢城南署小公洞第拾六統五戶

辯護士 前判事 前檢事 金正穆

事務員 前博士 鄭雨興

漢城西署松橋(新作路)第四十三統 戶

辯護士 玉東奎

辯護士 許憲

合同法律事務所

新刊書籍發售 告廣

書名	正價金
外交通義	壹圓貳拾錢
商業大要	六拾錢
國家學	五拾錢
牧民心書	壹圓廿五錢
家庭教育學	三拾錢
生理衛生學附圖	四拾錢
中等生理學	九拾錢
新撰小博物學	五拾錢
新編博物學	七拾錢
新撰小物理學	五拾錢
動物學 國文	壹圓廿五錢
農政新編	九拾錢
蠶桑纂編 國文	拾七錢五里
栽桑全書 附葡萄栽培及釀酒法	四拾九錢
新訂算術	六拾錢
算術新書	八拾錢
精撰算學解式並	七拾錢
美國獨立史	四拾錢
法蘭西新史	四拾錢
埃及近世史	四拾五錢
波蘭末年戰史	四拾錢
普法戰記	四拾錢
羅馬史 附意大利史	四拾錢
越南亡國史	貳拾五錢
俄國略史	拾錢
交際新禮	拾五錢
東國史略	壹圓五拾錢
普通教科東國歷史	壹圓拾錢
新訂東國歷史	壹圓
歷史輯略	貳圓
大東紀年	貳圓
大東歷史	壹圓五拾錢
東國名將傳	四拾五錢
東國輿地勝覽	洋裝拾貳圓 並製拾圓
大韓疆域考	壹圓
大韓新地誌	壹圓
大韓地誌附地圖	壹圓
初等地理教科書	七拾錢
新撰地文學	四拾錢
萬國地理	壹圓拾錢
士民必知國文	上製八拾錢 並製七拾錢
初學地誌	上製六拾錢 並製五拾錢
萬國史記	七圓
中等萬國史	七拾錢
精撰萬國史	六拾錢
東西洋歷史	壹圓五拾錢
五偉人小歷史	拾錢
世界一覽	二拾錢
世界年契	七拾五錢
公法會通	壹圓五拾錢
萬國公法要略	五拾錢
刑法大全	六拾錢
改正刑法草案	四拾錢
法學通論	壹圓
議會通用規則	拾五錢
現行法規類集	三圓九拾錢
國文西禮須知	貳拾錢
增修無冤錄大全	四拾錢
大東文粹	六拾錢
尺牘完篇	壹圓五拾錢
準備時代	拾三錢
進明叢論	三拾五錢
註解西廂記	壹圓
新小說鬼聲	三拾錢
新小說血淚	貳拾錢
近世女傑羅蘭夫人傳	四錢
政治小說瑞士建國誌	拾五錢
初等小學	壹圓五拾錢
幼年必讀	八拾錢
幼年必讀釋義	壹圓三拾錢
高等小學讀本	五拾錢
牖蒙千字	五拾錢
中等修身教科書	六拾錢
溫故知新堂叢鈔	七錢五厘
父師必讀小學指南	七錢五厘
世界全圖	卅七錢五厘
大韓輿地圖	拾七錢五厘
五洲各國統屬全圖	七錢五里
最新京城全圖	二拾錢
最新詳密韓國全圖	二拾錢
最新韓國地圖	拾五錢
分道詳密韓國新地圖	五拾錢
韓國新地圖	四拾錢
漢文萬國地圖	四拾錢
漢文地球全圖	四拾錢
萬國指掌全圖	貳圓五拾錢
韓語大成獨習	壹圓九拾錢
英語獨習	壹圓四拾錢 貳錢五里
日韓通話	五拾錢
日語獨習	五拾錢
韓日會話辭典	一圓五拾錢
獨修速成日韓會話	三拾錢
普通日本語典	五拾錢
二十世紀朝鮮論	三拾五錢
比律賓戰史	四拾錢
比斯麥傳	拾五錢
中等萬國地誌	壹圓貳拾錢
師範教育學	五拾錢
高等小學修身書	廿五錢
礦物界教科書	貳拾錢
會社法	九拾錢
漢文算學新編	四拾錢
貨幣論	壹圓貳拾錢
普通經濟學	八拾五錢
商業汎論	壹圓拾錢
中等地文學	五拾錢
大韓地理	七拾錢
漢文大韓地誌	五拾錢
飲氷室文集	四圓四拾錢
中東戰記本末	四圓
西政叢書	拾圓
中外政治彙編	五圓五拾錢
時事新論	壹圓
美國名君言行錄	壹圓
泰西新史	貳圓五拾錢
萬國通鑑	三圓

發售書林

中署銅峴 大東書市 金基鉉

中署罷朝橋 中央書舘 朱翰榮

南署大廣橋 匯東書舘 高裕相

◉國債報償義捐金收入廣告

●宣川水淸面印峰里 리燦世 五圜 金顯周 五圜 李道均 五十錢 合十圜五十전

▲嘉南里 車龍垣 吳啓殷 각二圜 車禧範 田滄井 각一圜 車允在 車成轍 韓希貞 車龍德 金貞穆 金文玉 각五拾錢 車智亨 四十전 車輔汝 車權衡 金淳坤 金鳳敍 車仲元 車錫見 車聖儀 鄭基登 金鳳善 車時衡 李正佑 鄭應玉 車國秋 李暎銓 車國禮 車在希 車仲浩 차錫俊 차泰善 차啓守 차基福 任龍珍 金大用 차在運 白善元 玉元珍 차龍賢 田滄謙 金洋鳳 차龍淑 田永杓 각卄전 박世昌 李利守 김基元 차明守 白時赫 차寅에 차基用 金允贊 차啓珍 李昌禮 李鎭範 金孝成 田平秀 玉基先 金聖珍 玉孝伯 玉昇奉 玉文守 玉信國 桂南極 차龍守 차在憲 各卄錢 차錫行 玉文基 金亨吉 朴文甫 玉亨達 田興官 李枝官 各十전 合二十三圜八십전

▲鳳山里 金炳學 一圜 韓鳳燁 魯應俊 韓尙健 각五十錢 韓贊正 韓正倫 金啓彦 金啓行 各卄전 方成福 김敬一 安秉烈 裴天鳳 金啓倫 김啓文 各卄전 金啓浩 十전 合五圜

▲合山面下鵝里 朴棨奉 應律 五圜 朴榮奎 三十전 朴明鍚 三十전

合五圜六十전

以上都合전四拾四圜九十錢內 三十五전換費除 實合四十四圜五十五전

前號總合五萬六千八百五十七圜八拾六전七厘

都總合五萬六千九百〇二圜四十一錢七厘

◎特別廣告◎

國債報償金신三個日所捧은姑未合計이고但徧日々지所捧總合五萬五千八百三拾三圜七拾三錢은한城內銀行에貯置ᄒ얏슴고其貯置額中三萬二千三百圜은國債報償志願金總合所로越交흠

廣告

向者軍隊解放時에負傷將卒中에死者눈已矣어니와折股折臂折脚之人은命脈은尙存이나運數未由라該人等이將欲自裁ᄒ너슴人寡殘이라本人等이往見慰勞ᄒ고西醫에게以印度書도換製臂脚이온則八人의該費額이至爲二千五百圜之多인바一人助力으로難見奏効ᄒ와玆以廣布ᄒ오니望須慈善僉君子눈勿拘多小ᄒ시고救恤金을寄付ᄒ와使陷死同胞로拯濟ᄒ심을爲要

隆熙元年九月日

發起人 정主煥 윤泰勳 安숭鎬 曹成煥

救恤金收合所 大韓每日申報社 皇城新聞社

出금人의姓名은新聞에廣告흠

新刊書籍發售廣告

增修無寃錄大全 國漢文 定價金 七拾五錢

大韓法規類纂 洋裝 三圜五拾錢 郵稅四拾錢

初等倫理學教科書 二拾錢

初等衛生學教科書 拾五錢

國家學綱領 拾五錢

國民須知 八錢

獨習日語正則 洋裝 鄭雲復著 定價二拾五錢

發賣所 皇城布屛下 金相萬書舖

大東寄宿舍長 鄭應燮 謹告

藥 漢城鍾路慈惠藥房 乾付洋藥 濟衆院 發賣人 리敬夏 박조세 리관선

西洋醫藥方書發售廣告

◉陸軍軍醫校授勳五等池錫永氏序
◉醫學校教官劉秉珌氏翻譯
◉廣濟院醫學員朴魯惠氏校正
◉漢城鍾路慈惠藥房李應元發行

隆熙元年十月日에第一版으로發行ᄒ눈西藥便方이라ᄒ눈書册은西洋醫藥方書를我國文으로翻譯ᄒ야보기쉽게ᄒ눈第一版은二百五十餘種名에今年에第一版으로明治療法六科를비롯ᄒ야一千餘方을收錄ᄒ엿스니病名과治療法과藥物學과衛生學과解剖學과外科와內科와婦人科와小兒科等을一目瞭然케ᄒ고

學生은生理學과衛生學과診斷學과藥物學과化學의功用을알게ᄒ고新藥의功用과主治와外科手術을諸般圖解ᄒ야人體各部의構造를알게ᄒ엿스니聽者와學者와京鄕藥局에必要ᄒ도다

價目 一圓五十錢 北米國製 補血 强壯劑

久病人과 英國製 ... 人蔘精으로 ... 精力과 元氣를 ...

代理店 仁川龍洞濟生堂李庚鳳 京城梁峴賣藥商李信華

中署澄淸坊黃土峴者老所前第二十三統三戶

辯護士 李容成
辯護士 黃鎬彦
辯護士 安致潤
事務員 全孟圭
事務員 殷勳

聯合法律事務所

大韓新地誌와地圖를今已竣工되얏스니購覽僉員은各발賣所로來臨覓去ᄒ시옵

●大韓新地誌발賣所
中署寺洞第統二戶 漢陽書館
中署布屛門下 廣學書舖
中署雲從街越便 中央書館

瑞士建國誌

◉定價金 新貨十五錢

此冊은政治小說이니瑞士의救國英雄과人民의愛國心을養成ᄒ눈대必要ᄒ冊子오

發賣所
▲大韓每日申報社
▲仁川港租峴 朴新冊肆
▲中署布屛門下 金相萬冊肆
▲平壤城內烈女洞 大東書館
▲鍾路 古今書海館
▲銅口越便 中央書館
▲大邱 大東書市
▲鍾路 匯東書館
▲尙洲 博文書館
▲開城 姜助遠冊肆

新小說 愛國婦人傳

◉一冊定價金 拾五錢 新鮮ᄒ圖本도드림

右冊은純國文으로世界에有名ᄒ法國婦人若安氏의愛國事蹟을譯出ᄒ얏사오니無論男女ᄒ고愛國性이有ᄒ신同胞눈맛당이보실書冊이오니陸續購覽ᄒ심을望흠

▲發賣所
▲皇城布屛下 金相萬書舖
▲南門內 博文書館
▲仁川 大韓每日申報支社
▲各地方 有名書店

學徒洋裝書册
學徒運動과諸具
羅紗各種
美國金鷄蠟
衣服裁縫與他雜貨도廉價放賣ᄒ오니諸君子눈來臨ᄒ심을바라나이다

仁川港송峴新冊肆

本人이日本大阪商業家와特約ᄒ고...本社에서눈手數料金만受領흠

國民社本店 國政協大門內興學書舖

南署京城南門內水標五十一統 ... 培養會社

全仁港內每廣濟號

越南亡國史 國漢文 定價貳拾伍錢

布屛下김相萬 告白

◉本社廣告

○申報價

一張代金	新貨二錢五厘	
一個月前納		三十錢
三個月		九十錢
六個月		一圜七十錢
一個年		三圜四十錢
郵稅一張	新貨五厘	
一個月		十三錢

發行兼編輯人英國人 裵說
發行所 漢城中署洋洞號外地三層洋屋家 大韓每日申報社

第五卷

大韓每日申報

第六百五十二號

月曜及慶節 翌日休刊

世界開闢四千二百四十年
孔子誕生二千四百五十九年
大韓開國五百十六年
日本明治四十年
淸國光緖三十三年
陰曆丁未九月大廿七日乙卯

論說

○所稱德美同盟

日本橫濱에서發刊ᄒᆞᄂᆞᆫ이스런윌드에有思想ᄒᆞᆫ記述二篇이譽出ᄒᆞ엿ᄉᆞ니此ᄂᆞᆫ自本國으로報導되야日本報紙上에評論을多受ᄒᆞᄂᆞᆫ바德美同盟을關係ᄒᆞᆫ거시라同報記述의每頁이閱讀ᄒᆞ기에貴重ᄒᆞᆷ은同記者가遠隔之筆을執ᄒᆞᆷ뿐不啻라其所務가公平에感ᄒᆞᆫ거시是也로다

由是로今可着味愛讀ᄒᆞᆯ거슨同記者가如此盟約의締結됨을不信ᄒᆞᄂᆞᆫ것과如此ᄒᆞᆫ機微라도亦不信ᄒᆞᄂᆞᆫ거시라同氏의論證이遠東에서被傷될德國利益을美國이果不拯救ᄒᆞ리라ᄒᆞ엿고且德國利益이如何히被傷之機가有ᄒᆞᆯ줄은不覺이라하얏ᄉᆞ니其記述을槪譯ᄒᆞ건대如左ᄒᆞ도다

可信處로來ᄒᆞᄂᆞᆫ確報를接ᄒᆞ건대滿洲內에서와滿洲로며부러하ᄂᆞᆫ德國商業이自日本之施設以後로曾往보다優利ᄅᆞᆯ得ᄒᆞ며且日本內에錬熟ᄒᆞᆫ役夫가罕有ᄒᆞᆫ中에尙其移去人民이役夫界ᄅᆞᆯ餘日減損ᄒᆞ며稅納及生活上費用이高ᄒᆞᆫ中에美貿가衆有ᄒᆞᆫ故로日本製造物의旣高ᄒᆞᆫ價額이尙今增加ᄒᆞᄂᆞᆫ지라如此ᄒᆞᆫ諸般實況이淸國과滿洲와及西伯里亞로交通ᄒᆞᄂᆞᆫ德國商業을愛顧ᄒᆞ나니德國이極東에서利益을增進或取得ᄒᆞᄂᆞᆫ外에更有何關이리오與美國締盟이果無ᄒᆞᆫ거시오與其他何國으로締盟ᄒᆞᆷ도亦無ᄒᆞ리로다

如右事實이普通思想이니同記者가德國을愛顧之心이略有ᄒᆞᆷ은自然之理이나然이나所稱此同盟을關係ᄒᆞ야ᄂᆞᆫ多數吾人의意見을但陳ᄒᆞᆷ이라事實上으로吾人이深信ᄒᆞ노니如此同盟이兩國에無用되ᄂᆞᆫ同時에美國이如此事態에常是反對하고且華盛頓에代議院과議政院이如此施設을認許ᄒᆞᆯ者ㅣ未有ᄒᆞᆷ은其乃事實이라如此締盟이豈能이리오

本記者의所探으로ᄂᆞᆫ如此風說이德國이有力艦隊ᄅᆞᆯ美國에派遣ᄒᆞ기로向意ᄒᆞᆷ에서從生ᄒᆞᆫ거시나此派遣을同盟의前兆로譯解키가豈能이리오非特止此라엇던記者ᄂᆞᆫ此ᄅᆞᆯ日本의게隱伏ᄒᆞᆫ威嚇으로照譯ᄒᆞ엿ᄉᆞ니吾人所見에如此記者의如彼發言은不適ᄒᆞᆫ房氣ᄅᆞᆯ但因ᄒᆞᆷ이라若如彼存心을正確하다謂ᄒᆞᆯ진ᄃᆡ南日諸般艦隊의遊覽外洋도何國或某邦에게隱伏ᄒᆞᆫ威嚇을示ᄒᆞᆷ이라ᄒᆞ리로다

多數記者가如此同盟을信하ᄂᆞᆫ一端論證은著名ᄒᆞᆫ德國의孤立을但因ᄒᆞᆷ이니如此論評이或非妄誕耶아德與伊三國同盟이有ᄒᆞ니德國이孤立에豈至리오德美兩同盟이未有ᄒᆞᆫ勢ᄒᆞᆷ은其報導ᄅᆞᆯ妄談으로認定ᄒᆞᆷ인ᄒᆞ지라今我同業人이此風說ᄅᆞᆯ詳細打破ᄒᆞ엿ᄉᆞ니閱讀하기에有味ᄒᆞ도다

官報

●號外 隆熙元年十月卅日

宮廷錄事

掌禮院卿臣리重夏謹
奏 陰曆九月二拾一日
景孝殿
太皇帝展謁時
皇太子隨詣行禮之節依例磨鍊
手政 奏 奉 旨依例磨鍊

●號外 隆熙元年十月卅一日

宮廷錄事

宮內府達第四十三號
陰曆九月二十七日
懿孝殿忌辰祭에
太皇帝陛下
大皇帝陛下게옵셔親行ᄒᆞ옵시고百官入參ᄒᆞ라신
旨ᄅᆞᆯ奉承ᄒᆞ온바
出宮時刻은如左ᄒᆞᆷ이라
上午拾一時에出御ᄒᆞᄉᆞ下午拾二時에行禮ᄒᆞ시고二拾八日上午二時에還御ᄒᆞ심이라
宮內府大臣勳一等리允用

宮內府達第四拾四號
陰曆九月二拾八日
懿孝殿에
太皇帝陛下
大皇帝陛下게옵서眞酌禮ᄅᆞᆯ行ᄒᆞ옵시고百官入參ᄒᆞ라신
旨ᄅᆞᆯ奉承ᄒᆞ온바
出宮時刻은如左ᄒᆞᆷ이라
上午十一時三十分에出御ᄒᆞ샤同四十分에行禮하옵시고下午一時三十分에還御ᄒᆞ심이라
宮內府大臣勳一等리允用

●第三千九百十一號
隆熙元年十月卅一日

◉宮廷錄事

宮內府大臣勳一等臣리允用
謹奏
經廳園垓字內에私塚이纍纍이다入關이옵기屢次畫人探査則內하字近處私塚이果有ᄒᆞ오나莫重 園所內에有此私塚之犯葬은事未前有에萬萬悚惶이오며該齋官이非但不卽禁飭이라反爲掩置而不聞ᄒᆞ온則揆以事體에不勝痛완이온니綏慶園守奉官鄭義好許麟을爲先免本官ᄒᆞ옵고犯葬之私塚은令地方官으로到底査覈ᄒᆞ와不日掘去ᄒᆞ오미何如謹上 奏
旨依奏

敍任及辭令

度支部稅務主事權寧夏
仝 徐基文
仝 嚴照燮
仝 李禹鍾
仝 朴舍遊
懿孝殿祀丞李舜應
依願免本官
任懿孝殿祀丞 康陵令李淵學
、任康陵令 九品李舜應
李寅植 徐升淳
任綏慶園守奉官

●三千九百十二號
隆熙元年十一月一日

敍任

任平壤礦業所理事補 金正泰

外報

●兩黨決戰之說 北京電을據ᄒᆞᆫ즉近日에袁世凱ᄂᆞᆫ滿洲出身大臣等의反對ᄅᆞᆯ受ᄒᆞ엿ᄂᆞᆫᄃᆡ醇親王과慶親王과肅王ᄂᆞᆫ世凱과鐵良等이深相結合ᄒᆞ야袁을對敵ᄒᆞᄂᆞᆫᄃᆡ袁世凱ᄂᆞᆫ中央에有力ᄒᆞᆫ後援이無ᄒᆞ나徐世昌楊士驤岑春煊錫良鈞嚴修等으로더부어黨與ᄒᆞ고一面으로ᄂᆞᆫ革命黨을嚴査ᄒᆞ야西太后의信托을受ᄒᆞᄂᆞᆫᄃᆡ今에袁世凱가失敗하면將次兩黨決戰이되깃다더라

●軍艦製造의決定 路透電을據ᄒᆞᆫ즉佛國海軍高等官會議에今同英國드렛트노로號보담優勢ᄒᆞᆫ戰鬪艦의模型을建造ᄒᆞ기로決定ᄒᆞ얏다더라

●鐵道計劃 北京電을據ᄒᆞᆫ즉東倫松花江間鐵道工事ᄂᆞᆫ明春부터着手ᄒᆞᆯ터인ᄃᆡ一切外債에依치아니ᄒᆞᆯ方針이라더라

●水災移民說 新世界報에日本通信을據ᄒᆞᆫ즉日本各地方에서今番水災에慘禍ᄅᆞᆯ當ᄒᆞᆫ中에甲注라ᄒᆞᄂᆞᆫ地方에서當ᄒᆞᆫ損害가一千五萬圓以上인ᄃᆡ此地方에人民은糊口가沒策ᄒᆞ야處處에盜賊이大熾ᄒᆞ여支保ᄒᆞᆯ道가無ᄒᆞ고로北海島나韓國으로나移民ᄒᆞᆯ計劃이라ᄒᆞ엿더라

●炭礦設附의要求 上海電을據ᄒᆞᆫ즉[illegible]國外務部에서ᄂᆞᆫ俄國公使[illegible]東淸鐵道가撫順에[illegible]林省五常昌에在ᄒᆞᆫ[illegible]라고要求ᄒᆞ얏다더라

●至急防備 [illegible]電을據ᄒᆞᆫ즉伊犂將軍長庚은俄國이홈스무에서단간에至ᄒᆞᆫ鐵道線路의測量을終ᄒᆞ고工事ᄅᆞᆯ開始ᄒᆞ얏ᄂᆞᆫᄃᆡ其隱謀가可恐인고로急히防備ᄒᆞᆯ設置을要求ᄒᆞ엿다더라

●女學校創立 北京電을據ᄒᆞᆫ즉慶親王은華族女學校創立ᄒᆞᆯ일上奏ᄒᆞ야裁可을得ᄒᆞ엿더라

雜報

●侍從武官陸軍騎兵參領任榮喆氏가本社에寄函ᄒᆞ얏ᄂᆞᆫᄃᆡ皇帝陛下御旗에對ᄒᆞ야爲臣民者必當敬禮ᄒᆞᆷ은極尊에對ᄒᆞ야敬意ᄅᆞᆯ表ᄒᆞᆷ이어ᄂᆞᆯ御幸行時에人民이或有不知而欠禮者故로玆以仰布ᄒᆞ오니 貴申報에此意ᄅᆞᆯ揭載廣布ᄒᆞ오서使一般人民으로期速知得케ᄒᆞ심을幸須爲望

皇帝旗製式

黃色緞質中央에金線製李花ᄅᆞᆯ付ᄒᆞ고金線山字形으로繡緣ᄒᆞ고 御幸行時位置ᄂᆞᆫ御駕車前方에在ᄒᆞᆫ近衛將校前에乘馬ᄒᆞᆫ軍人이奉持ᄒᆞᆷ이라ᄒᆞ얏더라

●鴉毒治療 三和港阜頭醫에二百餘名同類中에十餘名이吸鴉片者가有ᄒᆞᆫ대其中에朴致珠李鏡善朴春瑞金吉成四人은皮骨이相接ᄒᆞ여死境에至ᄒᆞ엿ᄂᆞᆫ대該廳部十長姜俊石이가死境에至ᄒᆞᆫ者ᄅᆞᆯ憐恤이보고朴致珠李鏡善兩氏ᄂᆞᆫ醫師ᄅᆞᆯ請ᄒᆞ여治療ᄒᆞ여完人이되엿고朴春瑞金成吉兩人은安岳溫泉에送ᄒᆞ여治療ᄒᆞᄂᆞᆫᄃᆡ完人이되여日間人來ᄒᆞᆫ다ᄒᆞ고其餘七八人도漸次治療ᄒᆞ여至次로經營中이라ᄒᆞᄂᆞᆫᄃᆡ姜俊石이又치愛人如已ᄒᆞ여愛國誠心은人皆稱頌ᄒᆞᆫ다더라

●國塾維持 養國塾에서再昨日에評議會ᄅᆞᆯ開ᄒᆞ고一般任員을改定ᄒᆞ얏ᄂᆞᆫᄃᆡ塾長李鍾浩씨오評議長은徐鎔器씨오塾監은名醫가有ᄒᆞᆫ夫人으로選定ᄒᆞ고塾中에維持ᄒᆞᆯ方針을確定ᄒᆞ얏다더라

●柳谷興學 江原道柳谷郡主事姜達訥씨ᄂᆞᆫ教育의熱心ᄒᆞ야前主事張鵬翼文載璜又炳恒諸宪郡等諸氏로協議ᄒᆞ야該郡鷹一面沛川洞의明進學校ᄅᆞᆯ本年夏間의設立ᄒᆞ엿ᄂᆞᆫᄃᆡ基本金은該面內有志士人等이會集ᄒᆞ야各洞各書齋所有財中三十圓式捐助ᄒᆞ고各頃契전을從公擬給之ᄒᆞ校ᄒᆞ고又愛校諸人等이多少間出義捐ᄒᆞ야校況이漸進擴張ᄒᆞ고一般該校任員等이直誠注意ᄒᆞᆷ으로生徒가日加月增ᄒᆞᆫ다더라

●寄宿館厚誼 大東寄宿館에서今番運動時에開城學徒의獻人의三日留連費ᄅᆞᆯ一切不受ᄒᆞ얏ᄉᆞ니該館厚誼ᄅᆞᆯ人皆稱頌ᄒᆞᆫ다더라

雜報

●樞院催促　昨日中樞院議長徐正淳氏以下副贊議諸氏가特會를開흐고曾往提議흐얏던徵兵令實施件과冠婚喪祭에浮文改良件과地方郡守를有風力者로擇差敍任件을即速實施흐라고내閣의顧促흐얏다더라

●美術品進獻　慈善婦人會에서雙白鶴簇子를美術品으로劃繕흐야再昨日 皇太子殿下千秋節에進獻흐얏는대侍從閔丙喆氏가肅明門에서接受奉進흐야乙覽을賜흐시고嘉奬흐오셧다더라

●更飭宣使　內部에서宣諭使에게발飭하얏다는대其槪意인則極化淼民을躬行曉飭흐야覺悟解散케흐되邦本鞏固가時日爲急흐니倍加注意흐라흐얏다더라

●官報囑托　統監府官員梁山直彦씨를官報課囑托으로任命흐얏는디來月曜日부터仕進視務흐다더라

●警察協約　在韓國日本臣民에對흐야警察事務와執行에關흐야내閣總理大臣李完用氏와伊藤博文氏가互相協定흐얏는대其協定書가如左흐니
韓國政府와統監府는日本國政府가明治四十年七月二十四日에締結흔韓日協約第五條의依흐야任命흔韓國警察官으로써當該日本官憲의指揮監督을受하야在韓國日本臣民에對흔警察事務를執行케흔事務를約定하얏다더라

●餞別後謝禮　日本陸軍大將桂太郞氏가再昨日上午八時에京釜鐵道館一番列車를搭乘歸國흐는대海豊府院君尹澤榮氏와내閣諸大臣이南大門外停車場에齊往餞別흐고同八時五十分에惇德殿에進往흐야 皇太子殿下誕辰公故의參禮하얏다더라

●桂將餞別　再昨日上午八時三拾分에桂大將이歸國次로發程흐는事는別項과如흐거니와統監府官吏가南門外停車場에出往餞別흐얏다더라

●相當調用　日本警察科卒業生鄭錫迺氏를相當職으로調用흐라고學部에서內部로照會흐얏다더라

●把守撤去　布德門에서把守흐든日兵은再昨夕에沒數撤去흐얏다더라

●參政撤巡　內部에서警視廳에訓令하되現接宮內府照會則宿鎔鈸報告내에參政이今旣移屬于農商工部이오니參政課所屬醫務署를廢止흠이安當이온기左開흔總巡以下四十三人을移屬내部흐시와使爲撤去케흐심을等因하와參政課醫務署는貴廳에서專管흐든事인故로效외訓令하노니該課總巡以下를即爲撤還케하라흐얏다더라

●卒業需用　日本留學生한完緖氏가慶應義塾普通학校卒業을經흔後商船學校事攝一等運轉試驗에合格흔後還國흐얏스니需用勸獎하라고학部에서度支部와農商工部에照會흐얏다더라

●砲軍仍舊　尙州郡에砲軍二十名을依舊設置하라고慶北觀察使가내部로報告흐얏더라

●官舍와器具　新任法部次官의官舍가無흠으로法部에서度支部로照會하되官舍의適當흔家舍와應接室에使用흘器具와電燈架設과其他諸般設備를家舍에添付交與흐라흐얏다더라

●令旨舉行　再昨日 皇太子誕辰에各學校에서慶祝을廢止흐얏스되惟獨淸風溪學校에서는該학徒等이大漢門前에齊進흐야慶祝을擧行흐얏다더라

●孤院捐助　去番日本皇太子殿下께서孤兒院에補助金五百圓과有栖川宮殿下께서一百圓을捐助하셧는데日昨統監府에서該金을總理大臣李完用氏와게로送交흐야孤兒院에付與흐라흐얏다더라

●城港築埠　城津港日本居留民들이該港내에輪船來往의便利홈을爲하야防風次로築埠홀意로統監府에請願흐얏는되該府에서내部로照會흐고照亮處分흐라흐얏다더라

●演戲請邀　孤兒院에서經費를補用흐기爲흐야昨日부터三日爲限흐고光武臺에演戲場을設흐고入場優待券을各部大臣외게送交請邀흐고特別히進善的으로演說家를請邀흐는대鄭雲復金德基鄭喬尹孝定等諸씨외게公函을送흐얏다더라

●銀行落成　昨日漢湖農工銀行에서落成式을開催흐는데總理以下各部大臣과長谷川大將이一齊히來參흐얏다더라

●願留郡守　鎭岑郡人民數拾名이該郡守鄭崙永氏를願留次로再昨日內部에請願흐얏더니該請願書를白退흐얏다더라

●一進質問　國民新報社발行人李寅燮氏와被囚흔事에對흐야一進會에서崔東섭洪允祖兩氏를總代로漢城裁判所에派送흐야該理由를質問흐얏다더라

●水產請願　蔚山郡有志紳商이本郡에水產株式會社를創立事로一回受入홀資本金一千圓을漢城銀行에爲先積立흐고農商工部에請願흐다더라

●位褒遞弛　本僕司長支永灝氏가其夫人盧씨와同居흐야伊來富貴를同樂흐더니近日에至氏가無故히薄待흐야一等美色을得置흐고盧氏를逐出흐는故로盧씨가依托이無處흐야道路에棲屑흔다더라

●自轉車逃　日昨夜赤十字病院門前에서自行車를乘去흔人이有何殊常行色이든지其時警察北署巡檢李存섭氏가該人을堅執흐고自行車의所從來를質問흔즉該人이答흐되自行車貰臺에서借來라흐고托以放溺흐고因爲逃走흔지라該自行車를北署에留置흐고主人을留待흔다더라

●花旋見捉　加平郡守廉圭桓氏가赴任次로發郡東軒에到莅흔際에義兵이多數來到흐야該郡守를捉去흐야不知去處라고東來人의傳說이有흐더라

●李氏消息　前軍部大臣李根澤氏가消暢次로再昨日에白性基及吳菁泳諸氏을帶同흐고東門外淸凉寺에前往遊遨흐얏다더라

●進上蔘廢止　經理院에서江界慈城厚昌三郡의訓令흐되現今宮內府訓令內開에平安北道江界郡年例 進上山蔘事에關흐야貽弊民間事로那報民訴가頻煩來到인바此를盜흐나雖係莫重 進上物種이나現今外劃은無有어늘 進上만貢納흠이其在事體에不無關慮이기로此을廢止흐고玆에關令흐니照即准此施行흐라흐얏다더라

●靑會討論　本日下午七点半에鍾路靑年會에서討論會를開흐고修心之道가勝於修容之法이란問題로可否便이互相討論흔다더라

●木倅値民　本月十六日頃에日兵이木川郡修身面飛鳳里民家拾二戶와玄巖里二十四戶를衝火흠은各報에已揭어니와該地來人의確報를據흔則本郡守南啓錫씨가被燒人民을躬往慰問흐고爲先每戶에錢一圓式出給흐며本洞居沈承旨衛澤氏와相議흐야其園林에木材를無代金으로許斫結搆케흐다더라

●軍物輸去　機張郡軍物은自釜山守備隊로輸去흐얏다더라

●賊漢燒殺　交河郡에巡檢與日兵이賊漢二名을捕捉흐야當場燒殺하얏다더라

▲地方消息▼

▲本月廿六日에楊谷郡普明學校에義兵六拾餘名이忽然突入흐야日人敎師一名과日人遞傳夫一名을銃殺흐고巡檢廳에突入흐야洋銃三柄을奪取흐고該廳을破壞하며郡主事를捕縛하야該郡興谷等地로捕去흐더니該主事는解放흐고該主事의弟를結縛捉去흐여日전一萬五千兩을即地來納흐라흐고淮陽等地로率去흐엿다하고

▲去廿七日에義兵七百名이長湍郡皐浪浦에서橫行흔다흐고

▲卅一日발金城電을據흔則三拾日午前에義兵約四拾名이淮陽邑을來襲흐는대郵便所員은護衛兵四名과一時間을協力交戰흐다가義兵은附近山中에潛伏흔지라此를掃蕩흐기爲흐야日兵及巡檢이前進흐야가巡檢의面部가重傷흐엿고附近電柱二本을折斷흐엿다흐고春川附近의日軍隊는本月上旬으로부터討伐의從事흐야義兵은四散흐엿스나日兵이撤掃흔後로義兵이聚隊흐야餘黨을糾合흐야各村의出沒흐고且三三五五式或散或合흔다흐고

▲拾七日水原支部報告을據흔則日軍隊가義兵이在흔曲水場에至흔則利川守備隊가旣是先着흔지라義兵은砥平郡李某와率흔賊百餘名이目下楊州方面외在흐다더라

路透電報

三十一日발

●移民問題　美國陸軍大臣은二十九日日本에발程前에同大臣이日本移民問題解決의方法에就흐야스사로成案일旨를語흐얏다더라

海蔘威電報

三十日발

●海軍砲擊　本日午前十時에當港에碇泊中驅逐艦과水雷艇等이暴動을起흐야海岸鎭守府를砲擊흔故로陸上에損害가夥多하다더라

同日發

●革命的暴徒　海蔘威에서는近日來革命的檄문을傳播흐는者가有흐고又革命黨員五十餘名이海兵團內의衛兵의계偽裝흐는거슬認하고該兵은此를捕縛하라흐얏스나山中으로逃走흐얏고又烏蘇里에노삭에서도革命的暴徒가起흐야兵士十名이銃殺되얏는대終乃에昨日之變이되얏다더라

東京電報

三拾日발

●接待準備　淸國答禮大使貝勒殿下는來月末에東京에御着흘터인디日本宮내府에셔는接待及其他에就흐야準備中이라더라

▲秋燈琛話▼

▲學部大臣은全國教育을主管흐는大臣이어늘李載崑씨가日昨에各學校大運動會에妓生一名을携帶而去흐얏다가某씨의게退逐을當흐얏다니學大는體合運動을一宴遊場으로知흐얏던지二個名花를掌上에舞弄흐라다가忽地에殺風景을遭흐야스니花亦無色이로고

▲現今葉錢을使用흐는地方에는同金額을融通흐기爲흐야度支部에서其使用흐든方針을協議흐야內閣에請議흐기로葉錢一分을新貨二厘와으로通用흔다흐니韓國財政이枯渴흔中에地方貨幣가隨處相殊흐야流通에相妨이되더니二厘式行用흐며舊貨使用흐는地方에는便利흐듯흐니此方針을全國에均用치아니흐면盲者의잡을지나셔나一般이로고

▲軍用地調査委員朴義秉씨는調査를派了흠이有흐야平壤等地에前往흐얏다가日昨에入城흐얏다니聞흐즉前轍을已戒흐야今番에는公平히調査흐야民怨이無케흐얏는지

▲拾三道收租官을派送收稅흐기로奏人員까지內定이되얏다더니收租官은廢止흐고一進會員中으로收租員을差定흐야每道에二人式合二十六人을派送흐라다가政府에서反對가起흐야姑今決定치못흐얏다고某報에說道흐얏스니政府에內定흔收租官을該會에서收稅員으로差定흐야互相反對흐니收租官은一奇貨가되얏고

▲龍岡郡瓶峴面三里村에에서不識丁흔農夫數十名이發起則作農흐고夜則張志云氏家에會集흐야先학國文흐고後학漢文흐야人皆熱心으로頗有前進之望이라흐니全國同胞가皆如該農夫의熱心으로明前道를指引可期로다

雜報

●日報忠告 日本某新聞에記載ᄒ얏스되半亡國된彼韓人族中에도他國人의有치못ᄒ는二大自由를有ᄒ얏스니一日埋葬의自由라韓人은古來習俗으로人이死ᄒ면此를如何ᄒ官有地에라도任意로埋葬을得ᄒ이요二는樵採地의自由撰定이라人民이如何ᄒ空地에던지家宅을任意로建ᄒ면其基址는自己의所有物이되는거시라ᄒ얏고又曰近來日本人이韓國에移住ᄒ는者ㅣ日로增加ᄒ미韓人等은其田土住家를高價로日人의게賣渡ᄒ고山中으로漸次退出ᄒ니萬一幾年後에日本人이山을占據ᄒ는日에는彼等은天上으로升ᄒ라는지地下로入ᄒ라는지盤野蠻人이文明人의對ᄒ狀態는如此히滅亡ᄒ이라ᄒ고北海道의아이누人種과北米洲의紅人種의例를列擧ᄒ야嘲笑ᄒ는筆法을弄ᄒ얏스니此紙의所載가韓人을浚嘲笑ᄒ出ᄒ앗스나實은韓人의實情을指摘忠告ᄒ이니大韓人族은如此ᄒ忠告를忠告로認ᄒ는거시可ᄒ다ᄒ노라

●子囚父泣 驪州二磚洞居朴順吉의妻가在京ᄒ더니病勢가徐變中이라는急報를聞ᄒ고使其子로初終之具를準備上京ᄒ라其母의病勢가已爲快復이라其子가初行上京이던지周行玩覽코져ᄒ야鐘路等地에셔彷徨ᄒ더니巡檢이威嚇問曰何人이건대道路에徘徊ᄒ는야ᄒ거날該人이答曰居驪州三磚洞에셔居生ᄒ더니母親의病報를聞而上來ᄒ얏노라ᄒ則巡檢이必是義兵嫌疑者라ᄒ야警廳에押付ᄒ앗と대朴順吉이가其子의被囚홈을得聞ᄒ고即爲上京ᄒ야其子를相面코져ᄒ야道路에呼泣ᄒ다더라

●一七二舍音 各宮事務整理所를設ᄒ고七宮을廢止ᄒ야一切民막을革去ᄒ다더니主任委員金鎔濟氏는看作機會ᄒ야自己私家門上에不接來賓不入書札八字를大書揭付ᄒ고셔押客洪金兩人을慶密紹介ᄒ야陰售貪慾ᄒ다가撰威郡明禮宮舍音을一士二舍音으로差出ᄒ야互相紛爭ᄒ다더라

●西友常會 西友學會에셔月例通常會를本日土曜日下午三時에開ᄒ는대一般會員이多數來參ᄒ다더라

廣告

本校에셔教師를新聘ᄒ야晝夜學을復設ᄒ오니願學人은陰十月初五日내로入學ᄒ

課程
漢문 日語 筭術
너外地誌歷史 物理
生理 經濟 法律
藥峴聖堂니藥明학校 告白

本人以典執次北署紅峴金在熙瓦家券一張及中署校洞上御義宮金永祿草家 號弁二張中路서失故玆廣告內外國人以休紙施行
孫基應 告白

本人이昨年秋率眷避亂渾兵宅失路ᄒ事에對하야今陰二月慶城新聞에廣告ᄒ고後考次醫署에告訴러니今爾盜爲ᄒ姜學瑞姜繼瑞가逗留于兩湖等地云ᄒ오니內外國人은勿見欺買得ᄒ
大邱南門外禹夫黃同伊 告白

十月卅一日本報本人廣告中會洞崔鎣處推次九千九百八十八兩五전을壹萬拾八兩五錢票서失로正誤ᄒ
廣和順 告白

速成夜學生募集 廣告
願今컨디事務煩劇者と欲學時文이나晝則無暇ᄒ고學界勸業者と雖欲補習이나教無合處ᄒ을共歎ᄒ지라玆設速成夜學而投以適科ᄒ오니乘暇志學者와現學重習者と速爲請議ᄒ오
一 開學期限十一月七日
二 學科と日語科 筭術科 代數科 幾何科 三角科 隨意選科
三 各科卒業滿壹個年
尙洞青年學院內 正則
ML夜學校長兼講師 鄭一宣
講師 安一英 洪秉璇

本商이今月十五日에會洞布木商崔鎣票一月晦日推次壹號當錢票壹萬拾八兩五錢과宣惠倉內布木商金敎祥處十一月初十日推次三拾七號當錢壹萬大百六拾貳兩七錢五分并二張서失而當及本處矣니誰某拾得ᄒ와도休紙施行홈
華商 廣和順 告白

本人의再從姪敎容이本是年少浮浪之類로無事遊京三四朔이라가陰四月分에適值本人上京ᄒ야浮毀錢六十圓을懇請故로本人이不得已八月晦日出次六十圓票音을書給이러니敎容이此票音을가지고十字를千字로改畫하야六千圓으로僞造ᄒ야京中의得債ᄒ다ᄒ오니無論京鄉內外國人은見欺치勿ᄒ시고本人의圖章도改造ᄒ고新圖章施行之意玆以廣告홈
扶安郡延浦李鍾璣 告白

本人이廟洞居金稙處推尋條當四千八百七拾五兩票를八月十日夜賊漢에게見失而以新聞上兩次揭載雖某拾得休紙施行홈
上避馬洞沈相九 告白

本人의姓名陽刻圖章을陽十月卅日電車中에서失故로玆以廣告
安岳金膺濟 告白

南署藥峴冷井洞第八統四戶李升宋家券을殷栗郡義兵鬪擊時見失ᄒ얏스니內外國人은以此知悉ᄒ
殷栗郡守李升宋 白

本面亭子里居李召史仁信氏と少年寡居로多年以來에耶蘇敎를信奉ᄒ야日夜修道를勤々至誠터니誠心所果로自己의親手紡績ᄒ勞働所得에總計家産이田五日耕과柴山一處와並瓦家六間을本教會信成學校에義捐納附ᄒ고李氏生前則該田所出數中十分一을學校에收用케ᄒ고李氏死後則田畓柴山家屋을永屬於附學校之意로成文券을本學校에永納ᄒ얏기로李氏의誠心을可賞ᄒ야玆에廣告홈
義州批峴面碧潟市耶蘇教會堂 信成學校 告白

本人族弟成文乘本人被囚盜二百斗畓券稱父遺囑誣訴道郡圖得証書今欲放賣內外國人切勿見欺
大邱在囚金星濟 告白

本館에셔新舊書籍을大發售ᄒ오니有志僉員은絡々購覽홈
元山港 春城書館

本人의再從叔曾善文氏と中間失精ᄒ人이라浮浪雜類輩를이此輩奇貨로詐作ᄒ고百般欺騙ᄒ야本人의平壤外川面三里所在田土를將欲僞券私賣云ᄒ기로玆에先布ᄒ오니內外國人은切勿見欺ᄒ시옵
平壤美林曾永煥 告白

明月舘 茶屋及各種器具를**速賣**ᄒ려이오니願買僉君子と速々來議ᄒ심을切望
主人金東道 告白

漢城西署松橋(新作路)第四十三統一戶
辯護士 玉東奎
辯護士 許憲
合同法律事務所

本人의再從甥煥氏子殷均이가素性이放蕩ᄒ야符同挾雜之輩ᄒ고欺人圖債ᄒ라ᄒ니內外國人은照亮ᄒ신後切勿見欺ᄒ심을爲要
京畿廣州郡內居石稀煥 告白

▲新刊書籍發售廣告▼

正價金
東國史略 壹圓五拾錢
普通教科東國歷史 壹圓拾錢
新訂東國歷史 壹圓
歷史輯略 貳圓
大東紀年 貳圓
大東歷史 壹圓五拾錢
東國名將傳 四拾五錢
東國輿地勝覽 洋裝拾貳圓 并製拾圓
大韓疆域考 壹圓
大韓新地誌 壹圓
大韓地誌附地圖 壹圓
初等地理教科書 七拾錢
新撰地文學 四拾錢
萬國地理 壹圓拾錢
士民必知國文 上製八拾錢 並製七拾錢
初學地誌 上製六拾錢 並製五拾錢
萬國史記 七圓
中等萬國史 七拾錢
精撰萬國史 六拾錢
東西洋歷史 壹圓五拾錢
五偉人小歷史 拾錢
世界一覽 二拾錢
世界年契 七拾五錢
公法會通 壹圓五拾錢
萬國公法要略 五拾錢
刑法大全 六拾錢
改正刑法草案 四拾錢
法學通論 壹圓
議會通用規則 拾五錢
現行法規類纂 三圓九拾錢
外交通義 壹圓貳拾錢
商業大要 六拾錢
國家學 五拾錢
牧民心書 壹圓廿五錢
家庭教育學 三拾錢
生理衛生學附圖 四拾錢
中等生理學 九拾錢
新撰小博物學 五拾錢
新編博物學 七拾錢
新撰小物理學 五拾錢
動物學 國文 壹圓廿五錢
農政新編 五拾錢
蠶桑撮要 國文 拾七錢五里
栽桑全書 附葡萄栽培及釀酒法 四拾五錢
新訂算術 六拾錢
算術新書 八拾錢
精撰算學解式 七拾錢
英國獨立史 四拾錢
法蘭西新史 四拾錢
埃及近世史 四拾五錢
波蘭末年戰史 四拾錢
普法戰記 四拾錢
羅馬史 附義大利史 四拾錢
越南亡國史 貳拾五錢
俄國略史 拾錢
交隣新禮 拾五錢
國文西禮須知 貳拾錢
漢文增修無冤錄大全 四拾錢
大東文粹 六拾錢
尺牘完編 壹圓五拾錢
準備時代 拾三錢
[illegible]明叢論 三拾五錢
註解西廂記 壹圓
新小說鬼聲 三拾錢
新小說血淚 貳拾전
女傑近世羅蘭夫人傳 四錢
政治小說瑞士建國誌 拾五錢
初等小學 壹圓五拾錢
幼年必讀 八拾錢
幼年必讀釋義 壹圓三拾錢
高等小學讀本 五拾錢
蒙學千字 五拾錢
中等修身教科書 六拾錢
溫故知新堂叢鈔 七錢五厘
父師必讀小學指南 七錢五厘
世界全圖 卅七錢五厘
大韓輿地圖 拾七錢五厘
五洲各國統屬全圖 七錢五里
最新詳密京城全圖 二拾錢
最新韓國全圖 二拾錢
最新韓國地圖 拾五錢
分道詳密韓國新地圖 五拾錢
韓國新地圖 四拾錢
漢文萬國地圖 四拾錢
漢文地球全圖 四拾錢
萬國指掌全圖 貳圓五拾錢
韓語大成獨習 壹圓五拾錢
英語獨本 壹圓四拾 貳錢五里
日韓通話 五拾錢
日語獨習 五拾錢
韓日會話辭典 一圓五拾錢
速成獨修日韓會話 三拾錢
普通日本語典 五拾錢
二十世紀朝鮮論 三拾五錢
比律賓戰史 四拾전
比斯麥傳 拾五錢
中等萬國地誌 壹圓貳拾錢
師範教育學 五拾錢
高等小學修身書 廿五錢
礦物界教科書 貳拾錢
合社法 五拾錢
國文筭學新編 四拾錢
貨幣論 壹圓貳拾錢
普通經濟學 八拾五錢
商業汎論 壹圓拾錢
中等地文學 五拾錢
大韓地理 七拾錢
漢文大韓地誌 五拾錢
飮氷室文集 四圓四拾錢
中東戰記本末 四圓
西政叢書 拾圓
中外政治彙編 五圓五拾錢
時事新論 壹圓
美國名君言行錄 壹圓
泰西新史 貳圓五拾錢
萬國通鑑 三圓

▲發售書林
中署鍾路 大東書市 金基[illegible]
中署罷朝橋 中央書館 朱翰榮
南署大廣橋 匯東書館 高裕相

●國債報償義捐金收入廣告

十月度收入

計一千○六十八圓六十八錢五里

十月々지都總合이
五萬六千九百○二圓四十一전七里也

◎特別廣告◎

國債報償金昨日々지所捧은姑無ᄒ고伊前日々지所捧總合五萬六千九百○二圓四十一錢은總合社內銀行에預置ᄒ얏숩고其預置額中三萬一千三百圓은國債報償志願金總合所로移交홈

●國債報償志願金總合所廣告

●光州郡城內面
李昌岳 一圓五十전
子江牙之 五十전
▲大ᄎ面 宋在俊 二圓
子邦鎭 一圓
▲葛田面 리昌[illegible] 一圓
同人再次 一圓
▲城內 六歲童 孫大者
三전 三次
▲斗坊面東溪 安秉珍 一圓
安秉錫 四十전 安鳳琦
安秉흔 安秉權 安秉奎
각ㅂ전 安秉萬 十전
安敬洙 六十錢 子秉斗
鄭龜헌 각四十錢
鄭雲鉉 鄭濟洪 각拾錢
鄭雲采 卄錢
▲城內 鄭良洙 二圓
子江兒之 一圓 弟海述
海鎬 각五十錢
▲孝友洞 文道恒 一圓
▲馬谷 [illegible]栽鎬 金昊柱
子喜龜 弟春柱 각一圓
▲下大谷 최仁相 五十전
子一壽 卄錢 二壽 卄전
최官一 弟權一 각五十錢
▲奇禮坊北外 張相潤 一圓

子善昌 善弼 善采 善俊
각五十전
▲不動坊社稷 文子三
鄭昌浩 韓貞履 각一圓
鴻亨云 五十전 子判岩
黃[illegible] 小岩 卄전 鄭萬國
一圓 韓益仲 五十전
김仁西 卅錢 김京洙
十錢 李起洵 尹永庸
각卄錢 金德五 四十전
金相元 二十전 김興植
一圓 白成信 卄전 朴洪局
십전 尹德洪 卄錢
金文午 四十錢 韓有賓
二十전 리萬石 六十전
리有邦 二十전 朴㘫鶴
五拾전 弟正萬 四십전
李治先 二十전 鄭祉恩
五拾전 子閏敎 南敎
각卄五전 鄭仁之 卄전
李根大 一圓
▲奇禮坊普通 金元伯
拾圓 再次 崔權三
三十圓 三次 子判鎭 卄圓
▲不動坊花汀 尹亨三 五圓
▲社稷 金龍基 卄전
박ᄌ激母親 二圓
▲奇禮坊陋巷 金德仁
五圓 再次
▲桂村面 金贊洪 五圓
八歲 孫子江牙之 一圓
▲南外 鄭萬采 五圓
其子淳煒 三圓
▲奇禮坊北外 金丙鎭 拾圓
其子台鎭 四圓 台亨 漢洙
憲洙 각二圓 최基三
子仁述 각五圓
▲斗坊面 文道行 六十錢
鄭基采 韓明洙 각卄전
▲不動坊社稷 鄭順敎 卄전
李寧連 十四錢 鄭順澤
韓道順 韓成春 文致凡 각拾전
리致用 六錢 鄭甲岡 卅전
▲馬洑 李起演 一圓
鄭[illegible] 一圓
▲不動坊[illegible]林 金基煒 卄圓

子[illegible]所 三圓
▲丙丁 崔鳴雲 四十전

廣告

平壤中學徒鄭誠默上京云本人今廿一日亦爲上來有相議事故玆以廣告與洞一統八戶正尉金顯來宅來臨務望 金鎭鵬告白

新刊書籍發售廣告

增補無冤錄大全 國漢文 定價金 七拾五錢
大韓法規類纂 洋裝 三圓五拾錢 郵稅四拾錢
初等倫理學教科書 二拾錢
初等衛生學教科書 拾五錢
國家學綱領 拾五錢
國民須知 八錢
獨習日語正則 洋裝 鄭雲復著 壹圓二拾五錢
發賣所 皇城布屛下 金相萬書舖

本局에서十年을研究ᄒ야(靈香消瘡丹)이란藥을發明ᄒ얏ᄂ데男女勿論ᄒ고무슨瘡疾이던지(一劑十四箇)를每日一箇式服用ᄒ면効驗이百發百中되ᄂ고로每日搭至ᄒ와買去ᄒ오니瘡疾잇ᄂ僉位ᄂ오리고싱마시고速々히來臨ᄒ야問議ᄒ심을希望흠

定價金 上品一劑金三圓 下品一劑金貳圓五角
本舖 仁川港杻峴和平局
發賣所仝 龍洞濟生堂
京城鍾路 慈惠藥房
仝 共愛堂藥房
雖外邦이라도郵便으로부치ᄂ슈가잇소

○民事訴訟代理와刑事辯護及鑑定顧問과諸文案起草諸般事務를迅速處理흠
漢城南署小公洞第拾六統五戶
辯護士 前判事 前檢事 金正穆
事務員 前博士 鄭雨興

濟衆院醫員 [illegible] 박ᄌ혜 [illegible]

局內醫藥方書屋序廣告
西藥使方은
●醫學校長勳五等池錫永氏序
●陸軍軍醫長[illegible]氏翻譯
●醫學校敎官劉秉珌氏校正
●濟衆院醫學員[illegible]氏[illegible]
漢城鍾路慈惠藥房李觀化發行
●隆熙元年十月日에第一版으로발行ᄒᆞᆫ西藥使方이라ᄒᄂᆞᆫ冊은西洋醫藥方書를我國文으로[illegible]漢文으로[illegible]보기가쉽게翻譯ᄒᆞᆫ冊대今年에第一版[illegible]二冊[illegible]病名百五十餘[illegible]原因과診候와預防과治療法[illegible]第二版을出版ᄒ야[illegible]版을發行ᄒ고[illegible]數年後에第三版[illegible]正增補ᄒ야人體內外科諸科手術과[illegible]學諸圖와化學과新藥功用主治와[illegible]藥物學과[illegible]衛生學理學과[illegible]細診斷學과[illegible]成冊ᄒ오니此可謂醫家寶鑑이되고[illegible]聰明이되고衛生家의[illegible]京鄕藥商이[illegible]各處食[illegible]彥[illegible]愛[illegible]顧ᄒ심을望ᄒ오
●[illegible]北米國[illegible]補血肥益[illegible]男女[illegible]
久病人[illegible]
逸國製人蔘精[illegible]
●獨逸國製[illegible]助[illegible]
●英國[illegible]方[illegible]奇效[illegible]
●韓國製[illegible]丸[illegible]
●小兒製胎毒[illegible]
小兒[illegible]
●漢城[illegible]
[illegible]
代理店 仁川龍洞濟生堂 李庚[illegible] 京城梨峴賣藥商 李信華

中署澄淸坊貰士峴耆老所前第二十三統三戶
辯護士 李容成
辯護士 黃[illegible]菊
辯護士 安致潤
事務員 全[illegible]
事務員 [illegible]勳
聯合法律事務所

●民事訴訟代理와刑事辯護及鑑定顧問과諸文案起草等諸般事務를迅速處理흠
漢城西署小平洞第六十統十戶
辯護士前檢事 李建鎬
辯護士前檢事 安秉瓚
聯合法律事務所

瑞士建國誌

◎定價金 新貨二十五錢

此冊은政治小說이니志士의救國救民ᄒᆞᄂᆞᆫ思想과人民의愛國心을養成ᄒᆞᄂᆞᆫ대緊要ᄒᆞᆫ冊子오

發賣所
▲大韓每日申報社
▲仁川港杻峴 [illegible]新冊肆
▲中署布屛門下 金相萬冊肆
▲平壤城內烈女洞 敎育書館
▲鍾路 古今書海館
▲銅口越便 中央書館
▲鍾路 大東書市
▲大廣橋 匯東書館
▲[illegible] [illegible]文書館
▲開城 姜助遠冊肆

新小說

愛國婦人傳

◎一冊定價金 拾五錢 新鮮ᄒᆞᆫ國本으로備홈

右冊은純國文으로世界에有名ᄒᆞᆫ法國婦人若安氏의愛國事蹟을譯出ᄒᆞ얏ᄉᆞ오니無論男女ᄒᆞ고愛國性이有ᄒᆞ신同胞ᄂᆞᆫ맛당이보실書冊이오니陸續購覽ᄒᆞ심을望홈

發賣所
▲皇城布屛下 金相萬書舖
▲南門內 博文書館
▲仁川 大韓每日申報支社
▲各地方 有名書店

學徒洋裝書冊
學徒運動과諸具
羅紗各種
英國金鷄蠟
衣服及雜貨와化粧品等을廉價放賣ᄒᆞ오니諸君子ᄂᆞᆫ來臨ᄒᆞ심을바라나이다
仁川港杻峴新商店

本人이[illegible]來大漢商業家와[illegible]日本[illegible][illegible]
本社에서ᄂᆞᆫ手數料金만受領홈
興業社本店
開城南大門內興業書舖
支店京城南門內水標五十一統[illegible]
[illegible]特養會社

越南亡國史 國漢文

定價貳拾伍錢
發賣所京城廣橋高裕相
[illegible]書舖
布屛下김相萬 告白

本社廣告

○申報價
一張代金	新貨二錢五厘
一個月前納	三十錢
三個月	九十錢
六個月	一圓七十錢
一個年	三圓四十錢
郵稅一張	新貨五厘
一個月	十三錢

發行兼編輯人 英國人 裴說
發行所 南署[illegible]三層洋屋家
大韓每日申報社

第五卷 大韓每日申報 第六百五十三號

大韓每日申報

月曜及臨時休刊
臨時日休刊

[illegible]

別報

(英國農學報照謄)

●農業의必要 崔容化

大抵農業은東洋古代부터各國政策中에第一頭로認定ᄒᆞ야農者ᄂᆞᆫ天下之大本이라稱ᄒᆞ야凡街巷走卒이라도能히此를知ᄒᆞ거니와何故로天下의大本이되ᄂᆞᆫ것은詳解ᄒᆞᄂᆞᆫ者ㅣ少ᄒᆞᆫ지라今에此를略辯ᄒᆞᆯ진ᄃᆡ個人的身分으로論ᄒᆞᆯ지라도農業이發達且完ᄒᆞ니卽吾人이[illegible]能히生存ᄒᆞᄂᆞᆫ者ㅣ飲食과力이며其次ᄂᆞᆫ衣服이니

飲食과衣服은天降從出ᄒᆞᆫ者아니오[illegible]本源을調究ᄒᆞ면[illegible]

[illegible]

工業은[illegible]製造所內에在ᄒᆞᆫ者其蒸氣의煤와煤烟의害이衛生을大害ᄒᆞ야[illegible]農業은不然ᄒᆞ야[illegible]野의新鮮ᄒᆞᆫ空氣를受ᄒᆞ며或數[illegible]林의淸決ᄒᆞᆫ酸素를吸ᄒᆞ야其精神이明確ᄒᆞ며筋力이强大ᄒᆞ야衛生上大ᄒᆞᆫ關을得ᄒᆞ며且各種營業中에失敗가少ᄒᆞ니

假令戰爭이起ᄒᆞᆯ지라도商工業은其運輸上에海路가不順ᄒᆞ며禁制品이多ᄒᆞ야往々히多大ᄒᆞᆫ損害와非常ᄒᆞᆫ困況을當ᄒᆞᄃᆡ農業은不然ᄒᆞ야內國에서安閑히從業ᄒᆞ야殆히無[illegible]을作ᄒᆞ며更히一步를進ᄒᆞ야[illegible]的社會의全躰를論ᄒᆞᆯ지라도此業이最要ᄒᆞ니何故오工業[illegible]은農業[illegible]因ᄒᆞ야成ᄒᆞᄂᆞᆫ者이며商業은農産物과工作物을緣ᄒᆞ야互相交易ᄒᆞᄂᆞᆫ者라

故로工商業의興衰ᄒᆞᄂᆞᆫ該國은農에在ᄒᆞ니今에其例를擧ᄒᆞᆯ진ᄃᆡ國內에工商業의發達은極度에至ᄒᆞ얏실지라도農産이無ᄒᆞ면一時에戰爭이有ᄒᆞ야國境[illegible]人의攻國ᄒᆞᆫ비되면糧道가[illegible]難免ᄒᆞᆯ지며

且[illegible]國이有ᄒᆞᆫᄃᆡ甲國은農에長ᄒᆞ야穀類를多産ᄒᆞ고乙國은工에長ᄒᆞ야[illegible]多製ᄒᆞ야互相交換ᄒᆞ[illegible]乙國이[illegible]

[illegible]全國ᄒᆞ[illegible]ᄀᆞᆺᄂᆞᆫ所以라然ᄒᆞᆷ으로工業國英吉利가農業國合衆國을欽羨不已ᄒᆞᄂᆞ니以上에論述ᄒᆞᆫ바로見ᄒᆞ면農業이各業의元宗됨이明確ᄒᆞ도다

然이나此를學理上에就ᄒᆞ야農業의今[illegible]論ᄒᆞᆷ이어니와實際에就ᄒᆞ야我國農業에過去及現狀을略述ᄒᆞᆯ진ᄃᆡ帝國은自來로農産國이라工業은甚히凋殘ᄒᆞ야自國에需用을僅々히維持ᄒᆞ고商業은人智가暗昧ᄒᆞ고[illegible]ᄒᆞ야貨幣가不足ᄒᆞᆷ으로海外에貿易은無ᄒᆞ고다만內國에서來往ᄒᆞᄂᆞᆫ行商負商等뿐이라然ᄒᆞᆷ으로數年을一逢ᄒᆞ면變通의道가全無ᄒᆞ야非常ᄒᆞᆫ恐慌을受ᄒᆞᆫ前鑑이多ᄒᆞ고

外國通商ᄒᆞᆫ以後로ᄂᆞᆫ商業에均衡을不察ᄒᆞ야輸出品은僅히若干穀類뿐이오輸入品은日用器具로부터衣服料ᄭᆞ지專히他國物을用ᄒᆞ고今에至ᄒᆞ야ᄂᆞᆫ食料에輸入되ᄂᆞᆫ者ㅣ亦多ᄒᆞ니然ᄒᆞᆷ으로全國의工業은日々減少ᄒᆞ고商業은損己益他ᄒᆞᆷ이니痛嘆ᄒᆞᆷ을可勝ᄒᆞᆯ가如斯ᄒᆞ고도尙此姑保苟安ᄒᆞᆷ은維一農業이니

此로觀ᄒᆞᆯ진ᄃᆡ過去及現在의國家經濟에農業이最重ᄒᆞᆫ것은甚히確然ᄒᆞ거니와未來를論ᄒᆞᆯ지라도[illegible]은技藝가短ᄒᆞ며巨款이無ᄒᆞ야卒然히興起ᄒᆞ야外國에서利益을收ᄒᆞ기甚難ᄒᆞ고[illegible]業은內國貨幣가缺乏ᄒᆞ야卒然히擴張ᄒᆞ기不能ᄒᆞᆯ뿐本來[illegible]ᄒᆞᆫ農業을改良발達ᄒᆞ야國家經濟의資를益々히[illegible]ᄒᆞᆯ지로다

[illegible]而欽陳[illegible]에從事ᄒᆞ야新[illegible]新識이[illegible]

[illegible]故로我韓은四千餘年을農業上에特別ᄒᆞᆫ敎育이無ᄒᆞ고도今日ᄭᆞ지作農ᄒᆞ얏스니

今所謂農業學理와改良方針이[illegible]라ᄒᆞ되此ᄂᆞᆫ決코不然ᄒᆞ니假令其草木이甲地方에서ᄂᆞᆫ繁茂히生長ᄒᆞ되乙地方에서ᄂᆞᆫ生長을不得ᄒᆞ면其氣候와地味를調査ᄒᆞ야乙地方에서도能히甲地方과無異ᄒᆞ게生長ᄒᆞ며或甲地方보다猶勝ᄒᆞ게ᄒᆞᄂᆞᆫ類가農學에在ᄒᆞ며穀類와禽獸의種族을改良進步ᄒᆞᆷ이其栽培牧畜의著否에在ᄒᆞ며損傷의災難을防退不受ᄒᆞᆷ이莫非學術中出來者ㅣ니此ㅣ엇지農에必要치아니ᄒᆞᆫ이오

外國은此學을極히注意ᄒᆞ야草木禽獸의改諳가有ᄒᆞ니此ᄂᆞᆫ其改良된前績을潮求ᄒᆞ며未來의발達策을講究ᄒᆞᄂᆞᆫ者이며近日某國學者가預言ᄒᆞ되今에世界人口가十八億에至ᄒᆞ얏스니百年後이면五十億에可達ᄒᆞᆯ지라然則那時에ᄂᆞᆫ農作ᄒᆞᆯ地가不足ᄒᆞ야食料를供ᄒᆞ기不能ᄒᆞᆯ깃다ᄒᆞ야空中에木板을架設ᄒᆞ고土壤을積ᄒᆞ야其上에도農作物을種植ᄒᆞᆷ이合宜ᄒᆞ다ᄒᆞ야각農事試驗場에서經驗이已多ᄒᆞ얏스니

此를觀ᄒᆞᆫ건ᄃᆡ外國人은現時發達策을講究ᄒᆞᆷ不啻라未來事ᄭᆞ지推究ᄒᆞᆷ이如斯ᄒᆞ거ᄂᆞᆯ我國은未來ᄂᆞᆫ姑舍ᄒᆞ고現時발達策에도[illegible]然無慮ᄒᆞ야良地沃土를等棄ᄒᆞ야荒蕪地를作ᄒᆞᆫ者ㅣ全國에殆半이니

今我僉[illegible]ᄂᆞᆫ農業發達策을講究[illegible]ᄂᆞᆫ外國人이[illegible]者ᄂᆞᆫ[illegible]ᄒᆞ고已墾者ᄂᆞᆫ如干[illegible]으로[illegible]ᄒᆞ고[illegible]니新境에至ᄒᆞᆫ[illegible]不啻一民之[illegible]二千[illegible]倂ᄂᆞᆫ坐作二千萬俘虜[illegible]嗚呼同胞여思ᄒᆞᆯ지어다勉ᄒᆞᆯ지어다

官報

號外 隆熙元年十一月一日

公告

在韓國日本臣民에對ᄒᆞᆫ警察事務의執行에關ᄒᆞ야韓國政府와統監府ᄂᆞᆫ左갓치協定ᄒᆞᆷ

隆熙元年拾一月一日

내閣總理大臣李完用

協定書

韓國政府及統監府ᄂᆞᆫ日本國政府가明治四拾年七月二拾四日에締結ᄒᆞᆫ日韓協約第五條에依ᄒᆞ야任命ᄒᆞᆫ韓國警察官으로써當該日本官憲의指揮監督을受ᄒᆞ야在韓國日本臣民에對ᄒᆞᆫ警察事務를執行케ᄒᆞᆷ을約定ᄒᆞᆷ

隆熙元年拾月二拾九日

內閣總理大臣李完用(官印)

明治四十年十月二十九日

統監公爵伊藤博文(官印)

◉宮廷錄事

●三千九百十二號

隆熙元年十一月二日

秘書監卿[illegible]辭職疏

批旨省疏具悉卿其勿辭行公

從二品兪吉濬辭職疏

批旨省疏具悉不必辭煩卿其勿辭行公

宮內府特進官[illegible]辭職疏

批旨省疏具悉不必辭煩卿其勿辭行公

敍任及辭令

度支部書記郞 金[illegible]

依願免本官

任度支部書記郞 成洛基 李容圭

仝 朴[illegible]

仝 金[illegible]

依願免本官

內閣總理大臣勳一等李完用

陞敍大勳賜李花大綬章

學部大臣勳一等李載崑

賜太極章

度支部大臣勳二等高永喜

軍部大臣勳二等李秉武

陞敍勳一等賜太極章

內部大臣任善準

法部大臣趙重應

農商工部大臣宋秉畯

特敍勳一等賜太極章

洪川郡守金[illegible]

平海郡守朴[illegible]

安東郡守李[illegible]紀

高陽郡守朴[illegible]

長城郡守申[illegible]均

慈山郡守洪[illegible]九

同福郡守李[illegible]俊

海南郡守李容[illegible]

平山郡守洪[illegible]

咸鏡北道觀察道參書官柳學根

依願免本官

臨時軍用及鐵道用地調查局書記申[illegible]

任臨時軍用及鐵道用地調查局事務官

外報

●日加條約廢棄 晩香坡市會財政委員會ᄂᆞᆫ如何ᄒᆞᆫ지一時에[illegible]細亞人을退去ᄒᆞᆯ事를要求ᄒᆞ고一面으로聯邦政府에對ᄒᆞ야日本과條約을廢棄ᄒᆞᆯ事를要求ᄒᆞᄂᆞᆫ決議案을通過ᄒᆞ얏다더라

◉[illegible] 晩香坡財政委員이日加條約을破棄ᄒᆞ기로決議ᄒᆞ얏다[illegible]日本政[illegible]探ᄒᆞ얏다더라

[illegible]留ᄒᆞᆫ者ㅣ有ᄒᆞ고[illegible]고飢渴이甚ᄒᆞ고또降雨中에[illegible]昧를抱ᄒᆞ고寒苦히居ᄒᆞ고最[illegible]ᄒᆞᆫ報를據ᄒᆞᆫ則死者가六百名[illegible]上이오負傷者ᄂᆞᆫ一千名을超[illegible]ᄒᆞ얏ᄂᆞᆫᄃᆡ더욱熱心救護[illegible]救助에盡力ᄒᆞ고又伊太利皇[illegible]ᄂᆞᆫ二萬弗을下賜ᄒᆞ사고羅馬[illegible]皇도窮民을賑給ᄒᆞ얏다더라

●艦隊同航期 伯林電을據[illegible]則美國艦隊ᄂᆞᆫ十二月二十六[illegible]에太平洋에同航ᄒᆞᆯ터이라더라

雜報

●百官入參 昨日은 諡孝殿忌辰이신故로宗親文武百官이一齊히公故에參禮ᄒ얏다더라

●待卒業設師團 長谷川大將이某大官을對ᄒ야日現今武官학校生徒五十名을卒業ᄒᆫ後에兵丁을募集ᄒ야각地方에五師團을設置ᄒ깃다ᄒ엿다더라

●祀單廢止 內閣에셔從今以後로ᄂᆞᆫ祭禮公故에加資와陞六을一切廢止ᄒ라고宮內府로照會ᄒ얏다더라

●有何緊密 總理大臣李完用氏가再昨日上午十時에統監府에前往ᄒ야伊藤統監을訪問ᄒ고同拾一時三十分回路에農大宋秉畯氏私邸에歷訪ᄒ야무삼事件을協議ᄒᆫ後에內閣에仕進ᄒ얏다더라

●新制多難 各部官制를統監府에셔日間內閣에送交頒布ᄒ다ᄒᆷ은已爲揭報어니와事巨力細ᄒᆷ으로現今修正中이라ᄂᆞᆫ대伊藤統監도此를因ᄒ야困難이莫甚이라더라

●新官制叙任 警視廳新官制를槪開ᄒᆫ則岩田警視ᄂᆞᆫ本部官房長으로永田警視ᄂᆞᆫ一部長으로濱道警視ᄂᆞᆫ二部長을被任ᄒ얏다더라

●酬勞設宴 日本皇太子渡韓時에內外國臣民이一致ᄒ야奉迎等節에勤勞가頗多ᄒ다ᄒ야統監府에셔將次園遊會를設ᄒ고내外國高等官吏를請邀宴待ᄒ다더라

●警務引繼 內部警務局長松井茂시가警務顧問部의事務를引繼視務ᄒ다고각部次官에게通知書를傳致ᄒ얏다더라

●康시長書 正三品康洪와시가內部大臣의게장書를呈ᄒ얏ᄂᆞᆫ데其內容은地方을鎭壓ᄒ고人民의生命財產을保護ᄒᆯ方針이라더라

●訪度泰銀 內部大臣任善準氏가再昨日上午十時에度支部大臣高永喜氏私邸에訪問ᄒ야多時間을談話ᄒᆫ後에農工銀行落成式에進參ᄒ얏다더라

●醫院觀察 再昨日에伊藤統監과長谷川大將이漢湖農工銀行落成式에進參ᄒ얏다ᄂᆞᆫ說은昨報에已揭어니와東大門內大韓醫院에前往ᄒ야建築等節을視察하얏다더라

●調査將派 帝室及民有地調査ᄒᆫ四導掌의冊子를統監府에送交하얏ᄂᆞᆫ데自該府로承認ᄒᆫ後에各十三道에調査委員을派送ᄒᆫ다더라

●無令不認 農商工部前次官劉猛시가繼續事務ᄒᆫ月俸을計日支給ᄒ라고該部에셔度支部에照請ᄒ얏더니答照ᄒ기를繼續視務의俸給令正條가無ᄒ니不可承認이라ᄒ얏다더라

●刊費請撥 法部에셔土地家屋證明規則을期圖實施코져ᄒ야該簿增刊費一千二百四十一元을卽爲支撥ᄒ라고度支部로照會ᄒ얏다더라

●因醉汰去 학部雇員김性基가日前에該部書記郞入直房에入ᄒ야醉酒喧화ᄒᆫ事로汰去ᄒ얏다더라

●利守請免 利原郡守를亟爲免官ᄒ라고咸南觀察使가內部로報告ᄒ얏다더라

●慰金請撥 平壤兩裁新建築의督役日人酒井蹊作시의慰勞金五십圓을支撥ᄒ라고法部에셔度支部에照會ᄒ얏더라

●物品委托 勸業模範場에所用器械物品을購入ᄒ기로日本國商務省農事試驗場書記波多野廣시의게委托ᄒ깃스니照亮擁護ᄒ라고農商工部에셔統監府에照會ᄒ얏다더라

●竊盜被捉 安岳郡稚誠會總務金牧鉉등이南山에登ᄒ야國權回復ᄒ기爲ᄒ야上帝씌祈禱ᄒ다ᄒᆷ은本報에已揭어니와去二十一日夜祈禱之際에日巡査가巡行ᄒ다가突入ᄒ야二兒를捕捉ᄒ야分派所에嚴가牢囚ᄒ고質問하되爾等이上帝씌爲國祈禱云ᄒ니上帝가有何指導乎아ᄒ고鍛鍊이滋甚ᄒ되此兒等이終不屈伏ᄒ니如是者五日後에放釋하얏다더라

●權씨歸鄕 前參將權重奭氏가京城을永々辭退ᄒ고家眷를帶同ᄒ고楊山鄕第로昨日에京釜鐵道로下去ᄒ엿다더라

●歸化勿侵 忠淸北道宣諭使李舜夏氏가義兵의게歸化ᄒ라고勿侵帖紙를一張式刊出分給ᄒ다ᄂᆞᆫ대其勿侵帖辭意인즉該業年齡居住와保證人親屬洞任싸지列書하고誤入于徒中이라가歸化ᄒ니勿侵ᄒ고再犯이면不恕ᄒᆯ사라ᄒ얏다더라

●狂侵校宮 泰仁郡校宮을狂漢等이破碎ᄒ얏다고該郡守가內部로報告ᄒ얏다더라

●古陵請修 益山郡에在ᄒᆫ武康王妃陵을上奏修葺케ᄒ라고該郡守가內部로報告ᄒ얏다더라

●義守促送 義城郡守를罔夜催促下送ᄒ라고慶北宣諭使가內部로報告ᄒ얏더라

●惜發新巡 平北裁判所檢事리京秀시가法部에報告ᄒ되所管각郡에由來習俗이邑邑각殊이오니若不備諳民情이오면用法上에不無錯誤이옴고遐陬窮孤의抱寃未伸者가不爲不多이옵기本官警補佐가帶同通譯官主事각一員ᄒ고巡視각郡次發程이온바各郡旅行費을以本所經費定額金中支撥케ᄒ라ᄒ얏ᄂᆞᆫ데指令ᄒ되當諸民情ᄒ고隨冤伸ᄒᆷ이似是好箇方針이나多費之勞數臨費와事務之曠虛虛도亦不可不念故로幷不認準이라ᄒ얏다더라

●明月復圓 我韓에다힝히明月館하나히잇셔公宴私會間에娛樂홈을免ᄒ더니近日에悖類者의淫戲와外上之弊端으로閉館사지되여愛惜히녁이ᄂᆞᆫ것은世所共知어니와萬幸으로各社會有志者의專力補助홈으로開館이될듯ᄒ다니大段히喜幸ᄒ다ᄂᆞᆫ말이藉々ᄒ다더라

●敎堂增築 貞동敎堂에셔敎人이日加月增ᄒ야敎堂이狹窄難容ᄒᆫ故로敎堂을一層擴張增築ᄒᆯ터인대增築委員二十餘人을選定ᄒ고趣旨書를발刊輪示ᄒ야僉員의贊成補助ᄒ기을希望ᄒ다ᄂᆞᆫ데該委員長은학務局長尹致旿시가被選ᄒ얏다더라

●內官狼狽 內侍李有泰씨ᄂᆞᆫ家舍를十五萬兩에放賣ᄒ야積債를淸償ᄒ고羅世煥氏家附近此斗屋에移居ᄒ고高廷巽氏에秋收ᄂᆞᆫ不過六七拾石인대義兵의게沒數見奪ᄒ고李炳鼎씨秋收ᄂᆞᆫ近七百石이나亦以義援보不得出捕ᄒ고呂南植氏ᄂᆞᆫ雜技로警廳에被捉ᄒ얏고姜錫鎬씨ᄂᆞᆫ杜門不出ᄒᆫ다더라

●勿辭鎭壓 奉化郡守趙道相시가因義擾ᄒ야內部로辭職請願ᄒ얏ᄂᆞᆫ대指令ᄒ되義擾가非但奉化郡이니鎭壓方策을研究ᄒ야分憂케하고更勿煩瀆ᄒ라ᄒ얏더라

●軍物請交 咸南觀察使韓南奎시가該道管下각郡에一切軍物을日軍隊로越交ᄒ라고訓飭ᄒ얏다고內部로報告ᄒ얏더라

●電車殺傷 內侍리德化氏가昨日上午十二時에貰七峴等地에셔電車에受觸ᄒ야一臂가折傷ᄒ얏ᄂᆞᆫ데西撥次로病院으로昇去ᄒ얏다더라

●山寺燒燼 興海郡安國寺를日兵이放火燒진ᄒ얏다더라

●리시逃避 前砥平郡守리漢用시를楊根義兵이期欲邀致ᄒ야事務를擔任ᄒ고져ᄒ더니該시ᄂᆞᆫ逃避ᄒ고其家屬은散在각處하얏다더라

●靑會講說 靑年會副會長尹致昊씨가今日下午三点半에該會에셔開ᄒᄂᆞᆫ福音會에來臨講說ᄒᆫ다더라

●靑館例會 基督靑年會에셔ᄂᆞᆫ今夕七点半鐘에月例會를開催ᄒ고一般會員으로去月事務와如何홈을通知케ᄒ며相愛敦睦之誼로茶果를設行ᄒ고館內척球等節로互相玩戲ᄒᆫ다더라

▲地方消息▼

▲二十四日旌善郡分派所로셔出張ᄒᆫ斥候ᄂᆞᆫ同郡北方約十五里許南平村에셔義兵六十名과互相衝突하다가義兵은退却ᄒ얏다ᄒ고

▲珍富驛附近에ᄂᆞᆫ義兵이出沒하야徒黨을募集ᄒᆫ다ᄒ고

▲卅日竹山郡內에셔義兵二百餘名이日軍隊와交戰ᄒᆫ다ᄒ고

▲橫城郡附近에셔義兵이冬營을設備ᄒᆫ다고原州셔上京ᄒᆫ日本商人의傳說이有ᄒ다ᄒ고

▲原州府日軍隊에셔通知ᄒᆫ報를依ᄒᆫ즉義兵約一百名이文幕에셔砥平方面으로進行홈을該軍隊가目擊ᄒ얏다ᄒ고

▲目下義兵은砥平郡附近을中心을숨고集合ᄒᆫ模樣이라하고

▲一進會員의報告를據ᄒᆫ즉楊根郡衙에義兵이每日數十名式集合ᄒ야漢江의舟筏을掠奪ᄒᆷ으로船路가杜絕되야京城及각處에貨物聚收와經濟上에關係가多有홈으로將次守備隊를楊根方面에配置ᄒ야漢江에運船을保護ᄒᆫ다ᄒ고

▲廿七日午前四時頃에巡檢과一進會員의報告을依ᄒᆫ즉楊根郡附近舍那寺에義兵이集合ᄒᆷ을日兵이包圍攻擊ᄒᆫ目的으로同日午前六時에出발ᄒ야舍那寺東南高地를占領ᄒᆫ時에義兵이該地로退去ᄒ되其大部ᄂᆞᆫ片田方面으로向ᄒ고日兵一部ᄂᆞᆫ古邑地方高地에셔交戰ᄒ얏다더라

海參威電報

十一月一日발

●暴動損害 昨報暴動의原因은四名女학生이該港에碇泊ᄒᆫ驅逐艇中에入ᄒ야乘組水兵을煽動홈으로少佐一名이戰死ᄒ고大尉及中尉各一名이負傷ᄒ엿고

革命黨嫌疑되ᄂᆞᆫ水兵은皆捕縛되엿스나尙今露西亞東洋치에陸軍의暴動이有ᄒᆫ대卽死者ᄂᆞᆫ四拾名이오負傷者ᄂᆞᆫ六十名에達ᄒ얏다더라

桑港電報

東京二日發

●被殺者調査 海參威에셔暴動ᄒᆫ際에被殺ᄒᆫ米國人數名이有ᄒᆫ디米國政府ᄂᆞᆫ其調査를命ᄒ엿더라

東京電報

二日발

●開會期豫定 日本國會ᄂᆞᆫ來十二月二拾五日에開會ᄒ기로內定ᄒ엿더라

▲鬪士秋懷▼

▲近來日人이韓國에移住ᄒᄂᆞᆫ者가日加月增ᄒ야韓人이田土家宅을日人의게高價로賣渡ᄒ고山中으로漸次退去ᄒ나萬幾年後에ᄂᆞᆫ日人이山々지占據면韓人은天上으로升ᄒ랴ᄂᆞᆫ地下로入ᄒ랴ᄂᆞᆫ지不知ᄒ깃고日本某新聞에論述ᄒ얏스日本이韓人을淺薄히視ᄒ야笑에出ᄒ얏스나其實은韓人病源을深知ᄒ고忠告警戒ᄒᆫ시니病根을預防ᄒ기藥石之이아인가

▲地方各郡이騷擾ᄒᆷ으로學校任은不可一日曠闕인데內部各郡守가辭職請願이逐日沓하미九郡守一齊를依免ᄒ奏ᄒ미尙遲ᄒ니內部大臣은方民情을顧念치아니ᄒᄂᆞᆫ지

▲木川郡에셔日兵이耶蘇敎十五間을衝火燒ᄒ얏다고報가有ᄒ얏ᄒ니其理由ᄂᆞᆫ詳치못ᄒ나池魚之殃이아닌가

▲黃州郡天柱面及站橋等地日人이該郡民盧相陞趙煥濬을締結ᄒ야掘壞採鐵하ᄂᆞᆫ近民有田土가沒入其中ᄒ야害가多大홈으로民情이嗷々다ᄒ니韓人으로日人과符同야藏國病民ᄒᄂᆞᆫ것시士日이稱ᄒᆯ만ᄒ고

▲麻田郡高旺山里ᄂᆞᆫ尹氏大인데義兵이突入ᄒᆫ則尹氏를冠을脫ᄒ고兩班居生ᄒᄂᆞᆫ村義兵이何關으로號令이秋霜ᄒᆫ지라義兵이答하기를此時하야兩班은國事도不知ᄒ나ᄒ고尹氏等을踏川으로施얏다니義兵의게ᄂᆞᆫ兩班도쓸업ᄂᆞᆫ게로고

▲永興普通학校敎員烈가尙未俑擧ᄒ얏더니該郡一會長白士元氏가劉氏를招致야俑擧치아니홈을詰責ᄒ고氏를左右挾携에邑內방々曲에回示討罪ᄒ얏다니該郡一任長은俑擧委員이되얏던지

雜報

●熱心補助 尙동敎堂靑年中학校와攻玉男女小학校三處가有흔대今番秋期聯合大運動會에補助흔人員과物品이如左흐더라

崔景瑞塔養會社孫完根韓廷鎬四氏는揮帳所用으로各廣木一疋式이오孫奉順氏는廣木二十尺이오宋宅洙孫完默李桂旭李敬道四氏는鐵燈一百雙이오韓世顯氏는紗燈二雙이오崔奉云氏는班旗五介오박圭璨시는金五圓리守鳳시는金五圓金致萬시는金二圓白樂駿시는金二圓리僖華시는金一圓이오秦常圭시는當日五百名人員의飮食을自當하얏다더라

●慶守返櫬 문義郡守慶必永시被死흔事는已爲報道어니와該시의長子가治喪次로該郡에奔往흐니屍體則胷與肩上及左股夾三處를中丸흐얏고邇引一名은左肩을中丸흐얏스나免死흐얏는데該郡守는京城[illegible]返柩흐야再昨日下午二時에西門外停車場에到着흐야其先塋交河地로下去安葬흐고來日에該家에返虞흔다더라

●捷於桴鼓 北靑郡楊川社梨花村은即一省中開明先進之處也라本申報購覽未幾에其村中農家子弟가申報閱讀을傍聽이다가憤慨曰吾輩가以無識으로不能讀各新聞흐니國民的義務을何以知之리오흐고國文夜學校를設始흐야熱心講習흐고該郡文明報를請求흐는故로近洞이無不觀感欽羨흐다더라

●還鄕頌德 開城聯合學徒가本月二十七日下午三時列車에還歸흐야到着即時에各校長任員과敎育會員及一般學徒가本府南大門通街路上에一場歡會흐야林奎永崔文鉉尹應斗姜助遠氏等이次第로演說흐야 東宮殿下에勤勉흐신盛意를讚頌흐며運動의盛況을陳述흐며十三學校二千生徒의熱心을尤加獎勵하고一府士氣를鼓動흐야靑年子弟의敎育必要를說明흐미如雲聚集흔士女가莫不感激奮發흐야齊唱萬歲흐니懽聲이殷々흐고和氣融々이라松京은素是忠孝義烈의原質이固有흔地라學問의知識으로써開廣흐며愛國흐는精神으로써培養흐면人才之蔚興과文化之發達을指日可覩라흐더라

●鳳校興況 義州郡月華面鷲峰洞鳳鳴學校을昨年八月分에設立흐얏는대實成人申錫俊金錫河申愛敬金益河申良世申雲秀張承華申鳳儀諸氏가校中經費을辦備之意로該校長申尙敬씨의게擬讓흐고該洞若干留在전과該四谷小里由來利殖錢을聚合하고又有不足之歎흐야該四十餘員학徒에게千[illegible]흐니合爲一百八[illegible]인대即地購학敎師申[illegible]敎師申子潤兩氏을延聘흐지一個年에熱心授敎흐야諸학徒가國民上義務을研究講習에校況이万有興旺흐얏는中該洞夜학校을敎師兩氏가又爲新設흐고生徒五十人을一心敎育이되每月朔望兩日에학校生徒로連合獻才흐며니近方諸학校가處處興起흐고村々夜학이一齊蔚出하야校務之聲이晝夜不絕흐니該郡文化의感動이大有可觀이라흐더라

●學可謂征利 坡州郡竹院에累百年里民狀를呈[illegible]年夯에內侍韓鎔東이將以明禮宮立案흐고勒奪貽稅흔지라本郡紳士等이此訟을學校에付屬코저흐야供進所에請願흔즉指令內에當査後從理處辦이라하며니派員은來審賭租흐는지라供進所에屢屢呼訴흔則學校에附屬흠과民訟의歸正흠을調査整理흔後에決定흐깃다흐엿다더라

廣告

本人이釜港金仁吉處에推來釜山鎭大德社內崔鳳一의第九十一號錢壹百七拾兩標記一張을陰九月二十四日夜에釜山白文若家에셔見失흐엿스니內外國人은休紙施行흠
蔚山居田成玉 白

陰九月初三日夜에賊漢等이本人家潛入흐야衣服器皿을偸去時에藥峴東山里第二百五十五統三戶居金桂植家板券一張과本人에市船文券을幷爲竊取以去故로玆以佈布흐오니內外國人間或有興執之弊라도此文券은休紙로施行흐더이오니照亮흐심을爲要
西署藥峴第一百三十六統七戶居劉[illegible]烈 告白

本校에셔中學速成科를設[illegible]敎授흐온바學員을加募흐오니願入學員은十月十五日內로來校面請흠을務望
科目 歷史 地誌 筭術 法學通論 經濟 圖畫 體操
養士洞私立東興學校 廣告

本校에셔敎師를新聘흐야晝夜學을復設흐오니願學人은陰十月初五日내로入學흠
課程 漢문 日語 筭術 니外鮑語歷史 物理 生理 經濟 法律
藥峴梁堂니發明학校 告白

本人이문參奉鳳準氏宅失局흔事에對하야今陰二月皇城新聞에廣告흐고後考次警署에告訴러니今聞盜局흔姜學瑞姜德瑞가逗留于麻浦等地云흐오니內外國人은切勿見欺買得흠
大邱南門外馬夫黃同伊 告白

速成夜學生募集 廣告

顧今之事務煩劇者는欲學時文이나晝則無暇흐고學界勤業者는雖欲補習이나敎無合處흠을共歎흠지라玆設速成夜學而以適科흐오니槩暇志學者와現業重習者는速臨請議흐옵

一 開學期陽十一月七日
二 學科는日語科 筭術科 代數科 幾何科 三角科 隨意選科
三 各科卒業滿壹個年

尙洞靑年學院內
正則LM夜學校長兼講師 柳一宣
講師 安一英 洪秉璇

本商이今月十五日에會洞布木商崔雲敬處[illegible]月晦日推次無號當錢票壹萬拾八兩五錢과宣惠倉內布木商金致祥處十一月初十日推次三拾七號當錢壹萬六百六拾貳兩七錢五分並二張을失而置及本處矣니誰某拾得흐와도休紙施行흠
華商 廣和順 告白

本人의再從姪容이本是年少浮浪之類로無事遊京三四朔이라가陰四月分에適値本人上京흐야浮費錢六十圜을懇請故로本人이不得已八月晦日出次六十圜紙音을書給이러니姪容이此紙音을가지고十字를千字로改畫하야六千圜으로僞造흐야京中에得債흔다흐오니無論京鄕內外國人은見欺치勿흐시고本人의圖章도改造흐고新圖章施行之意로玆以廣告흠
扶安郡[illegible]李[illegible] 告白

漢城西署松橋(新作路)第四十三統一戶
辯護士 玉東奎
辯護士 許憲
合同法律事務所

本人의姓名陽刻圖章을陽十月卄日電車中에서失故로玆以廣告
安岳金[illegible]濟 告白

本館에서新舊書籍을大發售흐오니有志僉員은速々購覽흠
元山港 春城書館

▲新刊書籍發售 廣告▼

書名	正價金
東國史略	壹圓五拾錢
普通敎科東國歷史	壹圓拾錢
新訂東國歷史	壹圓
歷史輯略	貳圓
大東紀年	貳圓
大東歷史	壹圓五拾錢
東國名將傳	四拾五錢
東國輿地勝覽	洋裝拾貳圓 並製拾圓
大韓疆域考	壹圓
大韓新地誌	壹圓
大韓地誌附地圖	壹圓
初等地理敎科書	七拾錢
新撰地文學	四拾錢
萬國地理	壹圓拾錢
士民必知國文	上製八拾錢 並製七拾錢
初學地誌	上製六拾錢 並製五拾錢
萬國史記	七圓
中等萬國史	七拾錢
精撰萬國史	六拾錢
東西洋歷史	壹圓五拾錢
五偉人小歷史	拾錢
世界一覽	二拾錢
世界年契	七拾五錢
公法會通	壹圓五拾錢
萬國公法要略	五拾錢
刑法大全	六拾錢
改正刑法草案	四拾錢
法學通論	壹圓
議會通用規則	拾五錢
現行法規類纂	三圓九拾錢

書名	正價金
外交通義	壹圓貳拾錢
商業大要	六拾錢
國家學	五拾錢
牧民心書	壹圓廿五錢
家庭敎育學	三拾錢
生理衛生學附圖	四拾錢
中等生理學	九拾錢
新撰小博物學	五拾錢
新編博物學	七拾錢
新撰小物理學	五拾錢
動物學 國文	壹圓廿五錢
農政新編	五拾錢
蠶桑集編 國文	拾七錢五里
栽桑全書及醸酒法附葡萄栽培	四拾五錢
新訂筭術	六拾錢
筭術新書	八拾錢
精撰筭學解式 並	七拾錢
美國獨立史	四拾錢
法蘭西新史	四拾錢
埃及近世史	四拾五錢
波蘭末年戰史	四拾錢
普法戰記	四拾錢
羅馬史附義大利史	四拾錢
越南亡國史	貳拾五錢
俄國略史	拾錢
交際新禮	拾五錢
國文西禮須知	貳拾錢
增修無冤錄大全 漢文	四拾錢
大東文粹	六拾錢
尺牘完編	壹圓五拾錢
準備時代	拾三錢
進明業論	三拾五錢
註解西廂記	壹圓
新小說鬼聲	三拾錢
新小說血淚	貳拾錢
近世女傑羅蘭夫人傳	四錢
政治小說瑞士建國誌	拾五錢
初等小學	壹圓五拾錢
幼年必讀	八拾錢
幼年必讀釋義	壹圓三拾錢
高等小學讀本	五拾錢
蒙學千字	五拾錢
中等修身敎科書	六拾錢
溫故知新堂叢鈔	七錢五厘
父師必讀小學指南	七錢五厘
世界全圖	卄七錢五厘

書名	正價金
大韓輿地圖	拾七錢五厘
五洲各國統屬全圖	七錢五里
最新詳密京城全圖	二拾錢
最新韓國全圖	二拾錢
最新韓國地圖	拾五錢
分道詳密韓國新地圖	五拾錢
韓國新地圖	四拾錢
漢文萬國地圖	四拾錢
漢文地球全圖	四拾錢
萬國指掌全圖	[illegible]圓五拾錢
韓語大成獨習	壹圓五拾錢
英語獨本	壹圓四拾 貳錢五里
日韓通話	五拾錢
日語獨習	五拾錢
韓日會話辭典	一圓五拾錢
速成獨修日韓會話	三拾錢
普通日本辭典	五拾錢
二十世紀朝鮮論	三拾五錢
比律賓戰史	四拾錢
比斯麥傳	拾五錢
中等萬國地誌	壹圓貳拾錢
師範敎育學	五拾錢
高等小學修身書	卄五錢
博物界敎科書	貳拾錢
會社法	五拾錢
國文繁學新編	四拾錢
貨幣論	壹圓貳拾錢
普通經濟學	八拾五錢
商業汎論	壹圓拾錢
中等地文學	五拾錢
大韓地理	七拾錢
漢文大韓地誌	五拾錢
飮氷室文集	四圓四拾錢
中東戰紀本末	四圓
西政叢書	拾圓
中外政治彙編	五圓五拾錢
時事新論	壹圓
美國名君言行錄	壹圓
泰西新史	貳圓五拾錢
萬國通鑑	三圓

▲發售書林

中署鐘路 大東書市 金[illegible]
中署罷朝橋 中央書館 朱[illegible]
南署大廣橋 東書館 高裕[illegible]

●國債報償志願金總合所廣告

●光州郡古內廂 續

김允善 圓十전 弟權珍
丙先 각卅전
朴合化 四十전 子巨石
박룡好 各廿전 子己先
允石 각十전 崔永日
池明心 弟君五 各廿전
朴志彥 四十전 金日彥
廿전 金士文 十전 鄭明先
四十전 弟明淑 鄭成七 각十전
車奉九 廿錢 朴仁柱 拾전
▲不動坊藻田 申成淑 廿錢
▲甲嵓保面 金리鎭 四十錢
▲泉谷面 金光善 김麗姬
金洛仲 金元淑 黃京文
黃淑淑 黃永玉 黃俊汝
黃俊化 各廿전 黃基三
十전 黃良淑 廿전 申明局
金京凡 각十전 최成大
廿전 田判吉 金圖用
黃金烈 각十전
▲牛峙 朴鐵果 一圓
▲城內 白判吉 一圓
子聲萬 五十錢 孫成根
成權 각廿전 成鉉 拾전
李형約 一圓 子洙전
七十전 道兆之 三十전
錦毛魚鹽三鹽中 廿圓廿四錢
▲奇禮坊北外 金斗植 五圓
▲不動방南外 林鳳基 十전
崔鳳玉 一圓
▲奇禮방北外陋巷 張士成
高艮淑 各廿전 張奉云
崔云水 各四十전 池化中
朴道玄 金西興 崔今用
李京伯 各廿전 李官西
四十전 趙信凡 吳權日
吳善敬 文永先 各廿전
車順京 四十전 차順集
廿전 李元直 一圓 白正玉
趙化汝 各廿전 김寧道
裵文玉 각六十전 朴化成
崔大元 김京化 各四十錢
白士玄 沈子允 各廿전

김永先 四十전 최士元
李成春 各廿전 宋九弘
四십錢 文致權 차京信
각卅전 車京允 四십전
金益贊 一圓 申德甫廾전
黃成목 四十전 沈京佐
林大成 김형順 鄭致道
沈太弘 김증洪 김京西
각廿전 鄭贊京 김順益
각四十전 朱致彥 林형淑
鄭元京 鄭元集 趙先用
각廿전 문鳳根 三圓
▲公須방校村 金益西
金京西 徐相貴 朴允淑
各廿전 金成吉 拾전
趙元凡 崔其化 각廿전
孫西日 趙正官 각拾錢
金亨甫 尹其玉 金成日
최洛西 殷在三 曹成心
최石玄 전廿전 韓順京
崔成佐 각四拾전 吳德行
김京民 鄭德三 각卅전
崔京三 四十전 申正大
十전 吳永中 廿전 李京七
拾전 洪경九 문奉順各廿전
최白九 金仁西 鄭用云
각拾전 최太汝 김辰淑
徐中白 각四十전 白召史
六전 李局西 子奉云각一圓
秋成局 廿전 羅朵三
子時煥 각一圓 林文日
김德成 김致京 林成道
金判洙 김宗辰 각廿전
金德元 김文日 각십전
金弘萬 四拾전
▲不動방西外 崔英斗 廿전
▲瑤陽面 申適숙 一圓
申德述 申聖弼 각五拾전
李萬日 孫좌岩 각四拾전
李允眞 沈二京 李方彥
孫應巨 吳汝益 崔夏先
각廿전 金權先 五十전
裵敬局 二十전
▲不動방社稷村 鄭成默十圓
子達西 五圓 孫判介三圓
出금人의姓名은新聞에廣告홈

南介 二圓
▲奇禮방北外 趙鎭龍
卄圓再次 首謝李鄭鍾奎
廿圓 前主事子彩好 五圓
▲台峯 文致用 四十전
文致鳳 廿전 文致俊
文致夏 각卅전

廣告

本局에셔十年을研究ᄒᆞ야(辟瘟消痰丹)이란藥을發明ᄒᆞ얏는대男女勿論ᄒᆞ고무숨痼疾이던지(一劑十四箇)毎日一箇式服用ᄒᆞ면効驗이百發百中되는고로毎日搭至ᄒᆞ와買去ᄒᆞ오니痼疾잇는僉位는오리고싱마시고速々히來臨ᄒᆞ야問議ᄒᆞ심을希望홈

定價金 上品一劑金三圓 下品一劑金貳圓五角

本舖 仁川港杻峴和平局

發賣所仝 龍洞濟生堂

京城鐘路 慈惠藥房

仝 共愛堂藥房

雖外邦이라도郵便으로부치는슈가잇쇼

向者軍대解放時에負傷將卒中에死者는已矣어니와折腰折臂折脚之人은命脈은尙存이나運動末由라該人等이將欲自裁ᄒᆞ니今人鼻酸이라本人等이往見獻身ᄒᆞ고西醫에게以印度膏도接製臂脚이온則八人의費額이至爲二千五百圜之多인바一人助力으로難見奏効ᄒᆞ와玆以廣布ᄒᆞ오니望須慈善僉君子는勿拘多小ᄒᆞ시고救恤金을寄付ᄒᆞ와使陷死同胞로拯濟ᄒᆞ심을爲要

隆熙元年九月日
發起人 정圭煥 윤彝勳
安㙜鎬 曺成煥
救恤金收合所 皇城新聞社
大韓每日申報社

藥은 漢城鍾路 慈惠藥房 乾材洋藥 발매소
藥은 必須大方販賣所廣告

西藥便方은
●醫學校長勳五等池錫永氏序
●陸軍軍醫洪錫厚氏翻譯
●醫學教官劉秉珌氏校正
●濟衆院醫學員朴蕊熙氏發行
漢城鍾路慈惠藥房李觀化發賣
●隆熙元年十月日에第一版으로발行ᄒᆞ는西藥便方이라ᄒᆞ는冊은西洋醫藥方書를我國國文과漢文으로아라보기쉽게翻譯ᄒᆞᆫ冊인대今年에第一版으로六十二病名과百五十餘處方과病에原因과診候와預後와治療法을一一히出版ᄒᆞ고明年에第二版을發行ᄒᆞ고第三年에至ᄒᆞ도록年々改正增補ᄒᆞ야乃至十版에至ᄒᆞ도록科解部諸圖와外科手術諸圖와內新藥에功用主治와藥物學과化學과生理學과細菌學과病理學과衛生學과診斷學과一切醫學을增補ᄒᆞ야成冊되오니此可謂醫學家에寶鑑이되고衛生家에補聽이되오니京鄕藥局과家庭에셔니內各處貨泉이되오니僉君子는顧念ᄒᆞ시오

●價金一圓 北米國製 五十錢
●男女間完補血劑 一瓶十錢
●人蔘精 요氣補血 一勝三十錢
●久病人에 元氣를 接養ᄒᆞ는 老人
●獨逸國製 能效有 胎養丸
●英國奇方에 效有ᄒᆞ며 疾에
●五聖에 合劑 梅毒腫 效力
●韓國製 婦人胎產을 救濟
●小兒製 氣瓶 拾錢 鎭氣效
●小兒獨 小兒封 拾錢
●痢疾에 奇效 有 百拾錢
●瘟疫에 奇效 ᄒᆞ기에 百肢腫
●漢城 各項 腫毒에 신通
●李信友 內地 食彥
오늘은 五十錢以下
●各種의 寶包 代藥房
換錢 郵票 代用 ᄒᆞ시
시면 信實ᄒᆞ게 小包로 仰呈
代理店 京城梨峴 仁川龍洞 濟生堂 李慶華 寶藥商 李信風

○民事訴訟代理와刑事辯護及鑑定顧問과諸文案起草諸般事務를迅速處理홈
漢城南署小公洞第拾六統五戶
辯護士 前判事 前檢事 金正稷
事務員 前博士 鄭雨興

平壤中學徒鄭誠熙上京云本人今廿一日亦爲上來有相議事故玆以廣告美洞一統八戶正尉金顯宋宅來臨者望
金鎭國告白

瑞士建國誌

此冊은政治小說이니本士의救國救民ᄒᆞᆫ思想과人民의愛國心을養成ᄒᆞ는대緊要ᄒᆞᆫ冊子오
◉定價金 新貨十五錢
發賣所
▲大韓每日申報社
▲仁川港杻峴 開新冊肆
▲中署布屛門下 金相萬冊肆
▲平壤城內烈女洞 教育書舘
▲鐘路 古今書海舘
▲洞口越便 中央書舘
▲鐘路 大東書市
▲大廣橋 匯東書舘
▲銅峴 博文書舘
▲開城 姜助家冊肆

新刊書籍發售廣告
增修無冤錄大全 國漢文 定價金 七拾五錢
大韓法規類纂洋裝 三拾錢
初等倫理學教科書 二拾錢
初等衛生學教科書 拾五錢
國家學綱領 拾五錢
國民須知 八錢
獨習日語正則洋裝 郵稅 貳拾五錢
發賣所 中署布屛門下 金相萬書舖

新小說 愛國婦人傳
◉一冊定價金 拾五錢
新鮮ᄒᆞᆫ圖本本도備ᄒᆞᆷ
右冊은純國文으로世界에有名ᄒᆞᆫ法國婦人若安氏의愛國事蹟을譯出ᄒᆞ얏ᄉᆞ오니無論男女ᄒᆞ고愛國性이有ᄒᆞ신同胞는맛당이보실書冊이오니陸續購覽ᄒᆞ심을望홈
發賣所
▲皇城布屛下 金相萬書舖
▲南門內 博文書舘
▲仁川 大韓每日申報支社
▲各地方 有名書店

學徒洋裝書冊
學徒運動과諸具
羅紗各種
美國金雞蠟
그外服裝其他雜貨도廉價放賣ᄒᆞ오니諸君子는來臨ᄒᆞ심을望ᄒᆞ나이다
仁川港杏峴開新冊肆

本人이日本大阪商家와特約ᄒᆞ고日本內地産出各種物品을西洋各國物品과共히數種物貨를大輸入ᄒᆞ와各種物品을便利케販賣ᄒᆞ오며…
興業社本店
漢城南大門內興學書舖
支店京城南門內水標五十一統六戶
全仁港內弘廣濟號
培養會社

越南亡國史 國漢文
定價貳拾伍錢
發賣所京城大廣橋高裕相
發兌所 皇城中署布屛下김相萬 告白

●本社廣告

○申報價
一張代金 新貨二錢五厘
一個月前納 三十錢
三個月 九十錢
六個月 一圓七十錢
一個年 三圓四十錢
郵稅一張 新貨五厘
一個月 十三錢

發行兼編輯人英國人 裵說
發行所
西署石井洞號外地三層洋屋家
大韓每日申報社

第五卷

大韓每日申報

第六百五十四號

月曜及慶節
翌日休刊

檀君開國四千二百四十年
箕子元年三千二十九年
大韓開國五百十六年
日本明治四十年
淸國光緒三十三年
陰曆丁未九月大三十日戊午

論說

○東洋移民

北美太平洋沿岸에서日本移來民을抗逆ᄒᆞ야激動홈이短見薄識ᄒᆞᆫ無頼輩의所事인줄노據今評論ᄒᆞ던人士들이此激動을反對ᄒᆞ야頑固意見을執ᄒᆞ던아ᄋᆞ륵新聞의漸次變態홈을見ᄒᆞ민羞愧之心이굴有ᄒᆞ리니同報의最近記述이如左ᄒᆞ도다

若人有疾病이면醫師의所務가其何오必使其病으로減蘇케홀거ᄉᆞᆫ依例나更有所務ᄒᆞ니其症候를診斷ᄒᆞ야治療홀거시是也오若有擾亂이면官憲의所務가維何오秩序를必復홀거ᄉᆞᆫ依例나亦更有當行之事ᄒᆞ니擾亂의原因을確究ᄒᆞ야實地로和解홀方策을採用홀거시是也로다

太平洋沿岸에서秩序가紊亂ᄒᆞ엿슴은既知ᄒᆞᆫ바어니와其暴動을鎭壓ᄒᆞ며犯罪者를處獄ᄒᆞᆫ거ᄉᆞ로ᄂᆞᆫ充滿ᄒᆞᆫ處理라고謂之키不可ᄒᆞᆫ지라如何ᄒᆞᆫ情形이暴動에連累되엿슴을探出ᄒᆞ야其原因을移變홀行動을採用ᄒᆞᄂᆞᆫ거시甚히必要ᄒᆞ도다

近者晩香坡에서發ᄒᆞᆫ暴動事件으로觀ᄒᆞᆫ컨대桑港에서起ᄒᆞᆫ排日煽動이非但地方暴動이라國境外伸張ᄒᆞᄂᆞᆫ情形에在ᄒᆞ엿슴을著示ᄒᆞᄂᆞᆫ도다既往에粗遊且駁論ᄒᆞ되로此晩香坡에暴行이米國煽動者로從生ᄒᆞ엿다ᄒᆞᆯ지라도其意義ᄂᆞᆫ的確ᄒᆞ니如彼煽動者인덜本無ᄒᆞᆫ思想을豈能惹起ᄒᆞ엿ᄉᆞ리오且其事實로言之컨ᄃᆡ外人競爭者를阻遏ᄒᆞ려ᄂᆞᆫ如彼運動이政治勢으로追從홈은不多或全無ᄒᆞ리니蓋其運動이彼此一般인情形下에서同一ᄒᆞᆫ道理로行홈이로다

何如地方에서던지英國民族이라稱ᄒᆞᄂᆞᆫ人은東洋의開明을一般對立ᄒᆞ엿거니와合衆國民이東洋人을最初로逢見ᄒᆞᆫ칼니포니아洲와오리곤及華盛頓에서東洋役夫를排斥ᄒᆞᆫ思想이與內他處에서보다尤甚强硬하도다

官報

宮廷錄事

●號外 隆熙元年十一月二日

詔曰此次에日本皇太子의渡韓ᄒᆞ심은即我韓歷史에所未有ᄒᆞᆫ盛擧也라兩國의積年疑阻와人民의多小憾情이一時氷釋ᄒᆞ야誠心奉迎에歡聲如雷ᄒᆞ니民心의大同홈을可見홀지라從此兩皇室敦睦ᄒᆞᆫ誼ᄂᆞᆫ不待聯盟而加好ᄒᆞ고兩國民親密ᄒᆞᆫ情은不煩勸諭而鞏固라朕이日本皇室의盛意를深感ᄒᆞ야將以傾心結託ᄒᆞ야民生의幸福을增케ᄒᆞ며邦基의景命을鞏케ᄒᆞ노니惟爾大小臣民은朕言이肺腑에出홈을洞悉ᄒᆞ야深信無貳ᄒᆞ야永遠不變홈을期ᄒᆞ라

隆熙元年十一月二日

內閣總理大臣大勳李完用

宮내府達第四十七號

陰曆九月二十七日

懿孝殿忌辰祭에遣大臣攝行ᄒᆞ야一依親祭例府錄하고祭官은仍用ᄒᆞ고百官入參ᄒᆞ라신旨를奉承홈이라

宮內府大臣勳一等

宮內府特進官李根命與[illegible]等疏

批旨省疏具悉懇悃節自是衰境例崇非不峯慮而何至遽殺懇由之爵乎居散養閒初無筋力奔走之事而國自老成雖不預閒時政自足倚以爲重矣所請不可勉副卿其諒之事遣秘書郞傳諭

●三千九百十四號

隆熙元年十一月四日

敍任及辭令

京畿觀察道警務署總巡朴致宇
延豊郡主事姜在鼎
依願免本官
慶尙北道觀察道主事朴應柱
免本官
解兼任公立淸州普通학校長
淸州前郡守閔泳殷
解兼任公立黃州普通학校長
黃州前郡守韓滐殷
解兼任公立蔚山普通학校長
蔚山前郡守李鎬爽
解兼任公立原州普通학校長
原州前郡守金泳圭
兼任公立淸州普通학校長
淸州郡守尹榮與
兼任公立黃州普通학校長
黃州郡守韓貞奎
兼任公立蔚山普通학校長
蔚山郡守鄭海八
兼任公立安州普通학校長
安州郡守李仁治
稷寧郡主事奇任東
林川郡主事姜錫範
稷津郡主事尹錫台
南海郡主事鄭甲鎭
寧遠郡主事金濟民
免本官
主殿院衛生局長殿夏永
依願免本官
漢城裁判所首班判事李始榮
解兼任弘文館副學士
秘書監丞李恒九
解兼任掌禮院掌禮
秘書監丞趙命熙
命兼任掌禮院掌禮

外報

●皇乘汽車脫線 倫敦電을據ᄒᆞᆫ則西班牙皇帝及皇后兩陛下와皇太子殿下ᄭᅴ셔ᄂᆞᆫ巳里에셔汽車를搭乘ᄒᆞ시고英國으로幸行ᄒᆞ시ᄂᆞᆫ程路에셔汽車가脫線되엿ᄉᆞ나無事히英艦을搭乘ᄒᆞ시고포스마스港口에到着ᄒᆞ셧다더라

●日淸森林問題 東京通信을據ᄒᆞᆫ則日淸兩國의森林問題ᄂᆞᆫ其後引續ᄒᆞ야交涉홈이有ᄒᆞ엿ᄉᆞ나區域問題에關ᄒᆞ야彼此의意見이非常히隔이되야到底一致를見홈에困難ᄒᆞ다하얏더라

●淸兵增派 東京通信을據ᄒᆞᆫ則間島에淸兵取締ᄒᆞ기爲ᄒᆞ야派遣ᄒᆞᆫ邊務督辦陳昭常ᄋᆞᆫ去二十五日에到着ᄒᆞ얏ᄂᆞᆫ대同督辦의指揮下에增遣ᄒᆞᆫ淸兵二百五十名은兩三日前에到着ᄒᆞ얏다더라

●何關鑿費 伯林電을據ᄒᆞᆫ즉米國大統領及大藏卿은財政을救助ᄒᆞ기爲ᄒᆞ야必要ᄒᆞᆫ파나마運河開鑿費를銀行預金으로使用ᄒᆞ기로考慮中이라더라

●地震後大洪水 伯林電을據ᄒᆞᆫ즉伊太利國에서地震ᄒᆞᆫ後에又大洪水가出ᄒᆞ엿다더라

●外國語電報取扱開始 大連電을據ᄒᆞᆫ즉西伯利亞鐵道ᄀᆞ主要驛에서ᄂᆞᆫ去二十九日부터英佛獨三國의外國語公衆電報取扱을開始ᄒᆞ엿다더라

●印度鐵道敷設論 倫敦電을據ᄒᆞᆫ則俄國노ᄂᆞᆫ부라야新聞은英俄協約을完成ᄒᆞ얏기로印度에向ᄒᆞ야鐵道를敷設ᄒᆞᄂᆞᆫ것이可ᄒᆞ다ᄒᆞ고主張論文第一篇을發表ᄒᆞ얏다더라

●漢字統一會會頭 北京電을據ᄒᆞᆫ則侍郞修氏ᄂᆞᆫ張之洞씨를漢字統一會의會頭될事를請ᄒᆞᆫ則張씨ᄂᆞᆫ答ᄒᆞ되湖北提학使黃紹箕씨를既已會頭로定ᄒᆞ얏다ᄒᆞ얏다더라

雜報

●海州總巡全鳳燾氏가十三道宣諭使의게敬告ᄒᆞ여曰下生이素以姻內寒蹤으로於心에所貴者大官이요所仰者兩班이러니今日當局而見之ᄒᆞ니大官小官과兩班常人에腦髓思想은別無層等이로叫現今各地方暴徒가隨處蜂起ᄒᆞ야殺掠人命ᄒᆞ고양奪民產ᄒᆞ야道郡방里가共陷魚肉之境故로幸蒙安戢之方略ᄒᆞ야各道宣諭使之動靜을連日隨新聞拭眼翹探則何道宣諭使ᄂᆞᆫ四人轎에兵丁巡檢을左右擁衛ᄒᆞ고何道觀察使ᄂᆞᆫ四人轎與에書記使令을前後陪率ᄒᆞ야如昇平時巡歷樣으로廢坦之路에皇命을奉承ᄒᆞ야討伐을不行ᄒᆞ시고德으로宣諭ᄒᆞ시ᄂᆞᆫ身分을彼徒가雖冥頑無知ᄒᆞ지라도義不可殺害ᄂᆞᆫ自可明斷이어ᄂᆞᆯ幅與之乘具와陪率之差備를幷除之ᄒᆞ고四馬單騎나短笻草鞋로馳入彼徒의所聚之當地ᄒᆞ야先以安閑之邑에衆時馳往ᄒᆞ야殺岸告示을揭付街壁ᄒᆞ고數枚例談을節諭平民ᄒᆞ니其果宣諭之實乎잇가至尊至嚴ᄒᆞ신皇勅으로明詔宣諭ᄒᆞ고繼以局形便으로反覆擲陳ᄒᆞ야相抱哭泣이면彼亦人類라庶或有萬一感悔之望이여ᄂᆞᆯ彼徒所畏之處를視之如敵國ᄒᆞ고畏之如虎狼ᄒᆞ야不敢一步直進ᄒᆞ고亦不得一言面論ᄒᆞ야暴動之勢가日益熾盛하고焚燬之患이時以踵至ᄒᆞ니宣諭之效를安在오國庫之金을浪費ᄒᆞᆯ이豈不欷惜哉잇가敢以草々之微誠으로猥觸堂々之高見이雖涉僭越이오나民國情況이甚到危急故로冒悚略陳ᄒᆞ오니勿謂入耳識薄ᄒᆞ시고玄ᄒᆞᆫ一兩聆ᄒᆞ심을千萬祝手ᄒᆞ노이다

●韓氏熱心 彰義門外一牌巡山巡檢韓成敎氏가該門外에학校가無홈을慨歎히녀겨각洞人民의게勸告ᄒᆞ야曰當此之時ᄒᆞ야학識이急先務어ᄂᆞᆯ何故如此大處에학校가無ᄒᆞ니他日에受侮를免치못ᄒᆞ리라ᄒᆞ고韓成敎氏가出義捐助ᄒᆞ며十餘円을勸告ᄒᆞ야日昨에該門外ᄀᆞ洞人士가會席ᄒᆞ야設校ᄒᆞ기로決議ᄒᆞ얏다니韓成敎氏의敎育上熱心은人皆稱頌ᄒᆞᆫ다더라

●藥明校贊務 藥峴藥明학校가設立ᄒᆞᆫ지八九朔에校費가不足ᄒᆞ여成就ᄒᆞᆯ道가無하다더니近日에該校敎師鄭憲敎金昌勳事務員劉慶相金正根諸氏가贊務會를開設ᄒᆞ고夜學科를更設ᄒᆞ고熱心贊成ᄒᆞ여校況이進就ᄒᆞᆫ다더라

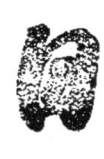

●安倅勸학 安山郡守沈鍾益氏ᄂᆞᆫ敎育에熱心ᄒᆞ야視務之暇에不憚勞苦ᄒᆞ고躬行村閭ᄒᆞ며家論戶說하야학校가漸興ᄒᆞ니郡民이咸日果若我倅면國之校明을可기足而待라ᄒᆞ더라

雜報

●학院仍存 皇太子殿下께옵셔日本東京에留학ᄒᆞ신次로出駕하시면修학院은廢止가된다더니更聞ᄒᆞᆫ즉不爲廢止ᄒᆞ고該院학徒를如前教授ᄒᆞᆫ다더라

●何還頒布 新官制를今明間頒布ᄒᆞᆫ다ᄒᆞᄂᆞᆫ대官報課에서發刊치아니ᄒᆞ고印刷局에셔발刊ᄒᆞᆫ다더라

●叔姪云遞 宮內府大臣李允用氏와侍從卿李會九氏ᄂᆞᆫ有何事端인지不知ᄒᆞ거니와將次遞任된다ᄒᆞᄂᆞᆫ說이喧藉ᄒᆞ더라

●專務囑托 日本人錦織足喜代氏ᄂᆞᆫ內部事務官으로囑托이된다더라

●各大赴宴 再昨日에各部大臣이總相李完用시私邸로會同ᄒᆞ야統監府天長節宴會에往參ᄒᆞ얏다더라

●赴公赴會 再昨日은日本國天장節인故로各府部大臣이祝賀하기爲ᄒᆞ야同日上午九時에統監府에前往ᄒᆞ얏다가同十一時에孝殿公故에進參ᄒᆞ고同下午三時頃에統監府園遊會에往參ᄒᆞ얏다더라

●光祭論遞 全南觀察使金奎昌시가管下各郡에巡行宣諭ᄒᆞ고還府ᄒᆞ얏다고內部에電報ᄒᆞ얏다더라

●再次請願 法官養成所教官洪문煥시가辭職請願ᄒᆞ얏다ᄒᆞᄂᆞᆫ說은已揭어니와該시의請願書를法部에서封還하얏더니昨日에再次請願하얏다더라

●改正後奏 稅主事奏本이尙今延拖ᄒᆞᄂᆞᆫ理由를得聞ᄒᆞᆫ즉地方官制改正ᄒᆞᆫ後에야修正奏本ᄒᆞᆫ다더라

●其與然乎 法大趙重應氏ᄂᆞᆫ多日仕進치아니ᄒᆞᆫ다더니或云遞任ᄒᆞ고其代에張博氏가被任ᄒᆞᆫ다ᄒᆞ며檢事鄭鎬圭氏ᄂᆞᆫ裁判長을陞任ᄒᆞᆫ다ᄂᆞᆫ說도有ᄒᆞ더라

●服裝同一 警察을引繼ᄒᆞᆫ後에ᄂᆞᆫ巡檢의服裝帽子를日巡査와一同케ᄒᆞᆫ다더라

●優老施惠 日本皇太子殿下께셔漢城內年七十高齡者에게二千九百四十一圜과仁川港民高齡者에게八十六圜을頒給ᄒᆞ셧ᄂᆞᆫ대漢城內에ᄂᆞᆫ漢城府尹이分給ᄒᆞ고仁川港에ᄂᆞᆫ該府尹김潤晶氏가分給ᄒᆞ라고內部大臣이命令ᄒᆞ얏다더라

●訟案云報 法部大臣趙重應시가金宗漢시와金堤居尹某의沓訟事件에對ᄒᆞ야旣往判決ᄒᆞᆫ訟案을勿施ᄒᆞ고更히公決ᄒᆞ라고平理院判事박회台시의게電話로催促ᄒᆞᄂᆞᆫ대朴회台시가其不然ᄒᆞᆫ理由를屢屢說明ᄒᆞ고農相宋秉畯시도該訟의尹與金直을法大의게亦爲說明ᄒᆞ되法大趙重應시ᄂᆞᆫ期於히前案을勿施ᄒᆞ고更히裁判ᄒᆞ라ᄒᆞ얏다더라

●軍武合設 各府部官制改定案件에對ᄒᆞ야軍部가廢止된다더니更聞ᄒᆞᆫ즉侍從武官府와合附가된다더라

●地方官制 각地方을隨其區域ᄒᆞ야合郡ᄒᆞᆫ다ᄒᆞᆷ은已爲揭報ᄒᆞ얏거니와今番官制改定件에對ᄒᆞ야三百四十餘郡을合하야一百四拾郡으로磨鍊ᄒᆞ고每郡에稅務主事를還置ᄒᆞᆫ다ᄂᆞᆫ說이有ᄒᆞ더라

●請遞安守 安城郡守郭燦氏가私事를因ᄒᆞ야水原觀察道에留連ᄒᆞᄂᆞᆫ대觀察使李圭桓氏가勸告遞任ᄒᆞ고又爲劃變하라ᄒᆞᆫ즉該郡守가答ᄒᆞ기를現今地方形便이劃變觀務ᄒᆞ기가極難ᄒᆞ다ᄒᆞ얏다ᄂᆞᆫ대該觀察使가內部로報告ᄒᆞ되似此頑固郡守ᄂᆞᆫ不可仍置라ᄒᆞ얏다더라

●善接日兵 全北觀察使署理參書官尹昌鉉씨ᄂᆞᆫ管下各郡守에게日兵이郡境에來到ᄒᆞ거던善爲應接ᄒᆞ라고訓飭ᄒᆞ얏다더라

●慶北稍靜 慶北觀察使李忠求시가內部로報告ᄒᆞ되本道ᄂᆞᆫ人民이漸次安頓ᄒᆞ고地方이稍爲鎭靜이라ᄒᆞ얏다더라

●砲殺一義 黃州郡에셔日兵이義徒一名을砲殺ᄒᆞ얏다고該郡守趙貞奎시가內部에報告ᄒᆞ얏다더라

●以孝感義 忠州甘勿面大祖洞居安商衡氏의子婦金氏가十九歲에喪夫ᄒᆞ야환居시父와無父孤兒로十餘年을孝奉시父ᄒᆞ더니客月에義徒가來到安시家ᄒᆞ야안商衡시를結縛ᄒᆞ고錢穀을討索ᄒᆞᄂᆞᆫ대金시가呼泣而言ᄒᆞ되吾之시父가年老ᄒᆞᆯᄲᅮᆫ더러家貧ᄒᆞ야錢穀이無ᄒᆞ니시父를解釋ᄒᆞ라ᄒᆞ고哀乞ᄒᆞ되終不聽之ᄒᆞ며又詈ᄒᆞ되吾聞義兵이라ᄒᆞ니義之義字ᄂᆞᆫ何以謂之義오若知義면可知五倫이니吾之孝로以救시父ᄒᆞ야泣乞이로ᄃᆡ聽而不聞ᄒᆞ고縛打ᄒᆞᄂᆞ냐ᄒᆞ매該義徒等이安시를仍即解縛ᄒᆞ고謝過ᄒᆞ며果聞安商衡之子婦의孝烈이라ᄒᆞ고散去ᄒᆞ얏다더라

●典守減額 奉侍及尙饌外에月俸七元되ᄂᆞᆫ典守가合六十八名인ᄃᆡ懿孝殿三周祭後에該殿尙饌二人과典守八人을減額ᄒᆞ얏다더라

●選報教師 仁川官立日語학校와公立普通학校에教育이漸次발達ᄒᆞ고聰俊을益加前進키爲ᄒᆞ야體操教師一員을選定ᄒᆞᄂᆞᆫ대該港居金英振시로特任教師케ᄒᆞ라고該校長金潤晶시가학部로報告하얏더라

●日本移民說 美國新世界新聞에揭載ᄒᆞᆫ바日本通信을據ᄒᆞᆫ즉日本各地方에서水災를慘酷히當ᄒᆞᆫ中에甲州地方에서만當ᄒᆞᆫ損害가一千五萬圜에過ᄒᆞ다ᄂᆞᆫ대該地百姓들이饑餓가滋甚ᄒᆞ야盜賊이處處蜂起ᄒᆞ고飲食을見ᄒᆞ면雖父子間이라도各相奪食ᄒᆞᄂᆞᆫ지라其百姓들을北海島와韓國으로移住ᄒᆞᆯ計策이라더라

●諭示遺族 內閣에서內부로照會ᄒᆞ되現接統監府來문則本年七月七日米國에서死亡ᄒᆞᆫ貴國人林昌順에診斷書각一張을別報로外務省으로붓터送來ᄒᆞ얏ᄉᆞᆸ기玆에送交ᄒᆞ오니照亮ᄒᆞ심을要ᄒᆞᆷ因이기로照會ᄒᆞ오니該地方에발訓ᄒᆞ오셔該民遺族에게轉知케ᄒᆞ라ᄒᆞ얏다더라

●家券訴推 奉侍姜錫鎬시가昨年避身ᄒᆞᆯ時에警視廳에서該시家所在를搜索中家券ᄒᆞ餘張이셔失ᄒᆞ엿더니該시가將次日本理事廳에擧訴ᄒᆞ야家券을推尋ᄒᆞᆯ許諾中이라더라

●設학請願 陰川郡有志人士가私立振明학校를設立ᄒᆞᆫ다고校監金麟奎시가학部에請願ᄒᆞ얏다더라

●青年運動 青年학校에서來土曜日에東門外新興寺에前往ᄒᆞ야秋期運動을擧行ᄒᆞᆫ다더라

●孤院月報 孤兒院에서將次月報를발刊ᄒᆞ야該院諸般事項을輪布ᄒᆞᆫ다더라

●巡檢溺職 金海郡巡檢黃[illegible]德氏ᄂᆞᆫ警察上에專力치아니ᄒᆞ고妓家風流에精神을專失ᄒᆞ고平民의게不法行爲가太甚ᄒᆞ다고兩來人에傳說이有ᄒᆞ더라

●詰責鑑獎 主殿院巡檢廳에셔粟糧을度支部로셔支撥ᄒᆞᄂᆞᆫ데二合飯미와朝夕火木을擔任與炊飯巡檢들이皆好充粟ᄒᆞᆫ다고該廳巡檢張國用시가詰責ᄒᆞ엿다더라

●復給何關 哲仁皇后께옵셔錦陵尉宮에賜給ᄒᆞ신智島郡所在土地를供進所에서稱以作道掌이라ᄒᆞ고不欲還給ᄒᆞᄂᆞᆫ지라該宮에셔供進所調査所에探知ᄒᆞᆫ즉丁寧納價道掌이나金錫濟씨가云以作道掌이라ᄒᆞ고拒絶ᄒᆞᆫ다니 王后께셔부馬宮에下賜하신土地를供進所에셔還入코져ᄒᆞᆷ인지甚爲訝惑ᄒᆞ다더라

●義脚請助 向日軍隊解散時에負傷ᄒᆞᆫ士卒을擬製臂脚ᄒᆞ기爲ᄒᆞ야有志ᄒᆞᆫ신鄭圭燮等諸시가發起ᄒᆞ야新聞上에屢月廣布하얏거니와其間에收合ᄒᆞᆫ義金이不多ᄒᆞ야一箇人의義臂義脚도完成키不能ᄒᆞ나最其中朴基俊은右臂左脚이折ᄒᆞᆫ자라爲先一脚이나擬製ᄒᆞᆯ次로大[illegible]共立病院에契約하고護模製臂脚一部를注문ᄒᆞ얏ᄉᆞ되款額이一脚을完成키도不足ᄒᆞᆫ지라慈善ᄒᆞ신諸君子ᄂᆞᆫ另念贊助ᄒᆞ시기를希望ᄒᆞᆫ다더라

●祝賀恩賜 開城各학校에셔今番運動時에 皇太子殿下께셔下賜ᄒᆞ신物品에對ᄒᆞ야本府慶德宮內에恩賜祝賀會를設ᄒᆞ고各학校와一府紳士며內外國賓客이諸會ᄒᆞ야感祝을表ᄒᆞ고教育의발達을演說ᄒᆞ얏ᄂᆞᆫ데來參諸員이數千名이오觀光傍聽人은人山人海花成ᄒᆞ얏다더라

▲地方消息▼

▲全羅道長城郡花良市場에義兵五千餘名이各々銃砲를携帶突入ᄒᆞ야形勢가猖獗ᄒᆞᆷ으로居民이四散奔走ᄒᆞ엿다ᄒᆞ고

▲江原道宣諭使洪佑晳氏ᄂᆞᆫ兵二十名을率ᄒᆞ고原州方面에曉諭次로發向ᄒᆞ다가文幕等地에서義兵의再襲擊을受ᄒᆞ야日兵二名은致斃ᄒᆞ고六名은負傷ᄒᆞᆫ지라宣諭使ᄂᆞᆫ宣諭文을路上에抛棄ᄒᆞ고避身忠州ᄒᆞ엿다ᄒᆞ고

▲遂安郡金巖役夫殺ᄂᆞᆫ義兵과內應ᄒᆞᆫ嫌疑이라하고

▲去二十四日夜에長湍郡木幌에義兵四百餘名이潛伏ᄒᆞᆫ지라日兵三십名이偵探次로前往ᄒᆞ다가忽地에遭遇ᄒᆞ야互相交戰ᄒᆞᄂᆞᆫ되義兵이退去ᄒᆞ미適其時에雲霧가漲天ᄒᆞ야日兵이不得追去ᄒᆞ엿고該郡錦江等地에九百餘名義兵이來屯ᄒᆞ엿고開城郡南方村村에所在砲軍은義兵에投入ᄒᆞ야秋收穀을執留ᄒᆞᆫ다하고

▲古阜郡에서巡檢一名이義兵에게被害ᄒᆞ엿고

▲三日발電을據ᄒᆞᆫ즉平安南道孟山郡에義兵四百名이蜂起하고三百名은德川郡을襲擊하얏ᄂᆞᆫ대安州에出張ᄒᆞᆫ日軍整理委員은目下同地附近에서偵探의從事ᄒᆞ고또安州日守備隊下士以下十名을派遣ᄒᆞ얏다더라

路透電報

三日東京發

●陰謀者捕縛 韓國陸軍書記數名이彼得堡에서捕縛되얏ᄂᆞᆫ더此ᄂᆞᆫ陸軍參議院會議에셔陸軍大臣以下同院議員一同을爆裂彈으로暴殺ᄒᆞ라ᄂᆞᆫ陰謀가露現ᄒᆞᆫ지ᄅᆞᆷ이라더라

四日東京발

●謀叛鎭壓 海參威에셔ᄂᆞᆫ陸兵水兵及普通문官一百五十名이捕縛되얏ᄂᆞᆫ데其主謀者ᄂᆞᆫ八時부터守備隊及水兵團에在ᄒᆞ야謀叛을慫起ᄒᆞᆷ에努力ᄒᆞᆫ者이오其他에도一驅逐艦이謀叛ᄒᆞ얏스나鎭壓되얏다더라

▲滿山秋聲▼

▲總理李完用氏와農大宋秉畯씨ᄂᆞᆫ一進會數十萬名으로써自已의爪牙로삼아全國社會를壓制ᄒᆞ얏스니共勢力의宏大ᄒᆞᆷ이거시似無遺憾이거ᄂᆞᆯ更히貸祿商을誘引하야羽翼을添加코져ᄒᆞᆫ다고某報에揭載하얏스니慾望이果無限量이로고

▲現政府ᄂᆞᆫ一進會政府라自外來向이似異ᄒᆞᆫ者ᄂᆞᆫ猜嫌攻을不有餘地ᄒᆞ나此ᄂᆞᆫ大畏ᄒᆞᆯ解ᄒᆞ엿소自强支會의散置ᄒᆞ方이나本申報를多々購覽ᄒᆞ地方에서ᄂᆞᆫ購獲가발作ᄒᆞᆫ입업소웨그리識見이淺短ᄒᆞ야方을壓搾케만ᄒᆞ고鎭靜ᄒᆞᆯ줄不知ᄒᆞ오

▲各部官制가非久에頒布된고一般世人이注目ᄒᆞᄂᆞᆫ바어와該案件을內閣에서統監府送交ᄒᆞ야現今修正中이라ᄒᆞ大略에官制를改正치못ᄒᆞ야治가못되얏던지官制만改正던政治도自然刷新ᄒᆞᆯᄂᆞᆫ지

▲近日에各大臣이[illegible]各相訪問ᄒᆞ야耳語가藉勿ᄒᆞᄒᆞ나自己에地位를鞏固케ᄒᆞᆯ시지무슴辭策이暗在其中인지層樓이漢城에噓人ᄒᆞ야啖이謀策이로다

▲明年度爲始ᄒᆞ야各地方의護士가實施될터인ᄃᆡ日本辯士가近日에多數히渡來ᄒᆞᆫ다ᄒᆞ니大韓의辯護士가無ᄒᆞ야法이實施가못되ᄂᆞᆫ지法律實施ᄒᆞᆯ方針은無關ᄒᆞ고辯護士排置ᄒᆞᆯ區域만先定ᄒᆞ니大韓全國은辯護士天地가되고야말겟고

▲각種語학校를合設ᄒᆞ고外國語학校라名稱ᄒᆞ고校長一人인대日人이被任ᄒᆞ고其國語학科를區別ᄒᆞ야每科에校監一人인대各其語의國人이오教官二人인대韓國人이오日語科ᄂᆞᆫ方今擴張中인故로教師와教官數ᄂᆞᆫ此限에不在ᄒᆞ다ᄒᆞ니大韓에각種事務가變幻ᄒᆞ다가학界ᄭᅡ지變幻이되니참變幻時代로고

大氣預報

▲十一月五日은 晴ᄒᆞ다

◉社告

本社에셔軍隊解散時에負傷호士卒救恤金에對호야其閱收合호金額을第一號至五號ㅅ지總合七千一圓三十전을十月四日에발起人諸씨의게交付호얏슴

雜報

◎禁內賞秋 迎秋門에셔巡檢이韓人은不敢接足케호되外人商賈及女子幼兒는三々五々히成群作黨호야無碍入闕호되一不禁止호뿐더러恪勤恭敬호야如恐不及호는뎌日人들이丹楓을折取호야雙々携去호다더라

◎靑會演說 今日下午七点半에靑年會館에셔演說會를開호고牧師 文楯씨가布哇敎會의興旺이란問題로演說호다더라

◎正誤 再昨日雜報欄內에康洪과氏가內部에長書호事에鎭壓之壓字는擬字로正誤홈

廣告

本所에셔鑛山과陳荒地를測量製圖와陳荒開墾에對호야政府에셔頒布된條例에依호計劃書式을製作호야請願人의便利케호되手數料는廉케酬應호오니該事에有意 僉君子는來議홈

皇城中署東谷二十八統一戶
鑛山土地測量製圖事務所 白

本人이機械精米所를設始호여一日에正租나玄米로白米貳百叺을造出호옵는뒤壹叺拾石이라도各々春精호오니春精호실 僉君子와粮米貿用호실 僉君子는來臨하시기爲要

東湖新設精米所主人 林炳讚 告
字德汝 白

本人東湖리浣浩許에推次當錢九萬○三百二拾五兩兩次四萬兩先上호於音一片셔失호엿스니誰某拾得호와도休紙施行홈

南署公洞 康興然 告白

前主事張昇煥의昇字는以鏞字로改定호고前參奉張景煥의景字는以鐘字로改定則知舊間照亮홈

張鏞煥 張鐘煥 告白

昌原港午山居裴寶汝氏와城湖居洪達根氏가勢甚不贍에穀不過新舊相繼而其慈善之心은與他卓越호야每多救急에入會稍頃호는氏라贊汝氏는再昨年乙巳分에買得與市牛盧호야作爲港內七里都中之物호야使其貰稅之錢으로以補民摸케호고昨年丙午春에七里殘戶之戶布을自願替納호고又於今年春에一面拾六洞戶布을役數當納호얏고達根氏는去甲辰七月水災에沿濱三百餘戶가盡入滄桑하야家屋之漂頹와人命之엄死가慘不忍見인뒤排給錢穀호야以濟濱命호고又於昨年秋에港內七里戶布을亦自當納호얏스니夫吝財惜穀은人誰不知리오마는此兩氏之恤窮濟貧과施德揚譽은前古罕有요近世所無라其繼繼施忘之義을鬪裂無地호야或堅碑頌德호며亦廣布新聞호오나美哉善哉라裴洪兩氏에萬口讚祝이紹々亭福일시遠近同胞는咸須照亮乎인저

昌原港城山頭人 李裕洵
李性道 李圭哲 裴成福
彭錫才 金禎權 李裕定
金麟權
中城里頭人 姜鳳柱 金正基
姜洪奎 孫振巨 李相召
李根浩 裴成漬等 告白

太藥房

에셔藥을精製酬應호오며婦人小兒에診察도精明이호오며年久難治症의는服藥식혀差度가有호후에야代金을領受호깃습고또얼골이옥갓치희여지는약이잇스니急速來問호시옵

南署大平坊曲橋第十二統三戶
海一局 告白

本校에셔敎師를新聘호야五夜學을復設호오니願學人은陰十月初五日내로入學홈

課程
漢문 日語 算術
니外地誌歷史 物理
生理 經濟 法律

藥峴聖堂니藥明학校 告白

速成夜學生募集 廣告

願今현뒤事務煩劇者는欲學時文이나晝則無暇호고學界勸業者는雖欲補習이나敎無合處홈을共歎홀지라玆設速成夜學而授以適科호오니乘暇志學홈와現學重習者는速臨請議호옵

一 開學期限 十一月七日
二 學科는日語科 算術科
　代數科 幾何科 三角科
　隨意選科
三 各科卒業滿壹個年

尙洞靑年學院內
正則ML夜學校長兼講師 柳一宣
講師 安一英 洪秉璇

本局에셔十年을硏究호야(麝香消瘡丹)이란藥을發明호얏는데男女勿論호고무舍瘡疾이던지(一劑十四箇)를每日一箇式服用호면効驗이百發百中되는고로每日搭至호와買去호오니瘡疾잇는僉位는오리고성마시고速々히來臨호야問議호심을希望홈

定價金 上品一劑金三圓 下品一劑金貳圓五角
本舖 仁川港杻峴和平局
發賣所仝 龍洞濟生堂
京城鐘路 慈惠藥房
仝 共愛堂藥房

雖外邦이라도郵便으로부치는슈가잇쇼

右文舘

本舘에셔活版器械四座와各樣活字一百萬個와外他諸具를一新准備호야各種書籍과名啣을印刷營業호는바器械가敏活호고工手도嫺熟하야工費가廉歇호오며各學校에셔委託홈은特別廉略호오니印刷物에有意호신僉君子는陸續來議호사오

校洞右文舘 告白
大同月報社附設

政治原論

安國善 編述
定價金 六十錢
郵料 四錢

人類는政治的動物이라政治思想은人類가國家를搆成호要素니國民된者ㅣ政治를不知홈이可乎아況今政治를刷新호는時代에더욱政治를硏究홈必要가有호고하校敎科書로用호기適宜호니僉君子는斯速購覽호심을爲要

發賣元 京城鐘路大廣橋通小廣橋大路東邊二層洋屋 彰信社內及各書舘에在홈

本人이昰奈뗙峴準氏宅失馬事에對하야今陰二月皇城新聞에廣告호고後考次醫署에告訴러니今聞盜馬호姜學瑞姜德瑞가逗留于兩湖等地云호오니內外國人은切勿見欺買得홈

大邱南門外馬夫黃同伊 告白

漢城西署松橋(新作路)第四十三統一戶
辯護士 玉東奎
辯護士 許 憲
合同法律事務所

▲新刊書籍發售廣告▼

書名	正價金
東國史略	壹圓五拾錢
普通敎科東國歷史	壹圓拾錢
新訂東國歷史	壹圓
歷史輯略	貳圓
大東紀年	貳圓
大東歷史	壹圓五拾錢
東國名將傳	四拾五錢
東國輿地勝覽	洋裝拾貳圓 而製拾圓
大韓疆域考	壹圓
大韓新地誌	壹圓
大韓地誌附地圖	壹圓
初等地理敎科書	七拾錢
新撰地文學	四拾錢
萬國地理	壹圓拾錢
士民必知國文	上製八拾錢 並製七拾錢
初學地誌	上製六拾錢 並製五拾錢
萬國史記	七圓
中等萬國史	七拾錢
精撰萬國史	六拾錢
東西洋歷史	壹圓五拾錢
五偉人小歷史	拾錢
世界一覽	二拾錢
世界年契	七拾五錢
公法會通	壹圓五拾錢
萬國公法要略	五拾錢
刑法大全	六拾錢
改正刑法草案	四拾錢
法學通論	壹圓
議會通用規則	拾五錢
現行法規類纂	三圓九拾錢
外交通義	壹圓貳拾錢
商業大要	六拾錢
國家學	五拾錢
牧民心書	壹圓廿五錢
家庭敎育學	三拾錢
生理衛生學附圖	四拾錢
中等生理學	九拾錢
新撰小博物學	五拾錢
新編博物學	七拾錢
新撰小物理學	五拾錢
動物學國文	壹圓廿五錢
農政新編	五拾錢
蠶桑輯要國文	拾七錢五里
栽桑全書附葡萄栽培及釀酒法	四拾七錢
新訂算術	六拾錢
算術新書	八拾錢
精撰算學解式 並	七拾錢
美國獨立史	四拾錢
法蘭西新史	四拾錢
埃及近世史	四拾五圓
波蘭末年戰史	四拾錢
普法戰記	四拾錢
羅馬史附意大利史	四拾錢
越南亡國史	貳拾五錢
俄國略史	拾錢
交際新禮	拾五錢
國文西禮須知	貳拾錢
增修無冤錄大全 漢文	四拾錢
大東文粹	六拾錢
尺牘完編	壹圓五拾錢
準備時代	拾三錢
進明叢論	三拾五錢
註解西廂記	壹圓
新小說鬼聲	三拾錢
新小說血淚	貳拾전
近世羅蘭夫人傳 女傑	四錢
政治小說瑞士建國誌	拾五錢
初等小學	壹圓五拾錢
幼年必讀	八拾錢
幼年必讀釋義	壹圓三拾錢
高等小學讀本	五拾錢
蒙千字	五拾錢
中等修身敎科書	六拾錢
溫故知新堂叢鈔	七錢五厘
父師必讀小學指南	七錢五厘
世界全圖	卅七錢五厘
大韓輿地圖	冷七錢五厘
五洲各國統屬全圖	七錢五里
最新京城全圖	二拾錢
最新韓國全圖	二拾錢
最新韓國地圖	拾九錢
分道詳密韓國新地圖	斤拾錢
韓國新地圖	四拾錢
漢文萬國地圖	四拾錢
漢文地球全圖	四拾錢
萬國指掌全圖	貳圓五拾錢
韓語大成獨習	壹圓五拾錢
英語獨本	壹圓四拾錢
日韓通話	貳錢五里
日語獨習	五拾錢
韓日會話辭典	五拾錢
獨修日韓會話	一圓五拾錢
速成普通日本語典	三拾錢
二十世紀朝鮮論	五拾錢
比律賓戰史	三拾五錢
比斯麥傳	四拾전
中等萬國地誌	拾五錢
師範敎育學	壹圓貳拾錢
高等小學修身書	五拾錢
礦物界敎科書	廿五錢
會社法	貳拾錢
國文算學新編	九拾錢
貨幣論	四拾錢
普通經濟學	壹圓貳拾錢
商業汎論	八拾五錢
中等地文學	壹圓拾錢
大韓地理	五拾錢
漢文大韓地誌	七拾錢
飲氷室文集	五拾錢
中東戰記本末	四圓四拾錢
西政叢書	四圓
中外政治彙編	拾圓
時事新論	五圓五拾錢
美國名君言行錄	壹圓
泰西新史	壹圓
萬國通鑑	貳圓五拾錢
	三圓

▲發售書林

中署鐘路 大東書市 金基鉉
中署(?)朝橋 中央書舘 朱翰榮
南署大廣橋 東書舘 高裕相

◉國債報償義捐金收入廣告

◉國債報償義捐金

前號每日中本社收入總額

第一五六九號義州水鎭面 松川里 四십四圜

第一五七〇號義州城內數人 拾七圜五전

計六拾一圜〇五전

十一月二日收入總額 六十一圜〇五錢

自設始至九月收入總額 五萬五千八百三十三圜 七十三錢二厘

拾月收入總額 一千〇六十八圜六十八전五里

總合五萬六千九百六十三圜 四拾六전七厘

李枝英 張仁樹 金成謂 金呂化 鄭俊學 黃海燁 孫鳳珍 金二坤 각廿전 尹學成 崔서弼 許鳳鎬 각十錢

合四十四圜

◉義州城內數人

劉如大 五圜 韓京凡 二圜 李松鶴 同婦人金氏 劉元貞 趙昌燁 鄭永世 崔成山 각一圜 文延京 七十전 張鉴正 同婦人趙基福 劉仁宗 각六十五전 金穀淳 六拾전 姜必燦 五拾전 崔說奉 三十전

合十七圜〇五전

總合 六千壹圜〇五전

前號總合五萬六千九百〇二圜 四拾一전七厘

都總合五萬六千九百六十三圜 四十六錢七厘

◉義州水鎭面松川동

李容基 張석梓 趙京玉 洪得賢 朴致俊 각二圜 車健模 洪鍾存 金致洙 趙寶英 장典梓 李尙基 黃尙浩 張仁楷 孫석모 金德仁 김發京 廿一圜 車承運 七十전 張義鎬 최德雨 박仁錫 李龍典 智永俊 智永석 金酒權 金成麟 李承文 崔文化 金呂贊 李學賢 姜得連 趙尙根 鄭奉謇 李枝善 崔錫呂 김河一 張仁涉 김麗福 張義賢 金正鎬 金㵐光 張俊敎 金弘植 金戊九 金富二 金發錫 朴宗云 金成鎭 任龍麟 각五十전 김孝福 金賢福 黃成又 孫率祥 崔應龍 孫季祚 李稀鎭 김學淵 崔永燁 李松連 李得成 각세錢 孫學元 朴基日 張尙燦 金洛淵 李昌모 安文達 李稀連 金元祥

◎特別廣告◎

國債報償金再昨日所捧은姑未合計이고伊前日々지所捧總合五萬六千九百〇二圜四拾一錢은電氣會社內銀行에貯置ᄒᆞ얏今고其貯置額中三萬二千三百圓은國債報償志願金總合所로移交흠

廣告

本校에서中學預備科를設ᄒᆞ고敎授ᄒᆞ온바學員을加募ᄒᆞ오니願入學員은十月十五日內로來校面請흠을務望

科目 歷史 地誌 算術 法學通論 經濟 圖畵 體操

養士洞私立東興學校 廣告

本人의再從姪銊容이本是年少浮浪之類로無事遊京三四則이라가陰四月分에適値本人上京ᄒᆞ야浮費錢六十圓을懸鬪故로ᄒᆞ야人이不得已八月晦日出次六十圓魚音을書給이러니銊容이此魚音을가지고十字를千字로改書ᄒᆞ야六千圓으로假造ᄒᆞ야京中의得償ᄒᆞᆫ다ᄒᆞ오니無論京鄕內外國人은見欺치勿ᄒᆞ시고本人의圖章도改造ᄒᆞ고新圖章施行之意茲以廣告흠

炭洞居李銓璣 告白

大東寄宿館 [illegible] 廣告

[illegible]

[illegible] 廣告

西藥發賣人 濟衆院 [illegible]

[illegible]

○民事訴訟代理와刑事辯護及鑑定顧問과諸文案起草諸般事務를迅速處理흠

漢城南署小公洞第拾六統五戶

辯護士 前判事 前檢事 金正穆

事務員 前博士 鄭雨興

本館에서新舊書籍을大發售ᄒᆞ오니有志僉員은急々購覽흠

元山港 春城書

[illegible]

新刊書籍發售廣告

增修無冤錄大全 鄭炳文 定價金 [illegible]

大韓法規類纂 洋裝 [illegible]

三圜五拾錢 郵稅四拾錢

初等倫理學敎科書 二拾錢

初等衛生學敎科書 拾五錢

國家學綱領 拾五錢

國民須知 八錢

獨習日語正則 洋裝鄭雲復著 壹圜二拾五錢

發賣所 皇城布屛下 金相萬書館

◉定價金 新貨十五錢

此冊은政治小說이니志士의救國救民ᄒᆞᆫ思想과人民의愛國[illegible]

◉是書完成ᄒᆞᆫ而[illegible]要ᄒᆞᆫ冊子오

發賣所

▲大韓每日申報社

▲仁川港 槿峴 開新冊肆

▲中署布屛門下 金相萬冊肆

▲平壤城內烈女洞 敎育書籍館

▲鍾路 古今書海館

▲洞口越便 中央書館

▲鍾路 大東書市

▲大廣橋 匯東書館

▲俞동 博文書館

▲開城 姜助邸冊肆

新小說 愛國婦人傳

◉一冊定價金 拾五錢

新鮮ᄒᆞᆫ國文으로本社印刊ᄒᆞᆫ바右冊은純國文으로世界에有名ᄒᆞᆫ法國婦人若安氏의愛國事蹟을譯出ᄒᆞ얏ᄉᆞ오니無論男女ᄒᆞ고愛國性이有ᄒᆞ신同胞ᄂᆞᆫ맛당이보실書冊이오니陸續購覽ᄒᆞ심을望흠

發賣所

▲皇城布屛下 金相萬書舖

▲南門內 博文書館

▲仁川 大韓每日申報支社

▲各地方 有名書店

[illegible]徒洋裝書冊

學徒運動과諸具

羅紗各種

美國金鷄蠟

衣服衣鞋其他雜貨를廉價放賣ᄒᆞ오니諸君子ᄂᆞᆫ來臨ᄒᆞ심을바라나이다

仁川港杏峴開新冊肆

本人이日本大阪商業家와特約ᄒᆞ고日本內地産出各種物品과西洋各國物品及機械等物을現今[illegible]

[illegible]

韓南亡國史 國漢文

定價貳拾伍錢

發賣所京城[illegible]橋鎮南浦[illegible]川郡[illegible]時夏書舖

[illegible]告白

◉本社廣告

○中報價

一張代金 新貨二錢五厘

一個月前納 三十錢

三個月 九十錢

六個月 一圜七十錢

一個年 三圜四十錢

郵稅一張 新貨五厘

一個月 十三錢

發行兼編輯人英國人 裵說

發行所 南署石井洞號外[illegible]三層洋屋家 大韓每日申報社

光武十一年八月十一日 明治三十八年八月十一日第三種郵便物認可　水曜日　隆熙元年十一月六日

大韓每日申報

第六百五十五號

月曜及慶節翌日休刊

檀君開國四千二百四十年
箕子元年三千二十九年
大韓開國五百十六年
日本明治四十年
淸國光緖三十三年
陰曆丁未十月小初一日己未

論說

○東洋移民 (續)

東洋人을排斥ᄒᆞᄂᆞᆫ意見이濠太利洲에셔도亦발ᄒᆞᆫ지라濠洲에셔ᄂᆞᆫ苛法을以ᄒᆞ야切迫ᄒᆞᆫ定限外에ᄂᆞᆫ日人受容을拒絶ᄒᆞ나日人이不得居生ᄒᆞ며入ᄒᆞ도亦不能이요分明ᄒᆞᆫ離限을定ᄒᆞ가前에ᄂᆞᆫ不得接足ᄒᆞᆫ同地에ᄂᆞᆫ爵其地方은與日締約ᄒᆞᆫ里不啻라特其同盟을締結ᄒᆞᆫ吉利帝國의一部分이며且今英領골넘비아에셔도與此同一ᄒᆞᆫ意見이亦有ᄒᆞ도다多數英國國民이桑港事에關係ᄒᆞᆫ美國政府의態度를評論ᄒᆞ엿거니와倫敦스탠다드新聞은此問題와大量을見ᄒᆞᆫ지라同報가去六月廿三日에記述ᄒᆞ엿스되簡短ᄒᆞ고具體ᄒᆞᆫ言辭로此問題를解釋ᄒᆞ엿더라 英國民族과日本人과互相[illegible]를維持ᄒᆞᄂᆞᆫ形態로ᄂᆞᆫ太平洋界로彼此間에永存ᄒᆞ야勞働ᄒᆞᄂᆞᆫ人口를不得相雜ᄒᆞ고목整理ᄒᆞ기에其能ᄒᆞᆯ며尙其同時에眞實友誼와自由交際를實行ᄒᆞ야其能耶며諸般事情이美國으로ᄒᆞ야곰此問題의一部分을硏究케ᄒᆞ니[illegible]吾人으로ᄒᆞ야[illegible]拚[illegible]히對面케ᄒᆞ엿스니合衆國이今與母國으로此問題를同究ᄒᆞᄂᆞᆫ도다

其問題가兩個容貌을特ᄒᆞ얏스니其一은人種的이오其他ᄂᆞᆫ經濟的이라何如國民이던지本分을怠忽히ᄒᆞᆯ權限을運用ᄒᆞᆷ에至ᄒᆞ기가不能이오本分은禮雅가是也니合衆國이東洋人을排斥ᄒᆞᆯ時에彼等은必不以下劣ᄒᆞᆫ關係ᄒᆞ거사오但彼與我가如彼大異ᄒᆞ야彼等의受容ᄒᆞᄂᆞᆫ거시將有危害ᄒᆞᆯ가[illegible]ᄒᆞ야足矣로다吾人이日人의게其必言及ᄒᆞᆯ거시有ᄒᆞ니維何오吾人의公等의文明을稱讚ᄒᆞ며公等의家族宏大品性을稱ᄒᆞ되但同化及調和[illegible]ᄂᆞᆫ問題로吾人이更冒키不能이며多數外人을接來코不[illegible]ᄒᆞᄂᆞᆫ日本來人을受容ᄒᆞᄂᆞᆫ것과且吾人의自己之血을多大히變滅ᄒᆞᆫ거ᄉᆞᆫ吾人이其必拒絶이요但我國에尋訪ᄒᆞᄂᆞᆫ善務를ᄒᆞᄂᆞᆫ日人만以寬容待之ᄒᆞ야歡迎ᄒᆞᆯ것이라ᄒᆞ나是出이니此ᄂᆞᆫ我權限을維持ᄒᆞ며[illegible]分을完行ᄒᆞ기에但[illegible]ᄒᆞᆯ뿐이로다 (完)

官報

●三千九百十五號 隆熙元年十一月五日

敍任及辭令

日本國有栖川宮威仁親王
特敍大勳[illegible]章
日本國陸軍大將侯爵桂太郎

日本國海軍大將伯爵 東鄕平八郎
特敍大勳位賜金尺大綬章
日本國樞密院顧問官公爵 巖倉具定
日本國宮內次官子爵 花房義質
特敍大勳賜李花大綬章
日本國陸軍軍醫總監醫學博士 佐藤進
日本國東宮武官長陸軍中將男爵 村木雅美
日本國第一艦隊司令長官海軍中將 有馬新一
特敍勳一等賜太極章
日本國宮內省侍醫局主事 相磯[illegible]
日本國東宮武官陸軍工兵大佐 田內三吉
日本國東宮武官海軍大佐 黑水公三郎
日本國宮內省內藏寮主事 坂本俊建
日本國宮內省侍醫 伊勢錠五郎
特敍勳一等賜太極章
日本國東宮侍從子爵 大迫貞武
日本國東宮武官海軍中佐 秋澤方馬
日本國陸軍中佐 飯田久恒
特敍勳三等賜太極章
日本國陸軍步兵大佐 大井菊太郎
日本國海軍大佐 井手鏻六
仝 小栗鐵次郎
仝 山下源太郎
仝 有馬良橘
仝 野間口兼雄
仝 [illegible]屋[illegible]道
仝 藤本秀四郎
特敍勳三等賜八卦章
日本國東宮侍從陸軍步兵少佐子爵 有馬純文
日本國式部官 高辻宜麿
日本國陸軍步兵少佐 長谷川猪三郎
日本國軍艦艦長海軍少佐 犬塚太郎
特敍勳三等賜八卦章
日本國東宮[illegible] 松根常次郎

特敍勳五等賜八卦章
日本國東宮屬 鈴木直光
仝 春日純爾
仝 後藤武三郎
仝 米津小次郎
日本國東宮內舍人 齋藤義法
仝 押鐘富之助
仝 田邊[illegible]一
日本國侍從屬 松井定克
日本國內藏寮 津田濟[illegible]
日本國藥劑師 齋藤[illegible]
日本國海軍屬 盛田義治
日本國有栖川宮家從 淺田忠[illegible]
仝 池田輝之
特敍勳六等賜八卦章
日本國東宮侍從 原恒太郎
日本國東宮主事 錦小路在明
特敍勳四等賜太極章
日本國有栖川宮家令 岡田平太郎
特敍勳五等賜太極章
日本國馭者 根村市利
仝 橋本馬之助
仝 田代精一郎
特敍勳七等賜太極章
農商工部技手 崔泰鏞
免本官
裕陵參奉 徐丙斗
裕陵忠義 黃惠永
任裕陵參奉 沈宜林
任裕陵忠義 鄭[illegible]憲
命臨時皇室御進用及御護衛事務整理委員長 太醫院卿 尹[illegible]榮
承寧府侍從長 趙民熙
內部法制局長 俞星濬
命臨時皇室御進用及衛護事務整理委員
醴泉郡守 金炳驥
懷德郡守 [illegible]鳳根
永春郡守 鄭[illegible]謨
陰城郡守 下[illegible]秀
永興郡守 李鼎煥
龍宮郡守 金[illegible]燮
韓山郡守 金基潤
[illegible]川郡守 下相[illegible]
珍島郡守 李秉化
高原郡守 [illegible] 昇敍
平壤郡守 金[illegible]潤
殷山郡守 張[illegible]根
機張郡守 李[illegible]佐
依願免本官 度支部稅務官 梁柱謙
仝 鄭[illegible]
仝 吳寅秀
依願免本官 度支部書記郎 方必榮
正三品 [illegible]性鎭
九品 黃炳郁
任度支部稅務官

外報

●山崩埋市 俄國다시견도에서發ᄒᆞᆫ電報를據ᄒᆞᆫ則俄國가라다가市에在ᄒᆞᆫ長山이崩壞ᄒᆞ야全市가土壤에埋沒되야市民에埋死者가一萬五千名에達ᄒᆞ얏ᄂᆞᆫ대其原因은火山이爆發됨이라더라

●淸國軍隊增設 北京電을據ᄒᆞᆫ즉南滿洲에淸國軍隊ᄂᆞᆫ于今三個師團이러니將次二個師團을增設ᄒᆞᆫ다ᄂᆞᆫ대兵舍建築地ᄂᆞᆫ奉天鐵嶺新民屯遼東等地라더라

●軍用輕氣球 伯林電을據ᄒᆞᆫ則獨逸國軍用輕氣球ᄂᆞᆫ八時間을運航ᄒᆞᆫ後에未曾有ᄒᆞᆫ好成績을受ᄒᆞ엿다더라

●加奈陀의日人入籍數 紐育電을據ᄒᆞᆫ즉日本人이加奈陀에入籍ᄒᆞ야參政權이有ᄒᆞᆫ者를調査ᄒᆞᆫ거슬據ᄒᆞᆫ則一千九百二年以來로七百九十二名이라더라

●土耳其大震 紐育電을據ᄒᆞᆫ則土耳其斯坦보가라州가慘澹ᄒᆞᆫ地震이有ᄒᆞ야其狀況이悽慘ᄒᆞ다ᄂᆞᆫ最近電報를據ᄒᆞᆫ즉其損害ᄂᆞᆫ預想ᄒᆞ기難ᄒᆞ나家屋의崩潰ᄒᆞᆫ것이近一萬九千戶요人畜의死傷이甚多ᄒᆞᆫ模樣이더라

寄書

●新舊학利害의辨論 (續) 廣川 吳尙俊

第一 舊학問敎授의弊害

舊학問者ᄂᆞᆫ학而達理ᄒᆞ고而廢智識者也라固不可尋常而例言者也어ᄂᆞᆯ遺聞固巷私塾에셔所謂학問이란程度가糟粕을難免ᄒᆞᆯ뿐不是라反히無用에屬ᄒᆞ얏스니何者오其自兒童時代로工課階梯에登進ᄒᆞ민始曰白首文이니曰天地玄黃이라爲其학究者ㅣ但敎之를曰天曰地曰玄曰黃而已오莫講其何天何地何玄何黃之實義ᄒᆞ야及其一編之誦讀也則鄕之爽令而已니故兒讀童이雖是離婁師曠之聰明이라도必不解其義ᄒᆞ고徒習於口頭라가若過一月則渾然忘置ᄒᆞ니可謂虛說이오次曰聯句니白酒紅人面이오黃金黑士心이라其학究者ㅣ敎其文義曰酒本白也나飮之則令人和氣로發生故로可紅人面이오金本黃也나價貴重實故로亦黑士心이라ᄒᆞ나니此ᄂᆞᆫ反不若白首文之不講文義也而使心志初발之兒童으로直導飮酒貪財之捷徑ᄒᆞ니可謂害也며曰五言小詩니馬上逢寒食이라爲其학究者ㅣ論其文義曰此ᄂᆞᆫ作客之人이在途途中之寒食ᄒᆞ야思鄕而作之라ᄒᆞ니思鄕之客에爲詩汗漫이於兒童敎育에有何相關이며曰七言唐詩니廬山폭포라噫彼幼年학徒가尙不辨生長鄕里之何山何水이거날猝然敎之를以千里萬里外之廬山폭포ᄂᆞᆫ何也오天下之폭포가但在廬山而已設아可謂捨近取遠者也며 (未完)

雜報

●학校運動 官立漢城高等학校에서ᄂᆞᆫ宋士[illegible]에觀[illegible]院에서運動을設行ᄒᆞᆫ다더라

雜報

●移御先期 大皇帝陛下께옵서陰十月二十日內로昌德宮에移御ᄒᆞ옵신다ᄂᆞᆫ說이有ᄒᆞ더라

●各大奏達 再昨日下午二時에各部大臣이內閣에會同ᄒᆞ야皇太子殿下께셔 太廟와文廟에展謁ᄒᆞ실事를議決ᄒᆞ고同四時에德壽宮에齊進ᄒᆞ야太皇帝께 陛見ᄒᆞ고該事件을奏達ᄒᆞ얏다더라

●兩大訪問 法部大臣趙重應氏가再昨日下午四時에 太皇帝께陛見退闕後同八時量에伊藤統監을訪問ᄒᆞ고軍部大臣李秉武氏ᄂᆞᆫ同五時에長谷川大將을訪問ᄒᆞ엿다더라

●官制送交 度支部所屬官制와海關及工事部와灯臺局與印刷局官制를總稅務司丞濱氏가校正하야日昨에統監府로送交ᄒᆞ얏다더라

●局長轉任說 漢城裁判所首班判事李始榮씨가主殿院禮務局長으로轉任ᄒᆞᆫ다ᄂᆞᆫ說이有ᄒᆞ더라

●宋疏槩意 侍從官宋鍾國氏의上疏ᄒᆞᆫ槪意를得聞ᄒᆞᆫ즉皇太子殿下께서冊封ᄒᆞ신後에依例謁廟謁聖을ᄒᆞ실터인ᄃᆡ학校에先爲遊覽ᄒᆞ신事가於禮에有欠이라ᄒᆞ얏다더라

●兪氏三疏 兪吉濬氏가再昨日에三疏를奉呈ᄒᆞ얏다더라

●整理移屬 各宮事務整理所ᄂᆞᆫ革罷ᄒᆞ고經理院으로移屬ᄒᆞ여日間頒布가된다더라

●總巡擇用 現今地方總巡窠闕이九人인ᄃᆡ二名은日本明治大학校警務科卒業生某々氏로日間敍任ᄒᆞ고七人은將次可堪人으로擇差ᄒᆞᆫ다더라

●懇請勿辭 法官養成所教官劉文煥씨가再次請願ᄒᆞᆫ事ᄂᆞᆫ昨報에揭載ᄒᆞ얏거니와該氏가辭職ᄒᆞᄂᆞᆫ것시該所一般학員이落莫이라ᄒᆞ야該학員等이再昨日에劉敎官의私邸에齊進ᄒᆞ야辭職치말나고懇請ᄒᆞ얏더라

●又設園遊 來十曜日에학部에서該部一般官吏와去番各학校聯合大運動會任員諸氏를會同하야彰義門外石巴亭에園遊會를設ᄒᆞᆫ다더라

●砥守辭職 砥平郡守閔達鏞씨가內部에辭職請願ᄒᆞ얏더라

●往叅合獄 昨日成均館에셔司業合獄에학部大臣리載崑氏가往叅ᄒᆞ얏더라

●학徒紀念 日本皇太子께셔各학校에都合八千元을頒給ᄒᆞ얏ᄂᆞᆫ대학部에서協議ᄒᆞ되該金額을銀行所에任置ᄒᆞ야利子를每ᄒᆞ推用케ᄒᆞ고且紀念章을製造ᄒᆞ야각학徒가佩用케ᄒᆞᆫ다더라

●紳士促費 度支部에서各部에通牒ᄒᆞ고紳士會에經費入用이時急ᄒᆞ나即速收合超交ᄒᆞ야窘絀ᄒᆞᆫ弊가無케ᄒᆞ라ᄒᆞ얏다더라

●請免鏡守 鏡城郡守리冀鎬氏ᄂᆞᆫ納賂聽訟ᄒᆞ고각面所任을納賂差出ᄒᆞᆫ事로該道觀察使가法部에報告하고即爲奏免ᄒᆞ라ᄒᆞ얏다더라

●金氏還鄕 前叅領金仁洙氏가向者에明동近地에來留ᄒᆞᆫ다ᄂᆞᆫ說은前報에已揭어니와該氏ᄂᆞᆫ別無他運動이오但其家産을放賣ᄒᆞ야行裝을收拾ᄒᆞ고不久에還鄕ᄒᆞᆫ다더라

●農會株式 農業會長宋秉畯氏가國內陳荒地開拓에着手하기爲ᄒᆞ야一進會員中出席ᄒᆞᆫ人員의게股金을募集ᄒᆞᄂᆞᆫ대社長은每月五十圓이오本會長은每月十圓이오親任官은每月二拾圓이오勅任官은每月五圓이오奏任官은每月二圓이오判任官은每月一圓이오一般會員은每月五拾젼以上으로定ᄒᆞ얏ᄂᆞᆫᄃᆡ現任官은敍任ᄒᆞᆫ月노부터爲始ᄒᆞᆫ다더라

●落訟痛哭 義州郡居張千麗氏가同郡居崔某와田土相訟事로再昨日에平理院에對質裁判ᄒᆞᄂᆞᆫ대張氏가理直落訟ᄒᆞ얏던지鍾路上에셔放聲大哭曰田土見奪은雖不冤抑이나不公平ᄒᆞᆫ裁判官이國祿만偷食ᄒᆞ고訟理를不知하니國事에寒心을可歎이라ᄒᆞ고痛哭不絕ᄒᆞᄂᆞᆫᄃᆡ其情況은目不忍見이라더라

●再次質問 國民新報社발行人李寅섭氏被囚事件에對ᄒᆞ야再昨日一進會에셔法部와漢城裁判所에總代二人式派送ᄒᆞ야法官의枉法ᄒᆞᆷ을質問ᄒᆞ얏다더라

●兄囚弟死 洪泰潤氏가警視廳에被囚ᄒᆞᆫ지가多日인대其弟가數日前에警視廳에來到ᄒᆞ야伯氏를訪見ᄒᆞ고出去ᄒᆞ다가東大門曲城에셔墮下自斃ᄒᆞ얏ᄂᆞᆫ대其理由ᄂᆞᆫ未知ᄒᆞ깃다더라

●報請叅會 公立木浦普通학校落成式을來십四日에設行ᄒᆞᆯ터이니학部大臣李載崑씨ᄂᆞᆫ下臨叅觀ᄒᆞ라고該校長李懋定씨가학部로報告ᄒᆞ얏더라

●社還延期 平安南北咸鏡南北京畿諸道外에度支部에서訓令ᄒᆞ되當此擾攘ᄒᆞ야民情을不可不念이니各郡社還米ᄂᆞᆫ待其明年度ᄒᆞ야收捧ᄒᆞ라ᄒᆞ얏다더라

●稅主請褒 漢城稅務官金敎聲氏가度支部에報告하되有勞酬賞은自是徵典이온ᄃᆡ滿限陞級은專有定則이라本署區域內稅政이次第奏效인바就中勞勳尤著ᄒᆞ고試選滿限된稅務主事許錄·辨芝秀·鄭泓林·金鎭桓·成周慶을依俸給令ᄒᆞ야特爲陞給ᄒᆞ야以示褒典ᄒᆞ며以勸來績케ᄒᆞ라ᄒᆞ얏더라

●兩郡義擾 文化殷栗兩郡에義徒가去益猖獗ᄒᆞᆫ다고該道觀察이內部에報告ᄒᆞ얏다더라

●鎖兵聽徒 瑞興郡兵器ᄂᆞᆫ守備隊에셔燒燼ᄒᆞ고義徒五名을砲殺ᄒᆞ얏다더라

●呂郡義擾 呂州郡義徒가益々猖獗ᄒᆞᆫ다고京畿觀察使가內部에報告ᄒᆞ얏다더라

●日憲出駐 天安郡에ᄂᆞᆫ日憲兵八十名이現今駐在中이라더라

●義徒被捉 龍仁郡義兵將鄭喆和揮下에在ᄒᆞ얏든李鳳來爲名人을警務北署에被捉ᄒᆞ얏다더라

●黃家賊警 再昨夜에小安洞黃召史家에賊漢이突入ᄒᆞ야家産汁物을沒數搜去ᄒᆞ얏다더라

●日兵向東 日本步兵幾十名과巡查巡檢等과輜重兵幾名이軍糧輸送馬五十餘匹을領率하고再昨日上午八時頃에東門外로出往ᄒᆞ얏다더라

●修校其覆 城津港에公立普通학校를日本人이入札建築ᄒᆞ얏ᄂᆞᆫ대去土曜日에猛風이忽起ᄒᆞ야該학校가因即顚覆이되얏다더라

●兩囚處判 平理院에서法部로質稟ᄒᆞ되被告全性煥과羅應完에對ᄒᆞᆫ內亂事件을檢事公訴에由ᄒᆞ야審理ᄒᆞᆫ즉被告全性煥은陰曆本年七月頃에楊根地에下往하야日兵을排斥코ᄌᆞᄒᆞ야亂을作ᄒᆞᄂᆞᆫ所謂義兵將曹仁煥徒黨에投附ᄒᆞ야각持凶器ᄒᆞ고侵討村閭ᄒᆞ며奪取銃砲라가旋即上京ᄒᆞ야前協判嚴柱益家에往ᄒᆞ야稱以義兵軍糧費ᄒᆞ고錢拾萬兩을討索未遂ᄒᆞ얏스며被告羅應完은全性煥을隨ᄒᆞ야楊根地에下往이다가義兵將曹仁煥의게被[illegible]ᄒᆞ야強意隨行ᄒᆞᆫ지首尾今二十餘日에與全性煥으로脫身逃走ᄒᆞ야乘船上京하야留宿於西小門內客主家라가被捉ᄒᆞᆫ事實은被告의陳供及警廳取調에證ᄒᆞ야明白ᄒᆞᆫ지라被告全性煥은流十年에宣告處辦ᄒᆞ고羅應完은流七年에處辦宣告ᄒᆞ얏다고ᄒᆞ얏다더라

▲地方形▼

▲長湍郡義兵은金秀敏部下九百餘名과박宗煥部下五百餘名과각處에一二百名式의合爲二千餘名假量이라ᄂᆞᆫᄃᆡ麻田積城間에在ᄒᆞᆫ許위의指揮를服從ᄒᆞᆫ다ᄒᆞ고각隊으로來往ᄒᆞ야作弊를嚴禁ᄒᆞ며民間에[illegible]ᄒᆞᆫ다ᄒᆞ며日兵은八九名或一二十名式作隊ᄒᆞ야偵探ᄒᆞᆫ다ᄒᆞ고

▲原州忠州間에日兵이或三四名或四五名式巡行偵探ᄒᆞᆫ다ᄒᆞ고原州니더리에셔ᄂᆞᆫ民家四五戶을日兵이衝火ᄒᆞ엿다ᄒᆞ고

▲楊根邑內民家數百戶ᄂᆞᆫ日兵이沒數燒却ᄒᆞ엿ᄂᆞᆫᄃᆡ郡衙만餘存ᄒᆞ다ᄒᆞ고

▲砥平龍門洞에耶蘇敎人家拾四戶와平民家六戶를日兵이燒却ᄒᆞ엿고

▲驪州堂隅里耶蘇敎人家八戶와平民家三四戶를日兵이燒却ᄒᆞ엿고

▲原州義兵數爻가七八千名假量인ᄃᆡ或四五十名或七八十名이閭里에散行ᄒᆞ되鐵水附近자지連絡ᄒᆞ얏다ᄒᆞ고

▲四日발水原電을據ᄒᆞᆫ즉韓巡日檢五名이呂州梨浦方面에偵探次出往ᄒᆞ얏ᄂᆞᆫ대[illegible]塲에義兵二百餘名이包圍攻擊ᄒᆞ미衆寡不敵ᄒᆞ야巡查及巡檢四名이戰死ᄒᆞ얏다ᄒᆞ고

▲楊根郡郵便取扱所ᄂᆞᆫ復舊가되얏더니更히義兵이出沒ᄒᆞ야危險ᄒᆞ다ᄒᆞ고

▲安岳郡에ᄂᆞᆫ義兵一團이蜂起ᄒᆞ야道內에橫行ᄒᆞᆫ다ᄒᆞ고

▲橫城郡附近에ᄂᆞᆫ義兵約數千名이冬營을準備中이라ᄒᆞ고

▲孟山郡에ᄂᆞᆫ義兵約大百餘名이忽地蜂起ᄒᆞ야自邑二里地에셔日人一名을捉去ᄒᆞ엿다ᄒᆞ고

▲德川郡郵便取扱所ᄅᆞᆯ義兵八百餘名이襲擊ᄒᆞ미該所員等이郵便物을收拾ᄒᆞ다가被害ᄒᆞᆫ者가有ᄒᆞ며官民等은价川으로避難ᄒᆞ얏다ᄒᆞ고

▲順川郡에ᄂᆞᆫ德川郡을襲擊ᄒᆞ든義兵一部은該郡月浦에侵入ᄒᆞ얏ᄂᆞᆫᄃᆡ銃器를携帶하얏다ᄒᆞ고

▲興海郡와ᄂᆞᆫ義兵이襲擊ᄒᆞ야郡衙를衝火ᄒᆞ엿다ᄒᆞ고

▲南海郡에ᄂᆞᆫ義兵이忽起하야勢甚猖獗ᄒᆞᆫ대郵便이不通이라ᄒᆞᆫ다ᄒᆞ고

▲咸陽郡에義兵이出沒ᄒᆞᆷ으로郵便取扱所ᄅᆞᆯ日兵이保護ᄒᆞᆫ다ᄒᆞ고

▲靈光郡에在ᄒᆞᆫ義兵二百名이一日은茂長邑을襲來ᄒᆞ고二日은靈光兩面에侵入ᄒᆞ야郡邑을襲擊ᄒᆞ얏다ᄒᆞ고

▲春川淸平川間에日本騎兵五名이去三日加平郡西北方面에서義兵約三十名을遭遇ᄒᆞ야三拾分間을交戰ᄒᆞ얏다더라

▲黃花白談▼

▲大韓이支那와日本間에處ᄒᆞ야其人類의性質을論ᄒᆞ면淳厚ᄒᆞᆫᄃᆡᄂᆞᆫ支那와如ᄒᆞ고明敏ᄒᆞᆫᄃᆡᄂᆞᆫ日本과如ᄒᆞ야實노東洋世界에優秀ᄒᆞᆫ人種이라但閉鎖已久ᄒᆞ고敎育이全廢ᄒᆞ야ᄃᆞ대여愚昧劣弱ᄒᆞᆫ地位에墜陷ᄒᆞ얏스니若其眼界가流通ᄒᆞ고敎育이發達되면卓犖優美ᄒᆞᆫ資格이되리로다

▲地方騷擾가發生ᄒᆞᆫ以後로大韓人民의塗炭도益甚ᄒᆞ거니와日本寓民의商業도大敗ᄒᆞ야凋殘ᄒᆞ얏다니이것사누구라오反面審之ᄒᆞ여보시오[illegible]를頒行ᄒᆞ야民情을違拂ᄒᆞᆫ多般政策이與國에무삼利益이有ᄒᆞ오

▲淸國南滿洲에軍隊가于今三箇師團이러니將次五箇師團으로增加ᄒᆞᆫ다ᄂᆞᆫᄃᆡ要害各處에兵舍를建築ᄒᆞ기로決定ᄒᆞᆫ다ᄒᆞ니支那政府에셔ᄂᆞᆫ睡夢을初醒ᄒᆞ야陰雨를徹備ᄒᆞ니亦一東洋의喜聞이로고

▲宮內大臣李允用氏私邸에來賓이雜踏ᄒᆞ야禮例에損害가不無ᄒᆞᆫ故로統監丸山巡從씨가該大臣의保護巡查에게申飭ᄒᆞ기를浮雜ᄒᆞᆫ人의投足ᄒᆞᄂᆞᆫ것슬一切痛禁ᄒᆞ라ᄒᆞ엿다니나ᄂᆞᆫ大臣이아니라ᄂᆞᆫ大臣宅에浮雜ᄒᆞᆫ賓客들은大臣宅으로알고雜踏ᄒᆞ엿던지

▲近日에도鄕谷富客들이郡守를納賂圖得ᄒᆞ라ᄂᆞᆫ者가不知其數ᄒᆞᆷ으로居間賣買ᄒᆞᄂᆞᆫ挾雜輩부터別般嚴懲ᄒᆞᆯ次로警視廳에셔派巡偵探ᄒᆞᆫ다니警察이嚴密ᄒᆞ미郡守賣買도못ᄒᆞ깃고

▲今番官制를改正하ᄂᆞᆫ時에ᄂᆞᆫ郡邑을合ᄒᆞ야一百五十窠로磨鍊ᄒᆞᆫ다ᄒᆞᆷ으로現闕郡守의奏本이延拖ᄒᆞᆫ다ᄒᆞ니郡守窠가半減ᄒᆞ기前에도獲薦이極難ᄒᆞ더니半減이된後에ᄂᆞᆫ郡守運動이難於上天이되깃고

◉社告

本社에셔軍隊解散時에負傷훈士卒救恤金에對ᄒᆞ야其間收合훈金額自第一號至五號ᄭᆞ지總合七千一圜三十전을十月四日에발起人諸씨의게交付ᄒᆞ얏ᄉᆞᆸ

本社支社를左開五郡에設置하얏사오니該附近地에셔本申報購覽ᄒᆞ실 僉彦은一切該支社로請求ᄒᆞ시고代金도該氏의게로送交ᄒᆞ심을務望홈

代金 漢文每朔並郵稅四拾三錢 國文仝 三拾八錢

左開

支社位置及氏名

長淵邑南門內 崔載淳
殷栗邑倉前里 金泰驥
殷錫漢
古阜邑許洞 姜允植
群山港東彰社 宋判殷
龍川楊市書堂 黃菊保

大韓每日申報社

雜報

●興英益旺 新湖居前參書高允默氏가興英학校를設立하야靑年子弟를熱心敎育하ᄂᆞᆫ데학員이日加月增ᄒᆞ미校舍가狹窄ᄒᆞ야該氏가財政을自擔ᄒᆞ고校舍를一新建築ᄒᆞ니有志紳士들이多少間義捐ᄒᆞ고高씨의熱心과학員의文明進步를大加稱頌혼다더라

●開校漸開 開城郡에셔ᄂᆞᆫ有志紳士들이教育總會를設立ᄒᆞ고其前參賢廉〇數과各人의義捐金을附屬ᄒᆞ야各학校의經費를補用ᄒᆞᄂᆞᆫ故로該郡境內拾餘處학校經費가窘絀치아니ᄒᆞ고校況이興旺혼다더라

●芝山校況 价川郡芝山에셔芝山三秀학校를設立ᄒᆞ얏ᄂᆞᆫ대玄默燮支廳長玄滋根玄劉彰玄基業諸씨가苦心血誠으로專擔敎導ᄒᆞ야학員의前進홈을希望이有홀ᄲᅮᆫ더러동里의樵童牧豎ᄭᆞ지도夜則赴학ᄒᆞ야運動體操와技藝이日益進就혼다더라

●女학校新設 西小門外蛤洞居ᄒᆞᄂᆞᆫ前參判安羲氏가敎育에熱心하야金額數千圜을自擔出捐ᄒᆞ야女학校를刱設ᄒᆞᄂᆞᆫ데校名을新明義塾이라ᄒᆞ고학徒ᄂᆞᆫ八歲以上十六歲以下女子로募集ᄒᆞ며事務所ᄂᆞᆫ自己家舍로姑爲設置ᄒᆞ엿ᄂᆞᆫ데有志紳士들이另力贊成ᄒᆞ기를希望혼다더라

●熱心義捐 慈善婦人會所議長閔貞子氏ᄂᆞᆫ外國에遊학ᄒᆞ야文明空氣를吸取혼氏인대慈善目的에熱心ᄒᆞ야金貨二拾圜을同會에寄附ᄒᆞ고漸次就緖ᄒᆞ기를極力企圖혼다더라

●萊營勤학 東萊府參書官崔惠氏가莅任以後로敎育에熱心ᄒᆞ더니本府左耳面龜浦所在龜明학校ᄂᆞᆫ設立혼後로經用이窘絀ᄒᆞ고학科가未就러니同氏가捐廩補費와時時勸勉으로校樣이興旺ᄒᆞ고學徒가進就혼다더라

●頑固沮校 협谷郡居前郡守崔勤柱氏가宦路에無意ᄒᆞ고教育에熱心ᄒᆞ야自巳田庄을典執ᄒᆞ야鶴林학校를設立ᄒᆞ고該郡有志人士와協議ᄒᆞ야如干捐金을隨入募集ᄒᆞ야校費를支用ᄒᆞᄂᆞᆫ대舊학問敎師ᄂᆞᆫ南乘燮氏로新학問敎師ᄂᆞᆫ南百祐氏로학務委員은李元基李台炯金昇斗氏로選定ᄒᆞ고諸般校務를合心做去ᄒᆞ야학徒가一百五十餘名에達ᄒᆞ얏ᄂᆞᆫ데遐鄕人民이尙有頑固之習ᄒᆞ야該校事務를沮毁ᄒᆞᄂᆞᆫ者가或有혼故로該事由를학部에報明ᄒᆞ얏다더라

●新校就緖 坡津郡新民학校의設立혼情況은前已揭報어니와其內容을更聞혼즉該郡紳士李義協鄭회協金武學金文振全在穆鄭晉似鄭鳳周金基鎬李鳳敎박완형李承櫃氏等四十餘人이各其十六圜式捐出ᄒᆞ고三里학契錢과從ᄒᆞ야校舍를新建ᄒᆞ고聰俊을聚集ᄒᆞ야敎育을勉力ᄒᆞ야期圖進就혼다더라

●國債報償志願金總合所廣告

●光州郡斗坊東孫一鎭
鄭文鉉 四拾전
▲奇禮坊台峯 文致介
文用錫 文鴻錫 沈道允
각廿전
▲公須坊面上村
洞中 六圓六십五錢
趙正喜 梁德順 각一圓
▲不動방瑞南里 金永斗五圓
子翊洙 三圓 德洙 二圓
▲奇禮坊北外 崔成官 二圓
趙洪三 十圓 子萬善 五圓
孫昌俊 三圓 碩俊 二圓
▲瓦谷面
김衡洙 金在洙 각廿전
▲斗坊面 金在煥 子判介
朴恒順 각拾전
▲證心寺 僧亨喆 一圓
▲斗坊面 朴二峯 拾전
李連心 四十전 朴斗完
박成順 六전 朴采玄 十전
▲奇禮坊普道 盧正學 一圓
▲大谷 韓斗錫 韓洪錫
韓生錫 韓基錫 韓鳳錫
각廿전
▲力下洞 曹永承 四十전
曹吉承 二十전
▲斗坊 李在俊 劉京信
金京千 김京老 鄭光信
각二十전
▲馬池面 陳京烈 一圓
▲當夫面心谷 張治權 五圓
合三百七拾六圓六十四전
光州郡守 洪蘭裕 百圓
▲當府面心谷
金永必 金順之 李時中
安濟弘 李子中 李元之
安致局 각二拾전
▲當府面心谷 李萬鎭
金文殷 각二拾전
文德三 拾錢 安爲洙 二圓
盧明深 拾전 梁京春 廿전
김致白 拾전 李會春
柳良鎭 安秉哲 각廿錢

朴貝洙 安九用 각十전
李寡婦 廿전 鄭萬仲
李會稷 각六拾전
李仲化 二十전
▲公須坊市場
金應七 子一峰 각一圓
▲當夫面雲裡洞
동中 八圓五十전
咎丙先 朴在煥 각一圓
金寡婦 尹寡 각廿전
▲斗坊角化村
洞中 大圓五十六錢
▲不動坊社稷村李應逸家學徒
訓長趙鍾憲 六十錢
하童李銀京 朴應煥
朴圭海 崔福洙 각一圓
崔福鎭 五拾전 池東烈
三拾錢 池判岩 吳奉학
최吉九 劉在先 崔辰元
최興岩 張仁榮 崔江植
鄭一洛 각廿전
▲碧桃村 최京五 十圓
▲西外 崔興宗 四拾전三次
弟永玉 廿錢
母親孔氏 四拾錢
▲奇禮방北外 朴宗선 二圓
子漢永 一圓
▲城내 韓贊順 一圓
▲北外陋巷村
洞中 拾三圓二拾전
崔亨三 李仲伯 各一圓
▲不動방新基村
문治玄 六十錢 子鳳贊
鳳柱 각廿전 趙明允
弟明洙 各五十전 최玉泳
廿전 弟老泳 瀨泳 各拾전
池興西 廿전 子昇用 拾전
최相權 廿전 최在洪
弟在彥 각십전 文德順
四拾錢 崔成水 十전
子鳳吉 六錢 金洪允
四十전 崔宣甫 李成七
各十전 池漢中 三拾錢
未完

●本社廣告

○申報價

一張代金	新貨二錢五厘
一個月前納	三十錢
三個月	九十錢
六個月	一圓七十錢
一個年	三圓四十錢
郵稅一張	新貨五厘
一個月	十三錢

發行兼編輯人英國人 裵說

發行所 [illegible]洋屋家

大韓每日申報社

第五卷 大韓每日申報 第六百五十六號

月曜及變節 議時日休刊

檀君開國四千二百四十年
箕子紀元三千二十九年
大韓開國五百十六年
日本明治四十年
淸國光緒三十三年
陰曆丁未十月小初二日庚申

論說

○海參威에叛亂

海參威北部에서叛亂이起ᄒᆞᆷ은痛恨을不勝ᄒᆞᄂᆞᆫ바어니와其擾亂이甚히重大ᄒᆞ야水雷破壞艦一隻이破滅되엿고多數人命이損失되엿스니俄國과友睦을有ᄒᆞᆫ一般人士가此를聞ᄒᆞ매憂愁가確深ᄒᆞᆷ은俄國이叛亂黨과虛無黨의坑塹에留在ᄒᆞᆷ을因ᄒᆞᆷ이로다

此叛亂을關係ᄒᆞᆫ最近來報를據ᄒᆞᆫ건ᄃᆡ其起擾에原因이如此ᄒᆞ니女학徒殺人이去月二十九日中夜에水雷艦스코리号에潛乘ᄒᆞ야艦內海軍을鼓勵하야同艦에將官을縛囚ᄒᆞ고與其艦艇으로日本에逃避ᄒᆞ기를試圖케하엿더니何如라가衆姑未遂ᄒᆞ고謀策이已至綻露라將官을捕縛ᄒᆞ던海軍들이紅旗를擧ᄒᆞ고砲擊와武官總督의官舍를向ᄒᆞ야射擊을발ᄒᆞ엿스나港內에在ᄒᆞᆫ砲艦과及陸地砲臺에서即時로射擊ᄒᆞ야應발ᄒᆞ미水雷艦스코리號의機關이中丸被傷ᄒᆞ야潛伏ᄒᆞᆫ境에至ᄒᆞ고ᄂᆞᆫ叛亂黨이海岸으로航走ᄒᆞ엿도다

其報導로ᄒᆞ건대스코리號에在ᄒᆞᆫ船員들은激鬪之際에殺傷을被ᄒᆞ얏스며且蘇斯에在ᄒᆞ던軍卒ᄂᆞᆫ叛亂을亦起ᄒᆞ야砲臺를襲擊ᄒᆞ야其結果가四十人의被殺과六十人의被傷을加ᄒᆞ얏스나其砲臺ᄂᆞᆫ掠奪됨을免ᄒᆞ엿고對岸의通信이絕斷되야其餘詳細之報ᄂᆞᆫ採得키不能이로다

如彼縱擾ᄒᆞᄂᆞᆫ超擾와且其自然ᄒᆞᆫ鎭壓之行動의嚴重ᄒᆞᆷ은甚히悲慘ᄒᆞᆫ바어니와俄國이叛亂과暗殺의行動을革除ᄒᆞ기에不能ᄒᆞᆷ은今日異常之機에其一이나以此로自國氣力이懦弱ᄒᆞᆯ뿐不啻라撥限內發達이亦多被害ᄒᆞ나니俄國이若無內地困難이런덜過去戰役의結果도逈異ᄒᆞ얏스리로다

此事態와經驗이何如人士의게던지嚴義를必表ᄒᆞ엿스려니와盜八民이憲法政府와眞實行政와成立을要請ᄒᆞ나니此非太過之請이요雖或太過라ᄒᆞ더라도此乃俄國의國合을向ᄒᆞᆷ이로나

官報

◉宮廷錄事

號外 隆熙元年十一月四日

宮內府達五十一號

隆熙十月初一日에
皇太子殿下게옵셔
太廟와
文廟에展謁ᄒᆞ옵시ᄂᆞᆫ
旨를奉承ᄒᆞ온바
出御時刻과御道路ᄂᆞᆫ如左ᄒᆞᆷ이라 下午一時에惇德殿에서出御ᄒᆞ샤平成門前路 用康門 大漢門 布德門前路 新橋 黃土峴 鐘路 鐵橋 敎化門前路를經ᄒᆞ샤 御橋로 太廟前門를從ᄒᆞ샤齋室에入御ᄒᆞ샤同二時에行禮ᄒᆞ옵시고同時三十分에動輿ᄒᆞ사御橋로梨峴屛門 黃橋 弘化門前路 박石峴 館基橋을從ᄒᆞ샤
文廟齋室에入御ᄒᆞ샤同三時三十分에行禮ᄒᆞ옵시고同四時三십分에動輿ᄒᆞ샤館基橋 박石峴 弘化門前路 黃橋 梨峴屛門 敎化門前路 鐵橋 鐘路 黃土峴 新橋 布德門前路 大漢門 用康門 平成門前路를從ᄒᆞ샤同五時十分에還御ᄒᆞ십이라

宮內府大臣勳一等李允用

宮內府特進官金春熙辭職疏
批旨省疏具悉往聖何必實引卿其勿辭行公

宮內府特進官張博辭職疏
批旨省疏具悉不必控辭卿其勿辭行公

●三千九百十六號

隆熙元年十一月六日

敍任及辭令

任臨時軍用及鐵道用地調査局書記郎 三井發光

完興君大勳李載冕
完順君入勳李載完

特陞敍大勳賜瑞星大綬章 海豊府院君勳一等尹澤榮
特陞敍大勳賜李花大綬章 太醫院都提調勳一等尹德榮
特陞敍勳一等賜八卦章 承寧府侍從長勳二等趙民熙
特陞敍勳一等賜八卦章 內閣書記官長勳三等韓昌洙
特陞敍勳二等賜太極章 漢城府尹張憲植
弼祝副監具然壽
度支部印刷局長金榮漢
特敍勳三等賜八卦章 表勳院技師勳五等金商植
仝 辛純默
仝 吳재泳
特陞敍勳四等賜太極章 正三品趙相聞
表勳院技手勳七等馬駿經
仝 朴容淵
仝 安昌善
特陞敍勳六等賜八卦章 表勳院主事金寧圭
仝 林최洙
表勳院技手沈弘求
特敍勳七等賜八卦章 日本國正七位銀行頭取男爵 高橋是淸
特敍勳一等賜太極章 日本國貴族院議員子爵 堀田正春
仝 松平直亮
特敍勳一等賜八卦章 日本國侍從武官公爵 鷹司熙通
日本國陸軍步兵中佐 齋藤季治郎
特敍勳三等賜太極章 度支部印刷局技師 宇津盛
特敍勳五等賜太極章 忠淸北道觀察道主事 南廷의
慶尙南道觀察道主事 洪源奭

依願免本官 金城郡主事 高昇煥
免本官 公立兎山普通학校敎員 崔秉善
官立仁川日語학校副敎官 徐丙協
依願免本官 公立慈山普通학校副敎員 李錫均
盈浦仝 孫九王
金海仝 朴廷秀
免本官 公立江陵普通학校敎員 鄭海觀
盈德仝 李周憲
免本官 白亨道
任公立兎山普通학校副敎員 俞漢永
前副敎員 羅承權
任公立會寧普通학校副敎員 李錫勛
任城津仝 李相昊
任仝 城津府尹 李元榮
兼任公立城津普通학校長 九品許坤
任陸軍武官학校敎官 九品李豊用
任承寧府書記郎 正校金鼎煥
任陸軍武官학校書記郎 侍從院卿閔丙奭
陸正一品 輔國
陸從一品 昌山君李海昌
陸正二品 從二品沈相璜
陸嘉義 秘書監丞李恒九
陸從二品 正三品孫秉鉉
仝 宋昌셔
仝 宮內府卿李謙
仝 內閣法制局長俞星濬
仝 軍部軍務局長趙性根
陸正三品 法部書記官金晦秀
仝 六品尹滋兢
仝 尹榮洙
仝 洪思弼
仝 侍從院侍從趙杜
仝 度支部書記官成夏國
陸崇祿 侍從院奉侍金珠
未完

外報

◉韓國境條約調印 伯林電을據ᄒᆞᆫ則諸威國의境界中立條約을德俄間에서調印ᄒᆞ더라 부리지ᄂᆞ스市에서同國과英佛

◉秘密條約의言明 伯林電을據ᄒᆞᆫ則俄國政府에서ᄂᆞᆫ新聞의攻擊에對ᄒᆞ야石油輸入과其他經濟問題에關ᄒᆞ야日本과秘密條約ᄒᆞᆫ거이無ᄒᆞ다言明ᄒᆞ얏다더라

◉德國委員의勳章 伯林電을據ᄒᆞᆫ즉海牙平和會議에서德國委員二名은黑鷲勳章을授ᄒᆞ엿다더라

◉議會不信 伯林電을據ᄒᆞᆫ즉俄國에서議會를成立ᄒᆞᆫ後에ᄂᆞᆫ各國議會制度를確立ᄒᆞᆯ터이라ᄒᆞ나歐洲諸國에서不信ᄒᆞᆫ다더라

◉皇帝排斥根說 伯林電을據ᄒᆞᆫ則葡萄牙通信에目下同國皇帝를排斥ᄒᆞᄂᆞᆫ運動이頗盛ᄒᆞ다ᄂᆞᆫ報에對ᄒᆞ야同國政府에서ᄂᆞᆫ각國駐在公使의게言明ᄒᆞ되無根之說이라ᄒᆞ엿다더라

◉臨戰地域告示 海參威電을據ᄒᆞᆫ則同地要塞司令官이去三십一日에海參威를臨戰地域으로定ᄒᆞᆷ을告示ᄒᆞ얏다더라

寄書

◎新舊학利害의辨論 (續)

廣川吳尙俊

第一舊학問敎授의爲害

又曰古문眞寶에ᄂᆞᆫ淸夜吟에月到天心處라爲其학究者ㅣ敎其文意曰月이天中에到ᄒᆞ얏다하니月이東天으로步來ᄒᆞ야天中에到ᄒᆞ얏나地球가轉々ᄒᆞ야彼月에對照ᄒᆞ얏나眞理ᄂᆞᆫ不知ᄒᆞ고只以形式的으로兒童에慧資를蔽掩ᄒᆞ니豈非害也며又大學曰史略이며通鑑이니此ᄂᆞᆫ漢土那之歷史也라

我邦ᄂᆞᆫ已有四千餘載之歷史이거ᄂᆞᆯ奚況他邦之歷史也리오此ᄂᆞᆫ次第違常撰也며至若四書二經은其宗旨也ㅣ源於道德이라其時雖異나其道ᄂᆞᆫ同ᄒᆞ고且國家之美醜와人物之善惡을照垂ᄒᆞ야鑑戒於後世者也니雖百世而不變者也라宜極省察敎之方針이어ᄂᆞᆯ近來學者ᄂᆞᆫ但讀其書ᄒᆞ고不行其意ᄒᆞ니此非慨歎者耶아觀彼向案揣頭之冠者가其口誦則孔子孟子ᄒᆞ나其心則專用挾雜奔競之慾ᄒᆞ며觀彼掃囂高唾之儒者가其言則常稱堯舜湯武이나其行則一無仁義禮智之端ᄒᆞ니是ᄂᆞᆫ孟子所謂以辭害意者此也다 未完

雜報

●勤興節次　東宮殿下께옵셔昨日下午一時에勤興ᄒᆞᄉᆞ 太廟及 문廟에展謁ᄒᆞ시ᄂᆞᆫ대其儀仗節次가如左ᄒᆞ니

韓日兩國警察官吏가騎馬前導하며

修學院學徒ᄂᆞᆫ黃土峴等地에羅立祗迎하얏고

同殿下께서武官大禮服을服ᄒᆞ시고馬車를乘ᄒᆞ셧ᄂᆞᆫ대陪從武官長趙東潤氏가驂乘ᄒᆞ얏고總理大臣李完用法部大臣趙重應兩씨가馬車를同乘陪從하얏스며

同殿下께옵셔下午三時에成均館에展謁ᄒᆞ옵시고小學一大문을御讀ᄒᆞ옵셧다더라

●恩霈將降　刷新時代를當ᄒᆞ야導迎和氣ᄒᆞᆯ意로 大赦詔勅이將次頒布가된다ᄂᆞᆫ대動兵犯科ᄒᆞᆫ以外에ᄂᆞᆫ勿論罪之輕重하고一切蕩滌ᄒᆞᆫ다더라

●同意請求　大赦詔勅이將次頒布ᄒᆞᆯ터ᄒᆞᆷ은別項과如ᄒᆞ거니와內閣에서再昨日에統監府로同意를請하얏다ᄂᆞᆫ說이有ᄒᆞ더라

●紙筆頒賜　皇太子殿下께서昨日문廟에展謁ᄒᆞ신後에該館儒生을每人의게壯紙一卷과筆五柄式頒賜ᄒᆞ셧다더라

●分三奏本　現闕地方郡守가合爲七拾餘窠인ᄃᆡ三次에分排奏本ᄒᆞ기로決議ᄒᆞ고日間內部에셔二拾餘窠를修正ᄒᆞᆫ다더라

●觀察旅費　日本國각官廳觀察旅費不足額一千五百圓을度支撥ᄒᆞ라고內閣에서度支部로照會ᄒᆞ얏다더라

●仕也如矢　日本人錦織足喜代氏가內部事務官으로囑託ᄒᆞ얏ᄉᆞᆷ은已報ᄒᆞ얏거니와內部에서統監府로同意를請ᄒᆞ기前에該氏ᄂᆞᆫ仕進視務ᄒᆞᆫ다더라

●宋疏還退　侍從官宋鍾國氏가上疏ᄒᆞ얏다ᄂᆞᆫ說은昨報에揭載ᄒᆞ얏거니와該疏本이還退되얏다더라

●面試司業　再昨日成均館에셔司業을試取ᄒᆞᆫ事ᄂᆞᆫ已爲報道어니와居齋生四拾餘名이應試ᄒᆞᄂᆞᆫᄃᆡ或有挾雜之慮ᄒᆞ야巡檢을館門에把守ᄒᆞ야外人을不得通涉케하고至公面試ᄒᆞ야司業拾人을시取ᄒᆞ얏다더라

●請免崔氏　僉鶴柱氏가法部大臣趙重應氏를往見ᄒᆞ고漢城裁判所判事崔鎭氏를免官奏本ᄒᆞ라ᄒᆞ되法大趙重應氏가答ᄒᆞ되將次審査後措處ᄒᆞ겟다ᄒᆞ얏다더라

●餞送野津　軍部顧問野津氏가再昨日上午八時에京釜鐵道第一番列車를搭乘ᄒᆞ고歸國ᄒᆞ얏ᄂᆞᆫᄃᆡ軍部大臣李秉武前參政大臣朴齊純前軍部大臣權重顯三씨가南大門外停車場에前往ᄒᆞ야餞別ᄒᆞ얏다더라

●職籍促交　內閣에서昨日各部府院廳에通牒ᄒᆞ되一般官吏中勿論內外國人ᄒᆞ고奏任官以上姓名을不日內로昭詳錄交ᄒᆞ라ᄒᆞ얏다더라

●調查委員擇定　供進所를廢止하고經理院에合付ᄒᆞᆷ은已報어니와總理와度支大가協議ᄒᆞ고調查委員九名을擇定ᄒᆞ야一切更查ᄒᆞᆫ다더라

●期還設宴　財政監查長官目賀田시가來九日에歸國ᄒᆞᆷ을預定인ᄃᆡ昨日下午二時에自己私邸에宴會를設ᄒᆞ고中樞院顧問과參政以下諸시와其他財政에關係가有ᄒᆞᆫ人을請邀款待하얏다더라

●參與觀兵　軍務局長李熙斗氏가日本國觀兵式에參與ᄒᆞ기爲ᄒᆞ야同僚四五人을同伴ᄒᆞ야再昨日에發程ᄒᆞ얏ᄂᆞᆫᄃᆡ往還期限은一箇月로定ᄒᆞ얏다더라

●三郡辭免　忠州郡守全在殷江東郡守金明濬氏가辭職請願ᄒᆞ얏고鎭岑郡守鄭谷永氏ᄂᆞᆫ再次請願ᄒᆞ얏다더라

●收租囑托　각道收租官을廢止ᄒᆞ얏ᄂᆞᆫᄃᆡ帝室調查局에서각道에調查委員二人式派送하되一人은度支部財務官으로囑托下送ᄒᆞᆫ다더라

●將止護兵　永宣君李埈鎔氏宮에日憲兵四十名이保護次로日間來留ᄒᆞᆫ다ᄂᆞᆫ故로李埈鎔氏가長谷川大將의게屢次交涉ᄒᆞ야保護를廢止ᄒᆞ라ᄒᆞ되長谷川氏가期於히保護를派送ᄒᆞᆫ다더라

●獸疫調查　農商工部에서會寧鏡城等地에獸疫을調查ᄒᆞ기爲ᄒᆞ야該部技師原道善之助氏를派送ᄒᆞ고所到地에另加保護ᄒᆞ라고발訓ᄒᆞ얏다더라

●韓日辯護　日人松永建次郎氏ᄂᆞᆫ本來技局分전取利로爲業ᄒᆞᄂᆞᆫ人인ᄃᆡ李時榮氏가技債三千圓을所報條가有ᄒᆞᆫ뎌지日間漢城裁判所에對質裁判ᄒᆞᆫ다ᄂᆞᆫᄃᆡ李時榮氏의辯護士ᄂᆞᆫ桂命燮李鍾發兩氏오松永建次郎氏의辯護士ᄂᆞᆫ永井道次郎氏라더라

●各其管轄　平南觀察使朴重陽씨가地方判任官은觀察使가專行ᄒᆞ게ᄒᆞ라고內部에稟請하얏더라

●日兵向南　再昨日日本步兵三十名과砲兵四拾名과工兵四拾名과巡查三人과巡檢四人이大砲二座을携帶ᄒᆞ고忠州等地로向往ᄒᆞ얏다더라

●官吏褒貶　總理大臣以下각府部院廳奏任官以上에行政處務勤慢을統監府에서褒貶ᄒᆞ기로決定하얏다더라

●甑守難堪　甑山郡守朴容奭氏가諸般行政上에未得堪任이라고該道觀察使가內部에報告ᄒᆞ얏다더라

●茂民願留　茂山郡民리東杓等이內部로電報ᄒᆞ되本郡守趙樂信이가橫被免官하야民失父母ᄒᆞ얏스니還任을伏望이라ᄒᆞ얏다더라

●同窓雅會　官立高等學校에셔來日曜日에同窓會를設行ᄒᆞᆫ다더라

●請加保護　楊根郡一進會員이該會本部에報告ᄒᆞ되義徒가益々猖獗ᄒᆞ야閔忠正公家田庄은義徒中외셔秋毫不犯ᄒᆞ고一々幹涉ᄒᆞ야秋收上送而其他京畓所收ᄂᆞᆫ擧皆執留하며一進會員은逢척害之云ᄒᆞ야困難이막甚ᄒᆞ니自本部로另加保護ᄒᆞ라ᄒᆞ얏더라

●楊民呼訴　宮內府에서楊州面牧里所在經理院所管前拜峯鐵田沓中拾石落을慶嬪宮位土로劃付ᄒᆞ얏던지京畿收租官이該府訓令을承ᄒᆞ야該田沓賭租를督納ᄒᆞᄂᆞᆫ지라該里居民等數百名이昨日經理院에呼訴ᄒᆞ되由是三百餘年來에有문券賣買之地오此非驛屯土라ᄒᆞ얏다더라

●宜懲濫刑　務安港裁判所檢事鄭寅韶氏가法部에報告하되本港警務分署總巡代辦權任梁麟植이가平民을濫刑勒招ᄒᆞᆫ事實이預審調書에昭著이온바該梁麟植의不法行爲를不可泯默ᄒᆞ와事實報告라ᄒᆞ얏ᄂᆞᆫᄃᆡ指令하되身爲警官하야侵虐無辜를認爲能事하면遐鄕殘民이何以居生고此等警吏ᄂᆞᆫ不可置之니揀當照律處辦ᄒᆞ야報來ᄒᆞ라ᄒᆞ얏다더라

●忠義所感　現今各地方에義兵이蜂起ᄒᆞ야京人田畓의秋收穀을軍粮ᄒᆞᆫ다稱托ᄒᆞ고無不執留ᄒᆞᄂᆞᆫᄃᆡ慶尙道豊基郡에閔忠正公庄土의秋收穀을打作ᄒᆞᆯ際에義徒가皆曰閔忠正宅의所關ᄒᆞᆫ一草一木一粒穀이라도豈可侵害乎아若其侵害를當ᄒᆞᆫ境遇이면該宅孤寡生活이何以支過乎아하고該宅秋收ᄂᆞᆫ無事히上來케ᄒᆞ얏다더라

●金郡警報　金川郡山外面西面兩面面長이日昨에義兵을募集次로面會ᄒᆞᆫ다ᄂᆞᆫ說을聞하고該郡分派所에서逮捕次로巡檢全東海을派遣ᄒᆞ얏스나未得逮捕하얏ᄂᆞᆫᄃᆡ該兩面長이鳥銃十二柄과該義兵十名을募集ᄒᆞ야平山殷寧等地에義兵과合勢ᄒᆞ얏ᄂᆞᆫᄃᆡ其數가六百餘名에達ᄒᆞ얏다더라

●光校擴張　平北龍川光化居李文一정鎭周정尙彬정濟原정濟乘諸氏ᄂᆞᆫ素是志士라時宜를廣務ᄒᆞ더니今秋븟터同郡光華학校외諸般設備를一府擴張하고教育方針을熱心講究ᄒᆞᆷ으로靑年학界가日益進步ᄒᆞᆫ다고遠近人士가莫不稱頌ᄒᆞᆫ다더라

▲地方情形▼

▲富平郡에義兵이忽地蜂起ᄒᆞ야形勢가漸々猖獗ᄒᆞᆫ貌樣이라ᄒᆞ고

▲瑞興郡에서義兵若干名과日兵이交戰ᄒᆞ얏ᄂᆞᆫᄃᆡ義兵의死傷이一名이라ᄒᆞ고

▲麟蹄分遣所를襲擊ᄒᆞᆫ義兵은民家二拾四戶와郡衙一部를燒却ᄒᆞ고附近村落에二日宿營ᄒᆞ다가三陟方面으로引揚ᄒᆞ얏다하고

▲廣州郡突馬面에義兵이襲來ᄒᆞᆫ다ᄂᆞᆫ報가有ᄒᆞ미水原守備隊에서兵丁三名巡查一名巡檢一名이巡行偵察ᄒᆞᄂᆞᆫ데義兵은利川으로通ᄒᆞᆫ街道에潛伏ᄒᆞ얏ᄂᆞᆫ데此를攻擊하얏다ᄒᆞ고

▲五日발大邱電을據ᄒᆞᆫ즉三日午前八시에義兵約八百名이新寧郡分派所를襲擊ᄒᆞ고同所巡檢私家를燒却ᄒᆞ고該所에收容ᄒᆞᆫ韓銃을奪取ᄒᆞ고義興方面으로向ᄒᆞ얏다ᄒᆞ고

▲五日발全州電을據ᄒᆞᆫ則五日午前三시半에義兵約百名이礪山郡分派所를襲擊ᄒᆞ얏ᄂᆞᆫ대巡查二名夫妻ᄂᆞᆫ江景浦로避難ᄒᆞ고巡查妻일名은行衛가不明ᄒᆞ다하고

▲去三十壹日呂州分署日警部가同郡西方五拾里地에서殊常ᄒᆞᆫ兒童壹名을捕捉ᄒᆞ미義魁致先의傳令이露出하얏ᄂᆞᆫ대傳令에曰今大將이京城侍衛隊兵士五百名及京兵五百餘名을率ᄒᆞ고呂邑에倭人을討滅코ᄌᆞᄒᆞ야楊花津으로大擧가이渡ᄒᆞᆯ터이니津船三십隻을北岸의萬壹違反者가有ᄒᆞ면軍法을依ᄒᆞ야梟首ᄒᆞᆯ이라ᄒᆞ다더라

東京電報

●間島境界交涉　五日發　去番北京政府의命을依ᄒᆞ야間島에來ᄒᆞᆫ徐督辦은同地의境界를解決ᄒᆞ기爲ᄒᆞ야實地調査를日本官憲에게交涉ᄒᆞᆫ다더라

▲秋後秋聲▼

▲英領晩香坡에서亞細亞人을排斥ᄒᆞ기로決議ᄒᆞ고加拿多政府에對ᄒᆞ야日加條約을廢棄ᄒᆞ기를準備ᄒᆞᆫ다ᄒᆞ고露國要塞司令官이去月三十一日에海蔘威를臨戰地域으로定ᄒᆞᄂᆞᆫ意를告示ᄒᆞ얏다ᄒᆞ니海外風雲이近又凝聚ᄒᆞ야不穩情態가暗藏其中이로다

▲여보近日七大臣中에功名이누가제一이며勢力은누가제一이오新條約五大臣中에參座ᄒᆞ고新協約七大臣中에도居首가되엿스니總理大臣李完用씨의功名이第一이오擁十萬之衆ᄒᆞ야宣言書를發出하고內外官職을任意擺佈ᄒᆞ야心服을任用ᄒᆞ니農商大臣宋秉畯씨의勢力이第一이지오

▲近日警務中署에서該署內買淫女를會同檢査ᄒᆞᆫ次로秘密히調査ᄒᆞᆫ다ᄒᆞ니賣淫女만調査ᄒᆞᆯ거시아니라政府大臣의賣國心腸을調査ᄒᆞ야汚穢ᄒᆞᆫ病源을洗滌ᄒᆞ면全國이蘇生이되지오

▲近日韓國에서工役ᄭᅡ지日人을使用ᄒᆞ더니城津港公立普通학校校舍를新建築ᄒᆞ고蓋瓦를畢ᄒᆞ얏ᄂᆞᆫ데昨夜大風에頹仆되얏다니日人으로使役ᄒᆞᆫ校舍가이갓치完全ᄒᆞ여요

▲向夜鍾路에서婦人이洋服을鮮明히着ᄒᆞ고短杖을手持ᄒᆞ고街道上에過去ᄒᆞ거ᄂᆞᆯ往傍人이掩口而笑ᄒᆞ얏다니近日에女子開明이男子보마勝勢코ᄌᆞᄒᆞ야開化杖ᄭᅡ지집고나셔니日後에ᄂᆞᆫ머리ᄭᅡ지작고나설걸

▲砥平郡守閔健植氏ᄂᆞᆫ赴任未幾에內部에旋卽辭免ᄒᆞ얏다니閔氏ᄂᆞᆫ該郡義擾를畏겁ᄒᆞ야그러ᄒᆞᆫ지砥平郡守를一借御ᄌᆞ리로아ᄂᆞᆫ것인지

▲玄承運氏가發氏에게沈惑ᄒᆞ야去還가簇ᄒᆞᆫ夫人을迫逐ᄒᆞ더니近日에玄氏가또一美人의게沈惑ᄒᆞ얏다가自己가驅逐을當ᄒᆞ얏다니天下에報復之理가朝夕至로고

天氣預報
▲拾一月七日　南風又北風晴

◉社告

本社에서 軍隊解散時에 負傷호 士卒救恤金에 對호야 其捐收合호 金額自第一號至五號々지 總合七十一圜三十錢을 十月四日에 발起人諸씨의게 交付호얏슴

本社支社를 左開五郡에 設置하얏사오니 該附近地에셔 本申報購覽호실 僉彥은 一切該支社로 請求호시고 代金도 該氏의게로 送交호심을 務望홈

代金 漢文 國文 全 並郵稅 四拾三錢 三拾八錢

左開

支社位置及氏名

長湍邑南門內 崔載洚
殷栗邑倉前里 金泰馨
古阜邑許洞 殷弼漢
姜允植
群山港京彰社 宋判殷
龍川楊市?堂 黃菊保

大韓每日申報社

雜報

○金氏抱恨　鹽商金斗源氏가 日前에 警視廳에 捉囚호얏다더니 該廳을 聞호즉 何事件에 對호야 金某을 招來호얏논가 問호즉 答에 年前에 博恭親王殿下띠옵셔 來韓宗親府訪에도 露領를 推尋次로 呼訴호려호 事가 有호즉 今番日本皇太子殿下來韓訪問에 綠廬가 有호가 豆如此執留라 호고 殿下가 還國호신 後에 卽放送이라 호더니 數拾餘日을 放出치 아니호즉 金某가 其間에 四五次 을 大野下人日警視事務所에가 셔 總監閣下에 有事仰達호니 卽 通報호라 호 則事務官三四人이 來호야 書曰不過今明間에 면出 이라 호더니 至于今無消息호 則金某가 大書曰無罪호 人民을 如是壓制하니 近來新法章程은 百姓을 無故이 捉囚호논 事가 有호야 호고 高聲大言으로 血을 吐호 時에 本國內閣內部에셔 傳語호달호야 金某을 卽地放送호라 호미 再昨日에 放出호얏다더니 氏가 火症으로 病이 危急호야 方在治療中인데 此事件이 已亥年六月十六日以後로 至于今九年에 日去結果홈은 非但韓日兩國에 習知라 抑天下列國이 所共傳聞者也니 其事情至冤極痛은 孰不識哉아 日本政府에셔 當然이 徵給홀 理由가 有分明호거놀 日本商民이 物貨을 裝載於韓人之船이라가 遭此名盜賊之變이라도 韓國政府에 對호야 督迫行用호든 前例가 甲午以後로 無數호 則金某가 作定호기를 先發之下에 엇지 埋骨호리오 事若不成이면 死不還鄕이라호더라

●洪校維持　洪原郡公立普興학校에논 設立時某?金이 總爲一千兩이미 經費不足호미니 何幸으로 本道觀察使韓爾圭氏가 宣諭次로 來到호야 학校을 擴張호랴고 下訓于本郡守與諸鄕紳호야 資本金五千圜을 新爲辦出호야 該校資本金이 前後合爲六千兩이미 將爲維持라고 該校教員邊弼洙씨가 학部에 報告하얏다더라

廣告

本人의 父親?必永氏가 以?郡守로 被害於義徒時 姓名章과 手?中公私文跡 並見失호얏스니 知舊間照亮홈 ?範 告白

영미국정부젼미독허 셔유발동긔급 정미긔계급부속품을일졀염가 방미하오

直輸入商
韓國代理店
仁川本町
中根商會
電話七參番

鐵路韓廳一房?在元處에 陰十一月二十五日推次當坪五百兩於音을셔 失호엿合기 廣告호오니 休紙施行홈 洽規洪元?告白

本人의 田畓이 在於水原郡淸好面盆山面 畓十一石九斗落과 田十五日耕文劵을 見失於鄕黨矣러니 去月分賊?에셔 失故로 廣告호오니 雖某拾得호와도 休紙施行홈 簡洞李丙?告白

本港芝山洞所在官地契一萬四千三百餘米突價?은 三萬八千餘兩契券을 今月二十六日夜에셔 失故知此廣告內外國人以此知之勿欺伏望 鎭南浦??宜 白

本人의 父親 簡簿使 金在?氏가 陰九月十六日巳時 別世호얏合기 茲에 訃告 知舊間照亮
長男章鉉
二男光鉉
三男商鉉
四男?鉉

本人이 機械精米所를 設始호여 一日量에 正租나 玄米로 白米貳百叺을 ?出호옵는데 壹叺拾石이라도 各々春精호오니 春精호실 僉君子와 粮米買用호실 僉君子는 來臨하시기 爲要
東湖新設精米所 主人 林炳? 字?汝 告白

速成夜學生募集 廣告

願今學務煩劇者와 欲學文이나 晝則無暇호고 學界勤業者와 雖欲補習이나 教無合處홈을 共歎호지라 玆設速成夜學而授以速科호오니 暇志學者와 現學業者는 速臨請議호옴

一 開學期限 十一月七日
二 學科는 日語科 算術科 代數科 幾何科 三角科 隨意選科
三 各科本業 滿壹個年

貞洞青年學院內
正則ML夜學校 長兼講師 柳一宣
講師 安一英 洪秉璇

本人東湖리 寬浩許에 推次當錢九萬〇三百二拾五兩 兩次四萬兩 先上홀 於音一片셔 失호엿스니 雖某拾得호와도 休紙施行홈 南署公洞 康興然 告白

漢城西署松橋(新作路) 第四十三統一戶
辯護士 王東奎
辯護士 許憲
合同法律事務所

政治原論

安國善 編述
定價金 六十錢 郵料 四錢

人類논 政治的動物이라 政治思想은 人類가 國家를 構成호 要素니 國民된 者 政治를 不知홈이 可乎아 況今政治를 刷新호는 時代에 在호야 政治를 研究홈이 必要가 有호고 학校教科書로 用호기 適當호니 僉君子는 斯速購覽호심을 爲要

發賣元 京城鐘路大廣橋小廣橋大路東邊二層洋屋 彰信社內及各書舖에 在홈

▲新刊書籍發售廣告▼ 正價金

東國史略 壹圜五拾錢
普通教科東國歷史 壹圜拾錢
新訂東國歷史 壹圜
歷史輯略 貳圜
大東紀年 貳圜
大東歷史 壹圜五拾錢
東國名將傳 四拾五錢
東國輿地勝覽 洋裝拾貳圜 並製拾圜
大韓疆域考 壹圜
大韓新地志 壹圜
大韓地誌附地圖 壹圜
初等地理教科書 七拾錢
新撰地文學 四拾錢
萬國地理 壹圜拾錢
士小必知國文 上製八拾錢 並製七拾錢
初學地誌 上製六拾錢 並製五拾錢
萬國史記 七圜
中等萬國史 七拾錢
精撰萬國史 六拾錢
東西洋歷史 壹圜五拾錢
五偉人小歷史 拾錢
世界一覽 二拾錢
世界年契 七拾五錢
公法會通 壹圜五拾錢
萬國公法要略 五拾錢
刑法大全 六拾錢
改正刑法草案 四拾錢
法學通論 壹圜
議會通用規則 拾五錢
現行法規類纂 三圜九拾錢

外交通義 壹圜貳拾錢
商業大要 六拾錢
國家學 五拾錢
牧民心書 壹圜廿五錢
家庭教育學 三拾錢
生理衛生學附圖 四拾錢
中等生理學 九拾錢
新撰小博物學 五拾錢
新編博物學 七拾錢
新撰小物理學 五拾錢
動物學國文 壹圜廿五錢
農政新編 五拾錢
蠶桑輯編國文 拾七錢五里
栽桑全書附蠶術栽培及蠶病消法 四拾五錢
新訂算術 六拾錢
算術新書 八拾錢
精撰算學解式並 七拾錢
美國獨立史 四拾錢
法蘭西新史 四拾錢
埃及近世史 四拾五錢
波蘭末年戰史 四拾錢
普法戰記 四拾錢
羅馬史附意大利史 四拾錢
越南亡國史 貳拾五錢
俄國略史 拾錢
交際新禮 拾五錢
國文西禮須知 貳拾錢
增修無冤錄大全 四拾錢
大東文粹 六拾錢
尺牘完編 壹圜五拾錢
準備時代 拾三錢
進明叢論 三拾五錢
註解西廂記 壹圜
新小說鬼聲 三拾錢
新小說血淚 貳拾전
近世女傑羅蘭夫人傳 四□錢
政治小說瑞士建國誌 拾五錢
初等小學 壹圜五拾錢
幼年必讀 八拾錢
幼年必讀釋義 壹圜三拾錢
高等小學讀本 五拾錢
歷史千字 五拾錢
中等修身教科書 六拾錢
溫故知新叢鈔 七錢五厘
父師必讀小學指南 七錢五厘
世界全圖 廿七錢五厘

大韓輿地圖 拾七錢五厘
五洲各國統屬全圖 七錢五里
最新東京城全圖 二拾錢
最新韓國全圖 二拾錢
最新韓國地圖 拾五錢
分道詳密韓國新地圖 五拾錢
韓國新地圖 四拾錢
漢文萬國地圖 四拾錢
漢文地球全圖 四拾錢
萬國指掌全圖 貳圜五拾錢
韓語大成獨習 壹圜五拾錢
英語獨本 壹圜四拾錢 貳錢五里
日韓通話 五拾錢
日語獨習 五拾錢
韓日會話辭典 一圜五拾錢
獨修速成日韓會話 三拾錢
普通日本文典 五拾錢
二十世紀朝鮮論 三拾五錢
比律賓戰史 四拾전
比斯麥傳 拾五錢
中等萬國地誌 壹圜貳拾錢
師範教育學 五拾錢
高等小學修身書 廿五錢
礦物界教科書 貳拾錢
會社法 五拾錢
國文算學新編 四拾錢
貨幣論 壹圜貳拾錢
普通經濟學 八拾五錢
商業汎論 壹圜拾錢
中等地文學 五拾錢
大韓地理 七拾錢
漢文大韓地誌 五拾錢
飲氷室文集 四圜四拾錢
中東戰紀本末 四圜
西政叢書 拾圜
中外政治叢編 五圜五拾錢
時事新論 壹圜
美國名君言行錄 壹圜
泰西新史 貳圜五拾錢
萬國通鑑 三圜

▲發售書林
中署鍾路 大東書市 金基鉉
中署濟洞 中央書館 朱翰榮
南署大廣橋 東書館 高裕相

國債義捐金收入廣告

◉國債報償義捐金
十一月中本社收入總額
每日逐號明細錄

◉拾一月五日
第一百七十一號龍宮郡浦內洞
鄭氏門中 二拾圓
計二十圓

十一月五日까지收入總額
八十一圓○五錢
舊四月至九月[illegible]
五萬五千[illegible]
七十三圓二[illegible]
拾月收入總額
一千○六十八圓六十八전五里
都總合五萬六千九百八十三圓
四拾六전七厘

◉慶北龍宮郡浦內洞鄭氏門中
鄭箕壽 鄭源奎 鄭顯文
鄭合模 鄭源圭 각一圓
鄭源萬 七十二錢 정源夏
정源弼 정源世 각六十전
정源百 정源合 정仁必
정燦모 각五拾전 정源海
정弘모 정鉉寬 정仁徹
鄭德寬 정仁容 정源爽
정輝承 정源일 정漢모
정仁性 정鍾寬 정 浩
정源洸 각四十전 鄭正寬
鄭極모 鄭源斗 鄭範모
정一모 정守모 각卅六전
鄭世모 卅四전 정濬 성洪
정鍊寬 정鎬寬 각卅전
정輝哲 卅八전 정亨모
정인八 鄭輝鳳 정顯猷
각廿전 정奎萬 拾전
合二十圓

前號總合五萬六千九百六十
三圓四拾六전七厘
都總合五萬六千九百八十三圓
四十六錢七厘

◎特別廣告◎

國債報償金再昨日까지所集은姑未合計이고伊前日까지所集總合五萬六千九百○二圓四拾一錢은電氣會社內銀行에貯置ᄒ얏숩고其貯置額中三萬二千三百圓은國債報償志願金總合所로越交홈

廣告

○民事訴訟代理와刑事辯護及鑑定願間과諸文案起草諸般事務를[illegible]廣告
[illegible]公洞第拾六統五戶
辯護士 前判事 前檢事 金正穆
事務員 前博士 鄭雨興

本局에서十年을研究ᄒ야 (新香消瘡丹)이란藥을發明ᄒ얏ᄂᆞᆫ대男女勿論ᄒ고무슴瘡疾이던지(一劑十四個)를每日一個式服用ᄒ면効驗이百發百中되ᄂᆞᆫ고로每日將至ᄒ와買去ᄒ오니瘡疾잇ᄂᆞᆫ僉位ᄂᆞᆫ오ᄂᆞᆫ[illegible]마시고速々히來臨ᄒ야購買ᄒ심을希望홈

定價金 上品一劑金四圓 下品一劑金參圓五角
本舖 仁川港栍峴和平局
發賣所 仝 龍洞濟生堂
京城鐘路 慈惠藥房
仝 共愛堂藥房
雖外邦이라도郵便으로부치ᄂᆞᆫ슈가잇소

本藥房에서藥을精製ᄒ며婦人小兒에診察도精明ᄒ오며年久難治病외ᄂᆞᆫ服藥이라도差度가有ᄒ후에야代金을領受ᄒ깃숩고白玉粉은新發明ᄒᆞᆫ粉인ᄃᆡ얼골을옥갓치희게ᄒ오니來問ᄒ시오
南署大平坊曲橋第二統三戶
海一局 布告

西洋醫藥方書發賣廣告

西洋醫藥方은四等[illegible]勳五等池錫永氏序
翻譯 [illegible]洪錫厚氏
校正 [illegible]劉秉珌氏
發行 [illegible]朴慈惠
漢城鐘路慈惠藥房李[illegible]化
[illegible]隆熙元年十月日에第一版을發賣ᄒ오니
[illegible]

新藥解剖學과生理學과細菌學과診斷學과[illegible]病理學과藥物學과衛生學과[illegible]
[illegible]

京鄉이되고衛生家에[illegible]
[illegible]
各處[illegible]彦[illegible]五十錢小包郵稅十錢
[illegible]

◉北米國製[illegible]補益藥[illegible]
[illegible]
代理店 仁川[illegible]濟生堂李[illegible]
京城[illegible]李信[illegible]

本所에서山林과陳荒地를測量ᄒ야政府에서頒布된條例에依ᄒ야計劃書式을製作ᄒ야請願人의便利케ᄒ되手數料ᄂᆞᆫ[illegible]케[illegible]ᄒ오니此事에有意ᄒ신僉君子ᄂᆞᆫ來議홈
皇城中署東谷二十八統一戶
鏡山土地測量製圖事務所 白

新刊書籍發售廣告

增補文獻錄大全 國漢文 定價金 七拾五錢
大韓法規類纂洋裝 三圓五拾錢 郵稅四拾錢
初等倫理學敎科書 二拾錢
初等衛生學敎科書 拾五錢
國家學綱領 拾五錢
國民須知 八錢
獨習日語正則洋裝 鄭雲復著 定價二拾五錢
發賣所 皇城布屛下 金相萬書舖

[illegible]

此冊은政治小說이니志士의救國救民ᄒᆞᆫ[illegible]人民의愛國[illegible]成ᄒᄂᆞᆫ대緊要ᄒᆞᆫ冊子오
定價 新聞[illegible]五錢

發賣所
▲大韓每日申報社
▲仁川港栍峴 開新冊肆
▲中署布屛門下 金相萬冊肆
▲平壤城內鐘女洞 敎育書舖
▲鐘路 古今書海館
▲洞口越便 中央書館
▲大廣橋 大東書市
▲南營 匯東書館
▲開城 隆文書館
[illegible] 姜助遐冊肆

新小說 愛國婦人傳

◎一冊定價金 拾五錢
右冊은純國文으로世界에有名ᄒᆞᆫ法國婦人若安氏의愛國事蹟을譯出ᄒ얏ᄉ오니無論男女ᄒ고愛國性이有ᄒ신同胞ᄂᆞᆫ맛당이此冊을購覽ᄒ심을望홈

發賣所
▲皇城布屛下 金相萬書舖
▲南門內 博文書館
▲仁川 大韓每日申報支社
▲各地方 有名書店

學徒洋裝書冊
學徒運銃과諸具
羅紗各種
美國金鈕[illegible]
衣服鞋鞭其他雜貨도廉價放賣ᄒ오니諸君子ᄂᆞᆫ來臨ᄒ심을[illegible]
[illegible]이다
仁川港[illegible]

本人이日本大[illegible]
ᄒ고日本內地[illegible]
西洋各種物品[illegible]
大[illegible]人[illegible]
約ᄒ얏ᄉ오니商[illegible]
[illegible]君子ᄂᆞᆫ藥物[illegible]
저ᄒ시거든本社로來議ᄒ시[illegible]
本社에셔ᄂᆞᆫ手數料[illegible]
興業社本店
漢城南大門內興業[illegible]
支店京城南門內[illegible]十一[illegible]
大阪[illegible]

越南亡國史

定價貳拾伍錢
發賣所 京城[illegible] [illegible]川[illegible]舖
布屛下김相萬 [illegible]
[illegible]

◉本社廣告

○申報價
一張代金 新貨二錢五厘
一個月前納 三十錢
三個月 九十錢
六個月 一圓七十錢
一個年 三圓四十錢
郵稅一張 新貨五厘
一個月 十三錢

○廣告料
四号活字十三字를每行英尺一寸에新貨拾五錢
(每日每行六전에相當홈)
二週日에 二圓五十錢
(每日每行四錢五厘에相當홈)
一箇月에 五圓
(每日每行四錢一厘에相當홈)
其期限의長短과字行의多少를隨ᄒ야增減홈이有홈

◉大韓每日申報各處支社[illegible]
[illegible]布[illegible]門[illegible] 金相[illegible]
[illegible]上[illegible] 金[illegible]
[illegible] [illegible]
[illegible]
大阪市[illegible] 望[illegible]弘
[illegible]古[illegible] 劉[illegible]
鏡山[illegible] 文[illegible]
元山[illegible] 劉七[illegible]
海州南門內 朴昌鎭
定州[illegible]門[illegible]書舖 洪成[illegible]
[illegible]校[illegible] 許[illegible]
郭山興岩 李[illegible]
安[illegible] 康道[illegible]
[illegible]川[illegible] [illegible]
安州[illegible]義非洞 金[illegible]河
[illegible]邑[illegible] 趙[illegible]大
[illegible]邑 朴[illegible]吉
[illegible] 李[illegible]
[illegible]邑內 金[illegible]
[illegible]邑內 [illegible]
[illegible] [illegible]
[illegible]觀察[illegible]市 崔[illegible]
[illegible]邑[illegible]門內 李[illegible]秀
[illegible] [illegible]
[illegible] [illegible]
[illegible] [illegible]
[illegible] [illegible]
[illegible]人[illegible]人 [illegible]說
[illegible] 宋[illegible]
[illegible] [illegible]保

[illegible]家
大韓每日申報社

第五卷

大韓每日申報

第六百五十七號

月曆及氣節 歲時日曆

檀君開國四千二百四十年
箕子元年三千二十九年
大韓開國五百十六年
日本明治四十年
淸國光緖三十三年
陰曆丁未十月小初三日辛酉

論說

○美國內財政恐慌

自日本到來ᄒᆞᆫ最近電信을據ᄒᆞ건ᄃᆡ美國內에財政恐慌이漸至休息ᄒᆞ야人民의信用이遂히回復됨을可度이어니와余今係想ᄒᆞᆫ財政界에曾未有ᄒᆞᆫ此恐慌이極히重大ᄒᆞᆫ性質을成하야最固ᄒᆞᆫ資本家도一時停業에至ᄒᆞ엿스며信用이甚有ᄒᆞᆫ銀行所도閉門에至ᄒᆞᆫ지라二三日間情形으로言之면救濟之望이不能이러니政府金庫에셔二千五百萬圜金貨를鞏固ᄒᆞᆫ銀行에卽速貸給ᄒᆞᆫ거시財政潰裂의止息을始ᄒᆞ엿고其後에更卽繼續ᄒᆞ야모건氏ᄂᆞᆫ金貨二千五百萬圜을交換銀行所에任置ᄒᆞ고우다펠너氏ᄂᆞᆫ金貨一千萬圜을信託會社에任置ᄒᆞ엿스니此六千萬圜의救濟金額을速圖ᄒᆞᆫ거시人民의信用을幾乎快復ᄒᆞ야銀行拂金의奔走ᄒᆞᆫ狀況이幾乎止息되엿도다

何如ᄒᆞᆫ지此乃一般商會의恐怖之時요美國財政界에셔ᄂᆞᆫ此를多年記憶ᄒᆞ리로다以其原因으로ᄂᆞᆫ斷言치不能이나然이나或可信認ᄒᆞᆫ거ᄉᆞᆫ銅價의暴落이甚酷ᄒᆞ야此로從生ᄒᆞᆫ重大損失이他商會에影響을及ᄒᆞ매巨大ᄒᆞᆫ會社의二三處가失敗에至ᄒᆞᆫ지라以此로人民의恐慌之心을起ᄒᆞ야□□金의奔走ᄒᆞᆫ景況을致ᄒᆞ엿□□ 吾人이今其結果ᄂᆞᆫ旣知ᄒᆞ엿□□니와其事態가何樣由로從生ᄒᆞᆫ인지ᄂᆞᆫ美□報□의說明을著昧閑讀ᄒᆞ리로다

業務上信用을關係ᄒᆞᆫ大□倶亭스벨트氏의行動은不許ᄒᆞ□人士들은此恐慌에對ᄒᆞ야□□□를採出ᄒᆞᆫ거시但其自然을□□라如彼人士들이今此□□□□全ᄒᆞᆫ責任은大統領의□□□고明言ᄒᆞ며信用과組合의關係ᄒᆞᆫ大統領의前者演說이巨大合資와眞實及鞏固를依賴ᄒᆞᄂᆞᆫ人民의信托之心을破裂ᄒᆞ고不信不安之感을釀生ᄒᆞᆫ者노彼人士들이亦自儘度ᄒᆞᄂᆞᆫ도다

吾人은如右意見을自信ᄒᆞ□不能ᄒᆞ니何者오吾人所見에ᄂᆞᆫ大統領의行動이信托合資와會社를抗逆ᄒᆞᆷ은不多ᄒᆞ고如彼會社에在ᄒᆞᆫ社長及主務人의不信實ᄒᆞᆫ方法을抗逆ᄒᆞᆷ이多ᄒᆞᆫ緣由니同氏의强硬ᄒᆞᆫ발명은信托業務에明瞭及眞實ᄒᆞᆫ整理之策을採用ᄒᆞ라ᄒᆞᆷ이요且旣行ᄒᆞᆫ公直을虛荒ᄒᆞ다발ᄒᆞᆷ거ᄉᆞᆫ亦有□由ᄒᆞ니美國官府에近者審査ᄒᆞᆫ結果가□國組合主務人의腐敗之心을發證ᄒᆞ엿스며若其主務人이劣等地位에處ᄒᆞ엿스면其業務上行爲가足以使其人으로監獄에卽處ᄒᆞ엿슬거슬亦證ᄒᆞ엿도다

由是로本記者ᄂᆞᆫ今此財政上潰裂을合衆國大統領의게歸之키不能이요但可謂之ᄒᆞᆯ進ᄂᆞᆫ資本巨家에셔不韙ᄒᆞᆫ雜技로敗業失信이不無ᄒᆞ며人民의恐怖之心이起ᄒᆞ야銀行에據置ᄒᆞᆫ金額을奔走推去ᄒᆞᆷ이是也로다何如턴지如此恐慌이今旣事突인즉노稀罕ᄒᆞ노라

官報

●三千九百十六號 隆熙元年十一月六日

敍任及辭令

陞正二品 從二品吳元一
仝 申泰鉉
仝 李炳헌
陞□一品 正三品李冕□
仝 朴來錫
陞正三品 六品金萬柱
仝 金錫柱
仝 李升淳
仝 金斗寅
仝 리東旭
仝 리용昇
仝 吳敬稷
仝 문宗鎬
完

宮廷錄事

●三千九百十六號 隆熙元年十一月七日

宮內府達第四十八號

懿孝殿忌辰祭攝行時初獻官以下와
裕陵忌辰祭獻官以下와
懿孝殿眞殿禮時贊殿官以下와
懿孝殿眞殿禮時贊禮以下와
懿孝殿提調以下
裕陵守奉官以下別單八ᄒᆞ라

旨를奉承ᄒᆞᆷ이라
宮內府大臣勳一等李允用
信

宮內府達第四十九號

懿孝殿眞殿禮時從班
承寧府總管以下別單書人ᄒᆞ라

旨를奉承ᄒᆞᆷ이라
宮內府大臣勳一等李允用
신

敍任

陞正三品 仁川府尹金潤晶
□局長鄭東植
任表勳院書記官

外報

●滿洲問題 東京電을據ᄒᆞᆫ즉滿洲警察權은關東都督府手에統一ᄒᆞᆯ議가有ᄒᆞ야都督府와滿洲各領事의間에在ᄒᆞᆫ領事의關係如何ᄂᆞᆫ尙히未定이되얏다더라

●羅馬法皇病 羅馬法皇은呼吸器病及中風症의罹ᄒᆞ얏다ᄒᆞ더라

●葡國皇帝排斥說 葡萄牙通信을據ᄒᆞᆫ즉目下皇帝排斥運動이頗히盛ᄒᆞ다ᄂᆞᆫ報에對ᄒᆞ야同國政府에셔葡國駐在公使에게此를否定ᄒᆞ얏더라

●浦塩騷亂後聞 浦鹽에發ᄒᆞᆫ報를據ᄒᆞᆫ즉向日暴動ᄒᆞᆫ水兵隊兵及문官等과其他煽動者ᄂᆞᆫ謀叛을敎唆하야守備兵間에運動者와如ᄒᆞ고商船의砲火에騷亂을敗ᄒᆞ얏스나當港에셔出帆ᄒᆞᆫ驅逐艇에이號에乘ᄒᆞᆫ의謀叛은已爲鎭定되엿더라

寄書

●新舊學의利害의辨論 續

第一□學問敎授의寫出 蘭川吳尙俊

如是ᄒᆞ야新舊學이相殊ᄒᆞᆫ데安能醫修齊治平之策이리오恐不日爲害나亦不曰有利者也며其於外家之諸書ᄂᆞᆫ不可勝數而或有唐漢古士의汗漫放達之吟詠이며亦有近世文章의私相聚集之문字而雖曰詩藻가絶妙ᄒᆞ고佳句驚人이나㞐之此日之塲中ᄒᆞ면都是鬼語猿聲而已며ᄂᆞᆫ尙今從儸가不脫局束에不關時變ᄒᆞ고對坐子與弟姪之年少ᄒᆞ면常曰此外無眞이라ᄒᆞ야媒於淅ᄒᆞ으로自以爲智ᄒᆞ니如是大弊之波及國家ᄂᆞᆫ忍不堪說者也며且하究之敎人規範에第一誤惟者ᄂᆞᆫ니人之聚精은主在於實踐者也라是故로今者新學家之所論에雖曰敎育이라도實種이一及於頭腦ᄒᆞ면學徒가執其敎師以腐敗라ᄂᆞᆫ說이有ᄒᆞ거ᄂᆞᆯ新舊彼此學究의敎人規範ᄒᆞ면腦髓이何矣未堅ᄒᆞᆫ兒孩을或因日役之末ᄒᆞ야腦腦自悟ᄒᆞ며以長々ᄃᆞᆯ韆으로打下頭腦ᄂᆞᆫ以爲常例ᄒᆞ니彼腦傷精散ᄒᆞᆫ兒童이安能有進取之望哉아

此ᄂᆞᆫ升木而挑之者也니豈非害也며且하徒의運動을不許ᄒᆞ야束縛이太甚ᄒᆞᆫ셔一八□獄이면便作禁錮之人物ᄒᆞ야稍覆血氣을不得運轉ᄒᆞ니該徒之精腐雖嚴음突飛也리오其身體之不健이害ᄒᆞ以工程ᄒᆞᆫ니亦不曰不害者也며且作文者ᄂᆞᆫ人道上經綸과事物上意思를究之心而發表者作者也라焉有何事々備며莫有何時不應ᄒᆞ나니不可不注意者也여늘尙今舊學家之作文法이頑習을不解ᄒᆞ고時宜를排謗ᄒᆞ야空騎鉄道而不已ᄒᆞ니尤是寒心者也로다何者오當年에以문章으로自䛠ᄒᆞ던軒々老儒가與爲今日之학究ᄒᆞ야稱以首接ᄒᆞ고掛題作문일시題曰莫惜床頭沽酒錢이라弟子應作ᄒᆞ되書頭曰姚笑指靑山塚하니百年에醒臥劉伶骨이라하며居其首接者ㅣ大讚詩詞之奇妙ᄒᆞ고諸飮肚潑酒一瓶後에如右佚游之句를再三吟之ᄒᆞ야以奬弟子之醉心ᄒᆞ나니蓋此句는義가劉伶도一死ᄒᆞᆫ則無用이라ᄒᆞ야何不飮가ᄒᆞ얏스니如是血氣未定ᄒᆞᆫ靑年子弟들로其之隨而縱酒者也라

未完

雜報

●□□興旺 西來人에게聞ᄒᆞᆫ則□北道□郡守從前로三撲勝地마往在甲辰年에先設學校ᄒᆞ고靑年子弟를募集ᄒᆞ야新舊로敎育에熱心有志諸士도勿論遠近ᄒᆞ고望風來赴가于今四年에先進者ᄂᆞᆫ出社會하고百有餘名學生課程度가幾至中學生이나학資가未贍ᄒᆞᆫ所致로尙未就緖이더니熱心時務ᄒᆞᄂᆞᆫ該郡郡守尹錫龍씨가捐助勸하하고民戶排別ᄒᆞ야收聚千餘圜하고延聘敎師ᄒᆞ여熱心敎育ᄒᆞᆫ다더라

●以夜幻□ 北部□□學校內英語夜學校를更設ᄒᆞ엿다ᄂᆞᆫ說은前報에揭載ᄒᆞ얏거니와日前에月終試驗을經ᄒᆞ얏ᄂᆞᆫ데優等이三四人이오及第가五六人이라敎師諸氏가敎務를擴張ᄒᆞ次로夜學으로改定ᄒᆞ얏ᄂᆞᆫ대月謝金은全廢히敎授ᄒᆞ고學員을增募ᄒᆞᆫ다더라

●平院質案 平理院裁判長洪錫□가法部에質稟ᄒᆞ되被告金□完에對ᄒᆞᆫ內亂事件을檢事公訴에由하와此를審査하오니被告의父母가廣州高□洞에居住ᄒᆞᆫ바被告가欲爲省親ᄒᆞ야□居ᄒᆞᆫ作七月二十三日頃에발行至梨峴ᄒᆞ야偶逢리春應方鉉錫ᄒᆞ야與同行이기隨至驪州水里ᄒᆞ야日兵을排斥ᄒᆞᆫ說로亂을作ᄒᆞ고져ᄒᆞᄂᆞᆫ所謂義兵將權得嵩의게被勒ᄒᆞ야春川洪川華川等地에隨行月餘인바該黨이銃以火藥代價를ᄒᆞ고所到에排戶徵收ᄒᆞᆷ을目見ᄒᆞ고村家에入ᄒᆞ야酒食을因爲討喫ᄒᆞ며□征所給料次錢用路로脚一匹을買ᄒᆞ야八月二拾四日에□乞於該黨ᄒᆞᄂᆞᆫ首의盡錫ᄒᆞ야得放還京이라ᄂᆞᆫ其罪實은被告에陳供自服에証ᄒᆞ야明白ᄒᆞ온바政事을改更ᄒᆞ기爲ᄒᆞ야刑을作ᄒᆞ야律에照減ᄒᆞ야流七의에處辦宣告라ᄒᆞ얏더라

雜報

●各部新築 大皇帝陛下게옵셔昌德宮에移御ᄒᆞ신後에各部를敎化門外左右에洋制로一新建築ᄒᆞᆯ터인ᄃᆡ左右人民家屋基址를四尺式買取毁撤ᄒᆞᆫ다더라

●復親泮儀 再昨日에 皇太子殿下께옵셔謁聖ᄒᆞ시고入학ᄒᆞ시ᄂᆞᆫᄃᆡ 東宮께서ᄂᆞᆫ南向而坐ᄒᆞ옵시고太학士金鶴鎭학部大臣李載崑은西向而坐ᄒᆞ고修학院長申箕善成均館長金有濟ᄂᆞᆫ東向而坐ᄒᆞ고太학生等은北向而坐ᄒᆞ야小학에元亨利貞은天道之常이오仁義禮智ᄂᆞᆫ人性之綱이라ᄂᆞᆫ一大문을太학生이先讀ᄒᆞᆫ後에太학士與학大와修학院長及成均館長이經讀ᄒᆞᆫ後에東宮께오셔御讀ᄒᆞ시고大학士와계爰奪라ᄂᆞᆫ문義를下詢ᄒᆞ시고太학生의게硯紙一卷白紙二卷式과筆墨을下賜ᄒᆞ시고賜饌ᄒᆞ옵셧다더라

●冕服行禮 東宮殿下께옵셔再昨日 太廟及 문廟에展謁ᄒᆞ실時에冕服을換着ᄒᆞ옵시고行禮ᄒᆞ셔다더라

●事甚不恭 皇太子殿下께옵셔成均館에臨御하ᄉᆞ修학院長太학士成均館長학部大臣이明倫堂에位序列坐ᄒᆞ얏ᄂᆞᆫᄃᆡ經학科에落試ᄒᆞᆫ齋生一人이抑鬱ᄒᆞᆫ事狀을說明ᄒᆞᆫ다가巡檢으로ᄒᆞ야금驅逐ᄒᆞ얏ᄂᆞᆫᄃᆡ將次出齋가된다더라

●惟令是從 總理大臣李完用氏가一進會長李容九氏의勸告가有ᄒᆞ면ᄂᆞᆫ々信聽ᄒᆞᆫ다ᄂᆞᆫᄃᆡ該兩氏가近日에頻々交接ᄒᆞᆫ다더라

●觀望赴任 淸州郡守尹泰興씨ᄂᆞᆫ內部에서赴任視務ᄒᆞ기를慫慂ᄒᆞ되該郡守ᄂᆞᆫ被害ᄒᆞᆷ을畏怯ᄒᆞ야觀勢後발程ᄒᆞ기로百方謀避ᄒᆞᆫ다더라

●耳語何多 각部官制가日間에頒布된다ᄂᆞᆫᄃᆡ각大臣及次官外에ᄂᆞᆫ雖局課長이라도其部內官員의除汰如何를莫知ᄒᆞ야互相問議ᄒᆞᄂᆞᆫ耳語가紛紛ᄒᆞᆫ다더라

●醫視上京 海州醫務署醫視리惠應氏가內部大臣의게面稟ᄒᆞᆯ事가有ᄒᆞ야日間上京ᄒᆞᆫ다더라

●避公就私 再昨日 東宮殿下動輿時에總理大臣以下각大臣이陪衆ᄒᆞ얏ᄂᆞᆫᄃᆡ度支部大臣高永喜氏ᄂᆞᆫ參與치아니ᄒᆞ고下午二時에小笠洞리根培시를訪見ᄒᆞ고數時間을談話以來ᄒᆞ얏다더라

●舉報陞任 靑山郡分署權任孫海鎭氏가職務久勤이오名譽가頗有ᄒᆞ니總巡으로陞叙ᄒᆞ라고忠北觀察使리錫成氏가內部로報告ᄒᆞ얏다더라

●有何事故 內部地方局으로仕進ᄒᆞ던日人錦織足喜代ᄂᆞᆫ有何曆節인지昨日부터統監府로仕進視務ᄒᆞ기로決定하얏다더라

●該局仍存 內部土木課ᄂᆞᆫ治道局으로合設되고衛生課ᄂᆞᆫ衛生局으로稱ᄒᆞ고局長과課長을設置ᄒᆞᆫ다더라

●新학亦학 太학生等이孔孟之道에도時務之학이有之ᄒᆞ니太학生도時務之학을교授ᄒᆞ기로今番 皇太子殿下께옵셔御臨ᄒᆞ옵신時에稟定ᄒᆞᆫ意로設館設ᄒᆞ게稟目ᄒᆞ얏다더라

●委員事務 再昨日帝室有調査局에서각委員이會同ᄒᆞ야십三道委員을差定ᄒᆞ얏다ᄂᆞᆫᄃᆡ月俸은每名에五十圜이오旅費ᄂᆞᆫ每名에七拾五圜으로磨鍊ᄒᆞ얏ᄂᆞᆫᄃᆡ委員下에事務官一人式差出ᄒᆞᆯ터인ᄃᆡ日本人으로擇定ᄒᆞᆯ다더라

●發榜諸氏 成均館에서日前에經학科를合試ᄒᆞ얏다ᄒᆞᆷ은已報ᄒᆞ얏거니와合格ᄒᆞᆫ氏名은如左ᄒᆞ니박斗植延秉禧張世昌任公弼崔鎭極리鍾麟崔成審박勝來任平宰諸氏다더라

●與校祗迎 皇太子殿下께옵셔再昨日 太廟 文廟에展謁ᄒᆞ실時에각학校에서祗迎을廢止ᄒᆞ얏스되惟獨東大門外興仁학校生徒들이梨峴等地에서祗迎ᄒᆞ얏다더라

●宜先需用 明年度爲始ᄒᆞ야ᄂᆞᆫ法官養成所와普成專門학校학員의卒業生을司法官으로一齊需용ᄒᆞᆫ다더라

●帽製不一 各학校학員과任員의帽子製度ᄂᆞᆫ依例히각國에서ᄂᆞᆫ학部令으로頒布施行ᄒᆞ야製度가均一ᄒᆞᆫᄃᆡ近日韓國각학校학員의帽子ᄂᆞᆫ각其意見으로金銀飾과靑白色이製度가不一ᄒᆞ되학部에서ᄂᆞᆫ視若尋常ᄒᆞᆫ다고有志者의言論이紛々ᄒᆞ더라

●何其支離 昨日漢城裁判所에서國民新報發行人을또招待覆問하얏다더라

●漏珠可歎 日前成均館에서司業시取ᄒᆞᆯ時至公而시ᄒᆞ얏다더니更聞ᄒᆞᆫ즉壯元朴斗植氏ᄂᆞᆫ학識이優餘치못ᄒᆞ고落第ᄒᆞᆫ리喆承氏ᄂᆞᆫ문識이贍富ᄒᆞᆯ뿐不啻라居齋生으로勤苦가最甚ᄒᆞᆫ人인ᄃᆡ今番시取에漏榜ᄒᆞᆷ은不勝抑鬱이라ᄒᆞᆫ다더라

●何不拮据 洪[illegible]鎬氏가前承旨李[illegible]鎬氏의前所擇條가數十萬兩인ᄃᆡ漢城裁判所에罷訴ᄒᆞ얏더니李[illegible]鎬氏가招粘에延期不久ᄒᆞᆫ故로漢城裁判所에決席判決ᄒᆞᆫ다더라

●防奸收印 拾三道收租官을廢止ᄒᆞᆷ은已爲報道어니와該收租官들이印章을使용ᄒᆞ야挾私ᄒᆞᆫ情狀이或有ᄒᆞᆷ으로經理院에셔印章을沒數還收ᄒᆞ얏다더라

●在家無日 總督大리根澤氏가近日에東門外각寺刹로遊日消暢ᄒᆞ기로在家無日이라더라

●不無藉托 前主事정寅郁氏의田庄이楊州等地에在ᄒᆞ야秋收가七拾餘石假量인ᄃᆡ舍音의作米上送ᄒᆞ라ᄒᆞᆫ則該舍音이答ᄒᆞ기를勿論某人秋收ᄒᆞ고倡義所에서一一執留하얏스니若作米上送ᄒᆞ면舍音의死生이當頭ᄒᆞ니不可施行이라ᄒᆞ얏다더라

●日賊被捉 再昨日에警務署에서日本賊漢二名을捕捉ᄒᆞ얏ᄂᆞᆫᄃᆡ該賊等은日本서有名ᄒᆞᆫ大賊으로韓國에渡來ᄒᆞ야각處演戱場과博覽會에入去ᄒᆞ야秘密히行賊ᄒᆞᆫ者이다더라

●無罷不然 黃海道殷栗松禾豊川等郡에ᄂᆞᆫ義徒가去益猖獗ᄒᆞ다고該觀察使가內部로報告하얏다더라

●平南義擾 德川成川寧遠等郡에도挽近以來로義兵이猖獗ᄒᆞ야一般民情이嗷嗷ᄒᆞ다고該道觀察使가內部에報告ᄒᆞ얏다더라

●湖村賊警 西署孔德里杏花洞等地에近日賊警이大熾ᄒᆞ야該等人民이達夜不寐ᄒᆞᆫ다더라

●新聞對案 各地方에報紙購覽ᄒᆞᄂᆞᆫ諸氏가本社에來書ᄒᆞ되新聞購覽之本意ᄂᆞᆫ時事를速聞에在ᄒᆞ거ᄂᆞᆯ近日新聞配達이遲滯或漏落ᄒᆞ기로郵便所에入ᄒᆞ야其緣由를探問ᄒᆞᆫ즉或冊房나리가取覽ᄒᆞ신다或衆軒에서取覽ᄒᆞ신다ᄒᆞ야新聞原覽人은自由로取覽키不能ᄒᆞ나爲民之道에不可强敢이니貴社에서此弊를永杜ᄒᆞ심이亦是文明上注意이온즉別般歸正ᄒᆞ라ᄒᆞᄂᆞᆫ勸告가非一非再ᄒᆞᆫ中京畿에ᄂᆞᆫ水原等郡과忠淸에ᄂᆞᆫ結城等郡과全羅에ᄂᆞᆫ和順等郡이尤甚ᄒᆞ니郡守나冊室은新聞一張도購覽ᄒᆞᆯ財力이無ᄒᆞ야民間에討索ᄒᆞ야購覽ᄒᆞᄂᆞᆫ지十三道郡守名下에來報購覽이十數에不滿ᄒᆞ니推此可知로다

●設校勸奬 義州批峴居趙時鼎趙時胤兩氏ᄂᆞᆫ元來忠厚有志ᄒᆞᆫ人士로巖穴에離居ᄒᆞ나杞憂를不禁타가年前에隣近白思咨씨로더부러학校를建築ᄒᆞ며經費를自擔ᄒᆞ며敎師를延聘ᄒᆞ야靑年敎育에熱心盡力ᄒᆞ더니今秋시驗에崔潤衍趙鼎白敬恒趙錫瑚鄭賢默五人이卒業ᄒᆞ얏ᄂᆞᆫᄃᆡ該校長趙宜謙監督仁坤諸氏가賞品을頒給ᄒᆞ얏고現兵가特히金二拾圜을該校에義附ᄒᆞ얏더라

●上梁式開催 城西基督靑年會館에서會館을新建築ᄒᆞᆷ은一般人士에知悉ᄒᆞᄂᆞᆫ바今月望內上梁式을擧行코져ᄒᆞ야會務가比前多忙ᄒᆞ고其式順序를爲ᄒᆞ야該會에서當任委員會를開日開催ᄒᆞᆫ다더라

●靑年講說 今日下午七點에鍾路靑年會에서査經會를開ᄒᆞ고徐長老相滄氏가講說ᄒᆞᆫ다ᄂᆞᆫᄃᆡ有志紳士가多數光臨ᄒᆞ심을希望ᄒᆞᆫ다더라

▲地方消息▼

▲郵便物護衛ᄒᆞ기爲ᄒᆞ야出발ᄒᆞᆫ日騎兵이再昨日에歸京報告를據ᄒᆞᆫ즉抱川設政府間에日本商民二名이義兵의게被殺ᄒᆞᆷ을當ᄒᆞ얏다ᄒᆞ고

▲五日恩津郡分派所에義兵約百名이來襲ᄒᆞᆷ을補助員等이防戰中에鐵楔을接ᄒᆞ고江景守備隊에서若干兵을急派ᄒᆞ야盆山警務署에서電報가有ᄒᆞ다ᄒᆞ고

▲二日午後발元山電報를據ᄒᆞᆫ則淮陽郡郵便取扱所에去月三拾日에義兵百餘名이來襲하고即時過去ᄒᆞ얏더니其後에再襲ᄒᆞᆫ銃聲이有ᄒᆞ야白井大尉一行은高港으로出張ᄒᆞ얏다ᄒᆞ고

▲春川은本月三日에京城으로발向ᄒᆞᆫ遞傳夫가鐵坡峴에서五十餘名의義徒의게猝然히狙擊을被ᄒᆞ얏스나護衛騎兵이擊退ᄒᆞ고二日에該島附近에義徒가襲來ᄒᆞᆫ故로日兵이交戰ᄒᆞ야多大ᄒᆞᆫ損害를被ᄒᆞ얏ᄂᆞᆫᄃᆡ其補虜中에ᄂᆞᆫ如平郡守가有ᄒᆞ얏고

▲德川은義徒가漸次增加하야八百名에至ᄒᆞ얏ᄂᆞᆫᄃᆡ日本官民이不穩ᄒᆞᆫ情報를接ᄒᆞ고去月三拾一日夜에발ᄒᆞ야本月一日에价川으로避難하얏ᄂᆞᆫᄃᆡ郵便取扱所에郵便物과貯金通帳이仍在ᄒᆞᆫ故로其後에被奪ᄒᆞ얏ᄂᆞᆫ지ᄂᆞᆫ不知ᄒᆞ깃다ᄒᆞ고

▲順川은德川에在ᄒᆞᆫ義兵이南下ᄒᆞ야本月三日에順川郡月浦를襲來ᄒᆞ얏다ᄒᆞ고

▲稷山은日間에不穩ᄒᆞᆫ狀況이有ᄒᆞ야淸安間에聯絡하얏다ᄒᆞ고

▲義兵約三百名이定山郡定惠寺에集合ᄒᆞ야扶餘分派所를襲擊ᄒᆞᆯ模樣이有ᄒᆞ다더라

東京電

●登錄淸民　五日發　韓人二萬人以上이日本의待遇가酷烈ᄒᆞᆷ으로以ᄒᆞ야長春으로避難ᄒᆞ얏다ᄂᆞᆫ報가有ᄒᆞᆫ대淸國은頻頻히北京政府의要請ᄒᆞ야彼等을淸國民으로登錄ᄒᆞ고荒蕪地를與ᄒᆞ야開墾케ᄒᆞ고져ᄒᆞ얏더라

▲樽前解頤▼

▲總理大臣李完用氏ᄂᆞᆫ財政顧問目賀田氏가任職以來로金庫를設하야貨幣를匡救하고徵稅를整頓ᄒᆞ고殖工業을擬起ᄒᆞ고稅關事務를擴充하고其他諸般事務를創始ᄒᆞ야功積이偉大하다고賞狀에金三萬圜을添附與ᄒᆞ얏다니還來韓國에金融이枯渴ᄒᆞ며人民이失業ᄒᆞ며稅政이紊亂ᄒᆞᆷ은總相도有耳目ᄒᆞᆫ터인대如是表彰ᄒᆞᆫ거시吹噓살입에손근子婿가아인가

▲金宗漢은本勢朝鮮것방석와안저보앗스면位至正卿이오富有千石이오年滿六旬인대何不足ᄒᆞ야一進會를終南捷徑으로知ᄒᆞ고近日에投入ᄒᆞ야勢力世締結코쟈ᄒᆞ야奴顔婢膝노東西趨走ᄒᆞ니可謂妓妾褒衣로고

▲侍從卿리[illegible]은宮相의至親으로勢力만恃ᄒᆞ고傍若無人ᄒᆞ야門外를出入ᄒᆞ다가情跡綻露ᄒᆞ야免官ᄒᆞᆷ을當ᄒᆞ얏다니리家食ᄒᆞᆫ出名이로고

▲平安觀察使박重陽씨ᄂᆞᆫ判任官은觀察使가自由로叙任ᄒᆞ게ᄒᆞ라고內部에交涉ᄒᆞ얏다니觀察使와職務ᄂᆞᆫ政省內에政治와民事를觀察ᄒᆞᆯ따름인대道內判任官을超擢叙任코쟈ᄒᆞ니觀察使와內部大臣의自由로고

▲日前成均館司業試取에不公正하얏다ᄂᆞᆫ說이有ᄒᆞᆫ다ᄒᆞ니學大리載崑은暗裏昇衛에輕薄ᄒᆞᆫ揣摩ᄒᆞ야腐敗ᄒᆞᆫ司業試取에도造化가又生ᄒᆞ니可謂三年狗尾로고

▲內部에서七十餘郡守를汰分ᄒᆞ야三次裁汰ᄒᆞᆫ다니地方民情이時日爲急ᄒᆞᆫ대何必三次에裁汰ᄒᆞ겟ᄂᆞ뇨內大任善準씨의食口排布가然遲히못되ᄂᆞᆫ것시지

●社告

本社支社를左開五郡에設置하앗사오니該附近地에셔本申報購覽ᄒᆞ실 僉彦은一切該支社로請求ᄒᆞ시고代金도該氏의게로送交ᄒᆞ심을務望홈

代金國文每朔並郵稅四拾三錢
國漢文仝 三拾八錢

左開

支社位置及氏名

長淵邑南門內 崔載淳
殷栗邑名前里 金秉璧
古阜邑許洞 殷鍚漢
群山港東彩社 姜允㥽
龍川楊市巨堂 宋利謙
黃有保

大韓每日申報社

雜報

●慶北金山居呂中龍呂承祚가養成학校를設立ᄒᆞ고학部에請願ᄒᆞᆫ全文이如左ᄒᆞ니

伏以有國之隆盛은在於人才之作成이오人才之作成은在於教育之發達이오教育之발達은在於학校之興旺故로大東三代之治와泰西列邦之强이莫不由此者也라時代變遷에古今異宜ᄒᆞ니不容不隨時斟酌이어ᄂᆞᆯ唉我同胞가汚俗成痼에不覺泥古以今ᄒᆞ니積弊滋甚에便同夏裘冬葛일석迫於世界ᄒᆞ야若如前以過면下梢究竟은未知何處止泊이니寧不寒心哉잇가今日急先之務가惟在於教育一款이오教育之方은斟酌古今ᄒᆞ며參互東西ᄒᆞ야棄短取長ᄒᆞ고會劣爲優ᄒᆞ니本人等이雖無識見之士이나…… 且[illegible]古滄之在新故本郡에養成학校를設立ᄒᆞ고教育을方試라가학費가艱紺ᄒᆞ야幾至中輟而廢ᄒᆞ니伏乞部道訓飭에學費를方針을另爲[illegible]門中[illegible]學[illegible]契[illegible]認可[illegible]仰[illegible]告白

●慶北永同郡[illegible]巡檢李[illegible]珖은被殺徒彼殺事青山分署[illegible]任以下義捐

[illegible]任孫[illegible] 九拾錢 李京鎬 八十전 巡檢皮[illegible] 李健植 張夏準 [illegible]光雨 각六拾전 劉[illegible] [illegible] 金化順 各七拾전 [illegible] 金洪[illegible] [illegible] 金[illegible] [illegible] [illegible]來鳳 [illegible] [illegible] [illegible] 任[illegible] 鄭[illegible] 各五拾전

各[illegible]事務整理所主任金銘濟氏가洪金兩人을歷舉紹介ᄒᆞ다하고又以振威郡明禮宮庄土[illegible]一[illegible]士一舍音으로ᄒᆞ야互相[illegible]이라新聞記載ᄒᆞ얏스나其事實則前舍音徐[illegible]이가[illegible]遊坊[illegible]ᄒᆞ야[illegible]圖[illegible]ᄒᆞ다가本人으로[illegible]遊所에[illegible]ᄒᆞ야奸狀이綻露ᄒᆞᆷ애更爲[illegible]ᄒᆞ고[illegible]其奸ᄒᆞ야[illegible]ᄒᆞ얏스니僉君子는勿爲準信ᄒᆞ시오
[illegible]

廣告

●[illegible]萬[illegible] 忠州[illegible]人의傳說을[illegible]ᄒᆞ온즉嶺南連東[illegible]서[illegible]에[illegible]女[illegible]年[illegible]이[illegible]ᄒᆞ야[illegible]이不得[illegible]더라
[illegible]

本館에셔[illegible]에[illegible]은[illegible]ᄒᆞ와[illegible]을[illegible]ᄒᆞ오니[illegible]기[illegible]務[illegible]ᄒᆞ심을千萬伏望

本校[illegible]校[illegible]ᄒᆞ오니[illegible]육[illegible]施[illegible]亦作[illegible]야[illegible]ᄒᆞ오니照亮ᄒᆞ오셔[illegible]
[illegible]

直輸入商
韓國代理店
仁川本町
中根商會
電話七參貳番

本人의田畓이在於水原[illegible]面[illegible]山而畓이一石九斗落과田十五[illegible]文券을[illegible]去月에[illegible]失ᄒᆞ야[illegible]ᄒᆞ오니[illegible]之[illegible]으로[illegible]行홈
[illegible] 告白

本人이[illegible]ᄒᆞ야一[illegible]이라도[illegible]실僉君子는[illegible]實用ᄒᆞ실[illegible]
[illegible]新[illegible]來所主人林[illegible] 字[illegible]告白

本局에셔十年을研究ᄒᆞ야(舞[illegible]丹)이란藥을發明ᄒᆞ얏ᄂᆞᆫ바男女勿論ᄒᆞ고무슴病이던지(一劑十四圓)每日一個式服用ᄒᆞ면效驗이百發百中되ᄂᆞᆫ고로每日[illegible]至ᄒᆞ와買去ᄒᆞ오니[illegible]病잇ᄂᆞᆫ僉位ᄂᆞᆫ오리고셩마시고速々히來臨ᄒᆞ야問議ᄒᆞ심을務望홈

定價金 上品一劑金四圜 下品一劑金貳圜五角
本舖 仁川[illegible]和[illegible]局
發賣所 仝 [illegible]生堂
京城[illegible] [illegible]房
仝 共[illegible]堂藥房
雖外邦이라도郵便으로부치ᄂᆞᆫ수가잇소

速成夜學生募集

[illegible]에[illegible]ᄂᆞᆫ[illegible]文이나[illegible]者ᄂᆞᆫ[illegible]業[illegible]ᄒᆞ와[illegible]科ᄒᆞ오니[illegible]願[illegible]ᄒᆞ시오

一 [illegible]期限十一月七日
一 [illegible] [illegible]科 [illegible]何科 三角科 [illegible]科
三 [illegible]本[illegible]年
[illegible]院內
正則 夜學校[illegible]講師 一直
[illegible] 安一英 洪[illegible]

政治原論

安國善 編述
定價金 六十錢
郵料 四錢

人類ᄂᆞᆫ政治的動物이라政治思想은人類가國家를[illegible]成ᄒᆞᆫ要素니國民된者ㅣ政治를不知ᄒᆞᆷ이可ᄒᆞ랴況今政治的[illegible]新ᄒᆞᄂᆞᆫ時代에더욱政治를[illegible]ᄒᆞ야[illegible]書로用ᄒᆞ기適宜ᄒᆞ니僉君子ᄂᆞᆫ[illegible]ᄒᆞ심을[illegible]
[illegible]大[illegible]東[illegible]二[illegible]

本人외父親[illegible]必永氏가以[illegible]於[illegible]失ᄒᆞ얏스니知[illegible] [illegible] 告白

○民事訴訟代理와刑事辯護及[illegible]定[illegible]圖[illegible]文案起草[illegible]務를迅速處理홈
漢城南署小公洞第拾六統五戶
辯護士 前判事 前檢事 金正[illegible]
事務員 法學博士 鄭[illegible]興

新刊 [illegible]發賣

東國史略	壹圜五拾	正價金
普通教科東國歷史	壹圜四拾錢	
新訂東國歷史		
歷史輯略	[illegible]圓	
大東紀年	[illegible]圓	
大東歷史	壹圓五拾錢	
東國名將傳	四拾五錢	
東國輿地勝覽	[illegible]圓	
大韓疆域考	壹圓	
大韓新地誌	壹圓	
大韓[illegible]附地圖	[illegible]圓	
初等[illegible]教科書	七拾錢	
新撰[illegible]	四拾錢	
萬國地理	壹圓拾錢	
士民必知國文	上[illegible]八拾錢	
初學地誌	[illegible]拾錢	
萬國史記	七圓	
中等萬國史	七拾錢	
精選萬國史	六拾錢	
東西洋歷史	壹圓五拾錢	
五偉人小歷史	拾錢	
世界三覽	二拾錢	
世界年契	七拾五錢	
公法會通	壹圓五拾錢	
萬國公法要略	五拾錢	
刑法大全	六拾錢	
改正刑法草案	四拾錢	
法學通論	壹圓	
國會通用規則	拾五錢	
現行法規類纂	三圓九拾錢	

外交[illegible]	壹圓貳拾錢
國家學	[illegible]拾錢
國民[illegible]	五拾錢
牧民心書	壹圓廿五錢
家庭教育學	三拾錢
生理衛生學附圖	四拾錢
中等生理學	九拾錢
新撰小博物學	五拾錢
新編博物學	七拾錢
新撰小物理學	五拾錢
動物學國文	壹圓廿五錢
[illegible]政新編	五拾錢
[illegible]國文	拾七圓五里
[illegible]附[illegible]改[illegible]法	四拾五錢
新訂[illegible]	六拾錢
[illegible]新書	八拾錢
[illegible]	七拾錢
美國獨立史	四拾錢
法國新史	四拾錢
埃及近世史	四拾五錢
波蘭末年戰史	四拾錢
[illegible]法[illegible]記	[illegible]拾錢
羅馬史	四拾錢
越南亡國史	貳拾五錢
[illegible]國[illegible]史	[illegible]拾錢
愛國[illegible]新[illegible]	拾錢
國文[illegible]	貳拾錢
[illegible]	拾錢
漢文[illegible]	拾錢
大東文粹	六拾錢
尺牘完編	壹圓五拾錢
[illegible]時代	三拾錢
[illegible]	三拾五錢
註釋[illegible]	壹圓
新小說[illegible]	三拾錢
新小說[illegible]淚	貳拾錢
近世[illegible]夫人傳	拾錢
政治[illegible]	拾五錢
小學[illegible]	壹圓五拾錢
初等小學	八拾錢
幼年必讀	壹圓三拾錢
幼年必讀[illegible]	五拾錢
高等小學讀本	五拾錢
蒙學千字	大拾錢
中等[illegible]教科書	七錢五厘
溫故知新[illegible]	七錢五厘
父師小學補遺	七錢五厘
世界[illegible]	廿七錢五厘

大韓輿地圖	拾七錢五厘
五洲[illegible]全圖	七錢五厘
新撰[illegible]圖	[illegible]拾錢
[illegible]韓國地圖	[illegible]拾錢
分道韓國[illegible]圖	拾伍錢
韓國新地圖	四拾錢
漢文萬國地圖	四拾錢
漢文地球全圖	四拾錢
萬國[illegible]圖	五拾錢
韓語大成附[illegible]	九拾錢
英語獨[illegible]	貳拾五錢
日韓通話	五拾錢
日語獨習	五拾錢
韓日會話辭典	一圓五拾錢
[illegible]日話[illegible]	拾錢
普通日[illegible]典	拾錢
二十世紀[illegible]	三拾五錢
比律賓戰史	拾錢
比斯麥	五拾錢
中等萬國地誌	壹圓貳拾錢
師範教育學	五拾錢
[illegible]	拾錢
會社法	五拾錢
[illegible]	拾錢
普通經濟學	八拾五錢
商業[illegible]	拾錢
中等地文學	拾錢
大韓[illegible]	五拾錢
中東戰紀	[illegible]
西政[illegible]	拾錢
中外政治策論	五圓五拾錢
時事新論	壹圓
英國名君言行錄	壹圓
[illegible]西新史	二圓五拾錢
萬國通鑑	三圓

發行書林
中署[illegible]路 大東書市 金[illegible]
中署[illegible]橋 中央書館 朱翰榮
南署[illegible]大廣橋 東西館 [illegible]

◉國債報償志願金總合所廣告

◉光州郡當夫面二 續

一前主事李源日 六圜
弟遇囧 一圜 子周凡 夏凡
各四十전 姪琪凡 四圜
春佑 一圜 準凡 六拾전
李孝淸 四十錢 姪在凡
六十전 會大 一圜 錫宇
曾先 龍宇 각卄錢
박春玄 于濟殷 各一圜
朴定修 卄전 朴漢玄 卅전
于濟東 卄전 朴濟烈
四拾전 朴濟豐 六拾전
朴濟錫 二十전

▲當夫馬勒里 崔京默 一圜
崔德琪 四拾전 程圖與
三拾전 程奎玉 一圜
子鉉相 金大洙 각四拾전
程德運 朴其洪 崔德章
각卄전 程德臣 六十전
白하西 四十전 崔其童
崔云汝 崔明彦 각卄錢
金運奎 十錢 崔誊幸
崔允幸 各卄전 羅二先
四十전 程中根 崔京云
각卄전 程用甚 三十전
鄭昌彦 卄전 張京老 拾전
朴七三 程玄凡 程邦基
程基凡 李點童 各卄전
朴春益 林國文 각十전
張振汝 金申煥 각卄전
김化玉 李運奉 각十전
김子玉 四拾錢 鄭用云
白用西 각拾전 程仁西
崔京叔 吳在根 程水西
程翼叔 각卄전 程俊平
三十전 李峯一 程安仲
김士凡 각卄전 김寡婦
鄭海元 金寡婦 白文安
각十전 程俊幸 二拾전
金德象 十錢 金汝振 卄전
李五象 十전 金汝凡 一圜
李文兼 二十전
▲南平蓀둥 丁昌瑞 五拾전
▲城門 孫大者 十전 四次

▲當夫面 朴春象 一圜
▲陶泉面 金承潤 五十전
▲池漢面內池 高安仲 四전
▲當夫面 朴成局 二十전
未完

廣告

漢城西署松橋(新作路)
第四十三統一戶
辯護士 玉東奎
辯護士 許憲
合同法律事務所

大東旅館

[illegible]

大東旅館主 [illegible]

廣告

[illegible]

[illegible] 書籍廣告

◉西藥便方 全 [illegible]
◉醫學校 [illegible]
◉陸軍軍醫 [illegible]
◉醫學 [illegible]

[illegible]

本所에서 鑛山과 陳荒地를 測量 政府에서 頒布된 條例에 依호 計劃書式을 製作호야 請願人의 便利케 호되 手數料로 應케 酬應호오니 諸彦에 有意 僉君子 來議호심

皇城中署東谷二十八統一戶
鑛山土地測量製圖事務所 白

新刊書籍發售廣告

增補 [illegible] 大全 國漢文 定價金 七拾五錢
大韓法規類纂 洋裝 三圜五拾錢 郵稅四拾錢
初等倫理學教科書 二拾錢
初等衛生學教科書 拾五錢
國家學綱領 拾五錢
國民須知 八錢
[illegible]日語正則 洋裝 定價二拾五錢
發賣所 皇城布屛下 金相萬冊肆

瑞士建國誌

定價 新貨拾五錢

此冊은 政治小說이니 瑞士의 [illegible] 人民의 愛國心을 養成하는 데 緊要호 冊子오

▲大韓每日申報社
▲仁川港 [illegible]
▲中署布屛門下 金相萬冊肆
▲平壤城內 [illegible]
▲鍾路 [illegible]
▲洞口 [illegible]
▲[illegible] 大東書市
▲大廣橋 [illegible]
▲銅峴 [illegible]
▲開城 [illegible]

發賣所

新小說 愛國婦人傳

◉一冊定價金 拾五錢

右冊은 純國文으로 世界에 有名호 法國婦人 若安氏의 愛國事蹟을 譯出호얏스오니 無論男女호고 愛國性이 有호신 同胞는 맛당이 보실 冊이오니 陸續購覽호심을 望홈

▲皇城布屛下 金相萬書舖
▲南門內 博文書館
▲仁川 大韓每日申報支社
▲各地方 有名書店

發賣所

洋裝書冊

學徒運銃과 諸具
羅紗各種
美國金鷄蠟
衣服製造其他雜貨도 廉價放賣호오니 [illegible]
[illegible]
仁川港 [illegible]

[illegible]

越南亡國史

國漢文 定價 貳拾伍錢

[illegible]

本社廣告

○申報價

一張代金	新貨二錢五厘
一個月前納	三十錢
三個月	九十錢
六個月	一圜七十錢
一個年	三圜四十錢
郵稅一張	新貨五厘
一個月	十三錢

○廣告料

[illegible]

[illegible]

第五卷

大韓每日申報

六百五十八號

月曜及慶節 歲時日休刊

檀君開國四千二百四十年
箕子元年三千二十九年
大韓開國五百十六年
日本明治四十年
淸國光緒三十三年
陰曆丁未十月小初四日壬戌

論說

●韓國의將來文明을論홈 (太極學報照謄)

文一平

有史以來로世界文明이滔々進行에累々變遷ᄒᆞ야드ᄃᆡ여今日東西歷史의會合的時代에至ᄒᆞ얏도다

其문明의來歷을溯究ᄒᆞᆫ건ᄃᆡ諸國이各異ᄒᆞ니古昔에猶太ᄂᆞᆫ宗敎로써地上에神聖ᄒᆞᆫ天國을建設ᄒᆞ고希臘은문藝와학術로써隣邦에傳播ᄒᆞ며羅馬ᄂᆞᆫ帝王의主義로써世界에君臨ᄒᆞ엿고近世에降至ᄒᆞ야英國은海上權을掌握ᄒᆞ야海外에多大ᄒᆞᆫ殖民地를開拓ᄒᆞ며美國은自主自由의權을益々발達케ᄒᆞ야完全ᄒᆞᆫ共和國體를組織ᄒᆞ고德國은科학과政治로써世界에獨步ᄒᆞ며佛國은人間的思想과感情으로써宇內에廣布ᄒᆞ니此ᄂᆞᆫ其國民의固有ᄒᆞᆫ特質을因ᄒᆞ야文明의趣가各異홈이라

如此各異ᄒᆞᆫ文明으로써各自의活劇을演ᄒᆞ다가畢竟元氣가疲勞ᄒᆞ면卽其國이衰頹ᄒᆞ고其代에他國이繼起ᄒᆞ야隱然히前者의職을擔任ᄒᆞᄂᆞ니其例를歷擧ᄒᆞᆫ던ᄃᆡ古時에希랍이廢ᄒᆞ미羅馬가盛ᄒᆞ고近世에淸國이敗ᄒᆞ미日本이興ᄒᆞᆫ지아니ᄒᆞ엿ᄂᆞᆫ가此로由ᄒᆞ야觀ᄒᆞ니世界文明이陽氣와大勢와如히間斷업시輪來廻轉ᄒᆞ야太古에其原이東亞에서發生ᄒᆞ야倉제耀々彬々ᄒᆞᆫ旭下에東亞諸民族은活劇을演ᄒᆞ나噫彼西洋諸國은黑々暗々ᄒᆞᆫ洞中에盜動을試ᄒᆞ더니此勢가西洋에漸移ᄒᆞᆷ을隨ᄒᆞ야東洋은漸黑漸暗ᄒᆞ고西洋은愈文愈明ᄒᆞ야希랍으로부터今日에至ᄒᆞᆫ지라然이나天道ᄂᆞᆫ至公ᄒᆞ사變易이無ᄒᆞᆫ故로此勢가再轉ᄒᆞ야十數年前부터東洋의長夜乾坤에返照ᄒᆞ야以前疲勞沈靜ᄒᆞ얏든諸民族이光輝ᄒᆞᆫ新文明天地에다시活動雄飛코ᄌᆞᄒᆞ니卽日本이是也요其次ᄂᆞᆫ我韓일ᄉᆞᄒᆞ도다元來我韓이支那의文物을輸來ᄒᆞᆫ當時에詩書禮樂이爛興ᄒᆞ야문明程度가反히先進國支那를凌駕ᄒᆞ고日本과其他未開邦을開導指揮ᄒᆞᄂᆞᆫ師表가되야其職分을盡ᄒᆞ더니元力이漸弱ᄒᆞ야這間幾百年에晝夜를不分ᄒᆞ며春秋를忘却ᄒᆞ고一向困睡ᄒᆞ야鼻聲이如雷ᄒᆞ거날於是에盜賊가隙을窺ᄒᆞ고침入ᄒᆞ야各樣寶物과財貨를奪取ᄒᆞ며甚至於人命을侵害코ᄌᆞᄒᆞ미此時에비로소幾個人이目을先醒ᄒᆞ고見ᄒᆞᆫ則東天에曙色이方漸에群盜가任意橫行ᄒᆞ야殺氣가騰々ᄒᆞ거ᄂᆞᆯ先覺人이惴惶憤鬱ᄒᆞ야大聲疾呼로夢人을提醒ᄒᆞ되夢人이尙此不知에賊勢ᄂᆞᆫ益肆ᄒᆞ더니忽然甲午砲聲에幾個가驚起ᄒᆞ며於焉甲辰砲聲에又幾個가驚起ᄒᆞ야互相提醒ᄒᆞ며互相警戒ᄒᆞ니從此로擧國이皆醒ᄒᆞᆯ터이니如干盜賊을何患ᄒᆞ리오아아二千萬同胞兄弟야速起ᄒᆞ라紅日이東出ᄒᆞ니東洋文明의時代라余ᄂᆞᆫ思量ᄒᆞ니我國이世界舞臺에超登ᄒᆞᆫ機會인즉殆信ᄒᆞ노라然則如何ᄒᆞᆫ精神으로써如何ᄒᆞᆫ文明을做出ᄒᆞᆯ고ᄒᆞ면曰我國民이倫理思想에最富ᄒᆞᆷ은抑世界의共知ᄒᆞᄂᆞᆫ바라如此固有ᄒᆞᆫ特質로써一切權謀術數ᄂᆞᆫ棄ᄒᆞ고一視同仁의天意를體ᄒᆞ야上天의代命으로世界의橫逆을討伐剿除ᄒᆞ고萬國安全의方針을講究ᄒᆞ야平和의鍵을秉ᄒᆞᆷ이卽我國民의特質에適合ᄒᆞ도다白頭山脉이骨되고黃海水로手足을삼은我國三千里疆域은腐敗ᄒᆞᆫ世界에迴出ᄒᆞ니如此絶特秀美ᄒᆞᆫ山川風土에養育生長ᄒᆞ야君臣父子夫婦兄弟朋友의道가正ᄒᆞᆫ我國民은正義公道의神聖ᄒᆞᆫ劍으로私慾을氾濫ᄒᆞᄂᆞᆫ殘賊을排除掃蕩[illegible]ᄒᆞ며扶持誘掖ᄒᆞ며[illegible]退縮倒ᄒᆞ야靑天白日下에世界의私心을拒絶ᄒᆞ고ᄌᆞᄉᆞ로道德上의帝王이되야天地大道에化身ᄒᆞ야萬國民을警醒ᄒᆞᆯ지어다

官報

第三千九百十八號 隆熙元年十一月八日

敍任及辭令

任[illegible]技手 尹영찬

解法部法律起草委員 李承權

命法部法律起草委員 韓用環

外報

●農會開期 東京通信을據ᄒᆞᆫ則本月二十一日二日兩日間에東京赤坂三會堂에서全國農事會事務員協議會를開ᄒᆞ고同月三日에全國農事總會를開ᄒᆞᆫ다더라

●東省借款反對 北京電을據ᄒᆞᆫ則徐世昌氏가日耳曼會社에交涉ᄒᆞᆫ外債五千萬兩募集事件은政務會議에提出ᄒᆞ얏더니[illegible]公이强硬히反對ᄒᆞ야曰滿洲ᄂᆞᆫ徐世昌의滿洲가非也요其借款에對ᄒᆞ야ᄂᆞᆫ全國이其責任을負ᄒᆞᆯ것인故로不可ᄒᆞ다ᄒᆞ니張之洞氏도亦此를贊成ᄒᆞᄂᆞᆫ故로其提議가不成되얏다더라

●兵隊設置 北京電을據ᄒᆞᆫ則淸國陸軍部에서各省軍隊의規模를擴張ᄒᆞ고又民兵隊를創設ᄒᆞ면兵卒의弊害가過多치아니ᄒᆞ리라ᄒᆞ야今番各省에憲兵학堂을設置ᄒᆞ고憲兵을養成케ᄒᆞ기로決定ᄒᆞ얏다더라

●鐵道收入金額 東京電을據ᄒᆞᆫ則南滿洲鐵道會社의收入金額을調査ᄒᆞᆫ則每日三萬七百五十圓에達ᄒᆞ얏다더라

●郵便局開設 北京電을據ᄒᆞᆫ則新發ᄒᆞᆫ淸國中央郵政局은去四日부터開始ᄒᆞ얏ᄂᆞᆫᄃᆡ各國聯合郵便事務를設置ᄒᆞᆫ만ᄒᆞᆫ郵便室을建設ᄒᆞ얏다더라

寄書

●新舊학利害의辨論 (續)

龍川吳錫俊

第一舊학問敎授의爲害

其衆心之所[illegible]가莫此尤甚이며又掛題曰時不利哉奇不逝라ᄒᆞ고弟子應作의月明夜而孤稱ᄒᆞᆫ대奇化烏而南飛라ᄒᆞ며爲貫ᄒᆞ究者ᄂᆞᆫ驟而歎賞하고稱以將來之文章ᄒᆞᄂᆞ니盖其文辭則可奇나實旨則浮虛ᄒᆞ고亦在戰國之風驟則可也어니와坐乎文明之時代則不可ᄒᆞ니商女後庭之曲이其知可恨之根賊아終必難免於時宜者也오又曰卽發風月이니惟其吟之者가唏噓一聲ᄒᆞ고歎然呼之曰無盃上에江山好오不過世間에歲月移라ᄒᆞ나니吳ᄒᆞ는此人之詩ᄅᆡ여欲其不遇니怪哉此人이여能令値之於堯舜之世則謂過歟아亦能値之於戰國之世則可過歟아益堯舜之時ᄂᆞᆫ以聖道初期之時代로德化之隆興이日月朗々ᄒᆞ니若其時則時矣나猶人也ᄂᆞᆫ旣無道德之高尙ᄒᆞ고只有如千文字ᄒᆞ니其如値之於道德之世ᄅᆞᆫ들有何絲毫之贊襄哉며戰國之時ᄂᆞᆫ攻國干戈之時代라春秋長[illegible]에兵堅이不息ᄒᆞ니若非驍勇之材면難得干戈之用이라나此人則力難暴國難라於其値戰國之世ᄅᆞᆫ들有何大用之日乎아士子之適丁時節은學[illegible]遜乎此日之開明이어ᄂᆞᆯ從以迂狠之說로暴自已之勢情ᄒᆞ며[illegible]酒之滌蕩ᄒᆞ니此豈非문之謬而心從以誤歟아可謂문[illegible]之失路者也미又近世所謂학家之문或문或不用ㅁ七之作句ᄒᆞ고稱以事理而長書聯문하니此ᄂᆞᆫ似或[illegible]於時宜者나然이나其詩調也ㅣ遍蕪ᄒᆞ고其躰格也ㅣ太鈍ᄒᆞ야與新학家문法으로大有不同而且國문은謂之諺書而雜用與否ᄂᆞᆫ가鄙劣이라ᄒᆞ야使絶諺之문而諸范가澁滯屈曲ᄒᆞ며難於解悟ᄒᆞ야使他覽之者로空費心力에粹難解釋者多ᄒᆞ니此豈著作之美事哉아盜作之書之者ᄂᆞᆫ使天下通行之易이어ᄂᆞᆯ今欲以通行之不易로爲事인즉古之結繩之政을窮不再取乎此ㅣ耶아此亦守舊而誤新者也ㅣ니亦云不可라是故로吾必日新학家敎授讀作이俱爲此日之害者此也로라

第二新학問敎授의爲利

大凡新학敎授의所以謂利者ᄂᆞᆫ欲謂其實地做去之意也라何者오茫々堪輿俯仰無혼이라人於其汾[illegible]涉然有身이되ᄂᆞᆫ物之中에日惟最靈者ᄂᆞᆫ非謂他也라只以智識之異物稍異故也니欲廣智識인ᄃᆡ必不無敎育之程度ᄒᆞ니라是故로童穉之初학은日有稍導小학ᄒᆞ니編質에揷入圖々ᄒᆞ야詳其物形ᄒᆞ고且文格이極使極易ᄒᆞ되더加之國文을附錄ᄒᆞ니爲其敎師者ㅣ先其物形을以圖示之ᄒᆞ고字義를詳細指敎ᄒᆞ면授其敎育之兒童이可知何物之用何字며何字之義屬何[illegible]ᄒᆞ야着之於心토ᄒᆞ一字二字에나如是而雖一字二字라도可能영造ᄒᆞ而爲一生之著記也니豈非利也며又曰國語ᄂᆞᆫ國語者ᄂᆞᆫ語法之調用者也라其爲質也ㅣ明細調論ᄒᆞ야論其先後則有過去未來現在之分ᄒᆞ고論其彼我則有自動被動之別ᄒᆞ니可合小兒之학習也라

(未完)

雜報

●興校濟衆 私立東湖興英학校를新建築ᄒᆞᆫ다ᄂᆞᆫ說은已揭어니와該建築費二千[illegible]圓을金額히一般任員與洞中諸氏가義助ᄒᆞ얏ᄂᆞᆫᄃᆡ該校設立之初에該洞諸氏之纔捐도乃至于[illegible]ᄒᆞ야不當[illegible]라特別히穀物口문中으로逐年分擔ᄒᆞ야以助학費케ᄒᆞᆫ다며라

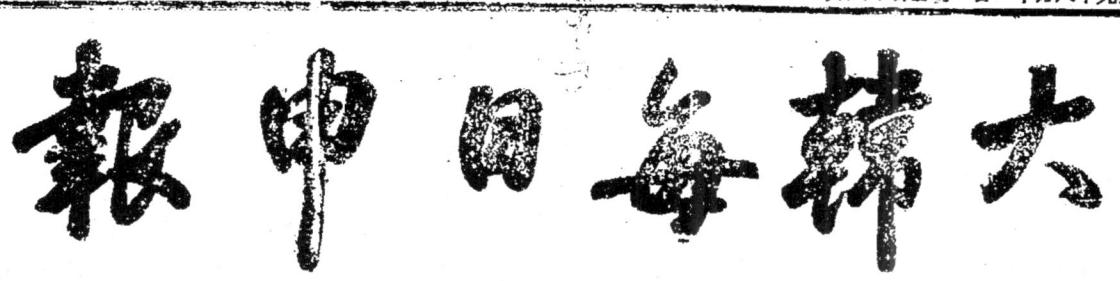

●署理印章 平南裁判所判事署理參書官徐相奎氏가法部로質稟ᄒᆞ되各郡守署理ᄂᆞᆫ郡主事가依例兼帶의各郡主事가本無印章이온즉依法舉行이有涉未便이옵고且以本署理로言之ᄒᆞ오면只有參書官章ᄒᆞ고初無參書官印이온즉本裁의印章을仍用ᄒᆞᆯ道가無ᄒᆞ오니本署理ᄂᆞᆫ判事印章을用權ᄒᆞ올지參書官章을用ᄒᆞ고裁判所印을用ᄒᆞᄂᆞᆫ지指[illegible]分ᄒᆞ라ᄒᆞ얏더라

[illegible]

●[illegible]止 各地方官吏가上疏로報告호時에原副本을修報호든것이原副本은必要가無호다호야內部에서발調廢止하라호얏다더라

●郡守將布 郡守二十黨을修正호자가已爲多日인대今明間發布홀터이라더라

●郡衙變更 各郡官制改定을호事에對호야各郡次官을二人式選出호다호은已爲揭報호얏거니와更聞호즉各郡各局長도二人式을磨錄호다는대日本人一人式으로差出호다는說이有호더라

●淸領防衛 伊藤統監이再昨日下午七時에淸國領事館에訪問호야數時間을談話호고同十時에還邸하얏다더라

●[illegible] 各陵官의職卿을勳正하고宮官으로名稱호고年式으로差任호다더라

●對露失策 中樞院副議長尹吉炳氏가日前에伊藤統監을訪問호고談話호얏다는說을翻聞호즉尹吉炳氏가發論호되[illegible]

●肥料稽査 漢城五署內에汚穢物及糞料가積滯호야衛生에妨害되고民怨이有호거니昨日警務廳에서五署에訓飭하고肥料商에게措飭호야使之掃去케호라호얏다더라

[illegible]

●暗殺九廢 京畿警察署補佐[illegible]

[illegible]

▲地 方 消 息▼

▲日前楊根郡에서義兵과日兵이交戰호時에民家七十三戶가被燒호얏고男女幾五名이被燒致斃호얏다호고

▲居州郡曲木坊에義兵이或三四十名或一二百名式作隊호야橫行호다가[illegible]三名을銃殺하얏다호고

▲江原道情報를據호즉杆城橫城進川洪川等地郡守는未矣赴任하얏다호고

▲楊口麟蹄華川等郡에義兵이遍滿호야旅行이阻絶호얏다호고

▲高城郡分遣隊長의報告를據호즉三日午前六時에義兵約五十名이[illegible]

▲去五日에淮陽郡[illegible]義兵[illegible]

▲去二十八日에[illegible]義兵十餘名이侵入하야[illegible]放火호[illegible]

▲三日午前六時에春川郡西下面[illegible]에서義兵百餘名이日兵과交戰하얏다더라

▲原州로[illegible]

●廣日休刊 本日은大英國皇帝陛下誕日이신故로慶祝키爲호야本報를一日休刊홈

▲一 打 玉 壺▼

▲十月天氣에도東風이啓酷호야政海波濤가暗裏飜覆호니[illegible]

▲新官制가未久에頒布된다는[illegible]

[illegible]

●社告

本社支社를左開五郡에設置하얏사오니該附近地에셔本申報購覽ᄒᆞ실 僉彦은一切該支社로請求ᄒᆞ시고代金도該氏의게로遞交ᄒᆞ심을務望홈

代金은漢文每朔並郵稅四拾三錢
國文仝 三拾八錢

左　開

支社位置及氏名

長湍邑廣門內　崔載淳
殷栗邑倉前里　金泰聲
古阜邑許洞　殷弼漢
群山港東彰社　姜允植
龍川楊市會堂　宋判殷
　　　　　　　黃菊保

大韓每日申報社

雜纂

僉勸讀申報

狂言生　邊昇基

嗚呼라我韓今日之有 貴報가如昏衢之有一燭ᄒᆞ야臨雨長夜에警醒一世之昏夢ᄒᆞ고開發萬民之暗황ᄒᆞ니若其持論激昂也ᄂᆞᆫ鋒鋩舌斧가凛不可直犯이오及其措辭婉曲也則談叢詞華가美可以把玩ᄒᆞ니環靑邱二千萬耳目이就向於 貴報가如夜虫之赴光ᄒᆞ야上自國都로下及閭巷ᄒᆞ고近自幾甸으로遠及海隅에雖匹夫愚婦라도莫不愛讀ᄒᆞ니於此에可以觀天壤好惡之良心而人民秉彝之性矣라本人이以一個書生으로僻在遐鄕에旣無政界上履歷ᄒᆞ고又蔑社會上事業ᄒᆞ니自分必隨於下等人而惟其所樂者ᄂᆞᆫ 貴報閱讀ᄒᆞᄂᆞᆫ思想은他人에不後ᄒᆞ니其讀激昂之論則奮然發忿에肝膽이欲裂ᄒᆞ고其讀婉曲之辭則情景이兼於亭에涕淚가交下ᄒᆞ니如是者殆數年於此에其所以醒我昏夢ᄒᆞ고발我聾황이 頗非前日之邊昇基也마ᄂᆞᆫ如我之駑劣도猶知是ᄒᆞ거든況聰俊才慧而有志當世之士乎아

嗚呼라 貴報가不泯則獨立之精神이不亡矣오 貴報가益昌則開明之程度가益進矣리니吾以大韓後日之運會로勸撰貴報而望之ᄒᆞ고竊爲貴報而祝之ᄒᆞ노라

廣告

本社발達 沃溝港에셔本報支社를設始혼지不過十餘日에購覽ᄒᆞ시ᄂᆞᆫ 僉員이六拾餘에達ᄒᆞ얏다니支社員에勤務分傳ᄒᆞᄂᆞᆫ熱心도感荷ᄒᆞ거니와該港僉君子의開發目的으로本報을多數히購覽ᄒᆞ시ᄂᆞᆫ盛意를爲ᄒᆞ야一攢賀ᄒᆞ노라

本人이京城橋通鳳翔許於音當五四千兩內在一千兩推願一片遺失內外商人間或有拾得休紙施行

朴弘鎭　告白

李鼎淳의名字를鼎으로改定ᄒᆞ옵

李　鼎　告白

特別廣告

謹啓今月十三日水曜下午二時에本會館新建築上梁式을設行인바惟我一般會員僉兄弟不可欠席이기茲에仰布ᄒᆞ오니伊日光臨時會票를携帶ᄒᆞ시고入會ᄒᆞ신後會票ᄂᆞᆫ姑未覓去ᄒᆞ신諸氏와會金을姑未交付ᄒᆞ신僉會員은隨時來納ᄒᆞ심爲要

皇城基督靑年會

本人陰八月分姓名圖章을見失故로異形改雕ᄒᆞ엿ᄉᆞ오니 僉員照亮홈

鎭岑郡余?坪 金益泰　告白

영미국정부젼미유허
셕유발동긔급
졔미긔계급부속품을일년렴가
반미ᄒᆞᆸ오

直輸入商
韓國代理店
仁川本町
中根商會
電話七多羅番

本人의田畓이在於水原郡南好面盤山而沓十一石九斗落과田十五日耕이去月分에失於洪鄕郡의奸人手中이오니私ᄒᆞ게失人印ᄒᆞᆯ지라도休紙施行ᄒᆞ오니誰某拾得ᄒᆞ와도休紙施行홈

餘洞李丙薰　告白

本人이機械精米所를設始ᄒᆞ야一日에正租나玄米로數米貳百叺을精出ᄒᆞ옵ᄂᆞᆫ디價額이싸도ᄯᅩᆨ싸ᄒᆞ오니精米貿用ᄒᆞ실僉君子ᄂᆞᆫ來議ᄒᆞ시기爲要

東湖所設精米所主人 林炳瓚 李鳳鉉　告白

本局에셔十年을研究ᄒᆞ야（靑香消散丹）이란藥을發明ᄒᆞ얏ᄂᆞᆫ대男女勿論ᄒᆞ고무숨瘡疾이던지（一劑十四箇）를每日一箇式服用ᄒᆞ면効驗이百發百中되ᄂᆞᆫ고로每日로搭至ᄒᆞ와買去ᄒᆞ오이瘡질잇ᄂᆞᆫ僉位ᄂᆞᆫ오리고싱마시고速ᄉᆞ히來臨ᄒᆞ야問議ᄒᆞ심을希望홈

定價金 上品一劑金四圓　下品一劑金貳圓五角

本舖 仁川港杻峴和平局

發賣所仝 龍洞濟生堂

京城鐘路 慈惠藥房

仝 共愛堂藥房

雖外邦이라도郵便으로부치ᄂᆞᆫ수잇소

速成夜學生募集廣告

願今건디事務煩劇ᄒᆞ者ᄂᆞᆫ欲學時文이나晝則無暇ᄒᆞ고學界勸業者ᄂᆞᆫ雖欲補習이나致無合處ᄒᆞᆷ을共歎ᄒᆞᆯ지라玆設速成夜學而授以速科ᄒᆞ오니有暇志學者와現學重習者ᄂᆞᆫ速臨請議ᄒᆞ옵

一 開學期限十一月七日
二 學科ᄂᆞᆫ日語科 算術科 代數科 幾何科 三角科 國語選科
三 各科卒業滿壹個年 同洞今年學院內

正則 ML 夜學校長兼講師 柳一宣

講師 安一英 洪淳선

政治原論

安國善　編述

定價金　六十錢
郵料　四錢

人類ᄂᆞᆫ政治的動物이라政治思想은人類가國家를構成ᄒᆞᄂᆞᆫ要素니國民된者ㅣ政治를不知ᄒᆞᆷ이可ᄒᆞ리오況今政治를刷新ᄒᆞᄂᆞᆫ時代에더욱政治를研究ᄒᆞᆷ이必要가有ᄒᆞ고학校敎科書로用ᄒᆞ기適宜ᄒᆞ니僉君子ᄂᆞᆫ斯速購覽ᄒᆞ심을爲要

發賣元　京城鍾路大廣橋越小廣橋大路東邊二層洋屋 彰信社內及各書舖에在홈

本人의父親慶必永氏가以是誤郡守로被誘於義徒時姓名圖章을手中公私文蹟을見失ᄒᆞ얏ᄉᆞ오니知悉照亮홈

殷範　告白

辯護士 前判事前檢事 金正穆

○民事訴訟代理와刑事辯護와鑑定顧問과諸文案起草諸般事務를迅速處理홈

漢城南署小公洞第拾一統五戶

事務員 前辯護士 鄭昌興

新刊書籍發售

東國史略	[illegible]
普通敎科東國歷史	壹圓拾錢
新訂東國歷史	壹圓
歷史輯略	貳圓
大東紀年	貳圓
大東歷史	壹圓五拾錢
東國名將傳	四拾五錢
東國輿地勝覽	洋裝拾貳圓 洋製拾圓
大韓疆域考	壹圓
大韓新地誌	壹圓
大韓地誌附地圖	壹圓
初等大韓地誌敎科書	七錢
新撰地文學	四拾錢
萬國地理	壹圓拾錢
士民必知國文	上製拾錢 並製拾錢
初學地誌	上製六拾錢 並製五拾錢
萬國史記	七圓
中等萬國史	七拾錢
精撰萬國史	六拾錢
東西洋歷史	壹圓五拾錢
五偉人小歷史	拾錢
世界三覽	二十錢
世界年契	[illegible]
公法會通	壹圓五拾錢
萬國公法要略	五拾錢
刑法大全	六拾錢
改正刑法草案	四拾錢
法學通論	壹圓
議會通用規則	拾五錢
現行法規類纂	三圓九拾錢
外交通義	壹圓貳拾錢
商業大要	六拾錢
國家學	五拾錢
國民必書	壹圓廿五錢
家庭敎育學	三拾錢
生理衛生學附圖	四拾錢
中等生理學	九拾錢
新撰小博物學	五拾錢
新編博物學	七拾錢
新撰小物理學	五拾錢
動物學國文	壹圓廿五錢
□政新編	五拾錢
經濟學國文	拾七錢五厘
農桑全書附蠶桑及種藝法	四拾五錢
新訂算術	六拾錢
算術新書	八拾錢
高等算學解式	七拾錢
英國獨立史	四拾錢
法蘭西新史	四拾錢
埃及近世史	四拾五錢
波蘭末年戰史	四拾錢
普法戰記	圓拾錢
羅馬史 附意大利史	四拾錢
越南亡國史	貳拾五錢
俄國略史	拾錢
交隣新論	拾五錢
國文讀須知	貳拾錢
指南漢文錄大全	四拾錢
大東文粹	六拾錢
尺牘完編	壹圓五拾錢
泰西新時代	拾三錢
文明論	三拾五錢
註解□□記	壹圓
新小說鬼聲	三拾錢
新小說血淚	貳拾전
近世女傑羅蘭夫人傳	四錢
政治小說瑞士建國誌	拾五錢
初等小學	壹圓五拾錢
幼年必讀	八拾錢
幼年必讀釋義	壹圓三拾錢
高等小學讀本	五拾錢
蒙學千字	五拾錢
中等修身敎科書	六拾錢
溫故知新	七錢五厘
父師必讀小學指南	七錢五厘
世界全圖	卅七錢五厘
大韓輿地圖	拾七錢五厘
五洲各國統屬全圖	七錢五厘
最新京城全圖	二拾錢
詳密最新韓國全圖	二拾錢
最新韓國地圖	拾五錢
分道詳密韓國新地圖	拾伍錢
韓國新地圖	四拾錢
漢文萬國地圖	四拾錢
漢文地球全圖	四拾錢
萬國指掌全圖	貳圓五拾錢
韓語大成	壹圓五拾錢
英語獨本	貳錢五厘
日語獨習	五拾錢
日語獨習	五拾錢
韓日會話辭典	一圓五拾錢
獨修速成日韓會話	三拾錢
普通日本字典	五拾錢
二十世紀朝鮮論	三拾五錢
比律賓戰史	四拾錢
比斯麥傳	拾五錢
中等萬國地誌	壹圓貳拾錢
師範敎育學	五拾錢
高等小學修身書	廿五錢
鑛物界敎科書	貳拾錢
會社法	九拾錢
國文算學新編	四拾錢
貨幣論	壹圓貳拾錢
普通經濟學	八拾五錢
商業汎論	壹圓拾錢
中等地文學	五拾錢
大韓地理	七拾錢
漢文大韓地誌	五拾錢
飮氷室文集	貳圓四拾錢
中東戰紀本末	四圓
西政叢書	拾圓
中外政治彙編	五圓五拾錢
時事新論	壹圓
英國名君言行錄	壹圓
泰西新史	貳圓五拾錢
萬國通鑑	三圓

發售書林

中署銅峴 大東書市 金基鉉

中署觀明橋 中央書館 朱翰榮

南署大廣橋 匯東書館 高裕相

●國債報償志願金總合所廣告

●光州郡方上洞嘉山 續

白權日 張訂浩 각六拾전
金永彦 四十전 鄭斗하
六十전 鄭致彦 白九善
김鳳主 鄭南玄 李化春
김秉先 각四拾전
오乃西 崔贊문 朴德立
金元贊 각廿전 김允명
鄭辰云 白際七 鄭仁弼
張仁集 各拾四전 金秉奎
張洛亨 각廿전 白用先
張京順 白亨烈 白乃元
각十四전
林春東 二十錢

▲馬池月峰
羅致宋 千允宗 一圓

▲所旨面社倉 林基澤 一圓
韓京先 四十전
韓鎭潭 韓春晳 각六拾전
韓百秦 韓用潭 韓貴奉
各廿전 박사문 四十전
金京用 二拾전 具德一
四十전 車云巳 鄭日云
田斗鳳 각十전 高사汝
二十전 宣君夬 六전
李洪柱 二拾전

▲平山面西作村
尹斗浩 十전 金龍亨 廿전

▲下大谷 高濟賢 一圓
高鎭柱 고濟化 고寫柱
각四十전 고翊柱 고榮柱
各廿전 朴勗來 鄭舜敎
各四十전 金古斗 廿전
李殷緖 고浩柱 각四十전
丁大基 丁京셥 各廿전
丁貴奉 丁元셥 各卄전

▲下大谷鹿雲洞
洞中 十圓四十전
김在元 金永玉 각一圓

▲三所旨 許烈 金先京
各一圓 安永珍 申多洪
各八十전 리桓榮 一圓
河振化 四十錢 李辰三
리京宅 각廿전 김光三
六十전 金權凡 四拾錢

▲月井 리형叔 一圓
河允三 二十전
李權一 四拾전

▲金塘
尹城 尹相洙 各一圓

▲奇禮방北外
최樺셥 五拾전
前議官崔相鎭大夫人曹씨
室內夫人池氏 子婦吳氏
孫婦鄭氏 각一圓

▲當夫面碧津
박源尙 二圓 奇寡婦
四十전 朴甲柱 朴源在
各廿전 박玉柱 六十전
金平三 一圓 盧永瑞
林正玉 리西云 各卄錢
林仁昌 金允化 各十錢
金今同 金致道 金成三
子好傑 各卄錢 崔德三
十전 金永학 張云善
각廿錢 金允洪 成判岩
각十錢 金日用 六十錢
至奉云 朱貴心 각廿전
박京般 羅判岩 김致三
洪致一 각十전 廉昌玉
二十전 宋中洙 金同凡
각十錢 盧孟祚 二十錢
리春五 朴壽命 金寡婦
各拾錢 梁士玄 二十錢
尹寡婦 十전

未完

◉本社廣告

○申報價

一張代金	新貨一錢五厘
一個月前納	三十錢
三個月	九十錢
六個月	一圓七十錢
一個年	三圓四十錢
郵稅一張	新貨五厘
一個月	十三錢

◉大韓每日申報各處支社

平壤上水口門內 金浩淵
京城布屛門下 金相萬
仁川紐峴開新冊肆 盧淑恒
宣川邑 [illegible] 李東鎬
義州西門外 [illegible] 安 [illegible]
釜山港佐川 大 [illegible]
三和港 [illegible] 洞 徐 [illegible]
咸興南州社西門外 金允성
開城南大門內興學書舖 曹 [illegible] 林
大邱市廳 崔一弘
載寧邑 [illegible] 劉 [illegible]
鐵山邑東部 安 [illegible]
元山倉前 劉七鎬
海州南門內 朴昌鎬
定州南門內書舖 洪成인
邑城郡校 [illegible] 許 [illegible]
郭山興岩 李 [illegible]
安岳 [illegible] 廉道 [illegible]
湖川 [illegible] 리鎭成
安州城內 [illegible] 井洞 金翼河
鐵原邑 [illegible] 洞 趙鎭大
高原邑 朴致吉
[illegible] 一住里客舍洞 [illegible]
井邑邑內 李益 [illegible]
泰仁邑內 金禹爀
扶安牛浦 金鼎濟
京義線梳峴驛替市 李 [illegible] 秀
長湍邑南門內 [illegible]
殷栗邑倉前里 金 [illegible]
吉阜邑許洞 殷錫漢
群山港東彰社 李九 [illegible]
龍川楊市會堂 宋判 [illegible]
[illegible] 黃菊保

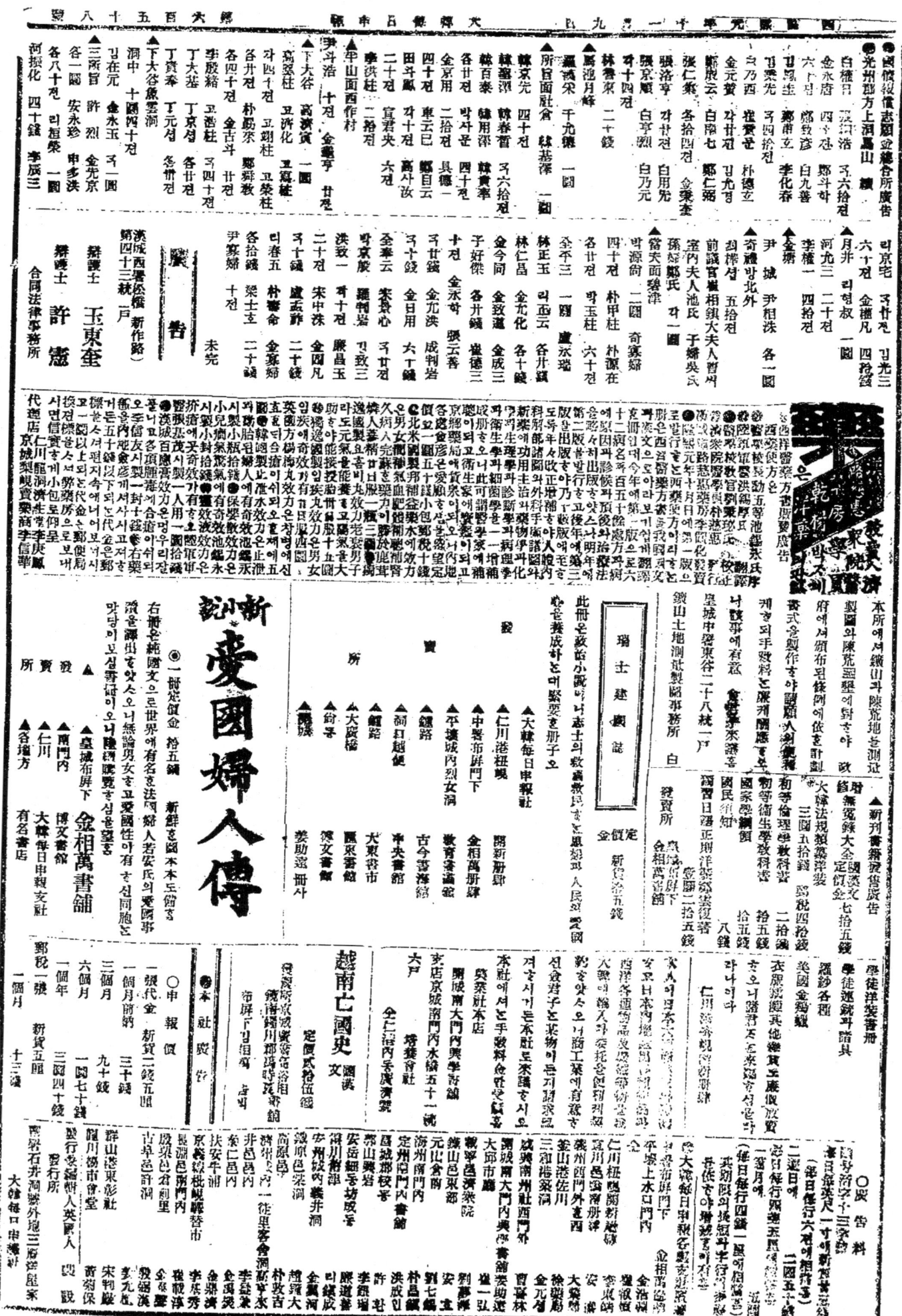

發行兼編輯人英國人 裵說
發行所
皇城石井洞樓外北三府洋屋家
大韓每日申報社

第五卷 大韓每日申報 第六百五十九號

月曜及祭日休刊
臨時休刊

建國紀元四千二百四十年
箕子紀元三千二十九年
大韓開國五百十六年
日本明治四十年
淸國光緖三十三年
陰曆丁未十月初七日乙丑

別報

◉新時代의思潮（太極學報照騰） 一歲生

幸耶아不幸耶아不知커니와吾人은新時代에出生ᄒ民族이로다四千二百餘年國家歷史가一朝에桑滄의變遷을經ᄒ얏스니是ᄂ歷史上新時代오國家統治權의其主體와權限과機關의組織을一變하얏스니是ᄂ政治上新時代오農工商業의活動力이他力의制限을受ᄒ야舊者를能히維持치못ᄒ고新者를能히利用치못ᄒ야輸出輸入의原動力이我에不在ᄒ고他에存在ᄒ얏스니是ᄂ實業上新時代오東方海隅에處ᄒ야天下大勢를度外視之ᄒ고自傲自尊ᄒ야混沌時代의生活을自營ᄒ던國民이一朝에强者優者와共同競爭ᄒ야自然陶汰와優勝劣敗의原理原則의管轄을受케되얏스니是ᄂ生活上新時代오國性이變改ᄒ고時局이遷移ᄒ야國民의思想을不可不一變하니是ᄂ敎育上新時代라

嗚呼라吾人이此新時代에處ᄒ야如何ᄒ理想을有홈이可乎아如何ᄒ方針을立홈이可乎아此實我民族의生滅存亡에關ᄒᄂ大問題라世界列强의文明史를觀察ᄒ니大勢를洞察ᄒ야自國의國是를大勢와調和ᄒ者ᄂ興ᄒ고ᄒᆫ갓頑冥固執ᄒ야利害善惡을不分ᄒ고唯一保守主義를割据ᄒ야天下時勢에落後ᄒ者ᄂ亡ᄒ얏도다

大盖時勢를逆ᄒᄂ것은急流를逆ᄒᄂ것과如ᄒ야吾人의能力으로ᄂ左右치못ᄒ바ㅣ라英雄이時勢를造ᄒ다謂홈은眞理上으로判斷ᄒ면一箇比喩에不過ᄒᄂ格言이라何則고時勢라謂홈은廣狹兩意가有ᄒ니小而言之면一地方에一地方의時勢가有ᄒ고一國에一國의時勢가有ᄒ고大而言之면東洋에東洋의時勢가有ᄒ고西洋에西洋의時勢가有ᄒ고天下에天下의時勢가有ᄒ지라一地方과一國家의時勢ᄂ利害關係를共同ᄒᄂ民族間의産物이라其國에絶大英雄이生ᄒ야政治의制度를統一케ᄒ며社會의制度를合一케ᄒ며人民의思想을聯合케ᄒ면可히時勢를造ᄒ려니와國家와國家間에ᄂ如何ᄒ大人物이生ᄒ야兩方에同一ᄒ時勢를造成코ᄌᄒ지라도人種의觀念과宗敎의觀念과利害의關係와競爭의關係等으로由ᄒ야到底히同一ᄒ時勢를造成치不能ᄒ도다然而時勢에大小의區別이有홈은以上論述ᄒ바ㅣ라時勢의勢力强弱이其大小를從ᄒ야相殊ᄒ나니試看컨대世界의時勢가數國家의時勢에勝ᄒ고一國家의時勢가一地方의時勢에優ᄒ도다

故로一地方의時勢ᄂ一國의時勢變遷을從ᄒ야變化ᄒ고一國의時勢ᄂ世界의時勢變遷을從ᄒ야變化ᄒ도다試看ᄒ라百餘年以來로保守主義를確執ᄒ던北美合衆國이近時를當ᄒ야何故로帝國主義를主唱ᄒ야版圖擴張에熱中ᄒᄂ뇨是ᄂ非他라天下萬邦이皆是帝國主義를主唱홈에自己一國이到底히몬로主義로써國家를保存홀수無ᄒ故ㅣ라然則吾人은時勢에對ᄒ야如何ᄒ方針을持홈이可乎아

時勢ᄂ吾人의能力으로左右홀바아닌즉袖手傍觀홈이可乎아ㅣ運命으로知홈이可乎아決코非也ㅣ라非也ㅣ라觀察홀지어다彼太陽은吾人의能力으로써其光線을利用홀수有ᄒ도다이와又치吾人이時勢의出産을絶對的으로防禦홀수難ᄒ나其出産물時勢를利用홀수有ᄒ니於是乎吾人이時勢에對하야絶望보다希望이多ᄒ고悲觀보다樂觀이多ᄒ도다 （未完）

官報

●三千九百十九號 隆熙元年十一月九日

敍任及辭令

典膳司提調 金思轍

特叙勳二等賜八卦章
前陸軍參將勳二等 梁性煥
宮內府禮式官勳三等 高羲敬

特陞叙勳二等賜八卦章
軍部次官陸軍參將 韓鎭昌
內閣法制局長 兪星濬

特叙勳二等賜太極章
軍部經理局長陸軍司監 李鳳夏

特叙勳三等賜八卦章
軍部軍務局長陸軍參將勳九等 趙性根

特陞叙勳三等賜八卦章
內部治道局技師 兪倫求
農商工部鐵道局長 柳相敎
內閣書記官 吳在豐

特叙勳九等賜八卦章
[illegible]

學部視學官 李晩奎

特叙勳六等賜八卦章
軍部副官陸軍工兵參領勳六等 金基元

特陞勳五等賜太極章
軍部附陸軍步兵副領 閔用基
侍從武官陸軍騎兵參領 朴榮喆
前憲兵隊長 李龍漢

特叙勳五等賜太極章
中樞院副贊議 李參鉉
仝 李範來
仝 李斗璜
仝 趙玟閑
仝 權東鎭

依願免本官
正三品 申德熙
仝 鄭蘭敎
仝 李奎完
仝 吳世昌
仝 九品 崔延憲
任中樞院副贊議

◉宮廷錄事

●號外 隆熙元年十一月九日
詔日移御日子陰曆今月旬前擇入

●號外 隆熙元年十一月十日
宮廷錄事
掌禮院卿臣李重夏謹
奏
移御日子陰曆今月旬前擇入事
命下矣吉日令日官金東杓推擇則十月初八日未時爲吉云以此日時擧行何如謹上 奏 奉
旨依奏

●三千九百二十號 隆熙元年十一月十一日

敍任及辭令

度支部書記郞 嚴演承
依願免本官
任臨時軍用及鐵道用地調査局書記郞 六品 吳奎永
度支部書記郞 劉章賢
度支部稅務主事 金鉉台
漣川府主事 沈星澤

依願免本官
任忠淸道觀察道主事 劉錫範
仝 趙東舜
任慶尙南道 仝 金振常
任江原道 仝 方師榮
任慶尙北道 仝 吳世增
任三和府 仝 任能準
任龍川府 仝 白道源
任仁川府 仝 裵正點
任會寧郡 仝 許 舍
任麟蹄郡 仝 朴命勳
任居昌郡 仝 趙延稷
任江東郡 仝 金鼎淵
任華川郡 仝 吉春楨
任中和郡 仝 裵時鉻
任茂州郡 仝 尹□赫

陞從一品崇政大夫議政府贊政 閔泳綺

贈正一品輔國崇祿大夫領敦寧司事

正一品輔國崇祿大夫行判敦寧司事閔丙奭考依法典追
贈

免本官
度支部技手 李□鎬
宮內府次官 小宮三保松
內部次官 木內重四郞
度支部次官 荒井賢太郞
命臨時帝室有及國有財産調査局調査委員

外報

●日本軍視察 倫敦電을據ᄒ즉日本과俄國戰役後에英國에서日本의軍政敎育을觀察ᄒ기爲ᄒ야士官을派送ᄒᄂ者가多ᄒ中에德法兩國은熱心硏究ᄒ더니其視察趣旨가有異ᄒ니卽德國의目的은日本이德國式軍備가日本에서何如ᄒ程度까지發達ᄒ얏ᄂ지又ᄂ何如히改良되얏ᄂ지를硏究ᄒ야此를自國軍備에應用ᄒ라홈이오法國은日本이英國式을採用ᄒ制度와及其活用ᄒᄂ□法을自國의參考에資ᄒ기爲ᄒ야研究하라ᄒ얏다더라

◉德皇訪英延期 倫敦電을據ᄒ즉德國皇帝의英國訪問은延期되얏다더라

●日館에放銃 海參威電을據ᄒ則去四日夜同地에駐在ᄒ日本領事館에向ᄒ야放銃ᄒ者이有ᄒ다더라

◉對比律賓議論 米國政治家一人이海軍水師提督을見ᄒ고比律賓問題를議論ᄒ되米國에서該地를得ᄒ後로年年이大多ᄒ金額을虛費ᄒ얏스며또ᄒ又치見ᄒᄂᆫ日本이將次米國과不協不和케ᄒ니該地에金額을虛費ᄒᄂ것보다잘ᄒ리니若干涉차만ᄂ것이可ᄒ다ᄒ매該提督이말ᄒ되然ᄒ나大略을아ᄂ日本의比律賓은以後로金産額이가ᄒ인대如干金額이消費될것이何ᄒ리요ᄒ얏다더라

●日本大博覽會 日本政府에서明治四十年에萬國大博覽會를東京에開設ᄒ다ᄒ더니이ᄯᅢ로日本政府에서靑山練兵場으로地를議定ᄒ얏다더라

雜報

●閔氏牽引 前贊政閔丙奭가今番□國社社長에被任ᄒ얏ᄂ데該合社□役費를平□收租ᄒ게採用ᄒ經理院七千五百圜을內下ᄒ시기에付劃ᄒ라ᄒ얏더니經理院에서有用ᄒ인지該獄에賠償事로ᄒ야…라

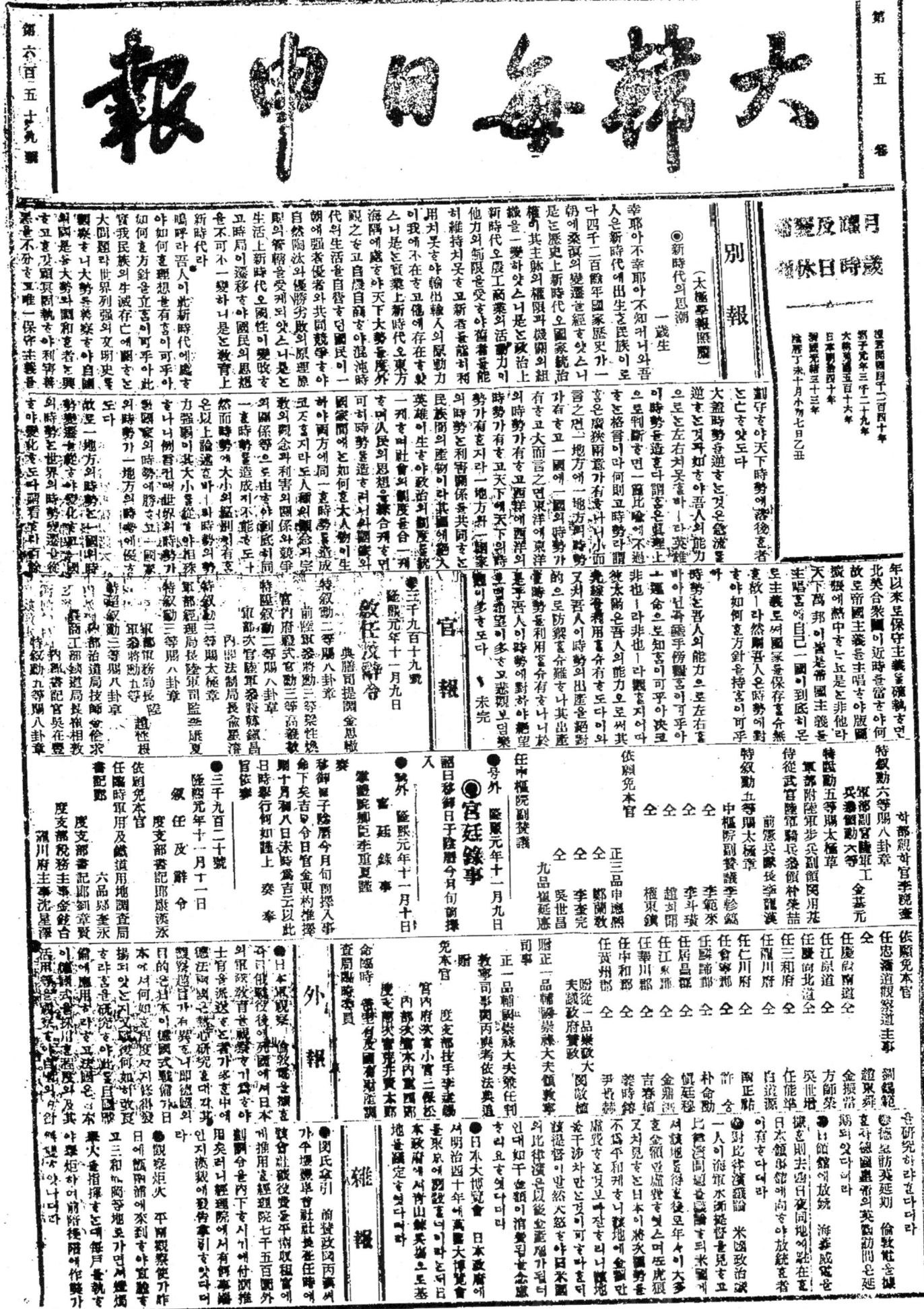

●觀察炬火 平南觀察使□□□日에甑南浦에來到ᄒ야官屬과三和府等地로가면셔曝火를指揮ᄒᄂᆫ대每戶에□野로炬火를執하어前陪後陪에作隊ᄒ얏다더라

雜報

●移御傳說 太皇帝陛下께셔ᄂᆞᆫ安洞別宮으로移御하신다ᄂᆞᆫ說이有ᄒᆞ고 皇太子殿下께셔ᄂᆞᆫ東闕內樂善齋로移御ᄒᆞ신다더라

●大赦天下 大赦 詔勅이日間에頒布될터인ᄃᆡ現今罪犯만放釋ᄒᆞᆯ뿐아니라自開國以後 皇室犯國事犯을一體蕩滌ᄒᆞᆫ다더라

●昌德宮移御 大皇帝陛下께옵셔明日에昌德宮으로移御ᄒᆞ옵신다더라

●留學預定 皇太子殿下께셔來月中旬間에日本에御渡ᄒᆞ사留學ᄒᆞ실預定이라ᄒᆞ더라

●叡覽賞狀 再昨日博覽會에셔각出品人의게賞狀授與式을擧行ᄒᆞᆯᄉᆡ 皇太子殿下께셔臨御ᄒᆞ시고總理大臣以下各部大臣과奏任官以上이며伊藤統監과長谷川大將이一齊히進叅ᄒᆞ얏다더라

●農大上奏 農商工部大臣宋秉畯氏가 太皇帝陛下께重明殿이狹窄ᄒᆞ니德壽宮으로移御하실意로上奏ᄒᆞ얏다더라

●修理審查 再昨日下午四時에宮內部大臣李允用氏와侍從卿閔丙奭氏와太僕司長玄永運氏가昌德宮에前往ᄒᆞ야修理等節을審查後諸闕을觀覽ᄒᆞ얏다더라

●賞與下賜 再昨日 皇太子殿下께ᄋᆞ셔博覽會御覽時에乳母二人이陪往하얏고 御覽ᄒᆞ신後에各事務員에게賞與를下賜하셧다더라

●別宮修理 太皇帝陛下게ᄋᆞ셔安洞別宮으로移御ᄒᆞ신다ᄂᆞᆫ說은別項과如ᄒᆞ거니와該宮으로移御가되면德語學校ᄭᆞ지該宮內로附入ᄒᆞᆯ터인ᄃᆡ間數가統合六百餘間可量이라더라

●樞密閣議 中樞院에셔內閣에服從建議案件에對ᄒᆞ야一紙答照書으로中樞院議長以下贊議가昨日에會同ᄒᆞ야內閣에其리由를探知次로建議ᄒᆞ얏다더라

●紳士協議 近日港說을據ᄒᆞᆫ즉地方擾騷ᄒᆞᆷ을鎭撫ᄒᆞᆯ目的으로日本國民黨中에有志人士幾名이渡來ᄒᆞ야某々紳士로協議ᄒᆞᆫ다더라

●咸察上京 咸南觀察使[illegible]氏가內部로電報ᄒᆞ되各郡을宣諭ᄒᆞ야人民을安穩케ᄒᆞ옵고農部訓令을承ᄒᆞ야方今上京이라ᄒᆞ얏더라

●保安勿施 錦陵尉朴泳孝氏가解配ᄒᆞ다ᄂᆞᆫ說은前報에揭載ᄒᆞ얏거니와從今以後로ᄂᆞᆫ保安條例를勿施ᄒᆞᆫ다ᄂᆞᆫ說이有ᄒᆞ더라

●亦一風說 內閣이變動된다ᄂᆞᆫᄃᆡ總理大臣과農商大臣外ᄂᆞᆫ一體變更되고總理李完用氏ᄂᆞᆫ學部大臣으로依舊轉任ᄒᆞᆫ다ᄂᆞᆫ說이有ᄒᆞ다더라

●派兵鎭撫 軍部에셔地方義徒를鎭靜ᄒᆞ기爲ᄒᆞ야昨昨에忠淸北道와江原道에兵丁二百名을派送ᄒᆞ고黃海道와平安南道에四百名을派送ᄒᆞ얏다더라

●儀仗預定 內部大臣任善準씨의甥姪宋鍾憲[illegible]가今番奏本에[illegible]被任ᄒᆞ기로內定이되[illegible]더라

●英館祝賀 三昨日에總理大臣李完用侍從[illegible]臣李允用侍從[illegible]宮內[illegible]官人幾員諸[illegible]谷川大將과[illegible]英[illegible]館에往ᄒᆞ야[illegible]陛下誕辰을祝賀ᄒᆞ[illegible]

●囚因請免 楊州郡守洪奏潤氏가彰親廟에滯囚多日이더니內部에셔免官奏本을內閣에請議ᄒᆞ얏다더라

●佛館晉餐 十六日佛國領事晩餐會에伊藤統監과長谷川司令官以下高等官과韓國諸大臣各國領事가往叅ᄒᆞᆫ다더라

●因病停賀 十一日은伊國皇帝誕日인ᄃᆡ同國領事가病氣를因ᄒᆞ야受賀치못ᄒᆞᆷ으로他國官民은往訪을廢止ᄒᆞ얏다더라

●戶口調查 漢城府를革破ᄒᆞ고別設一院하야戶口調査의着手ᄒᆞ기로新官制에頒布된다ᄂᆞᆫ說이有ᄒᆞ더라

●擇其根地 地方의不靖ᄒᆞᆷ을鎭靜ᄒᆞ기爲ᄒᆞ야兵丁二百餘名을派送ᄒᆞ얏다ᄂᆞᆫ說은前項과如ᄒᆞ거니와父母妻子가有ᄒᆞᆫ兵丁을擇送ᄒᆞ얏다더라

●韓趙同伴 目賀田氏가歸國時에韓相龍趙鎭泰兩氏를同伴渡去ᄒᆞ얏다ᄂᆞᆫᄃᆡ其理由ᄂᆞᆫ姑未詳知라더라

●淸館宴期 來拾三日에淸國領事館에셔宴會를設ᄒᆞ고各府部次官을請邀宴待를預定이라더라

●法官云遞 漢城裁判所에셔國民新報社와裁判ᄒᆞᆫ主務로該裁判法官幾人은替次遞任이된다더라

●郡主代辦 合郡ᄒᆞᆫ다ᄂᆞᆫ說은各新聞에揭載ᄒᆞ엿거니와他郡으로附屬ᄒᆞᆫ郡에ᄂᆞᆫ郡主事一員만置之ᄒᆞ고行政事務를處理케ᄒᆞᆫ다ᄂᆞᆫ說이有ᄒᆞ더라

●僞造綻露 禮式官김祚鉉氏가 太皇帝陛下의 勅敎가有ᄒᆞ다ᄒᆞ고德國銀行에僞造ᄒᆞᆫ事가綻露되야法部에셔拘拿懲辦ᄒᆞᆫ다더라

●公察請由 公州觀察使가內部로電報ᄒᆞ되博覽會에셔又有請隙ᄒᆞ야將次上京하오니限五日許由ᄒᆞ라ᄒᆞ얏다더라

●與妓競走 學部에셔再昨日三淸洞에셔慰勞會를設行하얏다ᄂᆞᆫ後閣을嫌ᄒᆞᆫ쟈學部大臣以下內外國妓生等이互相競走ᄒᆞ얏ᄂᆞᆫᄃᆡ此日盛況은一場可觀이라더라

●上樑式請牒 皇城基督青年會館新建築ᄒᆞᄂᆞᆫ上樑禮式을本月十三日에設行ᄒᆞ기로定ᄒᆞ고內外國紳士의게請牒을발送ᄒᆞ지ᄒᆞ엿더니伊日에 大皇帝陛下께옵셔移御ᄒᆞ시ᄂᆞᆫ公故가有ᄒᆞᆫ故로上樑禮式을延期十四日로退定ᄒᆞ고新聞에廣告ᄒᆞ야請牒을受ᄒᆞ신僉君子ᄂᆞᆫ本月十四日下午二時에鍾路基督敎靑年會館新建築ᄒᆞᆫ上樑式에來叅ᄒᆞ시기를希望ᄒᆞᆫ다더라

●自身自衛 一進會에셔自衛團을組織하얏다ᄒᆞᆷ은已爲報道ᄒᆞ얏거니와其槪意를聞ᄒᆞᆫ則個人이自己의身을自衛ᄒᆞ되誘ᄒᆞ야犯科가無케ᄒᆞᆷ이라더라

●委病電部 全北觀察使醫理參書官尹鳳鉉氏가內部로電報ᄒᆞ되委病이危篤ᄒᆞ와印章을本郡에送交ᄒᆞ고上京ᄒᆞ라ᄒᆞ얏다더라

●狼變又生 陰八月二十一日夜에義州郡水鎭面德峴洞金村宋외子九歲兒를豹狼이獲去ᄒᆞ얏다더라

●亦一變怪 碧潼郡居李東秀외子가啞聾으로兼有癲狂症ᄒᆞ야以其子로其父를剌殺ᄒᆞ얏다더라

●無辜白放 前順州隊副尉金宋옥氏가不能解隊ᄒᆞᆫ事로被捉이되얏더니三昨日平理院에셔裁判ᄒᆞ얏ᄂᆞᆫᄃᆡ實犯이無ᄒᆞᆷ으로白放이되얏다더라

●英國韓人 英領布哇에留駐ᄒᆞᄂᆞᆫ韓國人이발起ᄒᆞᆫ英國桑港에在ᄒᆞᆫ合成協會에셔ᄂᆞᆫ合成新報를刊行ᄒᆞ고大同保國會에셔ᄂᆞᆫ大同公報를刊行ᄒᆞ엿더라

●洋服賊漢 三昨日에博覽會妓舞場에셔洋服을着ᄒᆞᆫ賊漢一名을別巡檢이捕捉ᄒᆞ얏다더라

●何不愼言 小笠洞等地에勞動者一人이義兵陣에被拘ᄒᆞ엿다가逃來ᄒᆞ엿다고揚言ᄒᆞ다가巡檢의게被捉이되얏다더라

●磁器之故 尹德과長湍兩郡에在ᄒᆞᆫ湯趙氏의先祖襄烈公內外의墓所가有ᄒᆞᆫᄃᆡ今年六月九月에墓器盜賊이破墓竊取ᄒᆞ얏ᄂᆞᆫ지라近處에居生ᄒᆞᄂᆞᆫ子孫들이毀破墓를改築ᄒᆞ엿다ᄂᆞᆫᄃᆡ該附近에此等賊變이比々有之ᄒᆞᆫ다더라

●宣使報告 忠淸南北道宣諭使李舜夏氏가內部에報告ᄒᆞ되[illegible]川郡狀況이慘不忍言인바民無庇身之所ᄒᆞ야呼哭道路ᄒᆞ오며時候ᄂᆞᆫ漸冷ᄒᆞ온ᄃᆡ凍餒之患을不得免焉이온ᄃᆡ僅保殘命ᄒᆞᆫ者도不營業하고夜不成寐ᄒᆞ와擧將渙散이오바道主事睦源擧이以該郡守署理로馳往該郡ᄒᆞ와宥者도旣燒餘俗故로賓於邊外民家ᄒᆞ야不憚勞苦ᄒᆞ고躬行村閭ᄒᆞ야撫恤接濟[illegible]ᄒᆞ온바若非郡守署理之誠心이면邑附縣邑이오니似此特異之政務ᄂᆞᆫ宜在褒賞之擧이오니爲先本郡의守로敍任ᄒᆞ야一境盜死ᄒᆞᆫ民을施恤ᄒᆞ게ᄒᆞ심이妥當이라ᄒᆞ얏더라

●新郡巡擾 [illegible]該百名이新寧郡에突入ᄒᆞ야鄕[illegible]便[illegible]ᄒᆞ고打破燒燬ᄒᆞ얏다더라

●自願無效 [illegible]에셔[illegible]가地方을鎭靜ᄒᆞ기爲ᄒᆞ야內閣에呈請ᄒᆞ되自己로召募ᄒᆞ야叙任ᄒᆞ야兵丁幾百名을許借ᄒᆞ면淸州郡에出駐ᄒᆞ야各地方의解散ᄒᆞᆫ兵丁을收合ᄒᆞ야義兵을討滅ᄒᆞᆯ것다ᄂᆞᆫᄃᆡ該運動이無效에歸ᄒᆞ얏다더라

●自衛派遣 一進會에셔地方을鎭撫ᄒᆞᆯ方針으로協議ᄒᆞ얏다ᄂᆞᆫ說은前報에揭載ᄒᆞ얏거니와該會에셔自衛團을設始ᄒᆞ야各地方으로派送ᄒᆞᄂᆞᆫᄃᆡ京畿道와江原道에ᄂᆞᆫ李희惠金澤鉉元世基氏로忠淸北道와慶尙北道에ᄂᆞᆫ崔廷德尹正植氏로忠淸南道에ᄂᆞᆫ尹始炳氏로全羅南道에ᄂᆞᆫ俞鶴柱氏로黃海道와平安南道에ᄂᆞᆫ洪允祖氏로派送ᄒᆞᆫ다더라

●金家賊警 東署伏魚橋金演相家에再昨夜에賊漢四名이突入하야紙貨二百圜을奪去ᄒᆞ얏다더라

▲地方消息▼

▲龍仁陰竹兩郡義兵이合勢ᄒᆞ야日兵과交戰ᄒᆞ다ᄒᆞ고

▲德川寧遠[illegible]川成川等地에義兵의氣焰이甚盛ᄒᆞᆷ으로該道觀察使朴重陽氏가宣諭次로營地에발往ᄒᆞ얏다ᄒᆞ고

▲抱川郡高子村에셔ᄂᆞᆫ去六日에義兵三百餘名이留宿ᄒᆞᆯ際에日兵一小隊가突入ᄒᆞ야互相交戰ᄒᆞ얏다ᄒᆞ고

▲呂州[illegible]渡에셔義兵數十名이船隻을執留ᄒᆞ고行船ᄒᆞᆯ際에船夫等이順從치아니ᄒᆞᆷ으로船夫大名을砲殺ᄒᆞ얏다ᄒᆞ고

▲去二日高城郡에義兵이多數駐屯ᄒᆞᆯ際에憲兵巡檢이來探ᄒᆞᆷ을義兵이見ᄒᆞ고即時砲擊ᄒᆞ야巡檢憲兵數名을負傷ᄒᆞ얏다ᄒᆞ고

▲公州발電을據ᄒᆞᆫ즉義兵百名이恩津分派所를襲擊ᄒᆞ미防戰ᄒᆞ기爲ᄒᆞ야巡查五名이發行ᄒᆞ엿다더라

東京電報

●預算決定 九日發 韓國統監府와台灣總督府와關東都督府及樺太民政廳의明年度預算은一千一百萬圓인ᄃᆡ明治四十二年度以後의財政을計劃을決定ᄒᆞᆫ후에야響議ᄒᆞᆯ이라더라

▲煖爐冷談▼

▲政界風雲이聚散이無常ᄒᆞ미各部大臣의訪問이一將無數ᄒᆞ야耳語가竊勿ᄒᆞ니一抹愁雲이眉端에深掩ᄒᆞ야[illegible]도다

▲[illegible]陵의[illegible]으로改稱ᄒᆞ고年老[illegible]叙任ᄒᆞᆫ다ᄒᆞ니近來年[illegible]世[illegible]頑固[illegible]ᄋᆞ야[illegible]에[illegible]出[illegible]으로

▲[illegible]郡守更[illegible]미언뎡減損[illegible]ᄒᆞ니[illegible]部[illegible]更가減額[illegible]說[illegible]ᄒᆞ미[illegible]加[illegible]

▲咸[illegible]多[illegible]

▲稅[illegible]有ᄒᆞ야[illegible]或取利ᄒᆞ[illegible]戰避[illegible]스니[illegible]紊亂ᄒᆞᆷ으로[illegible]此[illegible]反ᄒᆞ[illegible]守[illegible]知ᄒᆞ도다

▲下[illegible]化堂[illegible]新ᄒᆞᆷ次[illegible]式支撥ᄒᆞ[illegible]化堂[illegible]치[illegible]이腐敗[illegible]지一新ᄒᆞ修[illegible]新될ᄂᆞᆫ지

▲設始[illegible]宜論使委員[illegible]씨ᄂᆞᆫ李[illegible]生ᄒᆞ더니宜[illegible]에傑[illegible]屢[illegible]가何[illegible]辨[illegible]ᄒᆞ얏ᄂᆞᆫ지

雜報

●請敎卞明　鍾城郡守李賢[illegible]씨가 還觀察使가 報告ᄒᆞᆫ事에 對ᄒᆞ야 裁判卞白을 伏望이라ᄒᆞ얏더라

●云不入會　日昨本報에 申泰休氏가 一進會에 投入ᄒᆞ엿다고 揭載ᄒᆞ엿더니 同氏와 裵남金永九씨가 初不入會ᄒᆞ엿다고 本社에 來辨ᄒᆞ더라

廣告

茶陽趙氏先祖襄烈公墓德墓所 配位貞和公主長湍墓所 今八九月連有墳上盜掘之變 先自京會所略排圻 宗中亟行改築 然此係門內罔措痛追 故玆以廣布 僉宗戚亮爲要

趙氏宗中　告白

本人의 姓名圖章을 南大門外停車場에서 遺失故로 玆以廣告ᄒᆞ오니 知舊間照亮ᄒᆞ시옴

茶洞 崔炳俊　告白

本人의 率養ᄒᆞ얏던 子 韓榮斗가 家産을 奪取ᄒᆞ야가지고 逃走ᄒᆞ옵기로 玆以破養ᄒᆞ오니 僉君子는 照亮ᄒᆞ옵고 錢財勿爲去來ᄒᆞ시옴

西署積善坊 三拾六統五戶 朴仁泰　告白

●正誤　五百九十四號 營業廣告中 於音一片下에 見本二字가 落이기 玆以正誤홈

本人이 去八月初七日 晉市[illegible]返이옵다가 [illegible]이 絶厥ᄒᆞ와 匠刻姓名圖章을 知償路邊에 遺失이옵기 玆以廣告ᄒᆞ오니 某人이 拾得이라도 [illegible]所在하[illegible] 故로 失이 分明ᄒᆞᆫ 人이ᄆᆡ [illegible] 勿爲 要論圖大害

平北義州[illegible]　[illegible]　告白

本人이 西小門外盤石坊米廛下契 盤井洞五十統四戶 [illegible]處에 當錢二萬五千兩 推尋票를 手袋中에 藏置ᄒᆞ얏다가 十月初三日에 遺失ᄒᆞ와 玆以廣告ᄒᆞ오니 誰某가 拾得ᄒᆞ얏던지 休紙施行홈事

忠淸南道 鎭岑 上南面 水內居 李齊衡　告白

本人의 從姪 禹錫이가 以瘋癲素狂으로 如何狂說을 於街路上이던지 被捉於日本司令部ᄒᆞ야 以養從祿으로 狂招本人與李燦等ᄒᆞ야 被囚月餘에 以無瑕得放이나 自顧狂人之行爲컨ᄃᆡ 本人則自有狂姪之責이어니와 他人이야 何罪오 應復有後弊ᄒᆞ야 玆以告白ᄒᆞ오니 內外國人은 照亮홈

木川加德里居 李鍾淏　告白

本人의 從弟 綏東가 浮浪ᄒᆞ야 昨年에 酒技之債로 蕩殘家庄ᄒᆞ고 無依無家에 不竣[illegible]習ᄒᆞ야 挾雜輩로 假造文券ᄒᆞ야 其三四寸의 田畓을 偸賣코져ᄒᆞ기로 玆에 先布ᄒᆞ오니 內外國人은 切勿見欺홈

平北定州古邑面[illegible]里居 李鍾默　告白

李鵬淳의 名을 鵬으로 改定ᄒᆞ옵

李鵬　告白

特別廣告

本會館新建築上樑禮式을 本月十三日에 設行ᄒᆞ기로 定ᄒᆞ고 內外國 僉君子의 請牒하얏더니 伊日에 太皇帝陛下ᄭᅴ옵서 移御ᄒᆞ시는 公故가 有ᄒᆞᆫ 故 上樑式은 其翌十四日로 退定ᄒᆞ옵고 玆에 廣布ᄒᆞ오니 請牒을 携帶來臨ᄒᆞ심을 敬望홈

皇城基督靑年會

孤兒院廣告

本院今番演奏會時 寄附ᄒᆞ신 紳士與婦人과 貴宗ᄒᆞ신 僉君子가 多ᄒᆞ온ᄃᆡ 金額領受ᄒᆞ는 左廣告ᄒᆞ오니 遠々히 本院에 送致ᄒᆞ심을 望홈

李容九　俞吉濬　각廿圓
盧[illegible]　禹恒鼎　각十圓
裵宗煥　張龍相　각五圓
權東鎭　韓錫振　辛明根　각五圓
金相설　妓生採蓮
嚴柱東　妓生蓮心　康용九　각三圓
淸人 林영池　黃[illegible]俊　崔龍[illegible]　三圓六拾젼
각貳圓　申泰徽　李範益
孫景天　金榮完　金榮[illegible]
宋秉浩　李熙쥰　각壹圓
朴承稷　金元植　崔仁成
每月각壹圓　金義淳　鄭寅平
孫德林　각五拾젼　尹宵榮
李圭直　각卄젼　金在鼎
趙世熙　崔炳憲　安敎明
각廿젼　金秀益　拾젼

本人陰八月分 姓名圖章을 見失ᄒᆞ엿ᄉᆞ오니 僉 故로 異形改雕ᄒᆞ엿ᄉᆞ오니 僉 照亮홈

漢城府 余勿坪 金益泰　告白

영미국졍부젼미특허 셕유발동긔 졍미긔계급부속품을 일볌여 방매ᄒᆞ오

直輸入商 韓國代理店 仁川本町 中根商會 電話七參貳番

廣告

本公司始運來大韓國特別紙捲연烟製品 純良香味與別貨不同 近有市上牌紫混雜 請君認明本牌爲記 庶不至悞

京城大貞洞 鴻源號
仁川租界 鴻源號代售店
安興公司

政治原論

安國善 編述　定價金 六十錢　郵料 六錢

人類는 政治的動物이라 政治思想은 人類가 國家를 構成ᄒᆞᆫ 要素니 國民된者ㅣ 政治를 不知ᄒᆞᆷ이 可ᄒᆞ리오 況今 政治를 刷新ᄒᆞ는 時代에 더욱 政治를 硏究ᄒᆞᆷ이 必要가 有ᄒᆞᆫ즉 本書가 其 適宜ᄒᆞ니 僉君子는 [illegible]

總發賣元 京城[illegible]大[illegible] 大廣橋東邊二層洋屋 [illegible]社內及各書舖

本藥房

本藥房에서 藥을 精製調劑ᄒᆞ오며 婦人小兒에 診察도 [illegible]ᄒᆞ오며 年久難治病외는 服藥이 [illegible]식혀 差度가 有ᄒᆞᆫ 後에야 代金을 領受ᄒᆞ깃삽고 白玉粉은 新發明ᄒᆞᆫ 것인ᄃᆡ 일문을 ᄒᆞ시 [illegible] 오시와 來問하시옵

[illegible]署大平坊曲橋第十二統三戶

濟一局　告白

新刊書籍發售廣告

正價金

東國史略　壹圓五拾錢
大韓東國歷史　壹圓拾錢
新訂東國歷史　壹圓
歷史輯略　貳圓
大東紀年　貳圓
大東歷史　壹圓五拾錢
東國名將傳　四拾五錢
東國輿地勝覽　洋裝拾貳圓 [illegible]拾圓
大韓疆域考　壹圓
大韓新地誌　壹圓
大韓地誌附地圖　壹圓
初等地誌敎科書　七拾錢
新撰地文學　四拾전
萬國地理　壹拾錢
士民必知國文　上製八拾錢　並製六拾錢
初學地誌　上製六拾錢　並製五拾錢
萬國史記　七圓
中等萬國史　七拾錢
精撰萬國史　六拾錢
東西洋歷史　壹圓五拾錢
五偉人小歷史　拾錢
世界一覽　二拾錢
世界年契　七拾五錢
公法會通　壹圓五拾錢
萬國公法要略　五拾錢
刑法大全　六拾錢
改正刑法草案　四拾錢
法學通論　壹圓
議會通用規則　拾五錢
現行法規類纂　三圓九拾錢

外交通義　壹圓貳拾錢
商業大要　六拾錢
國家學　五拾錢
牧民心書　壹圓廿五錢
家庭敎育學　三拾錢
生理衛生學附圖　四拾錢
中等生理學　九拾錢
新撰小博物學　五拾錢
新編博物學　七拾錢
新撰小物理學　五拾錢
動物學 國文　壹[illegible]
農政新編　五[illegible]
蠶桑[illegible] 國文　拾[illegible]
栽桑全書 [illegible]
新訂算術　六[illegible]
算術新書　八拾錢
精撰算學解式[illegible]　七拾錢
美國獨立史　四拾錢
法國革新史　四拾錢
埃及近世史　四拾五錢
波蘭末年戰史　四拾錢
普法戰記　四拾錢
羅馬史 附泰西新史　四拾錢
越南亡國史　貳拾五錢
俄國略史　拾錢
交際新禮　十五錢
國文[illegible]知　貳拾錢
增修無寃錄大全　四拾錢
大東文粹　六拾錢
尺牘完編　壹圓五拾錢
時代[illegible]　拾三錢
[illegible]　三拾五錢
註解西廂記　壹圓
新小說鬼聲　三拾錢
新小說血淚　貳拾전
近世[illegible]夫人傳　四錢
女[illegible]
政治[illegible]　拾五錢
小[illegible]
初等小學　壹圓五拾錢
幼年必讀　八拾錢
幼年必讀釋義　壹圓三拾錢
高等小學讀本　五拾錢
蒙學千字　五拾錢
中等修身敎科書　六拾錢
[illegible]　七錢五[illegible]
父師[illegible]小學[illegible]　七錢五圓
世界[illegible]全圖　卄七錢五圓

大韓輿地圖　拾七錢五圓
五洲各國統屬全圖　七錢五
最新京城全圖　[illegible]拾
[illegible]
[illegible]　拾伍錢
地圖　四拾錢
[illegible]地圖　四拾錢
[illegible]全圖　四拾錢
[illegible]　[illegible]
英新獨本　[illegible]
日韓通話　五拾錢
日語獨習　五拾錢
韓日會話辭典　一圓五拾錢
獨修[illegible]語話　拾錢
速成日語[illegible]
普通日語[illegible]典　[illegible]拾錢
二十世紀朝鮮論　三拾五錢
比律賓戰史　拾전
比斯麥傳　拾五錢
中等萬國地誌　壹圓貳拾錢
師範敎育學　五拾錢
高等小學修身書　卄五錢
礦物界[illegible]　[illegible]拾錢
會社法　九拾錢
漢文[illegible]新編　四拾錢
貨幣論　壹圓貳拾錢
普通經濟學　六拾五錢
商業汎論　壹圓拾錢
中等漢文學　五拾錢
大韓地理　七拾錢
漢文大韓地誌　五拾錢
飮氷室文集　四圓四拾錢
中東戰紀本末　四圓
西政叢書　拾圓
中外政治叢編　五圓五拾錢
[illegible]新[illegible]　壹圓
美國名君言行錄　壹圓
泰西新史　貳圓五拾錢
萬國通鑑　三圓

發賣所 書林

中署寺洞 大東書市　金基鉉
中署[illegible] 中央書館　朱翰榮
南署大廣橋 東洋書舘　高裕相

●國債報償志願金總合所廣告

●光州郡 續

▲方下面鳳鶴 高喆柱 一圓 高濟夏 高濟淑 高濟奎 高濟三 高澤柱 각四十전 高濟漢 五濟孝 各廿전 高瑞圭 六十전 金商甲 金炳先 趙匡柱 趙奉鎬 洪鳳鎬 각廿전

▲院村 金영西 四十전 鄭士日 十錢 최官甫 李春三 各廿錢 김士玄 六十전 朴良五 四拾전 崔云益 六十전 夫人리氏 四十전 崔士象 一원 夫人李氏 三十전

▲方下洞卯山 金昌河 四拾전 朴寶彬 二十전 李春實 十전 金昌淑 二十전 梁中連 김永斗 崔道修 각十전 尹寧安 六전 金觀斗 十전 尹京七 六전

▲斗방面月洞 全洪根 一圓 林在圭 四拾전 李鐘喆 全萬根 全炳錄 김花萬 각廿전 金在湖 十四錢 朴內同 六전

▲斗岩松江동 鄭興三 拾錢 鄭興문 廿전

▲不動坊 金鳳斗 一圓

▲奇禮坊 金文三 一圓

▲晉山 鄭京七 六拾전 張士元 具道一 朴道允 趙益三 金京仲 安治洪 各四拾전 田德天 安京直 安永發 金先五 劉明直 崔京甫 崔元玉 鄭明三 金星述 각廿전 河仁述 池星汝 趙星三 盧哲甫 강文實 南京益 趙星化 리星實 김允恒 각十錢

▲軍盆面 梁奉趙文善 六圓

▲奇禮坊後里 金洪萬 六十錢 白木邑中 拾圓

▲奇禮坊北外 최洙逸 一圓 未完

廣告

本人이 機械精米所를 設始ᄒᆞ여 一日에 正租나 玄米로 白米貳百叺을 造出ᄒᆞᆸᄂᆞᆫ데 賃錢拾石이라도 各々舂精ᄒᆞ오니 舂精ᄒᆞ실 僉君子와 糧米買用ᄒᆞ실 僉君子ᄂᆞᆫ 來臨하시기 爲要

東湖機械精米所主人 林炳奭 李德汝 白告

○民事訴訟代理와 刑事辯護及 鑑定與問과 諸文案起草 諸般事務를 迅速處理홈

漢城南署小公洞第拾六統五戶

辯護士 前判事前檢事 金正穆
事務員 前博士 鄭雨興

本局에서 十年을 研究ᄒᆞ야 (靈香消瘡丹) 이란 藥을 發明ᄒᆞ얏ᄂᆞᆫ데 男女勿論ᄒᆞ고 무슴 瘡疾이던지 (一劑十四個) 를 每日 一個式 服用ᄒᆞ면 効驗이 百發百中되ᄂᆞᆫ고 每日 모 播至ᄒᆞ와 買去ᄒᆞ오ᄂᆞᆫ 이 瘡질 잇ᄂᆞᆫ 僉位ᄂᆞᆫ 오리고 실마시고 速々히 來臨ᄒᆞ야 問議ᄒᆞ심을 希望홈

定價金 上品一劑 金四圓 下品一劑 金貳圓五角

本舖 仁川港栢峴和濟局

發賣所 京城鍾路 慈惠藥房 仝 銅洞 濟生堂 仝 共愛堂藥房

雖外邦이라도 郵便으로 부치ᄂᆞᆫ 슈가 잇슴

漢城西署盤松坊新作路 第四十三統 一戶

辯護士 玉東奎
辯護士 許憲

合同法律事務所

西藥便方

右方은 西洋醫藥方에 就ᄒᆞ야 我國文으로 알아 보기 쉽게 翻譯ᄒᆞᆫ 代理店 京城鍾路 ... 仁川龍동 濟生堂 李慶鳳

定價金一圓

▲發賣人 濟衆院醫學員 박ᄌᆞ혜 리관하

封製藥目錄

●補益丸 十日分 定價金一圓
右藥은 米國大醫院處方인데 主治效能은 腎虛陽痿와 遺精尿食思減損과 手足厥冷虛腰과 痛眩暈頭痛月經不調와 虛弱症과 精神病健忘症에 有驗ᄒᆞ고 老男衰女에 第一 偉效

●驅瘧丸 一日分 定價十錢
右藥은 大小兒 長瘧과 初瘧에 更不再發

●蛔虫丸 一日分 十錢
右藥은 大人小兒 蛔病에 偉效

●四時感冒丸 一日分 十錢
右은 감긔 몸살 속히 풀이ᄂᆞᆫ 약

●瘡疾거건약 五圓
右ᄂᆞᆫ 男女勿論ᄒᆞ고 속히 一合 瘡

●淋疾약 七日分 定價一圓
右ᄂᆞᆫ 男女 淋疾에 有效

●消眼약 定價金拾錢
右ᄂᆞᆫ 火眼과 상ᄒᆞᆫ 눈에 有奇效

●咳嗽약 二日分 定價三十錢
右ᄂᆞᆫ 男女老幼 時氣咳嗽 靈藥

●無惡臭疥瘡藥 定價四十錢
右ᄂᆞᆫ 疥瘡과 虫을 滅殺ᄒᆞᄂᆞᆫ 藥

以上方文은 濟衆院方藥 醫學校長 池錫永氏 有效證明製

藥監査人 洪錫厚 李鍾化 ... 贊惠

本藥房에셔 以上記載ᄒᆞᆫ 封藥을 調製確實케ᄒᆞ야 販賣ᄒᆞ오니 邑市村里에셔 請藥으로 特約코져 ᄒᆞ시ᄂᆞᆫ 兄弟ᄂᆞᆫ 郵便으로 居住姓名을 記送ᄒᆞ시면 賣藥規則書을 遞送仰呈

本藥房製造 封藥만 販賣ᄒᆞᆯ아니라 本國諸大家製造 封藥과 日本淸國英國米國獨國에 有名ᄒᆞᆫ 藥을 買取도ᄒᆞ고 發賣도ᄒᆞ니 賣與買間에 通知ᄒᆞ시고 外國藥에 英文日文으로 記載ᄒᆞᆫ 用法을 我國文으로 翻譯ᄒᆞ야 內地兄弟에 便利ᄒᆞ심을 供ᄒᆞ니 편지ᄒᆞ시 오 此外 各々 方文을 無價仰呈

●斷酒藥 十五日分 三圓
●寸虫去根藥 三十錢
●石膂痛藥 上海製 五十錢
●連珠멍우리 잘 풀이ᄂᆞᆫ 藥 二圓
●어루러기 잘 씨ᄂᆞᆫ 藥 五十錢
●止足汗藥 二十日分 二十錢
●除阿片毒藥 上海製 一圓半

新小說 愛國婦人傳

◉一冊定價金 拾五錢

右冊은 純國文으로 世界에 有名ᄒᆞᆫ 法國婦人若安氏의 愛國事蹟을 譯出ᄒᆞ얏ᄉᆞ오니 無論男女ᄒᆞ고 愛國性이 有ᄒᆞ신 同胞ᄂᆞᆫ 맛당이 보실 書冊이오니 陸續購覽ᄒᆞ심을 望홈

新鮮ᄒᆞᆫ 國本本도 ...

▲發賣所 ▲皇城布屛下 金相萬書舖 ▲南門內 博文書館 ▲仁川 大韓每日申報支社 ▲各地方 有名書店

本所에서 鑛山과 陳荒地를 測량ᄒᆞ야 製圖와 陳荒墾에 對ᄒᆞ야 政府에서 頒布된 條例에 依ᄒᆞᆫ 計劃書式을 製作ᄒᆞ야 請願人의 便利케 ᄒᆞ되 手數料ᄂᆞᆫ 廉케 酬應ᄒᆞ오나 僉事에 有意ᄒᆞ신 僉君子ᄂᆞᆫ 來議홈

皇城中署東谷二十八統一戶 鑛山土地測量製圖事務所 白

▲新刊書籍發售廣告

增修 無冤錄 大全 國漢文 定價金七拾五錢
大韓法規類纂 洋裝 三圓五拾錢 郵稅四拾錢
初等倫理學教科書 二拾錢
初等衛生學教科書 拾五錢
國家學綱領 拾五錢
國民須知 八錢
新撰日語正則 洋裝 鄭雲復著 定價二拾五錢

發賣所 皇城布屛下 金相萬書舖

瑞士建國誌

定價金 新貨拾五錢

此冊은 政治小說이나 法國의 救國救民ᄒᆞᆫ 思想과 人民의 愛國心을 養成ᄒᆞᄂᆞᆫ데 緊要ᄒᆞᆫ 冊子오

發賣所

▲大韓每日申報社
▲仁川港栢峴 開新冊肆
▲中署布屛門下 金相萬冊肆
▲平壤城內烈女洞 教育書館
▲鍾路 古今書海館
▲洞口越便 中央書館
▲鍾路 大東書市
▲大廣橋 匯東書館
▲尙洞 廣文書館
▲開城 姜助滋冊사

大韓每日申報

[illegible]

廣告

大韓每日申報社 告白

○申報價

一張代金 新貨二錢五厘
一個月前納 三十錢
三個月 九十錢
六個月 一圓七十錢
一個年 三圓四十錢
郵稅一張 新貨五厘
一個月 十三錢

○廣告料

每日 活字 一寸에 新貨 ... (但 活字 ...)
二週日 ... 二圓五十錢
每日 ...
一個月 ...

大韓每日申報 各地方 支社 [illegible]

咸興府 ... 安 ...
平壤 ... 大 ...
... 三 ...
咸鏡南道 ... 元山 ...
開城南大門內 ... 書舖 ...
大邱市 ... 一弘
咸興 ... 劉 ...
咸山邑 ...
元山倉前 劉七鉉
清州 ...
定州 ... 洪成 ...
鎭南浦 ...
安岳 ...
江西 ...
海州 ...
...
義州 ...
鐵山 ...
平北 ...

大韓每日申報社 ...

第五卷 大韓每日申報 第六百六十號

月曜及慶節翌日休刊

檀君開國四千二百四十年
箕子元年三千二十九年
大韓開國五百十六年
日本明治四十年
淸國光緖三十三年
陰曆丁未十月小初八日丙寅

論說

○一大陸軍의漸長

淸國이一大武略國으로漸變ᄒᆞᆫ은東亞를關係ᄒᆞᄂᆞᆫ諸般交涉과諸般政略上에深切ᄒᆞᆫ感應을生ᄒᆞᄂᆞᆫ바라其建設의事業이雖未免緩步進行이나然이나其計策이卓異ᄒᆞ고事業上道理로從行ᄒᆞ야可數ᄒᆞᆯ必要分子를旣成ᄒᆞ엿도다吾人이四十年內에日本의其能成就ᄒᆞᆷ을觀ᄒᆞ건대今日支那가武略을關係ᄒᆞ야ᄂᆞᆫ自國을極東第一位에置ᄒᆞᆯ才能及剛壯之人을得ᄒᆞᆯ지라其所經營이効果를結ᄒᆞ기ᄂᆞᆫ幾許光陰을將要ᄒᆞᆯ터이나一次成就만ᄒᆞ면以其衆多人民及財源으로此隅一幅을統治ᄒᆞ기에其能ᄒᆞ리로다

陸軍新規律을按驗ᄒᆞᄂᆞᆫ거슨後勢를加ᄒᆞ기에無雙히必要ᄒᆞᆫ비라此擧가日本의武備組織을管轄ᄒᆞᄂᆞᆫ綱領으로鼓動됨은無疑나然이나亦是支那에陸軍鍊成部와及其軍部의合同事業이니由是로淸國組織部의不少ᄒᆞᆫ才能이亦至表證이며其組織의綱領은我官憲도亦可存心ᄒᆞᆯ原理라若設言ᄒᆞᆯ진된其乃如此ᄒᆞ니外他一般列强이戰役을避免ᄒᆞᆯ目的으로戰役을爲ᄒᆞ야强兵을常備ᄒᆞᆷ은特一注意處요且平常時에武官을太多히有ᄒᆞ기ᄂᆞᆫ不能이나戰時에ᄂᆞᆫ需用ᄒᆞ기에促急ᄒᆞᆯ如此官人을卒然히變通키不能인것도亦一念及處며其次에ᄂᆞᆫ다此新組織으로淸國의後來陸軍은一體國民的으로成ᄒᆞᆫ거시오遠今著勢와如히各總督의處理ᄒᆞᄂᆞᆫ地方的異樣이不復有之ᄒᆞ리니其組織이現行陸軍과第一及第二後備로分成될거시오後來에ᄂᆞᆫ戰役만預備ᄒᆞ기에專力ᄒᆞ고但以巡査及憲兵으로民事秩序의維持ᄒᆞᆷ을專擔케ᄒᆞ리로다

今其陸軍을各隊로分ᄒᆞ야步騎砲工及輜重兵이俱備ᄒᆞᆫ거시며西曆一千九百二十二年으로ᄂᆞᆫ三十六個師團을成ᄒᆞ려니와其組織의遠今進行된거슨로觀之ᄒᆞ면直隸에三個師團과强硬ᄒᆞᆫ滿人의混成一旅團을旣有ᄒᆞ엿ᄉᆞ며山東山西及湖南諸道에서도同一ᄒᆞᆫ方策을取行ᄒᆞ며其他西南諸道에서도以新換舊키最難ᄒᆞᆫ習慣을不拘ᄒᆞ고同一ᄒᆞᆫ事業이漸就ᄒᆞᄂᆞᆫ도다

然이나急速改良의最難点은特其高等職員에合格될優越鍊成ᄒᆞᆫ官憲의欠乏ᄒᆞᆷ이是也라七年前義和團之時에ᄂᆞᆫ天津에在ᄒᆞᆫ李鴻章氏의設立ᄒᆞᆫ武官學校와其他同一ᄒᆞᆫ胎芽的設校에서鍊習ᄒᆞᆫ略少人員이但有ᄒᆞ엿ᄉᆞ니其中에도多數ᄂᆞᆫ軍人資格에不合ᄒᆞ엿고愚昧蔑學ᄒᆞᆫ阿片吸者ᄂᆞᆫ士卒에誤充ᄒᆞ미鍊習場에도敢立ᄒᆞᆷ이罕有ᄒᆞ거든騎馬ᄂᆞᆫ何能이리오且德人의模範으로敎鍊을受ᄒᆞᆫ者ᄂᆞᆫ戰役에信賴ᄒᆞᆷ이不多ᄒᆞᆫ何如機械運動이但其終業이畢ᄒᆞᆷ以言之면[illegible]包含ᄒᆞ엿ᄉᆞ나[illegible]戰役에實無用을作ᄒᆞ엿ᄉᆞ니此ᄂᆞᆫ略干將官外에ᄂᆞᆫ其官憲의數爻及學業이俱是不足ᄒᆞᆫ緣由이어날到今ᄒᆞ야ᄂᆞᆫ日本人의漸長ᄒᆞᄂᆞᆫ勢力과剛力及大望을兼有ᄒᆞᆫ袁世凱氏의直隸總督之任이事態를變移ᄒᆞ엿도다

同氏가 皇太后의助力을蒙ᄒᆞ야卓越ᄒᆞᆫ武官學校를多數히設立ᄒᆞ고談語를能解ᄒᆞᄂᆞᆫ日本敎師를延聘ᄒᆞ미如此敎師諸人이略少ᄒᆞᆫ給料와第二職位를滿足히認ᄒᆞ야自來로此課에專任되던德人을不久에其能除却ᄒᆞ엿도다

西曆一千九百二年에支那人이日本武備學校에始入ᄒᆞ야最大歷度及注意를受ᄒᆞ더니彼等의受業ᄒᆞᆫ結果가自己同僚와兼ᄒᆞ야自國文武及警察設立에日人敎師를多數히增加케ᄒᆞ얏도다各省巡撫가日本의風化를競因ᄒᆞ야鍊兵所의設立이日人의敎唆으로從生ᄒᆞᆫ지라中央集權과行政의方法이前日兵部의官列보다優勝ᄒᆞ야鍊成ᄒᆞᆫ武官의靈因ᄒᆞᆫ睍明ᄒᆞ成立ᄒᆞ며武藝敎育의原則을編成ᄒᆞ기에專力ᄒᆞ엿ᄉᆞ니其模範의規例ᄂᆞᆫ論理上에完全ᄒᆞᆫ거시라事理의原本을打破ᄒᆞᆷ이니各其細則대로實行만ᄒᆞ면甚히優足ᄒᆞᆫ一陸軍을建設ᄒᆞ기에其必成就ᄒᆞ리로다

武官들을敎鍊ᄒᆞᄂᆞᆫ데加ᄒᆞᆫ特別ᄒᆞᆫ諸飢와且其品階及順序를整列ᄒᆞᆷ이無限히優奬ᄒᆞ니淸國이一次覺夢ᄒᆞ야所當經務를欲擴ᄒᆞᆯ時에ᄂᆞᆫ十分完全ᄒᆞᆷ이世人의驚駭를惹起ᄒᆞᆫ은今旣多著其機發ᄒᆞ도다

官報

(第三千九百二十一號) 隆熙元年十一月十二日

敍任

陸軍副領王璇楨
特敍勳五等賜太極章
陸軍參領權泰翰
特敍勳五等八卦章
陸軍正尉康弼祜
陸軍正尉金敎先
特敍勳六等賜八卦章
統監府統監秘書官勳三等古谷久綱
特陞敍勳二等賜太極章
書記官勳二等國分象太郞
特賜太極章

外報

●國債現在額 東京電을據ᄒᆞᆫ즉日本大藏省臨時國債整理局에서調査ᄒᆞᆫ바를據ᄒᆞᆫ즉現在國債額이十億七千八百四十萬四千八拾二圓이라더라

●英國의貿易額 倫敦電을據ᄒᆞᆫ則英國에今年一月一朔內에外國과貿易ᄒᆞᆫ總額을調査ᄒᆞ니輸出額이三千二十五萬五百四十圓이오輸入額이五千八十五萬八百九十圓이라더라

●中央地震 紐育電을據ᄒᆞᆫ즉中央亞細亞에서地震이大動ᄒᆞ야死者가三千名이라더라

●德國兩陛下出發 路透電을據ᄒᆞᆫ즉德國皇帝皇后兩陛下ᄂᆞᆫ去九日에伯林서出발ᄒᆞ야英國으로向ᄒᆞ셧다더라

●英國艦歡迎 路透電을據ᄒᆞᆫ즉英國艦隊의軍艦四十五隻은來月幾日포ㅡ마우스에서德國兩陛下를歡迎ᄒᆞᆯ터이라더라

●移民問題調査 路透電을據ᄒᆞᆫ則加奈陀勞働大臣의代理씨ᄂᆞᆫ去十一日에晩香坡에서東洋人移民問題를調査ᄒᆞ엿다더라

●國民大會開始 上海電을據ᄒᆞᆫ則去十一日午後張園에서江蘇浙江鐵道外債에對ᄒᆞ야反對ᄒᆞᄂᆞᆫ國民大會를開ᄒᆞ엿다더라

寄書

●新舊학利害의辨論 (續)

第一舊학問敎授의爲害

漁川吳尙俊

何者오先正聖賢之純粹然後에야可以敎학問이니此豈非敎育階梯之利用也며且算數하ᄂᆞᆫ尤爲人界上緊切者也라大以言之則天地陰陽五行之理로莫非數也며小以言之則日用事物에無時不應ᄒᆞ나니是故로古之人도以數爲六藝之末技者ㅣ良有以也라

可不美哉며日歷史니八居是邦ᄒᆞ야不知是邦之歷史이면爲人子孫而不知父祖之世譜로便同ᄒᆞ니本國之史ᄂᆞᆫ不可不先覽이오次以進之ᄒᆞ야廣採萬國之史ᄒᆞ이면此豈非智識之自近推遠耶아

可謂進步上節逕也오日地誌니人居此室ᄒᆞ야不知此室之何如면不可謂人일시先以本邦之地誌로略其初程ᄒᆞ고次以萬國地誌로廣其耳目이면其程度不紊而漸入佳境者此也며又日物理학이니物質의理變化와原素分子를昭詳記注ᄒᆞ고揷入圖繪ᄒᆞ야使之數人에眞理를講究ᄒᆞ니莫非進就之要路也며日敎育課니敎育之指針은日有三端爲이라體育德育智育이是也니人生斯世ᄒᆞ야欲成事業인대必從我體之健强而得ᄒᆞ나니以是而體不可不育也엄시適當ᄒᆞᆫ休息과適當ᄒᆞᆫ運動을可務ᄒᆞᆯ지며且須身體만健强ᄒᆞ고道德이無ᄒᆞ면禽獸와類에近ᄒᆞᆯ지니人道上德義도本性을陶冶ᄒᆞ며體育德育이俱備된後에技能을必要ᄒᆞᆯ지니此ᄂᆞᆫ必究竟으로智育知識技能을發達ᄒᆞ야生活에必備될目的을預備하ᄂᆞᆫ所以라於此三者를次第鍊去ᄒᆞ니可謂學界之順序者也며日天文日地理文이니天化之本과地成之蹟을昭詳載錄ᄒᆞ고明示圖本ᄒᆞ야使之覽之에無碍就工ᄒᆞ니天地人三才之本義가於斯美焉이며日政治之善否ᄒᆞ며학其法律之同如ᄒᆞ야成其材器然後에乃充國家之需用ᄒᆞ나니

如是軌範이不錯이면何患乎八不爲人이며國不爲國이리오且復兵農工商이各有專門ᄒᆞ야及其卒業也則緊然技能이適合時宜ᄒᆞ야國富民强을由是告功ᄒᆞ나니其不美哉며其次哲학博학之高等학問은至廣至大ᄒᆞ다姑非淺見者之所論故로求暇贅論於此여니와今此新학問之所以立導ᄂᆞᆫ軌道가一定ᄒᆞ고捷逕을挺馳ᄒᆞ야浮虛文字ᄂᆞᆫ一切革去ᄒᆞ고都以眞地實학으로국隨器局ᄒᆞ야釀成人物ᄒᆞ나니較諸舊學問에吟風詠月과涉獵效逸에虛送歲月은孰賢孰否며 (未完)

雜報

●開校運動의盛況 去土曜日에開城府各學校聯合運動會를湖月臺에開設ᄒᆞᄂᆞᆫ데該郡敎育總會員李建赫劉元杓尹應斗韓敎序韓敎學林圭永趙助遠諸氏가主催ᄒᆞ얏고來賓은內外國紳士가多數來參ᄒᆞ고男女學徒ᄂᆞᆫ八百名以上이오一般男女觀光者가數百名이라各種運動을次第擧行ᄒᆞᄆᆡ活潑ᄒᆞᆫ氣象과快樂ᄒᆞᆫ興味ᄂᆞᆫ果是敎育界에鼓動ᄒᆞᄂᆞᆫ機關이오駐屯軍士의進就ᄒᆞᄂᆞᆫ步趨와觀光ᄒᆞᄂᆞᆫ學徒及遠近人士가一致觀感ᄒᆞ야學務가日以興旺ᄒᆞ고文化가日以발達됨을十分預祝ᄒᆞ노라

雜報

●璿殿幷移　太皇帝陛下께옵셔 安亭別宮으로 移御ᄒᆞ신다ᄂᆞᆫ 바 慶運宮내에 在ᄒᆞᆫ 璿源殿도 該別宮내로 運移ᄒᆞᆫ다ᄂᆞᆫ 說이 有ᄒᆞ더라

●修理摘奸　昨日宮內府大臣 李載克氏가 大安亭別宮에 前往ᄒᆞ야 修理等節을 摘奸ᄒᆞ얏다더라

●雜類亦禁　本日移御에 隨駕ᄒᆞᄂᆞᆫ 御隷ᄂᆞᆫ 신徒에ᄂᆞᆫ 婦女에 장衣與雜類ᄂᆞᆫ 禁止ᄒᆞᆫ다ᄂᆞᆫ 說이 有ᄒᆞ더라

●御路審査　警察課장 리憲珪氏와 技師 리圭貞씨가 昨日에 昌德宮前路를 一々審査ᄒᆞ야 今日移御時에 便利ᄒᆞ시ᄀᆞᆷ을 注意ᄒᆞ얏다더라

●六等勳章　度支部書記官 金命圭 成夏國 許容九 諸氏ᄂᆞᆫ 勳五等으로 司計局장 리鍾圭 書記官 閔度 吳西씨ᄂᆞᆫ 勳四等을 賜給된다더라

●賜金通知　囊者에 日本國皇太子께옵셔 御渡韓에 當ᄒᆞ야 敎育의 奬勵ᄒᆞ기 爲ᄒᆞ사 金八千圜을 御下賜ᄒᆞ옵신 바 別記各학校에 使用方法을 講究中인즉 決定ᄒᆞᆫ 後에 昭詳通知ᄒᆞ려니와 爲先 恩賜의 御趣旨를 茲에 仰布라고 학部次官 俵孫一氏가 各학校에 通知ᄒᆞ얏다더라

●自衛規則　自衛團規則實施ᄒᆞᆯ 事로 日前內閣에셔 議決되얏다ᄂᆞᆫ데 今明間에 發布된다더라

●樞院質問　中樞院에셔 內閣에 答照가 誤ᄒᆞᆷ을 請問ᄒᆞᆯ 事로 協議ᄒᆞ얏다고 昨報에 已爲報道ᄒᆞ얏거니와 中樞院에셔 更히 提議ᄒᆞ고 鄭某 尹吉炳 兩氏로 委員을 選定ᄒᆞ야 內閣에 質問ᄒᆞ얏다더라

●農部云移　博覽會가 限滿ᄒᆞ야 廢止ᄒᆞ면 農商工部가 該會로 移接ᄒᆞᆫ다더라

●量地試取　度支部에셔 五回量地見習生을 試取ᄒᆞᆯ 터인ᄃᆡ 科目은 算術과 日語와 漢文이라더라

●[illegible]　昨日下午六時三十分에 [illegible]에셔 宴會를 設ᄒᆞ얏ᄂᆞᆫᄃᆡ [illegible] 大臣以下各部大臣이 一齊히 往參ᄒᆞ얏다더라

●[illegible]　[illegible] 大臣 [illegible] 氏ᄂᆞᆫ 再昨日下午二時에 內閣에 仕進ᄒᆞ얏다가 六時에 李總相私邸로 訪見ᄒᆞ고 [illegible] 前往ᄒᆞ얏다가 [illegible] 時에 李總相家로 [illegible] 拾一時에 還[illegible]ᄒᆞ얏다더라

●何其頻走　再昨日上午十時에 法部大臣 [illegible] 氏가 統監府에 往ᄒᆞ야 [illegible] 一時에 [illegible] 下午二時에 [illegible] 에 入ᄒᆞ얏다가 [illegible] ᄒᆞ얏다더라

●[illegible]　[illegible]

●時職調査　中署巡檢들이 本署命令을 因ᄒᆞ야 該署內에 所居ᄒᆞᄂᆞᆫ 各等官의 時帶職有無를 一一調査ᄒᆞᆫ다더라

●白館賀宴　來十五日이 白耳義國皇帝의 誕辰이므로 該領事館에셔 [illegible]를 設ᄒᆞᆫ다ᄂᆞᆫ데 伊藤統監以下 高等官人이 祝賀ᄒᆞ기 爲ᄒᆞ야 一齊往參ᄒᆞᆫ다더라

●勸告入會　總理大臣 李完用氏가 李龍[illegible]氏로 一進會에 勸入ᄒᆞ야 諸般事務를 偵探ᄒᆞ고 [illegible] 投入ᄒᆞ기를 勸誘ᄒᆞ엿다더라

●勤則施賞　昌德宮에 [illegible] 日本人 山本三平의 勤勞가 多有ᄒᆞ다ᄒᆞ야 內閣에셔 賞與金을 [illegible] ᄒᆞ얏다더라

●餞別何頻　工業傳習所敎師 [illegible] 氏가 歸國次로 昨日上午八時頃에 發程ᄒᆞ얏ᄂᆞᆫᄃᆡ 該所職員과 農商工部高等官들이 南門外停車場에 前往餞別ᄒᆞ얏다더라

●覽會抽籤　博覽會에셔 大抽籤法을 設行ᄒᆞᆫ다ᄂᆞᆫᄃᆡ 昨日로부터 今日까지 兩日은 一般男女의게 施行ᄒᆞ고 明日은 婦人의게만 施行ᄒᆞ야 物品을 賞等出給ᄒᆞᆫ다더라

●船路漸通　南北江船路가 數日 [illegible] 에 凾緊ᄒᆞ야 船運을 不得運動ᄒᆞ더니 近日은 [illegible] 以下로ᄂᆞᆫ 船路가 漸次通道ᄒᆞᆫ다더라

●設會請願　某々紳士諸氏가 大韓會를 設立ᄒᆞᆫ다ᄒᆞ고 日昨에 統監府와 軍司令部에 交涉ᄒᆞ야 [illegible] ᄒᆞ얏다더라

●發賣力對　博覽會에셔 抽籤ᄒᆞᄂᆞᆫ 賞品을 [illegible] 或은 現金과 [illegible] ᄒᆞ거나 上等은 百圜 賞品價値를 出給ᄒᆞᆫ다ᄒᆞ더니 籤人數萬名이 [illegible] 이답至하야 入場後 各其所買 十錢式 내고 抽籤ᄒᆞ야 五六錢式或二三十錢式 買物ᄒᆞᄂᆞᆫ대 賞籤의 事務員이 發破ᄒᆞ고 給與ᄒᆞᄂᆞᆫ 거시 [illegible] 藥武器皿或石流貨等 윤주되 皆是假賤品이라 買籤人이 質問其不準ᄒᆞᆫ즉 巡査가 趕逐ᄒᆞ며 買籤時에도 毆打人이 多ᄒᆞ야 多不買籤而退去ᄒᆞ엿다더라

●四郡鎭撫　近日內閣에셔 地方鎭撫ᄒᆞᆯ 方針을 協議中인대 法部大臣 趙重應氏가 東亞同志敎育會員을 各地方에 派送ᄒᆞ야 士農工商四民을 人民의게 頒給ᄒᆞ야 騷擾를 鎭靜ᄒᆞ기로 提議ᄒᆞ얏다더라

●無盜不經　[illegible] 日에 義兵 [illegible] 이 多數히 장단郡에 來到ᄒᆞ야 [illegible] 으로 旬하야 [illegible] 民家를 [illegible] 放火ᄒᆞ얏다더라

●幽囚逐出　再昨日下午十時餘에 [illegible] 獄에 [illegible] 五牌巡檢 [illegible] 이 [illegible] 逐出ᄒᆞᆫ 後 五名이 [illegible] 에셔 逃出ᄒᆞᆫ대 [illegible] 에 失出ᄒᆞ야 捕捉去ᄒᆞ거ᄂᆞᆯ 無數哀乞ᄒᆞ며 旋即放送ᄒᆞ야 幸免危境ᄒᆞ얏ᄂᆞᆫ데 [illegible] 居本署刑事巡檢들이 暫使를 派去ᄒᆞ고 致家門前에 揭榜ᄒᆞ되 此漢이 本是浮浪之類로 入于巡檢ᄒᆞ야 行悖無雙ᄒᆞ기 罷職ᄒᆞ고 提去後에 砲殺ᄒᆞ얏더라

●派員不絕　金應洙가 經理院 [illegible] 派員을 圖得ᄒᆞ야 漢宮沿海各郡에 私漁基地를 公然 [illegible] ᄒᆞ다가 經理院이 極力ᄒᆞ야 다시 宮內府에 와셔 派員運動ᄒᆞᆫ다더라

●留兒待覓　警務中署에셔 三四日前에 迷路兒 三四歲可量된 女兒一名을 率來ᄒᆞ야 署中에 留置ᄒᆞ고 其父母가 來覓ᄒᆞ기를 待ᄒᆞ다더라

●又向東關　再昨日下午六時에 日兵數名이 東小門으로 出往ᄒᆞ야 抱川等地로 向ᄒᆞ야 發行ᄒᆞ얏다더라

●敎員被殺　陰曆去月二十日에 丹陽郡에 義兵數十名이 突入ᄒᆞ야 普通學校敎員 [illegible] 을 砲殺ᄒᆞ얏다더라

▲地方消息▼

▲去二十日에 德川郡 [illegible] 面에 義兵數百名이 忽地에 會集ᄒᆞ야 一隊으로ᄂᆞᆫ 郡衙를 襲擊ᄒᆞ며 一隊으로ᄂᆞᆫ 打殺鍮鐵하야 其勢猖獗홈으로 本郡財務官及郡守 [illegible] 日巡査와 一般日人은 避難ᄒᆞ고 本郡守도 亦爲避身ᄒᆞ야 一郡이 空虛ᄒᆞ얏다ᄒᆞ고

▲[illegible] 영군에ᄂᆞᆫ 義兵約百名이 [illegible] 에 屯聚ᄒᆞ고 東方十里許民家에 [illegible] 義兵東部라ᄂᆞᆫ 懸板을 高揭ᄒᆞ엿다ᄒᆞ고

▲本月四日에 [illegible] 郡에 義兵百餘名이 同郡에 突入ᄒᆞᆫ즉 日本巡査二人이 交戰ᄒᆞ다가 不能抵敵ᄒᆞ야 避走ᄒᆞ얏ᄂᆞᆫ되 義兵이 分派所와 稅務所와 巡査家四戶를 放火ᄒᆞᆫ 後에 郡底居民을 招致ᄒᆞ야 [illegible] 戶 젼을 [illegible] ᄒᆞ야 軍用케ᄒᆞ라ᄒᆞ고 夕飯後에 他處로 發向ᄒᆞ얏다ᄒᆞ고

▲去三日에 義兵百餘名이 [illegible] 郡에 突入ᄒᆞ야 郡衙와 稅務所와 分派所를 襲擊ᄒᆞᆫ 際에 [illegible] 郡守ᄂᆞᆫ 逃走ᄒᆞ고 義兵은 郡衙及稅務署文簿를 燒火ᄒᆞ얏다ᄒᆞ고

▲寧邊郡에셔ᄂᆞᆫ 去二十九日上午三時에 義兵三百餘名이 突入ᄒᆞ야 一郡을 [illegible] ᄒᆞ얏다ᄒᆞ고

▲陽川郡에 [illegible] 義兵鎭壓次로 [illegible] 日兵이 來ᄒᆞ야 郡衙及公廨에 居接ᄒᆞᄂᆞᆫ 故로 郡守와 香祀等은 人家에 [illegible] 接ᄒᆞ야 文簿가 多數히 消融ᄒᆞ얏다ᄒᆞ고

▲慶尙道 [illegible] 郡 [illegible] 面에셔 義兵五名이 一進會員 [illegible] 名을 捕縛而去ᄒᆞ얏다ᄒᆞ고

▲順川郡에 義兵約五百名인대 大將은 柳義庵이라 同씨가 數年來로 平安南道各郡에셔 聰俊女弟를 敎育ᄒᆞ기로 從事ᄒᆞ더니 數郡 [illegible] 面 [illegible] 協議ᄒᆞ얏ᄂᆞᆫ대 金氏ᄂᆞᆫ 本以勢力家로 庶民會를 組織ᄒᆞ야 會員이 數百名이오 排日黨으로 義兵에 投入ᄒᆞ야 德川孟山兩郡에 餘波가 流及ᄒᆞ얏다ᄒᆞ고

▲砥平三山等地ᄂᆞᆫ 義兵이 根據地로 삼고 去月二十日에 集合ᄒᆞ얏ᄂᆞᆫ되 其人員은 約二千名이라고 據言ᄒᆞ며 [illegible] 總帥部ᄂᆞᆫ 三山에 在ᄒᆞ고 右軍은 [illegible] 川에 在ᄒᆞ고 左軍은 [illegible] 에 在ᄒᆞ고 其第一隊ᄂᆞᆫ 上[illegible]附近으로부터 [illegible] 에 ᄒᆞ고 銃數ᄂᆞᆫ 四百挺이오 三十年式銃이 十挺이오 韓兵은 多數히 在中ᄒᆞ고 大將은 [illegible] 이오 左軍大將은 [illegible] 一이오 右軍장은 [illegible] 大一이라하고

▲去月二十七日에 安岳郡에셔 日人自衛團을 組織하고 郡守以下望重者로 會集ᄒᆞ야 左開事項을 議決하고 即日實施ᄒᆞᆫ다ᄂᆞᆫ대

一 郡내 各要地에 偵探人을 配置ᄒᆞ고 警戒홈

一 在留民二名式 分派所에 在ᄒᆞ야 偵探人監督과 及음내 偵察에 從事홈

一 暴徒襲來ᄒᆞᆫ 際에ᄂᆞᆫ 便宜方法으로 急報홈

一 每屋이나 飮食店에 投宿ᄒᆞᄂᆞᆫ 者ᄂᆞᆫ 面장과 동장이 視察ᄒᆞ야 不審ᄒᆞᆫ 者 有ᄒᆞ거든 分派所에 通報홈

▲砥平郡三山等地에 義兵이 會集하야 附近村落에 火藥을 收取ᄒᆞ야 壯丁을 募集ᄒᆞ며 今年稅錢은 三山大將所로 納ᄒᆞ라고 傳令ᄒᆞ얏다ᄒᆞ고

▲六日에 義兵拾五名이 [illegible] 영郡衛를 來襲ᄒᆞ고 武器를 强奪ᄒᆞ며 更히 分遣所를 襲擊ᄒᆞ야 九發銃을 奪去ᄒᆞ얏다더라

華盛頓電報

●旅行未定　拾一日東京經由　米國政府ᄂᆞᆫ 陸軍大臣 타푸르氏에 旅行日程을 變更케 하라ᄂᆞᆫ 說이 有ᄒᆞᆫ 故로 同氏에 倫敦과 巴里訪問을 未定ᄒᆞ얏다더라

東京電

●移民交涉　開日발　加奈陀勞動大臣이 今朝에 橫濱에 到着ᄒᆞ얏ᄂᆞᆫ대 明日에 東京에 入ᄒᆞ야 外務省을 訪ᄒᆞ고 移民事件에 交涉을 開始ᄒᆞᆯ 터이라더라

▲都會[illegible]和▼

▲婚姻[illegible]에 淫女와 風俗을 改良ᄒᆞ다ᄂᆞᆫ 案件을 中樞院에셔 內閣에 提議ᄒᆞ얏ᄂᆞᆫ대 內閣에셔ᄂᆞᆫ 一無答照ᄒᆞ얏다니 內閣에셔 設施ᄒᆞᆫ 案을 可ᄒᆞ면 可ᄒᆞᆫ다 否ᄒᆞ면 否ᄒᆞᆯ 것이오 [illegible] 不見ᄒᆞᆫ 事ᄂᆞᆫ 樞院을 無視ᄒᆞᆷ인지 亦一未解ᄒᆞᆯ 事로고

▲日昨三溪동 [illegible] 官別庄에 園遊會를 開催ᄒᆞ고 學部大臣 李載克 閔泳綺氏가 主會ᄒᆞᆫ 內外國妓를 [illegible] 隊에 分ᄒᆞ야 自己도 互相競走ᄒᆞ며 大臣의 敎育을 주管ᄒᆞᄂᆞᆫ 大臣인대 [illegible] 名花叢中에 一蝶이 [illegible] 弄ᄒᆞ야 衆香을 欲探ᄒᆞ니 即一看花大臣이로고

▲軍部所管前軍樂隊人員으로 帶宮音樂隊를 組織하엿ᄃᆞ니 軍隊가 解散ᄒᆞᆫ 軍樂隊만 餘存ᄒᆞ야 方今組織ᄒᆞ니 無火之爐를 用之何處오

▲前參領리敎[illegible]氏ᄂᆞᆫ 年前에 [illegible] 으로셔 東學을 討伐ᄒᆞᆫ 功績으로 位至參領ᄒᆞ고 三南司令官으로 湖流三道ᄒᆞ얏더니 此등장技로 知ᄒᆞ고 一進會에 投入ᄒᆞ라다가 見拒를 當ᄒᆞ얏더니 今番에 도自己로 召募官을 叙任ᄒᆞ고 丁幾名을 許借ᄒᆞ면 淸州郡에 出往ᄒᆞ야 解散兵을 收合ᄒᆞ야 義兵을 討伐ᄒᆞ겟다고 內閣에 呈書ᄒᆞ얏다더니 竟歸無效ᄒᆞ야 其計가 不中ᄒᆞ얏시니 內閣에셔도 李氏의 腹腸을 昭然홍燭ᄒᆞ얏던지

▲大韓에셔 日本에 借款을 多數히 借渡ᄒᆞ엿더니 日本大藏省의셔 內外國債를 調査ᄒᆞᆫ즉 大韓의 借款數爻보다 幾十倍가 되니 此를 比較ᄒᆞ면 大韓의 借款數爻ᄂᆞᆫ 懸多하다 홀슈업고

雜報

●青年祈祝　世界各國主權者의最高要占은各各其邦國人民의安寧秩序가實노青年會의實事를信服홈에在홈으로確信ᄒ야英德俄意日諸國帝王及美法古巴等共和國諸總統의苦心熱誠으로同情을表ᄒ야其影響이宏大ᄒ지라至於此際ᄒ야吾人이丹衷으로希望ᄒᄂ거슨我韓青年會를爲ᄒ야今番該會館上梁式에維我　皇太子殿下ᄭ셔親臨ᄒ오셔隆盛ᄒ聖意로愛民如子ᄒ심을祈祝ᄒ다더라

●擅物爲己　九成軒掌膳尹容식씨가續權中에所在物을沒數欠縮ᄒ事가綻露되야見機逃躱ᄒ얏ᄂᄃ現今宮內府에서嗣探中이라더라

●洪氏장眠　平理院檢事洪永杓씨가去日韓日博覽會賞狀授與式에進參ᄒ얏다가回路에俱樂部ᄭ지歷訪ᄒ고自己本第에歸來ᄒ야當日夜에忽地장逝ᄒ얏다더라

●傷命九歲　三昨日下午五時量에强盜三名이往拾里人民家에放銃突入ᄒ야人民二名을砲殺ᄒ고金額數百圜을奪去ᄒ얏다더라

●安守不安　去七日에義徒三拾餘名이安山郡月入村無谷里에來到ᄒ야該郡守有無를探知ᄒ고還衙에即入ᄒ야該郡守를結縛ᄒ之曰我等이將向仁川港ᄒ러인ᄃ軍需가不足ᄒ니該郡境內富民의姓名을一一錄示ᄒ라ᄒ고無數히困境을當ᄒ얏다더라

廣告

明月舘繼續開業廣告

小春寒候가漸緊ᄒ온ᄃ官民僉社會僉閣下의健强萬福ᄒ시기顒祝ᄒ오며나가오ᄃ弊舘의開業ᄒ온旨가非但尋常牟利만爲홈이아니오國家進步上에一部分盡力ᄒ와各種食料品과器具品을不顧利害ᄒ고盡善盡美ᄒ야供進ᄒ옵더니未開人事가悖行과無賴下隸의賍取가不一其端ᄒ온즉欲彈生訟이오不彈有害라不如姑忍ᄒ야玉有閉業이옵더니官開과聲各般社會의勸業有聲이如風動潮上ᄒ시기로弊舘에서不孤厚誼ᄒ와玆에更開業ᄒ오니僉君子閣下ᄭ셔益加眷愛ᄒ심을伏望

隆熙元年十一月　日　黃土峴　明月舘　告白

電話七百二十五番

中署中學橋十四統十戶洪潤心於昔當文五千兩及二千五百兩二片金高山同來推尋條로失故玆廣布雖某拾得休紙施行홈　李仲玉　告白

本人이去八月初七日替市往返이옵다가囊纓이絕解ᄒ와正刻姓名圖章을不知何路遺失이옵기玆以廣告ᄒ오니縱有誰某拾得이라도吾ᄂ法律所在에圖章서失이分明ᄒ人이라更勿擧要論ᄒ大홈

平北義州威遠面東上里　劉漢圭　告白

本人이西署西江坊新水鐵里六統九戶居許興伯의所居草家四間板刻文券ᄃ와戶籍一張을並爲典執ᄒ얏다가陰十月初五日分西小門內ᄒ車橋停留地에서閪失ᄒ얏사오니內外國人間에拾得ᄒ거든傳致于本人家ᄒ면厚謝ᄒ짓고不然이면休紙施行홈

南署水口門內石橋居　黃春植　白

本人의姓名圖章陰六月日遺失ᄒ와廣告ᄒ오니僉員은照亮홈

北署溫井동　李明鎭

本人等이義親府所管江陵郡所在田畓을買得ᄒ얏사오니內外國僉君子ᄂ咸須知悉홈

西署東部任방ᄉ　中署寺동洪孝根　告白

特別廣告

本會館新建築上樑禮式을本月十三日에設行ᄒ기로定ᄒ고內外國僉君子의게請牒하얏더니仍日에大皇帝陛下ᄭ옵서移御ᄒ시ᄂ公故가有ᄒ故로上樑式은其翌十四日로退定ᄒ옵고玆에廣布ᄒ오니請牒을携帶來臨ᄒ심을務望홈

皇城基督青年會

●城津郡龍興新民學校義捐起青年名錄　龍興里　六十圜

李永楨　李應來　金時浩
沈永澤　朴秉淳　許墾
金亨珠　全應圭　李亨弼
李昌興　洪石吉　李辰權
李鍾翰　鄭炳國　羅秉極
全弘圭　朴聚奎　金德俊
方允天　金在益　崔泰淳
黃鳳國　黃俊信　黃達信
李秉默　金鵬漢　李鍾純
朱相純　全元圭　崔運南
李鍾燕　羅秉舜　李昌石
朱興燮　李昌석　金八孫
鄭舜吉　金東立　金八龍
全復圭　金丙用　鄭基模
金鳳俊　金達來　金東喆
以上四十五人各十六圜
金學範　五圜　鄭元楨　六圜
張今塔　廿圜　全恒圭　二圜

本人의從弟綏前가浮浪하야昨年에酒技之債로濫家庄하고無依無家에不悛前習ᄒ야挾雜輩로僞造文券ᄒ야其三ㅆ寸의田畓을偷賣코ᄌᄒ기로玆에先布ᄒ오니內外國人은切勿見欺홈

平北定州古邑新里居　李鍾默　告白

영미국졍부젼미옥허셕유발동긔금졍미긔계긔구와졔품을일졀염가방미ᄒ오

直輸入商

韓國代理店

仁川本町

中根商會

電話七參[illegible]番

廣告

本公司始造ᄒ大韓國特別紙捲연烟製品純良香味與形貨不同於有市上牌樣混雜請僉君照明本牌爲記庶不至悞

代售店　京城大貞洞　[illegible]源號

總代理店　仁川淸租界　安興公司

淸陽趙氏先祖襄烈公墓碑所配位貞和公主投瑞墓所今八九月連有墳上盜掘之變先自京會所略排折宗中函行改窆然此係門內同情痛迫故玆以廣布僉宗戚亮爲要

趙氏宗中　告白

本人의率養ᄒ얏든子鄭榮斗가家產을奪取ᄒ야가지고逃走ᄒ옵기로玆以破養ᄒ오니僉君子ᄂ紬亮ᄒ옵고錢財勿爲去來ᄒ시옵

西署積善坊三拾六統五戶　朴仁泰　告白

新刊發售（定價全）

東國史略　壹圜五拾錢
普通教科東國歷史　壹圜拾錢
新訂東國歷史　壹圜
歷史輯略　貳圜
大東紀年　貳圜
大東歷史　壹圜五拾錢
東國名將傳　四拾五錢
東國輿地勝覽　洋裝拾貳圜　並製拾圜
大韓疆域考　壹圜
大韓新地志　壹圜
大韓地誌附地圖　壹圜
初等地理教科書　七拾錢
新撰地文학　四拾錢
萬國地理　壹拾錢
士民必知國文　上製八拾錢　並[illegible]
初學地誌　上製六拾錢　並製五拾錢
萬國史記　七[illegible]
中等萬國史　七拾錢
新撰萬國史　六拾錢
東西洋歷史　壹圜五拾錢
五偉人小歷史　拾錢
世界一覽　二拾錢
世界年契　七拾五錢
公法會通　壹圜五拾錢
萬國公法要略　五拾錢
刑法大全　八拾錢
改正刑法案　四拾錢
法學通論　壹圜
議會通用規則　拾五錢
現行法規類纂　三圜九拾錢

外交通義　壹圜貳拾錢
商業大要　六拾錢
國家學　五拾錢
牧民心書　壹圜廿五錢
家庭教育學　三拾錢
生理衛生學附圖　四拾錢
中等生理學　九拾錢
新撰小博物學　五拾錢
新訂博物學　七拾錢
新撰小物理學　五拾錢
動物學國文　壹圜廿五錢
農牧新編　五拾錢
農桑輯要國文　拾七錢五里
栽桑全書附蠶桑裁培及釀酒法　四拾五錢
新訂算術　六拾錢
算術新書　八拾錢
精選算學解式　七拾錢
美國獨立史　四拾錢
法蘭西新史　四拾錢
埃及近世史　四拾五錢
波蘭末年戰史　四拾錢
普法戰記　四拾錢
羅馬史附義大利史　四拾錢
越南亡國史　貳拾五錢
俄國略史　拾錢
交際新編　十五錢
國文西禮須知　四拾錢
增修無冤錄大全　四拾錢
大東文粹　六拾錢
尺牘完編　壹圜五拾錢
準備時代　拾三錢
[illegible]明[illegible]論　三拾五錢
註解西廂記　壹圜
小說鬼聲　三拾錢
小說血淚　貳拾錢
近世女傑蘭夫人傳　四錢
政治小說瑞士建國誌　拾五錢
初等小學　壹圜五拾錢
幼年必讀　八拾錢
幼年必讀釋義　壹圜三拾錢
高等小學讀本　五拾錢
蒙學千字　五拾錢
中等修身教科書　六拾錢
溫故知新　七錢五厘
父師必讀小學指南　七錢五厘
世界全圖　卅七錢五厘

大韓輿地圖　拾七錢五厘
五洲各國統屬全圖　七錢五厘
最新京城全圖　二拾錢
最新韓國全圖　二拾錢
最新韓國地圖　拾五錢
分道韓國新地圖　拾伍錢
韓國新地圖　四拾錢
漢文萬國地圖　四拾錢
漢文地球全圖　四拾錢
萬國指掌全圖　壹圜五拾錢
韓語大成獨習　壹圜五拾錢
英語獨本　壹圜四拾錢
日韓通話　五拾錢
日語獨習　五拾錢
韓日會話辭典　一圜五拾錢
獨習日語日韓會話　三拾錢
普通日本字典　五拾錢
二十世紀朝鮮論　三拾五錢
比律賓戰史　四拾錢
比斯麥傳　拾五錢
中等萬國地誌　壹圜貳拾錢
師範教育學　五拾錢
高等小學修身書　廿五錢
礦物界教科書　貳拾錢
會社法　九拾錢
國文新學新編　四拾錢
貨幣論　壹圜貳拾錢
普通經濟學　八拾五錢
商業汎論　壹圜拾錢
中等地文學　五拾錢
大韓地理　七拾錢
漢文大韓地誌　五拾錢
飲氷室文集　四圜四拾錢
中東戰記本末　四圜
西政叢書　拾圜
中外政治叢編　五圜五拾錢
時事新論　壹圜
英國名君言行錄　壹圜
泰西新史　貳圜五拾錢
萬國通鑑　三圜

發售書林

中署鍾路　大東書市　金基鉉
中署鍾路　中央書舘　朱翰榮
南署大廣橋　東書舘　高裕相

●國債報償志願金總合所廣告
●光州郡 續
▲當夫面 晩湖
박時瑛 朴龍鉉 朴昇鉉
각廿전 朴時珍 十전
朴時春 三十전 朴南圭
십전 朴相玄 二拾전
朴萬金 十전 朴馮立
二拾전 李四寬 朴元三
張介重 각拾전 리今祖
二拾전 리履九 박濟一
각拾전 박貞玄 二拾전
▲當夫金府村 白仲寔
白太寅 각一圓 白亨遇
二十錢 白亨九 白亨元
각一圓 白형大 四拾전
白형春 二拾전 白準善
一圓 白형淑 四十전
白相寅 二拾전 崔基善
六拾전 奇東日 白俊寅
각廿전 金琪洙 四拾전
九歲童 李在根 二拾전
▲望月村 裴煥喆 一圓
金京先 二拾전 鄭京日
四拾전 全東安 二拾전
김景三 拾전 金士문
김洙徹 각廿전 金道洪
四拾전 裴煥邁 二拾錢
裵元甲 拾전 金寡婦 廿錢
▲馬峙 吳遂錫 朴用玉
李昌儀 각廿전 李寡婦拾전
▲當夫必谷 成龍燮 子殷儀
각一圓 張二石 柳成化
各二十전
▲不動방社稷 崔京煥 廿전
▲當夫晩湖 朴時杓 六拾전
朴時炯 八拾전 朴魯平
六拾錢 朴魯洙 四拾전
權成鎭 三拾전 范寡婦
一圓 李會淑 三十錢
▲當夫馬勒里 崔京玉
崔占亦 각一圓 程하林
四拾전
▲斗坊松江등 諸君三 拾전
▲奇禮방普通
丁成玉 四十전
合三百二拾三圓六拾四전
完

廣告

本人이機械精米所를設始ᄒᆞ여一日에正租나玄米로白米貳百叺을造出ᄒᆞ옵는ᄃᆡ雖貳拾石이라도各々春精ᄒᆞ오니春精ᄒᆞ실僉君子와粮米買用ᄒᆞ실僉君子는來臨하시기爲要

東湖新設精米所主人 林炳爵 告 字 德汝 白

○民事訴訟代理와刑事辯護及鑑定顧問과諸文案起草諸般事務를迅速處理홈

漢城南署小公洞第拾六統五戶

辯護士 前判事 前檢事 **金正[illegible]**
事務員 前博士 **鄭雨興**

本局에서十年을研究ᄒᆞ야(辟瘡消瘡丹)이란藥을發明ᄒᆞ얏는ᄃᆡ男女勿論ᄒᆞ고무ᄉᆞᆷ瘡疾이던지(一劑十四箇)를每日一箇式服用ᄒᆞ면効驗이百發百中되는고每日로搭至ᄒᆞ와買去ᄒᆞ오이瘡질잇는僉位는오리고싱마시고速々히來臨ᄒᆞ야問議ᄒᆞ심을希望홈

定價金 上品一劑金四圓 下品一劑金貳圓五角

本舖 仁川港柤峴和平局
發賣所 京城鐘路 龍洞濟生堂
仝 慈惠藥房
仝 共發堂藥房
雖外邦이라도郵便으로부치는슈가잇소

漢城西署松橋(新作路)第四十三統一戶
辯護士 **玉東奎**
辯護士 **許憲**
合同法律事務所

院醫學員 박ᄌᆞ혜 리관ᄒᆡ

西藥便方 定價金一圜

右冊은西洋醫藥方書를我國文으로아러보기쉽게翻譯

代理店 京梨峴寶藥店李昌華 尙洞博文書館盧益亨 仁川龍동濟生堂李庚鳳

封製藥目錄

●補益丸 十日分定價金一圜
右藥은米國大學醫院處方인ᄃᆡ主治效能은腎虛陽萎與虛遺精遺尿食思缺損手足厥冷腰痛眩暈頭痛月經不調虛弱症精神病健忘症에有靈效ᄒᆞ고老衰男女에第一偉效

●靈效解瘧丸 一日分定價十錢
右藥은大人小兒에長瘧과初瘧과腹瘧에更不再發

●蛔虫丸 一日分十錢
右藥은大人小兒蛔病有偉效

●四時感冒丸 日分十錢
右은감긔몸살속히풀이는약

●瘡疾거건약 一期二期에五圓
右는男女勿論ᄒᆞ고속히合瘡

●淋疾약 七日分定價一圓
右는男女淋疾에有靈效

●淸明眼약 定價金拾錢
右는火眼과삼눈에有奇效

●咳嗽약 二日分定價二十錢
右는男女老幼時氣咳嗽痰藥

●無憂疥瘡藥 定價[illegible]十錢
右는疥癬虫滅殺ᄒᆞ는藥

以上方文은仁濟衆院方藥
醫學校長池錫永有效證明
製藥監査人 洪錫厚 朴慈惠 李儼化

本藥房에서以上記載ᄒᆞᆫ封藥을調製販賣케ᄒᆞ야販賣ᄒᆞ오니邑市村里에서藥으로特約코져ᄒᆞ시는兄弟는郵便으로居住姓名을記送ᄒᆞ시면賣藥規則을無價仰呈

本藥房製造封藥만販賣ᄒᆞᆯ뿐아니라本國諸大家製造封藥과日本淸國英國米國獨國에有名ᄒᆞᆫ藥을買收도ᄒᆞ고發賣도ᄒᆞ니賣買間에通知ᄒᆞ심을敬要

外國藥에英文日文으로記載ᄒᆞᆫ用法을我國文으로翻譯ᄒᆞ야內地兄弟에便利ᄒᆞ심을供ᄒᆞ니편지만ᄒᆞ시오

此外奇々ᄒᆞᆫ方文을無價仰呈

●斷酒藥 十五日分三圓
●寸虫去根藥 三十錢
●腸胃痛藥上海製 五十錢
●速效멍우리잘풀ᄂᆞᆫ藥 二圓
●어루러기잘ᄯᅥ는藥 五十錢
●止足汗藥 二十日分 二十錢
●除阿片毒藥上海製 一圓半

本所에서鑛山과陳荒地를測量製圖와陳荒認墾에對ᄒᆞ야政府에서頒布된條例에依ᄒᆞᆫ計劃書式을製作ᄒᆞ야請願人의便利케ᄒᆞ되手數料는廉케酬應ᄒᆞ오니該事에有志ᄒᆞ신僉君子來議홈

皇城中署京谷二十八統一戶
鑛山土地測量製圖事務所 白

▲新刊書籍發售廣告
增修無冤錄大全 國漢文 定價金七拾五錢
大韓法規類纂 洋裝 三圓九拾錢 郵稅四拾錢
初等倫理學教科書 二拾錢
初等衛生學教科書 拾五錢
國家學綱領 拾五錢
國民須知 八錢
漢習日語正則 洋裝 鄭雲復著 壹圓二拾五錢
發賣所 皇城布屛下 金相萬書舖

瑞士建國誌

定價金 新貨拾五錢

此冊은政治小說이니志士의救國救民ᄒᆞᆫ思想과人民의愛國心을養成하는ᄃᆡ緊要ᄒᆞᆫ冊子오

發賣所
▲大韓每日申報社
▲仁川港柤峴 開新冊肆
▲中署布屛門下 金相萬冊肆
▲平壤城內烈女洞 敎育書舖
▲鐘路 古今書海館
▲洞口越便 中央書館
▲鐘路 大東書市
▲大廣橋 廣東書館
▲尙洞 博文書館
▲開城 裴助遠冊사

政治原論

安國善 編述
定價金 六十錢 郵料 四錢

人類는政治的動物이라政治思想은人類가國家를構成ᄒᆞᆫ要素니國民된者ㅣ政治를不知홈이可乎아況今政治를刷新ᄒᆞᆫ時代에더옥政治를研究홈必要가有ᄒᆞ고학校教科書로用ᄒᆞ기適宜ᄒᆞ니僉君子는斯速購覽ᄒᆞ심을爲要

發賣元 京城鐘路大廣橋通小廣橋大路東邊二府洋屋 彰信社內及各書舖에在홈

學徒洋裝書冊
學徒運動과諸具
羅紗各種
美國金鷄蠟
衣服裁縫其他雜貨도廉價放賣ᄒᆞ오니諸君ᄌᆞ는來臨ᄒᆞ심을바라나이다
仁川港新峴開新冊肆

本人이日本大阪諸裝家와ᄒᆞ고日本內地産出各種物品과西洋各種物品及機械等物을大韓에輸入과委托을便利케契約ᄒᆞ얏ᄉᆞ오니商工業에有意ᄒᆞ신僉君子는某物이든지請求코져ᄒᆞ시거든本社로來議ᄒᆞ시오 本社에셔는手數料金만受領홈

興業社本店 開城南大門內興學書舖
支店 京城南門內水標五十一統 大戶
仝 仁港內 特機會社

越南亡國史 國漢文

定價貳拾伍錢
發賣所 京城寶高谷 鍾南越川郡 氏時興書舖
布屛下 김相萬 告白

●本社廣告
○申報價
一張代金 新貨二錢五厘
一個月前納 三十錢
三個月 九十錢
六個月 一圓七十錢
一個年 三圓四十錢
郵稅一張 新貨五厘
一個月 十三錢

○廣告料
國文活字十三字詰으로一寸에新貨拾五錢
(每日每行六전에相當홈)
二號活字 二圓五十錢
每日每行四錢五厘에相當홈
一個月에 九圓
(每日每行四錢一厘에相當홈)
活字의大小와字行의多寡는
廣告의增減을隨ᄒᆞ야計算홈

大韓每日申報各處支社
京城布屛門下 金相萬
平壤上水口門內 金洛㵓
仁川柤峴開新書肆 崔敬相
宣川邑博文冊肆 李東鎬
義州西門外東西 安 濬
釜山港佐川 大盛號
三和港鎭洞 徐燦鎬
咸興南州社西門外 金元성
開城南大門內興學書舖 曹喜林
大邱市廳 張助說
鎭寧邑濟衆院 崔一弘
鐵山邑東部 劉舜澤
元山倉前 安 達
海州南門內 劉七鎬
定州南門內書舖 朴昌鎬
昌城郡校 洪成日
郭山興岩 許 환
安岳細洞坊 李觀習
博川南洋 服道善
安州城內義非洞 리鎭成
鐵原邑榮洞 金英河
高原邑 趙鍾大
濟州里內一徒里客舍洞商亭 朴敎吉
井邑邑內 李德榮
泰仁邑內 金禹燮
扶安半浦 金鼎淳
京義線桃峴驛督市 李庶秀
長淵邑南門內 崔鎭洪
殷栗邑倉前里 金在聲
古阜邑許洞 殷錫洪
群山港東彰社 蔡在元
龍川邑市倉堂 宋明殷
黃翊保

發行兼編輯人英國人 裵說
發行所
京城西署石非洞號外地三層洋屋家
大韓每日申報社

第五卷

大韓每日申報

第五百六十一號

月曜及慶節 誌時日休刊

檀君開國四千二百四十年
箕子元年三千二十九年
大韓開國五百十六年
日本明治四十年
淸國光緖三十三年
陰曆丁未十月小初九日丁卯

論說

○心團然後에體團

韓國의從來로衰弱意所以가安在오ᄒ면曰渙散이오目下에不振ᄒ는所由가安在오ᄒ면曰渙散이니

哀哉오渙散이여父子兄弟가환散ᄒ면其家가衆ᄒ며君民上下가渙散ᄒ면其國이亂ᄒ고小則一村一落도渙散이면不聚ᄒ며大則一都一邑도渙散이면不立ᄒ나니噫라환散者는文明의公敵이며世界의蟊賊이로다

然則不환散이有道乎아曰有ᄒ니卽所謂團體가是已라團生ᄒ면寒退ᄒ며水撲ᄒ면火滅ᄒ나니體一團ᄒ면환者ㅣ翕ᄒ고散者ㅣ聚ᄒ야敗家도可成이오衰國도可興이니라

團體의道는又將何由오曰唯心이니其心이好酒ᄒ면竹林七賢의團體가成矣며其心이愛詩ᄒ면竹溪六逸의團體가立矣오其心이在耕ᄒ면長沮桀溺의團體가合矣며其心이在漁ᄒ면靑약笠사의團體가作矣니夫詩也酒也와耕也漁也는小技也며小事也로ᄃᆡ心誠好之ᄒ면隨大隨小에其團이自立ᄒ려니와苟或不然ᄒ야兄亦一心이며弟亦一心이오夫亦一心이며妻亦一心이면비록其年이同年이며其居가同室이며其食이同卓이며其寢이同床이라도譬건대伯夷가盜跖의肝을比ᄒ며黃門이妓女의手를握홈과恰似ᄒ야雖吠相親ᄒ고分裂必生ᄒ리니

團體々々여一所偶相對ᄒ是團體라謂홈이며一路偶相値ᄒ是團體라云홈인가團體의義가果然此에止홀진ᄃᆡ館車裏輪船內에萬國行旅者도是亦一團體오劇場上戲臺前에許多觀光客도是亦一團體니何事로團體를是貴ᄒ며何義로團體를是愛ᄒ리오

今日志士의言論을聞ᄒ건ᄃᆡ皆曰환散故로國勢가至此라ᄒ며皆曰환散故로民情이至此라ᄒ야汲々所求가惟是團體로ᄃᆡ公將何道로團體를求ᄒ나뇨ᄒ면皆茫然莫對ᄒ나니嗚다此는貧兒가富家子의錦衣梁肉만艶羨ᄒ고其所從出은不究홈이니百年求之라도可得키難홀지며千年求之라도可得키難홀지라

愚見을一陳ᄒ야迷路를一指ᄒ노니政治上에團體를求ᄒ거던政治思想을喚起ᄒ고國家團體를求ᄒ거던國家思想을喚起홀지니

從前某會某黨의失敗的歷史가蓋亦時勢의掣肘도有ᄒ건이와抑亦其一般會人도靈性蓋美라謂홈은不可라或官慾이纏綿에不勝이今腐者도셔甘舌로曰我ㅣ爲國이라ᄒ며或貪心이如火에兩眼이勝熱者도셔其筆로曰我ㅣ爲民이라ᄒ니假中背論은瑪尼가再活이며胸前意氣는俾斯麥이復生이로ᄃᆡ假面을剝ᄒ고眞贓을査ᄒ면狐媚妖態로昏夜乞哀者ㅣ幾人이며食鵬狎肚로談民膏澤者ㅣ幾人이니風潮所激으로不得已此狀을作ᄒ나射鵠의弓을其手로彎ᄒ며搏虎의心을其胷에藏ᄒ야名으로는愛國이로ᄃᆡ心으로는不愛國이니愛國黨의基礎가其能幾日을延至ᄒ리오

故로從今以後에團체를組成ᄒ는者는其基礎를胷中에先定홀지어다萬一精神이全無ᄒ고運動을隨人ᄒ거나護故一時團結을得ᄒ야리도是는奴隸的團체에ㄴ過ᄒ니라

官報

●号外隆熙元年十一月十二日

◉宮廷錄事

宮內府達第五十七號
本月十四日에
皇太子殿下계옵셔靑年會館에
臨御ᄒ오실
旨를奉承ᄒ온바
出御時刻과道路는如左홈이라
下午一時五拾分에敦化門으로
出御ᄒ샤ᄉ龍明橋 鐵橋 鐵路로從ᄒ샤ᄉ靑年會館에臨御ᄒ오시고同三時에還御ᄒ실이라
宮內府大臣勳一等李允用

◉三千九百二十二號
隆熙元年十一月十三日

宮廷錄事

宮內府達第五十五號
大王
大院王妃國葬을今從遼奉矣리니禮葬之節을令宮內府擧行ᄒ라신
旨를奉承홈이라
宮內府大臣勳一等李允用

敍任

박사 延壽殿 張世昌
任成均館[illegible]

外報

●俄國의歲入不足 俄國官報을據ᄒ즉俄國의明年度豫算에는一億九千萬留가不足인ᄃᆡ此를公債로써補充ᄒ리라더라

●留學生派遣 北京電을據ᄒ즉淸國法部에서各國에留學生을派遣ᄒ되裁判ᄒᄂᆞᆫ規則을學習케ᄒ다더라

●學生全體聯合 北京電을據ᄒ즉北京大學生等은鐵道問題에就ᄒ야都察院에서反對ᄒ意見을발論ᄒ는ᄃᆡ此로因ᄒ야北京학生의全체는聯合홀模樣이라ᄒ더라

●輸入金額 路透電을據ᄒ則米國이今年一月부터十一月十一日ᄭ지歐洲로셔輸入ᄒ金貨는五千一百萬弗에達ᄒ얏다더라

●法國의大洪水 伯林電을據ᄒ則法國南部에大洪水가出ᄒ야財産의損害가莫大ᄒ다더라

●滿洲의電線架設 蒙古地方은俄國과交涉事件이多ᄒ되尙今電信의設備가無ᄒ으로郵便에서技師를派遣ᄒ야線路를調査ᄒ後에架設ᄒ기로決定ᄒ얏다더라

寄書

◉新舊학利害의辨論 續

龍川吳尙俊

第一舊학問教授의爲害

且近者新학家作문法은尤與舊학家文法으로遙々相殊ᄒ니曰詩曰賦와曰律曰韻은一切勿ロᄒ고以眞正的意思와活動的精神으로敏活以爲之ᄒ며循斷以習之ᄒ나니爲其教師者出題以作이어國家者는何를謂홈이오ᄒ면爲其학徒者 無製ᄂ國家者는土地와人民과主權者ㅣ의三合홀거슬國家라謂ᄒ나니三者가缺一ᄒ면國이라謂키不能라ᄒ나니如是作之者의致意圖家가於斯爲樊也며又曰國民의義務는何의在ᄒ요ᄒ면作之者ㅣ對之曰盖國無々民之國ᄒ고民無無國之民ᄒ니故其國民者ㅣ자有是國이라然즉國家之義務가擔在於人民之肩上이니兵役及納稅等節이며학問及商工者이莫非國民之義務라ᄒ나니此는導人以忠義之域ᄒ야悖勵心力케홈이라豈不美哉며間亞細亞洲에在흔越南은何由以亡이며歐羅巴에在흔伊太利는何由以與오ᄒ면作之者對曰越南之亡은自取의亡이라人民이至愚至미ᄒ야頑固의舊習을好ᄒ고維新의名義를貿ᄒ야他人의羈絆을不免ᄒ다가終亡에至ᄒ야ㅅ며伊大利의中興은果敢으로興이라當時伊國과國遐下의在ᄒ야自觸形便이幾乎危殆로되有志義士가精神을不奪ᄒ고結心團躰ᄒ며教育을日事흔故로如彼少年伊太利를組成ᄒ야ᄉᆞ니越南之亡은守舊族心의關ᄒ고伊太利의與은革新文明의係ᄒ다ᄒ니此는他國의與亡을歷ᄒ야自顧의思想을激出홈이라其不美哉아夫如是做去則著作之意見이日進ᄒ고智識이日廣ᄒ며事理를折衷ᄒ고時局을批評ᄒ야時宜의經綸과治平의手術이從此以生ᄒ리니惟此所規作文之法思ᄒ야較彼古人所作者ㅣ破除萬古無過酒여千金耐難選得米之詩句ᄒ며執贊執否며且文體가經簡端易ᄒ야別無屈曲難解之處而加之國문ᄒ야隨以助語ᄒ야行乎世也에雖婦人孺子라도若有如干之識字이면無碍해覽ᄒ나니其所爲利於通行이彼尖何如오是故로吾必曰新학問教授館作이俱爲此日之利者ㅣ라也로다 完

雜俎

●忠反爲讐 忠州鎭岑居ᄒ는閔趙士寅圭氏田庄이在於鎭郡北面與溪而以鄭春秀字士光으로任其舍音三十餘年에所迺가不少ᄒ기로改差舍音ᄒ되以無我負人之情으로落滅兵所迺七百餘金ᄒ고渠之所耕답數斗落을因侶ᄒ는賭耕ᄒ얏더니忽於丙午年分에知其답主厚意ᄒ고反生凶計ᄒ야僞造文券ᄒ고僞賣於日人大商이라가太南이知其鄭士光之凶計ᄒ고捕[illegible]習之에因爲破綻則彼以凶心之所使로且捏造無根之說ᄒ야誣訴於府郡則府郡이探知其迺訴ᄒ고卽爲落科後에給判決書於兩隻矣러니隨被凶漢이且以無根之說上締結엇村ᄒ고期於誣訴ᄒ니可謂賊反荷杖이라고傳說이狼藉ᄒ다더라

●各學留學生數爻 美國에留ᄒ는韓國學生이兩年에比ᄒ면倍에至ᄒ야小學校生徒가二十四人이오中학校生徒가五人이오武官학徒가四人이오大學校生徒가六人이오其外에散在흔者가一百一拾名이라더라

●石物被賊 東大門外牛耳答等地에在흔各墳墓石物을賊漢放가多數偸去ᄒ야西人에게放賣ᄒ는故로警察에서賊漢沿搜捕捉ᄒ얏는ᄃᆡ該等處에石物見失흔人을이警視廳에來告ᄒ는者가有ᄒ면逐々推給ᄒ라ᄒ다더라

●設[illegible] 金海郡邑三面北內里居金字成爲名人이白十歲以前에設此山伯氏龍駿氏의繼后而出駿 死後에供給ᄒ物아夥多ᄒ며生不奉養ᄒ고死不奉祭ᄒ며셔技房滿々에奔走敗家ᄒ고一鄕人士가愛惜ᄒ다더라

雜報

●移御節次　大皇帝陛下ᄭᅴ옵셔昨日下午二時三十分에昌德宮으로移御ᄒᆞ시ᄂᆞᆫᄃᆡ儀仗節次가如左ᄒᆞ더라
韓日兩國警察官吏가沿路左右에羅立警衛ᄒᆞ얏고日本騎兵隊가前後로騎馬警衛ᄒᆞ얏스며
大皇帝陛下ᄭᅴ셔와　皇后陛下ᄭᅴ셔馬車를同乘ᄒᆞ셧ᄂᆞᆫᄃᆡ侍從院卿閔丙奭氏와女官一人이驂乘陪坐ᄒᆞ얏스며永宣君李埈鎔씨도同夫人ᄒᆞ야馬車를同乘陪從ᄒᆞ얏스며海豐府院君尹澤榮氏도同夫人ᄒᆞ야馬車를乘ᄒᆞ얏스며
皇太子殿下ᄭᅴ셔도馬車를乘ᄒᆞ셧ᄂᆞᆫᄃᆡ陪從武官장趙東潤氏가驂乘ᄒᆞ얏스며宗親文武百官은大漢門外에셔祗迎ᄒᆞ얏다가仍爲陪從ᄒᆞ얏고各官私立及女학校학徒ᄂᆞᆫ沿路左右에羅立祗迎ᄒᆞ얏더라

●移御後赦典　大赦詔勅은大皇帝陛下ᄭᅴ옵셔移御ᄒᆞ신後에卽爲頒布ᄒᆞᆫ다더라

●東宮殿下御臨　今日下午一時에　皇太子殿下ᄭᅴ오셔靑年會館新建築上樑禮式에御臨ᄒᆞ옵시고同時에伊藤統監도來臨ᄒᆞᆫ다더라

●樞院會議　中樞院에셔ᄂᆞᆫ內閣에셔提出ᄒᆞᆫ事件으로今日該院에셔特別會議ᄒᆞ고爛商協議ᄒᆞᆫ다더라

●姑仍接　昌德宮內에各官廳修理가未備ᄒᆞ야宮內府와內閣의移接치못ᄒᆞ고慶運宮內에仍接ᄒᆞ고太醫院만移接ᄒᆞᆫ다더라

●宮屬減額　宮內府一般屬司官吏가合爲三千七百六十餘人인ᄃᆡ今番新官制組織中에多數減額ᄒᆞ고二千二百名假量만仍存ᄒᆞᆫ다ᄂᆞᆫᄃᆡ該官制ᄂᆞᆫ日間에先爲頒布ᄒᆞᆫ다더라

●密使問罪　密使李相卨李瑋鍾兩氏가美國에셔留連ᄒᆞᄂᆞᆫ事ᄂᆞᆫ世人이共知ᄒᆞᄂᆞᆫ바여니와兩氏가日本의擧行을世界에公布코져ᄒᆞ야美國셔離발ᄒᆞ야法國으로前往ᄒᆞ야一場演說ᄒᆞ고更히海牙府에還歸ᄒᆞ야有力ᄒᆞᆫ政治家를訪問ᄒᆞ고또列國으로遊歷ᄒᆞᆯ次로先此俄京으로發向ᄒᆞ엿다고美國某報에記載ᄒᆞ엿더라

●卅朔爲瓜　各陵官은新官制頒布ᄒᆞᆫ後에三十朔前에ᄂᆞᆫ遷轉치아니ᄒᆞᆫ다더라

●姑爲接受　各地方陳荒地를開墾ᄒᆞᆯ次로人民이多數히農商工部에請願ᄒᆞ되有何層折인지該部에셔請願書를接受만ᄒᆞ고明年度爲始ᄒᆞ야認許ᄒᆞ겟다ᄒᆞ다더라

●有保後派　軍部에셔各地方에派送ᄒᆞᆫ兵丁을個人마다保證人을得ᄒᆞᆫ後下送ᄒᆞ얏다더라

●四所控訴　漢城、平壤、咸興四個所에控訴院을設置ᄒᆞ기로決定이되얏다더라

●典膳官制　典膳官制改定案件을日間頒佈가된다ᄂᆞᆫᄃᆡ大夫一人이오理事二人이오典膳副監一人이오其外에도多少間變改ᄒᆞᆫ다더라

●只赦已決　大赦詔勅이頒佈된다ᄒᆞᆷ은前項과如ᄒᆞ거니와今明間에頒布된다ᄂᆞᆫᄃᆡ此時에未決囚ᄂᆞᆫ不赦放ᄒᆞᆫ다더라

●課長代辦　內部土木課長權輔相氏가身病으로請由ᄒᆞ고仕進치아니ᄒᆞᆷ으로該課長代辦을該課技師李圭正씨가觀務ᄒᆞᆫ다더라

●覺報漸開　內部技手洪慶完氏가家眷을開明ᄒᆞᆯ目的으로仕退後夜에數時間을該氏에夫人과女兒들노國文每日申報를覽讀케ᄒᆞ고新聞에意와開明ᄒᆞᄂᆞᆫ志를解釋說明ᄒᆞᆫ다더라

●何獨濫捧　各地方結稅를每結에葉八拾兩式徵收ᄒᆞᆷ은度支部定例인ᄃᆡ惟獨南陽郡稅務署에셔ᄂᆞᆫ每結에葉十兩式加捧ᄒᆞ야陰九月부터各結民處에星火督捧ᄒᆞᄂᆞᆫ故로民冤이載路ᄒᆞ야將次度支部에齊會呼冤ᄒᆞᆫ다더라

●宣諭還府　海州觀察使朴齊斌氏가管下各郡을宣諭ᄒᆞᆫ後信川郡으로부터本月三日에還道ᄒᆞ얏다더라

●又道自衛　一進會에셔自衛團을設始ᄒᆞ야義兵이猖獗ᄒᆞᆫ地方에만某々氏로派遣ᄒᆞᆫ다ᄂᆞᆫ說은前報에已揭ᄒᆞ얏거니와更聞ᄒᆞᆫ즉農大宋秉畯氏가十三道에自衛派送ᄒᆞ기로決定ᄒᆞ고每道에總務一人評議員一人과通辯一人書記二人式派送ᄒᆞᆫ다더라

●巡戶竟來　徵農園居刑事巡檢文哲俊이가義徒에게捉去ᄒᆞ얏다ᄂᆞᆫ說은前報에揭載ᄒᆞ엿거니와義徒에셔該戶身을覓來ᄒᆞ엿ᄂᆞᆫᄃᆡ三處을中丸而死ᄒᆞ얏다더라

●爆藥傷面　再昨日下午五時에東門外院浮石洞에셔南署館등居役夫金龍先이가該所所用埋穴爆藥을出來라가該藥이爆발ᄒᆞ야面部가重傷ᄒᆞ얏다더라

●醫學移院　修學院이高等學校로移去ᄒᆞᆫ다ᄂᆞᆫ說이有ᄒᆞ더라

●博覽會請邀　來십六日에博覽會에셔開館式을擧行ᄒᆞᄂᆞᆫᄃᆡ各部大臣을請邀ᄒᆞ얏더라

●燒戶頒布　陽智郡守李一陽氏가내部로報告ᄒᆞ되去月二十四日夜에本郡農所面大方里에義徒가放火ᄒᆞ야十九戶가沒燒되얏스니該戶布ᄂᆞᆫ特爲減下ᄒᆞ라ᄒᆞ얏더라

●兩氏被捉　忘憂里近處陽院里居정化燮金長甲兩氏ᄂᆞᆫ有何事端인지數日前에警視廳의捉囚ᄒᆞ얏다더라

●학徒祗迎　昨日　大皇帝陛下ᄭᅴ셔와　皇太子殿下ᄭᅴ셔移御ᄒᆞ시ᄂᆞᆫᄃᆡ修학院學徒ᄂᆞᆫ昌德宮으로先往祗迎ᄒᆞ얏고各학校學徒도敦化門前에셔祗迎ᄒᆞ얏더라

●義兵防鹽　恩津魯城等地鹽을無論公私ᄒᆞ고義兵이一齊히出浦運鹽ᄒᆞᆷ을禁止ᄒᆞᆫ다더라

●幾日交戰　呂州郡川陽等地에셔義兵과日兵이連日交戰ᄒᆞ다가三昨日에大戰ᄒᆞ얏ᄂᆞᆫᄃᆡ兩陣死傷은未詳ᄒᆞ나該近人民家屋은日兵이沒數衝火ᄒᆞ얏다더라

●義尉軍需　坡州郡細柳里居趙議官基命氏家에義兵이多數來到ᄒᆞ야軍需錢六萬兩을勒討ᄒᆞᄂᆞᆫ지라無數懇乞ᄒᆞ야一萬兩을除ᄒᆞ고本月初五日에辦給ᄒᆞ기로當期ᄒᆞ얏ᄂᆞᆫᄃᆡ累以給ᄒᆞ고當期日ᄒᆞ야五萬兩을艱辛辦備ᄒᆞ야義兵의게出給ᄒᆞᆫ즉義兵等이該錢을領受ᄒᆞ고또一萬兩을明日에辦給ᄒᆞ라ᄒᆞ고百般威脅ᄒᆞ얏다고該地來人의傳說이有ᄒᆞ더라

●聯絡出兵　再昨日上午十二時에日本步兵五十聯隊小隊長權山氏가兵士二十八名及粮米一百二十駄를領率ᄒᆞ고東門外原州等地로向往ᄒᆞ얏고第五聯隊兵丁五名이電信附屬工二駄와糧米四十二駄를率ᄒᆞ고東門外로出往ᄒᆞ얏다더라

●非義伊賊　去月二十九日亂徒數十名이各持銃劍ᄒᆞ고富平吾丁面元武常家에突入ᄒᆞ야錢一千兩을奪去ᄒᆞ얏다더라

●中學運動　興化私立中東학校에셔來日曜日의東門外永導寺로前往ᄒᆞ야秋期運動을擧行ᄒᆞᆫ다더라

●義兵의傳令
利川倡義所左翼將任某가賓村面三十三洞面장各里里장處에傳令이如左ᄒᆞ니
現今交戰이已久에火藥과彈丸이告乏ᄒᆞᆫ故로발令督促ᄒᆞᆫ지가旣有三箇月이나尙今不納은是何理由오面장이有勢力而從敵아有權威而從敵아嚴懲次로面장을卽刻捉來ᄒᆞ라ᄒᆞ얏더라

●義兵情形
韓國內에셔日人을驅逐ᄒᆞ기로努力ᄒᆞᄂᆞᆫ冒險的愛國者의固執ᄒᆞ야諸般艱難과諸般困苦를不拘ᄒᆞ고告示를粘附ᄒᆞ며純一히執迷ᄒᆞᄂᆞᆫ것시慨嘆不已ᄒᆞ도다此等人民이發狂形式으로以ᄒᆞᆷ은恒常信認ᄒᆞᄂᆞᆫ바어니와於今에吾儕探聞에ᄂᆞᆫ彼等이的實히精確ᄒᆞᆫ設駭計策을施ᄒᆞᄂᆞᆫ意思를勉勵ᄒᆞᄂᆞᆫ兵ᄒᆞ도다彼等은麾下隊伍와行列이有ᄒᆞ다ᄒᆞ고(該社探聞에ᄂᆞᆫ萬餘名이라ᄒᆞᆷ)二千四個隊陣으로分ᄒᆞ얏스며目的을達치못ᄒᆞ면死를誓ᄒᆞ다ᄒᆞ니彼等이例히堅頑ᄒᆞ다ᄒᆞ며彼等이難을當ᄒᆞ기前에ᄂᆞᆫ生命의危險이업슬지라吾儕ᄂᆞᆫ彼等의計策이分明確實ᄒᆞᆫ거슨아니라ᄒᆞᄂᆞᆫ것슬哀嘆ᄒᆞ여가며政府에셔將次領等이實際로自盡ᄒᆞᆯ지니至ᄒᆞᆫ지안코勸戒ᄒᆞᆫ方針을究用ᄒᆞᆷ을노確實히信認ᄒᆞ노라
其各陣義兵將의姓名은如左ᄒᆞ니李麟榮、李殷瓚、李球采、鄭鳳俊、元在應、辛良集、池相俊、金晳洙、金善宇、趙海鵬、丁大武等이라더라

▲地方消息▼

▲日前에鎭川郡에셔ᄂᆞᆫ義兵魁首權副尉가確實五百餘名과解散兵三百餘名을領率ᄒᆞ고日兵과接戰ᄒᆞ야十三時를砲聲이驚天ᄒᆞ얏ᄂᆞᆫᄃᆡ彼此生死幾何ᄂᆞᆫ姑未詳知라ᄒᆞ고

▲加平郡先登山中에셔義兵約千餘名이屯聚ᄒᆞ야冬營을準備ᄒᆞ되土城을築ᄒᆞ고其內에諸般軍器及軍糧을多數히積置ᄒᆞ얏다ᄒᆞ고

▲楊根郡二水頭에義兵四十餘名이去二日에侵入ᄒᆞ야該地附近人民의게傳令ᄒᆞ되每戶에火藥二斤과草履十部式義兵大將所로持來ᄒᆞ라고ᄒᆞ엿다ᄒᆞ고

▲豐川郡成樂英氏가장淵郡査官으로前往ᄒᆞ얏ᄂᆞᆫᄃᆡ適其時에義兵이突入ᄒᆞ야分派所를襲擊ᄒᆞᆷ으로日兵이來到ᄒᆞ야破殘軍物을取合燒藥ᄒᆞᆫ지라追後에義兵이該郡小川동에侵入ᄒᆞ엿다ᄒᆞ고

▲江原道鐵原郡에셔義兵과日兵이屢次交戰ᄒᆞᆫᄃᆡ該郡百姓等이擧皆流離ᄒᆞ야奠接ᄒᆞᆯ方策이無ᄒᆞᆫ故로將廢止ᄒᆞᆯ地境이라ᄒᆞ고

▲抱川郡梁楷里元山派路에셔義兵이日人二名을銃殺ᄒᆞᆷ으로日憲兵이出張ᄒᆞ야取調ᄒᆞᆯ際에土人의言을聞ᄒᆞᆫ則去四日午後에日人二名과韓人一名이抱川方面으로來ᄒᆞ야投宿ᄒᆞᆯ際에義兵十五名이該人等을捕縛殺害ᄒᆞ엿다ᄒᆞ고

▲竹州郡門外동及中岱面石村에義兵이侵入ᄒᆞ야軍器를强請ᄒᆞ며同郡岱동에住ᄒᆞᆫ義兵元名과分塔동에住ᄒᆞᆫ義兵七名이合力ᄒᆞ야一進會員一名을捕縛而去ᄒᆞ얏ᄂᆞᆫᄃᆡ該會員이乘隙逃走ᄒᆞ엿다더라

▲寒窓醉毫▼

▲宮大李允用氏와內大任善準氏와學大李載崑氏가遞任된다ᄂᆞᆫ說이有ᄒᆞ니三氏ᄂᆞᆫ自謂不世大功을樹立ᄒᆞ야地位가盤石갓치鞏固ᄒᆞᆯ줄노一般世人이知料ᄒᆞ더니遽然히平地落傷이되면宦海風波ᄂᆞᆫ果是難測이로다

▲中署에셔署內居生ᄒᆞᄂᆞᆫ各宰相의實職有無와何人周旋으로官職被任ᄒᆞᆫ事由를一一調査ᄒᆞ다니無實職ᄒᆞᆫ宰相은實職을叙任ᄒᆞ라ᄂᆞᆫ지近來無實職ᄒᆞᆫ宰相들이手持履歷ᄒᆞ고口遊往來ᄒᆞ야夢中乾坤에幾年을虛送ᄒᆞ더니今番調査에ᄂᆞᆫ몬저나떠러볼ᄂᆞᆫ지

▲長興郡守朴永씨가赴任後에該道觀察使의게報告ᄒᆞ얏ᄂᆞᆫᄃᆡ本員이正三品通政大夫赤十字社事務員으로叙任ᄒᆞ엿다가到任視務ᄒᆞ얏다ᄒᆞ니同氏가到任ᄒᆞᆷ을報告ᄒᆞᆫ거시아니라履歷書를錄報ᄒᆞ얏ᄂᆞᆫ지誇誕이大端ᄒᆞ고

▲近來에留學이란文字가許多ᄒᆞ더니內閣에셔中樞院請議ᄒᆞᆫ答照가無ᄒᆞᆫ事에對ᄒᆞ야尹古炳鄭恒모兩씨를委員으로選定ᄒᆞ야昨日內閣에前往質問ᄒᆞ얏나니質問은ᄒᆞᆷ만ᄒᆞᆫ質問이로고

▲美國布哇에留學ᄒᆞᄂᆞᆫ韓人의合成協會에셔合成新報를刊行ᄒᆞ고美國桑港에在ᄒᆞᆫ大同保國會에셔大同公報를刊行ᄒᆞ엿스니以若海外에寄跡으로經費ᄀᆞ不贍ᄒᆞᆯ터인ᄃᆡ開明ᄒᆞᆯ目的으로新聞을發行ᄒᆞ니諸氏의愛國熱心은推此可知로다

▲博覽會에셔抽籤法을設施ᄒᆞ고其賞格은下品에百圓쯤지給與ᄒᆞᆫ다ᄒᆞ나百圓은姑舍ᄒᆞ고如干施給ᄒᆞᄂᆞᆫ거시不過些少物品이라ᄒᆞ니近日街道에一人이鄕措로愚民의錢財를奪取ᄒᆞ더니該會에셔도抽籤을設ᄒᆞ야人民의錢財를收欲ᄒᆞ니이것도博覽會에目的인지

雜報

●學訓各處　學部에서各學校에訓令호되現今에調査홀必要가有호니自十月末日로現在實校職員敎師及學徒年齡과姓名을至急報明호라호얏더라

●建築助校　大邱觀察使李忠九氏가協成學校를新建築호얏ᄂᆞᆫ대制作規模가廣大宏傑하고落設落成학校를補贊成호야校之類金이實由其助라本校運動會를陰十月初五日에達城楓林에擧行호미觀察使暨多少紳士가濟々充溢호ᄂᆞᆫ中觀式호고生徒를對하야懇惻之諭가有호되工夫上은惟心精一이오義務上은惟志忠愛라호고二百生徒가聽講承誨에莫不感泣호얏다더라

●體操優等　官立京城普通學校에서再昨日에各職員體操講習에對하야成績授與式을開호얏ᄂᆞᆫ대本校敎員劉哲相氏가四團中의最優等成績으로被選되얏다더라

●欠逋何多　北來人에傳說을聞호즉洪原前郡守崔恒鎬氏ᄂᆞᆫ素是該郡士族으로郡守在任時에民國錢을私利호事로欠逋호얏ᄂᆞᆫ故로移乃受賂六千兩零結을緣由로免官된지一年만에또公貨欠逋一萬餘兩事로本道觀察使가捉囚推覈호얏다더라

●嶺校漸旺　三陟普成학校ᄂᆞᆫ光武拾一年一月에李鍾浩氏가發起호고經費를自擔호야副校長田宰煥校監呂鍾善事務員車錫興敎師南經雲張基一諸氏의熱心敎育홈으로校況이漸進호더니本年陰曆이日增月加호야一百八拾餘名에達호지라該郡의有志諸氏가互相協贊호고校務를一層擴張호야中학課를設施호고一般青年子姪을敎育홀터인대協贊賜暦一日에始호야該校의諸般經費ᄂᆞᆫ本동에서擔當支出호기로決議호얏다더라

●中會紛競　西來人에傳說을聞호즉中和前郡守申大均氏가遞歸時에加下條二千餘兩을區處가無路호야其時儒鄕與一進會장박台성等으로協議호야該郡吏役價停止條二千餘兩으로加下條를充報矣러니今此本郡郡主事閔鏧也에該一進會副會장崔仁恒氏가本郡妻時洛을勸告入會後에郡主事閔得之意로數次上京홀時에前郡守申大均을對호야加下脫給條二千餘兩을還懲之意로累々呈狀則申氏가不勝恐抑호야紙貨一百圓을辦給則該三씨가還以東貢호고暗自捧用홀後에該씨處에ᄂᆞᆫ一分도分給지아니호얏다고西來人에傳說이有호더라

●車站館運動　近來[illegible]志人士가文明을夢想호야곰進에學校를設立호고大運動을開設호니人民을進步케호ᄂᆞᆫ中에何獨車站館乎아학校가何爲며遊勵이何事나維持호며니何幸本里居호ᄂᆞᆫ該郡鄭錫台金致[illegible]金鍾泰金乘鉉金宗鎬諸氏等의協力과該郡諸氏의協力으로학校를設立호고一次大運動을開設호야運動一十三校生徒四百二名이聯合호야監才호고施賞호얏다더라

●邑校發起

吾鄕僻壯一隅遐陬時局形便雖欲得聞難聞雖欲得見難見昏昏장睡尙五更장夜奐何幸我候金相驥氏莅臨發局痛念民情除弊痼獎爲惜士氣培養敎育一境賴此安堵萬口賦曰我候下車未幾勉勵靑年入학而勤讀勤勞老壯賢良而力積且曉喩각面人民設校之方針購讀新聞雜誌之方便協議烟[illegible]民心服從是誰之力歟之[illegible]而已[illegible]面有校村村新聞人人誰[illegible]風敎加于草上美化溢於峽中文明先導於斯可見民智漸開十[illegible]蔚興三百六十餘郡皆知我侯之熱心則二千萬同胞何患[illegible]育之不振哉何來暮也猶恐失之兩岐之歌五袴之謠非徒古昔之美事還珠之化蒲鞭之政又復見於今日賢哉我侯[illegible]哉我侯親授敎育발達開明賴以進隣邑多士爭先受業此豈非文明檢擧訟裁決曲直亦有月[illegible]全郡衆民一無冤枉亦豈非善手家々活佛處々甘棠非徒此邑之聚幸實爲國家之得人豈不美且喜哉近日[illegible]守者當如此治民大韓來頭之望多小有庶幾矣地球上同胞婦妹咸須知悉伏望

昌城昌湖학校發起人

●國債報償志願金總合所廣告

●和順郡 郡主事 曹秉喆

▲邑내 前侍御朴仁圭

監役朴유일 五衛將朴泳일

각拾圜 金錫準 一圜

前參奉金在宗 二圜

朴대량 三圜 尹琮殷五圜

李鍾淑 一圜 金琪一 四拾전

金永鎭 五拾전 金致順 一圜

朴允化 二圜 金興澤 四拾전

金相璽 一圜 리京玉 四拾전

金文奉 一圜 梁召史 三圜

女 一圜 前參奉박正玉

前先達 최景鎬 각二圜

前主事 金在喆 四圜

金錫洙 三圜 曹형道

五拾전 朴允祚 五十전

朴彙相 五圜 鄭龍湖 一圜

姜洪秀 二圜 鄭孟石 一圜

趙任圭 四十전 金卜同

朴元景 朴在豊 各一圜

妓 宋仙 一圜

瓊蘭 二十전

合八十八圜三拾錢

廣告

영미국정부젼미특허 셕유발동긔급 정미긔계급부속품을 일절염가방매ᄒᆞ오

直輸入商

韓國代理店

仁川本町

中根商會

電話七參派番

○民事訴訟代理와刑事辯護及鑑定顧問과諸文案起草諸般事務를迅速處理홈

漢城南署小公洞第拾六統五戶

辯護士 前判事 前檢事 金正[illegible]

事務員 前博士 鄭雨興

▲新刊書籍發售廣告

增修無冤錄大全 國漢文 定價金七拾五錢

大韓法規類纂 洋裝 三圜五拾錢 郵稅四拾錢

初等倫理學教科書 二拾錢

初等衛生學教科書 拾五錢

國家學綱領 拾五錢

國民須知 八錢

獨習日語正則 洋裝 鄭雲復著 壹圜二拾五錢

發賣所 皇城布屛下 金相萬書舖

漢城西署松橋 新作路)

第四十三統 一戶

辯護士 玉東奎

辯護士 許 憲

合同法律事務所

本局에서十年을硏究ᄒᆞ야(腫香消瘡丹)이란藥을發明ᄒᆞᆫ바ᄂᆞᆫ대男女勿論ᄒᆞ고무ᄉᆞᆷ瘡疾이던지(二劑十四箇)로每日一箇式服用ᄒᆞ면効驗이百發百中되ᄂᆞ고每日로搭至ᄒᆞ와買去ᄒᆞ오이瘡질잇ᄂᆞᆫ僉位ᄂᆞᆫ오리고싱마시고速々히來臨ᄒᆞ야問議ᄒᆞ심을希望홈

定價金 上品一劑金四圜 下品一劑金貳圜五角

本舖 仁川港桎峴和平局

發賣所仝 龍洞濟生堂

京城鐘路 慈惠藥房

仝 共愛堂藥房

雖外邦이라도郵便으로부치ᄂᆞᆫ슈가잇쇼

藥은 漢城鍾路 惠藥房 [illegible] 發賣人濟衆院醫學員 박즈혀 리관화

▲西藥便方 定價金一圜

右冊은西洋醫藥方書를我國文으로아러보기쉽게翻譯

代理店 京梨峴 貿錄店 李炳鉉 尙洞 博文書館 盧益亨 仁川 龍동 濟生堂 李慶龜

封製藥目錄

●補益丸 十日分 定價金一圜

右藥은米國大學醫院處方인ᄃᆡ主治效能은腎虛陰虛遺精遺尿食思缺損手足厥冷腰痛眩暈頭痛月經不調脚弱症神經衰弱健忘症에有驗効ᄒᆞ고老衰男女에第一偉效

●驅效解瘧丸 一日分定價十錢

右藥ᄂᆞᆫ大人小兒에長瘧과初瘧과腹瘧에更不再發

●蛔虫丸 一日分十錢

右藥은大人小兒蛔病有偉效

●四時感胃丸 一日分十錢

右은감긔몸살々히풀이ᄂᆞᆫ약

●瘡疾거건약 一期二期에五圜

右ᄂᆞᆫ男女勿論ᄒᆞ고속히合瘡

●淋疾약 七日分定價一圜

右ᄂᆞᆫ男女淋疾에有驗效

●淸明眼약 定價五拾錢

右ᄂᆞᆫ火眼과상눈에有奇效

●咳嗽약 二日分定價十錢

右ᄂᆞᆫ男女老幼時氣咳嗽藥

●無疑臭疥藥 定價四十錢

右ᄂᆞᆫ疥癬虫滅殺ᄒᆞᄂᆞᆫ藥

以上方文은廣濟院方藥

醫學校長池錫永氏有效證明

製藥監査人 洪錫厚 朴慈惠 李觀化

本藥房에서以上記載ᄒᆞᆫ封藥을調製確實케ᄒᆞ야販賣ᄒᆞ오니邑市村里에서買藥ᄒᆞ시ᄂᆞᆫ兄弟ᄂᆞᆫ郵便으로特約코저ᄒᆞ시ᄂᆞᆫ兄弟ᄂᆞᆫ郵便으로居住姓名을記送ᄒᆞ시면賣藥書店則을無價仰呈

本藥房製造封藥과日本國諸大家製造封藥과淸國英國米國獨逸에有名ᄒᆞᆫ藥을買收ᄒᆞ고發賣도ᄒᆞ나買與買櫃에通知敎示外國藥에英文日文으로記載ᄒᆞᆫ用法을我國文으로翻譯ᄒᆞ야內地兄弟에便利ᄒᆞ심을供ᄒᆞ니편지만ᄒᆞ시오此外奇々ᄒᆞᆫ方文을無價仰呈

●斷酒藥 十五日分 三圜

●寸虫去根藥 三十錢

●肩臂痛藥 上海製 五十錢

●連珠명우리잘풀니ᄂᆞᆫ藥 二圜

●어루메이잘력ᄂᆞᆫ藥 五十錢

●止足汗藥 十日分 二十錢

●除阿片烟藥 上海製 一圜半

伊太利建國三傑傳 一冊正價金三十錢

此書ᄂᆞᆫ距今數十年前에伊太利愛國者瑪志尼、加里波的、加富爾三傑이奄奄垂亡ᄒᆞᆫ國勢를挽回ᄒᆞ야歐洲列强間에鼎峙ᄒᆞᆫ事實을國漢文으로譯出ᄒᆞ야ᄂᆞᆫᄃᆡ其艱難危險의經歷과嘔心瀝血의景況이讀者의哀情을感發ᄒᆞᆯ만ᄒᆞ오며其百折不屈의義氣와其九死靡變의熱誠이讀者의愛國心을激起ᄒᆞᆯ만ᄒᆞ오니有志君子ᄂᆞᆫ不可不座右에置ᄒᆞ고常目에掛ᄒᆞᆯ冊子오니續續來購ᄒᆞ시옵

皇城布屛下 廣學書舖

尙동 博文書館

仁川 桎峴 開新冊肆

平壤 鍾路 耶蘇敎冊사

義州 南門外 廣明書館

瑞士建國誌 定價金 新貨拾五錢

此冊은政治小說이니志士의救國救民ᄒᆞᄂᆞᆫ思想과人民의愛國心을養成ᄒᆞᄂᆞᆫ데緊要ᄒᆞᆫ冊子오

發賣所

▲大韓每日申報社

▲仁川港桎峴 開新冊肆

▲中署布屛門下 金相萬冊肆

▲平壤城內烈女洞 敎育書舖

▲鍾路 古今書海館

▲洞口越便 中央書館

▲鍾路 大東書市

▲大廣橋 匯東書館

▲尙동 博文書館

▲開城 姜助遠 冊사

政治原論

安國善 編述

定價金 六十錢 郵料 四錢

人類ᄂᆞᆫ政治的動物이라政治思想은人類가國家를構成ᄒᆞᆫ要素니國民된者ㅣ政治를不知ᄒᆞᆷ이可ᄒᆞ랴況今政治를刷新ᄒᆞᄂᆞᆫ時代에더옥政治를硏究ᄒᆞᆷ이必要ᄒᆞ고학校敎科書로用ᄒᆞ기適宜ᄒᆞ니僉君子ᄂᆞᆫ斯速購覽ᄒᆞ심을爲망

發賣元 京城鍾路大廣橋通小廣橋大路東邊二層洋屋 彰信社內及各書舖에在홈

學徒洋裝書冊

學徒運動과諸具

羅紗各種

美國金鷄蠟

衣服裁縫其他雜貨도廉價放賣ᄒᆞ오니諸君子ᄂᆞᆫ來臨ᄒᆞ심을바라나이다

仁川港桎峴開新冊肆

本人이日本大阪商業家와特約ᄒᆞ고日本內地產出各種織物品와西洋各種物品及機械等物을發賣ᄒᆞ오니大韓에諸人의委托을便利케契約ᄒᆞ얏ᄉᆞ오니商工業에有意ᄒᆞ신僉君子ᄂᆞᆫ業物이든지購求코져ᄒᆞ시거든本社로來議ᄒᆞ시오本社에서ᄂᆞᆫ手數料金만受領홈

興業社本店 開城南大門內興學書舖

支店京城南門內水橋五十一統大戶

仝仁港內 昇廣濟號

博養會社

越南亡國史 國漢文

定價貳拾伍錢

發賣所 京城廣橋高裕相書舖 布屛下 김相萬 告白

●本社廣告

○申報價

一張代金 新貨二錢五厘

一個月前納 三十錢

三個月 九十錢

六個月 一圜七十錢

一個年 三圜四十錢

郵稅一張 新貨五厘

一個月 十三錢

○廣告料

四號活字十三字詰每日每英尺一寸에新貨五錢(每日每行六전에相當홈)

二週日에 二圜五十錢

每日每行四錢五厘에相當홈

一箇月에 五圜

(每日每行四錢一厘에相當홈)

其期限의長短과字行의多寡를依ᄒᆞ야增減홈이有홈

●大韓每日申報各處支社廣告

中署布屛門下 金相萬書肆

平壤上水口門內 金浩[illegible]

仝 崔敎[illegible]

仁川桎峴新興學 [illegible]

宣川邑 [illegible] 安 濬

義州西門外후西 大韓[illegible]

釜山港佐川 徐[illegible]局

三和港築洞 金元셥

咸興南州社西門外 曹喜林

開城南大門內興學書舖 吳助遠

大邱市廳 崔一弘

載寧邑濟衆院 劉夢澤

殷山邑東部 安 [illegible]

元山倉前 劉七錫

海州南門內 朴昌鉉

定州南門內書舖 洪成인

昌城郡校촌 許 환

郭山興岩 李銀瑞

安岳細동坊成촌 廉道善

德川眞津 리鍾成

安州城內養井洞 金鳳河

鐵原邑榮洞 趙鍾大

高原邑 朴敎吉

濟州城內一徒里客舍洞 高亨宗

井邑邑內 李益象

泰仁邑內 金昌煥

興德後浦 金鼎濟

京義線桃峴驛巷市 李基秀

[illegible]邑南門內 崔觀淳

殷栗邑倉前里 金泰聲

古阜邑許洞 殷弼漢

[illegible] 姜允植

群山港東彰社 宋翰巖

龍川楊市會堂 黃菊保

發行兼編輯人 英國人 裴說

發行所 漢城中署石井洞號外洞三層洋屋家

大韓每日申報社

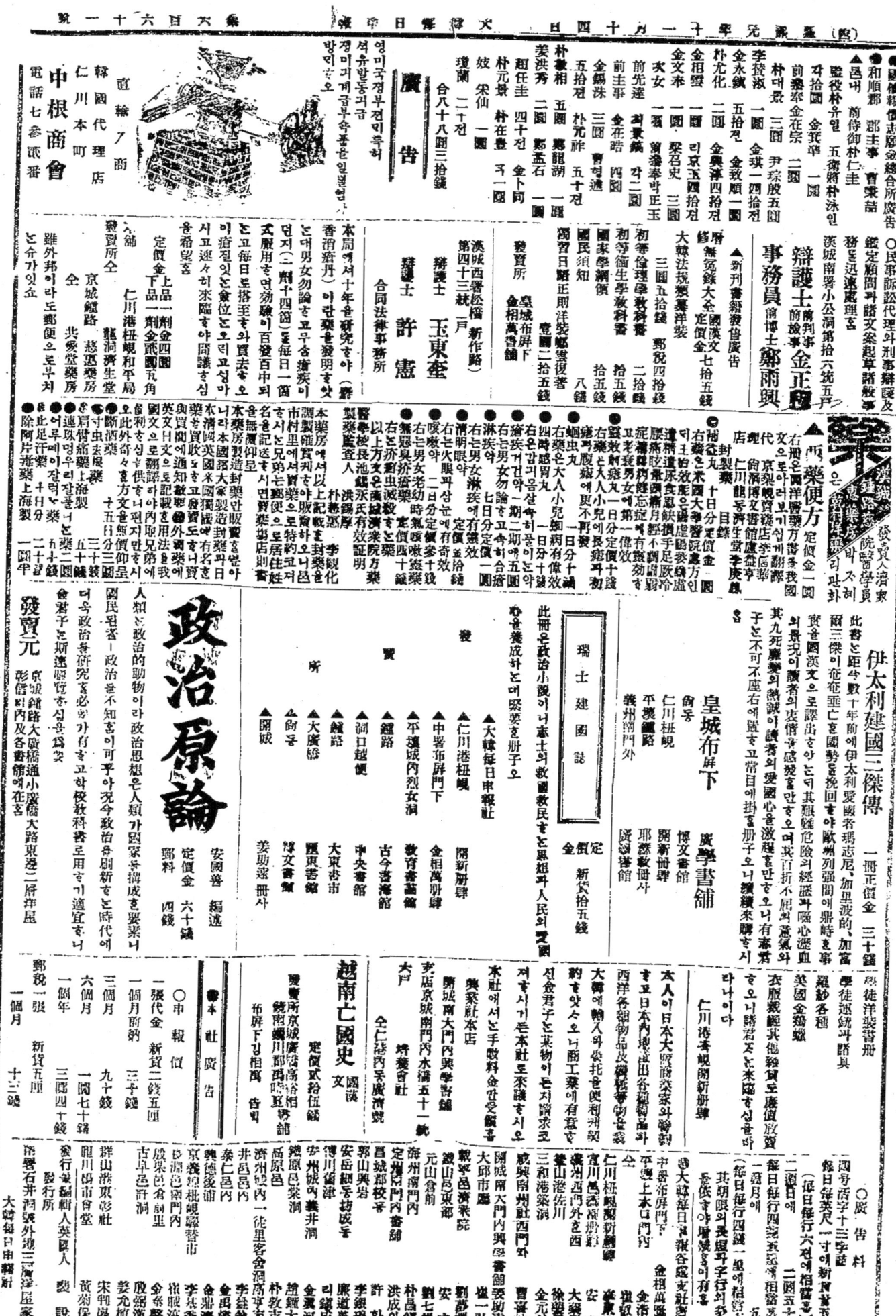

第五卷 大韓每日申報 第六百六十二號

大韓每日申報

月曜及慶節 議時日休刊

檀君開國四千二百四十年
箕子元年三千二十九年
大韓開國五百十六年
日本明治四十年
淸國光緖三十三年
陰曆丁未十月小初十日戊辰

論說

○基督靑年會

昨日下午二点에最有興味ᄒᆞᆫ禮式을鍾路에셔擧行ᄒᆞᆫ바此禮式의效果가其建築의完成을表示ᄒᆞᆷ을ᄂᆞᆫ希望ᄒᆞ노니此ᄂᆞᆫ基督靑年會의上량禮式이是也라同會가韓國內에셔累次擧行ᄒᆞᆫ단中에此禮式이最甚必要ᄒᆞᆫ은韓國皇太子殿下ᄭᅴ셔 御臨을許ᄒᆞ심과伊藤統監이亦其光臨을諾ᄒᆞᆷ이로다

吾人이近東及極東에遍行ᄒᆞᆯ제每有ᄒᆞᆫ興味ᄂᆞᆫ吾人이此靑年會와頻頻히接近ᄒᆞ야其任員及事務員을親知ᄒᆞᆫ거시니何處에在ᄒᆞᆫ此會ᄅᆞᆯ觀ᄒᆞ던지吾人이其首領의努力ᄒᆞᄂᆞᆫ事業을稱揚ᄒᆞᆯ外에無他言이어니와特一注目ᄒᆞᆯ거ᄉᆞᆫ同主務人의偏狹及固執之態가無ᄒᆞᆫ거시라吾人으로ᄒᆞ여금同會가眞敎에最近ᄒᆞᆫ줄노存心케ᄒᆞᆯ可嫌之態ᄂᆞᆫ彼雖以耶蘇敎로爲宗ᄒᆞᄂᆞ나諸般宗敎ᄅᆞᆯ歡迎ᄒᆞ야其思想을敬重ᄒᆞ고但一般會員의兩尊敬及純潔思想과剛壯性質을培養ᄒᆞᄂᆞᆫ거시로十漢城에ᄂᆞᆫ基督靑年會ᄂᆞᆫ公衆的施設이요城內靑年의全部ᄅᆞᆯ爲ᄒᆞ야設立ᄒᆞᆫ거시니品行이端雅ᄒᆞᆫ靑年은何敎ᄅᆞᆯ信奉ᄒᆞ며何校에서做工ᄒᆞ며何如他會에入ᄒᆞᆫ거ᄉᆞᆯ勿論ᄒᆞ고此會에會員이되여特權을共享ᄒᆞᆯ權限을持ᄒᆞ엿도다

此會組織이政治에對ᄒᆞ야ᄂᆞᆫ一無關係오但愉快와身躰上活動과社會的興趣와敎育으로從事ᄒᆞ고男子의性質과寬大ᄒᆞᆫ敎源을발達ᄒᆞᆯ而已며此又萬國國會니開明ᄒᆞᆫ邦國에만設立ᄒᆞᆷ이아니라各國에一脈로設立ᄒᆞ고列國靑年을爲ᄒᆞ야從事ᄒᆞᄂᆞᆫ도다

漢城에基督靑年會ᄅᆞᆯ管理ᄒᆞᄂᆞᆫ一部ᄂᆞᆫ英日韓美及加奈太人이라會장이英人이오副會長及書記員은韓人이오財務員은日人이되엿셧도다

美國前遞信大臣이今此建築을爲ᄒᆞ야八萬圜을捐助ᄒᆞ엿고華盛頓에基督靑年會장이協助ᄒᆞ기爲ᄒᆞ야二萬圜을辦備ᄒᆞ엿스며且目賀田男爵은此會에敎育事務ᄅᆞᆯ應助ᄒᆞ기爲ᄒᆞ야去二年間에每年萬圜式을捐給ᄒᆞ엿도다且其司事部에셔此新建築內에置ᄒᆞᆯ諸般創設을成就ᄒᆞ기爲ᄒᆞ야十萬圜을鳩聚ᄒᆞ기로一致可決ᄒᆞ엿스니今者에其眞實希望ᄒᆞᆯ거ᄉᆞᆫ上량禮式時에一般公衆이此可決에對ᄒᆞ야和唱ᄒᆞᆯ거시是也로다

官報

●號外 隆熙元年十一月十二日

◉宮廷錄事

宮內府達第五十九號

陰曆十月初十日에
太皇帝陛下께옵셔
太廟에展謁ᄒᆞ옵시고
昌德宮에歸臨ᄒᆞ오실
旨ᄅᆞᆯ奉承ᄒᆞ온바
出御時刻과御道路ᄂᆞᆫ如左ᄒᆞᆷ이라

上午十時에惇德殿에서出御ᄒᆞ사平成門前路 用康門 大漢門 布德문前路 黃土峴 鍾路 鐵橋 罷朝橋 敦化문前路문으로從ᄒᆞᄉᆞ
太廟齋室에入ᄒᆞᄉᆞ十一時에行ᄒᆞ옵시고同時四十分에 昌德宮에歷臨ᄒᆞ시고下午三時三十分에 動駕ᄒᆞ사同四時에還御ᄒᆞ심이라

宮內府大臣勳一等李允用

宮內府達第六十號

自今으로通符와標信을幷廢止ᄒᆞ라신
旨ᄅᆞᆯ奉承ᄒᆞᆷ이라

宮內府大臣勳一等李允用

敍任

●三千九百二十三號

隆熙元年十一月十四日

公立元山普通學校敎員洪在明
公立東萊仝 李鍾瑾
依願免本官
公立大邱普通學校副敎員 리提恒
免本官

外報

●外國敎師屆聘策 北京電을據ᄒᆞᆫ즉張之洞과袁世凱氏가全國學校의外國敎師屆聘契約十七條ᄅᆞᆯ議定ᄒᆞᆫ後裁可ᄅᆞᆯ得ᄒᆞ야學部에셔各省으로通知ᄒᆞ얏ᄂᆞᆫ대外國敎師ᄂᆞᆫ總히學部의節制ᄅᆞᆯ受ᄒᆞ고學校內事務에相關ᄒᆞᆷ을不得ᄒᆞᆯ事라ᄒᆞ엿더라

●移民事件交涉 加拿陀勞働大臣이本月十二日에東京에到着ᄒᆞ야卽時外務省을訪問ᄒᆞ고移民事件의交涉을始作ᄒᆞ엿다더라

●滿洲通貨의統一 北京電을據ᄒᆞᆫ則淸國貨幣制度改革에에徐總督이滿洲의貨幣ᄅᆞᆯ統一ᄒᆞ기爲ᄒᆞ야目下天津造幣局에셔鑄造ᄒᆞᄂᆞᆫ二千三百萬圓에對ᄒᆞ야兌換券二百萬圓을發行ᄒᆞ고租稅公錢을此로써取納케ᄒᆞ고現在小銀貨ᄂᆞᆫ從時價買에用ᄒᆞ기로ᄒᆞ고來年一月부터實行ᄒᆞᆫ다더라

●新聞停止의事件 奉天電을據ᄒᆞᆫ則營口滿洲日報의발行停止에關ᄒᆞ야官權濫用의批難이甚多ᄒᆞᆫ中同地記者等이右에關ᄒᆞᆫ事件을外務部大臣의게警告書ᄅᆞᆯ提呈ᄒᆞ엿다더라

●勅書를奉讀 伯林電을據ᄒᆞᆫ則露國에셔國會ᄅᆞᆯ去八日에開ᄒᆞ고勅書ᄅᆞᆯ恭讀ᄒᆞ되政府가立憲을維持ᄒᆞᆯ터이라고特別히言明ᄒᆞ엿다더라

●大使任命 伯林電을據ᄒᆞᆫ則海牙에駐在ᄒᆞᆫ美國公使힐氏ᄂᆞᆫ駐德大使ᄅᆞᆯ任命ᄒᆞ엿다더라

●回航艦觀艦式 伯林電을據ᄒᆞᆫ則米國大統領루스벨트氏ᄂᆞᆫ同國艦隊ᄅᆞᆯ太平洋에回航ᄒᆞ기前에觀艦式을行ᄒᆞᆯ터이라더라

雜報

●博覽設院 義州其督敎信士朴永運氏ᄂᆞᆫ其間京城에逗留라가浩然히本鄕에歸ᄒᆞ야다만敎育에從事ᄒᆞ고民智開發을自任ᄒᆞ야新世界寫眞博覽院을義州西部에設立ᄒᆞ고人民에新識을開導코져ᄒᆞᄂᆞᆫ대該院의設備ᄂᆞᆫ中央에一大留聲器를置ᄒᆞ고愛國歌와讚美歌曲을奏ᄒᆞ며각國寫眞幻影數百種을顯微鏡으로照覽케ᄒᆞᄂᆞᆫ데其形狀種類ᄂᆞᆫ各國山川海岸舟船車路都城港市及家屋花園遊戲와학校軍隊婚喪設禮等實物眞影과及耶穌事蹟等을遍覽케ᄒᆞᄂᆞᆫ대該寫眞機物等은美國에셔購求ᄒᆞᆫ七百圜價値요該院을一覽ᄒᆞᆷ이萬國新世界ᄅᆞᆯ遊行博覽ᄒᆞᆷ과無異ᄒᆞ야未開ᄒᆞᆫ人民으로ᄒᆞ야금現世界景物에如何ᄒᆞᆷ을知得케ᄒᆞᆫ다더라

●韓씨熱心 金川郡助浦普昌학校韓과錫氏가今春에發起ᄒᆞ얏ᄂᆞᆫ데韓氏가一心做去ᄒᆞ야自費數千金ᄒᆞ고維持方針으로夙夜勞心ᄒᆞᄂᆞᆫ故로人皆感荷ᄒᆞ야互相捐助가至於六萬餘圜인대韓、가尤極熱心ᄒᆞᆷ으로學徒六十餘名이學皆勉築ᄒᆞ야漸次進就ᄒᆞᆫ다더라

●雲校寄函 雲山普通學校敎員양大孫씨가本社에寄函ᄒᆞ여日僕은遐土一物이라學古가業無ᄒᆞ고向新이又暗ᄒᆞ야面僞背新에自不能容於世나曾遊학舍ᄒᆞ야從事於敎育者ㅣ有年于玆矣라征閱新報라가某道某郡에有志人士가學校을設立ᄒᆞ고敎育에熱心이란報道를接ᄒᆞ야ᄂᆞᆫ必稱慕之ᄒᆞ야未嘗不再三圭復에向、說道나縱又祝之者ᄂᆞᆫ有其終也라有志者ㅣ事없不成이리오만我韓習俗이形式是好ᄒᆞ야有其名無其實者ㅣ處處不無ᄒᆞ니美離외不然과豈異ᄒᆞ리오以此與念에悲嘆가交至리니昌城郡守金相範氏가學校를廣設ᄒᆞ고敎育에熱心ᄒᆞᆷ을開ᄒᆞ고向於休學之暇에全往議說ᄒᆞ야一次巡覽ᄒᆞᆫ즉校之壯과敎育之盛이實所欽服에悲縮喜ᄉᆞ이라其校況槪要가如左ᄒᆞ니邑邸에民家은不過數百餘戶而學校ᄂᆞᆫ三個所가有ᄒᆞ니一曰其昌義塾이니位置ᄂᆞᆫ在該郡明倫堂而琉璃聰砕冊床踊床等什物이一屛新ᄒᆞ야無不具ᄒᆞ고敎授程度ᄂᆞᆫ師範이오學徒ᄂᆞᆫ五十餘人인ᄃᆡ一境內학力이有ᄒᆞᆫ聰俊을擇入ᄒᆞ얏고二曰日新學校니位置ᄂᆞᆫ在西門外訓鍊司而校具ᄂᆞᆫ卜闕ᄒᆞ고敎科ᄂᆞᆫ晝夜學이有ᄒᆞ니晝학은漢文日語算術地誌歷史等이오夜學은法律日語二科인대학徒가六十餘人이오三曰昌一학校니位置ᄂᆞᆫ在南門內前官廳而校具ᄂᆞᆫ上同ᄒᆞ고程度ᄂᆞᆫ小학敎니普通各科가具備ᄒᆞ고學徒ᄂᆞᆫ七十餘人이라此ᄂᆞᆫ邑內大略而其他各面학校가八面에十個所인대學徒總數가五百餘人이러라好善은同情而不可以獨說其美故로略擧實況ᄒᆞ야敢效仰布라ᄒᆞ엿더라

●勸奬民地 金山港僞說을聞ᄒᆞᆫ즉日人宮崎이라ᄒᆞᄂᆞᆫ者가益山富民洞平野地를殿商工部에셔求買ᄒᆞ엿다ᄒᆞ고欲移코ᄌᆞᄒᆞ미移港人民이日前數港理事廳에셔裁判ᄒᆞᆫ다더라

●學校盛況 公立雲山普通학校에셔陰九月三拾日에秋季大運動을該郡朝陽坪에設ᄒᆞ고體操唱歌와跳戱跳遠取三脚競走各科로施取ᄒᆞ얏ᄂᆞᆫ대一等優等은朴慶淵等이오二等은李秉옥等이오三等은秉英等이오四等은金學鎭等이오五等은李鍊榮等인대來賓中觀光主事宋民用兩博士崔基鳳兩氏가空冊鉛筆ㅂ노紙一種으로多數施賞ᄒᆞᆷ의該校敎員楊大祿氏가施賞諸氏의感謝ᄒᆞᆫ意를陳述ᄒᆞ고因ᄒᆞ야學徒의게勸勉을說ᄒᆞ야一層猛進心을發케ᄒᆞ고大韓獨立萬歲를三唱ᄒᆞᆫ後後整列還校ᄒᆞ얏다더라

●演奏又設 京城孤兒院에經費補ᄒᆞᆷ次로開城郡에前往ᄒᆞ야慈善演奏會ᄅᆞᆯ開催ᄒᆞᆫ다더라

●明月不斷 京城黃土峴明月館은韓國에新始料理店이라經費가窮拙ᄒᆞ야卒爲閉館ᄒᆞ엿더니各社會의勸助ᄅᆞᆯ因ᄒᆞ야昨日부터開業ᄒᆞ엿다ᄒᆞ니商業界에對ᄒᆞ야本社에셔도贊成致賀ᄒᆞ노라

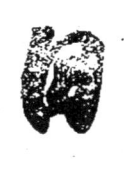

雜報

●別宮修理 [?]務ᄒᆞ後修理ᄒᆞ던別宮을修理ᄒᆞ더니대經費가[?]絀ᄒᆞ야[?]皇帝陛下ᄭᅴ셔光[?] 發御ᄒᆞ옵고修理ᄒᆞᆫ役을繼續ᄒᆞᆫ다더라

●陪進 [?] 再昨日 大皇帝陛下ᄭᅴ셔[?]殿에[?]御ᄒᆞ셧고義王ᄭᅴ셔도陪闕ᄒᆞ셧다가[?]宮으로陪進ᄒᆞ셧다더라

●兩妃陪進 [?]日 太皇帝陛下ᄭᅴ옵셔 太廟展拜ᄎᆞ로昌德宮動駕時에貴妃殿下와義親王妃ᄭᅴ옵셔同乘陪扈ᄒᆞ시고陪進ᄒᆞ신다ᄂᆞᆫ說이有ᄒᆞ더라

◎靑會盛況

昨日下午二時에靑年會舘에셔上樑禮式을擧行하ᄂᆞᆫᄃᆡ 皇太子殿下ᄭᅴ옵셔臨御하ᄉᆞ一千九百七年六字를上樑文으로特書ᄒᆞ옵시고新貨一萬圜을下賜ᄒᆞ옵시고總理大臣以下各部大臣과中樞院議官諸氏와伊藤統監과長谷川大將과內外國一般高等官과大美合衆國總領事森蒙氏와各社會會員이一齊進叅ᄒᆞ얏ᄂᆞᆫᄃᆡ[?]炳憲氏가祈禱ᄒᆞᆫ後該會長[?]雅[?]氏가開會大旨를說明ᄒᆞ고伊藤統監이演說ᄒᆞᆫ後[?]叅贊李商在氏가答辭ᄒᆞ고美國前謝信大臣 雅美企加公代表로合衆國總領事森蒙시가答辭演說ᄒᆞᆫᄃᆡ[?]致吳시가譯通ᄒᆞᆫ後同三時十分에散會ᄒᆞ얏다더라

●賀電來到 昨日靑年會舘上樑禮式은前項과如ᄒᆞ거니와農商工部大臣宋秉畯氏가寄付金二百圜을出捐ᄒᆞ고日本東京靑年會에셔該禮式을祝賀하ᄂᆞᆫ電報가到達ᄒᆞ얏다더라

●三大陪宿 太皇帝陛下ᄭᅴ옵[illegible]에已報揭ᄒᆞ얏거니와總理大臣官內府大臣法部大臣[?]公故에叅與ᄒᆞ얏다가仍爲留宿ᄒᆞ고昨日上午八時頃에退闕ᄒᆞ얏다더라

●一齊署名 昨日上午十一時에總理大臣以下各府部院廳觀勅任官이昌德宮에齊進署名ᄒᆞ엿다더라

●統監演說 伊藤統監이昨日靑年會舘上樑禮式에往叅ᄒᆞ야韓國將來의幸福은靑年諸君兩肩上에擔任ᄒᆞ얏스니此會舘이擴張ᄒᆞᆯ趣旨로演說하엿더라

●御路相通 別宮을修理ᄒᆞᆫ다ᄂᆞᆫ說은別項과如ᄒᆞ거니와該宮後德語學校와感古堂以上花開洞宮春苑ᄭᆞ지人民家屋을毁撤ᄒᆞ고昌德宮으로御路를通ᄒᆞ야宮門으로 親行ᄒᆞ옵시게ᄒᆞᆫ다더라

●[?]將奏呈 [?]守의現闕이五十四窠오依免未頒布된것시十餘窠인ᄃᆡ內部에셔日間奏本ᄒᆞᆫ다더라

●靑校祗迎 靑年學校에셔昨日該會舘上樑禮式을擧行ᄒᆞ고皇太子殿下 臨御ᄒᆞ시ᄂᆞᆫᄃᆡ祗迎ᄒᆞ기爲ᄒᆞ야休學ᄒᆞ얏다더라

●淸館叅宴 再昨日淸國領事館에셔宴會를設ᄒᆞ얏ᄂᆞᆫᄃᆡ學部大臣李載崑度支大臣高永喜內部大臣任善準氏가往叅ᄒᆞ얏더라

●請願警廳 前叅奉李載洪氏가其堂姪李周鎔氏와狂悖ᄒᆞᆫ事로後弊를防禦ᄒᆞ기爲ᄒᆞ야平理院에請願ᄒᆞ얏더니該院에셔白退ᄒᆞ고警視廳에往訴ᄒᆞ라하ᄂᆞᆫ故로李載洪氏가昨日警視廳에請願하얏다더라

●西會移設 西友學會舘은中[illegible]은本舘內에設ᄒᆞ야學生에寄宿을便利케ᄒᆞᆫ다더라

●白守辭職 白川郡守金[?]氏가該部에辭職請願ᄒᆞ얏더라

●取士請認 鐵城郡將村面經南維赤[?]里[?]兵營建築ᄒᆞᆫ것스니該役[?]十[?]를限五個年認許ᄒᆞ라[?]府에셔內部로照會ᄒᆞ얏더라

●面稟何事 伊川郡守石明瑄氏가內部大臣에게面稟ᄒᆞᆯ事가有ᄒᆞ야日昨에上京ᄒᆞ얏다더라

●一傷一逃 本月五日에醴泉郡에駐在ᄒᆞᆫ守備隊兵十三人과巡檢一人通辭一人郡使喚一人이忠北丹陽郡에出張ᄒᆞ얏다가七日에回還ᄒᆞ얏ᄂᆞᆫᄃᆡ守備隊兵一名이中丸負傷ᄒᆞᆫ故로大邱病院으로護去ᄒᆞ얏고使喚一名은尙未還來ᄒᆞ얏ᄂᆞᆫᄃᆡ踪跡이未詳ᄒᆞ다더라

●全民公函 全羅南北道結民代表數十人이稅額均定事로度支部[?]闕室에聯名公函ᄒᆞ얏다ᄂᆞᆫᄃᆡ尙今無答이라더라

●桂校寄附 商務查局장李鳳來氏가桂山學校에金八十圜을寄附ᄒᆞ얏다더라

●三氏云宥 乙未年에被害ᄒᆞᆫ金弘集魚允中安駉壽諸氏等에게節惠之典이特下ᄒᆞ옵신다ᄂᆞᆫ巷說이有ᄒᆞ더라

●經議後答 中樞院에셔內閣에質問ᄒᆞ얏다ᄒᆞᆷ은已爲歷報하얏거니와質問後事實을聞ᄒᆞᆫ즉內閣에셔答ᄒᆞ기를該案件에對하야내閣會議를經ᄒᆞᆫ後에答照ᄒᆞᆫ다ᄒᆞ얏다더라

●附書宣使 義兵領首李明相이忠州에滯在ᄒᆞᆫ宣諭使李舜夏에게激烈ᄒᆞᆫ書를送致ᄒᆞ여ᄀᆞᆯ[?] 義兵을矯正ᄒᆞᄂᆞᆫ使命을帶ᄒᆞᆫ宣諭使ᄂᆞᆫ果是 國君之命歟아統監[?]ᄒᆞ고國權을[?]報ᄒᆞᆷ은兩君의聚議시오義民의忠義之心으로挺身所以여[?]敵ᄒᆞᄂᆞᆫ[?]외[?]佩[?]依ᄒᆞ야宣諭使라稱ᄒᆞᆷ은極히乖悖ᄒᆞ다云ᄒᆞ얏더라

●將訴覓金 永川郡守李寅[?]氏가發城郡守在任時에李根澔氏가慶北觀察使로在ᄒᆞ얏ᄂᆞᆫᄃᆡ李觀察이金十五介를李郡守의게請貸ᄒᆞ고該價値ᄂᆞᆫ從後給與ᄒᆞᆫ다ᄒᆞ더니李觀察이遞任되매李郡守의子用夏氏가該金價를索還ᄒᆞᆫ즉同氏가頑拒不報ᄒᆞᆷ으로將次法司에告訴ᄒᆞ야判決推還ᄒᆞᆫ다더라

●新校叙員 坡州郡에ᄂᆞᆫ[?]公立학校ᄒᆞ고私立만幾個處가有ᄒᆞᆫ대金洪柱氏가坡州郡公立普通學校副教員을叙任ᄒᆞ얏다ᄒᆞ고학部訓令을特來ᄒᆞᆫ대該郡에셔ᄂᆞᆫ同[?]氏의[?]校副教員을叙任下送ᄒᆞ얏스니何校를視務ᄒᆞᆯ副教員인지ᄀᆞ新校이[?]ᄒᆞᆫ것다고該郡[?]人에傳說이有ᄒᆞ더라

●校監得人 光興學校校監李潔應氏辭免ᄒᆞᆫ代에資[?]家로教監을另求ᄒᆞ다가[?]日該校에金璟植氏로[?]定ᄒᆞ엿다더라

◎大韓協會

大韓志士某某氏가大韓協會를叛設ᄒᆞᄂᆞᆫᄃᆡ其綱領이如左ᄒᆞ니

一教育의普及
二産業의開發
三生命財産의保護
四行政制度의改善
五官民弊習의矯正
六勤勉貯畜의實行
七權利義務責任服從의思想을鼓吹라더라

●伊郡被擾 本月五日上午十時頃에義兵三百餘名이伊川邑을襲擊ᄒᆞ미巡檢與民擾가一時出郡外ᄒᆞ얏ᄂᆞᆫᄃᆡ義兵이仍爲衝火ᄒᆞ야民家一百七拾戶가被燒ᄒᆞ고郡衙와郵便取扱所與分派所巡檢戶ᄂᆞᆫ沒數破碎ᄒᆞ얏다더라

●新郡不然 陰本月三日에義徒가唐津郡에突入ᄒᆞ야分派所를打破ᄒᆞ얏ᄂᆞᆫᄃᆡ附近人民이現今恐懼中이라더라

◎地方情形

▲湖州郡化西面化北面에셔義兵百餘名이出沒ᄒᆞᄂᆞᆫᄃᆡ同郡에駐在ᄒᆞᆫ日守備隊에셔偵探兵을四方으로派送ᄒᆞ야攻擊ᄒᆞ얏다ᄒᆞ고

▲[?]田郡에ᄂᆞᆫ多數ᄒᆞᆫ義兵이各處義兵과合力ᄒᆞ얏ᄂᆞᆫᄃᆡ該郡駐[?]憲兵分遣所ᄂᆞᆫ再昨日에他郡으로引揚ᄒᆞ얏다ᄒᆞ고

▲去八日[?]湍郡에義兵一千餘名이駐屯ᄒᆞ야偵探軍을邑內에派遣ᄒᆞ며邑外山頂에도偵探軍을配置ᄒᆞ고該郡郵便取扱所의官員을鐵道驛에移留ᄒᆞ고所員等은緊要物을携帶ᄒᆞ고開城으로避難ᄒᆞ얏다ᄒᆞ고

▲去五日安岳郡邑內에義兵二十八名이侵入ᄒᆞ야徒黨을募集中이라ᄒᆞ고

▲孟山郡에셔義兵이出沒ᄒᆞ야該郡人民은煽動ᄒᆞ야居留日人을捕縛ᄒᆞ얏ᄂᆞᆫᄃᆡ該日人이金百환을出給ᄒᆞ고死境을免ᄒᆞ야他處로避身ᄒᆞ고同地郵便所主事도避難ᄒᆞ얏다ᄒᆞ고

▲去七日鐵原郡東邊面興山里에義兵八十名이集合ᄒᆞ얏다ᄂᆞᆫ報를日偵探隊에셔接ᄒᆞ고即地該地로出發ᄒᆞ얏다ᄒᆞ고

▲去十日淮陽郡北面金谷里에駐在ᄒᆞ얏던義兵一團이同郡嵐谷面梧桐里에侵入ᄒᆞ얏다ᄒᆞ고

▲[illegible]兵四十名이侵入ᄒᆞ야一夜를留宿ᄒᆞ고八日來明에公州[?]道[?]方面으로[?]向ᄒᆞ얏다ᄒᆞ고

▲去六日[?]州郡邑附近大防里山中에ᄂᆞᆫ義兵의根據地로삼고該附近에셔三十名式巡邏ᄒᆞ야徘徊ᄒᆞᆷ으로同郡郵便取扱所所員等은錦山郡으로引揚ᄒᆞ얏다ᄒᆞ고

▲長湍郡義兵이領非[?]分派所를燒[?]ᄒᆞ고開城郡[?]昌陵[?]를襲擊ᄒᆞ야有何事件인지[?]家三戶를燒火ᄒᆞ고[?]人[?]相廷외게殺傷ᄒᆞᆫ代[?]三百兩을[?]ᄒᆞ고本月十五日로定限ᄒᆞ고防殺傳令을[?]ᄒᆞ며[?]ᄒᆞ되[?]浦鐵道架橋를[?]ᄒᆞ고開城[?]四面[?]ᄒᆞ다ᄒᆞᆫ故로同郡人心이大段[?]洶洶ᄒᆞ다ᄒᆞ고

▲十日午前八時에申[?]石이率ᄒᆞᆫ義兵三百餘名이奉化[?]ᄒᆞ야官有家屋에放火ᄒᆞ얏ᄂᆞᆫᄃᆡ榮川郡守備隊에셔[?]官과[?]行ᄒᆞ엿고또李康年의率ᄒᆞᆫ義兵約二百兵과申[?]石의部下와合勢ᄒᆞ야永春方面으로부터順興郡을襲擊ᄒᆞ야官有家屋及民家一百八十戶를燒燬ᄒᆞ고更히永春으로回軍ᄒᆞ얏ᄂᆞᆫᄃᆡ榮川守備隊가[?]往ᄒᆞ나義兵의氣勢가益々猖獗ᄒᆞᆷ으로奉化順興[?]等郡이不穩ᄒᆞ엿다ᄒᆞ고

▲十一日高敞郡을義兵이[?]合ᄒᆞ야同郡에居留ᄒᆞᄂᆞᆫ日人二名을砲殺ᄒᆞ야尸體를附近川中에投棄ᄒᆞ얏ᄂᆞᆫᄃᆡ邑民은一時에避難ᄒᆞ엿다더라

▲輦下雖[?]

▲總理大臣李完用氏가李漢[?]에게一進會에勤[?]ᄒᆞ야諸般事務를偵探ᄒᆞ라ᄒᆞ얏ᄂᆞ니總相이一進會에阿附ᄒᆞ야地位를圖得[?]會를[?]疑ᄒᆞ고心腹을動人하야[?]探[?]ᄒᆞ니同氏에[?]ᄂᆞᆫ疑[?]涉이라더라

▲各地方陳荒地를開墾ᄒᆞᆫ大토人民이多數히農部에請願ᄒᆞ면有何層折인지該部에셔請願書만接受하고明年度爲始ᄒᆞ야認許ᄒᆞᆫ다ᄒᆞ니日人의開墾請願은即地認許에猶恐不及ᄒᆞ고韓人의請願은明年으로推托ᄒᆞ니陳荒地ᄂᆞᆫ明年前에日人의게盡爲認許ᄒᆞ면韓人에請願은自然히[?]施되것지

▲江原道各郡에義擾가益熾ᄒᆞ미各郡守가畏怯ᄒᆞ야不能赴任하고春川觀察道에留連ᄒᆞᄂᆞᆫ者가多ᄒᆞ다ᄒᆞ니各郡守가觀察道에留連만ᄒᆞ면義擾도自然히息이되고政治도自然히改ᄒᆞᆯᄂᆞᆫ지[?]係[?]食하면第一인가

▲慶北宣諭使金[?]煥氏ᄂᆞᆫ自己行次를各郡에셔歡迎ᄒᆞ라고訓令ᄒᆞ고威儀를大張ᄒᆞ야所到處에民心을惑亂ᄒᆞᆫ다ᄒᆞ고妓樂이遊宕ᄒᆞ다ᄒᆞ고該道人民이[?]笑ᄒᆞᆫ다ᄒᆞ며同氏ᄂᆞᆫ妓樂으로民心을慰安ᄒᆞ랴ᄒᆞᆫ즉妙舞歌曲에義兵이自然解散ᄒᆞᆯᄂᆞᆫ지

▲近日漢山江亭에風烟이尤佳ᄒᆞ야梧桐鳳凰과雨中行人에遊民[?]閔泳[?]氏가精神이迷惑ᄒᆞ야三萬餘[?]靑부가無數散落ᄒᆞ야李址鎔의[?]中에[?]入ᄒᆞ얏ᄯᆞ러니[?]天하면功名을忽地[?]ᄒᆞ고一區名亭에獅山을高築ᄒᆞᄂᆞ好官이不如多得錢이로고

▲東門外附近寺刹에ᄂᆞᆫ轎車가[?]稱ᄒᆞᆷ을因ᄒᆞ야蕩客蕩子의放[?]娛樂에[?]日이殆無ᄒᆞ더니江[?]에ᄂᆞᆫ[?]徒가間[?]近地에來[?]ᄒᆞᆫ다ᄂᆞᆫ說이有ᄒᆞᆷ으로不禁而自止ᄒᆞ야賭寺가寂寞ᄒᆞ다ᄒᆞ니義兵에害가蕩客蕩子의게밋쳐고

社告

本社支社를左開五郡에設置하얏사오니該附近地에서本申報購覽하실 僉彦은一切該支社로請求하시고代金도該氏의게로送交하심을務望홈

左開

支社位置及氏名

延安邑南門內 崔載濟
殷栗邑倉前里 金姿聲
古阜邑許洞 殷弼漢
群山港東彰社 姜允楨
龍川楊市○堂 宋鎬駿
　黃菊保

代金 漢文은[illegible]稅並四拾三錢 國文全三拾八錢

大韓每日申報社

雜報

●諸爲怨擧 咸鏡南道警務署役拾年罪人梁用札趙明國兩人이日本人訟擬圖에出役하다가乘隙逃躲하얏고忠淸北道警務署에도役終身罪人崔正化리正基를驅使라三用이가炊米舂柿次로出役하는中路無人處에서兩漢이李三用을一齊猛打하야顚倒昏瞀中該兩漢이盡力逃走하얏다더라

●訓令昧例 漢城府內에裁判所를設置하얏슬時에該府尹이首班判事를例兼홈故로平理院裁判長이訓令을하더니近日에는漢城裁判所가獨立이되고漢城府尹이判事를例兼치아니흔즉平理院裁判長의訓令을不受하거늘日前에裁判長洪鍾億氏가漢城府尹張憲植氏의게訓令을[illegible]홀지라張憲植氏가該訓令을繳還하고因爲論照하얏더니洪鍾億氏가該事由를因하야法部에質稟하고法規類編을考閱하되可考할數가無하야現今憂慮中이라더라

●有何所關 益山郡新付六面結稅事로該郡居李文寧氏가以八圓例로度支部에屢次呈訴하야幸得許題러니珍山居李根容과淸州居姜德秀氏가暗窺此機하야以挾雜之計로呈度部得題하야該郡에下去하다니姜李兩氏는他郡之人으로於益山郡結稅에有何相關이리오人言이有하더라

廣告

明月館繼續開業廣告

小春寒候가漸緊하온디官民各社會僉閣下의健强萬福하시기를顯祝하옵나이다本館의開業本旨가非但尋常牟利만爲홈이아니오國家進步上에一部分을盡하와各種飮食料品과器具品은不顧利益하고盡美하야供進하옵더니未開人事에悖行과無賴下隸의欺取가不一이오其端은弊生하오니不得不有彈不如設이라하야至有閉業廣告이옵더니官有閉業發起會와勸業有如風潮가不辭하기로更에서不孤厚誼하와茲更開業하오니僉君子閣下의서僉爲愛하심을伏望

隆熙元年十一月 日
明月館 告白

(電話七百二十五番)

金允河가金顯濟內唐材房을買得하얏스니僉君子는照亮하시옵
金允河 告白

◎消火器試驗實行

京城光化門前에消防臺를建築하고最小흔消火器로써一分동안에大家의火를消하더이오니僉員은來十六日午後一時에來臨觀光하심을爲要

京城明治町二丁目 中央商會告白

平山郡新邑面居申秉均은債券典執하고逃避不現하므로渠之買有田畓을外執이기該面東里內洞坪顧字답八斗落과字답十二斗落과西里連浦坪贈字田七日耕을該作人處에已爲執穀하얏스니內外國人은設有衙券이라도切勿見欺홈
由佐鉉 白

教育學

譯述 崔光玉 校閱 朴殷植 定價金廿五錢

此書는教科書排列과教授法則과訓練制度가詳細備載하야一般教育者의寶鑑이될터오니有志僉君子는速速購覽하심을敬要

發賣所 京城屛下書舖 金相萬 平壤貫洞 耶蘇教書院 安岳邑 勉學書會

東署昌善坊於義洞六十一統新戶草家七間文券을見失하얏스니誰某拾得이라도休紙施行홈
家主姜興雲 告白

本人等이義所管江陵郡在田畓을買得하얏사오니內外國僉君子는咸須知悉홈
西署東幕任[illegible] 中署寺동張孝根 告白

漢陽趙氏先祖襄烈公[illegible]德墓所配位貞和公主長湍墓所今八九月遭有壙上盜掘之變先自京官所略排折하고宗中面行改築然此係門內同情痛迫故玆以廣布僉宗咸亮爲要
趙氏宗中 告白

伊太利建國三傑傳

一冊 正價金三十錢

此書는距今數十年前에伊太利愛國者瑪志尼、加里波的、加富爾三傑이奄奄垂亡흔國勢를挽回하야歐洲列强間에鼎峙한事實을國漢文으로譯出하야는데其艱難危險의經歷과嘔心瀝血의景況이讀者의哀情을感發홀만하오며其百折不屈의意氣와其九死靡變의熱誠이讀者의愛國心을激起홀만하오니有志君子는不可不座右에置하고常目에掛홀冊子오니續續來購하시옵

發賣所
皇城布屛下 廣學書舖
仝동 博文書館
仁川柳峴 開新冊肆
平壤鍾路 耶蘇教冊사
義州南門外 廣學書館

廣告

本公司始迎來大韓國特別紙捲烟製品純良香味與別貨不同近有市上牌名混雜請諸君認明本牌爲記庶不至悞

代售店 京城大貞洞 鴻源號
總代理店 仁川淸租界 安興公司

▲新刊書籍發售▼ 正價金

- 東國史略 壹圓五拾錢
- 普通教科東國歷史 壹圓拾錢
- 新訂東國歷史 壹圓
- 歷史輯略 貳圓
- 大東紀年 貳圓
- 大東歷史 壹圓五拾錢
- 東國名將傳 四拾五錢
- 東國輿地勝覽 洋裝拾貳圓 加製拾圓
- 大韓疆域考 壹圓
- 大韓新地誌 壹圓
- 大韓地誌附地圖 壹圓
- 初等地理教科書 七拾錢
- 新撰地文학 四拾전
- 萬國地理 壹拾錢
- 士民必知國文 上製八拾錢 並
- 初學地誌 上製六拾錢 並製五拾錢
- 一國史記 七[illegible]
- 等萬國史 七拾錢
- 精撰萬國史 六拾錢
- 東西洋歷史 壹圓五拾錢
- 五偉人小歷史 拾錢
- 世界一覽 二拾錢
- 世界年契 七拾五錢
- 公法會通 壹圓五拾錢
- 萬國公法要略 五拾錢
- 刑法大全 六拾錢
- 改正刑法草案 四拾錢
- 法學通論 壹圓
- 議會通用規則 拾五錢
- 現行法規類纂 三圓九拾錢
- 外交通義 壹圓貳拾錢
- 商業大要 六拾錢
- 國家學 五拾錢
- 牧民心書 壹圓廿五錢
- 家庭教育學 三拾錢
- 生理衛生學附圖 四拾錢
- 中等生理學 九拾錢
- 新撰小博物學 五拾錢
- 新編博物學 七拾錢
- 新撰小物理學 五拾錢
- 動物學 國文 壹圓廿五錢
- 改良新編 九拾錢
- 養蠶實驗 國文 拾七錢五里
- 栽桑全書 附桑樹栽培及醸酒法 四拾五錢
- 新訂算術 六拾錢
- 算術新書 八拾錢
- 精撰算學解式 七拾錢
- 美國獨立史 四拾錢
- 法蘭西新史 四拾錢
- 埃及近世史 四拾五錢
- 波蘭末年戰史 四拾錢
- 普法戰記 四拾錢
- 羅馬史 附意大利史 四拾錢
- 越南亡國史 貳拾五錢
- 俄國略史 拾錢
- 交際新禮 十五錢
- 國文西禮須知 五拾錢
- 漢文增修無冤錄大全 四拾錢
- 大東文粹 六拾錢
- 尺牘完編 壹圓五拾錢
- 準備時代 拾三錢
- 進明彙論 三拾五錢
- 註解西廂記 壹圓
- 小說鬼聲 三拾錢
- 小說血淚 貳拾전
- 近世羅蘭夫人傳 四錢
- 政治小說瑞士建國誌 拾五錢
- 初等小學 壹圓五拾錢
- 幼年必讀 八拾錢
- 幼年必讀釋義 壹圓三拾錢
- 高等小學讀本 五拾錢
- 蒙學千字 五拾錢
- 中等修身教科書 六拾錢
- 溫故知新[illegible] 七錢五厘
- 父師必讀小學指南 七錢五厘
- 世界全圖 卅七錢五厘
- 大韓輿地圖 拾七錢五厘
- 五洲各國統屬全圖 七錢五里
- 最新京城全圖 二拾錢
- 最新韓國全圖 二拾五錢
- 最新韓國地圖 拾五錢
- 分道詳密韓國新地圖 伍拾錢
- 韓國新地圖 四拾錢
- 漢文萬國地圖 四拾錢
- 漢文地球全圖 四拾錢
- 萬國指掌全圖 貳圓五拾錢
- 韓語大成 壹圓五拾錢
- 英語獨本 壹圓四拾錢 貳錢五里
- 日韓通話 五拾錢
- 日語獨習 五拾錢
- 韓日會話辭典 一圓五拾錢
- 附修速成日韓會話 三拾錢
- 普通日本典 五拾錢
- 二十世紀朝鮮論 三拾五錢
- 比律賓戰史 四拾전
- 比斯麥傳 拾五錢
- 中等萬國地誌 壹圓貳拾錢
- 師範教育學 五拾錢
- 高等小學修身書 廿五錢
- 礦物界教科書 貳拾錢
- 會社法 九拾錢
- 國文簿記學新編 四拾錢
- 貨幣論 壹圓貳拾錢
- 普通經濟學 八拾五錢
- 商業汎論 壹圓拾錢
- 中等地文學 五拾錢
- 大韓地理 七拾錢
- 漢文大韓地誌 五拾錢
- 飮氷室文集 四圓四拾錢
- 中東戰記本末 四圓
- 西政叢書 拾圓
- 中外政治策論 五圓五拾錢
- 時事新論 壹圓
- 美國名君言行錄 壹圓
- 泰西新史 貳圓五拾錢
- 萬國通鑑 三圓

▲發售書林

中署銅峴 大東書市 金基鉉
中署布廛 中央書館 朱翰榮
南署大廣橋 東書館 高裕相

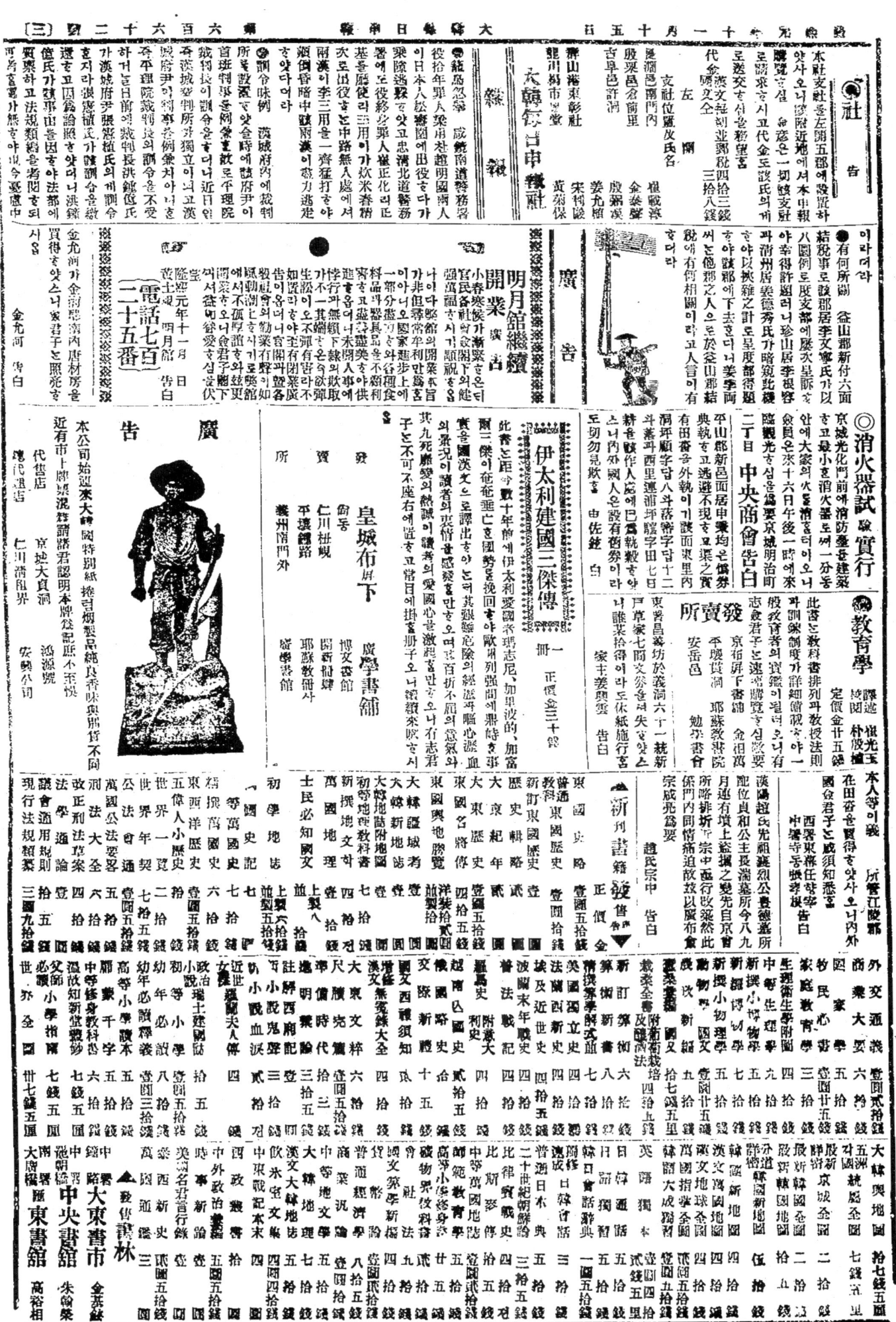

雜報

◎太皇帝陛下動駕[illegible]
太皇帝陛下께옵서[illegible]總額
昨日上午[illegible]時에[illegible]錄
에展謁하셧는대[illegible]日
如左하니
韓日醫案官吏[illegible]碎岩里 拾圓
고ᄀ本營北隊
로ᄂ衛를ᄒ[illegible]
宮內府禮式[illegible]日ᄭ지收入總額
漢陽氏가[illegible]一圓〇五錢
[illegible]至拾月收入總額
五
太皇帝陛[illegible]萬六千九百〇二圓
御着을ᄒ[illegible]十一錢七厘
셧는대[illegible]五萬六千九百九十三圓
가勝[illegible] 四拾六전七厘
宮內
九[illegible]진고이관면쇄암리
교섭현슈 리학우 각이십전
리병릭 리동우 리학구
각십전 림로열 이십오전
리병억 이원오십전
리션우 리련우 림로구
각십젼 리병삼 오십전
류 신 림로삼 각십전
리준의 륙십전 리셩외
리계갑 각십전 로츈산
이십전 림슈철 신셩근
각십전 문학근 이십전
림부철 리셕즁 리장우
각십전 김동원 십오전
김명자 리회철 각십전
리룡셕 오전 김칠원
김긔동 김룡인 리뎜녕
림현모 각십전 림로인
오전 윤슈홍 류 돈
리인구 리병긔 리샹의
리쇼의 각십진 목챵신
오전 리승녕 십전
리병규 오십전 리범구
리형구 리봉구 리병하
리병셕 각십전 리병션
림학모 각이십오전 오긍샹
삼십전 리만슈 오전

廣告

류장근 윤복안 각십전
합십원
前號總合五萬六千九百八十三圓四拾六젼七厘
都總合五萬六千九百九十三圓四十六錢七厘

◎特別廣告◎

國債報償金再昨日ᄭ지所捧은姑未合計이고拾月ᄭ지所捧總合五萬六千九百〇二圓四拾一錢은殖産會社內銀行에貯置ᄒ얏ᄉ고其貯置額中三萬二千三百圓은國債報償志願金總合所로越交홈

廣告

○民事訴訟代理와刑事辯護及鑑定顧問과諸文案起草諸般事務를迅速處理홈
漢城南署小公洞第拾六統五戶
辯護士 前判事 前檢事 金正[illegible]
事務員 前博士 鄭雨興

▲新刊書籍發售廣告
增修無冤錄大全 國漢文 定價金七拾五錢
大韓法規類纂 洋裝 三圓五拾錢 郵稅四拾錢
初等倫理學教科書 二拾錢
初等衛生學教科書 拾五錢
國家學綱領 拾五錢
國民須知 八錢
獨習日語正則 洋裝 [illegible]著 壹圓二拾五錢
發賣所 皇城布屛下 金相萬書舖

漢城西署松橋(新作路)第四十三統一戶
辯護士 玉東奎
辯護士 許憲
合同法律事務所

藥은 [illegible] 院醫學[illegible] 發賣人濟衆[illegible] 리차란화

▲西藥便方 定價金一圓
右冊은西洋醫藥方書를我國文으로아러보기쉽게翻譯[illegible]
代理店 京梨峴[illegible]店 尙洞博文書舘 仁川龍洞濟生堂[illegible]
封製藥目錄
◉補益丸 十日分定價金壹圓
右藥은米國大醫院處方인디[illegible]虛[illegible]遺精遺尿食慾缺損手足厥冷腰痛眩暈頭痛月經[illegible]症健忘症[illegible]有[illegible]効ᄒ고老衰男女에第一[illegible]效
◉[illegible]解瘧丸 一日分定價十錢
右藥은大人小兒[illegible]瘧과腹瘧에更不再發
◉蛔虫丸 一日分十錢
右藥은大人小兒蛔病有[illegible]效
◉四時感冒丸 一日分十錢
右은감긔몸살속히풀이는약
◉瘡疾거드약 一期二期에五圓
右는男女勿論ᄒ고今히[illegible]合瘡一圓
◉淋疾약 七日分定價一圓
右는男女淋疾에有奇效
◉淸明眼약 定價五拾錢
右는火眼과삼눈에有奇效
◉咳嗽약 二日分定價參十錢
右는男女老幼時氣咳嗽藥
◉[illegible]惡臭疥瘡藥 定價五十錢
右는疥瘡虫滅殺ᄒᄂᆫ藥
以上方文은[illegible]城濟衆院方藥
醫學校長池錫永氏有效證明
製藥監査人 洪淳厚 朴慈惠 李觀化
本藥房에서以上記載ᄒᆫ封藥을調製確實케ᄒ야販賣하오니邑市村里에서[illegible]藥으로特約코저ᄒ시ᄂᆫ兄弟ᄂᆫ郵便으로居住姓名을記送ᄒ시면[illegible]藥[illegible]店則書을無價仰呈
本藥房製造封藥만販賣홀뿐아니라本國諸大[illegible]製造封藥과日本淸國英國米國獨國에有名ᄒᆫ藥을買收도ᄒ고販賣도ᄒ니賣與買間에通知緊要[illegible]外國藥에英文日文으로記載ᄒᆫ用法[illegible]我國文으로翻譯ᄒ야[illegible]兄弟에便利ᄒ심을供ᄒ니편지만ᄒ시오
此外奇々ᄒᆫ方文을無價仰呈
◉斷酒藥 三十錢
◉寸虫去根藥 五十錢
◉肩臂痛藥上海製 五十錢
◉速珠명우리잘풀니ᄂᆫ藥 二圓
◉어루러지 [illegible] 五十錢
◉止足汗藥十日分 二十錢
◉除阿片癮藥上海製 一圓半

영미국정부전미특허
셕유발동긔급
졍미긔계급부속품을인결염(?)
방매ᄒ오

直輸入商
韓國代理店
仁川本町
中根商會
電話七參番

雖外邦이라도郵便으로부쳐드리ᄂᆫ슈가잇쇼

本局에서十年을研究ᄒ야(新[illegible])香消瘡丹)이란藥을發明ᄒ얏ᄂᆫ대男女勿論ᄒ고무슨瘡疾이던지(一劑十四個)를每日一個式服用ᄒ면效驗이百發百中되ᄂᆫ고每日로搭至ᄒ와買去ᄒ오니瘡질잇ᄂᆫ僉位ᄂᆫ오리고싱마시고速々히來臨ᄒ야問議ᄒ심을希望홈
定價金上品一劑金四圓 下品一劑金貳圓五角
發賣所仝 京城鍾路 慈惠藥房
仝 共愛堂藥房
分舖 仁川[illegible] 濟衆生堂

瑞士建國誌

此冊은政治小說이니志士의救國救民ᄒᄂᆫ思想과人民의愛國心을養成하ᄂᆫ대緊要ᄒᆫ冊子오
定價 新貨拾五錢
發賣所
▲大韓每日申報社
▲仁川港[illegible]峴 開新冊肆
▲中署布屛門下 金相萬冊肆
▲平壤城內鍾路 敎育書舘
▲鍾路 古今書海舘
▲洞口越便 中央書舘
▲鍾路 大東書市
▲大廣橋 廣東書舘
▲鍾峴 博文書舘
▲開城 姜助遠冊사

政治原論

安國善 編述
定價金 六十錢
郵料 四錢

人類ᄂᆫ政治的動物이라政治思想은人類가國家를構成ᄒᆫ要素니國民된者ㅣ政治를不知ᄒ면可乎아况今政治를刷新ᄒᄂᆫ時代에더욱政治를研究ᄒᆷ必要가有ᄒ고학校教科書로用ᄒ기適宜ᄒ니僉君子ᄂᆫ斯速購覽ᄒ심을爲ᄒᆷ
發賣元 京城鍾路大廣橋通小廣橋大路東邊二層洋屋 彰信館內及各書舖에在ᄒᆷ

學徒洋裝書冊
學徒運動과諸具
羅紗各種
美國[illegible]
衣服裁縫其他雜貨도廉價放賣ᄒ오니諸君子ᄂᆫ來臨ᄒ심을바라나이다
仁川港[illegible]開新冊肆

本人이日本大阪[illegible]ᄒ고日本內地[illegible]西洋各國物品及機械[illegible]大韓에輸入과委托은便利케ᄒ約ᄒ얏ᄉ오니諸工業에有意ᄒ션[illegible]子ᄂᆫ[illegible]物이든지購求코져ᄒ시거든本社로來議ᄒ시오本社에셔ᄂᆫ手數料을만受홈
興業社本店
開城南大門內興業會舘
支店京城南門內水[illegible]第五十一統
大戶
仝仁港內[illegible]
[illegible]會社

越南亡國史

國漢文
定價貳拾伍錢
發賣所 京城[illegible]
總發賣所 [illegible]仁川[illegible]
布屛下 김상만 告白

本社廣告
○申報價
一張代金 新貨二錢五厘
一個月前納 三十錢
三個月 九十錢
六個月 一圓七十錢
一個年 三圓四十錢
郵稅一張 新貨五厘
一個月 十三錢

○廣告料
四號活字十行[illegible] 每日每次一寸에新貨[illegible]錢
(每日發行六次에相當)
二週日에 一圓五十錢
每日發行四[illegible]
一箇月에 [illegible]五圓
(每日發行四圓一圓에相當)
[illegible]

[illegible]大東商館
[illegible]

發行兼編輯人英國人 裵說
發行所
京城西署石井洞[illegible] 大韓每日申報社

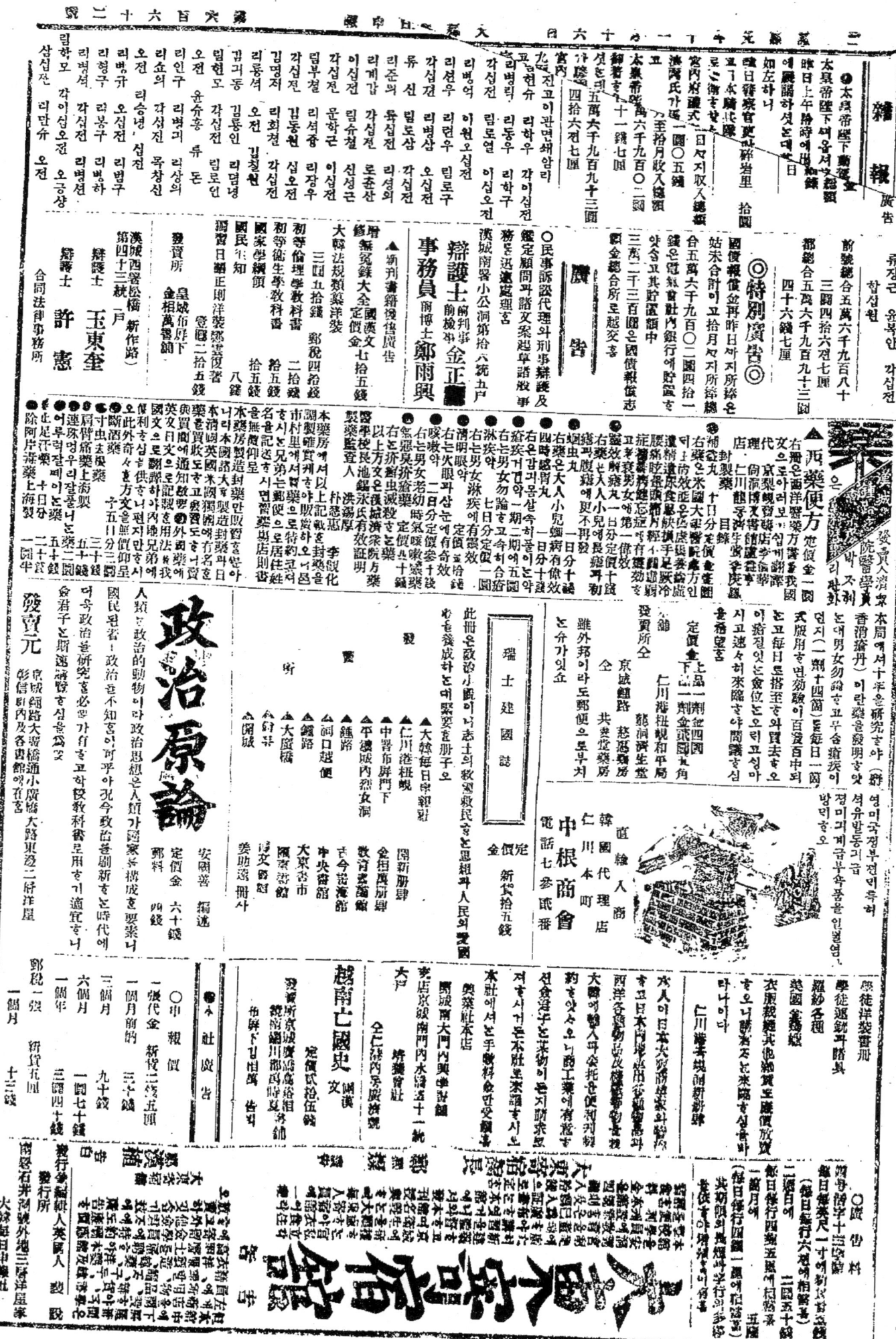

第五卷　大韓每日申報　第六百六十七號

月曜及慶節翌日休刊

檀君開國四千二百四十年
箕子元年三千二十九年
大韓開國五百十六年
日本明治四十年
淸國光緖三十三年
陰曆丁未十月十一日己巳

論說

○日本財政

英國에在ᄒᆫ日本財務派遣員이去月四日倫敦報紙上에報道ᄒᆫ이有ᄒᆫ바昨今兩年間에日本財政의收入及支出이頗多增加됨을關係ᄒᆫ거시라今年六月末日에至ᄒᆫ實額을計算ᄒᆫ즉剩餘金이七百三十一萬四千五百八十圓이니收入은四億六千八百八十一萬六千三百四拾四圓이요支出은四億六千一百五拾萬一千七百六十四圓이며去七月三十一日에ᄂ剩餘金額이三千一百三十九萬八千二百九十五圓이니收入은四億九千四百三十八萬七千四百七十六圓이요支出은四億六千二百九十八万九千一百八十一圓이로다

盖其增加ᄂ國有事業에鐵道及烟草專賣와如ᄒᆫ特算을七月中에普通計算으로移付ᄒᆫ結果이라其中烟草專賣ᄂ全部에셔一部分만但移ᄒᆫ거신고로全部를移轉ᄒ면近於一千七百五拾萬圓의更加됨을可期ᄒ니其中에셔近二百萬圓은臺灣公業事業借欵에給與ᄒᆯ거시며且今年下半期에費用이變遷될期望은不有ᄒᆯ지라由是로收入의剩餘額이五千萬圓에將至ᄒᆯ거시요如此預[illegible]ᄒᆫ剩餘金은今明兩年度豫算表에決算ᄒᆫ三千萬圓剩餘額과不關ᄒᆫ거서니今此五千萬의餘額은後來豫算表에更付ᄒᆯ거시로다

去月中에日本財政形態의報道를關ᄒᆫ有味記述이更著ᄒᆫ바記述人은財務派遣員이라英淸新報를據ᄒᆫ디此記述이往々表著ᄒᄂ現然攻擊과暗譏之言으로激動됨이確然ᄒ도다

自西曆一千八百九十八年以來로日本의國債가四億一千一百萬圓으로부터二十一億七千萬圓에에增加ᄒᆫ것과且如此增加ᄒᆫ負債가使其稅人으로同一ᄒᆫ年代之際에一억七千六百萬圓을增加케홈인즉은日本財務派遣員이依例히知悉ᄒ거ᄂ同氏의指明ᄒᆫ거슨五圓에少過ᄒ고且同氏가算定ᄒ되曾往에ᄂ稅納의例가人民識人의百分之五十이러니現今에ᄂ百分之三十에近至라ᄒ얏스며且日本의財源이過去數年之際에非常히伸長ᄒ야一千八百九拾八年에ᄂ輸出額이一億六千五百萬圓이러니昨年에ᄂ四億二千三百萬圓이오同際에輸入額도二億七千七百萬圓이四億一千八百萬圓으로增加되엿스니過去十年之際에稅納이增加되엿술지된外國商務도與其人民의擔負로競進이라ᄒ엿도다

官報

●三千九百二十四號　隆熙元年十一月十五日

◎宮廷錄事

宮內府達第六十一号

秘書監丞趙命熙馳詣穆齊殿ᄒ야奉審ᄒ고仍詣齊陵厚陵ᄒ야一體奉審以來ᄒ라신旨를奉承홈이라

宮內府大臣勳一等李允用

表石所提調金宗漢謹

奏

貞陵表石刻字之役今將告竣矣竪立吉日時令掌禮院推擇何如謹上奏　奉

旨依奏

掌禮院卿臣李重夏謹

奏因表石所

參本

貞陵表石所竪立吉日時令掌禮院推擇事

奏下矣今日官金東杓推擇則陰曆十月十五日未時爲吉云以此日時擧行而先告事由祭同日曉頭設行祝文令侍講撰出何如謹上

奏　奉　旨依奏

敍任及辭令

成均館司業박斗植

仝　延秉璜

仝　張世昌

依願免本官

任公弼　崔鉒極　李鍾麟

任成均館司業

外報

●暴風被害　大連電을據ᄒ즉去六日에遼河에셔暴風이大吹ᄒ야四百餘隻을顚覆ᄒ얏는ᄃ死者가二百名에達ᄒ얏다더라

●陰謀發覺　俄國皇帝ᄂ베데루스브르ᄒ多宮에還幸ᄒ시ᄂ途中에弑逆을企ᄒ온者ㅣ有ᄒ더니其計畫이鐵道守備隊의偵察見ᄒᆫ비되얏다더라

●俄國男爵自殺　俄國電을據ᄒᆫ則俄國男爵기루멘ᄂ巴里에셔自殺ᄒ얏다더라

●米日戰爭難免　去月香港크로니클論說에海軍卿라푸드氏의言을ᄒ다가移民制限問題로以ᄒ야某國과一次戰爭됨거슨難免之事라ᄒ엿더라

●森林問題未決　東京電을據ᄒ즉日淸間森林問題ᄂ日淸兩國의主張이懸殊ᄒ야妥帖의望이無ᄒᆫ故로此後日本에셔ᄂ交涉을開始치아니홈은己無暇論이어니와淸國政府에셔讓步치아니ᄒ면日本에셔談交涉을一切拒絶ᄒ고森林經營을自意擬議ᄒ다더라

●浙省民의憤態　北京電을據ᄒᆫ則浙江巡撫ᄂ鐵道問題에關ᄒ야省民의憤激事態가益々甚重홈으로當局者ᄂ善後策을講究中이라더라

●分館廢止後領館設置　東京電을據ᄒᆫ則日本外務省告示에本年十一月十日부터淸國奉天에駐在ᄒᆫ領事館장春分館을廢止ᄒ고長春領事館을設置ᄒᆫ다ᄂ旨로발布ᄒ엿다더라

●射擊地決定　伯林電을據ᄒᆫ則美國政府ᄂ太平洋에派遣ᄒᆯ艦隊提議에依ᄒ야남단나港附近에艦隊射擊擧行地로決定ᄒᆫ다ᄒ이라더라

●和蘭人暴擧　伯林電을據ᄒᆫ則美國젬아島의七人이和蘭人民을襲擊ᄒ얏다더라

●排日暴動　米國桑港셔去月十四日午後二時에米人數百名이暴動ᄒ야日人의洗濯店을破壞ᄒ되土壤과壁石을車에積載ᄒ고引往ᄒ야窓壁을亂打ᄒᄂ中日人一名이面部를受傷ᄒ엿ᄂ대其時米國巡檢이來ᄒ야卽時逐退ᄒ고魁首 名을捕縛ᄒ엿다더라

寄書

△梢工說　文森山人　直[illegible]

昔에大洋孤島에有一梢工ᄒ니募集船客이甚力且誠ᄒ야募得數百人ᄒ야滿載一船ᄒ고張帆渡洋ᄒ다가中流에忽招他船ᄒ야獨自移搭而去ᄒ니滿船客人이茫茫大海에不知方向ᄒ고船且不完ᄒ되無可代梢者則勢將沒乃已라衆人이齊聲大哭曰嗚呼腐梢乘於死地오晏然不已ᄒ야坐觀大洋이라梢工이藐視而笑ᄒ고回하登船하니衆人이歔天高地ᄒ야問曰何心으로我衆을死地에欲棄乎아梢工이曰此船이年久破傷ᄒ야不可安心航海故로募千船賃을欲收ᄒ야船隻을修補ᄒ고大陸에進行ᄒ야漁採를貿遷則何使諸君으로與業ᄒ리라하엿더니船中一二人이猜我嫉我하야逐出遐外故로吾已任他ᄒ고附臥一隅에假避謗산ᄒ야免其謗산이러니가反而恩之則以一二人之故로大衆을海中에陷棄ᄒᄂ거시非仁人의所可爲라更欲[illegible]ᄒ야猜嫉者가又欲阻戱에남梢工이不咨ᄒ고利涉大洋으로爲前頭經營ᄒ나其必勞力哉진뎌

雜報

●江西鄕校[illegible]

天生烝民에各有職務ᄒ니士農工商이是也라有國而無此四民이면不足爲國이요爲民而出此四業이면不足爲民이니此ᄂ千古不易之通論也라然而吾韓이自四千年以來로東西斯民斯業ᄒ니可謂完全이로디至于今日競爭時代ᄒ야民權이未伸에國權이日縮ᄒ니其故ᄂ在何오在於人智未開[illegible]권더人生七八歲에無論男女ᄒ고擧入普通學校ᄒ야能使卒業然後에入大學校ᄒ야從事實業[illegible]以[illegible]士而[illegible]ᄂ勿論ᄒ고至於農工商ᄒ야도一無自不識丁之人而不從[illegible]敎育이라[illegible]感化心愛誠心ᄒ니此四人之所以先發轉於[illegible]之城而雄飛六合者也라現今國內有志紳士가灼知厥由ᄒ야在在設校ᄒ야擴張敎育ᄒ며培育人材로爲方ᄒ第一急務ᄒ니不出幾年에安知不爲於列强而獨步六洲耶아噫라爲國民者泥於舊習ᄒ야不圖自新ᄒ고一向迷於農場市井ᄒ야私利를是謀而不知身與國之有何等關係則可謂馬牛襟裾而豈曰人類乎아玆郡에雖曰蕞爾褊壤이나三大학校가竝立ᄒ이生徒가日日增進而雖街담市井이라도能感勸학文ᄒ며能唱愛國歌ᄒ니爲吾農丁市俗者爲得免面墻之譏歟아玆以本人等이鳩聚若干金ᄒ야買得一舍ᄒ고將收夜學ᄒ니古語云夜理分將强半이라ᄒ니人如熱心做去ᄒ면一年之功에剩得半年之工이니伏願有志諸君은出力相助ᄒ야使夜學에取勤勵講ᄒ야毋作淸淡之人을是圖是冀ᄒ노라

●西友應試　西友學會에入學請願ᄒᄂ學生은本月十八日(月曜)上午九時에本會本校로來臨應試ᄒᆷ을深히希望ᄒᆫ다더라

●靑會討論　今日下午七點半에靑年會館에서討論會를開ᄒ고保種爲良이勝於培養英雄이란問題로五相討論ᄒᆫ다ᄂ대有志紳士가多數來臨ᄒ심을希望ᄒᆫ다더라

●社員處罰　漢城裁判所官吏와國民新報社社員이廳度쮤下事ᄂ前報에揭載ᄒ얏거니와再昨日漢城裁判所에서該社員李寅煥과崔[illegible]兩氏를招致取調ᄒᆫ後李寅煥氏ᄂ笞二個月에處ᄒ고崔[illegible]氏ᄂ笞五十에處ᄒ얏다더라

雜報

●太皇帝陛下動駕節次　太皇帝陛下씌옵서前報와如히昨日上午拾時에出御ᄒᆞ사太廟에展謁ᄒᆞ셧ᄂᆞᆫᄃᆡ其儀仗節次가如左ᄒᆞ니

禮日醫察官吏가騎馬警衛ᄒᆞ얏고ᄀ本騎兵隊가前後로各五列로ᄉᆞ衛ᄒᆞ얏스며

宮內府禮式官李鶴均與醫李鶴濟兩氏가馬車를同乘前導ᄒᆞ얏고

太皇帝陛下씌옵서新飾服裝을御着ᄒᆞ옵시고馬車를御乘ᄒᆞ셧ᄂᆞᆫᄃᆡ承寧府侍從長趙民희氏가陪乘陪坐ᄒᆞ얏고

宮內府大臣李允用侍從卿李會九兩氏가馬車를同乘陪從ᄒᆞ얏고

完興君李載冕氏도馬車를乘從ᄒᆞ얏고

各部從가祗迎敬禮하며擧手答禮ᄒᆞ시고

皇貴妃殿下씌셔와義親王妃씌셔ᄂᆞᆫ四人轎를乘ᄒᆞ셧ᄂᆞᆫᄃᆡ女官도乘轎陪從하얏고

午後四時에還宮ᄒᆞ셧다더라

●移御日子　太皇帝陛下게오서安洞別宮으로移御ᄒᆞ실日子ᄂᆞᆫ本月二十五日로內定이되얏다더라

●本宮奠酌　太皇帝陛下씌셔昨日에慶運宮에幸行ᄒᆞ옵셔大院王祠宇에奠酌禮를親行ᄒᆞ시고桂洞에亦臨ᄒᆞ오셔南延君祠宇에展拜ᄒᆞ옵셧다더라

●園所動駕　太皇帝陛下씌셔孔德里大院王園所에動駕ᄒᆞ신다ᄂᆞᆫ說이有ᄒᆞ더라

●臨時御所修理　雲峴宮에서太皇帝陛下臨御ᄒᆞ실處所를現今修理ᄒᆞᆫ다더라

●答禮大使　日本皇太子渡韓ᄒᆞᆫ答禮大使를完興君李載冕氏로內定이되야日間發程ᄒᆞᆯ터인ᄃᆡ隨員은李達鎔趙漢國等諸氏라더라

●祗迎停止　昨日　太皇帝陛下씌옵서　太廟에　動駕ᄒᆞ실時에各部勅奏任官中에祗迎ᄒᆞᆯ節次를籌對ᄒᆞ얏더니ᄂᆡ閣에서指揮가無ᄒᆞᆷ으로因爲停止ᄒᆞ얏다더라

●惟獨一人　再昨日에謁見ᄒᆞᆫ人은惟獨宮內府大臣李允用氏라더라

●何事奔忙　法部大臣趙重應氏가再昨日上午九時에統監府에前往ᄒᆞ얏다가同時三十分에國分象太郎氏를訪問ᄒᆞ고同拾二時에博覽會에歷訪ᄒᆞ고下午二時에靑年會館上량禮式에進參ᄒᆞ고同五時에修學院장申箕善氏를訪問ᄒᆞ고中樞院議長徐正淳氏를訪問ᄒᆞ고總理大臣李完用씨를訪問ᄒᆞ얏다더라

●却之不聽　完興君李載冕氏가答禮大使로前往ᄒᆞᆫ다ᄂᆞᆫ說은別項과如ᄒᆞ거니와伊藤統監이完興君을對ᄒᆞ야日隨員은隨意擇定ᄒᆞ라ᄒᆞ얏ᄂᆞᆫᄃᆡ前協判李鳳來씨가隨員으로前往ᄒᆞ기을完興君의게使人懇請ᄒᆞ되完興君이却之不聽ᄒᆞ얏다더라

●慮有逃避　茂長郡守徐相環氏가消費稅金이至爲三萬三千餘元이라고因財務官告발ᄒᆞ야慮有逃走ᄒᆞ와姑先留置廳囑ᄒᆞ얏스니因許逮捕케ᄒᆞ라고全州觀察使가法部로電報ᄒᆞ얏다더라

●宣使吟痾　慶北宣諭使金思煥씨가率化安東豐基等郡에宣諭ᄒᆞ고身病이闖發ᄒᆞᆷ으로現今大邱府에서留連ᄒᆞᆫ다더라

●公察上京　忠南觀察使梁在爀씨ᄂᆞᆫ有何事故ᄒᆞ야昨日上京ᄒᆞ얏다더라

●隣人亦憤　美國某新聞에揭載ᄒᆞᆫ프리스노來信을據ᄒᆞᆫ즉白許一淸人이新聞을閱覽ᄒᆞ다가韓國總理大臣의寫眞을見ᄒᆞ고勃然大怒ᄒᆞ야言ᄒᆞ기를此ᄂᆞᆫ韓國을亡케ᄒᆞᆫ七賊에魁首라我雖支那人이나萬古의公賊을見ᄒᆞ니엇지義憤을忍ᄒᆞ리오ᄒᆞ고其該寫像을裂破ᄒᆞᆫ지라傍에在ᄒᆞᆫ人이該淸人의義氣를爽快히녁여拍手唱采ᄒᆞ야曰該像이야도萬古의公賊은죽이ᄂᆞᆫ거시快哉라고ᄒᆞ얏다더라

●鹽稅免官　密陽稅務官李宗植氏가鹽稅錢을擅擇ᄒᆞᆫ事로慶南道警務署에被捉ᄒᆞ얏ᄂᆞᆫᄃᆡ度支部에서免官ᄒᆞ얏다더라

●編輯請撥　學部에서敎科書을擴張ᄒᆞ기爲ᄒᆞ야編輯委員을設置ᄒᆞ얏스니雜費中三百元을支撥ᄒᆞ라고度支部에照會ᄒᆞ얏다더라

●必是志士　昨日靑年會에서上량禮式을行ᄒᆞᆫ後에無名씨一人이金貨一千圜을捐助ᄒᆞ얏다더라

●軍物失火　慶北觀察使李忠求氏가內部로報告ᄒᆞ되星州郡火藥庫二間이在於龍山面下史ᄅ而所藏火藥을甲午年에混被東擾之取去ᄒᆞ고弊甲破鼓無用件을積置該庫이러니本月五日夜에偶然失火ᄒᆞ야混爲燒燼이라ᄒᆞ얏더라

●親睦總會　西北학生親睦會에서明日日曜日下午一時에漢北會館內에서總會를開ᄒᆞᄂᆞᆫᄃᆡ西北學生이一一히來參ᄒᆞ기을希望ᄒᆞᆫ다더라

●兵卒中逃　日前軍部에서各地方에派送ᄒᆞᆫ兵丁中幾名이逃跡ᄒᆞ얏다ᄂᆞᆫ說이有ᄒᆞ다더라

●無罪白放　義兵의게被捉ᄒᆞ얏다가日兵이來還ᄒᆞ야春川監獄署에還囚ᄒᆞ얏든加平郡守廉圭桓氏ᄂᆞᆫ罪過가無ᄒᆞᆷ으로六日만에放釋ᄒᆞ얏다더라

●義兵賊患　錦山珍山等地에서義兵이賊漢을逐殺之ᄒᆞᄂᆞᆫ대近日에賊魁七人을砲殺ᄒᆞᆫ後에該等地ᄂᆞᆫ賊患이稍息ᄒᆞ얏다고南來人의傳說이有ᄒᆞ다더라

●屯土蒙昧　忠南各郡一進支會員들이發言ᄒᆞ되京會員만宦路에出脚ᄒᆞ고鄕會員은一無收用ᄒᆞ니從今以後로會員을自退ᄒᆞ깃다ᄒᆞᄂᆞᆫ지라該道觀察使洪在氏가該會員을曉諭ᄒᆞ되鄕會員은각地方驛屯土舍音을圖給ᄒᆞ다ᄒᆞᆫ즉該會員들이自退하ᄂᆞᆫ者無ᄒᆞ다더라

●賊漢放火　本月二日夜에强盜十餘名이陽川郡將軍所面新機里居李觀憲文基明家를襲來ᄒᆞᆫ즉該兩家에서知機避出ᄒᆞᆫ지다該賊等이ᄉᆞ處搜索ᄒᆞ야該兩門籬에放火而去ᄒᆞ얏다고京畿觀察使가內部로報告ᄒᆞ얏다더라

●中路逃獄　平理院에서平安南道裁判所에在囚ᄒᆞᆫ金昌淳을押上ᄒᆞ라하야該裁判所에서巡檢金錫潤으로眼同押上ᄒᆞ야上京ᄒᆞ다가中路에서巡檢이放尿次로罪縄을另加緊縛ᄒᆞ고入於便所타가出來則罪人金昌淳이가逃ᄒᆞ라ᄒᆞ얏다고平理院檢事鄭錫圭氏가法部에報告ᄒᆞ얏더라

▲地方情形

▲永春丹陽郡等地에義兵約四百餘名이徘徊ᄒᆞ며時々日守備隊를包圍ᄒᆞ다가日軍隊를攻擊ᄒᆞ며日軍隊가極力交戰ᄒᆞ엿다ᄒᆞ고

▲平安道義兵은淸國馬賊과連絡ᄒᆞᆫ模樣이라ᄒᆞ고

▲십一日夜에素砂驛附近에義兵이武器를携帶徘徊ᄒᆞᆷ으로同地에居留ᄒᆞᄂᆞᆫ日人은多數히避難ᄒᆞ얏다ᄒᆞ고

▲長城高敞靈光機張等郡에서義兵을募集ᄒᆞ얏ᄂᆞᆫ대大將은奇三衍이오中將은李遊士요左翼將은金有聖이오右翼將은李大克이오后軍將은金仮三이오軍糧官은柳化銘이오捧官은安樂三과明致三이라ᄒᆞ고

▲汾川郡에義兵이蜂起ᄒᆞ야同郡居倉致衛氏를義兵이捉去ᄒᆞ야錢萬兩을掠出ᄒᆞ라하ᄂᆞᆫ故로該氏가其壓迫ᄒᆞᆷ을堪耐치못ᄒᆞ야數日後에漢州ᄒᆞ마ᄒᆞ고遁家ᄒᆞ엿다ᄒᆞ고

▲伊川郡에ᄂᆞᆫ去五日에義兵三百餘名이突入ᄒᆞ야郡衙와郵便局과分派所를沒數打破ᄒᆞ며該郡分派所巡檢은避鐙逃走ᄒᆞ야ᄂᆞᆫ데同日에兎山郡駐在日兵二十名이來到ᄒᆞ야一時間을交戰ᄒᆞ엿다ᄒᆞ고

▲春川郡北內面牛頭里朴直閣昌緖씨家와同里金雲鏞家及此中面泉田등대南參奉世회家에日本守備隊와騎兵이駐屯ᄒᆞ엿다하고

▲春川郡北中面泉邱里名不知徐姓家이附近都地街里에日兵과義兵이交戰時에年老ᄒᆞᆷ으로避難치못ᄒᆞ얏더니日兵의게砲殺을當ᄒᆞ얏다ᄒᆞ고

▲加平郡碑石街里에ᄂᆞᆫ百餘戶大村이沒數被燒ᄒᆞ야灰燼이如山ᄒᆞ고와屋二座만餘存ᄒᆞ얏ᄂᆞᆫ데無路島竄ᄒᆞ얏든人民은近日에若干還集ᄒᆞ야연巢와如ᄒᆞᆫ一二間을新搆ᄒᆞ얏ᄂᆞᆫ대其齋凄狀況은慘不忍見이라ᄒᆞ고

▲同郡淸平川은人戶가즐比ᄒᆞ야殷傍大村이라ᄃᆡ日兵이出駐ᄒᆞᆫ다居民들이暮夜間에突入ᄒᆞᆯ가畏겁하야擧皆逃避ᄒᆞ엿다ᄒᆞ고

▲平山郡麟山面에在ᄒᆞᆫ義兵約五百名인대十二日에日兵과交戰ᄒᆞ얏다ᄒᆞ고

▲拾日豐德郡德井浦에義兵三四十名이來合ᄒᆞᄂᆞᆫ데日本居留民과郡守를保護ᄒᆞ기爲ᄒᆞ야開城에在ᄒᆞᆫ日巡査四名과巡檢五名이出張ᄒᆞ얏다ᄒᆞ고

▲同日呂州梨浦附近에서義兵과日兵이交戰하다가日巡査[illegible]名이被害ᄒᆞ얏ᄂᆞᆫ대[illegible]

▲本月八日驪竹郡上栗面[illegible]江下流에서救出ᄒᆞ얏다[illegible]

州廣川面에義兵이出沒ᄒᆞᄂᆞᆫ데首領은金鳳基오一部ᄂᆞᆫ楊州郡午川場市에逗留ᄒᆞᆫ다ᄒᆞ고

▲十日片谷鶴基部下義兵約二百餘名은華化郡을襲擊ᄒᆞ고郡衙와分派所主事及書記廳宅을燒棄ᄒᆞ얏다ᄒᆞ고

▲八日呂州郡北面에武器를携帶ᄒᆞᆫ義兵은洞長을威脅ᄒᆞ야軍需를徵발ᄒᆞᄂᆞᆫ데三山에在ᄒᆞᆫ義兵과合勢ᄒᆞ야多額에結稅를徵收ᄒᆞᆫ다더라

路透電報

十五日발

●衝突破傷　英國社會黨員들이示威運動을試ᄒᆞ야獨逸皇帝의行列을妨害코ᄌᆞᄒᆞᆷ으로警察官과衝突이되야死傷者가有ᄒᆞ얏더라

▲笑中有笑▼

▲美國프리스노地方에서淸人이總理大臣李完用氏의寫眞을見ᄒᆞ고勃然大怒曰此ᄂᆞᆫ韓國을亡케ᄒᆞᆫ七賊大臣의魁首라雖友邦之人이라도萬古의公賊을見ᄒᆞ고義憤을豈可忍耐ᄒᆞ리오ᄒᆞ고即爲裂破ᄒᆞ얏다니該氏의醜名은海外列强에傳播ᄒᆞ야人人唾罵ᄒᆞ니果諺에云流芳百世를못ᄒᆞᆯ터이면流臭萬年이라ᄒᆞ더니總相의功名은自在兩端이로고

▲關郡守窠가合爲五十四요奏免件이十餘窠인대日間에任免奏本을呈ᄒᆞᆫ다니近日郡守窠闕이如此히豈乎이물엇ᄂᆞᆫ대內大任善準氏地位가未久에擾動이된다니還任ᄒᆞ기前에幾窠郡守를得食ᄒᆞ여야셥셥지아니ᄒᆞ깃가

[illegible]義兵分遣所長이兵丁幾[illegible]ᄒᆞ고鐵原郡에駐在[illegible]이京軒을借[illegible]何必取[illegible]借ᄒᆞᄂᆞᆫ지日兵所到處에此所謂鵲巢鳩居로고

▲昌德宮에移御ᄒᆞ신後에ᄂᆞᆫ奉侍와其他官員을一切廢止ᄒᆞ고德壽宮에ᄂᆞᆫ內侍幾人만仍存ᄒᆞᆫ다니運來에內官의勢力이掀天ᄒᆞ야與敵誰何ᄒᆞ더니近日에沙汰를當ᄒᆞ엿스니可謂一盛一衰로고

▲海蔘威等地에서波蘭國亡國ᄉᆞ實一人이大韓人의手를握ᄒᆞ고放聲大哭ᄒᆞ며日波蘭情況은已矣勿論이어니와大韓國勢도方在危殆ᄒᆞ니人人이愛國心을激迅ᄒᆞ야波蘭을前轍로戒ᄒᆞ라ᄒᆞ얏다니該國人이自國情況을悲慘ᄒᆞ야韓人을警戒ᄒᆞ니可謂先覺者로고

▲各地方에義兵이京城으로賴來ᄒᆞᄂᆞᆫ穀包를軍需로用ᄒᆞᆫ다ᄒᆞ고執留積置ᄒᆞ얏다가日兵이追後來到ᄒᆞ면一並燒却ᄒᆞᆫ다니日兵과義兵이衝突ᄒᆞᄂᆞᆫ處에ᄂᆞᆫ人命도傷하고穀包도耗損하니生命財產엇지ᄒᆞᆯ고

▲壬午以後에淸商이渡韓하야物品을販賣ᄒᆞᆯ時에愚頑之性을使用ᄒᆞ야物貨ᄒᆞᄂᆞᆫ惡習으로毆打詬辱에衣冠을折破ᄒᆞᄂᆞᆫ弊가比比有之ᄒᆞ더니近日에日商輩가物貨ᄒᆞᄂᆞᆫ習을行ᄒᆞ야人民을毆打ᄒᆞ야呼哭之聲이繼起ᄒᆞ니日人도淸人을效嚬ᄒᆞ얏ᄂᆞᆫ지

雜報

◎協會組織 大韓協會에서來日曜日에夜珠峴所在前官人俱樂部니에서第一回開會ᄒ고諸般任員과事務를協定ᄒ다ᄂᄃ該會에入會ᄒᄂ會員에게入會金若干式徵收홀터이오已往自强會會員은不許入會ᄒ다더라

◎엄尸冤去 本月二日에智島郡으로서務安港으로來到하ᄂ三板船一隻이甑島部屬島海에서忽然颶浪이大起ᄒ야押島居ᄒᄂ十五歲小兒及임島居ᄒᄂ金玉鉉과智島郡居ᄒᄂ金光玉等이致死ᄒ야尸體을見失於水中ᄒ얏고名不知ᄒ고和歇哥尸體만木浦港温錦港船隻에推任ᄒ야該家에通知ᄒ야覓去ᄒ얏다더라

◎因弊難收 松竝連山晉州等郡官庄秋收를一進會員이擧皆幹涉ᄒ기로作弊難雙홈故로供進所에서派送ᄒ엿든秋收官이還爲上京ᄒ얏다더라

◎義捐總合所廣告

◎永川郡毛沙面龍上洞
尹相銘 八拾전 尹余宗
七拾전 尹奉鎬 五拾전
尹秉鶴 三拾전 尹最述
千好柱 尹秉禹 尹仁鶴
각五전 최應述 二十전
合四환五十錢

▲山底面龍潭동
金鐵男 金在戶 각四十전
金世灝 박宗萬 崔致化
각廿전 合一圜四拾전

▲原谷面龍珠동
曹용豊 二拾전 張致雲
四十전 金世昊 崔海俊
각廿전 金喜鍾 十전
太學守 金喜遠 각廿전
姜原福 拾전 李舜琨 廿전
合一圜八拾전

▲原谷面道有동
尹柄夏 尹浩 각八拾전
金在漢 金周發 崔武鶴
朴春和 金聲培 각五十전
崔壽南 尹相鼎 정錫守
金熙柱 郭南圭 孫水九
각四拾전 孫永壽 孫錫玟
각廿전 尹泰根
李再卜 金鼎潑
金義述 尹宗股 각卅전
金錫柱 리鳳鶴 孫應敎
孫應八 孫應祚 각廿전
金斗海 金漢培 각四十전
合拾圜貳拾전

▲北安面柳上동
金八龍 二十전 金周鉉
朴仁壽 각卅전 李文守
李榮雲 朴準赫 金永俊
崔斗潤 각十전
朴準丞 六十전
韓錫洙 四十전 金台鉉
崔德壽 각廿錢 金永建
六十전 박楊來 二十전
李鍾樞 三十錢 김在德
金永華 각二拾전
合四圜二拾전

▲紫陽面月淵洞中 九圜
▲內東面早橋동中 拾三圜
總合四十四圓拾전

廣告

增修無冤錄大全 國漢文 定價金七拾五錢
大韓法規類纂 洋裝 三圜五拾錢 郵稅四拾錢
初等倫理學敎科書 二拾錢
初等衛生學敎科書 拾五錢
國家學綱領 拾五錢
國民須知 八錢
獨習日語正則 洋裝 鄭雲復著 定價二拾五錢
發賣所 皇城布屛下 金相萬書舖

漢城西署松橋(新作路)第四十三統一戶
辯護士 玉東奎
辯護士 許憲
合同法律事務所

敎育學

譯述 崔光玉
校閱 朴殷植
定價金卄五錢

此書는敎科書排列과敎授法則과訓鍊制度가詳細備載ᄒᆞ야一般敎育者의寶鑑이될터오니有志僉君子는速速購覽ᄒᆞ심敬要

發賣所
京布屛下書舖 金相萬
平壤貫洞 耶蘇敎書院
安岳邑 勉學書會

學徒洋裝書冊
學徒運動과諸具
羅紗各種
美國金鷄蠟
衣服裝飾其他雜貨도廉價放賣ᄒᆞ오니諸君子ᄂᆞᆫ來臨ᄒᆞ심을바라나이다

仁川港奇峴新舖

本人이日本大阪商業家와特約ᄒᆞ고日本內地産出各種物品과西洋各種物品及機械等物을我大韓에輸入ᄒᆞ야委托을便利케ᄒᆞ約ᄒᆞ얏ᄉᆞ오니商工業에有意ᄒᆞ신僉君子ᄂᆞᆫ某物이든지請求ᄒᆞ시거든本社로來議ᄒᆞ시오本社에서ᄂᆞᆫ手數料을卽受ᄒᆞ

興業社本店
南大門內興學書舖
支店京城南門內水橋五十一統六戶
特價會社
仁川港內朝鮮號

▲西藥便方 定價金一圓

右冊은西洋醫藥方書을我國文으로아러보기쉽게翻譯

代理店 京城梨峴賓樂店 尙洞朝文書館 仁川龍동濟生堂
朴信華 盧益亨 李庚植

目錄

補血丸 十日分定價金壹圓
右藥은米國大學醫院處方인ᄃᆡ主治效能은陽虛萎縮遺精遺尿食思缺損手足厥冷腰痛眩暈頭痛月經不調虛弱症精神病健忘症有靈效ᄒᆞ
고老衰男女에第一偉效
● 解毒丸 一日分定價十錢
右藥은大人小兒에長瘡과瘧疾初
瘧疾腹瘧에更不再發
● 蛔虫丸 一日分十錢
右藥은大人小兒蛔病有偉效
四時感冒丸 一日分十錢
右ᄂᆞᆫ감긔몸살속이풀이ᄂᆞᆫ약
瘧疾거ᄂᆞᆫ약一期二期에五圓
右ᄂᆞᆫ男女勿論ᄒᆞ고속히一合瘧
淋疾약 七日分定價一圓
右ᄂᆞᆫ男女淋疾에有靈效
淸明眼약 定價金拾錢
右ᄂᆞᆫ火眼과삼눈에有奇效
咳嗽약 二日分定價參十錢
右ᄂᆞᆫ男女老幼時氣咳嗽에靈藥
無憂는疥瘡藥 定價四十錢
右ᄂᆞᆫ疥瘡虫滅殺ᄒᆞᄂᆞᆫ藥
以上方文은濟衆院方藥
洪錫厚 池錫永 有效證明
醫學校長
製藥監査人

本藥房에서以上記載ᄒᆞᆫ朴慈惠李觀化調製賣藥을封하야販賣ᄒᆞ오니邑市村里에서賣藥으로特約코저ᄒᆞ시ᄂᆞᆫ兄弟ᄂᆞᆫ郵便으로居住姓名을記送ᄒᆞ시면賣藥場店則書을無價仰呈

本藥房製造封藥만販賣ᄒᆞᆯ뿐아니라本國諸大家製封藥과淸國英國米國獨逸等各國有名ᄒᆞᆫ藥을買收도ᄒᆞ고委托도ᄒᆞ니賣買間에通知ᄒᆞ심敬要

與英文日文으로記載ᄒᆞᆫ用法外國藥이我國文으로翻譯ᄒᆞ야內地兄弟에게便利ᄒᆞ심을供ᄒᆞ니편지만ᄒᆞ시면此外奇々ᄒᆞᆫ方文을無價仰呈

◎斷酒藥 十五日分三圓
◎寸虫去根藥 三十錢
◎肩臂痛藥上海製 五十錢
◎連珠명우리잘풀니ᄂᆞᆫ藥 二圓
◎어루럭이갈때ᄂᆞᆫ藥 五十錢
◎此足汗藥二十日分 二十錢
◎除阿片毒藥上海製 一圓半

政治原論

編述 安國善
定價金 六十錢
郵料 四錢

人類ᄂᆞᆫ政治的動物이라政治思想은人類가國家를排成ᄒᆞᄂᆞᆫ要素ᄂᆞᆫ니國民된者ᄂᆞᆫ政治를不知ᄒᆞᆷ이可ᄒᆞ랴況今政治을刷新ᄒᆞᄂᆞᆫ時代에에ᄂᆞᆫ더욱政治를研究ᄒᆞᆷ必要가有ᄒᆞ고학校敎科書로用ᄒᆞ기適宜ᄒᆞ니僉君子ᄂᆞᆫ踴躍購覽ᄒᆞ심을爲要

發賣元 京城鍾路大廣橋通小廣橋大路東邊二層洋屋 彙信舘
內外及各處書館에在ᄒᆞᆷ

定價金 上品一劑金四圓 下品一劑金貳圓五角
分舖 仁川港杻峴和平局 龍洞濟生堂
發賣所 京城鍾路 慈惠藥房
仝 共愛堂藥房
仝

雖外邦이라도郵便으로부처ᄂᆞᆫ수가잇소

(一劑十四箇)를每日一箇式服用ᄒᆞ면効驗이百發百中되ᄂᆞᆫ고每日로搭至ᄒᆞ와買去ᄒᆞ오이瘡질잇ᄂᆞᆫ僉位ᄂᆞᆫ오릭ᄭᅩ싱마시고速々히來臨ᄒᆞ야問議ᄒᆞ심을希望홈

皇城基督敎靑年會廣告

大掛鐘의迴轉ᄒᆞᄂᆞᆫ規則

皇太子殿下 下賜壹萬圓

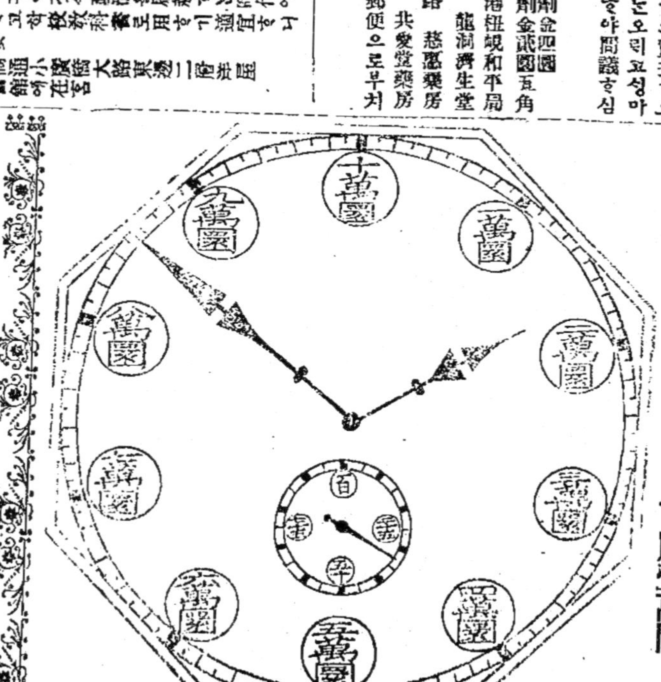

此掛鐘의抄針은每一度迴轉ᄒᆞᄂᆞᆫᄃᆡ壹百圓을指示홈이오
長針은每一度迴轉ᄒᆞᄂᆞᆫᄃᆡ壹萬圓을指示ᄒᆞ고
短針은每一度迴轉ᄒᆞᄂᆞᆫᄃᆡ拾萬圓을指示홈

義務捐助金寄附人員及數額
農商工部大臣宋秉畯氏 貳百圓
金容鎭氏 五拾圓
無名氏 壹千圓

瑞士建國誌 定價金 新貨拾九錢

此書ᄂᆞᆫ政治小說이오瑞士의救國救民ᄒᆞᆫ英雄의事蹟을畧述ᄒᆞ야人民의愛國思想을養成ᄒᆞᄂᆞᆫᄃᆡ緊要ᄒᆞᆫ冊子오

發賣所
▲大韓每日申報社
▲仁川港杻峴
▲中署布屛門下
▲平壤城內鍾路
▲南門越便
▲鍾路
▲大廣橋
▲南署
▲開城

廣學書舖
金相萬冊肆
敎育書舖
古今書海館
中央書館
大東書市
匯東書館
博文書館
美助區冊사

◎本社廣告

○申報價

一張代金	新貨二錢五厘
一個月前納	三十錢
三個月	九十錢
六個月	一圓七十錢
一個年	三圓四十錢
郵稅一張	新貨五厘
一個月	十三錢

發行兼編輯人 英國人 裵說
發行所 京城南署楮洞外 大韓每日申報社

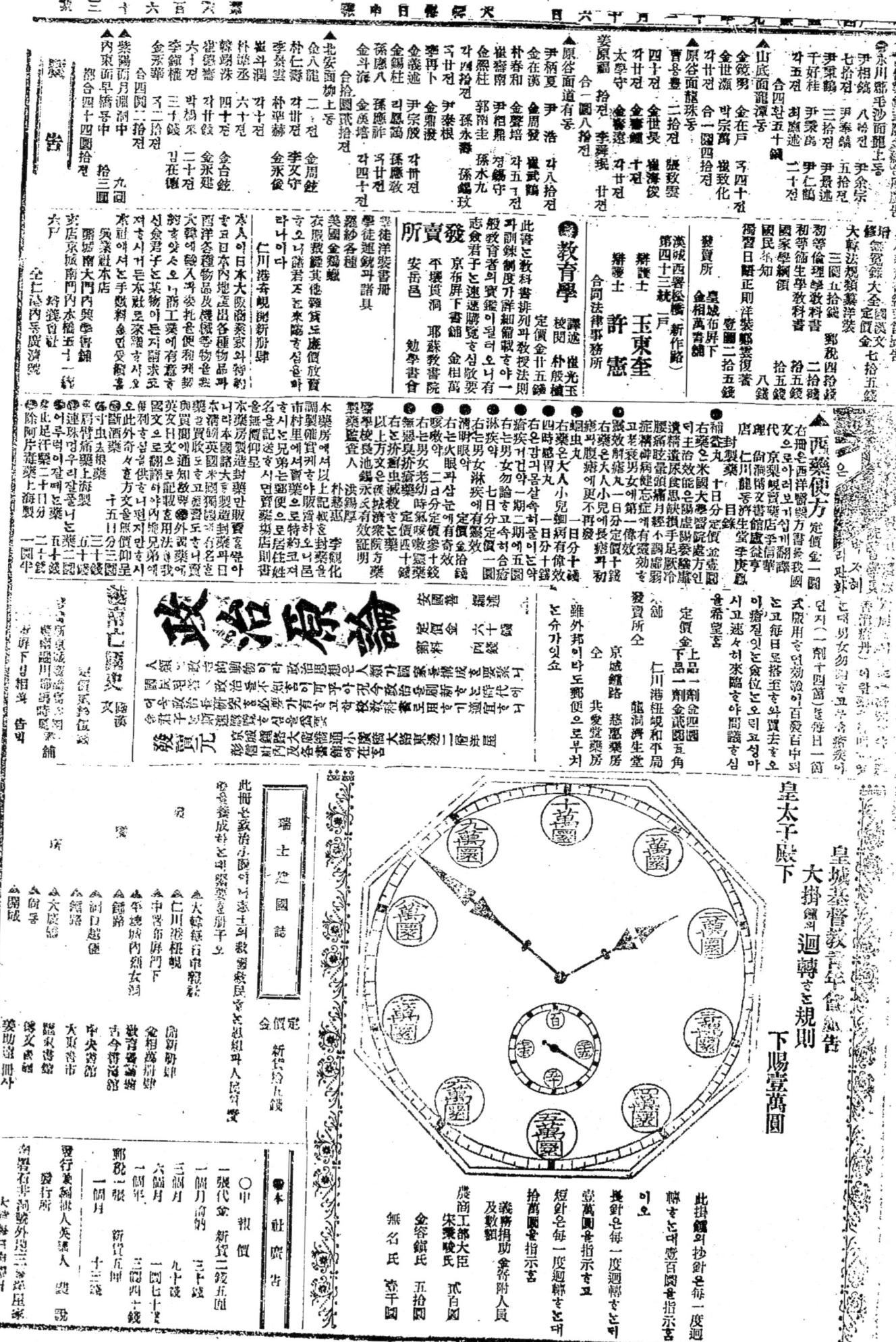

第五卷　大韓每日申報　第六百六十四號

大韓每日申報

月曜及慶節
歲時日休刊

檀君開國四千二百四十年
箕子元年三千二十九年
大韓開國五百十六年
日本明治四十年
淸國光緖三十三年
歲次丁未十月十二日

論說

○國界分定의困難

漢城에駐箚ᄒᆞᆫ淸國領事가北京外務部에報告ᄒᆞ엿스되伊藤公爵의게로從來ᄒᆞᄂᆞᆫ報道를據ᄒᆞ건대日本이間島로派遣ᄒᆞᆫ거슨該地에韓民을保護ᄒᆞ기爲ᄒᆞᆷ이라何如히態度를ᄒᆞ던지撤還키不能云이며兩國이委員을必定ᄒᆞ야界線을再整ᄒᆞᆯ거시라ᄒᆞᆫ바윤니버살서ᄉᆞ트新報를據ᄒᆞ건대其派遣의言辭가甚著强硬이로다

차이제스트新聞이記述ᄒᆞ엿스되此國界問題를關ᄒᆞᄂᆞᆫ日本韓邦의普通形態가其表寘要ᄒᆞ엿스니吾人推度에如此形態가公式으로說明된日本之對淸仁愛에對ᄒᆞ야支那人의信依之心을尙復減損ᄒᆞᆯ거슨欲避不能이로다間島內韓人의甚虛ᄒᆞᆫ利益을保護ᄒᆞ려ᄂᆞᆫ日本의勉力은韓人의權限과韓半島內에利益의全部를取消ᄒᆞᆫ事實과ᄂᆞᆫ不吉히相反된지라日人이間島內에所稱韓人利益을保護ᄒᆞᆫ다請求ᄒᆞᄂᆞᆫ理由가範界에在ᄒᆞᆫ줄을北京之人이已知ᄒᆞᆫ바이니數地方이自南部侵入ᄒᆞ기最甚便利ᄒᆞᆫ形勢를不作ᄒᆞ엿더면現今問題의起端이豈有ᄒᆞ엿스리오特以一言으로結之이되日人의現行은純然ᄒᆞᆫ武備的이요韓人이淸國官憲의多年行權收稅ᄒᆞ던此紛競된地方에서古代稱号를要請ᄒᆞᆷ으로因ᄒᆞᆷ은아니로다

日人의報章이非不愼重이나然이나決然勇敢ᄒᆞᆷ이多ᄒᆞ니以此로淸人의恐怖之心이尙加ᄒᆞᆯ가可懼어니와日本타임스新報의記述은如左ᄒᆞ도다

日々新報ᄂᆞᆫ此間島의紛競을一個單純ᄒᆞᆫ問題로量度ᄒᆞ나然이나淸日關係와現今形態를繼續에置ᄒᆞ면此問題가當得ᄒᆞᆫ單純ᄒᆞᆫ解決에至ᄒᆞ기가容易ᄒᆞᆯ지ᄂᆞᆫ疑訝가不無ᄒᆞ도다蓋韓淸間에國境問題ᄂᆞᆫ彼兩間에紛議가尙者에旣有인바數地方이淸國守備兵의歷行은雖不免이나韓國을愛護ᄒᆞᆯ거슨史編上에不能變ᄒᆞᆫ實證이라由是로日本統監府가信任을依ᄒᆞ야該地韓人을保護ᄒᆞ기에適宜ᄒᆞᆫ方策을採用ᄒᆞᆷ이니英淸國이該地方을要請ᄒᆞᆫ確實ᄒᆞᆫ理由를果有ᄒᆞ엿스면到今ᄒᆞ야定界ᄒᆞ자ᄂᆞᆫ提議를登用이리오　未完

官報

●三千九百二十五號
隆熙元年十一月十六日

◎宮廷錄事

十一月十四日太醫院　移御翌日問　安
答日知道
本皇帝聖體一樣　皇后氣候安順爾不必入侍矣

辭令

慶尙南道觀察使兼巡察使沈相亮
依願免本官

外報

●排斥協議　紐育電을據ᄒᆞᆫ則日人排斥同盟會를去十日夜에桑港에서議會를開ᄒᆞ고日人排斥案을制定ᄒᆞ기爲ᄒᆞ야委員七名을選定하야各州代議士와贊成員과排斥案에調印ᄒᆞ기로決定하고來月間에大會를桑港에서開ᄒᆞᆯ터이라ᄒᆞ더라

●英國物品排斥運動　上海電을據ᄒᆞᆫ則淸國浙江江蘇兩省人民은屢次上海에서鐵道借欵反對의會와多數ᄒᆞᆫ淸國婦人과合同ᄒᆞ야英國物品排斥運動을協議ᄒᆞ얏다더라

●軍艦製造　倫敦電을據ᄒᆞᆫ則西班牙國의軍艦을英國에서製造ᄒᆞᄂᆞᆫ대其費額이一千萬磅이니其中一萬五千噸의戰鬪艦數隻을包含ᄒᆞ얏더라

●俄兵增加　上海電을據ᄒᆞᆫ즉近來海蔘地方에俄兵이猝然히增加ᄒᆞ고尙今繼續來到ᄒᆞᄂᆞᆫ貌樣인대此ᄂᆞᆫ暫時增兵ᄒᆞᆷ이아니오現今地域을定ᄒᆞ고營을建築ᄒᆞ야永久히設備ᄒᆞᄂᆞᆫ計畫이라더라

●淸國要部觀察　日本人犬養毅氏ᄂᆞᆫ淸國滿洲及要道를觀察ᄒᆞ기爲ᄒᆞ야來二十七日頃에出發ᄒᆞᆯ터이라ᄂᆞᆫ대滯留期限은二個月假量이라더라

●防備要求　伯林電을據ᄒᆞᆫ즉米國陸軍卿은比律賓島의防備費로ᄒᆞ야七百萬弗을政府에要求하엿다더라

●盛大入京式　伯林電을據ᄒᆞᆫ則德國皇帝皇后兩陛下ᄂᆞᆫ盛大ᄒᆞᆫ倫敦에入京式을受ᄒᆞ엿다더라

●伊國皇后分娩　伯林電을據ᄒᆞᆫ즉伊太利皇后陛下ᄂᆞᆫ皇女을分娩하셧다더라

●日本의戰爭準備　米國某雜誌를據ᄒᆞᆫ즉西伯利亞俄國陸軍總司令官리네뷧치氏가參謀本部에報告ᄒᆞ되日本이急々ᄒᆞᆫ態度로韓國과滿洲에砲臺를建築ᄒᆞ며多數ᄒᆞᆫ彈藥도運送하며日兵은商店의衣服을着ᄒᆞ고海蔘威近處要害地에留住ᄒᆞ며淸國百姓와깃物品을貿易ᄒᆞ고此外樺太島에서도諸般行動이戰爭準備를急々히ᄒᆞᄂᆞᆫ것은無疑라ᄒᆞ엿스며

以上通信을發送ᄒᆞᆫ時에俄國巡檢이日本偵探二名을捕捉ᄒᆞ얏ᄂᆞᆫ대其行裝을檢査ᄒᆞᆫ즉要緊ᄒᆞᆫ文書와地圖를持ᄒᆞ엿고服色은俄國電信官吏의服裝을着ᄒᆞ엿ᄂᆞᆫ대自稱米國人의會社雇用이라ᄒᆞ나的實히日本參謀本部特別技師인것이無疑ᄒᆞ고俄國國地太平洋沿邊要害處마다四本干線이通行ᄒᆞᄂᆞᆫ것이日俄戰爭時와如ᄒᆞ고東部西伯利亞通信을依ᄒᆞ면日俄兩國人의感情은日로甚ᄒᆞ다ᄒᆞ엿고俄國陸軍部에서ᄂᆞᆫ今番에米國陸軍大臣타푸트씨의一行이俄國을訪問ᄒᆞᄂᆞᆫ대米國과同盟ᄒᆞᆫ議論이盛行ᄒᆞ다ᄒᆞ며此時에붓치將軍은米國陸軍相타푸트씨가來臨ᄒᆞᄂᆞᆫ時에歡迎을談論을ᄒᆞ기로準備中이라ᄒᆞ고또將官會議席에서如左히言論ᄒᆞ엿스되

我ᄂᆞᆫ此西伯利亞에日兵의壞을置ᄒᆞᄂᆞᆫ것보다차라리西伯利亞全土를米國에給與ᄒᆞ고져ᄒᆞ노라米國은我等을助ᄒᆞ야平和條約을提決ᄒᆞ엿거니와今에米國이宜戰書를발布ᄒᆞ면我等은與米國으로兵力을合ᄒᆞ야日本과戰鬪ᄒᆞ고저ᄒᆞ노라我國은陸地에强大ᄒᆞᆫ勢力을維持ᄒᆞ고米國은海上에宏壯ᄒᆞᆫ艦隊를維持ᄒᆞ엿스니我等은世界最大ᄒᆞᆫ米國人民을위ᄒᆞ야慶賀치아니치못ᄒᆞ깃다ᄒᆞ엿스며

海蔘威에서ᄂᆞᆫ米國陸相타푸트씨와歡迎會를宏壯히準備ᄒᆞ고來臨ᄒᆞ기를爲待ᄒᆞ며타푸트氏가我國內에서旅行ᄒᆞᆯ時에ᄂᆞᆫ皇室에서使用ᄒᆞᄂᆞᆫ列車를從用ᄒᆞ며타푸트氏가海蔘威에到着ᄒᆞᄂᆞᆫ日을全國名日로決定ᄒᆞ엿스며皇室에서ᄂᆞᆫ軍樂隊를二十一日前브터米國軍歌를練習ᄒᆞᄂᆞᆫ中이라ᄒᆞ엿더라

雜報

●女學漸興　咸鏡北道城津郡鶴興里有志紳士李機傳과熙燮鄭晋模諸氏가與該里青年李永植朴秉淳等四十餘名으로合力出資ᄒᆞ야新建校舍ᄒᆞ고熱心敎育ᄒᆞᆷ은前已揭載어니와該諸氏가又設女學校ᄒᆞ야新民女학校라命名하고敎師ᄂᆞᆫ全丙浩全熙度兩氏가義務로熱心敎授ᄒᆞᄂᆞᆫ데校況이日新ᄒᆞ고學員이二十餘名에達ᄒᆞ니該里諸氏의熱心敎育은人皆稱頌ᄒᆞᆫ다더라

●郡校盛況　郭山郡普通學校敎員朴基澄氏ᄂᆞᆫ敍任未幾에敎育을熱心ᄒᆞ야學徒之盛이洽滿四十에庠舍不容ᄒᆞ고該郡守李啓稷氏ᄂᆞᆫ善誘ᄒᆞ야導人學校ᄒᆞ고餠於月終에試驗施賞ᄒᆞ야自勸勵ᄒᆞ더니今陰曆七月去十九日은我　大皇陛下即位之日也라公私學徒가會集官庭ᄒᆞ야萬歲呼慶祝하고多數히施賞ᄒᆞ얏다더라

●儒兄難弟　開城居前醫務官崔象永及其弟一進會員象貞兩人이前後有名ᄒᆞᆫ挾雜悖類로敎育을百般沮戱ᄒᆞ다가今春에該府成均館에서一府紳士에게無欵歎辱을當ᄒᆞ고今秋에敎育總會에서收入ᄒᆞᄂᆞᆫ養賢庫租包를行作人民에勒徵ᄒᆞ고萬端行悖ᄒᆞᄂᆞᆫ故로學部에서該郡守報告를因ᄒᆞ야法部에照會ᄒᆞ야押上懲治ᄒᆞ라ᄒᆞᆫ지月餘에尙不押上ᄒᆞ미從之悖習이尤甚ᄒᆞ야行悖에所以設會ᄒᆞ고成均館任員도不知中에附從徒黨ᄒᆞ야무삼事를謀議하얏다더라

●仁校復興　仁川郡內某々人이昨年正月分에發起男女兩학校를設立ᄒᆞ야民人에子女를敎育ᄒᆞ더니今年에至ᄒᆞ야財政이窘乏ᄒᆞᆷ으로兩학校를夏期放學後仍爲廢學ᄒᆞ엿더니大美國宣敎師떰잉氏와仁港中在留兩氏가該학校情形을知하고兩氏가每朔各二圜式을捐助ᄒᆞ고女學校ᄂᆞᆫ趁時開학ᄒᆞ고男學校ᄂᆞᆫ開학設策ᄒᆞ야三十名學徒를不得已解散ᄒᆞ엿더니多幸이此學校贊成員長으로在ᄒᆞ야熱心贊助ᄒᆞ시ᄂᆞᆫ仁港沓洞嚴國輔씨가學徒解散ᄒᆞᆷ을慨歎ᄒᆞ야該校經費를擔當ᄒᆞ야男學徒도如前히敎育ᄒᆞ기로的定ᄒᆞ엿다더라

●損財成病　故慶州郡守朴炳翼氏가在任時에公納逋滯로拘拿之境에新門外鎭洞居前議官吳禹泳씨가矜其情形ᄒᆞ야上納을擔保하고得償了勘ᄒᆞ얏더니朴氏ᄂᆞᆫ身故ᄒᆞ고其兄蔚山郡守炳淑氏가還報ᄒᆞ기로牢約ᄒᆞ고셔以若三四千石巨富로終不淸帳ᄒᆞ미吳氏ᄂᆞᆫ幾至破產之境에因病吐血ᄒᆞ야情勢可矜이라더라

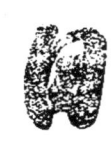

●學士賣位　平南觀察使박重陽氏가平壤士民이幾百年前買有ᄒᆞ얏든贍學屯出養士之資를恣意放賣ᄒᆞ야價一萬一千八百圜을消費ᄒᆞᆫ事로士民의公議沸騰ᄒᆞ더고西來人의傳說이有하더라

雜報

●陪祭展謁 太皇帝陛下계읍서再昨日 太廟에展謁하실時에 大皇帝陛下씌셔와 皇太子殿下씌셔도陪祭ᄒ오셧다더라

●留學隨員 皇太子殿下계셔日本에留學하실次로御渡時에隨員은趙東潤李埈鎔嚴柱益等諸씨가陪從ᄒ다더라

●因勢姑停 大院王緬奉ᄒ다ᄂ說은前報에揭載ᄒ얏거니와該葬費가三萬圜假量인대宮內府에서支劃預算이一萬圜에不過ᄒ지라葬費가不足ᄒ야姑爲停止ᄒ듯ᄒ다더라

●樞顧謁見 前內部大臣李址鎔시가再昨日上午拾一時에詣闕謁見하고下午五時頃에退闕ᄒ얏다더라

●此日彼日 各府部官制改定案件은擬議ᄒ國의期限이漸近ᄒ으로來月時內에ᄂ頒布가된다더라

●再日訪問 再昨日午後四時에總理大臣李完用法部大臣趙重應兩시가統監官邸에前往ᄒ얏다가務省參與官國分象太郎시私邸에도訪問하얏다더라

●三次反對 帝室有調查局委員들가再昨日該局에會同ᄒ야拾三道驛屯委員派送ᄒ事를協議ᄒᄂ時에宮내府次官小松二保 度支部次官荒井賢太郎 내部次官木內重四郎三시가反對하야調查委員을廢止ᄒ고收租等節은稅務官에게委托收捧ᄒ기로決定이되얏다더라

●法次會議 再昨日法部次官室에서次官以下事務官이會同ᄒ야무삼事件을會議ᄒ얏다더라

●完察발程 全北觀察使劉猛氏가발程赴任次로昨日에詣闕辭陛ᄒ얏다더라

●法訓處辦 法部에서咸北裁判所檢事權赫采시의게訓令ᄒ되本道觀察使尹性普가赴任後에管下各府尹郡守의行政如何와貪贓有無를周察하고鏡城郡守李興鎬의貪賂條를査報ᄒ얏스니該李興鎬를招致審査ᄒ야平允歸決ᄒ라ᄒ얏다더라

●曠官宜罷 全南觀察使金奎昌시가內部로報告ᄒ되管下麗水郡守宋在燮가受由歸家ᄒ야陰九月二十九日還官이온바旣在字牧之任하야際此有事之時에九朔曠官라가今才遞任이不無論罄이옵기報告라하얏더라

●三守辭免 信川郡守具周鉉 산郡守朴容夢兩시가辭職請願ᄒ얏고殷栗郡守趙東璇시ᄂ現有身病이添극ᄒ더니大腫이生於內腎ᄒ야委席拾餘日에食飮을全廢ᄒ고精神이昏迷ᄒ야萬難還郡視務이니奏免ᄒ라고再次請願하얏더라

●促任分發 內閣에서內部로照會하되地方官의叙任과遞任及轉任을亟行ᄒ야其分發의責은各盡케ᄒ라ᄒ얏더라

●三礦不許 韓國內某某處에最大ᄒ銅礦金礦三處가有ᄒ되韓人이開採ᄒ기로宮內府에認許를請願ᄒ면外國官人이不肯許施ᄒ다더라

●先行旅行 漢會에서自衛團을設始ᄒ다ᄂ說은已爲報道어니와該團規則을日間內閣에서頒布ᄒ다ᄂ데其中旅行券이先爲發行된다ᄂ說이有ᄒ더라

●結婚新式 法制局長俞星濬氏의次男婚姻을趙義聞氏의令孃과再昨日에經行ᄒ얏ᄂ데官의大禮服을着ᄒ고行式禮만하얏다ᄂ데觀者盛事라ᄒ더라

●調查墾闢 農商工部에서開城長湍兎山金川等八郡守에게발訓ᄒ고墾種資下金幾何種墾圃一間의整地人夫幾何一人이幾間式播種ᄒ事를一々査報ᄒ라ᄒ얏다더라

●逐鷄望籬 十三道調査委員들이該課圖得時에幾千圜式을納賂ᄒ얏다ᄂ巷說이喧藉ᄒ며니該委員을廢止ᄒ으로可謂逐鷄望籬이라ᄂ批評이有ᄒ더라

●償金支給 度支部에서京仁鐵道用地賠償金支撥에對ᄒ야交付處所와交付日字를左記하야仁川始興富平三郡에訓令ᄒ고各管下各面각동에另飭하야使各該償權으로排定ᄒ日上午十時以前에一齊來待于定所케ᄒ며本郡守도印章을携帶ᄒ고來到于該地하야本部出張員과立會交給케ᄒ얏더라

●兩囚逃獄 慶興警署에役拾五年罪人崔貴孫이가本月十日에監獄署巡檢에飯ᄒ際를乘ᄒ야如厠逃獄ᄒ얏고慶尙南道警務署에在囚ᄒ役十年律도處辦宣告ᄒ洪希俊이가本月八日夜에穿壁逃타ᄒ얏다더라

●逼藥見奪 去月二十八日北間島居留ᄒᄂ淸人劉錫昌이가與北弟貴福으로火藥一百六拾斤을携持ᄒ고富寧邑에셔留宿ᄒᄂ거슬咸北警務署에셔調査ᄒ즉行獵次로元山에本人에게셔買得ᄒ얏다ᄒᄂ此時에ᄂ禁物로認ᄒ고卽時奪取燒棄ᄒ얏다더라

●社員共判 漢城裁判所官吏와該民新聞社와裁判ᄒᄂ事에對ᄒ야李寅燮氏ᄂ禁獄二箇月로出과權시ᄂ笞五十으로宣告ᄒ얏ᄂ대該社에서ᄂ不服ᄒ고辯護士에게委托ᄒ야共開裁判ᄒ다더라

●勸諭協會 三昨日警視廳에셔權東鎭氏를招待ᄒ야大韓協會를不日間開會ᄒ고會務를組織ᄒ기로勸諭ᄒ얏ᄂ데昨報에自强會員을不許入參이라홈은傳之者誤라더라

●課學消暢 普成專門學校와中學校及小學校與養閨義塾諸學員千餘名이本日龍山別營倉에演習ᄒ야遠足會를開設ᄒ다더라

●校長兼任 學部에서江陵郡에訓令ᄒ되本郡公立普通학校校長鄭海觀이煽動學員ᄒ야行爲가乖當이라ᄂ間이浪藉ᄒ며러至於警署에捉囚되온身爲敎育官ᄒ야平日行爲가正當明白ᄒ면事有是事리오似此職員은不可仍置이기免官ᄒ고該校務ᄂ本郡守가兼任ᄒ라고ᄒ얏더라

●賊砲生病 廣州郡獨谷居金春景이가賣藥次로上京이라가再昨日下午二時量에還家之路에光희門外富士峴等地에到ᄒ야卒變服을着ᄒ強盜一名이突出ᄒ야젼지有無를問ᄒ고渾身搜探ᄒ야所在젼이無ᄒ즉該賊이罵하되此事狀을口外不出ᄒ라ᄒ고六穴砲로其人에左肩을放ᄒ야被傷ᄒ故로警務署에셔該人을漢城病院에治療케ᄒ고該賊은調探中이라더라

●日人沈溺 本月一日平壤府車場에居留ᄒᄂ日人加勝啓作이가鳳山郡에出獵ᄒ다가該郡龜淵坊新村下流에서溺水致死ᄒ얏다더라

●日巡向因 昨日上午九時에日巡査一二名이草鞋를齊ᄒ고擔銃負裝ᄒ고役夫一人을結縛領率하고新門外로出去ᄒ더라

●靑會講道 今日下午三点半에鍾路靑年會館에서福音會를開ᄒ고牧師芝楯氏가講道ᄒ다더라

●三郡義擾 忠南來人의傳說을據ᄒ즉林川扶餘石城等地에稱以義兵ᄒ고幾十名式村間에橫行하야銃代錢을居民의게勒討ᄒ다더라

●西山戰塵 傳說을聞ᄒ즉再昨日楊州西山等地에서義徒와日兵이互相交戰ᄒ얏다ᄂ데義徒가敗潰ᄒ얏다더라

●呑鴉化仙 梨峴等地酒商鄭順奇妻가他人의게負債事件으로內外가相詰ᄒ다가再昨日上午四時에鴉片烟을呑下하고因爲致斃ᄒ얏다더라

▲地方情形▼

▲驪城郡德味에潛伏ᄒ義兵의魁首安生寅이가龍仁郡屈岩에在ᄒ義兵二百八拾餘名과竹山郡俠谷里에在ᄒ義兵五拾餘名과同郡山田에在ᄒ義兵十五名과陰竹郡亭子等에在ᄒ義兵三拾餘名을集合ᄒ얏다ᄒ고

▲高陽郡에서義兵五十名이去十四日에電柱巡撤夫日人二名과韓人三名을捕縛ᄒ고電柱幾本을絶倒ᄒ으로電信을不通이라ᄒ고

▲瓮津郡附近에義兵이出沒ᄒ야益々猖獗ᄒ으로各方面에交通은全히不通이라ᄒ고

▲去六日康翎郡에義兵拾餘名이[illegible]人ᄒ야分派所를襲擊ᄒ즉巡檢巡查ᄂ逃走ᄒ엿ᄂ데同郡守를脅迫ᄒ야軍器를强請携帶ᄒ고南方으로出向하얏다ᄒ고

▲順川郡에侵入ᄒ義兵의魁首柳毅庵鄭國珠金鳴代等이五百名以上을率ᄒ엿ᄂ대擧皆同郡儒生이라ᄒ고

▲去八日靑松郡縣南面討慶洞에義兵一百五六十名이日兵과交戰하엿ᄂ대兩陣死傷은未詳이라하고

▲十日曉頭에銃器를携帶ᄒ義兵丁九名이漢江下流通津郡祖江浦에上陸ᄒ야松致洞에서朝飯을催食ᄒ다ᄂ報를接ᄒ고江華島에駐在ᄒ던日兵二名과巡查巡檢이急行追跡ᄒᄂ대義兵은祖江巨里에侵入ᄒ야車石凡의獵銃及火藥을收取ᄒ고白石峴으로向ᄒ얏다ᄒ고

▲拾五日발全州電을據ᄒ則十四日全州西北方三拾里에義兵約八拾名이來合ᄒ야居留日本人에家屋을燒却ᄒ다ᄂ急報를接ᄒ고日守備隊에셔騎兵將校以下三拾名과憲兵下士以下六名과警視警部一三名과巡檢四名은同地로急派ᄒ얏다ᄒ고

▲再昨日楊州議政府中間高陽通路에義兵壹百五六拾名이集合ᄒ을探知ᄒ고楊州分派所警官九名을派送ᄒ야議政府駐在憲兵과連絡ᄒ야約二時間을交戰ᄒ얏다더라

北京電報　拾六日發

●間島境界問題 支那政府ᄂ間島問題에關ᄒ主張論據로ᄒ야豆滿江을境界로삼ᄂ旨로ᄒ銘記ᄒ一千八百八十七年에付ᄒ선 韓皇陛下의御簡을提供ᄒ얏다더라

▲陽春一曲▼

▲布哇에在留하ᄂ何許人이銀錢一元을預備藏置ᄒ고午飯을廢ᄒ면서不用ᄒ거날在傍一人이其緣故를問ᄒ즉答ᄒ기를此錢一元은名譽가多ᄒ總理大臣李完用氏ᄭ셔別世만ᄒ시면初終時賻儀로ᄒ거시라ᄒ얏다고英國某報에揭載하얏스니總理大臣은生前에ᄂ何等名譽가有ᄒ야人人이嘲笑ᄒ더니身後에賻儀젼을預備ᄒᄂ人이有ᄒ니身後聲名이尤極宏壯ᄒ깃고

▲法部大臣趙重應씨ᄂ日昨에統監府에前往ᄒ얏다가國分象太郎氏를訪問ᄒ고博覽會를歷訪ᄒ고靑年會禮式에進參ᄒ고修學院長申箕善氏를訪問하고中樞院長徐正淳氏를訪問ᄒ얏다니以若大臣의行動으로閃東翻西ᄒ야무슴緊議ᄒ事가有ᄒ야一日에六處를尋訪ᄒ얏ᄂ지無事奔走客이後室宅張氏를大爲顧忌ᄒᄂ고

▲李鳳來ᄂ十年春色에鬪花弄手ᄒ다가權力이掀天ᄒ더니忽地狂風에花心이離枝ᄒ야大使隨員으로暗裏運動ᄒ다가退却을當ᄒ얏스니鳳兮鳳兮何德之衰也오

▲內大任善準氏가中學校等地에人力車를乘하고威儀를粧設ᄒ고揚揚過去ᄒᄂ대電線을修ᄒᄂ鐵線이道傍에連亘ᄒ얏ᄂ대該役夫가電線을擧ᄒ더가內大高帽와抵觸ᄒ야脫落地上ᄒ얏다니마하ᄂ即九日龍山인지落帽風流가亦一壯觀이보고

▲학部內에設ᄒ日語講習所ᄂ來日曜日부터開學ᄒᄂ대該校職員中入學을志願ᄒᄂ자가二十八人이라ᄒ니今日에ᄂ名學校의職員셔지ᄂ日語를講習ᄒ니언어ᄒ야살숨아ᄂ지

▲統監府에서農商工部의照會ᄒ되備聘日本人의씨名과官職等級과數爻를一一調査送交ᄒ라ᄒ얏다니政府에서ᄂ自國人에聘用ᄒ官人數爻도ᄒ詳ᄒ지日人이多數備聘ᄒ거슨推此可知로고

謹謝

前有今無　再昨日本報雜報欄內에龍山江亭에梧桐鳳凰家會에趙氏燕閔泳采氏가三萬餘圓을失ᄒᆞᆫ다ᄂᆞᆫ事에對ᄒᆞ야更聞ᄒᆞᆫ則閔泳采씨ᄂᆞᆫ去八月間에比等花板에暫或參席이나今番則果無是事라더라

更正誤　昨日雜報欄中本宮與酌이란題下再昨之昨字ᄂᆞᆫ明字의誤植이오옵셧之셧字ᄂᆞᆫ실字의誤植이기玆以正誤홈

廣告

●特別廣告

國債報償志願金總合所에서韓洞普成館內期成會의發金受入文簿를調査ᄒᆞ라다가該會主務與發根等이僞詐不現ᄒᆞ고發金領置가不明ᄒᆞᆫ所致로領證調査廣告도已有ᄒᆞ엿거니와方纔持證物ᄒᆞ고交涉官廳大로又此亦告ᄒᆞ오니全國同胞ᄂᆞᆫ照亮ᄒᆞ시며領證도不日示明ᄒᆞ시오

大韓每日申報內總合所

本人이密陽居閔泳夏의千圓手票一張을置之手匣矣러니該手匣을遺失ᄒᆞ얏ᄉᆞ오니內外國人間에誰某拾得이던지休紙施行홈

李光晉　告白

本校學徒增募ᄒᆞᄂᆞᆫ廣告인바또幼稚科를特設ᄒᆞᆺ기廣告홈
一年齡　七歲以上
一募集日子(陽十一月廿五日)(陰十月廿日上午十時)
但入學證書ᄂᆞᆫ本校에서無價授與

私立華洞光南學校

本人이南門內米廛金德濟處에陰十月十一日推次三千兩通票와皮甲中姓名圖章을並셔失故廣告ᄒᆞ오니誰某拾得ᄒᆞ와도休紙施行홈

南門外紫岩裵春侑　告白

本月十日國民新報雜報欄內에記載ᄒᆞᆫ漢裁不法이라云ᄒᆞ고一進會殷業會社에서金浦郡荻島陳荒地를開墾ᄒᆞᆷ가于今三載라ᄒᆞ니該地民은本是宮房尉官草坪으로賣渡于洪淳馨氏家ᄒᆞ야墾田九日半耕ᄒᆞ고刈柴收用이現今六個年矣라前後證明이自在인데該會社에서不顧有主之物而稱以陳荒地開墾ᄒᆞ고自昨年春으로竪標木勒奪故로洪氏家에서屢次鳴冤于郡部가二個年相訟之認을稱以開墾三載가是何據證이며設使開墾者手三載라도六個年前轉相買賣ᄒᆞᆫ有主之物을無理勒奪이豈非賊心이며且洪氏家에서高陽郡監案末段의金浦郡荻島을追加書字ᄒᆞᆫ情跡이露出가라ᄒᆞ니此事件의對ᄒᆞ야舊主宗事尉宮에서卞明其不然ᄒᆞ야所辨證類와昔給理由를呈于農商工部ᄒᆞᆫ證明이自在則洪氏家之加書가是何成說이며且洪氏家에서漢城裁判所判事崔鎭氏와如何綢繆이든지裁判을做出ᄒᆞ야奪給洪氏라ᄒᆞ니洪氏則自己所有物을不至被奪이라正當裁判의爭有綢繆于囑이며該官則以法公決이거ᄂᆞᆯ落訟者則欲奪有主之物而未遂其慾ᄒᆞ야構捏法官에稱以弄法이是何悖惡인지該會社에서申訴于法部라ᄒᆞ나洪氏家ᄂᆞᆫ正當ᄒᆞᆫ理由로策底應訴ᄒᆞᆯ터이요該會社에서構捏無根ᄒᆞ야揭諸新報ᄂᆞᆫ尤極悖習이라홈

李得成　告白

本人의家夫鄭基煥氏가數年來失性所致로家事ᄂᆞᆫ長子鄭浩의게引繼ᄒᆞ얏스나家夫之舉措는各營은詳悉情由ᄒᆞᆫᄂᆞᆫ人士ᄂᆞᆫ容恕ᄒᆞ실이어ᄂᆞᆯ浮雜輩ᄂᆞᆫ失性狂人을誘作貸ᄒᆞ고百般敎唆ᄒᆞ야家舍與田土文券으로借欲典執得債于外國人이오니無論內外國人ᄒᆞ고信聽雜流之言ᄒᆞ야與該家夫로錢兩去來이다가無至白失追悔홈

安州城內大昌洞居李召史　告白

本人等이義親府所管江陵郡所在田畓을買得ᄒᆞ얏사오니內外國僉君子ᄂᆞᆫ咸須知悉홈

西署東幕任청憲
中署寺동張孝根　告白

本人三弟泓杓가性素浮浪ᄒᆞ야日將雜類ᄒᆞ고沉惑雜技ᄒᆞ야日借私債을一百五十餘萬兩을次兄永杓에게擬徵ᄒᆞ야蕩敗無餘홈은京鄕이所共知어ᄂᆞᆯ不悛舊習에去益甚焉ᄒᆞ야又下鄕ᄒᆞ야締結悖類로又沉溺技ᄒᆞ야褓商等處에欺弄急換ᄒᆞ고隣里債用이미難無路ᄒᆞ야暗自造成이如千廢土을僞造文券ᄒᆞ야將欲暗賣ᄒᆞ고又用重還云ᄒᆞ니雖同兄弟間이나入釜溺泉이將未免墳塋之境이옵기不可尋常故로廣告ᄒᆞ오니內外國人은照亮ᄒᆞ야無至見欺追悔홈

楊州綾江洞居　金潤杓　告白

公告

今番에京仁鐵道用地賠償金을左記日字及處所에서交付ᄒᆞᆯ터이나地限收用ᄒᆞᆫ當時의土地所有ᄒᆞᆫ者은債權者ᄂᆞᆫ該期日午前十時로부터午后五時ᄭᆞ지印章을携帶ᄒᆞ고來到領受ᄒᆞᆯ事但本人又ᄂᆞᆫ其相續人이親自來到ᄒᆞᆷ을要ᄒᆞ고他人으로ᄒᆞ여금代理出頭케ᄒᆞᆷ을不得ᄒᆞᆯ事

隆熙元年十一月十五日　度支部會計課

左記

交付期日	交付場所	土地所有者所屬郡名
十一月二十日	永登浦	始興
二十一日 二十二日	素砂	富平
二十三日 二十四日	梧峴	仁川

廣告

本公司始運來大韓國特別紙捲烟製品純良香味與別貨不同近有市上牌號混雜請諸君認明本牌爲記庶不至悞

代售店　京城大貞洞　鴻源號
總代理店　仁川淸租界　安興公司

本會館을中署校洞二十九統二戶로移定ᄒᆞ고西友學校舍와會館內에設ᄒᆞ고學生의寄食을便利케ᄒᆞ오니一般會員과 僉君子ᄂᆞᆫ續來相議ᄒᆞ옵

西友學會　告白

漢城西署松橋(新作路)第四十三統一戶
辯護士　玉東奎
辯護士　許憲
合同法律事務所

新刊書籍發售　正價金

東國史略 壹圓五拾錢
普通教科東國歷史 壹圓拾錢
新訂東國歷史 壹圓
歷史輯略 貳圓
大東紀年 貳圓
大東歷史 壹圓五拾錢
東國名將傳 四拾五錢
東國輿地勝覽 洋裝貳圓 並製拾圓
大韓疆域考 壹圓
大韓新地誌 壹圓
大韓地誌附地圖 壹圓
初等地理教科書 七拾錢
新撰地文學 四拾錢
萬國地理 壹[illegible]錢
士民必知國文 上製六拾錢 並製五拾錢
初學地誌 上製四拾錢 並製[illegible]錢
萬國史記 [illegible]圓
中等萬國史 七拾錢
精撰萬國史 六拾錢
東西洋歷史 壹圓五拾錢
五偉人小歷史 拾錢
世界一覽 二拾錢
世界年契 七拾五錢
公法會通 壹圓五拾錢
萬國公法要略 五拾錢
刑法大全 六拾錢
改正刑法草案 四拾錢
法學通論 壹圓
議會通用規則 拾五錢
現行法規類纂 三圓九拾錢
外交通義 壹圓貳拾錢
商業大要 六拾錢
國家學 五拾錢
牧民心書 壹圓廿五錢
家庭教育學 三拾錢
生理衛生學附圖 四拾錢
中等生理學 九拾錢
新撰小博物學 五拾錢
新編博物學 七拾錢
新撰小物理學 五拾錢
動物學 國文 壹圓廿五錢
農政新編 九拾錢
養蠶要誌 國文 拾七錢五里
栽桑全書附樹栽培及養蠶法 四拾五錢
新訂算術 六拾錢
算術新書 八拾錢
精撰算學解式並 七拾錢
美國獨立史 四拾錢
法蘭西新史 四拾錢
埃及近世史 四拾五錢
波蘭末年戰史 四拾錢
普法戰記 四拾錢
羅馬史附意大利史 四拾錢
越南亡國史 貳拾五錢
俄國略史 拾錢
交際新禮 十五錢
國文西禮須知 拾錢
增補文無冤錄大全 四拾錢
大東文粹 六拾錢
尺牘完篇 壹圓五拾錢
準備時代 拾三錢
進明叢論 三拾五錢
註解西廂記 壹圓
懸吐小說鬼聲 三拾錢
新小說血淚 貳拾錢
近世女傑羅蘭夫人傳 四拾錢
政治小說瑞士建國誌 拾五錢
初等小學 壹圓五拾錢
幼年必讀 八拾錢
幼年必讀釋義 壹圓三拾錢
高等小學讀本 五拾錢
蒙學千字 五拾錢
中等修身教科書 六拾錢
溫故知新堂蒙抄 七錢五厘
父師必讀小學指南 七錢五厘
世界全圖 廿七錢五厘
大韓輿地圖 拾七錢五厘
五洲各國統屬全圖 七錢五厘
最新京城全圖 二拾錢
最新詳密韓國全圖 二拾錢
最新韓國地圖 拾五錢
分道詳密韓國新地圖 伍拾錢
韓國新地圖 四拾錢
漢文萬國地圖 四拾錢
漢文地球全圖 四拾錢
萬國指掌全圖 貳圓五拾錢
韓語大成附習 壹圓五拾錢
英語獨學 壹圓四拾錢
日韓通話 五拾錢
日語獨習 五拾錢
韓日會話辭典 一圓五拾錢
獨修日韓會話 三拾錢
速成普通日本語典 五拾錢
二十世紀朝鮮論 三拾五錢
比律賓戰史 四拾錢
比斯麥傳 拾五錢
中等萬國地誌 壹圓貳拾錢
師範教育學 五拾錢
高等小學修身書 廿五錢
礦物界教科書 貳拾錢
會社法 五拾錢
國文算學新編 四拾錢
貨幣論 壹圓貳拾錢
普通經濟學 八拾五錢
商業汎論 壹圓拾錢
中等地文學 五拾錢
大韓地理 七拾錢
漢文大韓地誌 五拾錢
飮氷室文集 四圓四拾錢
中東戰記本末 四圓
西政叢書 拾圓
中外政治彙編 五圓五拾錢
時事新論 壹圓
美國名君言行錄 壹圓
泰西新史 貳圓五拾錢
萬國通鑑 三圓

▲發售書林
中署鐘路　大東書市　金基鉉
中署罷朝橋　中央書館　朱翰榮
南署大廣橋　東書館　高裕相

廣告

本局에셔十年을研究ᄒᆞ야(瘡毒瘡丹)이란藥을發明ᄒᆞ얏ᄂᆞᆫ대男女勿論ᄒᆞ고무ᄉᆞᆷ瘡疾이던지(一劑十四箇)를每日一箇式服用ᄒᆞ면効驗이百發百中되ᄂᆞᆫ고每日로搭至ᄒᆞ와買去ᄒᆞ오이瘡질잇ᄂᆞᆫ僉位ᄂᆞᆫ오ᄅᆡ고심마시고速々히來臨ᄒᆞ야問議ᄒᆞ심을希望홈

定價金　上品一劑金四圜　下品一劑金貳圜五角

本舖　仁川港柤峴和平局

發賣所仝　龍洞濟生堂

仝　京城鍾路　慈惠藥房

仝　共發堂藥房

雖外邦이라도郵便으로부치ᄂᆞᆫ슈가잇소

越南亡國史　國漢文

定價貳拾伍錢

發賣所京城廣橋髙裕相書舖　鍾路中央書舘　布屛下김相萬　告白

元賣發　京城鍾路大東書市　布屛下金相萬書舖　仁川港朱明基書舖（以下 illegible）

政治原論

人類ᄂᆞᆫ政治的動物이라政治思想은人類가國家를構成ᄒᆞᄂᆞᆫ要素니民된者ㅣ政治를不知ᄒᆞᆷ이可ᄒᆞ랴况今政治를刷新ᄒᆞᄂᆞᆫ時代에ᄂᆞᆫ더욱政治를研究ᄒᆞᆷ이必要가有ᄒᆞ고로此書를譯述ᄒᆞ야適宜ᄒᆞ니僉君子ᄂᆞᆫ期速購覽ᄒᆞ심을望홈

安國善　編述　四錢

定價金　六十錢

郵料

▲新刊書籍發售廣告

增修無冤錄大全國漢文　定價金七拾五錢

大韓法規類纂洋裝　三圜五拾錢　郵稅四拾錢

初等倫理學教科書　二拾錢

初等衛生學教科書　拾五錢

國家學綱領　拾五錢

國民須知　八錢

獨習日語正則洋裝鄭雲復著　壹圜二拾五錢

發賣所　皇城布屛下　金相萬書舖

教育學

譯述　崔光玉

校閱　朴殷植

定價金卄五錢

此書ᄂᆞᆫ教科書排列과教授法則과訓鍊制度가詳細備載ᄒᆞ야一般教育者의實鑑이될터오니有志僉君子ᄂᆞᆫ速速購覽ᄒᆞ심敬要

發賣所　京布屛下書舖　金相萬　平壤貫洞　耶蘇教書院　安岳邑　勉學書會

學徒洋裝書冊

學徒運動과諸具

羅紗各種　美國金鷄蠟

衣服裁縫其他雜貨도廉價放賣ᄒᆞ오니諸君ᄌᆞᄂᆞᆫ來臨ᄒᆞ심을바라ᄂᆞ이다

仁川港峴新冊肆

영미국정부전미득허

셕유발동긔급

졍미긔계급부쇽품을일졀염ᄂᆞ방미ᄒᆞ오

直輸入商

韓國代理店

仁川本町

中根商會

電話七參番

藥　西藥便方　定價金一圜

此冊은西洋醫藥方書를我國文으로아러보기쉽게飜譯

代理店　京城紫峴濟衆院醫學員　京城博文書舘　仁川龍洞濟生堂李庚夏

●補益丸製藥　十日分定價金壹圜

右藥은米國大學醫院處方인데脾土虛弱과消化不良이며慢性胃病과食慾不振ᄒᆞᄂᆞᆫ者에有效

遺精遺尿症恩症과腰痛眩暈頭痛과疝氣神經病健忘症이有ᄒᆞᆫ者에不足手足厥冷과心虛ᄒᆞᆫ者

●靈效解毒丸　十日分定價金十錢

右藥은老衰男女에第一偉效

瘧疾과腹痛에長期不再發

●蛔虫丸　一日分十錢

右藥은大人小兒蛔虫病有偉效

●四時感冒丸　一日分十錢

右藥은감긔몸살에쓰ᄂᆞᆫ약

●瘧疾약　一期二期五圜

右ᄂᆞᆫ男女勿論ᄒᆞ고今히一期에五圜

●淋疾약　七日分定價一圜

右ᄂᆞᆫ男女淋疾에有效

●淸明眼약　二日分定價金拾錢

右ᄂᆞᆫ火眼과삼눈에有效

●咳嗽약　時氣咳嗽　定價參十錢

右ᄂᆞᆫ男女老幼

●無臭疥瘡藥　殺虫滅疥藥　定價四十錢

右ᄂᆞᆫ疥瘡

以上方文은濟衆院醫學校長池錫永氏有效證明

製藥監督人　洪錫厚　朴慈惠　李觀化

本藥房에셔以上記載ᄒᆞᆫ調劑ᄒᆞ야販賣ᄒᆞ오니各市村里에서賣藥ᄒᆞ실兄弟ᄂᆞᆫ郵便으로特約ᄒᆞ고저ᄒᆞ시ᄂᆞᆫ이ᄂᆞᆫ姓名을記送ᄒᆞ시면賣藥場店則을呈홈

本藥房製造封藥만販賣ᄒᆞᆯ뿐아니라本國英國米國獨國에有名ᄒᆞᆫ本淸國英國米國諸大家製造封藥과日藥을買收ᄒᆞ고實驗도ᄒᆞ며賣ᄒᆞᄂᆞᆫ藥은買하야通知ᄒᆞᄂᆞᆫ外國藥에英文日文으로記載ᄒᆞᆫ用法을我國文으로飜譯ᄒᆞ야內地兄弟에便利ᄒᆞ심을供ᄒᆞ니편지만ᄒᆞ시오此外奇々ᄒᆞᆫ方文을無價仰呈

●斷酒藥　十五日分三圜

●寸虫去根藥　三十錢

●腎臟痛藥上海製　五十錢

●連珠명우리잘풀니ᄂᆞᆫ藥　二圓

●어루러지잘떼ᄂᆞᆫ藥　五十錢

●止汗藥二十日分　二十錢

●除阿片毒藥上海製　一圓半

伊太利建國三傑傳　一冊　正價金三十錢

此書ᄂᆞᆫ距今數十年前에伊太利愛國者瑪志尼、加里波的、加富爾三傑이征征垂亡ᄒᆞᆫ國勢를挽回ᄒᆞ야歐洲列强間에鼎峙ᄒᆞᆫ事實을國漢文으로譯出ᄒᆞ야ᄂᆞᆫ디其艱難危險의經歷과嘔心瀝血의景況이讀者의哀情을感發홀만ᄒᆞ오며其百折不屈의意氣와其九死靡變의熱誠이讀者의愛國心을激起홀만ᄒᆞ오니有志君子ᄂᆞᆫ不可不座右에置ᄒᆞ고常目에掛ᄒᆞᆯ冊子오니續續來購ᄒᆞ시옵

發　皇城布屛下　廣學書舖

賣　仝　博文書館

所　仁川柤峴　開新冊肆

平壤鍾路　耶蘇教冊사

義州南門外　廣學書館

本人이日本大阪商業家와特約ᄒᆞ고日本內地産出各種物品과西洋各種物品及機械等物을我大韓에輸入ᄒᆞ며委托을便利ᄒᆞ게發約ᄒᆞ얏ᄉᆞ오니商工業에有志ᄒᆞ신僉君子ᄂᆞᆫ某物이든지請求ᄒᆞ실져ᄒᆞ시거든本社로來議ᄒᆞ시오本社에셔ᄂᆞᆫ手數料를少受홈

興業社本店

漢城南大門內興業書舖

支店京城南門內水閣五十一號

大阪　濟稜會社

仁川港內安廣濟號

皇城基督教青年會廣告

皇太子殿下　大掛鐘의廻轉ᄒᆞᄂᆞᆫ規則　下賜壹萬圓

此掛鐘의抄針은每一度廻轉ᄒᆞᄂᆞᆫ때壹百圜을指示홈이오

長針은每一度廻轉ᄒᆞᄂᆞᆫ디壹萬圜을指示ᄒᆞ고

短針은每一度廻轉ᄒᆞᄂᆞᆫ대拾萬圜을指示홈

義務捐助金寄附人員及數額

農商工部大臣宋秉畯氏　貳百圜

金容鎭氏　五拾圜

無名氏　壹千圜

明月舘繼續開業廣告

小春寒候가漸緊ᄒᆞ온ᄃᆡ官民各社會僉閣下의健强ᄒᆞ심을頌祝ᄒᆞ오나이다弊舘의開業ᄒᆞᆫ本旨가非但營常牟利만爲홈이아니오國家進步上에一部分益力ᄒᆞ와各種飮料品과器具등을不顧利害ᄒᆞ고盡心奬美ᄒᆞ야供進ᄒᆞ옵더니未開人事에悖行과無賴下隷의欺取가不一其端ᄒᆞ온즉欲罷生涯이오不彈有害라不如閉ᄒᆞ야至有閉業廣告이옵더니官閣과紳士社會의勸業布聲이如風動潮上ᄒᆞ시기로弊舘에셔不孤厚誼ᄒᆞ와玆更開業ᄒᆞ오니僉君子閣下에셔益加眷愛ᄒᆞ심을伏望

隆熙元年十一月　日

黃上峴　明月舘　告白

電話七百二十五番

●本社廣告

○申報價

一張代金　新貨二錢五厘

一個月前納　三十錢

三個月　九十錢

六個月　一圜七十錢

一個年　三圜四十錢

郵稅一張　新貨五厘

一個月　十三錢

○廣告料

四號活字二十字詰每日每次尺一寸에新貨拾錢

(每日發行六次에相當홈)

二週日에　二圜五十錢

每日發行四號五十字詰에相當홈

一個月에　五圜

(每日每行四錢一厘에相當홈)

其期限의長短과字行의多寡를依ᄒᆞ야增減홈이有홈

發行兼編輯人英國人　裵說

發行所

南署石井洞號外地三層洋屋家

大韓每日申報社

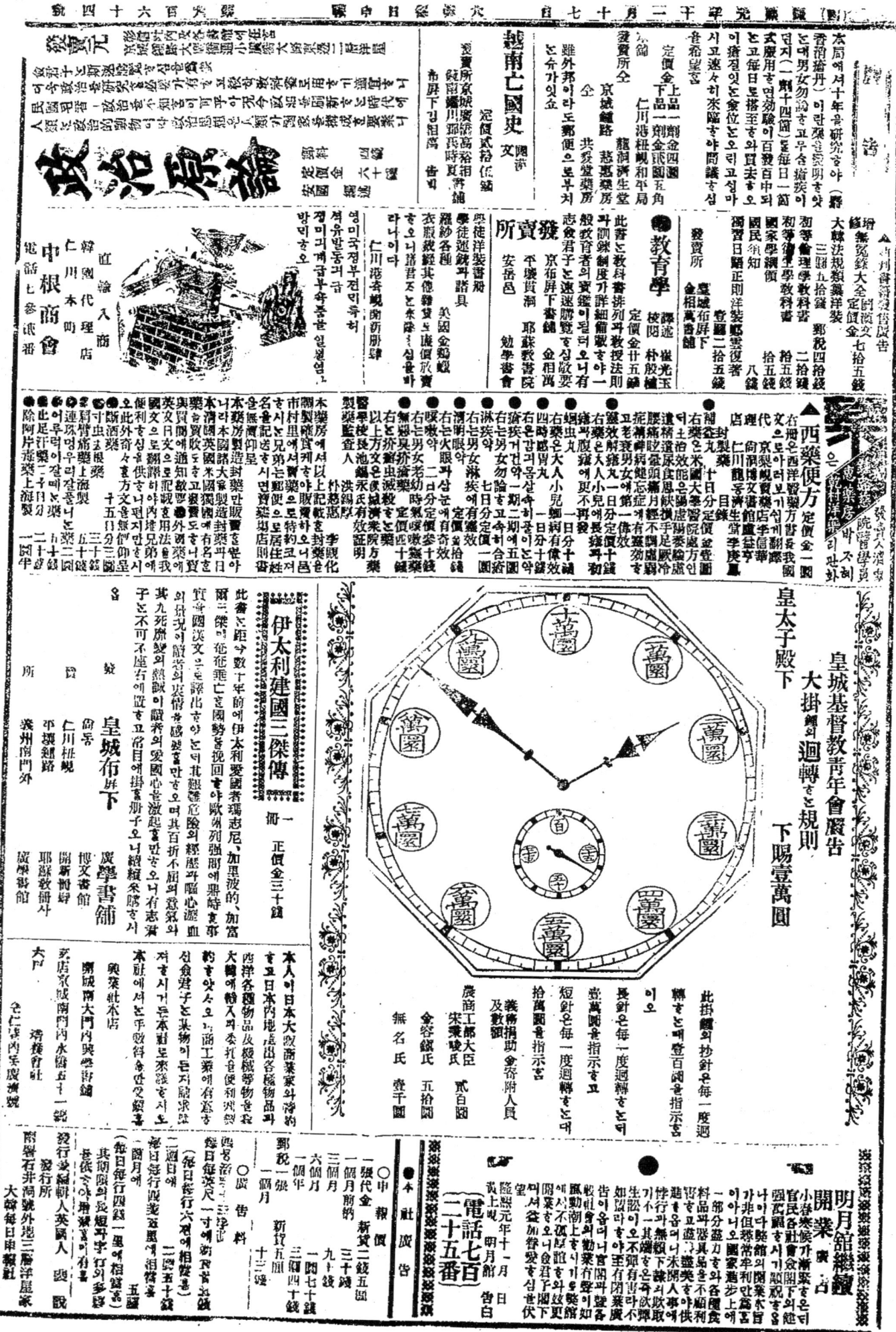

第五卷

大韓每日申報

第六百六十五號

月曜及慶節 臨時日休刊

檀君開國四千二百四十年
箕子元年三千二十九年
大韓開國五百十六年
日本明治四十年
淸國光緖三十三年
陰曆丁未十月小十四日壬申

論說

○國界分定의困難 續

今其統監府가派遣호代表者의게講和的態度를另力維支호라고訓令호얏슬거슨無疑오且其派遣員이如此命令을遵守호것도亦無疑호니是以로若支那軍이以其無檢束호行動으로不美호關係를生호야日本이如此不合호事情에適宜호方策을不得已히採用홈에至호면其可歎홀事態를淸國外계全然歸咎호깃노라東京報筆이日本政府에勸告호되近來로日本意向에對호야生호淸國人의嫉惡과偏執호思想을相愛的으로注意호라호엿스나同時에北京官人을亦對호야勸告호되此問題가實是簡易호니該官人의無思想호形態로發出호混亂이不緊이라호는도다

此問題를對호日本에일新報의記述은如左호도다

日本內에首領되는諸報紙가間島定界石에記銘호거슬昨朝에一般揭報호엿거니와其記銘이朝日新聞의向者記述을完確케호엿스니該表石이鴨綠江을間島의西界로豆滿江을東界로說明홈인즉온更無所疑訝요且其表石에其定立되던年月日과韓淸兩國委員의名號를詳記하엿스니淸國이今其表石에區別호江之支流를源流와同一호줄노考證호기는頗難홀지라以實言之면淸國의論爭은自國委員이表意的記銘에蒙昧호야支流小川의名과源流大江의名을記하는兩者間에差別키不能호엿다홈이로다

國民허럴드新報에는東京에駐劄호淸國公使가北京外務部에電報호되間島問題를交涉호는되强硬態度를維支호라호엿도다 完

官報

●號外隆熙元年十一月十六日

宮廷錄事

宮內府達第六拾六號

本月十八日에 大皇帝陛下게옵서 太廟와 社稷에展謁호옵시고誓告호옵실 旨를奉承호온바出宮時刻과御道路는如左홈이라

上午十時에出御호스北墻門으로 太廟齋室에入御호사同時二拾分에行禮호옵시고同十二時에 太廟北門 御橋 鐵橋 黃土峴 松橋 夜照峴內需司前路 承傳橋로從하사 社稷에入御호사下午一時에行禮호옵시고同時三十分에還御호옵심이라

宮內府達第六十七号

大皇帝陛下게오셔 太廟와 社稷에展謁호옵시고還御호옵실時에 德壽宮에問 安호옵실 旨를奉承호온바時刻과道路는如左홈이라

下午一時三十分에 社稷에서動駕호스承傳橋 內需司前路 夜照峴 松橋 黃土峴 布德門前路 大漢門 用康門 平成門前路 崇明外門을從호스 德壽宮에問 安호옵시고同四時三十分에動駕호스 崇明外門 平成門前路 用康門 大漢門 布德門前路 黃土峴 鐵路 鐵橋 御橋 敎化門을從호사同五時에還御호옵신이라

宮內府大臣勳一等李允用

宮內府達第六十八號

本月十八日에 大皇帝陛下게옵서 太廟와 社稷에展謁호옵시고 德壽宮에問 安호옵실時에 皇太子殿下게옵서陪謁호옵실 旨를奉承홈이라

宮內府大臣勳一等李允用

●號外隆熙元年十一月十七日

宮廷錄事

承寧府總管李載完辭職疏

批旨省疏具悉卿懇依비既單授任來久何容言辭美愼如此所請依施遣府郞宣諭

●三千九百二十六號

隆熙元年十一月十八日

◉宮廷錄事

詔曰奉承 太皇帝下敎矣라 德壽宮을建築于安國洞호라

敍任及辭令

成均館司業任公弼
仝 崔鉉極
仝 李鍾麟
依願免本官
崔成濬 朴勝來 任平宰
任成均館司業
陸軍正尉崔禹相
仝 舍在洽
仝 丁冕燮
仝 羅鎬
仝 閔仲植
仝 黃台秀
仝 權泰到
仝 金昌錫
仝 金永國
前陸軍副尉리載榮
仝 申興煥
仝 白忠基
仝 金洛圭
仝 安鳳洙
仝 白南弼
仝 張容鎭
仝 金宗옥
仝 李敎相
仝 金炳喆
仝 文敬善
仝 李在鐸
仝 李觀植
仝 李완珪
仝 白南禧
仝 張世鎭
仝 權泰榮
仝 閔完植
仝 金思澤
免懲戒
未完

外報

●德帝招待 上海電을據호則倫敦市廳에서德國皇帝招待의午餐會에一千五百人이出參호엿는딕勞動者等이다外所에會合호야饗宴에反抗호意를示호엿다더라

●俄兵增加 北京電을據호則俄國이極東의軍隊를增派홈은屢次報道호엿거니와近來東部西伯利亞에駐在호三個軍團을四個軍團으로增加호야其一部砲兵聯隊는旣히이루굿구地에到着호고其他各兵도陸續輸送하며이루굿구及西伯利亞駐屯軍에는其出入호는者에一定호許可証을査考하야嚴重히戒嚴하고特히該地內에在호日本人의住家에對호야는時時로搜索호다호고又우이루네우진스地에戰役前셔지는小數의俄兵이守備호더니近者에至호야는大兵營을建築호고一個師團의兵을駐紮케호다더라

●大阪의黑病 大阪電을據호則同市에黑死病이발生호以來로死者가五百五拾名에達호얏는대尙今病勢猖獗홈으로각學校에上學을停止하고目下消毒豫防호는대其費額이가四萬圓에達호다더라

●平和會採用件提決 去月拾八日에第二回萬國平和會議에서採用호議定案을提議호것이如左호니

一 國際紛擾의平和的處理條約
二 國際平和의裁判所을準備條約
三 陸上에서中立國의權利와義務에關호條約
四 海上에서中立國의權利와義務에關호條約
五 水雷艇沈沒에關호條約
六 海上에서都市를砲擊호는條約
七 弊約된負債와弁償의條約
八 商船을軍艦으로變裝홀條約
九 捕虜取扱에關호條約
十 漁船拿捕에關호條約
拾一 郵便函獲에關호條約
拾二 제네바條約幷赤十字條約의全則을海戰에應用호條約
拾三 陸戰의法規와關稅에關호條約이리더라

雜報

●中校運動 典洞私立中東夜學校의셔日曜日의東門外永道寺의前往하여秋期運動을擧行하엿는디其運動절차는如左호니午前九時로븟터大中小人을分隊하여各科를幾回左行호난디第一次의旗取競走第二次의高跳第三次의廣跳를畢호後午餐을食호고午後一時의다시시작호여一次의全隊體操第二次의救護競爭第三次의送旗競走第四次의助力第五次의不隊伍를整列호고呼萬歲三唱호後各科目一二三等人의게紙筆을으로시상호고閉會호엿는딕該校監학徒及一般任員講師諸氏가順序로一층권면호야校監徐興模氏가手帖과鉛筆도一般學員에게一一히分給하엿다더라

●探客被捉 日本憲兵隊三谷明憲씨의偵探人리京씨시가拾六日早朝에憲兵隊에被捉호얏는데무삼重大호挾雜事件이有호다더라

●汾校出捐 皇城貞洞居前主事崔昌善氏가通津府近에過去호다가汾南學校에委訪호야一般學徒를對호야時務에慨切히勸勉호고二元貨를贊助호엿다더라

●田李盜財 日人田李太郞爲名人이統監府所管官人의服裝을着호고稱以南土部特務反官이라호고罪人失捕事로偵探호다호야漢城內各人家에來往호야적財를討索호얏는대姜錫鎬氏家에六拾四元九拾錢이오閔泳雨氏家에三元五拾錢이요嚴忠源시家에五元이오김世旭시家에五元이오趙鼎八시家에二拾元이오洪宅周시家에拾元이오金萬錄시家에十五元이오趙基[illegible]시家에拾元인디現今詞捉中이는不知去處라더라

雜報

●太皇帝幸行延期 太皇帝陛下ᄭᅨ옵셔昨日에校동及桂동兩宮에幸行하옵시라다가 大皇帝陛下ᄭᅨ셔太廟及社稷에 幸行ᄒᆞ옵심을因ᄒᆞ야延期ᄒᆞ옵셧다더라

●展謁問候 大皇帝陛下ᄭᅨ옵셔昨日上午十時에動駕ᄒᆞᄉᆞ太廟에誓告ᄒᆞ시고同십二時에社稷으로幸駕ᄒᆞᄉᆞ誓告ᄒᆞ시고下午一時三拾分에 德壽宮에臨御ᄒᆞ오셔 太皇帝陛下ᄭᅨ問候ᄒᆞ옵시고同五時에還宮ᄒᆞ옵셧다더라

◉誓告社稷

大皇帝陛下ᄭᅨ옵셔昨日에誓告社稷文節目이如左ᄒᆞ니

隆熙元年十一月十八日皇帝某敢昭告于

國社國稷之神伏以民之所依者神也神之所佑者民也受神之命而保斯民者國君也 某猥膺傳禪帝臨一國一夫不獲皆某之辜文治積弊民愚國弱岌岌焉將不保朝夕非痛革謬規開張新政啓民智而固邦本無以保疆土而安烝黎故斷然以維新二字爲國是應行諸條附列于左此一定決不可撓質之日月堅如金石玆以誓告于 明神其俯鑑之佑於冥冥之中誘民之衷延邦之命以答我君臣之丹誠俾我君臣一一其德不克有終 明降威罰所不敢逭謹告

一上下一心 臣相孚大定開國進取之大計

一勸獎農商工開發國富鞏固立國之基礎

一振肅紀綱矯救積弊以昌中興之偉業以副開國之宏謨

一改善內政以進臣民之幸福確定司法制度以無冤枉

一廣求人材適地登庸

一教育務其捨華而取實以需用於國家緊要之途

●使行後御渡 皇太子殿下ᄭᅨ셔日本에留學ᄒᆞ신다ᄂᆞᆫ說은屢報ᄒᆞ엿거니와隨員은宮內部大臣李允用氏와永宣君李埈鎔씨와前協辦嚴柱益氏로完定이되얏다ᄂᆞᆫ대日本皇太子答禮大使完興君리載冕씨가發程ᄒᆞᆫ後에繼續 御渡ᄒᆞ옵신다더라

●官吏陪從 大皇帝陛下ᄭᅨ옵셔昨日에幸行ᄒᆞ옵신것은前項과如ᄒᆞ거니와儀仗節次ᄂᆞᆫ前日과如ᄒᆞ고文武百官이大禮服으로陪進參班하얏더라

●赦典將佈 大赦詔勅이再昨日에裁下하옵셧다ᄂᆞᆫ대日間頒布가된다더라

●內下藥錢 太皇帝陛下ᄭᅨ옵셔日前에 宗廟展謁ᄒᆞ실時에孤兒院학徒祇迎ᄒᆞᆷ을親覽ᄒᆞ셔고孤兒의情況을 特恤ᄒᆞᄉᆞ藥子代金二拾圜을 下賜ᄒᆞ셧다더라

●社稷奉審 軍部大臣李秉武시가三昨日에社稷에前往ᄒᆞ야奉審以來ᄒᆞ얏다더라

●統監參宴 伊藤統監이再昨日下午八時에佛國領事館晚餐會에進參ᄒᆞ엿다가同十時에還邸ᄒᆞ얏다더라

●賜第傳說 三淸洞太和宮을宮內府大臣李允用시에게下賜된다ᄂᆞᆫ說이有ᄒᆞ더라

●高官亦習 昨日학部에서日語講習所을設施ᄒᆞ고該部官人미講習ᄒᆞᄂᆞᆫ데高等官도亦願人으로講習ᄒᆞᆫ다더라

●和宮審査 再昨日에宮內府大臣李允用氏가營繕司長沈宜碩氏와同往ᄒᆞ야太和宮을往見ᄒᆞ얏다더라

●減律云判 法部大臣趙重應시가日昨에國民新報社長韓錫振시를對ᄒᆞ야日漢城裁判所에서賁社員리賁셥趙와植兩人事件을過度히裁決ᄒᆞ얏스니余當平理院官人을見ᄒᆞ고減等決處ᄒᆞ기로緊托ᄒᆞ깃다ᄒᆞ얏다더라

●病院合設 赤十字病院이日昨에大韓病院으로合設ᄒᆞ얏다더라

●히內禁塚 漢城府에서宮內府訓令을因ᄒᆞ야醫院臨에照會ᄒᆞ고東門外綏慶園內外히字內에所在私塚一百拾一處를限給日內로沒數掘去ᄒᆞᆫ後遁知ᄒᆞ라ᄒᆞ얏더라

●車夫被刺 會동等地人力車場에서日人小藤雄沙가人力車를乘ᄒᆞ고賃價를不給ᄒᆞᄂᆞᆫ지라車夫康應祚가賃價를推尋ᄒᆞᆫ대該日人이拔劍ᄒᆞ야車夫의胸部를刺之ᄒᆞᆫ지라車夫ᄂᆞᆫ治療次로病院에昇送ᄒᆞ고該日人은日巡査의게被捉ᄒᆞ얏다더라

●西山小戰 陰本月初拾日에義兵百餘名이楊州郡西山高洞等地에突入ᄒᆞ야一夜을留宿ᄒᆞ얏ᄂᆞᆫ데翌日早朝에日憲兵二拾餘名與巡査가來到ᄒᆞ야襲擊ᄒᆞ미日兵이리元玉리逢天兩家와其外二戶를燒却ᄒᆞ얏다고該동來人의確說이有ᄒᆞ더라

◉十一部派遣

一進會에서自衛團設始ᄒᆞᆷ은前報와如히該團十一部를設ᄒᆞ야各地方으로派送ᄒᆞᆫ다ᄂᆞᆫ대第一部에ᄂᆞᆫ최九榮金浩重康永均金世鎭四氏니高陽坡州長湍開城碧동延安海州載寧信川長淵松禾殷栗長連遂安谷山伊川新溪平山金川朔寧으로派送ᄒᆞ고

第二部에ᄂᆞᆫ윤定植洪鍾憲金鎭完閔完植四氏니廣州楊州呂州原州平昌旌善三陟蔚珍奉化豊基丹陽淸風忠州陰城竹山陽智龍仁果川으로派送ᄒᆞ고

第三部에ᄂᆞᆫ金澤鉉李최憲金潤憲尹載植金演翔陳錫九六氏니楊州麻田漣川鐵原平康淮陽安邊협谷通川金城金化華川春川加平으로派送ᄒᆞ고

第四部에ᄂᆞᆫ최廷德洪龍杓安在翔李炳夏崔原教五氏니金山星州漆谷新寧同化驛慶州興海平海英陽禮安安東醴泉尙州善山聞慶으로派送ᄒᆞ고

第五部에ᄂᆞᆫ俞鶴柱李秉儀趙友燮李根容金知鍊權重基梁在星金思洪八씨니永同金山茂朱鎭安全州泰仁井邑興德高敞茂長영光羅州綾州同福玉果谷城南原雲峰咸陽居昌知禮로派送ᄒᆞ고

第六部에ᄂᆞᆫ尹始炳元世基李元植俞鎭秀徐耕植安重洙金顯性金ㄱ洙李在夏明建東朴性澤十一氏니始興安山南陽牙山沔川德山靑陽石城恩津礪山高山珍山沃川靑山化寧場咸昌聞慶延豐槐山淸安鎭川安城振威로派送ᄒᆞ고

第七部에ᄂᆞᆫ洪九祖리民觀韓益履白樂元姜根道趙鏞武李謙魯리治魯八氏니黃州祥原三登成川慈山順川殷山孟山寧遠희川雲山博川安州로派送ᄒᆞ고

第八部에ᄂᆞᆫ朴海默韓옥리善協金錫淵四氏니咸南으로派送ᄒᆞ고

第九部에ᄂᆞᆫ金載坤金永설최基周최衛魯四氏니咸北으로派送ᄒᆞ고

第拾部에ᄂᆞᆫ최東섭金鎭淳李謙洙康弘範金昌道五씨니平北으로派送ᄒᆞ고

第拾一部에ᄂᆞᆫ李範喆卓泰潤吳띠洙尹大善四氏니慶南으로派送ᄒᆞ고

該團本部에ᄂᆞᆫ巡視總部를設置ᄒᆞ얏ᄂᆞᆫ데巡視에ᄂᆞᆫ리容九朴魯崔雲섭박啓一동雲卿朴之陽韓景源리煥謨八씨라더라

▲地方情形▼

▲去月二十八日에義兵八十餘名이文化郡을襲擊ᄒᆞ고松禾郡으로退去ᄒᆞ야三十日에ᄂᆞᆫ礦夫와鐵道役夫를合勢ᄒᆞ야二百餘名이信州郡을襲擊ᄒᆞ얏다ᄒᆞ고

▲積城麻田郡等地에ᄂᆞᆫ義兵이村閭에橫行ᄒᆞ면셔冬服을請求ᄒᆞ되大家에ᄂᆞᆫ二三拾件小家에ᄂᆞᆫ拾餘件式强討ᄒᆞᆫ다ᄒᆞ고

▲本月十五日에益山郡黍谷洞에屯聚ᄒᆞᆫ義兵을討伐次로日兵을派送ᄒᆞ얏더니該義兵은高山方面으로退去ᄒᆞᆫ故로警部以下九人은益山을經ᄒᆞ야高山方面으로探知中인대益山에居留ᄒᆞᄂᆞᆫ日人一名은被殺ᄒᆞ고韓日人의家屋各二戶가被燒ᄒᆞ얏다하고

▲各地에義兵으로因ᄒᆞ야日本守備隊에서重要處에守備兵을排置하얏ᄂᆞᆫ데鎭南浦와平壤과三登과成川과殷山과寧遠德川과价川陽德과安州海州와開城載寧과伊川安岳松禾等郡이라ᄒᆞ고

▲德川郡龍島面大坪里에ᄂᆞᆫ義兵과日兵이交戰ᄒᆞᄂᆞᆫ대民家六十餘戶가被燒되고該面長도被殺하얏스며居民은擧皆避難ᄒᆞ야一境이空虛ᄒᆞᆫ故로結戶稅를徵收無處라하얏고

▲益山郡黍谷洞에在ᄒᆞᆫ日人農場에幾兵이突入ᄒᆞ야放火ᄒᆞ얏다ᄒᆞ고

▲拾一月九日非邑附近內藏寺에駐屯ᄒᆞᆫ義兵이同郡守의게軍器와軍糧을準備ᄒᆞ기를强請ᄒᆞᄂᆞᆫ대其數爻ᄂᆞᆫ三百餘에達ᄒᆞᆫ지라日兵과交戰ᄒᆞ다가該寺北方山中으로退去ᄒᆞ엿다ᄒᆞ고

▲海州附近達摩山에서義兵百餘名이日兵과交戰하엿다ᄒᆞ며

▲拾七日全州電을據ᄒᆞᆫ즉同日夜半에義兵五拾名이龍安郡分派所를襲擊放火하얏ᄂᆞᆫ대日巡査部長의行衛가不明ᄒᆞ다ᄒᆞ고

▲拾六日發鳥致院電을據ᄒᆞᆫ즉昨日午後三時에義兵約百餘名이牙山郡分파所를襲擊ᄒᆞ얏ᄂᆞᆫ대郵便所員及巡査의行衛가不明ᄒᆞ다ᄒᆞ고

▲抱川郡에日人某名이沙金을採取次로발向ᄒᆞᄂᆞᆫ路中에義兵을遭遇被害ᄒᆞ얏다ᄒᆞ고

▲拾六日發大邱電을據ᄒᆞᆫ즉義兵二百名이興海郡分派所를襲擊ᄒᆞ얏ᄂᆞᆫ대巡査一名이致斃ᄒᆞ얏다더라

桑港電報

十七日發經由東京

●許法氏의請乞 桑港商業會議所에서ᄂᆞᆫ前 韓皇帝陛下의代表者라稱하ᄂᆞᆫ美人許法氏의請乞을容納ᄒᆞ야韓米條約과韓國의宗主權에關係를當局者의게質問ᄒᆞ라ᄒᆞᄂᆞᆫ데其要領은日本이韓日關稅同盟을締結ᄒᆞ야美國輸入品의自由貿易權을正確케ᄒᆞᆯ것이라더라

十八日經由東京

●賠償談辦 晩香坡日本人損害事件에賠償額에付ᄒᆞ야加那陀聯邦政府의委員과日本森川總領事間에爭論이起ᄒᆞ얏ᄂᆞᆫ대森川領事ᄂᆞᆫ其金額의削減ᄒᆞᆷ을反對ᄒᆞ기爲하야姑未落着ᄒᆞᆫ지라其談判은오ᄊᆞ다와에移ᄒᆞᆯ터이라더라

▲古觀松水▼

▲各府部官制改定이積積磨勘이되야本月內로頒布된다ᄒᆞ니官制改正은一般官人의注目ᄒᆞᄂᆞᆫ바어니와平슴繼ᄒᆞᆫ지此日彼日에頒布가延期ᄒᆞ니落榜者에게ᄂᆞᆫ不幸中幸也로고

▲本社에四方人의寄函이逐日甚至ᄒᆞᄂᆞᆫ데人民이團體가되여야國力을挽回ᄒᆞ고遊衣遊食之民이無ᄒᆞ여야財源이富瞻ᄒᆞᆫ다ᄒᆞ며니團體ᄂᆞᆫ姑舍ᄒᆞ고各心으로自散ᄒᆞ며營業은姑舍ᄒᆞ고游習이漸長하니此ᄂᆞᆫ語謂之難免ᄒᆞᆯ거시니團躰的思想을人人이抱有ᄒᆞ고營業的事爲를人人이實踐ᄒᆞ야言實이相符ᄒᆞ여야國力을挽回ᄒᆞ고財源을富瞻케ᄒᆞ기로切望ᄒᆞ노라

▲學部에서十三道에訓飭ᄒᆞ되儒生을試取ᄒᆞ야司業을紋任ᄒᆞ깃스니百日內로對策을收上ᄒᆞ라ᄒᆞ얏다니百度를改革하야維新時代라ᄒᆞ면셔前日博士로收擇ᄒᆞ야司業이라稱ᄒᆞ고文明ᄒᆞᆫ新規ᄂᆞᆫ退步케ᄒᆞ고腐敗ᄒᆞᆫ舊習이로進步코ᄌᆞᄒᆞ니學大의事業은이샹인지

▲李敏稷氏가再昨日大韓協會에入參ᄒᆞᆫ次로前陸軍參領李敏稷이라特書ᄒᆞᆫ名帖을手傳ᄒᆞᄂᆞᆫ대該會에서退却不受ᄒᆞ야曰一進會에不受之人을執肯受入ᄒᆞ리오ᄒᆞ고永爲退却ᄒᆞ얏다니同氏에名譽ᄂᆞᆫ엇더ᄒᆞᆫ기에到處에見却ᄒᆞᄂᆞᆫ지天地가恢恢에登身을難容이로고

▲自强會ᄂᆞᆫ已爲解散ᄒᆞ고美國布哇에自强支會ᄂᆞᆫ去益强硬ᄒᆞ야愛國思想이一層激烈에月報를刊行ᄒᆞ야同胞의血誠을興起ᄒᆞ니以若海外寄跡으로爲國誠心은令人欽頌이로다

▲開城居前經理院監督李健赫氏ᄂᆞᆫ一國에有名ᄒᆞᆫ財政家로時局을激憤ᄒᆞ야教育이急務됨을稔知ᄒᆞ고該府各學校秋期運動에千餘元을捐助ᄒᆞ고教育上財政을身自擔着ᄒᆞ야中學校를設立ᄒᆞ며大學校ᄭᆞ지期於히設置ᄒᆞᆫ다ᄒᆞ니全國財政家가皆如該씨에熱心이면教育을何患일이오

雜報

●協會新組 大韓協會에서再昨日下午一時에前協律社內에서任員組織會를開ᄒᆞ얏ᄂᆞᆫ대入會人員은一百八十七人인대一般任員을投票選定ᄒᆞ야總裁ᄂᆞᆫ閔泳徽씨오會長은張博氏副會長은吳世昌總務ᄂᆞᆫ尹孝定評議員은張志淵鄭雲復權東鎭太明식呂炳鉉鄭[illegible]書記ᄂᆞᆫ吳相奎洪弼周李宇榮會計ᄂᆞᆫ劉元杓南宮濬李鍾一諸氏오總會ᄂᆞᆫ來日曜日로預定ᄒᆞ고下午五時三拾分에閉會ᄒᆞ얏다더라

●學生旅費 日本留學生中四人은府此苦窮力학ᄒᆞᆯ志로監督部에서退出ᄒᆞ야他處로就ᄒᆞ얏고拾五人은不得已歸國ᄒᆞᆫ깃다하야旅費를路程ᄃᆡ로給ᄒᆞ얏다고監督申海永氏가學部에報告ᄒᆞ얏다더라

●何其强勒 警視廳에서李東暉氏를對ᄒᆞ야曰伊後ᄂᆞᆫ治安妨害아니ᄒᆞᆯ줄노證書를納ᄒᆞ고又出去ᄒᆞ라ᄒᆞᄂᆞᆫ지라同씨曰吾之被囚ᄂᆞᆫ罪目을今不知ᄒᆞ니罪目을知ᄒᆞᆫ後에出去ᄒᆞᆯ깃다ᄒᆞ얏다더라

●靑年演說 今日下午七点半에靑年會舘에서本會學舘副監李範[illegible]氏가文明의基礎란問題로演說ᄒᆞᆫ다ᄂᆞᆫ디有志紳士가一齊光降ᄒᆞ심을希望ᄒᆞᆫ다더라

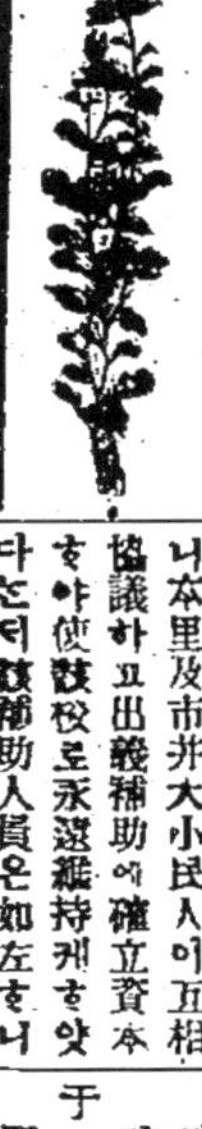

廣告

本人이陰拾月八日의姓名圖章을遺失ᄒᆞ엿ᄉᆞ온니僉君은照亮ᄒᆞᆷ
全北茂長郡大寺面山亭 李正煥

本人이拾月初八日에當文二萬兩을留置於安東桂鳳李範泰處이고受其任置票ᄒᆞ야興利次로該任置票을出付於李啓周러니事不如意이옴기該任置票을卽欲推來則該啓周가不良之心으로此탈彼탈ᄒᆞ고終不出給故로該任置票ᄂᆞᆫ勿施ᄒᆞ기로廣告ᄒᆞ오니內外人ᄂᆞᆫ勿爲見欺ᄒᆞᆷ
延安 黃圭鉉 告白

平壤府用地調査委員朴義秉과觀察使朴重陽은日人의心服奴隸로賣國肥己ᄒᆞ고虐害國民이㐫有紀極이온디面長黃濬[illegible]ᄂᆞᆫ右兩氏의奴隸로軍用停車場地段價라稱ᄒᆞ고壹圓餘剋으로威脅勒給ᄒᆞᄂᆞᆫ대停車場木柵標界外에又稱加占ᄒᆞ고本人所有畓田一百六拾畝도今春日人이買收土地之日에每畝四拾五圓價直을欲給ᄒᆞ되終不許賣이더니右三氏가以豺狼之性으로本人生命을期欲剿絶ᄒᆞ야作人張有喜를捉囚勒給ᄒᆞ얏ᄉᆞ나本人은初不相關이오니有主之物을不問主人ᄒᆞ고豈可勒奪乎아本人이以寡居 活로依此爲命이라가遂彼千萬古所無之賊ᄒᆞ야猝當白失則勢必塡壑이라對此三氏ᄒᆞ야雖判此縷命이라도期於復讐乃已이오니內外僉人은照亮伏望
平壤外川黃召史 告白

咸鏡北道城津府鶴中面場內에私立義化學校가設未周年에旋因財政竭乏ᄒᆞ야幾臻廢止러니本里及市井大小民人이五相協議ᄒᆞ고出義補助에確立資本ᄒᆞ야使該校로永遠維持케ᄒᆞ얏ᄉᆞ니ᄂᆞᆫ디該補助人員은如左ᄒᆞ니
本府府尹李元榮 貳拾圓 前郡守李秉植 拾圓 本府主事申泰岳 五圓 本港總巡崔昌郁 五圓 本里里中 二百圓 劉文奎 五拾圓 前主事 金戰得 七拾圓 宋啓命 五十圓 崔于悅 五拾二圓 金承範 四拾五圓 金鼎元 四拾七圓 姜京楫 拾九圓 嚴학九 四拾圓 崔用澤 拾圓 金龍天拾二圓 朴應益 全泰和 각四拾圓 金啓勳 四拾二圓 金秉一 四拾圓 前監察崔泳勳 前監察徐基濟 朴元淳 각五圓 金澤玉四圓 池泳龜 一圓六拾錢 李丙烈 二圓 朴齊善 二拾圓 宋今哲 二拾五圓 李大權 二十四圓 金順德 二十二圓 柳于用 五拾圓 朴用文 二拾二圓 全汝文 前宣薦嚴弘燮 各四十圓 宋泰俊 四拾二圓 許明順 六圓 金丙淵 五拾圓 金于赫 三拾圓 李于文十圓 金始敏五拾圓 前出身朴昌錫 三拾圓 元準貞 睦成根 各拾五圓 金時汝 九圓 前宣薦金尙潤 韓夏言 金斗盈 申澤善 安子玉 崔基鎔 金河俊 崔今用 각拾圓 林汝古 二圓 副敎員金秉治 五圓 前敎員許彪 崔鎬仁각三圓 前僉使崔現龍 地方委員許昌 申鉉于 柳麗涵 通政高賓天 朴丙周 李鍾麟 各二圓 金興甲 金壽汝 金明珠 方斗天 嚴俊赫 金完珠 印正鎬 崔泰鎭 朴正男 崔九汝 박應男 李白有 朴丙默 崔泰奎 金寶得 각三拾圓 崔鳳律 姜用楫 각三拾二圓 박忠男 金成于 金洛鉉 金基順各拾五圓 閔達九 二拾五圓 金仁涉 元최貞 玄聖得 李汝允 朴英煥 李貞于 金俶甲 각二圓 金鉉周 李基福 각五圓 李東섭三圓 李憲培 李최洙 각一圓 金俶烈 孫厚吉 金丙海 李仁섭 金用河 金鎭祿 全光섭 金成允 孫守一 金于一 崔成弼 柳基贊 朴元弼 金洙鉉 安德寬 吳日鎬 文丙薰 嚴斗逸 李順化 方明奎 姜文李 燕鉉云 玄道欽 各壹圓 韓九文 全昌섭 각四圓 嚴학九 二拾二圓 金基俊 韓明吉 각三圓 朴允範一圓 金英섭 拾五圓 崔基律 拾圓
本里總會所 告白

●特別廣告
國債報償志願金總合所에서韓[illegible]同普成館內期成會의義金受入文簿를調査ᄒᆞ라다該會主務央榮根等이僞詐不現ᄒᆞ고義金領置가ᄯᅩ明ᄒᆞᆫ所致로領証調査廣告도已有ᄒᆞ엿거니와方今辨持証物ᄒᆞ고交涉官廳次로又此布告ᄒᆞ오니全國同胞ᄂᆞᆫ照亮ᄒᆞ시며領證도不日示明ᄒᆞ시오
大韓每日申報社內總合所

廣告

本校에學徒增募ᄒᆞᄂᆞᆫ廣告인바幼稚科를特設ᄒᆞ깃기廣告ᄒᆞᆷ
一 年齡 七歲以上
一 募集日子(陽十一月廿五日 (陰十月廿日上午十時)
但入學證書ᄂᆞᆫ本校에서無價授與
私立華洞 光南學校

▲新刊書籍發售廣告
增修 無冤錄大全 國漢文 定價金七拾五錢
大韓法規類纂 洋裝 三圓五拾錢 郵稅四拾錢
初等倫理學敎科書 二拾錢
初等衛生學敎科書 拾五錢
國家學綱領 拾五錢
國民須知 八錢
漢譯日語正則 洋裝郵稅 壹圓二拾五錢
發賣所 皇城布屛下 金相萬書舖

全北古阜總巡文炯燮氏ᄂᆞᆫ所管各郡의痼弊을一洗革罷ᄒᆞ고本郡守鄭龍基氏ᄂᆞᆫ本以善治郡守로相應撫民ᄒᆞ니其德化가隣邑가지밋처太平世界라ᄒᆞ더라
全北士民林致成等 告白

本藥房에서藥을精製酬應ᄒᆞ오며婦人小兒에診察도精明이ᄒᆞ오며年久難治病의ᄂᆞᆫ服藥시켜差度가有ᄒᆞᆫ후에야代金을領受ᄒᆞᆯ깃ᄉᆞᆸ고白玉[illegible]ᄂᆞᆫ新發明ᄒᆞᆫ[illegible]인디열흘을유ᄀᆞᆺ치회게ᄒᆞ오니來問ᄒᆞ시옵
西署大平坊曲瀰第十二統三戶
局 布告

本人의家夫鄭基煥氏가數年來失性所致로家事ᄂᆞᆫ長子翊浩의當은凋悉情由ᄒᆞᄂᆞᆫ人士에容恕케引繼看護이나家夫之擧措乖ᄒᆞ심이여노浮雜事은失性幾人을認作奇貨ᄒᆞ고百般敎唆ᄒᆞ야家舍與田土文劵으로將欲典執得債于外國人이오니無論內外國人ᄒᆞ고信聽雜流之言ᄒᆞ야病殺家夫로往來이다가無至白失追悔ᄒᆞᆷ
安州城內大昌洞居李召史 告白

本人等이義親府所管江陵郡所在田畓을買得ᄒᆞ얏사오니內外國僉君子ᄂᆞᆫ咸須知悉ᄒᆞᆷ
西署東幕任형尙 中署寺동張孝根 告白

公告

今番에京仁鐵道用地賠償金을左記日字及處所에서交付ᄒᆞᆯ터이니地段收用ᄒᆞᆯ當時의土地所有ᄒᆞ얏든債權者ᄂᆞᆫ該期日午前十時로봇터午后五時ᄭᆞ지印章을携帶ᄒᆞ고來到領受ᄒᆞᆯ事但本人又ᄂᆞᆫ其相續人이親自來到ᄒᆞᆷ을要ᄒᆞ고他人으로ᄒᆞ여금代理出頭케ᄒᆞᆷ을不得ᄒᆞᆯ事
隆熙元年十一月十五日 度支部會計課

左記

交付期日	交付場所	土地所有者所屬郡名
十一月二十日	永登浦	始興
二十一日 二十二日	素砂	富平
二十三日 二十四日	峴	仁川

廣告

本公司始造來大韓國特別紙捲연烟製品純良香味與別貨不同近有市上牌號混雜請諸君認明本牌爲記庶不至悞
代售店 京城大貞洞 福源號
總代理店 仁川淸租界 安興公司

直輸入商 韓國代理店 仁川本町
中根商會
電話七參而番

영미국졍부젼미두허셕유발동긔급졍미긔계급부쇽품분일졀염가방미ᄒᆞ오

譯述 崔光玉 校閱 朴殷植
教育學 定價金廿五錢
此書ᄂᆞᆫ敎科書排列과敎授法則과訓鍊制度가詳細備載ᄒᆞ야一般敎育者의寶鑑이될터이오니有志僉君子ᄂᆞᆫ速速購覽ᄒᆞ심敬要
發賣所 京布屛下書舖 金相萬 平壤貫洞 耶蘇敎書院 安岳邑 勉學書會

本會舘을中署校洞二十九統11戶로移定ᄒᆞ고西友學校ᄂᆞᆫ本舘內에設ᄒᆞ고學生의寄食을便利케ᄒᆞ오니一般會員과僉君子ᄂᆞᆫ續來相議ᄒᆞ옵
西友學會 告白

漢城西署松橋(新作路)第四十三統 戶
辯護士 玉東奎
辯護士 許憲
合同法律事務所

◉國債報償義捐金收入廣告

◉國債報償義捐金
十一月中本社收入總額
每日逐号明細錄
●拾一月十六日
第一五七三号
義州威化面下端北三谷 五圜
計五圜
十一月拾六日々지收入總額
九十六圜〇五錢
自四月至拾月收入總額
五萬六千九百〇二圜
四十一錢七厘
都合五萬六千九百九十八圜
四拾六젼七厘
●義州郡威化面
下端北三谷里中 五圜
合五圜
前號總合五萬六千九百九十
三圜四拾六젼七厘
都總合五萬六千九百九十八圜
四十六錢七厘

◎特別廣告◎

國債報償金再昨日싸지所捧은
姑未合計이고拾月々지所捧總
合五萬六千九百〇二圜四拾一
錢은避獘甚社內銀行에貯置ᄒ
얏슴고其貯置額中
三萬二千三百圜은國債報償志
願金總合所로越交홈

廣告

學徒洋裝書冊
學徒運動과諸具
羅紗各種 美國金鷄蠟
衣服裁縫其他雜貨도廉價放賣
ᄒ오니諸君子ᄂ來臨ᄒ심을바
라나이다
仁川港杻峴開新冊肆

本局에서十年을研究ᄒ야(錦香消瘡丹)이란藥을發明ᄒ얏ᄂ대男女勿論ᄒ고무슴瘡疾이던지(一劑十四錠)을每日一錠式服用ᄒ면效驗이百發百中되ᄂ고每日도搭至ᄒ와買去ᄒ오이擔질잇ᄂ僉位ᄂ오리고싱마시고速々히來臨ᄒ야問議ᄒ심을希望홈

定價金上品一劑金四圜 下品一劑金貳圜五角
仁川港杻峴和平局
發賣所 京城鍾路 慈惠藥房
仝 龍洞濟生堂
仝 共愛堂藥房
雖外邦이라도郵便으로부치ᄂ슈가잇쇼

越南亡國史 國漢文
定價貳拾伍錢
發賣所京城寬橋廣學書舖 南署廣通橋 宮內府 平壤 博文書舖(?)
舌昇下긴相鴻 告白

發賣元
京城鍾路大東書市 及各書舖 內平壤大路東 所在 皇城新聞社 東書館
彰信館 廣播書舘通 小에 二層洋屋

人類ᄂ政治的動物이라政治思想은人類가國家를構成ᄒ要素니民國된者ㅣ政治를不知홈이可ᄒ랴況今政治를刷新ᄒᄂ時代에더욱政治를研究홈이必要가有ᄒ고故로此書는科學으로用ᄒ기適宜ᄒ니僉君子ᄂ期速購覽ᄒ심을爲要

政治原論
安國善 著述
一冊 四錢(?)
定價金 六十錢

藥은
發賣人濟衆院醫學員 박자혜리판와

▲西藥便方 定價金一圜
右冊은西洋醫藥方書를我國文으로아러보기십게翻譯
代理店 京城梨峴賣藥店李信華
尙洞博文書館盧益亨
仁川龍동濟生堂李慶鳳

封製丸藥十日分目錄
●補益丸 十日分定價金壹圜
右藥은米國大學士醫院處方인
디主治效能은大陽虛萎陽
遺精遺尿食思缺損手足厥冷
腰痛眩暈頭痛月經不調虛弱
症精神病健忘症에有效ᄒ
고老衰男女第一偉效
●驅效解癰丸一日分定價十錢
右藥은大人小兒에長腐과初
癒엿腹痛에更不再發
●蛔虫丸 一日分十錢
右藥은大人小兒蛔病에有偉效
●四時感冒丸 一日分十錢
右은감기몸살속히풀이ᄂ약
●瘡疾 一期二期에五圜
右疾은거긴약을勿論ᄒ고속히一合
●淋疾 七日分定價一圜
右ᄂ男女淋疾에有效
●淸明眼藥 定價金拾錢
右ᄂ火眼과삼눈에有奇效
●咳嗽藥 二日分定價參十錢
右ᄂ男女老幼時氣咳嗽藥
●無惡臭疥瘡藥 定價四十錢
右ᄂ疥虫을滅殺ᄒᄂ藥
以上方文은濟衆院方藥
醫學校長池錫永氏效驗證明
製藥監查人 洪錫厚 朴慈惠 李觀化

本藥房에서以上記載ᄒ封藥을調製確實케ᄒ야販賣ᄒ오니邑市村里에서藥을特約코져ᄒ시ᄂ兄弟ᄂ郵便으로居住姓名을記送ᄒ시면賣藥場店則書을無償仰呈

本藥房製造封藥만販賣ᄒ야니라淸國本國諸大藥封藥과日本藥을買收英國本國獨製造封藥과有名ᄒ藥은買收ᄒ고英國도ᄒ고發賣ᄒ니貫ᄒ與買聞에通知홈●外國藥에英文日文으로記載ᄒ用法을我國文으로翻譯ᄒ야內地兄弟에利ᄒ심을供ᄒ니ᄆ지만ᄒ시假此外奇々ᄒ方文을無價仰呈
●오斷酒藥 十五日分三圜
●寸虫去根藥 三十錢
●肩臂痛藥上海製 五十錢
●連珠멍우리잘풀니ᄂ藥二圜
●어루러이잘떼ᄂ藥 五十錢
●足止汗藥二十日分 二十錢
●除阿片癮藥上海製 一圜半

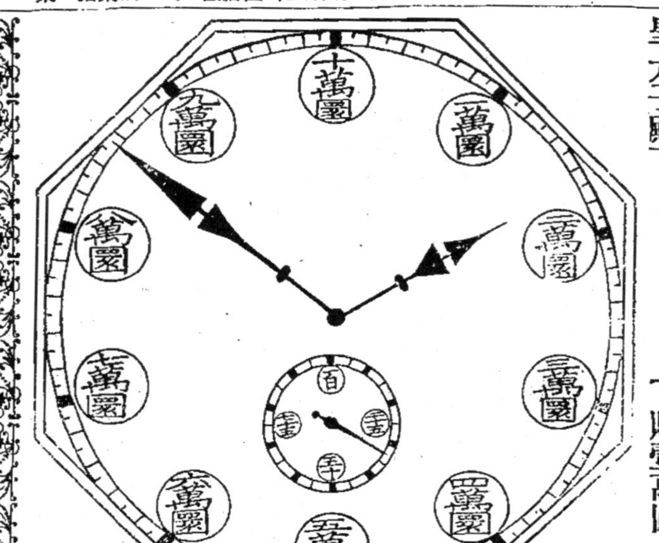

皇太子殿下
皇城基督敎青年會廣告
大掛鐘의迴轉ᄒᄂ規則
下賜壹萬圜

此掛鐘의抄針은每一度迴轉ᄒᄂ대壹百圜을指示홈이오
長針은每一度迴轉ᄒᄂ대壹萬圜을指示ᄒ고
短針은每一度迴轉ᄒᄂ대拾萬圜을指示홈
義務捐助金寄附人員及數額
農商工部大臣宋秉畯氏 貳百圜
金容鎭氏 五拾圜
無名氏 壹千圜

伊太利建國三傑傳 一冊 正價金三十錢

此書ᄂ距今數十年前에伊太利愛國者瑪志尼,加里波的,加富爾三傑이奄奄垂亡ᄒ國勢를挽回ᄒ야歐洲列强間에鼎峙ᄒ事實을國漢文으로譯出ᄒ야ᄂ니其艱難危險의經歷과嘔心瀝血의景况이讀者의哀情을感發홀만ᄒ오며其百折不屈의意氣와其九死靡變의熱誠이讀者의愛國心을激起홀지니有志君子ᄂ不可不座右에置ᄒ고常目에掛홀冊子오니陸續來購ᄒ시옵

發 皇城布屛下 廣學書舖
賣 尙동 博文書館
仁川杻峴 開新冊肆
平壤鍾路 耶蘇敎冊사
所 義州南門外 廣學書館

本人이日本大阪商業家와特約ᄒ고日本內地産出各種物品과西洋各種物品及器械物을我大韓에輸入ᄒ委托을便利케ᄒ약을얏ᄉ오니商工業에有意ᄒ신僉君子ᄂ其物이무ᄉ지請求ᄒ고저ᄒ시거든本社로來議ᄒ시오本社에서ᄂ手數料金만受領홈

韓興社本店
開設南大門內興學營舖
支店京城南門內水標五十一統
六戶 培養會社
仁川港內廣濟號

明月館繼續開業廣告

小春寒候가漸緊ᄒ온ᄃ官民各社會僉閣下의健强萬福ᄒ시기를願祝ᄒᄋᆸ나이다弊館의開業本旨가非但尋常牟利만爲홈이아니오國家進步上에一部分盡力ᄒ와各種食料品과器具品을不顧ᄒ고盡美伏야各進ᄒ옵며未開ᄒ社會에悖行과無賴人供彈利ᄒ게ᄂ가不一其端ᄒ온ᄃ欲白生訟이오不彈有害라不如訟라ᄒ야至有閉業廣告이옵더니官閣下에如風動潮上ᄒ시기로玆更設社會와勸業有聲樂館에서不孤厚誼ᄒ와閣下開業ᄒ오니僉君子되ᄋᆸ셔서益加愛ᄒ심을取望
隆熙元年十一月외欵
貳十號 明月館 郭
(電話七百二十五番) 日 告

●本社廣告

○申報價
一張代金 新貨二錢五厘
一個月前納 三十錢
三個月 九十錢
六個月 一圜七十錢
一個年 三圜四十錢
郵稅一張 新貨五厘
一個月 十三錢

○廣告料
四号活字十三字詰
每日每英尺一寸에新貨五錢
(每日每行六젼에相當홈)
二週日에 二圜五十錢
每日每行四號五字에相當ᄒ
一個月에 五圜
(每日每行四錢一厘에相當홈)
英期限의然發과字行의多少
를依ᄒ야增減ᄒ미ᄋᆞᆷ
發行兼編輯人英國人 裵說
發行所
南署石井洞號外地三層洋屋家
大韓每日申報社

第五卷

大韓每日申報

六百六十六號

月曜及慶節

識時日休稿

檀君開國四千二百四十年
箕子元年三千二十九年
大韓開國五百十六年
日本明治四十年
淸國光緖三十三年
陰曆丁未十月小十五日癸酉

論說

●暗中豫言

本月九日橫濱에서발刊하는짜판익드버타이쓰報에論述이如左하니

露紙보쓰도쉬늬크報에醒起한標的이라한題下에一露人이其原名을諱掩하야但에쓰듸라고만하고記述한바眞是異常하고張皇한論文이有한데多少矛盾한勢를含有하얏스니

該記者가誘導的議論을提起하고日本이露國과第二戰爭을準備한다는公共推斷을取用하야特殊한事實과臆定을過及한지라吾儕는空欄이鮮하야其全文을再揭하지못하거니와其中에最緊要한數件은爲之一覽컨대歸於無益함이不可하도다

該記者가其前後文辭에加藤博士의所論을引用하야辯論하되現倫理學敎科中에現時에緊密傾向하는거슨卽威勢는一切權利의單一한根源이오强力은他人을勸使하야我를尊敬케하는原質이라한句節과世界上에日出하는地方에서將來에優勢를操有한天理敎의宗派되는東洋神理敎의理想이日本人社會에深切透入하야其關連이天皇을尊崇하는데及하얏스니此는其國의宗敎된神道敎의基礎에서발生함이오其視死如歸하는것과其國家의幸福을爲하야身自犧牲하는宗旨는卽古代武士의遺葉이니此는皆是敎科中에所云威勢之權利에密接關係가有하도다하고篇末에又日人之特性을論하야日彼等이戰爭의勝利한勢力으로以하야外面的으로外交를奢傲하는대傲頑하며白人種으로더부러仇敵을發表하얏도다

此等之實은外面上好戰的으로만應托하야其國民團體가結成되야國中에侵伐的政略을進行하기로運動케함이오其他事實은最後戰爭에比較的으로重大한結果가無함이니結果는何者오平均히兵力을徒費하야犧牲만産出하얏스니國中에第一部分되는陸軍이此感情을確乎히增하얏고其所獲은單是一個新疆土뿐이라其政府에서陸軍社會의勢力을利用하야此侵伐的政略을極度에進行케하는지라所以로日人林伯이近時에議會에서說明한바其政府에서는侵伐的目的이無하고且日本이明治年間에비록三回戰爭을經하얏스되悉히防守를爲함이오海陸軍의擴張에至하야는此는兩件武備의職務上에納合한規律에不過함이라한說을該記者가累論之하야歸於無價値하얏고因하야此擴張이侵伐的計劃과聯絡인줄을看破하얏스니蓋國防에就하야는艦隊만强堅케함이十分滿足할거시어날若彼國이如此意向을不懷하얏스면其國財가若彼危急한情形에至한此時에重大한豫算을出하야速射砲等을帶한野戰砲兵을再備하며騎馬砲兵을組成하며騎兵을增加함은是何理乎아然이나彼國이戰爭에好結果를得하랴할진댄不可無錢貸니必是此를英美兩國에請求할터인대萬一日本이美國으로더부러戰爭을預期할진대美國에서借欵하기가難得일거시오且英國으로더부러海戰을試함은問題以外之事니不必擧論이오獨其比律賓과布哇兩島만戰勝하랴할지라도畢竟에强大한艦隊를要함은不得已之勢라 未完

官報

◎三千九百二十六號 續

隆熙元年十一月十八日

敍任及辭令

前陸軍參尉吳顯泳
仝 신普均
仝 孟道泳
仝 朴斗植
仝 吳熙善
仝 任弼鎬
仝 魚瑛善
仝 崔翰來
仝 리顯용
仝 朴敎承
仝 尹泳元
仝 閔泳洛
免懲戒
完

外報

●答禮大使出發期　北京電을據한則淸國答禮大使溥倫貝子의一行은來二十二日에滊船安平號로搭乘하고日本神戶에到着할터이라더라

●俄國造船所失火　路透電을據한則俄國바루지구造船所에서失火하엿는데同所의全部及建造中의砲艦二隻을燒失하엿다더라

●米日人爭鬪　桑港電을據한즉米國샤라街에在한印刷所의白人工匠이日本人家의琉璃窓을破壞하고彼此奮鬪할時에米國巡査가來到하야日人을負傷케하얏더라

●駐淸領事召還　淸國外務部에서韓國京城에駐在한淸國總領事를召還하라는命令이有하다더라

●海蔘威市警戒　海蔘威電을據한즉同地에서暴動이起한後更히不平한態度가有함으로憲兵과巡査를派遣하야市中을警戒한다더라

●日人戰死者　臺北電을據한則同地蕃界에서日警部와淸人과相戰하얏는데同警部以下三十二名이戰死하얏다더라

●俄國의遠東經營　駐淸俄國公使가哈爾賓에서前大藏大臣과會見하고長久히交涉하는데就하야哈爾賓의外交團은特히注意하야俄國의極東經營을豫想한다는報가有하다더라

●革命防禦策　北京電을據한즉北京政府에서巡撫의게電命하되革命黨이東部安南國에在함으로써管內를防禦하는데注意하라하얏다더라

寄書

◎靑年會는富國의起原　崔炳憲

夫擅盟於五洲之內하고耀武於萬里之外者는國家富强이是也라今之論富國者恒曰工業之발達과商務之興이오敎育要素를不務하면是는猶不琢玉而求文采요道德眞理의基礎를不立하면是는沙上築屋이不日의傾覆함과同할지라此하야尋常價値가不滿五圓이로대屢經冶火에鍊成鍛鍊하면其價値이千萬圓에可達할지니同一한鐵質로品格低仰이特如함은鍛鍊에在함이라惟我基督敎靑年會는道德으로爲礎석하고以智育體育으로爲本原하야[illegible]을一切掃거하고[illegible]天稟人之心으로眞德眞智眞心眞品을尊尙하며世界思潮의文明한學問을研究하야[illegible]至尊至貴한精神[illegible]才를培養[illegible]니居則爲進千人이오[illegible]國棟樑이라以誠信으로[illegible]眞實로爲用하니誠實之[illegible]年俊秀의[illegible]眞實에[illegible]才器는終爲國家富原하야[illegible]가能照千里하리니정정鐵漢이오落落奇才라力能排虎하며勇可居[illegible]이니後日我等[illegible]의繁昌함과國家幸福의發興함이今日我韓에靑年의活動을培養함에專在할지라一日身分이니靑年々々이여泥膠古俗하고勝破하며新鮮德敎를吸取하야諸般學藝에孜孜勉勵어다今日勞苦가他日安樂의原因이라事業을完就할時에道德文藝에兼備한金玉을成하리니靑年諸君이其値를自負할지라光陰은如箭하고日月은如梭라大禹所以惜寸陰과孔子所以畏後生이或此等理想의靑年會로다二日社會니靑年靑年이여五洲는如彼하고萬邦이如斯하니高張活眼하야一覽寰宇어다[illegible]之所以富國이惟在道德이요用在煤鑛以盛機器하고由機器以成製造하며由製造以通商務하고由商務以成富原하얏고其國鐵道局에는鐵路와停車場과滊車機關을準備한外에靑年職務員을預備組織하야培養하는거시最先急務의善良人物을[illegible]한故로各處鐵道局에所屆한靑年會가有하고各國海陸軍에도靑年會를培養하는거시要素로知了하야最新機械와諸般軍物을預備한外에特別히靑年會를組織하얏나니各社鐵致에武殿競爭이亦爲者理想의靑年[illegible]三日國家이니靑年靑年이여今我大韓이處在列强하야死生疑懼之日이오危急存亡之秋라大韓者는大韓人之大韓이요東亞者는東亞人之東亞라西哲之言에日大助自助之人이라하니嗟我同胞여渴睡瞑目하며大呼疾拳하야養我元氣하며培我富原이宜要함者之義務라 未完

雜報

●經費開學　公立淮陽郡普通學校副敎員李結鎔氏가學部에報告하되本員이去月二十八日에到校하야方欲開學視務이옵더니忽於三拾日昧爽에匪徒四拾餘名이着裝突入하야[illegible]에流丸이如雨하야[illegible]中에郵便取扱所日人으로應砲하와使之退散케하엿스나驚擾之餘에民心이多懼하야學員이步不來集故로將以本月拾日로定限開學이라하엿다더라

●屯民呼冤　平安南道藏川郡所在德汕屯은本是寒微兩下來하야穀品의斗款을分等執稅後에나作者等이取穫하더니今秋인즉年凶歉荒中에尙未執稅故로作民들이一不刈穀에鬼腐이成群하야先熟者는盡爲只有穗하니屯民은一年農功이歸於虛地라고西來人의傳說이[illegible]々하다더라

雜報

大哉 皇言

大皇帝陛下ᄭᅴ옵서人民에게布告ᄒᆞ신至文이如左ᄒᆞ니

皇帝者ᄂᆞᆫ天地之覆載萬物이非有四時之變遷이면無以遂其生成之功也라故로三王이不同禮ᄒᆞ고五帝不同樂ᄒᆞ니若窮而不知變이면則人之類ㅣ絶矣리라

我朝 列聖이相承ᄒᆞᆺ重熙累洽ᄒᆞᆺ崇尙文治ᄒᆞ고閉關日守ᄒᆞ야五百年來에民樂昇平ᄒᆞᆷ은此在五洲未通ᄒᆞ고獨保一隅之時也러니今則梯航이相望ᄒᆞ야天涯ㅣ咫尺이라交際之殷과事物之繁이非復昔時則其可墨守舊規而能保性命守家乎아況積弊成痼ᄒᆞ야文學則只咬糟粕ᄒᆞ고法度則但餘皮毛ᄒᆞ야有百文具ᄒᆞ고無一實事ᄒᆞ니如此而其能自立於世界之中乎아民生之塗炭과邦命之綴旒ㅣ實由是也니念之及此에寧不寒心而痛骨乎아朕於斯時에適膺禪授之命ᄒᆞ야遽臨九五之位ᄒᆞ니時局이板蕩ᄒᆞ야瘡痍滿目이라不有大更張大變通之擧則決無以拯我民生ᄒᆞ고保我邦國이실시故以維新二字로定爲國是ᄒᆞ야誓告于

宗社ᄒᆞ고一心奮勵ᄒᆞ야銳圖治安ᄒᆞ노니惟爾大小人民은咸體朕意ᄒᆞ고亦新乃心ᄒᆞ야闢迷滯誤解之見ᄒᆞ며祛積久固陋之習ᄒᆞ고斷念時艱ᄒᆞ야丕變風氣ᄒᆞ야孜孜汲汲ᄒᆞ야惟正德利用厚生三事를是務ᄒᆞ면則民可以阜오而國可以强이오而邦命을可以維新矣리니倘猶不安不悟ᄒᆞ야戀舊厭新이면則是冬裘而夏思氷也니其能免淪胥乎아玆庸誕告ᄒᆞ노니爾等은尙恭聽之哉어다

●太宮幸行 太皇帝陛下ᄭᅴ옵서今日慶雲宮에幸行ᄒᆞ옵실터인ᄃᆡ騎兵隊ᄂᆞᆫ廢止ᄒᆞ고警察官吏로陪衛ᄒᆞᆫ다더라

●御路修繕 次日上午十時에 太皇帝陛下ᄭᅴ옵서慶雲宮動駕時에路次가光化門前東十字橋碧洞松峴安동校동인ᄃᆡ東十字橋近處道路破壞處를修補ᄒᆞ야玉輦通行을便宜케ᄒᆞ라고宮內府에서再昨日에內部로電話ᄒᆞ얏더라

●禮官陪從 皇太子殿下ᄭᅴ셔日本에御渡ᄒᆞ시ᄂᆞᆫ日에禮式官高義敬을不可不帶同以往ᄒᆞ깃다ᄒᆞ셧다더라

●臨발云頒 伊藤統監이陰曆來月初五日頃에발程ᄒᆞᆯ豫定이라ᄂᆞᆫᄃᆡ新官制를臨발頒布ᄒᆞᆫ다ᄂᆞᆫ說이有ᄒᆞ더라

●樞顧詣闕 中樞院顧問李址鎔氏가再昨日下午三時에德壽宮에詣闕 陛見ᄒᆞ얏다더라

●樞顧云署 宮內府大臣李允用氏가 皇太子殿下隨員으로日本에陪往ᄒᆞ면該大臣署理ᄂᆞᆫ中樞院顧問李址鎔氏가被任ᄒᆞᆫ다더라

●冠蓋相望 宮內府大臣李允用氏가 皇太子殿下의隨員으로陪往ᄒᆞᆫ다ᄂᆞᆫ說은別項과如ᄒᆞ거니와一說은日本皇太子答禮大使完興君李載冕氏가發程ᄒᆞᆫ後에또禮使로李允用氏와制度局長金珏鉉씨가繼續發往ᄒᆞᆫ다ᄂᆞᆫ說이有ᄒᆞ다더라

●乘隙晩餐 大皇帝陛下ᄭᅴ셔再昨日 社稷에 臨御誓告ᄒᆞ옵실時間에陪往ᄒᆞ얏던各部大臣이軍部大臣李秉武氏家에會同ᄒᆞ야晩餐會를盛設ᄒᆞ얏다더라

●廢舊從新 從今以後로ᄂᆞᆫ무슴公故던지一般文武百官이舊大禮服을廢止ᄒᆞᆫ다ᄂᆞᆫ說이有ᄒᆞ더라

●統監陛見 昨日拾時에伊藤統監이岩崎明石兩少將과鈴木齋藤兩主計와中村中監及香坂法務院長을帶同陛見ᄒᆞ고同十一時에退闕ᄒᆞ얏다더라

●奏免電促 定平郡守黃台協씨ᄅᆞᆯ奏免ᄒᆞ라고法部에報告ᄒᆞ얏다ᄂᆞᆫ說은已揭前報어니와昨日에該道觀事가法部에電報ᄒᆞ되黃台協奏案을迅速回示ᄒᆞ라ᄒᆞ얏다더라

●林씨處役 前晋州郡守林炳恆氏ᄂᆞᆫ平理院에서役三年에處辦ᄒᆞ얏다고法部에報告ᄒᆞ얏다더라

●已決處辦 法部大臣趙重應씨가昨日下午六時에該部에仕進ᄒᆞ야已決囚處辦ᄒᆞᄂᆞᆫᄃᆡ平理院法務補佐官及該院官吏도來會ᄒᆞ얏다가同時에仕退ᄒᆞ얏다더라

●定査査貪 熙川郡守朱哲濬氏와同郡主事梁熾鎬씨ᄂᆞᆫ人民에게斂穀을勒捧ᄒᆞᆫ事이綻露되어該觀察使가雲山郡守梁鳳濟씨로査官을定ᄒᆞ야行査케ᄒᆞ얏다더라

●協會大序 大韓協會에서昨日評議會를開ᄒᆞ야幹事五人과評議缺一人을選出ᄒᆞ얏ᄂᆞᆫᄃᆡ來日曜日에總會를開ᄒᆞ고諸般事務를組織ᄒᆞᆫ다더라

●援會捺章 自衛團援護會趣旨書를漢城府尹張憲植氏와理事官三浦彌五郎氏와居留民長熊谷賴太郎氏가발起ᄒᆞ얏ᄂᆞᆫᄃᆡ漢城內元老大官의姓名을一齊히捺章受去ᄒᆞ얏다더라

●衛團組織 昨日獨立館에서一進會員이會集ᄒᆞ야自衛團을組織ᄒᆞ얏다더라

●獨不捺章 一進會自衛團에서李根命氏以下各大臣의게姓名章을請捺ᄒᆞᄂᆞᆫᄃᆡ閔泳韶씨ᄂᆞᆫ却之不捺ᄒᆞᆫ즉一進會에셔質問ᄒᆞ되閔忠正公殉節時에胡不同死오ᄒᆞ얏다더라

●義兵掛榜 去月晦日에義兵二百名이永春郡檢丹洞에突入ᄒᆞ야善民鄭顯柱를殺害ᄒᆞᆫ後該家를放火沒燒ᄒᆞ얏ᄂᆞᆫᄃᆡ該黨은郡官汝에部下로셔郡官汝가被死ᄒᆞᆫ後에皆着喪服ᄒᆞ얏다더라

●公貸被奪 本月九日에義兵이高敞郡에突入ᄒᆞ야郡主事를結縛ᄒᆞ고公錢八十八圜을奪去ᄒᆞ얏다고古阜稅務官事建台氏가度支部로報告ᄒᆞ얏다더라

●桂門英校 宜川郡深川面社洞居ᄒᆞᄂᆞᆫ桂龍權氏一門이教育上에熱心ᄒᆞ야或田土를捐ᄒᆞ며或松楸를捐ᄒᆞ며或錢財도捐ᄒᆞ야學校를新築ᄒᆞ고揭其名曰英이라ᄒᆞ얏ᄂᆞᆫᄃᆡ遠近來學者日來ᄒᆞ니諸氏의熱誠은感歎ᄒᆞᆯ만ᄒᆞ다ᄒᆞ고西來人의稱頌이有ᄒᆞ더라

●義敗軍物 本月三日에義兵拾餘名이寧邊郡에突入ᄒᆞ야郡守를威脅ᄒᆞ고軍物을搜索ᄒᆞ다가郡巡檢의軍刀一柄과銃一挺을奪去ᄒᆞ얏다더라

●奪穀奪亭 李址鎔氏亭子가楊州區동에在ᄒᆞᆫᄃᆡ該等地田庄秋收를積置ᄒᆞ얏더니日前에義兵이多數來到ᄒᆞ야秋收를沒數奪去ᄒᆞ고該亭子에借居人을逐出ᄒᆞᆫ故로該人이奔上京ᄒᆞ얏다더라

●社員還囚 再昨日平理院에서監獄署에滯囚ᄒᆞᆫ李貢섭趙와植兩氏를一次訊問後에監獄署로還囚ᄒᆞ얏다더라

●開巡奬勵 開城警務署權任巡檢印東煥씨가在任ᄒᆞᆫ지十朔에職務ᄒᆞᆷ이勤勤ᄒᆞ며處事ᄒᆞᆷ이明敏ᄒᆞ야民人이讚頌ᄒᆞᆫ다더라

●西友開學 西友學校에서再昨日 生獻取를經了ᄒᆞ얏스미本日上午十時에開學式을擧行ᄒᆞᆫ다더라

●靑年運動 靑年學校에서本日東大門外永道寺에前往ᄒᆞ야秋期運動을擧行ᄒᆞᆫ다더라

▲地 方 情 形▼

▲本月四日에松禾郡上龍門江邊에서斷髮者一名이義兵에게被害ᄒᆞ얏다ᄂᆞᆫ報를接ᄒᆞ고海州警務署에서補任以下四名이當地로出발ᄒᆞ얏ᄂᆞᆫᄃᆡ該地ᄂᆞᆫ義兵의巢窟이라出發道中에서義名一名과偵探一名을捕縛ᄒᆞ야海州警務署로護送ᄒᆞ고上龍門에達ᄒᆞ야探知ᄒᆞᆫ즉義兵이多數히同地에駐屯ᄒᆞ얏다ᄒᆞ고

▲去十二日信川郡上長面에서義兵이日兵과交戰ᄒᆞ얏ᄂᆞᆫᄃᆡ義兵의死傷이一名이라ᄒᆞ고

▲去二十四日文化安岳郡等地에서義兵百餘名이駐屯ᄒᆞᆷ을日偵探이探知ᄒᆞ고即時井上隊의게急報ᄒᆞᆫ즉該隊에서急急出발ᄒᆞ야義兵과交戰ᄒᆞ얏ᄂᆞᆫᄃᆡ其死傷은未詳이라ᄒᆞ고

▲瑞興郡西方三十里許에義兵約貳百五拾名이去拾二日에日兵과交戰ᄒᆞ다가同地北方으로退去ᄒᆞ얏다ᄒᆞ고

▲去十三日平康郡西方踏田에서義兵이出沒ᄒᆞ야日兵과交戰ᄒᆞ얏다ᄒᆞ고

▲去拾五日伊川郡에서義兵約二百餘名이日兵의攻擊을受ᄒᆞ고兎山方面으로退却ᄒᆞ얏다ᄒᆞ고

▲本月拾二日鳳山郡沙里院西南二十里許西湖坊에서葬禮ᄒᆞᄂᆞᆫ人民四拾餘人이集合ᄒᆞᆷ을日兵이擊兵으로知ᄒᆞ고放銃ᄒᆞ얏ᄂᆞᆫᄃᆡ死傷이多ᄒᆞ다ᄒᆞ고

▲奉化의駐屯ᄒᆞᆫ義兵이日警部와約二時間을交戰ᄒᆞ다가義兵이古盤嶺을踰ᄒᆞ야太白山中으로退去ᄒᆞ얏ᄂᆞᆫᄃᆡ日兵이跟追ᄒᆞᄂᆞᆫ道中에서李康年의率ᄒᆞᆫ義兵을遭遇ᄒᆞ야交戰ᄒᆞ얏다ᄒᆞ고

▲五日碧潼郡西門에解散兵이檄文을粘付ᄒᆞᆷ으로同地에居留ᄒᆞᄂᆞᆫ日本人은避亂ᄒᆞ기로準備中이라ᄒᆞ고

▲拾五日長湍郡北方三拾里石柱院에서義兵百名이日兵과交戰ᄒᆞ얏ᄂᆞᆫᄃᆡ義兵의死傷이有ᄒᆞ다ᄒᆞ고

▲价川郡大坪里에서義兵約三拾名과交戰ᄒᆞ고또孟山郡에서義兵約六十名이日兵과交戰ᄒᆞ고또孟山附近에서義兵約二百名이日兵과交戰ᄒᆞ얏ᄂᆞᆫᄃᆡ死傷은未詳이라ᄒᆞ고

▲拾五日慈仁郡東方約二十里地에서義兵百五十名이日兵과三時間을交戰ᄒᆞ얏다ᄒᆞ고

▲十八日長湖院에서出발ᄒᆞᆫ日守備隊가陰竹附近에서義兵七拾名과交戰ᄒᆞ얏ᄂᆞᆫᄃᆡ一名이被害ᄒᆞ엿다ᄒᆞ고

▲七日豐基竹嶺附近에서義兵三百名이日兵과交戰ᄒᆞ얏ᄂᆞᆫᄃᆡ兩陣에死傷은未詳ᄒᆞ다ᄒᆞ고

▲拾二日振威郡西井里附近에서義兵이日兵과交戰ᄒᆞ엿다더라

▲藪 中 有 聲▼

▲登彼泰山ᄒᆞ야宇內大勢를俯察ᄒᆞ니陰霾이朦雨ᄒᆞ야東西海面에風潮가相激에飜覆局勢가黑白이萍換ᄒᆞ야勝負를難算ᄒᆞ나遥行一點世誰先着手오

▲農商大臣宋秉畯氏가昨日에花月樓에宴會를開設ᄒᆞ고該部官吏와各社會諸員을請邀宴樂ᄒᆞ얏ᄯᅡ니現今地方에腥塵血雨가尙未關霽ᄒᆞ야呼哭이繼起ᄒᆞᄂᆞᆫᄃᆡ同氏ᄂᆞᆫ以若大臣地位로置之度外ᄒᆞ고花月名樓에風流가迭宕ᄒᆞ니此時를昇平日月로알고놀기ᄂᆞᆫ잘ᄒᆞᄂᆞᆫ고

▲近日韓人中不良輩가有力ᄒᆞᆫ日人의게偵察費를依賴食ᄒᆞ고無事ᄒᆞᆫ人을纖芥之嫌만有ᄒᆞ면斯客의干連인이義兵의協從인이百方搆捏ᄒᆞ야謂之嫌勿偵探이라ᄒᆞ고一次入聞ᄒᆞ면諸般惡刑에致命者無數ᄒᆞ니日人도偵探者에奸狀을己悉ᄒᆞ고反爲嗣捉ᄒᆞ니此所謂縱淫之理가出爾反爾로고

▲日昨夜에慶尙北道自衛團派員최廷德氏의送別宴을明月館에開ᄒᆞ고妓女와樂工과倡夫로各樣歌舞를迭奏ᄒᆞ얏다니近日一進會頭領大臣이風流場에놀고지니以下會員은아니놀고무엇ᄒᆞ고俟會에서ᄂᆞᆫ놀고말것고

▲近日에賣官醜聲이少息ᄒᆞ더니徵收官이賣官의一目的物이라驛土種稅納期가未定ᄒᆞᆷ으로今番에奔競이尤極ᄒᆞ야向日에郡守를運動ᄒᆞ든有錢客들이驛土委員을圖得ᄒᆞ라고尾洞某大臣家에輻湊如市ᄒᆞ니韓人에奔競은死而後乃已ᄒᆞᆯ이로다

▲會洞七松亭附近에日人이韓人人力車를乘ᄒᆞ고賃金은不給ᄒᆞᄂᆞᆫ故로互相詰難ᄒᆞ다가日人이短刀로韓人의背部를刺ᄒᆞ야重傷ᄒᆞ얏다니同是同洲同種으로此等蠻行을暴加ᄒᆞ니日人眼中에ᄂᆞᆫ韓人을犧牲으로視ᄒᆞᄂᆞᆫ게로고

●社告

本社支社를左開五郡에設置하얏사오니該附近地에서本申報購覽ᄒᆞ실 僉彦은一切該支社로請求ᄒᆞ시고代金도該氏의게로送交ᄒᆞ심을務望ᄒᆞᆷ

代金 國文全 漢文每朔並郵稅四拾三錢 三拾八錢

左開

支社位置及氏名

旻瀾邑南門內 崔載淳
殷栗邑倉前里 金奎璧
古阜邑許洞 殷弼漢
群山港東彰社 姜允植
龍川楊市會堂 宋判駿
黃菊保

大韓每日申報社

雜報

◎百拜稱謝 淸州郡曾各里金景河氏ᄂᆞᆫ教育에熱心ᄒᆞ야本月初四日에該洞에서夜學聯合試驗을開ᄒᆞ얏ᄂᆞᆫᄃᆡ同氏가夜學徒와國體됨을感謝ᄒᆞ며日今日은即我韓獨立之日이라ᄒᆞ고百拜稱謝ᄒᆞᆫᄃᆡ該學徒가金氏에拜謝ᄒᆞᆷ을感激ᄒᆞ야一層興起ᄒᆞᆫ다더라

●酒校漸就 郭山郡石湖里私立學校教師池尙周氏와校監金相식氏ᄂᆞᆫ本以經義從事者로觀此時局ᄒᆞ고翻然開悟ᄒᆞ야以新학文上熱心으로募集靑年ᄒᆞ야孜孜勸勉ᄒᆞᆫ더러夜學徒가數拾名에達ᄒᆞ야스며且新聞縱覽所를設立ᄒᆞ고字字曉喩에權重牧竪라도每夕慣聽에知識을開발케ᄒᆞ니文明發達에將就之望이有ᄒᆞ다더라

●李氏有志 昆陽郡昆明面月坪居ᄒᆞᄂᆞᆫ前參奉李奎夏씨ᄂᆞᆫ元來賦性이慈諒ᄒᆞ고公益上事業에注意ᄒᆞᄂᆞᆫ人氏인ᄃᆡ同郡浣紗坪等地에서徐川江長流水를築洑作畓次로今年一月에農部에請願票認ᄒᆞ야四朔만에竣工ᄒᆞ얏스며又其家에私塾을設ᄒᆞ고靑年子弟를募集ᄒᆞ야熱心勸학ᄒᆞ니該氏의殖産教育에孜々ᄒᆞᆷ을人皆欽歎ᄒᆞᆫ다더라

◎募徒雅算 鐘洞光南학校에셔學徒를廣募ᄒᆞ얏거니와또幼稚科를特設ᄒᆞ고來二十五日에募集ᄒᆞᆫ다더라

●狂人懲治 去月二十四日下午二時量에狂漢金處成이泰仁郡校宮殿門四隻을破碎ᄒᆞᆫ故로即時捕捉懲治ᄒᆞ얏고該漢이指天叩地ᄒᆞ며大聲詬罵曰渠家三代가讀書尊聖이어ᄂᆞᆯ至於渠身ᄒᆞ야三歲失怙ᄒᆞ고身亦以痛疾로十七年苦痛이라가至於危境이라ᄒᆞ고侮聖悖說이不可形言이기로仍爲牢囚ᄒᆞ얏다고該郡守洪範植씨가內部로報告ᄒᆞ얏더라

●金家賊警 再昨日上午五時에西署樂峴布木商金公巽家에賊二名이各持六穴砲ᄒᆞ고突入ᄒᆞ야紙貨四拾六元과銀차四個與指環三個와網巾一件을奪去ᄒᆞ얏다더라

◉國債報償義捐金收入廣告

◉國債報償義捐金 十一月中本社收入總額

每日逐号明細錄

●拾一月十八日

第一五七四号

宣川水清面嘉物里拾九圜廿錢

計拾九圜二拾錢

十一月拾八日々지收入總額 一百十五圜廿五錢

自四月至拾月收入總額 五萬六千九百〇二圜四十一錢七厘

都總合五萬七千〇十七圜六拾六전七厘

●平化宣川水清面嘉物南里

車通政孝恒 車基贊 高文賢 姜奎燦 車仁轉 車龍佃 車載益 각一圜

車成奎 車龍燦 車京贊 鄭治基 鄭鎬翁 車泰日 리鳳德 車重呂 白仁贊 각五十錢

車重賢 四拾錢

田文珏 차鱗贊 차泰奎 白聖大 차義轉 黃金石 차觀英 차秀弼 차南重 각卅錢

차命俊 차國瑞 方道成 차賢成 차國彦 차仁哲 차錫祥 金鳳詰 차重由 차大賀 차國貞 차國信 차熙麟 차錫信 차在成 鄭治俊 차重尙 金行三 金鳳德 차守漢 朴德見 洪在夢 각卄錢

桂雲基 차石金 각十錢

合十九圜二十錢

前號總合五萬六千九百九十八圜四拾六전七厘

都總合五萬七千〇十七圜六十六錢七厘

◎特別廣告◎

國債報償金再昨日까지所捧은姑未合計이고拾月々자所捧總合五萬六千九百〇二圜四拾一錢은從氣會社內銀行에貯置ᄒᆞ얏고其貯置額中三萬二千三百圜은國債報償志願金總合所로移交홈

廣告

本局에셔十年을研究ᄒᆞ야(野香消瘡丹)이란藥을發明ᄒᆞ얏ᄂᆞᆫ대男女勿論ᄒᆞ고무ᄉᆞᆷ瘡疾이던지(一劑十四圓)을每日一箇式服用ᄒᆞ면效驗이百發百中되ᄂᆞᆫ고每日뵈落至ᄒᆞ와買去ᄒᆞ오이瘡질잇ᄂᆞᆫ僉位ᄂᆞᆫ오리고싱마시고速々히來臨ᄒᆞ야問議ᄒᆞ심을希望홈

定價金 上品一劑金四圜 下品一劑金貳圜五角

分舖 仁川港杻峴和平局 龍洞濟生堂

發賣所 京城鍾路 慈惠藥房 仝 共愛堂藥房

雖外邦이라도郵便으로부처ᄂᆞᆫ슈가잇소

越南亡國史 國漢文

定價貳拾伍錢

發賣所 京城廣橋高裕相書舖 鍾南鐵川郡陽時夏

告白 屛下김相萬

政治原論

安國善 編述

定價金 六十錢 郵稅 四錢

人類ᄂᆞᆫ政治的動物이라政治思想은人類가國家를構成ᄒᆞᆫ要素ㅣ니國民된者ㅣ政治ᄂᆞᆫ不知ᄒᆞ미可ᄒᆞ리오況今政治ᄂᆞᆫ日新ᄒᆞᄂᆞᆫ時代에君子ᄂᆞᆫ斯道를研究ᄒᆞᆯ必要가有ᄒᆞ고學校에教科書로用ᄒᆞ기適宜ᄒᆞ니

發賣元 京城校洞 彰信社 中央書館 大東書市 各書舖

▲西藥便方 定價金一圜

右冊은西洋醫藥方書를我國文으로아러보기쉽게飜譯

代理店 京城梨峴寶藥店李信華 命洞博文書館李益亨 仁川龍동濟生堂李庚鳳

目錄

●補益丸 封製 十日分定價金壹圜

右藥은米國大學醫院處方인ᄃᆡ主治效能은陰虛冷遺精遺尿食慾缺損虛弱腰痛眩暈頭痛月經不調疝氣神經病手足厥冷老衰男女健忘症에有效ᄒᆞᆷ

●驅虫散 右藥은大人小兒一回分定價十錢

●四時感冒丸 一日分十錢

●瘡疾藥 右藥은男女一期에五十錢

●淋疾藥 右藥은男女淋疾에七日分定價一圜

●眼藥 右藥은清明眼藥二日分定價金十五錢

●咳嗽藥 右藥은咳嗽에有效ᄒᆞᆷ定價四十錢

●疥瘡藥 右藥은無思疥瘡老幼에有效定價十錢

以上方文은漢城衛生院 製藥學校監督人池錫永氏의檢查ᄒᆞᆫ證明

本藥房에셔以上各藥을製造發賣ᄒᆞᆷ

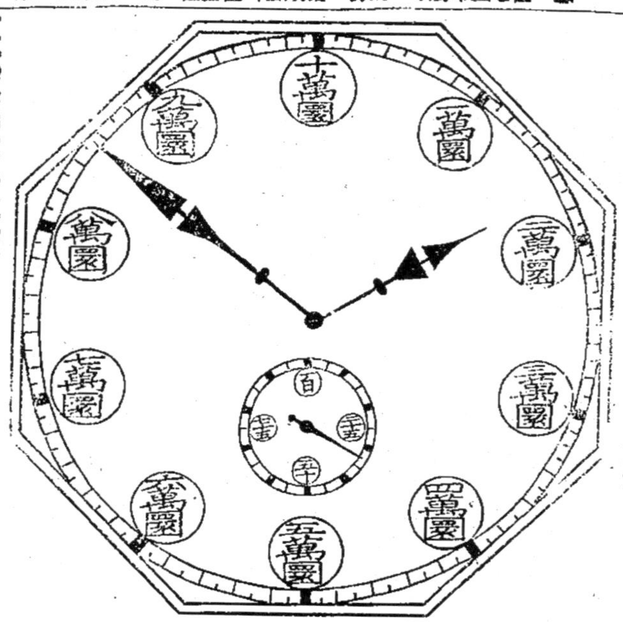

皇城基督教青年會廣告

皇太子殿下 下賜壹萬圜

大掛鐘의迴轉ᄒᆞᄂᆞᆫ規則

此掛鐘의抄針이每一度迴轉ᄒᆞᄂᆞᆫ대壹百圜을指示홈이오

長針은每一度迴轉ᄒᆞᄂᆞᆫ대壹萬圜을指示ᄒᆞ고

短針은每一度迴轉ᄒᆞᄂᆞᆫ대拾萬圜을指示홈

義務捐助金寄附人員及數額

農商工部大臣 宋秉畯氏 貳百圜

金容鎭氏 五拾圜

無名氏 壹千圜

伊太利建國三傑傳 一冊 正價金三十錢

此書ᄂᆞᆫ距今數十年前에伊太利愛國者瑪志尼、加里波的、加富爾三傑이奄奄垂亡ᄒᆞᆫ國勢를挽回ᄒᆞ야歐州列强間에鼎峙ᄒᆞᆫ事實을國漢文으로譯出ᄒᆞ야ᄂᆞᆫ니其艱難危險의經歷과嘔心瀝血의景況이讀者의哀情을感發ᄒᆞᆯ만ᄒᆞ오며其百折不屈의意氣와其九死靡他의熱誠이讀者의愛國心을激起ᄒᆞᆯ만ᄒᆞ오니有志君子ᄂᆞᆫ不可不座右에置ᄒᆞ고常目에掛ᄒᆞᆯ冊子오니陸續來購ᄒᆞ시옵

發賣所 皇城布屛下 廣學書舖

仝 博文書館

仁川杻峴 關東書舖

平壤鍾路 耶蘇教冊사

義州南門外 廣學書館

本人이日本大阪商業家와特約ᄒᆞ고日本內地産出各種物品과西洋各種物品及器械等物을我大韓에輸入ᄒᆞ야委托을便利케ᄒᆞ기로約ᄒᆞ얏ᄉᆞ오니商工業에有意ᄒᆞ신僉君子ᄂᆞᆫ某物이든지請求코져ᄒᆞ시거든本社로來議ᄒᆞ시오本社에셔ᄂᆞᆫ手數料金만受ᄒᆞᆷ

興業社本店 皇城南大門內興業商舖

支店 京城南門內水標橋五十一號

大戶 仁川港內 廣濟院

大東旅宿館

廣告

大東旅宿館長

本館을設立ᄒᆞ고規則을定ᄒᆞ야旅客의便宜를圖ᄒᆞ오니僉君子ᄂᆞᆫ來臨ᄒᆞ심을望ᄒᆞᆷ

新聞縱覽 廣告

大東旅宿館

告白

●本社廣告

○申報價

一張代金	新貨二錢五厘	
一個月前納		三十錢
三個月		九十錢
六個月		一圜七十錢
一個年		三圜四十錢
郵稅一張	新貨五厘	
一個月		十二錢

發行兼編輯人 英國人 裵說

發行所 皇城南署石井洞第外埠三牌洋屋 大韓每日申報社

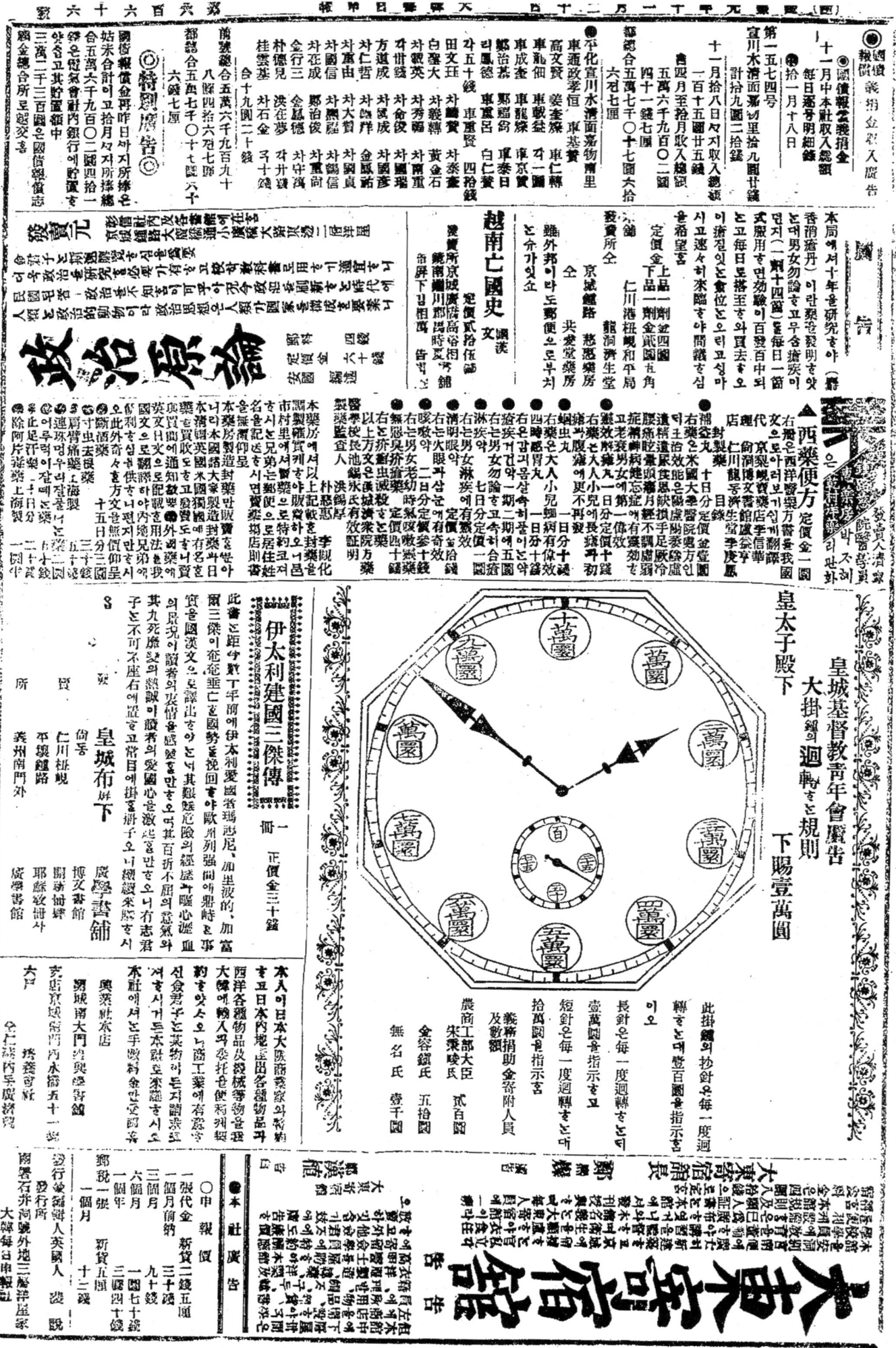

第五卷

大韓每日申報

第六百六十七號

月曜及慶節識時日休刊

檀君開國四千二百四十年
箕子元年三千二十九年
大韓開國五百十六年
日本明治四十年
淸國光緖三十三年
陰曆丁未十月小十六日甲戌

論說

◉暗中豫言（續）

然則美國과一次戰爭이起호면要避不得으로英國에셔借款을슈밧긔업스느然이나英國은日本이目今에如彼負債如山홈을見호고셔야借給홀理가萬無홀지라此는尙矣勿論이니倫敦市場에셔日本公債證券의價格이早巳歸於虛飾하얏스니盡時에日本大臣이還償홀商賣爲替券에惡習이綻露된지라으로英國財政官들은日人을信用호지아니호는지라

然而美國이巴拿瑪運河의疎鑿을未竣호야日本의侵伐的政略을抗拒하기에尙今未備홈으로不得巳强仍호야日本의게借款호여쥬기를肯與허리라홈에퇴氏의辯論에對호야吾儕는只是微笑而已오敢欲발뭅로다該記者가又言호되美日關係가將來에太平洋에셔必將相觸호려니와巳拿瑪運河가竣工될동안에는日本이其艦隊를能히强堅케홀便利가有호다호얏고該記者가可有的警歎이란目錄에셔日佛과日淸의關係를摘拔호야更論호얏는뒤先次에는近者日佛協約을論及하얏고後次에는日本이淸國에武官敎師를不送호고但淸國留學生을自國內士官學校에許入하는거슨兩國間에戰端을開催호는嚴切홈意向이有홈이로다

然而若日佛協約이日佛戰爭을防止케홈効力이有홀진뎌日露協約은英露協約을觀察홀지라도日露戰爭을防止케홈効力이無홀지라其不然乎아호고或이有問焉호리라호얏더라

日本의게恐嚇을受홀餘에露國에此等記者가産出하야此발論을進行홈은免不得홀事이어니와盖日本이其實着處의方向을虛托호야與美有隙호는다시홈은日本이方今에韓國東海沿岸에在호라지레푸港（永興灣을指홈）으로陸海軍軍港을삼아軍備가周備호고船渠를搆成호며城津港으로陸海軍滋灣을合아海蔘威를對抗호는新根據地를作호며咸興府下에海蔘威로向호는海邊沿路에巨大홀軍路品兵站部를建築호며韓國과滿洲에在홀日本居留民은殆乎豫館址이오又鉄道의工事를速成호기爲호야倍價를支拂호고諸般材料와軌車를美國에注文호얏스니如斯히日本이軍隊를露國邊境에迅速運送홀거슨可以確證이며尙且自由航海홈으로以호야旅順奉天哈爾賓線과齊口新民屯線과韓國奉天間線此三個通信線에便利가有하며蒙古에宗敎傳道와를管設호야日人敎師와武器를派送호며今春에蒙古人의게致호는武器와裝裁호一隻船을淸國當局者가發口에서捕獲하엿다호며滿洲와蒙古에日露學校를開設호며蒙古諸王과密接關係를增進하야去夏間에土爾古特親王이日本에遊行호얏스며日本이욱코트쓰크（沙加連島正北露領土）沿岸全部를漸次占取호는지라上項事實을信호는否ㅣ問曰日本이西伯利亞隙地에셔지穿入하며沙加連（樺太島인대其南半部는現今日本에屬홈）之北半部와坎察加（화太島東北露領地）를占取코저호야莫大호精力을消費홈은是何意想고홈지면에쓰퇴氏가答曰（以下隱語）푸리댜물예에잇는登錄호金田四方三十萬町을金貨四億萬磅에可及的으로讓與호고조바이칼예에잇는良好호土地五千萬底斜町（露坪數）이入於其手호죽日本이專力호기를甚少히홀거지오隙地에셔지太遼히入去호자아니리라호리라호노라

以上所聊이備畧而甚美矣니更無餘蘊이다讀者諸君은宜默會而沈思之어다 完

官報

詔勅

◉號外隆熙元年十一月十九日

詔曰慶會를遇호야大赦를降홈은有國의常典이라朕이新히寶位에登호야百度를維新코저호며況文明호世運이大開호야風氣가一變호는今日을際호야職蔚호罪孥가豈無호리오其自開國以來로經凡名在罪籍者의擧兵犯上호者와及强盜를除호外에는罪名를一并蕩滌호고現在호流配及巳決在囚者도一切疏釋호야死者로써昭晰호는殊恩을咸被케호고生者로써放釋호는特典을皆蒙호야和氣를導迎호고維新을咸與케홈事로亟히內閣으로會議擧行호야臨慶호는自를示호라

隆熙元年十一月十八日

御名　御璽

內閣總理大臣大勳李完用
法部大臣勳一等趙重應

詔曰古之敎育太子이必選孝悌博聞有道術者호야置之師傅之位然後에成就容德호야萬邦以貞호느니朕이深惟宇內之大勢와國家長遠之計호야將欲以及明敎育으로施之於儲宮일식而師傅之任이寔難其人이다旁求內外하야玆以大勳位統監公爵伊藤博文으로特爲太子太師호야委以輔導之任호노니伊藤統監은德高功隆하고學通古今호야於我邦에實有撑天支厦之勞호야朕之所常敬重者也라今雖以官爵相糜하나禮遇則宜殊ㅣ니特以親王禮로待之호야位在百僚之右호노니咨我伊藤太師는欽哉호야無孤朕意호라

御名　御璽

隆熙元年十一月十九日

內閣總理大臣二勳李完用

御名　御璽

內閣總理大臣二勳李完用

皇帝若曰朕이惟컨디國은以儲嗣爲本이오育儲嗣는以早敎爲本而敎有古今之異호니現當世界交通之日호야欲啓發知識호고兼通文武則不可但以春坊胄筵侍講對로爲敎也라必資遊學之功然後에야可以成就才德호야明鉄治道ㅣ니故로泰西諸國之太子도多於幼年에遊歷外國호야至任仕人師籍者호나惟我皇太子는英睿夙就호야實有試之德호야政宜於早遊學이오不可深居鋼闕이라故로命太子太師統監公爵伊藤博文호야屬任日本호야輔導護호고凡係敎育之道는專賴於大日本大皇帝호야而期成就호니此固我韓初有之盛擧오而亦我韓無彊惟休之機與라冀日勃興我國家호며維新我邦命호며開發我泰運之望이可以謂由今日此擧而始는朕心無疑라惟爾臣民은咸悉此意호라

隆熙元年十一月十九日

御名　御璽

勅　宮內府大臣勳一等李允用

詔曰皇太子를命호야日本國에留學호라

隆熙元年十一月十九日

御名　御璽

宮內府大臣勳一等李允用

◉第三千九百二十八號　隆熙元年十一月廿日

◉宮廷錄事

宮內府特進官兪吉濬辭職疏
批旨省疏具悉懇如此特進之任依施

宮內府特進官趙羲淵辭職疏
批旨省疏具悉所請依施

宮內府特進官[illegible]　辭職疏
批旨省疏具悉所請依施

敍任及辭令

寶峰郡主事朴元淳
密陽郡主事朴贊永
吉州郡主事呂賢達
免本官
咸鏡南道觀察道主事山名知恆
振威郡主事趙東翊
東萊郡主事朴圭錫
依願免本官
任興海府主事　鄭時武
內部治道局主事　尹衛重
依願免本官
任德源府主事　金鳳熙
任興陽郡主事　前議官金정泰
任慶山郡主事　장志淳

外報

●英國海軍擴張　倫敦電을據호則英國에셔海牙平和會議에對호야希望호던것이旣히歸虛호故로更히戰鬪艦을製造호기로決定호엿다더라

●英帝訪問期　倫敦電을據호則英國皇帝皇后兩陛下게서來年春季頃에伯林을訪問호신다더라

●俄帝勅語　伯林電을據호즉俄國國會開院式에俄帝께서는臨御치아니호시고侍從武人을代送호사勅語를朗讀호는디其要에日國內외秩序와安寧을維持호고國民의利益과幸福을增進호야行政의改良을企圖홈은帝國議會에責任이된다하엿더라

●答禮使발程準備　北京電을據호則淸國外務部게서今回에溥倫貝子를答禮大使로日本에赴홈게就호야國書에玉璽를鈐홈事와日本皇帝及각大臣의게土産物品獻上件을準備中이라더라

●海蔘威歡迎會　海蔘威發電을據호則美陸軍卿타프트氏는再昨日에海蔘威에入港호야盛大호歡迎會에盛宴을受하얏는뒤俄曆七日에特別列車를搭乘호고俄都로발向홀터이라더라

●德帝召命記者　伯林電을據호則德國皇帝陛下께서는倫敦에駐箚호德國大使館房에서英國新聞發行者記者等을召命하야新聞上諸問之言셧다더라

●袁 偵探　北京電을據호즉袁世凱氏는天津에서偵探四십五名을率호고江浙省에來호야反對黨의行動을偵探호는대同地御史等이謂호되偵探홀事가아니라호고袁世凱씨와率혼偵探을還送하라호즉袁氏가即時其偵探을天津으로回送호엿다더라

●法國軍隊增加　伯林電을據호則法國에서陸軍砲兵에就호야野戰砲兵을增加호기로企圖라더라

雜報

●幸行次序　太皇帝陛下께옵서前報와如히昨日上午十時에出　御ᄒᆞ사雲峴宮에幸行ᄒᆞ옵시ᄂᆞᆫᄃᆡ日本騎兵은置之ᄒᆞ고警察官吏가騎馬警衛하얏스며太皇帝陛下께옵서馬車로　御乘ᄒᆞ옵셧ᄂᆞᆫᄃᆡ承寧府侍從長趙民熙氏가驂乘ᄒᆞ얏스며嚴貴妃及ㆍ親王妃께서四人轎를乘ᄒᆞ얏스며雲峴宮에臨　御ᄒᆞ사大院王祠宇에展拜ᄒᆞ옵시고卽時桂동宮에臨　御ᄒᆞ사祠宇에展拜ᄒᆞ옵시고雲峴宮으로還爲臨　御ᄒᆞ셧다가下午四時에還　御ᄒᆞ셧다더라

●宗社展拜　大皇帝陛下께옵서　宗廟及社稷에展謁ᄒᆞ옵심은已揭前報어니와追聞ᄒᆞᆫ즉展拜時에ᄂᆞᆫ冕服을　御着ᄒᆞ시고還告ᄒᆞ실時에ᄂᆞᆫ大元帥服裝을御着ᄒᆞ옵셧다더라

●詔下留學　大皇帝陛下께서皇太子殿下께詔勅을下ᄒᆞ사日本國에留學ᄒᆞ라ᄒᆞ셧다더라

●臨御敎明　皇太子殿下께옵서留學次로日本에出駕ᄒᆞ시기前에桂동宮敎明義塾에一次臨御ᄒᆞ신다더라

●罪犯奏放　法部大臣趙重應氏가今番大赦詔勅에對하야前後罪犯에放免案을再昨日에奏ᄒᆞ얏다더라

●一去不還　伊藤統監이今番에歸國ᄒᆞ면統監府諸般事務를副統監에게委任하고該氏ᄂᆞᆫ還任치아니ᄒᆞᆫ다더라

●兩大歷訪　總理大臣李完用氏와法部大臣趙重應氏가再昨日上午十時에統監官邸에前往ᄒᆞ야伊藤氏를訪問ᄒᆞ고回路에李總理ᄂᆞᆫ農大宋秉畯氏私邸에歷訪ᄒᆞ얏다더라

●警監訪問　昨日上午十一時에警視總監丸山氏가法部大臣趙重應氏私邸에訪問하고多時間談話ᄒᆞ얏다더라

●見習試取　軍部에서日本軍隊見習生을前解散隊尉官中人으로增爲試取ᄒᆞᄂᆞᆫᄃᆡ自願者가一百八十餘名中에九人을試取ᄒᆞ얏ᄂᆞᆫᄃᆡ該人의게前日頒賜ᄒᆞᆫ恩金을還納케ᄒᆞᆫ다더라

●民戶買入　太皇帝陛下께옵서別宮으로移　御ᄒᆞ시ᄆᆡ犯入ᄒᆞᆫ民家가不少ᄒᆞᆫᄃᆡ瓦家ᄂᆞᆫ每間에四千兩이오草家ᄂᆞᆫ每間에二千兩式으로家價를支給ᄒᆞᆫ다더라

●測量見習　測量技手見習生試取ᄒᆞᆫ다ᄂᆞᆫ說은前報와如ᄒᆞ거니와試取ᄒᆞᆫ後六個月을見習ᄒᆞ고技手를叙任ᄒᆞᆫ다더라

●文簿整理　拾三道驛屯土收租에關ᄒᆞᆫ書類를度支部로沒數送交ᄒᆞ얏ᄂᆞᆫᄃᆡ該文簿整理ᄒᆞ기爲하야經理院官吏三員을度支部로囑托視務케ᄒᆞᆫ다더라

●麗守減俸　麗水郡守宋在燮氏가五朔을曠官ᄒᆞ다가今纔還任ᄒᆞᆫ즉不可無警이라고該道觀察使가內部로報告ᄒᆞ얏더니自該部로一個月減俸ᄒᆞ얏다더라

●劉씨照律　義兵의干連이有ᄒᆞ다고平理院에被囚ᄒᆞ얏던劉相德을審査ᄒᆞ야流十年에照律宣告ᄒᆞ얏다더라

●宣使電招　慶北宣諭使金重煥氏ᄂᆞᆫ上來ᄒᆞ라고內部에서電報하얏다더라

●旅費云絀　一進會에서各地方에自衛團을派送ᄒᆞᆯ터인ᄃᆡ旅費가窘絀ᄒᆞ야姑未發程ᄒᆞᆫ다더라

●日語夜　前協辦嚴柱益氏가養正義塾內日語夜學課에每夜에出席ᄒᆞ야熱心受業ᄒᆞᆫ다더라

●緣何捉縛　日本人我島가再昨日上午十時頃에宮內府大臣李允用氏家에來到ᄒᆞ얏ᄂᆞᆫᄃᆡ居無何에日本巡査가捕縛以去ᄒᆞ얏다더라

●木溪戰歷　本月十二日午後五時에義徒百餘名이忠州郡木溪에來到ᄒᆞ야臨時特務分派所를襲擊ᄒᆞ미巡査三名과巡檢六名이應戰ᄒᆞ다가壤勢不利하고衆寡不敵ᄒᆞᆷ으로忠州로退却ᄒᆞ미忠州守備隊와野野部以下巡査五名이急行ᄒᆞ얏다더라

●養蠶收斂　江華郡守高晴龍씨가該郡에다養蠶傳習支所를設ᄒᆞᆫᄃᆡ每一股金을五元式으로的定ᄒᆞ며家家戶戶이委員를派定ᄒᆞ야收入ᄒᆞ기로ᄒᆞᆫ다더라

●兩氏宣告　全南裁判所判事金奎昌가法部에質稟하되被告安洪述과金甲鐵의案件을檢事公訴에由ᄒᆞ야此를審理ᄒᆞᆫ즉被告等이昌平郡高光順의指揮를從하야竹鎗을持ᄒᆞ고光武十年陰拾二月三拾日夜에同黨約五拾餘名이南原郡鎭衛隊와同郡郵便局을襲擊인바其目的은日人을逐送코ᄌᆞᄒᆞᆷ이라ᄒᆞᆫ事實은被告等의陳供自服에證ᄒᆞ야被告安洪述金甲鐵를政事를變更ᄒᆞ기爲ᄒᆞ야亂을作ᄒᆞᆫ者律로減二等ᄒᆞ야流拾年에處ᄒᆞᆷ으로宣告라ᄒᆞ얏더라

●日兵衛火　尙州郡化西面山城里와同郡靑溪寺를義徒의接住所라하야該郡守備隊에서燒火ᄒᆞ야民家二拾戶와寺刹五拾間이沒燒ᄒᆞ얏다더라

●金씨放釋　原州대副尉金泳玉씨가義兵의게數次被執ᄒᆞ얏다가脫身上京之際에又捉於日兵ᄒᆞ야警視廳에被囚ᄒᆞᆫ지數日이더니日昨에無罪放免ᄒᆞ얏다더라

●家庭重　靑年學院에純國文으로발行ᄒᆞ던家庭雜誌ᄂᆞᆫ家庭敎育界에大光彩를放ᄒᆞ고一切有志男女의大贊賀을博ᄒᆞ던雜誌인ᄃᆡ中間에財政이窘絀ᄒᆞᆫ所致로累朔停刊되얏다니今番에該社社長柳一宣씨와贊成長張志淵氏가更히協議ᄒᆞ야家庭에有益ᄒᆞᆫ論說과談叢을著撰ᄒᆞ며滋味잇ᄂᆞᆫ歷史와談話를蒐輯하며其他學問과知識을啓발ᄒᆞᆯ材料를博採ᄒᆞ고兼ᄒᆞ야圖畫를增加ᄒᆞ얏ᄂᆞᆫᄃᆡ廣學書舖에委托ᄒᆞ야本月二十五日부터第八號를발行ᄒᆞᆫ다니讀者ᄂᆞᆫ購覽하야歡迎ᄒᆞᆯ만ᄒᆞ더라

●廣信細則　廣信社에서稱以調業ᄒᆞ고城外城內各客主를會同ᄒᆞᄂᆞᆫᄃᆡ不應ᄒᆞᄂᆞᆫ客主에ᄂᆞᆫ各居間人의게細則費要給ᄒᆞ고物件을不得放賣케ᄒᆞ되或有居間人이면罰金百圜式徵納ᄒᆞᆫ다ᄒᆞᄂᆞᆫ故로百餘名居間人과각客主의冤聲이狼藉ᄒᆞ며또客商許口文을舊定式四分外에五里를加捧磨錬하ᄂᆞᆫ故로客商等이將次農部에呼訴ᄒᆞᆫ다더라

●列車脫線　再昨日에京釜線急行列車가大邱附近秋洞驛에서脫線ᄒᆞ야三臺가破損되얏다더라

●協會演說　來日曜日에大韓協會에서尹孝定ᄂᆞᆫ大韓協合의本領이란問題로鄭雲復氏ᄂᆞᆫ政黨의責任이란問題로演說ᄒᆞᆯ터인ᄃᆡ其所綜核活潑ᄒᆞᆫ論辯은國民義務에不容不傍聽이라더라

●光校落成　開城郡光明學校를洋製로二層을宏壯히新建築ᄒᆞ고本月拾六日下午一時에落成宴을設行ᄒᆞ얏ᄂᆞᆫᄃᆡ內外國紳士가多數來參ᄒᆞ얏고該校長金鴻植氏가趣旨說明ᄒᆞᆫ後에來賓尹應斗와贊助遠高義일柳文鉉容著尹致昊諸씨가祝辭後進茶果立食禮를行ᄒᆞ얏고該校創立은本年郡中에서每日日工錢拾錢式收入ᄒᆞ야經費를充用ᄒᆞᄂᆞᆫ中今番建築時木役土役에役費ᄂᆞᆫ一分도不受ᄒᆞ고各各月餘式赴役ᄒᆞ고建築費不足額은該校長金鴻植氏가獨自擔當ᄒᆞ얏다고人皆讚頌ᄒᆞᆫ다더라

●甲郡興학　甲山郡守金璣鉉시가敎育上에熱心ᄒᆞ야家諭戶說ᄒᆞᄃᆡ現今國權恢復의方針이新學問을開明ᄒᆞ며新知識을발達ᄒᆞᄂᆞᆫᄃᆡ自在ᄒᆞ다ᄒᆞ미一郡人民이愛國的思想을感발ᄒᆞ며設校的方法을硏究ᄒᆞ야一心團體로곳自鳩聚에私立普興학校를剏設ᄒᆞ고高明ᄒᆞᆫ敎師를延聘ᄒᆞ며聰俊학徒를募集하야九百課程을勤奬하미現在學徒가三十餘人에達ᄒᆞ얏다고將來人에稱頌이有ᄒᆞ더라

●運動延期　靑年學校에서昨日永道寺에前往ᄒᆞ야秋期大運動을擧行ᄒᆞᆫ다더니該寺에서設備에相値가되야本日로延期擧行ᄒᆞᆫ다더라

▲地方情形▼

▲延安郡龍川面과海州郡秋伊面等地에義兵이各驛屯土及京人의田畓舍音의게傳令ᄒᆞ고今年秋收ᄂᆞᆫ沒數히大廨所로送致ᄒᆞ라고無數恐喝ᄒᆞ미該舍音等은窘迫을不勘ᄒᆞ야依令擧行ᄒᆞᆯ것다ᄂᆞᆫ捧置票를收去하얏다ᄒᆞ고

▲本月九日에義兵若干이高敞郡衙에突入ᄒᆞ야郡主事長純鍾을威脅ᄒᆞ고公錢八十八圜을奪去ᄒᆞ얏다고古阜稅務官의電報가度支部에來到ᄒᆞ얏다ᄒᆞ고

▲義兵將李康年의率ᄒᆞᆫ義兵의形勢ᄂᆞᆫ益益猖獗ᄒᆞᆫ다ᄒᆞ고

▲加平郡先登山과永平郡白雲山에義兵이根據地로삼고駐在ᄒᆞᆫ義兵의數交가四五千名에達ᄒᆞ얏ᄂᆞᆫᄃᆡ或數十名或數百名式作隊ᄒᆞ야永平抱川楊州加平列郡으로橫行ᄒᆞ며京人田畓의秋收ᄒᆞᆫ穀을執留ᄒᆞ며徒黨을募集ᄒᆞᆫ다ᄒᆞ고

▲十五日에慈仁郡東方約二十里地에서義兵約一百五十名이日兵과三時間을交戰ᄒᆞ얏ᄂᆞᆫᄃᆡ兩隊死傷은未詳이라ᄒᆞ고

▲拾五日全州郡三禮에서日人一名이宿泊中에義兵이襲擊ᄒᆞ다ᄂᆞᆫ急報를益山分派所에서接ᄒᆞ고日守備대騎兵將校以下三拾名과警視以下拾七名이該日人을保護ᄒᆞ기爲ᄒᆞ야同地로急行하야翌日午前十時에到着ᄒᆞ야義兵의駐屯處를探知ᄒᆞ고高山方面에前往交戰ᄒᆞ얏ᄂᆞᆫᄃᆡ日人一名이被害ᄒᆞ고義兵은려山方面으로退却ᄒᆞ얏다하고

▲拾四日水原郡金良場에義兵約一百五拾名이襲來ᄒᆞ야一進會員의家屋을燒却ᄒᆞ고會員二名을捉去ᄒᆞ엿다ᄒᆞ고

▲拾七日忠州堤川淸風附近에義兵約三百名이駐屯ᄒᆞ얏ᄂᆞᆫᄃᆡ忠州로서日兵四拾名이急行ᄒᆞ야交戰ᄒᆞ얏다ᄒᆞ고

▲拾七日開城郡에서出발ᄒᆞᆫ日兵이豐德郡西方四拾里率退里에서義兵約三百名과交戰ᄒᆞ얏ᄂᆞᆫᄃᆡ死傷은未詳ᄒᆞ다더라

▲鵲椎有聲▼

▲中樞院議官李址鎔씨ᄂᆞᆫ幾年欄柄世事中에握ᄒᆞ야三千里江山을一時에賣食ᄒᆞ고忽地風波에高臥龍山江亭ᄒᆞ야白鷗로同盟하더니宮內大臣李允用氏가使命으로日本에渡去ᄒᆞ면該大臣署理를被任ᄒᆞᆫ다ᄒᆞ니인제ᄂᆞᆫ賣食ᄒᆞᆯ거시업실걸

▲京鄕閒散郡守運動客들이權門勢家에昏夜眞乞ᄒᆞ야金錢이賂動ᄒᆞ야百方圖得ᄒᆞ다가近日義擾가猖獗ᄒᆞᆫ地方에ᄂᆞᆫ각郡守의辭職請願이內部에逐日답至ᄒᆞ야曠官이許多ᄒᆞ니此等者流의게分憂之責은不足擧論이어니와甘呑苦吐에炎凉이可憎이로고

▲近日南北山下頑固老人들이開化ᄒᆞᆯ目的으로聚首相對ᄒᆞ야日語를學習ᄒᆞᄂᆞᆫᄃᆡ隣人이耳聒이라ᄒᆞ니白首幾年에舊夢을欲醒하야開明世界를蹄登코ᄌᆞᄒᆞ나日就만學習ᄒᆞ면智識발達로知하ᄂᆞᆫ지七十老翁이何所求오

▲여보近日에곤會가또낫다지數年以來로許多ᄒᆞᆫ會가作起作滅ᄒᆞ야社會上有志人士가恨歎不已ᄒᆞ더니又刱一會ᄒᆞ야人士가會集ᄒᆞ니此會ᄂᆞᆫ鞏固ᄒᆞᆫ지에ㅣ某處에指揮만承ᄒᆞ면其會와如히磐石之固가되것지

▲日前에何許日人이統監府官吏의帽子를着하고前奉侍裵錫銘氏家에來到ᄒᆞ야日我ᄂᆞᆫ日本統監府官吏인ᄃᆡ主人大監이昨年避身ᄒᆞᆫ事에關하야更爲捕捉하라ᄒᆞ니我를紙貨七拾圜만給하면一週日內로無事케ᄒᆞᆫ다ᄒᆞ미該家에서如數히備給ᄒᆞ얏ᄂᆞᆫᄃᆡ該賊漢은日本의有名大賊이라ᄒᆞ니賊漢도日本賊漢은凶計가尤甚이로고

▲未開時代에ᄂᆞᆫ石孔內에서出去ᄒᆞᄂᆞᆫ守令가假虐鄕民에怨聲이狼藉ᄒᆞ더니近日에ᄂᆞᆫ土豎中으로서上來ᄒᆞᆫ强豪가威脅京流에ᄉᆞ毒이尤甚ᄒᆞ니可謂陰地가陽地되엿고

●社告

本社支社를左開五郡에設置하얏사오니該附近地에셔本申報를購覽ᄒᆞ실　僉彥은一切該支社로請求ᄒᆞ시고代金도該氏의게로送交ᄒᆞ심을務望ᄒᆞᆷ

代金 漢文每朔並郵稅四拾三錢
　　國文仝　三拾八錢

左開

支社位置及氏名

長淵邑南門內　崔戰淳
殷栗邑倉前里　金濚璧
古阜邑許洞　殷璐漢
群山港東彩社　姜允植
　　宋判殿
龍川楊市書堂　黃溺保

大韓每日申報社

雜報

●勅奏會音　南來人의傳說을聞ᄒᆞᆫ즉德山郡에在ᄒᆞᆫ驛土는今月分에金委員爲名人이稱以新舍音ᄒᆞ고多率下隷ᄒᆞ야各作人處에威脅收賭ᄒᆞᄂᆞᆫ中或徵納作人이有ᄒᆞ면縛之打之에不留時刻이며니及其收賭에莫重公穀을任日擅賣이기로舊舍音金化先이가該與賣之ᄒᆞ라와야一向督迫ᄒᆞ야作人等이舉訴本郡ᄒᆞᆫ즉公穀은爲先執留이고已賣穀은自該洞으로擔任케ᄒᆞ고未賣穀은待上府訓飭ᄒᆞ야出給ᄒᆞ라得題이오나所謂新舍音의行爲가㨿測ᄒᆞ야舊舍音이經理院에𨻶實呈訴次로上京ᄒᆞ얏다더라

廣告

本部維持에關ᄒᆞᆫ問題로評議員會에決議되와今月二拾四日（日曜）下午一時에臨時總會를礦洞普成專門學校로開ᄒᆞ오니會員은來臨ᄒᆞ심을務望

大韓俱樂部　告白

鄭實祚의祚字를榮字로改定ᄒᆞ오니知舊間照亮

水原鄭實榮　敬告

本人의子弼得戰克兄弟가性本浮浪而蕩敗家產에無立錐之地어날僞造文券ᄒᆞ야出沒京鄉에欲圖外債ᄒᆞ오니無論內外國人ᄒᆞ고愼勿見欺ᄒᆞᆷ

錦山濟原劉翼烈　告白

本人의姓名圖章을陰拾月拾日에遺失ᄒᆞ얏ᄉᆞ오니僉君子ᄂᆞᆫ照亮ᄒᆞᆷ

東署於義洞呂南植

本人의子李瑛圭가失眞成狂ᄒᆞ야不知去處이오니知舊間에逢着ᄒᆞ시거든即通本人爲要

楊州古邑　朴召史　廣告

本人의姓名方章을陰十月初六日에木浦港에셔遺失ᄒᆞ야該章은勿施ᄒᆞ오니知舊間照亮ᄒᆞᆷ

濟州白弘日　白

▲生徒募集ᄒᆞᆷ

本校內에男女學堂을分設ᄒᆞ고教內教外子女를教育ᄒᆞ기爲ᄒᆞ야課程과規則을發美케制定ᄒᆞ얏ᄉᆞ니子女間教育에有志ᄒᆞ신僉君子ᄂᆞᆫ速々히本校로來議ᄒᆞ시옴

南署勝洞
勝洞耕常高等小學校　告白

◉特別

本人이美國新製上等無線스필링（自轉車）을壹百圓에放賣ᄒᆞ오니購買ᄒᆞ실이ᄂᆞᆫ即速來臨ᄒᆞ시옴　大邱府留宅순　告白

本藥房에셔藥을精製販賣ᄒᆞ오며婦人小兒에診藥도精明이ᄒᆞ오며年久難治病외ᄂᆞᆫ服藥ᄒᆞ시허效出ᄒᆞ면後에야代金을領受ᄒᆞ깃ᄉᆞᆸ고白玉[illegible]新發明ᄒᆞᆫ粉인ᄃᆡ얼골[illegible]회게ᄒᆞ오니來問하시옵

南署大平坊曲橋第十二統三戶
[illegible]　布告

陰本月十一日午後八時에至羅道海南居金商會가梁千貫丸ᄒᆞ야纂山行仁川行十三日午後三時에到泊仁川ᄒᆞ야輪船同坐仁川居留ᄒᆞᆫ日本人ᄒᆞ야日人이群山셔沐關에去ᄒᆞᆫ故로可方을暫是看換ᄒᆞ라더니更爲不來故로可方을가지고來ᄒᆞ엿ᄉᆞ니京南門外萬里峴一百四十六統二戶金德鉉家留ᄒᆞ오니即爲推尋切望

金商會　告白

本人이拾月初八日에當文二萬兩을留置於安동鞋廛李鍾泰處이고受其任置票ᄒᆞ야與利次로該任置票을出付於李益周러니事不如意이옵기該任置票을卽欲推來ᄒᆞᆫ즉該益周가不良之心으로此탈彼탈ᄒᆞ고終不出給故로該任置票ᄂᆞᆫ勿施ᄒᆞ기로廣告하오니內外人ᄂᆞᆫ勿爲見欺ᄒᆞᆷ

延安　黃圭鉉　告白

[illegible]

本校學徒를募集ᄒᆞᄂᆞᆫ廣告인바또幼穉科를特設ᄒᆞᆫ기廣告ᄒᆞᆷ
一年齡　七歲以上
一募集日子（陽十一月廿五日
（陰十月廿日上午十時）
但入學證書ᄂᆞᆫ本校에셔集債
投與

私立華洞光南學校

慶尙南道金海郡柳下面內德里居崔夏汝가年今六十餘에以老病으로近一載臥於床笫라가今初五에病果가闕사ᄒᆞ야已至隕命의血脈이已絕이라其長婦金氏가以出天感孝之誠으로以刀로斷無名指ᄒᆞ야出血灌口而血有不足之慮ᄒᆞ야又斷其長指ᄒᆞ야繼灌其血則已死其舅가忽有回甦之氣而僅支三日後에畢竟以天命으로隕絕云하니父母之喪은人皆當之者而以血肉已出之子孫으로도爲親斷指가世所罕有커든爲시舅斷指救命之婦가世或有幾人乎아金氏婦人之卓越孝行은隣境之欽歎且感著也요宜乎褒揚竪立之美事故如是揭實廣告ᄒᆞᆷ

文東晃
右兩 禹致雲
　鄭大賢　告白

明月館織紵開業廣告

小春寒候가漸緊ᄒᆞ온데官民僉社會가僉閣下의健强萬福ᄒᆞ심을顒祝ᄒᆞ오며陋屬가따라發ᄒᆞ시기開業ᄒᆞᆫ바이가니非但發常館의利益만爲홈이아니오國家의進步上에一部分盡力ᄒᆞ야各種食料와器具를ᄒᆞ며各種和品을完美ᄒᆞᆫ바ᄂᆞᆫ더욱供進ᄒᆞ야各種을開發ᄒᆞ와入人의取學가ᄒᆞ야米下謙ᄒᆞ온바其類가無欠ᄒᆞ옵ᄂᆞ니先生이ᄒᆞ시면不彌ᄒᆞᆫ如ᄒᆞ면무온有ᄒᆞᆯ다ᄒᆞᆯ줄노告ᄒᆞᆯ이多더ᄒᆞᆫ閣下와各廣般社會의勸業을有ᄒᆞᆷ이如에勸ᄒᆞ上不潮ᄒᆞ시가盤ᄒᆞ館에셔藥ᄒᆞ고孤販ᄒᆞ니君子와更셔益加愛顧ᄒᆞ심을伏望

隆熙元年十一月　日
黃土峴　明月館　告白
（電話七百二十五番）

關東一爲名漢이本人의姓名圖章을僞造ᄒᆞ야所親處에盜債ᄒᆞᆫ事有하며該章은勿施ᄒᆞ고新章을製造ᄒᆞ오니勿論內外國人은以此照亮ᄒᆞ시옵

瑞山朴準用　告白

本人의家夫鄭基漢氏가數年來失性所致로家事ᄂᆞᆫ長子翊浩의게引繼ᄒᆞ얏더니家夫之舉措乖當은洞悉ᄒᆞᆷ으로由ᄒᆞᆫ人士에容恕ᄒᆞ심이여ᄂᆞᆫ澤雖婦은失性發人을認作可貸ᄒᆞ고百般教唆ᄒᆞ야家舍與田土文券으로將欲典執得債于外國人이오니無論內外國人ᄒᆞ고信聽雜言ᄒᆞ야损害家夫로被兩去來이다가無至自失追悔ᄒᆞᆷ

公州城內大昌洞居李召史告白

本人陰九月二日本郡古城面境에俠囊中姓名圖章及紙貸八十圓幷셔失則內外國人拾得勿施

鐵州批峴面廣岩韓錫英　告白

學徒洋裝書冊
學徒運動諸具
羅紗各種
衣服裁縫並
　各種靴
　美國金鷄蠟
　雜貨ᄅᆞᆯ廉價發賣
ᄒᆞ오니諸君子ᄂᆞᆫ來臨ᄒᆞ시ᄃᆞᆯ바나이다

仁川港奇峴洞新昌肆

瑞士建國誌

定價金 新貨拾五錢

此冊은瑞西小說이니志士의救國救民ᄒᆞᆫ歷史와人民의愛國心을養成하ᄂᆞᆫ데緊要ᄒᆞᆫ冊子오

發賣所

▲大韓每日申報社
▲仁川港栗峴　朝新册肆
▲中署布屛門下　[illegible]
▲平壤城內鍾路　[illegible]
▲鍾路　[illegible]
▲蒯口越便　中央書館
▲雜路　大[illegible]
▲大[illegible]　[illegible]
▲南門　[illegible]
▲開城　[illegible]冊사

廣告

本公司始運來大韓國特別新捲紙烟製品純良香味與別貨不同近有市上牌號混雜請諸君認明本牌爲記庶不至悞

代售店　京城大貞洞　福源號
總代理店　仁川淸租界　安泰公司

영미국정부젼미두허셔유발동긔굴자행거졍미긔계츄부속품을일졀염방미ᄒᆞ오

直輸入商
韓國代理店
仁川本町
中根商會
電話七拾參番

●教育學
譯述 崔光玉
校閱 朴殷植
定價金廿五錢

此書ᄂᆞᆫ教科書排列과教授法則과訓鍊制度가詳細備載ᄒᆞ야一般教育者의寶鑑이될터오니有志僉君子ᄂᆞᆫ速速購覽ᄒᆞ심敬要

發賣所
京布屛下書舖　金相萬
平壤貫洞　耶蘇教書院
安岳邑　勉學書會

▲新刊書籍發售廣告
增補無冤錄大全 國漢文 定價金七拾五錢
大韓法規類纂洋裝
　三圓五拾錢　郵稅四拾錢
初等倫理學教科書　二拾錢
初等衛生學教科書　拾五錢
國家學綱領　拾五錢
國民須知　八錢
獨習日語正則洋裝 鄭雲復著　定價二拾五錢
發賣所　皇城布屛下　金相萬書舖

◎國債報償志願金總合所廣告

◎永川郡古村面三浦동
최奎洪 黃佑明 各一圓
朴炳奎 八拾전 鄭琦休
鄭珹休 李三美 黃禹景
李永基 各六拾錢 金永昨
四拾錢 鄭만休 一圓
李鍾九 姜永基 각六拾전
최奎潤 四十전 黃永弼
최奎暢 金炳一 宋潤錫
李鎭榮 각卄錢

▲月城동
金斗泰 金馨培 각一圓
李之英 八拾錢 金洙培
金文培 박世발 金鏞培
金顯述 각六十錢 金鶴仍
金顯九 金顯夏 각四拾錢
崔奎翼 二十전 金顯華
金顯泰 金顯先 각四拾전
金聲哲 六十錢 金宅寬
四十錢 黃禹根 六十錢
張慶道 金相培 각四拾전

▲淸京洞
金澤滿 朴日千 각一圓四拾전
金致坤 六拾錢 金萬卜
金丁局 權德守 李景根
각卄전 文斗守 四拾錢
金根春 二拾錢

▲河樹동
李本文 辛錫和 각八拾錢
鄭昌敎 張卜出 朴鎭生
張六發 辛聖烈 金鍾河
鄭龍宅 裵元俊 朴敬烈
崔榮杜 張學植 朴筮祚
각六拾전 金癸八 辛東烈
각四拾전, 張本皓 六拾전
金成鐸 四拾전 辛海穀
金若善 각卄전 金致鍊
鄭十전 尹哲每 金錫斗
崔大同 各卄錢 辛宗海
四拾전 千重斤 朴東柱
각卄전 辛太植 四拾錢
李好元 金鳳孫 李鍾聲
각二拾전 未完

廣告

本局에셔十年을研究ᄒᆞ야(醫香消瘡丹)이란藥을發明ᄒᆞ얏ᄂᆞᆫ대男女勿論ᄒᆞ고무슴瘡疾이던지(一劑十四箇)를每日一箇式服用ᄒᆞ면效驗이百發百中되ᄂᆞᆫ고每日로搭至ᄒᆞ와買去ᄒᆞ오마瘡질잇ᄂᆞᆫ僉位ᄂᆞᆫ오리고싱마시고速々히來臨ᄒᆞ야商議ᄒᆞ심을希望ᄒᆞᆷ

定價金 上品一劑金四圓 / 下品一劑金貳圓五角

本舖 仁川港栍峴和平局

發賣所 仝 龍洞齊生堂

京城鐘路 慈惠藥房

仝 共愛堂藥房

雖外邦이라도郵便으로부치ᄂᆞᆫ슈가잇쇼

越南亡國史 國漢文

定價貳拾伍錢

發賣所 京城廣橋 高裕相書舖 / 永川郡 鄭萬時 夏

屛下 김相萬 告白

發賣元 京城鐘路大廣橋通小廣橋大路其邊二層洋屋 彰信社內及各書館에在ᄒᆞᆷ

人類ᄂᆞᆫ政治的動物이라政治思想은人類가國家를組成ᄒᆞᄂᆞᆫ要素니民國된者ㅣ政治를不知ᄒᆞᆷ이可ᄒᆞ랴況今政治를刷新ᄒᆞᄂᆞᆫ時代에더욱政治를研究ᄒᆞᆷ이必要ᄒᆞ니此書ᄂᆞᆫ學校의敎科書로用ᄒᆞ기適宜ᄒᆞ니僉君子ᄂᆞᆫ斯速購覽ᄒᆞ시옵소셔

政治原論

定價金 六十錢 郵稅 四錢

安國善 紀述

▲西藥便方 定價金一圓

右冊은西洋醫藥方書를我國文으로아러보기쉽게飜譯

代理店 京城寺洞 大東書館 李信華 / 仁川龍洞 博文書館 益亨 / 濟生堂 李庚鳳

目錄

● 補腎丸 十日分定價壹圓
右藥은米國大學醫院處方인데治效는陽虛損手足厥冷과遺精遺尿眩暈頭痛健忘症과月經不調虛弱과腰痛男女病衰老에效驗이有ᄒᆞ고
● 右藥은人小兒一日分長一錢定價十錢
● 瘡腹痛에更不再發 二十錢
● 右藥은大人小兒一日分十錢 一病十效
● 四時感冒丸 一日分十錢
● 右는감기몸살속히一期이五十錢
● 瘡疾에는男女論ᄒᆞ고今日分定價五十圓
● 淋疾은男女七日分定價一圓
● 右는眼病에有效 定價一合
● 右는火眼과삼눈에有奇效
● 咳嗽는男女老幼二時分定價十錢
● 右는蟲積이에有效定價十錢
● 無惡瘡疥癬殺虫藥
● 右는上方文으로洪滅垢藥
● 以上諸藥은池錫永氏有效證明

醫學校監 池錫永 證明
製藥 金八

本藥房에서以上記載ᄒᆞᆫ朴惡洪錫鉉李觀化
調製ᄒᆞᆫ藥을販賣ᄒᆞ고封藥을邑
市村里에셔는特約ᄒᆞ오니
ᄒᆞ시ᄂᆞᆫ兄弟는郵便으로居住姓
名을記ᄒᆞ야買藥ᄒᆞ시면 店則書
을無價贈呈ᄒᆞᆷ
本藥房의製造封藥과日
니라本國獨製ᄒᆞ야外에有名ᄒᆞ고
濟衆院藥房英國醫師가贊助ᄒᆞᆫ藥
藥을買收ᄒᆞ야外國藥과我
與買人에通知ᄒᆞ며用法을
英文으로記錄ᄒᆞ야兄弟에게
英文及漢文으로翻譯ᄒᆞ야
國文으로方文을供ᄒᆞ니
便利ᄒᆞ시옵소셔

此外各藥은價値를仰呈ᄒᆞ오니
斷酒藥 十五日分 二圓
寸虫藥 三十錢
肩背痛藥 五十錢
連珠瘡藥 二十錢
어루러기 잘 바르는藥
止汗藥 一日分
除阿片藥 上海製 一圓半

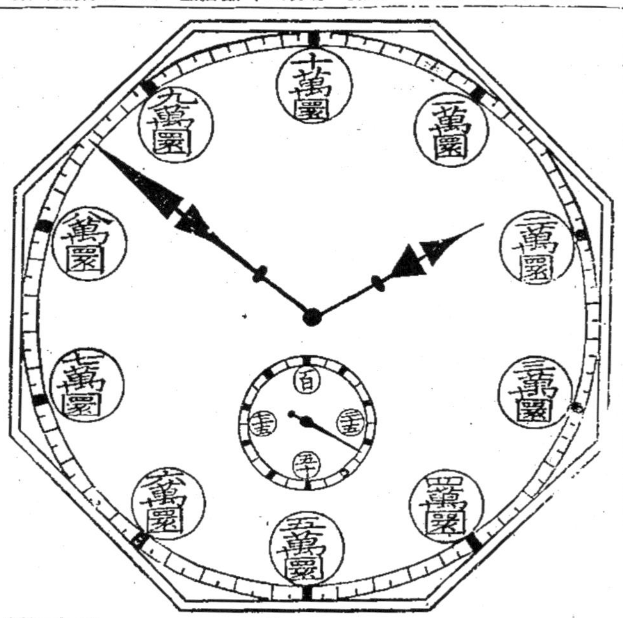

皇城基督敎青年會廣告

大掛鍾의廻轉ᄒᆞᄂᆞᆫ規則

皇太子殿下 下賜壹萬圓

此掛鍾의抄針은每一度週轉ᄒᆞᄂᆞᆫ대壹百圓을指示ᄒᆞᆷ이오

長針은每一度週轉ᄒᆞᄂᆞᆫ대壹萬圓을指示ᄒᆞ고

短針은每一度週轉ᄒᆞᄂᆞᆫ대拾萬圓을指示ᄒᆞᆷ

義務捐助金寄附人員及數額

農商工部大臣 宋秉畯氏 貳百圓

金容鎭氏 五拾圓

無名氏 壹千圓

伊太利建國三傑傳

一冊 正價金三十錢

此書ᄂᆞᆫ距今數十年前에伊太利愛國者瑪志尼、加里波的、加富爾三傑이奄奄垂亡ᄒᆞᆫ國勢를挽回ᄒᆞ야歐洲列强間에鼎峙ᄒᆞᆫ事實을國漢文으로譯出ᄒᆞ얏ᄂᆞ니其艱難危險의經歷과嘔心瀝血의景况이讀者의哀情을感發ᄒᆞᆯ만ᄒᆞ오며其百折不屈의意氣와其九死險變의熱誠이讀者의愛國心을激起ᄒᆞᆯ만ᄒᆞ오니有志君子ᄂᆞᆫ不可不座右에置ᄒᆞ고常目에掛ᄒᆞᆯ冊子오니續續來購ᄒᆞ시옵

發賣所 皇城布屛下 廣學書舖

同동 博文書館

仁川栍峴 廣新書舖

平壤鍾路 耶穌敎書舖사

義州南門外 廣學書館

本人이日本大阪商業家와特約ᄒᆞ고日本內地産出各種物品과西洋各種物品及機械等物을我大韓에輸入ᄒᆞ야委托ᄒᆞᄂᆞᆫ便利케契約ᄒᆞ얏스오니商工業에有意ᄒᆞ신僉君子ᄂᆞᆫ某物이든지請求코저ᄒᆞ시거든本社로來議ᄒᆞ시오本社에셔ᄂᆞᆫ手數料金만受領ᄒᆞᆷ

興業社本店

漢城南大門內興學書館

支店京城南門內水標五十一統

大邱 興業會社

仝仁港內동 廣濟號

◎本社廣告

○申報價

一張代金 新貨二錢五厘
一個月前納 三十錢
三個月 九十錢
六個月 一圜七十錢
一個年 三圜四十錢

郵稅一張 新貨五厘
一個月 十三錢

◎大韓每日申報各處支社賣捌所

中署布屛門下 金相萬書舖
平壤上水口門內 金浩燮
仝 崔叡恒
仁川栍峴關新書舖 李基鍾
寅川邑廣房冊肆 安 潽
義州西門外宣西 大東局
釜山港佐川 徐相局
三和港築洞 金元溶
咸興南州社西門外 曺喜林
開城南大門內興學書舖 汲助連
大邱市場 崔一弘
觀察邑濟衆院 劉夢祥
鐵山邑東部 安 直
元山倉前 劉七鎭
海州南門內 朴昌鎭
定州邑門內書舖 洪成인
晉州郡校동 許 환
郭山興岩 李錫瑞
安岳細동坊成동 咸道善
寧川舊津 리鎭成
安州城內義井洞 金鳳河
鐵原邑棠洞 趙鍾大
高原邑 朴敎吉
濟州城內一徒里客舍洞商亨來 李錫宰
井邑邑內 金昌榮
泰仁邑內 金鼎濟
興德後浦 李基泰
京義線枇峴驛쳅術 崔淑淳
長湍邑內門內 金榮瑩
殷栗邑前里 崔錫漢
古阜邑許洞 宋判巖
群山港東彩社 黃菊保
龍川楊市中堂

發行兼編輯人英國人 裵說

發行所

南署石井洞外地三層洋屋家 大韓每日申報社

第五卷

大韓每日申報

第六百六十八號

月曜及慶節
該時日休刊

檀君開國四千二百四十年
箕子元年三千二十九年
大韓開國五百十六年
日本明治四十年
淸國光緒三十三年
陰曆丁未十月小十七日乙亥

論說

○奉讀誓告文

韓國 大皇帝陛下의셔社稷에誓告신은日昨本紙上에旣載어니와其誓告文中에大旨를奉讀컨대一은韓國內에大功績을進就ᄒᆞ기에君臣이正實之道로常取ᄒᆞ거시오二ᄂᆞᆫ農工業에每用注目ᄒᆞ야人民으로快樂케ᄒᆞ며邦國으로强富케ᄒᆞ거시오三은地方에各樣困難及擾亂을除去ᄒᆞ야邦國으로光榮케ᄒᆞ거시오四ᄂᆞᆫ法律及行政을一般人民의게至公ᄒᆞ도록改良ᄒᆞ야人民으로憂慼及不公待遇를免脫케ᄒᆞ거시오五ᄂᆞᆫ治政官職에信實及才能之人만擇任ᄒᆞ거시오六은敎育을最高ᄒᆞᆫ意思로發達ᄒᆞ야一般人民으로慕悅愛國ᄒᆞᄂᆞᆫ進就之策을追求케ᄒᆞ거시니다卓越ᄒᆞᆫ如此計策이實노萬全에出ᄒᆞ엿스니此計가成就에至ᄒᆞ면不幸不平ᄒᆞᆫ邦國을和平榮昌及快樂으로變遷ᄒᆞ려니와但過去數年之際에履行ᄒᆞ던것과逈異ᄒᆞᆫ方法을若不採用이면此計가能히成就ᄒᆞᆯ지不無疑訝니如此逈異ᄒᆞᆫ方法의採用될날을期待ᄒᆞᆯ而已로다

此樂居位ᄒᆞᆫ諸人의게對立ᄒᆞᆫ至大問題어니와但吾人은撫慰及緩和政策이秩序를回復ᄒᆞ기에不緊ᄒᆞᆫ强制와酷政보다無限ᄒᆞᆫ功效를生ᄒᆞᆯ줄노量度ᄒᆞᄂᆞᆫ비로라此國이和平에在ᄒᆞ기ᄂᆞᆫ一般吾人의願見ᄒᆞᄂᆞᆫ비니此半島에

在ᄒᆞᆫ列國人이仁惠之道로略干經驗을試하기에今其字機로다

官報

第三千九百二十九號

隆熙元年十一月廿一日

◉宮廷錄事

●官內府達七十號

秘書監丞趙命熙奉職詔

宗廟 景孝殿 懿孝殿ᄒᆞ야奉審摘奸以來ᄒᆞ라신旨를奉承ᄒᆞᆷ이라

隆熙元年十一月十九日

官內府大臣勳一等李允用

辭令

度支部技手崔奎東

依願免本官

外報

●日本公債理由 倫敦電을據ᄒᆞᆫ則日本이美國과佛國에서公債를募集ᄒᆞ려하ᄂᆞᆫ것은平和目的에使用ᄒᆞᆯ金額이아니라ᄒᆞ엿더라

●新設德國領事館 伯林電을據ᄒᆞᆫ즉德國에서暹羅國盤谷에駐在ᄒᆞᆫ辨理公使를全權公使로昇格ᄒᆞ고臺灣淡水에駐在ᄒᆞᆫ領事館을廢止ᄒᆞ고日本下關에領事館을新設ᄒᆞᆯ터이라더라

●美領土聯邦 紐育電을據ᄒᆞᆫ則美國領土옥쿠라호마를去八日에聯邦ᄒᆞ야第四十六番州로삼고純然ᄒᆞᆫ一聯邦州가되엿다더라

●俄國陸軍日語研究 俄國參謀部附屬니고라이專門學校에셔ᄂᆞᆫ其課學中에日語研究를添入ᄒᆞ고敎官은日本에서日語研究ᄒᆞᆫ俄國人으로採用ᄒᆞᆫ다더라

●俄國領事館新設 日本敦賀에新設ᄒᆞᆫ俄國領事館은來月一日브터開館ᄒᆞᆯ터이오小樽에設置ᄒᆞᆫ領事館은來年四月中旬브터開館ᄒᆞᆯ터이라더라

●俄國陸軍改革 倫敦電을據ᄒᆞᆫ즉俄國陸軍을一層堅確히改革ᄒᆞᆯ基礎로第三回國民議會에셔會議ᄒᆞ야提出ᄒᆞᆯ模樣이라더라

●海軍新設置 北京電을據ᄒᆞᆫ則淸國政府ᄂᆞᆫ去番海牙平和會議에서海軍設置件을提出ᄒᆞ엿ᄂᆞᆫ딕軍港을選定ᄒᆞ야海軍鎭武所를設置ᄒᆞ고戰鬪艦四隻과水雷艇四十隻을建造ᄒᆞ며南北洋에海軍學校를設立ᄒᆞᆯ議論이有ᄒᆞᆫ딕其經費ᄂᆞᆫ內帑錢五百萬兩과各省에서二千萬兩을支出케ᄒᆞ고其外不足額은度支部에서支出케ᄒᆞ고來年經費ᄂᆞᆫ印紙及汽車稅收入金으로支出케ᄒᆞᆫ다더라

●淸日間領土關係 上海電을據ᄒᆞᆫ則淸國政府ᄂᆞᆫ日本이呂宋島附近에부라다쓰島를占領ᄒᆞᄂᆞᆫ것은將來에禍根을釀ᄒᆞᆯ뿐外라此島가淸國領土內에在ᄒᆞᆫ지라然而廣東省道台의게訓令하야調査케ᄒᆞ며日本이海軍根據地로삼을念慮가有ᄒᆞᆷ으로淸國外務省에서軍艦을派送ᄒᆞ야調査ᄒᆞᄂᆞᆫ任務를行ᄒᆞᆯ터이라더라

●軍物製造 紐育電을據ᄒᆞᆫ則日本砲機製造廠에서大砲와銃及彈丸을製造ᄒᆞᄂᆞᆫ대晝夜로工役ᄒᆞᆷ은日俄戰爭時보다益々汨沒ᄒᆞᆫ다더라

寄書

青年會ᄂᆞᆫ富國의起原 崔炳憲 續

美國人ㅣ지公은六十五萬圓의巨額을靑年會에交付하여日愚會의沉溺ᄒᆞᆫ者ᄂᆞᆫ其區內에서無用人物이될뿐不啻이라他발逆을防害케ᄒᆞᄂᆞᆫ者여놀維我青年은基督敎與의品格과愛人如己의思想으로淳良完全ᄒᆞᆫ人格을成ᄒᆞ야其區內와國家의有益ᄒᆞᆫ人民이되며信實ᄒᆞᆫ事業에進就ᄒᆞᄂᆞᆫ青年等級이幾倍나되ᄂᆞᆫ도다余가各處에設立ᄒᆞᆫ青年會로由ᄒᆞ야尤極善良ᄒᆞᆫ國民된青年을見ᄒᆞ니本會의敎育機關과德育培養ᄒᆞᄂᆞᆫ勢力이大哉々々라余가若干資本을寄付ᄒᆞ엿거니와他目的으로殖利ᄒᆞᄂᆞᆫ것보다幾倍나有益ᄒᆞᆷ을노知ᄒᆞᄂᆞᆫ것은人格을完成ᄒᆞ며青年事業을發達케ᄒᆞᆷ이第一緊要라ᄒᆞ고各實業家財政家學術家政治家外交家에서도同一ᄒᆞᆫ主意로本會를極力贊成ᄒᆞ나니國家富源이저年에在ᄒᆞᆫ줄로思想ᄒᆞᆷ이라推此論之컨ᄃᆡ國之富强이獨不在於財政이라實係乎道德眞理와人材培養이니愛我青年은文明隣國의敎導를謹守ᄒᆞ며自助自由의活潑精神을薰陶ᄒᆞ야勇進不闘則前途希望이國家富源을起ᄒᆞ리니上爲國家出力ᄒᆞ고下爲子民分憂ᄒᆞ야以國家依慇으로爲衰榮辱則國卽我也오我卽國也라奮發忠義ᄒᆞ며扶植富强이實爲大韓之幸福이오亦爲東亞之幸福이니嗟我青年이여勉之勉之어다

完

雜報

交河郡新五里面城谷里私立

宣明學校趣旨書

學校之爲治化本久矣民智之明暗國勢之隆替於此焉係三代以前所以民著俗厚材與術備者以其有學校之政修而敎之之詳也三代以後所以民暗俗渝才與術踈者以其學校之政廢而敎之之法弛也

然則學校之有關於國家顯不重歟惟我大韓崇儒重道文治彬彬庠序學之制大備已久而倫紀之發達斁敎之興行不愧三代焉不休哉雖然文弊之極虛蕪成痼士之所習不過詞章浮華之文所業不過繁縟冗節之儀道與器相離體與理爲二腐敗渙散不可收拾其故何哉蓋由弊極而不知立弛久而不知張故也

方今西歐學術勞年馳驟共殷工藝光學化學著名成說新有實驗富强之業精煥之技確乎其不可誣而世之學者皆乎說之以爲非人智識能力之所及嗚呼是豈有他術哉亦日敎學之得其道而已

聖天子深究其故留心致治之政所以獎勵誘掖者靡不用極於是上自 國都下及鄕閭亦校塾與有專門焉有普通焉有官立焉有私立焉規模之盛照幾於新而惟我宜城處在郊畿之外戶不下數千忠信魁奇之士往往出於其間宜乎先驅疾驅倡率勸導上以答國家之盛下以開蒙稺之見奈之何株守舊習不思自振以爲富强之業自由之權必當從天而降從地而出徒懷黑暗思想咸拋可惜光陰嗚呼愚溺而居下求顚而却步吾不知其可也本郡使君亦嘗慨然于此使里閭各行興務之敎育而城內吾邑中最僻巷也幸有同志幾人合力鳩財創設一校名曰宣明學校延聘敎授학徒爭集蔚然有可觀者於是乎斟酌古今刷新학科使學者先明乎大經而各

乎時宜蓋綱常倫彝經綸名分天下古今之大經也宜先講明以立其基本法律政治技術制算天下萬國之時宜也當因而革之以達其才藝大經固不可不先而時宜尤不可不達此吾學校之趣旨也然則特立用行內堅外健何歟西之足畏而三代之不可追哉毋曰不遠胡越不爲胡成孟子曰三年之病求七年之艾苟爲不畜終身不得凡我同志盍相勉旃

發起人 李根愚 李鶴來 等

●開城捐校 開城郡守朴一陽씨가從仕以後에諸般廢弊를一々革去ᄒᆞ야境內人民이安堵ᄒᆞ고敎育에熱心하야自己薄況을도와資貸一百二十圓을該郡私立學校에捐助ᄒᆞᆷ에一境有志紳士가幾許圓式을捐出ᄒᆞ야校況이興旺하다더라

●協律社 某々諸氏가協律社를設置ᄒᆞ고協議ᄒᆞ고用歟을現今施設ᄒᆞᆫ中이라더라

●官妓會社 宮內府所屬樂房妓生을今番新官制에拔去ᄒᆞᆷ으로外國府規例를依ᄒᆞ야一會社를組織ᄒᆞ고一般妓生을募集ᄒᆞ야妓夫ᄂᆞᆫ一齊히逐送ᄒᆞ고娛樂場으로使用ᄒᆞᆫ다더라

●宜乎照律 開城居崔聚永의强奪ᄒᆞᆫ詐欺敎育總會秋收穀合爲二十八石을京城裁判所에셔遠避罪律ᄒᆞ고竊盜의照律ᄒᆞᆫ다더라

●沮戲校堂 李東暉氏가金川郡助補人民과協議ᄒᆞ고族閣口文을加定ᄒᆞ야學校經費를充用케ᄒᆞ얏더니金川郡守柳昇東氏가李氏의被囚ᄒᆞᆫ時機를利用ᄒᆞ야敎育을沮戲ᄒᆞ야口文條에流涎ᄒᆞ다ᄒᆞ고該郡人民의輿論이紛紛ᄒᆞ더라

雜報

●玉駕路次 皇太子殿下ᄭ옵서 德壽宮에問安次로昨日下午一時에動駕ᄒ샤金虎門으로觀峴 齋동四街里 安洞松峴 東十字橋 光化門前路로從ᄒ샤 德壽宮에問安ᄒ옵시고同二時三拾分에還 御ᄒ옵셧다더라

●總相謁見 總理大臣李完用시가再昨日上午十一時에法部大臣趙重應시私邸에訪問ᄒ고內閣에仕進하얏다가下午十一時에德壽宮에前往ᄒ야 太皇帝陛下ᄭ謁見ᄒ얏다더라

●宮內官制先布 각部次官과統監府參與官諸씨가新官制事件으로每日統監府에서會議ᄒᄂᆫ대宮內府官制ᄂᆫ日間에爲先頒布ᄒ다더라

●參局官制 度支部內에參政局을設置ᄒ고官制를組織ᄒ얏ᄂᆫ대局長一人事務官一人書記郞이五人이라더라

●大誓祝謄 內部에서今番太廟와八條帝陛下ᄭ옵서社稷에誓告ᄒ신全文을謄本하야十三道觀察使에訓令ᄒ고管下각郡에曆飭ᄒ야懷遵擧行케ᄒ며각面各洞에眞諺翻飭ᄒ야使大小人民으로咸須知悉케ᄒ라ᄒ얏다더라

●三大參宴 總理大臣李完用씨와法部大臣趙重應씨와內部大臣任善準氏가三昨夜에承寧府侍從長趙民熙씨生日宴에齊會ᄒ야數時間耳語가緊密ᄒ얏다더라

●加額加費 日本理事廳警察官吏를廢止ᄒ고韓國警察官吏로合同ᄒ다ᄒ믄已爲報道ᄒ얏거니와其增額費가地方에ᄂᆫ六萬五千餘圓이오漢城에ᄂᆫ一萬三千餘圓인대支撥事로昨日度支部에서內閣에提議ᄒ얏다더라

●稱名變更 新官制頒布後에ᄂᆫ稅務監은廢止되고稅務官은稅務署長이라稱ᄒ고仝主事ᄂᆫ財務官補라고稱ᄒ다ᄂᆫ說이有ᄒ다더라

●農事講習 農商工部에서農務改良發展ᄒᄂᆫ事로農事講習會를組織ᄒ고一般官吏가每月幾次式講習ᄒ다더라

●未墾調査 水原振威陽川等郡에國有未墾地를調査次로農商工部에서官吏를派送ᄒ얏다더라

●三氏宥典 金夏集 鄭秉夏 安경壽氏等이今番大赦典에蕩滌後官爵을復하고諡號之典ᄭ지蒙ᄒ다더라

●面請防决 農相宋秉畯氏가李寅선趙斗楨兩씨와多日來獄에滯囚ᄒ事件으로法大趙重應씨를對ᄒ야日平理院에指飭ᄒ야斯速決處ᄒ라ᄒ얏다더라

●冬節桃花 忠州郡南邊面단월里志愍公林慶業氏書院에有ᄒ桃樹三枝가近日에開花ᄒ얏다ᄂᆫ說이有ᄒ더라

●旅費議撥 總理大臣李完用氏와農商工部大臣宋秉畯氏와度支部大臣高永喜氏가一進會自衛團派送旅費를農工漢一兩銀行으로서擔當支撥케ᄒ기로協議中이라더라

●國館落成 京城日本人民團會에서新築廳舍落成式을本月二拾二日에設行ᄒᄂᆫ대各府部大臣을請邀宴待ᄒ다더라

●何事上京 京畿道宣諭委員金基煥氏ᄂᆫ何等事件을因ᄒᆷ인지日前에上京ᄒ얏다더라

●樂友請邀 京城樂友會에서本月二拾二日同三日同四日三日間을歌舞伎座를開設ᄒᆫ次로該會長熊谷賴太郞氏가各部大臣及次官을同夫人來臨ᄒ라고請邀ᄒ얏다더라

●長守啓罰 長湍郡守李公雨氏를啓九拾에處ᄒᆫ意로宣告後에當日受贖ᄒ얏다고海州裁判所判事朴彝陽氏가法部에報告ᄒ얏더라

●全校紀念 全州公立普通學校長鄭春회氏가學部로報告ᄒ되本年拾二月四日은卽本郡新校舍를創建後移轉한第一回紀念日也라當日上午十一時에落成趣旨와紀念儀式을合幷設行ᄒ온바同時에生徒學藝會와生徒父兄懇話會를亦爲兼行ᄒ다ᄒ얏더라

●一進七死 北靑郡守최延斌시가內部에電報ᄒ되本月拾九日에山砲手等이本郡安山面에突入ᄒ야一進會員七名을砲殺ᄒ故로偵探次로日兵과巡檢을派送ᄒ얏다더라

●義校落成 本日上午九時에於義洞普通學校에서落成式과學員父兄會를兼行ᄒ다더라

●納稅無處 平壤郡所在擧國屯은統辞宮所屬인대該舍音이稅納을上納次로上京ᄒ야各宮事務整理所와經理院과度支部三處로來往하며上納ᄒ라ᄒ즉擧皆退却ᄒᄂᆫ故로所向無處ᄒ야彷徨타가不得已下鄕하얏다더라

●書類被燒 恩津郡守李尙萬氏가學部에ᄒᄂᆫ報告書를修置ᄒ얏다가本月五日夜에亂徒가該郡을襲擊ᄒ야書類燒燼中에右報告ᄂᆫ幷入ᄒ야日子가遲滯라고學部에報告ᄒ얏더라

●趙漢被捉 趙秉奎爲名人이自稱統監府高等官이라하고城內각署官人家에往ᄒ야詐欺取財ᄒ處가多數故로警視廳에서刪探ᄒ지屢日이더니再昨上午에東署에서趙漢을逮捕ᄒ얏ᄂᆫ대각署에通牒ᄒ고右漢의게被害ᄒᆫ人이有ᄒ거든這々起送ᄒ라ᄒ얏더라

●靑館講道 今日下午七点半에靑年會館에서査經會를開ᄒ고承동敎堂에서傳道ᄒ고徐相鎬씨가講道ᄒ되ᄂᆫ대有志僉彦이多數光臨ᄒ믈希望ᄒ다더라

●義校運動 去九月拾六日에義州邑西三拾里外野에秋期聯合大運動을設施ᄒ고外村二拾五學校徒三百五拾名이會集ᄒᄂᆫ대각其衣履을燦爛ᄒ얏ᄂᆫ대運動歌를一口呼唱ᄒ며太極旗를飛揚ᄒ며運動場을整列國立ᄒᆫ故로觀光者가人山人海를成ᄒ얏스며其威儀의嚴肅ᄒᆷ과氣色의勇壯ᄒᆷ과運動의活발ᄒᆷ을觀光者가一齊喝采ᄒ고體操會後에賞品을頒給ᄒᄂᆫ듸體操運動에ᄂᆫ비단旗를特授ᄒ섯ᄂᆫ듸信英學校ᄂᆫ二等旗오正心學校ᄂᆫ三等旗오玉川學校ᄂᆫ三等旗라各其學校旗上에高懸ᄒ고運動歌로齊唱解散ᄒ얏다더라

▲地方消息▼

▲伊川郡에서自衛團二百餘名이偵探ᄒ다가義兵의게砲團攻擊을當ᄒ얏다ᄂᆫ데死傷은無ᄒ다ᄒ고

▲開城北方三十里되ᄂᆫ天摩山城에保管ᄒᆫ舊式大砲二十八門을長湍郡義兵一百五十名이沒數奪去ᄒ얏다ᄒ고

▲長湍德隆洞에金秀敏의大陣이屯聚ᄒ야多營을準備ᄒ고軍糧을收聚山積ᄒ고資糧을募集ᄒ야遠近에偵探을聯絡布列ᄒ얏고服色은松栢色을着ᄒ고民間에作弊를嚴禁ᄒ고富民의秋收ᄂᆫ適宜取合ᄒ고衣服을或二三拾件或六七十件百餘件式分排徵取ᄒ며火藥及彈丸을多數收合하며或製造도ᄒ얏다ᄂᆫ대其數爻ᄂᆫ略二千名인ᄃ金秀敏은勇力이絶倫하고銃才가百發百中이라ᄒ고

▲北靑郡北方百里되ᄂᆫ後秋坪下內山에서義兵數百名이蜂起ᄒ야一進會長을殺害ᄒ얏다ᄒ고

▲十九日德安郡分派所에義兵十三名이襲來ᄒᆷ으로所員及巡査等이防戰ᄒ야同郡北方으로追擊ᄒ얏ᄂᆫ데同日午後에東西兩方面으로서義兵이更襲攻擊ᄒ야民家에放火ᄒᆷ으로極力交戰ᄒ다가衆寡不敵ᄒ야南方으로逃走ᄒ얏다ᄒ고

▲朴元速의率ᄒᆫ義兵約七百名이三陟郡黃地里에駐在ᄒ고不日大擧ᄒ야奉化郡을襲擊ᄒᆫ다揚言ᄒ고本月四日에義兵數名이奉化郡春陽面에檄文二度를揭付ᄒ얏스되

其 一

嶺左倡義士邊鶴基ᄂᆫ慶北諸君子의게泣血以告ᄒ오니我韓國은海東에在ᄒ야先王의法을遵ᄒ고禮樂法度ᄂᆫ閩洛諸賢을師ᄒ고衣冠文物은燦然極備ᄒ야遺風餘俗이唐虞三代를比ᄒ더니天에不測ᄒᆫ變이有ᄒ고人의朝夕之禍가有ᄒ야五百年宗社가罔極之變을遭ᄒ되世家喬臣이國家存亡을不知ᄒ고秦檜을自擅ᄒ며東西에開門ᄒ야日奴을引請ᄒ야尊嚴ᄒᆫ 皇室을屢次驚擾케ᄒ며今又海外逆臣을潛請ᄒ야政府를濁亂케ᄒ며三千里疆土를典賣케ᄒ며二千萬生靈을奴隷로作ᄒ야國脈와民情을支保키末由ᄒ니盟誓코神明의陰助를乞ᄒ며成敗利鈍과死生榮辱은置之勿問ᄒ고只死字符를守ᄒᆯ而已라豚犬과類ᄒᆫ倭賊이我大韓에來入ᄒ야々擧이不一ᄒ나韓國人民은國家의頒穫를不知ᄒ고銅貨로甘餌를作ᄒ야倭賊의隊伍ᄒ며國家虛實을探告ᄒ니然而不亡者何有리오不日에大陣이來到ᄒ야精兵計로써力戰ᄒ야國業의大事를圖謀코져ᄒ며方今接戰數次에所向에無不摧靡ᄒ니倭賊ᄂᆫ不足畏라嶺南은鄒魯之地也니何不早圖乎아千萬泣告ᄒ오니諒燭ᄒ라若不相應이면新賊之數이不鈍ᄒ고 皇天之罰이甚嚴ᄒ리라하얏고

其 二

大韓國은箕子ᄭ서遵法ᄒ신以來로文物이燦然俱備ᄒ지數千年이오本朝以來로五百年이라此時를當하야奸臣이滿朝ᄒ야社稷을危急케ᄒ며人心을騷擾케ᄒ니我擧義之本意ᄂᆫ 皇室을輔ᄒ며萬民을保ᄒᆷ에出ᄒᆷ이라朝鮮은貪賊의國이되야倭人之財에迷ᄒ야生死를不顧ᄒ고骨肉相爭이至ᄒ니舟中之人이皆是敵國이라然이나與倭同志者ᄂᆫ其能久乎아今嶺左倡義士邊其ᄂᆫ留兵千餘名을率ᄒ고嶺南에至코즈ᄒ노니萬民은各邑府에至ᄒᆫ日人의數을斥侯調査ᄒ야大陣所에報告ᄒ지며一心同力ᄒ며討倭相應하야倭賊을斥ᄒ며國政을正ᄒ야萬民을保ᄒᄂᆫ거시其不美哉아倭之斥侯者를認知ᄒ고도大陣所에不報ᄒᄂᆫ者ᄂᆫ倭賊의同類로視ᄒ얏더라

東京電報

二拾日발

●東宮乘艦準備 韓國 皇太子渡來ᄒ시ᄂᆫ듸就ᄒ야日本政府ᄂᆫ其乘艦에當ᄒ기爲ᄒ야軍艦滿洲號를二十三日仁川으로向ᄒ야橫須賀에서발ᄒ다더라

▲午天鐵筆▼

▲支那에서海軍鍊武所를設置ᄒ고戰鬪艦四隻과水雷艇四拾隻을製造ᄒ다ᄒ고俄國에서도徵兵令을改定하야新兵五拾六萬名을徵募하얏다ᄒ니彼兩國은軍隊를去益擴張ᄒ야國力을强壯케ᄒᄂᆫ대回顧韓國ᄒ면已有ᄒᆫ軍隊도解散하얏스니國力强壯을厭而然乎야

▲伊藤統監은今番에歸國ᄒ면統監府諸般事務를副統監의게委任하고永不還任ᄒᆫ다ᄒ니得意之地에ᄂᆫ不可再往인지

▲嚴柱益氏ᄂᆫ時局이變遷ᄒ미開明ᄒᆯ目的으로日語를熱心受業ᄒ다ᄒ니當此時代ᄒ야昭達思想은奬勵美矣ᄂᆫ日語만學習ᄒᄂᆫ거슨是何偏見인고亦不離勢인지日語ᄂᆫ不過通譯이니軍人으로ᄂᆫ民學專門이何如ᄒ오

▲江華郡守高馨相氏ᄂᆫ一進會總代中賀悃高手로江華郡守를敍任ᄒ엿스니開明ᄒᆯ줄로世人이知料ᄒ엿더니該郡에養蠶傳習支所를設ᄒ고每股金에五元式家々戶々히收入ᄒ다니貧寒戶에情況은不念하고若是收斂ᄒ니該會員의開明目的은此等事爲인지

▲韓國의稅政이紊亂ᄒᆷ으로각郡에稅務官吏를設置ᄒᆫ지가不過週年에稅務官吏의挾雜이더日層生ᄒ야前日郡守가收俸時보다幻弄이尤甚ᄒ다ᄒ니所以로守舊黨에서新法이不便하다ᄒᆷ만ᄒ지

●社告

本社支社를 左開五郡에 設置ᄒᆞ얏사오니 該郡近地에셔 本申報購覽ᄒᆞ실 僉彦은 一切該支社로 請求ᄒᆞ시고 代金도 該氏의게로 送交ᄒᆞ심을 務望홈

代金 漢文每朔並郵稅四拾三錢 國文仝 三拾八錢

左開

支社位置及氏名

瓮淵邑南門內 崔戰淳
殷栗邑倉前里 金泰聲
古阜邑許洞 殷翊漢
群山港東彰社 姜允植 宋判殿
龍川楊市會堂 黃菊保

向者軍隊解散時에 負傷ᄒᆞ야 折臂折脚된 士卒諸君에 對ᄒᆞ야 發起ᄒᆞᆫ 鄭圭煥諸氏等이 此事로 數朔을 盡力ᄒᆞ야도 結實이 難望故로 胃廳ᄒᆞ고 諸公家에 慈善之澤을 바라고 救助를 請ᄒᆞ려ᄒᆞᆫ단여도 아니된다ᄒᆞ오니 切甚慨歎이올기로 本社義務로 廣布ᄒᆞ오니 慈善諸君은 不拘多少ᄒᆞ시고 救助ᄒᆞ샤 使那死ᄒᆞᆫ 同胞로 ᄌᆞ濟ᄒᆞ심을 望홈

大韓每日申報社

雜報

●李씨辨明 日昨憲兵司令部에 被捉ᄒᆞ얏던 李京鎬氏ᄂᆞᆫ 時機上에 小有質問事ᄒᆞ야 數日滯留라가 放免되얏ᄂᆞᆫ데 挾雜과 探客이란 說은 傳之者誤라더라

廣告

本人의 姓名方章을 陰十月初六日에 木浦港에셔 遺失ᄒᆞ야 該章은 勿施ᄒᆞ오나 知舊間照亮홈

濟州白弘日 白

◉南陽普興學校 創設時義金

閔泳煥氏 閔泳徽시 각十五圜 嚴柱益시 金永振시 각廿圜 韓圭설시 五圜 尹德榮시 二圜 二圜五十錢 李培鎔시 二圜 李淵會시 韓肯鎬시 白寅基시 각一圜 李建淑시 洪璣杓시 姜祖熙시 각四圜 洪南善시 朴來煥시 각五圜 金泰順시 姜在煥시 각二圜 洪承恩시 一圜

◎南陽普興學校 落成時義金

洪禹善시 朴泰錫시 각二圜 申泰休시 金仁瀚시 權重奭시 각五圜 方漢德시 朴瑛錫시 각二圜 姜周회시 拾圜 崔在弘시 三圜 朴진錫시 二圜 閔泳浩시 二圜五拾전 洪南杓시 拾圜 金宗權시 五圜 黃連秀시 二圜 金容鎭시 二圜五十전 洪命善시 떰입시 각十圜 鄭榮九시 三圜 朴仁榮시 五圜 李達鎔시 尹用求시 각二圜五拾錢 施崗教시 李昌會시 각五圜 金汝道시 四圜 朴潤榮시 三圜 朴元植시 二圜 安이리사벳시 四圜 洪淳叡시 金世煥시 李有公시 각一圜 洪啟善시 金光植시 洪德杓시 姜寶시 朴來升시 宋基萬시 각二圜 洪采시 徐相玄시 各四圜 洪奎然시 一圜五拾錢 高英熏시 許일시 각五圜 陳瓚과시 池允善시 朴永甫시 각三圜 趙昌濬시 朴來豐사 車德裕사 各二圜 崔萬秉사 박基完사 許勳사 各一圜 白國京시 一圜五拾錢 韓晥教시 陳霜錫씨 洪建杓氏 각二圜 李東植氏 一圜

●特別廣告

國債報償志願金總合所에서 磚洞普成館內期成會와 義金受入文簿를 調査ᄒᆞ라다 該會主務吳榮根等이 僞詐不現ᄒᆞ고 義金所置가 不明ᄒᆞᆫ 所致로 憑證調査廣告도 已有ᄒᆞ엿거니와 方將摘持證物ᄒᆞ고 交涉官廳次로 又此布告ᄒᆞ오니 全國同胞ᄂᆞᆫ 照亮ᄒᆞ시되 領證도 不日示明ᄒᆞ시오

大韓每日申報社內 總合所

本院今番光武臺演藝會時入場券放賣ᄒᆞᆫ 數爻가 壹圓金票等券五百七拾八枚와 五拾錢貳等券五百拾枚와 貳拾五錢普通券三百三拾三枚價額이 九百拾六圜貳十五錢인ᄃᆡ 今十一月二十一日々지 收合實額이 柒百三十五圜五拾전이오니 買票ᄒᆞ신 僉君子ᄂᆞᆫ 速々惠送ᄒᆞ심을 務望홈

京城孤兒院 告白

本部維持에 關ᄒᆞᆫ 問題로 評議員會에 決議되와 今月二拾四日(日曜)下午一時에 臨時總會를 磚洞普成專門學校로 開ᄒᆞ오니 僉部員은 來臨ᄒᆞ심을 務望

大韓俱樂部 告白

●京城孤兒院에 寄附ᄒᆞᆫ 金額이 如左홈

日本皇太子殿下 五百圜
有栖川宮殿下 壹百圜
目下田種太郎 五拾圜
趙秉鎬 閔濬鎬 各拾圜
張헌周 李昇薰 각五圜
申泰休 三圜 白寅基 二圜
徐基夏 李泰郁 張昌植 張命基 許起龍 金東洙 각壹圜 閔濬鎬 壹圜冊捐助
延鐘根 李鍾均 李敬善 金炯奎 崔完植 각五拾錢
李鍾明 貳拾전

本人의 子親弟毅堯兄弟가 性本浮浪而蕩敗家産에 無立錐之境이 날 偽造文券ᄒᆞ야 出沒京鄕에 欲賣外債ᄒᆞ오니 無論內外國人ᄒᆞ고 愼勿見欺ᄒᆞ

錦川濟京洞 吳翼烈 告白

本人의 姓名圖章을 陰拾月初日에 遺失ᄒᆞ얏스오니 僉君子ᄂᆞᆫ 照亮홈

東署於義洞 呂炳植

本人의 子 李瑛奎가 失眞成狂ᄒᆞ야 不知去處이오니 知舊間에 逢着ᄒᆞ시거든 即通本人홈을 要홈

楊州古邑 朴召史 廣告

閔東一寫名讓이 本人의 姓名圖章을 僞造ᄒᆞ야 所親處에 謀債ᄒᆞᆫ 事有ᄒᆞ야 圖章은 勿施ᄒᆞ고 新章을 製造ᄒᆞ오니 勿論內外國人은 以此照亮ᄒᆞ시오

瑞山 朴平周 告白

本人의 家夫 鄭基煥氏가 數年來失性所致로 家事를 長子 鄭潤浩의게 引繼ᄒᆞ얏더니 家夫之舉措가 亦是 悉情由ᄒᆞ야 人士가 容恕ᄒᆞ실이ᄂᆞᆫ 浮雜輩ᄂᆞᆫ 失性廢人을 誘作負債ᄒᆞ고 百般教唆ᄒᆞ야 家舍與田土文券으로 將欲典執 得債于外國人이오니 無論內外國人ᄒᆞ고 信聽雜流之言ᄒᆞ야 病家夫로 錢兩去來이다가 無至自失悔ᄒᆞ

安州城內大昌洞居 李召史 告白

本人陰九月二日 本郡古城面境에 俠囊中 姓名圖章及紙貨八十圜并셔 失ᄒᆞ면 內外國人拾得勿施

楊州北面廣岩 韓國英 告白

學徒洋裝服
學徒運動과 器具
[illegible]
衣服 [illegible]
ᄒᆞ오니 [illegible]
라나이다
[illegible]

▲定期大廉賣（廣告）▲

自十一月十五日 至十二月廿五日

獨習日語正則

鄭雲復氏著 定價 一圜 特別減價 郵稅 拾錢

此日語正則은 自天文地理로 至農商工業諸般學術及人事百般히 緊要ᄒᆞᆫ 語句를 網羅ᄒᆞ야 正確ᄒᆞᆫ 發音과 簡明ᄒᆞᆫ 翻譯으로 編纂ᄒᆞ야 獨習에 가장 便利ᄒᆞᆫ 故로 出版ᄒᆞᆫ지 未久에 千餘部를 出售ᄒᆞ옵고 再版의 期가 在邇ᄒᆞ온지라 이에 自本月十五日로 十二月二十五日々지 定價一圜二十五錢에 二拾五錢을 減ᄒᆞ옵고 一圜에 出售ᄒᆞ오니 一般學界의 諸君子ᄂᆞᆫ 定限이 잇스오니 江湖僉君子ᄂᆞᆫ 爭先購覽ᄒᆞ시옵

（十二月二十五日以後에ᄂᆞᆫ 定價外에 一分不減홈）

京城中署布屛下三十七統六戶 廣學書舖 金相萬 告白

瑞士建國誌

定價 金新貨拾五錢

此冊은 政治小說인ᄃᆡ 瑞士의 救國英雄을 描寫ᄒᆞᆫ 바라 人民의 愛國心을 養成ᄒᆞᄂᆞᆫᄃᆡ 必要ᄒᆞᆫ 冊子오

發賣所
▲大韓每日申報社 鄭新房
▲仁川港杻峴 金相萬書舖
▲中署布屛門下 敎育書籍館
▲平壤城內 古今書海館
▲鍾路 中央書館
▲嶺口越便 大東書市
▲鐘路 匯東書館
▲大寺洞 滙文書館
▲鈞亭 [illegible]
▲開城 姜助遠冊사

廣告

本公司始製來大韓國特別紙捲烟製品純眞香味與別貨不同 [illegible]

代售店 京城大貞洞 廣源號
總代理店 仁川淸租界 永興公司

영미국정부전미독허 셕유발동긔급도형거 정미긔계급부속품을 일졀년 방매ᄒᆞ오

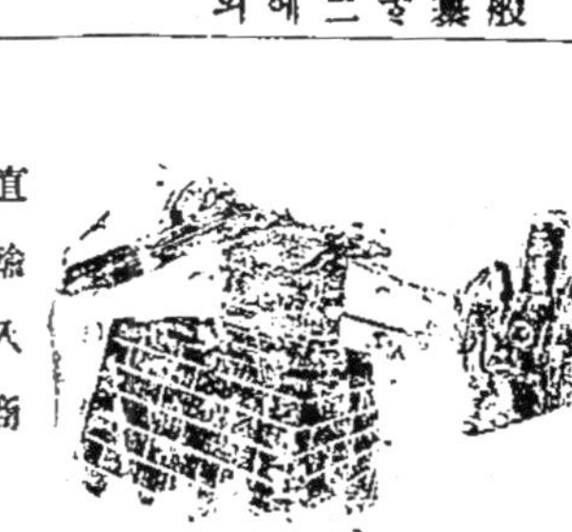

直輸入商 韓國代理店 仁川本町 中根商會 電話七參號番

教育學

譯述 崔光玉 校閱 朴殷植 定價金廿五錢

此書ᄂᆞᆫ 教科書排列과 教授法則과 訓練制度가 詳細ᄒᆞ야 一般教育者의 寶鑑이될더오니 有志僉君子ᄂᆞᆫ 速히 購覽ᄒᆞ심을 要

發賣所 京城布屛下 金相萬書舖 平壤貫洞 耶蘇教書院 安岳邑 勉學書會

▲新刊書籍發售廣告

增補 無冤錄大全 國漢文 定價金七拾五錢
大韓法規類纂 洋裝 三圜九拾錢 郵稅四拾錢
初等倫理學教科書 二拾錢
初等衛生學教科書 拾五錢
國家學綱領 拾五錢
國民須知 八錢
愛國婦人傳 張志淵氏著 十五錢

發賣所 京城布屛下 金相萬書舖

◎國債報償志願金總合所廣告 續

◎永川郡古村面東道동 金在浩 一圜 辛毅일 二圜 李春庇 二拾錢 朴振範 六拾錢 金鍾浩 李東特 各四拾전 朴化奎 廿錢 朴益範 四拾전 朴龍奎 金有鎰 金武德 黃周善 각廿전 姜弼秀 黃珠玉 각廿전 李述甲 二拾錢 박春範 三拾전 李周錫 四拾전 李七彦 六拾전 朴致範 辛光錫 崔洪秀 姜淸谷 각廿전 金致龍 三拾錢 李榮弼 六拾錢 蔣成得 四拾전 朴文伯 二圜

▲五房洞 梁泰浩 一圜 최英植 崔景植 김琪洪 崔相觀 崔原觀 崔伏植 崔珪植 각八拾전 鄭時鳴 四十錢 徐丙浩 六十전 崔奎植 崔應權 각廿전 崔尹植 四拾錢 崔春植, 崔煥奎 崔鳳植 각廿錢 崔東觀 崔溶觀 崔振與 김乘澤 崔日觀 李炳浩 각四拾전 최範翊 六拾전 최栢植 김貴宋 최烏翊 各廿전 崔成觀 六拾전

▲上德洞 李曼壽 一圜 鄭雲峰 李紀正 孫世宗 李紀章 洪受섭 裴鎭洙 각八拾전 洪百석 鄭鎭奎 裴鎭文 朴仁秀 朴萬進 각四拾전 曹乘順 孫仁世 洪基文 朴文善 鄭致仲 洪鎭섭 洪正섭 洪文섭 洪敬燮 孫源模 洪基宋 崔才用 각二拾전

▲黑石洞 崔五基 金又哲 각一圜 李錫河 六拾전 김學伊 李鎭禧 各四拾전 김潤삼 李奉弼 각廿전 李圭瀅 四拾전 李圭夏 廿전 未完

廣告

本局에서十年을研究하야(靈香消瘡丹)이란藥을發明하얏는데男女勿論하고무슨瘡疾이던지(一劑十四箇)를每日一箇式服用하면効驗이百發百中되는고로每日모擔至하와買去하오이瘡질잇는僉位는오리고싱마시고速々히來臨하야問議하심을希望함

定價金 上品一劑 金四圜 下品一劑 金貳圜五角

本舖 仁川海梧峴和平局

發賣所 仝 龍洞濟生堂 京城鐘路 慈惠藥房 仝 共愛堂藥房

雖外邦이라도郵便으로부치ᄂᆞᆫ슈가잇소

越南亡國史 國漢文

定價貳拾伍錢

發賣所 京城漢城高裕相書舖 廣韓書林 屏下김相萬 冊肆

政治原論

四六版 定價金六十錢 安國善 編述

ᄂᆡ에適宜ᄒᆞᆫ時代에用ᄒᆞᄂᆞᆫ敎科書로ᄒᆞ고有志ᄒᆞᆫ學生의必要ᄒᆞᆫ研究ᄒᆞ야ᄒᆞᆫ冊이니政治의原論을此書로可히知ᄒᆞᆯ지라政治思想은人類가國家를構成ᄒᆞᆫ要素니民國된者와人類ᄂᆞᆫ政治的動物이라

發賣元 彙東書館 在京城大廣橋 匯東書館 及各書舖

西藥便方 定價金一圜

右冊은西洋醫藥方書를我國文으로아러보기쉽게翻譯ᄒᆞᆫ것이오

代理店 京城博文書館 仝 匯東書館 仝 信華亭 仁川 龍동濟生堂 李庚鳳

◎封製藥目錄

◎補益丸 十日分定價壹圜

右藥은米國大學醫院處方인ᄃᆡ효能은陽虛症과遺精과腰痛과眩暈症과頭痛과健忘症과男子病衰症과精神衰弱과一切虛弱에有效ᄒᆞᆷ

◎靈效瘧丸 一日分定價十錢

◎蛔虫丸 大人小兒一日分

◎四時感冒丸

◎瘡疹膏

◎淋疾藥

◎淸眼水

◎咳嗽藥

◎驅虫藥

製藥學士 洪鍾哲 李觀化 朴慈惠 監査

本藥房에서

本藥房에서以上記載ᄒᆞᆫ封製藥을特製ᄒᆞ야販賣ᄒᆞ오니各地方市村에計신兄弟ᄂᆞᆫ郵便으로請求ᄒᆞ시면藥品과書籍을送ᄒᆞᆷ

本房製造ᄒᆞᆫ封藥은英米諸國의大藥房에서購入ᄒᆞᆫ것이오本國에通ᄒᆞᆫ日文으로翻譯ᄒᆞ야方法을記載ᄒᆞᆫ故로知識이有ᄒᆞᆫ者ᄂᆞᆫ用法을自解ᄒᆞ며

◎寸虫去藥 三十錢

◎肩臂痛藥 五十錢

◎連珠瘡藥 五十錢

◎止足汗藥 二十錢

◎除阿片毒藥 一圜

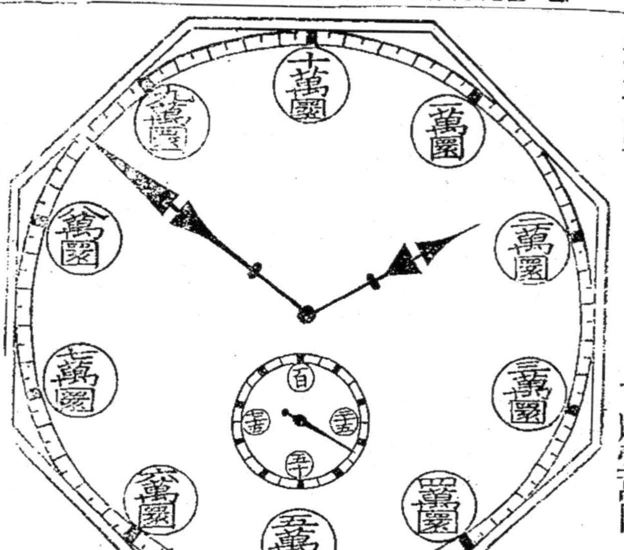

皇城基督敎青年會廣告

皇太子殿下 下賜壹萬圜

大掛鍾의迴轉ᄒᆞᄂᆞᆫ規則

此掛鍾의抄針은每一度迴轉ᄒᆞᄂᆞᆫᄃᆡ壹百圜을指示ᄒᆞᆷ이오

長針은每一度迴轉ᄒᆞᄂᆞᆫᄃᆡ壹萬圜을指示ᄒᆞ고

短針은每一度迴轉ᄒᆞᄂᆞᆫᄃᆡ拾萬圜을指示ᄒᆞᆷ

義務捐助 金寄附人員及數爻

農商工部大臣 宋秉畯氏 貳百圜

金容鎭氏 五拾圜

無名氏 壹千圜

伊太利建國三傑傳 一冊

正價金三十錢

此書ᄂᆞᆫ距今數十年前에伊太利愛國者瑪志尼、加里波的、加富爾三傑이奄奄垂亡ᄒᆞᆫ國勢를挽回ᄒᆞ야歐洲列强間에鼎峙ᄒᆞᆫ事實을國漢文으로譯出ᄒᆞ야ᄂᆞᆫᄃᆡ其艱難危險의經歷과瀝心瀝血의發況이讀者의哀情을感發ᄒᆞᆯ만ᄒᆞ오며其百折不屈의意氣와其九死靡悔의熱誠이讀者의愛國心을激起ᄒᆞᆯ만ᄒᆞ오니有志君子ᄂᆞᆫ不可不座右에置ᄒᆞ고常日에掛ᄒᆞᆯ冊子오니續續來購ᄒᆞ시옵

發行 皇城布屛下 廣學書舖

發賣所 仝 博文書館 仁川栂峴 關新書舖 平壤鐘路 耶蘇敎書사 義州南門外 廣學書館

本人이日本大阪商業家와特約을圖ᄒᆞ고日本內地產出各種物品과西洋各國物品及機械等物을我大韓에輸入ᄒᆞ야委托을便利케契約ᄒᆞ얏ᄉᆞ오니商工業에有意ᄒᆞ신僉君子ᄂᆞᆫ其物이무슨지請求코져ᄒᆞ시거든本社로來議ᄒᆞ시되本社에서ᄂᆞᆫ手數料金만受領ᄒᆞᆷ

興業社本店 開城南大門內興學書館

支店京城南門內水標五十一號

六戶 [illegible]

大東旅館宿泊所

[illegible]

大東客館主 告白

本社廣告

○申報價

一張代金 新貨二錢五厘

一個月新約 三十錢

三個月 九十錢

六個月 一圜七十錢

一個年 三圜四十錢

郵稅一張 新貨五厘

一個月 十二錢

發行兼編輯人英國人 裴說

發行所 京城南署苧井洞越外第三號家

大韓每日申報社

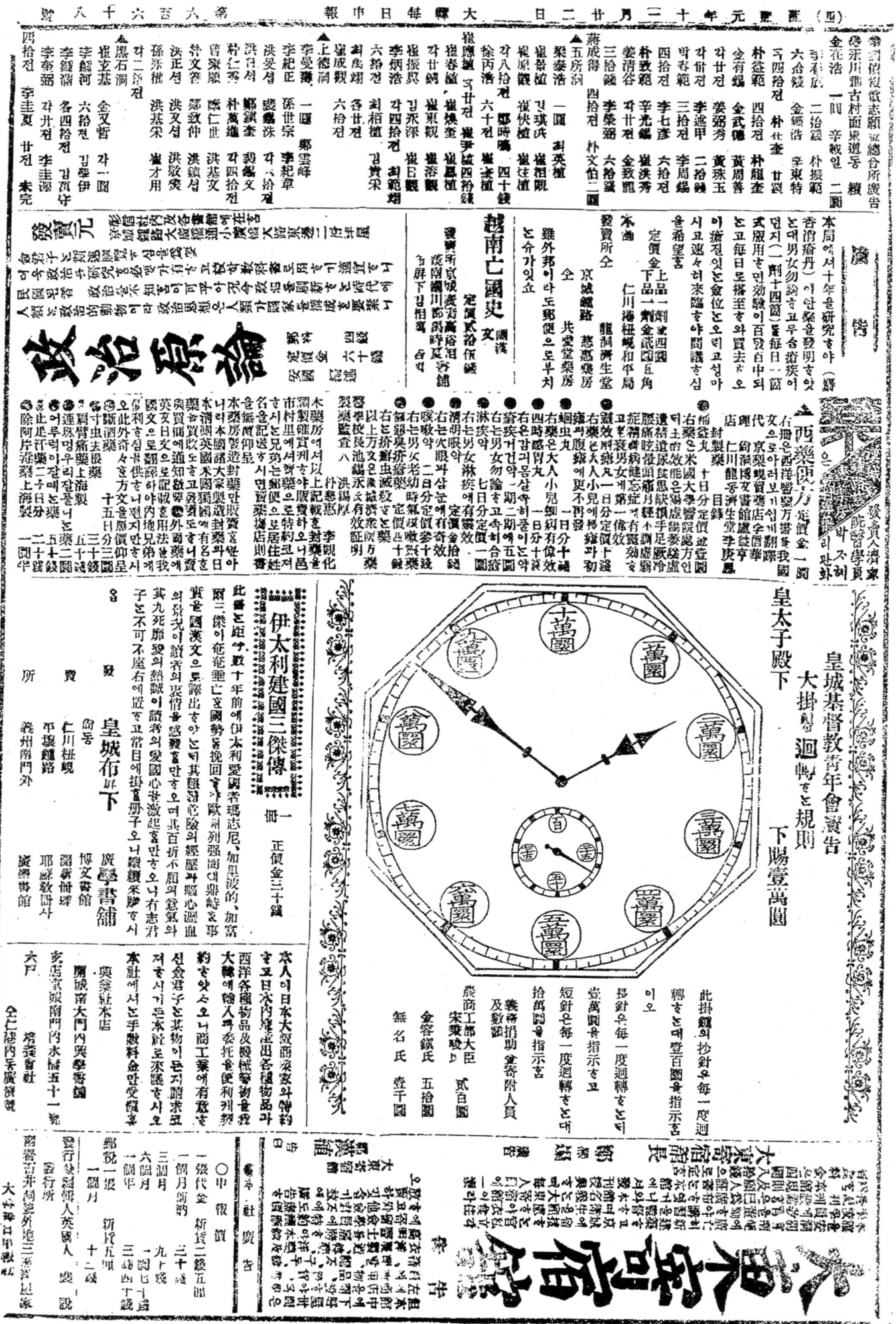

第五卷

大韓每日申報

第六百六十九號

月曜及慶節歲時日休刊

檀君開國四千二百四十年
箕子元年三千二十九年
大韓開國五百十六年
日本明治四十年
淸國光緖三十三年
陰曆丁未十月小十八日丙子

論說

◎間島

間島의命運이此荒僻國의最甚懸念홀者어니와然이나此巨大的貨한地方이日淸間交涉으로處理되ᄂᆞᆫ此搖逆事態를注目ᄒᆞᄂᆞᆫ人士의게ᄂᆞᆫ亦一蒼昧處로다

盖韓國이自治權을今有ᄒᆞ엿스면淸國으로더부러敦睦的整理를致ᄒᆞ기에惑無困難이어ᄂᆞᆯ情形이事機를變遷홈으로淸國政府가日本의게勒奪을被ᄒᆞ기外에ᄂᆞᆫ不欲讓許홈이現然홀지라本記者ᄂᆞᆫ孰是孰非를발명키不能이어니와其紛爭은兩定界石에記銘ᄒᆞᆫ漢文意義를因홈이니日本은北端에設石을定界로要請ᄒᆞ고淸國은南端에設石을定界로主論ᄒᆞ야각其自己意見이公正홈을主張ᄒᆞᄂᆞᆫ도다

一異見이起ᄒᆞ나니路上之人의게…外交的解決을得ᄒᆞ야其能일듯ᄒᆞ나其實은不然ᄒᆞ도다一邊當에서提出ᄒᆞᆫ控訴를其因ᄒᆞ야日人이以其仁慈之心으로韓族中佐와兵丁一隊를間島에派遣ᄒᆞ야該地韓人의生命과財産을保護ᄒᆞᆫ다ᄂᆞᆫ바數兵丁을日人의巡査라고稱ᄒᆞᄂᆞᆫ도다日本에드되스新報를照譯ᄒᆞ야該ᄒᆞᆫ形態를摘報홈은바其如左ᄒᆞ도다

間島의問題가重大性質을將成ᄒᆞᆫ지ᄂᆞᆫ疑惧가不無ᄒᆞ니間島天寶山에서金礦을從事ᄒᆞᄂᆞᆫ日本人과野村郞과及其餘數人이該地淸國武官의게即撤礦役ᄒᆞ라ᄂᆞᆫ壓迫을重被홈이兩次에旣至ᄒᆞ엿고該地方에支那軍力은九百五十人으로統計홀지라日本兵力은命令ᄒᆞᄂᆞᆫ齋藤中佐의淸國武官의게如右不法ᄒᆞᆫ要請을即當抗辨ᄒᆞᆯ지니此礦産事項이日淸間國境紛爭에加勢홀거ᄉᆞᆫ所可惜也로다

旣報와如히日本은該地方에理事ᄒᆞᄂᆞᆫ廳을旣設ᄒᆞ엿고略干軍人及憲兵을派遣ᄒᆞᆫ外에郵電局을亦設ᄒᆞ엿스니如此官廳의設立을淸國政府가含怒홈과如ᄒᆞ야間島를淸國土地로固執ᄒᆞ며該地에日本官司ᄂᆞᆫ非淸國認許면設立키不能이라발言ᄒᆞ나然이나日本政府ᄂᆞᆫ對此問題ᄒᆞ야一寸이라도不讓ᄒᆞ기로定意ᄒᆞᄂᆞᆫ도다

官報

●三千九百卅號 隆熙元年十一月廿二日

敍任及辭令

度支部稅務主事 閔鍾九
仝 金渠澂
仝 元敬常
仝 李鍾殷
仝 宋奎洛
免本官

溫陽郡守權重億
延豐郡守柳鎬駿
堤川郡守趙重翊
谷山郡守鄭燾
密陽郡守李鎰
求禮郡守宋大鎭
金城郡守元有常
永平郡守朴羲陽
晋州郡守林炳恒
龍岡郡守尹起元
新溪郡守李秉哲
楊州郡守洪泰潤
內部書記官閔元植
依願免本官

外報

●五個國皇會合 倫敦電을據ᄒᆞᆫ즉西班牙皇帝皇后ᄭᅴ서本月十七日德國우인숀宮의午餐會에서德國皇帝皇后와會見ᄒᆞ실터인ᄃᆡ此席上에五個國皇后와三個國皇帝ᄭᅴ서會合ᄒᆞ신다더라

●蘇撫拒絶 北京電을據ᄒᆞᆫ즉英國公使ᄂᆞᆫ淸國外務部에對ᄒᆞ야日江蘇浙江兩省鐵道의關ᄒᆞᆫ借欵一百五拾萬磅을旣히契約됨을貴國皇帝의批准을經ᄒᆞ야決議ᄒᆞᆫ지라貴部ᄂᆞᆫ本官의게向ᄒᆞ야再次說明을要홀것이無ᄒᆞ다ᄒᆞ엿다더라

●學生會嚴禁 北京電을據ᄒᆞᆫ則北京大學校와其他江蘇浙江兩省學生三百七十餘名이總代八名을選定ᄒᆞ야都察院에派送ᄒᆞ야江蘇浙江兩省鐵道借欵條約解決事及外務部에電報로써說明홀터이라ᄂᆞᆫᄃᆡ其大學校總監督朱氏ᄂᆞᆫ學生의會集을嚴禁ᄒᆞ엿다더라

●新艦製造期限 路透電을據ᄒᆞᆫ則米國에서新造艦의工事를六個月內에製造홀터이라ᄂᆞᆫᄃᆡ其艦의名數ᄂᆞᆫ戰鬪艦四隻과裝甲巡洋艦二隻과偵察艦二隻과潛航艇四隻이라더라

●美國沿岸防禦 路透電을據ᄒᆞᆫ則美國에서沿岸防禦費四千六百萬弗을支出ᄒᆞ야玖島와布哇와比律賓諸島를防禦홀터이라더라

●陸軍增設 路透電을據ᄒᆞᆫ則英國陸軍省에서今回同新領土에駐在ᄒᆞᆫ軍隊를拾四師團으로定ᄒᆞ고旅團長十一名과 將一名과少佐二名을增設ᄒᆞ기로발表ᄒᆞ얏다더라

●運輸開始 大連電을據ᄒᆞᆫ즉來十二月一日에大連旅順間에列車ᄂᆞᆫ運輸를開始홀터이라더라

●作別禮大行 海蔘威電을據ᄒᆞᆫ則米國陸軍卿타푸트氏ᄂᆞᆫ去廿日에海蔘威에서俄京으로出발ᄒᆞᄂᆞᆫᄃᆡ該地官民等이多數히作別禮를行ᄒᆞ엿다더라

寄書

敬借 貴報紙面ᄒᆞ야以告我內地新聞購覽ᄒᆞ시ᄂᆞᆫ僉君子

嗚乎라今日我國家一條活動血脈이何에在ᄒᆞ뇨ᄒᆞ면不過此數種新聞而已라是脈也ㅣ經其大病惡疾ᄒᆞ야幾至絶境者ㅣ屢次矣로ᄃᆡ尙今耿耿綿延而不斷派者ᄂᆞᆫ抑天其未喪斯東邦之文哉신저此脈이一絶이면大命이隨絶이리니噫我同胞ᄂᆞᆫ持蔘术而濟之ᄒᆞ고持粱肉而補之어다余所謂蔘术粱肉者ᄂᆞᆫ不必他求오在於吾儕之智識이開발ᄒᆞ야使彼山林頑固派로激厲奮興ᄒᆞ야此를不可不購覽홀거신줄을知케ᄒᆞ며使我都會購覽者로沉潛玩味ᄒᆞ야不可泛閱觀之홀거신줄을知케홈而已라現今無論東西地球ᄒᆞ고新聞을夥多히購覽ᄒᆞᄂᆞᆫ民族은其國이文明ᄒᆞ니是故로歐美强國은每日新聞印刊이與民數로等ᄒᆞ고日本은幾至其半이로ᄃᆡ至於我韓ᄒᆞ야ᄂᆞᆫ不過百分之一二ᄒᆞ니此其有東西强弱之分而又東洋中彼我優劣之殊也라由是觀之컨ᄃᆡ新聞之於國家에其功이果何如哉아噫라我國은新聞事業이廣大히擴張치도못ᄒᆞ고民族이夥多히購覽치아니홈은其源委가何在오默思可認矣로다彼山林派ᄂᆞᆫ於舊聞ᄒᆞ고不知時變ᄒᆞ야見其新學等文則曰此非聖人之言이요世俗淺陋之書니라何必玩賞이리오ᄒᆞ니何其愚哉오吾當說明호리라詩之國風을聖人이亦皆取之ᄒᆞ샤曰善者를效之ᄒᆞ고惡者를懲之ᄒᆞ면善惡이皆我師라ᄒᆞ시고曾語에又曰溫故而知新이면可以爲師라ᄒᆞ시니此正爲今日準備之言이어ᄂᆞᆯ何諸公은但誠聖人之書而專昧聖人之語意오若此而欲爲人師면豈不誤幾個靑年乎아此非吾言이라惟今日時勢讀者之論也니라今已購覽ᄒᆞ신諸ㅣᄂᆞᆫ或不知玩賞之法ᄒᆞ야涉獵失次ᄒᆞ니何其不明哉오吾且說明之호리라彼往往誌於仕宦者ᄂᆞᆫ先대眼於官報與雜報ᄒᆞ고或有血氣之勇者ᄂᆞᆫ先注目於地方消息與外報ᄒᆞ고至於論說與寄書等欄內ᄒᆞ야ᄂᆞᆫ最尙移目而精神이浮耗에語意가模糊則小不着力ᄒᆞ고仍抛置於案上ᄒᆞ야終歸於休紙ᄒᆞ니惜哉라각新報主筆者ㅣ徒焦心勞思ᄒᆞ고禿筆損紙而已로다古人이有言호ᄃᆡ客於敗過則賢者도未必樂告以善道라ᄒᆞ니若此筆이一絶이면何處에更得聞善道哉아伏願購覽諸君子ᄂᆞᆫ皆須是着力厲精ᄒᆞ야先去看了論說與寄書欄內ᄒᆞ야或有文字가模糊ᄒᆞ고語意가不明커든再三反復則無有昭詳발見이過於此者라然後에又去看雜報與外報諸般欄內則讀報一号가瞭然於胸中ᄒᆞ야事理가發明ᄒᆞ고知識이稍開ᄒᆞ야日日有得ᄒᆞ리니自家의一已에有益홀뿐不啻라或有奇聞奇事ㅣ足以感發人之心者어든逢人說說ᄒᆞ야使之貪讀樂立케ᄒᆞ야人人耳染에日淡政府事況ᄒᆞ고家家卷頭에時備申報諸号ᄒᆞ야全國民族이無不皆然則我東이日庶幾乎인저余自本年初夏로購覽ᄒᆞ야報而日有所得이라不敢獨有ᄒᆞ於一已일ᄉᆡ是以로忘其兩拙ᄒᆞ고略盡淺管而陳之ᄒᆞ노니勿以人廢言ᄒᆞ시기를切望홈

三報生 盥陳

雜報

●[illegible]興學 慶北觀察使李忠求氏가學校發達로爲任ᄒᆞ야協成學校를一省中央에建築ᄒᆞ고倡率道內紳章ᄒᆞ야講究時措方針ᄒᆞ니樂育齋養士遺物로爲基本ᄒᆞ고其他各公物을將騙者를搜集充補ᄒᆞ야八千元工費巨額과三萬餘維持資本을如盤泰磐固而確定ᄒᆞ야大厦가屹然中立ᄒᆞ니是以로鄕塾里社之私相標榜者가爭先請額而歸付ᄒᆞ고四方靑衿과凡民俊秀들이挾貸負笈而立ᄒᆞ야開學之期를屈指而待라ᄒᆞ다더라

●土豪恐習 南米人의傳說을聞ᄒᆞᆫ즉恢壽郡地方委員尹泳薰씨가本來土豪手段으로奪각而長을符同ᄒᆞ야挾雜이無雙ᄒᆞᆫ故로窮部殘民이支保無路라ᄒᆞ더라

●協校有望 慶北觀察使李忠求氏가學校敎育에熱心ᄒᆞ야協成학校를大邱에建築ᄒᆞ다ᄂᆞᆫ事ᄂᆞᆫ別項과如ᄒᆞ거니와道內紳士니有志紳士裵鎰榥禹寅熙를至誠勸倡ᄒᆞ야義務를擔ᄒᆞ고安宅鎬李憲求金進介姜信友趙爲容諸氏가莫不感奮에皆心幹事ᄒᆞ야生徒를招集ᄒᆞ며敎課秩序가大有規矩이라고遠近이稱頌이라더라

雜報

●曺氏轉遷 法部大臣趙重應氏가遷任되고大審院長을被任ᄒᆞᆫ다ᄂᆞᆫ說이有ᄒᆞ더라

●次官變更 各部次官을韓日人으로配置ᄒᆞᆫ다더니更聞ᄒᆞᆫ즉配置치아니ᄒᆞ고現任次官도一體變更된다ᄂᆞᆫ說이有ᄒᆞ더라

●郡奏任遷 郡守現闕이七拾餘處인ᄃᆡ伊藤統監이歸國ᄒᆞ기前에ᄂᆞᆫ叙任ᄒᆞᆯ터인故로陰曆今月內에錄大參本ᄒᆞᆫ다더라

●旅費磨鍊 皇太子殿下隨員의每名旅費ᄂᆞᆫ八百圜으로磨鍊支撥ᄒᆞᆫ다더라

●各大密議 再昨日上午九時에度支部大臣高永喜學部大臣李載崑軍部大臣李秉武三氏가內部大臣任善準氏의私邸로會同ᄒᆞ야數時間을個許事件인지秘密協議ᄒᆞᆫ後에同十一時에四氏가統監府에往ᄒᆞ야會議ᄒᆞ얏다더라

●兩大歷訪 再昨日上午十時에總理大臣李完用法部大臣趙重應兩氏가作伴ᄒᆞ야伊藤統監을訪問ᄒᆞ고同十一時에法大趙重應씨ᄂᆞᆫ副統監을訪見ᄒᆞ얏다더라

●郡守奏補 內部에서郡守奏本ᄒᆞᆫ類布가明再明間에된다더라

●入城預期 錦陵尉朴泳孝氏가陰曆本月二十四日頃에入城ᄒᆞᆯ預定이라더라

●檢事云任 法部會計課長張도氏ᄂᆞᆫ大審院首班檢事를被任ᄒᆞᆫ다ᄂᆞᆫ說이有ᄒᆞ더라

●兩脚恨短 總理大臣李完用씨가有何緊急事인지每日伊藤統監을訪問ᄒᆞᆫ즉往議於農商大臣宋秉畯씨ᄒᆞ라ᄒᆞ고長谷川大將을訪問ᄒᆞᆫ즉往議於一進會長李容九ᄒᆞ라ᄒᆞᄂᆞᆫ故로仕進前에依例히宋秉畯씨와李容九氏를先爲訪問ᄒᆞᆫ다더라

●餞別衛團 主殿院卿李謙濟씨와承寧府侍從尹範植氏가再昨夜明月館에서自衛團某々씨를請邀ᄒᆞ야餞別宴을盛設ᄒᆞ얏다더라

●清潔曉諭 昨日上午十時에中署에서該署內路邊家屋人民을會集ᄒᆞ야汚穢桶을別般新造ᄒᆞ야清潔上注意ᄒᆞ기를曉諭ᄒᆞ얏다더라

●淮守辭免 淮陽郡守南宮薰씨가內部에辭職請願ᄒᆞ얏다더라

●宣使病還 慶北宣諭使金重煥가身病을因ᄒᆞ야昨日上京ᄒᆞ얏ᄂᆞᆫᄃᆡ往還間이五拾七日間이라더라

●恤金請撥 內閣에서該統監府에照會ᄒᆞ야清國臨江縣大同三浦에서淸人의게被害ᄒᆞᆫ李德九等十四名의게恤金을支給ᄒᆞᆯ터인ᄃᆡ該被害者에氏名本籍及其遺族의氏名年齡現住所等必要事項을詳細調査ᄒᆞ야至急送交ᄒᆞ라고法部에照會ᄒᆞ얏더라

●國費支撥 再昨日度支部에서각地方에派送ᄒᆞᄂᆞᆫ自衛團의旅費를支撥ᄒᆞ얏다더라

●兩氏蒙放 趙와權李寅섭兩氏가監獄署에多日滯囚ᄒᆞ얏더니昨日에放釋이되얏다더라

●教員請褒 公立大邱普通學校ᄂᆞᆫ設校周年에校樣이興旺ᄒᆞ야生徒의進就가該校長嚴璟九副教員金鍾商兩氏의教授熱心ᄒᆞᆫ理由이니該兩氏를特爲陞級ᄒᆞ야以示褒賞之典ᄒᆞ라고大邱觀察使李忠求씨가學部에報告ᄒᆞ얏다더라

●教員請免 公立永興普通學校副教員劉漢烈씨가斷髮치아니ᄒᆞᆫ事로該郡一進會員에게回示ᄒᆞ기를違背會者ㅣ라揭示于각坊曲ᄒᆞᆫ事ᄂᆞᆫ已揭前報어니와近以逆賠者ㅣ라改書又揭ᄒᆞᆫ빤더러以民會로官人을觀之奴隷이온즉到此境의本職之面目으로不可仍坐이오自後로學徒가有退無進ᄒᆞ야教授가無効이오니免職ᄒᆞ야달나고該氏가學部에請願ᄒᆞ얏더라

●獲財有術 西來人의言을聞ᄒᆞᆫ則각宮事務監理委員金鎔濟시가各宮庄監官舍音을仍存者와新差者의게無一不捧賂而猶未充慾ᄒᆞ야自己心服人前啓郡官金準植시를黃海道에暗派ᄒᆞ야四人轎를乘ᄒᆞ며多率從人ᄒᆞ고周行各處에鍛鍊監官ᄒᆞ야或二千兩一千兩式恐喝詐索ᄒᆞᆫ다더라

●朴氏可戒 咸北裁判所主事李容植시ᄂᆞᆫ叙任三朔에尙未赴任視務ᄒᆞ니故以此躬에合施懲戒라고該道裁判所檢事權赫采시가法部에報告ᄒᆞ얏더라

●尹시請願 前郡守尹吉善시가安州郡守在任時에該郡民安炳奎를捉囚ᄒᆞ고挾雜路錢二千五兩을徵出ᄒᆞ야付之公用ᄒᆞ얏ᄂᆞᆫᄃᆡ不意昨年臘月에漢城裁判所에서尹氏를捉囚ᄒᆞ고役十五年에宣告ᄒᆞᆫ後有何爭端인지判檢事가互相爭詰ᄒᆞ다가平理院에公訴ᄒᆞ야以未決囚로尙在ᄒᆞᆫ故로今番赦典에蒙放치못ᄒᆞ게되미該尹氏가法部에請願ᄒᆞ얏다더라

●李家回祿 再昨日下午三時에西署盤峴李平雲家에서失火ᄒᆞ야草家一間을燒失ᄒᆞ고旋卽撲滅ᄒᆞ얏다더라

●後任斬持 法部文書課長張燾一시가平理院檢事로移任ᄒᆞ고其代에ᄂᆞᆫ開城居ᄒᆞᄂᆞᆫ金基煥을叙任ᄒᆞ기로內定이되얏ᄂᆞᆫᄃᆡ該시의履歷과資格이適當치못ᄒᆞ다고方在斬持中이라더라

●撮影紀念 今日下午二時에鍾路青年會에서今番上량式時에準備委員諸氏를請邀ᄒᆞ야紀念次로撮影ᄒᆞᆫ다더라

●靑會演說 今日下午七時三十分에鍾路靑年會館에서木原外七氏를請邀ᄒᆞ야演說會를開ᄒᆞᆫ다더라

●勝校盛況 本月二十三日土曜日(陰十月十八日)下午二時에勝동學校에서開校式을設行ᄒᆞ고臨時贊成會를幷行ᄒᆞᆫ다ᄂᆞᆫᄃᆡ安昌鎬氏가演說ᄒᆞᆫ다더라

●江 察 公 函

江原道觀察使黃鐵시가義兵大將閔肯鎬에게公函ᄒᆞᆫ全文이如左ᄒᆞ니

盖國依於民ᄒᆞ고民依於兵ᄒᆞ니民出賦稅ᄒᆞ야贍補國用ᄒᆞ고兵以禦侮ᄒᆞ야保全國權하나니二者相制에不可闕一이라兵若妄動이면民함塗炭ᄒᆞ고兵出無名이면事故不成ᄒᆞ며順德者ᄂᆞᆫ昌ᄒᆞ고逆德者ᄂᆞᆫ亡ᄒᆞᆷ이必要ᄒᆞᆫ影響이在此ᄒᆞᆫ지라現今我韓形便이 太皇帝陛下께옵서祖宗舊業을欽承하ᄉᆞ 大皇帝陛下께셔大位를陟ᄒᆞ시니孰不蹈舞攢祝이며兵隊解散ᄒᆞ라신 皇命을欽遵ᄒᆞᆷ이固當ᄒᆞᆫ事由어날一時激昂ᄒᆞᆷ은一個匹夫의勇에不過ᄒᆞᆫ則度德量力치못ᄒᆞ고抗拒하고聚衆結黨ᄒᆞ야據險守要ᄒᆞ고朝聚暮散하며東閃西忽ᄒᆞ야剽殺長吏하고掠奪鄕里ᄒᆞ야蚊山을不量하고螳斧를自成ᄒᆞ며與外國莫强之兵으로相與抗衡則以無知無識烏合之衆으로猝當有紀律訓鍊之兵ᄒᆞ야譬如驅群羊而格猛虎ᄂᆞᆫ不待智者而可明이라近又步騎礮工等兵이夥數盡入於本道ᄒᆞ얏슨則器械之精巧와糧積之豐裕가難以抵當이며賁彩이一番發動則有一番之罪ᄒᆞ고二番發動則有二番之害ᄒᆞ야至於全國人民이無不受毒하야村落이燒燼ᄒᆞ고家屋이蕩掃ᄒᆞ며老幼妻孥가顚連流離ᄒᆞ야男啼女哭에雲愁雨慘ᄒᆞ니是果利於日本乎아利於我韓乎아且以本道言之ᄒᆞ야도民戶燒盡而無辜生靈이號泣彷徨에靡所止泊ᄒᆞ니是誰之咎오貫等이投戈擲銃ᄒᆞ고效順歸化ᄒᆞ야爲商者商ᄒᆞ고農者農ᄒᆞ면拔其俊異ᄒᆞ야奏以任官ᄒᆞ야共享太平이曷不休哉아廣設學校ᄒᆞ야導養智識하며擴興實業ᄒᆞ야扶植國力然後에挽回國權이오不然이면雖君臣上下가同死於社稷이라도何補於國이며何賴於民이리오生命財産을保護하고安寧秩序를維持ᄒᆞ야棄擲一時妄動之前愆ᄒᆞ고更圖改悟勿憚之古訓ᄒᆞ야若歸順 皇命則依左開另施라ᄒᆞ얏ᄂᆞᆫᄃᆡ

一先使知事人으로爲使价ᄒᆞ야說諭歸順之意事
一歸順處所를以某處로約束事
一懸白旗於前하고銃口ᄂᆞᆫ向地事
一一切軍物彈藥等件을交付本道事
一監察於本道警務廳事
一本使가姿稟於 天陛하야蕩滌罪過丞圖自新事

▲地 方 消 息▼

▲日前에發兵約一百三十餘名이坡州郡碧蹄驛에來襲ᄒᆞ야韓人一名과日人二名을砲殺ᄒᆞᆷ으로該附近地方에行路가阻絶ᄒᆞ엿다ᄒᆞ고

▲日前에義兵百餘名이延豐郡에再次突入ᄒᆞ야分派所를破碎ᄒᆞ고巡檢三名을捕縛ᄒᆞ야淸風方面으로捉去ᄒᆞ엿다ᄒᆞ고

▲去十八日에長淵郡에義兵二十餘名이忽地突入ᄒᆞ야警務分派所를襲擊ᄒᆞᆷ으로巡檢巡査等이皆逃走ᄒᆞ고義兵은또封郡夢金浦海關을襲擊ᄒᆞ엿ᄂᆞᆫᄃᆡ居留日人은擧皆逃走하엿다ᄒᆞ고

▲陰本月初六日에洪川附近에서義兵과日兵이接戰하다가七日夜에日兵이春川柯亭地로過ᄒᆞᆯ시義兵이陝地를過去ᄒᆞ엿단說을聞ᄒᆞ고롱民家에突入ᄒᆞ야柳夏錫甲準均柳蓉相等數人을刺殺ᄒᆞ고因ᄒᆞ야民家數三戶를燒火ᄒᆞ엿다하고

▲十四日發順興報를據ᄒᆞᆫ則十一日該郡에義兵三百餘名이分派所와郡衙及民家에突入ᄒᆞ야軍物를收取ᄒᆞᆫ다ᄂᆞᆫ報를接ᄒᆞ고日兵二十餘名이同地로急往ᄒᆞ야追擊ᄒᆞ얏ᄂᆞᆫᄃᆡ其翌日에義兵約二百名이放銃跟追ᄒᆞ야互相交戰ᄒᆞ얏다ᄒᆞ고

▲二拾一日發鳥致院電을據ᄒᆞᆫ則二拾日秋風嶺東北二十里되ᄂᆞᆫ鐵道沿驛에義兵二拾餘名이襲來ᄒᆞ엿다ᄂᆞᆫ報를接ᄒᆞ고日巡査를同地로派送ᄒᆞ엿다ᄒᆞ고

▲平昌郡警務分派所日巡査가本日拾二日午後三時에同郡서北面多水동에出張探知ᄒᆞᆫ則韓兵이混雜ᄒᆞᆫ義兵계二百名이來襲ᄒᆞᆫ다ᄒᆞᆷ으로同巡査가守備兵五名과合勢하야急行ᄒᆞ엿다ᄒᆞ고

▲拾七日成歡附近安仲場에日守備隊가賊漢五名을遭遇加害ᄒᆞ얏다ᄒᆞ고

▲拾八日淮陽郡北方約二拾里地에서義兵二十名이日守備隊兵一部와交戰하얏다더라

東京電報

二十一日발

●大使往還 淸國答禮大使倫貝子외一行은本月三拾日에東京에着ᄒᆞ야來月拾八日에退京歸國ᄒᆞᆯ預定이라더라

●保相발向 俄國前大藏大臣시포오시ᄂᆞᆫ日俄兩國의經濟的關係를調査ᄒᆞ기爲ᄒᆞ야近々히日本에발向ᄒᆞᆯ터이라더라

▲白 眼 恭 聲▼

▲再昨日午後一時頃에統監府에서秘密會議를開ᄒᆞ고各部大臣과中樞院議長을一體請邀ᄒᆞ얏ᄂᆞᆫᄃᆡ其議案은官制改正件을取決ᄒᆞ얏다ᄒᆞ니官制改正에무삼重大ᄒᆞᆫ關係가有ᄒᆞ야密議가頻數ᄒᆞᆫ지一抹疑雲이終南山에斷鎖하도다

▲前法大李夏榮氏ᄂᆞᆫ卸職以後로杜門度日ᄒᆞ다가무삼事件을因ᄒᆞ야平壤勝地로遊覽ᄒᆞ얏다니浿上에錦繡江山을찻지말고錦山草衆으로錦衣還鄕이나ᄒᆞ야보지

▲前參將嚴俊源氏ᄂᆞᆫ近日에兩中行人파作件하고龍山江亭에詩會ᄒᆞ야梧鳳을기다리며니梅鳥도아니오고菊樽에香醉ᄒᆞ야丹楓이飄零ᄒᆞᆫᄃᆡ數萬楡葉이他手에盡歸하얏스니楓雲主人은空山明月을不用一錢買로고

▲向者에ᄂᆞᆫ軍隊를解散ᄒᆞ더니義兵을낫코自强會를解散ᄒᆞ더니大韓協會를낫스니義兵은軍隊의後身인즉軍隊를復設ᄒᆞᄂᆞᆫ거시可ᄒᆞ고大韓協會ᄂᆞᆫ自强會의後身인즉大韓協會名稱을自强會로復稱ᄒᆞ얏스면可ᄒᆞ깃고

▲向日協律社風流에漢城內靑年子弟에滿心흥起ᄒᆞ야樂而忘返ᄒᆞ야錦金尾閭를作ᄒᆞ야金融이枯渴ᄒᆞ미該社가廢止ᄒᆞ더니近日에何許人이同社를更設ᄒᆞᆫ次로醵金을收取ᄒᆞᆫ다ᄒᆞ니此後에ᄂᆞᆫ誰家子弟가尾閭穴에陷落ᄒᆞᆯᄂᆞᆫ지

▲今番官制改定에宮內府樂房尙衣院所屬妓生을日本青樓例를依ᄒᆞ야妓生會社를設立ᄒᆞ고妓夫ᄂᆞᆫ一幷逐送ᄒᆞᆫ다니許多社會가生出ᄒᆞ더니妓生會社가또ᄂᆞᆫ다지

廣告

本人의孫子鶴範이가性本浮浪ᄒᆞ야酒色債用이不少故로至於蕩敗之境이오니內外國人은切勿見欺ᄒᆞ시各
南部堅井橋　朱熙完　告白

本人이三湖亭子梭處에推尖一萬兩於音一度六十兩於音一度를遺失ᄒᆞ얏슥기廣告ᄒᆞ오니誰某拾得이라도休紙施行홈
金錫圖　告白

廣州金氏先山이在於楊州下道面直洞天摩山이온바基位沓與松楸롤數百年禁養矣러니不意宗中에不良敗類之人이欲爲暗賣ᄒᆞ오니內外國人間切勿相關이無至見欺홈
宗中金相健　告白

黃海道載寧余物坪右栗坊下宗圖居本人이陰曆丁月初七日夜에漢黨三名이突入內庭ᄒᆞ야諸種物奪去時에本人姓名圖章을幷爲奪去故로玆以廣布ᄒᆞ오니內外國人은洞悉後勿爲遵信홈
黃台淵　告白

本部維持에關ᄒᆞᆫ問題로評議員會에決議되와今月二拾四日（日曜）下午一時에臨時總會롤磚洞普成專門學校로開ᄒᆞ오니僉部員은來臨ᄒᆞ심을務望
大韓俱樂部　告白

本月二十四日（日曜）下午一時에本會臨時會館（西署夜珠峴官八俱樂部）에서總會를開ᄒᆞ고事務를處理ᄒᆞᆫ後에左開二題로演說ᄒᆞ오니僉會員은來參하시옵
演題
大韓協會의本領　演士尹孝定
政黨의責任　仝　鄭雲復
演說時間에ᄂᆞᆫ傍聽도許홈
大韓協會　告白

[illegible]

因另一爲名漢이本人의姓名圖章을僞造ᄒᆞ야所親處에謂債ᄒᆞ야有ᄒᆞ야舊章은勿施ᄒᆞ고新章을製造ᄒᆞ오니勿論內外國人은以此照亮ᄒᆞ시옵
瑞山朴準用　告白

本人의家夫鄭基燦氏가數年來失性所致로家事ᄂᆞᆫ長子翊浩의게引繼ᄒᆞ얏ᄂᆞ나家夫之舉措乖常은洞悉情由ᄒᆞ고入十餘容恕ᄒᆞ심이어ᄂᆞᆯ浮雜輩ᄂᆞᆫ失性機入을認作奇貨ᄒᆞ고百般教唆ᄒᆞ야家舍與田土文券으로時欲典執得債于外國人이오니無論內外國人ᄒᆞ고信聽雜流之言ᄒᆞ야有致家業으로致辦矣이다ᄒᆞ야無至白失追悔홈
京城內水昌洞居李召史　告白

教育學
譯述　崔光玉
校閱　朴殷植
定價金卄五錢

此書ᄂᆞᆫ教科書排列과教授法則과訓鍊制度가詳細備載ᄒᆞ야一般教育者의寶鑑이될터이오니有志僉君子ᄂᆞᆫ速速購覽ᄒᆞ심敬要

發賣所
京布屛下書舖　金相萬
平壤貫洞　耶蘇教書院
安岳邑　勉學書會

◉特別廣告
本人이美國新製上等無線（스핀팅）自轉車를壹百圜에放賣홀터이오니願買人은即速來購ᄒᆞ시옵
大邱府留洋순　告白

判決書第四十二號
漢城中署寺洞居　藥舖
原告　張亨燮
右代理人辯護士　李建鎬
平安北道義州府居　安秉瓚
被告　農業
右代理人辯護士　張千甦
判決要旨　太明식

原判決書ᄂᆞᆫ廢棄事
原告ᄂᆞᆫ被告의게對ᄒᆞ야泉淵及伏龜梁柳坂을推還홀義務가無흔事
訴訟費用은幷第一審費用ᄒᆞ야被告의擔當事

理　由

原告의主張은質卞과被告가崔錫崑에게對ᄒᆞᆫ本院前判決書의照ᄒᆞ야認直事此에對ᄒᆞ야被告所供은矣父가乙未年分에義州荏島所在田二十二日耕과該田付屬柳坂을買得於原告ᄒᆞ야收捧新舊文券而四標中東西南三方은大江이라ᄒᆞ얏ᄉᆞ오니大江之內ᄂᆞᆫ盡是原告買有라荏島南에有ᄒᆞᆫ泉淵及伏龜梁柳坂도亦在大江之內ᄒᆞ야矣身이多年耕墾이온바今年分에與前前主崔錫崑으로質辨于平理院之時에原告가以證人으로誣供ᄒᆞ기롤丁酉大漲以前은荏島南이即大江이라가至今測泥生連陸이오되初非自己之所賣라ᄒᆞ야矣身이落科인바崔錫崑所持文券에도北은小浦라ᄒᆞ얏ᄉᆞ오니小浦ᄂᆞᆫ非大江이라大江以內ᄂᆞᆫ即被告之所有오니惟願求償於賣者이다ᄒᆞ고原告의供은임島田을買得於崔錫崑崔世澤ᄒᆞ야轉賣於被告之時에該田三面에生柳坂故로亦書於文券이온바伏龜梁等은崔世澤金志成이買於崔錫崑ᄒᆞ야尙今所有而曾有本院判決ᄒᆞ고文券이別有ᄒᆞ온바本非矣身之所買이온즉亦不得轉賣於被告니라伏龜梁與成居間人羅永興之子得信之証明書及洞報가分明이라ᄒᆞᄂᆞᆫ바證人崔世澤供은임島伏龜梁은初無分異放買之事ᄒᆞ와崔錫崑之所持文券은非矣身之所知라ᄒᆞ나無反証確據ᄒᆞ고羅得信之證明書와該洞報告가有之ᄒᆞ니不可准信이고被告亦居間人書札을提出ᄒᆞ나此ᄂᆞᆫ羅得成之札而無捺章ᄒᆞ고羅得信之證明書ᄂᆞᆫ有捺章ᄒᆞᆫ데더러名字가亦相左하니亦不可准信이고崔錫崑이賣於原告ᄒᆞ야原告가若轉賣於被告이면豈有文券則有之理며小浦ᄂᆞᆫ梁非大江이오되其非爲逃避은亦可推知오泉淵은無論基五坐라ᄒᆞ얏스니即漁基五處之謂也라此是漁基인되亦非陸地也오若盡可於被告이되임島與伏龜梁等이地名이各殊어ᄂᆞᆯ何獨記임島而不書伏龜梁乎아以大江書之者ᄂᆞᆫ其時에雖非大江이라도引舊ᄒᆞ記所載而謄錄者明矣라是로以ᄒᆞ야原判決書ᄂᆞᆫ廢棄ᄒᆞ고各持文券과本院前判決書第七號에照ᄒᆞ야要旨와如平判決하ᄂᆞᆫ事

隆熙元年十一月三日
平理院
裁判長　判事　洪鍾億
判事　宋振玉
判事　朴齊璿
判事　朴晩緖
判事　朴용台
主事　李溶儀

▲定期大廉賣廣告▼
自十一月十五日至十二月廿五日

獨習日語正則
鄭雲復氏著
特別減價一圜拾錢
郵稅

此日語正則은自天文地理로至農商工業諸般學術及人事百般히緊要ᄒᆞᆫ句語롤網羅하야正確ᄒᆞᆫ發音과簡明ᄒᆞᆫ翻譯으로編纂ᄒᆞ야獨習에가장便利ᄒᆞᆫ故로出版ᄒᆞᆫ지未久에千餘部롤出售ᄒᆞ옵고再版의期가在邇ᄒᆞ온지라이에自本月十五日로十二月二十五日ᄭᆞ지定價一圜二十五錢에二拾五錢을減ᄒᆞ옵고一圜에出售ᄒᆞ와一般　界의便益을裨補코져ᄒᆞ옵ᄂᆞᆫ바部數와日字의定限이잇ᄉᆞ오니江湖僉　子ᄂᆞᆫ爭先購覽ᄒᆞ시옵
（十二月二十五日以後에ᄂᆞᆫ定價外에一分不減홈）
京城中署布屛下三十七統六戶
廣學書舖　金相萬　告白

瑞士建國誌
定價　新貨拾伍錢

此冊은[illegible]緊要ᄒᆞᆫ冊子오

發賣所
▲大韓每日申報社　　同新聞館
▲仁川港租界　　全治郎冊肆
▲中署布屛門下　　滙東書館
▲漢城內[illegible]　　[illegible]
▲鐘路　　[illegible]
▲洞口越便　　[illegible]
▲鐘路　　[illegible]
▲大廣橋　　匯東書館
▲南門　　[illegible]
▲開城　　漢城文書館
　　　　　淡助[illegible]사

廣告

本公司始運來大英國特別紙捲烟製品純良香味與別貨不同近有市上牌號混雜請諸君認明本牌爲記庶不至悞
代售店　京城大貞洞　裕源號
總代理店　仁川淸租界　安興公司

영미국졍부젼매특허셔유발동긔급자벙거졍미긔계급부속품을입졔엽발매ᄒᆞ오

直輸入商
韓國代理店
仁川本町
吉根商會
電話[illegible]番

明月館鐵道[illegible]支店

小生이[illegible]ᄒᆞ온바[illegible]ᄒᆞ옵고[illegible]

隆熙元年十一月　日
黃土峴　明月館　告白
〔電話七百二十五番〕

◉國債報償志願金總合所廣告
永川郡古村面染田동 續
李浩養 金喜烈 曹達煥
金碩회 李鍾진 金在永
李浩영 鄭仁慄 각四十젼
리錫一 리完根 金鎭珠
孫聖젼 各二拾錢
▲二山동 徐仁鎬 二圜
▲旅晨洞
朴斗恒 一圜四拾錢
朴斗根 六十錢 리圭觀
리圭宣 각一圜二拾젼
元丑文 卄젼
리圭容 一圜四拾錢
리회榮 리庠榮 각一圜
리圭완 六十젼
리圭甫 一圜四拾젼
리圭弼 一圜二拾젼
金聲振 一圜 辛相哲 卄錢
리圭碩 一圜 리樹榮
八拾젼 金光石 김應玉
각四拾젼
▲三鶴동
리起선 八拾젼 朴炳觀
리求宇 리晩儀 김南大
各六拾젼 리致洪 四拾八젼
金永熙 六拾젼 최進述
四拾錢 박永和 二拾젼
朴永和 二拾젼 片莫乃
六젼 朴光佑 四拾젼
김九祚 廿八젼 河成奎
六拾錢 리武宇 四拾젼
박仁佑 三拾젼 리振鐸
四拾젼 洪禹凡 六젼
김俊達 二拾젼 리和哲
三拾젼 申鶴秦 六젼
尹庠穆 四拾錢 [illegible]龍述
五拾젼 尹孝成 二拾젼
리重義 三拾젼 최海命
六拾젼 리日彦 六젼
리永洙 黃履石 각四拾젼
張厚心 林成萬 최海宗
각三拾젼 金貫有 四拾젼
鄭鶴錫 三拾젼 黃履達
二拾젼 金碩胃 黃履善
리在洙 각卄젼 黃履謙
二拾젼 리東一 拾젼
朴章佑 朴鎭浩 朴永浩
각卄젼 安分每 十젼 未完

本社廣告

○申報價

一張代金 新貨二錢五厘

一個月前納 三十錢

三個月 九十錢

六個月 一圜七十錢

一個年 三圜四十錢

郵稅一張 新貨五厘 一個月 十三錢

○廣告料

四號活字十三字로

每日每英尺一寸에新貨壹錢

(每日每行六전에相當홈)

二週日에 二圜五十錢

每日每行四錢五里에相當홈

一個月에 五圜

(每日每行四錢一里에相當홈)

其期限의長短과字行의多寡를依ᄒ야增減홈이有홈

發行兼編輯人 英國人 裵說

發行所

南署石井洞號外新三層洋屋家

大韓每日申報社

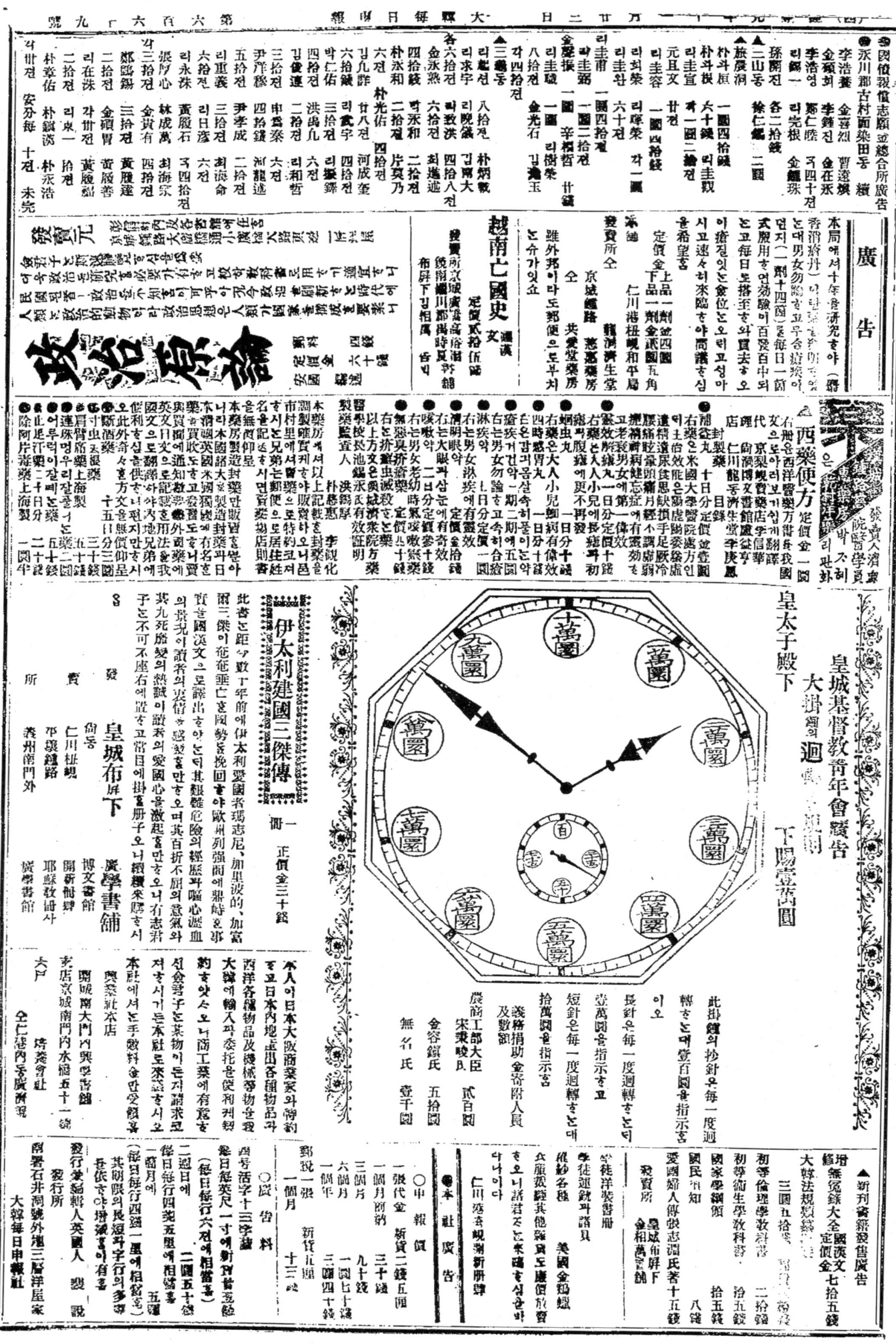

第五卷 大韓每日申報 第六百七十號

大韓每日申報

月曜及慶節
歲時休日休刊

檀君開國四千二百四十年
箕子紀元三千二十九年
大韓開國五百十六年
日本明治四十年
淸國光緒三十三年
陰曆丁未十月小十九日丁丑

論說

○韓國內礦產

本記者ᄂᆞᆫ英人의故로今春에開役ᄒᆞᆫ韓國內에英人의礦業이停役에至ᄒᆞᆷ을甚歎ᄒᆞ노라迄今所探으로ᄂᆞᆫ鉉停役이利益의無望ᄒᆞᆫ景況을不因ᄒᆞᆷ이오但不合理ᄒᆞᆫ礦產條例가生ᄒᆞ야礦業의命運이一個人(農商工部大臣)의一中에在ᄒᆞ미礦務獨起人이此冒險的原質을知ᄒᆞ고資金을不欲更費ᄒᆞᆷ으로因ᄒᆞᆷ이로다

反對ᄒᆞᆷ이可ᄒᆞᆫ此條例가始出ᄒᆞᆫ時에本記者ㅣ指言ᄒᆞ엿스되此乃屢次談論ᄒᆞ던바韓國內에서均霑利益ᄒᆞᄂᆞᆫ例에違犯을加ᄒᆞᆷ이오外人及韓人을損害케ᄒᆞ고日人을利益케ᄒᆞᆷ이ᄒᆞ엿노니惟其礦業之人은本人의意見을供助ᄒᆞ기에統計表를能出ᄒᆞ려니와今若槪言ᄒᆞ자면全世界內礦產事業을經營ᄒᆞᄂᆞᆫ資金總額에還報되ᄂᆞᆫ利益이年利百分之二에不過ᄒᆞ고且一礦의利益을較ᄒᆞ면礦所在區內에만給與ᄒᆞᄂᆞ니此ᄂᆞᆫ役費가巨大ᄒᆞᆫ故로不啻라礦役을開設之時에該地附近에生活上諸物의價額이甚高增加ᄒᆞᄂᆞᆫ事實이로다如右意見이自國人民의利益을存心ᄒᆞᄂᆞᆫ如何政府ᄃᆞᆫ지法認케ᄒᆞ리니와韓國에在ᄒᆞᆫ西洋列邦의礦業이禁止的規例로因ᄒᆞ야妨礙ᄒᆞᄂᆞᆫ此事端에對ᄒᆞ야本記者ᄂᆞᆫ無他說明이오但如右陳述ᄒᆞᆯ而已니右記格言으로觀之라도此規例가韓國에ᄂᆞᆫ不利ᄒᆞ도다農商大臣이統監府員의手中에現在ᄒᆞᆷ과後來幾許光陰間에亦然ᄒᆞᆯ거슨可度이니 此困難ᄒᆞᆫ情形下에서도礦業之道를可得이어니와倫敦或他處에財政家가如此發現에資本을肯投ᄒᆞᆯ지ᄂᆞᆫ不可期也라由是로可以結言ᄒᆞᆯ거슨此礦產新條例의性質이此地外人事業을實地로除去ᄒᆞᆯ거시며其結果가韓國으로ᄒᆞ야금外國資金의輸入과本土役夫의被外人雇傭ᄒᆞᄂᆞᆫ利益을並失케ᄒᆞᆯ거시오且外人意見에信用키全然不能ᄒᆞᆫ此規例의處務를日人은能自信用ᄒᆞᆯ지亦不無疑訝로다

官報

第三千九百卌一號
隆熙元年十一月廿三日

勅令

勅令第三十四号
陸軍將校乘馬令

第一條 陸軍現役將校同相當官으로左의各項中一에該當ᄒᆞᆫ者ᄂᆞᆫ乘馬本分者이라ᄒᆞᆷ但軍部附ᄂᆞᆫ除ᄒᆞᆷ
一 在職將官 同相當官
二 在職 官 同相當官
三 武官學校馬術教官이되尉官
四 在職侍從武官、陪從武官、親王府武官及副官이되尉官

第二條 乘馬本分者에게ᄂᆞᆫ官馬를貸與ᄒᆞᆷ
但本人의願을依ᄒᆞ야自馬를飼養ᄒᆞᆷ을得ᄒᆞᆷ

第三條 乘馬本分者의乘馬數ᄂᆞᆫ一員에對ᄒᆞ야一頭로ᄒᆞᆷ

第四條 正尉同相當官이上級의職務注意를命ᄒᆞᆫ者에게對ᄒᆞ야ᄂᆞᆫ上級者의關ᄒᆞᆫ規定을適用ᄒᆞᆷ

第五條 第二條에依ᄒᆞ야貸與ᄒᆞᆫ乘馬ᄂᆞᆫ保續期間其使用을繼續ᄒᆞᆫ者에게貸給ᄒᆞᆷ

第六條 乘馬本分의將校同相當官으로現今乘馬를飼養ᄒᆞᄂᆞᆫ者에게ᄂᆞᆫ飼養料를給ᄒᆞᆷ

第七條 軍部大臣은必要에應ᄒᆞ야乘馬本分者에게對ᄒᆞ야乘馬의貸與又ᄂᆞᆫ飼養을停止ᄒᆞᆷ을得ᄒᆞᆷ

附則

第八條 本令은頒布日로부터施行ᄒᆞᆷ

隆熙元年十一月十九日
御押 御璽 奉
勅 內閣總理大臣大勳李完用
軍部大臣勳一等李秉武

敍任

任軍部書記郎 九品鄭一永

外報

◎殖民발表 法國代表議員에셔발表ᄒᆞᆫ報告를據ᄒᆞᆫ則歐洲에有事ᄒᆞᆫ境遇에ᄂᆞᆫ同國政府에셔多數ᄒᆞᆫ陸兵을同國殖民地에셔招募ᄒᆞ리라더라

◎鐵道增設 海蔘威電을據ᄒᆞᆫ則同地에셔鐵道를經營ᄒᆞᆫ線路와停車場과발電所의經營費五十萬留를豫算ᄒᆞ얏ᄂᆞᆫ데物價高騰ᄒᆞᆫ故로六十萬留로增加ᄒᆞ리라더라

◎日人增住 北京電을據ᄒᆞᆫ則淸國吉林省에駐在官의報告를據ᄒᆞᆫ則現今日人이該地에二百六十餘人이增加ᄒᆞ엿다더라

◎大統領俄帝訪問 巴里마당新聞을據ᄒᆞᆫ則法國大統領辛아리예루씨ᄂᆞᆫ明年春頃에俄國皇帝를訪問ᄒᆞᆯ터이라더라

◎巡視沿路 奉天電을據ᄒᆞᆫ則淸國東三省總督徐世昌씨ᄂᆞᆫ本月三拾日에出발ᄒᆞ야吉林黑龍兩省을巡視ᄒᆞᆯ터인데其沿路를警戒ᄒᆞᆫ다더라

◎軍機大臣說明 東京電을據ᄒᆞᆫ則淸國軍機大臣이東三省要地에對ᄒᆞ야討論ᄒᆞᆫ바를依ᄒᆞᆫ즉각國이同地를注目ᄒᆞᄂᆞᆫ所由로間島問題와如히此를讓步ᄒᆞ야각國이要求ᄒᆞᄂᆞᆫ대로口實을삼ᄂᆞᆫ것이至極히不可라ᄒᆞ며目下間島에駐在ᄒᆞᆫ陳常照의게外務部에셔指示ᄒᆞ야該島에駐在ᄒᆞᆫ齋藤中佐와今後紛擾를釀ᄒᆞ야兩國의不利ᄒᆞᆫ事가有ᄒᆞ면相當ᄒᆞᆫ勢力을加ᄒᆞ야協議를破ᄒᆞ더이라고訓電ᄒᆞ얏다더라

◎特派大使派遣 上海電을據ᄒᆞᆫ則淸國政府ᄂᆞᆫ拳匪事件의償金返還에對ᄒᆞ야謝意를表ᄒᆞ기爲ᄒᆞ야米國에特派大使를派遣ᄒᆞᆯ터이라더라

雜報

◎義將答江察

前特務正權閔肯鎬痛哭泣血謹仰覆于江原道觀察使閣下伏以 肯鎬至頑絕悖ᄒᆞ야 國母被弑而猶尙不死ᄒᆞ고 君父被脅而且保頑縱하니自顧罪惡이胡至此極고第今下諭ᄒᆞ심을伏承ᄒᆞ와辭旨의惓惓ᄒᆞ심과禍福의切切ᄒᆞ심을伏讀ᄒᆞ니淚欲潸巾이며汗欲沾背ᄒᆞ오나肯鎬之愚則雖使肯鎬로欲奉이라도固不可得이려든況使外人으로爲之乎아辭敎를反覆ᄒᆞ야蒼天을仰指ᄒᆞ고痛言으로復還ᄒᆞ니辭察爲渡소셔 太皇帝陛下씌서와 大皇帝陛下씌서乘是自上으로自行而傳하시며受ᄒᆞ신事乎아乙未以後로臣民之痛이尙此戴天而況今賤虜縱々ᄒᆞ야 君父被脅而至於 聖朝五百餘年疆土와三千里地人民이一朝陷入於彼虜之手ᄒᆞ니惡毒憤痛ᄒᆞ야天地에엇지立ᄒᆞ며日月을엇지對ᄒᆞ리오是以로不勝憤激ᄒᆞ야倡起義旅ᄒᆞ니愚意로揣之ᄒᆞ면兵出無名ᄒᆞᆫ아니며肯鎬의意見이若此ᄒᆞᆫ즉今發兵이豈有異哉아以彼之極凶으로言之ᄒᆞ면人口也家舍也牛馬也와甚至於山林川澤이皆有稅務之程式預算則彼必行之乃已也니此豈 祖宗舊法乎아若以外國莫强之兵으로謂之不可抗衡則是ᄂᆞᆫ張子房이不必報韓이오文天祥이不必補宋이니豈理也哉아夫人之有憤激也에只可以義理肝膽으로言之오不可以强弱禍福으로計之라今肯鎬以世世受恩之後로豈不欲報讐於彼虜乎아且敎示中全國人民이無不受毒ᄒᆞ야村落燒燼과男女離散이是誰之由오ᄒᆞ야諮咎於義兵ᄒᆞ니是ᄂᆞᆫ閣下가只言其末而不言其本也로다夫義兵之起가若非倭虜之無道則豈有是哉리오然則全國受毒이咎在倭虜乎아咎在義兵乎아夫爾錄相交에共戰共鬪ᄂᆞᆫ勢固然矣어니와至若倭虜가燒殺無罪之閭里邑村은是何心膓乎아閣下若以義兵으로解散則我東人民이更不受困於彼虜而可享太平乎아今聞擧國士庶가赤手白衣로將欲齊聲談辨於各國公使ᄒᆞ야質之以天下世界에設有諸壁而奪人之國者乎아ᄒᆞ다ᄒᆞ니此亦謂之非而斥之乎아前日宣諭使下來에若其眞摯 勅詔인ᄃᆡᆫ雖以單騎라도可以諭之於義兵而不止之爲ᄒᆞ고乃以炭幣步撥로付送ᄒᆞ니此是漢賊曹操가送天子以令諸侯之意니可見而又況倭兵隨之ᄒᆞ고窺探陣而欲陷ᄒᆞ야蹤跡心膓이到底綻露ᄒᆞ니此必有疑於義兵之旨宣諭使의也니豈非愚妄之甚乎아義之一字가何等重大而豈有校官奉命使臣之理乎아我東人物이若是凋殘ᄒᆞ더니倭寇之外에又添一媚之賊也로다今閣下之爾諭가爲激人膓ᄒᆞ야愛民之惻怛과憂國之至誠이出於宣諭使行爲ᄒᆞ니肯鎬가雖不敏ᄒᆞ야兵이야聯絡此論으로轉于各陣ᄒᆞ고頒于群黎ᄒᆞ야使之咸知閣下至誠惻怛之意케ᄒᆞ노니此肯鎬之卽報閣下之萬一也라 讀罷感尊不勝悚惶이라ᄒᆞ얏더라

◎免罰褒賞 普成小학校校主李鍾浩氏가年少학徒의吸烟ᄒᆞᆷ이滅毀될가念慮ᄒᆞ야학徒에게公佈禁烟ᄒᆞ얏더니昨日에同氏가該校에來ᄒᆞ야학徒를聚立ᄒᆞ고烟跡을搜索ᄒᆞᆯ際에卷烟一枚가地上에落在ᄒᆞᆫ지라同氏가卷烟을拾持ᄒᆞ고諸학徒에對ᄒᆞ야言ᄒᆞ되此物이必是諸人에掩匿的所爲라一個人의過로數百人에게疑를致ᄒᆞᆷ이大段未安ᄒᆞᆫ뿐아니라斯人이後日社會에出하야每事를如是做去ᄒᆞᆯ터이니身分上狼狽가多ᄒᆞᆯ지요且余가數年을教育ᄒᆞᆫ本旨에違反하도다ᄒᆞ니其中一小兒가手를擧ᄒᆞ고言ᄒᆞ되本학徒가吸餘卷烟이有ᄒᆞ야掩匿ᄒᆞᆫ罰로地上에棄擲ᄒᆞ얏더니校主에言ᄒᆞ심을聞ᄒᆞᆫ즉悔心이生ᄒᆞ야自願就罰ᄒᆞ깃다ᄒᆞ니同氏가其悔過ᄒᆞᆷ을奇特히녁여罰을免ᄒᆞ고賞을施ᄒᆞ엿스니自現ᄒᆞᆫ학徒인즉十二歲된金點用이더라

雜報

●御眞奉安 御眞을撮影ᄒᆞ야各普通學校에奉安ᄒᆞ기로學部에서擬議ᄒᆞ얏다더라

●兩大云任 制度局總裁金允植氏ᄂᆞᆫ總理大臣을被任ᄒᆞ고特進官에兪吉濬氏ᄂᆞᆫ內部大臣을被任ᄒᆞᆫ다ᄂᆞᆫ說이有ᄒᆞ더라

●事不如意 近日內閣大臣이有何事端이던지農相宋秉畯氏와法相趙重應씨가五六夜를伊藤統監에게訪問堅議ᄒᆞ얏ᄂᆞᆫ대該事件이如意치못ᄒᆞ얏다더라

●東訪西仕 軍部大臣李秉武氏ᄂᆞᆫ再昨日上午拾時에 陛見ᄒᆞ고同拾二時에內閣에往ᄒᆞ얏다가下午五時에還邸ᄒᆞ얏다더라

●郡奏繼呈 新官制가有何層節인지延期頒布됨은屢報하얏거니와本月二十日에該官制를頒布하고郡守奏本을繼續奉呈ᄒᆞᆫ다더라

●服色以深 近日巷說을聞ᄒᆞᆫ즉官民間服色을深色으로ᄒᆞ고人民의頭髮도時大斷ᄒᆞ야上下一新케ᄒᆞᆫ다ᄂᆞᆫ說이有ᄒᆞ더라

●官制變稱 각府部書記郎은廳으로改稱ᄒᆞᆫ다며니更爲變更ᄒᆞ야補라ᄒᆞ고書記官은事務官이라ᄒᆞᆫ다더라

●諸犯放釋 昨日法部에서各郡流配罪人合八拾八名을放釋ᄒᆞ기爲ᄒᆞ야內閣에詔議ᄒᆞ얏다더라

●熟內允奔 法部大臣趙重應氏ᄂᆞᆫ[illegible]午十時에總理大臣宋秉畯氏私邸에勤間ᄒᆞ고拾一時에[illegible]宮에陞見ᄒᆞ고下午二時에本部에仕進ᄒᆞ얏다가三時에內閣에往ᄒᆞ야同六時에還邸ᄒᆞ얏다더라

●[illegible]先放 法部大臣趙重應氏가入赦 詔勅에等因ᄒᆞ야內閣에提議ᄒᆞ기를爲先각道流配罪人부터放釋ᄒᆞᆯ터이라ᄂᆞᆫ대鄭丙朝鄭萬朝閔宗植氏等八十八人이라더라

●衛團發程 各地方으로派送ᄒᆞᄂᆞᆫ自衛團某々ᄶᅵ가昨日에一齊히發程ᄒᆞ얏다더라

●先討後喩 自衛團에行動을得聞ᄒᆞᆫ즉義兵所屯處에京兵과日兵이兵力으로先爲討歷ᄒᆞ고自衛團에서隨後曉喩ᄒᆞ야旅行務을實施ᄒᆞᆫ다더라

●七人雇聘 度支部水道局內에日本人雇員七人으로書記官技手로囑托ᄒᆞ얏ᄂᆞᆫ되月俸은四十圓式이오舍宅料ᄂᆞᆫ十五圓式이라더라

●令前支俸 一般官吏의月俸은俸給令을頒布後에야支撥ᄒᆞᄂᆞᆫ것인대近日에ᄂᆞᆫ該章程을廢止ᄒᆞ얏ᄂᆞᆫ지不知ᄒᆞ거니와各部次官의月俸은此俸給令發布前에支撥하얏다더라

●影子官吏 度支部次官의月俸을已爲支撥ᄒᆞ얏다ᄂᆞᆫ대該部大臣과司計局長은月給多少와何日에支撥하얏ᄂᆞᆫ지頓然不知하니可謂影子官吏라ᄒᆞᆫ다더라

●因祭休暇 昨日은日本神嘗日인故로각府部院廳에서日本官吏ᄂᆞᆫ一齊休暇ᄒᆞ얏더라

●학相奔忙 학部大臣李載崑氏ᄂᆞᆫ再昨日上午十時에於義洞普通學校落成式에往參ᄒᆞ고拾一時에本部에仕進ᄒᆞ얏다가下午五時에大韓醫學校에往ᄒᆞ얏다가[illegible]六時에還家ᄒᆞ얏다더라

●[illegible]宴待 本月二拾六日下午六時에法部[illegible]任官以上官人이각出[illegible]ᄒᆞ야[illegible]設宴ᄒᆞ고該次官歡迎會을[illegible]에設ᄒᆞ고該次官을宴待ᄒᆞᆫ다더라

●[illegible]者接[illegible]者 [illegible]에大韓新聞記者愼台範氏가法部에入來ᄒᆞ얏더니該部大臣趙重應氏가各局課長을招請ᄒᆞ야知面케ᄒᆞ고各局課長에게命令ᄒᆞ되若有新聞件이거든預爲謄抄ᄒᆞ야出給ᄒᆞ며外國에도新聞記者에待遇가特異ᄒᆞ니日後뭇터ᄂᆞᆫ各新聞記者를善接欵待ᄒᆞ라ᄒᆞ엿더라

●副本請廢 平[illegible]觀察使朴重陽씨가內部에報告ᄒᆞ되報告書에副本或書目을添呈ᄒᆞᄂᆞᆫ거슨從前流例이오나書類에重量이增加ᄒᆞ야郵稅를疊用ᄒᆞᄂᆞᆫ弊가不無ᄒᆞ옵고紙一張이오면足ᄒᆞ거ᄂᆞᆯ必備二張은經濟上에大有關係ᄲᅮᆫ더러書寫에도空費時間이오니副本은自今으로ᄂᆞᆫ勿施ᄒᆞ시고指令은必以上部指令紙로專用케ᄒᆞ라ᄒᆞ얏다더라

●以金厚謝 辯護士李鍾桂命燮兩씨가閔判書種默氏의委任을處ᄒᆞ고訴訟을迅速勝訴ᄒᆞᆷ으로閔씨가感意를表ᄒᆞ기爲ᄒᆞ야謝金外에特別厚謝ᄒᆞ얏다더라

●尙宮泣囚 監獄署에滯囚ᄒᆞᆫ선尙宮이今番大赦典에放不放을泣問ᄒᆞ거날未決囚ᄂᆞᆫ勿論이라ᄒᆞᆫ디該尙宮이飲泣無語ᄒᆞ더라더라

●放釋數爻 本月十八日赦典에強盜外에放釋ᄒᆞ고已決囚成冊을平理院과漢城裁判所와仁川港裁判所에서法部로報告ᄒᆞ얏ᄂᆞᆫ대漢裁에ᄂᆞᆫ二百四名이오平理院에ᄂᆞᆫ三拾六名이오流配罪人은劉相德金得洙全性煥羅應完金聖完五名인ᄃᆡ幷爲內亂犯이오仁川港에ᄂᆞᆫ二拾五名이라더라

●不顧家事 永興郡洪明學校長金重烈씨가該會의狹隘ᄒᆞᆷ을慨嘆ᄒᆞ야一千圓價値되ᄂᆞᆫ自己家屋數十間을[illegible]金款로校中諸[illegible]寒節露處ᄒᆞᆷ爲ᄒᆞ야金 百圓을[illegible]以給ᄒᆞ則却不受ᄒᆞ야曰余之[illegible]ᄂᆞᆫ勿慮ᄒᆞ고學校만善爲維持ᄒᆞ야教育을發達케ᄒᆞ라하얏다니如此熱心은世所罕有라ᄒᆞ더라

●義聘再答 江原觀察使黃鐵氏가義兵將閔肯鎬氏의게釋兵歸順之意로再次公函ᄒᆞ얏더니其答公函全文이左와如ᄒᆞ더라

前日下諭ᄒᆞ심을掩泣仰復ᄒᆞ얏더니閣下誉々ᄒᆞ심을마지못하야上憂國家ᄒᆞ고下念民情ᄒᆞ야橫城郡守를派送ᄒᆞ야一封書角으로又爲勉諭ᄒᆞ니궁鎬雖愚나豈不知誠惻단之至意乎아第有一言仰陳ᄒᆞ니궁鎬愚意則彼倭雖强이나洞知其必亡乃已ᄒᆞ노니幷呑六國而强秦이不久ᄒᆞ고求地三晉而智伯而先亡ᄒᆞ니此豈非兵議에務廣地亡之理耶아然則今日之彎倭가圖金甌을不以其德而只以其謠ᄒᆞ니斑々古史에然而不亡者未之有也라凡山河를不能係於包桑則首之北과今之南에似或無可否於其間而昔雖忍痛於此이나猶以我國君上으로自行我國政令ᄒᆞ야人民이不在受困於彼故로只知有我國之君이러니今則不然ᄒᆞ야日統監이專主我國之政ᄒᆞ니於是乎山林川澤과土地人民이非我國君上에所可措手也以生靈之禍로言之면正若坐偶人於房中而팔其皮ᄒᆞ야不知其痛而偶之形이已缺하니然則義兵之害가甚於彎倭之毒이尤乎아見今身謀密者ᄂᆞᆫ其門이朱ᄒᆞ고謀國忠者ᄂᆞᆫ其血이亦이라ᄒᆞ니궁鎬가非不知身投於倭ᄒᆞ야位可高於明治之世오富可列於八逆之列이나然而此非궁鎬之志也라若以强賊之惡逆궁鎬而勢不能敵ᄒᆞ야不可容於世界[illegible]則亦豈無蹈海所蹈之茫々大海乎아今聞ᄒᆞ니敎曰偃武息戈ᄒᆞ고養力이면必至文成之日이라ᄒᆞ니猶爲未晩이라ᄒᆞ얏스니此乃궁鎬之大有望於閣下也라閣下有志於大成則何必以肯鎬之釋兵與否로爲心哉아如肯鎬者ᄂᆞᆫ置之一邊ᄒᆞ고力圖大成則궁호亦當仰念閣下에扶國濟民之澤ᄒᆞ야雖無解兵之報라도必隕首以報矣리니惟閣下ᄂᆞᆫ且燭且諒焉以若궁鎬之庸々碌々으로猶尙懸々於각丫者ᄂᆞᆫ前後所報辭旨가徹入肝腦ᄒᆞ야示之以憂國憂民之情ᄒᆞ니此궁호之所以執筆而不覺淚下也라語不知裁ᄒᆞ니惟恕之察之

▲地方消息▼

▲本月拾五日午後二時에安義郡에電柱三本을義兵이絕倒ᄒᆞ야通信을不通ᄒᆞᆷ으로修理ᄒᆞ기爲ᄒᆞ야日人工夫數名을派送ᄒᆞ엿ᄂᆞᆫ대同郡에尙今義兵이駐屯ᄒᆞ엿다ᄒᆞ고

▲本月拾六日北靑郡安平社附近에서義兵忽地出沒ᄒᆞ야該社長을銃殺ᄒᆞ엿다ᄒᆞ고

▲本月拾八日藍浦郡內에義兵이通文을回傳ᄒᆞᆷ으로同郡이不穩ᄒᆞ다ᄒᆞ고

▲本月拾六日午前六時에義兵約三百名이興海郡을來襲ᄒᆞᄂᆞᆫ대日巡査宿사를包圍乱射ᄒᆞᆫ즉巡査等이盡力應戰타가頭部를中丸ᄒᆞ고南門血路를尋ᄒᆞ야逃走ᄒᆞᆫ지라義兵이巡査의宿소와郵便取扱所와民家를燒却ᄒᆞᄂᆞᆫ대巡査ᄂᆞᆫ致斃ᄒᆞ얏다ᄒᆞ고

▲江原道宣諭使委員權泰駿氏ᄂᆞᆫ義兵의게捕縛된바되엿ᄂᆞᆫ데[illegible]가捕縛ᄒᆞᆷ口絕ᄒᆞ고[illegible]日[illegible]呂州[illegible]逃走ᄒᆞ얏[illegible]上京ᄒᆞ얏다ᄒᆞ고

▲[illegible]方面 駐[illegible]ᄒᆞᆫ義兵[illegible]郡部及[illegible]檄[illegible]貼[illegible]文[illegible]如左ᄒᆞ니

以文通告于我同胞ᄒᆞ노니我等擧義之本意ᄂᆞᆫ上而宗社와下而蒼生을救濟ᄒᆞ기爲ᄒᆞᆷ인故로方今各道各郡이爭先呼應이어날唯獨開城府ᄂᆞᆫ恃富賴勢ᄒᆞ야閉門不應ᄒᆞ고井上에坐ᄒᆞ야天을觀ᄒᆞ며薪上에臥ᄒᆞ야火을不知ᄒᆞ니汝等도亦將燒之리니당上之燕이棟소之禍를不知ᄒᆞ고其巢에居ᄒᆞᆷ과如하도다噫라豈不寒心痛歎哉야汝等은無悔自服ᄒᆞ야日人과符同하며市民을煽動ᄒᆞ야無辜ᄒᆞᆫ生靈을塗炭之衢에彷追케ᄒᆞᆷ을何不顧乎아普天之下에莫非王土요王土之下에莫非王民이니矣獨一天之下에二民을成ᄒᆞ고二千萬同胞가各相分離하야三千里疆土을異域仇敵의게橫行을任之ᄒᆞ야玉石이俱焚ᄒᆞ고黑白을難辨ᄒᆞᄂᆞᆫ變에至케ᄒᆞᄂᆞᆫ야噫此蒼生을何忍見之이오雖然이나今若歸化면九死一生을可得ᄒᆞ기가尙亦未遲어니와終不悔悟ᄒᆞ야我憤氣所발에任之ᄒᆞ면雖容忌器之鼠ᄒᆞᆯ거시니本府內外각學校學徒와各社社員及大人民等은能體此意ᄒᆞ야從速歸義ᄒᆞ야同心同德之道에入ᄒᆞᆷ을要ᄒᆞ노라

中央倡義大將金 參謀金
軍糧監 石寨李
同 尹 領軍金
先鋒愼 中軍徐

▲江上青峰▼

▲向者五大臣得勢時에趙大의李址鎔根湘씨가宮大로初頭에選任되며五六臣이一時顯要ᄒᆞ엿[illegible]今番七大臣이當路ᄒᆞᄂᆞᆫ[illegible]總理의[illegible]로[illegible]에渡航[illegible]大臣[illegible]에[illegible]大臣[illegible]入[illegible]選任[illegible]部[illegible]相[illegible]一進[illegible]의게逐日問安ᄒᆞ며自己地位를鞏固ᄒᆞᆯ計策으로世人이知料하엿더니또少師를圖得ᄒᆞ엿스니前日에ᄂᆞᆫ平民이大臣宅의問安ᄒᆞ여야官職을圖得ᄒᆞ더니近日에ᄂᆞᆫ大臣이平民宅에問安ᄒᆞ여야官職을圖得ᄒᆞ니時代가變換ᄒᆞ고風俗은變하얏스나出入은잘ᄒᆞ고볼게로고

▲一進會에서自衛團을成立ᄒᆞ미城內元老大臣以下有志紳士三百餘人이該團援護會을組織ᄒᆞᆯ趣旨로各其題名捺章ᄒᆞᄂᆞᆫ대元老大臣李根命氏ᄂᆞᆫ先倡捺章ᄒᆞ얏거니와惟獨에閔泳韶韓圭卨李鍾健三氏가捺章치아니ᄒᆞ얏다니援護會ᄂᆞᆫ該團에發護할만ᄒᆞ고首席元老ᄂᆞᆫ先倡으로著名ᄒᆞ니枯骨이更甦라ᄒᆞᆯ만ᄒᆞ고三氏ᄂᆞᆫ參謀ᄒᆞᆯ智力이無ᄒᆞᆫ엿지

▲各郡守現闕이七十餘窠에至ᄒᆞ엿스니選來初有ᄒᆞᆫ盛窠인데奏本은尙此延拖ᄒᆞᄂᆞᆫ지라至今도郡守ᄅᆞᆯ運動ᄒᆞᄂᆞᆫ客들이金幣을暗藏ᄒᆞ고百方穿穴하ᄂᆞᆫ데窠大의窠位가支保키難하다니任督準[illegible]ᄂᆞᆫ바든밥상을아마쎄앗기지

▲近日에藍輿바탕을人車上에高飾ᄒᆞ고黑衣騶從이前率後追ᄒᆞ고長竹에불알삼지를懸ᄒᆞ고揚揚過去ᄒᆞᄂᆞᆫ대其乘客인즉削髮ᄒᆞ고單衣에眞絲笠을着ᄒᆞ얏스니彼頑固者班들은父母의게밧은頭髮은斷ᄒᆞᆯ지언뎡[illegible]와長竹은죽어도못놋깃지

▲각地方에驛屯土와각宮土와[illegible]支部에[illegible]ᄒᆞ고規[illegible]選[illegible]一郡에郡[illegible]式[illegible]ᄒᆞ고一郡에[illegible]音[illegible]稅務[illegible]收[illegible]辦ᄒᆞ[illegible]에[illegible]取租[illegible]年[illegible]變[illegible]音[illegible]競[illegible]깃더

社告

向者軍隊解散時에負傷ᄒᆞ야折臂折脚된士卒諸君에對ᄒᆞ야발起ᄒᆞᆫ鄭圭煥諸氏等이此事로數朔을盡力ᄒᆞ야도籌實이難望故로冒廉ᄒᆞ고諸公僉에慈善之澤을바라고救助를請ᄒᆞ려ᄒᆞ여도아니된다ᄒᆞ오니切蓋慨歎이옵기로本社義務로廣布ᄒᆞ오니慈善諸君은不拘多少ᄒᆞ시고救助ᄒᆞ사使陷死罔籍도중濟ᄒᆞ심을望ᄒᆞᆷ

本社支社를左開六處에設置하얏ᄉᆞ오니該處處에셔本申報購覽ᄒᆞ실 僉彦은一切該支社로請求ᄒᆞ시고代金도該氏의게로送交ᄒᆞ심을務望ᄒᆞᆷ

代金 漢文版每朔並郵稅四拾三錢 國文全 三拾八錢

左開

支社位置及氏名

咸鏡邑南門內 崔載淳
殷栗邑倉前里 金泰聲
古阜邑許洞 殷錫漢
群山港東彰社 姜允植
[illegible]川郡市會堂 宋判殿 黃菊保
單發館河志會內 金明鉉

大韓每日申報社

雜報

●此是自治 豐[illegible]郡守林淵相氏가莅任以後에還弊與戶籍紙弊를一切革거하고里長을從民願ᄒᆞ야大小事를里長에게先爲經議ᄒᆞᆫ後該郡守의게呈訴ᄒᆞ면從公決處ᄒᆞ야兩便이互相無怨ᄒᆞᆫ故로頌聲이載路라더라

●竹山殺屯 竹山來人에傳說을聞ᄒᆞᆫ則該郡大小曲石峴과杜鉢峴三處에義兵五六百名이屯聚ᄒᆞ얏다더라

●協會一回 本日官人俱樂部內에셔大韓協會總會를開ᄒᆞ고撫裁閔泳徽氏以下諸任員이一齊히出席ᄒᆞᆫ다더라

●電促收籍 內部에셔春察黃鐵氏에게電飭ᄒᆞ되獻民首期日이迫頭ᄒᆞ얏ᄉᆞ니另設方略ᄒᆞ야管下戶籍을不日輸送ᄒᆞ라ᄒᆞ얏더라

●因疑捉義 再昨日下午二時量에日憲兵三名이東門外에셔義兵嫌疑者六[illegible]入城ᄒᆞ얏다더라

●殷校落成 於[illegible]普通學校에셔昨日에落成式[illegible]學員의父兄會를擧行ᄒᆞᆫ다ᄂᆞᆫ說은已揭昨報어니와學部奏任官以上이往參ᄒᆞ얏다더라

●廣信社說明 日前本報에廣信社細則이라ᄒᆞᆫ題下에各客主와居間人의冤聲이라ᄂᆞᆫ句語에對ᄒᆞ야該社會計員朴仁昌氏가本社에來ᄒᆞ야該社細則을出示ᄒᆞ고言ᄒᆞ되本會社ᄂᆞᆫ各客主와居間人等의便利를爲ᄒᆞ야各其志願을依ᄒᆞ야設立ᄒᆞᆫ거신즉冤聲이란說은虛傳이라고說明ᄒᆞ더라

告

本人의[illegible]子錫範이가性本浮浪ᄒᆞ야[illegible]債用이不少故로至於蕩敗之境이오니內外國人은切勿見欺ᄒᆞ시옴

南部堅井洞 朱鼎完 告白

本人이內外國料理를各樣으로具備ᄒᆞ게ᄒᆞ고盤所도淨潔ᄒᆞ오며今月陰十九日로開業ᄒᆞ오니僉君子ᄂᆞᆫ光臨ᄒᆞ심을望ᄒᆞᆷ

鍾路電氣會社後谷

衆香館主人 趙應賢 告白

本人이三湖[illegible]根地에推次一萬兩於音、度六千兩於音一度를遺失ᄒᆞ얏숩기廣告ᄒᆞ오니誰某拾得이라도休紙施行ᄒᆞᆷ

金錫福 告白

判決書第四十二號

漢城中署寺洞居
原告 藥舖 張亨燮
右代理人辯護士 李建鎬
平安北道義州府居
被告 農業 安秉瓚
右代理人辯護士 張千麗
判決要旨 太明軾

原判決書ᄂᆞᆫ廢棄事

原告ᄂᆞᆫ被告의게對ᄒᆞ야衆淵及伏龜梁柳坂을推選ᄒᆞᆯ義務가無ᄒᆞᆫ事

訴訟費用은幷第一審費用ᄒᆞ야被告의擔當事

理　由

原告의主張은鴻卞과被告가崔錫崑에게對ᄒᆞᆫ本院前判決書의照ᄒᆞ야認直事此에對ᄒᆞ야被告所供은矣父가乙未年分에義州荏島所在田二十二日耕과該田付屬柳坂을買得於原告ᄒᆞ야收贍新舊文券而四標中東西南三方은大江이라ᄒᆞ야ᄉᆞ오니大江之內ᄂᆞᆫ盡是原告買有라荏島南에有ᄒᆞᆫ衆淵及伏龜梁柳坂도亦在大江之內ᄒᆞ야矣身이多年耕墾이온바今年分에與前前主崔錫崑으로買耕于平理院之時에原告가以證人으로認供ᄒᆞ기를丁酉大漲以前은荏島南이即大江이라가至今刷泥生連陸이오되初非自己之所賣라ᄒᆞ야矣身이落科인바崔錫崑所持文券에도北은小浦라하얏ᄉᆞ오니小浦ᄂᆞᆫ非大江이라大江以內ᄂᆞᆫ即被告之所有오니惟願東假於賣者이다ᄒᆞ고原告의供은임島田을買得於崔錫崑崔世澤ᄒᆞ야轉賣於被告之時에該田三面에生柳坂故로亦書於文券이온바伏龜梁等은崔世澤金志成이買於崔錫崑ᄒᆞ야尙今所有而曾有本院判決ᄒᆞ고文券이別有ᄒᆞ온바本非矣身之所買이온즉亦不得轉賣於被告也라伏龜梁與成居間人羅永與之子得信之證明書及洞報가分明이라ᄒᆞᆫ바證人崔世澤供은임島伏龜梁을初無分異放賣之事ᄒᆞ와崔錫崑之所持文券은非矣身之所知라ᄒᆞ나無反證確據ᄒᆞ고羅得信之證明書와該洞報가有之ᄒᆞ니不可准信이고被告亦居間人書札을提出ᄒᆞ나此ᄂᆞᆫ羅得成之札而無捺章ᄒᆞ고羅得信之證明書ᄂᆞᆫ有捺章뿐더러名字가亦相左ᄒᆞ니亦不可准信이고崔錫崑이賣於原告ᄒᆞ야原告가若轉賣於被告이면豈有文券別有之理며小浦ᄂᆞᆫ果非大江이ᄂᆞᆫ되其時非爲連陸은亦可推知오衆淵은魚簖基五坐라ᄒᆞ얏ᄉᆞ니即漁基五處之謂라此是漁基인되亦非陸地也오若盡賣於被告이면임島與伏龜梁等이爲名이各殊어ᄂᆞᆯ何獨記임島而不書伏龜梁乎아以大江書之者ᄂᆞᆫ其時에雖非大江이라도引舊文記所載而謄錄者明矣라是로以ᄒᆞ야原判決書ᄂᆞᆫ廢棄ᄒᆞ고各持文券과本院前判決書第七號에照ᄒᆞ야要旨와如히判決ᄒᆞᄂᆞᆫ事

隆熙元年十一月三日

平理院
裁判長 洪鍾億　判事 朴齊璐
判事 宋振玉　判事 朴晩緖
判事 朴용台　主事 李溶儀

教育學

譯述 趙光玉　校閱 朴殷植　定價金廿五錢

此書ᄂᆞᆫ教科書排列과教授法則과訓練制度가詳細備載ᄒᆞ야一般教育者의寶鑑이될터오니有志僉君子ᄂᆞᆫ速速購覽ᄒᆞ심敬要

發賣所
京布屛下書舖 金相萬
平壤貫洞 耶蘇教書院
安岳邑 勉學書舖

本月二十四日(日曜)下午一時에本會臨時會館(西署夜珠峴官人俱樂部)에셔總會를開ᄒᆞ고事務를處理ᄒᆞᆫ後에左開二題로演說ᄒᆞ오니僉會員은來參하시옴

演題
大韓協會의本領 演士尹孝定
政黨의責任 仝 鄭雲復
演說時間에ᄂᆞᆫ傍聽도許ᄒᆞᆷ

大韓協會 告白

廣州金氏先山이在於楊州下道面直洞天摩山이온바基位香與松楸를數百年禁養矣러니不意宗中에不良敗類之人이欲爲暗賣ᄒᆞ오니內外國人間切勿相關이無至見欺ᄒᆞᆷ

宗中 金相健 告白

▲定期大廉賣廣告▼

自十一月十五日 至十二月廿五日　特別減價一圓　郵稅 拾錢

獨習日語正則

鄭雲復氏著

此日語正則은自天文地理로至農商工業諸般學術及人事百般히緊要ᄒᆞᆫ句를綱羅하야正確ᄒᆞᆫ發音과簡明ᄒᆞᆫ翻譯으로編纂ᄒᆞ야獨習에가장便利ᄒᆞᆫ故로出版ᄒᆞᆫ지未久에千餘部를出售ᄒᆞ옵고再版의期가在邇ᄒᆞ온지라이에自本月十五日로十二月二十五日ᄭᆞ지定價一圓二十五錢에二拾五錢을減ᄒᆞ옵고一問에出售ᄒᆞ와一般[illegible]諸君子의[illegible]ᄒᆞ온바部數와日字의定限이잇ᄉᆞ오니江湖僉子ᄂᆞᆫ爭先購覽ᄒᆞ시옴

(十二月二十六日以後에ᄂᆞᆫ定價外에一分도不減ᄒᆞᆷ)

京城中署布屛下三十七統六戶

發賣書舖 金相萬 白

廣告

本公司始運來大韓國特別紙捲된烟草品純良香味與品質不同近有市上牌號混雜請諸君認明本牌爲記庶不至悞

代售店 京城大貞洞 鴻源號
總代理店 仁川淸租界 安泰公司

영미국정부전매특허
석유발동긔급지행서
정미긔계급부속품일절염
방매ᄒᆞ오

直輸入商
韓國代理店
仁川本町
中根商會
電話七參[illegible]番

◉特別廣告

本人이美國新發明無線(스펄딩)自轉車를數百輛을放賣ᄒᆞ오니僉位ᄂᆞᆫ即速來購ᄒᆞ시옴

大邱府留在[illegible] 告白

[illegible]

▲生徒募集

本校內에男女學校를分設ᄒᆞ고校內에外子女를教育ᄒᆞ기爲ᄒᆞ야課程과規則을善美케制定ᄒᆞ얏ᄉᆞ니子女間教育에有志ᄒᆞ신僉君子ᄂᆞᆫ速速히本校로來議ᄒᆞ시옴

中部勝洞
勝洞尋常小學校 告白

◎國債報償義捐金收入廣告

◎國債報償義捐金
十一月中本社收入總額
◎日逐簿明細錄
拾一月二十二日
第一五七五号
鐵山嶺亭耶蘇敎堂 十圜
計十圜
十一月廿二日々지收入總額
一百廿五圜廿五錢
自四月至拾月收入總額
五萬六千九百〇二圜
四十一錢七厘
都總合五萬七千〇廿七圜六
六젼七厘

◎鐵山郡嶺洞耶蘇敎堂內
崔得麟 三圜
김宗淳 二圜
鄭陽模 一圜五十젼
김運洙 李應洙 각一圜
安聖謨 七拾젼
鄭致敎 五拾젼
咸必秀 三拾錢
合拾圜

前號總合五萬七千〇十七圜
六拾六젼七厘
都總合五萬七千〇廿七圜六十
六錢七厘

◎謹賀廣告◎
國債報償金을昨日까지所捧은
總計가五萬六千九百〇二圜四拾一
錢이오十月々지所捧總
額中에五萬圜을本社內銀行에貯置호
얏合고其餘殘額中
三萬二千三百圓은國債報償總合所로越交홈

廣告

本局에셔十餘年을研究ᄒᆞ야(經驗) 萬病通治藥 ...을發明ᄒᆞ야
姙産婦丹 ... 日用 ...
는대男女勿論ᄒᆞ고무ᄉᆞᆷ痼疾이
던지(一劑十四貼)를每日一箇
式服用ᄒᆞ면效驗이百發百中되
는고로每日몰搭至ᄒᆞ와買去ᄒᆞ오
니痼疾잇는僉位는오리고싱마
시고速々히來臨ᄒᆞ야問議ᄒᆞ심
을希望홈
定價金 上品一劑金四圜
下品一劑金貳圜五角
本舖 仁川港杻峴和平局
發賣所 京城鍾路 龍洞濟生堂
仝 慈惠藥房
仝 共愛堂藥房
雖外邦이라도郵便으로부쳐
드릴수가잇소

越南亡國史 國漢文 定價金拾伍錢
發賣所 京城廣通橋高裕相書舖
濟物浦 仁川港 朴時夏
拾屛下 김相萬 告白

發賣元 京城鍾路大東書市
彰信社 內大阪倉庫通小 及各書舖에 在宮
大阪東區 二番 梁居
政治原論
郵料 四錢
定價金 六十錢
安國善 編述

人民이國民된者ㅣ政治를不知홈이不可ᄒᆞ니
今日政治思想은人類가國家를組成홀要素니
何時代에나此를研究홈이必要ᄒᆞ고新學校學科에도用ᄒᆞ기適宜ᄒᆞ니
彼學子는新書를購覽ᄒᆞᆷ을爲要

成藥便方 定價金一圜
發賣人 濟衆院 ... 바즈허리 만화
右冊은西洋醫學가 ... 이 我國
文으로 ... 翻譯
代理店 京城大東書市 ... 仁川 ... 亭
目錄
右丸藥은 十日分 定價 一圜
◎右藥은米國大醫院 ... 方
遺精 ... 尿 ... 虛冷
腰痛 ... 男女 ...
症 ...
고痰 ...
右藥은 大人 小兒 ... 十錢
蛔虫丸 ... 一日分 ... 定價 十錢
右時藥은大人小兒 ... 一日分 ... 五錢
四日 ...
右疳積 ... 一期 二期 ... 五圜
右痰은 男女 淋疾 ... 有效 ... 一圓
右淋疾 ...
右眼疾 ... 定價 金拾錢
右咳嗽는 ... 有效 ... 十錢
右無聲 ... 四十錢
以上 ... 洪錫 ... 有效證明
醫學校長 池錫永 ...
製藥監督人 ...
本藥房에셔調劑販賣ᄒᆞ는 藥品은 ... 本國語 ... 英文日文 ...
... 定價一圜五錢 ... 三十錢 ... 五十錢 ... 二十錢 ... 一圓半
◎除阿片毒藥 一圓半
◎止足汗藥 二十錢
◎上海製 ... 五十錢
◎連珠膏 ... 五十錢
◎肩臂痛藥 三十錢
◎寸虫去根藥 三十錢
◎斷酒藥 五日分 三圜

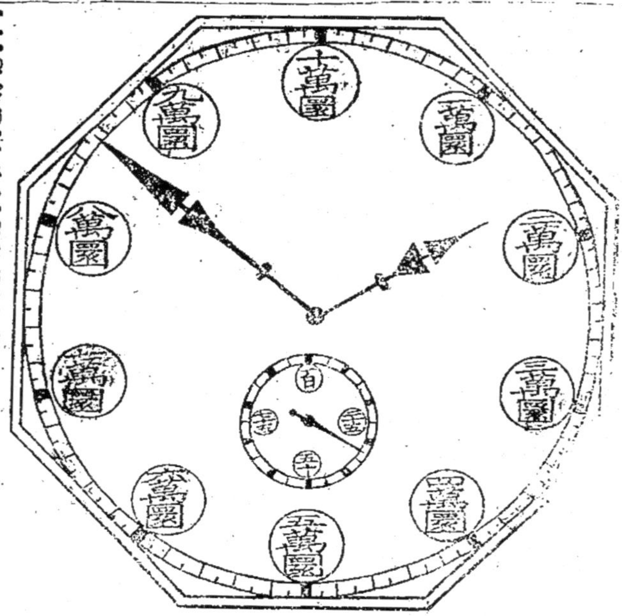

皇太子殿下
皇城基督敎靑年會廣告
大掛鍾 廻轉ᄒᆞ는 規則
下賜壹萬圜
此掛鍾의抄針은每一度廻
轉ᄒᆞ는대壹百圜을指示홈
이오
長針은每一度廻轉ᄒᆞ는대
壹萬圜을指示ᄒᆞ고
短針은每一度廻轉ᄒᆞ는대
拾萬圜을指示홈
義務捐助金寄附人員
及數額
農商工部大臣 宋秉畯氏 貳百圜
金容鎭氏 五拾圜
無名氏 壹千圜

伊太利建國三傑傳 一冊 正價金三十錢
此書는距今數十年前에伊太利愛國者瑪志尼、加里波的、加富
爾三傑이奄奄垂亡호國勢를挽回ᄒᆞ야歐洲列强間에鼎峙호事
實을國漢文으로譯出ᄒᆞ얏는데其艱難危險의經歷과嘔心瀝血
의景況이讀者의哀情을感發홀만ᄒᆞ오며其百折不屈의意氣와
其九死靡變의熱誠이讀者의愛國心을激起홀만ᄒᆞ오니有志君
子는不可不座右에置ᄒᆞ고常目에掛홀冊子오니續續來購ᄒᆞ시
옵
發賣所 皇城布屛下 廣學書舖
仝 博文書館
仁川杻峴 開新書肆
平壤鍾路 耶蘇敎書사
義州南門外 廣學書館

本人이日本大阪商業家와特約
ᄒᆞ고日本內地産出各種物品과
西洋各種物品及機械等物을我
大韓에輸入과委托을便利케爲
約ᄒᆞ얏ᄉᆞ오니商工業에有意ᄒᆞ
신僉君子는某物이든지請求로
져ᄒᆞ시거든本社로來議ᄒᆞ시오
本社에셔는手數料金만受領홈
委托社本店
國城南大門內興學書舖
支店京城南門內水標五十一號
大戶 特設會社
仁川港 ... 商賣書舖

▲新刊書籍發售廣告
增修無冤錄大全 國漢文 定價金七拾五錢
大韓法規類纂 洋裝 三圜五拾錢 郵稅四拾錢
初等倫理學敎科書 二拾錢
初等衛生學敎科書 拾五錢
國家學綱領 拾五錢
國民須知 八錢
愛國婦人傳 張志淵氏著 十五錢
發賣所 皇城布屛下 金相萬書舖

學徒洋裝冊 學徒運動과諸具
繡紗各種 美國金鷄蠟
我舖에셔는各種物品을廉價放賣
ᄒᆞ오니諸君子는來購ᄒᆞ심을바
라나이다
仁川港杻峴 開新書肆

本社廣告
○申報價
一張代金 新貨二錢五厘
一個月前納 三十錢
三個月 九十錢
六個月 一圜七十錢
一個年 三圜四十錢
郵稅一張 新貨五厘
一個月 十三錢

○廣告料
國文活字十三字號
每日每英尺一寸에新貨拾五錢
(每日發行六젼에相當홈)
二週日에 二圜五十錢
每日發行四號五號에相當홈
一個月에 五圜
(每日發行四錢一號에相當홈)
其期限의長短과字行의多寡
를依ᄒᆞ야增減홈이有홈
發行兼編輯人英國人 裵說
發行所
皇城南署石井洞 ... 三層洋屋家
大韓每日申報社

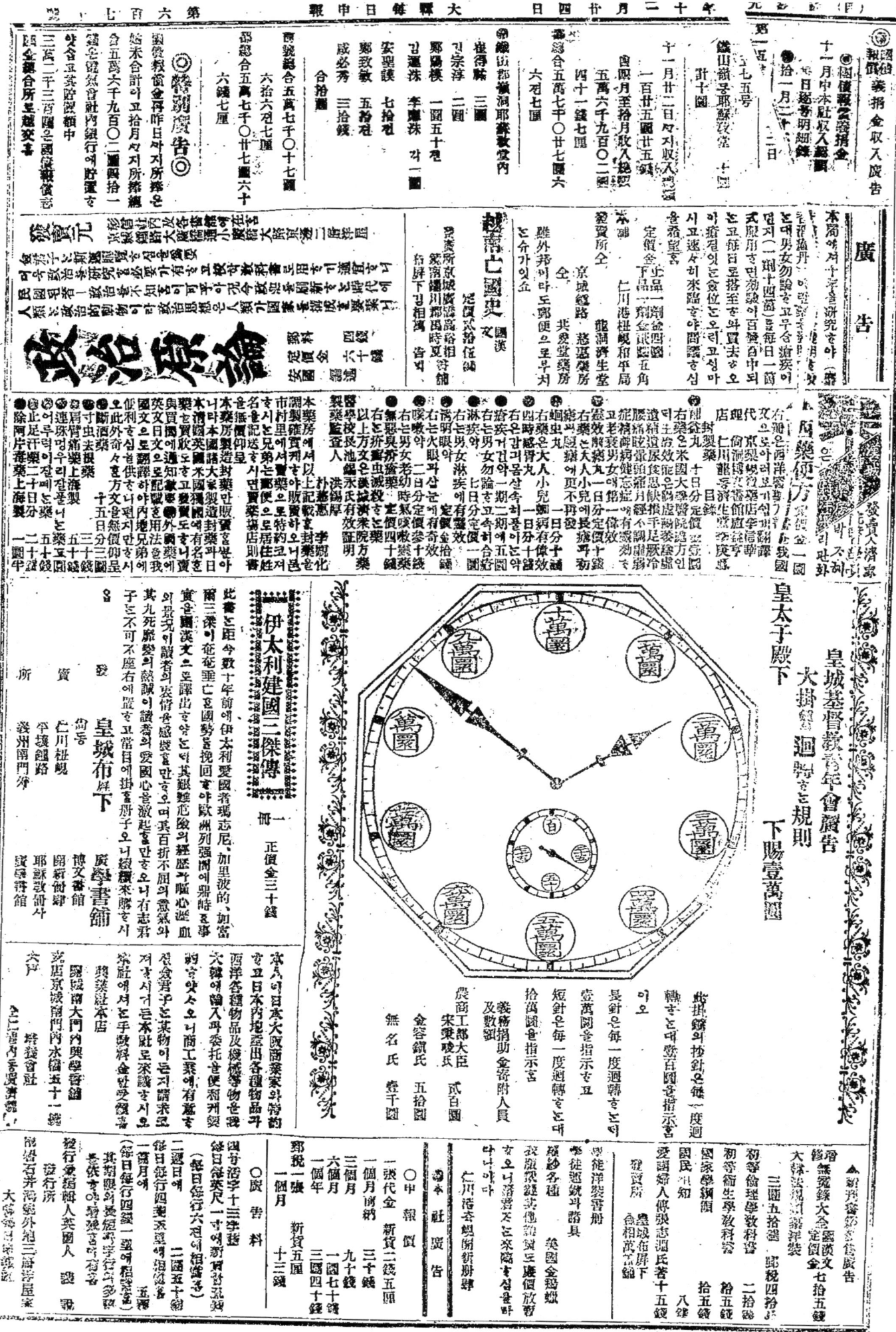

第五卷

大韓每日申報

第六百七十一號

月曜及慶節
歲時日休刊

檀君開國四千二百四十年
箕子元年三千二十九年
大韓開國五百十六年
日本明治四十年
淸國光緒三十三年
陰曆丁未十月小廿一日己卯

論說

○日本의可受之害

事情의勢力이一國民을不快ᄒᆞᆫ地位에或置ᄒᆞᄂᆞᆫ同時에貪欲이一國民을尤甚不快ᄒᆞᆫᄃᆡ引入ᄒᆞᆫ다ᄒᆞᆷ은一格言이라此格言이日本의今日之勢보다尤著ᄒᆞᆫ實證을得ᄒᆞᆷ은罕有ᄒᆞ도다

日本人의所成으로觀ᄒᆞ건ᄃᆡ泰西文明을吸收ᄒᆞ엿고人民이勉强ᄒᆞ며戰鬪에勇敢ᄒᆞ니對此吾人이稱揚ᄒᆞᄂᆞᆫ外에辨他言이로ᄃᆡ同時에一問題가起ᄒᆞᆷ은貪欲이라此特別ᄒᆞᆫ理想을普通意志와非常ᄒᆞᆫ感覺과及勢力으로應助치아니면其外態가不知ᄒᆞᄂᆞᆫ人士의게危險을著ᄒᆞᄂᆞᆫ바此即日本帝國의今日所成이니日本이後機를不思ᄒᆞ고太多히冒險ᄒᆞ엿스며他國民을質事로和解ᄒᆞᄂᆞᆫ거시一國所務의綱領인즉을忘却ᄒᆞ엿고但秀美ᄒᆞᆫ體容으로如此ᄒᆞ行ᄒᆞ기를試圖ᄒᆞ엿스나堅牖ᄒᆞᆫ付人은實事와實行을但要ᄒᆞ고裝飾과雅美ᄒᆞᆫ辭儀ᄂᆞᆫ不求ᄒᆞᄂᆞᆫ도다

日本의現勢를暫觀ᄒᆞ진ᄃᆡ韓國北部에서間島問題로與淸抗辨ᄒᆞᆫ바日本은實地定界를要請ᄒᆞᄂᆞᆫ同時에淸國은豆滿江이定界로確記ᄒᆞᆫ韓國의前日國書를提出ᄒᆞ엿스니其結果를預言ᄒᆞ기難ᄒᆞ나與淸交涉에困難之勢가有ᄒᆞ거니와

與外交涉에困難을生ᄒᆞᄂᆞᆫ其他激機를更擧ᄒᆞ니此ᄂᆞᆫ日人이外人思想을商量ᄒᆞ기에苦惱케ᄒᆞ니ᄒᆞᆷ으로從生ᄒᆞ엿던지不然이면貪欲으로從ᄒᆞᆫ거시라今若擧言ᄒᆞᆯ진ᄃᆡ日本에商標登記가英國及其外商業界를激怒케ᄒᆞ엿고印度를關係ᄒᆞᆫ大隈伯爵의近日談話가英國帝民의全部向意를變轉ᄒᆞ엿고韓國內에不宜ᄒᆞᆫ行動이列强의重大思慮를起ᄒᆞ엿고美國에移民問題가開戰의危迫을紛起ᄒᆞ야桑港에商業會議所가韓國과海關聯合을結ᄒᆞ러ᄂᆞᆫ日本行動을深密注目ᄒᆞ기로決案ᄒᆞᄂᆞᆫ中이요晩香坡에困難이人民思想을著示ᄒᆞᆫ同時에濠太利洲에報紙들이對日敵意를亦表ᄒᆞ엿스며且臺灣을服化ᄒᆞᆫ十二年에民國가尙不奏效ᄒᆞ야該地淸人을虐待ᄒᆞᆷ이支那福建省民의排日思想을亦起ᄒᆞ엿도다

困難이如彼堆積ᄒᆞ엿스니此를一件式으로勝服ᄒᆞ랴면其必容易ᄒᆞ리니와統合으로解決ᄒᆞ기에若至ᄒᆞ면日本이親實ᄒᆞᆫ大友邦을必待ᄒᆞᆯ지라英日同盟이英國屬邦과及其植民地에ᄂᆞᆫ關係가不多ᄒᆞ니日人이此盟約을太甚히願時ᄒᆞᆯ意義로不讀ᄒᆞ면其爲智明之策矣라로다個人的으로ᄂᆞᆫ此盟約의句語가必至實行일줄을可信이나事實노ᄂᆞᆫ不意事端이란標準이其約欵의精密ᄒᆞᆫ確意를定限ᄒᆞ리로다

官報

●號外 隆熙元年十一月二十四日

敍任

皇太子陸軍步兵參尉 은
補近衛隊附

●三千九百卅二號 隆熙元年十一月廿五日

辭令

近衛步兵大隊附陸軍步兵參尉 車萬觀
命停職

外報

●鴉片專賣法 北京電을據ᄒᆞᆫ則阿片禁止에就ᄒᆞ야民政府에셔立與煙所를設ᄒᆞ고人民의賣煙을禁止ᄒᆞᆯ計劃이러니此를度支部에移設ᄒᆞ고台灣禁烟規則을依ᄒᆞ야專賣法을施行ᄒᆞᆯ計劃으로阿片收納大臣柯令時로阿片을調査ᄒᆞ라ᄒᆞ얏다더라

●礦產採掘權請願 上海電을據ᄒᆞᆫ則淸國福建省建寧府及招武府에서礦山採掘權을得ᄒᆞᆫ法國人은其事業에着手ᄒᆞᆷ으로該省人民이北京政府에向ᄒᆞ야法國人의礦山採掘權을解決ᄒᆞ고此를淸國人의게許可ᄒᆞ라고請願ᄒᆞ얏다더라

●公債募集 倫敦보오쑤新聞의探知ᄒᆞᆫ바를據ᄒᆞᆫ則淸國政府ᄂᆞᆫ美國에駐在ᄒᆞᆫ公使伍廷方으로美國政府에交涉ᄒᆞ야公債五百萬圓을募集ᄒᆞᆯ計劃이라ᄒᆞ더라

●軍艦注文 上海報를據ᄒᆞᆫ則淸國政府ᄂᆞᆫ明春에英國造船所에交涉ᄒᆞ야軍艦數隻과大砲鐵等을注文ᄒᆞᆯ터이라더라

●市民反對 香港電을據ᄒᆞᆫ則廣東府廣州市民大會ᄂᆞᆫ稅關委員下에外人의水上警官을用ᄒᆞ야西江에支配ᄒᆞᄂᆞᆫ事에對ᄒᆞ야激烈ᄒᆞᆫ反對로써北京政府에向ᄒᆞ야打電ᄒᆞ엿다더라

●米國隊人砲 聖彼得堡을發ᄒᆞᆫ則各國陸海軍에게使用ᄒᆞ던巨砲ᄂᆞᆫ拾二時砲러니米國에셔今番에拾四時砲를使用ᄒᆞ기로決定ᄒᆞ엿다ᄂᆞᆫᄃᆡ今에同國兵器製造廠長子로ᄌᆞ아參將이該砲에對ᄒᆞ야說明ᄒᆞᆫ바를據ᄒᆞᆫ則拾二時砲ᄂᆞᆫ千封度에彈丸을一秒時間에二千五百五十尺의速力으로발射ᄒᆞ고六十及至七十次發射ᄒᆞ면砲의效力을失ᄒᆞ나米國의拾四砲ᄂᆞᆫ砲身이短ᄒᆞ고所入火藥이少ᄒᆞ며彈丸의重量은千六百封度이요一秒時間의速力은二千一百五拾尺이요貫通力이强ᄒᆞ고砲의有效期限은拾二時砲의四倍니即二百五拾乃至三百次發射ᄒᆞᆷ을得ᄒᆞᆫ다더라

雜報

平壤中城新日學校趣旨書

人皆曰國家興替가在於教育이라ᄒᆞ니教育者ᄂᆞᆫ何事오曰明也라日月이昭明ᄒᆞ며雲行雨施ᄒᆞ야品物咸亨者ᄂᆞᆫ上帝之仁也니道之本也오愛養節ᄒᆞ며隨時適宜ᄒᆞ야兆民咸寧者ᄂᆞᆫ聖人之仁也니道之用也라故로堯舜湯武之代命也에禮有損益ᄒᆞ며事有議爭ᄒᆞ고孔孟之傳道也에言有異同ᄒᆞ며行有俯仰ᄒᆞ니其相去也ㅣ或五六百或百餘年而時之變移가若是라而況數千年後乎아故로今上等國의儀文節度가與古制로有若相反而安富治平ᄒᆞ니始乎則堯舜孔孟之道也니라夫夏葛冬裘ᄒᆞ며渴飮飢食은聖人之道也어ᄂᆞᆯ夏而責裘ᄒᆞ며渴而求食ᄒᆞ고又加之以詩賦浮爛之文ᄒᆞ며惑之以陰陽雜說之邪ᄒᆞ야무ᄉᆞ偈劣ᄒᆞ야相欺以詐ᄒᆞ며相殘以逞ᄒᆞ야竟至於今日結果而曰吾從孔孟之道也라ᄒᆞ니是則吾毁吾國而歸咎於孔孟者也니不亦卑而昧之甚乎아西儒曰民이均一知識이면國之根基라其堪久永保之力이固不可與英雄豪傑의泰興崛起者로同日而語也라ᄒᆞ니大哉라言乎여惟盛設學校而使民開明ᄒᆞ야上下交通而代議政治ᄒᆞ야人心을團合而共戴其主ᄒᆞ야日步月進而舍舊從新ᄒᆞ야良法利器를經時隨出ᄒᆞ야擴前聖之未발而置其國於泰山萬世之安者ᄂᆞᆫ今世界上列强이是也니其强이安在오曰在民知之明이오其明이安在오曰在學校之盛이라故惟忠義豪傑之士ㅣ痛我韓之傾危ᄒᆞ며覽列國之興亡ᄒᆞ야或設報舘而記載時事之得失ᄒᆞ며論辨行爲之是非ᄒᆞ며每奬學校之設立ᄒᆞ며或坐芸臺而參酌古今之異宜ᄒᆞ며撰集東西之通行ᄒᆞ야以爲학徒之課書者ᄂᆞᆫ葬欲廢舊라蓋欲使我二千萬同胞로開明心志ᄒᆞ며振발發身ᄒᆞ며惶而增德ᄒᆞ야致吾 君於堯舜而躋于一等之國者ᄂᆞᆫ此今君子之血誠而新학之大旨也라所以稍有知覺者莫不向之而勤勉ᄒᆞ나니于斯時也에或有反對則大誰也오不勉則莫次也니라惟吾平壤城中은往自甲午로產業이殘缺ᄒᆞ고居民이渙散ᄒᆞ야閭里蕭條가甚於他處라斯以로舊有校舍ᄂᆞᆫ全然頹落이라然이나今數家鄕이로ᄃᆡ數其人則學食難艱勤獨立新校ᄒᆞ나니吾里雖貧이나而此始數戶而舊有亦廢者ᄂᆞᆫ非於國이며不愧於人乎아且試看時局之形便ᄒᆞ니民智之開明이惟在於學之新舊라今當世界交通之時ᄒᆞ야人明我暗則不能免奴隸犧牲이라手足오로擧措而勸相給ᄒᆞ야艱難에出捐ᄒᆞ야終至於滅性乃已ᄒᆞ리니此有人情者之不忍坐視라故로如斯設大垣丈夫兩氏者不顧自己之利害하고切々悲惻而大聲疾呼ᄒᆞ야警告于一國ᄒᆞ나니以萬里他國之人으로猶尙如此온而況生於本國ᄒᆞ야在於鄕里에恬然無憂則是乃鳥獸니人而鳥獸ᄂᆞᆫ不如無生이涯다

且今我儕白公孫 上官而盡力於此則爲其士民者振作撰張之秋也라惟願僉員은同聲相應ᄒᆞ야於是乎協議齊力ᄒᆞ야增修校舍而招學에姑無數給다即遊程度曰夫學校者ᄂᆞᆫ學道之所而道之本則上帝而尊崇上帝莫如耶蘇教라本文而道生ᄒᆞ나니今欲實하孔孟之道인ᄃᆡ一信耶蘇教可也라故로以新約聖經으로置於課程之首ᄒᆞ고此校名新日은自昔然而今合於新學之義也故此明因其舊而弁爲

발起人 金鎭根等

●稅官解紛 始興郡西面農民等이數日前에多數히會集ᄒᆞ야稅納事의關ᄒᆞ야紛擾를起ᄒᆞ엿다ᄂᆞᆫ說을接ᄒᆞ고去拾九日에漢城稅務官金敎學氏가該郡에發向ᄒᆞ야農民代表者數名을招來ᄒᆞ야仔細히其事實을探聞ᄒᆞᆫ則各官土徵收員이徵收ᄒᆞᆯ際에規定ᄒᆞᆫ幾斗式增收ᄒᆞᆷ으로紛擾를起ᄒᆞ얏ᄂᆞᆫ대該稅務官이其徵收員의不法行爲를仔細說明ᄒᆞᆫ後議ᄒᆞ되本年度브터度支部에셔嚴重히監督ᄒᆞ야徵稅規則을施行ᄒᆞ리이고如斯不法徵收를嚴禁ᄒᆞ리이니農民等은業務를同히勤勵ᄒᆞ야紛擾를起치말나ᄒᆞᆷ애農民等이大悅ᄒᆞ야此頃末을告示ᄒᆞᆫ旨로答ᄒᆞᆫ지라該稅務官金氏가慰諭ᄒᆞᆷ을益加ᄒᆞ고上京ᄒᆞᆷ은오로혀此人民等이大歐服讚頌ᄒᆞ더라

雜報

●撮影紀念 皇太子殿下ᄭᅴ옵셔再昨 德壽宮에問安ᄒᆞ옵시고統監府로因卽動 駕ᄒᆞ사太子太師伊藤公爵과相見禮를行ᄒᆞ옵신後에紀念ᄒᆞ기爲ᄒᆞ야撮影ᄒᆞ얏다더라

●議後頒布 各府部官制改定案件은日前에統監府로셔內閣에越交ᄒᆞ얏ᄂᆞᆫᄃᆡ內閣諸大臣이會議後頒布ᄒᆞᆫ다더라

●春桂改制 新官制中宮內府所屬春桂坊은一切廢止ᄒᆞ고侍從四人만存置ᄒᆞᆫ다더라

●統監陪從 皇太子殿下ᄭᅴ옵셔昨日統監府에動輿ᄒᆞ실ᄯᅢ에別項과如ᄒᆞ거니와同日下午二時還御ᄒᆞ실時에伊藤統監이陪從ᄒᆞ얏다더라

●遷延之故 統監府에서各府部官制를延拖未布ᄒᆞᆫ內容을得聞ᄒᆞᆫ즉財政監査長目賀田씨의改定官制에ᄂᆞᆫ一年經費가二十餘萬圜이剩餘ᄒᆞ되官吏를減少ᄒᆞ라ᄒᆞ고度支部大官은官吏를仍舊視務케ᄒᆞ자ᄒᆞ야議論이不一ᄒᆞᆫ所以라더라

●歸後云動 政府變動된다ᄂᆞᆫ說은已爲報道ᄒᆞ얏거니와近日巷說을聞ᄒᆞᆫ즉統監歸國後에ᄂᆞᆫ總理大臣以下로一新變革이된다더라

●度部官制 度支部官制ᄂᆞᆫ局長은日人二名이요韓人二名이요書記官六人은韓人이요書記郞百人에韓人이五十名이요日人이五拾名이라더라

●決官云遞 平漢兩裁一般官吏中彩鐵朴晩緖柳東作三씨外에ᄂᆞᆫ一體遞任된다ᄂᆞᆫ說이有ᄒᆞ더라

●總何不進 農商工部大臣宋秉畯씨가該部에仕進視務치아니ᄒᆞᄂᆞᆫ故로諸般公文을該씨私邸에送交處辦ᄒᆞᆫ다더라

●學大協議 學部大臣李載崑시가該部次官과新官制에對ᄒᆞ야本部官吏增減事件을協議ᄒᆞ얏다더라

●李氏轉任 平理院判事李學容氏ᄂᆞᆫ中樞院副贊議로轉任ᄒᆞᆫ다더라

●取租爛議 帝室有調査委員들이昨日該調査局에會同ᄒᆞ야驛屯土取租方法을爛商協議ᄒᆞ얏다더라

●窠反不足 現聞地方郡守가合爲八十窠인대郡守圖得次로運動ᄒᆞᄂᆞᆫ者ᄂᆞᆫ百餘名에達ᄒᆞᆫ다ᄂᆞᆫ디官懲國習은無可奈何라ᄂᆞᆫ批評이有ᄒᆞ더라

●槐守辭免 槐山郡守張紀淵씨ᄂᆞᆫ辭職請願을內部에呈하얏다더라

●閔氏犯贓 尙州郡稅務官閔泳완氏ᄂᆞᆫ稅金을葉錢으로徵收ᄒᆞ고紙貨로弄奸ᄒᆞᆫ貪贓이一千二百餘圜이라慶北稅務監李忠求氏가尙州郡守로定査官調査ᄒᆞᆫ즉閔씨의奸狀이終爲綻露ᄒᆞ얏다더라

●總代選定 再昨日大韓協會에서官人俱樂部에會同ᄒᆞ야該會의本領으로尹孝定氏가演說ᄒᆞ고政黨責任으로鄭雲復氏가演說ᄒᆞᆫ後에各敎會에本會를設立ᄒᆞᆷ을通知ᄒᆞ기爲ᄒᆞ야總代五人을選定ᄒᆞ얏다더라

●量地試取 度支部에서量地見習生五拾名을昨日獨立館에서試取ᄒᆞ얏다더라

●兩港放囚 今番赦典에放釋ᄒᆞᆫ成冊을忠南裁判所와三和港裁判所에서法部로報告ᄒᆞ얏ᄂᆞᆫᄃᆡ忠南은九拾七名이오三和港에ᄂᆞᆫ拾一名이라더라

●領收逃躱 海南郡稅務主事白南斗시가莞島郡에分派稅務ᄒᆞᆯ時에公錢二千五百七拾圜을犯用ᄒᆞᆫ故로長興稅務署에서捉囚ᄒᆞ얏ᄂᆞᆫᄃᆡ該郡에西松始松終三面領受員은見機逃躱ᄒᆞᆫ條로方今調捉中이라더라

●학大叅會 昨日上午拾一時에官立齋洞普通학校에서學員의父兄이會集ᄒᆞ야第二回獎勵會를開設ᄒᆞ얏ᄂᆞᆫᄃᆡ學部大臣李載곤시가叅ᄒᆞ얏다더라

●兩守避身 順興奉化兩郡守가義擾에避身ᄒᆞ야現今該道觀察府에留連ᄒᆞᆫ다더라

●宣使乘船 江原道宣諭使洪祐晳시가去二十一日淮陽郡에셔壯雪을逢ᄒᆞ야陸行이甚難ᄒᆞᆷ으로元山港에셔輪船으로上來ᄒᆞᆫ다고內部로電報ᄒᆞ얏다더라

●警吏出張 再昨日下午六時에義徒六名이각持銃劍과背囊을負ᄒᆞ고自楊州地界로轉入于東署外部、牌掌內長位等地에過去ᄒᆞᄂᆞᆫ것을該洞巡警軍金德源이가目睹ᄒᆞ얏다ᄒᆞᆷ으로東署에셔警吏가多數出張ᄒᆞ얏다더라

●梁守病辭 梁山郡守盧盛殷씨ᄂᆞᆫ身病이有ᄒᆞ야視務末由라고內部에辭職請願ᄒᆞ얏더라

●郡民願留 龍岡郡守尹起元시가依免된事에對ᄒᆞ야該郡儒生三拾二名이內部에願留ᄒᆞ얏더라

●妓則不可 孤兒 에서開城에演奏會로前往ᄒᆞᆫ다더니妓女八名과倡優等率去ᄒᆞᄂᆞᆫ故로開城紳士가敎育界에不當ᄒᆞᆯ뿐더러各學校生徒前年으로濁情되여風化에大有乖悖라하야倡妓를率來ᄒᆞ면不許入境ᄒᆞ깃다ᄒᆞᆷ으로該院에셔尙未前往ᄒᆞ얏다더라

●子削父哭 長連郡孫議官이其子十二歲된新郞을학校에入學ᄒᆞ기를懇請ᄒᆞᄂᆞᆫ故로許入ᄒᆞ얏더니授學ᄒᆞᆫ지一朔에該新郞이自圖削髮ᄒᆞ얏더니其父가其子의頭髮을問ᄒᆞ며大聲痛哭ᄒᆞ얏다더라

●按月詳報 內部에서北墾島에派在ᄒᆞᆫ總巡에게訓令ᄒᆞ되墾島ᄂᆞᆫ疆界要衝인즉種々히발生ᄒᆞᄂᆞᆫ事項이警察上注意ᄒᆞᆯ處가必多ᄒᆞ거ᄂᆞᆯ非輕ᄒᆞᆫ責任을擔荷ᄒᆞ고派往視務ᄒᆞᆫ지時月을多費ᄒᆞ되上部에報來ᄒᆞᆷ이尙遲ᄒᆞ니公事上에不注意ᄒᆞᆫ責이不無ᄒᆞ기玆에訓令하노니過去의處務實況은卽爲詳報ᄒᆞ고嗣後로ᄂᆞᆫ警察上諸般事項과其他淸國이我民에對ᄒᆞ야如何ᄒᆞᆫ行動이有ᄒᆞᆷ을按月詳報ᄒᆞ되漫▲ᄒᆞᆫ弊가後有ᄒᆞ면重譴을難免이라ᄒᆞ얏더라

●放囚數爻 平漢兩裁에已決囚罪人이今番赦典에蒙放ᄒᆞᆫ數爻가合爲三百餘名이라더라

●李何遽囚 國民新報社員李實섭趙와盧兩氏가監獄署에被囚ᄒᆞ얏다가日前에蒙放ᄒᆞ얏더니李實섭氏ᄂᆞᆫ還爲被囚하얏다더라

●日隊呼訴 西小門外蕈洞居民의家垈後園에日人軍用地라稱ᄒᆞ고標木을來揷ᄒᆞᄂᆞᆫ故로該民人이漢城裁判所에呼訴ᄒᆞ되派員調査ᄒᆞ야民有地를勿爲見奪케ᄒᆞ라ᄒᆞ얏다더라

●擬脚將成 向者軍隊解散時에善戰ᄒᆞ야折臂折脚된士卒의게擬製印度橡膠脚을製ᄒᆞ랴하야有志ᄒᆞᆫ鄭圭煥等諸씨가發起ᄒᆞ야新聞에도屢月廣告ᄒᆞ고趣志書도廣布ᄒᆞ엿고諸씨가親行勸助도ᄒᆞ야助額이爲先六千餘元이라標準次로擬脚一部을日本에注文ᄒᆞ야日間來到ᄒᆞᆯ터인ᄃᆡ價額이太半不足인故로諸씨가大憂慮中이라더라

●更換郡守 長湍郡守趙重恩씨ᄂᆞᆫ瘟實ᄒᆞᆫ다ᄒᆞ고流車로開城가서暫爲逗留ᄒᆞ고不入該郡ᄒᆞ다가該郡南倉里되ᄂᆞᆫ中两面峴에셔書記李和集이가逢着ᄒᆞᆫ日當此騷動ᄒᆞ야胡不入郡고ᄒᆞ고强迫執去ᄒᆞᆫ즉該郡守가不得已ᄒᆞ야該郡李丞旨良夏시家에서暫留ᄒᆞᆫ다가卽還京城ᄒᆞ야不復返郡이已久ᄒᆞ다더라

●杆守被害 杆城郡守金仁植시가赴任次로發程ᄒᆞᆫ지月餘인ᄃᆡ春川觀察道에留連ᄒᆞ다가本月二十日에莅任次下人一名을領率ᄒᆞ고楊口郡에到達ᄒᆞ야義徒의게砲殺을當ᄒᆞ얏다더라

●銀簪出捐 京城孤兒院에對ᄒᆞ야開城耶蘇敎堂에서義捐ᄒᆞᆯ時에李明哲氏夫人은[illegible]捐助ᄒᆞ얏다더라

●青年演說 今日下午七点半에青年會舘에셔演說會를開ᄒᆞ고牧師리雲林시가時頓月硏益大韓의事蹟으로演說한다더라

●隆校請認 坡州郡에有志多士가普通隆희學校를該郡鄕校에設立ᄒᆞ고學部에認可를請ᄒᆞ얏다더라

●處處義擾 本月十五日에義兵五百餘名이永春寧越兩郡地方으로由하야順興郡에突入ᄒᆞ야各公廨와私立學校를沒數히打破燒진ᄒᆞ얏다더라

●脅民尤擾 青山郡人의傳說을聞ᄒᆞᆫ則該郡境內에日兵三四人式村家에突入ᄒᆞ야稱以收砲ᄒᆞ고男女間逢섭毆打ᄒᆞ며銃砲를勒討ᄒᆞᄂᆞᆫ故로村民이安堵ᄒᆞᆯ가無路ᄒᆞ다더라

▲地方消息▼

▲楊根郡瀆水驛에在ᄒᆞᆫ貞陵位土와廣田郡百嶺面에在ᄒᆞᆫ洪陵位土를看秋次로該陵監金宜俊氏가下去ᄒᆞ얏더니義兵魁首朴鎭漢이가陵監을脅迫ᄒᆞ야防穀ᄒᆞᆫ다하고

▲抱川郡白雲山과加平郡先登山에ᄂᆞᆫ義兵이數千名이駐屯ᄒᆞ얏다ᄒᆞ고

▲加平郡北面齊古寧自屯驛化嶺等地에ᄂᆞᆫ春川에서來ᄒᆞᆫ義兵二四百名이各處로橫行ᄒᆞ며數物을執留ᄒᆞᆫ다ᄒᆞ고

▲장湍郡義兵은檄文을飛傳ᄒᆞ며砲草을召募ᄒᆞᄂᆞᆫ대連日應募ᄒᆞ야近四千名에達ᄒᆞ얏ᄂᆞᆫ대其中에解散兵이二百餘名이오洋銃이多數ᄒᆞ고其外ᄂᆞᆫ軍器舊式銃이라ᄂᆞᆫ데偵探을嚴密히聯絡ᄒᆞ야臨津江以北에ᄂᆞᆫ山隅谷口와巖上樹中에서派守ᄒᆞᆷ으로開城民心이大段嗷嗷ᄒᆞ다ᄒᆞ고

▲平康郡에ᄂᆞᆫ義兵과日兵이屢次交戰ᄒᆞ고民家를多數히燒却ᄒᆞ미居民이擧皆離散ᄒᆞ얏ᄂᆞᆫ데鷄犬이無聲ᄒᆞ야行旅가阻絶ᄒᆞ엿다ᄒᆞ고

▲拾六日長湍石柱院에到着ᄒᆞᆫ日兵이問安洞을偵探ᄒᆞ기爲ᄒᆞ야出발ᄒᆞᄂᆞᆫ路中에서該民의言을聞ᄒᆞᆫ則該洞에每夜義兵四百五拾名式來ᄒᆞ야留宿ᄒᆞᆫ다ᄒᆞᆷ으로卽時前往하야攻擊ᄒᆞᆫ則義兵이同郡蓮池洞東方高地로退去ᄒᆞ야高地要害處에大砲를掛置ᄒᆞ고日兵을向ᄒᆞ야射擊ᄒᆞ얏다ᄒᆞ고

▲二拾一日平昌郡에서義兵三百名이日兵을包圍攻擊하얏다더라

東京電報

二十四日발

●姑未回答 日本政府에서間島問題에對ᄒᆞ야淸國政府의立證을促ᄒᆞ얏스나淸은尙未回答인故로日本政府ᄂᆞᆫ此回答에接ᄒᆞᄂᆞᆫ意見을開陳ᄒᆞᄂᆞᆫ것시如左ᄒᆞ니淸國政府가間島住民의對ᄒᆞ야淸國의法令을服從ᄒᆞᆯ旨를告示ᄒᆞᆫ것ᄂᆞᆫ同地住民의게治外法權을無視ᄒᆞᆷ인故로不日로右告示를取消ᄒᆞ기로交涉ᄒᆞᆯ터이라더라

▲楚山白雲▼

▲十五夜過에黃扉卿이登輪이已斷ᄒᆞ야范舞가已窮에殷星이又椊ᄒᆞ니政海萬里에去濤來波가怨瑞激起에七隻巨艦이飄如一葉ᄒᆞ야擾擾不定이로다

▲農家一夫名曰노다者가秋來收獲ᄒᆞ야滿貯家中ᄒᆞ고醉飽高臥러니扶桑海天에旅夢이又酣ᄒᆞ야桃源深處에世塵을欲避ᄒᆞ니門前沃土다바리고何處로向ᄒᆞᄂᆞᆫ가노다가소노다가소陽春時節에노다나가소

▲總理大臣李完用氏ᄂᆞᆫ近日에小師로또兼任ᄒᆞ얏스니大臣地位ᄂᆞᆫ遞改ᄒᆞᆯ지라도小師宅號ᄂᆞᆫ尙存ᄒᆞᆯ거시니여보李小師大監마님언제寡擧ᄒᆞ셧소셔방님ᄭᅴ안코엇지혼ᄌᆞ살ᄭᅡ

▲內部大臣任善準氏와度支大臣高永喜兩氏가同位同住同隣同居ᄒᆞ야情誼가大厚ᄒᆞᆯ뿐아니라近日에무삼議論이잇ᄂᆞᆫ지夜夜促膝附耳ᄒᆞᆫ다ᄒᆞ니兩氏ᄂᆞᆫ同에同進同退ᄒᆞ니兩大臣同同이牌로고

▲丹城郡守李臣穆氏와前守李用禹시ᄂᆞᆫ陶器와竹花斑石等物을京城博覽會에出品ᄒᆞ라하고日前에農商工部로送ᄒᆞ얏ᄂᆞᆫ대該部에서閉會ᄒᆞᆫ後出品ᄒᆞ얏다고論贊ᄒᆞ얏스니所謂굿뒤에날장구라열심이로고

▲妓生이나三牌以外에寡婦稱ᄒᆞ던지남의別室이던지其他有夫女가乘夜往來ᄒᆞ면서行淫ᄒᆞᄂᆞᆫ惡習을這々히査探ᄒᆞ야嚴禁ᄒᆞ라고警視廳에서申飭ᄒᆞ얏다니漢城內에도淫風이休息ᄒᆞ야桑中之譏를免ᄒᆞᆯᄂᆞᆫ지

雜報

●先祖○○ 睦大○시가法部에請願하되其七代祖來善은 ○廟朝에左議政인데適値乙巳之事ᄒ야枉被罪名ᄒ야被○○家放이나其後에未蒙○雪之恩이옵더니乃於 太皇帝陛下御位後甲子에特蒙○雪之典ᄒ야恩及枯骨이옵더니不意癸酉에因○○○之疏斥ᄒ야又承追奪之命ᄒ앗ᄉ오니其在子孫之道에憧○痛冤에措躬無所ᄒ고呼籲이옵더니何幸天日復明ᄒ고時運이亨開ᄒ야 大詔頒降ᄒ사感泣欣抃에不可暑到邇溯이옵기其事錄을添付請願ᄒ오니細細垂察後奏聞天聽하시와蘇雪復官을千萬血祝이라ᄒ앗더라

廣告

漢城○○○鄭東作氏가前郡守尹吉善氏로더브러何嫌이던지該尹氏을抑勒ᄒ야期欲謀害ᄒ야役十五年에宣告ᄒ앗다가今番 赦典에蒙放ᄒ은嫌疑ᄒ야申訴平理院ᄒ야未決로竟未蒙今此 赦典케ᄒ니世豈有如許不公之法官乎아本人이鄭東作氏에不法行爲을法部에請願ᄒ고該鄭氏로一場裁判ᄒ깃기玆先廣告홈 尹喆善 告白

東署於義동第六統○四戶草家一間半文券을遺失故로休紙施行ᄒ오니內外國人見欺치勿홈 白雲상 告白

○○守鄭封悅氏가除거痛악撲殺○波而養老僮窮ᄒ며婚喪失火亦然이고匪徒騷擾時散四之民을特惠薪糧ᄒ니據膺民情皆有姿塔而咸日我侯德后홈 寧遠郡民人等 金○○ 崔允浩 金俊○ 李允明 告白

茶洞居李○鎭에漢城裁判所納錢一萬兩陰九月十日票와本人姓名章을再昨年에서失故廣告홈 漢城裁判所○吏白鴻鎭 告白

廣信社々員朴仁昌氏가客商의게五厘口文을比前加歛ᄒ든것이客主와居間等의각其志願이오冤聲은道傳이라고新聞社에說明ᄒ앗스니大抵口文微出ᄒ는人은客商이오收食ᄒ는人은客主인바原來每兩頭에五分도太過ᄒ口文이거ᄂᆯ用處無證ᄒ五圓을忽加ᄒ야該社細關이라稱ᄒ니客商이엇지冤聲이無ᄒ며또細則을客商의게頒議ᄒᄂ것이當然ᄒ事이어ᄂᆯ該社客主와居間만互稱志願이라ᄒ야每兩頭五圓式乾沒ᄒ라ᄒ가로客商等이農部에呼冤홈 ○商盧○賢等 告白

境南江中에對임島相在ᄒ야無論潮入潮退ᄒ고便是大江中而舟檣亦爲往來也러니至丙申丁酉兩年大漲에該江이填塞ᄒ야與임島連陸也라崔錫崑所持甲申年買得伏龜梁文券云北임島及小浦라ᄒ엿스나甲申以後丁亥年買得泉淵文券云임島下境江處魚箭五座放賣라ᄒ엿스니임島南이即其時大江으로丁酉年大漲填塞連陸됨을可以明知인ᄃ張千麗가捨其임島南標之舊江ᄒ고勒指泥坂外現在之江ᄒ야江以內는盡買於本人處라ᄒ고欲奪彼崔錫崑有主有券ᄒ十年種柳泥生坂이라가今又平理院落科ᄒ엿스니皇天이明々在上ᄒ시고該동老少人所共知에張千麗侵奪凶惡之心이胡至此極乎아判決書는自平理院으로已爲廣布이오나其訴訟理由을一般世人이共爲知悉ᄒ옵 漢城寺洞居張亨㸚 告白

本人이乙未年에義州所在임島二拾一日耕田을張千麗의게買渡時文券云東西南入江이라標限ᄒ엿더니임島南江外에崔錫崑所有伏龜梁及泉淵泥生坂이丙申丁酉兩年大漲에該江이填塞ᄒ야與임島로連陸일시該千麗가擅自耕墾이러니崔錫崑이가移居龍城이라가今年에與張千麗로義州府와平理院에裁判ᄒ야該泥坂을崔錫崑이가還推ᄒ되千麗ᄂ妄生凶計ᄒ야該泥坂을本人賣渡ᄒ임島文券에標限大江內에在ᄒ야本人處에幷買라ᄒ야崔錫崑還推ᄒ泥坂을本人의게求償ᄒ여자미다ᄒ야與本人으로平理院裁判에幷買ᄒ證據가無ᄒ야又爲落科也伏龜梁位置ᄂ임島南江中西南隅에側在ᄒ小陸岸에形如伏龜形ᄒ고임島西에別生沙岸ᄒ야與伏龜梁不遠이潮入則沉沒不見ᄒ고潮退則露出岸面ᄒ야中隔小江而舟檣往來也라泉淵魚箭基位置ᄂ伏龜梁以東과임島下

本藥房에서藥을精製調劑ᄒ오며婦人小兒에診察도精明이ᄒ오며年久難治病의ᄂ服藥식혀差度가有ᄒ후에야代金을領受ᄒ깃삽고白玉粉은新發明ᄒ粉인ᄃ얼골을옥갓치희게ᄒ오니來問하시옵 南署大平坊曲斎第十二統三戶 局 布告

本人이內外國料理를各樣으로具備ᄒ계ᄒ고處所도淨潔ᄒ오며今月○九日로開業ᄒ오니僉君子ᄂ光臨ᄒ시옴을望홈 鍾路電氣社後谷 **衆香舘**主人趙應賢 告白

◉特別廣告

本人이美國新製上等無線(스펀딩)自轉車를壹百圓에放賣ᄒ터이오니願買人은即速來購ᄒ시옵 大邱府留○ᄂ 告白

判決書第四十二號

漢城中署寺洞居 藥舖
原告 張亨㸚
右代理人辯護士 李建鎬
安秉瓚
平安北道義州府居 農業
被告 張千麗
右代理人辯護士 太明식

判決要旨

原判決書ᄂ廢棄事
原告ᄂ被告의게對ᄒ야泉淵及伏龜梁柳坂을推還ᄒ義務가無ᄒ事
訴訟費用은幷第一○費用ᄒ야被告의擔當事

理由

原告의主張은買卞라被告가崔錫崑에게對ᄒ本院前判決書의照ᄒ야崔○直事此에對ᄒ야被告所供은矣父가乙未年分에義州在島所在田一十二日耕과該田付屬柳坂을買得於原告ᄒ야收拾新舊文券而四標中東西南三方은大江이라ᄒ야ᄉ오니大江之內ᄂ盡是原告買有라在島南에有ᄒ泉淵及伏龜梁柳坂도亦在大江之內ᄒ야矣身이多年耕墾이온바今年分에與前主崔錫崑으로買辦于平理院之時에原告가以證人으로證供ᄒ기를丁酉大漲以前에在島南이即大江이라가至今闢泥生連陸이오되初非自己之所賣라ᄒ야矣身이落科인바崔錫崑所持文券에도北은小浦라하얏ᄉ오니小浦ᄂ非大江이라大江以內ᄂ即被告之所有오니惟願求償於賣者이다ᄒ고原告所供은임島田을買得於崔錫崑崔世澤ᄒ야轉賣於被告之時에該田三面에生洲坂故로文券에記載ᄒ얏ᄉ온바伏龜梁等은崔世澤金志成이買於崔錫崑ᄒ야至今所有而曾有本院判決ᄒ고文券이別有ᄒ온바本非矣身之所買이온즉亦不得轉賣於被告處也라伏龜梁與成居○人羅永爽之子得信之證明書及洞報가分明이ᄒᄂ바證人崔世澤供은임島伏龜梁을初無分異放賣之事ᄒ와崔錫崑之所持文券은非矣身之所知라ᄒ나無反證確據ᄒ고羅得信之證明書와該洞報告가有之ᄒ니不可准信이고被告亦居間人齊札을提出ᄒ나此ᄂ羅得成之札而無捺章ᄒ고羅得信之證明書ᄂ有捺章ᄒ며名字가亦相左하니亦不可准信이고崔錫崑이賣於原告ᄒ야原告가若轉賣於被告이면豈有文券○有之理며小浦ᄂ果非大江이로되其時非爲連陸은亦可推知오泉淵은魚箭基五坐라ᄒ얏스니即漁基五處之謂也라此是漁基인즉亦非陸地也오若盡賣於被告이면임島與伏龜梁○名이○殊어ᄂ何獨記임島而不書伏龜梁乎아以大江書之者ᄂ其時에雖非大江이라도引舊文記所載而謄錄者明矣라是로以ᄒ야原判決書ᄂ廢棄ᄒ고擧持文券과本院前判決書第七號에照ᄒ야要旨와如ᄒ判決하ᄂ事

隆熙元年十一月三日

平理院

裁判長 洪鍾억 判事 朴齊璿
判事 宋振玉 判事 朴晩緖
判事 朴용台 主事 李溶儀

●教育學

譯述 崔光玉 校閱 朴殷植 定價金廿五錢

此書ᄂ教科書排列과教授法則과訓鍊制度가詳細備載ᄒ야一般教育者의寶鑑이될터오니有志僉君子ᄂ速速購覽ᄒ심을敬要

發賣所 京布屛下書舖 金相萬 平壤貫洞 耶蘇教書院 安岳邑 ○學書會

[illegible]

廣州住金氏先山이在於楊州下道面直洞天摩山이온바基位香與松楸가數百年禁養矣러니不意宗中에不良敗類之人이欲爲暗賣ᄒ오니內外國人間切勿相關이如至見欺홈 宗中金相健 告白

本人의孫子鍾範이가性本浮浪ᄒ야各處債用이不少故로至於蕩敗之境이오니內外國人은切勿見欺ᄒ시옵 南署堅井橋 朱洪完 告白

▲定期大廉賣廣告▼

自十一月十五日 至十二月廿五日

獨習日語正則

鄭雲復氏著 特別減價一圓 郵稅 拾錢

此日語正則은自天文地理로至農商工業諸般學術及人事百般히緊要ᄒ語句를網羅하야正確ᄒ發音과簡明ᄒ翻譯으로編纂ᄒ야獨習에가장便利ᄒ故로出版ᄒ지未久에千餘部를出售ᄒ옵고再版의期가在邇ᄒ온지라이에自本月十五日로十二月二十五日ᄭ지定價一圓二十五錢에二拾五錢을減ᄒ옵고一圓에出售ᄒ와一般學界의便益을裨補코ᄌᄒ옵ᄂ바部數와日字의定限이잇ᄉ오니江湖僉子ᄂ爭先購覽ᄒ시옵

(十二月二十五日以後에ᄂ定價外에一分不減홈)

京城中署布屛下三十七統六戶 廣學書舖 金相萬 告白

廣告

本公司始運來大韓國特別紙捲령烟製品純良香味與○貨不同近有市上牌禁混雜請諸君照明本牌爲記庶不至悞

代售店 京城大自洞 鴻源號
總代理店 仁川淸租界 安興公司

國債報償義捐金收入廣告

◉國債報償義捐金 十一月中本社收入總額 每日報明細錄

●拾一月二十三日

第一五七六號 楚山檢面 金仁道 五拾錢

第一五七七號 楚山中心面 崔支謙 五拾전

第一五七八號 楚山南面 朴官鎬 十錢

計一圜拾전

十一月廿三日ᄭ지收入總額 一百廿六圜卅五錢

自四月至拾月收入總額 五萬六千九百〇二圜 四十一錢七厘

都總合五萬七千〇廿八圜七拾六전七厘

●楚山檢面 金仁道 五十錢

●楚山中心面 최支謙 五十전

●楚山南面 朴官鎬 十錢

一圜拾전

前號總合五萬七千〇廿七圜 六拾六전七厘

都總合五萬七千〇廿八圜七十六錢七厘

◎特別廣告◎

國債報償金再昨日ᄭ지所捧은姑未合計이고拾月ᄭ지所捧總合五萬六千九百〇二圜四拾一錢은電氣會社內銀行에所貯置ᄒ얏삽고其貯置額中二萬二千三百圜은國債報償志願金總合所로移交ᄒ얏슴

皇城基督敎青年會廣告

皇太子殿下 下賜壹萬圓

大掛鐘의 廻轉ᄒᆞᄂᆞᆫ規則

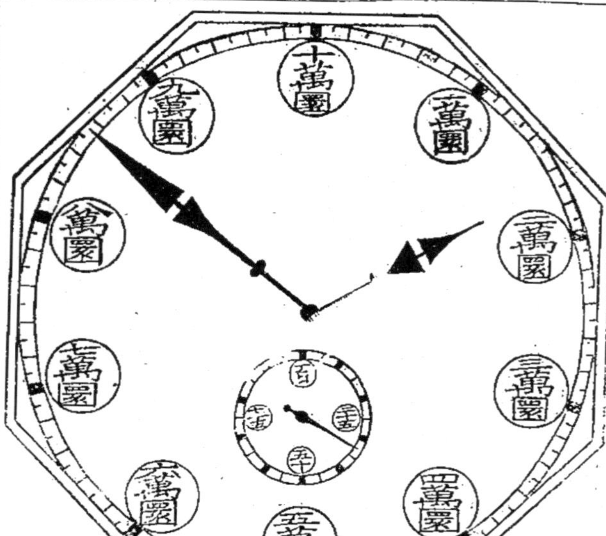

此掛鐘의抄針은每一度週轉ᄒᆞᄂᆞᆫᄃᆡ壹百圜을指示홈이오

長針은每一度週轉ᄒᆞᄂᆞᆫᄃᆡ壹萬圜을指示ᄒᆞ고

短針은每一度週轉ᄒᆞᄂᆞᆫᄃᆡ拾萬圜을指示홈

義務捐助金寄附人員及數額

農商工部大臣 宋秉畯氏 貳百圜

金容鎭氏 五拾圜

無名氏 壹千圜

發行兼編輯人 英國人 裴說

發行所 署西石井洞統外洞三十四統八戶 屋家 大韓每日申報社

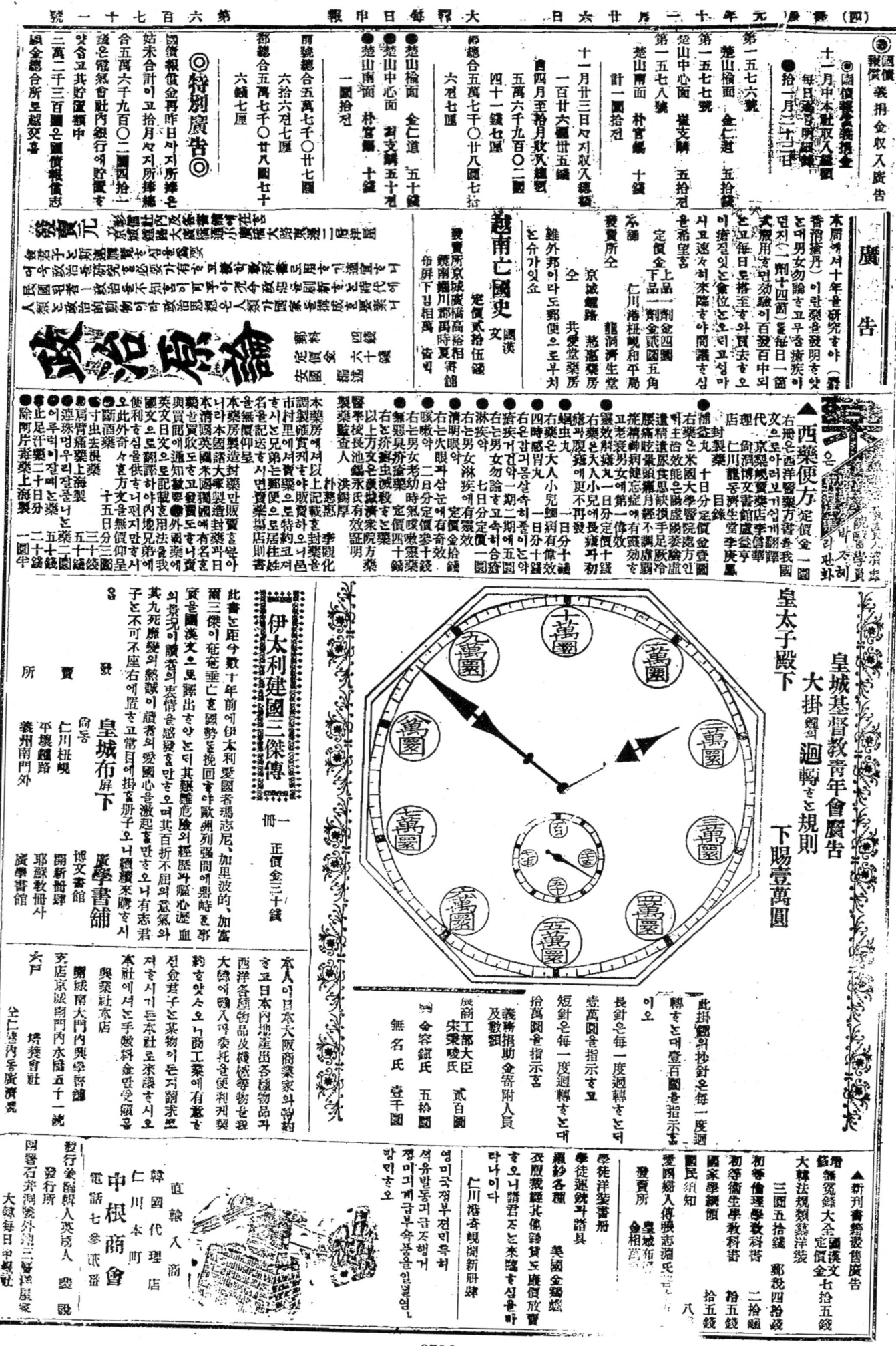

第五卷

大韓每日申報

第六百七十二號

月曜及慶節 歲時休刊

檀君開國四千二百四十年
箕子元年三千二十九年
大韓開國五百十六年
日本明治四十年
淸國光緒三十三年
陰曆丁未九月小廿四日庚辰

寄書

○勸告實業富强
日本靑森縣留學生李在寅

夫實業者는國家富强之大本也라此問題가非但今日二十世紀之問題也而自上古所以也ㅣ게抑々實業이頗多ᄒᆞ나玆에一口이라도闕치못ᄒᆞᆯ三大要實業을論述ᄒᆞ노니一은農業이라農은吾人人生의最要最貴ᄒᆞᆫ衣食을供給ᄒᆞ며且活界萬物에十分之八九를成作ᄒᆞᆫ大要로써絶對的農이아니면勿論이요二는工業이니工은天然的陸海產과農之出產物을利用ᄒᆞ야原料를製造ᄒᆞ며且生活의凡百物品을自由成器ᄒᆞᆷ으로써富源財本을興殖케ᄒᆞᄂᆞᆫ大要요三은商業이라商은不能出產不能製造하나農工兩業의作成物을分配交換ᄒᆞᄂᆞᆫ機關으로써農之出產物과工之製造物을左循右環ᄒᆞ야金庫를貯裕ᄒᆞᄂᆞᆫ大要라故로假令論某國ᄒᆞ고殖產實業이漸盛ᄒᆞ면從此金庫에餘裕가饒ᄒᆞ고餘裕가旣滿ᄒᆞ면其國을自然强持ᄒᆞ며自身을任意勇進ᄒᆞᆷ은古今之定例也라

噫哉라試看ᄒᆞ오現今歐美諸國은唯一實業之進步으로써富强을享ᄒᆞ며寰宇를含吐ᄒᆞ고公法은列邦을統管ᄒᆞ야氣勢의雄壯ᄒᆞᆷ과智識의神妙ᄒᆞᆷ이人力으로ᄂᆞᆫ敢히計及치못ᄒᆞᆯ듯ᄒᆞ나其亦人爲之事功이오決然히理者며且如彼歐美之人이라도生初로부터知覺ᄒᆞᆫ도아니오立國ᄒᆞᆫ로부터其成績을見捉ᄒᆞᆷ도아니라淸學問之熱心과硏究之苦勞를蓄積ᄒᆞᆫ所以라

故로日本今日之富强도亦是實業이此에先覺ᄒᆞ고歐美新學問을輸入擴張而熱心敎育에最中殖產實業을盡力勉强ᄒᆞᆫ結果로人民產業의興殖과國家勢力의富强이東洋의雄覇를自占ᄒᆞ고白人의文明을相抗ᄒᆞ니以此觀之면實業之有勢가何如ᄒᆞ며實業이國家强弱之關係가何如耶아

頭拆胃裂哉라同胞여我國港門을關ᄒᆞ고列邦으로더부러通商條約을定ᄒᆞ고使節과商賈가來往ᄒᆞ야奇異ᄒᆞᆫ製造物品이며新鮮ᄒᆞᆫ文明優劣을競爭ᄒᆞᆷ이幾年乎아優存劣亡ᄒᆞ고强勝弱敗ᄒᆞᄂᆞᆫ此世上에處ᄒᆞ야國名은不立ᄒᆞ고生命은不存ᄒᆞᆯ진되已而어니와四千餘年守來之國이旣存ᄒᆞ야遺往生命을完保ᄒᆞᆯ진대唯一急務가殖產實業이니伏乞以外同胞ᄂᆞᆫ勿慾學問之發貴ᄒᆞ고以上實業에勃々孜々幸甚々々痛哭哉다今日我邦之現像이여白頭山下에二千萬同胞가上依下付ᄒᆞᆯ餘地업시可憐ᄒᆞᆫ境界에至ᄒᆞ얏스니나어가서나어가서可成的迅速히保命圖生ᄒᆞ나어가시不問某國ᄒᆞ고政府ᄂᆞᆫ國民之父母者也어ᄂᆞᆯ獨至於我國ᄒᆞ야ᄂᆞᆫ爲其父母者之爲主가今世新學問과必要의實業에富强은何如不知ᄒᆞ고但히私意를濫用ᄒᆞ고與論을壓制ᄒᆞ며自國의獨立을賣破ᄒᆞ야他人의奴隷를受取ᄒᆞ며世襲其子孫ᄒᆞᆷ을毫芥와仇敵又ᄂᆞᆫ親族ᄒᆞᆯ뿐더러必竟은三千里土地와二千萬靈으로써滅種ᄒᆞᄂᆞᆫ지陰謀ᄒᆞᄂᆞᆫ禁習은我輩我等이現明的으로目睹ᄒᆞᄂᆞᆫ바니以此頑陋之政府ᄂᆞᆫ置之勿論ᄒᆞ고同胞가國家를恢復維持ᄒᆞ고生命을保全코져ᄒᆞᆯ진대花街賈笑卿卿追歎으로一世好光을溫柔鄕에虛送ᄒᆞᄂᆞᆫ秀才에付ᄒᆞ야聰明ᄒᆞᆫ靑年으로棄物을自作말고歐米新학問에熱心勉强ᄒᆞ려니와就中殖產實業에尤其尤甚히盡力硏究ᄒᆞ심을希望

官報

第三千九百卅三號
隆熙元年十月廿六日

◉宮廷錄事

侍講院詹事金甲洙辭職疏
批旨省疏具悉所請依施

敍任及辭令

羅州郡主事 金鎭培
全羅南道觀察道主事 沈止純
全羅北道觀察道警務總巡 金興柱
慶尙南道觀察道主事 佐藤信好
依願免本官
宮內府禮式官 高羲敬
命侍講院詹事
從二品 嚴柱益
命宮內府特進官
慶基殿令 張鴻遠
壇奉官 李支器
黃海道觀察道警視 柴與市
依願免本官
任觀察道警視 渡邊應次郎
免本官 度支部稅務官 李宗稙

外報

●俘虜收容費 路透電을據ᄒᆞᆫ則日英俄國大使헨게를쿠伯은俄國俘虜收容費四百八拾六萬四百四拾磅을日本小村大使의게遂ᄒᆞ엿다더라

●罷工平定 路透電을據ᄒᆞᆫ즉印度의鐵道罷工은一部分平定ᄒᆞ고郵便列車의運輸ᄂᆞᆫ如舊히復設되얏다더라

●要求無效 東京電을據ᄒᆞᆫ則德國은淸國政府로부터開封府에到着ᄒᆞᆫ鐵道敷設權을要求ᄒᆞᄂᆞᆫ대其時淸國官憲은其要求ᄒᆞᆷ際에衆民의資本으로經營ᄒᆞ라고目下計劃中이라더라

●炭礦協約締結 北京電을據ᄒᆞᆫ則俄國東淸鐵道沿線의吉林黑龍兩省炭礦에就ᄒᆞ야俄淸協約締結에調印ᄒᆞᆫ事項이如左ᄒᆞ니

一東淸鐵道公司ᄂᆞᆫ沿線의炭礦開採ᄒᆞᆫ事를得ᄒᆞ엿스되但前約에鐵道兩側二十淸里以外에五十淸里를加ᄒᆞᆫ事
一東淸鐵道公司가指定ᄒᆞᆫ礦區에淸國政府에서此를他人의게不許ᄒᆞᆯ事
一東淸鐵道公司指定의礦地ᄂᆞᆫ炭礦이면淸人의開採를不許ᄒᆞᆯ事
一東淸鐵道公司開鑿의炭礦은滿洲의燃料로定ᄒᆞ고境內의森林을不得伐採ᄒᆞᆯ事

●總督巡視 奉天電을據ᄒᆞᆫ즉徐總督은六十餘名을率ᄒᆞ고二拾四日午後三時에特別列車를乘ᄒᆞ고黑龍江吉林省을巡視ᄒᆞᆫ다더라

●總兵私通 奉天電을據ᄒᆞᆫ즉兩江總督端方氏ᄂᆞᆫ上奏ᄒᆞ야曰總兵葛靑雲은會匪와私通ᄒᆞ야秘密會議所를設ᄒᆞ고武器準備하ᄂᆞᆫ實跡이有ᄒᆞᆫ故로已히此를捕縛ᄒᆞ얏스니爲先免官ᄒᆞ고嚴察問을行ᄒᆞᆯ事로上奏ᄒᆞ엿다더라

●紛擾已知 東京電을據ᄒᆞᆫ則日淸兩國間에滿洲礦山問題ᄂᆞᆫ已히議定ᄒᆞ야淸國政府의意見이一致ᄒᆞᆷ은該條約議定ᄒᆞ야서調印ᄒᆞ엿스나安東縣鐵道와滿洲鐵道를連絡ᄒᆞᄂᆞᆫ規定을確立ᄒᆞᆷ에就ᄒᆞ야淸國政府ᄂᆞᆫ將來紛擾가生ᄒᆞᆯ가念慮ᄒᆞ야其調印을解決코ᄌᆞᄒᆞᆫ다더라

雜報

●平民請願 平安南道平壤郡外川坊贈學位士勸贇潛食事로士林黃錫淸等諸氏가內部請願書全文이如左ᄒᆞ니

廟堂所以遴選觀察하야以學一省者ᄂᆞᆫ觀其風察其俗ᄒᆞ며使導斯民ᄒᆞ야期圖敎育ᄒᆞ라신 盛念에宜出ᄒᆞᆷ인ᄃᆡ旣在其任하야職分內事를恐或違背하야ᄒᆞᆯ戰兢에務盡奉行然後에야乃可謂不負 命送大義이옵거ᄂᆞᆯ民數敎ᄂᆞᆫ尙矣勿論ᄒᆞ고敎育本資도反先消絶하니斯비日承順上意에圖治下民乎잇가平壤ᄂᆞᆫ古稱 仁賢首善之地라指議數導之節每尙講習ᄒᆞᆷ으로兩後觀察使與鄕中士林이左旋右幹에合資買土ᄒᆞ고名之曰贍學士라ᄒᆞ며以其逐年所出로作爲養士之資ᄒᆞ야金者伊來幾百年于玆이온대此是合資라無異公貨之致로人莫敢誰何이옵드니今에觀察使朴重陽이莅此이未過幾朔에屢々脅喝ᄒᆞ기를此士가外川坊에在하야勢將放賣乃已則買此代士도未爲不可오如未代士면未爲不可云矣러니經於今夏에廣設學校ᄒᆞ고劃付基本金도亦府費右士ᄒᆞ야價文一萬一千八百圓을潛自推持ᄒᆞ고爲代士與設校等節은一不擬議이옵거ᄂᆞᆯ事務巡察과學務委員을今逐以此賣土價로盡數入用於右項修理費云ᄒᆞ니以若幾百年傳來ᄒᆞ옵든贍士資本을一朝에委托不當之處ᄒᆞ니於政府에可乎아否乎아事務室拘留所이俱係公廨則設令改莫ᄒᆞᆯ지면擧實狀請報 上部ᄒᆞ야承指揮修理가公格上妥當이온며不此之爲ᄒᆞ고有主之財物을沒白ᄒᆞ야理外之事를做作ᄒᆞ며多民含감口코져ᄒᆞᆷ은智者를不待ᄒᆞ고可辨ᄒᆞᆯ지오니況在上政府야御撤이豈無ᄒᆞ리오推此 事에可反三隅이온즉其外節勁ᄒᆞᆫ狀態ᄂᆞᆫ虛譽을求ᄒᆞ며內懷窺民鼎획ᄒᆞ야換肉을作ᄒᆞ며欲掩白露ᄒᆞ오니 朝家命送ᄒᆞ신本義가安在며民獘餘幾死四民이亦何給오觀察에位가地方高等裁判에居ᄒᆞ야多民에申訴ᄒᆞᆫ伸理ᄒᆞᆯ道가無ᄒᆞᆫ故로勢不獲已ᄒᆞ야冒萬死齊聲仰籲ᄒᆞ오니 伏乞 境民에屑瑣ᄒᆞᆷ을事件으로만下燭치勿ᄒᆞ시고防微杜漸ᄒᆞ시ᄂᆞᆫ政策으로成大ᄒᆞᆫ弊源을除케ᄒᆞ시기爲ᄒᆞ와朴重陽에不節貪婪ᄒᆞᆫ罪狀은依律處辦ᄒᆞ옵고贍學士價ᄂᆞᆫ亦卽照數推給ᄒᆞ와廣設學校케ᄒᆞ오셔爲先西民을保存ᄒᆞ오며將次國是를完全케ᄒᆞ시기를伏望ᄒᆞ옵고以民을早此成不得已ᄒᆞ온事에出ᄒᆞᆷ을細々 下察ᄒᆞ시와 ᄒᆞ엿더라

●李氏慈善 鄕恩臣人前主事李吉善시ᄂᆞᆫ昨年七月之水災에賑貸救恤ᄒᆞ고今秋援擾에彈壞이滿地ᄒᆞ되義不顧에挺身冒危ᄒᆞ야與同志로聯絡으로協心共濟ᄒᆞ야多活人命이올새勸告境內에家屋을結構ᄒᆞ며飢民을賑恤ᄒᆞ야使失業攜迫之民으로感如換妻ᄒᆞ며至於塢市ᄒᆞ얏也에도民論은外民乎ᄒᆞ고外上也와仰其也를施設交涉에一切幾라ᄒᆞ야行政官兩涉ᄒᆞ며居民이營業就緖케ᄒᆞᆫ다ᄒᆞ고該郡人에稱頌이有ᄒᆞ다라

雜報

●隨從定員 皇太子殿下ᄭᅴ옵셔 日本에 御渡ᄒᆞ실時에 隨員을 十人으로 內定되얏스나 統監府認許를 承ᄒᆞᆫ後에 確定이 된다더라

●郡守不遠 郡守發表八十餘窠를 今月晦內로 三次分窠奏本ᄒᆞᆫ다더라

●落成禮式 松峴新建築ᄒᆞᆫ師範學校落成禮式을 來月初三日에 設行ᄒᆞᆫ다ᄂᆞᆫᄃᆡ 皇太子殿下ᄭᅴ옵셔 臨御ᄒᆞ시고 內外國高等官人을 一齊히 請邀ᄒᆞᆫ다더라

●官制輪送 日間頒布될 新官制ᄂᆞᆫ 再昨日內閣에셔 各部로 送交ᄒᆞ얏다더라

●統監演說 統監府에셔 昨日에 宴會를 開設ᄒᆞ고 總理以下各部大臣과 各元老大臣과 中樞院顧問諸시를 請邀宴待ᄒᆞ고 已往官民間相孚치 못ᄒᆞᆫ 理由와 來頭政治方針을 演說하얏다더라

●歸國期限 伊藤統監의 歸國ᄒᆞᆯ 期限을 確聞ᄒᆞᆫ則 陰曆來月初一日로 完定이 되얏다더라

●農商云東 農商工部大臣宋秉畯시가 皇太子殿下를 陪從ᄒᆞ야 日本에 渡去ᄒᆞᆫ다ᄂᆞᆫ 說은 已揭報ᄒᆞ얏거니와 該部一般官吏가 惡親會兼餞別宴을 日間에 花月樓에셔 設行ᄒᆞᆫ다더라

●稅務決議 全羅南北道紳士民代表宋榮淳시가 該道內結錢을 他郡과 如히 八圓式徵納ᄒᆞᆯ 意로 中樞院에 請願ᄒᆞ얏더니 該事件에 對ᄒᆞ야 實施ᄒᆞᆯ 意로 內閣에 請議ᄒᆞ얏다더라

●職名改稱 內閣에셔 將次宮內府官制부터 頒布ᄒᆞᆫ다ᄂᆞᆫᄃᆡ 聞ᄒᆞᆫ즉 該府各局長은 頭라 名稱ᄒᆞ고 書記郎은 組라 名稱ᄒᆞ고 各陵官은 陵頭라 改稱ᄒᆞᆫ다ᄂᆞᆫ 說이 有ᄒᆞ더라

●南北批評 勅式官高義敬氏가 侍講院副卿을 被任ᄒᆞᆫ事에 對ᄒᆞ야 南北村各人家에셔 批評ᄒᆞᆫ다더라

●熱中亦寒 近日內閣에셔 經費가 窘絀ᄒᆞ야 日寒漸劇ᄒᆞ되 庶務所에 煖爐를 買置치 못ᄒᆞ야 一般官吏가 寒苦를 難堪ᄒᆞᆫ다더라

●與一派立 大韓協會에셔 將次某某氏가 大臣을 被任ᄒᆞ야 一進會와 幷立하야 政府를 互相組織ᄒᆞᆫ다ᄂᆞᆫ 說이 有ᄒᆞ더라

●先當後參 統監府에셔 設宴ᄒᆞᆫ事ᄂᆞᆫ 別項과 如ᄒᆞ거니와 農相宋秉畯氏가 各部로 電話ᄒᆞ되 各部大臣이 文官大禮服에 日本에셔 授與ᄒᆞᆫ 勳章을 佩用ᄒᆞ고 自己私第로 一齊會同ᄒᆞ야 統監府宴會에 進參ᄒᆞ자ᄒᆞ얏다더라

●兩使還歸 京畿宣諭使鄭寅興 忠淸南道宣諭使李舜夏兩시가 上京ᄒᆞ깃다고 內部로 報告ᄒᆞ미 該部에셔 該兩시에게 上來하라고 電訓ᄒᆞᆫ 故로 兩시가 上京ᄒᆞ얏다더라

●主亦避 加平郡守廉圭恒氏ᄂᆞᆫ 春川監獄署에셔 家故ᄒᆞ야 還官次발程ᄒᆞ얏다가 因爲上京ᄒᆞ얏ᄂᆞᆫᄃᆡ 該郡主事도 從後避ᄒᆞ야 亦爲上京ᄒᆞ얏다더라

●反覆淸守 濟州郡守尹元求시가 民間에 貪贓이 有ᄒᆞ다ᄂᆞᆫ 告訴가 有ᄒᆞ미 內部에셔 莞島郡守鄭肯朝시로써 査覈ᄒᆞ라ᄒᆞ얏더니 鄭郡守가 該郡에 前往査實ᄒᆞ야 內部에 報告ᄒᆞ얏ᄂᆞᆫᄃᆡ 尹시의 貪贓은 姑舍ᄒᆞ고 尹시와 尹後行政이 淸白簡詳ᄒᆞ미 官民이 相合ᄒᆞ고 邑村이 無事ᄒᆞ야 一郡이 晏然이라고 極口贊揚하얏다더라

●歡迎後報 昨日法部奏任官以上이 該部次官室에 歡迎會를 設ᄒᆞᆫ다ᄂᆞᆫ 說은 已揭前報어니와 該會에 參宴ᄒᆞ기ᄂᆞᆫ 該部勅任奏任官以下 平漢兩裁判檢事인대 法官養成所에ᄂᆞᆫ 判任敎官ᄭᆞ지 參與ᄒᆞ얏다더라

●走巡結項 再昨下午十一時에 主殿院巡檢金錫善시가 南門外步行客主崔仲植家에 來到ᄒᆞ야 江陵郡居宋仁鎬 金允鏡兩人을 捉去라가 中路에셔 該兩人을 對ᄒᆞ야 錢財를 討索ᄒᆞᄂᆞᆫ 故로 所持ᄒᆞᆫ 三百四十一圜五錢을 即爲出給하고 請指歸路ᄒᆞ미 同件而來ᄒᆞᆯ際에 該主人이 主殿院巡檢이 捉去平民ᄒᆞᄂᆞᆫ 行動을 自疑ᄒᆞ야 告于該掌內支所ᄒᆞ야 巡檢等이 方爲跟捕러니 適其時에 金錫善이가 捉去ᄒᆞ던 兩人과 來到ᄒᆞ미 西署에 押送審問ᄒᆞᆫ즉 生計沒策ᄒᆞ야 暫行凶計라고 自服ᄒᆞᄂᆞᆫ 故로 因爲牢囚하얏더니 昨日上午二時에 結項致死ᄒᆞ얏다더라

●恤金議撥 杆城郡守金仁植시 被害ᄒᆞᆫ事에 對ᄒᆞ야 家族救恤金을 支撥ᄒᆞ기로 內部에셔 擬議ᄒᆞ얏다더라

●戶籍刊出 內部所管戶口調査表를 整理하야 龍山印刷局에 委托刊出ᄒᆞᆫ다더라

●處處皆然 傳說을 聞ᄒᆞᆫ즉 水原郡士津附近地에 義兵五六百名이 會集ᄒᆞ야 人民에게 軍需錢을 討索ᄒᆞᆷ으로 人民等이 因此悚懼中이라더라

●校舍撮影 新建築ᄒᆞᆫ師範學校에셔 落成式을 ᄒᆞᆫ다ᄒᆞᆷ은 別項과 如ᄒᆞ거니와 紀念하기 爲ᄒᆞ야 該校舍를 撮影하야 來賓에게 一本式贈與ᄒᆞᆫ다더라

●黃衣初起 咸北來人의 傳說을 據ᄒᆞᆫ則 三水甲山等地에셔 義兵이 猖獗ᄒᆞᄂᆞᆫ대 黃衣砲手一千餘名이 屯聚ᄒᆞ야 日人四五名과 一進會員五六人을 殺害ᄒᆞ얏다더라

●鐵治夜學 東大門外居治匠金允根씨가 新學問受業에 熱心ᄒᆞ야 晝則以治爲業ᄒᆞ고 夜則尙洞國文夜學校에 雖風雨라도 無一夜闕課하ᄂᆞᆫ 故로 該校一般學徒가 莫不稱羨ᄒᆞᆫ다더라

●理由難知 別項과 如히 尹元求氏의 治蹟이 果如該報면 貪贓民訴가 來到ᄒᆞᆯ 理由가 無ᄒᆞ거니와 要査官鄭肯朝시ᄂᆞᆫ 言之라도 不日에 名譽가 頗有ᄒᆞᆫ 人이라 尹郡守를 掩護ᄒᆞ야 浮言을 做作하야 査報ᄒᆞᆫ 緣由가 萬無ᄒᆞ니 該事件의 顚末如何ᄂᆞᆫ 確知키 難ᄒᆞ다ᄂᆞᆫ 論評이 籍々ᄒᆞ더라

●鐵役符에 郭山郡鐵道改良에 弱窮疲散之弊가 以工事로 多數會集ᄒᆞ야 浪飮泥醉에 行悖無雙之致로 自官으로 捉致懲治이러니 此輩가 以此含憾ᄒᆞ야 日工夫를 符同ᄒᆞ야 去月拾七日夜에 突入邑衙ᄒᆞ야 行悖無比ᄒᆞ며 平民도 尤難支保라고 該郡來人의 傳說이 有ᄒᆞ더라

●觸車傷命 定州灘坊後洞居申呂燮之子拾五歲兒汝珍이가 郭山郡許川洞鐵道改良에 赴役이다가 去月二十六日上午八時에 爲汽車所觸ᄒᆞ야 頭部가 破碎ᄒᆞ며 兩脚이 絶斷ᄒᆞ야 當下에 斃ᄒᆞ엿스니 其所慘狀은 目不忍見이라더라

●橫徵義金 大邱國債報償夫人會長徐周元氏가 義金을 募集ᄒᆞ야 京城夫人會로 付送ᄒᆞᆯ際에 適其時李東信媛씨가 該地에 下往ᄒᆞ얏ᄂᆞᆫᄃᆡ 該錢을 出付ᄒᆞ라ᄒᆞ니 夫人會長申氏의게 來言ᄒᆞ기를 該錢은 葉錢인 故로 帶來치 못ᄒᆞ고 商人李在玉에게 出付ᄒᆞ얏스니 日間來到ᄒᆞᆯ터인則 成冊만 覓受ᄒᆞ고 該전이 來到ᄒᆞ거던 新聞에 廣告하라ᄒᆞᄂᆞᆫ 故로 屢朔苦待ᄒᆞ여도 該錢이 不來ᄒᆞ기에 新聞에 廣告치 못ᄒᆞ얏더니 大邱에셔 무삼事蹟으로 新聞에 廣告치 아니ᄒᆞ엿ᄂᆞᆫ야ᄒᆞ고 屢次書促ᄒᆞᆫ즉 申簡堂氏의 模樣이 昌皮ᄒᆞ야 該전을 橫徵ᄒᆞ야 本社로 傳送ᄒᆞ얏더라

●積而能散 開城居前平理院監督金健赫시의 敎育上熱心ᄒᆞᆷ은 曾已揭載어니와 該시ᄂᆞᆫ 宦海의 權勢家오 財政의 雄富로 現今時局之大勢ᄒᆞ고 稔知敎育之急務ᄒᆞ야 遽然解발ᄒᆞ고 敎育에 從事ᄒᆞ야 韓府各學校今秋期運動을 先自발起ᄒᆞ고 多數捐助ᄒᆞ며 喚醒士氣ᄒᆞ미 一府가 莫不感服ᄒᆞ야 一時響應ᄒᆞᄂᆞᆫ지라 諸시가 以爲國之盛衰가 專由於敎育之振不振이니 以若萬家之邑에 豈可無一個大中학校乎아 하고 從今以後로 敎育上一切財政은 以身先之ᄒᆞ기로 決心ᄒᆞ고 一府財政家를 逐接勸誘ᄒᆞ미 松京之敎育發達은 於斯可期라더라

●校基相訟 杭內私立□□校가 大韓醫院基地로 入ᄒᆞ얏ᄂᆞᆫᄃᆡ 該校敎師低章섭시가 校舍價를 收捧ᄒᆞ야 自己家舍를 買居ᄒᆞ고 學校ᄂᆞᆫ 永爲廢止ᄒᆞᆯ지라 該校主가 漢城裁判所에 呼訴ᄒᆞ야 該시가 落科ᄒᆞ얏더니 該시가 平理院에 更訟ᄒᆞ얏더라

▲地方消息▼

▲義兵五六百名이 각其銃鎗을 負ᄒᆞ고 三昨日下午六時頃에 東署장位峰을 經ᄒᆞ야 楊州方面으로 발向ᄒᆞ얏다ᄒᆞ고

▲北靑郡安平에 駐據ᄒᆞᆫ 一進會及日巡査가 軍物을 押收ᄒᆞᆷ으로 人民等이 會集ᄒᆞ야 軍物護送ᄒᆞᄂᆞᆫ 日兵을 同郡江審嶺에셔 日兵二名과 日巡査 名을 砲殺ᄒᆞ고 其軍物을 分持하얏다ᄒᆞ고

▲日昨義兵千餘名이 順興郡에 突入ᄒᆞ야 該郡々守金昌洙氏를 加害코저ᄒᆞᆷ으로 金氏ᄂᆞᆫ 逃避未捉ᄒᆞ고 該氏의 小兒를 捕去ᄒᆞ야 金氏의 居處를 指示ᄒᆞ라고 方今脅迫中이라ᄒᆞ고

▲去拾三日에 醜兵數名이 龍仁郡葉契面沙山里에 侵入ᄒᆞ야 留宿하ᄂᆞᆫᄃᆡ 其翌日에 又義兵四拾名이 銃器를 携帶ᄒᆞ고 侵入ᄒᆞ야 右數名과 合勢ᄒᆞ야 陵洞으로 向ᄒᆞᆯ際에 義兵一部를 相遇ᄒᆞ야 放砲ᄒᆞᆷ의 整齊히 ᄒᆞ고 沙谷面으로 向ᄒᆞ다가 日軍守備兵을 遭遇ᄒᆞ야 交戰ᄒᆞ엿다ᄂᆞᆫᄃᆡ 家屋二戶가 被燒ᄒᆞ얏다ᄒᆞ고

▲去拾八日에 義兵百餘名이 陰竹郡西面等地로 侵入하다가 日兵을 遇ᄒᆞ야 交戰하얏다ᄒᆞ고

▲去十六日에 義兵約二拾名이 礪山方面으로 襲來ᄒᆞᆫ다ᄂᆞᆫ 報를 龍安郡分派所에셔 接ᄒᆞ고 礪山分派所에셔 邑內를 警戒中인대 拾八日에 同地로 來襲ᄒᆞ야 分派所를 包圍而攻擊ᄒᆞᆷ의 巡査及所屬等이 防戰ᄒᆞ다가 衆寡不敵ᄒᆞ야 西北方山中으로 逃走ᄒᆞ얏ᄂᆞᆫ대 分派所를 破碎ᄒᆞᆫ後에 他處로 退出하얏다더라

東京電報

●談笑議約 二十六日발 加奈太勞動大臣은 昨日에 林外相을 訪問ᄒᆞ고 移民問題를 會談ᄒᆞ얏ᄂᆞᆫᄃᆡ 互相間意見을 書論ᄒᆞ나 談笑間에 協議를 說諜이라더라

●抗議虐待 同日발 間島에셔 日本官憲이 淸人을 虐待ᄒᆞᆫ 理由로써 淸國에셔 日本政府에 抗議ᄒᆞ얏다더라

▲拭眼時局▼

▲現今時代ᄂᆞᆫ 列强이 碁置鼎立ᄒᆞ야 互相爭衡에 各立門戶ᄒᆞ니 一國之內에도 黨派가 相殊ᄒᆞ야 或有政會者ᄒᆞ며 或有民團者ᄒᆞ며 或有進步黨ᄒᆞ며 或有維新派라 政界文明競爭ᄒᆞᄂᆞᆫ 風化가 遍入韓國ᄒᆞ니 有志紳士가 各自奮발ᄒᆞ야 設會設團ᄒᆞ니 經濟之策이 於斯盛矣로고

▲近日에 某政客은 四結黨[illegible]되ᄂᆞᆫ대 何業으로 自己의 威勢를 賁ᄒᆞ야 政府民權을 手中에 掘得ᄒᆞᆫ 政客이 羨而模之ᄒᆞ야 國民에 大部分과ᄂᆞᆫ 祿位商을 運動ᄒᆞ야 勢力을 扶持코ᄌᆞᄒᆞ[illegible]은 被欺而然也여니와 前鑑이 昭然ᄒᆞ니 祿位商이 豈欲爲他人之창鬼며오

▲邇來에 海外의 特立政客은 團體에 勢力이 有效홈을 始見ᄒᆞ고 今之子房은 大韓會를 占領ᄒᆞ고 古之梅蝦은 興士團을 組織ᄒᆞ고 又有子路ᄒᆞ야 興工團을 발起ᄒᆞᆫ다ᄒᆞ니 興士團은 有體剝始와 他興業社ᄂᆞᆫ 有耶아 無耶아 於金石山ᄒᆞ쇼

▲여보 四民同胞여 現今時代에 韓人二字ᄂᆞᆫ 色으로도 設會도 不能自由오 團體結社도 不能ᄒᆞ나니 同胞ᄂᆞᆫ 他人의 體格을 依賴치 말고 自立自由의 一國精神을 內心에 自抱ᄒᆞ야 士者士農者農ᄒᆞ며 工者工商者商ᄒᆞ야 以已之興旺으로 爲一國之興復이 庶幾乎爲已之責任이오 爲[illegible]之誠心일가ᄒᆞ오

▲回顧ᄒᆞ니 政客도 黨派를 分有ᄒᆞ고 局外政客도 羽翼을 成ᄒᆞ니 爲四民者도 團體를 成ᄒᆞᆯ時代라 士與士로 團體이면 農者不敢侮視오 農與農이 爲團이면 工者不敢蔑本이오 工與工이 爲團이면 商者不敢防棄이오 興商이 爲團이면 士者不敢[illegible]나 此ᄂᆞᆫ 不過是同胞가 同胞를 爲競爭이니 畢竟에 四民이 興民으로 爲團이다야 方可謂之[illegible]爭이오 團體가 完成홀거시니 則大韓同胞ᄂᆞᆫ 新鮮ᄒᆞᆫ 民團을 立ᄒᆞ야 國家에 爲一之[illegible]을 補ᄒᆞ미 何如ᄒᆞᆯᄂᆞᆫ지

雜報

●與守伴往　加平郡主事徐相七氏가昨日內部에入來ᄒᆞ야該郡長宋之憲시을對ᄒᆞ야該郡情形을槪說ᄒᆞ면서下往ᄒᆞ야도身命을保全키難ᄒᆞ고下往치아니ᄒᆞ면㷼術가全空ᄒᆞ야進退兩難이라ᄂᆞᆫ故로宋시가言ᄒᆞ되該郡守가下去ᄒᆞ거든同伴下往ᄒᆞᄂᆞᆫ것시妥當ᄒᆞ니幾日間留京ᄒᆞ라ᄒᆞ얏다더라

●書類被燒　鐵川郡守申기秀시가法部로報告ᄒᆞ되十月拾三日에義兵數百名이突入本郡ᄒᆞ야破쇄公廨ᄒᆞ고官衙及書記廳에備考ᄒᆞᆫ公文도沒數소燼ᄒᆞ와難憑可考에其中最緊要者ᄂᆞᆫ土地家屋證明書와手數料納付書又各項細則이오며土地家屋에對ᄒᆞ야現存件及소火件을左開報告ᄒᆞ오니查照ᄒᆞ신後소진된件數를發使小包로時急支撥ᄒᆞ라ᄒᆞ얏더라

●醫校試驗　醫察專門학校에서本月拾五日에第一학期試驗을經過ᄒᆞ얏ᄂᆞᆫᄃᆡ優等은沈經澤等三拾六人이라더라

●國文夜校　鄭秦容씨鼎楨兩氏가尙洞等地에國文夜學校를設始ᄒᆞ고熱心敎授ᄒᆞᄂᆞᆫ故로學員이四十餘名에達ᄒᆞ얏ᄂᆞᆫᄃᆡ經費가窘絀ᄒᆞ야敎師ᄂᆞᆫ名譽로聘用ᄒᆞ다더라

●泗校熱誠　(?)山郡石洞里사松學校敎師池(?)(?)시와校監에李明식시ᄂᆞᆫ本以經義從事者로以臨時局ᄒᆞ고幡然覺悟ᄒᆞ야募集靑年ᄒᆞ야孜孜勸勉ᄒᆞ더니夜學徒가數拾名에達ᄒᆞ얏스며且申報縱覽所를設立ᄒᆞᄂᆞᆫ字々曉論에機直的堅라도每夕傾聽에智識을開發케ᄒᆞᆫ다더라

●桂校寄付　制度局總裁金允植氏가桂山學校에金五圜을寄付ᄒᆞ얏다더라

●農校請願　穩城郡私立華農학校長金顯奎氏가學部에請願ᄒᆞ되本郡守李圭白이敎育反對로本部認許ᄒᆞ옵신學校位置를一一沮戲이옵고本人을捕罪認報觀察道ᄒᆞ야五朔重囚矣러니首書記朴容元으로對質裁判ᄒᆞ야本人은一一脫白ᄒᆞ고郡守ᄂᆞᆫ貪贓不法이一一綻露ᄒᆞ야三次牟引이되多月曠官에優臥渠家ᄒᆞ야不爲來待이오ᄂᆞᆫ自服其罪ᄒᆞ야使其弟圭鶴으로私和證明書를持ᄒᆞ고左右請囑ᄒᆞ옵ᄂᆞᆫᄃᆡ該書內開則旣爲本部認許아신鹽蔭閣口文捐金書記加料屬爲租津夫로以付학校라ᄒᆞ니已有所指ᄒᆞᆫ이옵거ᄂᆞᆯ渠之證明書가何用爲이오며且書記供案에結젼加歛으로郡守가九千九百九拾兩八젼이오鄉長韓俊恩乾沒이七百五拾兩인바合葉又一万七百四拾九兩八젼中捐助金이一萬兩坪이온대辯白放送時에該錢을付之하기로伏乞判決이온즉該係刑事故로未蒙判決書하와前後訴狀ᄒᆞ오니發訓于觀察道ᄒᆞ시와該錢을付校充用케하라ᄒᆞ얏더라

●婦人熱心　慈善婦人會評議員車天慶氏ᄂᆞᆫ前主事李奉天氏외夫人인ᄃᆡ智識이高明ᄒᆞ야該會總上의名譽가有ᄒᆞᆯ뿐아니라慈善事業에最히熱心하야孤兒院補助方針과(?)務擴張에對ᄒᆞ야新貨二拾圜을爲先出力ᄒᆞ고且特別總會에一般會員의午餐을供給ᄒᆞ얏다더라

◉國債報償志願金總合所廣告 續

◉永川郡古村面葦日동

孫洪祚 李景潤 눈 各八十전
鄭文容 河鍾奉 李根基
各四拾錢 孫基祚 六十전
李仁義 二十전 兪斗萬
六十전 金振永 丁奇習
名四十전 리仁壽 六十전
金振成 四十錢 吳鎬禹
金振漢 吳再善 각六十전
金永浩 四十錢 許洛壽
金學伊 白春石 각廿전
李圭善
▲成夫동
리圭彩 최基順 최允玖
崔成翼 리圭漢 各六十전
李宗樂 李宗伊 李圭白
崔鳳翼 崔祚翼 각四十錢
더 鐵甲 李鍾羲 李萬英
各廿錢 [illegible] 學
各四十錢 李圭相 李基翼
崔在寬 李圭成 각口錢
▲巴溪동
朴致殷 金鍾在 鄭淵道
朴淵森 朴淵九 各八十전
朴道植 四十전 朴喜五
許 규 최善翼 朴종鎬
각八拾전 朴養鎬 四拾전
裵東源 朴明鎬 朴喜永
李貞和 李燦壽 李宗春
金仁在 각六十전 朴將鎬
李紀奉 朴淵[illegible] 裵東하
각四拾전 박景鎬 廿전

◉元堂面冠洞

康應壽 尹熙七 尹陽奎
康熙宅 尹應鳳 金永浩
李鎭榮 裵道한 黃履浩
李秉榮 成永鎬 鄭鎭甲
康峰坤 尹應澤 윤榮奎
李順榮 李燦榮 各廿전
尹鳳韶 四拾전 鄭鎭華
리重成 각廿전 李圭同
四拾전 尹永浩 千命坤
康熙復 尹應八 崔召史
金相洙 李碩源 각廿전

未完

廣告

本局에서 十餘年을 研究ᄒ야 (醫香消瘡丹)이라ᄂ 藥을 發明ᄒ얏ᄂᄃᆡ 男女勿論ᄒ고 무ᄉᆞᆷ 瘡疾이던지 (一劑 十四箇) 를 每日 一箇式 服用ᄒ면 效驗이 百發百中되ᄂ고 瘡疾로 됨 하와 買去ᄒ오이 瘡질 잇ᄂ 愈位ᄂ 오리고 싱마시고 速々히 來臨ᄒ야 問議ᄒ심을 希望홈

定價金 上品 一劑 金四圜 / 下品 一劑 金貳圜五角

本舖 仁川港 杻峴 和平局

發賣所 京城鍾路 慈惠藥房
仝 館洞 濟生堂
仝 共愛堂藥房

雖外邦이라도 郵便으로 부치ᄂ 슈가 잇소

越南亡國史 國文

定價 貳拾伍錢

發賣所 京城廣橋 高裕相 鍾路 匯東書館
鐵南鑄川郡 禹時夏 書舖
告白 [illegible]

元寶發賣 政治原論

發賣元 京城鍾路大廣橋通小廣橋大路北邊二層洋屋 新聞社內及各書舖에 在ᄒᆷ

人類ᄂ 政治的動物이라 政治思想은 人類가 國家를 構成ᄒ 要素니 民國된 者ㅣ 政治를 不知ᄒᆷ이 可ᄒ리오 况今 政界를 刷新ᄒᄂ 時代에 더욱 政治를 研究ᄒᆷ이 必要가 有ᄒᆷ으로 撰ᄒ 敎科書로 用ᄒ기 適宜ᄒ니 僉君子ᄂ 斯書를 購覽ᄒ심을 爲要

政治原論

郵料 四錢
定價金 六十錢
安國善 譯述

本藥房에서 以 調製確實케 ᄒ야 以上 市村里에서 賣 ᄒ 薬을 名을 記 ᄒ 兄弟 ᄂ ᄒ시 ᄂ 本藥房에서 製造 販賣 ᄒ 封藥 만 ᄒ 고 [illegible]
本清國製造封藥과 大韓國 英國 米國 諸國에 有名ᄒ 藥을 直買收ᄒ고 日本 英國 米國에 獨占 發賣ᄒ오니 [illegible]
與文 英文으로 記載ᄒ야 外國文 通譯ᄒ고 各 方文을 供ᄒ오니 [illegible]
便利ᄒ심을 爲ᄒ야 此外 奇藥을 無價로 仰呈ᄒ오니 [illegible]

◉斷酒藥 三十分 三圓
◉寸虫去根藥 十五日分 三圓
◉肩臂痛藥 上藥 五十錢
◉連珠瘡藥 三十錢
◉어루러기 잘 ᄂ 製藥 五二圓
◉止汗藥 二十錢
◉除阿片藥 上海製 十日分 一圓半

醫學 製藥 學校 長 池錫永 監査人 朴承厚 [illegible]

以上 方文 製 藥 李經化 證明
右 ᄂ 男女老幼 瘡疾 效藥 [illegible]
◉無患子 [illegible] 定價 四十錢
◉咳嗽藥 二日分 定價 十錢
◉右ᄂ 火眼 眼藥 二十錢
◉淸明眼藥 [illegible] 定價金 拾錢
◉右ᄂ 男女 淋疾 有效 定價
◉淋疾藥 七日分 定價 一圓
◉右ᄂ 男女 勿論ᄒ고 一期 二期에 合 五圓
◉瘡疾藥 [illegible] 定價 拾錢
◉右ᄂ 감기 몸살 ᄒ는 ᄃᆡ 약
◉四時感冒丸 一日分 十錢
◉右藥은 大人 小兒 蛔虫病에 有效
◉蛔虫丸 一日分 十錢
◉痛經丸 右藥은 大人 小兒 [illegible] 發 初
◉右藥은 大人 小兒 一日分 十錢
◉靈效 解熱丸 [illegible]
◉고老衰 男女 健忘症 一條 有效
◉疝積病 [illegible] 有 效
◉腰痛 眩暈 頭痛 月經不調 [illegible]
◉遺精 遺尿 食慾 缺損 手足 厥冷 虛弱
◉右主治 效能 은 [illegible]
◉右藥은 米國 大學 醫院 秘方
◉補益封製丸 十日分 定價金 壹圓

▲西藥便方 定價金 一圓

右冊은 西洋醫藥方書를 我國文으로 아러보기 쉽게 翻譯ᄒᆫ 것이니

代理店 京城 梨峴 商 藥店 李信華
尙洞 博文書館 盧益亨
仁川 龍동 濟生堂 李庚鳳

大韓醫院醫學員 [illegible] 리 판 하 박 ᄌᆞ 허

皇城基督敎 [illegible] 廣告

大掛鍾 週 [illegible] 規則

皇太子殿下 下賜壹萬圓

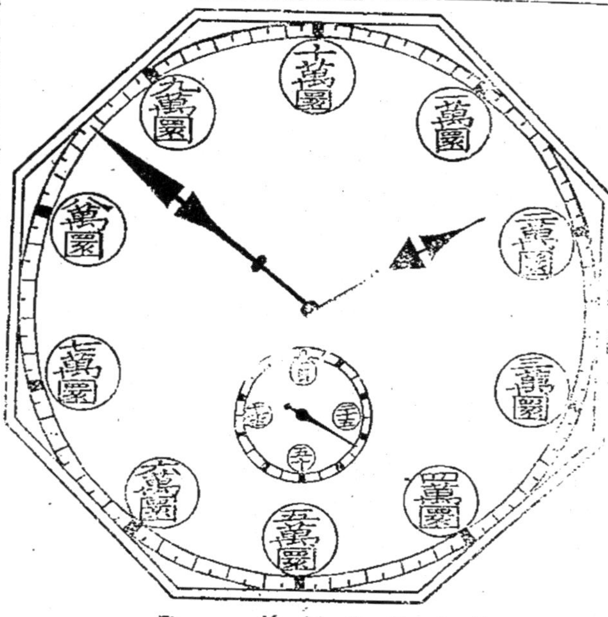

此掛鍾의 秒針은 每一度 週轉ᄒᆞᄂᆞᆫᄃᆡ 壹百圓을 指示홈이오
長針은 每一度 週轉ᄒᆞᄂᆞᆫᄃᆡ 壹萬圓을 指示ᄒᆞ고
短針은 每一度 週轉ᄒᆞᄂᆞᆫᄃᆡ 拾萬圓을 指示홈

義務捐助金 寄附人員 及 數額

農商工部大臣 宋秉畯氏 [illegible] 貳百圓
金容鎭氏 五拾圓
無名氏 壹千圓

伊太利建國三傑傳 一冊 正價金三十錢

此書ᄂ 距今 數十年 前에 伊太利 愛國者 瑪志尼, 加里波的, 加富爾 三傑이 奄奄垂亡ᄒᆫ 國勢를 挽回ᄒ야 歐洲 列强間에 鼎峙ᄒᆫ 事實을 國漢文으로 譯出ᄒ얏ᄂ니 其 艱難 危險의 經歷과 嘔心 瀝血의 景況이 讀者의 衷情을 感發ᄒᆯ 만ᄒ오며 其 百折不屈의 毅氣와 其 九死靡變의 熱誠이 讀者의 愛國心을 激起ᄒᆯ 만ᄒ오니 有志 君子ᄂ 不可不 座右에 置ᄒ고 常目에 掛ᄒ 冊子오니 續續 來購ᄒ시옵

發賣所 皇城 布屛下 廣學書舖
同동 博文書館
仁川 杻峴 開新冊肆
平壤 鍾路 耶蘇敎冊사
義州 南門外 廣學書館

本人이 日本 大阪 [illegible] 西洋 各種 [illegible] 大韓 [illegible] 約ᄒ얏사오니 商工業에 有志ᄒ 僉君子ᄂ 其 物品이 [illegible] 저ᄒ시거든 本社로 來議ᄒ시오
本社에서ᄂ 手數料 [illegible]

興業社 本店
開城 南大門 內 [illegible]
支店 京城 南門內 水標橋 五十一統 六戶
[illegible] 興業會社

水上[illegible] 內 [illegible] 廣告

大東[illegible] 旅館 [illegible]
[illegible] 廣告

[illegible] 大東 [illegible]
[illegible] 廣告

[illegible] 洋裝 [illegible]
[illegible] 各種 [illegible]

發行 兼 編輯人 [illegible]
發行所 [illegible]
仁川 [illegible]
印刷所 [illegible]
大韓每日申報社 [illegible]

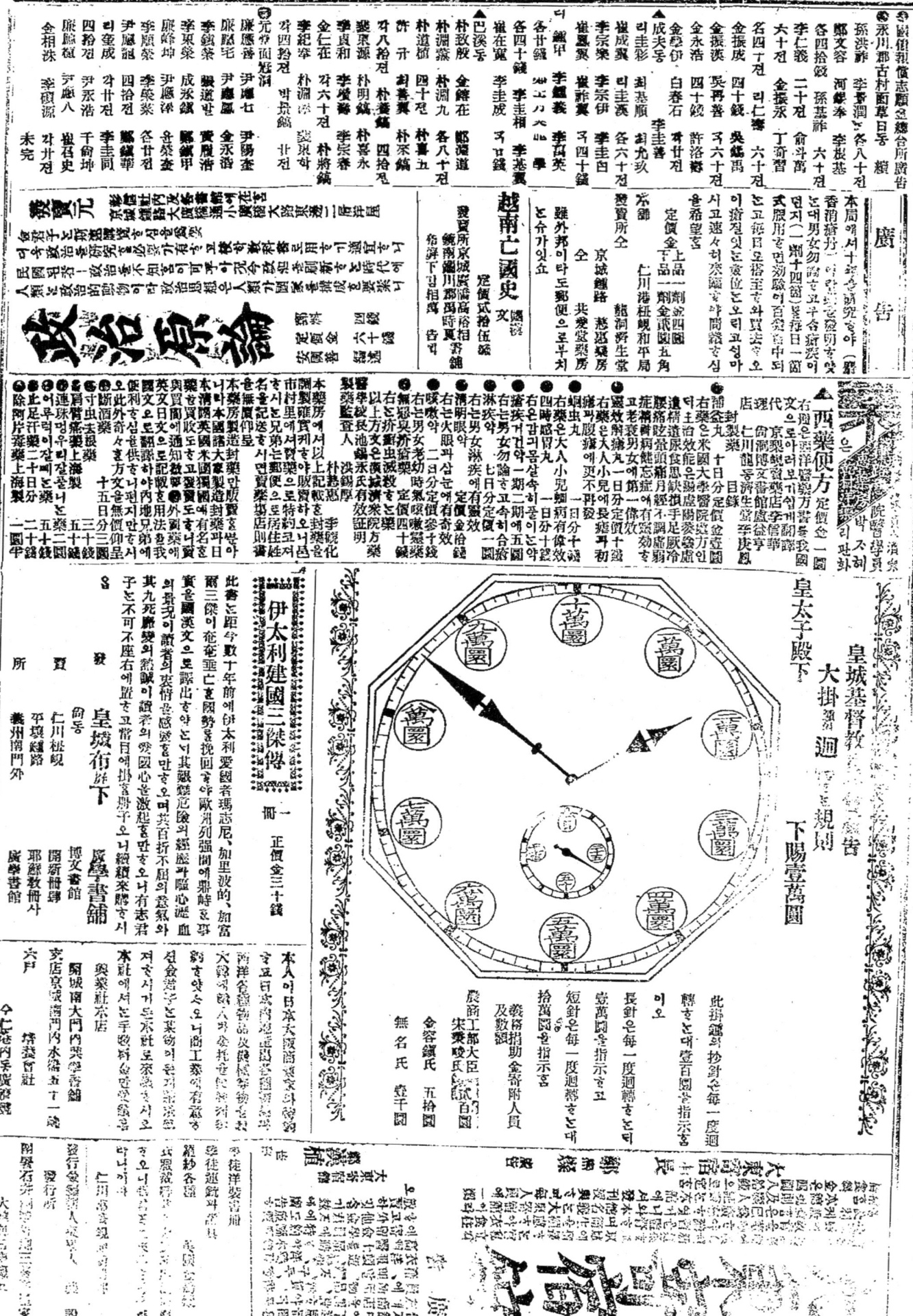

第五卷

大韓每日申報

第六百七十三號

月曜及慶節
歲時日休刊

檀君開國四千二百四十年
箕子元年三千二十九年
大韓開國五百十六年
日本明治四十年
淸國光緖三十三年
歲次丁未十月廿三日辛巳

論說

◉日本의三難問題

호지新聞을閱讀컨대東京에在훈一外人外交客이關說호엿스되日本이三個難儷훈艱關을對立호엿스니此눈財政과日淸及日美關係가是也라호엿도다外交客이發言호되同氏가非日民이라其財政을關係호야논同氏意見을陳述홈이不當이어니와惟其事實노言之면日本의財政綱領이基本的整理를要홀地位에今至호엿스니由是로日本政府가何如消理로如彼整理를其能猶就홀지논特一疑問을起호논비라官設事業을中止호논것과外債를試圖호논政策으로財政을不能整頓홀거슨亦其勢也니增稅以外에無他良策이否노人民負擔度이라호고同시가增設之方에논何如評論을不加호엿도다

更據其續論컨딕日露戰役이結局된以來로日本의對淸政策이實地에變更되엿도다惟其戰役以前에논日本이淸國과何如問題를交涉호던지自己所好를多從호더니近者에成立된決俄日間協約의意義를因호야與淸交涉호논諸般事機에日本이檢束을被호지라

支那政府가此變異호形態를無疑히知悉호故로日本提議에抗立호라논傾向가著示호엿스니要以言之면右記協約이關係된以內로논何如事情에던지日本이對淸拔頭키不能이오北京政府가確知혼지라日本外交家가日淸間問題를處理호기에不少훈困難을現今經閱호논거슨不足恠也로다

美日關係논最甚重要훈問題라桑港事件은當時紛擾인故로解決키非難이로대但移民問題논深邃훈關係를有호엿스니兩國에俱爲滿足호도록決定호여야後에困難을免홀거시어놀日本陸軍大將과美國陸軍卿의互相尋訪도此問題를改良하기에一無效果인거슨現今外交家의발言호논비로다美國內에서日本移民을反對호논役夫가二百五十萬人에達호엿고如此役民等이日人排斥案을來十二月國會에提呈호랴고極力호논지라列邦外交家이日本政府다려如此案件의提出을預防호기에勿失其時호라고警告하논도다同氏結言에논日本外交가如此預防的政策을旣試홀것과且美日間關係의竟無改進홀거슬同시가信認호엿도다

官報

◉三千九百卅四號
隆熙元年十一月廿七日

◉宮廷錄事

遷 國檢察堂上 帝室審査
局자勳二等金丑鉉謹
奏今此 大院王 大院妃園寢
遷奉時相地官二人을謹具開錄
以入之意로謹上 奏 奉
旨依奏
相地官
正三品 申澤과
六品 崔泓俊
遷 國堂上 帝室會計審査
局장勳三等臣金각鉉謹
奏今此 大院王 大院妃園寢
遷奉山地看審이係是時急이오
기臣이率相地官申澤과崔泓俊
호옵고看審次로坡州等地에明
日出去之意로謹上 奏 奉
旨依奏

敍 任

任慶基殿令 慶基殿參奉朴海鎭
任慶基殿參奉 吳壽深

外報

●山崩傷命 路透電을據훈則法國南部海岸가누山이崩壞호야人命死傷이多數호다더라、

●美國大使歸國 伯林電을據훈則美國陸軍卿타프트氏논重要훈國會事務를擔任훈緣由로俄京에서直時발向호야歸國홀터이라더라

●英提督演說 倫敦電을據훈則英國海軍提督쎄레스포드卿은숩라會社席에서時變에對훈英國海軍의戰鬪準備에關호야演說홀만훈演說을호얏논대其趣旨논萬一他國이英國과排戰호면英國海軍은外國海을破碎호기가非難호깃다고結論호엿다더라

●日米開戰說 倫敦電을據훈즉巴里로브터意外에報道가來호얏논대米國은日本과開戰호기爲호야戰爭時에用홀命艦을蓄積호다더라

●米國借港 倫敦電을據훈즉俄國新聞에揭載호엿스되米國이日本에對훈海軍根據地로호야海參威를借得호라홈으로日本이此에對호야隣邦의友誼를俄國에示호나俄國은反證호다더라

●軍艦新造 馬特里電을據훈則日本은西班牙造船所에서軍艦을新造호기로호다더라

●鐵道連路締結 路透電을據훈則日露兩國은西伯利亞滿洲兩鐵道接續을改良홈에就호야協約을締結하엿논대日本에서旅順上海間航路開始홈議가有호다더라

寄書

狂菴生 梁昇基

物理논無窮而研究則爲之호고人藝논無限而학習則通焉호나니蓋自天地肇判으로萬物이生焉호고人民이生焉而萬物之中에惟人이最靈호야擧天上之物而莫不爲人用者논由乎有一片靈臺也니靈臺之中에所具者논物理也오所발者논人藝也라故로物理之所在에人藝가及之호고人藝之所通에物理가妙焉호니於物에極其研究則千變萬化之理가不足爲妙오於人에精其학習則千技萬術之藝가不足爲難이어놀噫彼衆人은欲有作爲에苟非茶飯常事면歸之於才藝之不逮호고自劃其心에初不研究而學習호니由是로或東洋人才之發達이如是偏局호야知人은止於自知호고愚人은終於自愚호야父不得以傳其藝於子호고弟不得以學其理於兄호니設有非常之人이라도其所作爲가及其身而已요後世에更未有研究而학習者하나竟歸於오有호니夫諸葛武侯논東洋罕有之人才也라其所刱造가奠妙於木牛流馬而後世之稱武侯者도亦以是也나然이나武侯之後에未聞有繼而成之者호니是豈人藝之有限而然乎哉아現今汽船汽車가其制度之宏壯과運動之神妙가有若天神之造化호며乃其制造者논工人也오使用者논役夫ㅣ라彼工人役夫가豈皆有武侯之才而然者歟아不過乎研究其理하고학習其藝而已니推此一事에天下之物理를從可以反三矣라嗟我二千萬同胞논其孰無偏人之靈臺乎아研究則無不格之理호고學習則無不通之藝호나니窮勿以碌碌으로待己호고亦勿以巍巍로視彼여다愚公之斧가終能移山호고匡山之杵가竟至成針호니嗟我二千萬同胞는其各勉旃乎인저其각勉旃乎인저

雜報

●南校落成 南陽郡私立普興학校에서校室을建築하고今拾一月十五日에落成式을行홀서內外國紳士가咸集호얏논대來賓이百人以上에達호얏고本校副校長李昌會氏가該校來歷事作을陳호迹이如左호니本校논一千九百一年에美國人趙元時氏에寄付金每朔六圜으로基因호야학校를成立호얏고其後에학部認許를得호야학員이漸集하고校況이稍張호스목經用이愈益困難故로京鄕間大官與紳士의게捐助를請求호야艱辛維支호논거슬前郡守張浩鎭氏가愛護호샤義金六十餘元과本郡鹽興島所在廢止佛寺田畓廿二斗落을劃付이고次에郡守方漢德氏가鹽稅條로每年一百 式交付호엿스며학部에서本郡所在鄕校田畓折半五石拾七斗落을付屬호얏고其次에署理郡守李復榮氏가本郡所在鳳林寺田廟畓廿二斗落을付屬호얏合으로進就之望을感謝호나未立數觀에學課室을尙未建築矣러니乘運이回호여本郡所在還米社倉을學會議에可決認許到付호십시本校會員諸氏의團體熟心과有志紳士의願念盛意로由호야今此建築을巳定호얏스니塘城臥龍이如意珠를得홈이요名山飛鳳이來儀舞를獻홈이로다喜乎美哉라此宴이여賓客이如雲호中에郵便取扱所長高木三氏와紳士金鉉俊氏가勸학演說을호얏고교敎員銓氏가答辭호얏스니曷勝榮幸哉아然而학校를此一區域에立홈으로中外에普及키難호온즉四方有志諸君子는接踵而起호야鳩財設校호시와靑年子弟教育事業에奮發興起호심을盼希다호얏더다

●兩氏贊校 鴻里峴私立均明학校校監朱寅櫃學監최元錫兩氏는教育에熱心호야設校홀時에義金을多數捐助하고晝夜視務에擴張을務圖홀뿐不啻라校內什物과諸般運動時需用等節의多小經費를幷皆擔當호며校況이就緖호야聽徒이日日增加호는지라崔元錫시는校內制度를一層刷新호기를爲호야冊床與椅子五十餘座를製造寄付호미人皆稱頌호다더라

●華校懇親 華東學校에서去日曜日에懇親會를開催호얏는대教師尹光普氏가學徒父兄의게對호야家庭教育에注意와學徒上學에缺席이無케홈을說明하고安若齋가茶果酒麵을盛備호야各學徒父兄과學徒七拾餘人을優數接待하엿다호니該씨에熱心教育은令人感頌이러라

●靑校落成 靑坡靑蓮學校에서校舍를新建築호고落成式을今陰十月二十五日에設行호는대高等官人과各學校職員과各新聞社記者를請邀호다더라

雜報

●移御停止 太皇帝陛下씌셔安御別宮으로移御ᄒᆞ신다ᄂᆞᆫ事ᄂᆞᆫ更히停止가되엿다더라

●東宮殿下仕進 皇太子殿下씌셔再昨日에近衛隊營門에初次仕進ᄒᆞ사該隊尉官과隨等校總ᄒᆞ심을一無錯誤ᄒᆞ셧ᄂᆞᆫᄃᆡ日本에 御渡ᄒᆞ시기前에ᄂᆞᆫ種々仕進次로臨 御ᄒᆞ신다더라

●少師陪從 皇太子殿下씌셔日本에動駕ᄒᆞ실時에總理大臣李完用氏ᄂᆞᆫ少師의資格으로陪從渡去ᄒᆞᆫ다ᄂᆞᆫ說이有ᄒᆞ더라

●統監奏稟 伊藤統監이日昨月曜日에 太皇帝陛下씌 陛見ᄒᆞ고 皇貴妃殿下씌兼爲見謁ᄒᆞᆫ後에 皇太子殿下隨員을若有可送之人이시거든處分擇定ᄒᆞ시기를奏稟ᄒᆞ얏다더라

●完興陛見 完興君李載冕氏와永宣君李埈鎔씨가昨日上午拾二時에 太皇帝陛下씌陛見ᄒᆞ얏다더라

●或日唯唯 近日某官人이伊藤統監의게政治方畧과地方鎭靜ᄒᆞᆯ方針을勸告ᄒᆞ얏다ᄂᆞᆫᄃᆡ其槪意를擧聞ᄒᆞᆫ則元老大臣中에有學問頑固之人으로內閣을變更ᄒᆞ면各地方守舊人과首尾相應ᄒᆞ야鎭援가自然頓靜ᄒᆞ리라ᄒᆞᆫᄃᆡ伊藤統監이該論의有理ᄒᆞᆷ을十分唯諾ᄒᆞ얏다ᄂᆞᆫ說이有ᄒᆞ더라

●維持演說 再昨日統監官邸에셔各大臣을請邀宴待ᄒᆞ얏다ᄂᆞᆫ說은已報ᄒᆞ얏거니와伊藤統監이太師에任이重大ᄒᆞᆷ을說明ᄒᆞ고自今以後로韓日兩國官吏가一心團體ᄒᆞ야永遠ᄒᆞᆫ平和ᄒᆞᆫ目的으로事務를處理ᄒᆞᆯ意로演說ᄒᆞ얏다더라

●演戲移設 大皇帝陛下씌옵셔昌德宮에移 御ᄒᆞ신後로於義宮에在ᄒᆞᆫ演戲舖與官人俱樂部로移接ᄒᆞᆫ다더라

●宴又赴會 學部大臣李載崑度支部大臣高永喜兩씨ᄂᆞᆫ再昨日統監府宴會後에詣闕 陛見ᄒᆞ얏고法部大臣趙重應씨ᄂᆞᆫ該部次官歡迎會에參與ᄒᆞ기爲ᄒᆞ야同日下午六時에明月舘으로前往ᄒᆞ얏다더라

●[illegible]部移接 農商工部를[illegible]을修繕ᄒᆞ고該[illegible]로移接ᄒᆞ기로決定ᄒᆞ얏다더라

●夜話團欒 永宣君李埈鎔中樞院顧問徐相[illegible]宮大夫李載克三氏가再昨日下午八時에同伴ᄒᆞ야 皇后宮大夫尹德榮시私邸에往ᄒᆞ야酒肴를設ᄒᆞ고終夜談話ᄒᆞ다가昨日上午四時에各歸本邸ᄒᆞ얏다더라

●先補家用 宮內府秘書官尹世鏞시가該府大臣과日本에隨往ᄒᆞᆯ터인故로往還間家用에補用ᄒᆞ라고該府大臣李允用시가尹시의게八百圜을給與ᄒᆞ얏다더라

●尹必反對 中樞院賛議尹吉炳氏ᄂᆞᆫ地方에自衛團을派送ᄒᆞᄂᆞᆫ事에對ᄒᆞ야終無實效ᄒᆞᆯ줄노反對之論이有ᄒᆞ다더라

●無異監囚 各大臣家에保護ᄒᆞᄂᆞᆫ巡査가該大臣의一動一靜을隨時덩察ᄒᆞ야造次不離ᄒᆞᄂᆞᆫᄃᆡ該大臣이或入內ᄒᆞᆷ을遷延ᄒᆞᄂᆞᆫ境遇에ᄂᆞᆫ[illegible]入臣ᄒᆞ야催促出來ᄒᆞᆫ다더라

●委托稅務 內閣에셔內部로照會ᄒᆞ되十三驛屯土收租事務ᄂᆞᆫ稅務官에게委托ᄒᆞ얏스니該地方官吏의게知照ᄒᆞ야納租者의誤解가無케ᄒᆞ라하얏다더라

●報促姓名 統監府에셔學部內에日本人屬聘ᄒᆞᆫ職員中高等官과判任待遇人員의姓名을通知ᄒᆞ라고該部로照會ᄒᆞ얏더라

●昇平歡迎 法部一般官吏가該部次官歡迎會를再昨日明月舘에設行ᄒᆞᆫ은別項과如ᄒᆞ거니와其盛況을聞ᄒᆞᆫ則多數ᄒᆞᆫ妓生等이劍男舞를選ᄒᆞ얏ᄂᆞᆫᄃᆡ昇平ᄒᆞᆫ世界를表示하얏다더라

●探盡歸歟 中樞院顧問李夏榮氏가平壤에前往ᄒᆞ얏다ᄂᆞᆫ說은已揭어니와平壤에셔三日을遊覽ᄒᆞ고本月二拾四日에平安丸을搭乘ᄒᆞ고三和鎭南浦에到着ᄒᆞ얏ᄂᆞᆫᄃᆡ該港稅務署에셔警吏가多數警衛ᄒᆞ얏고該埠에셔二日을留宿ᄒᆞ야港內를周覽ᄒᆞᆫ後에二拾八日에黃州兼二浦에到着ᄒᆞ야[illegible]로再昨下午七時에還京ᄒᆞ얏다니라

●照請增額 農商工部의本年度俸給雜給增額條六百六十二圜과該部를博覽會로移轉費四千八百五十一圜을與係時急ᄒᆞ니特別增額ᄒᆞ라고度支部로照會ᄒᆞ얏다더라

●一局分二 學部에新官制를槪閱ᄒᆞᆫ즉學務局을分二課ᄒᆞ야一課라二課라ᄒᆞ고書記官一窠를加置ᄒᆞ고書記郞은拾五課로增設ᄒᆞ고日本人이叙任ᄒᆞᄂᆞᆫᄃᆡ韓人은幾人이叙任된다더라

●選俸生怨 宮內部에셔今朔月俸을分給ᄒᆞᄂᆞᆫᄃᆡ侍從院所管官人과下屬은尙未支撥ᄒᆞᆫ故로三昨日에該院所管官吏가月給支撥ᄒᆞ라ᄒᆞᆷ의該院에셔所答ᄒᆞ기를去年에新侍從박浩榮ᄂᆞᆫ가主務員으로一朔月給을見失ᄒᆞᆫ後每朔會計院에挪貸支給ᄒᆞ얏더니年終이不遠ᄒᆞᄃᆡ該院에셔更爲先給ᄒᆞ지아니ᄒᆞᄂᆞᆫ故로延拖ᄒᆞ얏스니從當支給ᄒᆞᆫ다하야伊日에金虎門外에셔各人에怨言이紛々ᄒᆞ더라

●稚松勿禁 新建築ᄒᆞᆫ師範學校內에植木ᄒᆞᆯ터인ᄃᆡ東門外永道寺附近地에在ᄒᆞᆫ稚松을採用ᄒᆞᆯ意로警視廳에通知ᄒᆞ야勿爲禁斷케ᄒᆞ얏다더라

●一捉一豁 平安北道裁判所檢事李京秀시가法部로報告ᄒᆞ되本道稅務署에役拾五年罪人趙云과役七年罪人劉相承이가以身病으로治療次移囚留置ᄒᆞ엿더니該等이本月一日夜에穿壁逃走이기多발巡檢ᄒᆞ야劉相承은還爲捉囚ᄒᆞ고趙云은往于鐵方山叢林中ᄒᆞ야致死ᄒᆞ얏다더라

●楊氏捕捉 益山郡南石面南里居楊重陽爲名者가去拾六日에義徒의書札을持ᄒᆞ고江景浦居梁과愼家에往ᄒᆞ야錢財를討索ᄒᆞᆫ則梁시가不應ᄒᆞᆯ際에隣居日本人이該漢을捕捉ᄒᆞ야江景浦分署에셔取調ᄒᆞᆫ後守備隊로越交하야拾七日에砲殺ᄒᆞ얏다고群山港宮田警視가內部로報告하얏다더라

●殺救警報 河川駐在分派所巡査四名이河川一西面에義徒가屯集ᄒᆞᆫᄂᆞᆫ者가有ᄒᆞᆷ을認ᄒᆞ고本月拾八日該面에出張ᄒᆞ야召集ᄒᆞᆫ든該郡昇仙面居才洞居年三拾된都仲三을捕縛取調ᄒᆞᆫ즉拾月六日에義徒가溫陽居李敎七의소介로該徒中留將[illegible]定錢의部下가되야各地로橫行라ᄒᆞ며河川使令의게謀捕되야銃器圖을納路ᄒᆞ고放釋後에該定錢의通文을持ᄒᆞ고召募中이라ᄒᆞᄂᆞᆫ故로即時히該分派所로押送ᄒᆞᆯ際에捕繩을絕斷、고對抗ᄒᆞᄂᆞᆫ故로銃斬殺ᄒᆞ얏다고洪州署에셔內部로報告ᄒᆞ얏더라

●李花堅旗 各官立普通學校의校旗를一致ᄒᆞ기爲ᄒᆞ야新製造ᄒᆞᆫ다ᄂᆞᆫᄃᆡ幅圓中에李花를繡製ᄒᆞᆫ다더라

●平壤放囚 今番赦典成冊에平安南道裁判所에放釋者一百二十名이라더라

●死巡請恤 松禾分署巡檢康益洙시가本月六日에該郡東倉洞에셔義徒에게殺害된事ᄂᆞᆫ前報에已揭ᄒᆞ얏거니와該巡檢을另爲慰恤ᄒᆞ라고黃海觀察使가內部로報告ᄒᆞ얏다더라

●[illegible]逐韓聘 度支部印刷局內에韓人이各項印刷을專管ᄒᆞ던者ᄂᆞᆫ日人의虐待를被ᄒᆞ야[illegible]者ᄂᆞᆫ折臂折腳ᄒᆞ고或[illegible]傷ᄒᆞᆫ者無數ᄒᆞᆫ지라日人이韓人을逐送ᄒᆞᄂᆞᆫ거슨監督의指使인지日人수多數히雇聘ᄒᆞᆯ計策이라더라

●尹氏稱病 自衛團第六部尹始炳씨ᄂᆞᆫ有何層折인지稱病不往ᄒᆞᆫ다더라

●[illegible]犯何據 洪泰潤씨가蒙放된다ᄂᆞᆫ別項과如하거니와日後에更無犯科ᄒᆞᆯ意로手標를書ᄒᆞ라ᄒᆞ거날洪氏가答ᄒᆞ기를現無犯科어든何爲手標를請求ᄒᆞᄂᆞ냐ᄒᆞ얏다더라

●必待其主 東十字閣支所에셔錄簪과耳介女上衣를拾置하얏ᄂᆞᆫᄃᆡ本主에來覓을待ᄒᆞᆫ다더라

▲地方消息▼

▲平安道義兵은黃海道義將朴基燮과聯絡ᄒᆞ고黃海道義兵은長湍義將金秀敏과相連ᄒᆞ고金秀敏은[illegible]義將[illegible]과相連ᄒᆞ고[illegible]平加平等[illegible]과通涉ᄒᆞ고李麟榮은堤川鎭川等地와原州等地로關背鎬連接되야五相擬議通謀ᄒᆞᆫ다ᄒᆞ고

▲全羅北道茂朱方面은目下에不穩ᄒᆞ이義兵이三三五五히地方에徘徊ᄒᆞᆫ다ᄒᆞ고

▲十一月二十二日安城郡에ᄂᆞᆫ義兵을募集ᄒᆞᄂᆞᆫ檄文을處處에揭付ᄒᆞ야民心을援動ᄒᆞᆫ다ᄒᆞ고

▲咸鏡南道北靑郡約十里城門內里分遣所에二十三日北靑地方으로來着ᄒᆞᆯ郵便物이到着지아니ᄒᆞᆷ으로同夜에同地守備隊에셔斥候隊를派遣ᄒᆞ얏ᄂᆞᆫᄃᆡ厚峙嶺上에土人五十名이集合ᄒᆞ야斥候隊를抵抗ᄒᆞᆷ으로斥候도亦應射擊ᄒᆞ얏ᄂᆞᆫᄃᆡ義兵은潰散ᄒᆞ고翌二拾五日拾二時四十分에厚峙嶺上에셔[illegible]隊와義兵二百名이交戰數時間에[illegible]兵을傷害ᄒᆞᆫ이라더라

東京電報

●程道預定 韓國皇太子씌셔下關에一泊ᄒᆞ신後에道中에셔見學ᄒᆞ실次로宮島와舞子와京都와名古屋과靜岡에各一泊ᄒᆞ시고又二泊ᄒᆞ신後에入京ᄒᆞ실預定이라더라 (廿六日발)

●革命黨被納 (仝日發) 浦鹽威催를據ᄒᆞᆫ則去日來로嚴重ᄒᆞᆫ搜索을施ᄒᆞ야革命黨의嫌疑者가八百名에達ᄒᆞ엿ᄂᆞᆫᄃᆡ尙히紛々檢擧中이라더라

●名節休刊 本日은英國의慶節ᄒᆞᆫ名節인故로本報ᄂᆞᆫ一日休刊홈

▲雪後尖峰▼

▲政界가變換이될다ᄂᆞᆫ排說이[illegible]ᄒᆞ거니와伊藤統監이[illegible]臉炎ᄒᆞᆫ後에總理大臣以下로一統改革ᄒᆞᆯ다ᄒᆞ며統監이[illegible]ᄒᆞ면各大臣도選任ᄒᆞ지아니ᄒᆞ니各大臣의進退ᄂᆞᆫ統監去留에在ᄒᆞᆫ지라向日에大臣은統監去留와갓치今番大臣도統監이留任ᄒᆞ얏스면遷任이아니되지

▲各道宣諭使가下去以後로該種가幾ᄒᆞ야宣諭가無效ᄒᆞᆷ인지各自還歸ᄒᆞᄂᆞᆫᄃᆡ江原道宣諭使洪貼哲氏ᄂᆞᆫ義兵의게無數困境을當ᄒᆞ고陸路로ᄂᆞᆫ不敢出頭ᄒᆞ야輪船으로上京하얏고京畿道宣諭使鄭寅興氏도義兵을畏怯ᄒᆞ야梁舟上京ᄒᆞ얏다니該兩氏ᄂᆞᆫ비를라고선유ᄒᆞ얏슨즉彼剛宣諭使ᄂᆞᆫ宣諭ᄒᆞᆯ슈업서서船遊로爲遊ᄒᆞ얏도다

▲現今警[illegible]가[illegible]大[illegible]의[illegible]ᄒᆞᆫ[illegible]交改ᄒᆞ야[illegible]ᄒᆞ얏스나[illegible]ᄒᆞ니[illegible]

▲今番官制改正에宮內府官制에局長은頭라稱ᄒᆞ고書記郞을組라稱ᄒᆞᆫ다ᄒᆞ고各宮에ᄂᆞᆫ書記郞은補라稱ᄒᆞᆫ다니大韓風俗에ᄂᆞᆫ舊日習慣이仕宦에埋頭沒身ᄒᆞ온宅號가榮耀를取ᄒᆞᆷ이러니頭組補三字에姓字를倂呼ᄒᆞ면一字卿이呂皮가莫甚이라從ᄒᆞ以後에ᄂᆞᆫ獵官ᄒᆞᄂᆞᆫ惡習이自然寢息이될ᄯᅳᆺ지

▲總相李完用씨ᄂᆞᆫ相米東岐씨와連勝ᄒᆞ야地位를鬪得ᄒᆞ더니近日에ᄂᆞᆫ政府가動搖ᄒᆞ미同ᄒᆞ에地位가難保ᄒᆞᆯ境遇에至ᄒᆞᆫ즉農商家에逐日間安ᄒᆞ야耳語가密勿ᄒᆞ야百方周旋ᄒᆞ다가農相이日本에渡航ᄒᆞᆫ터總理大[illegible]ᄂᆞᆫ며리진망석중이가되얏스

▲[illegible]式[illegible]ᄂᆞᆫ가傳講[illegible]셔批評이不一ᄒᆞ[illegible]前日의補佐이오補[illegible]은顯職이라翰林家子弟가아니면不敢生意ᄒᆞ얏스나革舊從新ᄒᆞᄂᆞᆫ如此時代에如此批評은尤極腐敗ᄒᆞᆫ心腸이니國家가雖亡ᄒᆞ라도顯職만南北村兩班이[illegible]次知ᄒᆞ얏스면於心에快闊ᄒᆞᆯ깃지

雜報

●長守廉介 長興居安民이當壽四千圜債訟을起訴홀際에該郡守의게先賂四百圜하미該郡守가任置票을受置호얏다가原被告가裁判홀야安民이得訟흔後該郡守朴永大시가該票은出示安民호고言호되汝가當然得訟之事을先囑後訟호니不可仍置라호고該票는出給혼後에安民을各面에回示호얏다고該郡來人에傳說이有호얏다더라

●金佛無蹤 去二拾四日未明에果川佛成寺主僧은村里에出張호고但女人一名과平民一名만在홀時를乘호야賊漢二名이突入호야該二人을結縛亂打호고金佛一位을奪去홈으로該寺僧이四面으로探知혼다더라

●鄭씨旋放 晉州居鄭漢鎔氏는年前에倡義호던人이라日前에上京호엿다가義兵의干連으로巡檢의게被捉되여警廳에滯囚호엿더니及其訊問之場에實犯이無홈으로即爲放釋되엿다더라

●認則許獵 內部에서咸南北觀察使의게電訓호되銃砲火藥取締法施行에對호야此際狩獵營業者는其職業을失치아니케홈을注意홈이可혼故로獵夫가順良혼者에限호야願許可의節次를行치아니호고現今間容許호야民心을激動치아니홀도록注意호라호얏더라

●父還子逃 本月拾二日前清州郡守閔泳殷시의父親閔英鎬시가該郡驛徒의게被捉되미其次子泳弼시가代囚得放호고閔泳弼시도二拾一日에乘隙逃走호얏다더라

廣告

一進會員朴魯學이前事郡守在任時에與郡主事李圭華로軍用地價金二千餘圜을儀食혼事가綻露되야本人等이主今漢裁에서裁判中이온디以若隱明혼目的호는人으로莫重軍用地價金을中間에서潛食호얏스오니如此挾雜은世間에罕有홀비오니二千萬同胞는照亮홈
咸北會寧郡民等 金貞三 尹貞烈

今陰七月分에仁川居韓健植과金教顯兩人이偕來本人家호야同健楨이要言日紙貨四百圜出大標만借給救願貽호고該票는余의送數錢을待호야施行호라호옵기依懇借給이더니茲後亦同健楨이不爲送錢任置호고送其金教顯之長姪而要請該票施行이옵기說明右由호고退送右票이더니其翌日에前來金姪이又爲來言曰欲見健楨而不得호얏스니更限成票以給이던지該標을施行호라호며萬端威脅이옵기難堪其毆脅이을밧더니本人之思量에今月晦內則似達健楨호와以十月晦內出次로更標以給호고前標는交周호얏더니同健楨이終不出現이기茲以廣告호오니內外國人間切勿見欺호시옵
京畿富平居 趙龍培 告白

本會員諸氏가年捐金納付와義務를履行치아니혼는結果로本總會에서決議하고本年十二月十日內에該金額을送交치아니호면會員으로認定치아니호깃가茲以仰布하오니 僉員은照亮홈
國民教育會事務所 告白

本人이鐵物橋等地以上으로南門外ㅅ지가는길에丸藥封拾餘兩重을써失이오니拾得호시거든中署笠洞李承判宅三拾二統六戶로持來호시면紙貨四元奉呈호오리다 金仁洙 告白

教育學
譯述 兪光玉 校閱 朴殷植 定價金廿五錢

此書는教科書排列과教授法則과訓鍊制度가詳細備載호야一般教育者의寶鑑이될터오니有志僉君子는速速購覽호심敬要

發賣所 京布屏下書舖 金相萬 / 平壤貿洞 耶蘇教書院 / 安岳邑 勉學書會

本人이陰九月初八日京城승동셔상둘의게편지호논속에廉從五許에得債業七百兩標를同封호여郵遞로付送이러니于今傳치아니호얏스즉或日後誰某拾得호더라도休紙施行홈
黃海道豊川邑 韓致淳 告白

本塾에서左開혼學科를教授홀意로學員을募集호오니願入僉員은陰本月二十五日內로來塾商議호심을務望
西署長興洞 長興義塾

左開
夜學科 一日語 筭術
晝學科 英語 萬國歷史
入學年齡은十五歲以上二拾九歲以下
開學期는陰本月二十六日

本人이內外國料理를各樣으로具備호야개호고處所도淨潔호오며今月陰十九日로開業호오니僉君子는光臨호심을望홈
鐘路電氣社後谷
衆香館主人 趙庸賢 告白

大韓每日中華藏東支社長前李奉徐棟秀는鍾鎬로改名호오니僉君子는照亮홈
釜山佐川藥局 徐鍾鎬 告白

東署於義동第六拾統四戶草家一間半文券를失故休紙施行호오니內外國人見欺치勿홈
白雲상 告白

[illegible]

영미국정부권리특허
셔유발동긔급조행거
정미긔계급부속품일절여ᄉ
방매ᄒᆞ오

直輸入商
韓國代理店
仁川本町
中根商會
電話七參號番

▲新刊書籍發售廣告
增補 無冤錄大全 國漢文 定價金七拾五錢
大韓法規類纂洋裝 三圜五拾錢 郵稅四拾錢
初等倫理學教科書 二拾錢
初等衛生學教科書 拾五錢
國家學綱領 拾五錢
國民須知 八錢
愛國婦人傳 張志淵氏著 十五錢
發賣所 京城布屏下 金相萬書舖

瑞士建國誌
定價 全 新貨拾五錢

此冊은瑞西小國이一壯士의救國熱血로强鄰과人民의愛國心을發成혼者라緊要혼冊子오

發賣所
▲大韓每日申報社
▲仁川港稅關
▲中署布屏門下 金相萬冊舖
▲平壤城內鍾女洞
▲鍾路 中央書館
▲祠口越便
▲鍾路 大東書市
▲大安洞 廣學書舖
▲開城 [illegible]

▲定期大廉賣廣告▼ 自十一月十五日 至十二月廿九日

獨習日語正則
鄭雲復氏著 特別減價一圜 郵稅拾錢

此日語正則은自大文地理로至農商工業法律經術及人事百般히緊要혼語句를網羅하야正確혼發音과簡明혼翻譯으로編纂호야獨習에가장便利홈故로出版흔지未久에千餘部를出售호옵고再版의期가在邇호온지라이에自今月十五日로十二月二十五日ㅅ지定價一圜二十五錢에二拾五錢은減호옵고一圜에出售호와一般學界의便益을裨補코저호옵는바部數와日字의定限이잇ᄉ오니江湖僉子는爭先購覽호시옵
(十一月二十五日以後에는定價外에一分不減홈)

京城中署布屏下二十七統六戶 廣學書舖 金相萬 告白

廣告

本公司始進來大韓國特別紙捲연烟製品純良香味與販貨不問近有市上牌號混雜請諸君認明本牌爲記庶不至誤
代售店 京城大貞洞 福源號
總代理店 仁川清租界 安興公司

▲生徒募集

本校內에男女學堂을分設호고校內教外子女를教育호기爲호야課程과規則을善美케制定호얏스니子女間教育에有志호신僉君子는速速히本校로來議호시옵
中署勝洞 勝洞高等小學校 告白

越南亡國史
國漢文 定價貳拾伍錢
發賣所 京城[illegible] 金相萬書舖

이 쇼셜은 슌국문으로 미우 ᄌᆞ미잇게 문ᄃᆞ러 일반국민의 외국ᄉᆞ샹을 비양ᄒᆞᄂᆞᆫ 칙이오니 이국ᄒᆞᄂᆞᆫ 유지ᄒᆞᆫ 남ᄌᆞ와 부인은 만히들 사셔보시오

근셰뎨일녀중영웅
라란부인젼
젼부 수십일페지 디방에는
뎡가금 신화 오젼

발매소
◎남셔 대한미일신보샤
◎셕졍동
◎배젼병문 아태 광학셔포
인쳔 싸리재 긔신칙샤
남문안 상목 박문셔관
죵로 고금셔히관
죵로 대동셔시
파죠교월편 즁앙셔관
대광교 회동셔관
평양념뎐동 교육셔화관
개셩 감조원칙샤

◎國債報償義捐金收入廣告

◎國債報償義捐金
十一月中本社收入額
日逐號明細錄
●十一月二十六日
第一五七九號
大安洞國債報償夫人會
第七回　二拾五圜二拾전
計二拾五圜二十전
十一月廿六日ᄭᆞ지收入額
一百五十一圜五十五錢
自四月至拾月收入額
五萬六千九百〇二圜
四十一錢七厘
●總合五萬七千〇五拾三圜
九十六전七厘

●大安洞國債報償夫人會七回
리龍游　夫人趙시
곽在憲母夫人李시
子婦文시　各一圜
備女金시　二拾錢
文成鳳　夫人리시　二圜
長子婦　金시　一圜
文鳳周　夫人김시　一圜
文夫人　金夫人　各廿錢
彭鎭宇　母夫人申시　廿전
文鳳來　夫人趙시　一圜
　副室리시　一圓
리甲龍　母夫人鄭시　廿전
崔羽益　夫人徐시　四十錢
金聲振　夫人白시　四十전
金士賢　夫人金시　四拾전
리晃尙　夫人徐시　五圜
崔禹休　夫人徐시　四拾錢
安在鎔시　二圜
同　夫人朴시　二圜
尹成垣　夫人徐시　一圜
朴萬特母夫人尹시　四十전
崔哲守母夫人리시　二拾전
徐相基　夫人尹시　一圓
辛釗伊母夫人具시　十전
리圭鎬母夫人徐시　四十전
金華淑母夫人리시　二十전
文順玉母夫人李시　六拾전
최守德母夫人리시　十전
鄭甲得母夫人韓시　二十전
韓甲源　夫人徐시　二十錢
池仁源母夫人金시　二十전
合二拾五圜二拾전
前號總合五萬七千〇廿八圜
七拾六전七厘
都總合五萬七千〇五十三圜
九十六錢七厘

◎特別廣告◎

國債報償金再昨日ᄭᆞ지所捧은姑未合計이고拾月ᄭᆞ지所捧總合五萬六千九百〇二圜四拾一錢은電氣會社內銀行에貯置ᄒᆞ얏스고其貯置額中三萬二千三百圜은國債報償志金總合所로還交ᄒᆞᆷ

廣告

發賣元　京城鍾路大東書市　皇城中署寺洞
在外各地
信彰館　大韓書林　廣學書舖
社內及各鐵道通信　大韓書林　小廣告
玉振相

政治原論　第四號　定價金六十錢　郵料　安國善　編述

人類ᄂᆞᆫ政治的動物이라政治思想은人類가國家를構成ᄒᆞᄂᆞᆫ要素니民國된者ㅣ政治를不知ᄒᆞᆷ이可ᄒᆞ랴況今政治를刷新ᄒᆞᄂᆞᆫ時代에야政治를研究ᄒᆞᆷ이必要ᄒᆞᆫ가有ᄒᆞ고校학敎科書로用ᄒᆞ기適宜ᄒᆞ니僉君子ᄂᆞᆫ新進派覽ᄒᆞ시ᄋᆞᆸ소셔

▲西藥便方　定價金一圜
濟衆院醫學員　發賣大藥房　박즈헤
西藥便方　東洋藥房
리관화

右冊은西洋醫藥方書를我國文으로아러보기쉽게飜譯ᄒᆞ엿ᄉᆞ오니
代理店　京城梨峴賣藥店李信華
尙洞博文書館盧益亨
仁川龍洞濟生堂李庚鳳

封製藥目錄

●補益丸　十日分定價金壹圜
右藥은米國大學醫院處方인ᄃᆡ主治效能은陽虛食慾缺損手足厥冷遺精遺尿頭暈腰痛月經不調虛弱症健忘症等에有效ᄒᆞ고老衰男女에一服ᄒᆞ면效驗이有ᄒᆞᆷ
●效藥解熱丸　一日分定價十錢
右藥은大人小兒에長時間瘧疾에再發치아니ᄒᆞ고ᄯᅩ瘧疾을不再發케ᄒᆞᄂᆞᆫ藥
蛔虫丸　一日分十錢
●右藥은大人小兒一劑로病有效
●四時感冒丸　一日分十錢
右은감긔몸살속히흘이ᄂᆞᆫ약
●瘧疾丸　二十五圜
右ᄂᆞᆫ瘧疾거든약勿論一期二期에이ᄂᆞᆫ약
●淋疾藥　七日分定價一圜
右ᄂᆞᆫ男女淋疾에有效ᄒᆞᆫ합
●淸明眼藥　定價金拾錢
右ᄂᆞᆫ火眼과眼疾에奇效
●咳嗽藥　二日分定價參十錢
右ᄂᆞᆫ男女老幼時氣咳嗽에
●瘡疥藥　定價四十錢
右ᄂᆞᆫ疥瘡과虫殺ᄒᆞᄂᆞᆫ藥
以上方文은濟衆院方藥
醫學校長池錫永氏有效證明
製藥監査人洪錫厚
　朴慈惠
　李觀化

本藥房에서以上記載ᄒᆞᆫ封藥을調製販賣ᄒᆞ야市村里에賣藥ᄒᆞ시ᄂᆞᆫ兄弟나僉君子ᄂᆞᆫ藥店特約으로居住姓名을記送ᄒᆞ시면郵便으로賣藥ᄒᆞᆷ

本藥房에셔以上製造封藥과日本藥을販賣ᄒᆞᄂᆞᆫ데本藥房製造封藥은英國醫師와大韓國醫師가有名ᄒᆞᆫ藥이니獨國과英國에셔도買收ᄒᆞ고外國에셔買하ᄂᆞᆫ藥을本房에셔도賣ᄒᆞ오며英文과日文으로記載ᄒᆞᆫ用法은國文으로飜譯ᄒᆞ야內地兄弟에利益을供ᄒᆞ오니方文價值ᄂᆞᆫ無ᄒᆞ오니我同胞ᄂᆞᆫ此外에奇方을求ᄒᆞ시지말고ᄉᆞ시ᄋᆞᆸ소셔

●斷酒藥　十五日分三圜
●寸虫去藥　三十錢
●肩胛痛藥上海製　五十錢
●連珠우렁이잘풀니ᄂᆞᆫ藥　五圜
●어루락이잘ᄯᅦᄂᆞᆫ藥　二十錢
●止足汗藥二十日分　二十錢
●除鴉片煙藥上海製　一圜半

皇城基督敎靑年會廣告

皇太子殿下　下賜壹萬圓

大掛鐘의迴轉ᄒᆞᄂᆞᆫ規則

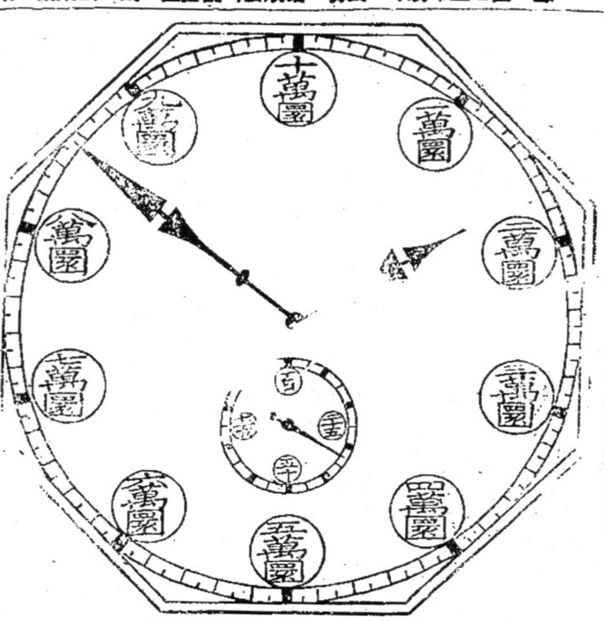

此掛鐘의抄針은每一度週轉ᄒᆞᄂᆞᆫ대壹百圜을指示ᄒᆞᆷ이오
長針은每一度週轉ᄒᆞᄂᆞᆫ더壹萬圜을指示ᄒᆞ고
短針은每一度週轉ᄒᆞᄂᆞᆫ대拾萬圜을指示ᄒᆞᆷ

義務捐助金寄附人員及數額

農商工部大臣宋秉畯氏　貳百圜
金容鎭氏　五拾圜
無名氏　壹千圜

伊太利建國三傑傳　一冊　正價金三十錢

此書ᄂᆞᆫ距今數十年前에伊太利愛國者瑪志尼、加里波的、加富爾三傑이奄奄垂亡ᄒᆞᆫ國勢를挽回ᄒᆞ야歐洲列强間에鼎峙ᄒᆞᆫ事實을國漢文으로譯出ᄒᆞ얏ᄂᆞᆫ데其艱難危險의經歷과嘔心瀝血의忍苦와其百折不屈의意氣와其九死靡變의熱誠이讀者의哀情을感發ᄒᆞᆯ만ᄒᆞ오며讀者의愛國心을激起ᄒᆞᆯ만ᄒᆞ오니有志君子ᄂᆞᆫ不可不座右에置ᄒᆞ고常目에掛ᄒᆞᆯ冊子오니續續來購ᄒᆞ시ᄋᆞᆸ

발　皇城布屛下　廣學書舖
賣　同　博文書館
　仁川梯峴　開新書肆
所　平壤鍾路　耶蘇敎冊사
　義州南門外　廣學書館

本人이日本大阪商業家와特約ᄒᆞ고日本內地産出各種物品과西洋各國物品及機械等物을直接大阪에輸入ᄒᆞ야委托을便利케ᄒᆞᆷ을約ᄒᆞ얏ᄉᆞ오니商工業에有志ᄒᆞ신僉君子ᄂᆞᆫ物品을請求ᄒᆞ시거든本社로來議ᄒᆞ시되本社에서ᄂᆞᆫ手數料金만受領ᄒᆞᆷ

興業社本店
漢城南大門內興學書舖
支店京城南門內水標五十一號
大戶　合資會社
仝仁川港內李廣濟貿

本局에셔十年을研究ᄒᆞ야(靜香消瘀丹)이란藥을發明ᄒᆞ얏ᄂᆞᆫ대男女勿論ᄒᆞ고무ᄉᆞᆷ病疾이던지(一劑十四箇)를每日一箇式服用ᄒᆞ면效驗이百發百中되ᄂᆞᆫ고每日로搭至ᄒᆞ와買去ᄒᆞ오이病질잇ᄂᆞᆫ僉位ᄂᆞᆫ오라고성마시고速々히來臨ᄒᆞ야關藥ᄒᆞ심을希望ᄒᆞᆷ

定價金上品一劑金四圜
　下品一劑金貳圜五角
諸발賣所
仝　仁川港梯峴和平局
仝　京城鍾路　龍洞濟生堂
　　慈惠藥房
仝　共愛堂藥房
雖外邦이라도郵便으로부치ᄂᆞᆫ슈가잇쇼

本社廣告
仁川港梯峴新冊肆
洋徒洋裝書冊
學徒運動과諸具
羅紗各種　美國金鷄蠟
衣服裝飾其他雜貨도廉價放賣ᄒᆞ오니諸君ᄌᆞᄂᆞᆫ來臨ᄒᆞ심을바라나이다

○申報價
一張代金　新貨二錢五厘
一個月前納　三十錢
三個月　九十錢
六個月　一圜七十錢
一個年　三圜四十錢
郵稅一張　新貨五厘
一個月　十三錢

廣告料
四號活字十三字
每日每行尺一寸에新貨五錢
（每日每行六전에相議ᄒᆞᆷ）
一週日에　二圜五十錢
每日每行四號五十錢에相議
一個月에　五圜
（每日每行四錢一厘에相議ᄒᆞᆷ）
其期限의長短과字行의多寡를依ᄒᆞ야增減ᄒᆞᆷ이有ᄒᆞᆷ

發行兼編輯人英國人　裵說
發行所
南署石井洞號外地三層洋屋家
大韓每日申報社

第五卷

大韓每日申報

第六百七十四號

月曜及慶節 歲時日休刊

檀君開國四千二百四十年
箕子元年三千二十九年
大韓開國五百十六年
日本明治四十年
淸國光緖三十三年
陰曆丁未十月廿五日發行

論說

◉淸國內美國商業 (譯成頓報照譯)

陸軍卿타프트씨가 淸國에 對ᄒᆞ야 演說ᄒᆞ되 北美合衆國이 均沾의 綱領을 遵守ᄒᆞ야 淸國과 同ᄒᆞᆯ 셰가 淸國旅行에 外交政策을 闡ᄒᆞ야 大統領루스벨트씨와 相議ᄒᆞᆫ 諸般談話라 ᄒᆞᆫ 一이니 淸國務卿에 이에셔 政策을 發揚ᄒᆞᄂᆞᆫ 者ᄂᆞᆫ 此機會를 滿足히 認ᄒᆞᆯ 빈라 혜이氏의 政策이 均沾의 綱領과 淸國의 完全ᄒᆞᆫ 固執ᄒᆞᆷ은 列强의 種種談話를 바어나와 國務卿루트氏ᄂᆞᆫ 此擧를 必要로 不認ᄒᆞ엿으나 義支那의 國體를 保全ᄒᆞ야 日本或他列强의 特權占取를 抗拒ᄒᆞᆷ은 美國을 滿足케 ᄒᆞᆷ이라 若淸國이 叛亂의 運案가 有ᄒᆞ면 北京에 新政府가 均沾綱領에 對ᄒᆞ야 最固ᄒᆞᆫ 保證을 作ᄒᆞᆯ 줄ᄂᆞᆫ 華盛頓官廳이 希望ᄒᆞᄂᆞᆫ 도다

美國의 與淸通商은 商品排斥의 害를 受ᄒᆞ얏슨즉 東亞로 來ᄒᆞ브러 交通ᄒᆞᄂᆞᆫ 商務ᄂᆞᆫ 迅速히 增加ᄒᆞ야 本年上期七朔에 總計ᄒᆞᆫ 價額이 昨年同期限에 總計ᄒᆞᆫ 것보다 五百萬餘圓을 增加ᄒᆞ엿도다 美國이 本年度上期七個月內에 淸國으로 輸出ᄒᆞᆫ 品의 價額은 香港의 輸出額을 除ᄒᆞ야 一千六百三十九萬一千九百拾九圓이오 昨年同期에ᄂᆞᆫ 二千六十一萬二千二百拾圓이오 再昨年同期에ᄂᆞᆫ 三千七百拾八萬一千二百二拾圓이니 自再昨年以來로 淸國에 輸出額이 如此半減에 至ᄒᆞᆷ은 商品排斥의 結果를 多被ᄒᆞᆷ이오 또

然이나 淸國에셔 美國으로 輸出ᄒᆞᆫ 物品의 價額은 充實히 增加ᄒᆞ야 再昨年에ᄂᆞᆫ 一千六百萬圓에 少過ᄒᆞ더니 二千萬圓에 至ᄒᆞ엿도다 淸國으로 輸出되ᄂᆞᆫ 木布가 減ᄒᆞ야 昨年上期七朔에 總額은 一千三百六拾七萬三千一百二十三圓이러니 今年同期에ᄂᆞᆫ 一百九十一萬四千九百八圓에 不過ᄒᆞ엿고 礦油의 輸出은 猶有增額ᄒᆞ야 二百四拾三萬八千四百七拾五圓이 五百七拾六萬一千七拾五圓에 至ᄒᆞ엿고 麥粉의 輸出額은 頗多히 增加ᄒᆞ야 二百拾二萬七百拾八圓이 七百二拾一萬五千七百五十三圓에 超至ᄒᆞ엿도다

官報

隆熙元年十一月廿八日

◈第三千九百卅五號

◉宮廷錄事

詔曰 隣交敦睦에 禮宜報聘이니 特命完興君李載冕爲大使ᄒᆞ야 前往日本國ᄒᆞ라

隆熙元年拾一月二拾六日

太子少師大勳 內閣總理大臣 李完用

掌禮院卿李重夏謹

奏 忠正公閔泳煥襄服日遣官致祭事前已

奏下矣 大祥在於陰曆拾一月初五日而祠版時在京畿加平地云 祭文令侍講撰出 祭物進排及諸執事差定等事 令本道擧行事 知委何如 謹上

奏 奉

旨依奏 遣秘書丞致祭 祭文宮親撰以下矣

掌禮院卿李重夏謹

奏 忠正公閔泳煥襄服日遣官致祭事前已

奏下矣 大祥在於陰曆拾一月初四日 祭文令侍講撰出何如 謹上

奏 奉

旨依奏 遣秘書丞致祭 祭文宮親撰以下矣

◈第二千九百三十六號

隆熙元年十一月二十九日

宮廷錄事

宮內府達第八十一號

十二月 日에

皇太子殿下께옵셔 近衛隊와 大東學會에 臨御ᄒᆞ옵시고

德壽宮에 問 安ᄒᆞ옵신

旨를 奉承ᄒᆞ온바

出御時刻과 道路ᄂᆞᆫ 如左ᄒᆞᆷ이라

上午十二時에 金虎門으로 出御ᄒᆞᄉᆞ 觀峴 齋洞四街 安洞四街 東十字閣 光化門前路를 從ᄒᆞ샤 近衛隊에 臨御ᄒᆞ시고 同十二時四十分에 近衛隊에셔 動輿ᄒᆞ사 黃土峴新橋를 從ᄒᆞ사 大東學會에 臨御ᄒᆞ옵고 午后二時에 大東學會에셔 動輿ᄒᆞ사 德門前路로 大漢門을 從ᄒᆞ샤 德壽宮에 問 安ᄒᆞ옵시고 同四時에 還御ᄒᆞ실이라

宮內府大臣勳一等李允用

敍任及辭令

任 [illegible]奉官 李麟新

任 [illegible] 李斗榮

任公立舍廊普通학校副敎員 張琦鉉

任公立[illegible]全 全在恪

任公立江鏡全

解免任公立東萊普通學校長 前敎員 李鎔瑾

任公立東萊普通學校長 洪在明

公立元山全

解兼任公立元山普通學校長 度支部書記郞 許 淑

任官立安洞普通학校副敎員 趙性暾

任公立蔚山普通學校副敎員 [illegible]春

命 承寧府侍從長

宮內府大臣李允用

宮內府特進官[illegible]

農商工部大臣宋秉畯

陪從武官長趙東潤

宮內府特進官嚴柱益

侍講院詹事高羲敬

宮內府秘書官尹世鏞

陪從武官金應善

修學院敎官嚴柱日

農商工部書記官李範益

表勳院書記官鄭東植

宮內府書記郞[illegible]中

命 皇太子日本留學時陪從

任陸軍副將 完興君李載冕

任陸軍參將 承寧君李[illegible]鎔

外報

●韓淸의境界確定事 北京電을 據ᄒᆞᆫ則 韓淸國總領事馬廷亮과 伊藤統監은 間島境界를 確定ᄒᆞ기 爲ᄒᆞ야 北京政府에 向ᄒᆞ야 打電ᄒᆞ얏ᄂᆞᆫ바 伊藤統監이 間島境界確定을 意見이 有ᄒᆞ다ᄒᆞᆷ으로 外務部에셔 駐淸日本公使에게 對ᄒᆞ야 英國의 紹介ᄒᆞ야 境界確定ᄒᆞᆯ 事를 通知ᄒᆞ야 日本公使ᄂᆞᆫ 日本外務省에 向ᄒᆞ야 打電ᄒᆞ되 伊藤統監의 意嚮을 聞ᄒᆞ야 境界確定을 速々締結ᄒᆞ기를 希望ᄒᆞ다ᄒᆞ엿더라

●西班牙脫線 路透電을 據ᄒᆞᆫ則 西班牙마세로지로 急行ᄒᆞᄂᆞᆫ 列車가 鐵橋上에셔 脫線ᄒᆞ야 河中에 墜落ᄒᆞ얏ᄂᆞᆫ데 死者가 二十名이오 負傷者가 六十名에 達ᄒᆞ얏다더라

●反對協議 北京電을 據ᄒᆞᆫ則 江蘇浙江兩省의 人民六百餘이 北京에셔 會合ᄒᆞ야 鐵路外債反對運動의 方法을 協議ᄒᆞᆫ다더라

●流通額增加 東京電을 據ᄒᆞᆫ則 日本大藏省의 調査ᄒᆞᆫ바를 依ᄒᆞ니 去日末의 通貨流通總額은 六億六千三百十七萬四千二百七圓四拾六錢九里인ᄃᆡ 此를 前月에 比ᄒᆞ면 六百二十六萬八千一百六十八圓五錢이 增加ᄒᆞ고 又前年度에 比ᄒᆞ면 四千五百六拾萬三千五百四拾七圓六拾二錢이 增加ᄒᆞ얏다더라

●港口占領 伯林電을 據ᄒᆞᆫ즉 摩洛哥附王의 軍은 마사잔港을 占領ᄒᆞ엿다더라

●淸國地方議會 淸國各省諮議局은 來年三月ᄭᆞ지 開設ᄒᆞ기로 督撫에게 命令ᄒᆞ엿다더라

●又衝突 北京電을 據ᄒᆞᆫ則 安南에셔ᄂᆞᆫ 革命黨의 蜂起ᄒᆞᄂᆞᆫ 所聞을 利用ᄒᆞ야 理想的改革을 實行코져ᄒᆞ야 頻々히 革命黨嫌疑者를 檢査ᄒᆞᄂᆞᆫ 事에 對ᄒᆞ야 錢良氏와 [illegible]의 肅親王等은 反對的으로 革命黨嫌疑者를 懷柔코져 ᄒᆞᄂᆞᆫ 模樣인ᄃᆡ 張袁兩氏間에도 또ᄒᆞᆫ 衝突之處가 漸有ᄒᆞ다더라

雜報

●郡守還官 丹陽郡守박初陽시ᄂᆞᆫ 該郡에 義援가 初起ᄒᆞ며 忠州觀察道를 避身上來ᄒᆞ야 數朔留連ᄒᆞ다가 日前에 一進會員五名을 雇得ᄒᆞ야 日兵의 服裝을 着ᄒᆞ고 領率還官ᄒᆞ얏다고 該郡來人의 傳說이 有ᄒᆞ더라

●父囚子哭 同郡居留尹殿炳等二十餘人이 淸國ᄒᆞᆫ지 五六朔에 尙未判決ᄒᆞᆷ으로 其子姪이 遠々判決ᄒᆞ야 달나고 平理院에 呈訴ᄒᆞᆫ다더라

●何厚何薄 同友會員二拾餘人의 滯囚多月ᄒᆞᆷ은 前項과 如ᄒᆞ거니와 一次審査後에 因爲忘却인지 今番 敎與에 未決囚로 붓쳣다ᄒᆞ니 大端不公平ᄒᆞ다고 論許이 藉々ᄒᆞ더라

●爲師將訴 金鎭赫시가 其父親懸保事로 日人河野가 家產什物을 沒收ᄒᆞ되 執行者去ᄒᆞ고 또 債전에 充數가 못되야 漢城裁判所에 更爲呈訴ᄒᆞ야 一身을 執行ᄒᆞᆫ다ᄒᆞ고 [illegible]에 羈留ᄒᆞ엿다ᄂᆞᆫ대 金鎭赫시ᄂᆞᆫ 光東女學校敎師로 多數課程을 熱心敎授ᄒᆞ더니 敎師가 該囚된 故로 校에 諸生徒들이 [illegible] 慨嘆ᄒᆞ야 裁判所에 [illegible] 訴이 有ᄒᆞ다더라

●[illegible] [illegible]子洞居[illegible] [illegible]ᄂᆞᆫ 德水學[illegible] [illegible]丙年九月에 金[illegible] 偶得[illegible] ᄒᆞ야 [illegible] 氣息이 在々ᄒᆞᆫ 時에 [illegible] 刀刃ᄒᆞ야 衛[illegible] 左手食指ᄒᆞ되 刃鋒不利ᄒᆞᆷ으로 數亂斫ᄒᆞ야 肉爛骨碎ᄒᆞᆫ [illegible]血관口에 快得[illegible]之效ᄒᆞ고 李氏가 孝[illegible] 三年ᄒᆞ니 一鄕이 莫不嗟嘆이라더라

●校舍講說 私立[illegible]新義塾[illegible] 勝樸廷氏ᄂᆞᆫ 度支部[illegible]되 木塾이 經路[illegible]家에 借接敎育이 옵ᄃᆡ[illegible] 家人이 用處가 有ᄒᆞ다고 還覓코져ᄒᆞ오니 爲念敎育ᄒᆞ야 [illegible]院[illegible]許借ᄒᆞ시면 暫爲住接ᄒᆞ얏다가 後公用이 有ᄒᆞᆯ 時에ᄂᆞᆫ 還納이라ᄒᆞ얏다더라

廣告

本校에셔 新舊學問이 兼美ᄒᆞ신 呂□鉉[illegible]敎師로 延聘ᄒᆞ고 左開科程으로 敎授ᄒᆞ기 爲ᄒᆞ와 玆以廣告ᄒᆞ오니 隨意ᄒᆞ시ᄂᆞᆫ 諸人士ᄂᆞᆫ 陸續志願ᄒᆞ심을 務要

左開科程

修身 敎育學 地誌 歷史 物理 博物 算術 語學 體操

定州[illegible]學校 告白

雜報

●浚明移御 太皇帝陛下ᄭᅴ옵셔再昨日에浚明殿으로移御ᄒᆞ셧ᄂᆞᆫ데總理大臣以下各部大臣이此日에齊進 陛見ᄒᆞ얏다더라

●尹氏陛見 皇后宮大夫尹德榮씨가三昨日上午拾二時에太皇帝陛下ᄭᅴ陛見ᄒᆞ고下午二時에退闕ᄒᆞ얏다더라

●完興訪問 完興君李載冕씨가永宣君李埈鎔氏를帶同ᄒᆞ고三昨日下午二時에統監府에前往ᄒᆞ야伊藤統監을訪問ᄒᆞ얏다더라

●農次署理 農相宋秉畯氏가日本에前往ᄒᆞ면該大臣署理ᄂᆞᆫ該部次官岡喜七郞氏가被任視務ᄒᆞᆫ다더라

●官制留案 內部官制를內閣에셔該部로送交ᄒᆞ얏ᄂᆞᆫ대該部大臣이姑爲掩留ᄒᆞᆫ故로該部內局課長도尙未得知라더라

●有何運動 前法部大臣李夏榮氏가巨額을辦備ᄒᆞ야무삼大運動을秘密히周旋中이라ᄂᆞᆫ說이有ᄒᆞ다더라

●學徒陪從 皇太子殿下ᄭᅴ셔日本留學ᄒᆞ실時에修學院生徒二人이陪從ᄒᆞ기로決定이되얏다ᄂᆞᆫ대該生徒의敎科書籍을學部에請求ᄒᆞ얏다더라

●勸告之故 內部에셔郡守奏本을卽時上奏ᄒᆞᆯ터이나相持되ᄂᆞᆫ事이有ᄒᆞ야尙今延拖ᄒᆞᆫ다ᄂᆞᆫ대或說에ᄂᆞᆫ某處勸告가八拾餘名이라ᄂᆞᆫ說이有ᄒᆞ더라

●日語演說 昨日花月樓에셔農商工部官吏가該部大臣의餞別宴을設行ᄒᆞ엿ᄂᆞᆫ데該部大臣宋秉畯시가日語로演說ᄒᆞ되部內韓日國官人이無生感情케ᄒᆞ고事務處理ᄂᆞᆫ互相和沖安辦ᄒᆞ라ᄒᆞ얏다더라

●官制漏聞 宮內府新官制ᄂᆞᆫ別項과如ᄒᆞ거니와更聞ᄒᆞᆫ즉該府屬司ᄂᆞᆫ沒數廢止ᄒᆞ고祭官을差ᄒᆞᆫ官人은稱爲典祀라ᄒᆞ고殺名을設置ᄒᆞᄂᆞᆫ대月俸은無ᄒᆞ고差祭時에盤費만支給ᄒᆞᆫ다ᄒᆞ고該府奏任官中韓人이叅與ᄒᆞ기ᄂᆞᆫ秘書官尹世鏞시一人뿐이오내閣에다가奎章閣을設置ᄒᆞ고判任官으로敍任ᄒᆞᆫ다ᄂᆞᆫ대該府官人累百名이遞免될貌樣이라더라

●存拔未詳 法部官制ᄂᆞᆫ地方各裁判所官制셔지日昨에該部에來到ᄒᆞ엿ᄂᆞᆫ데該部大臣과次官이同覽ᄒᆞᆫ後仍置次官室ᄒᆞ야尙未漏傳ᄒᆞᆫ다더라

●宮內官制 宮內府官制改定案件을槪據ᄒᆞᆫ즉大臣官房을人事、庶務、調査、主馬四課에分ᄒᆞ엿ᄂᆞᆫ대課장四人事務官四人主事가二拾餘名이오承寧府에ᄂᆞᆫ總管一人、副總管一人、侍從長一人、侍從七人、理事一人、典醫二人、掌膳一人主事、人이오東宮에ᄂᆞᆫ大夫一人、大夫補一人、侍講二人、主事二人이오墳、廟、社、殿、宮、各陵、園墓에關ᄒᆞᆫ官制와其職員의官等俸給은現今間仍舊ᄒᆞᆫ다ᄒᆞ며修學院장下의次장을加設ᄒᆞᆫ다더라

●三字增加 學部에셔留학生監督의게訓令ᄒᆞ되本部所管日本留學生規程施行내規第九條中萬壽聖節上紀元節三字를增添ᄒᆞ고訓令ᄒᆞ니以此遵施ᄒᆞ라ᄒᆞ얏더라

●法大奔走 法部大臣趙重應시ᄂᆞᆫ再昨日下午二時에내閣에入ᄒᆞ얏다가仝三時에浚明殿에詣ᄒᆞ얏다가四時에副統監을訪問ᄒᆞ고九時에還家ᄒᆞ엿다더라

●總相宴會 總理大臣李完用시가明日에貞洞孫澤邸에셔宴會를設ᄒᆞ고統監以下一般高等官과本國各元老大臣을請邀ᄒᆞ야宴待ᄒᆞᆫ다더라

●慰勞宴會 今日午後三時頃에統監官邸에셔防疫慰勞會를盛設ᄒᆞ고韓日兩國警察官吏를請邀宴待ᄒᆞᆫ다더라

●聞喪歸家 再昨日度支大臣高永喜시가該部에仕進ᄒᆞ엿다가子婦喪을聞ᄒᆞ고卽爲歸家ᄒᆞ얏다더라

●政策不善 日本社會에셔議論이不一ᄒᆞ되現任韓政府大臣이日本에對ᄒᆞ야ᄂᆞᆫ雖日有功勞나韓國政治에對ᄒᆞ야ᄂᆞᆫ不善做去ᄒᆞ야地方人民의騷擾가鎭靜無日ᄒᆞ니伊藤統監의對韓政略이難免不善之責이라ᄒᆞ야論駁이大端ᄒᆞ다더라

●請邀安시 三昨日에伊藤統監이美國에在留하든安昌浩氏를請邀ᄒᆞ야數三時間을對話ᄒᆞ얏다더라

●日語試取 昨日警視廳에셔각署權任與巡檢을會同ᄒᆞ야日語能解者를試取ᄒᆞ얏다더라

●勸懲調査 警視廳에셔警視以下權任巡檢에게賞與金을頒給ᄒᆞᆯ터인ᄃᆡ각署長에게發訓ᄒᆞ고總巡以下權任巡檢의一年勤慢有無를秘密調査報來ᄒᆞ라ᄒᆞ얏다더라

●二回追悼 興化學校에셔今日에閔忠正公의第二追悼會를設行ᄒᆞᆫ다ᄂᆞᆫ대有志紳士가多數來叅ᄒᆞ기를希望ᄒᆞᆫ다더라

●戶籍調査 內部版籍局에셔戶籍을調査ᄒᆞᄂᆞᆫ事務가浩大ᄒᆞ야地方局土木局治道局醫務局에書記郞一人式을特派視務케ᄒᆞᆫ다더라

●委員招宴 度支部에셔地方委員을招還ᄒᆞ야稅政에關ᄒᆞᆫ事項으로討論ᄒᆞ얏다ᄂᆞᆫ대內部次官木內重四郞시가該委員을爲ᄒᆞ야昨日泥峴日人料理店에셔宴待ᄒᆞ얏다더라

●安氏被捉 再昨日上午十二時에日憲兵이相洞越便鍮洞鍮工業主人安某를軍司令部로捉去ᄒᆞᄂᆞᆫ데軍刀와彈丸等物을該家地中에셔搜索ᄒᆞ얏다더라

●長湍戰鬪 長湍郡義兵數千名이氣勢頗大ᄒᆞ다ᄒᆞ더니日前에日兵四拾名이乘夜攻擊ᄒᆞ야義兵이敗走ᄒᆞ야[illegible]郡二拾里許에退陣ᄒᆞ얏고長湍郡居民家屋을日兵이多數衝火ᄒᆞ고被燒ᄒᆞᆫ者가百餘人이오所儲粮米三百餘石이亦入灰진中하얏다더라

●近衛駐劄 近衛대參尉一人과兵卒四拾人이二拾四日에春川郡에到着駐劄ᄒᆞ엿다더라

●私校獎助 本月拾 日上午拾時에義兵一百名이順興郡에突入하야私立紹興학校를放火燒却ᄒᆞ고汁物書冊과諸般器具를幷爲燒燼하얏스니校舍重建費를優ᄒᆡ補助ᄒᆞ라고該校장金昌洙시가學部에報告ᄒᆞ얏더니指令ᄒᆞ되學宇被燒ᄂᆞᆫ聞甚驚駭나私立學校、對하야支撥ᄒᆞᆯ款項이無ᄒᆞ니另設方略ᄒᆞ야務圖敎育ᄒᆞ라ᄒᆞ얏더라

●新學進就 平南龍岡郡普新學校ᄂᆞᆫ設立이幾七朔이라該郡守尹起元씨가熱誠苦心ᄒᆞᆷ으로學徒가漸集하고費用이無缺ᄒᆞ야快有盛進之望이라ᄒᆞ더라

▲地方消息▼

▲楊口郡으로向ᄒᆞᄂᆞᆫ日軍隊와警察隊ᄂᆞᆫ義兵의巢穴된楊口附近을襲擊ᄒᆞ얏ᄂᆞᆫ데義兵은他處로退去ᄒᆞ얏다ᄒᆞ고

▲英陽郡陶洞에셔義兵百餘名이日兵과交戰ᄒᆞ얏ᄂᆞᆫ데兩陣死傷은未詳ᄒᆞ다ᄒᆞ고

▲忠州北方放溪에셔義兵八百餘名이日兵과交戰ᄒᆞ얏다ᄒᆞ고

▲二十二日午前二時에義兵百餘名이沔川分派所를襲擊ᄒᆞ야郵便取扱所와民家二戶를燒火ᄒᆞᆫ故로同分派所員二名과巡查等이力戰ᄒᆞ다가他處로逃走ᄒᆞ얏다ᄒᆞ고

▲日前에義兵四百名이丹陽郡에突入ᄒᆞ야各面長을招致ᄒᆞ고秋戶布전을沒數勒收ᄒᆞ얏다ᄒᆞ고

▲牙山邑을襲擊ᄒᆞ든義兵이漸次增加하야數爻가二百餘名假量인데現今水原郡外北串面晩濟를根據地로삼아該地와內島間에彷徨ᄒᆞ야該徒가奪取ᄒᆞᆫ日本木船이拾隻假量인故로水上商業이杜絶ᄒᆞ고過去ᄒᆞᄂᆞᆫ漁船을破碎하얏다ᄒᆞ고

▲竹山郡黃石附近에ᄂᆞᆫ義兵이時時로往來ᄒᆞᆫ다ᄂᆞᆫ報를日兵이聞ᄒᆞ고卽時出往ᄒᆞ야交戰ᄒᆞ얏다ᄒᆞ고

▲三陟郡黃地面에義兵이屯聚ᄒᆞ얏ᄂᆞᆫ데日兵이風雨를冒ᄒᆞ고急行ᄒᆞ야義兵의屯處를襲擊ᄒᆞ얏ᄂᆞᆫ데義兵의死傷은無ᄒᆞ다ᄒᆞ고

▲二拾五日午後一時에義兵約百餘名이義城郡을襲擊ᄒᆞᄂᆞᆫ故로日兵及巡查巡檢이力戰ᄒᆞ야退逐ᄒᆞ얏다ᄒᆞ고

▲二十七日燕岐郡南面白동에義兵四五拾名이來襲ᄒᆞᆫ際에該郡警部가急往ᄒᆞ야擊退ᄒᆞ얏ᄂᆞᆫ데村民二名이中丸致死하얏고其後에義兵이該洞을合擊ᄒᆞᆯ模樣이라ᄒᆞ고

▲鐵原郡에義兵이尙今猖獗ᄒᆞ야檄文을無時飛傳ᄒᆞᆷ으로該郡郡守金彰鉉씨ᄂᆞᆫ民家에隱伏ᄒᆞ야東家食西家宿으로經過ᄒᆞᄂᆞᆫᄃᆡ이라ᄒᆞ고

▲丹陽郡에義兵數千名이駐屯ᄒᆞ엿ᄂᆞᆫ데倡義將李明相軍師李晉夏中軍將金奎喆左軍將閔泳八右軍將李榮承書記李致鼎인대各持洋銃에紀律初定ᄒᆞ고民財를不犯ᄒᆞ며激烈ᄒᆞᆫ檄文을內地十三道人民과天下各國에飛傳ᄒᆞᆫ다ᄒᆞ고

▲二十一日楊根郡農美里에義兵四百餘名이集合ᄒᆞ얏다ᄂᆞᆫ情報를日軍隊에셔接ᄒᆞ고日偵探隊를派送ᄒᆞ엿더니義兵은旣히他處로移駐하야該邑을合擊ᄒᆞᆯ模樣이라하고

▲日前谷山郡伊寧面巨伊所里에義兵七百名이集合하얏ᄂᆞᆫ대不日內에邑內을合擊ᄒᆞᆫ다ᄒᆞ고

▲二十二日甲山郡貴水院附近에駐屯ᄒᆞᆫ義兵이日兵及巡查와交戰ᄒᆞ야日兵二名과巡查二名을銃殺ᄒᆞ얏다ᄒᆞ고

▲洪州邑距二十里許兩倉몽에義兵約二百名이包圍ᄒᆞ얏다ᄂᆞᆫ確報를同郡日守備隊에셔接ᄒᆞ고日守備兵이集台地에前往ᄒᆞ야交戰하얏다ᄒᆞ고

▲義兵이數拾名式作隊ᄒᆞ야高城郡내各所에侵入ᄒᆞ야面長及동民에對ᄒᆞ야言ᄒᆞ되전米와銃器와衣服과徵收ᄒᆞᄂᆞᆫ納稅를大將所로沒數持來ᄒᆞ라ᄒᆞ고同郡吉岐里에前往ᄒᆞ야村내에展望哨를配置ᄒᆞ고駐屯ᄒᆞᆫ다ᄂᆞᆫ報를日兵이接ᄒᆞ고卽地前往하얏다ᄒᆞ고

▲金堤郡內郵便取扱所와分派所에義兵數拾名이侵入ᄒᆞ야器物及家屋을破壞ᄒᆞ고郡守를對ᄒᆞ야ᄂᆞᆫ日人과親密히交際ᄒᆞᆷ을責ᄒᆞ고人民을對ᄒᆞ야ᄂᆞᆫ日人을隱匿ᄒᆞᆫ다ᄒᆞ고民家를多數히放火ᄒᆞ얏다더라

東京電報

二十八日발

●旅館已定 韓國皇太子殿下ᄭᅴ셔十五六日頃에東京에御着ᄒᆞ사芝離宮으로御旅館을定ᄒᆞ시고報聘大使一行은帝國旅館에셔留ᄒᆞᆫ다더라

▲小春雪歌▼

▲新政府가變革ᄒᆞᆫ다擧世가注目ᄒᆞ니今番에ᄂᆞᆫ朝野가相關ᄒᆞᆯ大臣이敍任될ᄂᆞᆫ지만일得弁失弁之歎을免치못ᄒᆞᆯ진댄소경에잠자ᄂᆞ마나

▲尹始炳氏와尹吉炳氏ᄂᆞᆫ一進會에首領으로셔今番에尹始炳氏ᄂᆞᆫ自衛團部長을自退ᄒᆞ고尹吉炳시ᄂᆞᆫ自衛團을反對ᄒᆞ얏스니該兩시의主見이與會各立ᄒᆞ야忽地反對ᄒᆞ니由是觀之컨ᄃᆡ一進會도現今에ᄂᆞᆫ協合力이漸弛ᄒᆞᆷ이지

▲日昨花月樓農相宋秉畯氏送別宴에該部奏任官以上만叅與ᄒᆞ얏다니餞別에도品秩이有ᄒᆞ야判任官은未叅인지判任官은宋氏를실여셔餞別을아니ᄒᆞ얏ᄂᆞᆫ지

▲更張以後承旨叅判判書가廢止ᄒᆞ더니秘書丞만ᄒᆞ면承旨로稱號ᄒᆞ고嘉善만ᄒᆞ면叅判이라稱號ᄒᆞ고資憲만ᄒᆞ면判書라稱ᄒᆞ더니近日各部官制가變更하야書記官은前号를因ᄒᆞ야叅書宅이라稱ᄒᆞ고書記郞은主事宅으로仍稱ᄒᆞ니承旨判書宅은목언이頑固黨에舊習이어니와叅書主事宅号ᄂᆞᆫ新出ᄒᆞᆫ頑固黨에習慣인지아자도舊夢을不忘者가如此히多ᄒᆞ니新學業을振興ᄒᆞ기가無期ᄒᆞ도다

▲藥峴舊墟로차져가저牛峰落照구경ᄒᆞ세齊景公어ᄃᆡ가고齊扉高處主人愁라富貴花를滿栽하나拾日紅은初無로다一夜東風이太無情ᄒᆞ니落花飛東隣을

雜報

◎一葉獨齊　海關新官制를頒布홈을聞홈즉關稅課라ᄒᆞ야度支部에付屬ᄒᆞ고長一人은永濱시가主管ᄒᆞ고書記官二人은事務官二人主事拾七人이라ᄂᆞᆫ데韓人은主事에一人만參與ᄒᆞ얏다더라

●依報支撥　公立咸興普通學校修理與新建築工事가本月晦間에竣工된故로落成禮式費三十圜을學部에셔該學校長에報告를依ᄒᆞ야支撥ᄒᆞ얏다더라

◎放釋數五　今番赦典에放釋홀罪囚成冊을法部에報來ᄒᆞ얏ᄂᆞᆫ데慶南裁判所에五十四名이오慶北裁判所에四十一名이오江原道裁判所에二拾名이오元山港裁判所에拾三名이라더라

●稱托開明　宋之萬李鍾弼諸氏가營業的으로協律社를建築ᄒᆞ야妓樂으로人民의心志를開발코ᄌᆞᄒᆞ니特爲認準ᄒᆞ라고警視廳에請願ᄒᆞ얏ᄂᆞᆫ데該建築費로學校나剏設ᄒᆞᄂᆞᆫ것이妥合時宜라ᄂᆞᆫ批評이有ᄒᆞ더라

●王氏有母　鹽田郡居王義宗氏가倡義ᄒᆞ얏ᄂᆞᆫ데其老母가年今七旬이며니日兵이該氏所居村落을衝火ᄒᆞᄂᆞᆫ데其老夫人이火炎中에堅臥不起ᄒᆞᄂᆞᆫ지라日兵이其夫人을牽出ᄒᆞᆫ데夫人曰子今倡義ᄒᆞ니吾死無恨이라ᄒᆞ고還入火中欲死ᄒᆞ거ᄂᆞᆯ日兵이牢出綁坐ᄒᆞ야幸免繼命ᄒᆞ얏ᄂᆞᆫ데其夫人의强梗홈을日人이稱讚不已ᄒᆞ얏다더라

●青年討論　今日下午七点半에青年會舘에셔討論會를開ᄒᆞ고逆亂之源은飢渴이勝於才能이란問題로可否使演議를이互相討論ᄒᆞᆫ다더라

廣告

本人이平壤外川面二里所在畓永煥의鹽田五拾七畝를買得이오니或曾永煥의門中에셔僞券略賣ᄒᆞ라ᄂᆞᆫ人이有ᄒᆞ야도見欺치마시옵
平壤外原面 崔在洙 白

日本語十個月速成夜講習所를設館內에設置ᄒᆞ고交際上簡明ᄒᆞᆫ法으로敎授ᄒᆞ오니有志僉彦은來臨講習ᄒᆞ시옵（時間은自下午八時로至十時ᄭᆞ지）
東關國民教育會館日語講習所

本校에日語夜學科를設立ᄒᆞ고生徒를募集ᄒᆞ오며卒業期限은一個年速成으로定ᄒᆞ오니有志僉員은屆期來臨ᄒᆞ심을望홈
開學日字ᄂᆞᆫ來月初日（陽十二月一日）（陰十月二十七日）로定ᄒᆞ고募集期限二週日定홈
科程　日語　算術　簿記
發起人　朴齊昌　姜宅周　金學獸　金선洙　林升圭　朴準화
新門外平洞華東學校內 夜學科 告白

本人의子金泰鎭이가性本浮浪ᄒᆞ야家産을蕩敗ᄒᆞ엿ᄉᆞ오니內外國人은勿爲見欺홈
廟洞太井洞六十九統七戶 徐召史 白

南大門內西部內客主鄭召愚於音第五百號六百六十一兩五錢과南內米廛染仁植於音無日字四千兩內二千兩先上在文二手兩標셔失故廣告也雖某拾得休紙施行홈
徐弘奎 告白

本人의姓名與別號로刻ᄒᆞᆫ花斑石圖章을見失故로以圖章更造ᄒᆞ엿ᄉᆞ니舊章勿施홈
李輔祐 廣告

大韓每日申報釜港支社長崔[illegible]徐棟魯ᄂᆞᆫ錫疇로改名ᄒᆞ오니僉君子ᄂᆞᆫ照亮홈
釜山佐川藥局 徐錫疇 告白

教育學
譯述 崔光玉　校閱 朴殷植　定價金卄五錢

此書ᄂᆞᆫ教科書排列과教授法則과訓鍊制度가詳細備載ᄒᆞ야一般教育者의實鑑이될터오니有志僉君子ᄂᆞᆫ速速購覽ᄒᆞ심敬要

發賣所　京布屛下書舖 金相萬　平壤貫洞 耶蘇教書院　安岳邑 勉學書會

本塾에셔左開ᄒᆞᆫ學科를教授홀意로學員을募集ᄒᆞ오니願入僉員은陰本月二十五日內로來塾面請ᄒᆞ심을務望
西署長興洞長興義塾

左開
夜學科　一　日語　算術
晝學科　英語　萬國歷史
入學年齡은十五歲以上二拾五歲以下
開學期ᄂᆞᆫ陰本月二十六日

明月舘繼續開業 廣告

小春寒候가漸緊ᄒᆞ온데官民僉社會僉閣下의健强萬福ᄒᆞ시기顒祝ᄒᆞ옵나이다弊舘의開業ᄒᆞ온旨가非但尋常牟利만爲홈에이아니오國家進步上에一部分盡力ᄒᆞ와各種食料品과器具品을不顧利害ᄒᆞ고盡美ᄒᆞ야供進ᄒᆞ옵더니未開人事에悖行과無賴ᄒᆞ온貪欲取가不一其端ᄒᆞ와[illegible]

隆熙元年十一月　日
明月舘 告白
黃土峴

（電話七百二十五番）

今陰七月分에仁川居韓健植과金教顯兩人이借來本人家ᄒᆞ야同健植이要言曰紙貨四百圜出文標만書給ᄒᆞ고該票ᄂᆞᆫ余의送致錢을待ᄒᆞ야施行ᄒᆞ라ᄒᆞ옵기依懇書給이더니玆後에同健植이不爲送錢任置ᄒᆞ고送其金教顯之長姪而要討該票施行이옵기說明右由ᄒᆞ고退送右票이더니其翌日에前來金姪이又爲來言曰欲見健植而不得ᄒᆞ얏ᄉᆞ니更限成票以給이던지該標을施行ᄒᆞ라ᄒᆞ며萬端威脅이옵기難堪其威脅이올쁜더러本人之恩量에今月晦內則似逢健植ᄒᆞ와以十月晦內出次로更標以給ᄒᆞ고前標ᄂᆞᆫ交周ᄒᆞ얏ᄂᆞ니同健植이終不出現이기玆以廣告ᄒᆞ오니內外國人間切勿見欺ᄒᆞ시옵
京畿富平居 趙龍培 告白

本會員諸氏가年捐金納付의義務를履行치아니ᄒᆞᆫ結果로本總會에셔決議ᄒᆞ고本年十二月十日內에該金額을送交치아니ᄒᆞ면會員으로認定치아니ᄒᆞ깃기玆以仰布ᄒᆞ오니 僉員은照亮홈
國民教育會事務所 告白

本人이鐵物橋等地以上으로南門外ᄭᆞ지가ᄂᆞᆫ길에丸藥封拾餘兩重을셔失이오니拾得ᄒᆞ시거든中署笠洞李參判宅三拾二統六戶로持來ᄒᆞ시면紙貨四元奉呈ᄒᆞ오리다
金仁洙 告白

●特別廣告
國債償志願金總合所에셔[illegible]洞普成舘內期成會의發金受入文簿를調査ᄒᆞ라다該會主務央榮根等이僞詐不現ᄒᆞ고義金貯置가ノ明홀所致로證據調査廣告도已有ᄒᆞ엿거니와方將搜持證物ᄒᆞ고交涉官廳ᄒᆞ며又此布告ᄒᆞ오니全國同胞ᄂᆞᆫ照亮ᄒᆞ시며償證도不日示明ᄒᆞ시오
大韓每日申報社內總合所

영미국정부젼미국혀 석유발동긔급ᄌᆞ행거 정미긔계급부속품을일졀영ᄃᆡ 방매ᄒᆞ오

直輸入商
韓國代理店
仁川本町
中根商會
電話七參番

新刊書籍發售廣告

增補無冤錄大全　國漢文　定價金七拾五錢
大韓法規類纂　洋裝　三圜九拾錢　郵稅四拾錢
初等倫理學教科書　二拾錢
初等衛生學教科書　拾五錢
國家學綱領　拾五錢
國民知　八錢
愛國婦人傳　張志淵氏著　十五錢
發賣所　皇城布屛下　金相萬書舖

本人이內外國料理를各樣으로具備ᄒᆞ게ᄒᆞ고處所도淨潔ᄒᆞ오며今月陰十九日로開業ᄒᆞ오니僉君子ᄂᆞᆫ光臨ᄒᆞ심을望홈
鍾路電氣社後谷
衆香舘主人 趙德賢 告白

▲定期大廉賣廣告▼
自十一月十五日 至十二月廿五日

獨習日語正則
鄭雲復氏著　特別減價一圜　郵稅 拾錢

此日語正則은自天文地理로至農商工業諸般學術及人事百般히緊要ᄒᆞᆫ語句를網羅ᄒᆞ야正確ᄒᆞᆫ發音과簡明ᄒᆞᆫ翻譯으로編纂ᄒᆞ야獨習에가장便利ᄒᆞᆫ故로出版ᄒᆞᆫ지未久에千餘部를出售ᄒᆞ옵고再版의期가在邇ᄒᆞ온지라이에自本月十五日로十二月二十五日ᄭᆞ지定價一圜二十五錢에二拾五錢을減ᄒᆞ옵고一圜에出售ᄒᆞ와一般學界의便益을補ᄒᆞ고ᄌᆞᄒᆞ옵ᄂᆞᆫ바部數와日字의定限이잇ᄉᆞ오니江湖僉子ᄂᆞᆫ爭先購覽ᄒᆞ시옵
（十二月二十五日以後에ᄂᆞᆫ定價外에一分不減홈）
京城中署布屛下三十七統六戶
廣學書舖 金相萬 告白

廣告

本公司始運來大韓國特別純捲烟製品純良香味與別貨不同近有市上眸某混雜販賣之弊玆以此本牌爲記庶不至悞
代售店　京城大貞洞　鴻源號
總代理店　仁川淸租界　安興公司

▲生徒募集
本校內에男女學堂을分設ᄒᆞ고教內敎外子女를敎育ᄒᆞ기爲ᄒᆞ야課程과規則을善美케酌定ᄒᆞ얏ᄉᆞ니子女間敎育에有志ᄒᆞ신僉君子ᄂᆞᆫ逬々히本校로來議ᄒᆞ시옵
中署勝洞
勝洞耶穌高等小學校 告白

本人이陰九月初八日京城승동셔상륜의게편지ᄒᆞᆫ속에匯兌五拾에得償票七百兩票를同封ᄒᆞ여郵遞로付送ᄒᆞ더니于今傳致치아니ᄒᆞ얏스나或日後誰某拾得ᄒᆞ더라도休紙施行홈
黃海道豊川邑 韓致淳 告白

이쇼셜은 순국문으로 미우 ᄌᆞ미잇게 몬들어 일반국민의 외국ᄉᆞ샹을 비양ᄒᆞᄂᆞᆫ 칙이오니 외국을 유지ᄒᆞᆫ 남ᄌᆞ와 부인은 만히들 사셔보시오

정부 ᄉᆞ식일 지 라羅 란蘭 다방 애는
근셰 데일 부夫 인人 녀즁 영웅
젼傳
명가 신쇼셜 정가금 신화 오젼

발매소
◎남셔 대한매일신보샤
◎셔져동 광학셔포
◎배젼병문 아래 기신칙ᄉᆞ
◎인쳔 싸리지 박문셔관
◎남문안 상동 고금셔헤관
◎종로 대동서시
◎종로 중앙셔관
◎파죠교월편 회동셔관
◎대광교 교육셔화관
◎평양 멱ᄂᆡ동 갑조원칙ᄉᆞ
귀셩

◎國債報償義捐金收入廣告

◎國債報償義捐金
十一月中本社收入總額
每日號號明細錄
●拾一月二十七日

第一五八〇號
慶州居監察李彬榮 壹圜
計壹圜

十一月卄七日々지收入總額
一百五十二圜五十五錢
自四月至拾月收入總額
五萬六千九百〇二圜
四十一錢七厘
總合五萬七千〇五拾四圜
九[illegible]六전七厘

◎慶州居 前監察李彬榮壹圜
合壹圜
前號總合五萬七千〇五拾三圜
九拾六전七厘
都總合五萬七千〇五十四圜
九十六錢七厘

◎特別廣告◎

國債報償金募集自中斗자所捧은
統末合計이오拾月々지所捧總
合五萬六千九百〇二圜四拾一
錢은本會計內銀行에貯置하
얏삽고其貯置領中
二萬二千三百圜은國債報償志
會總合所로交付홈

廣告

[illegible]洋裝書籍
各種運動諸具 美國金鍋鐵
羅紗各種
[illegible]放賣
하오니[illegible]來臨하심을 바라나이다
仁川港[illegible]

本局에서十年을研究하야(□□
[illegible]丹)이란藥을發明하얏
는데男女勿論하고무슨瘡疾이
던지(一劑十四箇)每日一箇
式服用하면効驗이百發百中되
고每日로搭至하와買去하오
이薬질잇는食位는오리고성마
시고速々히來臨하야問議하심
을希望홈

定價金 上品一劑金四圜
下品一劑金貳圜五角
發賣所 仁川港[illegible]和平局
龍洞濟生堂
京城鍾路 慈惠藥房
仝 共愛堂藥房
發賣所仝
鋪
雖外邦이라도郵便으로부처
드슈가잇소

越南亡國史 國漢文
定價貳拾伍錢
發賣所 京城廣橋高裕相
鍾路[illegible]書舖
中署下[illegible] 廣告

發賣元 在
京城大廣橋大路東邊二層洋屋
[illegible]

君子는[illegible]
政治[illegible]
國民[illegible]
人類는政治的動物이라 政治思想은人類가國家를[illegible]

政治原論

郵料 四錢
定價金 六十錢
發賣處 [illegible]

▲西藥便方 定價金一圜

右冊은西洋醫藥方書를我國
文으로아러보기쉽게飜譯
京城[illegible]藥店 [illegible]
代理店 仁川[illegible]

補益丸 十日分 定價金壹圜
右藥은米國大醫院處方인
[illegible]

本藥房에서以上記載한[illegible]
[illegible]

醫學博士 洪[illegible] 監督人

●除阿片煙藥 二十一錢
[illegible] 一圜半

伊太利建國三傑傳 一冊 正價金三十錢

此書는距今數十年前에伊太利愛國者瑪志尼、加里波的、加富
爾三傑이在亡國勢를挽回하야歐洲列强間에鼎峙한事
實을國漢文으로譯出하얏는데其艱難困苦에經歷한心血
의發現이讀者의感情을感發할만하오며其百折不屈의意氣와
其九死靡悔의熱誠이讀者의愛國心을激起할만하오니有志君
子는不可不座右에置하고常目에掛하시오니陸續來購하시
옵

발賣所 皇城布下 廣學書舖
尙洞 博文書館
仁川 [illegible]
平壤鍾路 耶蘇敎書사
義州南門外 廣學書館

皇城基督教青年會廣告

皇太子殿下 大掛鐘의 迴轉하는 規則 下賜壹萬圜

此掛鐘의秒針은每一度迴
轉하는데壹百圜을指示홈
이오
長針은每一度迴轉하는데
壹萬圜을指示하고
短針은每一度迴轉하는데
拾萬圜을指示홈

義捐捐助金寄附人員
及數額
農商工部大臣 宋秉畯氏 貳百圜
金容鎭氏 五拾圜
無名氏 壹千圜

[illegible]日本大阪[illegible]
[illegible]
[illegible]

[illegible]南大門內[illegible]
[illegible]水溝五十一統
[illegible]本店
六戶
仁[illegible]

大東旅宿館

[illegible]
[illegible]
大東旅宿館主 [illegible] 廣告

[illegible]
大東旅宿館 廣告

○申報價金
一張代價 [illegible]
一個月 [illegible]
三個月 [illegible]
六個月 [illegible]
一個年 [illegible]
郵稅 一張 [illegible]
一個月 [illegible]
發行兼編輯人 [illegible]
發行所 [illegible]
印刷所 [illegible]

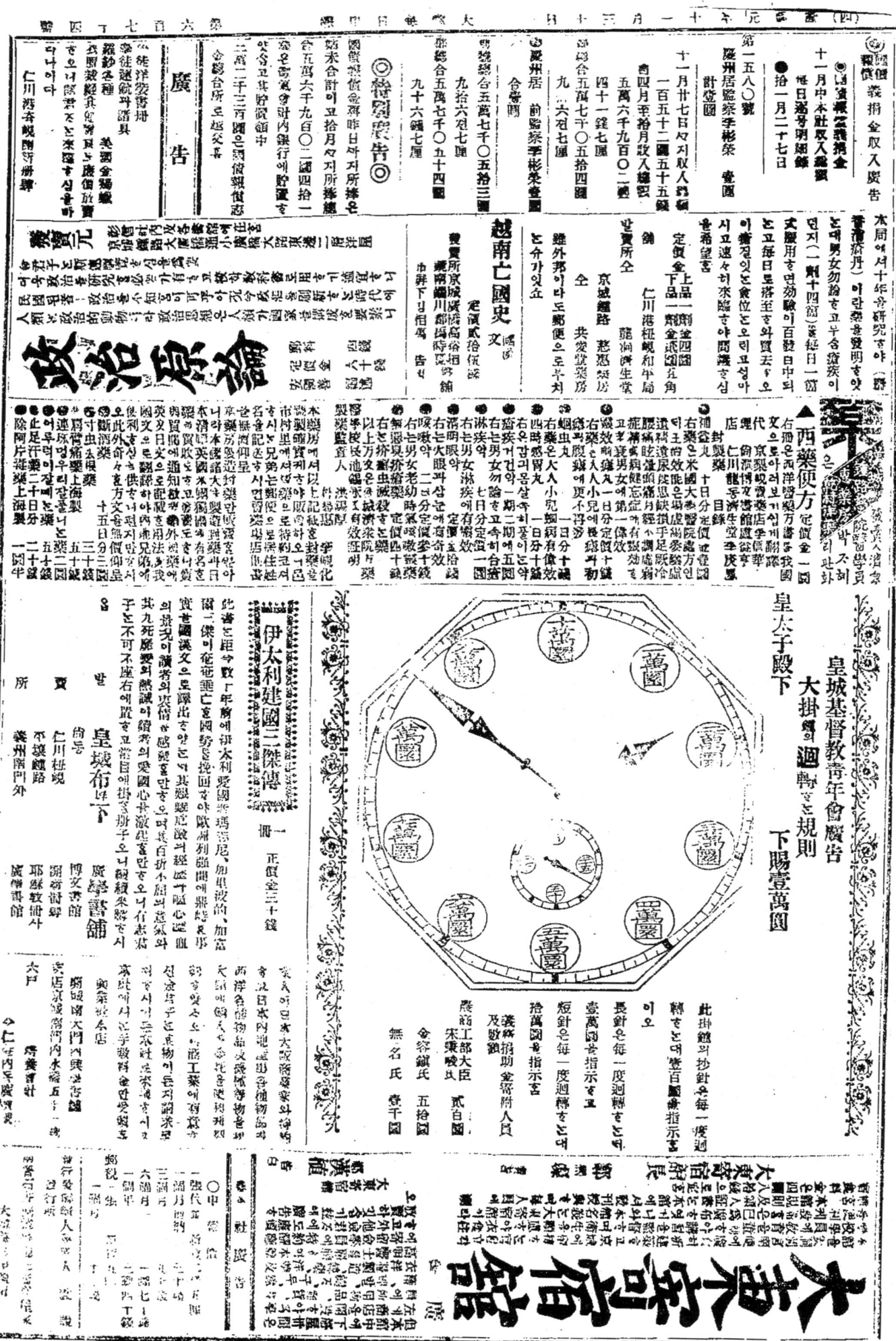

第五卷

大韓每日申報

第六百七十五號

月曜及慶節歲時休刊

檀君開國四千二百四十年
箕子元年三千二十九年
大韓開國五百十六年
日本明治四十年
清國光緖三十三年
陰曆丁未十月小廿六日甲申

論說

○韓國內에惡行者

大阪每日新聞에記者가記述을揭ᄒ엿ᄂᆞᆫ딕其云ᄒ엿스되韓國에在ᄒᆫ外人中에若干人이日韓間軋轢을試ᄒ기에尙今不至ᄒ야維馬教의宣敎가自已意見을公然陳述ᄒ되日與韓이素與ᄒ야調和相混合이不能이라ᄒ지라伊藤公爵이今在韓國이오且兩國間을組織ᄒ기에同心가但能이나若同心가離判이면破裂이即生ᄒ거시요且韓人이自國獨立을維持ᄒ기에組織이促足ᄒ니日本의統權이非久ᄒ리라ᄒ엿도다

日本타임스新聞이如左記述을對ᄒ야如左히發言ᄒ엿ᄂᆞ다 韓國의獨立을談話ᄒᆫ은精神이無ᄒᆷ이라盖韓人이獨立二字를眞意로保有ᄒᆷ은五百年歷史에不載ᄒ엿고但獨立을何如定限內에或持ᄒ엿스나以來로經閱ᄒᆫ노說之던韓國의自由는壓制及腐敗ᄒᆫ官司와僞竊及奸密ᄒᆫ貴族黨을施設ᄒ야國際困難의中央点을常備ᄒᆷ이居也니韓國의自意에任ᄒ며彼之眞實友人의不願ᄒᆫ形態를再作ᄒᆯ기시所以日이라다今番大阪報의所謂와ᄒ건대特派ᄒᆫ거슨韓作島內와及他庭에在ᄒᆫ外人一部가困難ᄒᆫ他國에서錢財를謀獲ᄒᆫᄂᆞᆫ奸惡ᄒᆫ習을不止하거시是也로다伊藤公爵이自已의現行政策에評論을受容ᄒ야韓民의情形을眞實노憂慮ᄒᆫᄂᆞᆫ中心으로出來ᄒᆫᄂᆞᆫ有理ᄒᆫ評論을無疑히歡迎ᄒᆫᄂᆞ니韓國에貌樣과如ᄒᆫ變轉을行ᄒᆯ時에略干過見及誤解ᄂᆞᆫ不可免이로대但無偏商量之人은誤点을較正하고失策을改良ᄒᆷ에對ᄒ야滿足ᄒᆯ而已니統監의現行及預備가較正及改良에確在ᄒ도다

然이나幾人이逆行으로傾向ᄒ야無實ᄒᆫ此言을傳播ᄒ며韓人의敵日之心을恭播케ᄒᆯ時에形態가變異ᄒ나니當此之人은韓國內日本이文明列强의時渤ᄒᆫ認許를得ᄒᆫ것과且其列强이韓國의至今現像은適宜히自治ᄒ기에不能ᄒᆫ結果인줄노知悉하ᄂᆞᆫ거슬記憶ᄒ지어다韓人을指導及教育ᄒᆷᄂᆞᆫ거시日本의當務이나日本이自已態度에最好ᄒᆫ形態로此國事를處理ᄒᆯ거슨所有權限이로다由是로何人이던지韓人의排日偏執을試圖ᄒᆫᄂᆞᆫ者ᄂᆞᆫ國際上堪忍ᄒᆫᄂᆞᆫ限에超過ᄒᆷ이라其人을國際平和의紊亂者로待遇ᄒᆯ거슨日本의權力이니吾人의期望ᄒᆫ거슨統監閣下께서光輝力行實行에置ᄒ야如彼獨斷을寬容ᄒ기ᄂᆞᆫ日本이寬忍ᄒᆫᄂᆞᆫ限外에已過ᄒ기신즉吾衆人의계一次垂示ᄒᆯ거시是也로다

官報

●三千九百卅七號

隆熙元年十一月三十日

敍任

任智殿令 李會甲

任崇德殿參奉 朴暾洙

布達

宮內府官制를左갓치改正ᄒᆷ이라

勅 宮內府大臣勳一等李允用

隆熙元年十一月二十七日奉

布達第一百六十一號

宮內府官制

第一條 宮內府大臣은 帝室에關ᄒᆫ事務를總理ᄒ고所屬官吏를統督ᄒᆷ이라

第二條 宮內府大臣은 裁可를經ᄒ야 帝室에關ᄒᆫ諸般規程을制定ᄒᆷ을得ᄒᆷ但法律勅令에抵觸ᄒᆷ은得지못ᄒᆷ이라

第三條 宮內府大臣은前條法規에關ᄒ야施行細則을定ᄒᆷ을得ᄒᆷ但議定을要ᄒᆫ者ᄂᆞᆫ裁可를經ᄒᆷ이라

第四條 宮內府大臣은 宮中儀式과 祭典과 勳爵 勳與 及其他任事務에關ᄒ야臣民에게命令告示ᄒᆷ을得ᄒᆷ이라

第五條 宮內府大臣은臨時에勅令을依ᄒ야或은別定ᄒᆫ規定을依ᄒ야賞救恤及賜賜ᄒᆫᄂᆞᆫ事를行ᄒᆷ이라

第六條 宮內府大臣은主任事務에關ᄒ야ᄂᆞᆫ特報總監及地方長官에게命令을發ᄒᆷ이라

未完

外報

●憲法成立의評 倫敦電을據ᄒᆫ則俄國議會에서勅語奉答案協議에日을終ᄒ엿ᄂᆞᆫ딕俄國憲法成立其成立與否問題에就ᄒ야左黨右黨及中央黨間에紛議가生ᄒ엿다더라

●타임스報公筆 美國로센질스에서발行ᄒᆫᄂᆞᆫ타임스新聞에對揭載하엿스되日本이韓國에對ᄒ야行動하ᄂᆞᆫ것이有主人ᄒᆫ土地를占領코ᄌ하니終末의成敗ᄂᆞᆫ不知ᄒ나世界各國은證據人이될지라하엿더라

●匪徒解散 上海電을據ᄒᆫ則淸國浙江省棄縣匪徒가同地巡檢等과鄕伶ᄒᆫ緣由로多數ᄒᆫ兵士及上官의匪徒祈屯地를陷落ᄒᆫ後匪徒의魁首를處刑ᄒ고匪徒를解散ᄒ얏다더라

●戰艦新造 當透電을據ᄒᆫ則俄國政府ᄂᆞᆫ二萬噸式의戰鬪艦二隻을製造ᄒ기로決議ᄒ얏ᄂᆞᆫ딕其費額은四千萬磅이라더라

●英親王殿下歸國說 東京電을據ᄒᆫ則韓國 皇太子殿下께서日本에留ᄒ시ᄂᆞᆫ次로發向ᄒ시면義親王殿下께셔ᄂᆞᆫ歸國ᄒ신다ᄂᆞᆫ說이有ᄒ다ᄒ얏더라

●米國新屬地 米國某報를據ᄒᆫ즉에리아스海邊에在ᄒᆫ小島二島를加奈陀政府에서米國에割讓ᄒ與ᄒ얏다더라

雜報

金田郡發成新校趣旨書

學校者ᄂᆞᆫ建校舍ᄒ야以教學問으로教人者也ㅣ라古之庠序學校名雖不同이나其揆則一而學問之道ᄂᆞᆫ無他ㅣ라先覺者ㅣ以其所覺之學問으로覺後覺之學問이니古語云天子不忘하而時習之乎아嗚呼ㅣ라久則變ᄒ고變則通은前理數之自然이니亞洲之國荒이殷久而舊習以滯ᄂᆞᆫ不可考라已어니와叔衰以後에上自唐虞以至今日히變遷이無常ᄒ고成立與否問題에就ᄒ야或暴虐以失之而有仁義以得之者ᄒ고或柔弱以亡之而有剛强以奪之者ㅣ로대尙不出亞洲範圍之外而我國之由來風俗若期運이略與支那相似라海門을一破에歐美交通ᄒ다人種異種이나天演一般ᄒ야各有國都ᄒ고各有君長ᄒ고各有政治ᄒ고各有法律ᄒ고各有宗教하고各有俗習하야細則은雖殊나大體ᄂᆞᆫ冥同而所可驚異者ᄂᆞᆫ器械製造等工藝及農商學也라

現方環球相軋에風潮開闢ᄒ고列邦이爭雄에競吞弱食ᄒ야强興弱亡ᄒ고優勝劣敗ᄒ니即一大變更之秋而尙不窮理研究ᄒ고隨時制宜면無以立於天地之間이어ᄂᆞᆯ吾我同胞ᄂᆞᆫ獨此膠固泥滯하야與同灰死泡沫而已豈所以久而變而通之之道ㅣ리오彼器械之汽船也鐵道也電線也風車也煤礦也電燈也와其他機異之則棲種物도以至農商賈織組精細諸般等藝가悉由於人之積年透得에[illegible]教育之所以則居今之世而不得不效其技ᄂᆞᆫ人所共揣ᄒ니此建學校設教育之爲我國急先務也라時代ㅣ變遷故로學問이不可不隨而變更이니其可變者ᄂᆞᆫ即利用厚生之方也라歐美列邦도同一其富强而或有宗教風俗之不同者ᄂᆞᆫ互同一[illegible]俗而或有貧富强弱之不同者ㅣ니何必皆我宗教ᄒ고捨我正傳然後에謂富强之學問乎아當教育制度ᄂᆞᆫ斷爲古今하고[illegible]華[illegible]新[illegible]性情利學[illegible]擬充[illegible]ᄒ야家[illegible]以此遂ᄒ傳諸將我[illegible]民命ᄒ고挽回我獨立之國權則教育之將來效果ㅣ果何如哉아[illegible]發起하오니即一國之雄基而會[illegible]이亦 皆之名稱也ㅣ라

地運敗鍾에人才秀出ᄒ야文武材가前後相望이라鄕內有志紳士가見時代之變遷ᄒ고悟教育之義務ᄒ야與鄕守林侯承煥氏로詢謀僉同에設方法ᄒ야倡建一學校ᄒ고名之曰發成이라ᄒ야力試教育이러니[illegible]因辭官而歸ᄒ고且財力에彫困ᄒ야幾乎中道廢止러니適迎要公忠米씨가熱心教育ᄒ야捐金正央協成학校於[illegible]捐其月俸ᄒ고[illegible]付道[illegible]以宜[illegible]任[illegible]成效ᄒ고且以[illegible]物[illegible]校[illegible]方[illegible]所[illegible]有[illegible]設[illegible]不[illegible]用[illegible]架說[illegible]我人[illegible]其[illegible]勉[illegible]勉旃이어다

發起人 李相稷 呂[illegible] 吳[illegible]

●婦人俱樂部 [illegible]九氏[illegible]은去番光武[illegible]時[illegible]를主催ᄒ야同伴幾人이獨樂를ᄒ엿다더라

●講道要題 今日上午十点鍾에[illegible]牧師[illegible]씨가內外能力이란問題로演說ᄒ깃ᄂᆞᆫ데一般會及外校位紳士의來參ᄒ기를希望ᄒ다더라

廣告

雜報

●統監先發 皇太子殿下씌셔日本에留駕ᄒ실時에伊藤統監이陪從ᄒ다더니更聞ᄒ즉統監은先爲渡去ᄒ다더라

●動輿結停 皇太子殿下씌옵셔今日에近衛隊及大東學會에臨御ᄒ시고 德壽宮에問安ᄒ실等節을停止ᄒ옵심은日氣가酷寒ᄒᆷ을因ᄒ심이라더라

●遷奉日子 大院王園所遷奉日子를陰曆十二月初六日로擇定ᄒ얏다더라

●勤倹擬議 내閣에셔明年度에始ᄒ야勤倹을磨鍊ᄒ기로擬議中이라더라

●宴又暢遊 侍從長趙民熙씨가再昨日下午七時頃에係澤樣邸에셔宴會를設ᄒ얏ᄂᄃ 皇后宮大夫尹德榮海豐府院君尹澤榮씨와中樞院顧問李址鎔씨等이往參ᄒ얏다가同十時頃에一同히闔成社로轉往ᄒ야暢遊ᄒ얏다더라

●年俸預算 各府部大臣及次官의明年度年俸預算表를編成ᄒ얏ᄂᄃ大臣은八千圜이오次官은六千圜이라더라

●總理奔走 總理大臣李完用씨가再昨日上午九時에統監官邸에前往ᄒ얏다가下午二時에仕進ᄒ고四時에還邸ᄒ얏다가六時에更往統監官邸ᄒ얏다가九時에還家ᄒ얏다더라

●[illegible] 내部大臣任善準씨는再昨日上午九時에李總相과同伴ᄒ야伊藤統監을訪問ᄒ고下午二時에내閣에入去ᄒ얏다가三時에該部에仕進ᄒ고五時에仕退ᄒ얏다더라

●地制改正 地方官制도今番에改定ᄒ얏ᄂᄃ爲先郡邑의大小와遠近을隨ᄒ야合郡ᄒ얏다ᄒ며官員의加減은姑未詳知라더라

●韓官의減 내部新官制案件을據聞ᄒ則現任奏任官이合爲十三人인ᄃ에韓國人은四人만仍置ᄒ고書記郎은卅餘名내에韓國人은拾七人만仍存ᄒ다더라

●預算不足 今番官制改正에ᄂ明年度俸給預算이太半不足之嘆이有ᄒ다더라

●官報樣式 내閣에셔官報를將次改正ᄒ기로擬議中인ᄃ日本官報와如히模範印刷ᄒ다더라

●宋又勸告 郡守奏本이相持延拖ᄒ다ᄒᆷ은昨報에已揭ᄒ얏거니와某處에셔勸告가多數ᄒᆯ뿐아니라宋秉畯시의所薦이또四拾名에達ᄒ얏다ᄂ說이有ᄒ다더라

●待回支俸 宮내府新官制에叙任件은明再明間頒布가된다ᄒ고等外官과員役은現今調査中인故로月俸與雜費ᄂ官大가日本에前往ᄒ얏다가回國後에支撥ᄒ다더라

●戶口調査 昨日警視廳에셔各署에電話ᄒ되今日爲始ᄒ야本月拾四日ᄭ지로五署管내戶口를調査報來ᄒ라ᄒ엿더라

●巡檢增俸 新官制에警視廳에ᄂ巡檢이拾年以上勤務ᄒᆫ者ᄂ自退ᄒᆫ後라도終身生活ᄒᆯ資本金을頒給ᄒ기로確定되얏다ᄂ說이有ᄒ며月給은每名四圜式을增加ᄒ기로預算이되얏다더라

●接待遴選 拾二月三日에新建築ᄒᆫ師範學校落成式을設行ᄒᆫ다ᄒᆷ은已報ᄒ얏거니와昨日學部에셔落成式時에接待任員을選定ᄒ얏다더라

●罪囚放赦 再昨日法部에셔今番赦典放釋件에對ᄒ야平漢兩裁判所檢事를招來指揮ᄒᆫ故로該兩裁判所所管强盜外에一切放釋ᄒ얏다더라

●放釋數爻 今番赦典放釋成冊에全北裁判所에二拾六名이오黃海道裁判所에ᄂ流配罪人七名이오已決囚ᄂ壹百拾貳名이라더라

●郡守拿致 朔寧郡郡守李庸우시에犯贓事件에對ᄒ야審査ᄒᆯ事가有ᄒ야業已拿致ᄒ얏다가京畿裁判所檢事李重赫시가法部로報告하얏더라

●調放罪囚 法部에셔興陽長湍珍島智島莞島等郡에訓令ᄒ되本年拾一月拾八日에欽奉敕典ᄒ야貴郡所在流配罪囚에放釋件을已經奏下ᄒ얏스니到即左開該犯에게聖旨를宣告ᄒᆫ後放釋ᄒ라ᄒ얏더라

●飲鴉化仙 前陸軍參領金漢鼎氏가外國人의게負債가一萬圜에達ᄒ얏ᄂᄃ報限을昨日로酌定ᄒ지라辦備無路ᄒ야再昨日에鴉片을呑下自斃ᄒ얏다더라

●主巡減額 主殿院巡檢이統合三百名인ᄃ二百五十名을除汰ᄒ고五十名만仍存ᄒ다더라

●卒業需用 軍部에셔騎兵隊一中隊를更設ᄒ다ᄂᄃ領尉官은日本國에셔卒業ᄒᆫ人으로需用ᄒ고日本騎兵隊下士二人을聘用ᄒ다더라

●興國協議 某某紳士諸氏가興士團을발起組織ᄒ다ᄂ說은別項과如ᄒ거니와昨日下午八時頃에學務局長尹致旿氏家에會同ᄒ야協議ᄒ얏다더라

●韓家失火 昨日上午一時에北署루閣洞居前主事韓秀敏시家에셔失火ᄒ야草家四間이燒신ᄒ얏다더라

●帶印不便 法部에셔拾三道와各港裁判所에訓令ᄒ되從來로廳印을旅行等에携帶ᄒᆫ事이有ᄒᆷ으로其間에使用이不能ᄒ야不便ᄒᆷ이多ᄒ니自今以後로ᄂ旅行ᄒᆯ境遇에ᄂ携帶치안토록法意ᄒᆷ이可ᄒ니將此意ᄒ야管下各郡에另飭ᄒ라ᄒ얏다더라

●興士設會 有志某々氏가興士團을設始ᄒᄂᄃ部장은金允植氏오副長은俞吉濬氏로選定ᄒ고評議員은二拾人을選定ᄒ다더라

●何事不奥 鄭喬林炳三兩氏가孤兒院을維持ᄒ기爲ᄒ야請捐次로開城郡에下去ᄒ얏다더니該事에對ᄒ야不美ᄒᆫ事端이有ᄒ기로兩씨가即爲還來ᄒ얏다더라

●何事納証 掌禮院稽制課長李哲宇씨가警視廳에多月滯囚되얏더니日前에無辜白放하얏ᄂᄃ證書를納하라ᄒ거ᄂᆯ李시日何事로證書를納ᄒ리오ᄒ고抗拒不書ᄒ얏다더라

●李家贓警 昨日上午一時에各持木棒ᄒᆫ賊漢五名假量이北署小安洞居前參判李漢英씨의家에突入ᄒ야衣藏을破碎ᄒ고衣服與粧염之具를奪去ᄒ얏ᄂᄃ見失價値가數千圜에達ᄒ얏다더라

●義擾云壓 東亞開進教育會會長趙重應副장趙民熙씨總務韓致愈學務員[illegible]教珏諸씨가留商을組織하야義兵을鎭壓ᄒ기로議定中이라더라

●義擾初生 去本月望間에義兵數百名이韓山郡東至村에來到ᄒ야銃砲를討出ᄒᄂᄃ該郡前鄉장朴汝長을亂打하야脚部가絶傷ᄒ야幾至死境이라더라

●恩律又擾 去番에義兵이多數히恩津邑에來到ᄒ야取扱所를破碎ᄒ고紙貨幾千元을沒數搜出ᄒ야裂破後東ᄒ야該所에棄置ᄒ고無一分持去ᄒ얏다더라

●江浦義擾 義兵幾名이恩津江鏡浦에來到ᄒ야富人家某氏의게軍需錢幾千兩을討索ᄒ얏던지該富人이日憲兵站所에通奇하야義兵二名을捉去殺害ᄒ얏ᄂᄃ義兵이各坊曲에搜捕ᄒ되江鏡浦를陷沒ᄒ다ᄒᆫ故로該地居民이知坐針氈이라더라

●非復其人 江華等地來人의傳說을聞ᄒ즉供進所委員金鎔濟氏가該所田畓秋收ᄒᆫ에一切公平케ᄒ고中間消融雜費를一幷革거하미舍音作人處에頌聲이藉藉ᄒ다더라

●滿月卷烟 英國烟草會社에셔新製造ᄒᆫ滿月槖卷烟은味載가優雅ᄒ고香味가佳良ᄒ야適口美品이라더라

●咸圭其人 咸安郡主事李圭浩氏ᄂ妙年才格으로一鄉이公薦叙任ᄒ엿ᄂᄃ度支部財務官이來到該郡ᄒ야調査一郡所入穀總而吏胥輩가莫知所爲ᄒ되該氏가計其結數ᄒ야排比穀數에一無差誤ᄒ고또日兵入郡之時에適値空官ᄒ야吏屬이俱爲驚動이거날該氏가善爲交涉ᄒ야送迎無弊ᄒ니吏屬이莫不歎服하얏다더라

●官立不願 曾成학校經費가夥多ᄒ다ᄒ야官立으로改定ᄒ야法律專門科ᄂ第二法官養成所로稱ᄒ고中학科ᄂ第一高等학校로稱ᄒ고經濟專門科ᄂ商工학校에合付ᄒ야明年度爲始ᄒ야經費ᄂ減額ᄒ고該師도亦減ᄒ기로내定된다ᄂᄃ該校학生이官立이되면학業에大爲妨害라ᄒ야互相奮발ᄒ야其月謝金을徵收ᄒ야私立으로도維支ᄒ기로自願ᄒ다더라

▲地方消息▼

▲日前에義兵數拾名이清風郡水下面鄭海觀氏家에突入ᄒ야該家에셔留宿ᄒ며文簿를調査ᄒ던該郡稅務主事李瀅雨씨를結縛歐打ᄒ고稅則文簿를奪去ᄒ얏다ᄒ고

▲數日前에延豐郡稅務雇員安用禹가該郡水回面에前往ᄒ야結稅를考卜ᄒᄂᄃ義兵一百五十餘名이俊入ᄒ야安氏를捉去ᄒ고諸般文簿를沒數奪去ᄒ얏ᄂᄃ安氏ᄂ其後에義兵이行陣ᄒᆷ을乘ᄒ야逃走ᄒ얏다하고

▲砥平郡光登山中에ᄂ義兵數千名이駐屯ᄒ얏ᄂᄃ其首領은許위趙天明이라ᄒ고

▲榮川水발道西方約一里에義兵約二百名이日兵과交戰ᄒ엿다ᄒ고

▲二拾二日에義兵六百名이寧海邑을襲來ᄒ야包圍攻擊ᄒᄂᄃ該郡에駐在ᄒᆫ日警部巡査가應戰ᄒ엿다ᄒ고

▲二拾五日에義兵數拾名이義城郡附近에侵來ᄒ야日兵과猛烈히交戰ᄒ얏다더라

東京電報

二拾九日午後발

●歸京交涉 石井通商局長은明日에歸京ᄒ야加奈太勞動大臣과來二日에會見ᄒ고交涉을開始ᄒ다더라

北京電報

二拾九日午後발

●視察向日 憲政制度視察員達壽ᄂ今日에日本을向ᄒ야出발ᄒ얏다더라

▲西河筆舌▼

▲奎章閣에大提學과直閣은華閥에一等清宦이라若非翰林先生이면不得人選ᄒᆫ舊習이尚存ᄒ야更張以後에도文科中에地閥을擇ᄒ야叙任ᄒ더니今番官制改正에奎章閣官人은一並名譽로叙任ᄒ니此是無祿官人이라服空症에ᄂ清官도貴치가아니ᄒ깃고

▲內大任善準氏가昨日琵琶동自己私邸에宴會를設ᄒ고總理大臣以下各大臣과中樞院顧問諸氏를請邀宴待ᄒᄂᄃ來臨ᄒᆫ時에ᄂ一切로周衣를着ᄒ라ᄒ얏다니該會ᄂ파脫會여니와琵琶동天에琵琶聲은如怨如訴ᄒ더春香이타령을幷唱ᄒ니歡聲高處에怨聲高로고

▲今番官制頒布에農商工部에山林局장을增設ᄒ다하니至今도各地方山林中에道袍와行衣를着ᄒ고兩膝를危跪하고口道蒼古之聲ᄒ며時局에刷新ᄒᆷ을謂之變華爲夷라ᄒ야若將不返ᄒ니南臺持平과成均祭酒를晴簑釣取ᄒ던山林之士의게ᄂ山林局長이第一當窠도고

▲現今郡守現闕이七拾餘窠인되某處勸告ᄂ八十餘名에達ᄒ얏스니以此相持ᄒ야奏本이延拖ᄒ다ᄒ니勸告數爻가現闕보다十餘窠가還多ᄒ니一郡二守ᄂ官制에初無라不得加出이어니와拾餘窠不足人은郡守候補者로ᄂ置ᄒ면每人悅之가될듯

▲美國에在留ᄒ던安昌浩시ᄂ愛國志士라海內海外에愛國思想이稍有ᄒᆫ者ㅣ莫不敬愛ᄒ나니人韓에爲ᄒ야愛國ᄒᄂ志士ᄂ시의愛國心을爲ᄒ야시을敬愛ᄒ거니와近日에伊藤公爵도시에愛國心이固有ᄒᆷ을聞知ᄒ고請邀ᄒ야敬愛之意를表ᄒ니爾雖不同이나人之有愛國誠은也故로貴國大臣은牛馬로使用ᄒ며愛國志士ᄂ賓客으로敬愛ᄒ니外國人士도若是커든何況內國人士乎아然이나吾儕ᄂ以其外國人으로國內에愛國士를敬愛ᄒᆷ을亦可敬愛ᄒ노라

雜報

◉避賊入國　前鍾城郡白寬洙氏ᄂᆞᆫ貪贓으로三登民訴ᄒᆞ야該道裁判所에被捉ᄒᆞ얏더니定限保放ᄒᆞᆫ後에京城에上來ᄒᆞ야一進會에入參ᄒᆞ고今番自衛團으로發向海州ᄒᆞ얏더라

◉孤院經費　孤兒院에셔經費가窘絀莫甚ᄒᆞᆫ故로該院林炳三氏가慈善的으로該院經費補助를爲ᄒᆞ기爲ᄒᆞ야開城府에演奏會를設ᄒᆞᆷ次로再昨日에발程ᄒᆞ얏다더라

◉萬國新志　敎育에有志ᄒᆞᆫ金鴻卿시가萬國新地志를出刊ᄒᆞ얏ᄂᆞᆫᄃᆡ各人名地名은各其國音대로譯出ᄒᆞ고又其條理가詳明ᄒᆞ야中等敎科書에適合ᄒᆞ미學界에補益이太多ᄒᆞ다ᄒᆞ고人人稱道ᄒᆞ더라

◉李氏義捐　前郡守李圭恒氏가開城國文夜學校의經費窘絀홈을嘆惜ᄒᆞ야三十圜을義捐ᄒᆞ얏다더라

廣告

當座預金及小額預金利子를計算ᄒᆞ얏삽기玆에公告ᄒᆞ오니照亮ᄒᆞ신後通帳을持來ᄒᆞ심을敬要

株式會社　漢湖農工銀行

西署業嚴洞九十八統一戶家契를失ᄒᆞᆷ故玆以廣佈ᄒᆞ니誰某拾得이던지休紙施行ᄒᆞᆷ

裵相洛　告白

本門長孫基泰性本狂蕩中本郡鄕基를賭去龍川義州等地假稱幾萬金富者欲得亂債내外國人切勿見欺ᄒᆞᆷ

平北宣川郡邑面　曹德언　曹秉承　曹秉準　白

本人이平壤外川面二里所在曹承煥의畓田五拾七畝를買得이오니或曹承煥의門中에서僞券暗賣ᄒᆞ라ᄂᆞᆫ人이有ᄒᆞ야도見欺치마시옵

平壤外原面　崔在洙　白

日本語十個月速成夜講習所를該館內에設置ᄒᆞ고交際上簡明ᄒᆞᆫ法으로敎授ᄒᆞ오니有志僉彦은來臨講習ᄒᆞ시옴(時間은自下午八時로至十時ᄭᆞ지)

東闕派出敎育館日語講習所

本校에서日語夜學科를設立ᄒᆞ고生徒를募集ᄒᆞ오며卒業期限은一個年速成으로定ᄒᆞ오니有志僉員은屆期來臨ᄒᆞ심을望ᄒᆞᆷ　開學日字ᄂᆞᆫ來月曜日(陽十二月二日)(陰十月二十七日)로定ᄒᆞ고募集期限二週日定ᄒᆞᆷ

科程　日語　算術　簿記

發起人　朴齊昌　姜宅周　金學猷　金선洙　林升圭　朴準회

新門外平洞華東學校內　夜學科　告白

本人의子金泰鎭이가性本浮浪ᄒᆞ야家產을蕩敗ᄒᆞ엿ᄉᆞ오니內外國人은勿爲見欺ᄒᆞᆷ

廟洞太井洞六十八統七戶　徐召史　白

本人과張亨燮에對ᄒᆞᆫ田訟判決書ᄂᆞᆫ本新聞에連日揭佈ᄒᆞ얏삽기本人이疑惑ᄒᆞᄂᆞᆫ事有可冤이면廣佈新聞ᄒᆞ야使人咸知케홈이容或無怪어니와此訟은渠已得勝ᄒᆞ고有何可冤ᄒᆞ야如是廣佈이온지無以解得이옵ᄂᆞ니又據亨燮告白ᄒᆞ온즉該判決書ᄂᆞᆫ自平理院廣佈ᄒᆞ얏스니民事判決을新聞廣佈홈은平理院創設以來未聞之事이온즉今爲此擧ᄂᆞᆫ革新時代에別殺章程이온지未知ᄒᆞ옵거니와勿料亨燮이가本人의田土를奸計白奪ᄒᆞ고賊足이自廳ᄒᆞ야勝訴ᄒᆞᆫ判決書를如是廣佈이온지或者此訟誤決ᄒᆞᆫ法官이偏護亨燮ᄒᆞ야該判決書를私自廣佈ᄒᆞ야藉托平理院이온지必居一於此이오며該判決書로論ᄒᆞ와도此田土를本人은買得於亨燮ᄒᆞ고亨燮은買得於崔錫崑ᄒᆞ고崔錫崑은買得於崔世澤이온ᄃᆡ亨燮이가此田中伏龜梁一片을錫崑이가世澤의게別買ᄒᆞᆫ文券이有ᄒᆞ다ᄒᆞ야崔世澤을證據로發訓招上ᄒᆞ야崔世澤所供이以爲花島伏龜梁은初無分異放賣之事ᄒᆞ와崔錫崑所持文券은非矣身之所知라ᄒᆞ오되該供辭ᄂᆞᆫ捨置ᄒᆞ고已死人羅永興을居間이라ᄒᆞ야其子得信의捺章ᄒᆞᆫ證書로爲主ᄒᆞ나羅永興子의名이非得信이요乃得成인ᄃᆡ招質ᄒᆞ오면可證明書가自歸亨燮僞造뿐더러所謂崔錫崑所持文券의田放賣主崔世澤이라懸錄ᄒᆞ얏스니世澤之云不賣ᄒᆞ면有何居間이리오然則該文券이亨燮의僞造가確然ᄒᆞ고所謂洞報ᄂᆞᆫ義州府尹이招上崔世澤ᄒᆞᆫ訓令을因ᄒᆞ야洞報를粘報ᄒᆞᆫ거시니世澤을招上ᄒᆞ라ᄒᆞᆫ則洞報ᄂᆞᆫ胡爲而來也요此亦亨燮의弄奸뿐더러田在新島而使正州洞長으로洞報케홈은洞長이亨燮之七寸故也니此洞報가亦何爲證이오며本人田土所在花島ᄂᆞᆫ即鴨綠江中一部小島라本人所有新舊文券에標俱曰東西三方大江이오北은金應源田이라ᄒᆞ니以內伏龜梁은即田以外ᄂᆞᆫ即士라雖伏龜梁之異名이나不過本人所有田中一片田이옵거ᄂᆞᆯ彼僞券中에伏龜梁以北은小浦라ᄒᆞᆫ것스로引作大江之證ᄒᆞ니本人買田時에小浦ᄂᆞᆫ本無ᄒᆞᆯ뿐더러以僞券爲主라ᄒᆞ고大小浦江이如是無別乎아法官의誤決홈이胡至此極고且亨燮이符同崔錫崑ᄒᆞ야謀奪人田ᄒᆞᄂᆞᆫ前後奸證을裁判時本人이一々提出이온ᄃᆡ此ᄂᆞᆫ判決書에何不一言及之이온지此等判決書ᄂᆞᆫ新聞에나廣佈ᄒᆞ여本人의冤을可以紓抑이며天下의耳目을可以爲掩이올지一般同胞ᄂᆞᆫ參考ᄒᆞ심을敬要

南署茶洞十九統九戶內　張千麗　告白

敎育學

譯述　崔光玉　校閱　朴殷植　定價金廿五錢

此書ᄂᆞᆫ敎科書排列과敎授法則과訓鍊制度가詳細備載ᄒᆞ야一般敎育者의實鑑이될터이오니有志僉君子ᄂᆞᆫ速々購覽ᄒᆞ심敬要

發賣所　京布屛下書舖　金相萬　平壤貫洞　耶蘇敎書院　安岳邑　勉學書會

●特別廣告

國債報償志願金總合所에서該洞普成館內期成會의發金受入文件을調査ᄒᆞ라다가該會主務員榮根等이僞詐不現ᄒᆞ고義金領置가ᄂᆞᆫ明ᄒᆞᆫ所致로價調査廣告도已有ᄒᆞ엿거니와方將特持證ᄒᆞ고交涉官廳으로又此押告ᄒᆞ오니全國同胞ᄂᆞᆫ照亮ᄒᆞ시며領證도不日示明ᄒᆞ시오

大韓每日申報社內總合所

本塾에셔左開ᄒᆞᆫ科目을敎授ᄒᆞᆯ意로學員을募集ᄒᆞ오니願入僉員은陰本月二十五日內로來塾面請ᄒᆞ심을務望

西署長興洞長興校塾

左開

夜學科　一　日語　算術

晝學科　英語　萬國歷史

入學年齡은十五歲以上二拾五歲以下

開學期ᄂᆞᆫ陰本月二十六日

영미국정부젼미두허셕유발동긔급즈행거정이긔계급부속품을일졀염가방매ᄒᆞ오

直輸入商　韓國代理店　仁川本町　中根商會　電話七參參番

▲新刊書籍發售廣告

增補無冤錄大全　國漢文　定價金七拾五錢

大韓法規類纂　洋裝　三圓五拾錢　郵稅四拾錢

初等倫理學敎科書　二拾錢

初等衛生學敎科書　拾五錢

國家思想學　拾五錢

國民須知　八錢

愛國婦人傳　張志淵氏著　十五錢

發賣所　皇城布屛下　金相萬書舖

本人이內外國料理를各樣으로具備ᄒᆞ게ᄒᆞ고處所도淨潔ᄒᆞ오며今月陰十九日로開業ᄒᆞ오니僉君子ᄂᆞᆫ光臨ᄒᆞ심을望ᄒᆞᆷ

鐘路電氣社後谷　衆香館主人　趙應賢　告白

▲定期大廉賣廣告▼

自十一月十五日　至十二月廿五日

獨習日語正則

鄭雲復氏著　特別減價一圓　郵稅拾錢

此日語正則은自文法으로至農商工業諸般學術及人事百般에緊要ᄒᆞᆫ語句를網羅하야正確ᄒᆞᆫ發音과簡明ᄒᆞᆫ飜譯으로編纂ᄒᆞ야獨習에極히便利ᄒᆞᆫ故로出版ᄒᆞᆫ지未久에千餘部를出售ᄒᆞ옵고再版의期가不遠ᄒᆞ온지라이에自本月十五日로十二月二十五日ᄭᆞ지定價一圓二拾五錢을減ᄒᆞ야一圓에出售ᄒᆞ오며一般學界의便益을補코져ᄒᆞ옵ᄂᆞᆫ바郵稅와日字의定限이잇ᄉᆞ오니江湖僉子ᄂᆞᆫ爭先購覽ᄒᆞ시옵

(十二月二十五日以後에ᄂᆞᆫ定價外에一分도不減ᄒᆞᆷ)

京城中署布屛下二十七統六戶　廣學書舖　金相萬　告白

廣告

本公司始與泰大國特別推린烟製品純良香味臭味貨不同近有市上僞號混雜請諸君認明本牌爲記庶不至悞

代售店　京城大貞洞　鴻源號

總代理店　仁川淸租界　安興公司

▲生徒募集

本校內에男女學堂을分設ᄒᆞ고敎內敎外子女를敎育ᄒᆞ기爲ᄒᆞ야課程과規則을善美케制定ᄒᆞ얏ᄉᆞ니子女間敎育에有志ᄒᆞ신僉君子ᄂᆞᆫ速々히本校로來議ᄒᆞ시옵

中署勝洞　勝洞尋常高等小學校　告白

今陰七月分에仁川居韓健樞과金敎顯兩人이借來本人家ᄒᆞ야同健樞이要請日紙貨四百圓出次標만書給ᄒᆞᆫ故顯處ᄒᆞ고該票ᄂᆞᆫ余의送致ᄒᆞ기를待ᄒᆞ야施行ᄒᆞ라ᄒᆞ옵기依懇書給이더니玆後에同健樞이不爲送錢任置ᄒᆞ고送其金敎顯之長姪而要請該票施行이옵기說明右由ᄒᆞ고還送右票이더니其翌日에前來金姪이又爲來言曰欲見健樞而不得ᄒᆞ얏스니更限成票以給이던지設標를施行ᄒᆞ라ᄒᆞ며威脅이옵기難堪其威脅이올뿐더러本人之思量에今月晦內則似逢健樞ᄒᆞ와以十月晦內出次로更標以給ᄒᆞ고前標ᄂᆞᆫ爻周ᄒᆞ얏더니同健樞이終不出現이기玆以廣告ᄒᆞ오니內外國人은一切勿見欺ᄒᆞ시옵

京畿富平居　趙溜培　告白

本會員諸氏가年捐金納付의義務를履行치아니ᄒᆞᄂᆞᆫ結果로本總會에셔決議ᄒᆞ고本年十二月十日內에該金額을送交치아니ᄒᆞ면會員으로認定치아니ᄒᆞ깃기玆以仰佈ᄒᆞ오니僉員은照亮ᄒᆞᆷ

國民敎育會事務所　告白

學徒洋裝書冊　學徒運動와諸具　綿紗各種　美國金鷄蠟　衣服級鍵其他雜貨ᄂᆞᆫ廉價로發賣ᄒᆞ오니諸君子ᄂᆞᆫ來臨ᄒᆞ심을바라나이다

仁川港李興[illegible]商店

[illegible]
發行兼編輯人英國人 裵說
發行所 [illegible]
大韓每日申報[illegible]

第五卷 大韓每日申報 第六百七十六號

月曜及慶節歲時日休刊

檀君開國四千二百四十年
箕子元年三千二十九年
大韓開國五百十六年
日本明治四十年
淸國光緒三十三年
陰曆丁未十月卄八日丙戌

論說

○保種保國이元非二件

今日時事를談論ᄒᆞᄂᆞᆫ者ㅣ大蓋二派가有ᄒᆞ니一曰保種이오二曰保國이라

保種論을主張ᄒᆞᄂᆞᆫ者ᄂᆞᆫ曰國家ᄂᆞᆫ已矣라項羽彭城에天下事ㅣ去ᄒᆞ고張巡睢陽에將士皆病ᄒᆞ야四面에楚歌聲이오榻外에他人睡라已矣今日이여何嗟及矣리오然則吾儕의所當警戒ᄂᆞᆫ紅人의前轍을鑑ᄒᆞ야人種이나保全ᄒᆞ기를生覺홈이可ᄒᆞ다ᄒᆞ고

保國論을主張ᄒᆞᄂᆞᆫ者ᄂᆞᆫ曰國을亡ᄒᆞ고奴隷가되며牛馬가될진ᄃᆡ即此奴隷되고牛馬되ᄂᆞᆫ人種은비록滅絶ᄒᆞᄂᆞᆫ境遇에ᄂᆞᆫ不至ᄒᆞ리도使是萬劫地獄에陷入ᄒᆞ야天日을不見ᄒᆞ야頭出頭沒에呼號叫痛ᄒᆞᆯ而已니雖生이라도是死오雖人이라도是鬼라故로人種의保不保ᄂᆞᆫ姑舍勿問ᄒᆞ고保國二字나研究ᄒᆞ자ᄒᆞᄂᆞ니此二說이果然孰是ᄒᆞᆫ가

噫라保種論은本記者도亦嘗唱道ᄒᆞ던者이어니와其言論範圍가今日保種者의所言과大異ᄒᆞ니夫保種者ᄂᆞᆫ此民族이他民族의殄滅을受치아니ᄒᆞ자면其道가何에在ᄒᆞ뇨

必也其知識도彼보다劣치안이ᄒᆞ며其能力도彼보다弱치아니ᄒᆞ며其進步도彼보다後치아니ᄒᆞ며其事業도彼보다落지아니ᄒᆞ야末乃其地位도彼와同ᄒᆞ며權利도彼와同ᄒᆞ여야於是乎其種을保ᄒᆞᆯ지니其權利가彼와同ᄒᆞ라면其國이弱ᄒᆞ고야能之乎며其地位가彼와同ᄒᆞ라면其國이亡ᄒᆞ고야能之乎야

故로保種保國은一路라二路가아니며一義라二義가아니며一件이라二件이아니어ᄂᆞᆯ今彼保種論者의言과如ᄒᆞᆯ진ᄃᆡ其國의權利가喪失되며地位가卑劣ᄒᆞ고도其種을可保ᄒᆞᆯ줄노誤解홈이니是ᄂᆞᆫ愚人也며又彼保國論者의言과如ᄒᆞᆯ진ᄃᆡ鴟鴞의口에其雛가已絶이면飄搖風雨에鵲巢를曷保며虎狼의腹에其肉이已死이면窮寒山阿에兒窟을誰護아人種이既絶이면其國이雖保라도保之者가自己子孫이아니라他人之國也니保種以外에別般保國策이存ᄒᆞᆫ줄노誤解ᄒᆞ면是ᄂᆞᆫ狂人也라愚人狂人의趨獨是非ᄂᆞᆫ五十步百步之間이라深辨ᄒᆞᆯ必要가無ᄒᆞ도다

雖然이나保種을不思ᄒᆞ고保國만是求ᄒᆞ면其國이既保에其種이自保ᄒᆞ려니와萬一保國은不思ᄒᆞ고保種만是求ᄒᆞ라다가ᄂᆞᆫ其國이不保에其種이隨亡ᄒᆞ리니二義中에其近是者를求ᄒᆞᆯ진ᄃᆡ吾必保種論을捨ᄒᆞ고保國論을從ᄒᆞᆯ진져

官報

●號外 隆熙元年十一月卅日

◉宮廷錄事

宮內府達第八十三號

十二月一日게 太皇帝陛下게ᄋᆞ셔永禧殿에展謁ᄒᆞᄋᆞᆸ실旨를奉承ᄒᆞ온바出御時刻과御道路ᄂᆞᆫ如左홈이라

上午九時에咸寧殿에서出御ᄒᆞ사大漢門 布德門前路 新橋 黃土峴 光化門前路 東十字閣 安洞四街 觀峴 金虎門 유첨문을從ᄒᆞᄉᆞ永禧殿齋室에入御ᄒᆞ샤同十時三十分에行禮하ᄋᆞᆸ시고下午十一時에昌德宮에駕臨ᄒᆞᄋᆞᆸ시고下午二時三拾分에動駕ᄒᆞᄉᆞ同四時에還御ᄒᆞ심이라

宮內府大臣勳一等李允用

●第三千九百卅八號 隆熙元年十二月二日

辭令

度支部技手洪河龍
度支部稅務主事尹泰璟
免本官

享祀釐整委員 兪宗濬
秘書監卿
講筵官 洪鍾檍 尹泰駿
享祀釐整委員 承宣君李[illegible]鎔
宮內府特進官趙漢國
宗簿司長李達鎔
秘書院丞李恒九
掌禮院事務官內閣總理大臣秘書官囑託上村正已
命日本國報聘大使隨員

附錄

任侍從院副卿 從二品李曾九
從二品李晉九
仝 趙相鶴
任侍從院侍從 正三品徐丙孝
任侍從院典醫장
任掌禮院卿 正二品李鹿夏
任掌禮院掌典官 從二品金奎熙
正二品嚴俊源
從二品嚴柱承
仝 張浩鎭
仝 劉옹烈
仝 兪明濬
仝 劉臣赫
仝 金永振
仝 洪 건
仝 徐肯淳
仝 金穀鎬
正三品尹滋勳
仝 李範錫
仝 安永基
仝 鄭觀朝
仝 李泳均
仝 孫錫基
任掌禮院典祀 從二品朴齊斌
任承寧府副總管 正二品金春熙
任承寧府侍從長 從二品李恒九
任承寧府侍從 正二品尹德榮
任皇后宮大夫 從二品高義敬
任東宮大夫 從一品金鶴鎭
任奎章閣大提學 正一品閔泳徽
從一品박容大
仝 金思轍
仝 趙定희
正二品閔泳璘
仝 金嘉鎭
從二品趙鍾弼
正二品趙漢[illegible]
從二品金甲圭
仝 沈相璜
任奎章閣提學 從二品兪甲洙
正三品姜敬희
從二品尹寅[illegible]
仝 趙要夏
仝 閔泳晩
法部書記官金曙秀
從二品洪性友
仝 許섞
仝 金寅欽
正三品趙命희
任奎章閣副提學 未完

布達 續

第七條 宮內府大臣은勅奏任官의進退ᄂᆞᆫ上奏ᄒᆞ고判任官以下ᄂᆞᆫ專行홈이라

第八條 宮內府大臣은大禮와其他祭儀에關ᄒᆞ야必要ᄒᆞᆫ境遇에ᄂᆞᆫ裁可를經ᄒᆞ야官制定限外에職員을臨時增加홈을得홈但其事故가畢了ᄒᆞᆫ時ᄂᆞᆫ即時其解免을奏請홈이可홈이라

第九條 宮內府大臣은帝室事務에關ᄒᆞ야必要ᄒᆞᆫ境遇에ᄂᆞᆫ委員을置ᄒᆞ거나囑託員을置홈을得홈但其奏任以上待遇에屬ᄒᆞᄂᆞᆫ者ᄂᆞᆫ裁可를請홈이可홈이라

第十條 宮內府大臣은皇族의敍勳은旨意를奉ᄒᆞ야表勳院總裁의게示命ᄒᆞ고所屬官吏의敍勳은遞牒홈이라

第十一條 宮內府大臣은皇族과文武官의敍品을奏宣홈이라

第十二條 宮內府大臣은事務의情形을依ᄒᆞ야所屬官吏의休職이나復職을命홈을得홈但奏任官以上에屬ᄒᆞᄂᆞᆫ者ᄂᆞᆫ裁可를奏請홈이라 (未完)

外報

●內亂鎭定策 北京電을據ᄒᆞᆫ則陸軍部內에有力者ᄂᆞᆫ砲臺를建造홈과師團을增加ᄒᆞᄂᆞᆫ것보다內亂을鎭定ᄒᆞᄂᆞᆫ것이急務라ᄒᆞ엿더라

●勞動者出送 紐育電을據ᄒᆞᆫ則美國에셔ᄂᆞᆫ勞動者二萬人을歐洲로送ᄒᆞ얏다더라

●淸國의裁判所設置 北京電을據ᄒᆞᆫ則淸國憲法編纂官은法部와協議ᄒᆞ야提學使의章程을詳考ᄒᆞ야法律四章을編成ᄒᆞ고法律에任用ᄒᆞᆯ人才를選擇ᄒᆞ야各省에ᄂᆞᆫ事務官長을置ᄒᆞ고府縣에ᄂᆞᆫ中下二等의裁判所를設置ᄒᆞ기로內定되얏다더라

●二相會見 東京電을據ᄒᆞᆫ則加奈太勞動者大臣은過日外相과第二回의會見ᄒᆞᆯ터인대移民問題에關ᄒᆞᆫ事라더라

●戰爭時死傷者 伯林電을據ᄒᆞᆫ則摩洛哥國에셔佛軍과反徒와二日間을交戰ᄒᆞ얏ᄂᆞᆫ대佛軍의戰死者ᄂᆞᆫ八名이오反徒의死傷은一千二百名이라더라

●葡國革命의形勢 倫敦電을據ᄒᆞᆫ則葡萄牙國政治上情形이頗히重大ᄒᆞ야國內ᄂᆞᆫ將次革命에陷ᄒᆞᆯ模樣인故로政府ᄂᆞᆫ武器를收取ᄒᆞ고艦隊ᄂᆞᆫ海洋外에遷ᄒᆞ엿다더라

●鐵道起工式 上海電을據ᄒᆞᆫ則淸國南京에電流鐵道를起工ᄒᆞᆯ터이라ᄂᆞᆫᄃᆡ兩江總督端方氏가去二十九日에起工式을擧行ᄒᆞ얏다더라

●空中船發造 倫敦電을據ᄒᆞᆫ則美國陸軍省에셔ᄂᆞᆫ自由進行空中船과無線電話器械를製造ᄒᆞᆫ다더라

雜報

●請聘兩選 徽文學校에셔金主事文楨氏를敎師로聘ᄒᆞ야敎授ᄒᆞᄂᆞᆫᄃᆡ該氏의熱心으로視務未幾에學員이增加ᄒᆞ고可興之望이有ᄒᆞ더니何委折인지金氏가日前에請願書를呈出ᄒᆞ엿ᄂᆞᆫᄃᆡ該校에셔其請願書를日還ᄒᆞ얏고諸學員은[illegible]期於轉聘敎授케ᄒᆞ여야上하ᄒᆞᆫ다더라

雜報

●永禧殿展謁 昨日上午九時에 太皇帝陛下씌옵서 永禧殿에 展謁ᄒᆞ옵시고 下午四時에 還御ᄒᆞ옵셧더라

●御駕陪從 太皇帝陛下씌옵서 永禧殿에 展謁ᄒᆞ실次로 出御ᄒᆞ실時에 馬車를御乘ᄒᆞ셧ᄂᆞᆫ대 侍從趙民熙氏가驂乘ᄒᆞ얏ᄂᆞᆫ대 宮내府大臣李允用典醫幹齊斌兩시가各其馬車를乘ᄒᆞ고陪從ᄒᆞ얏더라

●御眞奉安 各地方十三道와 各府尹府에 大皇帝陛下의 御眞을撮影奉安ᄒᆞᆫ다더라

●御眞奉往 仁川府尹金潤晶씨가내部에電報를因ᄒᆞ야昨日上京ᄒᆞᆫ은問項과如ᄒᆞ거니와今番에 御眞一本을奉安以去ᄒᆞ얏다더라

●結縭錄去 皇太子殿下께서 日本에 御渡ᄒᆞ실時에韓國結稅收入總額을錄去ᄒᆞ실터인故로現今度支部에서結數都總額을調査ᄒᆞᄂᆞᆫ中이라더라

●留학期限 皇太子殿下께서 日本에留學ᄒᆞ실期限은十年으로預定ᄒᆞ셧ᄂᆞᆫ대六個月間은武官學校에修學ᄒᆞ신다ᄂᆞᆫ說이有ᄒᆞ더라

●祗迎訓諭 皇太子殿下께옵서留學次로日間出駕ᄒᆞ실터인대 내部에서京畿觀察使와富平郡守及仁川府尹을招上ᄒᆞ야 皇太子殿下께서仁川港動駕時에祗迎及祗送等節을訓諭ᄒᆞ얏다더라

●統監陛見 伊藤統監이昨日上午拾一時에 詣闕 陛見ᄒᆞ얏다더라

●第觀去就 內閣이變更된다ᄂᆞᆫ說은屢報ᄒᆞ얏거니와農相宋秉畯씨가日本에前往ᄒᆞᆫ後에內閣의變更與否를確知ᄒᆞ깃다ᄂᆞᆫ說이有ᄒᆞ더라

●統監叅宴 總理大臣李完用氏가再昨日上午十二時孫澤孃邸에서宴會를設行ᄒᆞ얏다ᄂᆞᆫ事ᄂᆞᆫ已爲揭報ᄒᆞ얏거니와各部大臣과中樞院顧問諸氏와伊藤統監이一齊往叅ᄒᆞ얏다더라

●大東總會 再昨日下午三時頃에大東學會에서臨時總會를開ᄒᆞ얏다ᄂᆞᆫ대海豊府院君尹澤榮 皇后宮大夫尹德榮兩시와法部大臣趙重應시와伊藤統監이往叅ᄒᆞ얏다더라

●日人加差 내部官制改定案件을本報에槪揭ᄒᆞ얏거니와更聞ᄒᆞᆫ則本國官吏ᄂᆞᆫ別無加減이오日本人判任官幾窠를加差ᄒᆞᆫ다더라

●叙任不公 宮內府大臣李允用씨가今番新官制頒布ᄒᆞᆫ後該府屬司叙任ᄒᆞᄂᆞᆫ官吏를挾私不公ᄒᆞᆫ다ᄂᆞᆫ輿論이紛紛ᄒᆞ더라

●自家宮府 宮내府大臣李允用씨의令男及從姪甥姪等某某諸氏도叙任ᄒᆞ얏ᄂᆞᆫ대可謂家族社會라고ᄒᆞ더라

●錦陵尉入城 濟州島에安置ᄒᆞᆫ錦陵尉朴泳孝氏가今明間入城ᄒᆞᆯ터이라더라

●森林議案 森林을擴張ᄒᆞ기爲ᄒᆞ야農商工部에서其理由書와森林法律案을制定ᄒᆞ얏다ᄂᆞᆫ데內閣에서講議ᄒᆞᆫ다더라

●隱山風流 中樞院顧問李址鎔시ᄂᆞᆫ再昨日上午拾二時에孫澤孃邸宴會에往叅ᄒᆞ얏다가下午三時에即爲出往于龍山江亭ᄒᆞ야仝四時에晩餐會를開ᄒᆞ얏ᄂᆞᆫ데來賓은永宣君리준鎔前宮大리載克 皇后宮大夫尹德榮海豊府院君尹澤榮承寧府總管趙民회내書記官長韓昌洙前내協沈相翊諸시가往叅ᄒᆞ얏다가昨日上午二時에散席ᄒᆞ얏다더라

●來賓錄報 雲峴宮에來往ᄒᆞᄂᆞᆫ賓客姓名을日巡査가一一히調査ᄒᆞ야某處로修報ᄒᆞᆫ다더라

●奉藥塡任 法官養成所敎官劉文煥李成默兩氏遞任ᄒᆞᆫ代에普成專門학校卒業中人으로塡任ᄒᆞᆫ다더라

●宣諭還道 光州觀察使金奎昌시가營下各郡에宣諭ᄒᆞ고去月二十八日에還道하얏냐고내部로電報ᄒᆞ얏다더라

●三守辭職 金海郡守閔泳晋昌平郡守金台鎭陝川郡守李歡恒三시가내部에辭職請願ᄒᆞ얏다더라

●逐戶調査 今番各署戶口調査에對ᄒᆞ야再昨日上午九時에警務顧問署에서該署와各署統首與統監을會集ᄒᆞ고戶口調査次로巡檢이나巡査가家戶에履行ᄒᆞᄂᆞᆫ데家장이無ᄒᆞ야應問치못ᄒᆞ거든或人이라도勿爲驚怪ᄒᆞ고統首及統監이家家에布諭ᄒᆞ라ᄒᆞ얏다더라

●興工設圖 趙羲淵李範來李軫鎬三氏가商工業을발達ᄒᆞ기爲ᄒᆞ야興工團을設始ᄒᆞᆫ다더라

●夫人同車 前내部書記官閔元植氏가出入ᄒᆞᆯ時에該夫人을洋服으로人力車를乘ᄒᆞ고同伴出入ᄒᆞᆫ다더라

●警官譴責 務安港裁判所檢事鄭寅昭氏가法部로報告하되伏承指令니槪에梁麟植이가身爲警官하야侵虐無辜를認以能事ᄒᆞ니遐鄕殘氓이何以聊生고此等警吏ᄂᆞᆫ不可仍置니到卽該梁麟植은定罪ᄒᆞᆯ律處辦報來等因ᄒᆞ와本檢事及法務補佐官補와警務補佐員이合席ᄒᆞ야該事件을提起協議ᄒᆞ야招致梁麟植而前後事案과警察上濫權을責之餘之ᄒᆞ온즉節節服罪이옵기聽實ᄒᆞ얏다더라

●忠裁放囚 忠北裁判所에서今番赦典에罪囚放釋成冊을法部로報ᄒᆞ얏ᄂᆞᆫ데合爲十四名이라더라

●三시移配 前電報課技師沈雨澤金澈榮元최貞三시가警視廳에被捉ᄒᆞ야多月滯囚ᄒᆞ얏더니珍島郡으로六個月移配로處辦ᄒᆞ얏다더라

●强盜未放 三昨日에監獄署에서今番赦典에對ᄒᆞ야罪囚放釋ᄒᆞ얏다ᄂᆞᆫ事ᄂᆞᆫ已揭어니와平理院所管罪人이四十名이오漢城裁判所所管罪人이一百八十名이오前陸軍監獄署所管罪人이二十二名이오强盗罪로未入得赦放者가一百餘名이라더라

●李氏被招 前侍從李鍾鎬씨가有何事件인지昨日警視廳에訊問次로被招ᄒᆞ얏다더라

●李家失火 再昨日下午二時量에東署梨峴居李奎瑞氏家에서失火ᄒᆞ야厨一間을燒燼ᄒᆞ고幸得撲滅ᄒᆞ얏다더라

●李氏碑善 加平郡立碑里ᄂᆞᆫ義擾로因ᄒᆞ야日兵의게人家六十餘戶가被燒되야酷禍를被ᄒᆞ얏ᄂᆞᆫ데老少人民이依處가無ᄒᆞ야東西彷徨에哭聲이狼藉ᄒᆞ더니該郡居ᄒᆞ던前進士李德奎씨가人民의慘狀을見ᄒᆞ고五六十年을長養ᄒᆞ던松楸를人民의게許給ᄒᆞ야家屋을結構하게ᄒᆞ엿다더라

●內浦初擾 南來人의傳說을聞ᄒᆞᆫ則忠南內浦等郡에義兵이各坊曲에榜文을揭付ᄒᆞ되無論某郡ᄒᆞ고結錢을稅務所로收納ᄒᆞᄂᆞᆫ者가有ᄒᆞ면爲先該郡稅務所를撲碎ᄒᆞᆫ다ᄒᆞᆫ故로今年結錢을姑不收刷ᄒᆞᆫ다더라

●龍安又擾 去月拾六日에義兵六十餘名이龍安郡에突入ᄒᆞ야郡守與郡主事를縛脅ᄒᆞ고取劉ᄒᆞᆫ結錢八百五拾圓을奪取ᄒᆞᆫ後郡守와主事를捉去ᄒᆞ다가咸悅郡界에至ᄒᆞ야放送ᄒᆞ얏다더라

●長湍大擾 長湍邑相距五拾里되ᄂᆞᆫ江西面安몽地에義兵千餘名이屯聚ᄒᆞ야山峰與洞口에據幕派守ᄒᆞ고附近面里秋收穀을稱以防穀ᄒᆞ고一一執留ᄒᆞ야以示永久之策ᄒᆞ와一境擾擾이라고該郡守趙重恩씨가내部로報告ᄒᆞ얏더라

●果川賊警 去十一月二十九日上午二時頃에賊漢五六十名이果川郡에突入ᄒᆞ야使令廳及分派所를打破ᄒᆞ고東軒房에入來ᄒᆞ야如干衣服等物을奪去ᄒᆞ얏다더라

●達裁報訴 慶北裁判所判事李忠求氏가法部로報告ᄒᆞ되本道警務署任囚金洛鎭崔聖弼事案件을檢事公訴에由ᄒᆞ야審査ᄒᆞ온즉各其陳供이犯係니亂이옵기改事를變更ᄒᆞ기爲ᄒᆞ야亂을作ᄒᆞᆫ者律에一等減照하야流刑十五年에處ᄒᆞᆯ만ᄒᆞ오나該犯이以其愚氓으로被脅從叅ᄒᆞ얏스니原其情狀에合有酌量이기原律에減二等ᄒᆞ야流刑七年에宣告ᄒᆞ얏더라

●淸潔結社 大邱에有志紳士朴齊鉉시等이人民衛生上에注意ᄒᆞ야該觀察道에請願ᄒᆞ고株金을募集ᄒᆞ야淸潔点燈合資會社를發起ᄒᆞ얏다더라

▲地方消息▼

▲去二拾八日午後四時二十分에京義線一山驛에서何許人이機關車에射砲ᄒᆞ얏다ᄒᆞ고

▲去月二十六日永柔郡附近에서라康年의率ᄒᆞᆫ五百名義兵이日中隊와一時間을交戰ᄒᆞ얏다ᄒᆞ고

▲二拾六日谷山郡北方約三十里許交戰場에日兵이三百米突되ᄂᆞᆫ高地에在ᄒᆞ얏ᄂᆞᆫ대不意에義兵이射擊ᄒᆞ미日兵이一時間을防戰ᄒᆞ얏ᄂᆞᆫ대兩陣에死傷이有ᄒᆞ다하고

▲任實郡上寰面錦山里에서出발ᄒᆞᆫ日巡査二名과巡檢二名이日守備兵과合力ᄒᆞ야去拾九日에義兵若干을遭遇交戰ᄒᆞ얏ᄂᆞᆫ대義兵은北方으로退却ᄒᆞ얏고또義兵四十名의集團과交戰ᄒᆞ얏다ᄒᆞ고

●谷山郡寬奐面生豚里에義兵百五十名이駐屯ᄒᆞᆷ을日軍隊가探知ᄒᆞ고去二十四日에谷山守備隊兵四名과新溪守備隊兵十三名과巡査四名이該地에到着ᄒᆞ미義兵이日本斥侯의게對ᄒᆞ야突然射擊ᄒᆞᆫ즉日兵은高地에在ᄒᆞ야應戰ᄒᆞ미一時間頑强히抵抗ᄒᆞ다가元山街路로退却ᄒᆞ엿다ᄒᆞ고

▲去二十五日淸州郡細儒場에서礦山으로爲業ᄒᆞᄂᆞᆫ日人深見千太郞家를義兵이來襲ᄒᆞ미同日人의弟ᄂᆞᆫ死生이不明ᄒᆞ다더라

東京電報

(廿日발)

●砂糖及保險業官營 日本政府ᄂᆞᆫ四十二年度以後의財政計劃으로ᄒᆞ야砂糖及保險業을官營홈에就ᄒᆞ야調査를始作ᄒᆞ엿다더라

海參威電報

●軍港司令遞任 海兵暴動事件은軍港司令官의責任에歸ᄒᆞ고同司令官은巡洋艦長에遷任ᄒᆞ고波羅的海艦隊司令官이其後任을襲하엿더라

▲成達季語▼

▲今番內部新官制에現任奏任官이合爲十三人內에韓人은四人만仍存ᄒᆞ고書記郞二十餘名內에韓人은十七人만仍舊ᄒᆞᆫ다ᄒᆞ니官制改正은政治를刷新ᄒᆞᆯ主意가아니라韓人官吏를減削ᄒᆞ기爲ᄒᆞᆷ인가今年에ᄂᆞᆫ半數以上을減削ᄒᆞ고明年에ᄂᆞᆫ幾何오

▲總理大臣李完用氏와法部大臣趙重應氏ᄂᆞᆫ日昨午前午後에兩次式統監府에前往協議ᄒᆞᆫ다ᄒᆞ니前日에ᄂᆞᆫ各大臣이統監府에每一次問安ᄒᆞ다가近日에ᄂᆞᆫ大臣의地位가動搖ᄒᆞᄂᆞᆫ고로日에兩次式問安ᄒᆞ야도地位ᄂᆞᆫ鞏固치못ᄒᆞᆯ듯ᄒᆞ니一日에三四次式이나ᄒᆞ면

▲中樞顧問官李夏榮氏ᄂᆞᆫ무삼事項을因ᄒᆞᆷ인지日昨에統監部에前往ᄒᆞ야數時間을密議ᄒᆞ얏다니近日政界가變換된다ᄒᆞ미法部大臣復職에脾胃가動ᄒᆞᆫ지

▲각地方義擾가猖獗ᄒᆞ미火賊이日尤熾盛ᄒᆞ야三三五五히閭巷間橫行ᄒᆞ야奪掠衙火가無所不至ᄒᆞ면서藉稱義陣에指揮라하야火賊의名稱을掩護코ᄌᆞᄒᆞ니義擾가起ᄒᆞ기에賊徒이蔵ᄒᆞ얏낫고

▲各大臣의保護ᄒᆞᄂᆞᆫ日巡査가各大臣의動靜을時時偵察ᄒᆞᄂᆞᆫ데大臣이或自己내舍에入ᄒᆞ야暫時間遲滯ᄒᆞ야도速速出來ᄒᆞ라고催促ᄒᆞ야一切行止에도不得自由ᄒᆞᆫ다니名則保護로되實狀은拘束이오位則大臣이로되身世가牛馬로다여보韓國政府大臣네야保護가그러케죠라고自己國家를他人의게保護를自請ᄒᆞ야此國은保護國을만들고此民은保護國人民을만들더니自己身世々지보護밧ᄂᆞᆫ身世가되니고滋味엇더ᄒᆞ오

雜報

●付郵見失 朔寧郡에서國債報償金을書札中에藏入ᄒᆞ야皇城新聞社에送傳ᄒᆞᆯ次로郵便에登記付送ᄒᆞ얏더니郵便局에서登記를開折ᄒᆞ야紙貨ᄂᆞᆫ取出ᄒᆞ고該封套만還歸本郡ᄒᆞ얏다더라

●獄門痛哭 日前에罪囚放釋ᄒᆞᆯ時에監獄署門前에서女人들이其夫其子의衣服을携來ᄒᆞ얏다가不得蒙放ᄒᆞᆫ 人은大聲痛哭ᄒᆞ야曰蒙放之人은擧皆輕於我子乎아ᄒᆞᄂᆞᆫ中에朴昌守ᄂᆞᆫ七年懲役으로亦未蒙放ᄒᆞᆫ지라其母親이該署門外에서夜深토록哭而不去ᄒᆞ더라

●免守請還 茂山郡民等이免官된前該郡守張業信시를還任ᄒᆞ게ᄒᆞ라고내部로電請ᄒᆞ엿더라

●靑會演說 今日下午七時에靑年會館에서演說會를開ᄒᆞ고紳士鄭雲復氏를請邀ᄒᆞ야金錢과名譽란問題로演說ᄒᆞᆫ다더라

●西友開會 西友學會에서會員金應善氏가今番皇太子陪從으로渡日ᄒᆞᄂᆞᆫ데餞別ᄒᆞ기爲ᄒᆞ야月例通常會를今日下午三時에附期開催ᄒᆞᆫ다더라

●觀守勸學 載寧郡守鄭孝燮氏가教育을熱心勸獎ᄒᆞ며外人交涉이慣熟ᄒᆞ야使民安堵케ᄒᆞᆫ다더라

●聖校漸就 平壤柴足坊雲谷里ᄂᆞᆫ雖僻在山谷ᄒᆞ야民智가未開ᄒᆞ고동民이貧寒ᄒᆞ더니該里有志紳士가各出特義ᄒᆞ야立一學校ᄒᆞ고 日聖德學校라校舍則吳時雍氏가出義構成ᄒᆞ고書籍則朴鶴銓氏가出捐義付ᄒᆞ고敎師則康濟泰玉明鏶兩씨가名譽로敎授ᄒᆞ야去益勉力ᄒᆞᄆᆡ學徒父兄은手舞足蹈ᄒᆞ고學徒ᄂᆞᆫ熱心勇進ᄒᆞᆫ다더라

●定郡設校 平安北道觀察使朴勝鳳氏가宣諭次로各郡을巡行ᄒᆞ다가定州에到着ᄒᆞ야一般多士를召集ᄒᆞ고敎育의必要ᄒᆞᆫ意旨를說明ᄒᆞᆷ에該郡紳士가莫不感激ᄒᆞ야存道齋留[illegible]과養士之需로該學校를設立ᄒᆞ고學識이有ᄒᆞᆫ呂祖鉉氏를敎師로延聘敎授ᄒᆞᆫ다더라

●新務塾設 西署銀杏동許錫시家에新務塾을設立ᄒᆞ고名譽敎師金洛奎시를雇聘ᄒᆞ야校장朴齊勳시와協力ᄒᆞ야夜學으로敎育ᄒᆞᄂᆞᆫ데學生을方在募集中이라더라

●薄俸蒞職 南來人에傳說을得聞ᄒᆞᆫ즉大邱公立普通학校副敎員金鐘禹시와尙州公立普通學校副敎員金址燮시ᄂᆞᆫ拾圓薄俸으로旅費가窘絀ᄒᆞ야許多困迫이오되至於敎育ᄒᆞ야ᄂᆞᆫ熱心注意ᄒᆞ야愈往愈篤ᄒᆞ야大有進就之望이라고稱頌不已ᄒᆞᆫ다더라

●葬費義捐 杆城郡守金仁植씨와葬禮를春川郡으로返柩經行ᄒᆞᆫ다ᄂᆞᆫ데葬費ᄂᆞᆫ觀察道官吏가義捐ᄒᆞ얏다더라

廣告

何許無賴輩가靑布廛都家를暗賣코져ᄒᆞ오니內外國人은切勿見欺하시옵
靑布廛都中 告白

朴仁壽圖章을路中에서失ᄒᆞ와사오니僉君子ᄂᆞᆫ照亮ᄒᆞᆷ을伏望
南大門外里門第一百七十六統七戶 朴仁壽 告白

本人이陰九月二拾八日에姓名圖章을見失ᄒᆞ얏ᄉᆞ오니內外國人은勿爲施行ᄒᆞᆷ
通津藥山沈啟澤 告白

本人이屛家農牛를場市에放賣ᄒᆞ야十三元을同里稱宗兒命錫便에付送ᄒᆞ얏더니厥兒가路中에遺失ᄒᆞ얏기로本人이牛主에게辨報하기로自當하얏더니意外店村居ᄒᆞᄂᆞᆫ高景春氏來言ᄒᆞ되余가路中에서紙貨十三元을拾得ᄒᆞ얏ᄉᆞ니此必是牛價遺失ᄒᆞᆫ錢이라ᄒᆞ고出給ᄒᆞ기로牛主에게報償ᄒᆞ얏사오니高氏의正直ᄒᆞᆫ心은世所罕有ᄒᆞ기感謝ᄒᆞᆷ을不勝ᄒᆞ와茲以廣告ᄒᆞ옵나이다
積城華山里居李夏卿 告白

本人이河橋安文亨許에十月廿七日捧次當一千七百兩至月初五日捧次一千三百兩於音二片을遺失하얏사오니誰某拾得ᄒᆞ시거던休紙施行ᄒᆞᆷ
苧洞金弘植

陽城德峰居吳都事榮善氏가今八月分卒逝ᄒᆞᆫ後其婿韓明洙가僞造分財手票ᄒᆞ고本郡元堂面所在沓秋收五十餘石을付同舍音李長順ᄒᆞ야已爲偸賣ᄒᆞ고其妹夫命舜玉이本郡孔梯面薪頭里所在秋收租를方欲偸賣ᄒᆞ며러該兩人이右兩處沓近一拾石落을僞券偸賣次로出沒京鄕ᄒᆞ오니內外國人은愼勿見欺ᄒᆞᆷ
吳榮務仲兄麟壽 告白

黃州郡三田面石釆里祥雲洞居ᄒᆞᄂᆞᆫ洪在[illegible]은本以雜類로面長數年擧行에公錢與市債가數萬兩을不勝勒當故로門中庄土와門契田沓을沒收僞造文券ᄒᆞ야本倅의게暗囑ᄒᆞ여證明書를圖得ᄒᆞ여가지고暗賣次로廣求中이온즉內外國人은切勿見欺ᄒᆞᆷ
黃州郡祥雲洞洪村
都門長洪希文 洞長洪宗淑

西署養德洞九十八統一戶家契를서失故茲以廣布ᄒᆞ니誰某拾得이든지休紙施行ᄒᆞᆷ
韓相洛 告白

本人이平壤外川面三里所在曹承旗의廳田五拾七畝를買得이오니或曹承旗의門中에서僞券斥賣ᄒᆞ랴ᄂᆞᆫ人이有하야도見欺치마시옵
平壤林原面崔在洙 白

日本語十個月速成夜講習所를該館內에設置ᄒᆞ고交際上簡明ᄒᆞᆫ法으로敎授ᄒᆞ오니有志僉彥은來臨講習ᄒᆞ시옵(時間은自下午八時로至十時ᄭᆞ지)
東關國民敎育會館日語講習所

本人의子金泰鎬이가性本浮浪ᄒᆞ야家產을蕩敗ᄒᆞ엿ᄉᆞ오니內外國人은勿爲見欺ᄒᆞᆷ
廟洞太井洞六十九統七戶 徐召史白

明月館繼續開業廣告

小春氣候가漸寒ᄒᆞ온데官民各社會僉閣下의健强萬福ᄒᆞ시기顒祝ᄒᆞ옵나이다弊館의開業本旨가非但尋常牟利만爲ᄒᆞᆷ이아니오國家進步上에一部分盡力을ᄒᆞ와各種食料品과器具品을不顧利害ᄒᆞ고盡美盡善ᄒᆞ야供應ᄒᆞ옵더니未開人事에悖行一과無賴下隷의欺取가不一其端ᄒᆞ온즉欲彈生訟이오不彈有害라不如閉業이라ᄒᆞ야至有閉業廣告이옵더니官과各般社會의勸業有聲이如風潮上ᄒᆞ시기로弊館에셔不孤厚誼ᄒᆞ와更開業ᄒᆞ오니僉君子閣下며셔益加眷愛ᄒᆞ심을伏望
隆熙元年十一月 日
黃土峴 明月館 告白
電話七百二十五番

瑞士建國誌

定價金 新貨拾五錢

此冊은政治小說이니志士의救國救民ᄒᆞᄂᆞᆫ歷史와人民의愛國心을養成하ᄂᆞᆫ데緊要ᄒᆞᆫ冊子오

發賣所
▲大韓每日申報社
▲仁川港杻峴 開新冊肆
▲中署布屛門下 金相萬冊肆
▲平壤城內烈女洞 敎育書舘
▲鍾路 古今書海舘
▲銅口越便 中央書舘
▲鍾路 大東書市
▲大邱 [illegible]書舘
▲[illegible] 博文書舘
▲開城 [illegible]冊사

▲定期大廉賣廣告▼

自十一月十五日 至十二月廿五日

獨習日語正則

鄭雲復氏著 特別減價一圜 郵稅 拾錢

此日語正則은自天文地理로至農商工業諸般學術ᄭᆞ지人事百般에緊要ᄒᆞᆫ語句를網羅하야正確ᄒᆞᆫ發音과簡明ᄒᆞᆫ翻譯으로編纂ᄒᆞ야獨習에가장便利ᄒᆞᆫ故로出版ᄒᆞᆫ지未久에千餘部를出售ᄒᆞ고再版의期가在邇ᄒᆞᆫ지라이에自本月十五日로十二月二十五日ᄭᆞ지定價一圜二十五錢에二拾五錢은減ᄒᆞ옵고一圜에出售ᄒᆞ와一般學界의便宜를補助코ᄌᆞᄒᆞ옵ᄂᆞᆫ바部數와日字의定限이잇ᄉᆞ오니江湖君子ᄂᆞᆫ爭先購覽ᄒᆞ시옵
(十二月二十五日以後에ᄂᆞᆫ定價外에一分[illegible]減ᄒᆞᆷ)
京城中署布屛下三十七統六戶
廣學書舖 金相萬 白

廣告

本公司始運來大韓國特別紙捲엽烟製목純良香味殊別價不岡近有市上牌槧混雜請諸君認明本牌爲記庶不至悞
代售店 [illegible]地大貞洞 鴻源號
總代理店 仁川淸租界 安興公司

▲生徒募集廣告

本校內에男女學生을分設ᄒᆞ고校內敎外子女를敎育ᄒᆞ기爲ᄒᆞ야課程과規則을完美케制定ᄒᆞ엿ᄉᆞ오니子女間敎育에有志ᄒᆞ신僉君子ᄂᆞᆫ速々히本校로來議ᄒᆞ시옵
中署勝洞
勝洞尋常小學校 告白

영미국정부젼매특허 셕유발동긔급쟈힝거 졍미긔계급부속품을입용영 방매ᄒᆞ오

直輸入商
韓國代理店
仁川本町
中根商會
電話七參貳番

[illegible]

◉國債報償義捐金收入廣告

十一月度收入

計壹百五拾貳圜五拾五錢

十一月ᄭᆞ지都總合이五万七千○五拾四圜九拾六錢七厘

廣告

本局에서十年을硏究ᄒᆞ야（婦嘗痛丹）이란藥을發明ᄒᆞ얏ᄂᆞᆫ데男女勿論ᄒᆞ고무슴病이던지（一貼十四箇）를每日一箇式服用ᄒᆞ면效驗이百發百中되ᄂᆞᆫ고毎日로搭至ᄒᆞ와買去ᄒᆞ오니病질잇ᄂᆞᆫ僉位ᄂᆞᆫ오리고싱마시고速々히來臨ᄒᆞ야商議ᄒᆞ심을希望홈

定價金 上品一劑金四圜 下品一劑金貳圜五角

本舖 仁川港栍峴和平局 龍洞濟生堂

발賣所仝 京城鍾路 慈惠藥房 仝 共愛堂藥房

雖外邦이라도郵便으로부치ᄂᆞᆫ슈가잇쇼

教育學

譯述 崔光玉 校閱 朴殷植

定價金廿五錢

此書ᄂᆞᆫ教科書排列과教授法則과訓鍊制度가詳細備載ᄒᆞ야一般教育者의寶鑑이될터오니有志僉君子ᄂᆞᆫ速速購覽ᄒᆞ심敬要

發賣所 京布屛下書舖 金相萬 平壤貫洞 耶蘇教書院 安岳邑 勉學書會

越南亡國史 國漢文

定價貳拾伍錢

發賣所 京城漢陽高裕相書舖 鐵南鐵川郡禹時夏書舖

布屛下김相萬 告白

▲新刊書籍發售廣告

增補無冤錄大全 國漢文 定價金七拾五錢

大韓法規類纂 洋裝 三圓五拾錢 郵稅四拾錢

初等倫理學教科書 二拾錢

初等衛生學教科書 拾五錢

國家學綱領 拾五錢

國民須知 八錢

愛國婦人傳 張志淵氏著 十五錢

發賣所 皇城布屛下 金相萬書舖

生徒洋裝書冊

學徒運動과諸具

紙筆墨各種 米國金時計

其他服裝雜貨도廉價放賣ᄒᆞ오니僉君ᄌᆞᄂᆞᆫ來臨ᄒᆞ심을바라나이다

仁川港栍峴開新冊肆

發賣元 京城鍾路大廣橋通小廣橋大路東邊二十號 彰信社內及各書舖에在홈

今日人類ᄂᆞᆫ政治的動物이라政治思想은人類가國家를構成ᄒᆞᄂᆞᆫ要素니民國된者ㅣ政治를不知홈이可乎아況今政界를刷新ᄒᆞᄂᆞᆫ時代에며今政治를硏究홈이必要가有ᄒᆞ고故로學校敎科書로用ᄒᆞ기適宜ᄒᆞ니僉君子ᄂᆞᆫ斯速購覽ᄒᆞ실을爲要

政治原論

安國善 譯述 定價金六十錢 郵稅[illegible]

▲▲▲食思振起 體力活潑 補益丸

定價 拾日分服三十個入 金一圜 二十日分服六十個入 金一圜七拾五錢 三十日分服九十個入 金二圜五拾錢

此藥에主治效能用法은在於藥封이ᄒᆞ오니第一老衰男女에偉效가有ᄒᆞ고勞心勞腦ᄒᆞᄂᆞᆫ司法官吏와敎師와銀行會社員과學生과坐店商人과多産ᄒᆞᆫ婦人에運動不足으로生ᄒᆞᆫ陰陽俱虛와健忘症과貧血症과手足厥冷과頭痛腰痛이잇ᄂᆞᆫ各病에靈效가有ᄒᆞ고雖無病人이라도此藥을毎日朝午夕食後三次에一丸式淸水呑下ᄒᆞ시면身體가强壯ᄒᆞ고精神이活潑ᄒᆞ고飮食이消ᄒᆞ고百病을預防ᄒᆞᄂᆞᆫ眞奇世靈藥이라男女勿論ᄒᆞ고五十歲以上으로老年에至ᄒᆞᆫ하ᄂᆞᆫ諸般原因으로來ᄒᆞᆫ虛弱에ᄒᆞ나니即營養不良之致로滿期에淫通치못ᄒᆞ거나ᄒᆞ가始作이치아니ᄒᆞ거나不足或閉止ᄒᆞᆫ되와房事過度에ᄒᆞ로精이無ᄒᆞ야流出ᄒᆞ거나房事時陰莖신이萎而不起ᄒᆞᄂᆞᆫ나營門이婦ᄒᆞᄂᆞᆫ諸症과手足이常時厥冷ᄒᆞᆫ되와眩暈頭痛과有ᄒᆞᆫ婦蠟의不治되ᄂᆞᆫ癆疾과再歸熱이種種時厥冷ᄒᆞᆫ되絶對ᄒᆞᆫ效力이有ᄒᆞ고虛脫一二失氣ᄒᆞᆫ久病人이速히蘇完되오니男女間病之深淺을保證ᄒᆞ야一二回且二三四期만連服ᄒᆞ시면入效가有ᄒᆞ기로保證ᄒᆞ오니從ᄒᆞᆷ나이다

◉米國大學醫院處方

醫學校長勳五等池錫永氏有效證明

製造發售人濟衆院 學員洪鍾厚 朴慈惠 李觀化

廣告

製造本舖 漢城鐘路 萬國基督敎靑年會舘前 慈惠藥房

●驅蟲藥瘡丸 一日分定價金拾錢 此藥은大小兒蟯瘡과初期腹痛에效驗이以蔘服用ᄒᆞ면更不再發

●蛔虫丸 一日分定價金拾錢 此藥은大人小兒蛔積과蛔虫의二三日服用ᄒᆞ면蛔虫을殺ᄒᆞᄂᆞᆫ妙藥

●感氣丸 一日分定價金拾錢 此藥은感氣몸살의四時感氣로一二日連服ᄒᆞ면鎭痛解熱

●淋疾藥 定價金五圜 此藥은淋疾의一期二期勿論男女淋疾ᄒᆞ고그근하ᄂᆞᆫ약을쥬오

●淋疾丸 七日分定價金一圜四拾錢 此藥은獨逸國醫學界에셔發明ᄒᆞᆫ이대단ᄒᆞᆫ약인ᄃᆡ男女淋疾勿論ᄒᆞ고速效가잇ᄉᆞ오

●眼藥 一日分定價金三拾錢 此藥은火眼熱眼의多有奇效用藥之日로痛止ᄒᆞ오

●淸痢鎭咳藥 五日分定價金三拾錢 此藥은拾九歲以上人에用ᄒᆞᄂᆞᆫ四時尋常性咳嗽에有效ᄒᆞ고特히老人哽咳에偉效가ᄒᆞᆫ第一藥인ᄃᆡ

●無臭擦藥 定價金四拾錢 此藥은疥瘡虫을滅殺ᄒᆞᄂᆞᆫ藥이잇소

本人等이濟衆院醫學員으로米國大學醫院處方과本邦醫書를參考ᄒᆞ고其他內外國大奇效ᄒᆞᆫ藥品을調製ᄒᆞ야國漢文으로飜譯ᄒᆞ야英文日文에用法廣告를我國에도人ᄒᆞ고洋鐵匣에도人ᄒᆞ야四隣國에紙匣에도人ᄒᆞ야琉璃瓶에도人ᄒᆞ고全國內地各藥局에都賣코ᄌᆞᄒᆞ오니同業兄弟게셔ᄂᆞᆫ本藥房에代理支店으로有意ᄒᆞ시거든居住姓名을자셔이記錄ᄒᆞ야편지ᄒᆞ시기바라옵니다

西藥便方 全

定價金壹圜

此冊은漢城濟衆院藥方文과米國大學醫院處方을我國文으로알아보기쉽게飜譯ᄒᆞᆫ冊인ᄃᆡ京鄕各藥局에貨泉이될만ᄒᆞᆫ一代神方冊이요

皇城基督敎靑年會廣告

皇太子殿下 下賜壹萬圜

大掛鐘式ᄒᆞᄂᆞᆫ規則

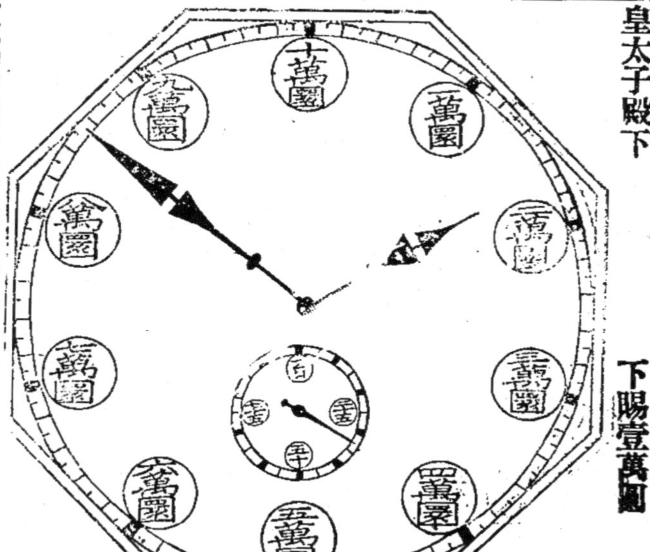

此掛鐘의抄針은每一度週轉ᄒᆞᄂᆞᆫ데壹百圜을指示홈이오

長針은每一度週轉ᄒᆞᄂᆞᆫ데壹萬圜을指示ᄒᆞ고

短針은每一度週轉ᄒᆞᄂᆞᆫ데拾萬圜을指示홈

義務捐助金寄附人員及數額

農商工部大臣 宋秉畯氏 貳百圜

金容鎭氏 五拾圜

無名氏 壹千圜

伊太利建國三傑傳

一冊 正價金三十錢

此書ᄂᆞᆫ距今數十年前에伊太利愛國者瑪志尼、加里波的、加富爾三傑이奄奄垂亡ᄒᆞᆫ國勢를挽回ᄒᆞ야歐洲列强間에鼎峙ᄒᆞᆫ形實을國漢文으로譯出ᄒᆞ얏ᄂᆞᆫ데其艱難危險의經歷과嘔心瀝血의景況이讀者의哀情을感發ᄒᆞᆯ만ᄒᆞ오며其百折不屈의意氣와其九死屢變의熱誠이讀者의愛國心을激起ᄒᆞᆯ만ᄒᆞ오니有志君子ᄂᆞᆫ不可不座右에置ᄒᆞ고常目에掛ᄒᆞᆯ冊子오니繼續來購ᄒᆞ시옵

발賣所 皇城布屛下 廣學書舖

仝 博文書館

仁川栍峴 開新冊肆

平壤鍾路 耶蘇教冊사

義州南門外 廣學書館

發行兼編輯人 英國人 裵說
發行所 京城南署公洞外邊三十號洋屋家 大韓每日申報社
[illegible]

第六百七十七號 第五卷

大韓每日申報

月曜及慶節 歲時日休刊

檀君開國四千二百四十年
箕子元年三千二十九年
大韓開國五百十六年
日本明治四十年
淸國光緖三十三年
陰曆丁未十月廿九日丁亥

論說

○葡萄牙國에危機

神戶허랠드新聞에揭報ᄒᆞᆫ論說來電을據ᄒᆞᆫ건ᄃᆡ葡萄牙에現今危機를關說ᄒᆞ엿ᄉᆞ되軍隊를依賴치不能ᄒᆞ야該國王칼노氏가幾乎監囚에在ᄒᆞ다ᄒᆞ엿ᄉᆞ니此若實報면其形態가果未免重大어니와該國王의雅美勇壯홈과且其膽髓의純實홈은一般吾人이幾乎盡知ᄒᆞᄂᆞᆫ바이니如此格外事變이何以起端ᄒᆞ엿ᄂᆞᆫ지知悉키果難이로다

其勢如此故로칼노스王이自國을危機에近ᄒᆞ도록許置하엿슬지ᄂᆞᆫ吾人이臆度키不能이요同時에若其電信을實報로計홀진ᄃᆡ同씨가君主와非凡ᄒᆞᆫ權限만信依ᄒᆞ고人民의權限은忘却홈으로自國을國難에投홀줄노吾人이信認홀理由가亦有하도다其末記ᄒᆞᆫ解說은疑訝가不無ᄂᆞ然이나特其表證된거슨今年五月十一日에同國議事堂이解散되야至今토록議員이不會ᄒᆞ엿고但其總理大臣프랑코氏가全國을統治ᄒᆞᆫ지라若以事實노明言ᄒᆞᆯ진ᄃᆡ同氏가葡萄牙에指揮者이니現今形勢의責任이同氏或該國王에게歸홀지或其人民의게在홀지人各異之로다

神戶허랠드新聞의對此揭報를槪擧ᄒᆞ건ᄃᆡ其如左ᄒᆞ도다

國會議事堂의中止를直接으로引生ᄒᆞᆫ事實은泰晤士報通信員의報導ᄒᆞᆫ바와如히烟草

實가腐敗의模範을如彼極甚ᄒᆞᆫ著示ᄒᆞ야報館與人民이叛亂을惹起ᄒᆞ미우리비로內閣이不得已辭職홈에至ᄒᆞ바어니와同時에何如黨派가繼位에在ᄒᆞ엿던지同一之擊을亦當ᄒᆞ엿ᄉᆞ리로다

ᄉᆞ패레토報를據ᄒᆞᆫ건ᄃᆡ葡萄牙에首居ᄒᆞᆫ兩黨이素有ᄒᆞ야年來로同 ᄒᆞᆫ政略을實行ᄒᆞ야各其自己의方便으로權利를使用ᄒᆞ엿거니와同國에大臣官職은其受任者가普通選擧를經由ᄒᆞ고且其居官은即幾許間에職錄을濫用支配ᄒᆞᄂᆞᆫ權限을兼홈이러라

一千九百一年에現今指揮者프랑코氏가保守黨에서分離ᄒᆞ야自由黨을組織ᄒᆞ고該黨이經濟的改良과政會的治轄의綱領을創出ᄒᆞ엿스며우리비로總理가選任ᄒᆞᆫ後에此自由黨이即時官職에就ᄒᆞ엿ᄉᆞ나此政府의烟草專賣之許가在野不平者를悅樂케ᄒᆞ기에不足ᄒᆞ야今年之始에如此危難之機가已著ᄒᆞ엿도다

未完

官報

三千九百卅九號

隆熙元年十二月二日

敍任

平理院判事리容相
正二品朴基禮
九品리人稙

附錄續

正一品리根命
仝 閔泳奎
仝 趙秉鎬
仝 尹澤泳
仝 閔泳韶
從一品尹用求
仝 金宗漢
正二品閔商鎬
仝 金思濬
從一品嚴柱益
任奎章閣祗候官
任奎章閣卿 正二品趙同희
從二品리天珠
任奎章閣記注官
從二品金喆成
任奎章閣典製官
任內藏院卿 從二品趙鎬敏
沁川府尹權鳳洙
任내藏院副卿
任내藏院技師 從一品沈宜碩
任典膳司長 仝 김珏鉉
任主殿院卿 仝 리謙濟
從一品金允植
任帝室會計監査院卿 從二品趙慶濬
任帝室財産整理局次長 從二品徐相勛
任修學院次장
掌禮院掌典官金奎희
兼任掌禮院典祀장
宮內府次官小宮三保松
兼任帝室財産整理局長官
任宮닉府秘書官 多田桓
正三品尹世鏞
任宮닉府秘書官 井上雅二
洪輕英여
從一品리起泓
任宮닉府書記官
正三品金穰鎬 村上龍길
橋間쉐 靑山淺治郎
任宮닉府大臣官房事務官
正二品리容春

正三品朴善斌
仝 李圭元
仝 리甲洙
從二品리喬永
正三品金永甲
仝 趙重國
仝 金鎭璜
仝 嚴柱東
六品 리景희
仝 李聖默
任侍從院侍從
六品金秉燮 仝 金海卿
洪寅植
任侍從院侍從補
小山善
正三品 리海昌
仝 朴承準
洪在暐 朴昌植
任侍從院典醫
九品徐廷鎬
任侍從院製藥師
從二品高희誠
仝 玄百運
仝 리弼均
正三品劉 찬
仝 박叙陽
仝 리ᄀ用
仝 리相弼
崔在鶴
任掌禮院禮式官
正三品 金世鉉
五品申圭善 六品리昌善
六品權錫진
任掌禮院掌典官
從二品리周희
任掌禮院國樂師장
正三品白禹鏞
任掌禮院 樂師長
從二品朴泓陽
從二品嚴健永
正二品趙秉근
從一品孫容憲
正三品吳在升
仝 許萬弼
仝 리熙洙

仝 朴時奎
仝 吳泰泳
仝 鄭圭東
仝 柳興世
六品朴泳好
仝 玄鳴運
仝 張斗鉉
任掌禮院典祀
六品 李龍濂
正三品洪運표
仝 尹範植
仝 吳一泳
六品徐丙協
九品金德鉉
任承寧府侍從
正三品金澄培
仝 洪哲普
任承寧府典醫
正一品尹成求
任皇后宮大夫補

未完

外報

●重要問題 海蔘威에서發行하ᄂᆞᆫ一新聞記者ᄂᆞᆫ米國陸軍卿타프트氏의一行이着港ᄒᆞ기를爲待ᄒᆞ더니去十九日에着港ᄒᆞᆫ즉同記者가艦內에서陸軍卿을訪問ᄒᆞ고數件의重要ᄒᆞᆫ問題를提出ᄒᆞ야米俄間에協商及同盟을締結ᄒᆞ기를希望이라ᄒᆞᆫ則同氏가應答ᄒᆞ되米俄間國際關係ᄂᆞᆫ特別히親密ᄒᆞᆫ故로協約을更加締結홈이無必要라ᄒᆞ엿스나其內容은特異ᄒᆞ다ᄒᆞ더라

●日人排斥案否決 桑港電을據ᄒᆞᆫ즉米國사구라멘트勞働同盟會에서桑港勞働同盟에서送交ᄒᆞᆫ日人排斥案이勞働同盟者에ᄂᆞᆫ大槪不利하다ᄒᆞ야該案을否決ᄒᆞ얏다더라

●日人不得上陸 紐育電을據ᄒᆞᆫ즉日人約百名이旅行券을持ᄒᆞ고米國으로向ᄒᆞ얏ᄂᆞᆫᄃᆡ米國에서其上陸홈을不許ᄒᆞ얏다더라

●借地外居留日人退逐 北京電을據ᄒᆞᆫ즉吉林黑龍兩省의巡撫ᄒᆞᄂᆞᆫ徐總督이北京에電報ᄒᆞ되日本人이租借地外에居留ᄒᆞᄂᆞᆫ者不知其數니此를速々交涉ᄒᆞ야退逐하라ᄒᆞ엿더라

●自由權議論 俄京電을據ᄒᆞᆫ즉俄國總理大臣은議會에서獨裁政治를擁護ᄒᆞᄂᆞᆫ것이可ᄒᆞ다ᄒᆞ고再次確言ᄒᆞ며自由를給與ᄒᆞ깃다ᄒᆞ엿더라

●日人病者不得上陸 紐育電을據ᄒᆞᆫ則加奈陀政府에서日本人病者上陸을禁止ᄒᆞ라고各港에命令ᄒᆞ엿더라

●水害復設費 日本地方에서水害ᄒᆞᆫ建築을復設ᄒᆞᄂᆞᆫᄃᆡ其費額은四千萬圓이라더라

●大阪黑死病猖獗 大阪電을據ᄒᆞᆫ則該地黑死病이猖獗ᄒᆞ야現在患者가數十人인ᄃᆡ其間死亡者가近千名이라더라

雜報

●新聞之盜 黃山郡守丁喜燮씨ᄂᆞᆫ各種新聞을不一購覽ᄒᆞ고該郡내각處로來到ᄒᆞᄂᆞᆫ新聞을郵便局에서分傳時에送人竊取ᄒᆞ야仍作已物ᄒᆞ고購覽本處에ᄂᆞᆫ拾餘日或二十餘日만에幾張間傳발홈으로遺漏遲滯之弊가非日非再라고該郡購覽人의咨怨이有ᄒᆞ다더라

●演奏未開 孤兒院에서妓樂을組織ᄒᆞ고開城府에前往ᄒᆞ얏더니該府士論이沸騰ᄒᆞ야演奏를開치못ᄒᆞ고該府紳士朴炳二兩시ᄂᆞᆫ先爲上京ᄒᆞ얏ᄂᆞᆫᄃᆡ孤兒院員은尙今逗留ᄒᆞ야某々有力家에百般運動中인ᄃᆡ該府紳士가風化上과敎育界에大爲乖悖라ᄒᆞ야極口反對ᄒᆞᆫ故로尙未開會라

雜報

●德壽宮問安 皇太子殿下께오셔本月五日에日本國에動駕ᄒᆞ신다ᄒᆞᆷ은已爲報道ᄒᆞ얏거니와德壽宮에問安ᄒᆞ실次로今日上午十一時에出 御ᄒᆞᄉᆞ金虎門 觀峴 安동四街里 鍾十字路 光化門前路 大漢門으로從ᄒᆞ사問安ᄒᆞ옵시고下午二時에還 御ᄒᆞ신다더라

●參拜從便 大皇帝陛下와御眞을十三道에業已奉安ᄒᆞ얏다ᄂᆞᆫ데其理由인즉國家慶節과正朝에該道觀察使와該地居留民이從便參拜ᄒᆞ기爲ᄒᆞᆫ事이라더라

●換御馬車 太皇帝陛下께옵셔再昨日 永禧殿에展謁ᄒᆞ옵신은昨報에已揭ᄒᆞ얏거니와追聞ᄒᆞᆫ즉同日昌德宮에歷 臨ᄒᆞ셧슬時에 御馬者가何以失手ᄒᆞ얏던지 御馬車가破壞ᄒᆞᆷ으로宮大李允用시가上奏ᄒᆞ야本大臣의所乘ᄒᆞ얏던馬車를 御乘還 御ᄒᆞ옵셧다더라

●總理陛見 總理大臣李完用시ᄂᆞᆫ再昨日上午에昌德宮에陛見ᄒᆞ고下午四時에내閣에仕進ᄒᆞ얏다가五時에仕退ᄒᆞ얏다더라

●同舟渡日 皇太子殿下께셔日本에留學ᄒᆞ실次로明日上午十時에發駕ᄒᆞ시ᄂᆞᆫ데答禮大使完興君과伊藤統監의一行이同時발程ᄒᆞᆫ다더라

●仁港祗待 皇太子殿下께셔日本에 御渡ᄒᆞ실日子가在邇ᄒᆞᆫ故로 御乘船이自日本으로日前仁川港에來泊ᄒᆞ얏다더라

●祗送禮節 皇太子殿下께옵셔明日에動駕ᄒᆞ심은前項과如ᄒᆞ거니와所經沿路에祗迎節次ᄂᆞᆫ[illegible]自漢城으로永登浦々지ᄂᆞᆫ漢城府尹이人民을指揮羅立케ᄒᆞ고 自永登浦로富平郡梧柳동停車場々지ᄂᆞᆫ京畿觀察使가人民을指揮羅立케ᄒᆞ고 自梧柳동으로仁川港杻峴々지ᄂᆞᆫ一進會員이循序羅立ᄒᆞ얏다가祗送ᄒᆞᆯ터이라ᄂᆞᆫ데人民等이韓日兩國國旗를交持케ᄒᆞᆫ다더라

●下賜統監 伊藤統監이太師를被任ᄒᆞᆫ後에 太皇帝陛下께옵셔翡翠玉貫子一件과朝服一襲을下賜하옵셧다더라

●官吏增置 ᄂᆡ閣新官制改定案件을漏聞ᄒᆞᆫ則現今一般官吏外에書記官三名과書記郎五名을增加ᄒᆞ얏다더라

●經費磨鍊 內閣을昌德宮藥房으로移接ᄒᆞᆯ터인데修理經費가窘絀ᄒᆞ야尙今延期하더니該修理費를度支部에서支出ᄒᆞ기로磨鍊ᄒᆞ얏다더라

●月俸磨鍊 各觀察使와各郡守의月俸을增俸ᄒᆞ기로磨鍊中인데觀察使ᄂᆞᆫ三百圜으로郡守ᄂᆞᆫ一百圜으로支撥ᄒᆞᆫ다ᄂᆞᆫ說이有ᄒᆞ더라

●聖恩曉諭 法部大臣趙重應시가再昨日下午二時에監獄署에前往ᄒᆞ야一般罪囚의게 聖恩을曉諭ᄒᆞ얏다더라

●叙勳請議 法部에서該部參與官野澤武之助刑事局長金洛憲秘書課長金基肇平理院裁判長洪錄의四氏를叙勳ᄒᆞ라고內閣에請議ᄒᆞ얏다더라

●陽曆云行 宗廟正朔 享祭을明年으로爲始ᄒᆞ야ᄂᆞᆫ陽曆一月一日로設行ᄒᆞᆫ다ᄂᆞᆫ說이有ᄒᆞ더라

●三日朝令 내閣에서地方郡守를一齊히斷髮下送하기로決議ᄒᆞ엿고ᄂᆡ部地方局에ᄂᆞᆫ廉仲模氏도郡守를下送路에一次相見禮를行ᄒᆞᆫ後에治民方針을說明하야期於히斷髮下送ᄒᆞ기로擘畫ᄒᆞ얏다더니近日有髮郡守들이自外受勅下去ᄒᆞᆫ者가有ᄒᆞ미內閣決議와廉氏擘畫이有始無終이라ᄒᆞ더라

●金氏入城 新任承寧侍從長金春희가振威郡第에退臥ᄒᆞ얏다가再昨日에入城ᄒᆞ얏다더라

●衛團巡察 一進會장李容九시가地方自衛團을巡察ᄒᆞᆯ次로日前에發程ᄒᆞ얏다더라

●代理總領事 駐韓俄國總領事ᄂᆞᆫ歸國ᄒᆞ엿ᄂᆞᆫ데副領事게ᄒᆞ벨시가其代理를被任ᄒᆞ엿ᄂᆞ더라

●司廢物移 宮내府屬司教寧司가廢止된故로該司諸般物品을再昨日ᄂᆡ藏院으로沒數收去ᄒᆞ얏다더라

●兩家搬移 總理大臣李完用氏가日本에前往ᄒᆞ기前에南寧尉宮으로搬移ᄒᆞᆯ터인故로尹用求氏가日昨에齋동前김世基氏家舍로移接ᄒᆞ얏다더라

●一寒如此 京畿觀察使李圭桓氏가今番 皇太子殿下의祗送節次를協議ᄒᆞᆯ事로再昨日下午七時頃에法部大臣趙重應씨家에前往通刺ᄒᆞ니保護巡檢等이趑不通刺ᄒᆞᆷ으로寒發門外에서困難이莫甚ᄒᆞ얏다더라

●一進祗送 一進會員等이 皇太子殿下를祗送ᄒᆞᆯ次로該會中에서代表者幾拾名을選擇ᄒᆞ야仁川港埠頭々지陪從祗送케ᄒᆞᆫ다더라

●更圖誤施 自衛團이各地方으로下去ᄒᆞ야觀察使와郡守의게該團實施ᄒᆞ기를請求ᄒᆞᆫ즉觀察郡守가皆不從ᄒᆞᄂᆞᆫ지라政府訓飭을更圖下送ᄒᆞ야該團을實施케로ᄒᆞᆫ다더라

●國旗列立 皇太子殿下께셔日本에留學ᄒᆞ실次로 動駕時에自京으로仁川々지沿路에祗送ᄒᆞᄂᆞᆫ委任을ᄂᆡ閣에서法部大臣趙重應씨로定ᄒᆞᆫ故로該시가昨日ᄂᆡ로國旗五千件를新造ᄒᆞ야沿路에祗送式에列立케ᄒᆞ얏다더라

●式樣改定 法律勅令과官吏任免及其他奏本에關ᄒᆞᆫ式樣을改定ᄒᆞ얏스니準此施行하라고ᄂᆡ閣에서各部로通知ᄒᆞ얏다더라

●郡主回示 江原道宣諭使洪祐晳시가宣諭時에橫城郡에到着ᄒᆞᆫ즉該郡主事가不爲迎接ᄒᆞ얏다ᄒᆞ고該主事를結縛ᄒᆞ야二時間를場市로回示ᄒᆞ얏다더라

●謫調促放 黃州郡鐵島에流配ᄒᆞ얏던閔衡植李爽종兩씨가莞島로移配되얏더니其間身病으로發程치못ᄒᆞ고尙在鐵島ᄒᆞ얏ᄂᆞᆫ데今番赦典에蒙宥된故로閔衡植씨李氏閔大植씨와李步종시의子同揆시가黃州郡으로即爲發謫ᄒᆞ여달나고法部로請願ᄒᆞ얏다더라

●宣告流配 平理院에서法部에質稟ᄒᆞ되被告吳仁澤에ᄂᆡ亂件을檢事公訴에由ᄒᆞᆫ와此를審理ᄒᆞ온즉被告供稱이以褓商으로下鄕周行타가陰八月拾八日에判斤源ᄒᆞ야日兵을排斥ᄒᆞᆯ意로亂을作코ᄌᆞᄒᆞᄂᆞᆫ所謂義兵大將朴秉奎에徒黨七拾餘名을逢着ᄒᆞᆫ則當場威脅에使之勸入ᄒᆞ고渠輩가稱以參校나然이나但是[illegible]祿隨行에取得糊食而已오無他器仗與奪取財物之事라가陰九月十七日光陵川에逃還타가徵慶園酒店에서被捉ᄒᆞᆫ事ᄂᆞᆫ被告에陳供이明白ᄒᆞ야政事를變更ᄒᆞ기爲ᄒᆞ야亂을作ᄒᆞᆫ者律에減二等ᄒᆞ야流十年에宣告라ᄒᆞ얏더라

●尹家賊警 再昨日上午一時에東署外郊四牌掌內馬場里居尹相燦시家에强賊五六名이擁銃突入ᄒᆞ야物品을奪去ᄒᆞ고該家外草家四間에衝火ᄒᆞ얏다더라

●公物被燒 順興郡守金昌洙氏가法部에報告ᄒᆞ되去月拾一日에義徒五百餘名이本郡에闖入ᄒᆞ야衙舍及公廨와民家一百餘戶를衝火燒진이온데事務廳及書記廳에儲存ᄒᆞ얏든刑法大全法規摘要와土地家屋證明簿와手數料規則과大典會通과續大典과大明律과無冤錄其他裁判에關ᄒᆞᆫ諸般公簿와山地尺檢屍尺銀針等許多公物이沒數被燒ᄒᆞ얏다더라

●罪囚數爻 監獄署에서今朔時囚成冊을法部에報ᄒᆞ얏ᄂᆞᆫ데平理院所管懲丁及雜囚가合五十三名이오漢城裁判所管懲丁與雜囚合八十九名이오陸軍法院所管이四名이오新入懲丁이三十九名이라더라

●日兵向東 再昨日下午一時에日本步兵十五名이卜馱一百五十匹을領率ᄒᆞ고東小門外로出去ᄒᆞ야磏川等地로向往ᄒᆞ얏다더라

●狗能捉虎 甑山草谷坊漢川場居ᄒᆞᄂᆞᆫ金來弘시ᄂᆞᆫ元來以獵資生ᄒᆞ더니陰本月十四日에獵犬二隻을驅ᄒᆞ고山谷間에出行ᄒᆞᆫ즉中叢眼間에一大虎가咆哮當前ᄒᆞ며二犬은身側으로避入ᄒᆞ거놀김시가獵犬을嗾ᄒᆞ야虎를噬ᄒᆞ라ᄒᆞᆫ즉一犬은閃躍하야虎의囊을咬ᄒᆞ고一犬은閃躍ᄒᆞ야虎의項을齧ᄒᆞ미虎가不能動ᄒᆞ거놀김시가巨石으로碎其頭ᄒᆞ야該大虎를捉ᄒᆞ얏다더라

▲地方消息▼

▲去廿一日丹陽郡각基里에서義兵이日兵과二時間를交戰ᄒᆞ다가清風方面으로退却ᄒᆞ엿ᄂᆞᆫ데其兵器ᄂᆞᆫ擧皆新式銃이라ᄒᆞ고

▲去二十六日永春郡리康年에率ᄒᆞᆫ義兵와虛實를日兵이偵探ᄒᆞ야夜合ᄒᆞ미義兵이應戰치아니ᄒᆞ고同郡西方面으로退陣ᄒᆞ얏다ᄒᆞ고

▲果川郡東面에義兵이襲來ᄒᆞᆫ다ᄂᆞᆫ報를日警隊에서接ᄒᆞ고日巡査와巡檢을派送ᄒᆞ야정察ᄒᆞᆫ則同郡下西面에義兵이襲來ᄒᆞ얏다ᄂᆞᆫ事實을聞知ᄒᆞ고即追ᄒᆞᆫ則該義兵은他處에逃走ᄒᆞ고同面注巖洞에義兵十餘名이銃器를携帶役人ᄒᆞ야 一進다하會員一名을동外에서銃殺ᄒᆞ얏고

▲三陟郡儒生等이會集ᄒᆞ야言論ᄒᆞ되 皇太子殿下께옵셔日本에留學ᄒᆞ시ᄂᆞᆫ事實을質問ᄒᆞᆯ것과곳道義兵을一處로招集ᄒᆞ야大事를圖謀ᄒᆞᆯ것과咸鏡道에서蜂起ᄒᆞᄂᆞᆫ義兵은清國馬賊과合同ᄒᆞ야京城에在ᄒᆞᆫ日隊와賣國賊臣을攻擊케ᄒᆞᆫ事件이라더라

北京電報

三日발

●間島問題 日本駐清公使가間島問題에就ᄒᆞ야北京政府에對ᄒᆞ야日本은在間島에韓日人拾四萬人을保護ᄒᆞ기爲ᄒᆞ야少數에兵員을派送ᄒᆞᆫ則清國은大兵을派送ᄒᆞ랴다가日人注意에依ᄒᆞ야減少ᄒᆞᆫ것이尙數百名의兵을派ᄒᆞ고日本이韓清에先例를追ᄒᆞ야愼重히境界談辦의解決을圖ᄒᆞᆯ際에清國은一面으로天保山의韓日民을驅逐ᄒᆞ고且任意에告示를發表ᄒᆞ고韓民을捕縛ᄒᆞᄂᆞᆫ非行이有ᄒᆞ야該問題解決에誠意가無ᄒᆞ다ᄒᆞᆫ則向後에尙或如斯ᄒᆞᆫ事가有ᄒᆞ면日本도應急히處置를取ᄒᆞᆯ러이라ᄒᆞ엿더라

▲青萍高歌▼

▲宮내大臣李允用氏ᄂᆞᆫ今番官制改正에該府屬司官吏를自己子姪親戚만叙任ᄒᆞ얏스니世論이紛紛ᄒᆞ야評曰宮내府ᄂᆞᆫ李大臣에氏族社會라ᄒᆞ니莫重國家公器를視作自己囊中之物ᄒᆞ야他人의게ᄂᆞᆫ一資半級을議與치아니ᄒᆞ나即一花樹之會로고

▲近日龍山江亭에風流가尤壯ᄒᆞ야花套局이繡纔ᄒᆞ미需雲이又籠ᄒᆞ야晩餐會를壯設ᄒᆞ니雪後江上에風景을翫賞ᄒᆞᆷ은美則美矣로되低唱淺斟저妓生은銷金帳中싱각ᄒᆞ니宮大署理밧부도다

▲近日漢城니에紅공緞을織ᄒᆞᄂᆞᆫ대멀건이ᄂᆞᆫ機을支ᄒᆞ고좋치ᄂᆞᆫ梭을擲ᄒᆞ고조첨이너ᄂᆞᆫ바대을셔라좋아너ᄂᆞᆫ誰와共히經과緯를作ᄒᆞ야一疋공緞을織出ᄒᆞ고紅공緞니불세너덧幅ᄒᆞ얏고나덥고나보니汝與我與그러코말고다닐을말인가輿夫잇나志士잇나

▲近日에五署니家戶를調査ᄒᆞ기爲ᄒᆞ야總首와統監을會集ᄒᆞ고巡査巡檢이家戶摘奸을知飭ᄒᆞ라ᄒᆞ얏다니統監은韓에叱一高等官인줄은一般世人의知料하ᄂᆞᆫ바ㅣ러니閭巷間에또統監이無數ᄒᆞ니此統監은巡査가管理ᄒᆞ거니와彼統監은

▲邇來國成社에서風流가夜夜迭宕ᄒᆞ야清歌妙舞가傷人心腸ᄒᆞ야장安豪傑이黃金을散盡ᄒᆞ더니日前니大宅잔채에參與하얏던각大臣들이轉往消暢ᄒᆞ얏스니各大臣이또노리나던고

▲近來에會니國이나ᄒᆞᆫᄂᆞᆫ各色名目이多數히成立ᄒᆞ니傍觀者가魚膾나肉膾나水剛이나경圖과又치녀여脾胃가발動ᄒᆞ야너도나도ᄒᆞ니또獨立基礎會나ᄒᆞ야보지

廣告

加立馬隊所任殷東根張贊春諸人이今春에馬兵許에國債報償金二千兩을收合分食ᄒᆞ고香馬隊前所任金相爲文應洙二人이各馬兵處에四百六十兩을收合分食ᄒᆞ얏더니新差所任等이香馬隊에ᄂᆞᆫ四百六十兩을推尋ᄒᆞ얏고加立馬隊에ᄂᆞᆫ二千兩을至于今推尋치못ᄒᆞ와廣告치못ᄒᆞ오니該人等乾沒ᄒᆞᆫ罪上이萬々可痛이옵기廣布ᄒᆞ오니愛國同胞ᄂᆞᆫ照亮홈 總督ᄋᆡ최俊 告白

本會事務所를中署下於義洞六統六戶로移住홈

● ● ● ● 大韓協

本人舍伯梨峴布木廛韓盛錫이가月前에不知去處러니昨日書信一度가來ᄒᆞᆫ中廣告紙一片이有ᄒᆞ기로布告ᄒᆞ옵니다其書에日니가去月十三日에鎭店逃避ᄒᆞ야隱居深庵에日前新聞을見ᄒᆞᆫ즉姑母夫金漢鼎도飮藥死言이有ᄒᆞ니是非를世界에말ᄒᆞ마前大邱郡守金漢鼎氏가昨冬에五萬圓票二張과八萬七千五百兩票一張만써주면免辱ᄒᆞ깃다ᄒᆞ기로於音四張을써주잇더니同來ᄒᆞ야다져간후當限日字에大邱府內居鄭鳳鎭이與日本人金國兩處로來往督促키로내가去月十四日에逃避ᄒᆞᆫ즉鄭氏가同邑居李榮國과同居金氏舍廊에金씨가鉛坪을周旋次聚日也他에鄭氏가金氏子十七歲少年을공갈ᄒᆞ여장근廢房을열고各項汁物을自意放賣ᄒᆞ야幾萬金會作전以去러니今月初에又來ᄒᆞ여鄭李兩人이同留之際에金公이自身을쌀며內所에隱身ᄒᆞ여廿三日夜離別書數張을써노코身死云ᄒᆞ니나ᄂᆞᆫ於音빌연죄로鎭店避身ᄒᆞ고金씨ᄂᆞᆫ至於身死헤스나돈바든ᄉᆞ롬이其主업ᄂᆞᆫ間에家舍汁物을제것ᄀᆞᆺ치自意放賣ᄒᆞᄂᆞᆫ定法이有ᄒᆞᆫ가嚴然ᄒᆞ고八萬七千五百兩票ᄂᆞᆫ엇지될境遇인지市上公驗ᄒᆞᆫ알고나가깃스나浮費ᄂᆞᆫ비술내여서라도三日廣告만내여달나기로玆에告白홈

東署今橋韓우錫 告白

何許浮浪之悖類가本人의圖章을僞造ᄒᆞ야約束手形을振出ᄒᆞᆫ다ᄒᆞ오니本人은手形의屬ᄒᆞᆫ類ᄂᆞᆫ初無振出이기로玆以廣告ᄒᆞ오니내外國人은切勿見欺홈

鐘路布廛一房 裵東赫 告白

本人等이各項物品을賣買ᄒᆞ기便利케爲ᄒᆞ여文明各國競賣法을模倣ᄒᆞ여鐘路布廛一房에競賣所를設施ᄒᆞ고每一日六日로每朔六次式設場拍賣ᄒᆞ오니凡物賣買코져ᄒᆞ시ᄂᆞᆫ僉員은來臨相議ᄒᆞ시기를望홈

一 委托ᄒᆞ여賣買ᄒᆞᄂᆞᆫ物種은各項物品에無不買賣홈

一 物種을委托後放賣前이라도相當ᄒᆞᆫ價格에先用도홈

一 物件放賣後物主의게口文十一除로叩除홈

一 物品을委托後極盡保護이되或셔失과破傷이되면本所가依例擔當ᄒᆞ고外他水火及大同之患에ᄂᆞᆫ擔當치아니홈

一 物種을賣買後或賣買主間還退코져ᄒᆞᄂᆞᆫ境遇에ᄂᆞᆫ本所에셔擔任치아니홈

一 場日이過日이나雨雪노因緣ᄒᆞ야設場못ᄒᆞᄂᆞᆫ境遇에ᄂᆞᆫ其翌日노設場홈

一 物主가有故ᄒᆞ야出場치못ᄒᆞ면本所에委托放賣도홈

一 外他諸般細則은不得一々廣告ᄒᆞ오니模糊하신事ᄂᆞᆫ來議홈

鐘路布廛一房普信競賣所 尹영 金在定 金仁植 告白

惟我金山郡은處在湖嶺之間ᄒᆞ야鐵道開通ᄒᆞ고市港漸盛ᄒᆞ나賊匪不息ᄒᆞ고外接頻頻中不幸前郡守林承發氏遞任後로多月空官에民無所恃러니何幸郡主事李赫氏가獨掌其務에撫內以順ᄒᆞ고待外以和ᄒᆞ야漸至安穩ᄒᆞ니此際繼任은雖付生手오使此前郡守로還任ᄒᆞ거나郡主事로陞任ᄒᆞ오면一境翕然ᄒᆞ고民心歸順ᄒᆞᆯ깃기玆將議題於觀察道이요亦將請願於내部ᄒᆞᆯ次로今此上京하야先爲廣告홈

慶北金山郡拾五面面長等 告白

前參事金斗能의名字를以在斗로改定矣니知悉照諒ᄒᆞ시오

金在斗 告白

本人이本月十一日에張文典處에捧次錢壹千貳百三兩於音을路上遺失ᄒᆞ얏ᄉᆞ오니內外國人은閑拾得이오면休紙施行홈

定州舊南橋居金守貞 告白

本月은陽年終也本報貸金을五日納付支社ᄒᆞ와換送元社케ᄒᆞ오되毋至遲期홈

郭山支社李鉉瑢 告白

何許無賴輩가靑布廛都家을暗賣코져ᄒᆞ오니內外國人은切勿見欺ᄒᆞ시옵

靑布廛都中 告白

本人이隣家畜牛을與市에放賣ᄒᆞ야十三元을同里居同宗兒命錫便에付送ᄒᆞ얏더니厥兒가路中에遺失ᄒᆞ얏기로本人이牛主에게辨償하기로自當하얏더니意外店村居ᄒᆞᄂᆞᆫ高景春氏來言ᄒᆞ되余가路中에서紙貨十三元을拾得ᄒᆞ얏스니此必是牛價遺失ᄒᆞᆫ錢이라ᄒᆞ고出給ᄒᆞ기로牛主에게報償ᄒᆞ얏사오니高氏의正直ᄒᆞᆫ心은幾世所罕有ᄒᆞ기感謝홈을不勝ᄒᆞ와玆以廣告ᄒᆞ옵나이다

積城華山里居李夏卿 告白

陽城慄峰居吳都事榮善氏가今八月分卒逝ᄒᆞᆫ後其婿韓明洙가僞造分財手票ᄒᆞ고本郡元堂面所在畓秋收五十餘石을付同舍音李景順ᄒᆞ야已爲偸賣ᄒᆞ고其妹天命舜玉이本郡孔梯面薪頭里所在秋收租를方欲偸賣ᄒᆞ며該兩人이右處畓近一拾石落을僞券偸賣次로出沒京鄕ᄒᆞ오니내外國人은愼勿見欺홈

吳榮善仲兄麟善 告白

黃州郡三田面石泉里祥雲洞居ᄒᆞᄂᆞᆫ洪在坤은本以雜類로面長數年擧行에公錢與市債가數萬兩을不勝勤當故로門中庄土와門契出畓을沒數僞造文券ᄒᆞ야本倅의게暗請ᄒᆞ여證明書를圖得ᄒᆞ여가지고暗賣次로廣求中이온즉內外國人은切勿見欺홈

黃州郡祥雲洞洪村 都門長洪希文 洞長洪宗淑

本人이平壤外川面三里所在晋承煥의庫田五拾七畝를買得이오니或晋承煥의門中에서僞券暗賣ᄒᆞ랴ᄂᆞᆫ人이有하야도見欺치마시옵

平壤林原面崔在洙 白

本人의子金泰鎭이가性本浮浪ᄒᆞ야家産을蕩敗ᄒᆞ엿ᄉᆞ오니內外國人은勿爲見欺홈

廟洞太井洞六十九統七戶 徐召史 白

▲新刊書籍發售廣告

增修無冤錄大全	國漢文	定價金七拾五錢
大韓法規類纂	洋裝 三圓五拾錢	郵稅四拾錢
初等倫理學敎科書		二拾錢
初等衛生學敎科書		拾五錢
國家學綱領		拾五錢
國民須知		八錢
愛國婦人傳	張志淵氏著	十五錢

發賣所 京城布屛下 金相萬書舖

瑞士建國誌

此冊은政治[illegible]로思想과人民의愛國心을養成[illegible]緊要ᄒᆞᆫ冊子오

定價金 新貨拾五錢

發賣所

▲大韓每日申報社 開新冊肆

▲仁川港柳峴 金相萬冊肆

▲中署布屛下 [illegible]

▲平壤[illegible] [illegible]

▲鐵路 [illegible]

▲[illegible] 中央書館

▲大東[illegible] 大東書市

▲[illegible] 匯東書館

▲備考 [illegible]文書館

▲開城 姜助遠 冊사

▲定期大廉賣廣告▼

自十一月十五日 至十二月廿五日 特別減價一圜

獨習日語正則

鄭雲復氏著 郵稅 拾錢

此日語正則은自天文地理로至農商工業諸般學術及人事百般히緊要ᄒᆞᆫ語句를網羅하야正確ᄒᆞᆫ發音과簡明ᄒᆞᆫ翻譯으로編纂ᄒᆞ야獨習에가장便利ᄒᆞᆫ故로出版ᄒᆞᆫ지未久에千餘部를出售ᄒᆞ고再版의期가在邇ᄒᆞ온지라이에自本月十五日로十二月二十五日ᄭᆞ지定價一圜二十五錢에二拾五錢을減ᄒᆞ옵고一圜에出售ᄒᆞ와一般學界의便益을裨輔코ᄌᆞᄒᆞ옵ᄂᆞᆫ바部數와日字의定限이잇ᄉᆞ오니江湖僉子ᄂᆞᆫ爭先購覽ᄒᆞ시옵

(十二月二十五日以後에ᄂᆞᆫ定價外에一分不減홈)

京城中署布屛下三十七統六戶 廣學書舖 金相萬 告白

廣告

本公司始運來大英國特別紙捲烟草純良香味與別貨不同近有市上牌號混雜諸君認明本牌爲記庶不至悞

代售店 京城大貞洞 鴻源號

總代理店 仁川淸租界 安興公司

영미국정부전미득허 셕유발동긔급즈행거 졍미긔계급부쇽품을 일졀엽 방매ᄒᆞ오

直輸入商 韓國代理店 仁川本町

中根商會

電話七參番

●特別廣告

國債報償志願金總合所에서韓國普成館內期成會의發金受入文簿를調査ᄒᆞ라다該會主務吳榮模等이僞詐不現ᄒᆞ고義金帳簿가ᄭᅡᆨ明ᄒᆞᆫ所致로領證調査廣告도已有ᄒᆞ엿거니와方時帶持證物ᄒᆞ고交涉官廳ᄒᆞᆯ次로又此布告ᄒᆞ오니全國同胞ᄂᆞᆫ照亮ᄒᆞ시며領證도不日示明ᄒᆞ시오

大韓每日申報社內總合所

教育學

譯述 崔光玉 校閱 朴殷植 定價金卄五錢

此書ᄂᆞᆫ教科書排列과教授法則과訓鍊制度가詳細備載ᄒᆞ야一般教育者의寶鑑이될터이오니有志僉君子ᄂᆞᆫ速速購覽ᄒᆞ심을望

發賣所 京布屛下書舖 金相萬 平壤貫洞 耶蘇敎書院 安岳邑 勉學書會

國債報償志願金總合所廣告(續)

永川郡古村面內浦洞 續

리東白 리魯秀 鄭邦休 崔再貲、洪佑汶 各四十錢 朴致鍊 박致鍊 鄭炳圭 朴周日 各廿錢 李東基 李英業 各卅錢 朴鎭郁 鄭宅休 朴鎭玉 金相浩 각二拾錢

▲元堂洞

김舜浩 崔麟述 鄭圭鎬 鄭浩衍 리학九 各四十전 리光海 朴在柱 김容簡 金麗浩 鄭浩장 崔宗吉 鄭浩然 崔召史 鄭浩氣 김基浩 김基浩 각卅전 리光祚 四十전 리光洛 리光安 각卅전 申鶴鉉 成洛敎 各卅전 鄭敬相 四十전 리惠鳳 파光祥 鄭在枃 四十전 리承秀 卅전 리召史 孫召史각拾錢

▲龍湖동

金鍾鶴 四十錢 金再鳴 김世永 金辰永 金學河 김鳳義 尹尙睦 조尙龍 各二十錢

▲반溪洞

김鍾洛 六拾전 리振佑 四拾전 金회耀 金佑永 各ㅁ전 金鍾鳳 六拾전 리東根 四拾전

▲林浦洞

金鍾祿 金基洪 朴時宅 黃在용 金鍾振 金鍾哲 各六拾전 徐福源 四十전 金鍾和 리根宇 리浩運 리禮佑 皇甫運 崔奭九 朴시潤 리文五 徐楨憲 崔鎭浩 各卅전 리禮佑 徐福源 金鼎和 각四十전 皇甫運 二十전 崔奭九 김鍾佑 黃元得 崔璋五

金鍾九 朴ㅁ洞 徐楨德 리根佑 리浩運 리文五 金鍾益 各四十전 朴致雲 黃震坤 各六十錢 金鍾ㅁ 崔鍾奎 各四十전 金鍾玉 六拾전 未完

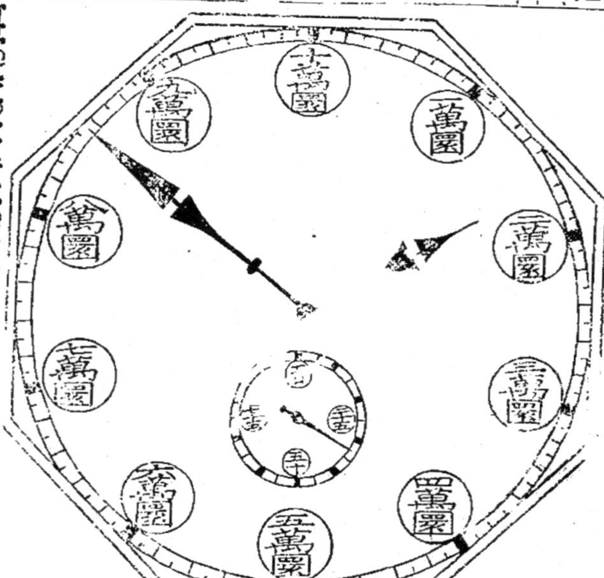

皇城基督敎靑年會廣告

皇太子殿下
大掛鍾의週轉ᄒᆞᄂᆞᆫ規則
下賜壹萬圜

此掛鍾의抄針은每一度週轉ᄒᆞᄂᆞᆫ대壹百圜을指示ᄒᆞᆷ이오
長針은每一度週轉ᄒᆞᄂᆞᆫ되壹萬圜을指示ᄒᆞ고
短針은每一度週轉ᄒᆞᄂᆞᆫ대拾萬圜을指示ᄒᆞᆷ

義務捐助金寄附人員及數額

農商工部大臣 宋秉畯氏 貳百圜
金容鎭氏 五拾圜
無名氏 壹千圜

本人이[illegible]

發行兼編輯人 英國人 裵說
發行所 京城南署石井洞號外(?)三署洋屋家 大韓每日申報社

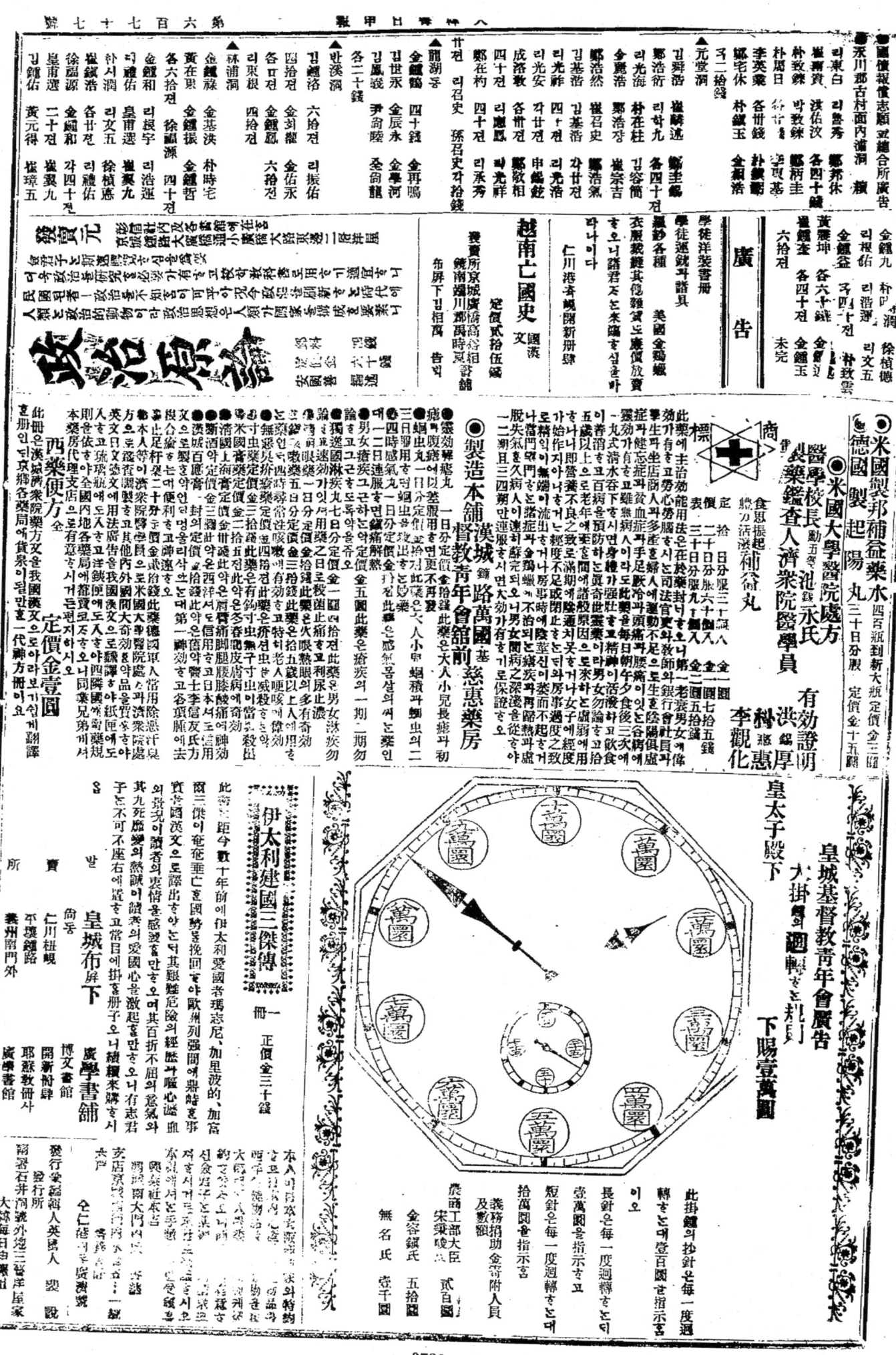

第五卷

大韓每日申報

第六百七十八號

月曜及慶節
歲時日休刊

檀君開國四千二百四十年
箕子元年三千二十九年
大韓開國五百十六年
日本明治四十年
清國光緒三十三年
陰曆丁未十一月大初一日戊子

論說

○葡萄牙國에危機 (續)

今年三月十七日에至ᄒᆞ야葡萄牙王이自由黨政府ᄅᆞᆯ免除ᄒᆞ고保守黨으로政權을更執케ᄒᆞ매保守黨이到今ᄒᆞ야ᄂᆞᆫ不勝驚懼ᄒᆞ야烟草問題가竟至決定ᄒᆞ엿스나然이나人民의激昂之氣가各異勢力을引起ᄒᆞ야海軍中에셔도叛亂이生ᄒᆞ엿고其後未幾에暴動이繼起ᄒᆞᆫ지라

리스본地方에셔ᄂᆞᆫ人民이大會ᄒᆞ야共和黨候補者ᄅᆞᆯ歡迎ᄒᆞ다가警吏의게攻擊을被ᄒᆞ엿도다

當此危急之秋ᄒᆞ야保守黨의首領우리비로氏가自己의게專斷的權力을奏請ᄒᆞ엿스나葡國王이自由黨의首領카스듀로氏의同一ᄒᆞᆫ奏請을既往에拒絕ᄒᆞᆫ지라今者에도亦是不許ᄒᆞ엿스니此ᄂᆞᆫ兩政黨의首領이俱是腐敗의中央部ᄅᆞᆯ逮今未免ᄒᆞᆫ故로如此專斷的權力을信托ᄒᆞᆷ이不能完全ᄒᆞᆯ줄노量度ᄒᆞᆷ인듯ᄒᆞ도다

由是로自由及保守兩黨이專任政權을設立ᄒᆞ기에프랑코氏ᄅᆞᆯ預想ᄒᆞ엿더니칼노스王이同氏의게ᄂᆡ閣之務ᄅᆞᆯ果任ᄒᆞᆫ지라此新任總理大臣이自由黨의首領카스듀로시와結合ᄒᆞ기에ᄂᆞᆫ共能成就ᄒᆞ엿스나然이나共和黨의運動은驚愕ᄒᆞᆫ形態ᄅᆞᆯ依ᄒᆞ야繼續ᄒᆞᆷ으로콤브라大學校에生徒가煽動之下에셔叛亂을竟然ᄒᆞ야君主로議會ᄅᆞᆯ解散케ᄒᆞ엿도다

自此以後로프랑코시가專斷的權力을蒙得ᄒᆞ야政黨의酷毒ᄒᆞᆫ駁論을少不畏忌ᄒᆞ고撤力을實行ᄒᆞᆫ지라電信의著示ᄒᆞᆷ과如히同시가衆民及軍隊의勢力으로ᄒᆞ야금君主及總理의行動을抵抗케激動ᄒᆞ엿스면其事態의重大ᄒᆞᆷ이無疑ᄒᆞ니個人的으로不適ᄒᆞᆷ이遽今未有ᄒᆞᆫ칼노스王의歷代ᄅᆞᆯ對ᄒᆞᆫ該國民의眞實形態가何如ᄒᆞᆯ지將見ᄒᆞ리로다以統治者로言之면同君主가不屈不撓ᄒᆞᆫ公直과正實之人으로泰晤士報通信員의陳述이既有ᄒᆞ니今者에至ᄒᆞ야憲法에違越되ᄂᆞᆫ權力을運用ᄒᆞᆫ事實은甚堅ᄒᆞᆫ諸般改良을實行코ᄌᆞᄒᆞᆷ에似在라特以一言으로結之ᄒᆞ건ᄃᆡ其形勢가怪異ᄒᆞ고且眩惑ᄒᆞ니後日啓발이不少ᄒᆞᆫ憂慮로從生ᄒᆞ리로다 完

官報

●三千九百四十號

隆熙元年十二月四日

敍任及辭令

免本官 度支部書記郞梁川煥

孫永續 朴吉浩 韓次教
吳學洙 리光洙 김世爵
리采佳 朴奎東 沈永煥
石載賢 林최英 申明煥
張仁植 朴慶來 鄭敬浩
최甲宗 宋詮度 최東述
김昌榮 辛月奎 김윤琥
嚴柱孝 吳壽哲 리奎相
申彦集 韓日敎 吳南俊
박學守 吳始泳 郭宗勳
김泳鍊 리起陽 최性煥
김在學 김成鍾 김永奭
洪致業 姜德存 吳相灝
김鳳天 丁禧柱 趙龍植
朴用桓 리찬衡 김寬五
리其俊 김信仲 김應璉
黃鍾淑 김國瑞 智錫甫
朴基興 김규건

任度支部技手 永宣君리윤鎔

特陞敍大勳賜리花大綬章 前宗簿司長勳四等리達鎔

特陞敍勳三等賜八卦章 宮내府次官小宮三保松

特敍勳一等賜八卦章 日本[illegible]笠置艦長海軍大佐 山縣文藏

日本國兒島艦장海軍大佐 東鄕吉太郞

特敍勳二等賜八卦章 日本國第二艦隊參謀海軍大尉 太田千尋

特敍勳四等賜太極章 宮내府顧問部補佐官 橘園[illegible]

仝 村上龍길

特敍勳五等賜太極章 日本國警視勳五等 呼子友一郞

日本警視勳六等 葛城最太郞

特賜太極章 皇宮警衛事務補佐員 神宮興太郞

仝 佐野佳吉

特敍勳七等賜太極章 日本國陸軍少將勳一等 村田惇

特賜太極章 統監府囑託 勳三等男爵 高崎安彦

特陞敍勳二等賜八卦章

附錄 (續)

正三品趙重鼎
仝 金容憲
仝 洪奎植
仝 申佐均
仝 李炳觀
仝 李탁

任奎章閣直閣 從二品리龍九

任奎章閣記注官 正三品尹喜求

任奎章閣典製官 正三品金澤 蛭川新 增田英信

任內藏院理事 六品黃鎭國

任主殿院理事 從二品徐相션

任主殿院電務技師 從二品兪致衡 正三品劉文煥

任帝室會計監査院監査官 權藤四郎介

命帝室財産整理局事務官 安國善

任帝室財産整理局事務官 九品姜聲國

任帝室財産整理局技師 掌禮院禮式官 劉찬 掌禮院掌典官 金奎회

兼任掌禮院理事 承寧府侍從 吳一泳

兼任承寧府理事 帝室會計監査院監査官 兪致衡

兼任帝室會計監査院理事

完

外報

●美國大統領推薦後問題 桑港電을據ᄒᆞᆫ則華盛頓에셔부라이안氏가演說ᄒᆞ얏ᄂᆞᆫᄃᆡ萬一大統領에推薦이되면貧民의利益을爲ᄒᆞ야關稅改正과所得稅賦課及勞動問題仲裁裁判에附ᄒᆞᆫ것다고ᄒᆞ엿더라

●國會會議의不和 伯林電을據ᄒᆞᆫ則德國國會의最終會議ᄂᆞᆫ政府와中央黨間에不和ᄒᆞᆫ狀態가有ᄒᆞ다더라

●軍艦注文 倫敦電을據ᄒᆞᆫ則西班牙國에셔ᄂᆞᆫ戰鬪艦及巡洋艦을製造ᄒᆞ기爲ᄒᆞ야英國造船國의意로勅語奉答案을可決ᄒᆞ얏다더라

●奉答案可決 伯林電을據ᄒᆞᆫ則俄國々民議會ᄂᆞᆫ最히忠君愛會社에注文ᄒᆞ고其價格內에爲先七百萬磅을該會社에交送하얏다더라

●賠償金還附 上海電을據ᄒᆞᆫ則一昨年上海에셔暴動ᄒᆞᆫ際에英國人의損害賠償金을去三十四日에上海道臺가英國總領事館으로送交ᄒᆞ얏더니英國租界參事會에셔右損害賠償金은本處로還送ᄒᆞ며曰其時別無損害이니此金額을還受ᄒᆞ라하얏다더라

●萬國教育會計劃 東京電을據ᄒᆞᆫ則日本文部省에셔來四十五年에大 覽會ᄅᆞᆯ開ᄒᆞᆯ時에萬國教育會議ᄅᆞᆯ開催ᄒᆞ고世界的教育家와互相親交ᄒᆞᆫ事와教育에關ᄒᆞᆫ諸般研究ᄅᆞᆯᄒᆞ기로考慮中이라더라

●銀行調査 路透電을據ᄒᆞᆫ則美國志俄古市에在ᄒᆞᆫ銀行을調査ᄒᆞᆫ바ᄅᆞᆯ依ᄒᆞᆫ니其數二千銀行이라더라

雜報

●靑會演說 今日下午七点鐘에靑年會舘에셔蜜啞子劉元杓씨가演說ᄒᆞᆫ다더라

●南門入納 內部書記郞袁[illegible]永시가何郡守의게送致ᄒᆞᄂᆞᆫ書簡이던지皮封에南漢政閣入納이라書ᄒᆞ야郵便으로送ᄒᆞ얏더니郵便局에셔該書簡을返還ᄒᆞ고皮封一面에書ᄒᆞ되知者ᄂᆞᆫ知어니와不知者ᄂᆞᆫ不知ᄒᆞ니邑名을詳記ᄒᆞ라ᄒᆞ얏ᄂᆞᆫᄃᆡ該書簡을見ᄒᆞᆫ人이無不噴笑ᄒᆞ얏다더라

●家塚移毁 京仁鐵道改良線에犯入ᄒᆞᆫ人塚移葬費와家屋代價金을支撥ᄒᆞ라고農部에셔統監府照會ᄒᆞ얏ᄂᆞᆫᄃᆡ每塚에平均二圜五十젼이오家屋每間에二拾圜式이라더라

●落成宴費 再昨日師範學校新建築落成式宴費가五百圜인ᄃᆡ洋料理費가二百圜이오韓料理費가百圜이오酒가百圜이오紀念葉書費가百圜이라더라

●三赦放囚 今番罪囚放釋赦典成冊을法部로報ᄒᆞ얏ᄂᆞᆫᄃᆡ咸興裁判所에四拾九名이오濟州裁判所에二十二名이오城津港裁判所에十名이라더라

●三시殺配 沈雨澤元顯貞金澈榮三시가珍島로移配ᄒᆞᆫ다ᄂᆞᆫ事ᄂᆞᆫ已揭어니와該三시가昨日下午三시에警視廳에卽間南門外停車場ᄒᆞ야京仁鐵道로仁川에下往ᄒᆞ야本日에輪船을乘ᄒᆞ고該島로下去ᄒᆞ얏다더라

●閔시復放 閔衡植等諸人을並放ᄒᆞ라고昨日法部에셔黃州郡으로發訓ᄒᆞ얏다더라

●吳시維新 鐵山郡居ᄒᆞᄂᆞᆫ吳회源시가此時局을警ᄒᆞ야文明ᄒᆞᆫ目的으로靑年을教育ᄒᆞ기로中學校ᄅᆞᆯ自設ᄒᆞ고高明ᄒᆞᆫ敎師ᄅᆞᆯ聘ᄒᆞ야竭誠敎授케學徒가二十餘名인ᄃᆡ篤信形蘇ᄒᆞ야舊例ᄅᆞᆯ革去ᄒᆞ고維新에熱心한다고該郡多人의傳說이有ᄒᆞ더라

雜報

●鶴駕陪從 旣報와如히 皇太子殿下씌옵셔昨日德壽宮에肅安ᄒᆞ신ᄃᆡ陪從武官長趙東潤ᄯᅵ가馬車를驂乘ᄒᆞ얏고農大宋秉畯農商工部秘書官李範益兩시가乘車陪從ᄒᆞ얏더라

●出御順序 皇太子殿下ᄯᅦ옵서今日에日本에行啓하옵시ᄂᆞᆫᄃᆡ出 御時刻과道路ᄂᆞᆫ如左ᄒᆞ더라
上午九時에敦化門으로出 御ᄒᆞ사 罷朝橋 鐵橋 鍾路 廣通橋 水橋 南大門을從ᄒᆞ사停車場에臨 御ᄒᆞ사同時三拾分에乘 玉車ᄒᆞ시고同拾時三拾分에仁川停車場에臨 御ᄒᆞ사同時四拾分에滿洲艦에御搭乘ᄒᆞ신다더라

●義親王歸國說 義親王殿下ᄭᅴ서歸國ᄒᆞ실次로本月八日에發程ᄒᆞ신다ᄂᆞᆫ電報가本宮에到達ᄒᆞ얏다더라

●李시旋歸 桂洞宮主人李埈鎔시가宗親의義務로今番 皇太子를陪從渡日ᄒᆞ얏다가卽時歸國ᄒᆞᆫ다더라

●禮服祇送 昨日닉閣에서各部로能話하되本日 皇太子殿下東渡時에奏任官以上이禮服陞祿古套로南大門外停車場에서祇送ᄒᆞ라하얏더라

●宮吏祇送 皇太子殿下씌서今日에行啓ᄒᆞ심은別項과如하거니와各府部院勅奏任官들은仁川ᄭᆞ지陪從祇送ᄒᆞᆫ다더라

●學徒祇送 本日 皇太子殿下씌옵셔留學次로東渡ᄒᆞ실時에官私立學校學徒가南大門外停車場에四列로齊立ᄒᆞ야萬歲를齊唱ᄒᆞ고祇送ᄒᆞ라고學部에서各學校에指揮ᄒᆞ얏다더라

●指揮祇送 京畿觀察使李圭祖시가因內部覺訓ᄒᆞ야上京ᄒᆞ얏다ᄂᆞᆫ說은已揭어니와該시가昨日上午九時에仁川港으로下去ᄒᆞ야 皇太子殿下東渡ᄒᆞ시ᄂᆞᆫ祇送等事를指揮ᄒᆞᆫ다더라

●訪問統監 總理大臣李完用宮內府大臣李允用兩시와度支大臣高永喜시가再昨日上午拾時에統監官邸에訪問ᄒᆞ야數時間을秘密談話ᄒᆞ얏다더라

●官制更商 宮內府官制ᄂᆞᆫ已爲頒布ᄒᆞ얏거니와各部官制ᄂᆞᆫ有何未協ᄒᆞᆫ事인지昨日에總理以下각大臣이內閣에會同ᄒᆞ야官制改定案件을爛商協議ᄒᆞ얏다더라

●郡察內定 現察郡守를某某人으로奏本叙任ᄒᆞ기로內閣大臣이已爲照會內定ᄒᆞᆫ故로前大宋秉畯氏가日本에前往ᄒᆞᆫ後에除本月初十日內로經察奏本ᄒᆞᆫ다더라

●太平宰相 海豐府院君尹澤榮皇后宮大夫尹德榮中樞院顧問李址鎔協辦沈相翊氏等과外他某々氏等이有何慶況인지再昨日下午六時泥峴花月樓에서宴會를設ᄒᆞ고送宕이遊樂ᄒᆞ다가餘興으로同十時에東大門內光武臺에前往ᄒᆞ야演戲를觀覽ᄒᆞ얏ᄂᆞᆫᄃᆡ可謂太平宰相이라고들ᄒᆞ더라

●宮次論駁 宮內府大臣李允用氏가今番官制變更에挾私不公ᄒᆞᆷ은已爲報道ᄒᆞ얏거니와勅奏任官叙任ᄒᆞᆫ後에判任官叙任에挾私코져ᄒᆞ던지該府次官小宮二保松씨가大端論駁ᄒᆞ되各局司主務長官의公薦을從ᄒᆞ야至公叙任ᄒᆞ라하얏다더라

●餘懸向存 宮內府官制改正ᄒᆞᆫ後休官退仕ᄒᆞᆫ人을許其年俸ᄒᆞ야恩사金을頒給ᄒᆞᆫ다ᄂᆞᆫᄃᆡ恩今金을不受ᄒᆞᄂᆞᆫ人은以待後日需用ᄒᆞᆫ다더라

●除舊叙新 奎章閣에主事二人이오教寧司에도主事가二人인ᄃᆡ今番官制改定後敎寧司ᄂᆞᆫ奎章閣으로合設ᄒᆞ고主事ᄂᆞᆫ四人으로置ᄒᆞ미依例히前任主事들仍置ᄒᆞᆯ터인ᄃᆡ敎寧司에서視務ᄒᆞ던主事二人은無故除汰ᄒᆞ고宮相이緊切人으로新任ᄒᆞ얏다더라

●證明實施 土地家屋證明規則은已爲實施ᄒᆞᄂᆞᆫ바어니와土地家屋所有權證明規則도日間勅令으로頒布ᄒᆞᆫ다더라

●韓國問題 經育拾一月廿八日發電을據ᄒᆞᆫ즉大韓每日申報總輯人裴說씨에對ᄒᆞ야在京城英國領事館에서處辦ᄒᆞᆫ訴訟의事實을英國內에서方今議會中인ᄃᆡ英國法律이如此事案에對ᄒᆞ야若是히汚辱케된거시資格을不與ᄒᆞᄂᆞᆫ嫌惡之情과驚愕之態를惹起케ᄒᆞᆫ즐노推想中이며하로포드쿠란트新聞은其最近紙面에此訴案에對ᄒᆞ야褒證筆노論說을記述ᄒᆞᆫ바該領事裁判廷의行動과判決을可ᄒᆞ다ᄒᆞᆫ確證이一分도無ᄒᆞ다ᄒᆞ고結論ᄒᆞ얏고路而言之컨ᄃᆡ該報記者도ᄯᅩ편이드버리이써說者와同一ᄒᆞᆫ推論을多大히採用ᄒᆞ야大英國이同盟國에對ᄒᆞ야屈從ᄒᆞᆷ을彩附ᄒᆞᄂᆞᆫ此等隨魔ᄒᆞᆫ之事ᄂᆞᆫ對日政策의地位를證明케ᄒᆞ기爲ᄒᆞ야英國에道德ᄒᆞᄂᆞᆫ諸般最高ᄒᆞᆫ公義를毁傷케ᄒᆞᆷ이라論ᄒᆞ야世人의應大히注意ᄒᆞ기를喚起ᄒᆞ얏고此訟案의論評이起ᄒᆞᆫ同時에諸法씨가此潮에來遊ᄒᆞ야韓國問題ᄂᆞᆫ全然히常時보다도尤極喧藉ᄒᆞ더라

●韓祭日哭 度支大臣高永喜氏가親忌에致祀ᄒᆞᆯ次로其伯씨家에往ᄒᆞᆫᄃᆡ保護巡査가亦爲隨往ᄒᆞᆫ지라其伯氏家舍가夾窄ᄒᆞ면더러行祀時에哭聲이出ᄒᆞ면外國人의게羞恥가될다ᄒᆞ야高永喜氏가行祀時間을假量ᄒᆞ야巡査를曉諭退送ᄒᆞ고少間後還來ᄒᆞ라ᄒᆞ얏더니祭飯을晩炊ᄒᆞ야時間이已過하얏던지巡査가業已來到ᄒᆞ야行祀哭聲을聞ᄒᆞ고門外에서仗劍隨哭ᄒᆞᄂᆞᆫ지라高永喜氏가不覺昌皮ᄒᆞ야因爲止哭罷祀ᄒᆞ얏다더라

●其奈何 法部大臣趙重應시가日本에滯在時에同居ᄒᆞ던日本女人이日昨에渡韓ᄒᆞ야同居ᄒᆞᄂᆞᆫᄃᆡ該시가當初에該女人을以正室待之ᄒᆞ기로相約ᄒᆞᆫ故로該女人을正室로定ᄒᆞᆯ意로上疏ᄒᆞᆫ다ᄂᆞᆫ說이有ᄒᆞ더라

●調駐衛圍 內部에서十三道觀察使及各郡에訓令ᄒᆞ고自衛團의方便을隨ᄒᆞ야援助ᄒᆞ라ᄒᆞ얏더라

●兩시白放 警視廳에數朔[illegible]囚ᄒᆞ야[illegible]ᄂᆞᆫ一次訊問도無ᄒᆞ고[illegible]ᄂᆞᆫ教育에熱心[illegible]이라ᄒᆞ고三昨日에[illegible]시ᄂᆞᆫ一次訊問ᄒᆞ고李東[illegible]와[illegible]白放ᄒᆞ얏다더라

▲[illegible]民 懷仁郡來人의說을據ᄒᆞᆫ즉自衛團이[illegible]兵過[illegible]示ᄒᆞ고[illegible]야試觀[illegible]ᄒᆞ야隊[illegible]後[illegible]有ᄒᆞ다ᄒᆞ야作[illegible]이無ᄒᆞ다더라

▲地方消息▼

▲高山郡義兵[illegible]日[illegible]郡의[illegible]日[illegible]面古[illegible]에[illegible]入ᄒᆞ야銃彈을掠奪ᄒᆞ얏고또去二十一日豐西面玉浦에義兵數十名이假入ᄒᆞ야徒黨을募集ᄒᆞ얏고또同日北上面羅伏里에義兵七八十名이來ᄒᆞ야洞長의게傳令ᄒᆞ야草鞋를收募ᄒᆞ야大將所로待來하라ᄒᆞ얏고또去廿四日古城里에義兵이來하야洞民의게謂ᄒᆞ되汝等은韓國人으로日兵의게我의事實을一々히通奇ᄒᆞ니韓人이아니라日本과如ᄒᆞᆫ者라ᄒᆞ고該洞民을無數毆打ᄒᆞ얏다ᄒᆞ며同日에陝川里에襲來하야銃鋏을奪去ᄒᆞ얏고또同日午後에義兵數百名이同郡邑後面에서邑中을向ᄒᆞ야放銃ᄒᆞ며聲言하되日人을逃走케ᄒᆞ면邑內를沒燒ᄒᆞᆫ다ᄒᆞ얏고

▲奉化豐基兩郡에在ᄒᆞᆫ義兵將金在豐의率ᄒᆞᆫ義兵數百名이각面으로橫行ᄒᆞ며徒黨을募集ᄒᆞ야三四千名에達ᄒᆞ얏다ᄒᆞ고

▲朴錫龍에率ᄒᆞᆫ巡査二拾名이陝川郡邑으로발行ᄒᆞ야偵探ᄒᆞᆯ새[illegible]六日午前[illegible]六時頃에[illegible]ᄒᆞ다가原州白雲山北方으로退却ᄒᆞ얏ᄂᆞᆫᄃᆡ其首魁方仁觀은關東大將[illegible]將이라自稱ᄒᆞ고檄文을多數飛傳ᄒᆞ야勢力을增加ᄒᆞ고[illegible]將과[illegible]長은金麟鶴[illegible]ᄒᆞ고

▲[illegible]方面에義兵約三百名이[illegible]ᄒᆞ얏다ᄂᆞᆫ情報를日警部가接ᄒᆞ고集團處로발向하야交戰ᄒᆞ얏ᄂᆞᆫᄃᆡ兩陣에死傷은無하다ᄒᆞ고

▲去二拾日伊川郡守備隊ᄂᆞᆫ鐵原에駐屯ᄒᆞᆫ義兵約百名을夜合ᄒᆞ얏ᄂᆞᆫᄃᆡ義兵은元山方面으로退却하얏다ᄒᆞ고

▲去二拾八日瑞興郡守備隊가同郡亂峴面北方에在ᄒᆞᆫ義兵約百名과遭遇交戰ᄒᆞ얏다ᄒᆞ고

▲楊口郡高安里에義兵의魁首가多數ᄒᆞᆫ徒黨을率ᄒᆞ고該里에潛伏ᄒᆞᆷ을日兵이探知ᄒᆞ고夜襲ᄒᆞ야數時間을交戰ᄒᆞ얏다ᄒᆞ고

▲去三十日長湍郡華藏寺附近에在ᄒᆞ던義兵六十名이火繩銃을携帶ᄒᆞ고該寺에來ᄒᆞ야午飯을催食ᄒᆞ고他處로轉向ᄒᆞ얏다ᄒᆞ고

▲日警察대가討伐대二拾七名과合勢하야去二十日午前七時에目的地로出向ᄒᆞ얏ᄂᆞᆫᄃᆡ義兵은步哨를高地에配置ᄒᆞ고警戒ᄒᆞᆫ다ᄒᆞᆷ으로討伐대가此를夜襲ᄒᆞ라고前進ᄒᆞ야交戰ᄒᆞ고또義兵百二三拾名이楊口邑內에集團ᄒᆞ얏다ᄒᆞᆷ으로日兵이一齊히前進ᄒᆞ야交戰ᄒᆞ얏ᄂᆞᆫᄃᆡ兩陣의死傷이有ᄒᆞ다ᄒᆞ고

▲廿二日에淸風郡北方에서忠州守備대가義兵四百名과交戰ᄒᆞ다가南方으로逃走ᄒᆞ얏다ᄒᆞ고

▲去廿日丹陽附近에서義兵約二百七拾餘名이咸昌日守備대를襲擊ᄒᆞ얏다더라

東京電報　三日발

●山礦採掘禁止 淸國政府에서間島天保山礦을韓日人이採掘ᄒᆞᄂᆞᆫ것을禁止ᄒᆞᆷ으로日本政府에서ᄂᆞᆫ駐淸日公使로ᄒᆞ야嚴重ᄒᆞᆫ抗議를提出ᄒᆞ라ᄒᆞ얏더라

●歡迎開催 日本實業家에서加奈陀勞動大臣의歡迎會를昨夜華族會舘에서開催ᄒᆞ고쟝時間을演說ᄒᆞ얏다더라

北京電報　四日발

●處罰成例 淸國政府에서在間島韓民의犯罪者를處罰ᄒᆞᆷ은百年來의成例이라ᄂᆞᆫ旨로駐淸日公使에게回答ᄒᆞ엿다더라

▲隨 指 成 金▼

▲各部官制ᄂᆞᆫ日間頒布될터이나新官制에對ᄒᆞ야官吏任免은伊藤統監이歸國ᄒᆞᆫ後에曾禰副統監이主張ᄒᆞᆫ다ᄒᆞ니統監이在韓時에ᄂᆞᆫ官吏任免에着手치아니ᄒᆞᆷ은무ᄉᆞᆷ事情인지副統監이獨世道ᄒᆞᆯ計劃인가韓廷官吏에納詔趣習이副統監의게歸ᄒᆞᆯ깃고

▲여보近日에大端히아니쑈일도만ᄉᆞᆸ듸다本職은何如하던지賣官加資만ᄒᆞ면卿啇로自稱ᄒᆞᄂᆞᆫ舊習이尙存하고酒夢을未醒ᄒᆞ야可憎之習과倨傲之態가昔經判書보다百倍나尤甚ᄒᆞ니此等判書ᄂᆞᆫ무엇이라稱號ᄒᆞ고즁외堂上인가

▲近日學徒中에或冶容ᄒᆞᄂᆞᆫ惡度가女子보다尤甚ᄒᆞᆫ者가有ᄒᆞ야頭髮을上長下短에左右로갈나부쳐ᄀᆡ花露水와香油와鷄卵等物을요리죠리塗抹ᄒᆞ고觀鏡理髮로金玉又ᄒᆞᆫ時間을虛送ᄒᆞ니一般學徒들아이時代가엇더ᄒᆞᆫ時代인고分陰을愛惜ᄒᆞ야功課에熱心ᄒᆞ고貌樣좀그만ᄂᆡ오

▲近日漢城內에洋服에子두를着ᄒᆞ고帽子를숙여쓰고衣服이鮮明ᄒᆞ면開明ᄒᆞᆫ婦人으로知ᄒᆞ더니閭巷間賣淫家에杯盤이狼藉ᄒᆞ며諸浪이送宕ᄒᆞᆫᄃᆡ洋服女子가間或雜坐ᄒᆞ야座上의奇花를自作ᄒᆞ니此等女子ᄂᆞᆫ婦人社會를汚辱케ᄒᆞᆷ이아닌가찰아리洋服이나말아쓰면

▲鐵山郡一獵夫의二隻狗가大虎를逢ᄒᆞ야一狗ᄂᆞᆫ虎의鼻를咬ᄒᆞ고一狗ᄂᆞᆫ虎의頂을齧ᄒᆞ야虎를捉ᄒᆞ엿스니狗能捉虎ᄂᆞᆫ理所不當이나合其力에畢竟捉虎ᄒᆞ엿스니現今大韓國勢가雖云微弱이나人民이團結ᄒᆞ야强梗히出力ᄒᆞ면大虎도可捉이오惡狠도不畏ᄒᆞᆯ거시어ᄂᆞᆯ可以人而不如狗乎아

廣告

月前敬告ᄒᆞᆫ本社物價証記의對ᄒᆞ야組織ᄒᆞᆯ事ㅣ有ᄒᆞ기로暫爲停止ᄒᆞᆷ
廣信社 告白

今十月二十八日의典洞雜貨商崔祥淵處推次當錢二萬兩於音셔失故로에廣告ᄒᆞ오니內外國人은拾得ᄒᆞ와도休紙施行ᄒᆞᆷ
下板洞四十九統二戶 朴勝悅 廣告

大邱南市臺北門內客舍前으로依舊復設ᄒᆞ오니僉君子ᄂᆞᆫ照亮ᄒᆞᆷ
鄭致雲 金致和 李相實
金成集 張斗元 朴春甫
朴成和 鄭致明 李文吉
鄭致玉 權興瑞 洪萬述
孫士汝等 告白

陽城標峰居ᄒᆞᆫ鄭學榮善氏가今八月分卒逝ᄒᆞᆫ後其婿韓明洙가僞造分財手票ᄒᆞ고本郡元堂面所在畓秋收五十餘石을付同舍音李敬順ᄒᆞ야已爲偸賣ᄒᆞ고其妹夫俞舜玉이本郡孔梯面薪頭里所在秋收租를方欲偸賣ᄒᆞ더러該兩人이右畓處畓近二十石落을僞券偸賣次로出沒京鄉ᄒᆞ오니內外國人은愼勿見欺ᄒᆞᆷ
吳榮善仲兄麟善 告白

本人이平壤外川面二里所在曹永煥의畓田九拾七畝를買得이오니或曹永煥의門中에셔僞券暗賣ᄒᆞ라ᄂᆞᆫ人이有하야도見欺치마시옵
平壤林原面嶺在洙 白

昨日廣告者李喜儉本是加立正校行爲不精諸馬兵料貨穀貳百三拾石果錢文貳千六百兩暗食之罪當軍府裁判處於壹年懲役後再任正校諸馬兵三百九名中三拾兩式收入以爲宴遊之費犯食之合九千餘金當匿名書當二朔之困辱山林多婆德弘處加立馬元額貳拾六放賣而每名下千餘兩式加食而挾雜多端故緣此除汰矣今年八月分의締結挾雜裝納錢幾萬兩誣訴於侍從院盜得檢督之任無罪之元所任三名逐出而恣其시虎之心一應之事自行而諸馬兵國債報償錢未爲畢納幾貳千四百兩渠自呈納之意督促移去買得岸鞍鞁件被於國旗馬而自跨往來經理院執留諸馬兵料貨穀中永平粱文賭穀二拾餘石暗自輸食營門中每日立待馬九四八頭五名全不立之而以代錢收食每三日四百兩式今番移 御時無用入馬出用每名下三拾兩收納以爲肥已之資如此無限之狠心反搆所任論撰於新聞執是執非不勝憤悒更出廣告內外國諸君子幸爲照亮分揀爲要
加立馬兵 嚴東根 金昌範 張晉春 李汝成 告白

昨日廣告中李喜儉國債報償져爲兵각名下二十錢式收捧而禾得華納故尚未進是中李喜儉稱爲檢督收合져渠自奉呈之意星火督納不當勢力當五四百六十兩盡爲備給矣任自充膽經理院執留楊花島馬兵料貨田賭地젼三千五百兩勸捧私用又營門內空處治圃中所種白菜二拾餘負沒數採去貪戾之心不測所任十名自爲除汰九百之務自當處置行爲라測而反生無據之心揭載於廣告中以爲對罪之資眞所謂賊反荷杖故不勝憤然下白廣告諸君子照亮
金商禹 文興發 南仕順

本月은陽年終也本報貸金을五日納付支社ᄒᆞ와換送元社케ᄒᆞ오되毋至遲期ᄒᆞᆷ
郭山支社李銀瑞 告白

●●●●大韓協會●●●●

本會事務所를中署下於義동六統六戶로移任ᄒᆞᆷ

本人舍伯裴峴布木廛韓盛鎬이가月前에不知去處러니昨日에書信一度가來ᄒᆞᆫ中廣告紙一片이有ᄒᆞ기로布告ᄒᆞ옵니다其書에日니가去月十三日에鎭店逃避ᄒᆞ야隱居深庵에日前新聞을見ᄒᆞᆫ즉姑母夫金漢鼎氏飲毒死言이有ᄒᆞ니是非를世界에말ᄒᆞ마前大邱郡守金漢鼎氏가昨冬에五萬兩票二張과八萬七千五百兩票一張만써주며免辱ᄒᆞ깃다ᄒᆞ기로於音四張을써주잇더니大邱府內居鄭鳳鎬이與日本人同來ᄒᆞ야다져간후當限日字에金韓兩處로來往督促키로내가去月十四日에逃避ᄒᆞᆫ즉鄭氏가同邑居李榮國과同居金氏舍廊에金씨가錢坪을周旋次累日出他에鄭氏가金氏子十七歲少年을공갈ᄒᆞ여잠근寢房을열고各項汁物을自意放賣ᄒᆞ야拔萬金을作전以去러니今月初에又來ᄒᆞ여鄭李兩人이同留之際에金公이自身을설며內房에隱身ᄒᆞ여廿三日夜離別書數張을써노코身死云ᄒᆞ니나ᄂᆞᆫ於齊빌뎐죄로鎭店避身ᄒᆞ고金씨ᄂᆞᆫ至於身死ᄒᆞ스나돈바들ᄉᆞ름이其主업ᄂᆞᆫ間에家舍汁物을제것곳치自意放買ᄒᆞᆫ定法이잇ᄂᆞᆫ가駭然ᄒᆞ고八萬七千五百兩票ᄂᆞᆫ엇지될境遇인지市上公論을알고나가깃스니浮費ᄂᆞᆫ비슬내여셔라도三日廣告만내여달나기로玆에告白ᄒᆞᆷ
東署午橋韓우鎬 告白

何許浮浪ᄒᆞᆫ悖類가本人의圖章을僞造ᄒᆞ야約束手形을振出ᄒᆞᆫ다ᄒᆞ오니本人은手形의關ᄒᆞᆫ類ᄂᆞᆫ初無振出이기로玆以廣告ᄒᆞ오니內外國人은切勿見欺ᄒᆞᆷ
鐵路布廛一房 裴東혁 告白

惟我金山郡은處在湖嶺之間ᄒᆞ야鐵道開通ᄒᆞ고市港漸盛ᄒᆞ나賊警不息ᄒᆞ고外接頻煩中不幸前郡守林秉學氏遞任後로多月空官에民無所恃러니何幸郡主事李福相氏가獨攀其務에撫內以順ᄒᆞ고待外以和ᄒᆞ야漸至安穩ᄒᆞ니此際繼任은難付生手오使此前郡守로還任ᄒᆞ거나郡主事로陞任ᄒᆞ오면一境翕然ᄒᆞ고民心歸順ᄒᆞ깃기玆將請願於觀察道이요亦將請願於내部ᄒᆞᆯ次로今北上京하야先爲廣告ᄒᆞᆷ
金山郡拾五面面長等告白

明月館繼續開業廣告

小春寒候가漸緊ᄒᆞ온딕官民社會ᄒᆞ시기敍閣下의結强萬館ᄒᆞ시기願開祝ᄒᆞ오나이다發館의利開業本旨가非但尊常卒利만爲에이아니오國家進步上ᄒᆞᆷ一部分盡力ᄒᆞ와各種食料品과器具品을不顧利害ᄒᆞ고盡善盡美ᄒᆞ야供進ᄒᆞ옵더니未開人事에悖行ᄒᆞ와無頼下隷의欺取가不一其端ᄒᆞ온有害라欲生談이오不彈有閉業不如流言이다야有閉業殷告이옵더니宮有閑管各設社會의勸業有聲如風潮上勸ᄒᆞ시기를가繁에不孤ᄒᆞ시는館主ᄒᆞ와更開業ᄒᆞ오니僉君子와閣下씨셔益加眷愛ᄒᆞ심을伏望
隆熙元年十一月 日
黃土峴 明月館 告白
（電話七百二十五番）

瑞士建國誌

定價金 新貨拾五錢

此冊은政治小說이니志士의救國救民ᄒᆞᄂᆞᆫ思想과人民의愛國心을養成하ᄂᆞᆫ데緊要ᄒᆞᆫ冊子오

發賣所
▲大韓每日申報社
▲仁川港紐峴 開新冊肆
▲中署布屛門下 金相萬冊肆
▲平壤城內烈女廟 敎育書籍館
▲鍾路 古今書海館
▲洞口越便 中央書館
▲鍾路 大東書市
▲大廣橋 匯東書館
▲鍾路 活文書舖
▲開城 姜助遠冊사

▲定期大廉賣廣告▼

自十一月十五日 至十二月廿五日

獨習日語正則

鄭雲復著 特別減價一圜 郵稅拾錢

此日語正則은自天文地理로至農商工業諸般學術及人事百般에緊要ᄒᆞᆫ語句를網羅하야正確ᄒᆞᆫ發音과簡明ᄒᆞᆫ飜譯으로編纂ᄒᆞ야獨習에가장便利ᄒᆞᆫ故로出版ᄒᆞᆫ지未久에千餘部를出售ᄒᆞ옵고再版의期가在邇ᄒᆞ온지라이에自本月十五日로十二月二十五日ᄭᆞ지定價一圜二十五錢에二拾五錢을減ᄒᆞ옵고一圜에出售ᄒᆞ와一般學界의便益을裨補코ᄌᆞᄒᆞ옵ᄂᆞᆫ바部數와日字의定限이잇ᄉᆞ오니江湖僉子ᄂᆞᆫ爭先購覽ᄒᆞ시옵
（十二月二十五日以後에ᄂᆞᆫ定價外에一分不減ᄒᆞᆷ）
京城中署布屛下三十七統六戶 廣學書舖 金相萬 告白

廣告

本公司始選米大國特別紙捲烟製로純良香味與別貨不同近有市上牌號混雜이온바君認明本牌爲記庶不至悞
代售店 京城大貞洞 鴻源號
總代理店 仁川淸租界 安興公司

本人의子金泰鎬이가性本浮浪ᄒᆞ야家産을蕩敗ᄒᆞ엿ᄉᆞ오니內外國人은勿爲見欺ᄒᆞᆷ
廟洞太井洞六十九統七戶 徐召史 白

▲新刊書籍發售廣告
增修無冤錄大全 國漢文 定價金七拾五錢
大韓法規類纂 洋裝 三圜五拾錢 郵稅四拾錢
初等倫理學敎科書 二拾錢
初等衛生學敎科書 拾五錢
國家學綱領 拾五錢
國民須知 八錢
愛國婦人傳 張志淵氏著 十五錢
發賣所 皇城布屛下 金相萬書舖

[illegible]

教育學

譯述 兪光玉 校閱 朴殷植 定價金廿五錢

此書ᄂᆞᆫ敎科書排列과敎授法則과訓鍊制度가詳細備載ᄒᆞ야一般敎育者의寶鑑이될터이오니有志僉君子ᄂᆞᆫ速速購覽ᄒᆞ심敬要

發賣所 京布屛下書舖 金相萬 平壤貫洞 耶蘇敎書院 安岳邑 勉學書會

越南亡國史

國漢文 定價貳拾伍錢

發賣所 京城廣橋 高裕相書舖 鏡南鏡川郡 高時夏
布屛下김相萬 告白

●國債報償志願金總合所廣告

●永川郡古村面玉浦동　續

池[illegible]永 [illegible]貞九 裵圓秀　林顯奎 리하柱 林顯春　리根祥 林周鎬 林基鍊　鄭在우 [illegible] [illegible]應大　池萬戶 金召史 金聖寬　각[illegible]錢 裵龍秀 四拾젼　林潤[illegible] 八十젼 리學柱　리根祥 林守哲 金聖寬　각四拾젼 池萬戶一圜八拾錢　崔在淑 六十젼 림周鎬　金炳彥 각卄錢 金學根　四拾錢 리方佑 六十錢　崔武하 金德守 金尙元　張哲用 金容寬 리甲伊　림元哲 池鳳泳 兪鎭九　李班伊 金하根 각卄젼　림顯必 金龍文 金鍾默　각四十젼

▲松溪동

崔永綏 李鍾鎬 宋鎭根　尹昌俊 각四十젼

▲巨余面奉山洞

리東杓 二十錢 리基午　朴英愛 裵관春 각三圜　全璣 리一寬 리華俊　리海秀 朴來鳳 각五十젼　김溶範 六拾젼 成輸鎭　朴千鎰 崔鴻熹 각卄젼

未完

廣告

[illegible]
學徒洋裝學冊
學徒運動과諸具
諸紗各種　美國金錶鍍
各般裝飾其他雜貨도廉價放賣
ᄒ오니僉君子ᄂ來臨ᄒ심을바
라ᄂ이다
仁川港寺嶼洞新冊肆

發賣元　彰信社內及各書舖에在홈
京城鍾路大廣橋通小廣橋大路東邊二層洋屋

人類ᄂ政治的動物이라政治思想은人類가國家를構成ᄒᄂ要素니民國된者ㅣ政治를不知홈이可ᄒᆯ가況今政治가刷新ᄒᄂ時代에더욱政治를研究홈이必要가有ᄒ고校ᄒ敎科書로用ᄒ기適宜ᄒ니僉君子ᄂ斯速購覽ᄒ심을爲望

政治原論

郵料 四錢
定價金 六十錢
安國善 譯述

영미국정부젼미우허
져유발동긔급자행거
졍미긔계긔샤ᄋ품을일졔ᄋ
방매ᄒ오

直輸入商
韓國代理店
仁川本町
中根商會
電話七參貳番

◎米國[illegible]邦補益藥水　四百瓶到新大瓶價金三圜

◎德國製起陽丸　三十日分服　定價金十五圜

◎米國大學醫院處方

醫學校長 池錫永氏
製藥鑑査人濟衆院醫學員
有効證明　洪鍾厚　朴慈惠　李觀化

商標

食思振起
體力活潑　補血强精丸

定價表
拾日分服三十個入　金一圜
二十日分服六十個入　金一圜七拾五錢
三十日分服九十個入　金二圜五拾錢

此藥에主治効能은在於藥封ᄒ오니第一老衰男女에偉効가有ᄒ고勞心勞腸ᄒ시ᄂ司法官吏와敎師와銀行會社員과學生과坐店商人과多産ᄒ婦人에運動不足으로生ᄒ陰陽俱虛症과健忘症과貧血症과手足厥冷과頭痛과腰痛이잇ᄂ各病에最効가有ᄒ고雖無病人이라도此藥을每日朝午夕食後三次에一丸式淸水呑下ᄒ시면身體가强壯ᄒ고精神이活潑ᄒ고飮食이消ᄒ고百病을預防ᄒ니奇世良藥이라男女勿論ᄒ고拾五歲以上으로老年에至ᄒ도록諸般原因으로虛弱ᄒ야經度用ᄒ나即養不良之致로滿期에通치못ᄒ거나子女에用가始作지아니ᄒ거나經度不足或閉止ᄒᄂ되女子에經度之도精의流出ᄒ거나房事에不時에陰萎ᄒ거나過度之致나當門에無端ᄒ諸症과金鷄蠟에治되ᄂ痿疾이再而不起ᄒ거나盛脫失氣ᄒ久病人이速히蘇完되오니男女間病之深淺을從ᄒ야一二溺且三四溯만連服ᄒ시면大効가有ᄒ기로保證ᄒ오

◉製造本舖　漢城鍾路萬國基督敎青年會館前　慈惠藥房

●靈効瘧疾丸　一日分定價金拾錢　此藥은大人小兒長瘧과初瘧에以差服用ᄒ면更不再發

●蛔虫丸　一日分定價金拾젼　此藥은大人小兒蛔積과蛔虫의二三日服用ᄒ면蛔虫을殺出ᄒᄂ妙藥

●四時感氣丸　一日分定價金拾錢　此藥은感氣풍살의ᄊᄂ藥인대一二日連服ᄒ면鎭痛解熱

●男女疾ᄂ그ᄅ하ᄂ약을ᄶ오　定價金五圜　此藥은痳疾의一期二期勿論ᄒ고

●獨逸國淋疾丸七日分定價金一圜　四拾젼　此藥은男女痳疾勿論ᄒ고速効가잇서用藥之日로殺菌止痛ᄒ고利尿止濃

●濟衆眼藥　一日分定價金拾錢　此藥은火眼熱眼의多有奇効

●咳嗽藥五日分定價金三拾錢　此藥은拾五歲以上人에用ᄒ

●藥인ᄃ四時常注咳嗽에有効ᄒ고特히老人哽咳에偉効

●無疾臭疥瘡藥定價金四拾젼　此藥은疥瘡虫을殺ᄒᄂ약

●寸虫藥定價金三拾錢　此藥은有鉤寸虫無子寸虫이當然殺出

●米國膏藥定價金二拾錢　此약은多春偶皮膚病에奇効

●濟衆약定價金卅錢　此약은肩臂痛脚腿腰膝痛에神効

●斷酒약定價金三拾錢　此약은西洋셔信用ᄒ고此本서도信用

●漢城百應膏一封의定價金拾錢　此약은舊약醫士李信友氏力

文으로製ᄒ약인ᄃ명은리삭ᄒᄂ대第一神効ᄒ고各項腫에去

●本人等이濟衆院醫學員으로米國大學醫院處方과濟衆院處方으로鑑査調製ᄒ고其他內外國間大奇効ᄒ약品을買來ᄒ야英文日文德文에用法廣告을我國漢文으로翻譯ᄒ야紙匣에도入ᄒ고琉璃瓶에도入ᄒ야四隣國에도藥規則을依ᄒ야全國內地各藥局에都賣코ᄌᄒ오니同業兄弟께셔本藥房代理支店으로有意ᄒ시거든편지하시오

●擬合瘡에ᄂ便利ᄒ고神速ᄒ오

●止足杵藥二十分ᄶ價金貳拾錢　此藥德國人常用除惡汗

西藥便方　全　定價金壹圜

此冊은漢城濟衆院藥方文을我國漢文으로아라보기쉽게翻譯ᄒ冊인ᄃ京鄕各藥局에貨泉이될만ᄒ一代神方冊이요

伊太利建國三傑傳　一冊　正價金三十錢

此書ᄂ距今數十年前에伊太利愛國者瑪志尼、加里波的、加富爾三傑이奄奄垂亡ᄒ던祖國을挽回ᄒ야歐洲列强間에鼎峙ᄒ던實事ᄅ國漢文으로譯出ᄒ얏ᄂ데其艱苦危險의經歷과嘔心瀝血의景光이讀者의哀悼를感發ᄒᆯ만ᄒ오며其百折不屈의毅氣와其九死靡變의熱誠이讀者의愛國心을激起ᄒᆯ만ᄒ오니有志君子ᄂ不可不座右에置ᄒ고常目에掛ᄒᆯ冊子오니續續來購ᄒ시오

발매소　皇城布屏下　廣學書舖

分賣所
同　博文書館
仁川杻峴　開新冊肆
平壤鍾路　耶蘇敎冊사
義州南門外　廣學書館

皇城基督敎青年會廣告

皇太子殿下
大掛鍾의運轉ᄒᆯ치貝
下賜壹萬圜

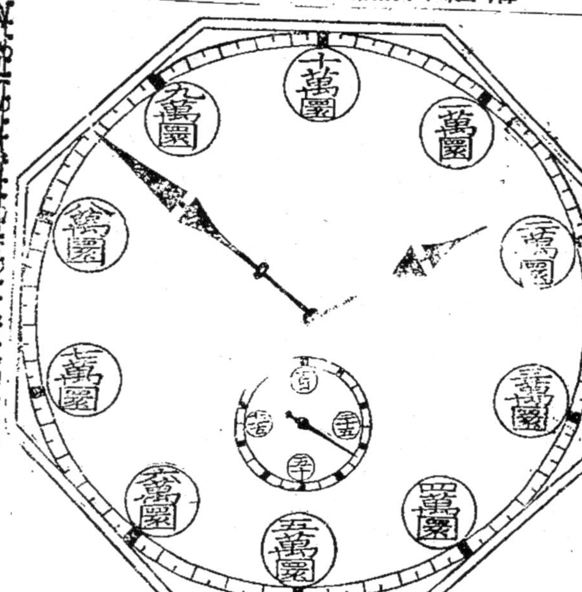

此掛鍾의抄針은每一度迴轉ᄒᄂ대壹百圜을指示홈이오
長針은每一度迴轉ᄒᄂ대壹萬圜을指示ᄒ고
短針은每一度迴轉ᄒᄂ대拾萬圜을指示홈

義務捐助金寄附人員及數額
農商工部大臣 宋秉畯氏 貳百圜
金容鎭氏 五拾圜
無名氏 壹千圜

本人이日本에셔藥商家와特約ᄒ고[illegible]各種物品[illegible]
[illegible]
京城南大門[illegible]藥舖
支店京城南門內[illegible]五十一號
[illegible]廣濟號

發行兼編輯人　英國人　裵說
發行所　南署石井洞號外地三層洋屋家　大韓每日申報社

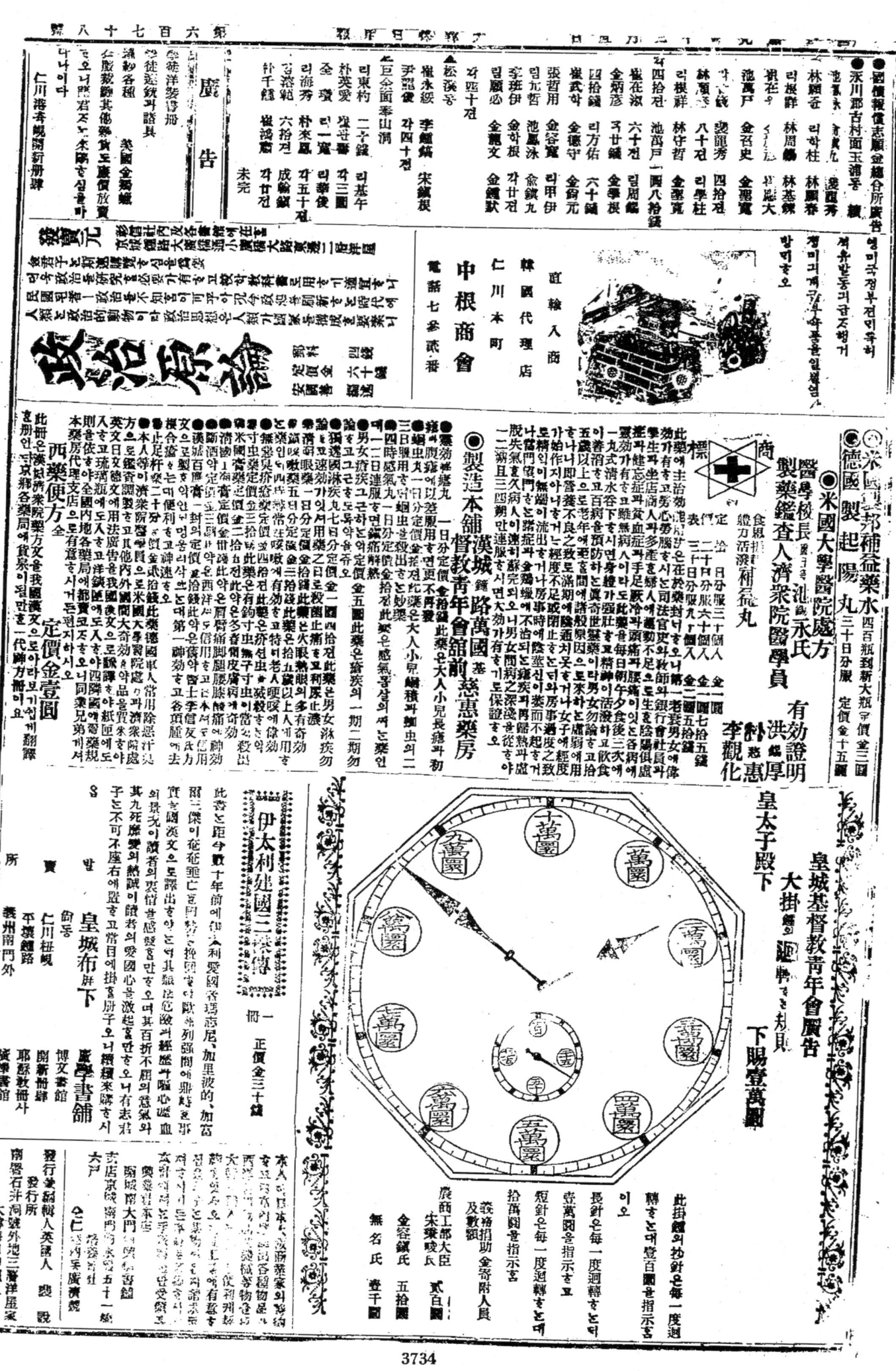

第五卷 大韓每日申報 第六百七十九號

月曜及慶節歲時日休刊

檀君開國四千二百四十年
孔子光年二千四百五十八年
大韓開國五百十六年
日本明治四十年
淸國光緖三十三年
陰曆丁未十一月大初二日己丑

論說

○事在間島

現今淸日兩國間에爭詰ᄒᆞᄂᆞᆫ間島의境界問題ᄂᆞᆫ一大關係라謂此爭詰은全然히日本이做出ᄒᆞᆫ바이니日本이此間島를取得코즈ᄒᆞ야若是努力不已ᄒᆞᄂᆞᆫ거시往年에韓國에駐在ᄒᆞ든日本公使館書記官荻原氏가長森藤吉의韓國內陳荒地를占有ᄒᆞ라든謀策을提出ᄒᆞ야出力試圖ᄒᆞ든事件에셔少無差別ᄒᆞᆫ줄노吾儕ᄂᆞᆫ確信而論破ᄒᆞ노라

雖然이나過去數百年以來로此問題에對ᄒᆞ야韓淸兩國이各其汾水嶺定界碑로成見을執ᄒᆞ야相持不下ᄒᆞ고累次競爭ᄒᆞᆫ비라今에吾儕가其是非를斷言키ᄂᆞᆫ難ᄒᆞ거니와然이나旣往兩國이互相間에許久히敦睦ᄒᆞᆫ關係로以ᄒᆞ야恩順之意로相爲留案ᄒᆞᆷ을聽許ᄒᆞ야不緊急ᄒᆞᆫ事로歸之ᄒᆞ고置之度外ᄒᆞ야兩國間에一段好意的競爭이되엿든事實이어ᄂᆞᆯ日本이韓國外交事務의指導者로自擅ᄒᆞᆫ以來로此間島問題의爭詰이危急之勢에達ᄒᆞᆫ줄노顯著히發破ᄒᆞᆯ지로다

彼膽敢ᄒᆞᆫ齋藤大佐가所謂憲兵이라ᄒᆞᄂᆞᆫ眞實ᄒᆞᆫ足丁을帶率ᄒᆞ고間島에到着ᄒᆞ야淸國派員의無數ᄒᆞᆫ拒斥을不拘ᄒᆞ고其少數軍兵으로써留駐ᄒᆞ면서退去ᄒᆞᆷ을不肯ᄒᆞ며該國領地에駐在ᄒᆞᆷ이法則에適合ᄒᆞ나고辯論ᄒᆞᆷ도不聽ᄒᆞᄂᆞᆫ지라

間島가眞是淸國領土인事實에就ᄒᆞ야公文上의証據가多有ᄒᆞ지마ᄂᆞᆫ彼齋藤大佐와及彼를指揮ᄒᆞᄂᆞᆫ者들은執拗剛愎ᄒᆞ야日本側에셔淸國으로더부러買仇求鬪코져ᄒᆞᄂᆞᆫ心火를表示ᄒᆞᄂᆞᆫ듯ᄒᆞ도다

齋藤씨의該地에出張ᄒᆞᆷ은間島人民의請願이라稱托ᄒᆞ나其實은間島人民의請願이아니오會寧에在ᄒᆞᆫ一進會員某某氏가間嶋에在ᄒᆞᆫ韓人一名을誘買ᄒᆞ야間島全體韓人의請願을僞裝ᄒᆞ고政府에保護를請ᄒᆞᆷ인ᄃᆡ其間島에在ᄒᆞᆫ韓人의心情을論ᄒᆞᆯ진ᄃᆡ日露戰爭時부터日人을拒抗ᄒᆞᆫ事實도有ᄒᆞ고現今齋藤氏出駐以後의情況을見ᄒᆞᆯ지라도日兵을嫌惡ᄒᆞ야居民이渙散ᄒᆞ야或水淸吹風海參威等地로移去ᄒᆞ니保護를請ᄒᆞᆫ者면豈有此事리오又一進會員을多數驅入ᄒᆞ야無端히淸人과作梗ᄒᆞ야韓淸兩國民間에惡感情을惹起ᄒᆞ얏스니然則一進會員의如右ᄒᆞᆫ事實이無ᄒᆞ러면間島問題가발生치아니ᄒᆞ얏슬지며且日兵이該地에入ᄒᆞ치못ᄒᆞ얏슬지니此事件을做出ᄒᆞᆫ者여抑亦何心고間島居民中의多大數ᄂᆞᆫ韓民이니如彼不合意不必要ᄒᆞᆫ日本의干涉이無ᄒᆞᆯ지뎐其農民與礦夫들이宗長되ᄂᆞᆫ淸國政府의妨害나阻碍를受ᄒᆞᆯ念慮가無히安樂居生을享ᄒᆞᆯ터이어ᄂᆞᆯ此等事件이出生ᄒᆞᆷ은都是韓國에不幸之事이라ᄒᆞ노라

官報

●號外 隆熙元年十二月五日

◉辭令

法部大臣趙重應
命臨時署理農商工部大臣事務

●三千九百四十一號 隆熙元年十二月五日

敍任及辭令

統監府書記官澤田牛麿
京城理事官三浦彌五郎
特敍勳二等賜太極章
統監府通譯官勳五等前間恭作
特敍勳四等賜太極章
仝 川上立一郎
統監府通譯官島居忠恕
特敍勳五等賜太極章
統監府書記官小松綠
特敍勳二等賜八卦章
統監府書記官兒玉秀雄
特敍勳三等賜八卦章
統監府書記官荻田悅造
仝 木多駒次郎
特敍勳四等賜八卦章
度支部前次官勳一等柳正秀
特敍勳二等賜八卦章
度支部前協辦玄普運
特陞敍勳二等賜八卦章
經理院卿崔錫敏
特敍勳三等賜太極章
京畿觀察使勳四等李圭桓
內閣外事局長李建春
度支部司計局長李鶴圭
度支部理財局長李溶相
特敍勳賜八卦章
度支部書記官成夏國
仝 金命圭
度支部繙譯官朴容九
特敍勳五等賜八卦章
前郡守趙元奎
特敍勳六等賜八卦章
度支部稅務主事白南斗
免本官

日本國陸軍步兵曹長 堀田喜三太
仝 田上武之介
仝 上方忠次郎
仝 仁科秀孝
仝 中原幸彦
仝 葛城定雄
仝 高山都太郎
仝 赤坂安藏
仝 鈴木榮太郎
仝 三枝直藏
仝 前田一郎
仝 西山寬衛
仝 渡邊豁太
仝 淺井粘三
仝 橘立金作
仝 鈴木愚一
仝 佐藤[illegible]
仝 倉富德二郎
仝 石原直一
仝 嚴本長次郎
仝 關岡幸三
日本國陸軍憲兵曹長 광原淸
仝 大石親良
仝 中島廣吉
日本國騎兵曹長野崎佐十郎
仝 山浦浦介
日本國砲兵曹장羽鳥龜松
特敍勳六等賜八卦章
六品安商說 仝 金瑩演
仝 白萬甲 仝 平野貞太郎
六品劉時찬 仝 張仁準
仝 高義東 仝 黃德潤
仝 張錫準 仝 南重燮
曾木重高 六品趙漢默
仝 韓泰淸 仝 張錫元
仝 朴胄彬 仝 申昇均
牛丸友佐 渡邊正丸
高木榮 三原英彦
任宮內府主事
六品金近永 仝 嚴允석
仝 洪日섭 仝 金洛純
仝 吳敎賢
任侍從院主事
六品李奎相 仝 趙秉儉
仝 鄭樂鵬 仝 趙性翕
任奎章閣主事 六品劉時현
任典膳司主事
六品李明宇 仝 鄭仲永
仝 金性根 仝 李鵬增
仝 鄭寅日 仝 文정鎭
任主殿院主事
六品崔進秀 仝 沈宜哲
仝 張學升 仝 李鳳善
仝 高永通 仝 朴圭昇
任主殿院電務課技手
六品朴斗和 仝 金命圭
仝 趙奐衍 未完

外報

●世界奇聞 匈牙利부다페스트市에ᄂᆞᆫ電話新聞이有ᄒᆞᆫᄃᆡ現今에ᄂᆞᆫ二百人以上에編輯員과千百哩上의電線이有ᄒᆞ고同市內重要ᄒᆞᆫ家一萬五千處에每日電話로써百般事項을報道ᄒᆞᄂᆞᆫᄃᆡ社內에ᄂᆞᆫ大堂이有ᄒᆞ고多數人의報道者가非常히大ᄒᆞᆫ二個擴音器間에立ᄒᆞ야原稿를高聲으로朗讀ᄒᆞ며朝九時로夜九時ᄭᆞ지一定ᄒᆞᆫ時間에一定ᄒᆞᆫ事項을報道ᄒᆞᄂᆞᆫ規則이러라報道事項은通常新聞의記事廣告等은勿論이오論說演說歌音樂會演奏演劇場模樣ᄭᆞ지通話ᄒᆞᄂᆞᆫ故로讀者와聽者ᄂᆞᆫ食事中이던지臥床中이던지便事中이던지受話器만耳에附ᄒᆞ면一般世事를可知라더라

●條約勒定說明 美國某報를據ᄒᆞᆫ즉美國로센질스學校에서工夫ᄒᆞᄂᆞᆫ申泰희氏가同地方에留ᄒᆞᄂᆞᆫ法國法學士某氏를訪問ᄒᆞ고光武九年十一月十七日에日本이五條約을勒定ᄒᆞᆯ時에韓國 皇帝陛下ᄭᅨ옵셔不許ᄒᆞ신事實과其他多數ᄒᆞᆫ日本의不法行爲를一一히說明ᄒᆞ고該法學士의게申請ᄒᆞ되其事實을法文으로繙譯ᄒᆞ야法國巴利京某新聞社에交送ᄒᆞ얏더니其新聞社에셔一一히揭載ᄒᆞ고또日本의强暴ᄒᆞᆫ行爲를論說ᄒᆞ야揭載ᄒᆞ얏다더라

●砲擊演習 路透電을據ᄒᆞᆫ즉英國戰鬪艦二隻은戰時와如히武裝을俱備ᄒᆞ고켄洲海岸에셔演習ᄒᆞ기爲ᄒᆞ야互相砲擊ᄒᆞ엿다더라

●飛行船飛去 路透電을據ᄒᆞᆫ즉法國軍用空中飛行船파도듸号ᄂᆞᆫ후엔탕地附近廣野에셔破傷處를修繕ᄒᆞᄂᆞᆫ中에突然이狂風이大吹ᄒᆞ야空中으로吹飛ᄒᆞ얏ᄂᆞᆫᄃᆡ幸히乘組人員은無ᄒᆞ엿다더라

●軍港新設 倫敦電을據ᄒᆞᆫ則德國政府에셔同國北海도코란드地에軍港을建設ᄒᆞ고强大ᄒᆞᆫ艦隊의根據地을삼을事를議定ᄒᆞ엿다더라

●滿洲外債引請 上海電을據ᄒᆞᆫ則滿洲外債의總額이一千萬兩인ᄃᆡ其內에五百萬兩은日本正金銀行에셔引請ᄒᆞ고五百萬兩은俄淸銀行에셔引請ᄒᆞᆯ터이라더라

●外債撤廢豫言 北京電을據ᄒᆞᆫ즉浙省의鐵道代表者陸元鼎은諮議로外債撤廢ᄒᆞ기로發言ᄒᆞ엿다더라

●海賊征壓 上海電을據ᄒᆞᆫ즉英國水雷艇一隻과驅逐艦一隻과砲艦二隻은海賊을征壓ᄒᆞ기爲ᄒᆞ야去二日에香港에셔出발ᄒᆞ야西江으로向ᄒᆞ얏ᄂᆞᆫᄃᆡ該艦은三週日以來에香港으로歸航ᄒᆞᆯ터이라더라

●問題拒絶 伯林電을據ᄒᆞᆫ즉白耳義國ᄭᅨ레오블드陛下ᄂᆞᆫ콩고問題를拒絶ᄒᆞᆷ으로國民間에紛擾가生ᄒᆞᆫ듯ᄒᆞ다더라

●守備兵增置 倫敦電을據ᄒᆞᆫ즉米國政府에셔布哇支놀룰루港에守備兵과砲聯隊를增置ᄒᆞ얏다더라

雜報

●交涉無乎 皇太子殿下ᄭᅦ서日本에御渡ᄒᆞ기前에 太皇帝陛下ᄭᅦ셔宮內府大臣李允用氏를對ᄒᆞ스下敎ᄒᆞ시되伊藤統監과交涉ᄒᆞ야從往ᄒᆞ야父子同居하야眷愛之情을稍慰케ᄒᆞ라ᄒᆞ신데李允用大臣이答奏ᄒᆞ되雖爲交涉이라ᄒᆞ미 太皇帝陛下ᄭᅦ셔悵缺ᄒᆞᆫ情을不勝ᄒᆞ옵셧다더라

●出御儀節 既報와如히 皇太子殿下ᄭᅦ옵셔日本에留학ᄒᆞ실次로昨日上午九時에 行啓ᄒᆞ셧ᄂᆞᆫ대儀仗節次가如左하더라

自敦化門前으로南大門停車場ᄭᆞ지韓日兩國警察官吏가羅立警衛ᄒᆞ얏고

皇太子太師伊藤博文시가乘馬車ᄒᆞ야陪行先導ᄒᆞ얏ᄂᆞᆫ대統監府一般官吏가隨行ᄒᆞ얏고

皇太子殿下ᄭᅦ옵셔玉車를 御乘ᄒᆞ셧ᄂᆞᆫ대武官服裝을 御着ᄒᆞ셧스며陪從武官장趙東潤시가騎乘陪坐ᄒᆞ얏고

日本騎兵二小隊가前後로警衛ᄒᆞ얏고

各學校학徒와各社會紳士와一般人民等이所經沿路左右에林林羅立ᄒᆞ야萬歲를高呼ᄒᆞ얏고同殿下ᄭᅦ옵서答禮ᄒᆞ시기爲ᄒᆞ야敦化門前路브터南大門外停車場ᄭᆞ지擧手ᄒᆞ下ᄒᆞ옵셧더라

●種々問安 皇太子殿下ᄭᅦ옵셔日本에留學ᄒᆞ시ᄂᆞᆫ가 太皇帝陛下ᄭᅦ와 皇上陛下ᄭᅦ種々問安次로歸國ᄒᆞ신다더라

●往還期限 皇太子殿下陪從宮宋秉畯시와宮內大臣리允用시의往還期限은三週日로斧定ᄒᆞ얏다더라

●韓日奏樂 睟日 皇太子殿下ᄭᅦ옵셔停車場에 御着ᄒᆞ시메韓日軍樂隊가並爲送奏ᄒᆞ얏다더라

●農相反對 總理大臣李完用氏가今番 皇太子殿下隨員으로日本에陪往ᄒᆞ기를伊藤統監과交涉ᄒᆞ다가農相宋秉畯氏가反對停止ᄒᆞ얏다더라

●未及祗送 皇太子殿下ᄭᅦ옵셔昨日日本으로 啓行ᄒᆞ실時에各學徒를學部에셔指揮ᄒᆞ되南大門外停車場에會徒祗送ᄒᆞ라ᄒᆞ얏ᄂᆞᆫ대巡檢巡査가道路를阻遏하야未及祗送ᄒᆞᆫ學徒가太半이라더라

●保巡出迎 日本에滯任ᄒᆞ신義親王殿下ᄭᅦ서本月拾日頃에入城ᄒᆞ실預定이라ᄂᆞᆫ대本宮保護巡檢과警視廳巡檢幾名이保護次로日間東萊ᄭᆞ지下往ᄒᆞᆫ다더라

●農署兼任 法部大臣趙重應氏ᄂᆞᆫ農商大臣臨時署理를被任ᄒᆞ얏다더라

●動而後靜 政府가一新變革됨다ᄂᆞᆫ說이喧藉ᄒᆞ더니更聞ᄒᆞᆫ즉總理大臣以下各部大臣이一不遞任ᄒᆞ고比前鞏固ᄒᆞᆫ다더라

●官制將頒 각部에셔官制改正件을今明間에頒布ᄒᆞᆫ다더라

●祗送停務 各部一般官吏가昨日 皇太子殿下祗送ᄒᆞ기爲하야一日停務ᄒᆞ얏고各學校에서도一齊히休學ᄒᆞ얏다더라

●例俸先納 十三道驛屯土收租事項은度支部稅務官에게委托收捧케ᄒᆞᆷ은已爲報道ᄒᆞ얏거니와稅務官들이收租員을差出事에對ᄒᆞ야四百元式例捧ᄒᆞᆫ다ᄂᆞᆫ說이有ᄒᆞ더라

●宮府演說 三昨日에宮內府勅奏任官을惇德殿으로會集하고議府大臣과次官이恪盡其職ᄒᆞᆯ意로演說ᄒᆞ얏다더라

●言則是也 農務局長鄭鎭弘씨가各地方陳荒地開墾事에對ᄒᆞ야達人說明에熱心勸勉ᄒᆞ되貧人은資本이無ᄒᆞ야開墾치못ᄒᆞ거니와富客은何疑訝인자終不信聽ᄒᆞ미陳荒地ᄂᆞᆫ必將盡入於外人之手라ᄒᆞ더라

●無倖不傳 魯城郡鄭遇王事梁柱興氏ᄂᆞᆫ該郡各處에來하ᄂᆞᆫ郵付書札과新聞을遠近間에分傳치아니ᄒᆞ고案上에積置ᄒᆞ미此事에對ᄒᆞ야質問ᄒᆞᆫ면答ᄒᆞ기를郵便局에ᄂᆞᆫ月給이無ᄒᆞ야如斯ᄒᆞᆫ다ᄒᆞ니他郡郵便局에ᄂᆞᆫ月給이有ᄒᆞ야到即分傳ᄒᆞᄂᆞᆫ지未知ᄒᆞᆯ것다고該郡來人의傳說이有ᄒᆞ더라

●問對收取 成均館에셔各道經義生으로司業을試取ᄒᆞ기爲ᄒᆞ야問題를輪示ᄒᆞᄂᆞᆫ데陰曆二月ᄭᆞ지定限ᄒᆞ고該問對를頒收ᄒᆞᆫ다더라

●飲墨成病 去番司業試取에落第ᄒᆞᆫ朴某가因爲成病ᄒᆞ야將至死境인데반장김有濱氏가治療金一百兩을捐付하얏다더라

●人民祗送 昨日 皇子殿下ᄭᅦ옵서東 渡ᄒᆞ시ᄂᆞᆫ時祗送에對ᄒᆞ야漢城府에셔再昨日에各洞家儈를召集ᄒᆞ야각戶人民을祗送ᄒᆞ게指揮ᄒᆞ라고每戶에韓日國旗로合製ᄒᆞᆫ旗一介와料次白銅一分式支給ᄒᆞ얏다더라

●紀念田中 學部에셔各官立學校에校旗一件式新製頒給ᄒᆞ고昨日 皇太子殿下祗送禮式에持來ᄒᆞ라ᄒᆞ얏ᄂᆞᆫ데該校旗新造ᄒᆞᆫ經費ᄂᆞᆫ往日에日本田中宮相의五百元捐助金을永久히紀念ᄒᆞ기爲ᄒᆞ야製造ᄒᆞ얏다더라

●稅政獻議 十三道稅政이不均ᄒᆞᆫ事로紳士禹龍澤氏가中樞院에獻議ᄒᆞ얏ᄂᆞᆫ대槪意ᄅᆞᆯ聞ᄒᆞᆫ즉一視之下에稅政厚薄이懸殊ᄒᆞ니平均新貨八圜式收捧케ᄒᆞᆯ意로內閣에請議ᄒᆞ라ᄒᆞ얏다더라

●食鐵觀察 平壤觀察使朴重陽氏ᄂᆞᆫ本以楊州郡退吏로適因時勢ᄒᆞ야圖得觀察터니莅任未幾에諸般虐政은一不枚陳而該郡所在贍學位土를暗生謠計ᄒᆞ야言稱公用及敎育費ᄒᆞ고賣渡於外人ᄒᆞ야以充自己之私橐ᄒᆞ며繼以內川面三里所在影齋及池塘周圍一百冊餘畝를設坊士林이鳩聚財力ᄒᆞ야開基創校가已有年所러니客秋에虎列病이流行ᄒᆞ야以消防次로ㅁ人이病院으로借居이러니朴重陽씨가此際를乘ᄒᆞ야主事卞哥로日人片倉組에게紹介하야定價一千七百元ᄒᆞ여潛賣乂喫ᄒᆞ엿다고該郡來人의怨聲이有하더라

●還船棄車 沈雨澤元회員金철榮二시가昨日에輪船을搭乘ᄒᆞ고配所로下去ᄒᆞᆫ다ᄂᆞᆫ說은已報어니와警視廳에셔仁川港으로再昨日에押去ᄒᆞ야昨日珍島로下去ᄒᆞ다가輪船이違期未到ᄒᆞᆫ故로下往치못ᄒᆞ고本日上午七時에京仁鐵路로仁川港에下往ᄒᆞ야即爲발程ᄒᆞ얏다더라

●恤亞請撥 中署農圃씨居洪召史ᄂᆞᆫ平理院에請願ᄒᆞ되本人의家夫李院檢事洪龍표가去月十一日에身故이온바穉子弱女를救生無路이옵기玆에請願ᄒᆞ오니官等俸給合第九條를依ᄒᆞ와恤金을支撥ᄒᆞᆯ事로法部에轉照ᄒᆞ야依規支撥ᄒᆞ와以保殘命케ᄒᆞ라ᄒᆞ얏다더라

●會名不虛 慈善婦人會에서當此嚴冬의寒苦를顧恤ᄒᆞ야綿말六十件을持來ᄒᆞ야孤兒大小를親檢分給하얏다더라

●托借質校 梨峴新興校를設立ᄒᆞᆫ다ᄒᆞᆷ은已爲報道ᄒᆞ얏거니와該동에셔義捐金收合이三千圜에達ᄒᆞ얏ᄂᆞᆫ데該校長朴承稷씨가其金額으로校舍를建築ᄒᆞᆫ다ᄒᆞ고着手設施하다가中道而廢止ᄒᆞ얏ᄂᆞᆫ데今日에至ᄒᆞ야完設ᄒᆞᆯ方針을研究치아니ᄒᆞ고托以負債ᄒᆞ고其建築하던校舍를放賣코저ᄒᆞᄂᆞᆫ故로出捐ᄒᆞ던諸씨가該簿를調査ᄒᆞ기로決議ᄒᆞ얏다더라

●兩洞魚肉 傳說을聞ᄒᆞᆫ則陰七月分에義徒가報恩郡을合擊時에日本商民二名이被害ᄒᆞ얏다ᄒᆞᆷ은各新聞에揭佈ᄒᆞᆫ바어니와該日人被傷ᄒᆞᆷ은히郡江山里幷院里兩洞民의所爲라ᄒᆞ야日前에靑山郡警務補佐官이巡檢巡査拾餘名을領率ᄒᆞ고江山里幷院里兩동을放砲襲擊ᄒᆞ얏다ᄂᆞᆫ데無辜良民이被害者가二十餘名에達ᄒᆞ고負傷者가一人、인데히兩洞은魚肉이되얏다더라

●水源已渴 全南來人의傳說을聞ᄒᆞᆫ즉臨陂沃溝等地에ᄂᆞᆫ自春以後로雨水不均ᄒᆞ야泉源이枯渴ᄒᆞ야食水가絕乏ᄒᆞᆫ故로民情이嗷嗷ᄒᆞᆫ다더라

●兩氏上京 今番에蒙放ᄒᆞᆫ李容泰시ᄂᆞᆫ三昨日에上京ᄒᆞ고鐵嶋로被謫ᄒᆞ얏다가蒙宥ᄒᆞᆫ閔衡植시ᄂᆞᆫ京義鐵路로再昨日下午七時에上경ᄒᆞ얏다더라

●李씨白放 前侍從李鍾浩씨가警視廳에被囚ᄒᆞ얏더니昨日에無事放免ᄒᆞ얏다더라

●陳列所抽籤 鐵路商品陳列所에셔昨日부터抽籤法을設行ᄒᆞᆫ다더라

●傷人乎否 再昨日下午八時에上由洞一進會장리容九시家에셔失家ᄒᆞ야내舍ᄂᆞᆫ幾爲半燒ᄒᆞ고纔乃撲滅ᄒᆞ얏다더라

▲地方消息▼

▲去二拾五日大和驛에셔珍富驛으로郵便物保護日兵이出발ᄒᆞᆫ時에義兵約三百餘名이襲擊ᄒᆞ엿다ᄒᆞ고

▲去二拾六日未明에平昌郡守衛대로서一된줄大和驛附近으로派遣ᄒᆞ야義兵을襲擊ᄒᆞ얏ᄂᆞᆫ대死傷은無ᄒᆞ다하고

▲양陽附近에義兵約數百名이尙今駐屯ᄒᆞ야時々로村閭에出沒하야糧米를搜出ᄒᆞᄂᆞᆫ대히郡分派所에셔此를探知ᄒᆞ고出往交戰ᄒᆞ엿다ᄒᆞ고

▲去二拾七日義兵約千餘名이江陵西方高地에屯聚하야守備대를夜襲ᄒᆞ미日대가應戰數時間에義兵은히郡西方山中에大關嶺으로退陣ᄒᆞ엿다ᄒᆞ고

▲二拾八日江陵西方約拾里에서義兵七百餘名이日中대를襲擊ᄒᆞ매히中대가應援을待ᄒᆞ야射擊ᄒᆞᆫ則義兵은佯退挑戰ᄒᆞᆫ다ᄒᆞ고

▲二日高山郡西下面에本願寺에셔布敎次로出張ᄒᆞᆫ日人이不在中에義兵約二拾餘名이來合ᄒᆞ야守直ᄒᆞᄂᆞᆫ韓人二名을捕縛ᄒᆞ고通譯一名은銃殺ᄒᆞ고日人에物品은一並燒却ᄒᆞ고新傳面으로발向ᄒᆞ엿ᄂᆞᆫ데高山分派所에셔其行衛를偵探中이라더라

東京電報

五日발

●公使換任 駐米日本靑木公事를召還ᄒᆞᄂᆞᆫ理由ᄂᆞᆫ米人과不合ᄒᆞᆷ으로桑港事件及其他事件의談判에就ᄒᆞ야失敗ᄒᆞᆫ所以라換任은伊太利國의駐紮ᄒᆞᆫ大使高平시로轉任을命ᄒᆞᆯ터이라더라

▲石亦點頭▼

▲宮內大臣李允用씨가今番에東渡ᄒᆞ미宮大署理를中樞院顧問李址鎔씨가秘密히運動ᄒᆞ더니侍從院卿閔丙奭氏가被任ᄒᆞ얏스니李址鎔씨ᄂᆞᆫ遼鷄望籬가되얏고

▲近日某某大臣諸氏가무삼興況이有ᄒᆞᆫ지日昨泥峴花月樓에雲集ᄒᆞ야風流가迭宕ᄒᆞ다가餘興이未盡ᄒᆞ야光武臺에轉往ᄒᆞ야演戲을觀光ᄒᆞ얏스니世上事ᄂᆞᆫ何如ᄒᆞᆫ지놀고나보지우리ᄂᆞᆫ져大臣에行色을觀光ᄒᆞᆯ만ᄒᆞ지

▲宮內大臣李允用氏가判任官叙任에무삼挾雜ᄒᆞᆫ事가有ᄒᆞ던지該府次官의게論駁을當ᄒᆞ얏스니該大臣에行色은不足深責이나民도韓廷大臣으로挾雜이綻露ᄒᆞ야外國人의게模棵이昌皮ᄒᆞ니家族社會가셔지ᄂᆞᆫ게로고

▲近日漢城內에挾雜輩가鄕客을欺誘ᄒᆞ야收租官을圖給ᄒᆞᆫ다ᄒᆞ고或以錢兩으로取貸ᄒᆞ며或以中費로先爲挪用ᄒᆞ더니今年驛屯土收租一欵이度支에附屬하야各道稅務의게收納하기로調飭ᄒᆞ미挾雜거리가업서젓더니또郡守窠闕이晝年을어슨여內部大臣의게挾雜이나또ᄒᆞ야보지

▲尹始炳氏ᄂᆞᆫ一進會員으로近日에무삼思想이有ᄒᆞ던지該會目的을極口反對ᄒᆞ니向日에自强會ᄂᆞᆫ警視廳에셔解散시가더니一進會ᄂᆞᆫ會員中에셔反對가自生ᄒᆞ니不攻自破ᄒᆞᆯ兆眹이아인가

▲長連郡普通ᄒᆞᆨ校副敎員趙締九氏ᄂᆞᆫ叙任多月에不爲赴役ᄒᆞ리니今月初에該校에到着ᄒᆞ야弊言曰余ᄂᆞᆫ學大의數十年說知로得此宕巾이於良足矣오全昧學問ᄒᆞ야敎授키不能이라ᄒᆞ고閭辭賦歸하얏다니大抵敎育이何等重大責任而學大之用人은專在循私에不問其人之可否ᄒᆞ고趙氏의大慾은但在一宕巾ᄒᆞ야甘作借啣敎員하니與者受者가一般이로다

雜報

●宣告流配 平理院에서法部로質稟ᄒᆞ되被告金昌淳에對ᄒᆞᆫ內亂을檢事公訴에由ᄒᆞ야此를審理ᄒᆞ온즉被告가供稱本年陰七月에買鷄次往于興仁門外東道川市라가所謂義黨百餘名의게被執隨行三日後逃走라가又爲被執ᄒᆞ야隨人姓名不知一村ᄒᆞ니稱以爲國事倡義ᄒᆞ고亂을作ᄒᆞ자ᄒᆞᄂᆞᆫᄃᆡ黨頭姓名不知金姓人이召集ᄒᆞ야尊位及所任ᄒᆞ야米二包南草數塊를討取ᄒᆞ고少頃에召集下ᄒᆞ야各其五圜紙幣二張式分給ᄒᆞ고謂曰汝等은各其歸家ᄒᆞ라ᄒᆞ기被告가受其給圜金ᄒᆞ야即與京居名不知宋哥로入京被捉ᄒᆞ얏다ᄂᆞᆫ事實은被告陳供이明白ᄒᆞ온지라政事를變更ᄒᆞ기爲ᄒᆞ야亂을作ᄒᆞᆫ律에감等ᄒᆞ야流拾年에宣告ᄒᆞ얏다더라

●梅窒檢花 再昨日에五署內賣淫女七十名을南署詩洞檢梅室로招集ᄒᆞ야檢査ᄒᆞ얏다더라

●自溺短見 往十里居金命石氏의夫人이其少家로互相毆鬪ᄒᆞ다가該夫人이于水를飲ᄒᆞ고即時致斃ᄒᆞ얏다더라

●勸勸人國 一進會長李容九씨가自衛團을視察ᄒᆞ러발行ᄒᆞᆷ은本報에已揭ᄒᆞ얏거니와東來人의傳說을據ᄒᆞᆫ則所過村閭에居民을對ᄒᆞ야宣言ᄒᆞ되自衛團에不參ᄒᆞ면該徒에干連된表證이오且自衛團에入參ᄒᆞ면斷髮이且乃然表라ᄒᆞᄂᆞᆫ故로村民이如此紛擾之時에斷髮키不可라ᄒᆞ야自相恐動ᄒᆞᆫ다더라

●一留一往 閔泳琚趙南復兩氏가米國에留學次로同往ᄒᆞ랴다가趙씨ᄂᆞᆫ事故가有ᄒᆞ야姑未前往ᄒᆞ고閔泳琚氏만昨日發程ᄒᆞ얏ᄂᆞᆫᄃᆡ再昨夜靑年會館에서送別會를開設ᄒᆞ얏다더라

●日占女校 開城來信을據ᄒᆞᆫ즉近日該地方에義兵이頗多ᄒᆞᆷ으로十日前에日本守備隊長石川楠次郎이가率兵來到ᄒᆞ야逗遛幾日이다가該郡精善女學校ᄉᆞ舍를占領ᄒᆞ고學徒를逐出ᄒᆞ미該學徒가道路에彷徨無處可依라더라

●失物復現 去月拾一日에日本陸軍藥劑官安川榮次郎시가京義線北行列車를搭往ᄒᆞ다가古邑驛에서手荷物을見失ᄒᆞᆫ것이同二拾三日에該驛內에서발見ᄒᆞ얏ᄂᆞᆫᄃᆡ其荷物中金時計及金貨代價百一拾圜과重要書類도如干見失ᄒᆞ얏ᄂᆞᆫᄃᆡ荷車閉戶를懈怠ᄒᆞᆷ에由ᄒᆞᆷ인즉該列車主任者의不注意ᄒᆞᆫ責을免치못ᄒᆞ깃다더라

●班長選定 南署小板동張炳斗도가年今十九歲에南門內尙동靑年學校內에設立ᄒᆞᆫ國文學校에入學ᄒᆞᆫ지不過幾朔에熱心ᄒᆞ야不避風雨ᄒᆞ고上學ᄒᆞᆷ으로敎師與四十餘員學員이張氏를班長으로選定ᄒᆞ얏다더라

●宋家賊警 陰曆去月十九日夜雨中에沃川郡居前判書宋道淳氏家에賊漢九名이來到ᄒᆞ야宋氏를以鐵打之ᄒᆞ며錢財를討索ᄒᆞ다가突入內庭ᄒᆞ야衣衾佩物等屬을沒數搜索後宋氏를數里許山麓旌圓中으로捉去ᄒᆞ야無數亂打ᄒᆞ고酒飯을討食ᄒᆞᆫ後宋氏를放還ᄒᆞ야幸免死境ᄒᆞ얏다더라

●海校落成 公立海州普通學校落成式을本月拾四日擧行ᄒᆞᆫ다고該校長이學部로報告ᄒᆞ얏다더라

●令市復舊 大邱城底北內洞客舍前에令市를設置ᄒᆞ야居民生業을專爲ᄒᆞᆫ것시不知幾百年이러니前郡守朴重陽시가學校建築을籍托ᄒᆞ고該令市를南門外에一朝勒移ᄒᆞᆫ後로民失生理ᄒᆞ야散散離散터니觀察使리忠求시가客舍壓逼ᄒᆞᆷ을悚惱ᄒᆞ야學校를移建ᄒᆞ고동民失所을哀矜ᄒᆞ야令市를復舊ᄒᆞ미人民이稱頌不已ᄒᆞᆫ다더라

廣告

昨日廣告者加立馬隊前所任嚴東根張景春金昌範리汝成等이廣告로발明ᄒᆞ거ᄂᆞᆫ金爲許言이고四月分에國債報償전二千兩은稱托諸馬戶主廳의收斂暗食이고新聞에도于今것반포치아니ᄒᆞ얏기로綻露되여再昨日에廣告이오고ᄒᆡ대馬鞭修補費에犯逋金이壹百五拾七圜四拾七錢이現발되와爲先九拾六圜을先納이기洋鞭二件을貿來ᄒᆞ야諸般公故時에但鞭馬擧行이옵ᄂᆞᆫ대九拾六圜을稱以國債報償中으로先納이라ᄒᆞ옵고諸戶主料穀中永平梁夕讓賭租則八石分比輸來入城任置이고每日入直等節은但八馬擧行이옵ᄂᆞᆫ대此漢之뿐가所任擧行時에所謂番代전이라稱ᄒᆞ고戶主貳拾壹名에壹千六百량을反爲暗食ᄒᆞᆫ事狀으로所任除汰된事狀을自稱抑울이다ᄒᆞ고如此無根之說을廣告이기正誤ᄒᆞ오니諸君子ᄂᆞᆫ照亮分揀ᄒᆞᆷ

鄭浙鎬 告白

昨日廣告者香馬隊前所任金商유文興嚴甯仕順廣告中의國債報償전四百六十兩은先爲收合이다ᄒᆞ옵기執留이옵고其餘ᄂᆞᆫ沒數辦納然後에頒布ᄒᆞ깃다고指揮ᄒᆞ얏삽고昨日廣告ᄒᆞᆫ事狀은全爲無根之說이옵고楊花島賭錢段ᄂᆞᆫ東驛頭目中自古以來로擔置後食ᄒᆞ온事狀이고此漢之行爲則香馬대戶主가九拾六名內에六拾圜名分此應役케ᄒᆞ고其餘三拾二名을每名七百三兩式合二萬二千四百량을任自充腸ᄒᆞ고賊反荷杖으로新聞에다卞白廣告ᄒᆞ엿스니如此之漢을何律에다處決일지不勝憤然ᄒᆞ와玆의正誤ᄒᆞ오니諸君子ᄂᆞᆫ照亮ᄒᆞᆷ

鄭相鎬 告白

本人은紙廛關係인바近者大韓紙物이大蹶ᄒᆞᆫ責以로唐屬居看에호天敬은本是唐屬만相關ᄒᆞᆫ아니요賤政居看ᄂᆞ호기로十介爲限ᄒᆞ고말을ᄒᆞᆫ則염세업시ᄃᆡ맙기로本人말이그리ᄒᆞ면限을都是十二月노ᄒᆞ자ᄒᆞᆫ則玄시ᄃᆡ답이모다합구한을하면갑기가힘들터이니말되로ᄒᆞ라ᄒᆞ기로合十八片을히간후此랄彼랄이다가日前에避身ᄒᆞ얏삽기如是廣告ᄒᆞ오니內外國人間拾得休紙施行ᄒᆞ옵소셔

十月初十日五千三百廿兩票ᄂᆞᆫ去去中遺失
丁未十月晦日四千兩
同日紙一百四拾圜三角
同日四千八百兩
同日四十六百五拾兩
十一月初五日三千九百兩
同日紙一百四拾圜三角
同日一千五百二十五兩
同日三千一百八十兩
同日四千四百十兩
廿日三千四百兩
同日三千九百兩
十一月晦日三千三百七十五냥
同日五千二百五拾냥
同日四千五百三拾냥
拾二月初五日四千五百拾냥

東門外李奎炳 告白

弊店에서上品石炭을販賣ᄒᆞ오니內外僉彦은光臨ᄒᆞ심을希望ᄒᆞᆷ

西署手標橋六統七戶 大韓人石炭商店

大邱令市를北門內客舍前으로依舊復設ᄒᆞ오니 僉君子ᄂᆞᆫ照亮ᄒᆞᆷ

鄭致雲 金致和 李相貿
金成集 廉斗元 朴春甫
朴成和 鄭致明 李文吉
鄭致玉 權興瑞 洪鳳述
孫士汝等 告白

本月은陽年終也라本報貸金을五日納付支社ᄒᆞ와換送元社케ᄒᆞ오되毋至遲期ᄒᆞᆷ

郭山支社李銀瑞 告白

本會事務所를中署下於義동六統六戶로移住ᄒᆞᆷ

大韓協會

惟我金山郡은處在湖嶺之間ᄒᆞ야鐵道開通ᄒᆞ고市港漸盛ᄒᆞ나賊警不息ᄒᆞ고外接頻頻中不幸前郡守林承[illegible]氏遞任後로冬月空官에民無所恃러니何幸郡主事李赫[illegible]氏가獨當其務ᄒᆞ야撫內以順ᄒᆞ고待外以和ᄒᆞ야漸至安穩ᄒᆞ니此際繼任의難付生手오使此衙郡守로還任ᄒᆞ거나郡主事로陞任ᄒᆞ오면一境翕然ᄒᆞ고民心歸順ᄒᆞ깃기玆將請願於觀察道이요亦將請願於內部홈次로今此上京ᄒᆞ야先爲廣告ᄒᆞᆷ

慶北金山郡拾五面面長等告白

廣告

本公司始造ᄒᆞᆫ大韓國特別紙捲烟製品은純良香味與外貨不同
近有市上牌號混稱ᄒᆞ니諸君認明本牌爲記庶不至悞

代售店 ᄆᆞ城大貞洞 鴻源號
總代理店 仁川淸租界 安興公司

何許浮浪之悖類가本人의圖章을僞造ᄒᆞ야約束手形을振出ᄒᆞᆫ類다ᄒᆞ오니本人은手形의關ᄒᆞᆫ類ᄂᆞᆫ初無振出이기로玆以廣告ᄒᆞ오니內外國人은切勿見欺ᄒᆞᆷ

鍾路布廛一房 裵東赫告白

明月館繼續開業廣告

小春寒候가漸緊ᄒᆞ온ᄃᆡ官民주社會閣下의健强萬福ᄒᆞ시기顒祝ᄒᆞ옵나이다弊館의開業本旨가非但營業利만爲ᄒᆞᆷ에이아니오國家進步上ᄒᆞᆷ一部分을盡코져ᄒᆞ와各種食料品과器具品을十分順利케ᄒᆞ고盡善盡美ᄒᆞ야供進ᄒᆞ옵더니未開入事에悖行과無賴下隸의欺取가[illegible]不彈生計이오ᄒᆞ야不至有閉業不如ᄒᆞ다ᄒᆞ야官有閑廣告이옵더니勸業ᄒᆞᆫ是各設之意와政府의有官營如風勸ᄒᆞ上ᄒᆞ니기로繼續館에서不孤ᄒᆞ시ᄒᆞ와弊館更開業ᄒᆞ오니僉君子閣下에서益加愛顧ᄒᆞ심을伏望

隆熙元年十一月 日
黃土峴 明月館 告白

電話七百二十五番

本人의子金泰鎭이가性本浮浪ᄒᆞ야家産을蕩敗ᄒᆞ엿ᄉᆞ오니內外國人은勿爲見欺ᄒᆞᆷ 廟洞太井洞六十九統七戶 徐召史白

▲新刊書籍發售廣告

增修無冤錄大全 國漢文 定價金七拾五錢
大韓法規類纂 洋裝 三圜九拾錢 郵稅四拾錢
初等倫理學敎科書 二拾錢
初等衛生學敎科書 拾五錢
國家學綱領 拾五錢
國民須知 八錢
愛國婦人傳 張志淵氏著 十五錢

發賣所 皇城布屛下 金相萬書舖

[illegible]

教育學

譯述 兪光玉 校閱 朴殷植 定價金廿五錢

此書ᄂᆞᆫ敎科書排列과敎授法則과訓鍊制度가詳細備載ᄒᆞ야一般敎育者의寶鑑이될너오니有志僉君子ᄂᆞᆫ速速購覽ᄒᆞ심을敬要

發賣所 京布屛下書舖 金相萬 / 平壤貫洞 耶蘇敎書院 / 安岳邑 勉學書會

越南亡國史

國漢文 定價貳拾伍錢

發賣所京城廣橋高裕相書舖 / 鐵川郡禹時夏 / 布屛下김相萬 告白

國債報償志願金總合所廣告

●利川郡古村面玉浦洞 續
金一先 尹龍普 金珠元
金龍秀 各卄錢
▲谷村
吳희爽 金희斗 各四拾錢
金潤斗 李근쳘 金秀치
各卅錢 리吉龍 二十전
金善乘 三十錢 孫相泰
리근容 리晋泰 리興植
朴學魯 리위先 각十錢
리근泳 二拾전 金永三
吳龍範 朴致雲 各十전
리근溶 二十전 리致寬
十錢
▲鳳亭洞
리富龍 一圜 金룡龍
二拾전 리承局 四十전
리承珣 二十錢 리承律
四十전 리承彥 崔鐵綸
洪紀修 各六十전 리承학
二十전 金日龍 金萬壽
各四十전 리春和 六十전
리鐵圭 二十전 리萬鎰
四拾錢 朴世鳳 二拾전
리承황 鄭源永 各四十錢
鄭錫周 六十전 리楨秀
金錫九 각卄전
▲芝亭동
金谷根 崔萬鐵 리承관
徐修德 黃相坤 리基祿
각六拾錢 李承奉 朴甲文
各四拾錢 鄭淸海 六十전
鄭永錢 五拾전 리承烈
六拾전 鄭致翊 五十전
리碩俊 四十전 鄭致浩
六十錢 張萬京 金道奎
各五十錢 리承海 四十錢
金福甚 六拾전 朴周永
四拾전 未完

廣告

學徒洋裝書冊
學徒運動과諸具
羅紗各種 美國金鷄蠟
衣服裁縫其他雜貨도廉價放賣
ᄒᆞ오니諸君ᄌᆞᄂᆞᆫ來臨ᄒᆞ심을바
라나이다
仁川港吞峴開新冊肆

◉米國製邦補益藥水 四百瓶到新大瓶定價金三圜
◉德國製起陽丸 三十日分服 定價金十五圜

◉米國大學醫院處方
醫學校長 勳五等 池錫永氏
製藥鑑查人濟衆院醫學員
有效證明 洪錫厚 朴慈惠 李觀化

商標

食思振起 體力活潑 補益丸

定價表
拾日分服三十個入 金一圜
二十日分服六十個入 金一圜七拾五錢
三十日分服九十個入 金二圜五拾錢

此藥에主治効能用法은在於藥封ᄒᆞ오니第一老衰男女에偉效가有ᄒᆞ고勞心勞膽ᄒᆞ시ᄂᆞᆫ司法官吏와敎師와銀行會社員과學生과坐店商人과多產ᄒᆞᆫ婦人에運動不足으로生ᄒᆞᆫ陰陽俱虛症과健忘症과貧血症과手足厥冷과頭痛과腰痛이잇ᄂᆞᆫ否納ᄒᆞ게靈効가有ᄒᆞ고雖無病人이라도此藥을每日朝午夕食後三次에一丸式淸水吞下ᄒᆞ시면身體가强壯ᄒᆞ고精神이活潑ᄒᆞ고飮食을消ᄒᆞ고百病을預防ᄒᆞᄂᆞᆫ眞奇世靈藥이라男女勿論ᄒᆞ고拾五歲以上으로老年에至ᄒᆞᆫ期에諸般原因으로來ᄒᆞᄂᆞᆫ虛弱에用ᄒᆞ나니即營養不良之致로滿期에經通치못ᄒᆞ거나女子에經度가始作지아니ᄒᆞ거ᄂᆞᆫ經度不足或閉止ᄒᆞᄂᆞᆫ되와房事過度之致로精이無端이流出ᄒᆞ거나房事時에陰莖신이萎而不起ᄒᆞ거나當門望門ᄒᆞᄂᆞᆫ諸症과金鷄蠟ᄂᆞᆫ不治되ᄂᆞᆫ瘧疾과再歸熱과虛脫失氣ᄒᆞᆫ久病人이速히蘇完되오니男女間病之深淺을從ᄒᆞ야一二朔且三四朔만連服ᄒᆞ시면大効가有ᄒᆞ기로保證ᄒᆞ오

◉製造本舖 漢城鍾路萬國基督教靑年會舘前 慈惠藥房

●靈効解瘧丸 一日分定價金拾錢 此藥은大人小兒長瘧과初瘧에服ᄒᆞ면以差ᄒᆞ고更不再發
●蛔虫丸 一日分定價金拾전 此藥은大人小兒蛔積과蛔虫의三日服用ᄒᆞ면蛔虫을殺出ᄒᆞᄂᆞᆫ妙藥
●四時感氣丸 一日分定價金拾전 此藥은感氣몸살의ᄡᅳᄂᆞᆫ藥인대一二日連服ᄒᆞ면鎭痛解熱
●男女痛疾丸 定價金五圜 此藥은瘧疾의一期二期勿論ᄒᆞ고그근ᄒᆞ도록약을쥬오
●獨逸國淋疾丸 七日分定價金一圜四拾전 此藥은男女淋疾勿論ᄒᆞ고速効가잇셔用藥之日로殺菌止痛ᄒᆞ고利尿止濃
●淸眼藥 一日分定價金拾錢 此藥은火眼熱眼의多有奇効
●鎭咳嗽藥 五日分定價金三拾錢 此藥은拾五歲以上人에用ᄒᆞᄂᆞᆫ니四時尋常性咳嗽에有効ᄒᆞ고特히老人哽咳에偉効
●無憂見疥瘡藥 定價金四拾전 此藥은疥선虫을殺ᄒᆞᄂᆞᆫ약
●寸虫藥 定價金三拾錢 此藥은有鉤寸虫無鉤寸虫이當ᄒᆞ야殺出
●米國膏藥 定價金二拾五전 此약은多種皮膚病에奇効
●淸國上海膏 定價金卅錢 此약은肩臂痛脚腿腰膝痛에神効
●斷酒약 定價金三圜 此약은西洋셔도信用ᄒᆞ고日本셔도信用
●漢城百應膏 封의定價金拾錢 此약은舊약醫士李信友氏方
文으로製ᄒᆞᆫ약인데멍울리삭이ᄂᆞᆫ대第一神効ᄒᆞ고各項腫에去根合瘡ᄒᆞᄂᆞᆫ데便利ᄒᆞ고神速ᄒᆞ오
●止足汗藥 二十分定價金貳拾錢 此藥은德國軍人常用除惡汗臭
●本人等이濟衆院醫學員으로米國大學醫院處方과濟衆院處方으로鑑査調製ᄒᆞ고其他內外國間大奇効ᄒᆞᆫ약品을買求ᄒᆞ야英文日文德文에用法廣告을我國漢文으로飜譯ᄒᆞ야紙匣에도入ᄒᆞ고琉璃瓶에도入ᄒᆞ고洋鐵匣에도入ᄒᆞ야四隣國에廣藥規則을依ᄒᆞ야全國內地各藥局에都賣코ᄌᆞᄒᆞ오니同藥兄弟계셔本藥房代理支店으로有意ᄒᆞ시거든편지ᄒᆞ시오

西藥便方 全 定價金壹圜
此冊은漢城濟衆院藥方文을我國漢文으로아라보기쉽게飜譯ᄒᆞᆫ冊인디京鄕各藥局에貨泉이될만ᄒᆞᆫ一代神方冊이요

伊太利建國三傑傳 一冊 正價金三十錢

此書ᄂᆞᆫ距今數十年前에伊太利愛國者瑪志尼、加里波的、加富爾三傑이奄奄垂亡ᄒᆞᆫ國勢를挽回ᄒᆞ야歐洲列强間에鼎峙ᄒᆞᆫ事實을國漢文으로譯出ᄒᆞ얏ᄂᆞᆫ데其艱難危險의經歷과嘔心瀝血의事蹟을讀者의哀情을感發ᄒᆞ만ᄒᆞ오며其百折不屈의意氣와其九死靡變의熱誠이讀者의愛國心을激起ᄒᆞᆯ만ᄒᆞ오니有志君子ᄂᆞᆫ不可不座右에置ᄒᆞ고常目에掛ᄒᆞᆯ冊子오니續續來購ᄒᆞ시옵

발매소 皇城布屛下 廣學書舖
仝동 博文書館
仁川梧峴 開新冊肆
平壤鍾路 耶穌敎冊사
義州南門外 廣學書館

瑞士建國誌 定價金 新貨拾五錢

此冊은政治小說이니志士의救國救民ᄒᆞᄂᆞᆫ風想과人民의愛國心을養成ᄒᆞᄂᆞᆫ데緊要ᄒᆞᆫ冊子오

發賣所
▲大韓每日申報社
▲仁川港梧峴 開新冊肆
▲中署布屛門下 金相萬冊肆
▲平壤城內烈女洞 敎育書籍舖
▲鍾路 古今書海館
▲洞口越便 中央書館
▲鍾路 大東書市
▲大廣橋 匯東書館
▲仝동 博文書館
▲開城 姜助遠冊사

▲定期大廉賣廣告▼

自十一月十五日 至十二月廿五日

獨習日語正則 鄭雲復 著 特別減價一圜 郵稅 拾錢

此日語正則은自天文地理로至農商工業諸般學術及人事百般히緊要ᄒᆞᆫ話句를網羅ᄒᆞ야正確ᄒᆞᆫ音과簡明ᄒᆞᆫ翻譯으로編纂ᄒᆞ야獨習에가장便利ᄒᆞᆫ故로出版ᄒᆞᆫ지未久에千餘部를出售ᄒᆞᆸ고再版의期가在邇ᄒᆞᆫ지라이에自本月十五日로十二月二十五日ᄭᆞ지定價一圜二十五錢에二拾五錢을減ᄒᆞᆸ고一圜에出售ᄒᆞ와一般學界의便益을裨補코ᄌᆞᄒᆞᆸᄂᆞᆫ바部數와日字의定限이잇ᄉᆞ오니江湖僉君子ᄂᆞᆫ爭先購覽ᄒᆞ시옴

(十二月二十五日以後에ᄂᆞᆫ定價外에一分不減ᄒᆞᆷ)

京城中署布屛下三十七統六戶 廣學書舖 金相萬 告白

영미국정부젼미ᄒᆞᆨ회
셕유발동긔급ᄌᆞ뎡거
뎡미거계급부쇽품을일톄엄가
방매ᄒᆞ오

直輸入商
韓國代理店
仁川本町
中根商會
電話七參六番

本人이日本大阪商業家와特約ᄒᆞ고日本內地產出各種物品과西洋各種物品及機械等物을我大韓에輸入과委託을便利케設ᄒᆞ얏ᄉᆞ오니商工業에有意ᄒᆞ신僉君子ᄂᆞᆫ某物이든지請求ᄒᆞ시거든本社로委託ᄒᆞ시오本社에셔ᄂᆞᆫ手數料만受ᄒᆞᆷ
發賣社本店 南署南大門內吳學學街銘
支店京城西門內夜珠峴里一統六戶
仁川港內宋廣濟號 勸養會社

本社廣告

○申報價
一張代金 新貨二錢五厘
一個月前納 三十錢
三個月 九十錢
六個月 一圜七十錢
一個年 三圜四十錢
郵稅一張 新貨五厘
一個月 十三錢

○廣告料
國文活字十三字詰
每日每英尺一寸에新貨書五錢
(每日每行六전에相當홈)
二週日에 二圜五十錢
每日每行四錢五厘에相當홈
一個月에 五圜
(每日每行四錢一厘에相當홈)
其期限외長短과字行의多寡를依ᄒᆞ야增減홈이有홈

◎大韓每日申報各處支社
中署布屛門下 金相萬
平壤上水口門內 金浩府
仝 崔觀伯
仁川梧峴開新冊肆 李東僖
宣川邑楊南冊肆 安濬
義州西門外西 大藥房
釜山港佐川藥局 徐錫鎔
三和港築洞 金元俊
咸興南州社西門外 曹喜林
開城南大門內興學書舖 安助遠
大邱市廳 崔一弘
載寧邑濟衆院 劉夢彥
鐵山邑東部 安吉
元山合前 劉七鉉
海州南門內 朴昌鍾
定州南門內書舖 洪成仁
昌城郡校洞 許鉉
郭山興岩 李銀瑞
安岳細洞坊成洞 廉道善
德川舊津 리鎭成
安州城內義非洞 金翼洲
鐵原邑邑洞 趙鐘大
晉州邑 朴敎吉
濟州城內一徒里客舍洞 李益秀
井邑邑內 金重鉉
奈乙邑內 金鼎鉉
鎭南浦 金昇聲
京義線批峴驛前市 李昇奎
長淵邑南門內 張淑淳
殷栗邑前里 殷錫濂
古阜邑許洞 宋判鉉
群山港東彰社 黃菊保
龍川邑市 金明鉉
東萊邑同志會內 宋斗仁
淸州東州內校洞

發行兼編輯人英國人 裴說
發行所 南署公洞井洞號外池三洋屋家 大韓每日申報社

第五卷

大韓每日申報

第六百八十號

月曜及慶節歲時休日刊

檀君開國四千二百四十年
箕子元年三千二十九年
大韓開國五百十六年
日本明治四十年
淸國光緖三十三年
陰曆丁未十一月大初二日己丑

論說

○韓國皇太子의修學

去木曜日에韓國皇太子殿下ᄭᅴ셔日本에御渡ᄒᆞ심은此國史編上에無雙ᄒᆞᆫ初擧라風說을據ᄒᆞ건ᄃᆡ
皇太子ᄭᅴ셔
太皇帝陛下ᄭᅴ와
大皇帝陛下ᄭᅴ問安次로歸國은種種ᄒᆞ실지라도日本에滯留ᄒᆞ실期限은八年或十年이라ᄒᆞ니精密ᄒᆞᆫ學業과武藝의初步를修ᄒᆞ시기에光陰은非不遲久나然이나此國을統治ᄒᆞ시ᄂᆞᆫ後日에ᄂᆞᆫ如此多年修學이無限ᄒᆞᆫ貨重을著ᄒᆞ리로다

本記者ㅣ前日에韓國內日本行動을自由로嚴重히評論ᄒᆞ기를爲務ᄒᆞᆷ은自認ᄒᆞᄂᆞᆫ바어니와
皇太子로日本에遊學ᄒᆞ시게ᄒᆞᄂᆞᆫ此機에至ᄒᆞ야ᄂᆞᆫ日本을奬讚ᄒᆞ기에其能이로다此地에서보다日本에서修學ᄒᆞ시기가拾倍優勝ᄒᆞᆯᄲᅮᆫ不啻라伊藤公爵의智能敎導를受ᄒᆞ사普通意志를達解ᄒᆞ시리로다

且紀律을務學ᄒᆞ시리니何人이던지此를不辜ᄒᆞ고處理키가豈能이리오本記者ᄂᆞᆫ今者此擧를中心으로讚揚ᄒᆞ며其效果가吾人所信及所期보다過ᄒᆞᆯ거슬深信ᄒᆞ노라

官報

三千九百四十一號 隆熙元年十二月五日

敍任及辭令

六品朴斗和 六品 命圭
仝 趙鎭衎
任帝室會計監査院主事
六品金회祥 仝 金禧濟
飯泉辰三 齊柳綱太郞
曾根辰 正三品金浩性
六品林光宇 九品吳敬欽
仝 김相麟 伊集院茂
任帝室財産整理局主事
李啓弘
任帝室財産整理局技手
完

●號外 隆熙元年十二月五日

◉辭令

侍從院卿閔丙奭
命臨時署理宮內府大臣事務

布達 (續)

第十三條 宮內府大臣은所屬官吏를懲戒홈을得홈 但奏任官以上에關ᄒᆞᄂᆞᆫ者ᄂᆞᆫ 裁可를請홈이可홈이라

第拾四條 宮내府大臣은有故ᄒᆞᆫ時에ᄂᆞᆫ次官으로其職務를署理케홈을得ᄒᆞ고又次官이有故ᄒᆞᆫ時와所屬官廳主務官이缺員或有故ᄒᆞᆫ時ᄂᆞᆫ 裁可를經ᄒᆞ야所屬高等官의게其署理를命홈을得홈이라
宮내府大臣은次官所屬官廳主務分의게其事務의一部를委任홈을得홈이라

第十五條 宮내府大臣과次官及所屬官廳내에課를廢置管合홈과其處務規程을定홈을得홈이라

第十六條 宮내府大臣은帝室會計監査事務에干涉홈을得지못홈이라

第十七條 宮내府에次官을置ᄒᆞ니勅任一二等이라 宮내府大臣을輔佐ᄒᆞ야府務를管理ᄒᆞ고大臣官房과其他所屬官廳의事務를指揮監督홈

第十八條 宮내府에秘書官二人을置ᄒᆞ니奏任이라大臣及次官의命을承ᄒᆞ야機務를掌ᄒᆞ고又必要ᄒᆞᆫ境遇에ᄂᆞᆫ命을承ᄒᆞ야書記官의事務를補助홈이라

第十九條 宮내府에書記官專任三人을置ᄒᆞ니奏任이라 宮내府에大臣及次官의命을承ᄒᆞ야府務를掌홈이라

第二十條 宮내府에左와又치官廳을置홈이라
大臣官房 侍從院 掌禮院 承寧府 皇后宮 東宮 奎章閣 내藏院 典膳司 主殿院 帝室會計監査院 宗親家族

第二十一條 大臣官房을人事 庶務 調査 主馬四課에分ᄒᆞ야左갓치職員을置홈이라
人事課長 一人 宮內府大臣秘書官으로充홈
大臣官印과府印管守及官吏 進退免任陞等陞級級品敍勳懲賞懲戒에關ᄒᆞᆫ事務를掌홈이라
庶務課長 一人 宮內府書記官으로充홈
勳詔 勳與褒賞賜賜進獻及公文接受發送 蔡保管 統計報告와其他各官廳에屬치아니ᄒᆞᆫ事務를掌홈
調査課長 人 宮內府書記官으로充홈
諸般法規의起草審査及財産財務에關ᄒᆞᆫ文案의審査事務를掌홈이라 未完

外報

●間島問題의抗議 東京電을據ᄒᆞᆫ則間島問題에就ᄒᆞ야淸國政府에서陳常照를命ᄒᆞ야由來韓淸兩國境界를豆滿江으로定界ᄒᆞᆫ지라然而間島가淸國의領土됨을確實히知ᄒᆞᆫ지라故로日本이經營ᄒᆞᄂᆞᆫ天寶山의礦山採掘事業을今後로停止ᄒᆞ라고布告ᄒᆞᆫ事에對ᄒᆞ야日本政府에서駐淸林公使의게命ᄒᆞ야嚴重ᄒᆞᆫ抗議를提出ᄒᆞ라ᄒᆞ엿스나淸國政府에서間島에對ᄒᆞ야縱暴手端을行홈은確實히隣邦의厚意를排斥홈이라然而日本政府에서ᄂᆞᆫ對此相當의强壓手段을行ᄒᆞᆯ터이라더라

●美日關係 倫敦電을據ᄒᆞᆫ則桑港에서美國官憲이近頃에日本移民의渡航ᄒᆞᄂᆞᆫ것을禁止홈에對ᄒᆞ야日本이多數히說明ᄒᆞ엿스나日本人排斥運動은依然ᄒᆞ다ᄒᆞ엿더라

●外債問題相議 北京電을據ᄒᆞᆫ則江浙鐵道外債問題를相議ᄒᆞ기爲ᄒᆞ야北京政府에서盛宣懷로命ᄒᆞ엿다더라

●鐵道敷設計劃 東京電을據ᄒᆞᆫ則淸國南滿洲鐵道會社에서ᄂᆞᆫ來十四日로부터東京商業會議所에서第一回定期總會를開ᄒᆞ고鐵道敷設ᄒᆞᆯ件을議定ᄒᆞᆯ터이라더라

●靑海省에新設大臣 北京電을據ᄒᆞᆫ則淸國政府에서靑海省에欽發大臣及副大臣을新設置ᄒᆞ고省名을改良ᄒᆞᆯ터이라더라

●通商條約 北京電을據ᄒᆞᆫ則昨年에暹羅國王이北京에來到ᄒᆞᆫ際에無條約國으로因ᄒᆞ야淸政府에서優待上論議를提出ᄒᆞᆫ結局에日本公使館에서萬事를幹捷ᄒᆞ고微行의名으로써滯在ᄒᆞ야觀察ᄒᆞ엿ᄂᆞᆫ데今回揚士綺씨가暹羅國을觀察ᄒᆞᆫ後該政府와通商條約을締結ᄒᆞ기로交涉ᄒᆞᆫ다더라

●增稅反對 東京電을據ᄒᆞᆫ則明治四十二年度會計의不足額을補充ᄒᆞ기爲ᄒᆞ야民間의게不當ᄒᆞᆫ稅를增收ᄒᆞ기로決議ᄒᆞᄂᆞᆫ데實業家及新聞記者ᄂᆞᆫ人民을動起ᄒᆞ야此를反對ᄒᆞᆫ다더라

雜報

●長興義塾趣旨書

夫人材ᄂᆞᆫ國家之器也라其成器也ㅣ不有切磋琢磨면何能成器리오惟我東方이自箕聖以來로歷四千餘年에文明敎化가遙備ᄒᆞ야至於我大韓而庠序學校之制와三代之遺風이彬彬燦興矣러니其奈法久弊生ᄒᆞ고又勝譜煩이라當此改革之時ᄒᆞ야株守舊習이면譬如適越而北轅이니此所以急急講求而不容少緩者也라凡古今에車同軌書同文이러니今則車不同軌ᄒᆞ고書不同文ᄒᆞ야隣邦交涉에冠蓋來往ᄒᆞ니公私빈接과港市興販에言語를不通이면不可專對오文算을不能이면未免面墻이니此尤敎科務爲之初程而學者之所當先務也라玆設 塾於長興ᄒᆞ고而命名曰長興이라ᄒᆞ니惟我同志ᄂᆞᆫ淬礪精神ᄒᆞ며奮發志氣ᄒᆞ야以隨時之義로博通方之學ᄒᆞ야期有實效면前所進을有不可量也리니何事美於二者ㅣ며何多遜於歐美哉아此吾塾之所以設也라惟願贊成同志及入學僉員은贊成趣志ᄒᆞ야上體國家培育之意ᄒᆞ고下悉吾人自修之力ᄒᆞ야成金玉之器을是所望也라

發起人朴弼遠 李圭淡

●舊公今公 廣州郡前公立小학校가普通學校로實施되야移設于舊公立雞林학校이기로前公立雞林學校ᄂᆞᆫ自歸廢止ᄒᆞ야實爲有志者之歎惜이압더니該郡士林이郡守閔泳晩氏在任時에具由稟目ᄒᆞ야普通학校經費ᄂᆞᆫ祝祠堂所公衆財産으로立算ᄒᆞ고前公立小학校及司馬所屬土地財産을合幷ᄒᆞ야廢止된公衆雞林학校를復設於前公立小학校ᄒᆞ고校名은公立月城학校라ᄒᆞ얏ᄂᆞᆫ데敎師ᄂᆞᆫ私立延日高等학校에敎師現行ᄒᆞ든金秉度氏가以該校維持之無路로請願自退이기該郡에서延聘ᄒᆞ고副敎師ᄂᆞᆫ학力이有餘ᄒᆞ고知識家로尚名ᄒᆞᆫ該郡居權泳進시를推薦ᄒᆞ야학徒四拾餘人을每日六時式熱心敎授ᄒᆞ야校樣이興旺에頗有進就之望ᄒᆞ니廢校之重新과士林之志氣가極爲嘉尙이온則公立月城학校로認許를시와期蒙實施케에라고該郡守署理金漢般시와該道觀察使李忠求시가該校圖樣圖와敎科서章程及該郡에粘連報告ᄒᆞ얏다ᄒᆞ니世皆廣州郡士林이면不過幾年에大韓全局이盡在文明之域ᄒᆞ야不讓於歐米列邦矣리니公立月城學校에對ᄒᆞ야賀ᄒᆞ노라

●延校更興 私立延日학校敎師金秉度氏가以該校維持之無路로不得已請願自退이압더니該郡士林이爲惜該校之停廢ᄒᆞ야校監은更以郡主事金炳久로爲望ᄒᆞ고其本金一千二百圜을自院祠堂所公立財産으로爲先存案ᄒᆞ고每取八利子金四拾八圜이오니該敎師金秉度氏를還爲下送ᄒᆞ시고該校를將下公立之命ᄒᆞ시와俾蒙實施케ᄒᆞ라고該郡守閔容植氏가觀察道와학部에報告ᄒᆞ얏다더라

雜報

●下賜恩金 太皇帝陛下께셔大東學會에一千圜을下賜ᄒᆞ시고 大皇帝陛下께셔ᄂᆞᆫ一萬圜을下賜ᄒᆞ시고 皇太子殿下께셔ᄂᆞᆫ二千圜을下賜ᄒᆞ시고日本 皇太子殿下께셔ᄂᆞᆫ一千圜을寄付ᄒᆞ셧다더라

●黃土云廢 再昨日에警視廳에셔各警署로電話ᄒᆞ되自今以後로 太皇帝陛下시든지 大皇帝陛下시든지動駕時路上에補黃土ᄂᆞᆫ廢止ᄒᆞ라ᄒᆞ얏다더라

●趙獨守宮 再昨日東宮殿下께옵셔東渡ᄒᆞ신ᄂᆞᆫ대總理大臣以下各大臣이仁川에陪往ᄒᆞ얏다가下午五時에入城ᄒᆞ얏다ᄂᆞᆫ되法部大臣趙重應氏ᄂᆞᆫ守宮大臣으로陪往치못ᄒᆞ얏다더라

●永宣歸國 永宣君李埈鎔씨ᄂᆞᆫ完興君大使一行이歸國ᄒᆞ기前에先爲回來ᄒᆞᆫ다ᄂᆞᆫ說이有ᄒᆞ더라

●夫人帶同 農相宋秉畯씨가今番日本에前往ᄒᆞᄂᆞᆫ대其夫人을帶同而去하얏다더라

●副監奉迎 本月拾日頃에義親王殿下께옵서入城ᄒᆞ신다ᄒᆞᆷ은昨報에已揭ᄒᆞ얏거니와再昨日釜山港에到着ᄒᆞ옵셔ᄂᆞᆫ대奉迎保護次로警視副監具然壽氏가巡査幾名을領率ᄒᆞ고昨日에釜山港으로下去ᄒᆞ얏다더라

●義宮修理 義親王殿下께옵서來十日경에渡韓ᄒᆞ신다ᄂᆞᆫ說은已揭어니와該宮을現今修理ᄒᆞ고該宮屬等은日昨에釜山港으로下去ᄒᆞ얏다더라

●合郡新施 今番新官制에地方各郡을合附ᄒᆞ야一百四拾郡으로區分ᄒᆞ얏ᄂᆞᆫ대明年度부터施行ᄒᆞᆫ다ᄂᆞᆫ說이有ᄒᆞ더라

●內部移接 내部大廳을修繕ᄒᆞᆷ으로該部各局課를昨日에移接ᄒᆞ얏다더라

、惟日是任 各府部奏任官以上을窠闕이有ᄒᆞᆫ되도日本人으로代充叙任ᄒᆞᆫ다더라

●私邸公費 各部次官私邸에셔需用ᄒᆞᄂᆞᆫ柴炭費를電燈費隨其所用ᄒᆞ야度支部에셔逐朔支撥ᄒᆞᆫ다더라

●會員罷充 皇太子殿下께셔日本에啓行ᄒᆞ시던日에一進會員이祇送ᄒᆞᄂᆞᆫ되拾部를磨鍊ᄒᆞ야一部長이二拾名式領率ᄒᆞ기로的定ᄒᆞ고統合二百人을募集ᄒᆞᄂᆞᆫ대會員이不足ᄒᆞ야富平小沙停車場에셔每名에十兩式買充數ᄒᆞ얏다더라

●有何事端 錦陵尉朴泳孝氏가再昨日에入城ᄒᆞᆫ다고迎接次로南門外停車場에出往ᄒᆞᆫ人이多數ᄒᆞ얏ᄂᆞᆫ되有何事件인지該氏가姑未放還ᄒᆞᆫ다ᄂᆞᆫ說이有ᄒᆞ더라

●姑爲仍存 扈衛隊와扈警隊를廢止ᄒᆞ얏더니該隊의怨聲이狼藉ᄒᆞᆷ으로本月ᄭᆞ지만仍存ᄒᆞ얏다가永爲廢止ᄒᆞᆫ다더라

●人單名變 內部에셔淸州郡主事薦望報告를작還ᄒᆞ얏더니郡守가兩報人의名字를改書又報ᄒᆞ얏다ᄂᆞᆫ되該人은卽奸吏崔某라더라

●再習再試 軍部에셔解散隊尉官中으로日本軍隊見習生七十名試取ᄒᆞᆫ事ᄂᆞᆫ前報에揭載ᄒᆞ얏거니와有何事端인지軍部大臣李秉武氏가試取ᄒᆞ던尹致晟氏와相持ᄒᆞ야更히試取ᄒᆞ기로ᄒᆞᆫ다더라

●法大良策 法大趙重應氏ᄂᆞᆫ東亞開進教育會領首가되여韓致愈劉秉哲兩人으로羽翼을삼아城內에好[illegible]者을鳩合ᄒᆞ야團體를堅固케ᄒᆞ며地方에支部를設ᄒᆞ야褓負商其他商民에게會標를勸買ᄒᆞ고月捐金을徵出ᄒᆞ야財政을收取ᄒᆞᆫ다ᄒᆞ며一面으로ᄂᆞᆫ統監에게自己도巨大ᄒᆞᆫ團體가有ᄒᆞᆷ을藉托ᄒᆞ미地位가鞏固케되리라고輿論이紛紜하더라

●辯護請認 平理院判事로中樞院副贊議를轉任ᄒᆞᆫ李容相氏ᄂᆞᆫ將爲辭免ᄒᆞ고辯護士를請認ᄒᆞᆯ터이라더라

●器械移用 新組織ᄒᆞᆫ興工局에셔已往三淸洞器械局一般器械를移用ᄒᆞᆫ다더라

●署理請移 全北裁判所署理判事全州郡守朴永斗시가法部로電報ᄒᆞ되本官이諸由上京ᄒᆞ니判事署理를叅書官으로移定ᄒᆞᆷ이何如오ᄒᆞ얏더라

●溺器羽化 內部에ᄂᆞᆫ日本人이每日各局課의視察ᄒᆞ며溺器를房中에置ᄒᆞ지말나고團束ᄒᆞ더니再昨日에ᄂᆞᆫ該部某課에入ᄒᆞ야溺器를見ᄒᆞ고卽擲破碎ᄒᆞ얏다더라

●趙氏發程 趙南復氏가米國에留學次로昨日발程ᄒᆞ얏다더라

●東會刊報 大東學會에셔將次學校를設立ᄒᆞ고新聞을발刊ᄒᆞ기로現今擬議中이라더라

●烏頭未白 監獄署에滯囚ᄒᆞ엿든賊漢輩가今番赦典에蒙放ᄒᆞᆫ後에前習을未改ᄒᆞ야近日城內富人家에不分晝夜ᄒᆞ고勒討錢財之弊가比前益甚ᄒᆞᆫ되警視廳에更捉ᄒᆞᆫ者가多數ᄒᆞ다더라

●뚝섬義擾 再昨日下午十一時量에義徒百餘名이뚝섬에突入ᄒᆞ야日本人一名은被殺ᄒᆞ고一名은重傷ᄒᆞ야幾至死境이오該동交番所巡檢一名及동任一名을捉去ᄒᆞ얏다고該署에셔警視廳에電話ᄒᆞ얏다더라

●云待合氷 義徒百餘名이뚝섬에突入ᄒᆞ야惹鬧ᄒᆞ얏다ᄒᆞᆷ은別項과如ᄒᆞ거니와該徒가聲言ᄒᆞ기를各五江이合氷ᄒᆞ면城中으로攔入ᄒᆞᆯ깃다ᄒᆞ얏다더라

●淸郡慘狀 淸風郡邑底의經擾以後로燒戶及被殺人數爻를調査ᄒᆞᆫ則燒戶가拾餘戶오人命被害者가三名이라더라

●日巡向東 日昨警視廳에셔巡査一名과巡檢四名이擔銃ᄒᆞ고楊州等地로派送ᄒᆞ얏다더라

●白翎義擾 去月拾三日에黃海道白翎島에義兵三十餘名이海州方面으로붓터支那船을乘ᄒᆞ고渡來ᄒᆞᆷ을認知ᄒᆞ고同島에住在ᄒᆞ야漁業으로生活ᄒᆞ든日本人五名은家具를携帶ᄒᆞ고同島에서約六里되ᄂᆞᆫ其附近、青嶋로避亂ᄒᆞ야仁川稅關所屬櫻井丸에向ᄒᆞ야保護를請ᄒᆞ미拾九日에共히白翎島로歸航ᄒᆞ야調査ᄒᆞᆫ즉同等은日人의家屋에殘留ᄒᆞᆫ數件物品을燒毁ᄒᆞ고里장李某를捕捉하야日本人을逃走케ᄒᆞ얏다고亂打하며金八十圜을强奪ᄒᆞᆫ後更히海州方面으로向去ᄒᆞᆫ形跡이有ᄒᆞ며櫻井丸은同日避亂者一同을率ᄒᆞ고二拾二日鎭南浦에到着ᄒᆞ얏다더라

●失俸泣饑 今番宮內府新官制에判任官減額이七十餘人인대就中掌禮院贊唱課主事로減額을當ᄒᆞᆫ李鑽鎬씨ᄂᆞᆫ原來貧寒ᄒᆞ야積仕二十年이로되住接ᄒᆞᆯ斗屋도無ᄒᆞ야每朔薄俸으로他人之挾戶에僅々得生ᄒᆞ다가不意에退職이되미該氏와家屬이未免凍餓ᄒᆞ야該氏의呼泣慘狀은目不忍見이라ᄂᆞᆫ慘說이有ᄒᆞ더라

●路名嫌日 美國桑港셥스추리(繙譯ᄒᆞ면日本거리라)附近居留하ᄂᆞᆫ白人種들이現今議院에東議ᄒᆞ고該路名을改稱ᄒᆞᄂᆞᆫ대路名이日本과音相似가不可ᄒᆞᆫ다ᄒᆞᆷ이라고美國某報의揭載ᄒᆞ얏더라

●死後臨任 向日徵ᄂᆞᆫ園等地에셔義徒의게被害ᄒᆞᆫ警視廳刑事巡檢文哲俊氏ᄂᆞᆫ權任으로臨差ᄒᆞ얏다더라

▲地方消息▼

▲陰竹郡內面에義兵이侵入ᄒᆞ야駐屯ᄒᆞᆷ을日兵이探知ᄒᆞ고該面으로발向ᄒᆞ야追擊하고該面民家數拾餘戶를燒却ᄒᆞ엿다ᄒᆞ고

▲數日前에義兵數拾名이安山郡에放銃突入ᄒᆞ야郡守를威脅ᄒᆞ며軍器를强請ᄒᆞ고分派所를破碎ᄒᆞ고銃器를奪去ᄒᆞ엿다ᄒᆞ고

▲濟州島에日兵이渡去ᄒᆞ야該島에在ᄒᆞᆫ軍物을沒數燒火ᄒᆞ엿다ᄒᆞ고

▲咸陽邑內에日兵이來ᄒᆞ야郡主事及警官을逐出ᄒᆞ고東軒에셔留宿ᄒᆞ며邑內人家牛隻及鷄卵을沒數히奪去ᄒᆞ엿다ᄒᆞ고

▲去拾八日前砥平郡等地에義兵數百名이駐屯ᄒᆞ다가他處로移巢ᄒᆞ엿ᄂᆞᆫ대日兵이來到ᄒᆞ거ᄂᆞᆯ村民等이擧皆避難ᄒᆞᆯ際에日兵이二時間을放銃ᄒᆞ야良民拾九名을銃殺ᄒᆞ엿다ᄒᆞᆷ으로其近處義兵等이日兵駐屯處로前往ᄒᆞᆫ다ᄒᆞ고

▲稷山郡近處에義兵數百名이駐屯ᄒᆞ얏다ᄂᆞᆫ報를天安郡分派所에셔接ᄒᆞ고日兵의게通寄ᄒᆞ야義兵을追擊ᄒᆞ라하얏고

▲松禾郡分派員等이義兵을偵探ᄒᆞ기爲ᄒᆞ야長淵邑으로向ᄒᆞ야義兵約二百餘名과四時間을交戰ᄒᆞ다가彈丸이消盡으로該日憲兵分派所로逃走ᄒᆞ얏ᄂᆞᆫ대義兵은東南方面으로退却ᄒᆞ야戰策을籌究ᄒᆞᆫ다ᄒᆞ고

▲去月十三日長淵郡沼岸白翎嶋日人漁場에義兵二拾名이突入ᄒᆞ매日人二十餘名이逃走ᄒᆞ거날義兵이該日人家屋를破碎ᄒᆞ얏다ᄒᆞ고

▲烏致院電을據ᄒᆞᆫ則振威驛西方約拾里許村落에義兵三十五名이來襲ᄒᆞ얏다ᄂᆞᆫ報를日守備대에셔接ᄒᆞ고日兵五名及巡檢巡査四名을派遣ᄒᆞ얏다ᄒᆞ고

▲本月四日夜의義兵約百名이光희門外五里地点에來襲ᄒᆞ야巡檢一名은捉去ᄒᆞ고日人役夫一名은砲殺ᄒᆞ고日女一名은負傷ᄒᆞ얏다ᄒᆞ고

▲去月二十五日果川郡小川面熊동에셔義兵約八拾名이日守備대와交戰ᄒᆞ다가他處로退却ᄒᆞ엿다ᄒᆞ고

▲本月五日夜과毛浦東方約二千五百米突되ᄂᆞᆫ地点의義兵百名이來襲하야同地의居留ᄒᆞᄂᆞᆫ日人二名과巡査一名을殺害ᄒᆞ엿다ᄒᆞ고

▲去月廿六日三陟郡磐野의서崔塗基의指揮下의在ᄒᆞᆫ義兵約百廿名이日守備대와交戰ᄒᆞ다가蔚珍方面으로退却ᄒᆞ엿다ᄒᆞ고

▲去月廿八日三陟郡已實附近에셔義兵約六百名이日兵과交戰ᄒᆞ다가他方으로退却ᄒᆞ고日兵은搭實附近에셔또義兵百廿名과交戰ᄒᆞ고또同月廿九日에奉化郡附近에셔義兵約百名과交戰ᄒᆞ얏다ᄂᆞᆫ되死傷은未詳이라더라

東京電報

●二回交涉 五日발 加奈陀勞動大臣은今日日本外務省의前往ᄒᆞ야林相珍田次官石井局장과會見ᄒᆞ고第二回의交涉하얏다더라

●首相演說 六日발 加奈陀首相은三千人의聽衆의向ᄒᆞ야演說ᄒᆞ되日本은英國과同盟國이라余가政府의首相作의在ᄒᆞᆯ時ᄭᆞ지ᄂᆞᆫ日英條約을毁害ᄒᆞᆷ과如ᄒᆞᆫ行動은承認치아니ᄒᆞᆫ다하얏더라

▲輦下長江▼

▲政界消息이暗裏不穩ᄒᆞ더니各大臣의宴會가頻數하야一抹雲에風波가稍息ᄒᆞ미地位가危而復安ᄒᆞ니인제ᄂᆞᆫ安樂宴이나ᄒᆞ여보지

▲法大趙重應氏ᄂᆞᆫ自己地位를盤石ᄀᆞ치鞏固코저ᄒᆞ야開進教育會를提携ᄒᆞ야藩作自家之物하니日人의창鬼되ᄂᆞᆫ一進會가若是欽羡ᄒᆞ야不此之爲라도七賊의功名이自在ᄒᆞ거ᄂᆞᆯ何乃自焚가若此甚ᄒᆞ고褓負商도當此岌岌之時ᄒᆞ야無有不盡忠愛國ᄒᆞ야爲他창鬼之習이여ᄂᆞᆯ賣國者로首倆삼기를豈可肯從이리오

▲李東暉姜允회兩氏가警視廳에無罪被捉ᄒᆞ얏다더니日前에李氏ᄂᆞᆫ敎育上에熱心ᄒᆞ며姜씨ᄂᆞᆫ李東暉氏와李儁氏와相知與否를一問ᄒᆞ고俱爲放釋ᄒᆞ얏다니往昔에ᄂᆞᆫ韓國汚吏들이罪가無ᄒᆞᆫ者를罪가有ᄒᆞ다搆陷ᄒᆞ야囚之杖之하며家産을傾覆케ᄒᆞ더니今日은日本警吏가罪의有無ᄂᆞᆫ不問ᄒᆞ고志士의氣槪를挫打코저ᄒᆞ며前日에ᄂᆞᆫ知情不告罪가有ᄒᆞ더니今者에ᄂᆞᆫ知面不告罪가有ᄒᆞᆫ가奇異ᄒᆞ다이法律이여此等法律은日本이韓國人의게對ᄒᆞ야用ᄒᆞᄂᆞᆫ特別新法律인가보

▲向日成均館館員試取에落第ᄒᆞᆫ一儒生이因以成病하야幾至死境이라ᄒᆞ니當此時代ᄒᆞ야維新事業이許多ᄒᆞᆫ것마ᄂᆞᆫ一司業에落榜을飲恨ᄒᆞ니此等者流ᄂᆞᆫ腐敗ᄒᆞᆫ舊習이腦髓에浸染ᄒᆞ야心膽이亦腐로고

社告

向者軍隊解散時에負傷ᄒᆞ야折臂折脚된士卒諸君에對ᄒᆞ야發起된鄭圭煥諸氏等이此事로數朔을盡力ᄒᆞ야도結實이難望故로買廢ᄒᆞ고昭公議에慈善之澤을바라고救助를請ᄒᆞ려ᄒᆞᆫ딘何도아니된다ᄒᆞ오니切甚慨歎이옵기로本社에셔廣布ᄒᆞ오니慈善諸君은不拘多少ᄒᆞ시고救助ᄒᆞ사使陷死胞도중濟ᄒᆞ심을望홈

本社支社를左開七郡에設置ᄒᆞ얏ᄉᆞ오니該郡近地에셔本申報購覽ᄒᆞ실僉彦은一切該支社로請求ᄒᆞ시고代金도該氏의게로送交ᄒᆞ심을伏望홈

代金國文全 並郵稅四拾三錢　國漢文 三拾八錢

左開

支社位置及氏名
坡州邑南門內　崔載淳
坡州邑松前里　金泰聲
白川邑計洞　殷弼漢
　　姜允植
群山港永彰社　宋德殷
通川場市堂　黃濟保
車溢館內志會內　金明鉉
淸州本州내校동　宋斗仁

大韓每日申報社

雜報

●可人可人　舒川郡居宋華秀씨는現方六十歲의老人으로吸新空氣ᄒᆞ며注目新聞ᄒᆞ야逆則勸之勉之에期圖ᄒᆞ고時務의媚熟ᄒᆞ야臨事不苟라고該郡來人이稱道ᄒᆞ더라

●請採呼訴　明禮宮庄土가振威郡에在ᄒᆞᆫ데收租次로金容彬氏를派送ᄒᆞ얏더니該氏가科外濫捧ᄒᆞᆫ事로民人等百餘名이該郡에呈訴ᄒᆞ고且供進所에請願ᄒᆞᆫ다ᄂᆞᆫ대該金시ᄂᆞᆫ日前에上京ᄒᆞ얏다더라

●洪氏恤金　平理院檢事洪龍約氏가去月分에身故ᄒᆞᆷ은已爲報道ᄒᆞ얏거니와官等俸給令九條에依ᄒᆞ야救恤金三朔條一百七十五圜을支出ᄒᆞ라고法部에셔度支部로照會ᄒᆞ얏다더라

●夫也不良　金海郡守梁弘默씨가本郡妓生瑞香의게沈惑ᄒᆞ야其婦人을逐出ᄒᆞ니其婦人이一歲乳兒를棄ᄒᆞᆫ處에委棄ᄒᆞ고釜山港道路에셔含淚撫附ᄒᆞ매一郡百姓이咄々嗟歎曰治家도不能ᄒᆞ거던何況治民乎아ᄒᆞᆫ다고諸郡來人의傳說이有ᄒᆞ더라

●靑會討論　今日下午七点鐘에靑年會館에셔特別討論會를開ᄒᆞ고武備발達이勝於文化府與이란問題로可否從演議ᄒᆞ야互相討論ᄒᆞᆫ다더라

●徵塾試榜　徵文義塾의셔試驗을經ᄒᆞ얏ᄂᆞᆫ대優等閔丙宣等三拾一人이오及第朴魯轍等九人이오中學一年級에ᄂᆞᆫ優等朴廷洽等四十七人이오中學預備科에ᄂᆞᆫ及第金濟憲等六十五人인대總計優等七十一人이오及第一百二拾一人이라더라

●說加怨生　平北來人의說話를據ᄒᆞᆫ즉本郡에牧土補土兩名詞의田土가有ᄒᆞᆫ데牧土ᄂᆞᆫ原來牧馬場을居民이築洑ᄒᆞ야田畓을作ᄒᆞᆫ者오補土ᄂᆞᆫ辛未擾攘時에籍沒ᄒᆞᆫ田畓이라自前으로人民이賭租를納ᄒᆞ고耕作ᄒᆞ다가及辛卯年分에右兩土를明禮宮에移屬ᄒᆞ고改量定稅ᄒᆞ얏ᄂᆞᆫ데耕斗ᄂᆞᆫ日落ᄒᆞ고租稅ᄂᆞᆫ太重ᄒᆞ야民寃이日深ᄒᆞ더니丙午年春에作民幾十名이一時聚集ᄒᆞ야官倉을燒破ᄒᆞ며官差及士監官等名色을亂打ᄒᆞ야一邑이大擾하거ᄂᆞᆯ其時에該郡守洪淳旭氏가報府ᄒᆞ야依舊納稅耕作케ᄒᆞ미民心이始穩ᄒᆞ더니昨年에尹喬榮시가該郡守로在任ᄒᆞᆯ時에整稅派員崔俊相과勝肚相通ᄒᆞ야賭稅를勒加ᄒᆞᆷ이拾倍나되ᄂᆞᆫ지라該兩土作人三千餘名이每日發文에各處屯聚ᄒᆞ야目下形勢가大端不穩ᄒᆞ다더라

●避義受罪　延安郡主事崔殷協씨ᄂᆞᆫ往日義徒가該郡에犯入ᄒᆞᆫ時에避身ᄒᆞᆫ事件에對ᄒᆞ야該道裁判所에셔笞一百에宣告ᄒᆞᆫ故로內部에셔免官ᄒᆞᆫ다더라

●米館判決　雲山金礦에셔米人이韓國人宋一龍을銃殺ᄒᆞᆫ事ᄂᆞᆫ已揭前報이니와該事에對ᄒᆞ야法部에셔漢城裁判所檢事趙東作氏로主任ᄒᆞ야該氏가該所補佐官과米國領事館刑廷에共往ᄒᆞ야判決ᄒᆞ고該一切書類를法部로送呈ᄒᆞ얏더라

●龍民遮道　龍岡郡守尹起元氏遞任事로該郡十四面上民等이內部에請願ᄒᆞ야挽留ᄒᆞ고再次電請ᄒᆞ얏ᄂᆞᆫ대郡守가上京路次에數百名人民等이平壤鎭南浦東津三處로遮道挽留ᄒᆞ야該郡守가方在滯留中이라더라

●變齋爲校　宣川郡西印峯洞養德齋ᄂᆞᆫ舊學問에從事ᄒᆞ더니腐敗ᄒᆞᆫ舊習을覺歎ᄒᆞ야幡然改轍ᄒᆞ고該校科程을一依新式ᄒᆞ야校장李宗鐸시와學監李始乙시와校監崔俊心시와教師○晦根시가熱心敎授ᄒᆞᆷ에生徒가日增ᄒᆞᆫ다고傳說이藉々ᄒᆞ더라

●朴氏先開　沃川郡伊南面坪山里前種桑委員朴是欽氏ᄂᆞᆫ新學에熱心ᄒᆞ야自已舍廊을修理ᄒᆞ고聰俊을勸勉ᄒᆞ야語學筭術作文等으로自擔敎授ᄒᆞ며同郡李承鎬氏가生涯困窮ᄒᆞ야從學키未能ᄒᆞᆷ을慨惜케여기여拾圜金을捐助ᄒᆞ야大邱에留學케ᄒᆞ고卒業前에하發ᄂᆞᆫ全擔ᄒᆞᆫ다ᄒᆞᄂᆞᆫ故로該郡人士가莫不感歎ᄒᆞᆫ다더라

●玄校有望　西署玄湖玄成學校ᄂᆞᆫ設立以來로經費가窘絀ᄒᆞ야教育이振興치못ᄒᆞᆷ은一般主務員이慨嘆ᄒᆞ더니本年五月分에該洞里有志諸人이相與발起ᄒᆞ야洞中名譽가素著ᄒᆞᆫ博士李演喆氏로校長을公薦ᄒᆞ고副校장은前主事南昌祜氏로事務長은前議官朴斗乘씨로贊成長은朴亨來李康弼씨로選定ᄒᆞ고每月一次式으로校에會ᄒᆞ야永遠維持ᄒᆞᆯ方針을商確ᄒᆞ기로決定하고一般學員을對ᄒᆞ야熱心으로勸勉ᄒᆞ얏더니晝夜學員四十餘人이一體蹈厲ᄒᆞ야同盟을結ᄒᆞ고該校에서期於卒業ᄒᆞ기로自期ᄒᆞ얏다ᄒᆞ니右諸氏의教育上熱心과諸學員의同聲相應ᄒᆞᆷ은攢頌ᄒᆞᆯ事이라더라

●明契新明　全北珍山郡北面水心臺居俞哲濬과柄薰鄭容現李秉吉申正仁尹享燮諸氏가數年前에與鄕黨有志紳士로協議聚財ᄒᆞ야一契를設立ᄒᆞ고明德契라稱ᄒᆞ얏ᄂᆞᆫ데資金이一千餘兩에至ᄒᆞᆫ지라該契員趙英憲氏가日本國에數年遊學ᄒᆞ고今秋에歸鄕ᄒᆞ야時務에熱心從事ᄒᆞ야契長宋설興과契員諸씨로一同詢議ᄒᆞ야以其資金으로新書籍을購買ᄒᆞ야興學에熱心ᄒᆞ미論者의莘莘就新ᄒᆞᆫ勇意을莫不稱頌이라더라

廣告

●國債報償志願金總合所廣告

●氷川郡古村面官旨洞 續

鄭致中 二拾전 鄭淵栄 六十전 리敎翊 一圜 金性漢 八十錢 최應五 五十錢 김麗成 八拾전 김永植 六拾錢 鄭鎭夏 四十錢 김華德 六十전 鄭鎭旭 姜召史 各四拾錢 리敎厚 六十錢 김世用 四十전 김永璇 리杜夏 각卄전 金永起 十전 리應旭 二拾전 許 琪 金鳳河 각四拾전 嚴鳳安 朴千鎰 具然佑 각卄전

▲月下洞

朴永煥 一圜 金環培 林大奎 吳成大 朴得煥 各卄錢 洪鎭祚 四拾전 리孟晳 六拾전 許 옥 鄭松文 각卄전 宋南俊 四拾전 朴春又 김哲培각卄錢

▲斗里

尹錫회 成甲祿 리自二 각六拾전 김得玉 리六在 김학洙 각四拾전 裵永奉 盧壆根 崔日羽 각卄전 崔成分 四拾전 리在浩 金柱夏 盧鳳翊 元知誠 朴基詣 각二十전

▲冷泉동

姜聖化 金鳳燮 金聖章 柳炳坤 兪鶴齡 朴載陽 申泰淑 具成發 鄭衡律 리達春 각四十전 具敎璇 盧泰鎭 리鉉芝 李起植 金鎭鎬 리康하 宋澤注 兪鶴範 리炳杜 金相倫 각卄전 리仁鎬 二十錢 柳錫中 三十전 秋有實 二拾전 리奎浩 경義洛 全永洛 리起浩 鄭相文 김在秀 각卄전 金漢千 리在保 김堅在 각卄전 未完

廣告

◉米國製邦補益藥水 四百瓶到新大瓶定價金三圜

◉德國製起陽丸 三十日分服 定價金十五圜

◉米國大學醫院處方

醫學校長勳五等池錫永氏

製藥鑑査人濟衆院醫學員

有效證明 洪鍾厚 趙悳惠 李觀化

商標

食思振起 體力活潑 補益丸

定價表

拾日分服三十個入 金一圜

二十日分服六十個入 金一圜七拾五錢

三十日分服九十個入 金二圜五拾錢

此藥에主治效能用法은在於藥封ᄒᆞ오니第一老衰男女에偉效가有ᄒᆞ고勞心勞膽ᄒᆞ시ᄂᆞᆫ司法官吏와敎師와銀行會社員과學生과坐店商人과多産ᄒᆞᆫ婦人에運動不足으로生ᄒᆞᆫ陰陽俱虛症과健忘症과貧血症과手足厥冷과頭痛과腰痛이잇ᄂᆞᆫ各病에靈效가有ᄒᆞ고無病ᄒᆞᆫ人이라도此藥을每日朝午夕食後三次에一丸式淸水呑下ᄒᆞ시면身體가强壯ᄒᆞ고精神이活潑ᄒᆞ고飮食이消ᄒᆞ고百病을預防ᄒᆞᄂᆞᆫ眞奇世靈藥이라男女勿論ᄒᆞ고拾五歲以上으로老年에至ᄒᆞᆫ間에諸般原因으로來ᄒᆞᄂᆞᆫ虛弱에用ᄒᆞ나即營養不良之致로滿期ᄒᆞ야通치못ᄒᆞ거나女子經度가始作지아니ᄒᆞ거나經度不足或閉止ᄒᆞᄂᆞᆫ되와房事過度之致로精이無端이流出ᄒᆞ거나房事時에陰莖이萎而不起ᄒᆞ거나嶨門이閉門ᄒᆞᄂᆞᆫ諸症과金鷄蠟에不治되ᄂᆞᆫ瘧疾과再臨熱과虛脫失氣ᄒᆞᆫ久病人이速히蘇完되오니男女間病之深淺을從ᄒᆞ야一二朔且三四朔만連服ᄒᆞ시면大効가有ᄒᆞ기로保證ᄒᆞ오

◉製造本舖漢城鍾路萬國基督敎靑年會館前 慈惠藥房

●靈效解瘧丸 一日分定價金拾錢 此藥은大人小兒長瘧과初瘧과腹瘧에以差服用ᄒᆞ면更不再發

●蛔虫丸 一日分定價金拾전 此藥은大人小兒蛔積과蛔虫의二三日服用ᄒᆞ면蛔虫을殺出ᄒᆞᄂᆞᆫ妙藥

●四時感氣丸 一日分定價金拾전 此藥은感氣몸살의써ᄂᆞᆫ藥인대一二日連服ᄒᆞ면鎭痛解熱

●男女痳疾그근ᄒᆞᄂᆞᆫ약 定價金五圜 此藥은痳疾의一期二期勿論ᄒᆞ고그근ᄒᆞ도록약을쥬오

●獨逸國痳疾丸 七日分定價金一圜四拾전 此藥은男女痳疾勿論ᄒᆞ고速效가잇서用藥之日로殺菌止痛ᄒᆞ고利尿止濃

●淸明眼藥 一日分定價金拾錢 此藥은火眼熱眼의多有奇效

●鎭咳嗽藥 五日分定價金三拾錢 此藥은拾五歲以上人에用ᄒᆞᄂᆞᆫ藥인대四時常性咳嗽에有效ᄒᆞ고特히老人哽咳에偉效

●無忌良疥瘡藥 定價金四拾전 此藥은疥셔ᄂᆞᆫ虫을滅殺ᄒᆞᄂᆞᆫ약

●寸虫藥 定價金二拾五전 此藥은有鉤寸虫無鉤寸虫이當日殺出

●米國膏藥 定價金三拾錢 此약은多年皮膚病에奇效

●淸國上海膏藥 定價金卄錢 此약은肩臂痛脚腿膝酸痛에神效

●斷酒약 定價金三圜 此약은西洋셔도信用ᄒᆞ고日本셔도信用

●漢城百應膏 一封의定價金拾錢 此약은蔣醫士李信友氏方文으로製ᄒᆞᆫ약인되명울리삭아ᄂᆞᆫ대第一神效ᄒᆞ고各項腫에去根合瘡ᄒᆞᄂᆞᆫ대便利ᄒᆞ고神速ᄒᆞ오

●止汗藥 二十分定價金貳拾錢 此藥은德國軍人常用除惡汗臭

●本人等이濟衆院醫學員으로米國大學醫院處方과濟衆院處方으로鑑査調製ᄒᆞ고其他內外國大奇效ᄒᆞᆫ약品을貿來ᄒᆞ야英文日文德文에製用法廣告를我國漢文으로飜譯ᄒᆞ야紙匣에도入ᄒᆞ고琉璃瓶에도入ᄒᆞ고洋鐵匣에도入ᄒᆞ야四隣國에賣藥規則을依ᄒᆞ야全國內地各藥局에都賣코ᄌᆞᄒᆞ오니同業兄弟게서本藥房代理支店으로有意ᄒᆞ시거든편지ᄒᆞ시오

西藥便方 全 定價金壹圜

此冊은漢城濟衆院藥方文을我國漢文으로아라보기쉽게飜譯ᄒᆞᆫ冊인되京鄕各藥局에貨泉이될만ᄒᆞᆫ一代神方冊이요

伊太利建國三傑傳 一冊 正價金三十錢

此書ᄂᆞᆫ距今數十年前에伊太利愛國者瑪志尼、加里波的、加富爾三傑이奄奄垂亡ᄒᆞᆫ國勢를挽回ᄒᆞ야歐洲列强間에鼎峙ᄒᆞᆫ事實을國漢文으로譯出ᄒᆞ얏ᄂᆞᆫ며其艱難危險의經歷과嘔心瀝血의景况이讀者의哀情을感發ᄒᆞᆯ만ᄒᆞ오며其百折不屈의意氣와其九死靡變의熱誠이讀者의愛國心을激起ᄒᆞᆯ만ᄒᆞ오니有志君子ᄂᆞᆫ不可不座右에置ᄒᆞ고常目에掛ᄒᆞᆯ冊子오니續續來購ᄒᆞ시옵

발賣所 皇城布屛下 廣學書舖

向동 博文書館

仁川桂峴 開新冊肆

平壤鍾路 耶蘇敎冊사

義州南門外 廣學書館

瑞士建國誌 定價金 新貨拾五錢

此冊은政治小說이니志士의救國救民ᄒᆞᄂᆞᆫ思想과人民의愛國心을養成ᄒᆞᄂᆞᆫ대緊要ᄒᆞᆫ冊子오

發賣所

▲大韓每日申報社

▲仁川港桂峴 開新冊肆

▲中署布屛門下 金相萬冊肆

▲平壤城內烈女洞 敎育書舖館

▲鍾路 古今書海館

▲銅口越便 中央書館

▲鍾路 大東書市

▲大廣橋 匯東書館

▲向동 博文書館

▲開城 姜助淵 冊사

▲定期大廉賣廣告▼ 自十一月十五日 至十二月卄五日

獨習日語正則 鄭雲復氏著 特別減價一圜 郵稅 拾錢

此日語正則은自天文地理로至農商工業諸般學術及人事百般히緊要ᄒᆞᆫ語句를網羅ᄒᆞ야正確ᄒᆞᆫ發音과簡明ᄒᆞᆫ飜譯으로編纂ᄒᆞ야獨習에가장便利ᄒᆞᆫ故로出版ᄒᆞᆫ지未久에千餘部를出售ᄒᆞ옵고再版의期가在邇ᄒᆞᆫ지라이에自本月十五日로十二月二十五日ᄭᆞ지定價一圜二十五錢에二拾五錢을減ᄒᆞ옵고一圜에出售ᄒᆞ와一般學界의便益을裨補코ᄌᆞᄒᆞ옵ᄂᆞᆫ바部數와日字의定限이잇ᄉᆞ오니江湖君子ᄂᆞᆫ爭先購覽ᄒᆞ시옵

(十二月二十五日以後에ᄂᆞᆫ定價外에一分不減홈)

京城中署布屛下三十七統六戶 廣學書舖金相萬 告白

영미국정부젼미특허 셕유발동긔급조행거 졍미긔계급부쇽품을일쳬염가방매ᄒᆞ오

直輸入商 韓國代理店 仁川本町 中根商會 電話七參貳番

●本社廣告

○申報價

一張代金 新貨二錢五厘

一個月前納 三十錢

三個月 九十錢

六個月 一圜七十錢

一個年 三圜四十錢

郵稅一張 新貨五厘

一個月 十三錢

○廣告料

四號活字十三行諸每日每英尺一寸에對ᄒᆞ야當五錢 (每日每行六전에相當홈)

二週日에 二圜五十錢 每日每行四錢五厘에相當홈

一個月에 五圜 (每日每行四錢一厘에相當홈)

其期限의長短과字行의多寡를依ᄒᆞ야增減홈이有홈

●大韓每日申報各處支社廣告

中署布屛門下 金相萬書舖

平壤上水口門內 金浩淵 崔觀恒

仁川桂峴開新冊肆 李東浩

宣川邑西門冊肆 安 濬

義州西門外東西 大槐熙

釜山港佐川藥局 徐錫鐸

三和港築洞 金元선

咸興南州社西門外 曹喜林

開城南大門內興學書舖 姜助淵

大邱市廳 崔一弘

寧邊邑濟衆院 劉夢澤

鐵山邑東部 安 直

元山倉前 劉七鉉

海州南門內 朴昌鎮

定州府門內書舖 洪成인

昌城郡校동 許 찬

郭山興岩 李銀瑞

安岳細동坊成동 廉道善

博川舊津 리鎭成

安州城內義井洞 金翼河

鐵原邑棠洞 趙鍾大

高原邑 朴敎吉

濟州城內一徒里客舍洞 高亨秀

井邑邑內 李益象

泰仁邑內 金昌燮

興德後浦 兪鼎濬

京義線枇峴驛替市 李基秀

長淵邑南門內 崔錫淳

殷栗邑倉前里 金泰鎔

古阜邑許洞 殷錫漢

群山港東彰社 宋翊巖

龍川楊市會堂 黃菊保

車輦館同志會內 金明鉉

淸州東州내校洞 宋斗仁

發行兼編輯人英國人 裴 說

發行所 南署石井洞號外擴三層洋屋家 大韓每日申報社

第五卷

大韓每日申報

第六百八十一號

月曜及慶節歲時日休刊

檀君開國四千二百四十年
箕子元年三千二十九年
大韓開國五百十六年
日本明治四十年
淸國光緖三十三年
隆熙丁未十一月大初四日辛卯

寄書

十八歲兒金貞益

夫國家가獨立ᄒᆞ야道德의心과自强의力을保守ᄒᆞᆫ後에自巳所愛ᄒᆞᄂᆞᆫ國家를保存ᄒᆞᆷ이되겟ᄂᆞᆫ가自巳의國家가頹敗ᄒᆞ고滅亡ᄒᆞ고衰弱ᄒᆞ야他國의束縛을被ᄒᆞ고外人의壓制를受ᄒᆞ야六洲와五洋을任意로通行치못ᄒᆞ고自己國內에서도東에서西로가려ᄒᆞ면外國人의게旅行券을得ᄒᆞᆫ後에야다니ᄂᆞᆫ것이되겟ᄂᆞᆫ가東西洋各國에何人種을勿論ᄒᆞ고道德을培養ᄒᆞ야自强力이잇슴이되리라ᄒᆞᆯ깃지엇지他國에束縛됨을되리라ᄒᆞᆯ人이有ᄒᆞ리오嗚呼라我韓이今日을當ᄒᆞ야頹敗ᄒᆞᆫ地境에至ᄒᆞᆷ은二千萬同胞가頑固ᄒᆞᆫ心腸을바리지못ᄒᆞᆫ然故로되其中에大槪議論ᄒᆞᆯ진딘一日政府의賣國黨과二日一進會의賣國黨이라政府賣國을말ᄒᆞᆯ진딘光武九年의新條約에五賊大臣이捺印ᄒᆞᆫ然故나捺印然故ᄂᆞᆫ勢力을圖得ᄒᆞ야自己一身만生覺ᄒᆞ고國家와同胞ᄂᆞᆫ生覺ᄒᆞ지못ᄒᆞᆷ이니此謂之라도滿朝가亡國鬼오光武十一年으로말ᄒᆞᆯ지라도七賊大臣이協同合力ᄒᆞ야首相으로ᄒᆞ야금統監과捺印ᄒᆞᆫ然故나七條約으로말ᄒᆞ야도自己一身만生覺ᄒᆞ야勢力을圖得ᄒᆞ고官職을圖得ᄒᆞᆫ心腸이라勢力과官職만圖謀ᄒᆞᄂᆞᆫ者ᄂᆞᆫ亡國鬼가아니라ᄒᆞᆯ가此亦亡國鬼로다二日一進會賣國黨은特別ᄒᆞ賣國黨이라ᄒᆞᆯ지니一國의大會를賣國二字로斷言ᄒᆞᆷ은何也오五條約에宣言書者가一進會오七條約ᄒᆞᆫ賊大臣中에其一이一進會會首니此ᄂᆞᆫ亡國鬼가아니되리오此亦亡國鬼로다一進會發行ᄒᆞᄂᆞᆫ國民新報가名稱은되호나報紙를보면全部心腸이亡國鬼로다一日國家에往ᄒᆞᆫ則國民新報로鄕使分傳人이가져왓기로一編을보온則大韓每日申報에揭載ᄒᆞᆫ바義兵이라ᄒᆞᆷ으로暴徒가蜂起ᄒᆞᆫ다ᄒᆞ얏스니

嗚呼라國民報여一進會와ᄀᆞᆺ치賣國ᄒᆞᄂᆞᆫ魂이無ᄒᆞᆫ然故로暴徒라ᄒᆞᆯ가義兵이蜂起ᄒᆞᄂᆞᆫ거시一國에내亂이되면國家에大禍ᄂᆞᆫ될지라雖然이나大韓每日申報ᄂᆞᆫ外國人이발行ᄒᆞ야도我大韓國에高等報紙로國家의獨立ᄒᆞ기를祝願ᄒᆞ야자나서나晝夜로근심인대義兵蜂起ᄒᆞᄂᆞᆫ데有何相關고또말ᄒᆞᆯ진딘義兵이眞正에心腸은一進會와比ᄒᆞ면愛國ᄒᆞᄂᆞᆫ熱心은잇다ᄒᆞᆯ시로다

또 編을보온則論說이란題下에二千里內에二千萬人民이만은則滅ᄒᆞᆷ이되리라ᄒᆞ얏스니悲嘆哉라國民報여二千萬人種이잇서서汝가賣國을못ᄒᆞᆯ깃ᄂᆞᆫ가宣言書를ᄒᆞ엿ᄂᆞᆫ가二千萬人種이만일것ᄀᆞᆺᄒᆞ면貴鄕閥一進會黨派가不少ᄒᆞᆫ則此黨派를滅ᄒᆞ야도人種을滅ᄒᆞᆷ이될지니엇지國家社會에耳目되ᄂᆞᆫ新聞報紙로人種滅ᄒᆞᄂᆞᆫ同類를論ᄒᆞ리오國民報여他國을尊重ᄒᆞ게알고自國은亡ᄒᆞᆷ을祝願ᄒᆞᄂᆞᆫ것이可惜ᄒᆞᆫ일이로다

二千萬同胞여握手ᄒᆞ고痛哭ᄒᆞᆯ바ᄂᆞᆫ賣國黨派心中에我國이亡ᄒᆞ고我種이弱ᄒᆞ야外人에奴隷됨을希望ᄒᆞ니愛國熱誠이잇ᄂᆞᆫ同胞여엇지ᄒᆞ면彼賣國黨을悔改케ᄒᆞ며엇지하면彼亡國心을改悟케ᄒᆞ리오

哀哉라賣國黨派여汝亦二千萬同胞에一分子타엇지悔改ᄒᆞᆯ心腸은無ᄒᆞ고망國ᄒᆞ기만바라나뇨賣國黨派여生覺ᄒᆞᆯ지어다日本國셔東洋에平和ᄒᆞ기를切望ᄒᆞ고東洋을保存ᄒᆞ기를切望ᄒᆞ야우리大韓에自由獨立을許諾ᄒᆞᆫ마ᄋᆞᆷ은잇슬지라도賣國黨派를볼진딘엇지獨立權을쥬리오本人이筆로記錄ᄒᆞ여報紙上에揭載ᄒᆞ야賣國黨派의게敎告하노니悔改二字를몬져生覺ᄒᆞ고國權을恢復ᄒᆞ야四千餘年保守ᄒᆞ던東方禮義之國에二千萬同胞가太極의빗ᄂᆞᆫ旗로世界에一等國이되여千世萬世에永遠히누리기를生覺ᄒᆞᆯ지어다

官報

◎三千九百四十三號 隆熙元年十二月七日

敍任及辭令

內閣書記郞洪承駿

依願免本官 六品徐廷弼 仝 秦學善

任宮內府主事 六品崔昌鎬

任侍從院主事 六品□永來 仝 鄭基燮

仝 徐丙圭 仝 閔肯鎬

仝 尹宗善 仝 郭鍾鉉

仝 康台鉉 仝 張世昊

仝 高永天 仝 李康隅

仝 鄭寅燮 仝 李寅斗

仝 金容大 仝 李□榮

仝 金萊寶 仝 林光勛

任掌禮院主事 六品朴鼎寅 仝 徐道淳

仝 沈相德 仝 洪鍾振

李元植 崔鼎鎬

嚴昌燮 寧陵令鄭海宗

昌陵參奉朴□年

禧陵參奉鄭□黑

齊陵參奉嚴柱華

昭慶園參奉李直承

李□植 高□□

任掌禮院典祀補 六品鄭海穆 仝 申鉉周

仝 金用淡 仝 尹寅求

仝 李瓚用 仝 李明夏

任承寧府主事 六品吳應默 仝 李漢龍

任皇后宮主事

任東宮主事 六品高羽中

六品文晉愸 仝 魏洪舜

仝 李寅旭 仝 金宇鎭

仝 李敎錫 仝 原吉丸

六品申鉉燮 仝 朴在淳

末松多美彦 山下傳吉

六品韓羲容 仝 鎭李煥

仝 鄭衎鎬 仝 任忠鎬

川崎源藏

任內藏院主事 六品劉海鎭 仝 趙埈정

任三品朴啓弘

任內藏院技手 六品李鳳用

任典膳司主事 六品成圭運

任主殿院主事 六品□相宜 仝、任琬淳

任帝室會計審査院主事 六品康永默

任帝室財産整理局主事 六品林錫贊 仝 李宗敎

任典膳司主事 九品尹□東

任寧陵令 柳寅植

任齊陵參奉 九品鄭□好

任昭慶園參奉 俞斌象

任綏陵參奉

布達

主馬課長 一人
宮內府書記官으로充ᄒᆞᆷ
乘馬乘馬車具와調馬에關ᄒᆞᆫ事務를掌ᄒᆞᆷ이라

事務官 專任 四人
奏任 各課事務를分掌ᄒᆞᆷ

車馬監 一人 奏任
車馬乘具를管守ᄒᆞ야馬匹飼養調習及醫療事를掌ᄒᆞᆷ

主事 專任 二十二人
判任 上官의指揮를承ᄒᆞ야庶務에從事ᄒᆞᆷ이라

調馬師 專任 二人
判任 乘馬調習에從事ᄒᆞᆷ

御者 判任待遇
馭者에從事ᄒᆞᆷ이라

第二十二條 侍從院에左ᄀᆞᆺ치職員을置ᄒᆞ니奉侍仕ᄒᆞ고秘書及御服御物을管守ᄒᆞ고兼ᄒᆞ야診候醫藥及衛生事務를掌ᄒᆞᆷ이라 未完

外報

◎戰艦新造 紐育電을據ᄒᆞᆫ즉米國海軍卿엇트카푸氏ᄂᆞᆫ至急히必要ᄒᆞᆫ一等戰鬪艦四隻을建造ᄒᆞᆷ에關ᄒᆞ야六千九百萬弗을政府에要求ᄒᆞ엿다더라

◎艦隊派遣 紐育電을據ᄒᆞᆫ즉米國에서大西洋에在ᄒᆞᆫ艦隊中六隻의驅逐艦을太平洋方面으로出發케ᄒᆞ고海軍省에서ᄂᆞᆫ此를一事로實行케ᄒᆞᆷ을主張ᄒᆞ다더라

◎飛行艦의發見 紐育電을據ᄒᆞᆫ즉法國의空中飛行船파트리아의行衛不明이라ᄒᆞ은報道에揭載ᄒᆞ엿거니와日報道에云ᄒᆞ엿스되同船이스콧트란드海岸으로飛去ᄒᆞᆷ을발見ᄒᆞ엿다더라

◎移民案件 路透電을據ᄒᆞᆫ즉米國카리포니아州에서選出ᄒᆞ야米國衆議院에□氏의提出ᄒᆞᆫ東洋移民制限案件을大統領에게示ᄒᆞ니同案件을贊助치아니ᄒᆞ얏스나氏의提出件이該州民心에適合ᄒᆞᆫ理由로써同案件을實行케ᄒᆞᆯ더이라더라

◎叛亂者處判 路透電을據ᄒᆞᆫ則海參威에서叛亂을起ᄒᆞ든者二十名은今回에砲殺의宣告를行ᄒᆞ고其他一百七十七名은輕ᄒᆞᆫ刑罰에處ᄒᆞᆯ터이라더라

◎艦隊擴張 紐育電을據ᄒᆞᆫ즉米國海軍卿엇트카푸氏ᄂᆞᆫ戰鬪艦四隻과水雷艇及驅逐艦을新造ᄒᆞ기로主張ᄒᆞᆫ다더라

◎日人排斥案提出 紐育電을據ᄒᆞᆫ즉加奈陀에서選出ᄒᆞᆫ議員은日人排斥案을國會에서提出ᄒᆞ얏다더라

◎虐待의抗議 北京電을據ᄒᆞᆫ즉淸國政府에서日本政府에抗議ᄒᆞᆷ은日本人이朝鮮에在ᄒᆞᆫ淸人을虐待ᄒᆞᆫ理由라더라

◎波斯大亂 波斯電을據ᄒᆞᆫ즉波斯國의擾亂은漸々尤甚ᄒᆞ야內閣은擧皆退職ᄒᆞ고議會ᄂᆞᆫ不決ᄒᆞ야政府와人民間에重大ᄒᆞᆫ擾乱이起ᄒᆞᆯ模樣인故로兵器를準備中이라더라

◎法國軍隊派遣 路透電을據ᄒᆞᆫ즉法國陸軍大臣비칼氏ᄂᆞᆫ議會에報告ᄒᆞ되摩洛哥베니낫센土族에對하야討征軍을派遣ᄒᆞ事를오랑軍隊의司令官의게訓令ᄒᆞ얏다더라

◎日人排斥案 路透電을據ᄒᆞᆫ則華盛頓發報에日駐米日本靑木大使ᄂᆞᆫ大統領루스벨트氏及國務卿루트氏와日人移民問題에關ᄒᆞ야協議ᄒᆞ엿스ᄂᆞᆫ國會에서日本人排斥案을制定ᄒᆞᆯ터이라더라

◎日鐵의設 東京電을據ᄒᆞᆫ則日本鐵道院에서ᄂᆞᆫ關門海峽에鐵道線路를架設ᄒᆞ야下關門司間連絡ᄒᆞ기爲ᄒᆞ야明年春에始役ᄒᆞᆫ다더라

雜報

●御眞奉安 大皇帝陛下 御眞一本式을十三道及府尹府에奉安ᄒᆞᆫ다ᄒᆞᆷ은已爲報道ᄒᆞ얏거니와三和府에ᄂᆞᆫ該事務室에奉安ᄒᆞ얏다고內部로報告ᄒᆞ얏다더라

●兄弟 陛見 皇后宮大夫尹德榮海豐府院君尹澤榮兩氏가再昨日下午[illegible]時에詣闕 陛見ᄒᆞ얏다더라

●帶同渡日 皇太子殿下께셔去木曜日下午四時에仁川港에셔발船ᄒᆞ사昨日釜山港에到泊ᄒᆞ오셔京釜線으로下往ᄒᆞᆫ李起鎬氏一行을帶同 御渡ᄒᆞ신다더라

●歸宮觀定 皇太子殿下ᄭᅴ옵셔來年六月放學時間에暫時 觀行次로歸國ᄒᆞ신다더라

●義王到釜 義親王殿下ᄭᅴ옵셔昨日上午十一時釜山港에到泊ᄒᆞ셧다고東宮에電報가來到ᄒᆞ얏다더라

●同意後頒 각部官制改正案件을日間頒佈가되리다더니改定案件中에未妥ᄒᆞᆫ條項이有ᄒᆞᆷ으로內閣諸大臣이更히協議後에統監府同意를經ᄒᆞ야後頒布ᄒᆞᆫ다더라

●頒附聞 政界上風說을聞ᄒᆞᆫ즉伊藤統監이現內閣에對ᄒᆞ야頗히多ᄒᆞᆫ故로內閣大臣이懇請ᄒᆞᆷ에唯々而答ᄒᆞ고諸般大事公을一切何預副統監의게委任歸囑ᄒᆞ얏다라

●訪閣統卸 總理大臣李完用씨ᄂᆞᆫ再昨日下午三時에統監府에前往ᄒᆞ얏다가四時에還邸ᄒᆞ얏다더라

●印紙額調査 法部에셔度支部照會를因ᄒᆞ야各裁判所에指飭ᄒᆞ야訴訟請願等書에印紙收入金額을一々히調査ᄒᆞᆫ다더라

●建築費支出 昌德宮內에內閣을新建築次로該役費八千圜을支出ᄒᆞᆫ다더라

●日官日增 法部新官制ᄂᆞᆫ明日頒布된다ᄂᆞᆫ대該官制를據ᄒᆞᆫ則該部에奏任官이現在官外屬窠가新設되고現今書記郞이拾五人인대新設合四拾餘窠에敍任은日人이過半된다ᄒᆞ고拾三道區裁判所에ᄂᆞᆫ奏任官이近四百名에達ᄒᆞᆫ다더라

●僉氏訪問 特進官僉吉濬氏ᄂᆞᆫ再昨日上午十時에法部大臣趙重應氏를私邸로訪問ᄒᆞ얏다더라

●緣何奔走 法部大臣趙重應씨ᄂᆞᆫ再昨日上午拾二時에一進會本部에往ᄒᆞ얏다가下午一時에統監府로往ᄒᆞ얏다가二時에內閣으로入去ᄒᆞ고三時에該部에仕進ᄒᆞ얏다가四時에農商工部에仕進ᄒᆞ고七時에警視總監丸山씨를訪問ᄒᆞ얏다더라

●緣賂相持 地方郡守現闕窠가不少ᄒᆞᆫ대自今延拖ᄒᆞ야不爲奏本ᄒᆞᆷ은某々大臣中에셔受賂ᄒᆞ얏다ᄂᆞᆫ醜說이有ᄒᆞᆷ을因ᄒᆞ야相持ᄒᆞᄂᆞᆫ事가有ᄒᆞᆷ으로自然延拖가된다더라

●以宋換宋 內部大臣任善準씨가其妨姓宋儀憲氏로懷德郡守叙任ᄒᆞ기를內定ᄒᆞ얏다더니更聞ᄒᆞᆫ즉私情을避嫌ᄒᆞᆷ인지更以宋秉在씨로敍任ᄒᆞᆫ다ᄂᆞᆫ說이有ᄒᆞ더라

●與子東渡 殿使源氏가其子某氏를日本에留學ᄒᆞ기爲ᄒᆞ야昨日에帶同발往ᄒᆞ얏다더라

●無效宜歸 木川郡守南啓錫씨가內部로請願ᄒᆞ되莅任三載에一無施措ᄒᆞ고徒竊俸祿이極涉愧悚ᄒᆞ니卽爲褫免ᄒᆞ라ᄒᆞ얏다더라

●審守拿致 霜桐郡守李圭白氏가刑事上에有審査事로業已拿致라고京畿裁判所에셔法部로報告ᄒᆞ얏다더라

●果有功乎 度支部財政顧問部에雇聘ᄒᆞᆫ伊藤銈三郞씨가去月一拾八日에病死ᄒᆞ얏ᄂᆞᆫ대該員의功效가頗著ᄒᆞ다ᄒᆞ야賞與金三百圜과祭料費二百四十圜을支給ᄒᆞ얏다더라

●證簿亦燒 九月八日에義兵二百餘名이突入積城郡衙時에各項文簿를燒燼無餘ᄒᆞ이온바土地家屋證明簿二卷이亦入其中ᄒᆞ야無還可考라고京畿觀察使가法部로報告ᄒᆞ얏더라

●歸期延拖 李容泰氏가入城ᄒᆞ얏다더니更聞ᄒᆞᆫ즉該씨本家人이迎來次로日前에발往ᄒᆞ얏ᄂᆞᆫ데陰十日頃에入京ᄒᆞᆯ預定이라더라

●几守褒報 忠南觀察使梁在翼씨가該道下各郡守中治績이最著ᄒᆞᆫ郡守를內部에褒報ᄒᆞ얏ᄂᆞᆫ데庇仁郡守姜元會定山郡守李寅□恩津郡守李尙逸公州郡守申淳堉山郡守朴承健諸씨라더라

●□堂落成 進鴻耶蘇敎會堂에셔今日上午十時에新建禮落成式을擧行ᄒᆞᄂᆞᆫ데各府部大官과一般紳士에게請帖ᄒᆞ얏다더라

●晝夜設局 傳說을聞ᄒᆞᆫ즉近日西小門外外國人家에셔某某之人이不分晝夜ᄒᆞ고雜技로從事ᄒᆞᄂᆞᆫ데一日에得失이紙貨數千圜式이라더라

●關於齊楚 懷德郡宋村宋陵城家에義兵이通文을來示ᄒᆞ거ᄂᆞᆯ宋氏가托以老嬰無知로還送ᄒᆞ얏더니其翌日에太田停車場日憲兵分派所에셔宋家에傳言ᄒᆞ되日後에若有義兵이來到ᄒᆞ거든停車場으로卽爲通知케ᄒᆞ라ᄒᆞ얏다더라

●病狀依舊 年前平理院宣告에不服ᄒᆞᆫ金鎬恒金一濟兩氏中金鎬恒은已爲身故ᄒᆞ고金一濟氏ᄂᆞᆫ獄中에셔도宿病으로委痛ᄒᆞ더니今番赦典에雖爲蒙放ᄒᆞ얏스나無家無依ᄒᆞ야旅館에病臥ᄒᆞ얏ᄂᆞᆫ대該氏의病狀은慘不忍見이라더라

●籍沒義財 平南觀察使朴重陽씨가內部로報告ᄒᆞ되德川郡義徒魁首金寬洙의財產所有를調査ᄒᆞ온則傷處에散在ᄒᆞᆫ出庄은姑未詳知ᄒᆞ오나大坪里에所在田만二十八日耕인대時價ᄂᆞᆫ三千圜이온대金寬洙의暴行을因ᄒᆞ야損害를當ᄒᆞᆫ人民이不少ᄒᆞᆫ中今日에被害來訴者四人之損害가千圜假量이오며其中孟 郡廣梁面面長李仁淳의損害一百五十圜은收俸結錢을見失이다이온바渠之家屋도燒失ᄒᆞᆷ도悲慘ᄒᆞ거니와見失公錢은不可不補充乃已이오니金寬洙의財產을調査ᄒᆞ야被害人에게賠償ᄒᆞᆷ이何如ᄒᆞᆯ을지ᄒᆞ얏더라

●洪氏電放 黃州鐵島流配罪人前承旨李鍾氏를放還ᄒᆞᆯ次로再昨日法部에셔該郡으로電訓ᄒᆞ얏다더라

●內商會日人演說 今日下午三点에日本東京陸海軍內基督敎靑年會總務今井壽太郞氏가鍾路基督敎靑年會에셔滿洲探察ᄒᆞᆫ情況을演說ᄒᆞᆫ다더라

●鄭씨逢賊 仁川來人의傳說을聞ᄒᆞᆫ즉去月晦日에仁川舍居ᄒᆞᄂᆞᆫ富者鄭潤榮시家에强盜三十餘名이突入ᄒᆞ야實物及錢數를多數奪取而去ᄒᆞ얏다더라

●□발送戒書 全南道裁判所檢事朴準性氏가今番赦典에對ᄒᆞ야不審ᄒᆞᆫ責이有ᄒᆞᆷ으로法部次官倉富勇三郞시가該檢事의게戒飭書를발送ᄒᆞ얏다더라

●巡弊謫甚 鐵岑來人의傳說을聞ᄒᆞᆫ則近日賊黨이或二十名或三十名式으로持銃結黨ᄒᆞ고村閭에橫行ᄒᆞ야幾百兩幾千兩式을自동中으로分排勒討ᄒᆞᄂᆞᆫ지라洞中이不敢違背ᄒᆞ야幾許間收合以給ᄒᆞ더니該郡巡檢輩가稱以偵探ᄒᆞ고該洞에出來ᄒᆞ야洞民을威脅壓制ᄒᆞ되義兵의軍需錢을關應ᄒᆞ얏다ᄒᆞ야討索이無雙ᄒᆞᆷ故로鐵岑一境人民은賊警巡弊에支保이路다더라

●李시發配 警視廳에被囚ᄒᆞ얏든李明翔시가珍島로移置宣告ᄒᆞ야再昨日에京仁鐵道로仁川에下往ᄒᆞ야輪船으로發行ᄒᆞ얏다더라

●無名捐助 再昨日鍾路靑年會舘에無名氏가紙貨十圜을捐助ᄒᆞ면셔說明ᄒᆞ기를靑年會學徒中學費가窘拙ᄒᆞᆫ人이有ᄒᆞ거든此金으로補用케ᄒᆞ라ᄒᆞ얏다더라

●校費請議 前經理院의셔經費支撥ᄒᆞ던普成學校와其傳某々學校의經費를前日과如히支撥ᄒᆞᆯ途로該部에셔擬議ᄒᆞᆫ다ᄂᆞᆫᄃᆡ이라더라

▲地 方 消 息▼

▲去月二十二日縣州附近阪峙嶺에셔義兵이日少尉를砲殺ᄒᆞ얏ᄂᆞᆫ데去二十五日에該嶺에셔更히日兵이激戰ᄒᆞ다가該少尉의屍體를발見ᄒᆞ야守備隊로通知ᄒᆞ야兵卒二名을率ᄒᆞ고其屍體를運搬山鎭으로護去ᄒᆞᄂᆞᆫ道中에셔義兵을遭遇ᄒᆞ야隊長及兵卒이共히戰死ᄒᆞ얏다ᄒᆞ고

▲去月二十日遂安郡城洞坊新村洞에義兵十餘名이突入ᄒᆞ야銃劍을收去ᄒᆞᆯ時에村民等이義兵二名을捕縛ᄒᆞ야巡査에게로押去ᄒᆞᆷ으로其餘黨이該洞民家二十一戶를燒却ᄒᆞ얏다ᄒᆞ고

▲去月二十日頃에利川郡龜塘에셔義兵百餘名이日兵과交戰ᄒᆞ얏ᄂᆞᆫ데兩陣에死傷이有ᄒᆞ다ᄒᆞ고

▲去月二拾七日夜江陵西方高地에셔義兵約千餘名이日守備隊를四面으로四時間을包圍攻擊ᄒᆞ얏스되其死傷을姑未詳知라ᄒᆞ고

▲海州附近에셔人民等이民隊를組織ᄒᆞ고各處로徘徊ᄒᆞᆷ으로海州 境이不穩ᄒᆞ다ᄂᆞᆫ報를憲兵分派所에接ᄒᆞ고憲兵을該地로派送ᄒᆞ엿다ᄒᆞ고

▲去一日瑞山郡河新面章谷里와日哨에義兵四五名이該郡巡檢一名을砲殺ᄒᆞ엿다ᄒᆞ고

▲去六日의뚝섬으로발向ᄒᆞᆫ日兵이纛島人成庵에到着ᄒᆞ야其附近에駐屯ᄒᆞᆫ義兵을攻擊ᄒᆞ야其幾名을殺害ᄒᆞ고若干物品을掠奪ᄒᆞ엿다ᄒᆞ고

▲去四日金浦郡分派所와義兵五拾名이衝擊ᄒᆞᆷ으로巡査及其家族이兵亂을避亂ᄒᆞ얏다ᄂᆞᆫ報를隣郡分派所에셔接ᄒᆞ고巡査檢이急行ᄒᆞ얏ᄒᆞ고

▲呂州郡□川에義兵約二百名이來襲ᄒᆞ얏다가他處로退去ᄒᆞ얏다더라

東京電報

●東宮 御着 七日발 韓國皇太子殿下와一行은同下午에下關에御着ᄒᆞ옵셧ᄂᆞᆫ데山口縣知事와福岡縣知事以下가出迎ᄒᆞ엿고下關에 御滯留中에學生等이提燈運動ᄒᆞᄂᆞᆫ것을御覽ᄒᆞ실터이라더라

▲宋 堂 筑 聲▼

▲各府部奏任官以上을現闕을隨ᄒᆞ야日人으로代充ᄒᆞᆫ다ᄒᆞ니韓廷에奏任官은 時에敍任치아니ᄒᆞ고闕을塡充ᄒᆞ면自然히褫任을難免無餘ᄒᆞᆯ거시니亦一妙策이로고

▲今番新官制에地方各郡을一百四十郡으로合附ᄒᆞᆫ다ᄒᆞ니年前에地方區域을分定ᄒᆞᆯ時에도吏擾民擾가處々에生出ᄒᆞ더니現今地方이不穩ᄒᆞ고人心이未靜ᄒᆞᆫ대州郡을又是變換ᄒᆞᄂᆞᆫ거시急先務가아닌즉合郡이그러케ᄒᆞ구십거든차라리十三道를八道로合ᄒᆞᆯ道나ᄒᆞ여보지

▲近日漢城內에興工圖ᄂᆞᆫ新組織ᄒᆞ고三淸동器械局一般器械을移用ᄒᆞᆫ다ᄒᆞ니軍器ᄂᆞᆫ製造ᄒᆞ라ᄂᆞᆫ지紅공緞을織出ᄒᆞ라ᄂᆞᆫ지

▲一進會에셔四十萬衆을集合ᄒᆞᆫ一大團體라聲言ᄒᆞ더니日前에 皇太子殿下께옵셔東渡ᄒᆞ실時에祗送ᄒᆞᆫ會員이不足ᄒᆞ야小沙停車場에셔平民을十兩式買雇充數ᄒᆞ얏다ᄒᆞ니四拾萬衆이어대가고一百名을充數가못되ᄂᆞᆫ지此所謂號曰百萬이로고

▲當此維新時代ᄒᆞ야敎育一款은觀察郡守가一層注意ᄒᆞᆯ터인대平南觀察使朴重陽氏ᄂᆞᆫ學校와學士를日人의게賣渡ᄒᆞ야私棄ᄒᆞ고充滿ᄒᆞ고一省에敎育을掃盡코져ᄒᆞ니ᄂᆞᆫ가向日大邱郡守在任時에도醜聲이狼藉ᄒᆞ더니餘習이尙存ᄒᆞ야銅臭又生에校舍ᄭᆞ지賣食ᄒᆞ니平南人民엇지ᄉᆞ나

▲英國桑港셉스추리트路名은번역ᄒᆞ면日本거리라白人들이日本二字와音相似ᄒᆞᆷ을不可ᄒᆞ다ᄒᆞ야議院에稟議ᄒᆞ야路名을改稱ᄒᆞᆫ다ᄒᆞ니白人은日本을憎惡ᄒᆞ야音相似ᄒᆞᆫ路名을請改ᄒᆞ되韓人은日人을愛慕ᄒᆞ야自己姓名ᄭᆞ지日人을模倣ᄒᆞ야或野田이니或安東次郞이니改稱ᄒᆞ야門牌외名啣에ᄒᆞᆫ편은韓人이오ᄒᆞᆫ편은日人이니이런者ᄂᆞᆫ韓日人이合同ᄒᆞ야產出ᄒᆞᆫ子息인가

雜報

●譏褒可笑 江原道宣諭委員權秦駿시ᄂᆞᆫ義徒에게被捉ᄒᆞ야公錢私裝馬四旅行資를沒數見奪ᄒᆞ고臨殺慘辱ᄒᆞ다가二十六日만에幸免ᄒᆞ야原州郡에來到ᄒᆞ야二十日을治療ᄒᆞᆫ後還京ᄒᆞ얏ᄉᆞ니特爲褒奬ᄒᆞ라고該宣諭使洪祐晳시가內部로報告ᄒᆞ얏더라

●請復前守 新茂山郡守張樂臣시가戒役ᄒᆞ라고該郡民殷秉鎭等十人이內部에聯名請願ᄒᆞ얏더라

●卒業派師 漣川郡公立普通學校副敎任頤容九시가去月二日에始爲到役ᄒᆞᆫ데厥後來殺ᄒᆞ야羅於時ᄒᆞ야決仰呻吟타가其兒官ᄒᆞ야該郡에呈ᄒᆞ고其客地治療ᄒᆞ야不得便宜다ᄒᆞ야仍爲栗鱗ᄒᆞ야이오니萬若斷絕學之惡ᄒᆞ야榮土으로敎育지아니면學徒가失望ᄒᆞᆯ더러敎育之道ᄂᆞᆫ師非其人이면毋論大小ᄒᆞ니徒ᄅᆞᆯ고實踐望成人之美이오니副敎員을師範學卒業生으로選擇ᄒᆞ야送ᄒᆞ라고該郡守朴熹宅시가學部로報告ᄒᆞ얏다더라

●那邑急 去陰曆二十五日西路鑑陽川郡邑內玉洞에偶然失火ᄒᆞ야金서仁ᄒᆞ希ᄒᆞᆫ林蘇柟洪召史中召史九家가盡被燒燼ᄒᆞ고安從俵等은該郡邑이將至沒소 患이올더니該郡守梁在璘氏가聞其起火ᄒᆞ고奮然躍出ᄒᆞ와與邑內面長洪淙奐과本郡佐貳渡邊正郎及各巡檢으로呼集民丁ᄒᆞ야極力救火之際에該郡守爲民一念에不憚烟焰ᄒᆞ고躬入火窟ᄒᆞ야救出餘物을幾盡拯出ᄒᆞᆫ며許多人口之捷屑狀況을奈念ᄒᆞ야達夜不寐ᄒᆞ며救恤施助에對行回祿諸家와動岡矜慘之情ᄒᆞ고特出錢肆中五拾兩ᄒᆞ야每家十兩式恤下ᄒᆞ시매邑內饒民李宅淵林禧祥金尙斗三氏가見此郡守之周急ᄒᆞ고念彼災屋之慈慘情形ᄒᆞ야李氏ᄂᆞᆫ捐出一百兩施惠ᄒᆞ고林金兩氏ᄂᆞᆫ各出正草五十束助給而其次邑民도一體感발ᄒᆞ야或一二兩或四五兩式各各隨力出義에合二百兩을募集ᄒᆞ야每戶에四十兩式亦爲施措ᄒᆞ엿다더라

●嫌月照入 平壤居沈鼎섭씨가日前軍司令部에被捉ᄒᆞ얏ᄂᆞᆫ데其捉囚ᄒᆞᆫ理由ᄅᆞᆯ得聞ᄒᆞᆫ즉沈某씨가南相鳳氏에寡居ᄒᆞᆫ弟嫂金召史로同居ᄒᆞ더니南氏가以此致嫌ᄒᆞ야使其床奴李爲興으로符同做計ᄒᆞ되沈氏ᄅᆞᆯ義兵과干連이有ᄒᆞᆫ樣으로日本軍司令部에誣囑ᄒᆞ야沈氏ᄅᆞᆯ捉囚ᄒᆞ얏다가再昨日에觀覽을押交ᄒᆞ얏다더라

●演陞演說 本日下午六時에義正義塾에서討論會ᄅᆞᆯ開設ᄒᆞ고劉元杓氏가有益ᄒᆞᆫ學問上演說을ᄒᆞᆫ다더라

●總會討論 西北學生親睦會에서今日曜日下午一時에西友學會會館에서總會兼討論會를開ᄒᆞᆫ다더라

●賀々校況 西署奉常寺內에在ᄒᆞᆫ賛成學校內에夜學을新設ᄒᆞ고該校長朴昌善講師尹始炳尹泰榮金重漢諸씨가熱心敎授ᄒᆞᆫ다ᄂᆞᆫ데科程은語學術等이라더라

●與農相宋秉畯書

中樞院贊議尹吉炳씨

切有所惑ᄒᆞ와仰質於高明之下ᄒᆞ오니伏乞鑑察而開悟此惑케ᄒᆞ소셔當初設會時下等誓約者今爲未遂者多矣라請以以次揭[illegible]貴會之宗旨尊重[illegible]淸害民은可謂目的到達이어니와

生命財産保護ᄂᆞᆫ近日地方에殺死者國民也오損害者國民也오民生困瘁ᄂᆞᆫ日甚一日ᄒᆞ니難以保護로爲目也오施政改善은因循의過ᄒᆞ고玩愒遲延ᄒᆞ야甚於腐敗之政府ᄒᆞ니此可曰改革蘇責任之政府也며財政之團正ᄋᆞᆫ只有解備兵而無藩屛ᄒᆞ니天下에豈有無兵之國乎아徵兵은何所憚而不爲也오此出於外人疑懼ᄒᆞᆷ端也니當局諸公이何不立證擔任而解惑ᄒᆞ야備說將來之事乎아現今土方騷擾가亦出於無兵備之致也니若令急設徵兵則地方擾가不日安靜而無外兵之疲勞也ㅣ오且黃白人種之競爭이不出於下年內外之間矣라니當此之時ᄒᆞ야我國則其能以徵兵之必享ᄒᆞ아不可以日潰之疑惑으로無慣備日後之稍急也ㅣ此非特我의之急務也라乃萬々急也也어ᄂᆞᆯ何ᄂᆞᆫ置此而袖手拱口ᄒᆞ며財政之釐正은處出之額이倍사於歲入ᄒᆞ야漸至困難ᄋᆞᆫ不待智者而可知也ㅣ나殖産과財ᄂᆞᆫ姑舍ᄒᆞ고近者自大坂造來之銀과與銅貨則大小學藻과軍器精粗가懸殊於初次造米者ᄒᆞ니不久에其將與日貨加計ᄂᆞᆫ勢所必至也라內閣諸公은尙不鑑察所造米之貨幣而然乎아民生氣血이將自貨幣之消耗者也니爲有財政團正之今意乎아且以保護我國이出於爲非義也오義也니我國之富强이卽日本之富强也오日本之富强이卽東洋之幸福也니以行此大義於世界之雖도大略으로豈其耽小利而忘大義也哉아不勝訝惑而仰質ᄒᆞ오니勿以言傲而棄之ᄒᆞ사고靜々然勸諭於統監閣下ᄒᆞ야若其開悟則我國幸甚日本幸甚東洋幸甚者也라辭不達意에冒瀆이欲裂ᄒᆞ오니卽賜答敎ᄒᆞ야以破此鬱케ᄒᆞ라ᄒᆞ얏더라

●改兩辨明 去月二拾八日本報雜報欄內에度支部印刷局에셔韓日人이相爲毆打ᄒᆞᆫ事에對ᄒᆞ야該局長이本社에公函辨明ᄒᆞ기를韓日人이事務上의論駁ᄒᆞ다가言語不通之致로互相爭詰ᄒᆞ엿스나毆打重傷에至ᄒᆞ얏ᄂᆞᆫᄃᆡ仍卽妥和ᄒᆞ엿기로玆에正誤ᄒᆞᆷ

廣告

●本社廣告

○申報價

一張代金 新貨二錢五厘
一個月前納 三十錢
三個月 九十錢
六個月 一圜七十錢
一個年 三圜四十錢
郵稅一張 新貨五厘
一個月 十三錢

○廣告料

每号活字十三號式(每日每英尺一寸에新貨拾五錢)

(每日每行六전에相當홈)

二週日에 二圜五十錢

每日每行四錢五厘에相當홈

一個月에 五圜

(每日每行四錢一厘에相當홈)

其期限의長短과字行의多寡를依ᄒᆞ야增減홈이有홈

●大韓每日申報各地支社賣所

中署布屛門下 金相萬冊肆
平壤上水口門內 金浩擢
仁川梧嶼開新社
宣川邑南門外 崔敎伯
仝 李東晧
義州西門外支社 安 濬
釜山港佐川藥局 大藥局
三和港築洞 徐炳鬱
咸興南州社西門外 金元성
開城南大門內興學書舖委助課 曹喜林
大邱市廳 崔一弘
寧邊邑濟衆院 劉夢熊
鐵山邑東部 安 濂
元山倉前 劉七鎬
海州南門內 朴昌鉉
定州南門內書舖 洪成인
晉城郡養동 許 찬
郭山與岩 李鎭瑞
安岳紳동浩成동 康道善
博川商津 리鎭成
安州城內義井洞 金翼河
鐵原邑榮洞 趙鍾大
高原邑 朴敎吉
濟州城內一徒里客舍洞高亨來 李燦奎
井邑邑內 金昌燮
泰仁邑內 金鼎濂
鎭德街洞 李基秀
永興經枇峴藥舖市 崔秋淳
咸鏡道西門內 金泰馨
殷栗邑倉前里 嚴弼漢
古阜邑許洞 宋判福
群山港東彩社 黃菊保
龍川楊市會堂 金明鉉
車輦館同志會內 宋斗仁
淸州東州내校洞

發行兼編輯人英國人 裴說

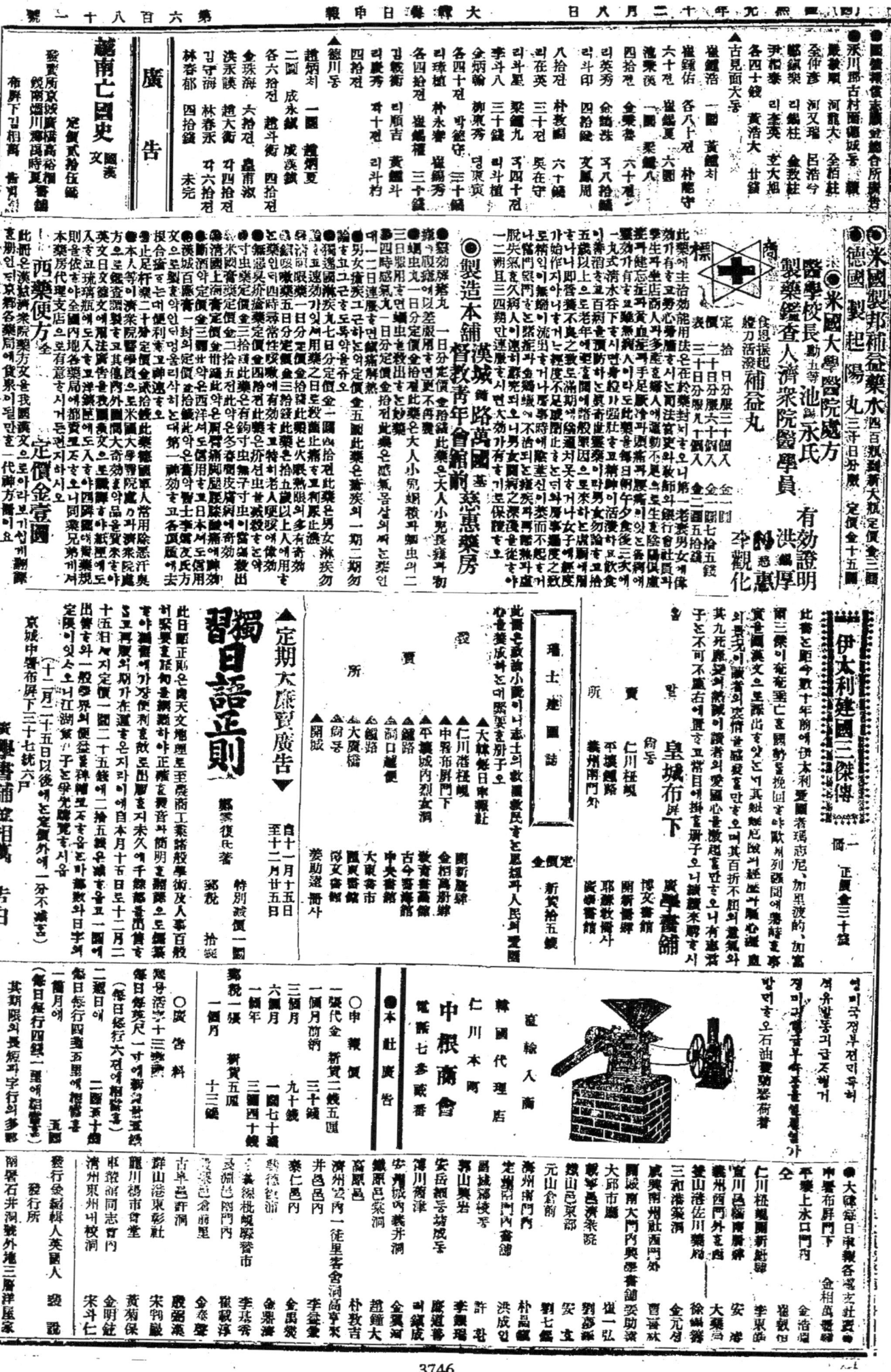

發行所 漢署石井洞號外第三層洋屋家 大韓每日申報社

第五卷

大韓每日申報

第二千五百八十二號

月曜及慶節
歲時休日刊

檀君開國四千二百四十年
箕子元年三千二十九年
大韓開國五百十六年
日本明治四十年
淸國光緖三十三年
陰曆丁未十一月大初六日癸巳

論說

◎何由로日本이戰役을不願고

日本의國債額이十一億圓이니即日本國有財產總額의幾乎七分之一을成ᄒᆞᆫ지라其中에五億七千一百拾三萬五千五百圓은與淸及與露戰役을爲ᄒᆞ야外國에서借來ᄒᆞᆫ거시오其餘ᄂᆞᆫ內地債金이며且其利子ᄂᆞᆫ平均計之컨ᄃᆡ百分之五에年利니但以利金으로만言之라도每年五千五百萬圓에不下ᄒᆞᄂᆞᆫ도다

如此金額의本利ᄅᆞᆯ欲淸ᄒᆞ며且其國務의經用을欲備하야今年稅入의豫算額이土地와營業과鑛業과海關과酒會의稅納을統計ᄒᆞ야六億八百二十二萬七千圓에達ᄒᆞ엿스니此歲入豫算이西曆一千九百四年에보다一億四千四百四十九萬四千圓을增加ᄒᆞᆫ實은使其納稅者로戰役의費用을報償ᄒᆞ야稅金을增納케ᄒᆞᆫ거시어니와非特此此라日本政府에서恩給ᄒᆞᆫ金額이過去二年度에一千五百萬圓으로一千八百萬圓ᄭᆞ지增加ᄒᆞ엿스나他一戰役은即利金을添加케ᄒᆞ며恩金費用을加多케ᄒᆞ며戰費로因ᄒᆞ야旣窮ᄒᆞᆫ人民의納稅를益重케ᄒᆞᆯ이로다

日本이與美戰役에適用ᄒᆞᆯ金額을借得ᄒᆞ기에雖或成就하더라도其戰費가與露交戰에費用ᄒᆞᆫ것보다減下ᄒᆞᆯ줄은欲不能自期ᄒᆞ리라祖라리合니의每週報가發言ᄒᆞ되現今財政界가戰役을畫定ᄒᆞᆷ이雖或眞實ᄒᆞ다謂ᄒᆞᆯ지라도美日間戰役의機微ᄂᆞᆫ臨迫에不在ᄒᆞᆫ거시確然ᄒᆞ다ᄒᆞ엿도다

官報

布達 續

卿 一人 親任 院務ᄅᆞᆯ總理ᄒᆞ고 御璽 國璽ᄅᆞᆯ尙藏ᄒᆞ며職員을監督ᄒᆞᆷ이라

副卿 一人 勅任 卿을輔佐ᄒᆞ야院務ᄅᆞᆯ掌理ᄒᆞ고卿이有故ᄒᆞᆫ時ᄂᆞᆫ其職務ᄅᆞᆯ署理ᄒᆞᆷ

侍從 專任 十二人 勅任或奏任內二人勅任常侍奉仕ᄒᆞᆷ이라

侍從補 九人 奏任 待遇侍從의事務ᄅᆞᆯ補佐ᄒᆞᆷ

典醫 專任 五人 奏任 診候醫藥及衛生을掌ᄒᆞᆷ

製藥師 一人 專任 奏任 御品製煉醫及調製ᄅᆞᆯ掌ᄒᆞᆷ이라

醫員 專任 二人 判任 醫藥衛生에從事ᄒᆞᆷ이라

主事 專任 六人 判任 上官指揮ᄅᆞᆯ承ᄒᆞ야庶務에從事ᄒᆞᆷ

第二十三條 掌禮院에左와又치職員을置ᄒᆞ야祭儀典禮及樂事ᄅᆞᆯ管理ᄒᆞᆷ이라

卿 一人 勅任 院務ᄅᆞᆯ總理ᄒᆞ고職員을監督ᄒᆞᆷ이라

理事 二人 勅任或奏任 禮式官或掌典官을兼任 儀式典禮ᄅᆞᆯ稽査ᄒᆞ고庶務ᄅᆞᆯ掌ᄒᆞᆷ이라

禮式官 專任 十人 奏任內一人은勅任으로ᄒᆞᆷ을得ᄒᆞᆷ 四人은名譽로ᄒᆞᆷ 禮式에關ᄒᆞᆫ事務ᄅᆞᆯ掌ᄒᆞᆷ이라

掌典官 專任 五人 奏任 內一人은勅任으로ᄒᆞᆷ을得ᄒᆞᆷ 儀式典禮에關ᄒᆞᆫ事務ᄅᆞᆯ掌ᄒᆞᆷ이라

主事 專任 十六人 判任 上官의指揮ᄅᆞᆯ承ᄒᆞ야庶務에從事ᄒᆞᆷ이라

國樂師長 一人 奏任 國樂敎授及奏樂을掌ᄒᆞᆷ이라

國樂師 二人 判任 國樂에從事ᄒᆞᆷ이라

樂師長 一人 奏任 音樂敎授及奏樂에從事ᄒᆞᆷ이라

樂師 二人 判任 音樂에從事ᄒᆞᆷ이라

典祀長 一人 勅任或奏任 掌典官이兼任 壇廟社殿宮陵園寢事務ᄅᆞᆯ管理ᄒᆞ고祭需調達及守護ᄅᆞᆯ掌ᄒᆞᆷ이라

典祀 三十人以內 勅任或奏任名譽官 祭事ᄅᆞᆯ掌ᄒᆞᆷ이라

典祀補 二十五人 判任內十五人名譽官 祭官의事務ᄅᆞᆯ補助ᄒᆞᆷ이라

第二十四條 承寧府에左와又치職員을置ᄒᆞ니府務ᄅᆞᆯ管理ᄒᆞ고供御 御需物品과主管에屬ᄒᆞᆫ會計ᄅᆞᆯ掌ᄒᆞᆷ이라

總管 一人 親任 府務ᄅᆞᆯ總理ᄒᆞ고職員及附屬女官을監督ᄒᆞᆷ이라

副總管 一人 勅任 總管을輔佐ᄒᆞ야府務ᄅᆞᆯ掌理ᄒᆞ고總管이有故ᄒᆞᆫ時ᄂᆞᆫ其職務ᄅᆞᆯ署理ᄒᆞᆷ이라

侍從長 一人 勅任 常侍奉仕ᄒᆞ고侍從을監督ᄒᆞᆷ이라

侍從 專任 七人 奏任 內一人은勅任으로ᄒᆞᆷ을得ᄒᆞᆷ 常侍奉仕ᄒᆞᆷ

理事 一人 奏任 侍從兼任 庶務及會計ᄅᆞᆯ掌ᄒᆞᆷ

典醫 二人 奏任 診候醫藥及衛生을掌ᄒᆞᆷ

掌膳 一人 奏任 膳羞事ᄅᆞᆯ掌ᄒᆞᆷ

主事 專任 六人 判任 上官의指揮ᄅᆞᆯ承ᄒᆞ야庶務及會計에從事ᄒᆞᆷ

第二十五條 皇后宮에左와又치職員을置ᄒᆞ니宮事와內廷에關ᄒᆞᆫ事務ᄅᆞᆯ管理ᄒᆞᆷ

大夫 一人 勅任 宮務ᄅᆞᆯ總理ᄒᆞ고職員及附屬女官을監督ᄒᆞᆷ

大夫補 一人 奏任 大夫ᄅᆞᆯ輔佐ᄒᆞ야職務ᄅᆞᆯ掌理ᄒᆞᆷ

主事 專任 二人 判任 上官의指揮ᄅᆞᆯ承ᄒᆞ야庶務會計에從事ᄒᆞᆷ

第二十六條 東宮에左와又치職員을置ᄒᆞ니宮事ᄅᆞᆯ管理ᄒᆞ고供御 御服 御需物品及主管에關ᄒᆞᆫ會計ᄅᆞᆯ掌ᄒᆞᆷ

大夫 一人 勅任 宮務ᄅᆞᆯ總理ᄒᆞ고職員을監督ᄒᆞᆷ

大夫補 一人奏任 大夫ᄅᆞᆯ輔佐ᄒᆞ야職務ᄅᆞᆯ掌理ᄒᆞᆷ

侍從 專任 四人 奏任 常侍奉仕ᄒᆞᆷ

未完

外報

◎臺法氏演說 米國某報ᄅᆞᆯ據ᄒᆞᆫ즉韓國을爲ᄒᆞ야世界로周行ᄒᆞᄂᆞᆫ米人臺法氏가去月四日桑港에來到ᄒᆞ야韓人敎堂을訪問ᄒᆞ엿ᄂᆞᆫᄃᆡ其日夜에韓人靑年會에서歡迎會ᄅᆞᆯ開ᄒᆞ고臺法씨ᄅᆞᆯ請ᄒᆞ야該氏의演說을聞ᄒᆞ엿다더라

◎敎書中親交 路透電을據ᄒᆞᆫ則美國大統領의敎書發布ᄒᆞᆫ中에北淸事變의賠償金殘額을釋免ᄒᆞᆫ事ᄂᆞᆫ當局者의게懇請ᄒᆞᆯ것과且美國은淸國의敎育을各報의情交的方計으로淸國學生의渡美ᄅᆞᆯ獎勵ᄒᆞᆯ것이라論ᄒᆞ엿다더라

◎報告爲待 路透電을據ᄒᆞᆫ則美國에서布哇島에ᄂᆞᆫ要塞砲臺ᄅᆞᆯ建設ᄒᆞ고比律賓의防禦에對ᄒᆞ얏ᄂᆞᆫᄃᆡ陸軍卿타프트氏의報告ᄅᆞᆯ待ᄒᆞ야防計ᄅᆞᆯ決定ᄒᆞᆫ다더라

◎炭礦崩壞 倫敦電을據ᄒᆞᆫ則美國펜실베니아州모노다히라石炭礦이崩壞ᄒᆞ야役夫七十名이埋沒ᄒᆞ고該礦全部가窒塞되얏다더라

◎淸人의愛國心 上海電을據ᄒᆞᆫ則淸國江蘇浙江兩省人民이鐵道敷設費四千萬兩을支出ᄒᆞ고兩省人民이總代ᄅᆞᆯ選定하야北京政府에派送ᄒᆞ야如此事實을細々說明ᄒᆞ고英國에借償을拒絶하라ᄒᆞ며政府에서此事에對ᄒᆞ야論議ᄒᆞ되如此愛國心은我國에稀少ᄒᆞᆫ事라ᄒᆞ고即時英國公使와協議ᄒᆞ야借償條約을解決ᄒᆞᆯ터이라ᄒᆞ엿다더라

◎俄國出賊 長春電을據ᄒᆞᆫ즉本月二日午前二時俄國馬賊十二名이長春日本停車場淸人商店에突入ᄒᆞ야淸人四名을殺害ᄒᆞ고金二千圓을强奪ᄒᆞ고또日憲兵 名을殺害ᄒᆞ엿다더라

◎敎鍊所新設 大連電을據ᄒᆞᆫ즉淸國에서遼陽巡警局에敎鍊所ᄅᆞᆯ新設ᄒᆞ고本月一日브터巡檢을敎課케ᄒᆞ엿다더라

雜報

◎慶尙北道大邱府淸潔点燈合資社趣旨書

見人社會目的에實施擴張者未有如淸潔之急務也라人身之病源이常因於不潔之所致而一身이不潔則必有一身之病害ᄒᆞ고一家不潔則必有一家之病害ᄒᆞ야以至於道路行旅에汚穢觸鼻ᄒᆞ고黑暗동동ᄒᆞ야病源이從玆以生ᄒᆞ고竊盜가從玆以起ᄒᆞ야居民之受害와行路之碍滯이事非文明上欠玷이며我民之恥笑乎아竊惟本港之與隆이未能廣於徒涉之人하니則道之穢가亦遍於於逆旅之蹇塞衛生之道와養生之方이莫如潔淨而淸潔之道ᄂᆞᆫ實在乎灑以除汚ᄒᆞ고夜以懸燈也라況我大邱ᄂᆞᆫ嶠南勝地오慶北首府라物貨之輻湊와商賈之輸納이式無虛日而夜戶無燈에觸眼於黑暗世界ᄒᆞ고行路觸鼻於汚穢陋陋故로鄙等이不揣是慨歎ᄒᆞ야鳩合商股之若干餘資ᄒᆞ야剏設本社ᄒᆞ야旣承府部認許ᄒᆞ고又被觀察保護ᄒᆞ야地段二拾坪에燈木一株式竪立ᄒᆞ고五十坪에廁溜桶一坐式設置ᄒᆞ야以爲人民晝宵便利ᄒᆞ오니望須僉彦은照亮贊成ᄒᆞ시와以至擴張ᄒᆞ야功及生民ᄒᆞ고光暨環球ᄒᆞᆷ을伏望

발起人 朴齊鉉 李俊徵 李尙植

◎某校新設 安岳郡府石洞上六里基督學校ᄂᆞᆫ本是府塾으로學校ᄅᆞᆯ設立ᄒᆞᆫ지 週年에財政이窮乏ᄒᆞ야以將廢之境이러니該洞居民等이此言語씨가當地周에敎育必要ᄒᆞᆷ을家家戶戶ᄒᆞ야上下洞中에五十圓을捐助ᄒᆞ야校舍ᄅᆞᆯ設立ᄒᆞ며生徒가日逐ᄒᆞᆫ다더라

雜報

◎二宮展謁 太皇帝陛下게옵서毓祥宮과宣禧宮景祐宮에明再明間에 展謁하신다더라

◎兩闕御着 皇太子殿下께옵서本月八日上午十時二十分에馬關에 御着하셨다고答禮大使李載覺氏가宮內府로電報하얏다더라

◎義王入城 義親王殿下께옵서再昨日下午九時三十分에南大門外停車場에御着하샤即時馬車를御乘하옵시고寺洞本宮으로行啓하옵셨는대장谷川大將이陪乘하얏고總理大臣以下各部大臣과中樞院顧問諸氏와警務總監이南門外에서奉迎하얏다더라

◎帶同 陛見 義親王殿下께서再昨夜入城하심은別項과如하거니와昨日上午十二時에德宮顧問佐藤氏를帶同하시고太皇帝陛下께 陛見하얏다더라

◎總理行動 總理大臣李完用氏는再昨日上午拾時에法部大臣趙重應氏를私邸로訪問하고十一時에副統監을訪問하고下午 時에 承寧府에入去하야 太皇帝陛下께 陛見하고同七時에 親王殿下迎接次로南門外停車場에出往하얏다더라

◎行何秘密 各部官制의延期頒布됨은屢報하얏거니와其內容을聞한즉統監府에서該官制를各部次官室로送交하얏는대該大臣과次官과秘書官三人만秘密發見하고請議次로內閣으로送交하얏는대今明間頒布될가더라

◎三氏辭任 度支部書記官宋文興趙漢鏞金明濟諸氏는稅務官으로轉任이된다더라

◎取消議中 韓致愈氏가自日本歸國時에東萊府尹을叙任하기로某氏의勸告를得來하얏다고逢人說道하기를今番發本에는斷定코叙任이된다더라

◎鹿任誰手 報恩郡居睦泰奉任應鎬씨는內部大臣任善準氏의族人이오象舍音으로緊切無闕한人이라今番叢本에報恩郡守를叙任하기로內定이되얏는대其甥姪宋儀憲씨와富客沈混在氏도該郡守를運動하는故로未知歸於誰手라더라

◎文簿調査 各府部院廳에서年終이不遠한故로今年度該般文簿를磨勘하기爲하야文書를逐條調査하야事務가浩煩한故로각會計課官吏는少無閑隙이라더라

◎電線移設 慶運宮內에所在한電線을今日昌德宮으로移設한다더라

◎放電掩置 錦陵尉朴泳孝씨를放還한後로日本國某黨派에서統監府로電報하얏더니伊藤統監이該電報를掩置하얏다는說이有하더라

◎日巡又加 內部內에日本巡視一名을添置하얏다는대月俸은每朔一十五圜이오其目的은各局課房監을關束케함이라더라

◎增官叙日 度支部新官制案件을探聞한즉書記官이現今九窠인대拾三窠로增設하고日本人으로叙用한다더라

◎夫婦同渡 前內部書記官閔泳植氏는同夫人하야日本國으로渡去하얏다는說이存하더라

◎留學生選擇 前總長殿使潤씨가日本留學生官費三個人을選擇하야本月頃에日本으로派送할다더라

◎欠逋調査 內部에서咸南觀察使에게訓令하되管下定平郡守景台協의稅金費消한事實이明白綻露하야本道檢事가該郡守에公貨欠逋를依法例處斷함에至하얏다하기玆에訓하노니到卽另査嚴覈하야該守의欠逋實數와檢事에照律結果를査實馳報하라하얏더라

◎稅斂謝議 禹容澤씨가拾三道稅斂을平均八圜式收捧할意로中樞院에獻議하얏다함은已爲報道하얏거니와該事件에對하야昨日에中樞院議長贊副議가會議하고實施할意로內閣에請議하얏다더라

◎衛國衛民 각地方에自衛團消息을聞한則某々郡에서는鉄國에서人民의게勸告하기를礦聚人會하야며出他還來하는人은義徒에게干連이有하다하야威脅하는弊가種々有之한대民情이沸鬱한貌樣이라고들한더라

◎紀念帳幕 官立京橋普通학校長宋浮衡氏가학部로報告하되日本田中大使와幣原博士와各學校寄附金錢額으로本校의紀念하기爲하야該校講動時帳幕一件을新製하깃다하얏더라

◎夫穢生弊 漢城內人民家拾戶內에汚穢桶거桶一介式을製造分給하고桶價를每戶에七圜五젼式을收捧함으로殘民家에서는困難이莫甚하다더라

◎鎭守願留 鎭城郡民韓基俊等三百三名이該郡守를願留次로上京하깃다고內部에電報하얏다더라

◎幸免危境 公立原州普通學校副教員洪義植氏가還校次로去月二十一日에發行하야道路多梗한所致로間關逗留探問하더니仝月廿七日에該郡院村路中에서義兵二十餘名을遭逢撞着하야二夜間被留에至於辛一件時計金八圜을見奪하고還罹困難을嘗하다가僅免危境하고直走本第하야二日을休憩타가本月一日上午에還任하얏다더라

◎山門被燒 南來人의傳說을聞한즉定山郡定慧寺에義兵이留連하얏던지日兵이來到하야該寺를衝火沒燒하얏다더라

◎報郡不離 報恩來人의傳說을據한즉該郡俗離 에賊黨이恒留不離하더니近日則該兵이漸々聚集하야江原道義兵과連絡이有한樣인故로民情이自然不穩한狀態를釀出하는대何許郡守가下來하야人民을鎭靜할고한다더라

◎甲山義兵 咸鏡南道甲山郡에義徒가蜂起하야一進會員十六七人을殺害하얏다고一進本部에急報가來하얏다더라

◎燒燬更聚 順興郡에義兵이突入하야該公廨及學校와民戶百餘戶를衝火하얏다는說은已揭하얏거니와該郡私立소興學校被소한閒數와物品及書冊諸類를一調査細書하고該郡守가學部로報告하되補助金을特爲劃下하야校舍를更爲建築하고教育을無至中廢케하라하얏더라

◎日兵又東 再昨日上午八時에 兵五十聯隊第七中隊小尉以下二拾八名이出往東門外하야발向廣州松坡等地하얏다더라

◎兩씨被捉 前郡守金鎭贊權益相兩氏가公逋가多함으로日前에被捉이되얏다더라

◎金氏被捉 洪州居朴秉台金福汝氏가某何事件인지公州日憲兵分派所에被捉하얏다는說이有하더라

◎虎患可畏 傳說을聞한則近日東小門外等地에虎患이間々不絕하야人命傷害가不少하다더라

◎捐金及老 青年會館에서捐助金을收合하야本月耶蘇降生日에城內老人七十以上人의게米肉若干斤式頒給한다더라

▲地方消息▼

▲去月一日呂州三山等地에義兵이駐屯하얏다는說을日兵이探知하고同日夜에駐屯處를襲擊하다가義兵이防戰하얏는대義兵의死傷者가二名이오日兵의死傷은未詳이라하고

▲本月一日堤川日守備隊兵四拾名이同郡烏各里附近에서義兵約三百名과交戰하야義兵大部를淸風方面으로潰散케하엿고또長剪里附近에서義兵五拾名과交戰하는中에敗走한義兵이更히固陣하야五拾名과合勢하야大戰하얏는대兩陣에死傷이有하다하고

▲本月三日에陰城郡東北約三拾里許에義兵多大數가發入하엿다함으로長湖院及川呂州三郡에駐在日兵이合勢하야數日내로討伐한다하고

▲本月四日에陰城西方約四十里許에義兵數百名이百處로結陣하얏다함으로日兵이出발하야交戰하는대義兵이四面高嶺에서射擊하미備處로退去하여義兵에動靜을偵探하더니更히精陣을攻擊하얏는대義兵은擧皆山中으로退却하얏다하고

▲本月七日春川郡磨石隅에서義兵百五十名이日兵과交戰하얏는대死傷은無하다하고

▲本月二日水原郡文市面附近에義兵의情形을偵探하기爲하야派遣한巡檢에報告를依하니拾一月二拾八日午後에銃器를携帶한義兵五名이同面古西文幕神仁次家에侵入하야同人을脅迫하고武器及地圖를掠奪하얏다하고

▲谷城郡松峙에서義兵四拾五名이日巡査와交戰하다가民家二十五戶를燒火하얏다하고

▲青山地方各村에義兵이出沒하야軍器及軍糧을收取하며徒黨을募集하되각面長에게擔任케하고他處로發行하얏는대擧皆銃劍을携帶하얏고또智證山大陣이各處로橫行하며黨類을聚集하는대青山義兵을相逢合勢하야大陣所로共趨하얏다가各處로分排발向하얏다더라

東京電報

◎排斥案反對 七日발 美國議會에서議員이提出한數日人排斥案件을有力한反對가有하야實施치못하얏다더라

◎旅館御定 韓國 皇太子殿下及親聘大使의一行이今朝八時에下關에御着하셨는대 皇太子殿下께서는春帆樓를 御旅館定하시고親聘大使는山陽호텔로定하얏다더라

北京電報

◎議士訪問 七日發 清國代議士犬養시는今日日本駐清公使와兩國問題에就하여袁世凱시을訪問하얏다더라

奉天電報

◎檄文配付 八日발 吉林省에서는間島問題에就하여日本人의行爲不良함을憤慨하고日本商品의보이꼿트을斥賣하는檄文을四方에配付하얏다더라

路透電報

◎大統領의斷言 九日발 美國大統領루스벨트氏는如何한事情이有할지라도大領統候補者가되지아니할旨로斷言하얏다더라

伯林電報

◎不認借港 七日발 俄國半官報는俄國이海蔘威港을英國에借與한다는說을不認하얏다더라

▲問諸青山▼

▲여보近日韓國內에有名無實한事ㅣ許多하니웬일이오現今內閣에서政治를刷新한다하고日官制改定이니人材擇用이니諸般事務를一時釐覈하되政令은委靡不振하야腐勢가岌業하니웬일이오

▲法律을改正하고新法令을編行하야法官을增設하되訴訟이漸繁하야牛毛苛政은人皆側足하야事多不便하니웬일이오

▲稅收이紊亂하다하야稅務官을設施하고稅額을取納하더니收稅捧하는弊가有하야民怨이層生하고或犯逋하는者가有하야徵出이無處하고國庫가漸竭하니웬일이오

▲財政을整理한다하고貨幣를製出하고舊貨新貨가價値가不同하야假貨가滋甚하고貨源이枯渴에血脈이不通하니웬일이오

▲各社會가成立하야曰國體니曰新事業이니하며나各自爲心하야但釣名譽에目的이不逐하고事業이未成에開明事爲를口中에만稱道하니웬일이오

▲各地方에不穩한騷擾가起하야宣諭使를下送하고一進會에서自衛團을各道에派送하되騷擾는益熾盛하야滿目烟塵이到處蔽日하니웬일이오

▲騷擾를止息하기爲하야多數憲兵을處々에配置하되綠林豪客이嘯聚徒黨하야村閭가愁慘하生靈이塗炭하니웬일이오

雜報

●修費斯撥 洪川郡守南寵희氏가該郡公廨를修理하깃스니四拾餘圜을支出하라고내部로報告하얏더라

●靑年演說 今日下午七点鐘에鍾路靑年會館에서演說會를開ᄒ고紳士金一善氏를請ᄒ야民之自由와民之生命이란問題로演說ᄒᆫ다더라

●慘狀報告 鐵川郡守申□秀氏가該郡義擾以後被燒家戶와致死人命을調査ᄒ야內部로報告ᄒ얏ᄂᆞᆫ대被燒ᄂᆞᆫ公廨가三拾一間이오家戶가百三十八戶內에沒燒가百二十二戶오被死人이십名이라더라

●行凶被役 殷山郡散軍金丙俊이가九月十二日에與其同類四五人으로殷山郡龍化坊米國人所有金鑛會社器械欄東邊土子窓을擊破ᄒ고侵入ᄒ야所在五百圜價値되ᄂᆞᆫ銅板枚를竊取ᄒ야場外로持去ᄒᆯ際에看守人에게現捉被捉ᄒ야平壤裁判所에서役終宣告를얏다더라

●同力窃盜 再昨日下午八時에雜器六牌掌內長位就量擾傑洞西家에强盜五名이突入ᄒ야一名은外ᄒ고名은突入內庭ᄒ야放銃ᄒ야家留及洞民等이忽聞砲聲ᄒ고一齊逃出ᄒ야無失物을얏다더라

●孤院寄附 孤兒院演奏會時에寓道氏ᄂᆞᆫ劵一枚를買ᄒ고票ᄂᆞᆫ還送該院而金一圜을寄附而去ᄒ고鐘崔氏ᄂᆞᆫ二等劵一枚를買去라가金一圜을持來ᄒ야五十錢은票價로出ᄒ고五十錢은寄附而去ᄒ고又전은學徒李慶價로寄附而去ᄒ고또閔丙詰氏ᄂᆞᆫ金十圜을寄附ᄒ얏다더라

●處役宣告 平南裁判所署理判事書記官徐相奎氏가法部에質稟ᄒ되被告劉翊鉉趙翊宗朴八彦等이德川龍島面大坪里居金觀洙가政事變更ᄒ기爲ᄒ야義兵大將이라自稱ᄒ고其率下로呼召ᄒ야勇義軍을抄出ᄒ며決死ᄒᆷ로團結ᄒ며義勇軍印을木刻ᄒ며銃劒을其徒黨中에셔打造ᄒ야陰九月拾六日에定期擧事ᄒ야聲稱退倭斬亂臣扶植先王之道라ᄒ야德川邑下面장李達巨ᄂᆞᆫ指揮抄出民丁ᄒ야同赴義兵所ᄒᆯ時에被告劉翊鉉은該面尊位로所傳義兵大將命令을奉ᄒ야本洞民十三名을顧ᄒ고義兵屯聚所孟山郡에往ᄒ얏다가年老告退ᄒ얏고趙翊宗은德川龍島面民으로金觀洙의게被脅ᄒ야財務官이라暫稱ᄒ라가左右路로幷進ᄒ다ᄒ미逃ᄒ얏고朴八彦은自德川大坪里로김觀洙等의發兵約四五百名이朴八彦所在里에來到ᄒ야家家徵兵ᄒᆫᄃᆡ若不應募면燒家斬頭라ᄒᄂᆞᆫ기不勝其脅迫ᄒ야應募赴陣ᄒ則義兵이謂被告가有忠義라ᄒ야以忠發大將으로錄冊ᄒ고被告朴八彦이가稍有識字故로代書發兵曉諭文ᄒ다가陰臘月一日에聞日兵大砲聲ᄒ고恐怯逃來라ᄂᆞᆫ故等陳供이明白ᄒ기로政事를變更ᄒ기爲ᄒ律에減一等ᄒ야役終身에宣告라ᄒ얏더라

●發搖宜推 信川郡某某氏가발起ᄒ야國債報償으로集ᄒᆫ이千圜에達ᄒ지라境內饒富者三人을財務員으로擇定留置ᄒ얏더니陰八月에발起人이五百圜은還覓ᄒ야各坊饒富者에게殖利次로分置ᄒ얏더니陰九月十二日에義兵이該邑에來到ᄒ야財務員三人을結縛捉去于松禾津亭ᄒ야無數毆打ᄒ니勢無奈何ᄒ야二百七十一圜을見奪ᄒ얏스나三人이即時還充이러니厥後에義兵이更入ᄒᆯ라ᄒᄂᆞᆫ財務員三人은다逃亡ᄒᆫ지라義兵이各동洞首를捉去ᄒ야酒肉과錢財를討索ᄒ여各동洞首가각坊에分置ᄒ얏던國債報償錢五十二圜을擲用ᄒᆫ지라발起諸人이還充ᄒᆷ을말ᄒ즉洞首에對答이國債報償전만아니면本邑은平安ᄒᆯ것을義兵이매양入邑ᄒ면此錢을必討ᄒ니此ᄂᆞᆫ國債報償錢을因ᄒ여洋毁ᄒᆫ거시라ᄒ고不給ᄒᆫ고로발起諸人이將次法司에呈訴ᄒ다더라

●培英卒業 中和郡私立培英學校에서今月初九日에特別高等速成科卒業과尋常科進級証書授與式을行ᄒᆫ바內外賓與任員父兄과觀光士女가二百餘名에達ᄒ얏ᄂᆞᆫ대高等科卒業生李遂豊林在瑗黃國台均李根七金尙洽이오尋常科優等生金圭敎韓能宋晩赫이오及第生鄭道孫希宋李成欽宋元尹黃聖元인대校長와贊成員在學致秀佐顯本郡守巡査部長가紙筆을多數捐助ᄒ옵고一般任員의捐助品이三千餘圜인대從級施賞行撮影閉會ᄒ얏스나禮式이盛部에事라ᄒ더라

●晋興 [illegible] 氏가履ᄒ고得 [illegible] 花任以 [illegible] 熱心 [illegible] 令人興感 [illegible] 가次第創設ᄒ야文化 [illegible] 日可見이며道下公立晋州학校가創設有年에緣於人民未開ᄒ야尙此零星莫甚이거ᄂᆞᆯ가每日公暇에躬臨該校하야職員을監督ᄒ며학徒를勸勉ᄒ고學徒父兄을屢次會同ᄒ야丁寧

●辨明 敗說論가異非喫緊的思想이로다無知頑固輩를末由感化ᄒ야甚至於罰則數百을親自登寫ᄒ야須給學徒父兄處ᄒ야論以禍福ᄒ고示以賞罰ᄒ엿다더라

●兩進辨明 本報第六百八十號雜報欄內東亞興業會社敎育會에會票及月捐事에對ᄒ야該會에서本社에寄函辨明ᄒ기를文武農工商五路로分ᄒ야商業一路에偏重ᄒᆯ뿐아니오至於會標一欵은本會員人에證으로携帶ᄒ야論價賣買ᄒᄂᆞᆫ비아니라ᄒ고繼代人의說明도月捐金은永不收捧ᄒ다ᄒ기玆以正誤ᄒᆷ

廣告

本人이正初에再昨日路中에遺失ᄒ온바如有拾得者ᄂᆞᆫ玆以廣告ᄒ노니 [illegible] 得勿施用
漢津流亭居閔鎭基 告白

本人의祖父山所가在於松都府釋山北麓而伯父가至誠侍墓世稱孝與라塋이러니千萬匪意외交河郡谷居閔德信이가與其族成玉으로同謀ᄒ야誘引本人之姪高鎭順ᄒ야本人의祖父與伯父山을以誘推掘ᄒ엿스니鄕傳之年幼失性自滅亡은不足掛論이어니와姦習之熟知親孫兄弟가在於一舍에이되或有事故則不中奸計ᄒ가ᄒ여唆弄於不肖一個曾孫ᄒ야禍及白骨至於二位ᄒ彼之行譎得計가爲是忍乎本人의悲憫此脅ᄒ고罔夜下去痛哭省墓ᄒ니哀痛挺胸血淚莫淹이라誰或傳世士라도無懲暗買則懲法下正거든況女亭幽宅乎此塚이旋掘ᄒ야以雪祖先之恥가當其分인바第當以法從事ᄒ오니來報血讎면將欲私掘ᄒ오니泣血告白ᄒᆷ
高陽中面瓦洞 高濟益 高濟元兄弟 廣告

●特別廣告 [illegible]

江華郡府内面山洞居晉喜常을以奎元으로改名ᄒ오니知舊照亮ᄒᆷ
晉奎元 告白

本人의子金泰鎭이가性本浮浪ᄒ야家産을蕩敗ᄒ엿ᄉ오니內外國人은勿爲見欺ᄒᆷ
廟洞大井洞六十九統七戶 金召史 白

大抵我邦의入口貨만用ᄒᄂᆞᆫ國이貧窮ᄒᆷ은現世界通例어니와今我國은日用事物을無論巨細ᄒ고外國을依賴ᄒ니곳捲烟一物로言ᄒ야도絶好ᄒᆫ本土所産은捨ᄒ고價高ᄒᆫ外國品을購用ᄒᄂᆞᆫ지라此事를歎惜ᄒᆫ지多年에造烟法을學得ᄒ고谷山草中極上品을選擇ᄒ야起工造就ᄒ오名은曰谷香이라ᄒ니其產地를發明ᄒᆷ이오現今製成ᄒᆫ本數千方枝의氣味가醇好ᄒ고兄烟이芬馥ᄒ야飯후酒酣에遊興을益助ᄒ니곳西烟을凌駕ᄒ고又또價額이廉歇ᄒ야淸儉世家와寒士窮儒따도經濟上에浪費ᄒᆫ 弊가少ᄒᆯ지라然則本社에利益은無ᄒ나大注意ᄒᆫ은此業을挽還ᄒᆫ 인故로幾年間損害ᄂᆞᆫ不顧ᄒ오니僉君子ᄂᆞᆫ照諒購買ᄒ심을望ᄒᆷ
漢城谷香會社 告白

●教育學 譯述 梁光玉 校閱 朴殷植 定價金卄五錢
此書ᄂᆞᆫ教科書排列과教授法則과訓鍊制度가詳細備載ᄒ야一般敎育者의寶鑑이될ᄲᅮ더러오니有志僉君子ᄂᆞᆫ速速購覽ᄒ심敬要
發賣所 京布屛下書鋪 金相萬 平壤貞洞 耶蘇敎書院 安岳邑 勉學書會

本人의舍伯韓盛鎬氏逃避事件이日前廣告中記載ᄒ얏거니와本人이金海鼎州家에가셔舍伯에八萬七千五百兩於音빌어간거슬차져달나ᄒ얏더니金氏堂姪이往于鄭鳳鎭家ᄒ야該於音勿施標를바다왓기로該標를左에記載ᄒ오니내外國人은此條於音은休紙施行ᄒ심을望ᄒᆷ
標
金漢鼎已爲身故錢勿施次成標事
韓盛鎬於音即此條亦勿施
丁未十月初二日
大邱達前鄭圭鉉 章
南署午洞韓宇鉉 告白

漢人의日本大阪商發家와特約ᄒ고日本內國産各種物品과西洋各種物品及機械物品을總代理ᄒ야大韓에輸入ᄒ야委托을便利케ᄒ엿ᄉ오니商工業에有意ᄒ신僉君子ᄂᆞᆫ本社로來議ᄒ시오本社에서ᄂᆞᆫ手數料ᄂᆞᆫ輕受ᄒᆷ
興業社本店 南大門內興學商會 發售所漢城南門內太平洞五十六統六戶 埼養會社 仁川港內浦一貸湊家

學徒洋裝冊 學徒運動과器具 羅紗各種 英國金鐘錶 衣服製造用具等物을廉價放賣ᄒ오니僉君子ᄂᆞᆫ來臨ᄒ심을바라나이다
仁川港 [illegible]

▲新刊書籍發售廣告
增修無冤錄大全 國漢文 定價金七拾五錢
大韓法規類纂洋裝 三冊 金拾圓 郵稅四拾錢
初等倫理學教科書 二拾錢
初等衛生學教科書 拾五錢
國家學綱領 拾五錢
國民須知 八錢
愛國婦人傳 張志淵氏著 十五錢
發賣所 皇城布屛下 金相萬書鋪

弊店에서上品石炭을販賣ᄒ오니內外僉彦은光臨ᄒ심을希望ᄒᆷ
西署毛橋四拾六統七戶 大韓人石炭商店

廣告

本公司始運來大韓國特別紙捲香烟純良香味與他貨不同近有市上牌號混雜請諸君認明本牌爲記庶不至誤
代售店 京城大貞洞 裕源號
總代理店 仁川淸租界 恒興公司

國債報償志願金總合所廣告 續

◉永川郡古見面立石동
金永圭 六拾錢 崔壬戌
一圓 金顯明 二圓 陳奉顯
金顯尙 金翊培 전六拾전
金斗滿 二十錢 리能進
리仁權 各六十전 成在弼
二拾전 김碩培 六拾錢
리能述 二拾錢 金顯문
一圓 金載培 四拾전
成在白 一圓 鄭과쳐
六十전 張漢弼 四十전
리基원 二十전 張郊弼
黍拾전 리能鎬 六拾錢
金斗佑 婁斗夏 각廿전
申在稻 四十전 陳奉九
三十전 김鉉振 成在淳
各廿錢 成洛鎬 六十전
리洛之 金斗明 각廾전
리能伯 成壽鎬 각四十錢
金斗鉉 二拾전 成在학
拾전 金永培 金顯權
各六拾전 閔理元 廿전
金溶益 四拾전 陳奉在
拾錢 張敎文 三拾錢
▲堤內동
金兌麟 二拾전 河鐵泓
四拾전 김守培 七拾전
金奉先 梁東郁 각六十전
河漢弘 四拾전 成在寅
二拾錢 김斗種 十전
金得培 四拾錢 金寬培
三拾錢 리鳳圭 四十전
成在春 鄭鎭益 각六拾전
尹珠化 리致管 리鳳圭
金圭石 各廿전 成瑛鎬
四十전 未完

廣告

越南亡國史 國漢文

定價貳拾伍錢

發賣所 京城廣橋高裕相書舖
銅峴朱翰榮書舖
布屛下김相萬 告白

◉米國製邦補益藥水 四百瓶到新大瓶定價金三圓
◉德國製起陽丸 三十日分服 定價金十五圓

◉米國大學醫院處方
醫學校長 勳五等 池錫永氏
製藥鑑査人 濟衆院醫學員 有效證明
洪鍾厚
劉慈惠
李觀化

商標

食思振起 體力活潑 補益丸

定價表
拾日分服 三十個入 金一圓
二十日分服 六十個入 金一圓七拾五錢
三十日分服 九十個入 金二圓五拾錢

此藥에主治效能은在於藥封ᄒᆞ오며第一老衰男女에偉效가有ᄒᆞ고勞心勞腦ᄒᆞ시ᄂᆞᆫ司法官吏와敎師와銀行會社員과事生과坐店商人과多產ᄒᆞᆫ婦人에運動不足으로生ᄒᆞᆫ陰陽俱虛과症과健忘症과貧血症과手足厥冷과頭痛과腰痛이잇ᄂᆞᆫ各病에一靈丸効가有ᄒᆞᆫ症과雖經病人이라도此藥을每日朝午夕食後三次에式淸水呑下ᄒᆞ시면身體가强壯ᄒᆞ고精神이活潑ᄒᆞ고飮食이以上ᄒᆞ고百病을預防ᄒᆞᄂᆞᆫ眞奇世靈藥이라男女勿論ᄒᆞ고給五歲以上으로老年에至ᄒᆞᆫ間에諸般原因으로來ᄒᆞᄂᆞᆫ虛弱에用ᄒᆞ나니即營養不良之致로滿期經通치못ᄒᆞ거나女子에ᄒᆞ始作ᄒᆞ지아나ᄒᆞ거나經度不足或閉止ᄒᆞᄂᆞᆫ데와房事過度之經度로精이無ᄒᆞ이流出ᄒᆞ거나房事時에陰莖신이萎而不起ᄒᆞ거나當門에ᄂᆞᆫ이鷄症과金鷄蠟ᄯᅡ不治되ᄂᆞᆫ疾과再歸熱과虛ᄒᆞ失氣ᄒᆞ病人이速히蘇完되오니男女間病之深淺을從ᄒᆞ야一二朔且三四朔만連服ᄒᆞ시면奏効가有ᄒᆞᆯ기로保證ᄒᆞ오

◉製造本舖 漢城鍾路萬國基督教青年會館前 慈惠藥房

●靈効瘧疾丸 一日分定價金拾錢 此藥은大人小兒長瘧과初瘧에服用ᄒᆞ면以差ᄒᆞ야更不再發
●瘍蛔虫丸 一日分定價金拾전 此藥은大人小兒蛔積과蛔虫의二三日服用ᄒᆞᆫ一蛔虫을殺出ᄒᆞᄂᆞᆫ妙藥
●四時感氣丸 一日分定價金拾전 此藥은感氣몸살의ᄊᆞᄂᆞᆫ藥인대一二日連服ᄒᆞ면鎭痛解熱
●男女淋疾丸 七日分定價金五圓 此藥은淋疾의一期二期勿論ᄒᆞ고그근ᄒᆞᄂᆞᆫ약定價金一圓 此藥은男女淋疾勿論ᄒᆞ고速효ᄒᆞ이잇셔用藥之日로殺菌止痛ᄒᆞ고利尿止濃
●濟眼藥 一日分定價金拾錢 此藥은火眼熱眼의多有奇效
●鎭咳嗽藥 五日分定價金三拾錢 此藥은拾五歲以上人에用ᄒᆞ
●ᄂᆞᆫ藥인데四時尋常性咳嗽에有效ᄒᆞ고特히老人哽咳에偉效
●無憂奧疥瘡藥定價金四拾전 此藥은疥선虫을滅殺ᄒᆞᄂᆞᆫ약
●寸虫藥定價金三拾錢 此藥은鉤寸虫과條寸虫이當然殺出
●米國膏藥定價金二拾五전 此약은冬春間皮膚病에奇効
●淸國上海膏定價金廿錢 此약은肩臂痛脚腿腰膝酸痛에神効
●斷酒약定價金三圓 此약은西洋서도信用ᄒᆞ고日本서도信用
●漢城百應膏一封의定價金拾錢 此약은舊약醫士李信友氏方文으로製ᄒᆞᆫ약인데명울이삭히ᄂᆞᆫ대第一神効ᄒᆞ고各項腫에去根合瘡ᄒᆞᄂᆞᆫ데便利ᄒᆞ고神速ᄒᆞ오
●止足秆藥二十分定價金貳拾錢 此藥은德國軍人常用除惡汗臭
●本人等이濟衆院醫學員으로米國大學醫院處方과濟衆院方으로鑑査調製ᄒᆞ고其他內外國間大奇効ᄒᆞᆫ약品을買來ᄒᆞ야英文日文德文用法廣告를我國文으로繙譯ᄒᆞ야紙匣에도入ᄒᆞ고琉璃瓶에도入ᄒᆞ고洋鐵匣에도入ᄒᆞ야四隣國藥規則을依ᄒᆞ야全國內地各藥局에都賣코ᄌᆞᄒᆞ오니同藥兄弟께서本藥房代理支店으로有意ᄒᆞ시거든편지ᄒᆞ시오

西藥便方 全

定價金壹圓

此冊은漢城濟衆院藥方文을我國漢文으로아라보기쉽게翻譯ᄒᆞᆫ冊인ᄃᆡ京鄕各藥局에貨泉이될만ᄒᆞᆫ一代神方冊이요

伊太利建國三傑傳 一冊 正價金三十錢

此書ᄂᆞᆫ距今數十年前에伊太利愛國者瑪志尼、加里波的、加富爾三傑이在垂亡ᄒᆞᆫ國勢를挽回ᄒᆞ야歐洲列强間에鼎峙ᄒᆞᆫ事實을國漢文으로譯出ᄒᆞ얏ᄂᆞᆫ데其艱難危險의經歷과嘔心瀝血의硏究이讀者의衷情을感發ᄒᆞᆯ만ᄒᆞ오며其百折不屈의意氣와政治上의熱誠이讀者의愛國心을激起ᄒᆞᆯ만ᄒᆞ오니有志君子ᄂᆞᆫ不可不座右에置ᄒᆞ고常目에掛ᄒᆞᆯ冊子오니陸續來購ᄒᆞ시옵

발賣所
皇城布屛下 廣學書舖
同 博文書館
仁川柱峴 開新冊肆
平壤鍾路 耶蘇敎冊사
義州南門外 廣學書館

瑞士建國誌

定價金 新貨拾五錢

此冊은政治小說이니瑞士의救國救民ᄒᆞᆫ歷史와人民의愛國思想을發成케ᄒᆞᄂᆞᆫ데緊要ᄒᆞᆫ冊子오

發賣所
▲大韓每日申報社
▲仁川港柱峴 開新冊肆
▲中署布屛門下 金相萬冊肆
▲平壤城內烈女洞 敎育書館
▲鍾路 古今書海館
▲鐵口越便 中央書館
▲鍾路 大東書市
▲大廣橋 滙東書館
▲尙동 滙文書館
▲錦城 姜助遐 冊사

▲定期大廉賣廣告▼

自十一月十五日 至十二月廿五日

獨習日語正則

鄭雲復氏著　特別減價一圓　郵稅 拾錢

此日語正則은自天文地理로至農商工業諸般學術及人事百般히緊要ᄒᆞᆫ語句를網羅ᄒᆞ야正確ᄒᆞᆫ發音과簡明ᄒᆞᆫ飜譯으로編纂ᄒᆞ야獨習에가장便利ᄒᆞᆫ故로出版ᄒᆞᆫ지未久에于餘部를出售ᄒᆞ옵고再版의期가在邇ᄒᆞ온지라이에自本月十五日로十二月二十五日ᄭᆞ지定價一圓二十五錢에二拾五錢을減ᄒᆞ옵고一圓에出售ᄒᆞ와一般學界의便益을裨補코ᄌᆞᄒᆞ옵ᄂᆞᆫ바部數와日字의定限이잇ᄉᆞ오니江湖僉君子ᄂᆞᆫ爭先購覽ᄒᆞ시옵

(十二月二十五日以後에ᄂᆞᆫ定價外에一分不減홈)

京城中署布屛下三十七統六戶 廣學書舖 金相萬 告白

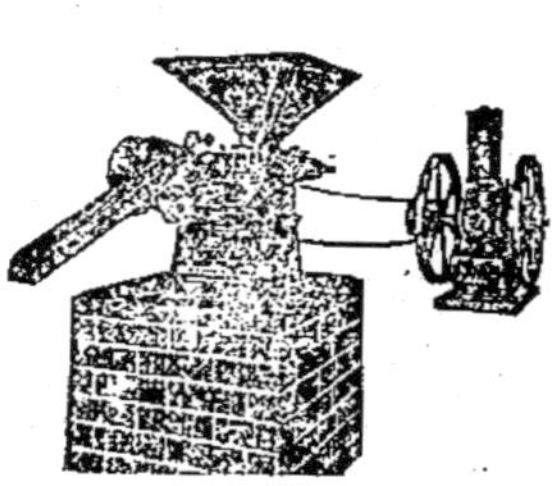

영미국졍부젼매특허
셕유발동긔곡졀긔계
졍미과대금부속품을일본엽가
방매ᄒᆞ오石油發動器荷着

直輸入商
韓國代理店
仁川本町
中根商會
電話七參貳番

本社廣告

○申報價
一張代金 新貨二錢五
一個月前貨 三十錢
三個月 九十錢
六個月 一圓七十錢
一個年 三圓四十錢
郵稅一張 新貨五厘
一個月 十三錢

○廣告料
五號活字十三字
每日總發行一寸에新貨拾五錢
(每日發行六行에相當홈)
二週日에 二圓五十錢
每日發行四錢五厘에相當홈
一個月에 五圓
(每日發行四錢一厘에相當홈)
長期限의長短과字行의多寡를依ᄒᆞ야增減홈이有홈

◉大韓每日申報支社及分賣所
中署布屛門下 金相萬書舖
平壤上水口門內 金浩翊
仝 崔毅楨
仁川柱峴開新冊肆 李東朝
宣川邑冊肆 安濬
義州西門外 大櫞
釜山港佐川藥局 徐炳籌
三和港築洞 金元성
咸興南州社西門外 廬壽林
開城南大門內興學書館 崔一
大邱市廳 崔一
龍岡邑濟衆院 劉夢熙
鐵山邑東部 安
元山倉前 劉七鉉
海州南門內 朴昌鎮
定州南門內書館 洪成
昌城郡校동 許
郭山興岩 李銀瑞
安岳邑東坊 康道
博川舊津 리鎭成
安州城內義井洞 金翼河
鐵原邑 趙鍾大
高原邑 朴敎
濟州郡內一徒里 李
井邑邑內 李益
榮仁邑內 金昌燦
熙德銀浦 金鼎燮
京義線批峴驛市 李基禹
長湍邑 崔戰淳
殷栗邑倉里 金
古阜邑許洞 殷錫漢
群山港東彭社 宋輔應
龍川楊市會堂 黃菊保
車輦館 金明鉉
清州東州내校洞 宋斗仁

發行兼編輯人 英國人 裵說
發行所 京城中署石井洞號外第三百十五 大韓每日申報社

第五
大韓每日申報
第六百八十三號

月曜及慶節歲時日休刊

檀君開國四千二百四十年
箕子紀元三千二十九年
大韓開國五百十六年
日本明治四十年
淸國光緖三十三年
陰曆丁未十一月大初七日甲午

論說

◎官報保險專權

셔並新報를接讀컨대日本政府가保險事務를官有專權으로設備ᄒᆞ기를擬度ᄒᆞᄂᆞᆫ바今此意見은國庫를富饒케ᄒᆞ려ᄂᆞᆫ而不在ᄒᆞ고但如此緊要ᄒᆞᆫ事務를貢노完全ᄒᆞᆫ基礎에置코ᄌᆞᄒᆞᆷ이로다同報가日本며일新報를照譯ᄒᆞ야記述ᄒᆞ엿ᄉᆞ되數年前에日本政府가如此事務上에豫備的研究를旣試ᄒᆞ엿ᄉᆞ나然이나及其末也ᄒᆞ야此를廢棄ᄒᆞᆷ은其時에生命及財産을保險ᄒᆞᆯ意思가人民中에尙未普及된事實을因ᄒᆞᆷ이러니至于近日ᄒᆞ야事機된거ᄉᆞᆫ保險의貴重ᄒᆞᆷ을實認ᄒᆞᄂᆞᆫ樣態가大都會處에셔만발見ᄒᆞᆯ뿐不啻라地方郡縣에셔도亦然ᄒᆞ고且必要ᄒᆞᆷ이加多ᄒᆞᆫ一著機ᄂᆞᆫ此保險事業이商工業발展에重大關係를作ᄒᆞᆯ뿐不啻라虛僞的行爲로因ᄒᆞ야不信을被ᄒᆞᆯ如此危慮에在ᄒᆞᆫ個人安樂을對ᄒᆞ야셔도亦爲重要가是也로다

爲殘ᄒᆞᆫ略干의社들이國內各處에셔此保險事務를旣始ᄒᆞ야ᄉᆞ나其資金이所營業에不足ᄒᆞᆷ이確然ᄒᆞ고且其主務人들이會社의基金을私用에供ᄒᆞ기와且或投機的事業을以會社金額으로施設ᄒᆞ기에未有躊躇之態ᄒᆞ니如此情形을顧ᄒᆞᆫ즉此保險事務가政府手中에歸ᄒᆞᆷ은其乃爲利於國民이라고評論ᄒᆞ얏于實地가不無ᄒᆞ도다

官報

●三千九百四十五號　隆熙元年十二月十日

敍任及辭令

免本官　延安郡主事　崔殷協
咸鏡南道觀察道主事　葉興周
依願免本官　黃海漢　白頌一
任咸鏡南道觀察道主事　金正求
任東萊府主事　金斗鉉
任成川郡主事　李喆夏
任扶川仝　李鳳求
任聞慶仝　朴祥琦
任新寧仝　九品趙東翊
任林川仝　尹泳德
任饒德仝　鄭健裕
任歙寧仝
侍從院侍從　韓相鶴
叅任義親王宮總辦　掌禮院禮式　李仁用
叅任義親王宮贊尉　奎章閣記官　金思厚
命增補文獻備考監印委員

布達（續）

侍講　專任　二人　奏任
輔導侍講及學德及涵養을掌ᄒᆞᆷ
主事　專任　二人　判任
上官의指揮를承ᄒᆞ야庶務及會計에從事ᄒᆞᆷ
第二十七條　奎章閣에左와又치職員을置ᄒᆞ니　帝室의典籍과文翰記錄을保管ᄒᆞ며　列聖御製、御章、御眞과璿源譜牒及進講代撰并宗室에關ᄒᆞᆫ事務를掌ᄒᆞ고諡諡祭典에叅列ᄒᆞᆷ
大提學　一人　勅任　名譽
提學　十人以內勅任　名譽
副提學　十人以內勅任或奏任　名譽
直閣　十人以內　奏任　名譽
侍講及代撰을掌理ᄒᆞ고議諡祭典에叅列ᄒᆞᆷ
祇候官　十人　勅任　名譽
閣務의顧問을應ᄒᆞᆷ
卿　一人　勅任
閣務를總理ᄒᆞ고職員을監督ᄒᆞᆷ
記注官　二人　勅任或奏任
典製官　二人　勅任或奏任
卿을補佐ᄒᆞ야庶務閣務를掌理ᄒᆞᆷ
主事　專任　四人　判任
上官의指揮를承ᄒᆞ야庶務에從事ᄒᆞᆷ
第二十八條　內藏院에左와又치職員을置ᄒᆞ니　帝室의寶物과器具를保管ᄒᆞ고　帝室經費及財産會計를管理ᄒᆞ며御服　御物과其他需用物品被服購買와補選及土木營繕에關ᄒᆞᆫ事務를掌ᄒᆞᆷ
卿　一人　勅任　院務를總理ᄒᆞ고職員을監督ᄒᆞᆷ
副卿　一人　勅任　卿을補佐ᄒᆞ야院務를掌理ᄒᆞ고卿이有故ᄒᆞᆫ時ᄂᆞᆫ其職務를署理ᄒᆞᆷ
理事　專任　三人　奏任
內一人은勅任으로ᄒᆞᆷ을得ᄒᆞᆷ　職務를掌理ᄒᆞᆷ
技師　專任　一人　勅任或
土木營繕에關ᄒᆞᆫ事務를掌理ᄒᆞᆷ
主事　專任　十五人　判任
上官의指揮를承ᄒᆞ야庶務及會計에從事ᄒᆞᆷ
第二十九條　典膳司에職員을左와又치置ᄒᆞ니　供御饗宴을及其器具에關ᄒᆞᆫ事務를管理ᄒᆞ고主管에屬ᄒᆞᆫ會計를掌ᄒᆞᆷ
司長　一人　勅任或奏任
職務를總理ᄒᆞ고職員을監督ᄒᆞᆷ
掌膳　一人　奏任
膳羞事를掌ᄒᆞᆷ
主事　專任　四人　判任
上官의指揮를承ᄒᆞ야庶務及會計에從事ᄒᆞᆷ
第三十條　主殿所에左又치職員을置ᄒᆞ니　宮殿離宮　御苑及鎖鑰과掃除設幷電機에關ᄒᆞᆫ事務를理ᄒᆞᆷ　未完

外報

●戰爭準備演說　華盛頓電을據ᄒᆞᆫ則華盛頓國民俱樂部에셔演說ᄒᆞᄂᆞᆫ中에米國艦隊가戰爭準備ᄒᆞᄂᆞᆫ志를公布ᄒᆞ야發端의事를발說ᄒᆞ엿다고政府에셔重訓을施ᄒᆞ엿다더라

●德國議會閉會　[illegible]電을據ᄒᆞᆫ즉德國議會에셔ᄂᆞᆫ國事의訴訟事件及法政問題에關ᄒᆞ야政黨과民黨의意見이相異ᄒᆞ야重大ᄒᆞᆫ事件이不成되고多數黨派中에民黨이脫會ᄒᆞᆷ으로閉會ᄒᆞᆫ則宰相뷰로公은辭職ᄒᆞᆯ거라ᄒᆞ엿더라

●米國軍艦回航　紐育電을據ᄒᆞᆫ則米國의回航艦隊ᄂᆞᆫ準備式을作ᄒᆞ야太平洋으로出向ᄒᆞ엿고又一萬六千噸되ᄂᆞᆫ戰鬪艦其出向ᄒᆞᆫ艦隊와合ᄒᆞ기爲ᄒᆞ야本月七日에푸리무링海軍鎭守府에셔出發ᄒᆞ엿다더라

●革命黨捕縛　海蔘威電을據ᄒᆞᆫ則本月四日午後붓터至午에海蔘威港에入港ᄒᆞᆫ戰艦몽코라號에革命黨員一名이秘密警察二箱을積載乘來ᄒᆞ야當港에上陸ᄒᆞᆫ際에發見되야其書類를圖罝ᄒᆞᆫ船員三名과共히捕縛ᄒᆞ야海軍省으로押送ᄒᆞ엿ᄂᆞᆫ더此로因ᄒᆞ야目下同港에셔非常ᄒᆞᆫ紛擾가起ᄒᆞ엿다더라

●皇太子攝政　瑞典電을據ᄒᆞᆫ則瑞典皇帝陛下ᄂᆞᆫ不豫의態度가有ᄒᆞᆷ으로皇太子殿下가攝政에任ᄒᆞ엿다더라

●皇帝結婚　路透電을據ᄒᆞᆫ즉마라國皇帝陛下ᄂᆞᆫ에今回로이스聯邦國의內親王殿下와結婚ᄒᆞ얏다더라

●境界事件의必要件　北京電을據ᄒᆞᆫ則新任駐俄淸公使薩蔭圖氏ᄂᆞᆫ蒙古와新疆과滿洲等地로俄國과相接된境界의交涉事件이日로增加ᄒᆞ니多數의留學生을俄國에派遣ᄒᆞ야俄語를學習케ᄒᆞᄂᆞᆫ것이境界交件에必要ᄒᆞᆫ것다고上奏ᄒᆞ엿다더라

●淸政議決　北京電을據ᄒᆞᆫ則駐防八旗兵營[illegible]營의方法을政務省에셔如左히決議ᄒᆞ엿더라
一身體强壯ᄒᆞᆫ者ᄂᆞᆫ京畿陸軍近衛兵으로選定케ᄒᆞᆯ事
一其餘ᄂᆞᆫ開墾移民케ᄒᆞᆯ事
一幼年子弟ᄂᆞᆫ學校에入學케ᄒᆞᆯ事
一婦女ᄂᆞᆫ爲ᄒᆞ야職業學校를設ᄒᆞ고實業을唱導케ᄒᆞᆯ事

●英淸交涉　北京電을據ᄒᆞᆫ則兩廣總督張人駿은近來英國이廣東西江에在ᄒᆞᆫ海賊討代權을要求ᄒᆞᆷ과且廣州附近의海를測量코ᄌᆞᄒᆞᆷ과又葡萄牙國이마가오의領海를擴張코ᄌᆞᄒᆞᆷ을因東人이此數件에因ᄒᆞ야反抗ᄒᆞᄂᆞᆫ緣由로兩廣總督張人駿氏가英葡兩國과交涉ᄒᆞᆫ다이라더라

●印度獸患　印度電을據ᄒᆞᆫ즉一千九百六年一年之內에各色獸類의게殺害ᄒᆞᆫ人數가近二萬四千九百二十五名이라더라

●法國에淸國新聞　巴利電을據ᄒᆞᆫ則巴利京에셔同情報라ᄂᆞᆫ淸國新聞을發刊ᄒᆞᆫ다더라

●惡疾似遊　빈쿠버電을據ᄒᆞᆫ則日人等이惡疾를似遊ᄒᆞ야渡來ᄒᆞᆫ者ᄂᆞᆫ同國政府에셔嚴禁히調査ᄒᆞ야疑心이有ᄒᆞᆫ者ᄂᆞᆫ上陸을不許ᄒᆞᆫ다이라더라

雜報

●懷德設校　懷德部大關驛前主事任[illegible]淳[illegible]리[illegible]ᄒᆞ시가該地居留ᄒᆞᄂᆞᆫ日本人의戶數가不過七八百戶이로ᄃᆡ公立學校를設立ᄒᆞ고兒童을教育ᄒᆞᄂᆞᆫᄃᆡ本國人의戶數ᄂᆞᆫ數千戶에達ᄒᆞ되學校가無ᄒᆞᆷ을慨嘆ᄒᆞ야普通學校를設立ᄒᆞᄂᆞᆫᄃᆡ校址ᄂᆞᆫ[illegible]內大[illegible]夏氏[illegible]ᄒᆞ고校舍ᄂᆞᆫ育英事業內發氏가自營ᄒᆞ고[illegible]基址로自己[illegible]三十[illegible]을寄付ᄒᆞᄂᆞᆫ故로[illegible]數育上熱心을感歎ᄒᆞ야學校를設立ᄒᆞ고[illegible]集ᄒᆞᄂᆞᆫ[illegible]前進之望이有ᄒᆞ다더라

●申氏熱心　永柔郡郡內龍田[illegible]均氏ᄂᆞᆫ愛國的熱血이一般[illegible]ᄒᆞ야向於國債報償에도不願家勢ᄒᆞ고金十圓을特爲先入捐ᄒᆞ더니又於近者에自己舍廊에[illegible]學校를設施ᄒᆞ고自擔教師ᄒᆞ야該郡內農商工三業人中年少可以從事者三拾餘員을募集ᄒᆞ야時務에切近ᄒᆞᆫ雜誌歷史算術法學等書로熱心敎授ᄒᆞ되[illegible]은一分도無ᄒᆞ며[illegible]지當ᄒᆞ며且[illegible]日[illegible]氏等이極力協贊ᄒᆞ야[illegible]漸完[illegible]從日增ᄒᆞ고每日曜日則開會演說에民志를[illegible]ᄒᆞᄂᆞᆫ[illegible]注意ᄒᆞ다더라

雜報

●東宮歡迎節次 皇太子殿下셔옵셔本日臨闕에 臨御ᄒᆞ실은已爲報道ᄒᆞ얏거니와該地方官民의歡迎節次가宏麗ᄒᆞ며韓國勳章을第一位에佩用ᄒᆞ고服色은李花紋으로ᄒᆞ얏다더라

●春宮歷臨 答禮大使一行은本月八日에馬關에서日本東京으로直行하얏고 皇太子ᄭᅴ옵셔ᄂᆞᆫ九日午前九時에舞子로啓駕ᄒᆞ사神戶,大坂,京都,名古屋,靜岡等地로 歷臨ᄒᆞ소十七日頃에나東京에 臨御ᄒᆞ실預定이라더라

●日中不決 總理大臣以下各部大臣이再昨日內閣에會同ᄒᆞ야新官制에改定ᄒᆞᆯ事件을提議ᄒᆞ다가議論이不一ᄒᆞᆷ으로未決ᄒᆞ얏고昨日에又爲會議ᄒᆞ얏다더라

●納賂仍任 伊藤統監이歸國時에現任大臣中에有權力ᄒᆞᆫ兩氏가地位를鞏固키爲ᄒᆞ야幾千圜式納賂ᄒᆞ얏다ᄂᆞᆫ巷說이喧藉ᄒᆞ더라

●郡奏相持 內閣大臣이今番郡守奏本에對ᄒᆞ야一郡中에或은納賂運動者緊囑으로叙任ᄒᆞ라ᄂᆞᆫ大臣도有ᄒᆞ고或은自己에緊切ᄒᆞᆫ人으로公薦叙任ᄒᆞ라ᄂᆞᆫ大臣도有ᄒᆞ야現今相持ᄒᆞᄂᆞᆫ中이라더라

●同意請求 內部에서再昨日에現闕郡守中에爲先四拾餘窠를修定하야內閣에請議ᄒᆞ얏다ᄂᆞᆫ데自內閣으로統監府에同意를請ᄒᆞ얏다더라

●秘窠郡守 再昨日內部秘書課에서郡守幾拾窠를秘密修正ᄒᆞᄂᆞᆫ데門戶를堅閉ᄒᆞ야外他官吏가不得通涉ᄒᆞ얏다더라

●幾郡先叙 郡守奏本을修正ᄒᆞ야內閣에請議ᄒᆞ얏다ᄒᆞᆷ은前刊項과如ᄒᆞ거니와幾徒太甚ᄒᆞᆫ地方부터爲先叙任ᄒᆞᆫ다더라

●學部官制 各部官制ᄂᆞᆫ來月一日에頒布된다ᄂᆞᆫ데學部新官制로漏聞ᄒᆞᆫ즉親하官은廢止ᄒᆞ고書記官二人과繙譯官二人을增置ᄒᆞᄂᆞᆫ데一窠ᄂᆞᆫ日本人이被任ᄒᆞ고各學校奏任教官은教授로判任教官은副教授로外國人教師ᄂᆞᆫ訓導로改稱ᄒᆞᆫ다더라

●法官選任 副提學金晦秀氏ᄂᆞᆫ法部書記官을選任ᄒᆞᆫ다ᄂᆞᆫ說이有ᄒᆞ더라

●一進薦望 今番一進會員中郡守資格으로薦望叙任ᄒᆞᆯ人이二拾名假量이라더라

●技術聘用 內部治道局技術員을日本人小林發雄氏로聘用ᄒᆞᄂᆞᆫ데月俸은每朔百圜으로磨鍊ᄒᆞ얏다더라

●宮租調査 忠南觀察使梁在爽氏가晉下各郡에訓令ᄒᆞ야各宮庄秋收를調査ᄒᆞ야捧留票를領受ᄒᆞ얏다더라

●礦費請撥 平壤礦業所預算不足額四千七百六拾餘圜을算外支撥ᄒᆞ라고農商工部에서度支部로照會ᄒᆞ얏다더라

●金神暗行 前參書官某氏가某大臣의게十五萬圜을納賂하기로酌定ᄒᆞ고懷德郡守一窠를運動ᄒᆞᄂᆞᆫ대居間人則北村官人趙某라더라

●城內衛團 漢城內에自衛團을實施ᄒᆞ기爲하야警視廳에서巡檢巡查를派送ᄒᆞ야各署家屋人口를一一調査ᄒᆞ더라

●請擇試券 官立仁川日語學校長金潤晶씨가學部로報告ᄒᆞ되本校副教員有闕代에本校前後卒業人中教官窠에志願ᄒᆞᆫ人拾一人을本校에會同ᄒᆞ와本校長이教師教官을同一히試取ᄒᆞ야試券을緘封ᄒᆞ와報告ᄒᆞ오니考閱ᄒᆞ오서擇其居優一人ᄒᆞ야斯速處辦ᄒᆞ라ᄒᆞ얏더라

●有闕擇報 日本留學官費生의有闕를補充ᄒᆞ기爲ᄒᆞ야學部에서官立高等학校에訓令하되本校卒業生中留學志願ᄒᆞᄂᆞᆫ者限三四人을選拔ᄒᆞ야履歷書와志願書를自筆添附하야來十五日內로報ᄒᆞ라ᄒᆞ얏다더라

●協會組織 海州實業家等이商業不振ᄒᆞᆷ을慨歎ᄒᆞ야海州協同商會를組織ᄒᆞ고總裁ᄂᆞᆫ該道參書官朴義秉氏로會長은李圭昇씨로副會長은張東昱氏로總務二人은金元弼金永鑑兩氏로評議長은金永澤씨로選定ᄒᆞᆫ後去月二拾九日에總會를開ᄒᆞ얏ᄂᆞᆫ데該觀察使朴齊陽氏가來參演說ᄒᆞ얏다더라

●進會盛況 日昨進洞耶蘇教堂에서新建築落成式을擧行ᄒᆞᄂᆞᆫ데人山人海를成하얏고倉屋濬氏ᄂᆞᆫ所懷ᄅᆞᆯ述ᄒᆞ고李商在씨ᄂᆞᆫ演說ᄒᆞ야當日盛況을呈ᄒᆞ얏더라

●出入吏袖 南本人에傳說을據ᄒᆞᆫ즉慶州稅務官徐晩회氏가度支部章程을一切違反하고昨年結稅收捧時에各面領收員을不爲差出ᄒᆞ고以奸吏二人으로專任收刷ᄒᆞ야恣意幻弄ᄒᆞ더니今秋作夫時에ᄂᆞᆫ每結頭에葉一兩四錢式書員紙筆債로出秩ᄒᆞ고情費條七百圜을銀行에執留ᄒᆞ고至有演說民間에각面領收員을初以有風力可堪者를差出之意로告示坊曲ᄒᆞ고頒給差紙라가及其開捧時ᄒᆞ야ᄂᆞᆫ一夜變更하야以奸吏五人으로都捧色을差定ᄒᆞ야稅政을句管케ᄒᆞ미今年民막이甚於昨年이라ᄒᆞ야該郡民人等이京部에呼訴次로上來ᄒᆞᆫ다더라

●任爵見奪 連山居金監役某씨가沓土를放賣ᄒᆞ야錢一萬五千兩을其査家閔成七씨處에留置ᄒᆞ얏더니賊漢이金氏家에突入ᄒᆞ야젼財를討索ᄒᆞᄂᆞᆫ대將有危險之境이라金氏가不得已하야閔氏家에留置ᄒᆞᆫ中五千兩을取貸ᄒᆞᄂᆞᆫ樣으로持來ᄒᆞ더니賊漢이其多數히留置ᄒᆞᆷ을知ᄒᆞ고閔氏를威脅ᄒᆞ야一萬五千兩을沒數奪去하얏다더라

●金郡義擾 義徒幾名이本月四日에金溝郡을襲擊ᄒᆞ고物品을掠奪以去ᄒᆞᄂᆞᆫ故로日本騎兵若干이追擊ᄒᆞ야九日該郡附近에서應戰ᄒᆞ얏다더라

●日巡自刎 北青郡安山厚峙에서義兵의게被害ᄒᆞᆫ巡査의屍身을日昨에발見ᄒᆞ얏ᄂᆞᆫ대全身에三四處를受丸ᄒᆞ야不得自由ᄒᆞᆫ境遇에至ᄒᆞᆷ에所佩ᄒᆞ얏든軍刀로自刎ᄒᆞ얏다더라

●江郡被擾 東來人에傳說을據ᄒᆞᆫ즉義兵이四面으로江陵郡에侵入ᄒᆞ야把守ᄒᆞᄂᆞᆫ日兵을殺害ᄒᆞ얏ᄂᆞᆫ대該郡邑內蓮谷面과新里面에서三次接戰ᄒᆞ고該徒黨의形勢가漸々猖獗ᄒᆞ다더라

●經擾後報 각處經擾時被소ᄒᆞᆫ家屋及人命致死ᄒᆞᆫ것을內部로調査報來ᄒᆞ얏ᄂᆞᆫ대淸風邑에公廨가二十七間이오民家가十五戶오日兵過去時被銃致死者가三名이오安峽郡에公廨가十三間이오民家가六十七戶價値ᄂᆞᆫ六千七百五圜이오財產價値ᄂᆞᆫ一萬二千三百五拾六圜九拾젼이오尙州郡化西面山城里에民家가二十戶오全面淸溪村에合四座五拾間이라더라

●慈善大家 堤川郡灰燼에對ᄒᆞ야與洞居李회直씨가合資建築會社발起ᄒᆞᆫ事ᄂᆞᆫ前報의已揭ᄒᆞ얏거니와該郡內邑村人民이當此劫灰가未冷에莫接이沒計ᄒᆞ야幾千人生命이栖屑無依中에見此合資建築之趣旨公函ᄒᆞ고諸氏가悅心應從ᄒᆞ야각出田畓文券이將至百餘石落이오且其行商坐賈와官吏村民이舞蹈ᄒᆞ고望活計而爭躍ᄒᆞ야諸氏의慈善을贊頌ᄒᆞᆫ다더라

●兩郡初擾 公州靑陽定山等地에서稱以義兵ᄒᆞ고數拾名式來往ᄒᆞᄂᆞᆫ者가黑周衣를着ᄒᆞ얏거나斷髮ᄒᆞᆫ人을逢着ᄒᆞ면不問曲直ᄒᆞ고先爲砲殺ᄒᆞᆫ다더라

●宣告流配 全南裁判所判事金奎昌氏가法部에質稟ᄒᆞ되被告南京甫南善水를政事를變更ᄒᆞ기爲ᄒᆞ야乱를作ᄒᆞᆫ者律에情狀을酌量ᄒᆞ야本律에減二等ᄒᆞ야流拾年에宣告라ᄒᆞ얏더라

●實犯已無 咸南裁判所檢事樹孝健氏가法部로報告ᄒᆞ되定平郡量台協의案件을審査ᄒᆞᆫ즉前稅務官金貨鉉在任時엔定平結錢을以葉收捧ᄒᆞ야未及畢納ᄒᆞ고稱有餘剩이라ᄒᆞ야合排記를籍成하고原結錢中으로量台協이二千八百兩을貸用이라가所犯公錢을即納于稅務所ᄒᆞ얏슴기該量台協을公貨欠逋處斷例所犯公貨를淸納ᄒᆞᄂᆞᆫ時ᄂᆞᆫ免罪放送이란文에照ᄒᆞ야無罪放免이라ᄒᆞ얏더라

●中路失捕 中署巡檢高永鎭金東永兩人이漢城裁判所巡檢으로再昨日下午五時에罪囚五名을押去于監獄署之際에中路에서該犯等을失捕ᄒᆞ얏ᄂᆞᆫ데姓名은재判國張聖根李致先李致雲李根榮인데재判國張聖根은今番赦典에特放이더니又今强盜로逮捕ᄒᆞᆫ者이오李致先은竊盜犯으로禁獄六個月의宣告ᄒᆞᆫ者이오二名은未決囚이라더라

▲地方消息▼

▲天安郡附近獨淵山에서今八日에義兵數百名이日兵과大戰ᄒᆞ얏다ᄒᆞ고

▲九日錦山郡西方에서義兵四十名이錦山日守備隊와互相衝突ᄒᆞ얏ᄂᆞᆫ데義兵의死傷이七名이라ᄒᆞ고

▲九日발羅州電을據ᄒᆞᆫ則七日夜十二時에義兵約百名이靈光郡法聖浦를襲擊ᄒᆞ야巡査駐在所와日人家屋七戶를燒却ᄒᆞ고韓人一名은被傷ᄒᆞ얏ᄂᆞᆫ데義兵은茂長郡方面으로退陣ᄒᆞ매同郡守備隊及警察官이急行ᄒᆞ얏다ᄒᆞ고

▲八日발瑞興郡中西警部의電報를據ᄒᆞᆫ則遂安分派所巡檢二名과巡査一名과役夫三名이偵探ᄒᆞ기爲ᄒᆞ야同郡西方에出張ᄒᆞ얏ᄂᆞᆫ대去七日朝에義兵約卌餘名이巡査의宿泊處를襲擊ᄒᆞ미巡査ᄂᆞᆫ拔劍突出ᄒᆞ야逃走ᄒᆞ고役夫一名은死ᄒᆞ고一名을負傷ᄒᆞ고其他ᄂᆞᆫ逃走ᄒᆞ엿다ᄒᆞ고

▲七日昌寧郡에義兵拾三名이襲擊ᄒᆞᆫ則日巡査가防戰ᄒᆞ엿다ᄒᆞ고

▲五日丹陽地方中代川東端約二百米突되ᄂᆞᆫ地点에義兵이駐屯ᄒᆞ얏ᄂᆞᆫ대日兵이義兵의駐屯處를襲擊ᄒᆞ고偏處로出向ᄒᆞ야母女峴에서義兵約百二拾名과交戰ᄒᆞ얏다ᄒᆞ고

▲公州郡丹坪東方高地에日兵이駐屯ᄒᆞ야義兵의駐處를探知ᄒᆞ고不意出兵ᄒᆞ야攻擊ᄒᆞᆫ則義兵이暗夜를乘ᄒᆞ야他處로退却ᄒᆞ얏다ᄒᆞ고

▲伊川郡守備隊ᄂᆞᆫ去月三拾日에義兵約百餘名이同郡支石場附近에在ᄒᆞ다ᄂᆞᆫ報를接ᄒᆞ고前進攻擊ᄒᆞ얏ᄂᆞᆫ대義兵은西方山中으로退却ᄒᆞ얏다더라

海蔘威電報 拾日발

●閉港議案 俄國港務省은極東自由港을閉鎖ᄒᆞᆷ에關ᄒᆞ여議案을提出ᄒᆞᆫ다ᄂᆞᆫ데當地商民은同案이無論通過ᄒᆞᆯ줄노知ᄒᆞ고悲觀이有ᄒᆞ다더라

▲對症投劑▼

▲現今韓國에敗習이成痼ᄒᆞ야百症이交攻에回生이無期ᄒᆞ니醫國良手가氣脉을診察ᄒᆞ야一方을可試로다

▲內閣에서政令이不一ᄒᆞ야官制가頻更에朝變夕改ᄒᆞᆷ은각大臣에仕宦慾火와愛錢癎疾에客鬼가侵犯ᄒᆞ고風邪가彙至ᄒᆞ야狂症이已발ᄒᆞ니頂門一針이제격이오

▲法律을改正ᄒᆞᄂᆞᆫ規矩가不成ᄒᆞ고繩墨이未施ᄒᆞ니民多不從ᄒᆞ야屈伸呼吸을不得自由ᄒᆞ니加味導氣湯이제격이오

▲稅務官을設置ᄒᆞ나收納이尤縮ᄒᆞ야穀腑가已虛에吐症泄症이晝夜不止ᄒᆞ야眞液이枯渴ᄒᆞ고口味가全却ᄒᆞ니加味五積散이제격이오

▲貨源이涸渴하야生命을難保ᄒᆞ니眞元이大下에全身이疲脊ᄒᆞ고血脉이已敗에氣息이奄奄ᄒᆞ니十全大補湯이제격이오

▲各社會에發願誠心이不足ᄒᆞ야新事業이未成ᄒᆞ니精神이昏迷ᄒᆞ고腦髓가煩惱ᄒᆞ니自由鐘一聲中에警醒力을喚起ᄒᆞᆯ屋劑ᄂᆞᆫ淸心丸이제격이오

▲宣諭使自衛團에義擾가尤起ᄒᆞ니沉重ᄒᆞᆫ一病中에方藥을雜試ᄒᆞ야火疾이添生ᄒᆞ고全身이발熱에危急이當頭ᄒᆞ니滋陰降火湯이제격이오

▲警部을各地方에增設ᄒᆞ나賊黨이尤熾ᄒᆞ니二竪枕畔에多年呻吟타가客蛔가발動ᄒᆞ야五臟이如刺에別症이疊生ᄒᆞ고心腹이俱痛ᄒᆞ니安蛔理中湯이제격이오

雜報

●雜誌發刊 近日鄭禹澤氏가新進事業에注意ᄒᆞᆫ結果로多年日本에서商業에卒業ᄒᆞᆫ金大희氏와協議決定ᄒᆞ고中署磚洞等地에印刷所를特設ᄒᆞ고雜誌를每月三回式발行ᄒᆞᆫ다더라

廣告

本校開學日子를陰十一月二十日以內로定ᄒᆞ깃ᄉᆞ오니願學ᄒᆞᄂᆞᆫ僉彦은來臨ᄒᆞ심을爲要

平北定州五山學校 告白

▲特別廣告

本社에서名帖印刷部를另設ᄒᆞ고各樣活字와別樣紙本이俱備ᄒᆞ오며印刷가精美ᄒᆞ고價直도極廉ᄒᆞ오되特別히學員과夫人의게ᄂᆞᆫ一層低廉ᄒᆞ오니僉位ᄂᆞᆫ來臨ᄒᆞ시와隨意請求ᄒᆞᆷ

大韓每日申報社 告白

本洞前川은深浚作廢이于今數百年矣러니中間挾雜輩가稱以明禮宮付屬ᄒᆞ고勒奪皷浚ᄒᆞ야勒捧水稅라가現今各宮稅納을永爲廢止ᄒᆞ야民有地를調査出給이다故로本洞諸人이公議ᄒᆞ야皷浚稅를欲付學校設施ᄒᆞᆫ외本郡守가訓飭設校가非止一再이시옵기自洞中으로皷浚貰租三十餘石을收捧積置ᄒᆞ고學徒數十名을爲先募集ᄒᆞ고設校資付ᄒᆞ오니本郡守沈宜性氏의熱心과設校人宋君一林鳳俊宋與植三氏의教育발達誠心을一境이稱頌ᄒᆞ옵기玆에廣告ᄒᆞᆷ

坡州郡竹院里居林善文 告白

本人子命燮與從姪璜이陷於挾雜輩誘引如干家產蕩敗無餘又欲得價百方欺瞞則內外國人一切勿見欺

沈相翊 告白

▲特別廣告

本社에서活版機具를更加完備ᄒᆞ고印刷營業을開始ᄒᆞ오니各種書籍을印刷코저ᄒᆞ시ᄂᆞᆫ僉位ᄂᆞᆫ來議ᄒᆞ시오

漢城中署磚洞 普成社 告白

居間人李亨鍾字善基가本人에게白木旅錢三千五百兩을十一月二十日阿峴物橋車東漢許에推次票를가지고隱身ᄒᆞ얏사오니內外國人은勿欺ᄒᆞ옵於音은休紙로施行ᄒᆞᆷ

小廣橋張현周 白

咸興居都近浩氏ᄂᆞᆫ素是有志紳士라農會를設ᄒᆞ야農業을改良ᄒᆞ고又自家에夜學校를設ᄒᆞ야一般農民의知識을開發ᄒᆞ며新聞을說明ᄒᆞ야我國과外國形便을知케ᄒᆞ고又聰俊靑年을教育ᄒᆞ기爲ᄒᆞ야法律專門學校를設起ᄒᆞ얏고또咸南各郡私立學校에學徒優等生을特別히褒賞ᄒᆞᄂᆞᆫ故로學徒에進就ᄒᆞᆷ이比前日新ᄒᆞᆷ

金基容 告白

江華郡府內面山洞居曺喜常을以否元으로改名ᄒᆞ오니知舊間照亮ᄒᆞᆷ

曺埈元 告白

▲一本會社名稱

本會社名稱은爲子孫營業會社라ᄒᆞᆷ

▲二本會社主義와綱領

主義ᄂᆞᆫ子孫의營業을爲ᄒᆞᆷ이오綱領은有無相資와商販旺達과製造由進과家國致富此四件일

▲三本社組織

一本會社ᄂᆞᆫ原社員과贊成員으로組織ᄒᆞᆷ

二原社員은勿論內外國人男女老少尊卑貴賤ᄒᆞ고股金預備ᄒᆞᆫ人員으로作定ᄒᆞᆷ

三贊成員은勿論內外國人男女老少尊卑貴賤ᄒᆞ고本社主義와綱領을贊成코저ᄒᆞ야義捐ᄒᆞᄂᆞᆫ이로作定ᄒᆞᆷ

▲四本社規則

一原社員의股金은一株股金을拾兩으로定ᄒᆞ되一股로붓터百股로定ᄒᆞᆷ

二贊成員의義捐金은多少不拘ᄒᆞᆷ

三股金을聚合ᄒᆞᆯ時에ᄂᆞᆫ本社圖章과臨時任員의身章을捺ᄒᆞ야領收證을完全케繕給ᄒᆞᆷ

四股金을聚合된本日브터三十年爲限ᄒᆞ고每年每兩頭二里例로計利ᄒᆞ되一年에一次式股主의게領收證을改繕ᄒᆞᆷ

五股金은一回브터六十回ᄭᆞ지加添을許定ᄒᆞᆷ

六股主가若有不然之端ᄒᆞ야限內自退ᄒᆞ라면本股金으로出給ᄒᆞᆷ

七股主의股金은二里例로出利ᄒᆞᆯ게로作定ᄒᆞᆷ

八本社에서殖利ᄒᆞ라ᄂᆞᆫ것은隨時酌定ᄒᆞ고經費와利益은四綱領에需用ᄒᆞ기로作定ᄒᆞᆷ

八本會社ᄂᆞᆫ股金聚合된日부터水陸物交通容易處로設置ᄒᆞᆷ

九本社營業은主義와綱領에期於到達케ᄒᆞ되或貿賤賣貴ᄒᆞ며或典執放債ᄒᆞ되動產不動產을勿論ᄒᆞ고物品이完實ᄒᆞ고賣買가容易ᄒᆞᆯ것스로執行ᄒᆞᆷ

十本社諸般事務ᄂᆞᆫ股東와擧手多少로可否를決取ᄒᆞᆷ

十一財政의財務의ᄂᆞᆫ任ᄒᆞ되可堪之人으로公薦ᄒᆞᆷ

十二財務와各任員의俸ᄂᆞᆫ隨事務ᄒᆞ야相當ᄒᆞᆫ月給을定ᄒᆞ되若有不義之端이면本社中에서齊聲斷正ᄒᆞ고如有律紀上葛藤이면付之法司ᄒᆞᆷ

十三諸般任員은臨時隨事ᄒᆞ야特別開會이되但常通會ᄂᆞᆫ一年에兩次式開會ᄒᆞ고會期ᄂᆞᆫ陰曆三月十五日과九月十五日로作定ᄒᆞᆷ

▲五本社任員

一社長一人副社長一人書記三人總務一人財務三人會計一人勸察三拾人으로定ᄒᆞ되會中事務擴廣되ᄂᆞᆫ대로隨時加續ᄒᆞᆷ

▲六任員의任期

一諸般任員의任期ᄂᆞᆫ六個月로定限ᄒᆞᆷ

▲七任員의職務

一社長은社中諸般事務를管理ᄒᆞᆷ事

二副社長은原社長의凡百事務를幫助ᄒᆞ되原社長이有故ᄒᆞᆫ時에ᄂᆞᆫ副社長이代理ᄒᆞᆷ事

三書記ᄂᆞᆫ社中文簿를主管ᄒᆞᆷ

四財務ᄂᆞᆫ財政을擔任ᄒᆞ야本社營業上에葛藤이無케ᄒᆞᆷ事

五會計ᄂᆞᆫ社中財政出入을昭詳記載ᄒᆞ야會日에報告ᄒᆞᆷ事

六總務ᄂᆞᆫ會中諸般事務를隨時總務ᄒᆞᆷ事

七勸察은出則勸人入社ᄒᆞ고入則査察正會ᄒᆞᆷ事

▲八社員進入

一社員의入會證書를請願ᄒᆞᆫ後許入ᄒᆞᆷ事

▲九本會社特別定規

一本會社開會閉會時에讚美ᄒᆞ고聖經講論ᄒᆞ고祈禱一款은耶蘇教人의게特任ᄒᆞᆷ

發起人		徐鼎濟
		崔重珍
社長	井邑長命里	朴性天
副社長	扶安牛浦	兪鼎濟
書記	興德後浦	李大洙
	興德堤村	高 權
	井邑台谷	曺性範
財務	井邑楷殿	崔溥敎
	井邑川院	金云瑞
會計	泰仁梅溪	黃雲英
總務	泰仁校村	宋燦鏞

大抵他邦에ᄂᆞᆫ入口貨만用ᄒᆞᄂᆞᆫ國이貧弱ᄒᆞᆷ은現世界通義어ᄂᆞᆯ今我國은日用事物을無論巨細ᄒᆞ고外國을依賴ᄒᆞ니곳捲烟一物로言ᄒᆞ야도絕好ᄒᆞᆫ本土所産은拾ᄒᆞ고價高ᄒᆞᆫ外國品을購用ᄒᆞᄂᆞᆫ지라此事를歎惜ᄒᆞᆫ지多年에造烟法을學得ᄒᆞ고谷山草中極上品을選擇ᄒᆞ야超工造就ᄒᆞ고名ᄒᆞ여曰谷香이라ᄒᆞ니其產地를聲明ᄒᆞᆷ이오現今製成ᄒᆞᆫ者ㅣ數千万枚에氣味가醇香ᄒᆞ고且烟이芬馥ᄒᆞ야飯後酒酣에消興을益助ᄒᆞ니곳西烟을凌駕ᄒᆞ깃고또價額이廉歇ᄒᆞ야淸儉世家와寒士窮儒라도經濟上에浪費ᄒᆞᄂᆞᆫ弊가少ᄒᆞᆯ지라然則本社에利益은無ᄒᆞ나大注意ᄒᆞᆷ은此業을經遠ᄒᆞᆯ인故로幾年間損害ᄂᆞᆫ不願ᄒᆞ오니僉君子ᄂᆞᆫ照諒購買ᄒᆞ심을望ᄒᆞᆷ

漢城谷香合資會社 告白

明月館繼續開業廣告

小春榮候가漸緊ᄒᆞ온ᄃᆡ官民社會僉閣下의健强萬福ᄒᆞ시기顒祝下忱이오나이다本館의開業ᄒᆞᆷ이非但營業利만爲ᄒᆞᆷ이아니오國家進步上에一部分盡力ᄒᆞ와不啻食料品과器具品을盡美ᄒᆞ야供寄ᄒᆞ고盡善盡美ᄒᆞ야進ᄒᆞ옵더니未免開人事가不行ᄒᆞᆷ과無端ᄒᆞᆫ歎取生誇一二其類下隸의如譏ᄒᆞ오ᄂᆞᆫ不彈ᄒᆞ야欲告이ᄋᆞᆸ라ᄒᆞ오至有害라一般社會의勸業有閉業廣風潮上ᄒᆞ야官閣과如에서不孤ᄒᆞ고奬勵ᄒᆞ와玆에開業ᄒᆞ오니僉君子ᄂᆞᆫ盡加愛護ᄒᆞ심을仰望伏望

隆熙元年十一月 日

黃土峴明月館 告白

電話七百二十五番

教育學

譯述 崔光玉 校閱 朴殷植 定價金卅五錢

此書ᄂᆞᆫ教科書排列과教授法則과訓鍊制度가詳細備載ᄒᆞ야一般教育者의寶鑑이되오니有志僉君子ᄂᆞᆫ速速購覽ᄒᆞ심을敬要

發賣所 京布屏下書舖 金相萬 平壤貫洞 耶蘇教書院 安岳邑 勉學書會

本人이日本大阪商務家와特約ᄒᆞ고日本內地産出各國物品과西洋各國物品及機械等物을我大韓에輸入ᄒᆞ야委托을便宜케ᄒᆞ야商工業에有意ᄒᆞ신僉君子ᄂᆞᆫ某物이든지請求ᄒᆞ시거든本社로來議ᄒᆞ시오本社에셔ᄂᆞᆫ手數料金만受領ᄒᆞᆷ

興業社本店 漢城南大門內興學洞

支店 京城南門內水標橋十一統六戶

全仁徑內丟廣濟號 培養會社

學徒洋裝書冊 學徒運動과踏具 羅紗各種 美國金鷄蠟 衣服穀類其他雜貨도廉價放賣ᄒᆞ오니諸君子ᄂᆞᆫ來臨ᄒᆞ심을바라나이다

仁川港舊峴新刑號

本人의子金泰鎭이가性本浮浪ᄒᆞ야家產을蕩敗ᄒᆞ엿ᄉᆞ오니內外國人은勿爲見欺ᄒᆞᆷ

廟洞太井洞六十九統七戶 徐召史 白

[illegible]

▲新刊書籍發售廣告

增修無冤錄大全 國漢文 定價金七拾五錢

大韓法規類纂 洋裝 三圜五拾錢 郵稅四拾錢

初等倫理學教科書 二拾錢

初等衛生學教科書 拾五錢

國家學綱領 拾五錢

國民須知 八錢

愛國婦人傳 張志淵氏著 十五錢

發賣所 皇城布屏下 金相萬書舖

本舖에셔上品石炭을販賣ᄒᆞ오니內外僉彦은光臨ᄒᆞ심을希望ᄒᆞᆷ

西署毛橋四拾六統七戶 大韓人石炭商店

廣告

本公司始運來大韓國特別紙捲烟製品純良香味與別貨不同近有市上牌混雜請諸君認明本牌爲記庶不至悞

總代理店 仁川清租界 安泰公司

代售店 京城大貞洞 鴻源號

◉國債報償志願金總合所廣告

▲永川郡古見面檜村 續

鄭浩一 鄭洪燦 各一圜
鄭致應 六十錢 鄭圭相
鄭在守 元仁寬 각四十젼
鄭在元 金祿伊 각卅젼
元仁伯 拾錢 리東伊
全晩浩 兪千伊 各卅젼
張致道 十젼 崔鳳淑
元甫守 各廿젼

▲大成동

李塊守 六十錢 張周仁
五拾錢 元世根 六十젼
張鳳彦 五拾錢 申元치
四十젼 成宗浩 尹在安
姜秉회 吳東潤 黃潤浩
各廿젼

▲鄒美동

崔東根 元始化 각一圜
李東柱 리東萬 각六拾젼
成萬鐵 八十젼 河鎭敎
六十錢 리能孝 一圜
鄭好三 金基泰 各四拾젼
李景華 八拾젼 金喜尙
리東元 각四十젼

▲龍橋동

金昌周 리鍾河 各卅젼
李鍾伯 六拾젼 申錫潤
三拾젼 金在澤 六拾젼
金昌周 리鍾하 申錫潤
各三十錢 未完

廣告

越南亡國史 國漢文 定價貳拾伍錢

發賣所 京城廣橋 高裕相 鍾路 南擴川郡 禹時夏 書舖

布屛下 김相萬 告백

◉米國製邦補益藥水 (四百瓶到新大瓶定價金三圜)

◉德國製起陽丸 三十日分服 定價金十五圜

◉米國大學醫院處方

醫學校長 勳五等 池錫永氏

製藥鑑查人 濟衆院醫學員

有効證明 洪鍾厚 醫師 泰惠 李觀化

食慾振起 體力活潑 補益丸

商標

定價表
拾日分服三十個入 金一圜
二十日分服六十個入 金一圜七拾五錢
三十日分服九十個入 金二圜五拾錢

此藥에 主治効能用法은在於藥封이니오니 第一老衰男女에 偉効가有ᄒᆞ고 勞心勞腦ᄒᆞ시ᄂᆞᆫ 司法官吏와 敎師와 銀行會社員과 學生과 商店人과 多産ᄒᆞᆫ 婦人에 運動不足으로 生ᄒᆞᆫ 陰陽俱虛症과 健忘症과 貧血症과 手足厥冷과 頭痛과 腰痛이 잇ᄂᆞᆫ 各病에 効가有ᄒᆞ고 雖ᄒᆞ病八이라도 此藥을 每日朝午食後三次에 一丸式 淸水呑下ᄒᆞ시면 身體가 強壯ᄒᆞ고 精神이 活潑ᄒᆞ고 飮食이 進ᄒᆞ고 百病을 預防ᄒᆞᄂᆞ니 諸般奇世妙藥이라 男女勿論ᄒᆞ고 五十歲以上으로 老年에 至ᄒᆞ얀 間ᄂᆞᆫ 貧窮으로 因ᄒᆞ야 虛弱ᄒᆞᆫ 者에 用ᄒᆞ야 一二期에 卽效ᄒᆞ고 養不良之致로 滿期에 經度가 不足ᄒᆞ야 閉塞ᄒᆞ거나 房事가 過度ᄒᆞ야 陰莖이 不起ᄒᆞ거나 始作ᄒᆞᄂᆞᆫ 精이 流出ᄒᆞ거나 夢泄이 時에 不治되ᄂᆞᆫ 男女間 病之症으로 當門이 驚ᄒᆞ야 久病人이 速히 蘇完되오니 一二期에 大効가 有ᄒᆞ기로 保證ᄒᆞ오

◉製造本舖 漢城鍾路萬國基督敎靑年會館前 慈惠藥房

●驅虫解毒丸 一日分定價金拾錢 此藥은 大人小兒長痛과 初期腹痛에 以差服用ᄒᆞ면 更不再發

●驅蛔虫丸 一日分定價金拾錢 此藥은 大人小兒蛔積과 蛔虫의 二三日服用ᄒᆞ면 蛔虫을 殺出ᄒᆞᄂᆞᆫ 妙藥

●四時感氣丸 一日分定價金拾錢 此藥은 感氣몸살의 ᄡᅳᄂᆞᆫ 藥인ᄃᆡ 一二日連服ᄒᆞ면 鎭痛解熱

●男女淋疾丸 七日分定價金一圜四拾錢 此藥은 男女淋疾勿論ᄒᆞ고 그근ᄒᆞ도 못약을 ᄡᅥ오 定價金五圜 此藥은 淋疾의 一期二期勿論ᄒᆞ고 獨逸國 淋疾丸七日分定價 速効가잇서 用藥之日로 殺菌止痛ᄒᆞ고 利尿止濃

●淸肺眼藥 一日分定價金拾錢 此藥은 火眼熱眼의 多有奇効

●鎭咳嗽藥 五日分定價金三拾錢 此藥은 拾五歲以上人에 用ᄒᆞ고

●藥인ᄃᆡ 四時常性咳嗽에 有効ᄒᆞ고 特히 老人哽咳에 偉効

●無恐臭疥瘡藥 定價金四拾錢 此藥은 疥瘡虫을 滅殺ᄒᆞᄂᆞᆫ 약

●寸虫藥 定價金三拾錢 此藥은 有鉤寸虫 無鉤寸虫이 잇ᄂᆞᆫ 殺出

●米國膏藥 定價金二拾五錢 此藥은 多發性膿疱 病에 奇効

●淸國上海膏藥 定價金卅錢 此약은 肩痛 脚腿腰酸痛에 神效

●斷酒藥 定價金三圜 此약은 西洋서도 信用ᄒᆞ고 日本서도 信用

●漢城百應膏 一封의 定價金拾錢 此약은 舊藥 醫士 李應 友氏方文으로 製ᄒᆞᆫ 약인ᄃᆡ 명을리샥히ᄂᆞᆫ 대 第一 靈効ᄒᆞ고 各種 腫에 去根合瘡ᄒᆞᄂᆞᆫ 便利고 神速ᄒᆞ오

●止足汗藥 二十分 定價金武拾錢 此藥은 德國軍人常用 除惡汗臭

●本人等이 淸衆院醫學員으로 米國大學醫院處方과 濟衆院處方으로 鑑査調製ᄒᆞ고 其他內外國間大奇効ᄒᆞ약品을 貿來ᄒᆞ야 英文日文德文에 用法廣告를 我國漢文으로 飜譯ᄒᆞ야 紙匣에도 入ᄒᆞ고 琉璃瓶에도 入ᄒᆞ고 洋鐵匣에도 入ᄒᆞ야 四隣國에 賣藥規則을 依ᄒᆞ야 全國內地各藥局에 都賣도 ᄒᆞ오니 同業兄弟께서 本藥房代理支店으로 有意ᄒᆞ시거든 편지ᄒᆞ시오

西藥便方 全 定價金壹圓

此冊은 漢城濟衆院藥方文을 我國漢文으로 아라보기쉽게 翻譯ᄒᆞᆫ 冊인ᄃᆡ 京鄕各藥局에 貨泉이 될만ᄒᆞᆫ 一代醉方冊이요

◉伊太利建國三傑傳 正價金三十錢

此書ᄂᆞᆫ 距今數十年前에 伊太利愛國者 瑪志尼、加里波的、加富爾三傑이 垂亡ᄒᆞᆫ 國勢를 挽回ᄒᆞ야 歐洲列強間에 鼎峙ᄒᆞᆫ 事實을 國漢文으로 譯出ᄒᆞ얏ᄂᆞᆫᄃᆡ 其艱難危險의 經歷과 瀝心灑血의 景況이 讀者의 哀情을 感發ᄒᆞᆯ만ᄒᆞ오며 其百折不屈의 意氣와 英九死靡變의 熱誠이 讀者의 愛國心을 激起ᄒᆞᆯ만ᄒᆞ오니 有志君子ᄂᆞᆫ 不可不座右에 置ᄒᆞ고 常目에 掛ᄒᆞᆯ 冊子오니 續續來購ᄒᆞ시옵

발賣所 皇城布屛下 廣學書舖

銅동 博文書館
仁川柸峴 開新冊肆
平壤鍾路 耶蘇敎冊사
義州南門外 廣學書館

瑞士建國誌 定價金 新貨拾五錢

此冊은 政治的小說이니 志士의 救國救民ᄒᆞᄂᆞᆫ 思想과 人民의 愛國性을 養成ᄒᆞᄂᆞᆫᄃᆡ 緊要ᄒᆞᆫ 冊子오

發賣所
▲大韓每日申報社
▲仁川港柸峴 開新冊肆
▲中署布屛門下 金相萬冊肆
▲平壤城內烈女洞 敎育書籍舖
▲鍾路 古今書海館
▲南口越便 中央書館
▲鍾路 大東書市
▲大廣橋 匯東書館
▲銅동 博文書舖
▲開城 姜助遐 冊사

▲定期大廉賣廣告▼

自十一月十五日 至十二月廿五日

獨習日語正則 鄭雲復氏著 特別減價一圜 郵稅 拾錢

此日語正則은 自天文地理로 至農商工業諸般學術及人事百般히 緊要ᄒᆞᆫ 語句를 網羅ᄒᆞ야 正確ᄒᆞᆫ 發音과 簡明ᄒᆞᆫ 翻譯으로 編纂ᄒᆞ야 獨習에 가장 便利ᄒᆞᆫ 故로 出版ᄒᆞᆫ지 未久에 千餘部를 出售ᄒᆞ옵고 再版의 期가 在邇ᄒᆞ온지라 이에 自本月十五日로 十二月二十五日ᄭᆞ지 定價一圜二十五錢에 二拾五錢을 減ᄒᆞ옵고 一圜에 出售ᄒᆞ와 一般學界의 便益을 裨補코ᄌᆞ ᄒᆞ옵ᄂᆞᆫ바 部數와 日字의 定限이 잇ᄉᆞ오니 江湖僉君子ᄂᆞᆫ 爭先購覽ᄒᆞ시옵

(十二月二十五日以後에ᄂᆞᆫ 定價外에 一分不減ᄒᆞᆷ)

京城中署布屛下三十七統六戶 廣學書舖 金相萬 告白

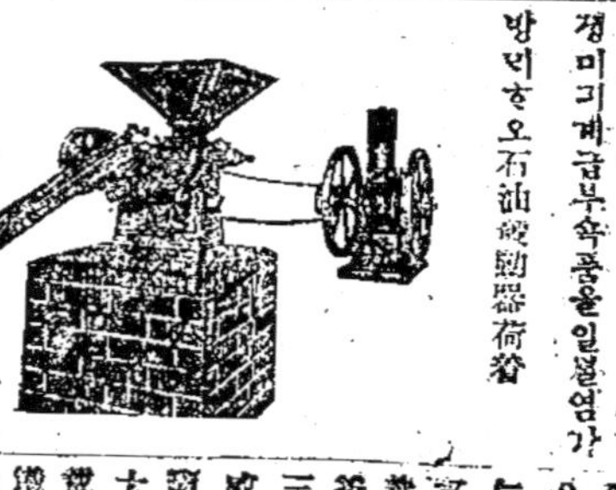

영미국정부전매특허 석유발동기급조행거 정미기계급부속품을일절염가방매ᄒᆞ오

石油發動器荷發

直輸入商 韓國代理店 仁川本町 中根商會 電話七參番

◉本社廣告

○申報價

一張代金	新貨二錢五
一個月前納	三十錢
三個月	九十錢
六個月	一圜七十錢
一個年	三圜四十錢
郵稅一張	新貨五厘
一個月	十二錢

○廣告料

每行活字三十五字語

每日每英尺一寸에 新貨三錢
(每日每行八錢新貨三十三錢)

二週日에 三圜五十錢

每日每行四錢新貨三十餘에 相當ᄒᆞᆷ

一個月에 五圜
(每日每行四錢一厘에 相當ᄒᆞᆷ)

廣告期限의 長短과 字行의 多寡를 依ᄒᆞ야 增減ᄒᆞᆷ이 有ᄒᆞᆷ

◉大韓每日申報各處支社廣告

中署布屛門下 金相萬
平壤上水口門內 金浩渭
仁川柸峴開新冊肆 崔叔伯
宜川邑廣冊肆 李東皓
義州西門外西 安 濬
釜山港佐川藥局 大源東
三和港築洞 徐興錫
咸興南州社西門外 金承碩
開城南大門內興學書舖 申周秋
大邱市廳 安助濬
鐵原邑濟衆院 崔一弘
鐵山邑東部 劉鄭濬
元山倉前 安 濟
海州南門內 劉七錫
定州南門內書舖 朴昌鎬
昌城郡校동 洪成일
郭山興岩 許 완
安岳細동坊成동 李寅權
德川舊津 康學善
安州城內義井洞 리鍾成
鐵原邑築洞 金顯濬
高原邑 趙鍾大
齊州城內一徒里客舍洞 朴致錫
井邑邑內 李弘錫
榮仁邑內 金昌鉉
興德後浦 金昌鎭
京畿安城邑市 金弘淳
長湍邑東門內 李達秀
殷栗邑倉洞里 崔錫淳
古阜邑許洞 金瑩植
群山港東彩社 殷弼鎬
龍川楊市會堂 宋炳萬
車輦館同志會內 黃敬煥
淸州東州내校洞 金明鉉
宋斗伍

發行兼編輯人 英國人 裵說

發行所 南署石井洞號外地三層洋屋家 大韓每日申報社

第五卷

大韓每日申報

八十四號

月曜及慶節 歲時日休刊

檀君開國四千二百四十年
箕子紀元三千二十九年
大韓開國五百十六年
日本明治四十年
淸國光緖三十三年
陰曆丁未十一月大初八日乙未

論說

○大隈伯爵의財政上談話

大隈伯爵이財政現形을關係ᄒᆞ야一新聞記者의게談話ᄒᆞᆷ이有ᄒᆞᆫ바其槪要가如左ᄒᆞ도다

現今財、困難의實因은其責任된官憲이國民의게一般財政의眞實情形을擧示ᄒᆞᆯ機會를失ᄒᆞᆫ에在ᄒᆞᆷ이라過去戰役之時에達規된增稅를人民이踏從ᄒᆞ엿스니如彼危難之機에ᄂᆞᆫ其意義가表明ᄒᆞ엿거니와至於平和之日ᄒᆞ야特格增稅를寬額ᄒᆞᆷ은失敗를欲免不得이로다

蓋其戰役이財貨를大損ᄒᆞ엿슬뿐不啻라有力原質의部分을消費的事業에引入ᄒᆞ야生産的勢力을減削ᄒᆞ엿스니現今은節儉害를救濟ᄒᆞᄂᆞᆫ時機라職務에外國의金額을多大히輸入ᄒᆞᆫ거시今日國民의基金을巨大히消耗ᄒᆞ야以此로財政恐慌이極度에達ᄒᆞ엿도다

當此之時ᄒᆞ야政府가國民의財貨를加速히發達ᄒᆞ기를必圖ᄒᆞ며人民은正直之道로引率ᄒᆞᆯ거시어ᄂᆞᆯ不此之爲ᄒᆞ고四億七千萬圓의公債證券을발行ᄒᆞ며且券償還의資金을起ᄒᆞ엿스니如此政策이時宜를失ᄒᆞ야國難을引起ᄒᆞᆷ과如ᄒᆞ도다若政府가熟思ᄒᆞᆫ七千萬或八千萬圓의事業을經營ᄒᆞ기에其能延期ᄒᆞ엿더면稅欵增加와債券발行을不有ᄒᆞ고도財政을整理ᄒᆞ기에豈其不能ᄒᆞ엿스리오行政事務를擬ᄒᆞᆫ이官人의多數를剏設ᄒᆞᆯ거슨自然ᄒᆞᆫ理勢나其結果에ᄂᆞᆫ多數被雇人의職務를引生ᄒᆞᆯ거시오特一可勸之旨은官人의權威를益加ᄒᆞ야所當職務를正直히成就ᄒᆞᄂᆞᆫ責任을擔負케ᄒᆞᆯ意見으로政務改良을實行ᄒᆞᆯ거시라俸給頗에幾乎一千五百萬圓의增加를政府가豈必難恨이리오若局課政治를撤廢ᄒᆞ엿스면行政改良의效力을得ᄒᆞ야國民財源의擴充之機를豫證ᄒᆞ엿슬거시어ᄂᆞᆯ財務大臣은議人의自然ᄒᆞᆫ增加만重要로認ᄒᆞ엿고經費의自然ᄒᆞᆫ增加ᄂᆞᆫ忘却ᄒᆞ엿도다

但一必要를作ᄒᆞᆯ거슨行政事務를統合ᄒᆞᄂᆞᆫ거시是也라國家處理의責任은國務大臣의게賦與ᄒᆞᆷ은憲法所載니武老大臣이行政上干涉을懇求ᄒᆞ면政府에서ᄂᆞᆫ國務를整理ᄒᆞᄂᆞᆫ自己所有權을放棄ᄒᆞᄂᆞᆫ거신줄노必思ᄒᆞ리로다

官報

第三千九百四十六號

隆熙元年十二月十一日

敍任及辭令

度支部稅務主事 金成執
奎章閣副提學 許 서
依願免本官
任奎章閣副提學 從二品 [illegible]建鎬
修學院敎官 嚴柱日
任東宮侍從 正三品 李康年
六品 金東錫
任侍從院醫員 厚陵令 柳樂麟
靖陵參奉 金在詰
任奎章院典醫補 厚陵參奉 洪德周
任厚陵令 申實均
任厚陵參奉 朴初陽
靖陵參奉

布達 續

卿 一人 勅任 院務를總理ᄒᆞ고職員을監督ᄒᆞᆷ
理事 一人 奏任
院務를掌理ᄒᆞᆷ
主事 專任 七人 判任
上官의指揮를承ᄒᆞ야庶務와 官殿雜務에從事ᄒᆞᆷ
電務技師 專任 一人 奏任
電務에關ᄒᆞᆫ事務를掌ᄒᆞᆷ
電務技手 專任 六人 判任
上官의指揮를承ᄒᆞ야電務에關ᄒᆞᆫ事務에從事ᄒᆞᆷ

第三十一條 帝室會計監査院에左갓치職員을置ᄒᆞ니帝室財産에關ᄒᆞᆫ計算을檢査確定ᄒᆞ며帝室會計를監査ᄒᆞᆷ
卿 一人 勅任 院務를總理ᄒᆞ고職員을監督ᄒᆞᆷ
理事 一人 奏任 監査官
兼任 院務를掌理ᄒᆞᆷ
監査官 專任 二人 奏任
監査事務를掌ᄒᆞᆷ
主事 專任 六人 判任
上官의指揮를承ᄒᆞ야庶務에從事ᄒᆞᆷ

第三十二條 宗親家에左갓치職員을置ᄒᆞᆷ
總辦 勅任 宮內府勅任官
兼任 親王家에各一人을置ᄒᆞ니總務ᄒᆞᄂᆞᆫ責任을任ᄒᆞ고家務를總理ᄒᆞᆷ
賛尉 奏任 宮內府奏임官
兼任 親王家와其他皇族家에各一人을置ᄒᆞ니家務를掌理ᄒᆞᆷ

附則

第三十三條 本官制ᄂᆞᆫ隆熙元年十二月一日로부터施行ᄒᆞᆷ
隆熙元年八月十一日布達第百五十八號ᄂᆞᆫ本官制施行日부터廢止ᄒᆞᆷ

帝室財産整理局官制를左갓치定ᄒᆞᆷ

隆熙元年十一月二十七日奉
勅 宮內府大臣勳一等李允用

布達第一百六十二號

帝室財産整理局官制

第一條 帝室財産整理局은宮內府大臣의管理에屬ᄒᆞ니帝室所有動産과不動産의整理維持及經營에關ᄒᆞᆫ一切事務를掌ᄒᆞᆷ

第二條 帝室財産整理局에左갓치職員을置ᄒᆞᆷ
長官 一人 勅任
次長 一人 勅任
事務官 專任 二人 奏任
技師 專任 一人 奏任
主事 專任 十一人 判任
技手 專任 三人 判任

第三條 長官은局務를總理ᄒᆞ고部下官吏를監督ᄒᆞᆷ 未完

外報

●政府攻擊 伯林電을據ᄒᆞᆫ則德國의陸軍請願事件處理方法에對ᄒᆞ야國民黨이政府를攻擊ᄒᆞᆷ은其結果가容易치못ᄒᆞᆫ緣由로政派社會에紛議를惹起ᄒᆞᆫ지라宰相뷰로公은國會를停會ᄒᆞ고多數黨派의各首領의게對ᄒᆞ야言ᄒᆞ되爲若再次如斯히政府를攻擊ᄒᆞᆯ時ᄂᆞᆫ法從로處理ᄒᆞᆯ터이라ᄒᆞ엿더라

●間島問題交涉 東京電을據ᄒᆞᆫ則間島問題에關ᄒᆞ야交涉이早晩間될터이나淸日兩國政府에서決定ᄒᆞᆯ것이第一問題ᄂᆞᆫ天寶山金礦問題라더라

●軍艦新造 伯林電을據ᄒᆞᆫ則俄國政府에서二萬噸式의ᄂᆞᆫ新式戰鬪艦二隻을建造ᄒᆞ기爲ᄒᆞ야四十萬磅의金額을同國우이가쓰造船會社에交送ᄒᆞ얏ᄂᆞᆫ데不日內로着手ᄒᆞᆫ다더라

●紛議因生 奉天電을據ᄒᆞᆫ則吉林省人士中에間島問題에就ᄒᆞ야紛議를起ᄒᆞᆷ과浙江鐵道問題가議中으로부터生ᄒᆞ야日人의行動이非常ᄒᆞᆷ으로日本商人에對ᄒᆞ야商盟을拒絶ᄒᆞ기로奉天全府에檄文을飛傳ᄒᆞᆫ다더라

●懇邀歡迎 伯林電을據ᄒᆞᆫ則米國陸軍郞라푸르氏ᄂᆞᆫ伯林市에到着ᄒᆞ야懇厚ᄒᆞᆫ歡迎을受ᄒᆞ고駐在米國大使館에留寓ᄒᆞᆫ다더라

●又々暴風 日本小樽港通信을據ᄒᆞᆫ則去六日夜에暴風이大吹ᄒᆞ야商船二十餘隻이破碎ᄒᆞ고同海岸의家屋이多數히倒沒ᄒᆞ고또鐵道도破壞되야運轉가不通ᄒᆞ다더라

●米墨通信 紐育電을據ᄒᆞᆫ則日本政府ᄂᆞᆫ目下移民數를制限ᄒᆞ기爲ᄒᆞ야移民問題의條約締結에希望이有ᄒᆞᆫ旨로駐日美國大使館에通告ᄒᆞ얏다더라

●通牒交涉 紐育電을據ᄒᆞᆫ則美國國務卿루-트氏ᄂᆞᆫ駐日大使의게移民問題에關ᄒᆞᆫ通牒을送ᄒᆞ얏다더라

●契約變換說 東京電을據ᄒᆞᆫ則俄國外務省及農商務省에서俄日通商條約及漁業條約締結ᄒᆞᆫ際에俄國全權委員은日本會議委員의게對ᄒᆞ야一千九百四年五月拾四日黑龍江沿岸을開放ᄒᆞ고漁民輸入許可를變換ᄒᆞᆫ旨로契約ᄒᆞ고日本은俄國의物品輸入에對ᄒᆞ야輸入稅의減額을契約ᄒᆞᆫ다ᄂᆞᆫ風說이有ᄒᆞ다더라

雜報

●是何經界 慶北來人의傳說을據ᄒᆞᆫ즉前慈仁郡守金遇鼎씨가大邱郡守在任時에日人西金七郞의게十餘萬金을被奪ᄒᆞᆫ事로鄭鳳鎭氏로立保ᄒᆞ고貸用而過限不報故로今春에日人與鄭氏가來督金시則氏가自已妻族林盛鎬씨出文一千七百四十圓於音一張과自已出文六百元於音一張을出給ᄒᆞ엿더니其後에韓乞故로依請施之러니金씨則自己出給氏ᄂᆞᆫ逃避ᄒᆞ고金시則自已出給을退限八月而又不報給이라가九月望間에氏가亦爲隱避ᄒᆞ야竟未現形故로鄭시가人見金시ᄒᆞ야節次下去라가因他所關ᄒᆞ야道爲上京之際에往見金시家則金氏가初不對面ᄒᆞ고尋事藏跡이러니竟致身故라當此難堪ᄒᆞ야鄭不開口而歸家나遺腹主의未曾과金韓兩氏의게見欺ᄒᆞᆫ一口難說인더不意之間에서入給官가受囚於獄ᄒᆞ야雜其子喪而生隨日身死勿論인則自己子之母音을사ᄒᆞᆫ之於會金出給則已이니와不然則斷當期死於鄕家ᄒᆞ고惟時顚倒ᄒᆞ며或欲結項故로該家困境은不可形言而以其子之於音之라도惟待監시之措處니以死爲시之於音當期死欲推ᄒᆞᆫ니知許役鄕週之生隨之初見之事라더라

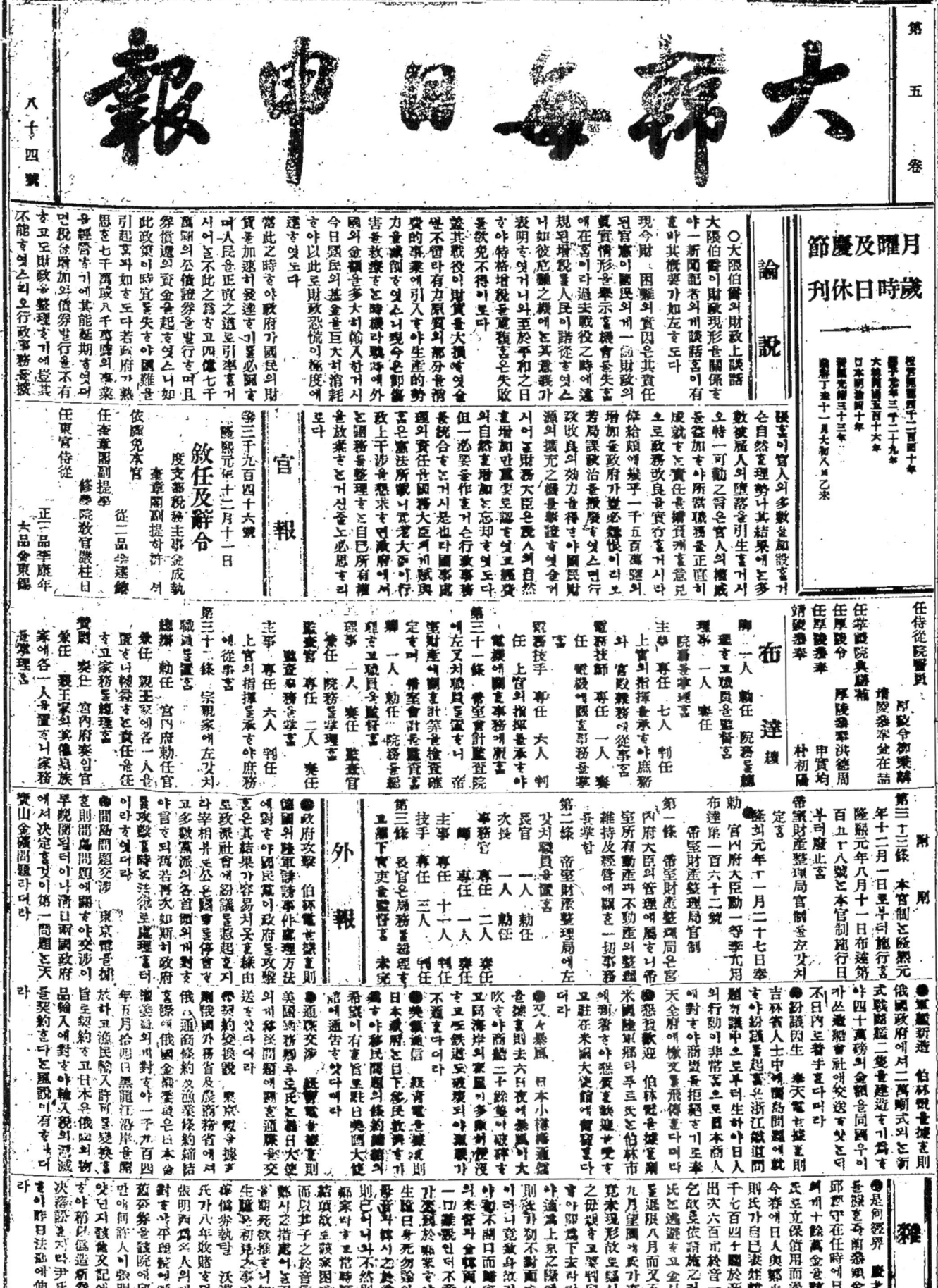

●僞券執탈 沃溝郡居尹德信氏가八年欺賭ᄒᆞ던資本土을不勝張明西爲名人의게勒奪ᄒᆞᆫ事에對ᄒᆞ야平理院에呼訴ᄒᆞ얏ᄂᆞᆫ데僞券을該院에納證ᄒᆞᆫ자一朔만에何許人이張明西와符同ᄒᆞ야ᄒᆞ엿던지該舊文記에新墨을塗抹ᄒᆞ야稱以僞造新券이라ᄒᆞ고判決落訟ᄒᆞᆫ지라尹氏가不勝抑冤ᄒᆞ야昨日法部에伸訴ᄒᆞ얏다더라

雜報

●進明設宴 再昨日은 皇貴妃殿下의誕辰인故로進明女學校에서慶祝宴을設施ᄒᆞ얏ᄂᆞᆫ대養閨義塾女學徒들도來參同祝하얏다더라

●以待後奏 今番郡守奏本에一進會員中可堪人으로一十餘名을薦拓宋秉畯氏가勸告ᄒᆞ얏ᄂᆞᆫ데此奏本에ᄂᆞᆫ一不敍任ᄒᆞ고最後奏本에義擾가太甚ᄒᆞᆫ地方으로敍任下送ᄒᆞ기로決定ᄒᆞ얏다ᄂᆞᆫ說이有ᄒᆞ더라

●問安發程 前侍從朴容淑氏가 皇太子殿下ᄭᅴ問安使로再昨日에日本으로發程ᄒᆞ얏다더라

●尙宮渡日 皇太子殿下保姆尙宮이 皇太子留學ᄒᆞ실동안의陪從ᄒᆞ기爲ᄒᆞ야昨日渡航ᄒᆞ랴다가洋服未備ᄒᆞ야姑未出발ᄒᆞ얏ᄂᆞᆫ데日間渡航ᄒᆞᆫ다더라

●領官被罷 軍隊解散中領官以上八十餘名을公罷으로今番奏本에入參ᄒᆞ얏다더라

●郡奏連續 內部에서郡守奏本을修正ᄒᆞᆫ內容을漏聞ᄒᆞᆫ즉現窠가八十餘窠인대爲先三十二窠를修正ᄒᆞ얏스되日後合郡時位置가鞏固ᄒᆞᆫ郡과義擾가無ᄒᆞᆫ郡으로擇差ᄒᆞ얏고또拾五窠를繼續奏本ᄒᆞᆫ다더라

●孤兒祗送 向日 皇太子殿下ᄭᅴ옵셔留學日本次로東渡ᄒᆞ실際에各학校學徒가一齊祗送ᄒᆞᄂᆞᆫ데孤兒院學徒ᄂᆞᆫ仁港埠頭ᄭᆞ지出往ᄒᆞ야祗送ᄒᆞ고天良的忠心所발로東望海天ᄒᆞ고流涕而返ᄒᆞ얏다더라

●日語酬勞 警視廳에셔一般擔任巡檢中에日語를能解ᄒᆞᄂᆞᆫ者를乙丙丁三等으로試取ᄒᆞ야每朔俸給外에二圓以上四圓以下로酬勞金을今朔爲始ᄒᆞ야支給ᄒᆞᆫ다더라

●山守再辭 淸郡守李은鎔氏가辭免次로內部에請願ᄒᆞ얏더니該部에서請願書를작還ᄒᆞᆫ지라該氏가再昨日再次請願ᄒᆞ얏다더라

●賢哉婦人 昨冬에海蔘威에遊覽ᄒᆞ고出來ᄒᆞᆫ吳訥氏의所言을據ᄒᆞᆫ즉該地에居ᄒᆞᄂᆞᆫ黃鳳翽의母某씨ᄂᆞᆫ時務에有志ᄒᆞ야韓國各新聞도購覽ᄒᆞ고日本에留學ᄒᆞᄂᆞᆫ劉睦氏의旅費도不少히補助ᄒᆞ고城津端川兩郡學校에도夥多히義捐ᄒᆞ얏다ᄒᆞ니聞甚嘉尙ᄒᆞᆫ것이全國內二千萬同胞가皆如黃氏의母면敎育擴張ᄒᆞ야民智발達이不大不爲難이라고輿談이藉々ᄒᆞ더라

●靑館幻燈 靑年會館에서今夕七点鐘에幻燈會를開催ᄒᆞ고泰西의美麗ᄒᆞᆫ景槪와著名ᄒᆞᆫ人物을幻燈ᄒᆞ며該會學監具禮九씨가同時에說明ᄒᆞᆫ다더라

●演戲認許 西署夜照峴所在官人俱樂部를警視廳에서演戲場으로認許ᄒᆞ얏다더라

●燒戶蠲布 和順郡邑內面新基村張召史家에서失火ᄒᆞ야鄰家金應化處淸用家合三戶가全燒되얏스니特爲下恤ᄒᆞ야戶布를蠲減케ᄒᆞ라ᄂᆞᆫ該郡守의報告를因ᄒᆞ야觀察道에셔內部로報告ᄒᆞ얏다더라

●寧倅押付 平北觀察使가內部訓令을因ᄒᆞ야寧邊郡守南俊元의貪贓件을洞査ᄒᆞᆫ則贓跡이分明ᄒᆞᆫ故로裁判所로押付ᄒᆞ얏다더라

●雉卵俱食 吉永洙氏가年前에善山居金議官潛容氏를誘引ᄒᆞ야尙州郡守를圖得ᄒᆞ마ᄒᆞ고金씨의田庄을典執ᄒᆞᆫ後尙州郡守를自己가爲之ᄒᆞᆫ지라金氏ᄂᆞᆫ因此善山郡公錢을挪用ᄒᆞ고充納無路ᄒᆞ야因爲逃躱ᄒᆞᆫ後其子金觀崑氏가痛憤其父之見欺被陷ᄒᆞ야度支部와法部에呼訴ᄒᆞ야該田庄을買渡ᄒᆞ고本郡守의證明書々지有ᄒᆞᆫ대其報에金觀崑씨를書記라稱ᄒᆞ고該士를再貿라ᄒᆞ고證明書를輕先繕給이라ᄒᆞ얏스니吉永洙氏가郡守를自爲之ᄒᆞ고田庄을永奪ᄒᆞᆯ計로各新聞에眩幻欺罔ᄒᆞᆷ이라더라

●能言鸚鵡 東亞興進敎育會에셔韓致愈씨로總務를推定ᄒᆞ얏더니該氏가每日所事ᄂᆞᆫ同志數三人으로會中에서促膝附耳ᄒᆞ고綢繆密議ᄂᆞᆫ神鬼莫測이오對衆論事에容易히大談ᄒᆞ고擔當ᄒᆞ나及其履行內에ᄂᆞᆫ實狀은全沒ᄒᆞ고虛言을不免하니該氏의多年外國遊覽에所長이言辯뿐이라고該會諸員의批評이大端ᄒᆞ다더라

●橫被侵辱 海州來信을據ᄒᆞᆫ則自衛團을組織ᄒᆞᄂᆞᆫ대無論某人이던지自京下鄕者가有ᄒᆞ면義兵과干連이有ᄒᆞ다ᄒᆞ야侵辱이無所不至라더라

●警官出張 昨日下午七時頃에暴徒等이廣津附近大聖菴에來襲ᄒᆞᆫ다ᄒᆞᆷ으로警務局署에서警部一人巡査巡檢數十名이該地로出張ᄒᆞ얏다더라

●一移一修 公州郡取扱所를他處로移設ᄒᆞ고前取扱所에ᄂᆞᆫ一進支會部를設始ᄒᆞ고一新修理ᄒᆞᆫ다더라

●放囚數爻 今番赦典에罪囚放釋成冊을法部로報ᄒᆞ얏ᄂᆞᆫ대全南裁判所에五十名이라더라

●辯護認許 前平理院判事李容相시가辯護請認ᄒᆞᆫ다ᄂᆞᆫ說을已揭어니와該씨가昨日에法部로辯護認可를請願ᄒᆞ얏더라

●旅費支給 地方公立각학校職員中時擾를因ᄒᆞ여避亂ᄒᆞᆫ人員은別紙로旅費을학部에請求ᄒᆞ면該部에셔避亂旅費規程을依ᄒᆞ여支撥ᄒᆞ기로ᄒᆞᆫ다더라

●賊等流配 全南裁判所에셔法部質稟ᄒᆞ되被告鄭泰賢金道昌崔士삼朴來必朴乃弘李成五梁七玉高太化金起俠金順道李百仲金良祿李甫玄金良五吳文弘金永敏表成涉金茫淑朴在寶等을以政ᄒᆞ를變ᄒᆞ기爲ᄒᆞ야亂을作ᄒᆞᆫ者律에各減二等ᄒᆞ여流五年에宣告라하더라

●賊漢被捉 再昨日下午에社동昌山君리海昌시家에賊漢四名이突入ᄒᆞ얏ᄂᆞᆫ데警視廳別巡檢이捉去ᄒᆞ얏다더라

●南方賊警 忠南各郡에近來賊警이無處無ᄒᆞᆫ니惟獨鎭岑連山等地에尤甚ᄒᆞ야如干稍饒ᄒᆞᆫ人은擧皆移去後에勿論有無ᄒᆞ고面徵里徵으로幾千兩式在討索하ᄂᆞᆫ故로該地居民이破產接屑ᄒᆞ야莫接無路라더라

●燒戶查報 淸州郡에義兵이발生ᄒᆞᆫ以來로該郡各面에被燒ᄒᆞᆫ家屋及人命致死ᄒᆞᆫ거슬調査ᄒᆞ야內部로報來ᄒᆞ얏ᄂᆞᆫ대民家被燒가四拾六戶오被害者가十一人이오淸川面華陽동所在煥章寺九座六十六間이被燒ᄒᆞ얏다더라

●捉義受賞 中署總巡宋修用氏ᄂᆞᆫ倡義士김鳳基를捉得ᄒᆞᆫ事로賞與金五圓을支給ᄒᆞ고擬任朴正純巡檢張順甚宋學默鄭仁源等은金鳳基捉得時에助力ᄒᆞᆫ故로각二圓式支給ᄒᆞ얏다더라

●漢裁明決 前判事趙鼎九氏가去甲辰年에審囑忠州官ᄒᆞ야無土文券을圖出量案하야使其子南升氏로欺賣於安永重씨러니及其看秋次下去則專是虛無라安씨가往責欺賣ᄒᆞ고還索價錢ᄒᆞᆫ則延拖四年에終不辦報故로安씨가漢裁에呈訴ᄒᆞ야趙氏所有洪州畓을判決執行이러니鼎九씨가以子訟에執行父畓이章程所無라ᄒᆞ야認訴沮戲故로安氏가更與鼎九로質判則趙氏父子가前後同謀ᄒᆞ야欺人騙財가明確無疑라父子同謀律로趙씨의洪州田土를依前執行判決ᄒᆞ니漢裁의公正ᄒᆞᆷ은世皆稱頌ᄒᆞᆫ다더라

●竊량被捉 北署桂洞李三同家挾戶居馬聖元이가其隣家에潛入ᄒᆞ야大량木一株를竊取以去라가警務北署에被捉ᄒᆞ얏다더라

●定民始甦 定州郡牧補士加稅事로該地人民의不穩ᄒᆞᆫ狀況은已爲揭載어니와更聞ᄒᆞᆫ즉該兩士作人幾千石이一齊聚集ᄒᆞ야呼寃이狼藉ᄒᆞᄆᆡ本郡守與日憲兵巡査가偕往其處ᄒᆞ야諭以依前捧稅之意ᄒᆞᆫ故로人民은各歸其家ᄒᆞ고收稅派員은卽爲撤歸ᄒᆞ얏다더라

●金氏白放 前承旨金福漢씨가公州日憲兵站所에被捉ᄒᆞᆫ事ᄂᆞᆫ前報에揭載ᄒᆞ얏거니와日前에無事放免ᄒᆞ얏다더라

●假家失火 再昨日下午三時頃에宗正府後門前雜貨假家에서失火ᄒᆞ야四五間草家가沒燒ᄒᆞ얏다더라

●奇哉此童 殷山郡文昌학校生徒劉景雲이年纔十三에育於祖母膝下ᄒᆞ야未嘗受嚴訓이로되近日에其祖母가訪問可婚處러니景雲이가正色告祖母ᄒᆞ되拾七歲以前은誓不娶室이라ᄒᆞ고又叱孫媒妁ᄒᆞ니本校敎師欲知其趣旨之如何ᄒᆞ야招而問之ᄒᆞᆫ디此兒가唐突出立하야揚聲說明曰我 大皇帝陛下ᄭᅴ오서早婚을禁止ᄒᆞ라신 詔勅이旣下ᄒᆞ여시날爲其赤子ᄒᆞ야如有冒犯則是逆賊의罪를難逃ᄒᆞᆯ지요又氣血未壯에早知內外지情則受학進就上에一大妨害가不尠ᄒᆞᆯ지요兼且稚陰稚陽에有孕生子則難免未完之病物ᄒᆞᆯ거시요且衛生上損害가無窮ᄒᆞᆯ거시니誤人一生이孰甚於此리요前日拒婚ᄒᆞᆫ根이如此ᄒᆞ니이다於是에滿座一贊ᄒᆞ엿다고該郡에서寄函稱道ᄒᆞ엿더라

▲地方消息▼

▲去三日夜金浦郡林村面장川里居ᄒᆞᄂᆞᆫ尹用求處에義兵將의使者라稱ᄒᆞ고檄文을持來ᄒᆞ야主人을誘勸하얏고또去四日邑內民家二處에檄文을貼付ᄒᆞ얏다ᄒᆞ고

▲利川郡郵便所長復舊ᄒᆞ야視務ᄒᆞ다가去九日에義兵의襲擊을受ᄒᆞ야郵便文簿와其他物品을多數히失ᄒᆞ얏다ᄒᆞ고

▲去三日林川邑附近村里에義兵七拾餘名이侵入하야徒黨을募集ᄒᆞ며軍機及軍糧을收取ᄒᆞᆫ다하고

▲提川郡장谷里에서義兵若干과日守備隊와交戰ᄒᆞ다가敗走ᄒᆞ엿다ᄒᆞ고

▲二日呂州郡北面住殿洞에서義兵三百名과日討伐隊로交戰ᄒᆞ다가橫城方面으로退陣ᄒᆞ얏다ᄒᆞ고

▲九日발北靑來電을據ᄒᆞᆫ則德永日巡査戶縣가발見ᄒᆞ얏ᄂᆞᆫ대中丸處가有ᄒᆞ다ᄒᆞ고

▲六日廣州郡欲校洞에義兵五拾名이襲來ᄒᆞ여一進會員에家屋을燒却ᄒᆞᆫ다揚言ᄒᆞᆫ다ᄂᆞᆫ報를日巡査가聞知ᄒᆞ고即爲跟追ᄒᆞ얏다ᄒᆞ고

▲八日金井里에義兵三拾名이侵入ᄒᆞ얏다ᄂᆞᆫ報를日隊에서接ᄒᆞ고當日에出張하여二十分을交戰ᄒᆞ얏ᄂᆞᆫ대義兵은信安方面으로退却ᄒᆞ얏다더라

東京電報

●北海島暴風雪 十日午後발 北海嶋에ᄂᆞᆫ暴風雪이有ᄒᆞ여潰家가二百戶오壓死者三拾名이라더라

● 十日午後발 職工에妻를通姦ᄒᆞᆫ海軍中將은伊東義五郞시ᄂᆞᆫ本職을免ᄒᆞ고待命中이라더라

▲臨風一嘯▼

▲淸國吉林省人士가間島問題에就ᄒᆞ여日本人에行動이非常ᄒᆞᆷ으로奉天公府에檄文을飛傳ᄒᆞ고日人에商品貿買를拒絕ᄒᆞᆫ다니二百年前에美國人民은獨立精神으로英國物品을排斥ᄒᆞ더니今日淸國人은疆土保全ᄒᆞᆯ精神으로日本物品을拒絕ᄒᆞ니商業競爭이大砲競爭보다더욱劇烈ᄒᆞᆯ거시로고

▲內政府某々官은紙幣百萬元을出入起居之際에身邊恒帶ᄒᆞ고現內閣某大官은幣五萬元을不離於身이라ᄒᆞ니其謀身之計가巧則巧矣나古人曰匹夫無罪에懷璧이罪라ᄒᆞ엿스니豈不可愼乎아

▲今番郡守奏本에一進會에서二十餘人을敍任ᄒᆞ라고薦望ᄒᆞ얏다니該會에서强力郡守를出脚ᄒᆞᄂᆞᆫ잘이도知ᄒᆞ고番番報ᄒᆞᄂᆞᆫ지

▲京城日報에自衛團의失策을論駁ᄒᆞ엿스니該報ᄂᆞᆫ統監府에機關新聞인則自衛團의失策은日人側에서도不可ᄒᆞᆫ줄노認ᄒᆞ이아인가

▲南北村에徐之朴之李之ᄒᆞᄂᆞᆫ碩尙大官들이法大臣廳시絡術中에在하야或全身이已墜者도有ᄒᆞ고或ᄒᆞᆫ발이들낫ᄂᆞᆫ者도有ᄒᆞ고或은一足이已入에一足이未入者도有ᄒᆞ니涉氷疑狐에양금조침ᄒᆞᄂᆞᆫ態度가亦豈可觀이로고

雜報

◎人物濫買 仁川港淸商德興號ᄂᆞᆫ著名ᄒᆞᆫ富商인ᄃᆡ物貨만賣買ᄒᆞᄂᆞᆫ줄로知ᄒᆞ엿더니該港花島居柳召史에九歲女兒를義父林尙五의게紙貨八拾五圜에買得藏置ᄒᆞ얏다가事가綻露되여淸國巡捕廳에交涉中이라더라

◎仁撫慈善 仁川港巡金允晶氏가警察上에公正ᄒᆞ고外國人과該港人民과相持ᄒᆞᄂᆞᆫ事가有ᄒᆞ면一從經辯ᄒᆞ야强梗히交涉ᄒᆞᆯ뿐더러該署罪囚의飢寒을矜憐ᄒᆞ야自己가五百圜을辦出ᄒᆞ야踏春三치을新備ᄒᆞ야利益綵로罪囚의衣袴를備給ᄒᆞ더니今番赦典의罪囚放釋剩餘條二百圜을預備ᄒᆞ야一一히出給ᄒᆞ미罪囚四拾九名이日終身改過ᄒᆞ기로含淚鳴謝ᄒᆞ엿다더라

◎云無是事 去金曜日本報雜報欄內에梨峴新興學校長朴承稷氏의托以貧債賣校코ᄌᆞ혼다ᄂᆞᆫ事와出捐諸氏가該薄를調査ᄒᆞ기로決議ᄒᆞ얏다ᄂᆞᆫ事ᄂᆞᆫ初無是事라고辨明ᄒᆞ더라

廣告

本校開學日子를陰十一月二十日以內로定ᄒᆞ엿ᄉᆞ오니願學ᄒᆞᄂᆞᆫ 僉彦은來臨ᄒᆞ심을爲要

平北定州五山學校 告白

特別廣告

本社에서名帖印刷等을另設ᄒᆞ고各樣活字와別紙本이俱備ᄒᆞ오며印刷가精美ᄒᆞ고價値도極廉ᄒᆞ오되特別히學員과夫人의게ᄂᆞᆫ一層低廉ᄒᆞ오니 僉位ᄂᆞᆫ來臨ᄒᆞ시와隨意請求홈

大韓每日申報社 告白

白樂炳의換字를改以白樂斌으로ᄒᆞ오니知舊照亮홈

水原人白樂斌 告白

松都居金雲卿이가上京ᄒᆞᄂᆞᆫ路에義兵四十名을遇ᄒᆞ야錢四拾三圜을見奪ᄒᆞᆫ지라박禎燮氏를逢ᄒᆞ야見奪事를說明ᄒᆞᆫ즉朴氏가曰吾當覓給ᄒᆞ마ᄒᆞ고獨往義兵處ᄒᆞ야奪錢一揮에九名이殺害ᄒᆞ미義兵이無數放銃ᄒᆞ되飛丸이不犯이라該錢을推給ᄒᆞ기感謝ᄒᆞᆷ을表ᄒᆞ야玆廣告홈

金顯卿 告白

韓國皇太子殿下께옵서日本에遊學ᄒᆞ심은진실로千載의盛擧오韓國의文明이急速히進步ᄒᆞᆯ지니韓國을爲ᄒᆞ야慶賀ᄒᆞᆯ바이요明年一月一日은韓國大皇帝陛下의即位ᄒᆞ신後第一新年이니韓國을紀念ᄒᆞᆯ만ᄒᆞᆫ大慶節이로다本社ᄂᆞᆫ如此大慶節을際ᄒᆞ야祝意를表ᄒᆞ기爲ᄒᆞ야左開ᄒᆞᆫ方法으로(蜂巢)와空匣을換給코져ᄒᆞ오니大方僉彦은微意를贊助ᄒᆞ심을望홈

一 日本政府製造ᄒᆞᆫ(蜂巢)의空匣拾箇를持來ᄒᆞ시면敷島一匣을進呈홈

一 交換ᄒᆞᄂᆞᆫ處ᄂᆞᆫ京城仁川及附近小賣店에서行홈

一 交換時期ᄂᆞᆫ陽曆本年十二月十五日(陰十一月十一日)부터明年一月三十一日(陰十二月二十七日)지로定홈

東亞烟草會社 白

北署安國坊安洞契第十二統五戶草家四間半舊文券中間燒火故玆以仰告하오니內外國人知悉홈

趙用舜 告白

本人의祖父山所가在於松都帝釋山北麓而伯父가至誠侍墓世稱孝異之矣이러니千萬匪意의交河聚谷居崔德信이가與其族成玉으로符同謀計ᄒᆞ야誘引本人之姪高德順ᄒᆞ야本人의祖父與伯父山所以錢推掘ᄒᆞ엿스니德順之年幼失性自速滅亡은不足掛論이어니와崔哥ᄂᆞᆫ熟知親孫兄弟가在於一舍之地이되或有事泄則不中奸計릿가ᄒᆞ여唆利於不肖一個孫ᄒᆞ야竊人白骨至於三位ᄒᆞ니彼之行詭得計가若是殘忍乎本人이驟聞此奇ᄒᆞ고罔夜下去痛哭省審ᄒᆞ니哀冤挺胷血淚莫掩이라設或傳來位土라도無故暗賣則懲法ᄒᆞ正커든况安享幽宅에遂塚旋掘ᄒᆞ야以雪祖先之恥가當其分인바第當以法從事라가未報血讎면將欲私掘次로泣血告白홈

高陽中面瓦洞 高濟益 高濟元兄弟 廣告

大抵他邦게入口貨만用ᄒᆞᄂᆞᆫ國이貧弱홈은現世界通義어ᄂᆞᆯ今我國은日用事物을無論巨細ᄒᆞ고外國을依賴ᄒᆞ니곳捲烟一物로言ᄒᆞ야도絶好ᄒᆞᆫ本土所產은捨ᄒᆞ고價高ᄒᆞᆫ外國品을購用ᄒᆞᄂᆞᆫ지라此事를歎惜ᄒᆞᆫ지多年에造烟法을學得ᄒᆞ고谷山草中極上品을選精ᄒᆞ야起工造就ᄒᆞ고名ᄒᆞ여曰谷香이라ᄒᆞ니其產地를聲明홈이오現今製成ᄒᆞᆫ者ㅣ數千方枚에氣味가醇濃ᄒᆞ고瑞烟이芬馥ᄒᆞ야飯後酒酣에消興을益助ᄒᆞ녀곳西烟을淡泊ᄒᆞ리로다價格이廉ᄒᆞ니淸儉世家와寒士窮儒라도經濟上에浪費ᄒᆞᄂᆞᆫ弊가少ᄒᆞᆯ지라然則本社에利益은無ᄒᆞ나大法意ᄒᆞᆷ은此業을經過ᄒᆞᆯ뿐인故로幾年間損害ᄂᆞᆫ不顧하오니 僉君子ᄂᆞᆫ照諒購買ᄒᆞ심을望홈

漢城谷香合資會社 告白

興居都近浩氏ᄂᆞᆫ素是有志紳士라農會를設ᄒᆞ야農業을改良ᄒᆞ고又自家에夜學校를設ᄒᆞ야一般農民의知識을開發ᄒᆞ며新聞을說明ᄒᆞ야我國과外國形便을知케ᄒᆞ고又聰俊靑年을教育ᄒᆞ기爲ᄒᆞ야法律專門學校를設起ᄒᆞ얏고또咸南各郡私立學校에學徒優等生을特別히褒賞ᄒᆞᄂᆞᆫ故로學徒에進就홈이比前日新홈

金基容 告白

▲一 本會社名稱 本會社名稱은爲子孫營業會社라홈

▲二 本會社主義와綱領 主義ᄂᆞᆫ子孫의營業을爲홈이오綱領은有無相資와商販旺達과製造由進也와家國致富此四件

▲三 本社組織

一 本會社ᄂᆞᆫ原社員과贊成員으로組織홈

二 原社員은勿論內外國人男女老少尊卑貴賤ᄒᆞ고股金預備ᄒᆞᆫ人員으로作定홈

三 贊成員은勿論內外國人男女老少尊卑貴賤ᄒᆞ고本社主義와綱領을贊成코져ᄒᆞ야義捐ᄒᆞᄂᆞᆫ이로作定홈

▲四 本社規則

一 原社員의股金은一株股金을拾兩으로定ᄒᆞ되一股로붓터百股로定홈

二 贊成員의義捐金은多少不拘홈

三 股金을聚合홀時에ᄂᆞᆫ本社臨時章程과臨時任員의身章을撩ᄒᆞ야領收證을完ᄒᆞ고補給홈

四 股金을聚合된本日브터三十年爲限ᄒᆞ고每年每兩頭二里例計和ᄒᆞ되一年에一次式股主의게領收證을改繕홈

五 股金은一回브터六十回ᄭᆞ지加添을許定홈

六 股主가若有不然之端ᄒᆞ야限內自退하라면本股金으로出給ᄒᆞ기로作定홈

七 股主의股金은二里例로出利ᄒᆞ되本社에서殖利ᄒᆞ라ᄂᆞᆫ것슨隨時改定ᄒᆞ고經費와利益은四綱領에需用ᄒᆞ기로作定홈

八 本會社ᄂᆞᆫ股金聚合된日부터水陸物交通容易處로設置홈

九 本社營業은主義와綱領에期於到達케ᄒᆞ되或貿賤賣貴ᄒᆞ며或與執放債하되動產不動產을勿論ᄒᆞ고物品이完實하고賣買가容易ᄒᆞᆫ것ᄉᆞ로執行홈

十 本社諸般事務ᄂᆞᆫ股衆와擧手多少로可否를決取홈

十一 財政은財務의게任ᄒᆞ되可堪之人으로公薦홈

十二 財務와各任員의게ᄂᆞᆫ隨事務ᄒᆞ야相當ᄒᆞᆫ月給을定ᄒᆞ되若有不義之端이면本社中에서齊聲論正ᄒᆞ고如有律程上葛藤이면付之法司홈

十三 諸般任員은臨時隨事ᄒᆞ야特別開會이되但常通會ᄂᆞᆫ一年에兩次式開會ᄒᆞ고會期ᄂᆞᆫ陰曆三月十五日과九月十五日로作定홈

▲五 本社任員

一 社長一人副社長一人書記三人總務一人財務三人會計一人勸察二拾人으로定ᄒᆞ되會中事務擴廣되ᄂᆞᆫ대로隨時加講홈

▲六 任員의任期

一 諸般任員의任期ᄂᆞᆫ六個月로定限홈

▲七 任員의職務

一 社長은社中諸般事務를管理홈事

二 副社長은原社長의九百事務를幫助ᄒᆞ되原社長이有故ᄒᆞᆫ時에ᄂᆞᆫ副社長이代理홈事

三 書記ᄂᆞᆫ社中文簿를主管홈

四 財務ᄂᆞᆫ財政을擔任하야本社營業上에葛藤이無케홈事

五 會計ᄂᆞᆫ社中財政出入을昭詳記載ᄒᆞ야會日에報告홈事

六 總務ᄂᆞᆫ會中諸般事務를隨時總務홈事

七 勸察은出則勸人入社ᄒᆞ고入則査察匡會홈事

▲八 社員追入

一 社員의入會證書를請願ᄒᆞᆫ後許入홈事

▲九 本會社特別定規

一 本會社開會時에讚美ᄒᆞ고聖經講論ᄒᆞ고祈禱一致은耶蘇教人의게特任홈

發起人 金鼎濟 崔重珍

社長 井邑長命里 朴性天

副社長 扶安牛浦 金鼎濟

書記 興德後浦 李大洙

興德堤村 高權

井邑台谷 曹性範

財務 井邑帽殿 崔淳敎

井邑川院 金云瑞

會計 泰仁梅溪 黃雲燮

總務 泰仁校村 宋燦鏞

本人의子金泰鎭이가性本浮浪ᄒᆞ야家產을蕩敗ᄒᆞ엿ᄉᆞ오니內外國人은勿爲見欺홈

劉洞太井洞六拾九統七戶 徐召史 白

居間人李亨鍾字善基가本人에白木放債二千五百兩十一月二十日阿峴勒給車東漢許에推次票를가지고隱身ᄒᆞ얏사오니內外國人은勿欺ᄒᆞ옵於音은休紙로施行홈

小廣舖張현周 白

▲特別廣告

本社에서活版機具를更加完備ᄒᆞ고印刷發賣를開始ᄒᆞ오니各種書籍을印刷코져ᄒᆞ시ᄂᆞᆫ 僉位ᄂᆞᆫ來議ᄒᆞ시오

漢城中署磚洞 普成社 告白

일본정부재됴연초

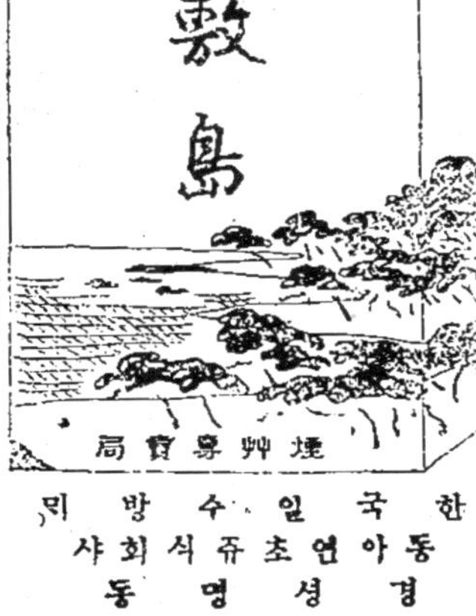

한국일수방미
동아연초쥬식회샤
경성명동

廣告

本公司始運來大韓國特別紙捲연烟製品純良香味異凡貨不同近有市上牌號混雜諸君認明本牌爲記庶不至悞

代售店 京城大貞洞 福源號

總代理店 仁川淸租界 安興公司

●國債報償志願金總合所廣告(續)

●永川郡追谷面南沙洞(續)
鄭尙檢 崔鎭奭 金鎭哲 각一圜 金世秉 六十전 崔鎭基 四十전 崔鎭浩 六十전 崔祜基 각四拾전 崔琮基 六拾전 崔鎭섭 金元述 리희順 崔潤基 鄭利檢 成泰鎭 朴東基 김甲伊 최鎭玉 崔擇基 金尙奇 각廿전 崔尙基 四十전 [illegible]基 八拾전 崔鎭泰 一圜 金安述 朴應奎 각卯拾錢 崔鎭洛 六拾전 朴泰振 崔鎭學 各四拾전 崔진述 六拾전 李學全 二拾錢 朴東雨 郭基業 각四拾전 孫永耆 [illegible]有淳 리문伊 韓九龍 崔일基 미攀九 崔영[illegible] 金滋元 韓斗鉉 各廿전

▲長尺洞
三方高旭 尹化允 각六拾전 全永達 四拾錢 리相雨 二拾錢 崔敬元 四拾전 李春化 리春儀 崔成玉 各廿전 리長雨 四拾錢 장在元 리必水 각廿錢

▲儀谷洞
리혁均 朴蘭永 각一圜 리浩奎 리聖基 曹雲承 각六拾전 리희穆 리義均 리翊均 리희泰 리振均 리희邦 徐武鶴 姜云哲 各四十전 曹李承 김龍희 리瓚均 鄭鎭東 鄭진宅 리희敬 리희振 曹文伊 林日千 曹曦天 각廿전

未完

●特別廣告

[illegible]

本社 [illegible] 告

●本社廣告

○申報價
一張代金 新貨二錢五
一個月前納 三十錢
三個月 九十錢
六個月 一圜七十錢
一個年 三圜四十錢
郵稅一張 新貨五厘
一個月 十三錢

○廣告料
[illegible] 每日 [illegible] 一行에 [illegible]
(每日繼續 [illegible])
二週日에 二圜五十錢
繼日繼行의 [illegible]
一個月에 [illegible]
(每日繼行四號一行 [illegible])
其期限의 長短과 字行의 多寡를 依ㅎ야 廣告料를 酌定홈

發行兼編輯人 英國人 裵說
發行所 [illegible] 石井 [illegible] 三層洋屋 大韓每日申報社

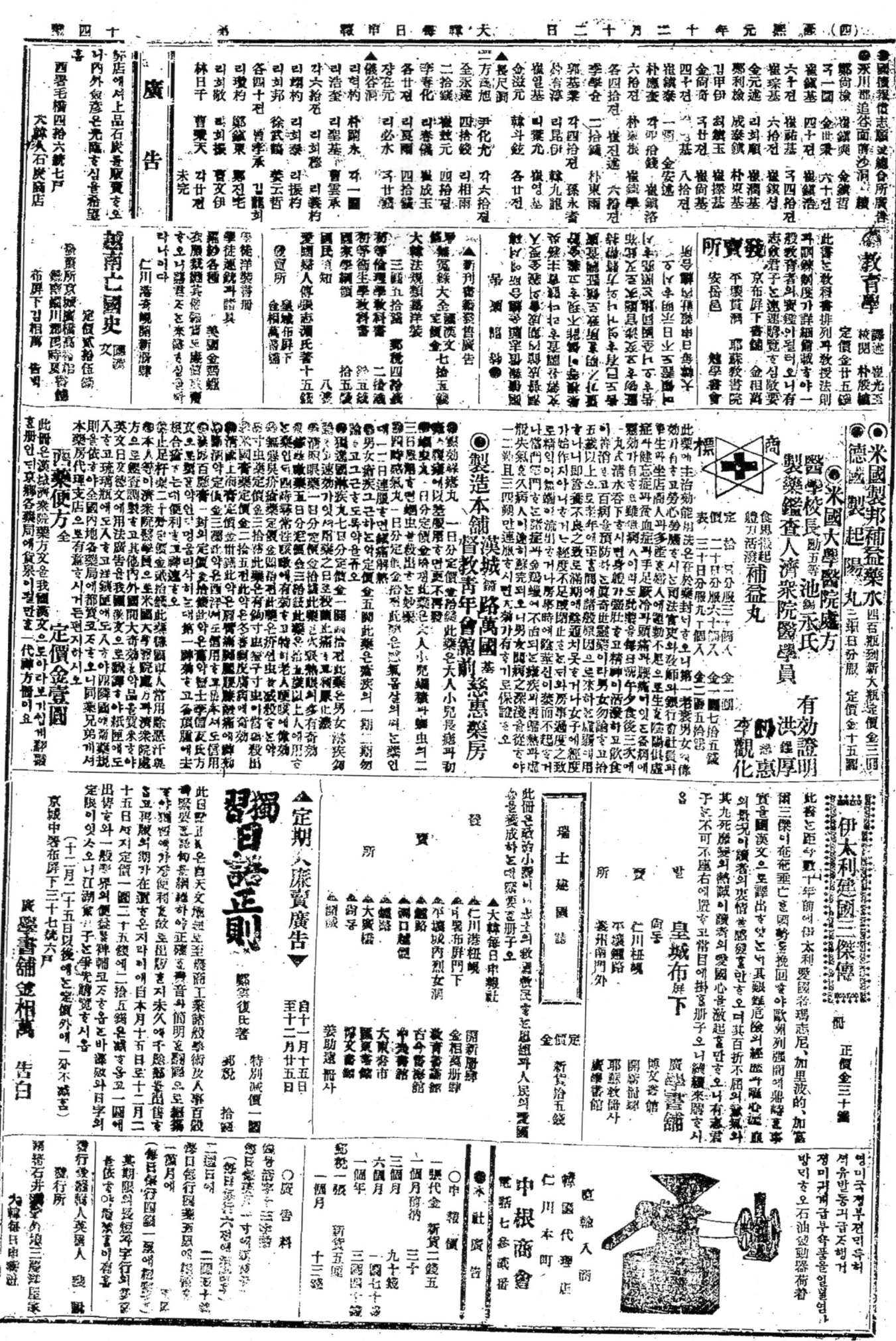

第五卷

大韓每日申報

第六百八十五號

月曜及慶節歲時休刊

檀君開國四千二百四十年
箕子元年三千二十九年
大韓開國五百十六年
日本明治四十年
淸國光緖三十三年
陰曆丁未十一月大初九日丙申

論說

○答我同業者

與我同業을と서울프리쓰報가本報의現存을更次注目홈인지本紙에向者記述혼韓國內礦産이란論說을對ㅎ야同報가韓國內에外人礦業이란題目으로本記者의게答述을試圖ㅎ엿도다韓國內礦産條例를關係혼同報評論은今此欄內에不欲毀論ㅎ노니同報가本紙의此問題를答述ㅎ기에十有三日을要ㅎ엿는지라

本報가此를答辨ㅎ기에二日이나或最晩이면四日을費ㅎ기에야何待認許리오今者에と但同報記述의不美之味와且近日에지漢城에居留ㅎ던何如英人을對ㅎ야奸猾혼諂媚를作ㅎ는同報의不仁을擲脫코ㅈㅎ노라

本人이如彼英人을爲ㅎ야陳辨을豈用이리오마는但其此諸人으로甘홈ㅅ味를同享혼故로尊敬의主義를記憶ㅎ노라昔日에太和國에有一人ㅎ니名曰알너산드로요其人이有一男一女ㅎ니名曰씨사及류크리스라此子女等의謨戱가彼之食桌에셔何如毒害ㅎ던지或賓客이此門後에其背를刺殺ㅎ려홈에在ㅎ엿도다

本記者と我同業人이西曆一千四百三十一年으로一千五百七年에至ㅎと其間을序述혼伊太利史編을精査ㅎ는가悵然히恐怖ㅎ노라

本報를對혼同報評論을關係ㅎ야는此乃報筆을太貴或不貴케홈이라고발뎡홈이但能이니本報與同報가不同其意故로本報를卑劣ㅎ다稱ㅎ며曲想으로日本을抗逆혼다ㅎ며日本의利益을傷害혼目的으로만從事혼다咎責ㅎと도다

本人이同報主務人의게警告홈이其或可乎아事實이與右相反이요且如此事實에在혼報筆은開明各國이一般歡迎홈은其所務가惡弊를除去코ㅈㅎ는緣由라政府를往々言擊홈은其乃職務이니全敗에關付혼事물豈從이리오新聞之稱을可當혼新聞은其所事가人民의福利를爲홈이요獨裁政治를爲ㅎ는대不在라셔울프리스報가韓國人民의快樂滿足을實不願見인줄노吾人이量度홈은其或誤失이어니와至於本報ㅎ야는此一目的을但有ㅎ엿노라

今欲結言ㅎ노니漢城內에英文報가有二인바其記者가一是英人이요一是日人이니韓國의게と俱爲外人이라兩報가技戱를試홈은其或可也나凌辱之毀은非所論證이요但即接命令에叙志가不恭된人士의게可笑之態를自著ㅎ리로다

官報

第三千九百四十七號 隆熙元年十二月十二日

敍任及辭令

咸陽郡守李鍾元
淸道郡守閔泳宋
泰安郡守趙東濬
砥平郡守閔遂植
陽川郡守徐丙業
鎭岑郡守鄭崙永
發興郡守趙秉瑜
金化郡守趙範夏
禮安郡守鄭象煥
忠州郡守金在殷
鎭山郡守朴容碩
楊口郡守趙완九
麟蹄郡守李奐用
錦山郡守李文용
度支稅務官朱相翊

依願免本官 平安北道觀察使朴勝鳳

任中樞院贊議

免本官 度支部稅務官치鴻儀

布達 續

第四條 次長은長官을輔佐ㅎ야局務를掌理홈

第五條 事務官은上官의指揮를承ㅎ야局務를分掌홈

第六條 技師と上官의指揮를承ㅎ야技術에關혼事務를分掌홈

第七條 主事と上官의指揮를承ㅎ야庶務에從事홈

第八條 技手と上官에指揮를承ㅎ야技術에關혼事務에服홈

第九條 整理事務에關ㅎ야必要가有혼時と囑托員及傭員을置홈을得홈

第十條 本官制中에特別혼規定이無혼者と宮內府官制를依홈

附則

第十一條 本官制と융희元年十二月一日로부터施行홈

修學院官制中左갓치改正ㅎ야융희元年十二月一日로부터施行홈

융희元年十一月二十七日

奉勅 宮內府大臣勳一等李允用

布達第一百六十三號

修學院官制第二條中院長次에次장一人을加ㅎ고第三條中院長下에次장二字를加ㅎ고第四條次에左開一條를加ㅎ고第五條と第六條로第六條と第七條로排次改正홈

第五條 次장은院장을輔助ㅎ야院務를掌理ㅎ고院장이有故혼時と其職務를代辦홈 未完

外報

●李氏消息 米國某報를據혼則萬國平和會議에總代로前往혼李瑋鍾李相卨兩씨가尹炳奎宋憲周兩시로作伴ㅎ야去八月에紐育셔出發ㅎ야海牙府로向홈은前報에揭載ㅎ엿거니와去月에眞實혼消息을聞혼則其時四ㅅ가法京巴里와德京伯林과其他各處로遊行ㅎ야然後事實을一々히演說ㅎ고海牙府平和會議場에셔一場演說ㅎ다가日人의壓迫으로因ㅎ야俄京으로발向ㅎ야一場演說혼後倫敦으로발向ㅎ야倫敦에셔一場演說ㅎ엿다더라

●移民制限談判 東京電을據혼則日本外務省에셔加奈陀委員과移民問題의關혼談判을去九日에談判혼模樣인디談判혼際에日本外務省에셔と該委員의게對ㅎ야善ㅎ되日本移民制限을印度移民制限과如히締結ㅎ자ㅎ나該委員은不可라ㅎ나畢竟印度移民制限과如히된모樣이라더라

●外部照會 北京電을據혼즉外務部と陳照常에게向ㅎ야間島問題를平和에取ㅎ기를希望이라ㅎ며諸般事端을注意ㅎ라고嚴令ㅎ엿と대其結果로因ㅎ야日人이天寶山鑛山採掘ㅎ는것에支那官憲의妨害는無ㅎ다더라

●問題以生說 東京電을據혼則鴨綠一部揮江鴨綠江沿岸에在혼男子山左岸一帶地에數年來로淸國人이侵入ㅎ야居留ㅎと者로因ㅎ야淸日間에問題가生홀듯ㅎ다더라

●華族留學 北京電을據혼則淸國外務部에셔と陸軍法制研究ㅎ기爲하야華族의子弟로陸軍學을研究케ㅎ되世界에第一되는德國陸軍省에交涉ㅎ야留學케ㅎ고政治及法律은英美國에留學生을派送ㅎ야研究케혼다더라

●檄文印刷秘密 俄京電을據혼則露西亞의革命黨은近近히議會에對ㅎ야一大檄文을同志者及世界各地에발布ㅎ라고目下他地点에셔秘密印刷中이라더라

雜報

去日曜에西北學生親睦會에安昌浩氏演說 譯述金河琰

余가西北學生會에對ㅎ야凡三次來參ㅎ엿소惟我西北二道에聰俊靑年이遠離家鄕ㅎ고旅遊京師と所志維何오益其學生의名稱을擔負혼者と爲人之方을得코ㅈ홈이아닌가夫人也者는爲地球上物類之最靈者故로一切動植之物이皆爲人類之所需用ㅎ야雖熊虎之猛鷙者라도被人捕獲ㅎ야其肉을食ㅎ고其皮를衣ㅎ나此는人族이優勝ㅎ고獸類이劣敗혼것이라現世界人族의情形을觀ㅎ건디人與人間에優勝劣敗ㅎ고弱肉強食이便成公例ㅎ야如英國之併印度와法國之呑安南과俄國之滅波蘭이是也니然則今之時代는人族이互相呑滅之秋니豈不大嚴恐可哉아今에試執我大韓國同胞而言之曰汝非人也라ㅎ면必皆勃然怒ㅎ지나若責其爲人之職分ㅎ면不能答辨者多矣니寧不寒心哉아推我학生諸君ㅅ여眞實心地와刻苦工夫로切々希望이非爲人之方乎아其要領을摘言ㅎ면一曰道德이오一曰智識이라然而曰德育曰智育之論이載在簡編者ㅣ不一而足ㅎ고曰明德曰博識이亦是茶飯說話ㅣ니昌浩之言을不須更聞이어니와抑有不然者ㅎ니試ㅎ야金과水를持ㅎ고論其貴賤ㅎ면人皆貴金而賤水ㅎと何也오以金爲稀少之物이오水爲衆多之物故也라然이나余則曰水貴而金賤이라ㅎ노니何哉오金之爲用은不過是實物上媒介粧찬品이오水と吾人生活上滋養物이니金可無而生活이어니와不可無水而生活이니故로日水貴而金賤이라하노라 未完

●新塾興況 南陽西面墻外洞鄭台煥氏가學校를設立하얏는디敎師金敎贊氏가熱心贊助ㅎ고夏期試驗을去十五日에經ㅎ엿と디其洞私立혼學校에學徒며有志紳士를請邀하야贊成ㅎ며百餘名의達ㅎ엿고試驗을定ㅎ고作文과算術과體操運動을設行ㅎ엿다더라

●新興夜學 新興夜學校에셔去十一日에開學ㅎ엿と대出席學徒가三十五名이온대就中金發柱洪致煥李亨洛金桂榮諸氏と而樵牧發生ㅎ고夜間研究ㅎ니令人佳尙이오本校校長은郡主事白雞欽氏로選定ㅎ얏다더라

雜報

●遷奉退定　大院王園所遷奉日子를以陰曆來月初六日로擇定ᄒᆞ얏다더니更以同月二十六日로退定ᄒᆞ얏다ᄂᆞᆫ說이有ᄒᆞ더라

●東宮下賜　皇太子殿下께셔興士團에錢一萬圜을下賜ᄒᆞ옵셧ᄂᆞᆫ대日前에兪吉濬氏가內閣에入去ᄒᆞ야該錢을推去ᄒᆞ얏다더라

●長谷備奏　長谷川大將이地方은騷擾ᄒᆞ고郡守의窠闕이多ᄒᆞ되奏本이延타홈으로內部大臣任善準氏를對ᄒᆞ야郡守敍任을速히아니홈을大爛論駁ᄒᆞ얏다더라

●義王拜祠　義親王殿下께옵셔再昨日의雲峴宮樓동宮完平宮의壹切 啓稟ᄒᆞ사 祠宇의拜禮ᄒᆞ셧다더라

●金氏諡號　前總理大臣金弘集氏의諡號를日間에頒下된다더라

●往還三週　農相宋秉畯씨가日本에渡去ᄒᆞᆯ時에往還期限을三週日로完定ᄒᆞ얏다더라

●部奏將呈　內部에셔三十餘窠奏本을內閣으로送交ᄒᆞ야統監府同意ᄒᆞ다ᄂᆞᆫ事ᄂᆞᆫ已揭昨報어니와同意가되여昨日奏本을奏呈ᄒᆞ얏다더라

●逐臭之蠅　前判書某々와前議政某氏가近日夜에總理大臣李完用氏私邸에頻々往訪ᄒᆞ야捉膝附耳而語ᄒᆞ야氣味가相通ᄒᆞᆫ다더라

●一金一姜　今番郡守奏本에入參ᄒᆞᆫ人을漏聞ᄒᆞᆫ즉金寬鉉氏ᄂᆞᆫ南陽郡守를被任ᄒᆞ고姜昌熙씨ᄂᆞᆫ麟蹄郡守를被任ᄒᆞ얏다더라

●郡奏漏聞　今番郡守奏本을漏聞ᄒᆞᆫ則三拾餘窠에前軍隊領尉官中拾二人이參與ᄒᆞ얏고楊州郡守ᄂᆞᆫ前正領申載永시가敍任이되얏ᄂᆞᆫ대該氏ᄂᆞᆫ郡守를不願ᄒᆞᆫ다더라

●內閣通牒　내閣에셔各部로通牒ᄒᆞ되官報編製에方法을改良ᄒᆞ기爲ᄒᆞ야閣令第壹號를現에揭載官報ᄒᆞ얏기玆에通牒ᄒᆞ니此를依ᄒᆞ야官報揭載홀만ᄒᆞᆫ材料를隨存收聚ᄒᆞ야本閣으로陸續送交ᄒᆞ고所管官廳에一切指揮ᄒᆞ야俾免遺漏케ᄒᆞ라ᄒᆞ얏더라

●帶同觀察　學部學務局長尹致旿氏가小杉事務官을帶同ᄒᆞ고黃海道學事觀察次로昨日出張ᄒᆞ얏다더라

●股本增募　韓一銀行股本이已往三千圜으로酌定ᄒᆞ얏더니事務가興旺ᄒᆞ야更히七千圜을增爲募集ᄒᆞ야一萬圜으로決定ᄒᆞ얏다더라

●光主免官　光州郡主事金肯鉉씨가擅自上京ᄒᆞ얏시니免官ᄒᆞ라고內部로報告ᄒᆞ얏더라

●興士긔會　興士團諸般事件을協議決定ᄒᆞ기爲ᄒᆞ야本月十四日土曜日下午七時에評議員會을泥洞國民敎育會事務所에셔긔會ᄒᆞᆫ다더라

●郡主仇視　龍山郡主事具宗書시ᄂᆞᆫ該郡에元來凶貪奸吏로首書記三年에人民의게討索ᄒᆞᆫ贓錢이不知其數而最是顯著ᄒᆞᆫ者가年前舍郡云時에稱以京城에周旋ᄒᆞ다ᄒᆞ고其浮費九千兩을一邑人民의게物排收斂홈으로人民이無不仇視ᄒᆞᄂᆞᆫ대又爲圖差郡主事ᄒᆞ야暗囑自官薦報ᄒᆞ미吏人이一時起鬧에紛訴營邑이되不得遞其任ᄒᆞ고又訴京部에竟不得改遞ᄒᆞ고空官八朔에人民의게流毒被害가幾至無邑之境이라고該郡來人의게傳說이有ᄒᆞ더라

●海總巡諭　黃海道總巡全鳳勳씨가日前義徒嘯散次로道內長淵瓮津康翎等地에短節草鞋로出張巡回ᄒᆞᄂᆞᆫ뒤該徒所聚處에忘死直往ᄒᆞ야所經各處에設諭安戢ᄒᆞ고無辜良民은極力保護ᄒᆞ야橫命之慘과燒蕩之患이切無케ᄒᆞ니人民이無不稱頌ᄒᆞᆫ다더라

●舍音討索　振威郡西方新村等地에已往明禮宮附屬ᄒᆞ얏던田畓이在ᄒᆞᆫ대京居金容斌爲名人이該舍音을圖得ᄒᆞ야該地居人으로代立ᄒᆞ고各作人處에非理討財ᄒᆞ며行悖가許多홈으로該作人金士渶等數十名이京部의呼訴次로日昨의上京ᄒᆞ엿다더라

●假日行悖　大韓醫院의雇屬傭ᄒᆞᄂᆞᆫ李元明爲名者가再昨日下午六時의被酒行悖ᄒᆞ며假稱日本人ᄒᆞᆫ다ᄒᆞ고警務北署의被捉ᄒᆞ여笞十度後에放送ᄒᆞ엿다더라

●令人欲哭　局長兪星濬氏ᄂᆞᆫ耶蘇敎篤信者也라去日曜日蓮洞禮拜堂落成禮式에天父게祈禱ᄒᆞᆯ時에二千萬生靈이塗炭中의在ᄒᆞ야死境에至ᄒᆞ얏스니天父께옵셔救活ᄒᆞ소서ᄒᆞ고一場痛哭所禱ᄒᆞ미在傍ᄒᆞᆫ愛國熱誠者와信敎篤心者가各自其心으로奮激과感愛가相半ᄒᆞ야欲哭者가或有ᄒᆞ얏다더라

●告발嘉尙　忠南監獄署第二間在囚未決囚强盜蔣泰根이與同時被捉之强盜金泰京金昌仁崔元奎等으로符同設計ᄒᆞ고本月壹日下午七時에欲爲逃脫ᄒᆞ야고暗穿房壁이다가至有穿圻聲而同壹間在囚役拾五年强盜從犯裵宗述이가先聞吡賚ᄒᆞ고即爲告발ᄒᆞ여幸免不虞變ᄒᆞ엿스니該裵之隨聲告발이極庸嘉尙이니恐合相當處分이라고該裁判所檢事시가法部로報告ᄒᆞ엿더라

●兩家賊警　陰曆今月二拾日夜拾壹時에西署仁達坊唐皮동判主事具熙書시家에强盜三人이突入ᄒᆞ야越房을破碎ᄒᆞ고家産汁物과佩物錢兩을沒數奪去ᄒᆞ얏ᄂᆞᆫ데四五百圜에達ᄒᆞ얏고陰拾壹月初四日의唐皮洞前承旨李우圭시家의强盜六名이各持銃劍ᄒᆞ고突入ᄒᆞ야外房ᄒᆞ야家産汁物을銀金佩物衣服을沒數奪去ᄒᆞ얏ᄂᆞᆫ데數千圜의達ᄒᆞ얏스니壹般警吏ᄂᆞᆫ注目偵察ᄒᆞᆯ만ᄒᆞ다ᄒᆞ더라

●崔시被傷　軍部書記郞崔業澤시가楊州松山面鄕第의下去ᄒᆞ다가義徒의게被捉되야脚部背處의彈丸을受ᄒᆞ고全體를以刀亂刺ᄒᆞ야再昨日의擔舁上京ᄒᆞ얏다더라

●砲殺一進　北靑郡守崔逵斌씨가內部로電報ᄒᆞ되本郡安平山砲의事變에對ᄒᆞ야本郡守가躬往安撫ᄒᆞᆫ後自衛團을組織ᄒᆞ고拾日에還郡ᄒᆞ얏삽더니又聞ᄒᆞᆫ則裁谷面成大面에셔餘砲가聚黨ᄒᆞ야一進會員三名을砲殺ᄒᆞ엿다ᄒᆞ오니追報伏計라ᄒᆞ엿더라

●靑年開會　今日下午七時에靑年會館에셔査經會를開ᄒᆞᆫ다더라

●敎堂開會　尙동敎堂에셔昨부터地方會를開ᄒᆞ고明年度財政預算과事務處理方針을爛商協議ᄒᆞᆫ다더라

●李氏云還　莞島에流配ᄒᆞᆫ李容泰씨가本月十五日에入城ᄒᆞᆫ다ᄂᆞᆫ電報가其本第에到達ᄒᆞ얏다더라

●不許入祠　內部參書官宋之憲씨가斷髮ᄒᆞᆫ後鄕第에下去ᄒᆞ얏더니其夫人權氏가大驚曰祠宇에不可參拜라ᄒᆞ고其子某氏가학徒로斷髮下去ᄒᆞ얏더니權氏夫人이亦爲大責日從今以後로ᄂᆞᆫ祠堂에永勿參拜ᄒᆞ라ᄒᆞ얏다더라

●養正體操　養正義塾은法律專門科로體操科가本無ᄒᆞ더니塾長嚴柱益씨가體育必要홈을認知ᄒᆞ고體操科를特設하얏ᄂᆞᆫ데前正尉安奎鎬前副尉鄭奎煥兩씨가名譽로熱心敎授ᄒᆞ미一般學員이振興ᄒᆞᆫ다더라

●孤院寄附　前參判趙弼升氏ᄂᆞᆫ孤兒院에金二拾圜을寄附ᄒᆞ고日本[illegible]協會主任慈善主義발行[illegible]次郞氏ᄂᆞᆫ孤兒를觀察ᄒᆞ고 吳 代金一元을寄附ᄒᆞ얏다더라

●江陵[illegible]　去月二十七日上午四時에[illegible]約千名이江陵邑西北方[illegible]高地를占領ᄒᆞ고城내民[illegible]放火ᄒᆞ미守備隊ᄂᆞᆫ此를[illegible]三時間만외退擊ᄒᆞ여午拾時三拾分의同邑距北方約二千米突의千餘名이襲來ᄒᆞ미日守備대ᄂᆞᆫ此를再次擊退ᄒᆞ미義徒ᄂᆞᆫ襄陽向面山中으로逃散ᄒᆞ엿다더라

●蕩子悖習　木川修身面洪鐘燦이京師의來留ᄒᆞᆫ지數年에妾에게被惑ᄒᆞ야其妻子ᄂᆞᆫ仇讐又치嫉視ᄒᆞ더니數月前의該妾과並力ᄒᆞ여妻子를揮劍亂打ᄒᆞ며死生이未辨ᄒᆞ고其父가下去ᄒᆞᆫ지數年이되엿스되一不往見ᄒᆞ미其父ᄂᆞᆫ鍾燦에不孝를悲嘆ᄒᆞ고更爲上京ᄒᆞᆫ後에不出門外ᄒᆞ고掩淚送歲月ᄒᆞ니所見이矜惻ᄒᆞ다고人々嘖言이藉々ᄒᆞ다더라

▲地方消息▼

▲去六日에義兵約壹百五拾名이磨石우里東南方에駐屯ᄒᆞᆫ日守備隊를襲擊ᄒᆞ고또義兵이春川에셔糧食運船ᄒᆞᄂᆞᆫ日人이村閭에宿泊홈을探知ᄒᆞ고襲擊ᄒᆞᄂᆞᆫ대日兵이盡力應戰ᄒᆞ미義兵은山谷中으로退却ᄒᆞ얏다ᄒᆞ고

▲日兵이向日에뚝섬으로向ᄒᆞ야發兵의駐屯處를搜索ᄒᆞ다가土人言을聞ᄒᆞ고鷄子堂에至ᄒᆞ야搜探ᄒᆞᆫ則形跡이無ᄒᆞ고또盤谷의義兵이在ᄒᆞ다ᄂᆞᆫ說을聞ᄒᆞ고前往搜索ᄒᆞᆫ則亦無影響이라ᄒᆞ고

▲七日元山通路장젼店西方約五십里되ᄂᆞᆫ琫坪里의셔義兵約三拾名이日斥候兵을交戰ᄒᆞ얏다하고

▲壹日양陽郡日分遣隊ᄂᆞᆫ同郡西北方에셔義兵約八拾名과交戰ᄒᆞ야義兵을山谷中으로逐送ᄒᆞ엿다ᄒᆞ고

▲四日夜半의麟蹄郡日分遣隊ᄂᆞᆫ義兵은南方으로退却하얏다더라

東京電報

●東宮御着　壹日발　韓國 皇太子殿下께옵셔伊藤太師와拾壹日에京都에御着ᄒᆞ신電報가有ᄒᆞ더라

●書類調査　十二日발　駐淸日本公使ᄂᆞᆫ淸國政府에向ᄒᆞ야間島問題에關ᄒᆞᆫ證據書類의提出을要求ᄒᆞ고日本에셔도書類를提出ᄒᆞᆯ터인대淸國에셔此에應ᄒᆞ면事實上調査가될터이라ᄒᆞ더라

紐育報電

●大統領의移牒　十壹日東京通過　米國에셔排日的法律을制定홈으로써日本이自己의任意로移民의數를決定홈에同意치못ᄒᆞᆫ旨로米國大統領이日本政府에移牒ᄒᆞ엿다더라

▲碁場勝負▼

▲此時代ᄂᆞᆫ競爭時代라ᄒᆞ니무ᄉᆞᆷ競爭이오曰下熱門에各相訪問ᄒᆞ야地位를鞏固홀計劃으로躡足附耳ᄒᆞ야運動力이大段ᄒᆞ니秘密ᄒᆞ다內閣大臣의競爭이여

▲危險風潮에埋頭沒身ᄒᆞ고昏夜乞哀ᄒᆞ며吮癰咀痔ᄒᆞᄂᆞᆫ百般醜態의不顧傍人之譏罵ᄒᆞ니鄙陋ᄒᆞ다仕宦競爭이여

▲要路를攀緣ᄒᆞ야日可堪之材니有風力人이니ᄒᆞ야毛錐脫穎者도有ᄒᆞ고黃金力을借得ᄒᆞ야暗裡周旋에百발百中ᄒᆞ나奔忙ᄒᆞ다郡守競爭이여

▲日新學問이며新知識이니口中에難道ᄒᆞᄂᆞᆫ新事業은一無成就ᄒᆞ며此ᄂᆞᆫ外面可化인즉可笑로다名譽競爭이여

▲北山下頑固輩ᄂᆞᆫ時機를不察ᄒᆞ고言必稱此時代에門閥은獨用고ᄌᆞ면서此色彼色과濟族宦族을批評이紛紜ᄒᆞ니腐敗ᄒᆞ다兩班競爭이여

▲國權恢復과人民開發ᄂᆞᆫ此時局에最先問題라有志之士가抗腕奮起ᄒᆞ나束縛이已甚ᄒᆞ야自由力이不足ᄒᆞ니可憐ᄒᆞ다社會競爭이여

▲農工銀行과商業會議와許多株式會社가稍々成立ᄒᆞ나財源이枯渴ᄒᆞ야營業이未達ᄒᆞ니幼稚ᄒᆞ다商業競爭이여

▲器械之利用과製造之精妙ᄂᆞᆫ新技藝를발明ᄒᆞ야先進國에制度를模倣ᄒᆞ나製造品이尙劣ᄒᆞ니可惜ᄒᆞ다工業競爭이여

▲世界舞臺에武力競爭은露日戰爭이終局이라海牙平議에萬國이平和ᄒᆞ니此後에ᄂᆞᆫ競爭이不起ᄒᆞᆯᄂᆞᆫ지

◉特別社告

本社經費窘絀홈을因호야自今以後로各地方에本報購覽호시는 僉君子中二三朔未納處에는一體傳送치아니호고또各支社에도限二三個月未納호는境遇에는該支社認許를還收호고即爲廢止홀터이오니本報愛讀호시는僉君子는 照亮호시와代金을勿滯換送호심을敬要홈

大韓每日申報社

廣告

本人지先山在於本里數百年守護而去乙巳八月家夫與시母繼葬於先塋下傳來田參下茶洞李命鎬與其子斗仁等以渠山越谷越坪越塚累百步各施之地無端禁葬藉稱 勅令匠隊三十名大率來到夫姑兩塚無難破掘豈有如許之法乎抱冤呼天血忿奈何命鎬之罪不可容貸故擧事裁判中玆以廣告幸須文明同胞以此照亮

東小門外大水踰里金召史白

●第二回學員募集廣告

本校에셔設立一年에職員의熱心과學員의勤勉으로成績이甚好혼바自一年級은二年級으로昇差하고一年級을新募호오니願學人은本校에前期來臨하야請願호고左開日字에應試호오되學科及規則은本校에來問事

但教授時間은自午后六時至午后九時

試驗科目 國漢文 讀書 作文 算術 (四則雜題)

試驗日字 陽來年一月四日

西署太平洞第四拾八統拾戶

私立廣明商業學校告白

本人瓦家貳拾三間半板劵壹度及姓名章壹介與戶籍見失則內外國人照亮홈

中署장道坊中谷 六拾四統五戶 洪奎植 告白

北署安國坊,安洞契第十二統五戶草家四間半舊文劵中間소失故玆以仰告하오니內外國人知悉홈

趙用舜 告白

本月十四日土曜日下午一時에(西署夜珠峴官人俱樂部에서)通常會를開호고會務를處理호오니 會員은屆期 來臨호심을望홈

大韓協會 告白

平安南道順川郡東山面東部학校設立이陰今月六日인뒤基址는本面원二里로定之호고經費金은校內僉員이熱心義捐호야一一支當케호며境內青年을實心勸奬호야一一入학興旺호니此是文明進步之目的과開智之本源이라本校任員諸氏와生徒의姓名은左와如호니

학校事務任員

校장 進士車炳覲

校監 參奉車炳棹 車觀南

教師 康永煥

總務員 車武鎬

財務員 主事車瑊昱

會計員 主事車炳譜

事務員 注書車允植 車定鎬

監督書記員 車翊鎔

贊成員 李炳乾 車載都 申台容 參奉金培都

生徒의姓名

車觀景 車元鎬 車敎鎬

車鳳鎬 車昌鎬 金培樹

車瑩鎬 車文祖 車圭鎬

申榮谷 申鳳걸 申業걸

車一鎬 金培根 車宗鎬

車大白 車晶鎬 車觀琅

車麟鎬 車觀邦 車命鎬

車觀與 車冀鎬 박丙秀

車億쌤 박道國 申元淳

康敬植 車載祿 安泰進

車完鎬 尹吉秀 車응鎬

車觀林 車觀治 차觀德

東明학校 告白

▲特別廣告

本社에서名帖印刷部를另設호고各樣活字와別樣紙本이俱備호오며印刷호기精美호고價直도低廉호오되特別히學員과夫人의게는一層低廉호오니 僉位는來臨호시와隨意請求홈

大韓每日申報社 告白

釜山港釜山面二洞後谷居崔主事學允玉에名字를以鍾穆으로改定호얏스오니知舊僉照亮

李鍾穆 告白

北署鎭방花開洞二拾六統拾二戶草家八間半을右人前當平四千兩傳貰而貰券은後貰居漢城에立旨遺推이다가本人이서失故玆以廣告호오니以此照亮호옵

金理完 告白

●京畿道江華郡에養蠶傳習所와農事模範場趣旨書

國有游衣游食之民則其國이必弱호며國有游衣游食之民則其家가必敗호나니環顧我韓同胞에實業家幾人이며游食者幾人고言念及此에衰弱傾敗と罔非自取라迫於政府諸公이決意維新호샤友隣邦의모범을先進호시니一般人民이斷髮革舊就新호야講究實業에五指勸勉홀지라現今本郡은金木土穀에次第利用호야期圖殖產而第一蠶業이土宜에合호며氣候에適호야財源에最鉅호利益을可히預算호깃고農者는天下에大本이라我韓이第一農產國에名位를可히占有호깃스나節序는寒煖이適中호며土壤은진濕이相半호야休給의庶徵은或有호나歉儉에大侵은必無호니以若四千里疆守莫變하는質鈍不用之農器와無稼不治之田疇로一年收穫에各港進口가最鉅하니隣邦에已開호農學은試驗호야幾千年愚본習慣을快거호고五六倍預算에利益을獲收홀지라郡內人民이各其股金을醵集호야本郡東教場公有地에養蠶傳習所를設호고郡廳道出坪에農事모範場을開호고農商工部에請願호야高明호教師를延聘호야日後에一郡人民의公衆호實業이발達호기로郡內人士가合心團結호며地方官吏도勸勉贊成호야上致國家之富强호고下爲吾儕之幸福이니勉之哉어다

江華郡養蠶傳習所農事모範場발起人 黃範周

沈遠澤 金滿泰 郭晨鍾

尹奉植 潘 환 柳承烈

玄應祥 尚成根 洪斗燮

金裕鎬

▲一本會社名稱

本會社名稱은爲子孫營業會社라홈

▲二本會社主義와綱領

主義と子孫의營業을爲홈이오綱領은有無相資와商販旺達과製造由進也와家國致富此四件也

▲三本社組織

一本會社と原社員과贊成員으로組織홈

二原社員은勿論內外國人男女老少尊卑貴賤호고股金預備호人員으로作定홈

三贊成員은勿論內外國人男女老少尊卑貴賤호고本社主義와綱領을贊成코져호야義捐호と이로作定홈

▲四本社規則

一原社員의股金은一株股金을拾兩으로定호되二股로부터百股로定홈

二贊成員의義捐金은多少不拘홈

三股金을聚合홀時에と本社圖章과臨時任員의身章을捺호야領收證을完全케給홈

四股金은聚合된本日브터三十年爲限호고每年每兩頭二里例計利하되一年에一次式股主의게領收證을收繳홈

五股金은一回브터六十回々지加添을許定홈

六股主가若有不然之端이야限內自退하라면本股金으로出給호기로作定홈

七股主의股金은二里例로出利호되本社에서殖利호라と것은隨時改定호고經費와利益은四綱領에需用호기로作定홈

八本會社と股金聚合된日부터水陸物交通容易處로設置홈

九本社營業은主義와綱領에期於到遠케호되或貿賤賣貴호며或典執放債하되動產不動產을勿論호고物品이完實하고賣買가容易홀것으로執行홈

十本社諸般事務と股票와擧手多少로可否를決取홈

十一財政은財務의게任호되可堪之人으로公薦홈

十二財務와各任員의게と隨事務호야相當호月給을定호되若有不義之擧이면本社中에서齊聲歸正호고如有律理上葛藤이면付之法司홈

十三諸般任員은臨時隨事호야特別擧替이되但常通會는一年에兩次式開會호고會期と陰曆三月十五日과九月十五日로作定홈

▲五本社任員

一社長一人副社長一人書記三人總務一人財務三人會計一人勤察三拾人으로定호되會中事務擴廣되と대로隨時加籍홈

▲六任員의任期

一諸般任員의任期는六個月로定限홈

▲七任員의職務

一社長은社中諸般事務를管理홈事

二副社長은原社長의凡百事務를幇助호되原社長이有故호時에と副社長이代理홈事

三書記と社中文簿를主管홈

四財務と財政을擔任하야本社營業上에葛藤이無케홈事

五會計と社中財政出入을昭詳記載호야會日에報告홈事

六總務と會中諸般事務를隨時總務홈事

七勤察은出則勸人入社호고入則査察正俗홈事

▲八社員追入

一社員외入會證書를請願홀後許入홈事

▲九本會社特別定規

一本會社開會時에讚美호고聖經講論호고祈禱一歇은耶蘇教人의게特任홈

發起人 金鼎濟 崔致珍

社長 井邑長命里 朴性天

副社長 扶安牛浦 金鼎濟

書記 興德後浦 李大洙

興德堤村 高 權

井邑台谷 曾性範

財務 井邑楯縣 張淳敏

井邑川院 金云瑞

會計 泰仁梅溪 黃雲燮

總務 泰仁校村 宋燦鎬

▲特別廣告

本社에서活版機具를更加完備호고印刷營業을開始호오니各種書籍을印刷코저호시는僉位는來議호시오

漢城中署磚洞 普成社 白告

中等萬國新地志

全二冊 金壹圜

韋菴先生張志淵校閱幷序

石濃先生玔 謹跋

正一品大勳閔泳徽閣下序

涵齋先生安鍾和序

臨瀛后人金鴻卿編纂

此書と中等학校敎科와普通新智識을研究호시と人士를爲호야精撰호者ㅣ라近來我國의敎科書類中에萬國地志도亦不爲不備나然이나其地名人名을每從漢音或日語而譯刊호야因其文字語音의互異홈으로轉生訛誤홈이頗多호미編者ㅣ以是爲病호야各其國의原語를隨호야以國文으로譯出호야其眞面을不失호며且簡易호고明便케호야開卷一讀에戶庭을不出호고能히各國의位置風土物產政治沿革等을周知홀이此書에獨有홈

發兌元 中署布屛下 廣학書舖 金相萬

發賣所

南門內倉洞 博文書館　安동 安峴書館

鍾路 大東書市　銅峴 博文書館

동口越便 中央書館　寺동 漢陽書館

鍾路 古今書海館　廣橋 匯東書館

各地方 有名書市

●國債報償志願金總合所廣告

●永川郡追谷面大谷洞 續

金宅魯 鄭源憲 김淙魯 각六拾錢 鄭執杓 四拾錢 李用杓 六拾전 鄭光杓 四十錢 김沃伊 二拾전 成珠坤 金永錫 각六拾錢 金南錫 四十전 김弼碩 二십전 韓永愉 六十전 韓仁殷 曺順煥 曺乘河 각四拾錢 鄭景杓 權海昆 鄭致憲 각卄전 리회聖 四拾전

▲梨洞

孫世傑 二拾錢 孫良錫 六拾전 孫八滙 郭介伊 각卄전 成洙泰 孫啓守 金萬億 各六拾錢 孫世顯 二圜 孫世興 孫啓晳 각六拾전 孫啓仁 孫嗣不 각卄錢 孫世運 四十전 許又茂 二十전 손世欽 二圓 손啓鎬 二拾전 孫啓聖 孫啓元 孫炳긔 各六拾錢 리호직 二十전 리應杓 리承奎 各四十전 리璋煥 六十전 리能煥 四十전 리承睦 리俊杓 各六十전 리진杓 四拾전 리承壽 리회成 각卄전 리회鵬 리承회 리陽昊 리建五 리珍五 각六十錢 李暢煥 四拾錢 張成學 六拾전 리鍾萬 孫世璉 각卄錢 리斗昌 六拾전

▲大成洞

리章奎 六拾錢 리鍾源 一圜 柳寅奎 金在坤 각六拾錢 崔應九 崔義柄 黃万奎 金一坤 각四拾전 리회悅 二拾전 리鍾洙 四拾전 리鍾龍 金宅坤 각卄錢 柳弼寅 四十전 리周奎 二拾전 (未完)

廣告

本人의子金泰鎭이가性本浮浪ᄒᆞ야家産을蕩敗ᄒᆞ엿ᄉᆞ오니內外國人은勿爲見欺홈

廟洞太井洞六十九統七戶 徐召史 白

弊店에셔上品石炭을販賣ᄒᆞ오니內外僉彦은光臨ᄒᆞ심을希望홈

西署毛橋四拾六統七戶 大韓人石炭商店

大抵他邦에入口貨만用ᄒᆞᄂᆞᆫ國이貧弱홈은現世界通義어ᄂᆞᆯ今我國은日用事物을無論巨細ᄒᆞ고外國을依藉ᄒᆞ니곳捲烟一物로言ᄒᆞ야도絶好ᄒᆞᆫ本土所産은捨ᄒᆞ고價高ᄒᆞᆫ外國品을翫用ᄒᆞᄂᆞᆫ지라此事를欵惜ᄒᆞᆫ지多年에造烟法을學得ᄒᆞ고谷山草中極上品을選擇ᄒᆞ야起工造就ᄒᆞ고名ᄒᆞ여曰谷香이라ᄒᆞ니其産地를標明홈이오現今製成ᄒᆞᆫ者ㅣ數千方枝에氣味가醇濃ᄒᆞ고瑞烟이芬馥ᄒᆞ야飯後酒酣에淸興을益助ᄒᆞ니곳西烟을凌駕ᄒᆞᆯ지고또價額이廉歇ᄒᆞ야淸儉世家와寒士窮儒라도經濟上에浪費ᄒᆞᄂᆞᆫ弊가少ᄒᆞᆯ지라然則本社에利益은無ᄒᆞ나大注意ᄒᆞᆫ은此業을經營홈뿐인故로幾年間損害ᄂᆞᆫ不顧ᄒᆞ오니僉君子ᄂᆞᆫ照諒購買ᄒᆞ심을望홈

漢城谷香合資會社 告白

咸興居都近浩氏ᄂᆞᆫ素是有志紳士라農會를設ᄒᆞ야農業을改良ᄒᆞ고又自家에夜學校를設ᄒᆞ야一般農民의知識을開發ᄒᆞ며新聞을說明ᄒᆞ야我國과外國形便을知케ᄒᆞ고又聰俊靑年을敎育ᄒᆞ기爲ᄒᆞ야法律專門學校를發起ᄒᆞ얏고또咸南各郡私立學校에學徒優等生을特別히褒賞ᄒᆞᄂᆞᆫ故로學徒에進就홈이比前日漸[illegible]홈

金基容 告白

◉米國製邦補益藥水 四百瓶到新大瓶定價金三圜

◉德國製起陽丸 三十日分服 定價金十五圜

◉米國大學醫院處方

醫學校長 勳五等 池錫永氏

製藥鑑查人濟衆院醫學員

食氣撥起 體力活潑 補益丸

商標

有効證明 洪錫厚 惠 李觀化

定價表 一拾日分服三十個入 金一圜 / 二十日分服六十個入 金一圜七拾五錢 / 三十日分服九十個入 金二圜五拾錢

此藥에主治効能用法은在於藥封ᄒᆞ오니第一老衰男女와效가有ᄒᆞ고勞心勞腦ᄒᆞ시ᄂᆞᆫ司法官吏와敎師와銀行會社員과學生과坐店商人과多産ᄒᆞᆫ婦人에運動不足으로生ᄒᆞᆫ陰陽俱虛症과健忘症과貧血症과手足厥冷과頭痛과腰痛이잇ᄂᆞᆫ吝病에靈效가有ᄒᆞ오雖無病人이라도此藥을每日朝午夕食後三次에一丸式淸水呑下ᄒᆞ시면身體가强壯ᄒᆞ고精神이活潑ᄒᆞ고飮食이善消ᄒᆞ고百病을預防ᄒᆞᄂᆞᆫ眞奇世靈藥이라男女勿論ᄒᆞ고拾五歲以上으로老年에至ᄒᆞᆫ間에諸般原因으로來ᄒᆞᆫ虛弱에用ᄒᆞ나니即營養不良之致로滿期에經通치못ᄒᆞ거나女子에經度가始作지아니ᄒᆞ거ᄂᆞᆫ經度不足或閉止ᄒᆞᄂᆞᆫ되와房事過度之致로精이絶ᄒᆞ야이流出ᄒᆞ거나房事時에陰莖이萎而不起ᄒᆞ거나當門이閉ᄒᆞᄂᆞᆫ諸症과[illegible]이不治되ᄂᆞᆫ淋疾과再發熱과虛脫失氣ᄒᆞᆫ久病人이速히蘇完되오니男女間病之深淺을從ᄒᆞ야一二劑且三四劑만連服ᄒᆞ시면大効가有ᄒᆞ기로保證ᄒᆞ오

◉製造本舖 漢城鐵路萬國基督敎靑年會館前慈惠藥房

●蛔効解瘧丸 一日分定價金拾錢 此藥은大人小兒長瘧과初瘧과腹瘧에以差服用ᄒᆞ면更不再發

●蛔虫丸 一日分定價金[illegible]拾전 此藥은大人小兒蛔積과蛔虫의二三日服用ᄒᆞ면蛔虫ᄒᆞ殺出ᄒᆞᄂᆞᆫ妙藥

●四時感氣丸 一日分定價金[illegible]拾전 此藥은感氣몸살의特効藥인대一二日連服ᄒᆞ면頭痛解熱

●男女淋疾그근하는약 定價金五圜 此藥은淋疾의一期二期勿論ᄒᆞ고그근ᄒᆞ도록약을쥬오

●獨逸國淋疾丸 七日分定價金一圜四拾전 此藥은男女淋疾勿論ᄒᆞ고速効가잇셔用藥之日로殺菌止痛ᄒᆞ고利尿止濃

●淸明眼藥 一日分定價金三拾錢 此藥은火眼熱眼의多有奇効

●鎭咳嗽藥 五日分定價金三拾錢 此藥은拾五歲以上人에用ᄒᆞᄂᆞᆫ藥인대四時常性咳嗽에有効ᄒᆞ고特히老人咳喉에偉効

●無憂長疥瘡藥 定價金四拾전 此藥은疥瘡虫을滅殺ᄒᆞᄂᆞᆫ약

●寸虫藥 定價金二拾五전 此藥은有鉤寸虫과無鉤寸虫이當然殺出

●米國春藥 定價金二拾錢 此藥은冬春間皮膚病에奇効

●淸國上海膏 定價金三圜 此藥은肩臂痛脚腿腰膝酸痛에神効

●斷酒약 定價金一圜 此藥은西洋셔도信用ᄒᆞ고日本셔도信用

●漢城百應膏 一封의定價金拾錢 此약은舊약醫士李信友氏方文으로製ᄒᆞᆫ약인ᄃᆡ一名을리삭히ᄂᆞᆫ대第一神効ᄒᆞ고各項腫에去根合瘡ᄒᆞᄂᆞᆫ대便利ᄒᆞ고神速ᄒᆞ오

●止足軒藥二十分定價金二拾錢此藥은德國軍人常用除惡汗臭

●本人等이濟衆院醫學員으로米國大學醫院處方과濟衆院處方으로藥을製ᄒᆞ고其他內外國大奇效ᄒᆞᆫ藥品을貿來ᄒᆞ야英文日文漢文에用法廣告를我國文으로飜譯ᄒᆞ야紙匣에도入ᄒᆞ고琉璃瓶에도入ᄒᆞ야四隣國藥規則을依ᄒᆞ야全國內地各藥局에都賣코ᄌᆞᄒᆞ오니同業兄本藥房代理支店으로有意ᄒᆞ시거든편지ᄒᆞ시오

醫藥便方 全 定價金壹圓

此冊은漢城濟衆院藥方文을我國漢文으로아라보기쉽게飜譯ᄒᆞᆫ冊인ᄃᆡ京鄕各藥局에貨泉이될만ᄒᆞᆫ一代神方冊이요

伊太利建國三傑傳 一冊 正價金三十錢

此書ᄂᆞᆫ距今數十年前에伊太利愛國者瑪志尼、加里波的、加富爾三傑이在奄垂亡ᄒᆞᆫ國勢를挽回ᄒᆞ야歐洲列强間에鼎峙ᄒᆞᆫ事實을國漢文으로譯出ᄒᆞ얏ᄂᆞᆫᄃᆡ其艱難危險의經歷과嘔心瀝血의景況이讀者의哀情을感發홀만ᄒᆞ오며其百折不屈의意氣와其九死靡變의熱誠이讀者의愛國心을激起홀만ᄒᆞ오니有志君子ᄂᆞᆫ不可不座右에置ᄒᆞ고常目에掛ᄒᆞᆯ冊子오니續續來購ᄒᆞ시옵

발賣所 皇城布屛下 廣學書舖 / 仝 博文書館 / 仁川杻峴 開新冊肆 / 平壤鍾路 耶蘇敎冊사 / 義州南門外 廣學書館

瑞士建國誌

定價金 新貨拾五錢

此冊은瑞士小國이ㅣ志士의救國救民ᄒᆞᆫ歷史라人民의愛國心을發成ᄒᆞᄂᆞᆫ대緊要ᄒᆞᆫ冊子오

發賣所

▲大韓每日申報社
▲仁川港杻峴 開新冊肆
▲中署布屛門下 金相萬冊肆
▲平壤城內烈女洞 敎育書舘
▲鍾路 古今書海舘
▲洞口越便 中央書舘
▲鍾路 大東書市
▲大廣橋 廣東書舘
▲仝 [illegible]文書舘
▲開城 姜助巡 冊사

▲定期大廉賣廣告▼

自十一月十五日 至十二月廿五日

獨習日語正則

鄭雲復氏著 特別減價一圜 郵稅 拾錢

此書ᄂᆞᆫ自天文地理로至農商工業諸般學術及人事百般히緊要ᄒᆞᆫ語句를網羅ᄒᆞ야正確ᄒᆞᆫ發音과簡明ᄒᆞᆫ翻譯으로編纂ᄒᆞ야獨習에가장便利ᄒᆞᆫ故로出版ᄒᆞᆫ지未久에千餘部를出售ᄒᆞ옵고再版의期가在邇ᄒᆞ온지라이에自本月十五日로十二月二十五日ᄭᆞ지定價一圜二十五錢에二拾五錢을減ᄒᆞ옵고一圜에出售ᄒᆞ와一般學界의便益을裨補코ᄌᆞᄒᆞ옵ᄂᆞᆫ바部數와日字의定限이잇ᄉᆞ오니江湖僉君子ᄂᆞᆫ爭先購覽ᄒᆞ시옵

(十二月二十五日以後에ᄂᆞᆫ定價外에一分不減홈)

京城中署布屛下三十七統六戶 廣學書舖 金相萬 告白

教育學

譯述 崔光玉 校閱 朴殷植 定價金廿五錢

此書ᄂᆞᆫ敎科書排列과敎授法則과訓鍊制度가詳細備載ᄒᆞ야一般敎育者의寶鑑이될터오니有志僉君子ᄂᆞᆫ速速購覽ᄒᆞ심敬要

發賣所 京布屛下書舖 金相萬 / 平壤貫洞 耶蘇敎書院 / 安岳邑 勉學會

[illegible]

各種洋裝書冊 學徒運動各器具 羅紗各種 [illegible] ᄒᆞ오니 [illegible] 바라나이다 仁川港杻峴 開新冊肆

▲新刊書籍發售廣告

增補無寃錄大全 定價金七拾五錢
大韓法規類纂洋裝 三圜五拾錢 郵稅四拾錢
初等倫理學敎科書 二拾錢
初等衛生學敎科書 拾五錢
國家學綱領 拾五錢
國民須知 八錢
愛國婦人傳 崇志週氏著 十五錢
發賣所 皇城布屛下 金相萬書舖

越南亡國史 國漢文 [illegible]

發行兼編輯人英國人 裵說 發行所 [illegible] 大韓每日申報社

光武九年八月十一日 明治卅八年八月十一日 (第三種郵便物認可) 土曜日 西曆一千九百七年十二月十四日

第五卷

第六百八十六號

大韓每日申報

月曜及慶節歲時休刊

檀君開國四千二百四十年
箕子元年三千二十九年
大韓開國五百十六年
日本明治四十年
淸國光緒三十三年
隆熙丁未十一月大初十日丁酉

論說

▲靑木大使의召還

日本內에서발刊ᄒᆞᄂᆞᆫ內外國文字의各新聞이靑木大使의歸國을召還이라稱ᄒᆞᆯ理由가無ᄒᆞ다拒言ᄒᆞ나然이나事實로ᄂᆞᆫ同氏後任을日本에數處報紙가業已商議ᄒᆞᆫ바其被任될一人은卽現任駐俄大使高平男爵이是也라此報導의正與不確은質言키不能이나吾人所知에靑木大使ᄂᆞᆫ政府와相談ᄒᆞᆯ事가有ᄒᆞ야召還을發ᄒᆞ엿고其後任之人을業已指名ᄒᆞ엿도다

此說이若表正確ᄒᆞ야靑木子爵이駐美大使之任을免解ᄒᆞᆷ에至ᄒᆞ면公正ᄒᆞᆫ心志를持ᄒᆞᆫ人士의最深ᄒᆞᆫ恨歎이依例로다移民問題를關係ᄒᆞ야困難及混雜ᄒᆞᆫ日美間交涉에셔同大使가失敗됨은果是事實이나然이나何如最能之人이라도當此交涉이면其成功이同氏보다過ᄒᆞᆯ지ᄂᆞᆫ未可必也라同氏之任이自國을爲ᄒᆞ야危境에셔進行ᄒᆞᄂᆞᆫ대在ᄒᆞ엿스니其必破裂될거슬豫防ᄒᆞ야弊害를禁止ᄒᆞᆷ이同氏의行ᄒᆞᆫ비로다今此靑木子爵의所遇를忖度ᄒᆞᆯ時에日露講和約을調印ᄒᆞᆫ小村男爵은亦可記憶이라同男爵의締約ᄒᆞᆫ거슬自國人이何如히詬毁ᄒᆞᆫ거슨吾輩中에忘却ᄒᆞᆫ者甚稀ᄒᆞ거니와日本人에셔嫉惡를最甚히受ᄒᆞᆫ人은同氏가是也니同氏의勤務ᄒᆞᆫ事業을罷之忘域이오其生命이往々히危機에在ᄒᆞ엿셧도다

然이나小村男爵의所當事機ᄂᆞᆫ今者靑木子爵의如彼困難ᄒᆞᆷ과不同ᄒᆞ니其結和ᄂᆞᆫ賠償을不有ᄒᆞ고但戰役을不繼ᄒᆞᆷ이어니와靑木大使의今日所遇ᄂᆞᆫ困難이尤甚ᄒᆞ야美國全部人民의抵抗을對立ᄒᆞᆫ지라

日人의平和的侵入을彼乃强硬抗逆ᄒᆞ야大統領及其官廳의調和的試圖가雖有ᄒᆞ라도公衆思想이堅拒不許ᄒᆞ엿도다事勢가如此ᄒᆞ니若靑木大使가不能을成就ᄒᆞ기에失敗ᄒᆞ엿다고解免을當ᄒᆞ면此ㅣ豈非不公苛虐耶아

官報

布達 (續)

宮內府官等俸給令을左갓치改正홈

隆熙元年十一月二十七日

奉 勅

宮內府大臣勳一等李允用

布達第一百六十四號

宮內府官等俸給令

第一條 親任式으로任ᄒᆞᄂᆞᆫ官을親任官으로ᄒᆞ고勅任官은三等에分ᄒᆞ고奏任官은四等에分ᄒᆞ고判任官은五等에分홈

第二條 親任官의官誥ᄂᆞᆫ親署後에御璽(制誥之寶)를鈐ᄒᆞ야宮內府大臣副署ᄒᆞ고宮內府大臣을任ᄒᆞᄂᆞᆫ官誥에ᄂᆞᆫ侍從院卿이副署홈

第三條 勅任官의官誥ᄂᆞᆫ御璽(制誥之寶)를鈐ᄒᆞ야宮內府大臣이奉行홈

第四條 奏任官의官誥ᄂᆞᆫ御璽(勅命之寶)를鈐ᄒᆞ야宮內府大臣이宣行홈 未完

外報

●俄人自願米兵 俄京電을據ᄒᆞᆫ즉米國이日本과戰爭ᄒᆞᆫ다ᄂᆞᆫ說이俄國各地에傳播ᄒᆞ야多數ᄒᆞᆫ俄國人民等이駐俄米公館에前往ᄒᆞ야米國兵卒이되기를自願ᄒᆞᄂᆞᆫ대米公館에셔答ᄒᆞ기를戰爭이되지안을旨로言ᄒᆞ미俄國人民等이擧皆落心ᄒᆞ더라

●日本會社破產 橫濱電을據ᄒᆞᆫ즉米國生絲製造會社에셔日本物貨를不爲買賣故로日本生絲會社가一朔內에破產ᄒᆞ얏다더라

●軍服改定 伯林電을據ᄒᆞᆫ則德國陸軍의軍制服色을改定ᄒᆞ엿ᄂᆞᆫ대服色은靑色으로軍鈕ᄂᆞᆫ銅으로改定ᄒᆞ엿다더라

●米王定立演說 米國某報를據ᄒᆞᆫ則米國미쉬긴三인아보地에在ᄒᆞᆫ法律學校敎師드렉씨가去月八日에學生에게對ᄒᆞ야演說ᄒᆞ기를只今在任大統領루스벨트氏를米國王으로定立ᄒᆞᄂᆞᆫ것이米國幸福이될事라ᄒᆞ엿더라

●火山出生 桑港電을據ᄒᆞᆫ則英國輪船이北氷洋으로桑港에回來ᄒᆞ엿ᄂᆞᆫ대火山一個가海中으로出生ᄒᆞᆷ을見ᄒᆞ고寫眞을撮影ᄒᆞ야寫眞館에送ᄒᆞ얏더니各地博物士가此를見ᄒᆞ고出生의原因을研究中이라더라

●各國軍艦噸數

英國	一六六一一一六〇〇噸
美國	六一一六一六〇〇〇噸
法國	六〇九〇七六〇〇〇噸
德國	五二九〇三二〇〇〇噸
日本	三七四七〇〇〇〇噸

只今은如右ᄒᆞ나各國에서製造ᄒᆞᄂᆞᆫ兵艦을畢了ᄒᆞ면法國이美國과同等이될터이라더라

●畢竟戰爭 米國太西洋艦隊가太平洋으로回航ᄒᆞᆫ다ᄒᆞᆷ은屢報ᄒᆞ얏거니와紐育電을據ᄒᆞᆫ則該艦隊에셔晝夜로砲物을豫備ᄒᆞ야本月十六日에桑港으로向ᄒᆞ야太平洋으로발船ᄒᆞᆫ다ᄒᆞ엿스니畢竟米日戰爭이速히될企望이有ᄒᆞ다ᄒᆞ엿더라

●米艦空氣船 米國某報를據ᄒᆞᆫ則米國艦長러브레씨가言ᄒᆞ기를五年之內에ᄂᆞᆫ丁寧코米國兵船마다空氣船을置ᄒᆞ리라ᄒᆞ엿더라

●淸國匪徒 北京電을據ᄒᆞᆫ則廣西省雲南間에匪徒가蜂起ᄒᆞ야住民을慘害ᄒᆞ고法國人의財產을奪取ᄒᆞ고雲南에셔軍機處에電報ᄒᆞᆫ則此를接ᄒᆞ고雲南總督에게答ᄒᆞ되沿兵鎭壓ᄒᆞ라ᄒᆞ엿더라

雜報

去日曜에西北學生親睦會에安昌浩氏演說 (續)

金河琰譯述

夫道德과智識이固吾人之茶飯語話인故로認以尋常物事者ㅣ亦普通之情이나然而吾人이言辭行動之間에若須臾離此則不可得以爲人矣니願諸君은傾聽哉어다夫道德者ᄂᆞᆫ受上天之賦予ᄒᆞ야存諸心身ᄒᆞ고行之事物ᄒᆞ야體大同仁ᄒᆞ고愛人如己ᄒᆞ야人類社會에相生相養之要素라古昔絶海孤島에獨自生活이면雖乏道德이라도猶可生存이어니와邇來에與社會로雜社會로共同生存코저ᄒᆞ면豈可一日而離此乎哉아若個人이不務道德之善良ᄒᆞ고徒隨物慾之貪淫이면現世界에立足可望이오吾邦國이不修道德之根法ᄒᆞ고尊奉侵伐之政略ᄒᆞ야使貴重之人命으로相殘殺戮之慘禍ᄒᆞ면不特悖逆天道라亡國滅種이亦不旋踵矣니豈不可懼哉아

智識者ᄂᆞᆫ以吾固有之知覺으로推諸事物之理ᄒᆞ야研究而極其通透ᄒᆞ고設成而盡其作用者是也라相彼禽鳥컨ᄃᆡ具有其兩翼이라야乃能奮飛오若缺其一이면飛也不得ᄒᆞᆯ지라吾人之有是道德과有是智識이如鳥之有兩翼也니豈可闕一乎哉아噫라至仁至尊ᄒᆞ신上天이降此烝民ᄒᆞ시니孰不有道德이며孰不有智識이리오만은各國人類가其能勤而修之者ᄂᆞᆫ享受其安康福祉ᄒᆞ고怠而棄之者ᄂᆞᆫ甘蹈其覆亡之禍轍ᄒᆞ니攷諸歷史에昭然可證이라我邦은自箕聖東渡ᄒᆞ샤八條施敎以來로人民이始知有道德政敎矣오伊後孔孟之敎가漸次興行ᄒᆞ야風淳俗美의效果를致ᄒᆞ얏스나然而其弊也ㅣ專히道德만崇尙ᄒᆞ고智識을賤視ᄒᆞ야吾人種族中에口稱孔孟ᄒᆞ고坐談性命者ᄂᆞᆫ上等人이라稱ᄒᆞ고農業이나商業이나工業이나從事ᄒᆞᄂᆞᆫ者ᄂᆞᆫ下等地位에墜落ᄒᆞ야不齒人類ᄒᆞᆫ지라由是로一般人生의利用厚生ᄒᆞᄂᆞᆫ智識은全然不講ᄒᆞᆫ지라以此規模로擴廣人稱ᄂᆞᆫ原始的時代에ᄂᆞᆫ僅能苟々生活이어니와人類가漸殖ᄒᆞ고需用이漸繁ᄒᆞᆫ今日에至ᄒᆞ야ᄂᆞᆫ決不可以昔日所產之數로濟其生命ᄒᆞ리니於是乎飢寒이到骨ᄒᆞ야不顧廉恥ᄒᆞ야金之所存을相爭ᄒᆞ야互相欺騙ᄒᆞ며互相漁ᄒᆞ야大魚中魚食으로爲其生計ᄒᆞ더니其究也ㅣ盜賊이遍滿八域ᄒᆞ야哀我同胞가不能一日安寢ᄒᆞ니然則落與固有之道德이迄今亦亡矣라夫鳥가缺其一翼이라도猶不能飛은況於其國民이면其不亦死乎아以我韓現狀으로觀之ᄒᆞ면道德과一無存焉則是ᄂᆞᆫ鳥之거共兩翼也니豈不痛哉아 未完

●民有冤日 靈山郡宜姑面大浦坪은洛東江의流域인대元來汚下ᄒᆞᆫ沼澤이有ᄒᆞ야耕作에不堪ᄒᆞᆷ으로一片蕪沼를成ᄒᆞ얏고其附近은曠漠ᄒᆞᆫ郊原인ᄃᆡ人民의所有에屬ᄒᆞᆫ浦田及稻田蘆田等이有ᄒᆞ야數百餘畝가溺沒ᄒᆞᆫ處이라附近十五洞民戶의耕作ᄒᆞᄂᆞᆫ產業은此에專仰ᄒᆞᄂᆞᆫ바인ᄃᆡ昨年春間에該郡首鄕記具宗書가각洞中浮浪者四五名을締結誘引ᄒᆞ야該大浦汚池一區를稱以蕪荒地開墾이라ᄒᆞ고日人中路民之助의게賣渡ᄒᆞ얏던지昨年秋收時에日人中路가具宗書를符同ᄒᆞ야稱云大浦附近에人民의所有田畓을竝幷買得ᄒᆞ얏다ᄒᆞ고巡檢을派送ᄒᆞ야每斗落賭租幾斗式合百餘石을勒收ᄒᆞ니哀此愚氓이外人의威喝과官吏의脅迫에不堪ᄒᆞ야畢竟賭租見奪ᄒᆞ고呼訴가無效라ᄒᆞ더라

●培校卒業 開城郡培養學校에서日語夜學速成科ㅣ同卒業을本月七日下午二時에設行ᄒᆞ엿ᄂᆞᆫ대愛國歌로開會ᄒᆞᆫ후에該校副校長姜助滄氏가趣旨를說明ᄒᆞ고本校長林圭永氏와本校敎師佐伯列次郞氏와來賓의問本廳書記閔鼓祖氏와金錫義일본廳斗林戰陽韓數학語氏가次第勸勉ᄒᆞ고卒業證書授與ᄒᆞ엿ᄂᆞᆫᄃᆡ速成日語科優等卒業生에宋泰暾等給四人이오速級生高永淡一人이오甚級優等生은普通一年級에吳明良等八人이오尋常三年級優等生에金彥秀等三人이오尋常二年級鄭錫國等十一人이오尋常一年級朴南成等九人이라더라

雜報

◎御眞奉安儀式 大皇帝陛下御眞을各官公立學校에一本式奉安케ᄒᆞ고奉安에對ᄒᆞ야注意事項을學部에서軆列ᄒᆞ야各學校에發訓ᄒᆞ얏ᄂᆞᆫᄃᆡ其注意條件이如左ᄒᆞ니

一御眞은其愼嚴ᄒᆞ기를爲ᄒᆞ야學校所在地監督官廳에奉安ᄒᆞ되監督官廳이無ᄒᆞᆫ處ᄂᆞᆫ他行政官廳에奉安ᄒᆞᆯ事

一儀式擧行ᄒᆞᆯ時ᄂᆞᆫ其當日에前項官廳으로브터式場에移安ᄒᆞ고閉式ᄒᆞᆫ後에即時前項官廳에還安ᄒᆞ되該校職員이躬自奉行ᄒᆞ야祗迎祗送ᄒᆞᄂᆞᆫ儀節은停置ᄒᆞᆯ事

◎軍大陛見 軍部大臣李秉武氏가昨日上午十一時에昌德宮에詣ᄒᆞ야 大皇帝陛下ᄭᅴ陛見ᄒᆞ얏다더라

◎奉侍廢止 太皇帝陛下ᄭᅴ近侍ᄒᆞᄂᆞᆫ奉侍가現今三人인대明年度爲始ᄒᆞ야ᄂᆞᆫ該奉侍의俸給豫筭이無ᄒᆞᆫ故로此亦廢止ᄒᆞᆫ다ᄂᆞᆫ說이有ᄒᆞ더라

◎有何曆折 각府郡新官制에關ᄒᆞᆫ事項은屢屢揭報ᄒᆞ얏거니와內閣에서更히修正ᄒᆞ야統監府同意ᄭᅡ지經由ᄒᆞ얏스되尙未頒布ᄒᆞᆷ은又有曆節ᄒᆞ야內閣에서現今協議中인ᄃᆡ今明間에ᄂᆞᆫ頒布ᄒᆞᆫ다더라

◎太妥未頒 內部에서郡守奏本을銓定ᄒᆞ야內閣에請議ᄒᆞ고統監府에同意ᄭᅡ지經由ᄒᆞ되尙今ᄭᆞ지頒布치아니ᄒᆞᆷ은奏本中에未妥ᄒᆞᆫ點이有ᄒᆞᆫ所以라더라

◎警察云任 平安北道警察使ᄂᆞᆫ前秘書丞尹甲炳氏가被任ᄒᆞᆯ로內定이되얏다더라

◎四氏云任 今番奏本에前郡守尹泌씨ᄂᆞᆫ漢州郡守를被任ᄒᆞ고前參尉徐相八氏ᄂᆞᆫ新溪郡守를被任ᄒᆞ고忠州觀察道主事睦源學氏ᄂᆞᆫ堤川郡守를被任ᄒᆞ얏다더라

◎各充其數 郡守奏本의處次宋秉畯시가一進會員으로四십窠를叙任ᄒᆞ라ᄒᆞᆷ으로奏本이遲滯되얏ᄂᆞᆫᄃᆡ내大가팔却치못ᄒᆞ야日前奏本의一進會員으로拾窠를叙任ᄒᆞ고俞星濬시ᄂᆞᆫ總相의게一緊으로금番奏本의自己族戚及親知七八窠를圖差ᄒᆞ엿다더라

◎經費請求 내部에서煖爐及書欄等購入費九百八拾圜을度支部로請求ᄒᆞ얏더라

◎豈無軍官資格乎 軍部에서前軍隊中에法官資格이有ᄒᆞᆫ人六人을法部로薦送ᄒᆞ얏다ᄂᆞᆫ說이有ᄒᆞ더라

◎捐金買家 金弘集씨가延諡된다ᄂᆞᆫ說은昨報에揭載ᄒᆞ얏거니와該씨가祠宇가無ᄒᆞ고家舍도無ᄒᆞᆫ故로兪吉濬趙義淵等諸씨가協議ᄒᆞ야金시門中可合人으로承養케ᄒᆞ고金額을多數捐助ᄒᆞ야家舍ᄭᅡ지買給ᄒᆞ기로決定ᄒᆞ얏다더라

◎陞等調査 年終이無幾ᄒᆞᆷ으로各府部에서陞等ᄒᆞᆯ官員을調査ᄒᆞᆫ다더라

◎鄙態依舊 郡守奏本이ᄆᆡ始됨으로鄕曲富客들이東西奔走ᄒᆞ야黨門勢家에逐日담至ᄒᆞᄂᆞᆫ情況比前尤甚ᄒᆞᆷ으로鄙悖ᄒᆞ다ᄂᆞᆫ評論이喧藉ᄒᆞ더라

◎校監一日 학部新官制에各學校마다日本人으로學監一人式을置ᄒᆞ야校장과校務를協議處理케ᄒᆞᆫ다더라

◎土性調査 拾三道驛屯土收租等節은度支部로附屬ᄒᆞ얏거니와土地에性質如何를調査ᄒᆞ기爲ᄒᆞ야委員을擇定派送ᄒᆞ지다더라

◎牛痘前人乎 軍部大臣李秉武시에게派來ᄒᆞᆫ日巡査永田佐藤太郞시가天然痘가발生ᄒᆞ야南門外病院에서治療ᄒᆞᆫ다더라

◎副會長被選 玄暎運시가開進教育會副會長을被選ᄒᆞ얏다더라

◎李氏行止 一進會장李容九氏가自衛團을巡視次로各地方을巡行ᄒᆞ야再昨日에春川觀察道에到着ᄒᆞ얏ᄂᆞᆫᄃᆡ本月十六日에入城ᄒᆞᆫ다ᄂᆞᆫ電報가該會本部에到達ᄒᆞ얏다더라

◎岳翁見督 閔元植시가有何濫用이던지一萬餘圜을負債ᄒᆞ고日本에渡去ᄒᆞᆫ時에其聘翁嚴俊源시의게書簡을寄付ᄒᆞ되該負債를報償ᄒᆞ라고擔任을식힌故로債主들이嚴俊源시의게督促ᄒᆞ야方在困難中이라더라

◎何事去了 農商工部大臣宋秉畯시家에서雇傭ᄒᆞᄂᆞᆫ婦女二名이日昨夜에無故이出他未還ᄒᆞᆫ故로該시家에셔理事廳과警察署에呼訴ᄒᆞ야現今搜索中이라더라

◎不悛前習 監獄署에서懲役ᄒᆞ다가금番赦典에放釋者等拾餘名이警視廳에被捉되얏ᄂᆞᆫᄃᆡ該犯等이不悛前習ᄒᆞ고人民에財産을掠奪ᄒᆞᆫ所以라더라

◎官報停送 軍部平理院度支部顧問室과其他某某官廳에서官報價를一一히支給치못ᄒᆞᆫ所以로官報課에서ᄂᆞᆫ昨日부터頒送ᄒᆞᆷ을停止ᄒᆞ얏다더라

◎異域病 宜寧郡新基村居余始坤이가七年前에日本에渡往ᄒᆞ여山口縣厚俠郡厚南村小島炭坑에勞動ᄒᆞ다가本來부터僂麻質斯病에罹ᄒᆞ여仝縣病院에서診斷ᄒᆞ고警察署의서救護中이며其家族의게通知ᄒᆞ여本月二拾日로該病人을引取케ᄒᆞ라고統監府의서내部로照會ᄒᆞ얏더라

◎事務處理 尙洞耶蘇敎堂에서地方會를개ᄒᆞ얏ᄂᆞᆫᄃᆡ監督히리지가會장되고哲學士趙元時시와장老師게불시가報單ᄒᆞ고각地方牧師及傳道人들이來叅ᄒᆞ야明年度財政預筭及諸般事務를處理ᄒᆞᆫ다더라

◎日民懇親 泥峴及龍山居留ᄒᆞᄂᆞᆫ日本人民會에서本日下午六時에泥峴花月樓에서懇親會를개ᄒᆞᆫ다더라

◎咸北放囚 今番赦典罪囚放釋成冊을法部로報告ᄒᆞ얏ᄂᆞᆫᄃᆡ咸北裁判所에拾六名이라더라

◎光校講習 中和郡私立光成學校의特設師範講習所ᄒᆞᆫ곳이一郡의聰明之士를募集ᄒᆞ여熱心敎授ᄒᆞᄂᆞᆫ바食費ᄭᆞ지一般任員이擔辦ᄒᆞ고速成ᄒᆞᆫ後에ᄂᆞᆫ장次義務敎育을實施ᄒᆞᆫ다니該郡有志紳士와任員諸시의熱誠은無不稱贊ᄒᆞᆫ다더라

▲地方消息▼

▲公州分派所警察報告를據ᄒᆞᆫ즉本月六日에馬時에義兵三拾名이聚屯ᄒᆞ엿다ᄂᆞᆫ風說을聞ᄒᆞ고所員及巡檢巡査가偵探ᄒᆞ기爲ᄒᆞ야急行ᄒᆞᆫ途中沙面店山上에서突然히義兵數拾名을遭遇ᄒᆞ야交戰ᄒᆞ엿다ᄒᆞ고

▲長城郡邑附近에義兵百餘名이侵入ᄒᆞ야同郡鄕使所員을捕縛ᄒᆞ야銃殺ᄒᆞ엿다ᄒᆞ고

▲本月十一日午後三時退溪院警備隊에서東大門警察隊에報告ᄒᆞ되去九日夜義兵四百餘名이同院을經過ᄒᆞ야四老里로向ᄒᆞᆫ다ᄂᆞᆫ說을聞ᄒᆞ고即時偵探ᄒᆞ기爲ᄒᆞ야出발ᄒᆞᆫ則義兵의影跡이無ᄒᆞᆷ으로發里酒店에서休息ᄒᆞ며義兵의行動을探知코ᄌᆞᄒᆞ야其店內室를披探ᄒᆞᆫ則服裝ᄒᆞᆫ兵丁七八名이室內에서急出ᄒᆞ야南方高地로向ᄒᆞ야逃走ᄒᆞᄂᆞᆫ것을睹見ᄒᆞ고追擊ᄒᆞᆫ則其山中에서義兵百餘名이散在ᄒᆞ야射擊ᄒᆞᄂᆞᆫ故로應戰ᄒᆞ다가逃走ᄒᆞ엿다ᄒᆞ고

▲陽德孟山谷山三郡에서義兵이多數히出沒ᄒᆞᄂᆞᆫ故로成川郡에駐屯ᄒᆞᆫ日兵이出往交戰ᄒᆞ얏ᄂᆞᆫᄃᆡ義兵은寧邊附近으로退却ᄒᆞ얏다ᄒᆞ고

▲水原金浦分派所管內의義兵大將은某某라記名ᄒᆞ고路傍의檄文을粘付ᄒᆞᆷ이如左ᄒᆞ니

我韓國現狀을思維컨ᄃᆡ豈不寒心哉아我二千萬同胞가一身同軆國을保而安民은人道의當然這義務라閔金浦ᄂᆞᆫ國家를不顧ᄒᆞ고若鼠之日本人을付隨ᄒᆞ고結稅를星火督促ᄒᆞ니稅金이國庫의收入ᄒᆞᄂᆞᆫ줄노思想ᄒᆞᄂᆞ냐汝等은日本人을汝之父祖로思想ᄒᆞᄂᆞ냐收捧ᄒᆞᄂᆞᆫ面장稅務主事及書記等을爲先燒殺ᄒᆞᆯ터이고巡檢巡査兵叅은加何ᄒᆞᆯ計인ᄃᆡ日本人을符同ᄒᆞ야人民을壓制ᄒᆞ니此ᄂᆞᆫ日人의種類라故로分派所를屠戮ᄒᆞᆯ터이고人民을驚動치아니ᄒᆞᆯ터이라金浦ᄂᆞᆫ耶蘇敎徒가多數ᄒᆞ니汝衆이同謀ᄒᆞ야爲先國家를保ᄒᆞ기를務ᄒᆞ고望ᄒᆞ나니天國의往ᄒᆞ기만엇지말ᄒᆞ랴반다시進步ᄒᆞᆯ道를講ᄒᆞ라万若不聽이면倭賊을斬ᄒᆞ던軍刀로써邑의赤血을濺ᄒᆞᆯ이라ᄒᆞ얏더라

▲去二拾七日의谷山郡分遣隊ᄂᆞᆫ文城里附近의셔義兵約二百名과交戰ᄒᆞ엿ᄂᆞᆫᄃᆡ義兵은退却ᄒᆞ엿다ᄒᆞ고

▲七日大邱郡多德分派所의義兵一百三拾名이襲擊ᄒᆞ다가巡査防戰으로因ᄒᆞ야退去ᄒᆞ얏다ᄒᆞ고

▲十一日求禮郡의義兵三百名이集合ᄒᆞ여同郡分派所를襲擊ᄒᆞᆯ準備中의日本人一名을殺害ᄒᆞ얏다더라

東京電報

拾二日發

◎風倒兵營 日昨夜强風의篠山聯隊步兵第二個中隊의兵舍全部가顚倒ᄒᆞ야負傷者가十九名이라더라

◎日本移民 南美移民은漸次有望ᄒᆞ야智利國의公使館을設置ᄒᆞᆯ議가有ᄒᆞᆫᄃᆡ明年度豫筭의計入ᄒᆞ야來期議會의提出ᄒᆞᆯ터이라더라

十三日발

◎語毅糊塗 淳妃의密정張(趙)其他四名은韓國 皇太子殿下ᄭᅦ對ᄒᆞᆫ日本의優遇를感ᄒᆞ야神戶의셔大坂ᄭᆞ지가ᄂᆞᆫ汽車의日本은韓國의敵意가無ᄒᆞ니陛下ᄭᅦ셔도御來遊ᄒᆞ셔도安全ᄒᆞ시겟다ᄒᆞ얏다더라

◎淸國暴動 淸國廣西省暴動의說ᄒᆞ야南淸警備티浪漂秋津島의兩艦은同方面의急行ᄒᆞ얏고英國砲艦二隻도急行하얏다더라

拾五日발

◎淸使歸國 淸國答禮大使의一行은今朝九時의退京ᄒᆞ얏ᄂᆞᆫᄃᆡ伏見若宮殿下以下多數官員이作別ᄒᆞ얏다더라

▲片片金▼

▲人民과政府가關係이되여야國家가振興ᄒᆞᆯ터인대今者에不然ᄒᆞ야各相仇視ᄒᆞ야氷炭이相迫ᄒᆞ니나라가일되길ᄂᆞᆫ가 醫國生

▲여보政府 內閣이變改된다ᄯᅡ가還集整頓ᄒᆞ얏스니무ᄉᆞᆷ藥을썻ᄂᆞᆫ지倉庫ᄲᅥ로盤石갓치굿엇더고 反對生

▲北村頑固宰相某某氏가時機을窺察하고畏首畏尾ᄒᆞ야壁上에覷戰ᄒᆞ더니무삼思想이萌動ᄒᆞ던지時局에有力ᄒᆞᆫ某大臣과氣脉이相通ᄒᆞ야夜夜密議ᄒᆞ니頑固宰相이또놀어ᄂᆞᆫ고 鼻笑生

▲現任內閣某大臣은日本에旅遊ᄒᆞᆯ時에日女을娶하얏다가近日에日女가渡韓ᄒᆞ야正室로定ᄒᆞᆫ다ᄒᆞ니正室夫人은엇지ᄒᆞ고前後夫人으로ᄒᆞ면後字를여ᄒᆞᆯ거시니左右夫人으로나定ᄒᆞ여보지 判決生

▲官制를改正ᄒᆞᆫ다더니及其官報頒布가되미日人만多數히叙任ᄒᆞ얏스니우리ᄂᆞᆫ엇지ᄒᆞ나차라리日語나비왓드면밥이나으더먹엇지 落仕生

▲近日에黨派가層生ᄒᆞ야曰政府黨이니曰民權黨이니曰守舊黨이니曰開化黨이니ᄒᆞ야鼎立ᄒᆞ니黨派時代이라ᄒᆞᆯ만ᄒᆞ고 觀局生

▲開化開化ᄒᆞ니엇지ᄒᆞ여야開化라ᄒᆞ오衣服이鮮明ᄒᆞ여야開化라ᄒᆞ오그럴리가잇쇼新空氣를吸收ᄒᆞ고新知識이발達ᄒᆞ여야開化라ᄒᆞᆯ만ᄒᆞ나커化ᄅᆞᆯ잘못ᄒᆞ면얼ᄭᅵ化ᄯᅡᄒᆞ오 愚齋生

▲國家의財政은사ᄅᆞᆷ의血脉이라血脉이枯渴ᄒᆞ면그사람이살겟소죽겟쇼現今貨源이已渴ᄒᆞ니生活을未辦이지오 經濟生

▲某會에서觀日書등某處에贈呈ᄒᆞ더니感謝ᄒᆞᆫ意를表ᄒᆞ기爲ᄒᆞ야幾圜을捐助ᄒᆞ얏스니片紙갑이六段ᄒᆞ더도 願助生

▲退鄕愚氓들이집신감발에周衣를절ᄯᅥ리고蔘藥子命여쓰고京城에上來ᄒᆞ야머리ᄂᆞᆫ굴ᄯᅮᆨ에박엇ᄯᅡ색여닌밤송이갓고허리ᄂᆞᆫ길마가지후여부천듯구부ᄒᆞᆫ것들이歲서맛ᄂᆞᆫ다시長安大道上에揚々自得ᄒᆞ야오락가락ᄒᆞᄂᆞᆫ저몰골좀보게世上亡치아니ᄒᆞ면變이지 병門觀者

◉急告各支社

各支社에每日발送ᄒᆞᄂᆞᆫ申報枚數가數千餘張인則一朔만計ᄒᆞ야도八萬餘張이온바代金을按月上送이라야本社가支保이거날少不掛意ᄒᆞ고或數三朔을常爲延滯ᄒᆞ야經費困難中況此年終에凡百酬應이爲難支過이옵기玆特急告ᄒᆞ오니相顧相顧의誼로 另念ᄒᆞ시와各購覽諸彦에게督捧ᄒᆞ야限拾五日內로자須濟帳ᄒᆞ심을務望홈

◉特別社告

本社經費窘絀ᄒᆞᆷ을因ᄒᆞ야自今以後로ᄂᆞᆫ各地方에本報購覽ᄒᆞ시ᄂᆞᆫ僉君子中二三朔未納處에ᄂᆞᆫ一體停送ᄒᆞ깃삽고또各支社에도限二三個月未納ᄒᆞᄂᆞᆫ境遇에ᄂᆞᆫ該支社認許를還收ᄒᆞ고卽爲廢止ᄒᆞ깃삽오니本報愛讀ᄒᆞ시ᄂᆞᆫ僉君子ᄂᆞᆫ 照亮ᄒᆞ시와代金을勿滯換送ᄒᆞ심을敬望홈

大韓每日申報社

雜報

●恩露願被 海美郡居韓胤東等八拾名이該郡에臨齋ᄒᆞ얏ᄂᆞᆫ데其先祖左相韓孝純씨가穆陵有勢之臣으로光海朝不幸之時를當ᄒᆞ야點昧罪名을未雪ᄒᆞ얏스니今日恩露之下에率皆均霑ᄒᆞᄂᆞᆫ事狀을陳達ᄒᆞ야酉擧復爵之典을千萬泣願이라ᄒᆞ얏더라

●逐月寄付 李敏卿氏가孤兒院特別贊成員으로셔自光武十一年一月爲始ᄒᆞ야金一圜式每朔寄付ᄒᆞ기로爲約ᄒᆞ고本年二月에二圜은先附ᄒᆞ엿고隆熙元年十二月에至ᄒᆞ야逗留ᄒᆞᆫ朔條十四圜을持來ᄒᆞ야日雖幾十年이라도每朔一圜式은作定例送ᄒᆞ다고ᄒᆞ얏다더라

●協成書館 平壤大同館門前에設立ᄒᆞᆫ敎育書籍館은業務를擴張ᄒᆞ기爲ᄒᆞ야改稱以協成書館이라ᄒᆞ고該地有志紳士金允和鄭在命朴鼎輔黃大永張膺湖外有錄諸氏가各出多額資金ᄒᆞ야學校에所用되ᄂᆞᆫ書冊紙筆墨硯帽子服裝及其他各種을一々準備貿賣ᄒᆞ야臨時便宜를得케ᄒᆞᆫ다더라

●漢北開會 來十六日(日曜日)下午一時에漢北學會에서特別總會를開ᄒᆞᆫ다더라

●普會討論 普成會館에서今日下午七點鐘에討論會를開ᄒᆞ고該題ᄂᆞᆫ機械ㅣ勝於智略이란問題로討論ᄒᆞᆫ다더라

●技局納財 典동等地外國人家에서李泰奉某씨와李正尉某씨가技局을設ᄒᆞ고熊川居朱某씨를誘引ᄒᆞ야數千圜을奪取ᄒᆞ얏다더라

●警察尤甚 近日漢城內外에賊黨이大盛ᄒᆞ야人民의財產을掠奪ᄒᆞᄂᆞᆫ弊가種種有之홈으로一般警察官吏들이夜行晝巡ᄒᆞ야別般刷察ᄒᆞᄂᆞᆫ中이라더라

●龍門兵火 楊根龍門山所在寺刹을日兵이沒數衝火하얏ᄂᆞᆫ데就中 皇貴妃殿下께셔巨額을下賜ᄒᆞ오셔建築ᄒᆞᆫ正一觀도亦在灰燼中이라ᄒᆞ더라

●刑巡被捉 再昨日下午七時에警務北署刑事巡檢朴淳元이가北署禁標等地로過去ᄒᆞᄂᆞᆫ데新門外西部社車夫殷卜成이가不顧ᄒᆞ고車를街頭上에留ᄒᆞ야通行이不便ᄒᆞᆫ故로他處로移置ᄒᆞ라ᄒᆞᆫ則該車夫가詬辱이無雙하며巡檢을返爲歐打ᄒᆞᆫ故로卽時捕縛ᄒᆞ야該署로押致ᄒᆞ야牢囚ᄒᆞ얏다더라

●機校有望 機張郡有志紳士吳憲根김仕鉉鄭基璜朴尙烈김乘胄諸씨가敎育에熱心ᄒᆞ야本郡鄕校를一新修繕ᄒᆞ야稱以普明學校라ᄒᆞ고經費ᄂᆞᆫ本校原有財產과各人補助金으로存本殖利ᄒᆞ기로預定ᄒᆞ고講師ᄂᆞᆫ鄭周謨김鳳浩兩씨로延聘敎授ᄒᆞᄂᆞᆫ대學徒가六七十名에達하얏다더라

●正誤 昨日本報雜報欄내의韓一銀行股ᄭᅳ의株字ᄂᆞᆫ圓字로誤植이기玆의正誤홈

廣告

●呼訴冤遞 安東稅務官차鴻儀씨가自莅任以後로新設刷務에凡干稅政을克勵方便民受其惠稅無徵漏而管內九郡니播在口碑러니今拾一月二拾九日大韓新聞에稅政上不法行爲로免官次度部에서內閣에請議ᄒᆞ엿다ᄒᆞ오니大抵不法行爲가稱外濫捧과違越章程과擅棄取剩과過期徵納과擅行刑政ᄒᆞᆫ此謂不法이거ᄂᆞᆯ無此五者而空然冤遞不啻愛惜이라一鄕紳民如失此稅官이오며際此擾攘之時에以安頓이다大방衆議方今上京에呼訴于 度部復任하기를請願ᄒᆞ오며玆에廣告홈

金成銖 權?穆 金炳宇 告白

本人이於乙巳五月分에瑞山郡金洛容家의畓土를給價七萬八千兩ᄒᆞ고成劵買得而其時證人과仲介金去來人이現在ᄒᆞ니一郡所共知어ᄂᆞᆯ該洛容이以公전犯으로浮躁經年이다가今年末에還境ᄒᆞ야以其畓庄을執留圖得次로見欺於高人云ᄒᆞ고暗生奪此充公之計나豈可得乎아已至訟下에彼奸이縱露ᄒᆞ야畢竟自服被囚ᄒᆞ얏스니內外國人은切勿見欺ᄒᆞ시오

南署美洞統?八統加三戶 吉永洙 告白

本校에서夜學科학員을募集ᄒᆞ오니願학僉員은本月十六日下午六点來臨希望

課程 日語 算術等

西署苧常洞私立養文學校 告白

法部와平理院勅奏判官諸시께서舊誼와本人을矜惻이顧念ᄒᆞ사本人의家夫喪에金額을捐助ᄒᆞ시고喪輿ᄭᆞ지扶助ᄒᆞ시와初終을勿虞이지니ᄉᆞ오니僉位厚意가萬々感謝ᄒᆞ옵기左에廣布홈

法部捐助金額

大臣二拾圜 次官十五圜

參與官 五圜 局장拾圜

書記官五員拾五圜 事務官二員六圜 書記郞拾五員十五圜 計金八拾六圜

平理院捐助金額

判事 宋振玉 金容泰 朴晩緖 李容相 朴?緖시 各十圜 檢事 鄭?奎

書記郞諸시喪輿賻助

羅 진시 각五圜

計金二拾六圜

前檢事洪鼎杓시夫人林씨 白

本月十四日土曜日下午一時에(西署夜珠峴官人俱樂部에서)通常會를開ᄒᆞ고會務를處理ᄒᆞ오니僉會員은屆期來臨ᄒᆞ심을望홈

大韓協會 告白

特別廣告

本社에서名帖印刷所를另設ᄒᆞ고各樣活字와印刷機械를具備ᄒᆞ엿고印刷이精美ᄒᆞ고價額도廉ᄒᆞ오되特別히低廉ᄒᆞ오니夫人의게ᄂᆞᆫ一層低廉ᄒᆞ오니僉位ᄂᆞᆫ來臨ᄒᆞ시와隨意請求홈

大韓每日申報社 告白

●第二回學員募集廣告

本校에서設立一年에職員의熱心과學員의勤勉으로成績이良好ᄒᆞᆫ바自一年級은二年級으로昇差하고一年級을新募ᄒᆞ오니願學人은本校에前期來臨ᄒᆞ야請願ᄒᆞ고左開日字에應試ᄒᆞ오되學科及規則은本校에來問事

但敎授時間은自午后六時至十后拾時

試驗科目 國漢文 讀書 作文 算術 (四則雜題)

試驗日字 陽來年一月四日

西署太平洞第四拾八統?戶

私立進信商業學校告白

本人瓦家貳拾三間半板刻劵壹度及姓名章壹介與戶籍見失則內外國人照亮홈

中署장道坊中谷六拾四統五戶 洪奎植 告白

北署安國坊安洞契第十二統五戶草家四間半舊文劵中間소失故玆以仰告하오니內外國人知悉홈

趙用舜 告白

弊店에셔上品石炭을販賣ᄒᆞ오니內外僉彦은光臨ᄒᆞ심을希望홈

西署毛橋四拾六統七戶

大韓人石炭商店

釜山港釜山面二洞後谷居?李學北玉에名字를以李鍾穆으로改定ᄒᆞ엿ᄉᆞ오니知舊照亮

李鍾穆 告白

北署鎭長방花開동二拾六統拾二戶草家八間半을右人商借本(?)西平兩傳貰而貰錢拏報後貰店漢城部立旨를遷推이다가本人이셔失故玆以廣告ᄒᆞ오니以此照亮ᄒᆞ옵

金?完 告白

正一品大勳閔泳徽閣下序　韋菴先生張志淵校閱幷序
涵齋先生安鍾和序　石灘先生? 璧敗(?)
陸瀛后人金鴻卿編纂

中等萬國新地志 二冊

金?醫

此書ᄂᆞᆫ中等학校敎科와普通新智識을硏究ᄒᆞ시ᄂᆞᆫ人士를爲ᄒᆞ야精撰ᄒᆞᆫ者ㅣ라近來我國의敎科書中에萬國地志도亦不爲不備ᄒᆞ나然이나其地名人名을每從漢音ᄒᆞ야日語而譯ᄒᆞ야其文字語音의互異홈으로轉生訛誤홈이頗多ᄒᆞᆫ지編者ㅣ以是爲病ᄒᆞ야사히其國의名稱을隨ᄒᆞ야以國文으로譯出ᄒᆞ야其眞을不失ᄒᆞ며且簡易ᄒᆞ고明瞭케ᄒᆞ야開卷一讀에戶庭을不出ᄒᆞ고能히各國의位置風土物產政治沿革等을周知홈이此書의眞價值라

發兌元中署布屛下廣학書舖 金相萬

發賣所 南門內尙洞 博文書館 安동 安峴書館
鍾路 大東書市 銅峴 博文書館
동口越便 中央書館 寺동 滙東書館
鍾路 古今書海館 廣橋 滙東書館
各地方 有名書市

廣告

本公司始造(?)大韓民特別紙捲煙草...新有市上販賣混雜...本牌爲證照不至誤

代售店 京城大貞洞 總代理店

總代理店 仁川朝鮮界 ...

일본정부제됴연초

한국일수방미
동아연초쥬식회샤
겸셩명동

廣告

△一本會社名稱

本會社名稱은爲子孫營業會社라홈

△二本會社主義와綱領

主義는子孫의營業을爲홈이오綱領은有無相資와商販旺達과製造由進也와家國致富此四件이라

△三本社組織

一 本社는原社員과贊成員으로組織홈

二 原社員은勿論門外國人男女老少尊卑貴賤학고股金預備혼人員으로作定홈

三 贊成員은勿論內外國人男女老少尊卑貴賤학고本社主義와綱領을發成코져학야義捐학는이로作定홈

△四本社規則

一 原社員의股金은一株股金을拾兩으로定학되一股로붓터百股로定홈

二 贊成員의義捐金은多少不拘홈

三 股金을聚合홀時에는本社圖章과臨時任員의身章을捺학야領收證을完全케繕給홈

四 股金을聚合된本日브터三十年爲限학고每年每兩頭二里例計利학되一年에一次式股主의게領收證을改繕홈

五 股金은一回브터六十回ᄭ지加添을許定홈

六 股主가若有不然之端학야限內自退하라면本股金으로出給홀기로作定홈

七 股主의股金은二里例로出利학되本社에서殖利학라는것은隨時酌定학고經費와利益은四綱領에需用홀기로作定홈

八 本會社는股金聚合된日부터水陸物交通容易處로設置홈

九 本社營業은主義와綱領에期於到達케학되或買賤賣貴학며或典執放債하되動産不動産을勿論학고物品이完實하고賣買가容易훈것으로執行홈

十 本社諸般事務는股票와擧手多少로可否를決取홈

十一 財政은財務와會計에게任학되可堪之人으로公薦홈

十二 財務와各任員의俸은隨事務학야相當훈月給을定학되若有不美之端이면本社中에서齊聲歸正학고如有律理上葛藤이면付之法司홈

△五本社任員

一 社長一人副社長一人書記三人總務一人財務三人會計一人勸察二拾人으로定학되會中事務擴廣되는대로隨時加籍홈

△六任員의任期

一 諸般任員의任期는六個月로定限홈

△七任員의職務

一 社長은社中諸般事務를管理홀事

二 副社長은原社長의凡百事務를幫助학되原社長이有故홀時에는副社長이代理홀事

三 書記는社中文簿를主管홈

四 財務는財政을擔任하야本社營業上에葛藤이無케홀事

五 會計는社中財政出入을昭詳記載학야會日에報告홀事

六 總務는會中諸般事務를隨時總務홀事

七 勸察은出則勸人入社학고入則查察正會홀事

△八社員追入

一 社員의入會는證書를請願혼後許入홀事

△九本會社特別定規

一 本會社開會閉會時에讚美학고聖經講論학고祈禱一致은耶蘇敎人의게特任홈

發起人 金鼎濟 崔重珍

社長 井邑長命里 朴性天

副社長 扶安牛浦 金鼎濟

書記 興德後浦 李大洙

興德堤村 高 權

井邑台谷 曹性範

財務 井邑帽嚴 權淳敎

井邑川院 金云瑞

泰仁梅溪 黃雲燮

會計

總務 泰仁校村 宋燦鎬

本人시先山在於本里數百年守護而去乙巳八月家夫與시母櫬葬於先塋后傍來田突下茶洞누命錫與其子斗仁稱以渠山越谷越坪越塚累百步爲龍之地無端禁葬濫稱 勅令[illegible]若大率來明夫姑兩塚無難破掘豈有如許之法乎抱冤呼天血忿奈何命錫之罪不可容貸故擧事裁判中玆以廣告幸須文明同胞以此照亮

東小門外大水踰里 寡召史 白

本人의子金鍾鎬이가性本浮浪학야家產을蕩敗학엿스오니內外國人은勿爲見欺홈

聊洞太井洞六十九統七戶 徐召史 白

發行兼編輯人 英國人 裵說

發行所 漢城南署[illegible] 大韓每日申報社

第五卷

大韓每日申報

百八十七號

月曜及慶節 歲時日休刊

檀君開國四千二百四十年
箕子紀元三千二十九年
大韓開國五百十六年
日本明治四十年
淸國光緖三十三年
陰曆丁未十一月大十一日戊戌

寄書

◉見皇城報面伊藤侯演說於大東學會之趣旨一筆趣感　白山靑年

夜來소雪壁上多粟早朝新報忙閱未半至讀伊藤之演說於大東學會自不覺嘔血장歎也該會生存之趣旨旣不詳悉伊藤之忝會亦可訝點初以大學首章畧干注釋末乃衣食足而知禮節等句語塞責言過言則非不是也但其云衷心厚望範圍何在噫彼當日俯首聽說之輩孔孟諸君果欣然快心耶又獲些金之橫財必有百拜之感心宿嫌氷釋新情膠合藉道孔孟誘術文明聽錯伊日僉賢當局荒迷自在坐裏許而不知察也故玆付數語宜可遐聽哉伊藤之言曰大學之道在明々德而明德所盛之器即靈臺也然則靈臺所在之位置無乃血搆的身體耶身體壯健然後靈臺晏靜必然之理而今有一人剝割其四肢百體欲望其明德之明則得乎否乎且明德心性之包括而心性分而言之即仁義禮智信是也此五個字中信是觀粘如ㅎ行之土壞球之軸道式無信餘皆不立矣故個人及列國交際信之一字果其要素也然則伊藤之於我關聯以來信乎否乎又言利用厚生有恒產然後有恒心此是經濟的生產然後事而ㅎ今國ㅣ不論交通及個別我或試手之處有乎無乎其云深憂韓國之貧弱欲致文明富强之域而今此

皇太子殿下臨駕東遊文明敎育培植國本而擔承輔導之責實踐孔맹之道一以貫之之意已爲歷布諸大臣及元老凶獰詐謠何其甚耶此所謂大誥之書入於王莽之筆則爲好言果孰偏辭也所說首末言雖出於伊藤之口趣旨實非將文之腔子夫文字言語之表示言語心情之所발而其奸臆巧言不目如靚況其文脈相蹊接ㅎ未知孫草而言耶抑或該會何許腐儒聽言直譯歎迎伊藤之本心而假將當時、文候爵之虎威欲掩天下之目而矜誇該會之特色哉嗚呼痛矣原來孔맹之道哲學上道德政治部分混同言其簡編遺語不過是原理而統括言之孝悌忠信而已矣若欲後人之研究實踐則經衛制宜擴前聖之所未발然後爲可而現以所遺但佛坐陋儒則挽回我國運救活我生靈得乎否乎不啻此也又以伊藤之過去歷史觀之其在四十年前維新其國行立憲之政略至有今日之結果是亦但守明德之所致耶況我現狀雖有天賦之性奈無血搆之體其何明德祖國疆土雖云我居敵國版圖其能生活耶其云無衣食則腹空背寒之說無乃謂飢者嘗食肉之語使登乍者之梯而威嚇者哉正如百石之家翁常謂其奴僕雇傭者曰汝等若勤農務則必給債今又脫奴籍等語是實伊藤之心案也又援用遼大話計者湧德之學使人無限服從顧無活動之氣承順政界之命令旣有一例支那古代

漢沛公輿儒者相見尙解其冠溲溺其中矣及其得天下之後過魯祭孔廟即其順從的意趣而今此伊藤之誘卄不啻此也觀察全國不知道德之甚事物泛稱孔孟之道者占在多數部分故藉此弄舌無中趣意欲釣腐儒之阿附是可忍也孰不可忍也其所稍覺時勢勇進維新者惟患後慮恐以夫子之道反害夫子故알出枯苗斬絕生機惟恐不及是豈文明輔導耶嗚呼大東학會其果欣悅哉悲憤哉如或欣悅援用小中華之例語改稱小日本學會而勿汚大東二字哉

常々我四千年祖國疆土二千萬靑生血族豈可呑入于一人之口而以一人之手掩盡天下之目耶計亦拙矣替勿如是革然改悟聽我一言與之左列右排奴顏婢膝之諸講政客走兎旣死狗可烹也前膽後顧척鬼狐假之無賴國從飛鳥亦盡弓可藏也而候之恒時詈必稱東洋平和與我敦睦之維持施措之方策果非別件事也一如在明治維新的模範實心做去則良好結果也自原因也有何可慮區々演說奸狀綻露令人叱唾哉侯之現在近慮遠憂者內振義士之蜂起國民人命之殺害隣强挑隙設計其將來事則積年兵疲之際戰爭之最大困難也我是舊年也外交大勢雖未可詳消俄國不無宿嫌也有援助且有淸鹽借用之圖然則海上敵勢已占半數況出於地招懸幫助不是是關茲

蒼々蒼天豈其無知雖高聽卑必有循環之日則侯之奸猾之計豈可試之地哉使東洋人族陷入水火之中使彼鼻高眼背者執牛耳而鞭撻則是可快耶

嗚呼伊藤侯果有萬歲流芳於東洋歷史之心則無但設忠於自國幸守信義於隣邦與我條約之多少天下之人莫不欲憤怒而唾罵我示一片休紙其擴充我實力則一旗之擧會山之恥可以雪再鼓之鳴城下之盟亦可자消有何用處耶設使依條約而言之我之獨立聲明世界國權之完璧果契約上停正條件而我之能力발育實貴國後見指導即其行爲之要具而今我一切行動雖範圍以內不得自由生殺與奪無所不爲其所謂施政改善以登庸者觀之叱大辱父之惡棍占據要位且決政界社會逼迫政界命令官ㅣ激動人民於斯之間衝突起矣척謂衛不能當即自取焉此所謂結之解之貽病賜ㄴ非新之賊賊嗚呼伊藤侯今者毫髮果是眞保東洋其於祖煎太急釜中之泣姑不足恤壁上之觀是甚可憐也嗟大東학會種與萬영不如聽我一言淸晨案頭汲汲講求哉

官報

◎三千九百四十九號　隆熙元年十二月十四日

叙任及辭令

從二品 權璟亨
仝 白時鏞
正三品 鄭喆敎
六品 李宗鎬
帝室財產整理局事務囑托
(奏任待遇)
正三品 秦羲煥　六品 尹承秀
仝 魏一鏞　九品 崔錫範
九品 河在運
帝室財產整理局事務囑托
(判任待遇)
修史院書記 尹泰植
仝 朴信陽
仝 趙秉敎
叙判任官四等
從二品 閔完植
正三品 金仁吉
任掌禮院樂師
六品 吳興俊
金昌玄
任典膳司掌膳
掌禮院典祀 朴弘陽

外報

◎韓法氏演說　美國某報를據ᄒᆫ則美國人韓法氏가韓國을爲ᄒ야盡力ᄒᄂᆞᆫ거ᄂᆞᆫ擧皆所知어니와日前에美國桑港에在ᄒᆫ韓人靑年會에서該氏가演說ᄒ엿ᄂᆞᆫᄃᆡ諸君은前日之多數變亂을勿爲落心ᄒ고將來之自國精神을益加一層ᄒ야獨立權回復之心을圖謀ᄒᆯ지어다大抵天神이至公無私ᄒ샤願求ᄒᄂᆞᆫ獨立者의게獨立을許與ᄒ시ᄂᆞ니諸君은[illegible]家ᄒ야不顧一身ᄒ기로[illegible]노라爲者不然이면獨立企望이汲還矣리니注意ᄒᆯ지어다然이나日本이世界强國이라自稱ᄒ나今日之日本文明을比言ᄒ면如無根之花니其花가當時에ᄂᆞᆫ見好ᄒ나過時則不久ᄒᆯ지라現今日人이韓國에서威勢로暴行ᄒᄂᆞᆫ것이自取敗亡으로已知ᄒ노라我ᄂᆞᆫ在留韓國ᄒᆫ지數十年間에日人之虐政을目見ᄒ고今日에歸國ᄒ야韓國情形으로美國各處에公論을欲起코져ᄒ야方今實行中이라ᄒ엿다더라

◎談判中止　北京電을據ᄒᆫ즉山西省의鑛山問題交涉은北京에서談判中인ᄃᆡ江蘇浙江과如ᄒᆫ紛擾가起ᄒᆯ듯ᄒ야一時中止ᄒ얏다더라

◎鐵道回收問題　北京電을據ᄒᆫ즉浙江鐵道回收問題가發生ᄒ야北京에서談判ᄒᆫ다더라

◎裁判所放火　日本名古屋通信을據ᄒᆫ則去七日名古屋地方裁判所에放火ᄒᆫ者이有ᄒᆷ으로目下犯人을探知中이라더라

◎農會同盟派遣　羅馬電을據ᄒᆫ則羅馬에서萬國農會를開ᄒ엿ᄂᆞᆫᄃᆡ諸國에서議會에派遣ᄒ기로淸國도農會에同盟ᄒ깃다ᄒ엿더라

◎日人排斥法案　東京電을據ᄒᆫ則米國加洲에서選定議員이去番議會에서提出ᄒᆫ日本人排斥法案을旣히議定ᄒᆷ이有ᄒ나去七日日本外相이米國大使와外務省에서會見ᄒ고右排斥法案에對ᄒ야論議ᄒ엿다더라

◎決死者上京　北京電을據ᄒᆫ則浙江省鐵道借款反對派의首領張元世以下五名은決死ᄒ기로宣言ᄒ고上京ᄒ엿다ᄂᆞᆫ報가有ᄒᆫᄃᆡ右六兵은浙江省人民의代表者로借款問題結果셔지反對ᄒ기로ᄒᆫ다더라

◎火山崩坼　日本岐阜電을據ᄒᆫ則飛驒岡에서鑛業ᄒᄂᆞᆫ山岳이大然이崩壞ᄒ야火山이忽折ᄒ얏ᄂᆞᆫᄃᆡ該鑛業에서被害ᄒᆫ者ᄂᆞᆫ不分明ᄒ고其附近人心이恂恂ᄒ다더라

雜報

◎祿貧商牌長　皇太子殿下의셔日本에　御渡ᄒ시던日에大阪學徒長中兵營씨가韓致愈氏를對ᄒ야日祇迎等節을同力周旋ᄒ더니韓氏日語進敎育會總務인즉念不及他ᄒ거ᄂᆞᆯ中兵營氏曰今爲祿貧商牌長이라ᄒ엿던지韓氏가關進敎育會에서公佈ᄒ되中兵營씨가對我日祿貧商牌長이라ᄒ니會員中諸日行爲가何如ᄒ기에如此不美之說이有ᄒ야ᄒ거ᄂᆞᆯ會長諸시가中시의게總代를派送ᄒ야實問ᄒ즉不言ᄒ매시가退當思乞ᄒ야實間을停止ᄒ얏다더라

雜報

◉大詔煥發 太皇帝陛下게셔下詔하사曰 嗚呼今玆地方之擾迄未寧息是豈我赤子偏有好亂樂禍之心甘罹鋒鏑之虞哉亶不過愚迷謬誤是非顚倒而然也原其心則曷嘗必誅之罪說其咎在於素不教育任其冥擿如孺子之匍匐將入井而坐視不救又從以擠之甚況値大寒歲暮顚連於氷雪之中且其父母依閭而泣妻子啼飢而待濟目愁慘任々皆爲民父母念到于此寧不惻然而下淚哉從今以後始務梗化者在法罔赦其或覺悔而非誠心歸順情確無疑者不問前罪俾就地方官廳保護之下給與免罪文憑許其安堵樂業使蝮蛇爲赤子可也咨爾有司諸臣克體朕好生之心布諭施行하라 하셧더라

◉別宮修費 太皇帝陛下께셔安洞別宮으로移 御하실터인故로該宮修理費二萬圜을再昨日에度支部에셔支撥하엿다더라

◉動駕日子 大皇帝陛下께옵셔來本月拾八日에圜丘壇에幸行하옵셔省牲省器하시고德壽宮에 問安하신다더라

◉義王叉渡 義親王殿下께셔陰曆本月內로日本에還渡하실預定이라더라

◉宮相旅費 宮內府大臣李允用氏가日本에渡去할時에太皇帝陛下께셔旅費三千圜을下賜하옵시고政府에셔一萬三千圜을支撥하얏다더라

◉問使渡日 皇太子殿下問安使朴容激씨가日本에渡去할事는前報에揭載하얏거니와留學生中朴容求박容泰朴齊根秦載務張業準等을帶同以去하얏다더라

◉儲寄附 日本皇太子殿下게셔興士團에儲拾萬圓을寄付하셧는대一萬圓은去九日에某銀行에셔推去하고餘額九萬圓은二三日間推去하다더라

◉日儲賜發 昨日日本皇太子殿下御渡韓時에各學校의日人敎師의게酒饌料로下賜하신金額을京鄕各日本教師人員의게學部에셔頒送하는대奏任教師는一圓式이오判任教師는五十錢式이라더라

◉內閣移接 內閣을昌德宮으로移接하고諸般什物은今日에沒數運搬하고明日부터總理大臣以下一般官吏가該闕內로仕進視務하다더라

◉農部移設 農商工部를本月二十五日에商博覽會로移設할터인데物品運搬하는事에對하야農商工部에셔其任員을組織하얏다더라

◉履歷修納 郡守奏本을內閣에請議하얏다함은累々揭報하얏거니와郡守로被選된人員의履歷書를內部에셔內閣으로修納한後에頒布가된다더라

◉帶同渡日 尙鍾장殿侯源氏가今月十六日에日本에渡去할터인데其夫人과乳母一人과九成軒씨이二名과李秉稷金泰植金權植等諸氏를帶同以去한다더라

◉兩守辭免 宜寧郡守리年夏陝川郡守李敏恒兩氏가身病이有하야視務末由라고內部에辭職請願하얏다더라

◉郡守請復 安風郡民金회祚等拾九名이該郡守김承約氏가陰拾月二十四日에遭憂하얏는데國典에五拾日起復하는章程이有하나騷擾한時를當하야父母와如히依仰하든郡守를一日이라도曠官함이民情에悶迫하오니不日起復케하라고內部에請願하얏더라

◉士團開議 興士團에셔昨日下午七時半에評議會를開하고諸般事務를議決하얏다더라

◉部長威儀 自衛團巡視總部長李容九氏가會員四拾名을率服鎗銃하야領率巡行한다더라

◉宮女入校 宮女中에六名을選拔하야來月二十日부터박동明新학校에入學케한다더라

◉胡不審査 法部에셔慶南裁判所檢事朴準性氏의게訓令하되貴電報는接閱이엿싸勅奏任官의審問事案을先行招致査覈하야實有犯跡이어든修報奏拿케할意로已有訓飭이거늘今於李宗稙事에何不先審하야具由報明하고遽以電報로奏拿歟아殊涉訝惑이라該宗稙을即行審査하야確有罪証이어든即爲報來하야以爲奏聞케함이可라하얏더라

◉勅入衛團 西來人에傳說를聞한則宜川郡守俞鎭浩氏가去月晦頃에十面面民을招到하야不日內로自衛團을組織하라하며自拾五歲以上四十歲以下는該團에不參하면暴徒로治罪하깃다는故로民心이騷擾한다더라

◉兩魔密議 去日曜日에明月館各新聞記者懇親會에셔國民新報記者와大韓新聞記者가附耳密語에酬酌이殷勤하다더니畢竟本報에對하야雄唱雌和로同時詆辱之擧가有하니兩報記者의同心做謀는一般世人이如見肺肝이라더라

◉咸守長眠 咸安郡守金秉吉씨가身故하얏다고該道觀察使가內部로報告하얏다더라

◉日設農會 日本人農학博士本田幸介氏와其他某씨가발起하야韓國中央農會를組織하고農商工部官吏中에有志人員이入會하기를請하얏는대其趣旨인則農林을발達케함이라더라

◉米館判決 雲山郡金礦에셔米國人이宋一龍을殺害한事件을平理院判事와法務補佐官이米領事館에셔公判한則米國人의濫殺이分明함으로法部에셔該事由를統監府로移照하얏다더라

◉贖錢越交 慶南裁判所罪人에게贖전一千五百圜을晋州郡支金庫로納入하고該裁判所에셔法部로報告하얏다더라

◉薦乙誰耶 法部에셔宮內府로照會하되本月二日官報에帶璽會計監査院監査官金臣三品劉文煥으로敍任揭載하얏스오나此卽敬差所管法官養成所教官劉文煥이온지抑有他劉文煥이온지若該所教官劉文煥이오면初無該部同意而敍任은緣何理由이온지訝惑不無이옵기玆에仰照하오니示明하라힛더라

◉書類謬給 京畿觀察使李圭桓氏가法部로報告하되楊根郡守鄭元謨報告內開本郡經焚之際에各項文簿가入於灰燼中하야凡於公事에無憑可考하와事務[illegible]擯要와刑法大全等冊子는購來於書舖이오나土地家屋證明簿와手數料納付書는轉報法部하오셔該冊子를更給하라힛더라

◉經擾後報 京畿觀察使李圭桓씨가該道管下十六郡義徒의게被燒戶數及被害人을調査하야內部로報來하얏는데安山郡에被害一名重傷四名被燒九戶오坡州郡에被燒六戶요富平郡에被害六名이오장湍郡에日人一名被害요安城郡에被害四名과被燒一百二戶요陽智郡에一進會員一名被害하고二名은重傷이오被燒拾五戶요江華郡에被害拾六名이오被燒五戶요積城郡에被害六名이오被燒가二十七戶요楊州郡에被害拾五名이오被燒가一百四拾二戶요豊德郡에被害八名이오燒戶가六戶요楊根郡에被害十五名이오被燒四百五十五戶오抱川郡에被害가二名이더라

◉邪詭宜禁 京畿觀察使가內部로報告하되春德郡守李允鐘報告내開에本郡北面山上里德勿山頂最高處에曾有烽燧臺러니今爲撤廢하고臺址下에有一座神祠하와壞니巫격이會集所禱하고山下동民四拾三戶가春秋에粢정을例取하오며莊祖를帶位牌와慶朝崔將軍塋에塑像을奉安하와遠近人民이咸來祈祝하야禁之不得이라等因이온바此를査하오니邪詭之類가莫重한位牌를藉托하고人心을眩惑하오미殊甚慨歎이온則位牌는從便移安하야該祠는毁撤하오미何如하온지하얏더라

◉一進被害 龍仁郡에셔去拾一日에義兵數百名이來到하야一進支會長沈宜혁시를殺害하고日巡査一名도亦爲被害하얏다더라

▲地方消息▼

▲再昨日午前에義兵數十名이北靑郡泥谷里대에來襲하야北靑 憲會支部會員二十名을銃殺하얏다고支署長元貞常이가日憲兵本部에打電하얏다하고

▲黃州郡銀波里에義兵以百名이集會하얏다함으로日兵二十名을該地로派送하얏다하고

▲去七日午前六時에鄭煥直의率한義兵一百三十名이盈德郡分派所를襲擊하얏다하고

▲去九日信川郡西方約十里地点에셔義兵이遞傳夫를捕縛하고郵便物을掠奪하얏다하고

▲去拾三日黃州銀波場에셔義兵이蜂起하야韓人家屋一戶를燒火하얏다하고

▲去十三日楊口郡加古里附近에義兵一千餘名이集合中인대春川守備隊가討伐하기爲하야警察隊와合勢하야該地로出發하얏다하고

▲平山郡義兵首魁陳老實의甥姪과陳老植과發蘇채仲大채昇伯等에게金三千圜과金塊及沙金約十兩重을携帶하고銃器를購入할目的으로金津郡赤영浦에셔漁船을乘하고淸國으로赴하랴다가九籃幌의셔日巡査의게逮捕하얏다하고又海州郡西部義兵의魁首金進士라하는이가金三百圜을携帶하고火藥을購入하기爲하야漁船을乘하고仁川으로往하랴다가龍頭浦에셔逮捕되얏다하고

▲拾二日振威郡葛塘所近에義兵이在하다함을日兵이探知하고即爲跟迫하되形跡이無하다하고水原府附郡地方에義兵이橫行한다는報를日警에셔聞知하고同地로急行하얏다더라

東京電報

◉大使改稱 十三日發 韓國答禮大使를自今으로特派大使로改稱할旨로接하고伴接官으로發表하라하얏더라

◉特使觀光 同日發 韓國特派大使는今日午後에西園寺首相과田中宮相과其他를訪問한後上野博物館를觀覽하얏다더라

◉候補辭退 十四日발 米國大統領은第三回의候補者된것을辭退하기로宣言를발表하얏다더라

▲旗亭甲乙▼

▲甲乙丙丁石榻上에甲乙老人이相對하야甲乙로論評한다

(甲)現今局勢가日非하야八城이鼎沸하고生靈이魚肉되되袖手傍觀에止戢하는方策이無하니當局한內閣大臣은尸位素餐이아닌가

(乙)여보그말마오當局大臣은自己地位를維持하기에念不及他하고地方民情은他人의任擲하얏스니生령魚肉을밧길새

(甲)그리하면自己食口로仕宦圖差한餘暇는잇서도安民할餘暇는업단말이오

(乙)글엇치오今番郡守奏本에도總理食口니內大食口니度大食口니三分五裂에各其分排하다가奏本이延拖하니그밧게무삼思想이또잇깃소

(甲)當局大臣이賣國賊名은듯지마는其亦人類이면似有靦恥라蒼生이塗炭에陷하고局勢가一變에危할때豈不顧念이리오

(乙)仕宦에暗昧한者는鴉片에吸烟과恰似하니一次領服하면精神이昏迷하야廉恥가全沒하야甚至於社會上에名譽가有한다는某氏도郡守七八窠賣[illegible]

(甲)無君子면莫治野人이오無野人이면莫養君子라하니當局執政者는百姓을依賴치아니하고外人만依賴하니百姓은誰를依賴하나

(乙)저런君子들은國家를蠶食할다外人을依賴할다하지마는우리野人들이야井中之蛙라外人도不知요또다祖國思想이第一이야賣國하는君子들을依賴할슈업지

(甲)然則現今時代에는依賴二字쓴대업고外人도依賴말고君子도依賴말고우리野人세리自由生活이第一이오

(乙)自由生活도혼즐은뉘모르리마는人皆重足하야朝不慮夕하야生命은以是而難保하고財產은以是而敗殘하니束縛中에在하고야自由를엇지하오

◉急告各支社

各支社에每日발送ᄒと申報枚數가數千餘張인則一朔만計ᄒ야도九萬餘張이온바代金을按月上送이라야本社가支保이거날少不掛意ᄒ고或數三朔을常爲延滯ᄒ야經費困難中況此年終에凡百酬應이萬難支過이옵기玆特謹告ᄒ오니相輔相翼의誼를另念ᄒ시와各購覽諸氏에게督捧ᄒ야限拾五日內로각須清帳ᄒ심을務望홈

◉特別社告

本社經費窘絀홈을因ᄒ야自今以後と各地方에本報購覽ᄒ시と僉君子中二三朔未納處에と一體停送ᄒ깃숩고또各支社에도限二三個月未納ᄒと境遇에と該支社認許를還收ᄒ고即爲廢止홀터이오니本報愛讀ᄒ시と僉君子と照亮ᄒ시와代金을勿滯換送ᄒ심을敬要홈

大韓每日申報社

雜報

●興士團趣旨書

國民의文明進取하と步趨と其知識의啓발과道德의修養ᄒと程度를隨ᄒ야高下가形ᄒ며遲速이現ᄒᄂ니然ᄒ즉國家萬世의大計と國民의知識을啓발홈과道德을修養홈에在ᄒ고知識을啓발ᄒ고道德을修養ᄒと道と一言으로蔽ᄒ야教育에存ᄒ다謂홀지오며教育에本義と학術의授與와品性에陶冶를主하야人의智能을助長ᄒ고德義를발揮하야人으로ᄒ야금人의人되と權利를知케ᄒ며人으로ᄒ야금人의人되と義務를知케ᄒ야써人生의幸福을完全케홈에在ᄒ즉人의人되と道と教育을捨ᄒ고と他路가更無ᄒ도다

是以로國民의教育은普及을主홈이可ᄒᄂ니蓋少數一部의獨修ᄒ學問이國民全体에對ᄒ야其裨益이弘多치못ᄒ則國家의堅實ᄒ基礎를建ᄒ고社會의光明ᄒ門戶를闢코져홀진더最大多數의知識과道德이齊一無偏ᄒ을要ᄒと지라此乃普通教育으로써國民教育이라謂홀진져

凡人이學ᄒ즉皆士라故로普通教育으로써國民을導養ᄒ야士의根基를定홈이可ᄒᄂ나今日의士와古時의士와異ᄒ所以오며古時의士と四民의一에居ᄒ야一種特立ᄒ階級을成ᄒᄂ니是と當時教育을受ᄒ야士되기에足ᄒ知識道德을獨有ᄒ故로其名稱을享有홈이나然이나今日에と不然ᄒ야農商工中何業에從ᄒ던지苟士의知識과道德이備ᄒ진대亦士니何必其業務를因ᄒ야名稱을區別ᄒ리오世間에萬千事業을勿論ᄒ고士로以ᄒ즉廉恥를重히ᄒ며智力에富ᄒ야其利益이個人一己에止치아니ᄒ고國家全体에及ᄒᄂ니宇內諸國의日新興盛을致ᄒと者と此에職由홈이라

今에我邦의教育을擧ᄒ야過去狀態도論홀건더학制를不立ᄒ고國中子弟의蒙養하と法을家庭의自由에放任ᄒ故로학風이廣行치못ᄒ야國民에十中八九と文字에對ᄒ盲인듯啞인듯聾인듯茫然히能觀能言能聽ᄒと人形과如ᄒ고且其授受ᄒと학問은功令을專主ᄒ야實理에昧ᄒ며虛名에騖ᄒ기로靑春에賦를作ᄒ고白首에經을窮ᄒ야才子巨擘의聲譽가一世에藹蔚ᄒ者라도筆下에千言이有ᄒ나胸中에一策이無ᄒ야其意見의踈迂ᄒ과性行의拙劣ᄒ이古代의士에도比擬치못홀뿐더러間或自少ᄒと舊見에膠泥하야冥頑不靈ᄒ氣習으로昏夜哀乞ᄒ며顧을得遂ᄒ즉官事と弁髦又치視ᄒ고國庫의祿을竊ᄒ기에不過ᄒᄂ니此를日士라ᄒ나士가豈然ᄒ리오此農工商에至ᄒ야と皆初부터教養을아니ᄒ즉習慣相傳하と舊風으로蠢蚩蒙昧의域을未脫ᄒ야二十世紀開明ᄒ今日에依然히書契以前에原始生活에安홈의國運의衰頹홈과國勢의貧弱홈이目下에極度에達ᄒ지라國內의有志人士가是에鑑戒ᄒ바가有하며感悟ᄒ바가有ᄒ야國運의挽回와國勢에振興이子弟의教育에不依ᄒ면不得홈을透解ᄒ故로百方의阻難을排ᄒ며畢生의心力을殫ᄒ야一世를警醒ᄒ며四方에響應ᄒ야都市鄕村에小학의設立ᄒ在相望ᄒᄂ니國家와民生을爲ᄒ야慶幸홈이此에莫過ᄒ나其費用인즉一時의義捐寄附에仰ᄒ야長久ᄒ基本이未立ᄒ고其方法인즉眞正養成ᄒ教師가缺乏ᄒ야其需要를供給ᄒ기不能ᄒ니小학의名이有ᄒ고小학의實이無ᄒ야永遠ᄒ維持와完美ᄒ敎養을望ᄒ기難ᄒ즉現在의景況으로と到底히教育의本義와教育의目的을貫徹ᄒ기에未足ᄒ도다

我邦今日의最大急務가普通教育의完備홈에在ᄒ거と過去의狀態と勿論이어니와現在의景況도志望을믿ᄒ기에不及ᄒ니因循苟且ᄒ야目前의过를是務ᄒ즉將興ᄒと학風이復頹ᄒ야國家의前途가沈淪ᄒと慘境을免치못홀지라玆에教育上將來方針을立하야私立小學의旣設ᄒ者と其擴張을謀ᄒ며未設ᄒ處에と其經始를圖ᄒ고且教科書籍의完備와教師에養成에力을用ᄒ야써小학教育에普及으로國民資士의功果를收ᄒ야四千萬神聖ᄒ歷史를光ᄒ며二千萬無限ᄒ幸福을增하야國家의萬世大計를立코져홈이라

天下의事と其經營成就ᄒと道에必其機關을運用ᄒ기에と獨力에任홈보다衆心을合ᄒ즉其效가强大ᄒᄂ니此と吾儕가人民의教育으로全國의士風을興起ᄒ야其知識과道德으로萬般事物上에活用ᄒ야社會進化의法則에應케ᄒ고國家富强의實益을擧ᄒ기爲ᄒ야一團을結ᄒ고名ᄒ야興士團이라稱ᄒ야政治와中에不投ᄒ고營利圈外에特立ᄒ야天下同感ᄒと士에게告ᄒと所以니宗教의異同이吾人의不問ᄒと바며黨派의彼此가吾人의不拘ᄒと바라眞心熱性으로吾儕의事를贊同홀則足ᄒ니國中子弟를愛護ᄒと父兄은同聲相應ᄒ며幷力相助ᄒ야私立ᄒと準備로公立ᄒと義務에達ᄒ기를切望ᄒ노라

興士團發起人 兪吉濬　廉仲模　張憲植

●以義殺義　城北面新村居金警卿氏가日昨에婚需與成次로上京ᄒと路에장湍北面에到着ᄒ야義兵四十名을遭遇ᄒ야紙貨四拾元을見奪ᄒ고不得已回去路에酒店에셔竹居朴禎陽氏를遭逢ᄒ야奪錢ᄒ光景을說明ᄒ즉朴氏가大言曰此非義兵이오實是賊漢의行爲라하고作伴追去ᄒ다가朴씨가獨往義兵陣中ᄒ야奪劒一揮에九名이被害ᄒ매發兵이無踪放砲ᄒ되飛丸이朴氏身邊에不入ᄒと지라義兵이畏겁ᄒ야該錢을還給ᄒ매朴氏가發兵에尸體를據哭曰雖因行爲之不正ᄒ나以同胞로自相殺害가豈不痛哉아ᄒ고自己所帶錢八元을出給ᄒ고使之葬埋ᄒ라ᄒ며紙幣則김雲卿씨의게還給ᄒ고因以作別而去ᄒ지라金氏가朴氏의高義를感謝ᄒ야本社에來ᄒ여說明ᄒ더라

●金馬木賊　日昨에大梁木竊取ᄒ다가被捉된馬聖元의供招를因ᄒ야桂洞居金光植을再昨日에警務北署에셔捉致ᄒ얏다더라

●學校盛設　平南順川郡院下面日新학校と光武十年九日에該面有志紳士拾餘人이協力발起ᄒ야設立이온더校舍と該面舊會廳을學部의認許를因ᄒ야重修設校인더학徒現數と五十餘名이오維持ᄒ발起者十餘人이出義捐助ᄒ야學校를堪當케ᄒ얏と더校장李龍氏と若干家産을학校經費로劃用ᄒ기로的定ᄒ얏고會計員金瑞鐸氏와方昇龍氏と商業從事ᄒと人이라每月得利ᄒと대로半은校費에補用ᄒ기로酌定ᄒ고學監李秀弘氏と境內貧家子弟二兒를衣食을擔當ᄒ야工夫케ᄒ고里寡婦許씨と冊價補助ᄒ엿스니婦人의熱心이如此ᄒ기と稀有ᄒ事라고該郡人士가稱頌ᄒ더라

●特勢健訟　龍山방兄弟井契後南麗은本是李益采시의十一代世傳ᄒ던局니라去辛卯年分에閔泳喆시가其祖父母를毆局니에勒葬ᄒ고全局을占奪ᄒ지于今拾七年에其勢貧를能抗치못하다가今春에平理院에呼訴ᄒ야發卞審査를到底從公ᄒ야閔시と落科ᄒ고判決書를李시의게鑽給하얏と더日昨에閔시가法部에上訴ᄒ야更査ᄒ라と題旨를圖得하야平理院에到付ᄒ고方玆更審ᄒᄂ中인대直者勝ᄒ고曲者負홈은訟理에當然이니貧曲健訟이豈有効力이리오ᄒ다더라

●漢北學校試驗　再昨日漢北學校에서學期試驗을經ᄒ얏と더優等生趙重晁全應圭兩氏에空冊十一卷과鉛筆四拾柄과鎭筆六柄과인크一壺式각其施賞ᄒ고及諸生丁道紀鄭炳國太晉圭朴鳳庭金난혁金在益金洸洙鄭舜吉李時建李鍾蕃李鍾翰吳昌煥太顯圭太明準申鉉周張翰賢高貞均金東立金宗默南觀燕申命元崔奎鎭方亨圭金元圭朱永燮劉秉哲申鉉셜元容善尹珽李寅和李允默朴在旭金徹勳金鼎鎭姜弼求金永允二拾六氏에空冊三卷과鉛筆一柄을各其施賞ᄒ고校장以下有志紳士가勸勉演說ᄒ얏다ᄒᄂ니全國拾三道가皆知漢北학校와漢北勸奬면何患乎학校之不發達ᄒ리오聞甚嘉歎ᄒ야本記者도贊賀不已ᄒ노라

廣告

廣告

本校에서夜學科학員을募集ᄒᆞ오니僉학員은本月二十日下午六点에臨希望

課程　日語　算術等

西署奉常司洞私立普文학校　告白

呼訴冤遞　安東稅務官[illegible]鴻儀씨가自在任以後로新設刷務에九千稅政을克國方便民受其惠稅無逋納而管內九郡니播在口碑러니去拾一月二拾九日大韓新聞에稅政上不法行爲로免官次度部와內閣에請議ᄒᆞ엿다ᄒᆞ오니大抵不法行爲가科外濫捧과遠越章程과擇棄取剩과過期懲納과擅行刑威가此謂不法이거ᄂᆞᆯ無此五者而空然冤遞不啻愛惜이라一郡諸民如失此稅官이며際此擾攘之時難以安頓이다大발衆議方今上京에呼訴于度部復任하기를請願ᄒᆞ오며玆에廣告홈

金成銖　權相穆　金鍾宇　告白

● 第二回學員募集廣告

本校에서設立一年에職員의熱心과學員의勤勉으로成績이甚好ᄒᆞᆫ바自一年級은二年級으로昇差하고一年級을新募ᄒᆞ오니願學人은本校에前期來臨하야請願ᄒᆞ고右開日字에應試ᄒᆞ오되學科及規則은本校에來問事

但敎授時間은自午后六時至午后拾時

試驗科目　國漢文　讀書

作文　算術　(四則雜題)

試驗日字　陽來年一月四日

西署太平洞第四拾八統拾戶

私立廣信商業學校告白

▲ 特別廣告

本社에서活版機具를更加完備ᄒᆞ고印刷營業을開始ᄒᆞ오니各種書籍을印刷코저ᄒᆞ시ᄂᆞᆫ僉位ᄂᆞᆫ來議ᄒᆞ시오

漢城中署磚洞　普成社　告白

本人의子金泰鎬이가性本浮浪ᄒᆞ야家産을蕩敗ᄒᆞ엿ᄉᆞ오니內外國人은勿爲見欺홈

廟洞太井第六十九統七戶　徐召史白

大抵他邦에서入口貨만用ᄒᆞᄂᆞᆫ國이貧弱홈은現世界通弊어니와今我國은日用事物을無論巨細ᄒᆞ고外國을依藉ᄒᆞ니곳捲烟一物로言ᄒᆞ야도絕好ᄒᆞᆫ本土所産은捨ᄒᆞ고價高ᄒᆞᆫ外國品을翻用ᄒᆞᄂᆞᆫ지라此事를歎惜ᄒᆞᆫ지多年에造烟法을習得ᄒᆞ고谷山草中極上品을選精ᄒᆞ야起工造就ᄒᆞ고名ᄒᆞ여曰谷香이라ᄒᆞ니其産地를發明홈이오現今製成ᄒᆞᆫ者ㅣ數千方校에氣味가醇농ᄒᆞ고瑞烟이芬馥ᄒᆞ야飮후酒酣에消興을益助ᄒᆞ니곳西烟을凌駕ᄒᆞ깃고또價額이廉歇ᄒᆞ야淸儉世家와寒士窮儒라도經濟上에浪費ᄒᆞᄂᆞᆫ弊가少ᄒᆞᆯ지라然則本社에利益은無ᄒᆞ나大注意홈은此業을經遠ᄒᆞᆯ뿐인故로幾年間損害ᄂᆞᆫ不顧하오니　僉君子ᄂᆞᆫ照諒購買ᄒᆞ심을望홈

漢城　谷香合資會社　告白

本徒洋裝書冊　學徒運銃과諸具　綿紗各種　美國金鎖鎖　衣服衣裳其他[illegible]廉價放賣ᄒᆞ오니[illegible]

바라나이다

仁川港[illegible]

正一品大勳閔泳徽閣下序
涵齋先生安鍾和序
臨瀛后人金鴻卿編纂
韋菴先生張志淵校閱幷序
石濃先生柳瑾跋

中等萬國新地志

全一冊　金壹圜

此書ᄂᆞᆫ中等학校敎科와普通新智識을研究ᄒᆞ시ᄂᆞᆫ人士를爲ᄒᆞ야精撰ᄒᆞᆫ者ㅣ라近來我國의敎科書類中에萬國地志도亦不爲不備나然이나其地名人名을每從漢音或日語而譯ᄒᆞ야因其文字語音의互異홈으로轉生訛誤홈이頗多ᄒᆞᆫ미編者ㅣ以是爲病ᄒᆞ야각히其國의名稱을隨ᄒᆞ야以國文으로譯出ᄒᆞ야其眞面을不失ᄒᆞ며且簡易ᄒᆞ고明便케ᄒᆞ야開卷一讀에戶庭을不出ᄒᆞ고能히各國의位置風土物産政治沿革等을周知ᄒᆞᆯ게此書에莫過홈

발兌元　中署布屛下　廣學書舖　金相萬

發賣所

南門內尙洞	博文書館	安동	安峴書館
鍾路	大東書市	銅峴	博文書館
동口越便	中央書館	寺동	[illegible]書館
鍾路	古今書海館	廣橋	滙東書館
各地方	有名書市		

伊太利建國三傑傳

全一冊　正價金三十錢

此書ᄂᆞᆫ距今數十年前에伊太利를建國ᄒᆞᆫ愛國者瑪志尼、加里波的、加富爾三傑이[illegible]事實을國漢文으로譯出ᄒᆞ야[illegible]讀者의愛國心을激起ᄒᆞᆯ만ᄒᆞ오니有志君子ᄂᆞᆫ不可不座右에置ᄒᆞ고常目에掛ᄒᆞᆯ冊子오니[illegible]ᄒᆞ시옵

발兌所　皇城布屛下　廣學書舖

分賣所　仁川[illegible]　博文書館　平壤鍾路　[illegible]　宣川南門外　[illegible]書館

發賣所　[illegible]　安岳邑　平壤貫洞　耶蘇敎書院　金相萬　敎育學[illegible]

● 特別廣告　[illegible]　大韓每日申報社內總合所

㊀ 米國製部補益藥水　大瓶定價金三圜

㊁ 德國製起陽丸　三十日分服　定價金十五圜

商標

米國大學醫院處方

醫學校長勳五等池錫永氏

製藥鑑查人濟衆院醫學員

有效證明　洪[illegible]　李觀化

食思振起　體力活潑　補益丸

定價表

拾日分服三十個入	金一圜
二十日分服六十個入	金一圜七拾五錢
三十日分服九十個入	金二圜五拾錢

此藥에主治効能用法은[illegible]

◉ 製造本舖　漢城鐘路萬國[illegible]　濟衆院[illegible]　慈惠藥房

● 靈効瘧疾丸 [illegible]
● 四時感氣丸 一日分定價金拾전 [illegible]
● 男女滋疾 [illegible]
● 獨逸國淋疾丸 [illegible]
● 淸肺[illegible] [illegible]
● 米國齒藥 [illegible]
● 淸國[illegible] [illegible]
● 新酒[illegible] [illegible]
● 漢[illegible] [illegible]
● 本人等이濟衆院[illegible]

[illegible]

西藥便方　全　定價金壹圜

[illegible]

▲ 新刊書籍發售廣告

[illegible]大全　國漢文　定價金七拾五錢
大韓法規類纂　[illegible]　四拾錢
[illegible]　二拾錢
[illegible]　拾五錢
[illegible]　拾五錢
[illegible]　八錢
愛國婦人傳　張志淵氏著　十五錢

發賣所　皇城布屛下　[illegible]

本社廣告　[illegible]

○ 申報價

一個月前納	三十錢
三個月	九十錢
六個月	一圜七十錢
一個年	三圜四十錢
一個月	十三錢

○ 廣告料

[illegible]

發行兼編輯人　英國人　裵說

發行所　南署石井洞號外[illegible]　大韓每日申報社

第五卷

大韓每日申報

第六百八十八號

月曜及慶節 歲時日休刊

檀君開國四千二百四十年
箕子元年三千二十九年
大韓開國五百十六年
日本明治四十年
淸國光緒三十三年
陰曆丁未十一月大十三日庚子

論說

◉爲國民大韓兩新聞招魂

嗟爾國民新報大韓新聞兩記者아爾腦가何冥이며爾頭가何頑이며爾面皮가何厚아爾가韓國에서生ᄒᆞ야韓國에서長ᄒᆞ고韓衣를衣ᄒᆞ고韓粟을食ᄒᆞ니過去爾祖先도韓人이며將來爾子孫도韓人이라韓國이興ᄒᆞᄂᆞᆫ日에ᄂᆞᆫ爾祖先의榮光이輝耀ᄒᆞ고爾子孫의幸福이多大ᄒᆞᆯ뿐더러爾身도天國에登ᄒᆞ야長久安樂을享ᄒᆞᆯ지며韓國이亡ᄒᆞᄂᆞᆫ日에ᄂᆞᆫ爾祖先의恥辱을莫雪ᄒᆞ고爾子孫의悲境을難除ᄒᆞᆯ뿐더러爾身도地獄에陷ᄒᆞ야萬劫苦痛을受ᄒᆞᆯ지어ᄂᆞᆯ爾言을聽ᄒᆞ고爾心을揣ᄒᆞ건ᄃᆡ一辭로祝曰亡ᄒᆞ라亡ᄒᆞ라ᄒᆞᆷ而已니嗟乎라爾兩記者아醉乎아狂乎아夢乎아魘乎아爾身及爾祖爾孫에榮光幸福은不求ᄒᆞ고恥辱與悲境만是求ᄒᆞ며他人이或一言의忠告ᄒᆞ면狂吠ᄅᆞᆯ反加ᄒᆞ니怪哉며惜哉며悲哉며痛哉라爾面은人이건만人心이胡無ᄒᆞ며爾口ᄂᆞᆫ人이건만人言이胡無ᄒᆞᆫ가

本記者ㅣ向者에驅魔劒을一磨ᄒᆞ야國民報ᄅᆞᆯ警附ᄒᆞᆯ시慈悲心이疾惡心보다加多ᄒᆞ며惻隱心이是非心보다尤深ᄒᆞ야或此本記者의一言에彼가悔改ᄒᆞᆯ大발ᄒᆞ고罪惡을自滌ᄒᆞ며耶蘇排斥ᄒᆞ던保羅가拾二使徒에參列ᄒᆞ어시該報名稱ᄒᆞᆫ國民二字ᄅᆞᆯ不顧ᄒᆞᆷ을希望ᄒᆞ고時々傾耳ᄒᆞ며日々拭目ᄒᆞ더니悔改ᄂᆞᆫ尙矣오惡談만쨍장ᄒᆞ야愈老愈妄ᄒᆞ며衆醉ᄒᆞᆫ狂ᄒᆞᄂᆞᆫ대又是大韓新聞者가出ᄒᆞ야該報의口吻을是肖ᄒᆞ며咳唾를是拾ᄒᆞ고助桀爲虐의心術로國民報者의良配匹을甘作ᄒᆞ야一雄一雌가前唱後應ᄒᆞ며死力을盡出ᄒᆞ야本報를攻擊ᄒᆞ되甚至本記者가白面黃變이오深目高準이라ᄒᆞ고狂嘲ᄒᆞ며니日前本報에金貞□氏의寄書로藉口ᄒᆞ야國民報者ᄂᆞᆫ大魔頭每日報라謳ᄒᆞ며大韓報者ᄂᆞᆫ大鸁胎每日報라題ᄒᆞ고硬面頑皮로惡罵를又발ᄒᆞ얏도다

嗚乎라白面黃變者가韓國의國權을奪ᄒᆞ던가深目高準者가韓國의國民을壓制ᄒᆞ던가從來白面黃變深目高準者가韓國과人種은異ᄒᆞ나寃仇ᄂᆞᆫ無結이며韓國과言文은殊ᄒᆞ나欺侮ᄂᆞᆫ無行이며韓國의一臂力은快助ᄒᆞᆷ이來有ᄒᆞ나詐僞暴行은無作이거ᄂᆞᆯ白面黃變이於爾에何仇며深目高準이於爾에何讐인ᄃᆡ何故로如此仇讐오如爾幼稚ᄒᆞᆫ兒輩의口頭話ᄂᆞᆫ眞所謂「得其善言이라도不足喜오得其惡言이라도不足怒」이기置之度外ᄒᆞ고至今默々이더니今者에魔頭大鸁胎라ᄒᆞᄂᆞᆫ說言狂語로사然來侵ᄒᆞ매記者의一辨이若無ᄒᆞ면傍觀者의鬱々이必甚ᄒᆞᆯ지라於是에驅魔劒을再讓ᄒᆞ야即唯一賊ᄒᆞᆯ라ᄒᆞ다가再三思之ᄒᆞ니此語가分明히爾口氣가아니며爾筆端이아니로다爾亦韓國民의一分子인즉公言直筆로韓國內侵夜曙光을作ᄒᆞᄂᆞᆫ本報ᄅᆞᆯ如此嫉妬ᄒᆞᆷ理ᄂᆞᆫ決無ᄒᆞᆯ비로다

然則此語가爾口氣가아니면誰의口氣며爾筆端이아니면誰의筆端인가曰我嘗聞之컨ᄃᆡ虎前에창鬼가有ᄒᆞ니此창鬼가當初ᄂᆞᆫ虎의奴隷가아니라只是良善ᄒᆞᆫ人類ᄅᆞᆯ虎가其形을剝ᄒᆞ고幻術로戲ᄒᆞ며其魂을奪ᄒᆞ고邪魔를與ᄒᆞᆫ然後에其前에置ᄒᆞ면或歌或哭ᄒᆞ며或言或笑ᄒᆞ며或妖巫갓치舞蹈ᄒᆞ면或美女갓치粧飾ᄒᆞ니人形은依舊ᄒᆞ지만은人心이全無ᄒᆞᆫ지라虎曰左ᄒᆞ다ᄒᆞ면左ᄒᆞ며虎曰右ᄒᆞ라ᄒᆞ면右ᄒᆞ고虎가獸肉을思食ᄒᆞ면忽然主人의形貌ᄅᆞᆯ幻出ᄒᆞ야自家의牛馬ᄅᆞᆯ牽出ᄒᆞ며虎가人肉을思食ᄒᆞ면忽然同類의形貌ᄅᆞᆯ幻出ᄒᆞ야自己의朋友ᄅᆞᆯ誘來ᄒᆞ고末乃其平生孝敬ᄒᆞ던父母와平日愛戀ᄒᆞ던子女ᄭᆞ지一切迷驅ᄒᆞ야虎腹中에埋葬ᄒᆞ나니

不智哉라창鬼여
不仁哉라창鬼여
不孝哉라창鬼여
不慈哉라창鬼여

倫理의두絶이已極ᄒᆞ고天良의恢復이無期ᄒᆞ도다

雖然이나此不智不仁不孝不慈로창鬼ᄅᆞᆯ責ᄒᆞᆷ이不可ᄒᆞ니何者오仁智孝慈ᄂᆞᆫ창鬼되기以前의本性이러니不仁不智不孝不慈ᄂᆞᆫ창鬼된以後에失魂ᄒᆞᆫ所以니可哀라不可責이오可悶이라不可笑로다

國民大韓兩報記者아爾亦人類로서天賦ᄒᆞᆫ良心이豈無ᄒᆞ리오만은只是靈魂을喪失ᄒᆞᆫ所以로心思가如是창ᄒᆞ고言論이如是頑悖ᄒᆞ야本報ᄅᆞᆯ攻擊ᄒᆞᆷ인즉爾口로言ᄒᆞ고爾筆로書ᄒᆞ얏다ᄒᆞᆯ지라도其實은爾口氣와爾筆端이아니라故로本記者가慈悲心이大발ᄒᆞ야逐條辨答은後日을且俟ᄒᆞ고爲先招魂歌ᄅᆞᆯ作ᄒᆞ야爾의已失ᄒᆞᆫ魂을復還케ᄒᆞ라ᄒᆞ노라

歌曰魂아魂아歸來ᄒᆞ소嗟이國民新報魂아이亦檀君賢子子孫으로何處에셔魔惑ᄅᆞᆯ바이ᄀᆞᆺ치妄跳ᄒᆞ나

魂아々々歸來ᄒᆞ라嗟彼大韓新聞魂아이亦新羅高麗種族으로何時부터失眞ᄒᆞ야이ᄀᆞᆺ치狂跳ᄒᆞ나

其名曰國民報며其名曰大韓報너일홈은조타만은네魂은어대가고남의혼에논단말가혼아歸來、혼아歸來、國民大韓兩報혼아今日에도不歸ᄒᆞ며明日에도不歸ᄒᆞ야明日來日지내다가漸旬撤但魔鬼獄에一去ᄒᆞ면不復來니혼아歸來、혼아歸來、國民大韓兩報혼아今年에도不歸ᄒᆞ며明年에도不歸ᄒᆞ야明年後年不歸라가虎狼夜叉鎭獄에一墮ᄒᆞ면難再起니

ᄉᆞᄅᆞᆷ마다혼잇건만혼업ᄂᆞᆫ國民報아사ᄅᆞᆷ마다魂잇건만魂업ᄂᆞᆫ大韓報아日俄戰爭大砲聲에魂낫던가光武九年五條約에魂낫던가

往者ᄂᆞᆫ不可諫이어니와來者ᄂᆞᆫ猶可追니나자魂ᄒᆞᆫ데시찻ᄂᆞᆫ일흔魂을다시불너鐵々故大韓國에大韓國民되야보게大韓報야國民報야

官報

[illegible]

布達 續

第五條 判任官의官誥ᄂᆞᆫ宮內府印을鈐ᄒᆞ야宮內府大臣이施行ᄒᆞᆷ

第六條 親任官勅任官奏任官判任官의官等은別表ᄅᆞᆯ依ᄒᆞ야官制上僞官에在ᄒᆞᆫ者로叅케ᄒᆞ거나充ᄒᆞᄂᆞᆫ官으로官等을別定치아니ᄒᆞᆫ者ᄂᆞᆫ本官官等을依ᄒᆞᆷ

第七條 奏任官의初敍ᄂᆞᆫ四等이오判任官의初敍ᄂᆞᆫ三等以下로定ᄒᆞᆷ이라

他官職에서轉任ᄒᆞᄂᆞᆫ境遇에ᄂᆞᆫ其官等은奏任官ᄂᆞᆫ前官官等을依ᄒᆞ고判任官은前官官等俸給과在職年數ᄅᆞᆯ參酌ᄒᆞ야定ᄒᆞᆷ但奏任官은前官等在職年數滿二年을踰ᄒᆞᆫ者ᄂᆞᆫ一等陞敍ᄒᆞᆷ을得ᄒᆞᆷ

判任官은前官이四等以下時의ᄂᆞᆫ前項規定을不拘ᄒᆞ고陞敍三等에至ᄒᆞᆷ

前項規定은退官者ᄅᆞᆯ任用ᄒᆞᄂᆞᆫ境遇의ᄂᆞᆫ準用

第八條 勅奏任官等在職滿二年을不踰ᄒᆞᆫ則陞敍ᄒᆞᆷ을得지못ᄒᆞᆷ但判任官으로陞敍三等에至ᄒᆞᆷ은此限의不在ᄒᆞᆷ

第九條 勅奏任官과判任官의俸給은在職滿一年을不踰ᄒᆞᆫ則陞級ᄒᆞᆷ을得지못ᄒᆞᆷ但判任官七級俸以下ᄂᆞᆫ此限의不在ᄒᆞᆷ

未完

外報

◉俄國革命黨 哈이電報ᄒᆞ據ᄒᆞᆫ則俄國革命黨은議會에서事不如意ᄒᆞᆫ故로全俄國民의各階級에飛檄ᄒᆞ야自改革의急先鋒이라稱ᄒᆞᆫ區域을脫ᄒᆞ야世界에通知케ᄒᆞᆷ이必要ᄒᆞ다ᄒᆞ얏ᄂᆞᆫ대第一은俄國으로브터將次亞細亞露西亞에席卷ᄒᆞ야ᄒᆞᄂᆞᆫ各種의同盟罷工은事宜에依ᄒᆞ야罷工치아니ᄒᆞ고終業ᄒᆞᆯ지라도最後의目的을不達ᄒᆞ면總不就業ᄒᆞ다ᄒᆞ고第二ᄂᆞᆫ革命黨의金融機關은同志者들爲ᄒᆞ야支出을不惜ᄒᆞ라ᄒᆞ얏고第三은鐵道部側에在ᄒᆞᆫ社會民主黨이其蹶起ᄒᆞᆫ其期限에ᄂᆞᆫ官線流車의運轉을停止ᄒᆞᆯ것이다ᄒᆞ엿고第四ᄂᆞᆫ社會革命黨이農民間에傳道ᄒᆞ거ᄂᆞᆫ成功ᄒᆞᆫ지三日間에一致運動의면莫斯科의野菜米穀市場을一切閉鎖케ᄒᆞᆫ다ᄒᆞ엿더라

◉英國洪水 路透電을據ᄒᆞᆫ則英國南部各郡에大雨가降ᄒᆞᆷ으로因ᄒᆞ야洪水가出ᄒᆞ얏ᄂᆞᆫ데該地에損害가多大ᄒᆞ다ᄒᆞ얏더라

◉兵器製造場設置 北京電을據ᄒᆞᆫ則淸國陸軍部에서湖南省及河南開封直隸天津에兵器製造場을設置ᄒᆞᆯ豫算案을制定ᄒᆞ엿다더라

◉淸國士匪 北京電을據ᄒᆞᆫ則士匪數千名이國明關을襲擊ᄒᆞ야守衛兵을驅逐ᄒᆞ고官舍를掠奪ᄒᆞ얏다더라

◉札幌暴風雨 日本札幌電을據ᄒᆞᆫ則去十日當地에서暴風雨로ᄒᆞ야建築物破損이七百五十六戶요流失屋이八拾戶요漁船流失及破壞幷ᄒᆞ야五百九拾八隻이오溺死者三十九人오沈沒된汽船이一隻이요破損된汽船이二隻이라더라

◉公館設置 日本에셔南美移民의希望이有ᄒᆞᆫ故로智利國에公館設置의議가有ᄒᆞ야該館費ᄅᆞᆯ明年度預算에編入ᄒᆞ야議會에提出ᄒᆞᆫ다더라

雜報

●布諭府郡 日前人民의게特降ᄒᆞ옵신 詔勅을內部에서眞諺飜謄ᄒᆞ야各道及府郡에發訓布諭ᄒᆞ얏다더라

●三氏賜第說 前特進官金吉濬張博趙義淵諸氏等의게第宅을自 上으로下賜ᄒᆞ옵신다ᄂᆞᆫ巷說이有ᄒᆞ다더라

●韓日旗交揭 皇太子殿下게셔再昨日에日本東京의 臨御ᄒᆞ셧ᄂᆞᆫ뒤韓日兩國旗ᄅᆞᆯ交揭ᄒᆞ고歡迎儀節에盛況을呈ᄒᆞ얏다더라

●留學生奉迎 今月十一日午前十一時十分에 皇太子殿下ᄭᅴ셔京都에下 駕ᄒᆞ시ᄂᆞᆫ뒤韓國留學生은特別히韓日兩國旗ᄅᆞᆯ高擧ᄒᆞ고停車場에서奉迎ᄒᆞ며萬歲ᄅᆞᆯ三唱ᄒᆞ고日本生徒도二千餘名이出迎ᄒᆞ고淸國留學生도幾十名이出迎ᄒᆞ얏다더라

●頒布丁寧否 各部府新官制改定案件을將次頒布ᄒᆞᆫ다고累々報道ᄒᆞᆫ바어니와三昨日에야裁可가되얏다ᄂᆞᆫ데今明間頒布ᄒᆞᆫ다더라

●郡奏同意請求 郡守奏本中에履歷書ᄅᆞᆯ收取ᄒᆞᆫ다ᄒᆞᆷ은已爲揭道어니와再昨日에야統監府에同意ᄅᆞᆯ請ᄒᆞ얏다더라

●云待宮相 某氏가齋郞一窠ᄅᆞᆯ總相李完用氏의게懇請ᄒᆞᆫ뒤李總相所答에自己伯氏宮大李允用氏가本月晦間에歸國ᄒᆞᆯ터이니留待伊時另圖라하얏다더라

●四씨云叅 今番郡守奏本에被任人을濕聞ᄒᆞᆫ즉原州에리宅珪龍宮에俞衡煥求禮에리濶會平海에리可健氏라더라

●渡日迎接 徐午淳씨가日本에前往ᄒᆞᆫ大使와諸大臣의一行을迎接回國ᄒᆞ기爲ᄒᆞ야再昨日에日本으로發往ᄒᆞ얏더라

●曠官冤免 各地方郡守와郡主事等이此騷擾ᄒᆞᆫ時ᄅᆞᆯ當ᄒᆞ야任地ᄅᆞᆯ曠離ᄒᆞᆫ者ᄅᆞᆯ一々調査ᄒᆞ야一幷免官ᄒᆞᆫ다더라

●農作과氣候 日本國農商務省으로서日本人本田幸介氏로韓國農作物과氣候觀察의事務ᄅᆞᆯ命ᄒᆞᆷ으로統監府에서農商工部로照會ᄒᆞ얏다더라

●教育會引繼 國民教育會ᄂᆞᆫ有志紳士가발起하야教科書도刊出ᄒᆞ며會員을募集하야학文을教授ᄒᆞ야進就의望이漸有ᄒᆞ다더니更聞ᄒᆞᆫ즉有何層節인지該會ᄅᆞᆯ興士團에서引繼ᄒᆞ얏다더라

●洪宣諭歸 江原道宣諭使洪祐晳氏가上京ᄒᆞᆫ後에雖某인지地方動靜을問ᄒᆞᆫ즉義徒가依例히酬答ᄒᆞ되宣諭ᄒᆞᆫ後에民漸歸順ᄒᆞ야稍有寢息ᄒᆞᆫ樣이라ᄒᆞᆫ다더라

●民蔘屬公 開城官蔘을今年爲始ᄒᆞ야民蔘으로許給ᄒᆞ기로內閣에서處決ᄒᆞ얏ᄂᆞᆫ데該蔘政에對ᄒᆞ야有何事件인지日昨警視廳에서巡檢巡査ᄅᆞᆯ多數派送ᄒᆞ야蔘七八千斤을屬公ᄒᆞ고該地人民數十名을捉囚ᄒᆞ얏다더라

●請願僞造 湖州郡主事金時樂氏가前日辭職請願을內部로提呈ᄒᆞ얏더니內部에서卽爲封還ᄒᆞ얏ᄂᆞᆫ데何許人이該氏의姓名을僞造ᄒᆞ야再次內部에辭職請願ᄒᆞᆷ이綻露되얏스나何人에所爲인지姑未査出이라더라

●部長入城 自衛團巡視總部長李容九씨가去十四日夜에入城ᄒᆞ얏다더라

●私校統管 興士團에서人民의教育을발達ᄒᆞ기爲ᄒᆞ야將次師範학校ᄅᆞᆯ設立ᄒᆞ야학徒五百名假量을募集ᄒᆞ고附屬小學校ᄅᆞᆯ設立ᄒᆞ야通道科로子弟ᄅᆞᆯ教授ᄒᆞ되各私立학校ᄅᆞᆯ統管ᄒᆞᆫ다더라

●後慮防禦 仁峴普通學校에셔日前에掛鍾二介ᄅᆞᆯ賊漢이盜去ᄒᆞᆷ을因ᄒᆞ야學部에서警視廳에발訓하고各普通學校附近支所에申飭ᄒᆞ야後慮ᄅᆞᆯ防禦케ᄒᆞ라ᄒᆞ얏다더라

●鄭氏推薦 日本留學官費生補ᄅᆞᆯ官立高等學校卒業生中選拔ᄒᆞ라ᄂᆞᆫ事ᄂᆞᆫ已揭어니와該校에서去土曜日下午三時에職員會ᄅᆞᆯ開ᄒᆞ고該校官鄭丞軫氏로推薦ᄒᆞ야學部로報告ᄒᆞ얏더라

●學徒募充 公立原州普通학校에서本月七日에該校授業을爲始ᄒᆞ얏ᄂᆞᆫ데秋間經擾ᄅᆞᆯ所致로渙散未歸ᄒᆞᆫ人民이頗多零星ᄒᆞ야新舊學徒가未滿十人인故로該副教員洪義植氏가該郡守와協議ᄒᆞ야別般方針으로學徒ᄅᆞᆯ五拾名을募充ᄒᆞ기로ᄒᆞ얏다더라

●試驗발表 官立漢城高等학校에서學期試驗을本月二拾日爲始ᄒᆞ야廿八日에발表ᄒᆞᆫ다더라

●校況詳報 學部에서公立普通학校에訓令ᄒᆞ되公立普通학校에情況을調査ᄒᆞᆷ必要가有ᄒᆞ기로玆以訓令ᄒᆞ니학校職員姓名及在席生과出席生과校有財産을詳査報明ᄒᆞ야以便調査케ᄒᆞ되後日調査에相左가無케ᄒᆞ야明年一月十五日內로詳實報告라ᄒᆞ얏더라

●只餘卵頭 近日各地方一進會員이多數上京ᄒᆞ야該會本部에入去ᄒᆞ려면該部門間에서冠宕을脫置ᄒᆞ고事務所로入ᄒᆞᄂᆞᆫ데脫置ᄒᆞᆫ冠宕을每每見失ᄒᆞᄂᆞᆫ獘가有ᄒᆞᆷ으로자地方會員들이頭無所着ᄒᆞ야客地에困難이莫甚ᄒᆞ다더라

●沈氏移囚 沈鼎燮씨가軍司令部에被捉ᄒᆞᆫ說은前報에揭載ᄒᆞ얏거니와警視廳으로押交ᄒᆞ야數次訊問ᄒᆞᆫ後監獄署에移囚ᄒᆞ얏다더라

●惜哉普成 磚洞普成학校에셔一般任員과職員及李鍾浩氏가日前該校內에會同ᄒᆞ야維持方針을協議ᄒᆞᄂᆞᆫᄃᆡ畢境에ᄂᆞᆫ支用ᄒᆞᆯ財政이無ᄒᆞᆷ으로廢止ᄒᆞᆯ境에至ᄒᆞ얏다더라

●恤金請給 慶南裁判所檢事박彌性씨가法部에報告ᄒᆞ되今番赦典에放釋ᄒᆞᆫ罪人의情況을臆推ᄒᆞᆫ건ᄃᆡ飢寒이刺骨ᄒᆞ면舊習을改悟키難ᄒᆞ니救恤金을每名에幾圜式支給ᄒᆞ자ᄒᆞ얏다더라

●稅官公平 漢城稅務官金敎聲씨가所管區域에所在ᄒᆞᆫ驛屯土ᄅᆞᆯ親査次로始興郡에下去하야各屯土作人等을招來ᄒᆞ야舍音의仍舊與否와斗量大小와捧租厚薄을次第査問ᄒᆞᆫ즉該作人의舍音이年來에大斗로濫捧ᄒᆞ야民不聊生은不一其端이라ᄒᆞ니각公土가移付度支後로稅務分署로收租ᄒᆞ니稅之公平과租之精捧은一從民議ᄒᆞ야公納與稅納에少無損益이오舍音은地方委員이稅務主事와同察選報ᄒᆞᆫ거시고有實作人은移作ᄒᆞᆷ은亦爲禁斷ᄒᆞ야人民에損害ᄅᆞᆯ無케ᄒᆞ얏다고該郡人民이處事公平ᄒᆞᆷ을擧皆稱頌ᄒᆞᆫ다더라

●刑事停止 平理院에서近日刑事에關ᄒᆞᆫ他事件은一切停止ᄒᆞ고監獄署에滯囚ᄒᆞ얏든同友會員等事件ᄅᆞᆯ審査ᄒᆞᆫ다더라

●呼飢化仙 北署花開동李成儀家越房에寓居ᄒᆞᄂᆞᆫ朴召史가年今三十五歲에拾四歲된兒子로相依而生이오四顧無處에飢寒을不勝ᄒᆞ야再昨日下午六時에飮藥致死ᄒᆞ얏다더라

●奚同賠贓 平南觀察使朴重陽氏가德川郡義魁金寬洙에財産을調査ᄒᆞ야損害ᄅᆞᆯ被ᄒᆞᆫ人에게賠償ᄒᆞ깃다고內部로報告ᄒᆞᆫ全文은前報에已揭ᄒᆞ얏거니와該事件에對ᄒᆞ야內部에서指令ᄒᆞ되誤解暴動人民의所有田土가與賊贓으로ᄂᆞᆫ性質이不同ᄒᆞ니沒入賠償이是豈法理리오該義徒에傳來ᄒᆞᆫ田土財産을切勿擧論ᄒᆞ라ᄒᆞ얏더라

●南陽興學 南陽郡居趙히植氏가本社에來言ᄒᆞ되該郡李昌會鄭時鉉洪益善姜和熙等有志紳士가文明的急先務ᄅᆞᆯ先覺ᄒᆞ야教育의熱心으로從事ᄒᆞ며捐金을鳩集ᄒᆞ야校舍ᄅᆞᆯ新建ᄒᆞ며廢止ᄒᆞᆫ公廨ᄅᆞᆯ上部에請認ᄒᆞ야一新修理하고靑年을勸導ᄒᆞ야學業에熱心ᄒᆞᆫ다더라

●金氏蒙放 前承旨金鎭赫氏가被捉된事ᄂᆞᆫ前報에揭載ᄒᆞ얏거니와該氏家에서各人處所捧標ᄅᆞᆯ債主의게給與ᄒᆞ야再昨日蒙放ᄒᆞ얏ᄂᆞᆫ데漢裁에서日間證明書ᄅᆞᆯ給ᄒᆞᆫ다더라

▲地方消息▼

▲四日午前四時에金溝郡分派所에義兵約二拾名이襲來放銃ᄒᆞᆷ으로同所日巡査等이一時에避難ᄒᆞ얏ᄂᆞᆫ데當地居留日人一名이被害ᄒᆞ얏다ᄒᆞ고

▲忠州附近에義兵은日兵과交戰ᄒᆞ다가退却ᄒᆞ고尙今李康年外二名의率ᄒᆞᆫ六七百名의義兵은永春郡을根據地로삼고각處로橫行ᄒᆞ며徒黨을募聚ᄒᆞᆫ다ᄒᆞ고

▲河東郡德大面에서義兵四拾名과日巡査와交戰ᄒᆞ얏ᄂᆞᆫ뒤死傷은未詳이라ᄒᆞ고

▲拾四日鷄龍山甲寺附近에서義兵百餘名이日兵과交戰ᄒᆞ다가東北方으로退却ᄒᆞ얏다ᄒᆞ고

▲原州郡附近에義兵四五百名이駐屯ᄒᆞᆷ으로日兵이前往ᄒᆞ야交戰ᄒᆞ랴ᄒᆞᆫ즉他處로移屯ᄒᆞ얏ᄂᆞᆫ뒤同郡及橫城平昌寧越旌善等郡각處에散在ᄒᆞᆫ義兵이目下約五六千名이라더라

東京電報

十五日발

●皇太子殿下入京 韓國 皇太子殿下게옵서本日午後二時四十分에入京ᄒᆞ시ᄂᆞᆫ뒤伊藤太師와宋農相과栗原書記官等이陪從ᄒᆞ얏고有栖川宮殿下以下가出迎하얏고宮中에서差遣ᄒᆞᆫ馬車에伊藤太師와 御同乘하셧ᄂᆞᆫ뒤儀仗兵이前後ᄅᆞᆯ護衛ᄒᆞ고芝離宮에 御入하시ᄂᆞᆫ沿路에近衛兵이整列ᄒᆞ야奉迎者들이多ᄒᆞ얏고日比谷公園에서皇禮砲ᄅᆞᆯ放ᄒᆞᆷ은未曾有ᄒᆞᆫ盛擧이라더라

同日발

●日本皇太子出迎 韓國 皇太子殿下게옵서 御渡日ᄒᆞ시ᄂᆞᆫ데就ᄒᆞ야日本皇太子殿下게서新橋에 御出迎ᄒᆞ사 御相見時互相握手ᄒᆞ야禮畢後同乘馬車ᄒᆞ시고芝離宮에 御入ᄒᆞ셧다더라

▲旗亭甲乙▼ 續

(甲)三軍之帥ᄂᆞᆫ可奪이여니와匹夫之志ᄂᆞᆫ不可奪이라ᄒᆞ니個個人이自由精神을腦髓에灌入ᄒᆞ야百折不回ᄒᆞ면雖在束縛之中이라도羈絆을可脫ᄒᆞ깃지오

(乙)雖然이나然然者流ᄂᆞᆫ필必稱自由니開明이니ᄒᆞ면서自由事爲ᄂᆞᆫ不行ᄒᆞ고外人의心腸을換着ᄒᆞ며外人의言動을贊助하니此等行動을엇지自由라ᄒᆞ리오個人箇人의自由ᄂᆞᆫ萬不可望이오

(甲)此等者流ᄂᆞᆫ即不過外人의奴隷라立云則立ᄒᆞ고坐云則坐ᄒᆞ야猶恐不及ᄒᆞ니韓國同胞라不算이可ᄒᆞ지오

(乙)예近日에각社會가成立ᄒᆞ야各樣新事業과新規則을組織ᄒᆞ나兩人도不能一心ᄒᆞ고一會도不能三年ᄒᆞ니國體ᄅᆞᆯ何成ᄒᆞ며國權인들何望가

(甲)아니오그런것이아니오重病之餘에一朝蘇完ᄒᆞ야孟賁오獲又ᄂᆞᆫ勇猛이突地에出ᄒᆞᆷ은萬無其理라數百年壓制下에呻吟ᄒᆞ던韓國人民이轉眼間에團結力과進步力이大발키ᄂᆞᆫ難望이나一番苦痛에一次覺悟하야拾餘年來로發ᄒᆞ니會社니公私立學校가在々設立ᄒᆞ니此가韓國前途之望이지오

(乙)그말이그럴듯ᄒᆞ나現今世界각國中에國權을墮失ᄒᆞᆫ國民이獨立精神을奮발ᄒᆞ야國權을恢復ᄒᆞᆫ이가잇나요

(甲)아잇다뿐이오現今世界에第一等强國이라稱ᄒᆞᄂᆞᆫ邦國도他人의羈絆을受치아니ᄒᆞ던者一個도無ᄒᆞ니不必一一說明이어니와距今四五拾年前에幾乎滅亡된伊太利國民이自由獨立의能力을奮발ᄒᆞ야國勢가雄覇ᄒᆞᆫ境에到達ᄒᆞ얏쇼伊太利ᄂᆞᆫ歐州南部의半島國이오韓國은亞洲東南의半島國이니나ᄂᆞᆫ韓國도伊太利又치될줄노希望ᄒᆞ오

(乙)그럿치만엇지허여야人心을團結ᄒᆞ야國乃獨立ᄒᆞ깃쇼

(甲)生此父母之國ᄒᆞ야人々이各自以愛國熱誠으로立心地作精神ᄒᆞ야知有國而不知有個人ᄒᆞ고知有同胞而不知有一身ᄒᆞ야新思想을換起ᄒᆞ고新知識을發達ᄒᆞ면自由權의挽回와獨立權의恢復이自在於其中이지오

(乙)올쇼올쇼나도그처럼바라거니와一般同胞도다바라기ᄅᆞᆯ

◉急告各支社

各支社에每日발送ᄒᄂᆫ申報枚數가數千餘張인則一朔만計ᄒ야도九萬餘張이온바代金을按月上送이라야本社가支保이거날少不掛意ᄒ고或數三朔을常爲愆滯ᄒ야經費困難中況此年終에凡百關應이萬難支過이옵기玆特急告ᄒ오니相輔相翼의誼를另念ᄒ시와各購覽諸氏에게督捧ᄒ야限拾五日內로각須消帳ᄒ심을務望홈

◉特別社告

本社經費窘絀홈을因ᄒ야自今以後로各地方에本報購覽ᄒ시ᄂᆫ 僉君子中二三朔未納處에ᄂᆫ一體停送ᄒ깃삽고또各支社에도限二三個月未納ᄒᄂᆫ境遇에ᄂᆫ該支社認許를還收ᄒ고卽爲廢止홀터이오니本報愛讀ᄒ시ᄂᆫ 僉君子ᄂᆫ 照亮ᄒ시와代金을勿滯換送ᄒ심을敬要홈

大韓每日申報社

雜報

●靑年演說　今日下午七点鐘에靑年會館에셔演說會를開ᄒ고該會학館에셔日語敎師高橋回四郞氏가對韓私意란問題로演說ᄒᆫ다더라

廣告

一般事務를倍前擴張ᄒ고迅速敏捷히處理홈

中署[illegible](션젼병문) 八統二戶

辯護士　尹邦鉉
辯護士　太明軾
辯護士　李容相
聯合法律事務所

本人姓名圖章을陰十月拾五日路中遺失故玆以廣告ᄒ오니誰某拾得이라도勿爲信用홈

夜珠峴宮洞居金泰慶　告白

慶南梁山郡一進支會에셔廢止된養成學校를中興之意로勸告署理郡守ᄒ고與有志紳士로協議ᄒ야各面遺來田畓을一々調查ᄒ야付屬學校經費排用ᄒ고學徒도比前倍集ᄒ야敎育발達케ᄒ고校任選定ᄒ야左開仰佈ᄒ오니 僉君子ᄂᆫ照亮ᄒ옵

校長署理郡守嚴字永　副校長趙方奎　委員任炯健　監督一進支會長李時榮　副監督郡司男裵基彰　校監郡主事安世憲　副校監副會長金敎準　學監郡議官鄭駿謨　財務員郡主事嚴字永　會計員郡稅務書記李圭演　事務員郡書記鄭煥　書記員書記鄭義達　命斗洪　贊成員稅務主事李範敎　前九衛將朴鳳來　金性弘　前議官池斗翼　前都正金時坼　金錫哉　林炳喆　辛正基　李種학　安憲重　安孝寬　鄭顯弘　崔永회　李圭泳　士人白東회　稅務書記金宰源　一進支部代辦會長崔文主　金顯洙　一進會員金來洙　張龍瀚　一進支部調查總代崔祥鳳

始興東面西原洞前畓字畓川破沓十斗落과始興下北面絲字田六斗落兩處文券을陰十月十五日頃에서失ᄒᆫ故로玆에廣告ᄒ오니勿論內外國人ᄒ고誰某拾得이던지休紙施行홈事

始興成大洞　李士弘　告白

陰曆丁未九月初十日에南門外停車場에셔紙匣을셔失인바匣內에望門床廛二房金兌楨許當錢五萬兩封留票一張이有ᄒ오니誰某拾得ᄒ와도休紙施行홈

中署校동二十九統一戶　金玉鉉　告白

▲特別廣告

本社에셔名帖印刷部를另設ᄒ고各樣活字와別樣紙本이俱備ᄒ오며印刷가精美ᄒ고價值도廉ᄒ오되特別히學員과夫人의게ᄂᆫ一層低廉ᄒ오니 僉位ᄂᆫ來臨ᄒ시와隨意請求홈

大韓每日申報社　告白

本人이去陰八月晦日에昌原東面牛項嶺與金海佐昆之間에셔所佩逢囊中姓名圖章과各人處捧次手票를落失ᄒ엿시니誰某拾得이라도永爲勿施홈

金海鳴湖居朴文巨　告白

韓國皇太子殿下께ᄋᆞ셔日本에遊學ᄒ심은진실로千載의盛擧ㅣ라從此로韓國의文明이急速히進步홀지니韓國을爲ᄒ야慶賀ᄒᆯ바ㅣ요明年一月一日은韓國大皇帝陛下의卽位ᄒᄋᆞ신後第一新年이니韓國의紀念홀만ᄒ大慶節이로다本社ᄂᆫ如此大慶節을際ᄒ야祝意를表ᄒ기爲ᄒ야左開方法으로ᄂᆞ허니비(蜂蝶)의空匣을換給코져ᄒ오니大方諸彦은微意를贊助ᄒ심을望홈

一 日本政府製造허니비(蜂蝶)의空匣拾個를持ᄒ시면허니비一匣을進呈홈
一 交換은京城仁川及附近小賣店에셔行홈
一 交換時期ᄂᆫ陽曆本年十二月十五日(陰拾一月十一日)부터明年一月三十一日(陰拾二月二十七日)々지로定홈

東亞烟草會社　白

本人家券典執에信이러니서失ᄒ얏기廣告ᄒ오니誰某拾得ᄒ여도休紙施行홈

西署孔德里居李起春　告白

本人이三淸洞閔大臣家에本月四日推次八百兩於音을使孫容憲弟容鎭으로往踏後圖章이러니容憲兄弟가持其於音ᄒ고中夜逃走ᄒ얏스니該於音은休紙施行이기玆에廣告ᄒ오니 僉君子ᄂᆫ照亮ᄒ시옵

中署寺洞成都典當社主　秋敎賢　告白

京校洞閔泳徽氏가本校학資를優數持付ᄒ시고事務員吳宗鉉張啓周安泰國崔觀洙尹斗燦朴尙煥諸氏가校舍九間과拾二間을增建ᄒ고熱心勸奬에一般生徒로漸進開明케ᄒ니諸氏의義務ᄂᆫ感誦不已ᄒ노라

平壤四崇學校生徒　趙昌鎬　方鏞柱　尹永周

大抵他邦에서入口貨만用ᄒᄂᆫ國이貧窮홈은現世界通義어ᄂᆞᆯ今我國은日用事物을無論巨細ᄒ고外國을依賴ᄒ니곳捲烟一物로言ᄒ야도絶好ᄒᆫ本土所產은捨ᄒ고價高ᄒᆫ外國品을需用ᄒᄂᆫ지라此事를慨惜ᄒᆫ지多年에造烟法을學得ᄒ고谷山草의極上品을選精ᄒ야起工造就ᄒ고其產地名을ᄒ여日谷香이라ᄒ니를發明홈이오現今製成ᄒᆫ者ㅣ數千方校에氣味가醇농ᄒ고瑞烟이芬馥ᄒ야飮食酒醋에消興을盜助ᄒ니곳西烟을凌駕ᄒ깃고또價額이廉獻ᄒ야消儉世家와寒士窮儒라도經濟上에浪費ᄒ든弊가少홀지라然則本社에利益은無ᄒ나大注意ᄒ믄此業을經營ᄒᆫ바인故로幾年間損害ᄂᆫ不顧ᄒ오니 僉君子ᄂᆫ照諒購買ᄒ심을望홈

漢城谷香合資會社　告白

前京畿觀察府主事李蕃宰名字를學秀로改定홈

楊川居李學秀　告白

▲特別廣告

本社에셔活版機具를更加完備ᄒ고印刷營業을開始ᄒ오니各種書籍을印刷코져ᄒ시ᄂᆫ 僉位ᄂᆫ來議ᄒ시오

中署磚洞　普成社　告白

本人이鑛物에上品雲母(俗語石鱗)을多數買收코즈ᄒ오니願賣ᄒ시ᄂᆫ人이有ᄒ거나或此物出產地를知ᄒ시ᄂᆫ이有ᄒ거든本人에게로通奇ᄒᆷ을千萬伏望

仁川濟昌洋行內文明鎭　告白

●第二回學員募集廣告

本校에셔設立一年에職員의熱心과學員의勤勉으로成績이甚好ᄒᆫ바自一年級으로二年級을昇差ᄒ고一年級을新募ᄒ오니願學人은本校에前期來臨ᄒ야請願ᄒ고入學日字에應試ᄒ오되學科及規則은本校에來問事

但敎授時間은自午后六時至午后拾時
試驗科目　國漢文　讀書　作文　算術(四則雜題)
試驗日字　陽來年一月四日

西署太平洞統四拾八統拾戶
私立廣信商業學校告白

弊店에셔上品石炭을放賣ᄒ오니內外僉彦은光臨ᄒ심을希望홈

西署毛橋四拾六統七戶
大韓人石炭商店

北署安國坊小安洞契第十二統五戶草家四間半舊文券中間소火故玆以仰告ᄒ오니內外國人知悉홈

趙用舜　告白

◎教育學

譯述　崔光玉　校閱　朴殷植　定價金廿五錢

此書ᄂᆫ教科書排列과敎授法則과訓練制度가詳細解說ᄒ야一般敎育者의寶鑑이될터이오니有志僉君子ᄂᆫ速速購覽ᄒ심敬要

發賣所　京布屛下書舖　金相萬　平壤貫洞　耶蘇敎書院　安岳邑　勉學書會

●特別廣告

國債報償志願金總合所에셔韓洞普成館內期成會의發受人文錄을調查ᄒ라다가該會主務與幹事等이僞詐不現ᄒ며該會收金가ᄂᆞᆫ明書所致로領證諸人告도已有ᄒ엿거니와方將措辦特証例ᄒ고交涉官廳ᄒ고又此布告ᄒ오니全國同胞ᄂᆞᆫ照亮ᄒ시며領證도不日示明ᄒ시오

大韓每日申報社內　總合所

일본정부제묘연초

한국일수방미
동아연초주식회사
경성명동

中等萬國新地志

全壹冊　金壹圜

正一品大勳閔泳徽閣下序　韋菴先生張志淵校閱幷序
涵齋先生安國和序　石濃先生砂　謹跋
臨瀛后人金鴻卿編纂

此書ᄂᆫ中等학校敎科와普通新智識을硏究ᄒ시ᄂᆫ人士를爲ᄒ야精撰ᄒᆫ者ㅣ라近來我國의敎科書類中에萬國地誌도亦不爲不備ᄒ나然이나其地名人名을每從譯音成日語面譯刊ᄒ야因其文字譯音의互異홈으로轉生訛謬홈이頗多ᄒ미編者ㅣ以是爲病ᄒ야각히其國의名稱을隨ᄒ야以漢文으로譯出ᄒ야其眞面을不失ᄒ며且簡易ᄒ고明快케ᄒ야閱卷一讀에戶庭을不出ᄒ고能히各國의位置風土物產政治沿革等을周知홈이此書에過홈

發兌元中署布屛下廣학書舖　金相萬
賣捌所　南門內鍮洞　博文書舘　安동　安峴書舘
　　　　鐘路　大東書市　銅峴　博文書舘
　　　　동口越便　中央書舘　寺동　漢陽書舘
　　　　鐘路　古今書海舘　廣橋　匯동書舘
　　　　各地方　有名書市

●國債報償志願金總合所廣告 續

●永川郡追谷面道岩洞

孫世일 一圜 리英在 六拾전 리圭文 리洙頹 鄭鎬浩 四拾錢 리벽奋 三拾錢 鄭裕翮 金命浩 各一圜 魏谷汶 大十전 리基瑞 四十전 權基澤 黃武奉 각六拾전 皇甫穆 八十錢 李淵진 리鱗九 孫啓永 孫世中 孫世鶴 孫啓燮 孫世혁 孫世奋 金鶴九 姜元日 各廿錢

▲釜洞

리雨淵 八拾전 崔文新 二拾전 朴春厚 四拾전 朴正厚 曹喜日 각廿전 廉克文 三十전 리奉ㅁ 六拾錢 廉俊萬 리鍾鼓 각四十전 라仁鎬 廿六錢 리奎星 朴基厚 각六拾전 黃基宗 一원 朴允岈 八十전 리鍾학 六拾전 리鍾元 二十전 朴重厚 一圜 黃術俉 二十錢 黃基翁 八拾錢 鄭基俊 六錢 김仁石 十전 리奎潤 四拾錢 趙振奎 二十전 李李马 三拾전 朴鎮義 六拾錢 韓有宗 二拾錢 崔允吉 四拾전 리召史 廉召史 各廿전

▲大追溯

리元基 리圭復 리漢基 成洛奋 리在奎 各一圜 리圭杓 八十전 成在弼 리元杓 리榮杓 각六拾錢 崔榮基 崔俊基 孫永達 각四拾錢 崔夏述 김光烈 각六拾錢 金萬珠 廿전 成洛元 金楨河 孫相설 각六拾전 崔雲弼 리鍾珠 鄭致萬 尹洪基 각廿전 리圭宅 리鍾문 리鍾鎔 각六拾전 리奎秀 二拾錢 鄭基秀 四十전 리鍾國 二拾전 리道益 六拾전 未完

[illegible]

○定價

一號代金 新貨二錢五錢

一個月前貨 三十錢

三個月 九十錢

六個月 一圜七十錢

一個年 三圜四十錢

絲紙一張 新貨五圜

一個月 十三錢

○廣告料

[illegible]

發行兼編輯人英國人 裵說

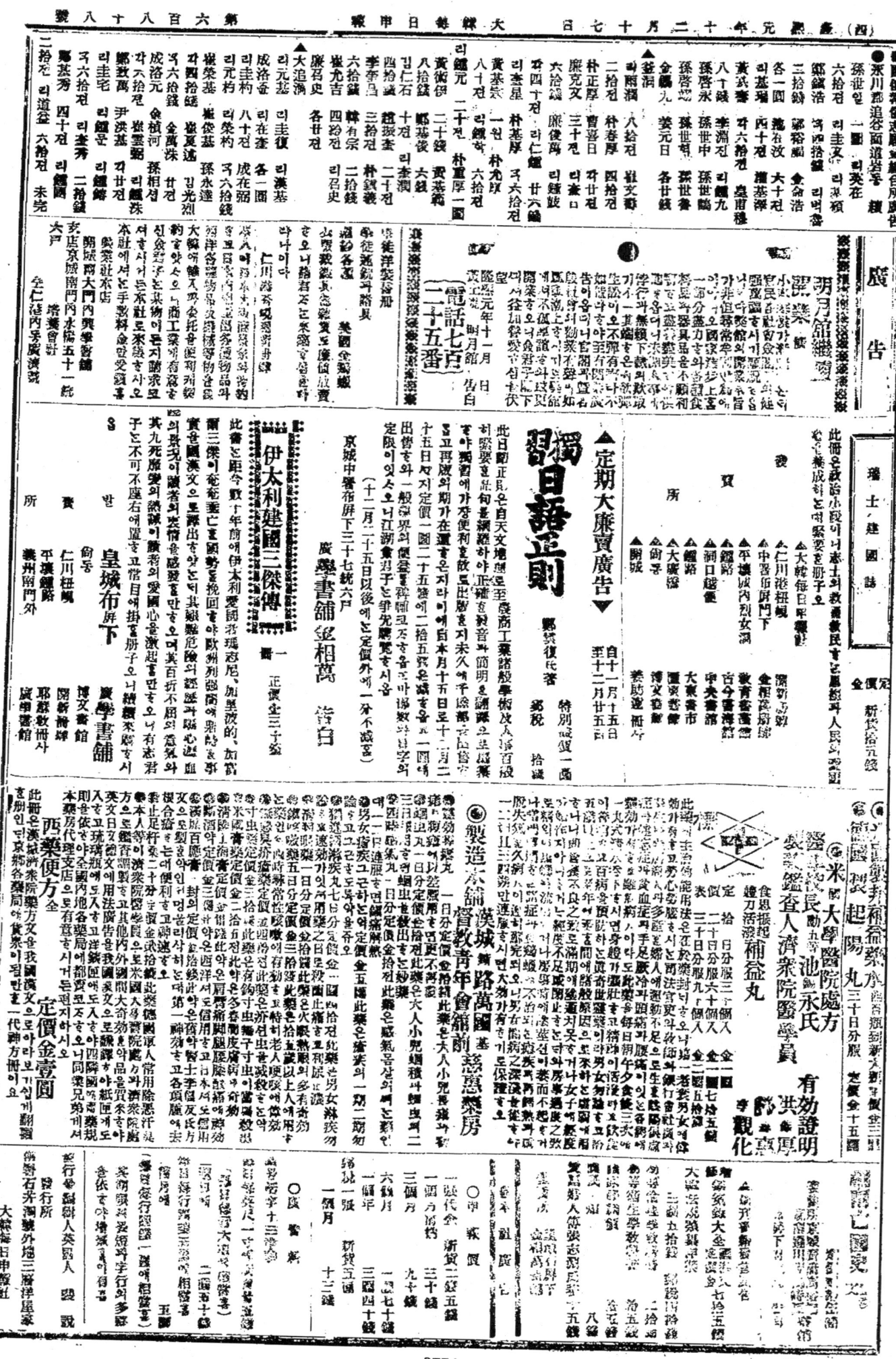

發行所 漢城石井洞號外埋三層洋屋家 大韓每日申報社

大韓每日申報

第五卷 第六百八十九號

月曜及慶節歲時日休刊

檀君開國四千二百四十年
箕子元年三千二十九年
大韓開國五百十六年
日本明治四十年
淸國光緒三十三年
陰曆丁未十一月大十四日辛丑

論說

◉大韓新聞魔記者아一覽

本報第六百八拾一號金貞益氏寄書에對ᄒᆞ야大韓新聞이라稱ᄒᆞᄂᆞᆫ者가大禍胎三字로本報를狂罵ᄒᆞ고義兵煽動四字로本記者를搆誣ᄒᆞ되本月拾一日에爲始ᄒᆞ야滔々然二百五拾餘行과三千三百數拾餘字로簧舌을皷ᄒᆞ며妖筆을舞ᄒᆞ야連五號續載ᄒᆞ더니昨拾五(日曜)日에야其篇이纔完ᄒᆞ얏도다

嗚乎라本記者ㅣ筆鋒을更磨ᄒᆞ야此를一呵홈이可ᄒᆞᆯ가抑亦度外에置ᄒᆞ야吠ᄒᆞ거던其吠를任ᄒᆞ며謗ᄒᆞ거던其謗을任ᄒᆞ고堂々의旗와正々의陣으로深溝高壘ᄒᆞ야彼의力盡自退ᄒᆞᆷ을待홈이可ᄒᆞᆯ가

後一策을用ᄒᆞ랴ᄒᆞᆫ즉彼方虎前의창으로氣燄이愈張ᄒᆞ며年老외미로手腕이愈慘ᄒᆞ야韓國二千萬을個々地獄에驅入ᄒᆞᆫ然後에乃已ᄒᆞ랴ᄒᆞ나니萬一本記者此時에緘舌守默ᄒᆞ면傍觀者의聽瑩이不無ᄒᆞ야洸惑ᄒᆞᆷ을或被ᄒᆞ면不佞의幾年來韓國同胞의게忠告ᄒᆞᆫ義務가墮地ᄒᆞ리니不仁이라不可ᄒᆞ오前一策을用ᄒᆞ라ᄒᆞᆫ즉彼가國民報의心法을傳受ᄒᆞ고腸肚를相通ᄒᆞ야渠輩의慘毒ᄒᆞᆫ目的을到達ᄒᆞ라ᄒᆞᆯ새惟此本報紙ㅣ斯國內一木鐸됨을最仇嫉ᄒᆞ며最妬恨ᄒᆞ야其勢不兩立으로自料ᄒᆞᄂᆞᆫ故로本報가一論을발하면兩魔가幷力ᄒᆞ야前唱後應ᄒᆞ나니聽라腹背에兩敵壘오左右에雙妖孽이라詩에云ᄒᆞᆫ바憂心悄悄慍于群小의地位에處ᄒᆞᆫ本報ㅣ니苟或此를一々對付ᄒᆞ랴다가ᄂᆞᆫ一賊이纔退에一賊이又進ᄒᆞ고一妖가纔去에一妖가又來ᄒᆞ야畢竟本報第一面論說欄內에ᄂᆞᆫ國民報及大韓新聞討斥ᄒᆞᄂᆞᆫ文字로支離歲月을虛費ᄒᆞ고其他有益ᄒᆞᆫ論文은揭布ᄒᆞᆯ餘暇가無ᄒᆞ리니不智라不可爲로라

然則奈何오曰所謂國民報者ᄂᆞᆫ鹿鬼鹿膽이오狂奴狂舌이라譬컨ᄃᆡ葱田麻田을不分ᄒᆞ고橫走亂앙ᄒᆞᄂᆞᆫ醉兒의態度又ᄒᆞ여三尺童子鼻笑件에不過ᄒᆞ니千日吠ᄒᆞ며百年咆ᄒᆞ여ᄃᆡ도終乃自仆自滅ᄒᆞᆯ而已니我筆劍을不必費ᄒᆞ나와彼大韓新聞者ᄂᆞᆫ其面目은國民報와酷肖ᄒᆞ나其心術이國民記者보다較嚴ᄒᆞ며其口吻은國民報와酷似ᄒᆞ나其手段이國民記者보다較毒하야或時勢도巧飾ᄒᆞ며或學理도强引ᄒᆞ야往々近理亂眞의說로外面을粧撰ᄒᆞ니此ᄂᆞᆫ奇凶賊이佛法을講論ᄒᆞ며王莽奸夫가周書를模倣홈과似ᄒᆞ야雖其奸膓邪臟가慧眼에ᄂᆞᆫ莫逃ᄒᆞ나凶詩怪談이夢人은易惑이니此ᄂᆞᆫ任置不問ᄒᆞ면恐컨대半國內彷徨失路ᄒᆞᆫ同胞들이其魔誘ᄅᆞᆯ不覺ᄒᆞ고賣賊을父祖로認ᄒᆞ며地獄을天堂으로仰ᄒᆞ야同胼胝齒의慘境을自作ᄒᆞ기가十分이면八九分됨니

本記者ㅣ雖欲默이ᄂᆞᆫ其何能默이리오所以로照妖鏡을高掛ᄒᆞ야魑魅의狀態를一혀破ᄒᆞ며驅魔劍을快磨ᄒᆞ야蟆類의窟穴을一掃倒ᄒᆞ라ᄒᆞ노니來ᄒᆞ라大韓新聞魔記者아覽ᄒᆞ라大韓全國同胞아 未完

官報

布達 續

第十條 親任官勅任官奏任官判任官의俸給은年俸으로ᄒᆞᆷ但其定限은別定表를依ᄒᆞᆷ

第十一條 俸給支給은親任官勅任官을除ᄒᆞᆫ外에ᄂᆞᆫ定限內로宮內府大臣이專行ᄒᆞᆷ

第十二條 年俸은十二에分ᄒᆞ야每月에支給ᄒᆞᆷ

第十三條 俸給新任轉任增俸減俸은발令翌日로부터計算ᄒᆞ고官制或俸給令의改定에因ᄒᆞ야新給ᄒᆞᄂᆞᆫ俸給은新令施行日로부터計算ᄒᆞᆷ

第十四條 休職或廢官者나退官或身故者의게ᄂᆞᆫ其年俸月別全額을支給ᄒᆞᆷ

第十五條 休職廢官退官者로서事務傳掌과除務整理를爲ᄒᆞ야命을承ᄒᆞ야公務에特別從事ᄒᆞᄂᆞᆫ境遇에ᄂᆞᆫ其間前俸給全額을支給ᄒᆞᆷ

第十六條 疾病으로執務치못ᄒᆞᆷ이九十日을踰ᄒᆞᆫ者와私故로執務치못ᄒᆞᆷ이三十日을踰ᄒᆞᆫ者ᄂᆞᆫ俸給의半額을減ᄒᆞ되其公務로因ᄒᆞ야傷痍를受ᄒᆞ거나或疾病에罹ᄒᆞᆫ者나居喪者ᄂᆞᆫ此限에不在ᄒᆞᆷ

第十七條 宮內官으로身故ᄒᆞᆫ者ᄂᆞᆫ在職中과休職中을不拘ᄒᆞ고現任官의勅奏任官은在職最終時年俸三分의一이오判任官은其年俸四分의一을其遺族의게支給ᄒᆞᆷ 未完

外報

◉葬儀參禮 伯林電을據ᄒᆞᆫ則德國皇弟亨利親王은皇帝의代表로瑞典皇帝의喪儀에參禮ᄒᆞᆯ터이라더라

◉海軍大臣言明 伯林電을據ᄒᆞᆫ則同國海軍大臣及海軍中將이帝國議會豫備委員會에서軍艦增設請求ᄒᆞᆷ은不當ᄒᆞᆫ意로言明ᄒᆞ얏다더라

◉議事探知 紐育諸新聞이揭載ᄒᆞ엿스되同航艦隊의戰鬪艦에서使用ᄒᆞᄂᆞᆫ日人이艦內에서諸般事를一々히探知ᄒᆞᄂᆞᆫ故로항풍렝로스에서上陸을命ᄒᆞ얏다더라

◉鐵道側擴張交涉 大連電을據ᄒᆞᆫ則俄淸密約에鐵道兩側三十淸里의採炭權을今回에五十淸里擴張ᄒᆞᆷ에就ᄒᆞ야滿洲鐵道會社에서도如右히交涉을開始ᄒᆞᆯ터이라더라

◉社會改良議決 路透電을據ᄒᆞᆫ즉구라스코市에開ᄒᆞᆫ英國社會黨의總會에서六百人의代議員等이今後社會主義의意見이有ᄒᆞᆫ디라會의政策改良ᄒᆞᆷ이必要ᄒᆞ다ᄒᆞ고議決ᄒᆞ얏다더라

◉俄國豫算提出 俄國度支大臣지유마ᄂᆞᆫ明年豫算案을國會에서提出ᄒᆞ야一億九千五百萬留의公債募集案을請求ᄒᆞ얏ᄂᆞᆫ데此案은露日戰의費用과新鐵道敷設費와飢饉救助費等의不足을塡補ᄒᆞᆷ이라더라

雜報

去日에西北학生親睦會에安昌浩氏演說 譯述金河球 續

雖然이나道德을專尙ᄒᆞ고智識을賤視ᄒᆞᆫ弊害가固有ᄒᆞᆫ者어니와若今日學界諸君이矯枉過直으로道德을沉視ᄒᆞ고智識만偏重ᄒᆞ면又甚可懼로다何哉오大抵人類가若無眞質之道德ᄒᆞ고但有才能技藝면適足爲助惡之利用이라試觀ᄒᆞ라古今歷史에奸雄亂賊이曷嘗見無其才者이며所謂賊賢害國ᄒᆞ며殘虐同族之類가亦非智識超過者乎아嗚呼諸君은深鑑於此ᄒᆞ야道德과智識의二者를具有幷行ᄒᆞ야如鳥之有兩翼이어야可乎인저手於向上開學式에諸君ᄒᆞ야有所抑勉ᄒᆞ되爲學之道ᄂᆞᆫ必先致力於近者小者ᄒᆞ야不容躁急이오循序漸進ᄒᆞ야以其遠者大者가可也라ᄒᆞ엿거니와更願諸君은以心問心曰我果能修爲人之職分乎아ᄒᆞ야一切微行細節이라도其當爲를務ᄒᆞ고其新을是圖ᄒᆞ야惟其新思想과新智識을灌諸腦髓ᄒᆞ야新鮮完全ᄒᆞᆫ棟樑之材가되야新世界에新文化를發達ᄒᆞ기로勉力ᄒᆞᆯ지어다嗚呼諸君이여更有一言ᄒᆞ니今日吾人이欲做公同之事業인대必賴公同之心力이어ᄂᆞᆯ我韓社會ᄂᆞᆫ不然ᄒᆞ야今日設會於南鄕ᄒᆞ면明日興學於北里ᄒᆞ고張三이擬一業ᄒᆞ면李四가擬一業ᄒᆞ야以若勉力으로互相岐貳에一無所就ᄒᆞ고爾爲我爾我便에猜疑間隔ᄒᆞ야蚌鷸相持에徒資漁人之功ᄒᆞ고桑榆不俔에慘致操肉之禍ᄒᆞ니是可忍乎아惟願諸君은凡於事業에勿以卑獨擅便으로爲計ᄒᆞ고惟以統一團合으로做去ᄒᆞᆯ지어다噫彼農夫ᄂᆞᆫ比隣結耦에通力合作ᄒᆞ야春耕秋獲에一致成功이어니와若一人一家가獨自耕作ᄒᆞ며獨自收獲이면決無取不之獲ᄒᆞᆯ지니嗚呼諸君이여鑑旣往之敗轍ᄒᆞ야切勿以立角爲事ᄒᆞ고勿以獨단爲能ᄒᆞ야對人事業ᄒᆞ야勿存猜忌ᄒᆞ고必思共濟ᄒᆞ야以通同團合的主義로期圖事功ᄒᆞ야共守無窮之公利를千萬勉旃

譯者曰安君之當日演說은眞砂學生界頂門의針이라恨時迫掛鍾不能盡記其眞이나但此譯書論實非奇言異聞而滔々一篇音韻激昂令人感動果屬不淺豈可與舌下土同日而語哉惟我同志非其錦佩興起以蕉賀其血心勸勉焉 完

◉換名得坪 大邱兼莞社社長金光濟와鍾橫秋敎鏡張相轍諸氏가中島背坪兩坪을光武九年拾月十九日에承認於農部ᄒᆞ고十年二月에起墾耕植ᄒᆞ고又得農部認許矣러니當地居金鳳業認正變奐有昌等이以半付四背坪認許로暗生猜欲ᄒᆞ야欲奪中島背坪故로該府郡에累次裁判에金鳳業等이竟至落科ᄒᆞ얏다더라

◉釜民更訴 釜山人傳說을聞ᄒᆞᆫ즉金建培가釜山共地를度支部에認許請願ᄒᆞ야日人田中에게賣渡ᄒᆞᆫ事로居民이今六月에中訴ᄒᆞ야指令을맛더東萊府에到付ᄒᆞ고衆民이安堵ᄒᆞ더니今又萊府에서上部訓令이잇다ᄒᆞ고本基地를使日人으로圖形尺量ᄒᆞ니居民이大端驚動ᄒᆞ야數萬生靈이將至離散顚覆之境이라更히度支部에呼訴ᄒᆞ다더라

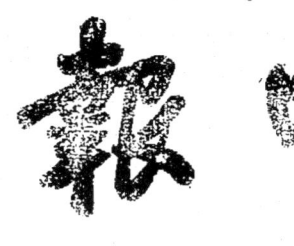

◉一土兩稅 忠淸河川力爲等地에宜解宮賜牌結을至庚子年ᄒᆞ야總爲革罷ᄒᆞᆫ즉民於爲結矣러니至於辛丑年에自導掌宮으로辨以內需司結稅ᄒᆞ고物捧以去라가又於壬寅年에稱以內藏院所管ᄒᆞ고勒捧結稅以去ᄒᆞ니是ᄂᆞᆫ一土兩稅也라該處人民이至於流散에不勝抑寃ᄒᆞ야國有財産調査所에呼訴ᄒᆞ얏다더라

雜報

●國B辭任 法部會計課長驍蔡氏ᄂᆞᆫ平理院檢事로陞任ᄒᆞ고其代에ᄂᆞᆫ前正尉申宇泳氏가被任ᄒᆞ얏다더라

●兩氏曉諭 法部大臣趙重應氏와警務總監丸山씨가再昨日往十里에前往ᄒᆞ야該地居民을會集曉諭ᄒᆞ얏다ᄂᆞᆫ대其理由인즉該等地에解散兵丁이各地方義擾에入參ᄒᆞᆫ者가不絶ᄒᆞᆫ故이라더라

●改部官制 今番新官制改定案件이各府部의現行官制와關無改定이오農商工部所管山林局을置ᄒᆞ고度支部所管燈臺局을新設ᄒᆞ얏ᄂᆞᆫ대其官制가如左ᄒᆞ니

第壹條燈臺局은度支部大臣의管理에屬ᄒᆞ야航路標識에關ᄒᆞᆫ事務를掌理홈

第二條燈臺局에左開職員을置ᄒᆞ얏ᄉᆞ며局長壹人技師三人主事五人技手拾二人看守五拾五人이더라

●내大憂慮 地方에自衛團實施與否에對ᄒᆞ야내大任善準氏가現今憂慮ᄒᆞᄂᆞᆫ中이라더라

●長谷宴待 長谷川大將이再昨日下午六時三拾分에大觀亭에서宴會를盛設ᄒᆞ고現任닉閣大臣과中樞院顧問諸氏를請邀宴待ᄒᆞ얏다더라

●鄭氏着手 今番郡守奏本에對ᄒᆞ야北村某大官이說話ᄒᆞ기를公不公은姑未詳知이나所設社會上에署名ᄒᆞᆫ某官人이雜家를着手홈은大段히痛惜이라인다더라

●預算請議 總務官及承宰府經費五千七百圜을預備金中支出홀事로度支部에서내閣에請議ᄒᆞ얏다더라

●巨額支撥 내閣에서度支部로照會ᄒᆞ되現接統監府來문則韓法兩國政府間에多年懸案ᄒᆞᆫ몽풍풀닉商會請求金事件에對ᄒᆞ야本官과韓國駐在法國總領事間에最秘密ᄒᆞᆫ審查交涉을遂ᄒᆞᆫ結果로卽時金三拾萬圜을韓國政府로ᄒᆞ터롱풍풀닉商々會에交付홀事二現今香港에庫入中小銃九万정과彈丸百万발롱풍풀닉商會에付與홀事三現今仁川鐵南浦에庫入中에平壤礦山用器ᄂᆞᆫ現狀디로롱풍풀나商會로브리韓國政府에引渡ᄒᆞᆯ事右三拾萬圜을東京第壹銀行本店에送金手形을至急히當府에送付ᄒᆞ라ᄒᆞᆫ바此를准査ᄒᆞᆫ즉事關官府나該金額三拾萬圜을實部에서先卽支발ᄒᆞ라ᄒᆞ얏ᄂᆞᆫ故로該部에서該償還金三拾萬圜을小切手로支撥ᄒᆞ얏다더라

●警察署理 遞平北觀察使朴勝鳳氏ᄂᆞᆫ該道裁判所判事事務를該道觀察道書記官張李植氏로署理케ᄒᆞ고今方上京이라고法部에報告ᄒᆞ얏더라

●公遣勸勸 各郡守의多少閒公遣로一切勸勸ᄒᆞᆫᄂᆞᆫ巷說이有ᄒᆞ더라

●辯護士懇親 再昨日懇親談料理館에서辯護士諸씨가會同ᄒᆞ야懇話會를開設ᄒᆞ얏다더라

●騎兵費額 明年度에ᄂᆞᆫ騎兵隊를設置ᄒᆞᆫ다ᄂᆞᆫ대所入費가九千四百四拾圜이오馬匹頭인ᄃᆡ價額은每頭에二百圜假量인ᄃᆡ該投額을明年度에辨支出ᄒᆞ기로닉閣에서會議ᄒᆞ얏다더라

●日馬購入 明年度에ᄂᆞᆫ騎兵隊를設置ᄒᆞᆫ다홈은前項과如ᄒᆞ거니와兵丁의被服과馬二十頭ᄂᆞᆫ日本國에注문購入ᄒᆞ기로算定ᄒᆞ얏다더라

●安氏留願 西署獨立館前住安邦烈氏가法部에請願ᄒᆞ되本人이亡父鎭泳이往在辛巳年李載先獄事에被謫ᄒᆞ와于今二十餘年에抱寃飮恨ᄒᆞ오니何幸을詔元年十壹月拾八日에大赦詔勅을特下ᄒᆞ사勝罷以來被謫諸人을壹幷蕩滌ᄒᆞ라ᄒᆞ오시니天恩이罔極에感祝無地ᄒᆞ오나尙還문蹟之頒布ᄒᆞ옵고未蒙官職之還授ᄒᆞ오니爲其子孫者寧不痛迫乎잇가玆敢冒悚仰籲ᄒᆞ오니照亮ᄒᆞ신後辛巳獄事에謫竄諸人을上 奏天陛ᄒᆞ와壹體頒布ᄒᆞ옵고職帖을還授ᄒᆞ심을千萬伏祝이라ᄒᆞ얏더라

●測量費支給 度支部에서鎭海灣軍用地測量費一百五拾一圜八拾전을豫外支出ᄒᆞ기로內閣에請議ᄒᆞ얏다더라

●내井曙論 열進會顧問내井良平氏의談話ᄒᆞ얏다ᄂᆞᆫ說을漏聞ᄒᆞᆫ즉其概意가如左ᄒᆞ니余가京城에在ᄒᆞᆫ일進會員으로屢惟ᄒᆞ면人民間에感情이無ᄒᆞ며今番地方에出張ᄒᆞ야視察ᄒᆞᆫ즉해會員의行動이人民과附合지아니ᄒᆞᆫ事가比々有之ᄒᆞᆫ즉何如ᄒᆞ여야和沖이될ᄂᆞᆫ지不知ᄒᆞᆯ것더라

●일顧將歸 일進會長李容九氏와該會顧問이自衛團을實施次로江原道에出張하얏다가入城ᄒᆞ얏거니와更聞ᄒᆞᆫ즉該會顧問내井良平씨ᄂᆞᆫ何等故를因홈인지將次歸國ᄒᆞᆫ다ᄂᆞᆫ說이有ᄒᆞ더라

●書籍購入 官立漢語學校에서前日田中宮相과幣原學士의學校寄金紀念ᄒᆞ기爲ᄒᆞ야書藏할冊具를二拾圜에購買ᄒᆞ고學部에報告하얏더라

●電車觸傷 昨日上午拾一時에布병舍地에서朴會根씨가電車에壓觸하야兩脚이絶斷하얏더라

●歸上司觸 全羅北道여山郡居ᄒᆞᄂᆞᆫ前議官徐在煥氏錢에火賊을防禦ᄒᆞ던銃器를自該郡分派所에서收去ᄒᆞ얏ᄂᆞᆫ더니追後에多數義兵이該家에突入ᄒᆞ야銃器를討索ᄒᆞ고該氏의兄弟를無數亂打ᄒᆞ야幾至死境이며大小家眷이逃離失接ᄒᆞ야東西分離ᄒᆞᆫ中에隣郡麗安郡居ᄒᆞᄂᆞᆫ林씨가年久ᄒᆞᆫ山訟을更起ᄒᆞ미兪氏의慘狀은可謂雪上加霜이라고該郡來人에傳說이有ᄒᆞ다더라

●韓銀발展 株式會社韓一銀行은實業界有志諸君이經營ᄒᆞᄂᆞᆫ者인대這間에許多艱難을經過ᄒᆞ고堅忍自彊ᄒᆞ야業務가漸次進行홈으로經濟社會에공獻홈이亦多大ᄒᆞ야信用을博得ᄒᆞ고進運이日就ᄒᆞ미增資ᄒᆞᆯ必要가有ᄒᆞ야從來總資本金拾五萬元(三千株)을五十萬元(一萬元)으로增加ᄒᆞ야目下募集에從事ᄒᆞᆫ다ᄂᆞᆫ대不過五六日間에四五千株의應募가有ᄒᆞ고役員諸氏들은一層발展을圖ᄒᆞ기爲ᄒᆞ야熱心從事ᄒᆞᆫ다더라

●兩裁罪囚 韓誠監獄署에今月時囚成冊을法部로報來ᄒᆞ얏ᄂᆞᆫ대平理院所管罪囚가三十七名이오漢城裁判所所管雜囚가五十名이오新入懲丁이十二名이라더라

●賊黨衝火 本月九日夜에賊黨八名이黃간郡上村面盤店里에突入ᄒᆞ야李敬萬家等七戶를衝火燒ᄒᆞ얏다더라

●趙씨被捉 趙鳳楨氏가有何所幹이던지開城府에前往ᄒᆞ얏다가官흡事件으로該地人民을捉囚ᄒᆞᄂᆞᆫ中에趙氏가亦被横捉ᄒᆞ야警視廳에押囚ᄒᆞ얏다더라

●金씨被囚 三淸洞居하ᄂᆞᆫ參奉金泰興씨가有何事件인지未知하거니와日前警視廳에被囚ᄒᆞ얏다더라

●學界悖類 博川嘉津에某某諸씨가該洞에私立 文학校를設立ᄒᆞᆫ後教師를延聘ᄒᆞ며學員을募集ᄒᆞ야熱心教育에期有前進之望이러니該洞居朴鳳朝爲名人이靑年教育이有何不穩之心인지嘲譏無賴徒黨ᄒᆞ고有時突入於校舍ᄒᆞ야盜擧與門子를打破無不是라教師與學員을凶辱驅逐홈으로一般學員들리校屛遁路ᄒᆞ다고西來人의確傳이有ᄒᆞ더라

●遺托寄孤 前經理院卿洪在臣氏ᄂᆞᆫ多福享壽之人이라天年將終之時에遺言於其子秉潤氏曰孤兒院은我國初有之事而孰不贊成乎아我亦有贊成之心而未就ᄒᆞ고今焉長逝에謝何及焉가我之手中所存金이只廿圜이니此雖薄小나寄附於孤兒院ᄒᆞ라ᄒᆞ고音終而逝故로昨日에本家에서送傳于該院이라더라

●仁港猛火 再昨日下午七時二十分에仁川港韓淸洋行에서失火ᄒᆞ야其全部가火色이러니忽然寒風이大吹ᄒᆞ야附近某人銃砲商店에移火ᄒᆞ야火藥及彈丸이爆發ᄒᆞ야二十餘戶가燒火ᄒᆞ얏다더라

●金守興학 金城郡守元有常씨가慨歎校務未遑ᄒᆞ고經費不敷ᄒᆞ야數十員학徒를募集ᄒᆞ야捐滯一百兩補助ᄒᆞ고教師盧錄가熱心教育ᄒᆞᆫ다더라

●卒業試榜 法官養成所에서卒業試驗을日昨에爲始ᄒᆞ얏ᄂᆞᆫ대出榜은本日에되고卒業應試者가二拾壹이라더라

▲地方消息▼

▲金溝郡路傍에義兵將李某의檄文이貼付ᄒᆞ얏ᄂᆞᆫ다其全文이如左ᄒᆞ니

卽我國之士民은明於三綱ᄒᆞ고守於五倫홈은是皆 先帝之德發러니甲午以後로 皇上陛下ᄂᆞᆫ宮闕을倭의게奪ᄒᆞᆫ所以로義를擧ᄒᆞ얏스니此大義ᄂᆞᆫ勿論倭與吾民ᄒᆞ고有罪者ᄂᆞᆫ必死ᄒᆞ고有功者ᄂᆞᆫ必賞ᄒᆞᆯ지니此後錄을依ᄒᆞ야施行ᄒᆞᆯ것ᄂᆞᆫ데

一은稅金을收納ᄒᆞ던니나所納處가無ᄒᆞᆫ故로我義所에收納ᄒᆞᆯ터이요

二ᄂᆞᆫ我士와國民으로倭賊에附從ᄒᆞ야巡檢이라稱ᄒᆞ고義兵家에偵探ᄒᆞᄂᆞᆫ輩ᄂᆞᆫ必誅ᄒᆞᆯ터이요

三은客主에對ᄒᆞ야前日브터擧厤揭榜ᄒᆞ얏ᄂᆞᆫ데至于今施行이못되얏ᄉᆞ나自今以後로米穀을買하ᄂᆞᆫ者ᄂᆞᆫ皆創義에依ᄒᆞ야擧行홀事다더라

▲去拾日에益山郡利峴에서義兵廿名이巡檢과交戰ᄒᆞ다가退去ᄒᆞ얏ᄂᆞᆫ대李康年의率ᄒᆞᆫ義兵二三千名이同郡附近에서橫行ᄒᆞ다하고

▲忠州東方五拾里地店에서義兵五拾名이提川守備隊와交戰ᄒᆞ다가退却ᄒᆞ얏ᄂᆞᆫ대義兵의死傷이有ᄒᆞ다ᄒᆞ고

▲拾五日錦山面附近에서義兵約壹百五拾名이海州日守備隊와交戰ᄒᆞ얏ᄂᆞᆫ대義兵의死傷及損害가多ᄒᆞ다ᄒᆞ고

▲拾四日橫城郡東方約六拾里地点의서義兵三百名이忠州日小ᄃᆡ와三時間을交戰ᄒᆞ얏다ᄒᆞ고

▲北靑郡西北方榛項里에義兵百餘名이駐屯홈을日兵이探知ᄒᆞ고前往交戰ᄒᆞ야義兵을西方으로擊退ᄒᆞ얏다더라

東京電報

拾六日발

●皇太子御消日 韓國皇太子殿下씌셔今日午後에芝離宮내釣堀에서釣魚로消日ᄒᆞ신後活動寫眞을御覽ᄒᆞ셧다더라

路透電報

十七日발

●艦隊出발 米國遞航艦隊ᄂᆞᆫ月曜日에太平洋으로向ᄒᆞ야出발ᄒᆞᆫᄂᆞᆫ데軍艦五拾三隻에總數八百五拾門과乘組員萬六千人이오遞航費二千萬圜이라더라

▲聞一知十▼

▲一國을撼動ᄒᆞ나內閣大臣의權利로다나라權利다팔어서自已地位買得ᄒᆞ니獨專其利豆홀시고

▲二千萬衆우리同胞生命財産엇지ᄒᆞ나不顧生靈저官吏貪虐에만從事ᄒᆞ니潑民膏澤豆홀시고

▲三百四十餘郡中에남은土地얼마런고六里靑山저긔잇다六國山川指點ᄒᆞ니稍蠶食之豆홀시고

▲四方山川마라보니風塵도擾亂ᄒᆞ다可憐ᄒᆞ손無辜生靈灰燼中에드단말가悲慘ᄒᆞᆫ눈물은어데다가ᄡᅳ리리오普渡慈航豆홀시고

▲五大臣적時節부터新條約이成立되야國權墜落되던놀에殉國忠節몃々친고閔忠正公壯홀시고

▲六大部洲列强國에大韓獨立公佈터니韓日講和된然後에保護條約이웬말인가弱肉强食豆홀시고

▲七條約이成立ᄒᆞ니靑邱一幅浮沉ᄒᆞᆫ다婢顔奴膝這大臣아當時에ᄂᆞᆫ舌鋼이오千秋에ᄂᆞᆫ鐘鉞이라遺臭万年豆홀시고

▲八道江山도라드니淑氣도靜嵘ᄒᆞ다英雄豪傑누가잇나塞北野千里路ᄂᆞᆫ伯樂을못맛낫나南陽草堂臥龍先生春夢을느지ᄭᅢ나時哉時哉豆홀시고

▲九曲肝腸다ᄡᅥᆺ다殿制下에잇ᄂᆞᆫ人生牛馬만도못ᄒᆞ도다이辨恥를엇지ᄒᆞ나ᄒᆞ나님前禱狀가세天高聽卑豆홀시고

▲拾生九死ᄒᆞ더리도血心으로團體ᄒᆞ야自由鐘을搖撞ᄒᆞ며獨立文을高揭ᄒᆞ야覊絆을脫免ᄒᆞ고東洋에號令ᄒᆞ면堂堂帝國豆홀시고

◉急告各支社

各支社에每日발送ᄒᆞᄂᆞᆫ申報枚數가數千餘張인則一朔만計ᄒᆞ야도八萬餘張이온바代金을按月上送이라야本社가支保이거날少不掛意ᄒᆞ고或數三朔을常爲愆滯ᄒᆞ야經費困難中况此年終에凡百關係이萬難支遣이옵기玆特急告ᄒᆞ오니相輔相翼의誼로另念ᄒᆞ시와各購覽諸氏계계督捧ᄒᆞ야限拾五日內로各須淸帳ᄒᆞ시믈務望홈

◉特別社告

本社經費絀乏을因ᄒᆞ야自今以後로各地方에本報購覽ᄒᆞ시ᄂᆞᆫ僉君子中二三朔未納處에ᄂᆞᆫ一體停送ᄒᆞ깃삽고또各支社에도限二三個月未納ᄒᆞᄂᆞᆫ境遇에ᄂᆞᆫ該支社認許를還收ᄒᆞ고卽爲廢止ᄒᆞᆯ터이오니本報愛讀ᄒᆞ시ᄂᆞᆫ僉君子ᄂᆞᆫ 照亮ᄒᆞ시와代金을勿滯換送ᄒᆞ심을敬要홈

大韓每日申報社

雜報

●奇書新刊 漢城泥峴日韓書房에서今回에新刊발賣ᄒᆞᄂᆞᆫ普通姙娠論은生殖器를極精實寫ᄒᆞᆫ寫眞銅板拾數枚를卷頭에揷入ᄒᆞ고一々히說明ᄒᆞ얏스미生殖의原理와生理의衛生을透得ᄒᆞ기易ᄒᆞᆫ書이라더라

廣告

本人이去月十一日에㱏文契合換次로鐘峴上에서遺失ᄒᆞ얏ᄉᆞ오니內外國人間에拾得ᄒᆞ오면休紙施行홈 南部明洞居金守誠 告白

平北郭山洪某愿文은性本愚昧ᄒᆞ야數萬金家産을雜技蕩破ᄒᆞ고田畓文券과圖章을僞造ᄒᆞ야定州居日人處에欲爲典當得債라가綻露未行則與此類人金允太로更做凶計ᄒᆞ오니內外國人誰某던지幸勿見欺ᄒᆞ시옴 堂姪洪璣周 告白

一鑛山測量製圖設計及鑛物의鑑定
一土地家屋測量製圖
一未墾地井田畓調査測量設計
一其他土木及鑛業事項에依賴홈
京城西大門外漢城府前

京城工務所

演說法方

著者 安國善 定價金 廿錢

今日은言論時代라言論이能히社會를興起케ᄒᆞᄂᆞᆫ效力이有ᄒᆞᆯ뿐아니라人이社會上에立ᄒᆞ야目的을達ᄒᆞ라면自己의意思를十分發表ᄒᆞᆷ이必要가有ᄒᆞᆫ거ᄂᆞᆯ語가訥ᄒᆞ고辭가短ᄒᆞ야公會席에서一言도발치못ᄒᆞ다가不滿足ᄒᆞᆫ結果를終見ᄒᆞ고平生을他人의後에落在ᄒᆞᄂᆞᆫ者ㅣ多ᄒᆞ니此ㅣ歐米人도演說을特別히鍛鍊ᄒᆞᄂᆞᆫ所以라有志ᄒᆞᆫ紳士와有望ᄒᆞᆫ靑年은幸히本書를購讀ᄒᆞ야歷史上에有名ᄒᆞᆫ天下名士의演說記와時務에適切ᄒᆞᆫ演說草本等을返覆熟練ᄒᆞ시면雄辯家되기難치아니ᄒᆞ오리다

발賣所
京城鍾路大廣橋邊大路東邊彙信社니○鍾峴博文書館○鍾路大東書市○古今書海館○布屛下廣學書舖○誠口橋中央書館○大廣橋玄公廉術洞博文書館

一般事務를倍前擴張ᄒᆞ고迅速懇篤히處理홈
中署許병(선전병문)八統二戶
辯護士 尹邦鉉
辯護士 太明식
辯護士 李容相
聯合法律事務所

▲特別廣告

本社에서名詁印刷部를另設ᄒᆞ고各樣活字와別樣紙本이俱備ᄒᆞ오며印刷가精美ᄒᆞ고價値도低廉ᄒᆞ오되特別히學員과夫人의게ᄂᆞᆫ一層低廉ᄒᆞ오니僉位ᄂᆞᆫ來臨ᄒᆞ시와隨意請求홈

大韓每日申報社 告白

本人이去陰八月晦日에昌原東面牛項嶺與金海佐昆之間에서所佩迭囊中姓名圖章과各人處捧次手票를落失ᄒᆞ엿시니誰某拾得이라도永爲勿施홈 金海鳴湖居朴文巨 告白

本人家劵典執金永信이러니서失ᄒᆞ얏기廣告ᄒᆞ오니誰某拾得休紙施行홈 西署孔德里居李起春 告白

本人이三淸洞閔大臣家에本月四日推次八百圜於音을使孫容惠弟容鎭으로往路後圖章이러니容惠兄弟가持其於音ᄒᆞ고中夜逃走ᄒᆞ얏스니該於音은休紙施行이기玆에廣告ᄒᆞ오니僉君子ᄂᆞᆫ照亮ᄒᆞ시옵 中署寺洞成都典當社員 秋敎賢 告白

始興東面西原洞前習字畓川確畓十斗落과始興下北面孫字田六斗落兩處文劵을陰十月十五日頃에서失ᄒᆞᆫ故로玆에廣告ᄒᆞ오니勿論內外國人ᄒᆞ고誰某拾得이던지休紙施行홈事 始興成大洞 李一弘 告白

◉奬學月報

一部先金十八錢 但地方郵稅五厘 自隆熙二年一月로每月二拾四日發行 細閱詳揭本報

●發行趣旨書

學也者ᄂᆞᆫ以之博識ᄒᆞ며以之廣智ᄒᆞ야用之身用之家ᄒᆞ며用之邦國而之天下也라雖然이나학非勸奬이면無以推進이오奬非佈報ㅣ면莫知優劣이라彼歐美列邦의文明富强이皆由於勸奬學問而擇用人材를必取於其中ᄒᆞᆷ其淺學薄識이如深井短綆이라오能汲引이리오今此維新以來로公私設校가靡不衆且多矣로ᄃᆡ朝建而夕廢ᄒᆞ고東起而西退者ㅣ拾居八九ᄒᆞ니此實由無勸奬力所致也라蓋夫학力不振이卽國力不振이라世不寒心哉아玆吾同志로共設此報ᄒᆞ고名之曰奬학月報라ᄒᆞ니學界僉彦은此月報로認爲機關ᄒᆞ야互相興起어다結果成立이면其能력은如大海巨濤에泰巖이不動ᄒᆞ고弘量은如宇宙無窮에包含萬像ᄒᆞ야個人으로能與國ᄒᆞ며一言으로爲世師ᄒᆞ리니富豪ㅣ不能奪其志ᄒᆞ고兵力이不能壓其權ᄒᆞ리니大哉라學也며偉哉라報也여惟我同胞ᄂᆞᆫ勉旃

發起人 朴太緖 李輔相 金燦洙 李郁敏 趙明植 劉정烈 安承龜

◉本報目次

社說 論說 學術 敎育 文藝 學海評論 雜報 社報

◉懸賞等分表

應募合格者에게ᄂᆞᆫ如左施賞홈 受賞人員二百○七人

	一等	賞額	二等	賞額	三等	賞額	四等	賞額	五等	賞額
論說	一人	拾圜	一人	五圜	一人	三圜				
小說	仝	仝	仝	仝	仝	仝				
詞藻	仝	五圜	二人	二圜	五人	一圜	十人	五十錢	二拾人	本報一部
作文	仝	三圜	仝	仝	仝	仝	仝	仝	仝	
歷史	仝	仝	仝	仝	仝	仝	仝	仝	仝	
地理	仝	仝	仝	仝	仝	仝	仝	仝	仝	
算術	仝	仝	仝	仝	仝	仝	仝	仝	仝	
才談	仝	仝	仝	仝	仝	仝	仝	仝	仝	

本報一部式無代進呈홈

決選留學

作文歷史地理算術等의合格一等者ᄂᆞᆫ每年終에決選試驗ᄒᆞ야最優等一人을本社社費로三個年間日本에留學케홈 每月學費二拾圜

◉第一回問題

●論說 小說은不必懸題홈
●詞藻 詠雪但七律
●作文 月終試驗廢止可否論
●地理 六鎭開拓의原因
●才談 (一) 一二三四五 (二) 일이삼사오 (二) 通門이里門
●歷史 世宗祖게서文敎를崇尙ᄒᆞ신事蹟을列擧ᄒᆞ다
●算術 (一) 斤拾八刄의茶五十斤入ᄒᆞᆫ箱、個를一疋ᄯᅢ拾三錢의木綿幾疋과相換ᄒᆞᆯ가 (二) 砂糖十二桶半을百四拾圓에買ᄒᆞ야二割五分의利를得ᄒᆞ고賣코져ᄒᆞ니一斤代價幾何但、桶은百斤入

◉略則

一應募코져ᄒᆞᄂᆞᆫ人은報價를先納ᄒᆞ고本社應募紙를領受ᄒᆞ야限日內에精書提出홈事
一論說小說은學術에關ᄒᆞᆫ事로만홈事
一論說小說은一行二十字三拾行以上五拾行以內로ᄒᆞ고作文地理歷史은二十行以上으로홈事
一詞藻ᄂᆞᆫ古詩를引類又幻合ᄒᆞᆷ을不得홈事
一才談은對句를穩當케홈
一算術은式과答만要홈事
一應募案은學問家에輪回考評ᄒᆞ야等級을推定홈事
一雖分優劣ᄒᆞᆫ境遇에ᄂᆞᆫ接受番號를依ᄒᆞ야推定홈事
一被撰人員에게ᄂᆞᆫ本社褒賞狀을授與ᄒᆞ고賞品은書籍券으로給與ᄒᆞᄃᆡ不願ᄒᆞ면現金으로給與홈
一被撰人의姓名은本報及各新聞에揭載홈
一接受期限은每月二拾四日로三拾日々지로定홈
一應募紙ᄂᆞᆫ自廣告日로頒給홈
一褒賞은本報發行日로始홈

北署安峴拾一統八戶前婦人商店 奬學月報社 第一出張事務所

奬學社

▲特別廣告

本社에서活版機具를更加完備ᄒᆞ고印刷營業을開始ᄒᆞ오니各種書籍을印刷코저ᄒᆞ시ᄂᆞᆫ僉位ᄂᆞᆫ來議ᄒᆞ시오

漢城中署磚洞 普成社 告白

本人이鑛物에上品雲母(俗名石鱗)을多數買收코자ᄒᆞ오니販賣ᄒᆞ시ᄂᆞᆫ人이有ᄒᆞ거나或此物出産地를知ᄒᆞ시ᄂᆞᆫ人이有ᄒᆞ거든本人에게로通奇商議ᄒᆞ시믈萬伏望

仁川 廣昌洋行內 文明鎬 告白

●第二回學員募集廣告

本校에서設立一年에職員의熱心과學員의勤勉으로成績이頗好ᄒᆞᆫ바自一年級은二年級으로昇差ᄒᆞ고一年級을新募ᄒᆞ오니願學人은本校에前期來臨ᄒᆞ야請願ᄒᆞ고入學ᄒᆞᆫ字에應試ᄒᆞ오되學科及規則은本校에來問事

但敎授時間은每午后六時至午后拾時

試驗科目 國漢文 讀書 作文 算術 (四則雜題)
試驗日字 隆熙年一月四日
西署太平洞第四拾八統拾戶
私立廣信商業學校告白

弊店에서上品石炭을販賣ᄒᆞ오니內外僉彦은光臨ᄒᆞ심을希望홈
西署毛橋第拾六統七戶
大韓人石炭商店

北署安國坊安洞契第十二統五戶草家四間半을本年火災中燒火故玆以仰告하오니內外國人知悉홈 趙用舜 告白

◉國債報償義捐金收入廣告

◉國債報償義捐金
十二月中本社收入總額
（自明日連續）
◉拾二月十六日
第一五八一號　原州郡邑內
廿五圜五拾五전
計二拾五圜五拾五錢
十二月拾六日收入總額
二十五圜五十五錢
自四月至拾月收入總額
五萬六千九百○二圜
四十一錢七厘
十一月收入總額
一百五拾二圜五拾五전
總合五萬七千○八拾圜
五拾一전七厘

●原州郡邑內
李敏璜　崔在民　辛榮一
郭承根　김奎燮　安甲元
安甲根　김鉉宅　리寅夏
리文永　리　命　金道彥
김殷濟　鄭養時　鄭돈時
辛鐘寬　리鳳爵　張可人
각一圜　安啓演　劉觀弘
朴병圭　安基準　김鍾國
辛在夏　鄭啓道　鄭啓一
辛允汝　朴聖彥　각五拾전
리化京　四十전　韓泰英
卅五錢　崔德順　廿五전
朴昌石　咸巳範　陸奉云
리千萬　嚴召成　각卄전
김致文　曹三卜　김旺山
각拾五전　孫召順　拾전
合二拾五圜五拾五錢
前號總合五萬七千○五拾四圜
九拾六전七厘
都總合五萬七千○八十圜五十
一錢七厘

◎特別廣告◎
國債報償金再昨日까지所捧은
姑未合計이고拾一月々지所捧
總合五萬七千○六十四圜九拾
六錢은電氣會社內銀行에貯置
ᄒᆞ얏슴고其貯置額中
三萬二千三百圜은國債報償志
金總合所로移交홈

廣告

大抵他邦에入口貨만用ᄒᆞᄂᆞᆫ國
이貧弱홈은現世界通義어ᄂᆞᆯ今
我國은日用事物을無論巨細ᄒᆞ
고外國을依賴ᄒᆞ니其中捲烟一物
로言ᄒᆞ야도絶好ᄒᆞᆫ本土所產은
拾ᄒᆞ고價高ᄒᆞᆫ外國品을濫用ᄒᆞ
ᄂᆞᆫ지라此事를歎惜ᄒᆞᆫ지多年에
造烟法을學得ᄒᆞ고谷山草中極
上品을選精ᄒᆞ야起工造就ᄒᆞ고
名ᄒᆞ여日谷香이라ᄒᆞ니其產地
를發明홈이오現今製成ᄒᆞᆫ者ㅣ
數千万枝에氣味가醇香ᄒᆞ고瑤
烟의芬馥ᄒᆞ야飮ᄒᆞᆫ酒의에稍興
을益助ᄒᆞ니곳西烟을凌駕ᄒᆞ깃
고또價額이廉歇ᄒᆞ야淸儉世家
와寒士窮儒라도經濟上에浪費
ᄒᆞᄂᆞᆫ弊가少ᄒᆞᆯ지라然則本社에
利益은無ᄒᆞ나大注意ᄒᆞᆫ은此業
을經營ᄒᆞᆫ則인故로幾年間損害
ᄂᆞᆫ不顧하오니　僉君子ᄂᆞᆫ照諒
購買ᄒᆞ심을望ᄒᆞᆷ
漢城谷香合資會社　告白

[illegible]

◉教育學
譯述　趙光玉
校閱　朴殷植
定價金卄五錢
此書ᄂᆞᆫ教科書排列과教授法則
과訓鍊制度가詳細備載ᄒᆞ야一
般教育者의寶鑑이될터오니有
志僉君子ᄂᆞᆫ速速購覽ᄒᆞ심敬要

發賣所
京布屛下書舖　金相萬
平壤貫洞　耶蘇教書院
安岳邑　勉學書會

正一品大勳閔泳徽閣下序
涵齋先生安鍾和序
韋菴先生張志淵校閱幷序
臨瀛后人金鴻卿編纂
石濃先生　　題跋

中等萬國新地志
全壹冊

此書ᄂᆞᆫ中等學校教科와普通新智識을研究ᄒᆞ시ᄂᆞᆫ人士를爲ᄒᆞ
야精撰ᄒᆞᆫ者ㅣ라近來我國의教科書類中에萬國地志도亦不爲
不備나然이나其地名人名은譯從國音ᄒᆞ야羅馬譯刊ᄒᆞ야因其
文字讀音의互異홈으로轉生訛誤홈이頗多ᄒᆞᆫ지라編者ㅣ以是爲
病ᄒᆞ야各히其國의名稱을隨ᄒᆞ야以國文으로譯出ᄒᆞ야其眞面
을不失ᄒᆞ며且簡易ᄒᆞ고明便케ᄒᆞ야開卷一讀에戶庭을不出ᄒᆞ
고能히各國의位置風土物產政治沿革等을周知ᄒᆞᆯ이此書에莫
過홈

發行　京城中署布屛下　廣學書舖　金相萬
發賣所
南門內尙洞　博文書館　安洞　安峴書館
鍾路　大東書市　銅峴　博文書館
동口越便　中央書館　寺동　漢陽書館
鍾路　古今書海館　廣橋　滙동書館
各地方　有名書市

▲定期大廉賣廣告▼
自十一月十五日
至十二月廿五日

獨習日語正則
鄭雲復氏著
特別減價一圜
郵稅　拾錢

此日語正則은自天文地理로至農商工業諸般學術及人事百般
ᄭᅡ지緊要ᄒᆞᆫ語句를網羅ᄒᆞ야正確ᄒᆞᆫ發音과簡明ᄒᆞᆫ飜譯으로編纂
ᄒᆞ야獨習에와상便利ᄒᆞᆫ故로出版ᄒᆞᆫ지未久에千餘部를出售ᄒᆞ
옵고再版의期가在邇ᄒᆞ온지라이에特히本月十五日로十二月二
十五日ᄭᅡ지定價一圜二十五錢에二拾五錢을減ᄒᆞ옵고一圜에
出售ᄒᆞ와一般學界의便益을裨補코ᄌᆞ하옵ᄂᆞᆫ바部數와日字의
定限이잇ᄉᆞ오니江湖諸彥은爭先購覽ᄒᆞ시옵
（十二月二十五日以後에ᄂᆞᆫ定價外에一分不減홈）
京城中署布屛下三十七統六戶
廣學書舖　金相萬　告白

伊太利建國三傑傳
全一冊　正價金三十錢

此書ᄂᆞᆫ距今數十年前에伊太利愛國者瑪志尼、加里波的、加富
爾三傑이奄奄垂亡ᄒᆞᆫ國勢를挽回ᄒᆞ야歐洲列强間에鼎峙ᄒᆞᆫ事
實을國漢文으로譯出ᄒᆞ얏ᄂᆞᆫ데其艱難危險의經歷과嘔心瀝血
의景況이讀者의哀情을感發ᄒᆞᆯ만ᄒᆞ오며其百折不屈의意氣와
其九死靡變의熱誠이讀者의愛國心을激起ᄒᆞᆯ만ᄒᆞ오니有志君
子ᄂᆞᆫ不可不座右에置ᄒᆞ고常目에掛ᄒᆞᆯ冊子오니陸續來購ᄒᆞ시
옵

발매소
皇城布屛下　廣學書舖
同동　博文書館
仁川柤峴　開新冊肆
平壤鍾路　耶蘇教冊사
義州南門外　廣學書館

◉米國製邦補益藥水　四百瓶到新大瓶定價金三圜
◉德國製起陽丸　三十日分服　定價金十五圜

◉米國大學醫院處方
醫學校長勳五等池錫永氏
製藥鑑查人濟衆院醫學員
洪鍾憲
李觀化
有效證明

商標

食思振起
體力活潑補益丸

定價表
拾日分服三十個入　金一圜
二十日分服六十個入　金一圜七拾五錢
三十日分服九十個入　金二圜五拾錢

此藥에主治效能用法은在於藥封ᄒᆞ니第一老衰ᄒᆞᆫ男女
와學生과坐店ᄒᆞᄂᆞᆫ商人과多勞心ᄒᆞ는官吏와敎師와銀行會社
等에效가有ᄒᆞ고婦人에經不順과貧血症과手足厥冷과頭痛腰痛이
症과健忘症과貧血症과手足厥冷과頭痛腰痛이잇ᄂᆞᆫ者와生殖器陰陽
…[illegible]…
一日二三次式清水로呑下ᄒᆞ시면身體가强壯ᄒᆞ고精神이活潑ᄒᆞ고飮食
이養生ᄒᆞᄂᆞᆫ上에百病을豫防ᄒᆞᄂᆞᆫ貴重ᄒᆞᆫ世界藥이라男女勿論ᄒᆞ고
五十歲以上으로老年에至ᄒᆞ기ᄭᅡ지諸般疾病을預防ᄒᆞᄂᆞᆫ最上妙藥
ᄒᆞ나니卽營養不良之致로滿期에經道치못ᄒᆞ거나女子에經度
가始作지아니ᄒᆞ거나經度不足或閉ᄒᆞᆫ거나房事過度之致
로精神이無端이流出ᄒᆞ거나房事時에陰莖이萎而不起ᄒᆞ거
나腎門虛冷ᄒᆞᆫ落症과金鷄蠟에不治되ᄂᆞᆫ疾과用熱과
脫失氣ᄒᆞᆫ久病人이速히蘇完되오니男女間病之深淺을從ᄒᆞ야
一二瓶且三四瓶만連服ᄒᆞ시면大効가有ᄒᆞ기로保證ᄒᆞ오

◉製造本舖漢城鍾路萬國基督教靑年會館前慈惠藥房

●靈効解痛丸　一日分定價金拾錢　此藥은大人小兒腹痛과初
痢와腹痛에以差服用ᄒᆞ면更不再發
●蛔虫丸一日分定價金拾錢　此藥은大人小兒蛔積과蛔虫을二
三日服用ᄒᆞ면蛔虫을殺出ᄒᆞᄂᆞᆫ妙藥
●四時感氣丸　一日分定價金拾전　此藥은感氣몸살의ᄶᅥᆫᄂᆞᆫ證인
데一二日連服ᄒᆞ면頭痛解熱
●男女淋疾　그근ᄒᆞ는약　定價金五圜　此藥은淋疾에一期二期勿
論ᄒᆞ고그근하도록약을쥬오
●獨逸國淋疾丸　七日分定價金一圜　此藥은男女淋疾
淋疾을速治ᄒᆞᄂᆞᆫ効가잇셔用藥之日로殺菌止痛ᄒᆞ고利尿止濃
●淸明眼藥　一日分定價金拾錢　此藥은火眼熱眼의多有奇効
●鎭咳藥五日分定價金三拾錢　此藥은拾九歲以上人의用
ᄒᆞᄂᆞᆫ藥인ᄃᆡ四時尋常性咳嗽에有効ᄒᆞ고特히老人咳嗽에
●無題兒疥瘡藥定價金四拾전　此藥은疥瘡을殺ᄒᆞ야[illegible]
●米國寸虫藥定價金二拾五전　此藥은有鉤寸虫과條虫을殺出
●淸國上海膏藥定價金二拾錢　此약은多年皮膚病과[illegible]
●斷酒약定價三圜　此약은眉背腰腿腰膝[illegible]
●漢城百應膏一封의定價金卅錢　此약은西洋서도信用ᄒᆞ고日本셔도信用
文으로製ᄒᆞᆫ약인데명올리삭ᄒᆞᄂᆞᆫ데此약은第一神効
根合瘡ᄒᆞᄂᆞᆫ데便利ᄒᆞ고神速ᄒᆞ오
◉止足秆藥二十分定價金貳拾錢　此藥은[illegible]
◉本人等이濟衆院醫學員으로米國大學院을[illegible]
方으로鑑査製ᄒᆞ고其他內外國間大奇効ᄒᆞᆫ藥品을貿來ᄒᆞ야
英文日文等에用法廣告를我國文으로飜譯ᄒᆞ야紙匣에도
入ᄒᆞ고琉璃甁에도入ᄒᆞ고洋鐵匣에도入ᄒᆞ야販賣ᄒᆞ오니同胞
則을依ᄒᆞ야全國內地各藥局에都貿코ᄌᆞᄒᆞ오니同藥兄弟
本藥房代理支店으로有意ᄒᆞ시거든편지ᄒᆞ시오　藥規

西藥便方　全
定價金壹圜

此冊은漢城濟衆院藥方文을我國漢文으로아라보기쉽게飜譯
ᄒᆞᆫ冊인ᄃᆡ京鄕各藥局에貨泉이될만ᄒᆞᆫ一代神方冊이요

◉增補大韓帝國歷史　國漢文　定價貳拾伍錢
發行所京城鍾路高裕相書舖
發賣所同川郡高時夏書舖
布屛下김相萬　告白

▲新刊書籍發售廣告
增補無寃錄大全　國漢文　定價金七拾五錢
大韓法規類纂洋裝　三圜五拾錢　郵稅四拾錢
初等倫理學教科書　二拾錢
初等衛生學教科書　拾五錢
國家學綱領　拾五錢
國民須知　八錢
愛國婦人傳　張志淵氏著　十五錢
發賣所　皇城布屛下　金相萬書舖

●本社廣告

○申報價
一張代金　新貨二錢五釐
一個月前納　三十錢
三個月　九十錢
六個月　一圜七十錢
一個年　三圜四十錢
郵稅一張　新貨五釐
一個月　十三錢

○廣告料
[illegible]

發行兼編輯人英國人　裴說
發行所
京城西署石井洞號外地三層洋屋家
大韓每日申報社

第五卷

大韓每日申報

第六百九十號

月曜及慶節時歲日休刊

檀君開國四千二百四十年
箕子元年三千二十九年
大韓開國五百十六年
日本明治四十年
淸國光緖三十三年
陰曆丁未十一月十五日壬寅

論說

◉大韓新聞魔記者아一覽[illegible]

彼魔報의連日所論이雖支離煩雜ᄒᆞ나其要領은二段落에不過ᄒᆞ니其一은日本이韓國保護ᄒᆞᆷ을舞蹈歡迎ᄒᆞ야五體가投地로록下拜ᄒᆞᆷ이오其二ᄂᆞᆫ現政府의行事ᄅᆞᆯ讚美頌仰ᄒᆞ야衆僉이念佛ᄒᆞ듯謳歌ᄒᆞᆷ이오其三은韓國의第一恩人도日本이며韓國의第一功臣도日本이며韓國의獨一無二의救主도日本이거ᄂᆞᆯ如此萬世不忘ᄒᆞᆯ日本에對ᄒᆞ야本記者가不滿을抱ᄒᆞ다ᄒᆞ고睨罵ᄒᆞ얏고又ᄂᆞᆫ

今皇帝朝廷의良輔弼도現내閣이며改革家도現내閣이며政治家도現내閣이거ᄂᆞᆯ如此古無今有ᄒᆞᆫ現내閣을本記者가賊字로貶ᄒᆞ다ᄒᆞ고憤妬ᄒᆞ야於是乎官民間惡情을喚起ᄒᆞᄂᆞᆫ者도英人裴說이며國際上平和ᄅᆞᆯ沮戲ᄒᆞᄂᆞᆫ者도英人裴說氏治安妨害者도裴說氏義兵煽動者도裴說氏라ᄒᆞ고筆々罵ᄒᆞ며字々詬ᄒᆞ야九旼百行을敷演說去ᄒᆞᆫ者即此三個要領而已니此記者가此에就ᄒᆞ야一々辨駁ᄒᆞ려니와爲先一言으로彼의게質問ᄒᆞ노라ᄒᆞ노니大韓新聞記者야其肯諾之乎아否乎아彼가日本을崇拜ᄒᆞ고現내閣을謳頌ᄒᆞᆷ이果然質心에셔出來ᄒᆞ엿ᄂᆞᆫ가抑假假面的裝粧的으로欲媚의眉를詐展ᄒᆞ며將子의脾ᄅᆞᆯ强抑ᄒᆞ고伊藤統監의口吻에셔吐棄ᄒᆞᆫ涎唾를拘갓치舐ᄒᆞ며李總理大臣의痔疾에湧出ᄒᆞᄂᆞᆫ血液을舐갓치吮ᄒᆞ야他人의笑駡ᄅᆞᆯ斥은何如ᄒᆞ던지但奴舌로奴言만慣出ᄒᆞ며奴手로奴筆만善揮ᄒᆞ면今日中樞院贊議一啣을快猶ᄒᆞ며明日觀察道觀察使一窠를直圖ᄒᆞᆯ지오又或國民新報社長宋秉畯氏가農商工部大臣椅子에一超直跨ᄒᆞ듯지僞日내閣大臣의窠闕만有ᄒᆞ면首望으로第一指를屈ᄒᆞᆯ者ㅣ大韓新聞記者의게在ᄒᆞ리라希望ᄒᆞ야如此狂言을做出ᄒᆞᄂᆞᆫ가抑又彼의目的이此에不及ᄒᆞ고但只餘身殺腹의計策이甚急ᄒᆞ며舌耕筆織의生涯가甚拙ᄒᆞᆫ대旣是現내閣總理大臣李完用氏의機關된大韓新聞社에被雇ᄒᆞ얏슨즉此所謂箭在弦上에不得不발이니아모쪼록其脾胃를迎合ᄒᆞ며아모쪼록其腹肚를捧溫ᄒᆞ야彼ᄂᆞᆫ狗彘의食이有ᄒᆞᆯ지라도我ᄂᆞᆫ淸廉으로贊ᄒᆞ며彼ᄂᆞᆫ蛇蝎의惡이有ᄒᆞᆯ지라도我ᄂᆞᆫ聖賢으로頌ᄒᆞ고彼喜ᄒᆞ거던我亦喜ᄒᆞ며彼怒ᄒᆞ거던我亦怒ᄒᆞ여야倉氏庫ㅣ又치大韓新聞記者가되야李完用氏의黃金을每月幾拾圓式弄出ᄒᆞ리라希望ᄒᆞ야如此心力을費得ᄒᆞᄂᆞᆫ가

嗟乎라大韓新聞記者ᄂᆞᆫ耳가有ᄒᆞ며目이有ᄒᆞ며知覺이有ᄒᆞᆫ人類이니自國의國權賣渡ᄒᆞᆷ을挽廻치ᄂᆞᆫ못ᄒᆞᆯ지언뎡歡笑ᄂᆞᆫ아이엇지발ᄒᆞ며目下의生령塗炭ᄒᆞᆷ을拯救치ᄂᆞᆫ못ᄒᆞᆯ지언뎡樂觀이야엇지作ᄒᆞ며前後恥辱的條約은或無情者갓치淡忘은ᄒᆞᆯ지언뎡名譽幸福이라고야엇지頌祝ᄒᆞ며卽今驕定之國是ᄅᆞᆯ或隱遁者又치不關은ᄒᆞᆯ지언뎡文明改革이라고야엇지稱贊ᄒᆞ며或(國必自伐而後人伐之)라ᄒᆞᆫ古語ᄅᆞᆯ思ᄒᆞ야日本保護만仇視ᄒᆞᆷ은不可ᄒᆞ다ᄒᆞᆯ지언뎡此國의一般國民된者로엇지多幸ᄒᆞ다ᄂᆞᆫ語야其口로提出ᄒᆞ며或(一國之興亾不在少數之官吏而在多數之人民)이라ᄒᆞᆫ原理ᄅᆞᆯ推ᄒᆞ야現內閣行事만專咎ᄒᆞᆷ은不可ᄒᆞ다ᄒᆞᆯ지언뎡此國의言論主張ᄒᆞᄂᆞᆫ者로엇지改革黨이라ᄂᆞᆫ徽號야其手ᄅᆞᆯ寫呈ᄒᆞ리오此忍발치悖語ᄅᆞᆯ忍발ᄒᆞ며敢提치못ᄒᆞᆯ邪說을彼記者ᄂᆞᆫ敢提ᄒᆞ나니

踐則必動에蚯蚓도其侮ᄅᆞᆯ憤ᄒᆞ며兩死我傷에狐兎도其類ᄅᆞᆯ惜ᄒᆞ거ᄂᆞᆯ彼記者ᄂᆞᆫ乃堂々人類로셔茫然無覺이微物보다反甚ᄒᆞᆷ은理야豈有ᄒᆞ리오不過官爵의希望에熱中되고衣飯椀의生計가燃眉ᄒᆞ미日本의忠奴되야殘飯이나乞食ᄒᆞ며現內閣의功狗되야藥骨이나快嚼ᄒᆞ리라ᄒᆞᄂᆞᆫ生覺이到底ᄒᆞ야如此魔筆을亂揮ᄒᆞ얏도다嗚呼라自己一身ᄂᆞᆫ쾌樂活及富貴만於圖ᄒᆞ야全國同胞의生命産業을ᄂᆞ라ᄒᆞ야隱隱賊라彼大韓新聞이여 未完

官報

第三千九百五十二號 隆熙元年十二月十八日

敍任及辭令

任忠淸北道觀察道警務署總巡 金樂哲 劉錫宗
任京畿觀察道警務署總巡 李應漢 權重善 庾廣振
任慶尙北道觀察道警務署總巡 朴來承 朴鳳陽
任全羅南道觀察道警務署總巡 朴準謙 崔判[illegible]
任京畿觀察道警務署總巡 洪秉善 朴文應
任黃海道觀察道警務署總巡 孫聖賢
任忠淸北道觀察道警務署總巡 李載琥
任京畿觀察道警務署總巡 陳敬運 金年相 金漢榮
任黃海道觀察道警務署總巡 康益洙
任慶尙北道觀察道警務署總巡 鄭永弼
任忠淸南道觀察道警務署總巡 李相龍
任京畿觀察道警務署總巡 韓復鎭 朴瀚玉
任官立仁川日語學校副教官 前副教官丁奎明
任公立三和普通學校副教員 公立鎭南浦普通學校副教員金鍾元
仝 掌禮院典祀鄭觀朝
仝 朴泳好
依願免本官 奎章閣副提學金甲洙
任掌禮院典祀 正三品朴齊弼
正三品李忠稙
仝 鄭貢旭
任奎章閣直閣 五品李纘鎬 六品趙滋杰
任掌禮院典사部
度支部建築所事務官金明濟
度支部書記官趙滋鎔
仝 宋文賢
前務安監理司法白樂晋

任度支部稅務官 度支部書記郞李容淳
度支部書記郞金濟模
仝 沈衡鎭
仝 金相赫
仝 嚴德永
仝 閔瓚鎬
仝 崔弘植
仝 姜鳳秀
仝 洪台섭
度支部翻譯官補徐相範
度支部書記郞朴有淳
仝 鄭海鎭
任度支部稅務主事 信川郡主事李承祚
依願免本官

布達 (續)

前項遺族은身故者의寡婦孤兒父母祖父母와身故者가給養ᄒᆞᆯ義務가有ᄒᆞᆫ兄弟姉妹ᄅᆞᆯ謂ᄒᆞᆷ

第十八條 本令의在職年數ᄂᆞᆫ月로計算ᄒᆞᆷ

第十九條 日本人으로宮內官吏의任命된者의게官等과俸給은別定ᄒᆞᆫ바가無ᄒᆞᆫ時에ᄂᆞᆫ日本人官等俸給令을依ᄒᆞᆷ

第二十條 女官과壇廟社殿宮陵園墓의官等俸給에關ᄒᆞᆫ規定은別定ᄒᆞᆷ

第二十一條 俸給支給에關ᄒᆞᆫ細則은宮內府大臣이定ᄒᆞᆷ

附 則

第二十二條 本令은隆熙元年十二月一日부터施行ᄒᆞᆷ

第二十三條 本令은施行時에別로官誥ᄅᆞᆯ交付치아니ᄒᆞ고宮內官으로敍任ᄒᆞᆫ者ᄂᆞᆫ同一等에在ᄒᆞᆷ

第二十四條 本令施行時에宮內官으로敍任ᄒᆞ고同官等에在ᄒᆞᆫ者가別表官等에相當치아니ᄒᆞᆫ俸給을受ᄒᆞᄂᆞᆫ者ᄂᆞᆫ現今間其定限以下로俸給을支給ᄒᆞᆷ도有ᄒᆞᆷ 未完

外報

◉議決後上奏 北京電을據ᄒᆞᆫ則淸國度支部에서直隸省總督楊士驤의奏議에依ᄒᆞ야第一號省에서銅貨輸入ᄒᆞᆷ을嚴禁케ᄒᆞᆫ事와第二奸商의惡弊ᄒᆞᄂᆞᆫ것을禁止케ᄒᆞᆫ事와第三金銀貨鑄造件을議決ᄒᆞᆫ後上奏ᄒᆞ야다더라

◉淸人排日 西洋某新聞에云ᄒᆞ얏스되只今日本이淸國權利를侵奪ᄒᆞᆯ計策으로日人을多數히淸國에派送ᄒᆞ야商權을擴張ᄒᆞ미淸國人民이其陰謀를確然히知ᄒᆞ고日人排斥ᄒᆞᄂᆞᆫ運動이日로熾ᄒᆞᆫ다ᄒᆞ얏더라

◉英國暴風 路透電을據ᄒᆞᆫ則去十五日夜로英國쓰맛스海岸附近에서非常ᄒᆞᆫ暴風이大吹ᄒᆞ야船艦에損害가夥多ᄒᆞ고英國帆船一隻도其日夜에該處에서破碎ᄒᆞ야溺死者ㅣ八人이오又英國滊船會社의滊船一隻이顚覆ᄒᆞ야溺死者가八名에達ᄒᆞ얏다더라

◉滿洲馬賊 大連電을據ᄒᆞᆫ則北滿洲에馬賊이蔓行ᄒᆞᆷ은화太島의露國罪囚等이海蔘威로逃走ᄒᆞ야馬賊에投入ᄒᆞ야淸國馬賊과氣脈을相通ᄒᆞᆫ賊이라더라

◉外務電訓 北京電을據ᄒᆞᆫ則間島問題에就ᄒᆞ야去十二日外務部에서徐總督의게銀文을電訓ᄒᆞ얏다더라

◉間島開放提唱 淸國外務部侍郞梁敦彥氏ᄂᆞᆫ間島問題에關ᄒᆞ야日本과更히籌議ᄒᆞᄂᆞᆫ主ᄂᆞᆫ事로遠慮ᄒᆞ야局地ᄅᆞᆯ外國貿易에開放ᄒᆞᆯ것이라ᄂᆞᆫ意見을提唱ᄒᆞ얏다더라

◉海軍擴張反對 淸國陸軍尙書鐵良氏ᄂᆞᆫ海軍再興設에外債로ᄒᆞ지아니ᄒᆞ면度支部尙書溥公씨ᄂᆞᆫ大反對ᄒᆞᆫ다더라

雜報

●新任 西北營林廠事務官卿赫魯씨と平北觀察使를被任하고又前秘書丞尹甲炳씨と咸北觀察使를被任하앗다더라

●李氏伴往 法相趙重應氏가往於里에前往하야人民을曉諭하앗다と說은昨報에揭載하앗거니와自衛團巡視總部長李容九씨도同往說明하앗다더라

●統邸宴會 昨日統監官邸에서曾禰副統監이各部大臣과中樞院顧問諸氏를請邀宴待하앗다더라

●典祀假話 奎章閣典祀補를近日輪卿으로差出한다と데業二千五百兩式納賂할바と巷說이喧藉하더라

●總理反對 金某鎭氏가法部書記官을敍任할次로履歷書를呈하앗다と說은已揭前報어니와該履歷書가經歷問題入格本業에正三品宣諭委員이라하앗と데敍任請議를內閣에呈送하앗더니總理大臣의先用에가反對하야敍任이못되앗다더라

●挾雜之說 今番郡守奏本이延期되と府節을漏聞하고北村某宮人이郡守ㅣ窠를某大臣과秘密挾稚한事가綻露되야是非가紛紜한故이라더라

●兩大伴往 昨日上午十二時에侍從卿閔丙奭氏가法部大臣趙重應氏私邸로往訪하야法大와統監府에伴往하앗다더라

●宣使又送 地方宣諭使諸氏를選發送하기로以閣에서決議中이라と說이有하더라

●歸化方針 各地方에人民을煽動하と者들이歸化의政綱方法을內部에서規定하야각道府郡에발關하앗다더라

●特官加額 各十三道에警官을增하야敍任흠은地方에騷擾흠을鎭靖하기爲하야新官制에加額插入하앗다더라

●日醫怨宋 大坂新報를據흔즉宋秉畯相이在韓日本醫官을攻駁흠에對하야韓國에在흔一般醫官이非常흔憤慨를惹起하앗다더라

●未擇必敵 前郡守吉永洙氏가年前에負商頭領으로獨立協會를打破하더니今番에と一進會에入參하야何會를打破하랴と지批評이狼藉하더라

●胡不移去 昌德宮에在흔演戲場團成社를莫重尊殿近處에存置한と거시未安하니他處로移接하라고내閣에서勸告하되尙不遷移하니無嚴이莫甚하다と物議가喧藉하더라

●渡邊渡日 日本警視渡邊氏と何事件을因흠인지日間歸國한다と說이有하더라

●旅路事項 徐午淳씨가日本에前往흔說은已爲揭報어니와其前往흔理由를得聞흔즉鐵道事件에對하야宮相李允用氏와農大宋秉畯氏를訪問하고統監府에交涉흔事件이라더라

●獄囚滿泣 監獄署에多月滯囚하앗던申尙宮리尙宮은三昨日에無事放免되고李蓮이と尙未蒙放하앗と대李蓮이가兩尙宮의放出흠을見하고放聲大哭하앗다더라

●同友裁判 監獄署에滯囚흔同友會員諸氏를平理院에서連日裁判中이라더라

●行裝見奪 報恩郡耶蘇敎人朴章煥씨가上京하と대文義縣場里路邊에서守備隊日兵一人을逢하야不問曲直하고行裝과勒奪携去하と지라路需金二元五젼과眼鏡一件과大斑數升을見失하고望門乞食하앗と데日子と本日十日下午二点鐘이라더라

●絕處逢生 掌禮院贊唱課主事로今番新官制에減額을當흔李續鎬씨가未免凍餓하야呼泣흔다と說은已揭前報어니와該氏의情勢가果如흔者衆所共知러니絕處逢生之機로趙氏가典祀補를昨日에敍任이되앗と데該氏의家眷이手舞足蹈흔다더라

●西痘北疫 近日에天然痘と南與鐵峯等地에서發生이되앗고紅疫은北署樅亭等地에서발生하앗다더라

●淸勘放還 茂長郡守徐相璟氏가公納欠逋事로該道警務署에被囚된事と前報에已揭어니와道內에公納이淸帳되앗と지徐郡守가放還本郡하앗다고該道觀察使가內部로報告하앗다더라

●城內窃發 近日京城各坊曲에窃발之患이大熾하야人民의來往이難便이라더라

●大東報발刊 大東學會에서本日부터新聞을발刊한다더라

●普校落成 公立仁川普通學校新建築竣工이된故로本月二十日下午一時에落成式을擧行한다더라

●崔氏慈善 昨日本報에北署花開洞居十四歲된兒孩의母氏박召史가貧寒을難堪하야飲毒致斃흔事에對하야該兒孩의情境을生覺하고慈悲之心이발하야錢二元을本社에持來하야曰該兒孩를覓給하라하매問其姓名흔즉不答而去하と지라追而詳問흔즉七十偏母侍下에街路에徘徊하と崔鐵汝이라하니該氏에惻隱心을人皆稱頌하더라

●旅費粘報 星州郡守金興基氏가學部로報告하되陰曆七月三拾日 暴徒가入邑作梗時에普通學校教師避亂旅費請求書를粘附上送하앗더라

●廣浦大火 再昨日下午七時量에廣浦市場附近柴積場에서偶然失火하야街路假家六十餘戶가一時燒燒하앗と데其損害額은百餘萬兩假量이오該時에日本消防夫와巡査와韓國兵丁等이多數出往하앗스나火勢가巨大흠으로撲滅에着手치못하앗と대被燒者의呼哭道路흠은慘不忍見이더라

●一顧茶會 一進會顧問內田良平氏가昨日下午六時에淸華亭에서茶話會를設하고각新聞記者를請邀宴待하앗と대日間에歸國하앗다가卽時還渡한다더라

●越界掘塚 東署祭基里居金相顯氏親山이在於西署龍山境而日本人井本이가山下一頃田을買得하야家屋을建築하と데境界外他人塚數百處을擅自掘去하と中에參入하앗と대勢不亦立하야白骨收葬할計策이無흠으로日本理事廳에呼冤하되有主塚掘去之擧를依律勸懲하고移葬費를相當히推給하여달나고泣訴呈冤하앗다더라

●店基又查 咸興郡下元平面右相里居魏鐘麟等이該郡城前殿撤흔基址道路左右에一面廣式剩餘흔處에商店을建築할次로一萬六千五百四十四坪面積圖本을粘附하야營業進발케하라고內部에請願하앗と대該郡에서該道觀察使에게訓令하되街路開店이關係商業上발達이나當地形便은有難料度이기該圖本을添付발訓하노니該段關係와該店便否를另査報來하라하앗더라

●鶴巢鳩居 磚洞普成專門學校의維持方針이困難흠은前報에揭載어니와追後詳聞흔즉該校主리鍾浩氏가從長支保할期望이有하다더니再昨夜에該校講師與任員等이暗自會議하고專門校長은兪星濬氏로中學校長은리冕宇氏로差定하야昨早에兩校長이出席하야學徒를會見하고說明曰本校と 皇室贊成으로成立하앗스니校主と廢止한다하고該校所有財產을一般搜執흠으로該校情況이大端騷擾中이라더라

●賭租勒倍 京畿紹寧停車場에拓殖會社라設하고土地를使幾類로紹介하야人民의田畓을一次踏驗後에と他處에放賣치못하게하고半年式延拖하고買後에と賭租를倍定하믹民難支保라더라

●婚禮特奇 趙貞子と現今開明進步上開明夫人也라早年에怙恃를失하고身下韓驅이더니日本人松尾元之助가見而婚之하야日本에率去하야語學을慣習하더니去丙申年分에韓日交際時에日本留學女子採用에派與하야歸國흔즉以女爲身하고與夫禮徒이라하야日本留學生玄暎運으로擬配하얏스나實係父母之聽命이오且棄法證之所從이러니今에彩厥旣飛하고秋扇停立하야玄氏と分丘하고舊主人松尾의게歸依하앗더니松尾가又婚其後彭孤伴偕하야另求宜歸흘際에適有一個韓國人文明男子하니此是耶蘇敎徒中人이라平生和睦을擧天爲誓하고婚姻禮式을亦遵開明節次하야日開明貞子로行婚하다더라

▲地方消息▼

▲義兵李明相의率흔約百名은忠州德山面城峴를根據로삼고聞慶郡明田里에集合하앗と대리暻年과聯絡하야軍用金額을徵收흠을日兵이聞知하고七日午前十一時에巢窟을攻擊하미義兵이黑夜를利用하야鷄林道基方面으로退却하앗다하고

▲知禮郡守報告를據흔즉十二日同郡內南方約三十里半德山동에七八十名義兵이來襲하고또十三日에南安安洞附近에義兵二十名이來襲하と대該義兵은茂朱茂豊으로從來하앗다하고

▲義兵九六百名이目下茂朱郡에서被服을修理하と中인데一般人民이頗多恐怖하다하고

▲一日淮陽郡에서五拾歲된韓人一名이自稱日殺賊隊이라하고民間에서錢一十首을討索하고또翌日에該人이日本兵에서民家에衛火하다發砲하고錢二首를奪收하야上元浦로逃走하앗다하고

▲淮陽郡開時에義兵約四五拾名이通川郡界酒幕에서日兵의交戰을遮하다하고六日同郡楊陽面泥峴에서義兵約一百三十名이日兵과交戰하앗다하고

▲九日金城郡任南面科湖里에義兵二十七名이來襲하야里長을毆打하앗다하고

▲楊口淮陽郡에義魁金相泰외部下가軍資二千圜을徵收하야去處를不知라하고또金剛山麓溫井里에義兵約四百名이集合하야長陽面義兵의被服과軍糧을供給하다더라

路透電報

●日人增加 一千九百七年의會計年度내에日本人이美國에入흔數가一萬五千五人인데昨年에倍하더라

▲紙上雲烟▼

▲각公道郡守と多小를無論하고弁髦視黜하다고某報에說道하엿스니早知若此하엿든들公道가多大치못할거시恨이되깃고

▲各郡守月俸을明年度의と增給하다니郡守運動客에慾火가발하야奔競이益甚할거시니今番郡奏가延拖되と거시良有以也로다

▲江原道宣諭使洪祐晳氏가上京하야對人說話하기를宣諭後에民心이漸歸馴하야稍稍寧息이라하나近近聞義兵가去益熾盛하야騷擾이滿日하되該氏의誇張은多少驕忌하니面皮가갈엽지아니호자

▲湖中에一紳士가遊覽外國하고還歸本鄉三日에對其親友하야語及新學問之新文運하고勸以新학問을不可不講則頑固沒覺之輩가譁然攻之에至欲살文而斷之하야不欲與之共立於世라하니該地人士의頑冥役識이胡至此極고湖中山川아慘明日月이언제될고

▲皇城新聞은大韓國內에第一公正無偏하고獨立不依하야全國人民을喚醒警발하と效力이最히多大하거늘所謂國民新聞과大韓新聞兩記者가同聲하야皇城新聞을指斥하다니政府의機關新聞이나賣國黨의機關新聞이되앗더면開明新聞이라흠은자

▲山頭初月이細如眉하야影入彼家又此家라。牛峰山下尼婀天에。何處飛來影斜斜오。夢經義是先天圖요。興當九廛人胖이라。月中丹桂를何處植하니。南枝北枝에各結子實

雜報

◎敎人施惠　殷山郡來人의傳說을據ᄒᆞᆫ즉去陰七月二十日義兵과討伐隊가交戰時의人命이損害ᄒᆞ고家屋이燒진ᄒᆞᆫ지라失所流民들이呼泣道路ᄒᆞ야將至死境이어ᄂᆞᆯ該郡居其督敎人吉靜氏ᄂᆞᆫ於幾於日에以死自擔ᄒᆞ고極力周旋ᄒᆞ야使邑내人民으로安堵奠接케ᄒᆞ니氏의愛民如己之心으로同胞를救濟ᄒᆞᆫ은眞是該耶穌信實敎徒라ᄒᆞ더라

◎靑會演說　今에五洲列强이武備를發達ᄒᆞ며謀略이過人ᄒᆞᆫ者ᄂᆞᆫ國家의安寧秩序를擔任ᄒᆞᄂᆞᆫ故로國與國間人類社會의幾分觀念이古今興敗存亡과東西의治亂汚융을無不講究ᄒᆞ며實相名將의冒險的事業을欣賀ᄒᆞ나니至於美國南北戰爭時榮頓觀研遜이亦一名將으로世人이名稱ᄒᆞᄂᆞᆫ바인ᄃᆡ今夕七時에靑年會館에서李雲林氏가該氏의歷史로一場演說ᄒᆞᆫ다더라

◎臨民呼訴　臨陂郡民人李容休等拾餘名이該郡에結稅를顧依鄕郡用鋼例ᄒᆞ야以爲八圜事로向日度支府의請願ᄒᆞ얏ᄂᆞᆫᄃᆡ至于一望토록指令이未出ᄒᆞ야尙今留滯ᄒᆞᄂᆞᆫᄃᆡ千里과足ᄒᆞ고彷徨情狀은見甚矜憐ᄒᆞ다더라

臨陂郡守林澄奬씨가愛民善政ᄒᆞ기로一郡歌誦ᄒᆞᄂᆞᆫᄃᆡ該郡西南諸面이以尤甚災處로矜恤之澤을難忘ᄒᆞ야驛里等村의人民이리立石頌德ᄒᆞ얏고靑使敎育을熱心勸勉ᄒᆞᄂᆞᆫᄃᆡ本稅務官金炳吉氏와稅務主事崔學權氏가該郡學校의觀察ᄒᆞ고郡守의誠勤ᄒᆞᆷ과學徒의蔚興ᄒᆞᆷ을欽仰ᄒᆞ야精選算術學三冊과貨二圜을補助ᄒᆞ옵기玆에廣佈홈

李容休　李憲濟　告白

本人에姪子東元이가貧寒之敎로家事에心不在焉ᄒᆞ야偶然出他러니尙不還歸ᄒᆞ미留德老母가以倚閭之勞로仍得重病ᄒᆞ야委席苦楚而욕人債轍은今已淸償이오니僉君子ᄂᆞᆫ若逢東元이ᄃᆞᆫ言及此意ᄒᆞ야使卽還家케ᄒᆞ시되至於錢兩ᄒᆞ야ᄂᆞᆫ內外國人間切勿酬應홈

安州燕洞內三里居　李欽汝告白

東署順臣방敎岩里一〇八戶趙姓培에瓦家八間半草家六間家券與姜允永許典執矣러니郭潤植第二千兩手票一張을同강允永이가又爲典執于정任源處矣러니鄕在源가使李敬三으로某處典執ᄒᆞ얏다ᄂᆞᆫ니ᄒᆞ엿더니李敬三이가文券與手票를가지고逃走ᄒᆞ엿ᄉᆞ오니內外國人間休紙施行홈

姜允永　告白

廣告

本人이張용餘廷喆處陰十月拾五日推次紙貨二百七拾三圜七拾錢於音　片陰拾一月拾三日ᄇᆡ失則ᄒᆞ와某拾得休紙施行

砧峴居　尹鈌　告白

本校에서尋常小學科를自一學年으로三學年ᄭᆞ지左開科程을敎授ᄒᆞᄂᆞᆫ바敎育에注意ᄒᆞ시ᄂᆞᆫ僉員은幼年學徒를連續入學케하심을敬要

學科　國漢文　東國史略　幼年必讀　算術　習字　修身　體操

濟州郡東州內　私立尋常小學校　告白

前居ᄂᆞᆫ堤官池ᄒᆞ고今居群港ᄒᆞᄂᆞᆫ尹城中子姦事含舊을未知故妹에爽告ᄒᆞ오니中署沙器廛洞十四統三戶安弘基家卽爲枉訪홈

김濟榮　告白

前判官우哲英名字以一河로改正字亦以淸麗改稱ᄒᆞ고前監察禹昌鉉名字以九燦改正字以治洪改稱親知照亮

禹一河　告白

一般事務를依前接應ᄒᆞ고迅速懇篤히處理홈

中署詩병(신정비운)八統二戶
辯護士　尹邦鉉
辯護士　太明식
辯護士　李容相
聯合法律事務所

▲特別廣告

本社에서名帖印刷部를另設ᄒᆞ고各樣活字와別樣紙本이俱備ᄒᆞ오며印刷가精美ᄒᆞ고價直도極廉ᄒᆞ오되特別히學員과夫人의게ᄂᆞᆫ一層低廉ᄒᆞ오니僉位ᄂᆞᆫ來臨ᄒᆞ시와隨意請求홈

大韓每日申報社　告白

本人이去陰八月晦日에晶原東面牛頂嶺與金海佐昆之間에서所佩遊囊中姓名圖章과各人處據次手票를落失ᄒᆞ엿시니誰某拾得이라도來勿施홈

金海鳴湖居朴文亘　告白

本ᄂᆡ가三淸洞閔大臣家에本月四日推次八百圜於音을使孫客惠弟容鎭으로住賠後圖章이러니容惠兄弟가持其於音ᄒᆞ고中夜逃走ᄒᆞ얏스니該於音은休紙施行이기玆에廣告ᄒᆞ오니內外國人ᄂᆞᆫ照亮ᄒᆞ시옵

中署寺洞成都典當主員　秋敎賢　告白

始興東面西原洞會宗字香川畓十斗落과始興下北面蘇字畓六斗落田畓文券을陰八月에紛失ᄒᆞᆫ故로玆에廣告ᄒᆞ오니勿論內外國人ᄒᆞ고誰某拾得이던지休紙施行ᄒᆞᆷ

始興成大洞　李士弘　告白

◎奬學月報

一部先金十八錢　但地方郵稅五厘　自隆熙三年一月로每月二拾日發行　細則詳揭本報

●發行趣旨書

學也者ᄂᆞᆫ以之博識ᄒᆞ며以之廣智ᄒᆞ야形之身用之家ᄒᆞ며用之邦國而之天下也라雖然이나학非勸奬이면無以推進이오奬非佈報ㅣ면莫知優劣이라彼歐美列邦의文明富强이皆由於勸奬學問而擇用人材를必取於其中ᄒᆞ야其淺學薄識이如深井短綆이라오能汲引이리오今此維新以來로公私設校가雖不衆且多矣로되朝建而夕廢ᄒᆞ고東進而西退者ㅣ拾居八九ᄒᆞ니此實由無勸奬力所致也라盖夫학力不進이卽國力不振이라豈不寒心哉아某箇同志로共設此報ᄒᆞ고名之曰奬학月報라ᄒᆞ니學界俊彦은此月報로因爲機關ᄒᆞ야互相興起어다學果成立이면其能力은如大海風濤에奔巖이不動ᄒᆞ고弘量은如宇宙無窮에包含萬像ᄒᆞ야個人으로能興國ᄒᆞ며一言으로爲世師라富豪ㅣ不能奪其德ᄒᆞ고兵力이不能壓其權ᄒᆞ리니大哉라學也며偉哉라報也여惟我同胞ᄂᆞᆫ勉旃勉旃

發起人　朴太緖　李輔相　金鍊洙　李閏敏　趙明植　劉정烈　安承龜

◎本報目次

社說　論說　學術　敎育　文藝　學術評論　雜報　社報

◎懸賞等分表

應募合格者에게ᄂᆞᆫ如左施賞홈　受賞人員二百〇七人

	一等	賞額	二等	賞額	三等	賞額	四等	賞額	五等	賞額
論說	一人	拾圜	一人	五圜	一人	三圜				
小說	仝	仝	仝	仝	仝	仝				
詞藻	仝	五圜	二人	二圜	五人	一圜	十人	五十錢	二拾人	本報
作文	仝	三圜	仝	仝	仝	仝	仝	仝	仝	一部
歷史	仝	仝	仝	仝	仝	仝	仝	仝	仝	式無
地理	仝	仝	仝	仝	仝	仝	仝	仝	仝	代進
算術	仝	仝	仝	仝	仝	仝	仝	仝	仝	呈홈
才談	仝	仝	仝	仝	仝	仝	仝	仝	仝	

決撰留學

作文歷史地理算術等의合格一等者ᄂᆞᆫ每年終에決撰試驗하야最優等一人을本社社費로三個年間日本에留學케홈　每月學費二拾圜

◎第一回問題

●論說　小說은不爲懸題홈
●詞藻　詠雪　但七律
●作文　月終試驗廢止可否論
●地理　六鎭開拓의原因
●才談　(一) 一二三四五　열이募ᄉᆞ오　(二) 遵門이里門
●歷史　世宗朝께서文學을崇尙ᄒᆞ신事蹟을列擧ᄒᆞ라
●算術　(一) 一斤拾八젼의茶九十斤入호箱七個를一疋六拾三錢의木綿幾疋과相換ᄒᆞᆯ가　(二) 砂糖十二桶半을百四拾圜에買ᄒᆞ야二割五分의利를得ᄒᆞ고賣코져ᄒᆞ니一斤代價幾何　但一桶은百斤入

◎略則

一 應募코져ᄒᆞᄂᆞᆫ人은報價를先納ᄒᆞ고本社應募紙를領受ᄒᆞ야限日內에精書提出홀事
一 論說小說은學術에關ᄒᆞᆫ事로만홀事
一 論說小說은一行二十字三拾行以上五拾行以內로ᄒᆞ고作文地理歷史ᄂᆞᆫ二十行以上으로홀事
一 詞藻ᄂᆞᆫ古詩를引證又幻合ᄒᆞᆷ을不得홀事
一 才談은對句를格當케홈
一 算術은式과答만要홀事
一 應募者ᄂᆞᆫ學問家에輪回考評ᄒᆞ야等級을推定홀事
一 等分優劣이境遇에ᄂᆞᆫ接受番號를依ᄒᆞ야推定홀事
一 被選人員에게ᄂᆞᆫ本社褒賞狀을授與ᄒᆞ고賞品은書籍券으로給與ᄒᆞ며不願ᄒᆞ면現金으로給與홈
一 被選人의姓名은本報及各新聞에揭載홈
一 接受期限은每月二拾四日로三拾日ᄭᆞ지로定홈
一 應募紙ᄂᆞᆫ自廣告日로頒給홈
一 施賞은本報發行日로始홈

北署安峴沿一統八戶婦人商店　奬學月報社 第一出張事務所　奬學社

▲特別廣告

本社에서活版機具를更加完備ᄒᆞ고印刷營業을開始ᄒᆞ오니各種書籍을印刷코져ᄒᆞ시ᄂᆞᆫ僉位ᄂᆞᆫ來議ᄒᆞ시오

漢城中署磚洞　普成社　告白

本人이鑛物에上品雲母(俗語石鱗)을多數買收코쟈ᄒᆞ오니願賣ᄒᆞ시ᄂᆞᆫ人이有ᄒᆞ거나或此物出處所를知ᄒᆞ시ᄂᆞᆫ人이有ᄒᆞ거든本人에게로通奇商議ᄒᆞ기萬伏望

仁川 廣昌洋行內 文明鎭 告白

弊店에서上品石炭을販賣ᄒᆞ오니內外僉彦은光臨ᄒᆞ심을希望홈

西署毛橋內洞六統七戶　大韓人石炭商店

北署安國坊安洞契第十二統五戶草家四間半家券中間소火故以仰告ᄒᆞ오니內外國人知悉홈

趙用舜　告白

一 鑛山測量製圖設計及鑛物의鑑定
一 土地家屋測量製圖
一 未墾地井田沓調査測量設計
其他土木及鑛業事項에依賴홈

京城西大門外漢城府前　京城工務所

平北郭山奬恩文은性本愚昧ᄒᆞ야數萬金家産을雜技蕩破ᄒᆞ고恒産이無ᄒᆞ미不知法義ᄒᆞ고田畓文券과財産을僞造ᄒᆞ야定州居日人處에欲爲典當得債라가綻露未行則與其類人金允太로更做凶計ᄒᆞ오니內外國諸某던지幸勿見欺하시옵

堂姪奬啓周　告白

◉國債報償義捐金收入廣告

◉國債報償義捐金

十二月中本社收入總額

往日逐號明錄後

◉拾二月十七日

第一五八二號

義州古城面烟下洞 廿五圓

計二十五圓

十二月拾七日ᄭᆞ지收入總額

五十圓十拾五젼

自四月至拾一月收入總額

五萬七千〇五拾四圓

九十六錢七厘

都合五萬七千一百〇五圓

五十一젼七厘

●義州古城面烟下洞

高承用 洪 湜 각二圓

李亨實 崔孝孫 崔恩銳

趙學善 劉明點 殷啓煒

張利禧 崔奎宅 高大奉

張碩禧 각一원 韓國璽

張一麗 朴以煥 張志永

黃河凡 高承周 崔泰炯

張安禧 林仁玉 李德良

白致猷 張利元 高承煥

黃河世 趙禧浩 각志방

각五十젼 許南秀 高應禧

張安麟 金仲化 殷亮淑 高尙奉

각貳十錢 高承溫 金亨喆 金利喆

石連宗 각廿젼 張宗賢

金致喆 黃再厚 白尙倫

각拾젼 計廿五圓

前號總合五萬七千〇八拾圓

五十一젼七厘

都總合五萬七千一百〇五圓

五十一錢七厘

◎緊急廣告◎

國債報償金再昨日ᄭᆞ지所捧은

姑未合計이고拾一月ᄭᆞ지所捧

總合五萬七千〇五十四圓九拾

六錢은總合所內銀行에貯置

ᄒᆞ얏ᄉᆞ고其貯置額中

三萬二千三百圓은國債報償志

金總合所로越交홈

廣告

抵他邦에入口貨만用ᄒᆞᄂᆞᆫ國

이貧弱ᄒᆞᆷ은現世界通義어ᄂᆞᆯ今

我國은日用事物을無論巨細ᄒᆞ

고外國을依賴ᄒᆞᄂᆞ니곳捲烟一物

로言ᄒᆞ야도絕好ᄒᆞᆫ本土所產은

拾ᄒᆞ고價高ᄒᆞᆫ外國品을購用ᄒᆞ

ᄂᆞᆫ지라此事를歎惜ᄒᆞᆫ지多年에

造烟法을學得ᄒᆞ고谷山草中極

上品을選擇ᄒᆞ야起工造就ᄒᆞ고

名ᄒᆞ여曰谷香이라ᄒᆞ니其產地

를發明ᄒᆞᆷ이오現今製成ᄒᆞᆫ者ㅣ

數千方枝에氣味가醇濃ᄒᆞ고瑞

烟이芬馥ᄒᆞ야飯後酒酣에淸爽

을從助ᄒᆞ니곳西烟을凌駕ᄒᆞᆯ뿐

고또價額이廉賤ᄒᆞ야滑儉世家

와寒士窮儒라도經濟上에浪費

ᄒᆞ든弊가少ᄒᆞᆯ지라然則本社에

利益은無ᄒᆞ나大注意ᄒᆞᆫ은此業

을經營ᄒᆞᆫ만인故로幾年商損害

ᄅᆞᆯ不顧ᄒᆞ오니 僉君子ᄂᆞᆫ照諒

購買ᄒᆞ심을望홈

漢城谷香合資會社 告白

[illegible]

此書ᄂᆞᆫ教科書排列과教授法則

과訓練制度가詳細備載ᄒᆞ야一

般教育者의寶鑑이될터오니有

志僉君子ᄂᆞᆫ速速購覽ᄒᆞ심敬要

教育學　譯述 崔光玉　校閱 朴殷植　定價金廿五錢

發賣所　京布屛下書舖 金相萬　平壤貫洞 耶蘇教書院　安岳邑 勉學書會

◀定期大廉賣廣告▶

自十一月十五日 至十二月廿五日

獨習日語正則

鄭雲復 著　特別減價一圜　郵稅 拾錢

此日語正則은自天文地理로至於農工業諸般藝術及人事百般
히緊要ᄒᆞᆫ語句를網羅ᄒᆞ야正確ᄒᆞᆫ發音과簡明ᄒᆞᆫ飜譯으로編纂
ᄒᆞ야獨習에가장便利ᄒᆞᆫ故로出版ᄒᆞᆫ지未久에幾至於賣盡ᄒᆞ
옴고再版의期가在邇ᄒᆞ온지라이에自本月十五日로十二月二
十五日ᄭᆞ지定價一圜二十五錢에二拾五錢을減ᄒᆞ고一圜에
出售ᄒᆞ와一般學界의便益을神補코저ᄒᆞ오니購覽ᄒᆞ시ᄋᆞᆸ
定限이잇ᄉᆞ오니[illegible]
(十二月二十五日以後에ᄂᆞᆫ定價대로一分不減홈)

京城中署布屛下三十七統六戶

廣學書舖 金相萬 告白

正一品大勳閔泳徽閣下序　韋菴先生張志淵校閱幷序
涵齋先生安鍾和序　石濃先生 [illegible] 跋
蕙人金鴻圭編纂

中等萬國新地志

此書ᄂᆞᆫ中等學校敎科와普通知識을硏究ᄒᆞ시ᄂᆞᆫ人士를爲ᄒᆞ
야精撰ᄒᆞᆫ者ㅣ라近來我國의敎科書類中에萬國地志도亦不爲
不備나然이나其地名人名을皆從漢音ᄒᆞ야日語而譯ᄒᆞ야因其
文字語音의互異ᄒᆞᆷ으로學生訛誤ᄒᆞᆷ이頗多ᄒᆞᆫ지라編者ㅣ以是爲
病ᄒᆞ야각히其國의名稱을隨ᄒᆞ야以國文으로譯出ᄒᆞ야其眞面
을不失ᄒᆞ며且簡易ᄒᆞ고明便케ᄒᆞ야開卷一讀에戶庭을不出ᄒᆞ
고能히各國의位置風土物產政治沿革等을周知ᄒᆞ리니此書에莫
過홈

發兌元中署布屛下 廣學書舖 金相萬

發賣所　南門內倉洞 博文書館　安峴 安峴書舖
鍾路 大東書市　銅峴 博文書館
同日越便 中央書舘　寺동 漢陽書舖
鍾路 古今書海舘　廣橋 滙東書館
各地方 有名書市

◉米國製邦和益藥水 四合瓶新到大瓶定價金三圜
◉德國製起陽丸 二十日分服定價金十五圜

◉米國大學醫院處方
醫學校長 勳五等 池錫永氏
製藥監查人 濟衆院醫學員
有効證明 洪㴡厚 李觀化

商標

食感增進 精力活潑 補益丸

定價　拾日分服三十個入 金一圜
二十日分服六十個入 金一圜七拾五錢
三十日分服九十個入 金二圜五拾錢

此藥에主治効能用法은在於藥封니오第一老衰男女와常
効가有ᄒᆞ고勞心過度ᄒᆞ시ᄂᆞᆫ司法官吏와敎師와銀行會社員과
學生과商店商人과多產ᄒᆞᆫ婦人에腦力不足으로生ᄒᆞᆫ健忘與
健忘症과貧血症과手足厥冷과頭痛과腰痛이잇ᄂᆞᆫ者ㅣ
一丸式溫水下ᄒᆞ시면身體가强壯ᄒᆞ고每日午後二次에服
이善ᄒᆞ되百病을豫防ᄒᆞᄂᆞᆫ效驗이精神이活潑ᄒᆞ고飲食
五藏以上으로至ᄒᆞᆫ年에延ᄒᆞ야奇世藥이라男女勿論ᄒᆞ고
ᄒᆞ나即飲ᄒᆞ면不良之效로滿期에諸般原因으로衰弱ᄒᆞᆫ者
가始作ᄒᆞ지아니ᄒᆞ거ᄂᆞᆫ經度를限ᄒᆞ야通치못ᄒᆞ거나女子
로精이[illegible]流出ᄒᆞ거나房事不足閉止ᄒᆞᄂᆞᆫ되와房事過度
나當門疾이鎭ᄒᆞᄂᆞᆫ諸症과會陰에[illegible]ᄂᆞᆫ不治而不起ᄒᆞᄂᆞᆫ
一服失氣로久病人이遂히완되오니男女[illegible]之深淺을從ᄒᆞ야
一二劑且三四劑만連服ᄒᆞ시면大効가有ᄒᆞ기로保證ᄒᆞ오

◉製造本舖 漢城南部銅峴 路萬國 議 基督教靑年會館前 慈惠藥房

●靈効解瘧丸 一日分定價金拾錢 此藥은大人小兒瘧疾과
●瘧疾에以差服用ᄒᆞ면更不再發
●蛔虫丸 一日分定價金拾젼 此藥은大人小兒積虫과蛔虫의二
三日服用ᄒᆞ면蛔虫을殺出ᄒᆞᄂᆞᆫ妙藥
●四時感氣丸 一日分定價金拾젼 此藥은感氣몸살의[illegible]
ᄯᅡ一二日連服ᄒᆞ면頭痛解熱
●男女瘧疾그근ᄒᆞ하ᄂᆞᆫ억定價金五圜 此藥은瘧疾의一期二期
論ᄒᆞ고그근도쑥약을쥬오
●補腎滋陰丸 七日分定價金一圜 此藥은[illegible]男女[illegible]
發ᄒᆞ고[illegible]效가잇서用藥之效가ᄭᅡ[illegible]
●淸明眼藥 一日分定價金三拾錢 此藥은火眼熱眼의奇效
●鎭咳藥 五日分定價金三拾錢 此藥은拾五歲以上大人[illegible]
●無比藥 常性咳嗽에有效ᄒᆞ고特히老人咳嗽에偉效
●疥癬藥 定價金四拾전 此藥은疥癬에効
●寸虫藥 定價金三拾젼 此약은寸虫과蟯虫을殺ᄒᆞᄂᆞᆫ効
●米國痛藥 定價金二拾五젼 此약은多春間皮膚病에奇効
●淸風藥 定價金二拾五젼 此약은肩痛腳腿膝酸痛에神效
●消腫藥 三個金廿錢 此약은西洋에서도信用ᄒᆞ고日本서도
●萬應藥 封의定價金拾錢 此약은舊약[illegible]士[illegible]友方用
文으로製ᄒᆞᆫ약인데명[illegible]라는此약은第一神効ᄒᆞ고各項腫에去
根合瘡ᄒᆞᄂᆞᆫ대便利ᄒᆞ고神速ᄒᆞ오
●止足杆藥二分定價金貳拾錢
●本人等이濟衆院醫學員으로此藥을德國에서輸入常用除惡汗足
方으로鑑定ᄒᆞ고製ᄒᆞᆫ藥品을米國大學醫院處方과濟衆院處
英文日文德文에用法을內外國에大奇効ᄒᆞᆫ약品을貿來ᄒᆞ야
入ᄒᆞ고琉璃瓶에도入ᄒᆞ고洋鐵匣에도入ᄒᆞ야四隣紙匣에도
則을依ᄒᆞ야全國內地各藥局에都賣코ᄌᆞᄒᆞ오니同業兄弟계서
本藥房代理支店으로有意ᄒᆞ시거든편지ᄒᆞ시오

西藥便方 全

定價金壹圜　郵稅十錢

此冊은漢城濟衆院藥方文을我國漢文으로아라보기쉽게飜譯
ᄒᆞᆫ冊인딕京鄉各藥局에貨泉이될만ᄒᆞᆫ一代醉方摘이요

[illegible]大韓國皇太子殿下ᄭᅦ오셔日本에遊學ᄒᆞ심
은眞實로千載의盛擧라
ㅣ라從此로韓國의文
明이急速히進步ᄒᆞᆯ지
니韓國을爲ᄒᆞ야慶賀
ᄒᆞᆫ바이오
明年一月一日은韓國
大皇帝陛下의即位ᄒᆞ
옵신後第一新年이니
韓國을紀念ᄒᆞᆯ만ᄒᆞᆫ一
大慶節이라
本社ᄂᆞᆫ如此大慶節을
際ᄒᆞ야祝意를表ᄒᆞ기
爲ᄒᆞ야左開ᄒᆞᆫ方法으로
烟草를換給코저ᄒᆞ오니
[illegible]大方諸彦은微意를
助ᄒᆞ심을望ᄒᆞᆷ
一日本政府製造하ᄂᆞᆫ
비[illegible]의空匣拾
個를持來ᄒᆞ시면
卷烟一匣을進呈ᄒᆞ
一交換은京城仁川各
地小賣店에서行
喜
一交換時期는陽曆來
年一月一日(陰拾一月十八日)부터
同年一月三拾一日(陰拾二月二十七
日)ᄭᆞ지로定ᄒᆞᆷ
東亞烟草會社 白

●第一回學員募集廣告
本校에셔[illegible]第一年[illegible]
[illegible]
[illegible]年級은二年級으로
[illegible]年級은[illegible]募集ᄒᆞ오니
[illegible]本校에[illegible]試驗에
[illegible]ᄒᆞ고[illegible]學科及規則은本校에來問ᄒᆞ시ᄋᆞᆸ
但敎授時間은自午後六時至午
後[illegible]時
試驗科目　國漢文 讀書
作文　算術(四則雜題)
試驗日字　陽曆來年一月四日
西署太平洞四拾八統拾戶
私立廣信商業學校 告白

發行兼編輯人英國人 裵說
發行所 西署石井洞號外港三層洋屋家
大韓每日申報社

第五卷

大韓每日申報

第六百九十一號

月曜及慶節歲時日休刊

檀君開國四千二百四十年
箕子元年三千二十九年
大韓開國五百十六年
日本明治四十年
淸國光緖三十三年
陰曆丁未十一月大十六日癸卯

論說

◉大韓新聞魔記者아一覽讀

彼魔記者가現政府를頌祝ᄒᆞ되其罪ᄂᆞᆫ一則政治歷史에歸咎ᄒᆞ며二則世界大勢에推諉ᄒᆞ야日國事의至此ᄂᆞᆫ前日閔泳徽趙秉甲輩와니侍閹入侍等과其外鼠竊狗偸者가多々ᄒᆞ야浚民膏澤ᄒᆞ며殘虐壓制ᄒᆞ야今日悲運을釀成ᄒᆞᆷ이오五大臣朴齊純씨等政府와七大臣리完用氏等내閣은白白無罪라ᄒᆞ얏스며又曰近來數十年에姦細輩의秘密運動金이有ᄒᆞ야政革黨中에屈指ᄒᆞᄂᆞᆫ第一等人物金玉均氏도被害ᄒᆞ얏스며國事犯우範善氏도被害ᄒᆞ야國民의膏血이國土殺害ᄒᆞᄂᆞᆫ運動費로盡入ᄒᆞ얏스니然而不亡者ㅣ未之有也어ᄂᆞᆯ又何五大臣七大臣을是咎ᄒᆞ리오ᄒᆞ얏스며又曰淸日戰爭의結果로淸國리鴻章시도馬關條約에臺灣을割與ᄒᆞ얏스며俄日戰爭의結果로俄國우이쓰데氏도포우마우쓰에셔화太以南을割與ᄒᆞ얏스니天下事가皆如是라露日媾和談判의結局에我國이日本保護를不受ᄒᆞᆯ能力이有ᄒᆞᆯ가公言ᄒᆞᆯ라ᄒᆞ얏스니

嗚乎라賊臣勢道와姦細縱横이固是韓國衰敗의原因이로되但近者朴齊純李完用氏의誤國은前日閔泳徽趙秉甲輩의餘孼이오朴齊純李完用시의罪가아니라ᄒᆞᆯ진ᄃᆡ閔泳徽趙秉甲輩의誤國은又是ᄋ某趙某等賊臣專政의餘孼이오閔泳徽趙秉甲輩의罪가아니라ᄒᆞᆯ지며金某趙某等의誤國은又是老少論朋黨家의餘孼이오김某趙某의罪가아니라ᄒᆞᆯ지니如此면相滑相推ᄒᆞ야元惡大憝도畢竟無罪의域으로皆歸ᄒᆞᆷ이라是ᄂᆞᆫ鄕愿의議論이며糊塗의口吻이라엇지新聞記者의筆이라ᄒᆞ리오第一此를公筆로論斷ᄒᆞᆯ진ᄃᆡ朴齊純李完用氏의罪ᄂᆞᆫ朴齊純李完用氏의罪오閔泳徽趙秉甲氏의貪虐은閔泳徽趙秉甲氏의罪오其前威臣家勢道家朋黨論家의殘暴亂業은各其當々人의罪라

他人에게推諉ᄒᆞᆷ이不可ᄒᆞᆫ며若又其罪의大小輕重을問ᄒᆞᆯ진ᄃᆡ李朴의罪가閔趙보다大ᄒᆞ고閔趙의罪가其前人보다又重ᄒᆞ다ᄒᆞ노니何者오以往時代에ᄂᆞᆫ擧國이桃源中人이라幕中에서英雄을自誇ᄒᆞ며墻內에서兄弟가相鬩ᄒᆞᄂᆞᆫ되東亞西歐의名稱도耳不曾聞이며黃人白種의禍福은夢亦不到ᄒᆞ니橘中天地에金甌夢仕宦夢으로歲月을消過ᄒᆞᆷ이容或無怪로되者乃風潮가猛撲ᄒᆞ고時局이危幼ᄒᆞ야三千里疆域이濤頭에浮沉ᄒᆞ고二千萬兄弟가釜中에号泣하ᄂᆞᆫ此時를當ᄒᆞ야國家의存亡과人民의生死ᄂᆞᆫ念頭에不掛ᄒᆞ고但我幾百圓月俸을何以ᄒᆞ면長久ᄒᆞᆯ가ᄒᆞ야地方慘狀은飛報가如雪ᄒᆞᆫ中에도統監府의朝夕問安과顧問室의晩餐會로千金又ᄒᆞᆯ歲月을擲盡ᄒᆞ며勢力圈擴張의運動費와權利相軋의暗中凶計로狗蝨又ᄒᆞᆫ行爲가頻々ᄒᆞ고國際親睦四字를藉口ᄒᆞ야自已地位의鞏固를是求ᄒᆞ야森林을請借ᄒᆞ면森林、鑛山을請借ᄒᆞ면鑛山、陳荒地를請借ᄒᆞ면陳荒地를一請에二許ᄒᆞ며三求에四諾ᄒᆞ야我家齊臨은片々削與ᄒᆞᆯ지라도我生前에大臣이란名稱이나依舊ᄒᆞ야出則前後日憲兵으로意氣를誇張ᄒᆞ며入則左右兩夫人으로雲雨를酣夢ᄒᆞ니世上에셔五賊이라ᄒᆞ던지七賊이라ᄒᆞ던지賣國賊이라ᄒᆞ던지亡國賊이라ᄒᆞ던지唾罵가來ᄒᆞ던지指斥이來ᄒᆞ던지吾ᄂᆞᆫ掩耳가可ᄒᆞ며閉目이可也라ᄒᆞ고義兵이起ᄒᆞ면日兵이有ᄒᆞ니何患이며財政이窮ᄒᆞ면日債를可借니何恐이리오ᄒᆞ야韓人韓種으로居心이若此ᄒᆞ니未知케라昔日勢道者가其心이皆如是ᄒᆞ던가昔日黨論者가其心이皆如是ᄒᆞ던가

未完

官報

第三千九百五十三號
隆熙元年十二月十九日

敍任及辭令

官立水下洞普通學校敎員 安鍾烈
任官立於義洞普通學校敎員
官立安洞普通學校敎員鄭公永
任官立水下洞普通學校敎員
公立江西普通學校敎員김商鶴
免本官
前司長皮立承 九品玄膺運
任宮內府調局師
主殿院主事成圭運
任掌禮院典祀補
內藏院主事車顯聲
任主殿院主事
光陵令金容周 昌陵令金海秀
任掌禮院典사補
任昌陵令 九品李志用
任光陵令 光陵參奉洪鍾休
任光陵參奉 林德圭
禧陵令金珽鎭
容陵參奉李弘默
依願免本官
任禧陵令 懿寧園參奉鄭敎澤
泰陵參奉李元榮
任懿寧園奉事
任泰陵參奉 鄭顯懿
任睿陵參奉 孝陵參奉宋修憲
任孝陵參奉 六品李弘默

布達

壇 廟 社 殿 宮 各 陵 園 墓에關ᄒᆞᆫ官制와其職員及官等俸給에關ᄒᆞᆫ件을左갓치定ᄒᆞᆷ

隆熙元年十一月二十七日奉
勅 宮內府大臣勳一等李允用

布達第一百六十五號

壇 廟 社 殿 宮 各 陵 園 墓에關ᄒᆞᆫ官制와其職員의官等俸給은從今間仍舊ᄒᆞᆷ

各宮事務整理所와供進所를本月三十日로廢止ᄒᆞ고其所管事務를左갓치排置ᄒᆞᆷ

隆熙元年十一月二十七日奉
勅 宮內府大臣勳一等李允用

布達一百六十六號

各宮事務整理所와供進所를本月三十日로廢止ᄒᆞ고內需司 龍洞宮 於義宮 明禮宮 壽進宮 毓祥宮 宣禧宮 景祐宮에屬ᄒᆞᆫ土地ᄂᆞᆫ帝室財産整理局에서管理케ᄒᆞ고供進所에서管掌ᄒᆞᆫ御供의事務ᄂᆞᆫ典膳司에서掌理케ᄒᆞ고祀典事務ᄂᆞᆫ掌禮院에서掌理케함

宮內府官吏服務規律을左갓치定ᄒᆞᆷ

隆熙元年十一月二十七日奉
勅 宮內府大臣勳一等李允用

布達第六百六十七號

宮內官吏服務規律

第一條 宮內官吏ᄂᆞᆫ大皇帝陛下와大皇帝陛下의宮廷을對ᄒᆞ야忠順勤勉을爲主ᄒᆞ고法規를恪守ᄒᆞ야各其職務를盡ᄒᆞᆷ이可ᄒᆞᆷ

第二條 宮內官吏ᄂᆞᆫ國政에容喙ᄒᆞᆷ을得지못ᄒᆞᆯ뿐더러特히政治上의意見을上疏ᄒᆞ거나或世上에발表ᄒᆞᆷ을得지못ᄒᆞᆷ其內廷에奉公ᄒᆞᄂᆞᆫ者에對ᄒᆞ야ᄂᆞᆫ宮內府行政에도干涉ᄒᆞᆷ을得지못ᄒᆞᆷ

未完

外報

●公論大發 美國칙카고電을據ᄒᆞᆫ則當地敎會에서韓國問題와콩고國問題를提唱ᄒᆞ야美國이速히的當ᄒᆞᆫ手段을行ᄒᆞ지아니치못ᄒᆞᆯ것다ᄒᆞ엿스니

一은長老敎會牧師等은日本이韓國에對ᄒᆞ야不義無道ᄒᆞᆫ行爲를世界에公論을起ᄒᆞᆯ計劃이오

一은침레敎牧師等은亞非利加에在ᄒᆞᆫ콩고自由國에對ᄒᆞ야白耳義政府의不仁橫暴을防止ᄒᆞᆯ計策인ᄃᆡ콩고國問題ᄂᆞᆫ침레敎牧師스타博士의實察報告로因ᄒᆞᆷ이오

韓國問題ᄂᆞᆫ韓國에서雇聘ᄒᆞ엿든敎師헐버氏의演說로因ᄒᆞᆫᄃᆡ該氏의演說ᄒᆞᆫ槪意ᄂᆞᆫ日本이外面으로ᄂᆞᆫ人道의主義를持ᄒᆞ고韓國人民을啓발ᄒᆞ며獨立을援助ᄒᆞᆫ다ᄒᆞ고世界에公佈ᄒᆞ얏스되其實狀을見ᄒᆞ면韓人을滅亡케ᄒᆞ며土地를幷呑ᄒᆞᄂᆞᆫ奸計에不過ᄒᆞᆫ지라

日本人이韓人을虐待ᄒᆞᄂᆞᆫ거슨以口로不爲形言이어니와日本政府ᄂᆞᆫ極히陰險ᄒᆞᆫ手段을持ᄒᆞ야韓國人을自然中滅亡케ᄒᆞ며其國을奪取ᄒᆞᆯ奸計로(마괸)이란毒藥을製造ᄒᆞ야良藥이라稱ᄒᆞ고韓國人의게散賣ᄒᆞ니此ᄂᆞᆫ韓人의人種을消滅케ᄒᆞᄂᆞᆫ毒藥이라

博愛主義를布ᄒᆞᄂᆞᆫ基督敎人은決코如此ᄒᆞᆫ惡行을坐視키無ᄒᆞ니日本이韓國에對ᄒᆞ야惡毒의行政計策을何時々지라도反對ᄒᆞᆫ다ᄒᆞ엿더라

●暴行發覺 海蔘威電을據ᄒᆞᆫ則同港에서暴徒가要塞司令官室에迷密品及爆발藥을投入ᄒᆞᆫ것을要塞砲兵隊에서知ᄒᆞ고其投入ᄒᆞᆫ者를探査ᄒᆞᆫ則革命黨員의所爲라더라

●兩國皇談話 路透電을據ᄒᆞᆫ則德國皇帝ᄂᆞᆫ盛宴을設ᄒᆞ고和蘭女皇을宴待ᄒᆞᄂᆞᆫ데女皇이其席上에서飮盃ᄒᆞᆷ에對ᄒᆞ야言ᄒᆞ되朕은德國과和蘭兩國間의平和를維持ᄒᆞ기로希望이라ᄒᆞ엿더라

●叛逆處刑 路透電을據ᄒᆞᆫ則聖彼得堡에서社會黨員內三拾七名은前國會議員으로叛逆ᄒᆞᆫ에對하야政府에서審問ᄒᆞᆫ後刑罰로判決ᄒᆞ엿ᄂᆞᆫ데三十分間을作罪ᄒᆞᆫ事로宣告ᄒᆞ고西伯利亞로終身流刑에處ᄒᆞ얏다더라

●戰爭意趣 美國桑港某報를據ᄒᆞᆫ則美國領地布哇島에居留ᄒᆞᆫ日人等이日本皇帝의誕日에發祝ᄒᆞᆯ時에日本皇帝가詔勅을下ᄒᆞ엿ᄂᆞᆫ데其內容에云ᄒᆞ얏스되爲一國의急時를當ᄒᆞ거든汝의愛ᄒᆞᄂᆞᆫ國을爲하야汝의身을獻ᄒᆞ기로豫節ᄒᆞ야國家에繁榮을永遠케ᄒᆞ며皇室을安保케ᄒᆞ라ᄒᆞ얏ᄂᆞᆫ故로美國人等이評ᄒᆞ기를日人이布哇에移民以後로如此ᄒᆞᆫ勅諭가還宮은日本이布哇를經營ᄒᆞ고戰爭ᄒᆞᆯ意趣가內으로決定됨이라ᄒᆞ얏더라

雜報

●徹夜警省 今番에特下ᄒ옵신 詔勅과내部訓令을各郡各面에頒佈ᄒᆯ次로 詔勅萬張과너部訓令萬張을너部에서成帖ᄒ기爲ᄒ야地方局文書課秘書課의一切官吏가昨夜를徹曉ᄒ얏다더라

●田庄賜塾 貴妃殿下께옵서養正義塾의經費艱絀홈을洞燭ᄒ옵시고該塾維持ᄒᆯ方針으로千餘石秋收ᄒᄂᆞᆫ田庄을永爲下賜ᄒ옵셧다더라

●下賜歲饌 各部大臣夫人의게歲饌으로千餘元式내賜ᄒ신다ᄂᆞᆫᄃᆡ祗受次로各夫人이日間詣闕ᄒ다ᄂᆞᆫ說이有ᄒ더라

●明年施行 各府部官制ᄂᆞᆫ已爲頒布ᄒ얏거니와一般官吏의敍任件은月給에相值로明年度一月一日부터施行ᄒ다ᄂᆞᆫ說이有ᄒ더라

●興士團議 皇太子殿下께옵서興士團에下賜ᄒ옵신一萬元使用及處置方法을一般任員이爛商協議ᄒ얏다더라

●猜疑氷釋 總理大臣李完用씨ᄂᆞᆫ北村某大臣을疑忌ᄒ야運動力이多大ᄒ더니近日인즉渙然氷釋ᄒ야北村該大官의言을事事聽從ᄒᆫ다더라

●內大所答 某氏가내部大臣任善準氏의게郡守一窠를懇請ᄒ얏더니該大臣이好面辭却曰不久에合郡이實施되ᄂᆞᆫᄃᆡ郡守를圖得ᄒ야幾日이나過ᄒ리오更勿煩請ᄒ라ᄒ얏다더라

●兩氏歸國 農相宋秉畯氏와宮相李允用氏가陰今月晦내로歸國ᄒ다더라

●郡守始發 郡守奏本이多日延滯ᄒ더니昨夜에 奏裁가되얏다더라

●宣諭曉諭 너部에서咸南觀察使에게電報ᄒ되 詔勅을今將발送ᄒ니待 詔勅到達ᄒ야北靑等郡尤甚處에躬往曉諭ᄒ라ᄒ얏더라

●三局移接 農商工部에셔本月二十五日에前博覽會로移接ᄒ다ᄒ온已爲揭報ᄒ얏거니와該處所가狹窄홈으로礦山事務局과林業科ᄂᆞᆫ鑛山調査所로移接ᄒ다더라

●自衛實施議 內閣에셔各地方自衛團이實施되지못홈을憂慮ᄒ야更히實施ᄒᆯ方針을現今擬議中이라더라

●向우之歎 文官銓考所及第生安東洙氏가法部에請願ᄒ되本人과同一히及格ᄒᆫ者ᄂᆞᆫ盡爲敍任ᄒ고本人은未得叅敍ᄒ니豈無向우之歎乎아特爲照亮ᄒ라ᄒ얏더라

●訓諭義兵 내部에셔地方郡守의게訓令ᄒᆫ全文이如左ᄒ니一地方人民의誤解暴動ᄒᆫ後로無辜ᄒᆫ窮蔀愚氓ᄂᆞᆫ池魚之殃을被ᄒ고無恒産ᄒᆫ浮浪者類ᄂᆞᆫ甘犯火虫之誡ᄒ야城邑은殘々邱墟ᄒ고閭里ᄂᆞᆫ在々掃蕩ᄒ니自秋至冬히各地方에生命塗地ᄂᆞᆫ指不勝僂오財産受損은洽至巨萬ᄒ니言念慘慟ᄒᆫ情形에寢食靡甘이라 欽惟我 大皇帝陛下께옵서憂切宵旰ᄒ사 特下恩詔ᄒ시니凡我臣民의圓顱方趾者ᄂᆞᆫ苟有一半分秉彝之天이면曷敢不感激悔悟리오 詔勅原本을欽寫ᄒ야頒示ᄒ야玆以訓令ᄒ노니令到卽時에至誠惻怛ᄒ옵신 聖意를境內大小人民의게誠心曉諭ᄒ야期使迷向ᄒᆫ蚩々赤子로不日歸順케ᄒ지며悔悟前非ᄒ야歸化者에對ᄒ야ᄂᆞᆫ成給免罪文憑ᄒ야俾各安業이오切勿推究侵漁이되恩不服從이면威不庇蹞은國家成憲이니 詔勅과訓辭를眞諺翻謄ᄒ야揭付坊曲ᄒ야俾無一民不聞不知케ᄒ되如或漫漶이면難免重譴ᄒᆯ지니惕念實施ᄒᆯ지며擧行形止를馳報ᄒ라ᄒ얏고再歸化者ᄂᆞᆫ警察官憲兵守備隊에申明ᄒ고免罪文憑은警察官憲兵에셔만成給事라ᄒ얏더라

●龍郡殺掠 本月十日龍仁郡邑底에義徒五十餘名이突入ᄒ야公廨ᄂᆞᆫ盡數破碎ᄒ고巡視廳을燒火ᄒ고分派所巡檢朴瀚玉一進會長沈東麗兩人을砲殺ᄒ얏다더라

●靑坡呼冤 南門外靑坡八民等數十名이再昨日에너部문前에會集ᄒ야等狀ᄒ얏ᄂᆞᆫᄃᆡ該事件인즉靑坡所道은軍用地에相關이無ᄒᆫᄃᆡ日本人이田畓을收買ᄒ고價額을出給지아니ᄒᆫ所以라더라

●姓名錄報 再昨日警視廳에서各署에電話ᄒ되向日日本皇太子殿下入城ᄒ실時에警衛叅班ᄒᆫ署長以下總巡에姓名을列錄報告ᄒ라ᄒ얏다더라

●待春掘移 綏陵園局字너에在ᄒᆫ私塚掘移ᄒ라ᄂᆞᆫ事ᄂᆞᆫ已揭前報어니와當此深冬에怨聲이不無ᄒ다ᄒ야明年春解凍時々지仍置ᄒ라ᄒ얏다더라

●罪囚衛生 監獄署에滯囚ᄒᆫ罪人을一周日間에一次式沐浴시히고每日運動을擧行ᄒ야衛生에便利케ᄒᆫ다더라

●旋捉旋放 再昨日에金重煥氏가何等事件이던지警視廳에被捉ᄒ야一場訊問ᄒᆫ後旋爲放釋ᄒ얏다더라

●普校戰爭 普成學校講師諸氏가維持會를開ᄒ고該校任員을改定ᄒ얏ᄂᆞᆫᄃᆡ昨日에校主李鍾浩氏가該校에來ᄒ야任員을更히選定ᄒ고互相爭詰中이라

●馬山回祿 黃湖馬山停車場에셔數日前에失火ᄒ야日人家屋一坐와韓人家屋三四坐와穀包二百餘石을沒燒ᄒ얏다더라

●非義誤死 金山黃谷等地에서日兵이韓軍六七名을義兵으로誤認ᄒ고砲殺ᄒ얏다고該地來人의傳說이有ᄒ더라

●靑校試驗 私立靑年學院에셔本月廿一日下午二時에학期試驗을擧行ᄒ다ᄂᆞᆫ데各部大臣及勅奏任官을請邀ᄒ얏다더라

●其數三百 去番赦典에放釋ᄒᆫ賊漢罪囚들이近日에更히被捉ᄒᆫ者가多數ᄒᆫ데現今監獄署罪囚가三百名에達ᄒ얏다더라

●仁校新設 平南孟山郡居安鎬洛氏가儕同中由來李毅本氏을集合ᄒ야去陰曆九月八日에학校를創設ᄒ고名曰仁和학校라ᄒ야日本高等學校卒業生金昌洙씨를雇聘ᄒ고生徒를熱心敎育ᄒᆫ다더라

●砲義掩埋 本月七日廣州守備隊에서義徒黃甲用을該郡東門外에셔砲殺ᄒ야卽爲掩埋ᄒ얏다더라

●大東總會 再昨日大東학會에셔臨時總會를開ᄒ고학報발刊ᄒᆯ事와法律講習所設置ᄒᆯ事件을提議決定ᄒ얏다더라

●何故逃走 西署長興庫居英國婺夫人耶蘇敎堂에在ᄒᆫ十三歲十歲九歲된女學徒三名이三昨日下午七時에無故逃走ᄒᆫ故로警視廳으로覓給ᄒ여달나ᄒ얏다더라

●使酒被捉 再昨日上午拾二時에北署孟峴支所巡檢張泰春氏가行巡次로紅峴等地로過去ᄒᆫ즉南草商尹三福과其弟龍基兩人이被酒泥醉ᄒ야路上過去人을無數詬辱ᄒ며以石亂打ᄒᆫ故로該巡檢이說諭禁止ᄒᆫ즉反爲詬辱ᄒ며欲爲毆打ᄒ라ᄒᆫ故로捕縛ᄒᆯ際에尹龍基가巡檢의劍刀를奪取揮之ᄒᄂᆞᆫ지라巡檢이艱辛히捕縛ᄒ야該署에押囚ᄒ얏다더라

▲地方消息▼

▲八日午後七時에韓兵十八名이呂州郡西北三十里松方面松峴村에來宿ᄒ고翌日午前四時에草山面香谷으로出발ᄒ얏다ᄒ고

▲陰城郡西村面附近에集團ᄒ얏던義兵은米十六石을牛頭里에藏置ᄒ고散去ᄒ얏ᄂᆞᆫ데銃器所在를嚴密히取調ᄒ야도不明ᄒ다ᄒ고

▲拾七日발鳥致院電을據ᄒᆫ則義兵拾四名이安養村에入來ᄒ야漸次增加ᄒ미鎭浦坊의서巡査三名을派送ᄒ야軍服을携帶ᄒᆫ義兵二名을捕捉ᄒ얏다ᄒ고

▲拾四日午前一時에義徒五十名이錦山郡을突然來襲ᄒ야郡守主事首書記稅務主事及巡檢家屋에侵入ᄒ야首書記를毆打ᄒ며金錢을提供ᄒ라ᄒ고巡檢家에서ᄂᆞᆫ官品을奪取ᄒ고邑民의게도多少財物을討取하고曉頭에該韓富興方面으로退去하얏다하고

▲二十三日憲兵三名이連山郡에서出발ᄒ야珍山郡으로向ᄒᆫ路次에連山黑巖洞에至ᄒ야ᄂᆞᆫ二千米突되ᄂᆞᆫ地点堤堰下水春小屋에셔義兵이狙擊ᄒ야連발二九에上等兵一名은即死ᄒ고又一名은重傷ᄒ얏ᄂᆞᆫ데義兵은即時避走ᄒ야蹤跡을不知ᄒ고

▲金堤郡公동商路傍에左揭檄문을粘付ᄒ얏ᄂᆞᆫ데現今日人의行動이慢侮ᄒ고侵掠이無限ᄒ니此際에起兵ᄒ야一擧에彼讎를殺害코자하노니憂國志士ᄂᆞᆫ一心會同ᄒ야撲滅의加擔하기를願ᄒ며且日本과穀物賣買ᄒᄂᆞᆫ者ᄂᆞᆫ依軍法斬首ᄒᆯ지며日人과接近ᄒ야居住하ᄂᆞᆫ者ᄂᆞᆫ他地로移轉ᄒ야災害를免ᄒᆯ지여다ᄒ얏더라

東京電報

●皇太子陛見 十八日발 韓國皇太子殿下께셔今日에伊藤太師와岩倉侍從官을同伴ᄒ야日本皇帝皇后兩陛下께謁見ᄒ신後御會食ᄒ셧다더라

▲文壇討論▼

▲問題 磚洞普成學校事件

(問)磚洞普成학校ᄂᆞᆫ國內私立의第一位에居ᄒᆫ者라開導文化ᄒ고培養人才ᄒᆫ効力이最히多大ᄒ거ᄂᆞᆯ校主李鍾浩氏가聖意를對揚ᄒ야熱心擔着ᄒᆫ所以러니猝地風波에校主가廢止되니非但학界之不幸이라一般公議가大端忿鬱합데다

(答)年來大韓敎界를觀ᄒ니往往히一夜之間에別般運動이生出ᄒ야謀奪人權者가有ᄒ더니今日敎育界에도暮夜密議ᄒ야攘奪人權ᄒᄂᆞᆫ行動이發現ᄒ니此ᄂᆞᆫ韓人의奇妙ᄒᆫ手段이라ᄒᆯᄂᆞᆫ지法律學校에主旨라ᄂᆞᆫ지

(問)校主ᄂᆞᆫ主人이오講師ᄂᆞᆫ客이니講師ᄂᆞᆫ生徒나敎授ᄒ고月給이나得食ᄒᆯ而已어ᄂᆞᆯ今에普成校講師ᄂᆞᆫ校主를自意로廢止ᄒ고校長은自意로黜陟ᄒ니客以爲主가아닌가

(答)然故로該校의徒들도今番變更에對하야不平ᄒᆫ念을抱ᄒ고上학을不爲하ᄂᆞᆫ者가有하다합데다

(問)某氏ᄂᆞᆫ耶蘇敎를崇拜ᄒ니道德을尊敬ᄒᆯ터인ᄃᆡ該校校長으로儼然出席ᄒ야校主를排斥ᄒ니宗敎信仰之人도미ᄃᆞᆯ슈업지요

(答)大韓人物이무삼事業을成就ᄒ깃소天下事業이다公同心과團合力으로되ᄂᆞᆫ것인ᄃᆡ大韓人의性質은同族間에도互相猜忌乾嫉으로他人의事業은沮害ᄒ고自己가擅便ᄒ기로만能事를삼으니무삼事業인들될슈잇깃소

(問)該校ᄂᆞᆫ法律專門에重大ᄒᆫ학校라法律이란者ᄂᆞᆫ人民의所有權을尊重히ᄒᄂᆞᆫ거신ᄃᆡ該校講師ᄂᆞᆫ校主의所有權을强奪ᄒ고서무슴法律노학徒를敎授ᄒᆯ깃ᄂᆞᆫ가如此ᄒᆫ法律학은一般人心이不服ᄒ깃지오

(答)그ᄲᅮᆫ아니오今番擧措ᄂᆞᆫ法律上主意에도違反ᄒᆯᄲᅮᆫ더러該校所有物件을一一奪取ᄒ니敎育界에그런畵皮ᄒᆫ模樣이잇소

(問)該校主가財力이欠乏ᄒ야維持ᄒᆯ方針이無ᄒᆫ故로此境에至ᄒ얏다ᄒᄂᆞ其實은不然ᄒᆫ거시오今月經費ᄂᆞᆫ爲先擔當ᄒ고明年부터ᄂᆞᆫ隨力圖之ᄒ기로ᄒ얏ᄂᆞᆫᄃᆡ校主의心算은已有所定인ᄃᆡ以此藉口ᄒ야猝然廢止케ᄒᆫ것은大段妄率ᄒᆫ일이오

(答)設或校主를不得已廢止ᄒᆯ事機가有ᄒᆯ지라도任員과講師等이校主와相議ᄒ고學界有志人士處에公佈ᄒ고從容措處가可ᄒ거ᄂᆞᆯ暗地密議에斷行排斥이是何叵測行動고

(問)然則該校善後方針을엇지ᄒ여야可ᄒ깃소

(答)달은方針업지오講師ᄂᆞᆫ학生의模範이어ᄂᆞᆯ講師가如斯不正ᄒᆫ行爲를作ᄒᆫ즉範방ᄒᆫ학生들이將來良器를難成이라該校任員講師ᄂᆞᆫ一切改良ᄒ고更히公正實實ᄒ야학生의模範이될者를擇定ᄒ야該校面目을一新改良ᄒ여야되깃소

雜報

●陰城燹擾　陰九月初七日에 義兵二百名이 各持銃劒ᄒᆞ고 陰城邑街에 突入ᄒᆞ야 敢肆無憚而 索討飯酒와 討求多端은 不可枚擧이오 仍히 公廨에 藏置文簿를 破碎ᄒᆞ고 盡爲搜去ᄒᆞ야 焚之曰 國法이라ᄒᆞ고 沒數燒火ᄒᆞ야 可考文簿之灰燼者甚多中 土地家屋證明簿及手數料物과 法規類及大[illegible]律이 幷入灰燼ᄒᆞ얏고 [illegible]郡先明學校校舍廿房과 器具와 若干什物을 燒火ᄒᆞ고 門壁窓戶를 盡數破碎ᄒᆞ고 追後該徒가 該校所屬秋收를 盡爲奪去ᄒᆞ야 校況이 掃如오 守備隊가 上月十六日에 來駐ᄒᆞ야 [illegible]爲修理[illegible]人處ᄒᆞ다더라

●報恩擾後　報恩郡義兵擾擾以後로 被害及被傷人을 調査ᄒᆞ야 [illegible]報來ᄒᆞ얏ᄂᆞᆫᄃᆡ 山內面江山里에 被害者가 九名이오 負傷者二名이오 水汗面道院里에 被害者가 [illegible]名이라더라

廣告

[illegible]府北海[illegible]開[illegible]이 [illegible]淸[illegible]氏[illegible]時에 [illegible]借[illegible]ᄒᆞᆫ 樣으로 [illegible]給[illegible]紙[illegible]朴[illegible] 藥[illegible]置ᄒᆞ얏다가 寺洞[illegible] 前見失ᄒᆞ엿ᄉᆞ오니 [illegible]休紙施行ᄒᆞ시요

密陽[illegible]學校 告白

八[illegible]無請捐이온대 何許無賴輩가 稱本校學校學徒ᄒᆞ고 請捐ᄒᆞ다 云ᄒᆞ야 方今査覈中이온즉 僉尊은 切勿見欺ᄒᆞ시옵

私立普光學校 告白

本人의 四從姪[illegible]相說이가 爲浮浪人誘引ᄒᆞ야 不告父母而擅出外ᄒᆞ야 出沒京鄕에 內外國人許에 日事出債ᄒᆞᆫ대 與居間人으로 折半分用[illegible]料而 其父兄之田土와 先塋之[illegible]養을 私自成券ᄒᆞ야 典執出債云云ᄒᆞ니 [illegible]浮虛昧[illegible]은 已[illegible]이어니와 居間人과 給債人도 誘引勸[illegible] 無非酒色雜技[illegible] 亦不無陷人於不測之罪[illegible] 從今以後로ᄂᆞᆫ 無論內外國人ᄒᆞ고 [illegible] 兩班이라도 應勿給債喜

慶北金山[illegible]溪居 曺[illegible]永 告白

黃海道[illegible]州[illegible]面居[illegible]永에 [illegible]彼因懲役[illegible] 對ᄒᆞ야 [illegible]面[illegible]興敎金麟紹諸氏가 [illegible]에 情[illegible]을 哀矜ᄒᆞ야 [illegible]協議收合ᄒᆞ야 獄費와 贖錢을 排備ᄒᆞᄂᆞᆫ디 [illegible]郡각地方에 無論貧富ᄒᆞ고 男女老少가 自願出義ᄒᆞ야 現方樂[illegible]이 數百圓에 至ᄒᆞ얏ᄂᆞᆫ디 柳氏에 平日修[illegible]과 人熱心捐出ᄒᆞᆷ을 稱頌ᄒᆞ기 玆에 廣佈ᄒᆷ

金永豹 告白

孤兒院開城演奏時寄付ᄒᆞ신 僉員金額이 如左ᄒᆞ니

李健奭 二百圜　梁在川
金[illegible]鏞 各二[illegible]　[illegible]守備
[illegible]令官石川[illegible]次郞 拾圜
耶蘇敎會 九圜十五錢
鄭[illegible]　[illegible]一源　日本守備
隊第五中隊　敎育總會
[illegible]　各五圜　[illegible]永吉
四圜　林光世　孫顯秀
金炳[illegible]　日本夫人石橋新
本郡[illegible]任印東煥　[illegible]任金[illegible]九
各二圜　閔[illegible]弼　張鼎[illegible]
公立[illegible]習通學校　各二圜
紙[illegible]居林夫人　月[illegible]妓生迎香
日本夫人宮崎商店　各一圜
朴[illegible]九　任[illegible]澤　梁在[illegible]
[illegible]鉉哲　本郡妓生竹葉
각五十錢　洪[illegible]　廿五錢
高[illegible]일　黃肉三斤鷄卵十介

本人이 [illegible]에 娶子東元이가 貧寒之致로 家學에 心不合ᄒᆞ야 偶然出他ᄒᆞ더니 尙不還歸ᄒᆞ미 齒衰老母가 以倚閭之勞로 仍得病ᄒᆞ야 委席苦[illegible]而[illegible]人[illegible]懷은 今已消償이오니 僉君子ᄂᆞᆫ 若逢東元이어든 言及此意ᄒᆞ야 使卽還家케ᄒᆞ시되 至於[illegible]商ᄒᆞ야ᄂᆞᆫ 內外國人間 切勿[illegible]應ᄒᆷ

安州[illegible]洞內三里居　李欽汝 告白

本人이 [illegible]石炭을 販賣ᄒᆞ오니 [illegible]外[illegible]彦[illegible]光臨ᄒᆞ시옵
[illegible]六號[illegible]戶
[illegible]人石炭商店

慶北延日[illegible]門里　徐允亨 告白

本人이 四方[illegible]字姓名圖章을 [illegible]十一月初二日에 見失ᄒᆞ얏기 玆에 仰佈ᄒᆞ오니 內外國人은 切勿施行ᄒᆷ

前居[illegible]堤官池ᄒᆞ고 今居[illegible]ᄒᆞᆫ [illegible]子[illegible]泰金[illegible]을 未知故로 玆에 廣告ᄒᆞ오니 中[illegible]秩二斤[illegible]則僞柱訪

[illegible]潤榮 告白

本人이 去陰八月晦日에 昌原[illegible]牛頃[illegible]與金海佐昆之間에서 [illegible]圖章과 各人處[illegible]佩[illegible]中[illegible]搜次手[illegible]落失ᄒᆞ엿시니 誰[illegible]拾得이라도 [illegible]勿施ᄒᆷ

金海鳴[illegible]居朴[illegible]臣 告白

特別廣告

本社에서 名帖印刷部를 另設ᄒᆞ고 [illegible]活字와 別[illegible] 本社에 俱備ᄒᆞ오며 印刷[illegible] 精美ᄒᆞ고 價値도 極廉ᄒᆞ오니 特別히 [illegible]與 夫人의게 [illegible]오니 僉位ᄂᆞᆫ 來臨ᄒᆞ시와 隨意請求ᄒᆷ

大韓每日申報社 告白

◉奬學月報

一部先金十八錢 但地方郵稅五厘　自隆熙二年一月로 每月二拾日發行　細則詳揭本報

●發行趣旨書

學也者ᄂᆞᆫ 以之博識ᄒᆞ며 以之廣智ᄒᆞ야 用之身用之家ᄒᆞ며 用之邦國而之天下也라 雖然이나 苟非勸獎이면 無以推進이오 獎非倡報ᄒᆞ면 莫知優劣이라 彼歐米列邦의 文明富强이 皆由於勸獎學問而擇用人材를 必取於其中ᄒᆞ야 其淺學薄識이 如深井短綆이라 오能汲引이리오 今此維新以來로 公私設校가 雖不衆且多矣로ᄃᆡ 朝建而夕廢ᄒᆞ고 東進而西退者ᄂᆞᆫ 拾常八九ᄒᆞ니 此實由無勸獎力所致也라 蓋天下力不進而印刷力不振이라 [illegible]心哉아 數箇同志로 共設此報ᄒᆞ고 名之曰奬學月報라ᄒᆞ니 學界俊彦은 此月報로 爲[illegible]圖ᄒᆞ야 五相[illegible]起어다 果成立이면 其能力은 如大海風濤에 本艦이 不動ᄒᆞ며 弘量은 如宇宙[illegible]에 包含萬像ᄒᆞ야 個人으로 能與國ᄒᆞ며 一言으로 爲世師라 富豪ᄂᆞᆫ 不能奪其德ᄒᆞ고 兵力이 不能壓其[illegible]ᄒᆞ리니 大哉라 學也며 偉哉라 報也여 惟我同胞ᄂᆞᆫ 勉旃勉旃

發起人　朴太緖　李[illegible]　兪[illegible]洙　[illegible]敏　趙明[illegible]　劉[illegible]烈　安秉[illegible]

◉本報目次

社說　論說　學術　敎育　文藝　學海[illegible]　雜[illegible]　社報

◉懸賞等分表

應募合格者에게ᄂᆞᆫ 如左施賞ᄒᆷ　受賞人員二百〇七人

	一等	賞額	二等	賞額	三等	賞額	四等	賞額	五等	賞額
論說	一人	拾圜	一人	五圜	一人	三圜				
小說	仝	仝	仝	仝	仝	仝				
詞藻	仝	五圜	二人	二圜	五人	一圜	一人	五十錢	二百人	本報一部
作文	仝	三圜	仝	仝	仝	仝	仝	仝	仝	
歷史	仝	仝	仝	仝	仝	仝	仝	仝	仝	式紙
地理	仝	仝	仝	仝	仝	仝	仝	仝	仝	代進
算術	仝	仝	仝	仝	仝	仝	仝	仝	仝	呈ᄒᆷ
才談	仝	仝	仝	仝	仝	仝	仝	仝	仝	

決撰留學　作文歷史地理算術等의 合格一等者로 拔選ᄒᆞ야 最優等一人을 本社社費로 二個年間日本[illegible]留學케ᄒᆷ　每月學費二拾圜

◉第一回問題

●論說　小說은 小爲懸題ᄒᆷ
●詞藻　詠[illegible]但七律
●作文　月終試驗廢止可否論
●地理　六鎭開拓의 原因
●才談　(一) 一二三四五 열이 [illegible]수오　(二) 道[illegible]門이 里[illegible]門
●歷史　世宗朝게서 文學을 崇尙ᄒᆞ신 事蹟을 列擧ᄒᆞ라
●算術　(一) 一斤拾八전의 茶 五十斤入ᄒᆞᆫ 箱七個를 一正ᄒᆞ고 八拾三錢의 木綿幾疋과 相換ᄒᆞᆯ가
(二) 砂糖十二桶半을 百四拾圓에 買ᄒᆞ야 二割五分의 利를 得ᄒᆞ고 賣코져ᄒᆞ니 一斤代價幾何但一桶은 百斤入

◉略則

一 應募코져ᄒᆞᄂᆞᆫ 人은 報價를 先納ᄒᆞ고 本社應募紙를 領受ᄒᆞ야 限日內에 稿書提出ᄒᆞᆯ 事
一 論說小說은 [illegible]術에 關ᄒᆞᆫ 事로 만 ᄒᆞᆯ 事
一 論說小說은 一行二十字 三拾行以上五拾行以內로 ᄒᆞ고 作文地理歷史ᄂᆞᆫ 二十行以上으로 ᄒᆞᆯ 事
一 詞藻ᄂᆞᆫ 古詩를 引證又幻合홈을 不得ᄒᆞᆯ 事
一 才談은 對句를 格當케ᄒᆞ 며 算術은 式과 答만 要ᄒᆞᆯ 事
一 應募案은 學問家에 輪回考評ᄒᆞ야 等級을 推定ᄒᆞᆯ 事
一 雖分優劣ᄒᆞᆫ 境遇에ᄂᆞᆫ 接受番號를 依ᄒᆞ야 推定ᄒᆞᆯ 事
一 被撰人員에게ᄂᆞᆫ 本社褒賞狀을 授與ᄒᆞ고 賞品은 債權券으로 給與ᄒᆞ되 不願ᄒᆞ면 現金으로 給與ᄒᆷ
一 被撰人의 姓名은 本報及各新聞에 揭載ᄒᆷ
一 接受期限은 每月二拾四日로 三拾日ᄭᆞ지로 定ᄒᆷ
一 應募紙ᄂᆞᆫ 自廣告日로 頒給ᄒᆷ
一 施賞ᄋᆞᆫ 本報發行日로 始ᄒᆷ

北署安峴[illegible]統八戶鄭婦人商店　奬學月報社 第一出張事務所

奬學社

廣告

發行兼編輯人　英國人　裴說
發行所　漢城西署石井洞號外地三十八統英國人家　大韓每日申報社

第五卷

大韓每日申報

第六百九十二號

月曜及慶節歲時日休刊

檀君開國四千二百四十年
箕子元年三千二十九年
大韓開國五百十六年
日本明治四十年
淸國光緖三十三年
歲次丁未十一月大十七日甲辰

論說

◉大韓新聞魔記者아一覽 續

金玉均禹範善氏等의被害와其他改革黨諸氏의海外遠竄ᄒᆞ던事가固是韓國進步의當日大魔障이니千古志士의下淚處라ᄒᆞᆯ지나此魔障을作ᄒᆞ던人物들이誰也오ᄒᆞ면卽是現政府의前身이며現政府의師友며現政府의同德者니

吾言을不信커던韓國開國五百三四年頃을試思ᄒᆞ라金弘集魚允中씨ᄂᆞᆫ誤死ᄒᆞ며其外某々氏ᄂᆞᆫ逃走케ᄒᆞ고俄人과密運ᄒᆞ던者가卽今닉閣大臣中에其人이無ᄒᆞᆫ가誰其天生心法이身만思ᄒᆞ고國은不知ᄒᆞ며家만愛ᄒᆞ고民은不恤ᄒᆞ야私利만有하면志士도可殺이며敵國도可依며靈士도可擲ᄒᆞ야도恩寵ᄒᆞᄂᆞᆫ者가國務를陣ᄒᆞᄂᆞᆫ故로此國의凶勢가此境에至ᄒᆞ얏거ᄂᆞᆯ彼日現政府의罪가아니라國勢라ᄒᆞ니睡中에譫語가아닌가

現政府가人才를擇用ᄒᆞᆫ다ᄒᆞ니각部方觀察部府에人才가多ᄒᆞᆫ故로民情이若是不穩ᄒᆞᆫ가각部官吏들이國人才싸지擇用ᄒᆞ라ᄒᆞ야次官以下로日人叙任만日多ᄒᆞᆫ가

現政府가敎育을奬勵ᄒᆞᆫ다ᄒᆞ얏스니此校가幾百幾千處가되ᄂᆞᆫ가敎科書가幾許冊完備되얏ᄂᆞᆫ가義務敎育이將次實行되ᄂᆞᆫ가

警察이擴張되얏다ᄒᆞ니擴張則擴張矣로되各洞房門에擴就巡行ᄒᆞᄂᆞᆫ者가大阪兒가아니면薩摩種이며警廳交椅에帶印假坐ᄒᆞᄂᆞᆫ者가丸山氏가아니면井上郞이라更聲屠擴張ᄒᆞᄂᆞᆫ日에ᄂᆞᆫ韓人名色의警吏ᄂᆞᆫ復覩키難ᄒᆞ리니警察擴張이如是乎며巫女術客은果逐出矣며亡命客은果召還矣며數百年曖昧罪名은果昭雪矣로대此特時勢의所迫으로使然이니現政府가不欲인달其能遏之乎아李完用氏ᄂᆞᆫ藥峴私第에臥不起ᄒᆞ며任善準씨ᄂᆞᆫ成均館長으로坐不還ᄒᆞ고宋秉畯趙重應씨도亦皆三品官으로老死ᄒᆞᆯ야現닉閣에初不入ᄒᆞ엿떠라도雜術客의명逐과亡命客의歸國과百年冤獄의伸雪은自然次第件事오設或此事가果是現政府의功이라ᄒᆞᆯ지라도此小々ᄒᆞᆫ功으로其咎을贖蓋ᄒᆞᆯ가

謠哉룝哉라彼記者여現政府의罪ᄂᆞᆫ國勢에歸咎ᄒᆞ며時勢의所致ᄂᆞᆫ現政府에歸功ᄒᆞ얏도다雖然이나政府를辯護ᄒᆞᆫ은韓國內數百年阿諛餘風과仕宦熱望에凝心凝腦를作ᄒᆞᆫ者ᄂᆞᆫ鄙陋ᄒᆞᆫ希望을成就ᄒᆞᆯ目的이니尙可恕也어니와

未完

官報

◉三千九百五十四號
隆熙元年十二月廿日

敍任及辭令

長城郡主事 金肯鉉
忠淸北道觀察道財務署總巡 洪健榮
免本官

安州郡主事 李東稷
依願免本官
任寧遠郡主事 全秉禧
任德山仝 姜萬永
任安城仝 朴勝友
任豊津仝 姜昌희
任信川仝 李錫永
任麗州仝 李敏禹
任延安仝 金翊培
任延豐仝 安昌우

布達 續

第三條 宮內官吏ᄂᆞᆫ猥濫히宗敎上의得失을論難ᄒᆞ거나若或巫覡卜筮觀相等說을唱道홈을得치못홈

第四條 宮닉官吏ᄂᆞᆫ制規에不違ᄒᆞ고意見을直奏홈을得치못홈

第五條 宮닉官吏ᄂᆞᆫ職務上外에猥濫히 닉旨를傳達ᄒᆞ거나或他人의請托與否를不問ᄒᆞ고 닉旨를奏請홈을得지못홈

第六條 官닉官吏ᄂᆞᆫ自己와或他人을爲홈을不問ᄒᆞ고制規外順序를不經ᄒᆞ고進謁上奏홈을得지못홈

第七條 宮닉官吏ᄂᆞᆫ他人의私事에關ᄒᆞ거나或卑醜ᄒᆞᆫ事物에銘ᄒᆞ야奏達홈을得지못홈

第八條 宮內官吏ᄂᆞᆫ制規의순序를不經ᄒᆞ고進獻ᄒᆞ거나或傳獻ᄒᆞ며又ᄂᆞᆫ他人의請托을受ᄒᆞ야猥濫히文書와物件等을 乙覽에供홈을得지못홈

第九條 宮內官吏ᄂᆞᆫ其職務에關ᄒᆞ야ᄂᆞᆫ本屬長官의命令을遵守홈이可홈但其命令에對ᄒᆞ야ᄂᆞᆫ意見을陳述홈을得홈

第十條 宮닉官吏ᄂᆞᆫ職務내外를不問ᄒᆞ고廉恥를崇重ᄒᆞ며또貪汚의行爲와職權의濫用을行치못홈

第十一條 宮닉官吏ᄂᆞᆫ公事외

外報

◉韓國을爲ᄒᆞ야훌法氏의運動力

美國某報를據ᄒᆞᆫ즉去月十四日桑港商業會議所에서特別會를開ᄒᆞ고킬니포니아議員의게請托ᄒᆞ야華盛頓議會에韓美通商條約保存ᄒᆞᆫ問題를提出ᄒᆞ며또韓國과美國과日本間에關係가何如ᄒᆞᆫ거슬大統領의게質問ᄒᆞ기로決定ᄒᆞ야日本이韓國에對ᄒᆞ야不法行動ᄒᆞᄂᆞᆫ거슬美國政治客等이議會에서公論을起ᄒᆞ리라ᄒᆞ니韓美關係와美日關係를발論케홈은全히훌法氏의運動力이라하리로다훌法氏ᄂᆞᆫ韓國同胞가擧皆所知어니와該氏가韓國에서二十餘年間을敎育에熱心ᄒᆞ며多數ᄒᆞᆫ書冊을譯ᄒᆞ야韓人을啓발ᄒᆞ더니日本이韓國에서不法行動ᄒᆞᄂᆞᆫ거슬見ᄒᆞ고美國各處로巡行ᄒᆞ며世界의公論을起홀ᄉᆡ只今華盛頓으로前往ᄒᆞ야大統領의게韓美條約의關係重大ᄒᆞᆫ理由를忠告ᄒᆞᆯ次로行ᄒᆞᄂᆞᆫ路에 써알트、스폭킨、桑港、피엘루마、옥글랜드、쓸닉、척카고等地에在ᄒᆞᆫ禮拜堂及公會에서日本이韓國에서行ᄒᆞᄂᆞᆫ暴政과美國에對ᄒᆞ야損害를與ᄒᆞᄂᆞᆫ理由와基督敎人은此事에對ᄒᆞ야坐聞치못ᄒᆞᆯ理由를一々히說明ᄒᆞ고또有力ᄒᆞᆫ政治家와新聞記者와博學士等을尋訪ᄒᆞ고韓國事情과韓美關係를仔細히言ᄒᆞᆫ즉其事實이各新聞에揭載되야美國人心이一變ᄒᆞ야公論이大起ᄒᆞ니日本의暴行은可知라然而公論의事實이如左ᄒᆞ니

第一은日本이韓國에서行ᄒᆞᆫ不法行動

一 日本이韓國과新條約을締結홀時에兵力으로勒約ᄒᆞᆯ뿐더러參政大臣은不爲打印ᄒᆞ엿고又 韓皇帝陛下ᄭᅦ셔ᄂᆞᆫ不爲裁可ᄒᆞ오셧ᄂᆞᆫ딕日本이美國政府에照會ᄒᆞ기를韓國이日本의保護를受ᄒᆞ기를願ᄒᆞᆫ다ᄒᆞ엿스니此ᄂᆞᆫ公法에도違叛됨이오

一 今年萬國平和會議에 韓皇帝陛下ᄭᅦ옵서日本의不法行動을說明ᄒᆞᆫ次로大使를派送ᄒᆞ십으로日本이廢位ᄒᆞ고大使等을派送치아니ᄒᆞ엿다ᄒᆞ고死刑에處ᄒᆞ라ᄒᆞ엿스니日本의行策이如此ᄒᆞ고

一 日本軍隊가韓國에서所謂軍用地라稱ᄒᆞ고人民의田土와家屋貸價ᄂᆞᆫ不給ᄒᆞ고勒奪ᄒᆞ며或此에不應ᄒᆞᄂᆞᆫ者ᄂᆞᆫ砲殺ᄒᆞ며其外에日本百姓等도韓人의家屋及田土를任意로勒奪ᄒᆞ야도日本官員이聽而不聞ᄒᆞ며

一 韓人等이團体되야自由思想과愛國精神의企望이有ᄒᆞᆫ은敎徒等이라然故로日本이妙々ᄒᆞᆫ方策으로敎堂을擴張치못ᄒᆞ게ᄒᆞ며또韓人의敎育을千萬種類로加害ᄒᆞᄂᆞᆫ中韓人이外洋에出ᄒᆞᆯ旅行券도不給ᄒᆞ며

第二ᄂᆞᆫ日人이米國에商務을害ᄒᆞᄂᆞᆫ行動

一 美國에서韓國과通商ᄒᆞᆯ時에美國物品이韓國에入ᄒᆞᄂᆞᆫ稅納을百에七을納케ᄒᆞ엿ᄂᆞᆫ대只今日本이所謂韓日海關聯合이라ᄂᆞᆫ問題를提出ᄒᆞ얏스니萬一其問題가結果되면美國物品이日本에入ᄒᆞᄂᆞᆫ것과如히稅納이二三十이될지라然ᄒᆞ면美國物貨가韓國에不得放賣되리니美國에損害가多大ᄒᆞᆯ지며

一 只今日本이韓國西南兩方에在ᄒᆞᆫ荒蕪地를奪取ᄒᆞ야綿花와參類를耕作ᄒᆞ면美國綿參類가韓國에不得入去ᄒᆞᆯ터이니損害가多大ᄒᆞᆯ지며

第三은米國이韓國을援助ᄒᆞᆯ義務

一 米國이韓國과條約ᄒᆞᆯ時에第一條에言ᄒᆞ기를萬一外國이韓國을侵奪ᄒᆞ거나國權을防害ᄒᆞᆯ時에ᄂᆞᆫ米國이韓國을代表ᄒᆞ야極力保護ᄒᆞᆯ것다ᄒᆞ엿스니條約을依ᄒᆞ야見ᄒᆞ면米國이韓國을援助ᄒᆞᆯ義務가有ᄒᆞ며

一 日本이韓國에서如此히暴行홈을我監敎會에서韓國을仁道的으로敎ᄒᆞᆫ이有ᄒᆞᆯ것이며

一 日本이韓國에서任意行動홈으로米國의商權을如此히防害ᄒᆞ니利益上으로도米國이韓國을援助ᄒᆞᆯ義務가有ᄒᆞ다ᄒᆞ엿더라

雜報

●義王踏見 再昨日下午二時에 義親王殿下께옵서德壽宮에 踏見ᄒᆞ얏다더라

●宣使復命 四道宣諭使鄭寅興李舜夏吳誠晳金重煥四氏가再昨日에詣闕復命ᄒᆞ얏다더라

●명藥換金 觀象所에서進上ᄒᆞᆫ新年曆書의卷數를前年과如히刊出進上ᄒᆞ얏더니已往에頒賜ᄒᆞ시던掖庭所屬과各軍대를已爲解散ᄒᆞ얏슨즉該卷數ᄂᆞᆫ放賣ᄒᆞ야代金으로上納ᄒᆞ라ᄒᆞ신다더라

●取締方法

내部에서十三道府尹郡守에게訓勅을謄寫訓令ᄒᆞᆫ事ᄂᆞᆫ昨報에已揭ᄒᆞ얏거니와該訓令에纍從歸順者에對ᄒᆞ야取締方法을左와如히粘付발送ᄒᆞ얏더라

一 纍從으로서前非를悔悟ᄒᆞ고저ᄒᆞᄂᆞᆫ者ᄂᆞᆫ警務官署에出頭歸順케ᄒᆞᆯ事

但該所居洞々長의게歸順을申明ᄒᆞ도無妨ᄒᆞ니此와如ᄒᆞᆫ境遇에ᄂᆞᆫ동장이歸順者를同伴ᄒᆞ야警察官署에出頭ᄒᆞᆯ事

一 동장은警察官署로부터監視者를引渡함을受ᄒᆞ야歸順者의監視期間中은每月一回式其謹愼與否를警察官署에報告ᄒᆞᆯ事（監視期間은四月以上六月以下）

一 동장은歸順者를指導ᄒᆞ야職業을與ᄒᆞ고再히過誤가無ᄒᆞ도록注意ᄒᆞᆯ事

一 郡守府尹面장等에게歸順을申明ᄒᆞᄂᆞᆫ者가有ᄒᆞᆫ時ᄂᆞᆫ附近警察憲兵又ᄂᆞᆫ軍대에移交ᄒᆞᆯ事

●新任褒賞 內部에서今年度에ᄂᆞᆫ地方郡守及書記에게賞與金을頒給ᄒᆞᆫ다ᄂᆞᆫ데地方郡守ᄂᆞᆫ新任ᄒᆞᆫ지가六個月未滿者ᄂᆞᆫ勿論이더라

●住處電及 皇太子殿下隨員으로日本에前往ᄒᆞᆫ大臣과一般官吏가東京芝離宮에서 皇太子殿下를陪留ᄒᆞᄂᆞᆫ데各其本家에서書信을寄付ᄒᆞ라거든該宮으로傳信ᄒᆞ라ᄂᆞᆫ電報가日昨에到達ᄒᆞ얏다더라

●趙家風流 法相趙重應氏와警視總監丸山氏와一進會長李容九氏가往十里에出往ᄒᆞ야曉諭演說ᄒᆞᆫ事ᄂᆞᆫ已爲揭載ᄒᆞ엿거니와再昨日에該地人民等이法相趙重應氏家에持樂而來ᄒᆞ야風流가迭宕ᄒᆞ얏다더라

●完署電稟 全羅北道觀察使署理參書官尹昌鉉氏가內部에電報質稟ᄒᆞ되人民에게特下ᄒᆞ옵신 詔勅과本部訓令을각방曲에揭示만ᄒᆞᄂᆞᆫ지本官吏가躬行曉諭ᄒᆞᄂᆞᆫ지示明ᄒᆞ라ᄒᆞ얏더라

●辯護請願 從二品李秉和氏가法部에請願ᄒᆞ고辯護士를認許ᄒᆞ라ᄒᆞ얏더라

●獻民延期 昨日內部에서獻民首를奉呈ᄒᆞᆯ터이나時擾를因ᄒᆞ야黃海江原全北道獻首가尙未上來故로奉呈日字를退定ᄒᆞ얏다더라

●拘於邪紛 韓山郡稅務主事金相翼氏가該郡守를圖得ᄒᆞᆯ次로各面長의게望薦을懇請ᄒᆞᄂᆞᆫ데各面長들은稅政에拘碍ᄒᆞ야不能招却ᄒᆞ고金氏가郡守資格이可合ᄒᆞᆷ을上薦報ᄒᆞᆫ다더라

●公守請免 忠南觀察使梁在翼氏가內部로報告ᄒᆞ되公州郡守金甲淳의事實은面會盤詰ᄒᆞ온즉受賂一欵은未有確據에雖似默昧이오나刑事被告로中路接語ᄒᆞ야有所敎奮은難逃其責이오니 上奏免官ᄒᆞ라ᄒᆞ얏더라

●其書云何 礡洞普成專門學校에新任ᄒᆞᆫ任員便에서本報文壇討論을不服ᄒᆞ야무삼長札을記述ᄒᆞ야國民新報社로送寄ᄒᆞ얏다더라

●嫌於狩一 果川郡守金東鉉氏가該郡一進會員一人이義兵의게被害ᄒᆞᆫ者를躬往護葬ᄒᆞ얏더니義兵이該郡守다려一進會와符同ᄒᆞᆫ다ᄒᆞ야東軒을破碎ᄒᆞ야고該郡守ᄂᆞᆫ避身ᄒᆞ얏ᄂᆞᆫ대冠宕을遺失ᄒᆞ얏다더라

●法調斗裁 法部에서平漢兩裁以下十三道及各港市裁判所에訓令ᄒᆞ되刑法大全第百二十五條의性質에該當ᄒᆞᆫ案件을處辦ᄒᆞᆯ時에罪人의本犯이終身以上刑으로一等或二等을減輕ᄒᆞᆯ만ᄒᆞ거든宣告以前에本部에質稟ᄒᆞ야待指令處辦이妥當ᄒᆞ거ᄂᆞᆯ挽近以來로各裁判所에서此等案件을或有宣告後質稟ᄒᆞ며或有報刑後質稟者ᄒᆞ야其規不一에司法上缺點이由是而不鮮ᄒᆞᆫ지라從今以後ᄂᆞᆫ一導定條를야俾無錯誤케ᄒᆞ라ᄒᆞ얏더라

●五裁放囚 今番赦典에各裁判所의放釋秩을等因ᄒᆞ야法部에서발訓ᄒᆞ얏ᄂᆞᆫ데黃海道裁判所에ᄂᆞᆫ一百十二名忠北裁判所에ᄂᆞᆫ十四人三和港裁判所에ᄂᆞᆫ六人務安港裁判所에ᄂᆞᆫ九人全北裁判所에ᄂᆞᆫ十五人이더라

●城내虛驚 元來ᄂᆞᆫ兵이新門外에서射擊ᄒᆞ라면依例히警視廳에서각坊曲에揭示ᄒᆞ야人民의게預爲知悉케ᄒᆞᄂᆞᆫ데昨日砲放에ᄂᆞᆫ警視廳先示가無ᄒᆞ고砲聲이不意竊발ᄒᆞᄂᆞᆫ故로滿城내外人民이一時驚動ᄒᆞ얏다더라

●靑會討論 今夕七点鐘에靑年會에서討論會를開ᄒᆞ고今人智慧가勝於古人이란問題로可否便을이互相討論ᄒᆞᆫ다더라

●外和內軋 普成學校에서紛亂事件은前報에揭載ᄒᆞ엿거니와再昨日에校主李鍾浩氏와一般講師諸氏가互相爭詰ᄒᆞ야終日未決ᄒᆞ다가下午八時頃에야竟至和好ᄒᆞ얏스나내容은尙未歸正ᄒᆞ야兩便任員諸氏가各其運夜密議ᄒᆞ얏고李鍾浩氏ᄂᆞᆫ該事件에對ᄒᆞ야維持會를勿爲認許ᄒᆞ라고昨日學部에請願하얏다더라

●日兵射擊 昨日에日兵二中隊가新門外麻浦等地에出往ᄒᆞ야射擊을擧行ᄒᆞ얏다더라

●願爲三上 成均館에서司業試才ᄒᆞᆫ다ᄂᆞᆫ說은已爲報道ᄒᆞ얏거니와試才問題에對ᄒᆞ야四書三經外에法律經濟兩問題가有ᄒᆞᆫ대該儒生들이法律經濟에ᄂᆞᆫ曾未硏究ᄒᆞᆫ故로城內各法律家에借作請求가답지ᄒᆞᆫ다더라

●無犯白放 趙鳳楨이이미히警視廳에被囚ᄒᆞ얏더니再昨日에無事放免ᄒᆞ얏다더라

●叱逐日兵 十一月初九日에日兵이長湍邑에서天主敎人의鷄數首를打食ᄒᆞ얏ᄂᆞᆫ데主敎가同郡邑에到泊ᄒᆞ야日兵을招責ᄒᆞ고鷄一首에一圜式罰金을徵捧ᄒᆞ고日憲兵幾名이沙利院聖敎堂을修理ᄒᆞ고仍以留在ᄒᆞᄂᆞᆫ대主敎가叱逐ᄒᆞᆫ즉且憲兵이洞民의게修理費를懲出ᄒᆞ라ᄒᆞ거ᄂᆞᆯ지라主敎가更招憲兵ᄒᆞ야叱逐ᄒᆞ얏다더라

●又爲落成 學部학務局長尹致旿氏가海州學校落成式에往參ᄒᆞ고日昨에還來ᄒᆞ얏다더라

●妓請演社 宮內府御衣司官妓桂玉蓮花錦仙等이警視廳에請願ᄒᆞ고孤兒院經費를捐助ᄒᆞᆯ次로慈善演奏社를設立ᄒᆞ고ᄌᆞ니夜珠峴前官人俱樂部로限三日認許ᄒᆞ라ᄒᆞ얏다더라

●寄館執行 大東寄宿館은有志諸氏가合資建築ᄒᆞ야一般學生의下宿에方便케하야如有學生中學費窘絀이면食價을不徵ᄒᆞ지ᄒᆞᄂᆞᆫ邸宅基ᄒᆞ가該館의세四百圓推捧次로館長閔俊之際에起訟ᄒᆞ야缺席判決ᄒᆞ고該館을執行ᄒᆞ얏다더라

●학界競爭 觀察使李忠求氏ᄂᆞᆫ敎育에熱心ᄒᆞ야前郡守朴重陽씨時에當地市廳에서발起ᄒᆞᆫ協成學校를還城하학校內에武庫基址를添入ᄒᆞ고二層半洋屋六拾五間을建築ᄒᆞ야其工役이已過三分二인데建築及物品費八千餘元內에千餘元이不足하야方在苦心籌劃中이며維持費ᄂᆞᆫ樂育齋와養士齋와東西齋의所有田畓으로取用ᄒᆞᆯ터인데就中東西齋ᄂᆞᆫ監營吏胥의廳物이라其頑固幾個가此를對抗ᄒᆞ기爲ᄒᆞ야儒昌학校를別設ᄒᆞ고舊吏子孫을敎授ᄒᆞ나尙未完全ᄒᆞ야協成학校에妨得實多ᄒᆞ야未免爾披故로畢竟은合併後已나觀察使ᄂᆞᆫ處其反對滋擾ᄒᆞ야道儒와吏胥의二部를任其做過ᄒᆞ고內容으로ᄂᆞᆫ幾個改革派로密接商議中인ᄃᆡ彼等은日我日爾ᄒᆞ며浪費酒食ᄒᆞ니末梢完全은觀察使의게在ᄒᆞᆯ깃다더라

●靑院卒業 靑年學院에서本日下午二時에卒業式을擧行ᄒᆞᄂᆞᆫ대學大與美國總領事도來參ᄒᆞᆫ다더라

▲地方消息▼

▲北靑厚秋嶺下에ᄂᆞᆫ三水甲山北靑三郡山砲及解散兵數千名이屯聚ᄒᆞ야日本遞傳夫一名을殺害ᄒᆞ고日偵探隊三名과憲兵九名을砲殺ᄒᆞ며北靑郡守備隊長이一小隊를領率追襲ᄒᆞ다가士官一名과兵卒五名이被殺ᄒᆞ얏고惠山鎭通信이截斷되다ᄒᆞ고

▲九日丹陽郡附近에서李明相의率ᄒᆞᆫ義兵約三拾名이警察대와接戰ᄒᆞ다가退却ᄒᆞ고또李康年의部下六千名이堤川地에서警察대로交戰ᄒᆞ다가退却ᄒᆞ얏ᄂᆞᆫ데李康年部下召募將의率ᄒᆞᆫ義兵二十名이突出ᄒᆞ야交戰ᄒᆞ엿다하고

▲十二日에寧越郡金蓮洞約五十里에義兵約八拾名이日斥候로交鋒ᄒᆞ다가鐵原方面으로退去ᄒᆞ엿다하고

▲十三日未明에淮陽郡北方約廿五里許德里에서義兵拾三名과交戰ᄒᆞ얏ᄂᆞᆫ대義兵一名이殺害ᄒᆞ얏다ᄒᆞ고

▲拾四日淮陽郡에서橫行ᄒᆞᄂᆞᆫ李와金相合兩義將의率ᄒᆞᆫ義兵이日兵과交戰하다가楊口南方으로退却ᄒᆞ얏다ᄒᆞ고

▲七日伊川直洞約二拾里地点와서義兵拾五名이同郡日守備대로交戰ᄒᆞ얏ᄂᆞᆫ데死傷은未詳이라ᄒᆞ고

▲二拾日午前九時에東署電話를據ᄒᆞᆫ즉義兵朴順吉을捕縛ᄒᆞ야取調ᄒᆞᆫ즉義兵의魁首池永基씨가戰死ᄒᆞᆷ으로痛恨을不勝ᄒᆞ야國人하야城비을偵探하라다가路中에서被捉ᄒᆞ얏다ᄒᆞᆷ으로其殘黨을捕捉ᄒᆞ기爲ᄒᆞ야警官을東門外로派送ᄒᆞ얏ᄂᆞᆫ대該黨廿餘名이突出ᄒᆞ야方在戰鬪中이라더라

東京電報

二拾日발

●特使將還 韓國特派大使ᄂᆞᆫ近日歸國ᄒᆞᆯ터이라今日芝離宮에서酒饌을賜ᄒᆞ얏ᄂᆞᆫ대伏見巖宮殿下도差遣ᄒᆞ얏다더라

▲寄窓茶話▼

▲總相李完用氏가日昨統監官邸宴會에曾禰副統監을對ᄒᆞ야咽辭ᄒᆞ야日伊藤統監이歸國ᄒᆞ기前부터一層風說이激起하니此風說은卽曾禰副統監이伊藤統監과反對方針으로政治를行ᄒᆞ야우리를指導하ᄂᆞᆫ事이라우리ᄂᆞᆫ當初부터虛妄ᄒᆞᆷ으로知ᄒᆞ얏더니此風說이事實上으로因ᄒᆞ야旣히辨明됨은우리들의甚히喜悅ᄒᆞᄂᆞᆫ바이라ᄒᆞ얏스니該씨가懇懃히兩統監間에反對的으로風說을籍ᄒᆞ야謝辭ᄒᆞ니此所謂蝙蝠之行이르고

▲尹甲炳氏ᄂᆞᆫ 進會效力으로平理院檢事와秘書監丞을圖得ᄒᆞ야ᄒᆞᆫ바랑ᄉᆡᆼ리다가또今番에北間島에日兵과一進會를領率入去ᄒᆞ야何等功勞가有ᄒᆞᆫ던지咸北觀察을圖差ᄒᆞᆫ다ᄒᆞ니尹氏家中에ᄂᆞᆫ一進會發蔭이大단ᄒᆞ고

▲度支部에서洪州禮山瑞山唐津海美泰安等郡에金融組合을設立ᄒᆞ고委員을選定ᄒᆞᆫ다ᄒᆞ니湖西에枯渴ᄒᆞ던金融이인제ᄂᆞᆫ融通이될ᄂᆞᆫ지

▲國成社主務가知名官人의게贊成員標를多數히分給ᄒᆞ고去日曜日에歡邀ᄒᆞ야捐助金을强請ᄒᆞ되十圜五圜十錢으로列名書給ᄒᆞᆫ즉該社主가不滿ᄒᆞᆫ思想이有ᄒᆞ야卽席發破ᄒᆞ얏다니該社에淸歌妙舞로放蕩子弟의錢財을網羅ᄒᆞ더니또捐助를强請ᄒᆞ다가猶爲不足ᄒᆞ야風波을惹起ᄒᆞ니營業家의셔도捐助을請ᄒᆞᄂᆞᆫ規例가잇ᄂᆞᆫ지

▲由來春香傳이나趙雄傳이나ᄒᆞᄂᆞᆫ荒淫虛誕ᄒᆞᆫ諺文古談冊을閭巷間에서成風히愛讀ᄒᆞ며婦人의思想과愚夫의志慨가因此而腐敗ᄒᆞ더니有志之士들이此를慨歎ᄒᆞ야歐米列强에建國ᄒᆞ며愛國ᄒᆞ던英雄의實蹟을繙譯ᄒᆞᆫ文으로新繙발刊ᄒᆞ야婦人社界에愛覽을供ᄒᆞ니從此로愛國思想이感발ᄒᆞ고風習이改良ᄒᆞ리로다

雜報

●行路阻絶　南來人의傳說을聞호則忠南下內浦等地에서日兵이來往人을商賈外에는逢着호대로一々히脫衣搜索하고無端質問하다가或言語가先後倒錯호면即爲砲殺호는故로行路가阻絶홀지境이라더라

●申氏熱心　昌城郡昌湖學校는創立이已爲七朔에敎師는申晳永、崔延勝호야募集生徒에爭先入校에諸般經費는任員諸氏가互相出義호야大有前進之望호고其中前主事崔秉鍵劉意坤兩씨가亦無立錐之地호되室如懸磬호야難得資生인대爲念校況호고典執家券호야各以五十圜으로捐助호얏다더라

●金守鈞懇　金川郡守柳昇東씨가該郡학校을間或視察호며或勸勉호며恨歎호여日余雖敎育에熱心호되新聞에一不登載호다고一片奇言이空氣波양에飛來호기에本社에서도該守의名譽를高揚호노라

●金守勉학　金川郡守柳昇東氏가敎育에熱心호야一郡靑年의父兄을勸導호야학校를新設호고捐廩出義호난中에該郡大明學校는敎師와生徒父兄의熱心홈을見호고特加督愛호야維持方法을極爲贊成호다고西來人의傳說이有호더라

●端守不端　北來人에傳說을聞호즉端川郡守劉文卿씨는鞘特一進會勢力을호고前後行爲가不公正之홈은不啻이라被酒行狂호야訴訟호는人民을謫辱以拘子者이니打殺者이니以此兩節로終爲歸決호고戚有民議不平이며嘯之外人을호야目之以義兵으로爲一致策하니是는善良人民을驅하야義兵을作成케홈이라近日甲山北靑等地도官長이一進會만是依호고平民의게訴訟에不公홈으로死且不得而暴動이라호는데爲其他方官호야不問是非호고惟專偏黨호야使밍禍根故로端川一境도將且騷動될가人皆疑懼훈이라더라

●學校漸旺　江界郡通牛山學校가幾至廢境이러니敎師趙乃德시가敎授훈以後로學徒들이不避風雨호고熱心受敎호는故로學徒의학課程度가日就月將호야漸有希望之境이라더라

●有何法權　淸道來人의傳說을據호즉東亞開進敎育會慶北道支會長은前稅務官金丞穠氏라大書훈公函이該郡守의게來到호엿는대據淸日三國紳士가同盟設會호고伏蒙聖勅호야在京則設館以後로今已擴張인바本道各郡이無不應從호되惟獨貴郡商民이頑拒不從호니此等悖民은依法痛懲이기仰布호니張舜德金龍五兩民을即爲押送호라호엿스니該會에서有何司法權인지輿論이紛々호다더라

●昌校漸旺　金川郡助浦私立普昌學校를昨年十一月分에創設호야學徒가七十餘名에達호미進就之望이有호더니校費가窘拙하야將至廢止之境이라該郡各處旅閣主人이慨歎校況之零星호고奮發熱心호야一同會議호야每年經費를鹽穀魚鯗所食中으로出義自擔하야文校樣이漸漸興旺호고學徒가極勉業호니諸氏之熱心敎育은人皆稱頌호더라

●牧樵夜學　德川郡崔對義塾이拔出於頑固守舊之數호야許多困難을經過호고誠力所到로成立夜學校하야文化발達이恰有期望은已所報道어니와近日에更有一層好消息호니該處에樵童牧子가學生의風化를觀感호야夜학校를設立호고敎師를請得於該塾호야簡便훈課程으로熱心做去훈다더라

廣告

本人이同郡居朴海철處에鄕葉錢一萬五千兩有所當捧矣러니朴이堅請日淸道金氏門中에有封留錢호니汝往推尋호라호고金標를出給호면서金標持去樣으로佰證을要求故로果以成給領證호고往推金處則錢不封留이가還督於朴호니朴氏가稱云移錄於他處라호고尙今不報라가反以荷杖之習으로先爲學公하야紛拏於道院호야本月拾四日對卞於平院時에該領證標를以據當標라고誣供이어늘本人은以領證으로納供훈즉法官이分付於朴日後日裁判之場에該標를持來卞白호라호즉朴果納上云矣러니不意拾六日每日申報에以該標見失樣으로廣告호즉證이變爲據當을호고據當이變爲見失호니朴씨의前後凶計와變化莫測을推此可知라
密陽郡居孫基稷　告白

▲特別廣告
本社에서名帖印刷部를另設호고各樣活字와別樣紙本이俱備호오며印刷가精美호고價直도極廉호오되特別히學員과夫人의게는一層低廉호오니僉位는來臨호시와隨意請求홈
大韓每日申報社　告白

東萊府有志紳士김璟榮有暨智泰朴鉒弼김준회鄭寅祜朴汝烈諸氏가敎育에熱心호야該邑鄕校東西兩齋를一新修理호야名曰明倫학校라호고經費는各人補助金과本校原有財도存本殖利호가로預定호고現方학徒를募集호기로實布홈
明倫학校　告白

南門內公洞居康興然處에陰十一月三十日推尋次紙貨一千三百元於音一片遺失誰某拾得休紙施行
崔承玉　告白

蒙學漢文初楷
元泳義氏　찬輯
柳瑾　張志淵兩氏　校閱
全一冊八十餘頁正價金卄錢
▲本書는初等小學科에專用호기爲호야國漢文으로二百十三課에分호야文理에適當케찬輯훈者ㅣ니蒙학漢文敎科書에最適當훈者라稱홈
發售處
大廣橋東邊　회東書舘
罷朝橋越邊　中央書舘
鍾路　大東書市
布병下　廣학書舖

昨日新報廣告中臨陂郡欄內에稅務官金炳吉之金字은以崔字로改正호고稅務主事崔學權의崔字은以김字로改正홈
李容休　白

金철濟는本人族姪이오金東周는철濟長姪也而東周가浮蕩호야其祖母의訴狀을僞造호야철濟을搆誣泰安郡이다가僞跡綻露後與祖母來京호야철濟의家產을將謀傾覆호니本人이爲其門長호야不可泯默이기玆廣布호오니內外國人은切勿見欺홈
門長金商說　告白

東萊府尹署理崔應氏가公私立學校에勤道務학호며鄕校에明倫學校를刱立호기爲호야김三丁圓을補助호니多士振興에當塲募金이至爲六七拾圓이고書院重修에金十圓을補助호며短杖龐鞋로躬察民隱호니大小諸民이無不感激호야將有興起之望이옵기玆에廣佈홈
校長　鄭寅祜
監督　金駿회　朴銓弼

本人에草家三間半家券셔失故玆以仰佈誰某拾得休紙施行
南署葛於里六統八戶　김泳培　白

本校는初無請捐이온대何許無賴輩가稱本校學校學徒호고請捐于각處云호야方今查實中이온즉僉尊은切勿見欺호시옴
私立普光學校　告白

密陽居朴海徹과同郡孫基稷이가淸道栢谷金氏許推債時에孫氏가金債를推捧호는樣으로박氏에게成給훈標紙를朴內從行囊에竊호엿다가寺洞旅舘에서日前見失호엿스오니誰某拾得호와도休紙施行호시요
密陽益學權　告白

本校에서尋常小學科를自一學年으로三學年々지左開科程을敎授호는바敎育에注意하시는僉員은幼年學徒를連續入학케하심을敬要
學科　國漢文　東國史略
幼年必讀　算術
習字　修身
體操
淸州郡東州內
私立尋常小학校　告白

本人의四從姪鍾奉相競이가爲浮浪人誘引호야不告父母而擅出外호야出沒京鄕에內外國人許에日事出債호대與居間人으로折半分用爲料而其父兄之田土와先塋之檢養을私自放券호야典執出債云々호니相競之浮虛昧見은已無擧論이어니와居間人與給債人도誘引勸導者無非酒色雜技場之所爲라亦不無陷人於不測之罪矣러니從今以後로는無論內外國人호고雖一兩錢이라도惠勿給債홈
慶北金山鳳溪居曹憲永　告白

●第二回學員募集廣告
本校에서設立一年에職員의熱心과學員의勤勉으로成績이頗好훈바自一年級은二年級으로昇差하고一年級을新募호오니願學人은本校에隨期來臨하야請願호고左開日字에應試호되學科及規則은本校에來問事홈　但敎授時間은自午后六時至午后拾時
試驗科目　國漢文　讀書　作文　算術　(四則雜題)
試驗日字　陽來年一月四日
西署太平洞四拾八統拾戶
私立廣信商業學校　告白

韓國皇太子殿下씌읍셔日本에遊學호십은진실로千載의盛擧ㅣ라從此로韓國의文明이急速히進步홀지니韓國을爲호야慶賀호바ㅣ요明年一月一日은韓國大皇帝陛下의即位호신後第一新年이니韓國을紀念홀만훈大慶節이로다如此大慶節을際호야本社는祝意를表호기爲호야左開훈方法으로히뇌비(鋒票)의空匣을換給코저호오니大方諸彦은微意를贊助호심을望홈
一　日本政府製造히뇌비(鋒票)의空匣拾匣을持來호시면뇌비一匣을進呈홈
一　交換은京城仁川及附近小賣店에서行홈
一　交換時期는陽曆本年拾二月五日(陰十一月一日)부터明年一月三日(陰拾二月一七日)々지로定홈
東亞烟草會社　白

●大韓新發明藥
●本堂에서多年研究호旅行家에四時로須貯홀만훈一種藥을발明호오니名曰淸心保命丹이라如左훈效能은本堂에서保證호오니僉君子는試驗홈을望
●陸軍軍醫金守鉉君實驗方劑
●陸軍軍醫張基茂君試効證明

消化新藥　淸心保命丹

●大韓國仁川港杻峴
本舖　濟生堂

●主治効能
●痰飮　●食滯　●中暑中寒
●咳嗽　●腹痛　●不土不服
●氣鬱　●吐瀉　●船車眩暈
●食傷　●酒醉　●口熱惡臭
▲其他諸般運氣癘疫預方妙藥
發行人　仁川港杻峴　濟生堂　李庚鳳

代理及特約所
京城鍾路　共愛堂藥房
京城梨峴　慈惠藥房
同　府同　金信華洋藥局
同　南門外　盧德亭冊肆
同　[illegible]　濟衆藥院
仁川內洞　韓[illegible]
開城南門內　和平局
同　忠橋　朴圭恒
水原鍾路下　具聖模
海州宗路　金濟元藥局
同　宗路　元香盛
延安邑內　宋眼孝
江華鍾路　宋汝文
同　邑西門外　宋順東
長淵南門內　高永根
鳳山沙利院場內　崔載淳
全　박健昌
全　任允中
黃州南門내紅門洞　耶蘇敎堂內　李在[illegible]
平壤雙巨里　李東[illegible]
全　韓[illegible]藥舖
全　[illegible]藥舖
全　文武洞　[illegible]
全　檀君殿　[illegible]
全　里門　[illegible]
鎭南浦　[illegible]
信川邑ㄴ四里　金元藥舖
載山港[illegible]洞　朴晩俊
京南大門外　金斗鉉
三水郡仲坪場巨里　大同運輸會社
[illegible]客主內　宋君八
此外에도現今時代에문明각國新발明有名각種靈藥이俱備호게有홈

廣告

◉電車賃金廣告

陽曆明年一月一日로爲始ᄒᆞ야本社車票法을勿施ᄒᆞ고賃金新貨五전을左開ᄒᆞᆫ距里間에셔領受ᄒᆞᆷ

龍山線 鍾路南大門外京仁鐵道交叉点間 新貨五錢
南大門外京仁鐵道交叉点龍山間 仝五錢
麻浦線 西大門孔德里間 仝五錢
孔德里麻浦間 仝五錢
中央線 東大門西大門間 仝五錢
洪陵線 東大門淸凉里間 仝五전

賃金은乘車後에掌車手에게給與ᄒᆞᆯ事

陽曆本年十二月三十一日後에ᄂᆞᆫ車票賣買를勿施ᄒᆞ고車票를或持來ᄒᆞ시ᄂᆞᆫ君子가有ᄒᆞ면掌車手가賃金五錢代舊票二枚를或領受ᄒᆞ고陽曆明年二月一日前에已往買置ᄒᆞ얏든車票를本社鍾路事務所로持來하시면本價額을還償ᄒᆞᆷ

韓美電氣會社 告白

▲特別廣告

本社에셔活版機具를更加完備ᄒᆞ고印刷營業을開始ᄒᆞ오니各種書籍을印刷코져ᄒᆞ시ᄂᆞᆫ 僉位ᄂᆞᆫ來議ᄒᆞ시오

中署漢城磚洞 普成社 告白

北署安國坊,安洞契第十二統五戶草家四間半을文券中間소失故로玆以仰告ᄒᆞ오니內外國人知悉ᄒᆞᆷ 趙用舜 告白

大抵他邦에入口貨만用ᄒᆞᄂᆞᆫ國이貧弱ᄒᆞᆷ은現世界通義어ᄂᆞᆯ今我國은日用事物을無論巨細ᄒᆞ고外國을依賴ᄒᆞ니곳捲烟一物로言ᄒᆞ야도絶好ᄒᆞᆫ本土所産은捨ᄒᆞ고價高ᄒᆞᆫ外國品을購用ᄒᆞᄂᆞᆫ지라此事를歎惜ᄒᆞᆫ지多年에造烟法을學得ᄒᆞ고谷山草中極上品을選精ᄒᆞ야起工造就ᄒᆞ고名ᄒᆞ며曰谷香이라ᄒᆞ니其産地를證明ᄒᆞᆷ이오現今製成ᄒᆞᆫ者ㅣ數千万枝에氣味가醇美ᄒᆞ고瑞烟이芬馥ᄒᆞ야飯後酒酣에消興을益助ᄒᆞ니곳西烟을凌駕ᄒᆞᆯ것이오또價額이廉歇ᄒᆞ야消儉世家와寒士窮儒라도經濟上에浪費ᄒᆞᄂᆞᆫ弊가少ᄒᆞᆯ지라然則本社에利益은無ᄒᆞ나大抵意ᄒᆞᆷ은此業을經營ᄒᆞᆫ者ㅣ니故로幾年間損害ᄂᆞᆫ不顧하오니 僉君子ᄂᆞᆫ照諒購買ᄒᆞ심을望ᄒᆞᆷ

漢城谷香合資會社 告白

●特別廣告

國債報償志願金總合所에셔 洞普成館內期成會의義金受入 文簿를調査ᄒᆞ랴다總會主務與 業[?]等이僞詐不現ᄒᆞ고義金 額[?]가明ᄒᆞᆫ所致로領證調査廣 告도已有ᄒᆞ엿거니와方將特 證物ᄒᆞ고交涉宜處ᄒᆞᆯ者로又此布 告ᄒᆞ오니全國同胞之深覆ᄒᆞ시 [illegible]

大韓每日申報社內總合所 告

●教育學

譯述 兪光玉 / 校閱 朴殷植 / 定價金卄五錢

此書ᄂᆞᆫ教科書排列과教授法則과訓鍊制度가詳細備載ᄒᆞ야一般教育者의寶鑑이될터오니有志僉君子ᄂᆞᆫ速速購覽ᄒᆞ심敬要

發賣所 京布屛下書舖 金相萬 / 平壤貨洞 耶蘇教書院 / 安岳邑 勉學書會

中等萬國新地志

正一品大勳閔泳徽閣下序 / 篤齋先生安鍾和序 / 臨瀛后人金鴻卿編纂 / 韋菴先生張志淵校閱幷序 / 石濃先生 謹跋

此書ᄂᆞᆫ中等學校教科와普通新智識을研究ᄒᆞ시ᄂᆞᆫ人士를爲ᄒᆞ야精撰ᄒᆞᆫ者ㅣ라近來我國의教科書籍中에萬國地志도亦不爲不備나然이나其地名人名이每從其音ᄒᆞ야日語而譯刊ᄒᆞ야因其文字語音의互異ᄒᆞᆷ으로轉生訛誤ᄒᆞᆷ이頗多ᄒᆞ미編者ㅣ以是爲病ᄒᆞ야各히其國의名稱을隨ᄒᆞ야以國文으로譯出ᄒᆞ야其眞面을不失ᄒᆞ며且簡易ᄒᆞ고明便케ᄒᆞ야開卷一讀에戶庭을不出ᄒᆞ고能히各國의位置風土物産政治沿革等을周知ᄒᆞᆷ에此書에莫過ᄒᆞᆷ

發兌元 中署布屛下廣學書舖 金相萬

發賣所 南門內尙洞 博文書館 / 安동 安峴書館 / 鍾路 大東書市 / 銅峴 博文書館 / 동口越便 中央書館 / 寺동 漢陽書館 / 鍾路 古今書海館 / 廣橋 匯東書館 / 各地方 有名書市

▲定期大廉賣廣告▼ 自十一月十五日 至十二月廿五日

獨習日語正則

鄭雲復 著 特別減價一圜 郵稅拾錢

此日語正則은自天文地理로至農商工業諸般學術及人事百般에緊要ᄒᆞᆫ語句를網羅하야正確ᄒᆞᆫ音과簡明ᄒᆞᆫ飜譯으로編纂ᄒᆞ야獨習에가장便利ᄒᆞᆫ故로出版ᄒᆞᆫ지未久에千餘部를出售ᄒᆞ옵고再版의期가在邇ᄒᆞᆫ지라이에自本月十五日로十二月二十五日ᄭᆞ지定價一圜二十五錢에二拾五錢을減ᄒᆞ옵고一圜에出售ᄒᆞ와一般學界의便益를裨補코ᄌᆞᄒᆞ옵ᄂᆞᆫ바部數와日字외定限이잇ᄉᆞ오니江湖僉 子ᄂᆞᆫ爭先購覽ᄒᆞ시옵

(十二月二十五日以後에ᄂᆞᆫ定價外에一分不減ᄒᆞᆷ)

京城中署布屛下三十七統六戶 廣學書舖 金相萬 告白

일본정부제묘연초

한국일수방매
동아연초쥬식회샤
경셩명동

◉米國製邦補益藥水 四百瓶新到大瓶定價金三圜

◉德國製起陽丸 三十日分服 定價金十五圜

◉米國大학醫院處方 醫學校長勳五等池錫永氏 製藥鑑査人濟衆院醫學員

有効證明 洪[illegible]厚 [illegible]惠 李觀化

商標

食思振起 體力活潑 補益丸

定價表 拾日分服三十個入 金一圜 / 二十日分服六十個入 金一圜七拾五錢 / 三十日分服九十個入 金二圜五拾錢

此藥에主治効能用法은在於藥封나ᄒᆞ오니第一老弱男女에偉効가有ᄒᆞ고勞心勞腦ᄒᆞ시ᄂᆞᆫ司法官吏와敎師와銀行會社員과學生과坐店商人과多産ᄒᆞᆫ婦人에氣血不足으로生ᄒᆞᆫ陰陽俱虛症과健忘症과貧血症과手足厥冷과頭痛과腰痛이잇ᄂᆞᆫ各病에靈効가有ᄒᆞ고難病人이라도此藥을每日朝午夕食後二次에一丸式淸水呑下ᄒᆞ시면身體가强壯ᄒᆞ고精神이活潑ᄒᆞ고飮食이倍消ᄒᆞ고百病을預防하ᄂᆞᆫ最奇世靈藥이라男女勿論ᄒᆞ고拾五歲以上으로晩年에至ᄒᆞᆫ間에諸般原因으로虛弱에用ᄒᆞ나니即發育不良之致로滿期에陰通치못ᄒᆞ거나女子에經度가始作지아니ᄒᆞ거나經度不足或閉止ᄒᆞᄂᆞᆫ데와房事過度之致로精血이虧損ᄒᆞ거나房事時에陰萎而不起ᄒᆞ거나精門이衰ᄒᆞ야諸症과金鷄蠟에不治되ᄂᆞᆫ痼疾과潮熱과虛一脫失氣ᄒᆞᆫ久病人이速히蘇完되오니男女間病之深淺을從ᄒᆞ야一二劑至三四劑만連服ᄒᆞ시면大効가有ᄒᆞᆷ기로保證ᄒᆞᆷ

◉製造本舖 漢城鍾路萬國基督敎靑年會館前 慈惠藥房

●靈効痔瘡丸 一日分定價金拾錢 此藥은大人小兒長痔와初痔에服用ᄒᆞ면更不再發

●蛔虫丸 一日分定價金拾錢 此藥은大人小兒蛔積과蛔虫의二三日服用ᄒᆞ면蛔虫을殺出ᄒᆞᄂᆞᆫ妙藥

●四時感氣丸 一日分定價金拾錢 此藥은感氣몸살의ᄯᅢᄂᆞᆫ藥인대一二日連服ᄒᆞ면頭痛解熱

●男女痲疾그근ᄒᆞᄂᆞᆫ약 定價金五錢 此藥은痲疾외一期二期勿論ᄒᆞ고그근ᄒᆞ도록약을쥬오

●獨逸國淋疾丸 七日分定價金一圜四拾錢 此藥은男女淋疾勿論ᄒᆞ고速效가잇셔用藥之日로殺菌止痛ᄒᆞ고利尿止濃

●淸涼眼藥 一日分定價金拾錢 此藥은火眼熱眼의多有奇効

●鎭咳嗽藥 五日分定價金三拾錢 此藥은拾五歲以上人에게用ᄒᆞᄂᆞᆫ藥인ᄃᆡ四時尋常性咳嗽에有効ᄒᆞ고特히老人哽咳에偉効

●無腥臭疥瘡藥 定價金四拾錢 此藥은疥瘡虫을滅殺ᄒᆞᄂᆞᆫ약

●寸虫藥 定價金三拾錢 此藥은有鉤寸虫無鉤寸虫을皆殺ᄒᆞᆷ

●米國上海香藥 定價金二拾五전 此약은冬春間皮膚病에奇効

●淸國膏藥 定價金卅錢 此약은肩臂痛脚腿腰膝酸痛에神効

●斷酒약 定價金三圜卄錢 此약은西洋셔도信用ᄒᆞ고日本셔도信用

●漢城百應膏 一封의定價金拾錢 此약은醫士李信友氏方文으로製ᄒᆞᆫ약인ᄃᆡ명올리삭히ᄂᆞᆫ데第一神効ᄒᆞ고各項腫에去根合瘡ᄒᆞᄂᆞᆫ대便利ᄒᆞ고神速ᄒᆞ오

●止足汗 [illegible]定價金武拾錢

●本人等이濟衆院醫學員으로米國大學醫院處方으로鑑査製ᄒᆞ고其他內外國間大奇効ᄒᆞᆫ약品을買來ᄒᆞ야英文日文德文에用法廣告을我國文으로飜譯ᄒᆞ야紙匣에도入ᄒᆞ고琉璃瓶에도入ᄒᆞ고洋鐵匣에도入ᄒᆞ야隣國의藥規則을依ᄒᆞ야全國內地各藥局에都賣코ᄌᆞᄒᆞ오니同業兄弟게서本藥房代理支店으로有意ᄒᆞ시거든편지ᄒᆞ시오

西藥便方 全 定價金壹圜 郵稅十錢

此冊은漢城濟衆院藥方文을我國文으로아라보기쉽게飜譯ᄒᆞᆫ冊인ᄃᆡ京鄕各藥局에貨泉이될만ᄒᆞᆫ一代神方冊이요

一般事務를倍前擴張ᄒᆞ고迅速懇篤히處理ᄒᆞᆷ

辯護士 尹邦鉉 / 辯護士 太明식 / 辯護士 李容相

中署許병(신젼병문)八統二戶 聯合法律事務所

本人이鑛物에上品雲母(俗謂石鱗)을多數買收코ᄌᆞᄒᆞ오니願賣ᄒᆞ시ᄂᆞᆫ人이有ᄒᆞ거나或此物出産處를知ᄒᆞ시ᄂᆞᆫ이有ᄒᆞ거든本人에게로通奇指示ᄒᆞ심을爲伏望

仁川廣昌洋行內 文明鎭 告白

●本社廣告

○申報價

一張代金 新貨二錢五厘
一個月前納 三十錢
三個月 九十錢
六個月 一圜七十錢
一個年 三圜四十錢
郵稅一張 新貨五厘
一個月 十二錢

○廣告料

四號活字二十二字[?]
每日每行一寸에新貨拾錢
(每日每行에[illegible])
二週日에 二圜五十錢
每日每行四[illegible]
一箇月에 五圜
(每日每行四錢一厘에相當ᄒᆞᆷ)
其期限外及短期와字行의多寡를依ᄒᆞ야細議ᄒᆞᆷ이有ᄒᆞᆷ

發行兼編輯人英國人 裴說
發行所 南署石井洞號外池三層洋屋家 大韓每日申報社

第五卷 大韓每日申報 第六百九十三號

月曜及慶節
歲時日休刊

檀君開國四千二百四十年
箕子元年三千二十九年
大韓開國五百十六年
日本明治四十年
淸國光緖三十三年
陰曆丁未十一月大十八日乙巳

論說

●大韓新聞魔記者아一覽

讀保護條約에對ᄒᆞ야曰此가國家를爲홈이라ᄒᆞ며此가我々生靈을保홈이라ᄒᆞ며此가進步의術途를希望홈이라ᄒᆞ며日本이我國을保護홈이多幸々々ᄒᆞ다云々ᄒᆞᆫ數句語에至ᄒᆞ야ᄂᆞᆫ本記者ㅣ放聲太息홈을不覺ᄒᆞ노니

嗚呼라本記者가韓國에來留ᄒᆞᆫ지于玆數年이라地圖를披覽ᄒᆞᆫ則三千里山河가金甌又치圓圓ᄒᆞ며歷史를仰讀ᄒᆞᆫ則四千載基業이磐石又치安固ᄒᆞ얏고人才를觀ᄒᆞᆫ則聰慧悟穎異ᄒᆞ며風俗을察ᄒᆞᆫ則敎化溫柔ᄒᆞ고前世以來로偉人哲士가史牒에不絕ᄒᆞ며金銀銅鐵과米穀麻布等의天産物도豐富ᄒᆞ니此二千萬神聖民族으로如此ᄒᆞᆫ土地를據有ᄒᆞ얏ᄂᆞᆫ대國勢가何故로此에至ᄒᆞ얏나뇨ᄒᆞ며仰思俯念ᄒᆞ야原因을探究ᄒᆞ되至今々지說不得ᄒᆞᆫ者이러니今乃大韓新聞者의所論을觀ᄒᆞ니韓國時勢의乎此가固宜로다

保護란者ᄂᆞᆫ國家의段慘厄이오羈絆이란者ᄂᆞᆫ民族의大苦痛이니設令保護羈絆을被ᄒᆞᆫ以後에保護者가敢保護를爲ᄒᆞ야貢金으로其垣墻을環築ᄒᆞ며白玉으로其門閥을粧飾ᄒᆞ야錦繡로其身을煖케ᄒᆞ며粱肉으로其口에適케ᄒᆞ더라도人性이稍有ᄒᆞᆫ者면眼淚가滂ᄒᆞᆯ日이無ᄒᆞ고血을吐ᄒᆞ며腦를費ᄒᆞ야我가何時에나此羈絆을脫出ᄒᆞᆯ가ᄒᆞ야忘寢廢食ᄒᆞᄂᆞᆫ境遇에至ᄒᆞ리니何故오曰自由者ᄂᆞᆫ人의生命이어ᄂᆞᆯ自由를失ᄒᆞᆫ我ᄂᆞᆫ言論도任意치못ᄒᆞ며身體도活動치못ᄒᆞ고彼가金玉ᄀᆞᆺ흔我의게與ᄒᆞ마我不欲이라도不能不受며彼가果餅으로我의게投하매我가不肯ᄒᆞᆯ라도不能不食ᄒᆞ니然則將來에金玉이絕ᄒᆞ고刀劍이來ᄒᆞ며果餅이盡ᄒᆞ고毒藥이至ᄒᆞ더라도受홀而已며食홀而已니噫乎라我貴我賤이不在我라在彼며我生我死가不在我다在彼니外觀으로ᄂᆞᆫ雖如何安樂을得ᄒᆞᆯ지라도一點靈魂이苦痛을不堪ᄒᆞ라况其外觀보더安樂키ᄂᆞᆫ決無之理라然則保護悲境에處在ᄒᆞᆫ者가當論權을失ᄒᆞᆫ故로一歌一哭에其聲을快放치ᄂᆞᆫ못ᄒᆞ며一言一字에其恨을直寫치ᄂᆞᆫ못ᄒᆞᆯ지나必其數夜一念이獨立自由에在ᄒᆞ야滋筆의婦情과草間의野老悲로新羅의庾信이石窟中에祈禱하듯홀지어ᄂᆞᆯ

今에大韓新聞의精神을觀ᄒᆞ건된保護를歌ᄒᆞ며保護를祝ᄒᆞ며保護를讚ᄒᆞ며隨ᄒᆞ며歡迎ᄒᆞ야設或千無萬無의理外事로日本이保護條約을即撤還ᄒᆞ다ᄒᆞ면大韓新聞記者ᄂᆞᆫ且驚且憂ᄒᆞ며且啼且泣ᄒᆞ야凝娥가情郞을惜別홈에揮淚不住ᄒᆞ며孺子가慈母를忍離홈에牽衣不放ᄒᆞ듯시徘徊惆悵의懷로顧留狀을上呈ᄒᆞ리니嗚呼라此人也ㅣ乃是筆을執ᄒᆞ야全國文明을開導ᄒᆞ라ᄂᆞᆫ新聞記者인가

此等人이有ᄒᆞ고야韓國이保護를不被ᄒᆞ라ᄒᆞᆯ들得乎며此等人이有ᄒᆞ고야韓人이羈絆을不受ᄒᆞ라ᄒᆞᆯ들得乎며下等社會에此等人이有ᄒᆞ더라도其國이滅되기를難望이어던況乎上等社會에坐ᄒᆞ야新聞家라稱ᄒᆞᄂᆞᆫ者中에此等人이有ᄒᆞ니韓國來頭를爲ᄒᆞ야寔로寒心ᄒᆞ도다

肥阿ᄂᆞᆫ燒盡ᄒᆞ야도鷄林臣이라絕叫ᄒᆞ던朴堤上과手足을斷盡ᄒᆞ야도高麗人이라大呼ᄒᆞ던鄭兆가皆韓人의祖先인즉韓人의不屈ᄒᆞᄂᆞᆫ性質이元來如此ᄒᆞ거ᄂᆞᆯ今日에如彼喪魂失魄之徒ᄂᆞᆫ何天에셔落來ᄒᆞᆫ種子인가

彼가本記者의日本을崇拜치아니홈과現政府를詔頌치아니홈으로義兵煽動者라擬謗ᄒᆞ얏스나本記者ᄂᆞᆫ英人이라韓國에來ᄒᆞ야報館에筆을執ᄒᆞ얏슨즉日本을排斥與崇拜가皆不可오現政府를嫉視與贊揚이皆不可이기但只公心公舌로就事論事ᄒᆞ야是曰是라ᄒᆞ며非曰非라ᄒᆞᆯ而已어ᄂᆞᆯ彼가此를嫌惡ᄒᆞ야一筆妄斷曰英人裴說이無罪ᄒᆞᆫ政府大臣을五賊이니七賊이니ᄒᆞ야官民間에惡感情을釀成홈으로義兵이起라ᄒᆞ얏스니噫라五賊七賊이果是本記者의筆로自出ᄒᆞ얏ᄂᆞᆫ가假令本記者의筆로出ᄒᆞ얏다ᄒᆞ더라도韓國同胞도是非黑白을亦能自擇ᄒᆞᆯ지어ᄂᆞᆯ剛直溫和ᄒᆞᆫ政府大臣을八道人民이ᄒᆞ야賊으로當認ᄒᆞ리오本記者以上攻擊홈은足히深辨ᄒᆞᆯ것이無ᄒᆞ거니와

大抵韓國內에許多ᄒᆞᆫ新聞中에ᄂᆞᆫ民大韓이代表가有ᄒᆞ야因爲譴說을日日唱和ᄒᆞ니此亦韓國同胞의一大不幸ᄒᆞᆫ事이로ᄃᆞ

完

官報

布達 續

第十二條 宮內官吏ᄂᆞᆫ職務上未발ᄒᆞᆫ문書或其내容을關係人의게漏示홈을得지못홈

第十三條 宮內官吏ᄂᆞᆫ宮內府大臣의許可를不得ᄒᆞ야職務를擅離홈과執務上住地를擅離홈을得지못홈

宮內官吏ᄂᆞᆫ公務와疾病이나居喪ᄒᆞᆫ境遇를除ᄒᆞᆫ外에ᄂᆞᆫ規定時間에仕進執務ᄒᆞᆯ지니但不得已ᄒᆞᆫ事故가有ᄒᆞ야特히本屬長官의許可를得ᄒᆞᆫ者ᄂᆞᆫ此限에不在홈

第十四條 宮內官吏ᄂᆞᆫ隱密히官職을周旋ᄒᆞ거나或自己와他人을爲홈을不問ᄒᆞ고猥勸와請託事의運動홈을得지못홈

第十五條 宮內官吏ᄂᆞᆫ營業會社의社長社員或其使用人되믈得지못홈

第十六條 宮內官吏ᄂᆞᆫ其職務에關ᄒᆞ야如何ᄒᆞᆫ名義로써ᄒᆞ든지直接間接을不問ᄒᆞ고他人의贈遺를受홈을得지못홈

外國君主或外國政府로서贈與ᄒᆞᄂᆞᆫ勳章、記章、榮賜、俸給及贈遺等을受홈은 勅許를經홈을要홈

第十七條 宮內官吏ᄂᆞᆫ自己職務에直接關係가有ᄒᆞᆫ私人이나會社或役員의게饗應을受치못홈

第十八條 宮內官吏ᄂᆞᆫ職務內外를不問ᄒᆞ고其下僚의贈遺를受홈을得지못홈

第十九條 宮內官吏와其家族은宮內府大臣의許可를得ᄒᆞᆷ이아니면商業을營爲치못홈

第二十條 宮內官吏ᄂᆞᆫ宮內府大臣의許可를得홈이아니면本職外에俸給이나報酬를得ᄒᆞ야他事務를得지못홈

第二十一條 宮內官吏ᄂᆞᆫ許可업시聚斂과乘舘賦를無賃으로受ᄒᆞ거나或相當ᄒᆞᆫ價格을不給ᄒᆞ고人民의物件과勞力을徵收홈을得지못홈

第二十二條 宮內官吏ᄂᆞᆫ各自其分限을守ᄒᆞ야奢侈를戒ᄒᆞ고其分限에不相應ᄒᆞᆫ債務를負ᄒᆞᆫ如ᄒᆞᆫ事가有홈은不可홈

第二十三條 宮내官吏ᄂᆞᆫ각自誠意로써和衷協同ᄒᆞ고隱密히私黨을樹立ᄒᆞ야互相排擠ᄒᆞ거나或浮說流言을放ᄒᆞ야他人을中傷誹謗홈과如ᄒᆞᆫ所爲가有홈은不可홈

第廿四條 宮內官吏ᄂᆞᆫ각自儀容을端正히ᄒᆞ야操行을謹愼ᄒᆞᆯ지니威嚴과信用을失墜홀과如ᄒᆞᆫ所爲가有홈은不可홈

第二十五條 宮內官吏ᄂᆞᆫ恒常衛生에注意ᄒᆞ야淸潔을守ᄒᆞᆷ이可홀지니其內廷에奉仕ᄒᆞᄂᆞᆫ者에在ᄒᆞ야ᄂᆞᆫ特別히惡疫豫防에留意戒愼홈을要홈

未完

外報

●廣西匪徒解散 華盛頓電을據ᄒᆞᆫ則淸國에서匪徒의게占領된廣西省鎭南關의砲臺二壘ᄂᆞᆫ二夜의戰爭에回復ᄒᆞ고匪徒千餘人이安南地方으로退却ᄒᆞ얏다더라

●淸人罷怨 奉天電을據ᄒᆞᆫ則法庫門에서淸兵數十名이日本商店에亂入ᄒᆞ야亦通譯官及巡査의게對ᄒᆞ야暴行을加ᄒᆞ얏다ᄂᆞᆫ急報가達홈으로由ᄒᆞ야領事加藤氏가同地에駐在ᄒᆞᆫ醫官에對ᄒᆞ야嚴重히談判ᄒᆞ라고訓令ᄒᆞ얏다더라

●露國의抗議 大連關을據ᄒᆞᆫ則淸國이已往露國에對ᄒᆞ야齊々哈爾와海浦間에鐵道敷設權을許容홈을不顧ᄒᆞ고近近兩港間에鐵道敷設을自家가着手ᄒᆞᆫᄂᆞᆫ故로露國이此를抗議ᄒᆞ얏더라

●東三省財政窮乏 倫敦電을據ᄒᆞᆫ則徐總督이東三省의財政의窮乏이極度에至홈으로由하야北京政府에依ᄒᆞ야度支部에補助金을至急附送ᄒᆞᆯ旨로電請이來ᄒᆞ얏다더라

●波斯와英露 路透通信社의探聞ᄒᆞᆫ바를據ᄒᆞᆫ則波斯에서政治上의大動搖가起ᄒᆞᆫ다ᄂᆞᆫ急報를接ᄒᆞᆫ結果로英露兩國은目下同國의形勢를鎭靜에歸케ᄒᆞ기로協力中이라더라

雜報

●敎師叙任 本月十五日下午三時에西江耶穌敎堂에서英國哲學博士趙元時씨와牧師윤이암과崔炳憲兩씨가洗禮와入敎禮를行ᄒᆞ엿ᄂᆞᆫ데洗禮人이二十七人이오入敎人이三十一人이라더라

●維持開會 大東寄宿舘에서寄宿ᄒᆞᄂᆞᆫ諸學員들이該舘을維持ᄒᆞ기爲ᄒᆞ야本日에維持會를開ᄒᆞ고維持方針을硏究ᄒᆞᆫ다더라

●探問普校 普成학校事件으로玄采氏가學部시의게輕先歐打ᄒᆞᆫ事가有ᄒᆞ던지學部에셔該學校에委員을送ᄒᆞ야探問ᄒᆞ얏다더라

●兩囚致斃 忠南警務署에在因役終身罪人鄭敬三及未決囚池永甫二名이本月ㄱ八日에俱以病斃ᄒᆞ얏다더라

雜報

●圜丘動駕 大皇帝陛下띄옵셔本日圜丘壇에動駕ᄒᆞ신다더라

●大臣과次官歲饌 皇后陛下띄옵셔各大臣의게歲饌을下賜ᄒᆞ신다ᄒᆞᆷ은已爲報道ᄒᆞ얏거니와追聞ᄒᆞᆫ則各部大臣及次官의게ᄂᆞᆫ각一千圜式이라더라

●夫人歲饌 昨日下午一時에宗室夫人과各部大臣夫人의게歲饌을下賜ᄒᆞ옵시ᄂᆞᆫ되每人의게五百圜과金指環一件式頒賜ᄒᆞ셧다더라

●東宮還御說 皇太子殿下계셔陽曆一月너로還國ᄒᆞ신다ᄂᆞᆫ說이有ᄒᆞ더라

●義王詣闕 義親王殿下띄옵셔再昨日下午一時에太皇帝陛下계陛見ᄒᆞ고下午四時에退闕ᄒᆞ얏다더라

○曾彌陛見 昨日午前에曾彌統監代理가第拾二旅團長鎭海灣永興灣兩處要塞司令官以下海軍將官諸시를帶同陛見ᄒᆞ엿더라

●歲後延奏 今番郡守奏本을奏裁頒布ᄒᆞᆫ後에再次奏本은陽曆歲後에奉呈ᄒᆞᆫ다더라

●宣諭使復命 昨日下午二時에同還宣諭使諸氏가陛見ᄒᆞ엿다함은昨報에已揭어니와該諸氏ᄂᆞᆫ各地方에騷擾ᄒᆞᆫ情形과被燒被害ᄒᆞᆫ人民의慘狀을一一奏達ᄒᆞ엿다더라

●及第請敍 學部大臣李載崑氏가內閣에請議ᄒᆞ되文官銓考所及第生을今番官制에ᄂᆞᆫ擧皆敍任ᄒᆞᄌᆞᄒᆞ얏다더라

●同意未還 今番郡守奏本은統監府에同意表를越交ᄒᆞ얏ᄂᆞᆫ되命不還來ᄒᆞᆷ으로頒佈가延拖된다더라

●不成不歸 宮內大臣李允用氏가日本에前往時에總理李完用씨가緊托ᄒᆞ되韓日協約의成效가匪我有誰오近日政府變更之說이盛行ᄒᆞ니日皇과日本政府에到底說明ᄒᆞ야雖有管葛이라도不可代任之意로期於力圖ᄒᆞ되事如不合이면不如不歸라ᄒᆞ얏다더라

●法大訪問 法部大臣趙重應시ᄂᆞᆫ再昨日下午六時에醫院總監丸山重俊시를私邸로訪問ᄒᆞ얏다더라

●長谷宴會 長谷川대將이再昨日下午七時에大觀亭에서晩餐會를設ᄒᆞ고總理大臣以下各部大臣과ᄂᆡ外國高等官을請邀宴待ᄒᆞ얏다더라

●趙시訪問 前宮ᄂᆡ府特進官趙희淵시ᄂᆞᆫ再昨日上午拾時에ᄂᆡ部大臣任善準시私邸의往訪ᄒᆞ고數時間을談話ᄒᆞ얏다더라

●五守請任 長湍同福求禮珍島海南等郡郡守를不日敍任ᄒᆞ라고全南觀察使가ᄂᆡ部로報告ᄒᆞ얏더라

●嚴氏停行 前韓장嚴俊源씨가日本에前往ᄒᆞᆫ다더니有何事端인지姑爲停止ᄒᆞ얏다더라

●歸國裏由 法部次官倉富勇三郞시가日間歸國ᄒᆞᆫ다ᄂᆞᆫ대其理由인즉該部及各裁判所의職員을聘備ᄒᆞᆫ事이라더라

●旅費請撥 法部次官이歸國ᄒᆞᆫ다ᄒᆞᆷ은前項과如ᄒᆞ거니와旅費千九百圜을支撥ᄒᆞ라고法部에서度支部로照會ᄒᆞ얏다더라

●率眷渡日 尹致旿氏가將次率眷ᄒᆞ고日本으로前往ᄒᆞᆫ다ᄂᆞᆫ說이有ᄒᆞ더라

●其人亞祭 典膳司長金珏鉉시가冠服을着ᄒᆞ고進供ᄒᆞᄂᆞᆫ各項物種을一一히調査하ᄂᆞᆫ故로掌膳以下諸幹事人은素餐을自嘆ᄒᆞᆫ다더라

◉公逋將刷 度支部에서經理院未收公逋를一々調査ᄒᆞ야行將捉囚督捧ᄒᆞᆫ다더라

●豈非欺民 開城官蔘事件으로人民이多數捉囚ᄒᆞᆫ事ᄂᆞᆫ前報에揭載ᄒᆞ얏거니와今年則內閣에서民蔘으로許給ᄒᆞ기로決議ᄒᆞ얏다가至今에ᄂᆞᆫ還爲官蔘ᄒᆞ고商民을捉囚牢刑ᄒᆞ니此ᄂᆞᆫ政府에서欺民이라ᄂᆞᆫ巷說이喧藉ᄒᆞ다더라

◉俸級請撥 法部에서該部次官에俸給及舍宅料不足額壹千七拾四圜八十二전을預備金中支出ᄒᆞ라고法部의셔度支部로照會ᄒᆞ얏더라

○협守病辭 협谷郡守申奉建시ᄂᆞᆫ身病이有ᄒᆞ야再次辭職請願ᄒᆞ얏더라

●落馬受由 振威郡守金英鎭시ᄂᆞᆫ日昨該郡에서落馬受傷ᄒᆞ얏슴으로該觀察使의게一週日受由ᄒᆞ고漢城病院에서方今治療中이라더라

●曆價收納 觀象所에서발刊ᄒᆞᆫ曆書를各項頒給件外에ᄂᆞᆫ沒數放賣ᄒᆞ야該稅金은度支部로收納ᄒᆞᆫ다더라

◉避亂旅費請發 公立忠州普通학校副校員李起주시避亂旅費二拾八圜八十전及該校日人校師避亂旅費六拾四圜六拾四전을支給ᄒᆞ라고該校副敎員이학部에報告ᄒᆞ얏더라

◉再出奇計 今番普成학校紛爭事의就ᄒᆞ야該학監朴承혁시가煽動搆間의影響을作ᄒᆞ더니兩便任員의셔其情狀을知하미被黜之慮가不無故로更히一般학員의게挽留狀을圖得次로埋頭沒身ᄒᆞ나학員諸시도該시의心腸을拾分料得ᄒᆞ야信聽치아니ᄒᆞ리라

◉宣諭冷待 平安南道觀察使朴시가宣諭使로陽德郡의至ᄒᆞ미邑民一人도送迎이無ᄒᆞ고極心冷待ᄒᆞ얏ᄂᆞᆫ되其原因은觀察使가洋服을着ᄒᆞ고來郡ᄒᆞᆷ으로不快ᄒᆞᆷ을含ᄒᆞ야日彼輩ᄂᆞᆫ日本黨이라益益韓國을否運의陷케ᄒᆞᄂᆞᆫ者로여여憤慨之心의셔出ᄒᆞᆷ이라더라

●是何人斯 日前學大李載崑氏家에何許不知人이直入舍廊故로該家門人이問其姓名즉不答卽出ᄒᆞᄂᆞᆫ故로一家驚劫ᄒᆞ야搜索不得ᄒᆞ얏다더라

○聖殿重建 前日義徒援擾ᄒᆞᆯ時의沒數被燒된報恩郡大成殿을重建ᄒᆞᆯ方針을該郡守의게斯速指飭ᄒᆞ야莫重位牌를奉安케ᄒᆞ라고學禮院의셔ᄂᆡ部로照會ᄒᆞ얏더라

●東郊風塵 再昨日東大門外忘憂里等地에서日巡査四十餘名과巡檢十餘名이義兵과交戰ᄒᆞ얏다더라

●楊州戰塵 再昨日上午九時頃에楊州郡栢子동에서義兵과日兵이互相交戰ᄒᆞ얏다더라

●書類詰給 利川郡守李喆榮시가法部에報告ᄒᆞ되郡守가拾月三拾一日에赴任視事이온바本年八月拾四日義擾時에適値空官ᄒᆞ와書記等이爲處衙火ᄒᆞ야本郡流來一應文簿와其他裁判에關ᄒᆞᆫ諸般書類ᄂᆞᆫ一收聚ᄒᆞ하藏置東軒이옵더니守備隊가入接東軒ᄒᆞ고該文簿與兵士等이각自分持ᄒᆞ야或塗벽於處所ᄒᆞ고或消融裂用ᄒᆞ야一無餘存ᄒᆞ와凡於公文이無憑可考에言念邑事면極爲悶然ᄒᆞ온바最所緊要件刑法大典大明律大典會通續大典法規摘要土地家屋證明簿手數料規無冤錄詳件을不日下送ᄒᆞ시와使之無碍擧行케ᄒᆞ라ᄒᆞ얏다더라

◉火災捐助 日前麻浦大火災ᄂᆞᆫ本報의已揭ᄒᆞ얏거니와其被災ᄒᆞᆫ人民의게對ᄒᆞ야在留ᄒᆞᄂᆞᆫ西洋人諸시가각其救助ᄒᆞᄂᆞᆫ대其中의韓美電氣會社의셔二百圜을特捐ᄒᆞ얏다더라

●其哭可笑 再昨日에普成학校講師諸氏가維持會를組織ᄒᆞᆯ時에諸氏中石鎭衡氏ᄂᆞᆫ該校에決裂ᄒᆞᆫ現狀을嘆惜ᄒᆞ야一場大哭ᄒᆞ엿다고들ᄒᆞ더라

●果則妄計 普成學校紛亂이起ᄒᆞ미維持會에서俞星濬氏로校長選定ᄒᆞᆷ을由ᄒᆞ야俞吉濬씨ᄭᅴ셔注目疑訝ᄒᆞ더니風說을據ᄒᆞᆫ즉興士團에서普成學校에校主를排斥ᄒᆞ고該校를引繼句管ᄒᆞᆯ計畫으로某樣運動이有ᄒᆞ얏ᄂᆞᆫ되若不遂意ᄒᆞ면該校를學部의官公立으로變作ᄒᆞᆯ經營이有ᄒᆞ다ᄒᆞ니該校ᄂᆞᆫ國내私立에第一完備ᄒᆞᆫ學校라興士團에서敎育을擴張ᄒᆞ야士氣를振作코ᄌᆞᄒᆞᆫ다면서爲先발起之日에他人의事業을勒取或沮害ᄒᆞ면社會上公憤을激起ᄒᆞᆯ뿐더러韓國舊來에私權競爭ᄒᆞ던惡習을敎育界에發表ᄒᆞᆷ이니以若俞吉濬시의高眼目好手段으로如此不美之學을釀出ᄒᆞᆯ理가無ᄒᆞ다더라

○釜山大火 昨朝六時拾分의釜山富平동의셔出火ᄒᆞ야拾三戶가燒燼ᄒᆞ고八時의鎭滅되얏다더라

●仁校請邀 仁川普通學校落成式을昨日下午一時에行ᄒᆞ얏ᄂᆞᆫ데各府部奏任官以上을請邀ᄒᆞ얏다더라

▲地方消息▼

▲拾六日午前五時에淸州北方三十里忠州街道細橋市塲杏花동에義兵約二四拾名이來襲ᄒᆞ야富族三名을捉去ᄒᆞ얏ᄂᆞᆫ대其親族이金三拾七圜을出給ᄒᆞ미放釋歸家ᄒᆞ엿다ᄒᆞ고

▲原州隊解散兵으로서義徒의게投ᄒᆞ얏던四名은十三日의歸順ᄒᆞ얏다ᄒᆞ고

▲拾二日午前三時의伊川郡東邑面上里의셔義兵大將鄭과中軍將車와後軍將李가邑내각洞里頭民處의輸送ᄒᆞᆫ檄文一通을同郡分派所의셔收得하얏ᄂᆞᆫ대其槪意ᄂᆞᆫ즉本月廿九日의原州隊大軍이伊川邑ᄂᆡ를來襲하야郡主事書記等을先殺ᄒᆞ고次의一進會員의게及ᄒᆞᆯ터이니邑ᄂᆡ人民은一心協力ᄒᆞ되若有違犯者면軍律로論斷ᄒᆞ리라ᄒᆞ엿고

▲義魁鄭煥直의一團은盈德大西里女浦洞의셔日本步兵第拾四聯隊一部와相持ᄒᆞ다가勢不相敵ᄒᆞ야部下를解散ᄒᆞ고北面古川동의一溪谷의潛伏ᄒᆞ엿다가日兵의게被捉ᄒᆞ엿다ᄒᆞ고

▲拾八日의茂朱郡義兵二百名이永同守備隊의서派遣ᄒᆞᆫ下士四名과五時間을接戰ᄒᆞ엿다ᄒᆞ고

▲拾九日夜의高山郡義兵三百名이日兵騎兵停止斥候를襲擊ᄒᆞ야一夜을互相攻擊ᄒᆞ다가二拾名은戰死ᄒᆞ고翌日午前五時의退却ᄒᆞ엿다ᄒᆞ고

▲黃海道高灘等地의서義兵中老砲二名이日軍大陣을逢ᄒᆞ미進退維谷이라勢不得已限死大戰ᄒᆞ야日兵五名을射殺ᄒᆞ고畢竟의ᄂᆞᆫ兩名도被殺ᄒᆞ엿다더라

東京電報

二拾日발

◉日皇勞問 日本皇帝陛下ᄭᅴ셔今日芝離宮의韓國皇太子殿下를訪問ᄒᆞ셧ᄂᆞᆫ데十數分間을御對面所의서懇篤히談話ᄒᆞ시고金時計箇를賜與ᄒᆞ시고御還行하셧다더라

○訪問日儲 韓國皇太子殿下ᄭᅴ셔明日의日本皇太子殿下를訪問ᄒᆞ신다더라

二拾一日發

◉刺客形跡 韓國刺客數名이渡來ᄒᆞᆫ形跡이有ᄒᆞ야其筋을嚴重히警戒中이라더라

◉敎徒特意 米國耶蘇敎徒大會ᄂᆞᆫ日米親交를望ᄒᆞ기로決議ᄒᆞ고懇篤書簡을決議文의添附ᄒᆞ야靑木大使의게送ᄒᆞᆺ다더라

▲擲筆一笑▼

▲今番郡守奏本의諸大臣이각其食口를薦望ᄒᆞ기의競爭이暗生ᄒᆞ야奏本이延拖ᄒᆞ니現今地方民情이嗷嗷ᄒᆞ야郡守敍任이給刻爲急ᄒᆞ거ᄂᆞᆯ각大臣은郡奏를看作奇貨하고競爭이不息ᄒᆞ니참競爭時代로고

▲大韓新聞은李完用씨의機關新聞이오國民新報ᄂᆞᆫ宋秉畯氏의機關新聞이라宋李兩氏가腸肚을相連ᄒᆞ야賣國奴의事業을成ᄒᆞ얏스니該兩報은兩氏睡를揭載ᄒᆞᄂᆞᆫ新聞인즉實賣國思想을雄唱雌和ᄒᆞ니眞可謂夫婦新聞이로고

▲近日地方에悉悖ᄒᆞᆫ徒가纖芥之嫌이有ᄒᆞ면日兵의게千連으로指嗾ᄒᆞ야慘禍를當ᄒᆞᆫ人이比比有之ᄒᆞ니悖惡ᄒᆞᆫ報嫌ᄒᆞᄂᆞᆫ機關이되엿고

▲一進會長李容九氏가日昨該嶋往ᄒᆞ里에前往ᄒᆞ야對衆民演說曰我韓이受日本指導ᄒᆞ야實力을養成ᄒᆞᆫ日에ᄂᆞᆫ國權과人權을若不返還이면此李容九가大將義旗에自爲義兵大將이라ᄒᆞ얏스니自國의實力을外人의指導로養成ᄒᆞ야國權返還을待ᄒᆞ라면李容九氏가必至老死ᄒᆞᆯ거시니閻라府에往ᄒᆞ야神兵을借得ᄒᆞ야義兵大將이될란지

▲閔丙奭李允用氏가向日同車來往之時에握手而語曰우리가同車同樂ᄒᆞᄌᆞᄒᆞ얏다니歸程은先後오家亦橋東西라往年同舟誼가今日同車樂으지

雜報

●農事雜誌 農商工部에서農事雜誌를純國文으로發刊ᄒᆞ야人民의게頒給ᄒᆞ고農業을발達케ᄒᆞᆯ意로各地方郡守의게訓令ᄒᆞ고大小人民의게曉諭ᄒᆞ야國文을學習케ᄒᆞ라ᄒᆞ얏ᄂᆞᆫ데其條件이如左ᄒᆞ더라

一我國에普通ᄒᆞᄂᆞᆫ國文은雖僻鄕曲坊이라도一二人에能解ᄒᆞᄂᆞᆫ者가必有ᄒᆞᆯ지니其人으로教師를另定ᄒᆞ야男子ᄂᆞᆫ男教師로女子ᄂᆞᆫ女教師로教訓ᄒᆞ되女教師가無ᄒᆞ거든男子中年者로擇定ᄒᆞᆷ

一男女老少를勿論ᄒᆞ고각其作業ᄒᆞᄂᆞᆫ餘暇或夕飯後에幾時間式就學케ᄒᆞᆷ

一我國風俗에中等以上의女子ᄂᆞᆫ男子의게受학고자아니ᄒᆞᆯ지니下等女子를先教ᄒᆞ야通解ᄒᆞᄂᆞᆫ境에至ᄒᆞ면中等以上의女子가必皆自恥ᄒᆞ야習학ᄒᆞᆯ心이발生ᄒᆞᆷ

一教習이實施된後에視學員一人을置ᄒᆞ야教課를視察ᄒᆞ되家戶說論ᄒᆞᆯ것이아니라大槪國文의字句로行路ᄒᆞᄂᆞᆫ男女의게試問ᄒᆞ야應對에不應ᄒᆞ면該村里의教師와不학ᄒᆞᆫ男女ᄂᆞᆫ相當ᄒᆞᆫ罰金에處ᄒᆞᆷ

●賊物搜索 三昨日下午七時에警務東署에서從徒朴順吉爲名者를捉得ᄒᆞᆫ事에對ᄒᆞ야該署長朴喜旭시가總巡劉漢源시及巡檢五人을領率ᄒᆞ고昨日上午拾時에出張于該署七牌掌내伐里ᄒᆞ야該洞居金甲得家에藏置ᄒᆞᆫ洋銃四柄及木匣軍刀一柄彈丸五十餘를搜索以來ᄒᆞ얏다더라

●日警病斃 慶南警務署警視小村시ᄂᆞᆫ三昨日에身故ᄒᆞ얏다더라

●砌木被捉 北署花開동居姜龍信이가再昨日上午二時에鐵路枕木一介을盜取ᄒᆞ야安洞等地로過去ᄒᆞ다가行巡巡檢리栢天에게發捉ᄒᆞ야北署에牢囚ᄒᆞ얏다더라

●罪囚請放 忠北警務監獄署에서在囚ᄒᆞ얏다가時擾을因ᄒᆞ야逃躲ᄒᆞ야다가還囚ᄒᆞᆫ申永實鄭雲錫李伯元權孟文等을已爲비니에請議ᄒᆞ야減三等ᄒᆞᆫ다ᄂᆞᆫ已爲報道ᄒᆞ얏거니와該四名이今番 赦典에蒙放치못ᄒᆞᆫ故로該道裁判所檢事가法部로報ᄒᆞ미特爲放送ᄒᆞ야俾蒙曠蕩ᄒᆞᆫ覃霈가允合欽恤之典이라ᄒᆞ야申永實鄭雲錫李伯元權孟文等四名을放釋ᄒᆞᆯ意로法部에셔ᄂᆞᆫ閣에請議ᄒᆞ얏다더라

●基址請認 咸興郡北門내普通학校移設ᄒᆞᆫ所ᄒᆞᆫ其址를셔니대외푸레쓰바의教會의셔學校病院及醫師住宅建設의目的으로該校基址를永借下賜를蒙코져ᄒᆞᄂᆞᆫ意로同教會代表者ㅣ마子레別쏘膽寫와갓치在京總領事의게出願ᄒᆞᆫ意로써同總領事로부터照會가有ᄒᆞ오니至急히銓議ᄒᆞ시와右許可라ᄒᆞᆫ統監府來文으로내閣의셔학部로照會ᄒᆞ고該基址를許可홈의對ᄒᆞ야구의가無ᄒᆞ올지ᄒᆞ얏더라

●官衙請建 咸化郡公廨가沒數燒진된後로一般官吏가該郡내城面내城里의買屋居接ᄒᆞᄂᆞᆫ대該郡守權道相시가本月二日面長을會同ᄒᆞ고舊邑基址던지내城里던지官衙를重建ᄒᆞᆯ것스니指一回示ᄒᆞ라고該圖本을粘付ᄒᆞ야내部로報告ᄒᆞ얏더라

●普校試驗 普成專門學校에셔第二回卒業試驗을明日부터設行ᄒᆞ야一月五日까지定限ᄒᆞ얏다더라

●永昌尤昌 開城郡永昌학校教師高義일씨가該校에來ᄒᆞᆫ지未及周年에校務를擴張ᄒᆞ고教育을熱心ᄒᆞ야學徒의成就가迅速홈으로遠近人士가該氏의勤勞를感服ᄒᆞᆫ다더라

●感荷捐助 京義線新幕石橋洞居朴致務氏가本社에寄書ᄒᆞ야日近接貴社特別廣告ᄒᆞ온즉經費가窘細를다ᄒᆞ시니不勝慨歎ᄒᆞ와金二圜을付送ᄒᆞ오니本人이於貴報代金에無一分未納條ᄒᆞ온즉壹圜은捐助條오一圜은預價納條라ᄒᆞ얏스니該氏의愛國思想으로本報를愛讀ᄒᆞ시ᄂᆞᆫ盛意를爲ᄒᆞ야一贊賀ᄒᆞ노라

●郭氏熱心 北宋八의傳說을聞ᄒᆞᆫ즉洪原郡鶴山面鶴山里郭君瑞씨가該洞舊塾을變ᄒᆞ야私立學校를改ᄒᆞ라ᄒᆞᆫ즉衆論이不一ᄒᆞᆫ故로其愚昧ᄒᆞᆷ을曉ᄒᆞ기爲ᄒᆞ야義金을先出ᄒᆞ야使其教師로申報을購讀케ᄒᆞ얏다ᄒᆞ니郭氏의興學熱心은人皆稱贊ᄒᆞᆫ다더라

●花神寃話 義州總巡張東煥은赴任月餘에唯以漁色爲業ᄒᆞ야閑日ᄒᆞ야輪回看花ᄒᆞᄂᆞᆫ데一夜에ᄂᆞᆫ妓生月仙家에一夜에ᄂᆞᆫ牧丹家에又一夜에ᄂᆞᆫ梨花家에一夜에ᄂᆞᆫ錦仙家에又一夜에ᄂᆞᆫ仙玉家에同寢ᄒᆞ고花價를難報ᄒᆞ야號令으로代給ᄒᆞᆫ다더라

國債報償志願金總合所廣告

●永川郡追谷面丹浦洞 續

鄭基休 김榮俊 鄭裕俠 各六十錢 鄭裕瓚 卄전 韓○奎 鄭元休 리鎭○ 각六拾錢 韓致奎 金振根 각四拾전 鄭致雲 卄전 金在魯 金在連 李應必 白晉欽 崔連洙 黃晉植 崔連漢 朴表東 各四十전 吳致根 二十錢 金文根 曺文伯 各四拾전

▲月川洞

權品基 八拾錢 尹祥佑 六拾錢 朴天壽 八拾전 崔榴基 卄전 김明宋 八拾전 鄭鎭필 二十전 김在水 六拾전 成문鎭 林貞植 각卄錢 金榮하 八拾전 崔重基 孫錫奎 各四十전 李鎭浩 六拾錢 ○鎭洪 崔龍伊 각卄전 安哲元 張大奎 趙學伊 成錫鎭 錢二十전 未完

廣告

本人이 鑛物에 上品雲母(俗語石鱗)을 多數買收코쟈ᄒᆞ오니 願賣ᄒᆞ시ᄂᆞᆫ人이 有ᄒᆞ거나 或此物出產地를 知ᄒᆞ시ᄂᆞᆫ人이 有ᄒᆞ거든 本人에게로 通寄商議ᄒᆞ믈 萬伏望

仁川 廣昌洋行內 文明鎭 告白

一般學務를 倍前擴張ᄒᆞ고 迅速懇篤히 處理홈

中署許령(신정병문)八統一戶

辯護士 尹邦鉉
辯護士 太明식
辯護士 李容相
聯合法律事務所

◎電車賃金廣告

陽曆明年一月一日로 爲始ᄒᆞ야 本社車票法을 勿施ᄒᆞ고 賃金新貨五전을 左開ᄒᆞᆫ 距里間에서 領受홈

龍山線
鐵路南大門外京仁鐵道交叉点間 新貨五錢
南大門外京仁鐵道交叉点龍山間 仝五錢

麻浦線
西大門孔德里間 仝五錢
孔德里 麻浦間 仝五錢

中央線
東大門西大門間 仝五錢

洪陵線
東大門淸凉里間 仝五전

賃金은 乘車後에 掌車手에게 給與홀事

陽曆本年十二月三十一日後에ᄂᆞᆫ 車票賣買를 勿施ᄒᆞ고 車票를 或持來ᄒᆞ시ᄂᆞᆫ 君子가 有ᄒᆞ면 掌車手가 賃金五錢代 留票二枚를 成領受ᄒᆞ고 陽曆明年二月一日前에 已往買置ᄒᆞᆫ 車票를 本社鍾路事務所로 持來ᄒᆞ시면 本價額을 還償홈

韓美電氣會社 告白

●第二回學員募集廣告

本校에서 設立一年에 職員의 熱心과 學員의 勤勉으로 成績이 良好ᄒᆞᆫ바 自一年級은 二年級으로 昇差ᄒᆞ고 一年級을 新募ᄒᆞ오니 願學人은 本校에 前期來臨ᄒᆞ야 請願ᄒᆞ고 左開日字에 應試ᄒᆞ되 學科及規則은 本校에 來問ᄒᆞ며 但教授時間은 自午后六時至午后拾時

試驗科目 國漢文 讀書 作文 算術(四則雜題)
試驗日字 陽來年一月四日

西署太平洞第四拾八統拾戶
私立廣信商業學校 告白

中等萬國新地志

正一品大勳閔泳徽閣下序　韋菴先生張志淵校閱幷序
涵齋先生安鍾和序　石濃先生 [illegible] 謹跋
臨瀛后人金鴻卿編纂

此書ᄂᆞᆫ 中等學校教科와 普通新智識을 研究ᄒᆞ시ᄂᆞᆫ 人士를 爲ᄒᆞ야 精撰ᄒᆞᆫ者ㅣ라 近來我國의 教科書籍中에 萬國地志도 亦不爲不備나 然이나 其地名人名을 每從譯音ᄒᆞ며 日漢兩譯刊ᄒᆞ야 因其文字讀音의 互異홈으로 轉生訛誤홈이 頗多ᄒᆞ미 編者ㅣ 以是爲病ᄒᆞ야 각히 其國의 名稱을 隨ᄒᆞ야 以國文으로 譯出ᄒᆞ야 其眞面을 不失ᄒᆞ며 且簡易ᄒᆞ고 明便케ᄒᆞ야 開卷一讀에 戶庭을 不出ᄒᆞ고 能히 各國의 位置風土物產政治沿革等을 周知홈이 此書에 莫過홈

발兌元 中署布屛下 廣학書舖 金相萬

發賣所
南門內尙洞 博文書館　安동 安峴書館
鍾路 大東書市　銅峴 博文書館
동口屆使 中央書館　寺동 漢陽書館
鍾路 古今書海館　廣橋 匯동書館
각地方 有名書市

▲定期大廉賣廣告▼

自十一月十五日 至十二月廿五日

獨習日語正則

鄭雲復氏著　特別減價一圜　郵稅 拾錢

此日語正則은 自天文地理로 至農商工藝諸般學術及人事百般히 緊要ᄒᆞᆫ 語를 蒐集ᄒᆞ야 正確ᄒᆞᆫ 發音과 簡明ᄒᆞᆫ 翻譯으로 編纂ᄒᆞ야 獨習에 가장 便利ᄒᆞᆫ 故로 出版ᄒᆞᆫ지 未久에 千餘部를 出售ᄒᆞ고 再版의 期가 在邇ᄒᆞ온지라 이에 自本月十五日로 十二月二十五日ᄭᆞ지 定價一圜二十五錢에 二拾五錢을 減ᄒᆞ옵고 一圜에 出售ᄒᆞ와 一般學界의 便益을 稗補코ᄌᆞᄒᆞ옵ᄂᆞᆫ바 部數와 日字의 定限이 잇ᄉᆞ오니 江湖僉子ᄂᆞᆫ 爭先購覽ᄒᆞ시옵

(十二月二十五日以後에ᄂᆞᆫ 定價外에 一分不減홈)

京城中署布屛下三十七統六戶
廣學書舖 金相萬 告白

教育學

譯述 崔光玉　校閱 朴殷植

此書ᄂᆞᆫ 教科書排列과 教授法則과 訓鍊制度가 詳細備載ᄒᆞ야 一般教育者의 寶鑑이 될터이오니 有志僉君子ᄂᆞᆫ 速速購覽ᄒᆞ심敬要

定價金卄五錢

發賣所
京布屛下書舖 金相萬
平壤貫洞 耶蘇教書院
安岳邑 勉學書會

●特別廣告

國債報償志願金總合所에서 ○○洞普成館內期成會의 發金受入文簿를 調査ᄒᆞ라다 該會主務吳榮根等이 憑詐不現ᄒᆞ고 義金發還가ᄂ 明言所致로 檢證調查廣告도 已有ᄒᆞ엿거니와 方將帶持證物ᄒᆞ고 交涉官廳ᄒᆞᆫ 故로 此布告ᄒᆞ오니 全國同胞ᄂᆞᆫ 照亮ᄒᆞ시며 領證도 不日示明ᄒᆞ시오

大韓每日申報社內 總合所

◎米國製邦補益藥水

四百瓶新到 大瓶定價金三圜

德國製 巴陽丸 二十日分服 定價金十五圜

商標

◎米國大학醫院處方
醫學校長勳九等池錫永氏
製藥鑑查人濟衆院醫員

食思振起 精力活潑 補益丸

定價表
拾日分服三十個入 金一圜
二十日分服六十個入 金一圜七拾五錢
三十日分服九十個入 金二圜五拾錢

此藥에 主治効能用法은 存於藥封ᄒᆞ오니 効가 有ᄒᆞ고 勞心勞腦ᄒᆞ시ᄂᆞᆫ 司法官吏와 教師와 銀行會社員과 學生과 坐店商人과 多產ᄒᆞᆫ 婦人에 氣力不足으로 生ᄒᆞᆫ 陰陽俱虛症과 健忘症과 貧血症과 手足厥冷과 頭痛과 腰痛이 잇ᄂᆞᆫ 者에 靈効가 有ᄒᆞᆫ지라 難病ᄋᆞᆫ 八이라도 此藥을 每日朝午夕食後三次에 一丸式 淸水呑下ᄒᆞ시면 身體가 强壯ᄒᆞ고 精神이 活潑ᄒᆞ며 男女勿論ᄒᆞ고 拾이 藥ᄒᆞ고 百病을 預防ᄒᆞᄂᆞᆫ 貴奇世界藥이라 男女ᄂᆞᆫ 五歲以上으로 老年에 至ᄒᆞᆫ 間에 諸般原因으로 來ᄒᆞᄂᆞᆫ 虛弱에 用ᄒᆞ나니 卽營養不良之致로 滿期에 捨通치 못ᄒᆞ거나 女子에 經度가 始作지 아니ᄒᆞ거나 經度不足或閉止ᄒᆞᄂᆞᆫ 이와 房事過度之致로 精이 無端이 流出ᄒᆞ거나 房事에 除盡신이 萎而不起ᄒᆞ거나 當門에 ᄂᆞᆫ 諸症과 [illegible]에 不治되ᄂᆞᆫ 癆疾과 骨熱과 盜汗 一脫失氣ᄒᆞᆫ 久病人이 速히 [illegible]되오니 男女間病之深淺을 從ᄒᆞ야 一二劑及三四劑만 連服ᄒᆞ시면 大効가 有ᄒᆞ기로 保證ᄒᆞ오

有効證明 [illegible] 李觀化

◎製造本舖 漢城鍾路萬國基督教靑年會館前 慈惠藥房

●驗効靈藥蠱痛丸 一日分定價金拾錢 此藥은 大人小兒長痛과 初癥服用에 以差服用ᄒᆞ면 更不再發
●蛔虫丸 一日分定價金拾전 此藥은 大人小兒蛔積과 蛔虫의 三日服用ᄒᆞ면 蛔虫이 殺出ᄒᆞᄂᆞᆫ 妙藥
●四時感氣丸 一日分定價金拾전 此藥은 感氣몸살의 써ᄂᆞᆫ 藥인ᄃᆡ 一二日連服ᄒᆞ면 頭痛解熱
●男女痳疾ユ근ᄒᆞᄂᆞᆫ약 定價金五錢 此藥은 痳疾의 一期二期勿論ᄒᆞ고 그근ᄒᆞᄂᆞᆫ 약을 주ᄋᆞ
●獨逸國痳疾丸 七日分定價金一圜四拾전 此藥ᄂᆞᆫ 男女痳疾勿論ᄒᆞ고 速効가 잇서 用藥之日로 疼痛이 止ᄒᆞ고 利尿止濃
●淸眼藥 一日分定價金拾錢 此藥은 火眼熱眼의 多有奇効
●鎭咳藥 五日分定價金三拾錢 此藥은 拾五歲以上人에 用ᄒᆞᄂᆞᆫ 藥인ᄃᆡ 咳嗽와 常性咳嗽에 有効ᄒᆞ고 特히 老人哽咳에 偉効
●無臭疥瘡藥 定價金四拾전 此藥은 疥瘡을 殺ᄒᆞᄂᆞᆫ 약
●寸虫藥 定價金三拾五錢 此藥은 有鉤寸虫 無鉤寸虫이 當하 殺出
●米國膏藥 定價金二拾전 此藥은 各種皮膚病에 奇効
●淸國洋油膏 定價金三圜 此藥은 肩臂痛 脚腿腰膝痛에 神効
●西洋百應膏 一封定價金卄錢 此藥은 西洋서도 信用ᄒᆞ고 日本서도 信用
●[illegible] 定價金拾錢 此藥은 [illegible]
●止足杆藥 二十分定價金拾錢 [illegible] 根合瘡을 ᄂᆞᆫᄃᆡ 便利ᄒᆞ고 神速ᄒᆞ오
●本人이 濟衆院醫員으로 米國大學院處方과 濟衆院處方으로 經驗ᄒᆞᆫ 藥品을 貿來ᄒᆞ야 英文日文을 我國文으로 翻譯ᄒᆞ야 紙匣에도 入ᄒᆞ고 琉璃瓶에도 入ᄒᆞ야 全國內地各藥局에 都賣코ᄌᆞᄒᆞ오니 同藥規則을 依ᄒᆞ야 本藥房代理支店으로 有意ᄒᆞ시거든 편지ᄒᆞ시오

西藥便方 全

定價金壹圜 郵稅十錢

此冊은 漢城濟衆院藥方文을 我國漢文으로 아라보기쉽게 翻譯ᄒᆞᆫ 冊인ᄃᆡ 京鄕各藥局에 貨泉이 될만ᄒᆞᆫ 一代神方冊이요

[illegible] 日本內地産出各種物品과 西洋各國物品及機械等物을 我大韓에 輸入ᄒᆞ야 委托을 便利케 契約ᄒᆞ얏ᄉᆞ오니 商工業에 有意ᄒᆞ신 [illegible] 貨物이 필요ᄒᆞ거든 請求ᄒᆞ셔 本社로 來議ᄒᆞ시오 本社에서ᄂᆞᆫ 手數料金만 受領홈

[illegible]社本店 開城南大門內興盛香館
支店 京城南門內水閣洞四十一統六戶
仝仁港內 [illegible]

[illegible] 洋製書冊 學徒運動과 器具 絹紗各種 英國金鷄蠟 衣服裁縫과 化粧品 [illegible] 오니 諸君子ᄂᆞᆫ 來購ᄒᆞ심을 ᄇᆞ라나이다

仁川 李峴 [illegible]

●本社廣告

○申報價
一張代金 新貨二錢五錢
一個月前納 三十錢
三個月 九十錢
六個月 一圜七十錢
一個年 三圜四十錢
郵稅一張 新貨五厘
一個月 十三錢

○廣告料
[illegible]號活字十三字 [illegible]
每日每尺一寸 [illegible]
每日每行六字 [illegible]
二週日에 [illegible]十錢
每日每行 [illegible]
一個月에 五圜
(每日每行 [illegible] 一圜)
其期限의 長短과 字行의 多寡를 依ᄒᆞ야 增減홈

發行兼編輯人 英國人 裵說
發行所 漢城石井洞號外抵三間第一家 大韓每日申報社

第五卷

大韓每日申報

第六百九十四號

月曜及慶節歲時日休刊

檀君開國四千二百四十年
箕子元年三千二十九年
大韓開國五百十六年
日本明治四十年
淸國光緖三十三年
陰曆丁未十一月大二十日丁未

寄書

▲敬告全國同胞 義州金義坤

船을乘고海를渡홀서忽然大風이起야掀天而來며水波가接天리니卒地에覆船之患을當홀지라此時를當야滿船諸人이一心團体를야合力艤船면船을保고諸人이共保하려니와若反於是면船與人이並皆覆沒리니韓國現狀이似지라韓國第一急務가國을保여야人民이保存홀지라當局諸公之左計右策이莫非保國之策이언마논但諸公之策으로논大勢를莫堪當이라全國人民이一心團躰야國權을挽回면國을保고人民이共保리니와是에反야國權之復不復과人民之存亡이當局諸公之擔任이라홈이可乎아諸公之敗蹟이即國之敗蹟이니國이滅면在於國中者無不殄滅리니同國之患이何異於同舟之患乎아其過去歷史논不必誊談이어니와現在事를觀컨대曰社會曰敎會曰兩班曰常人曰舊학曰新學이有야指爲攻擊을如仇敵니俱是同國同胞로各心攻擊이於家何益이며於國何補리오保國保民的思想이有耶無耶아是논當局諸公이以韓民으로對於列强이譬컨대幼兒가稚犬恐방을率하고猛虎를對홈과如홀지나其危險之勢를不待智者而知려니와國之危險이至논日에人民之危險이一時並至라奚啻에責諸公乎아此時를當야執是執非논莫論고각心이變야大國體가되여야國權을挽回고人民이保存홀지라一心團體라홈은全國人民이一處의集團홈을謂홈이아니라譬컨되百萬賊卒이將軍의令을聞고敵陣을向홈과如홀지라今에我大皇帝陛下셔옵서變換時代를當사維新一字로國是를定시고布告于衆民시니古不云乎아堯舜之人은以堯舜之心으로爲心이라셧스니惟我同胞논以吾君之心으로爲心야維新事業의注意勉力홈을農夫가春節을當야農業의注意勉力홈을勿失其時홈과如히極盡勉力홀지어다僕은以爲호되王命을順야維新事業의勉力논者논皆是吾君之民也며一心團體者也오王命을逆야維新을反對며舊習을頑固논者논皆是吾君의民이안이며國에大罪을免치못리라노라又有自暴自棄者曰我國이如是貧弱니富强기難이라我논無識니維新기難이라我논年高니開明기難이라니妄想哉며不智哉라此言也여庶도變야韻이되거든人이人되기難며國이國되기難乎아彼도人也며我도人也니彼논智識이有홈으로富며强고我논智識이無홈으로貧고弱홀지라蔽一言고惟我全國同胞논仇疾논心과守舊논癖과自棄논品性을斯速取良야維新事業을人人個々一心團體를야一時勉力홈을亥子時의睡夢던晨鷄가丑時를當야一時盡鳴홈과如면人民之智識과國之富强이或勝於彼리니保國保民이何難之有리오勉之어다一心團體를成之어다僕은淺劣意見으로語俚辭拙을不顧고敬告于全國同胞僉座下노라

官報

◎三千九百五十六號

隆熙元年十二月廿三日

辭令

中樞院副議長申箕善
仝 李圭完
仝 吳世昌

依願免本官
陸軍步兵副領閔用基

命軍法會議判士長
陸軍步兵參領李甲
陸軍騎兵參領柳東說
陸軍工兵正尉玄普運
陸軍步兵參尉金鎔浩

命軍法會議判士
度支部技手安錫龍
宮內府事務官橋岡灘

依願免本官

布達 續

第二十六條 宮內官吏로法規에違背야懲戒를要는時는上官은其事情을具야宮內府大臣의게稟告홈지니其情을知하고隱蔽홈이不可홈

第二十七條 本令은宮廷에奉公는囑托員과員役以下에도準用홈

◎府令

宮內府令第六號

大臣官房分課規程

第一條 人事課에서는左開事務를掌홈

一大臣官印과府印管守에關事項

二皇族과宮內職員의叙品叙勳에關事項

三宮內職員의進退身分에關事項

四賞與와恩給에關事項

五外國人의傭聘解傭에關事項

第二條 庶務課에서는左開事務를掌홈

一勳爵勳與에關事項

二褒賞救恤賑賜及進獻에關事項

三禮式規程에關事項

四各項委本에關事項

五統計報告調製에關事項

六文書接受발送과編纂保管에關事項

七其他宮內府各官廳의主管에不屬事項 未完

外報

●美海軍 美國海軍은世界의第二位置를가졋더니更히一千九百八年度에大小艦艇二拾八隻을新製造기로經營다더라

●蘇浙代表者 淸國蘇浙鐵道代表者의一行은去十六日에北京에到着야盛宣懷씨와及前江蘇巡撫陸元鼎을會見얏다더라

●波斯政變後報 波斯의庶民院이憲法을無視 國王과衝突事件에對야歐洲列國에向야同情을求다더라

●艦隊回航評論 倫敦電을據한즉去十六日은米國廻航艦隊의出發日로以야米國諸新聞에는其出발日數日六ㆍ日에對야評論을試얏논더其多數의艦隊出발이此時期에對야多數金額을虛費는緣由라더라

●勞働者保護 華盛頓電을據즉米國議會에서大統領의敎書에從야勞働業保護를는其用費를支出事를希望이라엿더라

●博覽會出品 紐育電을據則華盛頓政府通信에曰加外撰出議員갈以쯘세마쓰氏는去十八日本大博覽會에出品기爲야二拾五萬弗을支出事件으로意見을除適얏다더라

●移民制限討論 紐育電을據則加奈陀議會에서東洋人의移住制限建議案에就야討論는대加奈陀西部選出代議士等은支那人과移住에對야抵抗홀法規를擴張기로言論얏다더라

雜報

●韓校復興 鐵山郡車輦館韓興學校가設立幾年에以諸般之未備로種種中止라가至於今年야는自本館日人民會로籍以本校創設時幾許金捐助라야欲奪本校之境이러니該校生徒與任員諸氏가同心一體야到底辨論홈으로幸免奪校之境고其後未幾에該館헌兪然熙李汝森三氏가敎師를被任하야普通諸科을熱心敎授는대校長에本郡守俞鎭哲氏와其外金德煥氏等이熱心贊助야不過數月인대晝夜에肄業生徒가一百四五十名에達얏다더라

●拒絕日債 慶南自衛團委員鄭容鎭氏가達錄의民間이補助收合기를請願하되觀察使李忠求氏가政府訓令이有다니不可請求라고拒絕하얏다더라

●光校盛況 黎川光興學校는本以有志諸氏의設立으로校舍는前協辦尹致昊씨가借與敎授矣러니學徒增加에校舍難容야發成員이擴力周旋야買置家舍於本契而龐然而校屋이頹落에更欲修理이되財政窘絀之致로有志莫遂러니本校長郭泰鉉氏와校監崔璣植氏가協議出力야舊屋을毀撤고洋製로宏張新建고校具等物을一新얏는데比近學員이逐日增加다더라

●養成校況 大邱女子학校는前公立小學校舍로經營야未幾에自捐經費야改作養成女學校고國文敎師與夫人蘭坡씨와普通敎師日本夫人西山氏요又有普通학校敎師與山氏와達成學校長尹弼〃氏의拾三歲子昌씨가名譽로助敎야出席生徒가五拾餘名이라더라

●義不捐校 義州古面北州洞金瑩璉氏는원來有志人士라本面內夜학徒의一心做業홈을心甚嘉奬야特捐賞品고秋期運動會를陰十月廿五日의開設고서科目則體操計算競走國文作文取旗競走인대該학徒의活潑之氣象과金氏의興作之熱誠을傍觀者莫不稱頌이라더라

●有志竟成 平壤郡栗里坊武津市玉觀彬氏는年今十七인데氏가外洋에학問을從事코저는誠心은비록懇切나家勢가不贍야未能遂意이더니씨의母夫人金씨가仍覺憤心야織裁貨金으로裝而送之氏가往秋期에야始得入學於平壤耶蘇敎中學校야僅々做去는대平壤志士秋永達氏가聞知之事勢고感心이太발야不顧自己貧乏고氏之學資金을自爲擔當얏다고人々稱頌다더라

雜報

●儀仗如前　大皇帝陛下께옵셔前報와如히再昨日上午拾二時에動　駕ᄒᆞᄉᆞ德壽宮에問安ᄒᆞ옵시고下午二時三拾分에圜丘壇에動　駕ᄒᆞᄉᆞ冕服을御擐着ᄒᆞ시고行禮ᄒᆞ옵신後에還御ᄒᆞ옵셧ᄂᆞᆫ대其儀仗節次ᄂᆞᆫ前日과如ᄒᆞ더라

◎下問宣諭　大皇帝陛下께옵셔昨昨四宣諭使復命時에京畿宣諭使부터次第로入侍ᄒᆞᆫ後에下問ᄒᆞ옵시되愚昧ᄒᆞᆫ人民을懇切히曉諭ᄒᆞ야擧皆歸順케ᄒᆞ얏나냐ᄒᆞ셧다더라

●樞院賜饌　大皇帝陛下께옵셔各大臣及夫人의게饌饌을下賜ᄒᆞ옵셧다ᄒᆞᆷ은已爲報道ᄒᆞ얏거니와更聞ᄒᆞᆫ즉中樞院議長以下顧問諸시에게ᄂᆞᆫ각一千圓式이라더라

◎銅臭難掩　今番郡守奏本이迸掩된은世人의疑아를惹起ᄒᆞ더니風說을聞ᄒᆞᆫ즉郡守三窠에銅臭之說이統監府에流入ᄒᆞ야同意치아니ᄒᆞ고該事件을查得ᄒᆞ라ᄒᆞᄂᆞᆫ故로諸大臣들이蔵饌ᄒᆞ거에一層奔走ᄒᆞᆫ다더라

◎警察尹云任　前日本留學生監督韓致愈시ᄂᆞᆫ今番郡守奏本中에東萊府尹을被任ᄒᆞ얏다더라

◎府祭獨廢　今番官制變更을因ᄒᆞ야道祭에對ᄒᆞ야는仍舊存焉ᄒᆞ고府祭書ᄂᆞᆫ廢止ᄒᆞ기로內閣에셔擬議ᄒᆞᆫ다더라

◎普校項調査　宮內府에셔昨日에普成학校로派員ᄒᆞ야校有財產物品과校主及講師間에諸般事項을一々調査以去ᄒᆞ얏다더라

●授曆減省　觀象所에셔每年曆書를各部一般官吏의게幾卷式을授與ᄒᆞᆫ대今年에至ᄒᆞ야ᄂᆞᆫ日本人事務官에게도幾卷式授與ᄒᆞᆷ으로學部官吏의게授與件은減省ᄒᆞ얏다더라

●賞與隨俸　各部官人에年終賞與金을隨其一期月俸ᄒᆞ야支給ᄒᆞᆫ다더라

●徵兵令實施　某當局者의談話를聞ᄒᆞᆫ즉韓國徵兵制度에關ᄒᆞ야收調가結了됨으로써來年四月頃에ᄂᆞᆫ徵兵令을발布ᄒᆞ야實施케ᄒᆞᆫ다더라

●松井宴待　警務局長松井茂시ᄂᆞᆫ本月五日下午六時日本人俱樂部에셔晚餐會를개催ᄒᆞ고該部奏任官以上을請邀宴待ᄒᆞ얏다더라

●歸期請願　官立高等學校教師高橋亨시가陽曆冬期休暇中家族을引率ᄒᆞ기爲ᄒᆞ야該期間에歸朝ᄒᆞᆫ깃다고學部에請願ᄒᆞ얏다더라

●議察上京　京畿觀察使李圭桓시ᄂᆞᆫ何事件을因ᄒᆞᆷ인지昨日에上京ᄒᆞ얏다더라

◎吸烟爲限　去土曜日下午八時에花개洞居ᄒᆞᄂᆞᆫ中樞院顧問朴齊純시家에셔中樞院顧問諸시와總理大臣以下각大臣이會同ᄒᆞ야晚餐會를개ᄒᆞ고拾一時에각其歸家ᄒᆞᆫ路에承寧府總管趙民熙시家로一齊히會同ᄒᆞ야卷烟一介式吸ᄒᆞ고각其歸家ᄒᆞ얏다더라

◎面無儀　軍部大臣李秉武시가再昨日上午七時頃에中樞院顧問朴齊純시를訪問ᄒᆞ고內閣으로前往ᄒᆞ다가中路에셔騾車落傷ᄒᆞ얏다더라

◎搭影表誼　內部一般判任官들이內部의誼를表ᄒᆞ기爲ᄒᆞ야今年終에畵工을請ᄒᆞ야一切搭影ᄒᆞᆫ다더라

●賞金請撥　國有財產調查所各官人에賞與金二千三百圓과內部經費一千九百七十圓八拾二전六里를支給ᄒᆞ라고內閣에셔度支部로照會ᄒᆞ얏다더라

●興工발起　興工國設始ᄒᆞᆫ다ᄂᆞᆫ說은前報에已揭載ᄒᆞ엿거니와該國발起人諸氏인즉趙義淵兪吉濬李址鎔李軫鎬崔錫敏五氏라더라

●是乃罔民　開城蔘事ᄂᆞᆫ累報어니와數拾年來로壓迫人民ᄒᆞ야數千圓資金을費用ᄒᆞ고六七年勤苦ᄒᆞᆫ圃蔘을兵丁巡檢을領率勒採ᄒᆞ야蒸造ᄒᆞᆫ後에價額은二三拾圓價値를八九圓으로一年或一年만에勒給ᄒᆞ미是由로蔘業이失敗되여明年에ᄂᆞᆫ單一斤蒸造沒策에至於絶種ᄒᆞᆫ지라今年은內閣에셔頒佈ᄒᆞ야使民自造ᄒᆞ고稅만上納ᄒᆞ라ᄒᆞ매民皆傾產造蔘ᄒᆞ엿더니度支財務官이下來ᄒᆞ야稱以度支命令ᄒᆞ고讀蔘을沒數勒取ᄒᆞ야該府第一銀行에移置ᄒᆞ고蔘民이領證이나ᄒᆞ여달나ᄒᆞᆫ則度支財務官과農商工部主事邊承鎬의領證을出給ᄒᆞ니數百萬價額을何處推尋ᄒᆞᆯᄂᆞᆫ지可謂登樓去梯오騙民奪財ᄒᆞᆷ만ᄒᆞ고人民을押上牢加之事ᄂᆞᆫ初無라더라

●寧察勸學　平北前觀察使朴勝鳳氏가各郡에학校를熱心勸獎ᄒᆞ고捐金을多額ᄒᆞ야以至閭巷히莫不有학ᄒᆞ야雖牧童樵夫라도晝耕夜學ᄒᆞᆫ다더라

◎誣囑反捉　沈鼎燮氏滯囚ᄒᆞᆫ事ᄂᆞᆫ已爲報道어니와南相鳳氏가軍司令部에又爲誣訴ᄒᆞ야沈鼎燮氏訓室을捉縛質問ᄒᆞᄂᆞᆫ대前後事實은逐條說明에初無所犯故로旋即放送ᄒᆞ고當初誣囑ᄒᆞ던李萬興은再昨日警視廳에被捉ᄒᆞ고南相鳳시ᄂᆞᆫ反坐律로洞捉中이라더라

●武爲上策　開城郡守劉漢容氏ᄂᆞᆫ有何不美之事이던지京畿觀察使李圭桓氏가開城郡主事의게調令該郡守의印章을卽奪ᄒᆞ고逐出境外ᄒᆞ라ᄒᆞ얏더니劉시가何以運動이던지更爲仍任케되미觀察使가投印辭職ᄒᆞ라ᄒᆞ야劉시가計莫可售가되얏다더라

○普校復完　普成專門學校事況은前報에屢揭ᄒᆞ얏거니와昨日에校主李鍾浩씨가該校의贊成部贊成員會를開ᄒᆞ고爛商協議ᄒᆞᆫ後에講師任員諸氏가齊來會同ᄒᆞ야前日妄擧를陳謝ᄒᆞᆫ結果로一切校務ᄂᆞᆫ校主가專管케ᄒᆞ고任員도校主의自薦으로該校長은兪星濬氏로학監은兪致衡氏로中학校長은盧伯麟氏로校監朴承顯씨ᄂᆞᆫ除汰ᄒᆞᆫ代에ᄂᆞᆫ朴重華씨오其他ᄂᆞᆫ仍舊케ᄒᆞ고和衷妥辨ᄒᆞ야校務ᄂᆞᆫ一層擴張케ᄒᆞ얏다니實로教育界에幸幸이고又其一便에셔降心以從ᄒᆞᆫ거슨兪吉濬시의公德心으로周旋ᄒᆞᆫ所以이라더라

●陵官逢賊　日前에賊漢六名이稱以義兵ᄒᆞ고獻陵齋室에突入ᄒᆞ야參奉李俊珪氏를結縛亂打ᄒᆞ며錢財를討索ᄒᆞᄂᆞᆫ대甚至於冠宕衣服ᄭᅡ지沒數搜去ᄒᆞ얏다더라

●茶果祇待　金宗漢氏가尹相五씨와爭訟事件에對ᄒᆞ야抑울이落科홈을說明ᄒᆞ기爲ᄒᆞ야三昨夜에各辯護士諸씨를自己私邸로會集ᄒᆞ고該訟前後顚末을々히說明ᄒᆞ고茶果를盛待ᄒᆞ얏다더라

●不法當逐　前警務官金永模시가北개進教育支會長이라稱ᄒᆞ고民間에作弊홈은本報에揭載ᄒᆞ얏거니와該會本部에셔此事를聞知ᄒᆞ고該觀察道에催報ᄒᆞ야同金永模를逐出境外케ᄒᆞ라ᄒᆞ얏다더라

■東會尊聖　大東학會에셔聖학을奬勵ᄒᆞ기爲ᄒᆞ야有志紳士의게請牒ᄒᆞ되陰本月二拾七日에成均館에來會ᄒᆞ라ᄒᆞ얏더라

●在逃勿捉　法部에셔平漢兩裁判所及拾三道各裁判所에訓令ᄒᆞ되貴所所管已決囚中擧兵犯上ᄒᆞᆫ者와强盜를除ᄒᆞᆫ外에本年拾五月拾八日赦典以前에在逃ᄒᆞᆫ者ᄂᆞᆫ罪名이自蕩滌되니同月拾九日以前에在逃ᄒᆞᆫ人은並勿還捉ᄒᆞ라ᄒᆞ엿다더라

●婚禮可觀　前漢城判尹裵國泰妹弟裵貞子婚嫁ᄂᆞᆫ前報에已揭ᄒᆞ얏거니와更聞ᄒᆞᆫ즉新郎은日本留學生士官卒業ᄒᆞᆫ陸軍參領侍從武官朴榮喆시오婚禮所ᄂᆞᆫ新門外호텔루인ᄃᆡ儀禮와宴需와外他什物을一遵西洋制ᄒᆞ야極히宏壯ᄒᆞ고內外國紳士數百員이參與ᄒᆞ얏다더라

◎朴家賊患　三昨日上午一時에東署梨峴居朴定植시家에賊漢이潛入ᄒᆞ야鍮器及衣服類一百六圓九拾전價値를窃取以去ᄒᆞ얏다더라

▲地方消息▼

▲海州郡錦山面에潛伏ᄒᆞᆫ義兵將裵知仲外一名을同面附近에셔巡檢의게逮捕ᄒᆞ얏다ᄒᆞ고

▲鎭川郡萬能面에出張ᄒᆞᆫ巡査一行이去十七日龍治洞에至ᄒᆞ미義兵大將三南大召募將이라稱ᄒᆞᄂᆞᆫ鄭益亨이義兵第一聯隊二中隊召募官羅永植을命ᄒᆞᆷ으로각洞에輸送ᄒᆞᄂᆞᆫ檄文二通을발見押收ᄒᆞ얏ᄂᆞᆫ데該檄文要旨ᄂᆞᆫ각洞에셔藥十斤과彈丸製用ᄒᆞᆯ鉛鐵拾斤과木綿五疋과火繩一百五拾把를徵出ᄒᆞ라ᄒᆞ얏다ᄒᆞ고

▲九日昃感郡東面에셔義兵이同郡郵便取扱所長의一行을襲擊ᄒᆞ야所長等을殺害ᄒᆞ고駐屯ᄒᆞᆫ際에日兵이前往ᄒᆞ야二時를交戰ᄒᆞ얏ᄂᆞᆫ데義兵이退却ᄒᆞ얏다ᄒᆞ고

▲六日襄陽郡에셔元山으로韓人八十名의避難ᄒᆞᆫ言을聞ᄒᆞᆫ즉八九月頃으로多數에義兵이屢屢히同郡을襲來ᄒᆞ야家屋을燒却ᄒᆞᆷ으로難以居生ᄒᆞ야逃避ᄒᆞ얏다하고

▲楊口郡에셔義兵이日兵과一時間交戰ᄒᆞ다가退却ᄒᆞ얏다더라

東京電報

二拾一日발

○特使云歸　韓國特派大使ᄂᆞᆫ今日日本에往ᄒᆞ야再明日에東京에歸ᄒᆞ얏다가二十六日에歸國ᄒᆞᆯ터이라더라

二拾三日발

◉移民交涉　米國政府에셔ᄂᆞᆫ本移民制限의就ᄒᆞ야日本政府와交涉ᄒᆞᄂᆞᆫ中이라더라

北京電報

二十二日발

◎間島韓日問題　間島에셔ᄂᆞᆫ日本이韓人管轄問題에就ᄒᆞ야淸國政府ᄂᆞᆫ拾數枚의長文으로駐淸日公使의게照會ᄒᆞ얏ᄂᆞᆫ대日公使ᄂᆞᆫ拾數枚의回文을送付ᄒᆞ엿다더라

▲歲暮八歎▼

▲歲月이如流ᄒᆞ야열두달이ᄯᅩ지갓다四面을도라보니歎息소리ᄲᅮᆫ이로다

▲寂寂ᄒᆞᆫ空堂中에老宰相이自歎ᄒᆞᄃᆡ門庭車馬冷落ᄒᆞ니歲暮封物어ᄃᆡ잇나余盛時를生覺ᄒᆞ니一場春夢虛事로다賣國賊名듯겟ᄃᆡ도協約에參與ᄒᆞᆫ大臣ᄒᆞ나ᄒᆞ얏슬걸嗚呼晚矣라쓸ᄃᆡ업다이고이고이니身世

▲三尺草刀손에들고解散將官이自歎ᄒᆞ다左向左右向右ᄂᆞᆫ平生長技이ᄲᅮᆫ이라다른學文업셧ᄉᆞ니文官이나ᄒᆞᆯ슈잇나用錢如水됨ᄋᆞᆯ手段賞與金을다써ᄊᆞ니過歲之資젼혀업다이고이고이니身世

▲蕭瑟ᄒᆞᆫ破壁下에頑固생입ᄇᆡ自歎ᄒᆞ다ᄂᆡ門閥ᄂᆡ行世에洗馬翰林自期터니時代가變幻ᄒᆞ니쥭을것은兩班이라妻啼飢兒呼寒이니肝膓다녹는다애고이고이내身世

▲旅館寒燈찬방안에求仕客이自歎ᄒᆞ다遐鄕에世居ᄒᆞ야宅號가업셧ᄉᆞ며一郡守가所願이라賣田消息浪藉ᄒᆞ미分分히모흔財物某大臣게納送ᄒᆞ고奏本을苦待ᄒᆞ나此月彼月杳無期라歲末에下鄕ᄒᆞ면父母妻子엇지보나이고이고이니身世

▲鎖金帳煖爐中에富家翁이自歎ᄒᆞ다義擾가四起ᄒᆞ야秋收를執留ᄒᆞ니良田美土쓸ᄃᆡ업다節用節食ᄒᆞ든財產뉘도혼일ᄒᆞᆯ잔말一朝에거지되니이고애고이내身世

▲雪嶽深谷中에避亂客이自歎ᄒᆞ다義兵日兵火砲聲에魂飛魄散이내몸이弱妻稚子提携ᄒᆞ고去處업시逃亡ᄒᆞᆫ다家屋을바라보니火焰中에들엇고ᄂᆡ風찬露宿엇지ᄒᆞ나이고이고이내身世

▲一枝松燈土窒中에農夫가自歎ᄒᆞ다門前沃土幾日耕에ᄌᆞᆨ日生計부쳣든니軍用鐵道에鐵이라農事로生活ᄒᆞ던百姓立錐之地바이업네漂泊西南엇지ᄒᆞᆯ고이고이고이니身世

▲海上一葉片舟中에셔漁夫가自歎ᄒᆞ다萬頃蒼波風浪中에生死를不願ᄒᆞ고漁業으로生活터니政府大臣누구신지漁業權을讓與ᄒᆞ니漁村生涯가杜絶이라流離丐乞엇지ᄒᆞ나이고이고이니身世

雜報

●祝詞請還 奬學月報社總務朴太緖시가該社를贊成ᄒᆞ기爲ᄒᆞ야各部奏任官以上諸시의게祝詞一篇式請求ᄒᆞ야製送ᄒᆞ라ᄒᆞ얏더라

●兩守頌聲 咸南來人의傳說을聞ᄒᆞᆫ즉文川郡守李庸稙씨와德源府尹徐丙[illegible]씨가永興灣軍用地調査委員으로外人과善爲交涉ᄒᆞ야人民의게損害가無케ᄒᆞᆫ故로頌聲이載路라ᄒᆞ더라

●稅官之弊 각郡結稅ᄂᆞᆫ各府未開捧인ᄃᆡ其理由인즉稅務官吏가書員輩의隱結을査執ᄒᆞ야稱討路金ᄒᆞ기로彼此相持ᄒᆞ야不得作伕ᄒᆞᆫ대書員과主人輩ᄂᆞᆫ依前出面ᄒᆞ야紙價租考卜價ᄂᆞᆫ仍例討食ᄒᆞ고又有稅務官員이니査實派員이니각種名色이頻出ᄒᆞ고該員等을頻繁招待ᄒᆞ니民間生弊가無雙ᄒᆞ다더라

●三氏救人 仁川港에서今月二十日午後四時에暴風이急起ᄒᆞ야外國木船四隻과韓國木船十二隻이破碎되얏ᄂᆞᆫᄃᆡ米太外物品이多數損害되지라巡檢李聖國商民韓慶浩金敬文三氏가盡力救護ᄒᆞ야數十名을救濟ᄒᆞ고엄死者八名인ᄃᆡ七人尸體ᄂᆞᆫ出拯ᄒᆞ고一名屍體ᄂᆞᆫ方今搜索이라더라

●趙家日擾 趙회聞시夫人日女가昨日韓國에渡來ᄒᆞᆫᄃᆡ子女가爲七男妹라더라

●大昌洋行火變 再昨日上午五時에大漢門前法國人商店大昌洋行에서失火ᄒᆞ야至家沒燒ᄒᆞ얏고四壁돌兀立ᄒᆞ얏다더라

◉文蹟燒燼 報恩郡守署理主事金又회시가法部에報告ᄒᆞ얏ᄂᆞᆫᄃᆡ本郡經擾以後人命殺傷에家屋燒火之由ᄂᆞᆫ已爲連報이어니와本郡土地家屋證明簿와刑法大全書類를義徒犯邑時幷爲蕩盡於營記廳庫直家라가一般被燒ᄒᆞ와今無可據之蹟이라ᄒᆞ얏더라

●尹家賊警 三昨日下午四時쯤分에賊漢五名이中署典洞居尹滋셥시家突入ᄒᆞ야該家大門與中門을緊々閉鎖ᄒᆞ고家主尹滋셥시와其族人尹宇鉉與床奴李占奉을幷爲結縛ᄒᆞᆫ後持其該家食刀ᄒᆞ고施威恐喝ᄒᆞ며金庫에所在物品을沒數奪去ᄒᆞ얏ᄂᆞᆫ데其中該씨의姓名圖章三介와錢一圜二十五錢이라더라

●米廛請裁 東署下米廛庫직을金用鉉爲名者가放賣ᄒᆞ라ᄒᆞᆷ으로各市廛人들이平理院에裁判ᄒᆞ야金用鉉者가落訴ᄒᆞ얏더니該金시가何以周旋ᄒᆞ얏던지平理院에서該訴案을翻覆ᄒᆞᆷ으로市商等이平理院에還呈ᄒᆞ야裁判을更請ᄒᆞ얏다더라

●掩跡反露 抱川郡斷烟會에셔本報를購覽ᄒᆞᄂᆞᆫ데該郡守金承杓氏가本報紙를中間受見ᄒᆞ고七八日式遲滯ᄒᆞ기로支社員이公函警告ᄒᆞ얏더니郡守가該會擔務를捉入ᄒᆞ야威脅壓迫으로支社에卞正을마ᄒᆞᄂᆞᆫ故로該烟會가傳人往返ᄒᆞ미損害를多被케ᄒᆞ얏다더라

●討財被捉 江原道麟蹄郡居崔夏克이가新門外居李洛永의게該財勒討ᄒᆞ다가再昨日下午二時에警視廳에被捉ᄒᆞ얏더라

●墜車脚折 仁川港七甬埠계셔役夫가구루마를牽去ᄒᆞ다가車輪이海岸에墜落ᄒᆞ야役夫가折脚되얏다더라

◉金化오有 日昨本報雜報欄內에日本 皇太子殿下씌옵셔興社圜에十萬圜을下賜ᄒᆞ얏다ᄂᆞᆫ事의對ᄒᆞ야該圜의셔總代돌本社의派送ᄒᆞ야初無是事라고辨明ᄒᆞ기玆의正誤ᄒᆞᆷ

廣告

大東學會白

本會將以來二拾七日陰二拾三日上午拾二時開特別總會於成均館明倫堂矣僉會員居期來參京鄉有志紳士雖未及入會一齊賁臨

今妓等百餘名이京城孤兒院經費窘絀ᄒᆞ야維持極難之說을聞ᄒᆞ고爛商協議ᄒᆞ야慈善演奏會을夜珠峴前協律社에開催하야收入金을沒數히該院에寄附ᄒᆞᆯ터이옵고順序ᄂᆞᆫ如左ᄒᆞ오니慈善ᄒᆞ신 仁人君子ᄂᆞᆫ來臨玩賞ᄒᆞ심을伏望

順序
一平壤랄탕과
一幻燈
一倡夫땅재조
一僧舞
一劍舞
一佳人剪牧壇
一船遊樂
一項莊舞
一포구樂
一무고
향응영무
一북춤
一사자舞
一鶴舞
其外에도滋味잇ᄂᆞᆫ歌舞를臨時ᄒᆞ야設行ᄒᆞᆷ
陰十一月二拾一日爲始ᄒᆞ야限三夜開場ᄒᆞᆷ
每日下午七時에開場ᄒᆞ야至十一時閉場ᄒᆞᆷ
慈善演奏場發起人
宮內府行首妓生 桂玉
太醫院行首妓生 蓮花
尙衣司行首妓生 錦花
竹葉
桂仙
鸚鵡
採蓮等告白

本館에셔船客의便利를爲ᄒᆞ야大阪商船會社와契約ᄒᆞ고各港船票를發賣ᄒᆞ오니京鄉僉員은照亮爲希
仁川港內洞開興旅館
兼船期問屋 韓禹根 告白

本人東大門내東學洞吳盛根許에陰拾一月二十五日推次當文五千兩於音一片遺失誰某拾得休紙施行 孫永大 告白

蒙學漢文初階
元泳義 찬輯
柳瑾 張志淵兩氏 校閱
全一冊八十餘頁正價金卅錢
▲本書ᄂᆞᆫ初學小學科에專用ᄒᆞ기爲ᄒᆞ야國漢文으로二百十三課에分ᄒᆞ야文理에簡要케찬輯ᄒᆞᆫ者ㅣ니蒙학漢文教科書에最適當ᄒᆞᆫ者라稱ᄒᆞᆷ
發售處
大廣橋與邊 회東書館
罷朝橋越邊 中央書館
鍾路 大東書市
布병下 廣학書舖

▲特別廣告
本社에셔名帖印刷部를另設ᄒᆞ고各樣活字와別樣紙本이俱備ᄒᆞ오며印刷가精美ᄒᆞ고價直도極廉ᄒᆞ오되特別히學員과夫人외게ᄂᆞᆫ一層低廉ᄒᆞ오니僉位ᄂᆞᆫ來臨ᄒᆞ시와隨意請求ᄒᆞᆷ
大韓每日申報社 告白

由義聞氏母親淑夫人全州李시今月二拾一日巳時卒逝同月二拾四日上午九時發靷于金浦郡先山 知舊僉照亮
孝服人 趙羲淵
趙性根

一般事務를依頼擬張ᄒᆞ고迅速懇篤히處理ᄒᆞᆷ
中署許병(셧전병문)八統二戶
辨護士 尹邦鉉
辨護士 太明식
辨護士 李容相
聯合法律事務所

東萊府尹署理崔惠氏가公私立學校에勸道務하ᄒᆞ며鄉校에明倫學校를刱立ᄒᆞ기爲ᄒᆞ야김三一圓을補助ᄒᆞ니多士振興에當場募金이至爲六七拾圜이고書院重修에金十圜을補助ᄒᆞ며短杖芒鞋로躬祭民隱ᄒᆞ니小諸民이無不感激ᄒᆞ야將有興起之望이옵기玆에廣佈ᄒᆞᆷ
校長 鄭寅祐
監督 金駿회

密陽居朴海徹과同郡孫基馥이가漸道栢谷金氏許推債時에孫氏가金債를擔當推捧ᄒᆞᄂᆞᆫ樣으로박氏에게成給ᄒᆞᆫ標紙을朴海徹行藥에置ᄒᆞ엿다가寺洞旅館에서日前見失ᄒᆞ엿사오니誰某拾得ᄒᆞ와도休紙施行ᄒᆞ시요
密陽邑學欄 告白

▲特別廣告
本社에셔活版機具를更加完備ᄒᆞ고印刷營業을開始ᄒᆞ오니各種書籍을印刷코저ᄒᆞ시ᄂᆞᆫ 僉位ᄂᆞᆫ來請ᄒᆞ시오
漢城中署磚洞 普成社 告白

(朴晶東씨譯述)
●國文新撰家庭學 全壹冊九拾餘頁 正價金三拾錢
●國際公法 全壹冊百四拾頁 正價金四拾錢
●經濟原論 全壹冊百拾頁 正價金卅五錢
●意太利獨立史 全壹冊百九拾頁 正價金五拾전
發售處 ▲中署罷朝橋越邊 中央書館 ▲南署大廣橋東邊 匯東書館 ▲鍾路大東書市 ▲布屛下廣學書舖

北署安國坊ㄱ安洞契第十二統五戶草家四間半舊文券中間소火故玆以仰告하오니內外國人知悉ᄒᆞᆷ 趙用舜 告白

大抵他邦에入口貨만用ᄒᆞᄂᆞᆫ國이貧窮ᄒᆞᆷ은現世界通義어ᄂᆞᆯ今我國은日用事物을無論巨細ᄒᆞ고外國을依賴ᄒᆞ니곳撣烟一物로言ᄒᆞ야도絶好ᄒᆞᆫ本土所産은捨ᄒᆞ고價高ᄒᆞᆫ外國品을購用ᄒᆞᄂᆞᆫ지라此事를歎惜ᄒᆞᆫ지多年에造烟法을硏得ᄒᆞ고谷山草中極上品을選精ᄒᆞ야起工造就ᄒᆞ고名ᄒᆞ여日谷香이라ᄒᆞ니其産地[illegible]가發明ᄒᆞᆷ이오現今製成ᄒᆞᆫ者ㅣ數千方枚에氣味가醇ᄒᆞ고[illegible]烟이芬馥ᄒᆞ야飮ᄒᆞᆫ酒酣과淸興을益助ᄒᆞ니곳西烟을凌駕ᄒᆞᆯ지고또價値이廉歇ᄒᆞ야淸儉世家와ᄯᅩ士鄕儒라도經濟上에浪費ᄒᆞᄂᆞᆫ弊가少ᄒᆞᆯ지라然則本社에利益은無ᄒᆞ나大注意ᄒᆞᆫ此製을經營ᄒᆞᆫ바인故로幾年間損害ᄂᆞᆫ不顧하오니 僉君子ᄂᆞᆫ照諒購買ᄒᆞ심을望ᄒᆞᆷ
漢城谷香合資會社 告白

[illegible]

●大韓國新발明藥 旅行居家
本堂에셔多年硏究ᄒᆞᆫ一種靈藥에四時로須貯ᄒᆞᆯ一藥이니名曰淸心保命丹을발明ᄒᆞ오니如左ᄒᆞᆫ效能은本堂에셔[illegible]이라 僉君子ᄂᆞᆫ惠試爲望
證ᄒᆞ오녀
●陸軍軍醫 金守鉉君實驗方劑
●陸軍軍醫 張基茂君名効證明

消化新藥 淸心保命丹
本舖 大韓國仁川港杻峴 濟生堂

主治效能
●泄瀉 ●食傷 ●中暑中寒
●咳嗽 ●腹痛 ●不上不服
●氣鬱 ●吐瀉 ●船車眩暈
●食傷 ●痛醉 ●口熱惡臭
▲其他諸般運氣癘疫癲方妙藥
발行人 仁川港杻峴 濟生堂 李庚鳳

代理及特約店
京城鍾路 共愛堂藥房
同 梨峴 慈惠藥局
同 尙洞 華洋藥사
同 南門外 [illegible]
仁川內洞 [illegible]
同 杻峴 和平局
開城南門內 朴主恒
水原鍾路下 具聖模
同 忠橋 金濟九藥局
海州宗路 宋秉孝
同 宗路 沈汝文
延安邑內 宋順東
江華鍾路 高成根
同 邑西門外 崔敏澤
同 南門內 朴健昌
鳳山沙利院場內 任允中
全 [illegible] 金在昌
黃州南門 李東赫
平壤耶穌教堂 韓鎭[illegible]
全 [illegible] 儀藥鋪
全 [illegible]
全 [illegible]
全 [illegible]
●南浦寺洞 [illegible]
●信川邑 [illegible]
●[illegible]山港 [illegible]
●京南大門外 大同運輸會社
●三水郡仲坪場巨里 宋君八
此外에도現今時代에문明각新발明有名각種靈藥이具備ᄒᆞ개有ᄒᆞᆷ

◉國債報償義捐金收入廣告

◉西僉統鎭營國債報償義捐金
十二月廿一日收入總額
除日邑對抄額
除拾二月廿一日
第一五八三號
安義郡各面里三百圓圓十四錢
計三百圓四拾四錢
十二月廿一日々지收入總額
三百五十圓九拾九전
自四月至拾一月收入總額
五萬七千〇五圓四錢
九十六圓七圓
合五萬七千四百〇五圓
九十五전七厘

◉慶尙南道安義郡
縣內堂本　發奉權泰英五十圓
北上葛溪　進士姜信文五十圓
縣內驛里　發奉趙鏞夏　二圓
北上佐谷　敎員김東準　十圓
大代沐內　敎官張錫九　二圓
大代錢谷　徐善五　二圓
黃谷東山　安道錫八拾전
黃谷里門　監察金在順拾圓
縣內室本　五衛將李圭성二圓
縣내紅門　議官河元奎　二圓
大代貯谷　監役曰明洙　四圓
知代安心　鄭煥周　二圓
知代安心　鄭東濂四拾錢
黃谷眞木亭　金孝權　一圓
黃谷眞木亭　進士金鳳敏　四圓
古縣江南村　兪克老二十전
北上農山　김永煥三十전
北上農山　姜召史廿四전
一百六十圓九拾四전　未完
前號總合五萬七千百〇五圓
五拾一전七厘
總合五萬七千二百四拾一圓
四十五錢七厘

◉正誤　國文申報第八號國債報償志願金鍾山郡支敗所第一回募集金廣告中外面高道室에朴昌和를以趙昌和로誤揭故로玆에正誤홈

廣　告

◉電車賃金廣告

陽曆明年一月一日로爲始ᄒᆞ야木札車票法을勿施ᄒᆞ고賃金新貸五전을左開ᄒᆞᆫ距里間에셔領受홈

龍山線　鍾路南大門外京仁鐵道交叉点間　新貨五錢
　　　　南大門外京仁鐵道交叉点龍山間　仝五錢
麻浦線　西大門孔德里間　仝五錢
　　　　孔德里　麻浦間　仝五錢
中央線　京大門西大門間　仝五錢
洪陵線　東大門淸凉里間　仝五전

賃金은乘車後에掌車手에게給與홈事

陽曆本年十二月三十一日後에는車票賣買를勿施ᄒᆞ고車票를或持來ᄒᆞ시ᄂᆞᆫ君子가有ᄒᆞ면掌車手가賃金五錢代舊票二枚를或領受ᄒᆞ고陽曆明年二月一日前에已往買置ᄒᆞ얏든車票ᄂᆞᆫ本社鍾路事務所로持來ᄒᆞ시면本價額을還償홈

韓美電氣會社 告白

◉第二回敎員募集廣告

本校에셔設立一年에職員의熱心과學員의勸勉으로成績이良好ᄒᆞ바自一年級은二年級으로昇差ᄒᆞ고年級을新募ᄒᆞ오니願學人은本校에前期來臨ᄒᆞ야請願ᄒᆞ고左開日字에應試ᄒᆞ되學科及規則은本校에來問事事但敎授時間은自午后六時至午后拾時

試驗科目　國漢文　讀書
作文　算術　(四則雜題)
試驗日字　陽歷年一月四日
西署太平洞第四拾八統拾戶

私立廣信商業學校告白

일본정부제됴연초

한국일수방미
동아연초쥬식회샤
경성명동

中等萬國新地誌

正一品大勳閔泳徽閣下序
陳齋先生安鍾和序
韋菴先生張志淵校閱幷序
石濃先生　跋
臨瀛后人金鴻卿編纂

(定價金壹圓)

此書ᄂᆞᆫ中學校敎科와普通新智識을硏究ᄒᆞ시ᄂᆞᆫ人士들爲ᄒᆞ야精撰ᄒᆞᆫ者ㅣ라近來我國의敎科書ᄂᆞᆫ外國地志도亦不爲不備나然이나其地名人名을每從該音ᄒᆞ야日譯而譯刊ᄒᆞ야因其文字譯音의互異홈으로轉生訛誤홈이頗多ᄒᆞ미編者ㅣ以是爲病ᄒᆞ야各히其國의名稱을隨ᄒᆞ야以國文으로譯出ᄒᆞ야其眞面을不失ᄒᆞ며且簡易ᄒᆞ고明便케ᄒᆞ야開卷一讀에戶庭을不出ᄒᆞ고能히各國의位置風土物産政治沿革等을周知홈이此書에裏過홈

發兌元中署布屛下廣學書舖　金相萬

賣所
南門內尙洞　博文書館　安동　安峴書館
鍾路　大東書市　銅峴　博文書舖
동口越便　中央書館　寺동　漢陽書舖
鍾路　古今書海館　廣橋　滙동書舖
각地方　有名書市

▲定期大廉賣廣告▼

自十一月十五日
至十二月廿五日

獨習日語正則

鄭雲復氏著　特別減價一圓
郵稅　拾錢

此日語正則은自大文地理로至商工業諸般學術及人事百般히緊要ᄒᆞᆫ新語를網羅ᄒᆞ야正確ᄒᆞᆫ發音과簡明ᄒᆞᆫ翻譯으로區類ᄒᆞ야獨習에가장便利ᄒᆞᆫ故로出版ᄒᆞᆫ지未久에千餘部를賣出ᄒᆞ얏고再版의期가在邇ᄒᆞ온지라이에自本月十五日로十二月二十五日ᄭᆞ지定價一圓二十五錢에二拾五錢을減ᄒᆞ옵고一圓에出售ᄒᆞ와一般學界의便益을裨補코ᄌᆞᄒᆞ옵ᄂᆞᆫ바部數와日字의定限이잇ᄉᆞ오니江湖僉子ᄂᆞᆫ爭先購覽ᄒᆞ시옵

(十二月二十五日以後에ᄂᆞᆫ定價外에一分不減홈)

京城中署布屛下三十七統六戶

廣學書舖金相萬 謹白

◉米國製邦補益藥水　四百瓶新到大甁定價金三圓
◉德國製起陽丸　二十日分服　定價金十五圓

◉米國大학醫院處方
醫學校長　勳五等　池錫永氏
製藥鑑查人　濟衆院醫學員　洪鍾厚
有効證明

食思振起　體力活潑　補益丸

定價表
拾日分服三十個入　金一圓
二十日分服六十個入　金一圓七拾五錢
三十日分服九十個入　金二圓五拾錢

此藥에主治効能用法은在於藥封니ᄒᆞ오니第一當學男女에勞心ᄒᆞᄂᆞᆫ學生과坐店商人과多産ᄒᆞᆫ婦人에腦髓不足으로生ᄒᆞᆫ健忘症과貧血症과手足厥冷과頭痛과腰痛이잇ᄂᆞᆫ者가有ᄒᆞ야難治病이라도此丸을毎日朝午夕食後三次에一丸式淸水香下ᄒᆞ시면身體가健壯ᄒᆞ고精神이活潑ᄒᆞ고飮食이善消ᄒᆞ고百病을豫防ᄒᆞᄂᆞᆫ眞奇世靈藥이라男女勿論ᄒᆞ고拾五歲以上으로老年에至ᄒᆞ도록斷期ᄒᆞ고服用ᄒᆞ면虛弱ᄒᆞᆫ者ᄂᆞᆫ即時發不良之致로滿期ᄒᆞ야難治ᄒᆞᄂᆞᆫ病ᄒᆞ나니이ᄂᆞᆫ經度不足ᄒᆞ거나女子에經度之始作지아니ᄒᆞ거나房事에過度之精이流出ᄒᆞ거나房事에陰莖이不立ᄒᆞ며婦人이當門에諸症과血經不調ᄒᆞ야不治之疾과陰症이發ᄒᆞ며不起ᄒᆞᄂᆞᆫ失氣ᄒᆞᆫ病人이速히蘇完ᄒᆞ오니男女間痼疾之深淺을從ᄒᆞ야一脫二劑且三四劑만連服ᄒᆞ시면大効가有ᄒᆞᆷ을保證ᄒᆞ오

商標

製造本舖漢城鍾路萬國藥房　發賣所　敎靑年會醫劑　慈惠藥房

◉驗效蛔蟲丸　一日分定價金拾戔　此藥은大人小兒痼疾과腹痛과以差服用ᄒᆞ면更不再發
◉蛔蟲丸　一日分定價金拾戔　此藥은大人小兒蛔積과蛔虫의二三日服用ᄒᆞ면蛔虫을殺出ᄒᆞᄂᆞᆫ妙藥
◉四時感氣丸　一日分定價金拾戔　此藥은感氣몸살의셔ᄂᆞᆫ藥인ᄃᆡ一二日連服ᄒᆞ면頭痛解熱
◉男女痼疾丸　一日分定價金五圓　此藥은痼疾의一期二期勿論ᄒᆞ고그ᄂᆞᆫ근ᄒᆞ논약
◉獨逸國淋疾丸　七日分定價金一圓　此藥은男女淋疾勿論ᄒᆞ고速効가잇서用藥之日로殺菌止痛ᄒᆞ고排尿ㅣ澁
◉淸國眼藥　一日分定價金三拾錢　此藥은大小眼熱眼의多有奇效
◉鎭咳藥　五日分定價金三拾錢　此藥은拾五歲以上人에用ᄒᆞᄂᆞᆫ藥인ᄃᆡ尋常性咳嗽에有效ᄒᆞ고特히老人의哮喉에偉効
◉無惡臭疥瘡藥　定價金四拾전　此藥은疥瘡과疥蟲殺ᄒᆞᄂᆞᆫ약
◉寸虫藥　定價金三拾錢　此藥은寸白虫과鉤虫子寸虫에의特效
◉米國膏藥　定價金二拾五전　此약은肩背痛脚腿腰膝痠痛에神効
◉淸國膏藥　定價金三圓　此약은多年皮膚病에奇効
◉斷酒約　定價金三圓　此약은西洋서도信用ᄒᆞ고日本서도信用
◉漢城百應膏　封의定價五拾錢　此약은醫士李信友氏方
文으로製ᄒᆞᆫ약인ᄃᆡ명을리식히ᄂᆞᆫᄃᆡ第一神効ᄒᆞ고各項腫에去根合瘡ᄒᆞᄂᆞᆫᄃᆡ便利ᄒᆞ고神速ᄒᆞ오
◉霖止足汗藥　二十日分價金貳拾錢　此藥은德國軍人이常用除惡汗臭
◉本人等이濟衆院醫學員으로米國大學醫院處方과濟衆院方으로鑑查調製ᄒᆞ고其他內外國의大奇効ᄒᆞᄂᆞᆫ약品을買來ᄒᆞ야英文日文德文에用法廣告을我國文으로繙譯ᄒᆞ야紙匣에도入ᄒᆞ고琉璃瓶에도入ᄒᆞ고洋錢匣에도入ᄒᆞ오니四隣의愚則을依ᄒᆞ야全國內地各藥局에都賣코ᄌᆞᄒᆞ오니同業兄弟계셔本藥房代理支店으로有意ᄒᆞ시거든편시ᄒᆞ시오

西藥便方　全　定價金壹圓　郵稅十錢

此冊은漢城濟衆院藥方文을我國漢文으로아라보기쉽게繙譯ᄒᆞᆫ冊인ᄃᆡ京鄕各藥局에貨泉이될만ᄒᆞᆫ一代神方冊이요

韓國皇太子殿下께옵셔日本에遊學ᄒᆞ심은진실노千古의盛擧ㅣ라從此로韓國의文明이急速히進步ᄒᆞᆯ지니韓國을爲ᄒᆞ야慶賀ᄒᆞᆯ바이요
明年一月一日은韓國大皇帝陛下의即位ᄒᆞ옵신後第一新年이니韓國을紀念ᄒᆞᆯ만ᄒᆞᆫ一大慶節이로다
本社ᄂᆞᆫ如此ᄒᆞᆫ大慶節을際ᄒᆞ야…
…로ᄒᆞ니…交換…
大方諸彦은…賛助ᄒᆞ심을望홈
一日本政府의…
一…郵便…
一交換…
一交換時期ᄂᆞᆫ陽曆本年十二月二十日(陰十一月十六日)부터明年一月三十一日(陰十二月二十八日)ᄭᆞ지로定홈
東亞期… 社 白

譯述　玄采
校閱　朴晶東
定價金廿五錢

敎育學

此書ᄂᆞᆫ敎育書를排列ᄒᆞ야敎授法과訓練과管理法을詳細히記載ᄒᆞ야一般敎育者의寶鑑이되겟다오니有志僉君子ᄂᆞᆫ速速購覽ᄒᆞ심을要

發賣所
京城鍾路　大東書市　金相萬
平壤　鍾路　耶穌敎書院
安岳　勉學書會

發行兼編輯人　英國人　裵說
發行所
京城西署石井洞號外第二牌第二十八統
大韓每日申報社

第五卷

大韓每日申報

第六百九十五號

月曜及慶節 歲時休刊日

檀君開國四千二百四十年
箕子元年三千二十九年
大韓開國五百十六年
日本明治四十年
淸國光緒三十三年
陰曆丁未十一月大廿一日戊申

論說

○淸國에鴉片問題

上海에서開設ᄒᆞᆫ耶蘇新敎一世紀會議에叅席ᄒᆞ엿던알넥산더氏가淸國에鴉片禁令을關係ᄒᆞᆫ윌니암氏의意見과不同ᄒᆞᆫ聲寄書를타임쓰報에送致ᄒᆞᆫ바其槪要가如左하도다

本人은淸國에鴉片問題가吾人의酒精問題와甚同ᄒᆞ다ᄒᆞᆫ윌니암氏의意見과一致키不能ᄒᆞ니本人은此兩問題의類似가甚小ᄒᆞ며且此를誤解ᄒᆞᆷ이他誤解를辨明ᄒᆞᆷ으노篤度ᄒᆞ노라淸人과吾人의所見이各異ᄒᆞ니淸人은此鴉片을自國史編에近者發生ᄒᆞᆫ習慣으로關係ᄒᆞ고吾人은此酒精을人民多數의飮今流行하ᄂᆞᆫ不可記憶ᄒᆞᆯ習慣으로關係ᄒᆞᄂᆞᆫ지라酒精을過醉ᄒᆞᆷ은此國內公衆思想의普通習慣ᄒᆞᄂᆞᆫ바요鴉片烟을過吸者가淸國內에但有ᄒᆞᆫ줄은英人의頻煩談話ᄒᆞᄂᆞᆫ바나淸人議員에如此辨別이無ᄒᆞᆫ줄노認ᄒᆞᆷ은其或確斷ᄒᆞᆯ비로다鴉片習慣이其乃弊막인줄은自密ᄒᆞᆫ耶機타雖吸鴉者라도自行을自責ᄒᆞ며且스미드博士의談話를據ᄒᆞᆫ則大學徒之列에서ᄂᆞᆫ鴉片을反對ᄒᆞᄂᆞᆫ思想이如彼强固ᄒᆞ야鴉片問題로外國人과談話ᄒᆞ기도不肯ᄒᆞᄂᆞᆫ도다今此禁令을各處에셔同一ᄒᆞᆫ勢力으로實行ᄒᆞᆷ이未有ᄒᆞ며且遽今所知에ᄂᆞᆫ何如地方이나雖成一道內에서라도此禁令의督行之擧가一無ᄒᆞ엿스니此ᄂᆞᆫ아片을培養及賣與ᄒᆞ기에官憲이每多關係ᄒᆞ며且官人中에吸烟者가多有ᄒᆞᆷ이로다然이나公衆思想이此命令을堅實히應助ᄒᆞ야未久에其反對物을實地로除去ᄒᆞᆯ거슨確有其望이로다

官報

●三千九百五十七號 隆熙元年十二月廿四日

辭令

前制度局理事金鎔濟 解臨時帝室有及國有財産調査局臨時委員

奎章閣提學閔泳徽
仝 趙鍾弼
奎章閣副提學樂敬熙
懿孝殿祀丞李範圭
依願免本官

布達

第三條 調査課에서ᄂᆞᆫ左開事務를掌ᄒᆞᆷ
一官制其他諸法規의起案審議에關ᄒᆞᆫ事項
二宮內府各府廳에서提出ᄒᆞᄂᆞᆫ諸法規案審査에關ᄒᆞᆫ事項
三財産及財務에關ᄒᆞᆫ處理案審査事項
四外國의法規及制度調査에關ᄒᆞᆫ事項

第四條 主馬課에서ᄂᆞᆫ左開事務를掌ᄒᆞᆷ
一馬匹飼養調習醫療에關ᄒᆞᆫ事項
二馬車乘具의保管에關ᄒᆞᆫ事項
三馬匹購入及賣却에關ᄒᆞᆫ事項

附則

第五條 本令隆熙元年十二月一日로부터施行ᄒᆞᆷ
光武十年九月廿日宮內府令第六號ᄂᆞᆫ本令施行日로부터廢止ᄒᆞᆷ

隆熙元年十一月二十七日
宮內府大臣勳一等李允用

宮內府令第七號
內藏院分課規程

第一條 內藏院에左開四課를置ᄒᆞᆷ
經理課 出納課 調度課 土木課

第二條 經理課에서ᄂᆞᆫ左開事務를掌ᄒᆞᆷ
一官印管守에關ᄒᆞᆫ事項
二豫算과決算에關ᄒᆞᆫ事項
三主管에關ᄒᆞᆫ 帝室財産의管理及處理에關ᄒᆞᆫ事項
四他官廳會計의整理監督에關ᄒᆞᆫ事項
五他課主管에不屬ᄒᆞᆫ事項

第三條 出納課에서ᄂᆞᆫ左開事務를掌ᄒᆞᆷ
一金櫃管守에關ᄒᆞᆫ事項
二主管에關ᄒᆞᆫ 帝室財産의收入及經費支出에關ᄒᆞᆫ事項
三諸計算書調製及其證憑書類整理에關ᄒᆞᆫ事項

第四條 調度課에서ᄂᆞᆫ左開事務를掌ᄒᆞᆷ
一帝室寶物什器管守에關ᄒᆞᆫ事項
二物品購入出納及保管에關ᄒᆞᆫ事項
三物品出納計算書調製及證憑書類整理에關ᄒᆞᆫ事項

第五條 土木課에서ᄂᆞᆫ左開事務를掌ᄒᆞᆷ
一工事設計와工費豫算調製에關ᄒᆞᆫ事項
二工費精算에關ᄒᆞᆫ事項
三工事監督에關ᄒᆞᆫ事項
四工事用器械器具幷材料購入出納及保管에關ᄒᆞᆫ事項
五測量及製圖에關ᄒᆞᆫ事項

附則

第六條 本令은隆熙元年拾二月一日로부터施行ᄒᆞᆷ

隆熙元年拾一月二拾七日
宮內府大臣勳一等李允用

宮內府令第八號
帝室財産整理局分課規程

第一條 帝室財産整理局에左開四課를置ᄒᆞᆷ
整理課 測量課 農林課 主計課

第二條 整理課에서ᄂᆞᆫ左開事務를掌ᄒᆞᆷ
一官印管守에關ᄒᆞᆫ事項
二皇帝及皇族私産과 帝室財産의區分에關ᄒᆞᆫ事項
三帝室有土地山林原野에關ᄒᆞ야其要存不要存을決定ᄒᆞᄂᆞᆫ事와其處理에關ᄒᆞᆫ事項
四帝室有營造物什器材料等管理와其處理에關ᄒᆞᆫ事項
五陵園墓所屬地整理와其處理에關ᄒᆞᆫ事項
六帝室有土地監官收租吏員等進退에關ᄒᆞᆫ事項
七他課主管에不屬ᄒᆞᆫ事項

第三條 農林課에서ᄂᆞᆫ左開事務를掌ᄒᆞᆷ
一帝室有田畓藍田楮田蘆田等管理及其收入整理에關ᄒᆞᆫ事項
二帝室有漁採魚梁魚箭擇權等管理에關ᄒᆞᆫ事項
三帝室有山林保護經營에關ᄒᆞᆫ事項
四帝室有牧場草坪原野等利用에關ᄒᆞᆫ事項

未完

外報

●艦艇議論 紐育諸新聞에揭載ᄒᆞ엿스되美國艦艇이從來豫想ᄒᆞᆷ과如ᄒᆞᆷ에就ᄒᆞ야激烈ᄒᆞᆫ議論을ᄒᆞ얏다ᄒᆞ더라

●非戰爭目的 華盛頓諸新聞의報道를依ᄒᆞᆫ니美國艦隊의歸路ᄂᆞᆫ姑未確定이나其艦組將校의家族과作別ᄒᆞᆫ모樣인ᄃᆡ戰爭ᄒᆞᆯ目的으로써航海ᄒᆞᆷ은아니라더라

●英國常備兵 伯林電을據ᄒᆞᆫ則英國陸軍卿은自己國을爲ᄒᆞ야三十一萬人의常備兵을要用ᄒᆞ기로政府에要求ᄒᆞ얏다더라

●俄官護衛商議 伯林電을據ᄒᆞᆫ즉波斯드헤랑市의形勢ᄂᆞᆫ頗히不穩ᄒᆞᆷ으로同市게駐箚ᄒᆞᆫ外國外交官은避難ᄒᆞ기로作定ᄒᆞ고각領事館을護衛ᄒᆞ기爲ᄒᆞ야商議ᄒᆞᄂᆞᆫ中이라더라

●港灣借得 墨西哥電을據ᄒᆞᆫ則墨西哥政府에서同國막드레港灣을米國에借與ᄒᆞ기로許諾ᄒᆞ엿ᄂᆞᆫᄃᆡ米國은其港灣에海軍所用石炭을積蓄ᄒᆞᄂᆞᆫ處로用ᄒᆞᆯ터이라더라

●米俄親密論 俄京電을據ᄒᆞᆫ즉俄國半官報에論說ᄒᆞ엿스되米國陸軍卿타푸트氏가俄國을尋訪ᄒᆞᆷ에對ᄒᆞ야全國上下人民의誠實ᄒᆞᆫ歡迎을受ᄒᆞ얏스나兩國의歷史的國交ᄂᆞᆫ更히親密ᄒᆞᆯ지라年前俄日戰爭에米國이俄國의誠情을表치아니ᄒᆞ고逕行我之仇讐되ᄂᆞᆫ日本을救助ᄒᆞᆫ것이暫時誤解ᄒᆞᆫ事實이라今日에至ᄒᆞ여ᄂᆞᆫ米國이스ᄉᆞ로競爭ᄒᆞᄂᆞᆫ日本을救助ᄒᆞᆷ을覺知ᄒᆞ얏스니從今以後로ᄂᆞᆫ米俄兩國이互相交際를親密히ᄒᆞ야極東天地에彼此引出ᄒᆞ야平等利益을保全ᄒᆞᄂᆞᆫ대盡力ᄒᆞᆷ이可當ᄒᆞ다ᄒᆞ엿다더라

詞林

●漢宮怨 (悟古生)

中土多事鬪茹柔 九重深抱北顧憂
宰相爭獻和戎議 降嫁公主當爲謀
是時公主年未笄 錦袴玉瑩恩愛優
寵光長貯金屋裏 軟步安知翰海洲
九苞彩裙丹山鳳 隨母飮啄無時休
掌中白璧委道傍 潜光韜彩任誰收
若然光碎延臂手 有刀欲斷烏孫頭
北風吹雪天漠々 鼓鼙咽旌旗愁
彼姝者子將安之 昭陽漏盡思悠々
君不見漢家天將三十六 酒肉與生明月樓
又不見四妃擁權上馬 弱腰獨佩安危秋
美人去兮部人淚 眇々北渚客衷猶
回首昔日歌舞地 上林烏啼葉々秋

廣告

雜報

●總相行動 昨日上午十二時에總理大臣以下各大臣이德壽宮에齊進ᄒᆞ야 太皇帝陛下ᄭᅴ陛見ᄒᆞ고下午三時頃에統監官邸에一切會同ᄒᆞ야何事件을因ᄒᆞᆷ인지會議ᄒᆞ얏다더라

●官顧宴待 再昨日下午十時頃에宮內府顧問加藤氏가貞洞孫澤孃邸에서宴會를設ᄒᆞ고總理以下각部大臣과中樞院顧問諸氏를請邀宴待ᄒᆞ얏다더라

○同意來到 昨日統監府에셔郡守奏本을同意ᄒᆞ야內閣으로送交ᄒᆞ얏다더라

●各大謝賓 總理大臣以下各部大臣家에有何委折인지近日戒嚴이頗緊ᄒᆞ야來賓을杜絶ᄒᆞᆫ다더라

●內次歸國 內部次官木內氏가歸國ᄒᆞᆯ次로昨日京釜鐵路로발程ᄒᆞ얏다더라

●一窠不得 今番郡守奏本에각大臣이幾窠式畢皆薦用ᄒᆞ얏스되惟獨學部大臣李載崑氏ᄂᆞᆫ一人도得用치못ᄒᆞ얏다더라

●郡奏漏聞 內部에셔郡守三十三窠를奏本ᄒᆞᆯ次로修定ᄒᆞ얏다ᄒᆞᆷ은已爲報道ᄒᆞ얏거니와其氏名을漏聞ᄒᆞᆫ즉如左ᄒᆞ더라

新溪徐相八 孟山洪龍亨 陽德鄭泳枝 求禮李渭會 龍宮俞鳳煥 醴泉李益來 青松康弘昇 興海朴齊範 安康申澤求 杆城李冕宰 平海李命健 金城吳惟泳 麟蹄姜昌熙 鳳山申佐均 谷山李承七 長城金潤昌 陽城李源喆 堤川陸源學 原州李宅珪 楊州申載永 平山南宮억 安峽尹德용 洪州尹泌 德川徐相憲 延豊金碩桓 永春趙興元 聞慶辛龍鎭 漣川李宜聃 永平崔斗榮 高陽崔恒錫 南陽金寬鉉 東萊府尹韓致愈 楊口李克烈諸氏더라

●去留兩難 宮內府官制改正後或廢官者退官者或身故者의게其年俸月俸金額을支給ᄒᆞᆫ다더니尙此寥寥ᄒᆞᆫ故로無故落仕ᄒᆞᆫ鄕客들이旅舘寒天에積債如山ᄒᆞ야去留兩難이라더라

○果有是事 趙漢國氏가日本에前往ᄒᆞ얏다가歸國後에其鄕第에下往ᄒᆞᆫ즉自己平生愛重ᄒᆞ던副室이病死ᄒᆞᆫ지라其괴所에先往ᄒᆞ야一場痛哭ᄒᆞᆫ後其父親과令父秉[illegible]씨의게問候ᄒᆞ엿더니該附近親知人들에批評이大端ᄒᆞ다더라

●稍稍上京 각地方에派送ᄒᆞᆫ自衛團이近日稍稍上京ᄒᆞᆫ다더라

●以書絶交 張燾씨ᄂᆞᆫ今番督成학校事件에對ᄒᆞ야石鎭衡氏의게絶交書를繕送ᄒᆞ얏다더라

●洪氏請願 武官學校敎官洪永杓씨가有何事端인지請願書를繕呈ᄒᆞ얏다더라

●調查局長上京 臨時軍用鐵道用地調査局長朴義秉氏가鎭海灣軍用地를調査ᄒᆞ고日前에往還ᄒᆞ얏다더라

○藏名出捐 靑年學院卒業式에有志紳士가書冊과筆墨과金額으로多數히捐助ᄒᆞᆫ되其中無名씨三人이二拾五圜二十圜十圜을特捐ᄒᆞ얏더라

●勳章待主 二十二日圜丘壇動駕時西署社稷洞居大殿別監李泰鉉씨가勳章一件을拾得ᄒᆞ얏ᄂᆞᆫ대本主가推去ᄒᆞ기를待ᄒᆞᆫ다더라

●公守願留 公州郡民人等이該郡守金甲淳氏를願留次로昨日內部門前에다至ᄒᆞ얏다더라

●濟校失火 本月拾九日에濟州普通학校에서失火ᄒᆞ야三十餘間이沒燒ᄒᆞ얏다더라

○俞氏放免 俞鎭贊氏가昨年靈光郡在任時에結稅錢을以葉換紙ᄒᆞᆫ差益條를徵捧ᄒᆞᆫ事로向日警廳에被囚ᄒᆞ얏더니昨日에放免되야花溪郊舍로出去ᄒᆞ얏더라

●廣守被拘 傳說을聞ᄒᆞᆫ즉廣州郡守吳泰泳氏가日前上京之路에서義兵을逢着ᄒᆞ야該義兵에게被捉ᄒᆞ얏다더라

●校廢日占 前大邱觀察使李泰休氏가南門外觀德堂으로師範學校를建設ᄒᆞ야其修理設備費二千餘圜은각人의義捐으로取用ᄒᆞ고維持費ᄂᆞᆫ當地富人二十人이각出五百圜ᄒᆞ기로確定ᄒᆞ얏다가甲氏遞歸後에仍不出金ᄒᆞ야該敎師及幾個人이困難支過ᄒᆞ더니前參領梁任燾씨가兵丁을派送ᄒᆞ야生徒를歐出ᄒᆞ여市廳人民의質問勸告가有ᄒᆞ얏더니今에其校舍가日兵의借住를作ᄒᆞ얏더라

●韓氏助校 平安北道鐵山居韓龍鳳氏가礪洞普成학校의敎育事業을觀感ᄒᆞ야客橐을傾ᄒᆞ야拾圜金으로補助ᄒᆞ얏다더라

●夜學新設 義州郡圓峰洞에居ᄒᆞᆫ朴英欽氏가夜學을設立ᄒᆞ고命名曰維新인대학員이憤발同情ᄒᆞ야熱心受學ᄒᆞ니民智를발達ᄒᆞᆯ漸이有ᄒᆞ다더라

●靑館收額 鍾路靑年會館에立來金到今收額이一萬三千四百餘圜에達ᄒᆞ얏다더라

●李氏興學 南來人에傳說을聞ᄒᆞᆫ즉慶南昌原府尹李琦氏ᄂᆞᆫ在任以後에熱心興學ᄒᆞ야薄俸中으로義助ᄒᆞ고校長金鎭基校監曹喜正申泰鉉諸씨로協議贊成ᄒᆞ야私立學校을本邑에設立ᄒᆞ고漢文敎師俞炳晧日語敎師金永逵兩氏를延聘ᄒᆞ야敎育數朔에學員進就가頗有顯效라더라

●淸守獎學 淸州郡守尹泰興씨ᄂᆞᆫ敎育에熱心ᄒᆞ야학校를勸奬ᄒᆞᄂᆞᆫ대境內에聰俊ᄒᆞᆫ學徒를募集하야普通學問을敎授ᄒᆞᆯ次로각面々長及里長을招入官庭ᄒᆞ야面々曉諭而每洞에學徒資格合當ᄒᆞᆫ者를選擇ᄒᆞ야邑下私立普成學校에入送留學케ᄒᆞ되學資金辦備ᄒᆞᆯ만ᄒᆞᆫ學徒ᄂᆞᆫ自由ᄒᆞ고若其中에學徒資格은合當ᄒᆞ나貧乏難辦ᄒᆞᆫ者ᄂᆞᆫ自該洞으로每朔二圜式贊成補助ᄒᆞ야人材를培養ᄒᆞᆯ事로一場演說ᄒᆞ얏다더라

●熱心報償 槐山郡北中面可庄洞居ᄒᆞᄂᆞᆫ姜信浩金相賢兩氏와曾李宅善李壬哲鄭容馥卿春秀全容默崔鍊浚李殷雨朴準星諸씨가國債報償事에對ᄒᆞ야熱心收合上送ᄒᆞ얏더라

●寄館維持 大東寄宿館建設費債額이爲條圜에達ᄒᆞᆫ된該館主鄭최燦씨의留念ᄒᆞᆫ金額이時擾中에見敗ᄒᆞᆷ으로竟是廢止ᄒᆞᆷ은一般社會에서歎惜ᄒᆞ는바어니와該館에寄宿ᄒᆞᄂᆞᆫ諸學員이罔知所措러니학部大臣李載崑氏가維持ᄒᆞᆯ計劃으로內閣에協議ᄒᆞ고視學官李晩奎氏를數三次派送ᄒᆞ야該館主鄭최燦氏와諸學員의게安侫ᄒᆞ라ᄒᆞ니諸學員이齊聲感頌ᄒᆞᆫ다더라

●稅主得人 興陽郡稅務主事李進宇氏가視務以後로竭力殫誠ᄒᆞ야苟有一毫利於民者則歸之於民閭ᄒᆞ고秋毫不犯ᄒᆞ며凡民之頑昧者를曉諭勸勉ᄒᆞ야期使從容了刷케ᄒᆞᆫ다고稱譽가藉藉ᄒᆞ다더라

●務塾更設 務新義塾長朴齊勳氏가該塾教師以下贊成員에게說明ᄒᆞ기를我國의敎育이擴張치못ᄒᆞᄂᆞᆫ根因은或子姪間學校에入학시키고ᄌᆞᄒᆞ나月謝金을與ᄒᆞᆯ計가無ᄒᆞ야心即切矣나不得敎育ᄒᆞ고遊食從事에終成棄人ᄒᆞ니豈不歎哉아惟我學校ᄂᆞᆫ千辛萬苦로補助를求乞ᄒᆞ야校費를充用ᄒᆞᆯ지라도决코학生에게月謝金은收치말며入학ᄒᆞ기願ᄒᆞᄂᆞᆫ학生은不計多小ᄒᆞ고熱心敎育ᄒᆞ자一場演說ᄒᆞ고許鍋氏家을敎室노借得이러니因其移家ᄒᆞ야停학求室ᄒᆞ얏더니同氏가求乞補助次로寺洞某處에往ᄒᆞ야校況을這這說明ᄒᆞ고義捐을請ᄒᆞ니該處答言이此ᄂᆞᆫ학部所管인즉학部大臣에게先往請助ᄒᆞ라ᄒᆞ고勸告ᄒᆞ기로학部大臣과其他각處에往而乞之나但以鼻答ᄒᆞ고학相은使巡門禁에不得人見ᄒᆞ고空手歸來ᄒᆞ야학校가中道而廢ᄒᆞᆫ境외本洞居金啓完氏가三間舍廊을借與ᄒᆞ고敎室諸般汁物을這這給與ᄒᆞᆫ故로更爲上學ᄒᆞ얏다더라

●嗚呼曷歸 公立江陵普通學校前校長鄭海觀氏ᄂᆞᆫ熱心興學ᄒᆞᆫ時에焦舌說諭ᄒᆞ며禿筆勸告ᄒᆞ고斷髮曰誓에捐俸補費ᄒᆞ미負笈이增進ᄒᆞ여數至七十靑年이러니今夏時局變態에該氏가不勝憂國之誠ᄒᆞ야棄官遯世ᄒᆞᆯ次로招集學徒에說明告別曰現今에上則丙枕이未安ᄒᆞ고下則民心煽動ᄒᆞ니此世則如有人心血氣면理不可緘默이오寧蹈海長眠이언뎡不願目擊時局이라ᄒᆞ고因爲痛哭ᄒᆞᆫ嫌疑로日本守備隊에被因ᄒᆞ야三個月만에得放ᄒᆞ얏더니近者에免官되미該씨曰君辱臣死가固其宜也로대欲死無地ᄒᆞ니不如還去라ᄒᆞ고携筇而去ᄒᆞ매邑村志士가莫不惜去라ᄒᆞ더라

▲地方消息▼

▲廿二日午前九時에高山郡東二面栢岩에集合ᄒᆞᆫ義兵約二拾名이日兵과交戰ᄒᆞ얏ᄂᆞᆫ되義兵의死傷이四名이라ᄒᆞ고

永春郡義兵將리漢承은部下約四拾名을率ᄒᆞ고忠州郡德山面道基에侵入ᄒᆞ야駐屯ᄒᆞᆷ을日兵이探知ᄒᆞ고去拾六日에前往交戰하다가日暮ᄒᆞ미戰鬪를停止ᄒᆞ얏다가其明朝에更히交戰ᄒᆞ야義兵을敗走케ᄒᆞ얏다더라

東京電報

●歡迎會開催 廿三日發 東洋協會에서韓國 皇太子殿下와特派大使와伊藤統監과其他韓客을歡迎ᄒᆞ기爲ᄒᆞ야今日三井俱樂部에서會를開催ᄒᆞ고桂會頭가歡迎ᄒᆞᄂᆞᆫ演說을ᄒᆞ미伊藤統監이祝辭ᄒᆞ고其時農相도演說ᄒᆞ엿고來會者ᄂᆞᆫ大隈伯以下二百餘名이라더라

●兩次宴會 韓國 皇太子殿下ᄭᅦ셔ᄂᆞᆫ明後日에午餐會를開ᄒᆞ야日本宮內官人을招待ᄒᆞ실터이오又同夜에日本 皇太子殿下及各大臣其他를請ᄒᆞ야晩餐會를開催ᄒᆞ실터이라더라

●推薦會長 李載覺氏ᄂᆞᆫ伊藤統監의推薦으로因ᄒᆞ야東洋協會韓國支會長이되고李宮大宋農相李俊鎔柱益其他拾五人이同會에入ᄒᆞ얏다더라

●正誤 本報六百九拾三號濟州李士吉廣告欄內에本人之本字가日字로誤植이기玆正誤홈

◉兩日休報

本日은耶蘇誕日인故로兩日間休刊홈

▲華下風雲▼

▲今番郡守奏本에銅臭가盛行ᄒᆞ야統監府官人의鼻를觸ᄒᆞ미郡奏同意가綠此靳持ᄒᆞᄂᆞᆫ지라主務大臣이此를粧撰ᄒᆞ기爲ᄒᆞ야日事奔忙ᄒᆞᆫ다니道大臣의子ᄂᆞᆫ本是指南石의原素라쇠뭇보고놀슈잇나

▲여보總相李完用氏가自上으로下賜ᄒᆞ신歲饌三千圜을受ᄒᆞ얏스니同氏ᄂᆞᆫ大臣地位에久據ᄒᆞ야外交權內治權을다販賣ᄒᆞ얏스되 聖恩은저러케天大ᄒᆞ시니新年부터나或是頑腸이感悟되야新精神을奮발ᄒᆞ야報國ᄒᆞᆯ성각을ᄒᆞᆯᄂᆞᆫ지

▲內大任善準씨가親知人이郡守一窠를緊請ᄒᆞ면防塞ᄒᆞ기를未久合郡이될거시니此亦難支ᄒᆞᆯ터인즉初不生意ᄒᆞ라ᄒᆞ얏스니郡守를求乞ᄒᆞᄂᆞᆫ人도惡習이未泯이라可惜ᄒᆞ거니와防塞ᄒᆞᄂᆞᆫ模樣도可痛ᄒᆞ도다

▲近日總理大臣以下各大臣이杜門謝客하니무삼事端인지一般世人에疑惧이忽生ᄒᆞ나大臣은何人에게論責을當ᄒᆞᆯ지或前日之罪惡을杜門自訟ᄒᆞᄂᆞᆫ지알슈업ᄂᆞᆫ일이로고

▲成均館司業試才에經濟律兩問題가出ᄒᆞ며該館儒生들이法律兩학問家에借作을請ᄒᆞ니已往時代에ᄂᆞᆫ[illegible]弟들이一字도不讀ᄒᆞ고[illegible]ᄂᆞᆫ者이며各處巨擘을불너書之케ᄒᆞ고自己ᄂᆞᆫ八字좋手開坐ᄒᆞ야至進士及第ᄒᆞ더니오ᄂᆞᆯᄂᆞᆯ司業試取에鄕儒들[illegible]八字가已往大臣家子弟나ᄒᆞᆫ가

▲近日政府에서外面藏拙ᄒᆞ기爲ᄒᆞ야社會中幾人을選用ᄒᆞ야[illegible]猶官者流가日會日幽[illegible]從으로知ᄒᆞ고左詰右囑에[illegible]兼會ᄒᆞ야維新事業과[illegible]을口常說道ᄒᆞ고某部某要任이曾中往來ᄒᆞ여自稱有志ᄒᆞ니此等有志者ᄂᆞᆫ假有志者가아니가

◉特別至急社告

大邱平壤義州元山釜山三和昌城定州咸興各支社에셔代金滯納이二三朔以上에達ᄒᆞ야本社에셔經費가窘絀ᄒᆞᆯᄲᅮᆫ더러本社의損害가不少ᄒᆞ니차라리支社를廢止ᄒᆞ면紙價와郵稅와其他經費가減少ᄒᆞᆯ것이故로各支社에對ᄒᆞ야廢止를廣佈ᄒᆞ얏거니와來一月三拾日內로爲限ᄒᆞ야代金을未納ᄒᆞᄂᆞᆫ境遇에ᄂᆞᆫ來年一月一日爲始ᄒᆞ야本報를停送ᄒᆞ깃ᄉᆞ오며以上各處의支社와本報購覽員의게[illegible]오告別ᄒᆞ깃노라

◉特別社告

京城各處에셔本報購覽하시ᄂᆞᆫ諸氏께옵셔本社經費窘絀ᄒᆞᆷ을顧念ᄒᆞ오셔代金을按月送交ᄒᆞ심은恒切感頌이오나今月則年終이라各項支撥에困難이太甚ᄒᆞ와玆以仰佈ᄒᆞ오니特念ᄒᆞ오셔送交ᄒᆞ심을厚望홈

各支社에每日發送ᄒᆞᄂᆞᆫ申報枚數가數千餘張인則一朔만計ᄒᆞ야도九萬餘張이온바代金을按月上送이라야本社가支保이거날少不掛意ᄒᆞ고或數三朔을常爲遷滯ᄒᆞ야經費困難中況此年終에凡百酬應이萬難支遞이옵기玆特經告ᄒᆞ오니相爛照亮의誼를另念ᄒᆞ시와各購覽諸氏에게督捧ᄒᆞ야限拾五日內로각須清帳하시옴務望홈

本社經費窘絀홈을因ᄒᆞ야自今以後로各地方에本報購覽ᄒᆞ시ᄂᆞᆫ僉君子中二三朔未納處에ᄂᆞᆫ一證停送ᄒᆞ깃ᄉᆞᆸ고또各支社에도限二三個月未納ᄒᆞᄂᆞᆫ境遇에ᄂᆞᆫ該支社認許를還收ᄒᆞ고卽爲廢止ᄒᆞᆯ터이오니本報愛讀ᄒᆞ시ᄂᆞᆫ僉君子ᄂᆞᆫ照亮ᄒᆞ시와代金을勿滯換送ᄒᆞ심을敬要홈

大韓每日申報社

寄書

◉痛慰大韓每日申報記者說　金永書

貴報經綸之正直ᄒᆞ야失魂者以外에ᄂᆞᆫ無非協贊이어니와今讀第六八八號論說句語가鬱沸然終日痛哭에以報爲巾而雖欲禁이나實難禁이라故에不勝憤情ᄒᆞ야以數行描ᄒᆞ으로敢表慰意ᄒᆞ노니吾愛ᄒᆞᄂᆞᆫ本報主筆記者白面貴變에深言高擧ᄒᆞᆫ讒說氏여貴下之於我韓國에有何情緣ᄒᆞ야多年辛苦와無數逼迫을不避ᄒᆞ고屹立ᄒᆞ야討彼魔氣과贊我憊民之筆鋒이何其壯哉며何其快哉아愛哉ㅣ라每報여美哉ㅣ라每日報야貴報ᄂᆞᆫ發揮勇力ᄒᆞ야大破敵陣하고快唱凱旋歌ᄒᆞ라然이면此會와同情이有ᄒᆞᆫ지요吾等의舞蹈ᄒᆞᆷ을見ᄒᆞ리니雖有今日難堪之困苦나豈無異日興樂之理乎아故로際此慰辭가唯此而已니

詩曰

風雨中宵一燭明
餘光照處退魔精
爲君痛慰非無淚
不洒前程萬里行

貴下ᄂᆞᆫ以此勉之ᄒᆞ고吾等은以是望之ᄒᆞ야不相忘焉哉!!어다

雜報

◉留학生寄函　日本留學生事務所에셔留學의情況을本國有志紳士에게廣佈홈이如左ᄒᆞ니

大抵國이有ᄒᆞ면民이有ᄒᆞ고民이有ᄒᆞ면國이有ᄒᆞᆫ은厥初生民以來自有之常理也라然이나有國인된不可無綱紀也오有民인된不可無教育也니故로古有庠序良有以也라夫教育은先乎國民之義務也며培養國民之精神也어ᄂᆞᆯ嗚乎라我祖國은民智가未開ᄒᆞ고教育이未遂ᄒᆞ야頑未知自由活動的思想이라가今日二拾世紀生存競爭ᄒᆞᄂᆞᆫ時代를當ᄒᆞ야千尋坑塹에陷ᄒᆞ얏스니嗟我同胞여爲人臣民者ㅣ孰不大聲疾呼ᄒᆞ야喚醒國民之精神乎아自數年以來로同胞有志之士ㅣ念王室之如燬ᄒᆞ고歎同胞之不幸ᄒᆞ야留學于日本東京者ㅣ幾至七八百名而其中에志篤而力薄者ㅣ往々有之ᄒᆞ야險冒風霜ᄒᆞ며忍耐困難ᄒᆞ야苦以學之矣러니去二月太上皇帝陛下께옵셔渙下ᄒᆞ옵신爲聞金에對ᄒᆞ야前進홀望으로吾輩顒望矣러니事至斷望에未由者ᄂᆞᆫ歸國하고志篤者ᄂᆞᆫ仍以苦學이온바晝則雇傭ᄒᆞ고夜則哲學ᄒᆞᄂᆞᆫ諸氏의熱心血誠을孰不欽贊哉아玆에擧實廣佈ᄒᆞ오니願內地有志紳士ᄂᆞᆫ遠念海外苦學之情況ᄒᆞ시와期遂前進케ᄒᆞ심을爲望이라ᄒᆞ얏더라

◉合民請願　會寧郡金貞三尹貞烈等이一進會에請願ᄒᆞ되嗚呼라本會員朴魯학이會寧郡守赴任以後로諸般行政之不公不法은雖可一々枚陳이나就中極완切痛之事로雖蠢々遠民이오나可含默哉아本郡南門外地段拾五萬三千八百八十八坪과墓地二萬七百二十坪이八於軍用地而該價金一萬九千二百三十六圜十四錢을朴魯학이受出於守備隊之時에僞造各人價證ᄒᆞ며自軍隊로地段調査表에一等은二等으로二等은三等으로暗私改書ᄒᆞ야陰一月分에略干分給民等ᄒᆞ며又此事로與대交涉時에家屋移轉料金一千圜을稱以自已應食이라ᄒᆞ고不爲均給이더니於此於彼에至陰四月分ᄒᆞ야事已綻露故로多民이始知其裏由ᄒᆞ고地段價以本數未推事로聚設鳴寃ᄒᆞ야地段價ᄂᆞᆫ一依正대調査ᄒᆞᆫ等數로無漏出給ᄒᆞ고墓地ᄂᆞᆫ是官有地요非民有地故로報于內部ᄒᆞ야以族子圖어ᄂᆞᆯ爾民等이有何寃抑ᄒᆞ야至此呼訴乎아ᄒᆞ고反爲管囚ᄒᆞ니壓制政治ᄂᆞᆫ於焉復萌이며剝奪民財ᄂᆞᆫ莫此爲甚故로如是而雖被猛答나連日稱寃에發管罪名文簿之際에以外他挾雜事로押上于平理院이기多民이各寃其日失하야星督不已ᄒᆞ勢所不得已從郡主事與宮屬罪成票ᄒᆞ고加之以官成貼ᄒᆞ야以給多民이옵기爲民之道에有所欠이일가ᄒᆞ야別不更督ᄒᆞ고只督同罪宮屬輩나偷食之人을已爲上京이라多日聚論에只是紛爭而已라仍擧呈于本道裁判所ᄒᆞ되未得就決이옵기陰正月分에以多民之委任으로來訴于平理院ᄒᆞ야一次對質ᄒᆞ고以待判決이옵더가朴魯학은本以押上事件으로已爲就囚라가幸蒙赦典ᄒᆞ야仍卽放免ᄒᆞ옵고且本人等事件은越交于漢城裁判所이옵기本人等이以僞造文簿와多民委任狀과各項証據物을一々登待ᄒᆞ야屢次對質에或有不服條件ᄒᆞ며又自服條ᄂᆞᆫ先以郡主事李圭郁로共謀挾奸ᄒᆞ야相應相和ᄒᆞᆫ思想으로一推諉於郡主事ᄒᆞ니此人卒本以百尺竿頭赤立之人으로甘聽朴魯학之謠諉ᄒᆞ고空然擔負ᄒᆞ니至於裁判法例ᄒᆞ야有其擔當之人卒安決이官ᄒᆞᆫ可當이나何捨分叫偷食之人而就其赤身之人乎잇가故로多月泣訴에尙未歸決者ᄂᆞᆫ別無他故라朴魯학이藉稱會務ᄒᆞ고左請右囑에期圖歸之無事ᄒᆞ나寃民이何可白失息訟乎잇가其僞食ᄒᆞᆫ錢額을一一左開請願ᄒᆞ니斯速判決ᄒᆞ라ᄒᆞ엿더라

左開

地段減等偷食條一千二百三拾二圜九十五錢
墓地價偷食條六百六十二圜六十錢
驛屯土價潛食條二百九十二圜
僞造名偷食條六百九十八圜八十八錢
日本商人和淸ᄒᆞᆫ行相詰條潛食金一百二十六圜五十錢
合金二千九百八十六圜九十三錢

◉國債報償義捐金收入廣告

◉國債報償義捐金
十二月中本社收入總額
每日表式明細錄
◉拾二月廿三日
第壹五八四號
槐山北中面可沚洞
八圜九拾五전
第壹五八五號
槐山北中面笠岩 拾二圜五전
計二十一圜

十二月廿三日々지收入總額
三百七十一圜九拾九전
自四月至拾一月收入總額
五萬七千〇五拾四圜
九十六錢七厘
總合五萬七千四百廿六圜
九十五전七厘

●慶尚南道安義郡 續
▲西下招賢
五衛將章載憲 四十전
章瑞鎬 章璜和 各六十錢
章聖和 一圜 章瑞極
三十전 章瑞憲 六十전
章鎭和 章大斗 章允和
各廿전 章성和 四十전
章義和 二十錢 章從根
四拾錢 章瑞勛 章瑞殷
章瑞旭 각廿전 章한明
二圜 章瑞冕 廿錢 章瑞洪
三拾錢 장瑞台 장瑞廷
각廿전 장大主 三十전
장瑞東 장敎和 장大洵
각廿전 장大永 장瑞락
장大煥 각十錢 장瑞伯
八十錢 장則和 廿錢
장서鎬 四十전
縣內黃巖 僉使劉桂春 一圜
朴以현 都事白南舜 각一圜
盧以暢 四拾전 金東俊
六十錢
黃谷鶴岩 參奉리永九 拾圜
縣內紅門 監察崔珍錫 一圜
縣內厚岩 鄭周혁 二圜
大代貴谷 徐鎭庸 二圜
黃谷眞木 監察金周聲 四圜
三十四圜二拾전 未完
前號總合五萬七千二百四拾
一圜四拾五전七厘
都總合五萬七千二百七拾五圜
大十五錢七厘

廣告

一般事務를倍前擴張ᄒᆞ고迅速
懇篤히處理홈
中署許병(선젼병문)八統二戶
辨護士 尹邦鉉
辨護士 太明식
辨護士 李容相
聯合法律事務所

蒙學漢文初楷

元泳義氏 찬輯
柳瑾 張志淵兩氏 校閱
全一冊八十餘頁 正價金廿錢
▲本書ᄂᆞᆫ初等小學科에專用ᄒᆞ기爲ᄒᆞ야國漢文으로二百十三課에分ᄒᆞ야文理에簡要케찬輯ᄒᆞᆫ者ㅣ니蒙학漢文敎科書에最適當ᄒᆞᆫ者라稱홈

發售處
大廣橋東邊 회東書館
罷朝橋越邊 中央書館
鍾路 大東書市
布병下 廣학書舖

中等萬國新地志

正一品大勳閔泳徽閣下序
涵齋先生安鍾和序
臨瀛后人金鴻卿編纂
韋菴先生張志淵校閱幷序
石濃先生 瑾跋

此書ᄂᆞᆫ中等학校敎科와普通新智識을研究ᄒᆞᄂᆞᆫ人士를爲ᄒᆞ야精撰ᄒᆞᆫ者ㅣ라近來我國의敎科書類中에萬國地志도亦不爲不備나然이나其地名人名을每從漢音或日語而譯刊ᄒᆞ야因其文字語音의互異ᄒᆞᆷ으로轉生訛誤ᄒᆞᆷ이頗多ᄒᆞ더니編者ㅣ以是爲病ᄒᆞ야각히其國의名稱을隨ᄒᆞ야以國文으로譯出ᄒᆞ야其眞面을不失ᄒᆞ며且簡易ᄒᆞ고明便케ᄒᆞ야開卷一讀에戶庭을不出ᄒᆞ고能히각國의位置風土物産政治沿革等을周知ᄒᆞᆷ이此書에莫過홈

發兌元 中署布屛下廣학書舖 金相萬

發賣所
南門內尙洞 博文書館
鍾路 大東書市
동口越便 中央書舘
鍾路 古今書海館
각地方 有名書市
安동 安峴書館
銅峴 博文書館
寺동 漢陽書館
廣橋 匯동書館

(朴晶東씨譯述)

●國文新撰家庭學 全壹冊九拾餘頁 正價金三拾전
●國際公法 全壹冊百四拾頁 正價金四拾전
●經濟原論 全壹冊百拾頁 正價金卄五錢
●意太利獨立史 全壹冊百九拾頁 正價金五拾전

發售處
▲中署罷朝橋越邊 中央書館
▲南署大廣橋東邊 匯東書館
▲鍾路大東書市
▲布屛下廣學書舖

●大韓國新발明靈藥
●本堂에서多年研究ᄒᆞᆫ旅行居家에四時로須貯ᄒᆞᆯ만ᄒᆞᆫ一種靈藥을발明ᄒᆞ오니名曰淸心保命丹이라如左ᄒᆞᆫ效能은本堂에서保證ᄒᆞ오니 僉君子ᄂᆞᆫ惠試爲望
●陸軍軍醫金守鉉君實驗方劑
●陸軍軍醫張基茂君有効證明

清心保命丹

●大韓國仁川港杻峴
本舖 濟生堂

●主治效能
●滯飲●食積●中暑●中寒
●咳嗽●腹痛●不土不服
●氣鬱●吐瀉●船車眩暈
●食傷●酒醉●口熱惡臭
▲其他諸般運氣厲疫預方妙藥
발行人 仁川港杻峴 濟生堂 李虎鳳

代理及特約店
京城鍾路 共愛堂藥房
京城鍾路 慈惠藥房
同 梨峴 信華洋藥局
同 尙洞 李鍾亭冊사
同 南門外 濟衆藥院
同 仁川內洞 韓□□
民□□ 和平藥局
開城南門內 朴圭桓
同 忠橋 具藥樓
水原鍾路下 金濟元藥局
海州宗路 元香植
同 宗路 宋根孝
延安邑內 邊汝文
江華邑鍾路 宋願東
同 邑北門外 高成根
長淵南門內 崔敬淳
鳳山砂利院場內 박健昌
仝 任允中
仝 李在吉
黃州南門니紅門洞 耶穌敎堂內 李東赫
平壤鍾巨里 韓醫藥舖 儀藥化
仝 文武南 藥舖 封聰與
仝 櫃君殿洞 藥舖 金聰宣
仝 里門동客 藥舖 桂澤天
仝 十 니 金鳳瑞
仝 金元 朴重瑞
鎭南浦 榮藥舖
信川邑니四里 朴晩俊
羣山港開福洞 金斗鉉
京南大門外 大同運輸會社
三水郡仲坪塲巨里 宋君八
□動客主內
此外에도現今時代에문明各國新발明ᄒᆞᆫ有名ᄒᆞᆫ각種靈藥이俱備ᄒᆞ게有홈

◉米國製邦補益藥水 四百瓶新到大瓶定價金三圜
◉德國製起陽丸 三十日分服 定價金十五圜
◉米國大학醫院處方
醫學校長勳五等池錫永氏
製藥鑑查人濟衆院醫學員
食思振起 體力活潑 補益丸

商標

定價表
拾日分服三十個入 金一圜
二十日分服六十個入 金二圜七拾五錢
三十日分服九十個入 金三圜五拾錢

此藥에主治効能과用法은在於藥封ᄒᆞ오니第一老衰男女에偉効가有ᄒᆞ고勞心勞腦ᄒᆞ시ᄂᆞᆫ司法官吏와敎師와銀行會社員과學生과健忘症과商人과多産ᄒᆞᆫ婦人에運動不足으로生ᄒᆞᆫ陰陽俱虛와羸弱과貧血症과手足厥冷과頭痛과腹痛이잇ᄂᆞᆫ㖿病에一丸式가淸水呑下ᄒᆞ시면身體가强壯ᄒᆞ고每日朝午夕食後三次式ᄒᆞᆫ百病을預防ᄒᆞ야精神이活潑ᄒᆞᆫ며飮食이善以上으로老年에至ᄒᆞ도록奇世靈藥이라男女勿論ᄒᆞ고五歲나即養不之致ᄒᆞ間에諸般因으로來ᄒᆞᄂᆞᆫ虛弱에用ᄒᆞᆫ이나지아니ᄒᆞ거ᄂᆞ經度不滿期에遲延ᄒᆞ거ᄂᆞ女子에經度가始作이나ᄒᆞᄂᆞᆫ經度不足或閉止ᄒᆞ치못ᄒᆞ거ᄂᆞ房事過度ᄒᆞ之致로精미無ᄒᆞ야流出ᄒᆞ거ᄂᆞ房事時에陰莖이와거ᄂᆞ房事不起ᄒᆞ거ᄂᆞ當門이蠟滴ᄒᆞᆫ거ᄂᆞ鷄蠟에不痛되ᄂᆞᆫ寢신이萎而不起ᄒᆞᆫ거나失氣ᄒᆞᆫᄂᆞᆫ諸症와完되오니男女間病之疾과門歸熱과羸一二三四朔만連服ᄒᆞ시면大効가有ᄒᆞ기로保證ᄒᆞ오

有効證明 洪性憲 洪錫厚 李觀化

◉製造本舖漢城鍾路萬國基督敎靑年會館前 慈惠藥房

◉蛔效驅蟲丸 一日分定價金拾錢此藥은大人小兒長癖과初發瘧疾에服用ᄒᆞ면更不再發
◉蛔虫丸一日分定價金拾전此藥은大人小兒蛔積과蛔虫의二三日服用ᄒᆞ면蛔虫을殺出ᄒᆞᄂᆞᆫ妙藥
◉四時感氣丸 一日分定價金拾전此藥은感氣몸살의쓰ᄂᆞᆫ藥인데一二日連服ᄒᆞ면鎭痛解熱
◉男女瘧疾丸 ᄀᆞᆫ하ᄂᆞᆫ약定價金五圜此藥은瘧疾의一期二期勿論ᄒᆞ고그근ᄒᆞᆫ닷ᄒᆞᆫ약을不쓰오
◉獨逸國淋疾丸七日分定價金一圜四拾전此藥은男女淋疾勿論ᄒᆞ고速効가잇서用藥之日로殺菌止痛ᄒᆞ고利尿止濃
◉淸明眼藥一日分定價金拾錢此藥은火眼熱眼의多有奇効
◉鎭咳嗽藥五日分定價金三拾錢此藥은拾五歲以上人에用ᄒᆞᆫ藥인데四時尋常性咳嗽에有効ᄒᆞ고特히老人哽咳에偉効
◉無惡臭疥癒藥定價金四拾전此藥은疥癬虫을滅殺ᄒᆞᄂᆞᆫ약
◉寸虫藥定價金三拾五전此藥은有鉤寸虫無鉤寸虫이當時殺出
◉米國膏藥定價金二拾五전此약은冬春凍皮膚病에奇効
◉清國膏藥定價金三圜此藥은肩臂痛脚腿腰膝酸痛에神效
◉斷酒약定價金廿錢此약은西洋서도信用ᄒᆞ고日本서도信用
◉漢城百應膏一封의定價金拾錢此약은第一醫士李信友氏方
文으로製ᄒᆞᆫ약인ᄃᆡ名을리삭히ᄂᆞᆫ대第一神効ᄒᆞ고各項腫에去
根合瘡ᄒᆞᄂᆞᆫ대便利ᄒᆞ고神速ᄒᆞ오
止足杆癢二十分ᄒᆞᆫ價金貳拾錢此藥德國東人常用除惡汗臭
●本人等이濟衆院醫學員으로米國大學醫院處方과濟衆院處
方으로鑑查調製ᄒᆞ고其他內外國大奇効ᄒᆞᆫ藥品을貿來ᄒᆞ야
英文日文鑑文에用法廣告를我國漢文으로飜譯ᄒᆞ야紙匣에도
入ᄒᆞ고琉璃瓶에도入ᄒᆞ고洋鐵匣에도入ᄒᆞ야四隣國에藥規
則을依ᄒᆞ야全國內地各藥局에都買코ᄌᆞᄒᆞ오니同業兄弟게서
本藥房代理支店으로有意ᄒᆞ시거든편지ᄒᆞ시오

西藥便方 全 定價金壹圜 郵稅十錢

此冊은漢城濟衆院藥方文을我國漢文으로아라보기쉽게翻譯ᄒᆞᆫ冊인ᄃᆡ京鄕各藥局에貨泉이될만ᄒᆞᆫ一代神方冊이요

◉電車賃金廣告
陽曆明年一月一日로爲始ᄒᆞ야本社車票法을勿施ᄒᆞ고賃金新賃五전을左開ᄒᆞᆫ距里間에서領受홈

龍山線	鍾路南大門外京仁鐵道交叉点間	新賃五錢
	南大門外京仁鐵道交叉点龍山間	仝五錢
	西大門孔德里間	仝五錢
麻浦線	孔德里 麻浦間	仝五錢
中央線	東大門西大門間	仝五錢
洪陵線	東大門淸凉里間	仝五전

賃金은乘車後에掌車手에게給與홀事
陽曆本年十二月三十一日後에ᄂᆞᆫ車票賣買를勿施ᄒᆞ고車票를或持來ᄒᆞ시ᄂᆞᆫ君子가有ᄒᆞ면掌車手가賃金五錢代舊票二枚를或領受ᄒᆞ고來年二月一日前에已往買收ᄒᆞᆫ車票를本社鍾路事務所로持來하시면本價額을還償홈

韓美電氣會社 告白

●第二回學員募集廣告
本校에서設立一年에職員의熱心과學員의勤勉으로成績이良好ᄒᆞᆫ바自一年級은二年級으로昇差하고新入學生을募集ᄒᆞᆫ오니願學人은本校에請願ᄒᆞ고本期開學에應試ᄒᆞ되學科及規則은本校에來問ᄒᆞ며但敎授時間은自午后六時至午后拾時

試驗科目 國漢文 讀書 作文 算術(四則雜題) 試驗日字 陽曆來年一月四日
西署太平洞新門四拾八統拾戶
私立廣信商業學校 告白

發行兼編輯人 英國人 裵說
發行所 南署大廣橋越外號三層洋屋第 大韓每日申報社

第五卷

大韓每日申報

第六百九十六號

月曜及慶節歲時日休刊

檀君開國四千二百四十年
箕子元年三千二十九年
大韓開國五百十六年
日本明治四十年
大淸光緖三十三年
陰曆丁未十一月廿四日辛亥

論說

▲美國艦隊派遣

傳說이已久ᄒᆞᆫ此艦隊가太平洋遠行之路에竟登ᄒᆞ야大統領과及其同僚가此異域之行을餞別ᄒᆞ야大熱心을表示ᄒᆞ엿스니到今ᄒᆞ야ᄂᆞᆫ但其結果의何如ᄒᆞᆷ을將見ᄒᆞᆯ而已라若吾人이預言을敢發ᄒᆞᆯ진ᄃᆡ此華麗ᄒᆞᆫ艦隊가若干經驗을有ᄒᆞ야其將官及軍人의實力을增加ᄒᆞᆯ而已라ᄒᆞ깃노라此派遣이日本의게示威ᄒᆞᆷ인즉은斷非吾人意見인故로如此히累次報道ᄒᆞ엿거니와他以言之면此艦隊가日本으로ᄒᆞ야곰美國의實力과及其艦隊의能行ᄒᆞᆫ眞實標準을認悉케ᄒᆞᆷ인즉은亦不無意見이로다

此艦대가今次遠行의成功을著ᄒᆞᆫ거ᄉᆞᆫ不多其疑어ᄂᆞᆫ好結果됨을得ᄒᆞᆫ此行에對ᄒᆞ야有命譽ᄒᆞᆫ何如英文報紙들이弄嘲를加ᄒᆞᆷ은甚是恨歎이며且日本及他國에셔千餘人의陳述ᄒᆞᆫ意見을據ᄒᆞᆫ건대此派送이大統領루스벨트씨의第三次被選을試圖하ᄂᆞᆫ一部分의運動이라ᄒᆞ엿스니大統領의近者發言ᄒᆞᆫ바何如ᄒᆞᆫ事故로던지閣臣가選擧之席에更不參立ᄒᆞ게ᄒᆞᆫ報道를見ᄒᆞ면此派送이政略上運動及計策으로不從ᄒᆞᆫ거슬證明ᄒᆞ엿도다

日本及美國이戰役을俱是不願ᄒᆞ며어ᄂᆞᆫ如彼無責任ᄒᆞᆫ報章들이示威가無ᄒᆞᆫ處에對ᄒᆞ야示威가有ᄒᆞᆫ줄노示ᄒᆞᆷ은使人冷笑케ᄒᆞᆷ이로다

官報

●三千九百五十八號

隆熙元年十二月廿五日

敍任及辭令

公立南陽普通學校副敎員 金正鎬
依願免本官

度支部書記郎 金瓊植
仝 金永子
度支部稅務主事 리承龍
依願免本官

前副卿 尹甲炳
任咸鏡北道觀察使

營林廠事務官 柳赫魯
任平安北道觀察使

●三千九百五十九號

隆熙元年十二月二拾六日

敍任及辭令

忠淸南道觀察道主事 有田米藏
依願免本官

正三品 閔丙星
任奎章閣副提學

正三品 리起薰
六品 리昌燕
任奎章閣直閣

內藏院主事 崔奎煥
任帝室財産整理局技手

九品 金瓊植
仝 金永子
任內藏院主事

軍部繙譯官 洪淳稷
陸軍武官學校敎官 張憲植
陞敍奏任官三等

表勳院書記官 鄭東植
命視察日本國賞勳局事務

任度支部書記郎 趙容益
稷山郡主事 리浩性

平安南道觀察道主事 리元鎬
漢城府主事 沈相灝
濟州郡主事 鄭麗澤
依願免本官

金海郡主事 許 周
免本官

布達 續

第四條 測量課에셔ᄂᆞᆫ左開事務를掌ᄒᆞᆷ

一 帝室有土地山林原野等測量及製圖에關ᄒᆞᆫ事項

二 帝室有土地山林原野等境界踏査에關ᄒᆞᆫ事項

三 帝室有土地山林原野等地籍整理에關ᄒᆞᆫ事項

第五條 主計課에셔ᄂᆞᆫ左開事務를掌ᄒᆞᆷ

一 租穀等收入諸物件保管出納及放賣에關ᄒᆞᆫ事項

二 土地營造物其他物件放賣及貸付料徵收에關ᄒᆞᆫ事項

三 監官等身上保證金에關ᄒᆞᆫ事項

附 則

第六條 本令은隆熙元年十二月一日로부터施行ᄒᆞᆷ

隆熙元年十一月二十七日

宮內府大臣勳一等 리允用

完

○隆熙二年度 歲入歲出總豫算表

甲號

○歲入經常部

第一款 租 稅 金一千三十四萬六百四圜

第一項 地 稅 金六百四十萬九千八百九十圜

第二項 戶 稅 金五十万三千九百四十七圜

第三項 關 稅 金二百二十七萬九千一百八十三圜

第四項 礦 稅 金六萬五千二百四十八圜 未完

外報

●瑞皇葬禮 路透電을據ᄒᆞᆫ則瑞典國皇帝陛下의埋葬式을去二十日에擧行ᄒᆞ얏ᄂᆞᆫᄃᆡ同國新皇帝와丁抹國皇帝陛下와英國아스콘트殿下와其他諸國의皇族等이參禮ᄒᆞ엿다더라

●大阪大火 大阪電을據ᄒᆞᆫ則去二十一日午前二時頃으로부터非常ᄒᆞᆫ猛風이吹ᄒᆞ야該地北區下福町三丁目整毛工場에셔出火ᄒᆞ야近百戶가燒火ᄒᆞ얏ᄂᆞᆫᄃᆡ人命의死者ᄂᆞᆫ未詳ᄒᆞ고負傷者가多數ᄒᆞ고損害ᄂᆞᆫ百萬圜以上에達ᄒᆞ엿다더라

●兵事研究生選擇 北京電을據ᄒᆞᆫ즉淸國陸軍部에셔兵학研究ᄒᆞ기爲ᄒᆞ야靑年二十五名을選擇ᄒᆞ야歐洲各國에派遣ᄒᆞ기로定ᄒᆞ고同時에日本에도五名을派遣하기로定ᄒᆞ엿다더라

●移民調査 東京電을據ᄒᆞᆫ則米國에셔特別히移民을調査ᄒᆞ기爲ᄒᆞ야調査官을滿洲에派遣ᄒᆞ엿ᄂᆞᆫᄃᆡ該調査官이歸國ᄒᆞ야其調査ᄒᆞᆫ結果를大統領에게報告ᄒᆞ고更히滿洲에移民狀態를調査ᄒᆞ기爲ᄒᆞ야明春에出發調査ᄒᆞᆫ後日本과淸國을視察ᄒᆞᆫ다더라

●大阪暴風雨 大阪電을據ᄒᆞᆫ則去二十日夜暴風으로因ᄒᆞ야大阪港商船百十艘이破壞되얏ᄂᆞᆫᄃᆡ其破船을救助ᄒᆞ기爲ᄒᆞ야多數ᄒᆞᆫ汽船이出발ᄒᆞ다가轉覆되얏다더라

●賠償金送說 上海電을據ᄒᆞᆫ則淸國에셔英國에對ᄒᆞ야西藏事件의賠償金四十四萬九千兩을支발하얏더니英國政府에셔此를淸國에還送ᄒᆞ기로言ᄒᆞ얏다더라

●爆발慘事 倫敦電을據ᄒᆞᆫ즉地中海內에在ᄒᆞᆫ셜리嶋에셔火藥商店이爆발ᄒᆞ야其附近에旅館이破壞되야人命七拾一名이死傷ᄒᆞ엿다더라

●千葉大火 東京通信을據ᄒᆞᆫ즉去二十一日午後二時頃에千葉縣山武郡에셔出火ᄒᆞ야民家一百四拾九戶가盡燒ᄒᆞ엿다더라

●俄人日米戰爭觀 俄國通信을據ᄒᆞᆫ즉米國陸相타푸트씨가俄國에巡遊ᄒᆞᆫ事에就ᄒᆞ야同國陸海軍武官中에目下思想ᄒᆞ되未久에日米戰爭ᄒᆞᆯ際에米國을爲ᄒᆞ야義勇兵으로日本과欲戰ᄒᆞ깃다ᄒᆞ고米國大使館에申請ᄒᆞᄂᆞᆫ者頗多ᄒᆞ고同武官中에ᄂᆞᆫ既히義勇兵團体를組織ᄒᆞ고俄兵二軍團을菲律濱에駐屯케ᄒᆞᆫ다ᄂᆞᆫ說이有ᄒᆞ다더라

雜報

●府調官辦 宮內府에셔義親王宮總辦의게訓令ᄒᆞᆫ全文이如左

皇親에關ᄒᆞᆫ經費를國庫에셔供給ᄒᆞᄂᆞᆫ 皇室費中으로常額을定ᄒᆞ야支辦ᄒᆞᆷ은路親의體面을保ᄒᆞ고황流의尊嚴을保維ᄒᆞᆷ에在ᄒᆞ니 皇親侍從에職에在ᄒᆞᆫ官僚ᄂᆞᆫ小心翼々ᄒᆞ야經理運用에途를講ᄒᆞ고濫費蕩産의弊를杜ᄒᆞ야써 皇親에繁榮과幸福을企圖ᄒᆞᆷ이可ᄒᆞᆫ지라然이나從來의例를按ᄒᆞᆫ건대節制ᄒᆞᆫ其宜를失ᄒᆞ야臣民의게負債ᄒᆞ고累가 皇室에及ᄒᆞᆷ이一再에不止ᄒᆞ니如斯ᄒᆞᆫ事ᄂᆞᆫ皆當局者가其責을不盡ᄒᆞᆷ에起因ᄒᆞᆷ이라今에嚴飭치아니ᄒᆞ면或 皇親의品位를毁損ᄒᆞ며 皇室의威尊에汚辱됨이有ᄒᆞᆯ지라 皇室費ᄂᆞᆫ帝室尊嚴을維持ᄒᆞᆷ에必要ᄒᆞᆫ支途에對ᄒᆞᄂᆞᆫ國庫供辦이라財源이自有限局ᄒᆞ야猥濫히增加變更ᄒᆞᆷ을論ᄒᆞ기不可ᄒᆞᆫ故로 皇親奉侍에責을任ᄒᆞᆫ者ᄂᆞᆫ 皇親經費預算各項의定額內로調理按排ᄒᆞ야其制限을超過치아니ᄒᆞ기를是務ᄒᆞᆯ지요萬一舊習을不脫ᄒᆞ야依然히債務를負ᄒᆞ고 帝室에셔不得已ᄒᆞ야辦ᄒᆞᆫ境遇에ᄂᆞᆫ其命額은該 皇親經費豫算額中으로써控除ᄒᆞ고補給을不許ᄒᆞ리니若有違背ᄒᆞ면從重處斷ᄒᆞ야毫無容貸ᄒᆞ라신勅旨를奉承ᄒᆞ와玆에訓令하노라

●漢北開會 漢北學會에셔事務를擴張ᄒᆞ기爲ᄒᆞ야本日下午二時에特別會를開ᄒᆞᆫ다더라

●女徒誘引 長興庫前美國人姜夫人敎堂內에셔女학徒二名이逃走ᄒᆞᆫ事ᄂᆞᆫ前已記載어니와該敎會에셔方水淵爲名人이有何不美之事이던지訓넘ᄒᆞᄂᆞᆫᄃᆡ趙夫人이란女人이該事에干連되여被黜ᄒᆞ야出去ᄒᆞᆯ時에年幼ᄒᆞᆫ女子等을誘引携去ᄒᆞ다가該女子等이東門外에셔路中彷徨ᄒᆞ야其父母가推覓ᄒᆞ얏다더라

廣告

雜報

○新歲問候 來一月一日에 大皇帝陛下와 皇后陛下ᄭᅴ옵서 德壽宮에 新年問候ᄒᆞ옵서ᄂᆞᆫ대 宗戚과 各大臣에 夫人이 陛見ᄒᆞᆫ다더라

◉兩氏轉任 度支部繙譯官朴容九氏ᄂᆞᆫ 農部秘書官으로 轉任ᄒᆞ고 書記官申佑善氏ᄂᆞᆫ 檢查課長으로 轉任ᄒᆞᆫ다더라

●訪問副統 軍部大臣李秉武氏가 昨日上午十二時에 統監府에 前往ᄒᆞ야 曾彌副統監을 訪問ᄒᆞ얏다더라

○내次歸國 내部次官木내重四郞氏가 過歲次로 今日에 발程歸國ᄒᆞ얏다더라

○送次歸國 法部次官倉富勇三郞氏가 本國에 過歲ᄒᆞᆯ次로 再昨日京釜鐵路第一番列車로 발程ᄒᆞ얏다더라

●特使歸期 特派大使리載冕氏의 一行이 陽曆一月十日내로 還國ᄒᆞᆯ 預定이오 皇太子殿下의 陪從員리允用宋秉畯 ᄂᆞᆫ 追後로 歸國ᄒᆞᆯ 預定이라더라

●償與給與 內部에서 內外國高等官에게 年終賞與金을 給與ᄒᆞ다ᄂᆞᆫ데 地方局長眠仲模씨ᄂᆞᆫ 一百八拾圓이오 警務局長松井茂事務官鹽川一太郞氏ᄂᆞᆫ 各其三百圓式이라더라

●半數日人 內部奏任官도 半數以上은 日本人으로 將次敍任ᄒᆞ기로 내定이되얏다더라

●統府會議 總理大臣以下各部大臣이 昨日十二時에 統監府에 會同ᄒᆞ야 무ᄉᆞᆷ事件을 協議ᄒᆞ얏다더라

●日參詳議 慶北事務官鹽川太郞其他岡本利平兩氏로 詳議書記官을 敍任ᄒᆞᆯ 事由로 내部에서 내閣에 請議ᄒᆞ얏다더라

●咸守辭職 咸悅郡守徐廷喆氏ᄂᆞᆫ 내部로 辭職請願ᄒᆞ얏더라

●學士將敍 法官養成所卒業生二十二人中에 優等生四人을 爲先法學士敍任件을 내閣으로 送交ᄒᆞ얏ᄂᆞᆫ데 其餘ᄂᆞᆫ 次第로 敍任ᄒᆞᆯ다더라

●敍日協議 漢城五署各警務官을 一切로 辭職勸告ᄒᆞ야 依免後에 日本人으로 敍任ᄒᆞ기로 내閣과 統監府間에 協議ᄒᆞ얏다더라

●泄議免官 內閣에서 何等秘密事件이 漏泄되얏던지 不知ᄒᆞ거니와 總理大臣李完用氏가 各局課에 申飭하되 從今以後로ᄂᆞᆫ 內閣의 所聞이 傳播되ᄂᆞᆫ 境遇에ᄂᆞᆫ 期於探得ᄒᆞ야 該官吏ᄂᆞᆫ 免官이라도 ᄒᆞᆯ깃노라 ᄒᆞ얏다더라

●四大被責 總理大臣李完用法部大臣趙重應學部大臣李載崑三씨ᄂᆞᆫ 行政事件에 有何所失이던지 曾彌副統監의게 論責을 當ᄒᆞ얏다더라

◉郡奏待宋 郡守奏本을 統監府에 同意ᄒᆞ라면 依例히 內閣外司局에서 捺章送交ᄒᆞᄂᆞᆫ데 今番奏本案은 尙未捺章ᄒᆞ얏스니 同意치아니ᄒᆞ얏고 現今法制局에서 郡守履歷書를 調查中인데 農大宋秉畯氏가 歸國ᄒᆞᆫ後에 奏本이 되리라ᄂᆞᆫ 說이 有ᄒᆞ더라

●辭職理由 內閣書記官金重演洪鍾懋兩씨가 辭職請願ᄒᆞᆷ은 各新聞에 揭道ᄒᆞᆫ바어니와 其理由인즉 日本人으로 敍任ᄒᆞᆯ 必要가 有ᄒᆞᆷ으로 總理大臣이 辭職ᄒᆞ라고 勸告ᄒᆞ얏다더라

●官制任免 昨日拾時에 法部秘書課長金基肇氏가 該部新官制任免件을 修止ᄒᆞ야 該部大臣私邸로 往議ᄒᆞ고 即爲頒布ᄒᆞ라고 내閣에 送交ᄒᆞ얏다더라

●官廳新建 度支部에서 明年度에ᄂᆞᆫ 漢城내와 각 官廳을 新建築ᄒᆞᆯ깃쓰니 所屬官廳을 調查送交ᄒᆞ라고 各部로 照會ᄒᆞ얏다더라

●松井晩餐 警務局長松井茂氏ᄂᆞᆫ 昨日下午六時에 自己私邸에서 晩餐會를 開催ᄒᆞ고 該局奏判任諸氏를 招待ᄒᆞ얏더라

●法大往參 法官養成所卒業式을 本日上午十二時에 擧行ᄒᆞᄂᆞᆫ대 法部大臣과 奏任官이 往參ᄒᆞᆫ다더라

●倭撰何多 觀象所에서 學部一般官吏의게 曆書幾卷式送交ᄒᆞᄂᆞᆫ대 次官俵孫一氏의게 一百五拾卷을 贈送ᄒᆞ얏다더라

●學大往參 學部大臣李載崑氏가 再昨日上午十二時에 校동普通학校落成禮式에 進參ᄒᆞ얏다더라

●年終休暇 陽曆年終이 臨迫ᄒᆞᆷ으로 각府部에서 今日브터 次第休暇ᄒᆞᆫ다더라

論

●韓國情況에 對ᄒᆞ야 美國與論

紐育허랄드報를 據ᄒᆞᆫ즉 美國上議院議官쓰운氏가 大韓形便을 規察키爲ᄒᆞ야 一週日間을 漢城에 逗留ᄒᆞ다가 伊藤公爵이 帶同ᄒᆞ고 太皇帝及 大皇帝兩陛下ᄭᅴ 陛見ᄒᆞ얏ᄂᆞᆫ대 同氏가 右形便을 略擧說明日 以吾觀之컨ᄃᆡ 大韓形便이 極爲悲慘ᄒᆞ도다 外國이 其征服ᄒᆞᆫ 臣民에게 對ᄒᆞ야 干預ᄒᆞᄂᆞᆫ 手段이 若是殘虐ᄒᆞᆷ은 吾平生에 初見이로다 大韓을 衰弱케ᄒᆞ기 爲ᄒᆞ야 太皇帝를 壓逼ᄒᆞ야 讓位케ᄒᆞ얏ᄂᆞᆫ대 現今兩 陛下ᄭᅴ셔 實로 獄囚가 된 모양이오 擔銃ᄒᆞᆫ 日本兵丁이 闕內에 駐守ᄒᆞ고 大韓臣民은 不許出入ᄒᆞ며 但伊藤公爵의 指揮를 聽從ᄒᆞᄂᆞᆫ 大臣等만 出入ᄒᆞᄂᆞᆫ대 此大臣等은 日兵保護업시ᄂᆞᆫ 道路에 不敢露出ᄒᆞ며 毋論內外國人ᄒᆞ고 伊藤公爵의 許可나 或帶同업시ᄂᆞᆫ 不得陛見ᄒᆞ고 兩 陛下ᄂᆞᆫ 獄囚와갓치 宮中에 계시고 伊藤公爵이 分明ᄒᆞᆫ 君主요 政府ᄂᆞᆫ 日本兵力의 壓制政治요 人民은 日本殘虐에 怒嚇沸鬱ᄒᆞ니 不幸히 失望無依ᄒᆞᆫ 此人民이 極爲可哀이며 美國人은 此等慘酷ᄒᆞᆫ 國際를 觀望ᄒᆞ고 該瀕死者를 爲ᄒᆞ야 憐哀치아니ᄒᆞᆯ이 업스나 각國形勢를 因ᄒᆞ야 尙此寂然히 不爲反對ᄒᆞᄂᆞᆫ도다

●不參未決 法制局長兪星濬氏가 曾成學校事件으로 再昨下午七時에 該校講師諸氏를 官人俱樂部로 請帖會同ᄒᆞ야 諸般校務를 議決ᄒᆞ라더니 講師中不參ᄒᆞᆫ 人이 多數ᄒᆞ야 議決치못ᄒᆞ얏다더라

●避亂僅逃 廣州郡守吳泰泳氏가 義兵에게 砲殺을 當ᄒᆞ얏다 ᄒᆞ더니 確聞ᄒᆞᆫ즉 僅々히 逃避ᄒᆞ얏고 使喚一名만 被害ᄒᆞ얏다더라

●寫眞分排 내部判任官들이 昨日下午一時頃에 寫眞工匠을 招致ᄒᆞ야 一切搭影ᄒᆞ야 紀念件으로 一本式 各其分排ᄒᆞ얏다더라

●稅官拿囚 慶南裁判檢事朴準性氏가 法部로 報告ᄒᆞ되 本道密陽稅務官리宗稙의 案件을 行將拿囚審查라ᄒᆞ얏더라

●衛團電留 公州郡守金甲淳氏 願留를 該郡自衛團에서 내部로 電報를 送呈ᄒᆞ얏다더라

●日警歲饌 德壽宮에 派在ᄒᆞᆫ 警視巡查의게 歲饌으로 太皇帝陛下ᄭᅴ옵서 下賜ᄒᆞ옵셧ᄂᆞᆫ데 警視의게ᄂᆞᆫ 二百圓式이오 巡查의게ᄂᆞᆫ 三十餘圓式이라더라

●郵啓浮沉 溫陽來人의 傳說을 聞ᄒᆞᆫ즉 該郡郵遞局事務主幹ᄒᆞᄂᆞᆫ 鄭碩鎬氏가 郵便書信을 往々 滯不傳ᄒᆞ며 其或傳致ᄒᆞᄂᆞᆫ 것은 十餘日式遲延ᄒᆞᆫ 然後에 其家人金虎根으로 傳ᄒᆞᄂᆞᆫ데 金貨廿錢式 討索ᄒᆞ고 其討索을 不應ᄒᆞ면 書簡을 更持而歸ᄒᆞ니 此가 郵遞新規式인가 ᄒᆞ고 該地人의 批評이 大端ᄒᆞ다더라

○竪碑生弊 臨陂郡은 獨被歉年ᄒᆞ야 民情이 嗷々ᄒᆞᆫ中 猾吏輩가 該郡守善政碑를 竪立ᄒᆞᆫ다ᄒᆞ고 民間收斂전이 葉二千四百餘金에 達ᄒᆞᆷ으로 民怨이 載路라고 南來人의 傳說이 有ᄒᆞ더라

●四人砲殺 開寧郡延命面居金某黃某三四人이 稱以金田日兵의 虐待를 不堪ᄒᆞ야 赴義討滅ᄒᆞ기로 有何言論이던지 移議가 綻露ᄒᆞ야 該四人을 金田日兵이 即爲捉去砲殺ᄒᆞ얏다고 南來人의 傳說이 有ᄒᆞ더라

●閔還落科 閔宗默씨와 李薰福氏가 鐵路에 犯入ᄒᆞᆫ 地段價推尋事로 相訟事ᄂᆞᆫ 前報에 揭載ᄒᆞ엿거니와 漢城裁判所에서 閔宗默氏가 得訟ᄒᆞ엿더니 李薰福씨가 不服ᄒᆞ고 平理院에 伸訟ᄒᆞ야 閔宗默氏가 還爲落科ᄒᆞ얏다더라

○韓囚日放 新門外居尹喆成氏와 尹先達某氏가 日人數島爲名人을 符同ᄒᆞ야 弘濟院埒에 前往ᄒᆞ야 何許人의게 義兵과 干連이 有ᄒᆞ다ᄒᆞ고 錢財를 討索ᄒᆞ다가 警察廳에 被捉하야 監理署에 移囚ᄒᆞ고 日人數島ᄂᆞᆫ 詰成의게 見欺偕往이라ᄒᆞ야 無事放免ᄒᆞ얏다더라

●法律又管 去番赦典에 流配客解配時에 내部大臣任善準씨가 其姪婿閔衡植씨를 曲護하기 爲ᄒᆞ야 使警務顧問으로 訓令於黃州郡警部ᄒᆞ야 不待法部訓令ᄒᆞ고 先即放送ᄒᆞ얏더니 其後에 리世永氏가 因法部訓令ᄒᆞ야 自該郡으로 放送ᄒᆞᆫ즉 警部가 리氏를 執留不送日 必有내部令飭然後에야 可還이라ᄒᆞ더니 十餘日後에 放送하얏ᄂᆞᆫ대 警部도 初有내部訓令故로 法律所然으로 認ᄒᆞᆫ 所以라더라

●花心怨變 平壤妓生小紅蓮葉兩人이 青樓花心을 一刀斷割ᄒᆞ고 耶蘇教를 篤信ᄒᆞᄂᆞᆫ데 其父母가 官妓로 觀務ᄒᆞ라고 力勸ᄒᆞ나 終不聽從ᄒᆞ며 若在家做工이면 家累의 掣碍가 됨다ᄒᆞ야 京城耶蘇教學校의 上來ᄒᆞ야 熱心受教ᄒᆞᆫ다더라

▲地方消息▼

▲二拾五日南原電을 據ᄒᆞᆫ즉 長水郡分派所를 襲擊ᄒᆞᆫ 義兵이 日巡查와 交戰ᄒᆞ다가 退去ᄒᆞ얏ᄂᆞᆫ대 巡查一名이 腰部를 重傷ᄒᆞ엿다ᄒᆞ고

▲二拾三日海州電을 據ᄒᆞᆫ즉 同郡華野場臨時分派所에서 義兵二名을 捕捉ᄒᆞ얏다ᄒᆞ고

▲二拾六日咸興電을 據ᄒᆞᆫ則 文川郡雲林社에 義兵約二十六名이 現駐ᄒᆞ얏ᄂᆞᆫ대 永興巡查가 該地로 出張하얏다더라

北京電報

二十六日발

●採擇不許 間島問題의 就ᄒᆞ야 清國政府의셔 間島地圖를 付ᄒᆞ야 日本의 回答ᄒᆞ얏ᄂᆞᆫ데 日本政府의 主張ᄒᆞᆷ을 絶對的으로 排斥ᄒᆞ고 且天寶山의 採礦權을 日本의게 不許ᄒᆞ얏다더라

東京電報

二十六日발

◉清日談辦 日本政府의셔 駐清公使의게 間島問題의 關ᄒᆞᆫ 證據書類를 送ᄒᆞ야 北京의 談辦을 開ᄒᆞᆯ터이라더라

◉特使作別 韓國特派大使리載冕씨의 一行이 今朝의 歸國ᄒᆞᄂᆞᆫ대 伊藤統監以外百餘名이 新橋의 來ᄒᆞ야 作別하얏다더라

▲夢中八事▼

▲午窓에 夢驚ᄒᆞ야 世上事를 生覺ᄒᆞ니 夢中에 노ᄂᆞᆫ 人生空然히 紛忙ᄒᆞ다

▲黃粱枕도 두베고 富貴만 思念ᄒᆞ야 國權軍權讓與ᄒᆞ고 土地人民不顧ᄒᆞ야 嶽懲만 ᄎᆔ우면 만족ᄒᆞ지면 虛事로다 七大臣의 夢中事오

▲銀錢分에 팔닌몸이 權門下에 哀乞ᄒᆞ고 外人의게 阿附ᄒᆞ야 勅奏判任맛보라고 晝夜奔忙ᄒᆞ노라니 爲國之心을 슈잇나 仕宦客의 夢中事오

▲陳北村出入場에 達人첩道ᄒᆞᄂᆞᆫ 말이 郡守쇠쌀이 奏本되얏다지 幾窠먹고 幾窠中單食口ᄂᆞᆫ 主務大臣이ᄒᆞ여 이ᄉᆞᆫ을 쓰니 地方政治엇지ᄒᆞ며 人材擇用잘되얏다 郡守者의 夢中事오

▲窮交貧族對ᄒᆞᆯ時에 ᄌᆞᄂᆞᆫ소리 너무마라 慈善事業許多ᄒᆞᆫ데 守錢奴가 되단말가 艮田美士高樓巨閣當塲行樂無窮ᄒᆞᆫ만 空手來空手去ᄂᆞᆫ 世上事가 慮단ᄒᆞ다 富家翁의 夢中事오

▲歲暮天寒頹窓下에 擁爐生涯淡泊ᄒᆞ다 저집生員志操보소 ᄉᆞᆫ질ᄒᆞᆯ줄 몰ᄂᆞ면서 勞働事業엇지ᄒᆞ리 一日心腸 못變ᄒᆞᄂᆞ 貧寒士의 夢中事오

▲洋服입고 落髮ᄒᆞ니 外面開化 鮮明ᄒᆞ다 人民國辱體說이오 國家思想無實이라 聲名만 釣取ᄒᆞ니 操守하나 쥬어보면 名譽客의 夢中事오

▲학問知識 ᄲᅮᆫ더업고 風流場에 沈惑ᄒᆞ니 千金散盡還復來ᄂᆞᆫ 옛말이 無效로다 돈잘쓰ᄂᆞᆫ 저手段은 靑전產業蕩敗ᄒᆞ고 悲歎餘處ᄒᆞᄂᆞᆫ고ᄂᆞ 蕩敗者의 夢中事오

▲送郞迎郞繁華場에 炎凉世態可觀이라 多전客만 偏好ᄒᆞ니 某大臣과 恰似ᄒᆞ다 二八靑春幾何런고 東園桃李片時春은 娼家女의 夢中事라

▲一夢을 반ᄭᅢ서여 四方을 바라보니 昏夢天地되얏고나 이ᄭᅮᆷ을 언제ᄭᅢ서여 文明世界되야보나

◎特別至急社告

仁川。平壤。義州。元山。釜山。三和。昌城。定州。咸興 각支社에서 承報代金滯納이 二三朔以上에 達ᄒᆞ야 本社에서 經費가 군絀ᄒᆞᆯ뿐더러 本社에 損害가 不少ᄒᆞ니 찰아리 支社를 廢止ᄒᆞ면 紙價와 郵稅와 其他經費가 減少ᄒᆞᆯ것인 故로 各支社에 對ᄒᆞ야 屢日廣佈ᄒᆞ얏거니와 今月二拾日內로 爲限ᄒᆞ야 代金을 未納ᄒᆞᆯ境遇에는 來年 **一月一日** 爲始ᄒᆞ야 本報를 **停送**ᄒᆞ깃ᄉᆞ오며 以上各處의 支社와 本報購覽員의게 姑오 告別ᄒᆞ깃노라

大韓每日申報社

雜報

●靑年會討論　今日下午七時에 靑年會館에서 討論會를 開ᄒᆞ고 女子教育이 必先於男子란 問題로 討論ᄒᆞᆫ다더라

●西友總會　西友學會에서 本日下午三時에 緊要ᄒᆞᆫ 事項을 處理ᄒᆞ기 爲ᄒᆞ야 特別總會를 開ᄒᆞᆫ다더라

●警官不法　前警務官 金俊植氏는 黃海道에 下去ᄒᆞ야 供進所檢査官이라 稱ᄒᆞ고 舍音監官等處에 討索金이 五萬餘兩이라고 秋收官이 報告ᄒᆞ얏더라

●閔家賊警　再昨日下午六時頃에 寺洞 閔炯植氏家에 賊漢拾餘名이 突入ᄒᆞ야 家産汁物을 數槖ᄒᆞ얏다는대 該署니 警官의 服務不勤ᄒᆞᆷ은 可知이라더라

●兩校休學　普成專門學校와 中學校는 昨日부터 休學ᄒᆞ얏다더라

●聖誕慶賀　去二十五日은 耶穌基督탄節인되 貞洞教堂에서 慶祝勝況이 多ᄒᆞ고 貧民을 救濟ᄒᆞ얏는뒤 白木袋囊에 精米市二升式分給ᄒᆞᆫ것시 一百三人이라 敎人中 洪應燮씨와 松盤堂 張氏는 特別히 白米一石式 出助ᄒᆞ얏다ᄒᆞ고 尙洞教堂에서는 盛會를 開ᄒᆞ고 倭柑二櫃와 胡桃一櫃와 大棗一櫃와 倭콩一櫃를 孤兒院에 餽送ᄒᆞ얏다더라

●示刀奪錢　再昨日 泥峴日人商店에서 韓人二名이 物品을 旣覽ᄒᆞ다가 一人이 囊刀一介 三拾錢假量者를 問價ᄒᆞᆫ즉 一圓廿錢이라ᄒᆞ미 韓人이 不欲買ᄒᆞ러니 日人이 詰辰曰도로 보라ᄒᆞ고 韓人의 皮匣所存 金錢을 奪取ᄒᆞᆷ이 廿五錢뿐이라 同行ᄒᆞ든 隣人의 囊中금ㅅ五錢을 奪取ᄒᆞ엿다더라

●一進照律　公立永興普通學校教員 劉漢烈氏가 因地方不穩之致로 未及斷髮ᄒᆞ얏다가 該郡一進支會長 白士元이 逆啣招致ᄒᆞ야 詔勅도 不遵ᄒᆞᆫ다고 警責이 尙在라ᄒᆞ고 劉씨를 使同會人으로 回示ᄒᆞ얏다고 學部로 報告ᄒᆞᆫ 事는 已揭前報어니와 白士元이 其後에 反히 拔刀剪髮ᄭᆞ지ᄒᆞ얏다ᄒᆞ야 學部에서 白士元의게 都不使習ᄒᆞ고 去益行悖ᄒᆞ야 眼無法律ᄒᆞ고 行爲罔測ᄒᆞ오니 似此無法之類를 不可尋常措處이니 該白士元을 即爲押上ᄒᆞ야 嚴懲照律ᄒᆞ라고 法部로 照會ᄒᆞ얏더라

●被燒救恤　今番麻浦火災에 對ᄒᆞ야 李相弼氏가 五十元을 捐助ᄒᆞ야 撫遺失所ᄒᆞᆫ 被燒人을 爲先救接케 ᄒᆞ얏다더라

●冤徵呼訴　漆谷郡稅務所에서는 鐵路에 犯入ᄒᆞᆫ 田畓結世를 人民의게 三分之一을 冤徵하라 ᄒᆞ는 故로 該郡民 鄭鎭南等이 昨日 度支部에 呼訴ᄒᆞ얏다더라

●日商被奪　本月十四日午后三時에 淸州邑居雜貨商 申田賢吉과 菓子商 花本淸藏 三人은 該郡米院場附近 二里되는 道中에서 十五六名 賊黨을 逢ᄒᆞ야 申田賢吉은 雜貨 三十圜價値와 驢馬幾頭를 被奪ᄒᆞ얏고 花本은 菓子 九圜價値를 被奪ᄒᆞ얏다더라

廣告

◉國債報償義捐金收入廣告
●慶尙南道安義郡 續
知代安心 鄭東린 二圜
鄭泉洲 六拾錢
草점道林 鄭秀範 四十전
鄭秀益 崔秉煥 각卅전
崔龍煥 二十錢 김昌秀
六拾전 김昌鎬 김昌琪
金弘一 各四十錢 崔鳳倫
許찬 각卄錢 崔宗린
劉漢國 각卅전 崔周現
十錢 김鼎斗 卄전 김聖斗
三十錢 김昌善 四十錢
章汝文 二拾전 김昌守
十전 김琪斗 二拾錢
崔道煥 十전 吳斗永
六拾전 金永斗 金濟述
崔春煥 崔允천 김光斗
각卄錢 朴斗實 三十전
金守介與金九守 각拾錢
崔鳳鎬 二拾錢 崔東權
崔允煥 김權伊 각拾錢
崔東赫 二拾錢 崔周益
崔台煥 四拾전 崔在鉉
二拾전
知代新基 鄭漢相 六圜
草점공田 鄭寅復 六十錢
崔國榮 六拾전 鄭尙모
四拾전 愼宗胤 朴永涉
鄭寅상 鄭寅宅 각卄錢
鄭寅順 鄭鎭南 각卅錢
草점宿只 許丙圭 三十錢
리弘吉 리鍾吉 각十전
黃在顯 黃永顯 金一權
각卄錢 文箕淳 拾전
二十二圜二拾전 未完
前號總合五萬七千二百七拾
五圜六拾五전七厘
都總合五萬사千二百九拾七圜
八十五錢七厘

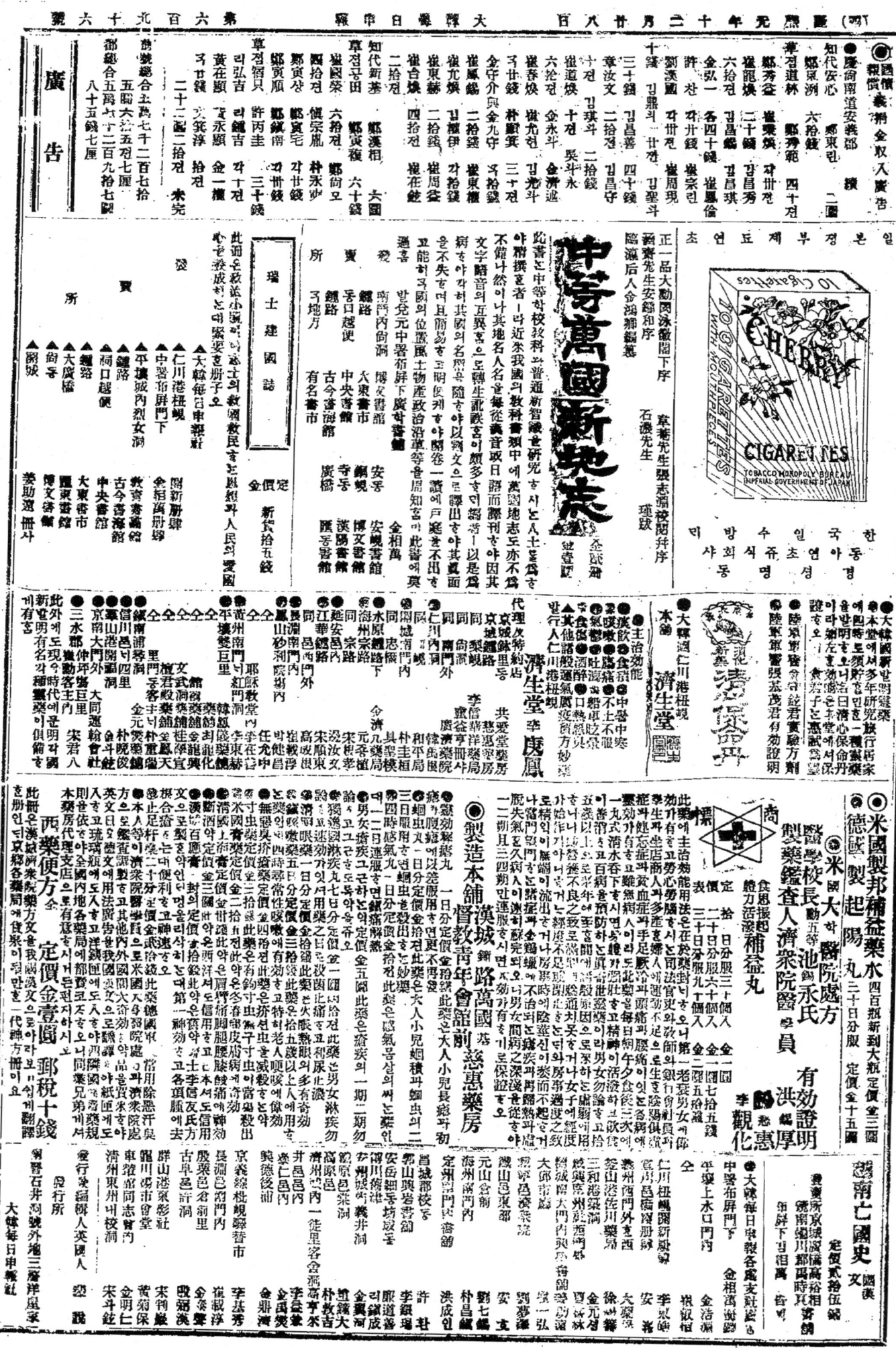

廣告

第六百九十七號

大韓每日申報

第五卷

月曜及慶節
歲時休日刊

檀君開國四千二百四十年
箕子元年三千二十九年
大韓開國五百十六年
日本明治四十年
淸國光緖三十三年
陰曆丁未十一月大廿五日壬子

寄書

○告我同胞　姜世馨

我大韓이東洋半島에在ᄒᆞ야地方은비록不廣ᄒᆞᆯ지라도古代聖人의建國으로由來文華의盛ᄒᆞᆷ이實로他國에不讓ᄒᆞᄂᆞᆫ비러니胡爲乎今日에至ᄒᆞ야我韓의國權이忽地에薄弱ᄒᆞᆷ이이갓치甚ᄒᆞ고見今時代ᄂᆞᆫ世界의交通이極히頻繁ᄒᆞ야外國의狀況을採得키容易ᄒᆞ도다

以今我國의狀況으로外他列强國과比觀ᄒᆞ면如何程度에在ᄒᆞ뇨ᄒᆞᆷ이可乎아國際之萬口一語가必我國을未臨于同等이오實際狀況은不忍言者尤多ᄒᆞ니嗚呼라是ᄂᆞᆫ使吾國權으로爲人所奪耶아爲自抛棄耶아反復獃會에實로未解ᄒᆞᆯ바로다然而必是我一般國民의思想에未鞏固ᄒᆞ며能力이不完全ᄒᆞᆫ所以에不過ᄒᆞᆷ이니然則凡我國民은彼列强國民의存亡바續가不異乎아耳目口鼻가無乎아彼列强國民의供ᄒᆞᄂᆞᆫ바衣食이乏乎아若然ᄒᆞ다면何로다민已어니와不然하야彼人과ᄀᆞᆺ치以ㅏ資格을具有라ᄒᆞ면엇지獨히思想과能力은無ᄒᆞᆫ乎아思想能力이卽人의生存上機關이라彼人은此를有ᄒᆞ얏거ᄂᆞᆯ吾人은此를不有ᄒᆞ고엇지彼人과ᄀᆞᆺ치此世界에生存競爭을維持ᄒᆞ기希望ᄒᆞ리오近來我韓의學校之興이非不多也로되敎育之발達은未見其進步요會社之設이非不盛也로되團體之成立은未聞其完全ᄒᆞ니胡爲乎徒其名而無其實也오古所謂能言이무之譏를未得免於外人之口也라是ᄂᆞᆫ皆無能力의作爲로因ᄒᆞᆷ이니言念及此ᄒᆞ면痛歎之不足에淚不覺산然이로다然이나物盛則衰ᄒᆞ고月滿則虧ᄂᆞᆫ常理而不易也니若以此理而推之ᄒᆞ면此時가實我國의再興之秋也로다旣往은遂事라雖諫이나無奈어니와將來ᄂᆞᆫ可覺이라有悔ᄒᆞ면庶追니於是乎我國人民은全然改悟ᄒᆞ며惕然深省ᄒᆞ야一般義務로爲讓的事業에注意를倍加하야日益進ᄒᆞ며月益新ᄒᆞ도록期ᄒᆞᆯ지라凡事를皆爲ᄒᆞᆷ에當ᄒᆞ야盡心極力ᄒᆞ야死以後도自處ᄒᆞ면生在以前에ᄂᆞᆫ不服ᄒᆞᆯ理由가無ᄒᆞᆷ이니엇지高枕安眠하고야何事든지成立ᄒᆞ기를自期ᄒᆞ리오諸我同胞ᄂᆞᆫ十分注意ᄒᆞ야社會的方針을각自勵心研究ᄒᆞ야智識의發明을或先或後히互相交換ᄒᆞ야期於코文化之域의到達ᄒᆞ야國權의基礎를鞏固에置ᄒᆞ고列强과此世界에並立ᄒᆞ야安榮을永遠히共享ᄒᆞ기를攢手顒祝ᄒᆞ노이다

官報

○隆熙二年歲入歲出總豫算表 續

第五項　水産稅　金[illegible]萬圓
第六項　鹽稅　金拾萬二千圓
第七項　船稅　金一萬五千圓
第八項　礦稅　金八萬一千七十二圓
第九項　庖肆稅　金二萬三千一百六十四圓
第十項　典當舖稅　金一千一百圓
第十一項　(旣往年度未納稅收入)　金七十萬圓
第二欵　印紙收入　金拾九萬五千圓
第一項　印紙收入　金十九萬五千圓
第三欵　官業收入　金拾一萬八千五百六拾圓
第一項　醫院收入　金五萬二千五拾四圓
第二項　官報收入　金五千九百四拾六圓
第三項　度量衡事業收入　金三萬五千九百六拾圓
第四項　礦業收入　金二萬五千圓
第四欵　雜收入　金七十六萬九千八百四十四圓
第一項　手數料　金四萬五千七百四拾圓
第二項　官有物品賣却代　金一千三百五拾八圓
第三項　罰金及沒收金　金十萬圓
第四項　稅關雜收入　金十五萬五千五百六拾九圓
第五項　雜入　금四拾六萬七千二百七拾七圓
歲入經常部合計　一금千一百四十五萬[illegible]千八圓
○歲入臨時部
第一欵　繰越金　금三百六拾萬三千[illegible]圓
第一項　[illegible]餘金繰入　金拾七萬一千七百圓
第二項　漁區工事基金繰入　金一百四拾一萬九千一圓
第三項　起業資金繰入　금一百七拾三萬一百九十八圓
第四項　金鑛資金繰入　금二十九萬一千一百五拾五圓
第二欵　借入金　金五百廿五萬九千九百八十圓
第一項　借入金　금五百廿五萬九千五百八拾圓
歲入臨時部會計금八百八拾六萬二千七二拾四圓
歲入總計금二千二十八萬六千七百三十二圓
○歲出經常部
第一欵　皇室費　금一百五拾萬圓
第一項　皇室費　一百五拾萬圓
內部所管
第一欵　內部本廳　금二十八萬四千九百七十圓
第一項　俸給　十五萬一千四百四拾圓
第二項　廳費　금一萬七千二百四圓
第三項　旅費　금二萬五千二百卅六圓
第四項　雜給及雜費　금三萬一千一百十四圓　未完

外報

●淸兵暴動　北京電을據ᄒᆞᆫ則淸國齊々哈爾에在ᄒᆞᆫ淸兵의一部分이暴動을起ᄒᆞ고蒙古方面으로逃走ᄒᆞᆷ을因ᄒᆞ야該地道臺가軍隊를派遣ᄒᆞ야其逃走兵等을捕縛ᄒᆞᄂᆞᆫ대此結果로致死ᄒᆞᆫ者가十八名이오捕縛된者ᄂᆞᆫ卽時砲殺ᄒᆞ야處ᄒᆞ고其外ᄂᆞᆫ蒙古로逃走ᄒᆞ얏다더라

●艦隊組織　伯林電을據ᄒᆞᆫ則倫敦타임스新聞에掲載ᄒᆞ엿스되明年에英國에서太平洋艦隊를組織ᄒᆞᆯ터인데其根據地ᄂᆞᆫ加奈陀스몰트地로定ᄒᆞᆫ다더라

●蒙古不穩　北京電을據ᄒᆞᆫ則淸廷에서蒙古及滿洲를開拓ᄒᆞ기爲ᄒᆞ야該地方에移民을奬勵ᄒᆞ얏더니土人이反히其業務를延ᄒᆞ고困窮에濒ᄒᆞᆫ者가不少ᄒᆞ야昨今不穩ᄒᆞᆫ形勢가有ᄒᆞ다더라

●外債排斥運動　北京電을據ᄒᆞᆫ則淸國浙江省人民等이唐巡撫의曉諭ᄒᆞᆷ을不拘ᄒᆞ고安東縣과旗籍人民과聯合ᄒᆞ야鐵道外債를排斥ᄒᆞᄂᆞᆫ聯合會議를組織ᄒᆞ고意氣揚々히運動ᄒᆞᆫ다더라

●宣言書回答　倫敦電을據ᄒᆞᆫ則波斯國에駐在ᄒᆞᆫ俄國公使ᄂᆞᆫ同國政府에干涉을要求ᄒᆞᆫ事로因ᄒᆞ야波斯國民의宣言書가俄公館에來ᄒᆞ얏ᄂᆞᆫ대答書ᄒᆞ야曰俄國은波斯國의內政을干涉ᄒᆞ려ᄒᆞᆷ이오但兩國境界及在留俄民을保護ᄒᆞᆯ計劃이라ᄒᆞ얏더라

●巡航艦隊消息　紐育電을據ᄒᆞᆫ則米國戰鬪艦隊ᄂᆞᆫ無事히亭레타트港에到着ᄒᆞ얏다더라

●淸國鐵道計畫　淸國政府에서向者에兩廣總督岑春煊의建策에依ᄒᆞ야鐵道[illegible]一案을[illegible]傳郡會議에附議ᄒᆞᆫ結果ᄂᆞᆫ如左ᄒᆞ니四大幹線及支線을劃定ᄒᆞ엿ᄂᆞ니四大幹線의第一은北京으로보터漢口와黃河를經ᄒᆞ야廣東에至ᄒᆞ고第二ᄂᆞᆫ北京으로보터京張鐵道를經ᄒᆞ야庫倫과恰克圖에至ᄒᆞ고第三은北京으로보터新民屯과洮南과齊々哈爾을經ᄒᆞ야愛琿에至ᄒᆞ고第四ᄂᆞᆫ北京으로보터開封와蘭州와西安과[illegible]州를經ᄒᆞ야新疆을貫通ᄒᆞ야伊犁에至ᄒᆞ고支線은四斤[illegible]處로貫通케ᄒᆞᆫ다더라

雜報

●鉄郡新校　鉄山郡新民村居金德煥씨가年今六旬에嘗言曰當此時代ᄒᆞ야敎育人才가實爲保國之基礎라ᄒᆞ야昨秋에鼓測有志人士會를集ᄒᆞ고現今時代에學校가急務됨을一場說明ᄒᆞᆫ즉會同諸氏가一齊唱采ᄒᆞ고各出義捐ᄒᆞ야小學校를設立ᄒᆞ고敎師朴鳳洙氏를延聘ᄒᆞ야聽從子弟를募集ᄒᆞ고任員金用五金用澤諸씨가熱心贊成에日增月加ᄒᆞ야直至四五十名에該校가將有前進之望이라더라

●婦人愛國　義州府新洞居金春谷의一名은山紅인대衆來貧寒ᄒᆞ야敎育을受치못ᄒᆞ얏더니時局을奮激ᄒᆞ야女學校에入學ᄒᆞ미頗多慧悟ᄒᆞ야漢文도實心研究ᄒᆞᄂᆞᆫ지라羅蘭夫人傳을誦讀ᄒᆞ야曰彼亦女子요我亦女子니同等事業을成就ᄒᆞ리라ᄒᆞ며今春國債報償에對ᄒᆞ야도多數捐助ᄒᆞ얏다고同郡來人이稱口稱賀ᄒᆞ더라

●黃校漸旺　黃州郡耶蘇敎中에서學校를設立ᄒᆞᆫ지不過數月에학徒가日增ᄒᆞ고校況이漸旺ᄒᆞᆫ다ᄂᆞᆫ데同郡人士가幾百金式熱心捐助ᄒᆞᆫ다고觀光來人의傳說이有ᄒᆞ다더라

廣告

雜報

●移御消息 安洞別宮을修理ᄒᆞ고 太皇帝陛下移 御ᄒᆞ실事로日昨에總理大臣李完用軍部大臣李秉武兩氏가 上奏ᄒᆞ미 天顔이不豫ᄒᆞ셧다더라

●加資 總理大臣李完用氏ᄂᆞᆫ輔國으로其他各部大臣은正一品으로加資特敍되다더라

●度協移任說 前度支部協辦兪正秀氏ᄂᆞᆫ該部檢司局總長을敍任ᄒᆞ다ᄂᆞᆫ說이有ᄒᆞ더라

●山月生色 今番新官制를實施以後로某大臣은族戚中으로안奏判任官의敍任이合爲六拾七人이오愛妾山月의族戚이拾餘人이라고批評이喧藉ᄒᆞ더라

●主馬不公 宮內府主馬課에서御馬者를現今募集ᄒᆞᄂᆞᆫ대不公平ᄒᆞ다ᄂᆞᆫ說이狼藉ᄒᆞ야主馬課長李起泓씨가其論責을難免이라고들ᄒᆞ더라

●內免外任 內部新官到任免에奏任官中免職되ᄂᆞᆫ諸郡守로敍任ᄒᆞ다ᄂᆞᆫ說이有ᄒᆞ더라

●落仕求處 內部에셔將次郡守奏本拾餘窠를又爲修正ᄒᆞᆫ다ᄂᆞᆫ데新官制에各府部院廳에見落ᄒᆞᆫ奏任官만選擇敍任ᄒᆞᆫ다더라

●爲破芥嫌 今番郡守奏本에金寬鉉씨가南陽郡守被任ᄒᆞᆫ內容을得聞ᄒᆞᆫ즉某處勸告가內部大臣任善準氏의게緊切ᄒᆞᆫ지라任씨가金氏를請遞ᄒᆞ야前內大臣址鎔氏遞任後並氏의免官됨을勿爲芥嫌ᄒᆞ라고節々曉諭ᄒᆞ고郡守를敍任ᄒᆞ얏다더라

●南氏請願 懿孝殿祀丞南廷七氏ᄂᆞᆫ年前閔氏가有何事端인지請願書를繕呈ᄒᆞ얏다더라

●洪守辭職 洪原郡守崔九鶴氏가內部로辭職請願ᄒᆞ엿다더라

●月俸何還 宮內府에셔景孝殿一般官吏와下隷ᄭᆞ지兩箇月俸을尙今支撥치아니ᄒᆞᆫ故로官吏ᄂᆞᆫ姑捨ᄒᆞ고下隷輩가該月給에生命을付托ᄒᆞ고勤實服役ᄒᆞ다가當此寒節ᄒᆞ야飢死之境에陷ᄒᆞ얏다더라

●宗教演述 大東學會에셔再昨日成均館에總會를開ᄒᆞ얏ᄂᆞᆫ데會長申箕善씨以下一般任員과總理大臣以下各大臣과元老大臣과中樞院顧問諸씨가會同ᄒᆞ야宗教와大旨를各其演述ᄒᆞ고曾彌副統監이答辭ᄒᆞ얏다더라

●外人料費 法部에셔度支部로照會ᄒᆞ되外國人이日本에因公出張及召喚旅費와外國人을召喚ᄒᆞᆫ時에家族을携帶ᄒᆞᄂᆞᆫ境遇에ᄂᆞᆫ旅費及宿泊料支給規定을示明ᄒᆞ라ᄒᆞ얏다더라

●俵孫設宴 學部次官俵孫一씨가二拾日下午五時에該部一般官吏를羅宗俱樂部로請邀宴待ᄒᆞᆫ다더라

●內次歸期 內部次官이歸還ᄒᆞᆫ은前項과如ᄒᆞ거니와往還期限은二週日假量이라더라

●郡奏調查 今番郡守奏本이尙未頒布됨은郡守某某가納賂ᄒᆞ얏다ᄂᆞᆫ說이有ᄒᆞᆷ으로統監府에셔現今調查ᄒᆞᄂᆞᆫ中이라더라

●長倅催送 長湍郡守李公雨氏를催促下送ᄒᆞ라고該道觀察使가內部로電報ᄒᆞ얏더라

●慶察薦人 安東郡居前注書權有夏氏ᄂᆞᆫ其才可堪이니賓職을敍任ᄒᆞ라고慶北觀察使가內部로報告ᄒᆞ얏다더라

●經費請撥 從二品康永勻氏가廣濟院長在任時에水口門外活人署經紀ᄒᆞᆯ時所入經費三千二百餘圜을支撥ᄒᆞ라고該氏가內部로請願ᄒᆞ얏더라

●宮租還給 忠南觀察使梁在翼氏가各宮庄賭租를執留ᄒᆞᆫ事件에對ᄒᆞ야帝室財產整理所局에셔各宮監官의게還爲出給ᄒᆞ라고電飭ᄒᆞ얏다더라

●餞別末次 內部次官木內重四郞氏가昨日過歲次로歸國ᄒᆞᆫ事ᄂᆞᆫ昨報에已揭어니와木內氏가上午八時四十分에停車場에出발ᄒᆞᆯ時內大任善準氏ᄂᆞᆫ上午十時頃에젼別次로出往ᄒᆞ얏다가逢着치못ᄒᆞ고即時內部에仕進ᄒᆞ야東萊府參書官崔惠씨와有電報ᄒᆞ고젼別치못ᄒᆞᆫ理由를說明ᄒᆞ라ᄒᆞ얏다더라

●懸賞抽籤 昨日上午十二時에學部一般官人一朔月俸에百分之三을各出ᄒᆞ야懸賞會를開ᄒᆞᄂᆞᆫ데錢이合一百六十圜인데六十圜은韓料理를設ᄒᆞ고餘百圜은上等은五圜으로ᄒᆞ고其次幾等에分ᄒᆞ야抽籤ᄒᆞ얏다더라

●洪獨免官 忠北警務官全筵大氏ᄂᆞᆫ總巡洪健永씨를使用ᄒᆞ야無辜人民을義兵에干連이有ᄒᆞ다ᄒᆞ야威脅討財ᄒᆞᄂᆞᆫ事와幾十年前에買賣ᄒᆞᆫ人家의牌子를章程所無라ᄒᆞ야施威奪財ᄒᆞᄂᆞᆫ事로總巡洪健永氏만免官이된다더라

●日店大利 本年度年終에內外國官吏들이忘年會니茶話會니餞別會니歡迎會니ᄒᆞᄂᆞᆫ形形色色의會가頻繁ᄒᆞᆷ으로日本人料理店에셔大利益을收取ᄒᆞ얏다ᄂᆞᆫ대花月樓에셔ᄂᆞᆫ萬數千圜이오其他翠翠樓洗沒亭에ᄂᆞᆫ萬餘圜式에達ᄒᆞ얏다ᄂᆞᆫ대料理店에利益으로ᄂᆞᆫ初有ᄒᆞᆫ事이라더라

●誘人奪職 警視廳에셔昨春官制改定時에無欠ᄒᆞᆫ奏判任官二十餘人을逐出ᄒᆞ고其時警務使尹喆圭와總巡某々數三人이其親知를敍用ᄒᆞ더니今番新官制에對ᄒᆞ야警視副監具然壽氏와庶務課長嶺台鉉氏가秘密協議ᄒᆞ고奏判任官中多數逐出ᄒᆞᆫ次로爲先警視數三人을辭職請願ᄒᆞ라ᄒᆞ얏ᄂᆞᆫ데嶺台鉉氏ᄂᆞᆫ納諂阿諛ᄒᆞ기로原來有名ᄒᆞ거니와具然壽氏의事爲를人皆批評ᄒᆞᆫ다더라

●韓一事煩 韓一銀行에셔ᄂᆞᆫ當此年終ᄒᆞ야行務가多端ᄒᆞᆷ으로一般經濟界의便利를計圖키爲ᄒᆞ야土曜日曜日에도休業치아니ᄒᆞ고平日의時限과如히視務ᄒᆞᆫ다더라

●遂倅容恕 遂安郡에셔去月에義兵의게被燒人戶가至爲二拾餘戶라本守李承仁氏가親往慰撫ᄒᆞ고捐俸二十圜ᄒᆞ야人民의賑接之方을周給ᄒᆞ얏고官隷中一名은義徒의게被傷ᄒᆞ고一名은被殺ᄒᆞ얏ᄂᆞᆫ대被傷者ᄂᆞᆫ親往慰問ᄒᆞ고給젼治療케ᄒᆞ고被殺者ᄂᆞᆫ優給葬費ᄒᆞ고親往吊喪ᄒᆞᆫ際에死者妻가歸怨於官ᄒᆞ야日自官으로不爲差送이면吾夫가不死라ᄒᆞ고拔劒作戱ᄒᆞ거ᄂᆞᆯ本守가惻然落淚而答曰我是德薄人也라故로有此變怪ᄒᆞ얏스니汝可害我ᄒᆞ야能解汝怨이면吾當甘受라ᄒᆞ고宛然不動ᄒᆞ니作戱ᄒᆞ든女가即地悔悟ᄒᆞ고在傍ᄒᆞᆫ諸人이莫不感淚라及其葬日에本守가親行監葬ᄒᆞ고其後邑人이欲懲其女作戱之罪ᄒᆞ거ᄂᆞᆯ本守가以容恕之理로力勸ᄒᆞ얏다더라

●積而能散 文義郡居前主事吳聖秀씨가以恤貧周窮爲事ᄒᆞ야如干錢穀을盡爲발散ᄒᆞ야窮交貧族間에周給ᄒᆞ얏더니至于今秋ᄒᆞ야如干田土를盡爲劃區ᄒᆞ야隣近洞姻과知舊族屬과其先代墓村에各其幾斗落式分定ᄒᆞ야永々散給ᄒᆞ고自己生業은僅免飢乏케ᄒᆞ니其所學力은素有蓄積ᄒᆞ얏다고該郡來人이稱頌不已ᄒᆞ더라

●訟民接屑 民刑事間에地方人民이上京ᄒᆞ야法司에呼訴ᄒᆞ면可否間題辭가十餘日이過ᄒᆞ도록出送치아니ᄒᆞ미該訟民들이當此寒節ᄒᆞ야客地接屑은姑捨ᄒᆞ고行橐이罄竭ᄒᆞ야道路에呼泣ᄒᆞᄂᆞᆫ者多數ᄒᆞ되法官은聽若不聞ᄒᆞᄂᆞᆫ지未知ᄒᆞ깃다ᄂᆞᆫ巷說이喧藉ᄒᆞ더라

◎一捉一逃 金光秀韓台源兩人이安相玉爲名人을誘引ᄒᆞ야庖사을圖給ᄒᆞᆫ다ᄒᆞ고젼三百二十二元을欺取避身ᄒᆞᆫ事로警務北署에셔安相玉에呼訴를因ᄒᆞ야韓台源만捕捉ᄒᆞ얏다더라

●巡檢賞與 檢疫所에셔服務ᄒᆞ든巡檢五名에게賞與金拾圜式支給ᄒᆞ얏다더라

●隱結調查 漢城稅務官金敎翼氏가所管區域內各郡에今秋作부에隱結을調查ᄒᆞ얏다ᄂᆞᆫ데高陽郡에ᄂᆞᆫ六十一結九負五束始興郡에ᄂᆞᆫ五十四結七拾五負八束抱川郡에ᄂᆞᆫ四十六結拾二負六束永春郡에ᄂᆞᆫ五拾結五束果川郡에ᄂᆞᆫ十三結六負十束陽川郡에ᄂᆞᆫ三十三結二十七負九東金浦郡에ᄂᆞᆫ五十七結十二負九束通津郡에ᄂᆞᆫ二十三結四十三負九束은發先陞總ᄒᆞ고度支部에報告ᄒᆞ얏다더라

●學校查報 普成專門學校今番事件에對ᄒᆞ야實查報ᄒᆞ라고學部學務局長閔健植氏가公函ᄒᆞ얏더니該校長兪星濬氏가學部에報告ᄒᆞ얏ᄂᆞᆫ대本部書記官閔樂鎬公函內槪에貴校維持會와李鍾浩間에不好ᄒᆞᆫ光景이有ᄒᆞᆫ즉校務上無關係人이會同ᄒᆞ야不穩ᄒᆞᆫ情況을惹起라ᄒᆞ니實非事體요亦不可仍置之意로現承大官勻敎이니事由를大臣閣下게昭詳報明ᄒᆞ라ᄒᆞ온바此를查ᄒᆞ오니本月十九日에維持會와李鍾浩氏가會同本校ᄒᆞ야校務上將來方針을和衷進就ᄒᆞ기로協商ᄒᆞᆫ際에若干에無關係人이在傍容喙ᄒᆞ얏사오나此ᄂᆞᆫ其時偶然事實에不過ᄒᆞ옵고不穩情況을惹起ᄒᆞᆫ은無ᄒᆞ온事이온데聽聞이此에至ᄒᆞᆫ은因口增添ᄒᆞᆷ으로思惟라ᄒᆞ얏더라

●校名改稱 官立安洞普通學校를官立漢城師範學校附屬普通學校로改稱ᄒᆞ얏다더라

▲地方消息▼

▲水原日守備隊長의報告를據ᄒᆞᆫ즉同郡西南部에義兵이屯聚ᄒᆞᆷ으로日兵一中隊가該地로出발ᄒᆞ자義兵이忽地放銃來擊ᄒᆞᄆᆡ日兵이應戰ᄒᆞ야義兵을擊退ᄒᆞ고또西南方端西井面附近으로向ᄒᆞ야義兵과交戰ᄒᆞᆯ터이라더라

東京電報

二拾七日發

●教養被任 日本樞密院顧問官末松謙澄氏ᄂᆞᆫ韓國 皇太子殿下의敎養掛를被任ᄒᆞ얏다더라

▲頑固點考▼

▲東方이將曙ᄒᆞ야啓明星뵈온곳에太上老君坐定ᄒᆞ야開明時代障碍物를낫々치點考ᄒᆞᆫ다

▲名賢이니忠節이니白骨先祖門閥만誇張하니餘蔭이或잇더야可惜ᄒᆞ다져兩班왓ᄂᆞᆫ야

예等待ᄒᆞ엿소

▲道袍行衣를처입고두무룹을되여샹러修齊治平說道ᄒᆞ나其中의ᄂᆞᆫ未必有라可笑롭다져學者왓ᄂᆞᆫ야

예等待ᄒᆞ엿소

▲三家村中學堂內에강마돈의生涯ᄒᆞ야天皇씨地皇氏에他人子弟誤了ᄒᆞ니可憐ᄒᆞ다져學究왓ᄂᆞᆫ야

예等待ᄒᆞ엿소

▲학校나集會니前時代에업던일암만ᄒᆞ야도못된다고敎育을妨害ᄒᆞ니可痛ᄒᆞ다져腐儒왓ᄂᆞᆫ야

예等待ᄒᆞ엿소

▲南田北畓싸인財物分錢粒米앗을니니慈善事業무엇시며敎育事業을슈잇나可惜하다守錢奴왓ᄂᆞᆫ야

예等待ᄒᆞ엿소

▲不孝不睦執탈하고饒民의게號令ᄒᆞ야젼財를奪取ᄒᆞ니殘忍薄行ᄒᆞᄂᆞᆫ고나頑惡ᄒᆞ다土豪왓ᄂᆞᆫ야

예等待ᄒᆞ얏소

▲世上은何如턴지門閥을알지말고鄕校齋任圖得ᄒᆞ니鄕曲兩班의氣習이라醜陋ᄒᆞ다져齋任왓ᄂᆞᆫ야

예等待ᄒᆞ엿소

▲相地官과術相장이地理人事論評하야未來事를能言하니惑世誣民ᄒᆞᄂᆞᆫ고나痛惜ᄒᆞ다術客輩왓ᄂᆞᆫ야

예等待ᄒᆞ얏소

▲筭筒은살낭살낭방울은쌀낭쌀낭巫黨판슈蠱惑ᄒᆞ야妖怪之說便信ᄒᆞ니愚蠢ᄒᆞ다져女人왓ᄂᆞᆫ야

예等待ᄒᆞ얏소

▲美色을作姿ᄒᆞ야糟糠之妻薄待ᄒᆞ니家道가紊亂滅이라傷風氣ᄒᆞᄂᆞᆫ고나可歎ᄒᆞ다져蕩子왓ᄂᆞᆫ야예等待ᄒᆞ엿소

▲상투ᄂᆞᆫ옷옷網巾은팅팅이마잘근동여매고대무든宕巾눌너썻다或是腦髓에新精神이들석念慮런가或是身躰에衛生될가念慮런가可觀이로다져외쌀이왓ᄂᆞᆫ야예等待하엿소

▲天下名醫華佗를너라이頑固輩의腐敗心腸改針으로引出ᄒᆞ야開明水에洗滌하고新空氣를噓人ᄒᆞ야文明域에共蹟케ᄒᆞ라

◉特別至急社告

大邱°平壤°義州°元山°釜山°三和°昌城°定州°咸興각支社에서本報代金滯納이二三朔以上에達ᄒᆞ야本社에서經費가군絀ᄒᆞᆯ뿐더러本社에損害가不少ᄒᆞ니찰아리支社를廢止ᄒᆞ면紙價와郵稅와其他經費가減少ᄒᆞᆯ것ᄂᆞᆫ故로各支社에對ᄒᆞ야屢次廣佈ᄒᆞ얏거니와另一今月三拾日內로爲限ᄒᆞ야代金을未納ᄒᆞᆫ境遇에ᄂᆞᆫ來年一月一日爲始ᄒᆞ야本報를停送ᄒᆞ깃ᄉᆞ오며以上各處의支社와本報購覽員의게照오告別ᄒᆞ깃로라

◉特別社告

京城각處本報購覽ᄒᆞ시ᄂᆞᆫ諸氏셔옵셔本社經費窘絀ᄒᆞᆷ을顧念ᄒᆞ오셔代金을按月送交ᄒᆞ심은恒切感頌이오나今月則年終이라各項支撥에困難이太甚ᄒᆞ와茲以仰布ᄒᆞ오니特念ᄒᆞ오서送交ᄒᆞ심을厚望ᄒᆞᆷ

各支社에每日발送ᄒᆞᄂᆞᆫ申報枚數가數千餘張인則一朔만計ᄒᆞ야도九萬餘張이온바代金을按月上送이라야本社가支保이거날少不掛意ᄒᆞ고或數三朔을當爲愆滯ᄒᆞ야經費困難中况此年終에凡百酬應이萬難支過이옵기玆特急告ᄒᆞ오니相補相翼의誼로另念ᄒᆞ시와各購覽諸氏에게督捧ᄒᆞ야限拾五日內로각須清繳ᄒᆞ심을務望ᄒᆞᆷ

本社經費窘絀ᄒᆞᆷ을因ᄒᆞ야自今以後로ᄂᆞᆫ各地方에本報購覽ᄒᆞ시ᄂᆞᆫ僉君子中二三朔未納處에ᄂᆞᆫ一體停送ᄒᆞ깃ᄉᆞᆸ고또各支社에도限二三個月未納ᄒᆞᄂᆞᆫ境遇에ᄂᆞᆫ該支社認許를還收ᄒᆞ고即爲廢止ᄒᆞᆯ터이오니本報愛讀ᄒᆞ시ᄂᆞᆫ僉君子ᄂᆞᆫ照亮ᄒᆞ시와代金을勿滯換送ᄒᆞ심을敬要ᄒᆞᆷ

大韓每日申報社

寄書

●痛罵大韓國民新報記者而慰大韓每日申報記者　咸鏡昌

貴報之正直筆端은雖三尺童子라도悉所共知而 貴報第六百八十九號로至六百九拾三號지續ᄒᆞ야揭載ᄒᆞ옵신論說을讀ᄒᆞ온즉兩記者所行을不勝憤痛ᄒᆞ야連日心事鬱沸에淚水를難禁ᄒᆞ야一場痛哭이라가以拙文으로敢表慰意ᄒᆞ노니吾愛大韓每日申報記者裵說氏여貴下가我國과有何因緣이완대多年辛苦에無數困境을不避ᄒᆞ고孤立ᄒᆞ야彼魔黨을討伐ᄒᆞ고彼愚民을警覺케ᄒᆞ시니壯哉며快哉라每日報며美哉며愛哉라每日申報여貴報ᄂᆞᆫ益발勇力ᄒᆞ야太阿를一揮ᄒᆞ야敵陣을大破ᄒᆞ야凱旋歌를快唱ᄒᆞ며全國人民이蹈舞ᄒᆞᄂᆞᆫ樣을見ᄒᆞᆯ지면雖有今日難堪之困이나豈無後日快樂之理乎아貴下도以此勉之ᄒᆞ고我等도以此勉之ᄒᆞ야不相忘爲哉어다

雜報

●黨派鼎立　現今新舊政黨에三派가並起ᄒᆞ야秘密히互相運動中이라ᄂᆞᆫ대一派에ᄂᆞᆫ리根湘氏가用力ᄒᆞ고一派에ᄂᆞᆫ具完喜씨가設力ᄒᆞ고一派에ᄂᆞᆫ리根命씨가入參ᄒᆞ얏다ᄂᆞᆫ說이有ᄒᆞ더라

●演戲大叱　再昨夜夜珠峴官人俱樂部內에셔演戲場에觀光之人이雲集ᄒᆞ야入場劵을爭買ᄒᆞᄂᆞᆫ대末境에ᄂᆞᆫ入場劵이不足되엿ᄂᆞᆫ지라何許一人이高聲大叱曰今行時局이如何ᄒᆞᆫ境遇인대身爲國民ᄒᆞ야擲婚娛樂이무엇이냐ᄒᆞ드니一場演說을ᄒᆞ엿다더라

●奪物反打　南陽等地來人의傳說을聞ᄒᆞᆫ즉日兵이市場에來往ᄒᆞ면서商民에賣ᄒᆞᄂᆞᆫ食料物을恣意奪食ᄒᆞ고商民이代金을달나ᄒᆞ면頰鬚와洋鞋着足으로毆擲ᄒᆞᆫ다더라

●振郡設校　振威郡守金英鎭氏가教育上事業에注意ᄒᆞ야該郡內各面에學校를多數발起ᄒᆞᆯ計劃中인ᄃᆡ爲先其邑二北面에振文學校를設立ᄒᆞ고優秀히出捐ᄒᆞ고學徒를募集ᄒᆞᄂᆞᆫ대遠近就學者ㅣ日衆ᄒᆞᆫ다더라

●維持方針　夜珠峴大國洞私立夜學廣興義塾에셔日語算術普通科로青年子弟를教授ᄒᆞᄂᆞᆫ되本塾長李健榮氏와教師池泰觀씨와塾主李象儀氏와事務員沈胄澤氏가熱心教授ᄒᆞ더니該塾에經費가窘難ᄒᆞᆷ을慨歎ᄒᆞ야維持ᄒᆞᆯ方針을組織ᄒᆞ얏다더라

●紫霞女校　美國婁夫人이紫霞洞長興庫所에女학校를設立ᄒᆞ고教育ᄒᆞᆫ지十餘年인대學徒의衣服飲食을專擔ᄒᆞ고普通學科와家學及針線等을教授ᄒᆞᄂᆞᆫ대近日에應募ᄒᆞᆫ學徒가六拾餘名에達ᄒᆞ얏다더라

●鎭英漸就　楚山郡東面鎭英學校監督金瑞龜氏ᄂᆞᆫ年少有志로教育에熱心ᄒᆞ야其鄕衆義捐으로光武十年陰十一月二十日에古倉에該校를設立ᄒᆞ고現今教育之中이온ᄃᆡ學會之清漢藝學와生徒의才藝발達ᄒᆞᆷ은人々賀嘆ᄒᆞᆫ다더라

●傳說易訛　本報第六百九拾五号雜報欄內에果有是事란題下에趙漢國氏事ᄂᆞᆫ傳之者誤라더라

廣告

本人이陰十月二十二日에金浩規(무슈막고기)의서紙匣을서失이온바其中所在物은東萊金道源許에正租六拾四石積證一張과沔川南原浦李友三同處에重秀同郡馬項郭聖九許에貿租掌記二張과紙貸銀貨幷七圜을서失이온기玆에廣告ᄒᆞ오니該積證與掌記ᄂᆞᆫ誰某拾得ᄒᆞ와도休紙施行ᄒᆞᆷ

西江唐人里李琦協　告白

昨年陰拾二月廿六日夜에賊漢이突入放火ᄒᆞ와損失夥多ᄒᆞ온中本人所居地在畓臺石拾五斗落畓劵도亦永々失ᄒᆞ얏ᄉᆞ오니內外國人은切勿見欺ᄒᆞᆷ

忠南唐津下大面蕫項里　河萬秀　告白

平安南道中和郡秤巢坊鏡湖동居趙秉瀰年今拾六歲에上京逗留ᄒᆞ다니離某시던지逢着ᄒᆞ시거든貞洞耶蘇教堂으로指送ᄒᆞ사兄弟相逢케ᄒᆞ심을千萬伏祝

西江耶蘇教會傳道師趙乃德　告白

▲特別廣告

本社에셔名帖印刷部를另設ᄒᆞ고各樣活字와別樣紙本이俱備ᄒᆞ오며印刷가精美ᄒᆞ고價值도極廉ᄒᆞ오되特別히學員과婦人의게ᄂᆞᆫ一層低廉ᄒᆞ오니僉位ᄂᆞᆫ來臨ᄒᆞ시와隨意請求ᄒᆞᆷ

大韓每日申報社　告白

本演藝場을陰十一月二拾四日로開始ᄒᆞ오니　僉君子ᄂᆞᆫ光臨ᄒᆞ심을伏望ᄒᆞᆷ

特等金壹圜　貳等三拾錢
壹等五拾錢　三等拾五錢

演藝場　告白

本會에셔新年祝賀ᄒᆞ기爲ᄒᆞ야上等名帖紙를廉價販賣ᄒᆞ오며多數ᄒᆞᆫ注文은特別低廉ᄒᆞ오니願買僉位ᄂᆞᆫ陸續來購ᄒᆞᆷ을望ᄒᆞᆷ

南署蓮洞大和商會　告白

去月二十五日에本人姓名方盒圖章을麻浦等地에見失ᄒᆞ고圖章을新刻ᄒᆞ엿ᄉᆞ니知舊間照亮

茶洞金昌一　告白

第二回學員募集廣告

本校에셔第二回一年級학員을新募ᄒᆞ오니願學人은本校에前期來臨ᄒᆞ야請願ᄒᆞ고左開日字에應試ᄒᆞᆷ　但教授時間은自午后六時로至午后拾時

一年級科目
萬國歷史　商業地理
經濟學　法學通論
民法總論　商法總論
商業簿記　算術
日本語

試取科目　國漢文　讀書
作文　算術(四則雜題)
試驗日字　陽來年一月拾日
西署太平동第四拾八統拾戶
私立廣信商業學校　告白

本館에셔船客의便利를爲ᄒᆞ야大阪商船會社와契約ᄒᆞ고各港船票를發賣ᄒᆞ오니京鄕僉員은照亮爲希

仁川港內洞開豊旅館
兼船期局　韓禹根　告白

本人의先妣葬禮를發靷及返虞時에劇寒遠程을不顧ᄒᆞ고惠臨慰問ᄒᆞ신諸大人의게感謝ᄒᆞᆷ을致謝ᄒᆞᆷ

趙義文　告白

本人에子用濟年歲二十에爲人이幼弱ᄒᆞ와悖類의誘引으로出門一旬에轉聞ᄒᆞᆫ즉人에圖章을僞造ᄒᆞ와欲得外債云ᄒᆞ오니內外國人은切勿見欺ᄒᆞᆷ

中署貫동一統拾五戶　金斗燮　告白

▲立本金義捐廣告

無名氏　壹千貳百圜
無名氏　五拾圜
빈운氏　貳百圜
本會々長趙雅德氏　貳百圜
本會學監具禮九氏　百圜

青年會　告白

◉電車賃金廣告

陽曆明年一月一日로爲始ᄒᆞ야本社車票法을勿施ᄒᆞ고賃金新貸五錢을左開ᄒᆞᆫ距里間에셔領受ᄒᆞᆷ

龍山線
鐘路南大門外京仁鐵道交叉點間　新貸五錢
南大門外京仁鐵道交叉點龍山間　仝五錢

麻浦線
西大門孔德里間　仝五錢
孔德里麻浦間　仝五錢

中央線
東大門西大門間　仝五錢

洪陵線
東大門淸凉里間　仝五錢

賃金은乘車後에車掌手에게給與ᄒᆞᆷ事

陽曆本年十二月三十壹日後에ᄂᆞᆫ車票賣買를勿施ᄒᆞ고車票를或持來ᄒᆞ시ᄂᆞᆫ君子가有ᄒᆞ면車掌手가賃金五錢代舊票二枚를或領受ᄒᆞ고陽曆明年二月一日前에已往買置ᄒᆞ얏든車票를本社鐘路事務所로持來ᄒᆞ시면本價錢을還償ᄒᆞᆷ

韓美電氣會社　告白

學徒洋裝書冊
學徒運動叫諸具
羅紗各種　美國金鋼線
洋服裁縫은時價로廉價放賣ᄒᆞ오니諸君子ᄂᆞᆫ來臨ᄒᆞ심을바라나이다

仁川港奇觀洞新冊肆

一般事務를倍前擴張ᄒᆞ고迅速懇篤히處理ᄒᆞᆷ

中署許병(쉬전허운)八統二戶
辯護士　尹邦鉉
辯護士　太明식
辯護士　李容相
聯台法律事務所

元泳儀氏　著輯
柳瑾　張志淵兩氏　校閱

蒙學漢文初楷

全一冊八十餘頁正價金廿錢

▲本書ᄂᆞᆫ初等小學科에專用ᄒᆞ기爲ᄒᆞ야國漢文으로二百十三課에分ᄒᆞ야文理에簡要케찬輯ᄒᆞᆫ者ㅣ니蒙학漢文教科書에最適當ᄒᆞᆫ者라稱ᄒᆞᆷ

發售處
大廣橋南邊　회東書館
罷朝橋越邊　中央書館
鐘路　大東書市
布屛下　廣학書舖

▲新刊書籍發售廣告

增補無冤錄大全　國漢文　七拾五錢
大韓法規類纂洋裝　三冊五拾錢　郵稅四拾錢
初等倫理學教科書　二拾錢
初等衛生學教科書　拾五錢
國家學綱領　拾五錢
國民須知　八錢
愛國婦人傳　張志淵氏著　十五錢

發賣所　皇城布屛下　金相萬書舖

本人이日本大阪商業家와特約ᄒᆞ고日本內地와西洋各國物品及機械等物을貯藏ᄒᆞ고大韓에輸入ᄒᆞ야委託을便利케ᄒᆞᆯ約을ᄒᆞ얏ᄉᆞ오니商工業에有意ᄒᆞ신僉君子ᄂᆞᆫ其物이무슨지請求ᄒᆞ시거든本社로來議ᄒᆞ시오本社에셔ᄂᆞᆫ手數料만受ᄒᆞᆷ

興業社本店
漢城南大門內興學書舖
支店京城南門內水標五十一統
大戶　特派會社
全仁港內　廣號

◉國債報償義捐金收入廣告

●慶尙南道安義郡 續

草졈中동 리敎直 리章烈 리丙烈 각四拾전 허東浩 리敎셕 리敎弼 리敎相 각廿전 리敎成 리敎應 各四十전 리鍾龍 廿전 리鍾根 四拾전 리亨淳 六拾전 리基萬 리秉植 리敎祚 리煥實 각廿전 柳基植 四拾전 鄭景左 拾錢 愼宗魯 鄭景文 각廿錢 鄭秉九 四十錢 鄭秀一 二拾錢 鄭永大 拾전 鄭永稷 林基春 林斗弘 延秉관 朴周璜 全良哲 각廿전

大代貫谷 徐敬萬 四拾錢 北上蘇井 主事金秉煥 六圜 張鎭奎 一圜 愼亨晟 六拾錢 김性煥 二圜 鄭益弼 金基元 각四拾錢 田和鎭 二拾전 姜德中 四十錢 리泰根 朴準立 田龍鎭 愼源敎 愼潤九 愼雲九 각廿錢 田鳳鎭 四十전 田龍性 林秀基 졍東弼 田萬鎭 朴來寔 졍賢弼 林澤滿 각廿錢 張舂暎 三圜 金承煥 廿전 鄭義弼 四十전 愼重九 姜俊회 林秀鳳 田玉鎭 각廿錢 鄭東혁 四拾전 田方介 二十錢 졍殷弼 姜泰鎭 각拾錢 崔鶴用 崔烈甫 柳得介 全在寬 車韓得 李和瑞 朴錫男 각廿錢

二十八圜六拾전 未完

前號總合五萬七千二百九拾七圜八拾五전七厘

都總合五萬七千三百二拾六圜四十五錢七厘

廣告

●大韓每日申報各處支社

中署布屛門下 金相萬
平壤上水口門內 金浩爛
仝 崔叡恒
仁川杻峴 開新冊肆 李東暭
宣川邑 [illegible]冊肆 安濬
義州西門外 [illegible] 大藥房
釜山港 佐川藥局 徐鎭鑄
三和港 築洞 金元鎭
咸興 南州社西門外 曹喜林
開城南大門內 興學書舖 姜助遠
大邱市廳 崔一弘
載寧邑 濟衆院 劉蓼澤
鐵山邑 東部 安玄
元山倉前 劉七錫
海州南門內 朴昌鉉
定州[illegible]門內 書舖 洪成인
昌城郡 校동 許찬
郭山 興岩書舖 李鍾瑞
安岳 細동 坊成동 廉道善
博川 舊津 리鍾成
安州 城內 義井洞 金鳳河
載寧邑 榮洞 崔鍾大
高原邑 朴敎吉
淸州 城內 一徒里客舍洞 高亨來
井邑 邑內 李根榮
泰仁 邑內 金禹燮
興德 後浦 金鼎濟
京義線 枇峴驛 市 李基秀
長淵邑 南門內 張觀淳
殷栗邑 倉前里 金泰燮
古阜邑 許洞 殷弼漢
群山港 東彰社 宋鴻燮
龍川 楊市 會堂 黃菊保
車輦館 同志會內 金明仁
淸州 東州 내校洞 宋斗鉉

發行兼編輯人 英國人 裵說

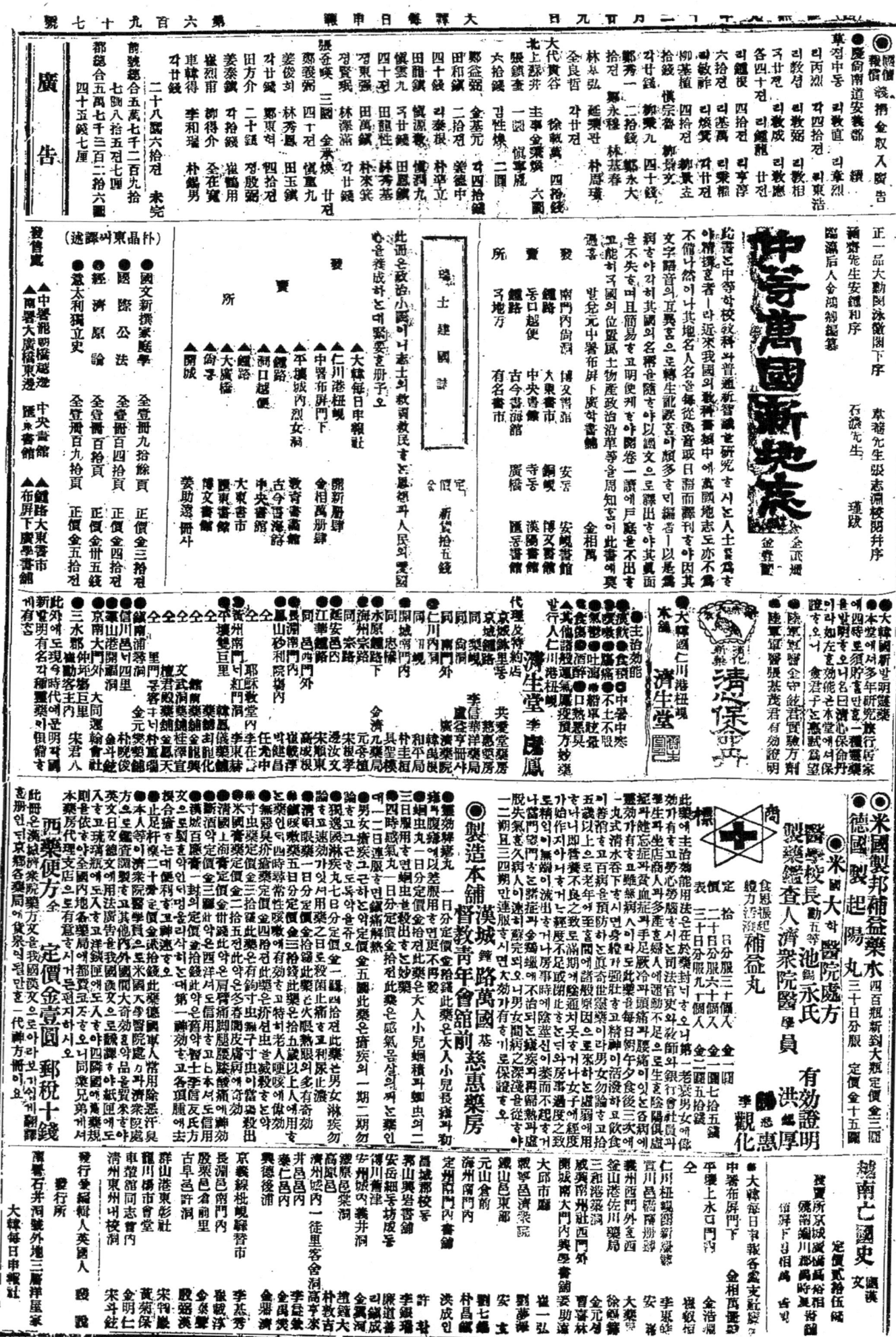

發行所 南署石井洞號外地三層洋屋家 大韓每日申報社

第五卷

大韓每日申報

第六百九十八號

月曜及慶節歲時日休刊

檀君開國四千二百四十年
箕子元年三千二十九年
大韓開國五百十六年
日本明治四十年
淸國光緖三十三年
陰曆丁未十一月大廿七日甲寅

論說

●送舊迎新

日月은雙流矢오光陰은一擲梭라今日下午十二點에普信閣鍾聲만等々ᄒ고一打ᄒ면便是檀君四千二百四十一年隆熙二年一月一日이로다

嗟乎韓國同胞아今夜亥正은將盡ᄒ고子初ᄂᆞᆫ未至ᄒᆫ中間에坐ᄒ야過境歷史를回溯ᄒ고來頭國事를默念ᄒᄂᆞᆫ者ㅣ幾人이나有ᄒᆫ가

新年을當ᄒ야父母妻子와相對ᄒ던지朋友親戚과相見ᄒ던지其他一面識有ᄒᆫ人과相逢ᄒ던지必也新禧新祉로祝賀ᄒᆷ은此ᄂᆞᆫ遺來의舊俗이오抑又普通의人情이라然이나明年一月一日에도祝賀ᄒᆯ餘地가有ᄒ다云ᄒᆯ가過境을回顧ᄒ면獨立이去ᄒ고保護가來ᄒ얏스며自由가逝ᄒ고羈絆이迫ᄒ얏스며甲午年이變ᄒ야甲辰年이되얏스며五條約이變ᄒ야七條約이되얏스니某年某月某日은外交權을失ᄒ던日이며某年某月某日은財政權을失ᄒ던日이며某月某日은警察權을失ᄒᆫ日이며某月某日은軍政權을失ᄒᆫ日이며某日에ᄂᆞᆫ外人의韓官ᄒᆫ者ㅣ幾人이며某日에ᄂᆞᆫ外人의韓官ᄒᆫ者又幾人이니過境의歷史ᄂᆞᆫ淚歷史며現狀을想念ᄒ면騷擾가未淨ᄒ고塗炭이日甚ᄒ야砲丸에死ᄒᄂᆞᆫ者와鋒鏑에死ᄒᆫ者、漂泊流離ᄒ야饑死ᄒᄂᆞᆫ者와赤身逃走에凍死ᄒᄂᆞᆫ者를合ᄒ야已死者가幾千幾萬人인지不知ᄒᆯ지며穀粟被掠에乘食無路者、家戶被燒에欲住無處者、稚子喪母者、少婦哭夫者를幷ᄒ야將死者가又幾千幾萬人인지不知ᄒᆯ지니此已死者將死者間에處ᄒᆫ身으로樂事를備ᄒ더라도人非木石이어던何心으로獨樂ᄒᆯ가現在의狀況은淚狀況이니

此多淚多恨ᄒᆫ韓國同胞아從歲가將盡ᄒ고新年이且至ᄒ니感慨之心이當復何如오

竊想컨ᄃᆡ富貴만貪圖ᄒᄂᆞᆫ現內閣大臣某々氏幾個人以外에ᄂᆞᆫ新年이라고好風流로平安過歲ᄒᆫ者ㅣ全國拾三道에幾人이耶ᄒᆯ듯ᄒ도다

嗟乎韓國同胞아眼淚를暫抹ᄒ고余言을聽ᄒᆯ지어다

韓國에此茫々浩劫을遭ᄒᆫ者ㅣ其誰오天乎아人乎아官乎아民乎아

興亡은天不管이오禍福은人自招ᄒ나니已往은勿論ᄒ고只是今年三百六十日事로만推測ᄒ더라도如何ᄒᆫ義務를行ᄒ얏ᄂᆞᆫ가

如何ᄒᆫ實業을興ᄒ얏ᄂᆞᆫ가

人々이敎育々々ᄒ건만學校를幾處나設ᄒ얏ᄂᆞᆫ가

嗟乎韓國同胞아今夕에ᄂᆞᆫ一哭一慟ᄒ야舊歲의舊習을痛送ᄒ고明朝에ᄂᆞᆫ一奮一躍ᄒ야新年의新福을製造ᄒᆯ지어다

我가竊컨ᄃᆡ韓國同胞가羞惡心은多ᄒ건만紀念心이或不足ᄒ고勇往心은有ᄒ건만忍耐心이或不足ᄒ야每々悲憤이當頭ᄒᆯ時에ᄂᆞᆫ前呼後應ᄒ며左跳右擲ᄒ야其意氣가山도超ᄒᆯ듯海도越ᄒᆯ듯ᄒ다가居然時移事往ᄒ면淡忘에付ᄒ야昨日에椎胸切齒ᄒ던憤을今日에忽忘ᄒ며昨年에銘心刻骨ᄒ던冤을今年에遂忘ᄒᄂᆞᆫ故로事業이不進ᄒ고地獄이日深ᄒᄂᆞ니

嗟乎韓國同胞아부터明朝爲始ᄒ야新年의新精神으로新事業에銳進ᄒ여야舊封이難ᄒ고新禧가至ᄒ리니

嗟乎韓國同胞아

官報

●號外 隆熙元年十二月二十八日

●宮廷錄事

융희二年一月一日에

大皇帝陛下ᄭᅨ옵서 德壽宮에親上致詞ᄒ옵실 旨를奉承ᄒ온바 出御時刻과御道路ᄂᆞᆫ如左ᄒᆷ이라下午二時三十分에敦化門으로出 御ᄒ사罷朝橋 鐵橋 鍾路 黃土峴 新橋 布德門前路 大漢門을從ᄒ사 德壽宮에 入御ᄒ사同三時三十分에 惇德殿에셔行禮ᄒ옵시고同五時에 還御ᄒ실이라

융희二年一月一日에

皇后陛下ᄭᅨ옵셔 德壽宮에問安ᄒ옵실 旨를奉承ᄒ온바 出御時刻과御道路ᄂᆞᆫ如左ᄒᆷ이라下午二時三十分에敦化門으로出御ᄒ사罷朝橋 鐵橋 鍾路 黃土峴 新橋 布德門前路 大漢門을從ᄒ사 德壽宮에 入御ᄒ사 問安ᄒ옵시고同五時에 還御ᄒ실이라

●號外 융희元年十二月二十九日

●宮廷錄事

융희二年一月一日

親受祝賀時 陛見時刻은如左ᄒᆷ이라 宮內府內閣及各部勅任官以上은上午十時 統監府官員과軍司令部官員과各國領事及同館員은上午十時三十分 宮內府內閣及各部에雇聘外國人奏任待遇以上은上午十一時三十分 융희二年一月一日 宗親文武百官進致詞時刻은下午一時三十分

○隆熙二年歲入歲出總豫算表 續

第五項 舍宅料	金二萬九千一百八拾圓
第六項 被服及帶具費	金八百廿六圓
第七項 銃器彈藥費	金八千圓
第八項 宴會費	金二千圓
第九項 罹災救助費	金五千圓
第拾項 屠獸場費	金一萬五千圓
第二款 警視廳	金六拾二萬一百五拾圓
第一項 俸給	金八萬九千八百拾圓
第二項 廳費	金四萬三千八拾二圓
第三項 旅費	金六萬七千四百卅一圓
第四項 雜給及雜費	金二拾一萬八千一百卅二圓
第五項 舍宅料	金三萬八千四百六拾圓
第六項 被服及帶具費	金三萬六千三百九拾五圓
第七項 銃器彈藥費	金三千六拾圓
第八項 消防費	金二千八百圓
第九項 監囚費	金二千四百九拾圓
第拾項 淸潔法施行費	金六千五百圓
第拾一項 機密費	金壹萬貳千圓
第三款 漢城府	金壹萬四千八六十九圓
第一項 俸給	金九千三百貳十圓
第二項 廳費	金壹千六百圓
第三項 旅費	金壹千圓
第四項 雜給及雜費	金壹千九百二十九圓
第五項 舍宅料	金七百二十圓
第六項 宴會費	金三百圓
第四款 地方各道	金拾九萬八千六百九拾貳圓
第壹項 俸給	金十壹萬五千四百四拾圓
第貳項 廳費	金壹萬壹千九百八拾圓
第三項 修理費	金二千六百圓
第四項 旅費	金貳萬貳千壹百六拾貳圓
第五項 雜給及雜費	金壹萬三千壹百貳拾七圓
第六項 舍宅料	金壹萬九千五百圓
第七項 宴會費	金三千九百圓

未完

外報

●淸國政府變動說 淸國에셔目下에蘇浙鐵道落着된後를待ᄒ야袁世凱氏ᄂᆞᆫ直隸總督으로陸元鼎氏ᄂᆞᆫ山東巡撫로盛宣懷氏ᄂᆞᆫ奉天巡撫로那桐씨ᄂᆞᆫ民政部尚書를被任ᄒ얏다더라

●伊艦의東洋回航 伯林電을據ᄒᆫ즉伊國은太平洋의形勢를顧ᄒ야巡洋艦二隻을極東에回航ᄒ다ᄂᆞᆫ報가有ᄒ다더라

●波國에在ᄒᆫ外交官의行動 同電을據ᄒᆫ즉波斯國에駐在ᄒᆫ各國外交官은調和ᄒ기爲ᄒ야議會의提供ᄒᆫ條件을承認ᄒ라ᄒ고同國王ᄭᅴ忠告ᄒ고且穩和ᄒᆫ態度를報ᄒ라고議會에勸告ᄒ얏다더라

雜報

●普成卒業 普成專門學校에셔卒業試驗을來一月六日부터擧行ᄒ기로退定ᄒ얏다더라

●地會密派 東亞開進敎育會에셔各地方支會를分設ᄒ기로決議ᄒ고會長을派送ᄒᄂᆞᆫᄃᆡ總務韓致愈氏가陽洞金主事家에私館ᄒ고幹事役會를集ᄒ야秘密議定後該會事務所로來會ᄒ야外面으로旅費를請求ᄒᆫ다더라

●消防救火 再昨日上午拾二時에小安洞某人家에셔失火ᄒ야消防隊에셔一齊來救ᄒ야幸不延燒ᄒ고該家五六間만沒燒ᄒ얏다더라

廣告

雜報

●新歲陛見儀式 一月一日에 陛見及進賀의儀式節次가如左하더라

一一月一日上午拾時에 皇帝陛下ㅣ오셔회政堂에 臨御하사 親勅任官 陛見을行하실事

一同日上午拾時半에養心閣에臨御하사統監府軍司令部官員及各國領事를接見하실事

一同日上午十時半에各府部院廳雇聘흔外國人을接見하실事

一同日下午一時半에회政堂에臨御하사宗親文武百官進致詞를受하실事

一同日下午二時半에德壽宮에詣하사同日下午三時半에淳德殿에在하사 親上致詞하실事

一德壽宮에 親上致詞하실時에宗親文武百官이依例入參할事

一出宮時에百官祇迎은敎化門外에서行하고還宮時祇迎은六漢門外에서行할事

●官制送交 各部院廳新官制任免件을一齊히修正하야日昨內閣으로送交하얏다더라

●一日始布 各部新官制任免頒佈는一月一日爲始하야次第頒布된다더라

●郡廢減意 內部에서再次郡守奏本三十案을修正하야日昨內閣으로請議하얏는대初次奏本三拾三案와同爲廢減흔다더라

●任官數爻 一月一日에 六皇帝陛下씌 陛見흠日本高等官이九百餘人假量中에統監府官吏가二百餘名이오各部에現職官吏가二百餘名이라더라

●兩氏轉任 內閣書記官兪重演洪鍾懋兩씨의請願依免흔事는前報에揭載흐얏거니와該兩氏가今番奏本에郡守를被任흐얏다더라

●奏任陞級 地方各郡守의奏任八級員은明年度부터는七級俸으로磨鍊施行흘意로內部에서內閣에請議흐얏다더라

●甲乙分賞 法部一般官吏의年終賞與金을隨其勤慢하야甲乙로分흐야支給흐얏는대甲에는全俸이오乙에는拾分七로흐얏는대勅任官甲全俸은刑事局長金洛憲氏오奏任官은同課長咸台永氏오判任官甲全俸은沈遠明劉重烈李文世三氏오其外는乙拾分七로支給흐얏다더라

●諸官叙日 法部新官制任免件을漏聞흔則民事局長은勅任으로흐고時任局長金詰鉉氏는漢城裁判所首班判事李始榮과相換되고秘書課長金基肇씨는平理院判事로轉任흐고其代에는該部大臣趙重應氏에至親趙重增氏가叙任되고會計課長張燾氏는平理院檢事로轉任흐고其代는該部事務官中村이叙任되고現在判任官은仍爲叙任되고新官制에增設判任官窠는日本人이叙任된다더라

●元察內移 全北觀察使劉猛氏는內部衛生局長으로內移흐얏다더라

●郡奏漏聞 再次郡守奏本을修正흔說은別項과如흐거니와其被任흔氏名을探聞흔즉金海에鄭鉉容 晋州洪在箕 高原洪鴻燮 密陽柳政烈氏라더라

●三局僅存 今番新官制에度支部局課員이多數除汰되는대司稅局長元世常씨는司計局長으로轉任되고內部에는趙成九顯奎漏兩씨가仍舊흐고其外에는多數除汰흐얏다더라

●二窠加置 度支部新官制奏任官頒布外에奏任官二窠가加爲磨鍊되얏다는說이有흐더라

●永附帝室 各地方宮庄秋收를國有財產으로附屬흐다하더니帝室所有로附屬흔다흐야該秋收를互相執留흐더니帝室財產으로永附흐기로決定되야日昨宮內府에서各道에발訓흐얏다더라

●陰曆廢禮 朝賀之節을陰曆一月一日爲之흐더니來一月一日爲始흐야陰曆에는廢止흐라고法部에서平漢兩裁及十三道各裁判所에訓令흐얏다더라

●驛土調査經費 十三道驛屯土調査委員은已爲頒佈흔바어니와月俸은每朔五十圜式이오旅費가每朔七十圜式이오車馬費가每十里에五十錢式이라더라

●但用食口 主馬課에서御馬者를募集흐는대不公平흐다흠은已報흐얏거니와更聞흔즉主馬課長李趙泓씨가自己家食口中으로募集흐고御馬의嫻熟흔人은排却흔다더라

●除韓叙日 漢城內五署警務總巡拾餘人을日本人으로叙任흐기爲하야現任總巡十餘窠는除汰흔다더라

●食料自擔 各大臣保護巡檢들의食料品을各該大臣이支給흐더니一月부터는各其自擔保談흐라흔다더라

●內大晩餐 內部大臣任善準씨가再昨日下午六時에私邸에서晩餐會를設흐고各大臣을請邀宴待흐얏다더라

●休暇通牒 內閣에서各府部에通牒흐되今二十九日로붓허二年一月三日ᄭ지만休暇하고自陰曆除夕前日로至正朔日休가는自今으로廢止라흐얏더라

●日獨仕進 去日曜日에度支部及法部에入直官吏外에는韓國官吏가仕進치아니흐얏는대日本官吏는該兩部에仕進視務흐얏다더라

●論駁閔氏 昌陵令金海秀씨가奎華閣典祀補無祿窠로轉任되얏는대該氏가日前宮大署理閔丙奭氏私邸에前往흐야來賓數十名稠坐中에閔丙奭氏를論박흐야曰大監이位高家富에有何壓慾흐야總理李完用氏와계附議흐야總理의食口區處흐기爲흐야侍生을無故히無祿窠로擧移흐니侍生의眷口九人이沒死흘境에至흐얏스니典祀補가아니라召死라흐며一場說明흐매滿座中이莫不愕然흐얏다더라

●四日開學 官立各學校에서年終에休學흐얏는대來四日에開學흔다더라

●吳氏拿囚 再昨夜吳榮根氏가警廳에被囚흐얏는대其實은李東暉鄭永澤等諸氏가吳氏로其處報交家에서逢着흐야吳氏가國債報償期成會를成立흐고會長總務之任을自爲흐야巨額을盜喫흐고破散會흔事件을李鄭兩氏等이質問論責흔즉橫說竪說에反出無理之說흐는故로卽時該設當時任員의調査흔바爲先吳氏의欠縮이四千餘圜이오正租가一百石이오鍍金佩物屬이四十餘兩重也라吳氏가掩跡不得흐야切切自服흐는지라兩氏가熱血이激昂발흐야逃避之慮가不無흠으로兩氏가警視廳에拿去흐고金額與物品을推完흔터인대辯護士許憲玉東臺兩氏가委任處理흔다더라

◉金氏又捉 期成會에서國債報償金을乾沒흔吳榮根氏가警廳에被捉흔事는別項과如흐거니와該氏에自供을因흐야內部主事金東圭씨와相關이有흐다흐야該金氏는警視廳에被捉되얏다더라

●果則善政 東萊參審官崔惠씨가同郡徐允奎氏의子拾八歲兒가爲人所欺흐야投人雜技場이라가新貸九百餘圜을見奪흐고同時浮雜輩流가如得奇貨흐야日人上田藤原兩名을挾同흐야徐氏의家舍土地를無難執行흐고威脅據奪之際에崔氏가聞此光景흐고多발巡檢흐야誘人奪財者四名은嚴懲罪律흐고該日人兩名은越付日本官廳흐야嚴査歸正흐얏다고該郡來人의稱頌이有흐더라

●大東例會 再昨日大東學會에서例會를開흐얏다더라

●韓會移轉 大韓協會事務所를本月二拾八日에塔골二拾二統加一戶로移轉흐얏다더라

●光校試驗 果川郡私立光明學校에서學期試驗을擧行흐엿는대一班優等李鼎鎭氏오二班優等李容厦씨오及第李承玉等五人이오三班及第尹再慶等諸氏인대校長金東銓氏가一場演說흐야勸勉흐얏다더라

●有力者奪 廣州松波津과三田渡가上下流數弓之地인대松波耶蘇信徒가開明思想으로昨年冬에該津에選紹合社를組織흐야公衆營業과學校設立흠을目的으로農商工部認許를受흐고宮村學校에서經費窘拙흠으로農部認許를受흐야敎育目的으로三田渡에開津흐얏다가兩津社長이而辯흐미目的과事業이同흔故로和好相合흐야兩校를互補흐고營業도僅保흐거놀料外에西學峴敎人宋某가또三田渡에開津흔다흐기松波社員이宋某의게來歷理由를說明흔즉宋某曰我之開津은君之權利로는不得遏이라흐고他人의官許基址를勸奪흔다더라

●漁民呼冤 京居金鳳洙가慶南固城鎭南昌原西郡數百年生業흐든民有條를勅奏흐고저흐야宮內府에謀訴하야得請下來흔즉該道觀察使가民冤을洞燭흐야奧實報府러니金鳳洙가更謀告馬港理事廳흐야日警視와韓日巡檢九人을派送흐고無賴輩六十餘名이來到하고各郡民條處에發行흐야方今設捉搜探하는本主를捕捉奪財흔즉數千漁民이呼冤흐더니鎭南署日警視가此閒光景흐고派送巡査흐야質問馬港警視흐고帶隨鎭南郡흐야兩警視가質判흔즉金鳳洙의挾雜이綻露된지라該漁民等이京部에呼冤흔다더라

▲地方消息▼

▲公州郡定川場市에義兵五拾餘人이來到흐야市民을會集演說曰大禍가迫在時刻흐니惟吾同胞가束手待死가可乎아흔대市人曰豈可坐而待死리오흐거늘義兵曰若然則市廛物品과酒食等物을毫無所犯흐거이니置之避身흐라흔디市民들은一齊히山谷으로隱避흐고義兵이市民樣으로廛物을開市흐고酒食도放賣흐는체흐는디日兵約貳十名이追到흐야義兵을偵探하거늘義兵이答曰皆人山谷中이라흐거늘日兵이飢餓次로擱銃放心之際에義兵이一心激起하야日兵의銃을掠取하며一邊放銃흐야日兵이多數히被害하고尉官一人은拔劍回擊흐야義兵二名을砍殺흔後脫身逃走흐얏다더라

▲舊歲今歲▼

▲歲月아歲月아가지를마라용희元年또다갓다天運이순環흐니一時겁 다지니고文明時代도라와서昇平日月다시볼가

▲歲月아歲月아가지를마라大韓山川다허는다鐵道軍用荒蕪地는山麓水畔痛哭흔다片片靑驄ㅅ國產을割劃與人헐말인가

▲歲月아歲月아가지를마라七大臣돌다허는바닷결것은이惟上에目前富貴貪체말소身後事를生覺흐면千載靑史를업도다

▲歲月아歲月아가지를마라韓蒸韓民人다허는다貪虐之心다바리고時事形便生覺흐쇼三千里彊土다ᄯᅢ가면네一身도업서진다

▲歲月아歲月아가지를마라同胞兄弟다허는다一心團體못되야서國權恢復더되도다新精神을喚醒흐야同心同力흐야보세

▲歲月아歲月아가지를말라奴隸年齡만어진다犬馬만도못흔身世苟且生活무엇흐나무삼計策비저내여羈絆을脫免흘가

▲歲月아歲月아가지를마라英雄烈士다늘는다잠을ᄭᆡ나못ᄭᆡ나寥寥無聞消息업다此時代가何時代런고買勇前進흘자어다

▲歲月아歲月아가지를마라학徒成就더되도다刺股讀書본을바다一心으로孜孜흐쇼祖國思想일치마라國家基礎여긔잇네

▲歲月아歲月아가지를마라有志之士다늘는다각團體이成立흐나作起作滅흐는고나名譽만取치말고實地事業흐야보소

▲歲月아歲月아가지를마라石火갓치짤은光陰送舊迎新흐노라고幾日을休刑흐니愛國흐는僉君子게玄恨之懷를難禁이라新年百福迎新흐야共享太平흐소이다

特別至急社告

大邱 平壤 義州 元山 釜山 三和 昌城 定州 咸興 각支社에서 本報代金滯納이 二三朔以上에 達ᄒᆞ야 本社에서 經費가 군絀ᄒᆞᆯ뿐더러 本社에 損害가 不少ᄒᆞ니 찰아리 支社를 廢止ᄒᆞ면 紙價와 郵稅와 其他經費가 減少ᄒᆞᆯ것인 故로 右支社에 對ᄒᆞ야 屢日廣佈ᄒᆞ얏거니와 [illegible]一今月三拾日內로 爲限ᄒᆞ야 代金을 來納ᄒᆞᆯ 境遇에ᄂᆞᆫ 來年 一月一日 爲始ᄒᆞ야 本報를 停送ᄒᆞ깃ᄉᆞ오며 以上各處의 支社와 本報購覽員의게 姐오 告別ᄒᆞ깃로라

特別社告

京城 각處 本報購覽ᄒᆞ시ᄂᆞᆫ 諸氏께옵셔 本社經費窘絀ᄒᆞᆷ을 顧念ᄒᆞ오셔 代金을 按月送交ᄒᆞ심은 恒切感頌이오나 今月則年終이라 各項支撥에 困難이 太甚ᄒᆞ와 玆以仰布ᄒᆞ오니 特念ᄒᆞ오셔 送交ᄒᆞ심을 厚望ᄒᆞᆷ

각支社에 每日발送ᄒᆞᄂᆞᆫ 申報枚數가 數千餘張인則 一朔만 計ᄒᆞ야도 幾萬餘張이온바 代金을 按月上送이라야 本社가 支保이거날 少不掛意ᄒᆞ고 或數三朔을 常爲愆滯ᄒᆞ야 經費困難ᄒᆞᆫ中 況此年終에 凡百關應이 萬難支過이옵기 玆特急告ᄒᆞ오니 相續相與의 誼를 另念ᄒᆞ시와 各購覽諸氏에게 督捧ᄒᆞ야 限拾五日內로 각須淸繳ᄒᆞ심을 務望ᄒᆞᆷ

本社經費窘絀ᄒᆞᆷ을 因ᄒᆞ야 自今以後로 各地方에 本報購覽ᄒᆞ시ᄂᆞᆫ 僉君子中 二三朔未納處에ᄂᆞᆫ 一遞停送ᄒᆞ깃삽고 또 各支社에ᄂᆞᆫ 限二三個月未納ᄒᆞᄂᆞᆫ 境遇에ᄂᆞᆫ 該支社認許를 還收ᄒᆞ고 卽爲廢止ᄒᆞᆯ터이오니 本報愛讀ᄒᆞ시ᄂᆞᆫ 僉君子ᄂᆞᆫ 照亮ᄒᆞ시와 代金을 勿滯換送ᄒᆞ심을 敬要ᄒᆞᆷ

大韓每日申報社

雜報

● 換榜風波　日前 梅동普通學校에서 年終試驗榜目을 出示ᄒᆞᄂᆞᆫ대 該校校監 徐用集씨가 挾私ᄒᆞ야 及第生으로 優等에 居ᄒᆞ고 優等生으로 及第에 居ᄒᆞ야 互[illegible]換榜ᄒᆞ얏다가 日敎師某氏에게 捉露되야 一般學徒가 激憤衝突ᄒᆞ야 風波가 大起ᄒᆞᄂᆞᆫ대 數附近觀光者가 數百名에 達ᄒᆞ얏다더라

● 鄭家失火　三昨日下午一時에 北署小安동居前主事鄭國永氏家廊下에서 失火ᄒᆞ야 草家二間만 燒燼ᄒᆞ고 旋即撲滅ᄒᆞ얏다더라

廣告

● 除夜恭頌每日報　春史生

光武日月빗난후에
융희乾坤서롭도다
海外列强거동보니
헌法의公論일네
嗚乎韓國人士들아
外國人만못ᄒᆞᆯ소냐
牧竪樵童一團心誠
國權回復祈禱ᄒᆞ네
脫人羈絆우슴겨경
天崩更有女媧氏라
三冬風雪今日서지
萬歲律呂明天브터
冬至長夜夢覺關에
警世鍾은每日申報
黑貪世界韓半島게
電氣燈은每日申報
賣國창鬼잇친病에
頂門針은每日申報
嗟我元々塗炭中에
淸心丸은每日申報
碧海風波漏船中에
副手稍工每日申報
梅花先報春消息은
好是大韓每日申報

本人이 咸從世串面白石里所在洞沓四十七石落과 靑田二百斗落을 與他人同事ᄒᆞ야 買得半襟於本邑人申泰烈許 渡給ᄒᆞ야 監農生活于今六年이오니 本人門中에서 或僞造文券으로 欲爲暗賣라도 內外國人은 勿爲見欺ᄒᆞᆷ

咸從三存面還安里 金우鉉 白

本人이 今陰 月日에 淸道居文其伯處에 松西員神字沓二斗落과 舊基員沓一斗落踏동牌買得ᄒᆞᆫ 新文記二張舊文記二張과 美大員沓文記一張과 姓名圖章과 紙貨三十三元을 入置夾囊이라가 陰拾一月二拾三日夜에 逢賊見失이오니 勿論內外國人ᄒᆞ고 切勿見欺施行ᄒᆞᆷ

大邱西上面刷還洞 李德仲 白

九品崔載典名字以在昭改正知舊憫照亮爲要

崔在昭 告白

本人의 父親基恒氏가 今月初九日에 別世ᄒᆞ얏ᄂᆞᆫ대 其時罔措中父親의 圖章을 見失ᄒᆞ얏ᄉᆞ나 父親在世時與人相關標紙들 비록 些少件이라도 親筆노 아니 쓰신 것이 업슨즉 此後로ᄂᆞᆫ 捺章이 잇서도 父親의 親筆곳 아니면 施行치 아니ᄒᆞᆯ터이기 玆에 廣告ᄒᆞᆷ

南署會賢坊會동 八拾八統十戶居 鄭協朝 告白

本報第六百九十七號雜報欄內中金光秀韓台源이가 포歸挾雜說의 對ᄒᆞ야 本人이 因彼同姓同名ᄒᆞ야 嫌損名譽故로 玆以辨明ᄒᆞᆷ

前度支部稅務主事 金光秀 白

本館에서 船客의 便利를 爲ᄒᆞ야 大阪商船會社와 契約ᄒᆞ고 各港船票를 發賣ᄒᆞ오니 京鄕僉員은 照亮爲希

仁川港內 滿門里旅館
兼船期問屋 韓禹根 告白

▲特別廣告

本社에서 名帖印刷部를 另設ᄒᆞ고 各樣活字와 別樣紙本이 俱備ᄒᆞ오며 印刷가 精美ᄒᆞ고 價値도 極廉ᄒᆞ오되 特別히 學員과 夫人의게ᄂᆞᆫ 一層低廉ᄒᆞ오니 僉位ᄂᆞᆫ 來臨ᄒᆞ시와 隨意請求ᄒᆞᆷ

大韓每日申報社 告白

本人이 陰十月二十二日에 金浩峴(무슈막고개)의셔 紙匣을 遺失이이바 其中所在物은 東幕金道源許에 正租六拾四石積證一張과 汚川南原浦李友三同處秋重秀同郡馬項郭聖五許에 貿租掌記三張과 紙貨銀貨幷七圓을서 失이오기 玆에 廣告ᄒᆞ오니 該積證與掌記ᄂᆞᆫ 誰某拾得하와도 休紙施行ᄒᆞᆷ

西江唐人里 李琦協 告白

特別廣告

本會事務所ᄅᆞᆯ 中署塔洞二拾二統加一戶(公園東門外)로 移轉ᄒᆞ얏ᄉᆞ니 僉會員은 照亮ᄒᆞ시며 認證書와 會券을 未推ᄒᆞ신 諸ᄂᆞᆫ 趂速來臨領取ᄒᆞ시옵

大韓協會 告白

일본경부재됴연초

한국일수방미
동아연초쥬식회사
경성명동

昨年陰拾二月廿六日夜에 賊漢이 突入放火ᄒᆞ와 損失夥多ᄒᆞᆫ온中 本人所居地在沓壹石拾五斗落沓券도 亦永셔失ᄒᆞ얏ᄉᆞ오니 內外國人은 切勿見欺ᄒᆞᆷ

忠南唐津下大面甕項里 河萬秀 告白

第二回學員募集 廣告

本校에서 第二回一年級학員을 新募ᄒᆞ오니 願學人은 本校에 前期來臨ᄒᆞ야 請願하고 左開日字에 應試ᄒᆞᆷ 但敎授時間은 自午后六時로 至午后拾時

一年級科目

萬國歷史　商業地理
經濟學　法學通論
民法總論　商法總論
商業簿記　算術
日本語

試取科目　國漢文　讀書
作文　算術　(四則雜題)
試驗日字　陽來年一月拾日

西署太平동第四拾八統拾戶
私立廣信商業學校 告白

本演藝場을 陰十一月二拾四日로 開始ᄒᆞ오니 僉君子ᄂᆞᆫ 光臨ᄒᆞ심을 伏望ᄒᆞᆷ

特等金壹圜　貳等三拾錢
壹等五拾錢　三等拾五錢

演藝場 告白

平山郡古地面居趙龍鶴은 年纔十五歲온대 隣家池姓者가 誘引ᄒᆞ야 錢二千圓을 辦得ᄒᆞ야 逃身上京ᄒᆞ엿ᄉᆞ오니 誰某시든지 該人에 住所를 本人의 住處로 通知ᄒᆞ시면 厚謝ᄒᆞ깃삽

南署晦동五十二統六戶 金泰奉胄연宅留 金準龍 白

◉電車賃金廣告

陽曆明年一月一日로 爲始ᄒᆞ야 本社車票法을 勿施ᄒᆞ고 賃金新貸五전을 左開ᄒᆞᆫ 距里間에서 領受ᄒᆞᆷ

龍山線
鐘路南大門外京仁鐵道交叉点間　新貸五錢
南大門外京仁鐵道交叉点龍山間　仝五錢

麻浦線
西大門孔德里間　仝五錢
孔德里麻浦間　仝五錢

中央線
東大門西大門間　仝五錢

洪陵線
東大門淸凉里間　仝五전

貸金은 乘車後에 掌車手에게 給與ᄒᆞᆯ事

陽曆本年十二月三十一日後에ᄂᆞᆫ 車票賣買를 勿施ᄒᆞ고 車票를 或持來ᄒᆞ시ᄂᆞᆫ 君子가 有ᄒᆞ면 掌車手가 賃金五錢代에 車票二枚를 或領受ᄒᆞ고 陽曆明年二月一日前에 已往買置ᄒᆞ얏든 車票를 本社鐵路事務所로 持來하시면 本價額을 還償ᄒᆞᆷ

韓美電氣會社 告白

本店洋裝書冊
學徒運動과 諸具
羅紗各種　美國金鐵器
衣服衾褥莫不雜貨로 廉價放賣ᄒᆞ오니 諸君子ᄂᆞᆫ 來臨ᄒᆞ심을 所望ᄒᆞᄂᆞ이다

仁川港奇峴粥新冊肆

一般事務를 倍前擴張ᄒᆞ고 迅速辯護히 處理ᄒᆞᆷ

中署許병(선전병문)八統二戶
辯護士 尹邦鉉
辯護士 太明식
辯護士 李容相
聯合法律事務所

元泳義氏 撰輯
柳瑾 張志淵 兩氏 校閱

蒙學漢文初楷

全一冊八十餘頁 正價金廿錢

▲本書ᄂᆞᆫ 初等小學科에 專用ᄒᆞ기 爲ᄒᆞ야 國漢文으로 二百十三課에 分ᄒᆞ야 文理에 簡要케 撰輯ᄒᆞᆫ者ㅣ니 蒙학漢文敎科書에 最適當ᄒᆞᆫ者라 稱ᄒᆞᆷ

發賣處
大廣橋東邊　회東書館
罷朝橋越邊　中央書館
鐘路　大東書市
布병下　廣학書舖

▲新刊書籍發售廣告

增補 無冤錄大全 國漢文 定價金 七拾五錢
大韓法規類纂 洋裝 三圓五拾錢 郵稅四拾錢
初等倫理學敎科書 二拾錢
初等衛生學敎科書 拾五錢
國家學綱領 拾五錢
國民貞知 八錢
愛國婦人傳 張志淵氏著 十五錢

發賣所 皇城布屛下 金相萬書舖

本人이 日本大阪商業家와 特約ᄒᆞ고 日本內地産出各種物品과 西洋各種物品及機械等物을 我大韓에 輸入ᄒᆞ야 委託을 便利케 辨約ᄒᆞ얏ᄉᆞ오니 商工業에 有意ᄒᆞ신 僉君子ᄂᆞᆫ 某物이든지 請求코져 ᄒᆞ시거든 本社로 來議ᄒᆞ시오 本社에서ᄂᆞᆫ 手數料金만 受領ᄒᆞᆷ

興業社本店
南城南大門內興學書舖
支店 京城南門內 水標五十一統大戶
仝 仁川港內 동廣碧號 培養會社

◉國債報償義捐金收入廣告

●慶尙南道安義郡 續

草점朴씨門中 朴以擎 三圜
姜万鎬 四十전 金鎬煥
二拾전 金万甫 鄭敬伯
각拾二전
知大下비 鄭灶大 四十錢
鄭東元 鄭현鳳 각廿전
鄭현九 四十전 鄭相僑
鄭東華 各廿전
知代內洞 徐元福 曹友龍
李泰元 各四十전 朴周哲
六拾전 朴仁業 四十전
徐基福 二拾錢
知代獨山 姜華朴宵東 一圜
黃谷新里 鄭泰弼 鄭顯弼
鄭止弼 정斗弼 各廿錢
崔鼎煥 四拾錢 楊俊成
朴應天 鄭炳혁 禹漢徽
鄭秀完 리明詰 朴萬善
朴在善 각廿전 李守成
鄭 온 각拾전 鄭文永
六十전 정得永 二十전
鄭守鎭 鄭漢文 각拾錢
鄭守信二전 禹祥賢 十전
정秀采 四十전 우祥悅
拾錢 朴承宇 二十錢
李春業 四錢 鄭大혁
四拾전 李球熏 崔碩伴
二十錢 李承完 四十錢
金演培 二圓 朴秉周
三拾전 陳學奉 朴大雄
洪錫萬 各廿錢 高合俊
一圜 宋泰佑 三拾錢
朴基信 拾전 宋周東
六전

十九圜二拾六전 未完

前號總合五萬七千三百二拾六圜四拾五전七厘
都總合五萬七千三百四拾五圜七十一錢七厘

廣告

正一品大勳閔泳徽閣下序　草莊先生張志淵校閱幷序
涵齋先生安鍾和序　石濃先生 謹跋
陷瀛后人金鴻卿編纂

中等萬國新地志

全一冊 金壹圜

此書ᄂᆞᆫ中等學校教科와普通新智識을研究ᄒᆞ시ᄂᆞᆫ人士를爲ᄒᆞ야精撰ᄒᆞᆫ者ㅣ라近來我國의教科書類中에萬國地志도亦不爲不備나然이나其地名人名을每從漢音或日語而譯刊ᄒᆞ야因其文字讀音의互異홈으로轉生訛誤홈이頗多ᄒᆞ미編者ㅣ以是爲病ᄒᆞ야각히其國의名稱을隨ᄒᆞ야以國文으로譯出ᄒᆞ야其眞面을不失ᄒᆞ며且簡易ᄒᆞ고明便케ᄒᆞ야開卷一讀에戶庭을不出ᄒᆞ고能히各國의位置風土物產政治沿革等을周知홈이此書에莫過홈

발兌元 中署布屏下廣學書舖 金相萬

發賣所
南門內尙洞 博文書館　安동 安峴書館
鍾路 大東書市　銅峴 博學書館
동口越便 中央書館　寺동 漢陽書館
鍾路 古今書海館　廣橋 匯동書館
각地方 有名書市

瑞士建國誌

定價金 新貨拾五錢

此冊은政治小說이니志士의救國救民ᄒᆞᄂᆞᆫ思想과人民의愛國心을養成ᄒᆞᄂᆞᆫ데緊要ᄒᆞᆫ冊子오

發 ▲大韓每日申報社
賣 ▲仁川港杻峴 開新冊肆
▲中署布屏門下 金相萬冊肆
▲平壤城內烈女洞 教育書館
▲鍾路 古今書海館
所 ▲洞口越便 中央書館
▲鍾路 大東書市
▲大廣橋 匯東書館
▲尙洞 博文書館
▲開城 姜助遠 冊사

(朴晶東씨譯述)

●國文新撰家庭學 全壹冊九拾餘頁 正價金三拾전
●國際公法 全壹冊百四拾頁 正價金四拾전
●經濟原論 全壹冊百拾頁 正價金卅五錢
●意太利獨立史 全壹冊百九拾頁 正價金五拾전

發售處
▲中署龍動橋越邊 中央書館
▲南署大廣橋東邊 匯東書館
▲鍾路大東書市
▲布屏下廣學書館

●大韓國新발明靈藥廣告

陸軍軍醫金守鉉君實驗方劑에陸軍軍醫張基茂君有效證明으로清心保命丹을발明인바効能은如左ᄒᆞ니 僉君子ᄂᆞᆫ試ᄒᆞ심을望

新藥 清心保命丹

本舖 仁川港杻峴 濟生堂

●主治効能
●滯飮 ●食積 ●中暑中寒
●咳嗽 ●腹痛 ●不土不服
●氣鬱 ●吐瀉 ●船車眩暈
●食傷 ●酒醉 ●口熱惡臭
▲其他諸般逍氣厲疫瘴方妙藥

발行人 仁川港杻峴 濟生堂 李■鳳

代理店 京城鉢里동 共愛堂藥房
特約店 京城鐘路 慈惠藥房
同 梨峴 李信華洋藥局
同 尙洞 盧益亨冊사
同 南門外 廣濟藥院
仁川內洞 韓禹根
同 杻峴 和平局
開城南門內 朴圭桓
同 忠橋 具聖模
水原鍾路下 金濟九藥局
海州宗路 元季植
同 宗路 宋根孝
延安邑內 宋汝文
江華鐘路 宋順東
同 邑西門外 高敬根
長湍南門內 崔敬淳
鳳山砂利院場內 박健昌
仝 任允中
仝 李在吉
黃州南門니 耶蘇教堂內 李東赫
平壤紅門洞 韓鳳儀藥舖
仝 文武洞 廣濟藥舖 최胆化
仝 禮君殿 廣濟藥舖 金鎭興
仝 里門客主 주卞 桂澤宜
仝 金鳳天
仝 朴東瑞
鎭南浦藥洞 金元英藥舖
信川邑니四里 朴晩俊
載寧山港開通洞 金斗鉉
京城大門外 大同運輸會社
全州泥峴郵便局前 天佑堂
●三水郡仲坪巨里 宋君八
●甲山勳客主內
此外에도現代에文明각國有名각種靈藥이俱備ᄒᆞ오

◉米國製邦補益藥水 四百瓶新到大瓶定價金三圜
◉德國製起陽丸 三十日分服 定價金十五圜

◉米國大학醫院處方
醫學校長勳五等池錫永氏
製藥鑑查人濟衆院醫學員
有効證明
洪錫厚
鄭惠
李觀化

食思振起
體力活潑 補益丸

定價 拾日分服三十個入 金一圜
二十日分服六十個入 金一圜七拾五錢
三十日分服九十個入 金二圜五拾錢

此藥에主治効能用法은在於藥封니ᄒᆞ오니第一老衰男女에僞効가有ᄒᆞ고勞心勞腦ᄒᆞ시ᄂᆞᆫ司法官吏와教師와銀行會社員과學生과坐店商人과多產ᄒᆞᆫ婦人에運動不足으로生ᄒᆞᆫ陰陽俱虛症과健忘症과貧血症과手足厥冷과頭痛과腰痛이잇ᄂᆞᆫ各病에靈効가有ᄒᆞ고雖無病人이라도此藥을每日朝午夕食後三次에一丸式淸水呑下ᄒᆞ시면身體가强壯ᄒᆞ고精神이活潑ᄒᆞ고飮食이消ᄒᆞ고百病을預防하ᄂᆞᆫ眞奇世靈藥이라男女勿論ᄒᆞ고拾五歲以上으로老年에至ᄒᆞᆫ間에諸般原因으로來ᄒᆞᄂᆞᆫ虛弱에用ᄒᆞ나니即營養不良之致로滿期에經通치못ᄒᆞ거나女子에經度ᄒᆞ야始作지아니ᄒᆞ거나經度不足或閉止ᄒᆞᄂᆞᆫ데와房事過度之致로精이無端이流出ᄒᆞ거나房事時에陰莖이萎而不起ᄒᆞ거나精門이緊ᄒᆞᆫ諸症과金鷄蠟에不治되ᄂᆞᆫ痼疾과再歸熱과虛脫失氣ᄒᆞᆫ久病人이速히蘇完되오니男女間病之深淺을從ᄒᆞ야一二期且三四期만連服ᄒᆞ시면大効가有ᄒᆞ기로保證ᄒᆞ오

◉製造本舖 漢城鍾路萬國基督教青年會館前 慈惠藥房

●靈効解瘧丸 一日分定價金拾錢 此藥은大人小兒長瘧과初瘧과腹痛에以差服用ᄒᆞ면更不再發
●蛔虫丸 一日分定價金拾전 此藥은大人小兒蛔積과蟯虫의二三日服用ᄒᆞ면蛔虫을殺出ᄒᆞᄂᆞᆫ妙藥
●四時感氣丸 一日分定價金拾전 此藥은感氣몸살의쎄ᄂᆞᆫ藥인대一二日連服ᄒᆞ면鎭痛解熱
●男女瘡疾ᄀᆞ근ᄒᆞᄂᆞᆫ약 定價金五圜 此藥은瘡疾의一期二期勿論ᄒᆞ고ᄀᆞᆫᄒᆞ도록약올쥬오
●獨逸國淋疾丸 七日分定價金一圓四拾전 此藥은男女淋疾勿論ᄒᆞ고速效가잇서用藥之日로殺菌止痛ᄒᆞ고利尿止濃
●清明眼藥 一日分定價金拾錢 此藥은火眼熱眼의多有奇効
●鎭咳嗽藥 五日分定價金三拾錢 此藥은拾五歲以上人에用ᄒᆞᄂᆞᆫ약인ᄃᆡ四時尋常性咳嗽에有効ᄒᆞ고特히老人哽咳에偉効
●無惡臭疥瘡藥 定價金四拾전 此藥은疥也虫을滅殺ᄒᆞᄂᆞᆫ약
●寸虫藥 定價金三拾錢 此藥은有鉤寸虫無鉤寸虫이當日殺出
●米國膏藥 定價金卅錢 此약은多春凍皮膚病에奇効
●清國上海 定價金二拾五전 此약은肩臂痛脚腿腰膝痠痛에神効
●斷酒약 定價金三圜 此약은西洋셔도信用ᄒᆞ고日本셔도信用
●漢城百應膏 一封의定價金拾錢 此약은舊약醫士李信友氏方文으로製ᄒᆞᆫ약인ᄃᆡ멍울리삭히ᄂᆞᆫᄃᆡ第一神効ᄒᆞ고各項腫에去根合瘡ᄒᆞᄂᆞᆫᄃᆡ便利ᄒᆞ고神速ᄒᆞ오
●止足汗藥 二十分은價金貳拾錢 此藥은德國軍人常用除惡汗臭
●本人等이濟衆院醫學員으로米國大學醫院處方과濟衆院處方으로鑑査調製ᄒᆞ고其他內外國問大奇効ᄒᆞᆫ약品을貿來ᄒᆞ야英文日文德文에用法廣告을我國國文으로飜譯ᄒᆞ야紙匣에도入ᄒᆞ고琉璃瓶에도入ᄒᆞ고洋鐵匣에도入ᄒᆞ야四隣國에賣藥規則을依ᄒᆞ야全國內地各藥局에都賣ᄒᆞ오니同業兄弟게셔本藥房代理支店으로有意ᄒᆞ시거든편지ᄒᆞ시오

西藥便方 全

定價金壹圓 郵稅十錢

此冊은漢城濟衆院藥方文을我國漢文으로아라보기쉽게飜譯ᄒᆞᆫ冊인ᄃᆡ京鄉各藥局에貨泉이될만ᄒᆞᆫ一代神方冊이오

越南亡國史 國漢文

定價貳拾伍錢

發賣所 京城廣橋高裕相書舖
鐘路 南鍋川郡冊肆 高時夏書舖
布屏下김相萬 書舖

●大韓每日申報各處支社廣告

平壤上水口門內 金浩淵
中署布屏門下 金相萬書舖
仝 崔敎恒
仁川杻峴開新冊肆 李東紹
宜川邑冊肆 安 洛
義州西門外東西 大藥局
釜山港佐川藥局 徐錫鎬
三和港藥洞 金元燮
咸興南州社西門外 曹壽林
開城南大門內興成書舖 姜助遠
大邱市廳 崔一弘
載寧邑濟衆院 劉夢澤
鐵山邑東部 安 主
元山倉前 劉七鉉
海州南門內 朴昌鉉
安州南門內書舖 洪成仁
昌城郡校동 許 社
郭山興岩書舖 李鍾瓘
安岳細동坊成동 康道善
清川新津 리鎭成
公州城內義井洞 金翼河
鐵原邑菜洞 崔鍾大
高原邑 朴敎吉
廣州城內一徒里客舍洞 高亨來
井邑邑內 李益象
泰仁邑內 金禹奎
興德後浦 金鼎濟
京義線枇峴驛管市 李基秀
長淵邑南門內 崔秉淳
殷栗邑君前里 金秉肇
古阜邑許洞 殷弼漢
群山港東彭社 宋判鉉
龍川楊市會堂 黃菊保
車輦館同志會內 金明仁
清州東州내校洞 宋斗鉉

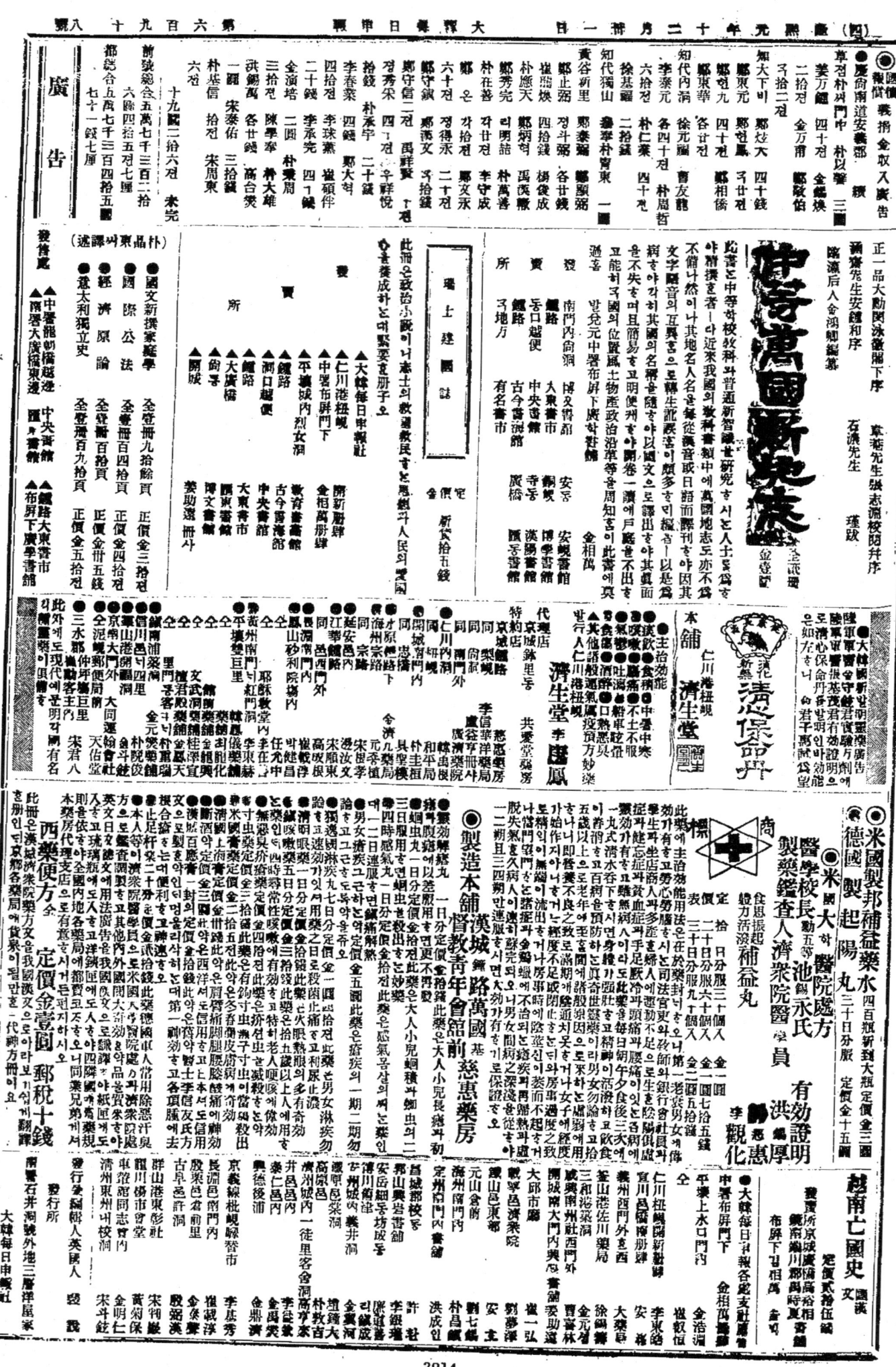

發行兼編輯人英國人 裴說
發行所 南署石井洞號外地三層洋屋家 大韓每日申報社

第五卷

大韓每日申報

第六百九十九號

月曜及慶節歲時日休刊

檀君開國四千二百四十年
孔子先年三千二十九年
大韓開國五百十六年
日本明治四十一年
淸國光緖三十三年
陰曆丁未十一月大廿八日乙卯

論說

▲新年頌祝▼

於乎라今日이檀君建國四千二百四十年一月一日이로다 於乎라今日이大韓開國五百十七年一月一日이로다 於乎라今日이隆熙二年一月一日이로다 於乎라今日이西曆一千九百八年一月一日이로다

最强ᄒᆞᆫ一聲은已報ᄒᆞ며紅日은三丈을已昇ᄒᆞ야世界人類가各其生存競爭의目的으로新年新舞臺第一位를先占하랴고賈勇爭進ᄒᆞᄂᆞᆫᄃᆡ某國에ᄂᆞᆫ大砲幾千門製造ᄒᆞᆷ을豫算ᄒᆞ며某國에ᄂᆞᆫ軍艦幾百隻擴張ᄒᆞᆷ을會議ᄒᆞ며某國에ᄂᆞᆫ學校增加를籌劃ᄒᆞ며某國에ᄂᆞᆫ實業奬勵를計圖ᄒᆞ고又是韓國과切近히比隣된東方의日本人은舞袖가正長ᄒᆞ며西方의支那人도睡睫이正開하야國家ᄂᆞᆫ國家의事業으로汲々ᄒᆞ고個人은個人의事業으로汲々ᄒᆞ야其觀가耽々ᄒᆞ며其步가忙々ᄒᆞ며其笑가擾々ᄒᆞ며其歌가準々ᄒᆞ야個個優勝者될思想으로腦精을竭ᄒᆞᄂᆞᆫ此新年第一日이니 아々韓國二千萬同胞야尙此深々房屋裡에子子竊竊聲을作ᄒᆞᆷ이可ᄒᆞᆫ가 聽ᄒᆞᆯ지어다聽ᄒᆞᆯ지어다頭를擧ᄒᆞ고耳를傾ᄒᆞ야此新年頌祝을聽ᄒᆞᆯ지어다

아頌祝이여何意로頌祝ᄒᆞ라ᄂᆞᆫ가 아頌祝이여何辭로頌祝하라ᄂᆞᆫ가 獨立獨立ᄒᆞ나何力으로今日에獨立ᄒᆞ며 自由自由ᄒᆞ나何術로今日에自由ᄒᆞ며 維新維新ᄒᆞ나何道로今日에維新ᄒᆞᆯ가 夫韓國이四千載歷史를擁有ᄒᆞ야年齡이壯大ᄒᆞᆫ國이라遠히美洲에比ᄒᆞ면尊長의齒오近히日本에比ᄒᆞ면長兄의行인ᄃᆡ英雄豪傑이代不乏絕ᄒᆞ며文學美術이早已發達ᄒᆞ야비록數百年來의頹國睡夢ᄒᆞ던餘孽로今此不幸ᄒᆞᆫ地位에處ᄒᆞ얏스나其間閔忠正崔勉菴李儁朴星煥又ᄒᆞᆫ烈丈夫好男兒가前後繼出ᄒᆞ며其他熱心志士가日日添集ᄒᆞ니庶矣哉라此國이여惟一敎育이나稍발達ᄒᆞ야人民의知識이幾許間破天荒을得ᄒᆞ면不過幾年間에速成科卒業으로世界一等文明國되기가非難ᄒᆞᆯ지라 古人이云ᄒᆞ되文臣은錢을勿愛ᄒᆞ며武臣은身을勿惜ᄒᆞ면天下가太平ᄒᆞ리라ᄒᆞ얏스니此가果然是格言이라ᄒᆞᆯ만ᄒᆞ나但今時代가古時代와異하야一二文武臣은設或其人을得ᄒᆞᆯ지라도其國을獨力으로撑支키不能ᄒᆞᆯ지라故로不佞이其意만用ᄒᆞ고其語를換ᄒᆞ야有錢者ᄂᆞᆫ其錢을勿愛ᄒᆞ며有志者ᄂᆞᆫ其身을勿惜ᄒᆞ야國家的事業에皆獻ᄒᆞ라고全國同胞의게告ᄒᆞ노니

果然此日此時로부터此言과如히用力ᄒᆞ야家家金錢이學校設立으로盡入ᄒᆞ며人人心魂이國權恢復에盡注ᄒᆞ면刈熟ᄒᆞᆯ日은他年에在ᄒᆞ려니와下種ᄒᆞᆫ日은即是今年一月一日이라 然則後來韓國獨立史를編ᄒᆞᄂᆞᆫ者ㅣ大書特書曰檀君四千二百四十一年某月日에韓國獨立萌芽가始生이라ᄒᆞ며世界萬國史를著ᄒᆞᄂᆞᆫ者ㅣ蹈舞贊揚曰西曆一千九百八年某月日에韓國獨立種子가始播라ᄒᆞ야今年一月一日이一大紀念年紀念日이될지며 於是乎大韓每日申報社長歐洲人裴說은義俠心을滿抱ᄒᆞ고萬里重洋에渡來하야一筆로韓國人의權利思想을鼓吹ᄒᆞ더니當時助動力을快作ᄒᆞ얏다云云ᄒᆞ야萬歲韓國에亦一紀念人이될지니 快哉며 美哉로다 新年頌祝에此國에對ᄒᆞᆫ希望이潮湧ᄒᆞ야又一歌로結ᄒᆞ노라

歌曰

一 獨立ᄒᆞ게獨立ᄒᆞ게 어서어서獨立ᄒᆞ게
二 自由ᄒᆞ게自由ᄒᆞ게 어서어서自由ᄒᆞ게
三 ᄒᆞ르ᄂᆞᆫ이물결이오 밧븐것이歲月이라
四 눈물콧물씻자마자 曾到二年발셔왓네
五 檀君始祖子孫으로 이國家를이질손가
六 太祖皇帝臣民으로 이朝廷을이질손가
七 二千里입흔봄네 太皇帝께進上ᄒᆞ며
八 四千載손을빌어 大皇帝께奉獻ᄒᆞ고
九 二千萬人一心되야 大韓國權恢復ᄒᆞ게
十 반갑도다융희二年 새精神이나ᄂᆞᆫ고나
拾一 서精神시ᄉᆞ람에 事業만잘ᄒᆞᆯ지면
拾二 强暴ᄒᆞᆫ者잇더라도 제가엇지侵犯ᄒᆞ며
十三 無禮ᄒᆞᆫ者잇더라도 제가엇지侮辱ᄒᆞᆯ가
十四 시히되ᄂᆞᆫ오ᄂᆞᆯ々에 시사람이어서되세
十五 어서되세어서되세
十六 어서獨立 어서自由
十七 獨立萬歲自由萬歲 大韓帝國万々歲 大韓每日申報万歲

官報

○隆熙二年歲入歲出總豫算表 (續)

第五欵 地方各府 金六萬七百九拾七圜
第一項 俸給 金二萬七千四百圜
第二項 廳費 金七千四百八十圜
第三項 修理費 金壹千五百圜
第四項 旅費 金貳千九百貳拾六圜
第五項 雜給及雜費 金七千四百九十壹圜
第六項 享祀費 金壹千壹百圜
第七項 宴會費 金二千三百圜
第六欵 地方各郡 金八拾貳萬九千四十七圜
第一項 俸給 金四十二萬六千貳百四十圜
第二項 廳費 金八萬九千九百四拾圜
第三項 修理費 金貳萬六千六百四十圜
第四項 旅費 金六萬五千七百壹圜
第五項 雜給及雜費 金貳拾萬壹千六拾圜 (未完)

外報

●露波船沒 露國電報를據ᄒᆞᆫ則去十九日夜以來로風波에沈沒된船隻은小蒸氣船一風帆船一傳馬船五小船拾二隻이라더라

●親書捧呈 東京電報를據ᄒᆞᆫ則日本에駐劄ᄒᆞᆫ淸國特命全權公使李家駒씨ᄂᆞᆫ同國皇帝께서日本憲法調査에關ᄒᆞ야賜ᄒᆞᆫ親書를奉呈ᄒᆞ기爲ᄒᆞ야二十五日午前7時三十分에參內ᄒᆞ엿다더라

●平和會大小國區別 北京電을據ᄒᆞᆫ즉萬國平和會議의結果에就ᄒᆞ야淸國委員陸徵祥氏及陸召祥氏의報告를依ᄒᆞᆫ니平和會議第一回以來로軍備制限論이實行이되지못ᄒᆞ고優勝劣敗의議會라其議會에서ᄂᆞᆫ强國이弱國을壓倒하야自由를不與ᄒᆞ며常設國際裁判所의人員任期等에도大小國을區別ᄒᆞ야我國의不幸으로小國의列에入케ᄒᆞᆷ은政治法律及陸軍海軍의ᄂᆡ整不備ᄒᆞᆷ이라ᄒᆞ엿더라

●安南事情 安南國은淸國南方에在ᄒᆞᆫ一小半島國이라人民이未開ᄒᆞ고政府가腐敗ᄒᆞ야自主自治하ᄂᆞᆫ權利를失ᄒᆞ고法國의保護를受ᄒᆞᆫ지年久ᄒᆞᆫ지라又安南王의不明ᄒᆞᆷ으로專制政治를行ᄒᆞ야百姓의게酷毒ᄒᆞᆫ法律로壓制ᄒᆞ며淫亂ᄒᆞᆫ事를法度가無히ᄒᆞ야全國女子를亡道로因導하더니月前에法國政府에서安南王을廢ᄒᆞ고使法國統監으로全權世與ᄒᆞ고安南王을法國京城으로奪去ᄒᆞᆫ더이나其國人民의暴動이起ᄒᆞᆯ가念慮가有ᄒᆞ야暫時隱居케ᄒᆞ엿다더라

雜報

●各府賀安 宮部大臣以下奏任官以上諸員이昨日下午三時에一齊히詣闕ㅎ야 太皇帝陛下께賀歲問安을擧行ㅎ고同四時에德壽宮에齊進ㅎ야 太皇帝陛下께賀歲問安을擧行ㅎ얏다더라

●除夕問安 昨日下午三時에宮內官이除夕問安ㅎ얏다더라

●享祀仍舊 陰曆은廢止ㅎ는데享祀는陰曆으로仍舊擧行홈다더라

●再奏同裁 初次郡守奏本이延期奏裁되는內容을詳聞ㅎ즉統監府에서同意치아니ㅎ야次次로送交ㅎ얏는데同意後에再奏本合七十五案을同爲奏裁ㅎ얏다더라

●兩大聯繫 總理大臣李完用氏가昨日下午二時에學部大臣李載崑氏私邸에往訪ㅎ얏다가書記官兪鎭昌氏家로同伴前往ㅎ야時間을談話ㅎ고同五時에各歸其家ㅎ얏다더라

●郡守除授 再次郡守奏本修正送事는昨報에三拾案라已揭ㅎ얏거니와更聞ㅎ즉郡守가四十案으로府尹에一案라더라

●府尹陞任 鐵山郡守兪鎭徹氏는仁川府尹으로옹川郡守申錫麟氏는龍川府尹으로移任ㅎ얏다더라

●四案除汰 內部判任官은今番官制改正에關ㅎ야四案을除汰ㅎ얏다더라

●觀察待遇 十三道驛屯土調查委員이已爲差出인바該委員의職權을觀察使와待遇處理홀事로內閣에서統監府에同意를請ㅎ얏다더라

●亡命先叙 日本에亡命ㅎ얏다가歸國ㅎ某某씨를今番에郡守叙任ㅎ는데 [illegible] 職가 [illegible] 八人을除汰ㅎ다는데新代에ㅎ銓

[illegible] 叙任ㅎ다ㅎ者들이致選홀예써是叙任ㅎ다더라

●李씨先歸 李太殿下께옵서日本에서歸ㅎ실時에陪從ㅎ얏던修學院學徒리지諸氏만再昨日에先歸還國ㅎ얏다더라

●特使將還 日本에渡去ㅎ얏던特使鈴木가國ㅎ巳期項과如ㅎ거니와其談話를聽ㅎ즉特派大使李載覺氏에一行은四五日後에入城홀預定이라ㅎ더라

●歲饌連絡 連日大臣家에셔外國人高等官의게歲饌을各種物品으로送交ㅎ는대泥峴等地에封과가奔走錯雜ㅎ얏다더라

●三氏云任 農商工部技師姜華錫書記官丁大有玄濟復三氏가今番奏本에郡守를被任ㅎ얏다더라

●李氏入城 李容泰氏가放還歸第次로莞島에서發程ㅎ야現今木浦에서留連ㅎ니대日間入城ㅎ다더라

●隨勞施賞 內部에서日前一般官吏의게年終賞與金을頒給ㅎ는데勿論奏判任官ㅎ고隨其勤勞ㅎ야一一히支撥ㅎ얏다더라

●金師滿腹 宮內府某官人은勢力權利만專恃ㅎ는지昨年度太皇帝官夏等儀仗費二萬圓을乾沒ㅎ얏다ㅎ며且駿ㅎ은受賂差任ㅎ다는巷說이浪藉ㅎ더라

●陪期未定 皇太子殿下陪從員李允用宋秉畯兩氏와隨員諸씨의歸國期는姑無定算이라더라

●陞任繙譯 法部主事金敎明氏는法部繙譯官으로陞任ㅎ다더라

●除五叙四 今番內部官吏任免件을續聞ㅎ즉該部書記郞五

●統府晚餐 再昨日下午六時에統監府에서晚餐會를設ㅎ고總理以下各部大臣과內閣高等官吏를請邀宴待ㅎ얏다더라

●一韓一日 前度支部協辦正秀氏는法部檢查局次長을被ㅎ고該局總長은日本人이被任ㅎ다더라

●辭警歸守 五署警務官이一齊히辭職請願ㅎ얏다홈은已爲報道어니와北署長俞鎭阳東署長朴喜旭兩氏는地方郡守로需用ㅎ다더라

●兩門撤守 東南兩大門外에治除日前부터巡檢을加派戒嚴ㅎ다더니再昨日에該把守巡檢을撤還ㅎ얏다더라

●經客奔走 郡守奏本近四十案을修正홈은已爲報道어니와現今案關이合爲四拾餘案이라는데郡守를圖得ㅎ라고鄕曲富客들이南北村으로奔走援屑홈다더라

●一日叙任 各部敎官奏判任免을一月一日爲始ㅎ야頒佈된다는說은已揭昨報어니와更聞ㅎ즉非但一月一日頒布라幾日後에頒布ㅎ더라도叙任及受勅受帖ㅎ는一月一日로擧行홀다더라

●主事論責 內部次官木內重四郞氏가발程前日에該部入直主事가발程時刻을該部大臣의게模糊히通知홈으로大臣이未得進別홀所以로其時入直主事를免官ㅎ라ㅎ매警務局長松井茂氏가說明ㅎ기를此等事件에對ㅎ야免官ㅎ는것이過度라ㅎ야論責에處ㅎ다더라

●警官爲用 近日賊警이大熾ㅎ야茶동等地에는幾千元式出給ㅎ라는投書가比比有之ㅎ로都署에서公論ㅎ야各戶에分二等ㅎ야上戶에는百兩中等戶에는七十兩下等戶에는五十兩으로收斂ㅎ야每夜에三次式巡警ㅎ는대貧戶에서는稱怨ㅎ되警務廳에셔官과外國巡查를設施ㅎ고警察을擴張ㅎ자하면서賊患은不息ㅎ야貧富間難保라는稱冤이有하더라

●騎兵募集 騎兵隊를設施혼다는說은已揭어니와騎兵隊迎秋門內前騎兵隊로定ㅎ고該兵丁은騎兵解散兵으로來月五日에募集혼다더라

●醫吏增設 今番新官制에醫師廳醫官가十二人인대二人을增加ㅎ고醫部外五十八人인대二十三人을增加ㅎ기로內閣에請議ㅎ얏다더라

●同友會囚 同友會員이監獄署에多月被囚ㅎ事는人所共知어니와平理院에서審查宣告ㅎ얏다는대會長尹履炳씨는流移身으로ㅎ고會員中某某는或十年或五年으로ㅎ고李학宰氏는放釋ㅎ다더라

●玄氏心玄 玄暎運氏가年前에金海居ㅎ는裵永佑氏의게囑托ㅎ야該郡鳴湖島에蘆狀作畓ㅎ얏는대其後에裵氏가所入額未給條數三萬兩을달나ㅎ則玄氏가該作답을放賣報償ㅎ마ㅎ고放賣事는裵氏의게又托하거는裵氏가下鄕ㅎ야願買人을居間ㅎ야金貨七千圓에的定ㅎ되萬一不成ㅎ면二千圓罰金을出ㅎ기로約條ㅎ고同爲上來ㅎ야玄氏의게往言ㅎ則玄氏가不問曲直ㅎ고號令逐出ㅎ는故로該氏가不得已退出ㅎ얏는대願買人이該約條를履行ㅎ라고星火來督ㅎ미裵氏는東敗西傷에困在히心이라더라

●綿物請貨 [illegible] 工團에서 [illegible] 機械와 [illegible] 物鐵을 [illegible] 工團에許貨 [illegible] 該團에旺ㅎ라고 [illegible] 保障을請ㅎ얏다더라

●女徒請婚 學部學院學徒요 가ㅎ粧次로閨秀를求ㅎㅎ家庭과新學에有餘ㅎ處子를求ㅎ는대梨花學堂學徒와敎中處子等이請婚혼다더라

●金ㅎ仍任 各語學校에校장을教官이兼任하고但日語學校校장이有ㅎ대각語學校를一處에合設ㅎ고校장을新差ㅎ더인대學部大臣이日語학校장金爽基씨를區處無路ㅎ故로仍任ㅎ다는說이有하더라

●東好妨校 信川郡에女學校를設立ㅎ얏는대財政이窘絀ㅎ야恨歎ㅎ즉該郡書記四人이校費에乏絕을悶ㅎ야該廳所在田一日耕과畓八斗落을出付學校之際에書記金德象이暗生不測之心ㅎ야該田畓中最好品者田一日耕답九斗落을定價一千五百兩ㅎ야放賣偸食ㅎ얏다고西署人의傳說이有ㅎ더라

●手形僞造 天一銀行書記朴某가手形組合을僞造ㅎ야一千圓을欺用ㅎ事이綻露ㅎ야西署에被捉ㅎ얏다더라

●社會寄孤 東門內國成社에서孤兒院經費窘拙ㅎ情況을聞ㅎ고日昨에一日을該院에許借ㅎ얏는대伊日收取ㅎ거시二百餘圓을該院에서收去ㅎ얏다더라

●鄕主共人 陽德郡金達풍氏는一自視務以後로盡心佐治ㅎ고殺ㅎ야郡守署理八九朔에備嘗甚苦ㅎ야奉公服務에猶恐不及ㅎ며愛民施惠ㅎ고該校與學ㅎ미치致ㅎ는故로一郡이稱頌ㅎ다더라

●光校愈光 平北龍川場市光明中학校는本是有志人士百餘 [illegible] 力勸說 [illegible] 不過 [illegible] 五 [illegible] 學徒 [illegible] 拾名이라工夫上實效와 [illegible] 合的義趣는人欽仰홀만ㅎ다더라

●名不虛得 漢城 英書院敎師金弼秀氏는學問에博通혼지라該院장尹致昊氏가聞其학力ㅎ고延聘敎授ㅎ엿는ㅣ金氏의孜孜勸勉과忠滿혼熱心敎育ㅎ야名實相符에人皆稱頌不已혼다더라

●校況漸就 大邱公立普通학校副敎員鄭百壽씨는一自叙任以後로敎育에熱心ㅎ야雖新寒盛暑라도一分時間을未嘗遲晩ㅎ고事務員池二達시는名譽로熱心視務하는대該兩시의勤苦홈으로학徒가日增ㅎ야二百餘名에達ㅎ얏다더라

東京電報

卅九日발

●御用掛被命 岡侍醫局長은韓國 皇太子殿下의御用掛로被命ㅎ얏다더

●國會御臨 韓國 皇太子殿下께셔는日本皇太子와共히日皇陛下를陪ㅎ야帝國議會開院式에 臨御ㅎ셧다더라

●新年休刊 本社에서新年頌祝ㅎ기爲ㅎ야一月二日三日은休刊ㅎ고四日에續刊홈

▲新年新語▼

▲造化옹이彈指ㅎ야융희二年도라오니風雨長夜다보내고明朗日月다시본다世界도文明ㅎ고山川이呈彩ㅎ니大韓天地시롭도다

▲皇天이默佑ㅎ소國運이回泰ㅎ야氣象을一淨ㅎ니浩浩이나지낫다獨立國旗를혼것ㅣ忠岳烈士說出ㅎ야韓人說시롭도다

▲屠蘇酒三四盃에烈心腸洗滌後에外人의게阿附말고自由精神收拾ㅎ야覺今是而昨非ㅎ고一新政治着手ㅎ면 [illegible] 人臣시롭도다

▲姻아親戚換私말고外入勸告받지말고血脈을遞送ㅎ면玷汚公器왜될손가용實을除汰ㅎ고隨材需用ㅎ야쓰면用人行政시롭도다

▲徵兵令實施件을內閣會議提出ㅎ나暑類이爲急ㅎ나猶豫未決말지여다競爭時代當ㅎ여서國力强壯이아닌가軍籍恢復시롭도다

▲貨幣가不均ㅎ야物價가刁騰ㅎ니度支大臣누구신가財政權을밧비차저諸般方針講究ㅎ야金融이流通ㅎ면財政整理시롭도다

▲賊警이四起ㅎ야生命財產難保로다警察權을挽回ㅎ면綠林豪客解散ㅎ야里門夜開道不拾에各自安業ㅎ량이면警察行政시롭도다

▲日會日國成立ㅎ나國脈力이未堅이라性質趣旨不同ㅎ야각自以爲大將이라自由鐘一聲中에新精神을喚醒ㅎ면人民團體시롭도다

▲靑年課夜學課에各學徒가熱心ㅎ다地誌歷史語學算術才藝도穎悟ㅎ다爲國ㅎ는一國思想腦髓에저저쓰니敎育事業시롭도다

▲本報愛讀僉君子는新年歲拜바드시오百篇이畢臻ㅎ고萬事가亨通ㅎ오愛國誠이懇切ㅎ사購覽이日增ㅎ니新聞事業시롭도다

약種을廉價商路를得ᄒ야直輸入발賣ᄒᄂ더此下에定價를廣告ᄒ깃지오니[illegible]

寄書

慰告大韓每日申報 李允宰

以生之農識淺聞으로此에對ᄒ야何敢可豈辭리오만은義勇之所激에不顧愧汗ᄒ고敢陳荒說ᄒ야仰告于

大韓每日申報社閣下ᄒ노니或可恕耶否아生이受修學業이나全昧時務ᄒ야雖稱國民之壹分子也라然而講習之餘에利用於休息時間ᄒ야貴報를每時希閱ᄒ더니至於第六百八十八号ᄒ야得三圭復ᄒ니豈字豈行이無非忠愛誠이오豈句豈節이莫不慈仁惻愛로다

生雖幼年이나不覺寒淚之방타오熱血之憤騰이라瀝書장嘆에莫知所收라生이昔前에飽聞國民大韓兩新聞之名ᄒ고心상謂之하되（國民二字가何等重大이건뎌豈作奴隷之賤이며大韓二字가何等重大이건뎌曷有依賴之慣乎아國民又明과大韓獨立을庶可ᄃ也로다）하고但卽其名義之好而時時頌祝이오如此히不智不仁不慈不孝ᄒ大참鬼인줄豈知ᄒ얏스리오

實報ᄂ乃公正ᄒ實任을擔負ᄒ고堅直ᄒ名譽를包藏ᄒ야韓國社會에代表가되야褒善懲惡ᄒ筆鋒을堅執ᄒ고此等不智不仁不孝不慈ᄒ者의豈無豈言而泛然看過ᄒ理리오마ᄂ聽彼兩報가若如所記된名雖新聞이나莫過乎滅種之奴字오名雖報館이나不過乎書盜之倉庫라剏又阽悖于同業ᄒ야猜忌嫉妬를惟能事로知ᄒ니於斯於彼가遼隔天壤이雖與相比어ᄂ實報가該國民新報攻擊又被大韓新聞怪辱云則世人이豈不憤歎乎아且彼兩報ᄂ奴隷爲甘作ᄒ고依賴爲深染ᄒ야不與同席坐오雖可接唔談ᄒ者니誘之無奈오戕之無奈오實之無奈오鑄之無奈오誅之無奈ᄒ頑冥難化之物이어날貴社에셔忍忍不已ᄒ다가公筆을始擧ᄒ야以ᄉ誘之도ᄒ고以嚴戒之도하고以理責之도ᄒ고以威捷之도ᄒ고以義誅之ᄒ되彼ᄂ惡聲이徒生ᄒ야懷憤抱怨하야又欲害之인ᄂ豈可得乎아一言而蔽ᄒ고惟申報ᄂ忍乙哉어다與彼로장久相持則彼之敗亡은可立待어니와貴報ᄂ名譽다도雖益矣리니豈不惜哉아彼報則其身이已戮이라蘇之不성이거던爲之愛悶ᄒ고其魂已亡이라招之不歸어던爲之祈禱ᄒ야勿積冤於留草之裡ᄒ고勿呼哭於地獄之下하야以用慈善之道 豈不快哉아耶蘇云ᄒ되（仇讐를愛ᄒ야爲之祈ᄒ라）ᄒ얏고古人이云ᄒ되（일시忍이면百日이安ᄒ다）하얏스니此豈誤유리오勿思小嫌ᄒ고以取大事어다惟貴社急務ᄂ各社會同胞로愛國精神을喚起ᄒ고治安思想을警醒ᄒ야文明을專事하며富强을是圖ᄒ고外侮를警ᄒ며內政을修ᄒ야民智開발ᄒ고國威宣揚ᄒ야民可영安樂ᄒ고國可致昇平之日에ᄂ彼兩報者가至是에負棘左袒ᄒ고大韓每日申報記者前에伏地謝罪ᄒ고哀乞悔改ᄒ리니此時則可以罰乎아可以賞乎아賞罰處分은懸於大韓每日申報之左右矣리로다

●教育標範 義州威遠面白馬驛西玉川學校校長白宗詢氏가以拾年前븟터該地에設塾ᄒ고靑年教育에從事ᄒ더니昨秋에至ᄒ야有志人士와同心協力ᄒ야學校를創立ᄒ고日本에留학ᄒ던洪鐸一시를延聘ᄒ야中等普通학科을教授ᄒ되同白시와子鎭珪시ᄂ漢文教師를名譽로負擔ᄒ야熱心教導ᄒ으로遠近靑年이就學如雲ᄒ고且高等小學科를兼設ᄒ야中學의預備를供ᄒ다더라

●夜叉觀察 平南觀察使朴重陽씨의不法行爲ᄂ本報에已往屢揭ᄒ바어니와今에該地來說을又接ᄒ則開放地에在ᄒ黃寡婦의田을軍用地라稱ᄒ고每坪에七전式抑給ᄒ미黃寡婦가冤痛ᄒ事情으로新聞에廣告ᄒ얏더니該寡婦를捉囚ᄒ고五十度를嚴刑ᄒ미幾至死境이며停車場所入屯田損害金은當初調査委員朴義秉氏가財政顧問官과相議ᄒ고貧民다려生涯ᄒ라고出給ᄒ얏거ᄂ觀察이此錢을還納ᄒ라고星火督促ᄒ야捉之囚之ᄒᄂ지라屯民들이卒地逢變ᄒ고呼訴無處ᄒ야調査委員의게電報ᄒ즉回電에曰嚴調于觀察郡守一切拒納이라ᄒ얏스되朴觀察은督促이益甚ᄒ니朴重陽氏又名夜叉鬼가牧民之官되미平南人民은生活이無策이라고輿情이大段沸騰ᄒ다더라

●普校日就 新門外普成小學校에셔今次第一학期成績을考査ᄒ얏ᄂ더優等生이七拾七人이라더라

廣告

◉國債報償義捐金收入廣告

●慶尙南道安義郡 續

黃谷里門 宋昌欽 四十錢
宋太欽 宋在炳 宋在헌
宋成欽 宋相欽 각卄전
宋泰鉉 十전 리基釋
四十전 曺學伊 二十전
리東謨 李興雨 우在韶
각拾전 姜時永 姜弼永
李基亨 各廿전 리再甫
十전 崔八憲 二十전
劉漢世 十전 리東燁
鄭寅혁 李希八 各廿錢
리希範 四十전 成佐鎬
우夏範 鄭甲俊 각廿전
黃谷東山 김奉斗 四拾전
김希斗 김斗永 禹希魯
리善一 各廿전 김景玉
十二錢 리判基 姜福柱
각十四전
黃谷鹽田 우希德 尹弘圭
劉德豊 朴乃行 각廿전
黃谷新基 金顯周 김顯炳
김顯珍 鄭基혁 鄭千혁
朴南吉 沈夏澤 趙信權
각十전 김相培 拾錢
沈仁澤 朴允大 沈相俊
김敬석 김昌大 河孟九
각廿전 朴相煥 金善培
鄭萬혁 各十전
十圜六拾전 未完

前號總合五萬七千三百四拾五圜七拾一전七厘
都總合五萬七千三百五拾大圜三十一錢七厘

大韓每日申報支社
仁川栣峴 金浩淵
中署布屛門下 金相萬
平壤上水口門內 崔敬恒
仁川栣峴新聞社 李東敏
宜川邑 安某
義州西門外 大聲
釜山港佐川 徐炳鎬
三和港 金元根
晉州 曺書林
南城南大門內興學書舖 姜助遠
大邱市 崔一弘
鐵山 劉夢麟
鐵山邑東部 安某
元山倉前 劉七鉉
海州南門內 朴昌錫
定州南門內書舖 洪成인
昌城郡校 許某
郭山興岩書舖 李銀瑞
安岳細동坊 廉道爀
博川 리鎭成
安州城內義井洞 金鳳河
鐵原邑 趙鍾大
高原邑 朴敎吉
廣州城內一徒里客舍洞 高亨來
井邑 李益量
泰仁邑內 金禹燮
興德後浦 金鼎濟
京義線 李基秀
長淵邑南門內 崔載淳
殷栗邑倉前里 金泰學
古阜邑許洞 殷弼漢
群山港東彰社 宋鶴巖
龍川楊市會堂 黃菊保
車輦館同志會內 金明仁
淸州東州내校洞 宋斗鉉

發行兼編輯人 英國人 裵說
發行所 南署石井洞號外地三層洋屋家 大韓每日申報社

大韓每日申報

月曜及慶節 歲時日休刊

檀君開國四千二百四十年
箕子元年三千二十九年
大韓開國五百十六年
日本明治四十一年
淸國光緖三十三年
陰曆丁未十二月小初一日戊午

論說

○英雄과世界

英雄者는世界를創造ᄒᆞᆫ聖神이며世界者는英雄의活動ᄒᆞᄂᆞᆫ舞臺라萬一上帝創世ᄒᆞ신以來로英雄이一個도無ᄒᆞ얏더면茫茫ᄒᆞᆫ山野는鳥獸의號ᄒᆞᄂᆞᆫ荒草堆를作ᄒᆞᆯ而已며蒼蒼海濤는魚龍出沒ᄒᆞᄂᆞᆫ장夜窟을成ᄒᆞᆯ而已오所謂人類는一隅에蟄伏ᄒᆞ야身은有ᄒᆞ되家는無ᄒᆞ며群은有ᄒᆞ되國은無ᄒᆞ며生活은有ᄒᆞ되法律은無ᄒᆞ야只是蜂屯蟻聚ᄒᆞᆫ蠢物로來如是ᄒᆞ며去如是ᄒᆞ며生如是死如是ᄒᆞ야熊羆虎狼의게天下를揖讓ᄒᆞ고一笑一哭에도其聲을敢高치못ᄒᆞ리니

噫라英雄이無ᄒᆞ고世界만徒有ᄒᆞ면遺忪者ㅣ擧眼一望에凄然悲淚를不禁ᄒᆞᆯ지니故로英國詩人奇黎爾가有言ᄒᆞ되宇宙란者ᄂᆞᆫ英雄을崇拜ᄒᆞᄂᆞᆫ祭壇의일烟에不過라ᄒᆞ니라

英雄이라云ᄒᆞᆷ은如何ᄒᆞᆫ名爵인고曰英雄二字ᄂᆞᆫ譬컨대猛獸를虎라ᄒᆞ고珍禽을鸞鳳이라ᄒᆞᆷ과又ᄒᆞᆫ偉人의게送獻ᄒᆞᄂᆞᆫ徽號라此徽號는何如ᄒᆞᆫ人이라야當得ᄒᆞᆯ고曰其口가三이라도此徽號를難得ᄒᆞᆯ지며其臂가六이라도此徽號는難得ᄒᆞᆯ지오唯其智識이萬人에超ᄒᆞ며氣槩가一世에蓋ᄒᆞ야何種魔力으로以ᄒᆞ던지必也一國이風靡ᄒᆞ며天下가山仰ᄒᆞ야本國이[illegible]吸引ᄒᆞ얏사東西南北에各各ᄒᆞᆫ人物이皆其一身에向ᄒᆞ야以歌以泣ᄒᆞ며以愛以慕ᄒᆞ며以拜以敬ᄒᆞ여야於是乎英雄其人이니라

如此가便是英雄이어니와古代人의眼孔은往往狹義的으로英雄을觀察ᄒᆞ얏스니假令韓人다려問ᄒᆞ야曰爾國의英雄이其誰오ᄒᆞ면答曰(一)乙支文德(二)蓋蘇文이라ᄒᆞᆯ지며支那人다려問ᄒᆞ야曰爾國의英雄이其誰오ᄒᆞ면曰(一)秦始皇(二)項羽라ᄒᆞᆯ지며歐西人及日本人다려問ᄒᆞ야도大槪聰撒漢巴尼豊臣秀吉等에不過ᄒᆞᆯ지오其外宗敎家政治家實業家文學家哲理家美術家等에ᄂᆞᆫ雖叢奇偉宏傑ᄒᆞᆫ人物이出現ᄒᆞ더라도必其名稱을區別ᄒᆞ야一個ᄂᆞᆫ是聖賢이라ᄒᆞ며一個ᄂᆞᆫ是義士라ᄒᆞ며一個ᄂᆞᆫ是富豪이라ᄒᆞ며一個ᄂᆞᆫ是文豪라ᄒᆞ며又或高士或才士라ᄒᆞ야英雄이란徽號가一隅武功家의專有物을作ᄒᆞᆫ지今幾累千餘年인데近世에至ᄒᆞ야學理가大明ᄒᆞ며狹義的으로英雄을不求ᄒᆞ고廣義的으로英雄을取ᄒᆞ야其人의手中에劍을執ᄒᆞ얏던지砲를執ᄒᆞ얏던지筆을執ᄒᆞ얏던지算을執ᄒᆞ얏던지文籍을執ᄒᆞ얏던지是는皆不問ᄒᆞ고唯其所執ᄒᆞᆫ長物로風雲을叱咤ᄒᆞ며山河를轉移ᄒᆞ야耳目手足을具有ᄒᆞᆫ類物로一切其膝下에屈伏케ᄒᆞᄂᆞᆫ能力만優有ᄒᆞ면是를英雄이라稱ᄒᆞᄂᆞᆫ데와 未完

官報

○隆熙二年歲入歲出總豫算表 續

第六項 享祀費 金壹萬四千五拾圜
第七項 宴會費 金壹千五百圜
第七款 地方警察費 金壹百三拾七萬四千五百八十四圜
第一項 俸給 金貳拾萬壹千六拾圜
第二項 廳費 金七萬八千六百貳十五圜
第三項 修理費 金八千四百圜
第四項 旅費 金貳拾壹萬四千五百八拾四圜
第五項 雜給及雜費 金七拾四萬二千九百五拾九圜
第六項 舍宅料 金三萬壹千五百十貳圜
第七項 被服及帶具費 金七萬五千九百九拾五圜
第八項 銃器彈藥費 金七百圜
第九項 監囚費 金四千九百八拾圜
第十項 機密費 金壹萬四千四百圜
第八款 大韓醫院 金拾四萬九千五百六拾六圜
第一項 俸給 金六萬三千六百六拾圜
第二項 廳費 金壹萬三千八百九拾四圜
第三項 旅費 金貳千圜
第四項 雜給及雜費 金三萬三千四百九十六圜
第五項 舍宅料 金壹萬四千壹百六十圜
第六項 外國人諸給 金三千六百圜
第七項 營繕費 金壹萬八千七百五拾六圜
內部所管合計金三百五拾二萬八千六百七十五圜 未完

外報

●三國合意 伯林電을據ᄒᆞᆫ즉十年間不合ᄒᆞ든英德兩國이只今一新ᄒᆞᆫ交意가親密케되얏고米日關係가今日과如ᄒᆞᆫ狀態를當ᄒᆞ야德國은何時ᄭᆞ지米國과親合ᄒᆞᆷ이可ᄒᆞ다ᄒᆞ엿더라

●生産減少 巴里電을據ᄒᆞᆫ즉近日法國巴里官報局에서人口調査ᄒᆞᆫ바를依ᄒᆞᆫ니人口의生産이大減ᄒᆞ야家族生活의困難ᄒᆞᆫ狀態가有ᄒᆞᆫ지라其原因은利婚ᄒᆞᄂᆞᆫ者多ᄒᆞᆷ인데其調査表를依ᄒᆞ면昨一年之間에結婚數가三十萬六千四百八十七이오利婚이가十萬五千五百七十三이오生産數가八拾萬六千八百四十七이라如斯ᄒᆞᆷ으로生産數ᄂᆞᆫ過去調査表에比하면平均三萬三千名이減少ᄒᆞ엿다더라

●火山暴擧 뫽스코電을據ᄒᆞᆫ則墨西哥近處海底에火山이暴擧하야유가탄海邊의深淺을不知ᄒᆞᄂᆞᆫ故로來往ᄒᆞᄂᆞᆫ汽船等의困難이大段ᄒᆞ고海上에死傷가不少ᄒᆞ다더라

●尸體試驗器 巴里電을據ᄒᆞᆫ즉法國病院에서死者試驗하ᄂᆞᆫ機械로其尸體를試驗ᄒᆞ야生氣의有無를卽時知ᄒᆞᆷ으로更히回生ᄒᆞᆫ尸體ᄂᆞᆫ埋葬ᄒᆞᆯ念慮가無ᄒᆞ다더라

●財産寄附事業 紐育電을據ᄒᆞᆫ則米人옥페라氏ᄂᆞᆫ米國에有名ᄒᆞᆫ富者인대慈善事業에有意ᄒᆞ야醫學硏究會에金二百六十萬圓을捐助ᄒᆞ엿다더라

●東洋人排斥 諾威電을據ᄒᆞᆫ則同地에人民一千五百名의暴動이起ᄒᆞ야東洋人의住所를衝擊破壞ᄒᆞ고淸國人料理店에서有名ᄒᆞᆫ市民을殺害ᄒᆞ엿다더라

●日人退逐 美國씨아틀電을據ᄒᆞᆫ즉西洋旅館會에서日人雇傭者ᄂᆞᆫ不用ᄒᆞ고西洋人만雇傭ᄒᆞ기로決定ᄒᆞ얏ᄂᆞᆫ대씨아틀港口旅館과料理店에雇傭ᄒᆞ든日人千餘名이擧皆退逐ᄒᆞ얏다더라

寄書

●大韓每日申報購覽諸君座下 崔禎鉉

生은學識이淺短ᄒᆞ고知慮가暗昧ᄒᆞᆫ一酒徒라新知를開發ᄒᆞᆷ이不辭何有ᄒᆞ리요拙訥孤陋ᄒᆞᆷ을不計ᄒᆞ고以蕪行蕪辭로敢告于諸君座下ᄒᆞ노니以此恕諒若何

大抵勿論何國ᄒᆞ고其國이進步되믈試觀하면新聞報館이日加月增ᄒᆞ야完全ᄒᆞᆫ實力과强硬ᄒᆞᆫ議話로其國을忠告ᄒᆞ며其民을啓發ᄒᆞ야此의効力이不少ᄒᆞᆫ바ㅣ더니國에血脈이라ᄒᆞᆷ도決非過言이어니와我邦은不然ᄒᆞ야報館이名者ㅣ皇城帝國과民大韓四個라云ᄒᆞ나大韓國民兩報者ᄂᆞᆫ何天으로落來ᄒᆞᆫ者인지人面獸心에無異ᄒᆞ고至於皇城帝國兩報ᄒᆞ야ᄂᆞᆫ其心이忠直ᄒᆞ고許多陳述ᄒᆞᆫ言辭가喋喋ᄒᆞ야積如山海로되國力이不完全ᄒᆞ야彼之壓制에陷ᄒᆞᆷ을不免ᄒᆞ나奈何ᄒᆞ리요其勢然矣어니와至於每日報ᄒᆞ야ᄂᆞᆫ何恩人이건데敵國思海外人으로渡來于此邦ᄒᆞ야不避鼠牙ᄒᆞ고彼之狂打가種種有之에尤極强硬之舌로撲除ᄒᆞ면서此國을忠告하며此民을啓발코져ᄒᆞ나豈不壯哉며豈不美哉아

然이나如此厚意ᄂᆞᆫ友를待之善報之ᄂᆞᆫ못ᄒᆞᆯ지언정數月발送ᄒᆞᄂᆞᆫ新聞代金이아愆滯ᄒᆞᆫ者ㅣ何가有ᄒᆞ리요近日每日報特別廣告에外方支社로셔數二朔式未納處多ᄒᆞ무로本社經費窘拙ᄒᆞ미若不上送于今月內면停送云ᄒᆞ엿스니寒心哉라此言也여一支社가廢止則該村同胞ᄂᆞᆫ盲人聾者와無異ᄒᆞ리니如此ᄒᆞ고야國이國되기를바라며民이民되기를바라리요

惟願諸君은深思之어다一支社라도增加設立을못ᄒᆞᆯ지언정廢止之境이되면엇지愧忸치아니ᄒᆞ리요生之所思엔一支社는姑捨ᄒᆞ고一張新聞이라도減縮ᄒᆞ면卽國勢가減縮ᄒᆞᄂᆞᆫ고로思慮ᄒᆞ노니噫我同胞諸君아深思之어다

雜報

●涵校盛況 公州涵育學校에서今月九日에學校創建第一回紀念式과進級證書授與式을設行ᄒᆞ얏ᄂᆞᆫ데內外國紳士와학徒父兄과賓客諸氏가參席ᄒᆞ얏고伊日儀節은上午十二時에進級證書授與式을行ᄒᆞ고優等生의게名數物品을贈ᄒᆞ며來賓은生徒의하藝를觀光ᄒᆞ고校長以下任員과來賓中通譯官金奉鎭氏가次第勸勉說辭ᄒᆞ고茶果로立食을行ᄒᆞᆯ時에理事官[illegible]崎六次郞氏가勸勉的으로演說後爲議長ᄒᆞ야三唱ᄒᆞ고來賓先生徒一同이撮影ᄒᆞ얏ᄂᆞᆫ데本年試驗成績은一年級最優等生[illegible]이오優等生[illegible]等七人이오及第[illegible]以下十八人一年級優等宋林鳳이오及第는明[illegible]以下十九人이라더라

雜報

●御品賜宴 再昨日上午十二時에 大皇帝陛下께옵서親勅任官에賜宴ᄒᆞ셧ᄂᆞᆫ데食物은韓料理라더라

●御前陪食 本日에副統감과長谷川大將이總理大臣을會同ᄒᆞ고詣闕ᄒᆞ야御前陪食ᄒᆞᆫ다더라

●夫人問安 皇室至親의각夫人與각大臣의夫人들이再昨日上午十一時에 皇后陛下께新年問安ᄒᆞ얏다더라

●太師上奏 日本으로來ᄒᆞᆫ人의傳說을聞ᄒᆞᆫ즉伊藤統감이皇太子殿下께셔入學ᄒᆞ실等節과御居處ᄒᆞ실事項의如何히處理홈을上奏ᄒᆞᆫ즉 皇太子殿下께옵서下答ᄒᆞ시기를此等事項은我 大皇帝陛下께옵서伊藤太師에게委임ᄒᆞ셧슨즉如何處理홈을不必問이라ᄒᆞ셧다더라

●親勅賜食 三昨日에百官이德壽宮元朝問安時에親勅任官에게만洋料理로賜饌ᄒᆞ셧ᄂᆞᆫ데總理大臣以下각大臣과각部次官與警視總감과其他勅任官이敎德殿에서祇受會食ᄒᆞ얏다더라

●移任院長 法部大臣趙重應氏ᄂᆞᆫ前報와如히大審院長으로轉任ᄒᆞ야統감府에同意次送交ᄒᆞ얏ᄂᆞᆫ대日間頒佈된다더라

●是果未備 日前에內部大臣任善準氏가軍사令部에前往ᄒᆞ얏슬時에장谷川大將이問曰郡守奏本이何以遲滯乎아任內相曰人材擇定이未備ᄒᆞᆫ所以라ᄒᆞ니장谷川曰人材가何人材오於音이未備耶아ᄒᆞ얏다더라

●兩守移任 平澤郡守李思철氏ᄂᆞᆫ韓山郡守로轉任ᄒᆞ고庇仁郡守姜元馨氏ᄂᆞᆫ舒川郡守로轉任ᄒᆞ얏다더라

●特使渡航 我國特派大使리戰覽氏외一行이昨日釜山港에到着ᄒᆞ얏다더라

●家族迎接 特派大使李觀覽氏가釜山港에到泊홈은別項과如ᄒᆞ거니와其家族들이迎接次로該港々지발向ᄒᆞ얏다더라

●落仕區處 今番新次郡守奏本四十二窠ᄂᆞᆫ각府部院廳一般奏任官의新官制中落仕ᄒᆞᆫ人을多數히區處ᄒᆞ고其餘ᄂᆞᆫ遞轉郡守가多有ᄒᆞ다더라

●電停郡奏 郡守奏本이尙今延拖되ᄂᆞᆫ니容을聞ᄒᆞᆫ즉日本에在ᄒᆞᆫ宋秉畯씨가電報ᄒᆞ기를奏本一欵은姑爲停止ᄒᆞ라ᄒᆞ얏다ᄂᆞᆫ說이有ᄒᆞ더라

●兩氏云轉 니部秘書課장吳在豊氏ᄂᆞᆫ事務官으로轉任ᄒᆞ고其代에ᄂᆞᆫ該部文書課장金[illegible]憲氏가轉任ᄒᆞᆫ다더라

●地長更固 內部地方局長廉仲模氏ᄂᆞᆫ本非卒業人이라今番新官制改定時에該部次官木內씨가廉氏의卒業狀有無를質問ᄒᆞ야遞任ᄒᆞᆯ境에到ᄒᆞ얏더니該氏가何樣運動ᄒᆞ얏던지該局長이更히鞏固ᄒᆞ얏다더라

●直赴咸北 咸北觀察使尹甲炳氏가北間島에서該觀察署로直赴視務ᄒᆞᆫ다더라

●月俸增加 中樞院贊議의年俸은八百圓式으로磨鍊ᄒᆞᆫ다ᄂᆞᆫ說이有ᄒᆞ더라

●歲拜次官 宮內府高等官은該府次官에게歲拜次로一齊히私邸에往訪ᄒᆞ얏다더라

●姑爲服務 日昨에呼子醫觀가主殿院醫務官以下巡檢을對ᄒᆞ야主殿院醫衛局은自今으로廢止되엿스나頒布前만姑爲服務ᄒᆞ라ᄒᆞ얏다더라

●洪씨危矣 今番학部官制에官立漢城高等학校장椅子을日語學校장金與基와學部觀學官卯基派씨가占奪코ᄌᆞ혼다ᄂᆞᆫ說이有홈으로該校장洪顯鉉氏가拾分危殆ᄒᆞ다더라

●除四敍二 今番新官制에니部書記郎鄭譔時 金涤洛 李玄九 氏等四人이除汰된다ᄂᆞᆫ대其代에ᄂᆞᆫ文官銓考所에被選ᄒᆞᆫ徐相巨 朴忠緒氏等이被任ᄒᆞᆫ다더라

●汰三除五 學部觀象所主事가原來天文郎에六人이오地理擇日郞에각一人合爲八人인데今番官制改正時에三人을除汰ᄒᆞ고五人만仍存ᄒᆞ얏다더라

●四日勝務 각府部院廳에서年終停務ᄒᆞ얏다ᄂᆞᆫ說은已揭이어니와本日에각官人이각其部로仕進視務ᄒᆞ고각學校에도開學ᄒᆞ얏다더라

●現職探問 去一日百官問安時에敎化門外에서巡檢이服裝ᄒᆞᆫ軍人을對ᄒᆞ야現職有無를一一探問ᄒᆞ얏다더라

●權巡褒賞 警視廳에서年終賞與金을頒給ᄒᆞᄂᆞᆫ대一般奏判任官은각其月俸대로分給ᄒᆞ고權任은九圓式巡檢은六圓式支撥ᄒᆞ얏다더라

●每朔支撥 度支部에서每朔五百圓式을大韓新聞社로支撥ᄒᆞᆫ다더라

●加捧呼訴 安岳郡安谷坊居廢民廉昌善等八拾名이忠勳府屯賭加捧ᄒᆞᄂᆞᆫ事에對ᄒᆞ야本日度支部에呼訴ᄒᆞ얏다더라

●養成所移接 法官養成所ᄅᆞᆯ前農商工部로移設ᄒᆞᆫ다더라

●石家晩餐 再昨日下午二時에普成專門學校講師石鎭衡氏家에서校長俞星濬氏以下一般任員을請邀ᄒᆞ야晩餐을盛設ᄒᆞ얏다더라

●衛團被害 抱川等地에서義兵이自衛團八人을殺害ᄒᆞ얏다더라

●松우兵火 抱川郡松우場市에서義兵과日兵이交戰ᄒᆞ다가該場市三百餘戶ᄅᆞᆯ沒數衛火ᄒᆞ얏다더라

●定郡被燒 定山郡來信을據ᄒᆞᆫ즉數日前에義兵이該邑官舍與民家ᄅᆞᆯ沒數衛火ᄒᆞ얏다더라

●稅官作弊 尙州稅務官閔泳完씨ᄂᆞᆫ自昨年敍任以後로該郡摠結을任意作奸에不啻升斗ᄒᆞ고또鼠卜과里加等無名結稅를如前徵收ᄒᆞ며況且稅務章程에書員名色은一幷革罷이거ᄂᆞᆯ閔氏가該郡二十二面書員을潛受賄賂하고使該郡吏輩로每面二三人式稱以看坪ᄒᆞ고周行村坊ᄒᆞ야每結에考卜價常平葉전兩式討索ᄒᆞ며稅錢醲酒에接待煩費ᄂᆞᆫ甚於舊日이라民怨이敵々ᄒᆞ야度支部에呼訴次로上京ᄒᆞ얏다더라

●西北聯會 日昨西友學會와漢北學會에서各任員이會議ᄒᆞ고團躰的으로兩會를合ᄒᆞ야西北學會로改稱ᄒᆞ얏다더라

●普校消息 普成학校校主리鎔浩氏가校事의障碍홈을悶嘆ᄒᆞ야講師諸氏家의連日往訪ᄒᆞ다가昨日下午六時의諸氏를一齊히夜晛本第로請邀ᄒᆞ야擴張方針을協議妥定ᄒᆞ얏다더라

●今之吉童 懷德郡分署總巡洪鍾翊氏가符同前將校先達包方委員宋泳淑하야細民謀錢ᄒᆞ야寡婦則稱淫行ᄒᆞ고躁夫則稱勒姦ᄒᆞ야有錢之人은即是有罪ᄒᆞ야網羅一郡에貪贓如神ᄒᆞ니錢財奪取하ᄂᆞᆫ手段은洪吉童의幻身이라고該郡人이側足恐懼ᄒᆞᆫ다더라

●報告掩蔽 前警務官金俊植氏가資헌道의前任ᄒᆞ야屯土舍音감官等處에討索ᄒᆞᆫ事로秋收官이報告ᄒᆞᆫ事ᄂᆞᆫ前已記載어니와該報告를金鍾濬씨가抛置ᄒᆞ야不得露出ᄒᆞ야怨聲이藉々ᄒᆞ다더라

●江民怨聲 江華郡作高晋龍씨ᄂᆞᆫ養蠶傳習所와自衛團을設施ᄒᆞᆫ다稱ᄒᆞ고貧富ᄅᆞᆯ等分ᄒᆞ야上等에ᄂᆞᆫ一百五十股錢이오下等에ᄂᆞᆫ一股錢式督捧ᄒᆞ고有何所用인지每戶에고草一束과麥四升式星火督納ᄒᆞᄂᆞᆫ故로人民이虛弊를堪耐치못ᄒᆞ야他郡으로移轉ᄒᆞ며日憲兵을指使ᄒᆞ야捕縛捉來ᄒᆞ여日商日醫擾時暴徒中人이라ᄒᆞ고牢囚施刑ᄒᆞᆫ다고該郡來人의怨聲이藉ᄒᆞ더라

●靑會討論 靑年會館에서今夕七点鍾에討論會를開ᄒᆞ고人傑이出ᄒᆞᆫ東洋이勝於西洋이란問題로互相討論ᄒᆞᆫ다더라

●鮫女泣綃 西來人의傳說을得聞ᄒᆞᆫ則鳳山舍人坊望海亭居ᄒᆞᄂᆞᆫ前同敎張奧氏ᄂᆞᆫ德行이素著ᄒᆞᆫ人이라去己丑年에有一買婢使喚數年이라가招致婢子訓戒曰汝年이今爲파年이라必是成胎ᄒᆞᆯ模樣이니在吾家生男則奴子오生女則奴婢라奴務을墳給ᄒᆞ고他人의게出嫁하야爾免奴屬ᄒᆞ고情誼를不忘ᄒᆞ라ᄒᆞ얏더니該女가出嫁ᄒᆞ야至今一男一女을生ᄒᆞ고豊饒ᄒᆞ며男女子息을다리고張氏을百歲無恙ᄒᆞ라고祝願ᄒᆞᆫ다더라

●濟世事業 中署蓮路鉢里동에開設ᄒᆞᆫ共愛堂약房은前官立醫學校卒業生朴容南張基茂兩氏에經營創設ᄒᆞᆫ者인데今回該약房에서調製발行ᄒᆞᄂᆞᆫ각種神약은學皆自家에多年實驗ᄒᆞᆫ方劑로利害를不較ᄒᆞᆫ다더라

▲地方消息▼

▲甲山郡秋嶺北興阿里嶺下에地境鏡浦에서日兵一中隊가出發ᄒᆞᄂᆞᆫ데雪深丈餘ᄒᆞ야不能行步하야轉展涉險ᄒᆞᄂᆞᆫ中에黃砲手數千名이左右山谷으로突出齊발ᄒᆞ야日兵이多大ᄒᆞᆫ損害를當ᄒᆞ야死者가無幾라ᄒᆞ고

▲竹山郡日本兵站所에서十二月六日에該邑主來場市三동에셔白米三石鷄五十六首와鷄卵二拾包ᄅᆞᆯ收取以去ᄒᆞ고代金葉四百廿兩인데但四拾七兩만出給ᄒᆞ고減除價ᄂᆞᆫ각洞里로分排收斂케ᄒᆞ얏ᄉᆞ며고日兵이主來場市에入來ᄒᆞ야각店의品을木棒으로打破無餘하얏다ᄒᆞ고

▲主來場市에서全春奢家에婚禮를方行ᄒᆞᄂᆞᆫ데日兵들이不問曲直ᄒᆞ고突入ᄒᆞ니臨하ᄂᆞᆫ故로觀光男女가擧皆逃走ᄒᆞ얏다ᄒᆞ고

▲日兵이陰城郡에來到ᄒᆞ야人民을曉喩ᄒᆞ되義兵이歸化ᄒᆞ면即爲免罪ᄒᆞᆫ다홈으로義兵幾人이歸家ᄒᆞ엿더니日兵이捕捉ᄒᆞ야十字木의捕縛ᄒᆞ고砲殺ᄒᆞ얏다ᄒᆞ고

▲陰曆舊一月初五日에稷張郡의巡查ᄂᆞᆫ來到ᄒᆞ야同郡니의兵丁千名을募集ᄒᆞ야拾日니로點考ᄒᆞ라ᄒᆞᄂᆞᆫ데適其時ᄒᆞ야郡守ᄂᆞᆫ不在ᄒᆞ고郡主事가각面각洞의罔行ᄒᆞ야二十歲以上四拾歲人서지募集ᄒᆞᄂᆞᆫ故로人心이大段騷擾ᄒᆞ얏더라

▲新年喜事▼

▲歲籥이已改ᄒᆞ니人事가俱新이라高枕頭夢깁히든ᄌᆞ新年一日일ᄉᆞ셔여家家戶戶太極旗ᄂᆞᆫ융熙日月빗치ᄂᆞᆫ다이거시깃분일

▲閭閻相逢ᄒᆞ면新年人事ᄒᆞᄂᆞᆫ말이國權을차져ᄉᆞ지奴隷를免ᄒᆞᆫ다자國家의깁흔羞恥오날이야伸雪된다이거시깃분일

▲각학校가星羅ᄒᆞ야靑年子弟敎育ᄒᆞ니抛廢舊習革祛ᄒᆞ야地方風氣一變이라新春消息第一枝에開明花가피엿스니이거시깃분일

▲西北山川바라보니一脉綠光相連ᄒᆞ야西友漢北兩學會가團明目的特色이라兩會가相合ᄒᆞ야西北學會改稱ᄒᆞ니이거시깃분일

▲關西楊童等의堅을이天良之心이發見ᄒᆞ야忠義로壇을모와上帝씌祈禱ᄒᆞ니一國誠意所到處에國力挽回不遠ᄒᆞ리라이거시깃분일

▲平壤義州五音江山三兩妓生이먼져셔애國機花月營業心을快斷一刀斷ᄒᆞ고女學校에入學ᄒᆞ야熱心으로工夫ᄒᆞ니이거시깃분일

▲深山窮谷각寺刹에花雨빗을다져내고學校를設立ᄒᆞ야僧徒를敎育ᄒᆞ니萬八千門蓮花界에新空氣가吹入ᄒᆞᆫ다이거시깃분일

▲通商ᄒᆞᄂᆞᆫ世界에商業機關을인처마라商業會議所陳列品을엿覽眼目을엇고나積小成大利益되여呼價를不試ᄒᆞ니이거시깃분일

▲鐵工場織組會社精良ᄒᆞᆫ器械ᄂᆞᆫ先進國을모倣ᄒᆞ야人造物을多産ᄒᆞ니外國物品輸入마라大韓工匠巧妙ᄒᆞ다이거시깃분일

▲林下頑强져腐儒가時局이危急ᄒᆞ매海外학生愛國誠에感淚가怨발ᄒᆞ야團體를結成ᄒᆞ고愛國心이剪모ᄒᆞ니이거시깃분일

▲婦人社會先開ᄒᆞ야有志士들이飮義ᄒᆞ야無名으로投하ᄂᆞᆫ事히被囚ᄒᆞ면百黑에戰栗ᄒᆞ야該家의饋給ᄒᆞ니若此奇事를聞而猜忌者가或有ᄒᆞᆯᄂᆞᆫ지吾儕ᄂᆞᆫ깃분일

雜報

●還禁商獎　大邱開業敎育會장金永모氏가淸道郡에公函호事는前已揭布러니와金氏가本會에說明報告호고淸道郡答復지眼同報告를핫고淸道郡貧商張金兩人이商民團에討案호미金氏는商獎을禁止홈이오押送之說은初無라더라

●熱心可稱　鐵山郡新明普通학校生徒徐光憲孫秉厚鄭道俊三氏는年少氣銳를야愛國精神과憂時慷慨심이衆生徒中에出類拔萃호고熱心受業호야期圖報效하야발憤忘食矣러니去春에손秉厚鄭道俊兩氏가左臂上에工夫二字를以刀割刻호고外洋에遊學호야新空氣를吸收홀자나家勢가赤貧에資斧를辦호야義憤所激에又與徐光憲氏로無名指를割斷호야諸家社會에獻身的思想으로血盟호얏다더라

●專對卒業　義州普通專對學校에서去八月五日에第二回學年試驗을經호고本月五日에卒業證式을擧行호는데甲級優等生內敬侶張文華十四人은卒業證書를頒給호고乙級優等生崔通寶等五人은進級證書를頒給호後에校장金在은氏는國家思想에對호야切々勸論호고敎師鄭一模氏는學文程度에對호야懇々說明호고罷會호얏다더라

●成從新校　平南价川郡中南面居某某諸氏가衙隣此時代之變幻호고觀歎學校之不興하야里내諸人을集合호고歎其資本之不足호야一場演說호즉聚中諸人이一時應諾曰吾輩가雖處窮巷호야曾未知如此好機라하고即時에數万金을捐助호야創設廣達學校호고薦擇賢師호야熱心敎育호미生徒가三拾餘名이라主務吳享奎崔炳宋兩氏는聞其資本之不足호야善圖維持之方針하고同里居前議官吳秦璇氏는雖是家不富饒나每朔數三次式紙筆果子를賞給호다더라

●金氏勸告　鴻山居金主事商吳氏가地方委員과與각面장의게勸告호全文이如左호니古有井田之制에野無實業之民이러니惟我東土가未始有經界而挽近以來로農土極貴호야上農八口之家의全無八七之資호야年豊而妻饑호고冬暖而兒呼寒이라蜂風破窓에飢寒을不堪호야轉于溝壑者居多호니此無乃兼幷之致也라哉者는田連阡陌호고貧者는無立錐之地니惟此時謂然也興言及此에歎々歎乎哉아幸玆屯驛土를付屬於稅務所而數舍音은以各面々々擇行호니面장은民之機關이오農者는民之大命也라今此公土를析其兼幷之習호고從其區域호야雖升斗落이라도均排於當農無土同胞호야以存均一共濟之義로勸告호야此郡은已爲實施호나至國내擧皆如是則豈非普濟之美事乎아호얏더라

廣告

●慶尚北道慶州
▲內南面栗동
孫孝永 孫秉弼 孫秉勛
各一元 孫錫永 孫默永
權仁斗 權仁重 權秉晩
李榮晩 成최敎 徐文極
金在守 徐廣奎 鄭孟川
李巳云 李락동 각六十전
孫琪壽 손秉우 各四十전
李載晩 李秉壽 咸풍悅
成載淑 俞元錫 朴慶州
曹道根 徐正祿 韓運哲
李千坤 李道致 各四拾전
손海永 孫晋光 孫晋哲
孫秀永 손秉일 손治雲
손觀永 各二十전 權仁弼
李熙壽 李默壽 鄭濟賢
李周鎬 白東錫 徐文久
徐丁奎 徐文錫 金基浩
俞東材 崔海文 都致先
金錫鉉 李守一 各二十전
金奉伯 鄭在像 설再得
李春伊 朴甲伊 金甲伊
趙萬大 朴春實 各二十전
合二十二元
▲府內面泉源里
崔世瀚 崔致五 各四十전
吳秉周 李奎全 각四十錢
權宜우 金炳坤 李宗秀
리영鎬 趙性憲 權宜瑞
各四十전 趙性玉 白文仲
金炳煥 權宜芝 崔植섭
各二拾전 權宜榮 金石出
元順不 黃仲斤 리同用
各二十錢
合六元
見谷面柯亭里
리能支 四九 리能燦
리能泰 各二元 리能彩
八ㄱ錢 리能鶴 리英久
各六十錢 리能五 리陽久
리能仁 각四十錢 리能文
리能慶 각二十錢
▲合拾一元六拾錢
計三拾九元六拾錢

◉和洋洗濯開店廣告
本人이長崎洗濯業을修業호고當今右處에서開店홀터이니洗濯賃은極히廉價호오니僉員은來臨下托하심을伏望
南署永樂町二丁目四十番　林韓明　告白

▲特別廣告
本社에서名帖印刷部를另設호고各樣活字와別樣紙本이俱備호오며印刷가精美호고價値도低廉호오되特別히半價와夫人의게는一層低廉호오니僉位는來臨호시와隨意請求홈
大韓每日申報社　告白

本人이陰一月二十二日에紙匣을서失이온바其中所在物은水原郡鄭斗煥許에紙貨四百圓標와龍仁李德三許에正租一百石任置標와果川郡蒲場金順弼許에紙貨一百二十八圓稱証二張이온바路中에서失이옵기玆에廣告호오니雖某拾得하시와도休紙施行홈
南署薰陶坊惠民洞申珝求　告白

洪淳馨氏가壬辰年開城留守時本人의錢八千五百兩과畓五十三斗落田一日半耕을奪食故로査覓抑라가呈訴홀다더라
開城金基學　告白

本人이咸從世串面白石里所在洞沓四十七石落과青田二百斗落을與他人同事호야買得半襟於本邑人申在烈許凌虐호야監農生活于今六年이오니本人門中에서或僞造文券으로欲爲暗賣라도內外國人은勿爲見欺홈
咸從三存面國安里金우鉉　白

學徒洋裝書冊
學徒運動과諸具
羅紗各種　美國金鷄蠟
洋服製縫其他雜貨로廉價放賣
호오니僉君은來臨호심을伏望
하나이다
仁川港寺洞開新號

本人의子弘圭가年幼沒覺홈으로本郡居金鳳玉王廷浩兩人에게誘引되여陰九月頃에出他不還矣러니該王兩人이弘圭는執留於京城호고陰十一月十五日에府稱外人하고來督本人言內가弘圭의게債給이爲九百圓이라호며恐喝無雙이기法律所在에不可默過故로此緣由를呈訴本道警觀廳호온즉題旨內에誘引女姪호고符同外人호야做此凶計가間極驚駭호야金王兩民를捉致査問則果如訴辭이기爾民을照律懲處次爲先捉囚向事를옹신바用法公直호신當官의德澤을感服호오며雖某시던지本人子弘圭와전物間相關호시면後悔莫及홀慮가無호와玆에廣告홈
海州郡州內面東部金鳳暉　告白

乙巳丙午年收租官李憲永이牟租每石價를任意로執定於收租院호야認可홀後同指令은不爲頒佈民間호고高價로收捧호얏스니政府에呼訴호야加捧條는國庫에還納호던지民間에還給호던지政府의指揮되로홀터이니本道三拾一郡屯民는兩年牟租每石價出給홀數를郵便으로錄送本人호시오
金海乙巳丙午年
乙巳　租一石葉廿七兩　牟一石葉拾七兩
丙午　牟一石新貨三圜
金海郡城內崔東鳴　告白

本演藝場을陰十一月二拾四日로開始호오니僉君子는光臨호심을伏望홈
特等金壹圜　貳等三拾錢
壹等五拾錢　三等拾五錢
演藝場　告白

特別廣告
本會事務所를中署塔洞二拾二統加一戶公函東門外로移轉호얏스니會員은照亮호시며認証書와會券을未推取호신諸氏는趁速來臨領取호시옴
大韓協會　告白

第二回學員募集廣告

本校에서第二回一年級學員을新募호오니願學人은本校에前期來臨호야請願하고左開日字에應試홈　但敎授時間은自午后六時로至午后拾時

一年級科目
萬國歷史　商業地理
經濟學　法學通論
民法總論　商法總論
商業簿記　算術
日本語

試取科目　國漢文　讀書　作文　算術　(四則雜題)
試驗日字　陽來年一月拾日
西署太平동第四拾八統拾戶
私立廣信商業學校　告白

本人이今陰十月日에淸道居文其伯處에從西面神字沓二斗落과洞其員沓一斗落을放買得호新文記二張舊文記二張과英大國沓文記一張과姓名圖章과紙貨三十三元을入置夾囊이라가陰拾一月二拾三日夜에逢賊見失이오니勿論內外國人하고切勿見欺施行홈
大邱西上面?洞李德仲　白

◉電車賃金廣告
陽曆明年一月一日로爲始호야本社車票法을勿施호고賃金을新貨五전을左開호距里間에서領受홈

龍山線
鍾路南大門外京仁鐵道交叉点間　新貨五錢
南大門外京仁鐵道交叉点龍山間　仝五錢

麻浦線
西大門孔德里間　仝五錢
孔德里麻浦間　仝五錢

中央線
東大門西大門間　仝五錢

洪陵線
東大門淸凉里間　仝五錢

賃金은乘車後에掌車手에게給與홈事

陽曆本年十二月三十壹日後에는車票賣買를勿施호고車票를或持來호시는君子가有호면掌車手가賃金五錢代舊票二枚를或領受호고陽曆明年二月一日前에已往買置호얏는車票를本社鐵路事務所로持來하시면本價額을還償홈
韓美電氣會社　告白

本館에서船客의便利를爲호야大阪商船會社와契約호고各港船票를發賣호오니京鄕僉員은照亮爲希
仁川港內洞濟豊旅館
乘船期問屋　韓禹根　告白

◉國債報償義捐金收入廣告

●慶尙南道安義郡 續

黃谷面田 리時文 拾전
崔秀一 朴周實 각四拾전
리時仁 文甲成 朴宰実
池尙圭 각卄전 金容龜
拾四전 姜潤化 拾二錢
朴以炷 白啓和 孟東述
辛在圭 孟夏述 朴永実
宋欽輔 辛永佑 申德顯
尹형圭 劉漢正 孟賢述
崔仲善 朴鳳基 각十전
知代上비 리正欽 리京宇
김在洙 각卄전 리淳화
拾전

黃谷篤者 鄭邇永 姜相璧
박회九 各卄전 朴潤尙
四十전 萬性佑 리萬薰
각卄錢 리瀕九 四十전
리輪九 리회九 리成九
리璨薰 柳仁淑 愼顯業
姜吉馨 姜又伯 各卄전
김判權 鄭卜介 各拾전
北上三台동 進士高漢착 一圜
安弘淳 四十전 리喆奎
二拾전 鄭基鎬 四十전
리괴和 鄭元鎬 각卄전
리正모 四拾錢 鄭宗榮
成光鎬 鄭碩린 각卄전
김正元 二十전 南政淳
白末셔 각十전 中文均
四拾전 金昌洙 拾전
金鍾錄 尹泰歡 金永培
金平培 각卄錢 崔學成
卄전 黃致鳳 金祥大
各四拾錢 白炳介 田廉淳
金昌生 金相培 각一錢
金在坤 白炳일 각卄전
李性寬 十錢
合十四圜卄六전 未完

前號總合五萬七千三百五拾
大韓三拾一전七厘
都總合五萬乞千三百七拾圜
五十一錢七厘

廣告

正一品大勳閔泳徽閣下序　東華先生張志淵校閱幷序
滄江先生安鍾和序　石濃先生 題詞
南溪后人金鴻卿編纂

中等萬國新地誌

全一冊 定價 金壹圜

此書는中等학校敎科와普通新智識을硏究ᄒᆞ시는人士를爲ᄒᆞ야精撰ᄒᆞᆫ者ㅣ라近來我國의敎科書類中에萬國地志도亦不爲不備나然이나其地名人名을每從漢音或日語而譯刊ᄒᆞ야因其文字語音의互異ᄒᆞᆷ으로轉生訛誤ᄒᆞᆷ이頗多ᄒᆞ미編者ㅣ以是爲病ᄒᆞ야각히其國의名稱을隨ᄒᆞ야以國文으로譯出ᄒᆞ야其眞面을不失ᄒᆞ며且簡易ᄒᆞ고明便케ᄒᆞ야開卷一讀에戶庭을不出ᄒᆞ고能히各國의位置風土物産政治沿革等을周知ᄒᆞᆷ이此書에莫過ᄒᆞᆷ

發兌元中署布屛下廣학書舖 金相萬

發賣所
南門內尙洞 博文書舘 安동 安峴書館
鍾路 大東書市 銅峴 博學書舘
동口越便 中央書舖 寺동 漢陽書館
鍾路 古今書海舘 廣橋 匯동書舘
各地方 有名書市

瑞士建國誌　定價 金 新貨拾五錢

此冊은政治小說이니志士의救國救民ᄒᆞᆫ思想과人民의愛國心을養成ᄒᆞᄂᆞᆫ대緊要ᄒᆞᆫ冊子오

發賣所
▲大韓每日申報社
▲仁川港栍峴 新書肆 金相萬冊肆
▲中署布屛門下 敎育書館舖
▲平壤城內烈女祠 古今書海舘
▲鍾路 中央書舘
▲洞口越便 大東書市
▲鍾路 匯東書舘
▲大廣橋 博文書館
▲尙동 姜助遠冊사
▲開城

（朴晶東씨譯述）
●國文新撰家庭學 全壹冊九拾餘頁 正價金三拾전
●國際公法 全壹冊百四拾頁 正價金四拾전
●經濟原論 全壹冊百拾頁 正價金卅五錢
●意太利獨立史 全壹冊百九拾頁 正價金五拾전

發售處
▲中署罷朝橋越邊 中央書舘
▲南署大廣橋東邊 匯東書舘
▲鍾路大東書市
▲布屛下廣學書舖

●大韓醫學總司●陸軍軍醫●陸軍軍醫 [illegible] 廣告

陸軍軍醫張基茂君이實驗方劑로淸心保命丹을發明인바効能은如左ᄒᆞ니僉君子는惠試ᄒᆞᆷ을望

淸心保命丹

本舖 仁川港栍峴 濟生堂

●主治效能
●滯飮●食積●中暑●中寒
●咳嗽●腦痛●不土●不服
●氣鬱●吐瀉●船車眩暈
●食傷●酒醉●口熱惡臭
▲其他諸般運氣癘疫預方妙藥

發行人 仁川港栍峴 濟生堂 李慶鳳

代理店 京城鉢里동 共愛堂藥房
特約店
京城鍾路 慈惠藥房
同 梨峴 信華洋藥局
同 尙洞 李益亨冊사
同 南門外 盧廣濟藥院
仁川內洞 韓禹根
同 [illegible]峴 和平局
開城南門內 朴圭祖
同 [illegible] 具聖模
水原鍾路下 全濟九藥局
海州宗路 元泰植
同 宗路 宋根孝
延安邑內 潘汝文
江華邑路 宋順東
同 邑西門外 高成根
長淵南門內 崔毅淳
鳳山沙利院場內 박健昌
全 任允中
全 李在[illegible]
黃州南門니 耶穌敎堂內 李東赫
平壤雙巨里 韓鳳儀藥舖
全 濟衆藥舖 최能化
全 文武舘藥舖 金聖興
全 檀君殿藥舖 桂潭宜
全 里門 종客 金鳳天
鎭南浦 築洞 朴重瑞
信川邑니四里 全元藥舖
載寧山港開洞 朴晩俊
京南大門外 大同運輸會社 金斗鉉
全泥峴郵便局前 天佑堂
●三水郡仲坪巨里 宋君八
●鏡城郡客主內
此外에도現代에문明각國有名各種藥이具備ᄒᆞᆷ

◉米國製邦補益藥水 四百瓶新到大瓶定價金三圜
◉德國製起陽丸 三十日分服 定價金十五圜

◉米國大學醫院處方
醫學校長 勳五等 池錫永氏
製藥鑑査人 濟衆院醫學員 洪鍾厚 有効證明

食思振起 勢力活潑 補益丸

商標

定價表
拾日分服三十個入 金一圜
二十日分服六十個入 金一圜七拾五錢
三十日分服九十個入 金二圜五拾錢

李觀化

此藥에主治效能用法은在於藥封니오니第一老衰男女계셔勞心勞腦ᄒᆞ시ᄂᆞᆫ司法官吏와敎師와銀行會社員과學生과坐店商人과多産ᄒᆞᆫ婦人에運動不足으로生ᄒᆞᆫ陰陽俱虛와健忘症과貧血症과手足厥冷과頭痛과腰痛이잇ᄂᆞᆫ各病에効가有ᄒᆞ고雖無病人이라도此藥을每日朝午夕食後三次에丸式淸水呑下ᄒᆞ시면身體가强壯ᄒᆞ고精神이活潑ᄒᆞ고飮食이滋潤ᄒᆞ고百病을預防ᄒᆞ는眞奇世靈藥이라男女勿論ᄒᆞ고五歲以上으로老年에至ᄒᆞᆫ間에諸般原因으로來ᄒᆞᄂᆞᆫ虛弱에用ᄒᆞ나니卽晉養不良之致로滿期에通치못ᄒᆞ거나女子에經度가始作지아니ᄒᆞ거ᄂᆞᆫ經度不足或閉止ᄒᆞᄂᆞᆫ되와房事過度之致로精이無節이流出ᄒᆞ거나房事時에陰莖신이萎而不起ᄒᆞ거나當門에亡ᄒᆞᄂᆞᆫ諸症과金鷄蠟에不治되ᄂᆞᆫ瘧疾과再歸熱과虛脫失氣ᄒᆞᆫ久病人이速히蘇完되오나男女間病之深淺을從ᄒᆞ야一二朔且三四朔만連服ᄒᆞ시면大効가有ᄒᆞ기로保證ᄒᆞ오

◉製造本舖 漢城鍾路萬國基督敎靑年會舘前 慈惠藥房

●靈効驚瘧丸 一日分定價金一圜四拾전 此藥은大人小兒長瘧과初瘧에以差服用ᄒᆞ면更不再發
●蛔虫丸 一日分定價金拾전 此藥은大人小兒蛔積과蛔虫의二三日服用ᄒᆞ면蛔虫을殺出ᄒᆞᄂᆞᆫ妙藥
●感氣丸 一日分定價金拾전 此藥은感氣몸살의쓰ᄂᆞᆫ藥인데四時感氣에一二日連服ᄒᆞ면鎭痛解熱
●男女瘡疾 二期定價金五圜 此藥은瘡疾의一期二期勿論ᄒᆞ고그근ᄒᆞ도록약을쥬오
●獨逸國淋疾丸 七日分定價金一圜四拾전 此藥은男女淋疾勿論ᄒᆞ고速効가잇서用藥之日로殺菌止痛ᄒᆞ고利尿止濃
●淸明眼藥 一日分定價金拾錢 此藥은火眼熱眼의多有奇効
●鎭咳藥 五日分定價金三拾錢 此藥은拾九歲以上人에用ᄒᆞ는藥인데四時尋常性咳嗽에有効ᄒᆞ고特히老人喘咳에偉効
●無惡臭疥瘡藥 定價金三拾錢 此藥은疥癬과濕疹과頑癬에有効
●寸虫驅除藥 定價金四拾전 此藥은有鉤寸虫無鉤寸虫에當場殺出
●米國靑藥 定價金二拾五전 此약은西洋서도信用ᄒᆞ고日本서도信用
●淸國上海靑藥 定價金卄錢 此약은肩胛痛脚腿腰膝酸痛에神効
●斷酒藥 定價金三圜 此약은舊약會士李信友氏方
●萬應百應膏 一封의定價金拾錢 此약은各種疱腫에去
文으로製ᄒᆞᆫ약인더명을리상히는대第一神効ᄒᆞ고
根合瘡ᄒᆞᄂᆞᆫ데便利ᄒᆞ고神速ᄒᆞ오
◉止足汗藥 二十分定價金貳拾錢 此藥은德國軍人常用除惡汗臭

西藥便方 全 定價金壹圜 郵稅十錢

此冊은漢城濟衆院약方文을我國漢文으로아라보기쉽게飜譯ᄒᆞᆫ冊인대京鄕각약局에서此冊을買讀ᄒᆞ시면永年貨業이될만ᄒᆞᆫ代神方인바약方文을驗ᄒᆞ에代金一圜拾圜百圜千圓以上에方文이잇고明年度에ᄂᆞᆫ各項要약製造法을添付ᄒᆞ야발賣

品代理발賣店 京城梨峴岸약局李信華
약 仁川奇峴濟生堂李庚鳳

越南亡國史 國漢文 定價貳拾伍錢

發賣所 京城廣橋高裕相書舖
總發賣所 鍾路 [illegible]
布屛下 [illegible] 相 [illegible]

[illegible]
南洋各種物品及機械等物을買約ᄒᆞ엿스오니 [illegible] 大韓에輸入ᄒᆞ야委託을便利케與ᄒᆞ며[illegible] 各工業에有意ᄒᆞ신僉君子ᄂᆞᆫ [illegible] 本社에서手數料를 [illegible]

京城大門內 [illegible] 館
全仁港 [illegible]
大[illegible]

▲新刊新書發售廣告
無寃錄 大全 國漢文 定價金七拾五錢
大韓法規類纂 洋裝 三圜九拾錢 郵稅四拾錢
初等倫理學敎科書 二拾錢
初等衛生學敎科書 拾五錢
國家學綱領 拾五錢
國民須知 八錢
愛國婦人傳 張志淵氏著 十五錢
發賣所 中署 [illegible] 布屛下 金相萬冊肆

元泳義氏 共輯
柳瑾 張志淵兩氏 校閱

蒙學漢文初階

全一冊八十餘頁正價金卄錢

▲本書ᄂᆞᆫ初等小學科에專用ᄒᆞ기爲ᄒᆞ야國漢文으로二百十三課에分ᄒᆞ야文理에簡要케撰輯ᄒᆞᆫ者ㅣ니蒙학漢文敎科書에最適當ᄒᆞᆫ書라稱ᄒᆞᆷ

發售處
大廣橋東邊 匯東書舘
罷朝橋越邊 中央書舘
鍾路 大東書市
布屛下 廣학書舖

發行所 發行兼編輯人 英國人 裵說
南署石井洞 外國人 [illegible]
大韓每日申報社

第六卷

大韓每日申報

第七百一號

月曜及慶節
歲時日休刊

論說

○英雄과世界 (續)

於是乎英雄을觀察ㅎ는範圍가古代보다廣濶ㅎ고且古代에는雖如何ㅎ大英雄이大眼目을快放ㅎ며大手腕을快揮ㅎ더리도閱見에局ㅎ바와時勢에囿ㅎ바로法國에在ㅎ人이何等事業을做出ㅎ더리도法國英雄됨에不過ㅎ며德國에在ㅎ人이何等事業을做出ㅎ더리도德國英雄됨에不過ㅎ고俄國에在ㅎ人은俄國英雄됨에不過ㅎ며英國에在ㅎ人은英國의雄됨에不過ㅎ야東亞에英雄은東亞에英雄이오西歐에英雄은西歐에英雄뿐이니

即是韓國으로論ㅎ지라도以往時代에世界的英雄의資格을具有ㅎ人物이豈無ㅎ리오마ㄴ은當時功烈威望이僅々支那日本에及ㅎ而已오太平洋一帶를超渡ㅎ야歐非各洲의耳目을聳驚치못ㅎ얏더니今日에至ㅎ야는各其自已의能力이足히世界를左右ㅎ만ㅎ時代라

故로學術이康德斯賓塞와又ㅎ면世界學術家가莫不其風化에膜拜ㅎ야曰吾師々々라ㅎ지며其政治가格蘭斯頓格日遜과又ㅎ면世界政治家가莫不其麾下에奔伏ㅎ야曰偉人々々이라ㅎ며其他事業에도唯其人의人材人格을隨ㅎ야價値를得ㅎ나니

於是乎英웅의活動ㅎ는舞臺가古代보다壯快ㅎ지라

然則此時代는英雄의奮袂興起ㅎ秋가아닌가彼學術이未修ㅎ며志氣도未養ㅎ고光陰만虛擲ㅎ야至今頭童齒豁에氣息이奄々ㅎ人은仲尼의云ㅎ신四十五十而無聞者라不足畏란一評을旅ㅎ而已어니와

若夫靑年人士의前程을鑑觀者는其懷抱의大小를隨ㅎ야事業의大小가現ㅎ지며其人格의高下를隨ㅎ야價値의高下를著ㅎ지어날萬一簡株를株守ㅎ야頑固를自甘ㅎ거나懸鼈를畏怯ㅎ야進就를自畫ㅎ거나古人을仰視ㅎ야不及으로自處ㅎ거나屈敗를懲憤ㅎ야希望을自絶ㅎ거나此數者에其一만有ㅎ면엇지可惜지아니ㅎ가

況且今日國家는閉關絶約ㅎ고獨中에서自雄키는得지못ㅎ지오必也世界와交涉ㅎ며世界와奮鬪ㅎ여야世界中에獨立ㅎ을得ㅎ지니

然則其國에世界와交涉ㅎ英雄이有ㅎ여야世界와交涉ㅎ지며世界와奮鬪ㅎ英웅이有ㅎ여야世界와奮鬪ㅎ리니英웅이無하고야엇지國이國되믈得ㅎ리오今我新年新月에英웅紹介ㅎ야新人物을歡迎ㅎ노라 (完)

官報

●三千九百六十二號 隆熙二年一月四日

敍任及辭令

掌禮院典祀補徵廣儒
奎章閣提學趙定희
仝 金甲圭
奎章閣副提學金寅欽
依願免本官
奎章閣直閣申佐均
正三品李裕寅
帝室財產整理局事務官囑托宮
(奏任待遇)
任承寧府掌禮 從二品金相昱
任奎章閣直閣 正三品張吉相
前陸軍步兵正尉白樂寬
任陸軍步兵正尉
前陸軍步兵副尉張基承
任陸軍步兵副尉
前陸軍步兵參尉李珏
仝 成贊慶
仝 具滋承
仝 吳鳳根
仝 方世榮
仝 李普永
仝 金東充
仝 金慶集
任陸軍步兵參尉
前陸軍騎兵參尉李鍾聲
任陸軍騎兵參尉
內閣書記官金寅演
仝 洪鍾愿
中樞院副議長崔廷德
仝 李容相
陜川郡守李敏恒
梁山郡守權重殷
槐山郡守張紀淵
金海郡守閔泳薈
平昌郡守金台鎭
平安南道觀察道警務署警視
李致秀
依願免本官 未完

○隆熙二年歲入歲出總豫算表 (續)

度支部所管
第一款 度支部本廳 金四十三萬四百七十七圜
第一項 俸給 金十六萬一千三百圜
第二項 廳費 金二萬五百圜
第三項 旅費 金一萬七千五百八十二圜
第四項 雜給及雜費 金一萬五千四百七十七圜
第五項 舍宅料 金二萬五千八百圜
第六項 印紙其他印刷物諸費 金二萬六千二百八十八圜
第七項 調查事業費 金十萬六千五百三十圜
第八項 宴會費 二千圜
第九項 地方委員會費 金萬五千圜
第二款 養老所 金五千三百八拾圜
第一項 俸給 金二千八百圜
第二項 廳費 金四百五拾五圜
第三項 雜給及雜費 金二千一百二拾八圜 未完

外報

●波斯騷擾 波斯國首府테헤란及各地方이平穩ㅎ얏다더라

●德國殖相旅行 德國殖民大臣더른부르히氏는明春에德領東阿弗利加에旅行ㅎ리라더라

●俄國海軍改革案 俄國政府에서海軍協成改革案을議會에提出ㅎ엿더라

●日加關係 十二月廿八日紐育電을據ㅎ즉北美加奈陀와其首府與陀哇의輿論은同國勞働大臣리미욱쓰氏가日本에서關ㅎ談辦의結果와進行이關ㅎ報道를接受ㅎ고皆不滿히녀이는더同氏가加奈陀에日本移民을制限ㅎ는契約書를日本外務省으로ㅎ어금同意케ㅎ지못ㅎ事에對ㅎ야大端히不平히녀이는지라同씨의委任이殆乎不成이니日加葛藤이可畏라ㅎ얏더라

●美太平洋艦隊 美國太平洋艦隊는去廿九日에三러뇌다드港을出發하얏다더라

雜報

●交河郡宣諭學校趣旨書

夫學校는自三代時로設ㅎ야人材를敎育ㅎ는所이니敎育之方은學問이爲先務라興太學闡明倫은漢之所以興이요焚詩書坑儒生은秦之所以滅也라由此觀之라도학校之盛衰가豈不關於時代之興廢耶아唯我國이自列聖朝로國有學ㅎ며鄕有校ㅎ야規模弘遠ㅎ고章程備密ㅎ니是以로俊乂輩出ㅎ고群賢이蔚出ㅎ야五百年禮義之國과三千里孝悌之域이豈不猗歟아世降敎弛ㅎ야黌堂校舍가至於空廢ㅎ고靑年後進이歸於蒙昧ㅎ니豈其風槪이不甚乎리오實不民俗이於變也라今皇帝陛下께옵셔降旨于州縣ㅎ사勅以敎導人才之方ㅎ시니此宣諭聖旨之返ㅎ야實其王化之先이요郡守尹公炳變이來莅坪邦이歷年에文太守倡학之化는不專美於古ㅎ고陳先生敎民之約은復明於今이라心與事會ㅎ야上以奉聖旨ㅎ고下以收士論ㅎ야預合於각面各里호ㅎ或有優民之舉일가ㅎ야老儒宿士와領袖頭民을合集ㅎ야敎育人才ㅎ方針을熙議ㅎ시深略之密과雖以日月로遠照ㅣ니必借燈燭而明之며久廢之田은雖以耒耜로耕闢이나必用鋤耨而理之ㅎ나니此不過進步之徑路이요階梯也라學何異也며心何疑哉오頃之蹙眉者ㅣ解頤ㅎ고反唇者ㅣ歸笑ㅎ야群議和合ㅎ야鈞謀僉同ㅎ시洞里則各設校塾ㅎ야招賢師敎子孫ㅎ고邑衙則每年拾月初旬에開設中央學校ㅎ니懸以日宣諭學校라聘良師ㅎ며招生徒ㅎ니風動雲集에登數夜誦ㅎ야雖云十室之邑이나可見三代之儀로다夫人才는非屢面不啓오非振이면不作이니今國家ㅣ振起如斯ㅎ시고郡有賢宰ㅎ야曉諭至此ㅎ고此郡之人이以학相勸ㅎ며以又相會ㅎ니人上可以裨聖化오下可以敎人才라

又立約에曰生徒는每日朝夕에受學於敎師之前ㅎ고每年春秋에講明於聖廟之下ㅎ니此非長遠規模耶아若始勤終怠면學業이無所成之歎ㅎ고校約이爲告朔之羊則此非一鄕之大恥耶아勉之々々어다嗚呼라此郡之得尹公이一幸也오鄕有二三老儒ㅎ야承公職經始立敎가二幸也오一邑之人이幸從於風ㅎ야勤於學問이三幸也라致此三幸而無能於文辭ㅎ야可揚其美者ㅎ니惜哉인저

發起人 柳德九 徐相淳
俱鍾達 尹應秀 李宗和

●識見矮淺 韓人宣敎師某氏는金不在佛ㅎ고心在齋食ㅎ야天堂은不願인가晦地를不樂인거目赤於仕官圖得ㅎ고心熱於權利占居ㅎ야該國大臣계게兩附ㅎ야心腹을肯作ㅎ며密事를參議ㅎ다는說이有ㅎ니果然인지其結果를竚待ㅎ야姓名을錄出코저ㅎ노다

●學校進就 西木人에倍親會附ㅎ야宜川山面錦城學校長리源一씨는年少有志로敎育에熱心ㅎ야該里居朴文浩洛世兩씨와協議ㅎ고該洞里에義捐金을鳩聚ㅎ야設校數月에生徒와才藝발達은人人贊頌ㅎ더라

雜報

●宜平阻面　軍部大臣李秉武氏가今番郡守奏本에可堪之人某씨를推托ᄒᆞ얏더니內部大臣任善準씨가緣何不聽하엿던지該兩人가以此相持ᄒᆞ야數日을阻面하얏다더라

●叔留經遠　宮相리允用氏隨員으로日本에前往ᄒᆞ얏던리恒九氏가數日前에先爲歸國ᄒᆞ얏다더라

●完察云任　全北觀察使劉猛氏가內部衛生局長으로轉任ᄒᆞᆯ代에前侍從副卿리長稙氏가被任ᄒᆞᆫ다ᄂᆞᆫ說이有ᄒᆞ더라

●兩氏轉任　內部書記官趙璽九氏ᄂᆞᆫ保安課長으로轉任하고會計課長趙濟桓氏ᄂᆞᆫ文書課長으로轉任ᄒᆞ얏다더라

●族戚小動　今番新官制改正에各府部院廳官吏가多數除汰ᄒᆞᆷ은歷報와如ᄒᆞ거니와總理리完用氏와宮相리允用氏의族戚緊家ᄂᆞᆫ一無遷動ᄒᆞ얏다더라

●合郡計劃　各郡郡守의遷轉과來差ᄒᆞᆫ現郡은地方合附ᄒᆞᆫ後에事務官을設置ᄒᆞᆯ計라더라

●法主叙日　警務則定喜代松氏로法部主事를叙任ᄒᆞᆯ것다고該部에서內部로同意를請ᄒᆞ얏다더라

●金守被任　內部水道局事務官金일鎔ᄂᆞᆫ금海郡守로叙任되얏다더라

●咸씨轉任　法部司選課장咸台永씨ᄂᆞᆫ漢城裁判所判事로轉任ᄒᆞ다더라

●課장叙日　내部會計課장鄭成烈氏가晉州郡守로轉任ᄒᆞᆫ代에日本人으로叙任ᄒᆞ기로닉定ᄒᆞ얏다더라

●文籍擔任　今番新官制에各府部奏判任官은日本人으로多叙任ᄒᆞᆷ은人所共知어니와내部秘書課에ᄂᆞᆫ昨日부터日本人一名이仕進視務ᄒᆞ며該部文書課와法部문書課에ᄂᆞᆫ日本人判任官一名式仕進ᄒᆞᆯ터이라ᄂᆞᆫ데諸般文簿接受발送을擔任ᄒᆞᆫ다더라

●召還提議　濟州島에安置ᄒᆞᆫ錦陵尉朴泳孝씨ᄂᆞᆫ召還ᄒᆞᆯ意로니閣의셔提議ᄒᆞ얏다ᄂᆞᆫ說이有ᄒᆞ더라

●特使入城　特派大使리載覓氏외一行이昨日에太田停車場에셔留宿ᄒᆞ고今日下午二時頃에南大門外停車場에到着ᄒᆞᆯ豫定이라고宮닉府에電報가來到ᄒᆞ얏다더라

●鳳枝島夢　今番新官制에對ᄒᆞ야叙任及分課規程이發布치아니ᄒᆞᆷ으로各部奏判官들이自已의地位遷不遷을漠然得聞ᄒᆞᆷ으로沸鬱ᄒᆞᆫ貌樣이라더라

●리氏轉任　法部文書課장리範稷시ᄂᆞᆫ漢城裁判所判事로轉任이되얏다더라

●俸給不均　新官制頒布ᄒᆞᆫ後로勿論奏判任官ᄒᆞ고多年久勤者ᄂᆞᆫ前等과如ᄒᆞ고新任者ᄂᆞᆫ陞叙ᄒᆞᆫ다ᄂᆞᆫ데俸級一致이大不公平하다더라

●服裝又變　警視廳에서一般官吏의服裝을變更ᄒᆞᆫ다더라

●崔氏轉任　漢城裁判所判事崔鎭씨ᄂᆞᆫ法部書記官으로轉任ᄒᆞᆫ다더라

●八係設置　警視廳에서分課規定을改定ᄒᆞᄂᆞᆫ대總監官房에ᄂᆞᆫ文書係　皇宮警察係　商務警察係　會計係　消防係를置ᄒᆞ고第一課에ᄂᆞᆫ保安係　訊問係　衛生係를設置ᄒᆞᆫ다더라

●大臣懇親　明日下午一時에학大리親崑시가該部一般官吏를會同ᄒᆞ고懇親會를開ᄒᆞᆫ다더라

●前後胡興　前觀察使申泰休氏가彙務使在任時에城內雜技人을嚴禁ᄒᆞ더니近日該氏가技局을大設ᄒᆞ고晝夜賭技ᄒᆞ야該氏의家産을蕩敗ᄒᆞᆫ境에至ᄒᆞ얏다더라

●茂守被留　茂山郡民金東永等이法部로呈訴ᄒᆞ되郡守張樂信氏가無罪免官은天日이共昭ᄒᆞ와如失父母요民旣上京이니伏思處分이라ᄒᆞ얏더라

●奇哉水師　再昨日西北學會에서聯合組織會를開ᄒᆞ얏ᄂᆞᆫ데咸鏡道내에勞動生活로京師에來寓ᄒᆞ야汲水資生ᄒᆞᄂᆞᆫ同胞들외請願ᄒᆞᆫ事實을聞ᄒᆞᆫ즉該人等이雖是至窮至微ᄒᆞᆫ身分이나亦是國民一分子의義務가有ᄒᆞᆫ則西北학會의敎育事業을對ᄒᆞ야萬一之助를擔負코져ᄒᆞ며且夜學校를設立ᄒᆞ야勞動之暇에從事學業케ᄒᆞᆷ을認許ᄒᆞ라ᄒᆞ얏다니吾儕ᄂᆞᆫ聞不勝驚喜라奇ᄒᆞᄂᆞᆫ것이毋論何國ᄒᆞ고下等社會에발達이實로普通開明의第一要點이라今此北道水商等이愛國思想으로학會에贊成을自擔하며夜學을志願ᄒᆞ니是ᄂᆞᆫ韓國社會에大發達ᄒᆞᆯ機關이라ᄒᆞ노라

●任원選定　再昨日西北學會에서第一次通常總會를開ᄒᆞ고任員을公薦選定ᄒᆞ얏ᄂᆞᆫ대會장은鄭雲復副會장은姜玧회氏오總務ᄂᆞᆫ金達河副總務ᄂᆞᆫ金주炳시오評議員은리鍾浩리甲太明식김明濬崔在學吳周赫吳昇鉉鄭鎭弘尹益善朱우朱東翰十一시로爲先擇定ᄒᆞ얏다더라

●義徒下捕　再昨日에義兵이라稱者一拾餘名이各持銃劍ᄒᆞ고東大門外에서楊州等郡으로발向하얏다더라

●水原義擾　數三日前에水原谷面勒동등地에義徒百餘名이來到ᄒᆞ얏다더라

●技局風波　日前에北村某々大官이於毅洞辨直相시家에合集ᄒᆞ야技場을設ᄒᆞ얏ᄂᆞᆫ대追後三尹喆圭리起東兩시가來到ᄒᆞ야該大官으로互相言詰ᄒᆞ야一場風波가起하얏다더라

●兩所被燒　定山邑을義兵이衝火ᄒᆞ얏다ᄂᆞᆫ說은更히確報를據ᄒᆞᆫ즉陰曆去月二十六日夜에義兵一百餘名이猝然來到ᄒᆞ야郵便取扱所와警察署만衝火ᄒᆞ고義兵이民戶를保護ᄒᆞ야一不延燒케ᄒᆞ고日人遞傳夫男女와其他一人은被殺ᄒᆞ고二名은重傷을被ᄒᆞ얏ᄂᆞᆫ데義兵은當夜에不知去處라더라

●板橋小戰　數日前廣州板橋等地에서日兵과義兵이交戰ᄒᆞ다가日兵이多數被害ᄒᆞ얏다ᄂᆞᆫ데通辯一人은逃身上京ᄒᆞ얏고不分山野ᄒᆞ고氷程拔涉에足指가皆凍裂하얏다더라

●擬脚制來　向者軍隊解散時에折骨折脚된士卒에對ᄒᆞ야鄭圭煥씨等이발起하야印度書擬脚一部를日本에注文ᄒᆞ얏더니今에赤十字病院에來到ᄒᆞ얏ᄂᆞᆫ데價金을催促ᄒᆞ나收入金이不足인故로諸氏等이大段憂慮中인데慈善家厚意를希望ᄒᆞᆫ다더라

●安民呼冤　安岳安谷坊에忠勳府屯土秋收監官吳學祿이가作弊ᄒᆞ되元上納租每石二三斗式徵食ᄒᆞ고捧賭時에宮斗오置之ᄒᆞ고私斗로勒捧ᄒᆞ고由來田斗落錢上納二百兩은闔閭曲遷ᄒᆞ야代租로四拾石을勒捧ᄒᆞ고作人은受賭幻弄ᄒᆞ며屯屯七幾斗落을暗自私賣ᄒᆞ야以充慾慾ᄒᆞᆷ으로農民이不堪其虐弊ᄒᆞ야度支部에呼訴ᄒᆞ얏다더라

●捐補新校　水原郡烏山里에有志諸氏가發起ᄒᆞ고義捐數千餘圜을募集ᄒᆞ야학校을設立ᄒᆞ고熱心敎授ᄒᆞ야將就之望이有ᄒᆞᆫ中에該校학員金應瑞氏ᄂᆞᆫ年今拾九歲인대金貨二百圜을自願出義ᄒᆞ야一般학徒五十餘名에帽子를獨擔하야一切斷髮ᄒᆞ얏다더라

●校舍火變　大邱府北門내에新建築ᄒᆞᆫ協成학校가幾爲竣工ᄒᆞ얏더니校舍가沒燒ᄒᆞ고民家四戶가延燒되얏다고該道觀察使가학部로報告ᄒᆞ얏다더라

●春校失火　春川郡에新建築ᄒᆞᆫ普通학校에서本月一日에失火ᄒᆞ야該校及民家四戶가沒燒ᄒᆞ얏다고該道觀察使가내部로電報ᄒᆞ얏다더라

●載民奮興　載寧郡的童自立學校ᄂᆞᆫ本是還郡守李容鎬京城居趙光杓本道總巡全鳳薰諸氏가極力贊助ᄒᆞ야設立ᄒᆞᆫ지七八朔에京鄕間有志士의捐金補助로維持ᄒᆞᄂᆞᆫ中名譽敎師吳世昌金九永諸氏가熱心敎授하고四十餘名學生이誠力受業ᄒᆞ다가入冬以來로凡百經費가無路ᄒᆞᆷ으로竟至廢校이러니同郡二拾三面人民이時勢를感悟ᄒᆞ며風潮를瞻望ᄒᆞ고一時奮발ᄒᆞ야爭出捐助ᄒᆞᄂᆞᆫ故로該校基礎가確立ᄒᆞ얏다더라

●靑年講說　泰西文明列國에救主誕辰慶祝經死을本日下午三時三十分에靑年會館에서江原道地方에巡行播道ᄒᆞᄂᆞᆫ무쓰牧師가一場說明ᄒᆞ고其原因의對ᄒᆞᆫ歷史로講說ᄒᆞᆫ다더라

●火起無根　昨日上午四時에北署禁橋內丙玉氏家門廊에셔無根之火가起ᄒᆞᄂᆞᆫ것을旋卽撲滅ᄒᆞ야損害ᄂᆞᆫ別無ᄒᆞ나昨春以來로北署管내외셔如右ᄒᆞᆫ無根之火가起ᄒᆞᆫ곳지數ㅣ處인故로該署외셔期於調捉中이라더라

●普校試驗　水原郡普通학校에셔該地方에騷擾를因ᄒᆞ야敎務가久停이옵더니入冬以後에值得開學ᄒᆞ와昨年十二月廿七日에臨二學期試驗을經ᄒᆞ고同廿八日閉校式을行ᄒᆞ옵고一場勸勉後에試驗最優等及優等生勸學生의게紙筆墨等賞品을給與ᄒᆞ얏다더라

●爲國郡主　安州郡奸吏輩가面長等을自外締結ᄒᆞ되使令을加設ᄒᆞ면郡主事을面장中으로薦報ᄒᆞ마ᄒᆞᆫ즉西面面長廉承綱爲名人이主事을圖得코져ᄒᆞ야民間에米七百餘斗을排擊ᄒᆞ엿다고該郡來人에게怨聲이藉藉ᄒᆞ더라

●리씨리씨　義兵將리麟年시ᄂᆞᆫ原來乙巳年외倡義ᄒᆞ던人시인대往年協約成立된後외再次山中외셔蹶起ᄒᆞ야義旗를竪ᄒᆞ고同志를募集ᄒᆞᆫ지于今累閱朔이라大小數十戰외恒常身先士卒ᄒᆞ야砲丸을親冒ᄒᆞ야其所昔登온敵丸외破碎ᄒᆞᆫ비되야樣子만餘ᄒᆞ고其身도中傷處가無數ᄒᆞ며麾下士卒과甘苦를必同ᄒᆞ야雖極寒이라도草衣를常着ᄒᆞ며其臨行하ᄂᆞᆫ親婿가寒苦를不堪ᄒᆞ야部下兵의綿衣를借着하얏더니시가大怒ᄒᆞ야軍令으로行刑ᄒᆞ며行陣所過에秋毫無犯ᄒᆞᄂᆞᆫ故로日人들도其爲人을嘖嘖稱嘆ᄒᆞᆫ다더라

▲桑田浩 집▼

▲改革時代當코보니冤痛ᄒᆞᆫ일許多ᄒᆞ다風輪이轉換ᄒᆞ니可憐ᄒᆞ다져人生들

▲官制改正ᄒᆞᆫ다더니大臣食口ᄒᆞ여먹고無勢客만ᄌᆞ빠졋다月給에목을미고全口生活부쳐더니一朝에斷望되니積仕久勤쓸ᄃᆡ업다水庫又혼찬방안에妻子飢寒엇지ᄒᆞ나잘되엿다너얿이야

▲咫尺近侍이내몸은勳戚大臣도納昭ᄒᆞ고觀察郡守니가니네掀天ᄒᆞ던公事廳이牌清官禁癸거나니親戚故舊應侍ᄒᆞ고妻妾奴婢喜笑ᄒᆞ야無邊이라購侍ᄒᆞ나무눈물이절로난다잘되엿다니일이야

▲九重宮闕깁흔속에貴重ᄒᆞ다御宮內人使者又ᄒᆞ劉巡檢兩々치급히모ᄯᅡ警視廳에모셔가니關라府에잔듯하다戰戰容ᄒᆞ고흔몸에淮樓질이벌일인가滯囚吟獄數朔만외關面을放逐ᄒᆞ니無依無家此身世ᄂᆞᆫ골어멈되엿스니며肝腸이다녹ᄂᆞᆫ다잘되엿다내일이야

▲六月炎天蓬勝中에쏠ᄒᆞᆫ니ᄂᆞ고지온廢墟義兵日兵區廢中에鹽滿無餘되얏스니無衣無食分엄셔霜雪寒風찬바람에村에乞食ᄒᆞ니駒裵稚子무ᄉᆞᆷ罪인가잘되엿다너입이야

▲天險關濕沈沈夜에戰亡士卒울음운다干城之材培養ᄒᆞ야國恩이倜深이라一心으로報答ᄒᆞ가竟至身死ᄒᆞ엿고나白髮父母永訣ᄒᆞ고靑春家人作別ᄒᆞ니우리家事엇지ᄒᆞ나後事가孟浪ᄒᆞ다一培靑山이ᄃᆞ骨이無主孤魂되엿스나斷斷貞忠이니몸이死無餘限이로고나잘되엿다니입이야

▲文會長이차져와셔수군수군誘引ᄒᆞ야泰山이나떠올듯시셔리아침방아찌코冬之夜에紡績ᄒᆞ야千辛萬苦싹ᄉᆞᆯ임人會金에消融ᄒᆞ니驛屯土어ᄃᆡ가며觀察郡守어ᄃᆡ又나쌍가마도내가실코貞夫人도ᄂᆡ가실여춍소ᄅᆡ가탕탕나면밤송이셔른저머리가쥐구영을못차지니어구어구보기실여一進會계집미라이오사람揩臼ᄒᆞ니쌀ᄒᆞᆫ되도取貸업다어린子息밥차지나五瞬에부리ᄂᆞᆫ다잘되엿다내일일시야

廣告

●密陽郡境內北烟會趣旨書與
節目前已揭載이어니와發起人姓
名及義捐金額錄如左
發起人會장　前承旨安鍾達
事務장　前參奉리命九
摠務　幼學　孫晉鉉
事務員前主事　朴尙鉉
前參奉　孫基亨
前參奉　安徽遠
前參奉　리炳圭
首校　崔仲羽
戶長　金綬淵
首書記　丁燦琰　前承旨安鍾達
百圓　前參書朴晉永　卅圓
本郡守리載從前郡守安鍾섭
각二拾圓　一進會長權永植
拾二圓　前郡守孫용憲
前主事朴尙鉉　前秘書丞리演九
前郡守安璋遠　前參奉孫基洛
安祉遠　前郡守손基穆　前參書
손之鉉　孫明鉉　리炳憲　進士
安鍾奭　前參奉安香樂　孫寬鉉
각拾圓　前參奉리命九　前參奉
리炳圭　各七圓　孫亮慶　六圓
前參奉安徽遠　參奉朴在麟
書記尹熹션　郡妓翠仙　각五圓
郡主事朴贊永　三圓五十젼
前主事安孝哲　前參奉리炳憲
朴尙篪　安鍾섭　리源鎬
각三圓　孫亮九　리起鵬
리圭采　首校崔羽宣
首書記丁燦琰　前議官殷一達
각二圓　崔鎏孫伯哲
一圓二十젼　河麟奎　리尙吉
리瑄奭　리孝九　孫琰潞
前司果孫基燾　前主事姜象封
前議官孫亮모　孫지
孫基賢　孫庚憲　孫昇憲
孫翼遠　南夏元　손庠憲
손※禎
蔣※相　安燕遠　리鴻九
戶장金綬淵　書記朴祥彥
李尙淡　安包容　木廳
沙村木廳　酒姑房召史
郡妓錦仙　絲竹　각一圓
前虞候孫成憲　리卿九
郭鍾根　각六拾젼
酒姑金卒守毋　五拾젼
郡妓蘭香　姜周璜　각四拾錢
童蒙尹鳳秀　廿五젼　孫振榮
朴永五　方聖贊　曹希運
리汶駿　姜伯元　嚴京榮
리錫昌　日本人勳七等功七
級福田善市　郡妓桂香　玉蘭
蓮희　桃花　翠鳳　孫龍秀
각口젼　金巳孫　張六先
각拾二젼　洪秀連　拾젼
合四百拾八圜三拾九젼

西友漢北兩會가敎育으로目的
홈은彼此均一이온바今幸兩會
가情意融通하야合成一會하고
會名은西北學會라稱ᄒᆞ고會館
은前西友會館으로仍用ᄒᆞ얏사
오니會員은照亮ᄒᆞ시옴
皇城中署校洞
二十九統二戶　西北學會　告白

本人의兄稔이浮蕩ᄒᆞ야酒技之
債昨年에緞萬金兼庄濟盡ㅂ에
本邑猾吏金基燮以兩ᄊ食債로
受三千兩者가今年秋에又稱有
債ᄒᆞ고本人畓을買得於矣兄云
而圖得郡令ᄒᆞ야畓右畓이기累訴
本郡則貧貿云而謂其判決書則
又不成給ᄒᆞ니弟畓을買於兄ᄒᆞ
고畓出而不給判決書ᄒᆞ야不得
往訴於府郡ᄒᆞ야使本人坐失ᄒᆞ
니彼基燮挾勢蔑法之行과本人
寃抑之情呼天之痛을廣告ᄒᆞᆷ
定州李仁甫　告白

學員募集廣告

本塾英語科會學을一層擴張ᄒᆞ
옵고學員多數募集ᄒᆞ오니入學
志願人은左開日字를依ᄒᆞ야來
塾請願ᄒᆞ심을爲要
左開
隆희二年一月五日로同廿日內
西署仁達坊장興洞第　統四戶

私立長興義塾

本人의再從九榮가性本浮浪ᄒᆞ
야蕩破家産ᄒᆞ고出入技局ᄒᆞ야
本人의如干田土을僞造成券ᄒᆞ
옵到處典執求債云ᄒᆞ오니內外
國人은切勿見欺ᄒᆞᆷ
郭山郡南面中端洞金鳳奎告白

軍隊解散時折臂折脚된士卒의
賑與一款를日本에往ᄒᆞ얏더
니今日에來到ᄒᆞ얏슨즉救助金
公은日內皇城新聞社로寄送ᄒᆞ
심을切望ᄒᆞᆷ
成暢基　ᄯᅩ五圜　申樞시三圜
實학秀시三圜　李吉煥시三圜
趙元淳시一圜　金由鼎시一圜
리華烈시一圜　梁晉煥시二圜
金東五시二圜　諸煥顯시二圜
洪貞鉉시二圜　安宗煥시二圜
崔가鉉시三圜　吳禎善시二圜
발起人　鄭圭鎮等　告白

本人의甥姪洪淳鎰이가亦貧無
依하옵기自幼收養ᄒᆞ야去年에
成娶시키옵고復五千餘兩을債
給ᄒᆞ야商業生涯케ᄒᆞ얏더니
沉惑酒色ᄒᆞ야資本을沒數蕩盡
ᄒᆞ옵고今則欲藉外家之家勢而
得債ᄒᆞ야百般運動이옵기玆에
廣告ᄒᆞ오니內外僉人은幸勿見
欺ᄒᆞᆷ
義州水鎭龍門洞朴宗厚　告白

本人이太常공都家에陰九晦日
推次於音六千七百五十兩內三
千兩先上ᄒᆞ고餘條三千七百五
十兩標一片과陰拾一月初八日
에魏子儀一萬三千兩標紙와本
初九日推次於音一萬兩標와同
日崔定禹處에推次於音二萬兩
標卄陰十一月卄八日路上에서
서失故로玆以廣告ᄒᆞ오니雖某
拾得ᄒᆞ와도休紙로施行ᄒᆞᆷ
西署萬里峴居
劉仲爲　告白

本人이與字을以弘字로改定ᄒᆞ
고姓名章을改造ᄒᆞ오니知舊間
照亮ᄒᆞ옵
平北宣川郡[illegible]弘基　白

特別廣告

合科에應募人員이夥多ᄒᆞ와本社規定ᄒᆞᆫ二百三十四人을如
數選定치못ᄒᆞ고只選四拾人ᄒᆞ오나極旂慨歎이오나第二回
에는多數應募ᄒᆞ야本社目的을達케ᄒᆞ심을敬要

第一回應募合格人員氏名
論說一等李漢麟　二等張在轍　三等邊昇基
小說三等盧麟奎
詞藻一等徐廷完　二等李慶濟　三等李舜紋　四等俞致濬
　鄭灝鎔　邊昇基
作文一等權軍哲　二等任元宰　三等朱基鳳　四等李秉敎
歷史一等梁寶鎔　二等安鍾烈　三等姜文煥　四等朴用勳
　五等元準植　李鍾乾
地理一等姜文煥　二等安鍾烈　三等金舜圭
算術一等李揆白　二等李元佑　閔天植　三等朱榮泰
　尹正섭　李昌林　尹定老　彭鍾獻　四等李海東
　鄭鍾坤　盧百容
才談準合格二等趙程植　三等安東洙　吳知泳　南順熙
　中學鍾　崔在奎
右合格人員에賞與額金七十圓三十六錢

謝告

桂洞李公慶氏가本社趣旨를贊成ᄒᆞ야新書籍三十部를本社
第一回應募一二等合格人員에게添賞ᄒᆞ시오니不勝感佩이
오며合格人員도該氏에厚意를勿負ᄒᆞ심을望ᄒᆞᆷ
論說　小說　詞藻　各一等에　欽欽新書　幼年必讀釋義
合一部式　作文　歷史　地理　各一等에東國史略
幼年必讀　各一部式　算術　才談　各一等에
算術新書　大韓地誌　各一部式
各科目二等에는　算術新書各一部式

注意

一　第二回應募紙는自今日로頒給ᄒᆞᆷ
一　第二回算術은答　式　解說을竝要ᄒᆞᆷ
隆희二年一月　日　奬學月報社　告白

第二回問題
○論說小說은不爲懸題ᄒᆞᆷ　○詞藻立春七律一首
○作文　道德과文學의關係論
○歷史　本國印刷業의起源과沿革
○地理　本國國界를詳擧ᄒᆞ라
○才談(동둥거리)(二)차ㅋ차ᄅᆞᆯ셜ㅋ차々오게
○算術(一)砲工步兵이有ᄒᆞ니步兵은砲兵員에十二倍요
砲兵은工兵에三倍보담二十五人이少ᄒᆞ고又工兵은三百
五十人이라ᄒᆞ니此隊員數와步砲兵에員數가各幾何
(二)法京巴里는東經二度二十分이오日本東京은百三十九
度四十六分六秒라ᄒᆞ니東京의正午는巴里의幾時가됨고

本人이昨年에南收租官視務時
의金海郡屯租色吏崔東鳴이가
上納條五千八百六十兩을潛自
挪食ᄒᆞ고彼ㅂ此日ᄒᆞ야推至于
今이다가經以經理院查覈ᄒᆞ고
頑喝背斥ᄒᆞ더니益此收租官之
收捧賭租後의從市直報院許屬
ᄒᆞ야作錢上納은乃是定規也인
데從勢報院ᄒᆞ야得其認許後의
數價가低ᄒᆞ則該收租官之替當
上納은在所難免이고於和於害
가少無關係於民國이거늘該吏
之巧捧句語로廣佈新聞이切々
痛惡이기將欲呈法司裁判歸正
ᄒᆞᆯ차先爲廣告ᄒᆞᆷ
리應永　告白

本人의子弘圭가年幼沒覺ᄒᆞᆷ으
로本縣居金鳳玉王廷浩兩人에
게誘引되여今九月頃에出他不
還矣러니金王兩人이弘圭는執
留於京城ᄒᆞ고陰十一月十五日
에符而外人하고來督本人書內
가弘圭의게債給이爲五百圓이
라ᄒᆞ며恐喝無雙이기法律所在
에不可默過故로此緣由를呈訴
本道觀察ᄒᆞ온즉題旨內에誘
引女姪을고符同外人ᄒᆞ야做此
凶計가聞極駭然ᄒᆞ야金王兩民
을捉致査問則果如訴辭이기同
兩民을照律懲處爲先捉囚向
事ᄒᆞ옵신바用法公直ᄒᆞ신警官
의德澤을感服ᄒᆞ오며雖某시던
지本人子弘圭와전술間相關ᄒᆞ
시면後悔與及ᄒᆞᆯ處가無ᄒᆞ와玆
에廣告ᄒᆞᆷ
海州郡州內面東部金鳳蟬告白

本演藝場을陰十一月二拾四日
로開始ᄒᆞ오니　僉君子ᄂᆞᆫ光臨
ᄒᆞ심을伏望ᄒᆞᆷ
特等金四拾圜　一等三拾圜
壹等五拾錢　三等拾五錢
演藝場　告白

第二回學員募集廣告

本校에서第二回一年級學員을
新募ᄒᆞ오니願學人은本校개館
期來臨ᄒᆞ야請願하고左開日字
에應試ᄒᆞᆷ　但敎授時間은自午
后六時로至午后九時

一年級科目
國ㅁ歷史　商業地理
經濟學　法學通論
民法總論　商法總論
商業簿記　算術
日本語

試取科目
作文　算術(四則雜題)　國漢文　讀書
試驗日字　陽曆年一月拾日
西署太平동第四拾八統四戶
私立廣興商業學校　告白

特別廣告
本會事務所를中署塔洞
二拾二統加一戶公館
前門外一로移轉ᄒᆞ얏스
니　會員은照亮ᄒᆞ시
며認証書와義務金未納
ᄒᆞ신諸氏ᄂᆞᆫ趁速來臨領
收ᄒᆞ시옴
大韓協會　告白

▲特別廣告
本社에서名帖印刷部를
另設ᄒᆞ고各樣活字와別
樣紙本이俱備ᄒᆞ오며印
刷가精美ᄒᆞ고價值도極
廉ᄒᆞ오되特別히各國과
夫人의게는一層低廉ᄒᆞ
오니　僉位는來臨ᄒᆞ시
와隨意請求ᄒᆞᆷ
大韓每日申報社　告白

本人의子리東涉이가窠性이浮
浪ᄒᆞ야符同挾雜之弊ᄒᆞ고欺人
圖債ᄒᆞ려ᄒᆞ니內外國人은照亮
ᄒᆞ신後切勿見欺爲要
安州鼎洞[illegible]里崔召史　告白

◉國債報償義捐金收入廣告 (續)

●慶尙南道安義郡 (續)

樂工等 卞濟錄 三十錢
崔幹萬 徐萬振 趙基宗
李永允 各四十錢 姜性文
三十錢 崔錫周 趙德采
각四十錢 曺弼守 金漢洙
鄭光學 嚴在干 朴基永
曺啓回 張學善 金宗玉
각卅전 金應回 四十錢
卞允述 三拾錢 張采文
四十錢 鄭順祚 李順基
洪命祿 張采奉 閔尙哲
姜在玉 洪權祿 鄭望台
全萬成 朴桂順 張判돌
嚴尙鉉 鄭召史 각卅전
朱捧二전

合十圜三十八전 完

前號總合五萬七千三百九拾五圜五拾七전七厘
都總合五萬七千四百〇五圜九十五錢七厘

廣告

元泳毅氏 찬輯
柳瑾 張志淵兩氏 校閱

蒙學漢文初楷

全一冊八十餘頁正價金廿錢
▲本書ᄂᆞᆫ初等小學科에專用ᄒᆞ기爲ᄒᆞ야國漢文으로二百十三課에分ᄒᆞ야文理에簡要ᄏᆡ찬輯ᄒᆞᆫ者ㅣ니蒙학漢文敎科書에最適當ᄒᆞᆷ을자랑ᄒᆞᆷ

發售處
大廣橋東邊 회東書館
鍾路 鐘閣橋越邊 中央書館
大東書市
布屛下 廣학書舖

正一品大勳閔泳徽閣下序 草菴先生張志淵校閱幷序
涵齋先生安鍾和序 石濃先生 謹跋
臨瀛后人金鴻卿編纂

中等萬國新地志

全一冊 定價壹圜

此書ᄂᆞᆫ中等학校敎科와普通新智識을硏究ᄒᆞ시ᄂᆞᆫ人士를爲ᄒᆞ야精撰ᄒᆞᆫ者ㅣ라近來我國의敎科書類中에萬國地志도亦不爲不備나然이나其地名人名을每從漢音或日語而譯刊ᄒᆞ야因其文字語音의互異ᄒᆞᆷ으로轉生訛誤ᄒᆞᆷ이頗多ᄒᆞ미編者ㅣ以是爲病ᄒᆞ야各히其國의名稱을隨ᄒᆞ야以國文으로譯出ᄒᆞ야其眞面을不失ᄒᆞ며且簡易ᄒᆞ고明便케ᄒᆞ야開卷一讀에戶庭을不出ᄒᆞ고能히各國의位置風土物産政治沿革等을周知ᄒᆞᆷ이此書에莫過ᄒᆞᆷ

發行 발兌元中署布屛下廣학書舖 金相萬

賣所
南門內倉洞 博文書館 安동 安峴書館
鍾路 大東書市 銅峴 博學書館
동口越便 中央書館 寺동 漢陽書館
鍾路 古今書海館 廣橋 匯동書館
각地方 有名書市

瑞士建國誌

定價 新貨拾五錢

此冊은政治小說이라志士의救國救民ᄒᆞᄂᆞᆫ思想과人民의愛國心을養成ᄒᆞᄂᆞᆫ대緊要ᄒᆞᆫ冊子오

發賣所
▲大韓每日申報社
▲仁川港杻峴 開新冊肆
▲中署布屛門下 金相萬冊肆
▲平壤城內烈女洞 敎育書籍舖
▲鍾路 古今書海館
▲洞口越便 中央書館
▲鍾路 大東書市
▲大廣橋 匯東書館
▲尙동 滙文書館
▲開城 婺助遜冊사

(朴晶東씨譯述)

●國文新撰家庭學 全壹冊九拾餘頁 正價金三拾전
●國際公法 全壹冊百四拾頁 正價金四拾전
●經濟原論 全壹冊百拾頁 正價金卅五錢
●意太利獨立史 全壹冊百九拾頁 正價金五拾전

發售處
▲中署鐘閣橋越邊 中央書館
▲南署大廣橋東邊 匯東書館
▲鍾路大東書市
▲布屛下廣學書舖

●大韓醫新發明靈藥廣告
陸軍軍醫正守鉉君實驗方劑에陸軍軍醫楊基茂君有効證明으로淸心保命丹을발明인바効能은如左ᄒᆞ니 僉君子惠試ᄒᆞ심을望

新發 淸心保命丹

本舖 仁川港杻峴 濟生堂

●主治效能
●痰飮●食積●中暑中寒
●咳嗽●腸痛●不土不服
●氣鬱●吐瀉●船車眩暈
●食傷●酒醉●口熱惡臭
▲其他諸般運氣厲疫瘡方妙藥

발行人 仁川港杻峴 濟生堂 李慶鳳

代理店
京城鉢里동 共愛堂藥房
特約店
京城鍾路 慈惠藥房
同 梨峴 李信華洋藥局
同 倉洞 盧益亨冊사
同 南門外 廣濟藥院
●仁川內洞 韓禹根
同 沓峴 和平局
同 城南門內 朴圭桓
●開城 忠洞 具翠模
●水原鍾路下 金濟九藥局
海州 宗路 元香植
同 宗路 宋根孝
●延安邑內 邊汝東
●江華 鍾路 宋順東
同 邑西門外 高成根
長湍 常門內 崔戰淳
●黃山 砂利院場內 박健昌
全 任允中
全 李在容
●黃州南門 耶蘇敎堂內 李東林
●平壤 鐘路 紅門洞 韓鳳儀藥舖
全 館前洞 藥舖 車舖化
全 文武洞 藥舖 金龍興
全 君殿 藥舖 桂澤宣
全 동 客 藥舖 金鳳天
全 望門 朴宜瑞
全 朴宜瑞藥舖
●鎭南浦 粱洞 금元樊藥舖
●信川邑 北四里 朴晚俊
●載寧山港開 舖洞里 金斗鉉
●京南大門外 郵便局 大同運輸會社
●全泥峴 巨里 天佑堂
●三水郡 仲坪場巨里內 宋君八
此外에도現代에文明각國有名각種靈藥이俱備홈

◉米國製邦補益藥水 四百瓶新到大瓶定價金三圜 三十日分服 定價金十五圜

◉德國製起陽丸

◉米國大학醫學校長 勳五等 池錫永氏 醫院處方 製藥鑑査人 濟衆院醫學員 洪鍾學 有効證明 韓聖觀 劉寅化

食慾振起 體力活潑 補益丸

定價表
拾日分服 三十個入 金一圜
二十日分服 六十個入 金一圜七拾五錢
三十日分服 九十個入 金二圜五拾錢

此藥에主治效能用法은在於藥封ᄒᆞ오니第一老衰男女와勞心勞腦ᄒᆞ시ᄂᆞᆫ司法官吏와敎師와銀行會社員과學生과坐店商人과多產ᄒᆞᆫ婦人에運動不足으로生ᄒᆞᆫ陰陽俱虛症과健忘症과貧血症과手足厥冷과頭痛과腰痛이잇ᄂᆞᆫ各種에効가有ᄒᆞ고雖無病人이라도此劑를每日朝午夕食後三次에丸式淸水呑下ᄒᆞ시면身體가强壯ᄒᆞ고精神이活潑ᄒᆞ고飮食이善消ᄒᆞ고百病을豫防ᄒᆞᄂᆞᆫ眞奇世靈藥이라男女勿論ᄒᆞ고拾五歲以上으로老年에至ᄒᆞᆫ間에諸般原因으로來ᄒᆞᄂᆞᆫ虛弱에用ᄒᆞ나니即營養不良之致로滿期에經度不足或閉止ᄒᆞᄂᆞᆫ되와房事過度之致ᄒᆞ가始作지아니ᄒᆞ거ᄂᆞᆫ經通치못ᄒᆞ거나女子에經度로精이無端이流出ᄒᆞ거나房事時에陰莖이萎而不起ᄒᆞ거나當門을閉ᄒᆞᄂᆞᆫ諸症과含鷄(?)에不治되ᄂᆞᆫ癃疾과再歸熱과虛脫失氣를久病人이遂히蘇完되오나男女間病之深淺을從ᄒᆞ야一二期且三四期만連服ᄒᆞ시면大効가有ᄒᆞ기로保證ᄒᆞ오

◉製造本舖 漢城鍾路萬國基督敎靑年會館前 慈惠藥房

●靈効解瘧丸 一日分定價金拾錢 此藥은大人小兒長瘧과初瘧에以服用ᄒᆞ면更不再發
●驅蛔虫丸 一日分定價金拾전 此藥은大人小兒蛔積과蛔虫의二三日服用ᄒᆞ면蛔虫을殺出ᄒᆞᄂᆞᆫ妙藥
●四時感氣丸 一日分定價金拾전 此藥은感氣몸살의씨ᄂᆞᆫ藥인대一二日連服ᄒᆞ면鎭痛解熱
●男女痳疾 그근하ᄂᆞᆫ의 定價金五圜 此藥은痳疾의一期二期勿論ᄒᆞ고그근ᄒᆞ도록약을쥬오
●獨逸國淋疾丸 七日分定價金一圜四拾전 此藥은男女淋疾勿論ᄒᆞ고速効가잇서用藥之日로殺菌止痛ᄒᆞ고利尿止濃
●濟咽眼藥 一日分定價金拾錢 此藥은火眼熱眼의多有奇効
●鎭咳嗽藥 五日分定價金三拾錢 此藥은拾五歲以上人에用ᄒᆞᄂᆞᆫ藥인대四時常性咳嗽에有効ᄒᆞ고特히老人哽咳에偉効
●無惡臭疥癬藥 定價金四拾전 此藥은疥癬虫을減殺ᄒᆞᄂᆞᆫ약
●寸虫藥 定價金三拾五전 此藥은有鉤寸虫無鉤寸虫과寸虫이當場殺出
●米國膏藥 定價金二拾五錢 此약은冬春間皮膚病에奇効
●淸國上海膏 定價金卅錢 此약은肩臂痛脚腿腰膝酸痛에神効
●斷酒약 定價金三圜 此약은西洋서도信用ᄒᆞ고日本서도信用
●漢城百應膏 封의定價金拾錢 此약은啓士李信友氏方
文으로製ᄒᆞᆫ약인데명울이삭히ᄂᆞᆫ대第一神効ᄒᆞ고各項腫에去根合瘡ᄒᆞᄂᆞᆫ대便利ᄒᆞ고神速ᄒᆞ오
●止足汗藥 二十分定價金貳拾錢 此藥德國軍人常用除惡汗臭

西藥便方 全

定價金壹圜 郵稅十錢

此冊은漢城濟衆院藥方文을我國漢文으로아라보기쉽게翻譯ᄒᆞᆫ冊인대京鄕각약局에서先冊을買覽ᄒᆞ시면永年貨累이될만ᄒᆞᆫ壹代秘方인데약力文이잇고明年度에ᄂᆞᆫ各項을製造ᄒᆞ야代金一圜拾圜百圜千圜以上에品代理발賣店 京城梨峴洋약局 李信華 仁川杻峴 濟生堂 李慶鳳

◉和洋洗濯開店廣告

本人이長崎洗濯業을修業ᄒᆞ고當今右處에서開店ᄒᆞ엿더니대洗濯賃은極히安價ᄒᆞ오니僉員은來臨下托ᄒᆞ심을伏望

南署水標町二丁目四十番 林韓明 告白

本人이日本大阪商業家와特約ᄒᆞ고日本內地産出各種物品과西洋各國製造物品及機械等物을輸入ᄒᆞ야代價를便利케發賣ᄒᆞᄋᆞ오니商工業에有志ᄒᆞ신僉君子ᄂᆞᆫ光臨ᄒᆞ시ᄂᆞᆫ대로特別히廉價로賣與ᄒᆞ오니幸히陸續光臨ᄒᆞ심을敬要

興業社本店 國城南大門內與學書舖 支店 京城南門內水標五十一統六戶 仁港內里 埼鍊會社

▲新刊書籍發售廣告

增修 無冤錄大全 國漢文 定價金七拾五錢
大韓法規類纂 全 三圜五拾錢 郵稅四拾錢
初等倫理學敎科書 二拾錢
初等衛生學敎科書 拾五錢
國家學綱領 拾五錢
國民須知 八錢
愛國婦人傳 張志淵氏著 十五錢

發賣所 皇城布屛下 金相萬書舖

一般事務를倍前擴張ᄒᆞ고迅速懇篤히處理ᄒᆞᆷ
中署許덕(선전방문)八統二戶
辯護士 尹邦鉉
辯護士 太明식
辯護士 李容相
聯合法律事務所

發行兼編輯人 英國人 裵說
發行所 南署石井洞號外地三十一統洋屋家 大韓每日申報社

漢城鍾路萬國基督敎靑年會館前慈惠藥房은大韓너區各處耶
院醫학員洪鍾學朴滋惠司觀化
合名醫業○美國製약會社약品
品貿易商友田商店약品을直輸
入ᄒᆞ야京城日本人약店山岸氏
定價表每日약價에昇降을從ᄒᆞ
야代金을改正
硫酸麻個一본도 金拾三錢
天更加里一본도金四圜四拾錢
重瓶 七十五錢○安知必林七
전五分重瓶 四十엔○個丑救

第六百[illegible]號
大韓每日申報
第七百二號

月曜及慶節
歲時日休刊

檀君開國四千二百四十年
孔子誕降二千四百五十九年
大韓開國五百十六年
日本明治四十一年
淸國光緖三十三年
陰曆丁未十二月小初四日辛酉 小寒

寄書

●生ᄒᆞᆫ我韓帝國 血淚生 李允燦

時維至月이오序屬三冬이로다月白々ᄒᆞ고雪白々ᄒᆞ니天地白이로다曠野에人跡이寂々ᄒᆞ니森羅萬衆은靜寂이로다於是에吾人生의目的을忖度ᄒᆞ고一身을回顧ᄒᆞ니彼亦人이오我亦人이라五臟六腑ᄂᆞᆫ彼亦有오我亦有어ᄂᆞᆯ何故로今日外人之壓迫이如此切迫이며何故로我同胞生活之困難이如此太甚고其原因을究得ᄒᆞ니此ᄂᆞᆫ政治的으로組織ᄒᆞᆫ國家社會가不完全ᄒᆞᆷ에在ᄒᆞ도다森々ᄒᆞᆫ松栢之中에盤桓孤立ᄒᆞ야祖國山川을仰望ᄒᆞ니

痛哉라我韓半島ᄂᆞᆫ强俘를虎口에併呑되얏고同胞의憤歎이徹々ᄒᆞᆫ釜中之魚와恰似ᄒᆞ고神聖ᄒᆞᆫ帝都ᄂᆞᆫ隣强의羈絆을被ᄒᆞ얏도다嗚呼痛哉라有血骨有血淚有血誠ᄒᆞᆫ韓民族이여昆夜醉夢을어서ᄭᆡ여彼光明ᄒᆞᆫ日月을一瞬ᄒᆞ라至公無私ᄒᆞ신 上帝께서世界人類를創造하실時에彼我에公私가無ᄒᆞ도다天賦되ᄂᆞᆫ天然性品은均一配定ᄒᆞ셧거ᄂᆞᆯ何故로今日我韓之悲境이日甚乎아大聲疾呼ᄒᆞ야曰四千二百餘年獨立歷史를有ᄒᆞᆫ檀君의血孫二千萬同胞여彼皚白山은巍然히壁表를高聳ᄒᆞ고群山을瞰下ᄒᆞ며汚濁ᄒᆞᆫ世界를瞰望ᄒᆞ고淸潔ᄒᆞᆫ空氣를九天中에呼吸ᄒᆞᄂᆞᆫ高尙雄大ᄒᆞᆫ形狀을一瞬ᄒᆞ니嗚呼라大丈夫의氣槪가맛당히如此ᄒᆞᆯ진저長白山上으로分派ᄒᆞᆫ鴨綠江을一瞥ᄒᆞ라一帶千里에汪々然滔々不息ᄒᆞ니英雄의自强不息의精力이本皆如是로다觀物有感이라國家興復之氣가於是발生ᄒᆞ도다

英國憲法史와伊國獨立史와支那ᄂᆞᆫ紀列傳에英雄豪傑이國家를回復ᄒᆞ며或은人民을爲ᄒᆞ며或은君主를爲ᄒᆞ며或ᄂᆞᆫ[illegible]社會를救ᄒᆞ거爲ᄒᆞ야身命을千槍萬劍之中에投棄ᄒᆞ고다못全身이血赤이되야活動成功ᄒᆞᆫ事壯快凛烈ᄒᆞᆫ節義를我國民은모放棄ᄒᆞᆯ지어다

嗚呼라十九世紀伊太利여爾名은只存虛影之時며爾도由ᄒᆞ야希望者無益之時며爾로爲ᄒᆞ야活動ᄒᆞ되人力에不及ᄒᆞᆯ時며爾를依賴ᄒᆞ야生活코저ᄒᆞᄂᆞᆫ者를歎者라ᄒᆞᆯ時며爾를發ᄒᆞᄂᆞᆫ者狂亂과如하다ᄒᆞᆯ時며爾를爲ᄒᆞ야死亡ᄒᆞᄂᆞᆫ者ᄂᆞᆫ生命을醉夢之裡에投棄ᄒᆞᆫ거와如ᄒᆞ다ᄒᆞᆯ時에伊太利國民들이何術로써伊太利建國을ᄒᆞ얏나뇨

曰 ᄂᆞᆫ民이自覺的奮鬪的精神이니當時에全土二[illegible]四洲一般人族의精神은伊太利를因ᄒᆞ야不成ᄒᆞ던我民族은此ᄅᆞᆯ不能ᄒᆞ다ᄒᆞ과如ᄒᆞ다ᄒᆞᆫ지勇敢悲壯ᄒᆞᆫ精神으로老少男婦와十三四歲兒童ᄭᆞ지지라도慘憺ᄒᆞᆫ忠憤을발ᄒᆞᆫ結果로歐洲東南端에孤立ᄒᆞ얏든伊太半島가今日二十世紀에復活ᄒᆞ얏스니世人은國家興復ᄒᆞᆫ策言에對ᄒᆞ야千緖萬端으로講論ᄒᆞ되余ᄂᆞᆫ一言으로斷之曰精神二字니精神所到에何事를不成ᄒᆞ리오

今日我國이雖云衰頹나我二千萬宗族의腦髓에幾不忘此精神ᄒᆞ며死不忘此精神ᄒᆞ면亞細亞東南端에孤立ᄒᆞ얏든韓半島가於是乎獨立ᄒᆞᆯ거시오靑天白天日之下에完全無缺自由新帝國을建設ᄒᆞ리라ᄒᆞ노라

官報

●三千九百六十二號 號外
隆熙二年一月四日

敍任及辭令

高敞郡守張命相
免本官
陸軍武官學校敎官陸軍騎兵正尉金熙善
陸軍武官學校生徒隊附陸軍騎兵副尉李殷相
陸軍武官學校生徒隊附陸軍騎兵副尉鄭雲鴻
軍部附陸軍三等軍醫[illegible]濟奎
免本職
陸軍騎兵正尉[illegible]
補近衛騎兵隊長
陸軍騎兵副尉李殷相
仝 鄭雲鴻
陸軍三等軍醫[illegible]奎
補近衛騎兵隊附
平安北道觀察使朴勝鳳
解兼任平安北道裁判所判事
平安北道觀察使柳赫魯
命兼任平安北道裁判所判事
咸鏡北道前觀察使尹[illegible]
解兼任咸鏡北道裁判所判事
咸鏡北道觀察使尹甲炳
命兼任咸鏡北道裁判所判事
從二品 尹[illegible]秀
正三品 秦[illegible] 六品 魏一鏞
命帝室財産整理局事務囑托을解

軍部軍務局人事恩賞課員陸軍步兵正尉李榮規
軍部副官陸軍步兵正尉[illegible]直完
免本職
陸軍步兵正尉李秉規
補侍從武官府侍從武官
陸軍步兵正尉[illegible]重完
補軍部軍務局人事恩賞課員
內部書記官[illegible]成烈
仝 [illegible]潤
度支部書記官 金命圭
陞敍奏任官二等
解法部法律起草委員 韓用璟
命法部法律起草委員 李常都
李基찬 李鍾敬 金基賢
韓相회 金[illegible]燮 安肯洙
李敬儀 李根[illegible] 南延圭
金[illegible]培 閔衡基 趙[illegible]元
鄭爽朝 林正奎 柳海昌
南[illegible]회 宋柱學 趙[illegible]煥
權[illegible]亨 金[illegible]協 李[illegible]淵
洪[illegible]國
任法官養成所博士
智陵參奉楊[illegible]烈
淑陵令張遵根
厚陵參奉[illegible]寯均
依願免本官
九品 金正洙
任帝室財産整理局技手
任智陵參奉 朴鼎甲
任淑陵令
和陵參奉李[illegible]善
任厚陵參奉 [illegible]德基
完

●二千九百六十三號
隆熙二年一月六日

敍任
正三品 金[illegible]模
命臨時帝室有及國有財産調査局京畿道調査委員
正三品 成文[illegible]
命臨時帝室有及國有財産調査局忠淸南道調査從員
正三品 李範虎
命臨時帝室有及國有財産調査局忠淸北道調査委員
前委員金[illegible]詠
命臨時帝室有及國有財産調査局全羅南道調査委員
六品 白 晧
命臨時帝室有及國有財産調査局全羅北道調査委員
六品 [illegible]再衡
命臨時帝室有及國有財産調査局慶尙南道調査委員
正三品 孟[illegible]敏
命臨時帝室有及國有財産調査局慶尙北道調査委員
洪川郡守朴[illegible]鎔
命臨時帝室有及國有財産調査局平安南道調査委員
正三品 朴潤晟
命臨時帝室有及國有財産調査局平安北道調査委員
前主事金東[illegible]
命臨時帝室有及國有財産調査局江原道調査委員
前主事金宗[illegible]
命臨時帝室有及國有財産調査局咸鏡南道調査委員
前主事李[illegible]
命臨時帝室有及國有財産調査局咸鏡北道調査委員
侍從 朴榮喆
命侍從武官府侍從武官
官陸軍騎兵參領
命停職

外報

●滿洲日兵評論 倫敦타임스의北京通信員이滿洲에殘留ᄒᆞᆫ日兵에對ᄒᆞ야注意ᄒᆞᆯ必要가有ᄒᆞ다ᄒᆞ며[illegible]日本이門戶開放의政策과勢不兩立ᄒᆞᆫ力法을因ᄒᆞ야鐵道敷設에妨害가有ᄒᆞ다고報告ᄒᆞ엿더라

●東洋人市街破壞 米國요레從州로도란토報를據ᄒᆞᆫ즉加奈陀알벨다州에서一千五百名의群衆이加奈陀의名士一名을淸國料理店에서殺害ᄒᆞ엿다ᄂᆞᆫ誤報를傳聞ᄒᆞ고떼세부릭지에在ᄒᆞᆫ東洋人市街를破壞ᄒᆞ엿ᄂᆞᆫᄃᆡ其總損害가二十戶에達ᄒᆞ엿더라

●摩洛哥事件 도루드將軍은아돈베에在ᄒᆞᆫ地方을救援ᄒᆞ기爲ᄒᆞ야가사부란가에서送ᄒᆞᆫ救援兵을附遣ᄒᆞᆷ을要求ᄒᆞ얏더라

●軍器輸送 米國에셔只今彈약及陸海軍需品을比律賓에輸送ᄒᆞ다더라

雜報

●派守設校 水原郡[illegible]郡守셔가니花ᄉᆞ校를私立ᄒᆞ고子今三年을熱心勤奬ᄒᆞ야學徒가百餘名이오[illegible]面[illegible]面學校를設ᄒᆞᆯ뿐더러邑底에淑貞女學校를又此設ᄒᆞ고[illegible]戶錢을[illegible]ᄒᆞ야出席生徒가二十餘名에達好ᄒᆞ다고該郡來人의稱說이藉ᄒᆞ더라

●義捐捐助 平壤居主事朴昌洙氏가今年春에平壤[illegible]因時에平壤居閔性源[illegible]養台濟又[illegible]首發起ᄒᆞ야諸氏의間議ᄒᆞ아紙貨廿圓을送致ᄒᆞ야平理院經費에補用ᄒᆞ얏다고該郡人이稱頌ᄒᆞ더라

●出捐買屋 傳說을聞ᄒᆞᆫ則水原郡梅山에寓居ᄒᆞᄂᆞᆫ徐[illegible]氏ᄂᆞᆫ元來淸白吏로年將八拾에主口[illegible]計ᄒᆞᆫ所居家舍도亦無ᄒᆞ더니該郡[illegible]族人等이[illegible]此[illegible]况이悲不成說이라하야[illegible]氏가出捐買屋ᄒᆞ야[illegible]呈與ᄒᆞ고次로[illegible]三百兩式[illegible]捐交際에該郡居某々諸氏들이應從ᄒᆞ야多小金을捐出ᄒᆞ고至於外國人ᄭᆞ지出捐ᄒᆞ야數萬金에達하얏다더라

雜報

●東宮上學 皇太子殿下께셔 本月十五日頃에 上學ᄒᆞ실 預定이라더라

●御問答 日本皇太子殿下께셔 韓國 皇太子殿下를 對ᄒᆞ사 曰日本에 御渡覽術有何 可觀乎아ᄒᆞ신대 韓國 皇太子 殿下께셔 答曰學校가 擴張ᄒᆞ야 學徒가 多々ᄒᆞᆫ거시 第一盛事라ᄒᆞ 셧다더라

●大使復命 大使完興君一行 이 再昨日下午二時에 入城ᄒᆞ야 當日詣闕復命하얏다더라

●兩君月俸 完興君李載冕과 永宣君李埈鎔氏의 月俸을 每 朔一千圓式 支撥ᄒᆞᆫ다더라

●都察延期 兩次修整ᄒᆞᆫ 郡守 發表ᄒᆞᆯ 者를 何居節인지 統監府同 意를 未得ᄒᆞ얏거니와 今月 內로는 奏裁가 못된다는 說이 有ᄒᆞ더라

●議執是 日前에 兩次奏本 ᄒᆞᆫ 郡守十餘窠를 延拖未布ᄒᆞᆷ 은 一說에 宮殿大宋秉畯氏의 呼 唱ᄒᆞᆫ 人은 一不發與ᄒᆞᆷ으로 相持 ᄒᆞᆫ다ᄒᆞ며 一說에는 地方各郡을 百五拾郡으로 合附ᄒᆞᆫ 所以로 勿施ᄒᆞ얏다고 ᄒᆞ더라

●奏欲存體面 今番新官制를 發 布치아니ᄒᆞᆷ으로 宮內府 一般官 吏는 各其落仕의 與否를 未知ᄒᆞᆷ 으로 不仕進視務ᄒᆞᆫ다더라

●總理手段 總理大臣李完用 씨가 私邸에서 學部大臣李載崑시 가 法部大臣任善準시를 請邀ᄒᆞ야 論 議ᄒᆞᆫ 되 總理의 辦으로 勸告和 沖ᄒᆞ얏다더라

●恩賜買屋 承寧府總管趙民 熙가 自 上으로셔 下賜ᄒᆞ신 錢貨二千圓으로 家舍를 買收 ᄒᆞ야 新修理ᄒᆞ얏다더라

●爭設殿生 宮相리允用氏와 農相宋秉畯氏가 日本셔 舍館을 同居ᄒᆞ야 무ᄉᆞᆷ 事件을 秘密協 議ᄒᆞ며 留學生의 論駁을 畏忌ᄒᆞ 야 出入을 任意로 못ᄒᆞ고 或出 ᄒᆞ라면 日巡査로 帶同保護ᄒᆞ 야 隱密히 來往ᄒᆞᆫ다더라

●死生同盟 前議政李載命氏 가 去番에 무ᄉᆞᆷ 事件에 對ᄒᆞ야 上 疏를 奉呈ᄒᆞ얏더니 批答을 未 蒙ᄒᆞ고 未安ᄒᆞᆫ 處分이 有ᄒᆞ셧던 지 該氏가 不勝惶恐ᄒᆞ야 總理 完用氏를 往見ᄒᆞ고 懇切히 발明 ᄒᆞ고 一自以後로 死生을 同爲進 退ᄒᆞ기로 平約ᄒᆞ얏다더라

●副監宴待 曾彌副統監이 再 昨日下午六時에 該官邸에셔 新 年宴會를 設ᄒᆞ고 日本官吏中高 等官만 請邀宴待하얏다더라

●兩人回期 皇太子殿下 陪從 員宮內府大臣리允用 農商工部 大臣宋秉畯兩씨는 陰本月內에 回國ᄒᆞᆫ다더라

●學大茶會 學部大臣리載崑 氏가 昨日下午二時에 茶果會를 設ᄒᆞ고 該部內에 內外國官吏中 에 高等官만 接待ᄒᆞ얏다더라

●顧問之效歟 國民新報社顧 問으로 在ᄒᆞ던 日本人黑崎美知 雄氏가 該社에셔 出來ᄒᆞᆫ지 月餘 이 되는데 今番新官制에 宮內府 事務官을 被任ᄒᆞ얏다더라

●入直何罪 新官制任免件이 尙未頒布ᄒᆞᆷ으로 內部에셔 三昨日 에 入直ᄒᆞᆫ 主事某氏가 其翌日에 入直ᄒᆞᆫ 主事安[illegible]씨의게 請替 札을 送致ᄒᆞ얏더니 安시가 答 書ᄒᆞᆫ 槪意에 彼我間落仕與否를 未能的知ᄒᆞ고 安得進退리오 其罪 甚哉라ᄒᆞ고 終不入直ᄒᆞᆫ다더라

●何不早하 內部大臣任善準 시가 對人談曰日語만 能通ᄒᆞ 얏더면 [illegible]平和를 指日可期인 뎌 日語를 不曉ᄒᆞ니 是爲痛憤이 라ᄒᆞ얏다더라

●衛局移接 內部衛生局을 昨 日에 會計局으로 移接ᄒᆞ엿ᄂᆞᆫ더라

●校員亦參 日昨學部大臣리 載崑씨私邸에셔 該部一般官吏 를 請邀宴待ᄒᆞᆫ 事는 前報와 如ᄒᆞ거 니와 各 敎任員들도 同日請邀 ᄒᆞ얏다더라

●諸閔不往 閔宗植氏가 解配 ᄒᆞᆫ 後上京ᄒᆞ야 [illegible]等地其三從 姪家에셔 留連ᄒᆞᆫ지가 已爲月餘 로되 其族親諸閔氏가 一無往見 ᄒᆞᆫ다더라

●朴氏辭願 官立日語學校副 敎官朴太緖씨가 農學識으로 未能稱職이라고 學部에 辭職請 願ᄒᆞ얏더라

●結錢幻弄 懷德郡各面長들 이 今年考卜時에 每結頭에 一兩 式加捧ᄒᆞ고 또 三卜式增捧ᄒᆞ야 與吏輩分食ᄒᆞ며 民은 完捧結錢 으로 殖利ᄒᆞᄂᆞᆫ 人도 有ᄒᆞᆫ 故로 該 民은 支保無路라더라

●龍是毒龍 江華郡守高靑龍 시가 養蠶所의 經費를 人民에게 收斂ᄒᆞᆫ다ᄒᆞᆷ은 已爲報道ᄒᆞ얏거 니와 更聞ᄒᆞᆫ즉 戰時餉을 人民의 게 勒示ᄒᆞ되 若不義捐者는 必有 一梗이라ᄒᆞ고 미 靑服刀를 擧하얏다ᄂᆞᆫ 批評이 有ᄒᆞ더라

●審問旋放 리載克씨가 宮內 大臣으로 在任時에 東署駱山下 의 基址幾許坪을 外國人에게 認 許ᄒᆞᆫ 事이 有하다ᄒᆞ야 日前警視 廳에셔 該氏를 招致ᄒᆞ야 自意 로 認許ᄒᆞᆫ 與否를 審問後에 卽時 放送ᄒᆞ얏ᄂᆞᆫ되 該氏家에셔ᄂᆞᆫ 其 理由를 莫知ᄒᆞ야 暫時悚慄을 經 ᄒᆞ얏다더라

●知面爲急 法部新官制에 文 書課主事로 敍任ᄒᆞᆫ 日本人鹽野 良晴시는 敍任以前에 該部에 務往ᄒᆞ야 韓人同僚와 知面以去 ᄒᆞ얏다더라

●吳認難免 前同福郡守吳弘 默氏가 該郡在任時에 其時觀察 使尹雄烈氏와 公錢所關이 有ᄒᆞᆫ 뎌지 吳郡守의 子某씨가 尹雄烈 氏와 所捧錢가 有ᄒᆞ다ᄒᆞ야 平 理院에 提訴ᄒᆞ얏ᄂᆞᆫ데 再昨日에 文牒을 調査ᄒᆞᆫ즉 吳씨가 未免誣 訴라더라

●只存百名 主殿院巡檢汰 汰ᄒᆞᆫ 事는 前報에 揭載ᄒᆞ얏거니와 總巡八人 判任巡檢合百名만 置 ᄒᆞ고 其餘는 沒數汰去ᄒᆞᆫ다더라

●桂校寄付 承寧府總管趙民 熙씨가 桂山學校에 四拾圓을 寄 付ᄒᆞ얏다더라

●潭郡義擾 一月一日에 義兵 若干이 潭陽郡에 突入ᄒᆞ야 日人 一名과 巡檢一名을 殺害ᄒᆞ얏다고 光州觀察使가 內部에 電報ᄒᆞ얏 다더라

●長湍義擾 長湍北面等地에 義兵이 頻히 出沒ᄒᆞ야 行路가 阻 絶ᄒᆞ며 該邑을 屠戮ᄒᆞᆫ다고 揚言 ᄒᆞᆫ다더라

●池谷少塵 再昨日에 廣州郡 池谷等地에셔 義兵及日兵이 互 相衝突ᄒᆞ야 義兵과 日兵이 各一名 式被殺ᄒᆞ얏다더라

●海警質票 海州警務署에셔 義 徒로 捉囚ᄒᆞᆫ 차仲甫 沈老植 [illegible]濟 [illegible]及所謂金進士等四名을 該署 警官이 擅自越交日本守備隊ᄒᆞ 야 幷行砲殺ᄒᆞᆫ 事에 對ᄒᆞ야 該道 裁判所檢事[illegible]씨가 法部에 報告ᄒᆞ되 該警視리惠應이 輕率 越交ᄒᆞ야 今此四囚之出獄及 刑이 旣不以法則 該司獄官에 拿囚와 照律을 事 [illegible]稟ᄒᆞ얏더라

●大東常會 大東學會에셔 去 日曜日에 講說通常會를 開ᄒᆞᆫ다 더라

●夜學設施 大東學會에셔 政 法講習所를 該會堂內에 夜學科 로 設立ᄒᆞ고 학員을 會員中 [illegible] 歲以上五十歲ᄭᆞ지 募集ᄒᆞᆫ다ᄂᆞᆫ 뎌 雖非會員이라도 入學을 志願 ᄒᆞᄂᆞᆫ 者ᄂᆞᆫ 會員이 薦保入學ᄒᆞᆫ다 더라

●紀念勤議 去日曜에 大東學 會에셔 講習通常會를 開ᄒᆞ얏다 ᄒᆞᆷ은 別項과 如ᄒᆞ거니와 伊日에 會員等이 孔夫子의 誕生을 發考 ᄒᆞ야 紀念ᄒᆞ기로 動議ᄒᆞ얏다더 라

●朴家賊警 三昨日上午五時 에 西署館洞朴競來氏家에 賊 幾名이 突入ᄒᆞ야 衣服等屬八百 拾九圓八錢價値를 奪去ᄒᆞ얏다 더라

●洪婢何之 北署樓洞居叅 領洪祉燮씨家婢子仁順이가 日 昨에 使喚次로 齋洞居ᄒᆞᄂᆞᆫ 女仙姬 家에 往ᄒᆞ얏다가 終夜不歸ᄒᆞᆫ 故 로 探聞于仙姬家ᄒᆞᆫ즉 趁時還去 ᄒᆞ얏다ᄒᆞᄂᆞᆫ 故로 洪씨家에셔 警 務北署에 呼訴ᄒᆞ고 推給ᄒᆞ라ᄒᆞ 얏다더라

●受捧與毆 昨日冷洞洞口에 셔 日人이 雜技를 設ᄒᆞ고 銅貨一 分에 四倍를 收取ᄒᆞᆫ대 每日韓 人이 二拾名式羅立ᄒᆞ야 日人 의게 輸錢ᄒᆞ더니 何人이 石子를 暗投ᄒᆞ얏던지 燈皮가 落地破碎 ᄒᆞᆫ지라 日人이 他往來人을 執衣 毆打ᄒᆞ야 衣冠을 破碎ᄒᆞ고 又日 本砲兵이 過ᄒᆞ다가 칼쓰로 韓 人을 亂打ᄒᆞ야 幾至死境인데 來 賭ᄒᆞᆫ 韓人은 如雲紛集ᄒᆞ얏다 더라

●惠泉晩餐 法官養成所에셔 今番에 卒業ᄒᆞᆫ 諸시가 再昨日에 該校敎官諸시를 惠泉湯으로 招 待ᄒᆞ야 晩餐會를 開ᄒᆞ얏다더라

●趙氏長眠 前判書趙定희시 가 三昨日拾時에 卒逝ᄒᆞ얏다더 라

●假巡行悖 富平邑底거 林興 業爲名人이 巡檢이라 假稱ᄒᆞ고 該郡에 橫行ᄒᆞ며 人民을 侵虐ᄒᆞᆷ 이 無數ᄒᆞ다고 該郡來信이 有ᄒᆞ 더라

▲地方消息▼

▲去二拾六日에 山郡西南約拾 里에 義兵三十名이 日兵과 交戰 ᄒᆞ얏다하고

▲去二拾四日에 仁川郡東南約 拾里許龍坪에셔 義兵五拾名이 宿營ᄒᆞᆫ다ᄂᆞᆫ 報를 聞ᄒᆞ고 日兵이 追躡ᄒᆞ야 一場交戰ᄒᆞ다가 義兵 은 同郡北方으로 退却ᄒᆞ얏다ᄒᆞ고

▲五日發咸興電을 據ᄒᆞᆫ즉 同郡 에 義兵約四千名이 駐屯ᄒᆞ야 日 人二名과 通譯一人을 殺害ᄒᆞ고 荷物拾二馱를 奪取ᄒᆞ얏다ᄒᆞ고 또 三水장津間에 電線이 切斷ᄒᆞ 고 惠山鎭과 北靑間에 郵便物護 衛兵이 不通ᄒᆞᆫ다ᄒᆞ고

▲五日發春川電을 據ᄒᆞᆫ즉 楊口 邑距二十三里上東約八百義兵 이 集團ᄒᆞ야 二日午后九時에 日 討伐대와 四時間을 交戰ᄒᆞ다가 義兵은 退却ᄒᆞ얏다ᄒᆞ고

▲四日發電을 據ᄒᆞᆫ즉 三日義兵 約八拾名이 장기郡駐在日兵을 襲擊ᄒᆞ야 巡査一名은 生死不明 ᄒᆞ고 巡査一名은 重傷ᄒᆞ엿다ᄒᆞ고

▲去二拾日에 全州郡助浦에 義 徒約一百二拾名이 猝來ᄒᆞ야 步 哨를 配置ᄒᆞ고 往來人을 禁止ᄒᆞ 며 軍糧을 徵발ᄒᆞ며 檄文을 粘付 ᄒᆞ얏다더라

東京電報

●在韓日人徵兵 四日發 明年度부터 韓國에 徵兵令을 施行ᄒᆞ고 韓國에 居住ᄒᆞᄂᆞᆫ 日本人을 駐韓國 에 入營케 ᄒᆞᆫ다더라

▲一網打盡▼

▲東海岸上一漁父가 扶桑繭絲 引出ᄒᆞ야 그물을 ᄒᆞᄂᆞᆫ데 엇스니 條 約으로 爲綱ᄒᆞ고 協約[illegible]로 爲目 ᄒᆞ야 萬里玆海風浪中에 이리저 리널러첫다

▲賣國賊이 爲綱ᄒᆞ야 賣魚手段 猛烈ᄒᆞ다 英美法德列强國에 交 涉ᄒᆞ던 外部大臣은 分付에 罷 ᄒᆞ야 歸之掌中統轄ᄒᆞ니 外交權 이 걸엿고나

▲漁人功을 失敗ᄒᆞ니 民魚奚 可矜ᄒᆞ다 權화古城一九士를 七 大臣이 手弄이라 軍用鐵道裂破 地에 惹慘ᄒᆞ며 蒼生淚여 土地權 이 걸엿고나

▲廟廊兒쟈 一撤ᄒᆞ니 干城之材 쓸대업다 軍隊解散누가 힛나 堪 養兵丁可惜이라 軍隊업ᄂᆞᆫ 이나 라가 强力인들 엇지 날가 軍權이 걸엿고나

▲武陵桃源網화手로 箇々奇부 收入ᄒᆞᆫ다 中央金庫設置ᄒᆞ고 各 樣貨幣製造ᄒᆞ니 紙銀加計居生 ᄒᆞ야 一國財源枯渴ᄒᆞ니 財政權 이 걸엿고나

▲澄潭漁子網集ᄒᆞ니 一擧網而 得魚로다 三百四十餘郡中에 星 羅碁置 저 鎭官은 警察에ᄂᆞᆫ 無心 인가량 上君子橫行ᄒᆞᆫ다 警察權 이 걸엿고나

▲禁網이 尤密ᄒᆞ고 法網이 紊亂 이라 新法典을 編成ᄒᆞ야 法律改 良ᄒᆞᆫ다ᄒᆞ더니 有志士나 捉囚ᄒᆞ고 革鞭囹牢酷毒ᄒᆞ다 司法權이 걸 엿고나

▲臨淵羨魚ᄒᆞ던데 退而結網 잘이ᄒᆞ서 商業家의 手段으로 利 益을 망羅ᄒᆞ다 輸入品만 日增ᄒᆞ 니 血脈이 乖盡이라 商業權이 걸 엿고나

▲脊而索陶結網ᄒᆞ니 蔘蔘魚奚 何人인가 荒蕪之地開墾ᄒᆞ니 殷 部認可歸認권고 片片沃土蠶食 ᄒᆞ니 流離丐乞 저 農夫ㅣ라 農業 權이 걸엿고나

▲數罟一入汚池ᄒᆞ니 大小魚鱉 不遺로다 捕鯨基址劃定ᄒᆞ니 海 上利益爲誰권고 漁村生涯寂寞 ᄒᆞ니 罷釣歸來 저 비로더 漁業權 이 걸엿고나

廣告

昨朝退處에陰十二月廿五日의推尋할四百圜於音一片을서失이오니誰某拾得ㅎ야도休紙施行이흠 韓應寅 白

京城孤兒院第一回

今番協議社를妓慈善演奏할時京城孤兒院에寄附흔人員與金額이如左ㅎ니

洪鍾洪 玄暎運 洪慶喜
鄭始昌 妓生柳綠 各拾元
淸國人王成濱 淸國人梁橙昭
妓生月香 妓生錦珠
妓生碧桃 各五元 朴勝煥
三元 李時爾二元
夫人趙하옥 一元
▲合金八拾一元

第二回寄付 詩洞採瓊
日本人久保田六三郎 貳拾元
夫人趙하옥 三元 朴容文
平壤妓生錦花 詩洞桃花
各五元 申씨夫人 閔貞子
金씨夫人 趙씨夫人 各二元
▲合金四十六元

第三回寄付 妓生花仙
妓生弄月 詩동비취
詩동賓花室 都中妓生奇花
竹洞向 妓生採蓮 각十元
妓生점홍 妓生비연
妓生小紅 妓生香蘭
楊文瑜 李承회 嚴文淳
妓生앵무 詩洞採瓊
妓生山月 黃儀使 各五元
妓生蘭月 三元
詩洞聚英樓主人 妓生蓮화
□□□ 無名씨 無名氏
□□□ 최聖鶴 崔鐵榮
□□□ 殷昌煥 二元卅젼
□□□ 黃昌雲 리殷煥
□□□ 李潤植 金龍鎭
□□□ 成珂鎭 金熹鉉
□□□ 申聲相 池□鴻
리聖俊 각一元 朴勝煥
四元 金興奎 金觀鎬
各五十젼 朱淑 卅젼
▲合金一百六十三元卅젼

三回寄贈흔入場券與金額이如左ㅎ니
一等券二百枚
二等券一百七十八枚
三等券一千枚
合金七百九拾五元六十錢

團成社慈善演奏會時寄付흔人員與金額이如左ㅎ니
許坤 十元 無名氏
五元、妓生瓊月 詩동桃화
妓生初雲 妓生小紅
各四元 妓生蓮花
妓生錦珠 各三元 妓生碧桃
海珠 紅桃
淸國人群英午主人 安敎明
各二元 金炯坤 韓東燁
趙秉禎 魯應□
烟草商兒孫三也之 各一元
安昌晉 尹進學 김弘燮
人力車兒張春根 各五十錢
許 極 一元
▲合金五拾四元

入場券放賣흔價額合이一百三十三元二十二錢五厘

本校에셔冬期進級後에學員을募集ㅎ오니八歲以上으로應募흘學員은本月晦日內로本校에來問흠을爲要
西署琵琶洞私立把成小學校

西署阿峴一百二十□統十二戶居李明植을學式命으로改道廣布흠
리命式 告白

本人이鎰古今書海館劃은道處에陰十二月二拾五日推次紙貨四百圜於音一片을遺失ㅎ얏사오니誰某가拾得ㅎ야도休紙施行흠
金□成 告白

本人之乾畓在於平壤南祭山坊舊里而其中六斗落只舊文券一張昨日路中에셔失故玆以廣佈繼有誰某拾得休紙施行
平壤○武廟 崔得琳 告白

釜山□地官有民有調査圖形上에設面長與知事三人이從官令誤解捺章事로衆民嗷々故府尹署理郡守捺章交周흔請願則指令內에交周以給일事證明有之오니內外國人은照亮焉
丁未十一月二十七日
面長朱祠用 知事人朴晋元
白文星 姜弼老 告白

本人의子리東涉이가素性이浮浪ㅎ야符同挾雜之弊ㅎ고欺人圖債ㅎ려ㅎ니內外國人은照亮ㅎ신後切勿見欺爲要
安州薪동西三里 康召史 告白

西友及北兩會가敎育으로目的흠은彼此均一이온바今幸兩會가情意融通하야合成一會하고會名은西北學會라稱ㅎ고會館은前西友會館으로仍用ㅎ오며開會總式은本月(十一日)土曜上午十二時에擧行ㅎ오니京鄕會員은照亮ㅎ시옵
皇城中署校洞二十九統二戶 西北學會 告白

本人의兄旋甫浮浪ㅎ야酒技之債昨年에數萬金至庄蕩盡日에本邑猾吏金基泰以兩ㅎ食債로受三千兩者가今年秋에又稱有債ㅎ고本人畓을買得於矣兄云而圖得訴ㅎ야本郡則從實云而訴判決書則又不成給ㅎ고弟畓을買於兄ㅎ고孫田而不得判決書ㅎ야不得往訴於法廳ㅎ고坐失ㅎ彼猾吏之不法之轉報之情이廣告흠
定州□□甫 告白

(廣告發)

元泳義 著 鄭寅琥 校閱

蒙學漢文初階

全一冊 八十餘頁 定價金卅錢

▲本書と初學小學校에實用ㅎ기爲ㅎ야國漢文으로二百十二課에分ㅎ야文理와節次를發明한書ㅣ니敎育界學者들讀흠을注意

總發行所 大韓書林 中央書館 大東書市 匯東書館 發賣所

일본정부제도연초
한국일수방매
동아연초주식회사

경성 명동

謹告

桂洞玄公廉氏가本社趣旨를贊成ㅎ야新舊書籍三十部를本社에第一回應募一二等合格人員에게添賞ㅎ시오니不勝感佩이오며合格人員도該氏에厚意를勿負ㅎ심을望흠

論說 小說 詞藻 各一等에 欽欽新書 幼年必讀釋義 各一部式 作文 歷史 地理 各一等에 東國史略 幼年必讀 各一部式 算術 才談 各一等에 算術新書 大韓地誌 各一部式

各科目二等에는 算術新書各一部式

注意

一 第一回應募紙는自今日로頒給흠
一 第二回算術은答 式 解說을並要흠

隆熙二年一月 日 奬學月報社 告白

第二回問題

○論說小說은不爲懸題흠 ○詞藻立春七律一首
○作文 道德과文學의關係論
○歷史 本國印刷業의起源과沿革
○地理 本國疆界를詳論흠
○才談(등둥거리)(二)차에차를싣고차々오게
○算術(一)砲工步兵이有ㅎ니步兵은砲兵員에比ㅎ二倍요砲兵은工兵에三倍보담二十五人이少ㅎ고又工兵은三百五十人이라ㅎ니此總員數와步砲工兵에員數가各幾何
(二)法京巴里는東經二度二十分이오日本東京은百三十九度四十六分六秒라ㅎ니東京의正午는巴里의幾時가될고

本人이昨年에咸安收租官院務時의金海郡屯租色吏崔東鶴이가上納錢五千八百六十兩을潛自挪食ㅎ고彼日此日ㅎ야拖至于今이다가□以經理院草廢ㅎ고頑喝貫斥ㅎ더라盖此收租官之收捧賭租後의從市直報院許賜ㅎ야作錢上納은乃是定規也인ㄴ從勢報院ㅎ야得其認許後의殺價가低下則該收租官之督當上納은在所難免이고於利於害가少無關係於民間이거늘該吏之濫捧句欄로廣佈新聞이切々痛惡이기將欲呈法司裁判歸正흘차先爲廣告흠
리應永 告白

本人의子弘圭가年幼沒覺흠으로本郡居金鳳玉王廷浩兩人에게誘引되여陰九月頃에出他不還矣러니金王兩人이弘圭를執留於京城ㅎ고陰十一月十九日에符同外人하고來督本人의게가弘圭의게債給이爲五百圜이라ㅎ며恐喝無雙이기法律所在에不可默過故로此緣由를呈訴本道觀察ㅎ온즉題旨內에誘引女婬ㅎ고符同外人ㅎ야徵此囚財가關極叢駭ㅎ야金王兩民을捉致査問則果如訴辭이기同兩民을照律嚴懲ㅎ고先捉囚向事를奉ㅎ신바用法公直ㅎ신警官의德澤을感服ㅎ오며稽某시던지本人子弘圭와져의相關ㅎ셔면後悔莫及흘慮가無ㅎ와玆에廣告흠
海州郡州內面東部 金鳳輝 告白

本館에셔船客의便利를爲ㅎ야大阪商船會社와契約ㅎ고各港船票를發賣ㅎ오니京鄕僉員은照亮爲希
仁川港內洞湖學旅館
乘船周旋屋 韓昌汝 告白

英學員募集廣告

本塾英語科擴張ㅎ옵고學員을多數募集ㅎ오니入學志願人은左開日字를依ㅎ야來塾請願ㅎ심을爲要

左開

隆熙二年一月五日로同廿日內
西署仁達坊장興洞一統四戶
私立長興塾

本人의族人文子炳은性本浮浪ㅎ야縮結雜類에濫籍債用ㅎ고其伯兄良佐의게徵債如山은京鄕所共知而同郡居徐聖基가誘引千炳ㅎ되汝가去乙未作分에晉의게所公錢中葉一千二百兩을以四分邊例로得用이라ㅎ고故兄良佐의게逐年加邊ㅎ야徵出分食ㅎ다가妻巡威脅ㅎ마晉하며從聖基父親相議은自故道樂安郡銀行所로亦爲公故附하ㄴ惜此開明世界에自在謗人騙財之律이니行將訴京으로裁判歸決도ㅎ려니와姑之父子所爲가痛惜ㅎ고爲先廣告ㅎ오니京鄕內外에僉君子と照亮흠
光州郡居 文聖九 告白

富平郡所井面航동里居申先道가隣居김光錫許에昨年分에二千兩을債給矣러니延拖不報ㅎ고김哥가有何凶計던지渠之姪二歲兒婦를申氏가겅奸ㅎ얏다稱ㅎ고怨恐辭去ㅎ야一萬兩을出給然後에無事云ㅎ니三十三歲男子가十二歲女兒를겅奸흘理가有乎去月十九日에該金이誣訴 官庭하야申氏가方在滯囚ㅎ야尙未蒙放이고彼金이又間人ㅎ야一萬兩주어야私和云ㅎ니邑村이申氏의無辜흠을驚惜ㅎ고金哥의凶計을無不唾罵故玆以廣告
申先道從叔光□ 告白

◎國債報償義捐金收入廣告
●忠北槐山北中面笠岩洞
李宅俊 一圓 李奎瑨
李德淳 權順五 리德淳
李世전 리春成 五十전
최周文 三十錢 리用權
延鍾聞 리相鎬 各卄錢
姜在石 一圓 李圭祥
二十錢 리圭晳 三十전
리鍾鐸 卄五錢 李相仁
拾錢 리相甲 二十五전
林濟一 十전 林濟喆 卄전
尹用彩 十五錢 姜東희
卄五錢 成在雨 姜萬千 各拾錢
鄭九鉉 卄전 崔茂植 五十전
리奎煥 리敬烟 리殷烟
金發鎬 各卄전 金明西
鄭寅維 姜百福 리泰學
各十전 崔星煥 리東喆
각卄전 洪承喆 五十전
리萬金 二十錢 리在賢
리準會 朴致鉉 楊致華
각拾錢 리貫戰 十五전
리容周 리亨會 金萬石
趙漢吉 김光明 趙春植
각十錢 리相壽 三十전
김永鎬 卄전 崔致海 五十錢
合拾二圓○八錢
前號總合五萬七千四百①五圓
九拾五전七厘
都總合五萬七千四百十八圓
七厘

廣告

◎和洋洗濯開店廣告
本人이 長崎洗濯業을 修業ᄒᆞ고
當今右處에셔 開店ᄒᆞ엿더니 洗
濯賃은 極히 安價ᄒᆞ오니 僉員은
來臨ᄒᆞ야 托ᄒᆞ심을 伏望
南署永樂町二丁目四十番
林韓明 告白

本演藝場을 陰十一月二十四日
로 開始ᄒᆞ오니 僉君子ᄂᆞᆫ 光臨
ᄒᆞ심을 伏望홈
特等金壹圜 一等三拾錢
壹等五拾錢 三等拾五錢
演藝場 告白

正一品大勳閔泳徽閣下序 車淇先生張志淵 校閱幷序
國齋先生安鍾和序 石濃先生 跋
璿源后人金鴻卿 編纂 全一冊 定價

中等萬國新地志

此書ᄂᆞᆫ 中等學校敎科와 普通新智識을 硏究ᄒᆞ시ᄂᆞᆫ 人士를 爲ᄒᆞ
야 特撰ᄒᆞᆫ者ㅣ라 近來我國의 敎科書類中에 萬國地志도 亦不尠
不備나 然이나 其地名人名을 皆從漢音取日語而譯刊ᄒᆞ야 因其
文字語音의 互異홈으로 轉生訛誤ᄒᆞᆷ이 頗多ᄒᆞᆷ이 編者ㅣ 以是爲
病ᄒᆞ야 각히 其國의 名稱을 隨ᄒᆞ야 以國文으로 譯出ᄒᆞ야 其眞面
을 不失ᄒᆞ며 且簡易를 取ᄒᆞ야 明便케 ᄒᆞ야 開卷一讀에 戶庭을 不出ᄒᆞ
고 能히 各國의 位置風土物産政治沿革等을 周知홈이 此書에 實
過홈
발兌元 中署布屛下 廣學書舖 金相萬
發 南門內尙洞 耶穌敎書院 安동 安峴書館
賣 鍾路 大東書市 銅峴 博學書館
동口越便 中央書館 寺동 漢陽書館
所 鍾路 古今書海館 廣橋 匯동書館
各地方 有名書市

瑞士建國誌 定價 新貨拾五錢 全
此冊은 政治小說에 더 志士의 激昂敎民ᄒᆞᆫ 歷史라 人民의 愛國
心을 養成ᄒᆞᄂᆞᆫ 더 緊要ᄒᆞᆫ 冊子오
發 ▲大韓每日申報社
賣 ▲仁川港株峴 同新冊肆
▲中署布屛門下 金相萬冊肆
▲平壤城內烈女閣 發賣書館
▲鍾路 古今書海館
▲銅口越便 中央書館
所 ▲鍾路 大東書市
▲大廣橋 匯東書館
▲銅峴 博文書館
▲開城 義勳達 冊사

(朴晶東씨譯述)
●國文新撰家庭學 全壹冊九拾餘頁 正價金三拾전
●國際公法 全壹冊百四拾頁 正價金四拾전
●經濟原論 全壹冊百拾頁 正價金卄五錢
●意太利獨立史 全壹冊百九拾頁 正價金五拾전
發賣處 ▲中署罷朝橋越邊 中央書館 ▲鍾路大東書市
▲南署大廣橋東邊 匯東書館 ▲布屛下廣學書舖

●大韓醫院 廣告
陸軍軍醫 [illegible] 君이 實驗ᄒᆞᆫ 藥劑에
軍醫 [illegible] 君이 有效를 證明ᄒᆞᆫ 效能으로
로 濟心保命丹을 發明이온바
온 如左ᄒᆞ니 僉君子ᄂᆞᆫ 試用ᄒᆞ심을 望

本舖 仁川港株峴 濟生堂

●主治效能
●飮食消化 ●食積 ●中暑中寒
●霍亂吐瀉 ●腹痛 ●不土不服
●氣鬱痰飮 ●心口 ●船車眩暈
●食滯 ●酒辭 ●口臭惡臭
▲其他諸般瘴氣 瘟疫 方妙藥
발行 仁川港株峴 濟生堂 李慶鳳
代理店 京城 鉢里동 共愛堂
特約店 京城鍾路 李信藥房
同 梨峴 華洋藥局
同 南門外 李容冊사
同 南門內 濟衆藥院
仁川 內洞 韓萬[illegible]
同 [illegible] 和平局
開城 南門內 朴圭熙
同 [illegible] 具聖模
水原 鍾路下 金濟九藥局
海州 宗路 元[illegible]鎭
同 宗路 宋[illegible]孝
延安 邑內 邊汝文
江華 鍾路 宋順東
同 邑西門外 高永根
長湍 [illegible]門內 崔致存
鳳山 沙利院場內 박健昌
仝 任允中
仝 耶穌敎堂內 李在[illegible]
晉州 南門內 紅門洞 李東林
平壤 巨里 韓鳳儀
仝 藥舖 朴[illegible]化
仝 館前 藥舖 李[illegible]興
仝 文武洞 藥舖 金桂宣
仝 大君殿 藥舖 金[illegible]天
仝 黑門 客主 朴[illegible]
●南浦 藥舖 金元燮
●仁川邑 四里 朴晩俊
●釜山港 [illegible]洞 金斗鉉
●京南大門外 大同運輸會社
●全泥峴 郵便局 天佑堂
●三水郡 仲坪 巨里 宋君八
松勳 客主
此外에도 現代에 문明각國 有名
각處賣藥이 俱備ᄒᆞᆷ

◎米國製滋養補益藥水 四百瓶新到 大瓶定價金三圜
◎德國製起陽丸 三十日分服 定價金十五圜
◎米國大學醫院處方
醫學校長 勳五等 池錫永氏
製藥鑑査 入濟衆院醫學員
有效證明 洪鍾厚 醫學 慈惠 李觀化
食慾振起 精力活潑 補益丸
定價表 拾日分服 三十個入 金一圓
二十日分服 六十個入 金一圓七拾五錢
三十日分服 九十個入 金二圓五拾錢

此藥에 主治效能ᄒᆞᆫ 法은 在於藥封ᄒᆞ오니 第一 老衰男女의
效가 有ᄒᆞ고 勞心勞力ᄒᆞ시ᄂᆞᆫ 司法官吏와 敎師와 銀行會社員과
學生과 商店店員과 婦人의 ... 不足으로 生ᄒᆞᆫ 諸般貧血症과
症과 健忘症과 貧血症과 手足厥冷과 頭痛이 잇ᄂᆞᆫ 者에 服用
丸式消化에 ... 下ᄒᆞ니 ... 此藥을 每日朝午夕食後에 三次에
이 ... 消ᄒᆞ고 ... 男女를 勿論ᄒᆞ고 ... 服用ᄒᆞ고 ...
五歲以上으로 老年이 至ᄒᆞ도록 ... 不可ᄒᆞ나니 ... 經度
ᄒᆞ나니 ... 不足ᄒᆞ야 ... 女子의 經度
가 ... 作지 아니ᄒᆞ거나 ... 房事過度之致
로 精神이 ... 而不起ᄒᆞ거나 ...
나 ... 門ᄒᆞᄂᆞᆫ ... 再瘡熱과
一服 ... 失氣ᄒᆞᆫ 久病人이 ... 男女 ... 從ᄒᆞ야 虛
二三週 且三四期 만 連服ᄒᆞ시면 大効가 有ᄒᆞ기로 保證ᄒᆞ오

◎製造本舖 漢城鍾路萬國基督敎靑年會館前 慈惠藥房
●疑効解熱 一日分 定價金拾錢 此藥은 大人小兒長癰과 初
●蛔虫 腹痛에 以 服用ᄒᆞ면 更不再發
三●蛔虫丸 一日分 定價金拾전 此藥은 大人小兒蛔積과 蛔虫의 二
日服用ᄒᆞ면 蛔虫을 殺出ᄒᆞᄂᆞᆫ 妙藥
●時感氣丸 一日分 定價金拾錢 此藥은 感氣로 생긴 여러 病인
ᄃᆡ 一二日連服ᄒᆞ면 解熱
●男女淋疾 一日分 定價金五圓 此藥은 淋疾의 一期二期勿
論ᄒᆞ고 근근ᄒᆞ 又 ...
●撮濾嗽丸藥 七日分定價金一圓四拾전 此藥은 男女淋疾勿
論ᄒᆞ고 速效가 잇서 用藥之日로 ... 止痛ᄒᆞ고 利尿止濃
●消化眼藥 一日分 定價金三拾錢 此藥은 火眼熱眼의 多有奇效
●鎭咳藥 五日分 定價金三拾錢 此藥은 五歲以上人에 用ᄒᆞ
ᄂᆞᆫ 四時常性咳嗽에 有効ᄒᆞ고 特히 老人喉嗽에 偉効
●感冒藥 定價金四拾전 此藥은 新陳感冒에 ...
●寸虫藥 定價金三拾五錢 此藥은 寸虫을 殺出
●米國藥 定價金三拾錢 此藥은 ... 皮膚病에 奇効
●消濟藥 定價金二拾錢 此藥은 ... 諸般關節痛에 神効
●新滿藥 定價金三圓 此약은 西洋서도 ... 日本서도 信用
●漢城百藥定價一封 ... 此약은 士李國友氏方
文으로 調剤ᄒᆞᆫ 약인되 一等 ... 第一 神効ᄒᆞ고 各項腫에 去
根合瘡ᄒᆞᄂᆞᆫ대 便利ᄒᆞ고
●止足汗藥 二十分 定價金拾錢 此藥은 ... 除惡汗臭

西藥便方 全 定價金壹圜 郵稅十錢
此冊은 漢城慈惠藥房에서 藥方文을 我國漢文으로 아라 보기 쉽게 翻譯
ᄒᆞᆫ 冊인ᄃᆡ 京鄕각약局에서 此冊을 買ᄒᆞ시면 本年에 一圓拾圓百圓千圓 以上에
書에 代師方인터 약방文을 代用 ... 各項 ... 藥을 ...
方文이 잇고 明年度에도 各項으로 약을 製造ᄒᆞ야 發賣
品代理발賣店 京城 ... 약局 仁川 ... 濟生堂 李慶鳳

一 徒洋裝書冊
一 學徒運動과 器具
一 羅紗各種 英國食料品
一 衣服裝飾其他雜貨로 廉價放賣
ᄒᆞ오니 諸君子ᄂᆞᆫ 來臨ᄒᆞ심을 望
仁川港 [illegible]

一般事務를 信實敏捷ᄒᆞ고 迅速
辦理ᄒᆞᆷ
中署 [illegible](선전관궁) 八統二戶
辯護士 [illegible]
辯護士 太明식
辯護士 李容相
聯合法律事務所

[illegible] 文
[illegible] 川 [illegible]
[illegible] 告白

●本社廣告
○申報價
一張代金 新貨二錢五錢
一個月前納 三十錢
三個月 九十錢
六個月 一圓七十錢
一個年 三圓四十錢
郵稅 一張 新貨五厘
一個月 十三錢
○廣告料
[illegible] 十三字
每日 [illegible] 一寸
[illegible] 二圓 [illegible]
二週日에
每日發行 [illegible]
一個月에 五圓
(每日發行 [illegible])
[illegible] 多少
[illegible]
發行兼編輯人 英國人 裵說
發行所
南署石井洞外 [illegible] 洋屋家
大韓每日申報社

漢城鍾路萬國基督敎靑年會館 | 院長 員 洪鍾厚 外 慈惠 리觀化 | 品質 [illegible] 友田商店 랑 品을 直輸 | 定價表 每日 랑 價에 昇降을 從ᄒᆞᆷ | 硫酸 [illegible] 一 본 [illegible] 金拾三圜 | 包紙 七十五錢 [illegible]

第六卷

大韓每日申報

第七百三號

月曜及慶節誕時日休刊

檀君開國四千二百四十年
箕子元年三千二十九年
大韓開國五百十六年
日本明治四十一年
淸國光緖三十三年
陰曆丁未十二月小初五日壬戌

論說

●土地家屋을外人의게賣渡ᄒᆞᄂᆞᆫ者의게警告홈

近來京城內實地看驗과外方來人의傳說及本社員의採報로據ᄒᆞᆫ즉韓國人이其家舍與田畓을外人의게賣渡ᄒᆞᄂᆞᆫ者ㅣ多有ᄒᆞ도다是以로五署各坊에寓着ᄒᆞᆫ門牌가太半是加藤犬塚等字樣이며若夫遐鄕遠地에白雲裡抬家村에도往々日人家가二三이오懸崖以拾畝田에도間々日人畓이幾斗落인데此皆日人이自殺自墾ᄒᆞᆫ것도아니며强占勒奪ᄒᆞᆫ것도아니라乃是家主와畓主되ᄂᆞᆫ韓人이甘心賣渡ᄒᆞᆫ것이로다

嗟呼라人이心腸이無ᄒᆞ다無ᄒᆞ다ᄒᆞᆫ들엇지如此히無ᄒᆞ며人이廉恥를不知ᄒᆞᆫ다不知ᄒᆞᆫ다ᄒᆞᆫ들엇지如此히不知ᄒᆞ며人이來頭를不思ᄒᆞᆫ다不思ᄒᆞᆫ다ᄒᆞᆫ들엇지如此히不思ᄒᆞ리오

夫此國此土ᄂᆞᆫ大韓民族의四千載公産業이아닌가檀箕以來로許多聖賢豪傑이四千年을用力ᄒᆞ야荆棘을手剪ᄒᆞ며山野를開拓ᄒᆞ고國防을嚴케ᄒᆞ야外寇를備禦ᄒᆞᆯ시或隋양唐太의雄師를魚腹에埋葬ᄒᆞ며或女眞契丹의巨賊을馬蹄로蹴踏ᄒᆞ며其他蒙山紅寇日本等의侵侮를無ㄴ窮追摧滅ᄒᆞ야世々祖先의茫々心血로此國此土를奠安ᄒᆞ야億萬世子孫의蔭庇을遺傳ᄒᆞ얏ᄉᆞ니然則子孫된今日韓人이此産業을傳受ᄒᆞ야永을保ᄒᆞᆯ듯시谷을臨ᄒᆞ야ᄉᆡ시戰兢守護ᄒᆞ되萬一々草一木과一沙一石이라도寇賊이來襲ᄒᆞ거던持劍者ᄂᆞᆫ劍으로持鎗者ᄂᆞᆫ鎗으로持杖者ᄂᆞᆫ杖으로前者仆에後者繼ᄒᆞ며左者傷에右者躍ᄒᆞ야裂指目裂에賊々大呼ᄒᆞ고我一片山河를捧還乃已ᄒᆞᆯ지어ᄂᆞᆯ

奈之何今日此輩ᄂᆞᆫ一心이亡字에만在ᄒᆞᆫ지幾分幾錢의利를貪是貪ᄒᆞ야片々田畓을外人의게拱與ᄒᆞᄂᆞᆫ데東隣某氏의幾石落西隣某氏의幾石落今日에幾石落明日에幾石落을一石落式二石落式外人의게賣渡ᄒᆞ야甚至某々郡은日人土地뿐이라고喧傳ᄒᆞ니若此不已ᄒᆞ다가ᄂᆞᆫ不出拾年에韓國人은立錐之地도無ᄒᆞ리로다

悲夫라陳荒田用을皆讓渡ᄒᆞ며森林礦山을皆割與ᄒᆞ야一片金甌가支離破碎이거ᄂᆞᆯ哀此頑民이又是割肉充腹의愚想으로區々私有之地ᄭ지賣渡ᄒᆞ야田土家屋不動産이一擧이彼手로入케ᄒᆞ니

此ᄂᆞᆫ狗彘不若의人類라逆賊이라呼ᄒᆞ야도其兩眸가不瞬ᄒᆞᆯ지며蝮類라稱ᄒᆞ야도其一髮도不動ᄒᆞᆯ지오此輩의게施ᄒᆞᄂᆞᆫ律文이刑法大全에載在ᄒᆞ얏ᄭ만此等律文은具文에不過ᄒᆞ니嗚呼此輩여何以則好오

我且人道的慈悲心으로大聲一呼ᄒᆞ리니聽ᄒᆞᆯ지어다此輩아外人이無窮製造ᄒᆞᄂᆞᆫ軍用票紙幾百萬張을此國에輸來ᄒᆞ야三千里內家舍田園을無遺購買ᄒᆞ면公等은將何處로向ᄒᆞ라ᄂᆞᆫ가飛鳥가되야有巢氏의木을構ᄒᆞ랴ᄂᆞᆫ가遊魚가되야빙夷河伯의臣을作ᄒᆞ라ᄂᆞᆫ가抑將拾八層阿鼻獄에墮하야苦痛을受ᄒᆞ라ᄂᆞᆫ가義理ᄂᆞᆫ不顧ᄒᆞ거니와生活도不念ᄒᆞᄂᆞᆫ가祖先은不恤ᄒᆞ거니와子孫도不知하ᄂᆞᆫ가昔者壬辰亂時에忠武公李舜臣氏가出戰이라가日人의自作家幾百을毁ᄒᆞ고悲憤을不勝ᄒᆞ야揮淚狀啓ᄒᆞ얏거ᄂᆞᆯ此輩ᄂᆞᆫ乃自家의産業도外人의게甘輸ᄒᆞᄂᆞᆫ가

和權은雖移라도猶可復이어니와土地ᄂᆞᆫ一去ᄒᆞ면不復來라니念之哉어다

官報

●三千九百六十四號
隆熙二年一月七日

敍任及辭令

度支部書記郞 金洛植
軍部前書記郞 金鍾瀚
依願免本官
任陸軍武官學校書記郞 步兵副尉 柳冀望
仝 高永均
仝 柳喜章
仝 俞致萬
仝 洪淳正
仝 韓昌履
步兵參尉 朴用來
仝 金華成
仝 金鎭浩
仝 李憲振
仝 金東五
仝 裵駿煥
仝 金永旺
仝 李承旭
解日本軍隊見學
步兵正尉 白樂萬
步兵副尉 柳冀望
仝 高永均
仝 柳喜章
仝 徐致萬
仝 洪淳正
仝 韓昌履
仝 張基承
步兵參尉 朴用來
仝 金華成
仝 金鎭浩
仝 李憲振
仝 金東五
仝 裵駿煥
仝 金水각
仝 李承旭
仝 李 각
仝 具滋承
仝 吳鳳根
仝 方世榮
仝 李普永
仝 金東元
仝 金聲集
仝 成贊慶
騎兵參尉 李鍾學
補軍部附
掌禮院典祀 吳泰泳
奎章閣直閣 [illegible]重鼎
依願免本官
任宮內府事務官 黑崎美智雄
典膳司事務를囑托홈 金仁承
奎章閣副提學 洪性友
帝室財産整理局事務官 安國善
依願免本官
任帝室財産整理局事務官 正三品 徐廷岳

○隆熙二年歲入歲出總豫算表

第三款 內閣 金十萬三千三拾四圜
第一項 俸給 三萬九千一百二十圜
第二項 廳費 金四千九百八拾八圜
第三項 旅費 六百圜
第四項 雜給及雜費 金三千五百十七圜
第五項 宅料 金四千九百八十圜
第六項 官報費 金四千九百一圜
第七項 外國人雇給 金九千六百圜
第八項 機密費 金三萬圜
第九項 宴會費 金九千圜
第拾項 史庫費 金四百二拾圜
第四款 中樞院 金三萬二千二圜
第一項 俸給 金二萬二千四百四拾圜
第二項 廳費 金二千二百四圜
第三項 雜給及雜費 金七千三百八拾二圜
第五款 表勳院 金一萬二千一百七十圜
第一項 俸給 金四千三百二拾圜
第二項 廳費 金五百圜
第三項 旅費 金七十五圜
第四項 雜給及雜費 金九百八拾七圜
第五項 創章費 金六千二百八拾八圜
未完

外報

●佛軍의勝利 倫敦電을據ᄒᆞᆫ즉摩洛哥에對ᄒᆞᆫ알제리야境界戰鬪ᄂᆞᆫ佛蘭西軍에勝利에歸ᄒᆞ얏ᄂᆞᆫ데匪徒가罰金을支出ᄒᆞ며又拒銃을提納ᄒᆞ엿고摩洛哥政府ᄂᆞᆫ到處에無警察ᄒᆞᆫ狀態오此를鎭撫ᄒᆞᆯ實力이無ᄒᆞ다더라

●亞人排斥의同盟 桑港電을據ᄒᆞᆫ즉亞細亞人排斥同盟會ᄂᆞᆫ本月四日에加州全部의委員會를開ᄒᆞ고其趣旨書를헤이쓰氏의게送致ᄒᆞ얏고尙且一月二日에싸를市에서開會ᄒᆞ고米國全部가排斥大會의委員을撰定ᄒᆞ고期於히其目的을達ᄒᆞᆯ터이라ᄂᆞᆫ附議를以ᄒᆞ야日本總領事ᄂᆞᆫ某方面運動에依ᄒᆞ야싸를市大會에對ᄒᆞ야右排斥大會의採揚케ᄒᆞ라ᄒᆞ엿다더라

●移民數의飭令 紐育의報道를據ᄒᆞᆫ즉華盛頓日本政府에서ᄂᆞᆫ布哇及米國에移民數를減ᄒᆞᆯ뜻으로勅令을發ᄒᆞᆯ터이라더라

雜報

●新設助校 白川來人의說을聞ᄒᆞᆫ즉該郡東村송弁里居崔姓ᄂᆞᆫ素以貧窮으로賣薪爲業ᄒᆞᄂᆞᆫ데一日同郡開興學校에來ᄒᆞ야曰當此時代ᄒᆞ야最急先者ᄂᆞᆫ敎育인ᄃᆡ該校費之艱難에極歎惜이나余상貧乏之所致로薪貨四圜을經辦以呈ᄒᆞ니幸望以補經費之萬一ᄒᆞ야期於발達敎育이라ᄒᆞ얏다고西來人이極口稱頌ᄒᆞᆫ다더라

●咸興新校 咸興郡南川西面李冕[illegible]等諸氏가各自出力ᄒᆞ야新設一校ᄒᆞ고敎師ᄂᆞᆫ同郡主事[illegible]憲敎씨로延聘ᄒᆞ얏ᄂᆞᆫ데[illegible]씨가熱心敎育ᄒᆞ야學員이大有進就인대今番冬期試驗에該郡視務官柳秉龍氏가入參ᄒᆞ야成贊ᄒᆞ야一般學員을以紙筆墨品으로施賞ᄒᆞ엿다더라

●奸狀綻露 平南來人에傳說을聞ᄒᆞᆫ즉該道觀察府總巡崔順貞氏가龍川居申進사日彬氏를稱以義兵徒黨이라ᄒᆞ고警務署에捉囚ᄒᆞ야五百元을勒討ᄒᆞ다가該狀이綻露되야卽速上京請願ᄒᆞ얏다더라

●把校試驗 把城學校에서冬期試驗을經ᄒᆞ얏ᄂᆞᆫ데高等科優等에崔南澈朴在英과郡常科三年級優等張榮澤張永根崔鳳運과二年級優等高羲俊李奉成金象鎬와一年級優等吳一德[illegible]鳳龍과兩班諸人인데賞品을授與ᄒᆞ고一般任員이激切勸勉ᄒᆞ얏다더라

雜報

●各大戒嚴 各部大臣들이近日以來로如何戒嚴ᄒᆞᆫ事인지保護巡檢들이把守를嚴密히ᄒᆞ야尋訪ᄒᆞᄂᆞᆫ客의名刺를通ᄒᆞᆫ後에야接見ᄒᆞᆫ다더라

●流配上奏 監獄에被囚ᄒᆞᆫ同友會장尹殷炳其他隨從犯에李弼用沈源澤林炳應等十九人의案件을平理院에서審査ᄒᆞ얏ᄂᆞᆫ데尹殷炳씨ᄂᆞᆫ流終身으로其他十九人은流十年定配之意로法部大臣趙重應氏가 上奏ᄒᆞ얏다더라

●內大宴會 內部大臣任善準氏가來九日午後五時에自巳私邸에서宴會를盛設ᄒᆞ고時原任各大臣과中樞院顧問諸氏를請邀宴待ᄒᆞᆫ다더라

●爲參國會 日本國會의開會日字가臨迫함으로度支部次官荒井賢太郞씨가國會에參與ᄒᆞ기爲ᄒᆞ야日間歸國ᄒᆞᆫ다더라

●巴館晩餐 醫院總監丸山重俊氏가明日下午六時에巴成館에서晩餐會를設ᄒᆞ고各府部親勅任官을請邀宴待ᄒᆞᆫ다더라

●兩局合設 今番新官制에內部治道局은土木局으로合設ᄒᆞ얏다더라

●日主視務 法部新官制에新任ᄒᆞᆫ日本人主事ᄂᆞᆫ該部民司局外其他局課에ᄂᆞᆫ昨日부터仕進視務ᄒᆞᆫ다더라

●兩朔爲限 四道宣諭委員諸氏가日間發程ᄒᆞᆫ다ᄂᆞᆫ데旅費ᄂᆞᆫ每人의五百圜式이오入城期限은二朔으로酌定ᄒᆞ얏다더라

●念不及他 農商工部大臣宋秉畯氏가一自就任以後로一進會員區處ᄒᆞ기念不及他ᄒᆞ야自巳에緊切ᄒᆞᆫ食口ᄂᆞᆫ姑無區處ᄒᆞ얏다더라

●莫效宣使 內閣에서今番宣諭委員諸氏의게別段申飭ᄒᆞ야曰義兵所在處에躬往宣諭ᄒᆞ야一々歸順케ᄒᆞ고初次宣諭使의虛往虛來ᄒᆞᆷ과如ᄒᆞᆷ이無케ᄒᆞ라ᄒᆞ얏더라

●韓國도運動 韓國에서도將次國會를設始ᄒᆞ고官民間協議ᄒᆞ기로某大官이現今運動中이라더라

●姓名請示 法部에서內部로照會ᄒᆞ되京城監獄署를除ᄒᆞᆫ外에其他監獄에關ᄒᆞᆫ預算에執行은每月貴部官吏의게其出給命令을委任ᄒᆞ게ᄉᆞᆸ기玆에照會ᄒᆞ오니京畿와其他各道에委任ᄒᆞᆯ人員을區分ᄒᆞ시와其官氏名을示明ᄒᆞ라ᄒᆞ얏다더라

●調査之故 今番新官制에對ᄒᆞ야各府部敍任이尙未頒佈ᄒᆞᆫ內容을聞ᄒᆞᆫ즉內閣法制課에서各官人의等級高下를資格에合當ᄒᆞᆫ與否를一一히調査하ᄂᆞᆫ所以라더라

●卒業需用 大審院及區裁判所를設始ᄒᆞᄂᆞᆫ事에對ᄒᆞ야判檢事와其他書記官을設數히法律卒業生으로需用ᄒᆞᆫ다더라

●獻議致函 再昨年李禧榮氏等이嶺湖兩南結戶稅金科外에加捧ᄒᆞᄂᆞᆫ弊를厘正ᄒᆞᆯ事로度支部에請願ᄒᆞ고中樞院에獻議ᄒᆞ야其如何措處之方이姑無ᄒᆞᆷ으로該氏等이日昨에度大高永喜氏의게公函ᄒᆞ얏고且中樞院에再次獻議ᄒᆞ얏다더라

●衛團反對 自衛團部長洪允祖氏가德川郡에前往ᄒᆞ야該郡守安承烈氏와日本守備隊長과協議ᄒᆞ고自衛團을實施ᄒᆞ라ᄒᆞᆫ즉該郡守와守備隊長이反對ᄒᆞ기를此等事項을實施ᄒᆞ라ᄒᆞ면人民의暴動ᄒᆞᆯ念慮不無ᄒᆞ다ᄒᆞ야爲先邑內面만施行케ᄒᆞ얏다더라

●父讐未雪 興德郡居宋圭容의父親成根이가去年陰二月分에該郡巡檢과生其의게被打卽死ᄒᆞ얏ᄂᆞᆫ대該郡으로ᄂᆞᆫ朴哥를捕獲ᄒᆞ야不之伸訴平理院이나獄案이無疑ᄒᆞ야處絞宣告ᄒᆞ얏더니今番赦典에放送ᄒᆞᆫ지라宋圭容은父讐를未報ᄒᆞ고道路에서呼哭ᄒᆞ며向人說明ᄒᆞ되六犯罪人도放釋ᄒᆞ라신 詔勅이有하나ᄒᆞ더라

●日語奪財 懷德郡沙城里에住居ᄒᆞᄂᆞᆫ日人이義兵의게被殺ᄒᆞᆫ事ᄂᆞᆫ已揭前報어니와其後太田日巡査가該事를調査ᄒᆞᆯ時에日語ᄒᆞᄂᆞᆫ巡檢이富民을威脅曰將有後患이라ᄒᆞ야錢財를多數히討食ᄒᆞ얏다더라

●各校開式 各學校에서本日부터新年開學式을擧行ᄒᆞᆫ다더라

●技債徵給 前議官田鍾律씨가雜技에從事ᄒᆞ야葉七萬兩을負債ᄒᆞ얏ᄂᆞᆫ데其伯씨鍾結氏가該技債七萬兩을現今辦給中인대餘ᄒᆞᆫ에도技債數萬金을徵給ᄒᆞ얏다더라

●一訟案二決書 李鍾榮氏가與閔裕植으로山訟事ᄂᆞᆫ人所共知어니와再審之時에李直閔曲이昭然ᄒᆞ야確定判決書를繕給ᄒᆞ얏ᄂᆞᆫ데追後往見ᄒᆞᆫ즉判決要旨와理由가相反인故로尙且裏許則官員의橫說竪說노囑托官所爲라하더니及其末也ᄒᆞ야ᄂᆞᆫ他一判決書가更有라ᄒᆞᄂᆞᆫ지라李氏가官人囑托官三宅長策氏官房ᄒᆞ야詰問ᄒᆞᆫ되一訟에判決書二度ᄂᆞᆫ何故이뇨ᄒᆞᆫ즉卽地에該掌官員을招質ᄒᆞᄂᆞᆫ데原判決書ᄂᆞᆫ掩置ᄒᆞ고他判決書僞造ᄒᆞᆫ情跡이綻露ᄒᆞ야僞決은燒火ᄒᆞ고原決을出給ᄒᆞ더라니公文僞造ᄒᆞᆫ罪過ᄂᆞᆫ自有所歸어니와當場囑托官의게民責도莫甚ᄒᆞᆯ뿐더러以若平理院官員으로如此挾雜을肆行ᄒᆞ니人民은何를信仰ᄒᆞ리오ᄒᆞ더라

●日曲白落 平壤居白允燮이가同郡住居日本紬商竹中佐次郞處에家屋典執ᄒᆞᆫ事件이有何爭端이던지該日人은日本辯護士齋藤濱五郞으로委任ᄒᆞ고白允섭은本國辯護士安秉瓚씨로委任ᄒᆞ야該地에서裁判하야該日人이理曲落科ᄒᆞ얏다더라

●三人流配 平南裁判所에서審理ᄒᆞᆫ內亂犯劉翊鉉趙翊宗朴八彥等을流終身에黃州郡鐵島로定配ᄒᆞ얏다더라

●三氏依免 平理院主事權泰銓李春鎬徐晶在三氏가新官制에主事로敍任이되지안코囑托으로된다ᄒᆞ야辭職請願ᄒᆞ얏더니依免이되얏다더라

●陜郡火變 去年十二月十三日夜에陜川郡大相面下茂洞에서失火ᄒᆞ야全동二十二戶와穀包衣服器皿等價一萬七千四百八十五兩二錢이沒燒되얏ᄉᆞ니特施優恤ᄒᆞ라고慶南觀察使金思默氏가內部로報告하얏더라

●溺死請恤 去年十一月八日에熊川郡邑內面水島里居金次復의家眷二男三女가貿藥次로乘船往于中面德島里ᄒᆞ야裝載回還타가水伯洋에서猛風을逢ᄒᆞ야覆船되미一男만幸免ᄒᆞ고一男三女ᄂᆞᆫ俱爲溺死ᄒᆞ야屍體ᄂᆞᆫ方今搜出中이오니特施恤典ᄒᆞ라고慶南觀察使가內部로報告ᄒᆞ얏더라

●祭料와恤金 今番地方騷擾에對ᄒᆞ야被害ᄒᆞᆫ巡檢이合爲十三名인ᄃᆡ總巡으로擧皆陞敍ᄒᆞ고每名에救恤金六百圜式과祭祀料二十圜式支撥ᄒᆞ라고內部에서度支部로照會ᄒᆞ얏다더라

●協校罹災 慶北大邱協成學校가去拾二月二拾九日下午八時에失火ᄒᆞ야該校一層洋制七十五間이沒燒ᄒᆞ고民家四戶가延燒인ᄃᆡ其理由인즉該校日人工匠輩가設爐夜役ᄒᆞ다가不愼所致라自警署로招致該匠人즉卽爲自服ᄒᆞ고因以逃躱ᄒᆞᆫ지라觀察使李忠求씨가交涉日本官人ᄒᆞ야先渡금을推尋ᄒᆞᆫ즉當地居留ᄒᆞᆫ日本人들이自擔結搆ᄒᆞ기로協議中이라더라

●討財被捉 東門外陵洞居車眞爲名人이稱以日巡査偵探人ᄒᆞ고覺心寺居李明汝의子를誘引하야該等地富人家에前往ᄒᆞ야錢財를討索ᄒᆞ다가日昨警視廳에被捉ᄒᆞ얏다더라

●咸郡義擾 本月三日에義徒二百餘名이咸平郡에突入ᄒᆞ야分派所와郵便取扱所를打破ᄒᆞ고該郡守秦尙彥氏의衣冠을奪去하얏다고該道觀察使金奎昌氏가內部로電報ᄒᆞ얏더라

●坡郡義擾 坡州泉峴面等地에서自稱義兵者幾十名이來到ᄒᆞ야該地人民의게綿衣二百件을日限製給ᄒᆞ라고督如星火ᄒᆞᄂᆞᆫ故로該地居民들이方在困難中이라더라

●論得其人 地方의騷擾ᄒᆞᆷ이一年에拖延ᄒᆞ야玉石이俱焚ᄒᆞ미宣諭使를派遣ᄒᆞ엿서도騷擾가未息ᄒᆞᆫ지라機關이如何ᄒᆞ엿ᄂᆞᆫ지貞洞敎人崔炳憲씨와尹夾綺用씨로宣諭委員을更差下送ᄒᆞᆫ다ᄂᆞᆫ데該兩씨ᄂᆞᆫ數十年敎會中에서仁善的愛恤的으로洽協ᄒᆞᆫ名譽가頗甚ᄒᆞᆫ지라湖南北生靈이所得妥堵ᄒᆞᆯᄂᆞᆫ지第觀其人의宣論之善不善ᄒᆞᆫ다고數中所論이藉々ᄒᆞ다더라

●感節而捐 北美合衆國링곤府에在留ᄒᆞᆫ申樂奎氏가李儁씨의殉國ᄒᆞᆷ을激慕感泣하야美金五弗을本社에付送ᄒᆞ야李儁씨家族의게傳致周恤ᄒᆞ야以慰泉臺忠魂ᄒᆞ라하엿더라

●經擾後報 忠北觀察使金鎬成氏가該管下各郡에義兵에게被燒ᄒᆞᆫ家戶를調査ᄒᆞ야內部로報告ᄒᆞ얏ᄂᆞᆫ데報恩郡에二百七十九戶오被害人은二十二名이오被傷人이八名이오懷仁郡에二十三戶에被死者가一人이오文義郡에四拾八戶오延豊郡拾一戶오堤川郡에四百六十二戶오被害人拾八名이오陰城郡에一百四十四戶오被死人이八名이라더라

●兩校合設 鐵山車輦館韓興學校와聖進학校를合設ᄒᆞ얏ᄂᆞᆫ데韓興學校校監리如森氏가少無彼此差等ᄒᆞ고熱心敎授ᄒᆞᆷ으로該兩校生徒들이感服受業ᄒᆞᆫ다더라

▲地方消息▼

▲六日發全州電을據ᄒᆞᆫ즉四日任實郡에義兵約八十名이民家에掠奪ᄒᆞ다가雲仁方面으로向ᄒᆞ엿다ᄒᆞ고

▲淸風郡鳥嶺에서義兵將閔泳八리相과率ᄒᆞᆫ義兵約四十名이巡檢隊와衝突ᄒᆞᆫᄃᆡ始險雪積ᄒᆞ야兩陣의行動이未由ᄒᆞ야義兵은退陣ᄒᆞ얏다ᄒᆞ고

▲五日十時에平昌郡의日兵二拾一名이義兵七拾名과交戰ᄒᆞ얏다ᄒᆞ고

▲同二十六日午前八時에洋銃을携帶ᄒᆞᆫ義兵約二百餘名이兎山郡巡查駐在所를襲來ᄒᆞ야五時間을戰鬪ᄒᆞ다가巡檢 名과日巡査貳名이戰死ᄒᆞ얏다더라

▲淸潔新法▼

▲一은白頭山頸이東海神을請邀ᄒᆞ야一四圍를提出ᄒᆞ되貴管下에汚穢物이蓄積ᄒᆞ야斂掌內衛生에도障碍가不小ᄒᆞ니淸潔法을迅速實施ᄒᆞ고지고

▲헛文書셈여들고남의權利勸奪ᄒᆞᄂᆞᆫ져汚穢物

▲남의집을파護ᄒᆞᆫ다稱托ᄒᆞ고롱이상키라ᄂᆞᆫ져汚穢物

▲제것두고남의것慾心내ᄂᆞᆫ져汚穢物

▲남의物件釋界업시奪取ᄒᆞᄂᆞᆫ져汚穢物

▲아릐옷동벌거숭이가짐이만찬져汚穢物

▲四寸제리婚姻ᄒᆞ고兄嫂다리고사ᄂᆞᆫ져汚穢

▲兩소매ᄂᆞᆫ팔낭팔낭나목신은뙬각뙬각져汚穢物

▲勸告ᄒᆞ同意ᄒᆞ니運動費만貪食ᄒᆞᄂᆞᆫ져汚穢物

▲外面은中和ᄒᆞ나中心에ᄂᆞᆫ懷毒ᄒᆞᆫ져오穢物

▲男子보면손목잡고强請賣淫ᄒᆞᄂᆞᆫ져오穢物

▲又혹ᄒᆞ다自稱ᄒᆞ나行事ᄂᆞᆫ野蠻이라져오穢物

▲同種을壓制ᄒᆞ고奴隷로待遇ᄒᆞᄂᆞᆫ져오穢物

▲無辜良民搆捏하야捕捉惡刑施ᄒᆞᄂᆞᆫ져오穢物

▲土地家屋典執ᄒᆞ고利上加利奪取ᄒᆞᄂᆞᆫ져오穢物

▲남의집에雇傭살이月給만食ᄒᆞᄂᆞᆫ져汚穢物

▲各地方에橫行ᄒᆞ야婦女를겁奸ᄒᆞᄂᆞᆫ져오穢物

▲商店物品出示ᄒᆞ고抑勒으로放賣ᄒᆞᄂᆞᆫ져오穢物

▲仁川港에軍艦되여라가둑가둑실어다가太平洋넓은바다風雨갓치모라가셔풍덩실풍덩실

以此下에定價廣告ᄒᆞ깃ᄉᆞ오니內地各處同業兄弟ᄂᆞᆫ小包郵便으로取用ᄒᆞ시옵

雜報

●不如設校　漣山豆溪居리鼎九氏ᄂᆞᆫ傾其家產ᄒᆞ야自己先祖十餘代位土를還還買納ᄒᆞ야以爲香火之需ᄒᆞ고其餘田畓은並爲分給於貧窮族戚ᄒᆞ고自家則片土가無餘ᄒᆞ니鄉隣父老들이贊誦不已ᄒᆞᆫ다더라

●夜塾熱心　西大門外金重煥씨家에셔夜塾을設始ᄒᆞ고鄉近靑年을敎授ᄒᆞᄂᆞᆫ디日本人高明ᄒᆞᆫ講師山口照平과渡邊竹四郎兩씨와本國人李相惠氏가名譽로每日出席ᄒᆞ야熱心敎導ᄒᆞᆫ다더라

●學徒慈善　漲동做新學校學徒六拾餘員이商議ᄒᆞ되吾儕가俱是孤窮之人으로受業從事가無異於孤兒인즉不可不京城孤兒院에同情을表ᄒᆞᄌᆞᄒᆞ고各自傾囊而合四圜을募集ᄒᆞ여黃海道海州居奇鎭泰씨와平安南道龍岡居朴元求씨를該院에遞送ᄒᆞ야寄付ᄒᆞ얏다더라

●妙年先覺　龍川郡下楡面內四里居崔乘健氏ᄂᆞᆫ年今八歲인대新知識의熱心注意ᄒᆞ야洞內農夫의蒙昧ᄒᆞᆷ을憂慮ᄒᆞ야每日夜의동人을會集ᄒᆞ야國文을敎授ᄒᆞ야新聞의紀事를說明ᄒᆞ야洞人의知識이漸就增加ᄒᆞᄂᆞᆫ故로近境人民들이嘖歎崔乘健시를讚頌이不已ᄒᆞᆫ다더라

●宜倖熱誠　西來人의傳說을聞ᄒᆞᆫ즉宜川郡守會鎭潛氏가境內人士를皷之舞之ᄒᆞ야各坊학校가相繼발起에普新學校를近又設立ᄒᆞ고諸氏가義金을爭先ᄒᆞ야校況이日新ᄒᆞ니該氏熱誠은敎育界에模範될만ᄒᆞ다더라

●中塾試驗　中橋義塾內新設ᄒᆞᆫ小學校에셔多期試驗을經ᄒᆞ얏ᄂᆞᆫ대優等七人인대甲班優等에ᄂᆞᆫ尹泳琥諸씨오乙班優等에ᄂᆞᆫ리완宰諸氏오丙班優等리升圭氏오丁班優等洪元吉氏라校長金達東씨학監宋淳과씨와敎師리範韶諸氏가會集勸勉ᄒᆞᆫ後賞品을授與ᄒᆞ얏ᄂᆞᆫ대雨傘空冊鉛筆白紙等物노施賞ᄒᆞ얏고落第學員도紙筆을給與ᄒᆞ얏다더라

●正誤　日昨本報雜報欄內慶南普通昌興學校校監申泰鉉之申字以甘字誤植이기玆以正誤홈

廣告

◉義捐金收入廣告

●忠北槐山北中面可壯洞
金斗會 一圜 許 찬
金合會 각卄五젼 金思德
金今用 崔俊京 柳万必
金斗天 鄭應玉 김日千
金春用 申泰敎 朴起成
리常祿 金昌業 權援伊
洪觀禾 李万植 김聖根
林聖祿 各十五젼
合四圜五젼

▲內谷
朴英根 金相賢 一圜
朴英根 김巳成 리三田
林石俊 金正玉 李炳虎
朴伊男 朴用石 丁江俊
朴泰元 各十五젼
合二圜五十젼

▲下老洞
徐聖江 卅젼
白石手 김永石 김正云
金正峰 김汝敎 禹星臣
韓顯萬 각拾젼 朴搗雲
三十錢 柳判吉 ㄱ五젼
徐道致 김和成 吳文先
김九伯 김魯鳳 각拾젼
朴善有 김學伊 高顯用
各十五젼 合二圜四拾錢
總合八圜九拾五錢
前號總合五萬七千四百十八圜七厘
都總合五萬七千四百卄六圜九拾五젼七厘

廣告

本演藝場을陰十一月二拾四日로開始ᄒᆞ오니 僉君子는光臨ᄒᆞ심을伏望홈
特等金壹圜 一等三拾錢
壹等五拾錢 三等拾五錢
演藝場 告白

本館에서船客의便利를爲ᄒᆞ야大阪商船會社와契約ᄒᆞ고各港船票를發賣ᄒᆞ오니京鄕僉員은照亮爲希
仁川港內洞開豊旅館
乘船期間屋 韓禹根 告白

正二品大勳閔泳徽閣下序 東菴先生張志淵校閱幷序
通齋先生安鍾和序 石濃先生 題跋
瀛后人金鴻卿編纂

中等萬國新地誌 全弐冊 定價壹圜

此書는中等學校敎科와普通新智識을硏究ᄒᆞ시는人士를爲ᄒᆞ야精撰ᄒᆞᆫ者ㅣ라近來我國의敎科書類中에萬國地志도亦不爲不備나然이나其地名人名을每從漢音或日語而譯刊ᄒᆞ야因其文字語音의互異홈으로轉生訛誤홈이頗多ᄒᆞ미揭者ㅣ以是爲病ᄒᆞ야各히其國의名稱을隨ᄒᆞ야以國文으로譯出ᄒᆞ야其眞面을不失ᄒᆞ며且簡易ᄒᆞ고明便케ᄒᆞ야開卷一讀에戶庭을不出ᄒᆞ고能히各國의位置風土物產政治沿革等을周知홈이此書에莫過홈

發兌元中署布屛下廣학書舖 金相萬

發賣所
南門內尙洞 博文書館 安동 安峴書館
鍾路 大東書市 銅峴 博學書舖
동口越便 中央書舖 寺동 漢陽書舖
鍾路 古今書海館 廣橋 匯동書舖
各地方 有名書市

瑞士建國誌 定價金新貨拾五錢

此冊은政治小說이니志士의救國敎民ᄒᆞᆫ歷史와人民의愛國心을養成ᄒᆞᄂᆞᆫ대緊要ᄒᆞᆫ冊子오

發賣所
▲大韓每日申報社 開新冊肆
▲仁川港杻峴 金相萬冊肆
▲中署布屛門下 敎育書籍舖
▲平壤城內烈女洞 古今書海館
▲鍾路 中央書館
▲洞口越便 大東書市
▲鍾路 匯東書館
▲大廣橋 博文書館
▲尙동
▲開城 姜助遠 冊사

(朴晶東씨譯述)
●國文新撰家庭學 全壹冊九拾餘頁 正價金三拾젼
●國際公法 全壹冊百四拾頁 正價金四拾젼
●經濟原論 全壹冊百拾頁 正價金卅五錢
●意太利獨立史 全壹冊百九拾頁 正價金五拾젼

發售處
▲中署罷朝橋越邊 中央書館
▲南署大廣橋東邊 匯동書館
▲鍾路大東書市
▲布屛下廣學書舖

●大韓國新발明靈藥廣告
陸軍軍醫金守鉉君實驗方劑와陸軍軍醫張基茂君有効證明으로淸心保命丹을발明인바効能은如左ᄒᆞ니 僉君子惠試爲望

新發明 淸心保命丹

本舖 仁川港杻峴 濟生堂

●主治効能
●滯飮 ●食積 ●中暑中寒
●咳嗽 ●腸痛 ●不土不服
●氣鬱 ●吐瀉 ●船車眩暈
●食傷 ●酒醉 ●口熱惡臭
▲其他諸般運氣厲疫預方妙藥
발行人仁川港杻峴 濟生堂 李庭鳳

代理店
京城鉢里동 共愛堂藥房
特約店
京城鍾路 慈惠藥房
同 藥峴 李信華洋藥局
同 尙洞 益亨冊사
同 南門外 廣濟藥院
仁川內洞 韓禹根
同 畓峴 和平局
開城南門內 朴圭桓
同 忠橋 具聖模
水原宗路下 金濟九藥局
海州宗路 元香植
同 宗路 宋根孝
延安邑內 邊汝文
江華邑內 宋順東
同 邑西門外 高成根
長湍南門內 崔敬淳
鳳山沙利院場內 박健昌
仝 任允中
仝 李在言
黃州南門ㄴ耶穌敎堂內 李東蔣
平壤雙巨里 韓鳳儀藥舖
仝 紅門洞 黃龍化藥舖
仝 廣里 金龍興藥舖
仝 文武洞 桂澤宣藥舖
仝 禮君殿 金鳳天藥舖
仝 里門동客主 朴重瑠
仝 金元 榮興藥舖
鎭南浦藥洞 朴斗鉉
信川邑ㄴ四里 朴晚俊
載寧山港開雲洞 金斗鉉
京南大門外大同運輸會社
仝 泥峴郵便局前 天佑堂
●三水郡仲坪場巨里 宋君八
●三水郡 衙勳客主內
此外에도現代에문明각國有名각種靈藥이俱備ᄒᆞ

◉米國製邦補益藥水 四百瓶新到大瓶定價金三圜
◉德國製起陽丸 三十日分服 定價金十五圜

◉米國大학醫院處方
醫學校長勳五等池錫永氏
製藥鑑查人濟衆院醫學員

食思振起 體力活潑 補益丸

定價表
十日分服三十個入 金一圜
二十日分服六十個入 金一圜七拾五錢
三十日分服九十個入 金二圜五拾錢

有効證明 洪鍾厚 醫學 慈惠 李觀化

商標

此藥에主治効能用法은在於藥封ᄒᆞ오니第一老衰男女와勞心勞腦ᄒᆞ시는司法官吏와敎師와銀行會社員과學生과坐店商人과多產ᄒᆞᆫ婦人에運動不足으로生ᄒᆞᆫ健忘症과貧血症과手足厥冷과頭痛과腰痛이잇는各病에靈効가有ᄒᆞ고雖無病人이라도此藥을每日朝午夕食後三次에丸式淸水呑下ᄒᆞ시면身體가强壯ᄒᆞ고精神이活潑ᄒᆞ고飮食이香滑ᄒᆞ고百病을預防ᄒᆞᄂᆞᆫ奇世靈藥이라男女勿論ᄒᆞ고五歲以上으로老年에至홈間에諸般原因으로來ᄒᆞᄂᆞᆫ虛弱에用ᄒᆞ나即營養不良之致로不滿期에除經ᄒᆞ거나女子에經度가始作ᄒᆞ지아니ᄒᆞ거나經度不足或閉止ᄒᆞᄂᆞᆫ데와房事過度之致로精이無端이流出ᄒᆞ거나事時에陰莖신이萎而不起ᄒᆞ거나當門ᄒᆞ는諸症과金鷄蠟에不治되ᄂᆞᆫ疾과再發熱과虛脫失氣ᄒᆞᆫ久病人이速히痊完되오니男女間病之深淺을從ᄒᆞ야一二朔且三四朔만連服ᄒᆞ시면大効가有ᄒᆞ기로保證ᄒᆞ오

◉製造本舖漢城鍾路萬國基督敎靑年會舘前慈惠藥房

●靈効解痛 一日分定價金拾錢 此藥은大人小兒長痛과初痛에以服用ᄒᆞ면更不再發
●蛔虫丸 一日分定價金拾젼 此藥은大人小兒蛔積과蛔虫의二三日服用ᄒᆞ면蛔虫을殺出ᄒᆞᄂᆞᆫ妙藥
●四時感氣丸 一日分定價金拾젼 此藥은感氣몸살의써ᄂᆞᆫ藥인대一二日連服ᄒᆞ면鎭痛解熱
●男女淋疾 그근하ᄂᆞᆫ약定價金五圜 此藥은淋疾의一期二期勿論ᄒᆞ고그근ᄒᆞ도록약쓸것이오
●獨逸國淋疾丸 七日分定價金一圜四拾젼 此藥은男女淋疾勿論ᄒᆞ고速效가잇서用藥之日로殺菌止痛ᄒᆞ고利尿止濃
●淸明眼藥 一日分定價金拾錢 此藥은火眼熱眼의多有奇効
●鎭咳嗽藥 五日分定價金三拾錢 此藥은拾五歲以上人에用ᄒᆞᄂᆞᆫ藥인ᄃᆡ四時尋常性咳嗽에有効ᄒᆞ고特히老人哽咳에偉効
●無惡臭疥瘡藥定價金四拾젼 此藥은疥癬虫을滅殺ᄒᆞᄂᆞᆫ약
●寸虫藥定價金三拾錢 此藥은有鉤寸虫無鉤寸虫이潛伏ᄒᆞᆫ殺出
●米國靑藥定價金二拾五젼 此약은冬春間皮膚病에奇効
●淸國上海靑定價金卄錢 此약은肩臂痛脚腿腰膝酸痛에神効
●斷酒약定價金三圜 此약은西洋서도信用ᄒᆞ고日本서도信用
●漢城百應膏一封의定價金拾錢 此약은舊약智士李信友氏方文으로製ᄒᆞᆫ약인ᄃᆡ멍울리삭히ᄂᆞᆫᄃᆡ第一神効ᄒᆞ고各頂腫에去根合瘡ᄒᆞᄂᆞᆫ대便利ᄒᆞ고神速ᄒᆞ오
●止足汗藥二十分의價金貳拾錢 此藥은德國軍人常用除惡汗臭

西藥便方 全 定價金壹圜 郵稅十錢

此冊은漢城濟衆院약方文을我國漢文으로아라보기쉽게翻譯ᄒᆞᆫ冊인ᄃᆡ京鄕각약局에서此冊을買讀ᄒᆞ시면永年貨寨이될만ᄒᆞᆫ壹代神方인ᄃᆡ약方文ᄒᆞᆫ張에代금一圜拾圜百圜千圜以上에方文이잇고明年度에ᄂᆞᆫ各項고약製造法을添付ᄒᆞ야발賣
품약代理발賣店 京城梨峴洋약局李信華 仁川杏峴濟生堂李庚恩

學徒洋裝書冊
學徒運動과諸具
羅紗各種 美國金鷄蠟
衣服裁縫其他雜貨도廉價放賣ᄒᆞ오니諸君子ᄂᆞᆫ來臨ᄒᆞ심을바라나이다
仁川港杏峴開新冊肆

一般事務를倍前擴張ᄒᆞ고迅速懇篤히處理홈
中署許병(선전병문)八統二戶
辨護士 尹邦鉉
辨護士 太明식
辨護士 李容相
聯合法律事務所

越南亡國史 國漢文 定價貳拾伍錢

發賣所京城廣通橋남相鶴
漢南鋪川郡禹時鳳書舖
布屛下김相萬 告白

●本社廣告

○申報價
一張代金 新貨二錢五錢
一個月前納 三十錢
三個月 九十錢
六個月 一圜七十錢
一個年 三圜四十錢
郵稅一張 新貨五厘
一個月 十三錢

○廣告料
國漢文ㅣ于三字式
每日每英尺一寸(每行六字爲準)
(每日每行六젼에相當홈) 二圜五十錢
二週日에
每日每行四錢五厘에相當홈 二圜五十錢
一個月에 五圜
(每日每行四錢(一厘에相當홈)
其期限의長短과字行의多寡를依ᄒᆞ야增減홈이有홈

發行兼編輯人英國人 裵說
發行所
南署石井洞號外地三層洋屋家
大韓每日申報社

漢城鍾路萬國基督敎靑年會館前慈惠藥房은大韓나地各處耶
院醫학員洪錫厚朴慈惠리觀化合名營業○美國製약會社약品
品貿易商友田商店약品을直輸入ᄒᆞ야京城日本人약店山岸天
定價表每日약價에昇降을從하
硫酸麻偶一본도 金拾三錢
重瓶 七十五錢○安知必林七

第六卷

大韓每日申報

第七百四號

月曜及慶節 歲時日休刊

大韓開國五百十七年
檀君開國四千二百四十一年
箕子元年三千二十九年
大韓隆熙二年
日本明治四十一年
淸國光緒三十三年
陰曆七月小初六日癸亥

別報

●美國桑港에在ᄒᆞᆫ共立館에對ᄒᆞ야義捐金募集發起趣旨書 大呼生

凡人之所以爲人者ᄂᆞᆫ以其有一個仁性也오性之發現者ᄂᆞᆫ相愛之情이是也라與天地로並立而爲之才도以此相愛也오영於萬物而爲最貴者도以此相愛也오人與人間에互相扶助ᄒᆞ며互相供給ᄒᆞ야以遂其生養之繁昌者도以此相愛也니若無此相愛者면人之類ㅣ滅已久矣라是以로聖人은與天同仁ᄒᆞ사以博愛爲主義ᄒᆞ야凡生於天地之間而均有血氣者ᄂᆞᆫ罔有不愛ᄒᆞ시ᄂᆞ니聖之爲영이其不以此乎아至若一家之親族과一國之同族이야尤豈非人情之所急者耶아

惟我大韓의同族兄弟가飢寒所驅와困迫所致로去國離鄕ᄒᆞ고漂泊天涯ᄒᆞ야跋彼北美太平洋地方者ㅣ近數千人인ᄃᆡ是其無公使領事之保護者也오亦其無貯金殘貨之資本者也라風餐露宿에彷徨棲屑ᄒᆞ야望故國於天末ᄒᆞ니淚與雨俱ᄒᆞ고寄生命於他族ᄒᆞ니心腸이寸斷이라天下之窮苦와天下之哀憐이孰有甚於此者乎아

如之疾病이不幸에而困之積이隨地無餘ᄒᆞ니世無憐恤ᄒᆞ야大韓二字ㅣ僅存名詞而已ㅣ以若無依無家之蹤으로又作天地間無國之民ᄒᆞ니兩無自力以濟其生活이오亦無面目以對他族이라天地雖廣이나我安適歸오到此地頭에其將奈何오

乃於千辛萬苦至困極難之中에奮발其自强自立之志ᄒᆞ야或服役於俄國ᄒᆞ며或勞筋於鐵道ᄒᆞ야忠厚信實이旣足見孚於他族ᄒᆞ고勤儉端正이尤能自勵其品行ᄒᆞᆫ故로與此歐美人이目我韓人曰趨味怠惰ᄒᆞ야自滅自亡ᄒᆞᆫ劣種醜族이라ᄒᆞ던者들이頓忍蔑起敬ᄒᆞ며憐然親愛ᄒᆞ야改前日之批評曰韓人은東洋二國中에優等人種이라大有前程之希望이라ᄒᆞ니以此觀之면我大韓民族이雖非野蠻而實爲良族者도賴此駐美之同胞ᄒᆞ야得以발明於世界ᄒᆞ니其功德之及於國民全躰者ㅣ亦大乎아

且其愛國思想이特出於他國人種之所不能及이라勞筋苦力에嗟汗所得으로頓忘糊口之欠乏ᄒᆞ고惟思公益之共濟ᄒᆞ야熱心團體에志復國權之舊ᄒᆞ고指天誓日에欲救同族之淪亡ᄒᆞ야協會를組織ᄒᆞ야患難을相救ᄒᆞ며報館을創設ᄒᆞ야衆智를啓발ᄒᆞ며學資를捐出ᄒᆞ야人才를養成ᄒᆞ니此其熱血丹忱이可以格天地而感神明이오實乎僑而泣豚魚ᄒᆞ리다

然則我內地同胞된者ᄂᆞᆫ對ᄒᆞ야不發其愛國之思ᄒᆞ며效其苦心血誠之萬一이면어지人이과人理가有ᄒᆞᆫ民族이라謂ᄒᆞ리오今我內地同胞의生活程度도雖陷於困難境遇ᄒᆞ얏스나彼海外勞動生活에比較ᄒᆞ면豈曰不僅乎아節儉鞠躬飢食에當貧家ᄂᆞᆫ勿論ᄒᆞ고平均從事於農工商實業之人도亦皆衣食有餘ᄒᆞ且居住有處ᄒᆞ니

苟能奮其義心ᄒᆞ야十匙一飯으로百人이各一圜이면百圜이오千人各一圜이면千圜이오萬人各一圜이면萬圜이니如是鳩合ᄒᆞ야送交于彼ᄒᆞ야報館에經費와學生의財政之補助ᄒᆞ면彼海外同胞의苦心血誠을奬勵ᄒᆞ며事業을可以濟救ᄒᆞᆯ것이오我大韓民族의道德忠愛之心을可以發表於世界ᄒᆞ리니惟我全國同胞ᄂᆞᆫ諒此注意ᄒᆞ심을十分盼望ᄒᆞ옵나이다

收金과送交ᄂᆞᆫ大韓每日申報社에委托홈

無名氏 貳圜
無名씨 五圜
無名氏 五圜 寄呈

官報

○隆熙二年歲入歲出總豫算表

第六款 會計檢사局 金一萬八千八百拾八圜
第一項 俸給 金一萬一千八百圜
第二項 廳費 金一千五百五十圜
第三項 旅費 金一千六百六拾九圜
第四項 雜給及雜費 金九百卌九圜
第五項 舍宅料 一千八百六拾圜
第七款 建築所 金七萬三千六十八圜
第一項 俸給 金四萬一千六百二拾圜
第二項 廳費 金五千九百六拾圜
第三項 旅費 金一千九百九十五圜
第四項 雜給及雜費 金一萬二百三十三圜
第五項 舍宅料 金一萬三千二百六拾圜
第八款 內部稅徵收費 金八十九萬七千六百五拾四圜
第一項 俸給 金三拾七万七千六百圜
第二項 廳費 金六萬九千圜
第三項 旅費 金拾一萬五千九百四十八圜
第四項 雜給及雜費 拾萬一千五百六圜
第五項 舍宅料 金 萬六千二百圜
第六項 土地檢査費 金一萬四千四百廿三圜
第七項 面交付 金拾四萬一千四百七十七圜
第八項 宴會費 一千五百圜
第九款 關稅費 金七拾八萬一千四百三拾九圜
第一項 俸給 金廿六萬五千二百七拾圜
第二項 廳費 金三萬五千五百圜
第三項 旅費 金二萬八千七百拾七圜
第四項 雜給及雜費 金五萬二百九拾一圜
第五項 舍宅料 金七萬五千八百四拾圜
第六項 外國人許給 金二萬二千八百六十圜
第七項 燈臺標識等費 金二萬一千二百二圜
第八項 艀船費 金二十三萬六千四百五拾八圜
第九項 營繕費 金四千五百圜
第十款 修理費 金九萬八千九十六圜
第一項 各廳舍修理費 金四萬八千九拾六圜
第二項 官舍補修費 金五萬圜
第十一款 國債 金二百十萬七百圜
第一項 國債元利拂及手數料 金一百廿七萬七百圜
第二項 借入金返償 金八拾萬圜
第十二款 金庫取扱費 金二拾五萬圜
第一項 金庫事務取扱費 金二拾五萬圜
第十三款 國庫豫備金 金一百五拾万圜
第一項 國庫豫備金 金一百五拾萬圜
度支部所管合計 金六百二拾五萬二千八百四拾一圜 未完

外報

●米國沿岸防禦 倫敦通信을據ᄒᆞᆫ즉米國캘니포니아、오레곤、華盛頓三州의各縣議會ᄂᆞᆫ沿岸防禦及砲兵科民兵組織에關ᄒᆞᆫ會議에參列ᄒᆞ기爲ᄒᆞ야議員額으로召集되엿더라

●勸告米日 倫敦다임쓰의巴黎通信員은米日兩國間의紛議에就ᄒᆞ야歐洲大陸에流行ᄒᆞᄂᆞᆫ不當ᄒᆞᆫ豫言을引ᄒᆞ야米日兩國公衆의게警告ᄒᆞ엿더라

●俄國移民計畫 同電을據ᄒᆞᆫ즉俄國은露國의殖民을滿洲及西伯利亞에移殖ᄒᆞ고저ᄒᆞ야非常ᄒᆞᆫ移住方法을提出中이라더라

●白人的暴動 晩香波電을據ᄒᆞᆫ즉日本人에對ᄒᆞ야重大ᄒᆞᆫ人種的暴動이白人의게셔起ᄒᆞ야負傷者가有ᄒᆞ다더라

雜報

●達明漸明 中和看東私立達明學校ᄂᆞᆫ去六月에同郡有志紳士許衡至誠으로가時勢에愈切ᄒᆞᆷ과國力에衰敗ᄒᆞᆷ을慨歎ᄒᆞ야若干義金을鳩集ᄒᆞ여學校를設立ᄒᆞ고敎師를聘ᄒᆞ고서로延聘ᄒᆞ고妙齡七十餘名에學徒로監을許衡씨로廳務ᄂᆞᆫ金과府氏로選定ᄒᆞ고敎員諸氏의熱心과학監許衡氏의敎育에熱心ᄒᆞ야家産을不顧ᄒᆞ고名譽로敎授ᄒᆞ며現今出席生徒가三十名에達ᄒᆞ얏다더라

●毁像設校 嘉山根島里里長李鍊氏及諸人이邪神을求祠ᄒᆞᄂᆞᆫ舊習을年服奉ᄒᆞ던偶像數十坐을燒火ᄒᆞ고神堂基址와十餘間舍屋으로定ᄒᆞ고學徒一十餘名을募集ᄒᆞ야熱心敎授ᄒᆞᆫ다더라

●普校漸就 元山私立文學校ᄂᆞᆫ該港父老들이創設ᄒᆞ야尋常高等科로敎授ᄒᆞ더니今年爲始ᄒᆞ야ᄂᆞᆫ發成民安局諸氏와任員諸九學部等諸氏가一層擴張코져ᄒᆞ야經費ᄂᆞᆫ其自擔ᄒᆞ고中學校을設立ᄒᆞ며有志ᄒᆞᆫ講師를經聘ᄒᆞ야敎育을더욱獎勵ᄒᆞ리一般이稱頌不已ᄒᆞ더라

●兩씨慈善 海州觀察官李應聰과觀巡金祭兩氏가今番大赦與ᄒᆞ야獄囚百餘名을放送時에因兩씨가月俸中에셔各其銀貨一圜式을捐出ᄒᆞ야該罪囚을招集ᄒᆞ야改過遷善ᄒᆞ고勸作農ᄒᆞ라ᄒᆞᄂᆞᆫ訓言으로一場演說ᄒᆞ고各名下에藥ᄂᆞᆫ一兩式分給ᄒᆞ얏다더라

●孤院寄附 京城孤兒院에幹能員諸氏ᄂᆞᆫ會三十圓이오日本人栗田氏ᄂᆞᆫ金一圓이오吉宗龜ᄂᆞᆫ圓을寄附ᄒᆞ얏다더라

雜報

●□製紀念章 大皇帝陛下即位式紀念章을現今日本셔製造中인ᄃᆡ各府部院廳一般官吏의게頒賜ᄒᆞᄂᆞᆫ日에ᄂᆞᆫ宮內府官吏ᄂᆞᆫ判任ᄭᆞ지頒給ᄒᆞ고其外官吏ᄂᆞᆫ奏任官以上人만頒賜ᄒᆞᆫ다더라

●宮相電報 一月六日午後七時四十分에宮相李允用氏가電報ᄂᆞᆫ 上奏ᄒᆞ얏ᄂᆞᆫ데兩闕安寧 殿下無事ᄒᆞ시며日午前十時三十分에會見日本天皇陛下及日本皇太子殿下ᄒᆞ시고翌六日午前下時에臨御觀兵式ᄒᆞ신다ᄒᆞ얏더라

●歸期未定 宮相李允用氏와農大宋秉畯씨의回國ᄒᆞᄂᆞᆫ期限이延期되ᄂᆞᆫ內容을得聞ᄒᆞᆫ즉兩大가 皇太子殿下隨員으로陪往ᄒᆞ얏슨즉同 殿下께셔上學ᄒᆞ신後歸國ᄒᆞᆯ豫定이라더라

●上學處所 皇太子殿下上學ᄒᆞ실處所ᄂᆞᆫ日本 皇帝陛下게셔伊藤太師私第로下賜ᄒᆞ셧ᄂᆞᆫ디現今一層修理ᄒᆞᄂᆞᆫ中이라더라

●六人除汰 今番新官制에內部道局官吏中六人은除汰되얏다더라

●樞院月俸 中樞院副贊議諸氏가名譽로住職ᄒᆞ더니本年度爲始ᄒᆞ야月俸은三拾圓式支撥ᄒᆞ기로預算中에磨鍊ᄒᆞ얏다더라

●韓郞□任 內部會計局長趙羲稙氏와韓郞文書課長으로轉任ᄒᆞᆫ代에日本人八木親豊氏로敍任ᄒᆞ얏다더라

●□課□任 內部文書課長김裕增氏ᄂᆞᆫ秘書官으로會計局長諸羲相氏ᄂᆞᆫ文書課長으로轉任ᄒᆞᄂᆞᆫ데會計課長은日本人이被任되얏다더라

●醫員請議 池錫永劉秉필氏等六人은大韓醫院의醫員으로敍任ᄒᆞᆫ件을內部에셔內閣에請議ᄒᆞ얏다더라

●弧辰宴待 昨日은完順君□氏의生辰인故로下午十一時에各部大臣을請邀宴待ᄒᆞ얏다더라

●上村遞任 宮內府囑託事務官上村氏가大使完興君隨員으로歸國ᄒᆞ얏더니日前大使一行과同爲遞任ᄒᆞ얏다더라

●兵丁帶往 四道宣諭委員諸氏가旗幟或賊漢의게見奪ᄒᆞᆯ虞가有ᄒᆞ야兵丁幾名式帶同前往ᄒᆞᆫ다ᄂᆞᆫ說이有ᄒᆞ더라

●新年宴會 總理大臣李完用氏가來十日에自己私邸에셔新年宴會를設ᄒᆞ고內外國文武高等官吏를請邀宴待ᄒᆞᆫ다더라

●爲參國會 統監府總務長鶴原定吉氏ᄂᆞᆫ日本國會의委員資格으로該會에參與ᄒᆞ기爲ᄒᆞ야日間歸國ᄒᆞᆫ다더라

●總理獨厚 本年度一日爲始ᄒᆞ야各大臣의保護巡檢의食費ᄂᆞᆫ該巡檢들이自辦케ᄒᆞᆫ다ᄃᆞ니總理大臣李完用씨만該經費에多少를不拘ᄒᆞ고如前支給ᄒᆞᆫ다더라

●宮府計劃 宮內府에셔本年度부터繼續事業으로帝室博物館과動物園과植物園等을設置ᄒᆞᆯ計劃으로目下에調査中이라더라

●檢事署理 法部에셔一港裁判所에電訓ᄒᆞ되檢事之務ᄅᆞᆯ主事나或警部나署理케ᄒᆞ라ᄒᆞ얏다더라

●記者見逐 趙齊桓氏가文書課長으로轉任ᄒᆞ얏다ᄂᆞᆫ說은別項과如ᄒᆞ거니와該氏가再昨日부터該課長事務를處理ᄒᆞᄂᆞᆫ데昨日新聞記者가該課에入去ᄒᆞᆷ을見ᄒᆞ고曰此課에셔ᄂᆞᆫ何等公文이던지出示치아니ᄒᆞᆯ터이라斷言ᄒᆞᄂᆞᆫ故로即時出來ᄒᆞ얏다ᄒᆞ니該氏ᄂᆞᆫ名譽가頗有ᄒᆞᆫ人으로新聞記者를如是斷絕ᄒᆞᆷ은何等特別ᄒᆞᆫ思想에셔出ᄒᆞᆷ인지不知ᄒᆞ거니와何等官廳이던지新聞記者를拒絕ᄒᆞᆷ은初有ᄒᆞᆫ事이라ᄒᆞ고批評이藉々ᄒᆞ더라

●意見要提 興丁□발起人諸씨가承認次로度支部에請願ᄒᆞᆫ지라該部에셔認許與否를內閣에提議ᄒᆞ얏더니內閣에셔該開設計劃과財政虧損의意見書를提呈ᄒᆞ라ᄒᆞ얏다더라

●武校移設 武官학校를研成학校內로移設ᄒᆞᆫ다더라

●委員發程 京畿忠淸北及全南各道의宣諭委員諸氏가日間所管地方으로各其발程ᄒᆞᆫ다더라

●三處水道 內部에셔水道事務를擴張ᄒᆞ기爲ᄒᆞ야仁川釜山及平壤三處에出張所를設置ᄒᆞᆯ事項을現今協議中이라더라

●巡査試取 警視廳에셔監督巡査一窠를填充ᄒᆞ기爲ᄒᆞ야可堪ᄒᆞᆫ巡査중三人式選擇ᄒᆞ야本日上午十時에會同試取ᄒᆞᆫ다더라

●統邸小火 再昨日午後六時에統監官邸煙爐에셔起火ᄒᆞ야樑上에延及ᄒᆞᄂᆞᆫ것을即時撲滅ᄒᆞ얏다더라

●仕落花飛 內部主事김鉉洛氏가今番新官制에除汰가되얏ᄂᆞᆫ대該氏別室이落仕됨을知ᄒᆞ고仍爲逃走ᄒᆞ얏다더라

●普校議決 再昨夜에普成專門學校에셔講師會를開ᄒᆞ고學徒에게月謝금五十錢式受ᄒᆞᆯ事와普中은廢ᄒᆞ고普成中學과合幷ᄒᆞᆯ事와陰曆正月에學徒를又爲募集ᄒᆞᆯ事를協議決定ᄒᆞ고校監朴承彬씨代에大韓協會長附官여氏를選定ᄒᆞ기로決定ᄒᆞ얏더라

●平民反對魔報 平壤郡守白樂均氏가大韓新聞社의囑託을受ᄒᆞ얏던지該郡各面人民의게大韓新聞을購覽ᄒᆞ라고勸諭ᄒᆞ얏더니人民들이一齊히反對ᄒᆞ야曰現今에時局形便을知ᄒᆞ랴면新聞購覽이必要ᄒᆞ나至於大韓新聞ᄒᆞ야ᄂᆞᆫ其性質趣旨가民等의所不知이오니此新聞은購覽치못ᄒᆞ깃다ᄒᆞ얏다더라

●李氏慰勞 本月六日下午二時에開城教育總會에셔普昌學校校長李□氏慰勞會를設行ᄒᆞ얏ᄂᆞᆫ데叅席員이五拾餘人이오總會長韓教學林圭永諸兪簽助韓元杓尹應斗諸씨가次第로慰問說話ᄒᆞᆫ後에송明學校敎師岡本喜三氏가리씨를懇切慰問ᄒᆞ고宴會를開催ᄒᆞ얏ᄂᆞᆫ대리東暉氏答辭에如此優遇ᄒᆞᆷ待遇ᄂᆞᆫ本人의教育擔任을兩肩上에移身토록擔任케ᄒᆞ시ᄂᆞᆫ줄노生覺ᄒᆞ노라ᄒᆞ얏다더라

●妖術宜禁 巫卜雜術輩가所謂致誠이니ᄒᆞ고人民의財產을欺取ᄒᆞᄂᆞᆫ者가多有ᄒᆞᆷ으로警視廳에셔別般詗探ᄒᆞᄂᆞᆫ中이라더라

●迫逐李氏 開城日本守備隊長某씨가教育總會長韓敎學氏를請見ᄒᆞ고李東暉氏慰勞會가大民不可라ᄒᆞ고또李氏를請見ᄒᆞ고但普昌학校만勸奬ᄒᆞ고他학校ᄂᆞᆫ勿關ᄒᆞ라ᄒᆞ고此地에셔速히떠나가라ᄒᆞ얏다더라

●不知何落 三昨日에日本人吉田松浦兩人이行獵次로楊州退後院等地에出往ᄒᆞ얏다가忽逢義徒二十餘名ᄒᆞ야三次放砲ᄒᆞᄂᆞᆫ故로松浦ᄂᆞᆫ逃避ᄒᆞ야再昨日에東部警署에來ᄒᆞ야警察隊十六名이即爲出張該地ᄒᆞ야査探ᄒᆞᆫ즉吉田及賊徒의蹤跡은未詳ᄒᆞᆫ故로該警察隊ᄂᆞᆫ今日下午七時에還歸ᄒᆞ얏다더라

●西山發援 楊州郡西山等地에셔自稱義兵者가該地居住ᄒᆞ던諸人을捉去ᄒᆞ야錢財雜物을勒討ᄒᆞᄂᆞᆫ지라成渠定限ᄒᆞ고準備留待ᄒᆞᆫ다더라

●此火何火 北部管內에셔無根之火가種々起ᄒᆞᆷ으로該部警察署에셔探詗中이라ᄂᆞᆫ說은已揭ᄒᆞ얏거니와再昨日下午十一時로至ᄒᆞ야二時間에北部順化坊帶洞김在鉉家와오김永遠家와오張斅衡家와오김召史家와俊秀坊通洞감鍾殷家合五家에셔無根之火가忽起ᄒᆞᄂᆞᆫ것을幸即撲滅ᄒᆞ야損害ᄂᆞᆫ別無ᄒᆞ나北部警察署에셔該放火者를嚴於詗捕次로出番巡査를合番ᄒᆞ야時刻詗探ᄒᆞᆫ다더라

●孤院開學 孤兒院에셔昨日下午七時에各任員敎師가會同ᄒᆞ야開進方針을議定ᄒᆞ고本日에開學ᄒᆞᆫ다더라

●青會演說 青年會館에셔今日下午七点鍾에演說會를開ᄒᆞ고該會와臨事範圍內에敎育의急務란問題로演說ᄒᆞᆫ다더라

▲地方消息▼

▲去十二月拾九日南原郡警察署長이分派所巡檢二名과巡査二名이義兵二名을捕捉留置ᄒᆞ얏더니去二十一夜에義兵二十二名이分派所를來襲ᄒᆞ야留置ᄒᆞ얏던二名을奪還ᄒᆞᄂᆞᆫ대留置者ᄂᆞᆫ在內로呼應ᄒᆞ야格力奮鬪中에巡査一名이義兵銃劍에貫胸即斃ᄒᆞ얏다ᄒᆞ고

▲甲山郡別南社에셔義兵五十名이一進會員六名을斬殺ᄒᆞ엿다ᄒᆞ고

▲去拾二月二日安邊郡김浦의셔義兵이村丁五名을指揮ᄒᆞ야步哨를配置ᄒᆞ미義兵數爻ᄂᆞᆫ七拾八名인데或新式銃을携帶ᄒᆞ고或火繩銃을携帶ᄒᆞ엿다ᄒᆞ고

▲去十二月一日高山郡에셔義兵約卅名이山水洞長李子化을入質로郡潭로押去ᄒᆞᄂᆞᆫ더니果上面柳洞에到ᄒᆞ야義兵이步哨를配置ᄒᆞ고村閭에宿泊ᄒᆞ미日巡査가追蹤ᄒᆞ야互相衝突ᄒᆞ얏다ᄒᆞ고

▲兎山郡附近에義兵이徘徊ᄒᆞ야郡衙를襲擊ᄒᆞᆫ다揚言ᄒᆞᄂᆞᆫ지라去拾二月拾九日早朝에同郡距拾餘里地에來迫ᄒᆞ미分派所員이郡守의準備에應援을請ᄒᆞᆫ가爲ᄒᆞ야日巡査를派送ᄒᆞ얏ᄂᆞᆫ디道中에셔義兵이押去ᄒᆞ얏ᄂᆞᆫ디生死가不明ᄒᆞ다더라

東京電報

●御賀新年 (七日발) 韓國皇太子殿下에셔今日東京皇帝皇后兩陛下에게新年祝賀를奉ᄒᆞᆫ後에同國皇太子殿下와同妃殿下를訪問ᄒᆞ셧더라

●欵留仲裁 (九日발) 徐世昌氏ᄂᆞᆫ間島의在ᄒᆞᆫ日本人의猖獗ᄒᆞᆫ態度ᄂᆞᆫ淸日戰爭時의韓國외셔取ᄒᆞ던態度와不同ᄒᆞᆫ故로今此境界爭議ᄂᆞᆫ敏速히解決될必要가有ᄒᆞ다고北京政府의建議ᄒᆞ얏고또合爾濱의在ᄒᆞᆫ米佛領事ᄂᆞᆫ間島事件의仲裁ᄒᆞᆯ의附ᄒᆞᆷ을得策이라고總督의게勸告ᄒᆞ얏더라

▲政海測量▼

▲政海消息이近如何오測量機械를들고蕩浙浪危險中에深淺을測量ᄒᆞ다

▲內閣으로도라드니第一座物主大臣功名도宏壯ᄒᆞ다五條約에도ᄒᆞᆫ목이오七協約에또ᄒᆞᆫ목이라ᄒᆞ야무엇잡아ᄉᆞ니판안돈을다못ᄂᆞ다그만져만말엇스면

▲內部로도라드니三百四十餘郡守에興成쇼리가손ᄭᆞ大臣분대질에自己실속無數ᄒᆞ세又섬손님손버리니待接안코못빈인다그만져만말엇스면

▲度支部로도라드니財政監理져大臣은부엉이셈슈가되엿고나갓헤스람이가져가되總々實數물낫스니歲入計出못의면온시루군영에물붓기라그만져만말엇시면

▲軍部로도라드니日巡査가擁衛ᄒᆞ고肉과ᄶᆞᆨ분드러온다軍隊업ᄂᆞᆫ져大臣은無義客의別室이라軍權을賣渡ᄒᆞ고져椅子에안젓고나그만져만말엇스면

▲學部로도라드니日業賦取稅敗臭에聽허獨無職ᄒᆞ다각학校敎員黜陟ᄒᆞ야自己食口監處ᄒᆞ니머리ᄶᆞᆨ근頑固大臣敎育事務엇지ᄒᆞ나그만져만말엇스면

▲農商工部로도라드니山林川澤片片沃土仙人의게讓許ᄒᆞ고如干附屬驛屯土ᄂᆞᆫ會員의게손ᄂᆞᆫ쓰니창鬼大臣어대ᄭᆞ又ᄂᆞᆫ一難文ᄂᆞᆫ되엿고나그만두엇시면

▲法部로ᄂᆞ라드니져大臣은血尺잡고短矩準繩磨鍊ᄒᆞ제寸量이胡亂ᄒᆞ다方圓과短雜辨이더新法律을改良ᄒᆞ나規모制度未成이라그만져만말잇스오

▲宮內部로도라드니新官制任免件에好機會를맛낫고十餘族자會ᄒᆞ얏스니肉片月빗치논다賜事其內너무말쇼ᄃᆞᆯ르차면기우ᄂᆞ니그만져만말엇스면

▲警視廳도라드니嫌疑民不計ᄒᆞ고偵探에만걸러들에收穫爲牢酷刑中에업ᄂᆞᆫ罪가절노ᄂᆞᆫ다副總監은무엇ᄒᆞ나貸ᄒᆞ變藥可愧로다그만져만말엇시면

▲中樞院도라드니旅進旅退무엇ᄒᆞ나名譽조리가이안헌가議察部守轉任ᄒᆞᆯ제贊議ᄌᆞ리빌여준다實施ᄒᆞᆫ番못뒤獻議當權도쓸데업다그만져만말엇스면

雜報

한흥郡西三平面松洞新民學校趣旨書

有國而後에有民ᄒᆞ고有民而後에有國이라故로欲新其國者ᄂᆞᆫ先新其民ᄒᆞ고欲新其民者ᄂᆞᆫ先開民智ᄒᆞᄂᆞ니開智之道ᄂᆞᆫ必自學校始니학校者ᄂᆞᆫ人材를培養ᄒᆞ고邦命을維新ᄒᆞᄂᆞᆫ基礎라然而我國이自四千年以來로倫常之敎와禮義之文이蔚彬々焉ᄒᆞ니可謂世界上有道之國이로ᄃᆡ至于今日競爭時代ᄒᆞ야國權이日蹙ᄒᆞ며民權이未伸ᄒᆞᄂᆞ니其故ᄂᆞᆫ在何오蓋於民智之未新이라竊觀泰西列强컨ᄃᆡ人生七八歲에無論男女ᄒᆞ고幷入普通學校ᄒᆞ야能受卒業然後에入於專門ᄒᆞ야從事實業ᄒᆞᄂᆞ니是以로爲士而傳道授業者ᄂᆞᆫ勿論ᄒᆞ고至於農工商ᄒᆞ야도一無目不識丁之人而不從踐履義務라覽申報而盱衡時局ᄒᆞ야感발忠愛誠心ᄒᆞᄂᆞ니此西人之所以先發軔於開明之域而雄飛ᄒᆞᆫ合者也라現今國內有志紳士가的知厥由ᄒᆞ야在々設校ᄒᆞ야擴張敎育ᄒᆞ며開발民智ᄂᆞᆫ爲方今第一急務ᄒᆞᄂᆞ니不出幾年에安知我國於列强而駕乎六洲耶아嗚라吾人은尙在黑洞ᄒᆞ야不知東方之旣曙ᄒᆞ고尙此昏然昏然에安於舊習ᄒᆞ며한於改圖ᄒᆞ고一向遼々於腐敗之俗ᄒᆞ야私利를是圖而不知民與國이爲何等關係則苟有動物之靈性者觀時勢變에豈不惕然改圖ᄒᆞ야奮발自强乎아夫天下之物이舊則老ᄒᆞ고老則衰ᄂᆞᆫ自然之理니老而弊者ᄂᆞᆫ必須革而新之라야乃能維新而全活ᄒᆞᄂᆞ니有耳目而能自聽睹者어든試觀今日之形便ᄒᆞ라能開明而自新者ᄂᆞᆫ富厚强盛에福을享受ᄒᆞ고頑固而不能自新者ᄂᆞᆫ衰窮而殄滅을自取ᄒᆞᄂᆞ니其在人情에豈有恩溫而居下之理哉아

吾人이新民을造成ᄒᆞ야新國을建立ᄒᆞᆯ方針은惟是敎育一門이니所謂敎育之方이只於學徒에日加誘掖而不與敵敵者流ᄒᆞ야終身未免而增케ᄒᆞ면是ᄂᆞᆫ不爲普通敎化之思想也라玆以本人之類이鳩聚若干金ᄒᆞ야校具與書籍을營買ᄒᆞ고校舍ᄂᆞᆫ今就于本洞龍川齋ᄒᆞ야學徒를募集ᄒᆞ고命名曰新民이라ᄒᆞ니其趣旨ᄂᆞᆫ非欲吾人이盡棄其舊而從人也라淬厲其所本有而新之ᄒᆞ며採補其所本無而新之ᄒᆞ야二者幷行遺做ᄒᆞ니新又新ᄒᆞ면自國獨立之精神이培養이오一切文明程度가可以發達이니惟我僉君子ᄂᆞᆫ互相勸勉ᄒᆞ며競相贊助ᄒᆞ야期有實效ᄒᆞᆯ十分注目이어다

발起人 [illegible]鼎鎔 姜聖海

廣告

本人이本綸網市廛義[illegible]許陰曆拾二月初五日推次於音八千五拾一兩一片과同日業岩李鳳漢許推次於音一千二百四拾六兩一片을南門外路上에서失하와스니內外國人은勿論某人得하와도休紙施行하옴

業岩居 成永善 告白

◉靑人前五衛將金俊恒氏ᄂᆞᆫ之南之北에有名紳士也라本郡普興學校가幾乎廢止之慨形하고自爲學監ᄒᆞ야與本校財務長金炳駿氏로擔任鋼護ᄒᆞ야家論戶ᄒᆞ며誦근々懇乞ᄒᆞ야願助之錢이多至四百一十三圜ᄒᆞ니若非金公之熱心視務면豈至於斯리오文我校舍之頹廢와紙筆之木等節을兩公擔當ᄒᆞ니美哉壯哉에金公俊恒納稅에도보다如此學有之人은若不讚揚於世界면彰善之道가自此泯滅이옵기並에公函ᄒᆞ오니爲先緣觀新聞上揭載ᄒᆞ야公佈我韓全區이옵고補助人姓名은左開ᄒᆞ오니一體公佈之地를伏望ᄒᆞᆷ

隆熙元年九月十八日甲山普興學校生徒 金昌杯 [illegible]明圖 金宗化 洪權遠 朴昌烈 李時明 等三拾三人

左開

前議官李延榮 卅圜 崔泳大 委員金京河 全復泳 前主事金盛錫 橋本德次郎 各二拾圜 前主事金夔從 十圜 伊藤殷郎 二圜 金宗洙 廿二圜 吳鶴著 廿圜 朴應淳 總容淳 各拾五圜 金致興 朴殷松 金弘吉 朴仁寬 朴化淳 趙知寬 各十圜 張七福 七圜 崔仁석 김汝能 趙潤曾 河府澤 黃元吉 黃河쥬 崔錫祜 김君逸 各五圜 鉛軍都中 廿圜 李翠華 前進士김基弘 河用已 김昌善 鄭錫祚 韓鳳林 崔文燮 韓斗亨 各二圜 김成學 劉信京 各三圜 李永根 劉用洛 李成培 朴君成 김道洛 宋基周 各一圜 崔基國 吳國鎭 各二圜 晉振根 김希權 各三圜 리奎회 裴明元 趙有奉 리英석 各五圜 리九植 前參奉趙基善 各二圜 呼隣面 沈治道 廿圜

合新貨四百一拾二圜

告趙永允君

淸界事件은不可避身而免也오且付書簡中에旣有從來處云ᄒᆞ니貴昇自可昭斷니라來訪本人于三淸洞九統戶地ᄒᆞ야面說事情ᄒᆞ면兩有好樣妥帖이오以養蓋로請本人於何坊何會라도即來往見ᄒᆞ고從容歸決이라本무勿爲擬ᄒᆞ고以今月初十日內期於相會를切望

김奎興

故從一品奎章閣提學趙定熙氏가宿患으로一月四日下午八時에別世ᄒᆞ셧ᄂᆞᆫᄃᆡ葬禮ᄂᆞᆫ同月十二日(陰十二月初九日)上午六時에南署詩洞二十八統九戶本第에서發靷ᄒᆞ야返虞ᄂᆞᆫ同日下午三時에安甘川邁路로定ᄒᆞ오니內外國知舊同僉位ᄂᆞᆫ照亮ᄒᆞ심을爲要

護喪人

親族從姪 法部大臣 趙重應

正三品 趙重恩

正三品 趙重鼎

族弟 奎章閣卿 趙民희

承寧府總管 趙民희

姻戚 中樞院議長 徐正淳

從二品 李石榮

隆熙二年一月七日 謹白

本會에서新年祝賀키로十等名帖紙아이보레ᄅᆞᆯ廉價販賣ᄒᆞ오며多數ᄒᆞᆫ注文은特別低廉ᄒᆞ오니願買僉位ᄂᆞᆫ陸續來購ᄒᆞᆷ을望ᄒᆞᆷ

南署銅峴大和商店 告白

◉奬學月報社特別廣告

本社趣旨ᄂᆞᆫ一般學界를奬勵ᄒᆞᆷ에在ᄒᆞᆷ으로學界以外에學業에有志ᄒᆞ신僉位와旣往成就ᄒᆞ신家시라ᄂᆞᆫ勿論其詳ᄒᆞ고募規則ᄒᆞ오니小說論[illegible]ᄒᆞ사本社目的을達케ᄒᆞ시면學界幸甚本社幸甚

西友漢北兩會가敎育으로目的을ᄒᆞᆷ은彼此均一이온바今幸兩會가情意融通ᄒᆞ야合成一會ᄒᆞ고會名은西北學會라稱ᄒᆞ고會館은前西友會館으로仍用ᄒᆞ오며開會禮式은本月十一日(上午十二時에擧行ᄒᆞ오니京鄕僉會員은照亮ᄒᆞ시옴

皇城中署校洞二十九統二戶 西北學會 告白

學員募集廣告

本塾英語科學生을一層擴張ᄒᆞ옵고學員多數募集ᄒᆞ오니入學志願人은左開日字를依ᄒᆞ야來塾請願ᄒᆞ심을爲要

左開

隆熙二年一月五日로同十日內

西署仁達坊장興洞四統四戶

私立長興夜塾

本人외子리東涉이가素性이浮浪ᄒᆞ야狩同挾雜之端ᄒᆞ고欺人圖債ᄒᆞ려ᄒᆞ니內外國人은照亮ᄒᆞ신後에勿見欺ᄒᆞᆷ을爲要

安州薪동內三里 崔召史 告白

蒙學漢文初楷

元泳義 찬輯

柳瑾 張志淵兩氏 校閱

全一冊八十餘頁 正價金卅錢

▲本書ᄂᆞᆫ初等小學科에專用ᄒᆞ기爲ᄒᆞ야國漢文으로二百十二課에分ᄒᆞ야文理에隨ᄒᆞ야刊行ᄒᆞᆫ者ㅣ니蒙학漢文敎科書에最適當ᄒᆞᆫ者라稱ᄒᆞᆷ

發賣所

大廣橋東邊 회東書館

廣橋越邊 中央書舖

鐘路 大東書市

布屛下 廣학書舖

本館에서船客의便利를爲ᄒᆞ야大阪商船會社와契約ᄒᆞ고各港船票를發賣ᄒᆞ오니京鄕僉員은照亮ᄒᆞ심을望

仁川港內滿桐營旅館

乘船取扱問屋 韓昌根 告白

本人이東小門外獎忠居ᄒᆞ옵더니陰十一月四日夜에盜賊이突入ᄒᆞ야錢財什物을奪去ᄒᆞᆫ中本洞所在畓券四石五斗落과大國洞金漢永處與執ᄒᆞᆫ畓典區山導書文券을並爲見失이오니勿論內外國人切勿見欺ᄒᆞᆷ을爲望

崔永澤 告白

本人이陰拾二月一日京城發ᄒᆞᆫ行車에白木中韓餠與飴와諸般書類를遺失ᄒᆞ엿ᄉᆞ니若有拾得者어든傳致于太田普通壯면紙價十元을以謝報償이오遠近間貴又亦爲情報矣요若未能親傳則從郵遞寄ᄒᆞ면所費ᄂᆞᆫ還報矣以此照亮ᄒᆞᆷ

車重烈 告白

本人四寸具奬範이가正月分에無故出他ᄒᆞ야至于今十餘朔에無消息ᄒᆞ와玆以廣告ᄒᆞ오니僉君子ᄂᆞᆫ此人所在處를通奇ᄒᆞ시면厚謝ᄒᆞ깃슴

通津郡松里居 具仲範 告白

本人이日本大阪運送業家와特約ᄒᆞ고日本內地運出各種物品과洋各種物品及機械等物을運入輸入에依托을便利케ᄒᆞ야ᄉᆞ오니商工業에有意ᄒᆞ신君子ᄂᆞᆫ其物이온지購求ᄒᆞ시거든本社로來議ᄒᆞ시요本社에서ᄂᆞᆫ手數料金만受ᄒᆞᆷ

興業社本店 南署南大門內興業會館

分店 京城南門內水標五十一統

仁川港內 營業會社

○여山宋氏四孫宗中貞烈公山所在坡州有歷年變曰宗會議以官以私早晩處辦ᄒᆞ오니僉宗照亮

京宗中 告白

本人從弟彭柱澤이가性本浮浪ᄒᆞ야從兄답文券을僞造ᄒᆞ와日人處에與執得債之慮도方在ᄒᆞᆷ이山澗ᄒᆞ오니勿論內外國ᄒᆞ고切勿見欺白失ᄒᆞᆷ

南昌뒤南面外新居 從兄彭原吉 告白

前自强會月報代金을中樞院大韓協會事務所內로送交ᄒᆞ시옵

洪弼周 告白

◉電車賃金廣告

陽曆明年一月一日로爲始ᄒᆞ야本社電車賃法은勿廢ᄒᆞ고賃金新賃전을左開ᄒᆞᆫ區域에서領受ᄒᆞᆷ

龍山線

鐘路에서大門外交叉点間 新賃五錢

南大門外交叉点京仁鐵道交叉点間 全五錢

道交叉点龍山間 全五錢

麻浦線

西大門孔德里間 全五錢

孔德里麻浦間 全五錢

中央線

東大門西大門間 全五錢

淸凉線

東大門淸凉里間 全五錢

賃金은乘車後에車掌手에게給與ᄒᆞᆷ事

陽曆本年十二月三十一日後에ᄂᆞᆫ車票賣買를勿施ᄒᆞ고車票를購持ᄒᆞ신君子가有ᄒᆞ면車掌手가賃金五錢代로車票二枚를收領受ᄒᆞ고陽曆明年二月一日前에已往買置ᄒᆞ온車票를本社鐵路事務所로持來ᄒᆞ시면本價로還給ᄒᆞᆷ

韓美電氣會社 告白

◎報償義捐金收入廣告

十二月度收入
計三百七十一圓九十九錢
自光武十一年四月二日至同年十二月二十三日都總合
五万七千四百二十六圓九十五錢七厘

第一五八六 廣州郡各面里 三拾九圓六十전 一月三日
第一五八七号 廣州郡각面里 五拾九圓四拾二錢 一月四日
第一五八八號 衛陽郡각面里 一百四圓六十六전 一月七日
第一五八九號 廣州郡각面里 六十六圓八十전

計二百七拾圓四十八錢

一月七日々지收入總額 二百七十圓四拾八전
自隆熙元年二月至十二月收入總額 五萬七千○五拾[illegible]
九十六[illegible]

十二月收入總額 三百七拾一圓九拾九전
總合五萬七千六百九十七圓 [illegible]三전七厘

◎特別廣告◎

國債報償金[illegible]昨日々지所捧은
[illegible]計이오 拾二月々지所捧
[illegible]金五萬七千四百廿六圓九拾
五錢은[illegible]銀行에貯置
[illegible]中
三萬二千三百[illegible]圓은國債[illegible]
[illegible]

廣告

中等萬國新地誌

全一冊

正一品大勳[illegible]閣下序　東[illegible]張志淵校閱幷序
[illegible]先生安鍾和序　石[illegible]先生　[illegible]跋
[illegible]后人金鴻卿編纂

此書는中等學校敎科와普通新智識을研究[illegible]人士를爲[illegible]야精撰[illegible]者ㅣ라近來我國의敎科書類中에萬國地志도亦不爲不備나然이나其地名人名[illegible]音或日語而譯刊[illegible]야因其文字語音의互異[illegible]으로[illegible]이頗多[illegible]編者ㅣ以是爲病[illegible]야[illegible]名稱[illegible]以[illegible]文으로[illegible]出[illegible]야其[illegible]面을不失[illegible]며且簡易[illegible]明使[illegible]야[illegible]戶庭[illegible]不出[illegible]고能[illegible]國의位置風土物產政治沿革等[illegible]知[illegible]이此書에[illegible]

發兌元中署布屏下廣學書舖 金相萬

發　[illegible]　博文書館　安峴書館
賣　鍾路　大東書市　鋼[illegible]　博學書館
　　　동口[illegible]　中央書館　寺동　漢陽書館
所　鍾路　古今書海館　廣橋　[illegible]
　　各地方　有名書市

定價 新貨拾五錢

伊太利建國三傑傳

此傳은[illegible]

發　▲大韓每日申報社
　　▲仁川港[illegible]
　　▲中署布屏門下　廣學書舖
賣　▲平壤城內[illegible]　金相萬
　　▲鍾路　博學書館
　　▲銅口[illegible]　古今書海館
所　▲[illegible]　中央書館
　　▲[illegible]　大東書市
　　▲[illegible]
　　▲[illegible]　[illegible]書館
　　　[illegible]冊사

(朴晶東씨譯述)

●國文新撰家庭學　全壹冊九拾餘頁　正價金三拾전
●國際公法　全壹冊百四拾頁　正價金四拾전
●經濟原論　全壹冊百拾頁　正價金卅五錢
●意太利獨立史　全壹冊百九拾頁　正價金五拾전

發售處　▲中署[illegible]　中央書館　▲鍾路大東書市
　　　　▲南署大廣[illegible]　[illegible]　▲[illegible]下廣學書舖

本舖　仁川港[illegible]　濟生堂

●主治効能 [illegible]
●[illegible]
▲其他[illegible]

發行人 仁川港[illegible]　濟生堂

代理店 京城鍾路[illegible]
京城鍾路 [illegible]
仁川 [illegible]
全 [illegible]

此外에도現代에[illegible]
[illegible]

●大韓國[illegible]廣告
陸軍軍醫[illegible]
[illegible]

●米國大학醫院處方
醫學校長勳五等池錫永氏
[illegible]人濟衆院醫學員　洪[illegible]
有効證明　觀化

[illegible]補益丸

定價　拾日分服三十個入　金一圓
　　　二十日分服六十個入　金一圓七拾五錢
　　　三十日分服九十個入　金二圓五拾錢

此藥의主治効能[illegible]

◎米國製補益藥水
◎德國製起陽丸　三十日分服　定價金[illegible]

◎製造本舖漢城鍾路萬國基督敎靑年會館前慈惠藥房

[illegible]

西藥便方　定價金壹圓　郵稅十錢

此冊은[illegible]

[illegible]

○本報定價
一張代金　新貨二錢五里
一個月　[illegible]
三個月　[illegible]
六個月　[illegible]
一個年　[illegible]

○廣告料
[illegible]

第六卷

大韓每日申報

第七百五號

月曜及慶節 歲時日休刊

檀君開國四千二百四十年
箕子元年三千二十九年
大韓開國五百十六年
日本明治四十一年
淸國光緖三十三年
陰曆丁未十二月小初七日甲子

論說

●不勝迷惑

日本크로닉클新報를接讀컨디如左記述이有하도다

韓國農商工部大臣宋秉畯씨가韓國 皇太子殿下를陪從渡日홈은本紙에已揭호바어니와同씨가此國에來到호後로明言을발호지라大阪에인잇지新聞이如此발言에同情을表하야稱揚을述하얏도다

韓國農商工部大臣이能辯의日語로事狀을確言호서初次발言이韓國內日人警吏를强硬히攻擊하되此警吏諸人이純然호强盜인韓國地方官吏와交通之習이有하야爲警吏者ㅣ何如호捷路로던지賂物을得하며婦女를强姦하며卑劣호蠻行을犯하다호지라大阪新聞이關說호되如此明言은公憤所발이니同大臣이日本에渡來前셔지堪忍하얏다가到今하야同國에在호日本警官은信實及才能을因하야外人의稱揚을被홈을見하고於是乎발言홈이라하얏도다

且同報所知에警吏의行爲가韓國大臣의說明호것보다實노愈惡하고且韓官보다도尤甚不美하고官憲이亦有하지라日本官人이韓國에渡去하는目的은但其厚給을爲홈이니本國에서보다數倍되는給料를受하야其中多數는酒色에自棄되는지라如此放蕩에一墮하면雖厚給이라도支保가無路하리니爲國之職務를不知하는如彼官人이所習悖習에迷墮홈은自然之勢로다

如此惡習이高等官人中에는其或未有나然이나我日人同業者가公然的으로報道하되屬官全部가如此習慣을同一히成하나니盖務稅書記의微末之職도頗難蒙得할如此之人을稅務官의職務로韓國에派送하며此諸人이韓半島에到達하는대로即速히不信實호地方官과交通하야賂物을受容하며窮困호人民의게서錢穀을强取하야如此悖習을本土官人보다尤甚巧猾히犯行하는지라由是로日本官憲을斷不信用할뿐不啻라反히畏之如虎하야韓人의嫌惡日人之心이日人의嫌惡時疫之心보다過하도다

宋氏의辨說을從하건대爲人之兄者ㅣ其弟를其必友愛할것시어늘若日人의待遇韓人하는것과如히行動하면後日憂慮가必多라할지라大阪報가縱論하되韓國에派遣된官憲이若以高志와信實노交涉하얏더면才能이多하고繼威가少호人士로는成就가必多하얏슬거슬韓國事에多般關係된何如日本大臣이今乃注目이라하얏도다

才能不多호人士로는每事가如彼混亂호現今韓國에서多般進就키政難이어늘我大阪同業者의量度호最善策은日本의高等官人을韓國에引入하야下僚의게好箇모範을擧示하야如此히韓人을文明之域으로指導하면日人下僚와韓國官人이東洋의完全한進步를爲하기에政府의腐敗에서免脫홈이急先必要인줄로其或認悉하리라하얏도다

本記者ㅣ讀此에送惡을不勝하노니此는宋氏가統監의認許를不有하고는何事이던지不言하거날統監府에서駐京英國領事館으로本報를裁判處罰케호바本報記述보다無限히過越호叱責을同氏가尙加홈이是也라

本人이此理由를不能知悉하며但來頭形態를頗多疑訝로注目홀것시오彼乃何意思로지는時勢所致로滿足홈量度를陳述키不能이거나와此에關係된一端問題는韓國內擾亂이其或是也니日人들이今此義兵은不過賊黨이라요普通說明호바이나此徒의目的이地方收稅人(日人)과地方警吏(日人)의게常在호은人可注目이라事狀이如此하니日本매일報는此問題를何以關係호지瞭見하노라

官報

●三千九百六十六號

隆熙二年一月九日

敍任及辭令

平理院裁判長洪鍾억
特敍勳三等賜八卦章
法部刑事局長金洛憲
特敍勳九等賜太極章
法部書記官金基肇
農商工部書記官李範益
特敍勳九等八卦章
統監府鐵道管理局長勳二等 大屋權平
統監府鐵道管理局技師勳二等 石川石代
特敍勳一等賜太極章
統監府法務院評定官 香坂駒太郎
統監府營林廠長陸軍少將 小嶋好問
特敍勳二等賜太極章
統監府鐵道管理局技師岡止矣
●理事廳理事官若松兎三郎
仝 信夫淳平
日本國陸軍步兵中佐[illegible]知之
仝 藤井幸[illegible]
特敍勳三等賜太極章
日本國陸軍步兵大尉 田口鵠
仝 佐佐木久雄
仝 漆谷精一
仝 寄田民彥
仝 安民質作
仝 箕島正夫
日本國陸軍工兵大尉渡部象
仝 本多照[illegible]
日本國陸軍憲兵大尉 肥田程三郎
日本國陸軍一等軍醫岡田良三
特敍勳四等賜太極章
理事廳副理事官高瀨經德
仝 大枚義勝
仝 竹崎六次郎
理事廳通譯官中村庄次郎
日本國陸軍步兵中尉柳沼次郎
仝 安達堅助
日本國陸軍砲兵中尉大杉茂
統監府鐵道管理局事務官補 矢野菊松
理事廳通譯官勳六等高雄謙三
特敍勳五等賜太極章
統監府鐵道局書記治郎丸森吉
仝 澤木淸太郎
特敍勳六等賜太極章
統監府鐵道管理局技師 黑岩休太郎
仝 中村彥
統監府通信管理局技師 岡本桂太郎
理事廳理事官菊池武一
特敍勳一等賜八卦章 未完

外報

●佛國廢皇后의經過 伯林電을據호則佛蘭西拿破崙三世의廢皇后유징氏는馬耳塞를經하야印度에至하야今春中에는同地에서過홀터이라더라

●俄國外務省改革 同電을據호즉我國外相이스볼스기氏는外務省改革에着手하얏더라

●摩洛哥事件 佛蘭西外務卿피숀氏는摩洛哥問題에就하야西班牙外相과協議하기爲하야馬特里에行하라호다더라

●革命黨의防禦計策 上海電을據호則廣西巡撫는廣西雲南境에서更히孫逸仙의餘黨의게攻擊을受할가念慮하야北京政府에向하야直隸에서軍隊를派遣하든지或廣西에서更히軍隊를召募홈을許可하라고請求하엿더라

●타氏演說 路透電을據호즉米國陸軍卿타프트氏가波士頓에서演說하여日菲律賓은自今三十年後或六十年間에는自治하기不適當할거시오又同島物產의烟草及砂糖에對호米國의關稅는廢止홈이宜當하거시라하얏더라

●加日間의移民問題 路透通信員의所聞을據한즉移民問題에對하야加奈陀와日本間의談判은始終이極히好意로施行되얏다는대此談判의詳細호것슨未知라더라

●鐵道問題交涉 北京電을據호則北京政府는本月四日로브터江蘇鐵道代表者를外務部로招하야光緖二十四年以來로該鐵道에關係된書類를閱覽하엿다더라

雜報

●衝火發現 今日以來로漢城五署內에賊漢等이熾盛하야或人家에衝火하는獘도有하고夜中行人의衣服도掠奪하는獘가種々有之라는데再昨日下午拾二時頃에北署[illegible]等地에서人家四戶를衝火하얏다는데火災는幸即旋滅하얏다더라

●普信熱心 樓閣洞普信學校敎師李應運漢文科敎師安弘遠兩氏가熱心敎育하미學徒가日增月加하야今過月餘에五拾餘員에達하고該氏가設夜學科而更募生徒하야敎以專門國文하고冊子及鉛筆等物을捐貧自辦한다더라

●股合優數 韓一銀行에서資本을增加하기로하고新株式을募集한다홈은前報에已揭하얏거니와其募集事務를十二月二十三日로브터全三十一日에至하는間에完了하얏다는대其保證금收納期間이短促홈으로不及호者ㅣ多有홈을不拘하고定額七千株에對하야八千六百四十三株가應募되야一千六百四十三株가超過하는故로此를減下호다더라

●吉校興旺 吉州郡雄平社龍川里吉興學校를設立六個月에學徒가四十餘名에達하나財政이窮絀하더니任員梁蘭機와郡守許源諸氏가各出義金하고敎師李明均梁萬機兩氏가熱心敎授하미校況이興旺하다더라

●리氏熱心 始興西面所下里리主事源哲씨가本年十月부터其洞中에國文學校를設立하고新聞冊子를國文으로翻譯하야人民을熱心으로敎育하미有志諸氏가[illegible]贊成하니해氏熱誠은一郡이稱頌한다더라

雜報

●其甘如密 內部大臣任善準氏가該部事務에對ᄒᆞ야무슨議論이던지地方課長宋之憲氏의言이면事々信聽ᄒᆞᆫ다더라

●洪氏還轉 內部治道局事務官洪在箕氏가今番奏本에晉州郡守를被任ᄒᆞ얏더니該氏가慈親侍下에不可遠離라ᄒᆞ야更以陽川郡守로叙任ᄒᆞ얏다더라

●防塞妙方 新制度地方局長兪仲모氏가今番新官制에落任ᄒᆞᆫ該部奏判任官이俱爲抑鬱ᄒᆞ니外任을區處ᄒᆞ기로大臣任善準씨의게勸告ᄒᆞᆫ대該大臣曰判任官은何以外除리오ᄒᆞ고牢却ᄒᆞ얏다더라

●會議案件 再昨日內閣에셔會議ᄒᆞ얏ᄂᆞᆫ案件을漏聞ᄒᆞᆫ즉封君ᄒᆞᆫ 皇室各至親에게每朔月俸一千圜式支撥ᄒᆞᄂᆞᆫ件과完興君李載冕氏에게保護巡查韓日人各二名式을派送保護케ᄒᆞᆫ件이라더라

●日人課長 今番新官制에對ᄒᆞ야各府部勅奏任官을日本人이年數以上叙任ᄒᆞᆫ다ᄒᆞ은人所共知어니와度支部文書會計司計等課에課장을日本人으로叙任ᄒᆞᆫ다ᄂᆞᆫ대文書課長은吉松씨로內定ᄒᆞ얏다더라

●其址測量 本年度春間에各部를洋制로新建築ᄒᆞᆫ다함은已爲揭報어니와日前부터日本人工匠이各部에巡回ᄒᆞ야其址를測量ᄒᆞ얏다더라

●四氏轉任 學部新官制를漏聞ᄒᆞᆫ則三土編輯員은外國語學校長으로叙任ᄒᆞ고李能和氏ᄂᆞᆫ同校學監으로叙任ᄒᆞ고日語學校長金興嘉氏ᄂᆞᆫ師範學校長으로轉任ᄒᆞ고師範學校教官朴成圭씨ᄂᆞᆫ학部編譯官으로叙任된다더라

●韓國日任 內部土木課장橋輔相氏가事務官을轉任ᄒᆞᄂᆞᆫ故로其任에ᄂᆞᆫ日本人이被任ᄒᆞᆫ다더라

●殷守云任 學部視學官柳基泳氏ᄂᆞᆫ殷栗郡守로叙任된다더라

●巡□姑停 咸北觀察使署理李永鎬씨가管下各郡에巡回ᄒᆞ야行政上을視察ᄒᆞᆫ다고內部에電報ᄒᆞ얏ᄂᆞᆫ대答電ᄒᆞ기를姑爲停止ᄒᆞ라ᄒᆞ얏다더라

●淸津開港 富寧郡淸津을開港ᄒᆞ야外國物貨를通商ᄒᆞ야貿易에便利케ᄒᆞᆫ다ᄂᆞᆫ대開港事務ᄂᆞᆫ本年度四月브터開始ᄒᆞᆫ다더라

●王巡解散 昨日上午十二時에主殿院巡檢二百六十餘名을解散ᄒᆞ얏ᄂᆞᆫ대本朔月給은至朔支給ᄒᆞᆯ터이오其後ᄂᆞᆫ宮相回函ᄒᆞᆫ後에措處ᄒᆞ마ᄒᆞ얏고軍刀만收入ᄒᆞ고其外服裝도給與ᄒᆞ얏다더라

●韓醫只二 警視廳警視拾餘窠中에韓國醫務官으로叙任된人은李憲珪崔台鉉兩氏오其外ᄂᆞᆫ日本人이一齊叙任하얏다더라

●日語講會 학部次官俵孫一氏가來十三日부터日語講習會를開ᄒᆞ기로各學校에公函을輪示ᄒᆞ얏다더라

●記者又逐 內部文書課長趙齊桓氏가某新聞記者를拒絕ᄒᆞᆫ事ᄂᆞᆫ昨報와如ᄒᆞ거니와昨日帝國新聞記者某씨가該課에入去ᄒᆞ얏더니趙씨가該記者를見ᄒᆞ고新聞記者냐問ᄒᆞ거ᄂᆞᆯ該記者가然ᄒᆞ다答ᄒᆞᆫ즉不問曲直ᄒᆞ고即爲出去ᄒᆞ라고恐喝ᄒᆞ여曰新聞記者가此課에何事로入來하얏스며自今以來로ᄂᆞᆫ別般規則을編製ᄒᆞ야新聞記者를拒絕ᄒᆞᆷ이可ᄒᆞ다ᄒᆞ고該課僚를對ᄒᆞ야橫竪說去ᄒᆞ얏다니該氏의新聞記者를拒絕ᄒᆞᄂᆞᆫ手段이日益進步됨은賀賀어니와腦裡에文明社會를嫉視ᄒᆞᄂᆞᆫ惡思想을抱有ᄒᆞ고야엇지全國人民의開明을希望ᄒᆞᄂᆞᆫ目的을知ᄒᆞ리오該氏를爲ᄒᆞ야可惜ᄒᆞᆷ뿐아니라該씨一人를因緣ᄒᆞ야文明前途의障碍될일를慨歎이라ᄂᆞᆫ說이紛々ᄒᆞ더라

●金氏被囚 前判書金宗漢氏가有何事件이던지日昨警視廳에被囚ᄒᆞ얏다더라

●紙稅濫捧 承寧府總管趙民熙씨가慶南觀察使在任時에各郡에紙稅各色을料外濫捧ᄒᆞ얏던지人民等이平理院에呼訴ᄒᆞ야裁判을請ᄒᆞ얏다더라

●地價呼冤 南門外靑坡附近田畓이鉄道에犯入ᄒᆞᆫ價額을尙未支給하얏던지該동人民數十名이該部門前에會同ᄒᆞ야呼冤ᄒᆞ얏다더라

●鈴木발程 度支部司稅局長鈴木氏가其舍弟의凶音을當ᄒᆞ야歸國ᄒᆞ얏다ᄒᆞᆷ은已爲報道ᄒᆞ얏거니와本月十一日에발程還任ᄒᆞᆫ다더라

●主婦受吊 韓國은原來內外之別이有ᄒᆞᆫ故로當喪에主婦가外賓의慰問을受치아니ᄒᆞ더니今番卒逝ᄒᆞᆫ前判書趙定희氏의발引時에該家主婦가外賓의吊를受ᄒᆞ며庭服ᄒᆞᆫ夫人도隨喪ᄒᆞᆫ다더라

●여守被囚 여山郡守李相天氏가人民의土地買賣ᄒᆞᄂᆞᆫ事에對ᄒᆞ야證明書를不時發給ᄒᆞᄂᆞᆫ時에受賂ᄒᆞᆫ事가綻露되야該道裁判所에被囚하얏다더라

●潭郡義擾 本月一日에義徒八十餘名이潭陽郡邑內에侵入ᄒᆞ야日人一名巡查一名이被害ᄒᆞᆫ事ᄂᆞᆫ前報에已揭어니와該徒侵入ᄒᆞᆯ時에巡查二名과郵便取扱所員約一名을交戰ᄒᆞ야一名을被殺ᄒᆞ고舊銃五挺을奪取ᄒᆞ얏고該黨은東軒과其他民家에突入ᄒᆞ야財貨를多數掠奪ᄒᆞ얏다더라

●嫌月射人 南來人의傳說을聞ᄒᆞᆫ즉金田停車場等地에서日民의偵探客韓人들이各以自己私嫌으로無罪ᄒᆞᆫ人民을義兵과干連이有ᄒᆞ다고指囑ᄒᆞ야誤被橫殺者가六七十名에達ᄒᆞ얏더라

●非義伊賊 陰十一月四日에義徒二千餘名이襄陽郡峴山學校에入ᄒᆞ야校舍及諸般物品을破碎燒火ᄒᆞ고寄本금二萬五千九百六十九兩을奪去ᄒᆞ얏다더라

●遞夫恤金 地方騷擾ᄒᆞᆷ을因ᄒᆞ야遞傳夫被害者가合爲三十餘名인대通信管理局에서度支部로通牒ᄒᆞ고該遺族에게救恤金을相當히支撥ᄒᆞ라ᄒᆞ얏다더라

●開會設行 西北학會에서開會式을本月十一日(土曜日)上午十二時에設行ᄒᆞᆫ다더라

●支會長改差 東亞開進教育會에서事務를確定ᄒᆞ기爲ᄒᆞ야全三道支會長을改差ᄒᆞ얏다더라

●黔山被燒 稱以義兵者幾拾名이交河黔山里에來到ᄒᆞ야錢幾萬兩을討索ᄒᆞᄂᆞᆫ지라人民이不勝威脅ᄒᆞ야每戶에幾拾兩式收斂ᄒᆞ야以待賊來터니該邑巡檢과日巡查가飛來該洞ᄒᆞ야曰若爲給錢ᄒᆞ면不免重律이라하ᄂᆞᆫ故로收斂젼을還爲頒給ᄒᆞ얏더니本月四日夜에該稱義兵者數拾名이放銃突入ᄒᆞ야拾三戶를放火燒盡ᄒᆞ고洞民二名을重傷ᄒᆞ야致至死境ᄒᆞ니百餘名人口가當此寒節ᄒᆞ야奠接無路라더라

●使酒妨社 安邱廣文社ᄂᆞᆫ有志諸氏가教育事業으로合資발起ᄒᆞ야着々前進에庶有可望이러니頑固強項ᄒᆞᆫ姜永周爲名人이每日飲酒ᄒᆞ고行悖惹援於該社ᄒᆞ고詬辱이滋甚하야該社員이不耐其苦ᄒᆞ야自退之人이多有ᄒᆞ다더라

●恭市賊警 陰曆本月初二日坡州恭陵場市에서賊漢三十餘名이黑周衣를着ᄒᆞ고市人모樣으로流伊入來ᄒᆞ야忽然放砲에市民이四散奔竄ᄒᆞᄂᆞᆫ지라전財를沒數奪去ᄒᆞ얏다더라

●果則善政 全義郡來人의所傳을確據ᄒᆞᆫ則該郡巡檢宋奎憲씨가生命財產에保護警察을實心公正ᄒᆞ야雜技局을探得ᄒᆞ야証을結縛ᄒᆞ고局전을搜索ᄒᆞ얏다가還爲解縛給錢曰今雖容恕나後若更捉이면難免重罰이라ᄒᆞ미雜技人이自然感服ᄒᆞ야不禁而自禁ᄒᆞ고該郡場市에米穀이稀貴ᄒᆞ야貧民이困難莫甚ᄒᆞ더니宋씨가米商을都聚ᄒᆞ야米價ᄂᆞᆫ自己가擔保ᄒᆞ고初場에白米幾斗式分給ᄒᆞ고罷場에價文을逐々收捧以給ᄒᆞ야米商과市民을俱爲便利케ᄒᆞᄂᆞᆫ故로境內咸稱曰地方巡檢에擧皆若是면鄉民이稍可安堵라ᄒᆞᆫ다더라

●義英擴新 楊川良策館居ᄒᆞᄂᆞᆫ璉湖郡□氏가학校를設立ᄒᆞ고命名曰義英이라ᄒᆞ고高明ᄒᆞᆫ教師를延聘ᄒᆞ야里中에靑年과樵夫를晝夜兩科로分教ᄒᆞᄂᆞᆫ대該近有志諸씨가爭出義金ᄒᆞ니數百餘圜에建ᄒᆞ야校況이日就ᄒᆞᆫ다더라

●汾校卒業 通津郡汾濟學校에서第一학年試驗을經ᄒᆞ얏ᄂᆞᆫ대普通科優等生李建星李達榮及沈相文等六人高等科優等成舜英李學先及第李圭容等十七人初等科優等成萬基張甲東及沈雄등八人인대評議長李寅赫씨가書冊紙筆墨等으로優數히施賞하고一場勸勉ᄒᆞ얏다더라

●咸郡新校 咸興南川西社殷局韓인등諸氏가資金을鳩聚ᄒᆞ야一校를設立ᄒᆞ야名曰殷湖學校라ᄒᆞ고教師ᄂᆞᆫ金勉弼氏를延聘ᄒᆞ야熱心教授ᄒᆞ미學徒가百餘名에達ᄒᆞ얏다더라

●龍婆被捉 龍山居ᄒᆞᄂᆞᆫ老婆가內人房門票를持ᄒᆞ고內人房에來往ᄒᆞ야稱爲龍山老婆ᄒᆞᄂᆞᆫ女人이渠家에在ᄒᆞ얏다가日昨에警視廳으로被捉ᄒᆞ얏다더라

●仁校開學 仁川日語學校에셔再昨日에教長教師諸씨가出席ᄒᆞ야新年開학式을擧行ᄒᆞ얏다더라

●濟校失火 去十二月二十日에公立濟州普通학校에서失火ᄒᆞ야校舍十間이沒燒ᄒᆞ얏다더라

◀地方消息▶

▲去月四日에廣州郡西北約三里大母山附近에義兵約二十名이日分遣隊를遭遇交戰ᄒᆞ얏다ᄒᆞ고

▲水原郡濱汀浦에서義兵三名이顯出하야南陽街道로往ᄒᆞᄂᆞᆫ遞傳夫를向ᄒᆞ야發砲ᄒᆞ며約十名義兵이又出追躡ᄒᆞᆫ즉遞傳夫ᄂᆞᆫ村閭에潛伏避難ᄒᆞ얏다더라

東京電報

九日발

●東宮巡覽 韓國 皇太子殿下께서近日大磯에발行ᄒᆞ야鎌倉箱根湘南等地의각名所를御巡遊覽ᄒᆞ실터이라더라

◀譏恥譏恥▶

▲父母國에長하니版籍一款이標準이라姓名居住가分明ᄒᆞ니死後魂亦韓魂이라海外風氣를欽羨ᄒᆞ야祖國을背反ᄒᆞ고外國籍에入籍하니外人心腸붓그럽다

▲幾百年前舊良案에由來結卜不一ᄒᆞ야成川浦落報減ᄒᆞ고新起作沓增結이라積縷積寸成大ᄒᆞ니隱結調査ᄒᆞᆯ슈업다貪官好吏偷食ᄒᆞ야國庫空虛붓그럽다

▲食土之民되엿쓰니耕作生涯大本이라農學博士업섯스니農業發達ᄒᆞᆯ슈업다一生貧窮恨을마라惰怠氣習成癖ᄒᆞ야片片沃土荒蕪地를他人讓與붓그럽다

▲升斗量衡不均ᄒᆞ야相欺相爭成俗이라物態以是互薄ᄒᆞ야同胞間變이可歎이라年前農部製造所에度量衡法頒佈ᄒᆞ나民間實施못되여서朝令三日붓그럽다

▲萬國通商此世界에輸出方針全昧ᄒᆞ니商業凋殘ᄒᆞᆯ슈잇나文明列强본을바다興販事務講究ᄒᆞᆫ코幾倍呼價長技로다多少物品販賣時에一場競爭붓그럽다

▲物理學을누가아나已讓頭於列强가며金銀銅鐵남다주고外國人造輸入하니非才藝之不及이오工業學習不精이라一生貧窮誰怨ᄒᆞ고自暴自棄붓그럽다

▲幾年朽敗ᄒᆞᆫ木船에人物俱品가득싯고風浪中에노흘조니危險업다져沙工아船沉人溺될지경에船隻修理왜못ᄒᆞ나茫茫海面坐如天ᄒᆞ니外國輪船붓그럽다

▲治道局을設置ᄒᆞ고道路를修治ᄒᆞ나溝渠가不通ᄒᆞ야濬川工事茫然ᄒᆞ다忽地洪水漲溢ᄒᆞ면家屋頹敗可慮로다汚穢之物蓄積ᄒᆞ니妨害衛生붓그럽다

寄書

○擧吳泳根罪狀ᄒᆞ야告同胞兄弟　吉昇淵

嗚呼同胞여聽哉々々어다凡我同胞와曾往一千三百萬圜의債報償問題에對ᄒᆞ야萬口一聲에踴躍相告曰國債報償은國民의義務라外債를淸算ᄒᆞ면帝國의獨立은自然確固ᄒᆞᆯ터이오獨立確固ᄒᆞ면吾人의社會도安保ᄒᆞᆯ터이오社會가安保ᄒᆞ면吾人生活에도潤澤이多ᄒᆞ리니如此ᄒᆞ면엇지目前에一時利益을探求ᄒᆞ야將來의永久快樂을企圖치아니ᄒᆞ리오ᄒᆞ야爭先出義에雖至於愚婦乳兒라도或投比차ᄒᆞ며或解佩刀ᄒᆞ야涓埃血誠으로期欲圖報ᄒᆞ니外人이贊助ᄒᆞ고盜心도亦感이온噫彼吳泳根은身爲國債報償義捐金期成會會長兼總務員ᄒᆞ야公心血誠이宜當倍於他人而反棄自國精神ᄒᆞ고但聽銅臭ᄒᆞ야義捐金中六千餘圜을偸食ᄒᆞ얏스니賊有義賊커던汝賊何賊가得罪於社會同胞ᄒᆞ니社會同胞之賊也오得罪於天地神明ᄒᆞ니天地神明之賊也오得罪於父母妻子ᄒᆞ니父母妻子之賊也라爾罪貫盈에天必誅之니事雖同胞者孰不欲啖其肉寢其皮哉아然而更有警仰訴ᄒᆞ니竊想同胞諸兄弟之心에必曰曾前出捐도都肥賊腸인즉將來出捐인들豈有眞償之理리오ᄒᆞ야不無疑지나決코不然ᄒᆞ니例如莠之亂禾는耕者之所惡而拔莠鋤禾然後에야可成五穀之乃倉인즉此와如히拔一惡同胞ᄒᆞ고培諸善同胞라야期圖有終에完成大事이리니若反是而以一同胞之惡意로掩諸同胞之善意즉不亦思之誤乎아顧我善意諸同胞ᄂᆞᆫ更加層血憤ᄒᆞ야一以聲討吳賊之彰罪ᄒᆞ고一以殫竭國民之義務ᄒᆞ야齊心圖力에期成報償然後에야將來大好結果가國家에도幸福이오社會에도利益이오吾人生活에도必要ᄒᆞ리니瀝血以望

●靑會講道　今日下午七点鐘에靑年會館에서査經會를開ᄒᆞ고김鐘商氏가講道ᄒᆞᆫ다더라

●인裁報部　인川港裁判所判事김潤晶씨가法部에報告ᄒᆞ되本府의書記官李회榮이本港裁判所檢事職務를兼視이옵더니隆熙元年十二月分新官制令實施後에本府書記官이廢止이온즉本港裁判所檢事職務를兼其親之이오며該管事案은日至堆案盈床이오니當何以措處이올지檢事之任이事係至急이라ᄒᆞ얏더라

●誓味訴案　一進會監督黃鐵貼가符同安城日巡査ᄒᆞ야無罪良民을指謂暴徒ᄒᆞ고招라ᄒᆞ고富民에게ᄂᆞᆫ錢財로免罪ᄒᆞ라ᄒᆞ고貧民有嫌者에게ᄂᆞᆫ擔抵罪케ᄒᆞ야陽城安城之民이萬口嗟怨ᄒᆞᆷ으로水原支部에셔黃씨을召還ᄒᆞ라ᄒᆞ되此人이侵漁에得利ᄒᆞ야不欲還去ᄒᆞᆫ다고該地來人의傳說이有ᄒᆞ더라

廣告

◉國債報償義捐金收入廣告

十二月度收入

計三百七十一圓九十九錢

自光武十一年四月二日至同年十二月二十三日都總合

五万七千四百二十六圓九十五錢七厘

慶州郡각面里 卅九圓六拾전 各人씨名及金額已廣告于本報七百号第三面

●密陽郡上西面西佳亭

리宗섭 二圓 注書安孝源
리壽華 尹根德 各一圓
甲鉉學 金七誠 各六十錢
曹赫煥 리準榮 曹杞煥
朴勳穆 리壽翁 朴志模
김敬淳 윤大元 朴顯瑞
全鍾祿 朴興鳳 김相三
김昌建 김文瓚 각四十전
신泰甲 신泰鎬 리蓬榮
曹旭煥 曹禮煥 선程圭
리壽富 尹永祐 尹大興
尹永俊 尹永甲 朴斗鳳
朴禮模 김道瓚 朴顯祥
朴鼎秀 朴鳳鳳 朴鶴鳳
朴彩鳳 朴元鳳 박漢秀
金守經 通政金達澤 金壽成
金昌甲 金昌俊 김星斗
김相斗 김敬斗 具일宣
金範瓚 金理淳 김鍾律
金鍾三 金浩瓚 尹殷輔
선廿石 各廿錢 尹大允
尹大局 各十錢 未完
合十九圓四十전

總合五十九圓
前號總合五萬七千四百廿六圓
九拾五전七厘
都總合五萬七千四百八十五圓
九拾五錢七厘

廣告

中等萬國新地誌 全壹冊

正一品大勳閔泳徽閣下序　草莽先生張志淵校閱幷序
蘭齋先生安鍾和序　石濃先生 謹跋
臨瀛后人金鴻卿編纂

此書는中等학校敎科와普通新智識을硏究하시는人士를爲하야精撰한者ㅣ라近來我國의敎科書類中에萬國地志도亦不爲不備나然이나其地名人名을每從漢音或日語而譯刊하야因其文字語音의互異함으로轉生訛誤함이頗多하미編者ㅣ以是爲病하야各히其國의名稱을隨하야以國文으로譯出하야其眞面을不失하며且簡易하고明便케하야開卷一讀에戶庭을不出하고能히各國의位置風土物産政治沿革等을周知함이此書에莫過흠

발兌元 中署布屛下廣학書舖 金相萬

發賣所 南門內倉洞 博文書館 安峴書館
鍾路 大東書市 銅峴 博學書館
동口越便 中央書館 寺동 漢陽書館
鍾路 古今書海館 廣橋 匯동書館
각地方 有名書市

瑞士建國誌

定價 金 新貨拾五錢

此書은政治小說이니志士의救國救民하는思想과人民의愛國心을養成하는대緊要한冊子오

發賣所
▲大韓每日申報社
▲仁川港栍峴 開新冊肆
▲中署布屛門下 金相萬冊肆
▲平壤城內烈女洞 敎育書館
▲鍾路 古今書海館
▲洞口越便 中央書館
▲鍾路 大東書市
▲大廣橋 滙京書館
▲寺동 滙文書館
▲開城 姜助遠 冊사

(朴晶東씨譯述)

●國文新撰家庭學 全壹冊九拾餘頁 正價金三拾전
●國際公法 全壹冊百四拾頁 正價金四拾전
●經濟原論 全壹冊百拾頁 正價金卅五錢
●意大利獨立史 全壹冊百九拾頁 正價金五拾전

發售處 ▲中署罷朝橋越邊 中央書館 ▲鍾路 大東書市 ▲南署大廣橋東邊 匯東書館 ▲布屛下 廣學書舖

●大韓國新발明靈藥廣告

陸軍軍醫正金守鉉君 陸軍軍醫張基茂君의有效證明과實驗方劑으로淸心保命丹을발明인바効能은如左하니 僉君子는試驗을望

新藥 淸心保命丹

本舖 仁川港栍峴 濟生堂

●主治効能 ●廣飮食積滯 ●中暑中寒 ●咳嗽痰喘 ●不土不服 ●氣鬱腹痛 ●舟車眩暈 ●食傷吐瀉 ●口熱惡臭 ●酒醉 ▲其他諸般運氣風疫預方妙藥

발行人 仁川港栍峴 濟生堂 李庭鳳

代理店 京城鉢里동 共愛堂藥房

特約店
京城鍾路 慈惠藥房
同 梨峴 李信華洋藥局
同 尙洞 金亨冊사
同 南門外 廣濟藥院
●仁川內洞 韓禹植
同 外峴 和平局
●開城南門內 朴圭桓
同 忠橋 具聖模
●水原鍾路下 金濟九藥局
●海州宗路 元昏溢
同 宗路 宋根孝
●延安邑內 邊汝文
●江華鍾路 宋順東
同 邑西門外 高成根
●長湍邑門內 崔載淳
●龍山砂利院坊內 박健昌
全 任允中
全 李在吉
●黃州南門니紅門洞耶穌敎堂內 李東林
●平壤雙巨里 韓鳳儀藥舖
全 封鎔化藥舖
全 文武洞館 金龍興藥舖
全 檀君殿 桂澤宣藥舖
全 里門동客 金鳳天藥舖
全 金元 朴重瑞
●鎭南浦築洞 金元藥舖
●信川邑니四里 朴院俊
●載寧山港開洞 金斗鉉
●京南大門外 大同總會社
●全泥峴郵便局前 天佑堂
●三水郡伸坊客主巨里內 宋君八

此外에도現代에문明각國有名각種靈藥이俱備함

◉米國製造補益藥本 新到大瓶定價金三圓
◉德國製 起陽丸 三十日分服 定價金十五圓

◉米國大학醫院處方
醫學校長勳五等池錫永氏
製藥鑑査入濟衆院醫學員 有効證明 洪鍾厚 朴慈惠 리觀化

食慾振起 精力活潑 補益丸

商標

定價 拾日分服三十個入 金一圓
二十日分服六十個入 金一圓七拾五錢
三十日分服九十個入 金二圓五拾錢

此藥에主治効能用法은在於藥封니하오니第一老衰男女에傳効가有하고勞心勞腦하시는司法官吏와敎師와銀行會社員과學生과坐店商人과多産한婦人에運動不足으로生한陰陽俱虛症과健忘症과貧血症과手足厥冷과頭痛과腰痛이잇는各病에靈効가有하니此藥을每日朝午夕食後三次에一丸式淸水吞下하시면身體가强壯하고精神이活潑하고飮食이添하고百病을預防하는眞奇世靈藥이라男女勿論하고五歲以上으로老年에至하는間에諸般원因으로來하는虛弱에하나이即營養不良之致로滿期개除通치못하거나女子에經度가始作하지아니하거나經度不足或閉止하는데와房事過度之致로精門이流出하거나房事時에陰莖이萎而不起하거나當門望門하는諸症과不治되는痼疾과肝歸熱과虛失氣한久病人이速히蘇完되오니男女間病之深淺을從하야一二朔且三四朔만連服하시면必效가有하기로保證하오

◉製造本舖 漢城鍾路萬國基督敎靑年會館前 慈惠藥房

●驗効解瘧 一日分定價金拾錢此藥은大人小兒長瘧과初瘧에腹痛에以服用하면更不再發
●蛔虫丸 一日分定價金拾전此藥은大人小兒蛔積과蛔虫의二三日服用하면蛔虫을殺하는妙藥
四時感氣丸 一日分定價金拾전此藥은感氣몸살의씨는藥인대一二日連服하면頭痛解熱
●男女痲疾丸 定價金五圓此藥은痲疾의一期二期勿論하고그근하는약을주오
●獨逸國淋疾丸 七日分定價金一圓四拾전此藥은男女淋疾勿論하고速効가잇서用藥之日로殺菌止痛하고利尿止濃
●淸明眼藥 一日分定價金拾錢此藥은火眼熱眼의多有奇効
●鎭咳嗽藥 五日分定價金三拾錢此藥은拾五歲以上人에用하는藥인데四時尋常性咳嗽에有効하고特히老人哽咳에偉効
●無惡臭拆瘡藥 定價金四拾전此藥은拆瘡을滅殺하는藥
●寸虫藥 定價金三拾錢此藥은有鉤寸虫無子寸虫이當場殺出
●米國膏藥 定價金二拾五전此약은冬春間皮膚病에奇効
●淸國上海膏 定價金卅錢此약은肩臂痛脚腿腰膝酸痛에神効
●斷酒약 定價金三圓此약은西洋서도信用하고日本서도信用
●漢城百應膏 一封의定價金拾錢此약은舊약醫士李信友氏方文으로製한약인데멍울리삭히는대第一神効하고各項腫에去根合瘡하는대便利하고神速하오
●止足汗藥 二十分定價金貳拾錢此藥德國軍人常用除惡汗臭

西藥便方 全

定價金壹圓 郵稅十錢

此冊은漢城濟衆院약方文을我國漢文으로아라보기쉽게翻譯한冊인대京鄕각약局에서此冊을買讀하시면永年약衆이될만한壹代神方인대약方文한張에代금一圓拾圓百圓千圓以上에方文이잇고明年度에는各項고약製造法을添付하야발賣
品代理발賣店 京城梨峴洋약局李信華 仁川栍峴濟生堂李庭鳳

◯徒洋裝書冊 學徒運動과諸具 羅紗各種 美國金時計 衣服裁縫其他雜貨도廉價放賣하오니諸君子은來臨하심을敬要하나이다
仁川港栍峴新冊肆

一般事務를倍前擴張하고迅速處理함
中署許병(선전병문)八統二戶
辯護士 尹邦鉉
辯護士 太明식
辯護士 李容相
聯合法律事務所

越南亡國史 譯述文 定價貳拾伍錢
發賣所 京城廣通橋 廣學書舖 鍾南銅川郡時 書館
布屛下김相萬 告白

●本社廣告

○申報價
一張代金 新貨二錢五錢
一個月前納 三十錢
三個月 九十錢
六個月 一圓七十錢
一個年 三圓四十錢
郵稅一張 新貨五厘 一個月 十三錢

○廣告料
四号活字十三字詰每日每英尺一寸에新貨拾錢 (每日每行六厘에相當홈)
二週日에 二圓五十錢 (每日每行四厘에相當홈)
一個月에 五圓 (每日每行三厘에相當홈)
其間隔의長短과字行의多寡를依하야價額을이增홈

發行兼編輯人 英國人 裵說
發行所 南署石井洞殷外地三層洋屋家 大韓每日申報社

第六卷

大韓每日申報

第七百六號

月曜及慶節
歲時日休刊

檀君開國四千二百四十年
箕子元年三千二十九年
大韓開國五百十六年
日本明治四十一年
大淸光緒三十三年
陰曆丁未十二月小初八日乙丑

論說

●警告于留學生諸君

嗚呼라十年以前留학生의地位를回顧ᄒ건ᄃ其悲境이何多ᄒ던가留學生이라一稱하면朝廷에서는蛇蝎又치視ᄒ며頑固輩는夷狄으로斥ᄒ고父兄은棄子라悲嘆하며朋友는異類라嫉視ᄒ고甚至奸細小人輩가政府黨의意를迎合하라고還國ᄒ는留學生를革命黨의一員이라誣陷ᄒ야革鞭桎梏으로刑庭의慘觀을演ᄒ고幸而得生ᄒ더라도茫々장海에泣결客이되던留學生인대

拾年之間에時勢ㅣ如何히變遷ᄒ얏던지蛇蝎이變ᄒ야神明이되며夷狄이變ᄒ야聖賢이되고棄子가奇男되며異類가親兄되야全國內人心의留學生歡迎홈이臨旱의草라

美國이나遊覽ᄒ얏다ᄒ면華盛頓林肯이된줄로仰ᄒ며英國이나一旅行ᄒ얏다ᄒ면乃利孫格蘭斯頓이된줄로思ᄒ며日本某大學科에서卒業ᄒ얏다ᄒ면商務학問을無不通曉인줄로熱望ᄒ고或者는幾百名留학生만卒業歸來ᄒ는日에는韓國獨立이地上에湧出홀줄로信認ᄒᄂ니今日人心이니今日에坐ᄒ야往年을回顧ᄒ면感時의淚가自湧ᄒ리로다

果百年鎖國頑夢ᄒ던韓國으로一朝에世界와交涉ᄒ미文明學問의輸入도惟留學生을是仗ᄒ지며各種技術의發達도惟留學生을是賴ᄒ지며將來政治實業萬般思想으로國民을喚起홈도惟留學生을是待하리니然則今日人心이留學生을如此厚望홈뿐아니라抑亦實際上韓國의前途가留학生兩肩上에擔在ᄒ얏도다

何國이留학生을外藐치아니ᄒ리오만은但渤海又홈輿望을帶ᄒ고泰山又홈重任을擔ᄒ者는世界各國人留학生中獨一無二의韓國留학生이로다

未知케라留학生諸君이此를資何等事業으로酬答ᄒ라ᄂ지

留학生諸君아一念이此에及ᄒ면依枕에不能寐ᄒ며對飯에不能食ᄒ고勇往直前堅忍不拔의氣槪로祖國을爲ᄒ야一拜ᄒ며同胞를爲ᄒ야一祝ᄒ고此塗炭水火中에陷在ᄒ我家兄弟를拯救ᄒ리라決誓ᄒ고학問과事業에孜々汲々ᄒ리니又何吾輩의警告를待하리오만은

後來留학生의成就如何ᄂ吾輩가豫言키難하거니와目下卒業還國ᄒ幾個人씨를觀ᄒ건ᄃ往々其人品價値와學問程度가內地人士의不滿을抱케ᄒ는도다

今에氏名을擧ᄒ야迫切評駁홈은不堪ᄒ거니와現在及未來留학者의鑑山石을作ᄒ며又其當者人의反照鏡을與ᄒ라ᄒ야略々其缺點을擧ᄒ노니

聽ᄒ라諸君아或留학卒業에名譽를藉하야社會上에出入ᄒ며欺僞나甘行ᄒ고或外人을依賴ᄒ야自巳의勢力이나誇張ᄒ며或虛驕를自恃ᄒ고萬丈氣燄ᄒ야先智을非笑ᄒ고僥類을倣䚎ᄒ며或大官을諂媚ᄒ야仕宦에나圖得ᄒ며或牧民之官을任ᄒ면民膏나剝割ᄒ며或衙伶阮籍의荷件을招呼ᄒ야千金不換의好光陰을虛擲乾坤에坐送ᄒ며或左漢右姿에高枕憂眠ᄒ야昇平故代의惡慣이나甘製ᄒ고其蘊抱를問ᄒ면가짓語幾句의通辯과法律幾卷의管窺에不過ᄒ며其事業을觀ᄒ면 二爺新籍의譯出과一二處學校의設立도無有하고或有之하더라도後則語句가模糊ᄒ며文法이冗雜ᄒ야可觀홀바少ᄒ고此則熱心이不足ᄒ며教科가不完하야涉上建屋과同ᄒ며乃其平居의言論思想을觀ᄒ진던自己는或英法德美日奈俄羅斯人으로此國을傍觀하ᄂ者인듯시祖國歷史나一冷評ᄒ야日如此萎靡ᄒ國에서何事를可爲ᄒ리오하며自己는或章ㅁ遜倂斯麥加富爾瑪志尼同等으로不幸히此國에生ᄒ야무삼功業을못ᄒ는듯시祖國人種이ᄂ 冷嘲ᄒ야日如此頑迷ᄒ人과何業을共建ᄒ리오ᄒ고洋裝日帽로昂然獨行홀而已라然故로一般人의批評에는日留學生者는不過是靑年子弟를驅ᄒ야外國人의心腸을換人케홀다ᄒ며斯言이雖過나留學生됨諸君의就々ᄒ思홀處이니라

以上所列이留學生卒業還國者의大多數가盡然홈은아니나往々此等蝮蛇가幾部分式은蔽在ᄒ야留學界의遺恨이不無홈으로神明又치敬慕ᄒ는者ㅣ다시蛇蝎로視ᄒ며聖賢又치尊仰ᄒ논者ㅣ다시異類로顧홀慮가不無ᄒ니嗚呼라前日에는留學生을仇視홈으로韓國〻維新의機를抹殺ᄒ얏다ᄒ라니와今日에自誤ᄒ고야엇지他人을是責ᄒ리오

記者ㅣ請一言으로忠告ᄒ야日未來韓國의興亡은現在留學生의成就如何에在ᄒ나니思홀지어다慈悲가不足ᄒ면엇지牢固ᄒ大地獄을打破ᄒ며學問이不精ᄒ면엇지頑腐ᄒ舊학家를感服ᄒ리오現在留학生은未來韓國을爲ᄒ야思홀지어다

官報

●三千九百六十六號 隆熙二年一月九日 續

敍任及辭令

日本國陸軍步兵少佐 小川賢之助
仝 安滿欽一
仝 永田十寸穗
特敍勳五等賜八卦章 未完

外報

●移民法內容 路透電을據ᄒ則今回新移民制限法規定이되야스나同法案에依ᄒ야ᄂ移民이其生地로브터移住地에赴치못ᄒ게홈은布哇에日人을不得入來케홈이라더라

●武器收取後日加衝突 桑港電을據ᄒ則晩香坡警察官이同地에在留日本人의家屋內에入ᄒ야武器를搜索ᄒ야沒收奪去ᄒ後數日에日本人이河奔陀濟防夫와衝突ᄒ야三名이致死ᄒ얏는ᄃ何國人인지不知라더라

●間島問題 北京電을據ᄒ즉淸國政府에서先히間島問題에就ᄒ야證據書類를提出ᄒ고更히段々으로照會ᄒ얏음은送ᄒ고韓淸境界問題에依ᄒ야鴨綠江豆滿江間의森林二三十里가全然淸國領地라ᄒ고萬若使日本人으로在間島韓國人을保護ᄒ기爲ᄒ야適宜의方法을하라면速々히交涉ᄒ라ᄒ얏더라

●世界大艦 倫敦電을據ᄒ즉英國專任水軍학博士ᄒ쓰림氏가言ᄒ되英國一等戰鬪艦으로말할것는製造홀以後로世界에對敵홀戰艦이無홀지라十三寸되는大砲가十個니大砲의用ᄒ는彈丸은二分間을발射ᄒ는ᄃ其重이가 一萬五千五百斤이라더다

●連名上奏 北京電을據ᄒ즉東三省總督徐世昌奉天巡撫朱家寶黑龍江巡撫程德全等의連名上奏를依ᄒ야近畿陸軍으로東三省에駐屯홀軍隊의經費는陸軍部에서支出홀事로決議上奏ᄒ얏다더라

寄書

電氣會社長骨佛安

弊社의電車賃金改定問題에關ᄒ야如左記事를送呈ᄒ오니貴報에登戴ᄒ야事實을廣須통悉케ᄒ심을爲要ᄒ옴

本社에서電車營業을開始홀當時에는普通流行金額이韓錢葉錢인대車賃定價五錢이日貨五錢과相等ᄒ야票面價額이滿足하얏더니其後로는韓貨價値가漸次低落ᄒ야舊白銅貨(五錢조리)一枚가二錢五厘로行用ᄒ얏스되車票價는如前히如此홀韓貨로만全數收入ᄒ기限定홀票價에서半減이된모양이라

政府當局者가兩次定期ᄒ야舊貨還收를實施之意로屢次公佈홋러니最後定期가已過ᄒ얏스되何時에나確定홀通貨가行用이될는지는尙然懸辨中인더本社에서는韓貨低落이始作될時부터各雇傭員의月給을原定額坪에照ᄒ야新貨로支給케되얏슬뿐더러加之에事役은增加되얏슴으로韓人과日人雇傭員의月給支出이半倍或二倍々지增加된지라此를解明ᄒ건ᄃ往에韓人掌車手와運車手의月給이每月舊貨로平均十五元式支出ᄒ던거슬至今은每月日貨로平均二拾五圓式支出홈즉本社電車料收入額에對照ᄒ야는舊貨坪에서二倍以上의費用이增加된지라

各等車手與運車手의게還車ᄒ人之變이無ᄒ時에는每月三圓或五圓々지支給ᄒᄂ賞與金은該二拾五圓中에包入ᄒ얏고其他各恪職務ᄒᄂ人員의게每季에分給ᄒᄂ賞與金은此額中에不入홈이라

韓人軌道役夫ᄂ往昔에每日舊貨四十錢式支給ᄒ던거슬至今은日貨로五十錢式支出ᄒ고

發電機關所雇傭人月給은如左히增加홈

韓人機關手ᄂ舊貨二十元방든것이新貨四十五圓이되얏고火夫ᄂ舊貨十五元방든것시新貨拾五圓이되얏고冶匠이ᄂ舊貨三拾元받는것시新貨 一拾八圓이되얏ᄂ지라

本月一日부터實行하ᄂ改定電車賃金表ᄂ舊往에票面定價와收入額이滿適홀時에本社에서的定홀貨金에서全然히改定홈은아니오價値가折半低落된舊貨에對ᄒ야增加홈인ᄃ其詳은如左홈

鍾路龍山兩線은舊往에三站에分ᄒ야每站에舊貨五錢式받앗든ᄃ至今은兩站에分ᄒ야每站에新貨五錢式받으니舊往에받든舊貨坪에對ᄒ야增加홈이三分之一에不過ᄒ고

東大門西大門兩線은舊往에兩站에分ᄒ야舊貨拾전을받앗는ᄃ至今은單一站으로定ᄒ야新貨五전을받으니此는全然히增加홈이無ᄒ고

東大門外와西大門外兩線은各站에서低落된舊白銅貨에代ᄒ야新貨五전式받앗습

大韓每日申報社長 閣下

官預定이라더라

雜報

●官制頒布 각部新官制任免件豫備되얏다는說은已揭어니와統監府에셔裁可가되야本日붓터次第頒布된다더라

●泰栄獨落 前後秦本中部守가ㄴ十二藥오有尹이三藥러대東萊府尹李教愈氏만奏裁되고其餘는府㕔이多端ᄒ야勿施된다는說이喧藉ᄒ더라

●宋獨落後 宮相李允用氏가三昨日에宮相李完用씨의게電報ᄒ되該씨가歸國ᄒ잇次로先爲발程ᄒ고宋相秉畯氏는追後回國ᄒ기로하엿더라

●法判任釋慮 法部次官倉富勇三郎氏가歸國ᄒ얏을時에該部一般官吏를對ᄒ야日今番新官制改正에奏任官은未知어니와至於判任官ᄒ야는斷不改遞이니釋慮視務하라ᄒ얏다더라

●觀察云任 副賛議李斗璜氏가全州郡守로叙任된다는說은已揭어니와詳聞ᄒ즉全北觀察使申泳均氏가內部衛生局長으로內移ᄒ고其代에被任ᄒ다더라

●法部建築 法部에셔度支部에照會ᄒ되該部가素是狹隘ᄒ데今此事務擴張에不便이太甚ᄒ야不容不建築이니急速修繕ᄒ라ᄒ얏다더라

●二所營繕 京城次郎平壤二所에控訴院과地方裁判所及區裁判所에充用ᄒ營造物을傳卽建設ᄒ라고法部에셔度支部로照會ᄒ얏다더라

●九百宴設 總理大臣以下各部大臣이新年宴會를一次式輪回設行ᄒᄂ대其經費는各其五百圜假量이라더라

●四次回期 內部次官木內重四郎氏가本月二十日頃에還任ᄒ다더라

●官慾熱中 내部奏任官의叙任件을頒布ᄒ기前에新任ᄒ一般日本官吏들은次第仕進ᄒ는대該人들의仕宦熱心은韓國人보다倍加ᄒ다더라

●主殿轉吏 主殿院醫務官以下解散後에仍置ᄒ기로ᄒ醫務官二人總巡四人巡檢八十四名이라더라

●前日視務 前警地方局事務官을被任ᄒ渡邊錦三郎及府尹主事錦織足喜兩씨는昨日부터仕進視務ᄒ얏다더라

●徒費名片 內部大臣任善準씨가近日來賓을接見ᄒ며名刺를先受ᄒ야緊切ᄒ人外에는拒而不接ᄒ는故로再三往訪ᄒ는者가名片만徒費ᄒ다더라

●鶴岡移渡 內部府郡課長宋之憲씨가社寺課長으로轉任ᄒ代에日本人鶴岡氏가被任ᄒ얏다더니該氏ᄂ現今日本國에在ᄒ더니渡韓赴任ᄒ다더라

●三變報部 安邊郡主事權命沼定平郡主事韓鍾秀甲山郡主事朴奎三人이備不削奬ᄒ얏스니不可仍置라고該道觀察使가內部로報告ᄒ얏더라

●上村表情 학部事務官上村正己氏가今番特派大使隨員으로歸國ᄒ야再昨日에該部官吏의게表情ᄒ얏는대奏任官의게는硯一匣式이오判任官의게는鐵楼巡一介式送ᄒ얏더라

●內大風流 前報와如히內部大臣任善準氏가再昨日에自己私邸에셔宴會를設ᄒ얏는대妓樂으로送宕盛遊ᄒ얏다더라

●解雇紀念 度支部財務顧問部에셔今日下午六時에花月樓에셔解雇紀念會를設行ᄒ다더라

●仍存運動 合郡ᄒ다는事項有體力ᄒ郡守들은仍存ᄒ郡으로遷轉運動ᄒ는者多하다더라

●騎兵物品 新設ᄒ騎兵隊營門의諸般軍用物品을一新히昨日에購入ᄒ얏다더라

●仕宦之計 大韓新聞社長李人稙씨가責任을辭退ᄒ얏는대該氏는將次官吏로需用ᄒ다는說이喧藉ᄒ더라

●巡察可恥 巡察李圭환씨는開城郡守劉漢容씨의게무삼嫌疑이던지以無何之事로論報於內部ᄒ기數三次이라內部에셔元來李氏의建事不公을詗悉ᄒ는지라該郡守의實地上處事를調査ᄒ則少無欠點ᄒ고將有可懲라ᄒ야觀察ᄒ報ᄒ以實로ᄒ고該郡守는永久仍任으로勸誘ᄒ送ᄒ얏다더라

●巡査학徒 漢城巡查教習所에셔巡查學徒를募集ᄒ는대該학徒의게手當으로支給ᄒ더이오卒業期限은三個月인대本月十六日에試取ᄒ다더라

●勤惰選擇 各地方警察署에派送ᄒ기爲ᄒ야觀任巡檢中多年勤實視務ᄒ人으로若因設五十餘人을選擬陞差ᄒ다더라

●女校建設 학部에셔官立女學校를建設ᄒ다더라

●申씨選定 大韓新聞社長李人稙氏가辭免ᄒ故로該社總務申光회씨로選定ᄒ얏다더라

●捐與興仁 前宮內府大臣李載克씨가興仁學校에教育進就를爲ᄒ야金額을捐與ᄒ얏다더라

●稅官明査 漢城稅務署에셔今年作夫結總을各分署로已爲勅令ᄒ郡에施行ᄒ結은免爲陞總ᄒ얏거니와餘在分署의査陞結이幾畢到인바仁川五十結二一九負三束과江華拾四結六負八束과喬桐十二結八拾五負二束과楊州拾一結九十六負九束과富平一結五負二束을陞總ᄒ고度支部에報告ᄒ얏다더라

●學院受贖 再昨日에主殿院巡檢解散ᄒ事ᄂ已揭昨報어니와該巡檢을該院에會集ᄒ야解散時에日巡査幾名이換銃徘徊ᄒ고願不願을受ᄒ는대仍給服務之人은擧腕ᄒ라ᄒ얏는ᄃ擧腕者는十餘人이오其餘는恩賜金을繼許든지出給ᄒ면送去生業ᄒ깃다ᄒ얏는대恩賜金姑未支給ᄒ고恩賜畓田給에는幾朔間每朔八圜式給ᄒ意로曉諭解送ᄒ얏다더라

●研校失火 再昨日下午十一時에三淸동研成학校에셔失火ᄒ야拾一間이燒ᄒ고旋即撲滅ᄒ얏다더라

●有勢之盜 平壤觀察使朴重陽氏와서法行政은萬口喧傳인마公私土賣食이尤其第一伎倆이라該道贍學庫屯土를外人의게賣渡ᄒ야一萬八千圜을捧食ᄒ얏고又平壤廳中에在ᄒ日影臺는該地居宋顯涉의先祖가自費物力ᄒ야建設敎育하던地를捧價一千六百圜ᄒ고潛賣於外人ᄒ얏스니有主之地를恣行賣食이純是强盜所爲나彼가位居觀察ᄒ고權兼裁判홈으로失土之民이不得呈狀ᄒ야伸理가無處라ᄒ니此所謂有勢之盜는法無如何라ᄒ더라

●白髮學生 平壤西門內居金應祚氏는淳厚樸實之人인대年今六十에恨其不학ᄒ야不解新學하든故로購蒙千字四冊을受學ᄒ고茶餅을具ᄒ야觀衙에晝宴待ᄒ얏다ᄒ니日本伊藤圭介씨가六十에始학ᄒ야大學校卒業ᄒ자지ᄒ얏다더니今此金씨도以其淳實之姿로晚年篤學이如此其勤勵ᄒ니桑楡之收가亦非難事라하노라

●交河勸學 交河郡守尹夔榮씨가莅任以後에人民의敎育을熱心勸勉ᄒ야短枝草鞋로境內에巡行ᄒ야家論戶說하야該邑底에高等普通학校를設立ᄒ고面面에私塾研究를募集ᄒ야新學問을速成科로教授ᄒ야卒業ᄒ後村村에小學校를設始케ᄒ다더라

●有志竟成 堤川郡兵火後에家戶를放燒ᄒ고流離無告ᄒ貧胞를救濟ᄒ기爲ᄒ야有志諸氏가建築會社를發起ᄒ다ᄒ니累揭ᄒ얏거니와今에聞ᄒ즉從具哲鉉皮朴契臣李昌雨某某諸氏가熱心贊助ᄒ야各出담勞이百餘石落에至ᄒ얏는대一郡代表로前承旨金鶴鉉씨具然誠회씨三人가得償次로足上來ᄒ얏다ᄒ니可히灰燼을當ᄒ地方에模範이될만ᄒ다고稱誦이藉藉ᄒ더라

●中末賊警 再昨日上午十一時에中部寺洞車千吉家에賊漢二名이各持短刀ᄒ고突入ᄒ야裁縫機械等物을奪去ᄒ더라

●假生埋 果川郡讓適里等에셔稱以義兵ᄒ고人民의財産을掠奪ᄒ던者六名을義兵三名이拏到捕捉ᄒ야掘地生埋하얏다ᄒ라

●浪浦成璟 浸淄來人의所傳을據ᄒ즉該郡古浪浦等地에셔日兵이居民의게火薪과鷄卵等物種을多數勒討ᄒ고價文은半減出給ᄒ야附近人民等이支保無路ᄒ다대必是通辯人의挾雜이라ᄒ더라

●學校教授 青年학校에셔學員의科程을添入ᄒ야音樂과圖畫를問日教授ᄒ다더라

●醫章拾得 金元甲이가李濟鴻이刻ᄒ醫章一個를拾得ᄒ야本社에留置ᄒ고本主에來覓ᄒ를待ᄒ더라

●德信光明 北署樓閣洞에私立德明학校는有志紳士諸氏가設立ᄒ於學教育ᄒ는대學徒가日益增加ᄒ야四五十에至ᄒ얏고校長嚴俊源씨와事務員이熱心教育ᄒ는中夜學日語算術을加設ᄒ고名譽教師金駿秀李英漢柳榮耐三氏가熱心教授ᄒ다더라

▲地方消息▼

△去二十七日午後에事雄郡古田里에셔林魁應允善部下四百名이駐屯ᄒ으로原州日守備隊가前往交戰ᄒ얏다ᄒ고

▲八日公州錦江左思津附近에셔義兵一百五拾名이日守備隊와交戰ᄒ얏다ᄒ고

▲七日白漏嶺方面에셔義兵五百名이日偵探隊와交戰ᄒ얏다ᄒ고

▲二日高山郡砥石嶺외셔義兵이酒店中에在ᄒ는情報를日巡查가接ᄒ고前往交戰ᄒ얏다더라

東京電報 九日發

◎滿鐵繁盛 滿商總局當者는海華城의由港이廢止된結果로滿洲鐵道의物貨가增加ᄒ고滿洲貿易이尤極繁盛ᄒ더인故로喜悅ᄒ다더라

▲鐵洋九疊▼

▲三尺琴빗기안고世上事로줄골ᄒ니山峨水洋九曲中에너心懷가平ᄒ다

第一曲 藥局을살펴보니빗귀고나마음이다江水는썽그ᄋ코北岳山은근심ᄒ다英雄志士몃몃치도命혼눈물졀ᄒ는다시르렁둥덩실

第二曲 나나파라업은地位ᄒ大臣이누구신가臥送歲月ᄒ더니怒風波누가알가如天巨艦돗숑ᄒ니繫頸安危念慮로세시르렁둥덩실

第三曲 黃扉에놉흔달쇼원박회가다찻도다十五夜가지낫스니山河影이減損ᄒ야童子아잔잡어라서달보세시르렁둥덩실

第四曲 四段分割定ᄒ니士쓴더업따軍用鐵網制傑에山川草木이슬퍼ᄒ다丈夫가홈의矢至彷徨道路블슈업다시르렁둥덩실

第五曲 竹杖芒鞋短瓢子로靑邱八域도라드니곳곳시銃쇼리오村村히烟焰에魚鼓鳥竄엇지하야可憐하다人生들시르렁둥덩실

第六曲 雪寒風찬바람에白屋生涯홈슈업다廚烟이冷落ᄒ니前村猶有未炊時라命財産어대갓나呼哭소리뿐이로다시르렁둥덩실

第七曲 蓬萊山어에미五明隆操ᄒ불너[illegible]든장窓紅[illegible]下로固執마소더蒼엇지ᄒ고시르렁둥덩실

第八曲 더러가는더砲手ᄒ鳥銃되손에들고조츰조츰深山窮谷無人處에如此大虎더러잇다귀야을이번에一發砲響에天地震動시르렁둥덩실

第九曲 青山아우러보쟈世上事를베알니라幅員은三千里오宗社는五百年이라어는때나風塵이개여聖世太平시르렁둥덩실

社告

○告各支社員

本社對各支社中報代金限歲內未納則廢止該支社之意業已廣佈矣趁期收納不過數三處而其中全無收納者則斷當廢止以示本社之有信用無食言然再三回思則不忍徑廢者有三焉本社之本意只在於韓國同胞共務文明非爲營業的起見則爲本社之體面不欲廢者一也

各支社社員分擔本社之義務親手分傳不避風雨今人即以誤暗衆爲支社之勤勞而不忍廢者二也

各地購覽君子愛本報如父兄親友未起牀而先讀徵一發而償代金甚至於各區忠告者等序飛到顧之以無休刊如此至情安敢相負爲購覽員之眷愛而不忍廢者三也

爰以文務轉思至此見廢一字落淚萬點寧爲食言不忍一朔告別故更寬一朔以待回音

江華郡御非面餘鎭植氏第에本支社를設置ᄒᆞ얏사오니該附近地에서本申報를購覽ᄒᆞ실 僉君子ᄂᆞᆫ該支社로請求ᄒᆞ시고代金도該鎭植氏에게로送交ᄒᆞ시믈務望

雜報

●協會開會 大韓協會에서本月十一日下午一時에西署夜珠峴官人俱樂部內에서通常總會를開ᄒᆞ고會務를處理ᄒᆞᆫ後傍聽을許ᄒᆞ고左開三題로演說ᄒᆞᆫ다더라

國體의效力　南宮억
政黨의得失　鄭　喬
地方의現況　鄭雲復

●青會討論 今日下午七時에青年會舘에서特別討論會를開ᄒᆞ고敎師와塾과養正義塾을請ᄒᆞ야懸化之風이勝於競爭之道란問題로討論ᄒᆞᆫ다더라

●緇徒呼冤 東大門外塔洞普門寺僧止雲與僧田里居하ᄂᆞᆫ米商韓景二과畓訟事에對ᄒᆞ야漢城裁判所民事所에서對質裁判ᄒᆞᄂᆞᆫ데法官에公正明白ᄒᆞᆫ處判으로判決ᄒᆞ을圖給ᄒᆞ고韓景二의非理虛無ᄒᆞᆷ을警戒曉諭ᄒᆞ야已爲妥貼無餘矣라韓景二이符同雜類ᄒᆞ고蔽屬日本辯護士ᄒᆞ야日此僧을强制力으로捉囚用刑ᄒᆞ고沓八斗落을贈與ᄒᆞ여주면沓價ᄂᆞᆫ從時價ᄒᆞ여辯護士를給與ᄒᆞ마ᄒᆞ얏다고使人威脅ᄒᆞᄂᆞᆫ故로諸僧이會議ᄒᆞ여日吾輩가一切俗人에慈悲之心施主力으로供佛生命ᄒᆞᄂᆞᆫ一線可憐賤命이라無端히無證據ᄒᆞᆫ畓事로一個惡介物韓景二에恐嚇ᄒᆞᆷ人ᄒᆞ고强從ᄒᆞᆫ事ᄂᆞᆫ果不忍受라ᄒᆞ야生命財產保險ᄒᆞ여달나고漢城裁判所에一般諸僧이呼訴ᄒᆞᆫ다더라

●哀哉宣民 宣川鎭郡守俞鎭浩氏가人民을壓制ᄒᆞ야自衛團에勸入식이기를前日東에勸導ᄒᆞ듯ᄒᆞ야日巡査의게挾眠ᄒᆞ고巡檢世派送威脅ᄒᆞ미宣川一境에民情이嗷々ᄒᆞ야不可支保中이라더라

東萊府尹署理參書官崔惠○가遊學殊邦에嫺熟外交ᄒᆞ고剖斷從理에刑獄이得平이온대自其署理之後로捐廩ᄒᆞ야儒化大行ᄒᆞ고設會防疫에生命이無損ᄒᆞ니萬口成碑에惟恐或失ᄒᆞ더니適値官制變更ᄒᆞ야本府參書官廢止之說을聞之ᄒᆞ고闔境이落望에民心沸騰ᄒᆞ야方今韓日官民이崔氏를爲ᄒᆞ야送別會를盛大히設ᄒᆞ야悵然ᄒᆞᆫ情을表ᄒᆞ고一邊은民人이聯足上京ᄒᆞ야內部에亦將請願ᄒᆞᆫ다ᄂᆞᆫ데崔氏의許多治蹟을難以枚擧ᄒᆞ와略錄如左ᄒᆞᆷ

一 訴訟投函을製造하야公門에掛置ᄒᆞ고人民의訴訟을便利케ᄒᆞ며抑冤ᄒᆞᆫ事件을得伸케ᄒᆞᆫ事

一 丙午結稅ᄂᆞᆫ每結에葉錢八十兩式이던바每結加二千八百餘兩이剩餘가每結四兩式共計剩餘兩ᄂᆞᆫ折半以上이收刷되거ᄂᆞᆯ該氏가府尹署理ᄒᆞᆫ時를乘ᄒᆞ야政府에稅政定稅를承認ᄒᆞ고人民의困難情狀을認得ᄒᆞ야已收剩餘ᄂᆞᆫ還派民間ᄒᆞ고未收ᄂᆞᆫ勿施ᄒᆞ얏ᄂᆞᆫ바由此觀之ᄒᆞ면市中에消融된錢財를民間에萬圓利益이有케ᄒᆞᆫ事

一 本府各面洞章을各自刻用ᄒᆞ야無賴人民이比々僞刻ᄒᆞ야他人의土地家屋文券을僞造ᄒᆞ야外人의게典執ᄒᆞᄂᆞᆫ故로公私弊害不少하더니該氏가各面洞章을自官造給ᄒᆞ야僞造ᄒᆞᄂᆞᆫ弊가絕ᄒᆞ고土地家屋證明에便利ᄒᆞ여諸般公務上에誤着ᄒᆞᆷ이無케ᄒᆞᆫ事

一 內外國人訴訟及土地證明事件에實心注意ᄒᆞ야暫不遲滯ᄒᆞ고從時決辦ᄒᆞ야至于今日도록積滯事ᄂᆞᆫ一件도無케ᄒᆞᆫ事

一 府內官員以至于使令房直지剃髮 勅令이頒布되기前에一切斷髮ᄒᆞ야衛生上有益케ᄒᆞ며境內各學校에도生徒의게帽子費用金一二百圓式捐助ᄒᆞ야一齊斷髮ᄒᆞ고敎育上便利케ᄒᆞᆫ事

一 該氏가敎育에熱心ᄒᆞ야境內各학校에輪行勸勉ᄒᆞᆯ뿐不啻라左耳面龜浦龜明학校와舊水營東明학校에財政이困難ᄒᆞ야支保ᄒᆞᆯ方策이全無ᄒᆞ더니府中爾公共之財로該校에另付ᄒᆞ야校務가永久히興旺케ᄒᆞᆫ事

一 本府鄕校에학校名目이一無ᄒᆞ야使秀才子弟를開導ᄒᆞᆯ事狀이無ᄒᆞᆷ을悶歎ᄒᆞ더니不憚勞苦ᄒᆞ고頻々往勸ᄒᆞ야明倫학校를新設ᄒᆞ고研究方策ᄒᆞ야因循舊習ᄒᆞ고頑固成性ᄒᆞᆫ衆心을漸々展케ᄒᆞ니衆論이歸一ᄒᆞ야咸稱我侯ᄒᆞᄂᆞᆫ事

一 本年陰八月分에港에虎列刺病이大熾ᄒᆞ야韓日兩國人民이夥數損命之境에至ᄒᆞᆫ矣ᄒᆞ더니該氏가有志人士를請邀ᄒᆞ야一場演說에衆論이歸一ᄒᆞ야防疫會를組織ᄒᆞ고消毒也消毒也에預先撲滅ᄒᆞ야生命上損傷多數에不至케ᄒᆞ고該防疫會를更爲設置ᄒᆞ고永爲准施ᄒᆞ야便成囫躰케ᄒᆞᆫ事

一 西下面草邑蓮池兩洞에水道犯人ᄒᆞᆫ田답이爲幾百斗落인바該田畓結卜을仍히減給ᄒᆞ야兩洞人民의呼冤이較路하니該府에서ᄂᆞᆫ稅政에不關ᄒᆞ나該氏가爲念民情하야短杖徒步로親審實地ᄒᆞ야犯人田답의結卜을以公以私에無弊歸正ᄒᆞ야衆民이咸稱其德ᄒᆞᄂᆞᆫ事

一 宮隷等이村落에出入ᄒᆞ야討財ᄒᆞᄂᆞᆫ弊端을一幷禁戢ᄒᆞ니村民이各自安業ᄒᆞ야各防曲에立碑頌德ᄒᆞᄂᆞᆫ事

文秉善　金衡璞
朴汝烈　朴詮弼　告白

廣告

金浦局棧里所在本人답四石十七斗落을浮雜類가成僞券하야欲賣欲典云이오니내外國人ᄂᆞᆫ切勿見欺ᄒᆞ시옴

孔德里鹽洞商主事李寶應　白

本人이中署舊民契洞一百二統九戶家券과中署寬仁坊勳洞十一統八戶家券을見失이옵기據而廣佈ᄒᆞ오니誰某拾得이든지休紙施行ᄒᆞᆷ

宋秉奎　白

木浦藥局朴鍾國字名圖章大邱令上陰十二月初四日夜에失內外國人切勿施行

朴鍾國　告白

本人의子鼎燮이年今十六이陰十二月一日의無故出他故로玆以廣告ᄒᆞ오니僉君子ᄂᆞᆫ若知此人所在處에ᄂᆞᆫ通奇ᄒᆞ야潤膳家厚謝ᄒᆞᆯ거시오挾雜說誘引ᄒᆞ고或有出債之說이라도無論內外國人하고切勿見欺ᄒᆞ시옴

安城道基李根榮　告白

特別廣告

本社에서名帖印刷部를另設ᄒᆞ고各樣活字와別樣紙本을備置ᄒᆞ오며印刷가精美ᄒᆞ고價値도極廉ᄒᆞ오되特別히十四國文와夫人의게ᄂᆞᆫ一層低廉ᄒᆞ오니僉位ᄂᆞᆫ來臨ᄒᆞ시와隨意購求ᄒᆞᆷ

大韓每日申報社　告白

學員募集廣告

本塾英語科를擴張ᄒᆞ고學員을多數募集ᄒᆞ오니入學志願人은左開日字를依ᄒᆞ야來塾請願ᄒᆞ심을爲要

左開

隆熙二年一月五日로同廿日內

西署仁達坊장興洞拾一統四戶

私立長興義塾

本月十一日(土曜)下午一時에西署夜珠峴官人俱樂部에서通常總會를開ᄒᆞ고會務를處理ᄒᆞᆫ後左開三題로演說ᄒᆞ오니僉會員은來臨ᄒᆞ시옴

演題 (傍聽許入)
國體의效力　南宮억
政黨의得失　鄭　喬
地方의現況　鄭雲復

大韓協會　白

本人이陰拾二月一日京城發行車에白米中韓餅幾個와譜牒續를遺失ᄒᆞ엿스니若有拾得者어든傳致于太田驛運社면紙價ᄂᆞᆫ元을以厚報償이오遠近間車費도亦爲當報矣요若未能親傳則從鄕通奇ᄒᆞ면躬晉覓來矣以此照亮ᄒᆞᆷ

車重烈　告白

本所에서家屋을一新修理ᄒᆞ야宴遊軒窓이明亮宏潤ᄒᆞ고應接室과沐浴湯을淸潔瀟灑케ᄒᆞ오니各色料理와本國珍羞諸品을一々具備ᄒᆞ며各品好酒와各種菓果가件々新鮮ᄒᆞ오니愛顧ᄒᆞ시ᄂᆞᆫ僉君子ᄂᆞᆫ益々來臨ᄒᆞ심을伏望

惠泉湯　告白

本人에弟淳煥이渠답一百斗落을符同辯護士ᄒᆞ야非理勒奪노廣布所聞이오ᄂᆞᆫ槪言本事則本人의親母가在ᄒᆞ고父親이喪一後에居生이다가及父親의逝之際ᄒᆞ야田畓分給之時에本人은依父遺言ᄒᆞ야如干田畓幾十斗落을拾給이요外他庄土幾百斗落及家産은拾給淳煥이옵더니以後家産不整ᄒᆞ와田畓家産을召賣食ᄒᆞ고弟淳煥은以父遺業으로身致一三万金而幾死之其兄을全不顧護이기勢無奈何ᄒᆞ야以此呈訴於本郡守와日人辯護士에招致矣母ᄒᆞ야沓一百斗落을分給成券時에舊券休紙施行ᄒᆞ고踏印章推給而本事言之則骨肉相爭이法所當懲이나弟旣致富ᄒᆞ고兄受此困者難當其罰乎十餘年喫苦ᄒᆞ며負債를死後라도當懲矣弟이옵기玆以放賣ᄒᆞ야已爲報償이오니僉君子ᄂᆞᆫ照亮ᄒᆞᆷ

黃海道安岳郡洪淳景　告白

西友漢北兩會가敎育으로目的ᄒᆞᆷ은彼此均一이온바今幸兩會가情誼融通하야合成一會하고會名은西北學會라稱ᄒᆞ고會舘은前西友會舘으로仍用ᄒᆞ오며開會禮式은本月(十一日土曜)(上午十一時)에擧行ᄒᆞ오니京鄕僉會員은照亮ᄒᆞ시옴

皇城中署校洞二十九統二戶　西北學會　告白

學員募集廣告

本校第四回入學期를現當ᄒᆞ야法律學及經濟學兩專門科學員을左開에募集ᄒᆞ오니願學人은左記試驗定期內에本校用紙로써早速請願ᄒᆞᆷ

但右兩科ᄂᆞᆫ夜學으로만募集ᄒᆞᆷ

◉修業年限　三个年
◉入學年齡　十七歲以上
◉學科目　法律學全部　經濟學全部　備於本校規則
◉試驗日字　一月廿五日(陰曆戊申正月廿四日)
◉試驗科目　歷史及地誌問對　國文及漢文　算術四則(內國及外國)讀書及作文

但官公私立의學校의普通科以上卒業證書가有ᄒᆞᆫ人은其學力을檢定ᄒᆞᆫ後免試入許ᄒᆞᆷ

●開學日字　三月五日(陰曆二月二日)

隆熙二年一月十日

漢城中署磚洞普成專門學校

本會에서新年祝賀키로上等名帖紙아이보레을廉價販賣ᄒᆞ오며多數ᄒᆞᆫ注文은特別低廉ᄒᆞ오니願買僉位ᄂᆞᆫ陸續來購ᄒᆞ심을望ᄒᆞᆷ

南署籌洞大和商店　告白

元泳儀氏　著輯
洪璡　趙泰淵兩氏　校閱

蒙學漢文初階

全一冊八十餘頁正價金廿錢

▲本書ᄂᆞᆫ初等小學科에專用ᄒᆞ기爲ᄒᆞ야國漢文으로二百十三課에分ᄒᆞ야文理에簡要ᄒᆞᆫ者ㅣ니蒙學漢文敎科書에最適當ᄒᆞᆫ者라稱ᄒᆞᆷ

(發售處)
大廣橋東邊　회동書舖
銅峴橋越邊　中央書舘
鐘路　大東書市
布병下　廣學書舖

◉國債報償義捐金收入廣告

●營務郡下西面魚隱洞 續

장漢文 김致壽 石진均 朴世汶 리智洞 石李植 강致鎬 金振淑 石應均 石普均 김觀萬 石道均 張斗業 김觀宣 金觀順 趙日同 김九斗 石時述 리定鎬 石致振 石秉均 石晉均 尹萬俠 各廿전 石仁述 金喆渭 石日陳 신龍華 각拾전 合五圜

▲下西面谷里洞中 四圜
李友村洞中 二圜
近溪동中 四圜
德法洞中 三圜
要之院洞中 三圜
加西洞中 六圜
華西동中 二圜
省長洞洞中 六圜廿錢
聖亭洞中 六圜

▲上南面平村洞中 十七圜
華谷동中 二圜
金동동中 八圜
上川동中 四圜
明城동中 二圜廿전

▲下南面松山里 養峯黃彦性 鄭漢鎭 각一圜 金榮周 六十錢 金必用 四十전 柳興鎭 朴洪穆 安璉鎮 監察丁瑞一 金璜樞 김在德 朴在守 김相祚 李文一 丁起出 김在漢 白相天 嚴柱八 鄭致云 全大現 金鼎九 金梁權 金斗七 申宗瑞 金斗洪 裴善臣 李道貫 張德俊 김遠甲 김敬貫 김道範 禹昌表 金鶴準 박하權 各廿錢 김鏞우 金奧特 李思良 曹東奎 申一萬 김利權 鄭仁成 林正必 金相道 姜七月 周和年 李聖福 鄭相一 河敬尙 文石用 金茂龍 朴炳烋 各十錢 尹相用 申甲道 李敬俊 金敬律 리敬燕 朴成彦 각六전 合十圜八十六전 完

總合八十五圜二十六錢
前號總合五萬七千四百八十五圜九拾五전七厘
都總合五萬七千五百七十一圜二拾一錢七厘

廣告

本人之子宗煥性本浮浪無賴雜類誘引以假文券欲爲出債云云內外人切勿見欺홈
裵東賢 告白

○여山宋氏四派宗中
自初公同所往來淵有墓閣位畓變白宗議以官以私早卽處辨 僉宗照亮
宗宗中 告白

일본정부재됴연초
한국일수방매
동아연초쥬식회샤

경성명동

新訂萬國新地志

正一品大勳閔泳徽閣下序 韋菴先生張志淵校閱幷序
涵齋先生安鍾和序 石濃先生 題
臨瀛后人金鴻卿編纂
全一冊 定價 [illegible]

此書는中等학校教科와普通新智識을研究ᄒᆞ시는人士를爲ᄒᆞ야術撰ᄒᆞᆫ者ㅣ라近來我國의教科書類中에萬國地志도亦不爲不備나然이나其地名人名을每從漢音或日語而譯刊ᄒᆞ야因其文字與音의互異ᄒᆞᆷ으로轉生訛誤ᄒᆞᆷ이頗多ᄒᆞ미編者ㅣ以是爲病ᄒᆞ야各히其國의名稱을隨ᄒᆞ야以國文으로譯出ᄒᆞ야其眞面을不失ᄒᆞ며且簡易ᄒᆞᆷ을主明ᄒᆞ게ᄒᆞ야開卷一讀에戶庭을不出ᄒᆞ고能히各國의位置風土物産政治沿革等을周知ᄒᆞᆷ이此書에在ᄒᆞ외다

발兌元 中署布屛下廣學書舖 金相萬

發賣所
南門內尙洞 博文書館 安東 安峴書館
鐘路 大東書市 銅峴 博學書館
동口越便 中央書舖 寺洞 漢陽書館
鐘路 古今書海館 廣橋 滙東書館
각地方 有名書市

(朴晶東씨譯述)

●國文新撰家庭學 全壹冊九拾餘頁 正價金三拾전
●國際公法 全壹冊百四拾頁 正價金四拾전
●經濟原論 全壹冊百拾頁 正價金卅五錢
●意太利獨立史 全壹冊百九拾頁 正價金五拾전

發售處
▲中署罷朝橋越邊 中央書館
▲南署大廣橋東邊 滙東書館
▲鐘路大東書市
▲布屛下廣學書舖

●大韓醫院及陸軍軍醫諸官이實驗ᄒᆞᆫ方劑로淸心保命丹을발매ᄒᆞ오니其效能은如左ᄒᆞ니 [illegible]

淸心保命丹

本舖 仁川港栗峴 濟生堂

●主治效能
●傷寒食滯 ●中暑中寒
●咳嗽痰喘 ●不服水土
●氣鬱嘔吐 ●頭痛眩暈
●食傷酒醉 ●口臭惡臭
▲其他諸般瘴氣癘疫預防妙方

발行人 仁川港栗峴 濟生堂 李應鳳

代理店 京城鍾路 共東堂藥房
特約店 京城鐘路 慈惠藥房
同 梨峴 李信華洋藥局
同 銅峴 盧益亨冊사
同 南門外 韓生藥院
仁川內洞 和平局
同 龍峴 朴圭植
開城南門內 具樂模
同 忠淸 金濟凡藥局
水原 [illegible] 元藥植
海州宗路 宋基孝
同 宗路 邊汝文
延安邑內 宋順東
江華鐘路 高敬根
同 邑西門外 崔敬淳
長淵南門內 박健昌
鳳山砂利院場內 任允中
全 耶穌教堂內 李在[illegible]
黃州南門內 李東林
平壤 紅門洞 韓鳳儀藥舖
全 [illegible] 封能化
全 [illegible] 金龍興
全 [illegible] 桂澤宣
全 [illegible] 朴重瑞
全 [illegible] 金元榮藥舖
鎭南浦 [illegible] 朴晩俊
信川邑 [illegible] 金斗鉉
安岳 [illegible] 大同運輸會社
京南大門外 [illegible] 天佑堂
全 泥峴 [illegible] 宋君八
三水郡 [illegible]
此外에도現代에문明각國有名 각種醫藥이俱備ᄒᆞ

◉米國製邦補益藥水 四百瓶新到大瓶定價金三圜
◉德國製起陽丸 三十日分服 定價金十五圜

醫院處方 米國大학 池永氏
製藥監査人 濟衆院醫員 洪鍾厚
有効證明 醫 [illegible] 觀化

商標

補益丸

定價 二十日分服三(?)個入 金一圜
二十日分服六十個入 金一圜七拾五錢
三十日分服九十個入 金二圜五拾錢

此藥에主治効能은[illegible]

◉製造本舖 漢城鍾路萬國基督敎靑年會館前 慈惠藥房

[illegible]

西藥便方 全

定價金壹圜 郵稅十錢

此冊은[illegible]

學徒洋裝書冊 學徒運動과諸具 [illegible]

仁川港 [illegible]

一般事務를辨護ᄒᆞ고迅速 [illegible]

辯護士 尹邦鉉
辯護士 太明식
辯護士 李容相
聯合法律事務所

新刊書籍發售廣告

大韓法規類纂 洋裝 國漢文 定價金七拾五錢
[illegible] 二拾五錢
[illegible]學敎科書 拾五錢
國家學綱領 拾五錢
國民須知 八錢
愛國婦人傳 [illegible] 十五錢

發行所 京城 [illegible]

[illegible]

發行兼編輯人 英國人 萬咸
印刷所 大韓每日申報社

第六卷

大韓每日申報

第七百七號

月曜及慶節歲時日休刊

檀君開國四千二百四十年
箕子元年三千二十九年
大韓開國五百十六年
日本明治四十一年
淸國光緒三十三年
陰曆丁未十二月小初九日丙寅

別報

●巨頭物의大得計 文明에反對되는巨頭老物을이何様奇計를做出하야伊藤博文氏의貲萬圓을摘食ㅎ야一般人士의疑訝ㅎ는비라本記者가其奸狀을照破하기爲ㅎ야該會員諸氏의曾往伊藤氏의게公函ㅎ온文과挽近全國에公布ㅎ온文을左에揭載ㅎ노라

▲上伊藤侯爵閣下

貴我兩國之不容不輔車連槩以維持我東洋不待智者而知之者也自甲午以來貴國之爲我國謀忠告代籌靡不用極而兩情終相疑阻新政一未實施何也我民則野昧未開不識貴國之苦心而少見多怪一向齟齬以觸貴國之怒也貴國則不諒我民之情不思祛惑開蒙而或加以威壓轉激人民之心我國固宜自反引咎抑貴國之所以處我者亦有未盡善也僕等忝爲國之元老悶斯民之冥頑慨交誼之未孚勞心焦舌期欲開民智全國際而恨力有所未逮也至於乙巳冬新條約無論其時事狀之如何事已遂矣時已過矣外交之委托貴國亶由於我國不能自強而自立也苟一朝能自強而自立則貴國決無不還外交之理國權之復在我不在人也何用向人乞憐又何用號訴於絕域而種之人無銖利而受[illegible]嗔也至於與政之時見侵涉則此非新條約之所載亦非貴[illegible]及貴政府之本意而由我自治了未善致人戱狙者也惟當自圖劇勵安商歸正尤不宜向人求救也此理甚明僕等之所熟講而稔知者而近聞有韓人發訴於海牙平和會議者雖未知何人以何辭措辭此亦過激個人之徒懷國家之想不識時勢之宜率爾妄擧而已料必不槪於列强之眼無補於自國之計不足辨也不足責也況可以此而盡疑韓國之人又況韓而疑及於 皇室乎宮禁之嚴淸至嚴個人之蹤跡遐踈聲氣何由而 上徹僕等決知其萬々無是理也且尊殿 皇室維持獨立既有前後條約之申明丁寧懸書不一書則貴國臣民之尊我 皇室宜與尊貴 皇室無異也而近聞貴國新聞則語逼我 皇室殊無忌憚報館文辭雖不足論貴國人之藉此事端발言出謀之違體悖常推可知也又安知貴政府及貴統監府不因此而起意外之想乎 僕等舊條約如金石仰 閣下之信義爲日久矣固知悠々之說必無其理然身爲國老自不勝其區々之憂玆以一幅之書大聲疾呼倘或有意外約外名不正言不順之事則僕等雖披肝瀝死但當以一死抗之決不苟存性命忍見冠履之倒置非徒僕等爲然將見全國之民皆痛心裂眦永遠反對更無收拾之日矣若貴國和爲意外之想而僕等此言出於妄慮過計則東洋之幸國也含忍幾個人之妄動惟以維持和平爲大計安寧 皇室爲務佑賢輔德助新我政治感悅我民心則我 皇室我政府之決無求他岐援異種之事僕等議人皆以百日爲保惟閣下諒之

光武十一年七月十七日

徐正淳 申箕善 閔丙奭
李容稙 金鶴鎭 南廷哲
李重夏 洪承穆

▲大東學會에서全國紳士人民公布函

夫吾道以不求於外反求諸己爲宗旨苟失其宗旨則自侮人侮自伐人伐之廢即必至之勢也願我韓國今日之勢罔有이畔而其幾由於不求諸己自侮自伐所至於是也其責在大小國民而凡民之愚固不能發達智識不足論也其中名爲士者乃所謂民之俊秀也可以維持世論開牖民智故我東自昔以來以士爲國之元氣爲安危之所係者也紳者縉紳之通稱是皆指儒林於國家木鐸於齊民者也惟我皇韓比年以來國有板蕩民已塗炭者溯厥源則爲士者難免其責夫導衆衛國轉危爲安乃士之職而今則不惟不能轉危爲安乃或可安而轉成危殆已危而終莫之救嗚呼此豈士之本意哉詳原其始而言之往在丙子江華條約之後海防始開遠近交通爲紳士者正宜痛[illegible]新識務格致之實務富强之實業以爲內修外和之基本而我韓之紳士大衆何遽不若列强哉其奈積痼之俗都無成見非大言空談則曲解誤認入於奮擊乃甘唾人皆淬我則乖僻至於甲午日淸戰爭之役甲辰日露之戰十年之間幾度變遷而爲紳士者非但職昧時勢不思振拔之以曲解誤見妄興排擠繼經一變則國受其擊變出於下而潛歸於上至於近日洪州之擧海牙之訴而極矣以今者所言之 內部之擧寔遵 祖宗及歷代故事名正言順亦可以維新邦命而大域爆動暴行四起亂黨假托義名或希望外援妄爲復讎之計夫向之所謂義兵前後一轍皆亡無餘而不知戀戢如兒戲放火自燒益焚況今之각處暴動只爲靡爛生靈甚至報恩之役聖朝厥선思之及此寧欲痛言且以外援言之各國修好換約者再許多新條約之後公使一時撤還而我韓之外交權因以廢止者實由於世界人皆以爲我韓國人積習成痼弁髦信義之曚昧而無自立其國之能力故乃任之日本保護改良者也然則迫今善後之策惟在於自悟自修而已自悟自修則國無不立之理不能自悟自修而徒激抗於內希援於外則非徒無益適以促亡孟子曰如恥之莫如師文王吾聞恥之而師文王未聞恥之而與內圖求外援也此理甚明而我國紳士獨未之悟乎抑或略悟而語不能辭擇不能辭乎夫以紳士爲名者苟乃標準木鐸於全國而以外則都無聞知以內而不講自修自立之策意常迷則對於外邀使匪徒亂類藉口爛暴則國將以是而亡士乃何依以存乎且以近日韓日兩國所締諸條言之究其原因實出於維持東洋保合大局弊我切膚之外患而成我自立之基礎也而昧識者動斥日亡我國當我民以是而騷亂爲以是而暴動爲其或萬分一之近似乎今茲觀繼續如何坐漏船之上左工能夫之誤尙險礁疾發而指咎也非防外而巧解也爲我韓士民今日之計者惟有仰體 國家維新之大發專恃闢黨之政令施措與隣邦之指導方略快悟從前之曲見誤解消弭目下之匪徒亂類究學實地之事務殖工殖產之業以爲挽回傾危爲安之道焉而不求於人反求諸己之道不外乎是矣且夫此次日本 皇儲殿下之遠臨漢城是實四千年有史以來初有之盛擧美事也從此以後兩皇室交誼之敦睦皎如日月而兩國臣民之疑嫌渙釋矣列邦之人亦嘗弁髦而外侮自集矣蓋我韓與日本地隔一葦人是同族講信修睦事自遠古雖有中年之干戈相見近日之讒[illegible]微嫌到今而皆水流雲空不得不爲兄弟唇齒之國矣願茲現世卽人族競爭之時代也號使東亞三國齊心合力以抗宇內大局發患不足況可自相分黨而能爭競於當爭當競之時乎且夫韓昧而日開以常理言之雖自我求其相合猶恐其不能也今乃一切相反自日本而懇懇勸告之提警之者不啻屢切而我乃非但우如充耳徒加反對自促其害古今天下豈有是理也由此觀之我國之轉危爲安惟有結之一路而已智者之見庶有以覺悟也云學會叢任扶我宗教保我士類而目斂淪胥義不敢辭剖心瀝肝以警而告諭我紳士其能言下領悟則我韓之福也不然而執迷促禍則焚坑屠戮只在目前惟吾紳士諒之

隆熙元年十一月十八日

大東學會 謹白

本記者가此二度文을按ㅎ건딘伊藤氏의게公函ㅎ文一度인즉搖尾乞憐의態ㄴ雖甚이나尙此外而其假藉ㅎ야日本의威壓을諷誘ㅎ며萬一 皇室에意外之變이有ㅎ면一死로自靖ㅎ다ㅎ야明言ㅎ얏더니今番公佈文은全篇趣旨가不過是滿腔子依賴心으로保護를歌頌ㅎ며結日을力倡ㅎ야甚至其末段에言下에領悟치못ㅎ는者는焚坑屠戮이目前에在ㅎ다고恫喝ㅎ얏도다嗚呼라頑固腐物이蘇生이支離ㅎ고仕宦熱에恐惶ㅎ야乘機ㅎ며五條約七協約은朴齊純李完用等이一鞭을先着ㅎ얏스며 進ㅎ自衛派와宋秉畯等咨九等이疾足으로先得ㅎ얏스미自首幾年에彷徨四顧ㅎ다가多幸히伊藤博文氏又是儒師를週ㅎ야其大學講筵席에셔北面執贄ㅎ얏스니自己니心法을傳授ㅎ야高足弟子됨이可ㅎ거놀又何因毒의心腸을抱ㅎ야焚坑의禍로全國儒林을恐嚇ㅎ는지

外報

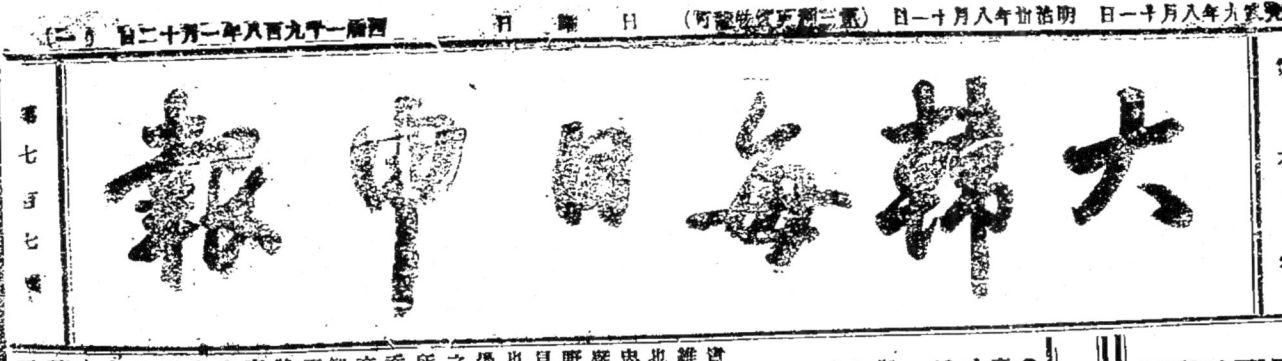

●美國某言論 美國某信을據ㅎ則美國人某法氏가韓國을爲ㅎ야各處로游行ㅎ며公論을起ㅎ는一般美人이共知ㅎ는바라月前에[illegible]地方을經過ㅎ는故로同地韓人共立協會에서一席盛宴을開ㅎ고迎接ㅎ야共立協會에서多數韓人이歡迎ㅎ얏는데該氏가演說ㅎ기를韓國人이今日如此히危急ㅎ時代를當ㅎ야盡力ㅎ바는速히團合ㅎ야堅固ㅎ團體를成立ㅎ야外賊을防禦ㅎ지라團合에緊ㅎ것을比較的으로說明ㅎ면人이人을打ㅎ時에細砂로打ㅎ면打力이無ㅎ나合砂造石ㅎ야打ㅎ면打力이强ㅎ며又家屋을砂出上에建築ㅎ라면合砂造石ㅎ여야能建ㅎ리니諸君은勿爲落心ㅎ고速々히大團體되기를切望ㅎ며[illegible]이雖强이나其內容結果[illegible]自取ㅎ시라以往法國政破滅當年에國力이弱ㅎ大形勢로世界를抗ㅎ야會ㅎ자나不過幾年에[illegible]行ㅎ야大興人道[illegible]不敢亡ㅎ고[illegible]如히[illegible]今[illegible]恃ㅎ며고韓國[illegible]存ㅎ다ㅎ고不[illegible]行은[illegible]不[illegible]ㅎ지마는滅亡[illegible]自取ㅎ는[illegible]ㅎ可[illegible]諸君은[illegible]라도勿[illegible]心ㅎ고獨立思想으로國[illegible]ㅎ기를[illegible]이오我亦爲韓[illegible]ㅎ야不顧一身ㅎ고盡力周旋ㅎ깃노라ㅎ얏더라

雜報

●義王詣闕 義親王殿下께옵셔再昨日上午十二時頃에詣闕陛見ᄒᆞ고下午三時에[illegible]分官에問安ᄒᆞ옵셧다더라

●五課二局 法部分課規程을據ᄒᆞᆫ즉大臣官房에秘書課 職員課 文書課 會計課 統計課 刑事局 民事局을置ᄒᆞ앗다더라

●郡守更遞 統監府에同意를請ᄒᆞᆫ後郡守叙任件을內部로還送ᄒᆞ고有何委折인지更爲修送ᄒᆞ라ᄒᆞ앗다더라

●所厚者薄 今番新官制에任官新任ᄒᆞᆫ人은三等五級俸을特給ᄒᆞ고幾年이나幾月間勤務ᄒᆞ든人은四等七級俸을支給ᄒᆞ기로頒布되얏ᄂᆞᆫᄃᆡ無論臣等與叙俸ᄒᆞ고履歷이有ᄒᆞᆫ人게薄ᄒᆞ고新任ᄒᆞᆫ人의게厚ᄒᆞᆷ은何事인지不知ᄒᆞᆫ깃다고各官衙官人의歐論이喧藉ᄒᆞ더라

●三分居二 新官制叙任頒布件을據ᄒᆞᆫ則各府部院廳에日本官吏가三分의二에居ᄒᆞ앗슨즉將次地方官吏도本國人은稍少ᄒᆞ리라ᄂᆞᆫ公論이有ᄒᆞ더라

●募兵云施 募兵令을頒佈ᄒᆞᆷ이已久ᄒᆞ나實施與否ᄂᆞᆫ漠然ᄒᆞ더니該令을實施ᄒᆞᆯ次로軍部에셔將次細方針에게발調ᄒᆞ라고計劃中이라더라

●保護固辭 內閣에셔宣諭委員諸氏를對ᄒᆞ야曰兵丁幾名式帶往保護ᄒᆞᄂᆞᆫ거시似好라ᄒᆞᆫᄃᆡ委員諸씨가固辭ᄒᆞ되義兵의게詔勅ᄒᆞ고宣諭ᄒᆞᄂᆞᆫ地에兵丁을何可帶往이리오ᄒᆞ앗다더라

●延期理由 四道宣諭委員等이明日發程ᄒᆞ기로決定ᄒᆞ앗더니宣諭ᄒᆞᆯ 詔勅을委員一人의게一萬張式下送ᄒᆞᆯ터인ᄃᆡ 詔勅七千張을姑未印刷ᄒᆞᆫ故로發日을延期ᄒᆞ얏ᄂᆞ니더라

●總理晩餐 總理大臣李完用氏가再昨日下午六時에貞洞孫澤孃邸에셔晩餐會를設ᄒᆞ얏ᄂᆞᆫᄃᆡ時餘任大臣은一齊往參ᄒᆞ고中樞院顧問諸씨ᄂᆞᆫ一不往參ᄒᆞ얏다더라

●法大協議 法部大臣趙重應氏가有何緊議事件인지昨日上午拾一時에內部에前往ᄒᆞ야該部大臣과警務局長松井茂及岩井警視와協議ᄒᆞ얏다더라

●曆書頒送 內部에셔曆書三百四十餘件을各觀察道에添付발送ᄒᆞ기를管下各郡에頒給ᄒᆞ고正朔頒布ᄒᆞᆫ事實를愼重實施케하라고ᄒᆞ얏다더라

●馬車撥歸 日本東京에韓國前公使가所用ᄒᆞ든馬車를留학生監督部에셔保管ᄒᆞ더니학部事務官上村正巳씨가今番特派大使隨員으로隨往時에該部大臣의勻敎를留학生監督申海永氏에게傳ᄒᆞ고馬車一坐와附屬品物을携帶歸來ᄒᆞᆻ다고該監督申海永씨가학部로報告ᄒᆞᆻ더라

●修費請撥 法官養成所를前農商工部로移接ᄒᆞᆫ터인ᄃᆡ修繕費三百八十七圜四十錢을請撥ᄒᆞ라고度支部로照會ᄒᆞᆻ다더라

●號牌運動 近日漢城內에何許人이運動ᄒᆞ야號牌를實施ᄒᆞᆫ다ᄂᆞᆫᄃᆡ將次設院ᄒᆞ야民間에收斂ᄒᆞᆫ다더라

●科爲倡夫 內部次官任筠準씨의舍音任選錦씨가今番癸本에郡守一窠를無識히圖得ᄒᆞᆫ줄노知ᄒᆞ고諸般赴任時治行之具를貿得ᄒᆞ얏ᄂᆞᆫᄃᆡ有何曲節인지擱奏가되야浮費만徒生ᄒᆞ얏다더라

●宣諭得法 今番各道宣諭委員을特派ᄒᆞᆷ은旣報에已揭어니와更爲探聞則右諸氏의捿去하ᄂᆞᆫ免罪文憑이何如ᄒᆞᆫ지ᄂᆞᆫ不知어니와特別繕給ᄒᆞ야歸順之後에ᄂᆞᆫ侵害之端이決無ᄒᆞ리라ᄒᆞ니今番則地方騷擾의寢息을可期라더라

●見習自退 度支部稅務見習生五拾餘名이有何事端인지日前에一齊히辭職自退ᄒᆞ얏ᄂᆞᆫᄃᆡ通譯見習生四十餘名도將次請願ᄒᆞ기로決議ᄒᆞ얏다더라

●慶守辨明 慶山郡守柳哲회氏가내部로報告ᄒᆞ되本郡官徐鎭祐의常掘ᄒᆞᆫ塚은自官掘移러니以此含感하야援引장鎭玉ᄒᆞ야搆誣郡守之贓而初稱匿名投書於觀察道ᄒᆞ고移爲自名擧狀於觀察道ᄒᆞ야使派郡分派所로査實이라이옵기郡守가馳往請款이온즉繕納辨明當爲敎이기該事遂條繕納矣러니本觀察使ᄂᆞᆫ以金融令調事로晋州等地出張之間에自道로論報니郡라ᄒᆞ온ᄃᆡ賊與不隨히大同小異에疑似誘招ᄒᆞ얏사오니有過ᄒᆞ陰謀郡守오然則嚴懲民이니特使本道觀察使로更爲另査ᄒᆞ시와所爲狙賊諸條를窮査處分然後에可以慰民이오可以甘服이라ᄒᆞ얏다더라

●日報停발 日文朝鮮日日新報ᄂᆞᆫ[illegible]增加ᄒᆞᆫ다ᄂᆞᆫ거슬反對ᄒᆞ기爲ᄒᆞ야演說會를十日夜에本町座에셔開催ᄒᆞ고演說ᄒᆞᄂᆞᆫ中에突然히該報발行을停止ᄒᆞ라고命ᄒᆞ고演說을停止解散ᄒᆞ얏다더라

●法議元拔 金谷昇씨가元山監理로在任時에가말村의土地一千三百五十圜價值를英國人펜윅에게據價賣渡ᄒᆞ고證明書를發給ᄒᆞᆫ際에該村居吏들이言ᄒᆞ기를該地ᄂᆞᆫ民有財産이라하야不爲與放ᄒᆞ얏ᄂᆞᆫᄃᆡ法部에셔元山港裁判所判事趙秉敎氏에게訓令ᄒᆞ되該照內閣에英國人펜원이同地監理金谷昇에게買入ᄒᆞᆫ地段價還退에關ᄒᆞᆫ訴訟事件에對ᄒᆞ야英國總領事가別紙와如ᄒᆞᆫ신請이有ᄒᆞᆫ즉事實을調査ᄒᆞ신後至急히回答ᄒᆞ심을務望ᄒᆞᆷ等因이기英國總領事에別紙를另付下送ᄒᆞ니到卽該事案에內容關係와委折如何를從速審理詳報ᄒᆞ되事係交涉이니十分注意ᄒᆞ야無以汗漫케ᄒᆞ라ᄒᆞ얏더라

●巡憲相撲 各地方來人의傳說을據ᄒᆞᆫ즉日憲兵派駐所에義兵의干連者를臆論斷刑ᄒᆞ고勿侵票를發給ᄒᆞᆫ後에ᄂᆞᆫ日巡査가又爲被捉曰義兵이라ᄒᆞ야百方毆縛ᄒᆞᄂᆞᆫ지라該人曰業已歸順에唯有日憲兵勿侵票라ᄒᆞ되日巡査가不聽曰憲兵票ᄂᆞᆫ無效ᄒᆞ니巡査票를受去ᄒᆞ라ᄒᆞ야憲巡이互相猜忌ᄒᆞᆫ다더라

●外白內黑 國有財産調査局主任委員崔鎭敏氏가名譽ᄅᆞᆯ釣取ᄒᆞ야淸廉을褒奬ᄒᆞ고賂物을白退ᄒᆞᆫ다더니近日은賄賂를貪ᄒᆞ야各導掌을調査ᄒᆞᆫ다稱ᄒᆞ고各導掌者가各項物種을厚送ᄒᆞ고作導掌을斗托으로要求ᄒᆞ면外面은不應ᄒᆞ고其實은幻弄이多ᄒᆞ되其一例를擧ᄒᆞ면金時鉉의作導處를吳文鉉의紹介로二千圜의約束하고斗托을改圖ᄒᆞ엿더니其後俞星濬氏가此를探知ᄒᆞ고反對ᄒᆞ야고路物은竹洞宮導掌代言人鄭判官의게二百圜의綴屬을受ᄒᆞ고今年秋收를許ᄒᆞ앗스니於此兩件事에可知其非廉乃貪이라고批評이多ᄒᆞ더라

●非會伊하 普成學校學員李重孝씨가其從兄李重世와公州等地에前往ᄒᆞ얏다가該郡新部內等地에셔義兵의게被捉ᄒᆞ야目之以一進會員ᄒᆞ고緊々結縛ᄒᆞ거날數씨가哀乞日以學徒斷無이오非一進會員이라ᄒᆞ되義兵이終不信聽ᄒᆞ고將欲砲殺ᄒᆞᆯ際에其妻男某氏가義兵餉債과有親分이되지非會伊學之說로逼々發明ᄒᆞ야幸免被害ᄒᆞ얏다더라

●通川暴風雨 通川郡長[illegible]報를據ᄒᆞᆫ즉同地에去月二拾日午前拾時로부터二十一日午前四時ᄭᆞ지暴風雨가有ᄒᆞᆫᄃᆡ同郡沿海에繫留ᄒᆞᆫ日本潛水機械船一隻과捕鯨船二隻이破壞ᄒᆞ얏다더라

●金氏白放 前參奉金奎典氏가警視廳에被捉ᄒᆞᆫ說은前報에揭載ᄒᆞ얏거니와該氏家文籍ᄭᆞ지沒數搜索ᄒᆞ얏다가日昨에無事放免ᄒᆞ얏다더라

●耶會講道 今日下午三点半에靑年會館에셔福音會를開ᄒᆞ고李商在씨가講道ᄒᆞᆫ다더라

▲地方消息▼

▲六日義兵二十八名이任實郡北平面에來ᄒᆞ야結稅를大駄所로來納ᄒᆞᆫ거시可ᄒᆞ다ᄒᆞ고演說ᄒᆞ고또八日午後拾一時에義兵百名이同郡持德面을經ᄒᆞ야鎭世方面으로向去ᄒᆞ얏다ᄒᆞ고

▲十日晋州발電을據ᄒᆞᆫ즉河東郡에義兵七名이徘徊ᄒᆞ야一進會二名을殺害ᄒᆞᆷ으로日守備兵五名과巡査一名이前往ᄒᆞ얏다ᄒᆞ고

▲去二十九日에義兵約四十名이海州桑林洞에宿泊ᄒᆞᆷ으로守備隊가探知ᄒᆞ고前往交戰ᄒᆞ얏ᄂᆞᆫᄃᆡ死傷은未詳이라ᄒᆞ고

▲二日甘泉面芝谷北方一千五里地에義兵이武器를携帶하고潛伏ᄒᆞᆷ을日兵이探知ᄒᆞ고追擊一名을領率ᄒᆞ고急行接戰ᄒᆞ얏다ᄒᆞ고

▲一日午前八時에義兵이돌石에率ᄒᆞᆫ義兵三百名이黃塢에在ᄒᆞᆫ日分遣隊를襲擊ᄒᆞ미日兵이四時間을應戰ᄒᆞ얏ᄂᆞᆫᄃᆡ勝敗ᄂᆞᆫ未詳이라ᄒᆞ고

▲三山里日巡査의報告를據ᄒᆞᆫ즉二日原州突致洞에義兵約四十餘名이來ᄒᆞ얏다가同郡亭至安洞으로向ᄒᆞ얏고

▲五日에義兵約六十名이呂州北面에來ᄒᆞ얏다가同郡今沙面으로向ᄒᆞᆫ蹤跡이有ᄒᆞ고

▲四日에義兵約五拾名이橫城方面에셔砥平縣上東面으로通過하얏다ᄂᆞᆫ報를日守備隊에셔接ᄒᆞ고同地로前往ᄒᆞ야其蹤因을探知ᄒᆞᆫ즉該義兵은去處가無ᄒᆞ되土人의言을依ᄒᆞᆫ즉六日에義兵約五十名이呂州郡梨浦에侵入ᄒᆞ얏다가楊根方面으로向하고또利川郡松堡洞에義兵約四十名이屯聚ᄒᆞ얏다ᄒᆞᆷ으로急行ᄒᆞ얏다ᄒᆞ고

▲去三拾日水原郡南面禾里에義兵이來襲ᄒᆞ야洞長을毆打ᄒᆞ고또五日에同郡吉城里에義兵百餘名이來合ᄒᆞ야夕飯을催食ᄒᆞ고一夜를宿泊ᄒᆞᆷ으로民心이洶々하얏다ᄒᆞ고

▲五日春川郡柱谷에셔義兵約二百名이日兵과交戰ᄒᆞ다가義兵은退却ᄒᆞ고또同郡芳川里附近에셔義兵約二百名이日兵과交戰ᄒᆞ얏ᄂᆞᆫᄃᆡ其中에黑色外套를着ᄒᆞ고新式銃을携帶ᄒᆞᆫ解散兵이混雜ᄒᆞ엿다더라

東京電報

十日발

●義魁處理 韓國暴徒의魁首三十餘名及隨行者處分에就ᄒᆞ야韓國駐箚軍司令官이陸軍省에處分方法을稟申ᄒᆞ얏ᄂᆞᆫᄃᆡ同省에셔目下協議中이라더라

▲各言其志▼

▲[illegible]公論도무섭지안코身後惡名을누가가아나이江山을다팔어도내地位만鞏固ᄒᆞ야日巡査保護바람에平生安樂ᄒᆞ얏스면內閣大臣의所願이오

▲이强士가다ᄯᅥ가니相關이무엇인가晝思夜度ᄒᆞ야무삼手段부럿시면大臣의게得寵ᄒᆞ고外人의게勸告ᄒᆞ야勅奏任官職差出가仕宦客의所願이오

▲某觀察某郡守가此世上을當ᄒᆞ야서一竹옹이되엿스니나족이ᄂᆞᆫ開化로다엇지ᄒᆞ면舊代를다시보아내擲을차져보나老筆相의所願이오

▲翰林洗馬ᄒᆞ던門閥一朝에廢棄ᄒᆞ니白頭生員웬일인가[illegible]외게得罪로다앗ᄂᆞᆫ라도文明度第ᄒᆞ여보면禁標華閥차저볼가門閥家의所願이오

▲國家思想잇ᄂᆞᆫ체人民體ᄒᆞᄂᆞᆫ체이合셔闘차저가名譽를번엇고보면今日에ᄂᆞᆫ郡官吏明日에ᄂᆞᆫ觀察郡守거긔잇다鈞名客의所願이오

▲학校捐助쓸ᄃᆡ업고患難相救쓸ᄃᆡ업다 잘이라도내爲樂이오二分이라도내爲樂이千石이財産ᄒᆞ고石君이엇제되나富家옹의所願이오

▲積ᄒᆞ고積殺무엇ᄒᆞ나義兵의게補留된니것두[illegible]將校의軍十로다某人과密約ᄒᆞ고郡守나사스면賢官客의所願이오

▲五百年禮義之邦에ᄒᆞ從事ᄒᆞ얏스니舌斧와鐵森戟으로義理之心滿腔ᄒᆞ야疏膽이나挑戰ᄒᆞ고復讐疏나ᄒᆞ얏쓰면儒客의所願이오

▲同國同胞怨讐되고우리ᄂᆞᆫ典保護ᄒᆞ니甘作奴隷分내事오참鬼指目더옥죳타이政府에이權利를우리次持ᄒᆞ얏쓰면一進會의所願이라

社告

○敬要錄

本社自去年末經費窘絀債務未勘爲千餘圓且拾來報紙價千餘圓矣此然他數年內各地方購覽者所欠數千餘圓及各支社二千五百餘圓未收之所致也
從此爲始收拾前未收條一一調査仰佈于未納貴處僉員而若至數次終無淸帳則勞不得已於本社簿錄以姓名刊佈後特於報紙上佈告以爲佈該員姓名者也間時納付則特設信爰錄以謝僉員相信相愛之厚情焉

○敬告支社員

本社對各支社中報代金收入內未納額止於支社之送來已爲佈矣收納不遑[illegible]三四而其中全無收納者[illegible]示本社之有信用無食言爲再三回思則不忍悟從者在三也本社之本意只在於韓國同胞共[illegible]文明非爲營業的起見則爲本社之質直而不忍從者一也
各支社社員分擔本社之義務觀手分無不避風雨分人關知與淚極零爲支社之韻旁而不忍從者二也
各地購覽者之安本報如兄弟如愛朋友未遇[illegible]而光[illegible]一發而價代金甚至於各處思信[illegible]到[illegible]之以無休刊如此至情安敢和負爲購覽員之誼愛而不忍廢者三也
[illegible]此見進一字落淚萬點並[illegible]食言不忍一朝告別故更寬一期以待回書

雜報

江華郡御井僉鎭權氏第에本支社를設置ᄒᆞ얏사오니該附近地에셔本申報購覽ᄒᆞ실 僉君子ᄂᆞᆫ該支社로請求ᄒᆞ시고代金도俞鎭讚氏에게로送交하심을務望

●漢民呼冤 釜山鎭이在昔附關保障으로今雖廢止나民猶存焉ᄒᆞ야保守舊址이더니今春에京居亂類輩鄭衛基金鍵培元世煥等이暗生盜賣之計ᄒᆞ야誘引釜鎭居住ᄒᆞᄂᆞᆫ[illegible]同鎭에셔公廨基址에[illegible]木로認飾請願于度支部ᄒᆞ야圖得認許ᄒᆞ고與日人田中常次郞으로來到釜山ᄒᆞ야鐵票於城內城外人家民田之地ᄒᆞ고混侵勒奪故로數千戶民人等이會同聲討ᄒᆞ고卽爲逐送矣러니該黨이又生奸ᄒᆞ야如何圖囑於度支部이던지稅務官有地調査ᄒᆞᄂᆞᆫ符同ᄒᆞ야鄭參書官ᄒᆞ고竟欲買渡ᄒᆞ야仍舊與衆에混奪民有ᄒᆞ야萬千生命이至於塡壑ᄒᆞ니鎭民이方爲呼冤於內閣과度支部次로上京ᄒᆞ다더라

●敎育妨害 淸道郡학校ᄂᆞᆫ本以該郡校物로成立ᄒᆞ얏더니地方委員等英基와郡主事朴貞默兩씨가以其私嫌으로各派黨派ᄒᆞ얏ᄂᆞᆫ데校員은朴派오鄕員은李派라所謂李派鄕員中幾人이觀察道에來ᄒᆞ야道[illegible]李憲求權鎬禹치憲[illegible]等을符同ᄒᆞ야該郡校物을大邱[illegible]학校에移付ᄒᆞ즈고百方運動中인데朴派校員은事非妥當으로說明ᄒᆞᆫ즉幾箇道[illegible]가道通을出ᄒᆞ깃다하니該郡校物도何不附屬於該郡已設之校ᄒᆞ고只欲移附於他郡이抑何心腸이며道通을交오又何惡習ᄒᆞᆫ지不知ᄒᆞ깃다고該郡來信이有ᄒᆞ더라

●永民呼冤 永同郡各內面西一面二面居民等田답四十餘石落이該鎭路에犯入ᄒᆞ얏ᄂᆞᆫ데該地段價를尙不支撥ᄒᆞᄂᆞᆫ故로鄭淳贊朴來평等以十名이該郡守와地段[illegible]成册과面長의報狀을帖聯ᄒᆞ야昨日內部에呼訴ᄒᆞ얏다더라

●光校試驗 樂峴光興學校에셔年終試驗을畢了ᄒᆞ고該監金環植씨가洋紙鉛筆空册으로一般優等生에게優級히施賞ᄒᆞ고學員父兄에張殷相氏가洋紙四[illegible]와鉛筆三打를捐助ᄒᆞ야學[illegible]勸奬ᄒᆞ얏ᄂᆞᆫ데高等科優等生은李[illegible]雨浪氏이오尋常科에宋丁[illegible]朴光[illegible]点成[illegible]諸氏오夜料에宋忠源米千[illegible]潘[illegible]等諸씨라더라

廣告

本人이北署嘉會坊齋洞三拾統拾戶所在草家拾一間半을發賣七千五百兩에傳貰於柳姿稷이다가還給貰[illegible]이고立旨ᄒᆞ讓竟이더니僞爲見失故로玆以廣告ᄒᆞ오니내外國人間拾得하와도以休紙施行ᄒᆞ옴
安召史 告白

本人의名源鶴七齡鶴으로改定하오니知悉하照亮ᄒᆞᆷ
昌原檜原居 前參奉[illegible]

忠北沃川郡伊內面[illegible]村居李博士幾與씨[illegible]以小富之人으로性質仁厚ᄒᆞ야非徒[illegible]族之救濟라隣里之人이라도極爲多濟ᄒᆞ며且當歲底ᄒᆞ야年老人家의給養肉饌ᄒᆞ며或[illegible]於[illegible]絶ᄒᆞ야도不計利殖而反成本전ᄒᆞ고隨其勢收捧故로師[illegible]籍々ᄒᆞ가에玆以廣告ᄒᆞᆷ
沃川郡[illegible] 告白

本所에셔家屋을一新修理ᄒᆞ야客遊[illegible]窓이明亮宏闊ᄒᆞ고應接室과沐浴湯을淸潔灑掃케ᄒᆞ오니各色料理와本國珍羞諸品을[illegible]具備ᄒᆞ며各品好酒와各種菓果가件々新鮮ᄒᆞ오니愛顧ᄒᆞ시ᄂᆞᆫ 僉君子ᄂᆞᆫ益々來臨ᄒᆞ심을伏望
惠泉湯 告白

金浦高棧里所在本人답四石十七斗落의洋紙類가成僞券ᄒᆞ야欲賣欲典云이오니내外國人ᄂᆞᆫ切勿見欺ᄒᆞ시옴
孔德里鹽동[illegible]主事李寬應 白

木浦藥局에서[illegible]國學[illegible]姓名圖章大邱令上陰十二月初四日夜에失ᄒᆞ얏스니內外國人切勿施行
朴鍾國 告白

○驪山宋氏四派宗中
貞烈公山所在長湍有盜耕偸葬變曰京會議以官以私早晩處辦
金宗照亮 京宗中 告白

安岳郡補民契錢으로補甲於郡廳不恒費ᄒᆞ고間或捐助於公立學校이러니昨年一進會ㅣ設立ᄒᆞᆫ昌盛학校로校費難繼인지考卜債籍紙價로使吏捧食케ᄒᆞ고父老各面長會議郡廳時에至若契錢ᄒᆞ야ᄂᆞᆫ全給一進會가甚不妥當이니分給各학校가爲可라ᄒᆞᄂᆞᆫ吏與一進會相助之[illegible]奈何오未過周年에昌盛학校ᄂᆞᆫ四月爲始廢止ᄒᆞ고校堂所[illegible]日入巡[illegible]寓居故로補民契錢을[illegible]付公立학校事本由ᄒᆞᆫ一々報告학郡矣러니報請本郡ᄒᆞ야協議處理ᄒᆞ라신指令下來時에[illegible]觀察使宜諭次行到本郡ᄒᆞ야巡察合학校以로郡守與任員학徒가학郡指令을入鑑ᄒᆞ며面[illegible]則昌盛학校已廢ᄂᆞᆫ不[illegible]目[illegible]라昨年[illegible]로不必[illegible]言이라ᄒᆞ고特爲許可之處分이나[illegible]人之後ㅓ生抑ᄒᆞ야以郡報로[illegible]特許觀察道指令而十一月爲始捧用於公立학校校費인데忽於十二月에自一進會로契錢責[illegible]於郡守ᄒᆞ고恃說於公立學校이나契錢末補가幾年有之인데昨年에一次勸奪로又今抑說이事理不當이오況且廢止에有何容說가爲答則無色退去矣러니今見皇城新聞則昌盛학校에付屬로契錢분公立학校副敎員김孝燦이가謬告該道郡하고奪去라ᄒᆞ얏스니嚴調還給ᄒᆞ여달나학部에請願이라ᄒᆞ얏스니觀察郡守가親審目도後以[illegible]以防[illegible]稱爲誣告라ᄒᆞ니一進會장[illegible]派은眼無該道郡ᄒᆞ고反爲誣訴ᄒᆞ니是何會長之處事乎아公立학校生徒五十餘人은以命澤永之搆揑우訴로將來免廢하이오니全[illegible]內各학校社會ᄂᆞᆫ以此照亮ᄒᆞᆷ
公立安岳普通학校任員학徒等 告白

本人의子鼎燮이年今十六에陰十二月一日외無故出他故로玆以廣告ᄒᆞ오니僉君子ᄂᆞᆫ若知此人所在處어던通奇于廣橋[illegible]潤府家면厚謝ᄒᆞ거시오挾雜誘引으로或有出債之弊라도無論內外國人하고切勿見欺ᄒᆞ시옴
安城道基李根泰 告白

▲特別廣告
本社에셔名帖印刷를另設ᄒᆞ고各樣活字와別樣紙本이俱備ᄒᆞ오며印刷ᄂᆞᆫ精美ᄒᆞ고價値도廉價ᄒᆞ오되特別히斟量ᄒᆞ야夫人외에ᄂᆞᆫ一層低廉ᄒᆞ오니僉位ᄂᆞᆫ來臨ᄒᆞ시와隨意請求ᄒᆞᆷ
大韓每日申報社 告白

學員募集廣告

本校第四回入學期를現當하야法律學及經濟學兩專門科學員을玆에募集ᄒᆞ오니願學人은左記試驗定期內에本校用紙로써早速請願ᄒᆞᆯ事
但右兩科ᄂᆞᆫ夜學으로만募集ᄒᆞᆷ

◉修業年限 三학年
◉入學年齡 二十歲以上
◉學科目 法律學全部 經濟學全部 備細ᄂᆞᆫ校規則
◉試驗日字 一月廿五日(陰曆戊申正月廿四日)
◉試驗科目 歷史及地誌問對(內國及外國) 讀書及作文(國文及漢文) 算術(四則以內)
但官公私立學校의普通科以上卒業證書가有ᄒᆞᆫ人은其學力을檢定ᄒᆞᆫ後免試入許ᄒᆞᆷ
◉開學日字 三月五日(陰曆二月三日)

隆熙二年一月十日
漢城中署碍洞普成專門學校

[illegible]人이[illegible]本大阪商業家와特約ᄒᆞ야各種物品及機械等物을發[illegible]委托을便利케[illegible]ᄒᆞ[illegible]商工業에有[illegible]物이든지請求[illegible]會社[illegible]敎科書[illegible]
漢城南大門內興學書舖
[illegible]仁[illegible]內[illegible]廣濟號

▲新刊書籍發售廣告
大韓法規類纂 洋裝 定價金七拾五錢
[illegible] 郵稅四拾錢
初等倫理學敎科書 二拾錢
初等衛生學敎科書 拾五錢
家庭敎育[illegible] 拾五錢
[illegible] 八錢
愛國婦人傳 張志淵氏著 十五錢
發賣所 鍾路布屛下 金相萬書舖

本會에셔新年祝賀ᄒᆞᄂᆞᆫ上等名帖紙아이보메를廉價販賣ᄒᆞ오며多數로注文은特別低廉ᄒᆞ오니願買僉位ᄂᆞᆫ陸續來購ᄒᆞ심을望ᄒᆞᆷ
南署銅峴大和商店 告白

學員募集廣告

本塾英語科學을一層擴張ᄒᆞ오며學員을多數募集ᄒᆞ오니入學志願人은左開日字를依ᄒᆞ야來塾請願ᄒᆞ심을望ᄒᆞᆷ
左開
隆熙二年一月五日로同廿日內
西署仁達坊장興洞[illegible]統[illegible]戶
私立長興義塾

元泳義氏 纂輯
柳瑾 張志淵兩氏 校閱
蒙學漢文初階
全一冊八十[illegible]頁正價金廿錢
本書ᄂᆞᆫ初學[illegible]科書用ᄒᆞ기爲ᄒᆞ야國[illegible]으로二百十三課[illegible]ᄒᆞ야文[illegible]者ㅣ[illegible]漢文敎科書에最適ᄒᆞᆷ
發售處 [illegible]書館 中央書舖 大東書市 廣학書舖

◉電車賃金廣告
陽曆明年一月一日로爲始ᄒᆞ야本社中區法을勿施ᄒᆞ고賃金新貸五錢을左開區里間에셔領受ᄒᆞᆷ

龍山線
鍾路ᄂᆞᆫ南大門外京義鐵道交叉点間 新貸五錢
南大門外京義鐵道交叉点龍山間 仝五錢

麻浦線
西大門孔德里間 仝五錢
孔德里麻浦間 仝五錢

中央線
東大門西大門間 仝五錢

洪陵線
東大門淸凉里間 仝五錢

賃金은乘車後에掌車手에게給與ᄒᆞᆯ事
陽曆本年十二月三十壹日後에ᄂᆞᆫ車票賣買를勿施ᄒᆞ고車票를或持來ᄒᆞ시ᄂᆞᆫ君子가有ᄒᆞ면掌車手가賃金五錢代價票二枚를或領受ᄒᆞ고陽曆明年二月一日前에已往買置ᄒᆞ얏ᄂᆞᆫ車票ᄂᆞᆫ本社線路事務所로持來하시면本價額을還償ᄒᆞᆷ
韓美電氣 告白

正一品大勳閔泳徽閣下序 韋菴先生張志淵校閱幷序
藕齋先生安鍾和序 石濃先生 撰跋
晦瀛后人金鴻卿編纂

[illegible]

全貳冊 金壹圜

此書ᄂᆞᆫ中等學校教科와普通新智識을研究ᄒᆞ시ᄂᆞᆫ人士로爲ᄒᆞ야精撰ᄒᆞᆫ者ㅣ라近來我國의教科書類中에萬國地志도亦不爲不鮮ᄒᆞ나然이나其地名人名을每從漢音或日語而譯刊ᄒᆞ야因其文字鬪音의互異ᄒᆞᆷ으로轉生訛誤ᄒᆞᆷ이頗多ᄒᆞ더니編者ㅣ以是爲病ᄒᆞ야각히其國의名稱을隨ᄒᆞ야以國文으로譯出ᄒᆞ야其眞面을不失ᄒᆞ며且簡易ᄒᆞ고明便케ᄒᆞ야開卷一讀에戶庭을不出ᄒᆞ고能히각國의位置風土物產政治沿革等을周知ᄒᆞᆷ이此書에與喜

발兌元 中署布屛下 廣학書舖 金相萬

發 南門內倉洞 博文書館 安동 安峴書館
鐘路 大東書市 銅峴 博學書館
賣 동口越便 中央書館 寺동 漢陽書館
鐘路 古今書館 廣橋 匯동書館
所 각地方 有名書市

(朴晶東씨譯述)

◎國文新撰家庭學 全壹冊九拾餘頁 正價金三拾젼
◎國際公法 全壹冊百四拾頁 正價金四拾젼
◎經濟原論 全壹冊百拾頁 正價金卅五錢
◎意太利獨立史 全壹冊百九拾頁 正價金五拾젼

發售處
▲中署罷朝橋越邊 中央書館 ▲鐘路大東書市
▲南署大廣橋東邊 匯東書館 ▲布屛下廣學書舖

瑞士建國誌

定價金 新貨拾五錢

此冊은政治小說이니志士의救國救民ᄒᆞᆫ思想과人民의愛國心을發成하ᄂᆞᆫ대緊要ᄒᆞᆫ冊子오

發
▲大韓每日申報社 ▲仁川港租峴 ▲中署布屛門下 ▲平壤城內烈女祠 ▲鐘路 ▲銅口越便 ▲鐘路 ▲大寺洞 ▲倉동 ▲開城
賣
開新冊肆 金相萬冊肆 普濟書館 古今書海館 中央書館 大東書市 匯東書館 開文書館
所
姜助遠 冊사

淸心保命丹 新藥 淸化

●大韓醫院醫學校教官 醫學士 坪井彌藏 證明書 陸軍軍醫 [illegible] 藥劑官 [illegible] 의證明으로淸心保命丹을發明ᄒᆞᆫ바 效能은如左ᄒᆞ니 僉君子ᄂᆞᆫ試驗ᄒᆞ시옵

本舖 仁川港租峴 濟生堂 [illegible]

●主治效能
●漢飲食積 ●中暑中寒
●咳嗽痞痛 ●不土不服
●氣鬱吐瀉 ●舟車眩暈
●食傷酒醉 ●口熱惡臭
▲其他諸般邪氣癘疫頓方妙藥
發行人 仁川港租峴 濟生堂 李[illegible]鳳

代理店 京城鍾路 慈惠藥房
特約店 京城鉢里동 共愛堂藥房
同 藥峴 李信華洋藥局
同 倉洞 [illegible]亭冊사
同 南門外 [illegible]濟藥院
●仁川內洞 韓禹根
同 租峴 和平局
●開城南門內 朴圭恒
同 忠橋 具聖模
●水原鍾路下 金濟九藥局
●海州宗路 元[illegible]
同 宗路 宋[illegible]孝
●延安邑內 邊汝文
●江華鍾路 宋順東
同 邑西門外 高成根
●長湍南門內 崔致淳
●黃山砂利院場內 박健昌
全 任允中
全 李在[illegible]
●平壤[illegible]耶蘇教堂內 李東赫
●黃州南門니紅門洞 韓鳳儀藥舖
全 里門 封[illegible]化
全 文武洞 金[illegible]興
全 [illegible]君殿 桂澤宜
全 客主 金鳳天
●鎭南浦 藥舖 朴[illegible]
●龍川邑 [illegible]藥舖
●載寧[illegible] 朴院俊
●京南大門外 金斗鉉
●全泥峴郵便局 大同運輸會社
●三水郡仲坪[illegible] 天佑堂
●[illegible]客主內 宋君八
此外에도現代에문明각國有名各種藥을具備ᄒᆞᆷ

◎米國製邦補益藥水 四百瓶新到大瓶定價金三圜
◎德國製起陽丸 三十日分服 定價金十五圜

商標

◎米國大학醫院處方
醫學校長 勳五等 池錫永氏
製藥鑑查人濟衆院醫學員 洪錫厚
有效證明 慈惠 李觀化

食慾振起 精力活潑 補益丸
定價表 拾日分服三十個入 金一圜 二十日分服六十個入 金一圜七拾五錢 三十日分服九十個入 金二圜五拾錢

此藥에主治効能用法은在於藥封ᄒᆞ오니第一老衰男女의體弱가有ᄒᆞ고勞心勞驗ᄒᆞ시ᄂᆞᆫ官吏와教師와銀行會社員과學生과商店商人과多產ᄒᆞᆫ婦人에腦勁不足으로生ᄒᆞᆫ陰陽俱虛와虛弱症과貧血症과手足厥冷과頭痛과腰痛이잇ᄂᆞᆫ各病에靈效가有ᄒᆞ고難治病人이라도此藥을每日朝午夕食後三次에一丸式淸水香下ᄒᆞ시면身體가强壯ᄒᆞ고精神이活潑ᄒᆞ고飮食이善消ᄒᆞ고百病을預防하ᄂᆞᆫ眞奇世靈藥이라男女勿論ᄒᆞ고拾五歲以上으로老年에至ᄒᆞ며閑에諸體가困ᄒᆞ오로來하ᄂᆞᆫ虛弱에用ᄒᆞ나니節養不良之致로滿期에避治치못ᄒᆞ거나女子에經度ᄒᆞ가始作지아니ᄒᆞ거ᄂᆞᆫ經水不足或閉止ᄒᆞᆫ며와房事過度之致로精이無端이流出ᄒᆞ거나房事時에陰莖이萎而不起ᄒᆞ거나稽門에ᄂᆞᆫ諸症과金蟲에不治되ᄂᆞᆫ疾과再留熱과虛脫失氣ᄒᆞᆫ久病人이速히蘇完되오니男女間病之深淺을從ᄒᆞ야二二朔且三四朔만連服ᄒᆞ시면大效가有ᄒᆞ기로保證ᄒᆞ오

◎製造本舖 漢城 鍾路萬國基督教青年會館前 慈惠藥房

●靈效驛擔丸 一日分定價金拾錢 此藥은大人小兒長痛과初起腹痛에以ᄒᆞ服用ᄒᆞ면更不再發
●蛔虫丸 一日分定價金拾젼 此藥은大人小兒蛔積과蛔虫외二三日服用ᄒᆞ면蛔虫은殺出ᄒᆞᄂᆞᆫ妙藥
●感氣丸 一日分定價金拾젼 此藥은感氣몸살의써ᄂᆞᆫ藥인대一二日連服ᄒᆞ면解熱
●四時鎭痛 ᄒᆞᄂᆞᆫ藥 定價金五錢 此藥은瘧疾의一期二期勿論ᄒᆞ고그근ᄒᆞᆫ노ᄅᆞᆫ약을쥬오
●男女淋疾丸 七日分定價金一圜四拾젼 此藥은男女淋疾勿論ᄒᆞ고速効가잇ᄂᆞᆫ用藥之日로殺菌止痛ᄒᆞ고利尿止濃
●獨逸國淋疾丸
●淸明眼藥 一日分定價金三拾錢 此藥은火眼熱眼의多有奇効
●鎭咳藥 五日分定價金三拾錢 此藥은拾五歲以上人에用ᄒᆞᄂᆞᆫ藥인대四時常生咳嗽에有効ᄒᆞ고特히老人咳嗽에偉効
●無臭疥癬藥 定價金四拾젼 此藥은疥瘡을殺虫ᄒᆞᄂᆞᆫ약
●寸虫藥 定價金三拾五젼 此藥은有鉤寸虫과無鉤寸虫이皆殺出
●米國膏藥 定價金二拾五젼 此약은冬春凍皮膚病에奇効
●淸國上海膏藥 定價金卅錢 此약은肩臂痛脚腿腰酸痛에神効
●斷酒약定價金三圜 此약은西洋서도信用ᄒᆞ고日本서도信用
●漢城百應膏 封의定價金拾錢 此약은官醫藥學士李信友氏方文으로製ᄒᆞᆫ약인ᄃᆡ명을리삭히ᄂᆞᆫ대第一神效ᄒᆞ고各項腫에去根合瘡ᄒᆞᄂᆞᆫ대便利ᄒᆞ고神速ᄒᆞ오
●止足汗藥 二十分定價金貳拾錢 此藥은德國軍人常用除惡汗臭

西藥便方 全 定價金壹圜 郵稅十錢

此冊은漢城濟衆院約方文을我國漢文으로아라보기십게翻譯ᄒᆞᆫ冊인대京鄕각약局에서此冊을買讀ᄒᆞ시면永年貨藥이될만ᄒᆞᆫ壹代師方인ᄃᆡ약方文과明年度에ᄂᆞᆫ各項고약製造法을添付ᄒᆞ야발賣方文이잇ᄂᆞ니代금一圜拾圜百圜千圜以上에品代理발賣店 京城梨峴洋약局李信華 仁川奇峴濟生堂李庚鳳

學徒洋裝書冊 學徒運動과諸具 羅紗各種 美國金銀線 衣服被褥其他雜貨도廉價放賣ᄒᆞ오니僉君子ᄂᆞᆫ來臨ᄒᆞ심을바라나이다
仁川港奇峴開新冊肆

一般事務로依賴ᄒᆞᆷ을敏速ᄒᆞ고親切히處理ᄒᆞᆷ
中署許병골(ᄉᆡᆼ졔ᄂᆡ골)八統二戶
辯護士 尹邦鉉
辯護士 太明식
辯護士 李容相
聯合法律事務所

越南亡國史 國漢文 定價貳拾錢
發賣所 京城鍾路廣學書舖 館洞倭川坊高峰里 布屛下김相萬 고

◎愛國義捐金收入廣告
●慶尙北道慶州江西面玉山 리형春 二圜 리春壽 리춘裕 六圜 리義壽 四圜

리紀泰	리興榮	리紀萬
리中德	리根伊	설有善
각一圜	鄭讃一	리紀蕙
리紀恕	리紀泰	리守榮
리德元	김卜方	孔万금
鄭斗得	리成根	김八鶴
리出伊	鄭흥一	리秉모
리紀達	리時煥	徐成寬
리紀전	리萬用	리貞修
趙先哲	趙元龍	리紀中
리貞德	리亨鎬	리秉楷
리秉赫	리紀朝	리準榮
安暐	洪哲元	리基龍
沈能貞	리紀貞	김守祥
黃得伊	林廷瑞	金尙伊
崔任寶	리範德	孔殊泉
리源路	리貞子	리秉運
徐泰璡	金乇圭	리린壽
高義娘	리連祥	徐俊祥
리奎準	姜德文	김且凡
尹宗伊	金述伊	崔周哲
郭興石	姜成仁	金元伊
朴七伊	張介伊	김哲伊
김九辰	崔必乙伊	朴坤伊
김億先	리龍甫	리澄壽
黃元燦	김紀葉	리紀賢
安八十	리丞羲	리秉五
김仲孫	中敎萬	리暎源
리古昧	徐龍伊	리鎬說
吳新祿	각廿젼	김丁出
三十젼	리文이	朴模이
金宗福	김宗大	리문壽
各十젼	리眞壽	八十젼
리泰榮	리秉俊	鄭鐵極
리紀璜	리裕馨	리紀鳳
리秉恩	김凡文	리弼俊
리榮壽	朴大用	楊道汝
金順出	조長守	權平道
金鎭二	리東宇	리琮壽
리滿宇	리會文	史俊이
리錫依	리祚源	김上玉
金東得	金日根	리紹壽
리紀璵	리紀容	리紀佰
각六拾錢	金有宪	리潤壽
리福壽	리秉庭	리紀晃
리既東	김宗哲	沈成奎
沈能亨	감基淑	리鎬杓
리推理	리宅道	리永根
崔有善	리煥壽	崔世寬
趙存根	朴九이	리眞旺
리섭榮	김고天	설日江
高學이	리선壽	리亓壽	리浩壽
徐且寶	김應공	權瑞永
각四十젼	合六拾六圜八拾錢	

前號總合五萬七千五百七十一圜二拾一젼七리
都總合五萬七千六百三十八圜○一錢七리

發行兼編輯人 英國人 裵說
發行所 南署大廣通新門外[illegible]三[illegible]漢英[illegible] 大韓每日申報社

漢城鍾路萬國基督教青年會館
院醫學校長池錫永 弘錫厚 朴慈惠 리觀化
品質易商友田商店약品을直輸
定價表每日약명에昇降을從하
硫酸麻偪一본도 金拾三錢
貳瓶 七十五錢○安知必林七

第六卷

大韓每日申報

第七百八號

月曜及慶節 歲時休刊

開國五百十七年 檀君開國四千二百四十年 箕子元年三千二十九年 大韓開國五百十六年 日本明治四十一年 淸國光緖三十三年 陰曆丁未十二月小十一日戊辰

論說

●韓日關係 尹炳球所述 (英文報原譯)

附日思想이堅固ᄒᆞᆫ某雜誌를近讀컨ᄃᆡ긴노수가氏의陳論이有ᄒᆞᆫ바其云ᄒᆞ얏스되韓日關係가非昨日或再昨日之問題라自今一千七百年前에神功皇后가韓國을攻勝ᄒᆞᆫ以來로韓國之於日本에常作妄動이라ᄒᆞ얏스니韓國史編上에ᄂᆞᆫ此報道를證明ᄒᆞᆯ事實이斷無ᄒᆞ거니와蓋俄日開戰之時에日本政府가兩大目的을聲言ᄒᆞ얏스니此ᄂᆞᆫ韓國의獨立及土地를維持ᄒᆞᄂᆞᆫ것과極東商業界에門戶開放을繼續ᄒᆞᄂᆞᆫ것시며

此日本報章들은頻頻히報導ᄒᆞ되日本이戰局에入ᄒᆞᆷ은非獨爲自國이오一般文明과通商列國의利益을特爲ᄒᆞᆷ이라ᄒᆞᆫ지라極東에在ᄒᆞᆫ英美商業人과其他諸人이日本의必守其言ᄒᆞᆷ을全然히期望ᄒᆞ얏고特我韓國에셔ᄂᆞᆫ人民及政府가日本의如彼重諾을確信ᄒᆞ야與日協約을締結ᄒᆞ얏스니此約款의性質로ᄂᆞᆫ日本의軍事上行動이韓國內에開通된지라我政府及人民이過去戰役之際에日本을隨力各助ᄒᆞ얏스며且同時에吾人이深信ᄒᆞ되日本이我政府의腐敗官人과交涉ᄒᆞᄂᆞᆫ대ᄂᆞᆫ强硬ᄒᆞᆫ手段을或用ᄒᆞ더ᄅᆡ도普通人民의게ᄂᆞᆫ公正을其必著示ᄒᆞ야行政之道에眞實히勸告ᄒᆞ며且特機會ᄒᆞ야韓人自由黨의게改良上必要ᄒᆞᆫ用力을奬勵ᄒᆞ리라ᄒᆞ얏도다

▲政策의變更

日本이非常ᄒᆞᆫ勝戰을得ᄒᆞᆫ以後로元老及行政官의政策이全然ᄒᆞᆫ侵占으로變移ᄒᆞ야不美不公ᄒᆞᆫ非人類的의貪慾及獸性을旣行且現行ᄒᆞ고公正ᄒᆞᆫ均等機會의政策을不用ᄒᆞ니是乃吾人之所恨嘆이로다

日本이我政府의全部機關을占取ᄒᆞ야此를日本人民의財政上利益으로만純然히使用ᄒᆞ고强奪及殘忍을公私間에肆行ᄒᆞ야儀式上最惡ᄒᆞᆫ政府라또三十年內에能作ᄒᆞᆯ實地上損害를日人은三年內에已加ᄒᆞ얏스며且財政을取去ᄒᆞ야自巳利益으로無厭히處理ᄒᆞ며多數日人을聘用ᄒᆞ되其月給은同國니에서給ᄒᆞᆫ三四倍를受ᄒᆞᆷ이常多ᄒᆞ도다

官報

●三千九百六十六號 隆熙二年一月九日 續

敍任及辭令

理事廳警部 山田平三
仝 渡邊早太郞
仝 楠本茂作
仝 安藤友熊
仝 塚行衛
仝 隈田豊喜
仝 生沼信義
仝 野村直治
陸軍騎兵曹長 西田久平
特敍勳六等賜八卦章
內部警務局長兼統監府書記官 松井茂
統監府技師農學博士 本田幸介
外務省參事官兼統監府書記官 倉知鐵吉
特敍勳二等賜太極章
大林區署技師 道家充之
煙草專賣局技師 岡田眞一郞
特敍勳二等賜太極章
宮內府書記官 井上雅二
大藏省臨時建築部技師 永井松次郞
仝 勝又六郞
特敍勳五等賜太極章
農商務技師 山內楕
特超敍勳四等賜八卦章
宮內府書記官勳六等 多田桓
日本國陸軍步兵少佐 田中新助
仝 土山小一
仝 權藤久宣
日本國陸軍三等軍醫正 瀨川良太郞
日本國陸軍步兵大尉勳四等 池滑魚
特敍勳三等賜八卦章
理事廳副理事官 染谷成章
仝 大本安之勳
統監府通信管理局事務官 鳥田志良
理事廳副理事官勳六等 新庄順貞
特敍勳四等賜八卦章
日本國陸軍步兵少尉 室田久治
仝 伊藤孝造
仝 西村格
仝 松元三次
仝 板谷遐
仝 上湊野
仝 巢松尾
仝 桑名喜久治
仝 飯野庄三郞
仝 上田守夫
仝 中原淸義
日本國陸軍三等軍醫 松浦元舒
日本國陸軍三等主計 岡部悌夫
特敍勳五等賜八卦章
理事廳理事官勳六等 三增久米吉
統監府鐵道管理局技師勳三等 加藤勇
法部海務院參與官勳二等 野澤武之助
中樞院顧問官 閔泳綺
仝 李夏榮
仝 權重顯
特賜太極章 未完

●第三千九百六拾七號 융희二年一月拾日

敍任及辭令

任東萊府尹 前參書官 韓致愈
正三品 秋伯燁 九品 金演培
九品 尹敎求
任修學院敎官 度支部司計局長 李鶴圭
任中樞院賛議 學禮院典祀補 金海秀
依願免本官
六品 [illegible]敎性 鄭昌鉉
金鉒默 安鍾萬
任掌禮院典祀補
山田保 (判任待遇)
上村次郞吉 (判任待遇)
宮內府庶務課事務를囑托ᄒᆞᆷ
宮內府主馬課術敎師를囑托ᄒᆞᆷ

●号外 隆희二年一月十一日

●宮廷錄事

本月十三日에 大皇帝陛下께ᄋᆞᆸ셔 太廟에展謁ᄒᆞᄋᆞᆸ시고 皇后陛下께ᄋᆞᆸ셔 廟見禮를行ᄒᆞᄋᆞᆸ실 旨意를奉承ᄒᆞ온바 出御時刻과御道路ᄂᆞᆫ如左ᄒᆞᆷ이라 上午十一時三十分에敦化門으로出御ᄒᆞᄉᆞ 罷朝橋 御橋로 太廟南門을從ᄒᆞ사 齋室에入御ᄒᆞᄉᆞ 午十二時三十分에行禮ᄒᆞᄋᆞᆸ시고下午三時에北墻門으로從ᄒᆞᄉᆞ還御ᄒᆞ심이라

●第三千九百六十九號 隆熙二年一月十三日

敍任及辭令

任內部主事 吳鎭裕
坂垣懋 木村龍吉 鬼頭상助
任大醫院藥劑官
七品 劉日煥 六品 金철周
九品 朴형來 岡野虎太郞
市川鶴松
任大醫院主事 未完

外報

●美國陸軍卿演說 倫敦電을據ᄒᆞᆫ즉米國陸軍卿타푸트씨가淸國上海에서演說ᄒᆞᆫ時에日本의對淸策은侵掠的이라ᄒᆞ고使淸國으로强國의援助를請ᄒᆞᆯ만ᄒᆞᆫ感想가生케ᄒᆞ엿다더라

●評論日本 英國某報를據ᄒᆞᆫ則倫敦에일新聞社의探報員맥킨지씨와韓人宣敎師尹秉球氏의說明ᄒᆞᆫ바韓國內日本의失政及發行을一篇記述ᄒᆞ엿고其結言에評論ᄒᆞ엿스되韓國內日本之勢로觀之컨ᄃᆡ若日本이東洋野蠻之稱을滿足히自認ᄒᆞ면猶可恕也어니와若不然ᄒᆞ야泰西文明을粧飾ᄒᆞ며列國中에參班ᄒᆞ기를要求ᄒᆞᆯ진ᄃᆡ韓國內에서行ᄒᆞᆫ바强奪과殘忍과虛僞及貪慾이滅耻를難免이라如此行事ᄂᆞᆫ雖日本政治上締盟國이라도熱心으로論非ᄒᆞᆯ비라ᄒᆞ엿더라

●無線電話新發明 美國電信을據ᄒᆞᆫ즉同國옥클랜드地에居ᄒᆞᄂᆞᆫ싹크氏가無線電話機械를新發明ᄒᆞ얏ᄂᆞᆫᄃᆡ將次各處輪車에無線電話를設置ᄒᆞ야落車時에도通信ᄒᆞ야諸般事에失敗가無ᄒᆞ게ᄒᆞᆯ터이며無線電話所를方今建築中인ᄃᆡ其建築額은二拾萬圓이라더라

●印度獨立準備 世利論電을據ᄒᆞᆫ즉印度國石那道中央大학校總長루트놀氏가市도俱樂部에서演說ᄒᆞᆫ바를聞ᄒᆞᆫ니印度人民은英國의羈絆을脫ᄒᆞ고獨立ᄒᆞᆯ準備中인ᄃᆡ其決心을察ᄒᆞ면眞情으로英國政府의虐政에서生ᄒᆞ고眞實ᄒᆞᆫ愛國心에서出ᄒᆞᆫ事니不過數年內에獨立戰爭이起ᄒᆞᆯ줄노知ᄒᆞ노라ᄒᆞ엿더라

●無線電線設置 伯林電을據ᄒᆞᆫ則同地附近가나라群島中케넬푸島에無線電線을完全이設置ᄒᆞᆫᄃᆡ其距ᄂᆞᆫ八百里라더라

雜報

●懲獎吹鍼 有一妙年日服女人이電車中에서何許人을對ᄒᆞ야言曰我年今二八에我大韓國內幾千年내에妓生會社를新設ᄒᆞᆫ都母甲이玄暎運氏가擔力도特別ᄒᆞ고濶手用錢ᄒᆞᆫ다기로權用ᄒᆞ기爲ᄒᆞ야行媒作配ᄒᆞ엿더니至今幾朔에用權用錢은尙矣勿論이오當此深冬ᄒᆞ야亦身에周衣만입히고朝夕은寒食에茶水만먹게ᄒᆞ고ᄒᆞᄂᆞᆫ말이너가巳往妾侍下에束縛을當ᄒᆞ야不得自由ᄒᆞᆫ積恨이山海又기로錢權을更히妾의게아니준다ᄒᆞ며無日無時로만져보ᄂᆞᆫ것우렬슈염뿐이다ᄒᆞ니車中諸客이大笑腰折ᄒᆞ얏다더라

●牛稅補校 水原濟湖面오山里私立明進學校ᄂᆞᆫ該地市民諸氏가協議出捐ᄒᆞ야設立ᄒᆞ얏어니學徒도日增ᄒᆞ야可有將進望인ᄃᆡ校況이不贍ᄒᆞᆫ故로該地市民伯成伯諸人이牛價鹽에每頭二十錢만收合ᄒᆞ야該校에捐助ᄒᆞ기로妥定이此係諸人之當然義務나未知官庭處分이라ᄒᆞ야水原郡守의게請願ᄒᆞ얏ᄂᆞᆫᄃᆡ該郡守ᄂᆞᆫ此意로學部로報告ᄒᆞ얏다더라

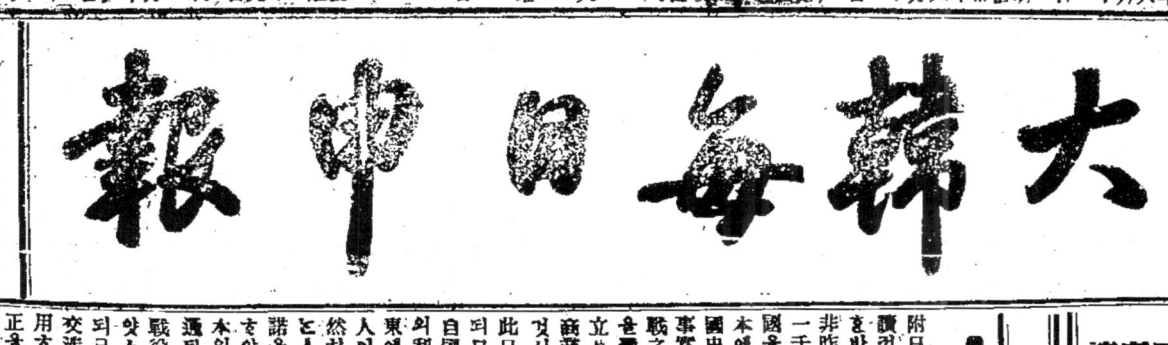

●兩씨熱心 南陽內尙동國文학校學徒中班長張炳斗朴潤根兩氏가熱心으로上學ᄒᆞ고每期考試에優等으로[illegible]ᄒᆞ야김拾餘圓을收合捐助ᄒᆞ며一般學徒의頌聲이藉藉ᄒᆞ다더라

雜報

●太廟展謁 前報와如히昨日上午拾一時三拾分에 大皇帝陛下께옵셔 太廟에謁首展謁禮를行ᄒᆞ옵시고 皇后陛下께옵셔 廟見禮를行ᄒᆞ옵시ᄂᆞᆫ대儀仗節次ᄂᆞᆫ前과如ᄒᆞ고宗親文武百官이具公服ᄒᆞ고敎化門에셔祗迎ᄒᆞ야隨次陪從ᄒᆞ고還御ᄒᆞ실時에 宗廟南門에셔鞠躬行禮後에退出ᄒᆞ얏다더라

●義王渡日 義親王殿下께옵셔再昨日上午七時에 太皇帝陛下께辭陛ᄒᆞ시고同八時三十分에南門外停車場에셔京釜鐵道로渡日ᄒᆞ셧ᄂᆞᆫ대總理大臣리完用氏以下各大臣이南門外에出往祗送ᄒᆞ얏고隨員은韓應履安商鎬兩氏가陪往ᄒᆞ얏다더라

●餞鶴原 昨日上午八時三十分에統監府總長鶴原定吉氏가京釜鐵道를搭乘ᄒᆞ고歸國ᄒᆞᄂᆞᆫ데各部大臣과韓日兩國高等官이出往餞送ᄒᆞᄂᆞᆫ대總理大臣리完用씨ᄂᆞᆫ同夫人出往ᄒᆞ얏다더라

●日人代任 학部文書課長리敬應氏ᄂᆞᆫ학務課長으로轉任ᄒᆞ얏고其代에ᄂᆞᆫ日本人坪邊副理官本田氏가敍任ᄒᆞ얏ᄂᆞᆫ대학部에셔電報하고即爲上京ᄒᆞ라ᄒᆞ얏다더라

●往葬返虞 再昨日下午三時에趙定희氏의返虞인대總理大臣과各部大臣과完興君李載冕諸씨가南門外에서護迎ᄒᆞ얏다더라

●訪問私邸 再昨日上午十二時에警視總監丸山重俊씨가法部大臣趙重應氏私邸로訪問ᄒᆞ얏다더라

●光濟擧慰 法部大臣趙重應氏가日前法部에仕進ᄒᆞ야辭明ᄒᆞ기를部內事項이漏落되야新聞上에셔爲揭揚되ᄂᆞᆫ境遇에ᄂᆞᆫ該傳播ᄒᆞᆫ人을探知ᄒᆞ야免官ᄒᆞ깃다하얏더라

●五守辭免 江東郡守金明濬 富平郡守兪國煥 新寧郡守徐相珪 旌善郡守金鳳煥 陰竹郡守朴周憲諸氏ᄂᆞᆫ內部에辭職請願ᄒᆞ얏다더라

●七十四守 再昨日內部에서郡守奏本을上奏ᄒᆞ얏ᄂᆞᆫ대平山南宮억 楊州申觀永 堤川睦源學 杆城李어蘘 陽城李源喆 平康申澤永 興海朴齊範 醴泉李益宋 求禮李濟會 永平崔斗榮 咸陽鄭璨 枝孟山洪駐亨 新溪徐相八 安東安穆용 洪州尹泌 오川徐相憲 延豐金碩恒 永春趙興元 聞慶辛龍鎭 漣川李宜聯 高陽ᄂᆞᆫ恒錫 南陽金寶鉉 龍宮兪鳳煥 靑松康과昇 平海李命健 金堤吳維泳 麟蹄妻昌회 楊口李克烈 鳳山申佐均 谷山李承七 長城金潤昌 原州李宅珪 永興李秉和 慶州李琦 茂山魯秉默 高原李康植 南海리鍾協 咸安리紹鍾 平澤梁鳳濟 嘉山梁在萬 咸陽리章용 ᄂᆞᆫ州權重瓔 山淸리臣穆 梁山리元鎬 金浦趙東善 忠州徐晦輔 永同林淵相 槐山沈逢々 舒川姜元魯 金溝洪鐘懋 殷山柳基泳 합川玄濟復 海南리海盛 鎭安朴準成 淳昌姜華錫 江西婁鴻大 居昌梁在鑾 鎭南高羲駿 延日任昌宰 金山朴ᄒᆞ 陽濟道梁弘默 金海鄭鎔朝 寧文台源 珍島徐丙淵 同福리思弼 韓山리思轍 錦山지宇樹 영山리瓚永 懷德丁大有 密陽金重演 晉州柳成烈 陽川洪在箕 昌源申錫麟 龍川金鎔哲諸氏더라

●朴씨繼嗣 錦陵尉朴泳孝氏ᄂᆞᆫ其從姪朴晩緖로立后ᄒᆞ기決定ᄒᆞ얏다더라

●卒業期限 警視廳에서巡査學徒十五名을試取ᄒᆞᆫ다ᄂᆞᆫ事ᄂᆞᆫ前報와如ᄒᆞ거니와明日上午十時에募集試取ᄒᆞᆫ뒤本月二十日爲始開학敎授ᄒᆞ야二個月預定으로來三月二十日로卒業期限을定ᄒᆞ고該敎授間에ᄂᆞᆫ手當金五圜式每朔支給ᄒᆞᆫ다더라

●安民安業 安州郡守리寅洽氏가下車未幾에自己의月俸을捐ᄒᆞ야學校를設ᄒᆞ고父老를會集ᄒᆞ야殖産敎育의急務를演說ᄒᆞ며場市에暗巡ᄒᆞ야雜技를禁ᄒᆞ미郡民이安業ᄒᆞ고校況이興旺ᄒᆞ야誦聲이藉々ᄒᆞ다더라

●校財不關 學部에서度支部에照會ᄒᆞ되地方財務署에諉防ᄒᆞ야自來로敎育界에付屬ᄒᆞᆫ財源은切勿干涉케ᄒᆞ라ᄒᆞ얏다더라

●三命殺害 月前에扶餘郡迎城面江水里에不知何許人二十餘名이來到ᄒᆞ야討喫朝飯ᄒᆞ더니未幾에日兵이放銃入來ᄒᆞ야該人等은四散逃避ᄒᆞ얏ᄂᆞᆫ대日兵이放火民家ᄒᆞ야二十三戶가沒燒ᄒᆞ고該洞民一人은當下砲殺ᄒᆞ고洞長及洞任一人을押去中路에서亦爲砲殺ᄒᆞ얏다고該道裁判所檢事가法部로報告ᄒᆞ얏더라

●禍及隣家 陰十一月十八日에機張郡下北面內德里洪亨燮家에서失火ᄒᆞ야比隣十四戶가連燒ᄒᆞ얏ᄂᆞᆫ대租包가三百四十七石이오牛隻과什物衣服等物이沒燒되얏다더라

●靑年演說 國家와人物로今夕七点鐘에文학士綱島佳吉씨가靑年會에서演說ᄒᆞᆯ터이라ᄂᆞᆫ대國家와人物와有何關聯ᄒᆞᆫ關係와治亂汚隆이何로由홈을一一히說明ᄒᆞᆫ다더라

●城發興학 城津府參書官金瑞圭氏가府下聽俊子弟을廣募ᄒᆞ야以法律一課로熱心敎授ᄒᆞ며法律叢說을講論ᄒᆞ고休暇日則躬到各里ᄒᆞ야另設學校ᄒᆞᆯ趣旨와爲民義務의方法을家喩戶說ᄒᆞᆫ다더라

●海校擴張 陝川海印寺에서海明학校를設立ᄒᆞ고학部의認許를承ᄒᆞᆫ後에農務局長兪瀨氏로校長을公薦ᄒᆞ고校務를擴張ᄒᆞᆫ다더라

●長郡義擾 本月三日에義徒五十餘名이長기郡에突入ᄒᆞ야巡査一名을砲殺ᄒᆞ고郵便取扱所를打破ᄒᆞ며一應文簿를沒燒ᄒᆞ얏다고該郡守가度支部에報告ᄒᆞ얏다더라

●楊民爆動 楊州郡來人의傳說을據ᄒᆞᆫ즉自衛團을實施ᄒᆞ라ᄒᆞᄂᆞᆫ대義徒ᄂᆞᆫ聲言ᄒᆞ되雖一民이라도自衛團에不入ᄒᆞ면必有後患이라ᄒᆞ고自衛團에서ᄂᆞᆫ施威勒入코ᄌᆞᄒᆞᆷ으로人民等이因此爆動이된다고ᄒᆞ더라

●학究被害 西來人의傳言을聞則大韓학界上에학會의設備로ᄂᆞᆫ開城이第一이라ᄒᆞᆯ거시八九處學會ᄂᆞᆫ年來로有志人士가建築ᄒᆞ야二千名生徒ᄂᆞᆫ足可敎育인대學驗의私塾이四十五處이되야天皇氏ᄂᆞᆫ以木德으로王이란학問敎育ᄒᆞ기로如此ᄒᆞᆫ學校가空虛ᄒᆞᆯ쥴當此時代ᄒᆞ야還感될거시無出于此라ᄒᆞ더라

●西市設校 水原郡西屯里ᄂᆞᆫ業來臣村으로實業이니敎育이니全然不知ᄒᆞ더니昨年以後로農商工部에서設立ᄒᆞᆫ勸業模範場과農林학校에興振홈을보고一般村民이敎育이人生의機關인줄感動ᄒᆞ야동中에학校를設立ᄒᆞᆯ計劃이고該洞所住ᄒᆞᄂᆞᆫ農工部水原樹留養成所技手김光河氏가爲先本洞에千萬家에臨時夜학校를設立ᄒᆞ고名譽敎授ᄒᆞᄂᆞᆫ대村中人員及遠近熱心이將來학校基本이되리라ᄒᆞ더라

●華校斷髮 永柔郡守朴容觀씨가敎育에熱心ᄒᆞ야郡이미然風從ᄒᆞ고該郡華山面에在ᄒᆞᆫ華成학校와校員李雲섭李祥雲金龍潛諸氏가校務에熱誠從事ᄒᆞ야頗有前進之望이오학徒五十餘名이一切斷髮ᄒᆞ얏다더라

●西北학會盛況 三昨日土曜日에西北학會의開會式을校동本校內에서設行ᄒᆞ얏ᄂᆞᆫ대會員과학生과各社會代表員이齊集ᄒᆞ야數百人에達ᄒᆞᆫ지라太極旗와學會旗와各國旗를高揭하미坐席이井々ᄒᆞ고威儀가秩々이러라會長鄭雲復氏가開會趣旨를說明ᄒᆞᆫ後에副會長姜윤熙氏와評議員金明濬氏가兩學會의歷史를敍述ᄒᆞ고來賓中前大臣김允植씨와前大臣李道宰씨와國民新報社長韓錫振氏와一進會代表尹始炳氏와開城紳士劉元杓諸氏가次第로祝賀를陳ᄒᆞ고皇城新聞社長柳瑾氏ᄂᆞᆫ空冊十件으로學生의게寄附를發ᄒᆞ고國歌와學會歌를被之樂器ᄒᆞ야順序迭奏ᄒᆞ미和樂ᄒᆞᆫ興味를助ᄒᆞ고會員安昌浩씨가演壇에介ᄒᆞ야精神的舞台와服從主義와各盡其力의要領으로一場雄辯이滔滔懸河에調理가剴切ᄒᆞ고氣象이激昂ᄒᆞ야令人欲躍ᄒᆞ며令人欲舞ᄒᆞ며令人欲哭ᄒᆞ야滿場喝采에精神이凜々ᄒᆞ고茶果禮를擧ᄒᆞ고寫眞式을行ᄒᆞ니如此ᄒᆞᆫ文明社會ᄂᆞᆫ大韓世界에可謂創見이라고觀光諸人이嘖々稱道ᄒᆞ더라

▲地方消息▼

▲拾日午后四時에光州稅日本居留民龜太郎이가介獵歸路에義兵의게重傷을被ᄒᆞ엿다ᄒᆞ고

▲六日夜에義兵約二十名이廣州郡慶安面道동에來襲홈으로日守備隊長以下八名과巡査一名이該地로出發ᄒᆞ엿다ᄒᆞ고

▲拾日午前에義兵約三百名이甲山郡에來襲ᄒᆞ얏ᄂᆞᆫ대日守備兵이九時間을交戰ᄒᆞ얏다ᄒᆞ고

▲五日夜에漣川郡西在谷北方高地에서義兵이日偵探隊와交戰ᄒᆞ얏다ᄒᆞ고

▲拾二日午後九時에義兵約五十名이光州日人農場을襲擊ᄒᆞ야日人二名은被殺ᄒᆞ고一名은重傷ᄒᆞ고二名은行衛가不明ᄒᆞ다더라

路透電報

拾二日發

●自由港撤請願 露國西比利亞沿岸議員等이同盟ᄒᆞ야海參威自由港撤廢請願을議會에提出ᄒᆞ얏다더라

▲九曲棹歌▼

▲時事로비를모와政治와뜻을달고九曲山川도라드니風景도可觀이라

▲一曲灣도라드니都沙工이안져고나 鐵域土壁國出ᄒᆞ야一手販賣ᄒᆞ엿스니 琥珀珊瑚조흔椅子海外別品사왓스나 蒼生之憂누가아나저功名이조흘시고 歎乃聲山水綠에어긔엇차뜻다러라

▲二曲灣도라드니三品大臣안져고나 二百四十餘群嶋ᄂᆞᆫ點點銅山慕近도다銅礦採掘爭頭ᄒᆞ니外方손님雜괄이라黑夜金神晴弄라가蹤잡힌일島皮ᄒᆞ다蕭々暮人寒江雨ᄒᆞ니어긔엇차뜻다려라

▲三曲灣도라드니都會計가안젓스나箕가지를손에잡고雍容忘送ᄒᆞᆯ수업다五鵠을다쎄가도精神업서모도다欲腑가수空ᄒᆞ니 身血脉新絶이라 靑山萬里一孤舟에어긔엇차뜻다려라

▲四曲灣도라드니져계究가안젓고나 冒海가狹窄ᄒᆞ고外樣은不似ᄒᆞ다 指南車도업서스니前路가迷茫ᄒᆞ다 實事ᄒᆞ나업ᄂᆞᆫ敎育能言鸚鵡可笑로다 學海風浪泛虛舟에어긔엇차뜻다려라

▲五曲灣도라드니局不爲軍안젓고나 數鉄은ᄀᆡ이ᄃᆡ又凡然獨坐비얗이라 即업ᄂᆞᆫ婚姻이오불업ᄂᆞᆫ炊爐로다 軍中에將令누가밧ᄂᆞ슈두리고애쌈치 舟中之人皆敵國이라지어긔엇차뜻다러라

▲六曲灣도라드니法학士가안젓고나 他人指揮바닷스나 無事奔走ᄒᆞᄂᆞᆫ中에 細規則을編成ᄒᆞ니蚕絲牛毛갓다어렵다司法權도남의주고虛名만帶ᄒᆞ로다 사笠獨釣寒江雪에어긔엇차뜻다러라

▲七曲灣도라드니判官使令안젓고나 良田美土認許ᄒᆞ야他人의게放賣ᄒᆞ고同心曾目招集ᄒᆞ야宴樂잔치ᄒᆞ고나니도먹고나도먹자料理에판이낫다岸舟一棹歸何處오어긔엇차뜻다려라

▲八曲灣도라드니宮府官制안젓고나 宮府官制改正件에一新改良좀ᄒᆞ시고愛侍下分付施行姻아族戚모아ᄃᆞ 貴金又은이官職을一資半級남줄손가布帆無恙掛秋風에어긔엇차뜻다러라

▲九曲灣도라드니져使者가안젓고나 雲慶椎을번을어有罪罪不問ᄒᆞ고風雨又치잡어다가秋霜又치訊問ᄒᆞ니人間에闕나府라呼哭聲이漲天ᄒᆞ니野渡無人舟自橫에어긔엇차뜻다려라

社告

○督愛錄

本社過去年來經費窘乏相償務未勘爲千餘圓月給未收條下除圖矣此然他數年內各地方購覽諸君勸及各支社二千五百餘圓未收之所致也從此窘迫不得未收条一一調査仰佈于未納諸君報告請預至期次第無消息則外不得已於本社以姓氏刊布於報紙錄以其姓名若回於納付則特設督愛錄以謝僉員相信相愛之厚情若

○告各支社員

本社對各支社中從代金除條內未納過數止該支社之甚矣已爲依矣姑期收納不過數三處而其中全無收納者則斷當廢止以示本社之有信用無貨實然再三回思則不忍從廢者有三焉本社之本意只在於韓國同胞共濟文明非爲營業的起見則爲支社之錢而不忍廢者一也

各支社社員分擔本社之義務親手分傳不遑風雨令人聞知感淚原爲支社之勤勞而不忍廢者二也

各處購覽君子愛本報如愛兄弟如愛朋友未起報而先讀報畢一發而償代金甚至於各處忠告書寫片飛到者之以無休我如此至情安敢相負爲購覽員之誓愛而不忍廢者三也

肆以文撫緝恩頭此見廢一字於滿萬點事爲食言不忍一朝告別故更寬一期以待回音

江華郡御井金鎭櫃氏第에本支社를設置ᄒ얏사오니該附近地에셔本申報購覽ᄒ실 僉君子는該支社로請求ᄒ시고代金도兪鎭櫃氏게로送交하심을務望

雜報

●有志寄函　富川郡金乘臨君과尤協興씨가本社에寄函ᄒ얏는디其略이如左ᄒ니

凡事에事有終始ᄒ는非但衆民之事에만爲然이라國家事라도亦然ᄒ나本人等도生於此土活於此國之民으로今此國債에性情이感應ᄒ야義捐募集은寔出於愛國之心이오愛國之心오亦愛已也라無論이면嗟我生民이何處에居之리오所以로響應이達乎此境ᄒ야賢愚老幼가隨其力而捐集多寡者가亦愛國愛已之熱誠이오所儲가總爲六百卅五圜五拾六전을儲置於김丙鎬商店而到此ᄒ며且以時日遷延ᄒ고實爲收金之增殖이오本人等이亦非一箇肥已之利用이것마ᄂ奈之何로浮浪輩가猜生猜恐ᄒ야日國債가停止라云ᄒ며義捐이無益이라云ᄒ는者가隨處售奸에愚弄衆心ᄒ야還取義捐之樣ᄒ오니可勝嘆哉아粗有人性者로貴之此說에將以何言이誅之哉아此義捐始終을傳無反途케ᄒ며義捐人氏는日後次次例錄홀터이오니斯速廣布之地을望홈

撥起人 崔秉喧 金允協 等白

●江校漸就　江華公立普通學校가昨年八月分에教員鄭秉鼓氏가熱心視務에固守校規ᄒ야學員組織이不失尺寸ᄒ니學員이八十九名에達ᄒ지라今年十二月二十九日에試驗을經ᄒ는디優等은甲班에林台龍等諸씨오乙班에는崔榮憲等諸氏오丙班에는方允秦等諸氏오丁班에는田鎭撥等諸씨러라

●郵聞更摘　本報第六百四十七號雜報欄內에付送記見失이란題下에郵事部에서付送ᄒ는登記書札을郵便局에서開折ᄒ야紙貨는取出ᄒ고該封套만還歸本郡郵便ᄒ얏다는事에對ᄒ야郵局에서本社에辨明ᄒ되登記票定額中一錢이不足으로査出ᄒ기爲ᄒ야受取人의게該札을傳ᄒ고其封套만請取ᄒ야對套를該郡에付送ᄒ고不足額을査出ᄒ緣由를同地에서此理由를誤解ᄒ고何人이貴社에投書홈이라ᄒ기玆에正誤홈

●正誤　十二月十本報廣告欄內柳樂稷의柳字는權字의誤植이기玆에正誤홈

廣告

本月十六日이故리淑卿氏(尹致昨夫人)의辭世ᄒ신第一週年忌辰이온바貞洞教堂에셔伊日下午六時에追悼會를開ᄒ오니 故夫人의淑德을感慕ᄒ시는人은來參하심을敬望

發起人 金祥演 石鎭衡 리甲 柳東說 金東完 同夫人 金희善

本人이株式會社漢城銀行小額當座通帳一百四拾九號壹冊을遺失ᄒ와該冊은無效로本行에通知ᄒ고廣佈ᄒ니內外國人照亮ᄒ심을爲要

漢城財務署主事 許鎔 告白

本郡守韓貞奎씨가到任以後로百弊를矯正ᄒ고衆民을撫按ᄒ신바爲其頌德而屢揭新聞이어니와況又近者에自衛團組織ᄒ니親執熱心ᄒ는中郡主事尹景薰氏가別出方針ᄒ야亦爲補佐ᄒ니眞所爲猛虎添翼이로다然故로我賓候에徒讃을發揚ᄒ一部衆民이齊聲廣佈ᄒ오니 僉君子는照亮ᄒ시옵

黃海道黃州郡十八面民人代表 김鑛鉉等 告白

○여山宋氏四孫宋中 貞烈公山所在長湍有墨 [illegible] 會宗孫 [illegible] 告白

本人의婿黃瑞與從孫元俊의再從兄弟가陽一月三日分에來到本人家ᄒ야田七耕文券與同里金仁綱處에典執ᄒ엿十二斗落文券과同人의게債給ᄒ五百兩手票와本人家舍文券을幷爲盜去에不知去處이옵기廣佈ᄒ오니內外國僉員과各港各市僉員은照亮后此等文券은切勿準信홈

郭山北下里地灘洞 胡金氏 告白

西友與北兩會가教育으로目的이온바今幸兩會가情意融通하야合成一會ᄒ고會名은西北學會라稱ᄒ고會館은前西友會館으로仍用ᄒ오며開會式은本月一日(十曜)上午十二時에擧行ᄒ오니京鄕會員은照亮ᄒ시옵

皇城中署校洞二十九統二戶 西北學會 告白

忠北沃川郡伊內面院村居李博士韓璽씨는本以ㅣ富之人으로性質仁厚ᄒ야非徒親族之救濟라隣里之人이라도極難多濟ᄒ며且當歲底ᄒ야年老人家에給養肉饌ᄒ며或은於債錢ᄒ야도不吝利殖而反減本전ᄒ고隨其勢收捧故로輿論이藉藉ᄒ가에玆以廣告홈

沃川郡屋洞 柳生周 告白

本所에셔家屋을一新修理ᄒ야寔遊軒窓이明亮安穩ᄒ고應接室과沐浴湯을精潔灑淨케ᄒ오니各色料理와本國珍羞諸品을ᄆᄆ具備ᄒ며各品好酒와각種菓果가件々新鮮ᄒ오니愛顧ᄒ시는僉君子는益々來臨ᄒ심을伏望

惠泉湯 告白

木浦藥局朴鍾國字鍾午姓名圖章을大邱令上隊十二月初四日夜에失ᄒ얏스니內外國人切勿施行

朴鍾國 告白

▲特別廣告

本社에셔名帖印刷部를另設ᄒ고各樣活字와別樣紙本이俱備ᄒ오며印刷가精美ᄒ고價直도極廉ᄒ오되特別히半價로低廉ᄒ오니僉位는來臨ᄒ시와隨意請求ᄒ심

大韓每日申報社 告白

學員募集廣告

本校第四回入學期를現當하야法律學과經濟學兩專門科學員을玆에募集ᄒ오니願入人은左記試驗定期內에本校用紙로써早速請願홈事

但右兩科는夜學으로만募集홈

◉修業年限　三學年

◉入學年齡　二十歲以上

◉學科目　法律學全部 經濟學全部 (備任本校規則)

◉試驗日字　一月廿五日(陰曆戊申正月廿四日)

◉試驗科目　歷史及地誌問對(內國及外國) 讀書及作文(國文及漢文) 算術(四則以內)

但官公私立學校의普通科以上卒業證書가有ᄒ人은其學力을檢定ᄒ後免試入許홈

●開學日字　三月五日(陰曆二月三日)

隆熙二年一月十日

漢城中署磚洞 普成專門學校

일본정부제됴연초
한국셜수방미
동아연초쥬식회샤

경셩명동

[illegible] 將營會社 全仁德內등廣濟院

▲新刊書籍發售廣告

增補文獻備考 全國漢文 定價金七拾五錢
大韓法規類纂 洋裝 三冊五拾錢 郵稅四拾錢
初等倫理學教科書 二拾錢
初等衛生學教科書 拾五錢
國家學綱領 拾五錢
國民須知 八錢
愛國婦人傳 張志淵氏著 十五錢

發賣所 皇城布屏下 金相萬書舖

本會에셔新年祝賀카드上等名帖紙아이보래를廉價販賣ᄒ오며多數注文은特別低廉ᄒ오니願買僉位는陸續來購ᄒ심을望홈

南署鑄洞 大和商店 告白

元泳義氏 찬술　柳瑾 張志淵兩氏 校閱

蒙學漢文初階

全一冊八十餘頁 定價金廿錢

▲本書는初學小學科에專用ᄒ기爲ᄒ야國漢文으로二百十三課에分ᄒ야文理에簡要케撰集ᄒ者ㅣ니誠히漢文教科書에最適當ᄒ者라稱홈

發售所 大東書市 中央書館 회동書舘　總發兌 廣학書舖

◉電車賃金廣告

陽曆明年一月一日로爲始ᄒ야本社車票法을勿施ᄒ고賃金新貸九전을左開區里間에셔領受홈

龍山線
鍾路南大門外京仁鐵道交叉点間 新貸五錢
南大門外京仁鐵道交叉点龍山間 仝五錢

麻浦線
西大門孔德里間 仝五錢
孔德里麻浦間 仝五錢

中央線
東大門西大門間 仝五錢

洪陵線
東大門淸凉里間 仝五錢

賃金은乘車後에掌車手에게給與ᄒ事

陽曆本年十二月三十一日後에는車票賣買를勿施ᄒ고車票를或持來ᄒ시는君子가有ᄒ면掌車手가賃金九錢代에車票二枚를或領受ᄒ고陽曆明年二月一日前에已往買置ᄒ얏든車票를本社鐵路事務所로持來하시면本價額을還償홈

韓美電氣會社 告白

正二品大勳閔泳徽閣下序 韋菴先生張志淵校閱幷序
韋菴先生安鍾和序 石濃先生 跋
臨瀛后人金鴻卿編纂

[illegible]

全壹冊 金壹圜

此書는中等學校教科와普通新智識을研究ᄒᆞ시는人士를爲ᄒᆞ야精撰ᄒᆞᆫ者ㅣ라近來我國의教科書類中에萬國地志도亦不爲不備ᄒᆞ나然이나其地名人名을每從漢音或日語而譯刊ᄒᆞ야因其文字譯音의互異홈으로轉生訛誤홈이頗多ᄒᆞᆷ민編者ㅣ以是爲病ᄒᆞ야各히其國의名稱을隨ᄒᆞ야以國文으로譯出ᄒᆞ야其眞面을不失ᄒᆞ며且簡易ᄒᆞ고明便케ᄒᆞ야開卷一讀에戶庭을不出ᄒᆞ고能히各國의位置風土物産政治沿革等을周知홈이此書에莫過홈

발兌元 中署布屛下廣學書舖 金相萬

發賣所
南門內尙洞 博文書館 安동 安峴書館
鍾路 大東書市 銅峴 博學書舘
동口越便 中央書舘 寺동 漢陽書舘
鍾路 古今書海舘 廣橋 匯동書舘
各地方 有名書市

(朴晶東씨譯述)

●國文新撰家庭學 全壹冊九拾餘頁 正價金三拾전
●國際公法 全壹冊百四拾頁 正價金四拾전
●經濟原論 全壹冊百拾頁 正價金卅五錢
●意太利獨立史 全壹冊百九拾頁 正價金五拾전

發售處 ▲中署罷朝橋越邊 中央書舘 ▲鍾路大東書市 ▲南署大廣橋東邊 匯東書舘 ▲布屛下廣學書舖

瑞士建國誌

定價金 新貨拾五錢

此冊은政治小說이니志士의救國救民ᄒᆞᄂᆞᆫ感想과人民의愛國ᄒᆞᄂᆞᆫ義氣를養成하ᄂᆞᆫ데緊要ᄒᆞᆫ冊子오

發 ▲大韓每日申報社
賣 ▲仁川港栝峴 開新冊肆
▲中署布屛門下 金相萬冊肆
▲平壤城內烈女洞 敎育書舘
▲鍾路 古今書海舘
▲洞口越便 中央書舘
所 ▲鍾路 大東書市
▲大廣橋 匯東書舘
▲銅峴 博文書舘
▲開城 姜助遠冊사

●大韓醫院[illegible] 陸軍軍醫[illegible] 陸軍軍醫張基茂[illegible] 至淸心保命丹을발明얏바効驗은如左ᄒᆞ니 僉君子惠試爲望

消化新藥 淸心保命丹

本舖 仁川港栝峴 濟生堂

●主治效能 ●痰飮 ●食積 ●中暑 ●中寒 ●咳嗽 ●腹痛 ●不土不服 ●氣鬱 ●吐瀉 ●船車眩暈 ●食滯 ●酒醉 ●口臭惡臭 ▲其他諸般運氣에投藥方妙藥

발行人 仁川港栝峴 濟生堂 李[illegible]鳳

代理店 京城鉢里동 共愛堂藥房
特約店 京城鍾路 慈惠藥房
同 銅峴 華洋藥局
同 尙洞 李信[illegible]冊사
同 南門外 廣濟藥院
●仁川內洞 韓禹[illegible]
同 [illegible]峴 和平藥局
●開城南門內 朴圭植
同 忠橋 具聖模
●水原鍾路下 金濟九藥局
●海州宗路 元齊香
同 宗路 宋[illegible]李
●延安邑內 邊汝文
●江華鍾路 宋順東
同 邑西門外 高成模
●長湍南門內 崔敬淳
●鳳山砂利院場內 朴健昌
仝 任允中
仝 耶蘇敎堂內 李在公
●黃州南門內紅門洞 李東奉
●平壤雙巨里 韓鳳儀藥鋪
仝 崔[illegible]化
仝 文武洞 金龍興
仝 壇君殿客主 崔澤宣
仝 金[illegible]天
仝 里門 朴宣瑞
●鎭南浦藥局 樊藥鋪
●信川邑內四里 朴晥俊
●群山港開福洞 金斗鉉
●京南大門外 韓會社
●全泥峴郵便局前 大同運天佑堂
●三水郡仲坪巨里 協勸客主內明 宋君八
此外에도現代에로明각國有名 각國藥이俱備ᄒᆞᆷ

◎米國製邦補益藥水 四百瓶新到 大瓶定價金三圜
◎德國製起陽丸 三十日分服 定價金十五圜

◎米國大學醫院處方
醫學校長勳五等 池錫永氏
製藥鑑査人 濟衆院醫學員 洪錫厚 慈惠 李觀化
有効證明

商標

食恐振起 精力活潑 補益丸

定價表
拾日分服三十個入 金一圜
二十日分服六十個入 金一圜七拾五錢
三十日分服九十個入 金二圜五拾錢

此藥에主治効能用法은在於藥封ᄒᆞ니第一靑年男女의體質가有ᄒᆞ고勞心勞腦ᄒᆞ시는官吏와銀行會社員과學生과店商人과多産ᄒᆞᆫ婦人에運動不足으로生ᄒᆞᆫ陰陽俱虛症과健忘症과貧血症과手足厥冷과頭痛과腰痛이잇는各病에에効가有ᄒᆞ고雖無病人이라도此藥을每日朝午夕食後三次에一丸式淸水香下ᄒᆞ시면身體가强壯ᄒᆞ고精神이淸爽하고飮食이善消ᄒᆞ고百病을豫防하는眞奇世靈藥이라男女須論ᄒᆞ고拾五歲以上으로老年에至홈까지服用ᄒᆞ시면藥不得廢之致로滿期에陰道치못ᄒᆞ거나女子에經度가始作지아니ᄒᆞ거나不足ᄒᆞ거나閉止ᄒᆞᄂᆞ거와房事에經度之致도精液이流出ᄒᆞ거나房事時에陰莖이萎而不起ᄒᆞ거나當門이望門ᄒᆞᄂᆞᆫ諸症과不治되ᄂᆞᆫ病과再發ᄒᆞ야脫失氣ᄒᆞᆫ久病人이速히蘇完되오니男女團病之深淺을從ᄒᆞ야二三期且三四期만連服ᄒᆞ시면大効가有ᄒᆞᆷ미로保證ᄒᆞ오

◎製造本舖 漢城鍾路萬國基督敎靑年會舘前 慈惠藥房

●驗効解毒 一日分定價金拾錢 此藥은大人小兒長癖과初腹痛에以服用ᄒᆞ면更不再發
●驅蛔虫丸 一日分定價金拾錢 此藥은大人小兒蛔積과蛔虫의二三日服用ᄒᆞ면蛔虫을殺出ᄒᆞᄂᆞᆫ妙藥
●感冒 四時感氣丸 一日分定價金拾전 此藥은感氣몸살의에써ᄂᆞᆫ藥인대一二日連服ᄒᆞ면頭痛解熱
●男女痢疾 그러그ᄂᆞᆫ약을쓰오 定價金五圜 此藥은痢疾의一期二期勿論ᄒᆞ고그도록하ᄂᆞᆫ약
●獨逸國淋疾丸 七日分定價金一圜四拾전 此藥은男女淋疾勿論ᄒᆞ고速効가잇셔用藥之日로毅然止痛ᄒᆞ오利尿止濃
●淸明眼藥 一日分定價金三拾錢 此藥은火眼과爛眼의多有奇効
●鎭咳嗽藥 五日分定價金三拾錢 此藥은拾五歲以上人에用ᄒᆞ
●ᄂᆞᆫ藥인데四時常性咳嗽에有効ᄒᆞ고特히老人便咳에偉効
●驅寸虫藥 定價金四拾전 此藥은寸虫이當時에殺出
●寸虫藥 定價金三拾전 此藥은有鉤寸虫無鉤寸虫을殺ᄒᆞᄂᆞᆫ약
●米國膏藥 定價金二拾五전 此藥은冬春에皮膚病에奇効
●淸國上海膏藥 定價金卅錢 此약은脚腿腰痛에神効
●新酒藥 定價金三圜 此약은西洋서도信用ᄒᆞ고日本서도信用
●漢城百藥 定價金拾錢 此약은舊約醫士李信友氏方
文으로製ᄒᆞᆫ약인데명을되ᄂᆞᆫ第一神効ᄒᆞ고各項腫에去
●梅合瘡ᄒᆞᄂᆞᆫ데便利ᄒᆞ고神速ᄒᆞ오
●止汗藥 二十分定價金貳拾錢 此藥은軍人常用除惡汗臭

西藥便方 全

定價金壹圜 郵稅十錢

此冊은漢城濟衆院약方文을我國漢文으로아라보기쉽게翻譯ᄒᆞᆫ冊인데京鄕각약局에셔此冊을買讀ᄒᆞ시면永年貨賬이될만ᄒᆞᆫ登代神方인데약方文ᄒᆞᆫ張에代金一圜拾圜百圜千圜以上에方文이잇ᄂᆞ明年度에ᄂᆞᆫ各項으로約製造法을添付ᄒᆞ야발賣

品代理발賣店 京城藥峴洋약局李信華
약 仁川奇峴濟生堂李庚鳳

漢城鍾路萬國基督敎靑年會館
院醫학員洪錫厚朴慈惠리觀化
品貿易商友田商店약品을直輸
定價表每日랴例에異降을從하
硫酸麻仙一본도 金拾三錢
一瓶 七十五錢○安知必林七

學徒洋裝書冊
學徒運動과諸具
羅紗各種 美國金銀[illegible]
衣服裁縫其他雜貨도廉價放賣ᄒᆞ오니僉君子ᄂᆞᆫ來臨ᄒᆞ심을바라나이다
仁川港李鳳禹商店

一般事務를依頼ᄒᆞ시ᄂᆞᆫ이ᄂᆞᆫ[illegible]를委託ᄒᆞᆷ
中署許[illegible](貞洞제一統)八統二戶
辯護士 尹邦鉉
辯護士 太明軾
辯護士 李容相
聯合法律事務所

越南亡國史 國漢文

定價貳拾伍錢
發賣所 東城廣橋高裕相 鍾南銅峴川邊郵時亞書舖
布屛下김相萬 書舖

學員募集廣告

本塾英語科學을一層擴張ᄒᆞ고學員을多數募集ᄒᆞ오니入學志願人은左開日字를依ᄒᆞ야來塾請願ᄒᆞ심을爲要

左開

隆熙二年一月五日로同廿日內
西署仁達坊장興洞拾一統四戶

私立長興義塾

◎義捐金收入廣告

●慶尙北道慶州府南面旺동
盧性昌 三圜 盧祥敬
二圜 盧性日 盧性斗
吳학鍵 김基淳 김基洛
權義乇 崔萬긔 權秉錫
각一圜 權희俊 二圜
盧羲制副室權氏 四圜
盧性긔 辛在星 김基鎬
李楨厚 김周秉 리能務
리之奎 權仁夏 辛祥圭
김基淮 金煥錫 吳應淡
崔世福 辛鍾根 각六十전

文章達 金應卓 김致伯
崔鉉洛 各四拾전 高在浩
三十전 金英鎬 鄭元周
吳鉉斗 각廿錢 鄭再華
韓樂進 각十錢 김致道
吳鉉爽 文聲勛 각六十전
金三萬 崔末돌 權琦柱
각十전 合三十二圜二十전

▲뉘東面堅德里
崔九龍 金輔현 각六十전 설永春
김元甲 김應振 곡四拾전
姜永浩 金仁福 각卄전
리量直 十錢 김仁弼
설漢善 各六錢
合三圜二拾二전

▲外東面石吉 리楨久 二圜
金斗麟 김定奎 黃致문
金定곤 金度衡 각一圓
김仁澤 金鉉基 金碩兆
리在五 김大安 김聲吳
朴龍夏 각八十錢 趙性奎
金俊鎬 리圭晉 김在元
김在俊 김昌佑 金聲복
金斗星 金영基 각六拾전
설得伊 黃致穆 김龍基
金定九 鄭洪基 리俊榮
鄭洪基 金聲鉉 裵聖奎
각四十錢 金尙復 김基一
黃萬鍾 김宗基 金斗成
김聲鳳 金相宅 金致聲
金觀述 각廿전 李圭洪
金斗英 金斗源 金在澤
黃佑介 裵敬浩 各拾전
合二十四圜

總合五拾九圜四拾二錢
前號總合五萬七千六百三十
八圜○一전七厘
都總合五萬七千六百九十七圜
四拾三錢七厘

發行兼編輯人英國人 裵說
發行所
南署石井洞號外第三統洋屋家
大韓每日申報社

第六卷 大韓每日申報 第七百九號

月曜及慶節 歲時日休刊

檀君開國四千二百四十年
箕子元年三千二十九年
大韓開國五百十六年
日本明治四十一年
淸國光緖三十三年
陰曆丁未十二月十二日己巳

論說

●韓日關係 尹炳球所述 倫敦報照騰 前號續

日人이韓人의敎育을爲ᄒᆞ야高談ᄒᆞ나高談以外에所事가無ᄒᆞ고所稱敎育方針은韓人을不以學術及技藝로敎授홈이오但韓文을捨棄하야日語를代用케홈이며且日人이稱托ᄒᆞ되韓人이外國에渡去ᄒᆞ면學業을不事ᄒᆞ고排日言辭만傳布라ᄒᆞ야韓國靑年의海外遊學을不許ᄒᆞᄂᆞᆫ도다

盖日人이韓人을違法ᄒᆞᆫ掠奪物노見ᄒᆞ나니平壤北部에셔日人이廣大ᄒᆞᆫ地段을沒收ᄒᆞ시日本私民이韓地居一韓人의土地를原價四分一額에請買어날韓人이不應ᄒᆞ얏더니以此로其人을附近에在ᄒᆞᆫ日本兵營으로捉去ᄒᆞᆫ지라其人이不勝恥怒ᄒᆞ야飮阿片而自殺ᄒᆞ미其尸身이幾乎㳂冷홀際에日人이更到ᄒᆞ야新寡의家屋을提出ᄒᆞᆫ價額에請買라ᄒᆞ니寡婦가此를賣渡ᄒᆞ며身必先死ᄒᆞ깃노라答述ᄒᆞ얏도다

平壤一船民이建築ᄒᆞᄂᆞᆫ橋下로行船코저홈으로其人을日本鐵道役夫가船外로投下ᄒᆞᆫ바該橋下에通行을雖是禁止中이나事實을通告ᄒᆞᆫ標号를不揭ᄒᆞ얏도다其人이漂流木片을幸得ᄒᆞ야一身을依着ᄒᆞ얏더니日人이鐵路橫木으로其人의雙手를打傷ᄒᆞ야竟使陷溺케ᄒᆞ얏도다

韓國에渡來ᄒᆞᄂᆞᆫ日本役夫의幾乎全數가擧皆貧民이라發行의勞力을資本으로用ᄒᆞ야韓人産業을奪取ᄒᆞ고價額은不以金錢이오但以毆與棒으로代與ᄒᆞᄂᆞᆫ지라我獨立이去矣오我産業이被奪ᄒᆞ야所去處가墳塚이로다

韓國內閣이日黨으로成立된것은人皆知之라彼雖作日人之奴나然이나至於讓位ᄒᆞ야ᄂᆞᆫ日人의重壓을不有ᄒᆞ얏스면敢不能奏請ᄒᆞ얏스리니此ᄂᆞᆫ後日賣國之罰을彼亦覺悟홈이로다人民이上項에陳述ᄒᆞᆫ日本의如彼蠻行을論非ᄒᆞ면日人의機關砲가此人民을可憐ᄒᆞᆫ塚中으로驅去ᄒᆞ얏고且幾個人은殘命을獄中에셔支保ᄒᆞᄂᆞᆫ도다

門戶開放을關係ᄒᆞ야ᄂᆞᆫ日人이重諾을旣破ᄒᆞᆫ지라此를擧證ᄒᆞ기에本人이引用ᄒᆞᆯ거ᄉᆞᆫ極東에在ᄒᆞᆫ著名ᄒᆞᆫ英國商人이英國戰時探報員의게言及ᄒᆞᆫ것시니其云ᄒᆞ얏스되英國이日本의게貸給ᄒᆞᆫ金錢은卽極東에在ᄒᆞᆫ英國商民의喉를割ᄒᆞᄂᆞᆫ鐵刀라ᄒᆞ얏도다

今者結言은我韓人民이擧皆被殺ᄒᆞ던지不然이면其獨立과所失財産及自由를更得ᄒᆞ기셔지ᄂᆞᆫ極東에平和를見키不能이라ᄒᆞ노라 完

官報

●三千九百六十六號 隆熙二年一月九日 續

敍任及辭令

比國總領事館勳二等빙갈
特敍勳 等賜八卦章
淸國總領事官馬廷亮
英國總領事官콕번
美國總領事官삿몬스
法國總領事官벨링
德國總領事官크루지어
俄國總領事官쌱당송
特敍勳二等賜太極章
義國總領事館캐샤틔
美國總領事館픠덕
特敍勳三等賜太極章
英國領事館一等參贊官홈스
俄國領事館書記셜린니
俄國領事館쌔스케셋취
特敍勳三等賜太極章
淸國領事館三等隨員潘宗濟
仝 保瑞璽
仝 馬振亮
特敍勳四等賜太極章
淸國領事一等隨員沈明善
淸國領事館二等繙譯官勳五等 陳秉흔
特陞敍勳四等賜八卦章
淸國領事館一等隨員于希璟
淸國領事館二等隨員馬連和
仝 楊錫昌
英國領事館二等參贊官굼스
法國領事官副領事官푸뎨이드
特敍勳四等賜八卦章 未完

●第三千九百六十九號 隆熙二年一月十三日 續

六品皮秉役 七品李應遠
六品金相섭 細川亮吉
康晥樹 尹泰夏
任大醫院助手
任大醫院技手 門義雄
九品李殷楫 九品朴燮吉
仝 扈根夏
任大醫院通譯生
九品李道榮 仝 姜在衡
仝 洪鍾國
任工業傳習所技手
九品金溁榮 四品金敎興
任工業傳習所書記
全羅南道裁判所主事李漢求
任法部主事 前主事林량온
任全羅南道裁判所主事 前博士尹秉純
任法部主事 江界郡主事김건회
依願免本官 大醫院主事岡野虎太郎
陞任內部主事 法部主事林량온
依願免本官
免本官 全羅南道警部河至泓 完

●第三千九百七十號 隆熙二年一月十四日

任內部臨時財用及鐵道用地調査局書記郞 九品宋定顯 卞應淵
任漢城府主事 度支部技手禹重命
任漢城府技手
任平山郡守 前郡守南宮억
任楊州郡守 前正領신敍永
忠淸北道觀察道主事睦源학
任堤川郡守 前主事李冕翼
任杆城郡守 前委員李源詰
任陽城郡守 前主事신澤永
任平康郡守 前郡守朴齊範
任興海郡守 前主事李益采
任醴川郡守 前主事李潤會
任求禮郡守 前郡守鄭秉岐
任陽德郡守 前理事洪駿亨
任孟山郡守 前參尉徐相八
任新溪郡守 前府尹安德鎔
任安東郡守 前郡守尹필
任洪州郡守 前守門長金桓환
任延豐郡守
任鎭川郡守 前都事徐相德
任永春仝 前參務官補趙興元
任開慶仝 前敎員辛龍鎭
任漣川仝 前參書李宜聘
任永平仝 前主事崔斗榮
任高陽仝 成均館敎授崔恒錫
任陽南仝 前局長金顯鉉
任龍宮仝 前主事兪益煥
任靑松仝 前書記生康기昇
任平海仝 前參務官李命健
任金城仝 前正尉吳維泳
任麟蹄仝 前參領姜昌熙
任楊口仝 前繙譯官李克烈
任鳳山仝 前司計신佐均
任谷山仝 前參領李承七
任長城仝 仝 金潤昌
任原州仝 原州郡主事李宅珪
未完

外報

●德人排日 東京電을據ᄒᆞᆫ즉北美의排日運動에關ᄒᆞ야ᄂᆞᆫ德國人의陰謀라北美의入籍ᄒᆞᆫ德國人이五百萬人에達ᄒᆞ얏ᄂᆞᆫ대彼等의排日運動이非常ᄒᆞ다더라

●新任大使 伯林電을據ᄒᆞᆫ즉米國務卿루트씨ᄂᆞᆫ現在駐箚日本高平大使가米國에駐箚로轉任홈에就ᄒᆞ야頗히滿足ᄒᆞ다ᄒᆞ엿더라

●軍隊派遣說 西班牙國에셔必要ᄒᆞᆫ摩洛哥에軍隊派遣ᄒᆞᆯ事를同政府에셔說明ᄒᆞ엿다더라

●英皇旅行 伯林電을據ᄒᆞᆫ즉英國皇帝陛下께셔ᄂᆞᆫ三月頃에巴里를經ᄒᆞ야法國南部에旅行ᄒᆞ실터이라더라

●國債償還期 東京電을據ᄒᆞᆫ즉本年十二月로써國債償還期限인대第一回의國債一億一千萬圓中三千萬圓을償還ᄒᆞᆯ事에就ᄒᆞ야此償還方法을在倫敦若槻財務官과交涉中이나海外市場의好況이回復되기를爲待ᄒᆞ고好況이有ᄒᆞᆫ後償還ᄒᆞᆯ터이라더라

●洋裝禁止 北京電을據ᄒᆞᆫ즉淸國政府에셔人民의洋裝ᄒᆞᆫ거슬禁止ᄒᆞ고淸國의服裝을保存ᄒᆞᆯ旨로各地에告示하엿다더라

●日人排斥運動 倫敦電을據ᄒᆞᆫ則美國加洲選出議員이昨九日大統領을訪問ᄒᆞ고日本人排斥法案提出을請求ᄒᆞᆫ則大統領이其必要가無홈으로反對ᄒᆞ나該議員은如斯運動ᄒᆞ야會議에提出ᄒᆞᆫ다더라

雜報

●北美韓人同盟新興會趣旨書

夫心之相應曰同이오相應無敗曰盟이오同盟而去舊曰新이오新而又新曰興이라嗚乎라積水汪洋ᄒᆞᆫ되美洲列强이五洋에環立ᄒᆞ야皆以國名으로世界에雄飛커ᄂᆞᆯ至於我韓ᄒᆞ야ᄂᆞᆫ堂堂ᄒᆞᆫ三千里疆土와正正ᄒᆞᆫ二千萬生령으로奈之何로奄奄氣息이朝夕難保에處ᄒᆞ얏ᄂᆞ고波蘭의古事와印度의前轍을覩ᄒᆞ니鎖國之痛과亡國之恨이比ᄒᆞᆯ대無ᄒᆞ도다哀哉라四千年神聖과痛哉라五百年宗社에舟楫路窮에人亂이何世오外事를早聞ᄒᆞ면內事가先憂라耆老慨慨哭도無益於國이오燕亭悲凉歌도無補於事니瞬時에沈과一時에啼으로엇지遑遑汲汲ᄒᆞ리오五尺短軀에一掬丹忱으로昨非를今覺ᄒᆞ고原因을溯究ᄒᆞ야雖至於粉骨碎身이라도同心相連ᄒᆞ고同聲相應ᄒᆞ야北美合衆國華盛頓府舍路港에셔同盟新興會를組立ᄒᆞ고國事의獻身ᄒᆞ기로玆에趣旨를內外忠愛烈士의게布告ᄒᆞ노라

大韓隆熙元年十二月八日

발起人 김璨 김益濟 等

雜報

●郡守叙修 郡守現闕이四十餘窠인대該曆本月內로修正奏裁ᄒᆞᆯ더이라

●宜禁惡行 軍部大臣李秉武氏가地方派駐日兵通辯ᄒᆞᄂᆞᆫ韓人의挾雜之弊가多端하야生民에誤殺殺害ᄒᆞᆫ事로長谷川氏와交涉ᄒᆞ야該通辯官一切嚴禁ᄒᆞᆯ次로訓令을發送ᄒᆞ얏다더라

●完察云任 리와璜씨가全北觀察使를被任ᄒᆞᆫ다ᄂᆞᆫ說은已爲報道ᄒᆞ얏거니와日前內部에서該敍任件을內閣에請議ᄒᆞ얏더니統監府에同意ᄒᆞ얏다더라

●一進二守 今番郡守奏本에一進會에서趙羲元盧秉默兩氏가被任을얏다더라

●後奏更約 前議官金鴻설씨가今番奏本에咸南中一郡을被任ᄒᆞ기로某大臣에得諾ᄒᆞ얏다더니有何委折인지今後奏本에叙任ᄒᆞ기로牢約ᄒᆞ얏다더라

●調査協議 帝室有調査局에서今日에委員會를開ᄒᆞ고十三道調査委員을催促下送ᄒᆞᆯ事件을協議ᄒᆞᆫ다더라

●任官數爻 一月以後로各府部院廳과各地方財務官을日人으로敍任ᄒᆞᆫ數爻가判任官은一千餘名에達ᄒᆞ얏고奏任官은五百餘名이라더라

●郡守下獄 茂山郡守張樂臣氏가貪贓이有ᄒᆞᆷ으로免官拘拿ᄒᆞ얏다ᄂᆞᆫ說은已爲報道어니와該郡吏民等이下問書를法部에提呈ᄒᆞ얏다더라

●看守選擇 警視廳에서十三道에看守長五拾人을設置ᄒᆞᆫ다더니看守長은監督巡査及巡檢中으로選擇叙任ᄒᆞᆫ다더라

●花月餞宴 度支部次官荒井賢太郞이가明日에歸國ᄒᆞᆫ다ᄂᆞᆫ대昨日下午六時에花月樓에서餞別宴을設ᄒᆞ고各部大臣과該部高等官吏를請邀宴待ᄒᆞ얏다더라

●講習法大 地方莠民의歸化取締에對ᄒᆞ야내部에서發訓ᄒᆞᆯ터인대法部大臣의게聯署를請ᄒᆞ얏다더라

●委員발程 各道宣諭委員들이 詔勅을奉承ᄒᆞ고數日間에次第발程ᄒᆞᆫ다더라

●介日闕宴 中樞院副議長成기運氏의回甲이再昨日인되總理大臣以下各大臣과中樞院顧問諸氏를請邀宴待ᄒᆞ얏다더라

●使令亦日 法部使令廳에日本人一名이都使令으로來ᄒᆞ야該部下隸를監督ᄒᆞᄂᆞᆫ되永히該廳에居接ᄒᆞ려고該廳을現今修理ᄒᆞᆫ다더라

●文憑送交 내部에서免罪文憑一萬張을法部로送交하고法部大臣章을捺ᄒᆞ야卽爲還送ᄒᆞ라ᄒᆞ얏더라

●間島韓淸人戶 내閣에서ᄂᆞᆫ部로照會ᄒᆞ되現今에統監府에서在間島派出所長齊藤季治郞이報告ᄒᆞᆫ後該島에居住ᄒᆞᄂᆞᆫ韓淸兩國人民의戶口調査件을送到ᄒᆞ얏ᄉᆞ온바此를査ᄒᆞ온즉應由貴部로照合參考이옵기該戶口調査表를另附照會ᄒᆞ오니査閱還擲ᄒᆞ라ᄒᆞ얏ᄂᆞᆫ대總計村數가五拾村내에韓村數가五百二十九村이요淸村이二百九村이오韓人戶數가壹萬五千三百五十六戶오淸人戶數가三千七拾四戶오韓人男이三萬九千五百二十三口오女가三萬二千五百五十三口어淸人男이四萬三千六百二十三口오女가八千三百六十口랴더라

●上海韓人保護會 上海에在ᄒᆞᆫ韓人들이同志를糾合ᄒᆞ야大同保護會를發起ᄒᆞ고且夜학課를設ᄒᆞ야英文을敎授ᄒᆞ며寄宿舍를建ᄒᆞ야就학者의便利를圖ᄒᆞᄂᆞᆫ대每週일마다演說을例開ᄒᆞ야該地에留ᄒᆞᄂᆞᆫ本國人을勉勵ᄒᆞᆫ다더라

●左右闘出末 黃海道의往來ᄒᆞᄂᆞᆫ人이自衛團票紙가有ᄒᆞ야出入을ᄒᆞᄂᆞᆫ대自衛團票紙가無하면日兵이義兵이라ᄒᆞ야殺害ᄒᆞ고自衛團票紙가有ᄒᆞ면義兵이一進會라ᄒᆞ고砲殺ᄒᆞ니若此不已면大韓人種만自滅ᄒᆞᆯ뿐아니라吾輩ᄂᆞᆫ兩便이互相讓步ᄒᆞ야左右闘出末ᄒᆞ기를希望ᄒᆞ노라

●餘額殖利 昨日本皇太子殿下가渡韓時에下賜金으로紀念ᄒᆞ기爲ᄒᆞ야各학校職員과學徒에게紀念章을遺給ᄒᆞᄂᆞᆫ事ᄂᆞᆫ已揭前報어니와紀念章授與ᄒᆞᆯ指定학校가大小五校의職員과학徒에對ᄒᆞ야紀念章一個式을授與ᄒᆞᄂᆞᆫ되학徒가六千五百十三人이오紀念章製造費가二千六百五圜二전이오該章運送費九四圜八十錢인대餘額五千三百圜으로ᄂᆞᆫ敎育奬학基金을作ᄒᆞ고該金을株式確實ᄒᆞᆫ銀行에任置ᄒᆞ야其利子를학校에年年分配ᄒᆞ게하며任置ᄒᆞᆯ銀行은학部에서指定ᄒᆞᆫ다더라

●兩姻議婚 학務局長尹致오氏와婚姻을尹孝定及仁川府尹金潤晶兩氏의令孃中으로現今擬議中이라더라

●寄館可支 度支局長兪星濬氏가日昨大東寄宿館에前往ᄒᆞ야寄宿ᄒᆞᄂᆞᆫ학員과該館事務員을會集ᄒᆞ고該館維持ᄒᆞᆯ方針으로一場演說ᄒᆞ얏다더라

●李師雇聘 廣信商業학校에서法官養成所卒業生리基찬氏로講師로延聘ᄒᆞ얏다더라

●義亦感敎 英國人牧師某說氏가江原道等地에前往ᄒᆞ야耶蘇敎를傳道ᄒᆞᄂᆞᆫ대義兵이多數感化ᄒᆞ얏다더라

●酒不害義 呂州李人의傳說을聞ᄒᆞᆫ즉該郡警部顧本勇四郞氏가警察에嫺熟ᄒᆞ야義兵의干連者를捉得ᄒᆞ면一無殘害ᄒᆞ고善心勸論ᄒᆞ야歸順安業케ᄒᆞᄂᆞᆫ故로人心이感悅ᄒᆞᆫ다더라

●淮校始創 淮陽公立普通학校敎員及학徒가地方에騷擾를因ᄒᆞ야斷髮치아니ᄒᆞ얏더니本月五日夜에학徒宋懲相씨가발論ᄒᆞ고敎員과학徒拾人은先爲斷髮ᄒᆞ고其餘四十人은繼續斷髮ᄒᆞ기로決定ᄒᆞ얏스니帽子五拾個만卽爲下送ᄒᆞ라고該校敎員리喆鎬씨가학部에報告ᄒᆞ얏다더라

●普昌校中興 開城郡普昌학校ᄂᆞᆫ리東暉씨熱心으로創立ᄒᆞᆫ者ㅣ대數年을漸次擴張ᄒᆞ야학徒가數至百餘에大有進步之望이라가同氏가滯因ᄒᆞᆫ間에經費가窘拙ᄒᆞ야幾至休業이더니同氏가更爲下來ᄒᆞ야本郡有志紳士로協議開학하미快得中興之望ᄒᆞ고經費則半額은敎育總會에서擔當ᄒᆞ고半額은리鍵혁씨가實務會를組織擔當ᄒᆞ야永遠維持케酌定ᄒᆞ고리鍵혁씨가昨年에도二百圜贊成金을出捐하더니今番에又百圜金으로贊務會에爲先出捐ᄒᆞ고該會를永遠維持케ᄒᆞᆫ다고人皆贊賀不已하더라

●吏奸留鎭 東萊府參書官丞惠氏가奸鄕猾吏를向ᄒᆞ야民間貽弊가非一非再이더니今爲遞任ᄒᆞ미奸鄕猾吏가藉以該郡民人외代表ᄒᆞ고內部에願留書를繕呈ᄒᆞ얏다더라

●掘土壓埋 去月二十七日에漆谷郡上枝面新舊村前山에서取土ᄒᆞᄂᆞᆫ匯人리秉淵朴新榮리元八等三人이粘土밧掘이라가土塊가崩壞ᄒᆞ야幷爲壓死ᄒᆞ얏다고該道觀察使가내部로報告ᄒᆞ얏더라

●金校試驗 金川郡桃花面文陽里私立大明학校校長柳海運씨의誠心과校主리濱哲氏의熱心으로協議設立ᄒᆞᆫ바인대近日校況이漸進ᄒᆞ고학徒가日旺ᄒᆞ야今番年終試驗을經ᄒᆞ얏ᄂᆞᆫ대一班優等生은류春醫柳景馥等六人이오二班優等生은羅昌鎬류元八等四人이더라

●寧必歸正 羅州鄕校任林淵圭와約長林鍾淳이가三鄕面雁登浦校庄이決堰成海된六十年之久의濯灘을各人이片片堤海ᄒᆞᆫ者一石落假量을兩林이符同ᄒᆞ야木浦港日人處에偸賣ᄒᆞᆫ故로該隣面人이呼訴對決之場에日人도知林哥之非理하고畓券을還退ᄒᆞ얏ᄂᆞᆫ되該民이後慮를防ᄒᆞᆯ次로平理院에申訴ᄒᆞᆫ즉兩林이自知理屈하고終不對質인바該院에서明白公決ᄒᆞ야完文을成給ᄒᆞ얏다더라

●奇童愛國 義州月化面학校학生張冠奐은十一歲小兒인대학業에甚勤ᄒᆞ야年장ᄒᆞᆫ학生도不及이라一日은課暇演說ᄒᆞ다가諸학徒의懶怠ᄒᆞᆷ을大責ᄒᆞ야日國家現狀이如此悲慘ᄒᆞᆫ時에엇지寸陰인들虛擲ᄒᆞᄂᆞ냐ᄒᆞ고悲憤嗚咽하며涕淚橫流ᄒᆞ미傍觀者가莫不揮淚하고諸학生도敬爾嘆服ᄒᆞ얏다더라

●儒夫竊死 沈鼎섭씨가監獄署에多月滯囚ᄒᆞᆫ事ᄂᆞᆫ已爲報道어니와該氏刑室金召史가其이昧함을憤痛ᄒᆞ야該後事實을詳陳ᄒᆞ야漢城裁判所에請願ᄒᆞ되自己ᄂᆞᆫ以死自處ᄒᆞ얏다더라

●無地可居 釜山鎭民有地를外人의게買渡ᄒᆞᆫ事ᄂᆞᆫ屢報ᄒᆞ엿거니와該地居生ᄒᆞᄂᆞᆫ數千戶人民이莫接暴露ᄒᆞᆫ境遇에到ᄒᆞ야度支部에呼訴ᄒᆞ얏더니于今二十餘日에如何ᄒᆞᆫ題旨가無ᄒᆞ다더라

●一死三逃 北署一牌巡山巡査리東燮氏가巡山ᄒᆞ다가三昨日下午六時量에該署내沙器幕等地에서該徒의게被捉ᄒᆞ얏ᄂᆞᆫ대該洞民三名도亦爲被捉以去라가北部北門外에서砲殺ᄒᆞ고리東회씨ᄂᆞᆫ砲殺ᄒᆞ고該三名을亦爲砲殺之際에該三民曰吾等을有何罪로殺ᄒᆞ라ᄂᆞᆫ야ᄒᆞ고無數哀乞ᄒᆞ야幸免還歸하얏ᄂᆞᆫ되該署權任及巡査가各出義捐하야리씨를昨日에葬埋ᄒᆞ얏다더라

●試取捐義 義州枇峴自明學校에서鐵山居鄭寅直氏가生徒을試驗ᄒᆞ고紙筆을厚賞ᄒᆞ며又捐義을不少ᄒᆞ엿다더라

東京電報

十三日발

●宮大視察 韓國宮내大臣리允用氏ᄂᆞᆫ今日宮내省에前往ᄒᆞ야각局執務의狀況을視察ᄒᆞ엿다더라

▲多錢善賈▼

▲世上商業다ᄒᆞ려도資本업서못ᄒᆞ다가商店하나排設ᄒᆞ고各色資本장만ᄒᆞ니世上滋味여긔잇다

▲海外風雲動盪ᄒᆞ되政府運動누가ᄒᆞᄂᆞ냐陳平이가다시나도六出奇計ᄒᆞᆯ슈업다勝筭으로얼건椅子接之不動ᄒᆞᄂᆞᆫ고나나라판에資本이오

▲今番官制改正外의平地落傷엔일인가학問知識쓸데업고事務勤幹쓸데업ᄂᆞ外人의待館ᄒᆞ면白발百中되ᄂᆞᆫ고나日語학習이資本이오

▲七十餘郡奏本中에엇던前班參奧힛나입ᄒᆞ모와踰毁하니某大臣이大臣ᄒᆞᆯ다미울저圈撑用ᄒᆞ니防口之策第一이라社會名譽가資本이오

▲四方山川바라보니風塵도擾亂ᄒᆞ다宣諭使自衛團에北戰方策杳然이라富人秋收執留ᄒᆞ며娑散이無常ᄒᆞ니解散兵이資本이오

▲一片餘紙손에쥐고遐鄕愚氓誘引ᄒᆞ야某處緊務藉稱ᄒᆞ고甘言利舌첩첩ᄒᆞ다錢財를奪取ᄒᆞ야挾雜으로生涯ᄒᆞ니그짓말이資本이오

▲短杖집고앗을거리니開化兩班分明ᄒᆞ다自稱精神渾失ᄒᆞ고外國心腸換卷하니向人意氣揚揚하야脅迫手段模倣ᄒᆞ니사거짓이가資本이오

▲이世上도이世上이오이政府도이政府라驛屯土의禮物作이오觀察郡守에두어라팔둑것고끈되짓은一進會가第一이라宜審書가資本이오

▲褒首ᄒᆞᆫ是이弄術ᄒᆞ니聯絡ᄒᆞᄂᆞᆫ情이可憐이라縱客ᄒᆞ나ᄒᆞ나로면項頭惡哭百媚態ᄂᆞᆫ官機佳八이안인가不過幾分月給잘때에政黨金錢鍵ᄒᆞ니잘나위짓시資本이오

▲鄕曲生員볼작시면買案實本半點인가鄕校出入隨從잘잔民의게號令질이口中不絶潤班聲은腐敗務懸懸ᄒᆞ니저리가資本일세

社告

○告愛讀

本社過去年來經費窘艱債務未勤萬千餘圜月給未撥亦千餘圜矣此無他數年內各地方購覽員處數千餘圜及各支社二千五百餘圜未收之所致也從此爲始數年四未收條一一調査仰佈于未納酉處催促所徴而若至數次終無消息則勢不得已從手社謄錄以遠捧交周後特於報面設法佈以警佈該員姓名若回投納付則該謄錄以悶愈員相信相愛之厚情焉

○告各支社員

本社對各支社中報代金收歲內未納則以止該支社之意業已廣佈矣茲期收納不過數三處而其中全爲收納者與兩當報並以示本社之有信用無貸富爲再三回思則不忍擬廢者有三焉本社之本意只在於韓國同胞共啓文明非爲營業的起見則爲本社之雖遠而不忍廢者一也各支社社員分擔本社之義務觀手分傳不是風霜分入因知厥漢隊等爲支社之勤勞而不忍廢者二也各地購覽君子從本報如愛兄弟如愛朋友未起機而先顧報紙一簽面償代金甚至於各處忠告書翠片飛到篇之以無休刊知此至情安敢相負爲購覽員之容愛而不忍廢者三也願諸文諸僉思此見廢一字落誤萬死不辭當會計不忍一朝告別故更寬一朔以待回音

雜報

●江華郡御井金鎭植氏第에本支社를設置ᄒᆞ얏사오니該附近地에서本申報購覽ᄒᆞ실 僉君子는該支社로請求ᄒᆞ시고代金도金鎭植氏게로送交하심을務望

●進明學校趣旨書

宜川水淸面隱岩里紳士桂晥영申忠一諸氏가基本金六百餘圜을鳩聚ᄒᆞ야進明學校를設立하얏는ᄃᆡ其趣旨書全文이如左ᄒᆞ니

原夫吾人이地球上에生存홈이卽亦動物中一部分이라然而吾人은能히他動物을制服ᄒᆞ며從用ᄒᆞ야參於三才ᄒᆞ며령於萬物者는何也오只以其學文之爲而已라雖吾人으로相對ᄒᆞ며言ᄒᆞ면智覺之優也오又非特他動物而已어라文에劣ᄒᆞᆫ人은優ᄒᆞᆫ人의게被制홈은固然ᄒᆞᆫ理와不易ᄒᆞᆫ論이라然이나學文의性質은不在膠固保守ᄒᆞ고最貴乎變通開進ᄒᆞᆫ나니故로隨時變易ᄒᆞ야以從道는易之理也오與世推移ᄒᆞ며因時損益은聖之道也라豈可株守而不變哉리오現今世界에風氣가大變ᄒᆞ고人文이極備ᄒᆞ야森列崛然의進化活動은我東亞歷史上에所未曾聞覩者也라此時此際ᄒᆞ야不得不優勝劣敗의時勢를觀察ᄒᆞ며人種競爭의風潮를思考ᄒᆞ야學文智識을開發홈이可ᄒᆞᆯ지라所以로全國有志紳士이如是之懼ᄒᆞ며東西林林ᄒᆞ야校塾이ᄂᆞᆫ式止於形式ᄒᆞ며或馳於名譽ᄒᆞ며或安於小成ᄒᆞ야實心熱血노目的에達ᄒᆞ기期ᄒᆞᆫ者幾何오此志士의耿耿遺憾이不無ᄒᆞ도다我境內八士ᄂᆞᆫ莫曰一人不學이無損於郡ᄒᆞ며一郡不學이無損於國ᄒᆞ고遂以有初克終之血心으로勿止於形式ᄒᆞ며勿馳於名譽ᄒᆞ며勿安於小成ᄒᆞ고實心做去하야國權을回恢於免墜之中ᄒᆞ고治化를更躋於獨立之上則國家幸甚臣民幸甚

●文川文運 文川郡守리廣직씨가郡내에학校를設立ᄒᆞ야文明學校라命名ᄒᆞ고高明ᄒᆞᆫ敎師를延聘ᄒᆞ며靑年학生을募集ᄒᆞ야公暇臨校ᄒᆞ야極力勸奬ᄒᆞ니生徒가五十餘名에達ᄒᆞ고有志紳士林昌浩鄭貞一兩씨가遍行社里ᄒᆞ야逢人說道ᄒᆞ되世界急務ᄂᆞᆫ莫先敎育이라ᄒᆞ고各捐금五

●興校興旺 坡州郡普通光興학校ᄂᆞᆫ該郡有志紳士의設立인ᄃᆡ諸般經費等諸氏의...

廣告

●修業年限 三학年

●入學年齡 二十歲以上

◉學科目 法律學全部 經濟學全部 備任本校規則

◉試驗日字 一月廿五日(陰曆戊申正月廿四日)

◉試驗科目 歷史及地誌問對(內國及外國)讀書及作文(國文及漢文)算術(四則以內)但官公私立學校의普通科以上卒業證書가有ᄒᆞᆫ人은其學力을檢定ᄒᆞᆫ後免試入許홈

●開學日字 三月五日(陰曆二月三日)

隆熙二年一月十日

漢城中署磚洞普成專門學校

學員募集廣告

本校第四回入學期를現當하야法律學及經濟學兩專門科學員을益히募集ᄒᆞ오니願學ᄒᆞᆫ人은左記試驗定期內에本校用紙로써早速請願홈을望홈

但右兩科ᄂᆞᆫ夜學으로만募集홈

特別廣告

本社에서名帖印刷部를另設ᄒᆞ고各樣活字와別樣紙本이俱備ᄒᆞ오며印刷가精美ᄒᆞᆫ고價도極廉ᄒᆞ오되特別히名帖과夫人의게ᄂᆞᆫ一層低廉ᄒᆞ오니僉位ᄂᆞᆫ來臨ᄒᆞ시와隨意請求홈

大韓每日申報社 告白

本所에서家屋을一新修理ᄒᆞ야宴遊所窓이明亮宏闊ᄒᆞ고應接室과沐浴湯을精潔灑掃케ᄒᆞ오니各色料理와本國珍羞諸品을一一具備ᄒᆞ며各品好酒와各種菓果가件件新鮮ᄒᆞ오니愛顧ᄒᆞ시ᄂᆞᆫ僉君子ᄂᆞᆫ益益來臨ᄒᆞ심을伏望

惠泉湯 告白

本人에姓名章을陰曆今月五日에見失ᄒᆞ얏숩기玆以廣告ᄒᆞ오니誰某拾得ᄒᆞ와도勿施홈

廣州彦州面廣谷居宋萬成 白

本月二十六日에故리淑卿氏(尹致旿夫人)이辭世ᄒᆞ신第一週年忌辰이온바貞洞敎堂에서同日下午一時에留路靑年會館에서追悼會를開ᄒᆞ오니故夫人의淑德을感慕ᄒᆞ시ᄂᆞᆫ人은來參ᄒᆞ심을敬要홈

發起人 金祥演 石鎭衡 리甲 柳東說 金東完 同夫人 金到善

學員募集廣告

私立長興學校

隆熙二年一月五日 西署仁達坊長興洞

▲新刊書籍發售廣告

增修無冤錄大全 國漢文 定價金七拾五錢

大韓法規類纂 洋裝 三圜五拾錢

中等倫理學敎科書 二拾錢

初等衛生學敎科書 拾五錢

國家學綱領 拾五錢

國民須知 八錢

愛國婦人傳 張志淵氏著 十五錢

發賣所 皇城布屛下 金相萬書舖

蒙學漢文初階

元泳義氏 著述
柳瑾 張志淵兩氏 校閱

全一冊八十餘頁 定價金卅錢

▲本書ᄂᆞᆫ初等小學에專用ᄒᆞ기爲ᄒᆞ야國漢文으로二百十三課에分ᄒᆞ야文理에簡要ᄒᆞᆫ書籍이니讀者ᄂᆞᆫ...

◉國債報償義捐金取入廣告
◉國債報償義捐金 一月中本社取入總額
●一月十日 每日逐号明細錄

第一五九〇號
義州古城面龍山里北五坊二圜
一月十三日
第一五九一号
元山港館橋洞義捐事務所
六十八圜
第一五九二號
△州郡각面里
五十八圜七拾四전
第一五九三號
寧邊郡각面里
一百八十九圜八十錢
計 二百十八圜五十四전

一月拾三日까지收入總額
五百八十八圜四拾八전
自四月至拾二月收入總額
五萬七千四百廿六圜
九十五錢七厘
總合五萬八千〇十五圜九拾七전七厘

●義州府古城面龍山里北五坊
崔麗珍 五兩 張洛昊
林世煥 각三兩 高應喆
鄭義鎬 趙時 韓孝健
각二兩 趙基珍 嚴世允
각一兩 安甫國 一兩五전
合淸貨二十二兩五錢
紙貨交換二圜
前號總合五萬七千六百九十七圜四拾二전七厘
都總合五萬七千六百九十九圜四拾三錢七厘

發行兼編輯人 英國人 裵說
發行所 西署石井洞號外 第三統三戶 大韓每日申報社

大韓每日申報 第六卷 第七百十號

月曜及慶節
臨時日休刊

檀君開國四千二百四十年
箕子元年三千二十九年
大韓開國五百十六年
日本明治四十一年
淸國光緖三十三年
陰曆丁未十二月小十三日庚午

論說

●警告儒林同胞

凡此韓國拾三道內에詩書를談ᄒᆞ고孔孟을尊ᄒᆞᄂᆞᆫ儒林同胞諸君아

韓國本朝五百年來로國民中第一位에處ᄒᆞ얏던者ㅣ諸君이아닌가

士者ᄂᆞᆫ四民의首며國家의元氣라ᄒᆞ야儒林의丈席이라稱하ᄂᆞᆫ人은君主도敢召치못ᄒᆞ며宰相도敢友치못ᄒᆞ며勢族이敢驕치못ᄒᆞ며豪吏가敢較치못ᄒᆞ고擧國人心이靡然히其下風에奔ᄒᆞ야某先生이라云ᄒᆞ얏스며成均館儒生이肩上에람褸ᄒᆞᆫ猜袍를掛ᄒᆞ고冬月寒突에瑟々寒慄ᄒᆞᄂᆞᆫ氣象이見甚可憐ᄒᆞ니彼가何等權力이有ᄒᆞ리오만은捲堂空齋ᄒᆞ고崇禮門에出ᄒᆞ면主上께옵셔 御座에下ᄒᆞ신다ᄂᆞᆫ美談도有ᄒᆞ니此로셔朝廷에셔儒者殊遇ᄒᆞᄂᆞᆫ禮節을槪想ᄒᆞᆯ지로다

然이나儒者가此等殊遇를猥受ᄒᆞᆷ이아니라抑亦國家思想이深厚ᄒᆞ야平時에ᄂᆞᆫ道德과學問으로皇猷를裨補ᄒᆞ며亂世에ᄂᆞᆫ白衣로從軍ᄒᆞ야寇賊을斥討ᄒᆞ얏스니壬辰之變에도八道義兵將이十分八九ᄂᆞᆫ皆儒林中人物이아닌가

朝廷에셔儒林待遇ᄒᆞᆷ은如彼ᄒᆞ고儒林이天下自任ᄒᆞᆷ은如此ᄒᆞ야海外異邦에셔도韓國儒生이라면大義ㅣ敢恭ᄒᆞᄂᆞᆫ비러니[illegible]도稍衰ᄒᆞ얏지만은儒林의自觀도非薄이太甚ᄒᆞ도다道학家ᄂᆞᆫ獨善主義로瞑目偶坐ᄒᆞ고功令家ᄂᆞᆫ仕宦奔競에埋頭沒身ᄒᆞ야心腦ᄂᆞᆫ오腐敗說에壞盡ᄒᆞ며鬢髮은浮虛詩文에白了ᄒᆞ야聲平時局이大變ᄒᆞ고風潮가震盪ᄒᆞ되儒家門中에ᄂᆞᆫ一夢이依舊ᄒᆞ니

嗚呼라此國에自來上流人物로指稱ᄒᆞ던유林의思想이此에乃止ᄒᆞ미此國의悲運도轉深ᄒᆞ얏도다

聖道가廣大ᄒᆞ사六合을包容ᄒᆞ얏스니何理를不究며何義를不講이리오故로仲尼도老子의게禮를問ᄒᆞ시며섬子의게樂을問ᄒᆞ사博학明辨으로爲主ᄒᆞ며道不同ᄒᆞᆫ異端의게도下問을不恥ᄒᆞ얏거ᄂᆞᆯ只今新학新說의是非邪正도不知ᄒᆞ고掩目反對ᄒᆞᄂᆞᆫ者ㅣ엇지오류가아니며又是忠君愛國과救世行道ᄂᆞᆫ儒敎의本旨라故로吳가魯를侵ᄒᆞ미子曰父母之國을何以救之리오하시고子공을遣ᄒᆞ사齊吳를說ᄒᆞ고封ᄒᆞᆫ者三百人에孔門高弟有若이與焉ᄒᆞ얏스며又曰天下有道면某不與易也라ᄒᆞ시고齊楚衛의君을無不往見ᄒᆞ사厄于匡ᄒᆞ며畏于陳ᄒᆞ사되行道之心을懈怠치안코周流不止ᄒᆞ셧거ᄂᆞᆯ此等聖訓과聖蹟은不曾過問ᄒᆞ고只是(不在其位不謀其政危邦不入亂邦不居)等句도深ᄒᆞᆫ장逝의話頭를作ᄒᆞ니此ᄂᆞᆫ先輩이一時有爲而發ᄒᆞᆫ語[illegible]價이어ᄂᆞᆯ取此不取彼ᄂᆞᆫ又是僞乖가아닌가

前明名儒顧齋成氏ㅣ有言ᄒᆞ되今之儒者ᄂᆞᆫ天崩地탑이라도也是不管ᄒᆞ고只管講학ᄒᆞᆫ다ᄒᆞ고悲嘆ᄒᆞ여니目下韓國儒者가不幸此病에罹ᄒᆞᆫ者ㅣ多有ᄒᆞ도다

雖然이나吾ᄂᆞᆫ以爲호대來頭의韓國興復與否ᄂᆞᆫ儒林에專在ᄒᆞ다ᄒᆞ노니盖儒門末流의弊ᄂᆞᆫ不無하나現今本領이堅確ᄒᆞ야心志가安定ᄒᆞᆫ者ㅣ誰也오ᄒᆞ면惟儒者며道德을尊尙ᄒᆞ야名利에不染ᄒᆞᆫ者ㅣ誰也오ᄒᆞ면惟儒者오言必信ᄒᆞ며行必篤ᄒᆞᄂᆞᆫ者ㅣ誰也오ᄒᆞ면惟儒者며威武에不屈ᄒᆞ며富貴에不淫ᄒᆞᆫ者ㅣ誰也오ᄒᆞ면惟儒者오悲憤慷慨之士도유者中에最多ᄒᆞ며才德穎拔之人도유者中에亦最多ᄒᆞ니유者가出ᄒᆞᆫ然後에야腐敗ᄒᆞᆫ社會도改革ᄒᆞᆯ지며유者가出ᄒᆞᆫ然後에야頑迷ᄒᆞᆫ國民을환醒ᄒᆞᆯ지며유者가出ᄒᆞᆫ然後에야文明學問도輸入ᄒᆞᆯ지며유者가出ᄒᆞᆫ然後에야依賴창鬼도喝退ᄒᆞᆯ지어ᄂᆞᆯ惜乎라眞유者ᄂᆞᆫ高枕山林에堅不出ᄒᆞ며出ᄒᆞ더ᄅᆡ도時勢를誤解ᄒᆞ야地方騷擾에나投入ᄒᆞ고社會에出現하ᄂᆞᆫ者ᄂᆞᆫ驢蒙虎皮ᄒᆞᆫ僞유者뿐이라今日一進會々員으로地方에셔橫行ᄒᆞᄂᆞᆫ者ㅣ太半이나前日三綱錄聖蹟圖ᄂᆞᆫ挾雜無雙ᄒᆞ던者며今日大東學會々員으로結日을力倡ᄒᆞᄂᆞᆫ者ㅣ太半이나前日伏闕疏廳內에刀丈意氣ᄂᆞᆫ勢國ㅂ本이라呵斥하던者니嗚呼라狐腸鬼肚에禍心을抱ᄒᆞ며朝梁暮楚에奇算을携ᄒᆞᆫ者가유門에大羞恥를貽ᄒᆞᄂᆞᆫ도다

時事가如此ᄒᆞᆫ대山林유者ᄂᆞᆫ一向退伏하ᄂᆞᆫ가如此면殊遇ᄒᆞ던國恩도背ᄒᆞ며經世하ᄂᆞᆫ聖道에도違ᄒᆞᆷ이니[illegible]醒ᄒᆞ라유者여回頭ᄒᆞ라유者여諸公이時勢도利用ᄒᆞ며時局도研究ᄒᆞ면유林幸甚國家幸甚이어니와萬一此高等知識이有ᄒᆞ고上流社會最多數部分에居ᄒᆞᆫ유林이尙今不悟ᄒᆞ면韓國에對ᄒᆞ야野心을抱ᄒᆞᆫ外人이跳躍이愈甚하고助桀爲虐ᄒᆞᄂᆞᆫ僞유者가氣焰이愈張ᄒᆞ야末乃國亡種滅ᄒᆞᄂᆞᆫ境遇에至ᄒᆞ리니如此면諸公들은何處에서宗敎를保ᄒᆞ라ᄂᆞᆫ가國家를爲ᄒᆞ야回頭ᄒᆞᆯ지어다同胞를爲ᄒᆞ야回頭ᄒᆞᆯ지어다子孫을爲ᄒᆞ야回頭ᄒᆞᆯ지어다宗敎를爲ᄒᆞ야回顧ᄒᆞᆯ지어다

官報

●第三千九百七十號 隆熙二年一月十四日 續

敍任及辭令

國分哲 桑山直彦
任內閣書記官
학部書記官 金思重
任학部秘書官
正三品 신海永 三土忠造
任학部書記官
平安北道觀察道事務官 本田常吉
任學部書記官
澁谷元良 上村正巳
小杉彦治 류田 節
任學部事務官
九品 朴成圭 正三品 李晩奎
任學部編譯官
石原鉦太郎 從二品 李敎條
正三品 劉漢鳳
任學部技師
未完

●三千九百七十一號
隆熙二年一月十五日

敍任及辭令

掌禮院式官高羲誠
兼任掌禮院理事
任敬陵令 敬陵參奉趙鍾禹
任陵參奉 朴勝達
李敎林 金琮鉉 崔洪基
任掌禮院典祀補
任安陵參奉 懷陵參奉李暎善
任德陵令 金周鎭
任義陵參奉 黃景弼
任純陵參奉 韓晦善
掌禮院禮式官劉 찬
解兼任掌禮院理事
奎章閣提학金思轍
奎章閣副提學趙重夏
仝 閔泳晥
掌禮院典祀徐肯淳
仝 尹達勳
敬陵令成銓永
掌禮院典祀補李源植
安陵參奉李星烈
義陵參奉全昌奎
純陵參奉韓何치
依願免本官

外報

●內閣議會 波斯國京城테헤란電을據ᄒᆞᆫ즉波斯國王과議會間에交涉이紛々ᄒᆞ되其結果ᄂᆞᆫ都無ᄒᆞ며前日內閣大臣等은闕內에서會議를開ᄒᆞ얏다더라

●斯波議會의布告 波斯國電을據ᄒᆞᆫ則去月十七日에郵便局과各商八等이廛門을閉ᄒᆞ고不爲視務ᄒᆞᆯ뿐더러新聞도發刊치못ᄒᆞ엿ᄂᆞᆫ데同國議會에셔各國公領館에布告ᄒᆞᆫ全文이如左ᄒᆞ니

大抵國家가衰敗ᄒᆞ야企望이無ᄒᆞᆫ每國家를救ᄒᆞᆯ方法은立憲政治外에ᄂᆞᆫ無ᄒᆞᆫ지라然故로昇遐ᄒᆞ신國王께셔憲法政治를已爲許諾ᄒᆞ셧고只今在位ᄒᆞ신國王께셔도保証ᄒᆞ셧ᄂᆞᆫ대百姓壓制ᄒᆞ기에習性이되고壓制政治로大術法을삼ᄂᆞᆫ幾個波斯國人種이我의年少ᄒᆞᆫ國王을不善引導ᄒᆞ야國家를不平ᄒᆞ게引導ᄒᆞᄂᆞᆫ도다我全國人民은平和를損傷케ᄒᆞᆯ心腸이一毫라도無ᄒᆞ고但政府內에立ᄒᆞᆫ者를終末ᄭᆞ지攻擊ᄒᆞᆯ已矣로다只今此布告文을各國公領館에발佈ᄒᆞ야外交上각代表者로ᄒᆞ야곰波斯國에實狀情況을知케ᄒᆞ며國王이百姓의게犯罪ᄒᆞᄂᆞᆫ것을知케ᄒᆞ노라又其外에世界各國에頒佈ᄒᆞ야一千萬波斯國同胞의權利가暴惡ᄒᆞᆫ者의게陷치안케ᄒᆞ기를企望이라ᄒᆞ얏더라

●協約否認 路透電을據ᄒᆞᆫ則華盛頓國務省에셔ᄂᆞᆫ東京에駐在ᄒᆞᆫ大使가移民制限에關ᄒᆞᆫ協約을日本에請求ᄒᆞ엿다ᄂᆞᆫ報告를否認ᄒᆞ엿다더라

●奮鬪繼續 路透電을據ᄒᆞᆫ즉요ᄒᆞᆫ네스훌구及푸레도리아地方에서印度人이大會를開ᄒᆞ고左의事項을決議ᄒᆞ엿ᄂᆞᆫ대

吾等은人道에違反ᄒᆞᆫ다ᄂᆞᆫ宣言을不關ᄒᆞ고奮鬪를繼續ᄒᆞ기로決心ᄒᆞᆫ다ᄒᆞ엿다더라

●閉港法律起草 海參威電을據ᄒᆞᆫ즉自由港閉鎖法律起草委員을商工務省內에設置ᄒᆞ엿다더라

●革命黨處罰 聖彼得堡電을據ᄒᆞᆫ즉俄國國會議中에서女人二名과男子三十三名을西伯利亞로定配ᄒᆞ되或四年或五年或終身에處ᄒᆞ엿ᄂᆞᆫ대其黨員은壓制政府를破壞ᄒᆞ고共和政府를組織하자고言論ᄒᆞᆫ罪라더라

●波斯擾亂 波斯國京城테헤란電을據ᄒᆞᆫ즉去月頃에京城에서政府와百姓間에大激動이起ᄒᆞ야人民이市場各廛門을閉ᄒᆞ고政府에셔ᄂᆞᆫ兵丁으로商口마다把守ᄒᆞ며각國公領館을保護ᄒᆞ엿다더라

新報

●園所勳篁 大院王誕辰이陰本月二十一日인ᄃᆡ 太皇帝陛下ᄭᅴ서當日孔德里園所에勳篁ᄒᆞ오셔奠酌禮를擧行ᄒᆞ신다ᄂᆞᆫ說이有ᄒᆞ더라

●鐵路遷柩 大院王園所遷奉日子ᄂᆞᆫ旣報와如히陰本月二十七日로完定인ᄃᆡ葬費가不足ᄒᆞᆫ인지遷葬時에ᄂᆞᆫ靈柩를京義鐵路로運行ᄒᆞ기로宮內府에서決議ᄒᆞ얏다더라

●義王還期 義親王殿下ᄭᅴ옵서日本에行啓ᄒᆞ심은已爲揭載ᄒᆞ얏거니와本月晦內에還次ᄒᆞ오실預定이라더라

●下賞韓씨 宮內府에서 義親王府에訓令ᄒᆞᆫ事ᄂᆞᆫ官報에已揭ᄒᆞ얏거니와該訓令을韓相鶴氏가 義親王府에奉納ᄒᆞᆫ즉 義親王殿下ᄭᅴ서韓相鶴氏를大瀾下賞ᄒᆞ셔日此等文字를更不擧行ᄒᆞ라ᄒᆞ셧다더라

●兩大歸期 宮內府大臣李允用氏와農相宋秉畯氏가陰本月二十五六日頃에歸國을預定이라더라

●阿附郡守 今番新官制任免에或은郡守로區處ᄒᆞ고或은無端落仕ᄒᆞ니一觀之下에何厚何薄이라ᄂᆞᆫ巷說이有ᄒᆞ더라

●餘窠敍任 法部新官制에主事가四个餘窠인ᄃᆡ今番敍任ᄒᆞᆫ晉往에法部書記郞이十五人이오日本人이九人이敍任되얏ᄂᆞᆫᄃᆡ其餘數个窠ᄂᆞᆫ該部次官倉富勇三郞氏가還來後에幷爲日本人으로敍任된다더라

●兩大困難 日本으로從來ᄒᆞᆫ人의說을聞ᄒᆞᆫ즉宮內府大臣李允用農商大臣宋秉畯兩씨가出入時에街路의市民들이亡國大夫라고指呼ᄒᆞ야侮辱이至ᄒᆞᆷ으로難兩氏가困難이無雙하다고ᄒᆞ더라

●通判爲急 新任法部書記官申宇永씨가姑未受勅ᄒᆞ얏다ᄂᆞᆫᄃᆡ昨日該部에仕進ᄒᆞ야各課에巡回通刺ᄒᆞ얏다더라

●郡守得用 今番郡守奏本中에北村居原任某大臣이某々郡守兩窠를得用ᄒᆞ얏다ᄂᆞᆫ說이浪藉ᄒᆞ더라

●銓考無用 法官銓考에被選ᄒᆞᆫ人이餘名이라ᄂᆞᆫᄃᆡ今番法部判任官幾窠를增額ᄒᆞᄂᆞᆫ事에對ᄒᆞ야該部大臣의親切ᄒᆞᆫ人으로敍任ᄒᆞ고銓考에被選ᄒᆞᆫ人은不爲需用ᄒᆞᆫ다고評論이喧藉ᄒᆞ더라

●兩氏往訪 前特進官俞吉濬讀刻淵兩氏가再昨日上午十時에作伴ᄒᆞ야總理大臣李完用氏를訪問하고全十二時에各歸ᄒᆞ얏다더라

●발講會集 昨日각학校校長과敎授副敎授를一齊來會于학部ᄒᆞ라고該部次官表孫一씨가各학校에訓令ᄒᆞ얏다더라

●荒井餞別 度支部次官荒井賢太郞씨가歸國次로今日上午八時에南大門外停車場에서京釜鐵道第一番列車를搭乘발向ᄒᆞ얏ᄂᆞᆫᄃᆡ該部大臣과內外國高等官諸氏들이一齊餞送ᄒᆞ얏다더라

●頑固調査 軍司令部에서京鄕頑固학者와頑固人을這々하調査ᄒᆞᆫ다ᄂᆞᆫ說이有ᄒᆞ더라

●[illegible]督渡日 東宮大夫高羲敬氏가其夫人과子女를沒數히日本으로率去同留ᄒᆞ다가歸國ᄒᆞᆫ다더라

●觀察발程 平北觀察使柳赫魯氏ᄂᆞᆫ赴任次로日間발程ᄒᆞᆫ다더라

●合郡影響 今番地方郡守의辭職有無ᄂᆞᆫ姑舍ᄒᆞ고遷轉ᄒᆞᆫ內容을得聞ᄒᆞᆫ즉將次合郡에影響이有ᄒᆞᆷ으로各郡位를預先鞏固ᄒᆞᆷ이라고ᄒᆞ더라

●鎭伴雙管 長水郡守朴準成氏ᄂᆞᆫ今番奏本에以鎭安으로移任ᄒᆞ얏ᄂᆞᆫᄃᆡ長水署理ᄂᆞᆫ兼任ᄒᆞ라고內部에서該氏에게訓令하얏다더라

●租稅不歸 各地方에調査委員을派送ᄒᆞᆫ다ᄂᆞᆫ說은旣報와如ᄒᆞ거니와該調査委員이各驛屯土와宮庄에官有地와民有地를一々히調査하고秋收租包ᄂᆞᆫ相關이無ᄒᆞ다더라

●調任舍音 各地方驛屯土를度支部로附屬ᄒᆞᆫ다ᄒᆞ야該部에서各道稅務官의게調令ᄒᆞ야驛屯租를捧留ᄒᆞ엿더니現今整理局으로移屬ᄒᆞᆫ故로度支部에서各稅務官의게更히發訓ᄒᆞ야捧留ᄒᆞ엿던租包ᄂᆞᆫ該舍音의게還爲出給ᄒᆞ라ᄒᆞ얏다더라

●報償熱心 寧邊郡地方委員盧鎭奎氏가國債報償에熱心ᄒᆞ야境內人民의게勸誘ᄒᆞ야募集ᄒᆞᆫ金額을本社에送致ᄒᆞ얏더라

●卒業延期 法官養成所학徒卒業이元來二個年이더니今番에現在ᄒᆞᆫ학員은仍舊ᄒᆞ고新募ᄒᆞᆫ학員부터三個年으로施行ᄒᆞᆫ다더라

●股金勒收 江華郡守高[illegible]龍氏가蠶業傳習所를設置ᄒᆞᆫ다ᄂᆞᆫ說은已揭어니와該股金이每股에五圓式을ᄒᆞ고各面各村에委員을派送하야村村히分配ᄒᆞᆫᄂᆞᆫᄃᆡ每戶에但一股만ᄒᆞᆫᄂᆞᆫ것시아니라至貧ᄒᆞᆫ戶에도三四股式磨鍊ᄒᆞ고朝飯夕粥만ᄒᆞ면不下十股式으로排定ᄒᆞ야收合ᄒᆞᆫᄂᆞᆫ바委員들은皆是退吏失業ᄒᆞᆫ者와就中無賴輩로定ᄒᆞ얏다더라

●交涉爭谷 各地方耶蘇敎會員이義擾를因緣ᄒᆞ야日兵의게誤被殺害衛火ᄒᆞᆷ으로宣敎師趙元時氏가該事件을長谷川씨와屢度交涉ᄒᆞ얏다더라

●避殺移家 交河郡居前判書閔泳達씨가十餘日前에義兵의게無數困難을當ᄒᆞ얏ᄂᆞᆫᄃᆡ其弟某氏ᄭᆞ지結縛亂打를被ᄒᆞ얏다가艱辛得免ᄒᆞ야該씨家眷이盡齊上京ᄒᆞ얏다더라

●衛團被害 自衛團部長元世基씨외一行은尙未入城ᄒᆞ얏ᄂᆞᆫᄃᆡ再昨日陰城郡에서該씨一行中二人이義兵의게被害ᄒᆞ얏다ᄂᆞᆫ電報가一進會本部에到達ᄒᆞ얏다더라

●日兵向東 再昨日下午一時量에日兵二小隊가東大門外로發向ᄒᆞ얏다더라

●靑會演說 今日下午七点鐘에鍾路基督靑年會館에서演說會를開ᄒᆞ고俞星濬氏가誠과和ᄂᆞᆫ生命의基本이란問題로演說ᄒᆞᆫ다더라

●興校漸就 西來人傳說을據ᄒᆞᆫ즉平北宣川深川面風谷居桂[illegible]榮등諸씨가靑年子弟를敎育ᄒᆞ기에熱心하야該洞中에興학校를設立ᄒᆞ고敎師를招聘ᄒᆞ야于今三朔에普通敎科를敎授ᄒᆞᆫᄂᆞᆫᄃᆡ학徒에思想이日新ᄒᆞᆫ다더라

●慶節休業 本日은興慶節인故로각官私立학校에서一齊히休業ᄒᆞᆫ다더라

●류院賊警 再昨日上午三時頃에賊漢十餘名이楊州郡류院동에突入ᄒᆞ야拔砲示威ᄒᆞ고錢財等物을多數히奪去ᄒᆞ얏다더라

●城內賊患 近日城內에도賊患이大端ᄒᆞᆫᄃᆡ南署竹동苧洞等地에竊발이尤甚ᄒᆞ다더라

●廣信盛況 廣信商業學校에서去日曜日에第二回開校紀念式을擧行ᄒᆞ얏ᄂᆞᆫᄃᆡ一年級年終試驗優等生二人과及第生十九人의게進級狀을授與ᄒᆞ고賞品은紙筆과帽子를分給ᄒᆞᆫ後校長以下一般講師及贊務與來賓이生徒를對ᄒᆞ야勸勉演說ᄒᆞ고茶果를設ᄒᆞ야食禮를行ᄒᆞᆫ後閉會ᄒᆞ얏ᄂᆞᆫᄃᆡ第二回一年級학徒試驗에入格者가五十人인ᄃᆡ去月曜日에上학ᄒᆞ얏다더라

●明進漸進 水原郡私立明進學校에서第一학年第一학期試驗을今月拾日에完了ᄒᆞ얏ᄂᆞᆫᄃᆡ五拾餘名의全體成績이甚히良好ᄒᆞᆫ中各科優等生이並爲十七人이오本校長에本郡守徐丙瀚氏가自設校以來로熱心設力ᄒᆞ야稍得成條인ᄃᆡ今且試驗出榜之日에書冊紙筆等을優數辦備하야一切施賞ᄒᆞ고懇勤ᄒᆞᆫ演說로一場勸勉ᄒᆞ며一般학生及학徒父兄과其他參觀者가莫不悅服而感歎ᄒᆞ야水原一方에敎育前途가頗有蔚興之象이라고南來人의稱頌이藉々ᄒᆞ다더라

●明月生色 近日明月館에서營業物品을一層擴張ᄒᆞ야海外에新鮮ᄒᆞᆫ制度를模範ᄒᆞ야歌舞妓와香樽珍羞와各樣料理를選擇ᄒᆞ고價廉品品ᄒᆞ고儀式設備가毫無缺點ᄒᆞ야漢城內에第一料理店이라ᄒᆞ더라

▲地方消息▼

▲十二日發光州電을據ᄒᆞᆫ즉昌局池面에義兵이襲來ᄒᆞᆷ으로日守備隊와巡査部長以下十二名을急派追跡探知ᄒᆞᆫ즉義兵의行衛ᄂᆞᆫ不明ᄒᆞ고二名은被殺ᄒᆞ고一名은保命ᄒᆞ야逃ᄒᆞ엿스나殺害者의家ᄂᆞᆫ沒燒ᄒᆞ엿다ᄒᆞ고

▲十四日全州電을據ᄒᆞᆫ즉金溝郡二拾里地点에義兵七拾名이集合ᄒᆞ야巡査駐在所를襲擊ᄒᆞ야揚言ᄒᆞ고또同日午後二時에義兵約百名이金堤邑을襲擊ᄒᆞ야同郡在留ᄒᆞᆫ官民이被害ᄒᆞ얏다ᄒᆞᆷ으로即時巡査七名을派遣ᄒᆞ얏다ᄒᆞ며

▲二日夜에興德郡下里面에서義兵이自衛團長金奎鳳을捕捉ᄒᆞ야[illegible]面河邊에서銃殺ᄒᆞ얏고또該人은一進會員으로該郡에自衛團을組織하기爲ᄒᆞ야盡力ᄒᆞ던者라ᄒᆞ고三日午後五時頃에義兵이日守備와該面兩方谷地에서交戰ᄒᆞ얏다ᄒᆞ고

▲四日午後에義兵約二百名이南通部內에侵入ᄒᆞ얏다ᄂᆞᆫ報를據ᄒᆞᆫ즉鴻山警察所에서接ᄒᆞᆫ巡査九名을派送ᄒᆞ야探知ᄒᆞᆫ즉同邑에서十里되ᄂᆞᆫ臥龍里에潛伏ᄒᆞ얏다ᄒᆞᆷ으로簡往ᄒᆞ야二時間을交戰ᄒᆞ미義兵이山上으로降避하얏다가更히要害地에서射擊을開ᄒᆞ야一시間을交戰ᄒᆞ엿다더라

東京電報

●政界不穩 十四日발 伊藤統監과西園寺首相이共히重大事件에對ᄒᆞ야今日參內上奏를ᄒᆞ얏ᄂᆞᆫᄃᆡ不穩ᄒᆞᆫ事態가有ᄒᆞ더라

●兩大衝突 今日閣議에서阪谷藏相과山縣遞相間에衝突이又有ᄒᆞ야激論이起ᄒᆞ얏스나他閣僚의和解를依ᄒᆞ야無事ᄒᆞ얏다더라

●慶節休刊 今日은韓國興慶節인故로慶賀ᄒᆞ기爲ᄒᆞ야一日休刊함

△精靈有味▼

▲靑樹血竹竹欄上에桂旗飄飄風蕭蕭이라閔忠正公坐位ᄒᆞ사無數將卒이羅列ᄒᆞ고宛然히下令ᄒᆞ되本朝兵丁이解散이왓나나네忠節이가안다창鬼가滿廷ᄒᆞ야國家가危殆ᄒᆞ니一一히調査ᄒᆞ야星火擧行ᄒᆞ라

▲五條約이不足ᄒᆞ야七條約을又成ᄒᆞ니五百年宗社가一朝에손외셔가나니此等賊臣은千古에도未聞이라저창귀待令ᄒᆞ여라

▲幾十年培養ᄒᆞᆫ兵丁一朝에解散ᄒᆞ니에미가무삼心腸인고國家에藩屏업셔젓다軍人之名稱有ᄒᆞ야外人指揮服從ᄒᆞ나저창귀待令ᄒᆞ여라

▲保護權을懇請ᄒᆞ야外人의게奴隸되고滋味生명誘引ᄒᆞ야平例坑에陷落ᄒᆞ고國號를相關ᄒᆞ야大臣椅子圖得ᄒᆞ니뎌창귀待令ᄒᆞ여라

▲八域風塵不息ᄒᆞ야蒼生塗炭糸肉인ᄃᆡ地方官吏擇任實際業이入閣ᄒᆞ며勸告ᄒᆞ니同胞ᄒᆞ니一分心에施行ᄒᆞ니뎌창귀待令ᄒᆞ여라

▲多數外款借來ᄒᆞ야不緊事에濫費ᄒᆞ고金銀貨幣製造ᄒᆞ나金國血脈枯渴이라金庫財政任他ᄒᆞ고惟命是從可痛ᄒᆞ니뎌창귀待令ᄒᆞ여라

▲軍用鐵道許施ᄒᆞ야片片江山割與ᄒᆞ니扶老携幼져百姓은呼號哭泣大이라荒蕪ᄒᆞᆫ地開墾請認猶恐不及원일니가뎌창귀待令하여라

▲所謂養老宰相이近日一會成立ᄒᆞ야外面雖有目的이나阿附諂媚晴生이라演說屬旨粉粉ᄒᆞ야外人資金擠送ᄒᆞ니뎌창귀待令ᄒᆞ여라

▲個人家事同인가自請解散可笑로다所有權利强奪ᄒᆞ니加月輸出이오나천임내의ᄒᆞ며여月給을偷食하니뎌창귀待令ᄒᆞ여라

▲借款借來排政ᄒᆞ야某秋霜又치號令ᄒᆞ되兩部罪惡彌天ᄒᆞ니今日不必更問이라施以軍律當然ᄒᆞ나勢窮道不能退待令ᄒᆞ라

社告

○淸償錄

本社過去年末經費窘乏與價務未辦爲千餘圓月給未撥亦千餘圓矣此無他數年內各地方購覽價殆數千餘圓及各支社二千五百餘圓未收之所致也

從此爲始數年間未收條一一調查仰佈于未納員處催告倘幾而若至數次終無償則勢不得已於本社簿錄以繳捧交附後特於報面設一淸償錄以廣佈該員姓名若有即時納付則特設淸償錄以謝該員相信相愛之厚情焉

○告各支社員

本社對各支社中歷代金收捧內未納者에止該支社之處果已滯延矣而所收納不過數三處而其中全無收納者則謂當該止以示本社之有信用無貪當爲再三回思則不忍懷吞有三焉本社之本意只在於齊國同胞共濟文明非我營業的趣見則爲本社之誠意而不忍廢者一也

各支社社員分擔本社之義務親手分傳不避風霜令人聞知感激豈不爲支社之勤勞而不忍廢者二也

各地購覽君子愛本報如愛兄弟如愛朋友未忍棍而先減一錢而價代金送至於各處忠告書事序飛到爲之以爲休刊如此至情安忍相負爲購覽員之誓愛而不忍廢者三也

雖然文擇釋思蓋此見廢一字擇漢萬點掌貪貪含不忍一朝告別故更寬一期以待回音

雜報

江華郡御井俞鎭植氏第에本支社를設置ᄒᆞ얏사오니該附近地에셔本申報購覽ᄒᆞ실僉君子ᄂᆞᆫ該支社로請求ᄒᆞ시고代金도俞鎭植氏게로送交ᄒᆞ시심을務望

宣川郡普新校趣旨書

夫國不可以徒立이라臣民이以之維持오民不可以徒生이라國君이爲之質施ᄒᆞ나니此一以二而二以一者也라故로唐虞三代之時에司徒之職을立ᄒᆞ며庠序之敎를設ᄒᆞ야敎之以忠愛之道ᄒᆞ야善興民爲一體而國守固ᄒᆞ고以民守民ᄒᆞ니即皆知尊君親上之義라所以治隆於上ᄒᆞ고俗美於下矣러니世降以來로人君이以爲乘之位로爲專制之機衡ᄒᆞ야發號施令이由其好惡요黜陟賞罰이快其喜怒라君不知敎民之道ᄒᆞ고民不知親君之義ᄒᆞ야肢脈가分析ᄒᆞ고本末이無緖ᄒᆞ야上下二千年間에禍亂相乘而塗炭이尤甚이라何以能挽回上天仁愛之心와生民滋養之道ᄒᆞ야致之於無爲之域耶아斷自由地方自治之制와義務敎育之法이還會에進ᄒᆞ면庶致ᄒᆞ며通ᄒᆞ야行之如歐洲各帝國然後에可庶幾也라하노라

泰西君主ᄂᆞᆫ壓制的思想이無ᄒᆞ고庶民은忠愛的血誠이有ᄒᆞ야學校之設이甚廣ᄒᆞ고敎育之方이有術ᄒᆞ니政治法律과軍伍兵農之學과農商工作之業에無不講究발達ᄒᆞ야爲環球一等强國ᄒᆞ니此非兩眼四目八肱九耳之人이라與我同類者而我何獨不然乎리오是金銀鑛石이酸氣에感ᄒᆞ면變爲垢銹ᄒᆞ고糖礬硝鹽이水分에觸ᄒᆞ면化成膏液ᄒᆞ나니惟在感化之如何也니라

我韓은尊崇聖人之道가五百有餘年矣라文物이燦然ᄒᆞ고禮義의表著ᄂᆞᆫ可謂盛且美矣로되文弊가日生ᄒᆞ야塾學이雖多나敎育이無方이라所論者心性情而窮經白首ᄒᆞ되任之以郡縣이면治安之方策이暗昧요所作者詩賦表而儘度齊春ᄒᆞ되布之以卿士면政界의발揮가塡塞ᄒᆞ나니其故ᄂᆞᆫ何也오惟致意於雕飾而不求於經濟上也라故로人乏良才ᄒᆞ고國無善政ᄒᆞ야以先王仁厚之民으로蒙野蠻之名ᄒᆞ니聖天子有憂之ᄒᆞ사所謂學校ᄂᆞᆫ人才의機關이며致治의本源이라ᄒᆞ샤革去舊染ᄒᆞ고吸取維新ᄒᆞ랴신綸音이累降ᄒᆞ시니嗚乎同胞여執不感悟리오大抵學은所以通事物之理ᄒᆞ야因時以損益ᄒᆞ고貫古今成敗之數ᄒᆞ며窮極道幾ᄒᆞ나니今世守舊之士ᄂᆞᆫ心膠智痼ᄒᆞ며不知時勢ᄒᆞ고知勢以變遷ᄒᆞ고悅古非今ᄒᆞ야說以新學者謂非聖人之道라ᄒᆞ야若將凂焉ᄒᆞ니殊不考其行事無其實者오且新學之人은指此東洋之陳腐也古人之糟粕也而以致衰弊之根株也라ᄒᆞ야互相彈駁ᄒᆞ나니悲夫라知古而不知新이可乎아夫孔孟哲學은實爲大本大經而萬世不易之道而新學은豈以四維으로置諸芭籬ᄒᆞ며以六藝로歸之土苴者耶아才藝을발達ᄒᆞ야開明에進步케홈이라近日敎育家必曰德育智育이라ᄒᆞᄂᆞ니德育者ᄂᆞᆫ非孔孟之道歟아智育者ᄂᆞᆫ非時務之學歟아德爲質而智爲文이니文質彬彬然後에君子라ᄒᆞ니是知車非兩輪이면終不能行ᄒᆞ고鳥有兩翼이라야乃可飛勸者也로다吾邦紳士가觀古察今에知舞文操筆이不合於今世ᄒᆞ고每欲救弊刷新而有志未就矣러니我候俞公鎭浩氏繼導聖意ᄒᆞ고慷慨時務ᄒᆞ야政暇에講究敎育方策ᄒᆞ시即捐一月俸金ᄒᆞ고勸勉紳士ᄒᆞ야各自義捐編財ᄒᆞ니詢謀僉同에巨細畢擧라擇校舍於郡南之鹿洞ᄒᆞ니卽存道齋基址ᄂᆞᆫ廢而不講者有年矣라名其校曰普新이라ᄒᆞ고發的折衷ᄒᆞ야以德智二育으로爲主旨ᄒᆞ니德主於而愛限愛親愛君愛同胞愛祖國ᄒᆞ고智主於才而以普通學課로爲程度ᄒᆞ니我韓二千萬生령이進就於此二字로熱心則何畏乎强鄰며何憂乎國勢不振也리오以是勸勉ᄒᆞ노니學徒ᄒᆞ고亦以警醒諸頑固黨의不知四國民的敎育的趣旨ᄒᆞ노라

發起人 任錫元 林沂常

廣告

忠南洪州郡興口香面安岩居吳爵永之圖章去八月逢賊時見失故茲以廣告ᄒᆞ니內外國人照亮홈 吳爵永 告白

本人의再從允泰가性本浮浪ᄒᆞ야蕩破家產ᄒᆞ고出入技局ᄒᆞ야本人의如干田土을僞造成劵ᄒᆞ야到處典執求債云ᄒᆞ오니內外國人은切勿見欺홈 郭山郡南面中端동 金鳳奎 告白

砥平居前主事梁柱의名字ᄂᆞᆫ勛字로改定홈 梁柱勛 廣告

本人이書舖를另設ᄒᆞ고新舊書籍을具備ᄒᆞ와廉價放賣ᄒᆞ오니有志學員은來臨購覽홈 元山上里二동芸香舖 玉舜命 白

南署草洞七十九統七戶瓦家七半間家劵을本年陰四月에典執則國矣五月에報償完發而該認許日人十友會社로ᄒᆞ고債用一千百狀을置於手帒다가서失故로廣告 家主韓耕愚 告白

本人의姓名章을陽一月十四日陰十二月十一日에見失ᄒᆞ엿ᄉᆞᆸ기玆以廣告ᄒᆞ오니誰某拾得ᄒᆞ와도勿施홈 魚瑛善 告白

本人에姓名章을陽曆今月五日에見失ᄒᆞ얏ᄉᆞᆸ기玆以廣告ᄒᆞ오니誰某拾得ᄒᆞ와도勿施홈 廣州彥州面廉谷居宋萬成 白

本人의元章로行用ᄒᆞ던圖章을陰十一月二十六日서失ᄒᆞ얏ᄉᆞ오니內外國人切勿施行 平壤薛洞李元俊 告白

▲特別廣告

本社에서名帖印刷部를另設ᄒᆞ고各樣活字와別樣紙本이俱備ᄒᆞ오며印刷ᄒᆞ오되精美ᄒᆞ고價錢은特別히低廉ᄒᆞ오니僉位ᄂᆞᆫ來臨ᄒᆞ시와隨意請求홈 大韓每日申報社 告白

西友와北兩會가敎育으로目的홈은彼此均一이온바今에兩會가情意融通ᄒᆞ야合成一會ᄒᆞ고會名은西北學會라稱ᄒᆞ고會館은前西友會館으로仍用ᄒᆞ오며開會式은本月(一)一日土曜(上午十二時)에擧行ᄒᆞ오니京鄕會員은照亮ᄒᆞ시ᄋᆞᆷ 皇城中署校洞二十九統二戶 西北學會 告白

學員募集廣告

本校에서第二學期를現當ᄒᆞ야法律學及經濟學專門科學員을左開募集ᄒᆞ오니願學人은左記試驗定期內에本校用紙로써早速請願홀事

但右兩科ᄂᆞᆫ夜學으로만募集홈

◉修業年限 三학年

◉入學年齡 二十歲以上

◉學科目 法律學全部 經濟學全部 備在本校規則

◉試驗日字 一月廿五日(陰曆戊申正月廿四日)

◉試驗科目 歷史及地誌問對(內國及外國) 讀書及作文(國文及漢文) 算術(四則以內)

但官公私立學校의普通科以上卒業證書가有ᄒᆞᆫ人은其學力을檢定ᄒᆞᆫ後免試入許홈

◉開學日字 三月五日(陰曆二月二日)

隆熙二年一月十日

漢城中署碑洞普成專門學校

本所에서家屋을一新修理ᄒᆞ야宴遊軒窓이明亮安閒ᄒᆞ고應接室과沐浴湯을淸潔灑灑케ᄒᆞ오니各色料理와本國珍羞諸品을各々具備ᄒᆞ며各品好酒와ᄉᆡ鮮菓가件々新鮮ᄒᆞ오니愛顧ᄒᆞ시ᄂᆞᆫ僉君子ᄂᆞᆫ益々來臨ᄒᆞ심을伏望 惠泉湯 告白

本月十六日에故리淑卿ᄯᅢ(尹致昨夫人)이辭世ᄒᆞ신第一週年忌辰이온바貞洞敎堂에셔同日下午一時에鐘路靑年會館에셔追悼會를開ᄒᆞ오니故夫人의淑德을感慕ᄒᆞ시ᄂᆞᆫ人은來參ᄒᆞ심을敬要홈

發起人 金祥頊 石鎭衡 리甲 呂炳鉉 金東完 同夫人 金[illegible]

本人의靑家契舊文劵을去月八日에見失이기玆以廣告ᄒᆞ오니誰某拾得ᄒᆞ와도休紙施行홈 平壤上舊前任[illegible]煒 告白

[illegible]大韓[illegible]及委托을便利케爲[illegible]商工業에有意ᄒᆞ신君子ᄂᆞᆫ某物이던지請求ᄒᆞ시거든本社로來議ᄒᆞ시 本社에서ᄂᆞᆫ手藝料合資[illegible]

與藥社本店 開城南大門內興[illegible] 支店京城南門內[illegible]

全仁港內동[illegible] 大戶 [illegible]會社

本人이株式會社漢城銀行小切帳座通帳一百四拾一號를紛失ᄒᆞ와該冊은無效로本行에通知ᄒᆞ고廣佈ᄒᆞ니內外國人은照亮ᄒᆞ심을望 漢城財務監主事 [illegible]鍾 告白

竹[illegible]有惠入某々氏由來[illegible]

▲新刊書籍發售廣告

[illegible] 定價金七拾五錢

大韓法規類纂 洋裝 三冊 金拾圓

初等倫理學敎科書 二拾錢

初等衛生學敎科書 拾五錢

國家學綱領 拾五錢

國民須知 八錢

愛國婦人傳(張志淵氏著) 十五錢

發賣所 皇城布屛下 金相萬書舖

일본정부제됴연초
한국일수방미
동아연초주식회사
경성명동

◎國債報償義捐金收入廣告
◎國債報償義捐金
一月中本社收入總額
每日逐号明細錄
◎一月十四日
第一五九四号
永興濬源殿二拾四姓忠義等
五十四圓五拾錢
計五拾四圓五十錢
一月拾四日까지收入總額
六百四十二圓九拾八전
自四月至拾二月收入總額
五萬七千四百廿六圜
九十五錢七厘
都總合五萬八千七十〇圜四拾
七전七厘
●元山관橋동
尹洙原　廿圓　동中　拾圓
吳舜平　全和鉉　船契都中
各五圓　姜俊行　陳行錄
각一圓　金龍西　二圓
리化瑞　林春京　朴賢植
리化瑞　咸泰浩　리德順
김明圭　리尙烈　리成敎
洪鍾회　姜致善　全德成
金成賢　김柄鉉　리鍾鉉
安昌善　김若集　각一圓
리在京　大十錢　리학順
리俊彥　각五拾전
裂正換十歲四拾전
合六十八圓
前號總合五萬七千六百九十
九圓四拾二전七厘
都總合五萬七千七百六十七圓
四拾二錢七厘

發行兼編輯人英國人　裵說
發行所　南署石井洞號外第三統洋屋家
大韓每日申報社

第六卷

大韓每日申報

第七百十一號

月曜及慶節 歲時日休刊

檀君開國四千二百四十年
箕子元年三千二十九年
大韓開國五百十六年
日本明治四十一年
淸國光緒三十三年
陰曆丁未十二月小十五日壬申

論說

●韓美電氣會社

韓美電氣會社가近者에車貰를增加홈에對ᄒᆞ야日人報筆이起恨을發홈은本記者의驚嘆이非止一次ᄂᆞᆫ如此報筆中에其一은朝鮮日々新聞이니其言辭가如何히强硬ᄒᆞ얏던지日本官憲이同報停刊을必要로認ᄒᆞ야同報가今不存焉이로다

其他大韓及京城日報ᄂᆞᆫ其발言에輕減之態를雖尙이나然이나京城報가電氣會社의增貰問題를攻擊ᄒᆞ야발言ᄒᆞ얏스되吾輩ᄂᆞᆫ韓美電氣會社가增貰의必要点을滿足히示明ᄒᆞ기에必早取其機ᄒᆞᆯ줄을信ᄒᆞᆫ다ᄒᆞ얏도다公衆이車貰를增加ᄒᆞᄂᆞᆫ必要点의示明을請求ᄒᆞᄂᆞᆫ지ᄂᆞᆫ本記者의非所確實ᄒᆞ며어니와何如ᄒᆞᆫ지同會社가增貰의理由ᄂᆞᆫ諸般貨金의增加로完璧히表明된것슬報紙上에特告ᄒᆞ얏스니今此攻擊은個人及國民의猜忌之端에不過ᄒᆞ도다

何人에게던지乘車ᄒᆞ기를强請홈이아닌즉此增貰를反對之人은此鉄道敷設前과如히旅行ᄒᆞ려니와日人의弱点을露示ᄒᆞ기에ᄂᆞᆫ京城報의此評論이此增貰를今日前에何不施行인가怨恨ᄒᆞᆫ과一樣이라고本記者ㅣ可言이로다

今者韓貨增價에大發所嘆之人이니日人의如郵司處務를何以能容許ᄒᆞᆯ지其言을聞홈이可若興味라此兩司가韓人處理之下에在ᄒᆞᆫ時에ᄂᆞᆫ郵票價와其他諸般稅金을以韓貨로收納ᄒᆞ더니日人管轄에歸ᄒᆞᆫ던即時로日貨를請求ᄒᆞ야稅金이其前二倍에過ᄒᆞ고其處務ᄂᆞᆫ效力을大失ᄒᆞ얏스되吾人이尙是堪忍홀而已로다

一件의變更을反對之人이他一件의變更을探見키豈不容易리오然이나以此電郵로ᄂᆞᆫ日人專賣之下에吾人이專在ᄒᆞ니他人執事키ᄂᆞᆫ勿論이確可로다由是로日人이電郵問題ᄂᆞᆫ含默하고韓美電氣會社를對ᄒᆞ야大叫홈은自著愚見이라其反對가可笑오重大問題에不係로다

官報

●第三千九百七十號 續
隆熙二年一月十四日

敍任及辭令

正三品金爽基
任官立漢城師範學校長
增戶鶴吉
任官立漢城師範學校學監
正三品金成喜 齋藤欽二
任官立漢城師範學校教授
高橋亨
任官立漢城高等學校學監
九品金夏鼎 六品朱榮煥
正三品呂圭亨 山內愛助
任官立漢城高等學校教授
正三品李能和
任官立漢城外國語學校學監
田中玄黃 白井重任
宗像鶴四郎 正三品尹泰憲
六品崔在翊
任官立漢城外國語學校教授
嚴崎厚太郎
任官立仁川日語학校學監
眞藤義雄
任官立平壤日語학校학監
漢城裁判所首班判事李始榮
任法部民事局長
法部書記官金基雄
任平理院判事
法部書記官張燾
任平理院檢事
法部民事局長金喆鉉
任漢城裁判所首班判事
法部書記李範今
任漢城裁判所判事
松寺竹雄 安住時太郎
任法部書記官
任法部秘書官 正三品趙重鼎
正三品신宇榮
ᄒᆞᆫ城裁判所判事 鎭
任法部書記官 中村秀夫
任法部事務官
九品朴台秉 村上唯吉
金宜均
任法部繙譯官
任法官養成所長 野澤武之助
任法官養成所幹事 嚴間亮
九品金敎明
任法官養成所繙譯官
帝室會計監查院監查官劉文煥
任法官養成所教授
六品石鎭衡
任法官養成所助教授
全羅北道觀察使劉 猛
任內道衛生局長
內部書記官[illegible]
任內部秘書官
內部書記官[illegible]
內部書記官權輔相
佐治修三 正三品蔡照晟
任內部事務官
安田不二丸 左野蔬次郞
比田孝一 中桐春太郎
正三品兪倫求 片山貞松
兩角熊雄 鈴木坂鐵
奧貫恭助 橋本岩五郎
九品宋泰昇 六品兪경煥
小野是一郎 吉武正八
任內部技師
川上立一郎 磯井敬太郎
商局장趙齊桓 生田祐三郎
鈴木要太郎
任內部書記官
四王天數馬 長濱榮三
渡邊金太郎
任內部事務官
任漢城府事務官 菱田義民
嚴岡永太郎 前務務官黃信泰
內部書記官李大珪
全羅南道事務官平渡信
內部書記官崔基南
仝 金海龍
前醫務官李邦協
任警視
未完

●三千九百七十二號
隆熙二年一月十六日

敍任及辭令

任道主事 高橋久次
徽陵參奉韓源翼
任成均館教授
學部書記官三土忠助
命兼任官立漢城外國語學校長
主殿院主事리職增
解文官銓考所書記
內閣主事權泰稷
命文官銓考所書記
解京畿宣論委員 金基煥
正三品李鍾律
命京畿宣論委員
命黃海道宣論委員 徐相崙
親王府武官步兵正尉張寅根
近衛騎兵隊長騎兵正尉金회善
近衛騎兵隊附騎兵副尉리殷相
軍部附騎兵參尉리鍾聲
軍部附三等軍司成贊慶
免本職
步兵正尉張寅根
補陸軍武官學校教官
騎兵正尉金회善
補親王府武官
騎兵副尉리殷相
補近衛騎兵隊장補
騎兵參尉리鍾聲
補近衛騎兵隊附
三等軍司成贊慶

外報

●戰爭目的 美國某信을據ᄒᆞᆫ則太西洋艦隊에셔雇傭ᄒᆞᆫᄂᆞᆫ日人等을艦대出발前에擧皆解雇ᄒᆞ야上陸케ᄒᆞᆫ故로각處日人이言論ᄒᆞ되太西洋艦대가戰爭ᄒᆞᆯ目的으로日人雇傭者를沒數히解雇ᄒᆞ고太平洋으로航海ᄒᆞᆫ니此ᄂᆞᆫ美國政府의秘密政策이라ᄒᆞᆫ다더라

●世界初聞事 美國某信을據ᄒᆞᆫ즉墺國議會에셔左右黨派가互相辯論ᄒᆞ다가루ᄋᆡ니안代議士가木板을議長에게投ᄒᆞ고社會黨派의一人은椅子를投ᄒᆞ고擊論ᄒᆞ다가兩黨이互相爭鬪ᄒᆞᄂᆞᆫ境遇에至ᄒᆞ야一場風波가起ᄒᆞ얏스니世界에國會가生ᄒᆞᆫ後로初聞之事라더라

●戰爭豫言 美國某信을據ᄒᆞᆫ則法國巴里에有名ᄒᆞᆫ新聞記者유라써가紐育에셔言ᄒᆞ기를美日戰爭이丁寧一年ᄂᆡ에開戰이될터인ᄃᆡ英國은美國을不爲反對ᄒᆞᆯ터이오法國은俄羅斯로ᄒᆞ야금相關이無케ᄒᆞᆯ터이라더라

●美艦出發의景況 美國某信을據ᄒᆞᆫ즉美日交際가齟齬ᄒᆞᆫ개됨으로美國太西洋艦대가太平洋으로回航ᄒᆞᆫ다홈은屢々報道ᄒᆞ엿거니와去月十六日에버지니아道임련로스港에셔該艦대가太平洋으로向ᄒᆞ얏ᄂᆞᆫᄃᆡ其時에大統領루스벨트氏가海軍主務卿等을帶同ᄒᆞ고該港에前往ᄒᆞ야餞別ᄒᆞᆯ時에該艦에셔禮砲二百二十一放을발ᄒᆞ니烟霧가漲天ᄒᆞ고砲聲이天地를震動ᄒᆞ여見而聞之者로ᄒᆞ야금爽快ᄒᆞᆫ生覺과忠奮ᄒᆞᆫ義氣를起케ᄒᆞ엿다ᄒᆞ며其處에셔桑港이一萬四千英里인ᄃᆡ今年四五月間에桑港에到着ᄒᆞᆯ豫定이라ᄒᆞ며其軍艦과大砲와軍人에數爻가如左ᄒᆞ니

戰鬪艦十六隻水雷艇六隻輜重船二隻重修船一隻保護船隻石炭船八隻인ᄃᆡ合三拾二隻이오大砲ᄂᆞᆫ一千六拾이오乘組員은將官以下一萬四千三百卅八名이라ᄒᆞ며其艦대가無事히出발ᄒᆞᆫ다홈으로桑港에셔ᄂᆞᆫ國旗를高掛ᄒᆞ고恭敬ᄒᆞᄂᆞᆫ意를表ᄒᆞ엿스며英國과法國과俄國各新聞에ᄂᆞᆫ同情을表ᄒᆞ야揭載ᄒᆞ엿더라

雜報

●文明女士 鞠氏居ᄒᆞᄂᆞᆫ有志婦人崔松雪堂이共立新報를購覽ᄒᆞ다가其慷慨激切ᄒᆞᆫ議論을恒常感歎不已ᄒᆞ더니今番平壤에셔諸婦人이共立新報捐助金募集ᄒᆞᄂᆞᆫ趣旨書를傳布ᄒᆞ미崔婦人이同情을表ᄒᆞ기爲ᄒᆞ야本社에金四圜을傳致ᄒᆞ얏스니該婦人의文明에有志홈은참感歎ᄒᆞᆯ만ᄒᆞ더라

●基校捐助 三和港碑石洞基督私立女학校에셔財政이不足ᄒᆞ야학校가廢止ᄒᆞᆯ境에至ᄒᆞᆫ고로主務ᄒᆞᄂᆞᆫ婦人들이相議ᄒᆞ야該港紳商[illegible]社에請求ᄒᆞ얏더니紳商[illegible]社에셔十五圜과[illegible]捐與ᄒᆞ야[illegible]女학校[illegible]ᄒᆞ고工夫를繼續[illegible]ᄒᆞ얏다더라

●[illegible]校[illegible]試 西江牛山학校에셔冬期試驗을經ᄒᆞ얏ᄂᆞᆫᄃᆡ高等科優等[illegible]金日[illegible]聖同[illegible]元用成金榮諸氏오尋常科優等鄭樂天康俊杓嚴永國諸氏라더라

雜報

●太皇帝御渡日說 日人京城新報에揭載ᄒᆞᆫ바를據ᄒᆞᆫ즉 太皇帝陛下께서頃日內侍中의바로ᄒᆞ사日朕亦機를乘ᄒᆞ야洋裝으로渡日ᄒᆞᆯ것다ᄒᆞ셧다는此는聖意이신지는不知ᄒᆞ거니와宮廷內에서는 太皇帝陛下께옵셔渡日ᄒᆞ실다는說이嘖々ᄒᆞ다ᄒᆞ얏고又他道一說을聞ᄒᆞᆫ즉太皇帝陛下께옵셔는初無是說이셧다더라

●望哭緬封 大院王緬封時에 太皇帝陛下께옵셔와 大皇帝陛下께옵셔와 皇后陛下께옵셔와 貴妃殿下께셔와 義親王妃殿下께셔望哭ᄒᆞ신다더라

●禮節依前 大院王緬封禮節은今番大院君葬禮로ᄒᆞᆫ다더라

●宋氏出發 宮相李允用氏와農相宋秉畯氏가日本에前往ᄒᆞᆯ時에各部大臣이其座席을鞏固ᄒᆞ기爲ᄒᆞ야運動費를多數히辦給ᄒᆞ얏는데這間에有何事端이던지總理大臣李完用氏와農相宋秉畯氏가互相携貳之端이有ᄒᆞ얏다는巷說이有ᄒᆞ더라

●以待宮大 宮內府官吏中落仕ᄒᆞᆫ人의補頒給ᄒᆞᆯ恩賜金을宮相李允用氏가歸國ᄒᆞᆫ後에一齊히分給ᄒᆞᆫ다더라

●必差三品 一進會에서北間島會長을派送ᄒᆞ되曾經三品官外에는差出치아니ᄒᆞ기로決定ᄒᆞ얏다더라

●各大會同 各部大臣들이近日以來로有何緊議事件인지總理大臣李完用氏私邸에頻數會同ᄒᆞ야數時間을經ᄒᆞᆫ後에各散ᄒᆞᆫ다더라

●侍卿宴待 侍從院卿閔丙奭氏가南門外住ᄒᆞᆫ自己私邸에서宴會를設ᄒᆞ고總理大臣以下各部大臣과中樞院顧問諸氏를請邀宴待ᄒᆞ얏다더라

●局長受勳 내部衛生局長劉猛氏가昨日에詣闕受勳ᄒᆞ얏다더라

●主事復舊 내部調査局書記郎을主事로改定ᄒᆞ기로내閣에請議ᄒᆞᆫ다더라

●法大奔走 法部大臣趙重應氏는有何事件인지再昨日上午八時에警視總監丸山氏私邸에訪問ᄒᆞ고即時宮내府次官小松三保氏를訪問ᄒᆞ얏다더라

●只帶名色 今番新官制에對ᄒᆞ야各府部主務大臣의親戚들이事務에는嫻熟치못ᄒᆞ야宜乎除汰ᄒᆞᆯ터인대區處無路홈으로名色만只帶ᄒᆞ고局課로仕進케ᄒᆞ는者多ᄒᆞ다더라

●閔氏代辦 학部文書課장本田常吉씨가昨日부터仕進視務ᄒᆞ는대選課장리敏應氏는學務第二課장으로名稱ᄒᆞ고事務는第一課장閔健植氏가代辦ᄒᆞᆫ다더라

●尉官仍用 軍部에서徵兵令을實施ᄒᆞᆫ다홈은已爲報道ᄒᆞ얏거니와解隊中前領尉官을需用ᄒᆞᆫ다는說이有ᄒᆞ더라

●手當金經議 內閣에서各廳宴費各大臣交際手當金을經議ᄒᆞ얏는데內閣에五千圓이오度支部內部農商工部法部는二千圓式이오學部는一千五百圓이오軍部는一千圓이오交際手當金은各大臣一千圓이오次官及書記官은一千圓以內오稅關總長은六百圓이오稅關長은六百圓以니로ᄒᆞ얏다더라

●同歸一體 天道敎大道主金演局氏가該道主를辭免ᄒᆞ고侍天敎를擔任組織ᄒᆞ고侍天敎長李容九氏는該長을辭免ᄒᆞ얏다더라

●발向開城 警視廳警視渡邊氏가有何警察事인지再昨日下午에京釜鐵路를搭乘ᄒᆞ고開城等地로前往ᄒᆞ얏다더라

●旅費支撥 調査委員의旅費는每朔一百五十圓으로磨鍊ᄒᆞ고委員의自辭派員이二人式인대派遣員의旅費는每朔五十圓式으로支撥ᄒᆞᆫ다는說이有ᄒᆞ더라

●平察請判 平壤郡居宋龍涉의外七代祖奎選씨에所築ᄒᆞᆫ日影齋를該道觀察使朴重陽씨가一千六百圓을捧食ᄒᆞ고外國人에게賣渡ᄒᆞ얏스니該觀察使를押上懲判ᄒᆞ라고宋氏가내部로請願ᄒᆞ얏더라

●有何權限 日昨에主殿院卿리謙來氏가該院主事金性根씨를招ᄒᆞ야日公事上으로協議ᄒᆞᆯ事가有ᄒᆞ니我의命令으로君이侍從院에前往ᄒᆞ야侍從一人을招來ᄒᆞ라ᄒᆞᆫ지라金씨가暗想ᄒᆞᆫ즉侍從招來ᄒᆞᆫ事에對ᄒᆞ야雇員이나使令이自在ᄒᆞ거ᄂᆞᆯ官人을委任홈은格外事이니若不聽從ᄒᆞ면何等面責이有ᄒᆞᆯ가ᄒᆞ야應答出來ᄒᆞ야雇員一名을率ᄒᆞ고侍從院에往ᄒᆞ야院卿의命令으로侍從一人을招ᄒᆞᆫ다ᄒᆞᆫ대侍從諸氏가面面相顧ᄒᆞ며互相推諉ᄒᆞ다가侍從리甲承氏가리卿을往看ᄒᆞᆫ즉公事도別般緊急ᄒᆞᆫ公事가아닌故로리侍從이리卿을面詰ᄒᆞ야日以若主殿院卿으로侍從을任意招來ᄒᆞ는權限이何在오ᄒᆞ고還歸ᄒᆞ얏더니勅任侍從리晉九씨가此事實을聞ᄒᆞ고卽時主殿院으로電話ᄒᆞ고리卿을召ᄒᆞ야一場詰責ᄒᆞ얏다더라

●閔氏之誤 度支大臣高永喜씨가釜山民人等의請願ᄒᆞᆫ事件에對ᄒᆞ야宮有民有地問題를如何히繕給ᄒᆞᆯ는지未知하야前度支部大臣閔泳綺氏의誤事홈을慨歎不已ᄒᆞᆫ다더라

●待靜合郡 合郡一欵은累爲報道ᄒᆞ얏거니와地方에騷擾鎭靜됨을隨ᄒᆞ야實施ᄒᆞᆫ다는說이有ᄒᆞ더라

●表勳院回祿 表勳院에서起火ᄒᆞᆫ事는那項과如ᄒᆞ거니와本月十三日에該院內井水가忽然飜濁ᄒᆞ더니十四日에一女兒가該井中에陷ᄒᆞᆫ際에幸賴人救ᄒᆞ야不至死境ᄒᆞ얏스나當日夜에回祿之變이又生ᄒᆞ얏다더라

●賊患幸免 花開洞居前參尉陸相璐씨가去十三日夜에安東等地에서賊漢을逢着ᄒᆞ야勢甚危急터니該氏는元來膂力이超等ᄒᆞᆫ지라賊漢을一拳으로猛打倒地ᄒᆞ고卽入感古堂避身ᄒᆞ야幸免掠奪ᄒᆞ얏다더라

●網鳥怨擧 三昨日下午二時에北署巡査一人이塵芥를掃滌ᄒᆞ기爲ᄒᆞ야懲丁을領率ᄒᆞ고三淸洞等地에往ᄒᆞ는中路에서懲丁一名이放便홈을請ᄒᆞ고放糞ᄒᆞ는㨾으로ᄒᆞ다가鐵索을切斷ᄒᆞ고逃躲ᄒᆞ는지라卽速追往ᄒᆞ나不得捕捉ᄒᆞᆫ故로北署에서巡査를派送ᄒᆞ야北岳山을迴匝ᄒᆞ고搜索ᄒᆞ되終乃捕得지못ᄒᆞ얏는ᄃᆡ該逃懲丁은統監府官吏裝을着ᄒᆞ고行悖無雙ᄒᆞ다가被捉ᄒᆞ야役十五年에處ᄒᆞᆫ趙衆元이라더라

●靑會演說 謀事는貧勝於富란問題로今日下午七点鐘에靑年會에서可否便演議가互相討論ᄒᆞᆫ다더라

●面料請施 居昌郡守리元鎬씨가내部에報告ᄒᆞ되一自刷新以來로行政事務가比前浩大而各面面장이以無俸之致로或有避身移家者ᄒᆞ야抵死圖免ᄒᆞ니面장料給을特爲措處ᄒᆞ라ᄒᆞ엿더라

●日兵入來 地方에出張ᄒᆞ얏던日兵數拾名이再昨日下午二時頃에東大門으로入來ᄒᆞ얏더라

●申報竊覽 地方에本報를購覽ᄒᆞ는人이或購覽을停止ᄒᆞ며或稱怨이紛々ᄒᆞ여日申報를購覽ᄒᆞ는本意는新聞을日閱코져홈이어ᄂᆞᆯ申報의分傳이遺漏無常ᄒᆞ야每朔餘度에達ᄒᆞᆯ뿐더러就中到着者는或二十日만에始到ᄒᆞ며先後가倒着ᄒᆞ야新聞이便作舊聞ᄒᆞ니反不如口傳耳聞이라另加注意ᄒᆞ야郵便局에交涉ᄒᆞ야更無此等之弊케ᄒᆞ라는公函과質問이非一非再인바本社에셔此弊를杜絶코ᄌᆞᄒᆞ야郡守及郡主事와新聞竊覽ᄒᆞ는者의惡習을懲飭ᄒᆞ얏스나此邑彼邑의購覽人의稱怨이去益多々ᄒᆞᆫ中居昌郡稅務主事는該郡主事에게請托하야申報를先爲閱覽後에看作己物ᄒᆞ고閣或送傳ᄒᆞ더라도或漏落或遲滯ᄒᆞ다ᄒᆞ고ᄒᆞ는바郡主事則新任未幾에已成之例를襲ᄒᆞ야猝變키難ᄒᆞ야因循過去ᄒᆞ니他人의郵遞物을偸覽ᄒᆞ는것이不亦罪乎며身爲主務ᄒᆞ야自掃其責任을不盡홈이不亦罪乎아本社에서는郵便局의大注意홈을望ᄒᆞ노라

●都市改良 漢城내에一般市場의制度가一致되지못홈으로各會에서發起ᄒᆞ야市制를改良ᄒᆞᆯ事項을改良ᄒᆞᆫ다더라

●仁尹還任 仁川府尹김潤晶씨가緊急ᄒᆞᆫ公事를因ᄒᆞ야昨日에上京ᄒᆞ얏다가即時還任ᄒᆞ얏다더라

●洪郡火災 去月二拾五日洪原郡雲峴公德里에서失火ᄒᆞ야十戶는全燒ᄒᆞ고六戶는半燒ᄒᆞ얏다고該郡守가내部의報告ᄒᆞ얏더라

●勳院小火 三昨夜十二點量에表勳院細工所에서失火ᄒᆞ얏는데消防대와警視廳에서一齊救ᄒᆞ야幸免延燒ᄒᆞ고該所五六間만燒燼ᄒᆞ얏다더라

●不愼之責 營繕司技手劉鎭組가啓弘阿氏가殿閣내附房一處板門을不善修補ᄒᆞ얏다ᄒᆞ야法部大臣趙重應氏가警視廳으로捉囚ᄒᆞ얏다더라

●南方義擾 南來人의傳說을聞ᄒᆞᆫ즉大興靑台山과溫陽五兄弟峴에義兵이多數會集ᄒᆞ야行路가不便ᄒᆞ다더라

●金家賊警 十四日下午十時에中署貫土峴金漢培家에賊漢三名이突入하야新貨一千二百圓을奪去ᄒᆞ얏다더라

▲地方消息▼

▲拾六日大邱발電을據ᄒᆞᆫ즉拾三日에義兵約百九拾名이淸河郡에來到ᄒᆞ야巡査駐在所를攻擊ᄒᆞ미日巡査及日兵이應戰ᄒᆞ얏다ᄒᆞ고

▲八日午前四時에漣川郡附近에서義兵約二百名이同郡日守備대와交戰ᄒᆞ얏는대兩陣死傷은未詳ᄒᆞ고義兵의大부는解散兵이라ᄒᆞ고

▲拾二日陰竹郡西南方約三拾里地点에서解散兵과相雜ᄒᆞᆫ義兵이同郡日守備대와尙今交戰中이라ᄒᆞ고

▲十日午後拾一時頃에橫城郡西方에서義兵四十名이原州日守備대와交戰ᄒᆞ얏다ᄒᆞ고

▲九日大興郡巡査駐在所에義兵이來襲ᄒᆞ야巡査의軍刀及帽子外套를奪取ᄒᆞᆫ後郡내의倭人ᄒᆞ야郡守及郡主事를捕縛毆打ᄒᆞᆫ다는報를洪州巡査分遣所에서接ᄒᆞ고巡査四名及憲兵이前往ᄒᆞ는路中에서義兵을遭遇ᄒᆞ야三十分間을交戰ᄒᆞ엿다더라

▲醉世木鐸▼

▲夢醒椎손에몽고부엌에빗겨서ᄂᆞᆫ夢中韓人깨여ᄒᆞ야新精神을喚起ᄒᆞᆫ다

▲沉沉長夜此乾坤에ᄒᆞᆫ동안榮可憐ᄒᆞ다子々孫上져연雀은不知火之將至로다昨日東風鼓浪中에如山巨舟ᄯᅥ나간다火輪船소리에잠셔여라

▲夢中譜籍內閣大臣目睹功名貪치마라危如累卵此局勢로滿丈禁山이壓卵이라唉及甚麼며一般ᄒᆞ니前車之覆可戒라流革소리에잠셔여라

▲朦朧睡睫兀老大臣霜雪頭蓬에盛讚이라他人家事아니여던袖手傍觀웬일인가文明개본世바다自强之力養成ᄒᆞ고招人鍾소리에잠셔여라

▲混沌世界都官八月給分의팔엿고는一大金甌업셔지면더官職잇슨손가稍稍解散新兵에外方손임占據ᄒᆞ다鐵車소리에잠셔여라

▲風雨作行…무삼行欵ᄒᆞ엿던가…姓이彷徨…哭ᄒᆞᆫ듯…然ᄒᆞ…統소리에잠셔여라

▲精神沮喪…取치말고外人阿附재말마오日 合日國影子로세…못되며는强壯之力어듸…自由鐘소리에잠셔여라

▲靑春時節저…여긔잇…怠惰之心두지말고勤勤孜孜受業ᄒᆞ제歲不我延古人戒는分陰片…度ᄒᆞ…鳴鐘소리에잠셔여라

▲殞夢深鎖더腐儒는時代變遷恨ᄒᆞ마라오惟局見다바리면明事爲辨別事ᄒᆞ니新思想이맛부도다오는가…소리에잠셔여라

社告

○信愛錄

本社過去年末經費[illegible]萬千餘圓月給未撥亦千餘圓[illegible]數年內各地方購覽同處數千餘圓及各支社二千五百餘圓未收之所致也 從此爲始數年間未收條一一[illegible] [illegible]

○告各支社

[illegible]

[illegible] 者三也

雜報

●大東學會의本報見金推去 本報가大東學會의창창迷溺ᄒᆞᆷ을哀惜히넉여熱心을大發ᄒᆞ야本報七百七十餘에巨頑物ᄉᆞ得計라題ᄒᆞ고頂門一針을加ᄒᆞ얏더니該會群頑物들이此記事에對ᄒᆞ야悔悛을망然하고反히大頑怒를발ᄒᆞ야本報購覽次先納ᄒᆞᆫ代金十五젼을遣人推去하얏도다 嗚라本報ᄂᆞᆫ元來公平으로만爲主ᄒᆞᆷ이니誰를偏愛하며誰를偏惜하리오當日該記事도只是痛ᄉᆞᆷᄒᆞᆫ一片慈悲心으로出ᄒᆞᆷ인즉該會會員들이良心이尙存ᄒᆞᆯ진ᄃᆡ必也大反省大感悟ᄒᆞ야依賴惡習을快斷ᄒᆞ고祖國魂을招還ᄒᆞᆯ지어ᄂᆞᆯ今乃一向頑迷ᄒᆞ야苦口의良약을拒絶ᄒᆞ니諱疾忌醫ᄒᆞ고附外에만甘心ᄒᆞ야沉々ᄒᆞᆫ萬겁黑獄中으로向ᄒᆞ랴ᄂᆞᆫ지 又ᄂᆞᆫ該會總務徐相勛씨가擴胃大言하기를本社ᄂᆞᆫ自己親知果ᄉᆞ兩씨가在ᄒᆞᆫ則如是攻駁ᄒᆞᆫ다고大段忿怒ᄒᆞ더라니該會ᄂᆞᆫ徐氏一人의會인지不知허거니와本報ᄂᆞᆫ決코一二個人의私有物이아닌故로一二個人의私情으로何人을偏담曲護치못ᄒᆞ거ᄂᆞᆯ該氏의言이如此ᄒᆞ니一會圖主張ᄒᆞᄂᆞᆫ人씨의知識이如此ᄒᆞᆫ즉[illegible]塗ᄒᆞᆫ지

●平官不平 平理院判事宋振玉氏가金周鉉金東赫訟案에對ᄒᆞ야已有判決ᄒᆞ거ᄂᆞᆯ被告地位에不在ᄒᆞᆫ下米廛都中으로米六百餘石을徵出ᄒᆞ라고金周鉉의私囑을受ᄒᆞ얏던지其訴求가無ᄒᆞᆷ을不拘ᄒᆞ고決定書를作成ᄒᆞ야右巨大ᄒᆞᆫ錢米를徵出코ᄌᆞᄒᆞ야下米廛商民五人을寒天冷獄에多日拘留ᄒᆞᆷ으로該米廛에셔一切撤市ᄒᆞ며兒呼妻哭ᄒᆞ야其慘酷ᄒᆞᆫ情景은目不忍見聞이라 以若法官으로人民을壓制ᄒᆞ야裁判도아니ᄒᆞ고人民을勒囚ᄒᆞᆷ은大違法律이라ᄒᆞ야此事案을辯護士許憲玉東奎兩씨가下米廛의委任을受ᄒᆞ야提囚異議申請書를提出ᄒᆞ야ᄂᆞᆫ딕接受ᄒᆞᆫ十餘日에不爲處辯而還退하ᄂᆞᆫ故로辯護士許憲씨가辯護士職權으로法律上意見을陳述ᄒᆞᆫ즉宋氏가反히無禮ᄒᆞᆫ言動을行ᄒᆞ며或該委任을解除ᄒᆞ라強勸ᄒᆞ며或此米廛死에至ᄒᆞᆯ지라도期於徵收라ᄒᆞ고신請書를退却ᄒᆞᄂᆞᆫ故로辯護士가法官의法律違背와法權濫用ᄒᆞᆷ으로法部에告訴ᄒᆞ다ᄒᆞ며辯護士會에셔도議論이有ᄒᆞ리라더라

●賊魁被捉 日昨에中部警署에셔賊魁金炳奭ᄒᆞ라ᄂᆞᆫ者를捕捉ᄒᆞ얏ᄂᆞᆫᄃᆡ該賊인즉當年三歲鄕守오年이五六四오行賊ᄒᆞᆫ지一十六年이오所住ᄂᆞᆫ相洞이오家舍二座가有ᄒᆞ다ᄂᆞᆫᄃᆡ北署壯洞居ᄒᆞᄂᆞᆫ내官具澤和氏가김哥의게家券을借給ᄒᆞ얏더니過限ᄒᆞ야도還給지아니ᄒᆞᄂᆞᆫ고로家券을推次ᄒᆞ고김炳奭家에往ᄒᆞ얏다가김哥와同爲被捉ᄒᆞ얏다더라

廣告

本人의四寸前正尉李奎翼은二十餘寸乳兒擧養으로性本浮浪ᄒᆞ야家訓을不遵ᄒᆞ고沈於技色ᄒᆞ야蕩敗家産하고全家衣食을委任本人이已有多年이어ᄂᆞᆯ至昨年ᄒᆞ야爲先宗土를僞券放賣ᄒᆞ고猶爲不足ᄒᆞ야本人의家舍를注囑日人ᄒᆞ야以爲執行라가知有證明ᄒᆞ고還推ᄒᆞ고本人의舍弟年少奎承을威脅無變ᄒᆞ야勒討八百餘圓手標ᄒᆞ야期欲徵出ᄒᆞ니내外國人은一切勿相關見欺ᄒᆞᆷ
忠南公州元堂里리李紹 告白

本人이書舖를另設하고新舊書籍을具備ᄒᆞ와廉價放賣ᄒᆞ오니有志하신僉員은來臨購讀ᄒᆞᆷ
元山上里二동芸香書舖金弼會白

本郡湯內面湯山居金京云은本郡商業會會員也라帶其隣人杜單ᄒᆞ고止宿於金山郡金泉市邊矣러니悖類朴春三이稱謂行跡殊常ᄒᆞ고無端執탈ᄒᆞ야使其主人으로暗招同類申化京ᄒᆞ야同金京云을結縛毆打而稱云ᄒᆞ되本守備隊所捉이라ᄒᆞ고押去之路에詐欺無比而適其府金山郡警察署巡檢朴禮秀申德寬씨가見其光景ᄒᆞ고詳探事實則所謂朴春三申化京은金泉守備隊通辯名不知李哥隨從差人也라素是悖類之行爲乖當者也오被捉김京云은明是商人이帶人來卑에智爲使喚者也라巡檢兩氏가見其無罪被捉於悖流ᄒᆞ고擧理說明而朴春三申化京及김京云을並爲押囚警廳ᄒᆞ고明白發明則悖類輩에橫侵平民之罪ᄂᆞᆫ渠當節節吐口ᄒᆞ고김京云無罪見困은自可白白露公함永同與金告가亦爲昭々踏至故로特蒙放還ᄒᆞ니朴春三申化京之爲通辯差人ᄒᆞ야欲肆無辜平民은罪犯罔赦에三尺猶輕이오巡檢朴鍾秀申德寬兩씨之詳明審察에分揀玉石ᄒᆞ야救活人命ᄒᆞ니當此時代에警察詳明은人皆感服故로不可泯黙也라茲에記實公佈廣告ᄒᆞᆷ
永同郡商業會 白

本人의弟炳穆이性本浮浪ᄒᆞ야出沒京鄕ᄒᆞ야本人의田土券과圖章을僞造ᄒᆞ오니內外國人은切勿見欺ᄒᆞᆷ
淸道郡박炳淑 告白

本人이紙貨一千圓을韓一銀行에任置ᄒᆞ고票를授去ᄒᆞ야於義洞리盛成處에任置이다가本月五日午時梨峴等地에셔見失이ᄋᆞ기玆에布告ᄒᆞ오니內外國人間拾得ᄒᆞ와도休紙施行ᄒᆞᆷ
北署帶洞六十八統十戶 崔炳植 告白

本人이東小門外樊里居ᄒᆞᆸ더니陰十一月四日夜에賊漢이突入ᄒᆞ야家財汁物을奪去ᄒᆞᆫ中本동前坪所在답券四石五斗落과文昌洞金四永處典執ᄒᆞᆫ瑞興國山導掌文券을並爲見失이오니勿論內外國人切勿見欺爲望
崔永澤 告白

本人等이畿湖興學會를新門外普成學校(前天然亭)內에移接ᄒᆞ야陽曆一月十九日(陰十二月拾六日)下午一時에設立會를開ᄒᆞᆯ것ᄉᆞ오니仰布ᄒᆞ오니照亮ᄒᆞ신後有志同胞ᄂᆞᆫ屈驅光臨ᄒᆞ심을敬要 再各位前特別通知ᄂᆞᆫ廢止ᄒᆞᆷ
畿湖興學會發起會 告白

本所에셔家屋을一新修理ᄒᆞ야室遊軒窓이明亮宏濶ᄒᆞ고驛接室과沐浴湯을淸潔灑淨케ᄒᆞ오니各色料理와本國珍羞諸品을一々具備ᄒᆞ며各品好酒와各種菓果가件々新鮮ᄒᆞ오니愛顧ᄒᆞ시ᄂᆞᆫ僉君子ᄂᆞᆫ益々來臨ᄒᆞ심을伏望
惠泉湯 告白

本人에明煥이隣家浮浪者의誘引으로出他ᄒᆞ야數拾日間을不知去處러니日前에還歸家ᄒᆞ얏ᄂᆞᆫ대明煥이出他時에該引者에謀計를因ᄒᆞ야父親에圖章을僞造ᄒᆞ야外人에게得債ᄒᆞ라다가不如意ᄒᆞ야至今은自己에名字로圖章을造成ᄒᆞ야得債ᄒᆞ라ᄒᆞ오니內外國人은切勿見欺ᄒᆞ되若有債給之弊라도其父兄은其責任을擔當치아니ᄒᆞᆷ
東幕下契舊中洞吳瓊煥白

本人의再從允燮가性本浮浪ᄒᆞ야蕩破家産하고出入技局ᄒᆞ야本人의如干田土을僞造成券ᄒᆞ야到處典執求債云ᄒᆞ오니內外國人은切勿見欺ᄒᆞᆷ
郭山郡南面中端동金鳳奎告白

丁未臘月初七日夜에本人家有賊贓ᄒᆞ야豊德東面興敎里八字家字等田三日耕과本面照門里相字等田一日耕과宮川里雞字牛日耕과通津桑串里號字禽字等田二日耕과畓一石二斗落과通津大坡面千字世字富字車字等田二日耕과畓四斗落文記見失故玆抑告하니內外國人은休紙行ᄒᆞᆷ
豐德郡[illegible]台 告白

▲特別廣告
本社에셔名帖印刷部를另設ᄒᆞ고各樣活字와別樣紙本이俱備ᄒᆞ오며印刷가精美ᄒᆞ고價値도極廉ᄒᆞ오되特別히兩班과夫人의게ᄂᆞᆫ一層低廉ᄒᆞ오니僉位ᄂᆞᆫ來臨ᄒᆞ시와隨意請求ᄒᆞᆷ
大韓每日申報社 告白

學員募集廣告

本校第四回入學期를現當하야法律學及經濟學兩專門科學員을左開에募集ᄒᆞ오니願學人은左記試驗期限內에本校用紙로써早速請願ᄒᆞᆷ을要ᄒᆞᆷ
但在職者ᄂᆞᆫ夜學으로만募集ᄒᆞᆷ

◎修業年限 三學年
◎入學年齡 二十歲以上
◎學科目 法律學全部 經濟學全部 備在本校規則
◎試驗日字 一月廿五日(陰曆戊申正月廿四日)
◎試驗科目 歷史及地誌問對(內國及外國) 讀書及作文(國文及漢文) 算術(四則以內)
但官公私立學校의普通科以上卒業證書가有ᄒᆞᆫ人은其學力을檢定ᄒᆞᆫ後免試入許ᄒᆞᆷ
◎開學日字 三月五日(陰曆二月三日)

隆熙二年一月十日
漢城中署磚洞普成專門學校

本人이陰五月ᄉᆞ七日에武橋[illegible]九順處推次於音醫[illegible]大百兩票를[illegible]失[illegible]得休紙施行ᄒᆞᆷ
李寅雨 告白

本人이陰本月拾二日[illegible]月二[illegible]失[illegible]ᄒᆞ야無效ᄒᆞᆷ
[illegible] 告白

[illegible]

蒙學漢文初階

元泳義 著
柳瑾 校閱

全一冊八十餘頁正價五十錢

▲本書ᄂᆞᆫ初等小學科에專用ᄒᆞ기爲ᄒᆞ야國漢文으로三百十三課에分ᄒᆞ야文理에商量케ᄒᆞᆫ者니漢文敎科書에最適當ᄒᆞᆫ者라ᄒᆞᆷ

發賣所 大廣橋東邊 회東書館 廣通橋北邊 中央書館 鍾路 大東書市 布下 廣學書舖

本人이日本大阪商業家와特約ᄒᆞ고日本內地로셔各種物品과西洋各國物品及機械等物을直輸入ᄒᆞ야大韓에販賣ᄒᆞ오며委托을便利케ᄒᆞ얏ᄉᆞ오니商工業에有意ᄒᆞ신僉君子ᄂᆞᆫ某物이든지請求ᄒᆞ시거든本社로來議ᄒᆞ시되本社에셔ᄂᆞᆫ手數料를廉收ᄒᆞᆷ
興業社本店 漢城南大門內興業商會
支店 京城南門內水楠五十一號
大阪 興業會社
[illegible]

國債報償義捐金收入廣告

●慶尙北道ㄴ州內南面花谷里
權必中 李進學 각六十錢
朴弼善 朴宜春 각五十四전
權基運 李始浩 鄭祥燁
金華邊 金遊學 각四十八전
權祥運 李喜英 金永植
朴龍台 朴成燦 각四十二錢
權性運 甲相東 李元逸
金基出 朴宜萬 孫吉來
각廿四錢 權禎運 權景運
崔永植 金德生 朴南燦
金有甲 각拾八錢 朴元瑞
李尹生 朴得誥 李根凡
각拾四전 權仁瀚 崔祥修
金邁壽 朴金伊 각拾二錢
楊文夏 李龍秀 李述伊
각拾錢
合十圓六十四전

A蘆谷里
崔賢壽四圓 金魯憲 金正春
高柱縉 각六十전 崔海振
崔海玖 리宗伊 金永浩
리德又 崔萬寬 高경鉉
盧基洪 權允運 權聖文
崔萬壽 각四十전 崔泳萬
金在헌 張鐵근 崔海瑩
崔鉉侏 金魯永 黃英相
리昊鳳 崔福祚 리相基
朴正石 許燕玉 朴有甲
朴漢權 리萬伊 金鉉卓
리章根 姜顯俊 金必龍
高致根 呂宗河 리玉根
金商賢 각廿전 尹학先
金甘容 金文伊 라振九
申龍伊 崔鉉瑾 各十전
合十五圓四十전
總合二十六圓○四錢
前總合五萬七千七百六十七圜四拾三전七厘
都總合五萬七千七百九十三圜四拾七錢七厘

廣告

◉米國製邦補益藥水　四百瓶新到大瓶定價金三圓
◉德國製起陽丸　三十日分服　定價金十五圓

◉米國大학醫院處方
醫學校長勳五等池錫永氏
製藥鑑査人濟衆院醫學員
有効證明　洪錫厚　慈惠　李觀化

商標

食思振起 精力活潑 補益丸

定價表
拾日分服三十個入 金一圓
二十日分服六十個入 金一圓七拾五錢
三十日分服九十個入 金二圓五拾錢

此藥에 主治効能用法은 在於藥封니ㅎ오니 第一老衰男女에 偉効가 有ㅎ고 勞心勞腦ㅎ시는 司法官吏와 敎師와 銀行會社員과 學生과 坐店商人과 多産ㅎ 婦人에 運動不足으로 生ㅎ 陰囊俱虛症과 健忘症과 貧血症과 手足厥冷과 頭痛과 腰痛이 잇는 各病에 靈効가 有ㅎ고 雖無病人이라도 此藥을 每日朝午夕食後三次에 一丸式 淸水香下ㅎ시면 身體가 强壯ㅎ고 精神이 活潑ㅎ고 飮食이 善消ㅎ고 百病을 預防ㅎ는 眞奇世藥이라 男女勿論ㅎ고 拾五歲以上으로 老年에 至ㅎ 間에 諸般原因으로 來ㅎ는 虛弱에 用ㅎ나니 卽營養不良之致로 滿期에 驗通치 못ㅎ거나 女子에 經度가 始作지 아니ㅎ거나 經度不足或閉止ㅎ는 데와 房事過度之致로 精이 無腦이 流出ㅎ거나 房事時에 陰莖이 萎而不起ㅎ는 거나 當門에 留門ㅎ는 諸症과 金鷄蠟에 不治되는 瘧疾과 再歸熱과 虛脫失氣ㅎ 久病人이 速히 蘇完되오니 男女間病之深淺을 從ㅎ야 一二瓶且三四瓶만 連服ㅎ시면 大効가 有ㅎ기로 保證ㅎ오

◉製造本舖 漢城鍾路萬國基督敎靑年會館前 慈惠藥房

●靈効解毒 一日分定價金拾錢 此藥은 大人小兒長瘡과 初瘡과 腹瘡에 以服用ㅎ면 更不再發
●蛔虫丸 一日分定價金拾전 此藥은 大人小兒蛔積과 蛔虫의 二三日服用ㅎ면 蛔虫을 殺出ㅎ는 妙藥
●四時感氣丸 一日分定價金拾전 此藥은 感氣몸살의 쩌는 藥인대 一日連服ㅎ면 鎭痛解熱
●男女瘡疾 그근하는약 定價金五圓 此藥은 瘡疾의 一期二期勿論ㅎ고 그근ㅎ도록 약을 쥬오
●獨逸國淋疾丸 七日分定價金一圓四拾전 此藥은 男女淋疾勿論ㅎ고 速効가 잇서 用藥之日로 殺菌止痛ㅎ고 利尿止濃
●淸明眼藥 一日分定價金拾錢 此藥은 火眼熱眼의 多有奇効
●鎭咳嗽藥 五日分定價金三拾錢 此藥은 拾五歲以上人에 用ㅎ는 藥인ㄷ 四時尋常性咳嗽에 有効ㅎ고 特히 老人喉咳에 偉效
●無惡臭疥瘡藥 定價金四拾전 此藥은 疥션虫을 滅殺ㅎ는 약
●寸虫藥 定價金二拾錢 此藥은 有鉤寸虫 無鉤寸虫이 當場殺出
●米國膏藥 定價金二拾五전 此약은 冬春皮膚病에 奇効
●淸國上海膏藥 定價金卅錢 此약은 肩臂痛 脚腿腰膝酸痛에 神効
●斷酒약 定價金三圜 此약은 西洋서도 信用ㅎ고 日本서도 信用
●漢城百應膏 一封의 定價金拾錢 此약은 舊약醫士 李信友氏方文으로 製ㅎ 약인ㄷ 명울 라삭히는ㄷ 第一神効ㅎ고 各項腫에 去根合瘡ㅎ는ㄷ 便利ㅎ고 神速ㅎ오
●止汗藥 二十分 定價金貳拾錢 此藥은 德國軍人常用 除惡汗臭

西藥便方 全　定價金壹圜　郵稅十錢

此冊은 漢城濟衆院약方文을 我國漢文으로 아라보기쉽게 翻譯ㅎ 冊인대 京鄕각약局에서 此冊을 買讀ㅎ시면 永年貨藥이 될만ㅎ 壹代神方인다 약方文張에 代금 一圜拾圜百圜千圜以上에 方文이 잇고 明年度에는 各項요약製造法을 添付ㅎ야 발賣
약品代理발賣店 京城梨峴 약局李信華　仁川杏峴 濟生堂 李庚鳳

瑞士建國誌

定價金 新貨拾五錢
此冊은 政治小說이니 志士의 救國救民ㅎ는 思想과 人民의 愛國心을 養成ㅎ는 대 緊要ㅎ 冊子오

發賣所
▲大韓每日申報社
▲仁川港杻峴 朝新冊肆
▲中署布屛門下 金相萬冊肆
▲平壤城內烈女洞 敎育書籍館
▲鍾路 古今書海館
▲銅口越便 中央書館
▲鍾路 大東書市
▲大廣橋 匯東書館
▲台洞 博文書館
▲開城 姜助遠冊사

(朴晶東씨譯述)
●國文新撰家庭學 全壹冊九拾餘頁 正價金三拾전
●國際公法 全壹冊百四拾頁 正價金四拾전
●經濟原論 全壹冊百拾頁 正價金卅五錢
●意太利獨立史 全壹冊百九拾頁 正價金五拾전
發售處 ▲中署罷朝橋越邊 中央書館 ▲南署大廣橋東邊 匯東書館 ▲鍾路大東書市 ▲布屛下廣學書舖

歐米各國專賣特許
石油發動機及自行車
精米機械及附屬品一切廉價放賣홈

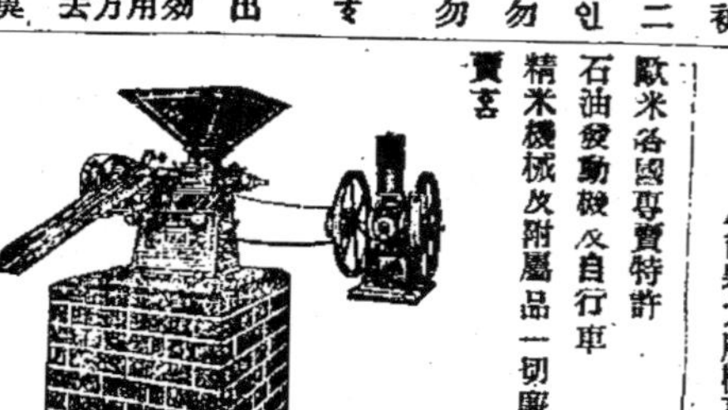

今回諸君子의 便利ㅎ기爲ㅎ야 本店을 左記處로 移接ㅎ엿사오니 照亮하심을 伏望
直輸入商 京城南大門外
韓國代理店 中根商會

▲新刊書籍發售廣告
增修無冤錄 全二卷 國漢文 定價金七拾五錢
大韓法規類纂 洋裝 三圓五拾錢 郵稅四拾錢
初等倫理學敎科書 二拾錢
初等衛生學敎科書 拾五錢
國家學綱領 拾五錢
國民須知 八錢
愛國婦人傳 張志淵先生著 十五錢
發賣所 皇城布屛下 金相萬書舖

越南亡國史 全 定價貳拾伍錢
發賣所 [illegible]
布屛下 김相萬 告白

●大韓醫院新발明靈藥廣告
陸軍軍醫 金守鉉君 實驗ㅎ 劑에 陸軍軍醫 張基茂君 有効證明ㅎ 淸心保命丹을 발明인바 効能은 如左ㅎ니 僉君子惠試爲望

消化新藥 淸心保命丹

本舖 仁川港杻峴 濟生堂

●主治効能
●痰飮 ●食滯 ●中暑 ●中寒
●咳嗽 ●腹痛 ●不土不服
●氣鬱 ●吐瀉 ●船車眩暈
●食傷 ●酒醉 ●口熱惡臭
▲其他諸般運氣 厲疫預方妙藥
발行人 仁川港杻峴 濟生堂 李慶鳳

代理店 京城鉢里동 共愛堂藥房
特約店 京城鍾路 慈惠藥房
同 藥峴 李信華洋藥局
同 尙洞 盧益亨冊사
同 南門外 廣濟藥院
●仁川內洞 韓禹俊
同 同峴 和平局
●開城南門內 朴圭植
同 忠橋 具聖模
●水原鍾路下 金元九藥局
●海州宗路 宋元植
同 宗路 宋德孝
●延安邑內 洪汝文
●江華鍾路 宋順東
同 邑西門外 高成根
●長湍南門內 崔載淳
●鳳山沙利院場內 박健昌
仝 任允中
仝 李在浩
●忠州南門내紅門洞 李東赫
●平壤雙巨里 韓鉉儀藥舖
仝 耶蘇敎堂內 藥舖 封能化
仝 館前 藥舖 梁聖興
仝 文武洞 藥舖 桂洪宣
仝 檀君殿 藥舖 高冠天
仝 門ㅎ客 朴鳳瑞
仝 里 金元榮藥舖
●鎭南浦藥洞 朴曉俊
●信川邑南四里 金斗鉉
●釜山港場福洞 大同運輸會社
●京南大門外郵便局前 天佑堂
●全泥峴 宋君八
●三水郡仲坪場巨里 勸客主內
此外에도 現代에 문明각國 有名 각種靈藥이 俱備ㅎ

▲大韓每日申報各處支社
中署布屛門下 金相萬冊肆
平壤上水口門內 金浩淵
仝 崔觀恒
仁川杻峴朝新冊肆 李東皓
宣川邑 福音冊肆 安濬
義州西門外 大廣
釜山港佐川藥局 徐鍾筆
三和港藥洞 金元성
咸興南州社西門外 曹喜林
開城南大門內 興學書舖 姜助遠
大邱市廳 崔一弘
載寧邑濟衆院 劉夢澤
鐵山邑東部 安志
元山倉前 劉七錫
海州南門內書舖 朴昌鉉
定州南門內 洪成인
昌城郡校 許환
郭山興岩書舖 李鉉瑾
安岳紹동坊 康道善
江川舊津 리鎭成
安州城內義井洞 金翼河
鐵原邑榮洞 趙鐘大
高原邑 朴敎吉
淸州 一徒里客舍洞 高亨來
井邑邑내 李益휘
泰仁邑내 金禹燮
興德後浦 金鼎濟
京義線枇峴驛替市 李基秀
장淵邑南門內 崔觀淳
殷栗邑倉前里 金泰榮
古阜邑許洞 殷昭漢
群山港東彰社 宋判巖
龍川楊市會堂 黃菊保
車登船同志會내 金明仁
淸州南門내校洞 宋斗鉉

廣告料
每日每行二號活字十三字詰 一寸에 [illegible]
一週日에 二圜五十錢
每日每行 [illegible] 一個月에 五圜
(每日每行四號一字에 [illegible])
其期限의 長短과 字數의 多寡를 依ㅎ야 酌減홈

發行兼編輯人 英國人 裵說
發行所 南署石井洞號外地三層洋屋 大韓每日申報社

漢城鍾路萬國基督敎靑年會館 慈惠藥房은 大韓의 總各館
院醫학員 洪錫厚 朴慈惠 리觀化
合名醬業○美國製약會社약品
品貿易商友田商店약品을直輸入ㅎ야京城日本人약店山岸氏
定價表每日약價에昇降을從하야代金을改正
硫酸麻偶一본도 金拾三錢
重瓶 七十五錢○安知必林七

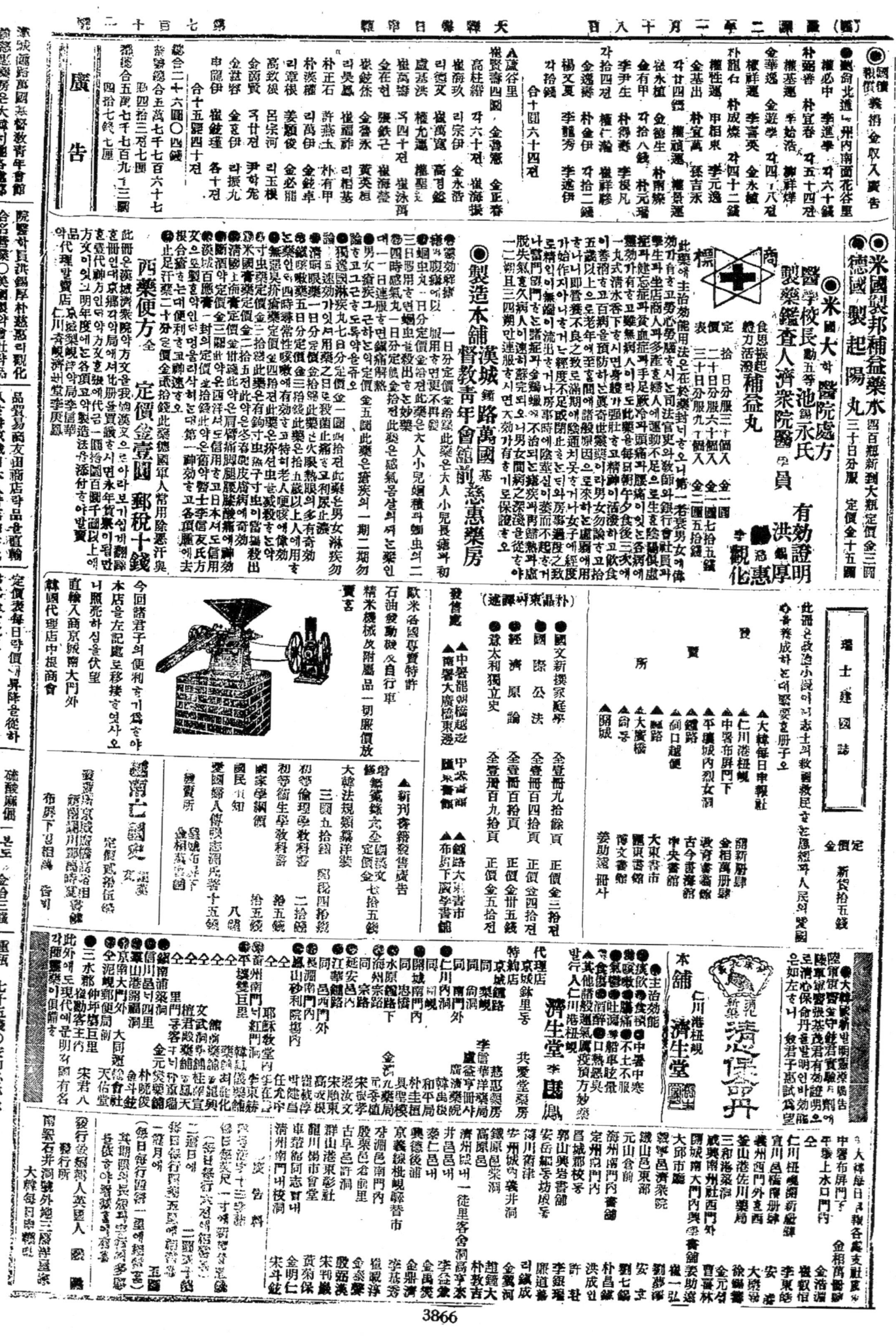

第六卷

大韓每日申報

第七百十二號

月曜及慶節 歲時日休刊

檀君開國四千二百四十年
箕子元年三千二十九年
大韓開國五百十六年
日本明治四十一年
淸國光緖三十三年
隆熙丁未十二月小十六日癸酉

論說

●日本移民

美洲에日本移民問題를關係ᄒᆞ야陳述ᄒᆞᆷ이如彼多端ᄒᆞ얏스며遽今未幾된言辭를採出ᄒᆞ기甚難이나然이나近者加奈陀와美國에셔東亞移民을抵抗ᄒᆞᄂᆞᆫ敵意의形態가吾人으로ᄒᆞ야금此問題를更論케ᄒᆞᄂᆞᆫ도다

吾人은推度에日本과如히非常ᄒᆞᆫ速度로高位에至ᄒᆞᆫ邦國은必生驕傲之心ᄒᆞ야自國이他列强과同等이오且何如邦國보다優越ᄒᆞᆫ줄노自度ᄒᆞᆯ것은自然ᄒᆞᆫ理勢어니와今者日本의自誇之心은英日間에未有智明ᄒᆞᆫ同盟과日露開戰效로并隨됨이無疑라吾人이此同盟을非智明이라ᄒᆞᆷ稱ᄒᆞᆷ은確有意義ᄒᆞ니盖日本이非此盟約이런들與露交戰이必無ᄒᆞ야多數生命의指棄도未有ᄒᆞ얏슬것시오自國을無望ᄒᆞᆫ債簿에不置ᄒᆞ얏슬것시며且不可堪忍ᄒᆞᆯ此傲慢之態도不生ᄒᆞ얏슬지라此同盟이英國의게ᄂᆞᆫ或可用이로ᄃᆡ日本의게ᄂᆞᆫ不幸이오世界에ᄂᆞᆫ關係로不幸을亦作ᄒᆞ얏도다

晩香坡와桑港과及非다에셔歷生ᄒᆞᆫ暴動이漸ᄒᆞ야人種的惡感을著示ᄒᆞ니桑港에在ᄒᆞᆫ日本人民들이晩香坡에셔困難이新生ᄒᆞᆷ을聞ᄒᆞ고急速히銃器의武器를自備ᄒᆞ야國會를開ᄒᆞ고復讐ᄒᆞ기를誓約ᄒᆞᆫ지라此로因ᄒᆞ야白人役夫들도武器를自備ᄒᆞ고若警吏가日人家屋의各戶를搜探ᄒᆞ야所有武備를沒收치아니면劇烈ᄒᆞᆫ手段을自用ᄒᆞ기로決定ᄒᆞ얏도다

日本이欲免不得之勢ᄂᆞᆫ不許ᄒᆞᆷ은是所可嘆이로다白人邦國에東洋人移住를制限ᄒᆞᆷ은是乃强遏之勢라兩種이旣往에斷無相雜이오將來에도亦不相雜ᄒᆞ리니如此理勢를抗逆ᄒᆞᆷ은不能을試圖ᄒᆞᆷ이로다

日本元老들은美國及加奈陀의政府들이其國民들보다有力ᄒᆞᆫ줄노其或信認ᄒᆞᆯ터이나事實은不然ᄒᆞ야已著ᄒᆞᆫ確證이有ᄒᆞ니美國으로ᄒᆞ야금西班牙와交戰케ᄒᆞᆫ者ᄂᆞᆫ即合衆國人民이是也로다日本은自國下等民을他人邦國에셔不願ᄒᆞᄂᆞᆫ此事實을直實히容許ᄒᆞᆯ지어다初次에ᄂᆞᆫ此雖似屈辱이라도終也에ᄂᆞᆫ日本에게幸福及吉利를作ᄒᆞᆯ것시오且他列邦으로ᄒᆞ야금日人의普通意志를稱揚케ᄒᆞ리로다

官報

敍任及辭令

◉第三千九百七十號 續

隆熙二年一月十四日

任內部繙譯官 境壽明
任侍從院副繙譯官 古河松之助
前秘書官金東睦 全 崔麟洛
宋최完 全 尹昌鉉
金演夏 全 白南奎
朴晶奎 全 李熙穆
吳鵬 全 徐相喆
金升鉉 全 金瑞圭
前번驛官朴宗烈
任道事務官
任昌原府尹 熊川郡守신錫麟
任龍川府尹 鐵山郡守兪鎭哲
鹽川一太郎 竹너卷太郎
岡本利平 鮎川元恭
大木安之助 和田四郎
竹崎六次郎 田結양二郎
神谷卓男 中井喜太郎
多賀高延
任道書記官
六品崔秉相 高鼎相 柳鎭赫
任法典調査局번譯官
平木勘太郎 八田豊吉
岩谷武市 下森久吉
川崎萬藏 山口慶一
小田幹治郎 渡邊勇次郎
任法典調査局事務官
從二品柳正秀
任會計檢查局次장
度支部司稅局長元應常
任度支部司計局長
山岡義五郎
任釜山稅關長
竹田駟太郎
任燈臺局技師
度支部繙譯朴容九
任度支部秘書官
度支部書記官신佑善
鈴木穆
任會計檢查局檢查官
任度支部司計局長
永濱盛三
任關稅局長
前稅務官白喆鏞 全 安敎聲
全 金明濟 全 李亮榮
全 嚴柱完 全 張文鉉 全
趙沃鏞 全 趙在榮 全 趙在鎔
璧 全 趙在榮 全 趙昌鎬
全 宋文賢 全 미國源 全
리鎬稷 全 金寶[illegible] 최炳 全
吉 全 金夔鉉 全 리龍珪
全 朴永祚 全 閔泳直 全
리丙儀 全 金漢朝 全 朴[illegible]
東 全 權重煥 全 閔泳均
全 郭鍾奭 全 黃浙 全
洪鼎厚 全 朴喆최 全
金濟弘 全 崔丙혁 全 柳
秉龍 全 金淳貞 全 高鎭
煥 全 魚益善 全 安昌鎬
全 최錫斗 全 尹炳一 全
張烋 全 丁奎英 全
金潤柱 全 리建台 全 具
滋祿 全 尹榮兌 全 趙寬
德 全 韓昌履 全 閔再鎬
全 韓性鎭 方必榮 全
全 黃炳郁 全 白樂晉 全
리容淳
任財務署財務官
藤川利三郎 久芳直介
河內山樂三 吉松憲郎
櫻井小一
任度支部書記官
未完

◉三千九百七十四號

隆熙二年一月十八日

敍任及辭令

前書記郎신泰응 全 尹鎬榮
全 金誠鎭 全 尹政求
全 太應柱 全 申鉉國
全 白鳳奎 全 崔永鎔
全 리周永 全 신鉉弼
全 安鍾均 全 張在植
全 金相益 全 許민
全 鄭一永
任軍部主事
前蘇事金用鎭 全 라奎燮
任軍部軍務局軍法課錄事
前書記郎金永丕 全 리根夏
全 金明奎 全 魚允泰
全 黃光鎬
任侍從武官府主事
前書記郎洪光鉉 全 리康榮
全 宋與植
任陪從武官府主事
前書記郎梁弘均 全 金鼎煥
全 金永濬
任陸軍武官學校主事
前教官許坤
任陸軍武官學校教官
學部主事韓普源 全 沈宜식
任官立漢城外國語學校副教授
九品梁信英 全 趙漢稷
任學部主事

外報

●移民問題解決 路透電을據ᄒᆞᆫ즉華盛頓政府에셔ᄂᆞᆫ移民問題의交涉을全히解決ᄒᆞ려ᄒᆞᄂᆞᆫ데日本新任大使到着ᄒᆞᆷ을期待ᄒᆞᆫ다더라

●鐵道契約締結 北京電을據ᄒᆞᆫ즉新鎭鐵道의契約을十四日午後에外務部에셔梁敎彦氏와德國人쿠란드씨와締結ᄒᆞᆫ다더라

●陸卿宣言 伯林電을據ᄒᆞᆫ즉米國陸軍卿타프트씨가宣言ᄒᆞ되來五月一日에美國艦隊가玖馬島로撤去ᄒᆞᆯ터이라ᄒᆞ엿더라

●匪徒討伐 北京電을據ᄒᆞᆫ즉淸國義和團事變以後로一方에時々로暴動이起ᄒᆞ더니今에浙江省에셔暴徒가起ᄒᆞ야猖獗ᄒᆞᆷ으로趙將軍이暴徒討伐ᄒᆞ기爲ᄒᆞ야北洋第二四六의三師團兵八千名을率ᄒᆞ고來二十七日에出발ᄒᆞᆯ터이라더라

●和蘭土匪 伯林電을據ᄒᆞᆫ즉和蘭國南洋ᄌᆞ바島土民等이暴起ᄒᆞᆷ으로同國軍隊가前往交戰ᄒᆞ야其首魁를捕縛ᄒᆞ얏다더라

●劇場火災 紐育電을據ᄒᆞᆫ즉美國펜실베니야洲에在ᄒᆞᆫ一劇場에셔出火ᄒᆞ야人命約百名이燒死ᄒᆞ얏ᄂᆞᆫ대燒死者中婦人과小兒가多數ᄒᆞ다더라

●臺灣軍事準備 紐育電을據ᄒᆞᆫ즉美日關係에就ᄒᆞ야日本이臺灣島에多大ᄒᆞᆫ軍事的準備를設ᄒᆞᆫ다더라

雜報

●盲獵夫의殺人 大邱府居ᄒᆞᄂᆞᆫ年少ᄒᆞᆫ女人이沈々ᄒᆞᆫ曉頭에靑色衣상을着ᄒᆞ고江邊井上에셔汲水ᄒᆞᄂᆞᆫ데適其時에日人砲手ᄒᆞ나히獵次로出往ᄒᆞ다가該女人을鳥로誤認ᄒᆞ고放銃하얏ᄂᆞᆫ데彈丸이該女人의頭部를貫通ᄒᆞ야即死ᄒᆞ얏다더라

●針去綏從 宣諭委員崔炳憲氏가皇勅을奉承ᄒᆞ고日前忠南으로발向ᄒᆞᆯ豫定인대江東郡守金明濬씨가該氏를協贊出力ᄒᆞ기로自擔ᄒᆞ고同伴前往ᄒᆞ야塗炭同胞를同心按撫ᄒᆞ고倡義同胞도使之歸化케ᄒᆞᆫ다ᄒᆞ니兩氏의未來事爲ᄂᆞᆫ預可推測이나然이나忠南一道의騷擾ᄒᆞᆷ이從此可息일ᄂᆞᆫ지

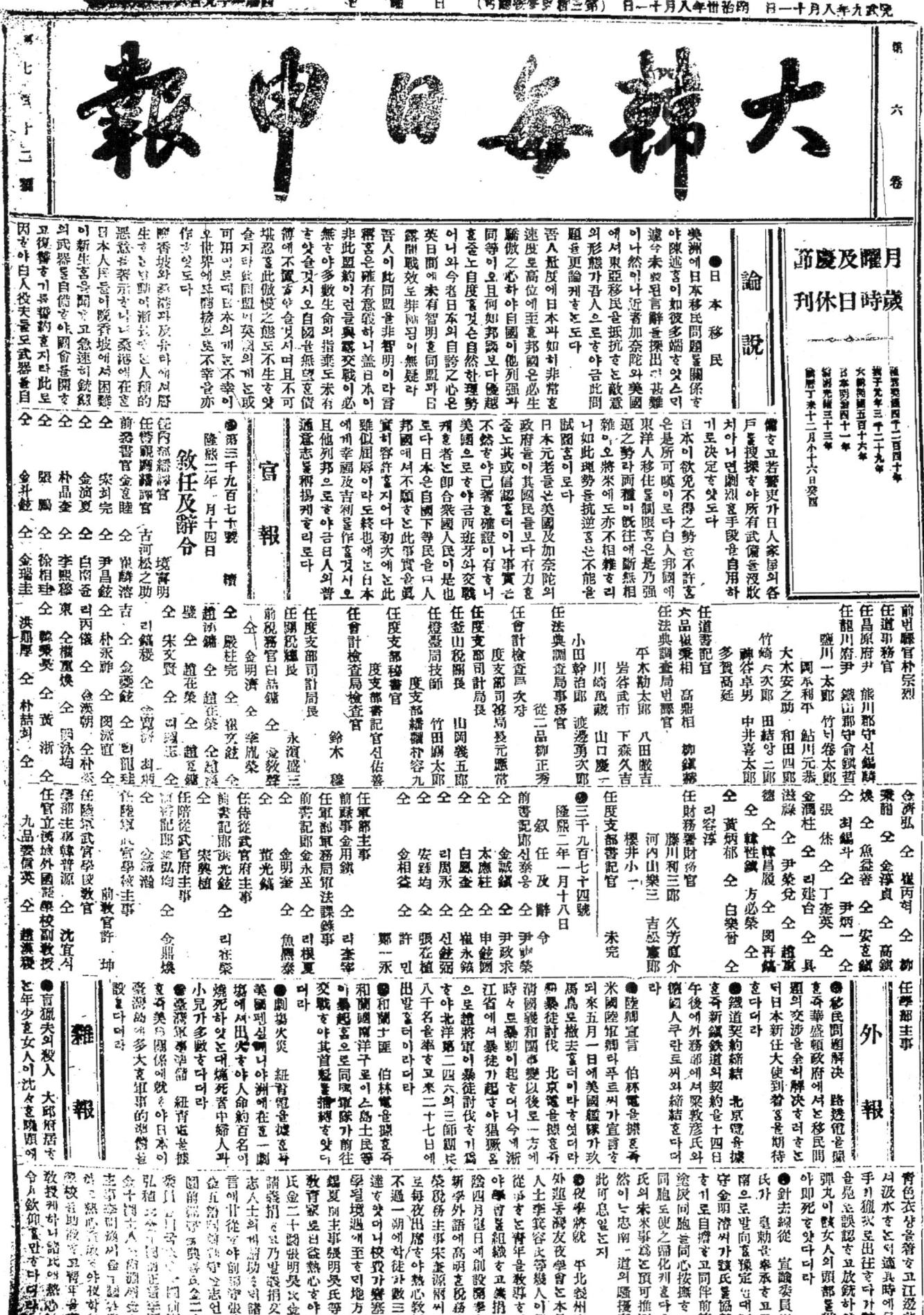

●夜學將就 平北義州府南門外延동漢友夜學會ᄂᆞᆫ本是有志人士李箕容氏等幾人이營業에從事ᄒᆞᄂᆞᆫ靑年을教導ᄒᆞ기爲ᄒᆞ야學會를組織ᄒᆞ고義捐金으로陰四月望日에創設開學ᄒᆞᆫ바라新學外語에高明ᄒᆞᆫ稅務官趙在榮稅務主事宋奎源兩씨가義務로每夜出席ᄒᆞ야熱心教授ᄒᆞ미不過一朔에학徒가數三十名에達ᄒᆞ얏더니校費가艱窘ᄒᆞ야廢學될境遇에至ᄒᆞ미地方委員崔錫夏稅務主事張明昊氏等이本是教育家로더욱熱心ᄒᆞ야崔錫夏氏金二十圜張明昊氏金十圜自請發捐ᄒᆞ고乃발發捐文ᄒᆞ야有志人士의게請助ᄒᆞ미諸氏가一言에從ᄒᆞ야創[illegible]金五[illegible]志언씨金十圜[illegible]金二十圜前[illegible]尉學[illegible]弘[illegible]丙[illegible]氏金十圜[illegible]府[illegible]主事[illegible]自發捐[illegible]熱心[illegible]校[illegible]夜學內小學校[illegible]補助[illegible]教授케하니諸氏의熱心教育은令人欽仰ᄒᆞᆯ만ᄒᆞ다더라

雜報

●王禮加款 大院王緬封時에王禮로擧行ᄒᆞᄂᆞᆫ데加款時에龍袍와玉帶를用ᄒᆞᆫ다더라

●三大晉見 總理大臣李完用內部大臣任善準學部大臣李載崑三氏가再昨日下午五時量에晉見ᄒᆞ얏다더라

●義王渡日理由 義親王殿下게서今番急速히日本에前往ᄒᆞ신事를得聞ᄒᆞᆫ즉其內容은未知ᄒᆞ거니와伊藤統監의電報가來到ᄒᆞ야鶴原總장과帶同前往ᄒᆞ셧다ᄂᆞᆫ說이有ᄒᆞ더라

●總選云遞 總理大臣李完用시가遞任된다ᄂᆞᆫ說이盛行ᄒᆞ더라

●訪問總理 前特進官趙封淵氏가再昨日上午十時에總理大臣李完用씨를訪問ᄒᆞ얏다더라

●先何後何 今番에敍任ᄒᆞᆫ部官中赴任치아니ᄒᆞ고辭遞ᄒᆞᆫ다ᄂᆞᆫ人이多數ᄒᆞ다더라

●何事奔忙 法部大臣趙重應氏ᄂᆞᆫ再昨日下午四時에副統監을訪問ᄒᆞ고仝五時에總理大臣李完用시를訪問ᄒᆞ고仝六時에宮內府次官小宮三保松씨를訪問ᄒᆞ얏다더라

●只用食口 度部에서今番判任官敍任에該部大臣이自己食口를區處하기를爲主ᄒᆞ야該部內에도可堪之人으로敍任ᄒᆞᆯ人도有ᄒᆞ고卒業生으로도調用ᄒᆞᆯ人이多數ᄒᆞᆫ데收用치아니ᄒᆞᆫ다ᄂᆞᆫ批評이有ᄒᆞ더라

●統府官吏歸國 統監府高等官吏二十餘人이有何事件인지府次歸國ᄒᆞᆫ다ᄂᆞᆫ說이有ᄒᆞ더라

●門별縮頭 警視總監丸山重俊氏ᄂᆞᆫ再昨日下午九時에法部大臣趙重應씨를訪問ᄒᆞ얏다더라

●計窮力盡 總理大臣李完用시ᄂᆞᆫ有何屛節인지徹頭愁色에來客을謝絶ᄒᆞᆫ다더라

●木內渡航 度部次官木內重四郞시가再昨日東京으로出발하얏ᄂᆞᆫ데二拾日後에入城ᄒᆞᆯ預定이라더라

●得失一般 各地方自衛團長들이義徒가執留ᄒᆞᆫ租包를稱以推給ᄒᆞᆫ다ᄒᆞ고人民에手當金幾百兩式을捧食ᄒᆞᆫ다더라

●衆疑塞胸 近日各部大臣들이何事件을因ᄒᆞᆷ인지互相訪問에互相致疑ᄒᆞ야事務上에ᄂᆞᆫ毫不動念ᄒᆞᆫ다더라

●坡守辭職 坡州郡守沈宜性시가辭職請願ᄒᆞᆫ다더라

●等級不公 今番新任ᄒᆞᆫ郡守中에楊州申載永洪州尹滋陽德鄭秉기三氏ᄂᆞᆫ曾經勅任官인데楊州郡守申載永氏만奏任二等이되고其餘兩人ᄋᆞᆫ三等으로ᄒᆞ얏ᄂᆞᆫ데同是曾經勅任으로等級에屛節이有ᄒᆞᆷ은不公平ᄒᆞ야內部勅奏任官의偶語가紛々ᄒᆞ다더라

●韓氏落望 學部主事로師範學校副教授로移去ᄒᆞᆫ韓普應씨ᄂᆞᆫ該部主事를十三年長任ᄒᆞ얏ᄂᆞᆫ데不意에학校副教授로無與遞送ᄒᆞᆫ貌樣이된故로該氏가辭職ᄒᆞᆫ다ᄂᆞᆫ說이有ᄒᆞ더라

●意在薦食 各府部의奏判官을新任ᄒᆞᆫ日本人들은事務와就緖ᄂᆞᆫ置諸山外ᄒᆞ고但此階級一款에만主務大臣에게懇囑ᄒᆞᆫ다더라

●筆墨自償 已往에ᄂᆞᆫ各部에서官吏가公事上所用筆墨을該部會計課에서依例分給하더니本年度爲始ᄒᆞ야ᄂᆞᆫ雖公事上所用筆墨이라고各々自己月給中으로自費入用ᄒᆞ게되얏ᄂᆞᆫ데度支部와農商工部에서先次遵行ᄒᆞ미他部도一躰遵行ᄒᆞᆯ터이라더라

●度部移接 度支部를新建築ᄒᆞ기前에大漢門邊議政府로移接ᄒᆞᆫ다ᄂᆞᆫ說이有ᄒᆞ더라

●閔氏押去 前協辦閔衡植씨가有何事端인지再昨日上午에日巡査와日憲兵이來到ᄒᆞ야該氏를憲司令部로押去ᄒᆞ얏다더라

●魚網橫罹 鎭川郡居申氏家某某五六人이義兵干連이有ᄒᆞ다ᄒᆞ야陰城郡日憲兵派駐所에橫被捉囚하엿다더라

●金散鴉來 寺洞等地大技局ᄒᆞ서數萬圓式蕩敗家產ᄒᆞᆫ者가多數ᄒᆞᆫ대報償無計ᄒᆞ야鴉片을呑下ᄒᆞ기로自處하ᄂᆞᆫ人이多ᄒᆞ다더라

●兩陵摘奸 廣州仁獻兩陵附近에義徒가有ᄒᆞ야兩陵々官과陵軍輩가避身空齋ᄒᆞ야該近人民이兩陵松楸를無難作伐ᄒᆞᆫ다ᄂᆞᆫ說이入聞되야宮內府에서掌禮院으로指揮ᄒᆞ야該院主事一人을派送ᄒᆞ야眞假를摘奸詳報ᄒᆞ라ᄒᆞᆫ故로該院에서主事金龍圭씨를仁獻兩陵奉審摘奸ᄒᆞ라고日昨에派送ᄒᆞ얏다더라

●部屬除減 度部에서屬員以下大廳直及使令都數가二拾五名인데該部新預算에下人料預算이拾一人然이故로將次拾一人外에ᄂᆞᆫ除汰ᄒᆞᆯ터이라더라

●其志在食 大東학會에서法政講習所와法政학校를設置ᄒᆞᄂᆞᆫ데伊藤統監이寄付ᄒᆞᆫ一萬圓은還國에料理費로耗損ᄒᆞᆫ것이不少ᄒᆞ다더라

●與券執行 金宗漢氏가尹某와相訟ᄒᆞᄂᆞᆫ畓券을漢城銀行에典執ᄒᆞ얏더니日前에平理院判事宋振玉氏와補佐員三澤씨와辯護士丁明섭氏가該銀行에前往ᄒᆞ야該畓券을執行ᄒᆞ얏다더라

●歸咎於宋 日本國會에서對韓方針에不善之策을伊藤統監의비論責ᄒᆞᆷ이不一ᄒᆞ미伊藤統監은專혀歸咎於農相宋秉畯氏ᄒᆞ얏던지宋農相이方在困難中이라ᄂᆞᆫ說이有ᄒᆞ더라

●失金移家 前判書閔泳達氏가稱以義兵者의게困境을當ᄒᆞ얏다ᄂᆞᆫ說은已爲報道ᄒᆞ얏거니와日前에또義兵에게周年々지當ᄒᆞ고錢拾萬兩을出給ᄒᆞ얏ᄂᆞᆫ데離島로搬移ᄒᆞᆫ다더라

●奴隸口氣 大東학會會員某々氏들이伊藤博文氏大학講話를聽受ᄒᆞᆫ以來로如何히心悅誠服ᄒᆞ얏던지該氏를言及ᄒᆞ즈면必是「伊藤太師띠셔」로尊稱ᄒᆞ야山林학者가自己親師尊敬ᄒᆞ듯ᄒᆞ니띠셔二字ᄂᆞᆫ太過치아닌가ᄒᆞ고輿論이藉々ᄒᆞ더라

●國語合校 학部에서校동日語學校를一層擴張ᄒᆞ고각國語學校를合設ᄒᆞ기로決定ᄒᆞ얏다더라

●玄氏獎학 玄采氏가日前에幼年必讀十五帙과幼年必讀釋義一帙을抱川郡華野義塾에又爲補助ᄒᆞ얏다니該氏熱心은眞不揆賀ᄒᆞ더라

●兩賊被捉 再昨日六時에有名大賊吳聖根林順敏二名을西部警署에서捕捉ᄒᆞ얏다더라

●靑會幻燈 今九日紀의殿美의最有名ᄒᆞᆫ美國麻笛先生외二中生行讚으로奇一牧師가今日下午五時에靑年會館에서幻燈을設行ᄒᆞ고麻笛先生의歷史로講說ᄒᆞᆫ다더라

●金氏放釋 前判書金宗漢氏가該親戚에多日滯囚하얏더니三昨日에無事放免되얏다더라

●趙勢情態 今演局시ᄂᆞᆫ天道教人으로該教大道主任을被하얏더니忽然變改ᄒᆞ야一進會侍天教에投入ᄒᆞ얏ᄂᆞᆫ故로天道教에서朴寅浩시로道主를選定ᄒᆞ얏ᄂᆞᆫ데金시의反覆ᄒᆞᆷ은此亦趙勢ᄒᆞᆷ인지不知라고公論이有ᄒᆞ더라

●畿湖興학 有志諸氏가畿湖興학會를組織코ᄌᆞᄒᆞ야今日下午一時에新門外普成학校天然亭으로開會ᄒᆞ고有志同胞의게廣告로請邀ᄒᆞ얏더라

●礦權被奪 稷山郡二西面栗加里金礦主務人文士成氏寄書를據ᄒᆞᆫ즉本人이鑛業에注意ᄒᆞ와稷山郡二西面栗加里金鑛區를採掘次로稷山郡日人金礦會社出張主務人葛原嘉吉의게今年陰曆三月에契約ᄒᆞ되限陰曆明年拾二月々지定期ᄒᆞ고三月廿日에起工ᄒᆞ야家屋을建築ᄒᆞ고器械를設備ᄒᆞ옵ᄂᆞᆫ데二千三百餘圓을消費ᄒᆞ고六個月을虛渡ᄒᆞ야及其採掘케産出이稀少ᄒᆞ야自夏至秋에負債山積이거ᄂᆞᆯ今者葛原이怨心背約ᄒᆞ고以陽曆一月爲始ᄒᆞ야業自採掘ᄒᆞ기로無理生臆ᄒᆞ오니約條로言ᄒᆞ야도毀限이自然ᄒᆞ니不可違退ᄒᆞᆯ더러況此本人의損害가不少ᄒᆞ온데有此無理之擧ᄒᆞ니極憤寃이온바且於日韓의葛原이何如히美國人을締結ᄒᆞ얏던지美人이鑛夫를多率ᄒᆞ고鑛區에忽到ᄒᆞ야前已採出ᄒᆞᆫ金石과鑛內의數拾日採掘ᄒᆞᆫ懸在金石及家屋等物을沒數창奪ᄒᆞ오니右由를洞察ᄒᆞ시와見奪ᄒᆞᆫ鑛物을一々推給ᄒᆞ고原契約限年을依ᄒᆞ야繼續採掘케ᄒᆞ심을伏望이라ᄒᆞ얏더라

▲地方消息▼

▲八日稷山警察署日巡査一名이罪囚를押去ᄒᆞᆫ道中에서義兵約百二十名을遭遇ᄒᆞ야戰鬪中에公州錦江渡船場에駐在ᄒᆞᆫ日兵이來助戰鬪하엿다ᄒᆞ고

▲三日咸平郡에義兵七十名이襲擊ᄒᆞ미巡査及郵便人이合力應戰ᄒᆞᆷ으로退却ᄒᆞ엿다ᄒᆞ고

▲拾四日振威郡西方約一十里黃口津西北二洞及西面里附近에서義兵約二十名이宿營ᄒᆞᆫ다ᄂᆞᆫ報를水原日隊에서接ᄒᆞ고日兵九名을派遣ᄒᆞ야交戰ᄒᆞ얏ᄂᆞᆫ데의병은退却ᄒᆞ엿다ᄒᆞ고

▲十三日淸河郡을義兵이襲擊ᄒᆞ얏다ᄂᆞᆫ報를日兵이接ᄒᆞ고前往交戰ᄒᆞ야義兵을退逐ᄒᆞ고또耶山面西北方에서의兵約三拾名을該日兵이遭遇ᄒᆞ야三十分을交戰ᄒᆞ엿다더라

路透電報

拾七日發

●英國大暑熱 英國에大暑熱이起ᄒᆞ얏ᄂᆞᆫ데陰地에熱度가百拾度에達ᄒᆞ엿다더라

▲八面奇聞▼

▲近日에地方이擾攘ᄒᆞ미民無所恃ᄒᆞ야信教에歸依ᄒᆞ니村村에禮拜堂이오洞々에十字旗라如此郡邑이許多ᄒᆞᆫ中連山附近에一日은八十餘名信徒가蹶起ᄒᆞ더니翌日에數百名에達ᄒᆞ고數日間에新築禮拜堂이平地突起라該郡警察가聞而驚보ᄒᆞ니此ᄂᆞᆫ耶蘇教徒에一奇事오

▲慶北地方에嚴穴之士某某ᄂᆞᆫ一進會員이義兵을偵探ᄒᆞᆷ으로義兵이連첩加害ᄒᆞ니同胞相殘을痛歎不已ᄒᆞ야勸以反省ᄒᆞ미會員諸化者가不知幾百名이라此ᄂᆞᆫ隱君子의一奇事오

▲尙州槐縣等地에日兵十八名이過去하다가一村民家에輜重을任置ᄒᆞ고山上으로去ᄒᆞ엿ᄂᆞᆫ지라翌日에義兵이掠去ᄒᆞᆫ즉動無奈何요難免後탈이라又翌日에日兵五名이輜重을運ᄒᆞ니喫겁之境에隣民一計가야答云尙州兵站所에서早已收去라ᄒᆞ고日兵去後에燒火避走ᄒᆞ얏다ᄒᆞ니此ᄂᆞᆫ村民의一奇事오

▲自公州로日騎兵九十二名이出發ᄒᆞ얏ᄂᆞᆫ데近日에ᄂᆞᆫ二十名假裝만巡行ᄒᆞ고潛隱于散花ᄒᆞᆫ日軍隊가千餘名이며이近日에ᄂᆞᆫ四百名假裝이라馬陵에감춘計인지兵機를知者有誰오此ᄂᆞᆫ日兵에一奇事오

▲呂州郡日警部濱本次郞이가義兵외干連된者를捉得ᄒᆞ면一無殘害ᄒᆞ고盡心勸誘ᄒᆞ야歸順安業케ᄒᆞᄂᆞᆫ故로人心이稍慰ᄒᆞ니此ᄂᆞᆫ日警部의一奇事오

▲月前에義兵의敗殘兵이退却ᄒᆞ야堤川方面에至ᄒᆞ야大江은當前ᄒᆞ고追兵은在後라忽生一計ᄒᆞ고招舟子而問日能히潛水者幾人고答日七人中五人이可能이라ᄒᆞ미日然則五人은等待라가若日兵이來到어든義兵이渡江ᄒᆞ야可以跑至七八里라ᄒᆞ엿ᄒᆞ고即爲渡船ᄒᆞ라ᄒᆞ고義兵은江岸側에潛伏ᄒᆞ야未幾에日兵이追至라依計而行ᄒᆞ야日兵而船至中流ᄒᆞ야忽然翻覆이라岸에起ᄒᆞ야彈丸이如雨ᄒᆞ니舟中之人이自然敗北ᄒᆞ고되舟子ᄂᆞᆫ潛水逃避ᄒᆞ니此ᄂᆞᆫ舟子의一奇事오

▲騷擾地方을目覽ᄒᆞ니義兵의所帶兵器ᄂᆞᆫ新製式銃이過半이라器械廠이無ᄒᆞᆫ지坐從何出來오此ᄂᆞᆫ義兵의一奇事오

▲州地方에서日兵이一進會를會集ᄒᆞ야操鍊을演習ᄒᆞ니高山戰役에竹館을持ᄒᆞ고從軍ᄒᆞ야前驅가되엿더니或者ᄂᆞᆫ中道에서逃走ᄒᆞ고或者ᄂᆞᆫ殲滅에서逃走하니同胞相殘을樂爲리오此ᄂᆞᆫ一進會에一奇事오

社告

○信愛錄

本社過去年末經費窘絀債務未勤爲千餘圓月給未撥亦千餘圓矣此無他數年內各地方購覽員處數千餘圓及各支社二千五百餘圓未收之所致也

從此爲始數年間未收條一一調査仰佈于未納員處借告償報而若至數次終無償報則勢不得已於本社信愛錄以羅揷交周後特於報面設成信緣以廣佈該員姓名若國時納付則待設信愛錄以謝衆員相信相愛之厚誼爲

○告各支社員

本社對各支社申報代金限歲內未納者嚴止該支社之區案已載論契約明收納不遠[illegible]三道則其中全無收納者則斷當廢止以示本社之有信用焉其舊欠者三回勸則不容[illegible]有三層本社之本意只在於韓國興起共進文明兼爲營業的起見則爲本社之體面而不忍廢者一也

各支社社員分擔本社之義務擔手分擔不遠巴擁合人間輿輪以爲支社之勸勞而不忍廢者二也

各地購覽君子愛本報如愛兄弟如愛朋友未趕繳而先[illegible]損一[illegible]面償代金甚至於各處忠告書片飛到報之以無休刊如此至情安敢相負爲購覽員之誠愛而不忍廢者三也

雖然支社旣愿恩爲此見廢一字深爲[illegible]爲食言不忍一朝告別故更寬一週以待回書

江華郡川獵仇鎭權氏第에本支社를設置ᄒᆞ얏사오니該附近地에서本申報購覽ᄒᆞ실僉君子ᄂᆞᆫ該支社로請求ᄒᆞ시고代金도該鎭權氏게로送交ᄒᆞ심을務望

雜報

●畿湖興學會趣旨書

惟我畿湖ᄂᆞᆫ東鄰冀北之鄕이라國家의所倚비오人民之所標準이니溯惟厥初에人物之盛이燦然可觀이로다論道經邦ᄒᆞ야黼黻皇猷ᄒᆞᆫ者도于是焉出ᄒᆞ며捲阿藹藹ᄒᆞ야移式世範者도于是爲萃ᄒᆞ니由是而國有庠鄕有序ᄒᆞ야家以絃戶以誦ᄒᆞ니号稱士論之國이良有以也라循是以往ᄒᆞ야進化不已런들必無今日之境狀이어ᄂᆞᆯ積久之弊에馴至有此ᄒᆞ니究其原因컨ᄃᆡ誰任其咎오不農不商ᄒᆞ고坐暖閣倚翫屛ᄒᆞ야珍寶ㅣ燦盈箱ᄒᆞ고田園이遍八域者ㅣ非畿湖人歟아

不學無術ᄒᆞ고歷金門上玉堂ᄒᆞ야遍身綺羅에炙手可熱者ㅣ非畿湖人歟아出而虐民攫財ᄒᆞ고入而欺君弄權者ㅣ非畿湖人歟아近而黨比姻婭ᄒᆞ고遨遊待遐方者ㅣ非ᄀᆡ湖人歟아倚藉勢力에武斷鄕曲者ㅣ非ᄀᆡ湖人歟아不敎子弟에倩人文筆者ㅣ非ᄀᆡ湖人歟아

六洲之位置如何ᄂᆞᆫ且置勿論ᄒᆞ고自國之距離廣狹도茫然不知其方向ᄒᆞ며識域之歷史如何ᄂᆞᆫ且置勿論ᄒᆞ고自國之開國元年을당然不記甲子ᄒᆞ며農業은至精至微之학이어ᄂᆞᆯ一任至愚至蠢之氓ᄒᆞ야不加硏究ᄒᆞ며工業은勸之奬之然後에可進이어ᄂᆞᆯ一有精妙奇巧之製ᄒᆞ면乃反誅求無已ᄒᆞ며商業은融之通之然後에可旺이어ᄂᆞᆯ以貿遷貨居之物로官家ᄂᆞᆫ有支定ᄒᆞ고豪者ᄂᆞᆫ以外上ᄒᆞ니此皆ᄀᆡ湖人之罪也라靜言思之에始爲耷然타가中爲悚然이오終爲奮然이로다

吾人之罪ᄂᆞᆫ吾人이當之오吾人之惡은吾人이改之니安有別人이替當其罪ᄒᆞ며替改其惡者歟아嗟吾兄弟여嗟吾兄弟여盟天誓地ᄒᆞ야悔改既往之罪惡이니改之如何오曰奮發也와革新也니繼自今으로愛國家爲命脈ᄒᆞ며愛同胞如肢體하야知有公益ᄒᆞ고不知有私利ᄒᆞ야以道德으로爲可貴ᄒᆞ고財産으로爲可輕ᄒᆞ야書籍을可以廣播오學校를可以廣設이오實業을可以興이오智識을可以闢이니以新精神으로發新思想ᄒᆞ야愛國特性이打成一團ᄒᆞ면[illegible]彌天大罪를以免以贖ᄒᆞ야報答我全國同胞홀지니惟我畿湖人은蹶起哉어다猛省哉어다歐人之施敎育에有一학이면即有一會ᄒᆞ야학校가振之於彼ᄒᆞ고학會가成之於此ᄒᆞ니所以文明進步에雄飛大陸이라

今夫我韓이有國家思想者ㅣ莫不痛恨於海陸軍의無以禦侮와鐵路滊車의無以利用과金銀鐵礦의無以厚生이나孰知其所絶無者와最可憂者가惟학問一事리오苟有是也면百工技藝가自可就緖하야綱擧目張ᄒᆞ고迎刃破竹이라吾東風氣에西北兩道가最先進明ᄒᆞᆷ은所共認知라近復發爲학會ᄒᆞ야設立學校ᄒᆞ며深送遊학ᄒᆞ야其奮발이如河決伏流ᄒᆞ고其勇進이如大刀濶斧ᄒᆞ니此ᄂᆞᆫ吾人所以引領拭目에喜不能寐者라畿湖人士ᄂᆞᆫ長夜昏夢을覺歟아未歟아

本會에名之以畿湖興學會ᄒᆞ고公議所발에異口同辭ᄒᆞ야廣設擬欲建設학校에養成俊乂ᄒᆞ야派遣十三道ᄒᆞ야敎育全國靑年ᄒᆞ노니凡我生斯長斯者ㅣ皆是自家事라玉樹蘭芳와爲人奴隸와良田美土와歸人蠶食은想皆通人情之所不顧이니竭力獻身에一切擔負ᄒᆞ야[illegible]國脈於幾旋ᄒᆞ고迎幸福於盤泰를切盼至祝홈

발起人　鄭永澤　李鳳珪

廣告

本人이姓名圖章과八字房圖章을俱爲서失故로異造次姓名圖章에變字ᄂᆞᆫ正字로房圖章은圖으로改造이오니照亮홈

宋秉浩字鍾泰

京畿廣州郡旺倫面三里蔵朴峴山麓의伏在ᄒᆞᆫ本人의歷世先塋을累百年間世世守護無弊이옵더니近聞則不知何許朴哥가自稱山主ᄒᆞ고本處禁養松楸을將欲放賣云이옵기玆以廣告ᄒᆞ오니內外國人은切勿見欺ᄒᆞ심을望홈

果川郡郡內宗孫朴昌盛　告白

本人의次子世奎가性本浮浪ᄒᆞ야蕩敗家產ᄒᆞ고出入技局ᄒᆞ야符同挾雜之輩ᄒᆞ고欺人圖債홈야ᄒᆞ오니雖某시던지世奎와錢物間相關이오면白失홀터이오니內外國人은切勿見欺ᄒᆞ시오

龍川郡光化面地境里
前參奉朴基元　告白

本人의弟炳穆이性本浮浪ᄒᆞ야出沒京鄕ᄒᆞ야本人의田土券과圖章을僞造ᄒᆞ오니內外國人은切勿見欺홈

淸道郡 박炳激　告白

本人이紙貨一千圓을韓一銀行에任置이고票를授去ᄒᆞ야於幾洞[illegible]成處에任置이다가本月五日午時梨峴等地에서見失이옵기玆에布告ᄒᆞ오니內外國人間拾得ᄒᆞ와도休紙施行홈

北署帶洞六十八統十戶
崔炳樞　告白

일본정부제도연초
한국일수발매
동아연쵸쥬식회사

경성명동

本人弟[illegible]인이浮浪心性으로欲破兄產ᄒᆞ야締結浪子定州方應모承과先郭山北面上端朴正鎭北面下端[illegible]濟河[illegible]ᄒᆞ야嗾囑定州住[illegible]人牧[illegible]太郞而郭[illegible]郡地[illegible]兄之田八[illegible]耕[illegible]石落을僞造成券ᄒᆞ야以千圓定價後에來閱厥卷ᄒᆞ라가巧値本人來留ᄒᆞ야奸狀綻露에告于分派所還推僞券이오나用何狠心이未寢更起면抑又[illegible]之君子有홀介ᄒᆞ야[illegible]是印[illegible][illegible]人은切勿[illegible]欺홈

平北龜城[illegible]印[illegible]碩　告白

本人先山이在於義州威遠面而去乙巳臘月에日人의刪伐松木되와呼冤中同籠人鄭一進李桂敏이欲吞[illegible]山之意로誣訴府辦決之場에文券을考準ᄒᆞ며山在面洞長古老之言에詢以本人山이ᄋᆞ確的[illegible]을依ᄒᆞ야上府指令과該府完文와彼[illegible]落科이온미今又起訟ᄒᆞ가亦如前決이온ᄃᆡ彼[illegible]이平理院申訴云ᄒᆞ기爲上京ᄒᆞ오니本人은該府明決ᄀᆞᆫ姑待ᄒᆞ옵고[illegible]　君子외瞭諒ᄒᆞ심을爲要

平北龍川楊上面金宅九　告白

本人이書舖를另設ᄒᆞ고新舊書籍을具備ᄒᆞ와廉價放賣ᄒᆞ오니有志학員은來臨隨意請購홈

元山上里二통芸香舖金舜命白

▲特別廣告

本社에서名帖印刷部를另設ᄒᆞ고各樣活字와別樣紙本이俱備ᄒᆞ오며印刷가精美ᄒᆞ고價值도廉廉ᄒᆞ오되特別히[illegible]과夫人의게ᄂᆞᆫ一層低廉ᄒᆞ오니 僉位ᄂᆞᆫ來臨ᄒᆞ시와隨意請求홈

大韓每日申報社　告白

學員募集廣告

本校第四回入學期를現當하야法律學及經濟學兩專門科學員을玆에募集ᄒᆞ오니願入人은左記試驗定期內에本校用紙로써早速請願홈을要

但右兩科ᄂᆞᆫ夜學으로만募集홈

◉修業年限　三학年

◉入學年齡　二十歲以上

◉學科目　法律學全部　經濟學全部　備定本校規則

◉試驗日字　二月廿五日(陰曆戊申正月廿四日)

◉試驗科目　歷史及地誌問對(內國及外國)讀書及作文(國文及漢文)算術(四則以內)

但官公私立學校의普通科以上卒業證書가有ᄒᆞᆫ人은其學力을檢定ᄒᆞ고免試入許홈

●開學日字　三月五日(陰曆二月三日)

隆熙二年一月十日

漢城中暑磚洞普成專門學校

本人等이畿湖興學會를新門外普成學校(前天然亭)으로來日曜日一月十九日(陰十二月拾六日)下午一時에發起會를開홀긔玆에仰佈ᄒᆞ오니照亮ᄒᆞ신後有志同胞ᄂᆞᆫ屆期光臨ᄒᆞ심을敬要

再各位前特別通知ᄂᆞᆫ廢止홈

畿湖興學會發起會　告白

本人시叔[illegible]出沒京鄕[illegible]所分財產盜爲潛賣[illegible]以[illegible]執行從行叔姪[illegible]士也不勝忿[illegible]外國人調亮[illegible]　告白

本人이名[illegible]元[illegible]起字로改定知[illegible]照亮

三和港[illegible]起元　告白

本人이江[illegible]伊[illegible]字[illegible]入[illegible]百[illegible]得于平壤[illegible]與[illegible]街里居[illegible]가符同雜[illegible]欲放賣云이옵기玆以廣告ᄒᆞ오니內外國人은切勿見欺ᄒᆞ시옵

平壤外城[illegible]　告白

本所에서[illegible]便利케ᄒᆞ야逐日開券ᄒᆞ오니僉君子ᄂᆞᆫ物品賣買를실詳히ᄒᆞ거든本所로來臨ᄒᆞ시오賣買上規則은本所에來臨問議ᄒᆞ시오

[illegible]洞[illegible]峴美[illegible]우前紙廛[illegible]家漢城競賣所　告白

元泳義氏　[illegible]輯
柳瑾　張志淵兩氏　校閱

蒙學漢文初階

全一冊八十餘頁　定價金卄錢

▲本書ᄂᆞᆫ初等小學科에專用ᄒᆞ기爲ᄒᆞ야國漢文으로二百十三課에分ᄒᆞ야文理에簡深케排撰홈者ㅣ니蒙學漢文敎科書에最適當ᄒᆞᆫ者라稱홈

發售處
大廣橋邊　회동書舖
廣通橋邊　中央書舖
鍾路　大東書市
布屛下　廣學書舖

◉國債報償義捐金收入廣告

●慶尙北道慶州內南面中명里
朴文瀚 朴彤瀚 각一圜
金斗용 宋甚華 朴允瀚
宋宗咨 朴永瀚 각六拾錢
朴南玄 金石鉉 朴柄謨
姜晋夔 朴元瀚 崔萬春
朴海瀚 李相殷 鄭春三
朴南琛 朴榮瀚 金白沂
朴基述 金寶善 朴南允
각四十전 朴鍚瀚 朴仁瀚
姜鼎彥 宋璟浩 朴永寬
각廿錢 合拾二圜

▲內東面大逸里
柳仁混 崔圭赫 각八十錢
柳東混 柳璟混 각六拾전
李敏榮 崔在玄 李弘발
각四拾전 柳긔春 崔鍵燮
리圭彥 崔在秀 柳沂春
각卅전 최在春 柳沂鎬
任觀鎬 각廿전 리圭大
최在夏 柳沂壁 최鎣翰
韓奇大 金大鎭 각拾錢
合六圜七拾錢

▲外東面荷池里
黃용錫一圜 柳긔數八拾전
南敎河 陳敎일 리甲榮
金在河 金永鎭 각六十錢
리雲集 南鍾慶 南敎汶
崔鍾灝 각四拾전 陳敎萬
南敎永 각卅전 南敎溢
金在冠 柳긔賢 黃致奎
각廿錢 趙斗元 김在旺
각拾錢 合八圜

▲屯田里
朴宇東 박정榮 각一圜
文斗珏 최思益 각六拾전
金鍾鎬 張基玉 吳元熙
각五拾錢 金鎭洪 金奎五
각四十전 崔世元 卅전
文斗泳 金大根 각十錢
合六圜

總合三千二圜七十錢
前號總合五萬七千七百九十三
圜四拾七전七厘
都總合五萬七千八百二十六圜
拾七錢七厘

◉米國製邦補益藥水 四百瓶新到大瓶定價金三圜
◉德國製起陽丸 三十日分服 定價金十五圜

◉米國大학醫院處方
醫學校長勳五等池錫永氏
製藥鑑查人濟衆院醫學員
有効證明 洪錫厚 朴熙惠 李觀化

商標

食思振起 精力活潑 補益丸

定價表
拾日分服三十個入 金一圜
二十日分服六十個入 金一圜七拾五錢
三十日分服九十個入 金二圜五拾錢

此藥에主治効能用法은在於藥封ᄒᆞ오니第一者衰男女와偉
効가有ᄒᆞ고勞心勞膽ᄒᆞ시ᄂᆞᆫ司法官吏와敎師와銀行會社員과
學生과坐店商人과多產ᄒᆞᆫ婦人에運動不足으로生ᄒᆞᆫ陰虛俱虛
症과健忘症과貧血症과手足厥冷과頭痛과腰痛이잇ᄂᆞᆫ各病에
靈効가有ᄒᆞ고雖無病人이라도此藥을每日朝夕食後三次에
一丸式淸水呑下ᄒᆞ시면身體가强壯ᄒᆞ고精神이活潑ᄒᆞ고飮食
이善消ᄒᆞ고百病을預防ᄒᆞᄂᆞᆫ眞奇世靈藥이라男女勿論ᄒᆞ고拾
五歲以上으로老年에至ᄒᆞ기ᄭᆞ지諸般原因으로來ᄒᆞᄂᆞᆫ虛弱에用
ᄒᆞ나即發養不良之致로滿期에陰通치못ᄒᆞ거나女子에經度
가始作지아니ᄒᆞ거나經度不足或閉止ᄒᆞᄂᆞᆫ되와房事過度之致
로精이流出ᄒᆞ거나房事時에陰莖이萎而不起ᄒᆞ거
나醫門의鷄門ᄒᆞᄂᆞᆫ諸症과金鷄蠟에不治되ᄂᆞᆫ瘧疾과再歸熱과虛
脫失氣ᄒᆞᆫ久病人이速히蘇完되오니男女閨病之深淺을從ᄒᆞ야
一二朔且三四朔만連服ᄒᆞ시면大効가有ᄒᆞ기로保證ᄒᆞ오

◉製造本舖漢城鍾路萬國基督敎靑年會館前 慈惠藥房

●驗効解瘧劑 一日分定價金拾錢此藥은大人小兒長瘧과初
瘧과腹瘧에用ᄒᆞ면更不再發
●蛔虫丸 一日分定價金拾전此藥은大人小兒蛔積과蛔虫의二
三日服用ᄒᆞ면蛔虫을殺出ᄒᆞᄂᆞᆫ妙藥
●感氣丸 一日分定價金拾전此藥은感氣와살의ᄶᆞᄂᆞᆫ藥인
데一二日連服ᄒᆞ면鎭痛解熱
●男女瘡疾그근ᄒᆞᄂᆞᆫ약 定價金五圜此藥은瘡疾의一期二期勿
論ᄒᆞ고그근ᄒᆞ도록약을주오
●獨逸國淋疾丸 七日分定價金一圜四拾전此藥은男女淋疾勿
論ᄒᆞ고速効가잇서用藥之日로殺菌止痛ᄒᆞ고利尿止濃
●淸明眼藥 一日分定價金拾錢此藥은火眼熱眼의多有奇効
●鎭咳藥 五日分定價金三拾錢此藥은拾五歲以上人에用ᄒᆞ
ᄂᆞᆫ藥인데四時常性咳嗽에有効ᄒᆞ고特히老人痩咳에偉効
●無毒臭疥癬藥 定價金四拾전此藥은疥癬虫을滅殺ᄒᆞᄂᆞᆫ약
●寸虫藥 定價金三拾錢此藥은有鉤寸虫無鉤寸虫이當場殺出
●米國膏藥 定價金二拾五전此약은冬春間皮膚病에奇効
●淸心膏 定價金卅錢此약은肩臂痛脚腿腰痛에神効
●斷酒약 定價金三圜此약은西洋서도信用ᄒᆞ고日本서도信用
●漢城百應膏 一封의定價金拾錢此약은舊약醫士李信友氏方
文으로製ᄒᆞᆫ약인ᄃᆡ명을리삭히ᄂᆞᆫᄃᆡ第一神効ᄒᆞ고各項腫에去
根合瘡ᄒᆞᄂᆞᆫᄃᆡ便利ᄒᆞ고神速ᄒᆞ오
●止足汗藥 二十分定價金貳拾錢此藥은德國軍人常用除惡汗臭

西藥便方 全 定價金壹圜 郵稅十錢

此冊은漢城濟衆院약方文을我國漢文으로아라보기쉽게翻譯
ᄒᆞᆫ冊인ᄃᆡ京鄕각약局에서此冊을買讀ᄒᆞ시면永年貨業이될만
ᄒᆞᆫ壹代神方인ᄃᆡ약方文ᄒᆞᆫ冊에代금一圜拾圜百圜千圜以上에
方文이잇고明年度에ᄂᆞᆫ各項及약製造法을添付ᄒᆞ야발賣
品代理발賣店 京城梨峴洋약局李信華
약 仁川杏峴濟生堂李庚麟

(朴晶東씨譯述)
●國文新撰家庭學 全壹冊九拾餘頁 正價金三拾전
●國際公法 全壹冊百四拾頁 正價金四拾전
●經濟原論 全壹冊百拾頁 正價金卅五錢
●意太利獨立史 全壹冊百九拾頁 正價金五拾전
發售處 ▲中署罷朝橋越邊 中央書館 ▲鍾路大東書市
▲南署大廣橋東邊 匯東書館 ▲布屛下廣學書舖

瑞士建國誌
定價金新貨拾五錢
此冊은政治小說이니志士의救國救民ᄒᆞᄂᆞᆫ思想과人民의愛國
心을養成ᄒᆞᄂᆞᆫ데緊要ᄒᆞᆫ冊子오
發賣所
▲大韓每日申報社
▲仁川港杻峴 開新書肆
▲中署布屛門下 金相萬冊肆
▲平壤城內烈女洞 敎育書籍舖
▲鍾路 古今書海館
▲洞口越便 中央書館
▲鍾路 大東書市
▲大廣橋 匯東書舘
▲銅峴 傳文書舘
▲開城 姜助遠冊사

歐米各國專賣特許
石油發動機及自行車
精米機械及附屬品一切廉價放
賣홈

今回諸君子의便利ᄒᆞ기爲ᄒᆞ야
本店을左記處로移接ᄒᆞ엿사오
니照亮하심을伏望
直輸入商 京城南大門外
韓國代理店 中根商會

▲新刊書籍發售廣告
增修無寃錄大全 國漢文 定價金七拾五錢
大韓法規類纂 洋裝 三圜五拾錢 郵稅四拾錢
初等倫理學敎科書 二拾錢
初等衛生學敎科書 拾五錢
國家學綱領 拾五錢
國民須知 八錢
愛國婦人傳 張志淵氏著 十五錢
發賣所 京城布屛下 金相萬書舖

越南亡國史 國漢文 定價貳拾伍錢
發售所 京城大廣橋 高裕相書舖 [illegible]
布屛下김相萬 告白

●大韓國新발明靈藥廣告
陸軍軍醫金守鉉君實驗方劑에
陸軍軍醫張基茂君有効證明으
로淸心保命丹을발明ᄒᆞᆫ바効能
은如左ᄒᆞ니 僉君子惠試爲望

消化新藥 淸心保命丹
本舖 仁川港杻峴 濟生堂

●主治効能
●痰飮 ●食積 ●中暑中寒
●咳嗽 ●腹痛 ●不土不服
●氣鬱 ●吐瀉 ●船車眩暈
●食傷 ●酒醉 ●口熱惡臭
▲其他諸般運氣厲疫預防妙藥
발行人 仁川港杻峴 濟生堂 李周鳳

代理店 京城鉢里동 共愛堂藥房
特約店 京城鍾路 慈惠藥房
同 梨峴 李信華洋藥局
同 尙洞 盧益亨冊사
同 南門外 廣濟藥院
仁川 內洞 韓禹根
同 杻峴 和平局
開城 南門內 朴圭桓
同 忠橋 具聖模
水原 鍾路下 金敬九藥局
海州 宗路 元香植
同 宗路 宋敬孝
延安 邑內 澄汝文
江華 鍾路 宋順東
同 邑西門外 高成根
長淵 南門內 崔載淳
遂山 砂利院坊內 司健昌
仝 任允中
仝 李在言
黃州南門ᄂᆡ紅門洞 耶穌敎堂內 李東緒
平壤 雙巨里 韓藥舖 [illegible]
仝 館前 藥舖 최能化
仝 文武洞 藥舖 金順興
仝 檀君殿 藥舖 桂寬天
仝 里門 客主 朴由瑞
鎭南浦 藥洞 金元榮 藥舖
信川 邑ᄂᆡ 四里 朴畹俊
羣山港 開福洞 金斗鉉
京南 大門外 大同 選信會社
全泥峴 郵便局前 天佑堂
三水郡 仲坪塲 巨里 宋君八
[illegible] 勸客主內
此外에도現代에문明각國有名
ᄒᆞᆫ醫藥이俱備ᄒᆞ

大韓每日申報各處支社廣告
中署布屛門下 金相萬冊肆
平壤上水口門內 崔敬恒
仁川杻峴 開新書肆 李東暉
宣川邑 [illegible]冊肆 安濬
義州西門外 [illegible] 大藥局
釜山港 佐川藥局 徐[illegible]
三和港 藥洞 金元성
咸興 南州社西門外 曺喜林
開城 南大門內 興學書舖 姜助遠
大邱市 [illegible] 崔一弘
載寧邑 濟衆院 劉[illegible]
鐵山邑 東部 安[illegible]
元山 倉前 劉七[illegible]
海州 南門內 書舖 朴昌[illegible]
定州 南門內 洪成仁
昌城郡 校동 許[illegible]
郭山 興岩書舖 李[illegible]
安岳 細동 坊底동 [illegible]道善
溥川 舊津 리鍾成
安州 城內 養井洞 金[illegible]河
鐵原邑 藥洞 朴敎吉
高原邑 趙鍾大
濟州 城내 一徒里 客舍洞 高亨來
井邑 邑내 李益象
泰仁 邑내 金禹燮
興德 後浦 金鼎濟
京義線 枇峴驛 書市 李基秀
장淵邑 南門內 崔觀淳
殷栗邑 倉前里 金秉聲
古阜邑 許洞 殷照漢
群山港 東彰社 宋判巖
龍川 楊市 會堂 黃菊保
車輦館 同志會내 金明仁
淸州 南門내 校洞 宋斗鉉

廣告料
[illegible]
(每日發行 [illegible])
發行兼編輯人 英國人 [illegible]
發行所
[illegible]石井洞號外[illegible]
大韓每日申報社

院醫학員洪錫厚朴熙惠리觀化 — 品貿易商友田商店약品을直輸 — 定價表每日약價에昇降을從하 — 硫酸麻尼一본도 金拾三錢 一重瓶 七十五錢○安知必林七

光武九年八月十一日發行 明治三十八年八月十一日(第三種郵便物認可) 火曜日 西曆一千九百八年一月二十一日

第六卷 第七百五十三號

大韓每日申報

月曜及慶節
隨時休刊

檀君開國四千二百四十年
箕子元年三千二十九年
大韓開國五百十六年
日本明治四十一年
淸國光緖三十三年
陰曆丁未十二月小十八日乙亥

寄書

●吊義士李偶氏併告國內同胞 北美洲中央部留申溌奎

我韓國大義士李偶氏忠魂을吊ㅎ노라

精忠大義高節淸廉李君이여古今名賢으로併立蒼天ㅎ야笑圖國祚로다

我의秀淑同胞二千萬과錦繡江山三千里는檀君開國四千二百餘年以來로自由自在ㅎ民族으로셔禮讓을崇尙ㅎ야聖道로德化에沐浴ㅎ던我同胞가勉勵而進치못ㅎ弊過로國勢를衰弱케ㅎ中亂臣賊子가朋黨ㅎ야各進所親ㅎ며招擧姦枉ㅎ고抑挫仁賢ㅎ며背公私立ㅎ고換弄法律ㅎ야同胞의生命財産을吸取ㅎ여骨肉이無餘케ㅎ며强宗이采姦ㅎ야侵盜縣官ㅎ며進退求便ㅎ며委曲弄文ㅎ야以危宗社ㅎ며二千萬同胞의冤抑ㅎ怨聲이不止ㅎ되爲大臣者는同胞의勤勞로聚集ㅎ國庫金이나盜食ㅎ고全國江山土地를他邦에공給ㅎ며我同胞二千萬兄弟姊妹를世界上第一下等種의又下等奴隷를甘作케ㅎ되所謂官人者가辯論이有홈을不聞이머니

精忠大義李君이平理院檢事官으로셔所謂法部大臣以下로上官이란者가乱臣賊子의行爲ㅎ는實證을드러身命을不顧ㅎ고但只國法을正明ㅎ여我同胞의幸福을作코저ㅎ여獨身으로奸黨七賊者와公開裁判을累次ㅎ얏스나奸黨의抑挫仁賢하는勢力은甚大하고我同胞의前途勇力이甚少홈으로反히李君이曾刑을當케ㅎ고免官지되얏도다

然이나內外國人士가雖不稱善이며其精忠大義를誰不欽仰이리오然홈으로天知忠義ㅎ사和蘭國의萬國平和會議招使隊文을因ㅎ야

皇詔를奉承하고數萬里風濤를跋涉ㅎ여歐羅巴洲和蘭國京都海牙府에到着하니當時에該處主公等이口中에지갈물고一辭를不言ㅎ며掩面不見ㅎ는지라我使等이厲聲大叫曰我等이貴政府에招請으로渡來어늘不許入參은有何曲折이냐ㅎ대金絲縫耳하고不聽이어늘此時에리君의忠血이胸中에蔽塞된지라百般運動ㅎ야列國大使演說場의得參ㅎ여我韓國의秘慘ㅎ冤을演說ㅎ여列國特使와紳士等의同情을受ㅎ後에我韓國獨立權을柴還치못홈으로不勝忠憤ㅎ야高聲大叫曰蒼天이여我韓國獨立을回復케ㅎ소서ㅎ며放聲大哭라가魂絕倒地ㅎ는지라

會場이大驚急救ㅎ니吐血口中ㅎ며不省人事하는지라急히私席ㅎ야甦醒大呼曰我韓獨立을回復홀者는我同胞 千萬中의數百萬人青年同胞로다蒼天이여韓國獨立을培養撫育하쇼서吾가數萬里他邦에設死ㅎ야鬼怨을報答지못ㅎ고我同胞로永遠作別ㅎ거니와吾가血氣男兒로韓國에復生ㅎ야與我青年同胞로韓國獨立挽回ㅎ기를上天에控訴ㅎ리로다ㅎ고言畢에別世ㅎ는지라當時目擊ㅎ列國紳士와各國報館과新聞記者와其他聞者가含淚嗟嘆치아니ㅎ는者가無ㅎ얏도다

嗚呼라余가李君을曾未有一面이로ㄷ其芳名을新聞上으로從覽ㅎ고欽仰不已ㅎ얏도다告于我同胞ㅎ나이다

如此精忠大義李君은我同胞二千萬을代表ㅎ야以身血로三千里江山에祭ㅎ이되얏스니其切々ㅎ志氣를刻骨紀念ㅎ려니와리君의子女血屬을撫養慰恤ㅎ지어다

官報

●第三千九百七十號 續

隆熙二年一月十四日

敍任及辭令

赤倉吉三郎

任臨時財源調査局書記官

吉田政治 不破重燧 梶嶋榮孝 野坂直次 阿部秀太郎 佐久間省三

任度支部事務官

橋本金太郎 吉田格之助

任臨時財源調査局事務官

岡田眞一郎 中田三郎 豊田四郎 渡邊爲吉 池田活之助

任臨時調査局技師

太田德太郎 八木爲豊

任建築所事務官

國枝博 馬淵豊

任建築所技師

鹽崗智隆 高木正雄

任印刷局事務官

任漢城財務監督局長 小林重 ○川上常郎 任大邱財務監督局長 ○矢野久三郎 任平壤財務監督局長 ○佐佐木正郞 任全州財務監督局長 ○伊藤恒藏 任財務監督局事務官 ○內海英吉 堀陳 石川鈴輔 桑秀作 森山誠之 酒井孝德 任財務監督局事務官 ○廣崎衛 米內金策 今井潔 佐佐喜保之 松尾延之助 小笠原寬 高久敏男 藤本元次郎 山口豊正 任財務官 ○奧村英一 任煉瓦製造所事務官 ○陶山武二郎 任度支部翻譯官 ○勝又六郎 王璉 築所技師 ○原井浩 橋本蹲市 太田和太郎 松崎米藏 任印刷局技師 小幡二郎 ○寺尾規矩郎 安部直嗣 任稅局事務官 未完

●三千九百七十五號

隆熙二年一月二十日

敍任及辭令

農商工部技師宮[illegible]政藏

農林학校教授官原忠正

兼任勸業모範場技師

南業모範場技師豊永眞里

兼任農林학校教授

勸業모範場技監本田幸介

兼任農林學校장

前技手趙鎭옥 仝 林始濬

仝 朴同九 仝 리友榮

仝 金益鎭 仝 韓弘鎭

仝 吳大振 仝 金基晟

任印刷局技手

任학部主事 中島喜一郎

從二品趙秉鎬 仝 閔泳朵

正三品金年圭

任奎章閣副提학

任淑陵參奉 韓基昇

任徽陵參奉 朴齊瞰

九品魚在樑 李圭鎭 리琮夏

命學部委員

奎章閣提학沈相璜

掌禮院典祀卿鄭興世

淑陵參奉韓奎鎬

依願免本官

外報

●四條件上奏 北京電을據ㅎ則東三省總督徐世昌氏와奉天巡撫唐紹儀氏와吉林巡撫朱家寶氏와黑龍江巡撫程德全씨等이連名ㅎ야四個條를以長文으로上奏ㅎ要領이如左ㅎ니

(一)東三省에督辦所를設置ㅎ고兵權을統轄ㅎ되總督으로督弁을삼고三巡撫로會弁을삼을事

(二)黑龍江省金礦에就ㅎ야俄國과交涉ㅎ條項

(三)東三省의收稅가僅少홈으로度支部에上納ㅎ金을減額ㅎ件

(四)東三省의人民이愚迷ㅎ고학校의設홈이無ㅎ中吉林黑龍江兩省이特히爲甚ㅎ事

●議定調印 北京電을據ㅎ則山東巡撫吳廷斌와龍報를依ㅎ니德國膠洲灣總督과協議ㅎ되淸國鐵線과膠州灣鐵道의電線과連接ㅎ事로八個條를議定ㅎ야調印ㅎ얏다더라

●匪類蜂起 北京電을據ㅎ則滕抗角鐵道線路沿邊되는浙江省相鄉縣에匪類蜂起ㅎ얏다더라

●償金減受 路透電을據ㅎ則華盛頓來函을依ㅎ니拳匪亂을因ㅎ야淸國에서美國에支撥ㅎ는賠償금을壹千壹百六十五萬五千弗로減受ㅎ事를美國上下兩議院에서共히決議ㅎ얏다더라

●小許外幣貨 上海電을據ㅎ則淸國度支部에서는外國人居留地以外에서外國銀行의發行하는紙幣流通을不許可ㅎ旨로宣明ㅎ얏다는報가有ㅎ더라

●土耳其總督被圍 路透電을據ㅎ則土耳其地方總督이사후힐코에서打倒ㅎ야日我는三十萬人衆의包圍를當ㅎ게되얏스니至急히援助兵과粮食等物을送ㅎ라ㅎ고萬一不然ㅎ면我는饑餓에迫하면自剏홀터이라ㅎ얏더라

雜報

●昆陽郡附明學校創立旨 昆陽郡前承旨鄭榮士人鄭鍾諸氏가本郡鄕校東西齋에學校를創設ㅎ고教師를招聘ㅎ터인ㄷ資格合當ㅎ人이無홈으로嘆歎하든차에稅務主事리潤永氏가業以曾成專門學校卒業生으로來到本郡ㅎ야視務數二朔에人民이敎師로聘ㅎ코저ㅎ즉有意未遂터니同氏가亦敎育上에熱心注意가有ㅎ故로即爲延聘ㅎ야本月初二日부터上學ㅎ는ㄷ其課程은同氏의受學中必要ㅎ課程民法行政法학通論物權法債權法國家學經濟筭術等諸課程을選出敎授하되公退餘暇로時間을定ㅎ얏는ㄷ上午九時及十時와下午七時로八時々지ㅎ고其校名은明明하다稱ㅎ고財産은校舍所有로現今間은調用ㅎ되 後에財不足ㅎ면吝其出捐維持ㅎ자ㅎ야熱心注意ㅎ고任員을組織ㅎ얏다더라

校長本郡守 玄燦鳳

副校長 鄭宅鉉等

●信西憶 高城來報를據ㅎ則去九月十四日下午四点에義兵七百餘名이突入該郡神溪里ㅎ즉僧徒가喚겁四散이라惟是總攝[illegible]應僧이護寺熱心으로在其寺內이다가不耐剝剮之酷刑ㅎ여入於 莊嚴ㅎ皇帝御室ㅎ야四拜後에左手로奉持位牌ㅎ고右手持刀하여刺頸剮股에命在須臾이라義兵이見此事ㅎ고旋即退去ㅎ얏다ㅎ고該郡神溪寺東一학校의韓貞湖氏가학問이贍富ㅎ며國家思想으로熱心敎育이더니避義兵而來錦山之際에日兵이誤以徒로認ㅎ고九月初五日下午三点에立地砲殺ㅎ얏다더라

雜報

◉帶同陛見 完興君李載冕氏와 承宣君李埈鎔氏가 再昨日下午二時頃에 德壽宮에 問安ᄒᆞ고 即時昌德宮에 陛見ᄒᆞ얏다더라

◉各大辭疏說 各大臣이 次第로 辭職疏를 奉呈ᄒᆞᆫ다ᄂᆞᆫ 說이 有ᄒᆞ더라

◉兩大廢務 總理大臣李完用氏ᄂᆞᆫ 何等事件을 因홈인지 本月初六日부터 陛見ᄒᆞᆫ 後로 不爲仕進ᄒᆞ며 法大趙重應시도 數日을 仕進치 아니ᄒᆞᆫ다더라

◉宮大先還 宮相리允用시와 農大宋秉畯氏의 歸期ᄂᆞᆫ 已爲報道ᄒᆞ얏거니와 宮相리윤用氏가 陰本月二十四日頃에 先爲歸國ᄒᆞᆫ다더라

◉訪問장谷 承宣君리埈鎔氏가 再昨日下午六時에 大觀亭에 前往ᄒᆞ야 장谷川大將을 訪問ᄒᆞ얏다더라

◉勸告朴氏 日昨에 前法部大臣趙秉博시가 前泰領中樞회시를 平理院判事朴晩緖氏의게 指送ᄒᆞ야 曾ᄒᆞ되 朴氏가 訴訟에 誤決ᄒᆞᆫ 事가 有ᄒᆞ니 刑事被告人으로 京城裁判所에 自現ᄒᆞ던지 若不然則辭職請願ᄒᆞ라고 勸告ᄒᆞ얏다더라

◉訪問紛忙 法部大臣趙重應氏가 數日을 仕進치 아니홈은 別項과 如ᄒᆞ거니와 有何緊議事인지 昨日에 外國高等官吏邸에 終日토록 巡回訪問ᄒᆞ엿다더라

◉次辭尤錯 각府部의 一應事務를 處辦ᄒᆞᄂᆞᆫ 事에 對ᄒᆞ야 日本人으로 判任官을 敍任ᄒᆞᆫ 後로 言語도 不通이될뿐더러 公文處辦에 錯雜ᄒᆞᆫ 事가 多홈으로 一般官吏가 困難이 莫甚ᄒᆞ다더라

◉木니入城 歸國ᄒᆞ얏던 내部次官木니重四郞시ᄂᆞᆫ 本日下午□時에 入城ᄒᆞᆫ다더라

◉내大事業 地方各郡守의 貶題를 官報에 揭佈ᄒᆞ야 優劣을 露出에 揚善懲惡케ᄒᆞ더니 昨年度부터 該例를 廢止ᄒᆞ얏다ᄂᆞᆫ대 此ᄂᆞᆫ 내部大臣의 處理行政에 模糊ᄒᆞᆫ 事이라더라

◉兩夕詩홍 再昨夕에 帝室會計監査院장 김윤權氏家에 詩會를 開ᄒᆞ얏ᄂᆞᆫ데 該座ᄂᆞᆫ 美酒를 擔當ᄒᆞ고 兪吉濬씨ᄂᆞᆫ 神仙爐를 辦備ᄒᆞ야 終宵敍懷에 逸興이 腑陶ᄒᆞ얏다더라

◉山林測量의 議案 農商工部에서 各道각郡에 所有山林의 國有와 民有를 勿論ᄒᆞ고 一切測量圖形ᄒᆞᆯ터인ᄃᆡ 人民의 私有山林은 六個月以內에 測量圖形ᄒᆞ야 認許를 請ᄒᆞ게ᄒᆞ되 六個月이 稍過ᄒᆞᄂᆞᆫ 境遇에ᄂᆞᆫ 民有山林도 國有로 調定ᄒᆞᆯ 件을 닉閣에 請議ᄒᆞ고 其測量圖形費난 該山林所有主가 自擔케ᄒᆞᆫ다더라

◉恩금支給 각部官吏中今番落仕ᄒᆞᆫ 人의게 恩賜금을 計其年俸ᄒᆞ야 支撥ᄒᆞ되 五朔으로 足定限ᄒᆞ야 若過限請願ᄒᆞᄂᆞᆫ 人의게ᄂᆞᆫ 支給지아니ᄒᆞᆫ다더라

◉委員餞別 忠淸南北道宣諭委員宋綺用 張炳喜兩氏가 日間발程ᄒᆞᆯ터인 故로 昨夜貞동教堂에서 教會中諸氏가 會集ᄒᆞ야 餞別會를 設ᄒᆞ얏다더라

◉以待木니 尙州郡民人等이 該郡守김寅欽氏의 治蹟을 臚列ᄒᆞ야 내部에 願留書를 緖呈ᄒᆞ얏ᄂᆞᆫᄃᆡ 該部에서 次官木니氏의 歸國을 稱托ᄒᆞ고 不爲題給ᄒᆞᆫ 故로 該民人等이 多日留連에 旅費가 困難ᄒᆞ야 姑爲下去라가 木내시가 還任ᄒᆞᆫ 後에 更히 請願ᄒᆞᆯ 的定이라더라

◉西北懸板 再昨日大東學會에서 通常會를 開ᄒᆞ얏ᄂᆞᆫ대 皇太子殿下 睿筆로 人能弘道라 寫ᄒᆞ신 懸板을 該會大廳壁上에 高懸ᄒᆞ얏더라

◉巡檢褒貶 各道裁判所檢事가 各郡分署巡檢의 警察事爲上善不善에 褒貶題목을 書ᄒᆞᆫ다더라

◉閔시旋放 前協辦閔衡植씨의 被捉ᄒᆞᆫ 事ᄂᆞᆫ 更聞ᄒᆞᆫ즉 該氏가 前郡守明範錫氏의 債전幾千圓을 日人의게 擔保ᄒᆞᆫ 事가 有하더니 該日人이 警視廳에 呼訴ᄒᆞ야 閔시를 押去ᄒᆞ얏다가 旋即放送ᄒᆞ얏다더라

◉果則人乎 谷城郡支鳥里樓鳳里兩동에서 陰十月廿日夜에 義徒十二名이 一夜經過後仍即발去ᄒᆞ얏ᄂᆞᆫ데 該部駐在守備隊가 追捕次로 兩동에 來到ᄒᆞᆫ 時에 谷城分署에 在勤ᄒᆞᆫ 京城居黃德純氏가 同來ᄒᆞ야 兩동을 百方庇護에 村狗不吠ᄒᆞ고 居民安堵ᄒᆞ얏다더라

◉臨岡歸任 今番新任ᄒᆞᆫ 니部府郡課長臨岡氏ᄂᆞᆫ 日昨에 渡韓ᄒᆞ야 昨日에 該部에 八來ᄒᆞ얏다더라

◉尉官課程 軍部附尉官四十名中經理局과 其他각局에ᄂᆞᆫ 三人式觀務ᄒᆞ고 武官學校에 二人과 修학院體操教師一人以外에ᄂᆞᆫ 該部내에서 학課를 教授홀터인ᄃᆡ 其學課ᄂᆞᆫ 軍士學及日語算術等五六課程이라더라

◉開校落成 開城普通학校에서 本月二十二日에 落成式을 設行ᄒᆞᄂᆞᆫ대 학部局課장을 來請ᄒᆞ라고 請帖ᄒᆞ얏더라

◉出張長郡 昨日上午에 警視總監丸山重俊氏가 韓日巡査八拾名을 領率ᄒᆞ고 장湍等地義擾鎭壓次로 出張ᄒᆞ얏다더라

◉普校討論 再昨日에 普成中學校에서 人類生活上에 共同競爭은 甲兵이 勝於閱艦란 問題로 討論ᄒᆞ얏다더라

◉訓飭各道 内部에서 十三道에 訓令ᄒᆞ되 隆熙元年十二月十三日에 至誠惻달ᄒᆞ오신 詔勅謄을 遵ᄒᆞ야 時宜을 全昧ᄒᆞ고 誤解暴動의 人民을 撫綏奠接케하ᄂᆞᆫ 訓飭을 各道府尹의게 旣已발送인바 當時에 歸順票授與權限은 警察과 憲兵에게만 指定ᄒᆞ얏더니 其範圍가 甚狹ᄒᆞ고 影響이 未徧홈을 憂慮ᄒᆞ야 今次에 歸順票名稱을 免罪文憑이라 改定ᄒᆞ고 宣諭委員과 各府尹郡守의게도 頒給文憑ᄒᆞᄂᆞᆫ 權限을 一體通用케ᄒᆞᆷ은 暴動人民으로ᄒᆞ야곰 歸順免罪ᄒᆞᆯ 門路가 甚廣케ᄒᆞᆷ이니 疑懼의 遊心을 快釋ᄒᆞ고 悔悟의 新想을 渙發ᄒᆞ야 風雪의 困苦를 脫免ᄒᆞ고 父母를 歸養ᄒᆞ며 兵器를 舍하고 耒耜를 來執하리니 字牧이 된 者ᄂᆞᆫ 其擔負ᄒᆞᆫ 責任을 務盡ᄒᆞ야 丹心을 披露ᄒᆞ고 乱暴行爲를 改ᄒᆞ야 良民을 化成케ᄒᆞᆯ지니 家戶論說ᄒᆞᆫ 誠心으로 迷向ᄒᆞᆫ 民志를 啓導ᄒᆞ고 氷雪顚連의 旬語로 感激ᄒᆞᆫ 綸音을 布告ᄒᆞ야 一齊히 歸順을 懷綏ᄒᆞ며 一一히 免罪를 證ᄒᆞ기爲하야 玆更발訓ᄒᆞ노니 該文憑의 給與가 增加홀 時에ᄂᆞᆫ 歸順ᄒᆞᆫ 人民의 該交憑을 或他人의게 私相借與利用ᄒᆞ거나 又給與ᄒᆞᄂᆞᆫ 官憲이 或弄私謀利ᄒᆞᄂᆞᆫ 弊를 另加注意ᄒᆞ야 務極嚴密케 되該文憑을 給與ᄒᆞ고ᄂᆞᆫ 警察官과 互相通知ᄒᆞ기를 晷刻勿滯ᄒᆞᆯ지며 惕念擧行ᄒᆞ라ᄒᆞ얏더라

◉孤院紀念 孤兒院에서 來本曜日에 第三回開校紀念式을 擧行ᄒᆞᆯ터인데 각社會와 내外國官吏를 請邀宴待ᄒᆞᆫ다더라

◉靑會演說 今日下午七時에 鍾路青年會館에서 米國總領事森蒙氏令允을 請邀ᄒᆞ야 韓國之將來란 問題로 演說ᄒᆞᆫ다ᄂᆞᆫ데 入場時間은 下午六時四十分으로 定ᄒᆞ고 六時四拾分이 過ᄒᆞ면 雖會員이라도 入場을 不許ᄒᆞᆫ다더라

◉日人染病 官立工業傳習所에서 日人一人의게 傳染病이 발生ᄒᆞ야 該日人을 漢산病院으로 昇去ᄒᆞ얏다더라

◉建築開會 堤川郡被燒以後로 失所同胞를 奠接ᄒᆞ기 爲ᄒᆞ야 家屋을 建築ᄒᆞᄂᆞᆫ 事實은 已爲揭報여니와 發起臨時會를 本月二十一日火曜下午七時(陰十八日)에 校洞二十九統二戶西北學會館니로 開設ᄒᆞᆫ다더라

◉捐穀寬利 通津郡에서 有志紳士가 學校를 設立ᄒᆞ고 學徒六十餘人을 教育ᄒᆞᄂᆞᆫ데 學校維持ᄒᆞ기 爲ᄒᆞ야 有志人이 教育契를 設始ᄒᆞ야 各隨家勢ᄒᆞ야 正租를 或一石或十斗五斗三斗式捐集ᄒᆞ야 設契ᄒᆞ얏더니 本郡居前參奉閔樂鎬가 本以饒戶로 一境人士의 教育을 爲ᄒᆞ야 設契홈에 難以排斥ᄒᆞ야 正租十斗를 捐ᄒᆞ야 參契ᄒᆞ얏다가 今年에 至ᄒᆞ야ᄂᆞᆫ 과租捐홈이 吝惜ᄒᆞ야 契租任置人에게 來言曰 吾가 初以十斗租로 參契ᄒᆞ엿더니 吝嗇心이 忽發ᄒᆞ니 五斗만 入契ᄒᆞ고 五斗租ᄂᆞᆫ 長利ᄒᆞ야 七斗五升을 還出ᄒᆞ라고 詰難ᄒᆞ야 權利覓去ᄒᆞ얏기로 一境人士가 齊會ᄒᆞ야 其無理ᄒᆞᆫ 野心을 聲討ᄒᆞ얏다ᄒᆞ니 後期에ᄂᆞᆫ 所餘五斗를 必復幷利推去ᄒᆞᆯ리니 此等捐助ᄂᆞᆫ 反爲貽害라고 評論이 藉藉ᄒᆞ다더라

◉抱郡義擾 抱川等郡에 義徒가 猖獗ᄒᆞ다ᄒᆞ야 日憲兵及巡査가 再昨日브터 多數出張ᄒᆞ얏다더라

◉日兵又東 昨日上午八時量에 日兵數十名이 擔銃騎馬ᄒᆞ고 東大門外로 出去ᄒᆞ야 江原道等地로 발向ᄒᆞ얏다더라

▲地方消息▼

▲自衛團이 各地方에 下去ᄒᆞ야 饒民의게 錢財를 討索ᄒᆞ고 殘民의게ᄂᆞᆫ 團標價를 徵出홈으로 民情이 大段敵々ᄒᆞ다ᄒᆞ고

▲陰曆十一月에 산郡에서 日巡査와 一進會가 閭里에 橫行ᄒᆞ다가 天道敎人을 逢着ᄒᆞ야 義兵의 干連이라 執탈ᄒᆞ며 該敎人이 敎標를 出示ᄒᆞ야도 畢竟加害ᄒᆞ얏스니 天道敎와 一進會가 仇讐가 되얏ᄂᆞᆫ지 知치 못ᄒᆞ깃다ᄒᆞ고

▲義兵將우東善이가 敗殘兵을 更히 募集ᄒᆞ야 장湍郡을 襲擊ᄒᆞᆫ다ᄒᆞ고

▲十九日大邱발電을 據ᄒᆞᆫ즉 十八日午後二時에 義兵約六拾名이 河陽郡에 來襲ᄒᆞ야 日人一名을 捕去ᄒᆞ얏다ᄂᆞᆫ대 生死ᄂᆞᆫ 不知ᄒᆞᆫ다홈으로 日巡査六名을 急派하얏다ᄒᆞ고

▲平邊警察署장의 報告를 依ᄒᆞᆫ즉 三水郡中坪場에 義兵二百名이 集合ᄒᆞ얏ᄂᆞᆫ대 同地에서 厚昌郡으로 通ᄒᆞᆫ 路에ᄂᆞᆫ 積雪이 됨으로 交通이 杜絶ᄒᆞ얏다더라

東京電報

十九日午後발

◉進步黨의 決議 進步黨에서ᄂᆞᆫ 昨日大會를 開ᄒᆞ고 政府反對의 條件七項을 可決ᄒᆞ얏다더라

◉炭坑爆발 北海道夕張炭坑이 爆發ᄒᆞ야 燒死者九十八名을 引出ᄒᆞ얏스나 黑焦가 되얏고 其外技手以下坑夫百名도 死亡ᄒᆞᆫ 貌樣이라더라

▲歌謠飄颻▼

▲떠잇고나 떠잇고나 大韓江山 떠잇고나 国扶大手누구런고 山靈水鬼痛哭ᄒᆞ며 玉皇上帝여 呼訴ᄒᆞ니 感應之理ᄂᆞᆫ 술손가 이고지고홍

▲반갑도다 반갑도다 大韓民心 반갑도다 八域이 鼎沸ᄒᆞ되 國債報償熱心ᄒᆞ야 至今도 陸續ᄒᆞ니 愛國誠이 感謝ᄒᆞ다 이고시고홍

▲우지마라 우지마라 解散將卒 우지마라 徵兵令을 實施ᄒᆞ면 雪恥ᄂᆞᆫ 번아ᄂᆞ 될가 이고지고홍

▲놀고가세 놀고가세 各部大臣 놀고가세 귀쓱말이 秘密ᄒᆞ니 茶會晩餐滋味로다 世上事ᄂᆞᆫ 何如런지 一身安樂第一인가 이고지고홍

▲음흉ᄒᆞ다 음흉ᄒᆞ다 老物이 음흉ᄒᆞ다 對韓政策失手홈으며 國會서 칙망홀제 前大臣의게 歸咎ᄒᆞ니 貧곳ᄒᆞ면 놈안줄건이모 지고홍

▲야단낫고나 야단이낫고나 저집에서 야단이낫고ᄂᆞ 리總理宋大臣 괴憂骨저情分이 逼動發에 흠이나 形勢不兩立되ᄂᆞᆫ고나 이고지고홍

▲거더먹자 거더먹자 大臣親戚 거더먹네 事務曖昧ᄒᆞ니 除汰ᄒᆞᆫ다 다親致侮予저勢力이 名色만ᄯᅢ고잇다 이고지고홍

▲렴치업다 렴치업다 며손들이 렴치업다 儲된지 三日만에 안마누라 속일 거정ᄒᆞ여 給分으로 貪을내여 貸치안라애 고지고홍

▲불상ᄒᆞ다 불상ᄒᆞ다 宮殿院巡檢불상ᄒᆞ다 給分에 목을달고 一家生活못ᄒᆞ야 一朝에 解散되니 아 身世를엇지ᄒᆞ나 이고지고홍

▲난봉이낫고나 난봉이낫고나 雜技판에 논봉이 낫고나 판안돈의 慾心내다 前度支大臣의 行錄로야 背離遊業ᄯᅢ나 가ᄂᆞ 父母妻子의 罪人이라 이고지고홍

社告

○感愛錄

本社過去年末經費窘絀債務未辦爲千餘圜月給未撥亦千餘圜奚此氣低數年內各地方購覽員或數千餘圜及各支社二千五百餘圜未收之所致也蓬此廢始數年圜未收條一一調查催俾于未納員處廣告廣輸而若至數次猶無償還則勢不得已於本社廢錄以彌縫交周俟得畔役通設感信錄以廣佈該員姓名者哉鳴呼納付員特設信愛錄以酬衆員相信相愛之厚情焉

○告各支社員

本社對各支社申報代金冰咸內未納遍壓此項支社之盛來己屢催奘嬴不收納不通數三員而北全屬未納者居關當歲社以示本社之有泊滋感資言盛有三國思週不忍種屬者有三益本社之本意只在於轉圖的為共附火明共敍信貿的超見則爲本社之刻可而不忍歷者一也

各支社社員分俗本社之幾貪親乎分譽不圖風潮令人閱刻諒騰察爲支社之觸移而不忍歷者二也

各境各法君子是本報勿受兄弟知愛胡及未起機而先於繳一號而償代金甚至於各處思告當等片飛到爲之以無休息如此至情安敢相負爲購覽員之督促而不忍歷者三也

嗚呼支論嗚患覽此見歷一字奪淚萬點爭爲貪言不忍一朝徐說更寬一限以待回音

雜報

江華郡川從兪鎭檀氏第에本支社를設置ᄒᆞ얏사오니該附近地에서本申報購覽ᄒᆞ실 僉君子ᄂᆞᆫ該支社로請求ᄒᆞ시고代金도兪鎭檀氏에게로交ᄒᆞ시심을務望

賀水原明進학校　石橋生 鄭性敎

今之人이皆日天下國家而不知天下之本은在國ᄒᆞ고國之本은在家ᄒᆞ고家之本은在身이라ᄒᆞ니嗚呼라都巠斯言이可謂娛百而不惑者也로다夫以天下國家로視一身ᄒᆞ면孰不日天下國家가大於一身也며以一身으로視天下國家ᄒᆞ면孰敢日天下國家가於一身에爲近也라ᄒᆞ리오然則今欲立乎大者ᄒᆞ며致乎遠者ᄂᆞᆫ而反欲先其小者ᄒᆞ며務其近者ᄂᆞᆫ何也오蓋事有本末始終ᄒᆞ되自不能不循其序者存也니孰所謂身者ᄂᆞᆫ豈孫々然一血購肉團之謂也리오乃百爾百能ᄒᆞ며万有萬備ᄒᆞ야可히天下國家의責을任ᄒᆞᆯ能力을優占ᄒᆞᆫ經位에立ᄒᆞᆫ者를謂ᄒᆞᆷ이라然身不能以自立이라必待自治而後立焉ᄒᆞ나니治身이有道乎아日爲焉而已니라ᄒᆞ은何謂也오乃智識之謂也니然則斯身也ᄂᆞᆫ天下國家의責을負擔ᄒᆞᄂᆞᆫ機關에不過ᄒᆞᆷ이오能히此機關을活潑融通히使用ᄒᆞᄂᆞᆫ眞力이有ᄒᆞᆫ者ᄂᆞᆫ知識이其主腦를司ᄒᆞᆯ지라是以로智識을開발코져ᄒᆞᆯ진ᄃᆡ學校를不可不設이니夫학校ᄂᆞᆫ知識之府也며德懲之所由感이며工藝之所由習이며富强之所基而成者也니故로古代ᄂᆞᆫ勿論ᄒᆞ고互宅이交通ᄒᆞ며人文이漸達ᄒᆞᆫ現世界를際하야도학校成立으로써國步開進의丹頭大法이라主唱ᄒᆞᄂᆞᆫ者亦其數가幾多ᄒᆞ야國家의興亡과人民의文野ᄂᆞᆫ학校에振萎隆替ᄒᆞᆫ情況으로써占取ᄒᆞᄂᆞ니今日我韓의國威가日薄ᄒᆞ고人權이日縮ᄒᆞ야悽々然莫之聊者ᄂᆞᆫ雖使痴者辨之라도其原因이必在於教育之未興이라ᄒᆞ리니然則教育의實施方針을講究함이正히今日의唯一無二ᄒᆞᆫ必要條件이라吾黨의鄭漢教氏 林氏ᄂᆞᆫ素以有志之士로學問이贍裕ᄒᆞ고雄略가夙著ᄒᆞᆫ者라此兩씨가有慨于玆ᄒᆞ야水原郡烏山에一校를設立ᄒᆞ니名曰明進이라蓋斯校之設也에已閱曠기之經始라附近人士가莫不聞而喜之日善哉라斯校여今而後에야吾弟若吾子吾孫의遊息이有其所矣며敎育이得其方矣ᄒᆞ야使其子弟로學來就學ᄒᆞ야聰智穎拔ᄒᆞᆫ秀才가濟濟蹌蹌ᄒᆞ야庶幾乎文明氣像을於此可見이라縱似本人의積唐無舍者도猶不覺聞而一番ᄒᆞ며一見而躍之而終夜不寐而喜ᄒᆞ야暗語於口日今日鳥山에眞有校能若是ᄒᆞᆫ아仰而賀ᄒᆞ며俯而禱ᄒᆞ고繼乎아明進之校가果若是能進就乎아ᄒᆞ야一拜爲國家賀ᄒᆞ며再拜爲同胞賀ᄒᆞ노라然比數年來로始都而自湖目檄自關에紛紛然日教育日학校者踵望而不絕이로되或有奄奄難進ᄒᆞ며或有纔設旋廢者ᄒᆞ니其憂實不細焉이며其故實有在焉이로다然斯校也ᄂᆞᆫ水之士咸日黃金滿籯ᄒᆞ야遺子不教면將焉用之오ᄒᆞ야或有傾産而助者ᄒᆞ며或有全橐而捐者ᄒᆞ야基本이已立ᄒᆞ고豫算이裕足ᄒᆞᆫ대若之鄭之林兩氏의多術之敎를蒙得ᄒᆞ니斯校之幸이莫此爲京이라今鄰人所以爲斯校賀者도亦豈但爲始也有光이리오窃賀其有始而將有終也니凡在斯校者ᄂᆞᆫ勗哉勉旃ᄒᆞ야異日業遂功成之日에使今珠之人으로稱頌然日何以則使國으로能有校如此케ᄒᆞᆷ을再禱二禱而不一禱ᄒᆞ노라

廣告

本人이書籍를另設하고新舊書籍을具備ᄒᆞ와廉價放賣ᄒᆞ오니有志하員은來臨購買ᄒᆞᆷ
元山上里二號芸香舖 金舜倉 白

本人의弟炳穆이性本浮浪ᄒᆞ야出沒京鄉ᄒᆞ야本人의田土券과圖章을僞造ᄒᆞ오니內外國人은切勿見欺ᄒᆞᆷ
淸道郡 박炳淑 告白

本郡郡主事로鄭報客金應三은年過大而素是土豪로曾經二年座首時에剝奪民財ᄒᆞ야餘毒이尙未蘇ᄒᆞ고且其子宗瀚은以强盜罪로懲役者也若是敎子之人으로兄一郡治民ᄒᆞᆯ乎欲壓其罪ᄒᆞ야與奸吏리昌瑞로締結ᄒᆞ야面長而擁蔽官聽ᄒᆞ며瞞弄叙任ᄒᆞᆷ老慾手段에一境民이未免魚肉이오郡衙ᄂᆞᆫ便同賊窟이니不得不呼訴道察ᄒᆞ야使金리兩奸으로裁判論罪이기告白ᄒᆞ오니當局諸公은預先照亮ᄒᆞᆷ
安州民金昌洙等 告白

本人의次子世奎가性本浮浪ᄒᆞ야蕩敗家産ᄒᆞ고出入技局ᄒᆞ야符同挾雜之輩ᄒᆞ고欺人圖債ᄒᆞ야ᄒᆞ오니誰某시던지世奎와物間相關이오면白失ᄒᆞᆯ터이오니內外國人은切勿見欺ᄒᆞ시오
龍川郡光化面塊境里 前參奉 朴基元 告白

家庭雜誌

一冊五十頁 定價金十錢

本雜誌ᄂᆞᆫ純國文으로發行ᄒᆞ와家庭敎育界에大光明을放하옵다가財政의艱窘을因ᄒᆞ야中間에暫時停止ᄒᆞᆫ바이온ᄃᆡ今에本社에서有志諸氏의協贊을得ᄒᆞ야論說論評의各部門과滋味잇ᄂᆞᆫ歷史談等을著述或蒐輯ᄒᆞ야本月五日부터續刊發行ᄒᆞ엿사오니 僉君子ᄂᆞᆫ續々購覽ᄒᆞ시옵

發賣所 布屛下廣學書舖
尙洞博文書館
鍾路大東書市

南門내尙洞靑年學院내家庭雜誌社 告白

本人의弟田인이浮浪心性으로欲破兄産ᄒᆞ야締結浪子ᄒᆞ야定州方應모承家先郭山北面上端朴正鎭北面下端김濟河四人과ᄒᆞ야嗾囑定州住日人牧山淸太郎而郭山郡地所在兄之田八日耕畓五石落을僞造成券ᄒᆞ야以千圜定價後에來閱厥土라가巧値本人來留ᄒᆞ야奸狀綻露에告于分派所還推僞券이오나用이狠心이未悛更起ᄒᆞ면抑又見欺之君子有ᄒᆞᆯ가慮ᄒᆞ야如是仰佈ᄒᆞ오니內外國人은切勿見欺ᄒᆞᆷ
平北龜城蘆洞印用禎 告白

本人이紙貨一千圜을韓一銀行에任置ᄒᆞ고票를授去ᄒᆞ야於義洞리感成處에任置이다가本月五日午時梨峴等地에서見失이오기玆에布告ᄒᆞ오니內外國人間拾得ᄒᆞ와도休紙施行ᄒᆞᆷ
北署帶洞六十八統十戶 崔炳權 告白

本人이姓名圖章과八우房圖章을俱爲서失故更造次姓名圖章에乘字ᄂᆞᆫ正字로房圖章은圖으로改造이오니照亮ᄒᆞᆷ
宋秉浩字錫泰

京畿廣州郡旺倫面三里蔵朴峴山麓에伏在ᄒᆞᆫ本人의歷世先塋은累百年間世世守護無弊이옵던바近聞則不知何許朴哥가自稱山主ᄒᆞ고本處禁養松楸를將欲放賣云이옵기로玆以廣告ᄒᆞ오니內外國人은切勿見欺ᄒᆞ심을望ᄒᆞᆷ
果川郡郡內宗孫朴年盛 告白

本人名秉源之秉字를昇字로改正ᄒᆞ오니知舊諸照亮ᄒᆞᆷ
全義居鄭昇源 告白

本人시叔容出沒京鄉先男房介產盡爲蕩敗京居李重煥處에何其謀稱府謂以李重煥家本人之上欲爲執行叔嫂之理乎아必是李容敎唆欲奪嫂庄土也不能忍玆以廣告ᄒᆞ니內外國人
洞居 驪州徐姓史 告白

本人이隆熙元年十一月十七日에金一千圜을韓一銀行에任置ᄒᆞ고三回二十一號手票를任置이다가一年一月五日年前梨峴等地에서遺失이옵기玆以仰佈ᄒᆞ오니내外國人間拾得ᄒᆞ와도休紙施行ᄒᆞᆷ
北署帶洞六八統十戶 崔炳權 告白

學員募集廣告

本校ᄂᆞᆫ同人이法律經濟學兩專門科學員을茲에募集ᄒᆞ오니願學人은左記試驗定期內에本校用紙로써早速請願ᄒᆞᆷ을望ᄒᆞᆷ 但右兩科ᄂᆞᆫ夜學으로만募集ᄒᆞᆷ

◉修業年限　三학年
◉入學年齡　十七歲以上
◉學科目　法律學全部　經濟學全部　備任本校規則
◉試驗日字　一月廿五日(陰曆戊申正月廿四日)
◉試驗科目　歷史及地誌問對(內國及外國)讀書及作文(國文及漢文)算術(四則以內)
但官公私立學校의普通科以上卒業証書가有ᄒᆞᆫ人은其學力을檢定ᄒᆞᆫ後免試入許ᄒᆞᆷ
●開學日字　三月五日(陰曆二月三日)

隆熙二年一月十日
漢城中署磚洞普成專門學校

本人의名惠元을以起字로改定ᄒᆞ오니知舊照亮
和洞梁晉起元 告白

本人이江西郡草里面上八里伊老島懇字답八斗落을定價五百圜買得于平壤大興部雙街里居黃召史ᄒᆞ얏더니同黃召史가符同雜類ᄒᆞ야已賣之田을更欲放賣云이옵기玆以廣告ᄒᆞ오니內外國人間切勿見欺ᄒᆞ시옵
平壤外城金大永 告白

本所에서新舊物貨賣買方法을便利케ᄒᆞ야逐日開業ᄒᆞ오니僉君子ᄂᆞᆫ物品賣買ᄒᆞ실事가有ᄒᆞ거든本所로來臨ᄒᆞ시오 賣買ᄒᆞᄂᆞᆫ規則은本所에來臨商議ᄒᆞ시오
南署銅峴美洞前紙廛家競賣所 告白

◉商業學　張志淵氏譯述
一冊定價金四十錢
발賣所　中署布屛下廣學書舖
南門내博文書館
동口中央書館
鍾路大東書市
廣學書舖 告白

新校洋裝書冊　學徒運動諸具　羅紗各種　英國金鐘錶　其他各種貨物을廉價放賣ᄒᆞ오니諸君子ᄂᆞᆫ來臨ᄒᆞ심을바라나이다
仁川港新商社

◉國債報償義捐金收入廣告

●平安北道寧邊郡 泰平面上西里

金聖濂 十圜 金鵬涉 五圜

白學伯 四圜 鄭亨泰

三圜五十전 金元吉

二圜五拾전 權滌 李仁涉

각二圜 林京楷 金仁弘

金浩俊 각一圜五十錢

白玉龍 康得弘 康仁富

白學信 李東奎 宋尙律

金良必 각一圜 吳公吉

崔正淳 白萬函 김致涉

宋元國 林成洽 金文珍

白萬巨 趙興魯 康鳳淳

金聖麟 孫承元 邊國玄

金允伯 宋元日 각七十錢

李允亨 白學京 김士俊

張志化 吳公權 리允化

吳公模 趙興周 金士傑

康成文 각五十錢 張延煥

韓京珍 吳承京 金仁官

金承浩 金才元 金士業

韓俊憲 리允煥 金應化 邊國柱

각卄錢 鄭周奉 吳致亨

金應文 柳滄鳳 金貞俊

楊宗珍 金桂文 吉乃京

리仁得 權應元 金允玉

金得浩 李京龍 張應烈

리昌龍 白禹浩 鄭義奉

金永珍 孫必永 白洛善

리文弘 金應燁 車允하

金應玄 郭宗云 朴希涉

吉貞守 金德允 李承龍

白日昇 林德永 리文化

宋云祥 리允丙 최學奎

梁貞權 金桂俊 金德亨

高桂天 각卄전 申允俊

宋元祥 梁碩俊 康國祚

白洛信 金元涉 宋元白

金成德 吉利元 宋允京

崔承雲 崔承玉 宋尙浩

白萬才 리善弘 池汝能

金熙淳 金仲南 김子日

金任京 白萬日 김貞九

孫允權 楊成日 吳致玄

金南碩 宋元奎 各拾전

合七十圜

前號總合五萬七千八百二十六圜拾七전七厘

都總合五萬七千八百九十六圜拾七錢七厘

◉大韓每日申報各處支社

中署布屛門下 金相萬

平壤上水口門 金浩善

仝

仁川杻峴 崔寂恒

宣川邑 李東皓

義州西門外 安濬

釜山港佐川 大[illegible]

三和港 徐昞肅

咸興南州 金允錫

開城南大門內 曹富林

大邱市 姜助遠

鎭學邑 崔一弘

鐵山邑東部 劉夢澤

元山 安

海州南門內 劉七鎬

定州南門內 朴昌鎰

昌城郡校 洪成인

郭山興岩書舖 許환

安岳 李鍜瑞

海川 廉道善

安州 리鎭成

高原邑 金鳳河

高原 趙鎭大

淸州 朴敎吉

井邑 李益秉

泰仁邑 金禹燮

興德 金鼎濟

京義線 李基秀

장淵 崔叔淳

殷栗 金泰聲

古阜 殷錫漢

群山港 宋判嚴

龍川 黃菊保

東萊 金明仁

淸州 宋斗鉉

發行兼編輯人 英國人 裵說
發行所
印刷所 南署石井洞 大韓每日申報社

第六卷

大韓每日申報

第七百十四號

月曜及慶節歲時日休刊

檀君開國四千二百四十年
箕子元年三千二十九年
大韓開國五百十六年
日本明治四十一年
淸國光緖三十三年
陰曆丁未十二月小十九日丙子

論說

◉內閣諸氏退去矣

嗟爾內閣諸人들아君輩가耳가有ᄒᆞ고目이有ᄒᆞ고心腸이有ᄒᆞ거든其亦從此退去矣어다君輩가內閣에入ᄒᆞᆫ지今已一年을經ᄒᆞ얏스니如此長歲月間에做出ᄒᆞᆫ事業이何인가

第一 太皇帝陛下ᄭᅴ셔讓位ᄒᆞ심을請ᄒᆞᆷ이오

第二 一切行政에日本統監의同意를要ᄒᆞᆷ이오

第三 政府椅子에外賓을迎入ᄒᆞᆷ이오

第四 不多軍隊도何障碍를因ᄒᆞᆷ인지一朝에解散을行ᄒᆞᆷ이오

第五 一進會를獎勵ᄒᆞ야勢力을擴張케ᄒᆞᆷ이오

第六 人民의惡憾을惹起ᄒᆞ야義兵을蜂起케ᄒᆞᆷ이오

第七 義兵이起ᄒᆞ매日兵이義兵을勦平ᄒᆞᆫ다ᄒᆞ고良民을多數誤殺ᄒᆞ야도緘口不言ᄒᆞ고袖手傍觀ᄒᆞᆷ이오

第八 皇太子殿下ᄭᅴ셔日本에遊學케ᄒᆞᆷ이오

第九 自衛團을組織ᄒᆞ야地方人民의게侵虐을橫加ᄒᆞ야도其橫暴를放任ᄒᆞᆷ이오

第十 司法權警察權等을一切日人의게讓渡ᄒᆞᆷ이오

此外許多歷史ᄂᆞᆫ枚擧키不能이나大略言之ᄒᆞ면朝에ᄂᆞᆫ日本統監府에問安이오夕에ᄂᆞᆫ晩餐會나設ᄒᆞ고日人某々氏을招待ᄒᆞ며每日揚々意氣로日巡査를左右羅列ᄒᆞ고東奔西走ᄒᆞ며晝夜祈禱가何以ᄒᆞ면日本官吏의脾胃를迎合ᄒᆞᆯ가何以ᄒᆞ면我大臣地位를長久不動ᄒᆞᆯ가何以ᄒᆞ면人民의膏血을吸盡ᄒᆞᆯ가何以ᄒᆞ면同胞의知識을錮塞ᄒᆞᆯ가ᄒᆞ야國家의興亡도不問ᄒᆞ며人民의休戚도不管ᄒᆞ며目前의譏刺도不恤ᄒᆞ며史筆의斧鉞도不顧ᄒᆞ고五賊七賊、賊五賊賣國賊亡國賊ᄒᆞᄂᆞᆫ冷嘲熱罵가耳朶를雨打ᄒᆞ야도不膚撓不目逃ᄒᆞᄂᆞᆫ北宮氏의堅忍갓치內閣交椅를的今ᄭᆞ지頑據ᄒᆞ얏스니東西古今汗牛充棟의史册을盡閱ᄒᆞ더리도君輩又치沒恥ᄒᆞ고君輩又치頑冥ᄒᆞ고君輩又치奸險ᄒᆞ고君輩又치詔諂ᄒᆞ고君輩又치不忠ᄒᆞ고君輩又치奴才가有ᄒᆞᆫ者ㅣ其誰가又有ᄒᆞ리오

嗚呼라君輩의手腕이愈熟ᄒᆞᆯ수록斯國의悲運이愈深ᄒᆞ며君輩의禍命이愈好ᄒᆞᆯ수록斯民의慘狀이愈長ᄒᆞ리니

看ᄒᆞ라十三道各地方에生령이塗炭ᄒᆞ고騷亂이蜂起ᄒᆞ야家屋을被燒ᄒᆞ고風餐露宿ᄒᆞ며穀苞를被掠ᄒᆞ고道路에轉ᄒᆞ야草間林際에相對痛哭ᄒᆞᄂᆞᆫ無告窮民들이皆是君輩가內閣에入據ᄒᆞᆫ以後歷史가아닌가

嗟爾李、任、李、趙、李、宋、高輩들아君輩가 皇恩의猥沾도已大ᄒᆞ며國庫의竊食도已多ᄒᆞ며同胞의賠害도已甚이며國運의剝喪도已晦이니此境을致ᄒᆞ고도退一字를留惜ᄒᆞᄂᆞᆫ가

去矣어다君輩아去矣어다君輩아君輩가不去ᄒᆞ면此씨이永去ᄒᆞ리로다

近聞ᄒᆞᆫ즉耶蘇敎人中에外面的으로熱心信敎ᄒᆞ고內面的으로君輩의忠奴되ᄂᆞᆫ韓小局小의政界躍창鬼一人을君輩가指囑ᄒᆞ야敎徒殺人을誘引ᄒᆞ야騷擾各處에前往宣諭케ᄒᆞ니設或君輩ᄂᆞᆫ良心이偶生ᄒᆞ야眞個是安民方策에서出ᄒᆞ얏슬지라도一般輿情은莫不日此是地位를鞏固ᄒᆞᆯ計策으로敎人을誘引ᄒᆞ야日人의게納媚ᄒᆞᆷ이라ᄒᆞ나니

然則宗敎信仰力이確有ᄒᆞᆫ敎人은決코君輩의命을聽ᄒᆞ고甘心前往ᄒᆞᆯ者가無ᄒᆞᆯ지며又或前往을自甘ᄒᆞᄂᆞᆫ敎人은善男善女가信徒로待ᄒᆞᆯ者가無ᄒᆞᆯ지며即彼各地義黨은必曰此ᄂᆞᆫ賣國賊의鷹犬이라ᄒᆞ야耶蘇敎人으로不認ᄒᆞᆯ지오況敎人은政治上關係가原無ᄒᆞᆷ으로今此數個人의前往이敎人의同意가아니며又其前往ᄒᆞᄂᆞᆫ人도官報에勒載ᄒᆞᆷ으로不得已前往ᄒᆞ나니君輩의數人利用ᄒᆞ라ᄂᆞᆫ計策이其亦오矣로다

去矣어다君輩여去矣어다君輩여君輩가去ᄒᆞᆫ然後에야宣諭도可行이며義兵도可散이며國權恢復도其望이有ᄒᆞ리니

去矣어다君輩여去矣어다君輩여去時에無回顧ᄒᆞ며去後에無再來어다

官報

●第三千九百七十號 隆熙二年一月十四日 續

敍任及辭令

○野村才二 任關稅局鑑定官 ○宮木又七 任仁川稅關장 ○野手나 任釜山稅關長 ◎有賀光豊 任鎭南浦稅關長 ○黑部寅 任稅關事務官 ○吉村直二郎 任稅關監視官 ◉齋藤甲萬三 任稅關鑑定官 ○木下重松 任稅關港務官 ○世吉口健吉 森永定次郎 任稅關港務醫官 ○坂出鳴海 永井松次郎 櫻井九月滿 遠藤吾十郎 藤本惟一 巖谷信太郎 正田玄龜 任臨時稅關工事部技師 ○島重治 三浦義 任燈臺局技師 ○曾田勇 任會計檢査局檢査官 ○巨智部忠承 任農商工部技監 ○黑巖休太郎 中村彥、道家充之 廣原文一 塚本道設 村田素一郎 猿島善之助 前局長命瀨 任農商工部技師 ○農商工部書記官李範益 任農商工部秘書官 ○山內精 山本小原郞 任農商工部技師 深田千太郞 山川鶴二 武石胤雄 川와鐵勝 任農商工部事務官 ○林文太郞 任平壤礦業所長 ○佐瀨熊鐵 任平壤鑛業所理事 ◎牧田友五郎 任平壤礦業所技師 ○宮本政藏 多賀谷小次郞 任農商工部技師 ○六品金裕東 任內部主事 ○興德郡主事리재

咸悅郡守徐廷喆 형谷郡守申泰建 ○□郡守최泓俊 宜寧郡守李年夏 漢城府 手李宗혁 內部書記郞리조九 依願免本官

軍部附陸軍步兵副尉柳冀瑆 仝 柳喜章 免本職

○步兵副尉柳冀瑆 仝柳喜章 補陸軍武官學校生徒隊附

○法部次官倉富勇三郞 命法典調査局委員長

任內閣法制局장俞星濬 法部刑事局長金洛憲 法部書記官松寺竹雄 仝 安住時太郞 命任法典調査局委員 ○警視鶴岡永太郞 仝 리大奎 仝 崔基閑 仝 金海龍 命兼任內部書記官

內部事務官四王天數馬 內部繙譯官境喜明 內部書記官熊井敬太郞 命兼任警視 ○臨時稅關工事部技師坂出명海 命兼任建築所技師 ○臨時財源調査局事務官吉田格之進 命兼任度支部事務官 ○학部繙譯官 리既奎 命兼任학部書記官 ◉학部事務官上村正巳 命兼任학部繙譯官 ○학部번譯官朴成圭 命兼任學部事務官 ○內部技師奧貫恭助 命兼任警視廳技師 ○警視渡邊응次郞 命兼任警視廳번譯官 ○建築所技師勝又六郞 命兼任臨時稅關工事部技師 ○曾計檢査局檢査官관田勇 命兼任臨時稅關工事部事務官 ◉元山稅關장野手나 命兼任元山財務監督局장 ○瀨埃財務局장小林寬 度支部번譯官韓圭復 命兼任度支部書記官 ○度支部번譯官陶산武一郞 命兼任度支部秘書官 ◉臨時財源調査局事務官平野흥次 命兼任度支部事務官 完

外報

●鎭江河川崩壞 上海電을據ᄒᆞᆫ즉本月十八日午後에鎭江地에서河川堤防二百尺이崩壞ᄒᆞ야淸人二十名은溺死ᄒᆞ고淸國倉庫船은多大ᄒᆞᆫ損害를受ᄒᆞ엿다더라

●浙江巡撫譴責 北京電을據ᄒᆞᆫ즉浙江省匪徒의蠢動ᄒᆞ얏다ᄂᆞᆫ報를法國公使와照會ᄒᆞᆷ을因ᄒᆞ야政府에셔浙江省巡撫의怠무ᄒᆞᆷ을譴責ᄒᆞ얏더라

●安岸再援 同僚을據ᄒᆞᆫ즉安南境遊에叛徒가再次發動ᄒᆞᆷ으로政府에서廣西巡撫張명岐로ᄒᆞ야금自赴鎭撫ᄒᆞ라ᄒᆞ고嚴命ᄒᆞ엿더라

雜報

●國文학校蔚興 抱川郡신野發塾에夜학을設立ᄒᆞᆫ은前報에揭載ᄒᆞ얏거니와該郡ᄇᆡ倉村과萬橋里와左石池二處에樵童들이亦爲志願上學ᄒᆞᆷ으로三處에夜학校를合設ᄒᆞ얏다ᄒᆞ니該郡이頑固ᄒᆞ기로著名ᄒᆞ더니思想이如此開發ᄒᆞᆷ은만ᄒᆞ다더라

●畿湖興學會盛況 畿湖有志諸씨가畿湖興學會를設立ᄒᆞᆷ은已揭ᄒᆞᆫ바어니와一昨日下午一時에天然亭學成학校ᄂᆡ에設立會를開ᄒᆞ고出席ᄒᆞᆫ會員이數百名인ᄃᆡ리鎬一氏가臨時會長으로呼選되고鄭永澤氏가發會趣旨를說明ᄒᆞᆫ後에리廚鎬氏ᄂᆞᆫ趣旨書를朗讀ᄒᆞ고徐相浩씨ᄂᆞᆫ規則을選遞ᄒᆞ고任員을投票選定ᄒᆞᄂᆞᆫ덕리容稙氏ᄂᆞᆫ會長으로鄭永澤氏ᄂᆞᆫ副會長으로池鎔永氏ᄂᆞᆫ總務員으로被選되고評議員은廿人을選定ᄒᆞᆫ더인ᄃᆡ名면爲先選任ᄒᆞ고西北학會會員姜윤희氏가祝辭로演說ᄒᆞ고臨時事務所ᄂᆞᆫ北署松峴리鎭一씨家로定ᄒᆞ고來日曜日에桂동桂산學校ᄂᆡ로總會를開ᄒᆞ야諸般方針을打決ᄒᆞ기로ᄒᆞ고六時에閉會ᄒᆞ얏ᄂᆞᆫᄃᆡ畿湖ᄂᆞᆫ我邦文化之鄕으로恬嬉成性ᄒᆞ야進就에無意ᄒᆞ다고全邦人士의痛嘆ᄒᆞ던비러니此中人士가果能發奮動ᄒᆞ야精神을喚醒ᄒᆞ니其於進步에庶幾之망이라吾儕ᄂᆞᆫ韓國前途를爲ᄒᆞ야大聲賀ᄒᆞ노라

雜報

●夫人詣闕 太皇帝陛下께셔 總理以下각大臣의夫人의게昨日詣闕ᄒᆞ라신 處分을下ᄒᆞ옵신故로昨日上午 時에각大臣의夫人들이一齊히承寧府에入侍ᄒᆞ얏다더라

●法大坐直 法部大臣趙重應씨가再昨日下午三時에總理大臣리完用氏私邸에訪問ᄒᆞ얏다가同六時에昌德宮에坐直次로詣闕ᄒᆞ얏다더라

●會同談話 각大臣들이再昨日下午五時頃에總理大臣李完用氏私邸에會同ᄒᆞ야數時間을談話ᄒᆞᆫ後에각歸其家ᄒᆞ얏다더라

●總理仕進 總理大臣李完用氏가身病으로數日仕進치못ᄒᆞ더니昨日부터仕進視務ᄒᆞᆫ다더라

●到底留議 學部大臣李載崑氏가再昨日上午十一時에總理大臣李完用氏私邸에訪問ᄒᆞ고下午五時에度支大臣高永喜氏家에前往ᄒᆞ야兩大臣이偕往內大任善準氏家ᄒᆞ야무ᄉᆞᆷ事件을多時間秘密相議ᄒᆞ고同十一時에각歸其家ᄒᆞ얏다더라

●兩大回電 農相宋秉畯氏와宮相李允用氏가歸國ᄒᆞᆯ次로業已發程ᄒᆞᆷ으로已爲揭載ᄒᆞ얏스나各處幾待人의게回謝歸來ᄒᆞᆯ터인故로幾日間延期가되나此月內로歸國ᄒᆞ깃다ᄂᆞᆫ電報가農商工部에到達ᄒᆞ얏다더라

●據장云遞 統監府據務總長官鶴原定吉氏의歸國ᄒᆞᆷ은人所共知어니와鶴原氏ᄂᆞᆫ將次遞任이되ᄂᆞᆫ다ᄂᆞᆫ說이有ᄒᆞ더라

●辭職留出 張博氏가平理院判事院緖씨의게勸告ᄒᆞ얏다ᄂᆞᆫ說은昨報에揭載ᄒᆞ얏거니와朴氏가若不辭職ᄒᆞ면副統監의制裁를得出ᄒᆞ깃다더라

●訓辭改定 徵兵令에對ᄒᆞ야軍部에서將次발訓ᄒᆞᆫ다ᄒᆞᆷ은已爲登道ᄒᆞ얏거니와訓辭에未安ᄒᆞᆫ事件이有ᄒᆞᆫ지現今改定ᄒᆞᄂᆞᆫ中이라더라

●四條入刊 今年爲始ᄒᆞ야陰曆을廢止ᄒᆞᆫ다ᄂᆞᆫ說은已揭前報ᄒᆞ얏거니와陽曆施行ᄒᆞ면農商之民은舊習을卒廢ᄒᆞ야農商業에便利치못ᄒᆞᆯ慮가有ᄒᆞᆯ듯ᄒᆞ다고學部大臣리載崑氏가栽種牧養開市納財四條ᄂᆞᆫ入刊ᄒᆞ기로出論ᄒᆞ얏다더라

●疫侮韓官 度支部內某課에日本官吏가韓國官吏에對ᄒᆞ야每日凌侮ᄒᆞᆫ다ᄂᆞᆫᄃᆡ事務에嫺熟지못ᄒᆞ다ᄒᆞ야除汰ᄒᆞᆫ다ᄒᆞᆷ은可ᄒᆞ거니와無事侮辱ᄒᆞᆷ은不爲穩當이라고ᄒᆞ더라

●撝能善鳴 宋操氏가地方에騷擾ᄒᆞᆫ原因과安靖ᄒᆞᆯ方針으로中樞院에獻議ᄒᆞ얏ᄂᆞᆫᄃᆡ激切ᄒᆞᆫ言辭ᄂᆞᆫ令人興歎이라더라

●各語合校 各語學校를校洞日語學校로合倂ᄒᆞᆫ다ᄂᆞᆫ事ᄂᆞᆫ已揭어니와爲先各校合倂事務室만該校內로定ᄒᆞ얏다더라

●紀念宴會 陰曆十二月二十日은孤兒院設立日紀念日이라二回紀念式設行之說은昨報에記載ᄒᆞ얏거니와詳聞ᄒᆞᆫ즉伊日에副統監과長谷川大將과其他各總領事와內外國有志紳士가多數往參ᄒᆞ더라

●巡亦日 警視廳에서漢城五字內山坂에派送ᄒᆞᆫ巡檢은一弁還收ᄒᆞ고日巡査로代差派送ᄒᆞᆫ다ᄂᆞᆫ說이有ᄒᆞ더라

●여당放釋 忠南警察署에被囚ᄒᆞ얏던여山郡守리相天氏ᄂᆞᆫ本月二十日에無事蒙放ᄒᆞ얏다더라

●當避衛團 洪州郡來人의傳說을據ᄒᆞᆫ즉結城等郡에自衛團에서該郡에有風力ᄒᆞᆫ者로團長을差出ᄒᆞ야倒變ᄒᆞ라고勸告도ᄒᆞ며入團金幾十兩式徵出ᄒᆞ랴ᄒᆞᆷ으로避身上京ᄒᆞᆫ者多ᄒᆞ다더라

●法照度部 法部에서度支部로照會ᄒᆞ되本年度監獄費中一部分出給命令權을警視總監幷警察署장에게委任ᄒᆞᆫ깃사옵기豫算書를添附仰照ᄒᆞ오니金庫에令達ᄒᆞ심을爲要라ᄒᆞ얏더라

●幼園將設 學部에서今年度에幼稚園預算을磨鍊ᄒᆞ야幼稚園을將次設施ᄒᆞᆫ다더라

●內浦風聲 內浦來人의傳說을據ᄒᆞᆫ則忠南內浦各郡에義擾와日兵의騷擾가近日甚ᄒᆞ야居民이安堵無路라ᄒᆞ더라

●褒賞授與 昨日에奬학月報社에서第一回各科應募ᄒᆞᆫ合格人員의게賞金을如數施與ᄒᆞ고玄公廉氏와寄附ᄒᆞᆫ書籍도洛賞ᄒᆞ고三等以上合格人員외게ᄂᆞᆫ優賞狀을授與ᄒᆞ얏다더라

●夜不能眠 近日漢城內에賊警이益熾ᄒᆞᆫ中마젼다리近處에呼賊之聲이夜々尤甚ᄒᆞ야人不安枕ᄒᆞᆫ다더라

●是何人斯 昨日上午十二時量에日憲兵이何許人을人力車에搭載ᄒᆞ야警視廳으로押去ᄒᆞᄂᆞᆫ대其事件은未知ᄒᆞ깃더라

●典票釁患 三昨夜中署於義洞某人家步行旅館에서旅人을이消遣次로分錢賭技ᄒᆞ다가巡檢의게被捉ᄒᆞ야押囚ᄒᆞ얏다가曉諭放送ᄒᆞ고其中幼進士一人은典當票紙 餘張이囊中에貯置ᄒᆞ얏더니賭類로延留ᄒᆞ고今滯囚ᄒᆞ얏다더라

●韓巡被捉 警視廳書記巡査朴弼容과北部巡檢鄭範錫二人을有何事件인지中部警署刑事巡査가捉去ᄒᆞ얏다더라

●不必驚怪 再昨日下午十時頃에磚洞普成中學校第二講堂에서廳板이卒然이墮落되미適其時同堂에서受業ᄒᆞ든學徒가暫時驚動ᄒᆞ얏다더라

●稱家賊患 中部僧洞趙召史家에昨日上午二時에賊漢二名이突入ᄒᆞ야錢一二百餘圓과汁物二百兩價値를奪去ᄒᆞ얏다더라

●日熟日語 昨日午二時에日本尉官一人이兵士二十餘名을領率ᄒᆞ고中部廟洞支所에來到ᄒᆞ야能解日語ᄒᆞᄂᆞᆫ巡査가有ᄒᆞ냐問ᄒᆞᆫ즉該所巡査ᄂᆞᆫ無ᄒᆞ다ᄒᆞᆷ에適其時行巡ᄒᆞ던巡査더러日語를不解ᄒᆞᆷ을問ᄒᆞᆫ즉該巡査가能解라ᄒᆞ매更無他言ᄒᆞ고該巡査를帶同ᄒᆞ고卽向東門外ᄒᆞ얏다더라

●敎科書檢閱 有志紳士들이發ᄒᆞᆫ各種敎科書를學部에서將次檢閱ᄒᆞᆫ다ᄂᆞᆫ說이有ᄒᆞ더라

●月報協議 大東학會에서三昨日惠泉湯에再次設宴ᄒᆞ고各專門科卒業生을請邀ᄒᆞ야發會月報발刊ᄒᆞᆯ事項을協議ᄒᆞ얏다더라

●果劍公忿 西署葛坪동은皇室所有牧畜地인터外人이欲爲侵奪ᄒᆞᆫ故로該洞民이宮內府에屢次請願ᄒᆞ야昨年陰四月分에派員金祺秀氏를派送ᄒᆞ얏더니金氏가年來挾雜輩가潛賣ᄒᆞᆫ牧場을一々推尋ᄒᆞᆯ뿐더러該地居民을使之安堵케ᄒᆞ얏다더라

●義聚抱川 北道로從來ᄒᆞᆫ義兵五千餘名이京城二百三十里許ᄂᆞᆫ抱川郡에屯聚ᄒᆞ야其勢猖獗ᄒᆞ다더라

●楊郡兵塵 楊州郡旺方山下山安村에義兵一千八百名이七八日前에自春川加平等地로流來ᄒᆞ야留陣ᄒᆞ얏다가日兵百餘名과交戰ᄒᆞ얏ᄂᆞᆫ대日兵이見敗ᄒᆞ얏다ᄂᆞᆫ說이有ᄒᆞ더라

●義徒云入 楊州郡에屯聚ᄒᆞᆫ義徒三十名이決死隊를結ᄒᆞ고昨日城內에暗入ᄒᆞ야각大臣을謀殺ᄒᆞᆫ다ᄂᆞᆫ風說이有ᄒᆞ야軍司令部에서憲兵과巡査를多數派送ᄒᆞ야各大臣家를保護ᄒᆞ고昌德慶雲兩宮과各坊曲에戒嚴ᄒᆞᆷ이甚密ᄒᆞ얏다더라

●桂校捐金 桂山學校維持ᄒᆞ기爲ᄒᆞ야桂洞樓內에居住ᄒᆞᄂᆞᆫ人中官職이有ᄒᆞᆫ人은一個月俸給을捐助ᄒᆞ기로決定ᄒᆞ얏ᄂᆞᆫ대合ᄒᆞ면二千餘圓이라더라

●夫人博學 永川郡波道社東峴申允金氏夫人은本是有志ᄒᆞᆫ夫人이라本國漢文報를請求ᄒᆞ야보ᄂᆞᆫ대一幅記述을激切히朗讀ᄒᆞ니該夫人에學問을人皆稱頌ᄒᆞ더라

●兩씨恤孤 辯護士리冕宇氏가京城孤兒院의情況을觀察ᄒᆞ고金二十圓을寄付ᄒᆞ고前參領洪鎭泰氏ᄂᆞᆫ該院에親到ᄒᆞ야特別히今年브터正租拾石式該氏生前에ᄂᆞᆫ逐年捐助ᄒᆞ기로酌定ᄒᆞ엿다ᄒᆞ니兩氏의慈善心은人皆稱頌ᄒᆞᆫ다더라

●該校漸就 海州郡門內基督敎會中營昌學校ᄂᆞᆫ創立ᄒᆞᆫ지七八年에該敎會牧師具源福씨의月捐金으로敎師月給을畧々支給ᄒᆞᄂᆞᆫ中학校敎師黃昌燮氏가數年前부터自己月給金半分을出ᄒᆞ야道內에名望素著ᄒᆞᆫ志士吳寬泳씨를校장兼敎師로延聘ᄒᆞ고兩氏가熱心敎授ᄒᆞ미학徒가日로增加ᄒᆞ야校舍가難容ᄒᆞᆷ으로同郡敎育家의承諾김泳澤該氏가捐發金을收集ᄒᆞ야校務를倍加擴張ᄒᆞ얏다더라

●雲校風波 公立靈山普通校敎員楊大縣氏가學部로報告ᄒᆞ되本校에서昨年末에學期試驗을經ᄒᆞ고本年一月三日에賞品授與式을擧行ᄒᆞᄂᆞᆫ대邑下居金元益이有何宿嫌이던지市民四五十名을聚集ᄒᆞ고本校에亂入ᄒᆞ야贊成員康樂洙를携出校外에無數詰亂ᄒᆞ고副敎員리允瑞를亦爲詬辱ᄒᆞ니訓飭觀察道ᄒᆞ야該金元益을嚴懲ᄒᆞ야달나ᄒᆞ얏더라

▲地方消息▼

▲十四日午後十時에龍仁郡谷一進會員이秋溪里宋農大私邸에報告를據ᄒᆞᆫ則十三日夜泉谷里에義兵拾四名이來襲ᄒᆞ야리京化를押去ᄒᆞ얏다ᄒᆞ미水原郡駐在巡査七名과宋邸에守直ᄒᆞᄂᆞᆫ一進會員數名과共히同日午後拾時四拾分에泉谷에前往搜探ᄒᆞ얏ᄂᆞᆫ대所在가不明ᄒᆞᆷ으로翌日未明에引續搜索ᄒᆞ되義兵은聖路山에宿泊ᄒᆞ고同日巢谷面龍德菴山腹에서集合ᄒᆞᆷ을探知ᄒᆞ고卽往交戰ᄒᆞ얏ᄂᆞᆫᄃᆡ兩陣에死傷은未詳이라ᄒᆞ고

▲海州延安平山兎山遂安等地에義兵이再次出沒ᄒᆞ야民情이騷擾ᄒᆞ다ᄒᆞ고

▲二十日발元山電을據ᄒᆞᆫ즉義兵을討伐ᄒᆞ얏고安邊郡永豐社로向ᄒᆞᆫ日兵과日巡査一行은十五日未明에同地에서八十餘名義兵과交戰ᄒᆞ얏다ᄒᆞ고

▲十日午後拾一時에約三拾名義兵이光州郡嶋地面東方約十五里盤村日人農場을襲擊ᄒᆞ야日人男女四人을砲殺ᄒᆞ고穀農場을燒却ᄒᆞ얏다더라

東京電報

●滿洲問題 二十日午後發 滿洲에關ᄒᆞᆫ未了諸問題로奉天에서談判을開始ᄒᆞᆯ旨로林外務大臣이加藤總領事에게電訓ᄒᆞ엿더라

▲斜陽歌筑▼

▲落日酒罇도라드니ᄒᆞᆫ아희ᄂᆞᆫ노리ᄒᆞ고ᄒᆞᆫ아희ᄂᆞᆫ장구친다時事로寓意ᄒᆞ니節節히慨恨ᄒᆞ야心懷도悽慨ᄒᆞ다

▲終南山은悲愴ᄒᆞ고漢江水ᄂᆞᆫ嗚咽ᄒᆞ다이時代가어ᄂᆞ젠고沉沉長夜되얏고나寂寂無人此乾坤에이魑魅魍魎춤추ᄂᆞᆫ다덩덕궁

▲逆族又은이天地에世上萬事살결일세勢力잇ᄂᆞᆫ七大臣은에ᄒᆞᆫ일ᄒᆞ다ᄒᆞ엿다去客來入져政府에ᄂᆞᆫ傀儡場이되엿고나덩덕궁

▲麥藁子에작거중이더잡놈의行色보소蕩敗家産ᄒᆞ렴돈은宋哥ᄯᅢ에판이낫다네차지에못갈官職속지말고밧비가소덩덕궁

▲扶桑東臨자밤비에餓鬼惡神痛哭ᄒᆞ여傳染病이流行ᄒᆞ니더生命을엇지ᄒᆞ나五臟을다ᄲᅢ가도精神업서모르도다덩덕궁

▲社會出入名譽客은有力家에獻媚ᄒᆞ나某觀察某郡守ᄂᆞᆫ任意爲之容易ᄒᆞ다飛蛾撲燈可憐ᄒᆞ니ᄂᆞᆫ저功名이몃칠인가덩덕궁

▲江山을剛與ᄒᆞ니우리同胞流離ᄒᆞ다升天入地ᄒᆞᆫ란말가居接ᄒᆞᆯ곳업서젓다火輪車고동쇼리山川草木우ᄂᆞᆫ고나덩덕궁

▲片片錦繡이江山에바람쇼리鷄이운다一聲砲聲나ᄂᆞᆫ곳에滿目烟塵愁慘ᄒᆞ다死生存沒낫ᄂᆞ니魂魄箱주뭇쳣고나덩덕궁

▲白首殘年元老大臣罔慮恩答웨못ᄒᆞ나辱亡廟寒自然勢니一身安樂無隙ᄒᆞ다抑椿後顧行世에舊日餘態그저잇다덩덕궁

▲淮陰號에밥을빌고下비村에신선것네더英雄이彷徨ᄒᆞ니悲歌一曲不遇時라心頭經綸누가아나이時代가조흘시고덩덕궁

▲日爲身謀더富客은國家興亡不關ᄒᆞ고武陵桃源차져가니朱陳村이어ᄃᆡ메뇨이疆土ᄅᆞᆯ다ᄯᅥ가도데一身만살나ᄒᆞ베덩덕궁

社告

○謹愛錄

本社過去年來經費窘絀[illegible]未歸爲千餘圓月給未撥亦千餘圓矣此外他數年內各地方購覽員處數千餘圓及各支社二千五百餘圓未收之所致也

從此爲始數年前未收이一一淸査仰借于未納員處催告發帳而若逕數次經驗[illegible]閑分不得已從本社債權以[illegible]於報[illegible]以說偏誤員姓名若干內付照特設信憑欲以謝僉員相愛之厚情焉

○告各支社員

本社對各支社中限代金未內未納者[illegible]

而不忍廢者二也

各地購覽君子是本社[illegible]而代金[illegible]

者三也

購覽文簿[illegible]一字落誤[illegible]

告

江華郡川溢(?)僉議官[illegible]氏第에本支社를設置하얏사오니該所近地에셔本申報購覽하실僉君子는該支社로請求하시고代金도該氏게로送交하심을務望

雜報

吉州郡私立隆成學校趣旨書

推我大韓이處於東亞一隅나壤界則二千萬方里오居民爲二千萬人口라未究富强之原因하며國智識之機關라가迫此文明에爭衡하고列强에莫敵之時하야[illegible]

在於蛋巢에餘卵이何完이며處於空殼에形式이徒存이라是以로自是[illegible]至于府郡히有志紳士가或以自覺하며或以提醒하야挽回微力인댄非靑年敎育이면莫能爲也라하야鳩聚財錢하며蜂起學校하야革去浮文하고硏究新學敎科하니此是齊一變之效라

嗟此吉州이僻在北省之遐陬나士是國粹오人是國民이라方雖異其南北이나類何異於彼此리오在此紳士도以其先覺之心으로戶喩家說에刱立學校하니先立者은修進이오繼設者는發明이라殊成吉興吉明極明이라隨處名職가風飄翩翩이라出門에所聞이爲絃誦이오立街에所見爲躬操라可以懦者立志로怯者向明이라矜此生等은素以貧窮之族으로無父爲不對詩禮之問하고無母爲不彼三遷之敎하야徒以貧生之方으로成立於塾斷하며或處於苴畝하야所知者斗尺이오所見者豆菽이라所以로但謀糊口之攸重이오焉知社會之尤別이리오然이나一般秉天之性으로人之所好는好之하며所惡는惡之라誠看各校之生徒則愛國之思想은腦頭에充溢하고行步之正立은身體가健强하니此緣無他라所自出於學問運動이라於是乎羞羡之心이油然萌動하야互相提撕에四十名衆이一以團會하야同發稍告曰無校無敎하니學文을雖讀이나有身有地하니體操은可爲라하야夜夜에自隨自會하야自鍊體操運動타가默思前程則體操은徒以一個身之健强이오不若[illegible]面全國家之義務라不顧貧賤하야隨力效金하고懇告紳士에幸蒙贊助하야構成一校하니[illegible]

因其紀念하야名校日隆成이라於是乎開學修程에分計晝夜하니子午二拾四点이라昔에大聖우惜寸陰을是惜이라하시니況吾人乎아或晨或宵은是晝十二点事也오非夜十二点也則半分光陰을奚可虛擲於夢寐之擲哉아然則晝焉에各以營業하며夜焉에會而學文하야雖有不及[illegible]鞭之恨이나園花澗松이各有其時라日諸月居에漸進驥步하야各成大器則不負其校名하고文明指南을不讓於他니惟我貢員은勗哉勉々

發起人　邊熙忠　申容達等

◎洪校試驗　洪州月峴私立洪明학校에서第一回卒業試驗을經하얏는대卒業生은趙東元鄭殷謨諸씨오進級生은乙班에沈斗基朴重彬諸氏는甲班으로丙班에金在鳳리孝植諸氏는乙班으로丁班에김後甲김曉同諸氏는丙班으로進級하얏는대該校발起員김炳穆학監金始元氏는靑年을熱心으로敎育하는대附近畿民樵童이其熱心에感服하야一齊夜학을創立하얏는대김始元시가爲先國文을敎授하고將次漢文과算術을敎授할터이라더라

廣告

第六卷

大韓每日申報

第[illegible]十五號

月曆及慶節
歲時日休刊

檀君開國四千二百四十年
箕子元年三千二十九年
大韓開國五百十六年
日本明治四十一年
淸國光緖三十三年
陰曆丁未十二月小二十日丁丑

別報

●上內閣大臣書　徐相崙

伏以國家가不幸ᄒᆞ야地方騷擾가經年未靖ᄒᆞ오며諸公閣下께셔爲是憂慮ᄒᆞ와宣諭의重任을本人의게試可ᄒᆞ랴ᄒᆞ온바本人은只是無似로此時에生ᄒᆞ와救國心切이나才力이淺短ᄒᆞ고信數年久ᄒᆞ나所得이無多라只是一片丹心으로國家를爲ᄒᆞ야祈禱ᄒᆞᆯᄯᆞᄅᆞᆷ而已ᄋᆞᆸ더니乃者諸公이謬聽ᄒᆞ사玆此任을遽加ᄒᆞ시나惶恐奔走ᄒᆞ야攸答을不知이오며　上으로　九重의宵旰을仰念ᄒᆞ고下으로諸公의焦勞를想度ᄒᆞ온즉感泣嗟惜에有淚如洗라固當受命不宿於家의古禮를遵ᄒᆞ고事勢의難易를不辭ᄒᆞᆷ이本人의當然ᄒᆞᆫ道理일ᄲᅮᆫ더러況且騷擾발生以來로哀彼蒼生이玉石俱焚하야有家者ᄂᆞᆫ其家를被燒ᄒᆞ며有財錢者ᄂᆞᆫ其財錢을被掠ᄒᆞ며爲妻者ᄂᆞᆫ其夫를哭ᄒᆞ며爲子者ᄂᆞᆫ其父를哭ᄒᆞ며弟ᄂᆞᆫ其兄을哭ᄒᆞ며兄은其弟를哭ᄒᆞ야斯民의財産生命이烏有에蕩歸ᄒᆞ고滿郡官吏ᄂᆞᆫ行政이無路ᄒᆞ야虛名만徒擁ᄒᆞ니民何以爲民이며國何以爲國이리오

然而如此艱虞ᄒᆞᆫ時代를遭遇ᄒᆞ와苟或一半分效勞ᄒᆞᆯ處가有ᄒᆞᆯ진된비록政府의命令이無ᄒᆞᆯ지라도亦當其地로奔走ᄒᆞ며焦勞終舌ᄒᆞ야其歸順을論ᄒᆞᆷ이可ᄒᆞᆯ지나何況政府命令이有ᄒᆞᆫ以上에又何敢辭리오만은然이나宣諭ᄒᆞ라신本意가鎭撫安戢홈에在ᄒᆞ니萬一安戢方針이無ᄒᆞ고서漫然府命ᄒᆞ얏다가空行空返ᄒᆞᄂᆞᆫ境遇이면此ᄂᆞᆫ政府만欺ᄒᆞᆷ이며賢路만碍ᄒᆞᆯ이니其罪가엇지更大치아니ᄒᆞ리잇가

所以로本人이聞　命以來로晝思夜度이오나安戢ᄒᆞᆯ針이渺無其道ᄒᆞ온즉此重大之責을決不可容이옵기故에所敍宣諭之職은依免을伏請ᄒᆞ오며區々管見에平慮의一得이竊有ᄒᆞ와玆에進呈ᄒᆞ노니諸公閣下께셔蒭言을肯採ᄒᆞ실ᄂᆞᆫ지ᄂᆞᆫ未知이오나不敢自隱ᄒᆞ와忠告를仰效ᄒᆞ오니諸公은垂察ᄒᆞ소셔

夫好生惡死ᄒᆞ고安堵樂業은斯民之情이라故로彼窮山僻巷에蓆門이蕭條ᄒᆞ되一盂의糲飯과一掬의藜菜로도妻子談笑ᄒᆞ고熙々相樂ᄒᆞ야一平生을過了ᄒᆞᄂᆞ니西一其留中에至痛至切ᄒᆞᆫ冤憤이不有ᄒᆞ면비록萬金의賞을懸ᄒᆞ고暴動을起ᄒᆞ라ᄒᆞ야도一個來應者가無ᄒᆞ리니況乎今日과又치各地方人民이東唱西應ᄒᆞ야生命을犧牲ᄒᆞ며財産을消蕩ᄒᆞ고揭竿斬木으로處々蜂起ᄒᆞᆷ理가豈有ᄒᆞ리오是必一般衆民이公同ᄒᆞᆫ疑怒를抱ᄒᆞᆫ者ㅣ니其疑怒가和解ᄒᆞ기以前에ᄂᆞᆫ聲勅으로論하야도彼必不信ᄒᆞᆯ지며兵力으로壓ᄒᆞ야도彼必不服ᄒᆞᆯ지니區々淺慮로ᄂᆞᆫ彼徒에對ᄒᆞᆫ方針이疑怒ᄅᆞᆯ和解케홈에不過ᄒᆞ노니何也오益彼徒발生이光武十一年七月頃에諸公이新內閣을組織ᄒᆞᆫ以後라彼徒가國家의慘狀을觀ᄒᆞ며時局의變幻을遭ᄒᆞ고許多惡果를皆是諸公의게歸咎ᄒᆞ야政權의愈墜도曰現政府의所爲라ᄒᆞ며國是의日非도曰現政府의所爲라ᄒᆞ며生靈의塗炭도曰現政府의所爲라ᄒᆞ며言論集會의不自由도曰現政府의所爲라ᄒᆞ야莫不其臂를扼ᄒᆞ며其齒를切ᄒᆞᄂᆞᆫ故로數百年來壓制政治下에聞見이旣慣ᄒᆞ야政府大臣이라云ᄒᆞ면神明父師ᄀᆞᆺ치尊敬ᄒᆞ던人民들이今則無嚴無憚ᄒᆞᆫ逆字賊字로諸公閣下를一例斥呼ᄒᆞ니如此民心을何以回悟케ᄒᆞᆯᄂᆞᆫ지비록家々에一喙를置ᄒᆞ고坊々에一文을揭ᄒᆞ야朝暮宣諭라도若是現政府의所發ᄒᆞᆫ命令이라ᄒᆞ면斯民의疑怒가愈往愈甚ᄒᆞ리로다

嗚呼라諸公閣下ᄭᅴ셔愛民이至深ᄒᆞ사勦討의政策은不用ᄒᆞ시고一介行人으로도雍容諭散케ᄒᆞ라ᄒᆞ시니盛意々々이로소이다만은顧且一步를更進ᄒᆞ와三思를再加ᄒᆞ소셔彼徒가暴動ᄒᆞᆫ滋起홈은諸公을憤怨ᄒᆞᄂᆞᆫ所以오諸公이彼徒의憤怨을被ᄒᆞᆷ은此重大ᄒᆞᆫ國務를負擔ᄒᆞ야行事가適宜치못ᄒᆞᆫ所以니

今日諸公을爲하야計컨대齊總辭職을行ᄒᆞ고內閣에退出ᄒᆞᆫ後地方各處에躬往ᄒᆞ야彼徒眼前에咎失을自責ᄒᆞ고彼徒手中에一死를放任ᄒᆞ면彼徒도亦皆我朝五百年德化를沐浴ᄒᆞᆫ赤子ㅣ니其誰가感泣投戈치아니ᄒᆞ리오如此則兵禍가自銷ᄒᆞ고上下가和睦ᄒᆞ야國家도幸甚이며人民도幸甚이며諸公도幸甚이라諸公이結局棘手에費役焦勞ᄒᆞ야安民의道를鑽究ᄒᆞ되其效가久無이옵기不勝代悶ᄒᆞ야尊嚴을冒瀆ᄒᆞ고忠곳을敢進ᄒᆞ나이다

官報

●第三千九百七十六號
隆熙二年一月卄一日

敍任及辭令

前技手姜大成 仝趙明鎬 仝朱榮選 仝리元祚 仝□潤夏 仝盧淳根 仝朴源泰 仝殷允明 仝白興基 仝洪鍾八 柳昌烈 仝洪憲裕 仝田藻翊 仝金兩식 仝宋秉機 仝李章夏 仝許 경 仝韓相威 仝安鍾郁 仝南順熙 仝丁佐鎭 仝申卿雨 仝리潤旭 仝孫炳훈 仝김보과 仝리鍾淳 仝裵正淑 仝閔 澄 仝김柄浩 仝趙奎鎬 仝徐相日 仝김仁鎬 仝김在癸 仝尹世麟 仝方現圭 仝리丙品 仝귀우夏 仝韓弐敎 仝朴吉浩 仝孫永찬 仝韓國銓 仝車周遠 仝徐景植 仝김采弼 仝金東益 仝吳華沐 仝리光洙 仝金世禧 仝朴教文 仝리泰회 仝金炳珍 仝리昌鎬 仝金在도 仝柳俊浩 仝朴秀益 仝신弼均 仝金鍾夏 仝下日均 仝洪鮎憲 仝文恒善 仝朴회永 仝리宗根 仝김贊文 仝朴회正 仝丕祥珏 仝金潤成 仝朴鎬璨 仝리流東 仝宋達섭 仝金鎭現 仝錦滋 仝金漢卿 仝吳致章 仝鄭泳洙 仝金鍾烈 仝金潤哲 仝鄭國奎 仝金敎炎 仝金潤攸 仝南延穆 仝朴潤정 仝丁範鎬 仝丁宗鎬 仝嚴우鉉 仝桂璉植 仝桂英三 仝李漢國 仝南相敎 仝具祖奮 仝安哲淳 仝趙重植 仝金明히 仝崔永老 仝리源數 仝리廷哲 仝金榮郁 仝洪賢植 仝金相憲 仝리重乾 仝許 담 仝宋秉懿 仝千文基 仝權容珏 仝신鶴회 仝鄭寅喆 仝宋啓儀 仝金廷섭 仝閔泳大 仝朴勝泰 同金奎東 同리潤喆 同梁惠鎔 同崔회英 小許 필 同安興善 同朴昌烈 同權知重 同趙漢奎 同리晩夏 同金敬浩 同姜又會 同金明國 同洪炳泰 同石載賢 同신明煥 同林憲英 同張仁赫 同朴慶米 同金炳介 同金濬冕 同최奎鳳 同金在基 同李鎬允 同崔甲東 同崔京洙 同리民雨 同朴祥昱 同金永吉 同玄俊燮 同梁鎬哲 同리殷玄 同金思翊 同孫容昊 同鄭泰旭 同孫鳳南 同崔致명 同高俊柱 同梁鎬文 同吳致默 同黃淑華 同李鎭介 同리焌宅 同徐炳和 同金三洪 同徐錫台 同김應瑢 同鄭雲駿 同김溶昊 同趙永來 同신順德 同리鐵烈 同楊寅淳 同許 당 同徐相朝 同리思孝 同權翊廷 同金福鉉 同李鍾瀚 同鄭雲宰 同朴奎東 同李采珪 同嚴柱孝 同신彦집 同辛月圭 同金在今 同김畯琥 同喜始泳 同徐好洙 同韓日敎
任臨時山源調査局技手　未完

外報

●英皇旅行　伯林電을據ᄒᆞᆫ즉英國皇帝陛下씌셔　皇后陛下를帶同ᄒᆞ시고二月十日에그리스차나에旅行ᄒᆞ신다더라

●師團偵察　北京電을據ᄒᆞᆫ즉民政部에서浙江省軍隊가不完全ᄒᆞᆷ으로各師團에偵察研究所를設ᄒᆞ고敎師招聘ᄒᆞ야調錄ᄒᆞ게ᄒᆞᆯ터이라더라

●艦隊消息　紐育電을據ᄒᆞᆫ則太平洋廻航艦隊所屬의水雷艇隊ᄂᆞᆫ他船과共히모레자넬港에着ᄒᆞ얏다더라

●鐵道抵抗　東京電을據ᄒᆞᆫ則在東京路透通信員報에曰日本政府에서北京協約에違反ᄒᆞᆫ理由를因ᄒᆞ야淸國이南滿鐵道를抵抗ᄒᆞ며新設鐵道의敷設을不許ᄒᆞ니萬一工事를開始ᄒᆞ면此를防抑ᄒᆞ리라ᄒᆞ엿더라

●紛議結局　伯林電을據ᄒᆞᆫ즉伯林駐箚波斯國代理公使ᄂᆞᆫ土耳其波斯國境의紛議ᄂᆞᆫ近日結局이된다고明言ᄒᆞ엿다더라

●兩相談話　伯林電을據ᄒᆞᆫ즉英國首相과나만氏ᄂᆞᆫ巴里에서法國外相구레만소氏를會見談話ᄒᆞ엿다더라

雜報

●夫人愛讀　晉州嶺谷金琪華氏祖母夫人은本報의論說을甚愛ᄒᆞ야昨秋에千里를不遠ᄒᆞ고本社에委囑하야報紙를請ᄒᆞ고今에本社經費의窘絀홈을深慮ᄒᆞ야補助金百圜을寄付ᄒᆞ얏스니以若閨中聞見으로新聞을愛讀ᄒᆞ야如此ᄒᆞᆫ義助가有ᄒᆞᆷ은大韓夫人界에文明의先導됨을感賀ᄒᆞ노라

●敎師延聘　[illegible]私立普明[illegible]宋씨ᄂᆞᆫ解約ᄒᆞ고[illegible]金應璧李斌[illegible]延聘ᄒᆞ얏다더라

雜報

●確認乎否 日人新聞에大韓太皇帝陛下씌셔將次日本에御渡ᄒᆞ신다ᄂᆞᆫ風說의流傳을揭載ᄒᆞᆫ바此等事實이된此발論이外邊에셔做出ᄒᆞᆫ것이오 太皇帝陛下의本意ᄂᆞᆫ아니신거시的確ᄒᆞ도다此風說의眞實與否ᄂᆞᆫ모로거니와許多ᄒᆞᆫ風說이從此出來ᄒᆞ리ᄅᆞᆯ現 皇帝陛下씌셔踐位ᄒᆞ시고永宣君리준鎔시로皇太子殿下의攝政을行케ᄒᆞ기로日人이作意ᄒᆞᆫ다고도ᄒᆞ며義親王殿下씌셔ᄂᆞᆫ此運動에關ᄒᆞ야活動ᄒᆞ시기로近者에還國ᄒᆞ셧다가猝然히渡日ᄒᆞ셧스니此所聞이確實ᄒᆞᆫ지

●園所出柩 大院王園所ᄅᆞᆯ數日前부터破墓始役ᄒᆞ야昨日에出柩ᄒᆞ얏다더라

●義王歸期 義親王殿下게셔陰曆今月內로還國ᄒᆞ신다ᄂᆞᆫ說이有ᄒᆞ더라

●園松補費 大院王園所緬封葬費가不足ᄒᆞ야該園所局內禁養ᄒᆞ던松楸ᄅᆞᆯ一萬圜에放賣ᄒᆞ야葬費ᄅᆞᆯ補用ᄒᆞᆫ다더라

●各大紛忙 度支大臣高永喜內部大臣李載崑兩시ᄂᆞᆫ再昨日上午十一時에總理大臣李完用시ᄅᆞᆯ訪問ᄒᆞ고內部大臣任善準農商大臣宋秉畯兩시ᄂᆞᆫ同午一時에總理大臣을訪問ᄒᆞ고一齊히統監府에往ᄒᆞ얏다가下午六時에謁見ᄒᆞ얏더라

●郡守數爻 內部에셔郡守數ᄅᆞᆯ査ᄒᆞᆫ則各府部落仕ᄒᆞᆫ人과其他關望人으로目間修正奏本ᄒᆞᆫ다더라

●三叙溜漏 內部官吏中落仕ᄒᆞᆫ人七名이俱爲抑鬱ᄒᆞᆫ대今番奏本에某々三씨만區處ᄒᆞ고四氏ᄂᆞᆫ永爲溜落ᄒᆞᆫ故로何厚何薄이라ᄂᆞᆫ悲說이有ᄒᆞ더라

●장谷來訪 장谷川大將이再昨日上午時에永宣君리준鎔씨ᄅᆞᆯ訪問ᄒᆞ얏더라

●夜不見客 昨日各大臣家에셔戒嚴이頒布ᄒᆞ다ᄂᆞᆫ說은昨報에揭載ᄒᆞ엿거니와各大臣들이來賓을對ᄒᆞ야曰近日警視廳으로戒嚴이太甚ᄒᆞ니夜間에ᄂᆞᆫ勿爲來見ᄒᆞ라ᄒᆞ얏다더라

●三年狗尾 宮內府主殿課長李起泓氏ᄂᆞᆫ元來貪ᄒᆞ던手段으로今又該課에셔挾雜을肆行ᄒᆞ야久勤ᄒᆞᆫ雇員等은無理逐出ᄒᆞ고自家食口로充用ᄒᆞ며賂金을暗囑ᄒᆞᆷ이多數에己達ᄒᆞ얏고居常自矜ᄒᆞ여曰我가本管大臣의義兄弟오統監府에緊切ᄒᆞᆫ人이라고ᄒᆞᆫ다더라

●宋借任券 農大宋秉畯시가總理大臣리完用氏의게무슴債ᄒᆞᆫ事가有ᄒᆞᆫ던지淸帳ᄒᆞᆯ次로四面周旋ᄒᆞ야도借貸ᄒᆞᆯ處가無ᄒᆞ야內大任善準氏의家券을借得ᄒᆞ야第一銀行에典執ᄒᆞ고七千圜을得出ᄒᆞ야李總理의債額을償還ᄒᆞ얏ᄂᆞᆫ데內大ᄂᆞᆫ宋氏가家券을不還ᄒᆞᆯ가甚疑ᄒᆞ야宋氏의게발當催促ᄒᆞ얏다더라

●宋大向洋說 農商大臣宋秉畯시가伊藤統監과有何層節인지互相詰難ᄒᆞ야不好ᄒᆞᆫ景況을呈ᄒᆞ얏ᄂᆞᆫ데本國에歸치못ᄒᆞ고美國으로渡向ᄒᆞᆫ다고日人京城新報에揭載ᄒᆞ얏더라

●紙上之文 統監府總務長鶴原定吉시가韓國에臨ᄒᆞᆫ時에草梁等거에셔手帖을見失ᄒᆞ얏ᄂᆞᆫ대彼地日本新聞記者가該手帖을拾得ᄒᆞᆫ것을미據ᄒᆞᆫ즉大臣李完用一萬圜農大宋秉畯이萬圜其他各處에至或二千圜或三萬圜씨라列書ᄒᆞ얏ᄂᆞᆫ데此금額을辦지못ᄒᆞ야計出給ᄒᆞᆯ것인지其理由ᄂᆞᆫ未詳ᄒᆞ다더라

●教徒選擇 法部大臣趙重應氏가耶蘇教會中善爲說辭ᄒᆞᄂᆞᆫ人二十餘名을選擇ᄒᆞ야各地方에派送ᄒᆞ야義兵을宣諭ᄒᆞ기로決定ᄒᆞ고某某諸人을昨日夜에請邀ᄒᆞ야爛商協議ᄒᆞ얏다더라

●向隅之歎 학部大臣리載崑시가該部所管各校의官吏俸給陞等ᄒᆞᆫ事에對ᄒᆞ야不公平ᄒᆞᆫ事이有ᄒᆞᆷ으로辭職請願ᄒᆞᆫ者가或有ᄒᆞ다더라

●事關編纂 학部書記官日本人三土忠造시가教科書編纂事務에關ᄒᆞ야今日에歸國次로발程ᄒᆞ얏다더라

●內次入城 內部次官木內시가再昨日天郎停거場에셔宿泊ᄒᆞ고昨日下午九時에入城ᄒᆞ얏다더라

●渡日運動 近日巷說을聞ᄒᆞᆫ즉有何運動事件인지某某諸시가日本으로渡去ᄒᆞᄂᆞᆫ者多有ᄒᆞ다더라

●下待主事 新任ᄒᆞᆫ內部府郡課長鶴岡시가該課主事를下待ᄒᆞᄂᆞᆫ故로主事諸시가不穩ᄒᆞᆫ思想이有ᄒᆞ나上官인故로不敢發言ᄒᆞᆫ다더라

●胡不均分 黃海道로出張ᄒᆞ얏던自衛團援護委員吳光雅시가上京ᄒᆞᆫ後에該委員等이義徒의執留ᄒᆞ얏던穀包를人民의게推給ᄒᆞ고금二百餘圜를討索ᄒᆞ야四人中三人만分排暗食ᄒᆞᆷ은一名이認知ᄒᆞ고不穩之心이有ᄒᆞ야即爲上京ᄒᆞ얏다더라

●惠泉餞宴 학部新官制任免에該部韓日官人으로或外任或他司로移職ᄒᆞᆫ官人이十餘人인데該部一般官吏가各出二圜ᄒᆞ야昨日下午四時에惠泉湯에셔餞別宴을設ᄒᆞ고移去ᄒᆞᆫ諸시를款待ᄒᆞ얏다더라

●區裁云設 合郡ᄒᆞᆫ다ᄂᆞᆫ說은已爲屢報ᄒᆞ얏거니와其理由ᄅᆞᆯ聞ᄒᆞᆫ則地方區裁判所ᄅᆞᆯ設置ᄒᆞᆯ터인대大小郡의ᄂᆞᆫ勿論ᄒᆞ고要害處로만合附ᄒᆞᆫ다더라

●차費請求 內部警務局主事로新任ᄒᆞᆫ井上新이가東萊로봇터視務次로上京ᄒᆞᆫ깃스니旅차費九十五圜을支給ᄒᆞ라고該部로請求ᄒᆞ얏더라

●勸告各大 耶蘇教宣教師徐相崙씨가宣諭委員을被選ᄒᆞ얏ᄂᆞᆫ대內閣에長書를上ᄒᆞ야委員의職을辭ᄒᆞ고其終에內閣諸大臣을勸ᄒᆞ야總히職을辭ᄒᆞ고騷擾ᄒᆞᆫ地方에前往ᄒᆞ야義兵眼前에咎失을自責ᄒᆞ며彼徒手中에一死ᄅᆞᆯ任他ᄒᆞ면彼必感泣投戈ᄒᆞ야兵火가自消ᄒᆞ리라ᄒᆞ얏더라

●論報辯護 向日辯護士許嶽氏가下米廛市民에訴訟委任을受ᄒᆞ고委任狀을平理院에提出ᄒᆞᆫ지近一望에該訟裁判場에許氏가入ᄒᆞᆫ즉該院에셔委任狀을退却逐出ᄒᆞ매法官의不公正ᄒᆞᆷ을詰責ᄒᆞᆫ事이有ᄒᆞᆫ데平理院裁判長이該氏의擧措駭당ᄒᆞᆷ을法部에報告ᄒᆞ얏다더라

●許方訴宋 細項과如ᄒᆞ거니와平理院判事宋振玉시가枉法ᄒᆞᆫ事에對ᄒᆞ야辯護士許嶽시가漢城裁判所에告訴ᄒᆞ야明白裁判ᄒᆞᆫ다더라

●賊漢奸計 再昨日磚洞閔輔國泳韶氏家에自徐의宮家로下人이內簡을傳納曰虎皮와人物屛을暫爲借送ᄒᆞ면婚用後에即爲還完이라ᄒᆞ거ᄂᆞᆯ自閔으로答簡을繕送ᄒᆞ고該兩件을許借ᄒᆞᆫ後不無疑端ᄒᆞ야徐宮의補送人을探問ᄒᆞᆫ즉初無是事라ᄒᆞᄂᆞᆫ故로該兩件을永爲見失ᄒᆞ얏다더라

●何故被捉 尚侍從副卿리容復시가再昨日上午十時量에自警務廳으로忽然被捉ᄒᆞ얏ᄂᆞᆫ데日巡查가追後來到ᄒᆞ야該氏家諸般文簿를一々溯考ᄒᆞ되別據文字가無ᄒᆞ다더라

●度主宣告 晉州郡에派駐ᄒᆞᆫ度支部主事劉夏濬시가官저借用罪로該道裁判所에셔役二年에宣告ᄒᆞ얏다더라

●民刑請下 東萊府尹이法部로電報ᄒᆞ되本所判檢事가俱無正任ᄒᆞ야民刑事訴訟이답至ᄒᆞ야民情이可悶ᄒᆞ니指一處分ᄒᆞ라ᄒᆞ얏더라

●殷郡興학 殷栗郡北上面廣明학校ᄂᆞᆫ某々有志人士가出義設立ᄒᆞ얏ᄂᆞᆫ데漢文教師김德新氏가貧乏生活로名譽教授ᄒᆞ야進就之望이果有ᄒᆞ니該氏의教育上熱心ᄒᆞᆷ을人皆稱頌ᄒᆞᆫ다더라

●法政新校 再昨日夜에大東학會에셔臨時總會를開ᄒᆞ고학校設立ᄒᆞᆯ方針과規則을定ᄒᆞᆫ後俞致衡劉文煥兩시가該規則을通過ᄒᆞ고法政학校로名稱ᄒᆞ며校長은該會長申箕善시로ᄒᆞ고校監은該會總務權鳳相시로選定ᄒᆞ얏더라

●兩義聚合 楊州郡旺方山下에義兵이多數聚合ᄒᆞ얏다ᄂᆞᆫ說은前報에揭載ᄒᆞ엿거니와該義兵將은리康年氏라대江原道義兵將閔肯鎬氏도將次糾應ᄒᆞ야該地로前聚ᄒᆞᆫ다ᄂᆞᆫ說이有ᄒᆞ다더라

●价守勸학 价川郡守朴承健氏ᄂᆞᆫ학問을熱心勸獎ᄒᆞ며郡人이莫不應從ᄒᆞ야互相出義設立ᄒᆞᆫ학校가不過一朞에十三處에학徒가至二四十名인데朝陽학校ᄂᆞᆫ郡之附近에라公退之暇에與郡主事리康炳氏로無時往來ᄒᆞ야會立학徒ᄒᆞ고諸학教科目的을講之導之ᄒᆞ며捐金助校ᄒᆞ미학徒가日增ᄒᆞᆫ다고該郡人士가稱頌ᄒᆞᆫ다더라

▲地方消息▼

▲十一日에義兵約二百名이慶山郡居留日人八名을襲擊ᄒᆞ야三名은銃殺ᄒᆞ고一名은捕去ᄒᆞ얏ᄂᆞᆫ데其餘ᄂᆞᆫ山中에避亂ᄒᆞ얏ᄂᆞᆫ디日兵守備隊가同地北方二十里에追到ᄒᆞᆫ즉義兵의蹤跡이無ᄒᆞ며산淸河東兩郡에義兵이暴威ᄅᆞᆯ逞ᄒᆞᆫ다ᄒᆞ고

▲拾四日발全州電을據ᄒᆞᆫ즉同日午後에義兵約一百名이김堤郡을襲擊ᄒᆞᄂᆞᆫ데同郡駐在日巡查가防전ᄒᆞ다가衆寡不敵ᄒᆞ야危急ᄒᆞᆫ境遇에至ᄒᆞ미後面松林으로逃走ᄒᆞ야日隊에應援을要ᄒᆞᄂᆞᆫ中이오義兵은郡內에日巡查駐在所와日人家屋과郵便取扱所通譯人家屋을沒數燒却ᄒᆞ얏다더라

東京電報

二拾一日발

●間島問題質問 進步黨代議士神▲才一시ᄂᆞᆫ議院에셔間島에關ᄒᆞᆫ質問書를提出ᄒᆞ얏ᄂᆞᆫ데該質問書가如左ᄒᆞ니間島問題解決을速히ᄒᆞᄂᆞᆫ것은韓國발展上의急務라政府ᄂᆞᆫ如何ᄒᆞᆫ處置를取ᄒᆞᄂᆞᆫ고ᄒᆞ얏더라

二十二日發

●韓太子御遊 韓國皇太子殿下씌셔昨日김侍從武官以下를率ᄒᆞ야大磯滄浪閣에臨御ᄒᆞ사一日을留宿ᄒᆞ시고東京에還御ᄒᆞ실터이라더라

▲多 總 善 賈▼

▲通商ᄒᆞᆫ지오ᄅᆡ미世界에더老舖가東渡ᄒᆞ야諸般物品與成ᄒᆞᆯ데手段이敏活ᄒᆞ야長袖善舞ᄒᆞ얏고나

▲扶桑一枝新製衡에三千疆土稱量ᄒᆞᆫ다掌上錘ᄒᆞᆫ다더니一局風雲捉弄ᄒᆞᆫ데不老奇觀저忠奴도一分엇지施ᄒᆞ야ᄂᆞᆫ臣을사ᄀᆞᆺ고나

▲元老ᄒᆞᆫ臣의機關ᄒᆞᆫ〃匠쟝셔ᄂᆞᆫ外面몰타宗教領袖저會名이무엇인고虛한ᄂᆞᆫ팔어몸ᄒᆞᆫ籠絡에며빠졋스니老牟相續사ᄀᆞᆺ고나

▲外面으로排斥ᄒᆞ나中心으로阿附ᄒᆞ니耐〃曾上에小人이라猩々이能言ᄒᆞ나禽獸心腸바릴손가名譽팔어官職ᄉᆞ니假志士를ᄉᆞ갓고나

▲於音쪽ᄂᆞᆫ손의들고勸音同意恐請ᄒᆞᆯ제哀乞伏乞저面目ᄒᆞᆫ百媚獨態可憐이라千金ᄀᆞᆺ흔더一身이ᄆᆡ갑시되엿스니獵官을사ᄀᆞᆺ고나

▲各部官吏議政ᄒᆞ니外國官人天地되여袖手旁觀畏겁ᄒᆞ리주먹마진감투보다月給쌀이ᄒᆞᆫ번노면족을줄만알엇스니各部官人사ᄀᆞᆺ고나

▲警視廳部令服從猶恐不及ᄒᆞ얏고나政治法律엇지ᄒᆞ며生령塗炭그뉘알가今日明日因循ᄒᆞ야月給만ᄲᅡ먹으니觀察郡守사ᄀᆞᆺ고나

▲宣言書自衛團에無ᄒᆞᆫ창鬼倀ᄒᆞᆫ다ᄒᆞ미八月에뫼ᄂᆞᆯ이ᄂᆞᆫ체時節이로참여ᄒᆞ야종ᄒᆞᆫ書를받첫스니强勢를與밋엇던가一進會를사ᄀᆞᆺ고나

▲警察署를ᄡᆡᆺ겻스니韓國警吏무엇ᄒᆞ노指揮下에聽令ᄒᆞ야東走西馳惶忙ᄒᆞ다一使喚에不過ᄒᆞ니婢顔奴膝進退ᄒᆞ네며警官을사ᄀᆞᆺ고나

▲都使令서도낫네더손임노무셥노되뎐ᄒᆡᆫ방유맛낫스니號令쇼리秋霜ᄀᆞᆺ다戰々兢々ᄒᆞ며네목구녕이捕廳이라더官錄을사ᄀᆞᆺ고나

社告

○匿愛錄

本社過去年末經費窘乏債務未償爲千餘圜月給未辦不下[illegible]圜矣此紙數年內各地方購覽諸氏[illegible]千餘圜及各支社三千五百餘圜未收之所致也從此當始收舊未收條一一調査[illegible]未納費處[illegible]勝於不幸已矣本社[illegible]以[illegible]相信相愛之序情耳

○告各支社員

本社對各支社中從代金[illegible]之道面不得[illegible]一也[illegible]明不得漫書二也[illegible]書三也

[illegible]爲實言不得一朝告別故更書一番以得國會

江華郡川儲兪鎭植氏第에本支社을設置ᄒᆞ얏사오니該附近에서本申報購覽ᄒᆞ실僉君子ᄂᆞᆫ該支社로請求ᄒᆞ시고代金도兪鎭植氏게로送交ᄒᆞ심을務望

雜報

●震鷺齊飛　大邱震鷺亭覆址學校에서年終試驗을舉ᄒᆞ얏ᄂᆞᆫ대贊成員李根泳리光喬氏가石板五十枚鉛筆五十枚를施賞ᄒᆞ고敎師리肯淵氏校監리根夏氏가白紙百枚洋紙五十枚를施賞ᄒᆞ야學員의熱誠을勸奬ᄒᆞ얏ᄂᆞᆫ대高等科學徒尹中洙等二氏오尋常科學徒等生은[illegible]能等四氏오夜學科에ᄂᆞᆫ리根灝等三氏더라

●吉校隆盛　咸北吉州郡旨成學校敎師김燦律氏ᄂᆞᆫ端川郡名士로因事來留該郡이已爲幾個月인대學校를設立ᄒᆞ고聽徒男子를募集ᄒᆞ며當俸月料를固辭不受ᄒᆞ고自備糧資ᄒᆞᆫ다고稱譽가藉々ᄒᆞ다더라

●遞々此弊　石城本報購覽員의公函을據ᄒᆞᆫ則本報之購覽이將至數朔이온대遲滯遺漏가居多故로詳探裏許則該郡郵遞主事가以無料로使該面主人分送ᄒᆞᄂᆞᆫ대該主人輩ᄂᆞᆫ如有所幹이면看報次來往時送給ᄒᆞ고不然則數十日遲滯ᄒᆞ야視若茶飯ᄒᆞ기로屢次勸告于該主事則雖日別般措東云矣나今其觀此報紙之來則一如前習ᄒᆞ야以邑郵遞로ᄂᆞᆫ末由購覽이라云ᄒᆞ얏스니近日新聞遲滯ᄂᆞᆫ郡郵主事의例習인지不知ᄒᆞ겟다더라

廣告

忠南恩津郡花枝山面論山居前叅奉俄序敎씨가本以儒雅之姿로性行이溫良ᄒᆞ고處事의寬厚ᄂᆞᆫ素稱隣境인바當此改革時代ᄒᆞ야舊日事爲ᄂᆞᆫ今世의不宜ᄒᆞᆷ을노確知ᄒᆞ고飜然開悟ᄒᆞ야先從以敎育으로爲急務ᄒᆞᄂᆞᆫ대勢本赤立이나誠心所到에事價六百圜ᄒᆞ야買得論山學校校舍五家三　餘間에使學徒로居接有處ᄒᆞ며熱心勸勉ᄒᆞ고二次捐助於校費가又爲五十圜　多ᄒᆞ니因此而學徒가益增加에感服其心ᄒᆞ니校樣을改觀이오論山浦ᄂᆞᆫ以數千人家로韓淸日三國人이交隣居生인대於外每人交接之際에氏가徹底說明ᄒᆞ야事々安當ᄒᆞ니外人도威服其公正ᄒᆞ야使數萬生靈으로當此危險之日ᄒᆞ야皆爲安堵無不留ᄒᆞ고且於本年陰十一月八日論山鄕市에셔日巡査가有何事端이던지大邱居ᄒᆞᄂᆞᆫ金昌錫과無罪行商의李近用車判돌三人을捕縛砲刑之際에氏가挺身拒砲說明ᄒᆞ야此三人을擔保ᄒᆞ고一言辯明의三人이得生ᄒᆞ니其慈善之心과愛人之惠ᄂᆞᆫ泰山이猶輕이오且論山之民이今年에偏被災ᄒᆞ야今秋戶布를當此歲窮도록辦納이無路ᄒᆞ야將至渙散乃已矣러니矜惻이生覺ᄒᆞ고氏가捐出百圓之財ᄒᆞ야擔納千餘戶之戶布젼ᄒᆞ니人皆稱其德而頌口成碑라氏의熱心於敎育하야金財勸勉과交涉於外人ᄒᆞ야生民擔納戶젼에渙民이復安ᄒᆞ니此四件事의對ᄒᆞ야[illegible]의爲國熱誠은敎育子弟가是也오同胞愛惜은金財拯民이是也라如是優異ᄒᆞᆫ實行은亘古所罕이기로自不洞으로爲先竪立木비하고繼將立石頌德ᄒᆞ올거니와惟我大韓二千萬同胞의諸氏의普通慈善을敬告ᄒᆞ오며使我韓畜本家로喚醒夢ᄒᆞ고奮발興起ᄒᆞ시기로爲ᄒᆞ야廣佈ᄒᆞᆷ

忠南恩津花枝山面論山　金永表　許喜　張亦煥　池光熙　李興植

홍쳔화촌면ᄉᆞᄂᆞᆫ리죵혁의아들리호ᄂᆞᆫ외오촌ᄒᆞ기로ᄉᆞ쳠잇ᄂᆞᆫᄉᆞᄅᆞᆷ의집이면외병의젼쥬라ᄒᆞ고젼곡간탈취도ᄒᆞ며닉외숨포빅셩의집돈십삼호와철졍리동닉ᄉᆞ호돈츄화ᄒᆞ엿ᄂᆞᆫ더철졍리명인영에집삼호ᄂᆞᆫ몰소ᄒᆞ야빅셩들이수비되에호소ᄒᆞ엿더니리죵혁은도망ᄒᆞ고리리호ᄂᆞᆫ협잡중이라더라　表鍾根告白

本人이麻浦[illegible]本月廿一日推次當三萬兩與本月晦日推次當五萬九千兩於音二片及龍山居延興三處租陸拾石任置票俱爲書失雖某拾得休紙施行　中署寺洞五統一戶　金光天　白

本人의弟炳稷이性本浮浪ᄒᆞ야出沒京鄕ᄒᆞ야本人의田土券과圖章을僞造ᄒᆞ오니內外國人은切勿見欺ᄒᆷ　淸道郡박炳淑　告白

本人이慕華館石滿居吳興圭處에推次當錢一萬兩內에二千兩은推用ᄒᆞ고實爲八千兩也라數二千兩價値를於音壹片을再昨日에楊州磨峴等地에서遺失ᄒᆞ얏사오니內外國人은雖拾得이라도休紙施行ᄒᆷ　楊州陵村　張一元　告白

本人等이安東木布廛及商業이가多年財政去來러니再昨年撤市後于今三年所捧條ᄂᆞᆫ姑舍ᄒᆞ고開寧勢未免餓死之境故本人等所捧條合三十七萬五千兩特爲公佔重君子照諒　盧炳祥　李圭奭　李啓春　林一錫　告白

家庭雜誌

一冊五十頁　定價金十錢

本雜誌ᄂᆞᆫ純國文으로發行ᄒᆞ와家庭敎育界에大光明을放ᄒᆞ옵다가財政의艱窘을因ᄒᆞ야中間에暫時廢止ᄒᆞ엿던바이온데今에本社에셔有志諸氏의協贊을得ᄒᆞ야論說論評의各部門과滋味잇ᄂᆞᆫ歷史叢談等을著述或蒐輯ᄒᆞ야本月五日부터續刊發行ᄒᆞ엿사오니　僉君子ᄂᆞᆫ續々購覽ᄒᆞ시옵

發賣所　布屛下廣學書舖　尙洞博文書館　鍾路大東書市

南門內尙洞靑年學院內家庭雜誌社　告白

本人이書籍을另設ᄒᆞ고彩宿書籍을兼備ᄒᆞ와廉價放賣ᄒᆞ오니有志ᄒᆞ신[illegible]來臨購覽請購ᄒᆷ　元山上里二洞芸香舖　金舜命　白

本所에서新舊物貨賣買方法을便利케ᄒᆞ야逐日開業ᄒᆞ오니僉君子ᄂᆞᆫ物品賣買ᄒᆞ실바가有ᄒᆞ거든本所로來議ᄒᆞ시오　賣買上規則은本所에來臨問議ᄒᆞ시오　南署銅峴美洞우前紙廛　在家漢城競賣所　告白

本人의宗孫朴文徵字明緝이가素以嗜酒狂生으로見誘於雜類ᄒᆞ와蕩敗家産하고尙以舊習으로僞造文券與圖章ᄒᆞ야到處請債故로玆以廣告ᄒᆞ오니內外國人은幸勿見欺ᄒᆷ　定州大野里　朴秉協　告白

黃海道載寧郡私立文昌中學校第一學年試驗榜

優等生乙班　李顯默　梁敬奎　李光浩　李作培　梁元鎬　梁文圭　張秉周　咸德仲　張秉煥　崔承雲

甲班　尹晩一　進級生十人

私立文昌中學校長　梁禹範　告白

安城郡監督黃錫贴와日巡査가今番騷擾後各項事務를公正決處ᄒᆞ야本郡居民與隣郡民人이賴以安安ᄂᆞᆫ一境이共知滿口稱頌이어ᄂᆞᆯ有何浮浪輩가搆捏咬說으로惹起初無之瑕玷ᄒᆞ야謂直謂曲에至於記載廣布ᄒᆞ니本郡民人이咄歎不已ᄒᆞ야玆以廣告ᄒᆷ

安城郡邑內東里執綱　玄俊鎔　洞長　權德大
西里執綱　李明載　洞長　金敬鉉
場基執綱　朴載奎　洞長　趙明林

本人姓名圖章을見失ᄒᆞ얏기로圖章을更爲雕刻ᄒᆞ옵고舊章은勿用ᄒᆞ오니內外國人照亮ᄒᆷ　京城門洞　張輔衡

學員募集廣告

本校第四回入學期를現當ᄒᆞ야法律學及經濟學兩專門科學員을茲에募集ᄒᆞ오니願ᄒᆞᄂᆞᆫ人은左記試驗定期內에本校用紙로써早速請願ᄒᆞ심

但右兩科ᄂᆞᆫ夜學으로만募集ᄒᆷ

◉修業年限　三학年

◉入學年齡　二十歲以上

◉學科目　法律學全部　經濟學全部　備在本校規則

◉試驗日字　二月廿五日(陰曆戊申正月廿四日)

◉試驗科目　歷史及地誌問對(內國及外國)讀書及作文(國文及漢文)算術(四則以內)

但官公私立學校의普通科以上卒業證書가有ᄒᆞᆫ人은其學力을檢定ᄒᆞᆫ後免試入許ᄒᆷ

◉開學日字　三月五日(陰曆二月三日)

隆熙二年一月十日

漢城中署磚洞普成專門學校

本人等이各項物種買賣에便利키爲ᄒᆞ야中署鐵物橋下南便에競賣所를設施ᄒᆞ오니賣買ᄒᆞ실僉君子ᄂᆞᆫ來臨ᄒᆞ시오　諸般規則은本所에揭示ᄒᆞ얏스니來臨問議ᄒᆞ시옵

中署鐵物橋下南便　永信競賣所　劉章烈　李光來

懷德九萬里居宋美中은本是浮浪悖類로召債三千兩得用ᄒᆞ고徵出於其堂姪後猶爲不足ᄒᆞ야僞造券而四處請債ᄒᆞ야其堂姪을侮辱ᄒᆞ心傷이오니內外國人은切勿見欺ᄒᆷ　김勝五　告白

◉商業學　張志淵氏譯述

一冊定價金四十錢

발賣所　中署布屛下廣學書舖　南門內博文書館　동口中央書館　鍾路大東書市

廣學書舖　告白

本人이[illegible]西洋各種物品及機械學物을[illegible]大韓에輸入ᄒᆞ야[illegible]約ᄒᆞ얏ᄉᆞ오니商工業에有意ᄒᆞ신僉君子ᄂᆞᆫ某物이든지[illegible]本社에셔ᄂᆞᆫ手數料를[illegible]

開城南大門內[illegible]　支店京城[illegible]

全仁達

學徒洋裝書冊　學徒運動과諸具　羅紗各種　美國金鷄蠟　衣服裁縫其他雜貨를廉價放賣ᄒᆞ오니諸君子ᄂᆞᆫ來臨ᄒᆞ심을바라나이다

仁川港　奇興商務冊肆

◉米國製邦補益藥水 四百瓶新到大瓶定價金三圓
◉德國製起陽丸 三十日分服 定價金十五圓

◉慰問義捐金收入廣告
◉平安北道寧邊郡
▲南新峴面上耳里
崔龍範 九十錢 崔龍珠
六十錢 金弘俊 崔益珠
康濟善 金辰守 崔俊涉
김兄淡 各拾五錢 金乃範
四拾五錢 韓巨天 七十錢
申應碩 金斗則 白基俊
李贊甫 康贊珠 각四拾전
金呂玉 康贊五 각卅錢
김淳基 李永奎 申永석
崔永祚 崔龍威 각廿五錢
金允珍 金守玉 林基夏
金學承 金士吉 金允永
成令成 崔龍淵 각廿錢
金昌五 崔君行 金京祿
車三卓 邊承祐 金利順
金貞玉 金陳玉 金永吉
朱珍祚 金仲甫 金孟吉
李建成 金珍甫 朱珍甫
趙光詡 金丙烈 李承化
金季承 吉萬才 李祿仁
宋文京 洪珍國 김明順
申학明 金宗律 梁永天
李承祚 金巳嶋 林應天
김孝獻 李尙杜 張學度
各拾錢
合計二十圓二拾전
▲邑內面西外城里
車國慶 車善學 車丙周
車龍珍 車京珠 車國禧
각一圓 車天明 車濟國
車允吉 車淳在 車珍玉
金利柱 김處度 車武成
車元成 車洛成 車元伯
車允成 趙成玉 車吉成
趙丙瑞 康希周 權見弼
金貞祿 리學主 金敬泰
方承周 白墨河 尹麟順
金天碩 리丁珍 尹國彦
朴永休 尹丁夏 康山石
車致遠 明京承 李卜孫
尹尙弼 리致守 리世昌
각卄錢 車錫璜 리병年
鄭珍浩 鄭寬治 각六十錢
車有連 朴永甲 康士奎
鄭賢日 각五拾錢 崔濟學
申內希 車鍾甫 吳希魯
각四拾錢 金達瑞 吳丁奉
리應涉 趙德成 林永燁
리珍希 김丙天 김天柱
車基煥 尹彭壽 權碩岩
劉成才 車信默 康永淳
康承模 張汗益 金應涉
車信道 劉士彥 各卄전
合二十四圓七十전
▲南門里 朴濟貞 二圓
新城里中 김成淵 一圓
▲營上里 리京與 一圓 朴亨燦
▲邑內 金成根 鄭錫살 朴禹謙
각一圓 朴容麗 二圓
合十二圓
總合五十七圓
前發表總合七千九百六十六圓
拾七圓七錢
都總合五萬八千〇十六圓十七錢七厘

發行兼編輯人 …
發行所 大韓每日申報社
印刷 …

第六卷 大韓每日申報 第七百十六號

月曜及慶節
歲時日休刊

檀君開國四千二百四十一年
孔子先年二千四百五十九年
大韓開國五百十六年
日本明治四十一年
淸國光緒三十三年
陰曆丁未十二月小廿一日戊寅

論說

●畿湖人士의第一步

嗚呼라數百年畿湖가何等地位에處ᄒᆞ얏던가

國朝에셔王都도此에建ᄒᆞ며人材도此에取ᄒᆞ며書院도此에多設ᄒᆞ며學問도此에셔奬勵ᄒᆞᆷ으로一切政治文學美術實業等의中心點이되야名公巨卿도此地에最多ᄒᆞ며宏儒碩士도此地에最盛ᄒᆞ며英雄豪傑도此地에最衆ᄒᆞ며先正昔賢도此地에最多ᄒᆞ야畿湖라云ᄒᆞ면外道各郡이玉京拾二樓又치瞻仰ᄒᆞ며畿湖人이라云ᄒᆞ면外道各郡人이蓬萊仙子又치仰慕ᄒᆞ야門是이呈彩ᄒᆞ고山川이生色ᄒᆞ던畿湖로서

近代以來로畿湖가何若是退化ᄒᆞ얏ᄂᆞ뇨才子도無ᄒᆞ며哲人도無ᄒᆞ고只是洪、金、趙、閔、幾個權豪官吏의產出地가되야民財나剝奪ᄒᆞ며官路나闖穿ᄒᆞ며昔日에云々ᄒᆞ던名譽々塚中에埋沒ᄒᆞ고世界가變幻ᄒᆞ야도不知ᄒᆞ며時局이慘淡ᄒᆞ야도不悟ᄒᆞ며淸日俄日戰爭의砲聲도耳不聞ᄒᆞ며五條約七協約의奇變도目不見ᄒᆞ며新天地新日月에春夢이依稀ᄒᆞ야요爾轉目ᄒᆞ며袞班閥이나誇張ᄒᆞ고學校捐助ᄒᆞ라면斷眉나暗蹙ᄒᆞ며新聞을購覽ᄒᆞ라면一分에血生ᄒᆞ야昔日下風에存在ᄒᆞ던西北兩道ᄂᆞᆫ西友學會니漢北學會니ᄒᆞᄂᆞᆫ데獨此沉夢ᄒᆞ미世人이皆批評兩鷄ᄒᆞ야白東海가西遷ᄒᆞ고日月이易位ᄒᆞ더리도畿湖의文明은無望이라ᄒᆞ던挽近畿湖인더

神聖ᄒᆞᆫ畿湖가萬古長夜될理가無ᄒᆞ며頑悟ᄒᆞᆫ畿湖人이一向頑痲ᄒᆞᆯ理가無ᄒᆞᆫ지라居然檀君四千二百四十一年一月에

歲曆이新改ᄒᆞ며
閉陽이新舒ᄒᆞ며
衆蟄이新動ᄒᆞ며
缺月이新盈ᄒᆞ미
畿湖山川도一大新光彩를放ᄒᆞᄂᆞᆫ더

一般畿湖人士가天都曉鷄의第一聲을따ᄒᆞ고東都神鼓의第一步를試ᄒᆞ야一大會를組織ᄒᆞ니其名曰畿湖興學會라

中央樞要地를作ᄒᆞᆫ畿湖와才性敏慧ᄒᆞᆫ畿湖人이果然此興學目的으로一齊大奮발을圖ᄒᆞ면建瓴의水가注ᄒᆞ듯시隨風의草가偃ᄒᆞ듯시自東自西自南自北無思不服의影響을致ᄒᆞ리라니

然則畿湖의覺이即全國의覺이오畿湖의興이即全國의興이니大矣哉라美矣哉라今日畿湖의興學會여

二拾年以前에此等會가有ᄒᆞ얏더면韓國이即今六洲에雄飛ᄒᆞᆯ도可也오十年以前에此等會가有ᄒᆞ얏더면韓國이即今東亞에雄視ᄒᆞᆷ도可也오抑又最近數年前에만畿湖人이此等학會를發起ᄒᆞᆫ思想이有ᄒᆞ얏더리도韓國의獨立維持ᄂᆞᆫ綽々有餘裕ᄒᆞ얏슬시어늘今日에乃至ᄒᆞ야此學會가爲生ᄒᆞ니開會當日에參列ᄒᆞᆫ諸君이必也撫古傷今의悲淚가汪々ᄒᆞ얏스리로다

然이나古語에亡羊補牢가未爲晩也며見兎顧犬이未爲遲也라云ᄒᆞ얏스니今日爲始ᄒᆞ야此兩道內에金錢을厚擁ᄒᆞᆫ雄富巨族과風力이優有ᄒᆞᆫ豪門貴家가左提右挈의力을敎ᄒᆞ야前呼後應의觀이有ᄒᆞ면他地人은皆其肩背를不敢望ᄒᆞ야

新時代의畿湖가舊時代의地位를保ᄒᆞᆯ지며新時代의畿湖人이舊時代畿湖人의價値를現ᄒᆞ야檀君箕子의舊基業을光復ᄒᆞ리니

此가余의畿湖人의對ᄒᆞᆫ希望이며頌祝이오抑亦全國人이畿湖人의對ᄒᆞᆫ希望이며頌祝이니

勗哉어다畿湖興學會여

官報

●第三千九百七十六號 續

隆熙二年一月廿一日

敍任及辭令

南技手리起陽 仝祖甲宗 仝崔東述 仝김昌榮 仝崔性煥 仝김浹鍊 仝鄭敬浩 仝吳壽哲 仝宋銓度 仝김成鍾 仝李宗勳 仝리奎相 仝吳南駿 仝文秉鎭 仝吳德二 仝趙秉均 仝玄世榮 仝尹龍三 仝김々楷 仝許淑 仝김鏞柱 仝朴永淡 仝마啓胤 仝金致用 仝金宛益 仝韓鳳賢 仝金昇鎭 仝渡光賢 仝金羲培 仝邊秉煥 仝雷達仁 仝洪致業 仝吳相暎 仝朴基樂 仝金鳳天 仝申信坤 仝金闕瑞 仝李찬術 仝金寶五 仝丁禧柱 仝金應璉 仝婁德淳 仝趙龍植 仝金世鍵 仝朴用楨 仝李基俊 仝智國甫 仝黃鍾淑 仝金永與 任臨時財源調查局技手

軍部顧問日本陸軍大佐勳二等野津鎭武 特賜太極章 ○日本國工학博士妻木賴貞 特賜勳二等賜太極章 ○度支部司稅局長鈴木穆 ○度支部事務官囑托矢橋賢吉 特陞叙勳二等賜太極章 臨時稅關工事部技師阪出鳴海 特陞叙勳三等賜八卦章 日本國陸軍一等主計丹鍊吉 ○日本國陸軍大尉古莊和平 仝中平勇吉 仝中野孝一郞 仝藤村正七 仝藤田勉 ○度支部事務官囑托木本房太郞 特敍勳四等賜太極章 ○軍部翻通譯官鈴木謙見 ○日本國陸軍三等軍醫田中德次郞 ○度支部事務官囑托飯泉幹太 特叙勳五等賜八卦章 ○度支部事務官囑托石原藤太郞 特叙勳六等賜太極章 ○日本國陸軍一等計手佐佐木彥治 ○日本國陸軍工兵曹長山根鳥吉 ○前警務顧問本部補佐官補小熊九万造 ○度支部事務官囑托井上喜三郞 仝富田道生 特叙勳六等賜八卦章 ○都筑能悌 任內部主事 完

●第三千九百七十七號

隆熙二年一月二十二日

敍任及辭令

大韓醫院主事兼內部主事岡野虎太郞 免任醫部 ▲熊松龍種 任內部主事 ▲內部主事井上新 兼任醫部 ▲藤井國太郞 任內部主事 ▲從二品리應弼 任掌禮院典祀 ▲從二品尹迪求 任東宮侍從 ▲正三品鄭萬朝 任奎章閣直閣 ▲陸部一男 任학部主事

外報

●日本政界評論 倫敦電을據ᄒᆞᆫ則歐羅巴大陸에셔日本政略에對ᄒᆞ야惡感情이有ᄒᆞᆫ것은更히言論ᄒᆞᆯ것시無ᄒᆞ거니와法國某新聞에評論ᄒᆞ얏스되日本이淸國領土를掠奪코저ᄒᆞ야포스마우쓰條約을侵犯ᄒᆞ니淸國은當然히日本을拒絕ᄒᆞᆷ이可ᄒᆞ다ᄒᆞ얏다더라

●波斯立憲施行 波斯國리히란憲을據ᄒᆞᆫ則去月二十二日에波斯王과議會間에紛亂이起ᄒᆞᆫ브이未決이되얏ᄂᆞᆫ데波斯立憲黨의所謂대로施行ᄒᆞᆯ것다고勅書를下ᄒᆞ시고또反對黨의領首ᄂᆞᆫ治罪ᄒᆞ시겟다고議會에勅書를下ᄒᆞ셧다더라

●英日生貿 倫敦電을據ᄒᆞᆫ則日本元老大臣大隈重信氏가神戶商業會議所에셔演說ᄒᆞ되歐羅巴人이印度國을甚히壓制ᄒᆞᄂᆞᆫ故로只今印度人을日本이保護ᄒᆞᆷ이好機會라ᄒᆞ얏슴으로英國이此機를知ᄒᆞ고各新聞과各處商業俱樂部에셔議論이紛々ᄒᆞ며英國政府에셔ᄂᆞᆫ海軍省으로ᄒᆞ야금巡洋艦隊를太平洋에建設케ᄒᆞ야日本의海軍勢力을防備ᄒᆞᆯ터이라더라

●三氏說明 倫敦電을據ᄒᆞᆫ則昨年八月에紐育으로부터歐羅巴에前往ᄒᆞ얏던李相卨씨와尹炳球씨와宋憲柱氏가英國倫敦에셔有力ᄒᆞᆫ政治家와新聞家의同情을得ᄒᆞ고韓國을爲ᄒᆞ야許多히說明ᄒᆞ얏다더라

●敎會擴張 美國某信을據ᄒᆞᆫ奇美國人喜法氏가各敎會에셔韓國情況을說明ᄒᆞᆫ結果로각地方長老敎會에셔去月十六日에多數敎徒가會集ᄒᆞ야韓國의敎會擴張ᄒᆞᆯ方針을議論ᄒᆞᄂᆞᆫ데加州兩方에居ᄒᆞᄂᆞᆫ韓人各敎會에셔一百、十四원을收集ᄒᆞ야々承萬씨를總代로定ᄒᆞ야치카코에派送ᄒᆞ얏더니其會議決果를聞ᄒᆞᆫ則美國長老敎會에서金十六萬圓을支出ᄒᆞ야傳道師와敎師를韓國各地方에多數히派送ᄒᆞᆫ다더라

雜報

●永郡二美 永柔郡紳士申乘均氏ᄂᆞᆫ素以학問之士로敎育에留意ᄒᆞ야自己家에夜학校를設立ᄒᆞ고昨年을會集ᄒᆞ야敎鞭을親執ᄒᆞ니成蹟이甚好ᄒᆞᆫ되名譽敎師로淑貞女학校에出席ᄒᆞ고金止鍊氏ᄂᆞᆫ中洋製屋三間을無貰으로女학校에借與ᄒᆞ고金志璜과成驥諸氏가각項校務를同心贊成ᄒᆞ고該郡守朴容觀氏의大夫人及夫人이女校에親往ᄒᆞ야一塲勸勉ᄒᆞ고習字紙拾張式을分給ᄒᆞ며一郡의학風이蔚然ᄒᆞ다더라

●詳查不詳 黃州二面石泉里祥雲동居ᄒᆞᄂᆞᆫ洪在坤氏가其門中庄土와宗契畓을暗買次로保証人의圖章을僞造ᄒᆞ야證明書를出ᄒᆞᄂᆞᆫ데洞長과面長의報告도無ᄒᆞᆫ것을該郡守韓貞奎씨가書記리회敎씨의말만聽ᄒᆞ고証明書에捺章ᄒᆞᆫ故로洪氏가不壞居ᄒᆞᄂᆞᆫ宋秉雲諸씨를典執ᄒᆞ엿다ᄒᆞ미該洞居民等이一囘解散之境인故該동男女老少가郡衙에入ᄒᆞ야放聲呼哭ᄒᆞ고仍爲上部訴次로日間上京ᄒᆞᆫ다더라

雜報

●皇后陛下入學 皇后陛下ᄭᅴ옵서昨日에入學ᄒᆞ셧다ᄂᆞᆫᄃᆡ宮內府大臣署理閔丙奭氏와學部大臣李載崑氏가進參하얏다더라

●冊子進獻 皇后陛下ᄭᅴ옵서入學ᄒᆞ신온別項과如ᄒᆞ거니와學部에서諸般冊子를進獻ᄒᆞ얏다더라

●三人不久 現내閣大臣中總理리完用시와농相宋秉畯시가不久에遞任된다ᄂᆞᆫ說이喧藉ᄒᆞ더라

●仕進廢止 摠理大臣李完用氏가仕進ᄒᆞᆫ다더니更聞ᄒᆞᆫ則有何憂慮ᄒᆞᆫ事인지連日仕進을廢止ᄒᆞ고其他大臣도內閣에間或入來ᄒᆞᆫ다더라

●度大宴會 再昨日度支部大臣高永喜氏私邸에서무ᄉᆞᆷ宴會를設ᄒᆞ고各大臣을請邀ᄒᆞ얏다더라

●觀察果任 李斗璜氏가全北觀察使를被任ᄒᆞᆯ것다ᄂᆞᆫ說은業已揭記ᄒᆞᆫ바어니와三昨日奏本ᄒᆞ야敍任ᄒᆞ얏다더라

●新守受勅 新任ᄒᆞᆫ地方郡守諸氏가次々赴任ᄒᆞᆯ次로連日受勅ᄒᆞᆫ다더라

●辭遞不疏 近日現內閣이變動된다ᄂᆞᆫ說이喧藉ᄒᆞᆫ지라各大臣家에來賓들이其變動의眞假를探問ᄒᆞᆫ즉該大臣所答에辭遞任도始未的知어니와辭職疏ᄒᆞᆯ理由ᄂᆞᆫ無ᄒᆞ다ᄒᆞᆫ다더라

●戒嚴以威 近日各部大臣들이仕進ᄒᆞᆯ時에保護巡査의戒嚴이比前尤甚ᄒᆞ야示威가大段ᄒᆞ미行路人이莫不당然이라ᄒᆞ더라

●因勸辭退 張博시가申應회시를朴晚緖시에게委送ᄒᆞ야勸告ᄒᆞᆫ辭意ᄂᆞᆫ已爲揭報ᄒᆞ얏거니와其時申應회시의領言을詳聞ᄒᆞᆫ즉若不辭職ᄒᆞ면錦陵尉朴泳孝시에게勸告解任케ᄒᆞᆷ이오朴泳孝시도不聽ᄒᆞ면伊彌副統監에게勸告解任케ᄒᆞᆫ다ᄒᆞ얏스니該張시의言辭가大不穩當이라고ᄒᆞ더라

●終南捷徑 仕官路의注意ᄒᆞᄂᆞᆫ客들이紹介를得ᄒᆞ야興士團副團長兪吉濬시에게連絡不絶ᄒᆞᆷ으로該兪시가杜門謝客ᄒᆞᆫ다더라

●內次觀務 內部次官木內시가今日부터仕進視務ᄒᆞᆫ다더라

●此聲何聲 三昨夜에內大任善準氏家에서自大門間으로一大霹靂聲이忽出ᄒᆞ거ᄂᆞᆯ擧家가驚動ᄒᆞ야日巡査다려出見ᄒᆞ라ᄒᆞᆫ즉日巡査가亦戰刧不出ᄒᆞᄂᆞᆫ지라家人을會集往見ᄒᆞᆫ즉如何ᄒᆞᆫ形跡도無ᄒᆞ얏다더라

●風流沒味 再昨日에學部一般官人이各出二元ᄒᆞ야餞別宴을惠泉湯에서開催ᄒᆞ얏다ᄂᆞᆫ說은已揭昨報어니와奏判任官이該處에會集ᄒᆞ얏ᄂᆞᆫᄃᆡ有何緊急事인지該部大臣李載崑氏가送隷ᄒᆞ야奏任官을招來ᄒᆞᆫ故로坐中奏任官은一齊히該大臣家로往ᄒᆞ얏다더라

●市原宴待 第一銀行事務員市原盛宏氏가來二拾四日下午六時에自己私邸에서晩餐會를開ᄒᆞᆫ다ᄂᆞᆫᄃᆡ各部大臣을請邀宴待ᄒᆞᆫ다더라

●判蔭不滿 度支部에서新官制에被任ᄒᆞᆫ判任官들의게帖紙를出給ᄒᆞ면該人이帖紙를裂破ᄒᆞ야煖爐中에投入ᄒᆞᆫ다ᄂᆞᆫᄃᆡ其理由ᄂᆞᆫ奏任官을被任치못ᄒᆞᆫ憾情所발이라더라

●丸山入城 昆滿郡으로出張ᄒᆞ얏던警視總監丸山重俊시一行이昨日上午拾二時에入城ᄒᆞ얏다더라

●旅費請撥 法部에서度支部로照會ᄒᆞ되歸順免罪 詔勅宣諭委員九人을派送ᄒᆞᆯ意로承有內閣命意ᄒᆞ와行將派送이온바該員等旅費交接費探偵費等額六千三百圜을卽爲承認支撥ᄒᆞ라ᄒᆞ얏더라

●禮院移接 掌禮院을金虎門外前吏曹廟房으로移接하고該院은軍樂隊나掌樂課나移接ᄒᆞᆫ다더라

●警官再用 挽近賊警이熾盛ᄒᆞ다ᄒᆞᆷ은累々報道ᄒᆞ얏거니와警務를擴張ᄒᆞᆫ다면서警官之下에如此ᄒᆞᆫ弱발의患은初有ᄒᆞ다더라

●罰金加捧 懷德郡面長들이結錢을收刷ᄒᆞ되若排日을過限不納ᄒᆞ면每兩頭에葉一兩式罰金으로加捧ᄒᆞ며已刷結錢으로ᄂᆞᆫ或稱以民未收ᄒᆞ고放邊殖利ᄒᆞ야面長의作弊가無雙ᄒᆞ야民難支保라더라

●日人所有調査 全北各郡守가日本人의所有土地財産을調査ᄒᆞ야內部에報告가如左ᄒᆞ니
金堤답九千二百四斗落價格二萬五千六百九拾三圜九拾五전
泰仁畓五千三百七拾斗落價格五千四百七拾圜三錢
古阜답五百二拾九斗落價格二千四百四拾三圜
沃溝田三石拾斗落답拾八石九斗落價格六千二百五拾八圜三拾錢
南原空대六個價格一百二拾圜
全州田一百拾九斗落畓二千五百九十二斗九升落價一萬五千四百五拾圜三十錢
여산田二拾二日耕畓四百三十七斗五升落價格三千七百二拾五圜三拾五錢
咸悅田七日耕畓拾三石拾八斗落價金七百拾圜
臨陂답一百二十四斗五升落價金三百八拾五圜九拾五錢
萬頃답百九石四斗落田拾八石拾四斗落
龍安답七百拾九斗落價金八百拾五圜五拾錢
金溝답一百十九斗落田三十斗落가金四千三百四拾三圜
이라더라

●蹤跡秘探 閔宗植시가解配後上京ᄒᆞ얏다ᄂᆞᆫ說이有ᄒᆞ야警視廳에서該사蹤跡을秘探中이라더라

●同友發配 同友會員으로發配ᄒᆞᄂᆞᆫ流終身尹履炳氏와流七年沈源澤洪在七洪在설車春聖林炳應李光洙李存馥裴晩善李炳善李仁承시等十一은全羅南道智島郡으로配所를定ᄒᆞ고流拾年金漢肯金鑒聲趙舜鎬裴奎永崔元錫金在鵬尹弼柖呂圭冕李根爾시等九人은珍島郡으로定하얏다더라

●張시放免 槐山郡守張基淵시가忠州郡의前往ᄒᆞ얏다가有何事件인지該郡警察署의數日拘滯ᄒᆞ얏다가還爲放免ᄒᆞ얏다더라

●還中歸日 內部에서拾三道에派遣ᄒᆞ고管下各郡에在ᄒᆞᆫ外國人의買得ᄒᆞᆫ田畓斗落과家屋數爻을調査報告ᄒᆞ얏ᄂᆞᆫᄃᆡ無邑無之에不過數年이면半數以上은日本의所有物이되깃다더라

●依例支給 普興학校三十五圜普光학校二拾五圜普昌학校三百圜普成학校一百六拾五圜興化학校一百六拾圜養英학校九拾圓光南학校二百九拾圓華東學校三拾圓淸湖학校三拾圓合一千二十五圓을經理院에서每朔支給ᄒᆞ야幼年학徒를敎育ᄒᆞ더니융희二年度爲始ᄒᆞ야帝室國有財産整理局에서廢止ᄒᆞᆫ다ᄒᆞ미각학校학徒를中道散鬪ᄒᆞᆯ境遇인故右九校校任이聯登ᄒᆞ야학部에顧ᄒᆞ얏ᄂᆞᆫᄃᆡ該部에서依舊支給ᄒᆞ야維持케ᄒᆞ라고宮內府로照會ᄒᆞ얏다더라

●蚌鷸之勢 本報第七百十三號에閔衡植氏가警視廳에被囚하얏다가旋爲放釋ᄒᆞ얏다ᄂᆞᆫ事에對ᄒᆞ야詳聞ᄒᆞᆫ則該氏가藥峴居ᄒᆞᄂᆞᆫ林炳雲氏의게一千三百餘圜을償還條가有ᄒᆞ얏던지林氏가日本軍司令部에呼訴ᄒᆞ야閔氏를押去ᄒᆞ야卽爲辦報ᄒᆞᆯ意로納ᄒᆞ고放送ᄒᆞᆫ事이라ᄂᆞᆫᄃᆡ閔氏가尙且辦報치아니ᄒᆞᄂᆞᆫ故로林氏가將復呼訴ᄒᆞᆫ다니閔氏ᄂᆞᆫ勢力을恃ᄒᆞᆷ인지當報之物이아닌지延拖不報ᄂᆞᆫ何故며林氏ᄂᆞᆫ韓國裁判所ᄂᆞᆫ不知ᄒᆞ고憲兵司令部를民事裁判所로知ᄒᆞᆷ인지司令部에서ᄂᆞᆫ權限外에民事도審理ᄒᆞᄂᆞᆫ지ᄒᆞ고評論이藉々ᄒᆞ다더라

●竹守先開 竹山郡守張錫夏氏ᄂᆞᆫ年今廿六에曾遊西歐하야法律에通明ᄒᆞ며外語에도嫺熟ᄒᆞ야聽訟과外交가務得適宜ᄒᆞᆫ故로莅任未幾에一郡人民이咸悅ᄒᆞᆫ다더라

●兩義團合 義兵將許爲氏의部下와閔肯鎬氏의部下幾千名이楊州抱川等地에會同ᄒᆞ야氣勢가大段ᄒᆞ다고東來人의傳說이有ᄒᆞ더라

●三義被捉 再昨日에東門外에서義徒二名이警視廳에被捉ᄒᆞ얏다더라

●行路阻絶 抱川楊州等郡에義兵이益々滋蔓ᄒᆞ야來往人의殊常을偵探ᄒᆞᆷ으로該地方에ᄂᆞᆫ數日부터道路가阻絶ᄒᆞ얏다더라

●月出鳥驚 再昨日에北署外郊細橋等地에義徒가潛入ᄒᆞᆫ다ᄂᆞᆫ報를聞ᄒᆞ고北署에서巡査를派遣ᄒᆞ얏다더라

●倘非虛驚 昨日東門外에義徒가來襲ᄒᆞᆫ다ᄂᆞᆫ說이有ᄒᆞᆷ으로警視廳警備係에서巡査를派送ᄒᆞ얏다더라

●意在斂金 太田停車場等地에서挾雜輩가日巡査를符同ᄒᆞ야學校를設始ᄒᆞᆫ다ᄒᆞ고該附近人民의補助金을斂食ᄒᆞ고設校ᄂᆞᆫ杳然ᄒᆞ더니近日또학校를設立ᄒᆞᆫ다ᄒᆞ고該近稍饒人의게義捐金을勒討ᄒᆞᆫ다더라

▲地方消息▼

▲二拾二日驪州발電을據ᄒᆞᆫ즉咸平郡日巡査駐在所를義兵一百九拾名이襲擊ᄒᆞ야巡査一名을殺害하얏다ᄒᆞ고

▲光州郡葛田面月院洞에義兵이集合ᄒᆞ얏다ᄂᆞᆫ情報를同郡警察隊에서接ᄒᆞ고二十一日夜에日憲隊와共히該處에前往ᄒᆞ야義兵約五拾名과交戰ᄒᆞ얏다ᄒᆞ고

▲二拾日報恩郡松陽面附近에서義兵約百名이日兵과交戰ᄒᆞ얏ᄂᆞᆫᄃᆡ日兵의輕傷者가二名이라ᄒᆞ고

▲二十一日鳥致院守備隊에서論山附近에派遣ᄒᆞᆫ日兵이義兵五拾名과交戰ᄒᆞ얏다더라

東京電報

二十二日發

●議案提出 進步黨과猶興會外에大同俱樂部로明日의內閣不信任의決議案을議會의提出ᄒᆞᆫ다더라

●議會解散決議 內閣에서昨夜에密議ᄒᆞ되進步黨與猶興會兩派에서提出ᄒᆞᆫ內閣不信任案이通過ᄒᆞ면議會解散을奏請ᄒᆞᆯ事로決定ᄒᆞ얏다더라

▲流行一曲▼

▲各大臣晩餐會에花月又튼妓生이次第로잔을잡고勸酒歌ᄒᆞᆫ곡조에不平心懷절로ᄂᆞᆫ다

▲槿柯夢느지서나一場富貴處事로다協約에엇은功名政府首席놉헛스니놀고가ᄂᆞᆫ이世上에달도차면기우나니이술ᄒᆞᆫ잔잡으시면萬古弊人되시리라다

▲眼下銅山萬丈峯에八城江山굽어보니三百四十餘郡中에知舊親戚生色ᄂᆞᆫ야民間疾苦누가아나歌聲高處寃聲高라이술ᄒᆞᆫ잔잡으시면구리귀신되시리라다

▲金銀銅鐵가득싯고萬頃蒼波東海上에一陣狂風覆船되여더沙工이精神잇다財政權을일흐니金融枯渴엇재ᄒᆞ고이술ᄒᆞᆫ잔잡으시면戶位素餐되시리라다

▲鷄鳴山玉洞簫에十萬大兵헛터지니울然獨坐져大臣은楚覇王의身世로다四方烟塵銃쇼리에더心事가安靜ᄒᆞᆯ가이술ᄒᆞᆫ잔잡으시면부셔술이니리리다

▲無事奔走一平生에져功名이意外로다司法權을掌握ᄒᆞ니繩直準平네알손가如臨深淵戰兢ᄒᆞ녀져陷穽씨깁헛도다이술ᄒᆞᆫ잔잡으시면平安ᄒᆞ게가시리라다

▲崑玉秘證欺君手段으로旌之態그셔잇다循私小公져敎員은敎育界에防碍로다欺世盜名學究장니講米돈에滋味ᄂᆞᆫ다이술ᄒᆞᆫ잔잡으시면齋明多厚ᄒᆞ시리라다

▲더긔가ᄂᆞᆫ더臟犬ᄂᆞᆫ良田美土숨악주고海外孤舟돗슬달어方向업서ᄯᅥ나가니秋風落葉더욱셜고孤兒失乳어이ᄒᆞ나이술한잔잡으시면流離丐乞ᄒᆞ시리다

▲山頭月이밝엇스니宮府家族빗치ᄂᆞᆫ다扶桑萬里오ᄂᆞᆫ비ᄂᆞᆫ望夫山에놉헛도다어ᄂᆞᆫ써나迎接ᄒᆞ야握手情話ᄒᆞ여볼ᄭᅡ이술을잔잡으시면生離別을ᄒᆞ시리라다

社告

○匿愛錄

本社自去年來經費窮乏務未補爲千餘圜月給未報至千餘圜矣此係數年內各地方購覽員應數千餘圜及各支社二千五百餘圜未收之所致也 從此數始數年圖來收錄一一調査仰佈予未納員姓名若干 一從本社定章以遣書交渉未納不得已於本社揭錄以遣……廣告 ……以相愛之厚情焉

○告各支社員

本社對各支社申報代金收入內未納者不少……

江華郡川溜金鎭璉氏第에本支社를設置ᄒᆞ얏사오니該附近地에셔本申報購覽ᄒᆞ실 僉君子ᄂᆞᆫ該支社로請求ᄒᆞ시고代金도金鎭璉氏게로送交하심을務望

故아宋仁宗曰人以無學이면……禽獸等土라ᄒᆞᄂᆞ니逸居而無敎면則於近禽獸라ᄒᆞ얏스며黃帝ᄂᆞᆫ學大顚ᄒᆞ고顓頊은學於綠圖요帝嚳은學於赤松子ᄒᆞ고堯學於尹壽요舜學於務成昭ᄒᆞ고禹學於西王母요湯學於威子伯ᄒᆞ고文王은學於時子斯요武王은學於虢叔ᄒᆞ고孔子ᄂᆞᆫ學於老聃ᄒᆞ고孟子ᄂᆞᆫ學於子思之門人이니自古帝王聖賢도且無不學이온而況黎庶古昔時代엔或有不學이存之者나現今競爭時代엔學則優也不學則劣也며學則富ᄒᆞ고不學則貧ᄒᆞ며學則貴ᄒᆞ고不學則賤ᄒᆞ며學則存ᄒᆞ고不學則亡ᄒᆞ며學則生ᄒᆞ고不學則死ᄂᆞᆫ天演公例요人道常理라今玆質問ᄒᆞ노니優勝生存富貴를願乎아劣敗貧賤死亡을願乎아不待其答而可知로다必曰優勝生存富貴가願也라ᄒᆞ지며若有不播糠求穀者則呵呵大笑而稱曰痴者라ᄒᆞᆯ지니出乎爾者反乎爾者ㅣ是也로다當此危急存亡之秋ᄒᆞ야復其權者도靑年이요雪其恨者도靑年이며富其國者도靑年이요强其民者도靑年이어ᄂᆞᆯ嗚呼라不학靑年諸君은頓無所恩ᄒᆞ다毫無所恥ᄒᆞ야偸逸不학ᄒᆞ니可惜可嘆이아不留不학이라漸入外道하야耳溺於聲ᄒᆞ며目眩於色ᄒᆞ야役精神於戲臺ᄒᆞ고委身體於華室ᄒᆞ야消盡家產後日엔後所得者ᄂᆞᆫ梅毒菌이요所業者助房軍而已矣리니嗟乎라社稷存亡은匹夫도有責이어ᄂᆞᆯ誰任亡國之咎오可謂痛哭者此也로다若不反醒ᄒᆞ고如是以了一生이면生無所益이요死無所損이며獨恥禽獸리니惟願浪遊靑年은更勿迷惑ᄒᆞ고覺而且悟ᄒᆞ야若立志篤학이면國權復……

寄書

無恥生金一　善

警告我浪遊不學靑年

夫天下에艱鉅之任을足以膺者ᄂᆞᆫ靑年智者而已矣니非智면其才ᄂᆞᆫ不足以顯이요亦非才면其智ᄂᆞᆫ不足展이이요尤非智則其學ᄂᆞᆫ不能成也니學不養……

●畿湖總會　畿湖興학會에셔來土曜日(一月二十五日)上午十二時에鐘路後靑年會舘에셔總會를開하고一般會員及有志同胞를會集ᄒᆞ고該會發展ᄒᆞᆯ方針을硏究ᄒᆞᆫ다더라

●靑會演說　徐相㬗氏가靑年會舘에셔今夕七点鐘에査經會를開ᄒᆞ고講道ᄒᆞᆫ다더라

●稅主勸학　文川財務署長元貞常씨가학校를贊成ᄒᆞ야以若干俸으로種種補助ᄒᆞ며熱心勸학ᄒᆞ니文川高原兩郡人士가莫不稱頌ᄒᆞᆫ다더라

●萊民辨明　本報第七百九號雜報欄內吏奸留發이란題下에東萊郡書官徐應氏가選任되미該郡奸吏輩가稱以人民代表ᄒᆞ고內部에願留書籍呈ᄒᆞ얏다ᄂᆞᆫ事에對ᄒᆞ야該郡各面各洞各학校各社會委任代表人들이願留上來時에其各人의署名捺章ᄒᆞᆫ委任狀을來社詳示ᄒᆞ며本非奸吏오事實不然ᄒᆞᆷ을辨明ᄒᆞ기玆에正誤ᄒᆞᆷ

廣告

本人이書舖를另設하고新舊書籍을具備ᄒᆞ와廉價放賣ᄒᆞ오니有志학員은來臨隨意購買ᄒᆞᆷ

元山上里二통芸香舖金舜命白

本人의弟炳穆이性本浮浪ᄒᆞ야出沒京鄕ᄒᆞ야本人의田土券과圖章을僞造ᄒᆞ오니內外國人은切勿見欺ᄒᆞᆷ

淸道郡박炳淑　告白

本人等이安동木布廛을商業이가多年財政去來러니再昨年撤市後于今三年所捧條ᄂᆞᆫ姑舍ᄒᆞ고開情勢未免餓死之境故本人等所捧條合三十七萬五千兩特爲姿帖于君子照諒

盧炳祥　李圭興
李啓春　林　錫　告白

慎德九萬里居宋美中은本是浮浪悖類로日債三千兩得用ᄒᆞ고徵出於其堂姪後猶爲不足ᄒᆞ야僞造香券而四處請債ᄒᆞ야其堂姪을侵漁ᄒᆞᆫ心倍이오니內外國人은一切勿見欺ᄒᆞᆷ

金應五告白

●正誤　昨日廣告欄內에金光天이가張周淵의게本月晦日推來當五萬九千兩이라ᄂᆞᆫ本字ᄂᆞᆫ來字로正誤ᄒᆞᆷ

本所에셔新舊物貨賣買方法을便利케ᄒᆞ야逐日開業ᄒᆞ오니僉君子ᄂᆞᆫ物品賣買ᄒᆞ실事가有ᄒᆞ거든本所로來臨ᄒᆞ시오

賣買上規則은本所에來臨問議ᄒᆞ시오

南署銅峴奬洞우前紙廛北家　典當競賣所　告白

本人의宗孫朴文徵字明緝이가素以嗜酒狂生으로見誘於雜類ᄒᆞ와蕩敗家產하고尙以舊習으로僞造文券與圖章ᄒᆞ야到處請債故로玆以廣告ᄒᆞ오니內外國人은幸勿見欺ᄒᆞᆷ

定州大野里朴秉協　告白

家庭雜誌

一冊五十頁　定價金十錢

本雜誌ᄂᆞᆫ純國文으로發行ᄒᆞ와家庭敎育界에大光明을放하옵다가財政의艱窘을因ᄒᆞ야中間에屢朔廢止ᄒᆞ얏던바이온더今에本社에셔有志諸氏의協贊을得ᄒᆞ야論說論解의各部門과滋味잇ᄂᆞᆫ歷史叢談等을著述或蒐輯ᄒᆞ야本月五日부터續刊發行ᄒᆞ엿사오니　僉君子ᄂᆞᆫ續々購覽ᄒᆞ시옵

發賣所布屛下廣學書舖
尙洞博文書館
鍾路大東書市

南門내尙洞靑年學院내家庭雜誌社　告白

前主事徐廷億　白

本人等이商業興旺키爲ᄒᆞ야鳩聚資本ᄒᆞ와鐵道貨物을迅速運送케ᄒᆞ기로船設會社ᄒᆞ오니內國僉君子ᄂᆞᆫ照亮ᄒᆞᆷ

㊙安　千里運輸會社　京城南大門外

社長
　總事務長金重喜
　監務員林秉一　金潤圭
　　　　金鏞鎭　洪在혁
　事務員姜在亨　徐相玉
　社　員朴泰晉　金晃鎭
　　　　趙敬煥

西署社稷洞五十六統五戶와同四十九統戶家券兩張과陽智郡갈汀面馬山里所在家舍圖林田畓文券을陰本月十九日夜에賊漢의게見失ᄒᆞ얏스니內外國人은切勿見欺ᄒᆞᆷ

以本人시叔리容震債條事로重煥欲執本人庄土日前說明廣告矣據手重煥揭告則季容震庄土僞托於本人云是豈成說他人庄土何以詳知證某所有而出債時立保何關於本人乎庄土之本人所有一境共知內外國人洞亮爲

여州徐召史　告白

本人姓名圖章을更爲雕刻ᄒᆞ옵고舊章은勿用ᄒᆞ오니內外國人照亮ᄒᆞᆷ

京弘門洞張輔衡

昨本月十七日頃에本港龍洞第二統三統一戶趙士協草家九間證明書를失ᄒᆞᆫ바如是廣告ᄒᆞ며論內外國人圖得ᄒᆞ와도休紙施行ᄒᆞᆷ

仁川港租峴米廛池宗燮告白

本郡守徐晦輔氏下車二紀治化一境聖殿享需捐廩補用討捕兵費報部劃下證明設校勸學徒皆達務納積滯逋欠爲人交涉官民歡如平昔盜賊消息閭境晏然召父杜母復睹於今不意移拜人民落膽一邊遮道一邊訴部齊聲願留

儒生　　田等
商民　學獻等　告白

學員募集廣告

本校經理國人學問을現當하야法律學及經濟學兩專門科學員을募集ᄒᆞ오니願學人은左記試驗定期內에本校用紙로써早速請願ᄒᆞᆷ事

但右兩科ᄂᆞᆫ夜學으로만募集ᄒᆞᆷ

◉修業年限　三학年

◉入學年齡　二十歲以上

◉學科目　法律學全部　經濟學全部　備在本校規則

◉試驗日字　一月廿五日(陰曆戊申正月廿四日)

◉試驗科目　歷史及地誌問對(內國及外國)讀書及作文國文及漢文　算術(四則以內)

但官公私立學校의普通科以上卒業證書가有ᄒᆞᆫ人은其學力을檢定ᄒᆞᆫ後免試入許ᄒᆞᆷ

◉開學日字　三月五日(陰曆二月三日)

隆熙二年一月十日

漢城中署磚洞普成專門學校

本人이日本大阪商業家와特約ᄒᆞ고日本內地産出各種物品과西洋各種物品及機械等物을大韓에輸入과委托을便利케ᄒᆞ기로約ᄒᆞ얏스오니商工業에有志ᄒᆞᆫ僉君子ᄂᆞᆫ某物이든지請求ᄒᆞ시거든本社로來議ᄒᆞ시오本社에셔ᄂᆞᆫ手數料金만受領ᄒᆞᆷ

興業社本店　開城南大門內興學會舘
支店京城南門內水標五十一號
大戶　全仁港內　共濟會社　增榮

蛔虫殺殺ᄒᆞᄂᆞᆫ上品蛔虫散七錢

腹疾에쓰ᄂᆞᆫ德國製骨拜把丸一……

……元氣를大助ᄒᆞ고……

……醫學家에셔數拾年經驗ᄒᆞᆫ……

十전　米國製梅毒不染藥……

定價金七拾錢

漢城鍾路萬國基督敎靑年會館前慈惠藥房 製藥鑑查人濟衆院醫學員洪錫厚 朴瀅惠 李觀化告白

本人等이米國大學醫院處方을大醫學士魚丕信氏에게受業ᄒᆞ고醫學校卒業五等准認永시에게有效證明書을受ᄒᆞ고左記各種을製造ᄒᆞ야外國醫約規模을依ᄒᆞ야紙匣과洋鐵匣과琉璃瓶에盛ᄒᆞ야全國內外各處에廣賣ᄒᆞ옵고濟衆院英語醫師를我國漢文으로飜譯ᄒᆞ야名稱西약便方이라ᄒᆞ고발賣ᄒᆞ오니四方僉彥中濟衆院약을數拾年來經驗信用ᄒᆞ신兄弟ᄂᆞᆫ不拘약之多少ᄒᆞ시고不拘路之遠近ᄒᆞ시되日々以書請求ᄒᆞ시면本약房에셔ᄂᆞᆫ雖十錢價値약이라도以小包郵便으로仰呈ᄒᆞ오라니약封定價外에郵稅十전을加送ᄒᆞ시되小數전은郵票十전조리로셔보내시고賣약家에셔ᄂᆞᆫ多數買去ᄒᆞ시면郵便局換錢票로셔보내시오且本약房에米國(멀포드)製약會社약과(와끌)製약會社약과德國(만ᄒᆞ임)製약會社약品을直輸入ᄒᆞ야英語로記ᄒᆞᆫ方文과主治와用法을我國漢文으로飜譯ᄒᆞ야발賣

商標 食思振起 精力活潑 補益丸

定價表		
拾日分	服三十個入	金一圜
二十日分	服六十個入	金一圜七拾五錢
三十日分	服九十個入	金二圜五拾錢

主治ᄂᆞᆫ大補元氣ᄒᆞ고能調陰陽ᄒᆞ야男子에陽萎不起와女子에月經不調와手足厥冷과虛脫失氣와久病에게速히蘇完되ᄂᆞᆫ効力이尤勝於鹿茸燒人蔘精

靈効解瘧丸 一日分定價金拾錢此藥은大人小兒長瘧과初瘧과腹瘧에以ᄒᆞ야服用ᄒᆞ면更不再發

蛔蟲丸 一日分定價金拾전此藥은大人蛔積과小兒蛔病에一日服用ᄒᆞ면蛔虫을殺出ᄒᆞᄂᆞᆫ妙藥

四時感冒丸 一日分定價金拾전此藥은感氣몸살의쓰ᄂᆞᆫ藥인ᄃᆡ一二日連服ᄒᆞ면四時毒感과上下肢節과頭痛에卽時解熱鎭痛

男女瘡疾祛根藥 定價金五圜此藥은瘡疾의一期二期勿論ᄒᆞ고거근ᄒᆞᄂᆞ도독약을쥬나니구감도아니구역도아니오

淸明眼藥 一日分定價金拾錢此藥은火眼熱眼의多有奇効

無惡臭疥瘡藥 定價金四拾전此藥은疥션虫을卅分內滅殺

◎國通國淋疾丸七日分定價金一圜四拾전此藥은男女淋疾勿論ᄒᆞ고速効가잇셔用藥之日로殺菌止痛ᄒᆞ고利尿止濃

◎鎭咳嗽藥五日分定價金三拾錢此藥은拾五歲以上人에用ᄒᆞᄂᆞᆫ藥인ᄃᆡ四時尋常性咳嗽에有効ᄒᆞ고特히老人哽咳에偉効

◎寸虫藥定價金三拾錢此藥은有鉤寸虫無子寸虫이當日殺出

◎米國春藥定價金二拾五전此약은冬春間皮膚病에奇効

◎淸國上海膏定價金卅錢此약은肩臂痛脚腿腰膝酸痛에神効

◎斷酒약定價金三圜此약은西洋셔도信用ᄒᆞ고日本셔도信用

◎漢城百應膏一封의定價金拾錢此약은舊약醫士李信友氏方文으로製ᄒᆞᆫ약인ᄃᆡ멍울리사ᄒᆞᄂᆞᆫᄃᆡ第一神効ᄒᆞ고各項腫에去根合瘡ᄒᆞᄂᆞᆫᄃᆡ便利ᄒᆞ고神速ᄒᆞ오

◎止足汗藥二十分定價金貳拾錢此藥德國軍人常用除惡汗臭

瑞士建國誌

定價	金新貨拾五錢

此冊은政治小說이니志士의救國救民ᄒᆞᆫ歷史와人民의愛國心을養成ᄒᆞᄂᆞᆫ更要ᄒᆞᆫ冊子오

發賣所

▲大韓每日申報社	開新冊肆
▲仁川港栅門(?)	金相萬冊肆
▲中署布屛門下	敎育書籍舖
▲平壤城內烈女閣	古今書海館
▲鍾路	中央書館
▲銅口越便	大東書市
▲鍾路	匯東書館
▲大寅閣	博文書館
▲尙洞	義助(?)冊사
▲開城	

◎商業學 張志淵氏述譯

一冊定價金四十錢

發賣所

中署布屛下廣學書舖
南門내博文書舘
동口中央書舘
鍾路大東書市

廣學書舖 告白

歐米各國專賣特許 石油發動機及自行車 精米機械及附屬品一切販賣放賣 告

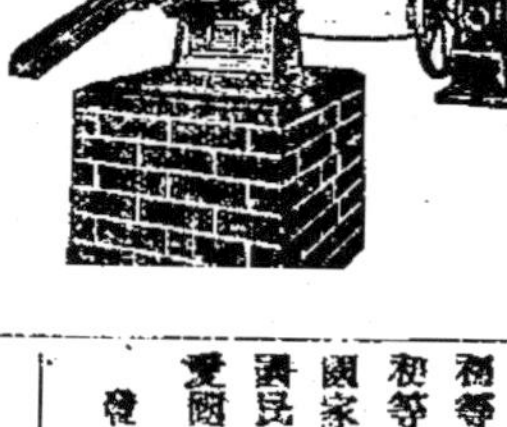

今回諸君子의便利ᄒᆞ기爲ᄒᆞ야本店을左記處로移接ᄒᆞ엿사오니照亮하심을伏望

直輸入商京城南大門外 彝國代理店中根商會

◎徒洋裝書冊 ◎徒運動과諸具 懸紗各種 美國金鷄蠟 衣服裁縫其他雜貨로廉價放賣ᄒᆞ오니諸君은來臨ᄒᆞ심을望ᄒᆞ나이다

仁川港答洞新冊肆

▲新刊書籍發售廣告

新撰寶鑑 國漢文	定價金七拾五錢
大韓法規類纂洋裝	三圜九拾錢 郵稅四拾錢
高等倫理學敎科書	二拾錢
初等衛生學敎科書	拾五錢
國家學綱領	拾五錢
國民須知	八錢
愛國婦人傳 張志淵氏著	十五錢

發賣所 京城布屛下 金相萬書舖

越南亡國史 國漢文

定價貳拾伍錢

發賣所 京城廣橋高裕相 鍾路川邨郡鍾時鳳書舖 布屛下김相萬 告白

淸心保命丹

◎大韓國新발明靈藥廣告 陸軍軍醫正守鉉君實驗方劑에陸軍軍醫柳基茂君有效證明으로淸心保命丹을발明ᄒᆞᆫ바効能은如左ᄒᆞ니僉君子惠試爲望

本舖 仁川港栅峴 濟生堂

◎主治効能 ◎中暑中寒 ◎廣飲食積 ◎不土不服 ◎咳嗽腹痛 ◎船車眩暈 ◎氣鬱吐瀉 ◎口熱惡臭 ◎食傷酒醉 ▲其他諸般運氣瘟疫預方妙藥

발行人仁川港栅峴 濟生堂李

代理店 京城鉢里동 共愛堂藥房
特約店 京城鍾路 慈惠藥房
同 梨峴 李信華洋藥局
同 尙洞 盧蓍亨冊사
同 南門外 廣濟藥院
◎仁川內洞 韓鴻錫
同 梨峴 和平局
◎開城南門內 朴圭思
同 忠橋 具聖模
◎水原鍾路下 金九藥局
◎海州宗路 元香植
同 宗路 宋世孝
◎延安邑內 金汝文
◎江華鍾路 宋順東
同 邑西門外 高政根
◎長湍(?)門內 崔鐵淳
◎鐵山砂和院場內 박健昌
仝 任允中
仝 李在台
◎黃州南門내紅門洞 耶蘇敎堂內 李東赫
◎平壤夢巨里 韓醫能藥舖 李鍾彬
仝 南門 封能化
仝 館前 金能興
仝 武君殿藥舖 桂宜
仝 文君客 玉鳳天
仝 里門客 朴重陽
◎鎭南浦藥 金元榮藥舖
◎信川邑內四里 朴晥俊
◎安山港開東洞 金斗鉉
◎京城大門外 同運會社
◎全泥峴郵便局前 大同天佑堂
◎三水郡仲平場 敎勳客主
◎安岳邑上場里 濟生局林景柱
◎大邱南門內 劇遐후김石浩
◎釜山港草梁 客主김東佑
◎安州城內鄕井동 同春大약房
◎義州南門外水口街 義和약局
此外에도現代에문明각國有名각種靈藥이俱備ᄒᆞᆷ

◎國債報償義務金收入廣告

◎永興洛源殿 太祖高皇帝影幀侍衛忠義等

張珪輿 一圜		
靑海金시門中 二圜		
김應弼 김應淳 趙龍運	각一圜	
趙基元 四十전		
趙七衡 六十錢	趙燦와一圜	
牙山리氏門中 一圜四十錢		
金國禎 六拾전	車內弼 一圜	
車興賢 八十錢	차氏門中	
一圜六十錢	朴氏門中	
二圜七十錢	黃度堅 四十錢	
宋氏門中 八十錢	鄭永澤	
鄭基夏 各一圜	鄭氏門中	
二圜	尹시門中 二圜四十錢	
尹命驥 二圜	許晶 一圜	
김成근 四十錢	김泳현 一圜	
韓시門中 二圜	元宗亨	
一圜	崔化俊 四十錢	김炳연
권在河	崔秉鎭 各一圜	
김春吉 六十錢	김若欽	
김明奎	김문河	김鼎柱
各五十錢	濟鳳 김시門中六圜	
高시門中二圜	張秉與四拾전	
劉시門中 一圜	문훈輔	
六拾錢	鄭基弘 一圜	
趙雄빈	김甘鳳	各二拾전
비寶浩一圜	비秉烈二十錢	
비昌俊	비錫	名四十錢
비鶴權	비東權	비昌英
김大權	각一圜	
合五拾四圜五十錢		

◎淸州西面歡喜坊

權聖奎	權泰奎	又卅錢
權政奎	權鳳奎	權與奎
權衡奎	權南奎	權命奎
權翰奎	權長奎	權益奎
權仁玉	權聖玉	權泰庚
權泰一	權泰年	權敎玉
權西玉	權有福	각卄전
合四圜		

◎淸州北面陽地里

崔允根	朴應五	崔承來
崔敎奭	崔章玨	崔景順
각卅전	崔致安	崔致九

각卄전	崔完榮 金成國
各四拾전	李漢求 崔承敎
各五拾錢	
合四圜	

總合六千二圜五十錢
前號總合五萬八千〇十六圜拾
都總合五萬八千〇七十八圜六十七錢七厘

七전七厘

◎大韓每日申報各處支社廣告

中署布屛門下	金相萬冊肆
平壤上水口門內	金浩善
仁川栅峴	崔致恒
安川邑	李東鶴
義州西門外	大藥局
釜山港佐川	徐相鐵
三和港菜洞	金元碩
咸興南州社西門	曹喜昇
開城南大門內與(?)書舖	裵助遠
大邱市	崔一弘
義寧邑濟衆院	劉夢澤
鐵山邑東部	安
元山倉前	劉七鎬
海州南門內書舖	朴昌鎬
定州南門內	洪成인
晉城郡校	許
郭山與岩書舖	李鉉瑞
安岳細동坊成	廉道善
博川舊津	리鎭成
宣川城內義井洞	金翼河
鐵原邑察洞	趙鍾大
高原邑	朴敎吉
濟州城내一徒里客舍洞	高亨來
井邑邑내	李益龜
泰仁邑내	金國英
興德後舖	金昌濟
京義線枇峴驛替市	李基秀
長淵邑南門內	崔淑淳
殷栗邑倉前里	金泰聲
古阜邑奇洞	殷留漢
群山港東彰社	宋判鍊
昭川場市會堂	黃菊保
東萊府同志會내	金明仁
淸州南門내校洞	宋斗鉉

發行兼編輯人英國人 裵說
發行所 南署石井洞號外地三署洋屋 大韓每日申報社

漢城鍾路萬國基督敎靑年會館
院醫學員洪錫厚朴瀅惠李觀化
島貿易商友田商店약品을直輸
定價表每日약價에昇降을從하
硫酸麻個一본도 金拾三錢
重瓶 七十五錢〇安知必林七

第六卷

大韓每日申報

第七百十七號

月曜及慶節 歲時日休刊

檀君開國四千二百四十年
孔子誕降二千四百五十九年
大韓開國五百十六年
日本明治四十一年
清國光緒三十三年
陰曆丁未十二月小廿二日己卯

論說

●間島

東京報導를據ᄒᆞᆫ건대間島地界紛競에對ᄒᆞᆫ伊藤公爵의形態로因ᄒᆞ야日本外部大臣林董伯爵이多般困腦中에在ᄒᆞ도다盖日本이此間島論爭을始起ᄒᆞᆫ以後로該地居韓人의生命及財産을保護ᄒᆞᆯ目的을表明ᄒᆞ야齋藤中佐로ᄒᆞ여금憲兵一部를率ᄒᆞ고該地에出駐케ᄒᆞ고其後에ᄂᆞᆫ日本形態가沈默에在ᄒᆞ니此問題의解決을力求ᄒᆞᆫ것ᄉᆞᆫ清國에但在어ᄂᆞᆫ此希願이失望에確至ᄒᆞᆫ지라

到今ᄒᆞ야伊藤公爵이催促ᄒᆞ되韓人眼目에日本權威가此紛爭의滿足ᄒᆞᆫ解決을即速히成就ᄒᆞᆷ에在ᄒᆞ다ᄒᆞ야內閣寺首相의게即速交涉을力勸ᄒᆞ니林董外相이因此行動ᄒᆞ야困腦ᄅᆞᆯ未免ᄒᆞᆷ이로다

此紛爭의是與非ᄂᆞᆫ前日本報에已揭ᄒᆞᆫ비라不必更論이어니와何如ᄒᆞᆫ지該地에居留ᄒᆞᄂᆞᆫ韓國人民이日本保護를曾或請求ᄒᆞ얏ᄂᆞᆫ지ᄂᆞᆫ實證을探出키不能이오惟一進會員一人이呼訴를提呈ᄒᆞᆫ事實ᄂᆞᆫ聞之컨대其人의呼訴ᄒᆞᆫ所遇困難이齋藤中佐의職務를任케ᄒᆞᄂᆞᆫ事爲에不在하고果其實ᄒᆞᆫ困難인지疑点을生ᄒᆞᄂᆞᆫ도다

平和的政策으로ᄂᆞᆫ該地에清國主權을承認ᄒᆞᆫ外에別無他策이니伊藤公爵의現今徹遷之態가其何理由인지吾人은知悉키不能이로다間島邊界가清俄彊土와相接ᄒᆞ얏스니此兩國이日本으로ᄒᆞ야금現今보다接界가愈近ᄒᆞ야國界를擴展케ᄒᆞᆯ지ᄂᆞᆫ不似有其機로다

官報

●第三千九百七十九號 隆熙二年一月二十四日

敍任及辭令

任官立漢城師範학校副敎授 金鼎默

六品徐潤榮 帝室財産整理局事務를囑托ᄒᆞᆷ (判任待遇)

外報

●土耳其內亂 伯林電을據ᄒᆞᆫ즉土耳其마세도니야地方에서大亂이起ᄒᆞ얏스니同國政府에서軍隊를派遣ᄒᆞ얏다더라

●清俄間電信協議 伯林電을據ᄒᆞᆫ則俄京에서大北電信會社를設置ᄒᆞᆯ터인대淸國과協議中이라더라

●伊領地叛亂 伯林電을據ᄒᆞᆫ則伊太利國에서英國政府에對ᄒᆞ야通知ᄒᆞ되伊領사마리란드地方에在ᄒᆞᆫ로쿠市가土匪의包圍中에在ᄒᆞ다ᄒᆞ얏더라

●정察敎鍊 北京電을據ᄒᆞᆫ즉清國陸軍部에서斥候兵이不完全ᄒᆞ다ᄒᆞ야各師團에정察研究所를設ᄒᆞ고敎師를延聘하야敎鍊케ᄒᆞᆫ다더라

●人物賣買嚴禁 北京電을據ᄒᆞᆫ즉清國修律大臣沈家本氏가上奏ᄒᆞ되人物賣買를嚴禁ᄒᆞ고奴隸를廢止ᄒᆞᆷ이可ᄒᆞ다ᄒᆞ얏더라

●憲政黨決議案 東京電을據ᄒᆞᆫ즉日本憲政本黨에서本月十九日에大會를開ᄒᆞ고決議案을議決ᄒᆞᆷ이如左ᄒᆞ니

現內閣에戰後施設이失當ᄒᆞᆷ을因ᄒᆞ야內政이不整ᄒᆞ야國運의發展을阻碍ᄒᆞ고外交가不振ᄒᆞ야國威를汚損ᄒᆞᆷ으로國民이憤慨ᄒᆞᄂᆞᆫ비라我黨이第二拾四議會에臨ᄒᆞ야左의七項을議決ᄒᆞ노라

一 戰後經營의失敗를詰責ᄒᆞᄂᆞᆫ事
二 外交의不振ᄒᆞᆷ을詰責ᄒᆞᄂᆞᆫ事
三 現政府의稅增案에反對ᄒᆞᄂᆞᆫ事
四 政府의預算編成에對하야請責ᄒᆞᄂᆞᆫ事
五 姑息의現制整理案에反對ᄒᆞᄂᆞᆫ事
六 鐵道經營의失敗를詰責ᄒᆞᄂᆞᆫ事
七 當局大臣이府縣會員選擧에對ᄒᆞ야怠慢ᄒᆞᆷ을詰責ᄒᆞᄂᆞᆫ事

雜報

●棄兒收養 孤아院主事李愚瑢氏가乳아를收養ᄒᆞᄂᆞᆫ廣佈文이如左ᄒᆞ니

人이生於天地間하야以血氣成質ᄒᆞ니其受於天之所以然은性也오感於物而動은慾也니男女之私ᄂᆞᆫ有血氣者之所不能無者라故로聖王이制禮ᄒᆞ사防過於未然이나然이나隨其稟質ᄒᆞ야所感이有私正이라在春秋時節에去聖未遠而史策所載男女汚穢를指不勝屈이오或私奸所生이亦多哲人賢媛이라我國은崇儒禮法ᄒᆞ야雖府年孀婦라도不許改嫁ᄒᆞ니可謂人人烈女오戶戶貞婦라然이나稟質이不同ᄒᆞ고所習이亦異ᄒᆞ니一國兆民을豈可人人責以全節이리오或有不禁私慾ᄒᆞ야至有生ᄒᆞ而晝夜에棄置街路ᄒᆞ니此豈曰無慈愛之情이리오自顧法에辱先羞行ᄒᆞ야事割恩於至情而掩其私奸ᄒᆞ니天理滅矣倫常敗矣라忍言哉며忍言之哉아僕이於孤아院에擔任於職責ᄒᆞ야爲此廣告ᄒᆞ오니或有遺此境之婦人이어든中署鍾路光耳동十一統六戶前市廳都家은京城孤아院也라乳아即送本院ᄒᆞ시면自本院育養ᄒᆞ야以成其才오若嫌其耳目이어든僕의家舍가在於光化門大闕西一字閣月後衙四十七統七戶이오니直到僕家ᄒᆞ면當秘密周旋이오或臨産而産室未定이어든即到僕家則産室을別擇定於幽僻處ᄒᆞ야使産母與乳아로極爲便利케ᄒᆞᆯ거시오一無漏泄之念矣리니若有言事不同則非但本院之無實이라上天이照臨ᄒᆞ시고神明이在傍이라得罪於天下ᄒᆞ오리니勿負此廣告之意를切望ᄒᆞᆷ

乳兒領受規則

一 乳兒를送付ᄒᆞᆯ人이有이옵거든親密人을本院으로即送ᄒᆞ야本院親務人을詳問ᄒᆞ야某時間으로傳受約條를定ᄒᆞᆯ事

一 本人와家로送付ᄒᆞᆯ意가有ᄒᆞ거든本人家로來問ᄒᆞ되如或本人이不在之時라도本人에慈親과妻屬이在ᄒᆞ오니面當傳受ᄒᆞᆯ事

一 乳兒를傳受之時에或羞恥之心을固守ᄒᆞ고昏夜間에門際으로投之而去ᄒᆞ면本院에서나或本人家에서何以卽知ᄒᆞ리오少過新刻이면徒害生命하리니本院與本人家에俱受之時에ᄂᆞᆫ斷當對面傳受ᄒᆞᆯ것시오勿爲暗投ᄒᆞᆯ事

●黃氏可訴 黃準性氏가趙經九와尹永爾시의技債로因ᄒᆞ야所居家屋을去九月에見奪ᄒᆞ고現今東食西宿ᄒᆞ야道路接屑이더니趙氏가近日技局에多數得財ᄒᆞᆷ을聞ᄒᆞ고往査家屋見奪條件즉趙氏가反高聲大叱曰呈訴前에ᄂᆞᆫ吾가斷當不給一分錢ᄒᆞ리라ᄒᆞ야言辭가多有不穩이던지黃準性씨가自初本末을據ᄒᆞ야警廳의呼訴ᄒᆞᆫ즉警廳에서該事內에往訴ᄒᆞ야公決을得치못ᄒᆞᆫ境遇에來訴本廳ᄒᆞ라ᄒᆞ얏다더라

●勞動捐校 娍津港埠頭에勞動ᄒᆞᄂᆞᆫ人三拾名이申報를購覽ᄒᆞᆫ後에愛國思想이感發ᄒᆞ야該港博文학校에當貨三元을補助ᄒᆞ고吉州協明女學校에當貨拾圜을補助ᄒᆞ고各학校에經費가不足ᄒᆞ면隨處捐助ᄒᆞ기로決議ᄒᆞ얏다고該港來人의傳說이有ᄒᆞ더라

●一評白惡 西來人의傳說을聞ᄒᆞᆫ즉江華郡一進會評議長潘煥氏ᄂᆞᆫ本以有名的亂類로藉其會勢ᄒᆞ고乘其該郡暴動之後ᄒᆞ야以其私嫌으로無罪人民을日兵站에誣陷ᄒᆞ야亂刑砲殺케ᄒᆞ며奴籍誅求ᄒᆞ야奪取民財ᄒᆞᆫ許多惡行은莫不痛惜이어니와該郡居耶蘇敎人許進一을搆誣捉致于本郡兵站所하고威脅其婚人日自兵站으로方欲砲殺ᄒᆞ니紙貨二百圜만給賂ᄒᆞ면則使之保命云々故로其婦가不勝怨切ᄒᆞ야號泣乞貸ᄒᆞ야依數備給矣러니及其許進一이辨明放還後에探之則給賂日兵之事ᄂᆞᆫ全是欺騙이오都是潘氏의奸計所致라許氏가不勝憤冤ᄒᆞ야本郡警務分署에對質ᄒᆞ야潘ᄋᆡ가自伏其罪ᄒᆞᆷ으로卽爲捉送于仁川裁判所ᄒᆞ얏다더라

●玄校試況 西部玄湖玄成學校英語夜학科에서去月에冬期試驗을經하얏ᄂᆞᆫ대優等生은甲班에黃鎬哲尹鈩乙班에南舜範丙班에趙宜諸氏라該校贊成員尹咋炳氏가優等賞品을寄付ᄒᆞ야諸학員의게熱心受業ᄒᆞᆷ을勸奬ᄒᆞ얏다더라

●光校生光 鶴川普通光東학校ᄂᆞᆫ創設이已久에校務가擴張ᄒᆞ야方有蔚興之漸인대該里二三諸員이觀察時局之變ᄒᆞ고風潮所激에廢齋立校ᄒᆞ야熱心於敎育ᄒᆞᄂᆞᆫ대其中에該校事務李根灌諸씨ᄂᆞᆫ家勢가貧寒ᄒᆞ야室如懸磬인대爲念校況ᄒᆞ야鼓動民心에風氣가丕變ᄒᆞ다더라

●慈川餉毒 南來人의所傳을據ᄒᆞᆫ즉慈川郡郡主事崔柱榮氏가方今該郡守署理를帶ᄒᆞ고行爲不正ᄒᆞ야或村民의山地를勒奪ᄒᆞ야葬理其戚屬ᄒᆞ고其山主가呼訴ᄒᆞᆫ즉山價ᄂᆞᆫ姑捨ᄒᆞ고杖之囚之ᄒᆞ며或無辜之民을稱以奸淫ᄒᆞ고捉囚數月에浮貸가數百兩에達ᄒᆞᆫ되至於발明之日에浮貸를呼訴ᄒᆞᆫ즉歸之狂夫而毆出ᄒᆞ며自已의姪戶籍色을差出ᄒᆞ야民間에告示ᄒᆞ고他郡보다倍나藥 而式星火督捧ᄒᆞᄂᆞᆫ故로民情이嗷々ᄒᆞ다더라

雜報

●入學儀節 皇后陛下게ᄋᆞ셔入學ᄒᆞ신은昨報에已揭하얏거니其時盛況을得聞ᄒᆞᆫ즉國語讀本을先讀 御讀ᄒᆞ셧고入학禮를畢ᄒᆞ신後敎師及參與ᄒᆞᆫ大臣에게 賜饌ᄒᆞᄋᆞ셧다더라

●喪車發靷 大院王靈柩를再昨日에京義線으로發靷ᄒᆞ야坡州又山浦停車場ᄭᆞ지到泊ᄒᆞ야新占園所로運柩ᄒᆞ엿다더라

●勸告總理 前特進官兪吉濬氏가日前에總理大臣私邸에訪問ᄒᆞ고辭職勸告ᄒᆞ얏다ᄂᆞᆫ說이浪藉ᄒᆞ더其理由ᄂᆞᆫ姑未詳知라더라

●金氏云遞 營繕司長김각현氏가該司에서支用하ᄂᆞᆫ錢財相關으로宮內府次官의게論駁을當ᄒᆞ얏다ᄂᆞᆫ데將次遞任된다ᄂᆞᆫ說이有ᄒᆞ더라

●稅置事務 現闕ᄒᆞᆫ郡守가不小ᄒᆞᆫ데附近郡守로兼任케ᄒᆞ고將次該郡에ᄂᆞᆫ事務官一人式을派置ᄒᆞᆫ다더라

●日人敍任 度支部에셔日本人前田辰等拾人을該部官吏로敍任ᄒᆞ게다고統監府로同意ᄒᆞ얏다더라

●宴無好宴 法部大臣趙重應氏가日前에一進會自衛團部長諸氏를日本人俱樂部內로請邀宴待ᄒᆞᄂᆞᆫ대該會總務員趙廷德씨의誓往言來에風波가大起ᄒᆞ야宴況이沒味ᄒᆞ얏다더라

●苦待宮犬 去番宮內府巡檢二百五十名을除汰ᄒᆞᆯ時에慰親呼子氏가諸巡檢을向ᄒᆞ야演說ᄒᆞ되 恩賜金을厚히支給ᄒᆞᆯ거시니各其願不願을明言ᄒᆞ라ᄒᆞ거ᄂᆞᆯ巡檢等이不得已請願ᄒᆞ얏더니至於解送時에ᄂᆞᆫ未滿當朔月銀만出給ᄒᆞ고又日將次合格者ᄂᆞᆫ各地方制度에取用ᄒᆞᆯ터이고取用前에ᄂᆞᆫ每朔八圜式支撥ᄒᆞᆯ거시오其外年老ᄒᆞᆫ者ᄂᆞᆫ恩賜金을厚히給與ᄒᆞ깃다ᄒᆞ면서宮大本允用氏歸國ᄒᆞᆫ던上 參支撥ᄒᆞᆯ다ᄒᆞᄂᆞᆫ故解散ᄒᆞᆫ巡檢들이深冬隆寒에生活無路ᄒᆞ야宮大遷任ᄒᆞ기를晝夜苦待ᄒᆞᆫ다더라

●總館宴賀 本月二拾七日은獨逸國皇帝의誕日인故로該國總領事館에서祝賀宴을排設ᄒᆞᆯ터인대各部次官에게請牒ᄒᆞ얏다더라

●租稅入庫 內閣에셔統監府照會를因ᄒᆞ야度支部로照會ᄒᆞ되 鐘路에各國人居留租稅金二十六圜五拾錢을히支金庫에納入ᄒᆞ얏다더라

●兩隻辯護 府協辦閔衡植氏와前承旨徐相薰氏가債訟事로裁判을ᄒᆞᆯ터인데閔氏의辯護士ᄂᆞᆫ李冕宇氏오徐氏의辯護士ᄂᆞᆫ許憲玉東奎両氏라더라

●日文발刊 各部에셔觀察道와各郡에訓令을從今爲始ᄒᆞ야日文으로繕送ᄒᆞ고自地方으로上部에ᄒᆞᄂᆞᆫ報告書도日文으로修送ᄒᆞ라ᄒᆞ얏다더라

●文遞云頒 各道宣諭委員이今明間에次第발程ᄒᆞᆯ터인대유民의免罪文憑을발程時에出給頒布ᄒᆞᆫ다더라

●平報繳還 平理院에셔辯護士許憲氏의舉措駭妄ᄒᆞᆷ으로停職ᄒᆞᆫ라고該部에報告ᄒᆞᆫ說은已揭어니와該部에셔該報告를即爲작還ᄒᆞ얏다더라

●證明浩繁 各部에士地家屋證明證式用에浩繁ᄒᆞ야該證明請求報告가法部에還至ᄒᆞᆯ쌔더러히部에셔該證明발送이每日不絶이라더라

●紀念宴況 孤兒院에셔再昨日에紀念式을設行ᄒᆞ얏ᄂᆞᆫ데曾禰副統監이孤兒院學徒의게각其五拾젼式을寄付ᄒᆞ얏다더라

●測量山林 山林條例가頒布됨으로內閣에서將次測量技手를選擇ᄒᆞ야각道각郡에派送ᄒᆞ야國有民有를勿論ᄒᆞ고一切測量ᄒᆞᆫ다더라

●施痘無料 近日天然痘가流行ᄒᆞᆷ으로大韓醫院에서慈善事業으로無料로痘術을施行ᄒᆞᆫ다더라

●南方青校 忠南洪州鎭岑等郡에서自衛團의壓制를反對ᄒᆞ야青年會를設始ᄒᆞ고入敎ᄒᆞᄂᆞᆫ人이多數ᄒᆞ다더라

●校任變換 普成中학校講師呂圭亨安鍾和元泳儀金東完諸氏가退去ᄒᆞ고及倫理학으學監朴中나氏가兼任敎授ᄒᆞ고日語博物학은校監鄭起完씨가兼任敎授ᄒᆞ고算術講師ᄂᆞᆫ張憲根氏로選定ᄒᆞ얏다더라

●法官願尹 日本留학生玄䧺徒氏가法律을卒業ᄒᆞ고該地方裁判所에셔見習을結了ᄒᆞ얏ᄂᆞᆫ데該氏가法官에志願이有ᄒᆞ거든法部次官倉富勇三郎氏가東京에滯在中이니該氏외게交涉措處ᄒᆞ라고학部學務局長尹致旿씨가日本留학生監督申報永씨에게公函ᄒᆞ얏다더라

●東門掛砲 楊州抱川等郡에義徒가滋擾ᄒᆞᆷ은累累報揭ᄒᆞ얏거니와義徒가入城ᄒᆞᆫ다ᄂᆞᆫ風說이浪藉ᄒᆞᆷ으로東大門外에大砲를掛置ᄒᆞ얏다ᄂᆞᆫ說이有ᄒᆞ더라

●義徒侵入 日昨에義徒八名이龍山分署管內水溢里金元禧家에來到ᄒᆞ야稱以軍用錢ᄒᆞ고强請ᄒᆞᆫ事가有ᄒᆞ야警視廳에셔巡査를派送ᄒᆞ얏다더라

●傷兵入城 再昨日日兵이自楊州等地로流彈ᄒᆞ야從東小門入來ᄒᆞᄂᆞᆫ대義兵과交戰ᄒᆞᆷ은未詳ᄒᆞ거니와負傷者多ᄒᆞ다더라

●日兵占衙 西來人의傳說을聞ᄒᆞᆫ즉信川郡에日兵이該郡公堂을據居하ᄂᆞᆫ故로該郡日巡査가不義로言ᄒᆞ다가至於爭競ᄒᆞ얏고該郡守具周鉉氏ᄂᆞᆫ居住處가無ᄒᆞ야逗留於該郡民家ᄒᆞ니情況이可矜이라더라

●尹巡逮訊 日昨彰義門外居尹永春이가該近鄰醫館에擠銃ᄒᆞᆫ義兵八名을逢ᄒᆞ얏ᄂᆞᆫ데該徒가尹永春다려彰義門외把守ᄒᆞᄂᆞᆫ韓日巡査幾名과有無를問ᄒᆞ거시漏泄되야北部警署에셔該尹시를引逮訊問ᄒᆞ얏다더라

●湖南義擾 泰仁郡通信을據ᄒᆞᆫ즉義兵이多數聚集ᄒᆞ야該郡取扱所를擊破ᄒᆞ다及揭榜聲言ᄒᆞᆫ지라自該郡으로全州警察道에通寄ᄒᆞ야日兵幾十名이來到ᄒᆞ야境內에巡行示威ᄒᆞᆫ즉義兵이金堤郡으로突入ᄒᆞ야該郡取扱所를襲擊ᄒᆞ얏다더라

●日人地土調査 忠南各郡에日本人所有土地財産을調査ᄒᆞ야內部로報來ᄒᆞᆫ데如左ᄒᆞ니

公州田拾斗落畓六百四拾斗七升落基地一萬三千八坪陳畓四石五升落價金五千九百二拾一圜二拾九錢戶三拾五戶日人壹百三拾七口淸人이四拾[illegible]口米人이二口오法人一口오

沔川畓五十五石落價金九千圜

林川畓八拾三斗落價金一千五百五十一圜

洪州戶六戶價三百三拾四圜日八拾九口

瑞山五戶價二百二拾五圜日人十六口淸人二拾三口

舒川畓拾石五斗落價七百七拾六元四拾七전五厘田拾壹斗落價金五拾二圜家壹戶八百九拾圜

平澤田拾日耕畓一百拾一石八斗落價格五千五百三拾圜五拾斗垈坂二座八千七百四拾坪日人家二戶

稷山田卅四日耕畓一百拾一石八斗落日人家八十九戶人一百九拾壹口

全義畓二石落價壹百五拾圜日人家卅戶人壹百九十九口

燕岐畓壹百六拾五斗落價三千三百八拾二圜日人家六拾戶人二백九십三口

天安畓三百六拾五斗落田一百七拾八斗落價格四千二百八拾五圜家二拾三戶價格三百八拾圜日人五拾二口

牙山田二日耕畓二拾壹斗落價格壹百二圜二拾錢日人九戶二拾五口淸人十六戶十六口法人壹戶一口

魯城田拾七日耕價格一千七拾圜家二戶拾一口

鎭岑畓二千四백六十七斗落田卅斗낙價三千四백圜

連山畓七拾九斗落價五百四拾圜家三拾四戶日人卅一口

扶餘田壹千六拾四斗落畓二百卅九斗落價金五千七백七拾七圜家拾戶日人九拾五口

鴻山畓 백三十六斗落價二千五백六拾일圜家五戶日人二拾二口

礪山田二백八斗낙畓二十칠斗낙價六백拾九圜五拾전家三戶日人三拾四口淸人일백二拾삼口

懷德畓壹千六百六十六斗落田二千八百四斗落價二萬八千三百二拾一圜山板四拾一萬五千三百坪日人家二百四十二戶人口一千一百八拾一口

恩津畓壹千四百三十三斗落田二十六日耕가格壹萬九千四拾八圜日人家壹百七拾壹戶人口三百九拾八口淸人家二十四戶人口壹百拾壹口라더라

▲地方消息▼

▲加平等地에義兵이時加日增ᄒᆞ야近貳千名에達ᄒᆞ얏ᄂᆞᆫ대將次抱川白雲山內에在ᄒᆞᆫ義兵과合隊ᄒᆞ야楊州義兵의後軍이된다ᄒᆞ고

▲楊州郡에義兵이滋만ᄒᆞ다ᄒᆞᆷ은前報에已揭ᄒᆞ얏거니와更聞ᄒᆞᆫ則同郡旺方山附近에屯聚ᄒᆞᆫ義兵이近八千名에達ᄒᆞ얏다ᄒᆞ고

▲二拾一日開城郡塔隱동에셔義兵約三百名이同郡日守備隊와交戰ᄒᆞ얏다ᄒᆞ고

▲十六日興海郡二西面仙雲浦에셔義兵一百五拾名은日兵과交戰ᄒᆞ얏ᄂᆞᆫ데兩陣死傷은未詳ᄒᆞ다ᄒᆞ고

▲十七日金城郡鳳基附近에셔義兵約二百拾名이同郡守備隊와交戰ᄒᆞ다가義兵이退却ᄒᆞ미日兵이追擊ᄒᆞᆫ즉義兵이更히交戰ᄒᆞ얏다ᄒᆞ고

▲十七日遂安郡附近에셔義兵約二拾名이新溪郡日守備隊와交戰ᄒᆞ얏ᄂᆞᆫ데義兵의死傷이有ᄒᆞ다더라

▲一掬悲淚▼

▲蕭瑟寒風夕陽天에一丈白을滿引ᄒᆞ고擊劍悲歌一曲中에慷慨心懷절ᄒᆞ나니一掬淚를ᄲᅮ리도다

▲檀君基業三千里가七協約에陸沉이라壓制下에잇ᄂᆞᆫ人種文書업ᄉᆞᆫ奴隷로다이羞恥를어이ᄒᆞ나滿腔熱血無處ᄂᆞᆫ忠臣烈士의눈물이오

▲頹波砥柱此乾坤에隻手障瀾ᄒᆞᆯ슈업다飢態歎로下山하니이雄도ᄒᆞᆫ누가ᄯᅡ나蕭瑟國을못맛나니時局을엇지ᄒᆞ나英雄豪傑의눈물이오

▲八域氛祲彌日ᄒᆞ니二千萬家塗炭이라이러물어爲陷련고仰愧天又作人이라君辱臣死오놀놀에白首殘命살어스니憂國元老의눈물이오

▲自由思想누가잇ᄂᆞ日會臣閣잇것만은心所難合하니釣取名譽可憎ᄒᆞ다團體力이未生ᄒᆞ야國權恢復無期ᄒᆞ니有志士의눈물이오

▲東方氛氣忽變ᄒᆞ야殊域모ᄒᆞᆯᄯᅢ왓고나蘿髮卉服져開化ᄂᆞᆫ祖國精神일어고나ᄒᆞ百年禮服이에伊川被髮痛哭ᄒᆞ니林下士의눈물이오

▲屠門落日歐銃聲에知己友를相逢ᄒᆞᆫ다泰山鴻毛輕重身은兩死吾生엇지ᄒᆞᆯ지이江山을굽어보니慷慨ᄒᆞᆫ맘결로ᄒᆞ다豪俠士의눈물이오

▲干城之材培養ᄒᆞ니우리皇上恩德이라一心報答ᄒᆞᆯ것더니解散令이웬일인가鳥獸散歸이ᄂᆡ敵國痛心되ᄂᆞᆫ구나解散將卒의눈물이오

▲片片沃土此江山은稍稍蠶食讓渡ᄒᆞ니東西漂泊失土民은哀呼情狀可矜ᄒᆞ다鵲巢鳩의百姓인지搆巢鳩居라ᄂᆞᆫ가더욱夫의눈물이오

▲漲天烟焰殺氣ᄒᆞᄂᆡ銃소리에魂이ᄂᆞᆺ다家屋燒毁哭聲中에兄弟妻子相失이라單獨一身남엇서ᄂᆡ可憐ᄒᆞ다此身世ᄂᆞᆫ遺亂人
되눈물일세

社告

○寄受錄

[illegible]

○告各支社員

[illegible]

雜報

●漢城학校生徒尹益善金永卿에셔演說ᄒᆞᆫ槪旨

小生은大邱郡達城학校生徒尹昌섭이옵고年今十四歲이온대年末休학에遊覽來此하얏다가兆万騷擾에玉石俱焚ᄒᆞᆷ을聞ᄒᆞ고國民의學問이無ᄒᆞᆷ을恨ᄒᆞ야敎育一欵에對ᄒᆞ야年幼無識ᄒᆞᆫ言으로槪畧說明코ᄌᆞ하오니願諸氏ᄂᆞᆫ垂聽ᄒᆞ시기를伏望ᄒᆞ옵ᄂᆞ이다 現今六洲가交通ᄒᆞ야外國人이我邦에來住ᄒᆞᄂᆞᆫ者日益增加ᄒᆞᄂᆞᆫ되耳目口鼻[?]肢大體가同一ᄒᆞᆫ人形이나智識上과規모的에ᄂᆞᆫ差異가有ᄒᆞ야凡百事爲를我가彼를敵지못ᄒᆞᆷ은老小가다熟知ᄒᆞ실연이와此何故오ᄒᆞ면專혀학問有無와關係라人이학問이無하면禽獸와則近이니古語에曰玉不琢이면不成器오人不학이면不知道라ᄒᆞ엿스니엇지人이학問을不務ᄒᆞ리오是故로國民이有ᄒᆞᆫ後ᄂᆞᆫ敎育이第一要素인대我國은俗習이懈弛ᄒᆞ야敎育이不振하야虛文外飾으로實行이絕無ᄒᆞᆯ뿐더러其至於敎育과학問이何物인지不知ᄒᆞᄂᆞᆫ人이擧半이라엇지寒心치안이ᄒᆞ리오大抵敎育이[?]一은胎中敎育이니母가兒를胎ᄒᆞᆫ時ᄂᆞᆫ動靜飲食을必謹操ᄒᆞ야胎兒에게損傷이無케ᄒᆞᆷ이오第二ᄂᆞᆫ家庭敎育이니兒가生ᄒᆞᆫ後父母가養育ᄒᆞᆷ에愼ᄒᆞ며言行을모範케ᄒᆞᆷ이요第三은학校敎育이니大中小學에良師를必從ᄒᆞ야嘉言美行을倣학廣闊ᄒᆞ야識見에凝滯가無케ᄒᆞᆷ이오第四ᄂᆞᆫ社會敎育이니人이成就ᄒᆞ야各般事業이발達前進ᄒᆞ야自强과公益을幷爲增長케ᄒᆞᆷ이니如此히敎育을務實ᄒᆞ면人種이요特ᄒᆞ고專爲가宏壯ᄒᆞ야文明富强이自在其中이어ᄂᆞᆯ我國은大小人民을勿論ᄒᆞ고所謂讀書者가於經於傳에無不誦讀이나倫理實踐이果無幾人ᄒᆞ니엇지憤歎치아니ᄒᆞ리오萬物中에人이最貴라ᄒᆞᆷ은倫常을謂ᄒᆞᆷ이니第一에父子有親이니父ᄂᆞᆫ慈愛ᄒᆞ고子ᄂᆞᆫ至孝ᄒᆞ야相親相近ᄒᆞᆷ이니만일父ᄂᆞᆫ尊嚴만爲主ᄒᆞ고子ᄂᆞᆫ畏怯만滋生ᄒᆞ야소退離散ᄒᆞ면엇지父子有親이라ᄒᆞ오며第二에君臣有義이니君은義로서臣을使ᄒᆞ고臣은忠으로君을事ᄒᆞ야國泰民安ᄒᆞᆷ이니만일君은威[?]ᄒᆞ고臣은奸細ᄒᆞ야愛國誠이全無ᄒᆞ면엇지君臣有義라ᄒᆞ오며第三에夫婦有別이니男女職分이有異ᄒᆞ야男은外에從事ᄒᆞ고女ᄂᆞᆫ內를修治ᄒᆞ야失職이無케ᄒᆞᆷ이니만일烈行을不修ᄒᆞ고放蕩을爲事ᄒᆞ야出入에外飾掩面으로窺人誘奐ᄒᆞ며居家에幽囚留處로虛送歲月이면엇지夫婦有別이라ᄒᆞ오며第四에長幼有序니長成者ᄂᆞᆫ학問을多得ᄒᆞ야見識도고幼穉者ᄂᆞᆫ識見이短小ᄒᆞ야後生되ᄂᆞᆫ故로長은幼를敎ᄒᆞ고幼ᄂᆞᆫ長에게學ᄒᆞ야失序가無ᄒᆞᆫ이니 (未完)

●濟島鬪賊 某報를據ᄒᆞᆫ則清國人七隻이北濟島에來ᄒᆞ야韓國人三名을殺害ᄒᆞ얏다더라

●京城院體操 普成中學校에셔ᄂᆞᆫ每土曜日마다訓鍊院에前往ᄒᆞ야體操運動을擧行ᄒᆞᆫ다더라

●金家賊警 再昨日上午에桂洞金鎭洪氏家에賊漢이突入ᄒᆞ야衣服과家産什物을沒數掠去ᄒᆞ얏다더라

●李氏閣恤 報恩居李士春氏ᄂᆞᆫ交涉ᄒᆞ야人民의게無弊케ᄒᆞ고廣求材木ᄒᆞ야燒戶을結搆安堵케ᄒᆞ얏다고該郡人의傳說이有ᄒᆞ더라

●靑年討論 無形相貧가勝於有形財産이란問題로今日下午七点鐘에靑年會館에셔互相討論ᄒᆞᆫ다더라

廣告

漢城鍾路萬國基督教青年會館前慈惠藥房
製藥鑑查人濟衆院醫學員洪錫厚朴慈惠李
觀化告白

本人等이米國大學醫院處方을大醫學士魚丕信시에게受業ᄒᆞ고醫學校長劉兒等池醫氏시에게有效證明書을受ᄒᆞ고右記藥種을製造ᄒᆞ야外國賣약規模을依ᄒᆞ야紙匣洋鐵匣琉璃瓶에盛ᄒᆞ야全國內地各處약店에廣賣ᄒᆞ옵고濟衆院英書醫員들我國漢文으로譯ᄒᆞ야名稱과약方이라ᄒᆞ고發賣ᄒᆞ오니四方僉彦은濟衆院藥을做ᄒᆞ야來驗信用ᄒᆞ신兄弟는不拘약之多少ᄒᆞ고不拘帝之小로ᄒᆞ고日々以書請買ᄒᆞ시면本人은雖一錢價値약이라도以小包郵便으로仰呈ᄒᆞ오리니약封定價外郵稅十전을加送ᄒᆞ시되小數저은郵票로ᄒᆞ셔도관계치아니ᄒᆞ오나多數買去ᄒᆞ시면郵便局換錢票로買送ᄒᆞ시오且本약房에米國(멀포드)製약會社약과(왁물)製약局德國(만ᄒᆞ임)製약會社약品을直輸入ᄒᆞ야德語英語로記ᄒᆞᆫ方文과主治와用法을我國漢文으로飜譯발賣

商標

食思振發補益丸　第一老衰男女
益力活　외에大補氣血

主治大補元氣能調陰陽男子陽萎不起女子月經不調手足厥冷虛脫失氣久病人蘇完되는效力이大勝於鹿茸燐人蔘精

定價表
拾日分　三十個入　金一圜
二十日分　六十個入　金一圜七拾五錢
三十日分　九十個入　金二圜五拾錢

靈効解瘧丸　一日分定價金拾錢此藥은大人小兒長瘧과初瘧과腹瘧에以ᄒᆞ服用ᄒᆞ면更不再發

蛔虫丸　一日分定價金拾전此藥은大人蛔積小兒蛔病의神効

四時感冒丸　一日分定價金拾전此藥感氣몸살의쓰는藥인대寒限ᄒᆞ면四時毒感上下肢節頭痛에即時解熱鎭痛

男女瘡疾祛根藥　定價金五圜此藥은瘡疾의一期二期를勿論ᄒᆞ고三期에근ᄒᆞ도록약을쥬는대口瘡과구역도아니나오

清明眼藥　一日分定價金拾錢此藥은火眼熱眼의多有奇效

無惡臭疥瘡藥　定價金四拾전此藥疥션虫을卅分內殺殺

鎭咳嗽藥　五日分定價金三拾錢此藥은四時尋常性咳嗽에有效ᄒᆞ고特히老人哽咳에消痰止咳

寸虫拔根　定價金三拾錢此藥은有鉤寸虫無鉤寸虫이當拔秒中

止足汗藥　二十分定價金貳拾錢此藥德國軍人常用除足汗臭

養兒寶散　定價금拾五전此약小兒服瘧과감긔食滯와他症에爲要약

輕腫根治膏　定價금十五전此약은面腫과頭腫과一切皮膚病에適當

濕腫根治膏　定價금十五전此약은男女勿論하고風寒暑濕으로瘡腫되여大起搔痒ᄒᆞᆫ데奇効

大腫發根合瘡膏　定價금五十錢

癇氣神効保嬰散　定價금十二錢五厘

漢城百應膏　一封定價金十錢此약은衛약醫士李信友시方文으로製造ᄒᆞᆫ藥인대멍우리잘풀리고각項腫氣에발根合瘡이速히되는膏藥인대大洋鐵匣入一個금五十錢

小兒感冒靈効散　定價金十二錢五厘

●廣告

本書館에셔文明을發達ᄒᆞ고民智를廣開ᄒᆞ기爲ᄒᆞ야수에內外國参考書籍과各種教科書類를購買發售ᄒᆞ오니愛讀　僉君子는陸續購覽ᄒᆞ심을務望

最新書籍發售目錄

◎東西洋歷史　各種
◎東西洋地誌　各種
◎政治學　各種
◎法律學　各種
◎經濟學　各種
◎筭術書　各種
◎內外國地圖　各種
◎修身書　各種
◎財政學　各種
◎博物學　各種
◎物理學　各種
◎衛生學　各種
◎地文學　各種
◎讀本　各種
◎法帖　各種
◎學校用品　各種

此外에도各種書籍이具備ᄒᆞ옵고書籍及名片도印刷ᄒᆞ옵는딕與他廉價ᄒᆞ게酬應ᄒᆞ깃스외다

京城南署銅峴(구리개)

學部認可　博學書館　告白

歐米各國專賣特許石油發動機及自行車精米機械及附屬品一切廉價放賣ᄒᆞᆷ

今回諸君子의便利ᄒᆞ기爲ᄒᆞ야本店을左記處로移接ᄒᆞ엿사오니照亮ᄒᆞ심을伏望
直輸入商京城南大門外
韓國代理店中根商會

越南亡國史　國漢文　定價貳拾伍錢
總發賣所　京城[illegible]
[illegible]　告白

學員募集廣告

本校에서四個年以學期를現備하야法律學及經濟學兩專門科學員을募集ᄒᆞ오니願ᄒᆞ는人은左記試驗定期內에本校用紙로써早速請願ᄒᆞᆷ
但右兩科는夜學으로만募集ᄒᆞᆷ

◎修業年限　三학年
◎入學年齡　二十以歲上
◎學科目　法律學全部　經濟學全部　備在本校規則
◎試驗日字　一月廿五日(陰曆戊申正月廿四日)
◎試驗科目　歷史及地誌問對(內國及外國)讀書及作文　國文及漢文　筭術(四則以內)
但官公私立學校의普通科以上卒業證書가有ᄒᆞᆫ人은其學力을檢定ᄒᆞᆫ後免試入許ᄒᆞᆷ
◎開學日字　三月五日(陰曆二月三日)

隆熙二年一月十日
漢城中署磚洞普成專門學校

●大韓醫師新發明濟衆院廣告
濟衆院醫學士實驗方劑에臨床醫師張斐茂君有效證明으로清心保命丹을발明ᄒᆞ야效能은如左ᄒᆞ니　僉君子는試驗ᄒᆞ심을爲望

新製　清心保命丹

本舖　仁川港杻峴　濟生堂

主治效能
●痰飲　●食積　●中暑　●中寒
●咳嗽　●腸痛　●不土不服
●氣鬱　●吐瀉　●船車眩暈
●食傷　●酒醉　●口熱惡臭
▲其他諸般邪氣癘疫預防方妙藥

발行人　仁川港杻峴　濟生堂　李國鳳

代理店　京城鍾路鉢里동　共愛堂藥房
特約店　京城梨峴　慈惠藥房
同　南部宮洞　華洋藥局　李信
同　南門外　享和사　盧
同　南門內　廣濟藥院　韓昌稷
仁川　內洞　和平局
同　杻峴　朴圭植
開城　南門內　具聖模
同　忠橋　九藥局
水原　鍾路下　金濟元
同　宗路　元香植
海州　宗路　宋俊孝
延安　邑內　邊汝文
江華　鍾路　宋順東
同　邑西門外　高成俊
平壤　南門內　崔敬淳
鳳山　沙里院場內　박健昌
黃州　南門內耶穌教堂內　任允中
平壤　雙巨里　紅門洞　李在[illegible]
仝　李東赫
仝　韓國藥舖　儀藥局
仝　文武洞藥舖　封化
仝　檀君殿藥舖　金[illegible]興
仝　門동客주집　桂宜
仝　里　朴禹煥
鎭南浦　蓼洞　金元[illegible]藥舖
信川　邑내四里　朴晥俊
載寧　山港　福洞　金斗鉉
京南　大門外　大同運輸會社
全州　泥峴郵便局前　天佑堂
三水　郡仲平場　保勤客主內
安岳　邑上場里　濟生局　林景柱
大邱　南門內劇運동　김浩永家
釜山　港草梁客主　김東佑家
安州　城內義井동　回春大약房
義州　南門外水口街　義和약局
此外에도現代에문明각國有名各種靈藥이俱備ᄒᆞᆷ

本人이日本大阪商業家와特約ᄒᆞ고日本內地産出各種物品及機械等物을販賣ᄒᆞ며大韓에輸入ᄒᆞ야委託을便利케ᄒᆞ오니　僉君子는物品이든지商工業에有意ᄒᆞ시거든本社로來議ᄒᆞ심을要ᄒᆞᆷ本社에셔는手數料을受ᄒᆞᆷ
興業社本店　漢城南大門內興業社
支店　京城南門內[illegible]
大戶　仝仁港內동[illegible]

學徒洋裝書冊
學徒運動과諸具
羅紗各種
衣服裝飾其他雜貨도廉價放賣ᄒᆞ오니諸君子는來購ᄒᆞ심을바라나이다
美國金鶴賴
仁川港奇峴新冊肆

本人姓名圖章을更爲雕刻ᄒᆞ옵고舊章은勿用ᄒᆞ오니內外國人照亮ᄒᆞᆷ
京弘門洞張韶衡

◎商業學　張志淵氏述
一冊定價金四十錢
발賣所　中署布屛下廣學書舖　南門내博文書館　동口中央書館　鍾路大東書市
廣學書舖　告白

●國債報償志願金總合所廣告
●咸南永興郡第四回
趙씨門中　拾圜　趙弘益
趙泰益　趙泰九　趙放돈
각一圜　趙錫垢　趙鍾헌
趙在斗　趙泰奎　趙氷元
黃龍섭　黃賀謙　車永律
車興周　千載冕　趙弼衡
趙殷衡　陳宅華　陳仕仁
各廿전　趙丞豐　一圜
乾下里里中　趙敏衡　각一圜
陳錫龜　廿錢
合二拾圜

●忠南德山郡三[illegible]場村面
下里洞中　五圜
島里동中　槐村洞中　각一圜
佳佐洞中　八十五젼
▲縣내面烏梁里
鄭寅斌　一圜五十전　鄭學喜
尹鍾賢　각一圜　尹[illegible]郊廿錢
趙氷五　朴貞植　李建必
李容九　鄭淑和　李化汝
박熙九　李善宗　리會周
申永化　各廿전　白築仁
김致道　金君長　宋善五
各拾전
▲蘆谷　金[illegible]　孟元述
孟成셥　김[illegible]濟　李容爽
崔基秀　각五十錢　孟亨述
趙昭炳　김仁浒　김顯國
申順敬　각卅錢　白德汝
崔德[illegible]　각廿錢　成築一
김炳濟　柳仁基　徐敬天
金顯俊　朴顯仲　각拾錢
▲內也面孝橋洞中三圜五拾전
石村　權寅益　卅錢
▲高山面元岐　李啓鼎
梅谷　安성高　각五拾錢
동中　一圜七拾錢
上蓼洞中五十錢　新上洞中
西[illegible]卅錢
▲大島面厲峙동中六圜四拾錢
坪村동中　上동々中
각一圜五拾錢　下坡동中
八十七錢　院里동中
一圜八拾錢
▲羅村面下堂동中　廿五圜
外羅동中　十圜
新洞內羅岡동中　五圜
▲古縣面別羅山　閔泰純
禮山邑居士事沈遐穆各五拾錢
合八拾三圜九拾一錢

發行兼編輯人英國人　裵說
發行所　南署石井洞號外地三層洋屋家
大韓每日申報社

漢城鍾路萬國基督教青年會館
前慈惠藥房은大韓나地各藥局
院醫學員洪錫厚朴慈惠리觀化
合名醫藥○美國製약會社약品
品貿易商友田商店약品을直輸
入ᄒᆞ야京城日本人약店山岸氏
定價表每日약價에昇降을從하
야代金을改正
硫酸麻偶一본도　金拾三錢
沃度加里一본도金四圜四拾錢
重瓶　七十五錢○安知必林七
전五分重瓶　四十[illegible]

第六卷

大韓每日申報

第七百十八號

月曜及慶節
歲時日休刊

檀君開國四千二百四十一年
箕子元年三千二十九年
大韓開國五百十六年
日本明治四十一年
清國光緒三十三年
陰曆丁未十二月小廿三日戊辰

論說

●國文學校의日增

邇來教育五朝의增進ᄒᆞᆷ을隨ᄒᆞ야國文의발達을愈催ᄒᆞᄂᆞᆫ되或國文專科로樵兒牧童을教授ᄒᆞᄂᆞᆫ學校도有ᄒᆞ며或晝夜學을分ᄒᆞ고夜學에ᄂᆞᆫ國文壹科만講習ᄒᆞᄂᆞᆫ學校도有ᄒᆞ며或各科中에國文壹科를特設ᄒᆞᆫ學校도有ᄒᆞ야各處에서來到ᄒᆞᄂᆞᆫ信函與傳說을本報가幾乎應接不暇의美觀이有ᄒᆞ니記者가此等雜報를揭載ᄒᆞᆷ에趣味가無饒ᄒᆞ도다

盖國語와愛國心은密接의關係가有ᄒᆞ야國性保全도國語로以ᄒᆞ며國粹皷吹도國語로以ᄒᆞ며國魂提醒도國語로以ᄒᆞ나니其國에國民된者ㅣ必也其國語로尊崇ᄒᆞ며其國語의統一을要ᄒᆞᄂᆞᆫ바인ᄃᆡ國文이란者ᄂᆞᆫ即其國語와壹致되ᄂᆞᆫ文字인故로國語와발達은又必其國의文化와伴進ᄒᆞᆷ이어ᄂᆞᆯ

嗟乎라韓國의國文은剏造ᄒᆞᆫ지已久ᄒᆞ건만은尙今ᄭᆞ지沉滯不進ᄒᆞᆷ은可惜이甚ᄒᆞ도다

古者에高僧了義가國文을始製ᄒᆞ야佛教를傳布하얏더가其後本朝世宗朝께옵서此를增損加減ᄒᆞ사現今通行ᄒᆞᄂᆞᆫ國文을完成ᄒᆞ셧스니簡而要ᄒᆞ고與而易解ᄒᆞ도다

然而數百年來로其功効의所及處ᄂᆞᆫ三經四書의諺解와三綱錄五倫行實等의解釋과其偶俚諺與千字와閨閣內女子通信에不過ᄒᆞ고其他學士大夫家ᄂᆞᆫ漢文만是讀習ᄒᆞ며是尊是尙ᄒᆞᆷ으로唐、虞、殷、周、秦、漢、宋、明、等年祚世代ᄂᆞᆫ數之不遺ᄒᆞ되赫居世高朱蒙은何如主인지不知ᄒᆞ며皐、夔、稷、契、尙、召、管、葛等功名事跡은誦之如流하되金庾信卜智謙은何時人인지不知ᄒᆞ야支那崇拜主義에祖國精神은埋沒을全被ᄒᆞ니此豈一大遺憾이아닌가

今日에至ᄒᆞ야祖國精神의發揮를有志者가無不絕叫ᄒᆞ나其發揮의方針은講究者가少ᄒᆞ도다

試思ᄒᆞ라今夫遠近각道에言語가　致치못ᄒᆞ야或　物의名稱이二三에至ᄒᆞ며或一義의言辭에語套가六七에岐ᄒᆞ야南北各地의人이相對하미自然其感情이秦越相視ᄒᆞᆫ듯ᄒᆞ니不可不言語文字를統一ᄒᆞᆷ이爲急ᄒᆞ며況又某種科學을教授ᄒᆞ던지文字의力을不藉ᄒᆞ면不得ᄒᆞᆯ지나萬一漢문을取ᄒᆞ야此에効用ᄒᆞ라면國民의尊崇曰國ᄒᆞᄂᆞᆫ風氣가泯滅ᄒᆞᆯ기易ᄒᆞᆯ뿐더러抑亦문理만通曉ᄒᆞ랴ᄒᆞ야도童習白紛의歎이有ᄒᆞ리니奚가에他種科학을攻討ᄒᆞ리오

然則現在昏夢의同胞를未來문明의土臺에同登케ᄒᆞᆯ者ᄂᆞᆫ惟此國문學校가是라

國문學校가加一個ᄒᆞ면斯道문化도進一步ᄒᆞ며國문學校가增一處ᄒᆞ면斯國幸福도添　層ᄒᆞ나니

國문學校발起諸公은勉ᄒᆞᆯ지어다

官報

●第三千九百七十九號 隆熙二年一月二十四日

敍任及辭令

六品朴齊헌 正三品權泰煥
任中樞院書記官 前叅書官金宇鉉
任漢城府事務官 佐藤進
任大韓醫院長 正三品池錫永
任大韓醫院學生監 佐佐木四方志 齋藤兼次
中田守
任大韓醫院技師 兒島高里
任大韓醫院藥劑官 井上經一
任大韓醫院翻譯官 小竹武次 久保武
正三品劉世煥 仝 劉秉珌
長谷川龜四郎 九品崔奎翼
村上龍藏 鈴木兼之助
任大韓醫院教授 正三品李圭선 多多見五郎
內田徒志 金井豊七
矢野兼古 清水武文
九品崔國鉉
任大韓醫院醫官
度支部次官荒井賢太郎
兼任會計檢査局長
度支部次官荒井賢太郎
兼任煙草所長
任勸業모範場技監 本田幸介
任農商工部번譯官 新庄順貞
豊永眞里 町田咲吉
向坂幾三郎 三浦直次郎
花井藤一郎 佐藤政次郎
任勸業모範場技師
宮原忠正 戶來秀太郎
入交猶江 植木秀幹
任農林學校教授
久次米邦藏
任園藝모範場技師
任工業傳習所長 野田忠藏
吏田信强 森勇三郎
越川성太郎
任工業傳習所技師 室井德三郎
任法典調査局事務官 正三品李斗璜
任全羅北道觀察使

外報

●間嶋問題未決 清國政府에서間島問題로證據書類를日本에提出ᄒᆞᆫ故로日本政府에서該書類에對ᄒᆞ야大槩審査ᄒᆞ얏ᄂᆞᆫᄃᆡ日本에서도不日間證據書類를清國에提出ᄒᆞᆫ다더라

●將軍出발 上海新聞을據ᄒᆞᆫ즉姜桂題의軍隊將校가匪徒를討伐ᄎᆞ로北京에서出발ᄒᆞ얏ᄂᆞᆫᄃᆡ直隸及河南의守備步兵十個大대騎병二個中대와礮兵三個中대와共히本月廿四日에保定府에셔杭州로出向ᄒᆞ얏다더라

●米艦隊將來 華盛頓電을據ᄒᆞᆫ則方今航海ᄒᆞᄂᆞᆫ中에在ᄒᆞᆫ米國艦대ᄂᆞᆫ 次太平洋에到着ᄒᆞ엿다가更히太西洋으로歸航ᄒᆞᆯᄂᆞᆫ지不爲歸航ᄒᆞᆯᄂᆞᆫ지方今海軍省에셔此로써議論ᄒᆞᄂᆞᆫ中인ᄃᆡ其艦대司令官에빈쓰시의秘密ᄒᆞᆫ言을聞ᄒᆞᆫ則此艦대ᄂᆞᆫ수이쓰運河를通行ᄒᆞ야世界를一周ᄒᆞ야今年夏秋間에歸航ᄒᆞᆯ計劃이라더라

●陸軍卿動 華盛頓電을據ᄒᆞᆫ則世界를旅行ᄒᆞ고歸國ᄒᆞᆫ美國陸軍卿타프트氏가去月二十三日에그고港오하요島에下去ᄒᆞ야自己黨派政治家等을召集ᄒᆞ고今番大統領選擧ᄒᆞᆯ事를如何히ᄒᆞᆯ運動을議論ᄒᆞᆫ다더라

●世界最大軍艦 美國通信을據ᄒᆞᆫ則只今世界에最大ᄒᆞᆫ軍艦은英國드렛드노트艦가一萬八千噸인ᄃᆡ美國에셔新製造ᄒᆞᄂᆞᆫ軍艦은二萬五千噸에其速力이二拾四節이오大砲十二門을搭載케ᄒᆞᆫ다더라

雜報

●龍川府南面昭義동成義學校趣旨書

夫興학校治天下之大本也爲人上者不欲善治天下則已苟欲善治天下非학校無以爲進化之基也故三代以前教化大行治隆俗美[illegible]其弊而不知禮之所習遂爲天下萬國之宗三代以後教化不明朝治暮亂民暗國弱五季六朝武蹤相躡而曾不如歐西下等之國其所以致治致亂之本固不外乎學校之政修不修如何爾我國自檀箕以來仁賢之教頗有可觀而迄于我朝　列聖相承群賢倂出崇術文治敎庠序학之制찬然備具人倫明乎上風俗淳乎下民樂昇平殆五百年于茲奈之何氣數所迫積弊成痼文학則只啜糟粕法度則但餘皮毛國勢之危至於如此苟求其本實以其弊固而不知變弛久而不知張故易曰窮則變變則通倫敦窮而不知變。是欲以干羽之舞解平城之圍毛錐之子敵礮彈之勢其能自立於世界之中乎今我皇帝陛下深究其故留心於學校之政斷然以維新二字爲國是上以督勵以告人民所以誘掖奬勵靡不用極於是上自國都下及閭巷無不以興학校育人材爲急先務庶幾手更張之業日新又新而興復之期亦將指日可待矣惟我龍城昭義材雖在遐陬幸而忠信之士愛國之誠則願以不後乎人慨然有志於時務遂財協力因設　校名之曰成義학校延師教授開蒙稚之愚見而至國家之盛典豈敢自許其萬一歟盖綱常倫理天下古今之大經也法律器用天下萬國之時宜也然則大經固不可不率守講明之以立其基本時宜尤不可不斟酌而損益之以達其材藝然後全體立而大用行內治修而外備舉何三代之不可追而多遜於歐西哉詩曰靡不有初鮮克有終孟子曰七年之病求三年之艾苟爲不畜終身不得凡我학校之人固當以此爲趣旨爲鑒戒而治天下者又未必不本於斯也歟

發起人金啓洙
金啓鉴

●無識自放 西洋人의傳說을聞ᄒᆞᆫ즉平安南道三和港擬任吳致默氏가昨年八月分에成川郡分署에派遣ᄒᆞ게以總巡代理로該郡凡龍坊隱仙동朴召史獄事初檢에對ᄒᆞ야自縊致死ᄒᆞᆫ確證을後道裁判所에報告ᄒᆞ얏더니其後數月分에該裁判所에서招來吳擬任ᄒᆞ야稱以該獄과被打致死라ᄒᆞ고以檢驗失錯律로百七拾에宣告이나該吳擬任인즉自縊致死가確然無疑ᄒᆞᆫ故로不服ᄒᆞ고平理院에申訴ᄒᆞ야其仰上ᄒᆞ야一辨을明後에自縊이確實ᄒᆞ야檢驗失錯律의七十은勿施ᄒᆞ고以無罪放免ᄒᆞ얏다라

●事必歸正 信川郡加串坊에서設坊ᄒᆞ고里長과有志紳士韓秉元李昌植諸氏가教育에熱心ᄒᆞ야坊內에學校를設立ᄒᆞᆯ計劃으로坊會ᄒᆞ야各동私塾의議으로학校를用ᄒᆞ고補助金이百餘圓에至ᄒᆞ얏고該郡守具然錄시ᄂᆞᆫ坡長으로選定ᄒᆞ고教科書冊을俱備ᄒᆞ고開學日字를定ᄒᆞ얏ᄂᆞᆫᄃᆡ該坊及封者李尙來김炳植等이各坊私塾經을奪取ᄒᆞ라ᄒᆞ다自稱ᄒᆞ고愚民을誘引ᄒᆞ야反抗ᄒᆞᄂᆞᆫ故로尙今停止이나反對者ᄂᆞᆫ終當無效되리라더라

雜報

●下賜物品 日昨에 德壽宮에 隨伴ᄒᆞᆫ宗戚及各大臣夫人一十五人의게 太皇帝陛下게옵셔노리개一件과錢十圜式下賜ᄒᆞ옵셧다더라

●此說確乎 日人新報에韓國太皇帝陛下씌ᄋᆞ셔日本에 御渡ᄒᆞ신다ᄂᆞᆫ說이有ᄒᆞ더니其內容은農大宋秉畯氏가總理椅子를占領ᄒᆞᆯ計圖로百般運動ᄒᆞᄂᆞᆫ結果라云ᄒᆞᄂᆞᆫ대此事의確實인지姑未可知어니와大抵確否間에如此重大問題가出生ᄒᆞᆷ으로一層疑惧中이라더라

●各大齊進 大院王大院妃와緬奉발翔日字가臨迫ᄒᆞᆷ으로內閣諸大臣이再昨日에該園所에齊進하엿다가因即入城ᄒᆞ엿다더라

●敎師仕進 嚴后陛下의敎師宮內府官小宮氏夫人이每日慶德宮으로仕進ᄒᆞ야事業을進講ᄒᆞ다더라

●官制請議 內部調査局官制의改定件을將次內閣에請議ᄒᆞᆯ터인ᄃᆡ內部大臣이度支大臣의게聯署를請ᄒᆞ얏다더라

●總理仕進 總理大臣李完用氏가屢日仕進치아니ᄒᆞ더니再昨日에仕進하얏다더라

●時平難再 近日에政府變動ᄒᆞᆯ機微가有ᄒᆞᆷ으로各處運動客들이一層奔忙ᄒᆞᆫ다ᄂᆞᆫ대一說을聞ᄒᆞᆫ즉大臣選擧에領幾人이候補者가되고中樞院顧問某氏도牌署가未動ᄒᆞ얏다ᄒᆞ고北邸 胎塊踪相至有何周旋인지圖晝夜奔走ᄒᆞᆫ다ᄂᆞᆫ說이有ᄒᆞ더라

●地方行政協會 各部大臣들이昨日內閣會議를開ᄒᆞ고地方官吏의行政事務에關ᄒᆞᆫ件을協議ᄒᆞ얏다더라

●寳物憂失 日本에滯在ᄒᆞᆫ農大宋秉畯씨가녀部大臣任命準ᄒᆞᆫ의ᄒᆞ務ᄒᆞᆯ第 銀行에典執ᄒᆞ엿다ᄒᆞᆷ은各新聞에揭載ᄒᆞ엿거니와農大가若不渡來ᄒᆞ면永爲見失이라ᄒᆞ야내大가憂慮ᄒᆞᄂᆞᆫ中이라더라

●但聽驚人 數日前某大臣私邸에서宴會를設ᄒᆞ고內閣大臣들이會同ᄒᆞ야醉興이胸々ᄒᆞᆯ際에日本셔무슴電報가內部에到達ᄒᆞ얏다ᄂᆞᆫ奇別이來到ᄒᆞᆫ미諸大臣들이擧皆失色ᄒᆞ야宴會를罷ᄒᆞ얏다ᄂᆞᆫ說이有ᄒᆞ더라

●宴席風波 法部大臣趙重應씨宴席에셔風波가大起ᄒᆞ얏다ᄂᆞᆫ說은昨報에揭載ᄒᆞ얏거니와其風波의根因을得聞ᄒᆞᆫ則法相趙重應씨가近日社會上某々人들이大臣의게禮例가無ᄒᆞᆷ을論難ᄒᆞ다가前日獨立協會員의無禮ᄒᆞᆷ을言及ᄒᆞ얏던지一進會總務民權廷德氏가質問曰余亦前日獨立協會之人으로今日一進會員이어니와君爲法大하야至于今日에做何事業이기에大臣의尊重ᄒᆞᆷ을自持ᄒᆞ나냐貧商幾拾名을招集ᄒᆞ야一進會解散ᄒᆞ기를暗然運動ᄒᆞ얏스니此是法相事業이나ᄒᆞ고一場論駁ᄒᆞᄂᆞᆫ터在傍之人들이百般和解ᄒᆞ야風波가乾淨되얏다더라

●新守발程 新任ᄒᆞᆫ각郡守들이赴任日字가臨迫ᄒᆞᆷ으로次第발程ᄒᆞᄂᆞᆫ者多ᄒᆞ다더라

●委員發行 拾三道驛屯土調査委員들은來二月初에 각其所管地方으로發行ᄒᆞᆫ다더라

●恩賜頒給 去番新官制에廢官된官人等의게恩賜金을頒給ᄒᆞᆫ다ᄒᆞᆷ은前報에揭載ᄒᆞ얏거니와昨日爲始ᄒᆞ야恩賜金을頒給ᄒᆞᄂᆞᆫ대殿下書을依ᄒᆞ야年久ᄒᆞᆫ官人은特別히支給ᄒᆞᆫ다더라

●淸守願留 淸安郡守沈奎澤氏가槐山郡守로轉任ᄒᆞ얏ᄂᆞᆫ대該郡儒生安昌泰等數千人이沈郡守의前後治蹟을臚列ᄒᆞ야內部에願留書를繕呈ᄒᆞ얏다더라

●無다徵說 近日度支部에셔梨太院等地에軍用地에附屬된土地結租를前主의게督收ᄒᆞ미該人民等이度支部에來訴ᄒᆞ되民有地를外人軍用地로許給ᄒᆞ고結稅를督給하라ᄒᆞ거시寃抑ᄒᆞ다고呼寃ᄒᆞ다더라

●學員施痘 學部에셔大韓醫院照會를因ᄒᆞ야各학校에轉飭하야再昨日브터各학徒를大韓醫院으로交遞相送ᄒᆞ야牛痘를施種ᄒᆞᆫ다더라

●卜債更施 公州稅務官李鍾玉씨가結民의게別施ᄒᆞᆫ考卜債를更히如前收捧ᄒᆞᆫ故로民怨이不無ᄒᆞ다더라

●熟手牌長 典膳司長金珏鉉氏ᄂᆞᆫ該司로叙任後에自已家에熟手를設置ᄒᆞ고進供ᄒᆞᄂᆞᆫ食物을準備ᄒᆞ고闕內에納入ᄒᆞᆯ時에만該司架子軍으로擔入ᄒᆞᄂᆞᆫ대該氏ᄂᆞᆫ司長이아니라熟手牌長이라ᄂᆞᆫ悲說이有ᄒᆞ더라

●藉牌戶斂 義州府內居金永哲은元來奸鄕이라其仲父金鉉시가去壬寅年分에本郡陸軍參領兼郡守莅任之時에永哲이가肥己之凶計로謀得冊至ᄒᆞ야居民獵財ᄒᆞ더니今八月其仲父은已死ᄒᆞ얏ᄂᆞᆫ더永哲이가其仲父의善政碑에用費ᄒᆞᆫ전이라稱托ᄒᆞ고枇峴과化古事朔二面에家家戶戶의捐助金이幾至萬有餘兩而其邑境內各面에도方今捐助ᄒᆞ니民怨이嗷嗷에不可形喩라더라

●恩賜孤院 去水曜日孤兒학校에셔紀念式을擧行ᄒᆞ고孤兒學徒가大漢門前에奔至ᄒᆞ야萬歲를三呼ᄒᆞᆫ미 太皇帝陛下께옵셔該校情況을洞燭ᄒᆞ시고百圜金을下賜ᄒᆞ옵셧다ᄒᆞ니不侮鰥寡ᄂᆞᆫ堯舜之仁이오先此四窮은周文之政이시니大韓 皇室에셔特히孤兒學校를 顧念ᄒᆞ사恩渥이渙降ᄒᆞ심은 聖德의卓越ᄒᆞ심이오王政의所先이라ᄒᆞ노라

●蠲布施恤 去年拾二月廿日夜에淸道郡龍山面內洞에셔偶然失火ᄒᆞ야民家卅三戶와又廿一日盈德郡西面笠岩洞에셔失火ᄒᆞ야民家四戶와仝郡北面才谷洞에셔十戶延燒ᄒᆞ야家産汁物과穀包等屬이沒入燒진하야其情景이極爲愁慘이라고該府郡守報告를因ᄒᆞ야該道觀察使가내部에報告하고戶布를蠲減ᄒᆞ야特爲施恤ᄒᆞ라ᄒᆞ얏더라

●請巡발配 同友會員崔各其配所로발送ᄒᆞᆯ터인ᄃᆡ警視廳에巡査幾名을請求ᄒᆞ야同日領去케ᄒᆞᆫ다더라

●負義擔財 北壯洞等地에居ᄒᆞᄂᆞᆫ某宰相이當年에학得英語精粕ᄒᆞ야稍解通辯ᄒᆞ되飾詐ㅣ太敏活故로西人稱之曰荒說客이라ᄒᆞ더니其後에附於一閔氏宰相ᄒᆞ야或稱宮役監董ᄒᆞ며或稱鑛礦幾十萬元을欺貸致富ᄒᆞᆫ後에本洞居有力ᄒᆞᆫ權宦某氏를深結ᄒᆞ야一年之內에超陞至從二品副卿及辦理公使ᄒᆞ며可謂布衣之極이오於良에足矣로ᄃᆡ但宅心이不良ᄒᆞ야當時에賣官鬻爵ᄒᆞ던頭𦚯官의게紙貫千圜을納賂ᄒᆞᆷ이有ᄒᆞ던지今則該權官이無勢ᄒᆞᆷ을見ᄒᆞ고自己所親辯護士와符同ᄒᆞ야該錢을還給ᄒᆞ라고百方威脅ᄒᆞ야受標以去ᄒᆞ니該宰相은可謂背恩忘德이라ᄒᆞᆫ다더라

●要害掛砲 近日各處發兵이城內를侵入ᄒᆞᆫ다ᄂᆞᆫ說이有ᄒᆞᆷ으로日兵이速射砲를掛置ᄒᆞ고城外附近等處에巡回ᄒᆞᆫ다ᄂᆞᆫ說이行ᄒᆞ더라

●日兵鍊習 昨日上午拾一時頃에日兵一小隊가鍾路上에셔來往ᄒᆞ면셔技藝를鍊習ᄒᆞ얏다더라

●兵站云撤 自春川郡以上으로楊州郡ᄭᆞ지義兵이連絡不絕ᄒᆞᄂᆞᆫ故로該等地에派駐ᄒᆞ얏던日兵站所가擧皆撤歸ᄒᆞ얏다ᄂᆞᆫ說이有ᄒᆞ더라

●五江賊警 各五江附近地에賊警이大熾ᄒᆞ야警視廳에셔巡査幾名式을派出譏察케ᄒᆞᆫ다더라

●假巡被捉 金致冕氏가假稱巡査ᄒᆞ고木原郡等地에下去ᄒᆞ야該郡民人의게진財를討索ᄒᆞ다가現발되야該警視署에捉囚ᄒᆞ얏다더라

●朴家賊發 本月二十四日下午拾鐘時에東湖下契新村朴鎭佐家개强盜二名이突入ᄒᆞ야品과전二拾圜을奪去ᄒᆞ얏다더라

●賊漢失捕 二拾四日下午拾時에雲峴宮內人房에賊漢이突入ᄒᆞ야行將竊取之際에該宮派送巡査李振璟씨가巡警라가賊漢을見ᄒᆞ고捕捉코ᄌᆞᄒᆞᄂᆞᆫ대該賊이奪身逃去ᄒᆞ얏다더라

●靑會幻燈 今日下午五時半에鍾路靑年會館에셔幻燈을設行ᄒᆞᄂᆞᆫ대美國의慈善家로著名ᄒᆞᆫ前遞信大臣元雅美益那氏의行蹟과各名區에有名ᄒᆞᆫ것스도幻燈ᄒᆞᆫ다ᄂᆞᆫ대時間은五時三十分에入場ᄒᆞ고五時三十分이過ᄒᆞ면入場을不許ᄒᆞᆫ다더라

●樵童上學 槐山郡普明학校敎師李應運氏가熱心敎育에極力勸奬ᄒᆞᄂᆞᆫ故로本학徒外에樵童四、餘名이齊堅奮발ᄒᆞ야盡

▲地方消息▼

▲七日午前二時에義兵約四拾名이益山郡邑에侵入ᄒᆞ야巡査駐在所를包圍射擊ᄒᆞᆫ後稅務所를襲擊하야全部를燒却ᄒᆞ고同日午後四時三十分에同郡豆村面方面으로退却ᄒᆞ얏ᄂᆞᆫ대其時稅務主事ᄂᆞᆫ避難ᄒᆞ고日巡査ᄂᆞᆫ他處에出張ᄒᆞ얏고稅務署使令一名은足部를負傷ᄒᆞ얏다하고

▲河東郡下東附近에셔義兵四十名이日人一名을捕殺ᄒᆞᆯ라ᄒᆞᆫ즉日人이獵銃으로應戰ᄒᆞ다가北習面장位洞김ᄌᆞ伊家의潛伏ᄒᆞ얏ᄂᆞᆫ대義兵이該家屋을包圍放火ᄒᆞ야該日人을燒殺ᄒᆞ얏다더라

▲二拾四日城津분隊를據ᄒᆞᆫ즉端川郡北方雲川里에셔義兵約七十名이日兵과二時間交戰ᄒᆞ다가一進會員四名을遺棄ᄒᆞ고西南方丹村으로退却ᄒᆞ엿더니兵이追擊ᄒᆞᆫ즉甫村楠地에셔義兵二百名이突出ᄒᆞ야五時間을交戰ᄒᆞ얏다ᄒᆞ고

東京電報

同四日발

●軍資加算 日本陸軍省에셔韓國義兵을鎭靜하기爲ᄒᆞ야駐派遣費五拾萬圜의追加預算을提出ᄒᆞ얏다더라

●懸賞覓狗 英國總領事夫人이二十四日에何所를出入ᄒᆞᆫᄂᆞᆫ대犬壹首가隨往하엿다가中路에셔見失ᄒᆞ얏ᄂᆞᆫ더該狗를誰某던지먹來ᄒᆞ면五圜金을施賞ᄒᆞᆫ다더라

而標探ᄒᆞ고夜而上하ᄒᆞ야關進前途가㕓有希望이라더라

▲壯觀時局▼

▲漢陽城은라드니奕碁一局變換ᄒᆞ야可觀事가許多ᄒᆞ다

▲大韓獨權販賣ᄒᆞ야姑爻椅가놉혓스니同功一體니情分이死生同盟ᄒᆞ얏더니무삼嫌隙怨ᄒᆞ야面面相顧狐疑ᄒᆞ니저ᄉᆞ람可觀이오

▲郡守郡守平生所願ᄒᆞ고보니시원찬타地方監護不息ᄒᆞ야一身安危念慮로다ᄒᆞᆫ번호강못ᄒᆞ고서紛紛自退請願ᄒᆞ니더郡守可觀이오

▲官職으로誘引ᄒᆞ야烏合之衆會同이라民權黨을假稱ᄒᆞ고首魁도엇온功名倉氏庫ㅅᄒᆞ얏더니東海萬里風波中에一片孤棹떠나가니더身世가可觀이오

▲昏夜乞哀大臣家에聯絡不絕ᄒᆞ더니무숨戒嚴ᄒᆞ얏ᄂᆞᆫ지夜不見客웬일인가門外에서退ᄒᆞ니大失所望되얏고나더손님이可觀이오

▲當世第一總理大臣樂而忘返ᄒᆞᄂᆞᆫ고나何處風聲…辭職退去勸告ᄒᆞ나執政侮予必笑ᄒᆞ니더廉恥가可觀이오

▲他人家의歷備ᄒᆞ야月銀만偸食ᄒᆞᆯ대무삼職務보앗던가대랑棄ᄒᆞ고나判任官이不足ᄒᆞ야裂破帖紙變色ᄒᆞ니더日官이可觀이오

▲自衛國宴會席에法部大臣往來ᄒᆞ니不平ᄒᆞᆫ事激起ᄒᆞ야俱樂部가不樂이라說往說來抵腕時에一場風波大起ᄒᆞ니더實況이可觀이오

▲貶下遞任郡守들이視察小公稱冤ᄒᆞ다聽訟如流一等政府紛紛說道誇張ᄒᆞ며傍人鼻笑不顧하고來頭宦路運圖ᄒᆞ니如見肺肝可愧로다더人物이可觀이오

▲小網服에高帽쓰고칠笠에구두신垣ᄒᆞᆫ혼들아ᄂᆞᆫ行色半日半韓分明ᄒᆞ다擭량未定져爲人이祖國精神잇슬손가더服色이觀일세

一蛔虫驅殺ᄒᆞᄂᆞᆫ上品蛔虫散七錢 一 ...疾에쓰ᄂᆞᆫ德國製骨拌把丸一 一 ...다도元氣를大助ᄒᆞ고邪氣를逐 一 德國醫學家에서...拾年經驗으로 一 十九 米國... 一 定價金七拾錢

社告

○信愛錄

[illegible]

○告各支社員

[illegible]

仁川田百十壹斗落又廿三日耕又九百十三坪又二萬九千壹百十七戶米突당八拾五斗落山坂一萬五千四百七十坪日人家九戶

開城日人家二百卅七戶男四百七十四口女三百九口淸人가廿二戶男廿三口女一口法人一戶男一口美國人三戶男三口女三口

水原田卄石七升落답二百五十三石一斗落日人家四拾八戶男一百四拾口女七拾三口

長湍田六日耕日人家九戶男九口女 口全貰居二十戶男七十五口女三十口

富平田一百二十八日耕답二百四十八石五斗落日人家二拾六戶男五十四口女三拾二口

廣州田十五日耕日人家二戶男九口女一口

呂州日人家拾戶男十二口女二口

坡州田拾日耕답二斗落日人家六戶男十四口女七口全貰居二十八戶男四拾八口女三拾七口

振威田답幷四拾五石落日人家四戶

陽城田卅八日耕답廿石拾二斗七升落산坂拾八萬六千二百坪日人家三戶男三口女壹口

利川日人家五戶男六口女四口

陰德田二日耕답廿壹石十九斗落日人家二戶

高陽日人家七戶男九口女八口

交河田五日耕답拾八石落日人家一戶男十六口女九口

雜報

●日人買土調査　京畿各郡에日本人所有財産과外國人所住를調査ᄒᆞ야內部로報來ᄒᆞ얏ᄂᆞᆫ데如左ᄒᆞ니

陽川畓甘石拾九斗落

果川田十六日耕日人家七戶

始興田拾七斗落又卄二日耕又一괴卅五坪山坂三百坪田卅四日耕畓四ㄱ八石十五斗落日人家一百五拾戶男四百卄九口女二百四十八口

陰竹日人家三戶男七女四口

●稅局派牒　本報第七百拾號雜報欄내에調任舍音이란題下에驛屯租가整理局에移屬ᄒᆞ얏다ᄂᆞᆫ事에對ᄒᆞ야度支部에依然所屬ᄒᆞ야地方각財務署에서徵收ᄒᆞ다고司稅局의셔稱牒辨明ᄒᆞ더라

廣告

僕德九萬里居宋美中은本是浮浪悖類로日貸三千兩得用ᄒᆞ고徵出於其堂姪後猶爲不足ᄒᆞ야僞造畓券而四處請貸ᄒᆞ야其堂姪을傾覆코ᄌᆞ心役이오니內外國人覽切勿見欺ᄒᆞᆷ　김應九告白

密陽西部守趙鍾緖在任時에密土賣食錢이乙巳年結전을結ᄒᆞ야加捧條四圜式과該郡民에게對衆發을一々還推次로方今呼訴裁判ᄒᆞᆫ깃슴가玆先廣告ᄒᆞᆷ　密陽郡代表人李思憲　告白

揭布알味形跡

昌原府西面에匡山寺이有하되緇建年久에梵宇이頹落ᄒᆞ야修葺ᄒᆞᆯ意로己去年前에其主務僧等이寺畓二十七斗落九刀兜只을圖圖七人處散賣需用ᄒᆞᆫ幾許年久에臨時主僧等은移居他刹ᄒᆞ고繼有僧徒來接ᄒᆞ니同已賣畓還退次로起訟本郡에其時郡守尹泰興氏가諸僧과據章永賣ᄒᆞᆫ文記을考覽ᄒᆞ시고伳徒輩之落科ᄂᆞᆫ一郡洞悉而挽近無賴輩가法挾雜이何等甘心而屬居郡居李孝性允卓明環等이聚黨百有餘人ᄒᆞ야與不知所從來ᄒᆞᆫ卜鐵僧으로창鬼를作ᄒᆞ고契案을修成ᄒᆞ야括總宗毛의挾雜方針을硏究ᄒᆞ야怨於今日에上項已賣畓을又欲還退ᄒᆞ야起訟於馬港裁判所時에由運의得訟을要求ᄒᆞ야左右納囑이不留丁寧ᄒᆞ니檢事署理金秉濟氏가納賂ᄒᆞ야此退ᄒᆞ고從公處判ᄒᆞ야僧徒를落科ᄒᆞ고挾雜을嚴誠ᄒᆞ시니渠輩虛罔이오나第有所尤極可痛者하니彼等이本人等을以盜買로播認ᄒᆞ야某報에揭布ᄒᆞ얏스니此所謂賊反荷杖이라外內僉君子ᄂᆞᆫ咸悉ᄒᆞᆷ

慶尙南道昌原府內西面甘里　李和增　高達見　高聖甫　李相亨　金道性　月影里　孔德彦　金容浩等　告白

本人이書籍을另設하고新舊書籍을具備ᄒᆞ와廉價放賣ᄒᆞ오니有志하신은來臨隨意請購ᄒᆞᆷ　元山上里二동芸香舖金舜命白

本人의五寸沈鍾萬이性本浮浪ᄒᆞ야自己家産ㅡ蕩敗無餘ᄒᆞ고十年以來技僧酒價에親戚間行悖懲出이無所不至오擧境共知而挽近凶惡이尤甚ᄒᆞ야雜類申孝範等과合同多用日債ᄒᆞ야親戚을一朝敗亡케코ᄌᆞ東西出沒이기一邊呈訴司法ᄒᆞ며玆以廣告ᄒᆞ오니內外國人은切勿見欺ᄒᆞᆷ　讖事西湖面白石村沈秉殷告白

太田셔有志紳士李康浩任憲淳兩氏가學校를발起設立ᄒᆞᆫ바補助人員이如左ᄒᆞᆷ

李康浩　三拾圜　任憲淳　三拾圜　李乾夏　壹四斗나　閔丙儀　一百圜　永宣君　五拾圜　宋鍾奎　二拾圜　金顯一　五圜　洪淳周　拾圜　劉秉徹　二拾圜　權鶴采　拾圜　白一欽　五圜　任斗성　拾圜　宋憲大　五圜　宋憲明　姜履洪　十圜　宋履老　金憲經　閔泳韓　十圜　韓從裕　拾圜　김基泰　八圜　尹鍾冤　拾圜　吳泰泳　五圜　宋仁憲　南延喜　韓敎浩　김光洙　各二拾원　具滋용　告白

居間人李亨錄字善基가本人白木新綿於音三千五百兩을忘置ᄒᆞ고急自緊觀事ᄒᆞ야出他ᄒᆞ얏다가當限來到ᄒᆞ여推尋ᄒᆞ얏기로玆에廣告ᄒᆞ오니照亮ᄒᆞᆷ　小廣橋張헌周　告白

平北龜城人印田碩廣告第七百十二號發刊內에渠弟用이이偶造田畓文券ᄒᆞ야欺賣于日人牧山淸太郎時에郭山北面下端김齊河가同心挾雜云事ᄂᆞᆫ万無如許之理라同齊河ᄂᆞᆫ由來爲人性本이非但公直ᄒᆞᆯ뿐더러本人이抑亦其時叅觀之事則全然曖昧故玆以辨明正誤廣佈ᄒᆞᆷ　郭山　面下端金乃俊　告白

李宣傳敎恒氏大人蔡安公除十一月初二日別世京鄕族戚知舊間未能詳知其所住處則未得一々訃告ᄒᆞ시옴　忠南남浦壞里護喪所　白

學員募集廣告

本校第四回入學期를現當하야法律學及經濟學兩專門科學員을茲에募集ᄒᆞ오니願學人은左記試驗定期內에本校用紙로써早速請願ᄒᆞᆷ事　但右兩科ᄂᆞᆫ夜學으로만募集ᄒᆞᆷ

◉修業年限　三학年

◉入學年齡　二十以歲上

◉學科目　法律學全部　經濟學全部　詳在本校規則

◉試驗日字　一月廿五日(陰曆戊申正月廿四日)

◉試驗科目　歷史及地誌問對　國文及漢文(內國及外國)　讀書及作文　筭術(四則以內)　但官公私立學校의普通科以上卒業証書가有ᄒᆞᆫ人은其學力을檢定ᄒᆞᆫ後免試入許ᄒᆞᆷ

●開學日字　三月五日(陰曆二月二日)

隆熙二年一月十日

漢城中署磚洞普成專門學校

일본졍부제됴연초
한국업수방미
동아연초쥬식회샤

경셩명동

●廣告

本書館에셔文明을發達하고民智를廣開하기爲ᄒᆞ야今에內外國叅考書籍과各種敎科書類를購買ᄒᆞ야發售하오니愛讀僉君子ᄂᆞᆫ陸續購覽ᄒᆞ심을務望

最新書籍發售目錄

◉東西洋歷史　各種
◉東西洋地誌　各種
◉政治學　各種
◉法律學　各種
◉經濟學　各種
◉筭術書　各種
◉內外國地圖　各種
◉修身書　各種
◉財政學　各種
◉博物學　各種
◉物理學　各種
◉衛生學　各種
◉地文學　各種
◉讀本　各種
◉法帖　各種
◉學校用品　各種

此外에도各種書籍이具備ᄒᆞ옵고書籍及名片도印刷하옵ᄂᆞᆫ데與他廉價ᄒᆞ게酬應ᄒᆞ깃ᄉᆞ외다

京城南署銅峴(구리개)

學部認可

博學書館

告白

家庭雜誌

一冊五十頁　定價金十錢

本雜誌ᄂᆞᆫ純國文으로發行ᄒᆞ와家庭敎育界에大光明을放하옵다가財政의艱窘을因ᄒᆞ야中間에屢朔廢止ᄒᆞ던바이온되今에本社에셔有志諸氏의協贊을得ᄒᆞ야論說論叢의(各部門)과滋味잇ᄂᆞᆫ歷史叢談等各著述或寃稱ᄒᆞ야本月五日부터續刊發行ᄒᆞ엿사오니　僉君子ᄂᆞᆫ續々購覽ᄒᆞ시옴

發賣所布屛下廣學書舖　尙洞博文書館　鐘路大東書市

南門내尙洞靑年學院내家庭雜誌社　告白

漢城鍾路萬國基督教青年會館前慈惠藥房
製藥監查人濟衆院醫學員洪錫厚朴慈惠李
觀化告白

本人等이米國大學醫院處方을大醫學士魚丕信시에게受業ᄒ고醫學校에五年勤勞ᄒ야池錫永시에게有效證明書를受ᄒ고左記략種을製造ᄒ야外國藥약規模을依ᄒ야紙匣洋鐵匣琉璃甁에盛ᄒ야全國內地各處약局와廣賣ᄒ옵고濟衆院英書醫書를我國國文으로飜譯ᄒ야名稱西약便方이라ᄒ고발賣ᄒ오니四方僉彦과濟衆院之략을數宿年來經驗信用ᄒ던신兄弟는不拘약之多少ᄒ고不拘路之遠近ᄒ고日々以書請買ᄒ시면本人은雖一錢價値략이라도以小包郵便으로仰呈ᄒ오리니략封定價外에稅ᄒ전을加送ᄒ시되郵錢은郵票十전즈리를ᄉ셔보니시고賣략家에셔는多數買去ᄒ시면郵便局換錢票를買送ᄒ시오且本략房에米國(멀포드)製략會社략과德國(만호안)製약과략品을直輸入ᄒ야德語英語로記ᄒ方文과主治와用法을我國國文으로飜譯발賣

商標

食思振起補益丸 第一老衰男女의게大補氣血鎭力活潑

定價表 一日分 三十個入 金一圓 二十日分 六十個入 金一圓七拾五錢 三十日分 九十個入 金二圓五拾錢

主治는補元氣能調陰陽男子陽萎不起女子月經不調手足厥冷虛勞久病人蘇完되는效力이大勝於鹿茸營人蔘精

靈効解瘧丸 一日分定價金拾錢此藥은大人小兒長瘧과初瘧과腹瘧에以ᄒ服用ᄒ면更不再發

蛔虫丸 一日分定價金拾전此藥은大人蛔積小兒蛔病의神効

四時感冒丸 一日分定價金拾전此藥感氣몸살의쓰는藥인대日連服ᄒ면四時毒感上下肢節頭痛에卽時解熱鎭痛

男女痳疾祛根藥 定價金五圓此藥은痳疾의一期二期를勿論ᄒ고ᄒ근ᄒ도록약을쥬는대口痯과구억도아니나오

淸明眼藥 一日分定價金拾錢此藥은火眼熱眼의多有奇效

無惡臭疥瘡藥 定價金四拾전此藥疥전虫을卅分內滅殺

鎭咳藥 五日分定價金三拾錢此藥은四時尋常性咳嗽에有效ᄒ고特히老人咽喉에消痰止咳

寸虫發根 定價金三拾錢此藥은有鉤寸虫無鉤寸虫이皆出

止足汗藥 二十分定價金貳拾錢此藥德國軍人常用除足汗臭

養兒寶散 定價금拾五전此략小兒服鎭과감긔食滯와他症에爲主

輕腫根治膏 定價금十五전此략은面腫과頭腫과一切皮膚病에治

濕腫根治膏 定價금十五전此략은男女勿論ᄒ고風寒暑濕으로腫되여起搔痒ᄒ에奇効

大腫發根合瘡膏 定價금五十錢

癩氣神効保嬰散 定價금十二錢五厘

漢城百應膏 一封定價金十錢此략은獨략醫士李信友시方文으로製造ᄒ藥인대멍우리잘풀리고각頭腫氣에발根合瘡ᄒ되는名藥인대大洋鐵匣八一個금五十錢

小兒感冒靈効散 定價金十二錢五厘

歐米各國專賣特許
石油發動機及自行車
精米機械及附屬品一切販賣放賣喜

今回諸君子의便利ᄒ기爲ᄒ야本店을左記處로移接ᄒ엿사오니照亮ᄒ심을伏望
直輸入商 南大門外
韓國代理店 中根商會

韓國亡國史 文
(發賣所) 下김相萬 告白

衛士建國誌

此冊은政治小說이니志士의救國救民ᄒ는思想과人民의愛國心을成就ᄒ는대緊要ᄒ冊子오
定價 金 新貨拾五錢
發賣所
▲大韓每日申報社 ▲仁川港柳峴 ▲中署布屛門下 ▲平壤城內烈女祠 ▲鍾路 ▲洞口越便 ▲鍾路 ▲大廣橋 ▲尙洞 ▲開城
開新冊肆 金相萬冊肆 廣學書舖 古今書海館 中央書館 大東書市 匯東書館 時文書館 姜助遠冊사

▲新刊書籍發售廣告
特價 無寃錄大全 國漢文 定價金 五錢
大韓法規類纂 洋裝 三冊五拾錢 郵稅四拾錢
初等倫理學教科書 二拾錢
初等衛生學教科書 拾五錢
國家學綱領 拾五錢
國民小知 八錢
愛國婦人傳 張志淵氏著 十五錢
發賣所 皇城布屛下 金相萬書舖

◎商業學 張志淵氏述譯
一冊定價金四十錢
발賣所 中署布屛下廣學書舖 南門내博文書館 동口中央書館 鍾路大東書市
廣學書舖 告白

學徒洋裝書冊
學徒還銃과諸具
羅紗各種 美國金鷄鑞
衣服裝續其他雜貨를廉價로放賣ᄒ오니諸君子는來臨ᄒ심을敬要ᄒ나이다
仁川港奇峴謝新冊肆

大韓醫學校藥濟藥 淸心保命丹
▲大韓醫學校大藥劑醫學士守鉉君과醫學博士池錫永君과試驗證明ᄒ中經驗ᄒ바 陸軍軍醫長柳茂君의有效證明書를發明ᄒ야淸心保命丹을발賣ᄒ오니効能은如左ᄒ니 僉君子惠試爲望
主治効能 ●痰飮 ●食傷 ●中暑中寒 ●咳嗽 ●霍亂 ●不土不服 ●氣鬱 ●吐瀉 ●舟車眩暈 ●食傷酒醉 ●口熱懸臾 ▲其他諸般運氣屬疫預防妙藥
발行人 仁川港柳峴 濟生堂 李唐愚
本舖 仁川港柳峴 濟生堂

代理店 京城鉢里동 共愛堂慈惠藥房
特約店 京城鍾路 李信華洋藥局
同 梨峴 盧榮亨冊사
同 南門外 韓濟藥院
同 南門外 韓濟藥院
仁川 內洞 韓禹根
同 寺峴 和平局
開城 南門內 朴主信
同 忠清 □□□
水原 鍾路下 金容鉉藥局
海州 宗路 元香植
同 宗路 宋相孝
延安 邑內 安汝文
江華 鍾路 宋炳東
同 邑內門外 高永根
長湍 南門內 崔鉉洛
恩山 砂利院場內 朴鉉昌
仝 任允中
仝 李在化
公州 南門내 耶蘇教堂內 李東赫
平壤 雙巨里 紅門洞 韓藥鋪 俗樂綱
仝 鍾旗藥鋪 崔相化
仝 文武廟藥鋪 金順興
仝 文君殿藥鋪 杜奎直
仝 里門客주 藥鋪 金元瑞
鎭南 浦藥 뒤 金元瑞
信川 邑 뒤 四里 朴晩俊
載寧 山港 裏洞 金斗鉉
京城 大門外 大同運輸會社
全州 泥峴 郵便局 天佑堂
三水 郡 仲平場 勸客主內
安岳 邑 上場里 濟生局 林景杜
大邱 南門內 劉運동 김浩家
釜山 港 草梁 客主 김佑家
安州 城內 南井동 回春大략房
義州 南門外 水口街 義和략局
此外에도現代에분明각國有名ᄒ各種靈藥이俱備ᄒ

●懸賞廣告
一西洋犬一首體形身長一尺五寸內外高八九寸白色身에頭部茶褐色에背部黑色斑点有ᄒ고尾는長ᄒ右犬을昨廿四日에見失ᄒ바誰某든지覓來于本館ᄒ시면金貨五圓을卽爲進呈ᄒ깃
合壹月十五日
英國總領事館 告白

●正誤 本報第七百九號國債報償廣告逐號明細錄欄內第一五九三号郭邊각面里義捐金壹百九拾圓으로正誤ᄒ고此를因ᄒ야各總合額에二拾錢式加ᄒ야一月二拾日々지總額은六百五拾一圓七拾二錢으로都總合은五萬八千七拾八圓六拾七錢七厘로正誤喜

國債報償義捐金
一月中本社收入總額
趣旨號方明細錄
●一月二十四日
第一五九七号鐵山郡雲山面鶴동里耶蘇教堂內拾六圓卅錢
計拾大圓卅전
一月二拾四日々지ㄴ入總額六百六十八圓○二전
自四月至拾二月收入總額五萬七千四百卅六圓
九十五圓七厘
都總合五萬八千九十四圓九七전七厘

◉國債報償義捐金收入廣告
●鐵山郡雲山面鹽洞里耶蘇教堂內
金成洙五圓 劉濟敏 徐基鴻
각二圓 鄭載鎭 金榮基
金敏應 金基寶 盧明明
朴燦瑞 각一圓 崔得燦
崔承寬 각五十錢 崔昌鎭
三拾錢

合拾六圓三十전
前號總合五萬八千○七十八圓六拾七전七厘
都總合五萬八千○九十四圓九十七錢七厘

●大韓每日申報各處支社廣告
中署布屛門下 金相萬書舖
平壤上水口門內 金洪植
全 崔觀恒
仁川柳峴新冊肆 李東輝
宣川 邑 書冊舖 安濬
義州西門外東西 大韓冊舖
釜山港佐川藥局 徐相鎬
三和港榮洞 金元甫
成興南州社西門外 曹雲林
開城南大門內興學書舖 姜助遠
大邱市廳 崔一弘
瑞興邑濟衆院 劉慶澤
鐵山邑東部 安圭
元山倉前 劉七鶴
海州西門內書舖 朴昌範
定州南門內 洪成인
晉城郡校동 許환
郭山興岩書舖 李銀瑞
安岳郡동坊成동 康道善
昭川邑津 리鎭成
安州城內義井洞 金鳳河
遂原邑業洞 趙鍾大
高原邑 朴教吉
南州邑내 一徒里客舍洞高亨木
井邑邑내 李登燮
泰仁邑내 金禹燮
興德後浦 金鼎濟
京義線枇峴驛替市 李基秀
장湍邑西門內 崔觀淳
殷栗邑倉前里 金泰聲
古阜邑許洞 殷鎬漢
群山港東彰社 宋鎭燮
龍川楊市會堂 黃菊保
車輦館同志會내 金明仁
清州南門내校洞 宋斗鉉
發行兼編輯人英國人 裴說
發行所 南署苧洞號外地三層洋屋家 大韓每日申報社

漢城鍾路萬國基督教青年會館前慈惠藥房은大韓내地各處
院醫학員洪錫厚朴慈惠리觀化 合名營業○美國製약會社략品
品貿易商友田商店략品을直輸入ᄒ야京城에本人략店山岸氏
定價表每日략價에昇降을從ᄒ야代金을改正
硫酸麻個一본도 金拾三錢 沃度加里一본도金四圓四合錢
蜜瓶 七十五錢○安知必林七 匁五○金□ 四十○□□

第六卷

大韓每日申報

第七百十九號

月曆及慶節

歲時日休刊

檀君開國四千二百四十年
箕子元年三千二十九年
大韓開國五百十六年
日本明治四十一年
淸國光緖三十三年
陰曆丁未十二月小廿五日壬午

論說

◉內閣諸氏大拙計

雖將一人手 掩得天下目

恐猶內閣七大臣아堂々ᄒᆞᆫ國庫金을每月月終에幾百圓式君等囊中私物又치秘密捐出ᄒᆞ야一六魔窟(卽大韓新聞社)을設ᄒᆞ고指鹿爲馬ᄒᆞ던趙高의手를借ᄒᆞ며堅白同異ᄒᆞᄂᆞᆫ公孫의舌을乘ᄒᆞ야日노君黨을爲ᄒᆞ야讚頌ᄒᆞ며日노君黨를爲ᄒᆞ야辯護ᄒᆞ니於是乎內則全國二千萬同胞의目이一時盲이며外則世界一千五百萬々人類의耳가一時聾ᄒᆞ야將且督々蠅負ᄒᆞᄂᆞᆫ君黨를桓々如虎ᄒᆞᆫ巨物로認ᄒᆞ며區々狐媚ᄒᆞᄂᆞᆫ君黨를矯々如龍ᄒᆞᆫ英雄으로仰ᄒᆞ야卽今罪惡이山積ᄒᆞ며孽業이海深ᄒᆞ야狗彘不若ᄒᆞᆫ賣國賊의行事를一手로掩得ᄒᆞ며居然韓國大功臣大忠臣大英雄大政治家의名譽가君黨七人의게歸ᄒᆞᆯ가

嗚呼라君黨의用心이亦良苦로다만은

雖然이나靑天白日이昭々在上ᄒᆞ되君黨의此策이如意ᄒᆞ될가

列聖神靈이在帝左右ᄒᆞ되君黨의此策이如意ᄒᆞ될가

萬姓冤恨이深入骨髓인되君黨의此策이如意ᄒᆞ될가

世界耳目이昭布森列인되君黨의此策이如意ᄒᆞ될가

公論은正氣라萬古不泯이대君黨의此策이如意ᄒᆞ될가

本報記者가執筆在此ᄒᆞ던君黨의此策이如意ᄒᆞ될가

嗚呼라君黨의用心이亦良苦ᄒᆞ도다만은古人이云ᄒᆞ되(作僞心勞日拙)이라ᄒᆞ니君黨가此語를曾聞ᄒᆞ얏ᄂᆞᆫ가桑檜가直言을疾ᄒᆞ야野史를禁ᄒᆞ얏스되宋史奸臣傳에其名이不漏ᄒᆞ얏스며魏忠賢이奸民을誘引ᄒᆞ야自已功德을贊揚ᄒᆞ얏스되明史閹宦傳에其罪가不遺ᄒᆞ얏스니

嗚呼라醜聲을惡ᄒᆞ거던行淫을休ᄒᆞᆯ지며盜名을恥ᄒᆞ거던偷竊을止ᄒᆞᆯ지어늘惡習은不改ᄒᆞ고粧掩만是事ᄒᆞ면淫婦가烈女되며盜跖이伯夷될가

懇ᄒᆞ다君黨여品階ᄂᆞᆫ正一正二從一從二오官爵은摠大內大軍大學大法大오眞才調를覘ᄒᆞ면外人의奴隸를甘做ᄒᆞ며其權力을論ᄒᆞ면同胞의役乂도能作ᄒᆞ건만은此一事(大韓新聞을機關ᄒᆞᆫ事)ᄂᆞᆫ其懇가實甚ᄒᆞ도다

君黨가奸夫란名을恥ᄒᆞ며賣國賊이란詬를羞ᄒᆞ거던從今悔改ᄒᆞ야魔報ᄂᆞᆫ停止ᄒᆞ고忠言을採用ᄒᆞ면或吾人類에齒列ᄒᆞᆯ一日이有ᄒᆞᆯ려니와萬一不然ᄒᆞ야但只厭然掩耳不善의計策으로此等魔鬼만是恃ᄒᆞ면非徒無益이라而又害之ᄒᆞᆯ지니設令君黨가累百億萬의黃金力이有ᄒᆞ야東方에一大韓新聞社를設ᄒᆞ며西方에一大韓新聞社를設ᄒᆞ며其他南北遠近各地에各一大韓新聞社를設ᄒᆞ야人々耳目에此新聞을掛ᄒᆞᆯ지라도萬口의怨怒ᄂᆞᆫ一筆로融解키不能ᄒᆞᆯ지라折腕者ᄂᆞᆫ愈扼腕ᄒᆞ며切齒者ᄂᆞᆫ愈切齒ᄒᆞ야一惡을欲掩ᄒᆞ다가百惡이愈彰ᄒᆞ며一贓을欲匿ᄒᆞ다가百贓이俱露ᄒᆞ리니拙ᄒᆞ다君黨의計策이여

即本報로言ᄒᆞ야도內閣諸氏退去矣란題後에再次張皇說話를續々惹出케ᄒᆞᄂᆞᆫ者ㅣ彼大韓新聞이아닌가

嗚呼君黨여黃金을浪費ᄒᆞ야罪孽과譏評만但買ᄒᆞᄂᆞᆫ도다

官報

◎第三千九百八十一號 隆熙二年一月二十七日

敘任及辭令

任臨時財源調査局主事 荻野七郎

臨時財源調査局主事 米山喜源郎

仝 荻野七郎

兼任度支部主事 財務署主事由良鈔二郎

任財務監督局主事 度支部主事原成雄

任財務署主事 財務署主事宮野鐐郎

任臨時財源調査局主事 度支部主事高橋요次郎

任關稅局主事 財務監督局主事淺井誠一郎

任財務署署主事 宮內府大臣秘書官多田桓

兼任宮內府書記官 正三品服儀환 四品徐淵輔

九品 鄭丙朝

任掌禮院典祀 宋鎭台 金昌永

任掌禮院典祀補 掌禮院典사金永振

奎章閣提학朴容大

奎章閣副提學趙命熙

掌禮院典사補崔洪基

仝 金鉉默

依願免本官

宮內府車馬監李容春

獻陵參奉李復珪

免本官

外報

●豫備兵召集 路透電을據ᄒᆞᆫ則聖彼得堡報道에云ᄒᆞ엿스되波斯國境에駐屯ᄒᆞᆫ俄國軍隊에서ᄂᆞᆫ動員의命令을受ᄒᆞ고戰鬪ᄒᆞᆯ豫備兵을召集ᄒᆞᆫ다더라

●新兵募集의豫算 北京電을據ᄒᆞᆫ則淸國度支部에서每年一十萬兩式을雲南省軍用費로支出ᄒᆞᆯ事로決定ᄒᆞ얏ᄂᆞᆫ데此ᄂᆞᆫ法國이侵略ᄒᆞᆯ時에用ᄒᆞᆯ方針으로新兵을募集ᄒᆞᆫ다더라

●革命黨討伐方針 北京電을據ᄒᆞᆫ則廣西省匪徒에亂이尙未定鎭ᄒᆞ고革命黨孫逸仙等의勢力이猖獗ᄒᆞᆷ으로政府에셔討伐ᄒᆞᆯ方針을相議中이라더라

●社會黨暴動 伯林電을據ᄒᆞᆫ則巴里市에서社會黨이暴動을起ᄒᆞ얏ᄂᆞᆫ대警官의嚴格ᄒᆞᆫ手段으로鎭靜ᄒᆞ얏다더라

●日人上陸禁止 路透電을據ᄒᆞᆫ즉墨西哥로부터日人二十一名이晩香坡로來ᄒᆞ야上陸ᄒᆞᄂᆞᆫ것을同地에禁止ᄒᆞ얏다더라

●艦隊出발 路透電을據ᄒᆞᆫ즉美國迴航艦隊ᄂᆞᆫ샤네일江에서出발ᄒᆞ얏다더라

●買物買銃 倫敦電을據ᄒᆞᆫ즉桑港來電에云ᄒᆞ얏스되同地에在留ᄒᆞᆫ等日人等이若干所有物을販賣ᄒᆞ야其金으로短銃을買置ᄒᆞ얏다더라

●凶農地救濟費 海參威電을據ᄒᆞᆫ則俄國凶農地方에人民을救濟ᄒᆞ기爲ᄒᆞ야金一千五百十萬留支出案件을政府에셔上奏ᄒᆞ야裁可ᄒᆞᆷ을得ᄒᆞ엿다더라

●砲艦注文 上海電을據ᄒᆞᆫ則淸國에서水雷艇拾四隻과砲艦四隻建造ᄒᆞᆯ事를德國에注文ᄒᆞ엿더이라더라

雜報

●鹽商呼冤 咸鏡南道元山港居商民金斗源氏가鹽價推尋事로日本副統監에게九次上書ᄒᆞᆫ全文이如左ᄒᆞ니伏以生은海隅之一商民으로販鹽資生이다가被賊於日本人木村源一郞兄弟以後로産業蕩敗와身世飄零은血書가千幅이오淚盡이爲沫이온바生의鹽一千八十八包價金五千一百九十一圓九十錢이온대慶尙北道長鬐郡毛浦金雙頭家積置이다가己亥年六月初六日에日本北海道島根縣隱岐國舍기ᄂᆞᆫ군里居ᄒᆞᄂᆞᆫ木村源一郞兄弟曾計船이來到懇請曰以鹽換太則利益이不小라ᄒᆞ며渠船에裝載ᄒᆞ라ᄒᆞ기로信而載염ᄒᆞ고拾六日에到泊鬱陵島ᄒᆞ니日已暮矣라以明日解卜次로船主와旅約ᄒᆞ고生은從船에下陸ᄒᆞ야島人沈基秀家에留宿ᄒᆞ고翌日平明에解염次로出往ᄒᆞᆫ즉頭則該裝염船이乘夜逃走ᄒᆞ얏기로冤枉을欲伸ᄒᆞ야內外政府에前後呼訴가九閱星霜이다가生이年前林公使權助氏駐韓時에其書記生國分象太郞이數年間再三次生을招去ᄒᆞ야談判曰영價損害賠償을徵給ᄒᆞᆯ거스니容사數月ᄒᆞ라ᄒᆞ더니國分씨가美國參書官단여온후方在統監府官員이온대生이統監府에八次上書ᄒᆞ야도聽若不聞ᄒᆞ며容俟數月하라던確說이因歸虛地오니日本官憲의橫說을韓民이엇지取信ᄒᆞ오며其後黃土峴大路에서林公使를逢ᄒᆞ여其車前에서公法으로爭詰ᄒᆞ다가因此捕過ᄒᆞ야三年을監獄署에繫因하니此何罪案乎며且我國議政府顧問官須知分氏의게屢年呼訴ᄒᆞ여도無一言可否ᄒᆞ오니此ᄂᆞᆫ韓國月給만ᄂᆞ食ᄒᆞᄂᆞᆫ尸位오統監府據務長官鶴原定吉씨가日本外務大臣照會를據ᄒᆞ야韓政府에照會ᄒᆞᆫ內開에鹽桶盜去ᄒᆞᆫ船主木村源一郞同行ᄒᆞᆫ同人의弟乙吉等을對ᄒᆞ여査質ᄒᆞᆫ즉盜鹽事가的實ᄒᆞ나其相續人金之助의財産을探知ᄒᆞᆫ즉其親屬이貧困에陷ᄒᆞ여當場糊口도艱辛ᄒᆞᆫ貌樣이니金斗源이鹽價도成事ᄒᆞ여리노其義務를到底히成事키難ᄒᆞᆯ줄노想覺ᄒᆞ노라ᄒᆞ얏스니日本이言說노對ᄒᆞ야ᄂᆞᆫ開明ᄒᆞ다ᄒᆞ며더니賊俗이宜轄ᄒᆞ야도當法을不法하며當推를不推ᄒᆞ니此ᄂᆞᆫ日政府에서護賊養賊之名을難免이온ᄃᆞᆺ大抵負債者가債主에對ᄒᆞ야貧窶ᄒᆞ다稱ᄒᆞ면債金을白失ᄒᆞ며盜賊이自服하면賊物을勿施하오릿가鶴原定吉氏가我韓政府에對ᄒᆞ야照會ᄒᆞᆫ文字가不以法意ᄒᆞ야乙吉等을險助ᄒᆞ고韓人金斗源을蔑視ᄒᆞ야白頰ᄒᆞᄂᆞᆫ抑說이오니可謂痛哭者也오 未完

●孤院義捐 前尉長俞文植氏ᄂᆞᆫ京城孤兒院에親往ᄒᆞ야該院情況을觀察後正租拾石을爲先寄附ᄒᆞ고自今以後로每年十石式寄附ᄒᆞ기로酌定ᄒᆞ엿고麻浦居粱思永氏도自今年으로每年正租十石式寄附ᄒᆞ기로酌定ᄒᆞ엿고龍山居閔裕植氏ᄂᆞᆫ白米二石을寄附ᄒᆞ엿다더라

雜報

●滿隊請議 隆熙元年十一月念八日 詔勅을奉承ᄒᆞ야韓孝純、弘睦李喜리玄逸리光佐趙羲著趙儀恒輝金一鎬金善器金眞燮謙金夏材安驥承權鼎鎭趙中鎬리然藤리鍾河리炳植리鍾學리斗榮姜陵善리哲九丁至섭치東述리炳勳ㅂ益淳洪在學白樂寬리喜和淳三十一人을爲先滿隊復官爵ᄒᆞᆯ意로法部에서內閣으로請議ᄒᆞ얏더라

●秘密寫面 宮內大臣李允用氏와農大宋秉畯氏가寫眞을撮影ᄒᆞ야法相趙重應氏家로出送ᄒᆞ얏ᄂᆞᆫ대該兩氏寫眞에愁色이滿面ᄒᆞ야病人의狀態와如ᄒᆞ다더라

●農大歸期 日本에滯在ᄒᆞᆫ農大宋秉畯시가從近歸國ᄒᆞ깃다고法部大臣趙重應시에게電報가來到ᄒᆞ얏다ᄂᆞᆫ說이有ᄒᆞ더라

●完察受勅 全北觀察使리斗璜氏가日間發程ᄒᆞᆯ次로昨日에詣闕受勅ᄒᆞ얏다더라

●月俸議決 昨日에中樞院議長以下顧問諸시가會同ᄒᆞ야該院의副贊議月俸을支撥ᄒᆞᆯ事로議決ᄒᆞ야內閣에請議ᄒᆞ얏다더라

●總相移居 總理大臣李完用氏ᄂᆞᆫ日昨에南署苧동南事財官으로搬移ᄒᆞ얏ᄂᆞᆫ대該官에서爲先會席을出給ᄒᆞ야寢房에서設夫人과소居處ᄒᆞᆫ다더라

●禮院亦日 掌禮院에ᄂᆞᆫ日本官吏가尙無ᄒᆞ더니宮內部事務官上村이가將次該院事務官을兼任ᄒᆞᆫ다더라

●儒生留電 長水郡儒生리承大ᄂᆞᆫ等이內部로電報ᄒᆞ되本郡守鈴準臺이殿平公直ᄒᆞ야吏民이俱安ᄒᆞ니特爲還任ᄒᆞ라ᄒᆞ얏더라

●내度不辨 楚山郡守리章還시가度支部로ᄒᆞᆫ報告書皮封에度支部大臣任善準는下라ᄒᆞ얏ᄂᆞᆫ대該部에서該大臣의姓啣이任善準시가아니라고徵還ᄒᆞ얏다더라

●難見如鬼 各大臣家에戒嚴이尙此緊密ᄒᆞᆫ故로赴任次로발程ᄒᆞᄂᆞᆫ地方郡守들이不得接見而去ᄒᆞᆫ다더라

●果則非也 近日內大任善準氏가外人을對하야言ᄒᆞ되現闕郡守幾十窠를擇人材敍任이되判任으론擇用이不可라ᄒᆞ얏다고落說이紛紜日自已ᄂᆞᆫ奏任으로敍任에염居ᄒᆞ야附勢次로一進會員九品六品某某氏를敍任觀察을歷用ᄒᆞ고且以有勢力有財力ᄒᆞᆫ人으로地方敍任에賢愚와階級을不問ᄒᆞ더니今敍發言에判任은擇材에不可라ᄒᆞ니階級으로人材를下論ᄒᆞᆯ理가必無언니와判任으로奏任을못ᄒᆞᆯ別官制가粹有ᄒᆞᆫ가人材擇用이아니오錢財擇用인가ᄒᆞ고人皆鼻笑ᄒᆞᆫ다더라

●往訪警總 警視副監具然壽시ᄂᆞᆫ何事件을因홈인지昨日下午一時에法部大臣趙重應시를該本部로訪問ᄒᆞ얏다더라

●新守催送 光州觀察使金奎昌시가新任郡守를催促下送ᄒᆞ라고내部로電報ᄒᆞ얏더라

●統監內部 統監府通信管理局에서내部로照會ᄒᆞ되地方區域整理件에關ᄒᆞ와已爲仰照이오나回答을未承하와處理에難便ᄒᆞ오니回答未了件을至急送交ᄒᆞ라ᄒᆞ얏다더라

●度經移期 度支部에新建築ᄒᆞᆫ기前에該政府로移接ᄒᆞᆫ다홈은已揭ᄒᆞ얏거니와來二月一日에移轉ᄒᆞ기로決定ᄒᆞ얏다더라

●造器廠請借 度支部印刷局이挾窄하야事務에妨害가不少ᄒᆞ다ᄒᆞ야軍部로照會ᄒᆞ고龍山에在ᄒᆞᆫ軍器廠을借與ᄒᆞ라ᄒᆞ엿다더라

●兩氏停務 陰曆歲除가不遠ᄒᆞᆫ故로法部에서平漢兩裁判所에飭ᄒᆞ되自本日爲始ᄒᆞ야十日을停務ᄒᆞ라ᄒᆞ얏다더라

●券證錢推 前判書金宗漢氏의證券을漢城銀行에典執ᄒᆞ얏더니平理院判事某氏와補佐員某氏가該證券을執行以去ᄒᆞᆫ後에該銀行에서金宗漢氏의게債給證을推尋ᄒᆞᆫ대金宗漢氏所答에證券主人이自在ᄒᆞ거늘無一言半辭히他人의任意出給ᄒᆞ고債錢을督推홈이於理不當ᄒᆞ니不可徵給이라ᄒᆞ얏더라

●迎新休學 각學校에서陰曆過歲ᄒᆞ기爲ᄒᆞ야再明日봇터休學ᄒᆞᆫ다더라

●委托辯護 閔衡植氏가徐相素氏로裁判ᄒᆞᆫ다ᄂᆞᆫ說은已爲報道어니와該事件에對ᄒᆞ야洪臨周氏도裁判次로辯護士를委托ᄒᆞᆯ다더라

●民不獻議乎 南平郡居宋鴻시가中樞院에獻議ᄒᆞ고申箕善리道宰시等으로宣諭使를差出ᄒᆞ야地方騷擾를鎭靜ᄒᆞ라ᄂᆞᆫ事에對ᄒᆞ야一個平民으로官衙에獻議하ᄂᆞᆫ것이不敬ᄒᆞᆫ事이라ᄒᆞ야別般懲戒ᄒᆞ기로該院에서議決ᄒᆞ얏다더라

●服色議定 각社會紳士들이去士曜日에商業會議所에會同ᄒᆞ야一般官民間에平服及禮服을製定實施ᄒᆞᆯ事로協議ᄒᆞ고研究委員을差出ᄒᆞ얏다더라

●普校禮式 普成專門학校에서第二回卒業試驗을經過ᄒᆞᆫ바ᄂᆞᆫ別項에已揭어니와晝夜하弁五十五人이며八人이落第ᄒᆞ얏고卒業式은明日下午二時에擧行ᄒᆞᆯ터인故로學部大臣以下大官學務局長과法部大臣及次官과各學校校長과各社會紳士를請邀ᄒᆞᆫ다더라

●施闘不成 自衛團巡視員리容九氏가永平郡에來到ᄒᆞ야人民을會集演說ᄒᆞ되義兵은千萬人이라도日兵幾百名이면可以剿滅이니不足憂也로대日兵의來ᄒᆞᆷ을待ᄒᆞᆷ이必要ᄒᆞᆯ거시아니오自衛團을組織ᄒᆞ야自護自衛홈이可ᄒᆞ다ᄒᆞ니郡民들이言ᄒᆞ되若義兵을防禦코ᄌᆞᄒᆞᆯ진대我等도銃器가無ᄒᆞᆷ이不可ᄒᆞ니銃器를備給지아니면不可從命이라ᄒᆞ거ᄂᆞᆯ리시가不得已退去ᄒᆞ야麻田郡으로前往ᄒᆞ야如初히演說ᄒᆞ니該郡民人等이一齊히稜杖을執ᄒᆞ야來言하되自衛團組織이誠良策이나然이나我輩中에半數以上은皆自食其力者也라一日休息則一日闕食ᄒᆞ나니如欲組織自衛團이거든當計其食口ᄒᆞ야糧食을備給지아니ᄒᆞ면不可從이라ᄒᆞ니리시日此ᄂᆞᆫ不堪當ᄒᆞᆯ事라ᄒᆞᆫ대衆人이一齊叫喊ᄒᆞᄂᆞᆫ지라리시가又不得已而之他ᄒᆞᆫ故로該兩郡에ᄂᆞᆫ自衛團의弊端이尙無ᄒᆞ다더라

●兩隊分置 平山郡通信을據ᄒᆞᆫ즉該郡에屯聚ᄒᆞᆫ義兵將朴基駿氏가軍伍를整齊히ᄒᆞ야突擊대와遊擊대를置ᄒᆞ고日兵을應接ᄒᆞᆫ다더라

●辯護規則 辯護士를設置ᄒᆞᆫ거ᄉᆞᆫ法官과人民에訟事曲直에便利코ᄌᆞᄒᆞᆷ인ᄃᆡ近日에辯護士가法官에게言辭가紊亂ᄒᆞᆷ이有ᄒᆞ다ᄒᆞ야辯護士規則을規定ᄒᆞ라고法部에서平理院으로訓令ᄒᆞ얏다더라

●지砲處斃 再昨日下午七時에西江等地에서潛入이지砲를放ᄒᆞᄂᆞᆫ것을發徙가侵入ᄒᆞᆫ다고一時喧傳ᄒᆞ야西部警察署에서巡査를派送ᄒᆞ야射擊을開ᄒᆞ야近附人民等이一時驚動하얏다더라

●發討軍需 去二十五日에義兵徒拾名이彰義門外一牌리里에突入ᄒᆞ야軍需錢拾萬兩을收聚ᄒᆞ라고聲明以去하얏다ᄂᆞᆫ대北署에서巡査三名을派送하얏다더라

●金氏可矜 北署碧洞居김禹永氏ᄂᆞᆫ元來軍病人인데伊間에民事上訴訟을因ᄒᆞ야漢城裁判所判事가驛廳에留置ᄒᆞ얏ᄂᆞᆫᄃᆡ病勢衛益ᄒᆞ야幾至死境이라聞者ㅣ莫不慨然이라더라

●興學會盛況 畿湖興學會에서士曜日上午十二時에臨時總會를鍾路靑年會館에開ᄒᆞ얏ᄂᆞᆫᄃᆡ會長리容植氏와副會長池錫永氏가出席ᄒᆞ얏고其他出席會員이三百餘人인ᄃᆡ會長이開會大旨를說明ᄒᆞ고又會務를處理ᄒᆞᆫ後某某諸氏가激切ᄒᆞᆫ辭意로演說ᄒᆞ고會員에閔泳采리우珪兩시가與家寶庄ᄒᆞ야各金一千圓式寄附ᄒᆞ얏고南村竹동匠木匠羅軍리德善延聖化兩시가勞動金各七拾錢式寄付ᄒᆞ고此雖發金이나諸公의教育事業을經營ᄒᆞᆷ에涓埃를補ᄒᆞ라ᄒᆞ니滿場會員이莫不稱頌ᄒᆞ얏다더라

▲地方消息▼

▲拾二日春川及永平方面에서楊州로來ᄒᆞᄂᆞᆫ義兵約二百名을日兵이襲擊ᄒᆞᆷ으로積城方面으로退却ᄒᆞ얏다ᄒᆞ고

▲二拾三日陽城郡松月里에서義兵五名이日偵探三名을銃殺하얏다홈으로同郡守備대에서義兵을討伐ᄒᆞ기爲ᄒᆞ야八名이出張ᄒᆞ엿다ᄒᆞᄂᆞᆫ

▲二拾四日江界郡林面巖方에義兵約五拾名이來ᄒᆞ야獵夫를募集ᄒᆞᄂᆞᆫ대形勢가滋蔓ᄒᆞ다고同地面장의急報를同郡守備대에서接ᄒᆞ고守備兵三十名과巡查九名이出發ᄒᆞ엿다하고

▲二拾日午前二時頃에突然히黑色周衣를着ᄒᆞ고武器를携帶ᄒᆞᆫ義兵八名이京城北署管내月洞知·侵入ᄒᆞ얏다홈으로巡查益三名이該地에出張探知ᄒᆞᆫ즉同永吉氏에서朝飯을催食ᄒᆞ고北方으로出向ᄒᆞ얏ᄂᆞᆫ대其蹤跡을未知라ᄒᆞ고

▲十六日光州발電을據ᄒᆞᆫ즉同日同郡泉谷面에義兵이侵入하야一進會員壹名을殺害ᄒᆞ고該員의家屋을燒却ᄒᆞ얏다ᄒᆞ고

▲拾九日恩津郡上豆面附近에서義兵이日兵과交戰하다가九子谷面으로退却ᄒᆞ엿다가更히交戰ᄒᆞ엿다ᄒᆞ고

▲二拾三日午後三時에장津郡雲山동聚北端에義兵約九拾名이日騎兵과巡查와五時間을交戰ᄒᆞ얏ᄂᆞᆫ대日騎兵一名이戰死ᄒᆞ고同負傷者三名이오馬二四이死ᄒᆞ엿고壹四은致傷하엿다더라

東京電報

●憲兵排留說 二拾六日발 日本陸軍省에서今回에憲兵二百名을募集ᄒᆞ야教鍊이嫻熟ᄒᆞᆫ後滿洲及韓國各處停車場과其他處에排置ᄒᆞᆯ터이라더라

●遮斷解除 二拾八日발 附鳩에서來ᄒᆞᆫ報道를依ᄒᆞ니天寶山金礦에ᄂᆞᆫ內今淸國兵丁九六名이封鎖ᄒᆞ엿스나日本人의交通遮斷ᄒᆞᆫ은解除ᄒᆞ엿다더라

▲浮世怨恨▼

▲泡花起滅此乾坤에幾番變換無定이라蜉蝣又혼ᄃᆡ人生은長吁短歎뿐이로다

▲우리國權滅沒홈에一等忠奴自願ᄒᆞ야天下罪名不顧ᄒᆞ고千辛萬苦엇은地位不過一年危殆ᄒᆞ니背恩忘德이아닌가七大臣의원망이오

▲觀察郡守驛屯土로許多民人誘引ᄒᆞ야收斂돈의蕩敗家產兄弟妻子流離ᄒᆞᆫ다有力者만ᄒᆞ야먹거殘瘦ᄒᆞᆫ놈발나세니·進會의원망이오

▲惡衣惡食모혼財產官職와저진習慣某大臣게納賂ᄒᆞ고郡守一窠哀乞ᄒᆞ며此月彼月延拖하고意ᄂᆞᆫ橫出可望업다買官者의원망이오

▲三家村中내弟子ᄂᆞᆫ史略初學高等이라春秋租學薄料게金家生活붓칫이니處處學校設立ᄒᆞ니讀學算術怨讎로다老학究의원망이오

▲이世上이다뒤으니내手段도쓸ᄃᆡ업다紙毛를與一小錢이一分전도언길이니嚴冬雪寒찬방안에내生計를엇지ᄒᆞ나挾雜輩의원망이오

▲當時第一公事廳이宮淸宮禁에ᄯᅥ나고又각某觀察某郡守의歲饌封物어대ᄀᆞᆺ나門庭如水冷落하니下直 文此身世로請謁客의원망이오

▲開化바람ᄒᆞᆫ번부러히먹을일전혀업나羅緋절로凝滯ᄒᆞ고麥絨질은皐皮ᄂᆞᆫ다公연업ᄂᆞᆫ此世上에官職차례杳然ᄒᆞ야골生員의원망이오

▲못뒤ᄒᆞᆫ번ᄆᆞ댁이면數千兩이往ᄉᆞᄒᆞᆫ다不換三公내生業이決門안에士人夫라吏米滅者退職ᄒᆞ니孟浪ᄒᆞ다닉일ᄂᆞᆫ여退吏輩의원망이오

▲新恩爲頭前驅되여斜陽玉笛繁華ᄒᆞ다春香歌一曲中ᄂᆞᆫ黑數黃金도出ᄒᆞ더니禁怨地廢止ᄒᆞ니슨ᄯᅥ러진뒤움박이라倡優輩의원망일세

社告

○[illegible]

本社過去年末經費[illegible]千餘圜月給未撥亦千餘圜[illegible]數年內各地方購覽[illegible]千餘圜及各支社二千五百餘圜未收之[illegible] [illegible]

○告[illegible]支社員

[illegible]

江華邑川崙金鎭禎氏家에本支社를設置ᄒᆞ얏사오니該邑近處에셔本申報購覽ᄒᆞ실僉君子ᄂᆞᆫ該支社로請求ᄒᆞ시고代金도金鎭禎氏게로送交ᄒᆞ심을務望

雜報

●漢城학校生徒尹昌奎金泉驛에셔演說ᄒᆞᆫ槪旨　續

만일不信無識ᄒᆞ야敎導調和은全無ᄒᆞ고年紀多小와悖行驕習으로長而稱老ᄒᆞ고幼而凌長이면엇지長幼有序라ᄒᆞ오며第五에朋友有信이니其人交際에信義를必守ᄒᆞ야勸善責惡ᄒᆞ며患難相救ᄒᆞ며有事相濟ᄒᆞᆯ지니만일失信無義ᄒᆞ며謟容爲友ᄒᆞ고虛妄爲朋ᄒᆞ야與他狎流ᄒᆞ고臨難相離ᄒᆞ면엇지朋友有信이라ᄒᆞ리오如此히倫常을實行이無ᄒᆞ고虛僞만尙ᄒᆞ면國富兵强을何以望乎잇가目今에兵과火賊이各處偏滿ᄒᆞ야人命을殺害ᄒᆞ고民財를侵奪ᄒᆞ야互相困迫에如入水火ᄒᆞ니此皆實學이無ᄒᆞ고虛妄만尙ᄒᆞᆫ理由所致오니惟願老少諸氏ᄂᆞᆫ幷皆深思ᄒᆞ와奮然勇進ᄒᆞ야學校를勸奬ᄒᆞ고敎育을精勤ᄒᆞ야熱心勉强에日新又新ᄒᆞ야使大韓國權으로比列於世界一等國이是乃小生의區區切祝이오니凡我大韓國民이大韓의衰弱은自歎이오興旺은心祝ᄒᆞᆯ이人我無異ᄒᆞ야一般人性의公同由出ᄒᆞᆯ터이오니諸氏ᄂᆞᆫ更加猛省ᄒᆞ야舊染을刷新ᄒᆞ와太平幸福을共享케ᄒᆞ심을千萬顒祝이라ᄒᆞ얏더라　完

●埠頭好消息의一束　三和港埠頭에셔一齊발論曰我等이雖勞動者나韓國民의一分子라ᄒᆞ고其中에吸鴉片者五人을治療식혀成人됨은以往記載ᄒᆞ얏거니와其外에吸烟者八人인ᄃᆡ該致이罄竭ᄒᆞ여治療치못ᄒᆞ얏더니近今에吸烟者八人을又爲治療ᄒᆞᆫᄃᆡ治療費이一百三十餘圜이라都中同類가受苦人二十餘名이滯留ᄒᆞ여看護ᄒᆞ난거시愛人如己ᄒᆞ얏고三和港에셔淸人이三十六契라稱ᄒᆞᄂᆞᆫ拔局을各設ᄒᆞ고民財를誘取ᄒᆞᄂᆞᆫᄃᆡ商者가弊店된者도多有ᄒᆞ고各社會人도損害者가多有ᄒᆞ되惟獨埠頭에셔만拔局에不參ᄒᆞᆷ으로安保ᄒᆞ얏다ᄂᆞᆫᄃᆡ三和港埠頭都拾長姜俊石氏가卽今冬節의埠頭數百餘人困苦ᄒᆞᆷ을거念生覺ᄒᆞ고萬餘兩을각人에의分給ᄒᆞ얏다더라

●約歸學會　楊陽閔泳徽氏가曾任平安道伯時에該道四十二郡紳士와鄕約契를設立ᄒᆞ야勸학講禮를爲出義合資ᄒᆞ야存本取殖으로永久經用케ᄒᆞ얏더니厥後에邑郡에셔進行勿替者도有ᄒᆞ고因循廢弛者도有ᄒᆞᆫ지라年前에右約契之資로학校를設立ᄒᆞ라고발兩勸勉ᄒᆞ얏스나或付校補用者도有ᄒᆞ고或徒로爲質者도有ᄒᆞᆫ故로此를不可不학界에에ᄒᆞ야俾有實施케ᄒᆞᆫ意로西北학會에委托ᄒᆞ야該約契資金을收ᄒᆞ야該道內各校에一擴張케ᄒᆞᆫ다더라

●靑年會演說　根本的文明으로안國洞시가今夕七點鐘에靑年會館에서演說ᄒᆞ야一般世人의誤解ᄒᆞᆷ을辨白ᄒᆞ야文明의根本이何如ᄒᆞᆷ과如何ᄒᆞᆫ結果로文明程途의前進ᄒᆞᆷ을說明ᄒᆞᆫ다더라

●[illegible]是無效　槐山郡守張紀濂시가忠州에前往ᄒᆞ야[illegible]에暫因旋故이라고日前本報에揭載ᄒᆞ얏더니更聞ᄒᆞᆫ즉該시가[illegible]月望間에上京ᄒᆞ야請願辭職ᄒᆞᆫ後에仍卽在京ᄒᆞ고忠州等地에前往ᄒᆞᆫ은初無ᄒᆞ다더라

廣告

漢城鐘路萬國基督教靑年會館 濟衆藥房 製藥鑑査人濟衆院醫學員洪錫厚 朴慈惠 李觀化 告白

本人等이米國大學醫院處方을大醫學士魚丕信氏에게受業ᄒᆞ고醫學校與勸五等證書永시에게有効證明을受ᄒᆞ고且左記낙種을製造ᄒᆞ야外國製약規模을依ᄒᆞ야紙匣洋鐵匣琉璃瓶에盛ᄒᆞ야全國內地各處약局에廣賣ᄒᆞ올고濟衆院英美醫學을我國語文으로飜譯ᄒᆞ야名稱과약便方이라ᄒᆞ고발賣ᄒᆞ오니四方 僉彦中濟衆院낙을數拾年來經驗信用ᄒᆞ신兄弟는不拘약之多少ᄒᆞ고不拘路之遠近ᄒᆞ고日々以書請買ᄒᆞ시면本人은雖涉錢價値략이라도以小包郵便으로仰呈ᄒᆞ오리니낙封定價外郵稅下전을加送ᄒᆞ시되小數전은郵票ᄒᆞ저즈리를ᄉᆞ서보니시고數낙家에서는多數買去ᄒᆞ시면郵便局換錢票를買送ᄒᆞ시오且本藥房에米國(멀포드)製낙會社낙과德國(만호임)製약會社낙을直輸入ᄒᆞ야每品英語로記ᄒᆞᆫ方文과主治와用法을我國漢文으로飜譯발賣

商標

食思振起 體力活潑 補益丸 第一老衰男女의게補益血

定	拾日分	三十個入 金一圓
價	二十日分	六十個入 金一圓七拾五錢
表	三十日分	九十個入 金二圓五拾錢

主治大補元氣能調陰陽男子陽萎不起女子月經不調手足厥冷虛脫失氣久病人衰弱完되는効力이大勝於鹿茸熊膽

靈効解瘧丸 一日分定價金拾錢此藥은大人小兒長瘧과初瘧과腹瘧에以ᄒᆞ服用ᄒᆞ면更不再發

蛔虫丸 一日分定價金拾전此藥은大人蛔積小兒蛔病의神効

四時感冒丸 一日分定價金拾전此藥感氣몸살의쓰는藥인대二三日連服ᄒᆞ면四時毒感上下肢節頭痛에即時解熱鎭痛

男女瘡疾祛根藥 定價金五錢此藥은瘡疾의一期二期를勿論ᄒᆞ고下疳과도약을쥬는대口瘡과子여도아니나오

淸明眼藥 一日分定價金拾錢此藥은火眼熱眼의多有奇効

無惡臭疥瘡藥 定價金四拾전此藥疥瘡虫을卅分內滅殺

鎭咳嗽藥 五日分定價金三拾錢此藥은四時尋常性咳嗽에有大効을五特히老人哽咳에消痰止咳

寸虫祛根 定價金三拾錢有鉤寸虫條子寸虫當場殺出

止足汗藥 二十日分定價貳拾錢此藥德國軍人常用除足汗臭

發兒寶散 定價금拾五전小兒服瘧감긔食滯他症爲聖낙

輕腫根治膏 定價금十五전此낙面腫과頭腫에直差

濕腫根治膏 定價금十五전此약은男女勿論하고風寒暑濕으로被腫된데大起搔痒ᄒᆞᆫ데奇効

大腫發根合瘡膏 定價금五十錢

漢城百應膏 一封定價金十錢此약은衛략醫士李信友시方文으로製造ᄒᆞᆫ藥인대멍우리잘풀리고각項腫氣에발根合瘡이速히되는效驗이니大洋鐵匣入一個금五十錢

小兒感冒靈効散 定價金十二錢五厘

癎氣神効保嬰散 定價금十二錢五厘

歐米各國專賣特許
石油發動機及自行車
精米機械及附屬品一切廉價放賣홈

今回諸君子의便利ᄒᆞ기爲ᄒᆞ야本店을左記處로移接ᄒᆞ엿사오니照亮하심을伏望
直輸入商 京城南大門外
韓國代理店 中根商會

精撰 國民寶鑑 發行
定價 諺文 ○ ○ 國文
嶺南血國史 國漢文
定價貳拾伍錢
發賣所 京城鐘路各冊肆 大東書市 및各冊肆
代理 下김相萬 告白

─ 國士建設 ─
定價 金拾五錢

此冊은我國의少年志士의教育救國을主旨로ᄒᆞᆫ新著라故로一般國民이讀ᄒᆞᆯ必要가有ᄒᆞᆫ冊子오

發賣所
▲大韓每日申報社
▲仁川港杻峴 滙新冊肆
▲中署布屛門下 朱翰榮冊肆
▲平壤城內烈女洞 鍾路大東書市
▲銅口越便 中央書館
▲鍾路 古今書海館
▲大廣橋 大東書市
▲公州 博文書館
▲開城 姜助遠 冊사

▲新刊書籍發售廣告
師範 新撰 算術 太全 國漢文 定價金七拾五錢
大韓法規類纂 洋裝 三圓五拾錢 郵稅四拾錢
初等倫理學敎科書 二拾錢
初等衛生學敎科書 拾五錢
國家學綱領 拾五錢
國民須知 八錢
愛國婦人傳 張志淵氏著 十五錢
發賣所 皇城布屛下 金相萬書鋪

◉ **商業學** 張志淵氏述譯
一冊定價金四十錢
발賣所 中署布屛下廣學書館
南門內博文書館
동口中央書館
鍾路大東書市
廣學書舖 告白

各學徒洋裝書冊
學徒運動과諸具
絹紗各種
衣服裁縫其他雜貨를廉價放賣ᄒᆞ오니諸君子と來臨을伏望ᄒᆞ이다
美國金羅蝦
仁川港杻峴新冊肆

淸心保命丹

發賣元 隨時發賣而此丹藥은가장其效有驗ᄒᆞᆫ바 故로淸心保命丹을발賣ᄒᆞ오니 如左ᄒᆞ니 僉君子는照亮ᄒᆞ심을伏望

本舖 仁川港杻峴 **濟生堂** 藥房

◉主治効能 ◉中暑中寒 ◉痰飮 ◉食積 ◉不服水土 ◉咳嗽 ◉腹痛 ◉船車眩暈 ◉氣鬱 ◉吐瀉 ◉口熱惡臭 ◉食傷 ◉酒癖 ▲其他諸般運氣厲疫預方妙藥

발行人 仁川港杻峴 **濟生堂** 李 ○ ○

代理店
京城鍾路 共愛堂藥房
特約店 京城鍾路 慈惠藥房
同 梨峴 李信 洋藥局
同 尙洞 盧 ○ ○ 冊사
同 南門外 濟衆藥院
仁川內洞 韓○局
同 杻峴 和平局
開城南門內 金 ○ ○
同 忠橋 具 ○ 藥局
水原鍾路下 宋 ○ ○
海州宋路 宋 ○ 孝
同 宗路 ○ ○ 文
延安邑內 宋 ○ 東
江華鍾路 高 ○ ○
同 邑西門外 ○ ○ ○
長淵南門內 ○ ○ ○
鳳山砂利院場內 任允中
全 耶蘇敎堂內 李在○
黃州南門內紅門洞 李東○
平壤雙巨里 韓藥鋪 ○ ○ ○
全 韓藥鋪 ○ ○ 化
全 文武館藥鋪 金 ○ 興
全 武洞藥舖 ○ 柱 ○ 宣
全 若殿藥舖 ○ 泰天
全 客主 金元 ○ 湖
鎭南浦藥峴 里門 朴 ○ 俊
信川邑四里 金斗鉉
載寧山港 ○ 洞 ○ ○ 社
京南大門外 大同運輸會社
全泥峴郵便局前 天佑堂
三水郡仲平場 勸 客主內
安岳邑上場里 濟生局 林景柱
大邱南門內 ○ 逕도 김成浩家
釜山港草梁 客主 김 ○ 佑家
安州城內 ○ 井동 回春大약房
義州南門外水口街 義和약局
此外에도現代에문明각藥이俱備ᄒᆞ ○ ○ ○ 各種靈藥이有名

本校에서第一回入學期를現當하야法律學及經濟學附專門科學員을募集ᄒᆞ오니願學人은左記規定期限內에本校用紙로써早速請願홈을要事

但右學科는夜學으로만募集홈

◎**修業年限** 三학年
◎**入學年齡** 二十以歲上
◎學科目 法律學全部 經濟學全部 ○ 校規則
◎試驗日字 一月廿五日(陰曆戊申正月廿四日)
◎試驗科目 歷史及地誌問對(內國及外國)讀書及作文(國文及漢文)算術(四則以內)
但官公私立學校의普通科以上卒業證書가有ᄒᆞᆫ人은其學力을檢定ᄒᆞᆫ後免試入許홈
◎開學日字 三月五日(陰曆二月三日)

隆熙二年一月十日
漢城中署壽洞普成專門學校

本社廣告

○申報價
一張代金 新貨二錢五厘
一個月前納 三十錢
三個月 九十錢
六個月 一圓七十錢
一個年 三圓四十錢
郵稅一張 新貨五厘
一個月 十三錢

本社에서는今番에內地産出各國物産을物品交換에便利케ᄒᆞᆫ다 商工業에有志ᄒᆞ시는 ○ ○ 大韓人의各般物品交換所及委託을便利케ᄒᆞ야 ○ 各工業에有益ᄒᆞᆫ實驗을 ○ ○ 求ᄒᆞ시는 ○ ○ 은本社로來議ᄒᆞ시오

漢城南大門內 賣學書舖
漢城南大門內水標橋 ○ 一號
○ ○ 商社
仁川港內 ○ ○

新聞藥業廣告

本會에서는 ○ ○ 每日 ○ ○ ○ ○ ○ (每日發行) 二圓五十錢
一個月에 二圓五十錢
每日發行 一個月 五圓
(每日每月四號一號에發賣홈)
○ 期限 ○ ○ 學行의參照
○ 依ᄒᆞ야 ○ ○ ○ 에 ○ ○ 홈

◎大韓每日申報總支社販賣所
中署布屛門內 金相萬書鋪
水標上水口門內 崔敬恒
仁川杻峴國新冊肆 金浩祚
○ 川邑臨津縣 李承○
義州西門外東西 安 ○
釜山港佐川鐵局 大韓○
三和港○○洞 徐錫○
咸興南州社西門外 金元○
開城府大門外興學書舖 曹喜林
大邱市○ 姜助遠
秋岑邑濟衆院 徐一弘
鐵山邑東部 劉夢○
元山倉洞 安 ○
海州府南門內書舖 劉七○
定州南門內 朴昌○
晉城郡校○ 洪成○
郭山興岩書舖 許 ○
安岳細○坊成○ 李鎭○
○ 川舊港 康道○
安州城內養井洞 리鐵成
鐵原邑○洞 金○河
高原邑 趙鍾大
龍州 ○ 내一徒里客舍洞 朴敎吉
井邑邑내 高亨來
泰仁邑내 李益○
興德後浦 金禹○
京義線批峴驛 ○ ○ 金鼎濟
장淵邑南門內 李基秀
殷栗邑倉前里 崔敬淳
古阜邑許洞 金泰○
群山港東彰社 殷弼漢
龍川楊市會堂 宋判○
車輦館同志會내 黃菊保
淸州南門내校洞 金明仁
宋斗鉉

發行兼編輯人英國人 裵說
發行所 南署石井洞號外地三層洋屋家 大韓每日申報社

大韓每日申報

第七百二十號

月曜及慶節
歲時日休刊

檀君開國四千二百四十年
箕子元年三千二十九年
大韓開國五百十六年
日本明治四十一年
淸國光緖三十三年
陰曆丁未十二月廿六日發

論說

●倫敦타임스報通信員모리손氏와滿洲內日本政策

모리손氏가타임스報館에打電ᄒᆞ야滿洲內에日本行政을嚴重히公訴ᄒᆞᆫ것과且同氏가斷言ᄒᆞ되日本이開放政策을關係ᄒᆞᆫ諸般約諸을破棄ᄒᆞ다ᄒᆞᆷ이本國에셔ᄂᆞᆫ累千感覺을難발이나極東에在ᄒᆞᆫ商業人의게ᄂᆞᆫ但是尋常之言이로다

自戰役結局以後로辛酸ᄒᆞᆫ經驗이吾人의게實情을通告ᄒᆞ얏스니滿洲一幅이但其日人을爲ᄒᆞᆷ인바과且列强商業競爭에各樣障碍ᄅᆞᆯ必設ᄒᆞᆫ此事實에對ᄒᆞ야閉眼者ᄂᆞᆫ不可謂無偏之人이로다

事態가如此ᄒᆞᆷ에至ᄒᆞᆷ은果無興味어니와何如ᄒᆞᆫ지爲英國商民者ㅣ自已에게自國政治의何如善擧가有ᄒᆞ기를希望ᄒᆞᆷ은無用之事로다同盟과如ᄒᆞᆫ것시有ᄒᆞ니此로言之ᄒᆞ면日本이正當히行事ᄒᆞᆫ外에不能이어ᄂᆞᆯ滿洲에셔鄭重ᄒᆞᆫ約諸을荒棄ᄒᆞᄂᆞᆫ것과尊重之道에不識或硬結無感ᄒᆞᆫ것과及此韓國니에盛行이何處에셔其能見信이리오政界에셔ᄂᆞᆫ如此事態ᄅᆞᆯ思料만ᄒᆞᆷ에도恐怖ᄒᆞᄂᆞᆫ것시어ᄂᆞᆯ此等人이實情을其或以暫確ᄒᆞᆫ머리도在本國之人은其偏見으로輕視ᄒᆞ야吾人이러ᄒᆞᆫ誤解라發言ᄒᆞ리로다

今에모리손氏의情訴가現形을收良ᄒᆞ기에有何效果일지ᄂᆞᆫ不可期也어니와益現今事態ᄂᆞᆫ日本을過度히歡拜ᄒᆞᆷ에셔生ᄒᆞᆫ것시니如何歡拜之人의首領을作ᄒᆞ얏던人은모리손氏가是라同氏가到今ᄒᆞ야實情을始察ᄒᆞᆷ은不無太晩之歎이니是乃失馬築廐之擧耶아但可微笑오[illegible]無幸利로다

世界가日本에催眠術(눈홀니ᄂᆞᆫ법)을受ᄒᆞ기에繼續ᄒᆞᄂᆞᆫ時日々지ᄂᆞᆫ現今事態가繼續ᄒᆞ려니와何如ᄒᆞᆫ지此催眠術이乏絶되기ᄂᆞᆫ將有其日ᄒᆞ리니其日에야日本이始改其路ᄒᆞ리로다

官報

●第三千九百八十二號 隆熙二年一月二十八日

敍任及辭令

任農商工部技手 吉崎建太郞
任農商工部主事 木村主一郞
森元俊之助 鄕井鏈吉
田田六男 安藤吉兵衛
野崎金藏 牧坂安太郞
鈴村文六 吉垣喜四郞
任農商工部技手
福島信造 吉村부
阿宗太市 湯淺睦藏
中井芳次郞 宮島敏雄
最新勝三郞
任農商工部主事
前技手金熙祥 仝 張和섭
仝 李來弼 佐藤猿兵衛
任農商工部技手
小池癸勝 安永降吉
九品崔相琳 野村次彦
任農商工部主事
任農商工部技手 九品趙源百
從一品朴用元 仝 鄭圭燮
任奎章閣副提學

外報

●摩洛哥問題 倫敦電을據ᄒᆞᆫ則法國議會에셔摩洛哥問題에對ᄒᆞ야討論ᄒᆞᆯ際에前外相某氏가演說ᄒᆞ야曰列强이摩洛哥首相의勢力을扶植ᄒᆞ니此ᄅᆞᆯ政府에셔摩洛哥首相과速々交涉ᄒᆞᆷ이可ᄒᆞ다ᄒᆞ얏더라

●大使派遣 伯林電을據ᄒᆞᆫ則美國大統領은德美關稅를締結ᄒᆞ기爲ᄒᆞ야特使ᄅᆞᆯ德國에派遣ᄒᆞ엿다ᄒᆞ나其實은德美間에關稅調和的關係ᄅᆞᆯ表ᄒᆞᆷ이라더라

●美艦乘俄將 伯林電을據ᄒᆞᆫ則美國艦隊에俄國將校一名이乘組ᄒᆞ얏다더라

●皇后生母薨去 東京電을據ᄒᆞᆫ則日本皇后陛下의生母가去廿五日에薨ᄒᆞ엿다더라

●俄入行暴 東京電을據ᄒᆞᆫ즉近日淸國長春에셔俄國人數名이日人商店에來ᄒᆞ야窓을破碎ᄒᆞ고煖爐ᄅᆞᆯ顚覆ᄒᆞ며亂暴ᄅᆞᆯ起ᄒᆞ얏다더라

●間島問題狀況 昨年以來로淸日兩國이交涉ᄒᆞᄂᆞᆫ間島問題ᄂᆞᆫ其後兩國에셔證據書類ᄅᆞᆯ提出ᄒᆞ야其曲直을談辦ᄒᆞ더니日本에셔提出ᄒᆞᆫ證據에與糊ᄒᆞᆫ者가不少ᄒᆞ야談辦의結果가日本에不利ᄒᆞᆫ貌樣이라더라、

●製艦方針 路透電을據ᄒᆞᆫ즉俄國海軍省에셔造艦注文方針을近者에歸定ᄒᆞ야一千九百八年度부터外國工場에注文치아니ᄒᆞ고純히內地에셔製造ᄒᆞ기로決定ᄒᆞ얏다더라

雜報

●鹽商呼冤 續

凡人이呼訴無地ᄒᆞ면必訴蒼天이기로年前에 義親王의셔韓國宗親府에駐御ᄒᆞ시기로鹽價ᄅᆞᆯ呼訴ᄒᆞ라다가法司에捉囚ᄒᆞ얏더니今年分에日本 皇太子께옵셔渡御ᄒᆞ실時에또呼冤ᄒᆞᆯ念慮가잇다ᄒᆞ여警視廳에數十日捉囚ᄒᆞ얏다가 皇太子歸國後에放送ᄒᆞ얏스니此何罪名乎잇가

人民은公法에依ᄒᆞ야生ᄒᆞ고隣國은信義로以ᄒᆞ야交ᄒᆞ나니日本商船이洪州郡長古島岩石에觸破ᄒᆞᆫ船價ᄅᆞᆯ我政府가岩石主人이라ᄒᆞ고其損害賠償二千圜을我政府에徵推ᄒᆞᆫ事實이的確ᄒᆞ오며公州郡에來住ᄒᆞ던貴商民寬辰太郞이가我國軍人과爭鬪ᄒᆞ다가被打受傷ᄒᆞ얏다稱託ᄒᆞ고其治療費五千圜을我政府에勒徵ᄒᆞ얏스니貴國人의損害ᄂᆞᆫ我政府에督推ᄒᆞ면셔我國人의白失은貴政府에셔視若秦瘠ᄒᆞ니此ᄂᆞᆫ但知日人이오不知有韓人이라此豈兩國平和之道乎잇가

然則我政府에對ᄒᆞ야督迫行用ᄒᆞ던節例ᄃᆡ로ᄒᆞᆫ진ᄃᆡ生鹽價ᄂᆞᆫ九年에九倍ᄅᆞᆯ計ᄒᆞ면五萬一千九百拾九圜이오니貴政府에셔生의게不日出給ᄒᆞ셔야長古島岩石이不愧오寬辰太郞에治療徵費가其心에沒愧치안일거시오公法에도當然ᄒᆞ고信義에도[illegible]ᄒᆞᆫ것슬엇지一個人金斗源의劣弱만凌蔑ᄒᆞ야因循推諉ᄒᆞᄂᆞᆫ것시是明上義務乎잇가金斗源의此事件에對ᄒᆞ야非但韓日兩國人習知라抑天下列國人所共傳聞者也니其事情之至寃極痛은孰有不諒者哉아玆에瀝抱血書ᄒᆞ와以供鑒覽ᄒᆞ오니洞燭後에右陳鹽價ᄅᆞᆯ貴政府로準數懲給ᄒᆞ시와使一個金斗源으로得伸千古所無之血冤則東洋平和ᄅᆞᆯ可以從此維持오日本의公法과信義ᄅᆞᆯ韓國이可以感動矣리니

生이不勝血祝之至라ᄒᆞ얏ᄂᆞᆫ데金氏가該鹽價ᄅᆞᆯ推尋치못ᄒᆞ니渡海ᄒᆞ여日本政府와民權黨의게血淚ᄅᆞᆯ洒ᄒᆞ라고方在東裝中이라더라 完

●日人買土調査 平北各郡에日人土地買收及人口ᄅᆞᆯ調査ᄒᆞ야內部로報來ᄒᆞᆷ이如左ᄒᆞ니
義州日人家五百五十六戶오男女幷一千七百四十七口요
淸人家一百五戶男女幷二百七十五口
宣川日人家七十四戶男女幷二百五拾六口오田三日耕
嘉山日人家拾九戶男女幷二十七戶
龜城田拾八日耕家一戶
博川日人家六戶男女幷拾八口
江界日人家二戶

●鄕祠設校 咸興郡朱地面有志紳士朱培植諸씨가教育발達ᄒᆞ기爲ᄒᆞ야該面鄕祠堂에학校ᄅᆞᆯ設立ᄒᆞ고名曰咸進學校라ᄒᆞ고資金千餘圜을子聚ᄒᆞ야熱心教授ᄒᆞ니學徒가四十餘名에達ᄒᆞ얏다더라

●挾日奪財 前郡守李용教氏子李裕錫氏가以浮浪人으로其庶母의富居家舍財産을强奪ᄒᆞ고저ᄒᆞ야日本辯護士和泉激二郞氏와結同ᄒᆞ얏던니和泉씨가李氏庶母[illegible]家舍와財産을其嫡子[illegible]의게沒數讓與치아니ᄒᆞ면起訴ᄒᆞᆫ다ᄒᆞ고監獄署에滯囚ᄒᆞ고執行ᄒᆞᆫ다ᄒᆞ며此訟勝敗가自己手段에在ᄒᆞᆫ즉其利益ᄅᆞᆯ自量ᄒᆞ야先行賂賂이면無事妥帖ᄒᆞᆯ줄로而日을來往ᄒᆞ면셔誘而脅之ᄒᆞ기로李裕錫氏의庶母가該事實을統監府法務院에將次呈訴ᄒᆞᆫ다더라

●出旅復還 再昨日에日兵及巡査等이東大門外에出張ᄒᆞ얏다가何事ᄅᆞᆯ因ᄒᆞᆷ인지顚倒入城ᄒᆞ얏ᄂᆞᆫ데軍物四駄ᄅᆞᆯ該門外로輸運ᄒᆞ얏다더라

●亭亭玉女 平壤外城居ᄒᆞ던黃中玉은年今拾二歲女兒인데家勢가貧ᄒᆞ야教育에着念치못ᄒᆞ나聰明이過人ᄒᆞ고才藝가超等ᄒᆞ야算術을能通ᄒᆞ고書畫에尤工ᄒᆞ야自九歲로人의需求ᄅᆞᆯ酬應ᄒᆞ야漸次外國人ᄭᆞ지交涉ᄒᆞ미日語도能解ᄒᆞ더니現今박동明新學校에入學ᄒᆞᆫ中인데退학餘暇에數拾幅書字畫帖을隨請隨施ᄒᆞᆫ다더라

●新校擁獎 定州納淸亭新興學校生徒三拾餘人이一體擁獎ᄒᆞ얏다더라

●農商工校 羅州郡枝竹上谷郡谷三面에居ᄒᆞᆫ李佶魯李太明朴永殷三氏가其地境內의農商工業學校ᄅᆞᆯ設立ᄒᆞ고教育발達케ᄒᆞᆯ차로計劃中이라더라

●賢哉金媼 三和郡金沙동居金承賢氏母親이靑年寡居에幼子穉女ᄅᆞᆯ教導有方ᄒᆞ고紡績으로爲業ᄒᆞ야家勢貧寒ᄒᆞᆫ中只有一斗田이더니該동학校基址로寄附ᄒᆞ얏다고該郡人士가稱頌ᄒᆞ더라

●警校卒業 警察專門學校에셔拾個月期限이已過ᄒᆞᆫ故로卒業試驗을擧行ᄒᆞ고第二回에ᄂᆞᆫ他學校ᄅᆞᆯ設立ᄒᆞᆫ다더라

●奇書新刊 近日에奇術學이西洋各國에流行ᄒᆞᄂᆞᆫ奇術世界란冊을新발刊ᄒᆞ야各書店에셔廣告발賣ᄒᆞᄂᆞᆫ데該冊은近來東集ᄒᆞᆫ故로學生들이變化를研究上에도極히有益ᄒᆞᆫ珍書라더라

雜報

●太皇帝奉迎說 韓國 太皇帝陛下께옵서日本에 幸行ᄒᆞ신다ᄂᆞᆫ說에對ᄒᆞ야日本一般人民이熱心으로奉迎하랴ᄒᆞᆫ다ᄂᆞᆫ日報가有ᄒᆞ더라

●保護[illegible] 大院王靈柩ᄅᆞᆯ本日에發靷ᄒᆞ야明日下午一時에下棺인ᄃᆡ警視廳에서保護次로巡査多數派送ᄒᆞᆫ다더라

●往參緬封 中樞院顧問李址鎔氏가昨日龍山江亭에出往ᄒᆞ얏다가 大院王緬封園所ᄭᆞ지前往ᄒᆞ얏다더라

●天威震怒 總理大臣李完用氏와法部大臣趙重應氏가國事ᄅᆞᆯ議論ᄒᆞ다가무삼未安ᄒᆞᆫ句語가有ᄒᆞ얏던지 皇上陛下께옵서下聞ᄒᆞ시고震怒ᄒᆞ옵셧다ᄂᆞᆫ說이有ᄒᆞ더라

●宮大歸電 宮內府大臣李允用氏가日間歸國次로발程ᄒᆞᆫ다ᄂᆞᆫ電信이該氏本第에到達ᄒᆞ얏다더라

●負商反對 總理大臣李完用氏가褓負商을組織ᄒᆞ야각地方義兵을鎭撫ᄒᆞ기로秘密運動ᄒᆞ야褓負商들이該運動을反對不聽ᄒᆞ야事不如意ᄒᆞ얏다더라

●[illegible]발期 全北觀察使李斗璜氏가除曆過歲後에赴任次로발程ᄒᆞᆯ預定이라더라

●國漢文互用 總理大臣李完用氏가各府部에訓令ᄒᆞ되從今以後로ᄂᆞᆫ各地方官吏의一應公文을國漢文으로交用ᄒᆞ야以便參考ᄒᆞ라ᄒᆞ얏다더라

●[illegible] 內部大臣任善準氏가[illegible]仕退時에該部門前에서[illegible]人一名이突出大聲ᄒᆞᆫ[illegible]驚劫이되얏다ᄂᆞᆫ데該人은[illegible]에被捉이되얏다더라

●新入宴出 再昨日에中樞院顧問李址鎔氏私邸에서宴會ᄅᆞᆯ設ᄒᆞ고舊政府大官을請邀宴待ᄒᆞᆫ後에現政府大臣은一齊히請邀宴待ᄒᆞ고무삼事件을密議ᄒᆞ얏다더라

●宣諭自退 京畿宣諭委員李鍾律氏ᄂᆞᆫ法大趙重應氏가今番에薦ᄒᆞ얏ᄂᆞᆫ대李氏가本非所願이오且義援가漸至滋蔓則自度心算에不當歸化政策이라國庫에發ᄒᆞᆫ盧質홈이有損事躰라ᄒᆞ야辭職自退ᄒᆞ얏다더라

●日人視務 法部文書課에日本人一人이視務ᄒᆞ기로決定ᄒᆞ얏다더라

●日文變刊 度支部에서財務週報ᄅᆞᆯ日文으로印刷頒布ᄒᆞ더니自今以後로ᄂᆞᆫ國漢文으로발刊ᄒᆞᆫ다더라

●旅費酌撥 法部에서事務官五人을日本에서傭聘ᄒᆞᆫ다ᄂᆞᆫ대其旅費一千三百餘圜을度支部로請撥ᄒᆞ얏다더라

●脉々相看 財務院各局課中에韓人主事三四人或二三人式을置ᄒᆞ고事務ᄂᆞᆫ日人이擅務ᄒᆞ고初不接語ᄒᆞᆷ으로土偶木偶가相對ᄒᆞᆫ貌樣이라더라

●勤字欽慕 慶南觀察使金思默씨가書與ᄒᆞ야內部大臣에게送致ᄒᆞ얏ᄂᆞᆫ대皮封과勤一等內部大臣任善準이라書ᄒᆞ얏ᄂᆞᆫ故로莫不鼻笑ᄒᆞᆫ다더라

●行人被驗 近日에戒嚴이尤甚ᄒᆞ야午后二時以後에ᄂᆞᆫ街路行人을各坊巡査가搜驗ᄒᆞᆫ다더라

●原稅未施 各郡方區域裁制ᄒᆞ얏던所官은磨鍊ᄒᆞ나財政이窘絀ᄒᆞ야未即實施ᄒᆞ고本年六七月頃에實施ᄒᆞ기로預定이라더라

●株主爭先 申應熙李圭完張輔衡三氏가城內居實業家諸氏로協議ᄒᆞ고材木柴炭株式會社ᄅᆞᆯ組織ᄒᆞᄂᆞᆫ대有名ᄒᆞᆫ資本家에셔多數히贊成ᄒᆞ기로株主募集에對ᄒᆞ야爭先應募ᄒᆞᆫ다더라

●官語表帽 其前에ᄂᆞᆫ各國語學校학徒에帽子徽章을從其학校로稱ᄒᆞ야官立이라하얏더니各語學校ᄅᆞᆯ合幷後ᄂᆞᆫ但官語라고ᄒᆞᆫ다더라

●云接義官 法官養成所ᄅᆞᆯ前農商工部로移轉ᄒᆞᆫ다더니有何屈節인지移設於義官으로移後ᄒᆞᆫ다더라

●嚴氏被捉 前捕校嚴俊源氏가有何事件인지再昨日에警視廳에被囚ᄒᆞ얏다더라

●稅主勸民 潮來人의傳說을聞ᄒᆞᆫ즉慶南昆陽郡財務主事李潤永氏ᄂᆞᆫ稅則에嫻熟ᄒᆞᆯ뿐더러衆民을對ᄒᆞ야新學을勸ᄒᆞ니一般老幼가咸是其言ᄒᆞ야至於鄕論設校ᄒᆞ니遐僻之鄕이將就文明이라더라

●俵孫反對 養國義塾은前京橋官立普通學校로移設ᄒᆞ기로學部에請願ᄒᆞ야該大臣이認許ᄒᆞ얏더니該部次官俵孫一氏가反對ᄒᆞ야現今組織中이라反對ᄒᆞᄂᆞᆫ理由ᄅᆞᆯ得聞ᄒᆞᆫ則漢城府尹張憲植氏가該校ᄂᆞᆫ漢城府所有이나自己가[illegible]ᄒᆞ라고俵孫一氏에게運動ᄒᆞᆫ所以라더라

●詐財罷免 警視廳巡檢金部長太賓燮시은[illegible]江原道寧越郡에出張ᄒᆞ야該地人民에게錢財ᄅᆞᆯ討食ᄒᆞᆫ事로罷免ᄒᆞ얏다더라

●[illegible]名高 楊州郡活川面居廉[illegible]ᄂᆞᆫ素來生于貧窶ᄒᆞ야早無父兄遺業ᄒᆞ고自手成家ᄒᆞ야僅[illegible]衣食[illegible]者令錫數年에無滋ᄒᆞ[illegible]二百石ᄒᆞ되其於婚交族戚에愛睦救助가自多有之ᄒᆞ더니去年十二月十一日은該氏의先夫人終祥日也라後二日에該諸族과姻戚과老少故舊ᄅᆞᆯ請邀會集ᄒᆞ야略設盃盤ᄒᆞ고該氏가整衿就座曰余父母之三喪이已過ᄒᆞ고子女之婚姻을今纔畢焉ᄒᆞ니世間鹽債ᄅᆞᆯ庶可了勘ᄒᆞ나最恨吾諸族戚之貧寠라ᄒᆞ고以某田土文劵을야各自分給ᄒᆞ되自兄弟娚姪로至於十餘寸諸族이며其他親戚이며甚至於姨從과姪婿ᄭᆞ지隨其親疎ᄒᆞ야或與卅餘斗落ᄒᆞ며或與二十餘斗落ᄒᆞ며或與十餘斗落ᄒᆞ며或與八九斗落ᄒᆞ며或與四五斗落ᄒᆞ고箇中에有若干田土ᄒᆞ되負債가多ᄒᆞᆫ者ᄂᆞᆫ或與幾百金錢ᄒᆞ고其至於左右服役人ᄭᆞ지新貨一二圜式每々分給ᄒᆞ얏다고該郡人士가莫不稱頌ᄒᆞ더라

●鷄種將絕 文化郡草里面道味동은日兵이種種來往ᄒᆞ며民家內庭에突入ᄒᆞ야生鷄의無論大小ᄒᆞ고任意捕食ᄒᆞ며鷄卵ᄭᆞ지搜探ᄒᆞ야家家討索ᄒᆞ고代價ᄂᆞᆫ請求ᄒᆞ면擧槍示威ᄒᆞᄆᆡ民無敢言ᄒᆞ니民情이嗷々ᄒᆞ고鷄種이將絕이라ᄒᆞ더라

●竊行失賊 昨日上午十二時量에香木동等地에서被漢一名이발現되야巡檢이捕捉ᄒᆞ랴다가失捕ᄒᆞ야茶동等地로逃走ᄒᆞᄂᆞᆫ데越墻踰墻ᄒᆞ면서持瓦礫投ᄒᆞ고巡檢은[illegible]口ᄉᆞᆯ로窺ᄒᆞ다가永失捕ᄒᆞ얏다ᄒᆞ라

●惜也所致 義兵을討伐次로利川郡에出發ᄒᆞ얏던兵丁은沒數逃走ᄒᆞ얏다ᄂᆞᆫ데其理由인즉日兵이彈丸三介式을每夜에分給ᄒᆞ고晝則還取ᄒᆞᆫ所以라더라

●日巡巡回 義兵이入城ᄒᆞᆫ다ᄂᆞᆫ風說을因홈인지日巡査들이每日각坊曲에騎馬巡回ᄒᆞᆫ다더라

●三賊被捉 去二十五日南署豊洞等地一笠商家에賊漢三名이突入ᄒᆞ야紙貨一圜과物品을奪去ᄒᆞᆫ梁春明等을南署巡查部長韓獻東시가捕捉ᄒᆞ얏다더라

●普校試榜 普成專門學校에서第二回卒業試驗을經ᄒᆞ얏다ᄂᆞᆫ事ᄂᆞᆫ前報에揭載어니와晝學科에ᄂᆞᆫ李敏泓[illegible]等二十六人이오夜學科에ᄂᆞᆫ卞榮晩黃顯秀等二十一人이라더라

●華校試驗 新門外鑰洞廟承旨朴羲陽氏가華東學校內에夜學科ᄅᆞᆯ設立ᄒᆞ고熱心敎育ᄒᆞᄂᆞᆫ대今番年終試驗에甲班優等生에李源[illegible]等이오乙班及第生에朴準회等이오丙班에尹滋光朴齊昌等諸人이라더라

●廣校將閉 前報에記載ᄒᆞᆫ淸道郡廣明學校ᄂᆞᆫ[illegible]傾軋ᄒᆞᆫ更聞ᄒᆞᆫ즉該校校長[illegible]씨가敎育熱心으로鄕儒物品을設校ᄒᆞ고以鄕薦으로校長이되얏더니該郡守[illegible]遞任되며敎師金翰鉉氏도退去ᄒᆞ고現在敎師ᄂᆞᆫ懶於敎育ᄒᆞ야學徒가稍稍散去ᄒᆞ고無望前進이더니該郡鄕員二十餘人이大邱協成學校ᄅᆞᆯ발起ᄒᆞᆷ을聞ᄒᆞ고合付敎育ᄒᆞ기로請願ᄒᆞ얏스ᄆᆡ該校ᄂᆞᆫ將歸廢止되리라더라

●論校經試 忠南恩津論山學校에서冬期試驗을經ᄒᆞ엿ᄂᆞᆫ대高等科優等生의許황方北龍諸氏요普通科優等生의金能鎬[illegible]시요諸시언대該校校長[illegible]와校監許[illegible]시와監督序敎師가演說勸勉ᄒᆞ고賞品을分給ᄒᆞ엿다더라

●[illegible]中紡校 長連郡[illegible]甲恒均시ᄂᆞᆫ開進的主意ᄅᆞᆯ抱ᄒᆞᆫ人物로對ᄒᆞ면開發的學業을讚頌ᄒᆞ며가頑固輩ᄅᆞᆯ對ᄒᆞ면鄭鑑錄[illegible]合符節ᄅᆞᆯ다ᄂᆞᆫ言說로話頭ᄅᆞᆯ作ᄒᆞ며該郡守ᄂᆞᆫ協力勸告ᄒᆞ여학校ᄅᆞᆯ設立ᄒᆞ라ᄒᆞ나自己洞中에舊塾을[illegible]ᄒᆞ고通史陳篇으로[illegible]腦髓ᄅᆞᆯ腐敗케ᄒᆞ니[illegible]部의已設成與將設之학校에影響的妨害가不無ᄒᆞ다고輿論이藉々ᄒᆞ더라

▲地方消息▼

▲二十四日午後四時에積城郡潮方二拾里許關基에서金某의率ᄒᆞᆫ義兵約五拾名이同郡日守備隊中尉의率ᄒᆞᆫ小隊와衝突ᄒᆞ엿ᄂᆞᆫ대兩陣의死傷은未詳이라ᄒᆞ고

▲拾七日洪川郡甫面龍水동에서金春珠의率ᄒᆞᆫ義兵約四拾名이日兵과交戰ᄒᆞ얏ᄂᆞᆫ대日兵의重傷이一名이오義兵의死傷은[illegible]名이라ᄒᆞ고

▲二十日華化郡東方約五拾里[illegible]点에서義兵約五十名이榮川郡日守備隊下士以下ᄅᆞᆯ遭遇交戰ᄒᆞ엿다ᄒᆞ고

▲二拾七日발南原電報ᄅᆞᆯ據ᄒᆞᆫ즉二十五日에任實郡九阜面義兵約七十名이集合ᄒᆞ얏ᄂᆞᆫ대同郡駐在日巡査가該地에前往ᄒᆞ야四拾分間ᄅᆞᆯ交戰ᄒᆞ야ᄂᆞᆫ데死傷은未詳이라ᄒᆞ고

▲拾五日義兵約百拾名이唐津邑에襲來ᄒᆞ야同地에서宿泊ᄒᆞ[illegible]洪州巡査與夫及主人을捕縛毆打ᄒᆞ고[illegible]日巡査家屋에侵入ᄒᆞ야巡査一名과韓人三名을捕縛ᄒᆞ야[illegible]劫奪ᄒᆞ고唐津郡主事及書記ᄅᆞᆯ結縛ᄒᆞ야沔川郡松山面錦巖浦에到ᄒᆞ야日船一隻을執留後該人等을該船渡去ᄒᆞ야即爲放送ᄒᆞ고義兵은[illegible]灣沿岸에往ᄒᆞ야海賊이된듯ᄒᆞ고

▲二拾五日午後三時에瑞山郡終山面聲賢洞에義兵約百名이集合ᄒᆞ얏다ᄂᆞᆫ報ᄅᆞᆯ同郡駐在ᄒᆞᆫ巡査가接ᄒᆞ고該地에前往ᄒᆞ야交戰ᄒᆞ엿다ᄒᆞ고

▲拾九日瑞山郡[illegible]義兵九拾名이突擊ᄒᆞᆷ으로同郡에駐在ᄒᆞᆫ騎兵이出擊ᄒᆞ얏다더라

▲六畜爭功▼

▲門外에六畜이모여셔六畜이會集ᄒᆞ야其功勞ᄅᆞᆯ誇張ᄒᆞᆫ다

(牛)나ᄂᆞᆫ鄕曲道路로周行ᄒᆞ면서主人家일만ᄒᆞᆯ뿐아니라놈의田을耕ᄒᆞ기와놈의卜을馱ᄒᆞᄂᆞᆫ데善ᄒᆞ여도미질不善하여도채직질ᄒᆞᄂᆞᆫ것을不計ᄒᆞ고他國사람의일이라도力을不惜ᄒᆞ고잘ᄒᆞ여주지

(馬)나ᄂᆞᆫ重ᄒᆞ나輕ᄒᆞ나실ᄒᆞᆫ말도못ᄒᆞ고盡死力而卜馱ᄒᆞ되近日에ᄂᆞᆫ允極困難ᄒᆞᆫ거슨日兵인지무엇인지留駐ᄒᆞᄂᆞᆫ데[illegible]各地方으로驅馳ᄒᆞ니여물죽도어엇시얻어먹지못ᄒᆞ고짐삭도잘맛지못ᄒᆞ지

(狗)나ᄂᆞᆫ大門簡으로방을숨고外賊을직히노라니晝夜장천도잠을잘못ᄌᆞ지

(雞)나ᄂᆞᆫ萬[illegible]安家々戶々깁히든잠깁히든ᄯᆡ에서셔라고목을느려ᄒᆡᄅᆞᆯ치면셔울어ᄯᆡᄅᆞᆯ알치안코報告ᄒᆞ니사ᄅᆞᆷ이다셔여재ᄯᆡ알게ᄒᆞ지

(羊)[illegible]性質이元來純良ᄒᆞ야남이미리[illegible]하라면이리[illegible]ᄒᆞ고더러[illegible]면뎌리往ᄒᆞ야指揮命令[illegible]從[illegible]ᄒᆞᄂᆞᆫ[illegible]

(豕)너의보ᄂᆞᆫ지ᄂᆞᆫ功勞라고ᄌᆞ랑[illegible]마[illegible]○他[illegible]사람의일을[illegible]여주[illegible]칫째마자쓰지○짐삭도못밧고[illegible]죽도못엇어먹어쓰지○봇것[illegible]적직혀셰[illegible]집[illegible]이평[illegible]나○수ᄅᆞᆷ이[illegible]재여[illegible]놈의奴隸[illegible]엿ᄂᆞ나○남[illegible]의指揮[illegible]從[illegible]며날이[illegible]ᄒᆞᆫ손[illegible]○주비ᄅᆞᆯᄲᆡᆫᄲᆡᆫ스럽다아모功勞[illegible]나만보못ᄒᆞ[illegible]發으로[illegible]ᄒᆞ여라

社告

○信愛錄

[illegible]

○諸各支社員

[illegible]

江華郡川溝面金鎭億氏第에 本支社를 設置하앗사오니 該附近地에서 本申報를 購覽하실 僉君子는 該支社로 請求하시고 代金도 金鎭億氏께로 送交하심을 務望

雜報

●成校慶幾 成川郡李承夏諸氏가 愛國之心이 感發하야 去年二月에 一心協力으로 紙貨各二百圓式 捐出하야 學校를 設立하며 教師를 延聘하고 學徒를 募集하며 每日演說에 使人歎服하며 倉潮花柳浪遊者와 技酒爲業者도 心目이 忽淸에 醉夢을 自醒케 하야 一邑男女老少가 聞之感化되고 現方학徒六七十名을 熱心勸奬하야 大有將就之望이라더라

●東萊府公立普通學校開校式補助金趣旨書

本府가 素以雄州巨邑으로 人民이 繁殖하고 物貨가 豊盛하야 燦然可觀이러니 一自廢止以後로 邑樣凋殘하고 教育이 蔑如하야 近千戶俊秀子弟가 前進無路하야 常所嗟惜이더니 何幸自朝家로 特設普通學校於本府하고 支出巨額하야 一新修理에 役既告竣이나 際玆窮政하야 不數하고 校舍久未由하야 贍聆所在에 惜勝歎歎하는 惟我君子는 捐出若干金額하야 以助萬一을 千萬顯祝

發起人 權應 右田梁辰 李光昱

補助諸氏及金額

[illegible]

廣告

本人의 姓名太極章을 陽一月拾六日에 見失하엿기 李甲之章으로 陰刻頒造하엿사오니 內外國人은 照亮함

北署西廟字 李甲 告白

仁川花島二統四戶 本人의 地契文券을 見失하야 故玆廣告하오니 誰某拾得이라도 休紙施行함

林谷大 告白

奇術 全 定價十錢

元泳穆氏의 家致用의 著述이니 此書는 理化學과 應用과 活智識의 啓발노 界上迷津寶筏을 編成함

發賣所

中央書館 鍾路
大東書市 仝
古今書海觀
朝東書館 大廣橋東邊
新舊書林 南門外蓮岩
榮文書館 南門內倉洞

京署仁昌坊祭基里九統一戶五洞 [illegible] 遇賊時에 見失하엿사오니 誰某든지 休紙施行함 [illegible] 告白

楊州蘆原面 [illegible] 寺居 李聖完이 가陰十二月初에 [illegible] 分派한 警察隊에서 別巡檢을 [illegible] 拘於生涯하야 [illegible] 한 後 即其時에 警察 [illegible] 等地로 前往타가 忽聞砲聲하고 [illegible] 向該地則賊漢等은 已爲逃走하고 其時는 夜半에 至하야 咫尺難卞之境에 該洞居民들이 賊漢을 遇하고 [illegible] 人等이 終不信聽하고 捕縛하야 東署로 提納하고 [illegible] 可嫌이요 [illegible] 爲放送하얏기로 玆以廣告

李聖完 告白

本人이 戊戌年에 楊州關子嶋所在田十一日耕을 買得於全寅健하야 新舊券二十七張이 分明하고 于今十年耕食하더니 寅健이 身死期其 [illegible] 從 [illegible] 하야 偽造文券하야 非理健訟하기로 右田 [illegible] 외田인데 其從兄이 盜賣하얏다 하나 日昨平理院審查之場에 其僞券외 證이 綻露하니 該券中에 或稱四十二日耕하며 或稱二十八日耕이오 [illegible] 且所謂百年 [illegible] 이 斷絶하고 [illegible] 券이 紙面新鮮하고 暴痕未乾이라 法庭에서 明查하야 本人이 得勝하는 判決 [illegible] 하얏기 玆에 廣告함

楊州關子嶋居 [illegible] 告白

本人이 書舖를 另設하고 新舊書籍을 具備하와 廉價放賣하오니 有志學員은 來臨隨意請購함

元山上里二統 [illegible] 書舖 [illegible] 告白

本人의 五寸沈鍾咸이 性本浮浪하야 自己家產을 蕩敗無餘하고 十年以來技債酒價에 親戚間行悖滋甚이 無所不至오 而挽近凶惡滋甚하야 雜類中 [illegible] 範等과 合同多用日債하야 [illegible] 을 一朝敗亡케하고 東西用訟이 기一遂呈訴司法하여 玆以廣告하오니 內外國人은 勿爲見欺함

報寧西湖面白石村 沈秉 [illegible] 告白

學員募集廣告

本校第四回入學期를 當하야 法律學及經濟學兩專門科學員을 玆에 募集하오니 願學人은 左記試驗定期內에 本校 [illegible] 申請함을 望함

但右兩科는 夜學으로만 採用함

◉修業年限 三학年

◉入學年齡 二十以上

◉學科目 法律學全部 經濟學全部 備 [illegible] 校規則

◉試驗日字 二月廿五日 (陰曆戊申正月廿四日)

◉試驗科目 歷史及地誌問對 (內國及外國) 讀書及作文 國文及漢文 算術(四則以內)

但官公私立學校의 普通科以上卒業證書가 有한 入은 其學力을 檢定한 後 免試入許함

●開學日字 三月五日 (陰曆二月三日)

隆熙二年一月十日

漢城中署礡洞 普成專門學校

本會臨時事務所는 北部松峴二十四統三戶李載益氏家로 權定함

畿湖興學會

本人이 [illegible] 英에 坡州竹院里 [illegible] 字七斗落新舊文券二張과 [illegible] 八元을 深川郡에서 賊漢의 게 見奪하얏스오니 內外國人은 勿見欺하시고 此文券은 休紙施行함

高陽沙里大面新村居 리弘集 白

家庭雜誌

每月五日發行 一冊 [illegible] 頁 定價金十錢 一年先金九十六錢 地方一年先 [illegible] 郵稅共一圓

本雜誌는 純國文으로 發行하와 家庭教育界에 大光明을 放하옵나니 가라政의 難解함을 因하야 中間에 屢期廢止하엿더니 今에 本社에서 有志諸氏의 協贊을 得하야 論說과 各部門과 滋味잇는 歷史叢談 [illegible] 하야 本月五日부터 續刊發行하엿사오니 僉君子는 陸續購覽하시옵

發兌元 皇城布屏下 [illegible] 時舖

發賣所 鍾路 大東書市 各有名書店

布屏下廣學書舖內 家庭雜誌社 告白

學部認可 博學書館 告白

京城南署銅峴 (구리개)

此外에도 各種書籍이 具備하옵고 [illegible] 及名片도 印刷하오며 與他廉歎하게 酬應하깃스외다

最新書籍發售目錄

東西洋歷史 各種
東西洋地誌 各種
政治學 各種
法律學 各種
經濟書 各種
[illegible]書 各種
外國地圖 各種
[illegible]書 各種

[illegible] 各種
[illegible] 品 各種

●廣告

本書館에서 文明을 發達하고 [illegible] 하야 今에 內外國新舊書籍과 各種 [illegible] 하오니 僉君子는 [illegible]

일본정부제도연초

동아연초주식회사

경성명동

漢城鍾路萬國基督敎靑年會藥劑慈惠藥房 製藥鑑査人濟衆院醫學士洪錫厚朴慈惠李 觀化告白

本人等이米國大學醫院處方을大醫學士魚丕信시에게受業ᄒᆞ고醫學校에서勤五等卒業ᄒᆞ얏시에게有効證明書를受ᄒᆞ온바紀念을製造ᄒᆞ야外國製약規模를依ᄒᆞ야紙匣洋鐵匣琉璃瓶에盛ᄒᆞ야全國內地各處약房에廣賣ᄒᆞ올고濟衆院英語醫師도我國文으로飜譯ᄒᆞ야名稱西약便方이라ᄒᆞ고발賣ᄒᆞ오니四方僉彦中濟衆院에서數拾年來經驗信用ᄒᆞ신兄弟는不拘약之多少ᄒᆞ고不拘路之遠近ᄒᆞ고日々以書購買ᄒᆞ시면本人은雖於送價値략이라도以小包郵便으로仰呈ᄒᆞ오리니약封定價外에と전並郵送ᄒᆞ시되小數전은郵票十전ᄶᅵ리를ᄉᆞ서보내시고買ᄒᆞ나家에서と多數買去ᄒᆞ시면郵便局換錢票를買送ᄒᆞ시오且本藥房에米國(멀쓰드)製낙會社낙파(왐쑬)製낙會社낙파總領(판ᄒᆞᆫ임)製약ᄒᆞ략品을直輸入ᄒᆞ야德語英語로記ᄒᆞᆫ方文과主治와用法을我國漢文으로飜譯발賣

商標

食思振起 第一老衰男女
精力活潑 補益丸 의게補益益血

定價 拾日分 三十個入 金一圜
二十日分 六十個入 金一圜七拾五錢
三十日分 九十個入 金二圜五拾錢

主治六補元氣能調陰陽男子陽萎不起女子月經不調手足厥冷虛脫失氣久病人蘇完되と効力이大勝於鹿茸炼人蔘

靈効解瘧丸 一日分定價金拾錢此藥은大人小兒長瘧과初瘧과腹瘧에以服用ᄒᆞ면更不再發

蛔虫丸 一日分定價金拾전此藥은大人小兒積病의神効

四時感冒丸 一日分定價金拾전此藥은感氣몸살의쓰と藥인데二日분을먼四時毒感上下肢節頭痛에卽時解熱鎭痛

男女瘡毒祛根藥 定價金五圜此藥은瘡疾의一期二期를勿論ᄒᆞ고근치도록약을쥬と데口瘡과구여도아니나오

淸明眼藥 一日分定價金拾錢此藥은火眼熱眼의多有奇効

無惡臭疥瘡藥 定價金四拾전此藥은疥셩虫을卄分內滅殺

鎭咳藥 五日分定價金三拾錢此藥은四時尋常性咳嗽에有大効ᄒᆞ고特히老人咳嗽에消痰止咳

寸虫發根 定價金三拾錢有鉤寸虫無子寸虫當藥殺出

止足汗藥 二十日分定價貳拾錢此藥은德國軍人常用除足汗臭

癢兒寶散 定價금拾五전小兒服瘧감과食滯他症爲聖낙

乾癬根治膏 定價금十五전此낙面腫과頭腫에直差

濕癬根治膏 定價금十五전此략은男女勿論하고風寒暑濕으로發癬되어六起搔痒ᄒᆞᆫ데奇効

大腫發根合瘡膏 定價금五十錢

漢城百應膏 一封定價金十錢此략은楊약醫士李信友시方文으로製造ᄒᆞᆫ藥인데멍우리잘풀리고각項腫氣에발根合瘡이速히되と新藥인데大洋鐵匣入一個금五十錢

小兒感冒靈効散 定價金十二錢五厘

癇氣神効保嬰散 定價금十二錢五厘

歐米各國專賣特許
石油發動機及自行車
精米機械及附屬品一切廉價放賣홈

今回諸君子의便利ᄒᆞᆫ기爲ᄒᆞ야本店을左記處로移接ᄒᆞ얏사오니照亮하심을伏望
直輸入商京城南大門外
壽國代理店中根商會

越南亡國史 國漢文
定價貳拾伍錢
發賣所京城廣橋高裕相
鍾路彌川郡 高時變 書舖
布屛下 김相萬 告白

此冊은政治小說이니志士의救國救民ᄒᆞと思想과人民의現國에ᄭᅢ닷와藥成ᄒᆞと데必要ᄒᆞᆫ冊子오

瑞士建國誌
定價金新貨拾五錢

發賣所
▲大韓每日申報社 　　　　 匯新書舖
▲仁川港𣙷峴 　　　　 金相萬冊肆
▲中署布屛門下 　　　　 廣學書舖
▲平壤城內鍾路 　　　　 古今書海館
▲鍾路 　　　　 中央書舘
▲洞口越便 　　　　 大東書市
▲鍾路 　　　　 匯東書館
▲大廣橋 　　　　 博文書館
▲僻巷 　　　　
▲開城 　　　　 漢湖通 書사

▲新刊書籍發售廣告
修身新講義 全一册 國漢文 定價金七拾五錢
大韓法規類纂 洋裝 三圜五拾錢 郵稅四拾錢
初等倫理學敎科書 二拾錢
初等衛生學敎科書 拾五錢
國家學綱領 拾五錢
國民須知 八錢
愛國婦人傳 張志淵氏著 十五錢
發賣所 京城布屛下 金相萬書舖

◉商業學 張志淵氏述譯
一冊定價金四十錢
발賣所 中署布屛下廣學書舖
南門내博文書館
동口中央書館
鍾路大東書市
廣學書舖 告白

本舖에서學徒洋裝書冊
學徒運動과諸具
羅紗各種 美國金鷄蠟
衣服裁縫其他雜貨로廉價放賣ᄒᆞ오니諸君子と來臨ᄒᆞ심을바라나이다
仁川港𣙷峴冊肆

大韓醫院敎官 陸軍軍醫 趙龍大 發明
淸心保命丹 一名新藥
本舖 仁川港𣙷峴 濟生堂 啓
代理店 京城鍾里동 特約店京城鍾路

陸軍醫官이汚官의新發明ᄒᆞᆫ方劑에오로淸心保命丹을發賣ᄒᆞ오니効能은如左ᄒᆞ니僉君子と試驗ᄒᆞ시오

▲主治効能
●疾飮 ●食積 ●中暑 ●中寒
●吸嗽 ●霍亂 ●不土 ●不服
●胸鬱 ●吐瀉 ●車量 ●船量
●酒醉 ●口熱 ●惡臭
▲其他諸般急症氣厥症에有神方妙藥
발行人 仁川港𣙷峴 濟生堂 李聖鳳

共愛堂藥房
李應藥房
京城鍾里동 慈惠藥房
同 藥峴 李盛華
同 尙洞 韓聖珉
同 南門外 朴元植藥房
仁川 內洞 和平局
同 畔峴 朴圭昌
同 忠槻 具聖模
潮城 南門內 元秉範
水原 鍾路下 宋根學
海州 宗路 漢汝文
同 宗路 宋順東
延安 邑內 高致根
江華 鍾路 崔致淳
同 邑西門外 박健圖
長湍 南門內 任允中
鳳山 砂利院場內 李在宗
仝 耶蘇敎堂內 李東翰
黃州 南門내 紅門洞 博濟藥局
平壤 鍾路 韓國館
仝 館前 愼安化
仝 文武館前 劉聖與
仝 君客 桂元宣
仝 남문밧 金聖天
仝 客主 朴昌瑞
鎭南浦 藥洞 金元燮藥舖
信川 邑內 四里 朴昶俊
載寧 山港 福洞 金斗鉉
京南大門外 大同 運輸會社
全州 泥峴 郵便局 前 天佑堂
三水郡 仲平場 勸客主內
安岳邑 上場里 濟生局 林景柱
大邱 南門內 劉還동 김成浩家
釜山港 草梁 客主 김東佑家
安州 城內 鶴동 回春大藥房
義州 南門外 水口街 義和藥局
此外에도現代에文明각國有名
각種靈藥이具備ᄒᆞ

本人이日本大阪商業室와特約ᄒᆞ고日本內地産出各種物品과西洋各國物品及機械等物을대大韓에輸入과委托을便宜케ᄒᆞ기로約ᄒᆞ얏ᄉᆞ오니商工業에有志ᄒᆞ신僉君子と菓物이든지請求코저ᄒᆞ시거든本社로來議ᄒᆞ시오
本社에서と手數料을만受ᄒᆞ옴
興業社本店
京城南大門內興學會館
賣店京城南門內水閣五十一號 大阪 興業會社
仁川濟南□□□

㊞ 會館報償義捐金
一月中本社收入總額
每日廣告明細錄
●一月二十五日
第一五九八号開城居
前侍從崔時鎬 五拾전
計五拾錢
一月二拾五日々지收入總額
六百六十八圜九拾二전
國債報償一月至拾二月收入總額
五萬七千四百廿六圜
九十五圜七厘
都總合五萬八千九十五圜四拾七전七厘

◉國債報償義捐金收入廣告
●開城居
前侍從崔時鎬 五拾전
前號總合五萬八千〇九十四圜九拾七전七厘
都總合五萬八千〇九十五圜四十七錢七厘

●本社廣告
○申報價
一張代金 新貨二錢五厘
一個月前納 三十錢
三個月 九十錢
六個月 一圜七十錢
一個年 三圜四十錢
郵稅一張 新貨五厘
一個月 十二錢

（廣告料）
國漢文 每行 二十字 每日每行 一寸 特別 相議홈
（每日發行）
一個月 每日 定行 發刊 二圜五十錢
（每日定行 廣告 二寸으로）
其他의 廣告는 本社에 來議홈

〔大韓每日申報支社及賣店〕
平壤上水口門內 金治鉉
中署布屛門下 金相萬書舖
仝 崔學愼
仁川𣙷峴 李東暉
宣川邑 安濬
義州西門外 大韓房
釜山港佐川 徐鎔
三浪津 金元根
咸興 曹富林
開城南大門外 安助遠
大邱市 崔一弘
咸鏡道 劉夢澤
鐵山邑 安主
元山 劉七鎬
海州 朴昌鎬
定州 洪成인
昌城郡校洞 許환
郭山興岩書舘 李鉉瑞
安岳 康道善
德川 리鎭成
安州城內義井洞 金鳳河
鐵原邑 趙鍾大
高原邑 朴敎吉
淸州 李昌冀
井邑 李鍾業
泰仁邑내 金昌榮
興德後浦 金鼎濟
京畿線枇峴驛 李基秀
장湍邑 吳觀淳
殷栗邑 金泰鏞
古阜邑 殷弼漢
群山港東彰社 宋乾植
龍川楊市 黃菊保
車輦館 金明仁
淸州南門내 宋斗鉉

發行兼編輯人英國人 裵說
發行所 南署石井洞城外地三牌樓屋家 大韓每日申報社

漢城鍾路慈惠藥房告白現今二十世紀文明時代深處窮山僻巷之兄弟姉妹費郵稅十전則東西洋名藥任意服用使死者至於回生之道村々家々自在

大韓每日申報

第七百廿一號

發 六 [illegible]

月曜及慶節 臨時休刊

檀君開國四千二百四十年
箕子元年三千二十九年
大韓開國五百十六年
日本明治四十一年
淸國光緖三十三年
歲次丁未十二月廿七日甲申

別報

◉告政府諸公閣下

美國留學生朴鳳來

嗚呼此言이一出에天地도有心이면必有感矣로다

噫라我國이自始祖檀聖創業以來로有國家有民族有政府가到于今日에四千二百有四十年矣라吾國이山明水麗ᄒᆞ고土沃物豊ᄒᆞ야人民之資格이淸秀ᄒᆞ고文物之制度가鮮明ᄒᆞ야三千里王土가從古而至今ᄒᆞ고千萬口國民이自祖而至孫ᄒᆞ야北防千戰하고南鬪百世ᄒᆞ야使吾足踏吾土ᄒᆞ며使吾人으로食吾毛ᄒᆞ야敎化之恩澤이自上而達下ᄒᆞ며忠愛之義務가自下而遠上일세

欲使其國으로躋於富强이라도無所不能也오欲使其民으로進於文明이라도有何不及이리오奈何壹脅運策이徒躋印度埃及之餘轍ᄒᆞ야先自伐而更助人之伐ᄒᆞ며殘同胞를如尋常ᄒᆞ고迎公敵을如恩人ᄒᆞ야先以賣其國ᄒᆞ고次而奴其民ᄒᆞ니何殘忍如是乎아昔에有以七拾里之社會로도能助湯主而成帝業ᄒᆞ고百里之朝廷으로도能周室而得天下ᄒᆞ얏스며且現今歐洲之間의如丁抹荷蘭等小國이以數百里之地方으로與列强同位ᄒᆞ니諸公之拱手讓渡國權而自亡其國者可謂痛哭絶死者也라

噫라二千萬生靈이陷於塗炭ᄒᆞ야冤恨之聲이愁天慘地ᄒᆞ니僕亦國民中一分子也라不幸而因公等爲所賣之動物하얏스니苟有人心者豈不寒心哉리오觀公等之所做形態하니將使四千餘年國史와二千萬民族으로不復聞於天下ᄒᆞᆫ境에至ᄒᆞ리니吾則誓言以生爲大韓民ᄒᆞ고死爲大韓鬼ᄒᆞ야刀加吾頸ᄒᆞ며鎗指吾胸이라도有天賦而立於自由時期之舞臺ᄒᆞ야安肯獨入其千百層黑暗地獄乎리오

然而披衣露至淸至白之赤身ᄒᆞ며懷至公無私之筆ᄒᆞ야告不愧俯天白日之衿行血語ᄒᆞ니勿以僕之所言으로謂無憤而離瘡疾聞이라도千萬恩量이어다

▲質問九條

一萬民을欺ᄒᆞ고條約을締結ᄒᆞ야莫重國權을公敵의게盡歸ᄒᆞ고二千萬民族을他種의奴隷로作케ᄒᆞ며

二日借一千三百萬圜은何處緊用을因ᄒᆞ야日夜로窺伺ᄒᆞᄂᆞᆫ隣國의게借款ᄒᆞ야四千二百六拾年을傳來ᄒᆞᆫ疆土로代給ᄒᆞᆫ境遇에至케ᄒᆞ며

三國家政令을外人統監府의認可를經ᄒᆞᆫ後에야實施ᄒᆞᄂᆞᆫ政令을何主義로國民의게發號施令ᄒᆞ며

四國君禪讓之事ᄂᆞᆫ通萬國에至重ᄒᆞᆫ公例어ᄂᆞᆯ無故히竄 皇帝陛下를外人의機關으로謀禪ᄒᆞ야國民을不服케ᄒᆞ며

五荷蘭國海牙府萬國平和會의國書를齎往ᄒᆞ얏든代表使節를公開ᄒᆞᆫ裁判도無ᄒᆞ고何故로死刑에宣告ᄒᆞ며

六政府新式官僚를三分의二以上은日本人이被任하게組織ᄒᆞ니我國政府의名義ᄂᆞᆫ安在ᄒᆞ며

七國體가列强과同例ᄒᆞᄂᆞᆫ名義를外人이沮毁ᄒᆞᄂᆞᆫ境遇에ᄂᆞᆫ使節을各國에派ᄒᆞ야不平ᄒᆞᆷ을叩ᄒᆞ며該國과公理를爭ᄒᆞᆷ이可ᄒᆞ거ᄂᆞᆯ何故로無端히兵卒ᄭᆞ지盡罷ᄒᆞ며

八人民社會上발達ᄒᆞᄂᆞᆫ自由ᄂᆞᆫ通萬國이認許ᄒᆞᄂᆞᆫ公例가有ᄒᆞ거ᄂᆞᆯ何故로國內各項人民社會를打罷ᄒᆞ야秦末虐政의偶語者棄市ᄒᆞᄂᆞᆫ餘轍을行ᄒᆞ며

九公債으로以하야起ᄒᆞᄂᆞᆫ義兵을外兵으로借挾ᄒᆞ고政府와人民이互相殺伐ᄒᆞ니保民ᄒᆞ라ᄂᆞᆫ政府의義務ᄂᆞᆫ安在오

吾嘗提七尺之軀ᄒᆞ며掉三寸之舌ᄒᆞ야此心으로誓青天ᄒᆞ며此目으로望祖國ᄒᆞ고발至公之言ᄒᆞ며論無私之語ᄒᆞ야誠告者弁但內地라將布于世界萬國之中하야或以文士之筆鋒으로正罪人之是非ᄒᆞ며或以辯士之舌鋒으로論奸人之惡ᄒᆞ야只求無愧於我心ᄒᆞ며更求無負於吾之最敬愛最崇拜最恩義最悲慎的同胞父老兄弟姊妹ᄒᆞ노라

官報

◎第三千九百八十三號

隆熙二年一月二十九日

敍任及辭令

任道主事 市野澤酉之助
任懿孝殿祀丞 六品宋憲奭
任道主事 堀場立太郞
任掌禮院典祀 正三品金經夏
任道主事 佐久間榮
任獻陵參奉 九品徐範淳
奎章閣副提學李逵鎔
奎章閣直閣鄭寅旭
依願免本官

外報

●各國君王의年俸 伯林電을據ᄒᆞᆫ즉列强國皇帝의年俸을德國에서調査ᄒᆞ엿ᄂᆞᆫ딕德國皇帝年俸은二百萬圜이요西班牙王의年俸은一百六拾萬원이오那威王의年俸은拾八萬八千四百四十圜이오英國皇帝의年俸은二百三十六萬圜이라더라

●世界全無輸出額 伯林電을據ᄒᆞᆫ즉德國에서昨年十一月一朔內에各國으로輸出ᄒᆞᆫ金額이三千九兆五拾萬圜에達ᄒᆞ엿스니此ᄂᆞᆫ世界各國에今無ᄒᆞᆫ輸出이라더라

●戰爭希望說 倫敦電을據ᄒᆞᆫ즉美日關係에就ᄒᆞ야南美諸共和國이互相注意ᄒᆞᆷ을喚起ᄒᆞ야美國에同情을表ᄒᆞ고巴西國은美日開戰된다ᄂᆞᆫ說로因ᄒᆞ야目下英國에서建造ᄒᆞᄂᆞᆫ戰艦三隻을美國에賣渡ᄒᆞ기를希望ᄒᆞᆫ다ᄂᆞᆫ說이有ᄒᆞ다더라

●奮鬪決議 路透電을據ᄒᆞᆫ則요ᄒᆞ네쓰뻐그에셔印度人이集會ᄒᆞ야奮鬪ᄒᆞ기를決議ᄒᆞᆷ으로歐洲人이集會ᄒᆞ야印度人의集會를撤解ᄒᆞ기로決議ᄒᆞ엿다더라

●日人拒絶 倫敦電을據ᄒᆞᆫ즉布哇에셔日人來到에就ᄒᆞ야旣히制限을締結ᄒᆞ얏ᄂᆞᆫ듸只今부터日人來渡를拒絶ᄒᆞ얏다더라

●鐵道敷設決議 伯林電을據ᄒᆞᆫ즉智利國政府에서同國南北部를開通ᄒᆞ기爲ᄒᆞ야鐵道를敷設ᄒᆞ기로決議ᄒᆞ얏다더라

●礦山買收 上海電을據ᄒᆞᆫ즉淸國山西地方紳士等이山西礦山을外國에賣ᄒᆞᆫ것을買收ᄒᆞ기爲ᄒᆞ야北京에셔二百七拾萬兩을出給하고其餘額은三個期에分ᄒᆞ야出給ᄒᆞ기로議決ᄒᆞ얏다더라

●清國間島軍備 淸國政府에서吉林黑龍兩省에送ᄒᆞᆫ다爲名ᄒᆞ고頻頻히間島에軍事費를送ᄒᆞ더니又九萬五千兩되ᄂᆞᆫ銀塊와銀貨二拾箱을送ᄒᆞ고又山砲九門을奉天路로부터間島에送ᄒᆞ려ᄒᆞᆫ다더라

雜報

●嶺南紳士高龍澤李禧榮兩氏가度支部大臣高永喜氏의게公函ᄒᆞᆫ全文이如左ᄒᆞ니

敬啓者ᄂᆞᆫ伏以生等이以嶺湖兩南結戶稅金料外長利加捧弊瘼事로請願度支部ᄒᆞ고獻議樞院이已逾多日에尙無可否之裁題ᄒᆞ니生等에滋惑窃원에如失所圖也ㅣ로다

夫賦稅者ᄂᆞᆫ有國之大政이오生民之正供이니國計之盛衰가關於是ᄒᆞ고民命之休慼이係於是者也ㅣ라無論九一十一ᄒᆞ고其要ᄂᆞᆫ務在均一故로自建國以來로式至于今히無獘則仍ᄒᆞ고有獘則改ᄒᆞ니豈非歷年邦典에章々可放者歟아

嗚呼라曩在甲午更張之後에新舊貨幣가不一其端而惟嶺湖兩南은新貨未及ᄒᆞ고舊貨仍用故로結戶稅金을亦以舊常平葉錢으로改納而舊貨新賤ᄒᆞ야交換剩利가幾至倍蓰일시自度支部로量其剩利ᄒᆞ야以十五割里로責納於捧稅之地方官ᄒᆞᆫ其時々勢々使然也ㅣ어니와今嶺湖兩地方도舊葉이凋殘ᄒᆞ고新貨流通ᄒᆞ야自昨年丙午爲始ᄒᆞ야以紙貨捧稅而以十五割利加捧於前日官吏之例로又此責納於民ᄒᆞ니是豈日有國之稅貝乎아假使常平葉錢이依舊융通이라도既以紙貨捧稅則新舊交換의雖曰有利나利歸於民而當以紙貨例遵行이어ᄂᆞᆯ不此之爲ᄒᆞ고反以不經之惡例로雖以流弊於民乎며況又舊葉이殆盡無存者乎아

似此加捧之稅政은遍東西閱古今必無之理오且個々人相與之際에도猶不可無其貨而徵其虛之事은矧乎堂々國家之政體乎잇가生等이無此呼訴ᄒᆞ고擬昧下民이不知稅政之如何而若或如前加納이라도在上爲政之道ᄂᆞᆫ固當頓整ᄒᆞᆫ弊而使之帷正이어ᄂᆞᆯ胡乃仍舊而故縱ᄒᆞ야嗚呼寃而不應也오子思所謂此不可使聞於隣國者ᄒᆞ不幸而蹈之矣로다

現今地方이騷亂에上不有鎭壓之策ᄒᆞ고民命이倒懸에下亦無奠安之道而惟此稅弊固竪도亦一救時之急務오保民之最要ᄒᆞ니惟閣下ᄂᆞᆫ深憂國勢之岌危ᄒᆞ고特念民情之哀矜ᄒᆞ야洞革舊弊ᄒᆞ고亟布新令이되方此作早巳畢의收稅又爲이오니勿爲逡巡遷託ᄒᆞ고結戶稅金을以葉전每一兩에紙貨十錢으로葉전每拾兩에紙貨一圜으로定式例收納之意로訓飭于嶺湖兩南稅務官ᄒᆞ야毋違遵行케ᄒᆞ심을敬要

●開校落成 本月二十三日에公立開城普通學校에서落成式을擧行ᄒᆞᆫᄃᆡ內外國來賓이多數進參ᄒᆞ야次第祝辭ᄒᆞ얏ᄂᆞᆫᄃᆡ一大盛況을呈ᄒᆞ얏다더라

●長守奬학 長湍郡守朴喜宅씨가赴任以後에草鞋徒步로面面村村에巡行勸諭ᄒᆞ야全郡이不過五面이나學校設立이十八處오方今營設이亦非一二라全郡情形이丕變ᄒᆞ야敎育擴張을指日可期이라더라

雜報

●各大進參 總理大臣以下各大臣들이昨日에大院王발靷時에一齊進參ᄒᆞ얏다더라

●內大宴待 內部大臣任善準氏가明日下午六時에該部에셔晩餐會를設ᄒᆞ고該部內外國官吏를宴待ᄒᆞᆫ다더라

●農大未歸 農商工部大臣宋秉畯氏가從近歸國ᄒᆞᆫ다더니有何所節인지姑未渡去ᄒᆞ얏다고某處에電報가來到ᄒᆞ얏다더라

●樞院質問 中樞院에셔徵兵令과新擇郡守와風俗改良等三件을實施ᄒᆞᆯ次로內閣에照會ᄒᆞ얏ᄂᆞᆫ디尙未回照ᄒᆞᆫ事로該院에셔內閣으로質問ᄒᆞ얏다더라

●俸給請撥 中樞院에셔該院副賛議俸給을支撥ᄒᆞ라고度支部에照會ᄒᆞ얏다더라

●捺章而已 各部會計課에셔雖一分一里라도如何히支用ᄒᆞᄂᆞᆫ理由를熊知ᄒᆞ더니日本人이課長을被任ᄒᆞᆫ以後로ᄂᆞᆫ主務大臣이라도出給命令書에唯唯捺章만ᄒᆞ고何事件으로支用ᄒᆞᄂᆞᆫ지漠然不知ᄒᆞᆫ다더라

●少年唾罵 學部大臣리載崑氏가再昨日下午五時量에昌德宮에 詣闕次로觀象峴等地로過去ᄒᆞᄂᆞᆫ대何許少年二人이聯袂而去ᄒᆞ다가學大의行動을見ᄒᆞ고唾罵曰此是崑玉大臣이지有何罪犯이기에從巡查가知彼拘禁乎아ᄒᆞ거ᄂᆞᆯ一人은掩口止之曰噫彼大臣이口亦醜矣라ᄒᆞ고携手而去ᄒᆞ얏다더라

●恩賜退巡 去番退送ᄒᆞᆫ宮內府巡檢二百五十名의情勢를皇上陛下씌오셔特爲軫念ᄒᆞ옵셔陰曆過歲之資로二千圜을內下ᄒᆞ오셧ᄂᆞᆫ대昨日該人等의게分給ᄒᆞ얏다더라

●恤金請議 地方에出張ᄒᆞ얏던總巡이義兵에게被害ᄒᆞᆫ者를調査ᄒᆞ야救恤金一萬八千餘圜을豫算外支出ᄒᆞᆯ事로度支部에셔內閣會議에提出ᄒᆞᆫ다더라

●無不干涉 宮內府庶務課장井上雅二ᄂᆞᆫ本是日本新聞記者로度支部財務官水原及光州財務官을經ᄒᆞ고統監府總務장官鶴原定吉을紹介ᄒᆞ야現帶課장을圖得ᄒᆞ야各項交涉을擔任ᄒᆞᆯ뿐아니라財政出納과官人黜陟에無不干涉ᄒᆞᆷ으로事務가自然紊亂ᄒᆞᆫ다더라

●物品運搬 度支部所用物品을今日붓터新建築ᄒᆞᆫ議政府로運搬ᄒᆞᆫ다더라

●年齡查報 鄉曲來人의傳說을聞ᄒᆞᆫ즉地方郡守들이法部大臣의訓令을承認ᄒᆞ야各面에발訓ᄒᆞ고男子十七歲以上三十歲以下者를一一査報ᄒᆞ라ᄒᆞ얏다더라

●新訴不受 平漢兩裁에셔十日間停務ᄒᆞᆫ다ᄂᆞᆫ說은更聞ᄒᆞᆫ즉仕進觀務ᄂᆞᆫ停止치아니ᄒᆞ고民刑事間新訟訴만十日間不受ᄒᆞᆫ다더라

●文短借手 學部에셔經義問對로司業을試取ᄒᆞᆫ다ᄒᆞᆷ은人所共知어니와短文客들은借手ᄒᆞᄂᆞᆫ者多數ᄒᆞ다ᄂᆞᆫ대此司業도一時換私中所出이라더라

●僞造現露 貨幣僞造犯日本廣島縣沼隈郡島田村居兼田馨과仝人弟勉及과通譯釜山居韓人江東等三名이韓國銀貨半圜格八百五拾八枚를僞造ᄒᆞ다가遠逋되얏다고莞島郡巡査駐在所에셔內部로報告ᄒᆞ얏다더라

●証據請送 慶北觀察使가因知禮郡報告ᄒᆞ야該郡에義徒來襲之時에土地家屋證明簿가沒入燒火中ᄒᆞ니證明簿를발送ᄒᆞ라고法部로報告ᄒᆞ얏다더라

●痘苗酬應 痘苗를大韓醫院에셔製造ᄒᆞ야請求處에酬應ᄒᆞ다가近日에停止ᄒᆞ얏더니更히製造ᄒᆞᆫ故로本日爲始ᄒᆞ야繼續酬應ᄒᆞᆫ다더라

●旅劵繕給 各官立普通학校生徒들이陰曆放學時에鄕第에下去ᄒᆞᄂᆞᆫ者에게危險處가有ᄒᆞᆯ가ᄒᆞ야旅行劵을繕給ᄒᆞᆫ다더라

●遮道挽守 文川郡民人이該郡守리庸稙氏가高原郡으로移任ᄒᆞ얏다ᄂᆞᆫ說을聞ᄒᆞ고通文을輪示ᄒᆞ고該郡守를遮道不捨ᄒᆞ기로決議ᄒᆞ얏다더라

●誦經無靈 再昨夜桂洞居前副尉리完儀氏가身病이有ᄒᆞ야招盲誦經ᄒᆞᄂᆞᆫ디賊漢六七名이突入ᄒᆞ야盲人과리完儀氏를一結縛ᄒᆞ고家產汁物를沒數搜去ᄒᆞ얏다더라

●一榮一悵 新任永平郡守崔斗榮氏ᄂᆞᆫ多年耶蘇教會人으로貞洞教堂에셔諸般事務를擔任ᄒᆞ더니郡守를叙任ᄒᆞ미該教堂事務에對ᄒᆞ야狼狽가多ᄒᆞᆷ으로教會人諸氏들이不勝悵缺ᄒᆞᆫ다더라

●牛疫豫防 隆熙元年一月二拾日로十二月二拾九日ᄭᆞ지牛疫에致斃數를鏡城觀察道에셔調査ᄒᆞ야內部로報來ᄒᆞ얏ᄂᆞᆫ대鏡城郡邑니에三拾六頭이라니部衛生局에셔牛疫豫防ᄒᆞᆯ方針을發次計劃ᄒᆞᆫ다더라

●七罪化仙 忠州警務署에在囚ᄒᆞᆫ役終身罪人朴春西ᄂᆞᆫ本月六日에終身罪人리成玉과役十五年리甫永은本月八日에役拾五年林正烈은本月九日에役終身朴興돌金必洛金又謙은本月拾日에俱以身病으로幷爲致死ᄒᆞ얏다더라

●靑會演說 牧師李雲林氏를請邀ᄒᆞ야靑年會舘에셔今夕七点鐘에演說會를開ᄒᆞ고幻燈演說ᄒᆞᆫ다더라

●似關徵兵 各地方郡守가人民을調査ᄒᆞᆫ다ᄒᆞᆷ은別項과如ᄒᆞ거니와其理由인즉徵兵令實施에關ᄒᆞᆫ事인듯ᄒᆞ다더라

●과石待賊 北署管내津關孔寶京家에賊漢이投書ᄒᆞ얏ᄂᆞᆫ디錢一千圜을齋洞徐丙爾氏家後墻下에壓石置之ᄒᆞ라ᄂᆞᆫ日字ᄂᆞᆫ再昨日인故로北部警署에셔石子를紙로과ᄒᆞ야該處에置之ᄒᆞ고刑事巡査를派送ᄒᆞ야該賊漢을譏詗ᄒᆞ라다가盜賊이不來ᄒᆞ야捕捉지못ᄒᆞ얏다더라

●月報未認 大東學會에셔月報를發行ᄒᆞᆫ다더니警視廳에셔認許치아니ᄒᆞᆷ으로姑爲停止ᄒᆞ얏다더라

●慰金擬議 義兵을討伐次로地方에出駐ᄒᆞᆫ日兵에게勳章及慰勞金을下賜ᄒᆞ셧거니와再次慰勞金을支出ᄒᆞᆯ事로內閣에셔擬議ᄒᆞᆫ다ᄂᆞᆫ說이有ᄒᆞ더라

●風說難信 自日本으로韓國各地方義兵을鎭壓ᄒᆞ기爲ᄒᆞ야兵丁一師團이出來ᄒᆞᆫ다ᄂᆞᆫ대確據인지未知ᄒᆞ거니와近日閭巷間風說이喧藉ᄒᆞ더라

●義陣續發 楊州郡旺方산에屯聚ᄒᆞ얏던義兵이日前에單伍를整齊히作隊ᄒᆞ야向北離發ᄒᆞᄂᆞᆫ데三晝夜를繼續不絕ᄒᆞ고所過에秋毫를不犯ᄒᆞ얏다더라

●書簡埋地 平산來人의通信을據ᄒᆞᆫ즉道路行人이日兵과義兵의搜索을難堪ᄒᆞ야京城某某家로寄付ᄒᆞᄂᆞᆫ書簡을掘坑埋置而來ᄒᆞ얏다더라

●리犯減等 義兵으로被捉ᄒᆞᆫ리俊澤을政事變更律에減二等ᄒᆞ야流拾年으로平理院에셔宣告ᄒᆞ얏다더라

●咸郡義擾 一月拾七日下午拾時에咸悅郡孔開等地에義兵이來襲ᄒᆞ야日本人好藤殿藏을砲殺ᄒᆞ얏다더라

●不知下落 日昨에東部巡査朴昌植氏가因私故得由ᄒᆞ고楊州金谷等地에出往ᄒᆞ다가中路에셔義徒의게被捉以去ᄒᆞ얏ᄂᆞᆫ대三四日에踪跡이未詳ᄒᆞ야該部에셔再昨日에巡査六名을該地로出張ᄒᆞ얏다더라

●義務施痘 種痘委員리應還康大植兩氏가衛生ᄒᆞ기爲ᄒᆞ야杷成학校학員八拾餘人의게一齊히樹痘ᄒᆞ여쥬엇다더라

●請會水商 水商諸氏가西北學會에請願ᄒᆞᆫ事ᄂᆞᆫ己揭어니와該會에셔該請願을依ᄒᆞ야夜學을設立ᄒᆞ고陰正月初二日에水商諸氏와爲先一次會同ᄒᆞ기를請ᄒᆞᆫ다더라

▲地方消息▼

▲二拾五日光州日年산에셔日中隊가義兵二拾名을夜合ᄒᆞ야四名을負傷ᄒᆞ얏다ᄒᆞ고

▲二十六日장城郡西南方三十里地点에셔日中대가義兵三百名을遭遇ᄒᆞ야交戰ᄒᆞ얏다하고

▲二十四日午前七時에黑衣를着ᄒᆞᆫ義兵約五拾名이白川郡東北方約二千米突되ᄂᆞᆫ地点에會集ᄒᆞᆷ을日兵이採知ᄒᆞ고前往交戰ᄒᆞ미義兵이四散ᄒᆞ얏다가再次集合ᄒᆞ야二拾分을交鋒ᄒᆞ다가義兵은古邑方面으로退却ᄒᆞ얏다ᄒᆞ고

▲二拾二日瑞興郡에派駐ᄒᆞᆫ日兵이該郡城北산麓下에俄然히義兵七十名의게射擊을受ᄒᆞ다가應戰을開始ᄒᆞ야七八十米突에迫擊ᄒᆞ미義兵이斷崖에據ᄒᆞ야頑强히抵抗ᄒᆞ다가退陣ᄒᆞ엿ᄂᆞᆫ디日兵一名이負傷ᄒᆞ고義兵의負傷者도有ᄒᆞ다ᄒᆞ고

▲廿日宗[illegible]北方約卅里地에義兵拾餘名이潛伏ᄒᆞᆫ거ᄉᆞᆯ日兵이探知ᄒᆞ고前往交戰ᄒᆞ얏다ᄒᆞ고

▲拾七日洪川郡南面甑水동에義兵約二拾名이잠伏ᄒᆞᆫ것을日兵小대가探知ᄒᆞ고同地에前往ᄒᆞ야交戰ᄒᆞᆫ바義兵이산中으로退入ᄒᆞ미日兵이追至ᄒᆞ야約一時間을交戰ᄒᆞ얏다ᄒᆞ고

▲廿日宜川郡에셔日兵이義兵一名을生擒ᄒᆞ야楊道로前驅ᄒᆞ야碧溪동으로前往ᄒᆞ야義兵과約三時間을交戰ᄒᆞ미義兵이同郡安康方面으로退却ᄒᆞ엿다ᄒᆞ고

▲廿日安東郡東南方約九十里地에셔義兵二百名이日兵과交戰ᄒᆞᆫ데死傷은未詳이라ᄒᆞ고

▲二十二日午前九時에義兵約四百名이咸平邑에來合ᄒᆞ야日巡查及憲兵과交戰ᄒᆞ야巡查一名을銃殺ᄒᆞ미其餘ᄂᆞᆫ鶴嶺方面으로逃走ᄒᆞ야他處에出張ᄒᆞ얏던憲兵少尉以下와合力交戰ᄒᆞ나抵當치못ᄒᆞ야更히逃走ᄒᆞ다가中路에셔出張憲兵을逢着ᄒᆞ야更히交戰ᄒᆞᆫ際에榮산憲兵分隊에셔應援ᄒᆞᆷ으로交戰ᄒᆞ얏ᄂᆞᆫ대死傷은未詳이라더라

東京通報

二拾八日發

●閻島派兵 淸國政府ᄂᆞᆫ兵을吉林에派遣ᄒᆞᆫ다稱ᄒᆞ고閻島로送ᄒᆞᆯ貌樣인대日本政府의抗議를不拘ᄒᆞ고初志를遂行ᄒᆞᆯ라ᄂᆞᆫ狀이有ᄒᆞ야日本政府ᄂᆞᆫ駐[illegible]官憲으로相當히處置케ᄒᆞᆯ라ᄒᆞᆫ다더라

二十九日발

●春宮陛見 今日에韓國 皇太子殿下씌옵셔[illegible]를帶同ᄒᆞ시고日 皇陛下께 陛見ᄒᆞ셧다더라

▲春蹤一面

▲兵遊子와遊化鋒은時局形況을譏出ᄒᆞ야山水人과八盤亭에次第로臥遊ᄒᆞ니可笑ᄒᆞᆯ事許多ᄒᆞ다

▲第一壘살펴보니蘇城江山忽浮沉ᄒᆞ야一葉片舟恰似ᄒᆞ다東海萬里風波中에不繫纓縱任所之라何來老鯨이倒戱ᄒᆞ야如山白浪呼吸ᄒᆞᄂᆞᆫ져景槪를歷歷히그려잇고

▲第二壘살펴보니七穴晩發會에躡足附耳密議ᄒᆞᆯ제高帽影子쌍디쌍되揪眉往來ᄒᆞ니一派愁雲暗濃ᄒᆞ야面面相顧狐疑ᄒᆞᄂᆞᆫ져畵像을歷歷히그려잇고

▲第三壘살펴보니府部院聽轉日人은語音이不通ᄒᆞ야文簿만손에들고事務處理方針업서土偶木偶相對하야脉脉히셔로보ᄂᆞᆫ져近景을歷歷히그려잇고

▲第四壘살펴보니宋農大學官大가扶桑海外留連ᄒᆞᆫ다賣國奴라指斥ᄒᆞ니留學生을겁ᄒᆞ야不敢出頭杜門ᄒᆞ고손을잡고歎息ᄒᆞᄂᆞᆫ뎌態度를歷歷히그려잇고

▲第五壘살펴보니花月樓[illegible]湯에滿天雪色風景[illegible]韓日官人이會集ᄒᆞ야餞別宴이頻數ᄒᆞ니山珍海錯八仙床에萬端情話滋味잇ᄂᆞᆫ뎌光況을歷歷히그려잇고

▲第六壘살펴보니國破[illegible]何處在오夜夜跌宕管絃聲에蕩子遊人魂을잃어不惜資[illegible]如水라擧上飛燕一等妓ᄂᆞᆫ如花如月嬋娟態의[illegible]를歷歷히그려잇고

▲第七壘살펴보니[illegible]流ᄒᆞ니一大好笑[illegible]하니當政[illegible]一場[illegible]樂ᄒᆞ다[illegible]殺夕陽天에[illegible]影散亂ᄒᆞᆫ뎌人物을[illegible]히그려잇고

▲第八壘살펴보니[illegible]街紅[illegible]風處[illegible]大臣行次가ᄂᆞᆫ고나撥除소리嚴威ᄒᆞ니[illegible]敢仰觀提捌ᄒᆞᆫ뎌日巡査가保護ᄒᆞ니如[illegible]羅列ᄒᆞᆫ뎌威儀를歷歷히그려잇다

社告

○信愛錄

靑山孫海震 一圜四十五錢
麗川李遠永 一圜七十二錢
鹽浦白樂溶 一圜七拾二錢
城津廉회元 二圜拾五錢

○無信錄

[illegible]

○告各支社員

[illegible]

江華郡川[illegible]俞鎭[illegible]氏家에本支社를設置ᄒᆞ얏사오니該附近地에셔本申報購覽ᄒᆞ실 僉君子ᄂᆞᆫ該支社로請求ᄒᆞ시고代金도俞鎭[illegible]氏에게로送交하심을務望

雜報

辯護士許憲事件顚末

金周현과김瑛赫相訟에已有判決인대其判決內槃에金瑛赫이가下米廛都中에셔買得ᄒᆞᆫ明文이無ᄒᆞᆫ즉下米廛에셔讓渡ᄒᆞᆫ人記가不載ᄒᆞ얏다云云ᄒᆞᆫ즉下米廛이此訟案에責任이無ᄒᆞᆷ은自然明瞭ᄒᆞᆫ지라然而從平院判事宋援玉씨가米六百餘石을下米廛都中에勒徵ᄒᆞ라고下米廛商民五六人을七八日無理押囚ᄒᆞᆷ으로下米廛에셔一切撤市ᄒᆞ고道路呼哭ᄒᆞ다가此事案을辯護士許憲씨외게委任ᄒᆞᆫ지라許憲씨가去拾二月二十七日에異議申告書를提出ᄒᆞ얏ᄂᆞᆫ디所掌判事宋氏가此米ᄂᆞᆫ自裁判장以下로皆欲懲捧爲計ᄒᆞ니該委任을解除ᄒᆞ라고强勸ᄒᆞ나許氏曰此事件이第一審裁判所에셔受理ᄒᆞᆫ거시오且被告도아니오裁判도아니ᄒᆞ고無辜ᄒᆞᆫ商民을多日捉囚ᄒᆞᆷ은大違法律이라ᄒᆞᆫ즉宋氏曰此米ᄂᆞᆫ死에至ᄒᆞᆯ지라도期於徵捧ᄒᆞᆯ지니ᄒᆞ고高聲大談曰辯護士보다一層加ᄒᆞᆫ人이라도所用이업다ᄒᆞᆷ으로申請書만提出而歸ᄒᆞᆫ지라

第幾日後에宋氏가委任辯護士의게ᄂᆞᆫ無一言告知ᄒᆞ고直接으로下米廛商民을勒招從强制로贖米六百餘石을馱來코ᄌᆞᄒᆞᆷ으로許氏가平理院에入ᄒᆞ야法律上意見을陳述ᄒᆞᆫ즉宋氏가辯護士의게對ᄒᆞ야下等待遇로稱(ᄒᆞ라)ᄒᆞ고或(나가거라)ᄒᆞ며畢竟에法律을數月見習ᄒᆞ여가지고汝와ᄀᆞᆺ치辯護士ᄒᆞ다가ᄂᆞᆫ亡國ᄒᆞᆯ짓다ᄒᆞ얏다니宋氏로論ᄒᆞ면法律을三日도不學ᄒᆞ엿스니法律을違背ᄒᆞ며人民을壓制ᄒᆞᆷ은興國이되ᄂᆞᆫ지國家에셔公認ᄒᆞᆫ辯護士에對ᄒᆞ야其言行이何若是悖戾며許氏가漢裁에告訴ᄒᆞ얏슨즉漢裁判官은該裁判을必從理聽判ᄒᆞ야雖敗을不招ᄒᆞ며너와宋氏ᄂᆞᆫ不知自反ᄒᆞ고辯護士을擔ᄒᆞ야法部에報告ᄒᆞ얏더니法部에서疑報告작退ᄒᆞᆫ後宋氏가法大의게如何運動이던지法大가三次電話ᄒᆞ야該報告를還上케ᄒᆞ고仍除名ᄒᆞ얏다니辯護士의行動이果若不正當ᄒᆞᆷ으로認ᄒᆞᆯ진디出庭케ᄒᆞᆷ도可ᄒᆞ며罰則을宣示ᄒᆞᆷ도可ᄒᆞ거ᄂᆞᆯ辯護士의職權을遽然히解除ᄒᆞᆷ은其於法理에何如ᄒᆞᆯᄂᆞᆫ지

●山山姸遲　向日에京畿道地方視察次로日憲兵少尉杉산氏와醫觀監總監丸산氏가下去ᄒᆞ얏다가數日後歸來ᄒᆞ얏ᄂᆞᆫ대該地方輿論을探聞ᄒᆞᆫ즉杉산氏ᄂᆞᆫ農商勸業과義徒의歸化를說明ᄒᆞ얏고丸산氏ᄂᆞᆫ良民家에搜探과行路人의質問이苛酷ᄒᆞᆫ故로人民이恐動ᄒᆞ얏다더라

●明校試驗　義州光城面土城洞에셔陰正月에私立明成學校를設立ᄒᆞ고教師를延聘ᄒᆞ야熱心教育ᄒᆞ미學徒가雲集ᄒᆞ더니今冬期試驗을經ᄒᆞ고進級式을擧行ᄒᆞᄂᆞᆫ대高等二年級優等에韓鳳元諸시오尋常二年級最優等에白朝貞諸시오一年級에金學成諸시라　校長韓毅晚시와教師張寬學監趙啓汶與金鍚珍諸氏가會集勸勉ᄒᆞᆫ後에賞品을授與ᄒᆞᄂᆞᆫ디紙品鉛筆을施賞ᄒᆞ고諸般盛饌을供ᄒᆞ얏다더라

●興校卒業　齋동私立興化學校에서日昨에학年試驗을經ᄒᆞ얏ᄂᆞᆫ디優等卒業生에朴榮根尹希誠氏等七人이오三학年進級生에리宗聚兪萬濬氏等七人이오二學年進級生에李鍾殷박行遠氏等十三人인디卒業生의게ᄂᆞᆫ卒業式을擧行ᄒᆞ기로方在準備中이라더라

●張氏熱心　交河郡私立宣明學校教師張準相씨가交河郡에往訪ᄒᆞ야該郡守尹變섭氏와前判書閔泳達氏를諷動하야義務教育을設始케ᄒᆞ고世界形便과國家與復關係가教育에在ᄒᆞᆷ을辨釋說明ᄒᆞ얏다더라

●警校卒業　警察專門學校에셔卒業式을本月二十日에經ᄒᆞ얏ᄂᆞᆫ디優等生은金基元沈經澤氏等十九人이오及第生은金東經金相鉉氏等拾二人이라더라

漢城鐘路萬國基督教青年會館前慈惠藥房 製藥鑑査人濟衆院醫學士洪錫厚朴慈惠李觀化告白

本人等이 米國大學醫院處方을 大醫學士魚丕信시에게 受業ᄒᆞ고 醫學校長勵五等池錫永시에게 有効證明書을 受ᄒᆞ고 左記ᄒᆞᆫ 種을 製造ᄒᆞ야 外國賣약規模을 依ᄒᆞ야 紙匣洋鐵匣琉璃瓶에 盛ᄒᆞ야 全國內地各處약局에 廣賣ᄒᆞ옵고 濟衆院英書醫書를 我國諺文으로 繙譯ᄒᆞ야 名稱西약便方이라ᄒᆞ고 발賣ᄒᆞ오니 四方 僉彥中濟衆院냐을 數拾年來經驗信用ᄒᆞ신 兄弟ᄂᆞᆫ 不拘약之多少ᄒᆞ고 不拘路之遠近ᄒᆞ고 日々以郵購買ᄒᆞ시면 本人은 雖拾錢價値약이라도 以小包郵便으로 仰呈ᄒᆞ오리니 封定價外郵稅十젼을 加送ᄒᆞ시되 小數져ᄋᆞᆫ 郵票十젼조리를 ᄉᆞ셔보니시고 賣약家에서ᄂᆞᆫ 多數買去ᄒᆞ시던 郵便局換錢票를 買送ᄒᆞ시오 且本藥房에 米國(멀포드)製약會社약과(암풀)製약會社약과 德國(만ᄒᆞ임)製약회약品을 直購入ᄒᆞ야 從該英語로 記ᄒᆞᆫ 方文과 主治와 用法을 我國漢文으로 譯ᄒᆞ야 발賣

商標

食思振起 筋力活潑 補益丸 第一老衰男女의게 補益血

定	拾日分	三十個入	金一圜
價	二十日分	六十個入	金一圜七拾五錢
表	三十日分	九十個入	金二圜五拾錢

靈効解瘧丸 一日分定價金拾錢 此藥은大人小兒長瘧과初瘧を腹痛の以上服用を변更不再發

主治大補元氣能調陰陽男子陽萎不起女子月經不調手足厥冷虛脫夫氣久病人蘇完되と効力이大勝於鹿茸蔘人蔘精

蛔虫丸 一日分定價金拾젼 此藥은大人蛔積小兒蛔病의神効

四時感冒丸 一日分定價金拾젼 此藥은感氣몸살의쓰ᄂᆞᆫ藥인ᄃᆡ一二日을服ᄒᆞ면四時毒感上下肢節頭痛에即時解熱鎭痛

男女瘡疾祛根藥 定價金五圜 此藥은瘡疾의一期二期를勿論ᄒᆞ고毒ᄒᆞᆫ약을주ᄂᆞᆫᄃᆡ口瘡과구역도아니나오

淸明眼藥 一日分定價金拾錢 此藥은火眼熱眼의多有奇効

無患臭疥瘡藥 定價金四拾젼 此藥疥션虫을卅分內滅殺

鎭咳嗽藥 五ᄂᆞᆫ分定價金三拾錢 此藥은四時尋常性咳嗽에有大効ᄒᆞ고特히老人喘咳에消痰止咳

寸虫殺根 定價金三拾錢 有鉤寸虫無子寸虫當場殺出

止足汗藥 二十日分定價貳拾錢 此藥德國軍人常用除足汗臭

養兒寶散 定價금拾五젼 小兒服藥감긔食滯他症爲聖냐

輕腫根治膏 定價금十五젼 此냐面腫과頭腫에直差

濕腫根治膏 定價금十五젼 此략은男女勿論하고風寒暑濕으로或腫치며大起搔痒ᄒᆞᆫᄃᆡ奇効

大腫發根合瘡膏 定價금五十錢

漢城百膿膏 一封定價金十錢 此략은韓락醫士李信友시方文으로製造ᄒᆞᆫ藥인ᄃᆡ멍우리잘풀리고각項腫氣에발根合瘡이速히되ᄂᆞᆫ奇藥일ᄉᆡ 太洋鐵匣入一個금五十錢

小兒感冒靈効散 定價金十二錢五厘

癎氣神効保嬰散 定價금十二錢五厘

瑞士建國誌

定價金 新貨拾五錢

此冊은政治小說이니志士의救國救民ᄒᆞᄂᆞᆫ風潮와人民의愛國心을養成ᄒᆞᄂᆞᆫᄃᆡ緊要ᄒᆞᆫ冊子오

發賣所

▲大韓每日申報社	
▲仁川港栍峴	開新冊肆
▲中署布屛門下	金相萬冊肆
▲平壤城內烈女洞	發育書舖
▲鐘路	古今書海館
▲洞口越便	中央書館
▲鐘路	大東書市
▲大廣橋	匯東書館
▲尙洞	博文書館
▲開城	婁助遠 冊사

歐米谷國專賣特許
石油發動機及自行車
精米機械及附屬品一切廉價放賣홈

今回諸君子의便利ᄒᆞ기爲ᄒᆞ야本店을左記處로移接ᄒᆞ엿사오니照亮하심을伏望
直輸入商京城南大門外
韓國代理店中根商會

越南亡國史 國漢文

定價貳拾伍錢

發賣所京城廣橋高裕相書舖 嶺南慶川郡鄭時夏書舖
布屛下김相萬 告白

▲新刊書籍發售廣告

懿婚 無冤錄大全 國漢文 定價金七拾五錢
大韓法規類纂洋裝 三圜五拾錢 郵稅四拾錢
初等倫理學敎科書 二拾錢
初等衛生學敎科書 拾五錢
國家學綱領 拾五錢
國民須知 八錢
愛國婦人傳張志淵氏著 十五錢
發賣所 皇城布屛下 金相萬書舖

◉商業學 張志淵氏述譯

一冊定價金四十錢

발賣所 中署布屛下廣學書舖 南門내博文書舘 동口中央書館 鐘路大東書市
廣學書舖 告白

學徒洋裝書冊 學徒運動과諸具 美國金鷄蠟 羅紗各種 衣服裁縫其他雜貨도廉價放賣ᄒᆞ오니諸君子ᄂᆞᆫ來購ᄒᆞ심을ᄇᆞ라나이다
仁川港杏峴開新冊肆

● 大韓國新발明靈藥廣告

陸軍軍醫金守鉉君實驗方劑에陸軍軍醫張基茂君有効證明으로淸心保命丹을발明인바効能은如左ᄒᆞ니 僉君子惠試爲望

消化新藥 淸心保命丹

本舖 仁川港栍峴 濟生堂

●主治効能 ●痰飮●食積●中暑中寒 ●咳嗽●腹痛●不土不服 ●氣鬱●吐瀉●船車眩暈 ●食傷●酒酔●口熱ᄂᆞ ▲其他諸般運氣厲疫預方妙藥
발行人仁川港栍峴 濟生堂 李圭鳳

代理店	京城鉢里동	共愛堂藥房
特約店	京城鐘路	慈惠藥房
同	梨峴	李信華洋藥局
同	銅洞	盧泰亭冊사
同	南門外	廣濟藥院
同	仁川內洞	韓禹錫
同	仁川龍峴	和平局
同	開城南門內	朴圭桓
同	忠橋	具聖模
同	水原鐘路下	金濟九藥局
同	海州宗路	元香植
同	延安邑宗路	宋根孝
同	延安邑內	邊汝文
同	江華鐘路	宋順京
同	同邑西門外	高成根
同	長淵南門內	崔成厚
同	鎭山砂利院場內	박健昌
仝		任允中
仝		李在□
同	黃州南門내紅門洞耶蘇敎堂內	李東赫
同	平壤雙巨里	韓儀藥鋪
仝	韓國	封能化
仝	藥鋪	全龍奐
仝	文武洞藥舖	桂澤宣
仝	擅君殿藥舖	金鳳天
仝	里門동客主	朴重瑞
同	鎭南浦築港	金元燮鋪
同	信川邑내四里	朴晩俊
同	載寧山港開福洞	金斗鉉
同	京南大門外	大同運輸會社
同	全泥峴郵便局前	天佑堂
同	三水郡仲平場	客主內
同	安岳邑上坊里	濟生局林景柱
同	大邱南門內	勸還동김成浩家
同	益山港草梁	客主김佑家
同	安州城內	靈井동回春太藥房
同	義州南門外水口街	義和藥局

此外에도現代에문明각國有名ᄒᆞᆫ 각種靈藥이俱備ᄒᆞ

本人이日本大阪商業家와特約ᄒᆞ고日本內地産出各種物品과西洋各種物品及機械等物을委託ᄒᆞ야大韓에輸入ᄒᆞ야委托을便利케ᄒᆞ야商工業에有意ᄒᆞ신僉君子ᄂᆞᆫ菜物이든지請求코져ᄒᆞ시거든本社로來議ᄒᆞ시오本社에셔ᄂᆞᆫ手數料만受ᄒᆞ고
興業社本店
漢城南大門內興學書舖
支店京城南門內水橋五十一統六戶
濟物浦內동濟興社 興業社

學員募集廣告

本校에셔西曆入學期를現當ᄒᆞ야法律學及經濟學兩專門科學員을左開에募集ᄒᆞ오니願學人은左記試驗定期內에本校用紙로써早速請願ᄒᆞᆷ
但右兩科ᄂᆞᆫ夜學으로만募集홈

◉**修業年限** 三학年

◉**入學年齡** 十以歲上

◉學科目 法律學全部 經濟學全部 備在本校規則

◉試驗日字 二月廿五日(陰曆戊申正月廿四日)

◉試驗科目 歷史及地誌問對 國文及漢文(內國及外國)讀書及作文) 算術(四則以內)

但官公私立學校의普通科以上卒業證書가有ᄒᆞᆫ人은共學力을檢定ᄒᆞᆫ後免試入許홈

◉開學日字 三月五日(陰曆二月三日)

隆熙二年一月十日

漢城中署磚洞普成專門學校

◉本社廣告

○申報價

一張代金	新貨二錢五錢	
一個月前納		三十錢
三個月		九十錢
六個月		一圜七十錢
一個年		三圜四十錢
郵稅一號	新貨五厘	
一個月		十三錢

○廣告料

四號活字十三字詰一行一寸에新貨拾五錢
(每日發行六次에相當홈)
二週日에 二圜五十錢
每日發行四號五行一百에相當홈
一個月에 五圜
(每日發行四號一行에相當홈)
其期限의長短과字行의多寡를依ᄒᆞ야酌減홈이有홈

▲大韓每日申報各處支社廣告

中署布屛門下	金相萬冊肆
平壤上水口門內	金浩龍
仝	趙叔恒
仁川栍峴開新冊肆	李東鉉
宜川邑橋下	安 浚
義州西門外東西	大藥□
釜山港佐川藥局	徐尙鎬
三和港築港	金元섭
咸興南州社西門外	曹嘉林
開城南大門外興學書舖	婁助遠
大邱市內	徐一弘
咸興邑濟衆院	劉夢標
鏡山邑東部	安 憲
元山倉前	劉七錫
海州南門內書舖	朴昌緖
定州南門內	洪成引
昌城郡校宮	許 양
郭山興岩書舖	李鎭瑞
安岳細香坊學校	康道憲
淳川衙底	리錫成
安州城內義井洞	金翼河
鐵原邑榮洞	鄭鎭大
高原邑	朴敎吉
肅州城내一德里客主洞	崔秀來
井邑邑내	李昌象
泰仁邑내	金昌燮
興德後浦	金鼎淡
京義線桃峴驛前市	李基濬
長淵邑南門內	崔觀濬
殷栗邑君前里	金泰鑿
古阜邑許洞	殷弼漢
群山港東彩社	宋秉殷
龍川楊市會堂	黃菊保
車輦館同志會내	金明仁
清州南門내校洞	宋斗鉉

發行兼編輯人英國人 裵說
發行所 南署石井洞號外地三層洋屋 大韓每日申報社

漢城鐘路慈惠藥房告白現今二十世紀文明時代深處窮山僻巷之兄弟姊妹費郵稅十젼則東西各名藥任意服用使死者至於回生之境村々家々自在

第六卷

大韓每日申報

第七百卅[illegible]號

月曜及慶節 歲時日休刊

檀君開國四千二百四十一年
孔子[illegible]二千[illegible]十九年
大韓開國五百十七年
日本明治四十一年
淸國光緖三十四年
陰曆丁未十二月小卄八日乙酉

論說

●鐵道賃金

本四月一日노實施흔鐵道賃金의改正을關흐야서울프리스報가辨明을述하얏스나此辨明을滿足타謂키難흐도다同報가京義線部分에서賃金의略干減削됨을重要로認흐얏스나此減額이遂行하는一等乘車人의게만爲其利益이오不遠흔距里에來去흐는三等車客의게는害를反加흠을노吾人이既是指明흔바로다

共同으로言之면論證이未有호며鐵道豫算에特其下品收入이五千餘圓減削에至흐엿다흠은無他明細書면吾人이豈可信認이리오吾人이明細書或統計表는未有흐나若韓國의鐵道도他列國의鐵道와無異흘진딕其支保가不遠흔距里에行흐는三等車取入에全係하리니自京至仁川과自京至水原과自京至開城이韓國의日本鐵道計劃에最要흔活動点을必作이어놀此三處行客이今番賃金의改正을因흐야重賃를負擔흔지라欲爲標準書之컨딕京仁鐵路之行에三等車賃가自四拾七錢으로七拾五錢에至흐는것이是也로다同報가不장흔距里間에用흐는往返車表의減價를擧言흐얏스나特於此句에는同報가若非誤聞이면然흐다고註解를加흐얏도다

韓美電氣會社는貰金增加의合宜흔說明을供給흐얏스되서울프리스報가猶似攻擊흐기를適宜로認하얏는지라本記者는今此機會를利用흐야서울프리스報의게指言흐노니火車賃金을關係흐는他人의曲想과偏見을欲免이어든我同業者는下等車賃의不公히增加되는理由를鐵道局 官憲의게서 探出흘지어다

官報

◎第三千九百八十四號
隆熙二年一月三十日

敍任及辭令

任掌禮院典사 九品리台璜
侍從院侍從리番永
兼任完興君宮贊尉 掌禮院禮式官朴叙陽
兼任完平君宮贊尉 侍從院侍從趙重國
兼任完順君宮贊尉 宮內府次官小宮三保松
內部次官木內重四郞
度支部次官荒井賢太郞
命臨時帝室有及國有財産調査局委員
掌禮院典사劉웅烈
正三品李東潔 九品史一煥
仝 吳明根
命還 國檢察委員
李章 謝事務를囑托흠 (判任待遇) 文昌奎
依願免本官 從主事中尾[illegible]

外報

●水雷先着 紐育電을據흔則美國回航艦隊의附屬水雷驅逐艇은先行흐야亞然丁國후에스노아예쓰港에到着흐얏다더라

●戰艦再興의反對 倫敦電을據흔즉俄國政府에서國民議會에對흐야戰艦再興을否決흐면議會를解散흔다는意를示흐엿는딕同國輿論은該戰艦再興案에對흐야反對흐되本案을遂行흐라면十年間이라야造成흘터이오其造艦費는三億一千九百萬磅假量이라云흔다더라

●無政府黨對戰 倫敦電을據흔則美國志加古地方에서無政府黨員이組織흔無職業者의示威的運動은棍棒及鞭으로써武裝흔警官과衝突히對戰흐니가四散흐엿다더라

●濃霧及風雪 倫敦電을據흔則英國과荷蘭國間海峽에近年에稀흔濃霧가有흠으로行船을停止흔模樣이오又紐育에는大風雪이降吹흠으로各地鐵道는運轉을停止흐고船隻은灣外에碇泊흐얏다더라

●大砲製造 倫敦電을據흔즉英國海軍省에서同國크라스크地方에在흔엘아드모어쓰製砲所에對흐야最大흔大砲製造를注文흐엿다더라

●印度人勞役解雇 倫敦電을據흔즉南亞요흐네스버그市에서印度人勞役者를擧皆解雇하고白人으로勞役케흐얏다더라

●美國大火災 紐育電을據흔즉美國쫄지아市에서數年前에失火흐얏든處에서二十五日에大火災가又有흐야目下燒火中인대最近報를依흐니既히燒火死者가二十名이라더라

●英皇列國訪問 伯林電을據흔則英國皇帝皇后兩陛下씌셔不日間奧國首府維也納과諾威首府로發往흐셧다가丁抹國首府로往흐신다더라

雜報

●楊根進明學校趣旨書

凡人이學業을不勉흐면人이人되는道理와事業을盡흐기難흐니一身의關係도然흐거니와一家의興替도其家人의學業有無에在흐고一國의盛衰도其國人의學業多寡에在흐니此는文明歐洲에新空氣를吸收흔大東哲人의格言이라

今吾人의身과家와國이人의羈絆을未脫흔은吾人들이平日에當修홀바를修치못흔所以라人이我에서拾勝하거든我는百勝을貰하으로積力을흘지라도時代가已晩이어든況乎一能도無흔吾人으로千百이能흔人의智識과肩을比코저흠은井蛙의局見과無異흐도다

吾鄕의紳章들이此를慨然하야塾을私立흐고扁曰進明이라흐니地方의擾攘을經흐야烟戶의凋殘가莫甚흐나人마다義를出흐며家마다力을合흐니物議가協同흐고鍛團自成이라地主鄭公이발海의乱纈을旣治흐고文翁의風化를旋敷흐야請認을優許흐고校務를贊成흐야山林川澤의稅出이可히校舍의附屬흔者면民願을從흐야部府의報請도흐며月廩을捐흐야학資의添補도흐라흔즉教育에方針이頭緖가稍有흔지라靑年을誘發흐야君臣父子의常綱을講흐야其身을以修케흐며士農工商의實業을勉흐여其家를使肥케흐며國文國史를授흐야祖國의精神을喚起흐며殊俗殊語를譯흐야列强의交涉을能通흐고天文이니地理니法律算術이니化學哲學等의學問이皆吾人一身의大關이오家에서修흐야國의需用흘本領인즉擇日擊天의實臣과潑海凌山의英材가此에서蹴出흐야文明의進步흐기를顒祝이오氷水와靑람이彼에서優勝흐기를深祝이언만은古人이曰始는有흐나終은鮮有라흐니同志君子들은勉之哉어다

校長 前郡守 李奎夏

●치何[illegible]冥 大邱居치懲爲名人이稱侍從觀察使之親誼흐야無限挾雜흐며以協成학校事務員으로該校經費中數百兩을乾沒흐얏는지其乾沒을鐵道僞가現今調査中이라더라

●運送組合 統監府鐵道管理局에서鐵道營業에保證金을辦納케흐는故로南大門驛合運送店에서運送業組合所를組織흐고有力흔資本家와契約흐야保證金을辦出흐고本支店規定을正確케흐야運送業을聯合발達케흐고또組合支店設立에盡力흔다더라

●殃及池魚 恩津銅山居梁漢錫은年今二十에奉老耕讀흐야以孝로聞於鄕里이러니十月初同郡論山居朴万奉이以日人商店雇傭으로日人錢五拾圓을從中挪取흐야消融於技場흐고不堪困督흐미暗生凶計흐야脫其冠網흐야暗投於梁家後竹林中흐고仍往日人處흐야渠之妻家에서得償還路에逢賊被奪이라하고與日巡査로偕往梁家附近흐야佯爲搜探타가於竹林中에拾出其冠網曰賊贓이在此라흐즉日巡査는言語不通흐야不諳裏許흐고橫捉梁漢錫而去흐야將夜懸刑이되不服其罪則及其翌日에還到梁家近地흐야圍立亂鎖흐고以刀亂刺에竟致非命흐고猶爲不足흐야又捉梁錫之兄而無數平刑타가僅得脫危흐얏다고傳來人의傳說이有흐더라

●寧邊惜別 平北觀察道參書官張孝根氏는職務에盡心흔뿐아니라夜間學校에從事흐미一省학務가如影隨從흐더니忽遞任되미該道人民이莫不嗟惜흔다더라

●城尹勸學 城津府尹李元榮씨가學校設立에熱心注意흠은前報에已揭어니와該氏가今夏上京時에漢城女子教育會에就흠을見흐고一場勸勉흔後其夫人을入會흐고規則을模範흐야該府下에女子教育會를刱設흐고學校를一新建築흐야女學徒가五六拾名에達하얏다더라

●朝[illegible]喜況 金海郡生林面居前委員盧相燮氏가靑年教育을爲念흐야本面[illegible]林里의自己所有흔基地四百六拾坪과校舍十五間을寄附흐야[illegible]塾을設立흐고有志紳士와協議흐야校有財産과義捐金을植本取用흐야塾長은金秉鉉氏로塾監은盧樹說氏로學財은河啓[illegible]盧相詐氏로推薦흐고漢文教師는千泳勳氏로日語教師는片桐又淸氏로請聘흐고陰十二月十日에開校式을擧行흐는딕內外紳士와學徒父兄이次第就席흐야勸勉演說흐고學徒五十九人은愛國歌를唱흐고一場盛況을呈흐얏는딕來賓이各其行槳을頒흐야多數補助하얏다더라

●新校又新 咸興郡州三平面松동에居흔敎師金鼎弼氏가時務에熱心흐야상日陳編書籍으로已所料中으로新학及日報를購覽흐고賊入子弟가大非發務라흐고自入흐야向人勸獎흐러니近又設校흔方法을講究흐야務其發達흐야海氏와同議흐고本齋에新民學校를設立흐니原有財産四千餘兩과志士의寄附로並立資金흐고學員을募集흐야九十三名에達하고國文은夜學課로教授하는딕雖樵童牧竪이라도入學以後에는前日技俩은一切自禁흐고熱心教授흔다더라

雜報

●德壽宮問安 大皇帝陛下ᄭᅴ셔와 皇后陛下ᄭᅴ셔今日에 德壽宮 問安時에宗親文武百官이敎化門前에셔祗迎ᄒᆞ고還御時에ᄂᆞᆫ大漢門前에셔祗迎ᄒᆞᆫ다더라

●賜帑孤院 孤兒院이狹隘ᄒᆞ야隆冬盛暑에孤兒의情狀이可矜홈을 天陛에入聞ᄒᆞ야 大皇帝陛下ᄭᅴ옵셔龍洞宮을賜給ᄒᆞ셧다더라

●兩大競爭 農大宋秉畯氏가揔理를圖得ᄒᆞ라고非常ᄒᆞᆫ運動이有ᄒᆞ미揔理李完用氏도自己의地位를不失코져ᄒᆞ야周旋이大段ᄒᆞᆫ則其雌雄은未決이어니와萬一傳說과如히 太皇帝陛下ᄭᅴ셔日本에 御渡하신다ᄂᆞᆫ事實이顯出ᄒᆞᄂᆞᆫ日에ᄂᆞᆫ宋氏가必然揔理椅子를占據ᄒᆞ리라ᄂᆞᆫ說이有ᄒᆞ더라

●嚴氏云歸 皇太子殿下隨員으로日本에留ᄒᆞᄂᆞᆫ前協辦嚴柱益氏가有何事件인지從近還[illegible]ᄒᆞ리라ᄂᆞᆫ說이有ᄒᆞ더라

●[illegible] 新任郡守들이受勅ᄒᆞ랴ᄂᆞᆫ例에厚祿大套ᄒᆞᄂᆞᆫ者用ᄒᆞᄂᆞᆫ대禮服裝을準備치못ᄒᆞᆫ郡守ᄂᆞᆫ姑未受勅ᄒᆞ고內部에셔赴任을催促ᄒᆞᄂᆞᆫ故로困難이莫甚ᄒᆞ다더라

●宣諭云발 宣諭委員[illegible]宋琪用兩氏가各其所管地方에發向次로昨日法部에前往ᄒᆞ야免罪[illegible]請求ᄒᆞ얏다더라

●座次區別 內部에셔今日下午四時에宴會를設ᄒᆞᄂᆞᆫ대親勅任官과奏判任官과區別ᄒᆞ야設座ᄒᆞ다더라

●司法私法 前法大李夏榮氏ᄂᆞᆫ리僞氏事件에對ᄒᆞ야壓制勢力으로管刑을勒加ᄒᆞ더니現法大趙重應氏ᄂᆞᆫ許蔿氏事件에對ᄒᆞ야또ᄒᆞᆫ壓制勢力으로除名을强行ᄒᆞ니韓廷法官은司法아니오私法인즉哀此人民이何以支保乎아ᄒᆞ야輿論이沸騰ᄒᆞ더라

●造幣ᄉᆞ贈 度支部에積置ᄒᆞ얏던銅貨를日本造幣局에委托製造홈은人所共知어니와該金額이本年度預算에不過ᄒᆞ리라ᄂᆞᆫ說이有ᄒᆞ더라

●文憑分給 法部에셔宣諭委員에게免罪文憑을出給ᄒᆞᄂᆞᆫ대姓名에各二百餘張이오憲兵及警察隊와地方官에게或二千張或三千張式을分給ᄒᆞ얏다더라

●校費支撥 학部에셔因統監府照會ᄒᆞ야義州商業학校補助費二千二百八拾圓을支撥ᄒᆞ얏다더라

●학部獨任 昨日은日本國慶日인故로各官廳에日本官吏가一齊仕進치아니ᄒᆞ야無如休暇인대학部에ᄂᆞᆫ日本官吏가仕進視務ᄒᆞ얏다더라

●日人始仕 학部文書課에ᄂᆞᆫ昨日부터日本事務官一人이談課ᄒᆞ야視務ᄒᆞ다더라

●[illegible]學校 傳說을聞ᄒᆞᆫ즉北九州均田이革罷된지五年後에再設되야積年呼訴ᄒᆞ다더니今番에 勅令으로革罷되미무삼緣故가有ᄒᆞᆫ지均案을推去ᄒᆞᄂᆞᆫ故로內閣의請願ᄒᆞ엿다더라

●官報必覽 학部에셔各官公立학校에訓令ᄒᆞ되一般職員이法律令廢止及改定件을通解ᄒᆞᄂᆞᆫ것이視務上에便利가有ᄒᆞ니從今以後로ᄂᆞᆫ官報를購覽ᄒᆞ라ᄒᆞ얏더라

●一進云散 日人의京城新報를據ᄒᆞᆫ즉一進會가昨年夏期變政後에若干得意ᄒᆞᆫ貌樣이로되成效報酬의分排와會員의就官問題와其他各種事件으로內訌이百出ᄒᆞ야廢潔ᄒᆞᆫ獨立協會派ᄂᆞᆫ聯袂退去ᄒᆞ고二十萬의稱貸新派 李老恒의命으로分離ᄒᆞ고侍天敎徒와對ᄒᆞᆫ關係가前日과不如ᄒᆞ고該會가政界及社會의勢力이全혀失墜ᄒᆞ야存在ᄒᆞᆯ理由가無ᄒᆞᆷ에至ᄒᆞᆫ故로未久에解散되리라ᄒᆞ얏더라

●父妻獄囚 閔元植氏가警視廳에被囚홈은各新報에揭載ᄒᆞ얏거니와該氏의夫人嚴氏와其父親閔泳徽氏가同爲被囚ᄒᆞ얏다더라

●取招閔氏 別項과如히警視廳에被囚ᄒᆞᆫ閔元植氏ᄂᆞᆫ何事인지現今嚴密히取招ᄒᆞᄂᆞᆫ中이라더라

●安洞賊警 再昨夜八時頃에安洞等地에셔賊漢이突出ᄒᆞ야行人官宕을打掠掠奪ᄒᆞ얏다더라

●徐家賊警 再昨日下午九時에中署寺洞前主事徐內弼氏家에强盜三名에二名은各持六穴砲ᄒᆞ고一名은持短刀ᄒᆞ고突入恐喝ᄒᆞ며破碎壁藏ᄒᆞ고搜探錢財之際에該家婦人一人이逃避隣家ᄒᆞ미該賊輩等이喫劫逃去ᄒᆞ얏ᄂᆞᆫ데短槍一件을奪去ᄒᆞ얏다더라

●東郊不穩 東大門外附近地가去益不穩ᄒᆞ야警視廳에셔昨日에巡査五名을派送ᄒᆞ얏다더라

●懲丁誘巡 巡檢과懲丁이義兵에投入ᄒᆞ얏다ᄂᆞᆫ說은別項과如ᄒᆞ거니와該懲丁六人이本來義氣가魁傑ᄒᆞᆫ人으로該巡檢을勸諭曰吾輩의犯科와懲役이非犯國法이라但人의壓制力을不勝ᄒᆞ야陷此無辜를ᄒᆞ얏더니君今雖爲巡檢이나警視廳手下에未免奴隸ᄒᆞ니棄職遠去ᄒᆞ면登非男兒之快意乎아ᄒᆞᆫ즉該巡檢이默然曰諾다ᄒᆞ고懲丁과同往投發ᄒᆞ얏다더라

●義捉別巡 別巡檢吳季煥이가再昨日에東小門外에出往ᄒᆞ얏다가義兵의게被捉以去ᄒᆞ얏다ᄂᆞᆫ說이有ᄒᆞ더라

●醉兵拔劍 再昨日下午一時量에石井동張基俊商店에셔日騎兵一名이乘醉來到ᄒᆞ야南草를與成하ᄂᆞᆫ대張基俊이去하ᄂᆞᆫ지라張基俊이가歸以醉人에好言勸送ᄒᆞᆫ대該騎兵이忽拔鋸刀ᄒᆞ야商店을破碎ᄒᆞ고張基俊頭部를卽刺ᄒᆞ야流血이淋漓ᄒᆞᆫ대該騎兵은日巡査가捉去ᄒᆞ얏더라

●率丁歸義 去番大淸潔時에西署巡檢一名이懲丁六名을領率ᄒᆞ고不知去處라ᄂᆞᆫ說은昨新聞에已爲報道ᄒᆞ얏거니와該巡檢이懲丁과東大門外藥寺에셔一夜를留宿ᄒᆞ고義兵의投入次로卽向永平等地ᄒᆞ야義陣中에投入ᄒᆞᆫ즉義兵이見其倒髮ᄒᆞ고或歸之一進會員ᄒᆞ며或疑之偵探客ᄒᆞ야將欲殺害어늘懲丁이前日所着番号를儲置ᄒᆞ얏던지出示確證ᄒᆞᆫ대義兵이遂乃無疑容受ᄒᆞ야該巡檢으로參謀官을委任ᄒᆞ얏ᄂᆞᆫ대該事由를現今監獄署에懲役ᄒᆞᄂᆞᆫ義兵一名이其顚末을的確來言ᄒᆞ얏다더라

●警會查經 今日下午七点鐘에靑年會館에셔査經會를開ᄒᆞ고金鍾商氏가講道ᄒᆞᆫ다더라

●西北開會 西北學會에셔月例通常會를今二月一日下午二時에開催ᄒᆞᆫ다더라

●講師開會 再昨日普成專門學校에셔卒業式을罷ᄒᆞᆫ後에講師會를繼續開設ᄒᆞ고諸般事務를講論ᄒᆞ얏다더라

●東校經試 東大門內養士동興학校에셔冬期試驗을經ᄒᆞ얏ᄂᆞᆫ데優等生은最優等生의[illegible]東[illegible]시오夜학最優等生의李家燾氏라더라

●宣明實況 交河郡新五里面城東里에有志之士李根周諸씨가文明的急先務로私立宣明하校를創設ᄒᆞ고諸般經費ᄂᆞᆫ하徒父兄과동中으로自當케ᄒᆞ고校장은前參判尹用衍씨로副校장은漢城府參書官金字鉉氏로ᄒᆞ고敎師ᄂᆞᆫ張道相氏를延聘ᄒᆞ야熱心敎育ᄒᆞᄂᆞᆫ디陰十月,九日에開校式을擧行ᄒᆞ얏다더라

●李氏盛擧 江西郡草里面伊島居李濟鴻氏ᄂᆞᆫ元來有志人士로村人의矇昧홈을憫惜ᄒᆞ야同社人韓璣韓珣氏와協議ᄒᆞ고增益義資하야本洞舊齋室에普明小學校로設立ᄒᆞ야敎師ᄂᆞᆫ吳斗柄氏를延聘ᄒᆞ고學徒卅餘名을熱心敎育ᄒᆞᄂᆞᆫ대今番年終試驗에賞品을多數備給ᄒᆞ얏다더라

●日人買土調査 慶北각郡에日本人所有土地家屋과人口를調査ᄒᆞ야內部로報來ᄒᆞ얏ᄂᆞᆫ디如左ᄒᆞ니

大邱田三千三百六拾五斗落又四千九百八坪畓六百拾四斗落 日人家六十四戶人口二千五百七拾八口
尙州日人家十五戶人四拾九口
永川田八十一斗락日人家七戶
星州日人家三戶人四口
高靈답十三斗落日人家二戶人十六口
聞慶田二拾五斗落답一斗落
義城답三百二拾一斗九升落
淸道답一百拾三斗落田二百拾四斗落日人家二戶
善山日人家二戶
醴泉日人家八戶
榮川日人家一戶人三口
慈仁畓四百五拾六斗落田四拾九斗落
河陽답五百斗落日人家一戶人二口
慶山畓一千二百二拾一斗落田七百二拾六斗落日人家拾九戶人六十二口
仁同畓三十七斗落田一百三拾四斗落日人家六戶人二十三口
開寧日人家十二戶人十九口
長기田답幷四斗락日人家二戶人十四口
延日田一百八拾八斗락畓七拾二斗七升락日人家十八戶人五十八口
興海畓四百卅六斗落
慶州日人家拾一戶人廿一口
漆谷田畓幷一千七十三斗落
山坂衆松田十二萬二百六十一坪
金山田四百二十二斗락답一千六百二十一斗락日人家一百七戶人三百十四口
安東답二斗락日人家七戶人拾二口
咸昌日人家四戶人九口

▲地方消息▼

▲原州橫城春川等郡義兵이永平抱川等郡에來到ᄒᆞ야抱川日守備隊와再昨日에交戰ᄒᆞ기로宣戰ᄒᆞ얏다ᄂᆞᆫ風說이有ᄒᆞ며其戰地ᄂᆞᆫ永平郡兩門場市로定ᄒᆞ얏다ᄒᆞ고

▲楊州郡銅峴川近處에셔義兵이日兵과數時間을交戰ᄒᆞ얏다ᄂᆞᆫ대該兵의死者ᄂᆞᆫ六名이오日兵의死者ᄂᆞᆫ四名이라ᄒᆞ고

▲二十二日頃에抱川郡巡檢이義兵을偵探ᄒᆞᆯ次로楊州等地로出발ᄒᆞ다가中路回岩嶺에셔義兵을逢着ᄒᆞ야砲殺을當ᄒᆞ얏다ᄂᆞᆫ디同郡面主人도義兵의게被害ᄒᆞ얏다더라

●歲時休刊 明日은舊曆除夕인故로本報를休刊ᄒᆞ얏다가二月六日木曜에發刊홈

▲歲 除 歌 哭생

▲陽曆歲色은已新ᄒᆞᆫ대陰曆歲除가又迫이라人歌人哭ᄒᆞᄂᆞᆫ際에各其所懷ᄂᆞᆫ同ᄒᆞ지別生涯나잇ᄂᆞᆫ듯시 歷擧ᄒᆞ노니

▲大韓天地다ᄯᅥ가도더地位만鞏固ᄒᆞ면身後惡名누가알가自稱富貴第一이지歲饌封物山積ᄒᆞ니世上滋味여긔잇다時大臣의歲況이오

▲昨年歲時生覺ᄒᆞ면一時往來당결일세當時勢力어ᄃᆡ가고樞院顧問何官인가桑田碧海須臾改ᄂᆞᆫ變幻時局알수잇나遐入臣의歲況이오

▲平生所願ᄒᆞ던郡守千辛萬苦엇엇고나某大臣의恩遇이死而結草猶輕일세赴任節次催促ᄒᆞ니家人들이喜悅ᄒᆞᆫ다新郡守의歲況이오

▲積仕久勤ᄒᆞ니지뎡이官制改定에落職이라恩賜金을請求ᄒᆞ나此日彼日延拖ᄒᆞ니過歲之資沒策ᄒᆞ야妻子對홀낫시업다落仕客의歲況이오

▲省內級穀未得ᄒᆞ나日兵巡査保護ᄒᆞ니行政施令如意ᄒᆞ야安如盤石無慮ᄒᆞ다民間疾苦알것업고日行樂이無窮일세觀察使의歲況이오

▲[illegible]如[illegible]ᄒᆞ니手段이活潑氣像젼혀업다대從卒이어ᄃᆡ가며當門歲饌어ᄃᆡ갓나服裝으로典當잡혀盃酒나醉코보자辭職[illegible]官의歲況이오

▲自衛團의엇은功勞[illegible]一家거긔잇지[illegible]은[illegible]지나頭功名自期모다알ᄃᆡ갈ᄯᆡ[illegible]짓ᄉᆞ傍若無人ᄒᆞᄂᆞᆫ고나一進會의歲況이오

▲一聲砲聲나ᄂᆞᆫ곳에우리家屋焚蕩이라老弱妻孥携持ᄒᆞ고流離他鄕ᄒᆞ니世歲[illegible]ᄒᆞ고보[illegible]命혼눈물절노ᄂᆞᆫ다避亂者의歲況이오

▲萬里滄波留學ᄒᆞᄂᆞᆫ思想머ᄭᅵ고나ᄒᆞᆫ밧비工夫ᄒᆞ야우리國家차져ᄂᆞᆫ제旅[illegible]歲除夕에家[illegible]ᄒᆞᆫ留學生의歲況이라

社告

○信要錄

靑山孫海震 一圜四十五錢
驪州李達永 一圜七十二錢
鹽浦白樂濬 一圜七拾二錢
城津康鉉元 二圜拾五錢

○無信錄

[illegible]

○皆答芝社長

[illegible]

雜報

平北宣川郡印峰里私立進修學校趣旨書

大廈를支撑홈에는몬져材木을培養ᄒᆞ고材木을培養홈에는몬져森林地를擇홈과如히國家를維持홈에는반다시人民을教育ᄒᆞ고人民을教育홈에는반다시學校를立홀지니人民은國家를支撑ᄒᆞ는材木이오學校는人民을培養ᄒᆞ는森林地라今에愚昧ᄒᆞᆫ人民으로ᄡᅥ國家를維持코ᄌᆞ홈은腐敗ᄒᆞᆫ材木으로ᄡᅥ大廈를支撑홈과如ᄒᆞ고學究家塾으로ᄡᅥ人民을教育코ᄌᆞ홈은磽确ᄒᆞᆫ土地로ᄡᅥ材木을培成홈과同ᄒᆞ니엇지能히人民의智識을啓발ᄒᆞ며國家의文明을進取ᄒᆞ리오我國教育의過去狀態를論ᄒᆞ건ᄃᆡ都市로부터鄕村에至ᄒᆞ기校塾이無홈은아니나規모가一定치못ᄒᆞ고方式이具備치못ᄒᆞ야其相授受ᄒᆞᄂᆞᆫ바功令을專主ᄒᆞ야實理에昧ᄒᆞ고虛名에騖ᄒᆞ니其意見의소우홈과性行의拙劣홈이不學ᄒᆞᆫ者와無異ᄒᆞ고其或性理에從事ᄒᆞᄂᆞᆫ者ᄂᆞᆫ前賢의糟粕을膠守ᄒᆞ야小節에拘泥ᄒᆞ고時宜를不知ᄒᆞ야國家興亡을秦瘠으로視ᄒᆞ니是로由ᄒᆞ야民俗이委靡ᄒᆞ고國勢의贏弱홈이日下極度에違ᄒᆞᆫ지라

吾人等이비록退취에在ᄒᆞ나亦大韓臣民의一分子라漆室의憂가夙夜彌切ᄒᆞ야自思ᄒᆞ되天이人의게自助의權利를授與홈은以上ᄒᆞᆫ즉自存홈도已로由ᄒᆞ고自侮홈도已로由ᄒᆞ니可히偶人을恃치못ᄒᆞᆯ지라我國의衰頹홈이如此ᄒᆞ나三年의病에七年의艾를求홈과如ᄒᆞ야二千萬으로ᄒᆞ여금一朝悟悔ᄒᆞ야舊習을盡거ᄒᆞ고新智를啓發ᄒᆞ야國民된義務를知得ᄒᆞ고國民된權利를不失ᄒᆞ면天이반다시禍를悔ᄒᆞ야國運을挽回ᄒᆞᆯ日이有ᄒᆞᆯ지니此를爲코ᄌᆞᄒᆞ진ᄃᆡ教育을舍ᄒᆞ고何에求ᄒᆞ리오然ᄒᆞ나教育은雖然이國內에普及홈은實로難能의事ㅣ나亦可一鄕으로부터始ᄒᆞ리라ᄒᆞ고相與奮발ᄒᆞ야同志를糾合ᄒᆞ야一校를創立ᄒᆞ고進修라命名ᄒᆞ니進德修業ᄒᆞᄂᆞᆫ義를竊取홈이라

大抵教育의目的은人의品性을陶冶ᄒᆞ며生活上必要ᄒᆞᆫ智識技能을授與홈에不外홈인즉品性陶冶홈은忠君愛國의心을養홈이니德의進ᄒᆞᄂᆞᆫ徵驗이오智識技能을授與홈은富民強의基를作홈이니敎와修ᄒᆞᄂᆞᆫ結果라嗟我同志ᄂᆞᆫ生徒는名을顧ᄒᆞ고義를思ᄒᆞ야本校로ᄡᅥ森林地를作ᄒᆞ야根本을實際中에固樹ᄒᆞ고枝葉을實業上에발揚ᄒᆞ야大廈를支撑ᄒᆞ기可ᄒᆞᆫ棟량의材를成ᄒᆞᆯ지어다

발起人 李寅鐸 金鳳周

廣告

●云是虛傳 本報第七百十五号雜報欄內에胡不均分이란題下에自衛團委員等이義兵의執穀ᄒᆞᆫ거술運出給ᄒᆞᆯ時에討索ᄒᆞ야二百餘元을分食이란說은虛傳이라더라

尹致旿氏의故夫人李淑卿氏를紀念ᄒᆞ기爲ᄒᆞ야女學校를擴立코져ᄒᆞ오니此意를贊成ᄒᆞ시ᄂᆞᆫ僉君子ᄂᆞᆫ來月四日(陰正月初三日)午後七時에磚洞普成專門學校로齊臨ᄒᆞ심을仰要홈
발起人 石鎭衡 李甲 鄭雲復 告白

本人의名圖一字陽刻圖章을一月二十七日路中서失故玆仰佈京鄕은照亮홈
南署남井洞朴膺胤 告白

錦山錦面普通學校今番試驗에諸生徒等級을玆에公佈홈

金濟順 金賢植 李文學
任亮회 金泰球 金圭徹
金泰淵 安昌元 文星
朴贊成
以上一班優等生
金甲현 金宗九 朴贊文
金澤植 金星俊 林元회
金昌局 金濟均 金福壽
盧榮夏 任商회 任商元
以上二班優等生
金聖寬 金顯俊 金龍文
以上三班優等生
校長朴恒來 告白

獎學月報社 特別廣告

第二回成績은陽二月五日內로新聞에廣布ᄒᆞ려ᄒᆞ엿더니陰曆歲時가相値되와考評日字가遲滯되기로十日內로廣布ᄒᆞ깃습

第三回問題
論說 小說은不爲懸題홈
詞藻 勸學
作文 新學舊學의關係
歷史 王仁의事蹟
地理 五江의水源과支派를論ᄒᆞ라
謎語(수수적기)
(一) 잠입고춤ᄒᆞᆫ것
(二) 살어도발셔죽은것
(右二問題ᄂᆞᆫ各其漢文一字로答홈)
算術 (一) 年利七分을每年末에元金에加入ᄒᆞ면幾個年月日을經ᄒᆞ여야二倍가될가
(二) 四千七百十六個를九百分ᄒᆞ면幾何오

本社에셔左開三處에支社를設立ᄒᆞ앗사오니該地附近應募會員은該氏에게로直接交涉ᄒᆞ심을
平壤 盧麟奎(南門內)
開城 崔基鉉(孟東義塾)
釜山 金灌泰(佐川藥局)

本辯護士가事務所를移定于南署下茶洞十八統七戶ᄒᆞ얏ᄉᆞ오니玆以仰佈홈
辯護士 金鎔濟
事務員 朴宗根

前參奉金恒善改以鼎善事
前參奉姜桑亨改以桑醫亨
前參奉박點善改以酪善事
김鼎善等 告白

前參奉李容鎬改以容鎭
前參奉金永根改以亨植
前參奉趙在根改以宰根
李容鎭等 告白

前參奉洪鎭杓改以甲杓
前主事李在熙改以哲熙
前參奉朴衡鎭改以衡璡
洪甲杓等 告白

奇術學 全 定價 十錢

元泳義氏校閱 宋致用氏著述

此書ᄂᆞᆫ理化學의應用과活智識의啓발로學界上迷津寶筏을編成홈

發賣所
鍾路 中央書館 大東書市
全 古今書海館
大廣橋東邊 회東書館
南門外紫岩 新舊書林
南門內尙洞 淳文書館

本人이書舖를另設ᄒᆞ고新舊書籍을具備ᄒᆞ와廉價放賣ᄒᆞ오니有志ᄒᆞ신僉君子ᄂᆞᆫ來臨購覽ᄒᆞ심을望홈
元山上里二洞芸香館金舜命 白

仁川花島二統七戶本人의地契文券셔失故玆以廣告證某拾得이라도休紙施行홈
林谷大 告白

東署仁昌坊祭基里九統一戶五拾圜草命五間金櫃證券一張을今月二十三日逢賊時에見失ᄒᆞ엿사오니誰某던지休紙施行홈
金희德子應均 告白

本人姓名章至月晦日上京中서失故別樣新造而舊章歸之無効玆以廣告 僉君子照亮放要
善山郡草谷居朴昌燮 白

일본졍부뎨됴연초
한국일수방미
동아연초쥬식회샤

●廣告

本書館에셔文明을發達ᄒᆞ기爲ᄒᆞ야今에內外國書籍과各種教科書類를購買ᄒᆞ야發售ᄒᆞ오니購讀ᄒᆞ실僉君子ᄂᆞᆫ陸續購覽ᄒᆞ심을務望

最新書籍發售目錄
東西洋歷史 各種
東西洋地誌 各種
政治學 各種
法律學 各種
經濟學 各種
算術書 各種
內外國地圖 各種
修身書 各種
[illegible] 各種
學校用品 各種

此外에도各種書籍이具備ᄒᆞ옵고書籍及名片도印刷ᄒᆞ옵ᄂᆞᆫᄃᆡ與他廉歇ᄒᆞ게酬應ᄒᆞ깃ᄉᆞ외다
京城南署銅峴(구리개)

學部認可 博學書館 告白

家庭雜誌

每月五日發行一冊五十頁定價金十錢一年先金九十六錢

本雜誌ᄂᆞᆫ純國文으로發行ᄒᆞ와家庭教育界에大光明을放ᄒᆞ옵더니[illegible]

發賣所 各有名書店
布屛下敗學書舖內家庭雜誌社 告白

漢城鍾路萬國基督教青年會舘前慈惠藥房 製藥鑑查人濟衆院醫學員洪錫厚朴慈惠李觀化告白

本人等이米國大학醫院處方을大醫學士魚丕信시에게受業ᄒᆞ고醫學校長勵五等池錫永시에게有効證明書을受ᄒᆞ고左記낙種을製造ᄒᆞ야外國賣약規模을依ᄒᆞ야紙匣洋鐵匣琉리甁에盛ᄒᆞ야全國內地各處약店에廣賣ᄒᆞ옵고濟衆院英書醫譯를我國漢文으로飜譯ᄒᆞ야名稱西약便方이라ᄒᆞ고발賣ᄒᆞ오니四方僉彦中濟衆院낙을數拾年來經驗信用ᄒᆞ신兄弟는不拘약之多少ᄒᆞ고不拘路之遠近ᄒᆞ고日々以書請買ᄒᆞ시면本人은雖拾錢價値약이라도以小包郵便으로仰呈ᄒᆞ오리니낙封定價外郵稅十젼을加送ᄒᆞ시되小數젼은郵票十젼ᄌᆞ리를ᄉᆞ셔보니시고買낙家에서는多數買去ᄒᆞ시면郵便局換錢票를買送ᄒᆞ시오且本藥房에米國(멀포드)製낙會社낙과(암줄)製낙會社낙과德國(만ᄒᆞ임)製약會社약品을直輸入ᄒᆞ야德語英語로記ᄒᆞᆫ方文과主治와用法을我國漢文으로飜譯발賣

商標

補益丸　食思振起 筋力活潑　第一老衰男女의補血益血

定價表　拾日分 三十個入 金一圜　二十日分 六十個入 金一圜七拾五錢　三十日分 九十個入 金二圜五拾錢

靈妙解瘧丸　主治大補元氣能調陰陽男子陽萎不起女子月經不調手足厥冷虛弱失氣久病入蘇完되는効力이大勝於鹿茸蔘人蔘滿劑　一日分定價金拾錢此藥은大人小兒長瘧과初瘧腹瘧에이服用ᄒᆞ면更不再發

蛔虫丸　一日分定價金拾전此藥은大人蛔積小兒蛔病의神効

回時感冒丸　一日分定價金拾전此藥은感氣몸살의쓰는藥인데一日進服ᄒᆞ면即時毒感上下肢節頭痛에即時解熱鎭痛

男女瘡疾祛根藥　定價金五圜此藥은瘡疾의一期二期를勿論ᄒᆞ고거ᄂᆞ도독약을쥬는대日痯과구역도아니나오

清明眼藥　一日分定價金拾錢此藥은火眼熱眼의多有奇効

無惡臭疥瘡藥　定價金四拾전此藥은疥전虫을卅分內撲殺

鎭咳藥　五日分定價金三拾錢此藥은四時尋常性咳嗽에有效ᄒᆞ고特히老人哽咳에消痰止咳

寸虫發根　定價金二拾錢有鉤寸虫無子寸虫當場殺出

止足汗藥　二十日分定價貳拾錢此藥은德國軍人常用除足汗臭

小兒實散　定價금拾五전小兒服藥감긔食滯他症을聖藥이나

瀉腫根治膏　定價금十五전此낙面腫과頸腫에直差

大腫發根合瘡膏　定價금十五전此약은男女勿論ᄒᆞ고風寒暑濕으로發腫되며大毒搔痒ᄒᆞᆯ때奇効

漢城百應膏　一封定價金十錢此약은舊약醫士李信友시方文으로製造ᄒᆞᆫ藥인데멍우리잘풀리고각項腫氣에발根合瘡이速히되는奇藥인데大洋鐵匣入一個금五十錢

小兒感冒靈効散　定價金十錢

癘氣神効保嬰散　定價금十二錢五厘

歐米各國專賣特許石油發動機及自行車精米機械及附屬品一切販賣

今回諸君子의便利ᄒᆞ기爲ᄒᆞ야本店을左記處로移接ᄒᆞ엿사오니照亮하심을伏望

直輸入商 京城南大門外 韓國代理店中根商會

新刊國文 定價金拾伍錢

發賣所 京城南門內 布屛下 김相萬 冊肆

瑞士建國誌　定價金新貨拾五錢

此冊은政治小說이니志士의救國救民ᄒᆞᄂᆞᆫ思想과人民의愛國精神을發成하ᄂᆞᆫ대緊要ᄒᆞᆫ冊子오

發賣所　▲大韓每日申報社　▲仁川港栢峴　▲中署布屛門下　▲平壤鍾路內　▲鍾路　▲洞口越便　▲鍾路　▲大廣橋　▲銅峴　▲開城

匯新書肆　金相萬書肆　敎育書館　古今書海館　中央書館　大東書市　匯東書館　博文書館　姜助遠 冊사

▲新刊書籍發售廣告

增修無寃錄 太全 國漢文 定價金 拾五錢

大韓法規類纂洋裝 三圜五拾錢 郵稅四拾錢

初等倫理學敎科書 二拾錢

初等衛生學敎科書 二拾五錢

國家學綱領 拾五錢

國民必知 八錢

愛國婦人傳 張志淵氏著 十五錢

發賣所 京城布屛下 金相萬書舖

◎**商業學**　張志淵氏述譯　一冊定價金四十錢

발賣所 中署布屛下廣學書舖　南門內博文書館　동口中央書館　鍾路大東書市　廣學書舖 告白

學徒洋裝冊冊學徒運動用諸具 羅紗各種 美國金鷄蠟 洋服裁縫其他雜貨도廉價放賣ᄒᆞ오니諸君子는來臨ᄒᆞ심을望ᄒᆞᄂᆞ이다 仁川港 奇峴 新商肆

●**大韓國新발明靈藥廣告**

陸軍副領金守鉉君實驗方劑에陸軍副領張基茂君有効證明으로淸心保命丹을발明인바効能은如左ᄒᆞ니僉君子惠試爲望

淸心保命丹

本舖 仁川港栢峴 濟生堂

●主治効能 ●痰飮 ●食滯 ●中暑 ●中寒 ●咳嗽 ●腹痛 ●不土不服 ●氣鬱 ●吐瀉 ●船車乏暈 ●食傷 ●酒醉 ●口熱 ●其他諸般運氣厲疫貨不妙藥

발行人 仁川港栢峴 濟生堂 李

代理店 京城鍾路 共愛堂藥房　特約店 京城銅峴 李信華洋藥局　同 銅峴 姜益亨冊舍　同 南門外 廣濟藥院　同 仁川內 韓昌根　同 仁川 和平藥局　開城南門內 朴圭恒　同 忠橋 具慶植　水原鍾路下 金光九藥局　海州宗路 元亮植　同 宗路 宋根浩　延安邑內 趙汝文　江華鍾路 宋順東　同 邑西門外 高成植　長湍南門內 崔健植　盈山砂利院場內 林在九　平壤南門外 李在守　全 耶蘇教堂內 李東根　全 韓醫院 崔昌化　全 紅門洞　全 文武洞 金聖弼　全 殿君 金桂宣　全 客舍洞 朴聖天　全 金元榮藥舖　鎭南浦 朴昶俊　信川邑北門 金斗鉉　載寧邑四里 大同運輸會社　京南大門外 天佑堂　全泥峴郵便局前 勸客主內　三水郡仲坪里 濟生局林景杜　安岳邑上場里 김成浩　大邱南門內 還동客主佑家　釜山港草梁 도리김大房　安州城內 義回春藥局　義州南門外水井洞 和吉堂　此外에도現代에俱備ᄒᆞ문明각局有名

學員募集廣告

本校에서新學期를際ᄒᆞ야法律學及經濟學專門科學員을募集ᄒᆞ오니願ᄒᆞᄂᆞᆫ人은左記試驗定期內에本校用紙로써入學請願書를提出홈을要홈 但右學科ᄂᆞᆫ夜學으로만募集홈

◎修業年限 三학年　◎入學年齡 十八歲以上　◎學科目 法律學全部 經濟學全部 校規則 備在本校　◎試驗日字 二月廿五日(陰曆戊申正月廿四日)　◎試驗科目 歷史及地誌問對(內國及外國)讀書及作文(國文及漢文)算術(四則以內) 但官公私立學校의普通科以上卒業證書가有ᄒᆞᆫ人은其學力을檢定ᄒᆞᆫ後免試入許홈　◎開學日字 三月五日(陰曆二月三日)

隆熙二年一月十日　漢城中署寺洞普成專門學校

本社廣告

○中報價　一張代金 新貨二錢五釐　一個月前納 三十錢　三個月 九十錢　六個月 一圓七十錢　一個年 三圓四十錢　郵稅一張 新貨五厘　一個月 十三錢

○廣告料　每號活字十三字詰一行(每日發行六頭에相當)一寸에新貨拾五錢　二個月에 二圓五十錢　一個月에 五圓

外國人이日本大阪商業家와貿易等事를하고日本內地商業品及機械物品等을委託ᄒᆞᆫ便利케ᄒᆞᆫ

漢城每日申報社廣告部

中署布屛門下 平壤上水口門內

大韓每日申報支社 金相萬書舖　金浩善　仁川栢峴新商肆 李東錫　富川邑 安澤　義州西門外 徐炳鎬　釜山港佐川藥局 大興號　三和港龍洞 金元植　咸興南州社西門 曺喜林　開城南大門外 趙一弘　大邱市廳 劉慶澤　鐵山邑 安主　元山倉洞 劉七鎬　海州南門內 朴昌鉉　定州南門內 洪成仁　昌城郡校 許柱　郭山興岩書舖 李鍾瑞　安岳郡 張道彬　德川邑 金鳳河　寧邊邑 金錫大　高原邑 趙錫大　井邑 朴致吉　茂朱邑 李承來　康翎邑 金禹鉉　廣梁灣 金鼎濟　長湍邑南門內 李長坊　殷栗邑 崔敬淳　古阜邑 金泰學　群山港東彰社 宋鍾漢　龍川楊市 宋炳奎　車輦館 黃翊保　清州南門內 金明仁　　末斗鉉

發行兼編輯人 英國人 裵說　發行所 大韓每日申報社

漢城鍾路慈惠藥房告白 現今二十世紀文明時代深處窮谷僻巷之兄弟姉妹買藥無路… 死者至於回生之道 … 家々自在

第六卷

大韓每日申報

第七百卅三號

月曜及慶節 臨時日休刊

檀君開國四千二百四十一年
箕子元年三千三十年
大韓開國五百十七年
日本明治四十一年
淸國光緒三十四年
陰曆戊申正月大初五日辛卯

論說

●新聞界影響論批評

嗚呼라國民記者여天賦良心이忽現하얏는가權利思想이忽發하얏는가日노政府나諂頌하며日노日本이나趨附하던魔吻中에忽然束縛詆抹의悲境을擧하야新聞界影響論이라題하고韓日當局者를慫慂하고其至於執筆者嘔血處라고自嘆하얏는대本記者가此語에對하야一哭一笑하며一憤一痛하도다

夫今日韓國과如히新聞을束縛하는國이曾有하가一字를排擊하며一言을蹂躪하야至謹至愼의態度로前瞻後顧하야萬口共傳하며萬目共觀하는時耗도揭載치못하고含糊등으로能事를作하야도翌日報面에鳥鵝가亂飛하며若彼國民大韓等報는只是趨時附勢로目的하야保護를福音으로認하며壓制를極樂으로觀하건만尙且其報欄中에往々幾行罨殺이有하니慇夫라韓國言論界의苦痛이여古詩에云한바「笑啼俱不敢、始覺做人難」의悲境에陷在한時代니彷觀者도扼臂一嘆을不覺하깃도다

然이나國民記者의此論을提出홈은其意가果然何에在한가彼가其胸中에愛國熱血이沸湧하건만은條例의苛酷을由하야不能瀉하며其筆下에救時政策이縱橫하건만은檢閱의酷을因하야不能言하는故로此悲語를發하얏는가曰否々라古人이云호대君子는素富貴하얀行乎富貴하며素貧賤하얀行乎貧賤이라하얏는대彼則素魔頭하야行乎魔類하는者라檢閱이有하야도魔談而已며檢閱이無하야도魔談而已라魔談은一般이거늘檢閱을怨咎홈은何故인가昔者에姜弘立이淸國에投降하야恒常淸主를說하야曰我에게强兵十萬을借하며朝鮮攻城에長驅直入하야八道山河로君의附庸을作하며三韓人民으로君의刀俎에供하리라하더니淸主曰君은朝鮮人으로朝鮮을如此仇視하나냐하얏다하더니

今彼國民報의一張紙는卽姜弘立의十萬兵이라[illegible]을藏하고邪說을日唱하야韓國의生機를斲傷하고日人의志를迎合하되彼가尙今自由言權을不得한故로如此怨望을加하얏도다

嗚呼라國民記者가果然自由의希望이有할진댄但只國魂을絕叫하며民氣를振作케하야葵心이向陽하듯시百川이東折하듯시一日十二時와一月三十日과一年十二月과百年三萬日에純粹的愛國心으로其筆을禿盡하면設或當場의壓制力이有할지라도前後頭[illegible]壓抹한新聞紙를발行하야도一般覺者도同情을表하야一字壓抹에萬淚가同滴하며一句壓抹에頑胸이俱痛하야自由鐘聲中에頑夢을盡醒하고獨立二字로性命을作하야民權이既完하고國權이既復하면言權은不求自還하리니何必區々狀態로他人의게仰乞하리오雖然이나佛經이牛耳에不入하니吾言이妄矣로다마는姑且慈悲所발에野狼을爲하야說法하노라

官報

●第三千九百拾九號　隆熙二年二月五日

敍任及辭令

日本國樞密院議長陸軍大將公爵　山縣有朋
日本國內閣總理大臣侯爵　西園寺公望
特敍大勳位賜金尺大綬章
日本國侍從長侯爵大勳　德大寺實則
特賜瑞星大綬章
日本國內務大臣　原敬
日本國大藏大臣男爵　阪谷芳郞
日本國海軍大臣男爵　齋藤實
日本國司法大臣　松田正久
日本國文部大臣男爵　牧野伸顯
日本國遞信大臣　山縣伊三郞
日本國農商務大臣　松岡康毅
日本國樞密院顧問子爵　末松謙澄
特敍大勳賜李花大綬章
日本國皇后宮大夫伯爵勳一等　香川敬三
日本國式部長伯爵勳一等　戶田氏共
日本國內藏頭子爵勳一等　渡邊千秋
特陞敍大勳賜李花大綬章
日本國式部官外事課長勳一等　山口勝明
特賜太極章
日本國侍醫局長醫學博士　岡玄卿
特敍勳一等賜太極章
日本國東宮侍從長　木戶孝正
日本國內匠頭工學博士　片山東熊
日本國內苑局長子爵　福羽逸人
特敍勳一等賜八卦章
日本國海軍大佐　財部彪
日本國內匠助伏見宮別當　馬場三郞
日本國東宮主事　桂潜太郞
特敍勳二等賜太極章
日本國海軍大佐勳三等　大澤喜七郞
日本國大膳亮主殿官男爵勳二等　萬里小路正秀
特陞勳二等賜太極章
日本國陸軍騎兵少佐　渡邊爲太郞
日本國海軍少佐　田中治平
日本國海軍中佐　林原[illegible]一
日本國海軍機關中佐　奧村次郞吉
日本國海軍中佐　荒川仲吾
日本國主馬助　菊池末太郞
日本國宮內大臣秘書官　近藤久敬
日本國警視　岡田文次
特敍勳三等賜太極章
日本國式部官伯爵　小笠原長幹
日本國海軍軍醫少監　海上仁壽
日本國海軍主計少監　池田[illegible]
日本國海軍大尉　[illegible]田幸太郞
日本國海軍機關少佐　平岩[illegible]
日本國海軍大尉　名越士郞
日本國海軍軍醫大軍醫　佐川安治
日本國警視　太田政弘
特敍勳三等사八卦章
日本國陸軍步兵大尉　鈴木謙太郞
日本國海軍大尉　[illegible]崎友[illegible]
日本國海軍大主計　馬場金吾
日本國海軍機關大尉　小西省三
特敍勳四等사太極章
日本國海軍中尉　小倉[illegible]
特敍勳四等사八卦章
日本國陸軍步兵中尉　牛井俊明
日本國陸軍步兵中尉　[illegible]大人
日本國海軍中尉　宮部光利
日本國海軍軍樂長　赤崎彦二
日本國海軍中尉　前田安吉
特敍勳五等사太極章
未完

外報

●鐵道敷設　路透電을據한則彼得堡來電에日俄國交通大臣이西伯利亞鐵道線路敷設案을議會에提出하얏는대其經費는一千五百七十三萬二千磅으로豫算하고工役은千九百拾一年부터着手할豫定이라더라

●間島의巡査派送　奉天電을據한則吉林에서武장한巡査二百名을間島에派送하얏다더라

●議會에敎書送致　倫敦電을據한則紐育來電에曰美國大統領이來金曜日로써重要한敎書를議會에送致할터이라는대其內容은政府官吏가疾病에罹하거나或負傷或死亡하는境遇에關한法律制定을要求홈이라더라

●濠洲國民兵　路透電을據한則濠洲聯邦國의國務大臣도마스에우인氏가上議院에國民兵案件을提出한바內容이如下하니男子十二歲로부터十八歲까지는學生으로定하고十八歲부터二十六歲까지는國民兵을召集하야八個年을豫定하고二拾一萬四千人을訓鍊하기로定하고其經費는國財로用할다하얏더라

●匪徒討伐　上海電을據한則總督端方氏는匪徒討伐하기爲하야南京에在한征隊第拾八聯隊를浙江에派遣하고[illegible]第三十六聯隊[illegible]에江蘇로派遣하엿다더라

●黑龍鐵道敷設　俄國에서黑龍江에鐵道敷設을計畫하야[illegible]바를依하니二千一百四十一俄里에鐵道敷設할金額이二億二千四百四拾六万四千留인대本年度에支出할金額이九百萬留이라더라

●日本의開戰準備　紐育電을據한則該地에서發刊하는월드新聞에揭載하얏스되美國政府에서日本이呂宋諸島를襲擊할準備中이라는秘密報告를接하고現今마닐라港에砲臺建築하기를急忙히하며該港에軍需物品을多數히輸入하야太平洋艦隊의回航하기를苦待하는디此는大統領의豫備하는計劃이라하얏스며法國巴里에在한파로旦新聞에論說로揭載하얏스되日本艦隊가只今何處에在한지오하고日本이開戰할意向이有한것을論하얏는디俄日戰爭時에旅順港을不意에襲擊한事를引証하얏다더라

雜報

●女校試驗　永興郡에興學校側舍에貞義塾을設立하얏는대本月卄五日에年終試驗을經하얏는데時該邑內李龍甫氏의令女李淑화가年才拾二에高等小學及養蠶算術諸課에優等에居하고次等은리淑媛等八媛이라賞品을多數히施與하엿다더라

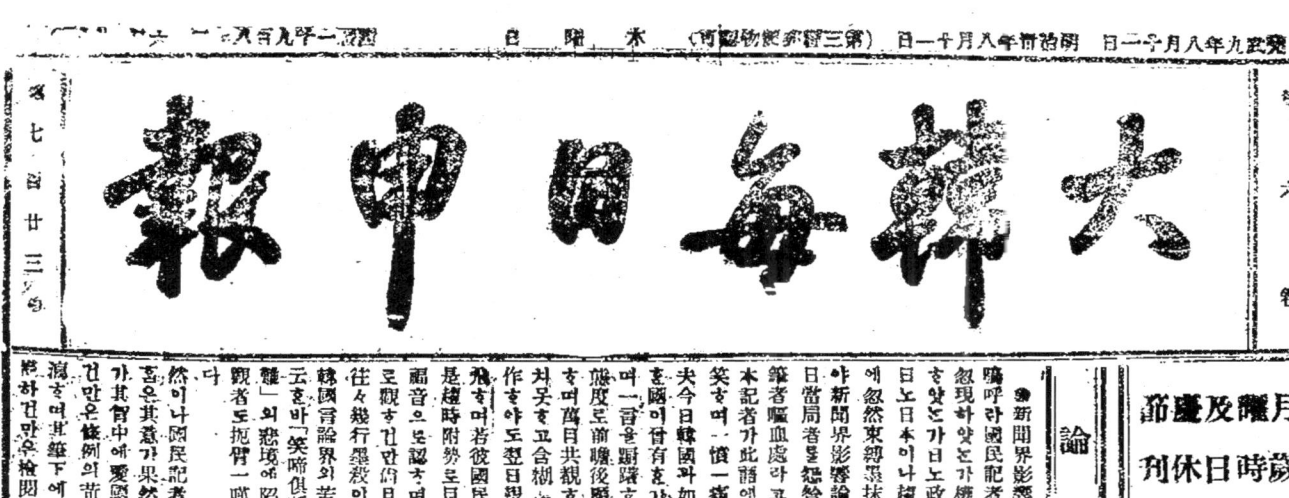

●廣成開校　西署衛坡下踏碑洞에廣成학校를新建하고日語敎師[illegible]金治씨가학徒에賞品을自備하야敎授하는고로余命俊리根潑兩氏가熱心贊成하고其學徒의義捐金이二十餘圓에達하얏다더라

雜報

●宮大復命 宮內府大臣李允用氏가本月三日下午二時量에入城ᄒᆞ야當日詣闕復命ᄒᆞ고太皇帝陛下께도卽時陛見ᄒᆞ얏다더라

●鐵道權設 日昨에大院王緬封時에新舊園所兩處에鐵道를敷設ᄒᆞ얏는ᄃᆡ所入額이六百圜이라더라

●無厭禁止 度支部에셔前議政府로移接홈은累々報道ᄒᆞ엿거니와議政府ᄂᆡ에 御前會議時에 皇帝陛下께옵셔親臨ᄒᆞ시는殿에座를設置ᄒᆞ엿는ᄃᆡ日本人이無嚴히升座홈으로省記官某시가禁止ᄒᆞ엿다더라

●二君訪問 完興君李載冕시와完順君李載完氏와永宣君李埈鎔氏가再昨日에宮相李允用氏를訪問ᄒᆞ고龍山李址鎔氏私邸ᄭᆞ지前往ᄒᆞ얏다더라

●名啣同傳 法部大臣趙重應氏는名啣一度를內部大臣任善準氏書簡中에同封ᄒᆞ야本月一日에閔宗植氏의게送致ᄒᆞ얏다더라

●往訪閔氏 總相李完用氏와內大任善準氏가陰曆去月二拾七日에閔宗植氏를訪問ᄒᆞ얏다니何思想인지未知거니와其關酢를ᄒᆞ얏다는說은詳探更載ᄒᆞ깃노라

●宮大迎接 宮ᄂᆡ府大臣리允用시가三昨日에歸國ᄒᆞ얏는ᄃᆡ總理大臣以下各部大臣과宮ᄂᆡ府高等官諸시가南門外停車場에出往迎接을ᄒᆞ얏다더라

●總相演說 別項과如히報聘大使리允用시가本月三日에入城ᄒᆞ얏는ᄃᆡ總理大臣리完用시는同日에水原郡에前往迎接ᄒᆞ엿다더라

●農大歸期 日本에滯在ᄒᆞᆫ農相宋秉畯시는四月上旬頃에還國홀豫定이라더라

●困사히心 日本으로來人의傳說을據ᄒᆞᆫ則農相宋秉畯시는困境을當ᄒᆞᆫ다는ᄃᆡ其理由인則何事件으로軍隊를解散ᄒᆞ엿는야ᄒᆞ고國會에셔現今質問ᄒᆞ는中이라더라

●再次歲拜 各府部官吏들이主務長官에게陽曆歲拜하고陰曆歲拜를又行ᄒᆞ엿는ᄃᆡ一年에再次歲拜는初有ᄒᆞᆫ事이라고ᄒᆞ더라

●ᄂᆡ大訓諭 ᄂᆡ部大臣任善準시가昨日에新任郡守와各道事務官을招致ᄒᆞ야行政上에關ᄒᆞᆫ事로訓諭도ᄒᆞ고訓示一張式을分給ᄒᆞ얏다더라

●公私胡異 某官人이總理大臣李完用시와談論ᄒᆞ다가新舊兩歲首中에施行必要를評問ᄒᆞᆫ즉總理大臣이答ᄒᆞ되 皇室에셔는陽曆을施行ᄒᆞ시여리도吾輩는舊曆을實施코ᄌᆞ하얏다더라

●官數爻 日本人으로官吏敍任ᄒᆞᆫ統計表를據ᄒᆞᆫ즉判任官이一千三百名이오奏任官이五百名이라더라

●胡不解散 宮大리允用시가日本에발程홀時에一進會를卽爲解散시키라고ᄂᆡ閣에電報ᄒᆞ얏다는ᄃᆡ解散令은尙未頒布ᄒᆞ얏ᄂᆞ니其理由는不知ᄒᆞᆯ겟다고一般世人이疑訝ᄒᆞᆫ다더라

◉亡命客의末路手段

亡命客諸시가當初에는國家主義로ᄒᆞ엿든지不知ᄒᆞᆯ바어니와近日소문으로見ᄒᆞᆯ진대決코希望을둔바라는現殊ᄒᆞᆫ니識者의龜鑑을供ᄒᆞ기위하야此를証據하노라

歸國ᄒᆞᆫ에後事爲가一身의口腹을爲ᄒᆞ야現ᄂᆡ閣을誘說ᄒᆞ야各家宅을運動ᄒᆞ엿는ᄃᆡ其結果는第一有力ᄒᆞᆫ人은旣往 皇帝勤篤時御宿所ᄒᆞ시든行宮과當宮屬들守直料로編成ᄒᆞ얏든田土ᄭᆞ지(秋收七拾石假量)幷하야点有ᄒᆞ엿고又一人은旣往其共同的으로成立ᄒᆞ엿든公有倉庫와如干附屬土地(田四五日耕)를点有ᄒᆞ얏고又一人은現今龍洞宮를点有홀計畫으로運動에出沒ᄒᆞ고또此亦不足ᄒᆞ야機密金을得食ᄒᆞ는ᄃᆡ三人은每月每人에百圜이오六人은每月에七十圜式得食ᄒᆞᆫ다는說이有홀뿐더러모씨와協議ᄒᆞ야攝政大臣의運動을着手中이라는說도藉々ᄒᆞ더라

●普告家廟 日昨에帝室顧度監査院卿金允植시는自家祠宇에從今以後로는忌祭와茶禮는永爲廢止ᄒᆞ고春秋兩季朔에時祭例로行ᄒᆞᆫ다고普告ᄒᆞ엿다더라

●民無所歸 南署屯芝山居民一百四十餘戶가本軍用鐵道개設入ᄒᆞ야家屋毀撤ᄒᆞᆯ가를督如星火ᄒᆞ는故로該民等이家屋移建基址를認許ᄒᆞ라고昨日漢城府에呼訴ᄒᆞ얏다더라

●竊負而逃 京畿觀察使李圭恒시가ᄂᆡ部로報告ᄒᆞ되豊德郡德勿산에人民이私自奉安ᄒᆞ온莊祖皇帝位牌는理安ᄒᆞ옵고崔將軍畫像은燒火ᄒᆞᆯ事로指令을奉準ᄒᆞ와轄飭該郡矣러니今接所報ᄒᆞ온즉位牌는埋於齋峰臺精潔處ᄒᆞ고崔將軍後孫仁澤者가寫偷於山下里이옵더니聞崔像燒火之說ᄒᆞ고暗夜竊逃ᄒᆞ야搜索不得이옵고神祠數拾間毁온待春伏撤計等因이온바崔仁澤은期於嗣捉ᄒᆞ야毁燒崔像ᄒᆞᆯ意로嚴飭ᄒᆞ얏ᄉᆞ오며神祠材瓦는該郡公立普通學校에付屬補用케ᄒᆞ옵고玆以報告ᄒᆞ라ᄒᆞ얏더라

●果是祝福 法部門外電杆木에祝新年이라書頭에橫書ᄒᆞ고其下에三行으로書ᄒᆞ되義州判事鄭海運裁判主事리明善齋富多男子라ᄒᆞ고揭付ᄒᆞ얏는ᄃᆡ何許人에所付인지未知라더라

●宿料配定 農商工部에셔入直ᄒᆞᆫ韓日兩國官吏로配置ᄒᆞ얏는ᄃᆡ直宿料를每日每人에게五十錢式支給ᄒᆞ는대大廳直이도支給ᄒᆞᆫ다더라

●緣閔押李 警視廳에被囚ᄒᆞᆫ閔元植氏를現今秘密訊問中인ᄃᆡ該氏가舊臘에平山等地에셔留連ᄒᆞ얏다ᄒᆞ야該郡居李[illegible]泰某氏를押上하얏다는說이有ᄒᆞ더라

●夫人先放 警視廳에被囚ᄒᆞᆫ閔元植시의夫人은舊十二月晦日에放釋이되엿다더라

●僞造被捉 五拾전二十전五錢五厘貨幣僞造者朴[illegible]等七名을逮捕ᄒᆞ고器械을押收하얏다고太田警署長이ᄂᆡ部로電報ᄒᆞ얏다더라

●寄宿執行 大東寄宿館을維持ᄒᆞᆯ方針으로紳士들이株式會社를發起組織ᄒᆞ엿다가何事件을因홈인지閔泳徽시의私家屋을執行ᄒᆞᆫ다는說이有ᄒᆞ다더라

●氷上運動 二月拾一日에平壤大同江氷上에日人이大運動을行ᄒᆞ는ᄃᆡ餘興으로烟花氷上에自轉車를競走ᄒᆞ엿다더라

●竊盜忽飛 本月三日에警視廳訊問課에셔強盜犯及竊盜犯朱鳳石朴啓煥金근用리國運等四名이穿壁逃躍ᄒᆞ얏고水原警務署에셔는去三十一日에在囚罪人七名이逃躍ᄒᆞ얏다더라

●學界奴習 학部에셔各普通學校敎員을選擇改差ᄒᆞᆫ다稱ᄒᆞ고該郡官吏中某々氏와普通學校長某々氏가連勝接肚하야敎員의資格과勤慢은勿論ᄒᆞ고以親疎로從中幻弄ᄒᆞ야十餘年式敎育에從務하던某々三人을大臣과次官의게何樣毁言ᄒᆞ얏던지無故除汰ᄒᆞ고其他敎員의俸給도亦以幾쇼로七級에拾七圜或二十圜을陞級ᄒᆞ며六級에二十二圜或二拾五圜을陞級ᄒᆞ야大不公平ᄒᆞᆫ故로各敎員들이心氣鬱拂ᄒᆞ야或請願退去ᄒᆞ기를擬議하는人이有ᄒᆞ다더라

●義陣尙屯 楊州郡旺方山과抱川等地에義兵이退去ᄒᆞ얏다더니該近地來人의傳說을據ᄒᆞᆫ즉尙今屯聚ᄒᆞ야居民의게는秋毫不犯하고軍糧은京城各人의秋收租包로繼食ᄒᆞᆫ다더라

●義兵苦況 東來人의傳說을聞ᄒᆞᆫ즉抱川郡駐在義兵들이單袴를着ᄒᆞᆫ者過半하야寒苦를不勝ᄒᆞ고其朝夕飯인즉一塊의飯에鹽少許뿐이라其苦況은令人難堪이라더라

●全家賊禍 數日前에桂동金東暨氏家에賊漢이突入ᄒᆞ야其夫人을蒙被結縛ᄒᆞ고家產什物을沒數搜去ᄒᆞ얏다더라

●學校試驗 去一月二十日에長湍私立長薰學校에셔日語夜學課卒業試驗을經ᄒᆞ얏는대優等生은李應均崔誠愚諸氏라더라

▲地方消息▼

▲洪原田淵社에義兵八拾名이屯聚홈으로日兵五拾名이討伐次로入去ᄒᆞ더니義兵이日兵의入來홈을探知ᄒᆞ고대伍을整齊하고二拾名만本地에駐屯ᄒᆞ고三十名式分대하야猛烈히交鋒ᄒᆞ얏는ᄃᆡ勝負는未詳이라ᄒᆞ얏고

▲北靑郡書社에義兵數百名이屯駐ᄒᆞ얏는ᄃᆡ日守備대兵五六拾名이討伐次로往赴ᄒᆞ나該義兵은산砲善手라日兵이對敵키難ᄒᆞ다라ᄒᆞ고陰去月末에日本馬軍百餘名이ᄂᆡ山厚峙嶺에驅往ᄒᆞ야義兵과數次交戰ᄒᆞ얏는ᄃᆡ馬兵이二分一이回還치못하얏다ᄒᆞ고

▲甲山熊耳社에義兵五六百名이北靑ᄂᆡ山社義兵과星岱社義兵과泥谷社義兵과連合ᄒᆞ야勢甚熾盛이라ᄒᆞ고

▲三水郡義兵과端川郡義兵과警務連絡ᄒᆞ야一進會員과日兵站所를襲擊ᄒᆞᆫ다ᄒᆞ고

▲長津東上社東下社義兵은斧節嶺을根據地로삼고咸興上下遂川義兵과合勢ᄒᆞᆫ다ᄒᆞ고

▲安邊永豊社義兵은德原文川高原永興四郡에산砲手를募集ᄒᆞ야東擊西應ᄒᆞ며互相往巡ᄒᆞ는대所持兵器는太半洋銃이라ᄒᆞ고

▲去廿五日淳창[illegible]興面畢山里에셔義兵一團이日巡查와交戰ᄒᆞ엿는대死傷은未詳이라ᄒᆞ고

▲去廿七日여산郡邑ᄂᆡ에義兵數十名이來襲ᄒᆞ야日巡查駐在所及郵便取扱所와郡衙及書記廳에突入ᄒᆞ야諸般書類와器具를沒數히燒火ᄒᆞ고東北方面으로向往하엿다ᄒᆞ고

▲去十六日保寧郡後산面괴溫里에居ᄒᆞ는租稅領收員蘇某家에義兵二拾餘名이突入ᄒᆞ야人을毆打ᄒᆞ며收稅金二百三拾圜을收取而去홈으로日兵及警察대가該蹤跡을搜索中이라더라

▲新識精髓▼

▲案頭披閱戊申曆ᄒᆞ니新精神이倍醒이라仰視부癸宇宙間에慷慨心事不平ᄒᆞ다

▲新春消息第一聲은元老大臣의精神이라進亦憂退亦憂는當世實仕誰有언고天恩罔極一平生에白首幾年되는고나危急存亡此時局에一心報答分內事지

▲新年子夜一点鐘은內閣大臣의精神이라衣韓衣食韓粟은頂踵毛髮장養하니異域人種아니여던賣國賊名웬일인가漢江水깁흔물에汚穢心腸洗滌ᄒᆞ지

▲新釀屠蘇二盃酒는同胞兄弟의精神이라國讐刀이未生ᄒᆞ니民約成立可望업다會獨一燭누가잡어文明燦爛迎홀々人人마다自強力에國權恢復容易ᄒᆞ지

▲新月彩子半輪은經綸士의精神이라一大金甌浮沉ᄒᆞ니東海波濤危險ᄒᆞ다滔滔洪水漲溢ᄒᆞ야民猶魚矣可矜이라龍門神斧어ᄃᆡ잇나疏鑿方針自在ᄒᆞ지

▲新面江山雪後好ᄒᆞ니地方官의精神이라紛紛烟塵苦未霽ᄒᆞ니呼哭聲이狼籍ᄒᆞ다蒼黃奔忙ᄒᆞ는中에法律政治何處施오分憂一區字牧任이奠接方策時急ᄒᆞ지

▲新명一葉初生時는隱倫士의精神이라傅巖이어ᄃᆡ며立築板擧이나는고나濟世良才누가아나濟巨川之舟楫이라獨善其身不起ᄒᆞ면더蒼生을엇지ᄒᆞ나

▲新旭初上一輪紅은節義士의精神이라千古를睥睨ᄒᆞ니斷々統緖一心이라此時代가何時런고盜匪愁淚雜禁이라蹈連海水安如命ᄒᆞ니天下羞恥엇지ᄒᆞ나

▲新雷一聲發生後에勇敢士의精神이라山河壯氣鍾毓ᄒᆞ야代不乏絕生出하니滄海島가何處오千金不許買勇時라夕陽歌鐘市上에五百年後人物이라

社告

○信愛錄

靑山孫海震 一圜四十五錢
驪州李運永 一圜七十二錢
鹽浦白樂濬 一圜七拾二錢
城津康희元 二圜拾五錢

○無信錄

從此當於數年間未收錄一一調査停[illegible] [illegible]未納同胞[illegible] [illegible]本社[illegible]以[illegible] [illegible]姓名公計

雜報

江華郡川谷面鎭逢洲氏第에本支社를設置ᄒᆞ얏사오니該附近地에셔本申報購覽ᄒᆞ실 僉君子ᄂᆞᆫ該支社로請求ᄒᆞ시고代金도俞鎭逢氏게로送交하심을務望

◉내訓各道 内部에서十三道觀察使의게訓令ᄒᆞ되道내社祠及寺刹에關ᄒᆞᆫ事件은係是本部所管이바該事件에對ᄒᆞ야調査ᄒᆞᆯ件을左開발調ᄒᆞ노니到即飛飭管下各府郡ᄒᆞ야令到卅日내로這々調査ᄒᆞ여另俱成冊ᄒᆞ야斯速馳報ᄒᆞ라하얏ᄂᆞᆫ데

左開
一社稷 厲 雩 壇 祭壇
一歷代帝王 先聖 名將 忠臣 烈女 殿 廟 祠 閣 堂
一城황堂
一寺刹이더라

◉非醉伊狂 日昨内部門前에서何許醉人이内大의所乘人力車를挽執大呼라가警廳에押去라하더니更聞ᄒᆞᆫ즉此人이醉人이아니라即平壤居宋龍淸氏인ᄃᆡ宋氏가自己에先祖가白骨物力ᄒᆞ야建築ᄒᆞᆫ日影齋를該道觀察使朴重陽氏가貿食ᄒᆞᆫ事에對ᄒᆞ야내部에請願ᄒᆞᆫ지幾至一朔에尙未得指令ᄒᆞ고客地寒節에飢寒이莫甚ᄒᆞᆫ故로大臣의게白活코저ᄒᆞ際에車駕이停車치아니ᄒᆞ미大聲痛哭ᄒᆞ며車輪을挽執ᄒᆞᆫ즉醉狂으로誤認ᄒᆞ고警廳에押去訊問ᄒᆞᆫ바宋氏가怨抑ᄒᆞᆫ事狀을一々說明ᄒᆞ미即爲放釋되지라朴觀察의不法行爲를莫不憤歎ᄒᆞᆫ다더라

◉靑館演會 今日下午七点鐘에靑年會舘에셔演說會를開ᄒᆞ고皇城新聞社長柳瑾氏를請邀ᄒᆞ야愛國精神은國史를研究홈에발홈이란演題로演說ᄒᆞᆫ다더라

◉奉敎歸敎 天道敎主孫秉熙氏가近日一進會員이無力ᄒᆞᆫ時를乘機ᄒᆞ야羅東鎭氏의發謀로各地方一進會員을恐動ᄒᆞ야天道敎에入敎케ᄒᆞ고財政을收聚ᄒᆞᆫ次로孫漢陽氏가日間平安道等地로발往ᄒᆞᆫ다더라

◉正誤 本報第七百十六号雜報欄内에价守勳하이라ᄒᆞᆫ題下에郡主事康炳斗ᄯᅦ에姓名을리康炳으로誤植이기正誤홈

廣告

德益新喜

理想之重寶新發明ᄒᆞᆫ特色은諸般寫眞을不變色ᄒᆞ게調製ᄒᆞ옵右발明의紀念으로舊曆一月一日부터二十日間韓濟人各位의게만代價를十二除로廉價ᄒᆞ야撮影ᄒᆞ여드리깃삽但寫眞師를請要ᄒᆞ야撮影ᄒᆞᄂᆞᆫ境遇에ᄂᆞᆫ定價대로請求ᄒᆞ옵

南山町二丁目 玉川堂 告白

本人의圖章을昨年十一月에셔失故로前章은勿施ᄒᆞ더오니内外國人間照亮홈

雲津郡茄川三里 崔承혁 告白

本人이本郡被燒後家屋建築次로左開諸氏田畓文券을殷工銀行에典執出債ᄒᆞᆫ바至上來矣러니延拖未果中家有祥期ᄒᆞ야諸氏文券을任置于前議官李희直氏許ᄒᆞ고不得已下去ᄒᆞ오니本人이面交換章前에ᄂᆞᆫ内外國人이切勿典執홈

左開
具喆鉉大小家田畓十五石餘斗落
金弼鉉大小家畓十二石餘斗落
徐致臣田답五石餘斗落李鍾瓘田답五石餘斗落金應燮田답五石餘斗落崔公伯답三十餘斗落尹寶鉉답三十餘斗落

忠北堤川縣右面寄田居 前承旨金弼鉉 告白

中和看東達明學校教育盛홈은前報에揭佈ᄒᆞ얏거니와今番冬期試驗에成績이如左ᄒᆞ니優等生은許楠 金熙弼 金雲澤 金致韓國淳 韓鶴淳 金達成及第生은換任昌華 金洛瑞 李明俊 金宗麗 女永澤 朴德亨 金仁孫 玄兄澤 承道洙 許英 金致明 [illegible]千이라禮式日에本校任員과學徒父兄과諸來賓이會同하얏ᄂᆞᆫᄃᆡ學監許衛教師邊宗龍池成濬林鳳周諸씨가各以勸勉ᄒᆞ고且書冊幾卷式을施賞ᄒᆞ고다果禮를行ᄒᆞᆫ后에萬歲를三唱ᄒᆞ얏스니僉員은照亮홈

中和達明學校 告白

中和看東達明學校教育을盛홈은該地有志紳士邊宗龍林鳳周兩氏가名譽로教授ᄒᆞ미一般生徒가進就ᄒᆞᆯ뿐더러該地優遊靑年과營業靑年을開발ᄒᆞ기爲ᄒᆞ야夜學을本校内에設ᄒᆞ고課程은筭術地誌歷史物理口語雜誌로教授하오니該校에對ᄒᆞ야熱誠有志ᄒᆞᆫ張贊周氏ᄂᆞᆫ特異從事홈을人皆感誦故로玆以廣告홈

中和達明學校 告白

本人의土地가西署龍山坊興禮洞禹背山下에有ᄒᆞ온ᄃᆡ其文券을麻浦居崔道圭家에債用所致로任置矣러니陽曆昨年十二月廿二日火災時에소火ᄒᆞ얏기로玆에廣告ᄒᆞ오니以此照亮홈

桃洞趙東敏 告白

本人의賣家契舊卷을遺失인바去戊戌年分에從時價五百兩ᄒᆞ야其家契의登記ᄒᆞᆫ대로越價買入矣러니現今時勢로六千餘兩의價値에適ᄒᆞ오니内外國人은照亮ᄒᆞ시고切勿見欺홈

平壤城内隆興部三里崔成龜

本人의庶弟正儀가性本浮浪의로酒色雜技에無所不犯ᄒᆞ야所有家産을蕩盡無餘而終不改悛ᄒᆞ고又用外債故로爲兄之道에不忍觀過ᄒᆞ야藥錢七千餘兩을準數報給則本人의如干財産이隨爲敗亡은已無可論이다故에廣告ᄒᆞ오니勿論内外國人ᄒᆞ고右正儀에對ᄒᆞ야與財與物을相關ᄒᆞᆯ을切勿擧論ᄒᆞ야毋至白地見失을切要

全北泰仁郡山外面尺谷里一統二戶 李慶三 告白

本人이我韓國内僉同胞에發於錮閉ᄒᆞ신智識을開發코ᄌᆞᄒᆞ와創建一文明書舘ᄒᆞ고現行各新書籍을通常正額으로放賣ᄒᆞ오니僉君子ᄂᆞᆫ陸續購覽ᄒᆞ시옵

宣川邑川邊文明書舘 主人 梁濬明 財主人 金明根 告白

六品朴昌根以泰薰으로改名ᄒᆞ오니知舊間照亮홈

朴泰薰 告白

前司果李容珏改名容壹知舊間照諒

李容壹 告白

東署仁昌坊祭基里九統一戶瓦拾間草拾五間金熙鎭家券一張을今月二十三日盜賊時에見失ᄒᆞ얏사오니誰某던지休紙施行홈

金회德子應均 告白

正三品朴宗楨以根碩으로改名ᄒᆞ니知舊間照亮홈

朴根석 告白

本月八日(土曜)下午一時에西署夜珠峴官人俱樂部내에셔通常總會를開하고會務를處理ᄒᆞᆫ後에二個題로演說ᄒᆞ오니僉會員은來臨ᄒᆞ시옵

演題 (傍聽許入)
地方의現狀 鄭雲復
我國前途의如何 安昌浩

大韓協會 告白

本人의名牌一字圖刻圖章을一月二十七日路中에셔失故로玆에仰佈京鄕間照亮홈

南署남井洞朴麟胤 告白

特別廣告

本社에셔名帖印刷를另設ᄒᆞ고各樣活字와別樣紙를具備ᄒᆞ야印刷ᄒᆞ오니精美ᄒᆞ고價直도低廉ᄒᆞ오며特別히學員과夫人의게ᄂᆞᆫ一層低廉ᄒᆞ오니僉位ᄂᆞᆫ來臨ᄒᆞ시와隨意請求홈

大韓每日申報社 告白

本辯護士가事務所를移定于南署下茶洞十八統七戶ᄒᆞ얏숩기玆以仰佈홈

辯護士 金義濟
事務員 朴宗根

元泳義氏校閱 宋致用氏著述

奇術學 全 定價十錢

此書ᄂᆞᆫ理化學의應用과活智識의啓발노學界上迷津寶筏을編成홈

發賣所
龍朝橋越邊 中央書館
鍾路 大東書市
仝 古今書海館
大廣橋東邊 회東書館
南門外紫岩 新舊書林
南門内倉洞 匯文書館

最新書籍發售目錄

東西洋歷史 各種
東西洋地誌 各種
政治學 各種
法律學 各種
經濟學 各種
算術書 各種
內外國地圖 各種
修身書 各種
◉[illegible]學 各種
◉物理學 各種
◉衛生學 各種
◉地文學 各種
◉讀本 各種
◉法帖 各種
◉學校用品 各種

此外에도各種書籍이具備ᄒᆞ옵고書籍及名片도印刷하옵ᄂᆞᆫ데與他廉價로ᄒᆞ게擧行ᄒᆞ깃ᄉᆞ외다

京城南署博學書館(구리개)

學部認可

博學書館 告白

●廣告

本書舘에서文明書籍을[illegible]ᄒᆞ고[illegible]야수어內外國書籍과[illegible] [illegible]售하오니愛讀 僉君子ᄂᆞᆫ[illegible]ᄒᆞ심을務望

家庭雜誌

每月五日發行一冊五十頁定價金十錢一年先金九十六錢郵稅幷一圜

本雜誌ᄂᆞᆫ純國文으로發行ᄒᆞ야家庭教育界에大光明을放하옵다가財政의困難을因ᄒᆞ야中間에廢刊되얏더니今에本社에서有志諸氏의協贊을得ᄒᆞ야家庭에必要ᄒᆞᆫ各部門과滋味잇ᄂᆞᆫ歷史와小說을編成ᄒᆞ야本月五日부터續刊行ᄒᆞ옵ᄂᆞ니 僉君子ᄂᆞᆫ續々購覽ᄒᆞ시옵

發賣所 尙洞[illegible] 各有名書店 鍾路大東書市 [illegible]

布屛下廣學書舖내家庭雜誌社 告白

연본졍부제됴연초
한국일수방미
동아연초쥬식회사

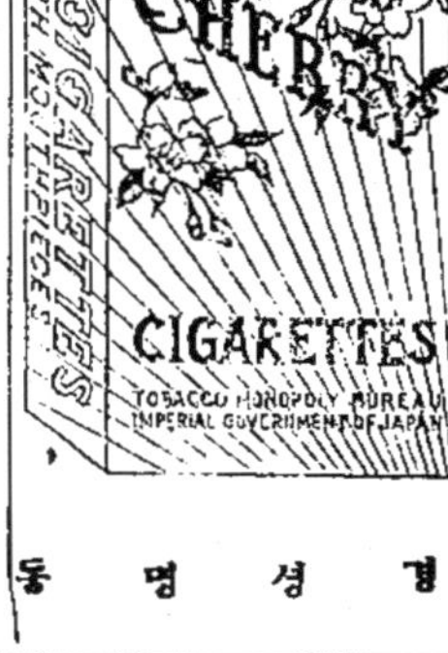

경성명동

漢城鍾路萬國基督敎靑年會舘前慈惠藥房
製藥鑑査人濟衆院醫學員洪錫厚朴慈惠李觀化告白

本人等이米國大학醫院處方을大醫學士魚丕信시에게受業ᄒᆞ고醫學校奬勵五等池錫永시에게有效証明書을受ᄒᆞ고左記낙種을製造ᄒᆞ야外國賣약規模을依ᄒᆞ야紙匣洋鐵匣琉리瓶에盛ᄒᆞ야全國內地各處약店에廣賣ᄒᆞ옵고濟衆院英書醫書를我國諺文으로飜譯ᄒᆞ야名稱酒약便方이라ᄒᆞ고발賣ᄒᆞ오니四方 僉彦中濟衆院낙을數拾年來經驗信用ᄒᆞ신兄弟ᄂᆞᆫ不拘약之多少ᄒᆞ고不拘路之遠近ᄒᆞ고日々以書請買ᄒᆞ시면本人은雖拾錢價値략이라도以小包郵便으로仰呈ᄒᆞ오리며낙封定價外郵稅十젼을加送ᄒᆞ시되小數젼은郵票十젼ᄌᆞ리를ᄉᆞ서보니시고賣낙家에서ᄂᆞᆫ多數買去ᄒᆞ시면郵便局換錢票를買送ᄒᆞ시오且本藥房에米國(멀포드)製낙會社낙과(왈슨)製낙會社낙과德國(만ᄒᆞ임)製약會社략品을直購入ᄒᆞ야德語英語로記ᄒᆞᆫ方文과主治와用法을我國漢文으로飜譯발賣

商標

補益丸 食思振起 盡力活潑 第一老衰男女 의게補益益血

定價表
拾日分 三十個入 金一圜
二十日分 六十個入 金一圜七拾五錢
三十日分 九十個入 金二圜五拾錢

主治大補元氣能調燥陽男子陽萎不起女子月經不調手足厥冷虛泄失氣久病人蘇完되ᄂᆞᆫ効力이大勝於鹿茸蜂人蔘精

靈効解瘧丸 一日分定價金拾錢此藥은大人小兒長瘧과初瘧과腹瘧에以三服用ᄒᆞ면更不再發

驅虫丸 一日分定價金拾젼此藥은大人蛔積小兒蛔病의神効

西時感冒丸 一日分定價金拾전此藥感氣몸살의쓰ᄂᆞᆫ藥인데一二日內에ᄂᆞᆫ四時毒感上下肢節頭痛에即時解熱鎭痛

男女瘡疾祛根藥 定價金五圜此藥은瘡疾의一期二期를勿論ᄒᆞ고거ᄅᆞ지아니ᄒᆞ고독약을쥬ᄂᆞᆫ데口瘡과구역도아니나오

淸明眼藥 一日分定價金拾錢此藥은火眼熱眼의有多奇効

無憂臭痔瘡藥 定價金四拾전此藥痔션虫을殺ᄒᆞ고痔瘡을根治

鎭咳藥 百日分定價金三拾錢此藥은四時常性咳嗽에有大効ᄒᆞ고特히老人哽咳에消痰止咳

寸虫種根 定價金三拾錢有鉤寸虫無子寸虫當場驅除

止足汗藥 二十日分定價貳拾錢此藥德國軍人常用除足汗臭

养完寶散 定價금拾五전小兒服藥감기食滯他症爲聖낙

經腫根治膏 定價금十五전此낙面腫과頭腫에直差

濕腫根治膏 定價금十五젼此략은男女勿論하고風寒暑濕으로發腫하야大起搔痒ᄒᆞᆫ데奇効

大腫發根合瘡膏 定價금五十錢

漢城百應膏 一封定價金十錢此략은舊략醫士李信友시方文으로製造ᄒᆞᆫ것인데멍우리잘풀리고각項腫氣에발根合瘡이速하되其藥대大洋鐵匣入一個금五十錢

小兒感冒靈効散 定價金十錢

癎氣神効保嬰散 定價금十二錢五厘

瑞士建國誌

定價 金 新貨拾五錢

此冊은政治小說이니瑞士의救國歷史ᄂᆞᆫ思想과人民의愛國心을養成하ᄂᆞᆫ데緊要ᄒᆞᆫ冊子오

發賣所
▲大韓每日申報社
▲仁川港栗峴 開新冊肆
▲中署布屛門下 金相萬冊肆
▲平壤城內烈女洞 敎育書舘
▲銅峴 古今書海舘
▲鍾口越便 中央書舘
▲鍾路 大東書市
▲大廣橋 匯東書舘
▲布주 博文書舘
▲朔州 奬勵漢冊사
▲海州碧城書畫舘 朴昌

本人姓名章至月晦日上京中서失敎와從新造而舊章歸之無効玆以廣告 僉君子照亮敬要
普山郡草谷居 朴昌業 白

本人이書舖를另設하고新舊書籍을具備ᄒᆞ와廉價放賣ᄒᆞ오니有志ᄒᆞ신諸君은來臨隨意請購ᄒᆞᆷ
元山上里二통芸香舖 金舜命 白

歐米各國專賣特許
石油發動機及自行車
精米機械及附屬品一切廉價放賣ᄒᆞᆷ

今回諸君子의便利ᄒᆞ기爲ᄒᆞ야本店을左記處로移接ᄒᆞ엿사오니照亮하심을伏望
直輸入商 京城南大門外
韓國代理店 中根商會

越南亡國史 國漢文

定價貳拾伍錢
發賣所京城廣橋高裕相書舖
[illegible]
布屛下김相萬 告빅

▲新刊書籍發售廣告
增補 經驗方大全 國漢文 定價金七拾五錢
大韓法規類纂 洋裝 三圜五拾錢 郵稅四拾錢
初等倫理學敎科書 二拾錢
初等衛生學敎科書 拾五錢
國家學綱領 拾五錢
國民須知 八錢
愛國婦人傳 張志淵氏著 十五錢
發賣所 京城布屛下 金相萬書舖

學徒洋裝書冊
學徒運動과諸具
綢紗各種 美國金鷄蠟
衣服裁縫其他雜貨도廉價放賣ᄒᆞ오니諸君子ᄂᆞᆫ來臨ᄒᆞ심을敬要ᄒᆞ나이다
仁川港栗峴 開新冊肆

淸心保命丹

●大韓國新발明製藥廣告
陸軍軍醫金守鉉君實驗方劑에陸軍軍醫張基茂君有効證明으로淸心保命丹을발明인비効能은如左ᄒᆞ니 僉君子惠試ᄒᆞ심을望

●主治効能
●廣飲 ●食積 ●中暑中惡 ●咳嗽 ●腹痛 ●不王不服 ●氣鬱 ●吐瀉 ●船車眩暈 ●食傷 ●酒醉 ●口熱
▲其他諸般速氣厲疫須가妙劑

발行人 仁川港栗峴
本舖 仁川港栗峴 濟生堂
濟生堂 李寓鳳

代理店 京城鐵里동 共愛堂藥房
特約店 京城鍾路 李信華洋藥局
同 梨峴 盧泰亨冊사
同 尙洞 廣濟藥院
同 南門外 韓國銀
同 仁川內洞 和平局
同 仁川栗峴 扶主館
同 開城南門內 吳學模
同 忠橋 金九藥局
水原鐘路下 元容植
海州宗路 宋泰孝
同 宗路 李汝文
延安邑內 朱順東
江華鐘路 高永根
同 邑西門外 崔載祿
長淵南門內 박鍾昌
恩山砂利院場內 任允中
全 黃州南門 紅門內 李在卓
全 平壤鐘路 邦蘇敎堂內 韓國藥鋪
全 鐘路 李恒化
全 文武洞 韓國寶與
全 武洞 韓國寶舖
全 門 君殿 李宣
全 門 客主 禹鉉
全 金元 藥舖
綾州 補 朴陞圭
信川邑 四里 朴陞彦
載寧 邑 鍾路 金
京城 南大門 外大 同韓 會社
全 泥峴 郵便局 前 天佑堂
三水 邑 中平 客主內
安岳 邑 上場 里 林宗社
大邱 南門 內 崔浩家
益山 港 築 客主 김鐵佑
安州 城 內 同春 大藥房
義州 南門 外 水口街 義和 藥局
此外에도現代에문明각稱藥이俱備ᄒᆞ

◉國債報償義捐金收入廣告
隆熙二年一月度收入
總合六百六十八圜五十二錢
自光武十一年四月二日至隆熙二年一月三拾五日
都總合五萬八千九十五圓四十七錢七厘

學員募集廣告

本校에서四個月入學期를現當하야法律學及經濟學兩專門科學員을左記에募集ᄒᆞ오니願入ᄒᆞᆯ人은左記試驗定期內에入學願書를早速請願ᄒᆞᆷ
但右兩科ᄂᆞᆫ夜學으로만募集

◉修業年限 三학年
◉入學年齡 十七以上
◉學科目 法律學全部 經濟學全部 校規則備在本
◉試驗日字 二月廿五日(陰曆戊申正月廿四日)
◉試驗科目 歷史及地誌問對(內國及外國)讀書及作文(國文及漢文)算術(四則以內)
但官公私立學校의普通科以上卒業證書가有ᄒᆞᆫ人은其學力을檢定ᄒᆞᆫ後免試入許ᄒᆞᆷ
◉開學日字 三月五日(陰曆二月三日)
隆熙二年一月十日
漢城中署磚洞普成專門學校

本社廣告

○申報價
一張代金 新貨二錢五釐
一個月前納 三十錢
三個月 九十錢
六個月 一圜七十錢
一個年 三圜四十錢
郵稅一張 一個月 新貨五圜 十三錢

○廣告料
四号活字十三錢
每日每次一尺一寸에新貨三十錢
(每日每行六전에相當홈)
一週日에 二圜五十錢
每日每行四號五里에相當홈
一箇月에 五圜
(每日每行四錢一厘에相當홈)
長期限의長短과字行의多寡를依ᄒᆞ야增減홈이有홈

◎大韓每日申報各處支社廣告
中署布屛門下 金相萬
平壤上水口門內 金浩蔭
仝 崔毅恒
仁川栗峴開新書肆 李東昀
寬川邑橋南册肆 安濬
義州西門外 李西 大韓鎬
釜山港佐川藥局 徐錫鎔
三和港鎭洞 金元植
咸興南州社西門外 曾寄林
開城南大門外與學書舖 崔助遠
大邱市廳 崔一弘
載寧邑濟衆院 劉夢漢
殷山邑東鄕 安
元山倉洞 劉七鉉
海州南門內書舖 朴昌鎬
定州南門內 洪成祖
昌城郡校房 許
郭山興岩書鋪 李鍾瑞
安岳鄕校 康道善
利川倉村 李鎭成
安州城內義井洞 金漢河
鐵原邑 趙鍾大
高原邑 朴秉哲
濟州城內一徒里客舍洞 李錫燦
井邑邑내 金禹欽
樂仁邑내 金鼎濟
鎭德後浦 李泰秀
京義線批峴驛 崔秉淳
장淵邑南門內 殷昌漢
殷粟邑倉前里 金泰燮
古阜邑許洞 殷錫漢
車輦館同志會내 黃錫保
龍川楊市會堂 宋明振
群山港東彩社 金明仁
清州南門내校洞 宋斗鉉

發行所
南署石井洞號外地三號學園家
發行兼編輯人英國人 裴說
大韓每日申報社

第六卷

大韓每日申報

第七百卄四號

月曜及慶節
歲時日休刊

檀君開國四千二百四十一年
箕子元年三千三十年
大韓開國五百十七年
日本明治四十一年
淸國光緖三十四年
陰曆戊申正月大初五日辛卯

論說

●晚向高樓大당子鐘爲自慢者警

嗚呼다韓國今日에憂國者據心에必曰其亡々々이라ᄒ며談時者開口에必曰其亡々々이라ᄒ며著述者擧筆에必曰其亡其亡이라ᄒ나未知其使之亡之者ᄂ果誰也오國家의機關的되ᄂ政府에大臣의罪證惡狀은言之齒酸이오縱不言이라도世界의萬口萬目이自有ᄒ거니와抑其一은國家의根本的되ᄂ國民의게在홈이니

余가韓人을見ᄒ건대其性質과才能이他邦人에不讓ᄒ되由來恬嬉의乖風을因ᄒ야自慢ᄒᄂ錮習이太過ᄒ니其實狀을擧ᄒ진딘守舊家에ᄂ邱墓桑지에老屋蓬門을益日常關ᄒ야眼境自樂하던昇平歲月을慢道ᄒ며文학家에ᄂ塵床殘卷의儷文俳字로左陳右列ᄒ고五言詩六字賦로講理科式年場에得意ᄒ던舊時代를慢誇하며宗教家에ᄂ田園也非我知라蔽也麥也不稷也否아ᄒ야一冠十年에一膝百年에性命의虛無를曉曉히昭ᄒ며色論家에ᄂ是非ᄂ何如며黑白은何如던지老少家南北家의某先生某學士ᄂ百世宗師오一代淸流라ᄂ乖張說話를慢和ᄒ며實業家에ᄂ陳荒地畝은外人이取得ᄒ던지森林礦山은何人이探伐ᄒ던지門前沓一石落으로朝飯夕粥의殘生을慢過ᄒ며敎育家에ᄂ文武의兼通인지道藝의幷進인지誰知之ᄒ리오第術若干般操畧干時間이幾何오下學鐘이限이라千金歲月慢度하니嗚呼라一事慢이自足커든百事가皆如是ᄒ니慢乎々々自慢者여在身에無奈며在家에無奈니爾家爾身은姑舍ᄒ고莫於爾國에無何로다

盖韓國의國際交通을論ᄒ진딘自丙子以後로今日에至ᄒ야卅年이已過ᄒ고四十年이將近ᄒ지라不見爾近隣否아日本과如ᄒ國은遺歲月間에實業을發達ᄒ며陸海軍을擴張하야國光을宣揚ᄒ며强隣을屢捷커든韓國은何故로遺歲月間에通信權을移去ᄒ며外交權을被攘ᄒ며軍政權警察權財政權實業權을今日去明日去ᄒ야許多權利를盡輸去ᄒ야今日斯境에至ᄒ얏ᄂ뇨莫非爾自慢者의咎責이니其間에豈無一二人의苦心熱誠으로大聲疾呼者리오마ᄂ其於爾自慢者에何오其由爾自만者ᄒ야四千年舊社會와三千里古江山으로終乃遺落而已乎아昔普國이法國에敗衄을嘗ᄒ고希臘이土庭에蹂躪을被ᄒ時에其困難慘酷홈이豈但韓國今日에比홀뿐이리오마ᄂ彼二國之民의堅忍刻勵홈을以ᄒ야能히强敵을逐ᄒ고獨立을復ᄒ얏스니韓國人民이能히彼二國의慘狀을思ᄒ고二國人民의愛國ᄒᄂ熱血과爲國ᄒᄂ强力을効ᄒ야未醒ᄒ精神을喚ᄒ고未振ᄒ身體를起ᄒ야自만心을痛革ᄒ고自奮心을激發ᄒ야崑岡이焦盡이언뎡愛國心은不滅ᄒ며鐵輪이來轉이라도愛國誠은不磨라ᄒ면韓國의前途가綽々有裕ᄒ지라往者ᄂ晚矣晚矣라不可諫이어니와今日에ᄂ猶可子時始며今日에ᄂ猶可子時始니自만者아今而後도猶然否아今日고子時에晉信鐘이 嗚커든枕을蹴ᄒ며衾을推ᄒ고聽我此言ᄒ라

官報

●第三千九百八十九號

隆熙二年二月五日 續

敍任及辭令

日本國宮內屬勳五等坂健 太郎

特敍太極章

日本國聯대旗手酒井 鎮次

日本國特務曹長堀口 武雄

日本國海軍上等兵曹高橋 儀作

日本國海軍船匠師水谷壯四郎

日本國海軍下等機關兵曹椿江 貼賢

特敍勳五等賜八卦장

日本國膳部副長大谷木長通

特敍勳六等사太極장

日本國取扱者勳六等片岡辰吉

特사大極장

日本國調度局屬壁谷 寧永

日本國膳部杉本 松太

日本國膳部[illegible] 茂賢

日本國膳部野口角太郎

日本國主殿屬安田 조爾

日本國내舍人心得山내 豊寧

日本國皇宮警部山田 信敬

日本國내匠寮技手江中榮造

日本國宮내屬金坂 正道

日本國警部星加 直道

日本國特許部根岸時次郎

特敍勳六等사八卦장

日本國取扱者池田 辰雄

日本國取扱者尾崎 錄吉

日本國掌車瀨能 維靑

日本國外事課屬坂田 耕也

日本國膳部補城野鈍五郎

日本國膳部補富田 保

特敍勳七等사太極장

獨逸陸軍中佐후온구례아

特敍勳三等사太極장

任智陵令 李相鶴

任寧陵參奉 英陵參奉리達永

任 陵參奉 六品리弘默

金環燮

任箕子陵參奉 智陵令리會甲

寧陵參奉리弘默

箕子陵參奉趙鍾元

依願免本官

完

●第三千九百九十号

隆熙二年二月六日

敍任及辭令

任農商工部技手 成瀨 利貞

任農商工部技手 坂元辰次郎

任定陵令 義陵令黃景鎬

任義陵參奉 魏溥長

任章陵參奉 恩陵參奉趙一元

任恩陵參奉 六品趙麟應

任厚陵參奉 穆陵參奉金炳哲

任穆陵參奉 閔忠基

任工業傳習所書記 靑山高四郎

日本國人從二品勳三等大三輪長兵衛

特敍勳二等賜八卦章

定陵令趙珍鎬

章陵參奉趙龍載

厚陵參奉閔應基

工業傳習所書記金致爽

工業傳習所技手姜在衡

依願免本官

外報

●印度獨立運動 紐育電을據ᄒ則印度國에이地方에居ᄒᄂ一富豪의婦人카마女丈夫ᄂ印度의獨立을運動ᄒ기爲ᄒ야目下華盛頓에在留ᄒ면서英國同情을求ᄒᄂ中인디該女丈夫가言ᄒ기를我ᄂ仇讐英國저의에我國에서驅逐홈을曾ᄒ야德國과義太利와法國으로巡行ᄒ다가只今美國에來ᄒ엿스나華境英國이또美國政府에對ᄒ야我를驅逐ᄒ라고强請ᄒ더이나我ᄂ印度의獨立ᄒᄂ計劃을進行ᄒᄂ中인디美國의獨立戰爭ᄒ方法과如히欲홈으로英國政府에서此機徵을先知ᄒ고我國內에武器를收取하나東印度數百萬人民은擧皆軍器를持ᄒ고取를不爲聽從ᄒ며또二個黨派가有ᄒ야英國重稅를抗拒홈으로英國政府에서該黨員을多數히捉囚ᄒ고悲慘ᄒ刑楚가滋甚하니人心이尤極激昂ᄒ야印度全國이動하야開戰ᄒᄂ砲聲이全世界를驚動하면英國은即時多數ᄒ軍隊를派遣ᄒ야印度軍兵을使하야同胞를擊ᄒ라ᄒ더이니其時에印度軍兵이不爲服從ᄒ고反抗ᄒ면完全ᄒ獨立戰이될터이라ᄒ며또其婦人이言及ᄒ기을各黨派代表者等은旣히國旗를新造ᄒ고國號를改하야印度合衆國이라名稱ᄒ고共和憲法을準備ᄒᄂ中이라ᄒ엿더라

●美艦回航原因 美國포트랜드府尹네드電을據ᄒ즉포트랜드府尹네벨네氏가演說ᄒ얏스되太西洋艦隊가太平洋으로回航ᄒᄂ것은其原因이無他라一年前에日本偵探軍이포트랜드近方에週行ᄒ면서精密ᄒ地圖를製飾ᄒᄂ것을發覺ᄒ야華盛頓政府에報告ᄒ結果인대我ᄂ今日ᄭ지不爲發布ᄒ얏스나只今에ᄂ오레미곤國防協會에서開會ᄒ더對ᄒ야陸軍士官을警戒ᄒ기爲홈으로諸ᄒ거니와其本質은一年前에一巡査가我에게來ᄒ야言ᄒ기를日本人數名이測量地圖를製飾ᄒ다ᄒ故로即時捕縛ᄒ야捉囚ᄒ고同地에在留ᄒ日本人情形을密察ᄒ즉農場에서勞動ᄒᄂ日人이擧皆軍人이라一朝에開戰ᄒᄂ日이면此日人等이擧皆軍士가되야軍中에供給ᄒᄂ彈藥輸運ᄒ時에妨害가有ᄒ리라ᄒ故로國防協會員과參席ᄒ陸軍士官等이非常히恐閱ᄒ얏다더라

●葡萄牙凶變 論敎電을據ᄒ則葡萄牙皇帝와皇后兩陛下와皇太子及皇子兩殿下ᄭ서無蓋馬車를御乘ᄒ시고首府(里斯本)市中으로經過ᄒ실際에一群人衆이集合ᄒ야向玉座ᄒ고銃ᄒ야皇帝ᄭ서ᄂ重傷ᄒ시고皇子親王은輕傷을受하고皇后ᄭ서ᄂ御身으로皇太子를保護ᄒ야重傷을避ᄒ셧ᄂ대警察官은即時弑逆者를驅逐발砲ᄒ야其二名은殺ᄒ고一名은捕縛ᄒ야捉囚ᄒ얏더니獄中에서自殺ᄒ얏고皇帝陛下ᄭ서ᄂ道上에서崩去ᄒ시고皇太子殿下ᄭ서도海軍造機所에서薨去ᄒ셧다더라

雜報

●國塾有舍 大昌洞의[illegible]얏든務國塾은학部認許를承ᄒ야京城普通學校로移接ᄒ야塾舍完定ᄒ기로女子敎育이大有端緖라고一般任員과學徒가致不感謝ᄒ다더라

●[illegible] 義州古邑[illegible]金氏가昨年에義州普明學校에名譽敎師로敎授ᄒ더니今年에ᄂ龍川郡楊下面에設立ᄒ學校敎師로被擇ᄒ야熱心敎導홈으로靑年學生八十名의造詣가日新ᄒ다더라

雜報

●太皇帝御渡日說　日人大韓日報에李宮相의談話라고揭載한바를據한則太皇帝陛下께셔는目下政治上에關係는無하시고至히閑居하지니一日이라도速히日本에幸渡하사日本의文明實際를御覽하심이臣等의所望이라고上奏하얏다더라

●夫人日語　皇后陛下께옵셔入學하신後로비從修學하는某々夫人들도日語를熱心研究하는中이라더라

●遜化存疑　皇太子殿下께셔日本에御渡하신以後로日本天氣가溫和하야方春和時와如한故로日本人民이稱頌하야日韓兩國의大聖人이降臨하셧다한다더라

●豈關也增　宮內府大臣李允用氏가歸國한後에有何別所聞인지閭巷人民이一層注目하더니무삼不諧한事件이有한지總相李完用氏와不穩한思想이大發하다더라

●各大爛議　各部大臣들이宮內府大臣李允用氏家에前往하야日本國政治의關係를爛商問答하얏다더라

●悖入悖出　某大臣이鄕曲富客某氏의게州郡守一窠를圖給하기로契約하고紙貨五千圜을先捧하고事竟不諧하얏던지該富客이日昨司令部에該事實을呼訴하미長谷川氏가該大臣의行爲不正함을論駁하고該錢을現今督推中이란說이有하더라

●須面何瘦　總相李完用內大臣任善準兩氏가閔宗植氏를訪問하얏다는說은前報와如하거니와其酬酢한說을漏聞한즉閔宗植氏가該兩大臣를對하야曰余嘗欲殺汝어늘汝今訪我가是何本意乎아한대總相李完用氏曰汝雖欲殺我나竟不殺我하니我勝於汝故로訪來하얏노라하거늘閔宗植氏曰三千里疆土를賣食한後에汝面이肥大한줄노知하얏더니今見則肥大치도못하얏구나한데李完用任善準兩氏가問東答西로糊塗說去하다가閔宗植氏다려一次回謁하기를懇請하얏다더라

●自國而家　法部大臣趙重應氏의日夫人이跳踉放恣하야强制力으로其嫡室夫人의게虐待가莫甚하던지該氏의大夫人이日婦의無嚴함을趙重應다려論責하되該氏가答云하되現今全國과政府까지日人世界인데况私家乎아置之尋常하옵소셔하얏다더라

●俞씨請願　帝室有國有財產調查局理事俞致衡氏가辭職請願하얏다더라

●被拿歸國　皇太子殿下隨員으로渡日하얏던前軍部協辦嚴柱益氏가有何事件인지拘拿奏本이되야斯速歸國하얏다더라

●三所仍存　度支部所管會計檢查局、建築所、財源調查局은前度支部內에셔仍存視務한다더라

●旅費支撥　新任郡守及事務官들이赴任할時에旅費를次第발程하는데旅費는道路의遠近을隨하야內部에셔一々支給한다더라

●韓官壓視　度支部文書課日本人山口가無端히韓國官吏를壓視하다는데其鄙汚의情態는人所難堪이라하더라

●記者拒絕　法部文書課門上에大書揭示하기를本部大臣命令이니에閑散人이事務室에不得擅入이니라하고雖新聞記者라도擅入을勿許라하야成帖揭壁하얏스니該部大臣은有何秘密事件인지新聞記者를如是壓侮함은趙重應氏가剏始하얏다고論駁이激起하더라

●壁上觀戰　度支部에셔韓國官吏가日本官吏의壓侮蔑視를堪當키難하야辭職請願하는人이有하되該部主務長官은此等事件을尋常置之하는지物議가有하다더라

●派員紛競　帝室有財產調查局에셔地方驛屯土調查派員을現今擇差하는中이라는데紛競이太甚하야挾私하는者가比々有之하다더라

●日師云聘　日本各地方師範學校卒業生中敎師志願하는日人을學部에셔延聘하야官公立普通學校敎師로委任한다더라

●無不干涉　掌禮院事務官日本人이該院事務를觀務하는데至於祭享所用하는犧牲까지檢疫하기로한다는說이有하더라

●查局施痘　日昨에度支部調查局一般官吏의게牛痘를一齊施術하엿다더라

●嚴氏拘拿　嚴俊源氏가醫院으로被捉된說은已揭어니와法部에셔拘拿奏本을呈하얏다더라

●是亦罔民　日昨官報로頒布한바와如히近日天然痘발生을預防하기爲하야漢城五署中一署內에二處式牛痘施術所를配置하고昨日부터施術하는데再昨日西署警察署에셔巡査를各坊曲人民家에委送하야牛痘施術所를夜珠峴官人俱樂部로定하얏스니施痘할人은明日上午九時로來會하라하는故로該署管內人民이幼孩를擔負하고九時前에會集하야定時外에二時間이나待立하되消息이終無한故로舉皆散歸하얏는데以若警察官吏로人民을如是欺罔한다고民怨이藉藉하더라

●朴家風波　共益社는韓人朴承稷氏等이新設한會社인대該社員朴大植시가該社에所負가有하던지陰曆歲末에暫爲避身한즉共益社重役日本人西原龜三시와田島시를附同하야田島시를官人이라假稱하고朴시家에往하야其婦人을結縛하고閨房에開金을威脅奪取하야所存物品을執行하라하니他債主韓淸人이朴시에게所捧條가亦有함으로會同하야日人과談判하고淸國巡査도來하야一場風波가起하얏다더라

●陞級請挽　咸鏡北道裁判所主事朴容植氏가雖曰勅任이나分做事가稱於其職인바該員이以拾五圜으로未滿一朔飯費하야所帶之任을欲爲辭免歸去하오니此地物價가比他過비하야換兵難堪之情私則不可挽止오니特陞俸級하야以濟公私하라고該道檢事와法務補佐官이法部에報告하얏다더라

●兩氏退去　大東學會에셔有何事端인지金鶴鎭李容稙兩氏가請願退去하얏다더라

●講師請願　普成中학校에셔歲時休학後昨日부터開학하얏는데敎授講師諸氏가有何事端인지再昨日에請願하얏다더라

●畿湖學會移轉　畿湖興學會에셔事務所를前長興庫로移轉할事件으로現今交涉하는中이라더라

●興학總會　畿湖興學會에셔本月九日(日曜)에定期總會를礡동學成校內로開하고興學方針을研究하며高明한紳士諸氏가來하야演說하는데傍聽도許한다더라

●韓會開會　大韓協會에셔本月八日下午一時에西署夜珠峴官人俱樂部內에셔通常總會를開하고會務를處理한後傍聽을許하고地方의現狀과我國前途와如何한問題로鄭雲復安昌浩兩氏가演說하다더라

●警吏出張　昨日東門外等地에義徒가來襲하다는說이有하야警視廳에셔韓日巡查를該地에出張하얏다더라

●日兵肆虐　金山郡金泉場市停車場에日守備隊가駐在하얏는데日兵이民間에錢財와雞卵等物을討索하다가若不順從하면義兵의干連이라執탈하야捉致施刑에被害者無數함으로該道觀察使李忠求시가日隊에交涉하되一向不止한다고南來人의傳說이有하더라

●日賊被捉　南部警察署에셔日前에日人津田이라는大賊을捕捉하얏는데該賊이原來軍人으로膂力이稍人하야數百里程途를數時間에往來하고唯西洋人及日本人의洋屋家에만暗入行賊하얏고被捉旋逃者凡幾次라今番에麻山浦로逃往하얏다가日巡查의게被捉하얏는데該賊의形像은泥峴日人戲臺에셔戲具를遺成하얏다더라

●義陣相遇　長湍古浪浦等地에義兵七百餘名이來聚하얏는대楊州抱川等地義兵과聲氣相通하야軍伍가整肅하다더라

●巡查被害　華川郡巡查鄭晟善氏가偵探次로春川郡境내에到着하얏다가十餘名義兵의게被害하엿다고내部에電報가來到하얏다더라

●一進被害　長津郡에셔義徒에게一進會員男女幷八拾名이被害하얏다고該會本部로電報가來到하얏다더라

●新興試級　江西新興夜學校에셔年終試驗을經하얏는데甲級優等에金炳燦諸氏오乙級優等에任致燮諸氏오丙級에宋在柱諸氏인데敎師韓麟紀諸氏가多數히施賞하얏다더라

▲地方消息▼

▲伊川郡에義兵五十名이來夜潛入하야一進會員家에一二人式分送하야該會事務所에셔請來한다誘引하야九名을捕獲銃殺하고日兵과交戰하야十三名을砲殺하고死屍를檢査한즉三名만日兵이오十名은一進會員이라하고

▲伊川郡主事李昌燁은三父子가一進會員이라稱以義兵防禦大貿銃代金이라하고家々戶々에排斂하미怨聲이漲天이라하고

▲去廿三日德源郡東南方瀨川西北拾五里田直에셔義兵約十二名이瑞興郡으로부터來한日兵과交戰하다가退却하얏고

▲去廿七日長興郡東北六十里地酒店에義兵이潛伏하얏다는情報를日憲兵이接하고該地에前往하야店내에侵入하야捕捉한즉義兵이放銃하얏다하고

▲去廿六日谷山郡南方四十五里地点에셔義兵約五拾名이日兵과交戰하다가退却하얏는대日兵의被傷者가四名이라하고

▲一日北靑郡城내里東北方六拾里地点金昌附近에義兵約二百名이同郡守備隊와交戰하얏는대日兵의被傷者가三名이라더라

紐育電報

六日발

●排斥日人　美國下議院外交委員會에셔日本人排斥法案을討議할時에公平을示하기爲하야傍聽을許하기로議決하얏다더라

●博覽會出品費　英國上議院外交部委員會에셔日本東京大博覽會에出品費를三拾九萬弗로可決하얏다더라

▲和九曲歌▼

文在穆

▲國家興亡一瞬이라埃及波蘭可憐하다一幅疆土다팔아도와債報償을介업니前車往轍可鑑하니獨立精神밧부도다

▲灼灼園中早발花는繁華富貴연놈인가七交椅가놉허스니掀動一世더勢力이昨夜風雨吹到處에烏啼花落春來愁를

▲農夫가삽을메고怨하나니時局이라軍用鐵道赴役하니당밧치고종질이라一年農事失業하니流離丐乞눈물일세

▲開化杖에삽보쓰고泥塑갓치안저스니斑察郡守무엇하나며職權이면업도는데本업다못차저如千財産損害낫네

▲添望中에一리婦는홍노안저世上금심滿腔熱血義士의盈喔慾淚저忠臣아혼자나國權차저共樂界平여볼가

▲大陸에生涯뎌시니一線陽脉어미잇나敎育이발達되면富國基礎여긔잇다各業徒四國上에保國責任自擔인제

人國陽草堂에봄잠쉬한窓外紅日邊々로다的歲마한소리에門前發端우는노나童子야나가보아라貨客왓나

▲鷄鳴山秋夜月에玉洞簫를누가부나江東子弟八千人이一時解散간디엇다비舊門당남엇스니爲韓반츄츄로다

▲江山은三千里오宗社는六百年이라二千萬衆우리同胞指天爲誓하여보세一心으로國合하면國力挽回不遠하지

社告

○信愛錄
大邱李章雨 壹圜二拾九錢
殷율張潤杓 壹圜二拾九錢
長湍莊元용 四拾三錢
長湍鄭種七 四拾三錢
錦州金斗衡 八拾六錢
○無信錄
從前信錄數年間未收錄一一調査仰佈于未納諸僉位而若蓋做次拜督請望閱覧不得已於本社信錄以無信錄爲後於次回發佈無信錄以黨待成員姓名公計

雜報

●靑年講說　靑年會에셔今夕七点에臨經會를開ᄒᆞ고會員彬彬氏가講說ᄒᆞ다더라

本會에셔**定期總會**를本月九日(日曜)下午一時에磚洞普成學校內로開ᄒᆞ깃ᄉᆞ오니一般會員과有志同胞ᄂᆞᆫ趂期枉臨ᄒᆞ시옵

畿湖興學會 告白

廣告

本人의名璂字를典字로改定ᄒᆞ오니知舊僉照亮ᄒᆞᆷ
平北宣川朴典采 告白

本社ᄂᆞᆫ宮內府財政整理의必要로特許를承認ᄒᆞ와株式으로組織ᄒᆞ와數年間 皇室과宮內府所管各院司應用物品을用達이온바以來株式營業이有所不便之端이옵기以合資會社로改定ᄒᆞ고資金을增加ᄒᆞ야諸般業務를一層擴張ᄒᆞ기爲ᄒᆞ야李淵謙氏로營業을擔當케ᄒᆞ옵고玆에廣告ᄒᆞ오니 僉君子ᄂᆞᆫ 照亮ᄒᆞ심을伏望ᄒᆞᆷ
隆熙二年一月三十日
宮內府用達東洋合資會社告白

本人의庶弟正儀가性本浮浪의로酒色雜技에無所不犯ᄒᆞ야所有家産을蕩盡無餘而終不改悛에又有外債故로爲兄之誼에不忍恝過ᄒᆞ야葉錢七千餘兩을準數報給則本人의如干財産이隨爲敗亡은已無可論이라玆에廣告ᄒᆞ오니勿論內外國人ᄒᆞ고右正儀에對ᄒᆞ야錢財與物品相關을一切勿擧論ᄒᆞ야毋至白地見失을切要 全北益山郡外面尺谷里一統三戶 李慶三 告白

●臨陂郡南二面蝶山里登瀛義塾贊成金
塾長本郡守林聲영 金十圜
評議長內部叅書官洪在箕 金二圜
贊成長萬頃郡守申羲均 金四圜
進士康근默 金十圜
總務主事李彰根 金二圜
贊成員前主事李樂河 金二圜
張榮奎 金五圜
申政均 金一圜
趙文化 金五拾錢
未完
本塾事務員 金文煒 告白

本校贊成長閔輔國毅齋相公筭伯時捐廩設存道齋於本州而歎其有名無實該齋所遺財物並爲公函移付於本校以補經費不足閔相公終始興學到底懇惻多士感誦乃謝盛意
安州安興學校 告白

本人의慈親이陰十二月初六日上午三点鐘에下世故로玆以廣告ᄒᆞ오니京鄕親知舊照亮ᄒᆞᆷ
徐丙ᄉᆡ 丙轍 告白

昨年十二月分本人이京南門外客主朴顯和許所送布二同과字標物標셔失故玆以仰布難其拾得休紙施行ᄒᆞᆷ
元山上里居金審鉉 告白

北署小安洞八統二戶家券을本月二日賊漢의게見失ᄒᆞ야休紙施行ᄒᆞᆷ
金勝鉉 告白

本月八日(土曜)下午一時에西署夜珠峴官人俱樂部內에셔通常總會를開ᄒᆞ고會務를處理ᄒᆞᆫ後에第二回로演說ᄒᆞ오니僉會員은來臨ᄒᆞ시옵
演題　　（傍聽許入）
地方의現狀　　鄭雲復
我國前途의如何　　安昌浩
大韓協會 告白

本人弟用麟浮浪心性으로欲敗兄産ᄒᆞ야締結浪子定州方應桴承其先意ᄒᆞ야嗾囑該郡住日人牧山淸太郎而郡比邦地所在兄之田八日耕畓九石落을僞造成券ᄒᆞ야以千圜定價後來閱厥土라가巧値本人來留ᄒᆞ야奸狀綻露에告于分派所還推僞券이나用麟浪心未悛更起면抑又見欺之君子有ᄒᆞᆯ가慮ᄒᆞ와如是仰佈ᄒᆞ니內外國人은切勿見欺ᄒᆞᆷ
平北龜城盧용印用碩 告白

本人이陰昨年歲末에東床廛內외셔懷中時計一個를拾得ᄒᆞ엿사오니셔失ᄒᆞ신本主ᄂᆞᆫ鐘路東床廛李啓榮處로차져오시오
李啓榮 告白
簡名 啓善

本所內에셔旣往幾次競賣ᄒᆞ온物品을多數公拍하앗거니와今年正月七日붓터間五日競賣를一層誠實이ᄒᆞ깃사오니買ᄒᆞ실僉君子ᄂᆞᆫ屆期來臨ᄒᆞ시며委托ᄒᆞ와放賣코져하실터이오면光臨委托ᄒᆞ시거나光臨이有難이오면選人問議나或葉書通寄ᄒᆞ오면本所에셔遣人任來ᄒᆞ와恪謹酬應ᄒᆞ깃사오니公拍與委托間陸續光顧ᄒᆞ심을希望ᄒᆞᆷ
鐘路白木廛大房競賣所
金性𡨸 告白

本人의圓形羊角盒圖章과花斑石核字圖章二個를遺失ᄒᆞ얏기玆에廣告ᄒᆞᆷ
徐相瑢 告白

本人이本郡燒燬後家屋建築次로左開諸氏田畓文券을農工銀行에典執出債ᄒᆞᆫ事로上來矣러니延拖未果中家有祥期ᄒᆞ야諸氏文券을任置于前議官李회直氏許ᄒᆞ고不得已下去ᄒᆞ오니本人이面交換章前에ᄂᆞᆫ內外國人이一切勿典執ᄒᆞᆷ
左開
具喆鉉大小家田畓十五石餘斗落
金弼鉉大小家畓十二石餘斗落
朴鎭臣田畓九石餘斗落
李鍾九田畓五石餘斗落
金應燮田畓五石餘斗落
崔公伯畓三十餘斗落
尹寶鉉畓三十餘斗落
忠北堤川縣右面衛田居
前承旨金弼鉉 告白

德益新寫眞
理想之眞實을發明ᄒᆞᆫ特色은諸般寫眞을不變色ᄒᆞ게調製ᄒᆞ옵右발明의紀念으로舊曆一月一日부터二十日間韓清人各位의게만代價을十二除로減價ᄒᆞ야撮影ᄒᆞ여드리깃습
但寫眞師를請要ᄒᆞ야撮影ᄒᆞᄂᆞᆫ境遇에ᄂᆞᆫ定價대로請求ᄒᆞ옵
南山町武丁目
玉川堂 告白

▲特別廣告
本社에셔名帖印刷部를別設ᄒᆞ고各樣活字와印刷機械를本社俱備ᄒᆞ오며印刷紙가精美ᄒᆞ고圖畵도極히工緻ᄒᆞ오되特別히學員과夫人의게ᄂᆞᆫ一層低廉ᄒᆞ오니僉位ᄂᆞᆫ來臨ᄒᆞ시와隨意請求ᄒᆞᆷ
大韓每日申報社 告白

本人이我韓國內僉同胞에要於知識을開發코ᄌᆞᄒᆞ와創建一文明書館ᄒᆞ고現行各新書籍을通常正額으로發賣ᄒᆞ오니僉君子ᄂᆞᆫ陸續購覽ᄒᆞ시옵
宜川邑川邊文明書館
主人　梁濬明
財主人　金明根 告白

元泳義氏校閱　宋致用氏著述
奇術學 全　定價十錢
此書ᄂᆞᆫ理化學의應用과活智識의啓발ᄂᆞᆫ學界上迷津寶筏을編成ᄒᆞᆷ

發賣所
觀朝橋越邊　中央書館
鍾路　大東書市
仝　古今書海館
大廣橋東邊　회東書館
南門外紫岩　新舊書林
南門內尙洞　博文書館

學員募集廣告
本校에셔四回入學期를現當하야法律學及經濟學兩專門科學員을募集ᄒᆞ오니願學人은左記試驗定期內에本校用紙로써早速請願ᄒᆞᆷ事
但右兩科ᄂᆞᆫ夜學으로만募集ᄒᆞᆷ
◉修業年限　三하年
◉入學年齡　二十以歲上
◉學科目　法律學全部　經濟學全部　備在本校規則
◉試驗日字　二月廿五日（陰曆戊申正月廿四日）
◉試驗科目　歷史及地誌問對（內國及外國）讀書及作文國文及漢文）筭術（四則以內）
但官公私立學校의普通科以上卒業證書가有ᄒᆞᆫ人은其學力을檢定ᄒᆞᆫ後免試入許ᄒᆞᆷ
◉開學日字　三月五日（陰曆二月三日）
隆熙二年一月十日
漢城中等私立普成專門學校

本人의土地가西署龍山坊典圜洞馬背山下에有ᄒᆞ온ᄃᆡ其文券을麻浦居崔龍圭家에借用所致로任置矣러니陰昨年拾二月廿二日火災時에소火ᄒᆞ얏기로玆에廣告ᄒᆞ오니以此照亮ᄒᆞᆷ
桃洞趙東敎 告白

本人의圖章을昨年十一月에셔失故로前以勿施ᄒᆞ더오니內外國人僉照亮ᄒᆞᆷ
金浦郡莊川三里　崔承佑 告白

東署仁昌坊祭基里九統一戶沿路草家拾五間金家의家券一張을今月二十三日逢賊時에見失ᄒᆞ엿사오니誰某던지休紙施行ᄒᆞᆷ
金회鍾于 告白

●廣告
本書館에셔文明을發達ᄒᆞ기爲ᄒᆞ야今에內外國各書籍과各種教科書類를蒐集ᄒᆞ와廣告ᄒᆞ오니學校와僉君子ᄂᆞᆫ陸續來購ᄒᆞ심을務望

最新書籍目錄
◉東西洋歷史　各種
◉東西洋地誌　各種
◉政治學　各種
◉法律學　各種
◉經濟學　各種
◉筭術書　各種
◉內外國地圖　各種
◉修身書　各種
◉博物學　各種
◉物理學　各種
◉衛生學　各種
◉地文學　各種
◉讀本　各種
◉法帖　各種
◉學校用品　各種
此外에도各種書籍이具備ᄒᆞ옵고書籍及名片도印刷하옵ᄂᆞᆫᄃᆡ其他價額을ᄐᆞ게廉ᄒᆞ깃ᄉᆞ외다
京城南署銅峴（구리개）

學部認可
博學書館 告白

家庭雜誌

每月五日發行一冊五十頁定價金十錢一年先金九十六錢(六個月一年先)郵稅并一圜
本雜誌ᄂᆞᆫ純國文으로發行ᄒᆞ와家庭教育界에光明을放하옵다가財政의艱窘을因ᄒᆞ야中間에廢刊停止ᄒᆞ엿ᄂᆞᆫ바이온이今에太社에셔有志諸氏의協贊을得ᄒᆞ야論說諸師의各部門과滋味잇ᄂᆞᆫ歷史談叢을普通取覽케ᄒᆞ야本月五日부터續刊發行ᄒᆞ깃사오니 僉君子ᄂᆞᆫ陸續購覽ᄒᆞ시옵
발兌元 皇城布屛下金相萬廣學書舖
發賣所　尙洞博文書館　鍾路大東書市
各有名書店
布屛下廣學書舖니家庭雜

漢城鍾路萬國基督教靑年會舘前慈惠藥房 製藥鑑査人濟衆院醫學員洪錫厚朴慈惠李觀化告白

本人等이米國大學醫院處方을大醫學士魚丕信시에게受業ᄒᆞ고醫學校卒業五等池錫永시에게有效證明書을受ᄒᆞ고左記ᄒᆞᆫ諸種을製造ᄒᆞ야外國賣藥規模을依ᄒᆞ야紙匣洋鐵匣琉璃瓶에盛ᄒᆞ야全國內地各處藥店에廣賣ᄒᆞ옵고濟衆院英書醫書로我國漢文으로飜譯ᄒᆞ야名稱西藥便方이라ᄒᆞ고발賣ᄒᆞ오니四方僉彦中濟衆院나을數拾年來經驗信用ᄒᆞ신兄弟ᄂᆞᆫ不拘藥之多少ᄒᆞ고不拘路之遠近ᄒᆞ고日々以書請買ᄒᆞ시면本人은雖拾錢價値라도以小包郵便으로仰呈ᄒᆞ오라니와封定價外郵稅十전을加送ᄒᆞ시되小數젼은郵票十젼자리로ᄒᆞ셔서보내시고賣ᄒᆞᄂᆞᆫ寒에서ᄂᆞᆫ多數買去ᄒᆞ시면郵便局換錢票로買送ᄒᆞ시오且本藥房에米國(엘포드)製나會社나파(알풀)製나會社나파德國(만호임)製약材料品을直購入ᄒᆞ야德語英語로記ᄒᆞᆫ方文과主治와用法을我國漢文으로飜譯발賣

商標

食思振起　精力活潑　**補益丸**　第一老衰男女의게補氣益血

定價 拾日分	三十個入	金一圜
二十日分	六十個入	金一圜七拾五錢
三十日分	九十個入	金二圜五拾錢

主治大補元氣能調陰陽男子陽萎不起女子月經不調手足厥冷虛勞久病及蘇完되ᄂᆞᆫ效力이大勝於鹿茸蔘人蔘精

靈效解瘧丸　一日分定價金拾錢此藥은大人小兒長瘧과初瘧을勿論ᄒᆞ고一般用ᄒᆞ면更不再發

蛔虫丸　一日分定價金拾전此藥은大人蛔積小兒蛔病의神效

四時感冒丸　一日分定價金拾전此藥感氣몸살의쓰ᄂᆞᆫ藥인대一二日逆氣ᄒᆞ면四時毒感上下肢節頭痛에即時解熱鎭痛

男女瘡疾祛根藥　定價金五圜此藥은瘡疾의一期二期를勿論ᄒᆞ고거근ᄒᆞᄂᆞᆫ藥을주ᄂᆞᆫ대口瘡과구역도아니나오

淸明眼藥　一日分定價金拾錢此藥은火眼熱眼의有效ᄒᆞᆫ藥

無惡臭疥瘡藥　定價金四拾전此藥疥션虫을卄分內殺

鎭咳　五日分定價金三拾錢此藥은四時常性咳嗽에有效ᄒᆞ고特히老人硬咳에消痰止咳

寸虫發根　定價金三拾錢有鉤寸虫無鉤寸虫當場驅出

止足汗藥　二十日分定價貳拾錢此藥德國軍人常用除足汗臭

養兒寶散　定價금拾五전小兒服藥갑괴食滯他症爲주나

輕腫根治膏　定價금十五전此낙面腫과頭腫에直差

濕腫根治膏　定價금十五전此락은男女勿論하고風寒暑濕으로腫瘍에大起搔痒ᄒᆞᆯ때奇效

大腫發根合瘡膏　定價금五十錢

漢城百應膏　一封定價金十錢此락은舊락醫士李信友시方文으로製造ᄒᆞᆫ藥인대멍우리잘풀리고각項腫氣에발根合瘡이速히되ᄂᆞᆫ藥디대大洋鐵匣入一個금五十錢

小兒感冒靈效散　定價金十錢

癎氣神効保嬰散　定價금十二錢五厘

瑞士建國誌

定價 新貨拾五錢

此書ᄂᆞᆫ政治小說이니志士의救國救民ᄒᆞᄂᆞᆫ思想과人民의愛國心을養成하ᄂᆞᆫ데緊要ᄒᆞᆫ冊子오

發賣所

▲大韓每日申報社	匯新冊肆
▲仁川港杻峴	金相萬冊肆
▲中署布屛門下	敎育書舖
▲平壤城內烈女洞	古今書海舘
▲鍾路	中央書舘
▲銅口越便	大東書市
▲鍾路	匯東書舘
▲大廣橋	博文書舘
▲開城	姜助遠冊사
▲海州碧城書籍舘	朴昌

本辯護士가事務所를移定于南署下茶洞十八統七戶ᄒᆞ얏숩기玆以仰佈홈

辯護士 金義濟
事務員 朴宗根

越南亡國史 國漢文

定價貳拾伍錢

發賣所 京城廣橋高裕相書舖
鎭南浦三和港 [illegible]
布屛下 김相萬 告白

本人이書舖를另設하고新舊書籍을具備ᄒᆞ와廉價放賣ᄒᆞ오니有志하신僉君子ᄂᆞᆫ隨意請購ᄒᆞᆷ

元山上里二洞 芸香書舖 金舜命 白

歐米各國專賣特許
石油發動機及自行車
精米機械及附屬品一切廉價放賣

今回諸君子의便利ᄒᆞ기爲ᄒᆞ야本店을左記處로移接ᄒᆞ엿사오니照亮하심을伏望

直輸入商京城南大門外
韓國代理店中根商會

▲新刊書籍發售廣告

增補 經驗錄大全 國漢文 定價金七拾五錢
大韓法規類纂洋裝 三圜五拾錢 郵稅四拾錢
初等倫理學敎科書 二拾錢
初等衛生學敎科書 拾五錢
國家學綱領 拾五錢
國民須知 八錢
愛國婦人傳 張志淵氏著 十五錢

發賣所 京城布屛下 金相萬書舖

學徒洋裝書冊
學徒運動과諸具
羅紗各種　美國金鷄蠟
衣服裝飾其他雜貨도廉價放賣ᄒᆞ오니諸君子ᄂᆞᆫ來臨ᄒᆞ심을敬要
라나이다

仁川港杻峴新冊肆

大韓國新발明靈藥廣告
陸軍軍醫金守鉉君實驗方劑에陸軍軍醫張基茂君有效說明으로淸心保命丹을발明인바効能은如左ᄒᆞ니僉君子ᄂᆞᆫ試驗ᄒᆞᆷ을望

新藥 淸心保命丹

本舖 仁川港杻峴 濟生堂

●主治効能
●痰飮●食積●中暑中寒
●咳嗽●腸痛●不土不服
●氣鬱●吐瀉●船車之量
●食傷●酒醉●口熱

▲此外諸般連氣厲疫預方妙藥
발行人 仁川港杻峴 濟生堂 李[illegible]

代理店
特約店 京城鍾路 共愛堂藥房
京城鍾路 慈惠藥房
同 梨峴 李信華洋藥局
同 銅洞 盧益亨冊사
同 南門外 廣濟藥院

[illegible]

此外에도現代에문明각地各處有名ᄒᆞᆫ藥房에도各種藥이俱備ᄒᆞᆷ

◉國債報償金收入總額
二月中本社收入總額
每日逐号明細錄
◉二月五日

第一五九九号伊川郡報成社六圓一百十一圓三十四錢
第一六〇〇号密陽郡各面里一百六拾七圓二十六錢
合計二百七拾八圓六十錢
二月五日지收入總額
二百七十八圓六·錢
隆熙二年一月收入總額
六百六十八圓九拾二전
光武十一年四月至拾二月收入總額五萬七千四百廿六圓九十五錢七厘
總合五萬八千三百七十四圓〇七錢七厘

◉國債報償義捐金收入廣告
◉伊川報成社第六回
東邑面安養里
金士守 明允化 李致瑞
金士俊 申應順 張子允
張子玉 최士令 金士辰
각五拾四錢
리永滿 中應瑞 정世四전
宋士淸 咸敬祚 리致坤
金士弘 孫鑿浩 崔遂十
金世連 張德必 劉淳益
각拾九전
김永善 박汝淑 리仁化
金子弘 崔士凡 崔士官
金生巳 裴止石 金士彦
合九圓二十八錢
張君甫 각拾三전五厘
▲河南面延湖里
金仁吉 김文道 각一圓 리郁設
리[illegible]瑞 리元景 리在源 李德汝
리永源 각五十錢 리錫龜
리인瑞 리尙允 리泰敏
리錫祚 각廿전 리在根卅錢
合六圓三拾전
總合拾五圓五十八錢
前號總合五萬八千〇九十五圓四拾七전七厘
都總合五萬八千一百十一圓〇五錢七厘

○廣告料
每号活字十三行每行에新貨[illegible]錢
每日每行六전씩相當홈
二週日에 二圜五十錢
每日每行四號五號에相當홈
一箇月에 五圜
（每日每行四號一號에相當홈）
長期限의長短과字行의多少를依ᄒᆞ야減價홈이有홈

◎大韓每日申報各處支社廣告
中署布屛門下 金相萬冊肆
平壤上水口門內 金浩淵
仝 崔敬恒
仁川杻峴新冊肆 李東鎬
宣川邑書籍舖 安濬
義州西門外 大榮會
釜山港佐川藥局 徐[illegible]
三和港築洞 金元[illegible]
咸興南州社西門外 曹喜林
京城南大門外興[illegible]書舘 發助述
大邱市 徐一弘
晋州邑濟衆院 劉夢[illegible]
鐵山邑[illegible] 安[illegible]
元山倉前 劉七[illegible]
海州南門內書舘 朴昌[illegible]
定州南門內 洪成[illegible]
開城[illegible] 許[illegible]
郭山[illegible]書舘 李[illegible]
安岳[illegible] 邢道[illegible]
[illegible] 리鎭成
安州城內[illegible] 金[illegible]河
鐵原邑[illegible] 趙鍾大
高原邑 朴敎吉
[illegible] 李[illegible]
井邑邑내 李[illegible]
黎仁邑내 金[illegible]
[illegible] [illegible]
[illegible] 李[illegible]
[illegible] 崔[illegible]
[illegible] 金[illegible]
殷栗邑[illegible] 殷紹漢
群山港東彩社 宋[illegible]
龍川[illegible] 黃[illegible]保
東萊[illegible] 金明仁
淸州[illegible] 宋斗鉉

發行兼編輯人英國人 裴說
發行所 南署石井洞號外堤三十號家
大韓每日申報社

第六卷

大韓每日申報

第七百廿五號

月曜及慶節時日休刊

檀君開國四千二百四十一年
箕子元年三千三十年
大韓開國五百十七年
日本明治四十一年
淸國光緒三十四年
陰曆戊申正月大初七日癸巳

論說

●精神이有ᄒᆞ면事實이必現

國家의興亡이土地大小에在ᄒᆞᆫ가曰否라人口衆寡에在ᄒᆞᆫ가曰否라但其國々民의獨立精神存亡에在ᄒᆞ니라

此精神만有ᄒᆞ면雖或一時悲境은慘遭ᄒᆞᆯ지라도畢竟에ᄂᆞᆫ獨立의名譽를造ᄒᆞᆯ지며此精神만有ᄒᆞ면雖敢强國의羈絆을暫被ᄒᆞ드ᄅᆡ도畢竟에ᄂᆞᆫ獨立의幸福을購ᄒᆞᆯ지며此精神만有ᄒᆞ면刀鋸鼎확으로施ᄒᆞ야도其氣가不挫ᄒᆞ며此精神만有ᄒᆞ면地獄不滅火에投ᄒᆞ야도其身이不死ᄒᆞ야必也獨立國의獨立民이되나니

十七世紀法國이何力으로列國同盟軍을擊退ᄒᆞ얏ᄂᆞᆫ가此精神이有ᄒᆞᆫ所以오

十八世紀美國이何能으로羈絆을脫却ᄒᆞ얏ᄂᆞᆫ가此精神이有ᄒᆞᆫ所以오

十九世紀伊國이何術로强敵을排斥ᄒᆞ얏ᄂᆞᆫ가此精神이有ᄒᆞᆫ所以오

其他波蘭埃及比律賓等의滅亡에終歸ᄒᆞᆷ은是唯獨立精神이缺乏ᄒᆞᆫ故라當時壓力의所迫으로悲憤이猝발ᄒᆞ야時月間咆哮跳躍의擧ᄂᆞᆫ有ᄒᆞ얏스나不過幾百隻軍艦에과膽이怯小ᄒᆞ며幾千門敵砲에勇氣가忽死ᄒᆞ야來時에春潮又치洶하다가去時에殘雪又치消ᄒᆞ며起處에獅子又치奮ᄒᆞ다가伏處에蝟毛又치縮ᄒᆞ니此ᄂᆞᆫ狂人의客氣라엇지獨立精神이有ᄒᆞᆫ國民이라ᄒᆞ리오

現時代世界上에被滅ᄒᆞᆫ國의人民을觀ᄒᆞ건대其性質行動이太半是墮不復ᄒᆞᆫ劣種이라其初에恥辱이突來ᄒᆞᆫ場頭에서感奮ᄒᆞᄂᆞᆫ듯前進ᄒᆞᄂᆞᆫ듯勉勵ᄒᆞᄂᆞᆫ듯文明에有意ᄒᆞᄂᆞᆫ듯ᄒᆞ다가一日이過ᄒᆞ며其熱心이冷一度ᄒᆞ며一年이過ᄒᆞ며其奴性이長一尺ᄒᆞ야噬臍噴血ᄒᆞ던口로敵國을阿諛ᄒᆞ며指天誓日ᄒᆞ던手로敵人을崇拜ᄒᆞ니實로可哀오可憐인져

奇哉라挽近印度人의擧動이여慘담悲境에苟活이已久인대今乃知恥知辱에五相奮발ᄒᆞ야甚至於奇偉ᄒᆞᆫ女丈夫가產出ᄒᆞ야法國女傑貞德의後塵을思繼ᄒᆞᄂᆞᆫ도다

此擧動의價値ᄂᆞᆫ後來其結果를看ᄒᆞ여야眞正ᄒᆞᆫ評論을可加ᄒᆞ려니와

但只目下行動으로揣想ᄒᆞ건대碌々庸徒라稱키ᄂᆞᆫ難ᄒᆞ니噫라印度ᄂᆞᆫ비록古代에釋迦文殊馬鳴龍樹又ᄒᆞᆫ宗教哲학家가輩出ᄒᆞ야上世文明國이라云ᄒᆞ나酋長이分裂ᄒᆞ고國民이決裂ᄒᆞ야自來歷史家에서國家로不認ᄒᆞ던印度가今日에乃興ᄒᆞ라ᄂᆞᆫ가今日에乃興ᄒᆞ라ᄂᆞᆫ가

官報

●第三千九百九十一號
隆熙二年二月七日

敍任及辭令

侍從院典醫小山 善
任大韓醫院醫官

農商工部번譯官新庄 順貞
兼任農商工部書記官

大韓醫院技師佐佐木四方志
兼任內部技師

창原府尹申錫麟
兼任昌原港裁判所判事

東萊府尹韓致愈
兼任釜山港裁判所判事

度支部繙譯官韓圭復
兼任臨時財源調査局書記官

統監府囑托男爵勳三等高崎安彥
特敍勳二等太極章

右ᄂᆞᆫ隆熙元年十二月二日에勳二等八卦章을陞敍ᄒᆞᆫ바曩己辭國ᄒᆞᆷ으로未及領受ᄒᆞ얏더니皇太子殿下께옵서東京에行啓ᄒᆞ옵실時에效勞多有ᄒᆞᆷ으로二等太極章을特爲換賜ᄒᆞᆷ表勳院

任掌禮院典祀補 閔晳基
大韓醫院學生監 沈鍾永
命國文研究所委員

昌原前府尹李琦
解兼任昌原港裁判所判事

東萊前府尹金敎獻
解兼任釜山港裁判所判事

財務署主事孟용鎬
財務署主事兪夏濬
仝 鄭河一
仝 尹滋善
仝 吳貞煥
仝 崔學恩
依願免本官

掌禮院典祀補宋鎭台
依願免本官

外報

●友邦服喪 路透電을據한則葡萄牙國皇帝陛下ᄭᅴ서崩御ᄒᆞ시믜對ᄒᆞ야英國皇帝陛下及伊太利國皇帝陛下ᄭᅴ서一個月間을喪服ᄒᆞ시고法國皇帝陛下ᄭᅴ서ᄂᆞᆫ三週日間을喪服ᄒᆞ신다더라

●訪問停止 路透電을據ᄒᆞᆫ則英國皇帝皇后兩陛下ᄭᅴ서今回葡萄牙國皇帝陛下及皇太子殿下의兇變에就ᄒᆞ야深히憂慮하사丁抹及瑞典國에訪問ᄒᆞ시기로預定ᄒᆞ신것을停止ᄒᆞ셧다더라

●東洋人排斥 美國포르랜드電을據ᄒᆞᆫ則오리곤道에居ᄒᆞᄂᆞᆫ有名ᄒᆞᆫ生物博士마스터氏가晉ᄒᆞ기를太平洋沿岸에東洋人居留ᄒᆞᄂᆞᆫ地를注意치아니ᄒᆞ면厠間에서발生ᄒᆞᄂᆞᆫ病이不絶ᄒᆞᆯ터이니東洋人을不爲排斥ᄒᆞ면此病根을剗除ᄒᆞᆯ슈업다ᄒᆞ얏더라

●極東俄人植民 比仁羅電을據ᄒᆞᆫ則俄國에서滿州와파이칼地方에植民地를設置ᄒᆞ고多數ᄒᆞᆫ人民을送ᄒᆞ기로作定ᄒᆞ얏ᄂᆞᆫ대土地ᄂᆞᆫ任意로定케ᄒᆞ며家屋建造의材木과農作ᄒᆞᄂᆞᆫ機械를供給ᄒᆞ며家屋建造費로每人에一百五十圓式出給ᄒᆞᆫ즉近日에二千名移民이極東을向ᄒᆞ야出發ᄒᆞ얏다더라

●俄國革命黨 俄京電을據ᄒᆞᆫ則去月三日夜에피터쇼르구地方에서革命黨이陸軍을組織하고카스피안鐵道에付屬ᄒᆞᆫ兵器庫에八ᄒᆞ야銃六十柄을奪取而去ᄒᆞ얏ᄂᆞᆫ디政府에서ᄂᆞᆫ該黨의隱居ᄒᆞᆫ處를不知ᄒᆞ얏스며俄京에서ᄂᆞᆫ該黨의爆發物品을每日발見된다더라

●憲政進行 波斯國은先王時代에憲政을設行ᄒᆞ더니頑固黨이反對ᄒᆞ야專制政治를行ᄒᆞ려다가民心이騷動ᄒᆞᆷ으로現今에該國王이民權을限制치못ᄒᆞᆯ줄을已知ᄒᆞ고迎敎의强硬으로政黨을曉諭ᄒᆞ고設採ᄒᆞ며先王이下給ᄒᆞ신憲政制度로進行ᄒᆞ기로擧手盟誓ᄒᆞ얏다더라

寄書

古人有習曰人有曠百世而相感者은而況併世共生하야豈無相感者哉아余ㅣ今於大韓每日申報에相感也ᄒᆞ노라貴申報의言論之壯快와筆舌之正直이能醒我同胞於夢寐之中하야大進文明之域ᄒᆞ니直可謂大韓之木鐸이며大韓之耳目也라余ㅣ不勝感歎ᄒᆞ야每日愛玩者ㅣ既有年所矣러니今見貴申報特別社告則以經費之艱拙로將至廢刊之境云ᄒᆞ니是何言也며是何言也오貴申報가廢刊이면大韓之文明을其誰倡導乎며大韓之同胞를其誰警醒乎리오余ㅣ以相感之心으로不揣蕪拙ᄒᆞ고聊將寸誠紙幣ᄒᆞ야以表相感之情ᄒᆞ노니惟望貴社ᄂᆞᆫ勿辭領收ᄒᆞ야以補經費之萬一焉

定平郡居 韓錫영

雜報

●永校承昌 永興公立普通學校에서學期試驗을經ᄒᆞ얏ᄂᆞᆫ대甲班優等金正夏等七人及第金在憲等八人乙班優等金禹鼎等五人丙班優等元宗선等十五人丁班優等金元模等二十二人인ᄃᆡ多數賞給을分與ᄒᆞ고敎員劉漢烈氏가敎育의義務를激切히說明ᄒᆞ고학徒父兄을對ᄒᆞ야邑內艱仁契에서六十圓尊德契에서二十圓市井廳에서八拾圓合伺圖에서三十圓鶴岡契에서拾六圓을義捐ᄒᆞ얏合으로多少費用을支補ᄒᆞ니此等契의義務ᄂᆞᆫ稱頌ᄒᆞᆯ만ᄒᆞ다고讚揚說ᄒᆞ고來賓郡主事林始炎氏와財務署長高明益氏가贊成ᄒᆞ얏다ᄂᆞᆫ대該校의漸次擴張됨을全郡人士가無不稱頌ᄒᆞᆫ다더라

●義名投金 定平郡國債報償會所門前에不知何許人이金六圓을封置ᄒᆞᆫ郵內에入ᄒᆞ야投於門隙ᄒᆞ고不記姓名而去ᄒᆞ니此眞愛國而不求名聲者라고該會에서ᄂᆞᆫ本社總會所로來致ᄒᆞ얏더라

●仁校漸就 永興私立仁興학校에서去月二十四日에冬期試驗을經ᄒᆞ얏ᄂᆞᆫ디甲班優等李寅杓徐炳鉉等兩씨오及第朴仁基梁來珏等五氏오乙班優等生白承煥氏오及第張柱英等四氏인ᄃᆡ當日來賓及任員과學徒父兄의觀光者ㅣ百數十人에達ᄒᆞ얏ᄂᆞᆫ디校長金榮洙氏以下新任員의義捐ᄒᆞᆫ賞品代金이五十餘圓에達ᄒᆞ얏다더라

●李門設校 西來人의傳說을聞ᄒᆞᆫ즉郭山郡慶州李氏門長寅芳氏와前參奉根宅氏가門內某氏로義金을鳩聚ᄒᆞ야隔進학校를設立ᄒᆞ고熱心敎育ᄒᆞᆫ다더라

●宜校卒業 交河郡宜城學校에서冬期試驗을經ᄒᆞ얏ᄂᆞᆫ대師範速成科卒業優等生에ᄂᆞᆫ鄭承烈씨等十一人이오普通科優等生에ᄂᆞᆫ尹流秀諸씨오及第生은林殷達諸氏인디校長兪鎭ᄒᆞ敎師尹勝秀諸氏가賞品을施與하고趙地方委員尹泰容氏가敎育에對ᄒᆞ야一場演說ᄒᆞ얏다더라

●傳道委託 貞洞耶蘇敎會牧師崔炳憲氏가忠南宣敎委員으로再昨日發程ᄒᆞ엿ᄂᆞᆫ디敎中傳道一款은玄楯氏의게委任ᄒᆞ고其外諸般事務ᄂᆞᆫ崔興氏의게全托ᄒᆞ엿다더라

雜報

●修費支出 皇太子殿下御留ᄒᆞ실處所ᄅᆞᆯ一層修理ᄒᆞ되該經費ᄂᆞᆫ五拾萬圜을支出ᄒᆞ얏ᄂᆞᆫ데農相宋秉畯시가幹役ᄒᆞᆫ다더라

●兩大云遞 總相리完用氏와宮相리允用씨가匪久에遞任이되고其代에ᄂᆞᆫ永宣君리埈鎔氏와制度局總裁金允植氏가被任ᄒᆞᆫ다더라

●宮大又渡 宮內大臣李允用氏가有何事端인지不久에日本에再往ᄒᆞᆫ다라더

●風說乎否 總相리完用氏와大東學會長申箕善氏가有何秘密運動事件이던지義兵將許위氏가被捉事由에對ᄒᆞ야坡州등地에셔抱恨而死ᄒᆞ얏다ᄂᆞᆫ風說이有ᄒᆞ더라

●甲시伴還 日本留學生監督申海永시ᄂᆞᆫ日詔宮大歸國時에同伴還來ᄒᆞ얏다더라

●紀念章云頒 新皇帝陛下卽位式에參禮ᄒᆞᆫ내外文武官에게授與ᄒᆞᆯ紀念章을目下東京에셔製造ᄒᆞ야四月上旬에ᄂᆞᆫ此ᄅᆞᆯ分給ᄒᆞᆫ다더라

●神出奇計 地方各處義兵을歸化가沒策ᄒᆞ더니近日에總相리完用氏가一奇計ᄅᆞᆯ做出ᄒᆞ야五百萬圜을支出ᄒᆞ야各道各郡道路橋梁을大修治ᄒᆞ면無依無托ᄒᆞᆫ人民들의義兵에投入ᄒᆞᆫ者들이必也雇錢을貪ᄒᆞ야赴役ᄒᆞ면義徒ᄂᆞᆫ自歸消滅ᄒᆞ리라ᄒᆞ야方今擬議中이라더라

●月俸支撥 宮內府所管經用金二千圜과內官과女官에俸給은每月廿日에支給ᄒᆞ고親勅奏判任官에月俸은每月二拾一日로員役등俸給은每月廿二日에支撥ᄒᆞ기로決定ᄒᆞ얏다더라

●妓樂宴待 內閣諸大臣이明日에前學務院大廳에韓國妓樂을盛設ᄒᆞ고曾禰副統監을請邀宴待ᄒᆞᆫ다더라

●永濱午餐 度支部次官署理關稅總長永濱盛三시가再昨日上午十二時에自己私邸에午餐會ᄅᆞᆯ設ᄒᆞ고該部奏任官以上을請邀宴待ᄒᆞ얏다더라

●統邸慶宴 來十一日은日本紀元節인故로統監官邸에셔曾禰副統監이同日午後六時에祝宴을設ᄒᆞᆯ터이라더라

●醫院觀察 내部衛生局長劉猛시가今日에該課장을帶同ᄒᆞ고種痘觀察次로大韓醫院에前往ᄒᆞᆫ다더라

●移接農部 法官養成所ᄅᆞᆯ再昨日에前農商工部로移接ᄒᆞ얏더라

●甲筵請賓 昨日이前制度局長리鳳來氏의回甲日인데盛宴을設ᄒᆞ고請賓接待ᄒᆞ얏다더라

●財務觀察 度支部書記官兪承兼시ᄂᆞᆫ慶尙北道의財務觀察로事務官吉田시ᄂᆞᆫ全北財務觀察次로再昨日에次第발行ᄒᆞ얏다더라

●合格通牒 학部에셔敎員檢定會ᄅᆞᆯ經ᄒᆞ야合格者十餘名을列錄ᄒᆞ야內閣으로通牒ᄒᆞ고無碍叙任케ᄒᆞ라ᄒᆞ얏더라

●必得乃已 前特進官張博시ᄅᆞᆯ北署前赤ㆍ字病院을賜第ᄒᆞ셧ᄂᆞᆫ데大韓醫院에셔該院附屬所用이라고出給지아니ᄒᆞ야備동리鍾浩시家에寓接ᄒᆞ야龍洞宮을納求ᄒᆞ다가孤兒院에先爲 下賜가된故로現今에前內藏院을請求中이라더라

●警吏同件 各道宣諭委員이再昨日에發程ᄒᆞᄂᆞᆫ데警視廳에셔巡査部長一人과巡査數名式을平服으로同伴派送ᄒᆞ얏다더라

●鄕客詷探 警視廳에셔近日別巡檢을派送ᄒᆞ야五署內各旅館에留連ᄒᆞᄂᆞᆫ鄕客을遍遍히詷探ᄒᆞᆫ다더라

●梁盧ㅅ邪 學部入直所에日昨붓터魍魎이連三夜ᄅᆞᆯ발動ᄒᆞ얏다더라

●由電被捉 閔元植시의被囚ᄒᆞᆫ根因을漏聞ᄒᆞᆫ즉自日本으로詗捉ᄒᆞ라ᄂᆞᆫ電信이月前에到達ᄒᆞᆫ所以라더라

●一月五百 今年一月內에京城에日本人新來ᄒᆞᆫ者의調査ᄒᆞᆫ바ᄅᆞᆯ聞ᄒᆞᆫ즉男三百三十名이오女百五十七名이라더라

●소시旋放 警視廳에被囚ᄒᆞᆫ閔元植시의事件을因ᄒᆞ야社稷동居소道成시의令男이再昨日에被招되얏다가即時放送ᄒᆞ얏다더라

●韓銀出張 韓一銀行에셔西署東幕에出張所ᄅᆞᆯ開設ᄒᆞ고來十日부터開業ᄒᆞᆫ다더라

●罪囚數爻 監獄署에셔現在罪囚ᄅᆞᆯ調査ᄒᆞ엿ᄂᆞᆫ데已決囚가壹百二十名이오未決囚가壹百八名이라더라

●賭者沒捉 開城郡祥동近處에셔淸人이三拾六計雜技로凡月餘ᄅᆞᆯ每日四次에金貨一二千圜式得失이나셔蕩產ᄒᆞᆫ人民이多數하더니再昨日에警察巡檢등이該處雜技군을一々히捕捉하엿다더라

●運社火變 再昨日下午六時에南門外日人運輸會社에셔失火ᄒᆞ야拾餘間이燒火ᄒᆞ얏ᄂᆞᆫ대被燒ᄒᆞᆫ物品은現今調査ᄒᆞᆫ다더라

●李家小火 再昨日下午十一時에北部順化坊仁洞李英澤家에셔失火ᄒᆞ야草家一間을燒燼ᄒᆞ얏다더라

●恤金支給 義徒에게被害ᄒᆞᆫ長湍郡使令金点돌의救恤金二拾圜ᄅᆞᆯ度支部에셔支給ᄒᆞ얏다더라

●廣院女校 學部에셔本年度에官立女학校ᄅᆞᆯ設立ᄒᆞᆫ다ᄒᆞᆷ은已爲揭載ᄒᆞ얏거니와該部에셔內部로照會ᄒᆞ고前廣濟院을女학校로認準하라ᄒᆞ얏다더라

●青年討論 今日下午七時에青年會에셔人心團合은苦勝於業이란問題로討論ᄒᆞᆫ다더라

●五校五贊 定州郡五山里에私立五山學校ᄅᆞᆯ開校ᄒᆞᆫ後該郡守李世卿氏와郡主事盧鎭約氏와趙正言光佑白校理羲行方正晉夏鐵諸氏가熱心贊成ᄒᆞ야多士의進就가指日可期라더라

●屢請不往 普成專門學校學監尹益善氏가該校講師諸氏의계請牒을輪示ᄒᆞ고講師會ᄅᆞᆯ屢度召集ᄒᆞ되講師諸氏가一不往參ᄒᆞᆫ다더라

●女校成績 北署壯동進明女학校에셔年終學期試驗을經ᄒᆞ얏ᄂᆞᆫ뎌三年級優等生은韓泳達등二年級優等生은鄭子英등三氏一年級優等生은金泰性등三氏豫備班에ᄂᆞᆫ朴榮玉氏인ᄃᆡ學生을更爲募集ᄒᆞᆫ다더라

●獎學特賞 公立仁川普通學校長金潤晶시가陰曆年末에閉校式을設行ᄒᆞᄂᆞᆫ대諸生을對ᄒᆞ야勸勉ᄒᆞ되工夫에成就가草木의生長과如하야日夜休息지아니ᄒᆞ여야文明域에進하리라ᄒᆞ고諸生中에依規修業ᄒᆞ기ᄅᆞᆯ願ᄒᆞᄂᆞᆫ者十六人의게賞金貳拾圜을施與ᄒᆞ얏어니其他生徒도一層激勸ᄒᆞ야休業延期ᄅᆞᆯ勿施ᄒᆞ고受業ᄒᆞ기ᄅᆞᆯ願ᄒᆞᄂᆞᆫ人이居多ᄒᆞᆫ다더라

●价守設校 价川郡守朴承健시ᄂᆞᆫ公退之暇에短杖草鞋로該境너에巡行ᄒᆞ야家喩戶說ᄒᆞ야該郡八面에학校拾餘處ᄅᆞᆯ設立ᄒᆞ고義捐金各一圜과新曆一件式分賜ᄒᆞ얏다고該郡來人이稱頌ᄒᆞ더라

●新校日新 定州納淸齋新與學校ᄂᆞᆫ刱設數載에經費가艱拙ᄒᆞ야幾乎廢止이더니本里諸人이鼓動民心ᄒᆞ야當ㅣ捐助가一千五百圜이된지라敎師ᄂᆞᆫ金德庸시ᄅᆞᆯ延聘ᄒᆞ고生徒百餘人을熱心으로敎育ᄒᆞ야進就之望이有ᄒᆞ다더라

●教校漸就 南浦碑石동基督학校가設立된지五六年에校況이僅々保全ᄒᆞ나校舍가狹窄ᄒᆞ야학徒가不過是廿餘名이러니昨年에本港居裵亨식시가殫力周章ᄒᆞ야該항各社會와각商民諸시의게請救捐助ᄒᆞ야宏壯ᄒᆞᆫ학校ᄅᆞᆯ建築ᄒᆞ고青年子弟ᄅᆞᆯ募集하니生徒가七拾餘名에達ᄒᆞ얏고敎科一課ᄅᆞᆯ自費敎育ᄒᆞᄂᆞᆫᄃᆡ年終試驗에入格者가四十名이라더라

●借手殺民 金山金泉場市傳車場에日守備隊가駐在ᄒᆞ얏ᄂᆞᆫ대日兵의通譯者들이恃勢恣虐이無所不至인바錢財와鷄卵을民間에討索ᄒᆞᆷ은猶屬歇后오甚至睚眦之怨도日兵의게搆捏ᄒᆞ기ᄅᆞᆯ義兵干連이라ᄒᆞ야使之銃害ᄒᆞᆷ이乃至百餘名이라通譯者의借手殺民이遂至此極ᄒᆞ니人民이切齒抱恨ᄒᆞ미該道觀察使가交涉禁止ᄂᆞᆫ此弊가尙此不息云ᄒᆞ니日兵之藉托殺民은猶可說也어니와韓人而故殺同胞ᄂᆞᆫ豈可忍乎아昨報雜報欄내에日兵蹂躪이란題目은玆에消却ᄒᆞ노라

▲地方消息▼

▲去二十九日殷栗郡南上面桂林동南方高地에셔義兵約二十餘名이集合ᄒᆞ야日憲兵과十五分間을交戰ᄒᆞ다가豊川郡方面으로退却ᄒᆞ미該憲兵이追擊ᄒᆞ다가同郡西下面雲城에셔義兵約ㅁ拾名을遭遇ᄒᆞ야交戰ᄒᆞ얏ᄂᆞᆫ대義兵의死傷이有ᄒᆞ다ᄒᆞ고

▲去二拾九日義將리球采의率ᄒᆞᆫ義兵約一百名이呂州郡康川面後대ᄅᆞᆯ經ᄒᆞ야原州附近으로前往ᄒᆞᆯ際에日隊ᄅᆞᆯ遭遇ᄒᆞ야交戰ᄒᆞ다가退却ᄒᆞ얏다ᄒᆞ고

▲去廿九日義兵將리麟榮의率ᄒᆞᆫ義兵八十餘名이呂州郡上東面烏峴에셔午飯을備食ᄒᆞ고原州方面으로向ᄒᆞ야鄭鳳俊의率ᄒᆞᆫ義兵二拾餘名과合隊ᄒᆞ야同日夜三山里로前往ᄒᆞ엿다ᄒᆞ고

▲二日午前七時에原州郡觀德里에셔義兵十八名이午飯을備食ᄒᆞᆯ際에忠州駐日騎兵八名이突然襲擊ᄒᆞ미義兵이退却ᄒᆞ얏다더라

東京電報

六日발

●韓海防備 日本齋藤海軍大臣이衆議院에셔韓國海防備에關ᄒᆞᆫ事ᄅᆞᆯ說明ᄒᆞ야日鎭海灣及永興灣의防備隊ᄂᆞᆫ永久히留置ᄒᆞᆯ計畫이오또鎭海灣은將來에我의軍港으로定ᄒᆞ고此에要ᄒᆞᆯ經費一部ᄂᆞᆫ今年度豫算에計入ᄒᆞ얏다더라

紐育電報

七日東京經由

●英艦出洋 英國第四巡洋艦隊ᄂᆞᆫ五月에太平洋으로出航ᄒᆞᆫ다ᄂᆞᆫ대其理由ᄂᆞᆫ不明ᄒᆞ다더라

▲碁場風雲▼

▲爛柯山이어듸미뇨ᄒᆞᆫ老人은白碁잡고한老人은黑碁잡아優勝劣敗此時代에一局形便權衡ᄒᆞᆫ다

▲第一點에着手ᄒᆞ니十九路가縱橫하야彌界吾疆分明ᄒᆞ다山林川澤荒蕪地ᄂᆞᆫ八域江山割定ᄒᆞ니日讓一區此世界에翻覆風雲難測일세

▲第二點에着手ᄒᆞ니當局敵手有誰런고七大臣이對壘ᄒᆞ야各自爭路紛紜ᄒᆞ니暗裏猜嫌濃吹로다爾退我進交鋒席에來頭成敗未可知라

▲第三點에着手ᄒᆞ니袖手傍觀適行手ᄂᆞᆫ元老大臣列坐ᄒᆞ니局上機關이何處是오足將進而躊躇로다危急存亾不顧ᄒᆞ고山陰賭墅閑暇ᄒᆞ지

▲第四點에着手ᄒᆞ니要害之地占奪ᄒᆞ야各部官制變史이라生面目이扼腕ᄒᆞ니出々ᄒᆞᆫ손雜踏이라任他爲之舞弄ᄒᆞ니萃換局勢可觀일세

▲第五點에着手ᄒᆞ니邊幅位置缺裂ᄒᆞ야自作家가되엿고나大小郡을合並ᄒᆞ야郡務官을又置ᄒᆞ니借廳入室ᄒᆞᄂᆞᆫ手段ᄒᆞᆫ局輸贏危險ᄒᆞ다

▲第六點에着手ᄒᆞ니魚服大爲播遊ᄒᆞ니미들곳시젼혀업다軍隊解散되엿스니局力忽然墜落이라精神이迷失手ᄒᆞ니奔走리ᄅᆞᆯ누ㅣ막나

▲第七點에着手ᄒᆞ니橘평선相對ᄒᆞ야時局을俯察ᄒᆞ니隱倫士의高趣로다遲遲下手웬일인가져蒼生을엇지ᄒᆞ나呼哭情況可矜ᄒᆞ다

▲第八點에着手ᄒᆞ니敗子녕이업셔지고귀살이에結局이라地方風塵擾亂ᄒᆞ야處處陣雲相望이라走者逐者俱困ᄒᆞ니競爭時代이아닌가

▲第九點에着手ᄒᆞ니暖寒落子누가잡나行世客의態度로다이便저便窺察ᄒᆞ야乘勝處에趨附하야官職圖得紛競ᄒᆞ니炎凉世態可憎ᄒᆞ다

寄書

龍川南面松峴普明學校　金二坤

●知恥自責이라

大抵人이上帝를不知ᄒᆞ면罪를犯ᄒᆞ고罪를犯ᄒᆞ면罰을當ᄒᆞ고罰을當ᄒᆞ면恥를受ᄒᆞᄂᆞ니恥를受홈은理의當然이라 韓國二千萬同胞여先王先祖의四千年來保守ᄒᆞ던國權과四千年來保守ᄒᆞ던土地를外國人의게奪取되고先王先祖의墳墓ᄭᅡ지外國人의掘去되면死ᄒᆞ여先王先祖를對홀時에何面目으로對ᄒᆞ깃ᄉᆞ며人民이되여國權을維持홈은人民의義務어ᄂᆞᆯ國權을維持홀思想은度外에置之ᄒᆞ고肥己窘他之事로光陰을虛送ᄒᆞ다가國權을被奪되면國權이無ᄒᆞᆫ者ᄂᆞᆫ奴隷홀者ㅣ니國權이無ᄒᆞᆫ者ᄂᆞᆫ奴隷라奴隷로셔外國人을對홀時에何面目으로對ᄒᆞ깃ᄉᆞ며上帝ᄭᅴ셔一男一女를造ᄒᆞ시고男子女子의게同等權을賜ᄒᆞ셧거ᄂᆞᆯ女子ᄂᆞᆫ不出門外ㅣ可也라ᄒᆞ고人民의義務와愛國의思想은不發ᄒᆞ라가國權을失ᄒᆞ면女子를對홀時에何面目으로對ᄒᆞ깃ᄉᆞ며男子나女子나母胎에在홀時에神魂으로思ᄒᆞ기를世上에生홀後에欲見者를見ᄒᆞ며欲聞者를聞ᄒᆞ며欲言者를言ᄒᆞ며欲製者를製ᄒᆞ야上帝ᄭᅴ셔賜ᄒᆞ신自由를行ᄒᆞ깃다ᄒᆞ리라우리同胞가韓國의自由를不享ᄒᆞ야後生子女로欲見者를見키不能ᄒᆞ며欲聞者를聞키不能ᄒᆞ며欲言者를言키不能ᄒᆞ며欲製者를製키不能ᄒᆞ야上帝ᄭᅴ셔賜ᄒᆞ신自由를行키不能케ᄒᆞ면子女를對홀時에何面目으로對ᄒᆞ깃ᄉᆞ며國內에江山은國民의土地라江山을不保ᄒᆞ야外國人의게被奪되면江山을對홀時에何面目으로對ᄒᆞ랴以上諸恥를已受者도有ᄒᆞ고將受者도有ᄒᆞ니四維가備ᄒᆞᆫ動物이되야恥를知ᄒᆞ거든既受ᄒᆞᆫ恥ᄂᆞᆫ已어니와將受홀恥ᄂᆞᆫ豈受ᄒᆞ리오大韓에精神으로生ᄒᆞ야韓國의空氣를吸ᄒᆞ고韓國에셔長ᄒᆞᆫ韓國의二千萬同胞여越王句踐은恥를忘ᄒᆞ얏나냐自責ᄒᆞ얏거니와우리同胞ᄂᆞᆫ恥를知ᄒᆞ나냐自責홀제다

漢城鐘路萬國基督教青年會舘前慈惠藥房
製藥鑑査人濟衆院醫學員洪錫厚朴慈惠李觀化告白

本人等이米國大學醫院處方을大醫學士魚丕信시에게受業ᄒᆞ고醫學校段勵五寒洒蘇永시에게有效證明書을受ᄒᆞ고左記낙種을製造ᄒᆞ야外國買약規模을依ᄒᆞ야紙匣洋鐵匣琉리瓶에盛ᄒᆞ야全國內地各處약店에廣賣ᄒᆞ옴고濟衆院英書醫書를我國漢文으로飜譯ᄒᆞ야名稱西약便方이라ᄒᆞ고발賣ᄒᆞ오니四方僉彦中濟衆院낙ᄂᆞᆫ數拾年來經驗信用ᄒᆞ신兄弟ᄂᆞᆫ不拘약之多少ᄒᆞ고不拘路之遠近ᄒᆞ고日々以書請買ᄒᆞ시면本人은雖拾錢價値락이라도以小包郵便으로仰呈ᄒᆞ오리니낙封定價外郵稅十전을加送ᄒᆞ시되小數은郵票十전ᄭᆞ지라도ᄉᆞ셔보너시고買낙家에서ᄂᆞᆫ多數買去ᄒᆞ시던郵便局換錢票로買送ᄒᆞ시오且本藥房에米國(얼포드)製낙會社낙과(왈쿨)製낙會社낙과德國(만ᄒᆞ임)製약社략品을直購入ᄒᆞ야德語英語로記ᄒᆞᆫ方文과主治와用法을我國漢文으로飜譯발賣

商標

食思振起 氣力活潑 **補益丸** 第一老衰男女의게補血益血

定價 拾日分 三十個入 金一圓
二十日分 六十個入 金一圓七拾五錢
三十日分 九十個入 金二圓五拾錢

主治大補元氣能調陰陽男子陽萎不起女子月經不調手足厥冷虛脫六氣久病人蘇完되ᄂᆞᆫ效力이大勝於鹿茸與人蔘精

靈効解瘧丸 一日分定價金拾錢此藥은大人小兒長瘧과初瘧新瘧에다服用ᄒᆞ면更不再發

驅虫丸 一日分定價金拾전此藥은大人蛔積小兒疳病의神効

四時感冒丸 一日分定價金拾전此藥感氣몸살의쓰ᄂᆞᆫ藥인데二三日經過ᄒᆞ면四時毒感上下肢節頭痛에即時解熱鎭痛

男女瘡疾祛根藥 定價金五圓此藥은瘡疾의一期二期를勿論ᄒᆞ고거ᄉᆞᆫᄒᆞᆫ도록약을주ᄂᆞᆫ데口瘡과구역도아니나오

清明眼藥 一日分定價金拾錢此藥은火眼熱眼의有多奇効

無悪臭疥瘡藥 定價金四拾전此藥疥선虫이卅分內殺殺

鎭咳藥 五日分定價金三拾錢此藥은四時尋常性咳嗽에有大効ᄒᆞ고特히老人喉咳에消痰止咳

寸虫驅根 定價金三拾錢有鉤寸虫無子寸虫當場殺根

止足汗藥 二十日分定價貳拾錢此藥德國軍人常用除足汗臭

健兒散 定價금拾五전小兒服藥감기食滯他症爲聖낙

經腫根治膏 定價금十五전此낙面腫과頭腫에直差

濕腫根治膏 定價금十五전此략은男女勿論하고風寒暑濕으로發腫되어大起搔痒ᄒᆞᆫ데奇効

大腫發根合瘡膏 定價금五十錢

漢城百應膏 一封定價金十錢此략은濟략醫士李信友시方文으로製造ᄒᆞᆫ藥인데멍우리잘풀리고각項腫氣에발根合瘡이速히되ᄂᆞᆫ膏藥인데大洋鐵匣八一個금五十錢

小兒感冒靈効散 定價金十錢

癇氣神効保嬰散 定價금十二錢五厘

璿士建國誌

定價金新貨拾五錢

此冊은政治小說이니志士의救國救民ᄒᆞᆫ思想과人民의愛國心을養成하ᄂᆞᆫ데緊要ᄒᆞᆫ冊子오

發賣所

▲大韓每日申報社　▲仁川港杻峴 開新書肆　▲中署布屛門下 金相萬冊肆　▲平壤城內烈女洞 教育售書舘　▲鐘路 古今書海舘　▲洞口越便 中央書舘　▲鐘路 大東書市　▲大廣橋 匯東書舘　▲尙洞 博文書舘　▲開城 褒助遼冊사　▲海州碧城書籍館 朴昌

本辯護士가事務所를移定于南署下茶洞十八統七戶ᄒᆞ얏슴기玆以仰佈홈

辯護士 金錫濟
事務員 朴宗根

越南亡國史 國漢文

定價貳拾伍錢

發賣所 京城廣通橋高裕相書舗 鐵原郡邑內 ... 時夏書舗

布屛下김相萬 告白

本人이書舗를另設하고新舊書籍을具備ᄒᆞ와廉價放賣ᄒᆞ오니有志학員은來臨隨意請購ᄒᆞᆷ

元山上里二동芸香舗 金舜命白

歐米各國專賣特許
石油發動機及自行車
精米機械及附屬品一切廉價放賣ᄒᆞᆷ

今回諸君子의便利ᄒᆞᆷ을爲ᄒᆞ야本店을左記處로移接ᄒᆞ엿사오니照亮하심을伏望

直輸入商京城南大門外
韓國代理店中根商會

▲新刊書籍發售廣告

增補 萬國 大全 國漢文 定價金七拾五錢
大韓法規類纂洋裝 三圓五拾錢 郵稅四拾錢
初等倫理學教科書 二拾錢
初等衛生學教科書 拾五錢
國家學綱領 拾五錢
國民須知 八錢
愛國婦人傳張志淵氏著 十五錢

發賣所 皇城布屛下 金相萬書舖

學徒洋裝書冊
學徒運動과諸具
羅紗各種　英國金剛鑛
衣服裁縫其他雜貨도廉價放賣ᄒᆞ오니諸君子ᄂᆞᆫ來臨ᄒᆞ심을바라나이다

仁川港杏峴開新冊肆

仁川港杻峴 **濟生堂**

新藥 **清心保命丹**

●大韓國新발明靈藥廣告
陸軍軍醫金守鉉君과陸軍軍醫張基茂君의實驗方劑으로清心保命丹을발明인바効能은如左ᄒᆞ니 僉君子ᄂᆞᆫ試爲望

●主治效能
●痰飮●食積●中署中寒
●咳嗽●腹痛●不土不服
●氣鬱●吐瀉●船車眩暈
●食傷●酒醉●口熱
▲其他諸般連氣厲疫預方妙藥

발行人 仁川港杻峴 **濟生堂** 李昌鳳

代理店
京城鉢里동 共愛堂藥房
特約店 京城鍾路 慈惠藥房
同 梨峴 李信華洋藥局
同 尙洞 盧益亨冊사
同 南門外 廣濟藥院
●仁川內洞 韓禹根
同 가峴 和平局
●開城南門內 朴圭相
同 忠橋 具聖模
●水原鐘路下 金九藥局
●海州宗路 元容幽
同 宗路 宋根李
●延安邑內 邊汝文
●江華鐘路 宋順東
同 邑西門外 高成根
●平壤南門內 崔敬淳
●釜山砂利院場內 박健昌
全 任允中
全 李在寛
●黃州南門外紅門滿 耶蘇教堂內 李東赫
●平壤鐘路里 韓鳳儀藥舖
全 館前 최龍化
全 文武洞 金龍興藥舖
全 檀君殿 桂澤宜藥舖
全 果門동客 金鳳天藥舖
全 朴寅瑞
●鎭南浦 金元燮藥舖
●信川邑내四里 朴晩俊
●載寧港 ... 洞 金斗鉉
●京畿大門外 大同運輸會社
●全泥峴郵便局前 天佑堂
●三水郡仲坪場 嶺勤客主 內
●安岳邑上場里 濟生局林景柱
●大邱南門內 廟還동 成浩家
●釜山港草梁客主 김重佑家
●安州城內東井동 回春 大략房
●義州南門外 水口街 義和 략局
此外에도現代에문明 각國有名
각種靈藥이備ᄒᆞ

●國債報償捐金二月中本社收入額●二月六日
每日遞告明細

第一六〇一號長水郡水內面府北洞 拾七圓五十錢
第一六〇二号定平郡國債報償事務所收入諸名氏 六圓
第一六〇三号梁山郡各面里 二百拾四圓拾錢
第一六〇四号慶州郡各面里 九十圓二拾六전
合計三百二十七圓八十六錢
二月六日ᄭᆞ지收入總額 六百〇六圓四十六錢
隆희二年一月收入總額 六百六十八圓五拾二전
光武十一年四月至拾二月收入總額 五萬七千四百卄
六萬九十五圓七厘
都總合五萬八千七百〇一圓九十三전七厘

◉國債報償義捐金收入廣告
●伊川報成社第六回續
河南面酸梨洞
김德甫 김成甫 각卄전
金順甫 金儀甫 金允甫
각十전 合七十전
▲箭灘 黃離顯ㅁ전 宋昌國
金行喆 黃萬基 리貴鉉
ㅈ拾錢 合六拾錢
▲禾岩里 吳貴瑞 宋興瑞
李清汝 李善甫 각卄전
李子二 成允伯 李寬汝
ㅈ十錢 合一圓拾전
▲猿項里 趙雲瑞 五拾전
李德蘭 四拾錢 최弘默
최奎恒 車君實 車興瑞
각卅錢 최奎煥 金時昌
각卄錢 최興周 최奎喆
金德良 金遵瑞 朴永根
최奎燮 楊子官 金德明
許子元 權君弼 각十錢
合三圓五十錢
總合五圓九十錢
前號總合五萬八千一百十一圓○五전七厘
都總合五萬八千一百十六圓九拾五錢七厘

○廣告料
四号活字十三字詰每日每英尺一寸에新貨金五錢
(每日每行六전에相當홈)
二週日에 二圓五十錢
每日每行四戔五里에相當홈
一箇月에 五圓
(每日每行四錢一里에相當홈)
其期限의長短과字行의多寡을依ᄒᆞ야增減홈이有홈

●大韓每日申報各處支社廣告
中署布屛門下 金相萬冊肆
平壤上水口門內 金浩益
仝 崔敏恒
仁川杻峴開新書肆 李東臣
宜川邑協商冊肆 安濬
義州西門外直西 大藥局
釜山港佐川藥局 徐相勳
三和港築洞 金元材
咸興南州社西門外 曹喜林
開城南大門外興學書舗 要助遼
大邱市廳 崔一弘
載寧邑濟衆院 劉夢澤
鐵山邑東部 安支
元山倉前 劉七鎬
海州南門內書舗 朴昌緖
定州南門內 洪成인
昌城郡校동 許환
郭山興岩書舗 李銀瑞
安岳細동坊成동 廉道濟
德川街津 리鎭成
安州城內蓑井洞 金興河
鐵原邑紫洞 趙鏞大
高原邑 朴敎吉
淸州城내 一徒里客舍洞 李鎔殷
井邑邑내 金禹燮
樂仁邑내 金鼎濟
興德後浦 李基秀
京義線枇峴驛賽市 崔濟淳
장淵邑南門內 金晃鉉
殷栗邑倉前里 殷錫漢
古阜邑許洞 宋炳瓚
群山港東彰社 黃錫保
龍川楊市會堂 金明仁
車聲舘同志會내 宋斗鉉
淸州南門내校洞

發行兼編輯人英國人 裵說
發行所 南署石井洞號外地三層洋屋家 大韓每日申報社

第六卷

大韓每日申報

第七百廿六號

月曜及慶節
臨時休日休刊

檀君開國四千二百四十一年
箕子元年三千三十年
大韓開國五百十七年
日本明治四十一年
淸國光緖三十四年
陰曆戊申正月大初八日甲午

論說

●德智體三育에體育이最急

夫德智體三者에人이其一을棄ᄒᆞ면人이라謂키難ᄒᆞ며國이其一을廢ᄒᆞ면國이라稱키難ᄒᆞ니故로此를敎育에三要素라云하ᄂᆞᆫ비라

然則此三育의中에何를存ᄒᆞ며何를舍ᄒᆞ고何를重ᄒᆞ며何를忽ᄒᆞ리오만은仲尼의言ᄒᆞ신足食足兵。信三者에不得已其一을去ᄒᆞᆯ진ᄃᆡ兵食을去ᄒᆞᆫ다ᄒᆞᆷ과又對萬一此三育을可히得兼치못ᄒᆞᆯ진ᄃᆡ寧且德智를捨ᄒᆞ고體育을取ᄒᆞᆯ지니

何也오達斯人者ᄂᆞᆫ世界上第一活動物로生存的競爭에從事ᄒᆞᄂᆞᆫ者라爲先其外部에體力이强壯ᄒᆞ여야事業進取를計圖ᄒᆞᄂᆞᆫ故로彼枯木死灰를樂ᄒᆞᄂᆞᆫ禪者도衆生을普濟ᄒᆞᆫ즉면其口의念佛을尙要ᄒᆞ며遺에悉盧를求ᄒᆞᄂᆞᆫ道家도其身의修鍊을尙待ᄒᆞ나니況乎天演地裡에立ᄒᆞ야身。家。國。社會。의生存을爭ᄒᆞ며自由를求ᄒᆞᄂᆞᆫ人으로軆力이弱ᄒᆞ고야何事를能做ᄒᆞ리오

大抵吾韓가落地呱呱聲을一發ᄒᆞᆫ以後에ᄂᆞᆫ視聽을閉치못ᄒᆞ나니不得不耳目의聰明을求ᄒᆞᆯ지며行動을膠치못하나니不得不手足의敏活을要ᄒᆞᆯ지어ᄂᆞᆯ或者ᄂᆞᆫ德智二育만重視ᄒᆞ고體育에至ᄒᆞ야ᄂᆞᆫ피籬落物로認ᄒᆞ니엇지大誤解가아니리오 此體力이被劣ᄒᆞ며德智도能進ᄒᆞ기無望이니試思ᄒᆞ라拾年床第에支離臥病ᄒᆞᆫ人士가비록짜반氏의哲腦를具ᄒᆞ얏슬지라도何種新理를發見치못ᄒᆞᆯ지며아리슨토쓰시의師道를抱ᄒᆞ얏쓸지라도何等敎育을施치못ᄒᆞᆯ지니人生唯一의所須가唯此體力에在ᄒᆞᆫ비인대

惜夫라韓國人을觀ᄒᆞ면靑年新進者도往往面부瘦瘠ᄒᆞ며身半피萎ᄒᆞ며咳唾聲은纍纍聯珠樣又치惹出ᄒᆞ야暫坐에十伸欠ᄒᆞ며五日에一苦痛ᄒᆞ야錢財가稍饒ᄒᆞᆫ家의子弟ᄂᆞᆫ六味元二陳湯十全大補湯等으로身命을撐支ᄒᆞ니體力이如此ᄒᆞᆫ國民으로야奚道로競爭舞臺에進列ᄒᆞ리오

然則此괴萎病弱은自是大韓國人의天質인가曰否다此國內에頭角이嶄然ᄒᆞᆫ兒童은箇個驚活첩利ᄒᆞ야外國人에게落後치아닐뿐ᄒᆞ다가後來十五歲十六歲를過ᄒᆞ면一退步ᄒᆞ고廿歲三十歲를過ᄒᆞ면再退步ᄒᆞ야居然孟賓烏獲의姿質은ᄌᆞ變ᄒᆞ고寒郊瘦島의吟病이頻頻ᄒᆞ나니

此其原因을遺究ᄒᆞ면枚擧키難ᄒᆞ나但最大의原因은從前韓國의敎育이體育을無視ᄒᆞᆫ故라學者社會에셔ᄂᆞᆫ其身을案下에束縛ᄒᆞ며下等社會에셔ᄂᆞᆫ一切術生을不知하고又彼一般女子ᄂᆞᆫ閨房에深鎖ᄒᆞ야出門一步를不得自由ᄒᆞ니如此ᄒᆞ고셔體力의强壯을求ᄒᆞ면是ᄂᆞᆫ却步圖前과無異ᄒᆞ도다

嗚呼라歐風日雨ᄂᆞᆫ頭部를猛打ᄒᆞ고書童卒의脚技를頁獻ᄒᆞᄂᆞᆫ此時를當ᄒᆞ고도猶且垂紳진笏에安坐不動ᄒᆞ며嘐嘐然自信曰服先王之法服ᄒᆞ며行先王之法行이라ᄒᆞ야山陰道士의網巾으로頭腦를結束ᄒᆞ고濶衣長袖로緩步傲觀ᄒᆞ면門外에大有國儀ᄒᆞᄂᆞᆫ疾足僞兒가來窺ᄒᆞ나니爾等靑年은何策으로保全ᄒᆞ라ᄂᆞᆫ가

目下二千萬韓人이突然一躍ᄒᆞ야個個文明國强健民族으로變키ᄂᆞᆫ理外라不可望이어니와爲先衛生體育등에關ᄒᆞᆫ書籍幾卷式座右에購置ᄒᆞ고朝夕諷覽ᄒᆞ얏스면

官報

●第三千九百九十二號
隆熙二年二月八日

敍任及辭令

財務監督局主事粒良 作藏
仝 藤井 安生
任財務署主事
任奎章閣提學 從一品張錫龍
任奎章閣提學 正二品李勝宇
從二品金敬圭
仝 申大均
任奎章閣副提學
任掌禮院典祀 正三品劉光杓
任奎章閣直閣 正三品李羽承
掌禮院典祀朴齊爀
正三品宋龍在
任奎章閣直閣
侍從院侍從金璜鎭
兼任海豐府院君宮贊尉
全羅北道觀察使李斗璜
兼任全羅北道裁判所判事
龍川府尹俞鎭哲
兼任龍川港裁判所判事
任內閣主事 六品李源昌
九品金基煥
任漢城裁判所主事
財務署主事小島 佳彦
警部 高明煥
奎章閣副提學金年圭
掌禮院典祀吳在升
依願免本官
侍從院卿閔丙奭
解臨時署理宮內府大臣事務
未完

外報

●美國戰備論

桑港츄리샏新聞에揭載ᄒᆞᆫ바를據ᄒᆞ니萬一日本이美國과戰爭ᄒᆞᆯ진ᄃᆡ現今太平洋沿海各島에居留ᄒᆞᄂᆞᆫ日人이十萬人에達ᄒᆞ얏스니應聲ᄒᆞ야協攻ᄒᆞ기ᄂᆞᆫ無難ᄒᆞᆯ지라美國에在ᄒᆞᆫ日人이合同ᄒᆞ면太平洋沿海에戰力이倍勝ᄒᆞᆯ것이오又ᄂᆞᆫ此日人으로言ᄒᆞ면本是武藝에鍊熟ᄒᆞᆫ人이라其中은淸日戰爭時와俄日戰爭時에經歷이有ᄒᆞᆫ者인故로日皇이數年以來로隱密히軍士를勞動者의模樣으로美國에送ᄒᆞ야戰爭을豫備ᄒᆞᆷ인가ᄒᆞ더니果若其言이로다

前日에ᄂᆞᆫ日人이美國에渡來ᄒᆞᄂᆞᆫ者每船便에不過二三人이러니近日에ᄂᆞᆫ平均千餘人에至ᄒᆞ며英國領地콜넘비아에在ᄒᆞᆫ日人이二萬七千名이오墨西哥에在ᄒᆞᆫ日人이二萬名이니豈無疑心이리오去番晩香波地方에셔日人과白人이衝突ᄒᆞᆯ時에日人이軍隊를豫備ᄒᆞᆫ現象이確實히顯出ᄒᆞ얏스며又無論何處ᄒᆞ고日人이在ᄒᆞᆫ處에ᄂᆞᆫ此와同ᄒᆞᆫ行動이有ᄒᆞ고去番빙코버地方에셔忽然喇叭一聲에諸般日人이軍人의態度로路上에羅立ᄒᆞ야號令이分明ᄒᆞ고進退가整齊ᄒᆞ야人之心目을驚駭케ᄒᆞ엿스며又日人의資格을論之컨ᄃᆡ堅固ᄒᆞᆫ中心이有ᄒᆞᆫ바外에戰爭으로國民의精神敎育을삼으니童蒙六歲가되면小학校에入ᄒᆞ야形式操鍊을習ᄒᆞ고十二歲에實地操鍊을見習ᄒᆞ고拾五歲에擲銃放銃ᄒᆞᄂᆞᆫ法을敎授ᄒᆞᄂᆞ니萬一美日間에戰爭이되ᄂᆞᆫ日에ᄂᆞᆫ美國에在留ᄒᆞᆫ日人으로機器를持ᄒᆞ야鉄路와橋梁과砲臺ᄭᆞ지라도破壞ᄒᆞᆯ지니鐵道와橋梁은改造키不難ᄒᆞ나砲臺와船廠은改造ᄒᆞ기困難이有ᄒᆞᆯ지니全國이危殆ᄒᆞᆫ境이오今日美國의海軍力이世界第一位에在ᄒᆞ나太平洋沿海軍力으로言ᄒᆞ면日本의次位가될터이라其理由ᄂᆞᆫ美國艦隊가太西洋에在ᄒᆞᆷ이니萬一日本이其機會를乘하야美國太平洋沿海를侵入ᄒᆞᆯ진ᄃᆡ太西洋艦隊ᄂᆞᆫ三朔內에太平洋에到達치못ᄒᆞᆯ터이니急ᄒᆞᆷ을防備치못ᄒᆞᆯ것이오비록太西洋艦隊가來到ᄒᆞᆫ다ᄒᆞᆯ지라도太平洋海上에實地試驗이無ᄒᆞ니其艦隊의遠力이減ᄒᆞᆯ터이오今日에日本이太西洋撤利를着手ᄒᆞ얏스니美國도當然히豫備ᄒᆞᆯ지니太平洋沿海에ᄂᆞᆫ二個軍港이只有ᄒᆞᆫᄃᆡ一은(샌엄에운)이오一은「메아도」라戰時所用으로準備ᄒᆞ엿스나 메아도」軍港은七百萬圓으로修築ᄒᆞ얏스되大艦隊ᄂᆞᆫ容納ᄒᆞ기難ᄒᆞ고) 쌘베에운」軍港은戰艦一隻外에ᄂᆞᆫ容納지못ᄒᆞᆯ지니万一戰에軍艦이被傷ᄒᆞ야軍港에셔修理ᄒᆞᆯ時에ᄂᆞᆫ船 隻을修理ᄒᆞᆫ後에야他艦船을修理하깃스니大船은六七個月을經ᄒᆞᆫ後에야修理가完全ᄒᆞᆯ지라海戰ᄒᆞᄂᆞᆫᄃᆡ엇지便利ᄒᆞ리오今日政府에셔海軍을擴張코져ᄒᆞᆯ진ᄃᆡ爲先艦隊의容納ᄒᆞᆯ處를準備ᄒᆞᆷ이可ᄒᆞ다ᄒᆞ얏더라

雜報

●私立德興學校趣旨書

天生蒸民에各授其業ᄒᆞ니曰士業曰農業曰工業曰商業이라吾國이四千年來에守此四業ᄒᆞ야享其國祚이러니挽近以來業務殘弛ᄒᆞ야所謂士業者名爲學孔孟之敎而身不行孔孟之道ᄒᆞ며農業者名爲力農而陳野荒地을不務開墾ᄒᆞ고春耕秋收도懶失其時ᄒᆞ며工業者도昨治今出이徒習舊習이오刱造新器ᄂᆞᆫ不窮其理ᄒᆞ며商業者ᄂᆞᆫ貿易발賣를晝夜思念에不採厚利ᄒᆞ고只做童叟之欺ᄒᆞ니四業實踐이其安在哉아以是之故로困殘民敗ᄂᆞᆫ勢之固然이라

現今時代ᄂᆞᆫ卽新開 幻局也라風俗扭舊者ᄂᆞᆫ衰ᄒᆞ고政敎革新者ᄂᆞᆫ興ᄒᆞᄂᆞ니此實宇內之龜鑑而우衛我韓에比諸泰西則稍弱者何故오亶由乎敎育不明人才不用之致리聽全國人民이未覺形勢之爲何ᄒᆞ고惟事糊塗故로諸般事務가一無就緖ᄒᆞ니此豈非今日之深憂哉아是以로特爲韓民開明ᄒᆞ야京鄕各處에在々設校ᄒᆞ야我二千萬同胞로共同事業ᄒᆞ야以尊皇室使平磐泰之安ᄒᆞ며以扶七氣使修仁義之風ᄒᆞ며以鍊武藝使存自强之勢ᄒᆞ며以勸農工商ᄒᆞ야使國富强之勢則大韓之獨立은不扶而自實ᄒᆞ야永久不變之勢를正是有爲之日也라本邑이雖僻在遐士나有志僉君子가동趁時機ᄒᆞ고上下민合內外聯絡ᄒᆞ야義捐合資에熱心設校가朝暮相起ᄒᆞ야有三四處而本面則距邑百餘里峽村也雖有靑年絶世之才라도學費難이甚多難使ᄒᆞ야徒自恨歎이러니幸茲昨秋에同志諸員이以熱血極誠으로略聚塊材ᄒᆞ며草廢舊塾而設立德興學校ᄒᆞ고延聘敎師에新학科程을如左開逐條勸課ᄒᆞ오니兩朔之間에학徒가三十餘名이라伏願僉君子ᄂᆞᆫ出力相助ᄒᆞ며送其子弟ᄒᆞ야以成實業에以復國權之擴大焉

校장兼主事柔遠浩
校監 裵晉濬

雜報

●懇會奉請 再昨日下午八時에摠督趙民熙氏가私邸에懇親會를設ᄒᆞ고永宣君李埈鎔中樞院顧問李址鎔侍從副卿리會九海豊府院君尹澤榮 皇后宮大夫尹德榮承寧府副摠管朴齊斌諸氏數十人을請邀ᄒᆞ야琴曲으로送宕ᄒᆞ얏다더라

●往訪法大 再昨日上午九時에永宣君리埈鎔氏가法大趙重應氏私邸로訪問ᄒᆞ고數時間을談話ᄒᆞ얏다더라

●度大昤病 昨日에度支部大臣高永喜씨ᄂᆞᆫ身病으로仕進치아니ᄒᆞ얏다더라

●歸責니閣 某大臣이新聞界에對ᄒᆞ야談話ᄒᆞ얏다ᄂᆞᆫ說을聚讓ᄒᆞᆫ즉新聞記者를拒絕ᄒᆞᆷ은니閣외通牒을因ᄒᆞᆷ이라ᄒᆞ얏다니該大臣온니閣大臣이아닌지ᄒᆞ고物議가喧藉ᄒᆞ더라

●事關陳荒 宮내府大臣리允用 大宋秉畯兩氏가日本에서何事件을契約ᄒᆞ얏다ᄂᆞᆫ뎌其내容을漏聞ᄒᆞᆫ즉國내陳荒之地에關ᄒᆞᆫ듯ᄒᆞ다더라

●日人韓衣 今日掌禮院에셔攝理大臣리完用氏가設宴ᄒᆞ고니外國高等官을請邀ᄒᆞᆫ다ᄒᆞᆷ은己爲揭載ᄒᆞ얏거니와日本人은韓國의禮衣服中에或창衣或戰服을換着ᄒᆞ고參與ᄒᆞᆫ다ᄂᆞᆫ說이有ᄒᆞ더라

●受牒無關 各官吏의受牒은官報에揭識ᄒᆞ기ᄂᆞᆫ月俸을受牒日로支給ᄒᆞᄂᆞᆫ所以러니近日에ᄂᆞᆫ敍任翌日로支給ᄒᆞ기로ᄒᆞᆫ故로受牒日子를官報에揭戰치아니ᄒᆞᆯ意로니閣秘書課에셔각部로通知ᄒᆞ얏다더라

●孫權발動 天道敎主孫秉희氏가權東鎭을帶同ᄒᆞ고地方에傳道次로昨日에발程ᄒᆞ얏다더라

●閔氏免官 侍從院侍從閔某ᄂᆞᆫ有何不正行爲이던지免官이되얏다더라

●公貨私用 內部에셔日本人官吏들이自已에私事로各處에通信ᄒᆞᄂᆞᆫ電報費와郵票價를該部公用으로挪用ᄒᆞ거시每月幾百圜에達ᄒᆞᆫ다ᄂᆞᆫ說이有ᄒᆞ더라

●請願激還 西道宣諭委員徐相喬씨가辭免ᄒᆞᆯ意로長書를提呈ᄒᆞᆫ것은本報에其全文을揭載ᄒᆞ얏거니와니閣에서期於히該氏를派送ᄒᆞ기로懇切面諭ᄒᆞ미該氏가再次辭免請願을呈ᄒᆞ얏스나니閣에서激還ᄒᆞ얏다더라

●兩司請願 度支部에서移接處所가狹窄ᄒᆞ야宮內府所管內藏司와制度局을借與ᄒᆞ라고宮內府로照會ᄒᆞ얏다더라

●先娶宜左 法部大臣趙重應氏가韓日兩夫人을左右夫人으로定ᄒᆞᆫ後에日婦가右夫人이되얏던지該日婦가怏々不足之心이有ᄒᆞ야家內가不靜ᄒᆞᆫ지라該氏가日婦의所願을應從코저ᄒᆞ야左夫人을定ᄒᆞ기로自已門內諸氏의姓名을聯署ᄒᆞ야掌禮院에請ᄒᆞ얏다ᄂᆞᆫ說이有ᄒᆞ더라

●記者懇會 近日各部官吏가新聞記者를不納하ᄂᆞᆫ弊習이有ᄒᆞᆫ故로某新報社長이本日懇親會를設ᄒᆞ고該事件을內閣에交涉ᄒᆞ기로決議ᄒᆞᆫ다더라

●韓日件直 各部入直을韓日主事로件直ᄒᆞᄂᆞᆫ데내部에셔ᄂᆞᆫ姑未磨鍊ᄒᆞ얏다더라

●音樂又移 掌禮院은金虎門外前吏曹朝房으로移接ᄒᆞᆫ다ᄂᆞᆫ事ᄂᆞᆫ已揭어니와該院이再明日에該署로移去ᄒᆞᆫ後音樂課가該院으로移來ᄒᆞᆫ다더라

●訴訟受理 平壤兩裁에서陰曆年終例를依ᄒᆞ야本月八日ᄭᆞ지民刑事訴訟을停止ᄒᆞ얏더니昨日부터民刑事를接受聽理ᄒᆞᆫ다더라

●學界不公 今番학部에서各官立普通學校敎員에俸給不均과十餘年式敎育上에從事ᄒᆞ던敎員을無故除汰ᄒᆞᆷ은學務課長閔健植氏와秘書課長金思重氏가從中挾私ᄒᆞ야自已의親近ᄒᆞᆫ人으로敎員을高等俸給으로塡任케ᄒᆞᆷ이라ᄒᆞ고一般輿論이沸騰ᄒᆞᆫ다더라

●衛反生擾 蔚山郡각面各洞에自衛團文字로自衛團設施를發令ᄒᆞᆫᄂᆞᆫ데始初에ᄂᆞᆫ一面에五十名式組織ᄒᆞ라ᄒᆞ얏스나人民等이該團에不入ᄒᆞᄂᆞᆫ故로尋常置之러니陰今二月拾五日에또該廳에셔傳令ᄒᆞ기를一面에團長一名과人民百餘名에副團長一名과人民拾名에十長一名式出ᄒᆞ고其日봇터施行ᄒᆞ라督促ᄒᆞᆷ으로一般人民의騷動이大擾ᄒᆞ니自衛團은本是勸勸으로케ᄒᆞᆷ이아니라自已의任意로ᄒᆞᄂᆞᆫ것인데虛多ᄒᆞᆫ人民을不得不入케ᄒᆞ야人民을安頓ᄒᆞ자ᄂᆞᆫ自衛團이오히려人民의騷動이되게ᄒᆞ니何理由인지未知라고同郡民怨이藉々ᄒᆞ다더라

●韓氏請黜 師範學校養成科學員韓寅敎氏ᄂᆞᆫ素行을不修ᄒᆞ고학業을不勤ᄒᆞ야行爲가乖當ᄒᆞ야規則을違反ᄒᆞ야黜학ᄒᆞ얏다고該校長俞鎭甚氏가학部로報告ᄒᆞ얏더라

●巡査選募 警視廳에셔來十四日上午十時에巡査四十名爲限ᄒᆞ고試取ᄒᆞ야數個月을敎鍊ᄒᆞᆫ後服務케ᄒᆞᆫ다더라

●洋약調査 醫術이未就之人이洋약局을設施ᄒᆞ야衛生에不無妨害之端이라ᄒᆞ야大韓醫院에셔各處약局을調査ᄒᆞ야약類를分晳ᄒᆞᆫ다더라

●奨將雖與 農商工部에셔廣告ᄒᆞ기를陳荒地開墾次로人民이請願ᄒᆞ면認準ᄒᆞᆫ다ᄒᆞ되請願ᄒᆞᄂᆞᆫ人이每日답至ᄒᆞ야도一不許施ᄒᆞᆫ다고民怨이或有ᄒᆞ다더라

●穢場調査 警視廳에셔廣芥燒却場을設置ᄒᆞ기爲ᄒᆞ야日昨에巡檢及醫部衛濟用氏가自西小門外로至慕華館등地ᄭᆞ지空虛之地를踏査ᄒᆞ얏다더라

●直料不撥 各部에셔直宿ᄒᆞᄂᆞᆫ官吏의게一夜直宿料를每名에五十錢式支給ᄒᆞᄂᆞᆫ데內部에셔ᄂᆞᆫ自一月以來로該料를支撥치아니ᄒᆞᆫ다더라

●博物館云設 宮內府에셔帝室所屬博物館을設置ᄒᆞᆯ計씨으로韓國古來의圖書와美術品等을網羅ᄒᆞᆯ뿐外라人民의智識을啓발ᄒᆞ기爲ᄒᆞ야廣大ᄒᆞᆫ世界現在文明的機具珍品을蒐集ᄒᆞ야觀覽케ᄒᆞᆯ目的이라더라

●塾長遞任 徽文義塾塾長柳瑾氏ᄂᆞᆫ他事務에拘關ᄒᆞ야該任을辭免ᄒᆞ고其代에安鍾和씨가被任ᄒᆞ얏다더라

●餘者비翠 前判書宋道淳氏가近者에賤漢의게如干家藏什物을견奪ᄒᆞ고所存者ᄂᆞᆫ猶獨靑氈으로傳來ᄒᆞᄂᆞᆫ同春先生의着用ᄒᆞ든비翠玉貫子一件而已라ᄒᆞ더라

●改名協成 普成專門학校校名을改稱協成학校라ᄒᆞ얏다더라

●敎堂設校 鍾峴天主敎堂에셔學校를設立ᄒᆞ고敎育을발達ᄒᆞᆯ터인데經費가不贍ᄒᆞ야現今財政方針을研究ᄒᆞ고敎師ᄂᆞᆫ法國에有名ᄒᆞᆫ某氏를延聘ᄒᆞ기로擬議中이라더라

●講師推薦 再昨夕에大東학會에서法政학校設立ᄒᆞᆯ事를協議ᄒᆞ고講師를推薦ᄒᆞ얏다더라

●畿湖學會協議 畿湖興학會에셔今日普成專門학校에會同ᄒᆞ야諸般事務의處理方便을協議ᄒᆞᆫ다더라

●幻燈頻繁 今日下午五時三十分에靑年會館에셔幻燈講音會를開ᄒᆞ고韓國에久留ᄒᆞ다가歸天ᄒᆞᆫ宗敎家亞扁薛羅氏의事蹟으로牧師奇一氏가講說ᄒᆞᆫ다ᄂᆞᆫ데若過五時三十分후雖會員이라도入場을不許ᄒᆞᆫ다더라을募集하야期圖前進ᄒᆞᆫ다더라

●普光有光 私立普光學校夜學科에셔試驗을經ᄒᆞ얏ᄂᆞᆫ데卒業生은金亨祐시등四人이오進級生은吳駿泳諸시라더라

▲地方消息▼

▲去十日에義兵三拾名이光州郡馬知面班村에在ᄒᆞᆫ日人農場을襲擊ᄒᆞ야日人一名을銃傷하고其外三名은被殺ᄒᆞ얏ᄂᆞᆫ데義兵이韓人儀場을소火ᄒᆞ엿다하고

▲去二十二日朝에義兵一百五十名이咸平郡에駐在所를襲擊ᄒᆞ야日巡査은총殺ᄒᆞ얏다ᄒᆞᆷ으로羅州郡警察署長이韓日兩國巡査를領率ᄒᆞ고前往ᄒᆞ얏다ᄒᆞ고

▲去二拾五日에端川郡雪天里에셔義兵七拾餘名이日兵ㄱ三名과騎兵三名과憲兵五名과巡査八名과交戰ᄒᆞ얏ᄂᆞᆫ데義兵의死傷은若干이有하다ᄒᆞ고

▲去二十八日에淸國人九名이伊川邑니에서宿泊ᄒᆞᆷ으로同地警察官이該人等을臨檢ᄒᆞᆫ즉該人等이關城에셔石工으로勞動ᄒᆞ다가元山으로向ᄒᆞᄂᆞᆫ道中이라ᄒᆞ며疑心업사翌二拾九日에元山街路로向往ᄒᆞ야同日夜에彼人等이淸海面東倉里에서宿泊ᄒᆞ고翌日에出발ᄒᆞ얏ᄂᆞᆫ데該人等이同埋에서遺失ᄒᆞᆫ書札을同里人이拾得ᄒᆞ얏ᄂᆞᆫ데全文이如左ᄒᆞ니

致書于淸國僉大人 座下

夫守正修常曰義臨時制宜曰權義者萬世之常綱權者當時之合道也嗚呼我韓形便危如累卵急如焦眉故某等擧義募兵將保我三千里疆土欲扶我五百年宗社然其奈兵力殘弱武器拙劣何伏聞貴國亦有慷慨之心期保東洋之大勢伏願同心協力共保我韓淸兩國之地千萬務望之至

鎭東倡義大將 리鎭協

東京電報

七日午後發

●森林經營 韓國政府委員은本日議會에서韓國森林經營方針을演說ᄒᆞ되不遠ᄒᆞ야森林經營目的을達ᄒᆞᆯ旨를述하엿다더라

八日發

●不可默視 海蔘威電을據ᄒᆞᆫ즉革命黨機關新聞에揭載ᄒᆞ얏스되間島ᄂᆞᆫ韓國領土가아니라論ᄒᆞ고目下日本政府에셔淸國出兵에對ᄒᆞ야何等對抗的行動은無ᄒᆞ나日本人이事實上으로同島를全히占領ᄒᆞ기ᄂᆞᆫ將次在近이오我露國은決코此를默視치아니ᄒᆞᆯ터이라間島가日本人의手에落ᄒᆞ면我海蔘威ᄂᆞᆫ日本領土와僅히五十俄里를相격ᄒᆞᆯ뿐이라云ᄒᆞ얏더라

▲孟浪說▼

白岳山人

▲南山골샌님이가北山下샌님을歲初에尋訪ᄒᆞ야栢葉酒二盃後에談屑이霏霏ᄒᆞ다여보게孟浪이모다ᄂᆞᆫ가알지世上에孟浪ᄒᆞᆫ가許多ᄒᆞ지

▲李允用李完用兩氏ᄂᆞᆫ兄弟大臣으로不世大功을樹立ᄒᆞ야勢力이掀天ᄒᆞ니吹훈吹지ᄒᆞ際이怨生ᄒᆞ야地位가搖動ᄒᆞ니그것도孟浪

▲買豎之子로目不識丁져爲人이某省魁首로藉力ᄒᆞ야大臣椅子를圖得ᄒᆞ고傍若無人ᄒᆞ다가蹉事가此境에至ᄒᆞ니그것도孟浪

▲元老大臣들이杜門不出하야梁用吟을朗誦ᄒᆞ더니近日某處에獻媚情態가有ᄒᆞ다고世評이紛紜ᄒᆞ야名譽만損傷ᄒᆞ니十年工夫도로阿彌陀佛이라그것도孟浪

▲近日亡命客들이海外에羈留ᄒᆞ야 皇恩이罔極ᄒᆞ야天日을復見ᄒᆞ니祖國思想이더잇슬줄노知ᄒᆞ엿더니權門追逐과家舍運動에從事ᄒᆞ니그것도孟浪

▲地方郡守들圖得ᄒᆞᆯ재運動費가不少ᄒᆞ야積債如山困難ᄒᆞ나行政權이업셧스니공돈한푼생길손가晝思夜度無計ᄒᆞ니그것도孟浪

▲日賊日詩져老儒가司業試取에處慾ᄒᆞ나經義問題에生疎ᄒᆞ야剽竊工夫無用이라四方으로借手ᄒᆞ니그것도孟浪

▲守舊家子弟들이開化라면誹謗타가傍蹊曲徑周旋ᄒᆞ야官職一窠맛보면은外人의게詔諂ᄒᆞ야賣國奴에百倍로다그것도孟浪

▲某氏家에賢良ᄒᆞᆫ令孃을두고擇婿ᄒᆞ기가四方에馳ᄒᆞ더니幾年海外遊覽ᄒᆞ야開化子弟作配터니成婚ᄒᆞᆫ지幾朔만에夫人이照鑑ᄒᆞᆷ을구경ᄒᆞ니그것도밍浪

▲一進會에入參ᄒᆞᆫ것은偵探郡守바랏더니入會金에家産만蕩敗하고頭髮만空削이라解散消息浪藉ᄒᆞ야所營이蹉虛ᄒᆞ니그것도밍浪

▲報館이라ᄒᆞᄂᆞᆫ것은公言直筆이責任인데大韓民兩新聞은一進七賊機關되여賣國事業贊揚ᄒᆞ야一世耳目欲掩ᄒᆞ니그것도밍浪

一鐵○○○○○○○○○一 ○○에셔ᄂᆞᆫ○○○○○○ 一 ○도元氣ᄅᆞᆯ大助ᄒᆞ고腦氣ᄅᆞᆯ○速 一 아니라德國醫學家에셔致拾年 一 一圜五十전

社告

○僞票錄
公州金正翊　八十六젼
義州金宅俊　八十六젼
梁山金敎碩　一圜七十二錢
開城劉元約　一圜一拾九錢

雜報

○縣塾親巡　臨陂郡南二面蝶山登瀛塾은該里居金相珪林鎭淳兩씨가創設ᄒᆞ얏ᄂᆞᆫᄃᆡ曾年을募集ᄒᆞ고法道局技手崔宗虎氏로敎師로延聘하야熱心敎授ᄒᆞᆫ다더라

●云是虛傳　本報第七百貳拾四號雜報欄內에被拿滯囚이란題下에嚴柱益氏가被拿歸國ᄒᆞᆫ다ᄂᆞᆫ事ᄂᆞᆫ傳之者誤라더라

廣告

天然堂寫眞

特別減價
萬世不變
五色設彩

本堂에셔寫眞代金을從今特減ᄒᆞ야小本에五角中本에一圜大本에四圜으로定ᄒᆞ고婦人寫眞은本所에셔改定ᄒᆞ오며且萬歲不變色寫眞과五色設彩ᄅᆞᆯ新法으로研究ᄒᆞ엿ᄉᆞ오니撮影ᄒᆞ시ᄂᆞᆫ僉君子ᄂᆞᆫ來臨面議ᄒᆞ시요

布廛天然堂門外에셔　主人　告白

本塾國語夜學科에셔今月十一日陰初十日下午七時에開學ᄒᆞᆯ터이오니　僉學員은趁期上學ᄒᆞ시요

養正義塾　告白

本人이孔德里興盛洞居朴炳周의刻家券與田券田執中田券一張을失故로抬佈ᄒᆞ오니內外國人拾得ᄒᆞ와도休紙施行ᄒᆞᆷ

龍山東門外契居　金漢진　白

昨年十二月分本人이京南門外客主朴順和許所送布二同斗字標物標를失故로以仰布雖某拾得休紙施行ᄒᆞᆷ

元山上里居金壽鉉　告白

本所에셔土地家屋新築增壞産에對ᄒᆞ야不顧遠近ᄒᆞ고測量製圖ᄅᆞᆯ迅速酬應ᄒᆞ오니僉位ᄂᆞᆫ陸續來議ᄒᆞᆷ

仁川港內洞第拾一統八戶

查測所　告白

特別廣告

本社에셔名帖印刷部ᄅᆞᆯ另設ᄒᆞ고各樣活字와別樣紙本이俱備ᄒᆞ오며印刷가精美ᄒᆞ고價値도極廉ᄒᆞ오되特別히學界와夫人의게ᄂᆞᆫ一層低廉ᄒᆞ오니僉位ᄂᆞᆫ來臨ᄒᆞ시와隨意請求ᄒᆞᆷ

大韓每日申報社　告白

本所內에셔既往遊衣競賣ᄒᆞ와物品을多數公拍하얏ᄉᆞ거니와今年正月七日붓터閏五日競賣ᄅᆞᆯ一層誠實이ᄒᆞᆯ것사오니賣買ᄒᆞ실僉君子ᄂᆞᆫ屆期來臨ᄒᆞ시며委托ᄒᆞ와放買코ᄌᆞ하실터이오면光臨委托ᄒᆞ시거나光臨이有難이오면遣人問議나或藥書通寄ᄒᆞ오면本所에셔遣人任來ᄒᆞ와恪謹酬應ᄒᆞ깃사오니公拍與委托間陸續光顧ᄒᆞ심을希望ᄒᆞᆷ

鍾路白木廛六房競賣所

金性㶅　告白

本人이我韓國內僉同胞에嬰於錮閉ᄒᆞᆫ신智識을開發코ᄌᆞᄒᆞ와創建一文明書館ᄒᆞ고現行各新書籍을通常正價으로發賣ᄒᆞ오니　僉君子ᄂᆞᆫ陸續購覽ᄒᆞ시옵

宣川邑川邊文明書館
主人　梁濬明
財主人　金明根　告白

德益新書

理想之重寶ᄅᆞᆯ發明ᄒᆞᆫ特色은諸般寫眞을不變色ᄒᆞ게調製ᄒᆞ옵右발明의紀念으로陰曆一月一日부터二十日間韓淸人各位의게만代價ᄅᆞᆯ十二除로廉價ᄒᆞ야撮影ᄒᆞ여드리깃ᄉᆞ오니但寫眞師ᄅᆞᆯ請要ᄒᆞ야撮影ᄒᆞᄂᆞᆫ境遇에ᄂᆞᆫ定價ᄃᆡ로請求ᄒᆞ옵

南山町貳丁目

玉川堂　告白

元泳義氏校閱　宋致用氏著述

奇術學　全　定價　十錢

此書ᄂᆞᆫ理化學의應用과活智識의啓발ᄒᆞ노學界上迷津寶筏을編成ᄒᆞᆷ

發賣所

鍾路　中央書館
飛硏橋越邊　大東書市
全　古今書海館
大廣橋東邊　회東書館
南門外紫岩　新舊書林
南門內尙洞　博文書館

私立普光學校

本校夜學科에셔來十日陰初九日開學ᄒᆞ니本學員은趁期上學ᄒᆞ려니와新學員도增募ᄒᆞ옵

白

學員募集廣告

本校第四回入學期ᄅᆞᆯ現當하야法律學及經濟學兩專門科學員을玆에募集ᄒᆞ오니願學人은左記試驗定期內에本校用紙로써早速請願ᄒᆞᆷ

但右兩科ᄂᆞᆫ夜學으로만募集ᄒᆞᆷ

◉修業年限　三학年
◉入學年齡　二十以歲上
◉學科目　法律學全部　經濟學全部　備至本校規則
◉試驗日字　二月廿五日(陰曆戊申正月廿四日)
◉試驗科目　歷史及地誌問對(內國及外國)讀書及作文(國文及漢文)筭術(四則以內)
但官公私立學校의普通科以上卒業證書가有ᄒᆞᆫ人은其學力을檢定ᄒᆞᆫ後免試入許ᄒᆞᆷ
◉開學日字　三月五日(陰曆二月三日)

隆熙二年一月十日

漢城中署磚洞普成專門學校

家庭雜誌

每月五日發行一號五十頁定價金十錢一年先金九十六錢地方一年先金郵稅幷一圜

本雜誌ᄂᆞᆫ純國文으로發行ᄒᆞ와家庭敎育界에大光明을放하옵다가財政의艱窘을因ᄒᆞ야中間에屢朔廢止ᄒᆞ던바이온ᄃᆡ今에本社에셔有志諸氏의協贊을得ᄒᆞ야論說論評의各部門과滋味잇ᄂᆞᆫ歷史叢談等을著述或蒐輯ᄒᆞ야本月五日부터續刊發行을ᄒᆞ엿사오니　僉君子ᄂᆞᆫ續々購覽ᄒᆞ시요

발兌元皇城布屛下金相萬廣學書舖

發賣所　尙洞博文書館　鍾路大東書市　各有名書店

布屛下廣學書舖니家庭雜誌社　告白

◉奬學月報社廣告

○本社에셔自今月로社務ᄅᆞᆯ一層擴張ᄒᆞ기爲ᄒᆞ야社長은總務朴太諸氏로總務ᄂᆞᆫ施賞員李相敏氏로推定ᄒᆞ엿사오니　照亮ᄒᆞ심을爲要

●二回成績　八拾四人

▲論說　二等卞榮泰　三等徐廷完　等外林昌俶長湍郡
▲小說　一等沈相直　二等陸定洙　三等李揆昌　等外閔天植
▲詞藻　一等姜信漢　二等趙鏡夏　劉秉徵　三等金元祜　洪彛基　高奎相　安鍾烈
朴최棟開城郡　四等崔元상　南宮熏　洪顯庠　柳世榮　梁琯煥　柳根水　吉雲海　朴海龍
▲作文　一等趙鏞周　二等李萬鍾　三等金龍根　四等申錫定　邊永股　五等任元宰
李道榮　金元祜
▲歷史　三等姜又煥　安鍾烈　四等李正夏　安亨遜　五等朴勝瑚
▲地理　三等張在轍　四等車利錫平壤郡　金元燮　李錄乾昌原港　五等金元祜
安鍾烈　朴斗星
▲才談　準合格三等朴鳳柱　三等金重先　洪관植
▲筭術　一等崔在浴　二等崔奎濟　李閏甲　三等金元祜　車利錫平壤郡　閔天植
沈友섭　朱命相　四等安鍾烈　李勛鍾　盧百容　權翊相　朴勝瑚　尹定老
朴喜大　金啓極　朴창煥　朴用舟　五等任慶宰　金容瑩　洪淳哲　任明淳
白星煥　金鼎鉉　崔翼상　朴用雨　安東洙　李相龜　金相益　鄭命朝
洪一相　崔鳳基　柳錫坤　리斗鍾　리鍾升　鄭尙鎬　尹定섭　리창林

●三回問題

▲詞藻　勸학七律一首　▲作文　新學과舊학의關係　論說　小說은不爲懸題ᄒᆞᆷ
▲地理　五大江의水源과支源을詳擧　▲謎話　(一)잘입고흉벼슨것(二)살어도발셔죽은것(슈수적기)　▲歷史　王仁의事蹟
●筭術　(一)年利七分을每年末에元金에加入ᄒᆞ면幾個年月日을經ᄒᆞ여야二倍가될가　(二)四千七百拾六個ᄅᆞᆯ九百分ᄒᆞ면幾何오
但謎語二問題ᄂᆞᆫ各其漢文으로一字式答ᄒᆞ고其他科ᄂᆞᆫ前과如ᄒᆞᆷ

●謝告

▲中央書館主人朱翰榮氏가本社趣旨ᄅᆞᆯ贊成ᄒᆞ시와左開書籍을二回應募一等人員의게添賞케ᄒᆞ시오니感佩莫銘ᄒᆞ와玆에廣佈ᄒᆞᆷ
論說一等飮氷室文集一部小說一等東西洋歷史一部詞藻一等東西洋歷史東國名將傳愛國精神各一部其下各科一等東西洋歷史政治原論愛國精神二十世紀朝鮮論共각一部式
▲韋庵先生張志淵氏게셔本社趣旨ᄅᆞᆯ亦爲贊成ᄒᆞ시와論說小說詞藻作文各二等에大韓新地誌附地圖各一部式歷史地理才談筭術各二等에新訂東國歷史一部式添賞케ᄒᆞ시오니感謝莫銘이오며諸학員도先生의勸학ᄒᆞ시ᄂᆞᆫ盛意ᄅᆞᆯ勿負爲要
▲本社에셔名地方人員에應務ᄒᆞ시기ᄅᆞᆯ便易케ᄒᆞ기爲하야左開四處에支社ᄅᆞᆯ設立하엿ᄉᆞ오니　照亮爲要

平壤南門內　盧麟奎　開城孟東義塾內　崔其鉉
釜山佐川徐藥局內　金灌泰　京西部冶동　崔在乾

奬學社　告白

發行兼編輯人英國人　裴說
發行所　南署石井洞契外埠三層洋屋家　大韓每日申報社

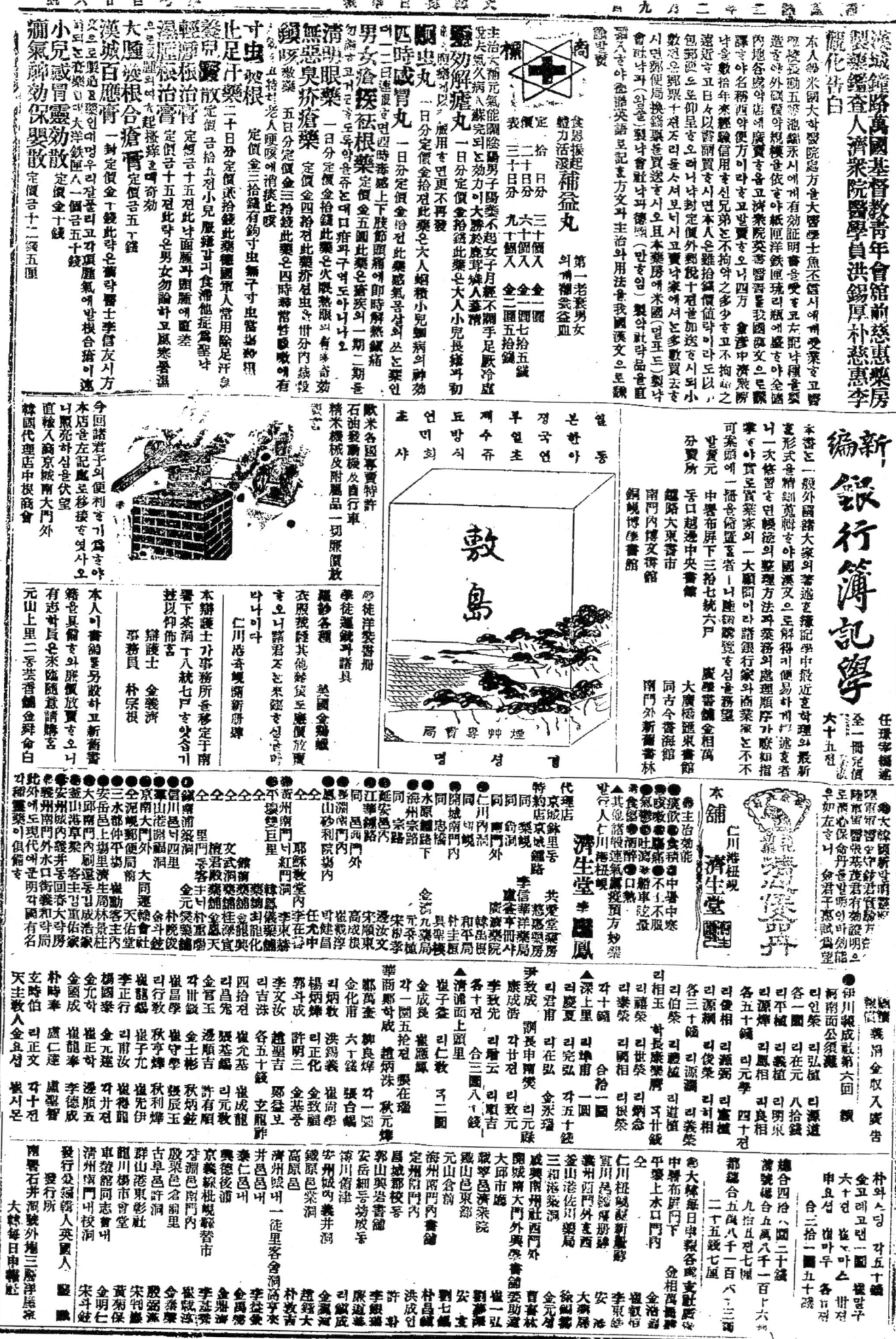

第六卷

大韓每日申報

第七百廿七號

月曜及慶節臨時休刊

檀君開國四千二百四十一年
箕子元年三千三十年
大韓開國五百十七年
日本明治四十一年
淸國光緖三十四年
陰曆戊申正月大初十日丙申

寄書

●不可無國合力　康基烈

嗚呼라大韓同胞여此時가何時며此局이何局고世界万國이爭雄鬪伯之時也요海外列强이虎鬪鯨呑之秋也라擧目山河에愁雲慘黷ᄒᆞ고回頭宇宙ᄒᆞ니悲歌一增ᄒᆞ야困難ᄒᆞᆫ景況과岌업ᄒᆞᆫ形狀이燒眉에迫ᄒᆞ고累卵과若ᄒᆞ야當今에傍觀者도憤激의血이沸ᄒᆞᆯ지며後世讀史者도慷慨의淚를落ᄒᆞᆯ지어ᄂᆞᆯ而況大韓國民된者야何其醉而不醒ᄒᆞ며夢而不覺也오

同胞同胞여有目이여든不見越南亡國之史乎며有耳어든不聞紅人之滅種乎아古昔의事로今世를觀ᄒᆞ며隣邦의事로自國을思ᄒᆞ면覆車를前에前鑑不遠ᄒᆞ니豈不悚懼哉며豈不寒心哉아長歎一聲에環顧宇내ᄒᆞ니三千里錦繡江山은莫非絶勝之地오十三道膏腴田沓은無非天府之土로다江山雖佳麗ᄒᆞ며土地雖膏腴나如無愛國者면保者其誰며守者何人고江山々々아山非大韓山이며水非大韓水耶아江山이有靈이여든何不鉶出英雄男兒ᄒᆞ야同此國權也오拍地痛哭ᄒᆞ고大聲疾呼ᄒᆞ니山悲鳴而水嗚咽而已로다

嗟我同胞여以往은姑舍ᄒᆞ고來頭를默念ᄒᆞᆯ지어다堂上老親은滿稅를免치못ᄒᆞᆯ지며膝下의稚子ᄂᆞᆫ他人奴隸를作ᄒᆞᆯ거슨不待智者而可知也니思之ᄒᆞ寒ᄒᆞ고言之聽塞이라田單은已殘郞墨으로도七拾餘城을恢復ᄒᆞ고句踐은已亾에越노會稽의讎를報ᄒᆞ얏거든三千江산과二千萬人衆으로復何憚哉아月虧則必滿이오物極則必返은理之常也라恢復國權이定在何時일지同胞同胞여愛國誠을養成ᄒᆞ며國合力을奮勵ᄒᆞ야一心同力ᄒᆞᆯ지어다二人도同心ᄒᆞ면其利가斷金커든二千万이同心同力ᄒᆞ면其誰當之리오愛國心을잊지말고獨立思想일치마라臥時에도愛國坐時에도獨立ᄒᆞᆯ思想쉬지마라全國內에愛國者뿐이면銳刃과大礮저아무리精銳ᄒᆞᆫ들烈士의忠發心과志士의團合力이야제엇지當ᄒᆞ리오同胞々々여時晩ᄒᆞ다躊躇말며他人을依賴말고頑固心은洗락하고新精神을注入ᄒᆞ야齊聲合心ᄒᆞ야自國思想을勿失ᄒᆞ라丘蟻도聚其衆ᄒᆞ야惟有國合之心ᄒᆞ고刺蝟도竪其刺ᄒᆞ야能知禦敵之策이어든而况人生이不如蜘蛛丘蟻之微物乎아

嗟我同胞여以往困難을紀念ᄒᆞ며來頭困難을斟酌ᄒᆞ야匡復精神잊지말고自由思想일치말아斧鉞이當ᄒᆞ야도肝腦가塗地ᄒᆞᆯ지라도忠義二字로主義삼아당目前進이면樂境에ᄂᆞᆫ愛國者眼前에大韓의明世界가突出ᄒᆞᆯ지니大韓同胞여勉之勉之哉여다

官報

●第三千九百八十三號

隆熙二年二月十日　續

敍任及辭令

丹陽郡主事張奭根
保寧郡主事金斗漢
海州郡主事李種承
求禮郡主事梁升祺
鎭川郡主事梁煥龜
泰仁郡主事金思謙
旌善郡主事權龍集
黃海道觀察道事務官　野崎新太郎
內閣主事金東圭
掌禮院典祀朴齊健
依願免本官　完

●第三千九百十一号

隆熙二年二月八日

敍任及辭令

任煉瓦所技手　九品　尹榮觀　秦喜寬

外報

●排斥會決議　桑港電을據ᄒᆞᆫ즉씨아틀市에開ᄒᆞᆫ亞細亞人排斥同盟大會에서決議ᄒᆞᆫ것이如左ᄒᆞ더라

一 東洋人을決斷코排斥ᄒᆞᆯ事로國會에要求ᄒᆞᆯ請願書

二 丁年에達ᄒᆞᆫ日本人은白人학校에入ᄒᆞᆷ을反對ᄒᆞᆷ

●俄官行動　大連電을據ᄒᆞᆫ즉近頃에露國一大官이北方으로부터祕密히奉天에來到ᄒᆞ야淸國大官과秘密히會見ᄒᆞᆷ이有ᄒᆞ엿더라

●俄使辨明　北京電을據ᄒᆞᆫ즉露國公使포코칠노푸氏ᄂᆞᆫ各國公使를歷訪ᄒᆞ고露國은哈爾賓에自治制度를施ᄒᆞ고警察官을置ᄒᆞ라ᄂᆞᆫᄃᆡ淸國政府ᄂᆞᆫ鐵道布設에ᄂᆞᆫ露國에서警察權이無ᄒᆞ다攻擊ᄒᆞ나淸露協約에其議定이有ᄒᆞᆫ즉障碍가無ᄒᆞ다辨明ᄒᆞ얏다더라

●派艦浪說　倫敦來電을據ᄒᆞᆫ즉英國海軍省에서太西洋艦隊를增加ᄒᆞᆯ計劃이有ᄒᆞ다ᄂᆞᆫ報道가有ᄒᆞ나同省에서ᄂᆞᆫ從來로艦隊配置方法을變更치아니ᄒᆞᆫ다고明言ᄒᆞ얏더라

●美艦派出발　紐育電을據ᄒᆞᆫ즉加奈陀太平洋沿岸샬배구스알의電報를依ᄒᆞᆫ즉米國第四巡洋艦隊ᄂᆞᆫ來五月에太平洋으로出帆ᄒᆞᆫ다ᄂᆞᆫᄃᆡ其理由ᄂᆞᆫ說明ᄒᆞ기不能ᄒᆞ다ᄒᆞ얏더라

●軍艦新造　同電을據ᄒᆞᆫ즉海軍卿멧호기푸氏의軍艦建造로七千二百萬弗의支出ᄒᆞᆷ을下院에要求ᄒᆞ얏ᄂᆞᆫᄃᆡ同時에新造ᄒᆞᆯ라ᄂᆞᆫ軍艦中에戰鬪艦四隻을合ᄒᆞ얏더라

雜報

●平南永柔郡西部面에有志人士들이靑年子弟를敎育ᄒᆞ기爲ᄒᆞ야학校를刱立ᄒᆞ고名曰彰西라ᄒᆞ얏ᄂᆞᆫᄃᆡ趣旨書가如左ᄒᆞ니

凡事가時에合ᄒᆞ면利ᄒᆞ고時에背ᄒᆞ면鈍ᄒᆞ나니隨時의義가重大ᄒᆞᆫ지라目今世界에生存競爭은天演이오優勝劣敗ᄂᆞᆫ公例라謂ᄒᆞᄂᆞ니吾人의所遭的時ᄂᆞᆫ何時며所爲的事ᄂᆞᆫ何事오ᄒᆞ면世紀日新에惟我同胞靑年이新學問을硏究ᄒᆞ야新思想과新智識을발達케ᄒᆞᆷ이吾人의第一義務를振起코ᄌᆞᄒᆞ면학校를設立ᄒᆞᆷ에惟在ᄒᆞ고학校를設立코ᄌᆞᄒᆞ면公衆의團體力에必在ᄒᆞᆯ지니此ᄂᆞᆫ今日의各塾聯合ᄒᆞᆫ所니라大抵학校ᄂᆞᆫ國家의元氣를扶植ᄒᆞᆯ基礎라政敎도本於是ᄒᆞ고人才도出於是ᄒᆞ며風化도關於是하나니其重大치아니리오是以로東洋盛代에塾庠序학의階梯가有ᄒᆞ야其敎育에次第를不失ᄒᆞ얏거든而況今時代의激烈ᄒᆞᆫ風潮中에서國權을鞏固케ᄒᆞ며民智를開發케ᄒᆞᆷ야면敎育이獨一無二ᄒᆞᆫ法門이라謂ᄒᆞᆯ지니漢代ᄂᆞᆫ雖微이어니와獨逸과日本를講求ᄒᆞᆫ지여다累年에人才를敎育ᄒᆞᆫ原因으로今日에융盛을竟有ᄒᆞ얏스니噫라彼何人也며我何人也오惟在之而已라猶我

皇上陛下께ᄋᆞ서時宜를深究ᄒᆞ시고敎育一欵에特軫　聖念ᄒᆞ사　綸音渙降ᄒᆞ샤奬勵誘掖ᄒᆞ시不用極ᄒᆞ시니文化運動에序合雲興이라　國朝의中興基業이甚에宣在乎ㅣ저吾儕之諸西의文鄕이라고月前이素ᄒᆞ로ᄒᆞ挽近以來로經殘敎弛ᄒᆞ야학科失宜러니何幸賢侯朴容說氏莅玆以後로家諭戶說에晝課夜학이在在設立ᄒᆞ야培養人才ᄒᆞ며挽回世道ᄒᆞ니　聖勳을對揚ᄒᆞᆷ이罔至ᄒᆞᆫ지라今我同志諸人이國民義務를擬盡코ᄌᆞᄒᆞ야建校養才ᄒᆞᆯ意로協議발文에締約人士가以百十計라詢謀僉同에鳩聚義捐ᄒᆞ야終拜升司齋ᄒᆞ고名曰彰西학校라ᄒᆞ야今方開學ᄒᆞ니此ᄂᆞᆫ吾鄕人士의奮勵刷新ᄒᆞᆫ日이라窮鄕有志僉君子ᄂᆞᆫ諒此誠心ᄒᆞ야隨力贊成이어다塵埃雖輕이나積則爲山이오涓流雖細나合則成海이리니勿辭勞苦ᄒᆞ고終始周旋ᄒᆞ야永久不墜이면國之光也오民之榮也니奚但本학校之幸也리오是所區區顒望

발起人　進士金仁鉉　朴경鎭

●光校試驗　南門內陽洞光成學校에서卒業進級試驗을經ᄒᆞ얏ᄂᆞᆫ대三年生李善鎬等九人은卒業ᄒᆞ얏고二年生優等洪憲裕一年生李根夏等三十二人은進級ᄒᆞ얏다더라

●玉校玉成　楊州竹遼面玉川中學校에서高明ᄒᆞᆫ敎師를延聘ᄒᆞ야熱誠으로敎授ᄒᆞᄂᆞᆫ대該校에셔財政이不贍ᄒᆞ미校長白榮詢氏와監督崔遇씨가擔負ᄒᆞ야先敎師의數朔月俸을支出ᄒᆞ얏고年終에試驗을擧行ᄒᆞ얏ᄂᆞᆫ데優等에ᄂᆞᆫ崔敬玉諸氏요小學優等生은朴炳珍諸氏인데優數히紙筆을施賞ᄒᆞ야學業을勸奬ᄒᆞ미一般人士가莫不感歎ᄒᆞ다더라

●廣塾設立　西署南門內吗洞에設立ᄒᆞᆫ私立廣化新塾은財政窘絀之致로數朔廢止ᄒᆞ엿더니該塾長이每朔經費式寄付ᄒᆞ고有志諸氏가努力贊成ᄒᆞ야廢塾을復舊ᄒᆞ고英語及學을敎授ᄒᆞ더ᄂᆞᆫ대方今學徒를募集ᄒᆞᆫ다더라

●振興會興　京城開城平壤에서有志靑年리春雨池尙荷등九人이實業을발達ᄒᆞ고土地를保全ᄒᆞᆯ目的으로農畜振興會를발起組織ᄒᆞ고聯絡投資ᄒᆞᆫ後會員을募集ᄒᆞ야期圖前進ᄒᆞᆫ다더라

●普興有望　甑山四賢面普興학校任員과能做諸사가洞中會員을勸勉ᄒᆞ야학校를設立ᄒᆞ고校務에殫誠ᄒᆞ미학徒가四拾餘員이一切斷髮ᄒᆞ고夜학生拾餘名이熱心工夫ᄒᆞᆫ다더라

●敎校一美　三和港碑石洞基督小학校에서陰二月에年終試驗을行ᄒᆞ얏ᄂᆞᆫᄃᆡ五等에金東奎諸氏ᄂᆞᆫ六級으로四等에朴昌淵諸氏ᄂᆞᆫ五級으로三等에李東燮ᄂᆞᆫ四級으로二等에林炳瑞諸氏ᄂᆞᆫ三級으로　等에呂命順諸氏ᄂᆞᆫ二級으로無等에韓昌周諸氏ᄂᆞᆫ　級으로次第進級ᄒᆞ얏고女학徒中尹心誠朴仁德은卒業生證書를授與ᄒᆞ얏ᄂᆞᆫ대各학徒父母와各학校生徒들이聯合讚美하얏다더라

雜報

●長谷謁見 長谷川大將이去土曜日上午拾一時에詣闕 陛見ᄒᆞ얏다더라

●議長協定 中樞院議長과副議長이各其有故ᄒᆞ야昨日月曜例會를開치못ᄒᆞ얏ᄂᆞᆫ대贊議尹吉炳氏가발論하기를贊議中으로臨時議長을協定ᄒᆞ야開會ᄒᆞ자ᄒᆞ얏다더라

●破會運動 內閣某某兩大臣은其會를打破ᄒᆞ랴고極力運動ᄒᆞᆫ다ᄂᆞᆫ說이喧藉ᄒᆞ더라

●威儀復見 總理大臣李完用氏가前報와如히再昨日掌禮院에서宴會를設ᄒᆞ얏ᄂᆞᆫ대내外國高等官吏들이舊衣服을換着參與ᄒᆞ얏다더라

●郡奏同意 내部에서郡守奏本을數日間修定ᄒᆞ야統監府의同意를經ᄒᆞᆫ다더라

●完察발程 全羅北道觀察使李斗璜시ᄂᆞᆫ本月十三日頃에赴任次로발程ᄒᆞᆯ다더라

●不足驚怪 北署齋동某大臣家에서ᄂᆞᆫ屋梁이連二日夜를出鳴聲하야該家人이不能做寐ᄒᆞ고舍廊前一大井水가忽然翻濁ᄒᆞ얏다더라

●祭需寄付 法部大臣趙重應氏가本月六日魚允中氏忌祭에祭需錢을優數히寄付ᄒᆞ고往參ᄒᆞ얏다더라

●諸宦沒廉 近日鄉曲에頑固輩들이名譽官職이니副提學이니圖得하랴고京城親知家에來留ᄒᆞᄂᆞᆫ者가比比有之ᄒᆞ다ᄂᆞᆫ데敗人等의行爲按部ᄒᆞᆷ을無不唾罵ᄒᆞᆫ다더라

●隨員帶同 忠北宣諭委員宋綺用氏가日前에발程ᄒᆞᄂᆞᆫ대隨員林鍾冕氏를帶同前往ᄒᆞ얏다더라

●花月宴會 來十四日下午六時에내府次官木내시가花月樓에懇親會를開催ᄒᆞ고내部大臣以下韓國高等官과警視副監具然壽漢城府尹張憲植兩시를請待ᄒᆞᆫ다더라

●不顧前誼 幾日前에侍從武官尹致성시가日本司令部에被捉되얏ᄂᆞᆫ대其내容을傳聞ᄒᆞᆫ즉尹시가當初에軍大李秉武시와交誼甚篤ᄒᆞ더니近日에尹시의入侍가頻數ᄒᆞᆷ을猜忌ᄒᆞᆷ이던지李시가尹시다려陪從武官을請願ᄒᆞ라ᄒᆞᄂᆞᆫ것을尹시가不聽ᄒᆞ고更히侍從武官을被任ᄒᆞ민李시가더옥猜忌ᄒᆞᆷ이던지尹시가突然히被囚ᄒᆞ얏스니必是李秉武시의構捏이란說이有ᄒᆞ더라

●牝鷄晨鳴 法部大臣趙重應씨ᄂᆞᆫ左右夫人의猜妬事件으로困在히心이라ᄂᆞᆫ데該시의家道를爲ᄒᆞ야可惜ᄒᆞ다ᄂᆞᆫ物議가有ᄒᆞ더라

●何事挽留 別項과如히法部大臣趙重應시의右夫人光岡시가妬心이불生ᄒᆞ야趙法大에게泣言ᄒᆞ되日本에在하얏슬제大夫人과夫人이無ᄒᆞᆫ줄노知ᄒᆞ고及其渡韓ᄒᆞ얏더니大夫人과夫人이俱存ᄒᆞᆫ즉我ᄂᆞᆫ此家에別無所用之人이니歸國ᄒᆞ겟다고ᄒᆞ민夫人嫰시가好言으로挽留ᄒᆞ되大監께서日本에留ᄒᆞᆯ제君에게실세도不少ᄒᆞᆯ뿐더러皇命ᄭᅡ지게옵신되歸國ᄒᆞᆫ다ᄂᆞᆫ說은不可ᄒᆞ다ᄒᆞ얏다더라

●法關三所 平漢兩裁及法官養成所建築ᄒᆞᄂᆞᆫ事에對ᄒᆞ야必要가有ᄒᆞ니間數와基址及位置를調査報來ᄒᆞ라고法部에서該三所에訓令ᄒᆞ얏다더라

●徐閔裁判 閔衡植氏와徐相薰氏가昨日平理院에서錢財事件에對ᄒᆞ야裁判을開하얏다더라

●自下退訴 宮內府에除汰를當ᄒᆞᆫ巡檢들이恩賜金을支撥ᄒᆞ라고該府大臣의게聯署請願ᄒᆞ얏더니保護巡檢이該請願狀을自下로退却ᄒᆞ얏다더라

●禍出骨肉 沃川郡義坪居金元仲의親山을其堂姪金某가掘塚ᄒᆞ고頭骨을斷去ᄒᆞ야錢財幾千兩을討索ᄒᆞ다가本郡巡査에게被捉ᄒᆞ얏다더라

●貿絲減數 日本橫濱에서該國所産生絲를歐羅巴각國에서多數貿去ᄒᆞ더니近日인즉有何事件인지美國人은該生絲를減數貿去ᄒᆞᆫ다ᄂᆞᆫ說이有ᄒᆞ더라

●資本鳩集 日本에서韓國각地方陳荒地開墾事에對ᄒᆞ야該資本金을募集ᄒᆞᄂᆞᆫ대全國實業家에서ᄂᆞᆫ一千萬圓을捐付ᄒᆞ고政府에서三千萬圓을捐付ᄒᆞ기로決議ᄒᆞ얏다더라

●傳道委托 貞동敎會牧師崔炳憲氏가忠淸南道宣諭委員으로本月六日에발程ᄒᆞᆯ時에該敎堂傳道一欵은玄楯氏에게委托ᄒᆞ고一切敎中事務ᄂᆞᆫ지奎興시의게委任ᄒᆞ얏다더라

●懇會未成 再昨日에각新聞記者懇親會를明月館에서開催ᄒᆞᄂᆞᆫ대大韓新聞記者ᄂᆞᆫ一人도來參치아니ᄒᆞ야開會치못ᄒᆞ고散去ᄒᆞ엿다더라

●閔씨云放 警視廳에被捉ᄒᆞᆫ閔元植氏ᄂᆞᆫ歐三次審問ᄒᆞ얏ᄂᆞᆫ대日間放釋이된다더라

●經痘施痘 近日前廣濟院에서日本種痘醫가小兒의게牛痘를强制力으로施種ᄒᆞᄂᆞᆫ대天然痘已經兒ᄂᆞᆫ勿論ᄒᆞ고行路兒를隨現押去ᄒᆞ야施術ᄒᆞ엿다니天然痘已經ᄒᆞᆫ人도牛痘苗感染이되ᄂᆞᆫ지未知ᄒᆞ깃다고港說이紛紛ᄒᆞ더라

●如玉其賢 錦山郡居崔主事朴勝賢氏ᄂᆞᆫ見人之貧不能嫁娶ᄒᆞ고喪不能葬祭ᄒᆞ면輒爲救濟ᄒᆞ더니去在壬寅歉春에窮民이함々ᄒᆞ미累千金으로周急ᄒᆞ야浮黃者가快蘇ᄒᆞᆫ지라道郡이褒揚ᄒᆞ고且爲其老父ᄒᆞ야數級를結屋于其龕考亭園下草幌村傍故로該里近百戶春秋戶稅를自判納上ᄒᆞ고其村녀즉雖荒歉年이나飢戶가無ᄒᆞ다고該郡士林이寄函稱頌ᄒᆞ더라

●谷香尤香 南門外谷香會社에서製造ᄒᆞᄂᆞᆫ葉捲烟草ᄂᆞᆫ韓國에有名ᄒᆞᆫ谷山草와品質이良好ᄒᆞᆫ者를擇ᄒᆞ야造出ᄒᆞᆷ이오韓國人이新발明ᄒᆞᆫ者라價額品高ᄒᆞ야一般經濟家에恒時供給ᄒᆞᆯ만ᄒᆞᆫ捲烟草라더라

●凍斃可憐 去土曜日夜에東部午橋에서何許人一名이凍死ᄒᆞ얏다더라

●電請起復 大邱郡民情이不知何境ᄒᆞ니該郡守를起復ᄒᆞ라고내部로電報하얏ᄂᆞᆫ대불信人은無ᄒᆞ다더라

●朴犯被捉 開城居ᄒᆞᄂᆞᆫ朴齊雲이가日昨에竊盜犯으로北部警署에被捉하얏다더라

●酒商被捉 再昨日에校洞居酒商리永俣를有何事件인지中部警署에서捉去ᄒᆞ얏다더라

●靑會演說 靑年會館에서今日下午七点鍾에演說會를開ᄒᆞ고서울푸리쓰社長頭本元眞氏가英語학習之方法이란問題로演說ᄒᆞᆫ다더라

●學界沮戱 普成학校을協成학校로改稱하얏다ᄂᆞᆫ事에對ᄒᆞ야更히探知ᄒᆞᆫ즉前韓北興學會所關으로該校內에一小室을借得寓接ᄒᆞ얏더니此를憑藉ᄒᆞ야何許人이無根之說을做出ᄒᆞ야該校를沮戱코ᄌᆞᄒᆞᄂᆞᆫ者의謠說이라더라

●三氏視務 女子敎育會에서設立ᄒᆞᆫ普학院을有志紳士姜允熙崔在學리錫永諸氏에게讓ᄒᆞᆷ으로該諸시가自本月로出席視務ᄒᆞᆫ다더라

●中校試驗 典동私立中동夜학校에서去一月終에학期試驗을經ᄒᆞ얏ᄂᆞᆫ데漢語課甲班優等生李壎秀等諸氏오同乙班優等生李漢翊等諸氏오日語課甲班優等生朱鎬奎等諸씨오同乙班優等生宋興善等諸氏오同丙班優等生金永圭等諸氏오英語課優等生洪淳基等諸氏오算術科優等生李輔鉉等諸氏인ᄃᆡ新학員을增集ᄒᆞᆫ다더라

●月館協議 敎明義塾贊成長李址鎔塾監李載克監督李圭錫諸氏가再昨日下午七時에明月館으로會同ᄒᆞ야該塾을永遠히維持ᄒᆞᆯ方針을協議ᄒᆞ얏다더라

●醫明尤明 海州花陽面五里耶蘇敎人리建夏諸시가私立醫明學校를設立ᄒᆞ얏ᄂᆞᆫ대里내동會同ᄒᆞ야補助를收合ᄒᆞᆫ正租가二百餘石이오新舊학文에高明ᄒᆞᆫ敎師三人을延聘ᄒᆞ야敎授ᄒᆞ미학徒가五十名에達ᄒᆞ엿다더라

●新日又新 平壤城上四里居前侍御金鐵根시ᄂᆞᆫ年纔弱冠에紳士尹敬植張東煥金敎永鄭鳳朝諸시와協議ᄒᆞ고昨冬에一校를創立ᄒᆞ야命名曰新日이라ᄒᆞ고新舊학文이俱備ᄒᆞᆫ吳之延시을漢文敎師로延聘ᄒᆞ고夜학日語敎師尹泰國시ᄂᆞᆫ名譽로熱心敎授ᄒᆞ야開校未幾에生徒가日盛月加ᄒᆞ야晝夜科生徒가今至五十餘名이라고該郡來人이稱頌ᄒᆞ더라

●山將暜矣 龍山孝昌園내松楸ᄂᆞᆫ新年을當하면日本人이無數硏伐ᄒᆞ야渠家에門松으로立ᄒᆞᄂᆞᆫ되該園參奉도此를効ᄒᆞᆷ인지該園내松楸數十株를斫伐自用ᄒᆞ얏다더라

▲地方消息▼

▲去一月廿六日午前十時三拾分谷山桃花面葛天里呑山南方三十里地에서日巡査數名이義兵五十名과交戰ᄒᆞ얏ᄂᆞᆫ대死傷이未詳이라ᄒᆞ고

▲二十六日午後에日兵이卽時同地村落에突入ᄒᆞ야包圍射擊ᄒᆞ미義兵이二十分間을抵抗ᄒᆞ다가巖上兩側으로退却ᄒᆞ얏다ᄒᆞ고

▲二十七日午前六時에海州郡西方에서約四十名義兵이留連ᄒᆞ미日兵이潛行ᄒᆞ야村端三里五米突地에殺ᄒᆞᆫ즉義兵의步哨가村端에在ᄒᆞᆫ지라日兵이射擊ᄒᆞᆫ즉一時間을抵抗ᄒᆞ다가四散退走ᄒᆞ얏ᄂᆞᆫ데日兵이山谷中으로追入ᄒᆞ다가蹤跡을失ᄒᆞ얏다ᄒᆞ고

▲去三十日午前九時頃에文化郡興國面으로來ᄒᆞ야朝飯을催食ᄒᆞ미二時頃에達ᄒᆞ얏ᄂᆞᆫ대該동自衛團長이日隊에急報ᄒᆞ미日兵을派送偵探ᄒᆞᆫ則義兵은訴時前에達摩山方面으로向往ᄒᆞᆫ지라日兵이追躡ᄒᆞᆫ則同日午後三時頃沙川에至ᄒᆞ미義兵이三拾分前에午飯을催食ᄒᆞ고松禾郡獨基洞으로向ᄒᆞ얏ᄂᆞᆫ대西方約三百米突되ᄂᆞᆫ峽路에서義兵이俄然히左方高地松林間에猛烈히射擊ᄒᆞ미日兵이防戰ᄒᆞ얏다ᄂᆞᆫ데其勝敗ᄂᆞᆫ未詳이라더라

東京電報

十日발

●放逐要求 香港來電을據ᄒᆞᆫ즉在新嘉坡淸國領事가近頃에安南으로서來하야同地에滯留ᄒᆞᄂᆞᆫ데北京政府의電命을受ᄒᆞ야海峽殖民太守에게孫逸仙의放逐ᄒᆞᆷ을要求ᄒᆞ얏더라

▲和九曲棹歌▼

林[illegible]

▲九曲心腸붉은피가一掬悲淚되얏고나八域江山우리兄弟面面볼여보세

▲第一曲四千年遺來基業墜落웬일이며二千萬同胞人覊絆웬일인가悲憤ᄒᆞ다이눈물을中夜思之難禁일세

▲第二曲內閣地位놉흔첫스니何等重大責任인가安民思想半點업고賣國事業爲都ᄒᆞ다一國要害與ᄒᆞ니外人에게忠臣일세

▲第三曲天壤間에一腐氣가一進會를創出ᄒᆞ야山林川澤有利處를外人의게指導ᄒᆞ야一草一木無餘ᄒᆞ니창피面目可憎ᄒᆞ다

▲第四曲國之重實商權이라血脈流通財政열세利益纔盡ᄒᆞ니眞液又是枯渴일세警窓深夢時晩ᄒᆞ니自由鍾에喚醒ᄒᆞ세

▲第五曲四方학校成立하니文明前導아니런가萬惜寸陰ᄒᆞ야본을바다眞實心地下工ᄒᆞ면如切如磨玉成ᄒᆞ야他日大用可期로세

▲第六曲愛國心이特生ᄒᆞ니數人들이先覺이라肺腑中에深刻ᄒᆞ니自信力이强壯이라自國人民擔任ᄒᆞ니已傾大廈可支로세

▲第七曲鄕曲腐儒ᄒᆞᆫ일업서偏僻ᄒᆞᄂᆞᆫ말이弓弓乙乙鄭堪錄을避亂ᄒᆞ기魂을일어千金又혼이歲月을空言無實虛送ᄒᆞᆫ다

▲第八曲獨立精神機樞되니大韓民權可復이라赴湯蹈火不畏ᄒᆞ고孟賁烏獲難奪이지人人마다奮발ᄒᆞ면國民資格이아닌가

▲第九曲往年腐心洗滌ᄒᆞ고新鮮空氣吸收ᄒᆞ야一心으로愛國ᄒᆞᆷ세言實不同ᄒᆞᆫ데발마오五臟六腑이血誠을指天爲誓ᄒᆞ여보세

社告

永興郡南山동書舖梁昌錫시와湖州郡南門너朱伯英시를本支社員으로認定ᄒᆞ오니右兩處附近에서ᄂᆞᆫ右兩시의게本報를請求ᄒᆞ시옵

雜報

●醵金買舍 魚允中氏子魚英善氏의現接家舍가見逐되야莫接無路인故로李斗璜李軫鎬李範來諸氏가發起ᄒᆞ고義捐金을多數寄付ᄒᆞ야家舍를買渡케ᄒᆞ기로決定ᄒᆞ얏다더라

●初無干涉 本報第七百二拾三号雜報欄內에寄舘執行이란題下에閔泳徽氏가執行이라ᄒᆞᆫ데對ᄒᆞ야閔氏가本社에送人ᄒᆞ야該氏ᄂᆞᆫ初無相關이라說明ᄒᆞ기玆에正誤ᄒᆞᆷ

廣告

本人姪從大圭性本浮浪傳來承重田沒賣移去德川郡不過幾年隻身還歸本村日我用日債徵族云故로玆以廣告內外國人勿爲見欺

義州批峴面洪應範 告白

本人等이協議ᄒᆞ야所傳之학契田八日耕으로立資本ᄒᆞ야학校를設立ᄒᆞ고敎授ᄒᆞᄂᆞᆫ지于今四五朔에本契員中顚古金定근이가做出凶計ᄒᆞ야締結雜類ᄒᆞ고出沒邑村ᄒᆞ며僞名呈狀과僞造文券ᄒᆞ야欺欲得債ᄒᆞ오니內外國人은切勿見欺ᄒᆞᆷ

平安南道殷山濟南文上里학校
校長 金錫鏈
校監 趙基品
金孝鍵 告白

▲夜學員募集廣告

本校에서陰曆今月十一日開學ᄒᆞ오니舊學員은진期上學ᄒᆞ려니와第二回入學期를當ᄒᆞ와新학員도募集ᄒᆞ니願學僉員도開學翌日來ᄒᆞ시여本校用紙로써早速請願ᄒᆞᆷ

課程表修業限左開ᄒᆞᆷ

漢語 (初學) 十五個月
日語 (初學) 十二個月
英語 (第一卷) 十五個月
簿記 (銀行科) 六個月
算術 (四則雜題) 十個月
各科專門 年齡은十五歲 以上

隆熙二年二月九日
典洞官立漢語學校內
私立中東夜學校 告白

▲中等算學

數학敎科書上下卷 一圓五拾錢

此書ᄂᆞᆫ算學專門으로多年研究ᄒᆞᆫ博士에東西洋中等學術를參互著作ᄒᆞᆫ바自加減乘除로至分比例小大開平立九積等數를次第編成ᄒᆞ고算式과解註를亦依西洋之制ᄒᆞ야據히橫書로學習에便易케ᄒᆞ얏스니算學에有志ᄒᆞ신僉君子와各校生徒ᄂᆞᆫ不可不覽이오니陸續購覽ᄒᆞ시옵

總발行所 校洞大同報社
分賣所 京城各書舖

慶南鎭南郡東面上東里本人子金永均字燦彥者가陷於浮浪之輩ᄒᆞ야蕩敗難保之境故로玆以廣告ᄒᆞ오니內外國僉君子ᄂᆞᆫ給債買沓을永勿擧論ᄒᆞ시ᄒᆞᆷ

金晉鉉 告白

本人等이一般勞働同胞의智識을啓發ᄒᆞ기爲ᄒᆞ야北署齋동契二拾九統四戶로校舍를定ᄒᆞ고夜학을開設ᄒᆞ오니老少男女를勿論ᄒᆞ고入학ᄒᆞ기를志願ᄒᆞ시ᄂᆞᆫ同胞ᄂᆞᆫ該校舍內에趙重吉을차ᄌᆞ志願書나或名帖이나或言及으로ᄒᆞ되格式을不關ᄒᆞᆷ 開학日字ᄂᆞᆫ二月十八日로定ᄒᆞᆷ

발起人 李昌稙 崔在學 趙重吉 告白

天然堂寫眞

天然堂 布廛門外에셔

特別減價 萬世不變 五色設彩

本堂에서寫眞代金을從今特減ᄒᆞ야小本에五角中本에一圓大本에八圓으로改定ᄒᆞ고婦人寫眞은處所를各別嚴肅ᄒᆞ고女人이撮ᄒᆞ오며且萬歲不變色寫眞과五色設彩를新法硏究ᄒᆞ엿ᄉᆞ오니撮影ᄒᆞ기願ᄒᆞ시ᄂᆞᆫ僉君子ᄂᆞᆫ來臨面議ᄒᆞ시요

金圭鎭 告白

忠南靑陽居ᄒᆞᄂᆞᆫ明聖順이가本是悖流로沒覺ᄒᆞᆫ尹好榮을誘引ᄒᆞ야其累代宗土를僞造文券ᄒᆞ야欲爲盜賣ᄒᆞ오니內外國人은勿爲見欺ᄒᆞ시옵

靑陽居海平尹氏宗中 告白

廣州郡九川面屯村居具參奉順瑞가僞造文券으로典執於水原橫亭侍從家ᄒᆞ고屢數十萬兩을詐欺取去ᄒᆞ야雜技物主로誘人蕩産ᄒᆞ고挾勢日本人ᄒᆞ야一洞人家를沒數奪取ᄒᆞ기로玆에廣告ᄒᆞᆷ

金成川 告白

家庭雜誌

每月五日發行一冊五十頁定價金十錢一年先金九十六錢郵稅幷一圓

本雜誌ᄂᆞᆫ純國文으로發行ᄒᆞ와家庭敎育界에大光明을放ᄒᆞ옵다가財政의艱窘을因ᄒᆞ야中間에屢朔廢止ᄒᆞ엿더바이온ᄃᆡ今에本社에서有志諸氏의協贊을得ᄒᆞ야論說論評의各部門과滋味잇ᄂᆞᆫ歷史談叢등을著述或蒐輯ᄒᆞ야本月五日부터續刊發行ᄒᆞ엿사오니 僉君子ᄂᆞᆫ續々購覽ᄒᆞ시옵

발兌元 京城布屛下金相萬廣學書舖
發賣所 尙洞博文書舘 鍾路大東書市 各有名書店
布屛下廣學書舖內家庭雜誌社 告白

姓郭名興甲이라絹紬周衣官絹金拾圓只油唐鞋신은十三歲男兒가陰正月八日에玩遊出去ᄒᆞ야尙不入來故玆廣告ᄒᆞ오니誰某시든지執留通寄ᄒᆞ시면千萬感謝이옵고二圓으로必報ᄒᆞ겟숩나이다

北署壯동閣谷六拾統拾戶 權萬宗 白

本人이我韓國內僉同胞에愛於鎖閉ᄒᆞᆫ신智識를開發코자ᄒᆞ와創建一文明書舘ᄒᆞ고現行各新書籍을通常正額으로發賣ᄒᆞ오니 僉君子ᄂᆞᆫ陸續購覽ᄒᆞ시옵

宜川邑川邊又明書舘
主人 梁濬明
財主人 金明根 告白

●廣告

本書舘에서文明書籍을[illegible]ᄒᆞ고[illegible]ᄒᆞ야수에內外國[illegible] 僉君子ᄂᆞᆫ[illegible]

最新書籍目錄

◉東西洋歷史 各種
◉東西洋地誌 各種
◉政治學 各種
◉法律學 各種
◉經濟學 各種
◉算術書 各種
◉內外國地圖 各種
◉敎科書 各種
◉財政學 各種
◉博物學 各種
◉物理學 各種
◉衛生學 各種
◉地文學 各種
◉讀本 各種
◉法帖 各種
◉學校用品 各種

此外에도各種書籍이具備ᄒᆞ옵고書籍及名片도印刷ᄒᆞ옵되價額을廉價로ᄒᆞ게酬應ᄒᆞ깃ᄉᆞ외다

京城南署館洞(구리개)
學部認可 博學書館 告白

新編銀行簿記學

任璟宰編述 全一冊定價 六十五전

本書ᄂᆞᆫ一般外國諸大家의著述ᄒᆞᆫ簿記學中最近ᄒᆞᆫ학理와最新ᄒᆞᆫ形式을精細蒐輯ᄒᆞ야國漢文으로解得키便易하게撰述ᄒᆞᆫ者니一次修習ᄒᆞ면簿冊의整理方法과業務의處理順序가瞭如指掌ᄒᆞ야實로實業家의一大顧問이라諸銀行家와商業家ᄂᆞᆫ不可不案頭에一冊을備置ᄒᆞᆯ者ㅣ니陸續購覽ᄒᆞ심을務望

발賣元 中署布屛下三拾七統六戶 廣學書舖 金相萬
分賣所 동口越邊中央書舘 鍾路大東書市 南門內博文書舘 大廣橋匯東書舘 同古今書海舘 南門外新舊書林

本塾에서財政이窘絀ᄒᆞᆷ으로不得已ᄒᆞ야敎授를停止ᄒᆞ엿더니塾長의盛意와有志諸氏의贊成으로塾舍를修理ᄒᆞ고英語敎학을繼續敎授ᄒᆞᆯ터이니前日受業ᄒᆞ던諸학員과新學ᄒᆞ시ᄂᆞᆫ僉員은何日을勿論ᄒᆞ고下午六七点鍾에本塾에來議ᄒᆞ심을爲要

西署園門內[illegible]谷契四十三統七戶
新化塾 塾監 [illegible]

衛生에[illegible]本局을移設於本城內[illegible]ᄒᆞ고自今爲始ᄒᆞ야ᄂᆞᆫ內外國藥種을[illegible]多數貿置ᄒᆞ고廉價로放賣ᄒᆞ오니賣藥에注意ᄒᆞ시ᄂᆞᆫ僉員은陸續來臨ᄒᆞ심을敬要

安州城內濟宣局 張東商 告白

◉大韓國新發明神藥

◉廢修靈丹 各種食滯中暑久滯口臭痰飮吐瀉 定價一貼十錢
◉至寶丸 治諸般瘡疾不拘久遠但有偉效 定價金十錢
◉靈效液 外用芳香治疥瘡皮風百發百中 定價金三拾錢
◉淸眼水 治諸般眼疾有撥雲見天之妙 定價金拾錢
◉通淋丸 治男女急慢淋疾神效無雙速效除毒 一週金五十錢

此外에도東西洋各國有名賣藥과瘡病去根藥과頭風痔疾補藥水各種病症俱比惠向爲望

漢城中署鍾路鉢里廛동拾二統二戶
製劑발賣所 共愛堂藥房 告白
監修발行人 前官立漢城醫학校卒業生 張基茂 朴容南 謹白
支店 開城南門內 共愛堂開城支舖 姜助遠
興學書舖
代理店 西署新門外石橋濟院藥局 車熙延
仁川港柑嶼濟生堂 李庚[illegible]
國內各地藥局에서隨處販賣ᄒᆞᆷ니다

漢城鐘路萬國基督教青年會館前慈惠藥房製藥鑑查人濟衆院醫學員洪錫厚朴慈惠李觀化告白

本人等이米國大학醫院處方을大醫學士魚丕信시에게受業하고醫學校長勵五等沚氏에게有効証明書을受하고左記낙種을製造하야外國醫약規模을依하야紙匣洋鐵匣琉리瓶에盛하야全國內地各處약房에廣賣하옵고濟衆院英書醫書를我國漢文으로飜譯하야名稱과약便方이라하고발賣하오니四方 僉彥中濟衆院낙을數拾年來經驗信用하신兄弟는不拘약之多少하고不拘路之遠近하고日々以書請買하시면本人은雖拾錢價値락이라도以小包郵便으로仰呈하오리니낙封定價外郵稅十전을加送하시되小數전은郵票十전자리를스셔보니시고賣낙家에서는多數買去하시던郵便局換錢票를買送하시오且本藥房에米國(멀포드)製낙會社낙과德國(만하임)製약社약品을直輸入하야發賣英語로記한方文과主治와用法을我國漢文으로飜譯發賣

商標

+

食慾振起 第一老衰男女
體力活潑 補益丸 의補益血

定價 拾日分 三十個入 金一圓
二十日分 六十個入 金一圓七拾五錢
三十日分 九十個入 金二圓五拾錢

主治 大補元氣能調陰陽男子陽萎不起女子月經不調手足厥冷虛脫消渴久病人蘇完되ᄂᆞᆫ効가이大勝於鹿茸蔘人蔘精

靈効解瘧丸 一日分定價金拾錢此藥은大人小兒長瘧과初瘧疫瘧에服用ᄒᆞ면更不再發

驅蟲丸 一日分定價金拾전此藥은大人蛔積小兒蛔病의神効

四時感冒丸 一日分定價金拾전此藥感氣몸살의쓰ᄂᆞᆫ약인데一二日服用ᄒᆞ면四時毒感上下肢節頭痛에即時解熱鎭痛

男女瘡疾袪根藥 定價金五圓此藥은瘡疾의一期二期를勿論ᄒᆞ고거ᄒᆞᆫ독약을쥬ᄂᆞᆫ데口瘡과구역도아니나오

清明眼藥 一日分定價金拾錢此藥은火眼熱眼의有奇效

無惡臭疥瘡藥 定價金四拾전此藥疥전虫을卅分內殺

鎭咳藥 五日分定價金三拾錢此藥은四時毒常性咳嗽에有効ᄒᆞᆫ大特히老人哽咳에消痰止咳

寸虫根 定價金三拾錢有鉤寸虫無子寸虫當場驅下

止足汗藥 二十日分定價貳拾錢此藥德國軍人常用除足汗

小兒寶散 定價금拾五전小兒服痛감긔食滯他症에聖낙

輕腫根治膏 定價금十五전此낙面腫과頭腫에已差

濕腫根治膏 定價금十五전此략은男女勿論하고風寒暑濕으로因ᄒᆞ여起ᄒᆞᆫ搔痒에奇効

大腫發根合瘡膏 定價금五十錢

漢城百應膏 一封定價金十錢此략은德략醫士李信友시方文으로製ᄒᆞᆫ藥인데멍우리잘풀리고각項腫氣에발根合瘡이速히되ᄂᆞᆫ者藥으로大洋鐵匣八一個금五十錢

小兒感冒靈効散 定價金十錢

癇氣神効保嬰散 定價금十二錢五厘

瑞士建國誌

此書ᄂᆞᆫ政治小說이니志士의救國救民ᄒᆞᄂᆞᆫ思想과人民의愛國心을養成하ᄂᆞᆫ데緊要ᄒᆞᆫ冊子오

定價金 新貨拾五錢

發賣所

▲大韓每日申報社 ▲仁川港梧峴 ▲中署布屛門下 ▲平壤城內烈女祠 ▲鍾路 ▲銅口越邊 ▲鍾路 ▲大廣橋 ▲南문 ▲開城 ▲海州碧城書籍館

開新冊肆 金相萬冊肆 敎育書籍館 古今書海館 中央書館 大東書市 匯東書館 博文書館 姜助遐冊사 朴昌

玉川堂 告白

南山町貳丁目

撮影ᄒᆞ며드리겟合 但寫眞師를招聘ᄒᆞ야撮影ᄒᆞᄂᆞᆫ境遇에ᄂᆞᆫ定價以下로請求ᄒᆞ옵

右발明의紀念으로舊曆一月二十日부터代價을半額으로減價ᄒᆞ야寫眞術의新發明ᄒᆞᆫ特色이能히眞寶ᄅᆞᆯ表ᄒᆞᄂᆞᆫ것이 理想之寶鑑 德 益 新 寫

寫眞撮影을測量ᄒᆞ오니土地家屋의境界와坪數를測量코ᄌᆞ하시ᄂᆞᆫ諸氏ᄂᆞᆫ本所에來議ᄒᆞ시오

仁川港內洞第一統八戶

測量所 告白

歐米各國專賣特許石油發動機及自行車精米機械及附屬品一切廉價放賣ᄒᆞᆷ

今回諸君子의便利ᄒᆞᆫ기爲ᄒᆞ야本店을左記處로移接ᄒᆞ엿사오니照亮하심을伏望

韓輸入商京城南大門外
直頭代理店中根商會

桃洞居生金敬이가所署龍山坊典圜局背山下土地文券을本人의게以典執據之意로揭載新聞ᄒᆞ니世人이無根之事를以卞明廣告ᄒᆞᆷ

麻浦居龍會奎 告白

本人이新聞에居住ᄒᆞ와東山里京本土地및家屋의件로退送ᄒᆞᆫ事ᄂᆞᆫ去年十二月日

本辯護士가事務所를移定于南署下茶洞八統七戶ᄒᆞ얏ᄉᆞ기玆以仰佈ᄒᆞᆷ

辯護士 金羲濟
事務員 朴宗根

本人이書舖를另設하고新舊書籍을具備ᄒᆞ와廉價放賣ᄒᆞ오니有志學員은來臨購覽ᄒᆞᆷ을敬要

元山上里二동芸香舖金舜命白

●大韓醫院에셔陸軍軍醫院에서試驗ᄒᆞᆫ바効能과陸軍軍醫部長藤田嗣章氏의有効證明으로淸心保命丹을發明ᄒᆞ야販賣ᄒᆞ오니僉君子ᄂᆞᆫ試爲驗ᄒᆞ심을望

消化新藥 淸心保命丹

本舖 仁川港梧峴 濟生堂

●主治効能 ●痰嗽●食積●中風中寒 ●喉痺●腹痛●不土不服 ●氣鬱●吐瀉●船車眩暈 ●食傷●酒醉●口熱

▲其他諸般運氣壓預方妙藥

발行人 仁川港梧峴 濟生堂 李圭鳳

代理店

京城鍾路 共愛堂藥房
同 銅峴 惠藥局
同 尙洞 李信華洋冊사
同 南門外 廣濟藥院
仁川內洞 韓圭根
同 梧峴 和平局
開城南門內 朴圭植
同 忠橋 具聖模
水原鍾路下 金九藥局
海州宗路 元應植
同 宗路 宋泰孝
延安邑內 邊汝文
江華鍾路 宋順東
同 邑西門外 高成根
殷栗南門內 崔敬淳
鳳山砂利院場內 박健昌
全 耶穌敎堂內 任允中
全 李在浮
黃州南門 紅門洞 李東赫
平壤館前 韓鳳藥鋪
全 文武洞 藥鋪 紅龍化
全 君殿 藥鋪 小龍興
全 客 舍 藥鋪 柱宜
全 門 樓 金鳳天
全 里 朴重陽
鎭南浦瓮洞 金元英藥舖
信川邑四里 朴晩俊
郭山港關洞里 金斗鉉
京南大門外 大同運輸會社
全泥峴郵便局前 天佑堂
三水郡仲坪場 崔勤客主內
安岳邑上場里濟生局林景杜
大邱南門外剧還客主김成浩家
釜山港草梁客主김重佑家
安州城內義井동回春大藥房
義州南門外水口街義和藥局
此外에도現代에문明각國有名
각種藥이俱備ᄒᆞ

◎國債報償義捐金收入廣告

●伊川報成社第六回 續

方丈面堂우里
리貞煥 三圓五十錢
리業亨 二圓 朴仁根 任泰元
각二圓 姜聖寬 리弘植
리敏烈 리元植 朴鼎基
趙聖順 리龍翼 각一圓
姜敬錫 金始璜 朴聖奎
李召史 成有遜 金俊植
朴智元 申宗翰 宋錫華
黃有根 尹重鉉 趙文浩
趙文周 金啓良 각五十전
趙炳洪 崔召史 趙聖念
趙德基 각卌전 金龍석
成有今 趙寬遜 각廿전
合二拾六圓三拾전

▲蟀등
吳光允 九十전 裵永順
申東錫 金宗植 각五拾전
曺得化 四拾錢 金永鉉
陳敬周 金自鉉 裵永健
金正甫 咸東健 申載貞
申載元 尹致詔 金善君
각卌錢 申東烈 二十錢
合六圓

▲堰村
尹 燦 三圓 陳尙玉
陳命健 鄭致興 朴奉鎭
각一圓 鄭鼎三 六拾錢
徐尙甫 申東憲 陳允健
羅학祚 각九拾전 陳尙豊
四拾전 鄭運興 孫永河
權始興 陳順健 金根植
각三十전
合拾一圓五十錢內
換送費二十四錢除
實合十一圓二十六錢

總合四拾三圓五十六錢
前號總合五萬八千一百六十三
圓二拾五전七厘
都總合五萬八千二百○六圜八十一錢七厘

◎特別廣告◎

國債報償金今月度所捧을姑未合計이고本年一月々지所捧總合五萬八千○九拾五圜四十七錢은韓氣會社內銀行에貯置ᄒᆞ얏合고其貯置額中三萬二千三百圜은國債報償志金總合所로送交ᄒᆞᆷ

㊥大韓每日申報各處支社廣告

中署布屛門下 金相萬冊肆
平壤上水口門內 金浩益
仝 崔叙恒
仁川梧峴開新冊舖 李東皥
宣川邑橋南冊肆 安 濬
義州西門外玄西 大藥局
釜山港佐川藥局 徐錫鎬
三和港築洞 金元석
咸興南州社西門外 曺壽林
開城南大門外興學書舖 姜助遐
大邱市廳 崔一弘
載寧邑濟衆院 劉夢濂
鐵山邑東部 安 重
元山倉洞 劉七鉉
海州南門內書舖 朴昌鍵
定州南門內 洪成인
昌城郡校동 許 참
郭山興岩書舖 李鍾瑞
安岳細동場底동 廉道游
陽川前津 리鎭成
安州城內義井洞 金翼河
鐵原邑棠洞 趙鍾大
高原邑 朴敎吉
濟州城내一徒里客舍洞高亨來
井邑邑내 李益敎
泰仁邑내 金禹燮
興德後浦 金鼎来
京義線枇峴驛前市 李琪秀
장淵邑南門內 崔敎遠
殷栗邑倉前里 殷强濂
古阜邑許洞 金泰璧
群山港東彩社 宋彬錫
龍川楊市會堂 黃有保
車輦館同志會내 金明仁
清州南門내校洞 宋斗鉉

發行兼編輯人英國人 裵說
發行所
京城西署石井洞號外池三層洋屋大韓每日申報社

第六卷 第七百卄八號

大韓每日申報

月曜及慶節 臨時休刊

檀君開國四千二百四十一年
箕子元年三千三十年
大韓開國五百十七年
日本明治四十一年
淸國光緖三十四年
陰曆戊申正月十一日丁酉

論說

●破壞家의誤解

韓國의悲境이此에至ᄒᆞᆷ이道德墮落으로由ᄒᆞᆷ이아닌가日然ᄒᆞ다習慣頑劣로由ᄒᆞᆷ이아닌가日然ᄒᆞ다然故로此時를當ᄒᆞ고도國家興亡에痛癢無關ᄒᆞ며然故로此時를當ᄒᆞ고도同胞休戚에도袖手坐視ᄒᆞ며然故로此時를當ᄒᆞ고도學校設立이曉星又치寥ᄒᆞ며然故로此時를當ᄒᆞ고도團體組織이獨道又치難ᄒᆞ며然故로此時를當ᄒᆞ고도鄕愿態度를守ᄒᆞ야前瞻後顧에名位나保ᄒᆞ라ᄂᆞᆫ者ㅣ有ᄒᆞ며然故로此時를當ᄒᆞ고도幕中英雄을甘作ᄒᆞ야旁觀笑罵를事業으로認ᄒᆞᄂᆞᆫ者ㅣ有ᄒᆞ니於是乎破壞者ㅣ乃出이로다於是乎破壞者ㅣ不得不出이로다

今日에破壞치못ᄒᆞ면破壞ᄒᆞᆯ日이更無ᄒᆞᆯ지며我手로破壞치아니ᄒᆞ면他人의手로破壞ᄒᆞ나니賢哉라今日의破壞여

破壞ᄒᆞᆯ今日을當ᄒᆞ야破壞ᄒᆞᆯ其人이無ᄒᆞ야他日他人의破壞에付ᄒᆞ면將來締造者도他人이며建設者도他人이리니汲々哉라今日의破壞여

然이나今日은固是破壞ᄒᆞᆯ其日이어니와今日破壞者가果皆破壞ᄒᆞᆯ其人인가

嗚呼라此關頭에至ᄒᆞ야ᄂᆞᆫ不佞이其快諾ᄒᆞ기敢ᄒᆞᄂᆞᆫ비로다今日破壞를主張ᄒᆞᄂᆞᆫ者를觀ᄒᆞ건대

第一自國의傳來ᄒᆞ던制度風俗習慣等의美惡善否를勿論ᄒᆞ고一切破壞ᄒᆞ라ᄂᆞᆫ者

第二他人의破壞를歡迎ᄒᆞ야自家의破壞로認ᄒᆞᄂᆞᆫ者

彼第二者ᄂᆞᆫ其奴性奴才가最甚ᄒᆞᆫ者ㅣ라他人의破壞를自家의破壞로認ᄒᆞ면將次他人의建設도自家의建設로認ᄒᆞ야自家의墳墓、自家의屋子、自家의器物이一々他人의享用ᄒᆞᄂᆞᆫ비되야도畢竟迷魂藥에麻醉ᄒᆞᆫ듯시旁觀不悟ᄒᆞ리니噫라彼輩야於予歟何誅리오만은其第一者도亦其破壞의術을不得ᄒᆞᆫ者라 未完

官報

●第三千九百九十四號 隆熙二年二月十一日

敍任及辭令

統監府副統監曾禰荒助
特敍大勳賜李花大綬章
渡邊幸作 渡邊正勝
陣貞光
任警部
任道主事 宮原萬太郞
稅關主事福井梅太郞
兼任稅關監督官補
稅關主事平田誠次郞
兼任稅關監吏
稅關鑑定官補 柳彦七
兼任稅關主事
稅關鑑定官補
兼任稅關主事 柳彦七
兼任稅關監視官補
農商工部主事最所勝二郞
任農商工部技手
農商工部技手最所勝三郞
兼任農商工部技手
任農商工部主事 永松茂州
任農商工部技手 本田榮次
警視廳警視勳三等丸山重俊
特賜勳三等八卦章
主殿院主事 陳濟
內藏院技師沈宜셕
特敍勳四等賜太極章
帝室會計監査院監査官 兪致衡
特敍勳四等賜太極章
統監府書記官中山成太郞
特敍勳三等賜太極章
不動産法調査會補佐官 川崎萬藏
不動産法調査會補佐官補 山口慶一
特敍勳六等賜太極章 未完

外報

●江蘇匪亂 去五日에淸國江蘇省鎭江一帶地에匪黨數千名이蜂起ᄒᆞ야官軍의軍器若干及大砲二門을掠奪ᄒᆞ고勢甚猖獗ᄒᆞᆫ지라兩江總督端方씨가此警報를接ᄒᆞ고卽時江南에精銳隊를發ᄒᆞ야剿討케ᄒᆞ얏스나兵力이微弱ᄒᆞ야容易히鎭定키不能ᄒᆞᆫ故로湖廣總督趙爾巽氏에게打電ᄒᆞ야湖北陸軍을急派ᄒᆞ기를請求ᄒᆞ얏더니同氏가湖北第八鎭統制張彪及其他將校와會議ᄒᆞᆫ後에派兵ᄒᆞ기로決定ᄒᆞ고卽時動兵會를開ᄒᆞ야現今出師準備中이오而且兵力이不足ᄒᆞᆯ時에ᄂᆞᆫ更히派兵ᄒᆞᆯ터인ᄃᆡ此匪徒ᄂᆞᆫ鹽梟一派의所爲니此鹽梟라ᄒᆞᆷ은匯揚地方에서上海에輸出ᄒᆞᄂᆞᆫ鹽包를掠奪ᄒᆞᄂᆞᆫ一種의無賴團體라더라

●袁의名望 淸國에駐在ᄒᆞᆫ德國法國日本公使等이同國西太后와光緖皇帝ᄭᅴ陛見ᄒᆞᆫ後에各國의軍兵操鍊ᄒᆞᄂᆞᆫ制度와本國陸軍의進步與否를下問ᄒᆞ신ᄃᆡ諸公使等이上奏ᄒᆞ되淸國軍隊가其前보다一層進步됨은袁世凱가北洋大臣으로在ᄒᆞ야極力訓鍊ᄒᆞᆫ結果라ᄒᆞ얏고其後各國公使의夫人이西太后ᄭᅴ陛見ᄒᆞᆫ後陸軍의現象을下問ᄒᆞ실ᄉᆡ答奏ᄒᆞ되亦袁世凱公勞라ᄒᆞᆫ지라西太后ᄭᅴ서袁氏의公勞를感動ᄒᆞ사慶親王을召見ᄒᆞ시고陸軍副使를袁氏로任케ᄒᆞ실意見을下諭ᄒᆞ셧스나淸政府規例에太學士가아니면各部事務를管理치못ᄒᆞᄂᆞᆫ故로方今奏議中이라더라

●韓滿의日人移民 東京電을據ᄒᆞᆫ則日本移民을美國本邦과布哇加奈陀及墨西哥諸國에서禁止及移民制限을加ᄒᆞᆫ以外라今後로該地方에日本人이上陸ᄒᆞ면困難이莫甚ᄒᆞᆯ터이오其他南美智利及부라질等地ᄂᆞᆫ風士와氣候의關係로伊太利人이多數히來居ᄒᆞᆷ으로日本人의事業成功이不能ᄒᆞᆯ터이니今後로ᄂᆞᆫ日本人移民을韓滿兩地方에輸送ᄒᆞ야以後戰役에伴ᄒᆞᆫ各種事業에從事케ᄒᆞ되爲先農業발展의道를講ᄒᆞᆷ이良策이라ᄒᆞ엿더라

●兇行警戒 路透電을據ᄒᆞᆫ則葡萄牙新皇帝陛下와皇后陛下ᄂᆞᆫ先皇의葬儀에不爲參禮ᄒᆞ시고兇行의變을豫備ᄒᆞ기爲ᄒᆞ야國內에嚴重ᄒᆞᆫ警戒를施ᄒᆞ셧다더라

●美艦出帆 紐育電을據ᄒᆞᆫ則美國太西洋東航艦隊가마셰군海峽附近콴다ㅣ메나스에서出帆ᄒᆞ얏다더라

雜報

●全南和順郡和成학校趣旨書

夫人材ᄂᆞᆫ國家之器用而其成器也不有切磋琢磨면何能成器也리오惟我東方이自檀箕以來로四千餘年에文明敎化가極備ᄒᆞ야至於我大韓而庠序학校之制彬々煥興이러니其奈法久弊生ᄒᆞ고及勝國頹廢이라當此改革之時代ᄒᆞ야株守舊習이면豈如適越而北轍이니眞所以急々講究而不容少緩也라

且古者車同軌書同文이러니今則不然ᄒᆞ야海門을一破에隣邦之交涉이冠蓋相望ᄒᆞ니公私賓接과港市興販에言語를不通이면不可專對오文算을不能이면未免墻面이니此又敎科발級之初程而학者之所當先務也ㅣ며故로易에曰隨時變易ᄒᆞ야以從道라ᄒᆞ니所謂時者ᄂᆞᆫ果何如哉아處堯舜之時則行堯舜之道ᄒᆞ고處湯武之時則行湯武之道ᄒᆞ야隨其時之不同而行之致之所宜ᄒᆞ야雖千變萬易이라도無所不可ᄒᆞᄂᆞ니此所謂時也ㅣ라然開通今之世而爲今之時務者不得明辨而可想矣라若不論其時而徒拘々焉以古人之遺跡으로爲準則不幾乎夏裘而冬葛者乎아故로西人이有言時者ᄂᆞᆫ如方圓에鑿之各有適用而將來世界ᄂᆞᆫ在敎育者手中이라ᄒᆞ니誰深知學校가爲鍛鍊之陶冶오발達之指南也아

是以로歐米列强은莫不注意敎育而德國은自六歲로至十四歲를爲學齡ᄒᆞ고法國은自五歲로至十二歲를爲학齡ᄒᆞ고諸威丁抹은自五歲로至十三歲를爲學齡ᄒᆞ야以爲定規而其制가有四等分爲ᄒᆞ니國家之特設者曰國학이오官督民辦ᄒᆞ야經費가半由國帑ᄒᆞ고半由民捐者曰公學이오民間之自行設立者曰民학이오敎師之經理者曰私學이니四等之外에有一等이던必有一學院ᄒᆞ야以專其實成일시文官有仕學院ᄒᆞ고武官有武學院ᄒᆞ고農有農政院ᄒᆞ고工有技藝院ᄒᆞ고商有通商院ᄒᆞ야四民之業이莫不有學而有時考其優劣ᄒᆞ며以其甲乙ᄒᆞ야以爲國家之器用ᄒᆞ야選舉에無弃才故로雖市井賈竪와負床학産이라도皆有國家思想而自十九世紀以來로白種勢力이橫絶環球者以其敎育之有素也라 未完

●演說盛況 去土曜日官人俱樂部에서大韓協會總會를開ᄒᆞ고安昌浩氏가我韓前途의如何란問題로演說ᄒᆞ얏ᄂᆞᆫᄃᆡ雄談弘辯이水湧山出ᄒᆞ야三時五十分之頃을過了ᄒᆞᆫ디筆不能盡이오口不能傳이나其趣旨ᄂᆞᆫ公平正大ᄒᆞ고其氣象은激昂蹈厲ᄒᆞ니聽者千餘人이莫不鼓掌喝采曰果是當今雄辯家라ᄒᆞ더라該氏가演說을畢了ᄒᆞ고心丹歌ᄒᆞᆫ쟝을唱ᄒᆞ야同胞ᄅᆞᆯ警醒ᄒᆞ얏스니其歌에曰

어야지야어여차주
모든風波무릅쓰고
文明實業의獨立界로
어셔쌀니쎠나가주
風雲波에든잠흘깨여
길이멀다恨歎말고
希望ᄒᆞᆫ곳이쓴고
實行ᄒᆞᆫ솜놉히ᄃᆞᆯ아
부ᄂᆞᆫ바람ᄃᆞ가젼에
어아지야어셔가주

●養閨擴張 養閨義塾은女子敎育의目的으로有志諸氏의設立이더니今에李鍾浩氏로塾長을推薦ᄒᆞ고一切經費도該氏가自擔ᄒᆞ며金谷部에서前京畿監營附屬學校로移定ᄒᆞ야現在學徒가一二三年級에六十餘名이오科程은普通科目外에機縫手工等을更히학徒百餘名을募集ᄒᆞ고將擴張ᄒᆞᆫ다더라

雜報

●下賜衣冠 日前掌禮院에셔韓日兩國高等官人이韓服으로宴會를設ᄒᆞ얏다ᄂᆞᆫ說은旣報와如ᄒᆞ거니와日本官人의着用ᄒᆞᆫ韓國衣冠은自 上으로셔特別히下賜ᄒᆞ옵셧다더라

●是何條件 宮相李允用氏가今番還國ᄒᆞᆫ時에무삼事件인지十三條件을許施ᄒᆞ기로擔任而來ᄒᆞ얏다ᄂᆞᆫ說이有ᄒᆞ더라

●各大憂慮 宮相李允用氏가還國ᄒᆞᆫ後로有何大問題인지總理大臣以下各部大臣들이挽近憂慮ᄒᆞᄂᆞᆫ中이라더라

●恩金運動 總相李完用氏의게金十萬圜을下賜하신事ᄂᆞᆫ日人京城日報에揭載ᄒᆞᆫ바어니와向日新協約成立ᄒᆞᆫ後로各大臣이酬勞를受ᄒᆞ기爲ᄒᆞ야日人側에勳章과加資及恩金을運動ᄒᆞᆫ바오 聖意ᄂᆞᆫ아니신대自上으로酬功與否를統監의게下詢하시매統監이答奏ᄒᆞ되人心이尙今不服ᄒᆞ니恩金下賜ᄂᆞᆫ停止하시ᄂᆞᆫ게可ᄒᆞ옵고加資와勳章은關係가無ᄒᆞ다ᄒᆞ야勳章과加資ᄂᆞᆫ已爲頒給ᄒᆞ얏고李完用氏ᄂᆞᆫ元來 皇室財産에流涎設計ᄒᆞᄂᆞᆫ쟈ㅣ인ᄃᆡ向者에질번ᄒᆞᆫ恩金을恒常戀戀ᄒᆞ더니今番에무ᄉᆞᆷ運動이有ᄒᆞ던지官府次官이統監의게緊請ᄒᆞ야恩金을劃給ᄒᆞ라고陰正月一日에電報ᄒᆞᆷ으로帝室財政整理局에셔給與ᄒᆞ미該錢을某銀行에仔留ᄒᆞ얏다더라

●何畏人知 法部大臣趙重應氏ᄂᆞᆫ自己의雖潛行ᄒᆞᆫ事이라도各新聞에揭載됨을疾視ᄒᆞ야警察官吏와協議ᄒᆞ고各大臣의行止報告를新聞記者에게出示치말나ᄒᆞ얏다ᄂᆞᆫ說이有ᄒᆞ더라

●擇其親소 宮내府一般官吏中에該部大臣의親소를隨ᄒᆞ야多少間變更이된다더라

●忌日追悼 再昨日은陰曆으로故攝理大臣金弘集과故農商大臣鄭秉夏兩氏의忌日인故로感古會諸氏가該兩家로會同ᄒᆞ야追悼會를行ᄒᆞᄂᆞᆫ데下午三時에ᄂᆞᆫ鄭氏家로先往ᄒᆞ고同七時에ᄂᆞᆫ金씨家에會集ᄒᆞ얏다가同十一時에各歸ᄒᆞ얏다더라

●日警官數爻 日本理事廳警察官이昨年十一月一日븟터ᄂᆞᆫ至各部가韓國官吏로되엿ᄂᆞᆫ데其總數ᄂᆞᆫ警視二十七名과警部一百十四名과巡査一千七百名이라더라

●陳荒許日 韓國陳荒地를開墾ᄒᆞ기로現今日本셔資本金을募集ᄒᆞᆫ다ᄂᆞᆫ說은昨報에揭載ᄒᆞ얏거니와農相宋秉畯氏가陳荒地를沒數히日本에許與ᄒᆞ얏다ᄂᆞᆫ說이有ᄒᆞ더라

●履歷修送 내部에셔地方各郡守의履歷書를從速修報ᄒᆞ야以便考閱케ᄒᆞ라고各觀察道에通牒ᄒᆞ얏다더라

●賜第興國 興士團에셔宮內府에交涉ᄒᆞ야壽進宮을圖得ᄒᆞ랴ᄒᆞ다더니該宮을興士團으로下賜ᄒᆞ옵셧다ᄂᆞᆫ說이有ᄒᆞ더라

●三百其官 宮내府大臣李允用씨가歸國時에日本人三百餘名이官吏敍任次로渡來ᄒᆞ얏다ᄂᆞᆫ巷說이喧藉ᄒᆞ더라

●宮府休暇 昨日은日本紀元節에各官廳에셔日人官吏만依例休暇ᄒᆞᄂᆞᆫ데唯獨宮내府及數府所屬院司ᄂᆞᆫ該大臣의命令으로韓國官人ᄭᆞ지休暇ᄒᆞ얏다더라

●修院爻旗 昨日이日本紀元節이라고修학院에셔ᄂᆞᆫ韓日兩國旗를交叉ᄒᆞ고休학ᄒᆞ얏다더라

●二苑新設 昌慶宮으로브터秘苑ᄭᆞ지定界ᄒᆞ고今年度에ᄂᆞᆫ動物苑、植物원、박物館을設施ᄒᆞᆯ터인故로事務所ᄂᆞᆫ該宮내迎春軒으로定ᄒᆞ고所用이無ᄒᆞᆫ空廊은沒數毁撤ᄒᆞ기로計劃中인데獐雌雄은法部大臣趙重應氏가擔當이오虎ᄂᆞᆫ北靑에셔求來ᄒᆞᆫ다더라

●峨山雲雨 穩城郡守김斗天氏ᄂᆞᆫ到任中路에富寧靑津에有夫女峨山同을奪娶以去ᄒᆞ다가該夫가鏡城警署에呼訴ᄒᆞ야富寧分派所로電報捉囚하고其女ᄂᆞᆫ를覓推하얏더니近日에戀々不忘ᄒᆞ야百般으로誘引作妾ᄒᆞ얏다더라

●統府開宴 昨日은日本紀元節인故로曾禰副統監이該官邸에祝賀宴을設ᄒᆞ고各部大臣과皇族諸氏를請邀宴待ᄒᆞ얏다더라

●禮院移接 掌禮院을金虎門내前吏曹直房으로移轉ᄒᆞᆫ다ᄒᆞᆷ은已爲報道ᄒᆞ얏거니와該院廳用物品을昨日에沒數運搬ᄒᆞ얏다더라

●演會將設 畿湖興학會에셔日間演說會를設ᄒᆞ고城내有志人을會集ᄒᆞ야敎育에關ᄒᆞᆫ事件으로一場演說ᄒᆞᆫ다더라

●郡主實心 江西郡主事白舜欽氏ᄂᆞᆫ曠官拾朔에署理例兼ᄒᆞ미公退之餘에躬行郡내各학校ᄒᆞ야熱心勸奬曰愛國思想을勿失ᄒᆞᆷ이方是國民目的이라ᄒᆞ며試驗時에自費私財ᄒᆞ야優賞ᄒᆞ며又對愚民ᄒᆞ여도勸諭曰勉於農商工業ᄒᆞ야自由權를勿失ᄒᆞ라勸告ᄒᆞᆫ다고該郡人이稱頌ᄒᆞᆫ다더라

●妖物當禁 西大門外前宣亭臺近處에一女人神位가有ᄒᆞᆫ대閭閻家愚婦들이沉惑ᄒᆞ야祈福次로재財와衣服佩物을陸續來納ᄒᆞ니此等妖物을警察官吏가嚴禁치아니ᄒᆞᆷ으로巷論이紛々ᄒᆞ더라

●摠會風波 開城教育總會에셔有何不美之端ᄒᆞ야有志紳士諸氏가名存實無ᄒᆞᆷ을自忿ᄒᆞ야該會名을開城학會로改稱ᄒᆞ고諸般會務를一新改良ᄒᆞ다가悖類輩가欲掩已罪ᄒᆞ야倚子冊床火爐硯床을乱投打破ᄒᆞ야一場風波가有ᄒᆞ얏다더라

●討隊派送 내閣에셔地方騷擾를鎭撫ᄒᆞ기爲하야討伐대를각地方으로派送ᄒᆞᆯ터인데該대ᄂᆞᆫ軍部長官幾人으로巡査와日兵幾名式領率派送ᄒᆞ기로決議하얏다ᄂᆞᆫ說이有ᄒᆞ더라

●捐金云募 尹致昊氏가靑年會監督美國人某氏와靑年會館新建築事件에對ᄒᆞ야美國紐育等地로捐助金을募集次로日間발程ᄒᆞᆫ다더라

●魚網橫罹 楊州郡水標峴居李某가京城居其妻兄을訪見次로무삼物種을持來ᄒᆞ다가該郡쇼미等地에셔義兵의偵探人이라고別巡檢에게被縛ᄒᆞ야現今監獄署에滯囚ᄒᆞ얏ᄂᆞᆫ되其妻母가呼訴次로上京ᄒᆞ야呼泣道路ᄒᆞᆫ다더라

●戶口調査 내部民籍課長趙聲九氏ᄂᆞᆫ각地方에戶口를調査視察次로課員幾名을帶同ᄒᆞ고日間발程ᄒᆞᆫ다더라

●股金募集 南門내圖書會社에셔日昨에總會를開ᄒᆞ고股本을擴張ᄒᆞ기爲ᄒᆞ야每會員에十股式募集ᄒᆞ기로酌定ᄒᆞ얏다더라

●無嚴莫甚 安城公立普通學校를客舍基址에建設ᄒᆞᄂᆞᆫ되該校副尉筒井이가 闕牌正殿ᄭᆞ지犯ᄒᆞᆯ境에至ᄒᆞᆫ다ᄒᆞ미瞻聆所在에悶迫ᄒᆞᆷ을不勝하야該館舍面圖를나온다九十月丹楓림은蕭瑟寒粘付報告ᄒᆞ오니訓飭于筒井訓導ᄒᆞ야東西廡뿐만校舍로用ᄒᆞ고闕牌正殿은勿侵케ᄒᆞ라ᄒᆞ고該郡守郭燦氏가학部로報告ᄒᆞ얏더라

●資金過額 合名會社彰信社에셔再昨日에社員總會를開ᄒᆞ고日本織布會社와直接貿易을特約ᄒᆞᆫ事實을報告ᄒᆞ고資本十萬圜을增加ᄒᆞ기로決議ᄒᆞᄂᆞᆫ되各社員이爭頭出資하야豫定ᄒᆞᆫ額數에已過ᄒᆞ얏다더라

●苑鹿餓死 掌禮官내鹿苑에셔養育ᄒᆞ던鹿七首中一首가三昨日에自斃ᄒᆞ얏ᄂᆞᆫ되其原告인즉元來내帑金으로每月下賜ᄒᆞ야買太養鹿ᄒᆞ더니去十二月과一月兩朔에내帑金이無ᄒᆞᆷ이라該員直二名이自當以飼ᄒᆞ더니所飼가不足하야飢死ᄒᆞᆷ이分明ᄒᆞᆷ으로再昨日主殿院에셔檢査ᄒᆞᆫ後爲先四圜을該원直에게出給ᄒᆞ얏다더라

●幸免大損 三昨日下午拾時에내部主事尹明섭씨가西小門내新作路로過去ᄒᆞᄂᆞᆫ데何許賊漢一名이追後간來ᄒᆞ야衣冠과衣服을掠奪ᄒᆞᆯ時에巡査一人이追來ᄒᆞᆷ의幸히宕巾만見失ᄒᆞ얏다더라

●罪囚病斃 忠南裁判所에被囚ᄒᆞᆫ一般罪人이一月以내에病斃ᄒᆞᆫ者가合爲二十名이라고法部로報告ᄒᆞ얏ᄂᆞᆫ되該部에셔발訓ᄒᆞ기를從今以後로ᄂᆞᆫ罪囚의衛生上에格別注意ᄒᆞ얏다더라

●金氏被捉 前參領金顯大씨가有何事件인지日前警視廳에被捉ᄒᆞ얏다더라

●日砲問東 日兵幾十名이昨日上午九時頃에大砲六門을領率ᄒᆞ고東大門으로出發ᄒᆞ얏다ᄂᆞᆫ데其理由ᄂᆞᆫ姑未詳知라더라

●砲箱見失 去月二十九日에仁川關稅倉庫에셔六穴砲八十六個藏置ᄒᆞᆫ箱子를見失ᄒᆞᆫ故로各警察署에셔別般調察ᄒᆞᆫ다더라

●普校罷학 各普通학校에셔ᄂᆞᆫ年終休暇ᄒᆞ얏다가再昨日에一切罷학ᄒᆞ엿다더라

●民家買入 社稷洞於義宮附近閭閻家를多數히買入ᄒᆞᄂᆞᆫ데法官養成所가於義宮을修葺移去ᄒᆞᆯ所用이라더라

●維持方針 栗峴等地靑年有志人들이新興학校를永久히維持ᄒᆞ기爲하야再昨日에親睦總會를開ᄒᆞ고諸般事務方針을決議ᄒᆞ얏다더라

●三港一光 三和港來信을據ᄒᆞᆫ즉該港僑商機에昔年設立ᄒᆞᆫ日語敎育하든保東학校가校舍를緣何典執於日本銀行이던지執行轉買ᄒᆞᆫ境遇에港내紳商會社社長白時燦及元容德吳潤民韓在鎬金永權金炳珣韓宗奎金相燦諸氏가不勝憤발曰以校勘債가不可使聞於他邦이라ᄒᆞ야慷慨捐金ᄒᆞ야校債一萬五千兩을不幾日에准償後에還推학校ᄒᆞ야校名은改稱一光ᄒᆞ고학科ᄂᆞᆫ敎以小학ᄒᆞ며陰正月初四日開校式을擧行ᄒᆞ얏ᄂᆞᆫ대金員이熱心으로家諭戶說ᄒᆞ야募集ᄒᆞᆫ生徒가現爲八拾餘人이라더라

▲花局得失▼

▲紅燭下花套局에成敗得失頻數ᄒᆞ니이時局과恰似ᄒᆞ야變換情態可觀일세

▲松鶴이우럿스니元老大臣이나온다發遑鶴髮如雪ᄒᆞ니個個國恩罔極ᄒᆞ다江湖之憂廟堂愁ᄂᆞᆫ더責任이重大ᄒᆞᆫ데袖手傍觀웬일인가아리손을잘살피지

▲楓罷ㅅ뒤엿스니ᄂᆡ閣大臣이風나ᄂᆞᆫ고ᄂᆞᆫ賣官鬻爵터財物이外人接待에판이낫네當時勢力減損ᄒᆞ니손속漸々맑아졋다

▲梧桐鳳凰우럿스니더壯士가나온다于彼朝陽쳐쳐枝에玲瓏羽毛날어든다이時代를慨歎ᄒᆞ야飄然而起出脚ᄒᆞ소博施濟衆더手段이一局勝敗아랏고나

▲空山에뻬기럭이同胞兄弟나온다萬里長空成行ᄒᆞ야春北秋南往來ᄒᆞᆫ다一心同力誓ᄒᆞ니國權墜落可圖挽力은必生ᄒᆞ니長ᄒᆞ니외슈질에속지말세

▲雨中行人雨傘드니一進會가나온다天氣淸明雨霽하면이미망연업서진다搖頭轉目더行色이解散消息頻數ᄒᆞ니이판勢가다쥬넛다

▲空山明月뷔엇스니英雄豪傑나온다돌과곳흔더心事가懷抱利器待時ᄒᆞ니蒼生塗炭可矜ᄒᆞ다籠絡局勢一手中에安危得失달엿고나

▲사구다가피엿스니風流男子나온다春風二月好時節에借問酒家何處是오花月樓閣旅館에大官이노라ᄂᆞᆫ다不惜兵金用如水ᄒᆞ니죠사ᄉᆞ러리네아니냐

▲菊樹를들엇스니節義士가나온다九秋霜風휘노피니잔을잡고사랑ᄒᆞᆫ다柴桑村이어대미뇨寄奴草을미엿나無限新斷더一心이局外傍觀ᄒᆞ지말소

▲怪石에蘭草라統府官人나온다奇怪ᄒᆞᆫ다더物色이衆卉中에可憐이라掌握說一宴席에滿창衣彿紅帶ᄂᆞᆫ종의광대탈쓴形像宴席에物色이라맛대매가昌皮ᄒᆞ다

▲梅鳥가놀아드니八妓가나온다庚嶺上一夢中에淡妝素服可愛ᄒᆞ다說發食ᄒᆞ며大臣이淸歎中에魂소일어時局事를渾忘ᄒᆞ니판안돈을다쓰럿다

社告

○信愛錄
大邱廉鳳根　八拾六錢
海州崔根善　二圜拾五錢
萬頃郭滋元　壹圜七十貳錢
萬頃郭址鎬　壹圜㳒拾九錢

○無信錄
從此爲始數年間未收條一一調查仍請于未納員處催告復滯而若至數次終無清償則勢不得已於本社雜誌以編揮交涉後特於雜誌設其信錄以揭其該員姓名爲計

永興郡南山后書舖梁昌錫시와 朔州郡南門내朱伯英시를 本支社員으로 認定ᄒᆞ오니 右兩處附近에서ᄂᆞᆫ 右兩시의게 本報를 請求ᄒᆞ시옵

廣告

京畿陽城郡首書記高德銖ᄂᆞᆫ 素是公正之人이라 去陰八月分本郡守趙羲哲氏被害於義擾時에 不避艱險ᄒᆞ고 殫誠救護라가 竟至凶慘에 極力護喪ᄒᆞ야 初終費幾百兩을 擔當治喪ᄒᆞ고 且於軍隊往來之際에 善爲交涉ᄒᆞ고 隨求酬應ᄒᆞ야 一無排徵於民間ᄒᆞ고 自衛團組織時會集十三面民人數百名을 專當供饋ᄒᆞ고 多月郡官에 諸般邑事를 處理綜詳ᄒᆞ야 至郡이 賴以安保ᄒᆞ얏ᄉᆞ니 如此廉公之人은 今世罕有이기 全國에 公布褒揚코져 玆以廣告홈

李中仁等 告白

本校夜學學員을 增募ᄒᆞ오니 願學人은（十五歲以上）姓名居住年齡을 詳錄ᄒᆞ야 本月十七日以內로 本校投書函에 來投ᄒᆞ시고 十八日（陰十七日）上午十一点에 本校에 來ᄒᆞ야 試驗을 應ᄒᆞ시오
試驗科目　國漢文讀書作文
課程　投書函에 揭付홈
西署陽洞私立光成實業학校

▲中等算學

數學敎科書上下卷　一圜五拾錢

此書ᄂᆞᆫ 算學專門으로 多年研究ᄒᆞᆫ 博士에 東西洋中等算術을 參互著作ᄒᆞᆫ바 自加減乘除로 至分比例小大開平立方積等數를 次第編成ᄒᆞ고 筆式과 解註를 亦依西洋之制ᄒᆞ야 據히 橫書로 學習에 便易케ᄒᆞ얏ᄉᆞ니 算學에 有志ᄒᆞ신 君子와 各校生徒ᄂᆞᆫ 不可不覽이오니 陸續購覽ᄒᆞ시옵

總발行所　校洞大同報社
分賣所　京城各書舖

桃洞居趙思敏이가 西署龍山坊興禮동馬背山下土地文券을 本人의게 以典執燒燼之意로 揭載新聞ᄒᆞ니 世豈如許無根之事乎玆以卞明ᄒᆞ옵

龍浦崔龍奎　告白

慶南鎭南郡東面上東里本人子金永均字泰彥者가 陷於浮浪之輩ᄒᆞ야 蕩敗難保之境故로 玆以廣告ᄒᆞ오니 內外國僉君子ᄂᆞᆫ 給債買沓을 永勿擧論ᄒᆞ시홈

金晉鉉　告白

朴晶東氏演譯

意大利獨立史　正價金五拾錢
經濟原論　正價金三拾錢
國際公法志　正價金四拾錢
國文新撰家庭學　正價金二拾錢

國家의 文明은 敎育이 根本이오 敎育의 基礎ᄂᆞᆫ 家政이 始라 故로 家政學을 純國文으로 新撰ᄒᆞ와 婦人社會와 勞動社會와 學校敎科에 各各 需用홈에 便易케ᄒᆞ와 사오니 有志僉君子ᄂᆞᆫ 陸續購覽ᄒᆞ심을 務望

발行人 金兩均　告白

賣所
▲大廣橋　滙東書館
▲銅口　中央書館
▲銅峴　博학書館
▲鐘路　大東書市
▲布屛下　廣學書舖
▲尙洞　博文書館

四方圖章과 良圖圖章을 俠囊에 藏ᄒᆞ여 佩服ᄒᆞ얏더니 往正月初二日拜年次로 來往時路上서 失ᄒᆞ얏ᄉᆞᆸᄂᆞ니 誰某던지 拾得이오면 仁善하신 良心으로 來傳ᄒᆞ시면 非但感謝라 謝銀五元을 面呈爲計ᄒᆞ오니 三個月內로 傳給伏望홈

義州虹峴梧市場住張明旲　告白

▲夜學員募集廣告

本校외셔 除潛今月十一日開學ᄒᆞ려ᄒᆞ오니 舊學員은 진期上學ᄒᆞ려니와 第二回入學期를 當ᄒᆞ와 新학員도 募集ᄒᆞ니 願學僉員도 開學翌日來ᄒᆞ시며 本校用紙로 써 早速請願홈

課程表修業限左開홈
漢語（初學）十五個月
日語（初學）十二個月
英語（第二卷）十五個月
簿記（銀行科）六個月
算術（四則雜題）十個月
各科專門
以上　年齡은 十五歲
隆熙二年二月九日
典洞官立漢語學校內
私立中東夜學校　告白

本人等이 一般勞働同胞의 智識을 啓發ᄒᆞ기 爲ᄒᆞ야 北署磻동契二拾九統四戶로 校舍를 定ᄒᆞ고 夜학을 開設ᄒᆞ오니 老少男女를 勿論ᄒᆞ고 入학ᄒᆞ기를 志願ᄒᆞ시ᄂᆞᆫ 同胞ᄂᆞᆫ 該校舍內에 趙重吉을 차ᄌᆞ 志願書나 或名帖이나 或言及으로 호되 格式은 不關홈 開학日字ᄂᆞᆫ 二月十八日로 定홈

발起人　李昌稙　崔在學　趙重吉　告白

天然堂寫眞

特別減價
萬世不變
五色設彩

天然堂　布廛門外에셔

本堂에서 寫眞代金을 從今特減ᄒᆞ야 小本에 五角中本에 一圜大本에 八圜으로 改定ᄒᆞ고 婦人寫眞은 女人이 撮影ᄒᆞ고 且萬歲不變色寫眞과 五色設彩ᄂᆞᆫ 新發明法을 硏究ᄒᆞ엿ᄉᆞ오니 撮影ᄒᆞ기 願ᄒᆞ시ᄂᆞᆫ 僉君子ᄂᆞᆫ 來臨面議ᄒᆞ시요
全圭鎭　告白

忠南靑陽居ᄒᆞᄂᆞᆫ 明聖順이가 本是浮浪으로 沒覺ᄒᆞᆫ 尹好榮을 誘引ᄒᆞ야 其累代宗土를 僞造文券ᄒᆞ야 欲爲盜賣ᄒᆞ오니 內外國人은 勿爲見欺ᄒᆞ시옵
靑陽居海平尹氏宗中　告白

廣州郡九川面屯村居具齊奉順璿가 僞造文券으로 典執於水原儒李侍從家ᄒᆞ고 錢數十萬兩을 詐欺取去ᄒᆞ야 雜技物主로 誘人蕩産ᄒᆞ고 挾勢日本人ᄒᆞ야 一洞人家를 沒數奪取이기로 玆에 廣告홈
金成川　告白

本塾에서 財政이 窘拙홈으로 不得已ᄒᆞ야 敎授를 停止ᄒᆞ엿더니 塾長의 盛意과 有志諸氏의 贊成으로 塾舍를 修理ᄒᆞ고 英語夜학을 繼續敎授홀터이니 前日受業ᄒᆞ던 語학員과 願학ᄒᆞ시ᄂᆞᆫ 僉員은 何日을 勿論ᄒᆞ고 下午六七点鍾에 本塾에 來議ᄒᆞ심을 爲要
西署□門內陽谷第四十三統七戶
漢化新塾　塾監　黃義性

本局을 移轉於本城內鹽廛街ᄒᆞ고 自今爲始ᄒᆞ야 ᄂᆞᆫ 內外國약種은 倘보담 多數貿置ᄒᆞ고 廉價로 放賣ᄒᆞ오니 貿약에 注意ᄒᆞ시ᄂᆞᆫ 僉員은 陸續來臨ᄒᆞ심을 敬要

安州城內濟宣局
張東商　告白

本人이 我韓國內僉同胞에 憂於錮閉ᄒᆞ신 智識을 開發코ᄌᆞᄒᆞ와 創建一文明書館ᄒᆞ고 現行各新書籍을 通常正額으로 發賣ᄒᆞ오니 僉君子ᄂᆞᆫ 陸續購覽ᄒᆞ시옵
宜川邑川邊文明書館
主人　梁濬明
財主人　金明根　告白

奇術學　全

定價　十錢

元泳義氏校閱　宋致用氏著述

此書ᄂᆞᆫ 理化學의 應用과 活智識의 啓발노 學界上 迷津寶筏을 世編成홈

發賣所
罷朝橋越邊　中央書館
鐘路　大東書市
仝　古今書海館
大廣橋東邊　회東書館
南門外紫岩　新舊書林
南門內尙洞　博文書館

本人이 孔德里興禮洞居朴炳周田刻家券與田券田執中田券一張서 失故玆仰佈ᄒᆞ오니 內外國人拾得ᄒᆞ와도 休紙施行홈
龍山東門外契居　金漢진　白

●廣告

本書館에서 文明을 普及ᄒᆞ기 爲ᄒᆞ야 內外國書籍과 各種紙物을 發賣ᄒᆞ오니 僉君子ᄂᆞᆫ 陸續購覽ᄒᆞ심을 望

最新書籍發售目錄
◉東西洋歷史　各種
◉東西洋地誌　各種
◉政治學　各種
◉法律學　各種
◉經濟學　各種
◉算術書　各種
◉內外國地圖　各種
◉修身書　各種
◉博物學　各種
◉理化學　各種
◉數學　各種
◉生理學　各種
◉文典　各種
◉帖本　各種
◉學校用品　各種

此外에도 各種書籍이 具備ᄒᆞ오며 名片도 別하옵ᄂᆞᆫ더 與他特異ᄒᆞ게 廉價ᄒᆞ깃ᄉᆞ외다

京城南署銅峴（구리개）

學部認可　博學書館　告白

◉大韓國新發明神藥

◉虔修靈丹　各種食滯中暑久滯口臭痰飮吐瀉　定價一貼十錢
◉至寶丸　治諸般瘧疾不拘久遠俱有偉效　定價金十錢
◉靈效液　外用方香治疥瘡皮風百發百中　定價金三拾錢
◉清眼水　治諸般眼疾今撥雲見天之妙　定價金拾錢
◉通淋丸　治男女急慢淋疾神效無雙速效除毒一週金五十錢

此外에도 東西洋各國有名貿藥과 瘡病去根藥과 頭風痔疾補藥水각種病藥俱比惠向爲望

漢城中署鐵路鉢里廛後二統二戶地
製劑발賣所　共愛堂藥房　告白
監修발行人　前官立漢城醫학校卒業生　張基茂　朴容南　謹白

支店
南地廛門內　共愛堂開城支舖　姜助遠
興學書舖

代理店
西署新門外石橋濟濟院藥局　車熙延
仁川梅柑峴濟生堂　李庚益

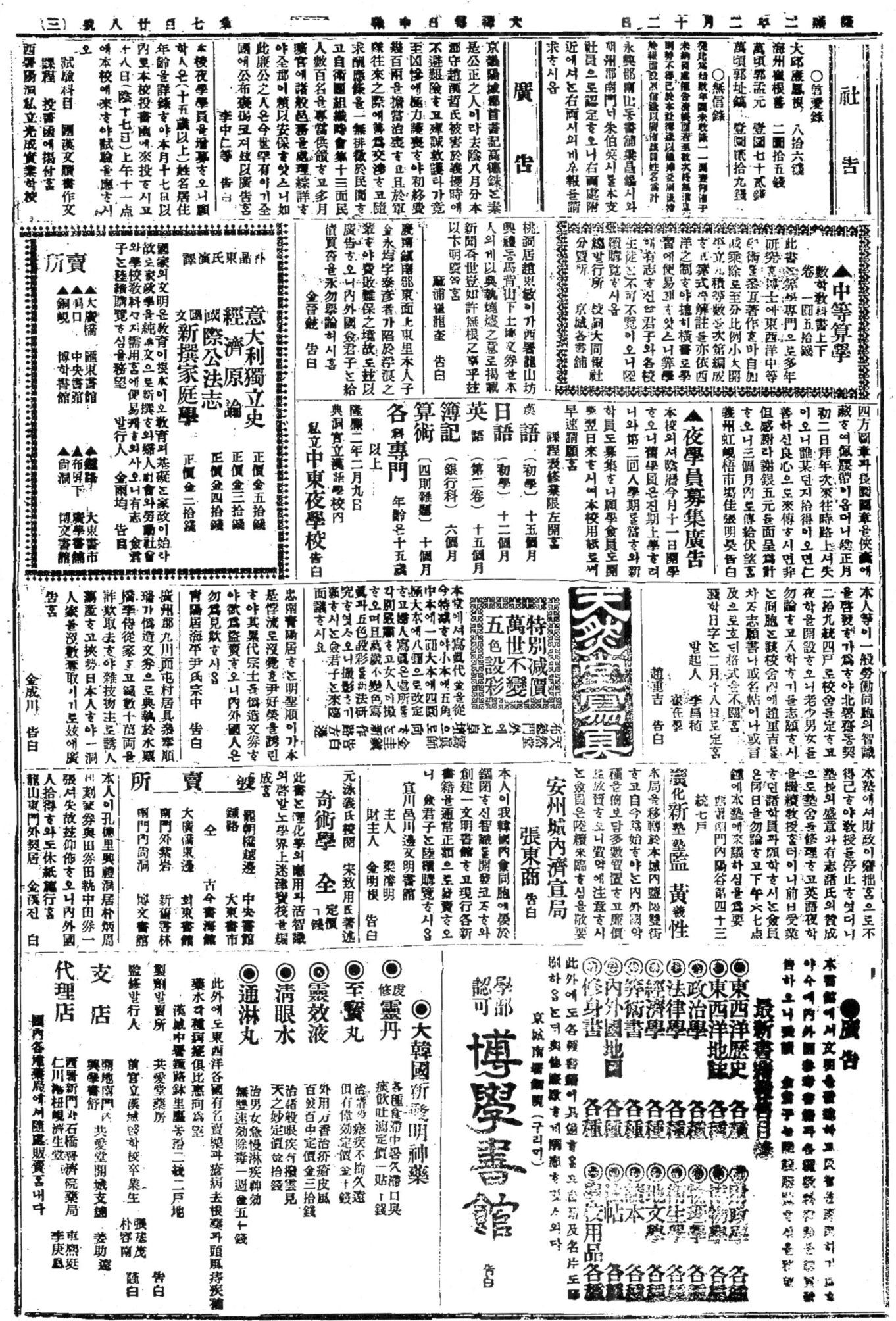

國內各地藥局에서 隨處販賣홈니다

◉本報義捐金收入廣告

●南陽郡下南面浦亭里
朴海寬 朴海鵬 金龍鶴 미起濟 各一圜 尹敎賢 八十錢 申卿大 薛학鳳 각七十전 金起寬 金振斗 徐任鎬 李俊彦 辛泳萬 各六拾錢 金聲敎 辛昶極 辛泳源 崔鎭鳳 各五拾錢 朴漢中 鄭錫儀 辛誠植 各四十전 김煥斗 金聲南 辛卿植 朴日天 辛泳浩 朴昶爀 金卿賢 崔在佑 金聲振 李達文 李望生 리龍淳 朴柱稷 各二十錢 鄭圭敎 金泰斗 鄭海柱 成樂均 金俊奎 朴龍善 朴瀛彦 李小春 孫琪俊 미明九 朴德夏 朴文彦 安順一 尹正文 徐澤伊 李誠實 朴諧汝 朴元益 張斗伯 金起旭 李華善 金志沄 鄭善保 각卄전 辛琪運 洪敎參 金聲鎭 徐泰珍 姜友封 朴洪植 姜文斗 金性根 徐학蓂 薛儀鳳 金玉振 리成根 鄭得千 金學汝 宋道仁 朴景彦 金學丹 리化鮮 玄大見 리俊碩 金志範 黃錫元 朴性華 金應元 金潤斗 金萬龍 尹正建 朴善有 金聖瑞 權文吉 金洪斗 張國瑞 柳秀泳 각十전

合二十四圜二拾錢

前號總合五萬八千二百〇六圜 八拾一전七厘

都總合五萬八千二百三十一圜 ○一錢七厘

發行兼編輯人英國人 裵說
發行所 南署石井洞統外第三層洋屋 大韓每日申報社

第六卷 大韓每日申報 第七百廿九號

月曜及慶節臨時休刊

檀君開國四千二百四十一年
箕子元年三千三十年
大韓開國五百十七年
日本明治四十一年
淸國光緖三十四年
陰曆戊申正月大十二日戊戌

論說

●破壞家의誤解 (續)

破壞란者ᄂᆞᆫ彼를破壞ᄒᆞ야此를保全ᄒᆞ라홈이니此ᄂᆞᆫ何오國家가是며同胞가是오彼ᄂᆞᆫ何오國家의沈病이是며同胞의苦痛이是니沈病과苦痛이無ᄒᆞ면國家와同胞가難存홀지라故로其沈病과苦痛의原因되ᄂᆞᆫ者ㅣ風이던지寒이던지濕痰이던지癰疽이던지必也痛加研究ᄒᆞ야猛약으로投下ᄒᆞ며砭針으로破裂ᄒᆞ야야其病이去ᄒᆞ고其氣가蘇ᄒᆞ리니萬一因循姑息으로目前만支過ᄒᆞ라다가ᄂᆞᆫ多病厲卿이其起가無日홀지라故로不得不破壞者를要ᄒᆞ며破壞者를祝홀지나但椒株를不究ᄒᆞ고方劑를妄投ᄒᆞ야臟腑를腐潰케ᄒᆞ며脉理를誤決ᄒᆞ면反히其死期만促홀而已니

然則破壞를目的ᄒᆞᄂᆞᆫ者ㅣ可破壞者를不破壞홈도固不可ᄒᆞ나不可破壞者를破壞ᄒᆞ면尤不可ᄒᆞ니

或者ᄂᆞᆫ可破壞不可破壞者를選擇ᄒᆞ야如何者ᄂᆞᆫ是可破壞者니吾當破壞ᄒᆞ리라ᄒᆞ며如何者ᄂᆞᆫ是不可破壞者니吾當保全ᄒᆞ리라ᄒᆞ야眼이黑白에眩ᄒᆞ며心이取舍에亂ᄒᆞ면每每彷황주躇ᄒᆞ다가中路廢止키容易ᄒᆞ니今日에計컨ᄃᆡ寧且爲玉爲石을勿問ᄒᆞ고大刀闊斧로一擧破壞홈이可ᄒᆞ니如是則設或三隣草堂은灰진에盡付ᄒᆞ더리도可惜의蝸蝸온種類가幷絕ᄒᆞ야人으로하야곰一場大叫快를不已ᄒᆞ리니其結果의良不良은問홀바도아니며戒홀바도아니라ᄒᆞᄂᆞ니

其然가豈其然乎아大抵破壞를爲ᄒᆞ야腦를費ᄒᆞ며血汗을擲홈은只是一國의悲運을挽救코ᄌᆞ홈이니萬一破壞ᄒᆞ야도亡ᄒᆞ며不破壞ᄒᆞ야도亦亡홀지면破壞를何貴리오

吁嗟乎라破壞者여眼孔이如此狹窄하고手段이如此慘酷ᄒᆞ면君의破壞ᄂᆞᆫ蹂躪ᄒᆞ고他人의破壞만得售ᄒᆞ리니愼哉어다

身病에破괴를試ᄒᆞ거든元氣를勿傷홀지며國病의破괴를行ᄒᆞ거던國粹를思保홀지니

國粹ᄂᆞᆫ何오自國의歷史를崇ᄒᆞ며自國의英雄을拜ᄒᆞ야自國의精神을發揮홈이니라

愚人이或言ᄒᆞ되三四十以上人은皆去ᄒᆞ여야此國이庶幾라ᄒᆞᄂᆞ니

吁라此何狂憤所發의語이나夫新舊兩界線間에立ᄒᆞ야古方今劑를斟酌加감홀者ᄂᆞᆫ亦唯此三四十以上人이니万一今日此時에此等人이突然皆去ᄒᆞ면後進少年은誰가嚮導홀가若是日人이嚮導ᄒᆞ면是ᄂᆞᆫ韓人이아니라日人될而已며美人이嚮導ᄒᆞ면是ᄂᆞᆫ韓人이아니라美人될而已며法人德人이嚮導ᄒᆞ면又是法人德人될而已니記者가目下韓國에對ᄒᆞ야三四十以上人의早早回頭를祝ᄒᆞ며破괴家의建設的破괴를望ᄒᆞ노라 (完)

官報

●第三千九百九十四號 (續)

隆熙二年二月十一日

敍任及辭令

日本國宮內省主馬頭 渡邊美雄
特敍勳六等賜太極章
日本國宮內省內舍人 淵川忠太郎
日本國宮內省馭者 岩波力次
日本國宮內省掌車 中山松太郎
特敍勳七等賜太極章 竝

●第三千九百九十五号

隆熙二年二月十二日

敍任及辭令

金翊道 李瀚應
李泉禎 孔鍾允
全昌鎬 趙東玉
洪宅섭 支百周
任財務署主事
內藏院事務를囑托홈(判任待遇) 崔勉洙
帝室財產整理局事務를囑托홈(判任特遇) 車喜均

外報

●亞細亞人排斥會 美國소로루匪方에亞細亞人排斥同盟會ᄅᆞᆯ本月二日부터開會ᄒᆞ얏ᄂᆞᆫᄃᆡ該會議에事項은會名을北亞美利加亞細亞人排斥同盟會라改稱ᄒᆞ고其任員은桑港人으로任用ᄒᆞ고又合衆國議會에提出홀請願書ᄅᆞᆯ議決ᄒᆞ얏고次會ᄂᆞᆫ晚香坡에서開會ᄒᆞ기로決定하얏다더라

●葡萄政變原因 里斯本電을據ᄒᆞᆫ즉葡萄牙先帝遭難ᄒᆞᆫ後同國政局에서中外耳目을聳起ᄒᆞ事件은武斷政治의廢止와政治에犯罪人의難을避ᄒᆞ야西班牙로赴往ᄒᆞ얏든者의所爲라ᄒᆞ얏더라

●摩法戰爭 伯林電을據ᄒᆞᆫ則摩洛哥셋더地方에서法國軍隊와摩洛哥軍隊와互相戰鬪ᄒᆞ야摩軍의死傷이一萬名이오法軍의死傷이一百六十名인ᄃᆡ摩軍은死屍를自相踐踏ᄒᆞ면서勇戰ᄒᆞ얏다ᄒᆞ더라

●獨逸의학堂設立 獨逸政府ᄂᆞᆫ海外遊學에不能ᄒᆞᆫ淸國學生을爲ᄒᆞ야靑島에高等학校를設立홀計劃인ᄃᆡ同校ᄂᆞᆫ豫備校와鐵道礦山機械造船及土木諸科를有ᄒᆞ야工科、法科、政科、農科의四部에分ᄒᆞ야其設立費가三十萬馬克을支出ᄒᆞᆯ터이오政府에서ᄂᆞᆫ每年七萬馬克을補助홀豫定이라더라

雜報

●全南和順郡和成學校趣旨書 (續)

然則顚方趾로接息於覆載之間者豈可漫々長夜에醉睡不醒ᄒᆞ고甘作死灰消泡ᄒᆞ야不思所以維新之方針乎아

惟我湖南은即一國之雄藩而和順은亦一省之名鄕也라地靈所鍾에人才秀出ᄒᆞ야文武彙材가前後相繼ᄒᆞ라鄕內有志紳士가見時代之變遷ᄒᆞ고一條曙光이自中心起點而悟敎育之義務ᄒᆞ야倡設 하校而稱以和成ᄒᆞ니斯校之爲名이果何意哉아

蓋心氣相求에有和合之理ᄒᆞ고臭味相同에有和應之勢ᄂᆞᆫ固然之理而今邑名和順而校名和成하니其所 唱百諾에如桴鼓之相應者自有不期然而相合也ㅣ라自今以往으로斟酌古今ᄒᆞ고參互東西ᄒᆞ야棄短取長ᄒᆞ고革舊刷新ᄒᆞ야因其性而利導之ᄒᆞ고隨其才而擴充之ᄒᆞ야家々知其開明ᄒᆞ고人々得以早運ᄒᆞ야使活動我自由民命ᄒᆞ고挽回我獨立權利ᄂᆞᆫ賴本校學이必有再ㅌ之春矣라然則瑪志尼之自助精神과俾斯麥之自强腕力이同轟美於古也오亦復覩於今也리니豈不美哉며亦不休哉아

玆將其顚末ᄒᆞ야記之如右ᄒᆞ노니凡我八校之靑年英才ᄂᆞᆫ抱前途之希望而勉之勉之어다

발起人 前營將 柳相夏
前侍卿 朴仁奎
(完)

●國民夜學校趣旨書

蓋自猩블既發ᄒᆞ며冊壁始更으로東西四千載之間에國於全球者非以學問으로致其富强ᄒᆞ며與其文明也리오是以로西人之言에曰將來世界가落在敎育家之手中이라ᄒᆞ니今天下有其國家有其身者果不以此爲務而苟非々也昧昧也卽爲知者强者之所食은不待多言而辨이라瞻我韓이當今日之岌業ᄒᆞ야將何策으로挽回也리오

問諸耘民鑑婦而無異辭ᄒᆞ고必曰敎育이라ᄒᆞ며問諸三尺之童而亦無異辭ᄒᆞ고必曰敎育이라ᄒᆞ니然則將設法律政治之專門이可乎아只設農工業大학校而止可乎아抑或有一般人民의普及敎育之力이可乎아彼所謂富强邦國者亦不在乎幾箇人幾ㅣ人之高等學問이오必擧國男女가皆有普通知識然後에乃可言也니

竊念吾輩ᄂᆞᆫ人微識淺ᄒᆞ야雖小可以自擔此責이나爲歇十斤ᄒᆞ며蟻負一粒이亦 其義일ᄉᆡ乃玆에設立 夜학校ᄒᆞ고名曰國民夜學校라ᄒᆞ니蓋其趣旨ᄂᆞᆫ必事集其一般勞働同胞ᄒᆞ야喚醒我祖國精神而貫徹其腦髓하야以之而耕ᄒᆞ며以之而生活ᄒᆞ며以之而動作ᄒᆞ야盡國民之義務而已니

凡我勞動同胞之能謀自由生活者ᄂᆞᆫ樂爲之贊학也어니와更願士大夫及營業家의床奴婢與雇傭之人은不惟聽其一二時ᄒᆞ야許其夜學이라亦復勸之誘之ᄒᆞ며資之勉之ᄒᆞ야曉得其普通학問ᄒᆞ야不失乎國民之本務ᄒᆞ면庶幾爲國家之幸福이라ᄒᆞ노라

발起人 李昌稙 崔性學

●仁校試驗 永興郡仁明학校ᄂᆞᆫ校長尹秉高氏와학監李昌柱氏와敎師趙汶元氏가熱心敎授ᄒᆞ야去月九日에학年試驗을經ᄒᆞ얏ᄂᆞᆫᄃᆡ優等은尹萬杜최興魯兩人오及第ᄂᆞᆫ吳東壽等三氏인ᄃᆡ校長任員以下贊成員諸人가會同ᄒᆞ야施賞ᄒᆞᆫ後次第로勸勉ᄒᆞ얏다더라

●歸金捐校 西來人의傳說을聞ᄒᆞᆫ즉平北龍川良策館義英학校任員諸氏가俱是熱心으로生徒를勸奬ᄒᆞᄂᆞᆫᄃᆡ쎠中에瓜麟祐氏가家勢도貧寒ᄒᆞᆫᄃᆡ校中大小費용日々應給ᄒᆞ야학校에補助ᄒᆞ며학生紙筆을買給ᄒᆞᆫ다더라

●陽校試驗 平南陽德郡陽德학校第一학年試驗을經ᄒᆞ고進級式을擧行ᄒᆞᄂᆞᆫᄃᆡ甲級優等生에韓忠賢諸氏오及第生에李存直諸씨오乙級優等生에孫炳氣諸氏오及第生에金仁化諸氏오丙級優等生에孫永福諸氏오及第生에任秉玉諸氏인ᄃᆡ校監洪曉源氏와總務朴厚瑞氏와郡主事金泰弘氏와郵便局主事金好鉉諸氏가多數ᄒᆞᆫ賞品으로施賞ᄒᆞ얏다더라

雜報

●處分悼悚　宮內府大臣李允用시는有何事件인지　太皇帝陛下께頻々上奏ㅎ다가未安흔處分을承ㅎ앗다더라

●尹시供辭　侍從武官尹致晟시가軍司令部에被囚ㅎ앗다흠은已爲揭報ㅎ앗거니와取供辭意를漏聞흔즉　太皇帝陛下께옵서錢幾千圜을　下賜ㅎ옵시고家舍一座를買得入處ㅎ라신事件이라더라

●恩如天　龍洞宮을京城孤兒院으로賜給ㅎ심은前報에已揭어니와日昨에　太皇帝陛下께옵서承寧府侍從尹龍逵을該院에　命送ㅎ옵서龍동宮修理費에補用하라고金二百圜을下賜ㅎ옵셧다더라

●三君封王　完興君李載冕氏와完順君李載完氏와永宣君李埈鎔二氏로親王을封ㅎ다는대完興君李載冕氏가爲先親王이된다더라

●宴官大宴　永宣君李埈鎔氏가本月拾五日에宴會를盛設ㅎ고內外國高等官人을請邀宴待ㅎ다는대該宴費가六十萬兩假量이라더라

●兩氏歸期　農相宋秉畯氏는來月二十日頃에還國홀預定이오前協辦嚴柱益氏는本月十五日頃에先爲歸國ㅎ다더라

●四察沒落　忠北觀察使李鍾成氏와忠南觀察使梁在翼氏와全南觀察使金奎昌氏와咸南觀察使閔奎씨가一齊히遞任된다는說이有ㅎ더라

●三遞一移　四道觀察使가一切히遞任된다는說은別項과如ㅎ거니와就中忠北觀察李鍾成氏는總理와緊切흔人인故로內職으로轉移흔다더라

●入直規定　農商工部에서入直規定을特別이新令으로頒布施行ㅎ다더라

●查局移接　度支部財務調查局을新建築흔議政府로明日에移去ㅎ다더라

●金氏발程　事過郵務官金斗鉉氏가赴任次로再昨日에京義鐵路로발住ㅎ앗다더라

●請移版籍　韓國法例에人民版籍은漢城判尹이掌轄ㅎ엿더니有何事件인지日前에警視總監이內部大臣과交涉ㅎ고該民籍一欵世官制에警廳으로移屬ㅎ엿스니調査收繳ㅎ라고漢府로通牒ㅎ엿다더라

●貧民移植　日本에서韓國각地方陳荒地를開墾ㅎ기爲ㅎ야該國貧民八百萬名을移植ㅎ기로議決ㅎ고現今貧民을調查中인대該事件인즉桂太郎氏의主論으로可決이되앗다더라

●樂莫樂焉　前비部協辦李鳳來시가甲日宴을設ㅎ고來賓을請邀ㅎ앗다는事는已爲報道ㅎ앗거니와夜夜에妓生七八名을招致ㅎ고歌舞가迭宕ㅎ야宴況이甚盛ㅎ되何天에雨가來ㅎ던지雲이來ㅎ던지都是夢中世界라座客은皆是親任及勅任一等官人인되一遊으로花套局을設ㅎ고萬金得失이有하다더라

●視察旅費　내部警務局長松井茂氏와民籍課技師　九氏가本日에三南地方에警察事務視察次로出發ㅎ다는說은已揭昨報어니와往還期限은四週日이오局長은勅任一等旅費오課長은奏任一等旅費로定ㅎ앗다더라

●記者歎待　近日各官廳官吏가新聞揭載件을出示치아니ㅎ는대度支部秘書官陶山시는新聞記者를該課로招待ㅎ야若有揭載흔文字이면出示ㅎ고拒接흔다는聲聲이有ㅎ더라

●解巡更訴　主殿院解散巡檢이　恩賜金을尙未頒給흔事로宮內府大臣에게呼訴흔事實을該院卿과呼子翁院에게更訴흔次로昨日에布德門外該院外直所로會集ㅎ앗다더라

●委員協議　帝室有調查局에서昨日에各委員이會同ㅎ야각地方의調查委員의事務處理ㅎ는規則을協議ㅎ앗다더라

●僧俗相雜　大東학會長申箕善시는有何思想인지頭髮을半削塗塞ㅎ앗다는대其苟且흔情態은半頑固半開化黨이라는物議가有ㅎ더라

●始民呼訴　始興郡墻方委員鄭洪朝시는該郡驛屯土收租를私自擅貰ㅎ며作人을無端移差홈으로作民金씨쇠等이度支部에呼訴ㅎ앗다더라

●退會入敎　端川郡一進會員申泰千等이引入흔會員二千一百五拾餘名과退會ㅎ야天道敎로投入ㅎ엿다더라

●渡日向淸　前富寧郡守金乘燾시가去年十月에敎育을視察ㅎ기爲ㅎ야韓國古衣冠을着ㅎ고日本에渡去하얏는대日本軍部大臣과侍從武官장이晩餐會를設ㅎ고至시를數次請邀宴待ㅎ지라該시가敎育視察을畢了ㅎ고淸國上海로渡去ㅎ앗다더라

●度量衡法　度量衡法案은這間農商工部에서起草中이더니近日에脫稿된故로一兩日내에閣議에提出홀터인되該法案의내容은日本과줌히同樣으로ㅎ고施行期日은三月一日로豫定ㅎ앗스나各道에는同時에能히施行치못홀지손則爲先漢城、大邱、釜山、平壤、元山、仁川等重要흔都會로브터施行홀터이오此를施行ㅎ는時에日本人邊에度量衡을取締흘必要가有흔則便宜上으로統監府에서農商工部에取締事務를委囑ㅎ라ㅎ앗다더라

●趙氏云捉　趙南復氏가數月前에美國에留학次로發往ㅎ앗는되有何事件인지日本東京에被拘ㅎ야現今訊問中이라는說이有하더라

●嚴氏牢刑　警視廳에被囚흔嚴秉源씨는訊問을屢經ㅎ앗는되牢刑을無數히當ㅎ앗다는說이有ㅎ거라

●止居不來　一進會에서北間島支會長을該會總務員李희應氏로選定ㅎ앗는대該氏가全眷을帶同前往ㅎ야該地에永久히居生홀計劃이라더라

●痘苗請求　鏡城郡警察署에서痘苗五百부를내部에請求ㅎ앗다더라

●痘員有俸　地方種痘委員들이已往에는痘稅를收入ㅎ야資身之策을計劃ㅎ더니從今以後로는내部에서月俸을磨鍊支給ㅎ다더라

●便戰禁止　三昨日에南門外굳미等地에서人民等이會同ㅎ야一大便戰을開ㅎ앗는되龍山居民一名이被打即斃ㅎ엿고또東門내遊山等地에서便戰을始作ㅎ앗는대警吏가出張禁止ㅎ앗다더라

●援々浮萍　於三道觀察使中에平北、咸北外他某々觀察使는將次次第로遞任혼다는說이有ㅎ더라

●長興風塵　長興郡에서本月八日에義兵과日兵이交戰ㅎ앗다는되彼此間死生은未詳ㅎ다

●光州殺擾　全羅南道光州郡附近地方에서近頃에義兵이熾盛ㅎ야日兵二名을殺害ㅎ고또日前에日兵百餘名이同地로向ㅎ야出發ㅎ앗다더라

●巡査向東　加平楊州等郡에義兵이大益滋蔓ㅎ다는說이浪藉흠으로警視廳에서巡査幾十名을今日에該地方으로派送흔다더라

●死者復生　義兵將許위시는坡州等地에서飮藥自盡ㅎ앗다고各新聞에揭載되앗더니巷說을聞흔즉죽기는姑舍하고兵卒四五千名을領率ㅎ고加平方面에屯聚ㅎ야技藝를鍊習혼다더라

●兩家被罰　義兵將鄭麟錫李康年兩씨의家産을日兵이一齊扃鎖ㅎ앗다는傳說이有ㅎ더라

●講師會同　新任흔警成專門학校々監鄭永澤氏가本日下午七時에北松峴大韓官人俱樂部臨時事務所에講師諸氏를會同ㅎ야該校事務를協議흔次로講師諸시와계籍牒ㅎ앗다더라

●湖南開會　再昨日내前侍讀尹用洛氏家에서湖南학會臨時總會를開ㅎ고諸般會規를議決ㅎ앗다더라

●학員募集　養正義塾에서專門日語夜학을設施ㅎ고二時間을敎授하는대再昨日에開학ㅎ고학員을現今增募中이라더라

●中校開학　私立興동中東夜學校에서年終에休학ㅎ엿다가昨日에開學하앗다더라

●諸具請借　私立鐘路법學校가官立水下洞普通학校내에서敎授ㅎ더니該校를新建築ㅎ기로校舍가無ㅎ야辭典등閔泳雨시家를借接敎授ㅎ는대諸具가未備ㅎ니학部當件中冊床與倚子各四十件만限　年借給ㅎ라고該校監劉礩相시가학部로請願ㅎ앗다더라

●靑會演說　靑年會館에서今日下午七点鐘에演說會를開ㅎ고國民新報社長韓錫振氏를請邀ㅎ야敎育의前途란問題로演說ㅎ다더라

●海守獎학　海州花陽面에私立儆明학校擴張됨은已往記載ㅎ앗거니와該郡守韓炯履시가紳士를勸奬ㅎ야儆明學校를贊成ㅎ며學徒가增加하는中이라더라

●取口補학　三和港來信을據흔則該港紳商會社에서各객主口文中五除를取ㅎ야社中經費를補用ㅎ며니各學校補助를不可無ㅎ다ㅎ야社中經費를減省ㅎ며五除를加數ㅎ야港내各私校에每月幾拾圜式捐助ㅎ기로衆論이歸可되엿는대從今實施된다흠으로各學校主任者가無不感謝흔다더라

▲地方消息▼

▲去月三十一日忠州郡於湖院東方漢江右岸에서義兵六十名이日兵과一時間을交戰하다가義兵은院德東北方山谷으로退却ㅎ앗다ㅎ고

▲去八日午前八時에長興郡方面에서義兵四拾名이集合ㅎ앗는대日憲兵이追擊ㅎ앗다더라

▲街童謠▼

（白岳山人）

▲鍾路街上돈라드니燈燭이휘煌ㅎ데七八九歲童子들、拍肩聯袂ㅎ니면서스거리노리소리靑天에떠나잔다

▲五百年遺來恭業七協約에揣盡ㅎ고三千里錦繡江山開墾認許에讓與ㅎ니華如鴻毛容易ㅎ야案四季손게떠나갓다

▲輪閣洗馬一等門閥勢家出入지경貂軒聲興어가며擁除소리寂寞ㅎ다더때班의로흔디레開化바람에떠나갓다

▲義兵가고盜兵오니滿目悃愴不忌이라抱頭鼠竄더蒼生의呼哭聲이猥藉ㅎ다櫛比村落無餘ㅎ니自起貢에떠나갓다

▲軍略體操工夫ㅎ니武官學徒卒業이라世界上에揚名ㅎ야他日經營깁허더니一朝夕歸虛ㅎ니軍대解散에떠나갓다

▲各衙門에奏判任官積仕久勤이아닌가新官制가變更되니生疎面目나왓고나官職을紹占奪ㅎ니月給돈이떠나갓다

▲婚嫁之樂모로고서九重宮闕近侍ㅎ야錦衣玉食싸인몸이一生富貴自期터니千萬意外竊劍ㅎ니尙宮나人떠나갓다

▲賣官貪虐장만ㅎ니有勢家에田庄이라片片沃土盡入ㅎ야方方曲曲散在로다積如邱山며秋收가義兵손에떠나갓다

▲史路初程蒙學조리鄕曲訓長외生涯로다不農不商一生에全口計活뭇쳣더니春秋講米돈이학校設立에떠나갓다

▲道郡에吏胥輩는食客長외手足이라民間乞卜書各項料賴自足더니稅務官이下去하니刀筆手段떠나갓다

▲錄紙쪽은손에들고退[illegible]誘引하야中間摘食쏠쏠[illegible]줓말이長技어니進上漸漸가니挾雜生涯떠나갓다

▲當時勢力누구던公事廳쪄々운다挾貨幻弄더氣焰倡非俗可觀더니忽地風波스니廳淸弊禁에떠나갓다

▲西北村老措大之頑固疾이라前時代만싱각ㅎ世界恨歎ㅎ다抑鬱公論나殘年借啣떠나갓다

社告

○領受錄

蔡川李啓永　一圜二十九錢
黃州安致浩　四十三錢
延安金翊培　一圜二十九전
鷄山日草溪　六十五錢

永興郡南山동普信學校梁昌錫시와鏡城郡南門내朱伯英시를本支社員으로認定ᄒᆞ오나右兩處附近에서는右兩시의게本報를購求ᄒᆞ시옵

廣告

本所에서陰今月十六日爲始公拍ᄒᆞ오니物品委托ᄒᆞᆯ僉員은來臨ᄒᆞ시옵

鍾路普信競賣所　告白

前別技師張容植씨가本月十日(陰曆正月初九日)上午一時에別世

護喪人　姜信五

本人의養子貞則이性本浮浪ᄒᆞ야邑村間悖類로作配ᄒᆞ야如干田畓文券을典執ᄒᆞ고得債云々ᄒᆞ오와並以新聞에公佈ᄒᆞ오니勿論內外國人ᄒᆞ고切勿見欺ᄒᆞ심을爲要

郭山郡內面下端　朴文實　告白

本人이張元爾處出償錢二百五十兩手票一張과洪錫祿處二十一兩市邊票一張을丁未十二月十三日分에龜川北上面北峴里街路에서見失이오니誰某拾得이온던지休紙施行홈

平安北道龍川府北下面元松洞居　張疇善　告白

▲中等算學　數學教科書上下卷　一圜九拾錢

此書는算學專門으로多年研究ᄒᆞᆫ博士에東西洋中等算術을參互著作ᄒᆞᆫ바自加減乘除로至分比例小々開平立方積等數와次第編成ᄒᆞ며算式과解能을亦依西洋之制ᄒᆞ야㩀히橫書로學習에便易케ᄒᆞ얏스니算學에有志ᄒᆞ신僉君子와各校生徒는不可不覽이오니陸續購覽ᄒᆞ시옵

總발行所　校洞大同書社
分賣所　京城各書舖

本郡守南麟熙씨가下車以后의奉公爲勤孜ᄒᆞ고愛民爲懇惡ᄒᆞ야化溢一境ᄒᆞ고碑竪萬口ᄒᆞ온中一自經擾에日本守備隊來駐後交涉也鎭靜ᄒᆞ고曉喩也懇惻ᄒᆞ야暴徒는論以歸順ᄒᆞ고良民은勸以安業ᄒᆞ야闔境이靜謐ᄒᆞ얏더니觀察道에서有何層節이던지郡守의게不𢌿ᄒᆞᆫ實際를郡守가香聞ᄒᆞ고仍卽稱由에欲爲上京이나其實은棄官以還인바此際에人民이聞此奇狀ᄒᆞ고會集於邑部ᄒᆞ며守候於要路러니果於二月一日夜에本郡守가避於衆民所執ᄒᆞ야暗地出往京路라가距邑十里許廟谷店候待人民四五百名에게被執ᄒᆞ야百姓之千乞萬懇에不得已還入私家이나不爲視務ᄒᆞ고都念東裝인즉本郡守가若竟業皆발行이면撓餘民情이何所恃而安堵乎아一邊은攔挽郡守ᄒᆞ야不得暗발케ᄒᆞ고一邊은頓留上部ᄒᆞ고ᄌᆞᄒᆞ야多數人民이上京ᄒᆞᆯ츠奔走ᄒᆞᆫ거시亂離ᄒᆞ逃名과如ᄒᆞ기로玆에廣布홈

忠北陰城郡民人

金濟鵬　徐廷秀　朴成協等　告白

本人이金笑東等訴訟에對ᄒᆞ야上年九月上京申訴平院ᄒᆞ야被告를招貼轉飭本郡인바該郡서발使喚使主人ᄒᆞ야旣爲現捉被告等矣러니金笑昔家에서有相議事라ᄒᆞ고入內有如何之議던지皆爲逃躱ᄒᆞ니使喚使主人이直入稟告本官ᄒᆞ고原告도奉實稟告之意로以活則郡守分付가非汝催促이오上府文薄行而已라故로請願本道則題內當促辦ᄒᆞᆯ뿐아니라平院서以訓以電이되渙躱ᄒᆞ現ᄒᆞ고過期不待ᄒᆞ니依法判決ᄒᆞ야繕給判決書及執行命令書이옵기轉飭該郡到付則題며依訓令執行次로被告等을來待ᄒᆞ고有如何之得囑인지延拖數日에終不執行이며니原告執行請願件記에平院中片搭印이라ᄒᆞ고不遵命令하니豈非職務上妨害乎잇가郡守法庭가幸得其暇ᄒᆞ야搆謡暗報ᄒᆞ야自本郡으로審查報來ᄒᆞ라면原告를落科ᄒᆞ主張이라上院判決에對ᄒᆞ야郡守報告가被告之所庇오原告之挾怨이아니릿가被告가當有冤枉이면申訴法司가可也어날不此之爲ᄒᆞ고圖囑郡守ᄒᆞ야繼認報ᄒᆞ니被告之惡習과郡守之越權이追此可知오原告申辯에依ᄒᆞ야발訓本道ᄒᆞ고囑托補佐官三宅氏도本道法務補佐官青木氏에指揮ᄒᆞ시기本郡報告回題에對ᄒᆞ야白活則分付內本院서依法判決이온該郡報告는無可受理오旣有執行訓令이니到付施行云이기依數下去이오나被告等今當甲斷에番이라도規則所在에已過期限이옵기玆에廣告ᄒᆞ오니司法僉員은以此照亮홈

全北茂長郡原告金箕映　告白

本局을移轉於本城內鹽販雙街ᄒᆞ고自今爲始ᄒᆞ야는內外科약種을備보단多數貿置ᄒᆞ고廉價로放賣ᄒᆞ오니貿약에注意ᄒᆞ시는僉員은陸續來臨ᄒᆞ심을敬要

安州城內濟宣局　張東商　告白

▲夜學員募集廣告

本校에서陰曆今月十一日開學ᄒᆞ오니舊學員은진期上學ᄒᆞ려니와第二回入學期를當ᄒᆞ와新學員도募集ᄒᆞ니願學僉員도開學翌日來ᄒᆞ시여本校用紙로써早速請願홈

課程及修業限左開홈

漢語　(初學)　十五個月
日語　(初學)　十二個月
英語　(第二卷)　十五個月
簿記　(銀行科)　六個月
算術　(四則雜題)　十個月
各科專門　年齡은十五歲以上

隆熙二年二月九日
典洞官立漢語學校內
私立中東夜學校　告白

京畿陽城郡首書記高鼎錄는秉是公正之人이라去陰八月分本郡守趙漢哲氏被害於義徒時에不避艱險ᄒᆞ고竭誠救護타가竟至凶慘에極力護喪ᄒᆞ야初終費數百兩을擔當治喪ᄒᆞ고且於道路往來之際에善爲交涉ᄒᆞ고隨求酬應ᄒᆞᆷ을一無排微於民間ᄒᆞ고自衛團組織時會集十三面民人數百名ᄒᆞ專當供饋ᄒᆞ고多月賤官에謀殷吸務ᄒᆞ處理綜詳ᄒᆞ야全郡이賴以安保ᄒᆞ얏스니如此服公之人은今世罕有이기全國에公布褒揚코저玆以廣告홈

李中仁等　告白

四方圖章과幷圖章을佩藏ᄒᆞ여佩腰帶이옵더니陰正月初二日拜年次來往時路上서失이오니雖某던지拾得이오면仁善하신良心으로來傳ᄒᆞ시면非但感謝라謝銀五元을面呈코저計ᄒᆞ오니三個月內로傳給伏望홈

義州虹峴梧市場住　張明吳　告白

學員募集廣告

本校에서學員을增募ᄒᆞ오니願學人은(十五歲以上)姓名居住年齡을詳錄ᄒᆞ야本月十七日以內로本校投書函에來投ᄒᆞ시고十八日(陰十七日)上午十一点에本校에來ᄒᆞ야試驗을應ᄒᆞ시오

試驗科目　國漢文讀書作文
課程　投書函에揭付홈

西署陽洞私立光成實業학校

本校第四回入學期發現ᄒᆞ야法律學及經濟學兩專門科學員을並에募集ᄒᆞ오니願學人은左記試驗定期內에本校用紙로써早速請願홈을要홈

但右兩科는夜學으로만募集홈

◉修業年限　三학年
◉入學年齡　二十以上
◉學科目　法律學全部　經濟學全部　但在本校規則
◉試驗日字　二月廿五日(陰曆戊申正月廿四日)
◉試驗科目　歷史及地誌問對(內國及外國)讀書及作文)國文及漢文　算術(四則以內)

但官公私立中學校의普通科以上卒業證書가有ᄒᆞᆫ人은其學力을檢定ᄒᆞᆫ後免試入許홈

◉開學日字　三月五日(陰曆二月三日)

隆熙二年一月十日
漢城中署磚洞普成專門學校

朴晶東氏演譯

意大利獨立史　正價金五拾錢
經濟原論　正價金三拾錢
國際公法志　正價金四拾錢
國文新撰家庭學　正價金二十錢

國家의文明은教育이根本이오教育의基礎는家政이始自故로家政學을純國文으로編撰ᄒᆞ야婦人社會의勸와學校教科에需用ᄒᆞ계ᄒᆞ얏사오니有志僉君子는陸續購覽ᄒᆞ심을務

발行人　雨均　告白

發賣所
▲大廣橋　匯東書館
▲銅口　中央書館
▲銅峴　博학書館
▲鍾路　大東書市
▲布屛下　廣學書舖
▲寺洞　博文書館

天然堂寫眞

價變彩　不減設　別世色　特萬五

天然堂　布德門外에서草洞으로向ᄒᆞ야新作路左邊　寫眞師　金圭鎭　告白

從來國內에寫眞法이固定ᄒᆞ되硏究가未及ᄒᆞ더니本人이代ᄒᆞ야多年研究ᄒᆞᆫ바大小人物과色彩를本堂에서特別히精美ᄒᆞ게撮影ᄒᆞ오니僉君子는來臨ᄒᆞ시요

◉大韓國新發明神藥

◉修度靈丹　各種食滯中暑久滯口臭痰飮吐瀉定價一貼十錢
◉至寶丸　諸般癰疾不拘久遠但有偉效定價金十錢
◉靈效液　外用芳香治疥瘡皮風百發百中定價金三拾錢
◉清眼水　治諸般眼疾有撥雲見天之妙定價金拾錢
◉通淋丸　治男女急慢淋疾神効無雙速効除毒一週金五十錢

此外에도東西洋各國有名賣藥과瘡病去根藥과頭風痔疾補藥水各種病劑를俱比惠向爲望

漢城中署鐵路鉢串廛동拾二統二戶地

製劑발賣所　共愛堂藥房　告白
監修발行人　前官立漢城醫학校卒業生　張基茂　朴容南　謹白

支店　開城南門內　共愛堂開城支舖　姜助遠
　　　興學書舖
代理店　西署新門外石橋濟衆院藥局　車顯延
　　　仁川池村峴濟生堂　李庚麟

國內各地藥局에서隨處販賣홈내다

●二月十一日

◎義捐金收入 二月中本社收入總額 每日鄕報明細錄

第一六〇五號 富平石串面佳佐里 拾六圜七拾五錢

第一六〇六號 金浦里 四圜二十錢

第一六〇七號 富平番積里 四圜六十전

計二拾五圜五十五전

二月拾一日ᄭᆞ지收入總額 六百三十二圜○一錢

除却二年一月收入總額 六百六十八圜五拾二전

光武十一年四月至拾二月收入總額 五萬七千四百卄六圜九十五錢七厘

都總合五萬八千七百二拾七圜四十八전七厘

◎國債報償義捐金收入廣告

●鎭南浦 續 下南面良洞 朴龍泰 權敬敦 金三萬 四拾전 각一圜 徐萬襄 鄭永基 羅允權 金守元 韓聖武 權孝敦 尹再彦 羅敬燮 鄭文範 羅振權 韓敬武 鄭德瑞 林大根 金相洪 鄭志濂 鄭泰賢 韓辰良 金且權 羅鉉權 崔遠伊 金壽權 각廿八전 趙昌石 羅容伯 羅小俊 朴哲元 李武汝 林且萬 羅俠伊 鄭聖寬 林尙奎 文方九 金奎鉉 辛景鶴 金景安 趙文先 羅甲得 羅甲倫 崔道洪 金野介 金順龍 鄭甲得 各十전 朴根泰 鄭永文 孫述伊 朴秀英 崔鳳旭 朴和伯 李潤俊 리容俊 金宗才 鄭相平 羅成律 朱鉴文 鄭龍五 각八전 洞中八전 合十四圜十二전

前號總合五萬八千二百三十一圜○一전七厘

都總合五萬八千二百四拾五圜十三錢七厘

發行兼編輯人英國人 裵說 發行所 南署石井洞號外地三層洋屋 大韓每日申報社

第六百號

大韓每日申報

第七百三十號

月曜及慶節臨時休刊

檀君開國四千二百四十一年
箕子元年三千三十年
大韓開國五百十七年
日本明治四十一年
淸國光緒三十四年
陰曆戊申正月大十三日己亥

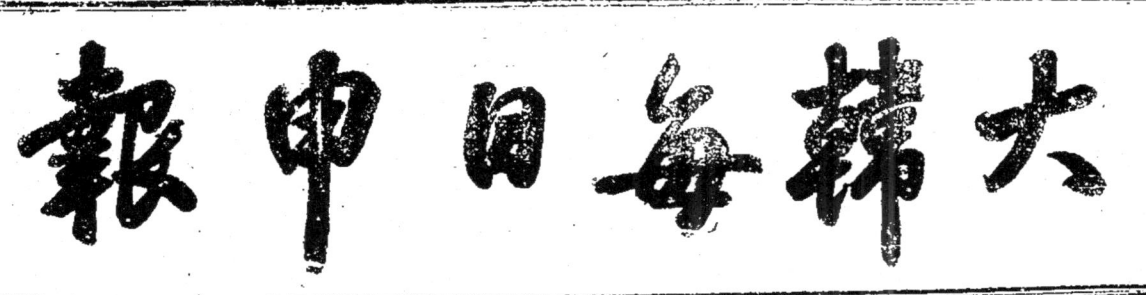

論說

●堤川人士의大慈善

地方騷擾가發生홈以來로一國山河가닭淡이極矣로다兵火所過에玉石俱焚ᄒ야老弱은溝壑에轉ᄒ고壯者는鋒刃에罹ᄒ야天陰雨濕에鬼哭이啾啾ᄒ니斯民이何辜완ᄃ此等浩劫을遭ᄒ얏ᄂ고

雖然이나死者는不可復生이어니와彼一般生者도太半其家戶를被燒ᄒ며穀苞를被掠ᄒ야山東山西二百州可憐處處生荊杞의悲觀이有ᄒ니屹干凍雀이何處에求生홀가吁嗟乎며慈且慘矣로다瓶罍는已罄ᄒᄃ啼兒가索飯ᄒ고樓宿無地ᄒᄃ白髮이呼寒ᄒ니其情狀의悲惻은山爲之愁ᄒ며水爲之咽ᄒ며鳥獸爲之悲鳴홀지로다

然而此境에陷溺ᄒ此同胞를其誰가援救홀가天을呼ᄒ미蒼蒼不答ᄒ며地를叩ᄒ야도隤隤不應ᄒ며中央政府를望ᄒ나旱霖川楫이無ᄒ고道路官吏를仰ᄒ나召父杜母가無ᄒ니此同胞救濟홀者ㅣ果然其誰인가日唯資本이饒有ᄒ고慈悲가大有ᄒ人氏而已로다

義俠大家는隣人의鬪에도披髮往救ᄒ거날今乃同國同胞의悲境을觀ᄒ고도貲財를厚擁ᄒ야袖手傍觀ᄒᄂ者ㅣ比比有之라靑樓酒肆에ᄂ幾百圜을輕擲ᄒ며花奩技局에ᄂ幾千圜을浪擲ᄒ면셔此等慈善事業에ᄂ分毫에血生을니不仁哉라此人이여

彼海外各邦을試看ᄒ라何處에一風災가有ᄒ야도捐款이雲馳ᄒ며何處에一震災만有ᄒ야도慨歎이雨發ᄒ야上下官民이不謀食同ᄒᄂᄃ韓國官吏與資本家ᄂ皮膚가何其厚인지

近者堤川一郡에慈善大家가多數産出ᄒ야建築會社를一同설起ᄒ고救濟方針을汲汲講究ᄒ미此는各報館執筆者도一辭賀揚ᄒ者어니와乃該道觀察郡守ᄂ一狀報告가尙無ᄒ니可惜이로다在上官吏가萬一此에大贊成을加ᄒ면各處地方에聞風興起ᄒ야彷徨無路ᄒ人民들이生路가庶有라ᄒ노라

官報

●第三千九百九十六號
隆熙二年二月十三日

敍任及辭令

任財務署財務官 本間九介
任財務署主事 福岡忠一
任財務署主事 上田文三郎
任道主事 李謙求
任府主事 九品宋元섭
閔德勳 金義淳
九品金鉉牧
김應三 李敏求
韓台履 高興柱
金남杰 尹琛粹
金浩영
任郡主事
任郡主事 六品李周夏
稅關技手 石部松之助
晉川郡主事 盧重鉉

依願免本官 蔚山郡主事 張箕相
免本官
右는慶尙北道觀察使李忠求의報告書를據혼즉該員이郡主事圖差時에所入錢五百兩을不卽辦報ᄒ고전主박哥가扶曳爭鬪ᄒ야吏民睹視에恥辱莫甚이라ᄒ얏기是以로免本官

外報

●太平洋艦隊 本月八日發紐育電을據혼즉太平洋回航艦隊全部五十三隻은마재란海峽西口를通過ᄒ야日沒前에太平洋上에出帆홀터이라더라

●日本移民禁止案 桑港電을據혼즉加拿多빅도리아議會에서移住民은英語或其他歐洲國語를讀書ᄒᄂ者에限혼다ᄂ法案을議決ᄒ얏ᄂᄃ此ᄂ特히日本人에對ᄒ야移住를禁止홈이라더라

●海外鉄道敷設權 南滿鐵道會社에서ᄂ露國이嘗히海城安東縣間의鐵道敷設을淸國과契約혼거슬發見ᄒ故로實地精査혼後에同鐵道에關ᄒᄂ一切義務를享有홀事를要求홀터이라더라

●孫氏放逐要求 新嘉坡에在혼支那領事ᄂ近頃安南으로부터來ᄒ야同地에逗留ᄒᄂ孫逸仙의放逐을海峽殖民地太守의게要求ᄒᄂ電命을北京政府로부터受ᄒ얏다더라

●排日案과加拿多政廳 英領古倫比亞州議會에서議決혼移民制限法律案은該州長官의認許를得ᄒ야該州내에셔效力이有혼者로ᄃ加拿多總督이其實施를禁止ᄒ는權能이有혼故로該法律效力有혼者를成케홈진ᄃ總督의認許를得혼지라然而加拿多政廳에서ᄂ日勞働大臣이渡日ᄒ야日本外務當局者와交涉結果를滿足히녁이ᄂ貌樣인則同總督이該法案을認許치아니하리라더라

●協約의利害 路透電을據혼즉英國上議院에서英露協約에關혼討議가有ᄒ여싹벤卿이說明ᄒ되此協約은利益을交換인대엽도가니스탄問題에關ᄒ야ᄂ利益이未詳ᄒ고西藏에關ᄒ야ᄂ不良ᄒ고波斯에關ᄒ야ᄂ又極不良ᄒ다ᄒ얏더라

●淸禁被押 香港電을據혼즉橫濱第二辰丸이捕獲되얏ᄂᄃ同滊船에ᄂ小銃九拾箱、彈藥五萬箱을搭載ᄒ고英領海外에投錨ᄒ야장交下陸ᄒ라홀際에被押홈으로廣東으로護送ᄒ얏다더라

●戰爭機微의評論 巴里電을據혼즉法國各新聞에美國과日本이衝突되리라고議論이紛々ᄒ며法國大學敎授프라氏가新聞記者의게言ᄒ야日何時든거破ᄒᄂ手段으로美國艦隊를打擊ᄒ리라ᄒ고英法兩國은時機를勿失ᄒ고仲裁ᄒ기를豫備ᄒ라ᄒ엿스며保守黨機關지데버라ᄒᄂ新聞은英日兩國이戰爭되지못홀理由를論說ᄒ다가末端에言ᄒ얏스ᄃ萬一兩國이戰端을起ᄒᄂ日이면日本은無疑히布哇를占領ᄒ야交戰하ᄂ根據地를삼으리라ᄒ얏더라

●日本戰爭準備 華盛頓電을據혼즉日本이戰爭準備를急急히ᄒᄂ中이니同時에米國을打擊ᄒᄂ지不知ᄒ깃고日本이財政에困難ᄒ다홈은信치못홀거시戰爭準備를急히ᄒᄂ時ᄃ經濟上困難으로先言ᄒ것은日本의姦猾혼手段이라ᄒ엿더라

雜報

●安郡東校 安岳郡東倉居表致楨氏等이幼年子弟를敎育하기爲ᄒ야小學校를設立ᄒ고熱心敎授홈으로不過幾朔에學徒가日進ᄒ야五十餘名에達ᄒ야岸舍가難容홈으로一大校舍를新建築ᄒ기로任員諸氏가熱心經始ᄒᄂ다더라

●漢南발達 漢江漢南學校ᄂ元來該동有志諸氏가多數出財ᄒ야設立혼바이라校況이日進ᄒ야學徒가九拾餘名에達ᄒ얏ᄂᄃ至於近日ᄒ야ᄂ若干月謝金도廢止ᄒ고학徒를擴募혼다더라

●李門興학 鐵山郡西林面堂峴里李容燁李容煥三氏ᄂ本以有志紳士로敎育上熱心으로학校兩所를自擔設立ᄒ고樵童牧竪를晝夜로恪勤敎育ᄒ며每週日試驗ᄒ야褒賞ᄒᄂ紙筆價金이四五圜에至홈으로遠近이稱頌혼다더라

●國民禮服擬定會趣旨書

盖衣服의原則은衛生과便利와經濟와儀容此四者의具備홈을要ᄒ되現此列國이交通혼以來로又其衣服의良否로써文野의程度를論評ᄒ니國民의衣制가其國家에關係甚重홈은不知홈이不可ᄒ도다

我國은衣冠禮儀로써自古東亞에著名ᄒ더니中古道袍와창衣와行衣直領이며至近年에服裕袍等通常禮服의其數가頗繁ᄒ니此皆其制가寬裕ᄒ며容儀가舒泰ᄒ야海港을鎖閉ᄒ고漢土만管見ᄒ든時代에ᄂ其善美를自誇ᄒ얏스나自數年來로外國交通이日頻ᄒ고百變의改革이日急ᄒ야漸次로濶袖廣裾의不便利不經濟홈을感覺ᄒ미孤髮의裝이雖典ᄒ나暑月에ᄂ不可ᄒ고寃袍의裝이雖貴ᄒ나勞働에ᄂ不適혼지라以上各種衣服이或命令으로써廢ᄒ며或慣習으로써變ᄒ야窄衣의模型이稍稍婦如ᄒ고今則國民의常服이稱稱와周衣에止ᄒ니衛生과便利와經濟ᄂ可謂有餘ᄒ되惟此周衣ᄂ燕居之服이라此로以ᄒ야祭祀와婚禮와大衆의集會와外人의宴席에一切應用홈은非但儀容에欠缺이라禮意를頓失홈이니我國의衣冠禮義之名이具盡가安在ᄒ리오

今에我國衣服의最良혼點은國民의通常禮服을良好히製定ᄒ기에在ᄒ도다然이나盛大特擧ᄂ少數人士의率爾擬定홀者ㅣ아닌故로有志紳士와協議ᄒ야國民禮服擬定會를設ᄒ고國民同胞의高見을廣求探採하야政府에建議ᄒ고服制의頒布를仰請코저ᄒ오니國內의同情諸位ᄂ衣服의固有原則과現世의進化主義로써衣制를精研深究ᄒ야後錄에照副ᄒ시면委當民俗正服이되리오抑亦國有輝光이로다

後錄

一 此衣制ᄂ國內의通常禮服에限홈
二 研究ᄒ신衣制ᄂ圖形을精製ᄒ고且其說明書를添附ᄒ야三月十日之內로京城商業會議所內本會臨時事務所로送交홈
三 右禮服은다시國冠履着에도應用홀式樣으로研究홈
四 衣質은다外國名稱織物을無擬通用케ᄒ되黑色을要홈
五 屬袖나或具體ᄒ個樣을不要홈

發起人 裴준燮 金炳旭 諸시

雜報

●兩氏封君 리址鎔리達鎔兩氏ᄂᆞᆫ將次封君이된다ᄂᆞᆫ說이有ᄒᆞ더라

●宮人云任 表勳院摠裁리載克氏가宮내府大臣을被任ᄒᆞᆫ다ᄂᆞᆫ說이有ᄒᆞ더라

●運動贊助 宮내府大臣리允用氏가現今運動ᄒᆞᄂᆞᆫ事件에對ᄒᆞ야내閣諸大臣이極力贊助ᄒᆞᆫ다ᄂᆞᆫ說이浪藉ᄒᆞ더라

●法大食言 法部大臣趙重應씨가新聞記者의應接室을設置ᄒᆞ고摘觀ᄒᆞᆯ만ᄒᆞᆫ公文을出示케ᄒᆞᆫ다고聲言ᄒᆞ더니于今三四日에頓無設置ᄒᆞ니司法大臣으로셔如是無信ᄒᆞᆫ즉行政一欵을可知ᄒᆞ갯다고ᄒᆞ더라

●勢企不及他 日本에滯在ᄒᆞᆫ宋秉畯氏의歷史及現今情態를談話ᄒᆞᄂᆞᆫ某人의言을據ᄒᆞᆫ즉一進會頭領으로會員의如干財産을搜取ᄒᆞ고到今ᄒᆞ야ᄂᆞᆫ該會의解不解도毫無涉ᄒᆞ고自己의地位만鞏固케ᄒᆞ라고尙不渡來ᄒᆞᆫ다ᄒᆞ더라

●六翁其黨 日昨에宮내府大臣리允用氏가自己가日本에滯在ᄒᆞᆯ時에署理宮相閔丙奭氏에叙任ᄒᆞᆫ典祀補與奉奉을一一調査ᄒᆞ라하얏ᄂᆞᆫᄃᆡ合六拾餘窠라더라

●郡奏請議 내部에서郡守拾餘窠를修定ᄒᆞ야내閣에請議하얏다더라

●典長被責 典繕司長金玨鉉氏가該司諸般事爲를紊亂케ᄒᆞᄂᆞᆫ事에對ᄒᆞ야宮내府大臣리允用氏가金씨를對하야一場論責ᄒᆞ얏다더라

●隨窠關用 主殿院解散巡檢等이再昨日에恩賜금을頒給치아니ᄒᆞᆷ으로會同ᄒᆞ얏ᄂᆞᆫ事ᄂᆞᆫ昨報와如ᄒᆞ거니와更聞ᄒᆞᆫ즉主殿院巡檢은每八個月每二圜式을支給ᄒᆞᆯ터이오警視廳巡査窠闕을臨ᄒᆞ야調用ᄒᆞᆯ터이라더라

●日官增數 各部院廳에日本官人三百名을加數任命ᄒᆞᆫ다ᄂᆞᆫ說이有ᄒᆞ더라

●府屬減額 宮내府及所屬院司에在ᄒᆞᆫ員役四千餘名을減額ᄒᆞᆯ事ᄂᆞᆫ日間頒佈된다더라

●各費補用 度支部에서隆熙二年度預算中에預備金으로漢城내에罹災救助費、消防費官報費、土地家屋證明費와外他各項費用을補充ᄒᆞ갯다고각府部院廳에通知ᄒᆞ얏다더라

●奸計綻露 井邑居金相桊가稱以군守運動費라하고茶洞居金昌一氏의拵留狀을僞造ᄒᆞ야某大臣의게認囑勒捧ᄒᆞ얏던지김昌一氏가日本軍司令部에呼冤ᄒᆞ야김相桊를現今調捉中이라더라

●衣制變更 有志紳士들이國民의禮服을擬定ᄒᆞ고趣旨書ᄭᆞ지발布ᄒᆞ얏거니와내閣에서도一般人民의裁服制度를將次改良ᄒᆞ야 勅令으로頒布ᄒᆞᆫ다ᄂᆞᆫᄃᆡ冠宕은自然廢止가된다더라

●花月宴會 내部次官木내重四郎氏가再昨日下午六時에花月樓에서宴會를設ᄒᆞ고내外國高等官人을請邀ᄒᆞ야送宕ᄒᆞ며行樂ᄒᆞ얏다더라

●經由監部 度支部에서財政監督部에訓令하되從今以後ᄂᆞᆫ各稅務署에서該部로報告ᄒᆞᆷ을卽接치말고監督部로報告ᄒᆞ야監督部에서度支部로報告ᄒᆞ라하얏다더라

●直料支給 度支部에도韓日主事와本屬直이在三人이從日入直ᄒᆞᄂᆞᆫᄃᆡ入直料五十錢式支給ᄒᆞ고入直法式規則을部令으로頒布施行ᄒᆞᆫ다더라

●主婚必報 人民等이婚姻ᄒᆞᆯ時에其主婚者의年齡居住를該管警察署에請願後에行케ᄒᆞᆫ다더라

●捐금云撥 學部에서한城내各私立學校를調査ᄒᆞ야補助金을一々支給ᄒᆞ기로ᄒᆞᆫ다더라

●日人釁行 南大門外里門동사ᄂᆞᆫ김召史ᄂᆞᆫ家勢甚貧ᄒᆞ야柴炭營業으로資生ᄒᆞ더니再昨日에其隣居ᄒᆞᄂᆞᆫ日本人勞동者一名이該木炭을二三兩價値를買ᄒᆞ야김召史의拾三歲된女兒를要請ᄒᆞ야持去케ᄒᆞᄂᆞᆫ故로該女兒가木炭을持ᄒᆞ고隨去ᄒᆞ야該家에至ᄒᆞᆫ則該日人이强奸코져ᄒᆞᄂᆞᆫ故로女兒가大驚大呼ᄒᆞᄂᆞᆫ지라日人이弊衣로其口를防塞ᄒᆞ고勒간ᄒᆞ야女兒의口와陰門이被傷流血ᄒᆞᆫ지라適其時에隣人의發覺이되야其母와동人等이會集ᄒᆞ야詰打ᄒᆞᆯ際에日巡査가來到ᄒᆞ야該日人을捉去ᄒᆞ얏다더라

●兩敎符合 近日以來로何事件을因ᄒᆞᆷ인지侍天敎와天道敎가互相合附ᄒᆞᆫ다ᄂᆞᆫ說이有ᄒᆞ더라

●剃髮組合 김勝運氏等數拾人이剃髮組合所를設施ᄒᆞᆯ意로昨日警視廳에請願ᄒᆞ얏다더라

●偷無罹災 漢城府에서五署내에人民罹災者를調査報來치아니ᄒᆞ니人民에罹災者가無ᄒᆞᆫ所致인지該府尹이注意치아니ᄒᆞᆷ인지從玆以後로ᄂᆞᆫ調査報來ᄒᆞ라고내部에서한城府尹에게訓令ᄒᆞ얏다더라

●朴氏周急 김秉濬大有兩氏가生計無路ᄒᆞ야積月巫남壇下朴弘鎬氏墓下依幕에居生ᄒᆞ더니朴氏가隣其情形ᄒᆞ야白米四石을施惠하얏다더라

●興國移接 興士國은前壽進宮으로移接ᄒᆞ고事務室을一新修理ᄒᆞ얏다더라

●散者安哉 一進會長리容九氏가近日該會解散ᄒᆞᆫ다ᄂᆞᆫ說에對ᄒᆞ야日前에該會本部에서開會ᄒᆞ고각地方會員을曉諭安哉ᄒᆞ가爲ᄒᆞ야會員을派送ᄒᆞ기로決定ᄒᆞ얏ᄂᆞᆫᄃᆡ리衡會氏ᄂᆞᆫ黃海道로派送ᄒᆞ고김士亨鄭德燦兩氏ᄂᆞᆫ平安南北道로派送ᄒᆞ얏다더라

●立換金契約 日本政府에서ᄂᆞᆫ本月八日에豫算外에國庫와負擔되ᄂᆞᆫ契約을成立ᄒᆞ기要ᄒᆞᄂᆞᆫ件으로衆議院에提出ᄒᆞᆫ韓國政府에對ᄒᆞᆫ立換金내容은左와如ᄒᆞ다더라

韓國과新協約을實施ᄒᆞᄂᆞᆫᄃᆡ伴ᄒᆞ야同國의歲計不足을補塡ᄒᆞ기爲ᄒᆞ야總額千九百六十八萬二千六百二拾三圜을爲限ᄒᆞ고左의條件에依ᄒᆞ야直換금을ᄒᆞᄂᆞᆫ契約을結ᄒᆞᆯ事를得ᄒᆞ얏ᄂᆞᆫᄃᆡ

一금百七拾六萬九千五百三圜 明治四拾年度

一금五百二拾五萬九千五百八拾圜 同四拾一年度

一금三百六拾五萬三千五百四拾圜 同四拾二年度

一금三百萬圜 同四拾三年度

一금三百萬圜 同四拾四年度

一금三百萬圜 同四拾五年度

計金千九百六拾八萬二千六百二拾三圜

一兩國政府의協議에據ᄒᆞ야排定ᄒᆞᆫ年度를變更ᄒᆞᆷ을得ᄒᆞᆯ事

一立換金은無利子無期限

●大虎入宮 三昨日夜에大虎가 昌德宮내에入ᄒᆞ야秘園에玉流川等地로徊行ᄒᆞᆫ足跡이有ᄒᆞ다더라

●以砲潰散 近日에西江栗島에서便賊이設ᄒᆞ얏ᄂᆞᆫᄃᆡ再昨日韓日巡査等이該地에出往禁止ᄒᆞ야도散去치아니하미無數放銃ᄒᆞ야潰散하얏다더라

●勸學趨리 果川郡私立光明學校二年級학生에리敬玉이가操身不謹ᄒᆞ고大違校規ᄒᆞ야黜학ᄒᆞ얏다고該校長김東鉉氏가학部로報告ᄒᆞ얏다더라

●湖南會演說 湖南學會에서來士曜日에鍾路靑年會館에據會를開ᄒᆞ고該會維持ᄒᆞᆯ方針을演說ᄒᆞ얏다더라

●侍會宣講 今日下午七点鐘에靑年會館에서査經會를開ᄒᆞ고東洋傳道館傳道人金相濬氏를請ᄒᆞ야宣講ᄒᆞᆫ다더라

●義將脫去 全羅南道光州郡義兵將奇三衍氏가義兵五百名을領率ᄒᆞ고該郡何許寺刹에서逗留하다가日憲兵의襲擊을因ᄒᆞ야被縛入邑ᄒᆞᄂᆞᆫᄃᆡ中路에서義兵이突出交戰ᄒᆞ야日憲兵二名이被害하고奇三衍氏ᄂᆞᆫ逃爲脫去ᄒᆞ얏다ᄂᆞᆫ電信이日前내部에到達하얏다더라

●靑郡義援 北靑等地에서日兵約一百五十名이留宿過去ᄒᆞᆫ後義兵數百名이追到ᄒᆞ야該地一進會員을砲殺ᄒᆞ야三百餘名이被害ᄒᆞ얏다ᄂᆞᆫ電報가日前一進會本部에到達ᄒᆞ얏다더라

●行路阻絕 楊花島越便陽川富平兩郡地境에ᄂᆞᆫ近日白晝賊黨이大熾ᄒᆞ야下午一時以後ᄂᆞᆫ該地에行人이阻絕ᄒᆞ다더라

●高陽小警 本月拾一日夕에西門外高陽宿把撥等地에義徒二拾餘名이來到ᄒᆞ야該동에軍需전을請求ᄒᆞᆯ際에該동居김京化가放銃ᄒᆞ미義徒가김京化를砲殺ᄒᆞ고錢五拾兩을收取以去ᄒᆞ얏다더라

▲地方消息▼

▲拾二日발六郎電을據ᄒᆞᆫ즉八日午後九時에長城郡西三里에在ᄒᆞᆫ義兵七拾名을日兵이攻擊하얏다ᄒᆞ고

▲六日砥平郡聖才동東方面에關東義將김若有의率ᄒᆞᆫ義兵七拾名이侵入ᄒᆞ야北面面長리鍾德及古論里里長을押去ᄒᆞ고尙此該地에滯在ᄒᆞ얏ᄂᆞᆫᄃᆡ守備대長以下十四名이出往ᄒᆞ얏다ᄒᆞ고

▲退出鎭警察分署管내三大巡查駐在所宿舍ᄂᆞᆫ義兵約一百二十名이襲來ᄒᆞ야宿舍主人을殺害ᄒᆞ고巡査ᄂᆞᆫ無事ᄒᆞ얏다더라

東京電報

拾二日午後발

●隨員歸國 韓國 皇太子殿下隨員嚴柱益鄭植兩氏ᄂᆞᆫ明日午後에新橋발列車로歸國路에就ᄒᆞᆫ다더라

紐育電報

十二日東京經由

●軍艦新造 美國下議院海軍委員會에서戰鬪艦一隻과驅逐艦十隻과潛水艇八隻新造案을可決ᄒᆞ얏다더라

華盛頓電報

●海軍豫算 美國本年度海軍豫算額이約一億萬弗이라더라

●博覽會法案 美國上院에서日本大博覽會出品에關ᄒᆞᆫ諸般事項規定法案을可決ᄒᆞ얏다더라

▲診察國脉▼

▲全國時局危急ᄒᆞ니如一身之受病이라數十年을呻吟ᄒᆞ야雜試方약無效ᄒᆞ다天下名醫迎接ᄒᆞ야隨百症而隨治ᄒᆞᆯ제全體氣脉診察ᄒᆞ도다

▲太冲脉을診察ᄒᆞ니三條件脉胎가某大臣이籠絡이라網家因卒不顧ᄒᆞᄂᆞᆫ一種禍根醞成ᄒᆞ니不香濃癥念慮로세

▲神經脉을診察ᄒᆞ니내閣班位요動ᄒᆞ야頭如觸柱精神업다百方周旋秘策ᄒᆞ나鎭靜方針전혀업서冥眩症이念慮로세

▲大膓脉을診察ᄒᆞ니該部官制變更ᄒᆞ야外國人이扼腕이라勅奏判任占奪ᄒᆞ야事務處理生疎ᄒᆞ니客蝸亂動念慮로세

▲六腑脉을診察ᄒᆞ니隣邦에涸借來ᄒᆞ야許多經用浪費ᄒᆞ고紙貨銀銅加計ᄒᆞ니財政整理沒策이라眞液枯渴念慮로세

▲腎經脉을診察ᄒᆞ니一進會가濁亂ᄒᆞ야宣言書自衛團이外人의게奴隷되며官職圖得紛競ᄒᆞ니邪鬼亂動念慮로세

▲喉舌脉을診察ᄒᆞ니該察部守行政權을縮滅讓與無餘ᄒᆞ고尸位素餐안젓스니多數月銀偸食이라漲氣症이念慮로세

▲脾胃脉을診察ᄒᆞ니荒蕪地開墾認許片々割擲與ᄒᆞ다農部大臣누구런고任自當之可痛ᄒᆞ다四末痩瘠念慮로세

▲小膓脉을診察ᄒᆞ니擧々ᄒᆞ다이幅圓에貧民移植議決ᄒᆞ니二千萬衆同胞ᄂᆞᆫ居生ᄒᆞᆯ곳업서진다三尸九虫念慮로세

▲血管脉을診察ᄒᆞ니地方巡査配置ᄒᆞ야警察權을主便ᄒᆞ나綠林豪客熾盛ᄒᆞ야生命財産難保ᄒᆞ니失魂喪魄念慮로세

▲肺經脉을診察ᄒᆞ니司法權이紊亂ᄒᆞ야法之權手受啓로ᄒᆞ니一國中에陷寃되고令出多門可畏ᄒᆞ니滿身寒氣念慮로세

▲四肢脉을診察ᄒᆞ니處々風塵暴起ᄒᆞ야擧民仰河愁嘆ᄒᆞ다扶老携幼彷徨ᄒᆞ니失巢穴之鳥鼠로다정冲症이念慮로세

▲肝脉을診察ᄒᆞ니事禮既監大宴ᄒᆞ고大臣노리난다두역미리장구메고아르랑타령야즈조러젓스니癲狂症이念慮로세

▲膏肓에김혼症勢 治療方針어ᄃᆡ잇노

▲命門脉을診察ᄒᆞ니同胞兄弟決心ᄒᆞ야勇氣勃發ᄒᆞ며國魂을絕애ᄒᆞ고國家에獻身ᄒᆞ면脉生氣여긔잇다

오

蛔虫說殺ᄒᆞᄂᆞᆫ上品蛔虫藥七錢 — 림疾에쓰ᄂᆞᆫ德國淋骨拜把丸一 — 라도元氣ᄅᆞᆯ大助ᄒᆞ고陽氣ᄅᆞᆯ迸 — 아나라德國醫學家에서數拾年 — 一圓五十전

雜報

●云是誤傳 昨日本報欄내에趙氏云捉이란題下에趙南復氏가東京에被捉ᄒᆞ얏다ᄂᆞᆫ事ᄂᆞᆫ傳之者誤라더라

廣告

本會臨時總會를來土曜日下午一時(陰正月十四日)에鍾路靑年會館에開ᄒᆞ오니本道人士ᄂᆞᆫ屆期光臨之爲懸望

湖南學會 廣布

桃洞居趙東敏이가自己所持ᄒᆞᆫ西署飽田坊與禮洞馬背亭下土地文券을典執ᄒᆞ고得債以給ᄒᆞ라ᄒᆞ기로本人의旧寸姪姜準國許에以償給ᄒᆞ고本人이趙東敏과親愛ᄒᆞᆷ으로當限遐報가速지못ᄒᆞᆯ가ᄒᆞ야麻湖居崔龍圭許에與當債ᄒᆞ라言稱ᄒᆞ얏더니昨年十二月分失火時소火ᄒᆞ얏ᄂᆞᆫ데其間換契之致로數次廣告ᄒᆞᆫ것을玆에辨明ᄒᆞ야其實的을廣告ᄒᆞ오니 照亮ᄒᆞ시옵

麻浦桃花洞居姜乃春 告白

正三品金憲根以喆容으로改名홈

金喆容 告白

本人의所有家屋西署養生坊尙洞三十四統拾一戶當錢七千兩買文券을今月初五日에셔失故로玆仰廣佈ᄒᆞ오니離某拾得ᄒᆞ야도休紙施行ᄒᆞ옴

閔貞鎬 告白

本人은年六十餘의生涯無路之致로依幕于葛月里朴弘錫氏墓下矣當此飢寒之時朴氏憐其形像曰肆石[illegible]則本人等不勝愛憧之德矣玆以廣布ᄒᆞ오니내外人國知悉홈

南署葛月里朴弘墓下依幕主人 金東濟 權大有 告白

●中等算學 數學敎科書 上下卷 一圜五拾錢

此書ᄂᆞᆫ算學專門으로多年研究ᄒᆞᆫ博士가東西洋中等學術을參互著作ᄒᆞᆫ바自加減乘除로至分比例小數開平立方積等數을次第編成ᄒᆞ야算式과解註를亦依西洋之例ᄒᆞ야總히橫書로學習에便易케ᄒᆞ얏스니算學에有志ᄒᆞ신僉君子와各校生徒ᄂᆞᆫ不可不覽이오니陸續購覽ᄒᆞ시옴

總發行所 [illegible] 大同書社
分賣所 漢城各書舖

本所에셔陰今月十六日爲始公拍ᄒᆞ오니物品委託ᄒᆞᆯ僉員은來臨ᄒᆞ시옴

鍾路普信競賣所 告白

●廣告

本書館에셔文明[illegible]內外國新書籍[illegible]ᄒᆞ오니[illegible]僉君子ᄂᆞᆫ[illegible]購覽ᄒᆞ심을望홈

最新書籍[illegible]

◉東西洋歷史 各種
◉東西洋地誌 各種
◉政治學 各種
◉法律學 各種
◉經濟學 各種
◉[illegible]學 各種
◉內外國地圖 各種
◉[illegible]學書 各種
◉財政學 各種
◉博物學 各種
◉物理學 各種
◉衛生學 各種
◉地文學 各種
◉讀本 各種
◉法帖 各種
◉學校用品 各種

此外에도各種新舊書籍과紙筆墨及名片도[illegible]ᄒᆞ오니[illegible]ᄒᆞ심을[illegible]ᄒᆞ옵ᄂᆞ이다

京城南署銅峴(구리개)

總發行所 博學書館

本人의養子貞則이性本浮浪ᄒᆞ야邑村間悖類로作配ᄒᆞ야如何田畓文券을典執ᄒᆞ고得債云云ᄒᆞ와玆以新聞에公佈ᄒᆞ오니勿論內外國人ᄒᆞ고切勿見欺ᄒᆞ심을爲要

郭山郡內面下端 朴文實 告白

奇術學 全 定價十錢

元泳義氏校閱 宋致用氏纂述

此書ᄂᆞᆫ理化學의應用과活智識의啓발ᄒᆞ노學界上迷津寶筏을編成홈

賣所
鍾路罷朝橋越邊 中央書館
仝 大東書市
仝 古今書海館
大廣橋東邊 匯東書館
南門外紫岩 新舊書林
南門內尙洞 博文書館

安州城內濟宣局

本局을移轉於本城內[illegible]街ᄒᆞ고自今爲始ᄒᆞ야ᄂᆞᆫ內外國藥種을廣히보담多數貿置ᄒᆞ고廉價로放賣ᄒᆞ오니買藥ᄒᆞ시ᄂᆞᆫ僉員은陸續來臨ᄒᆞ심을敬要

張東商 告白

本人等이[illegible]同胞의智識을啓발ᄒᆞ기爲ᄒᆞ야北署齋洞契二拾九統四戶로校舍를定ᄒᆞ고夜학을開設ᄒᆞᆫ바老少男女를勿論ᄒᆞ고[illegible]志願者ᄂᆞᆫ同胞[illegible]校舍ᄂᆞᆫ趙重吉氏[illegible]或請願ᄒᆞ거나或寄書及으로ᄒᆞ며開학日字ᄂᆞᆫ二月拾八日로定홈

發起人 李昌稙 朴正학 趙重吉 告白

四方圖章과[illegible]圖章을佩ᄒᆞ야藏ᄒᆞ여佩腰帶이옵더니陰正月初二日拜年次로往ᄒᆞ다時路上셔失ᄒᆞᆫ이오니誰某던지拾得ᄒᆞ야오면仁善ᄒᆞ신良心으로來傳ᄒᆞ시면但感謝ᄒᆞ라謝銀五元으로面呈ᄒᆞᆯ計ᄒᆞ오니三個月內로傳給伏望홈

義州虹峴梧市場住趙明吳 告白

京畿陽城郡首書記高德銖ᄂᆞᆫ素是公正之人이라去陰八月分本郡에匪徒蜂起ᄒᆞ야被害於擾攘時에不避艱險ᄒᆞ고殫誠救護ᄒᆞ가竟至凶慘에極力請褒ᄒᆞ야初終費幾百兩을擔當治喪ᄒᆞ고且於軍隊往來之際에善爲交涉ᄒᆞ고隨求酬應ᄒᆞᆷ을一無徵於民間ᄒᆞ고自衛團組織時會爲十三面民人數百名을專當供饋ᄒᆞ고多月曠官에諸般事務을整理綜詳ᄒᆞ야全郡이賴以安保ᄒᆞ얏스니如此廉公之人은今世罕有이기全郡이公佈褒揚코져玆以廣告홈

李中仁等 告白

[illegible]

本校夜學生員을增募ᄒᆞ오니願입학人은(十七歲以上)姓名居住年齡을詳錄ᄒᆞ야本月十七日以內로本校投書函에來投ᄒᆞ시고十八日(陰十七日)上午十一点에本校에來ᄒᆞ야試驗을應ᄒᆞ시오

試驗科目 國漢文[illegible]作文
課程 投書函에揭示홈

西署[illegible]私立光成實業학校

[illegible]夜學募集

本校ᄂᆞᆫ[illegible]法律學及經濟學[illegible]專門[illegible]有志人은左記試驗을經ᄒᆞ고入학[illegible]本校에來ᄒᆞ야[illegible]但右兩科ᄂᆞᆫ夜學으로만募集홈

◉修業年限 三학年
◉入學年齡 二十歲以上
◉學科目 法律學全部 經濟學全部 備在本校規則
◉試驗日字 二月廿五日(陰曆戊申正月廿四日)
◉試驗科目 歷史及地誌問對 國文及漢文(內國及外國)讀書及作文 算術(四則以內)
但官公私立學校의普通科以上卒業證書가有ᄒᆞᆫ人은其學力을檢定ᄒᆞᆫ後免試入許홈
◉開學日字 三月五日(陰曆二月三日)

隆熙二年一月十日

漢城中署磚洞普成專門學校

[illegible]西洋裝冊
[illegible]各種
[illegible]

仁川港奇觀院新聞舘

◉大韓國 [illegible]神藥

◉修皮靈丹 各種積滯와暑久滯口臭痰飮吐瀉 定價一貼[illegible]錢
◉至寶丸 [illegible]久遠俱有偉效 定價[illegible]錢
◉靈效液 外用方劑治[illegible]皮風 百發百中定價金三拾錢
◉淸眼水 治諸般眼疾 天之妙定[illegible]
◉通淋丸 治男女急慢淋疾 無論遠近 每盒五十錢

此外에도東西洋各國有名藥材와[illegible]病去[illegible]頭風痔疾補藥水各種病症俱比惠向嵩[illegible]

漢城中署[illegible]鋪一統二戶地

製劑발행所 共愛堂藥房
監修발行人 南宮立[illegible] 張基茂 朴容南 謹白 告白

支店 湖南南門外 共愛堂支館 姜助遂
興學書舘

代理店 西署新門外石橋普濟藥局 車熙[illegible]
仁川海棧峴濟生堂 李庚[illegible]

國內各地藥局에서隨處販賣ᄒᆞᆸ니다

[illegible]

五萬特世界不滅之靈貨[illegible]

[illegible]

朴晶東氏演譯

意大利獨立史 定價[illegible]
經濟原論 定價[illegible]
國際公法志 定價[illegible]
國文新撰家庭學 定價[illegible]

[illegible]敎育[illegible]

發賣所
大廣橋 [illegible] 大東書市
[illegible] 匯東書舖
銅峴 [illegible]

漢城鐘路萬國基督教青年會館前慈惠藥房製藥總查人濟衆院醫學員洪錫厚朴慈惠李觀化告白

本人等이米國大學醫院處方世大醫學士魚丕信시에게受業ᄒᆞ고醫學校長硏五年에業을卒ᄒᆞ니諸大醫의有效證明書을受ᄒᆞ고左記ᄒᆞᆫ各種을製造ᄒᆞ야外國의規模을依ᄒᆞ야紙匣洋鐵匣琉璃瓶에盛ᄒᆞ야全國內地各處에廣賣ᄒᆞ올고濟衆院英書醫書을我國諺文으로飜譯ᄒᆞ야名稱西藥便方이라ᄒᆞ고발賣ᄒᆞ오니四方僉彦中濟衆院낙을數拾年來經驗信用ᄒᆞ신兄弟ᄂᆞᆫ不拘약之多少ᄒᆞ고不拘路之遠近ᄒᆞ고日々以書請買ᄒᆞ시면本人은雖拾錢價値락이라도以小包郵便으로卽呈ᄒᆞ오리니낙封定價外郵稅十젼을加送ᄒᆞ시되小數져은郵票十젼즈리를수셔보너시고買낙家에셔ᄂᆞᆫ多數買去ᄒᆞ시면郵便局換錢票을買送ᄒᆞ시오且本藥房에米國(멀포드)製낙會社낙과(왈풀)製낙會社낙과德國(만ᄒᆞ입)製약社락品을直輸入ᄒᆞ야諺語英語로記ᄒᆞᆫ方文과主治와用法을我國諺文으로飜譯ᄒᆞ야발賣ᄒᆞᆷ

商標

食思振起　第一老衰男女
發力活潑　補益丸　외게補益血

定	拾日分	三十個入 金一圜
價	二十日分	六十個入 金一圜七拾五錢
表	三十日分	九十個入 金二圜五拾錢

主治大補元氣能調陰陽男子陽痿不起女子月經不調手足厥冷虛脫大氣久病人蘇完되ᄂᆞᆫ效力이大勝於鹿茸樣人蔘湯

靈效解瘧丸 一日分定價金拾錢此藥은大久小兒長瘧과初瘧物論ᄒᆞ고一般用ᄒᆞ면更不再發

回虫丸 一日分定價金拾젼此藥은大人蛔積小兒疳病의神效

四時感冒丸 一日分定價金拾젼此藥ᄂᆞᆫ感氣몸살의쓰ᄂᆞᆫ약인데二三日遲服ᄒᆞ면四時毒感上下肢節頭痛에即時解熱鎭痛

男女瘡疾袪根藥 定價金五圜此藥은瘡疾의一期二期를勿論ᄒᆞ고거ᄀᆞᆫ도록약을쥬ᄂᆞᆫ데痼疾과子에도아니나오

淸明眼藥 一日分定價金拾錢此藥은火眼熱眼의有多奇效

無惡臭疥瘡藥 定價金四拾젼此藥疥션虫을卌分內拔殺

鎭咳藥 五日分定價金三拾錢此藥은四時寒常性咳嗽에有效ᄒᆞ고特히老人便咳에消痰止咳

寸虫發根 定價金三拾錢有鉤寸虫無子寸虫當場殺出

止足汗藥 二十日分定價貳拾錢此藥은軍人常用除足汗ᄒᆞ며

養胃靈散 定價금拾五젼小兒服후감기食滯他症爲聖낙

輕腫根治膏 定價금十五젼此낙面腫과頭腫에直差

濕腫根治膏 定價금十五젼此낙은男女勿論ᄒᆞ고風寒暑濕으로發腫되어大起搔痒ᄒᆞᆫ때奇效

大腫發根合瘡膏 定價금五十錢

漢城百應膏 一封定價金十錢此락은前락醫士李信友시方文으로製造ᄒᆞᆫ藥인데명우리잘풀리고각項腫氣에발根合瘡이速히되ᄂᆞᆫ靈藥인대大洋鐵匣八一個금五十錢

小兒感冒靈效散 定價金十錢

癇氣神効保嬰散 定價금十二錢五厘

新編銀行簿記學

任璟宰編述
全一冊定價六十五젼

本書ᄂᆞᆫ一般外國諸大家의著述ᄒᆞᆫ簿記學中最近ᄒᆞᆫ학理와最新ᄒᆞᆫ形式을精細蒐輯ᄒᆞ야國漢文으로解得키便易하게編述ᄒᆞᆫ者니一次修習ᄒᆞ면帳簿의整理方法과業務의處理順序가瞭如指掌ᄒᆞ야實로實業家의一大顧問이라諸銀行家와商業家ᄂᆞᆫ不可案頭에一冊을備置ᄒᆞᆯ者ㅣ니陸續購覽ᄒᆞ심을務望

발賣元　中署布屛下三拾七統六戶　廣學書舖金相萬
分賣所　동口越邊中央書館　大廣橋匯東書館
鐘路大東書市　同古今書海館
南門內博文書館　南門外新舊書林
銅峴博學書館

本人이日本大阪商業家와特約ᄒᆞ고日本內地產出各種物品과西洋各國物品及機械等을經紀ᄒᆞ와大韓에輸入과委托을便利케ᄒᆞ기爲ᄒᆞ야本社을設ᄒᆞ오니商工業에有意ᄒᆞ신僉君子ᄂᆞᆫ某物이든지需求ᄒᆞ시거든本社로來議ᄒᆞ시요本社에셔ᄂᆞᆫ手數料金만受ᄒᆞᆷ

興業社本店　漢城南大門內興學書舖
支店京城南門內水標五十一號
大戶　仁川港內　興業會社
全仁港內景廣路號

▲新刊書籍發售廣告

增修類纂鐵大全　國漢文　定價金七拾五錢
大韓法規類纂洋裝　三圜五拾錢　郵稅四拾錢
初等倫理學敎科書　二拾錢
初等衛生學敎科書　拾五錢
國家學綱領　拾五錢
國民須知　八錢
愛國婦人傳　張志淵氏著　十五錢

發賣所　京城布屛下　金相萬書舖

本人이書舖를另設하고新舊書籍을具備ᄒᆞ와廉價放賣ᄒᆞ오니有志하신僉君子ᄂᆞᆫ來臨購覽ᄒᆞᆷ
元山上里二통芸香舖金舜命白

家庭雜誌

每月五日發行一冊五十頁定價金十錢一年先金九十六錢地方一年先金郵稅幷一圜

本雜誌ᄂᆞᆫ純國文으로發行ᄒᆞ와家庭敎育界에大光明을放하옵다가財政의艱難을因ᄒᆞ야中間에暫時廢止ᄒᆞ엿던바이온ᄃᆡ今에本社에셔有志諸氏의協贊을得ᄒᆞ야論說論評의各部門과滋味잇ᄂᆞᆫ歷史譚談等을著述或蒐輯ᄒᆞ야本月五日부터繼刊發行ᄒᆞ오니僉君子ᄂᆞᆫ續々購覽ᄒᆞ시옵

발免元皇城布屛下金相萬廣學書舖
賣　尙洞博文書館　鐘路大東書市
發所　各有名書店

布屛下廣學書舖닉家庭雜誌社　告白

●大韓國新發明靈藥廣告

陸軍軍醫張基茂君이實驗方劑에로淸心保命丹을발明인바効能은如左ᄒᆞ니僉君子ᄂᆞᆫ惠試爲望

新發明　淸心保命丹

本舖　仁川港柾峴　濟生堂

●主治効能
●痰飲　●食積　●中暑中寒
●咳嗽　●胃痛　●不土不服
●氣鬱　●吐瀉　●船車眩暈
●食傷　●酒醉　●日熱
▲其他諸般連氣屬疫癘方妙藥

발行人仁川港柾峴　濟生堂　李醫鳳

代理店　京城鉢里동　共愛堂藥房
特約店京城鐘路　慈惠藥房
同　梨峴　李信華洋藥局
同　尙洞　盧益亨冊肆
同　南門外　廣濟藥院
仁川內洞　韓禹臣
同　紅峴　和平局
同　開城南門內　朴圭恒
同　忠淸　具聖模
水原鐘路下　金九藥局
同　海州宗路　元容植
同　宗路　宋根李
延安邑內　邊汝文
江華鐘路　宋順東
同　邑西門外　高成根
長淵南門內　崔鍼存
鳳山砂利院場內　박健昌
全　任允中
全　耶穌敎堂內　李在台
黃州南門닉紅門洞　李東赫
平壤隻巨里　韓鳳儀藥舖
全　文武洞　朴龍化
全　校君殿　金龍興
全　里門동客主　金基桂澤
全　宣川邑　朴東錫天宜
鐵山港　朴豊舖
信川邑닉四里　金元俊
載寧南大門外　金斗鉉
京城郵便局前　大同運輸會社
全泥峴平場　張勳客主內
三水郡仲坪　張天佑堂
安岳邑上場里濟生局林景杜
大邱南門內刷還동김成浩家
釜山港草梁客主김重佑家
安州城內養井동回春大약房
義州南門外水口街義和약局
此外에도現代에문明각地有名
각種靈藥이俱備ᄒᆞᆷ

本所에셔ᄂᆞᆫ歐米各國에直接去來ᄒᆞ야各種機械를販賣ᄒᆞ오니君子ᄂᆞᆫ來臨ᄒᆞ시ᄋᆞᆸ
日本　仁川港　…

歐米各國專賣特許
石油發動機及自行車
精米機械及附屬品一切販賣廣告

今回諸君子의便利ᄒᆞ기爲ᄒᆞ야本店을左記處로移接ᄒᆞ엿사오니照亮하심을伏望
韓輸入商京城南大門外
直通代理店中根商會

◉國債報償義捐金收入廣告

●密陽郡　續
下南面明禮洞中　四十圜
巴西森洞中　十七圜
柏山동中　二拾一圜拾四錢
▲北面退老一部
朴琪珍　金奇遠　각八十錢
金命道　金憲泳　각六拾錢
李東석　四拾四젼　리萬泳
李大泳　리龍泳　金守立
辛周得　辛周先　辛芝植
金仁局　김仁淑　리元重
各四十錢　김致德　三拾젼
李東洛　文以俊　李永道
리弼奎　朴在憲　金永生
金命德　金雲伊　朴致述
柳聖瑞　申且守　리弼인
各廿젼　沈奇悅　大젼

合計圜
▲北面靑雲里
前參奉金永奎　一圜
▲前浦洞中　二十圜
▲松岳洞中　三圜四拾젼
▲穿火山外面각同동
前主事朴尙銓　前參奉朴晋永
각再巡　金致奎　朴尙奎
金成鎭　金致鎭　蔣溪洪
金燦奎　朴敎永　金鏞鍊
許찬　朴源永　金泳漢
金鏞哲　蔣漢述　蔣錫永
金正漢　蔣漢德　金興淡
朴根壽　李鍾檍　金守奎
朴鎬永　朴斗永　權斗完
蔣俊植　金鏞驥　蔣晋植
김起漢　蔣龍植　朴斯永
朴秀英　朴惠永　朴琮弼
朴秀明　權주현　金鍍永
金東秀　金鏞運　金大俊
金正俊　孫有鉉　鄭日元
申泰주　權德尙　孫還伊
孫太喆　孫律伊　童蒙蔣先龍
權出伊　朴仁甲　金小述
김在干　河介伊　孫顯伊
蔣壽長　裵道性　朴秀運
孫振哲　魚守德　陳在貞
金龍震　甲丁述　元在敎
김俊壽　成丁得　孫乙祿
柳成得　韓尙哲　김龍植
김유俊　김石還　朴萬相
朴鶴伊　申宗甲　洪斗甲
李甲得　朴道伊　金起鎬
朴尙갑　童蒙金祚伊　金丙俊
各廿錢　合十六圜四十錢

總合一百二拾八圜九十四錢
前號總合五萬八千二百四十五圜十三錢七厘
都總合五萬八千三百七拾四圜○七젼七厘

發行兼編輯人英國人　裵說
發行所　南署石井洞號外地三層洋屋舍　大韓每日申報社

第六卷

大韓每日申報

第七百卅一號

月曜及慶節
歲時日休刊

檀君開國四千二百四十一年
箕子元年三千三十年
大韓開國五百十七年
日本明治四十一年
淸國光緖三十四年
陰曆戊申正月大十四日庚子

論說

●韓國教育界의悲觀

學部에셔日本人百餘名을聘渡ᄒᆞ야全國닉普通학校의機關을主張케ᄒᆞᆫ다고近日各新聞에報道ᄒᆞ얏더라嗚乎此說이여

信歟아
訛歟아
然歟아
否歟아

此說이果信인된此亘韓國內의二千萬喉가一時俱咽ᄒᆞ며四千萬目이一時俱당ᄒᆞ야放聲一哭ᄒᆞᆯ者이로다

夫今日韓國에何가有ᄒᆞᆫ가國이有ᄒᆞ건만國權이無ᄒᆞᆫ國이며民이有ᄒᆞ건만自由가無ᄒᆞᆫ民이며行政權이有ᄒᆞᆫ가此도無有며警察權이有ᄒᆞᆫ가此도無有며森林이有ᄒᆞ건만自家의有가아니며鐵道가有ᄒᆞ건마自家의有가아니며然則民知를開발ᄒᆞᆯ大文학家가有ᄒᆞᆫ가此도無有며然則時局을挽回ᄒᆞᆯ大政治家가有ᄒᆞᆫ가此도無有ᄒᆞ다如此空空無存ᄒᆞᆫ國에창창無依의民으로將次生存競爭界에戰勝ᄒᆞᆯ要具가何物이有ᄒᆞᆫ가ᄒᆞ면不過是幾롤無多ᄒᆞᆫ官公私立의普通學校에只髮垂垂ᄒᆞᆫ各學徒가是라是롤救教ᄒᆞ며是[illegible]此中에셔或乙支文德[illegible]出ᄒᆞ며或宋[illegible]盖蘇文[illegible]斯參과齊名ᄒᆞᆯ人物이林立ᄒᆞ여야獨立을恢復ᄒᆞᆯ餘望이始有ᄒᆞ리니然則現今全國人士가各普通學校에向ᄒᆞ야雙手로拜ᄒᆞ며一心으로祝ᄒᆞ며普通學校學徒與諸萬歲를呼ᄒᆞ고아모쪼록其腦髓中에祖國精神을灌注ᄒᆞ기로熱叫ᄒᆞᆯ此日인뎌

今乃多數外國人이突然히其機關을取ᄒᆞ야日本語。日本文。日本史。日本誌其他各種日本教育의精神으로此軟弱ᄒᆞᆫ幼腦를迷醉케ᄒᆞ야螟蛉의子를파라가주ᄒᆞ듯시作飄作吟ᄒᆞ며作操作縱ᄒᆞ면設或此國에英雄이生ᄒᆞ더리도此是日本英雄이라韓國英雄이아니며志士가生ᄒᆞ더리도此是日本志士라韓國志士가아니며政治家학問家가生ᄒᆞ더리도此是日本政治家學問家라韓國政治家학問家가아니리니韓國之人은其子弟를坐失ᄒᆞᆯ지로다

嗚呼라他日韓國民의愛國心이大발ᄒᆞ야奮發前進ᄒᆞᄂᆞᆫ境遇이면獨立自主ᄂᆞᆫ鐵壁이重完ᄒᆞ며軍政法權도合珠가復還ᄒᆞ리니彼五條云七協云은紙上空文에不過ᄒᆞ거니와

若其精神的教育의機關을他手에付ᄒᆞᄂᆞᆫ日이면國魂을古塚에埋ᄒᆞ며國腦를牢獄에鎖ᄒᆞ야光明天日을再見이無期ᄒᆞ리니嗚乎此說이여

信歟아
訛歟아
然歟아
否歟아

嗚乎教育主權者學部官吏여君輩의頑鄙으로由하야此國에造孼홈이己多어날今又此等魔藥을再造ᄒᆞ야此國의中興萌芽도永永撲滅코ᄌᆞᄒᆞ니嗚乎君輩여此國에何仇가有ᄒᆞᆫ가

官報

●第三千九百九十七號
隆熙二年二月十四日

敍任及辭令

道主事山內忠市
任學部主事　山崎萬次郎
任平壤鑛業所主事
山元繁太郎　森京右衛門
任農商工部主事　小林義重
任工業傳習所技手
財務署主事　日根野弘兄
任度支部主事
任農商工部技手　池內猪三郎
正三品趙義聞
任帝室會計監查院監查官
九品徐丙吉
任農商工部技手
財務署主事李能圭
依願免本官
財務署主事黃點哲
免本官

外報

●倫敦에對韓輿論　倫敦拾日新聞에記載ᄒᆞᆫ바日本이韓國에對ᄒᆞ야無道란問題에ᄒᆞ얏스되韓國青年志士尹炳求씨가倫敦에來到ᄒᆞᆫ後로各處도단니며現今日本이韓國에對ᄒᆞᆫ無道의行爲를細細히說明ᄒᆞᆷ으로倫敦城內에公論이紛紛ᄒᆞ고又戰爭探報員막켄지氏ᄂᆞᆫ俄日戰時에東亞에遊覽ᄒᆞᆫ人이라氏가言ᄒᆞ기盖韓國에二個奇異ᄒᆞᆫ事가有ᄒᆞ니一은敬愛ᄒᆞᆯ만ᄒᆞᆫ事요二ᄂᆞᆫ抑鬱ᄒᆞᆯ만ᄒᆞᆫ事이라日人이韓國을壓制ᄒᆞᄂᆞᆫ것은可히痛恨ᄒᆞᆯ事이나又韓民이耶蘇教를信仰ᄒᆞᄂᆞᆫ心이眞實ᄒᆞ니眞可爲敬愛者也라現今本京에留ᄒᆞᄂᆞᆫ尹炳求氏와所言을成贊ᄒᆞᆯ評者도有ᄒᆞ나目下에韓國事勢ᄂᆞᆫ我所目擊者이니엇지該氏의說明을不信ᄒᆞ리오韓國에慘酷ᄒᆞᆫ形像은一口難說이라ᄒᆞ얏더라

●美淸交誼　華盛頓電을據ᄒᆞᆫ즉淸國이奉匪國擾亂事件에米國에셔賠償金을受ᄒᆞᆫ據額이二千四百四十萬圓인ᄃᆡ米國이淸國과交誼를敦睦키爲ᄒᆞ야一千一百六十五萬五千四百九十六萬圓만受ᄒᆞ기로議員리쥐氏가政府에獻議ᄒᆞ얏다더라

●增稅反對騷擾　東京來信을據ᄒᆞᆫ즉去拾一日午後二時에日本比谷公園에서社會黨 派가增稅反對大會를開ᄒᆞ고彌次馬等五千餘名이集合ᄒᆞ야警察의解散命令을反抗ᄒᆞ야遂히電車攻擊ᄒᆞ기始ᄒᆞ야十六輛의電車가一並破壞ᄒᆞ얏ᄂᆞᆫᄃᆡ政府ᄂᆞᆫ遂히軍隊를발ᄒᆞ야此를鎭壓ᄒᆞ얏ᄂᆞᆫᄃᆡ拘留된者八十餘名이라더라

●革命黨被捉　瑞士國노선네電에云ᄒᆞ얏스되本處에셔俄國人男子十名과女子一名이富豪某氏의게革命黨捐助金一萬圓을請求ᄒᆞᄂᆞᆫ것을該富豪가不應ᄒᆞ다가革命黨의殺害를致ᄒᆞᆫ故로該黨十一人을捕捉ᄒᆞ얏다ᄒᆞ얏더라

●摩國擾亂未已　摩洛哥駐屯佛 司令官의漸次行戰ᄒᆞ야셋다一地方지지到着ᄒᆞ얏스나同地ᄂᆞᆫ姑未占領ᄒᆞ얏다더라

●鐵路數處買收　淸國天津과京奉鐵路據局은新民屯、法庫門과의鐵路數設地買收ᄒᆞᆫ十五萬兩을支出하얏다더라

●法國海軍擴張　法國海軍大臣은一萬八千噸되ᄂᆞᆫ戰鬪艦을速히起工ᄒᆞᆷ이可ᄒᆞ다說明ᄒᆞ고該國議會에셔ᄂᆞᆫ海軍의根本的改革을急圖ᄒᆞᆫ다고決議ᄒᆞ얏다더라

●飛船世界　파리電에曰ᄒᆞ되法人파영은空氣船을製造ᄒᆞ기에專力ᄒᆞᄂᆞᆫ人이라該氏가言ᄒᆞ되本年內에飛船製造ᄒᆞᄂᆞᆫ것시人進步가되야各處에飛船으로來往하리라ᄒᆞ얏다더라

●新式大砲발明　倫敦電을據ᄒᆞᆫ즉陸軍도사(위의쓰니)氏가一機械砲를新발明ᄒᆞ얏ᄂᆞᆫᄃᆡ一呼吸間에八次를발射ᄒᆞ고一分鐘間의四百八拾발에能至ᄒᆞᄂᆞᆫᄃᆡ前後左右에運用을如意케ᄒᆞ야新式으로製造ᄒᆞ얏다더라

雜報

●法論簡便　前參事朱定均氏가法학通論을譯述ᄒᆞ얏ᄂᆞᆫᄃᆡ其體裁가簡便ᄒᆞᆷ이中학校教科用에適當ᄒᆞᆫ故로學界에歡迎을受ᄒᆞᆫ다더라

●廣校漸進　廣州松坡有志人士들이青年子弟를教育ᄒᆞ기爲ᄒᆞ야昨年春에廣成학校를設立ᄒᆞ얏더니本校財政總務李明俊氏의熱心으로高明ᄒᆞᆫ教師를延聘教授ᄒᆞ미學徒가六十餘名에達ᄒᆞ얏고年終試驗을擧行ᄒᆞ고賞品을施給ᄒᆞ야학業을勸奬ᄒᆞ엿다더라

●青友奬학會趣旨書

嗟乎라世界五大洲에風潮가震盪하야地球上萬國에학海의波浪을유擡ᄒᆞ니彼智力이豐富ᄒᆞᆫ者ᄂᆞᆫ飛艇을駕ᄒᆞ며汽船을掉ᄒᆞ고彼岸에先發ᄒᆞ야金山을掘ᄒᆞ며敷壘를築ᄒᆞ야無上ᄒᆞᆫ地位를占據ᄒᆞ고四海를脾睨ᄒᆞ며勢力을行使ᄒᆞ거ᄂᆞᆯ此桃花流水에君夢沉酣ᄒᆞᆫ者ᄂᆞᆫ但是武陵仙源에歲月을消遣ᄒᆞ다가宇內의風潮가掀翻ᄒᆞᆷ미漏船에蟄伏ᄒᆞ야迷津이渺然ᄒᆞ니望洋의歎이徒悔噬及이로다

嗚呼라我韓現狀이여何等의苦海에瀕ᄒᆞ얏ᄂᆞᆫ고吾人이智力이闇昧ᄒᆞ고思想이低劣홈으로학海의淵源을未溯ᄒᆞ고羅盤의指針을莫定ᄒᆞ야滔々히黑동々裏에暗瞎을自蹈ᄒᆞ니寧不慨歎가惟我北靑은關北의名州라山川地靈에人傑이世出ᄒᆞ고物産이豐饒ᄒᆞ야自古로文학의淵源이오士林의淵藪다發軔이闕望에絃誦이不絶하고衣冠이萃集에風俗이善美ᄒᆞ니迨此時勢變遷ᄒᆞ며風潮震盪之秋ᄒᆞ야迥掉학海에先登彼岸이即吾鄕之責任一指者也어ᄂᆞᆯ夫何尙此寥々하야反欲讓一步於他鄕ᄒᆞ니豈不爲吾鄕之羞乎아

所以로在京同志諸人이奮然發起ᄒᆞ야組織奬학會ᄒᆞ니惟我靑友諸君子ᄂᆞᆫ皆 心服ᄒᆞ야熱血書誠으로期圖發達我目的而後已ᄒᆞ노니我靑州三十面幾萬戶諸君이皆我靑友也라苟能人人出力ᄒᆞ며家家興학ᄒᆞ야一掃舊習ᄒᆞ고重修鍊新학ᄒᆞ면後進靑年이必皆勃然興起ᄒᆞ며蒸蒸進步ᄒᆞ야出而作國家棟樑之材ᄒᆞ고入而成忠孝博학之士ᄒᆞ리니安知異日에挽回國權ᄒᆞ며鞏固邦命이不在於靑友之多士乎아

嗚呼라彼華盛頓拿破崙克林威爾瑪志尼等이皆起於村里학校之中ᄒᆞ야能做不世之偉業ᄒᆞ니惟我靑州多士之林에도亦豈曰無其人乎哉며亦豈曰無其人乎哉아

발起人　韓中洙　姜弼求

雜報

◉米日戰爭의近說 宮相李允用氏ᄂᆞᆫ무슴確據를知홈인지무삼謠言가有홈인지米日開戰이迫近ᄒᆞ다ᄂᆞᆫ事로 太皇帝陛下ᄭᅴ 上奏ᄒᆞ얏다더라

●晉彌陛見 晉彌副統監이昨日下午二時에 德壽宮에詣進ᄒᆞ야 太皇帝陛下ᄭᅴ謁見ᄒᆞ고何事인지一時間을 上奏ᄒᆞ얏다더라

●皇族有會 永宣君李埈鎔氏가宴會를設ᄒᆞ얏다ᄂᆞᆫ說은前報에揭載ᄒᆞ얏거니와該宴會인즉皇族임으로宴賓ᄂᆞᆫ李載完李載覺李海昌李埈鎔四氏가分排ᄒᆞ얏다ᄂᆞᆫᄃᆡ內外國高等官人이一齊往參ᄒᆞ얏다더라

●鎭義方針 內閣大臣들이地方을鎭靜홀事件에對ᄒᆞ야協議ᄒᆞ되南北村頑固宰相으로內外職을敍任하고義兵을宣諭ᄒᆞᄌᆞᄒᆞ며或은一進會를解散ᄒᆞ고軍隊를復設ᄒᆞᄌᆞᄒᆞ야議論이不一ᄒᆞ다ᄂᆞᆫ說이有ᄒᆞ더라

●衣制將頒 內閣에셔一般國民의衣制를變更ᄒᆞ기로議定ᄒᆞᆫ事ᄂᆞᆫ昨報에揭載ᄒᆞᆫ바어니와該議案을提決ᄒᆞᆫ後에日間 勅令으로頒布케ᄒᆞᆫ다ᄂᆞᆫᄃᆡ大槪衣服은純黑色으로冠宕及鞋子ᄂᆞᆫ廢止ᄒᆞ고帽子及洋鞋를着ᄒᆞᆫ다더라

●兩大辭疏 總理大臣李完用宮內府大臣李允用兩氏가將次辭職疏를奉呈ᄒᆞᆫ다ᄂᆞᆫ說이有ᄒᆞ더라

●法大不仕 法部大臣趙重應氏ᄂᆞᆫ何事件을因홈인지四五日을不爲仕進視務ᄒᆞᆫ다더라

●統監云遞 伊藤統監은遞任이되고其代에ᄂᆞᆫ靑木氏가被任되리라ᄂᆞᆫ巷說이有ᄒᆞ더라

●擬銷撥眉 昨報와如히宮內府大臣李允用氏가日本에滯在홀時에署理大臣이敍任ᄒᆞᆫ官吏를調査ᄒᆞᆫ다ᄂᆞᆫᄃᆡ其理由인즉該大臣이大生疑訝ᄒᆞ야惱情이有ᄒᆞᆫ所以라더라

●遷轉何多 今番郡守奏本이近二十窠인ᄃᆡ新任郡守ᄂᆞᆫ不過二三郡이오其餘ᄂᆞᆫ遷轉郡守러라

●雲峴設宴 雲峴宮에셔設宴ᄒᆞᆫ다ᄂᆞᆫ事ᄂᆞᆫ前報와如히再昨日下午七時에該宮大舍廊에舖陳을盛設ᄒᆞ고唱夫與歌客이滿堂ᄒᆞ얏고外賓은副統監과長谷川大將이來參ᄒᆞ얏다더라

●花園金殘 北村某大官의別室이其媒近ᄒᆞᆫ人의게錢二萬五千兩을貸用ᄒᆞ고延拖不報ᄒᆞᄂᆞᆫ故로該錢主가某大官에게推覓ᄒᆞᆫ깃다ᄒᆞᆫ즉該別室書內에吾家大監이此等錢을他人의게도屢拾萬圜을取用不報ᄒᆞ얏스니汝以何等權力으로能爲推鍾乎아ᄒᆞ얏다더라

●學大懇會 學部大臣李載崑氏가本日下午一時에該部內外國官人과勅奏判任官을會同ᄒᆞ야懇親會를開催ᄒᆞᆫ다더라

●聞者膽戰 咸南觀察使韓南李氏ᄂᆞᆫ各項書信에年月日을明治四十一年이라書ᄒᆞᆫ다니果如所聞인된該氏ᄂᆞᆫ日本만知ᄒᆞ고本國은不知ᄒᆞᄂᆞᆫ故로本國年號ᄂᆞᆫ不用ᄒᆞ고日本年號를用홈이니究厥心腸ᄒᆞ면甚於賣國大賊이라ᄒᆞ야熱罵가籍々ᄒᆞ더라

●兩氏結誼 主殿課長李起泓氏ᄂᆞᆫ宮內府大臣李允用씨와結誼兄弟를盟托ᄒᆞ얏다더라

●花月餞別 內部警務局長松井茂氏緖課長趙聲九兩氏가三南鄕方警察事務를視察하기爲ᄒᆞ야再昨日出발ᄒᆞ얏다ᄂᆞᆫ事ᄂᆞᆫ已揭하얏거니와該兩씨가再昨夜에花月樓에셔開催ᄒᆞᆫ該部次官晩餐會에參席ᄒᆞ고昨日出발ᄒᆞ얏다더라

●還費請撥 法部書記官六人을日本셔召還ᄒᆞᆫ다ᄂᆞᆫᄃᆡ該旅費一千二百七拾圜을即速支撥ᄒᆞ라고度支部로照會ᄒᆞ얏다더라

●薄韓厚日 宮內府及所屬院司에入直ᄒᆞᄂᆞᆫ判任官의入直料ᄂᆞᆫ每人四十錢式으로日本人의게ᄂᆞᆫ七分을增加ᄒᆞ야一夜에三圜二拾錢式으로雇役은두元以上月給을受ᄒᆞᄂᆞᆫ者ᄂᆞᆫ二拾四錢이오拾圜以下되ᄂᆞᆫ者ᄂᆞᆫ一拾錢으로定ᄒᆞ고定ᄒᆞᆫ時間外에視務ᄒᆞᄂᆞᆫ人이면食料二十전式을支給ᄒᆞ기로決定ᄒᆞ얏ᄂᆞᆫᄃᆡ三月一日봇터實施홀터이라더라

●祠板云埋 前判書閔泳雨氏ᄂᆞᆫ該家歷代神主를陰本月十七日에埋安ᄒᆞ기로決定ᄒᆞ얏ᄂᆞᆫᄃᆡ該氏族屬諸氏가埋安ᄒᆞᄂᆞᆫ거시不可홈을挽止ᄒᆞ되終不聽止ᄒᆞᄂᆞᆫ故로該氏近族이永訣祠宇次로來ᄒᆞᄂᆞᆫ者가每日不絶이라더라

●僞貨屬公 太田셔貨幣僞造者朴右瑠等拾名이被捉ᄒᆞᆫ說은已揭어니와該僞造貨五拾一圜二拾錢과機械等物을忠南裁判所에셔屬公ᄒᆞ얏다더라

●兩隻辯護 前協判閔衡植氏와前承旨徐相薰씨가裁判ᄒᆞᆫ다ᄂᆞᆫ說은已爲報道ᄒᆞ얏거니와閔衡植氏ᄂᆞᆫ辯護士李冕宇氏에게委托ᄒᆞ고徐相薰씨ᄂᆞᆫ玉東奎氏에게委托ᄒᆞ야昨日平理院에裁判을開ᄒᆞ얏다더라

●醫吏押送 流配宣告ᄒᆞᆫ同友會員二十人을昨日智島와珍島로분配ᄒᆞᄂᆞᆫᄃᆡ韓巡查二人과日巡查四名이帶同불往하얏다더라

●賞金請撥 내部에셔昨年度봇터ᄂᆞᆫ各道府郡書記及使傭의年終賞與金을支給ᄒᆞᆫ다ᄂᆞᆫ각道觀察使의報告를因ᄒᆞ야十三道에電訓ᄒᆞ고각道府郡書記及使傭의敉爻幾何와昨年度俸給中殘額幾何를調査報來하라ᄒᆞ얏다더라

●廢署設憲 楊州郡에日憲兵站所를設置ᄒᆞ고該郡分派警察署ᄂᆞᆫ廢止ᄒᆞᆫ故로該署警部가再昨日上京ᄒᆞ얏다더라

●義陣偵探 警視廳에셔楊州郡等地義兵을偵探ᄒᆞ기爲ᄒᆞ야韓巡查四名과日巡查四名과別巡檢三名을昨日上午七時量에派送ᄒᆞ얏다더라

●兎山義擾 去月三十日頃에義徒四五百名이兎山郡에突入ᄒᆞ야警察署를打破ᄒᆞ고각項文簿를沒數燒燼ᄒᆞ얏다더라

●改稱法科 法官養成所를社稷洞於義宮으로更爲移轉ᄒᆞᆫ다ᄂᆞᆫ說은已爲報道ᄒᆞᆫ거니와該官이年來頹圮가已甚ᄒᆞᆫ고로附近民家를買入修理ᄒᆞᆫ後에移接ᄒᆞ고法科大학이라改稱ᄒᆞᆫ다더라

●鄭氏說明 普成專門학校臨時校長兪鎭濬氏ᄂᆞᆫ請願ᄒᆞᆫ代에申海永氏로仍任되고校監[illegible]永澤氏가新任되야校長代辦으로講師를會同ᄒᆞ야說明하되今番事端은究其原因ᄒᆞ면各其自己責任外에一時協議之感情을因ᄒᆞ야生ᄒᆞᆫ緣由라然校主ᄂᆞᆫ校非에主張홈이可ᄒᆞ고任員은事務와秩序를整理홈이可ᄒᆞ고敎師ᄂᆞᆫ학事와敎科를掌홈이可ᄒᆞᆯ쌴이라今에所謂協議的主義ᄂᆞᆫ干涉홈을主張홀지라도他日에風波난一向不息홀지니幸勿辭退ᄒᆞ고各其責任만守ᄒᆞ야重大ᄒᆞᆫ公益을持保홀지오且校主ᄂᆞᆫ敎育界에偉大ᄒᆞᆫ事業家라說有感情이라도另加親愛홈이可ᄒᆞ다ᄒᆞ얏다더라

▲地方消息▼

▲一月拾日午前六時에義兵約二百名이突然히甲山郡을襲來홀時에同地日守備兵九名과日巡查一名과郵便取扱所長以下九名과電線工夫二名이旅館에宿泊中인ᄃᆡ巡查ᄂᆞᆫ銃을持ᄒᆞ고約一里를隔ᄒᆞᆫ郵便取扱所와日本人을保護ᄒᆞ라ᄒᆞᄂᆞᆫᄃᆡ其附近은義兵이遍滿ᄒᆞ야彈丸이如雨ᄒᆞᆫ대單身으로抵抗ᄒᆞ기難ᄒᆞ야艱辛히隣近守備隊에馳往ᄒᆞ야協力防戰홀ᄉᆡ隊도同來하얏ᄂᆞᆫᄃᆡ義兵은多數홈을自恃ᄒᆞ고四方으로迫近히亂射홈으로容易히退却지못ᄒᆞ야交戰中에一等卒一名이負傷ᄒᆞ고再次腹部을貫通ᄒᆞ야即死ᄒᆞ고又兵卒二名이負傷ᄒᆞ고持銃者但七名뿐이라日兵의危險홈이至極ᄒᆞᆫ대義兵은兵力一部를分ᄒᆞ야郵便取扱所를襲ᄒᆞ야廳舍를破壞ᄒᆞ며又處로電線을絶斷ᄒᆞᄂᆞᆫ지라日人이危甚ᄒᆞ야梁隙避難홀際에日人事務員一名工夫一名은散彈을中ᄒᆞ야即死ᄒᆞ고又旅宿ᄒᆞ든工夫二名도散彈에重傷ᄒᆞ얏고午後三時에ᄂᆞᆫ義兵이彈丸이乏絶ᄒᆞ야退却ᄒᆞᄂᆞᆫ中에巡查駐在所器具를破ᄒᆞ고取扱所電信器械를破壞ᄒᆞ얏고韓人負傷이二名이오日人은死者二名이오負傷者約二拾名이라ᄒᆞ고

▲錦山通信을據ᄒᆞᆫ즉拾一月拾一日에恩津郡可亭동里에義兵三拾餘名이過去ᄒᆞ다가天道敎人五名을砲殺ᄒᆞ얏다ᄒᆞ고

▲十二月二十四日禍山郡蘇陽里天主敎堂에日兵六名과日人通辭一名과日巡查一名과一進會員一名이突入ᄒᆞ얏ᄂᆞᆫ대適其時에孔神父ᄂᆞᆫ出他ᄒᆞ고守直하ᄂᆞᆫ一名만留在ᄒᆞ얏ᄂᆞᆫ대無端히入來하야銃劍으로窓戶를破碎ᄒᆞ고生栗과麻鞋와像을去ᄒᆞ며또孔神父馬를牽하고扶餘白馬江岸으로過去ᄒᆞᄂᆞᆫ대日兵六名과通辭인지一進會인지一名을逢着ᄒᆞ야馬를奪取乘去ᄒᆞ다가拾里에至ᄒᆞ야무슴思想이有ᄒᆞᆫ지馬를還給ᄒᆞ얏다ᄒᆞ고

▲淸道郡에義兵이退却ᄒᆞᆫ뎐日에日兵一名과通辭一名이數眾附近村落에出沒ᄒᆞ야鷄與卵을討索ᄒᆞ다가村家에突入ᄒᆞᆫ즉新嫁婦女가見而畏겁ᄒᆞ야欲避ᄒᆞᄆᆡ日兵이笑云品劣ᄒᆞ다ᄒᆞᆫ즉通辭가言ᄒᆞ기를此是好物이라ᄒᆞ며日兵을勸ᄒᆞ야겁奸힛다더라

路透電報

(十四日발) 德國豫算委員會에셔膠州灣의價値에就ᄒᆞ야異論에對ᄒᆞ야海軍大臣이說明ᄒᆞ기를今日膠州灣에守備兵及巡洋艦을減ᄒᆞ지아니ᄒᆞ여야홀것이오山東省에ᄂᆞᆫ德國勢力이近時에非常히進步되얏다ᄒᆞ엿더라

▲月朝一評▼

▲時局人物閱覽하니全沒廉恥더行爲가痛惜ᄒᆞᆫ事許多ᄒᆞ다牌胃조흔뎐然而且三斗醋를鼻吸ᄒᆞᆫ다

▲新協約을成立ᄒᆞ고不世大功일운듯시掀天勢力圖得ᄒᆞ야搖頭轉目橫行ᄒᆞ며恩賜金을運動ᄒᆞ야拾萬圜을摘食ᄒᆞ니뎌大臣이可憎이오

▲苟且加資周旋ᄒᆞ야金貫子만엇고보면宰列이라藉稱ᄒᆞ야彩判宅號赫々ᄒᆞ다拜不拜를起弃ᄒᆞ야踞傲之態自生ᄒᆞ니假宰相이可憎이오

▲社會上에出入ᄒᆞ면國家思想잇ᄂᆞᆫ체向人言論慷慨ᄒᆞ나宦心處事罷悖ᄒᆞ다權門勢家聯絡ᄒᆞ야官職運動秘密ᄒᆞ니假志士가可憎이오

▲外國바람ᄒᆞᆫ番씌면新空氣를吸取ᄒᆞᆫ듯ㅂ語마듸지ᄃᆡ귀며一等人物自許ᄒᆞ고傍若無人扼腕ᄒᆞ야鄙悖行爲居生ᄒᆞ니져開化가可憎이오

▲魚頭鬼面嘯聚ᄒᆞ야外人奴隸甘作타가解散消息喧藉ᄒᆞ미掩耳搖鈴저妙策이地方으로送人ᄒᆞ야曉喩安撫奔走ᄒᆞ니一進會가可憎이오

▲削髮ᄒᆞ고洋服ᄒᆞ면무슴功名엇은듯시揚揚自得ᄒᆞᄂᆞᆫ銳探眼下無人酬酢홈대不顧齒德壓視ᄒᆞ니無尊長之衙門이라져少年이可憎이오

▲觀察郡守黜陟不去無恥ᄒᆞ다內閣에셔精神업셔置之度外不問ᄒᆞ니坐如泥塑公堂上에月銀空然偸食ᄒᆞ니져面皮가可憎이오

▲學問知識半點업고仕宦에만慾心나셔某大臣家哀乞ᄒᆞ야不分晝夜問安홀ᄯᆡ識者唾罵不畏ᄒᆞ고耽饕咀痔醜ᄒᆞᆫ態度求仕客이可憎이오

▲賣淫女가洋服입고開明婦女效顰ᄒᆞ야街道上셔앗ᄃᆞᆯ거려眩人耳目ᄒᆞᄂᆞᆫ고나豪蕩男子追逐ᄒᆞ야暗裏醜行浪藉ᄒᆞ니져女子가可憎이오

▲詔成社風流聲에肩神自聳如狂ᄒᆞ야淸歌妙舞二八妓가五臟六腑다ᄲᅢ갓다不惜千金擲手段이蕩敗家産不顧ᄒᆞ니뎌蕩子가可憎일세

▲一窠官職圖得ᄒᆞ면呂人을畏겁ᄒᆞ야괴롭히쥐거름이街路上에出入ᄒᆞᆯ제好事業을成ᄒᆞᆫ다시眞緣高帽번젹번젹뎌官人이可증이오

社告

○皆愛錄

殷栗金鎭浩 一圜八拾六젼五厘
平壤趙弼元 一圜二十九젼
价川金용鍊 貳圜五十젼
雲陽孫志亨 一圜七拾二젼

廣告

本事務所에서第一出張所의位置와事務員을如左히定ᄒ고平安南北道所管民事代理刑事辯護一切法律事務를處理홈

漢城許암聯合法律事務所
辯護士 尹邦鉉
辯護士 太明식
辯護士 李容相 告白

第一出張所
位置 平壤郡隆德部一里大貫洞一統一戶
事務員 崔觀洙
事務員 洪鶴奎

本人의子와孫이字稱應老性本浮浪年前與七谷人崔明克云者로稱以金鑛開事有債二千八百兩이다如干庄產을沒數蕩盡後猶爲不足ᄒ야今番又稱一百五十兩有債云ᄒ고同明克이日々來督이온바孫은尙不悛習ᄒ고出沒府郡ᄒ야事求債ᄒ니誰某던지若或給債면必將白失이니內外國人은切勿見欺홈

慶尙北道永川鳴山面下大田 姜震欽 告白

本會臨時總會를來土曜日下午一時(陰正月十四日)에鍾路靑年會館에開ᄒ오니本道人士는屆期光臨之地敬望

湖南學會 廣布

桃동居趙東敏이가自己所持호西署龍山坊典禮祠馬背亭下土地文券을典執ᄒ고得債以給ᄒ라ᄒ기로本人의五寸姪妻李國許에서債給ᄒ고本人이趙東敏과親愛홈으로當限還報가速지못홀가ᄒ야麻湖居崔龍圭許에典當償來라稱ᄒ얏더니昨年十二月分失火時소火ᄒ얏는대其間換契之致로數次廣告ᄒ것을金趙에辨明ᄒ야其實的을廣告ᄒ오니 照亮ᄒ시옵

麻浦桃花동居姜乃春 告白

▲中等算學

數學敎科書上下卷 一圜五拾錢

此書는算學專門으로多年研究ᄒ博士에東西洋中等學術을參互著作ᄒ바自加減乘除로至分比例小大開平立九積等數을次第編成ᄒ고算式과解詁을亦依西洋之制ᄒ야據히橫書로學習에便易케ᄒ얏스니算學에有志ᄒ신僉君子와各校生徒는不可不覽이오니陸續購覽ᄒ시옵

總발行所 校洞大同報社
分賣所 京城各書舖

李侍讀範설室內綾城具氏今月十二日別世

護喪人 金鼎하 告白

本人이阿峴居柳桂俊許에陰本月拾三日出次四千五百五拾兩於音을陰本月十二日路中서失ᄒ얏사오니誰某拾得ᄒ여도休紙施行홈

永平東面麥丘居金致深告白

本人의孫子貞則이性本浮浪ᄒ야邑村間悖類로作謀ᄒ야如干田沓文券을典執ᄒ고得債云々ᄒ와玆以新聞에公佈ᄒ오니勿論內外國人ᄒ고切勿見欺ᄒ심을爲要

郭山郡內面下端 朴文實 告白

學員募集廣告

本校第國國入學期를現當ᄒ야法律學及經濟學兩專門科學員을玆에募集ᄒ오니願學人은左記試驗定期內에本校用紙로써早速請願홈을要홈 但右兩科는夜學으로만募集홈

◎修業年限 三학年
◎入學年齡 二十以上
◎學科目 法律學全部 經濟學全部 備在本校規則
●試驗日字 二月廿五日(陰曆戊申正月廿四日)
●試驗科目 歷史及地誌問對(內國及外國)讀書及作文(國文及漢文)算術(四則以內)
但官公私立學校의普通科以上卒業證書가有ᄒ人은其學力을檢定ᄒ야免試入許홈
●開學日字 三月五日(陰曆二月三日)

隆熙二年一月十日
漢城中署磚洞普成專門學校

奇術學 全 定價十錢

元泳義氏校閱 宋致用氏著述

此書는理化學의應用과活智識의啓발上學界上迷津寶筏을編成홈

發賣所
鍾路 中央書館
仝 大東書市
古今書海館
大廣橋東邊 회東書館
南門外 新舊書林
南門內倉洞 博文書館

國債報償志願金總合所金一千七百七十六圜二拾三錢을領置ᄒ事

電氣會社內銀行

支取所來納金廣告

昌原港第一回金一千七百七拾六圜二拾三錢을電氣會社內銀行에貯置ᄒ事

國債報償志願金總合所

本局을移轉於本城內鹽匯雙街ᄒ고自今爲始ᄒ야는內外洋약種을倂ᄒ다多數貿置ᄒ고廉價로放賣ᄒ오니買약에注意ᄒ시는僉員은陸續來臨ᄒ심을敬要

安州城內濟宣局
張東商 告白

일본경부제됴연초
한국열수방미
동아연초쥬식회샤

경성명동

●廣告

本書舘에서文明을輸入ᄒ고民智를啓發ᄒ기爲ᄒ야수에內外國各種書籍과各種紙筆墨硯類를多數購置ᄒ오니 僉君子는陸續購覽ᄒ심을務望

最新書籍目錄

◎東西洋歷史 各種
◎東西洋地誌 各種
◎政治學 各種
◎法律學 各種
◎經濟學 各種
◎算術書 各種
◎內外國地圖 各種
◎修身書 各種
◎財政學 各種
◎博物學 各種
◎物理學 各種
◎衛生學 各種
◎地文學 各種
◎讀本 各種
◎法帖 各種
◎學校用品 各種

此外에도各種書籍이具備ᄒ옵고書籍及名片도印刷하옵는데與他廉價홈을特別陳告ᄒ깃ᄉ외다

京城南署銅峴(구리개)

學部認可 博學書館 告白

朴晶東氏譯

意大利獨立史 正價金五拾錢
經濟原論 正價金三拾錢
國際公法志 正價金四拾錢
國文新撰家庭學 正價金二拾錢

國家의文明은敎育이根本이오敎育의基礎는家政이始라故로家政學을純國文으로新撰ᄒ와婦人社會와勞動社會와學校敎科에各지需用홈에便易케ᄒ와사오니有志僉君子는陸續購覽ᄒ심을務望

발行人 金兩均 告白

發賣所
▲大廣橋 匯東書館
▲門口 中央書館
▲銅峴 博학書館
▲鐘路 大東書市
▲布屛下 廣學書舖
▲尙洞 博文書館

天然堂寫眞

特別減價 萬世不變 五色彩設

天然堂 布德門外에서皇壇으로向ᄒ야新作路左邊

寫眞師 金圭鎭 告白

[illegible]

◉大韓國新發明神藥

◉虔修靈丹 各種食滯中暑久滯口臭痰飮吐瀉 定價一貼十錢
◉至寶丸 治諸暢痲疾不拘久遠俱有偉效 定價金十錢
◉靈效液 外用芳香治疥瘡皮膚百發百中 定價金三拾錢
◉清眼水 治諸般眼疾有靈驗見天之妙 定價金拾錢
◉通淋丸 治男女急慢淋疾神効無雙速効除毒 一週金五十錢

此外에도東西洋各國有名賣藥과藥水와各種精製藥品과衛生用具俱比廉價

漢城中署鐘路鉢里第十二統二戶

製劑발賣所 共愛堂藥房 告白
監修발行人 前官立漢城醫學校卒業生 張基茂 朴容南 謹白

支店 南署南門內 共愛堂開城支舖 姜勛遠
興學書舖

代理店 西署新門外石橋普濟院藥局 車熙廷
仁川海福濟生堂 韋庚鳳

國內各地藥房에서總發賣홈니다

漢城鐘路萬國基督教青年會館前慈惠藥房 製藥鑑査人濟衆院醫學員洪錫厚朴慈惠李觀化告白

本人等이米國大학醫院處方世大醫學士魚丕信시에게受業ᄒᆞ고醫學校長勛五等池錫永시에게有効証明書을受ᄒᆞ고左記ᄒᆞᆫ各種을製造ᄒᆞ야外國製약規模을依ᄒᆞ야紙匣洋鐵匣琉璃瓶에盛ᄒᆞ야全國內地各處에도廣賣ᄒᆞ옵고濟衆院英書醫書를我國國漢文으로繙譯ᄒᆞ야名稱西약便方이라ᄒᆞ고발賣ᄒᆞ오니四方僉彥中濟衆院약을數拾年來經驗信用ᄒᆞ신兄弟는不拘약之多少ᄒᆞ고不拘路之遠近ᄒᆞ고日々以書請買ᄒᆞ시면本人은雖拾錢價値략이라도以小包郵便으로仰呈ᄒᆞ오리니략封定價外郵稅十젼式만加送ᄒᆞ시되小數젼은郵票十젼ᄶᆞ리을ᄉᆞ서보너시고賣략家에서는多數買去ᄒᆞ시며郵便局換錢票를買送ᄒᆞ시오且本藥房에米國(멀포드)製략會社략과德國(만ᄒᆞ임)製약社략品을直輸入ᄒᆞ야德語英語로記ᄒᆞᆫ方文과主治와用法을我國漢文으로繙譯발賣

商標

食思振起 經方活潑 **補益丸** 第一老衰男女의게補益益血

定價表 拾日分 三十個入 金一圜 / 二十日分 六十個入 金一圜七拾五錢 / 三十日分 九十個入 金二圜五拾錢

主治人補元氣能調陰陽男子陽萎不起女子月經不調手足厥冷虛損之病久病人蘇完되는効力이大勝於鹿茸蔘人蔘精

靈効解瘧丸 一日分定價金拾錢此藥은大人小兒長瘧과初瘧을服用ᄒᆞ면更不再發

蛔虫丸 一日分定價金拾전此藥은大人蛔積小兒蛔病의神効

四時感冒丸 一日分定價金拾전此藥感氣몸살의쓰는약인대一二日連服을ᄒᆞ면四時毒感上下肢節頭痛에即時解熱鎭痛

男女瘡疾袪根藥 定價金五圜此藥은瘡疾의一期二期를勿論ᄒᆞ고거근ᄒᆞ도독약을쥬는대미痱과구역도아니나오

淸明眼藥 一日分定價金拾錢此藥은火眼熱眼의有名ᄒᆞᆫ藥

無惡臭疥瘡藥 定價金四拾전此藥疥瘡虫을卅分內殺

鎭咳嗽藥 五日分定價金三拾錢此藥은四時常性咳嗽에有效ᄒᆞ고特히老人喉咳에消痰止咳

寸白發根 定價金三拾錢有鉤寸虫無鉤寸虫當場殺用

止足汗藥 二十日分定價貳拾錢此藥은儒風軍人常用除足汗臭

養胃靈散 定價금拾五전小兒服藥감기食滯他症爲主

輕腫根治膏 定價금十五전此낙面腫과頭腫에直差

濕腫根治膏 定價금十五전此략은男女勿論하고風寒暑濕으로生ᄒᆞᆫ腫에ᄯᅢ起搔痒ᄒᆞᆫ데奇効

大腫發根合瘡膏 定價금五十錢

漢城百應膏 一封定價金十錢此략은즉략醫士李信友시方文으로製造ᄒᆞᆫ藥인대명우리잘플리고각項腫氣에발根合瘡이速히되는膏藥인대大洋鐵匣八一個금五十錢

小兒感冒靈効散 定價金十錢

癎氣神効保嬰散 定價금十二錢五厘

新編 銀行簿記學 任璟宰編述 全一冊定價六十五전

本書는一般外國語大家의著述ᄒᆞᆫ簿記學中最近ᄒᆞᆫ학理와最新ᄒᆞᆫ形式을精細蒐輯ᄒᆞ야國漢文으로解得ᄒᆞ기便易하게編述ᄒᆞᆫ者니一次修習ᄒᆞ면瑣瑣煩冗의整理方法과業務의處理順序가瞭如指掌ᄒᆞ야實로實業家의一大顧問이라諸銀行家와商業家는不不可案頭에一冊을備置ᄒᆞᆯ者ㅣ니陸續購覽ᄒᆞ심을務望

발賣元 中署布屛下三拾七統六戶 廣學書舖金相萬

分賣所 동口越邊中央書館 大廣橋匯東書館 / 鐘路大東書市 同古今書海館 / 南門內博文書館 南門外新舊書林 / 銅峴博學書館

本人이日本大阪商業家와契約ᄒᆞ고日本內地産出各種物品과西洋各種物品及機械等을直接大韓에輸入과委托을便利케契約ᄒᆞ얏ᄉᆞ오니商工業에有志ᄒᆞ신僉君子는某物이든지請求ᄒᆞ시거든本社로來議ᄒᆞ시오本社에셔는手數料金만受領홈

興業社本店 開城南大門內興學書舖 支店京城南門內水標五十一統大戶 增養會社 仝仁港內吳廣泰號

▲新刊書籍發售廣告

增修無寃錄大全 國漢文 定價金七拾五錢

大韓法規類纂 洋裝 三圜五拾錢 郵稅四拾錢

初等倫理學教科書 二拾錢

初等衛生學教科書 拾五錢

國家學綱領 拾五錢

國民須知 八錢

愛國婦人傳 張志淵氏著 十五錢

發賣所 皇城布屛下 金相萬書舖

本人이書舖業務를設하고新舊書籍을具備ᄒᆞ와廉價放賣ᄒᆞ오니有志하신쳠員은來臨隨意請購홈

元山上里二통芸香舖金舜命白

家庭雜誌

每月五日發行一冊五十頁定價金十錢一年先金九十六錢地方一年先金郵稅幷一圜

本雜誌는純國文으로發行ᄒᆞ와家庭教育界에大光明을放하옵다가財政의艱窘을因ᄒᆞ야中間에屢朔廢止ᄒᆞᆫ바이온ᄃᆡ今에本社에서有志諸氏의協贊을得ᄒᆞ야論說論評의各部門과滋味잇는歷史談叢等을著述或蒐輯ᄒᆞ야本月五日부터續刊發行ᄒᆞ엿사오니 僉君子는續々購覽ᄒᆞ시옵

발兌元 皇城布屛下 金相萬廣學書舖

發賣所 尙洞博文書館 鐘路大東書市 各有名書店

布屛下廣學書舖닉家庭雜誌社 告白

歐米各國專賣特許 石油發動機及自行車 精米機械及附屬品一切廉價放賣홈

今回諸君子의便利ᄒᆞ기爲ᄒᆞ야本店을左記處로移接ᄒᆞ엿사오니照亮하심을伏望

韓輸入商 京城南大門外 直國代理店 中根商會

◉國債報償義捐金

二月中本社收入總額 每日號号明細錄

◉二月十三日

第一六〇八號 密陽郡각面里 四百二十三圜七十四전

計四百二拾三圜七拾四전

二月拾三日々지收入總額 一千〇五拾五圜七十五錢

隆희二年一月收入總額 六百六十八圜五拾二전

光武十一年四月至拾二月 收入總額 五萬七千四百廿六圜九十五錢七厘

總合五萬九千一百五拾一圜二十二전七厘

◉國債報償義捐金收入廣告

●平安南道慈山郡

郡닉面雙川里 七圜九十전

吳학雍 二圜拾전

龍川里 四圓四拾전

靑松里 四圓五拾錢

성上里 五圜

龍淵里 三圜

岐灘里 十三圜五拾錢

黑岩里 三圜 冷井里四圜

학士里 一圓

▲五灘面立上里

尹錫厚 尹廷植 尹錫憲 尹殷祚 尹致杰 尹泰勿 각二원拾전 尹廷檣一圜 尹錫疇一圓十錢 尹錫宗一圓五錢 尹廷哲 三ㄱ五錢

里中 五圓九拾錢

立下里 四원二拾전

兩上里白漢龍卅錢 白世輿 一圓 김氏 白時英 白雲碩 各二拾전 白晉珍 十七錢 白仁鳳 리存德 各五拾錢 리世吉 二拾전

▲兩下里 리昌奐 二圓 리世德四十전 리存實拾전 白晉鎬 李寬洙 각二圓拾錢 白時赫 四拾錢 리存爽

一圓二拾三錢 方宗孝四十전

▲淸溪里 김應祿 二拾五錢 崔燦洙四拾전 崔燦述五拾錢 崔燦儉卅五錢 崔燦星卅五錢 崔燦元廿五錢

威德一 林士元 各四拾錢 林士集 三拾五錢 崔燦說 一圓七拾錢 崔燦肯三十錢 趙永七 五拾錢 崔贊爽 三拾五錢 崔贊洙 四拾錢 崔相暌 三拾五錢 김用憲 崔贊官 各一拾錢

和五里中 拾九圓

麟동面盤松里中 拾二圓

社倉里拾 五圓

靑玉上里 拾圓

靑玉下里拾 二圓

안國里 廿六圓

▲栢동면卿동里

김利坤 各五拾二전 車元吉 김尙福 김增福 康得亨 吳丁祚 各五拾錢 徐尙默 朴利善 各七拾전 尹國玄 韓준향 ㄱ三拾五전 김炳德 鄭士俊 ㄱ二拾五전 林應학 拾六전

▲多大里 康允守 김奉吉 趙碩德 二圓 김학龍 ㄱ一圓 太平里晉丁贊 孔正烈 ㄱ一圓 任袞寬 五拾전 任義奎 七拾전

▲심城里 曹義奎 리記心 ㄱ一圓 塲里리裕吉 車吉凡 ㄱ九拾전 리應涉 六拾전

▲雲岩면 龍興리 四圓 城닉면蓋老리 二圓五拾전 五德리 一圓八拾五전

合文二百拾四圓拾전

●全北長水郡水닉면南北ᄌ

徐順玉 三圓 리興宗 二圓四拾전 리大化 吳度弘 ㄱ壹圓 朴欽來 八拾전 朴成所 七拾전 嚴尙辰 林良彦 ㄱ六十전 徐順又 沈今宅 李在憲 김應二 成判돌 리公辰 ㄱ四十전 박化瑞 三十전 김士有 설淑石 박鍾鉉 金乃仁 김울谷 리公甲 리化燁 韓良福 박元奎 韓小甫 梁舍文 崔文順 金舉守 申恩圭 박若金 李判用 林德悅 吳達用 리喆燁 張明祿 金先章 金希用 金召史 各二十전 林光京 전

合十七圓五拾전

▲定平郡國債報償事務所投入

無名氏 大圜

總合二百三拾七圓六十錢

前號總合五萬八千三百七十四圜〇七錢七厘

都總合五萬八千六百拾一圜六拾七전七厘

發行兼編輯人英國人 裴說

發行所 南署石井洞號外地二層洋屋 大韓每日申報社

第六卷　第七百卅二號

大韓每日申報

月曜及慶節
識時日休刊

檀君開國四千二百四十一年
箕子元年三千二十年
大韓開國五百十七年
日本明治四十一年
淸國光緖三十四年
陰曆戊申正月大十五日辛丑

論說

●韓國勞働界의新紀元

隆熙二年新開幕ᄒᆞᆫ지五十日이못되야此國內에三大喜消息이天來福音갓치瀰傳ᄒᆞᄂᆞᆫ되

第一은各道各郡에國文학校가逐日增加ᄒᆞ니此ᄂᆞᆫ韓國人의國粹主義라一大歡迎ᄒᆞᆯ消息이오

第二ᄂᆞᆫ畿湖人士가興학會를組織ᄒᆞ고兩道의文化의발展을計圖ᄒᆞ니此ᄂᆞᆫ畿湖人士의勉强進步라一大讚頌ᄒᆞᆯ消息이오

第三은西北人의勞働諸氏가西北학會에夜학을請願ᄒᆞ며繼又畿湖人의勞働諸氏가畿湖학會에夜학을請願ᄒᆞ얏스니此ᄂᆞᆫ勞働界諸氏의破天荒이니一大拍掌ᄒᆞᆯ消息이로다

此三喜ᄒᆞᆷ은但只該國文학校를爲ᄒᆞ야喜ᄒᆞᆷ이아니며該興學會를爲ᄒᆞ야喜ᄒᆞᆷ도아니며該勞働諸氏를爲ᄒᆞ야喜ᄒᆞᆷ도아니라便是韓國의前途를爲ᄒᆞ야大舞蹈ᄒᆞ며大賀成ᄒᆞᆯ바라夫此三大喜消息이新年의消息과同時ᄒᆞ며新春의草木과同萌ᄒᆞ니天下可喜事가此에過ᄒᆞᆫ者가豈有ᄒᆞ리오

然이나彼小學校의學生은元來知識이他人보다優ᄒᆞ며才力이他人보다大ᄒᆞ야學校를設立ᄒᆞ얏스며本도有ᄒᆞ며書籍을閱覽ᄒᆞᆯ時間도有ᄒᆞ니此等人의光明線路로向ᄒᆞᆷ은可奇ᄒᆞᆯ바卽少어니와彼勞働諸氏에至ᄒᆞ야ᄂᆞᆫ幼而失학ᄒᆞ야筋骨이已頑ᄒᆞ얏스며舊書籍도未閱ᄒᆞ얏스며新書籍도未閱ᄒᆞ야時局風潮를感悟ᄒᆞᆯ知識도無ᄒᆞ며今日手脚力을獻ᄒᆞ야明日口腹計를圖ᄒᆞ미一身의生活方針이라東西南北에奔走ᄒᆞ니學問硏究ᄒᆞᆯ時間도無ᄒᆞ거ᄂᆞᆯ今者에諸氏의心腸가忽然聖神의感化를受ᄒᆞ얏ᄂᆞᆫ지西楚霸王의拔山意氣로不識丁의目을高擧ᄒᆞ고文明학界로大踏步前進ᄒᆞ야終日勞働之餘에疲勞ᄒᆞᆫ氣身體를鼓舞ᄒᆞ야夜學講席一位를假得ᄒᆞ니壯哉라

諸氏여

山中樵夫乙巴素가高句麗의宰相되며棘津漁夫姜太公이周武王의元勳된은太古先天의過去話오勝朝名臣姜감贊이鑿器商으로登庸이라ᄒᆞ며獨[illegible]關雲長이販履夫로出身이라ᄒᆞᆷ은俚談諺冊의不經說이라此皆[illegible]常婦孺의笑話에供ᄒᆞᆯ已어니와即今勞働家諸氏의如此大勉强大奮발을觀ᄒᆞ건ᄃᆡ將來韓國勞働黨中에大英雄大人物大學問家가發出ᄒᆞ야目下二十世紀新世界加拿陀勞働內閣과[illegible]ᄒᆞᆯ지도不知니此[illegible]

[illegible]諸氏여

雖然이나中路에廢止ᄒᆞ야九仞의功을一簣에虧ᄒᆞ며[illegible]을一尺에止ᄒᆞ면[illegible]者가必絶有始無終의冷評을招ᄒᆞ야日來然勞働者의本色이라ᄒᆞ리니如此면反是勞働界의名譽만損傷ᄒᆞᆷ이니諸氏ᄂᆞᆫ勉旃이다

官報

●第三千九百九十八號

隆熙二年二月十五日

敍任及辭令

任關稅局主事　谷野文之進
任建築所技手　立花秀顯
任稅關技手　松田政吉
任稅關監吏　宗田義彥　龍田信太郎
任關稅局監吏　半　健次郎
任印刷局主事　富田辰二
任稅關監吏　井上貞次郎
財務監督局主事　趙容浚
免本官
建築所技手　藤本萬藏
依願免本官

外報

●西藏撤退　上海電을據ᄒᆞᆫ즉西藏에駐在ᄒᆞᆫ英國兵員은英國貿易事務官가우엔氏와艦長以下保護兵六十名만殘留케ᄒᆞ고撤退ᄒᆞ엿더라

●海軍根據　紐育電을據ᄒᆞᆫ즉美國陸軍大臣이比律賓群島로ᄡᅥ永久이海軍根據地를삼기爲ᄒᆞ야此事件으로方今調査中이라더라

●炭壙발見　伯林電을據ᄒᆞᆫ즉該國[illegible]領事館信에ᄒᆞ엿스되馬尼剌에無盡石炭山이有ᄒᆞ다ᄒᆞ엿더라

●幼年喫烟禁止　倫敦電을據ᄒᆞᆫ즉英國政府에서十六歲以下年少者의喫烟을禁止ᄒᆞ고違犯者ᄂᆞᆫ警官이拘留ᄒᆞᆷ을得ᄒᆞᆯ可ᄒᆞᆫ法案을國會에提出ᄒᆞ얏더라

雜報

●夜學光明　龍岡郡[illegible]面興동[illegible]씨가該동[illegible]民을開導ᄒᆞ기爲ᄒᆞ야屋子를購買ᄒᆞ고勞働夜학校를設立ᄒᆞ얏ᄂᆞᆫᄃᆡ敎師[illegible]來氏와敎監任官모氏가熱心敎導ᄒᆞ미該校數月之內에入학諸員四拾餘人이晝則勞働ᄒᆞ다가夜則智識技能을熱心受敎ᄒᆞ니周興一동은快有文明之機라고無不稱頌ᄒᆞᆫ다더라

●天國廣告　天國廣告文이城內에傳布ᄒᆞᄂᆞᆫᄃᆡ全文二百八拾三字에其主旨인즉凡勞苦負重ᄒᆞᄂᆞᆫ者ᄂᆞᆫ當就救主耶穌基督이오其道ᄂᆞᆫ救人ᄒᆞᆫ彼英米法德人은已天國ᄒᆞ야便安을享ᄒᆞᄂᆞᆫᄃᆡ韓國人은至今ᄭᆞ지勞苦負重者가尙多ᄒᆞᆷ으로上帝셔셔特別哀憐ᄒᆞ사天國門을開ᄒᆞ고其入을待ᄒᆞ시나니我同胞諸君은各其罪를悔改ᄒᆞ야救主의救援을得ᄒᆞ라ᄒᆞ얏고每日曜日上午十点鐘에迎謁禮拜堂으로來臨ᄒᆞ라ᄒᆞ얏ᄂᆞᆫᄃᆡ該廣告分傳人은리源號氏라더라

●受賂許賂　開城祥동等地에서淸人이三拾六契란雜技로聚財ᄒᆞᄂᆞᆫ故로該府警察署에셔捉因ᄒᆞᆫ바已說ᄒᆞ얏거니와更聞ᄒᆞᆫ즉提因ᄒᆞᆫ事로相議ᄒᆞ고巳前에巡檢四名이往禁ᄒᆞᄂᆞᆫ가淸人輩가反被毆打ᄒᆞ엿으ᄆᆡ淸人은一向設局賭技ᄒᆞ되不能禁止ᄒᆞᆫ다ᄒᆞ며又聞ᄒᆞᆫ즉警察官某氏가暗中受賂默許라ᄒᆞ니該技를禁止치못ᄒᆞᆷ을觀ᄒᆞᆫ즉受賂默許之說이果然[illegible]ᄒᆞ다더라

●感興鄕學　宣川郡深川面居[illegible]氏ᄂᆞᆫ本以資産으로敎[illegible]ᄒᆞ야[illegible]校를指導ᄒᆞ며나[illegible]校址를放買ᄒᆞ야建築九百圓을捐ᄒᆞ야立校名曰感興이라ᄒᆞ고校長該郡守金鎭浩氏와敎師金[illegible]氏와[illegible]김戰瀛諸氏가熱心贊助ᄒᆞ야晝役學徒가五拾餘名에達ᄒᆞ고基址放賣時에該面金학源朴允日김학海田圭錫金允祚ᄂᆞᆫ家計貧困이라도데口錢五拾圓을付之하校ᄒᆞ고熱心贊助ᄒᆞ다고該郡來人이稱頌ᄒᆞ더라

●學校試驗　義州聖義학校ᄂᆞᆫ該府[illegible]關羽廟齋室에設立ᄒᆞᆫ지가已經二周年이라校任의熱心과生徒의日進ᄒᆞᆷ은歷載本報이어니와年終試驗을經ᄒᆞ얏ᄂᆞᆫᄃᆡ講師[illegible]氏가科程을次第試取ᄒᆞ야甲班優等은朱[illegible]等五人이오乙班優等은朴[illegible]等七人이오丙班優等은[illegible]成等五人이오丁班優等은[illegible]等三人인ᄃᆡ當日參席ᄒᆞᆫ該府尹[illegible]氏와[illegible]副卿[illegible]氏ᄂᆞᆫ校任의熱心ᄒᆞᆷ과生徒의速成ᄒᆞᆷ을歎ᄒᆞ고其讚頌ᄒᆞ고本校長[illegible]氏와[illegible]務[illegible]明[illegible]氏ᄂᆞᆫ生徒에對하야一場勸勉演說ᄒᆞ고仍卽紙筆墨等으로次第施賞ᄒᆞ미來賓諸氏와生徒父兄이該校에速進ᄒᆞᆷ을極口讚頌ᄒᆞ얏다더라

●黃海道海州花[illegible]面五里雲明학校趣旨書

蓋人이動物之上에超ᄒᆞᆷ은敎育이有ᄒᆞᆫ原因이라人이無敎면道德과經濟를發揚키不能ᄒᆞ며人이無育이면文明의競爭에獨立키不得ᄒᆞ나니噫乎라唯我海州ᄂᆞᆫ三百六拾州中에一이며二百八[illegible]에一區다人種의稠密ᄒᆞᆷ이不多ᄒᆞᆷ이아니며[illegible]風俗의[illegible]ᄒᆞᆷ이아니[illegible]

[illegible]학校를新設ᄒᆞ며國家를[illegible]코ᄌᆞ社會를組織ᄒᆞ야財力을發達ᄒᆞ야身命을不顧ᄒᆞᄂᆞᆫ況을目視ᄒᆞ면서도一場玩賞物노交付ᄒᆞ니其[illegible]先覺者의慨歎ᄒᆞᆷ이抑經幾時哉아

唯我花[illegible]五里耶蘇敎의私立ᄒᆞᆫ[illegible]明학校ᄂᆞᆫ二年前부터宣敎師[illegible]의[illegible]ᄒᆞᆷ과本十兒弟등의[illegible]勉ᄒᆞᆷ으로由來支保ᄒᆞᄂᆞᆫ바何幸我[illegible]公이下車ᄒᆞ신初로聖旨의喜音을奉承ᄒᆞ야民心을興[illegible]ᄒᆞ며[illegible]輪回ᄒᆞ야學校를獎勉ᄒᆞ시미[illegible]者의心을[illegible]ᄒᆞ며先覺者의[illegible]成ᄒᆞ야愛國ᄒᆞᄂᆞᆫ思想가敎育에在ᄒᆞ며敎育의功效ᄂᆞᆫ愛國에基礎됨을[illegible]ᄒᆞ사吾[illegible]自然[illegible]ᄒᆞ며[illegible]起케ᄒᆞ실은[illegible]士에有志者가本郡의[illegible]民[illegible]同ᄒᆞ야[illegible]正租가[illegible]百石[illegible]計則一校를設立ᄒᆞᆷ의不愧ᄒᆞ도다且[illegible]明[illegible]明이[illegible]設ᄒᆞ야我青年子弟로敎育[illegible]

[illegible]

雜報

●郡守漏聞 內部에서郡守奏本을卽時에請議ᄒᆞ얏다ᄒᆞᆷ은已報ᄒᆞ얏거니와其姓名을槪聞ᄒᆞᆫ즉義州府尹鄭海運씨ᄂᆞᆫ魯城郡守로陞任ᄒᆞ얏고其代에ᄂᆞᆫ營林廠事務官徐相勉시가被任하얏다더라

●換面圖 今番郡守奏本中에遷轉이多하다ᄂᆞᆫᄃᆡ合郡을將次實施ᄒᆞᆯ事로各大臣에게親切ᄒᆞᆫ人들은鞏固ᄒᆞᆫ郡邑으로轉移ᄒᆞ얏다더라

●禮服云定 內閣에서衣制를改良ᄒᆞᆫ다ᄒᆞᆷ은각新聞에揭載ᄒᆞᆫ바어니와其ᄂᆡ容인즉法相趙重應시가발論ᄒᆞ기를近日某々紳士들은國民의禮服을擬定ᄒᆞᆫ다ᄂᆞᆫᄃᆡ閣에서ᄂᆞᆫ不可晏然이라ᄒᆞ얏다더라

●施約定限 宮ᄂᆡ府大臣리允用씨가日本서巡幸ᄒᆞᆯ時에무슴條約ᄒᆞᆫ事件이有ᄒᆞᆫ지六拾日ᄂᆡ외許施ᄒᆞ기로牢定ᄒᆞ엿다ᄂᆞᆫ說이有ᄒᆞ더라

●度支奔忙 度支大臣高永喜시가昨日에무삼緊急ᄒᆞᆫ事가有ᄒᆞ던지總理大臣完用시를訪問ᄒᆞ고該部에ᄂᆞᆫ仕進치아니ᄒᆞ얏다더라

●部案山積 法大趙重應시ᄂᆞᆫ近日무삼事件을因緣ᄒᆞᆷ인지七八日을仕進視務치아니ᄒᆞᄂᆞᆫ故로民刑事務에文簿가如山積滯ᄒᆞ얏다더라

●貧民伴渡 日本에滯在ᄒᆞᆫ農相宋秉畯시가日間볼程歸國ᄒᆞᆫ다ᄂᆞᆫᄃᆡ日本貧民이伊時에多數히同伴渡來ᄒᆞᆫ다더라

●記者應接 法部大臣趙重應시가각新聞記者應接室을設置ᄒᆞ고新聞才料를出給하기로ᄒᆞᆫ다ᄂᆞᆫ說은已揭ᄒᆞ엿거니와昨日에該部大廳ᄂᆡ一處를應接室로定ᄒᆞ얏다더라

●統監覆答 曾禰副統監이地方鎭定ᄒᆞᆫ事로數三條件을伊藤統監의게電報ᄒᆞ얏더니伊藤統監이答電ᄒᆞ되該事件은辨理許施이니愼審來頭方針ᄒᆞ라ᄒᆞ얏다ᄂᆞᆫ說이有ᄒᆞ더라

●白雲懇會 宮ᄂᆡ府及所屬院司에韓日官吏가親友敎睦ᄒᆞ기爲하야主殿院副卿리謙濟侍從副卿리會九阿시와侍從리恒九韓相鶴高羲敬諸시가懇親會를발起ᄒᆞ고來二十三日에彰義門ᄂᆡ白雲동前判書金宗鉉시亭子에開催ᄒᆞᆫ다더라

●技局蕩産 村某々官人들이遞職以後로無所事爲ᄒᆞ야雜技場을設ᄒᆞ고도젼ᄒᆞᄂᆞᆫᄃᆡ如干田답이有ᄒᆞᆫ人들이蕩敗蕩産ᄒᆞᆫ者多ᄒᆞ야도警視廳에서ᄂᆞᆫ此等事件은關係가無ᄒᆞᆫ지禁戢치아니ᄒᆞᆫ다고議論이有ᄒᆞ다더라

●日人官報 近日官報上에揭載된官人中에日本人이半數以上인ᄃᆡ名雖韓國官報나實狀은日本官報라稱ᄒᆞ깃다ᄂᆞᆫ物議가有ᄒᆞ더라

●日先韓後 各府部에勿論大小事ᄒᆞ고日本官人에게其事狀顚末을通知ᄒᆞᆫ後에韓國官吏ᄂᆞᆫ散晩聞知ᄒᆞᄂᆞᆫ故로事務處理에碍滯ᄒᆞᆷ이多ᄒᆞ다더라

●火災保險 韓國宮內府에서火災保險의開발上効力이多大ᄒᆞᆷ을認ᄒᆞ고東洋火災保險會社에壹千株를印請ᄒᆞ엿다더라

●恩典感漏 去年拾一月十九日에開國以後擧兵犯關外一切蕩滌ᄒᆞ라신赦典에對ᄒᆞ야其後孫이나傍孫이法部도請願ᄒᆞᆫ人은釋放ᄒᆞ얏ᄂᆞᆫᄃᆡ該部에서ᄂᆞᆫ年來文蹟을調査ᄒᆞ야도可蹤키難ᄒᆞ야恩赦之下에或有遺漏之慮하야待其后孫이나傍孫에請願ᄒᆞ야卽爲奏稟ᄒᆞᆯ터이라더라

●木郡無事 木川郡守南啓錫氏ᄂᆞᆫ昨年七八月以後로義兵과日兵을善爲交涉ᄒᆞ야民自安業ᄒᆞ고官亦無事ᄒᆞ다고兩來人의傳說이有ᄒᆞ더라

●美牧出來 韓國人民의耶蘇敎會를擴張ᄒᆞ기爲ᄒᆞ야美國紐育耶蘇敎總部에서有名ᄒᆞᆫ宣敎師二十餘名이出來ᄒᆞᆫ다더라

●田土還給 一進會庶務課長趙夏서가沓土五十餘石落이明禮宮에附屬되얏더니日前經理院에서該답土와昨秋秋收租包々지還給ᄒᆞ얏다더라

●洪又被判 閔衡植시와徐相燾시가救判事件에對하야洪鵠周시가또昨日徐相燾시도裁判ᄒᆞ얏다더라

●리女落科 勳洞居리召史가其夫家券을圖奪코ᄌᆞᄒᆞ야漢城裁判所에起訴ᄒᆞ고百般運動ᄒᆞ다가畢竟敗屈ᄒᆞᆷ으로該女가落科ᄒᆞ얏다더라

●更顧馳報 去年十一月二拾九日에淸國臨江縣大同三浦에서被殺ᄒᆞᆫ本國商民리德凡等拾四名恤金配給事로因ᄒᆞ야閣賑會ᄒᆞ야該拾四名의姓名住地及原居地와其遺族에姓名年령住所等必要事項을一一調査에另具關錄ᄒᆞ야火速馳報ᄒᆞ라고法部에서咸南觀察使에게訓令ᄒᆞ얏다ᄂᆞᆫ事ᄂᆞᆫ已揭어니와볼訓이已閱三朔에寂無所報ᄒᆞ니是何委折인지殊涉아惑이라尋常之事라도其在另飭催報之地에不可如是온況此關係恤恤인則事非輕歇而致此曠日ᄒᆞ야ᄂᆡ閣賑會가又至ᄒᆞ니尤庸駭歎이라到卽依前錄另貢馳報하야毋至生梗케하라고法部에서咸南觀察使에게更訓ᄒᆞ얏다더라

●山林伺察 傳說을據ᄒᆞᆫ즉公州郡一進支會長이該道ᄂᆡ에山林학者라稱道ᄒᆞᄂᆞᆫ人의시名을本道觀察使에게錄呈指囑ᄒᆞ기를此等人이現今間은別無關係이나必有後慮ᄒᆞ리니措處ᄒᆞ라ᄒᆞ얏더니該觀察使가其姓名列錄을警視에게出示ᄒᆞᆫ즉山林학者라ᄒᆞᄂᆞᆫ人을捉囚ᄒᆞ얏다ᄂᆞᆫᄃᆡ困難莫甚ᄒᆞ다더라

●假官討金 寧邊郡金鼎濟리景敎兩人이假稱金礦稅官ᄒᆞ고雲山金礦에來到ᄒᆞ야官房獄署와刑具를排置ᄒᆞ고礦印을僞造ᄒᆞ야礦民리학譯의게勒討稅錢이葉二萬兩에達ᄒᆞᆫ지라리학譯이가該事由를農商工部에呼訴ᄒᆞ얏ᄂᆞᆫᄃᆡ該部에서從公裁決치아니ᄒᆞ면假稅官의行悖가將不知何境이라더라

●賜金云給 中署麻동居金正九시가日露戰爭時에韓語通譯으로被雇服務ᄒᆞ얏더니現自日本으로該人의酬勞金을頒給ᄒᆞ기爲ᄒᆞ야該人의出頭ᄒᆞᆷ을命令ᄒᆞᆫ事의對하야金正九시가昨日漢城府에服務時給俸書를帖聯請願ᄒᆞ얏다더라

●郡守守分 鎭津郡에義兵三拾名이突入ᄒᆞ야郡民에게軍糧을討求ᄒᆞ며郡守에게軍器를請求ᄒᆞ니郡守鄭柰憲氏가答曰此郡에ᄂᆞᆫ本無軍器오我爲字牧之官ᄒᆞ야我身은寧死不避언뎡我民은無辜ᄒᆞ니不可侵害라ᄒᆞᆫᄃᆡ義兵이銃以衛脅ᄒᆞ며棒以打身ᄒᆞ야幾至死境이되終不逃避어ᄂᆞᆯ一郡之民이賴以安堵ᄒᆞ고義兵이稱鄭公은可謂百里之才라ᄒᆞ며令曰環邑五拾里勿侵ᄒᆞ라ᄒᆞ엿다더라

●日兵東來 再昨日에日兵拾五名이卜馬二駄를帶同ᄒᆞ고東大門으로入來ᄒᆞᄂᆞᆫᄃᆡ行色이唐荒ᄒᆞ다더라

●華族講師 大東학會長申箕善시가該會法政학校設立ᄒᆞᄂᆞᆫ事에對ᄒᆞ야一般講師을華族으로選定募集ᄒᆞᆫᄌᆞᄒᆞ얏던지法律家某시의게大端論駁을當ᄒᆞ엿다더라

●大同成會 有志紳士諸氏가大同會를組織ᄒᆞᄂᆞᆫᄃᆡ趣旨인즉政治를講究ᄒᆞ며敎育을實施ᄒᆞ며商業을發達ᄒᆞ기로臨時會備을中部寺동으로定ᄒᆞ얏ᄂᆞᆫᄃᆡ不日內로無心合同ᄒᆞᄂᆞᆫ人員이數百名에達ᄒᆞ얏다더라

●改名大東 大東학會에서法政학校를設立ᄒᆞ얏다ᄂᆞᆫ事ᄂᆞᆫ前報에屢揭어니와該校名을大東專門학校라改稱ᄒᆞ얏다더라

●反對大東 大東학會에서韓某라稱ᄒᆞᄂᆞᆫ人에게入會請牒을送致ᄒᆞᆫ則極力反對ᄒᆞ고不爲入會ᄒᆞᄂᆞᆫ者가多ᄒᆞ다ᄒᆞ며閔泳徽시도亦爲反對ᄒᆞ얏다ᄂᆞᆫ說이有ᄒᆞ더라

●학徒晩餐 磚동普成專門학校에서今回에卒業ᄒᆞᆫ학生諸시가來二十一日에新門外養閭義塾에서晩餐會를開催ᄒᆞ고該校講師與任員諸시를招待ᄒᆞᆫ다더라

●靑年幻燈 靑年會館에서今日下午六点半에幻燈弄音會를開ᄒᆞ고日本의師綱島佳吉氏가日本西京학校及名所로幻燈ᄒᆞᆫ다더라

▲地方消息▼

▲咸興附近地에義兵이去益熾盛ᄒᆞᄂᆞᆫᄃᆡ軍需에應用ᄒᆞᆫ다ᄒᆞ고每戶에白米三斗와狗皮三張을徵收ᄒᆞᆫ다ᄒᆞ고

▲咸田郡과日城市에서盧云先이가徒黨八九名을領率ᄒᆞ고同地饒戶의게彈약代錢을收取ᄒᆞᆫ다ᄒᆞ고

▲長興郡有治面에義兵四拾名이屯聚ᄒᆞ얏다ᄂᆞᆫ報를日隊에서接ᄒᆞ고巡査拾三名과憲兵三名과討伐隊와共히該地에到着ᄒᆞᆫ則義兵은同地面寶林面에在ᄒᆞᆫᄃᆡ日兵이陸板을逢ᄒᆞ야義兵과交戰ᄒᆞ다가義兵은退却ᄒᆞ얏다ᄒᆞ고

▲二月五日麟蹄守備隊의討伐대ᄂᆞᆫ麟蹄北方約六十里地에서義兵約一百九拾名을遭遇ᄒᆞᆷ으로義兵은히地北方山中으로退却ᄒᆞ얏다ᄒᆞ고

▲本月十四日午前五時半에日步兵偵探대가長津東北方約十二里山中에서義兵一百五十名과衝突ᄒᆞ야五十分間을交戰ᄒᆞ다가義兵은三水方面으로退却ᄒᆞ얏다ᄒᆞ고

▲佛甲山及합平靈光長城諸郡은義兵이根據地로삼고佛甲山麓義兵將奇參衍部下五百名은銃器百五拾柄이有ᄒᆞ고金泰元部下四百名은銃器百柄以上과舊式野砲五六門이有ᄒᆞ고리近士部下二百名은銃器五六拾柄以上이有ᄒᆞ다더라

桑港電報

十五日東京經由

●日人軍事偵探 北美加州로산젤니쓰附近에서日人七名이軍事偵探으로入來ᄒᆞ야測量을ᄒᆞᆫ다ᄒᆞ야現今騷動이起ᄒᆞᆫ다더라

▲上元看月▼

▲新年佳節上元月이東嶺一輪正不遲라不夜江山이如鏡好ᄒᆞ니停盃借問來幾時오世上事를베알니다

▲돌아돌아上元돌아扶桑萬里霧雷聲에滿天風雨은釀하야咫尺難辨黑동洞이陽明氣像半點업다駭々長夜此乾坤이너와갓치밝어저라

▲돌아돌아上元돌아元老大臣깁히든잠鼾鼻如雷昏倒ᄒᆞ야不成人事엇지ᄒᆞ나醉醒方針젼혀업다務中朦朧더睡睫이너와갓치밝어더라

▲돌아돌아上元돌아內閣大臣醉倒ᄒᆞ야狂呼亂양可觀이라本性全失妄悖ᄒᆞ니賣國賊名難免이오忘世間之甲子ᄒᆞ니너와ᄀᆞᆺ치밝어저라

▲돌아돌아上元돌아觀察郡守失魂ᄒᆞ야木偶土偶相對로다行政權을雖失이나月給푼에滋味내여混沌世界더精神이너와ᄀᆞᆺ치붉어저라

▲돌아돌아上九돌아同胞兄弟決心ᄒᆞ고插血同盟圖合ᄒᆞ야先柔後强이性質이他人羈絆脫免ᄒᆞᆯ제有如天日爲國誠이너와ᄀᆞᆺ치밝어저라

▲돌아돌아上元돌아각학徒가奮發하야必惜寸陰下工ᄒᆞᆯ제鄭康成의본을바다不下帷가三年이라祖國思想喚起ᄒᆞ니너와ᄀᆞᆺ치밝어저라

▲돌아돌아上元돌아莘野當烟指點ᄒᆞ니此牛聲이나ᄂᆞᆫ고나待時而出顚踏말소蒼生之憂焦眉로세濟世經營깁허쓰니너와ᄀᆞᆺ치밝어저라

▲돌아돌아上元돌아英男心事누가아나擲天摧地雄韜로다不遇歎彷徨ᄒᆞᆫ데蜀中樵夫指路ᄒᆞᆫ다一搏扶搖鵬圖開하니너와ᄀᆞᆺ치밝어저라

▲돌아돌아上元돌아老士宿儒昏迷ᄒᆞ니艱難定此天地에新思想을喚起ᄒᆞ야先覺者가되여보쇼深鎖頑夢忽醒ᄒᆞᆫ데너와ᄀᆞᆺ치붉어저라

▲돌아돌아上元돌아四方氣祲未淨ᄒᆞ니靑邱山河如沸로다一幅瑤圖浮沈하니紛々時事何時定고瀝風暴雨開霽ᄒᆞᆫ데너와ᄀᆞᆺ치붉어저라

廣告

◉商業會 張志淵氏譯述 一冊定價金四拾錢
發賣所 中署布屛下廣學書舖
南門內博文書館
洞口中央書館
鍾路大東書市
廣學書舖 告白

本郡稅務主事李潤永氏가 章程에 嫻熟ᄒᆞ고 賦性이 聰明인바 到郡翌日에 躬巡各面ᄒᆞ야 稅則陋規과 新貸適宜을 逐人演說ᄒᆞ니 大小結民이 如夢初醒ᄒᆞ야 相顧讚勸에 結稅徵收가 不煩不擾納[illegible]辭郡ᄒᆞ니 口誦新학에 固習革去와 舊染刷斷을 對衆講明ᄒᆞ니 濟彬多士가 點頭生覺ᄒᆞ야 互援會同에 학校規論이 無老無幼히 歸一轍ᄒᆞ니 前日遐僻之鄕이 將就開明之域이라 國稅則必日早完이오 民智之漸覺開發이 伊誰之力인고 非斯則莫이라 生等이 世居此邦에 固陋寡聞터니 一自該氏之來로 如聞警夜鐘ᄒᆞ며 如逢下頂鍼ᄒᆞ야 惺心却病에 感발興起가 不能自己ᄒᆞ오며 該氏之現蹟推薦은 自有政界上官권이와 生等은 見善如不及에 但以心得으로 不可口默키로 玆에 廣告홈
慶南昆陽郡大小民人等 告白

本人의 子斗永이가 字稱應老 性本浮浪 年前與七谷人崔明克云者로 稱以金鑛同事 有債二千八百兩이다 如干庄産을 沒數蕩盡後 猶爲不足ᄒᆞ야 今者又稱一百五十兩有債云ᄒᆞ고 同明克이 日々來督이온 中 斗永은 尙不悛習ᄒᆞ고 出沒府郡ᄒᆞ며 事求債ᄒᆞ니 誰某던지 若或給債면 必將白失이니 內外國人은 切勿見欺홈
慶尙北道永川鳴山面下大田 姜[illegible]欽 告白

◉夜學員募集廣告
本校의 入學期가 在邇ᄒᆞ얏기 玆에 廣告ᄒᆞ오니 志학 僉員은 來三月二日(陰正月三十日)內로 來入학ᄒᆞ시옵
◉入學試驗科目
作文 (國漢文) 讀書
算術 (四則以內)
◉入學年齡 十六歲以上
◉修業年限 三個年
●學科 文학 作文 語學 (日英隨意) 數학 算術 地誌(內外) 歷史(內外) 理化학 博物학 法律 經濟學 簿記 財政학 國家학
漢城中署磚洞
私立興化學校

▲中等算學
數학敎科書上下卷 一圓五拾錢
此書ᄂᆞᆫ 算學專門으로 多年研究ᄒᆞᆫ 博士에 東西洋中等學術을 參互著作ᄒᆞᆫ바 自加減乘除로 至分比例小大開平立九積等數를 次第編成ᄒᆞ고 算式과 解註를 亦依西洋之制ᄒᆞ야 據히 橫書로 學習에 便易케ᄒᆞ얏스니 算學에 有志ᄒᆞ신 僉君子와 各校生徒ᄂᆞᆫ 不可不覽이오니 陸續購覽ᄒᆞ시옵
總발行所 校洞大同報社
分賣所 京城各書舖

九日山貝葉寺에 諸僧侶가 多數出財ᄒᆞ야 私立小學校를 設ᄒᆞᆫ바이라 校況이 日進ᄒᆞ야 學徒가 三拾餘名에 達ᄒᆞ얏ᄂᆞᆫ대 月謝金은 來이 廢止ᄒᆞ고 학徒를 募集ᄒᆞ오니 僉位ᄂᆞᆫ 照亮ᄒᆞᆷ

本事務所에서 第一出張所의 位置와 事務員을 如左히 定ᄒᆞ고 平安南北道所管民事代理訴事辯護一切法律事務를 處理홈
漢城許可聯合法律事務所
辯護士 尹邦鉉
辯護士 太明식
辯護士 李容相 告白
第一出張所
位置 平壤郡隆德部一里大貫洞一統一戶
事務員 崔觀洙
事務員 洪鶴奎

學員募集廣告
本校第四回入學期를 現當ᄒᆞ야 法律學及經濟學兩專門科學員을 並에 募集ᄒᆞ오니 願學人은 左記試驗定期內에 本校用紙로써 早速請願ᄒᆞᆷ을 望ᄒᆞᆷ
但右兩科ᄂᆞᆫ 夜學으로만 募集홈
◉修業年限 三학年
◉入學年齡 二十以歲上
●學科目 法律學全部 經濟學全部 備在本校規則
●試驗日字 二月廿五日(陰曆戊申正月廿四日)
●試驗科目 歷史及地誌問對 (內國及外國) 讀書及作文 (國文及漢文) 算術(四則以內)
但官公私立學校의 普通科以上卒業證書가 有ᄒᆞᆫ人은 其學力을 檢定ᄒᆞᆫ後免試入許홈
●開學日字 三月五日 (陰曆二月三日)
隆熙二年一月十日
漢城中署磚洞普成專門學校

美國桑港共立新聞義捐金收入廣告
三和港後浦前主事 리學鍵 三圜 (未完)

本人子正規이 性本浮浪ᄒᆞ야 蕩敗家産ᄒᆞ고 又與挾雜輩로 他人田土를 僞造文券ᄒᆞ야 方欲欺人取物ᄒᆞ니 內外國人은 物勿見欺홈
東萊東平面甘村里居 辛敬辰 告白

本局을 移轉於本城內[illegible]街ᄒᆞ고 自今爲始ᄒᆞ야 ᄂᆞᆫ 內外國藥材을 備보담 多數貿置ᄒᆞ고 廉價로 放賣ᄒᆞ오니 買藥에 注意ᄒᆞ시ᄂᆞᆫ 僉員은 陸續來臨ᄒᆞ시믈 敬要
安州城內濟宣局
張東商 告白

일본정부제도연초
한국일수방미
풍아연초쥬식회샤

경성명동

●廣告
本書舘에서 文明을 發達하고 民智를 廣開하기 爲ᄒᆞ야 今에 內外國 叅考書籍과 各種敎科書類를 購買ᄒᆞ야 오니 愛讀 僉君子ᄂᆞᆫ 陸續購覽ᄒᆞ심을 務望
最新書籍發售目錄
◉東西洋歷史 各種
◉東西洋地誌 各種
◉政治學 各種
◉法律學 各種
◉經濟學 各種
◉算術書 各種
◉內外國地圖 各種
◉修身書 各種
◉財政學 各種
◉博物學 各種
◉物理學 各種
◉衛生學 各種
◉地文學 各種
◉讀本 各種
◉法帖 各種
◉學校用品 各種
此外에도 各種書籍이 具備ᄒᆞ옵고 書籍及名片도 印刷하옵ᄂᆞᆫ데 與他廉價ᄒᆞ게 酬應ᄒᆞ깃ᄉᆞ외다
京城南署銅峴 (구리개)
學部認可 博學書館 告白

林晶東氏演譯
●意大利獨立史 正價金五拾錢
●經濟原論 正價金三拾五錢
●國際公法志 正價金四拾
●國文新撰家庭學 正價金三拾錢
國家의 文明은 敎育이 根本이오 敎育의 基礎ᄂᆞᆫ 家政이 始라 故로 家政學을 純國文으로 編纂ᄒᆞ와 婦人社會와 勞動社會와 學校敎科에지 需用ᄒᆞᆷ에 便易케ᄒᆞ와 사오니 有志僉君子ᄂᆞᆫ 陸續購覽ᄒᆞ심을 務望
발行人 金兩均 告白
發賣所
▲大廣橋 匯東書館 ▲鍾路 大東書市
▲洞口 中央書館 ▲布屛下 廣學書舖
▲銅峴 博학書館 ▲尙洞 博文書館

天然堂寫眞
天然堂 寫眞師 金圭鎭 告白
布德門外에셔 [illegible] 新作路左邊
五萬 特別 世 色 說不變 彩
[illegible]

◉大韓國新發明神藥
◉皮膚靈丹 各種食滯中暑久滯口臭痰飮吐瀉 定價一貼十錢
◉至寶丸 治諸般痢疾不拘久遠俱有偉效 定價金十錢
◉靈效液 外用方香治疥瘡皮風百發百中 定價金三拾錢
◉淸眼水 治諸般眼疾有翳瞖見天之妙 定價金拾錢
◉通淋丸 治男女急慢淋疾神效無雙速效 一週金五十錢
此外에도 東西洋各國有名賣藥과 諸病去根藥과 西風痔疾補藥水等種種俱比嘉向爲望
漢城中署鐵路鉢里門東拾二統二戶 張基茂
製劑발賣所 共愛堂藥房 告白
監修발行人 前官立漢城醫학校卒業生 朴容南 謹白
支店 開城南門內 共愛堂開城支舖 姜助遠
興學書舒
代理店 西署新門外石橋普濟院藥局 車順廷
仁川海田洞濟生堂 李庚晨
國內各地藥局에서 隨處販賣홈니다

新編 銀行簿記學

任璟宰編述 全一冊定價 六十五전

本書ᄂᆞᆫ 一般外國諸大家의 著述ᄒᆞᆫ 簿記學中最近ᄒᆞᆫ 학理와 最新ᄒᆞᆫ 形式을 精細蒐輯ᄒᆞ야 國漢文으로 재得키 便易ᄒᆞ게 抄述ᄒᆞᆫ 者니 一次修習ᄒᆞ면 經濟의 整理方法과 業務의 處理順序가 瞭如指掌ᄒᆞ야 實로 實業家의 一大顧問이라 諸銀行家와 商業家ᄂᆞᆫ 不可不案頭에 一冊을 備置ᄒᆞᆯ 者ㅣ니 陸續購覽ᄒᆞ심을 務望

발賣元 中署布屛下三拾七統六戶 廣學書舖 金相萬

分賣所 동口越邊中央書館 大廣橋匯東書館
鐘路大東書市 同古今書海館
南門內博文書館 南門外新舊書林
銅峴博學書館

本人이 日本大阪商業家와 特約ᄒᆞ고 日本內地産出各種藥品과 西洋各國物品及器械等物을 大韓에 輸入ᄒᆞ야 委托을 受ᄒᆞ며 製約ᄒᆞ오며 工業에 有意ᄒᆞ신 僉君子ᄂᆞᆫ 某物이 던지 請求ᄒᆞ시면 저 ᄒᆞ사 ᄀᆞ든 本社에서 ᄂᆞᆫ 手數料를 收受ᄒᆞ고 [illegible]

興業社本店 [illegible]大門內 興業會舘

支店 京城南門內 [illegible]十一號

大戶 全仁鐘內 [illegible] 總支會社

▲新刊書籍發售廣告

增修 無冤錄大全 國漢文 定價金七拾五錢

大韓法規類纂 洋裝 三圓五拾錢 郵稅四拾錢

初等倫理學敎科書 二拾錢

初等衛生學敎科書 拾五錢

國家學綱領 拾五錢

國民須知 八錢

愛國婦人傳 張志淵氏著 十五錢

發賣所 皇城布屛下 金相萬書舖

本人이 書舖ᄅᆞᆯ 另設ᄒᆞ고 新舊書籍을 具備ᄒᆞ와 廉價放賣ᄒᆞ오니 有志ᄒᆞ신 員은 來臨購覽ᄒᆞ시ᄋᆞᆸ

元山上里二 [illegible] 芸香舖 金舜命 白

家庭雜誌

每月五日發行 一冊五十頁 定價金十錢 一年先金九十六錢 地方一年先金郵稅幷一圓

本雜誌ᄂᆞᆫ 純國文으로 發行ᄒᆞ와 家庭敎育界에 大光明을 放ᄒᆞ옵다가 財政의 艱窘을 因ᄒᆞ야 中間에 屢期廢止ᄒᆞ던 바 이온ᄃᆡ 今에 本社에서 有志諸氏의 協贊을 得ᄒᆞ야 論說論評의 各部門과 滋味잇ᄂᆞᆫ 歷史叢談等을 著述或蒐輯ᄒᆞ야 本月五日부터 續刊發行ᄒᆞ엿사오니 僉君子ᄂᆞᆫ 續續購覽ᄒᆞ시옴

발兌元 皇城布屛下 金相萬廣學書舖

賣所 尙洞博文書館 鐘路大東書市

發所 各有名書店

布屛下廣學書舖 ᄂᆡ 家庭雜誌社 告白

● 大韓國新발明[illegible]廣告

陸軍軍醫 [illegible] 陸軍軍醫長 [illegible]君術效[illegible]明으로 濟心保命丹을 발明ᄒᆞᆫ 바 效能은 如左ᄒᆞ니 僉君子ᄂᆞᆫ 試ᄒᆞ심을 爲望

濟心保命丹

本舖 仁川港[illegible] 濟生堂

● 主治效能 ● 食積 ● 中暑中寒 ● 泄瀉 ● 不服水土 ● 咳嗽 ● 吐瀉 ● 船車眩暈 ● 氣鬱 ● 口熱 ● 食傷 ● 酒傷 ● 其他 諸般 ● 連[illegible]

▲ 발行人 仁川港[illegible] 濟生堂 李[illegible]鳳

代理店 京城 鍾里[illegible] 共愛堂藥房
特約店 京城鐘路 [illegible] 慈惠藥房
同 [illegible]藥峴 [illegible] 李[illegible] 藥局
同 [illegible]向洞 [illegible] 廬[illegible]亨 冊사
同 南門外 [illegible] 濟藥院
● 上[illegible]布屛 [illegible] 韓[illegible]根
● [illegible]銅峴 [illegible] 和平局
● [illegible]城[illegible]門內 朴主[illegible]
● 開城 [illegible] 具[illegible]
● 水原 鍾路下 金[illegible] 藥局
● 海州 宗路 元[illegible]
● 同 宗路 [illegible]孝
● 延安 邑內 [illegible]汝文
● 江華 [illegible]路 宋[illegible]東
● 同 [illegible]門外 [illegible]根
● 長[illegible] [illegible]南門內 [illegible]淳
● 鳳山 [illegible] [illegible]昌
● 全[illegible] [illegible] 任[illegible]中
● 全[illegible] 耶蘇敎堂 李在[illegible]
● 黃州 南門 ᄂᆡ 紅門洞 李東[illegible]
● 平壤 [illegible]里 [illegible]
● 全[illegible] [illegible]
● 全[illegible] [illegible]
● 全[illegible] 文武洞 [illegible]
● 全[illegible] 理門 동ᄀᆡ 客 [illegible] 桂[illegible]宜
● 全[illegible] [illegible] 金[illegible]天
● 鐵原 [illegible] [illegible]
● 信川 邑ᄂᆡ 四里 朴[illegible]俊
● 平山 [illegible]四洞 朴[illegible]
● 京南 大門外 [illegible]
● 全州 [illegible] 大[illegible]
● 三水 [illegible] 客主 [illegible]
● 安岳 邑上[illegible] 林景柱
● 大邱 南門內 劇里 濟生局 成浩家
● 益山 [illegible]草梁 客主 [illegible]
● 安州 城內 [illegible]井 동ᄀᆡ 吉佑家
● 義州 南門外 水口 동 [illegible] 大[illegible]房
此外에도 現代[illegible] 街義和藥局
각種靈藥이 俱備ᄒᆞ옴 明각[illegible] 有名

歐米各國專賣特許 石油發動機 及 自行車 精米器械 及 附屬品[illegible] 一切 廉價放[illegible]

今回 諸君子의 便利ᄒᆞ기 爲ᄒᆞ야 本店을 左記處로 移接ᄒᆞ엿사오니 照亮ᄒᆞ심을 伏望
韓[illegible]輸入商 京城南大門外
直[illegible]代理店 中根商會

▲特別廣告

本社에서 名貼印刷部ᄅᆞᆯ 另設ᄒᆞ고 各樣活字와 別樣紙本이 俱備ᄒᆞ오며 印刷ᄒᆞ기 精美ᄒᆞ고 價直도 極廉ᄒᆞ오ᄃᆡ 特別히 學員과 夫人의 에게ᄂᆞᆫ 一層低廉ᄒᆞ오니 僉位ᄂᆞᆫ 來臨ᄒᆞ시와 隨意請求ᄒᆞᆷ

大韓每日申報社 告白

[illegible]史 國文 定價貳拾伍錢

發賣所 京城廣橋 高裕相 書舖
[illegible]川郡 [illegible]夏 書舖
布屛下 김相萬 告白

[illegible] 各種 [illegible]
學徒 [illegible]諸具
[illegible]各種
[illegible] 書冊 [illegible] 放賣
ᄒᆞ오니 僉君子ᄂᆞᆫ 來臨ᄒᆞ시ᄋᆞᆸ
라 나이다 仁川港 [illegible]

奇術學 全 定價十錢

元泳義氏校閱 宋致用氏著述

此書ᄂᆞᆫ 理化學의 應用과 活智識의 啓발노 學界上 速達ᄒᆞᆫ 著編 成書

發賣所 鍾路 大東書市 中央書館
全 古今書海館
大廣橋東邊 회東書館
南門外 新舊書林
南門內 尙洞 博文書館

● 稅債報償義捐金收入廣告

● 慶尙北道慶州川北面[illegible]里

朴光瑞 李永[illegible] 鄭[illegible]柱 各九十錢 金致洪 八拾六錢 [illegible]仁珀 李[illegible] 각八十四전 朴春[illegible] 七十전 李漢[illegible] 六拾六錢 白[illegible] 朴晚[illegible] 六十四錢 리采日 金甲[illegible] 각六拾전 崔[illegible]洙 李在杓 각五拾전 朴春[illegible] 김甲元 李正坤 각四十六전 朴春瑀 金應洛 [illegible]洪柱 各四十二錢 朴文琥 李在佑 李[illegible]華 白永桂 尹在[illegible] 金[illegible]述 李春燁 李[illegible] 趙[illegible]甲 各四拾전 [illegible]光柱 崔仁[illegible] 崔錫[illegible] [illegible] 趙斗[illegible] 李[illegible] 金漢[illegible] 鄭[illegible]文 李龍文 李安伯 朴春[illegible] 金金[illegible] 李正述 [illegible] 李春[illegible] 각廿전 李銀[illegible] 卅二전 徐守東 崔在俊 李武甲 李好斤 裵仁[illegible] 金成俊 金[illegible]述 黃基俊 김道也 김在伯 白[illegible] 李基尙 李琪甲 李[illegible]甲 尹[illegible]述 [illegible]卜萬 李[illegible]匠 李拾[illegible] 리正守 [illegible]根 리根秀 리尙伊 孫仲觀 曺甲伊 金西洞 鄭[illegible]道 리景俊 리致善 尹在祥 리南伊 각六錢

合二拾二圓

▲新堂里

[illegible] 김永斗 各六十錢 [illegible]相[illegible] [illegible]佑弼 各五十六錢 [illegible] 五拾二전 鄭相殷 五拾錢 鄭潤然 四十八전 金[illegible] 리集淵 각四拾錢 金[illegible] 리[illegible]樹 각卅錢 金[illegible] 許[illegible] 金伯[illegible] 鄭相[illegible] 金延湖 朴文伊 朴己文 리[illegible]俊 尹在[illegible] 安[illegible]甲 朴相彦 洪[illegible]佑 金[illegible] 리在俊 각卄전 金[illegible] 리日龍 각卄전 金英佑 張炳[illegible] 각十전

合九圓拾錢

▲[illegible]洞里

姜[illegible]永 姜浩永 高[illegible]祚 [illegible]永 [illegible]永 姜[illegible]秀 尹年日 金元[illegible] 리[illegible] 리[illegible] 朴興[illegible] 金[illegible] 김永[illegible] 姜永奎 姜[illegible]秀 辛[illegible] 朴召[illegible] [illegible] 각一圓 金[illegible] 金永[illegible] [illegible] 각六十전 高[illegible]

● [illegible] 김[illegible]根 金[illegible] 朴仁根 각拾六錢 金[illegible] 鄭瑞[illegible] [illegible] 拾六전 金永[illegible] 金[illegible]文 金千日 安桂[illegible] 金[illegible]浩 [illegible] 孫召史 각十전 [illegible]孔[illegible] 김[illegible] [illegible]柱 리化善 各八전

合[illegible]圓九拾六錢

▲見谷面熊岩里

尹定[illegible] 一圓 沈宜[illegible] 八十전 崔[illegible] 朴甲春 朴[illegible] 崔[illegible]俊 崔[illegible] 朴延[illegible] 金[illegible] 各六拾錢 [illegible]海 朴[illegible] 朴南[illegible] 崔漢海 [illegible] 朴文淳 崔林海 리[illegible]在 [illegible]仁淳 沈宜淳 金[illegible] [illegible]興海 尹[illegible]文 沈相[illegible] 朴八川 朴在文 尹[illegible] 朴致淳 沈宜錄 崔[illegible] 각四拾전 崔載海 각[illegible]전

合[illegible]十二圓六十전

▲南사里

金在[illegible] 崔獻[illegible] 각七拾전 김在淵 孫世永 김英[illegible] 김英[illegible] 각九拾錢 任錫[illegible] 朴海[illegible] [illegible]敎[illegible] 김召史 김永[illegible] [illegible]在[illegible] 孫晉[illegible] 리[illegible]雨 각四拾錢 崔景[illegible] 三拾錢 尹起[illegible] 金在根 尹致權 吳貴昌 孫晉[illegible] 尹致坤 鄭金石 韓[illegible]水

合二十전 ... 合二拾二圓八十전

● 江東面長承里

리在[illegible] 리[illegible]佑 各一圓 崔[illegible] 金在律 박[illegible]秀 김[illegible]甫 리益順 각六拾錢 [illegible] 金萬[illegible] 김[illegible] 李[illegible] 玉[illegible]秀 張志好 崔興石 리基[illegible] 리[illegible] 崔[illegible] 鄭永[illegible] 姜述元 라[illegible] 라得九 각四十전 鄭金坤 리日[illegible] 朴[illegible]根 박秀得 金[illegible]甲 김[illegible]出 [illegible]好凡 張治秀 權在千 金在好 김仁出 김[illegible]出 김[illegible] 金[illegible] [illegible] 金文岳 리[illegible] 各二拾전 金光彦 金白[illegible] 리述彦 최竹[illegible] 각二拾錢

合拾四圓八拾전

總合九拾圓二十六錢

前號總合五萬八千六百十[illegible]

六拾七錢七厘

總合五[illegible]八千七百〇一圓九拾三전七厘

發行兼編輯人 英國人 [illegible]

發行所 南署石井洞號外地三[illegible] 大韓每日申報社

第六卷

大韓每日申報

七百卅三號

月曜及慶節 歲時日休刊

檀君開國四千二百四十一年
箕子元年三千三十年
大韓開國五百十七年
日本明治四十一年
淸國光緖三十四年
陰曆戊申正月十七日癸卯

論說

淸日事態

滿洲內鄭務問題를決定ᄒᆞ라ᄂᆞᆫ日本外相林董氏의提議가北京에到達하엿스나然이나外務部에ᄂᆞᆫ不得ᄒᆞ엿고今但探悉된거슨日本이戰務上困難을決定ᄒᆞᆫ提議에ᄂᆞᆫ即時協從ᄒᆞ기로許諾ᄒᆞᆫ거시로다

何如ᄒᆞᆫ자淸國政府ᄂᆞᆫ日本의提議가受容ᄒᆞ기에不可ᄒᆞᆫ가恐慮ᄒᆞ나니益日本이英國의希望을從ᄒᆞ야鄭務上에論爭件을讓許ᄒᆞᆷ이나滿洲內日本計劃에於國이更加反對ᄒᆞᆯ지ᄂᆞᆫ支那가不信ᄒᆞᄂᆞᆫ도다

淸國이新民屯鐵道를部로延長ᄒᆞ려ᄒᆞᆷ에對ᄒᆞ야日本이論非ᄒᆞᆷ은英國이抗拒ᄒᆞᄂᆞᆫ비라日本이對此事狀ᄒᆞ야ᄂᆞᆫ强硬히抵立ᄒᆞ나니日本의此形態ᄂᆞᆫ淸國이去冬小村男爵과締約ᄒᆞᆫ其條交涉上에言語로約諾ᄒᆞᆫ其因ᄒᆞᆷ이라其諸習은淸國이現存滿洲鐵道와競爭ᄒᆞᆯ線路를不設ᄒᆞᆫ다ᄒᆞᆷ이로다

可信處로從聞ᄒᆞᆫ則日本이滿洲에서日本鐵道와不接續ᄒᆞᆫ線路의敷設을其將不許ᄒᆞᆯ터이니日本이自國勢力範圍와蒙古間에界線이敷設됨가恐慮ᄒᆞ며諸般新築鐵路가皆自國所有의支線되기를希望ᄒᆞᆷ이라現今에滿洲에俄國의擅行ᄒᆞᄂᆞᆫ形態를因ᄒᆞ야此鐵道問題에商務은不加ᄒᆞᄂᆞᆫ도다

俄國이滿洲에서郵遞物을日人郵司에交付하ᄂᆞᆫ事實은淸國이列國聯合郵遞에不參ᄒᆞ얏스나此를接受ᄒᆞᆫ表義가稱ᄒᆞ다ᄒᆞᆷ이라由是로支那ᄂᆞᆫ自國이聯合에頑拒不參ᄒᆞᆫ거슬回想ᄒᆞ야今如委人ᄒᆞ기를商量ᄒᆞᄂᆞᆫ도다

官報

●第三千九百八十九號 隆熙二年二月十七日

敍任及辭令

任法典調査局事務官 川原信義

動物園事務를囑托ᄒᆞᆷ(奏任待遇) 六品劉漢性

動物園事務를囑托ᄒᆞᆷ(判任待遇) 九品王益健

外報

●東洋人排斥 華盛頓電을據ᄒᆞᆫ즉英領哥倫比亞州知事가一月二十四日에佈告ᄒᆞᆫ東洋人排斥法案을承認ᄒᆞ얏다더라

●米國郵便協議 伯林電을據ᄒᆞᆫ즉米法兩國이仲裁協約과郵便協約에調印ᄒᆞ엿다더라

●艦隊需品발送 紐育電을據ᄒᆞᆫ즉米國太平洋回航艦隊에石炭ㅅ糧食을蘇土運河를經ᄒᆞ야麻尼剌로運送되엿다더라

●海軍擴張增加 倫敦電을據ᄒᆞᆫ즉英國政府黨은海軍費의出額에關ᄒᆞ야意見이二派로分ᄒᆞ야內閣에서ᄂᆞᆫ豫算을增加ᄒᆞ기로決ᄒᆞ엿다더라

●製艦費支出 華盛頓電을據ᄒᆞᆫ즉米國下議院의海軍委員會에서大統領의希望을反對ᄒᆞ야戰鬪艦四隻代의二隻의製造費만支出ᄒᆞ다勸告ᄒᆞ얏ᄂᆞᆫ대其支出額은一億一百萬弗이라더라

●選擧權提議 同電을據ᄒᆞᆫ즉和蘭新內閣에서選擧權擴張法案을提出ᄒᆞ엿더라

●伊藤招待 東京電을據ᄒᆞᆫ즉日本貴衆兩院에서來三月一日에伊藤統監을招待ᄒᆞᆯ터인대會場은議會內로內定ᄒᆞ엿더라

●裁可難得 倫敦電을據ᄒᆞᆫ즉英領哥倫比州立法議會에서日人과淸人에게適用ᄒᆞ기爲ᄒᆞ야나달法案을修成ᄒᆞ엿ᄂᆞᆫ데該法案은加奈陀와英國의利益이損害됨으로其裁可를得ᄒᆞᆷ所望이無ᄒᆞ다더라

●派兵懲罰 同電을據ᄒᆞᆫ즉英國은印度政府에서先日에暴動이起ᄒᆞᆫ아프리지스種族을懲罰ᄒᆞ기爲ᄒᆞ야페샤살流城너우셰라에駐屯兵을派遣ᄒᆞ기로決ᄒᆞ엿다더라

●米墨爭鬪 紐育電을據ᄒᆞᆫ즉墨西哥國에近ᄒᆞᆫ美國아리조나州다슨市에서美墨兩國人間에爭鬪를起하엿다더라

雜報

●鄰省太守 北學桂香에서桂山학校를維持ᄒᆞ기爲ᄒᆞ야洞會를開ᄒᆞ고有係人의게一戶分之一을抽捐ᄒᆞ기로決定ᄒᆞ고議員一同이樂從ᄒᆞ야都爲捐章을定ᄒᆞ얏ᄂᆞᆫ덕其中에셔總代一人을派送ᄒᆞ야該郡守朴君에게說明ᄒᆞ고捺章ᄒᆞᆷ을請ᄒᆞᆫ즉該郡守ᄂᆞᆫ가言ᄒᆞ기를吾의月俸이五百兩·나債報와郵稅와債報ᄒᆞ면除ᄒᆞ고過百餘兩이나捐助ᄒᆞ기開만抽捐ᄒᆞᆯ깃다ᄒᆞ미該總代가言ᄒᆞ기를家間事로言ᄒᆞ면本官人이孰不然矣리오마ᄂᆞᆫ既히동會로議決ᄒᆞᆫ事에大監이不應ᄒᆞ면亦是一洞에無聊ᄒᆞᆷ이오且大監은皇室懿親이오位躋二品이오貴家에對ᄒᆞᆫ恩招이他人보다尤倍어ᄂᆞᆫ今에國家를爲ᄒᆞ야敎育을發達코ᄌᆞᄒᆞᄂᆞᆫ同時에大監이如此違反ᄒᆞᆫ은誠是意外오不可使聞於他人이라ᄒᆞ니閔도亦是財物이니大監家用에나補充ᄒᆞ라ᄒᆞ고同還ᄒᆞ얏스니以若盡族의地位로敎育思想이儘先於他人이어ᄂᆞᆯ如彼辨明이過度ᄒᆞ야一동의公議를排抑ᄒᆞ니聞者莫不嗟惜ᄒᆞᆫ다더라

●堅臥不起 京城商業會議所議員趙彰漢氏가商品陳列館을熱心設立ᄒᆞ야至於完成ᄒᆞ얏더니昨年七月分에有何事端이든지辭退以後로該館事務가日益縮步ᄒᆞ야至于近日에ᄂᆞᆫ將不知何境이라該會議所에서公議ᄒᆞ고對趙시로該館監督을選定ᄒᆞ고出席視務ᄒᆞ라고屢々請帖ᄒᆞ되尙不許諾ᄒᆞ고方在相持中이라더라

●日本名士義助 日本敎育家三上參次氏가韓國에渡來ᄒᆞ야京城泥峴旅館에來留ᄒᆞ야敎育界를視察ᄒᆞᄂᆞᆫ데西北학會에協成학校에就ᄒᆞ야實況을視察ᄒᆞ고感ᄒᆞ야各敎科書拾七種과礦物標本四箱에一百二拾種을寄付ᄒᆞ얏더라

●德島起工 益山郡德島水面埋築의事務를本年度부터起工施ᄒᆞᆫ다ᄂᆞᆫ說이有ᄒᆞ더라

●昌明試績 龍川府邑西昌明학校ᄂᆞᆫ設立ᄒᆞᆫ지前二年이라校長張錦淵氏와副校長洪淳贊氏와成員兼務主事洪淳貞氏司果林品和ㅅ김弘曦氏가務委員張永佑氏의某府精씨가一心注意ᄒᆞ야敎師金和鏞씨를延聘ᄒᆞ야靑年을培養ᄒᆞ미夜학徒가一百六十餘名이러니今番年終試驗을經ᄒᆞ엿ᄂᆞᆫ대甲班優等生은吳鍾根車載信諸氏乙班優等生은리鍾明等諸씨丙班優等生우박希順等諸氏丁班優等生은丁俊坤等諸氏인대各班優等을進級狀과紙筆等物로一般施與ᄒᆞ고贊成長洪淳與白麟基兩氏가학徒와前進ᄒᆞᆯ演說勸勉ᄒᆞ엿다더라

●敎育界慶賀 黃海敎育總會에서不幸ᄒᆞᆫ事端이多有ᄒᆞᆷ으로有志諸氏가忿然慨歎ᄒᆞ야一新改良ᄒᆞ다가一場風波가起ᄒᆞᆫ事ᄂᆞᆫ前已略記어니와其事實인즉當初에工業銀行股金募集ᄒᆞᆫ時에五分一式加排ᄒᆞ야該會를設ᄒᆞᆫ基本金이三拾萬餘兩이오昨年에成均館所屬賤貿庫를升繼ᄒᆞ고享사를節約奉行ᄒᆞ야餘額收入이拾八萬餘兩이라各학校ᄂᆞᆫ보起人校ᄂᆞᆫ이白擔ᄒᆞ야至於文字敎育ᄒᆞᄂᆞᆫ데敎育會에서ᄂᆞᆫ以若巨額으로敎育에擔負ᄒᆞᆫ거슨初無ᄒᆞ고該額이已皆消融無餘ᄒᆞ고所存이僅爲三萬餘兩이고發覺ᄒᆞᆫ田畓를調査ᄒᆞ니帑ᄒᆞ고作人이逍遙幻弄ᄒᆞ야究竟이滄天ᄒᆞ고一般학生이激昂不服ᄒᆞᆯ지라各志士가不勝憤愧ᄒᆞ야所存金과收八額오로各학校에平均히按月排給ᄒᆞ고名存實無ᄒᆞᆫ학校ᄂᆞᆫ聯合ᄒᆞ기과문諸를詳明케ᄒᆞ고消融을防禦케ᄒᆞ며生徒를均從케ᄒᆞ고目的으로慈懇ᄒᆞᆷ와請願이提呈ᄒᆞ엿더니許多悍類가惹起鬧端ᄒᆞ야什物을打破ᄒᆞ고狼藉히毆打ᄒᆞᆫ지라當地人心이莫不痛忿ᄒᆞ야紳士와術賤가沸騰ᄒᆞᆯ뿐더러僉議所에서進次顧問ᄒᆞ고各학徒가聯合聲討ᄒᆞ며捕往質問ᄒᆞ고慶학ᄒᆞᆫ학校도多有ᄒᆞᆫ대其所慨況은不可枚어擧니와彼頑物悍類가終不悛改ᄒᆞ면一般학生이聯合演說ᄒᆞ고학部에呼冤ᄒᆞ고法院에控訴ᄒᆞ지ᄒᆞ고其姓名과行爲를露布揭佈ᄒᆞ리라더라

書

●蔚山內廂面日新학校趣旨書

今夫學校之命名이各異而其隨時與題은一般오敎授之科目이多端而其普通知識은出다故로現之論新舊학之利害者或曰舊학者ᄂᆞᆫ新학之根原이오新학者ᄂᆞᆫ舊학之階梯이니非舊학이면無以存本이오非新학이면無以研究ᄒᆞᆯ나니此今日敎育家之大略論也나然則不可以此短彼오亦不可以彼毀此니今或株守舊학而力排新學者ᄂᆞᆫ譬山旭日에[illegible]自擁炎燈ᄒᆞ고日能冥ᄒᆞ야添徒다ᄒᆞᆷ나此比ᄒᆞᆫ無居薄也어니와執守成專棄新學而偏於新학者ᄂᆞᆫ譬如拱把楓梓ᄒᆞ야剪其根餘ᄒᆞ고冀其枝葉之發達ᄒᆞ나니其不得也必矣라二者ᄂᆞᆫ晩發ᄒᆞ야瓦解渙裡ᄒᆞ야取其長短然後에敎育之術이可謂盡且善矣라乃挽近以來爲皇皇勤明ᄒᆞ복ᄒᆞ시며歸之以明訓ᄒᆞ사曉喩反復ᄒᆞ사니凡臣者孰不感戴仰瞻乎哉아以我候鄕耐八氏가亦無以來로注意人民敎育ᄒᆞ야興本而有志諸士로詢謀ᄒᆞ며同이爭先捐助ᄒᆞ라於是乎設此私塾ᄒᆞ고創立ᄒᆞ며校ᄒᆞ야乃命名曰日新이라ᄒᆞ니日新之義ᄂᆞᆫ播養於我靑年학生之熱心趨就ᄒᆞ야滌其舊染ᄒᆞ고吸新空氣ᄒᆞ야將養道德ᄒᆞ야無有間斷이라야庶幾上不라朝家啓迪而亦負本校之名義夫ᄂᆞᆫ뎌

發起人 李存琥 [illegible]

雜報

●兩宮賜饌 再昨夕은陰曆으로元宵인故로內閣諸大臣이昌德宮에詣闕ᄒᆞ야 大皇帝陛下께問安ᄒᆞ고下午拾二時에退闕ᄒᆞ얏는ᄃᆡ 賜饌ᄒᆞ옵시고承寧府摠管以下ᄂᆞᆫ德壽宮으로詣闕ᄒᆞ야 太皇帝陛下께 問安ᄒᆞ고退闕ᄒᆞ얏는ᄃᆡ 賜饌ᄒᆞ셧다더라

●奬功之討 宮內府大臣李允用씨가十二條件을 太皇帝陛下씌賞與ᄒᆞᆫ證로 上奏ᄒᆞ얏다ᄒᆞ니已爲報道ᄒᆞ얏거니와其條件은不知ᄒᆞ나大槩ᄂᆞᆫ總相宋秉畯시의權利를懸迫ᄒᆞ야日本에奬功ᄒᆞᆫ所以라더라

●御路修築 陰二月八日 大皇帝陛下乾元節에昌德宮秘苑에서園遊會를盛設ᄒᆞᆯ터인ᄃᆡ大皇帝陛下께옵서伊日에御車로動駕ᄒᆞ시기爲ᄒᆞ야建陽門으로부터弘化門外로秘苑ᄭᆞ지爲車道行道路의修築工事를昨日부터始役ᄒᆞ얏라더라

●皇族謁見 完興君李載冕永宣君李埈鎔兩시와其外某々皇族諸시가再昨日 太皇帝陛下께謁見ᄒᆞ엿다더라

●何事先渡 總理大臣李完用시가宮相李允用을對ᄒᆞ야總相宋秉畯시보담先爲還國ᄒᆞᆷ을大端論駁ᄒᆞ얏다더라

●兄愚弟攻 總理大臣李完用氏와宮相李允用가相詰ᄒᆞ얏다ᄂᆞᆫ說은前報에揭載ᄒᆞ얏거니와其內容을漏聞ᄒᆞᆫ즉宮相李允用氏가日本서何人의勸告를信聽ᄒᆞ고一進會를解散ᄒᆞ라고總理李完用시의게解報ᄒᆞ얏더니李完用시가許施치아니ᄒᆞᆫ지라李允用氏가還國ᄒᆞ야該事由를李總理의게質問ᄒᆞᆫ대李總理日一進會ᄂᆞᆫ殺萬名國體ᄒᆞ더니亦有顚然ᄒᆞ니該會解不解ᄂᆞᆫ於兄主에有何主見ᄒᆞ야輕發電報乎아ᄒᆞᆫ대李宮相日日本政府官人某시가勸告於余日一進會가到今ᄒᆞ야ᄂᆞᆫ閑無所用ᄒᆞ니爾之解散ᄒᆞ라ᄒᆞ기에余爲大韓電報를ᄒᆞ얏노라ᄒᆞ거ᄂᆞᆯ李總理日兄主가元來昧事하야宋農大反問之計에墜ᄒᆞ얏도다李宮相日余今復渡日本ᄒᆞ깃노라ᄒᆞᆫ대李總理日事至此境에復渡何益이리오ᄒᆞ고大端論駁ᄒᆞᆫ故로李宮相에日本再渡之行을停止하얏다더라

●司令部新設 內部에서地方을鎭撫ᄒᆞ기爲ᄒᆞ야各道에司令部를設置ᄒᆞ고司令官과警視一人式帶同派送ᄒᆞ야地方人民으로兵丁을募集ᄒᆞᆫ다더라

●嚴騶入城 皇太子殿下陪從員으로日本에滯在ᄒᆞ얏던嚴東植嚴柱益兩시가再昨日에入城ᄒᆞ얏더라

●同伴伊藤 日本에滯任ᄒᆞᆫ宋秉畯시ᄂᆞᆫ韓國倂合의結果를待ᄒᆞ야伊藤統監과三月拾七日에同伴渡來ᄒᆞ기로決定ᄒᆞ엿다더라

●度大宴會 度支部大臣高永喜시가今日下午八時頃에自己私邸에宴會를設ᄒᆞ고內外國高等官吏를請邀宴待ᄒᆞᆫ다더라

●四人觀察 [illegible]申國熙等諸氏가觀察使로被任ᄒᆞᆫ다ᄂᆞᆫ說이有ᄒᆞ더라

●光蔡云說 各道觀察使中에[illegible]觀察使[illegible]資格이不足ᄒᆞ다ᄒᆞ야爲先遞任이된다더라

●司令官發程 各地方에司令官을設置ᄒᆞᆫ다ᄂᆞᆫ說은別項과如ᄒᆞ거니와爲先[illegible]道와咸鏡道로派送ᄒᆞᆯ司令官某々氏가昨日발程하얏다더라

●城堞處理 內部에서諸城각城堞의處理方法을內閣에請議ᄒᆞ엿ᄂᆞᆫᄃᆡ將次實施가되ᄂᆞᆫ다더라

●庸醫宜禁 大韓醫院에서洋醫局을一設ᄒᆞᆫ다ᄒᆞᆷ은已報ᄒᆞ얏거니와本年度爲限ᄒᆞ고韓國藥房을調查ᄒᆞ야醫術이不明ᄒᆞᆫ者ᄂᆞᆫ廢撤ᄒᆞᆫ다ᄂᆞᆫ說이有ᄒᆞ더라

●四陵摘奸 廣州仁陵獻陵과水原隆陵健陵에木槍摘奸次로掌禮院主事김基賢시가宮內府主事와日本人一人을帶同前往ᄒᆞ얏다더라

●警視派送 軍隊解散中尉官으로警視를試取ᄒᆞ야十三道要害處로派出ᄒᆞᆫ다더라

●樞院例會 昨日은月曜日인故로中樞院議長以下副贊議가月例會를開ᄒᆞ얏다더라

●迎接嚴시 皇太子殿下陪從員嚴柱益시가入城ᄒᆞᆫ다ᄂᆞᆫ事ᄂᆞᆫ別項과如ᄒᆞ거니와養正義塾任員과一般學員이南大門外停車場ᄭᆞ지出往迎接ᄒᆞ얏다더라

●恩金將給 主殿院解散巡檢等이 恩賜金에對하야慶大會集ᄒᆞᆫ事ᄂᆞᆫ屢揭어니와該解散巡檢이再昨日에宮內府에請願ᄒᆞ얏더니如何擅還之理가無ᄒᆞᆫ며呼子警視에게請願ᄒᆞ얏더니恩賜金은從當支給ᄒᆞᆯ터니勿慮ᄒᆞ고或有他事件이거던更爲來訴ᄒᆞ라ᄒᆞ얏다더라

●試取廢止 度支部稅務見習生을每年度에試取ᄒᆞ더니經費가不贍ᄒᆞᆷ으로本年에ᄂᆞᆫ試取치아니ᄒᆞᆫ다더라

●均案斬持 全北均弊革罷ᄂᆞᆫ已揭前報어니와該均案을推去ᄒᆞᆯ次로屢次請願ᄒᆞ되有何事端인지延此斬給ᄒᆞ야該民等이道路에接屑ᄒᆞᆫ다더라

●宣諭派員 政府에서地方義兵을鎭壓ᄒᆞ기爲ᄒᆞ야耶蘇敎人[illegible]宋循用氏等을宣諭委員으로派送하얏더니日前何處義兵何許人이邇來教堂에在ᄒᆞᆫ奇一氏의게英字로檄文을投ᄒᆞ얏ᄂᆞᆫᄃᆡ其概意에日我大韓人이耶蘇教徒를優待ᄒᆞᆷ은以其行爲가正當ᄒᆞᆷ이러니今所謂信教者幾個人이仕宦界에流涎ᄒᆞ야政府의鷹犬을甘作하고宣諭委員을圖得以往ᄒᆞ야鄉方騷擾를益甚케ᄒᆞ되君이恬視無言ᄒᆞ니若不趁即召還ᄒᆞ면所謂教人은盡行屠戮ᄒᆞᆯ것이오君의姓命도保全치못ᄒᆞ리라ᄒᆞᆫ지라奇一氏가大驚ᄒᆞ야英國領事와게言及하니該領使가以爲ᄒᆞ되此ᄂᆞᆫ教人社會에重大ᄒᆞᆫ關係라ᄒᆞ고英國領事와協議ᄒᆞ야共히統監府에交涉ᄒᆞ야卽時召還ᄒᆞ기로決定이되고政府에서該英字投書人의蹤跡을詳考ᄒᆞ야方在探問中이라더라

●自爲身謀 地方에不穩ᄒᆞᆷ을因ᄒᆞ야內部에請願ᄒᆞᄂᆞᆫ郡守가每日답至ᄒᆞᆫ다더라

●普校上학 普成中학校에서昨日부터上학ᄒᆞ얏다더라

●違規작還 留학生李학澄시가無資之학生으로俾得학問케하라고학部로請願ᄒᆞ얏더니該部에서留학生監督에게經由치안코提呈ᄒᆞᆫ거시有違規例라고작還ᄒᆞ얏다더라

●湖儒反對 日前北村某處에서一位兩班이湖中一士人을動告ᄒᆞ야日今에大東學會ᄂᆞᆫ吾黨兩班社會라法職을可得ᄒᆞ면仕宦捷經이莫緊於此니子若入會ᄒᆞ면五百餘年兩班도維持ᄒᆞ깃ᄒᆞ며將來高官大爵이吾黨手中에在ᄒᆞᆯ지니若不卽入會ᄒᆞ면必有後悔ᄒᆞ리라ᄒᆞᆫᄃᆡ該士人이勃然大怒日所謂大東學會ᄂᆞᆫ第二一進會라彼一進會의宣言書ᄂᆞᆫ我國이日本保護를受ᄒᆞᆷ이可ᄒᆞ다고宣言ᄒᆞ얏거니와大東學會ᄂᆞᆫ全國儒林을對ᄒᆞ야公佈하되萬若日本과結托지아니ᄒᆞ면焚坑屠戮이只在目前이라ᄒᆞ얏스니此其凶險手段이一進會宣言書보다殆有甚焉ᄒᆞ니我等儒林에서엇지彼邪威勢에屈服ᄒᆞ야外人의창鬼되기를甘心ᄒᆞ리오ᄒᆞ야大段反對ᄒᆞ얏다더라

●嚴氏白放 前[illegible]嚴俊源氏가警視廳에多日滯囚ᄒᆞ얏더니去土曜日에無事放免이되얏다더라

●律社敗産 國成社이나協律社이나設置ᄒᆞᆫ後로豪華子富貴客들이每夜該社에追逐하야蕩敗家産者가近日以來로尤甚ᄒᆞ다더라

●申門慘禍 鐵川郡居前永同郡守申某와其再從二從兩人으로義兵干連이有ᄒᆞ다ᄒᆞ야陰城郡에被捉囚ᄒᆞ얏다가日前에無事放送ᄒᆞᆫ다ᄒᆞ고日兵과眼同出送ᄒᆞ더니中路에서該三人을砲殺하얏ᄂᆞᆫᄃᆡ一門慘禍ᄂᆞᆫ目不忍見이라더라

●石化爲仙 定州官立普通학校副教導石井淸시ᄂᆞᆫ以心臟肺病으로本月十三日에身故ᄒᆞ얏다더라

●尹氏放免 尹致晟氏가警視廳에被囚ᄒᆞᆫ事件에對ᄒᆞ야去土曜日에日憲兵司令部에서侍從副卿李會九씨를招待ᄒᆞ야該事實을質問ᄒᆞᆫ즉李會九씨가尹氏의無罪ᄒᆞᆷ을這這說明ᄒᆞᆫ故로尹氏가日間放釋이된다더라

●李氏被捉 前郡守李瑢敎시의子周爽이東大門內郵便局支配所廳衛으로去年冬에該局所在郵票印刷機械一坐와郵票二千[illegible]家에搬送ᄒᆞᆫ금貨三百圜을暗地盜出ᄒᆞ야隱匿於[illegible]部某某시家이다가數日前에被捉ᄒᆞ야警務廳에被囚ᄒᆞ얏다더라

●竊犯被捉 徐弼淳爲名者가日昨에北部警署에竊盜犯으로捕捉ᄒᆞ얏다더라

●演說沒味 一進會에서去土曜日獨立관에서演說會를開ᄒᆞ얏ᄂᆞᆫᄃᆡ一般會員도未參ᄒᆞᆫ者多ᄒᆞ야演說會가沒味ᄒᆞ얏다더라

●青會演說 今夕七点鍾에青年會館에서演說會를開ᄒᆞ고鄭雲復氏를請邀ᄒᆞ야國家盛衰之原因이란問題로演說ᄒᆞᆫ다더라

▲地方消息▼

▲寧邊郡에서去十二日夜에義兵約七拾名이同郡於昌面에서日巡查偵探대四名을於閭攻擊ᄒᆞ야巡查一名은負傷ᄒᆞ고其外二名은生死가不明ᄒᆞ고又韓巡檢二名은戰死ᄒᆞ얏ᄂᆞᆫ대義兵은退却지아니ᄒᆞ얏다ᄒᆞ고昨日午前十一時에該郡警察署偵探대ᄂᆞᆫ月谷坊에서義兵約三十名을遭遇交戰ᄒᆞ얏ᄂᆞᆫ데勝敗가未詳이라ᄒᆞ고

▲去拾四日에楊州郡大聖洞普光寺에義兵이集合ᄒᆞ얏다ᄂᆞᆫ報를接ᄒᆞ고憲兵대長과警察대가該方面에出張ᄒᆞ야搜索ᄒᆞᆫ則十三日午前二時頃에義兵約百二十名이該地附近에宿泊ᄒᆞ고十四日午前四時頃에京城으로向ᄒᆞᆫ다揚言ᄒᆞ고出발ᄒᆞ야高谷方面으로行ᄒᆞ얏다ᄒᆞᆷ으로更探ᄒᆞᆫ則蹤跡이不明ᄒᆞᆫ대히義兵은各其銃器를持ᄒᆞ얏고義兵將은邊起羽라더라

▲周流名山▼

▲一等神眼堪輿客이指南鐵을손에들고八城江山돌아드니雄俊磅礴萬千態ᄂᆞᆫ盛衰之理自在하다

▲京畿ᄯᅡ에冠岳山火體一脈飛來로다貨人峰이重疊ᄒᆞ니君子小人不分ᄒᆞ고東成速敗발達ᄒᆞ야七大臣의弄權이라海外東風吹到處에滿山陰의겁運回라

▲忠淸道俗離山芙蓉·衆峰羅ᄒᆞ다士大夫가奠居ᄒᆞ니從古以物淵藪로다陵夷風氣日漸ᄒᆞ야萎靡柔弱不振이라不蹈危險行世態ᄂᆞᆫ前瞻後顧可歎일세

▲慶尙道에太白天挿天高峯雄峻ᄒᆞ다釜山港이水口되니對馬島를下視로다賢人達士鍾氣ᄒᆞ니鄒魯之鄕이아닌가一生撑脇忠義心이각自扼腕堂々ᄒᆞ다

▲全羅道에智異山奇花異草成局이라奢麗山脈迤逶ᄒᆞ니奇人奇士代出ᄒᆞ야外柔내强더性質이鉄石갓치구덧구나七百義士過去地에一掬悲淚慨歎ᄒᆞ다

▲江原道에金剛山弟一名區壯觀이라淳厚人民變邪업서國民資格가졋고나江陵山脉秀出ᄒᆞ니창海力士의古窟이라邊方風塵初起處에村閭焼殘慘愴ᄒᆞ다

▲平安道妙香山一幅錦繡徒展하다俊奇才德産出ᄒᆞ야時局事를先覺이라腦髓盈滿저熱誠은救國經綸뿐이로다笑罷以後幾千年에頗ᄒᆞ寂寞可觀일세

▲黃海道에九月山丈峻峯創出이라千里行龍華麗村에東方聖人나셧고나教育事務遺業이라雜草中에鳳이운다人情物態强硬ᄒᆞ야發憤之誠壯ᄒᆞ시도

▲咸鏡道에白頭山太祖峰이分明ᄒᆞ다千年淑氣鍾毓ᄒᆞ니龍興古都이아닌가斷斷無他爲國誠이忠厚人物不絶ᄒᆞ야紛紛ᄒᆞ사此天地에新精神을刷勵ᄒᆞᆫ다

松京에松岳山鎭겁餘脈屹立ᄒᆞ야千古興廢閱歷ᄒᆞ니前朝事가如夢ᄒᆞ나市井繁華依舊ᄒᆞ다竹橋에남은피ᄂᆞᆫ忠臣烈士倍出ᄒᆞᆫ다

▲漢陽城을드니三角山이놉헛고나八域巨脈來朝ᄒᆞ니天下明堂여긔로다眼界[illegible]照臨ᄒᆞ아暫時否運恨을마소漢江水가襟帶水라如帶로록永遠ᄒᆞᆯ걸

社告

永興郡府北동書舖梁昌銘시와 咸州郡南門니朱伯英시를本支社員으로認定ᄒᆞ오니右兩處附近에서ᄂᆞᆫ右兩시의게本報를購求ᄒᆞ시옵

廣告

本人의게趙東敏土地文券典當債用이라말ᄒᆞᆯ이無根之說上廣告ᄒᆞ얏더니日昨姜乃春廣告를見ᄒᆞ온즉自己門비로與執債給ᄒᆞ고本人은藉托ᄒᆞ얏ᄉᆞ오니其券은姜奉鉉家에서昨年十二月分失火時燒盡ᄒᆞ얏기로玆에其的確을廣告ᄒᆞ오니照亮ᄒᆞ시옵

瑪浦 徐龍圭 告白

◉商業學 張志淵氏譯述

一冊定價金四拾錢

發賣所 中署布병下 廣학書舖 南門內 博문書館 洞口 中央書館 鍾路 大東書市 廣학書舖 告白

本人의子魯彥이가年未滿二十에性本浮浪ᄒᆞ야花柳酒肆에出入ᄒᆞ야蕩敗家産不啻라終不改悛前習ᄒᆞ고符附挾雜之輩ᄒᆞ고欺人圖債ᄒᆞ오니雖某씨던지젼物間債給이오면白失ᄒᆞᆯ터이오니內外國人은功勿見欺ᄒᆞ시오

義州州內面弘南동邊仲訥

本人이陰正月十四日頃倉ᄒᆞ等地서夾囊을失ᄒᆞᆫ바其中에大平동樂局金興默處當貳千兩手標一張과韓쟁동許永根處當五百兩除六月十日推次票一張을幷失ᄒᆞ얏ᄉᆞ니雖某拾得ᄒᆞ야도休紙施行

合동 統三戶 李圭大 告白

前務奉리斗恒改以斗舜

리斗舜 告白

前務奉方秉權改以德權事

方德權 告白

前參奉沉英澤英字竊字改定ᄒᆞ오니知舊僉照亮ᄒᆞ시오

沈竊澤 告白

본人은南鎭南郡上東里居ᄒᆞᆫ本人의三子年二拾一 김永均字泰彥이가陷于浮浪ᄒᆞ야同道稽道郡耳谷里居ᄒᆞᆫ金又凡吳聖賢兩人의誘引作伴費敗難保故玆에廣布ᄒᆞ오니內外國僉員은債給沓券을勿致見欺ᄒᆞᆷ

金晉鉉 告白

◉學員募集廣告

本校의入學期가在邇ᄒᆞ얏기玆에廣告ᄒᆞ오니志학ᄒᆞ僉員은來三月二日(陰正月三十日)內로來試入학ᄒᆞ시오

◉入學試驗科目

讀書(國漢文) 作文 算術(四則以內)

◉入學年齡 十六歲以上

◉修業年限 三個年

●學科 文학 作文 語學 (日英隨意) 數학 算術 地誌(內外) 歷史(內外) 理化학 博物학 法制 經濟學 簿記 財政학 國家학

漢城中署壽洞

私立興化學校

忠南恩津郡論山浦居前主事金璽培氏가客歲末에本浦勞動者의情況을矜惻이여기여義捐拾五圓을ᄒᆞ야使此客地孤蹤으로過歲에無呼飢寒之歎케ᄒᆞ니非但從人等의頌德이라隣境의셔도該氏慈善之心을無不感謝故로茲布ᄒᆞᆷ

池德柏等 告白

本事務所에셔第一出張所의位置와事務員을如左히定ᄒᆞ고平安南北道所管民事代理刑事辯護一切法律事務를處理ᄒᆞᆷ

漢城許병聯合法律事務所

辯護士 尹邦鉉

辯護士 太明식

辯護士 李容相 告白

第一出張所

位置 平壤郡隆德部一里大貫洞一統一戶

事務員 徐觀珠

事務員 洪鶴奎

學員募集廣告

本校第四回入學期를現當ᄒᆞ야法律學及經濟學兩專門科學員을玆에募集ᄒᆞ오니願学人은左記試驗定期內에本校用紙로써早速請願ᄒᆞᆯ事

但右兩科ᄂᆞᆫ夜學으로만募集ᄒᆞᆷ

◉修業年限 三학年

◉入學年齡 二十以歲上

◉學科目 法律學全部 經濟學全部 備在本校規則

◉試驗日字 二月廿五日(陰曆戊申正月廿四日)

◉試驗科目 歷史及地誌問對(內國及外國)讀書及作文(國文及漢文)算術(四則以內)

但官公私立學校의普通科以上卒業証書가有ᄒᆞᆫ人은其學力을檢定ᄒᆞᆫ後免試入許ᄒᆞᆷ

●開學日字 三月五日(陰曆二月二日)

隆熙二年一月十日

漢城中署磚洞普成專門學校

九日山貝葉寺에諸僧侶가多數出財ᄒᆞ야私立小學校ᄒᆞᆫ바이라校況이日進ᄒᆞ야학徒가二拾餘名에達ᄒᆞ얏ᄂᆞᆫ데月謝金은永히廢止ᄒᆞ고學徒를募集ᄒᆞ오니僉位ᄂᆞᆫ照亮ᄒᆞᆷ

義南岳 白

本人子正峴이性本浮浪ᄒᆞ야蕩敗家産ᄒᆞ고又與挾雜輩로他人田土을僞造文券ᄒᆞ야方欲欺人取物ᄒᆞ니內外國人은物勿見欺ᄒᆞᆷ

東萊東平面甘村里居 辛敬辰 告白

本人西署盤松坊池下契리뎡동一百六拾五統二戶草家六間半新造許可狀을見失이오니雖某拾得ᄒᆞ야도休紙施行ᄒᆞᆷ

金相玉 白

本局을移轉於本城內靈壓嶝街ᄒᆞ고自今爲始ᄒᆞ야ᄂᆞᆫ內外ᄀᆞ약種을廣보담多數貿置ᄒᆞ고廉價로放賣ᄒᆞ오니貿약에注意ᄒᆞ시ᄂᆞᆫ僉員은陸續來臨ᄒᆞ심을敬要

安州城內濟宣局

張東商 告白

◉東洋火災保險株式會社株式募集廣告

一目的 動産及不動産의火災保險

一商號 東洋火災保險株式會社

一資本金 壹百萬圓

一株式總數 貳萬株

一一株金額 五拾圓

一申請保證金 一株에對ᄒᆞ야 金貳圓五拾錢

一第一回納入金額 一株에對ᄒᆞ야 金拾貳圓五拾錢 但保證金並

一發起人及贊成人擔當株 壹萬株

一公衆募集株 壹萬株 但應募株數가超過ᄒᆞᄂᆞᆫ境遇에ᄂᆞᆫ按分으로써還減ᄒᆞᄂᆞᆫ者로ᄒᆞᆷ

一申請期限 明治四拾一年二月廿九日限 期限內라도應募가多數히超過ᄒᆞᄂᆞᆫ境遇에ᄂᆞᆫ申請을拒絶ᄒᆞᆯ事

一本社所在地 韓國京城

一申請及株金取扱銀行 創立事務所、第一銀行、第拾八銀行、第五拾八銀行、天一銀行、韓一銀行、漢城銀行、漢湖農工銀行 以上各本支店及出張所幷

前記各項을承諾ᄒᆞᆫ後에便宜더로申請ᄒᆞ시오

發起人(가나다라順序)

畑彌右衛門 趙鎭泰 大池忠助 沖津戶拾郞 川澄三次 高瀨與吉 網个仙吉 山中勘 古田銑治郞 穎泉修一郞 阿比留忠次郞 金時鉉 四個所爲五郞 關繁太郞 伊東松治 我多野彌五郞 李埈鎔 大藪마사

小川勝平 竹田津二平 田中常次郞 中村再道 松尾元之助 近藤佐五郞 江口喜太郞 酒井政平 金基宅 平木金三 伊藤友松 白寅基 李址鎔 大島常藏 和田常市 田中又太郞 田村義次郞 釘本藤次郞

松永達次郞 兒玉善次郞 天野秀一 佐野彥藏 三澤五百太 閔泳綺 飯塚彥次郞 白完爀 李鳳來 大坪文吉 梶原末太郞 田中良助 曾我勉 桑野良太郞 增田三穗 古城菅堂 秋田毅 貞島品吉

淸水紫太郞 森村太郞 井上平二 七肥晋次 本田來作 力步平八 奧田彪 加來榮太郞 高崎芳子 塚崎悌輔 倉重淸吉 藤富滿太郞 郡金三郞 安藤貞一郞 佐佐木源吾 淸水松久郞 森芳太郞

明治四拾一年二月七日

京城長谷川町三拾九番戶

東洋火災保險株式會社創立事務所

(電話六百五拾一番)

朴晶東氏演述

●意大利獨立史

正價金五拾錢

●經濟原論

正價金三拾五錢

●國際公法志

正價金四拾錢

●國文新撰家庭學

正價金三拾錢

國家의文明은敎育이根本이오敎育의基礎ᄂᆞᆫ家政이始라故로家政學을純國文으로新撰ᄒᆞ와婦人社會와學校敎科서지需用ᄒᆞᆷ에便易케ᄒᆞ와사오니有志君子ᄂᆞᆫ陸續購覽ᄒᆞ심을務望

발行人 金相均 告白

發賣所

▲大廣橋 匯東書館 ▲鍾路 大東書市

▲洞口 中央書館 ▲布屛下 廣學書舖

▲銅峴 博학書館 ▲尙洞 博文書館

天然堂

寫眞師 金圭鎭 告白

布德門外에셔寫眞이新作路左邊으로

特別廣告

五萬世不變

色設彩

◉大韓國新發明神藥

◉疲勞 靈丹 各種食滯中暑久滯口臭痰飮吐瀉定價一貼十錢

◉至寶丸 治諸般癰疾不拘久遠俱有偉效定價金十錢

◉靈效液 外用方普治瘡疥皮風百發百中定價金三拾錢

◉淸眼水 治諸般眼疾有翳雲見天之妙定價金拾錢

◉通淋丸 治男女急慢淋疾神效無雙速效除毒一週金五十錢

此外에도東西洋各國有名賣藥과痼病去根藥과酒風痔疾補藥水와種病皆俱比廉向爲望

漢城中署鐵路鉢里廛동拾二統二戶地

製劑발賣所 共愛堂藥房 告白

監修발行人 前官立漢城醫학校卒業生 張基茂 朴容南 謹白

支店 開城南門內 共愛堂開城支舖 姜助遠

與學書舖

代理店 西署新門外石橋普濟院藥局 車熙珽

仁川海岸觀濟生堂 李庚鳳

國內各地藥局에서隨處販賣ᄒᆞᆷ내다

新編 銀行簿記學

任璟宰編述　全一冊定價 六十五전

本書と一般外國諸大家의著述흔簿記學中最近흔學理와最新흔形式을精細蒐輯흐야國漢文으로繙譯지便易하게述흔者니一次修習흐면組織의整理方法과業務의處理順序가瞭如指掌흐야實로實業家의一大顧問이라諸銀行家와商業家と不可案頭에一冊을備置흘者ㅣ니陸續購覽흐심을務望

발賣元　中署布屏下三拾七統六戶　廣學書舖 金相萬

分賣所　동口越邊中央書館　大廣橋滙東書館　鍾路大東書市　同古今書海館　南門內博文書館　南門外新舊書林　銅峴廣學書舖

※ 八이라 泰西大國諸學及文과藝術中에(…)日本에內地業界(…)西學各科(…)大韓帝國(…)(本行은)仁川港(…)

吳業社本店

發賣所　大廣(…)南大門內(…)

支店京城南署內(…)

仁川港內(…)

▲新刊書籍發售廣告

增補 算學精大全　國漢文　定價金七拾五錢

大韓法規類纂 洋裝　三冊五拾錢　郵稅四拾錢

初等倫理學敎科書　二拾錢

初等衛生學敎科書　拾五錢

國家學綱領　拾五錢

國民須知　八錢

愛國婦人傳 張志淵氏著　十五錢

發賣所　京城布屏下 金相萬書舖

本人이書舖를另設하고新舊書籍을具備하와廉價放賣を오니有志僉員은來臨購覽請購흠

元山上里二号 英香舖 金舜命 白

家庭雜誌

每月五日發行 一冊五十頁 定價金十錢 一年先金九十六錢 地方一年先金郵稅幷一圜

本雜誌と純國文으로發行흐와家庭敎育界에大光明을放하옵다가財政의窘難을因흐야中間에屢期廢止흐엿바이온데今에本社에서有志諸氏의協贊을得흐야論說部와各部門과滋味잇と歷史叢談等을著述或蒐輯흐야本月五日부터續刊發行흐엿사오니 僉君子と續續購覽흐시옴

발兌元　皇城布屏下金相萬廣學書舖

發賣所　尙洞博文書館　鍾路大東書市　各有名書店

布屏下廣學書舖니家庭雜誌社 告白

● 大韓醫科醫學校長 陸軍軍醫 金守鉉 씨와 陸軍醫 張基茂 씨의 試驗證明으로 淸心保命丹을 服用흐면 有效하다 如左흐니 僉君子と試驗흐심을 望흠

新藥 淸心保命丹

本舖 仁川港杻峴 濟生堂 藥房

●主治効能 ●藥飮食積 ●中暑中寒 ●嘔吐泄瀉 ●不土不服 ●氣鬱吐瀉 ●船車眩暈 ●食傷酒醉 ●口熱

▲其他諸般速氣痢疾預方妙藥

발行人 仁川港杻峴 濟生堂 李圭鳳

代理店　京城鍾路 共愛堂藥房

特約店　京城 (…)

同 慈惠藥房　同 尙洞 李信華洋藥局　同 南門外 廣益亨冊사　同 仁川內 廣濟藥院　同 仁川 韓禹楨　同 城內 和平局　同 南門內 朴圭祖　同 開城 具聖模　水原 鍾路下 金大元藥局　海州 宗路 元香植　同 宗路 宋邦孝　延安 邑內 趙汝文　江華 邑內 宋顯東　同 西門外 高成根　長湍 南門內 崔敬淳　黃山 校洞 朴昌昌　全 (…)　全 (…)　黃州 南門 (…)　平壤 鍾路 (…)　鎭南浦 (…)　全 (…)　全 (…)　全 (…)　全 (…)　全 (…)　信川 邑 (…)　載寧 (…)　海州 (…)　京南大門外 (…)　全州 (…)　三水 邑 (…)　安岳 邑 上 (…)　大邱 南門內 (…)　釜山 港 (…)　安州 城內 (…)　義州 南門外 (…)

此外에도現代에各處에各種靈藥이俱備흐니明각國和有名局

歐米各國專賣特許 石油發動機及自行車 精米機械及附屬品一切廉價放賣

今回諸君子의便利흐기爲흐야本店을左記處로移接흐엿사오니愿亮하시옴을伏望

直輸入商 京城南大門外 韓(…)直屬代理店中根商會

越南亡國史

國漢文　定價貳拾伍錢

發賣所 京城廣通橋 廣學書舖 (…)

奇術學 全

元泳義氏校閱 宋敎用氏著述　定價 (…)

此書と理化學의應用과活智識의啓發로學界上遂進實效卽有成흠

發賣所　中央書館　大東書市　古今書海館　大廣橋東邊 匯東書館　南門外 新舊書林　南門內 尙洞 博文書館

各種洋裝書冊 學徒運動과諸具 羅紗各種 衣服紋緞其他綿貨도廉價放賣흐오니諸君子と來臨흐실을바라나이다

仁川港 (…)

▲特別廣告

本社에서名帖印刷部를另設흐고各樣活字와別樣紙本이俱備흐오며刷印가精美흐고價値도廉흐오되特別히一層低廉흐오니 僉位と來臨흐시와隨意請求흠

大韓每日申報社 告白

●國債報償義捐金收入廣告

●昌原港 第一回

安寧里 盧錫游 盧珠海 각五十錢　盧炳奎 一圜廿錢　盧斗女 盧敎鉉 一圜 盧顯海 四拾錢　盧學周 盧英海 盧昌鉉　盧學大 盧德俊 各一拾전　盧敎海 金善章 各二拾錢　盧化奎 김斗業　各拾전　合八圜三拾전

▲玉浦

方錫祚 二圜 朴琪成　朴琪奎 各一圜 리興業　九拾전 孫敬仲 七十전　李其太 五拾전 金東鳳　四拾錢 方위喆 三拾錢　鄭載奎 方應祚 鄭敬必　柳萬仲 金學㝡 리英哥　鄭奇祚 各二拾錢 孫連仲　朴基榮 方錫鳥 각十錢　金鍾喆 方학善 方위實　리今哲 리鳳龍 鄭封鎬　各十錢　合九圜拾錢

▲龍伏

金烟洙二圜 김正其 김鼎夏　各一圜 金漢珣 林賢圭　각八十錢 金斗珣 六拾전　金正必 김烟石 각四拾전　김正河 卅전 金國珣 金元珣　김夢珣 金致珣 김健珣　林彩圭 林厚圭 林萬圭　林明圭 김光臣 權相俊

▲新溪

李春伯 (…)　(…)卅錢 김 (…) 林英圭　金烟振 權在善 李順玉　각拾전　合十圜六十전

金泰琪一圜 金俊根 六拾전　李仁善 李仁宰 各四十전　金英根 金英凡 김富根　李仁泰 秋景伯 김(…)　김正承 金永業 各卅전　강斗彦 김正祚 李仁權　김학根 各十錢　合四圜四十전

▲東城

宋伯初二圜 金河守 金汝玉　金(…)凡 (…) 朴天鉉　徐敎(…) 張正학 김敬淳　(…)一圜 金花見 李敬泰　각六拾錢 秋尙(…) (…)和(…)　金振汝 曺贊旭 高敬有　黃(…) 金(…)明 각五拾전　김(…) 卞召史 金(…)玉　金(…) 金性玉 (…)五　玄(…) 巫(…) 金(…)玉　(…)拾전 秋大(…) (…)　(…) (…) (…)　黃(…) (…)君(…) (…)仁彦　(…) 金(…) 金又朱　文(…) (…)順 黃子明　(…) 리仲三 각廿전　李(…)道 金德元 각拾錢　合二拾一圜八拾錢

▲新堂

金浩根三圜 李甫(…)二圜　리(…)倍母 一圜二전 李(…)道　金언伊 徐(…)煥 朴(…)　리英道 金德潤 柯尹伊　金明益 리貞華 金君見　文性凡 각一圜 리英祚　李文古 韓敬瑞 曺(…)瑞　朴斗彦 金順九 각六拾錢　李致先 金淳祚 金啓祚　(…)洪彦 (…)處有 (…)成必　各五拾전 金振玉 金成一

▲深里

韓元吉 孔世明 각四拾전　宋士玉 高敬有 金致先　金星一 각廿전　合二拾五圜九十一전

鄭斗(…) 鄭斗(…) 각二圜　鄭永(…) 鄭在浩 鄭在寬　각一圜 鄭(…)尙 八拾전　鄭(…) (…)永斗 各六十전　鄭斗(…) 鄭斗학 張奇彦　(…)拾전 (…)光老 (…)전 鄭在麒　정吉(…) 鄭(…)伊 鄭斗碩　정在(…) 정斗明 鄭(…)英　정(…) 정千日 정尙伊　정(…) 金容(…) 尹光柱　尹(…) (…)成春 리得天　史平石 陳(…)九 각廿錢　정우洗 十二錢 정能일　정(…) 姜召史 각十전　合十四圜五十三전

▲(…)洞

沈氏門中 沈順益一圜 (…)전 沈成中　沈(…)中 (…) 沈君見　(…)一圜 沈(…) 沈君善　沈成根 각四拾전 沈成(…)　(…)拾전 沈善一 沈君凡　沈成一 沈成玉 각廿전　沈仁(…) 沈(…) 각拾전　合七圜七拾전

▲(…)

金志(…)五圜 姜成道 孫致鉉　朴장(…) 각一圜 (…)致(…)　金明振 (…) 각六拾전　(…)性實 李(…) 李(…)柱　(…)敬字 김成實 各四拾전　(…)城 三拾전 김(…)守　(…)二十전 朱三萬 十전　合十二圜四拾錢

發行兼編輯人 英國人 (…)

發行所 南署石井洞(…)外地三層洋屋家 大韓每日申報社

第六號

大韓每日申報

第七百卅四號

月曆及慶節
歲時日休刊

檀君開國四千二百四十一年
箕子元年三千三十年
大韓開國五百十七年
日本明治四十一年
淸國光緖三十四年
陰曆戊申正月大十八日甲辰

別報

●爲山鳴冤　石癡生

驅逐이太甚則猫之於人에猶爲反抗하고凌踏이甚緊則인之爲物도亦知動作ᄒᆞᄂᆞ니動物之至微至小者도尙能如此커든凡此人民은即萬物之最靈也니可畏者非民이며可愛者非民乎아近有一可驚可慮事ᄒᆞ니咸從郡廣東山에日人이以開礦次로圖得郡府調令ᄒᆞ야到付하ᄆᆡ郡則該守가轉飭于該山下ᄒᆞ며ᄒᆞᆫᄌᆞᆨ蓋該部地方이不過三十里許에三面이濱海ᄒᆞ고惟廣東一麓이在於東偏ᄒᆞ야包含闔境이라環在村落이乃爲三千餘戶오由來墳墓가至爲數十餘處之多矣라

令到之日에物論이沸騰ᄒᆞ고人心이兇懼ᄒᆞ야無論老幼ᄒᆞ고四千餘名人民이會集于官門外ᄒᆞ야連日鳴冤則郡守가出于官門外ᄒᆞ야曉諭解散之際에時方日暮大寒이라個中에或八歲或七歲된四個垂髫小兒가排衆突前ᄒᆞ야呼天叫地에互相演說ᄒᆞᆫ즉대

張姓兒ᄂᆞᆫ曰嗟夫山之爲物이雖不過一拳石之多나即祖宗疆土也라嗟我政府가鑒在保護ᄒᆞ야外人之所求를隨請隨施ᄒᆞ니爲國家痛哭者一也오且夫人生一去에幽明殊塗ᄒᆞᆫ데緣彼採礦ᄒᆞ야塚中枯骨이無罪被掘ᄒᆞ니食古骨流涕者二也오哀我生靈이處於斯耕於斯ᄒᆞ며樵牧於斯ᄒᆞ라가遂留一朝에爲人된者이며許多民生이將莫接於何所며春育於何地乎아爲生命太息者三也라하고叩膺流涕不已ᄒᆞ며

裵姓兒ᄂᆞᆫ曰吾等은其可謂生國民乎아死國民乎아列國之人은自己租界內에雖一朶花一寸枝라도他人이若有折取則例處罰이거든今此境遇에苟有一分彝性者면孰不痛哭欲死리오惟願同胞ᄂᆞᆫ生覺々々ᄒᆞ오ᄒᆞ며

郭姓兒ᄂᆞᆫ曰余本是樵牛涯로於今春負薪歸路에一鵲巢가路傍古木上에在ᄒᆞᆫ되見鵲之抱卵ᄒᆞᆫᄒᆞ고爲其取卵玩之ᄒᆞ야攀株緣柯ᄒᆞ야及其巢欲探卵則雌雄이雙飛而來ᄒᆞ야頻頻和鳴로啄我頭髮故로堪苦不得ᄒᆞ야仍置其卵而忽急下來矣라惟此思惟則鳥之微物도能敵人害커든可以人而不如鳥乎아우리도生命財產을保全ᄒᆞ기로團體團體라ᄒᆞ며

康姓兒ᄂᆞᆫ曰우리三千餘戶人民이一心成城ᄒᆞ면保全ᄒᆞᆯ道가有ᄒᆞ고不然이면渙散乃已ᄒᆞᆯ境遇오今有何條件十條ᄒᆞ나分而折之면數十을皆折이로되若束而給而爲一이면雖力足以강鼎이라도不能屈而折之라ᄒᆞ고且泣且言에言辭가滔滔不絶ᄒᆞ니當場觀聽者莫不感泣ᄒᆞ고嗟歎도爲之惻然ᄒᆞᆫ데日已黃昏矣라乃復百般曉諭하야始散衆云云ᄒᆞ니挨以情況컨되或因文化稍開而然歟아抑亦由性所激而然歟아以若三尺童子로도有此危言激論ᄒᆞ니推之於此에其餘人心之危懼로젼擧其槪聞而冒煩仰陳耳로라

記者曰此一篇文을按견된其所爭者가不過是一拳子大ᄒᆞᆫ廣東山一麓이라樵牧은是에서藉ᄒᆞᆯ而已며葬埋ᄂᆞᆫ是에서行ᄒᆞᆯ而已니是山의韓國에在ᄒᆞᆷ이太倉一粒子에不過ᄒᆞᆫ걸만彼其年齡이未長ᄒᆞ며學識도未修ᄒᆞᆫ張裵康郭四童子가尙且外人의染指ᄒᆞᆷ을憤痛히녀여熱血이胷에湧ᄒᆞ며悲淚가眼에注ᄒᆞ야空拳으로對抗코ᄌᆞᄒᆞ니偉哉라此四童이여豈其古人에云ᄒᆞᆫ바「祖宗疆土不可以尺寸與人」이란大義를聞ᄒᆞᆫ者가아닌가其名이云何인지秋水蒹葭에夢想이徒勞ᄒᆞ도다

嗚呼라山河가破碎ᄒᆞᆫ대護國의江龍이不起ᄒᆞ고風塵이慘담ᄒᆞᆫ대埋棘와銅駝가可悲도다全國을觀ᄒᆞ미一切行政司法警察軍隊郵電鐵道森林礦山土地가無非外人의勢力圈내니悲夫三千里疆土여何處가廣東山이아닌가만은政府椅子를巍據ᄒᆞᆫ大臣들은外人의鷹犬이나甘作ᄒᆞ며社會에先進ᄒᆞᆫ志士들은局面의時勢나隨瞻ᄒᆞ며山林의讀書士들은獨善主義나唱ᄒᆞ야全國二千萬衆으로愛國者가此四童子뿐인가嗚呼라

官報

●第四千號　隆熙二年一月十八日

敍任及辭令

任道主事　森島　武郎
中樞院顧問勳一等　李　址鎔
宮內府大臣勳一等　李　允用
特陞敍大勳李花章
任道主事　伊万里止善
日本國陸軍三等軍醫正勳九等　田中德太郎
特陞敍勳二等賜八卦章
內部次官　木內重四郎
命城壁處理委員長
內部衛生局長　劉　猛
內部事務官　權　鳳相
度支部書記官　藤川利三郎
度支部繙譯官　韓　圭復
陸軍步兵副尉　閔　用基
陸軍工兵正尉　玄　普運
命城壁處理委員

外報

●兵士募集　北京電을據ᄒᆞᆫ즉直江沿岸防營提督夏辛酉氏의死亡ᄒᆞᆷ을因ᄒᆞ야後任된姜桂題氏가部下의新銳軍步兵四衛와騎兵一衛와砲兵一衛를募ᄒᆞ고赴任ᄒᆞᆯ터인디着任後에ᄂᆞᆫ長江에서更히十四衛兵을革命黨及其他事變에對ᄒᆞ야豫備件으로募集ᄒᆞᆯ터이라더라

●大赦亡命　伯林電을據ᄒᆞᆫ즉葡國皇帝마넬氏가亡命者에對ᄒᆞ야大赦ᄒᆞᆷ을發布ᄒᆞ엿더라

●美日戰爭迫近　紐育電을據ᄒᆞᆫ즉美日戰爭이迫近ᄒᆞᆫ다하엿더라

●日人逐送　桑港電을據ᄒᆞᆫ즉北米加州프레시노市의葡萄栽者들이日人雇傭者를逐出ᄒᆞ고至于今失業ᄒᆞ엿든米國人을雇入ᄒᆞᄂᆞᆫ中이라더라

●日人辭職　上海電을據ᄒᆞᆫ즉湖北機器局에서日人을悉皆辭職ᄒᆞ고德國人伊太利人白耳義人이此를代任ᄒᆞᆫ다ᄂᆞᆫ報가有ᄒᆞ더라

●銃器新製　同電을據ᄒᆞᆫ즉美國陸軍省에서民兵에게新式銃을供給ᄒᆞᄂᆞᆫ데其結果ᄂᆞᆫ各地兵器製造所에서此兵器件으로多數히銃을製造中이라더라

雜報

●黃校漸進　黃州郡內에私立小학校ᄂᆞᆫ學徒가日增ᄒᆞ야학舍가狹窄ᄒᆞ고敎師一員으로不可敎育이라ᄒᆞ야當時憂悶之際에耶蘇敎人金基瓚氏가自家半日耕畓을補助하고崔亨倫氏가錢百圜을捐補ᄒᆞ며학生中에貧寒ᄒᆞᆫ者ᄂᆞᆫ敎給ᄒᆞ야工夫ᄒᆞ게ᄒᆞᆷ으로학徒가至今百名에達ᄒᆞ고學舍를廣搆ᄒᆞ며敎師를加聘ᄒᆞᆯ趣로敎會有志人의게說明ᄒᆞ미非但敎會中捐補뿐아니라有志人士가或一二百兩二三百兩捐義ᄒᆞ야학舍를三千兩으로買得ᄒᆞ고敎師一員을加聘ᄒᆞ며數千兩資本으로殖利ᄒᆞ야敎育等節에無憂ᄒᆞ고歲末放학에該郡守韓貝圭氏가來參ᄒᆞ야학徒의게賞與ᄒᆞ고女학校物品을又爲賞與ᄒᆞ고一場勸論ᄒᆞ얏다더라

●果則可痛　慶北道니紳士崔商白餘氏이大邱郡에서大韓協會支會를發起ᄒᆞ야開會目的으로趣旨를說明ᄒᆞᆯ際에同郡居尹瑛燮이來參會席ᄒᆞ야不服ᄒᆞᆫ狀態가有ᄒᆞᆫ지라其理由인즉該시가曾往에稅市廳을設ᄒᆞ고公私間에貽弊ᄒᆞᆫ事가綻露於衆糾査ᄒᆞᆷ으로主任警署提因ᄒᆞᆫ所以파該시가因此含憾ᄒᆞ야如何搆誣於當地守備隊이던지當夜自警署로至有押捕에已爲歸於下白이고蹤跡이即露ᄒᆞ미警署에서該시를跟捕中이라고南來人의傳說이有ᄒᆞ더라

●保產將就　鏡城府居ᄒᆞᄂᆞᆫ金永哲氏가民產을保護ᄒᆞ기爲ᄒᆞ야去丙午春의同志人某某로社會를組織ᄒᆞ기로協議ᄒᆞ고境內有志諸氏의게面面懇說ᄒᆞ야保產會社를創設ᄒᆞ미鳩聚ᄒᆞᆫ금額이五千餘圜에達ᄒᆞ얏ᄂᆞᆫ되該郡守김志은氏와郡主事韓錫夏兩氏가熱心組織ᄒᆞ며境ᄂᆡ資本家들노多數股로一一來付ᄒᆞ기로不過幾年의有名ᄒᆞᆫ社會가될리라고該地人의傳說이有ᄒᆞ다더라

●五氏設校　本道觀察府官리惠應起巡察使判所主事黃履淵三氏가與郡內有志紳士前承旨리在衍主事리秉駿諸氏莊明成正教諭弘士人리承憲五씨로時局形便을觀察議결ᄒᆞ고部니臨察院에東學鳩合ᄒᆞ야協卒ᄒᆞᆫ子弟를募集ᄒᆞ야國漢文算術日語를鑑從分科教育케ᄒᆞ고凡市井街巷에浮販ᄒᆞᄂᆞᆫ老少人民과酒樓色郭에虛送月ᄒᆞᄂᆞᆫ浮浪者를曉諭招集ᄒᆞ야法律과經濟학을講習ᄒᆞᆫ后滿州郡邑니에학校一部를設始ᄒᆞᄂᆞᆫ바校費ᄂᆞᆫ諸有志諸ㅅ가隨所家力ᄒᆞ야多少物을出ᄒᆞ則郡니上下人民이洽然同志ᄒᆞ야征稅貸成ᄒᆞᄂᆞᆫ데爲先現集금이三千餘圜에達ᄒᆞ엿스니將來成就ᄂᆞᆫ快有期望이오且義捐ᄒᆞᆫ多數古蹟을학校에永付賜當ᄒᆞ며或不無行初鮮移之處라ᄒᆞ고곳義捐ᄒᆞᆫ財主가錢欖을未與ᄒᆞ야自己善用人處任置殖利ᄒᆞ야每月終每頭에二分利子만摘送ᄒᆞ다가何年何時든지本金額을錢主가還推ᄒᆞ기로契約ᄒᆞ얏다더라

●兩陽熱心　兩陽郡居鄭佐鉉氏ᄂᆞᆫ同郡有志諸氏와相議ᄒᆞ야校舍를新建ᄒᆞ고四方에學徒를募集中이라더라

雜報

●義王歸國 日本에滯在ᄒᆞᆫ신義親王殿下께옵서歸國次로本月二拾日頃에東京서出발ᄒᆞ실다더라

●각大叅會 總理大臣以下각部大臣이昨日統監官邸에會同ᄒᆞ야何事件인지秘密會議ᄒᆞ얏다더라

●三大先遞 近日巷說을聽ᄒᆞᆫ즉政府가變動이된다ᄒᆞ며新組織이된다ᄒᆞ더니更聞ᄒᆞᆫ즉總理大臣리完用니部大臣任善準法部大臣趙重應三씨가爲先遞任이된다더라

●夫人渡日 皇太子殿下陪從員으로日本에滯在ᄒᆞᆫ陪從武官長趙東潤氏ᄂᆞᆫ日前에其夫人을日本國으로率去ᄒᆞ얏다더라

●四씨輪直 니閣大臣이昌德宮에輪回直宿ᄒᆞ더니日昨봇터法部大臣趙重應主殿院卿리謙濟警視總監丸山重俊警視副監具然壽諸氏가輪次直宿ᄒᆞᆫ다더라

●今或出脚 某々諸씨가觀察使를被任ᄒᆞᆫ다ᄂᆞᆫ說은昨報에揭載ᄒᆞ얏거니와就中申應희氏ᄂᆞᆫ向往에總相李完用씨와伊藤統監이屢次勸告ᄒᆞ되該氏가固辭不聽하얏다더라

●兩氏云云 今番郡守奏本을漏聞ᄒᆞᆫ즉前郡守權秦容氏ᄂᆞᆫ某處勸告로公州郡守을被任ᄒᆞ고公州郡守金甲淳氏ᄂᆞᆫ金化郡守로轉移ᄒᆞ얏다더라

●十二減俸 中樞院贊議의年俸額이一千圓으로 勅令頒布가되얏ᄂᆞᆫ데度支部에서ᄂᆞᆫ何事件인지八百圓式支出ᄒᆞᆫ다더라

●六名日官 法部에서日本人六名으로書記官叙任ᄒᆞᆯ案件을內閣에提議ᄒᆞ고統監府에請議ᄒᆞ얏다더라

●각品調査 警視廳에서五部내紡養品米穀各項品與諸般材料及織工을調査ᄒᆞᆫ다더라

●月館晩餐 ᄒᆞᆫ城銀行에서再昨日에明月館에晩餐會를開催ᄒᆞ고각新聞記者를請待하얏다더라

●動物收入 昌德宮니에動物園을設置ᄒᆞᆫ다ᄂᆞᆫ事ᄂᆞᆫ前報와如ᄒᆞ거니와西部園동에私立ᄒᆞᆫ動物園에在ᄒᆞᆫ動物三拾餘種을再昨日에沒數히昌德宮動物園으로收入ᄒᆞ얏다더라

●鎭義協議 來二拾日午後一時브터日本軍司令部에서義徒를鎭壓ᄒᆞ기爲ᄒᆞ야協議會를開ᄒᆞᆫ다더라

●毁城費額 城壁處理委員을差出ᄒᆞᆷ은已爲報道ᄒᆞ얏거니와京鄕衢에所在ᄒᆞᆫ城壁이人民交通에不便ᄒᆞᆫ處ᄂᆞᆫ沒數毁撤ᄒᆞᆫ다ᄂᆞᆫ데其費額은四百圓으로算定ᄒᆞ얏다더라

●拔劍打民 平康郡에自衛團을設施ᄒᆞᄂᆞᆫ데標一張式商民과平民의게分給ᄒᆞ고陰正月七日邑니場市에巡檢이標價를勒收ᄒᆞ미趁即出給치아니ᄒᆞᆫ즉면拔劍乱打ᄒᆞ야三人은重傷을被ᄒᆞ야幾至死境이요七八人은輕傷을受ᄒᆞᆫ지라民心이大段騷動ᄒᆞ야該場市가不成ᄒᆞ리라고該郡來人에確信이有ᄒᆞ더라

●恩金苦待 主殿院解散巡檢에 恩賜금을支給ᄒᆞᆫ다더니勿慮ᄒᆞ라ᄂᆞᆫ事ᄂᆞᆫ已揭昨報어니와支給ᄒᆞᆯ時日은確定이無ᄒᆞ고該巡檢等이但是月銀으로만生活ᄒᆞ다가一朝에失業ᄒᆞ고當此寒氣未解之時에不勝飢寒ᄒᆞ야恩賜금支給ᄒᆞ기만苦待ᄒᆞᄂᆞᆫ情狀은慘不忍見이라더라

●校基觀察 학部書記官리脫李氏ᄂᆞᆫ平안兩北道에曾浮학校建築基地를觀察次로今日에京發鐵道로발程ᄒᆞ얏다더라

●五氏恤金 니部에서殺援의被害ᄒᆞᆫ砥平郡守김奎植江華郡守鄭璟鉷杆城郡守金仁植陽城郡守趙漢哲華川郡主事沈宜道諸氏의救恤金을頒給ᄒᆞ되郡守에게ᄂᆞᆫ二千圓式이요郡主事에게ᄂᆞᆫ八百圓을支撥ᄒᆞᆫ다더라

●背會入教 高原郡來信을據ᄒᆞᆫ즉同郡一進會員數百名이該會目的이賣國奴가됨줄을悔過自責ᄒᆞ고一齊背會ᄒᆞ야耶蘇教에入叅ᄒᆞ미該郡教況이漸旺ᄒᆞ다더라

●面長不法 仁川郡外面에何許一面長은奸吏를符同ᄒᆞ야結錢上納時에依例히支給ᄒᆞᄂᆞᆫ手當금이有ᄒᆞ거ᄂᆞᆯ猶爲不足ᄒᆞ야結民의게考卜價를依例捧食ᄒᆞ고每戶에租一斗式을勒取ᄒᆞ미一面人民이支保無路라ᄒᆞ더라

●明月尤擴 明月館에서其隣家를買入ᄒᆞ야洋屋으로一新擴張ᄒᆞᆯ터이라더라

●普校卒業 普成專門학校에서學年試驗을經過ᄒᆞᆫ事ᄂᆞᆫ前報에已揭어니와晝학法律科에ᄂᆞᆫ優等一人及第二十九人이오夜학法律科에ᄂᆞᆫ優等二人及第拾七人이오落第生이十六人이오夜학經濟科에ᄂᆞᆫ優等八人이오及第가三拾五人이더라

●私賣訓禁 各郡에國有土地를導掌이나或作人이暗賣ᄒᆞᄂᆞᆫ弊가有ᄒᆞᆯ터이니內閣에서許可ᄒᆞᆫ土地外에國有土를私相賣買치못ᄒᆞ게각郡에訓令ᄒᆞ라고國有財產調查委員代辦俞星濬氏가法部로通牒ᄒᆞ얏다더라

●漁民之賠 隋來人에傳說을聞ᄒᆞᆫ즉蔚山郡一進會長黃正道와漁基派員김基洪가官屬을符同ᄒᆞ야該郡三十三浦漁民에게水產稅外에雜賭라假稱ᄒᆞ고常平葉전二萬一千四百六十兩을勒捧分食ᄒᆞᆫ故로度支部에呼訴次로該郡民이多數上來ᄒᆞ얏다더라

●青年入花 近日東署孝橋等地某약局후房에서隣近洞青年子弟를誘引하야花鬪局을大設ᄒᆞ고晝宵不離ᄒᆞᄂᆞᆫ데警察官吏ᄂᆞᆫ觀若尋常ᄒᆞᆫ다고該隣人의物論이有ᄒᆞ더라

●淸약逐鴉 鴉片인治療ᄒᆞᄂᆞᆫ淸人賈篤菴氏가三和港에서鴉片烟의數十年式成인된人을十五人을治療되얏ᄂᆞᆫ대三日이면即成完人ᄒᆞ얏다더라

●技價橫徵 珍島郡主事曺敏義시가自昨年十二月로郡守署理를視務ᄒᆞᄂᆞᆫ대該郡日人이雜技人의게價錢을推給ᄒᆞ라고主事의게呼訴한즉閣下ᄒᆞ기를雜技價ᄂᆞᆫ不知라ᄒᆞ미該日人이警務分派所에呼訴ᄒᆞ야八九寸되ᄂᆞᆫ者의게提致橫徵ᄒᆞᄂᆞᆫ故로該主事가該分派所에三四次照會ᄒᆞ되一無回答ᄒᆞᆫ다고該郡來人의傳說이有ᄒᆞ더라

●湖南학會演說 湖南학會에서去土曜에靑年會舘에서演說ᄒᆞᄂᆞᆫ데當日叅席ᄒᆞᆫ人員이不過拾餘人이라演說家鄭隱설氏가湖南紳士의학務上無心ᄒᆞᆷ을慨歎ᄒᆞ야該道人民의習慣에野蠻ᄒᆞᆷ을一場討論後에更以來日曜日로開會ᄒᆞ고會規를組織ᄒᆞ기로決定ᄒᆞ얏ᄂᆞᆫ대리根容姜曄리俔等諸氏가期於히該會를有始有終ᄒᆞ기로熱心周旋中이나該道니有名ᄒᆞᆫ資本家에서觀若尋常ᄒᆞᆫ다더라

●演說叢請借 畿湖興학會에서來土曜日에獨立舘에會集ᄒᆞ야演說ᄒᆞᆯ터인대該館을暫爲借與ᄒᆞ라고一進會에請求ᄒᆞ얏다더라

●兩氏捐金 湖南학會를設始ᄒᆞᆫ다ᄂᆞᆫ義은別項과如ᄒᆞ거니와前叅書官白寅基氏가四百圓을捐助ᄒᆞ고侍從武官朴榮喆氏가四百圓을寄付ᄒᆞ얏더라

●白家小火 再昨日下午六時에北署碧동居白南喆시家에失火ᄒᆞ야草家二間을燒燼ᄒᆞ고幸即滅火ᄒᆞ얏다더라

●義兵屯聚 長城山巖寺에義兵約五六百名이屯聚ᄒᆞ얏다더라

●積城義擾 積城甘杵山中에義兵數千餘名이屯駐ᄒᆞ야每日技藝를鍊習ᄒᆞ고器械를製造ᄒᆞᄂᆞᆫ中이라더라

●北青風聲 北青郡에서義兵九拾餘名이一進會員二十名과巡查一名을捉去ᄒᆞᆷ으로該郡守備隊에서兵丁三十餘名을派送ᄒᆞ얏다고니部에電報가來到ᄒᆞ얏다더라

●彈丸輸去 釜山兵器廠에積置ᄒᆞᆫ彈丸等物은仁川港으로輸運하ᄂᆞᆫ데日本大坂으로轉還ᄒᆞᆫ다더라

●設契補校 私立長薰學校任員諸氏가該校維持方針으로잡박契를設始ᄒᆞ야其剩金을補用ᄒᆞᆯ次로去十四日에出桶ᄒᆞ얏다더라

●設校經紀 三和港信義社ᄂᆞᆫ居留으로生涯ᄒᆞᄂᆞᆫ會社인데該社員들이國勢艱難ᄒᆞᆷ을慨歎ᄒᆞ야國權回復ᄒᆞ기ᄂᆞᆫ靑年教育이急務라ᄒᆞ고方今학校設立ᄒᆞ기를經營中이라더라

●明進更張 僧侶들이明進학校을設置ᄒᆞᆫ지가數年에興旺치못ᄒᆞᆷ으로僧侶에公有ᄒᆞᆫ財產을調查ᄒᆞ야學校에補用ᄒᆞᆫ다더라

●義捐基校 三和鎭南浦碑石동基督小학校에서陰正月初十日開學式을經ᄒᆞ얏ᄂᆞᆫ대該港後浦리李健氏가金貨拾圓을義捐ᄒᆞ얏다고該地來人이贊誦不已ᄒᆞ더라

▲地方消息▼

▲本月十八日午前八時에義兵元帥趙將徐相烈召募將리鎮俠等이部下一千餘名을領率ᄒᆞ고免山金川新溪等地에서遊行ᄒᆞ다고內部에報告가來ᄒᆞ엿고

▲本月十九日午前三時에日兵이伊川瑞岩동新溪東南方面約四里地에서義兵約百餘名을襲擊ᄒᆞᆫ時에義兵이防戰ᄒᆞ기로準備中인데日兵이急進ᄒᆞᆫ즉義兵은北壯丹山으로潜入ᄒᆞᆫ지라日兵이翌日午前六時頃에蹤跡을失ᄒᆞ얏ᄂᆞᆫ데其中에耶蘇教人이有ᄒᆞᆫ듯ᄒᆞ다더라

京電報

十八日發

●間島防衛認可 北京電을據ᄒᆞᆫ즉徐總督이間島防備費六十萬兩을支出ᄒᆞ라고北京度支部에 奏請하야認可가되얏다더라

▲藥鑑高懸▼

▲心頭說을뉘히듣고時局人物閱覽ᄒᆞ니國事危急不顧ᄒᆞ고自爲身謀區區ᄒᆞᆫ腐敗物件許多하다

▲林泉別業차져가서白首殘年逍遙ᄒᆞᆯ제一生國恩偏重건만與世相忘已久로다門外風塵不關ᄒᆞ고臥送歲月ᄒᆞᄂᆞᆫ經綸老宰相이셔엿고나

▲國事之急務이오蒼生之塗炭焦眉ᄒᆞᆫ대好時代맛ᄂᆞᆫ듯시拍局騙秩追逐ᄒᆞ야家家大宴排設ᄒᆞ고晝夜鬪牌荒飲ᄒᆞ니더民族이셔것고나

▲全國權利讓與ᄒᆞ야百方納媚엇은地位무삼風波暗生ᄒᆞ야浮萍갓치擾々ᄒᆞ다蹶足附耳密議ᄒᆞ나鞏固方策全無ᄒᆞ니각大臣이셔것고나

▲碧突秋燐奈奈ᄒᆞ야賣國奴을甘作터니解散消息浪藉ᄒᆞ니炎涼世態怨生ᄒᆞ야獨立館演說場에會員不叅未成ᄒᆞ니一進會가셔것고나

▲一進會로要功ᄒᆞ야意外功名놉히더니根本不固搖撼키로校業先動憂慮로다四道盤據倚角라가蘇蕭落木되엿ᄉᆞ니더觀察셔것고나

▲宸室巨欵圖得ᄒᆞ야上海則庄排置ᄒᆞ고武陵春水桃花天에夢中日月勝送ᄒᆞ야自國思難冷ᄒᆞ고殊方風烟着味ᄒᆞ나더賊臣이셔것고나

▲一等開明自許ᄒᆞ야協贊首如夢이라ᄒᆞ야國에다入籍ᄒᆞ니國精神渾失이라列强風氣換ᄒᆞ야樂而忘返留連하니더名士가셔것고나

▲千辛萬苦圖得ᄒᆞ야赴任ᄒᆞᆫ幾朔만에地方風塵不息ᄒᆞ미家安危念慮로다辭免ᄒᆞᄂᆞᆫ請狀이雪片갓치飛至ᄒᆞ니더郡守가셔거고나

▲덩마동에神이나셔高帽兒人力車에더官人이橫行ᄒᆞᆯ계化子弟分明ᄒᆞ다揚々自得하ᄂᆞᆫ貌樣알니갈이만놈엇ᄉᆞ니금貴子셔거고나

▲四方학校成立ᄒᆞ야新학問에下工ᄒᆞ니舊古ᄒᆞ다上古事蹟欲通鑑廢止ᄒᆞ고揣摩術語課에高等師延聘ᄒᆞ니村學究가셔거고나

雜報

●誤謬更正 本報第七百廿七号雜報欄니에寵請起復이란題下에李鳳을大邱로誤電이라더라

小安동八統三戶惠春堂靑藥은世界ᄂᆞᆫ第一인ᄃᆡ久滯久瘡을卽效故로致謝홈

金元濟 白

廣告

本會總會를來日曜日(陰正月二十二日)下午一時에京城孤兒院에開ᄒᆞ오니本道人士ᄂᆞᆫ屆期光臨ᄒᆞ시옵

湖南학會 告白

湖南學會事務所定于校洞拾一統二戶崔禹洛氏家오니本道內人士ᄂᆞᆫ 愛臨ᄒᆞ시옵

湖南학會 告白

本人이一進會에退出ᄒᆞ야天道敎를信仰ᄒᆞ오니僉君子ᄂᆞᆫ照亮ᄒᆞ시오

順安郡居 廉 彦 告白

全北茂朱郡郡主事金英瑀氏ᄂᆞᆫ一自視務以後로盡心補治ᄒᆞ고愛民施惠ᄒᆞ며熱心教育ᄒᆞ야自己家舍에設立學校ᄒᆞ고公退之暇에短杖草鞋로周行境내ᄒᆞ야家喩戶說ᄒᆞ되惟我青年은ᄉᆞᄉᆞ日來學ᄒᆞ라고激勸ᄒᆞ며且日兵來往之時에爲交涉ᄒᆞ야邑村無弊ᄒᆞ고境내咸安ᄒᆞ니頌聲이藉藉ᄒᆞ옵기廣告홈 리澤等

本人의家券ᄂᆞᆫ典執於南署會賢坊金建柱處러니甲辰十一月拾二日夕家舍失火時에並燒故로茲以廣告홈

西署養生坊合洞契二拾一統九戶 金奉麟 告白

本학校第一年終試驗各班優等生이如左ᄒᆞᆷ

甲班李鍾大乙班徐丙식丙班張□俊

長湍郡私立通明학校 告白

●學員募集廣告

本校에서陰正月二十日에開學ᄒᆞᄂᆞᆫᄃᆡ舊학員은依例上학ᄒᆞ려니와新학員도增募ᄒᆞ오니願학ᄒᆞ시ᄂᆞᆫ僉員은本校에來議ᄒᆞ시면甲乙丙三班으로隨意應聽홈

科程 日語 算術 簿記

新門外平洞華東夜學科

本人의子魯彦이가年未滿二十에性本浮浪ᄒᆞ야花樓酒肆에出入ᄒᆞ야蕩敗家産不啻라終不改悛前習ᄒᆞ고詐僞換雜之弊ᄒᆞ고欺人圖債ᄒᆞ오니雖某씨던지젼物關債給이오면白失ᄒᆞᆯ터이기오니內外國人은功勿見欺ᄒᆞ시오

義州州內面弘南동邊仲納

商務學沉英澤英字鍾字改定ᄒᆞ오니知舊照亮ᄒᆞ시오

沈鍾澤 告白

◉學員募集廣告

本校의入學期가在邇ᄒᆞ얏기玆에廣告ᄒᆞ오니志학 僉員은來三月二日(陰正月三十日)內로來試入학ᄒᆞ시옴

◉入學試驗科目

作文(國漢文) 讀書

算術(四則以內)

◉入學年齡 十六歲以上

◉修業年限 三個年

◉學科 文학 作文 語學(日英隨意) 數학 算術 地誌(內外) 歷史(內外) 理化학 博物학 法制 經濟學 簿記 財政학 國家학

漢城中署壽洞

私立興化學校

忠淸南道泰安郡論山浦居前主事金聖培氏가客歲末에本浦勞動者의情況을矜恤이예기여義捐拾五圜을ᄒᆞ야使此客地孤踪으로過歲에無呼飢寒之歎케ᄒᆞ니非但吾人等의頌德이라隣境의서모氏慈善之心을無不感謝故로廣佈ᄒᆞᆷ

池滋栢等 告白

●學員募集廣告

本事務所에서第一出張所의位置와事務員을如左히定ᄒᆞ고平安南北道所管民事代理刑事辯護一切法律事務를處理홈

漢城許병聯合法律事務所

辯護士 尹邦鉉

辯護士 太明식

辯護士 李容相 白告

第一出張所

位置 平壤郡隆德部一里大貫洞一統一戶

事務員 崔觀洙

事務員 洪鶴奎

學員募集廣告

本校第四回入學期를現當하야法律學及經濟學兩專門科學員을玆에募集ᄒᆞ오니願学人은左記試驗定期內에本校用紙로써早速請願ᄒᆞᆷ을要

但右兩科ᄂᆞᆫ夜學으로만募集홈

◉修業年限 三학年

◉入學年齡 二十以歲上

◉學科目 法律學全部 經濟學全部 備在本校規則

◉試驗日字 二月廿五日(陰曆戊申正月廿四日)

◉試驗科目 歷史及地誌問對(內國及外國)讀書及作文(國文及漢文)算術(四則以內)

但官公私立學校의普通科以上卒業證書가有ᄒᆞᆫ人은其學力을檢定ᄒᆞᆫ後免試入許홈

◉開學日字 三月五日(陰曆二月三日)

隆熙二年一月十日

漢城中署磚洞普成專門學校

本人이陰正月十四日頃倉ᄒᆞ等地서夾囊을失ᄒᆞᆫ바其中에大平동藥局全興誠處推次當錢千兩手標一張과翰林동許永根處當五百兩餘六月十日推次票一張을幷失ᄒᆞ얏스니誰某拾得ᄒᆞ야도休紙施行

倉동十六統三戶 李圭大 告白

忠南鎭南郡上東里居ᄒᆞᆫ本人의三子年二拾一김永均字泰彦이가陷于浮浪ᄒᆞ야同道濟道郡耳谷里居ᄒᆞᆫ金文凡吳聖賢兩人의誘引作伴ᄒᆞ야蕩敗家産保故玆에廣布ᄒᆞ오니內外國僉員은債給否夯를勿被見欺ᄒᆞᆷ

金晉鉉 告白

揚州金村面답谷居吳然七은同宗에서率養ᄒᆞ와機驍公四世孫으로立後ᄒᆞ온지不過幾年에人於聚敎ᄒᆞ와四代祠宇를昧自沒土ᄒᆞ온지數朔에諸子孫이今年正朝謁廟時에소火之事를發覺되와該人을破養ᄒᆞ고更爲遣主ᄒᆞ와血孫으로奉祀하깃사오니京鄕宗族은照亮ᄒᆞᆷ

吳忠權 然八等 告白

丸日山貝葉寺에諸僧侶가多數出財ᄒᆞ야私立小學校ᄒᆞᆫ바이라校況이日進ᄒᆞ야학徒가三拾餘名에達ᄒᆞ얏ᄂᆞᆫᄃᆡ月捐金은永히廢止ᄒᆞ고學徒를募集ᄒᆞ오니僉位ᄂᆞᆫ照亮홈

梁南岳 白

엽 통
본한아
정국연
무일초
제수쥬
됴방식
연미회
초 사

길 성 명 통

唐城洪鑑旭著彙撰 二百三十八頁 定價 七拾五錢

新撰 筭術通義 上

此書ᄂᆞᆫ四則으로부터名數ᄭᆞ지編成ᄒᆞ얏ᄂᆞᆫᄃᆡ其眞理를破綻ᄒᆞ고解式을昭載ᄒᆞ며且我國度量衡及貨幣로各國度量及貨幣를換算ᄒᆞ고基礎를作ᄒᆞᆷ과經度와時差로各國地方時의解得ᄒᆞᄂᆞᆫ方法을揭ᄒᆞᆷ이尤極昭詳ᄒᆞ니一般敎育界上에大光彩를발輝ᄒᆞᆯ不啻라학問家簿記家及研究者의案頭에可히備置ᄒᆞᆯ惟一ᄒᆞᆫ眞寶ㅣ라

普文社 白

元賣所 博學書館 鋼峴 中央書館 廣학書舖

大東書市 匯東書館 古今書海館 博文書館

新舊書林 安峴書館

◉大韓國新發明神藥

◉度佐靈丹 各種食滯中暑久滯口臭痰飮吐瀉定價一貼十錢

◉至寶丸 諸般痰疾不拘久遠俱有偉効定價金十錢

◉靈效液 外用浴香治療瘡皮風百發百中定價金三拾錢

◉淸眼水 治諸般眼疾有驗 先天之妙定價金拾錢

◉通淋丸 治男女諸般淋疾神効 □□速効除毒一週金五十錢

此外에도東西洋各國有名賣藥과 諸病去根藥과 眼風痔疾

藥水각種病藥俱比廉向爲望

漢城中署餘鋪里廛동拾二統二戶地

製劑발賣所 共愛堂藥房 吳基茂 告白

監修발行人 前宮立漢城醫학校本業生 朴容南 謹白

支店 開城南門內共愛堂開城支舖 姜灝遠

興學書舖

代理店 西署新門外石橋普濟院藥局 車顯琪

仁川海梧峴濟生堂 李炳鳳

國內各處藥局에셔隨意販賣ᄒᆞᆷ니다

長壽寶全

天然堂

五萬特色 世界不變 說顯明彩

布德門外에서 延壽□□ 金丰鉉 告白

本堂에셔昔年의□□ 實驗以後 彩色五圓 定價 ...

本藥은自今伊始로 ... 五圓이오 ... 大本에ᄂᆞᆫ ...

朴晶東氏演 述

●意大利獨立史 正價金五拾錢

●經濟原論 正價金三拾五錢

●國際公法志 正價金四拾錢

●國文新撰家庭學 正價金三拾錢

國家의文明은教育이根本이오敎育의基礎ᄂᆞᆫ家政이始故로泰西學者ᄂᆞᆫ純國文으로新撰ᄒᆞ와婦人社會와勞動社會와學校敎科ᄭᆞ지需用ᄒᆞᆷ에便易케ᄒᆞ와사오니有志君子ᄂᆞᆫ陸續購覽ᄒᆞ심을務望

발行人 金雨均 告白

發賣所

▲大廣橋 匯東書館 ▲鍾路 大東書市

▲銅口 中央書館 ▲布屛下 廣學書舖

▲鋼峴 博학書館 ▲尙洞 博文書館

新編 銀行簿記學

任璟宰編述　全一冊定價 六十五전

本書는一般外國諸大家의著述흔簿記學中最近흔學理와最新흔形式을精細蒐輯ᄒᆞ야國漢文으로繁得키便易하게撰述흔者니一次修習ᄒᆞ면帳簿의整理方法과業務의處理順序가瞭如指掌ᄒᆞ야實로實業家의一大顧問이라諸銀行家와商業家는不可不案頭에一冊을備置홀者ㅣ니陸續購覽ᄒᆞ심을務望

발賣元　中署布屛下三拾七統六戶　廣學書舖 金相萬

分賣所　香口越邊中央書館　大廣橋匯東書館
鍾路大東書市　同古今書海館
南門內博文書館　南門外新舊書林
銅峴博學書館

本人이日本大阪商業家와特約ᄒᆞ고日本內地産出各種物品과西洋各國物品及機械等物을大韓에輸入과委托을便宜케設約ᄒᆞ얏ᄉᆞ오니商工業에有意ᄒᆞ신僉君子는某物이든지需求코져ᄒᆞ시거든本社로來議ᄒᆞ시오本社에서는手數料金만受領홈

興業煙草店
開城府大門內興學會館
支店京城南門內水標五十一統六戶
仝仁港內 協濟會社

▲新刊書籍發售廣告

增補新撰尺牘大全　國漢文　定價金七拾五錢
大韓法規類纂洋裝　三圓五拾錢　郵稅四拾錢
初等倫理學敎科書　二拾錢
初等衛生學敎科書　拾五錢
國家學綱領　拾五錢
國民須知　八錢
愛國婦人傳　張志淵氏著　十五錢

發賣所　皇城布屛下 金相萬書舖

本人이書舖를另設하고新舊書籍을具備ᄒᆞ와廉價放賣ᄒᆞ오니有志하신僉君子는隨意請購홈
元山上里二동 芸香舘 金舜命 白

家庭雜誌

每月五日發行一冊五十頁定價金十錢一年先金九十六錢地方一年先金郵稅幷一圓

本雜誌는純國文으로發行ᄒᆞ와家庭敎育界에大光明을放하옵다가財政의艱窘을因ᄒᆞ야中間에屢朔廢止ᄒᆞ던바이온디今에本社에서有志諸氏의協贊을得ᄒᆞ야論說論評의各部門과滋味잇는歷史奇談等을著述或蒐輯ᄒᆞ야本月五日부터續刊發行ᄒᆞ엿사오니 僉君子는續々購覽ᄒᆞ시옴

발兌元　皇城布屛下 金相萬廣學書舖
發賣所　尙洞博文書館　鍾路大東書市　各有名書店
布屛下廣學書舖ㅣ니家庭雜誌社 告白

●大韓國新발明靈藥廣告
陸軍軍醫張基茂君實驗方劑에
陸軍軍醫張基茂君有效證明으
로淸心保命丹을발明인바效能
은如左ᄒᆞ니 僉君子는試爲望

新製 淸心保命丹

本舖　仁川港栮峴 濟生堂

●主治效能
●濫飮 ●食積 ●中寒
●咳嗽 ●腹痛 ●不服水土
●氣鬱 ●吐瀉 ●暈車船
●食傷 ●酒醉 ●口熱
▲其他諸般速氣厲疫預防妙藥
발行人　仁川港栮峴 濟生堂 李國鳳

代理店　京城鍾里동 共愛堂藥房
特約店　京城鍾路 慈惠藥房
同 梨峴 李信華洋藥局
同 尙洞 盧益亨冊사
同 南門外 廣濟藥院
●仁川 內洞 韓禹根
同 栮峴 和平局
●開城 南門內 朴圭恒
同 忠橋 具聖模
●水原 鍾路下 金若九藥局
●海州 宗路 元斗植
同 宗路 宋相孝
●延安 邑內 宋汝文
●江華 邑路 高成根
同 西門外 崔載淳
●長湍 南門內 박健昌
●鳳山 砂和院場內 任允中
仝 耶蘇敎堂內 李在謨
●黃州 南門ㅂ紅門洞 李東赫
●平壤 雙巨里 韓鳳儀藥舖
仝 韓南藥舖 崔儀化
仝 文武洞藥舖 金龍興
仝 禮君殿藥舖 桂澤宜
仝 里門客主 金鳳天
仝 客主 朴重瑞
●鎭南浦 藥洞 金元榮藥舖
●信川 邑ㅂ四里 朴晩俊
●載寧 山港開國洞里 金斗鉉
●京城 南大門外 大同運輸社
●全州 泥峴鄭便局前 天佑堂
●三水郡 仲坪場 崔勤客主內
●安岳邑 上場里 濟生局 林景杜
●大邱 南門內 劇還동 김成浩家
●釜山港 草梁 客主 김重佑家
●安州 城內 義井동 回春大藥房
●義州 南門外 水口街 義和락局
此外에도現代에문明각國有名
각種靈藥이俱備홈

今回諸君子의便利ᄒᆞ기爲ᄒᆞ야本店을左記處로移接ᄒᆞ엿사오니照亮하심을伏望
韓輸入商　京城南大門外
直國代理店　中根商會

歐米各國專賣特許
石油發動機及自行車
精米機械及附屬品一切廉價放賣

越南亡國史

國漢文　定價貳拾伍錢
發賣所　京城寬洞高裕相書舖
廣通橋川邊 時夏書館
布屛下 김相萬 告白

奇術學 全

定價十錢
元泳義氏校閱　宋敦用氏著述
此書는理化學의應用과活智識의啓발上學界上迷津寶筏世編成홈

發賣所
鍾路 罷朝橋越邊 中央書館
仝 大東書市
大廣橋東邊 古今書海館
南門外紫岩 회東書館
南門內尙洞 新舊書林
博文書館

各種學徒洋裝冊
學徒運動과諸具
羅紗各種　美國金鷄蠟
衣服裁縫其他雜貨로廉價放賣ᄒᆞ오니諸君子는來臨ᄒᆞ심을望ᄒᆞ나이다
仁川港 栮峴 新冊肆

▲特別廣告
本社에서名帖印刷部를另設ᄒᆞ고各樣活字와別機紙本이俱備ᄒᆞ오며印刷가精美ᄒᆞ고價直도極廉ᄒᆞ오되特別히會員과夫人의게는一層低廉ᄒᆞ오니僉位는來臨ᄒᆞ시와隨意請求홈
大韓每日申報社 告白

●國債報償總合所收入廣告

●昌原港 第一回
鎭營
郭漢元 金基鉉 각一圓
리興夏 六拾錢 리興祿
김尙文 尹致瑞 리興善
김興俊 각四拾錢 김周老
三十錢 金信必 朴致云
金永守 崔永五 정相玉
金尙伊 각卄전 최召史
徐律敬 朴桂漢 徐학必
김石俊 리桂守 김義成
姜性守 각拾錢 정召史 六錢
合六圓九十六전

▲玉洞
申成龍 二圓卄錢 姜炳熙
崔翼鎬 裵鶴國 金振羽
각七拾전 정德之 五十전
金德榮 四拾錢 李其祚
三拾전 朴今喆 卄四전
金景俊 二十전 金永瑞
金南石 睦成洛 金且奉
朴辰九 각拾錢
合七圓十四錢

▲元田
宋在弘 六拾錢 金守鳳
李永浩 김孝穆 宋致弘
各四拾전 金三伯 史文夾
各卅전 金錫奎 姜基弘
金在鳳 金基鳳 韓還千
리萬一 鄭召史 裵召史
各卄전 김元順 崔允萬
姜奇鳳 各十전
合四圓七十전

▲廣仁
金應河 정元俊 朴東기
金鳳祚 朴萬壽 각六十전
金鍾河 裵文益 鄭大日
朴根璨 鄭春甲 정禎祚
丁鶴九 李占佑 張興世
各四ㄱ拾 池壽千 裵文碩
각卅전 鄭일俊 鄭聖老
鄭頤俊 周成鳳 裵成文
朴根實 朴萬石 張聖文
김俊河 鄭宗河 李必根
정德甲 金禎成 김斗千
金柄辰 張光世 裵文祚
鄭尙祚 각卄전 정局憲
李聖化 張業伊 鄭永周
김琪河 李必東 孫在秀
金斗鉉 朴宗澤 김瑞河
각十錢 朴德用 六전
合拾一圓八拾六전

▲德東
金基柱 一圓 方性業 張基玉
各四拾錢 김世仲 姜炳文
각卅전 崔士凡 卄二전
朴而澤 高命石 朴基洼
金且柱 金德仲 박律伊
林春和 孫학道 朴洋洙
金成弘 孫千石 裵性章
鄭在先 各卄전 徐明俊
拾六전 方性允 朴敬汝
김日坤 林攸遠 崔赫俊
高永達 김文仲 각拾전
김喜鎬 六전 김汗相 四錢
合六圓拾八전

▲麻田
李殷在 八十전 李殷權
리殷明 리正夏 리殷祚
각四拾錢 리邦夏 리殷協
李殷龍 李殷立 각卄錢
李殷榮 李殷守 李化敬
崔永瑞 각拾전 리守龍 六전
合三圓六拾六전

▲舊邑婦人會
退妓金海月 十圓 珊瑚珠
五圓五錢 楚仙 三圓
竹仙 桂紅 각一圓卅二전

曉月 一圓五전 碧桃 少玉
蠻香 退妓晏蓮花 각一圓
明月 八拾八錢 香蘭 桃花
각六拾三錢 翡翠 柳香
채玉 각六ㄱ전
朴英實母鄭氏 四拾전
鄭德喜女兒 退妓옥丹
각二拾一전
合三十圓五十전

▲架浦
金洛東 一圓八十전 金相東
一圓七十전 金斗永 김局漢
각一圓六十전 金奇鎭
一圓卄錢 金永秀 金守漢
각一圓 金하漢 九拾전 裵正基
金旭煥 金祚漢 各八十전
金淑淡 六拾전 裵止洪
김英漢 各五十전 金胤漢
김仁東 김炸漢 김千漢
각四十錢 金植東 三拾전
金定호 裵止五 張性律
김永호 리晋秀 李英宇
辛元仲 리挺宇 金仲호
각ㅂ전 金性東 裵又奎
金守東 각拾錢
合十八圓八十전

▲玩月鶴南齋生徒
정永順 鄭永華 鄭永과
鄭永東 리春植 等卄六人
合一圓九拾六전

▲德西
朴完植 김能伯 김H杜
朴夏龍 각一圓 嚴漢敬
六拾전 김達甲 黃性瑞
각四拾전 朴秀植 姜孝弘
朴潤伯 高命道 김道順
각卄전 박達柱 김永弘
김尙柱 朴文碩 張完業
張有翰 朴協瑄 朴龍洙
姜學大 김學業 金鉄同
南仲吉 김益瑞 김基柱
김在守 林尙根 각ㄱ전
리萬五 六전
合八圓〇六錢

發行兼編輯人 英國人 萬咸
發行所 南署石井洞號外地三層洋屋 大韓每日申報社

第六卷

大韓每日申報

第七百卅五號

月曜及慶節
廢時日休刊

檀君開國四千二百四十一年
箕子元年三千三十年
大韓開國五百十七年
日本明治四十一年
淸國光緒三十四年
陰曆戊申正月大十九日乙巳

論說

●增稅反對

今月十三日에日本크도뇌클新聞이如左히記述하얏더라

日本의立憲日이東京市에擾亂으로表著되엿도다此慶日前一二日際에告示文을東京市內著名흔處에揭付하야布告하되拾一日下午一点鐘에比谷園으로會集하야何如稅金의更增을論非하자흔지라伊日午鐘際에人民이羣集을始하더니下午一点鐘에는羣席員이千餘人에達흔바如此機會에常習으로衆民이秩序를紊하야頗多喧嘩를作하얏도다

既而오辯士數員이園너高地에現出하야設會趣旨를說明하고政府의增稅議案을强硬히攻擊하며滿場喝采를得흔지라巡査가見其光景하고害傷平和之機가有하다藉托하야其演說을停止하라하미人民이因此起擾하야該巡査를急逼하얏스나巡査는上官의指揮를承하야紛亂을避免하랴ᄆ撤去하얏도다其會衆이因此未洽하야園外로馳往하야過去電車를以石亂打하며硝子窓이破碎되고略干乘客도被傷흔後電車는來往을停止하얏고會衆은同四点鐘에散하얏도다

其揭示文中에參會員의存心흔殊常흔句項이有흔바其如左하도다

一 參會諸員은武器를不帶흘事
二 石油或燐寸(석냥)을不帶흘事
三 電車를勿爲燒却흘事
四 國會堂을勿爲燒火흘事
五 增稅案을供助흔內閣員을勿爲毆擊흘事

此禁止之說이起擾에著示되기는其人을勿擊하라흠이即其人을擊하라는俗習과如흔지라其結果에殺傷之變이或有흘가恐慮하얏더니幸免此變하얏거니와其會集을裝勵흔人은社會黨員인가信認하는도다

宮報

●第四千一號

隆熙二年二月十九日

敍任及辭令

臨時稅關工事部技師 坂出鳴海
兼任臨時稅關工事部長
燈臺局技師 竹田國太郎
兼任燈臺局長
內部書記官 川上立一郎
大韓醫院技師佐佐木四方志
兼任侍從院典醫
奎章閣祗候官 尹 [illegible]
依願免本官

外報

●波斯王暗殺 紐育電을據흔즉波斯國王은國너騷亂의結果로暗殺되엿다더라

●士官補充 同電을據흔즉왜스트포인트陸軍士官학校학生이常備兵의士官補缺하기爲하야期限前에卒業흔事實노一大評論을惹起하얏는데此는米國에서南北戰爭當時에行흔手段이라더라

●歐洲不和 倫敦電을據흔즉墺國의鐵道에關흔提議는歐洲에不和흔原因을作하는것이라더라

●德皇遊覽 伯林電을據흔즉德國皇帝는來四月一日에希엽와一島로프에遊覽흘터이라더라

●議使候補 同電을據흔즉羅馬尼亞에駐在흔德國公使폰키슬씨及前駐淸德國公使포갈로將軍은駐日德公使候補者가되엿다더라

●日人移民不入 桑港電을據흔즉加奈陀박도리아에서新移民法을實施흔結果로移民의게上陸하기前에語學을試驗흔다日本移民百七拾名이不合格함으로上陸을不許하얏더라

●俄國失艦의頓數 東京電을據흔즉俄國民議會에서同國海軍當局者가說明흔바를據흔즉同國이過般日俄戰役의失흔艦艇이五十六隻인대噸數는二十一萬九千噸이요當時敗殘흔中尙今艦列에就흔만흔것은戰鬪艦이一萬六千 百噸이오巡洋艦이一萬二千六百噸이오水雷艇이五萬四千餘噸이라하엿더라

雜報

●開城教育 開城教育會續聞 開城教育會에서風波가惹起흠은前已記載어니와當地一般學界에서擧皆激昂하야韓英永昌培養開城普昌숭明孟東合七個校生徒千餘名이該會에齊進하야質問日貴會에서我等의教育흔다稱하고一府에三十餘萬金巨額을勸討補助하고公衆財産與重養賢庫田답을引繼하야合爲五六十萬兩巨款을派豐消融하고學校가經費窘拙하야廢校가已有하되觀若楚越하ᄂ반머러自贖教育하ᄂ東校主를反加叱辱하고至於毆托하지하야甲報上에記載하자되앗쓰니雖人面獸心이라도應當羞愧라胡不退去하고容生히慮ㅣ하고一場痛哭에聲撤扊天하되頑悖之類가猶不起去어놀학生等이該會文簿櫃와各汁物을沒數封庫하고會長掾務及悖類等을推之逐之하고該會館을占領하고一邊稟還一府紳士及학徒父兄하야該文簿를調査케하고該會를一新改良하야一府人心이服從케하고학生을信仰하여달나고委任而退하엿더니無能之紳士가懼於悖類之威하야更請該類하야恐乞平和하고閉校하ᄂ學生의入학도更不周旋하ᄂ지尤極憤寃하야十餘학校가擧皆停학이多月하되終無上學之道하야呼泣情況은不忍聽聞이라더라

●果則善政 殷山郡守御基泳氏가학校에熱心하며邑廢民막을一功革거하야一般人民에頌聲이藉藉하다더라

●學校漸就 平壤郡大寶面秦坪동학校副校長金成初氏가去丙午五月分에同里紳士와聯擧諸河與成遠二氏가慎發하야里中諸氏의게對하야當此開明之時하야新學問을不知하면不免井底之蛙라하고該四氏가先出若干金하야設立학校하고名日寶善학校라設하야守白樂均氏로校長을推薦하얏는데未過數月에發학徒之四拾餘名이熱心就學하며樵童牧豎가擧皆入학하야학徒가四拾餘名에하니晝夜學徒가合以九十餘名이라고該郡來人의稱頌이有하다더라

●執不惻然 碧潼居金邑永氏의病中에警務廳에被囚됨은已揭어니와病上에寒苦를加하야至於死境故로日昨放送하얏는데治療次로忠南等地로下去하는데道路觀光者ㅣ見其病狀하고爲之慘悴하더라

●群山興학 群山港多少紳士가時衡時局하고啓導民智하야昨春에合設民團하고私立學校를設하야法律算術英日語又國漢文各科로晝夜分학하야校長趙秉承씨가熱心勉勵하며盧啓爲韓承履兩씨가名譽로教授하미校況이振旺하다더라

發起人 沃溝府尹 리懋榮

●在北美桑港韓人共立館에對하야義捐금募集勸告書

誠若矣라在北美桑港我大韓同胞共立館之有以設起로ㅓ盡力爲之되父母兄弟妻子로飢寒을無暇可救하야既不得尊於故土하고遂去國萬里에獨或圖存於他族하니其跡이已苦矣오難服役苦하며務節鍬삽하야世所謂困難者ㅣ殆皆身親履行하되惟恐惟信하며克勤克儉하야賴有東洋優等人種之品評하야因使我大韓民族으로殊非蠻拙을大明於世界하야光及國民至體하니其行이尤苦矣오嗚呼所得이應不給私分絲穀이어나爰謀公益之共濟하며欲拯同族之淪喪하야設協會叛翻館하야啓導衆智하고立학校數子弟하야發成才藝케하야好個祖國 分點特色精神으로洒落太平洋波外하니其志尤苦矣니斯可以格天感物이로다凡我同胞之賦性于天者ㅣ能無感然感悟하야本港起募判弱冰시副室ㄹ시前證輕大韓每日申報가本於對共立館義捐금募集발起旨를하야恨然傾囊에首以五圜貨로捐助하니其愛國愛族之至誠이果卓乎難及일서切惟我同胞之壁卓者ㅣ仁性義膽이豈不讓於婦人哉아惟多少義捐하야以助在美同胞苦誠之萬一焉

●郭山靑年夜學校趣旨書

自甲午以後로列強의來侵은虎狼而呪하고我韓의狀態는魚鳴蝸牛라斷腸이久에一就猛省日雖爲蓋子라도有血有腸은各盡般이니成培教導에豈不於列乎아하고或有義捐納금하고或爲名譽敎師하야一齊齊唱四十餘名敎師耕天擧者八方야耋耕夜課에期於成就하고心愛國이出於熱誠하니欽哉故哉

發起人 김秉燾 김庚成 [illegible]

廣告

雜報

●何事輪訪 法部大臣趙重應氏ㅣ何事를因홈인디總督府와警視摠監私邸로輪回訪問호다더라

●總理渡涉 總理大臣李完用씨가數日前에喪兒慘境을當혼故로連日仕進視務치아니혼다더라

●雅談宋氏 農商工部에積滯혼民訴ㅣ迺五朔이過혼者多혼디該狀民들이可否間署理大臣의許題호기를請願혼즉該署理大臣趙重應氏가正任大臣宋秉畯氏選任혼後決處호깃다고推諉ㅣ決定혼故로人民의稱冤이狼藉호다더라

●紀念有章 日本皇太子씌셔渡韓時에某학校에下賜혼金에對호야紀念章六千六百個를純銀으로製造홀意로학部에서日本에委托호얏더니該紀念章을日間還來혼다더라

●私勝於公 近日각大臣家에는電氣燈을或十餘盞或四五盞式架設호되敎化門間에는石油燈을揭懸호얏슨즉此亦當局者의未安혼事이라고物議가有호다더라

●日女驕態 去番日本紀元節에曾禰副統監이內外國高等官人의夫人을花月樓로請邀宴待호는대法相趙重應氏의右夫人光岡子가亦參其席호얏더니該夫人들이光岡子를下等人으로侮視호얏던지該光岡子가法相趙重應氏를對호야身爲法相夫人호야受此下待호고不可同居라日本으로還歸호깃다며無數詰難호얏다더라

●恩而請撥 法部에서度支部로照會하되獎忠所管法官養成所로野澤武之助의報告를接准호즉該所前敎官尹溎榮李漢吉제恒蒙의退官恩賜金을貴部에請求하기爲호야該員等에履歷書와該所證明書를提呈호얏기右書類를并添付호오니照亮後該員等에恩賜金을卽爲支撥호라호얏더라

●弱者必倒 警視廳에被囚한閔□植씨事件에內容을漏聞혼즉侍從副卿리會九氏와權利를相爭호다가閔씨가壓倒被囚호事이라더라

●請裁洪氏 前鐵原郡守洪鵬觀氏가在任時에該郡□璵의답訟事件에未決호事가有하던지尹氏가上京호야답價를推尋次로洪郡守를漢城裁判所에裁判을請願호얏다더라

●韓巡效日 近日에巡査들이人民家에疑究調査홀時에日本巡査의言語와動作을模範호야凌侮호는弊가種々有之호다는데此等弊官은還不如無라는輿論이藉々호다더라

●商會交涉 商業會議所陳列館에서大抽籤會를已昨에擧行하다가警視廳에서禁止홈을因호야中止호얏더니更設홀意로警視廳에交涉호는中이라더라

●石材有用 各城을毁撤혼다홈은已爲報道호얏거니와其內容인즉本年度에各府部院廳을新建築홀터인데其石材를挪用홀所以라더라

●何意給諾 再昨日에警署刑事巡査數元이가銅峴等地로過去호는되何許人의行色이殊常홈을見호고招而問之혼즉無一言호고鐵二圜을出給호며放送홈을懇請호는지라該署로卽爲引致하야査問혼즉別樣犯過故로放送호얏는대該人인즉三淸洞居崔在明이라더라

●失巢之鳥 西署屯芝山居民百餘戶其地가軍用地에犯入혼事는前報에揭載호얏거니와當此凍冱未解之時호야家屋을未及移建호고不久히家屋毁撤호기를督如星火호는故로該民等이不勝困難호야家屋建築홀基址를認許호라고昨日에該部臨時軍用地調査局에呼訴호얏다더라

●結民施刑 天安稅務官趙漢璧氏는結民을壓制호며笞刑을施호다고該郡來人에說이有호더라

●加郡久曠 加平郡守廉圭桓氏는該郡擾擾之餘에帶印上京호야于今五六朔을還官치아니호는故로吏民이該氏下來호기를渴望홀뿐더러公私間積滯未決之事가多端호다고該郡來人의傳說이有호더라

●兩家賊警 再昨日下午五時에桂洞副尉리宗儀氏家에衣冠호賊漢四名이突入호야該씨冠宕及錢一圜과眼鏡二件을奪去호얏다더라

●設團勒飼 谷山郡來人의傳說을據호즉該郡에서自衛團을組織하는데團長을差出後에人民을入團케혼後에削髮을勒施홈으로民情이嗷々호다더라

●一婚兩郎 鐵川郡龍淵里居沈二天氏가其子를金基述시女息과定婚혓더니隣居一進會趙丙玄氏가又以其子로請婚호는지라김氏가沈氏家의已爲許婚호얏다고對答호되趙丙玄氏가一向牢請호는故로김氏가苦其問答하야出避他家이더니趙氏가請婚書를房中에潛來擱置而去矣라가及其沈氏子婦迎歸之日에趙氏가裝送新郎于金家호고新婦를貴出하거늘김氏가沈氏家에已爲子歸홈으로對答호얏더니彼趙시가卽往沈家호야新婦를卽爲出給호라호거늘沈시가不勝憤怒하야同里人을率호고所謂新郎及隨從人을一切毆打逐送호얏더니趙시가本官에入告호야沈시父子를捉囚하는故로沈二天이不得已一進會長에게懇請호야三百兩單子를書納于官하고新郎及隨從人被打時裂破衣冠價라稱호고二百六拾五兩을徵捧하는대해郡守는元來一進會員인故로趙시의게如此暴行을助虐하는지호고해郡人의傳說이有호더라

●破氷試驗 日本工兵隊에셔去拾一日븟터拾日間를江氷凍結破壞에試驗호기爲호야爆破演習을行혼다더라

●電車觸傷 再昨日午後六時에淸商同順泰家居人리興玉이가銅峴等地에서電車에抵觸호야重傷을被호얏다더라

●强制施症 各普通학校生徒中에痘術을已經치아니혼者를一々調査호야强制로施痘케혼다더라

●搜囊捐會 湖南학會刱設호는日에李甲氏가適爲過去호다가該會열起홈을大端贊成호고自巳囊中을搜探혼즉所存者가十圜五十전이라沒數히寄付호고會規擴張호기를一場勸勉호미湖南紳士들이李甲氏의熱心贊助홈을感激호야補助金을一齊히爭先捐付호얏다더라

●斥買同盟 西來人의所傳을據혼즉義州宜川鐵山等地에서人民等이同盟를組織호고外國物貨를一切不用호기로酌定혼다더라

●義援偵探 全南等地에挽近義援가大熾라호야偵探호기爲호야解隊中으로警視를叙任호야昨日該地方에出張혓다더라

●리氏演說 紳士리正來氏가國家如何와人民如何에在홈이란問題로今日下午七点鐘에寄年會舘에서演說혼다더라

●孤院寄付 趙鎭泰趙□植□思永三시가京城孤兒院에寄付혼正租三拾石春精을東湖春精所主人林德汝시가亦是慈善의心이感발호야寄附로春精費金拾二圜을不受호엿다고히院稱頌이籍々하다더라

●懿校開학 懿法학校를辭典동居閔泳雨氏家로定하고再昨日븟터開학호얏다더라

●船社請助 大池忠助시와장岡十郎시등이釜山으로부터上京호야韓國沿海漁船會社設立을許可홈과및韓國政府의補助를運動中이란言을聞혼즉昨日參與官會議에서一個年에三萬圜式三個年間合計九萬圜의補助금을農商工部所管産業奬勵費中으로支出홀事를決호얏다云호나히분起八等은五個年間拾二万圓의補助를請求호얏다더라

●女子指南 女子普學院에서一般女子의智識과敎育과實業을발達호기爲호야女子指南이라는月報를刊行혼다더라

●魚駭鳥竄 栗川來人의傳說을聞혼則該郡과咸州接界되는德장등等地에義兵이라稱호고每夜에七八人或十餘名式攜銃來到호야錢財를討索호는故로男丁等은夜間곳處로奔避홈으로동中이大段騷擾호다더라

●彰信落成 彰信社가日本伊豫織布會社와特約하야直接貿易을營爲홈은前號에已揭어니와히社營業을擴張호야家屋을新築하고昨日下午一時에落成式을擧行호얏는대社長洪鍾헌시가開會의辭를陳述호고漢城銀行總務長한相龍시가祝辭호고히社支配人安國善시가答辭호고來賓鄭雲復洪肯燮韓錫振三시가권고로演說호얏는데來資韓淸日三國人과히社社員을合호야一百五十名이오仁川世昌洋行에서도來參호얏더라

●書冊寄校 玄采시가各小學校敎科書籍供用호기爲호야幼年必讀을著述홈은一般同胞의共爲贊誦호는바어니와該시가仁昌학校의敎科書不贍홈을慮及호야히書三拾秩과同釋義二冊을寄付호얏기히校에셔稱謝호다더라

●妖淫宜除 西小門外治동居曹姓者家에有一老女怪物호야自稱太主有靈이라호고妖孽邪說로愚昧女人들을誘引謟惑케호야許多妖怪之狀은不可枚論이어니와遠近男女가踏至成市홈으로日致累百金을打作호는되至於田庄을賭買廣置호얏다니此等怪孽은司法官吏는不知호는지巷說이有호더라

紐育電報

「拾九日발」

●事關滿洲 華盛頓新聞에日萬一米日間爭論이起홀것은滿洲問題인데何也오호면米國은領土保全과門戶開放主義를維持호기爲호야滿洲問題를解決코저호엿더라

▲時局可笑▼

▲犬馬라도報主호고烏鵲이라도愛巢컨만箕聖遺業이江山을軍用荒蕪地與호야賣國事業甘作호고不世大功自處호니內閣大臣이可笑로세

▲頭邊白髮個々警이偏發國恩늡엇고나國事發業不關하고越視秦瘠袖手호나對人說道憂憤호체媚眉之態外飾이라元老大臣이可笑로세

▲國債報償앙맛기오학校捐助인색호니全國中에有利事면拔一毛而不爲호다이壯士를따써가도더庄士는保存홀가富家翁이可笑로세

▲狐假虎威日進타가兎死狗烹日退로다日兵의게前驅되니同胞의게怨讐로다奴隷賤態더面目이天地間에難容이라一進會가可笑로세

▲外人의게使喚되여俯首聽令服從이라愛民思想半點업고月給分에滋味는다平地落傷退歸호면社會出入求譽하니觀察郡守可笑로세

▲幾年海外留連타가日語마디粗解호면本業이라自稱호야揚揚自得歸國日에卷烟물고洋服입어自國風氣蔑視호며日人通譯奔走호니留학生이可笑로세

▲敎官博帶더儀容은先賢遺制天然호나紛紛호다此世界에獨善其身欲修호야修齊治平空言이라濟世之策全無호니山林학者可笑로세

▲楚撻鞭笞손에들고鹿冠方着可觀이라因時制宜古人戒는深鑽ㅣ夢未醒이라馬上寒食唐音句는訓人子弟호는고나鄕曲訓長可笑로세

▲학問時務全昧혼데好爲人師爲患이라地誌筭術幾冊읽고면三個月速成科는八級叙任圖得호니畵虎不成이안인가[illegible]이可笑로세

▲堂堂々陣井井旗는一義字를高揭하나三三五五成群호야無處不然蹂躪호다軍需補給稱호고藩籬殘村侵漁호니假義兵이可笑로세

▲覊絆脫免一方針은團體中에在호것만각自爲心離合하야胡肝越膽相視호니生命財産難保호야空自恨歎牽室中에더人士가可笑로세

社告

永興郡南比동書舖梁昌鉉시와湖州郡南門내朱伯英시를本支社員으로認定ᄒᆞ오니右兩處附近에셔ᄂᆞᆫ右兩시의게本報를請求ᄒᆞ시옵

廣告

本營業이自今擴張ᄒᆞ기ᄂᆞᆫ僉位의惠澤이오나挽近에物品價格이高騰ᄒᆞ와本營業도亦維支保이옵기勢不得已ᄒᆞ와手數料를若干增加ᄒᆞ오니僉位ᄂᆞᆫ特恕ᄒᆞ시고來臨ᄒᆞ심을務望홈

東亞理髮組合所　告白

●學員募集廣告

本校에셔陰正月二十日에開學ᄒᆞᄂᆞᆫ딕舊학員은依例上학ᄒᆞ려니와新학員도增募ᄒᆞ오니願학ᄒᆞ시ᄂᆞᆫ僉員은本校에來議ᄒᆞ시면甲乙丙三班으로隨意聽講홈

科程　日語　算術　簿記

新門外平洞華東夜학科

本人所有北署順化坊司宰監契東谷二十八統二戶瓦八間半草家四間家券을姜元京處에以三百圜給貸矣姜哥監犯被捉故還給貸錢而欲推貸卷則稱云서失ᄒᆞ오니誰某拾得休紙施行홈

北署玉동居　鄭完興　告白

本人草家十間即漢城中署長通坊裵城正契第六十三統九戶也丙午陽曆十月赴任順興郡時率行內眷故此家券持而去矣丁未陽曆十一月十一日此券被燒於暴徒焚掠之中內外國人勿施

順興郡守　[illegible]　告白

西署餘慶坊水門橋拾六統拾一戶瓦家五間立紙一張을偶然서失故로廣告홈

李泰鉉　告白

▲特別廣告

本社에셔名帖印刷部를另設ᄒᆞ고各樣活字와別樣紙本이俱備ᄒᆞ오며印刷가精美ᄒᆞ고價直도極廉ᄒᆞ오되特別히半價로施ᄒᆞ오니僉位ᄂᆞᆫ來臨ᄒᆞ시와隨意請求홈

大韓每日申報社　告白

西部盤松坊權政丞契第二百二統壹戶草家六間板刻文券을丁巳年十二月分에金仁九의게買得ᄒᆞ와即時新官文券을交換치못ᄒᆞ고昨年四月分에新官文券을交換次로美領館에送交矣러니接受人이서失홈故로玆以廣告ᄒᆞ오니誰某間拾得ᄒᆞ셧슬지라도休紙施行홈

美國人劉義善

本郡退吏李台喜ᄂᆞᆫ素以富妓之夫로近日免賤計策으로安謙植鄭和煥李儀春土豪輩게黃金三萬兩을暗賂ᄒᆞ고齋任을圖得ᄒᆞ오니當新時代에李台喜之蠻財免賤近於野蠻之陋習이니該蠻惡習을道郡間裁判懲治次로預先廣告

安州人金炳益等告白

本人의家券을典執於南署會賢坊金建柱處러니甲辰十一月拾二日夕家舍失火時에並燒故로玆以廣告홈

西署養生坊倉洞契二拾一統九戶　金奉祿　告白

本人이書舖를另設ᄒᆞ고新舊書籍을具備ᄒᆞ와廉價放賣ᄒᆞ오니有志학員은來臨購覽ᄒᆞ심을敬要

元山上里二洞共昌書舖　[illegible]

九日山貝葉寺에諸僧侶가多數出財ᄒᆞ야私立小學校를ᄒᆞᆫ바이라校況이日進ᄒᆞ야학徒가三拾餘名에達ᄒᆞ앗ᄂᆞᆫ딕月謝金은永히廢止ᄒᆞ고學徒를募集ᄒᆞ오니僉位ᄂᆞᆫ照亮홈

裵南岳　白

白樂正癸未春에葉六百兩으로買得六斗落답於楊州郡西山居金업石處而박再出之立證과新舊卷之信蹟이昭然自在ᄒᆞ며라十餘年秋收後放賣於梅洞居李判書又過拾餘年矣不意年前에前水使李圭桓符同업石之弟千石單ᄒᆞ야稱以位土ᄒᆞ고先爲起訴於楊州郡ᄒᆞ야對質之場에歸之典當而以六石賭租云ᄒᆞ고欲以本錢還退ᄒᆞ니若如典當則豈有準時價典債之理며若如도地則豈有每年秋收之理며若如位土則渠之落奴等並作十餘年에親若尋常而又放賣後拾餘年에無一言半辭者乎即此數者에彼之强盜之習綻露無餘矣오彼又謟訴漢城而其時受理判事則河圭一也對質之場에判事敎以當價ᄂᆞᆫ從時價徵捧於移買及居間人朴冉出而답土則退給可也云而終無歸決故往訴平理院則敎以更訴漢裁ᄒᆞ야兩造對質後如有可冤之端이거든判決書를添付來訴云故數次連訴漢裁則兩造對質은姑舍ᄒᆞ고噫彼圭桓이與譆符同이던지欲售奸計ᄒᆞ야前後訴訟文蹟을隱藏不給ᄒᆞ니彼若理直이면寧有此頑匿之擧乎며又況二拾餘年前永爲買賣之답稱以典當欲以當五葉평六百兩으로還退ᄒᆞ니錢평之新舊不均과沓價之古今不適은人所共知而惟獨圭桓不知之乎아今之沓主則李判書也오今年秋收奪去者ᄂᆞᆫ圭桓也니此乃圭桓與李判書兩家之爭鬪이오實無關於白某여ᄂᆞᆯ圭桓之不給沓價而奪去秋收云者와李判書之不受沓價而出給秋收云者ᄂᆞᆫ違背必有委折而李判書가以移乙之計로왕訴於某於한裁도原理訟理오한裁判決도亦非公決이라以李判書之라도宜乎呈訴其秋收奪去之人이오以한裁論之라도固當推給秋收而已여ᄂᆞᆯ不棄訟理ᄒᆞ고但以前日勒決之訟謂之京鄕落科而欲使白某勒徵ᄒᆞ니是可曰公決乎잇使白某欲爲退給이라도自有徵給處이어ᄂᆞᆯ但以退給ᄒᆞ라ᄒᆞ니當此刷新時代ᄒᆞ야自法部已有嚴飭於각司而從前왕法判決을悉酌改量ᄒᆞ야毋至有冤케ᄒᆞ라ᄒᆞ고況又數月前　詔勅內에法律行致一般人民의게至公케ᄒᆞ야毫釐困難과不公待遇를免케ᄒᆞ라ᄒᆞ셧거날視若茶飯인지但行舊習壓制ᄒᆞ야伸冤末由로廣告홈

白樂正　告白

◉東洋火災保險株式會社株式募集廣告

一目的　動産及不動産에火災保險
一商號　東洋火災保險株式會社
一株式總數　貳萬株　一資本金　壹百萬圓　一一株金額　五拾圓
一申請保證金　一株에對ᄒᆞ야　金貳圓五拾錢　但保證金並
一第一回拂入金額　一株에對ᄒᆞ야　金拾貳圓五拾錢
一發起人及贊成人擔當株　壹萬株
一公衆募集株　壹萬株　但應募株數가超過ᄒᆞᄂᆞᆫ境遇에ᄂᆞᆫ按分으로써還減ᄒᆞᄂᆞᆫ者로홈
一申請期限　明治四拾一年二月廿九日限　期限內라도應募가多數히超過ᄒᆞᄂᆞᆫ境遇에ᄂᆞᆫ申請을拒絶홈事
一本社所在地　韓國京城
一申請及株金取扱銀行　創立事務所、第一銀行、第五拾八銀行、天一銀行、韓一銀行、漢城銀行、漢湖農工銀行以上各本支店及出張所幷

前記各項을承諾ᄒᆞᆫ後에便宜ᄃᆡ로申請ᄒᆞ시옵

發起人（가나다라順序）

畑彌右衛門　趙鎭泰　大池忠助　冲津戶拾郞　川添三次　高瀨與吉　綱个仙吉　山中勳　古田銳治郞　穎原修一郞　阿比留忠次郞　金時銈　四個所爲五郞　關繁太郞　伊東松治　羽多野彌五郞　李埃銈　大數마사

小川勝平　竹田津二平　田中常太郞　中村再造　松尾元之助　近藤佐五郞　江口喜太郞　酒井政平　金基宅　平木金三　伊藤友松　白寅基　李址鎔　大島專藏　和田常市　田中又太郞　田村義次郞　釘本藤次郞

松永達次郞　兒玉善次郞　天野秀一　佐野彦藏　三澤五百太　閔泳綺　飯塚彦次郞　白完爀　李愿來　大坪文吉　梶原末太郞　田中良助　曾我勉　桑野良太郞　增田三德　古城管堂　秋田穀　貞島品吉

淸水繁太郞　森村太郞　井上平二　土肥帶次　本田來作　力步平八　奧田彪　加來榮太郞　高崎芳子　塚崎悌輔　倉重淸吉　藤富嶋太郞　郡金三郞　安藤貞一郞　佐佐木源吾　淸水松次郞　森芳太郞

京城長谷川町三拾九番戶

明治四拾一年二月七日

東洋火災保險株式會社創立事務所（電話六百五拾一番）

◉大韓國新發明神藥

◉保虛靈丹　各種食滯中暑久滯口臭痰飮吐瀉定價一貼十錢
◉至寶丸　治諸般痢疾不拘久遠俱有偉效定價金十錢
◉靈效液　外用方書治疥瘡皮風百發百中定價金三拾錢
◉淸眼水　治諸般眼疾有翳障見天之妙定價金拾錢
◉通淋丸　治男女愈淋疾神效無雙速效除毒一週金五十錢

此外에도東西洋各國有名賣藥과痼病去根藥과頭風痔疾補藥水各種病症俱比悉向爲望

漢城中署鍾路鉢里峴洞拾二統二戶地

製劑발賣所　共愛堂藥房　告白

監修발行人　前官立漢城醫학校卒業生　張基茂　朴容南　謹白

支店　開城南門內　共愛堂開城支舖　姜助遠　興學書舖

代理店　西署新門外石橋普濟院藥局　車勳延　仁川龜峴濟生堂　李庚鎬

國內各地藥房에서隨處販賣ᄒᆞᆷᄂᆡ다

◉學員募集廣告

本校의入學期가在邇ᄒᆞ앗기茲에廣告ᄒᆞ오니有志학員은來三月一日（陰正月三十日）內로來試入학ᄒᆞ시옵

◉入學試驗科目　讀書　作文（國漢文）　算術（四則以內）
◉入學年齡　十六歲以上
◉修業年限　三個年
●學科　修身　讀書　作文　文法（日漢語學）　數學　算術　地誌（內外）　歷史（內外）　理化學　博物學　法制　經濟學　簿記　財政學　圖畫學

漢城中署壽洞

私立興化學校

朴晶東氏演說

●意大利獨立史　正價金五拾錢
●經濟原論　正價金三拾五錢
●國際公法志　正價金四拾錢
●國文新撰家庭學　定價金三拾錢

國家의文明은敎育이根本이오敎育의基礎ᄂᆞᆫ家庭이始니故로婦人社會와學校敎科서지需用에便易케ᄒᆞ와婦人社會와勞動社會子弟ᄂᆞᆫ陸續購覽ᄒᆞ심을務望

發行人　金爾均　告白

發賣所　▲大廣橋　匯東書館　▲銅口　中央書館　▲銅峴　博學書館　▲鍾路　大東書市　▲布屛下　廣學書舖　▲南洞　博文書館

新編 銀行簿記學

任璟宰編述
全一冊定價 六十五전

本書는一般外國諸大家의著述훈簿記學中最近훈학理와最新훈形式을精細蒐輯ᄒ야國漢文으로解得키便易하게撰述훈者니一次修習ᄒ면銀行의整理方法과業務의處理順序가瞭如指掌ᄒ야實로實業家의大顧問이라諸銀行家와商業家는不可不案頭에一冊을備置홀者ㅣ니陸續購覽ᄒ심을務望

발行元 中署布屛下二統七統六戶 廣學書舖金相萬
分賣所 동口越邊中央書舘 大廣橋匯東書館 鐘路大東書市 同古今書海館 南門內博文書舘 南門外新舊書林 銅峴博學書舘

新撰 美術通義 上

唐城洪鍾旭君編撰 二百三十八頁 定價 七拾五錢

此書는西則으로부터名數々지編成ᄒ얏는뎌其眞理를破綻ᄒ고解式을昭載ᄒ며且我國度量衡及貨幣로各國度量及貨幣를換算ᄒ고基礎를作홈과經度와時差로各國地方時의解得ᄒ는方法을揭홈이尤極昭詳ᄒ니一般敎育界上에大光彩를발揮홀不啻라학問家簿記家及研究者의案頭에可히備置홀惟一훈眞寶ㅣ라

元賣所 普文社 白
博學書館 銅峴 中央書舖 廣학書舖
大東書市 匯東書館 古今書海館 博文書館
新舊書林 安峴書館

家庭雜誌

每月五日發行一冊五十頁定價金十錢一年先金九十六錢地方一年先金郵稅幷一圓

本雜誌는純國文으로發行ᄒ와家庭敎育界에大光明을放하옵다가財政의艱難을因ᄒ야中間에屢朔廢止ᄒ던바이온뎌今에本社에서有志諸氏의協贊을得ᄒ야論說論評의各部門과滋味잇는歷史叢談等을著述或蒐輯ᄒ야本月五日부터續刊發行ᄒ엿사오니僉君子는續々購覽ᄒ시옵

발兌元 皇城布屛下金相萬廣學書舖
發賣所 尙洞博文書館 鐘路大東書市 各有名書店
布屛下廣學書舖너家庭雜誌社 告白

●大韓國新발明藥廣告

陸軍軍醫金守鉉君實驗方劑에陸軍軍醫張基茂君有效證明으로淸心保命丹을발明인바効能은如左ᄒ니僉君子는試爲望

新藥 濟化 淸心保命丹

本舖 仁川港杻峴 濟生堂

●主治効能 ●滯飮食積 ●中暑中寒 ●咳嗽腹痛 ●不土不服 ●氣鬱吐瀉 ●船車眩暈 ●食傷酒醉 ●口瘡
▲其他諸般運氣癘疫預方妙藥

발行人 仁川港杻峴 濟生堂 李[illegible]鳳

代理店 京城鍾路 共愛堂藥房
特約店 京城鍾路 慈惠藥房
同 藥峴 李信華洋藥局
同 尙洞 盧益亨冊사
同 南門外 廣濟藥院
●仁川 內洞 韓禹[illegible]
同 杻峴 和平局
●開城 南門內 朴圭桓
同 忠橋 具聖模
●水原 鍾路下 金[illegible]九藥局
●海州 宗路 元[illegible]植
同 宗路 宋根孝
●延安 邑內 邊汝文
●江華 邑鍾路 宋順東
同 邑西門外 高成根
●長湍 南門內 崔義淳
●鳳山 沙利院場內 박健昌
仝 任允中
仝 李在[illegible]
●黃州 南門ᄂ紅門洞 耶蘇敎堂內 李東林
●平壤 雙巨里 韓鳳儀藥舖
仝 [illegible]藥舖 封龍化
仝 文武洞藥舖 金龍興
仝 檀君殿藥舖 桂澤宣
仝 里門客[illegible] 金鳳天
仝 [illegible] 朴重瑞
●鎭南浦 藥洞 金元樊藥舖
●信川 邑ᄂ四里 朴晩俊
●載寧 山泉洞里 金斗鉉
●京南 大門外 大同運輸會社
●全泥峴 大鄭便局 南 天佑堂
●三水郡 仲平場 嶺動 客主內
●安岳 邑上場里 濟生局 林景柱
●大邱 南門內劇還 김成浩家
●益山 港草梁客主 동김重佑家
●安州 城內義井 동回春 大략房
●義州 南門外水口街 義和 략局
此外에도現代外에 [illegible] 明각 顧有名
각種藥이俱備ᄒ

學員募集廣告

本校第四回入學期를現當ᄒ야法律學及經濟學兩專門科學員을左에募集ᄒ오니願學人은左記試驗定期內에本校用紙로써早速請願홈事

但右兩科는夜學으로만募集홈

◉修業年限 三학年
◉入學年齡 二十以歲上
◉學科目 法律學全部 經濟學全部 (詳在本校規則)
◉試驗日字 一月卄五日(陰曆戊申正月卄四日)
◉試驗科目 歷史及地誌問對(內國及外國)讀書及作文(國文及漢文)筭術(四則以內)
但官公私立學校의普通科以上卒業證書가有훈人은其學力을檢定훈後免試入許홈
◉開學日字 三月五日(陰曆二月三日)

隆熙二年一月十日
漢城中署磚洞普成專門學校

學徒洋裝書冊 學徒運動과諸具 羅紗各種 美國金鷄蠟 衣服裝飾其他雜貨로廉價放賣ᄒ오니諸君子는來臨ᄒ심을바라나이다

仁川港奇峴開新冊肆

奇術學 全

定價十錢
元泳義氏校閱 宋致用氏著述

此書는理化學의應用과活智識의啓발上學界上迷津寶筏을編成홈

發賣所
廣明橋越邊 中央書館
鍾路 大東書市
仝 古今書海館
大廣橋東邊 회東書館
南門外藥岩 新舊書林
南門內尙洞 博文書館

本事務所에서第一出張所의位置와事務員을如左히定ᄒ고平安南北道所管民事代理刑事辯護一切法律事務를處理홈

漢城許병聯合法律事務所
辯護士 尹邦鉉
辯護士 太明식
辯護士 李容相 白告

第一出張所
位置 平壤郡隆德部一里大貫洞一統一戶
事務員 崔觀洙
事務員 洪鶴奎

●國債報償聯合所收入廣告

●昌原港 第一回
玉浦 朴琪成 鄭觀일 鄭觀일母盧시 각一圓 정희鎭 李興業 정觀일妻具시 리基大 各五拾전 朴琪俊 方錫祚 각四拾전 孫敬仲 方應祚 各卅錢 정觀俊 孫運仲 김德喆 方위喆 정觀라 柳萬仲 김東鳳 김학鳳 리英澤 리今喆 곽甘錢 리基太 方錫龍 方학善 方위實 李周鵲 정鳳碩 各十전 合九圓
▲普通學校生徒 리鍾澤 權述成 孫文俊 孫文新 곽二圓 리九直 呂有根 高尙旭 金炯壽 孫大旭 朴奎洪 卞鍾旭 崔桂旭 리欽욱 吳在鵬 金仁聖 金良浩 金振玉

田基祚 孫文崎 辛永植 김在坤 林正奎 辛用俊 리奉祚 김業 姜贊同 成道又 김命見 卞相欽 林鍾翰 具用基 각一圓 리銀董 六十전 김命祚 金顯祚 辛聖조 朴命煥 리如文 各五十錢 高仁셔 리時寬 리根洙 리基周 彭漢石 各四拾錢 리觀基 三拾전 朴八龍 卄六錢 朴桂柱 姜聖烈 김德조 朴命根 吳根셔 朴小介 黃鶴守 강吉守 尹應煥 韓翊岩 孔用伊 尹九相 金相允 각卄전 리柱贊 拾六전 潘性字 朴聖化 金海龍 각十四錢 김[illegible]祿 金有祚 金季用 金義同 리用字 韓聖順 李坤伊 黃長五 金守福 각拾전 宋光之 金化俊 各八전 合四十四圓九拾전

▲禮谷 姜斗天 김業福 강炯讚 權河容 金학기 金永鎭 金奎升 各一圓 方允文 八拾전 강炯吾 金翼鉉 金在完 각六十전 金吉龍 김학鳳 각五十전 金데 姜敬模 崔三福 朴才權 강敬植 김性日 池進福 강炯好 김正鉉 김普鉉 김業權 김顯基 各四十錢 辛敬述 具然喆 方璉用 김錫永 김業昭 朴晉權 각卅錢 金鉄岩 沈奉祿 김學明 김寬祚 朴聖權 周元會 徐應煥 김大允 姜萬道 姜敬贊 강正道 梁得海 金義셔 강炯道 김聖化 趙元조 박士榮 김尙伯 김汝文 金洛見 김贊伊 김石柱 徐興石 김業煥 김業贊 金在鳳

姜學模 李俊伊 具正書 具業實 具正淳 리德儀 리鍾俊 정洪伊 徐贊業 곽廿전 김麟 김恒業 梁致九 李益伊 김敬龍 김奐鉉 리周甲 文奉俊 徐應伯 尹東俊 리斗셔 裵明五 趙鐵董 김尙龍 김셔根 各拾錢 合二十五圓七十전

▲杜陵 裵셔佑 趙敬瑞 李元則 김敏相 김ᄋ斗 각一圓 리東晋 八拾전 金達熙 六十전 김應福 具然학 김宇元 陳應玉 곽四十錢 黃大中 朴聖西 具明瑞 陳敬八 김且甲 곽卅錢 盧國洛 具善和 具道書 리元必 崔鍾泰 金敬源 리東植 김水本 徐元瑞 김業斗 朴召史 김致云 各卄전 김致玉 김允玉 김乃亨 김광瑞 金致文 김士允 김致明 리允汝 리性辰 宋允日 朴達祚 裵在秦 具善玉 具且相 具極烈 朴性周 朴允今 盧鍾云 盧鍾樂 具甲俊 具相見 李明五 박元失 朴性云 鄭七奉 李和律 리道善 각拾전 合拾四圓六拾錢

▲午山 李君若 五拾圓 김而振一圓 金應伯 六十전 黃致伯 四拾전 崔德瑞 三拾전 金尙順 김乃益 金其汝 崔性益 각卄전 合五十三圓十전

發行兼編輯人 英國人 裵說
發行所 南署石井洞號外地三層洋屋 大韓每日申報社

第六卷

大韓每日申報

第七百[illegible]六號

月曜及慶節
翌日休刊

檀君開國四千二百四十一年
箕子元年三千三十年
大韓開國五百十七年
日本明治四十一年
淸國光緖三十四年
陰曆戊申五月大二十日丙午

論說

●痛誅奴輩

嗚呼라奴性이無ᄒᆞᆫ國民은奴境에驅入ᄒᆞ라ᄒᆞ야도不得ᄒᆞᆯ지며奴性이有ᄒᆞᆫ國民은奴境을脫免ᄒᆞ라ᄒᆞ야도不能ᄒᆞᄂᆞ니奴性者ᄂᆞᆫ何오古人을盲信ᄒᆞᄂᆞᆫ劣性도是며舊習에沉錮ᄒᆞᄂᆞᆫ劣性도是며時勢에趨附ᄒᆞᄂᆞᆫ劣性도是며外國을崇拜ᄒᆞᄂᆞᆫ劣性도是니此諸種劣性이因果互生ᄒᆞ며橫幹相附ᄒᆞ야其一이有ᄒᆞ면其二가必有ᄒᆞ며其二가有ᄒᆞ면其三이必有ᄒᆞ야小則其身을誤ᄒᆞ며大則其國을亡ᄒᆞᄂᆞ니哀哉라奴性者여當初에爲牛爲馬러면猶可無誅며爲犬爲雞러면猶可無責이어니와不幸此輩가人類게托生ᄒᆞ야人家을禍ᄒᆞ며人國을禍ᄒᆞᄂᆞᆫ도다

此諸般劣性中에最怪最痛ᄒᆞ며最哀最矜ᄒᆞ야令人으로髮指膽寒케ᄒᆞᄂᆞᆫ者ᄂᆞᆫ外國崇拜ᄒᆞᄂᆞᆫ奴性이是라

外國을崇拜ᄒᆞᄂᆞᆫ者ᄂᆞᆫ自己의天職을都墮ᄒᆞ고往往盜賊을父祖로認ᄒᆞᄂᆞ니看ᄒᆞ라東西古今[illegible]年來의歷史上에敗家亡國滅族의慘狀을其或此輩가釀成치아닌者有ᄒᆞ던가

故로其國國民이蝮類가有ᄒᆞᆷ은猶可어니와此輩ᄂᆞᆫ不可有며盜臣이有ᄒᆞᆷ은猶可어니와此輩ᄂᆞᆫ不可有ᄒᆞ며王莽秦檜가有ᄒᆞᆷ은猶可어니와此輩ᄂᆞᆫ不可有며曹操卓이有ᄒᆞᆷ은猶可어니와此輩ᄂᆞᆫ不可有니豺虎에畀ᄒᆞᆯ者ㅣ此輩며地獄에投ᄒᆞᆯ者ㅣ此輩인뎌嗚呼韓國之內에ᄂᆞᆫ此輩가何其多ᄒᆞᆫ가

記者가一日은皇城內某동에過ᄒᆞ다니堂堂ᄒᆞᆫ韓人家門牌에日人姓名을模倣ᄒᆞ야安東犬郞이라書ᄒᆞ얏거날曰噫乎라彼亦韓人의種子로셔數千載相傳ᄒᆞ던日李日金等字를棄ᄒᆞ고犬養毅塚을是倣是則ᄒᆞ니日人於汝에有何功德이완ᄃᆡ如此崇拜ᄒᆞᄂᆞᆫ가ᄒᆞ고一歎을不覺ᄒᆞ얏스며又昔某會員某씨가平常話頭에도伊藤博文을父師又치尊慕ᄒᆞᆫ다ᄒᆞ기에日惜乎라俾斯麥。이。雖。英。雄。이。나。當。日。法。國。人。은。聞。之。髮。竪。ᄒᆞ。얏。슬。지。며。格。蘭。斯。頓。이。雖。偉。人。이나當日埃及人은見之膽戰ᄒᆞ얏슬지어ᄂᆞᆯ乃者韓國人은英雄非英雄偉人非偉人을不問ᄒᆞ고其權威氣燄이自己國을壓倒ᄒᆞᄂᆞᆫ者면五體投地로尊上拜ᄒᆞᆫ다ᄒᆞ고一慟을不禁ᄒᆞ얏더니

近日咸南觀察使韓[illegible]氏가往來書札에年月을明治四十一年이라必書ᄒᆞᆫ다ᄂᆞᆫ信報가本報에來登ᄒᆞ니韓國에對ᄒᆞᆫ悲感이尤一層激發ᄒᆞᄂᆞᆫ도다氏가元來大阪兒도아니며薩摩種도아니거ᄂᆞᆯ突然其祖國紀年은脫去ᄒᆞ고棄ᄒᆞ야檀君四千二百四十一年도不知ᄒᆞ며箕子三千三十年도不知ᄒᆞ며本朝開國五百十七年도不知ᄒᆞ며此等於大皇帝陛下即位ᄒᆞ신隆熙二年도不知ᄒᆞ고但明治四十一年만是知ᄒᆞ니

嗚呼氏乎여爾生爾長도日本이아니라韓國이며爾衣爾食도日本이아니라韓國이며即今爾咸鏡南道觀察使라ᄂᆞᆫ華啣도是亦韓國의賜라日本에無關이어ᄂᆞᆯ韓天雨露에生長ᄒᆞ야日本日月을瞻拜ᄒᆞᄂᆞᆫ爾여可哀可痛ᄒᆞ도다

嚴一言ᄒᆞ고韓國內如此一般奴種子를一切廓淸無遺ᄒᆞ여야韓國이其庶矣라ᄒᆞ노라

官報

●第四千[illegible]二號 隆熙二年[illegible]月二十日

敍任及辭令

任財務署主事 小澤信一 田中德太郞

任財務監督局主事 成瀨仁喜太

財務署主事 馬場部

兼任會計檢査局主事

任法部主事 小寺兵次郞

立澤武夫 鹽崎爲一郞

任法官養成所主事

兼任財務監督局主事 稅關主事木村和水

臨時財源調査局主事兼度支部主事 橋本琢郞

兼任建築所主事 安勝斌 四品金準基

任財務監督局主事 桂龍植

任財務署主事 高橋重見

任農商工部主事 臨時稅關工事部技手妹尾幸治郞

燈臺局習手玉瀨淸藏

財務署主事崔炳奎

依願免本官

外報

●米艦歡迎 紐育電을據ᄒᆞᆫ즉米國東航艦隊ᄂᆞᆫ已爲마재란海峽을通過ᄒᆞ야太平洋에出帆ᄒᆞ얏다가去金曜日에智利國발파래와港을通過ᄒᆞ엿ᄂᆞᆫᄃᆡ同港에ᄂᆞᆫ碇泊지아니ᄒᆞ엿고但該港附近의智利人이小船을乘ᄒᆞ고海上에셔此艦隊의歡迎ᄒᆞᄂᆞᆫ意를表ᄒᆞ엿더라

●陸軍準備 同電을據ᄒᆞᆫ즉土耳其에셔高加索方面의國境附近아라네도地方에四個師團의兵을派遣ᄒᆞ야陸軍을準備ᄒᆞᆫ一事ᄂᆞᆫ俄國政府와頗問케ᄒᆞ기爲ᄒᆞᆷ이라더라

●鐵道要求 倫敦電을據ᄒᆞᆫ즉俄國은墺國의바살鐵道敷設計畫에對抗ᄒᆞ여듀푸地方土耳其北境으로부터아드리아지크海方面에達ᄒᆞᆫ鐵道敷設權의讓與ᄒᆞ라ᄒᆞᆷ을土耳其皇帝에게要求ᄒᆞ얏더라

●法國鐵路拒絶 同電을據ᄒᆞᆫ즉廣西省朋原府附近의匪徒ᄂᆞᆫ洪秀金의餘類인ᄃᆡ廣東省金州遠洲等匪徒와孫逸仙도此를援護ᄒᆞᆫ다ᄂᆞᆫᄃᆡ法國은匪徒討伐ᄒᆞ기를藉ᄒᆞ고鐵道敷設權을得ᄒᆞ고저ᄒᆞᆫ즉淸國政府에셔此를拒絶ᄒᆞᆫ지라法國이又안南境界의鐵路關稅ᄂᆞᆫ他派兵警戒ᄒᆞᆯ機를窺視ᄒᆞᄂᆞᆫ中이라더라

●芬蘭總督新任 路透電을據ᄒᆞᆫ즉非常ᄒᆞᆫ強酷手段으로波羅的海近境의一擾를惹起ᄒᆞ든俄國有名ᄒᆞᆫ베마노將軍은芬蘭總督에任ᄒᆞ엿다더라

雜報

●昌原港國債報償義務所長朴駿永孫振巨와相召氏等의寄函이如左ᄒᆞ니

天下之動物이莫不有群이나然이나克群其群ᄒᆞ야相愛相扶護ᄒᆞᄂᆞᆫ者ᄂᆞᆫ惟人이是已라故以至惟人爲貴라ᄒᆞᄂᆞ니貴之稱은以其群也오群之謂ᄂᆞᆫ以其團合也라一國之內에爲官爲農爲商爲工爲兵을毋論ᄒᆞ고群億群智群力을團合ᄒᆞ야以之保守ᄒᆞ며以之進取ᄒᆞᆫ즉不欲富而自富ᄒᆞ고不欲強而自強ᄒᆞ야天下事를不足爲也어니와不然則渙散解弛ᄒᆞ야其亡也可立而待也라自昨年國債報償論之起로有斷烟者ᄒᆞ며有戒酒者ᄒᆞ며有減飯米衣布者ᄒᆞ야爭先應捐ᄒᆞ니此應捐者何等人也오하면幾皆是下等社會也라所謂上等社會ᄂᆞᆫ獨寥寥無聞ᄒᆞ니是曷故焉고吾不能無惑ᄒᆞ야茲敢質問于左ᄒᆞ노라

府部院廳과道府郡之官吏ᄂᆞᆫ知識之過選과資力之富贍이較勝於下等社會之百部千部뿐더러且以喬木世家로其於同休戚俱存亡之義에遇有危難則當自先者ᄒᆞ야以爲下民之標範이어ᄂᆞᆯ今此國債之報償에如越視秦瘠ᄒᆞ야痛癢不關者然ᄒᆞ니苟以此幾年不償ᄒᆞ야遂陷埃及之覆轍則公等之爵祿榮華를能保得如今日之安享乎아

富戶ᄂᆞᆫ一國之血脈이라若有社會上當爲之事면當竭力捐助ᄒᆞ야以盡作我之義務而已어ᄂᆞᆯ今也不然ᄒᆞ야徒擁門昏夜之圖囑과府郡請帖之答謝에動費千百이로ᄃᆡ而不敢悔ᄒᆞ며而不取怨이언만ᄂᆞᆫ今此國債之報償에ᄂᆞᆫ一文血生ᄒᆞ고二文魂喪ᄒᆞ야初不動念ᄒᆞ고或有憚於人言ᄒᆞ야不得已塞責者則不過幾圜금而已오니苟以此償로幾年不償ᄒᆞ야遂至埃及之前轍ᄒᆞ면公等之田宅財產을能保得如今日之安享乎아

儒者ᄂᆞᆫ一國歷數之機關이라一倡令百和ᄒᆞ야有如風動而草偃者ᄒᆞ니苟以國債之不可不償不得不償之理由로爲文而普之ᄒᆞ며以言而諭之則影響所及이捷打撲桴ᄒᆞ야償款之了勘이不過一朝一夕之事어ᄂᆞᆯ今之所謂儒者ᄂᆞᆫ藉此邀償ᄒᆞ고欲濟私計ᄒᆞ야高聳廣袖로煙會鄕校ᄒᆞ야稱以義捐所ᄒᆞ고聚歛閭里之若干錢ᄒᆞ야半入酒肉之費ᄒᆞ고半入渠輩之分用이라가及夫面里人之摘發ᄒᆞ야不得已渠輩之分用條則還給ᄒᆞ고其餘則歸之浮費而消融焉ᄒᆞ니我國之士農工商이無一不腐敗로ᄃᆡ腐敗而尤腐敗者ᄂᆞᆫ莫如儒者라苟以此償로幾年不償ᄒᆞ야遂陷埃及之覆轍則公等之酒肉私計를能保得如今日之安享乎아

我本下等社會者流라不自揆分ᄒᆞ고妄糾同志ᄒᆞ야設會講捐이今幾一周라昨春에以一千三百三拾六圜七拾七錢五里를任置於每日申報社ᄒᆞ고今以一千七百七拾六圜二十二錢九里를又爲任置於志願金總合所ᄒᆞ고自後로益復勵精ᄒᆞ야以此償了勘後已로指天誓日이오거니와惟我上等社會諸公은國家之興廢와種族之存滅에ᄂᆞᆫ雖不關念이나獨不念諸公之爵祿과田宅과酒肉之私計乎아猶須各自省悟ᄒᆞ야上下團合ᄒᆞ야爲先國債를不日償完ᄒᆞ고立群億群智群力을須臾ᄒᆞ야保守와進取에方針을籌圖ᄒᆞ기를伏祝ᄒᆞᆷ

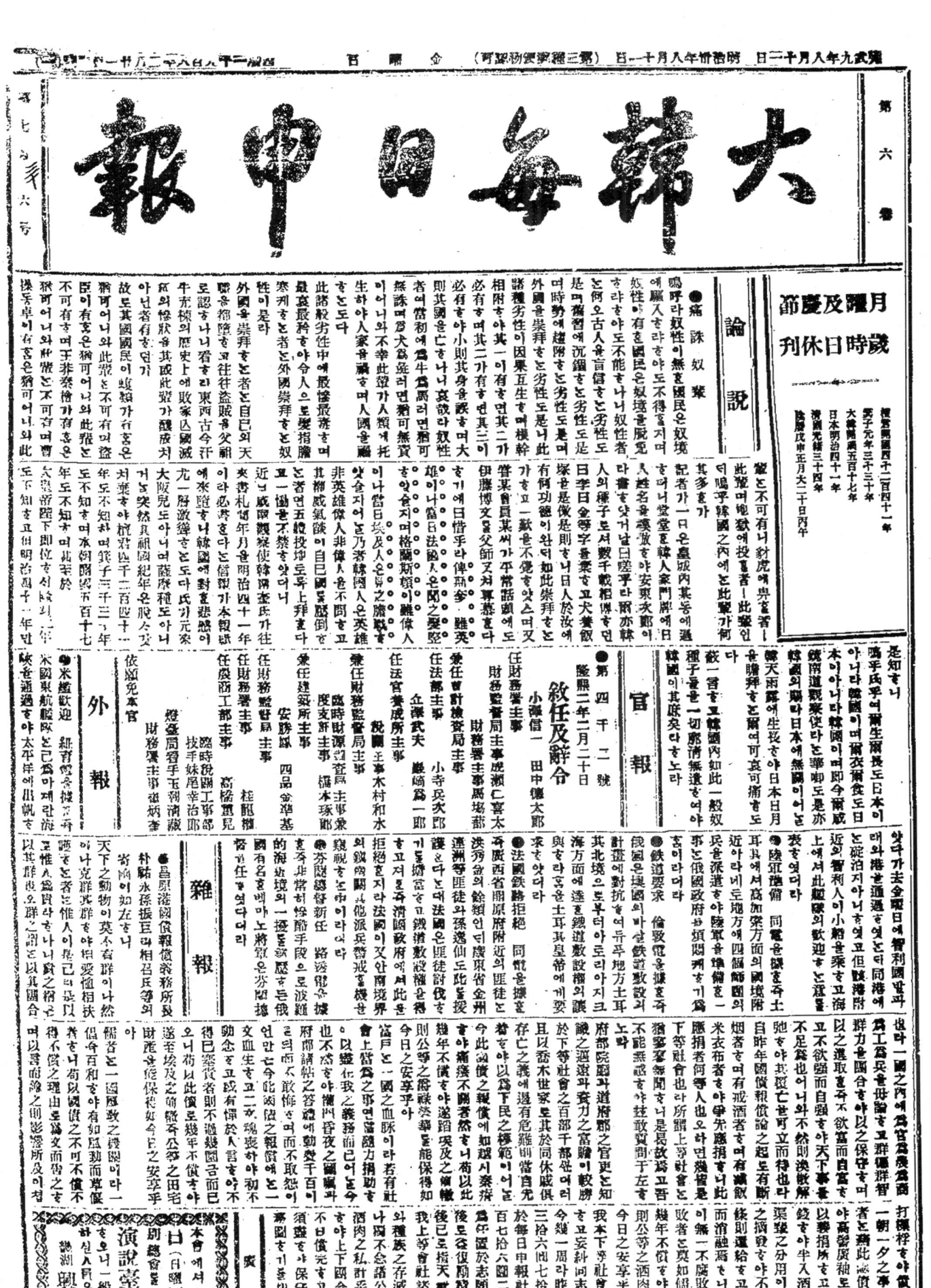

廣告

雜報

●勳章云頒 皇太子殿下陪從員諸人에게日本皇帝陛下께옵셔勳章을下賜ᄒᆞ셧다ᄂᆞᆫᄃᆡ 皇太子殿下께셔ᄂᆞᆫ 御入學ᄒᆞ신後進級하실時에勳章을賜ᄒᆞ시기로ᄒᆞ얏다더라

●私札有無質問 嚴柱益氏가渡日ᄒᆞᆯ時에 皇太子殿下께셔 太皇帝陛下께와 大皇帝陛下께와 淳妃殿下께問安ᄒᆞ시ᄂᆞᆫ御札을奉來ᄒᆞ얏ᄂᆞᆫᄃᆡ日巡査가嚴柱益氏家에前往ᄒᆞ야皇太子殿下問安書封外其他書札의持來有無를質問ᄒᆞ얏다더라

●總相仕進 總理大臣李完用씨가數日을不爲仕進ᄒᆞ다더니昨日부터仕進視務ᄒᆞᆫ다더라

●郡奏延拖理由 郡守奏本이在還ᄒᆞ다ᄂᆞᆫ事ᄂᆞᆫ前報에已揭ᄒᆞ얏거니와十餘窠中六七窠ᄂᆞᆫ還轉이오五六窠ᄂᆞᆫ新任인ᄃᆡ內部에셔再昨日에內閣으로修送ᄒᆞ얏다ᄂᆞᆫᄃᆡ一說을據ᄒᆞᆫ則總相與大法大三氏가來久에遞任될터인故로該奏本도自然延拖된다더라

●光察云任 光州觀察使李奎昌氏가遞任되고其代에ᄂᆞᆫ李軫鎬氏가被任ᄒᆞᆫ다ᄂᆞᆫ說이有ᄒᆞ더라

●平守云任 前正尉李應敬氏가今番奏本에昌平郡守를被任ᄒᆞ얏다더라

●電話請設 法部次官及書記官小四竹雄씨시家에電話를架設ᄒᆞ라고該部大臣이通信管理局에通知ᄒᆞ얏다더라

●日電來到 何事件을因ᄒᆞᆷ인지不知하거니와日本政府에셔內閣으로電報一度가來到ᄒᆞ얏다ᄂᆞᆫ說이有ᄒᆞ더라

●衛團憂慮 自衛團을組織ᄒᆞ야각鄕曲에人員을派送ᄒᆞᆫ後로自然生弊ᄒᆞ야人民의恐懼ᄒᆞ다ᄒᆞᆷ은明知ᄒᆞ얏ᄂᆞᆫ지不知ᄒᆞ거니와內部大臣任善準씨가該事件에對ᄒᆞ야憂慮ᄒᆞᄂᆞᆫ中이라더라

●執中赤難 宮內部에侍從補九窠를增置ᄒᆞ얏다ᄂᆞᆫᄃᆡ門閥이有ᄒᆞᆫ人은該職을被任치아니ᄒᆞ라ᄒᆞ고門閥이卑ᄒᆞᆫ人도擇用치아니ᄒᆞᆷ으로叙任事가大段紛競이된다더라

●宮屬沙汰 宮內府員役四千餘名을除汰ᄒᆞᆫ다ᄂᆞᆫ說은前報에已揭어니와本月々給을頒給ᄒᆞᆫ後에即爲該令除汰ᄒᆞᆯ터인ᄃᆡ屆員名色은沒數除去ᄒᆞᆫ다더라

●溫泉治病 中樞院顧問李夏榮氏가東萊溫井에身病을治療次로三昨日에家眷을一並帶同ᄒᆞ고下去ᄒᆞ얏다더라

●趙家大宴 法大趙重應氏大夫人生辰이只隔ᄒᆞ얏ᄂᆞᆫᄃᆡ宴需를其子婦中左夫人씨ᄂᆞᆫ韓料理로排設ᄒᆞ고右夫人光岡子ᄂᆞᆫ日料理로排設ᄒᆞᆫ다ᄒᆞ야晝夜升降ᄒᆞ다가各其主見ᄃᆡ로料理를準備ᄒᆞᆫ다ᄂᆞᆫᄃᆡ발셔數千餘圜에達ᄒᆞ얏다더라

●去留兩難 近日各地方郡守의請願ᄒᆞᄂᆞᆫ緣由를得聞ᄒᆞᆫ즉義兵을善爲交涉ᄒᆞ야撫摩以送ᄒᆞᆫ後日兵이來到ᄒᆞ야義兵과干連이有ᄒᆞ다ᄒᆞ야困難이莫甚ᄒᆞ고義兵을逃避하야脫身上京ᄒᆞᆫ즉身爲字牧之官ᄒᆞ야地方을不能鎭撫라ᄒᆞ면譴責이不無ᄒᆞᆫ故로其勢兩難ᄒᆞ야不得已請願ᄒᆞᄂᆞᆫ者ㅣ多ᄒᆞ다더라

●生虎納闕 昌德宮內에動物園을設置ᄒᆞᆫ다ᄒᆞᆷ은已爲報道ᄒᆞ얏거니와諸般動物이每日取聚가된다ᄂᆞᆫᄃᆡ虎一頭를生擒納呈ᄒᆞᆫ者가有ᄒᆞ다ᄂᆞᆫ說이浪藉ᄒᆞ다더라

●俞氏獨接 度支部日本官吏들이諸般公문을韓國官吏에ᄂᆞᆫ出示치아니ᄒᆞᆫ다ᄂᆞᆫᄃᆡ日本官人들이公문에格式을見習ᄒᆞ기爲ᄒᆞ야惟獨俞承兼氏만接見케ᄒᆞᆫ다더라

●一週許覽 昌德宮內에動物苑을設置ᄒᆞᆫ事ᄂᆞᆫ前報와如ᄒᆞ거니와該宮內官吏與員役等이遇仕ᄒᆞᆯ時면該員을會集觀光ᄒᆞ야每日人海를作ᄒᆞᆫ다ᄂᆞᆫᄃᆡ該員들完全設備ᄒᆞᆫ後면一週日에一次式人民에게觀光을許ᄒᆞᆫ다더라

●名存實無 平北觀察使柳赫魯氏ᄂᆞᆫ事務에嫺熟ᄒᆞ고名譽가有ᄒᆞ다고觀察을叙任ᄒᆞ얏더니上部에報告ᄒᆞᆯ時에本印도捺章치아니ᄒᆞ고模糊ᄒᆞᆫ句語가有ᄒᆞᆷ으로還送ᄒᆞ얏다더라

●日記者宴待 鄭雲復시가再昨夜에惠泉湯에셔日本新聞記者를請邀宴待ᄒᆞ얏다더라

●民士還給 帝室所有及國有財産調査局에셔各宮에附屬ᄒᆞ얏던人民의田土를還出給處가合爲七十餘人이라더라

●果有是訓 日憲兵司令官明石小將씨가各地方分遣憲兵隊에訓令하되捕捉ᄒᆞᄂᆞᆫ義兵을一切勿殺害ᄒᆞ고曉諭歸順ᄒᆞ야生命을保護케하라ᄒᆞ얏다더라

●私校調査 昨日학部書記官리數應事務官小彩彦治主事리完應김俊殊四씨가漢城內私立학校를調査ᄒᆞ얏다더라

●淫社議撤 愚迷ᄒᆞᆫ人民等이玄妙之理에惑ᄒᆞ야各項淫社에祈福ᄒᆞᆫ다稱ᄒᆞ고財産을耗損하ᄂᆞᆫ事에對하야各淫社를毁撤ᄒᆞᆯ意로內部에셔擬議ᄒᆞᄂᆞᆫ中이라더라

●技局得失 碧동某氏家에技局을設ᄒᆞ얏ᄂᆞᆫᄃᆡ每日김玉貴客이會集ᄒᆞ야骨牌擲을設하고得失이不少ᄒᆞ다더라

●雲臺說寃 宮內府解散ᄒᆞᆫ一般官吏와至於巡檢巨衛대ᄭᆞ지來二十五日에白雲동金嘉鎭氏亭子에會集하야演說ᄒᆞᆫ다ᄂᆞᆫᄃᆡ其內容인즉解散된抑鬱之情을說明ᄒᆞᆫ다더라

●大同成會 李學宰시가同友會事件으로監獄署에六朔을被囚하엿다가特放됨은本報에揭載ᄒᆞ엿거니와該氏의志氣가益固ᄒᆞ야大同會를組織ᄒᆞ고文학有志人士로時勢를挽回코ᄌᆞᄒᆞᆷ으로參會ᄒᆞᄂᆞᆫ人員이日日增加ᄒᆞ니韓國의文明ᄒᆞᆯ基礎가該會에可히完成ᄒᆞᆯ지라該氏의將來事業을贊成ᄒᆞᄂᆞᆫ者가多ᄒᆞ다더라

●拔刀示毒 前郡守洪鵬觀氏가鐵原人尹璣시와裁判ᄒᆞᄂᆞᆫ說은昨已報道어니와尹氏가數日前에洪鵬觀家에來到ᄒᆞ야起訟ᄒᆞᆯ것다ᄒᆞ거ᄂᆞᆯ洪鵬觀氏가溫言順辭로好樣歸正ᄒᆞ기를屢屢曉諭하되尹氏가拔刀ᄒᆞ야自己에腹部를刺與코ᄌᆞᄒᆞ거ᄂᆞᆯ洪씨가不勝驚怯ᄒᆞ야萬端曉諭以送ᄒᆞ얏더니幾日後에尹씨가事竟起訴하얏다더라

●國遊團催 陰曆二月八日이大皇帝陛下乾元節에國遊會를設ᄒᆞᆫ다ᄂᆞᆫ說은已揭어니와國遊會에ᄂᆞᆫ外부武等官이入參ᄒᆞᆯ터인ᄃᆡ伊日이日俄開戰紀念日이相値되야日本官吏와參치못ᄒᆞᆯ터인故로一齊日字를退期ᄒᆞ야擧行ᄒᆞᆯ治道도停止ᄒᆞᆫ것앗더니統監府로何等交涉인지元節日로國遊會를開催ᄒᆞ기로ᄒᆞ야治道ᄒᆞᆯ事를宮內府大臣에게再昨日에協議ᄒᆞ얏다더라

●金家小火 昨日上午十時에桂동김俊植家越戶에셔失火ᄒᆞ야一間만燒失ᄒᆞ고旋即撲滅ᄒᆞ얏다더라

●獨站豚尸 昨早에中部壽동街上에身着毛織袴에毛織衣ᄒᆞᆫ年少一人이路尸ᄒᆞ얏ᄂᆞᆫᄃᆡ該巡査가該尸體를檢査ᄒᆞ니주머니속에六百於音一片과稿片四封과至圭德이라ᄂᆞᆫ名啣一片이잇고尸體前에ᄂᆞᆫ稿片二封裹ᄒᆞ얏든空紙半餘ᄒᆞ엿더라

●落橋致命 再昨日下午四時에年可六七之人이長橋로過去ᄒᆞ다가翻身倒落ᄒᆞ야折項致死ᄒᆞ얏다더라

●放砲傷命 再昨日西江等地에셔便戰이大起ᄒᆞ야韓日巡査가出往禁止ᄒᆞ되人海를難散하야放砲之境에至ᄒᆞ여도便戰ᄒᆞᄂᆞᆫ人民이彈丸을不避ᄒᆞ고進前傷命ᄒᆞᄂᆞᆫ人이多ᄒᆞ다더라

●元家賊患 再昨日下午六時에齋동前參書元景根氏家에賊漢五名이각持八穴砲ᄒᆞ고突入ᄒᆞ야紙貨六拾三圜과毛織衣三件及眼鏡時計等物을奪去ᄒᆞ얏다더라

●所長者三 平南觀察使朴重陽氏ᄂᆞᆫ諸般行政을自國同胞에ᄂᆞᆫ壓制爲主ᄒᆞ고日人의所請은雖微細事件이라도無不聽施ᄒᆞᄂᆞᆫᄃᆡ日은宣化堂上에셔來人을對ᄒᆞ야演說曰余ᄂᆞᆫ統監府에付托이最緊ᄒᆞᆫ者라余之所長ᄂᆞᆫ怪疾流行이一長이오統監撤歸가一長이오日米開戰이一長이라此三者以外ᄂᆞᆫ一無可長이다ᄒᆞ얏ᄂᆞᆫ데一般輿論에日數拾餘年前에郡守閔哲鎬시가權勢勢力ᄒᆞ고不法行政을無所忌憚ᄒᆞ면셔向人大談曰余ᄂᆞᆫ霹靂以外에都無可畏라ᄒᆞ더니不數日에霹靂使魚允中氏의封庫罷黜을當하얏더니今此朴觀察의所長者ᄂᆞᆫ三件事뿐이라ᄒᆞ나外他意外之長가不出ᄒᆞᆯᄂᆞᆫ지ᄒᆞᆫ다더라

●志士請報 北懇島知旣所南嶺酒村居리登鎭써ᄂᆞᆫ妙年志氣로愛國誠이懇切ᄒᆞ야自己가幾圓젼으로本報十餘枚를購讀하야該島有志紳士에게分傳ᄒᆞᆫ다ᄒᆞ니該氏의同胞를愛ᄒᆞᄂᆞᆫ熱誠을爲ᄒᆞ야一感賀ᄒᆞ노라

●靑會演說 靑年會館에셔今日下午七点鍾에査經會를開ᄒᆞ고金鐘商氏를請邀ᄒᆞ야講道케ᄒᆞᆫ다더라

●校育同盟 振威郡二北面佳谷里私立振문小학校를維持ᄒᆞᆯ方針에對ᄒᆞ야該里居權重錫等八씨가維持會를組織ᄒᆞ고區約을締結ᄒᆞ야該校一切財政을限終身擔負ᄒᆞᆷ으로署名捺印ᄒᆞ고維持方針을講究ᄒᆞᄂᆞᆫ中이라더라

▲地方消息▼

▲本月拾八日金海郡에셔暴徒數名이日本人三名을殺害ᄒᆞ엿ᄂᆞᆫᄃᆡ方今搜索中이라ᄒᆞ고

▲拾八日午後八時에連山西方登里餘에셔義兵約五十名이來襲ᄒᆞᆷ으로當地憲兵隊에셔下士二名上等兵五名이出張ᄒᆞ야三拾分間을交戰ᄒᆞ얏다ᄒᆞ고

▲本月十五日午後四時에義兵四拾名이興海郡下若동方面으로부터水城동으로行進ᄒᆞ다가日守備隊若干名을遭遇ᄒᆞ야交戰ᄒᆞ얏다더라

東京電報

二拾日발

●國境不穩 聯透電을據ᄒᆞᆫ즉露國과土耳其兩國國境에形勢가不穩ᄒᆞᆷ으로兩國境上에셔兵을動ᄒᆞ얏ᄂᆞᆫᄃᆡ兵은新式銃을携帶ᄒᆞ얏다더라

▲英雄會議▼

▲太白山檀木下에始祖단君現出ᄒᆞ샤三韓英雄召集하야이時局이危急ᄒᆞ니保護方針講究ᄒᆞ다

▲乙支문德왓ᄂᆞ냐隋양帝의百萬雄兵一朝에掃蕩手段으로靑邱山河三千里가危如一髮援護ᄒᆞ니四千餘載傳來基業扶護經綸責任커다

▲金庾信이왓ᄂᆞ냐中岳山石窟中에爲國禱天忠心으로軍用鐵道荒蕪地에失巢彷徨呼哭ᄒᆞᄂᆞᆫ許多蒼生哀憐ᄒᆞ니同胞救濟責任커다

▲庾黔弼이왓ᄂᆞ냐朝廷制度草剏時에整頓內治規模로다隣邦借來던巨款은報償方針全無하고一國金融枯渴ᄒᆞ니財政整理責任커다

▲李存吾왓ᄂᆞ냐疾惡如讐一片忠은鳳鳴朝陽이아닌가七大臣이弄權ᄒᆞ야國家權利讓渡ᄒᆞ고地位掌握不讓ᄒᆞ야國家禍色迫頭ᄒᆞ니奸臣比退責任커다

▲김德齡이왓ᄂᆞ냐無等山이鎭襲ᄒᆞ야徒手擒虎저壯擧아魚頭鬼面一進會가宣言書自衛團에塗쪈病民可痛ᄒᆞ니창鬼逐送責任커다

▲리舜臣이왓ᄂᆞ냐鐵甲船을발明ᄒᆞ니海外風濤不畏로다舟車相通列强國에平和條約잇것만은任之德手籠絡ᄒᆞ야不得自由屈伸ᄒᆞ니國權恢復責任커다

▲郭再祐왓ᄂᆞ냐逐倭如猝獰々氣ᄂᆞᆫ紅衣將軍네아닌가창鬼魁首渡日ᄒᆞ야百方奸計要功ᄒᆞ야大禍胎를醸成ᄒᆞ니凶物掃除責任커다

▲박堤上이왓ᄂᆞ냐鷄林狗彘事爲언명日本臣民不顧ᄒᆞ고炮烙不屈貞節이라日兵의게죽엇되어瞻不之恐必報ᄒᆞ제義兵干連指嘱ᄒᆞ야無辜良民殺害ᄒᆞ니懸物懲戒責任커다

廣告

本人所有北署順化坊司宰監契洞谷二十八統二戶瓦八間半草四間家舍를姜元京處에以三百圜給貸矣姜哥盜犯被捉故還給貸錢而欲推貸券則稱云서失호오니誰某拾得休紙施行홈
北署玉동居 鄭完興 告白

本塾에서日英語를晝夜로分科호야敎授호는바實際上應用될課程을專主호오니學志僉君子는本月晦日너로入學請願書를來呈홀事
入學試驗은國漢文面試
月謝金은每朔新貨五拾錢
敎授時間 (日語)下午三時至五時 (英語)同 七時至九時
南門外陽谷私立廣化新塾 白

正三品李鼎会以秉翊으로改名호오니知舊因照亮홈
李秉翊 告白

忠淸南道保寧郡睦忠面竹동居호는趙敎官秉厚氏大人咸平公璋熙氏게셔以宿戀으로隆熙戊申正月十二日寅時에別世호셧슴기玆에廣告호오니京鄕族戚與知舊間照亮호시옵
從子秉範 孫 葵鎬 寧鎬 從孫學鎬
外孫 리鍾寅 리寬浩 告白

本營業이尙今維支호기는僉位에惠澤이오나挽近각物品價格이高騰호와本營業도亦難支保이옵기勢不得已호와手數料를若干增加호오니 僉位는特恕호시고來臨호심을希望홈
壹 貳拾전 貳等拾五錢 參等
京中理髮組合所 告白

總巡金主事敎一의出次二千兩於音二片과三千兩於音二片盛入호錢囊을陰本月十二日에大邱北門外等處에서遺失호엿자오니內外國人間拾得호여도休紙施行홈
大邱將洞尹克明 告白

瑞興親主

今接貴申報第七百三号第三号欄內文龍九廣告內概에本人의父子가文子燁의債錢을其兄良佐의게加數勒索호랴고子燁을符同호야其兄良佐를銀行或巡檢을依托호야威脅困迫호다호하大抵此는近理치못호橫說을加하야陷人岡賴호는파測情節이縱有뚍露之日호니不必煩瀆說明이나其事實을擧호야其不然호理由만陳호노니本人이去乙未年分에本郡文子燁이光州郡結稅錢幾千兩을犯逋호얏던지가因杖督이不有餘地호야身家難保이나兄弟飮泣에懇求活扶인바誼在親近에有難恝視오情勢慘酷에依言許施즉其兄其弟之稱以溢航은已無加論而知者亦莫不譽之러니其後子燁이當稱蕩敗호고如右細音을仍不報償이다가至于昨年에擧實訴籲於府郡호니三尺至嚴호야一條難貸라以兄有餘力而弟遁之徵於人而不報가事理聢당이라호야문良佐押徵之報與閭가非不申々이나良佐遠奪에即不佛理러니本月初에良佐使其妻從召史로問人하야紹介於本人曰債是當報나間緣事故에自爾遲緩즉陰曆今歲內에渠必準報이다聚而給付에證保確定호니債有一毫私心인旦于今十三載에不橫討는厥有可據오本人이如此許多好機에而尙如是含糊度了라가今欲强勸가是或近理乎아此實可笑지欸者也오且疑告之로龍九는果是良佐之族인지覓得無路이면과如是代表者必是知倫理經法호고亦知債用經緯가與良佐之辨理無常으론迫有別焉이니本人推債는於斯可辨이기로玆以廣告홈
全南光州郡北門內
瑞興親住 崔聖基 告白
崔聖基 白

本人의姓名圖章과號牌所入호挾囊을丁未十二月十三日大邱令市에서遺失호얏소오니推某拾得하셔도勿施홈
梁山邑內面義洞居 김[illegible]洵 告白

本郡一進會長黃正道는素以正直之人으로生命財產保護호기熱心호야邑弊民막을採擇公決호고以雜賭事로論之라도濫捧派員推去호丙丁兩年條一萬五千兩內에八千餘兩을還推出給民間하야三丁三浦居民이賴此安堵호야口碑手祝이옴는데何許雜類의傳說인지黃正道가徉同派員金鳳洙호야雜民의게水產稅外에雜賭錢常平業二萬一千四百六十兩을勒捧分食호얏다雜報에揭載호엿사오니此是挾雜輩의搆揑이오니如此虛誣之說을僉君子는切勿信聽호오
蔚山郡浦民 朴亨玉 林星七 金士淑 尹俊八 告白

國文 愛國精神談 正價金二拾錢
리치雨澤述
◎發行 京鄕各書舖

●美國桑港韓人共立新報社義捐金募集廣告
沃溝府 차리懋榮 貳圜
趙泰判 郭永氏夫人趙氏 五圜
趙發判 秉承 貳圜
車承元 壹圜
未完

▲特別廣告
本社에서名帖印刷部를另設호고各樣活字와別樣紙本이俱備호오며印刷기精美호고價値도廉호오되特別히參員과夫人의게는一層低廉호오니僉位는來臨호와隨意請求홈
大韓每日申報社 告白

西署盤松坊械政丞契第二百二統壹戶草家六間板對文券을丁巳年十二月分에金仁九의게買得호와即時新官文券를交換치못호고昨年四月分에新官文券를交換次로典圜館에送交矣러니接受人의게서失호故로玆以廣告호오니誰某間拾得호셧슬지라도休紙施行홈
英國人劉義善

●廣告
本書館에서文明을發達하고民智를廣開하기爲호야今에內外國參考書籍과各種敎科書類를購買發售하오니要覽 僉君子는陸續購覽호심을務望

最新書籍發售目錄
◎東西洋歷史 各種
◎東西洋地誌 各種
◎政治學 各種
◎法律學 各種
◎經濟學 各種
◎算術書 各種
◎內外國地圖 各種
◎修身書 各種
◎財政學 各種
◎博物學 各種
◎物理學 各種
◎衛生學 各種
◎地文學 各種
◎讀本 各種
◎法帖 各種
◎學校用品 各種
此外에도各種書籍이具備호옵고書籍及名片도印刷하옵는데與他廉價히酬應호깃ㅅ외다
京城南署銅峴 (구리개)
學部認可 博學書館 告白

朴晶東氏演義
●意大利獨立史 正價金五拾錢
●經濟原論 正價金三拾五錢
●國際公法志 正價金四拾錢
●國文 新撰家庭學 正價金三拾錢
國家의文明은敎育이根本이오敎育의基礎는家政이始故로家政學을純國文으로新撰호와婦人의會와勞働社會와學校敎科에지需用홈에便易케호와사오니有志僉君子는陸續購覽호심을務望
발行人 金商均 告白
發賣所
▲大廣橋 匯東書館 ▲鍾路 大東書市
▲銅口 中央書館 ▲布屛下 廣學書舖
▲銅峴 博학書館 ▲尙洞 博文書館

◎學員募集廣告
本校의入學期가在邇호깃기玆에廣告호오니募学 僉員은來三月二日(陰正月三十日)內로來校入학호시옴
◎入學試驗科目 作文 (國漢文) 讀書 算術 (四則以內)
◎入學年齡 十六歲以上
◎修業年限 三個年
●學科 文학 作文 讀學 (日英選一) 數학 算術 地誌(內外) 歷史(內外) 理化학 博物학 法制 經濟學 簿記 財政학 國家학
漢城中署壽洞 私立興化學校

◎大韓國新發明靈藥
◎度修 靈丹 各種食滯中暑久滯口臭痰飮吐瀉定價一貼十錢
◎至寶丸 治諸般痼疾不拘久遠俱有倫功定價金十錢
◎靈效液 外用芳香治療癖皮風百病中定價金三拾錢
◎淸眼水 治諸般眼疾有據見天之妙定價金拾錢
◎通淋丸 治男女急慢淋疾神効無雙速效除痛一週金五十錢
此外에도東西洋各國有名賣藥과藥料去痰藥과驅風痔疾補藥水각種病症俱比惠西爲望
漢城中署鐵路鉢里蓋洞拾二統二戶地
製劑발賣所 共愛堂藥房 告白
監修발行人 南官立漢城醫學校卒業生 張基茂 朴容南 謹白
支店 開城南門內 共愛堂開城支舖 姜助遠 興學書舖
代理店 西署新門外石橋普濟院藥局 車熙珽 仁川海極觀濟生堂 李庚麗
國內各地藥局에서隨處販賣홈니다

新編 銀行簿記學 全一冊

任璟宰編述　定價 六十五전

本書ᄂᆞᆫ一般外國諸大家의著述ᄒᆞᆫ簿記學中最近ᄒᆞᆫ學理와最新ᄒᆞᆫ形式을精細蒐輯ᄒᆞ야國漢文으로解釋ᄒᆞ기便易ᄒᆞ게譯述ᄒᆞᆫ者니一次修習ᄒᆞ면銀行의整理方法과業務의處理順序가瞭如指掌ᄒᆞ야實로實業家의一大顧問이라諸銀行家와商業家ᄂᆞᆫ不可不案頭에一冊을備置ᄒᆞᆯ者니陸續購覽ᄒᆞ심을務望

발행元　中署布屛下三拾七統六戶　廣學書舖金相萬

分賣所　동口越邊中央書舖　大廣橋匯東書館　鐘路大東書市　同古今書海館　南門內博文書館　南門外新舊書林　銅峴博學書館

新撰 筭術通義 上

唐津洪鍾旭君編撰　三百三十八頁　定價 七拾五錢

此書ᄂᆞᆫ西則으로붓터名數ᄭᆞ지編成ᄒᆞ얏ᄂᆞᆫᄃᆡ其眞理를破綻ᄒᆞ고解式을昭載ᄒᆞ며且我國度量衡及貨幣로各國度量及貨幣를換算ᄒᆞ고其基礎를作ᄒᆞᆷ과經度와時差로各國地方時와解得ᄒᆞᄂᆞᆫ方法을揭ᄒᆞᆷ이尤極昭詳ᄒᆞ니一般敎育界上에大光彩를발揮ᄒᆞᆯ不啻라學問家簿記家及硏究者의案頭에可히備置ᄒᆞᆯ惟一ᄒᆞᆫ眞寶ㅣ라　普文社 白

元賣所　博學書館　銅峴 中央書舖　廣학書舖　大東書市　匯東書館　古今書海館　博文書舖　新舊書林　安峴書館

家庭雜誌

每月五日發行一冊五十頁定價金十錢一年先金九十六錢地方一年先金郵稅幷一圜

本雜誌ᄂᆞᆫ純國文으로發行ᄒᆞ와家庭敎育界에大光明을放ᄒᆞ옵다가財政의艱窘을因ᄒᆞ야中間에屢朔廢止ᄒᆞ엿ᄉᆞ온바이온ᄃᆡ今에本社에셔有志諸氏의協贊을得ᄒᆞ야論說論評의各部門과滋味잇ᄂᆞᆫ歷史雜誌等을著述或蒐輯ᄒᆞ야本月五日부터續刊發行ᄒᆞ엿사오니 僉君子ᄂᆞᆫ續續購覽ᄒᆞ시옴

발兌元　盎城布屛下金相萬廣學書舖

發賣所　尙洞博文書館　鐘路大東書市　各有名書店

布屛下廣學書舖내家庭雜誌社 告白

學員募集廣告

本校第四回入學期를現當ᄒᆞ야法律學及經濟學兩專門科學員을趂에募集ᄒᆞ오니願學人은左記試驗定期內에本校用紙로써早速請願ᄒᆞᆯ事

但右兩科ᄂᆞᆫ夜學으로만募集ᄒᆞᆷ

◉修業年限　三학年

◉入學年齡　二十以歲上

◉學科目　法律學全部　經濟學全部　備在本校規則

◉試驗日字　二月廿五日(陰曆戊申正月廿四日)

◉試驗科目　歷史及地誌問對(內國及外國)讀書及作文(國文及漢文)筭術(四則以內)

但官公私立學校의普通科以上卒業證書가有ᄒᆞᆫ人은其學力을檢定ᄒᆞᆫ後免試入許ᄒᆞᆷ

◉開學日字　三月五日(陰曆二月三日)

隆熙二年一月十日

漢城中署礡洞普成專門學校

本事務所에셔第一出張所의位置와事務員을如左히定ᄒᆞ고平安南北道所管民事代理刑事辯護一切法律事務를處理ᄒᆞᆷ

漢城許可聯合法律事務所

辯護士 尹邦鉉
辯護士 太明軾
辯護士 李容相
告白

第一出張所

位置 平壤郡隆德部一里大貫洞一統一戶

事務員 崔觀洙
事務員 洪鎬奎

物徒洋裝書冊
學徒運動과諸具
紙砂各種　美國金銀紙
衣服紙類其他雜貨도廉價放賣ᄒᆞ오니諸君子ᄂᆞᆫ來臨ᄒᆞ심을敬要ᄒᆞ라나이다

仁川港本町新册肆

元泳義氏校閱　宋致用氏著述

奇術學 全

定價 十錢

此書ᄂᆞᆫ理化學의應用과活智識의啓發上學界上迷津寶筏도編成ᄒᆞᆷ

發賣所

總發行所 中央書舖
總發賣 大東書市
全 古今書海館
大廣橋東邊 회東書舖
南門外 新舊書林
南門內尙洞 博文書館

越南亡國史

國漢文

定價貳拾伍錢

發賣所京城廣橋高裕相書舖
布屛下김相萬

歐米各國專賣特許
石油發動機及自行車
精米機械及附屬品一切廉價放賣ᄒᆞᆷ

今回諸君子의便利ᄒᆞ기爲ᄒᆞ야本店을左記處로移接ᄒᆞ엿사오니愛顧ᄒᆞ심을伏望

韓國人商京城南大門外
直輸代理店中板商會

●國債報償總合所收入廣告

●昌原港　第一回

裵俊模二圜　裵儀模　宋益坤
각一圜　金惠實　裵順石
裵遇模　張成鎬　각八拾젼
裵在模　강郁模　各六拾錢
張漢五　鄭升三　各五拾젼
裵應若　四十六젼　강應律
리容實　강應伯　강紹模
裵相振　각四拾젼　강京三
강順模　강錫根　강應直
宋聖順　리性玉　各卅四젼
김乃益　卅二젼　강尙淑
金京順　安元淑　강학京
강殷五　김應律　강尙瑞
각卅젼　강應應　裵仁實
각廿六젼　裵允明　廿四젼
宋坤伯　廿二젼　韓性凡
김在선　裵應仁　宋京玉
安元淑　강학敬　各廿젼
리聖必　拾四젼　趙順周
金守汝　金致順　각拾젼
合拾九圜

▲月溪
周최春　金明允　金和允
各一圜　高殷聖　金斗伯
각四十젼　김士漢　김實漢
김頭東　김學振　周학汝
崔敬老　各廿젼　리和瑞十젼
合五圜拾젼

▲縣洞
裵炳合　金柱斗　崔南許
각大拾젼　박濟植　徐盛輔
朴中植　李鎬實　各四十젼
朴泳洙　李殷潤　金島斗
김乘漢　김弼斗　김奐斗
徐周完　김泰斗　裵炳明
裵炳正　徐周英　徐周龍
김聖教　安孝榮　朴應志
김道完　朴景夏　각廿젼
徐주鎬　李殷稙　徐주萬
徐주秉　徐주實　徐주興
尹昌學　김乘奎　김顯漢
徐주玉　朴顯基　徐주厲

尹時天　徐泰正　金致道
鄭士順　徐주鎬　裵주彌
朴致주　김弘業　朴明良
리和有　각拾젼　徐주衍六젼
合九圜○六젼

▲多福
朴琛植　金敬浩　各廿젼
徐주敏　拾二錢　徐殷八
金宅柱　김在洪　張俊錫
張守萬　朴敬守　裵士凡
各十錢　徐相東八젼　김千石
四錢　李再榮　六錢
合一圜四拾錢

▲鹽浦
金應福五拾五圜　李裕稷三圜
金基澤　김漢基　金汝郁
김基甲　韓元守　각二圜
金甫察　김應주　김應碩
김明奉　각一圜　김學喆
金映洙　김泰振　金基哲
김基鋼　김錫明　김基甫
김泰元　정英實　김德甫
김尙彦　申總順　김泰連
김章洙　김乘洙　김德文
金士文　李應千　김乃五
金鳳周　李炳乂　김楽基
金泰甫　李德級　각四拾젼
김德老　廿六錢　安乃益
拾四錢　리應元　金乂湜
김順五　方洛沖　김士振
申子春　裵福華　朴泰安
김子瑞　趙子允　각拾錢
合八拾二圜

▲杏洞
徐景九　리性有　朴天西
宋奇彦　孫永西　각一圜
김士玉　朴仁和　金鳳西
李元淑　沈和瑞　徐周見
金文秀　林性守　各五十젼
金明西　三拾錢　金化實
金學西　朴桂日　李春和
리致寬　리春元　卞敬順
각廿五젼
合十一圜○五젼

▲과谷

崔주龍二圜　洪鳳叔　黃奇彦
崔允和　金允權　각一圜
俞舜俊　八拾젼　金成萬
七拾錢　崔舜彦　大拾젼
合八圜十젼

▲內浦
리基洙　三十圜　裵泰馨
卄圜卅八錢　리翰龍　리益洙
각二圜　리在根　리榮洙
裵乃馨　裵奎馨　裵乂회
각一圜　리康極　張鉉杓
李潤玉　張斗映　趙弘濟
洪淳泰　리建洙　각六拾錢
리起煥　裵鎭泰　尹杜榮
리超九　김致凡　鄭乂甲
김應碩　洪淳英　洪淳龍
리尙洙　各四拾錢　리斗曦
리富洙　裵주道　강鳳馨
강日馨　洪淳留　洪淳興
洪淳和　洪淳汝　洪淳成
洪鎭杓　김周碩　김基석
李玄琅　金聖元　鄭武甲
李善宰　尹杜煥　李裕夏
리英完　김基淳　張斗昌
리應天　리康鴻　武道榮
정基주　具大　黃世澤
張斗星　朴俊實　정敬植
池舜植　全在龍　각廿젼
金俊琛　合二젼　洪象凡
洪秉弘　張益수　李起龍
張大淳　鄭基守　鄭基龍
김基洙　金基益　李根宰
張鍾奎　김敬龍　김楽瓚
裵乃呂　全順석　각十錢
김乂彦　張敬남　김命宗
각六젼
內浦洞中　二圜九拾二錢
合七十八圜九拾錢

發行兼編輯人英國人 裵說
發行所
南署石井洞號外滙三層洋屋
大韓每日申報社

第六零

大韓每日申報

第七百七号

月曜及慶節
臨時日休刊

檀君開國四千二百四十一年
箕子元年三千三十年
大韓開國五百十七年
日本明治四十一年
淸國光緖三十四年
陰曆戊申正月大二十一日丁未

論說

●淸日交涉

淸日間數種問題交涉의現形을關係ᄒ日本타임스報의記述이如左ᄒ도다

鐵道問題 淸國이新民屯鐵道를敷設홈은日本政府가反對홀비라英國政府가日本의論非를承認ᄒ다고北京에在ᄒ領事를經由하야確言을旣발ᄒ얏스니淸國政府가我日本의要請을置而不問ᄒ는데不附ᄒ리로다

鴨綠江森林問題 此問題는姑未至決定이나兩國間에重大困難은其不發生홀거시며我國人民은鴨江右岸에서採伐之役을旣始ᄒ얏스니滿足ᄒ解決이速至ᄒ리로다

滿洲海邊에漁場問題 淸國政府에서遼東居民의게海邊漁業의自由權을與ᄒ얏도다

廣東에淸鹽問題 淸國이一記事를我政府에提出ᄒ바大體가日本의게滿足ᄒ니從逐決定을可期로다

郵務問題 此에未決된問題는但現存約款의句項만添附홀거시라此添加홀句項이繼定되기ᄭ지는我政府에서現今郵務의形態를繼續ᄒ리니此事項決定의遲延은淸國內我郵務上에影響이不及ᄒ는도다

電務問題 交涉의結果ᄀ因ᄒ야兩國의證明이未定된一件만但得ᄒ도록如此히互相延接ᄒ얏거니와非特止此라滿洲니에我郵務가完美ᄒ形態를成ᄒ얏스니由是로此問題의決定되기ᄭ지經提홈必要가無홀지라情形이如此ᄒ니此事項은리스본列國郵務會議에서兩國委員이商양홀비로다

間島問題 此事態는韓淸兩國이此問題에關ᄒ야各有ᄒ얏스니早速解決이不能이라兩國이該島의歷史와地誌를必究홀지니最末決案은幾許光陰을要ᄒ리로다

北滿洲의稅關問題 本月初에此稅關을開設홀豫算가旣到홀지라此開設의遲延홈이官憲의甚嘆ᄒ는비러니今旣設立되얏슨즉事態가順就ᄒ리로다

如此히兩國間에諸般問題가幾乎確定이오尙今未決된略干은比較的으로些少ᄒ利益이던지光陰을要ᄒ는間島問題와如홀거시니今者淸日間에有何困難이至ᄒ노라度홈은大誤解를免홈이어니와兩國이商務的과政治的과實質的으로與他히相立ᄒ얏스니餘存問題도互相和協으로早速히解決되기를希望ᄒ다ᄒ얏더라

官報

●第四千三號 隆熙二年二月廿一日

敍任及辭令

任財務監督主事 川崎勇
戶田正 藤田信彦
任財務署主事
任通書記官 小林重威
任內部書記官 大塚常三郎
任度支部主事 和田不二雄
任臨時財源調査局主事 港昭
臨時財源調査局主事 港昭
兼任度支部主事
財務署主事 藤森辰治郎
任財務監督局主事
財務監督局主事 山本貞雄
任財務署主事
任財務署主事 川越省三
任警視 澁谷逸次郎
任煉瓦製造所技手 橫山武
任法部書記官 山邊勇輔
淺田賢介 岡本至德
任法部書記官
松村新太郎 土谷榮太郎
白井水城
任法部事務官
任학部主事 矢島友太郎
任內部主事 長谷川太郎
任道主事 淸水壽一
任農商工部技師 岩田次郎
免本官 警部 金井濱

古는合興郡界觀松下平助의報告를據ᄒ즉賊魁이北靑郡勤務에在ᄒ야同郡安坪附近에서暴徒蜂起홀時에恐怖逃走ᄒ야職務홈은警察官의失墜홈이甚ᄒ다ᄒ기是以로免本官
中樞院副議長 정秉殷
察訪郡守 閔泳殷
稷城郡守 南廷회
依願免本官

外報

●日人反對抗議 紐育電報를據ᄒ즉웃타와와加奈佗中央政府에서所聞ᄒ즉日本領事의게通知ᄒ얏스되過般비로리아에서日本人을抑留ᄒ거슨移民定規에違犯ᄒ거슬認홈으로以ᄒ야抑留된것이오日本人에게는期於히反對의抗議ᄒ기를決心이라ᄒ얏더라

●西班牙占領 伯林電을據ᄒ즉西班牙는馬洛哥北部에리라附近말지가를一時占領ᄒ엿다더라

●土耳其進軍 倫敦電을據ᄒ즉土耳其軍은露國境上바셋로에向ᄒ고俄兵四個師團은가도가사스로進軍ᄒ는中이더라

●日人拘留 路透電에비로리아特電을據ᄒ즉日人一名이合衆國으로붓터入來ᄒ엿는디此를拒絶ᄒ고即時二名을拘留ᄒ엿다더라

●鐵道連絡提出 同電을據ᄒ즉英國資本家에서俄國鐵道와印度鐵道를連絡ᄒ라는計畫을俄國政府에提出ᄒ엿다더라

雜報

●興校蔚興 郭山郡私立興襄학校는丙午九月에邑中前巡廳基址에設立ᄒ고校長李興周시와監督朴相民校監李國順金昌壽李務中金敬瓊諸시之開旺進步에有志ᄒ고設校興학에熱心ᄒ야捐聚資本ᄒ며郡守李啓弼시가到底贊成ᄒ며敎師를雇聘ᄒ야募集ᄒ학徒가四十餘人에至ᄒ얏ᄂ디而々勸奬에閉闘치아니ᄒ며人皆欽仰ᄒ고村々殷校에而敎학ᄒ고夜而役학ᄒ니樵夫牧童이라도能誦大洲歷史ᄒ며能說地球事跡ᄒ다ᄒ며來人이稱頌ᄒ더라

●叢의取末 官立高等학校의敎官呂圭亨시가興校及洪敎씨로相議ᄒ고大臣의게報告ᄒ야論稱을廢止ᄒ고古文을敎授ᄒ다ᄒ니此校는現今第一高等이오當此時代ᄒ야少年학徒는志慮未定인ᄃ遊戲實학을抛棄ᄒ고功令浮華를尙習ᄒ니是는無本之학이라將何用之오誤已誤人이莫此爲大라ᄒ고학徒父兄及有志人士들이大躊歎惜ᄒ다더라

●振校盛況 振威郡私立振乂小학校에셔今二月六日에冬期試驗을經ᄒ얏ᄂᄃ高等科甲班優等生은이오及第生은上이오乙班及第生은等이오義常科優等生은一이오及第生은等인ᄃ當日來賓及在ᄒ학徒父兄의觀光者一百餘人인ᄃ校장本郡守英氏와其他一般任員이會同ᄒ야優等에게賞證書를授與ᄒ後賞品을施ᄒ고校長以下一般任員이勸勉演說ᄒ얏다더라

●始建府中化中학校趣旨書

國之强弱豈在乎其民之智愚乎其民之智愚亦由乎敎育之興廢也現今歐米各國稱雄於五洲東華之被侮固知所止而無儆侮日至之勢其故何也蓋權力生於智識智識生於學術彼之權力非得來於天上實源于학術新新進進之然則凡我二千萬同胞誰非有勉者惟有敎育一事也猶無我 本朝開國之初興學校以養人才旣設大학而又置四학加之以齋蒙敎育以敎於京師旣有鄕校而又設書院與家塾以敎於鄕邑依로文運大臨于當時矣

嗟夫挽近以來我之學業廢敗士無實학國無定敎僧詞章者徒籍稍柏談性命者專事口耳及乎花民上接物應際々下知所措如외爲然學之就效無期而又鄕坊富兒逸居無敎實金豕斛徒爲僕壁之論紛紛廣厦千間竟作鶻巢之殆居擧國上下甘作姑息以餘日閉門自守督見對此大地競爭之代以若駒賦糟粕不可啻淸流性命口耳不可卸破타而貧殺之野泥由此可分耳

夫學校者三代之遺制也選擧之法始出於鄕序而達于國都敎之以修齊治平之道然後施諸邦家事業故享國猶道保有其民者良有以也挽西洋衡不出此六藝八刑數緣而猶致富强如彼其萬也又我隣邦日本相距不過一葦水修傚泰西文明四十年于玆而粗其英而瞬其菁吸其精而吐其華雖邑縣下賤遺隊力而皆陶鑄中出來故今日獨步東洋抗彼白人者耳

當時若從日本不有此擧今日富强從安所得來乎此有鑑于此則我之現像最急於人民敎育上耳苟能取彼之長以補我之不足益永其智學術繼則不但保我國權而止將爲出世界彼反效我則我不暇矣是年冬府伯元泳斤寮民隱之所興府下有志紳十餘謀有所創立中化학校 下略于大成殿東側募集使의子弟六十餘名講학招諸生詰之日國之元氣在乎士賢使能以能之才出乎敎학之實此乎諸君之熱心而日後入深自粗入精漸升高等科則我帝國之基礎與在乎此矣右其敎授之度與時間之表自本敎師之責皆不必盡言

發起人 李承模 徐有元 等

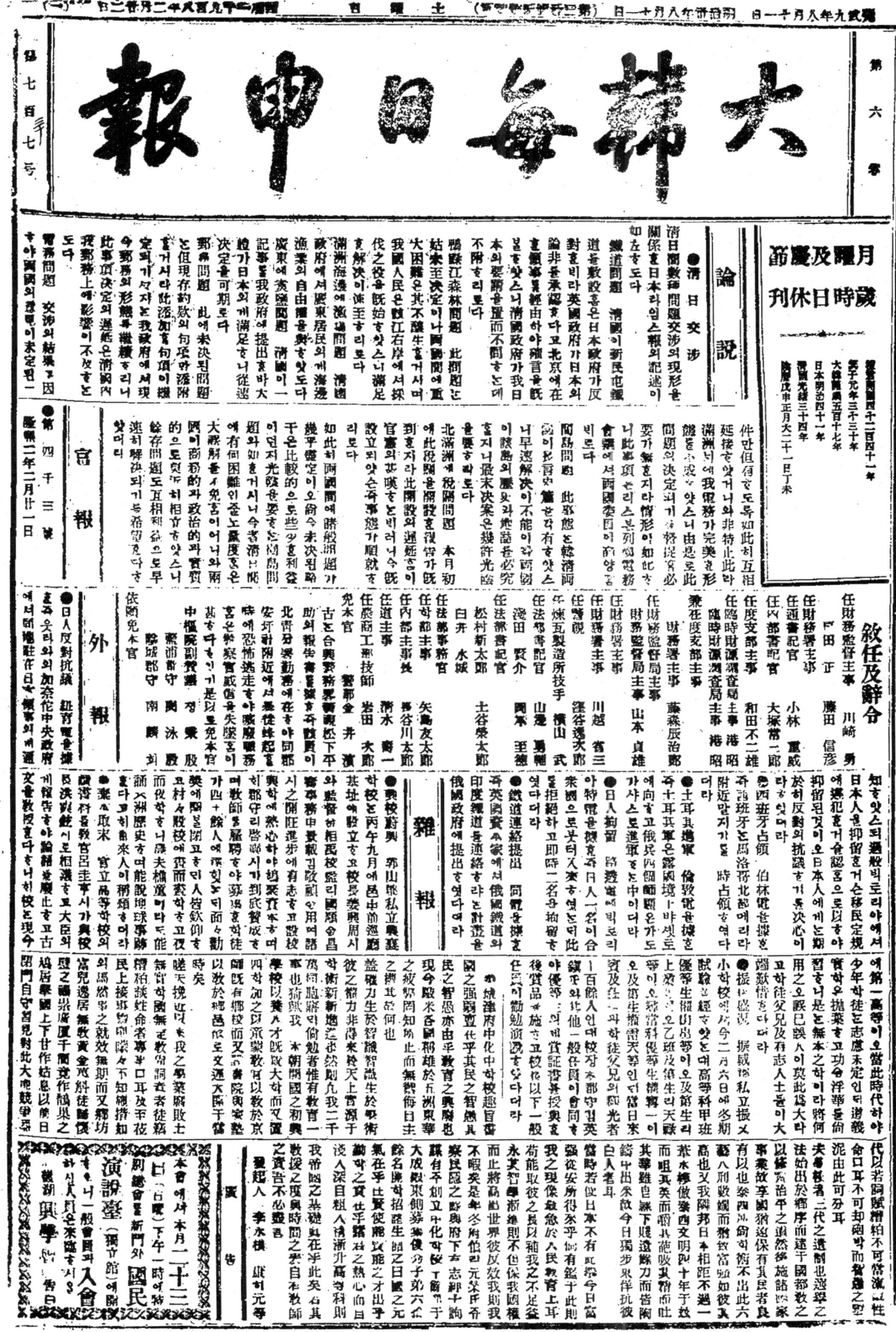

廣告

雜報

●鎭義方針　曾彌副統監과長谷川大將이內閣大臣을招待ᄒᆞ야地方匪擾를鎭定ᄒᆞᆯ事件에對ᄒᆞ야秘密히會議ᄒᆞ얏ᄂᆞᆫ데此結果로鎭撫ᄒᆞᆯ方針이日間頒布된다ᄂᆞᆫ說이有ᄒᆞ더라

●三大訪李　總理大臣李完用氏와宮相리允用氏와法大趙重應氏가有何緊議事인지近日에一進會長리容九씨私邸에頻數히往訪ᄒᆞᆫ다더라

●統監歸期　伊藤統監은渡韓歸任次로來十七日에발程ᄒᆞᆯ豫定이라고某處에書信이來到ᄒᆞ얏더라

●各大宴待　皇后宮大夫尹德榮氏가再昨日下午八時에私邸에宴會를設ᄒᆞ고總理大臣以下各部大臣을請邀宴待ᄒᆞ얏ᄂᆞᆫ데妓樂으로勝遊ᄒᆞ얏다더라

●果有是議　日本政府에서韓國政府에敍任ᄒᆞᆫ日本人官吏의게對ᄒᆞ야日本學識과資格이無ᄒᆞᆫ人으로高等官을敍任ᄒᆞ야政界를誤解ᄒᆞ야帝國의光影을毁損ᄒᆞᆫ다ᄒᆞ야該官吏를將次多數減額ᄒᆞ기로擬議中이라ᄂᆞᆫ說이有ᄒᆞ더라

●渡韓延期　度支部次官荒井賢太郞은本月內에還任ᄒᆞᆫ다더니有何事端인지四月頃에나渡來ᄒᆞᆫ다더라

●門標捺章　自今以後로ᄂᆞᆫ德壽宮에出入ᄒᆞᄂᆞᆫ官人에宮殿門票에ᄂᆞᆫ承寧府侍從長과首班侍從에捺章이有ᄒᆞᆫ後에야出入ᄒᆞᆫ다더라

●鐵價云頒　臨時軍用鉄道調査局委員長朴義秉씨가鐵道犯入地段價를頒給ᄒᆞᆯ次로日昨에平壤郡으로發向ᄒᆞ얏다더라

●承認後施　內部에서漢城府及十三道에訓令ᄒᆞ되府令及道令을발布時에報部承認ᄒᆞᆫ後에施行케ᄒᆞ라ᄒᆞ얏다더라

●文憑又頒　內部에서十三道에免罪文憑을再次下送ᄒᆞ고訓令ᄒᆞ기를免罪文憑頒給時에郡守及警察官과憲兵隊가會同斷給ᄒᆞ고不足ᄒᆞᆫ弊가有ᄒᆞ거든本部에請求ᄒᆞ라ᄒᆞ얏다더라

●醫吏派遣　地方을偵察ᄒᆞ기爲ᄒᆞ야醫視를全羅南道로派遣ᄒᆞ얏다ᄒᆞᆷ은已爲揭載어니와昨日에拾三道로一々派送ᄒᆞ얏다더라

●江亭云賣　中樞院顧問리址鎔씨가有何緊用인지龍山江亭을將次放賣ᄒᆞᆫ다더라

●偶語頻々　學部에서日人百餘名을雇聘ᄒᆞ야各普通학校를主張케ᄒᆞᆫ다ᄂᆞᆫ說이狼藉ᄒᆞ며각학校의年可七八歲되ᄂᆞᆫ學徒들이三々五々히執手相謂ᄒᆞᄂᆞᆫ데此言이果信인된吾等의工夫ᄒᆞᄂᆞᆫ前程은不言可知니奈何々々오ᄒᆞ고偶語가頻々ᄒᆞᆫ다더라

●別巡入城　去番警視廳에서楊州等地로派送ᄒᆞᆫ巡査와別巡檢拾餘名이再昨日下午四時에入城ᄒᆞ얏다더라

●禮式擧行　度支部에서稅務見習生의修業證式을本月晦日에擧行ᄒᆞᆫ다더라

●日兵同伴　朔寧郡守문台源氏가到任次로發程ᄒᆞ야中路에서義兵을逢着ᄒᆞ야遄歸上京ᄒᆞ얏다가更발ᄒᆞᆯ時에ᄂᆞᆫ日兵과同伴ᄒᆞ야昨日에赴任ᄒᆞ얏다더라

●戶錢加斂　大興郡家人에傳說을據ᄒᆞᆫ즉該郡戶布數가二千六百餘戶內에因戶數를度支部로報告ᄒᆞ야六百戶를已爲斛減ᄒᆞ고原戶上納이只二千三百戶인ᄃᆡ該郡稅務主事尹헌求씨가四窮原減ᄒᆞᆫ戶와添加戶를洞中排徵ᄒᆞᄂᆞᆫ故로該郡守가相持ᄒᆞ야도尹시ᄂᆞᆫ督捧ᄒᆞ라ᄂᆞᆫ고로民怨이有ᄒᆞ다더라

●宗府毁墻　ᄌᆞᆼ城壁을處理ᄒᆞᆫ다ᄒᆞᆷ은已爲報道ᄒᆞ얏거니와宗正府의墻垣도毁撤ᄒᆞᆫ다ᄂᆞᆫ說이有ᄒᆞ더라

●講師協議　再昨日下午七時에大東專門학校에서講師十二人이會同ᄒᆞ야時間與科程分擔ᄒᆞᆯ事를協議ᄒᆞ얏다더라

●綏園奉審　楊州綏吉園牌閣이頹壓하얏다고該院에서掌禮院으로報ᄒᆞᆫ故로該院에서奉審摘奸次로主事一員을派送ᄒᆞᆫ다더라

●稽校欽民　春川來人의所傳을據ᄒᆞᆫ즉該郡守김洪奎氏가학校經費를藉托ᄒᆞ고境內饒民의게一百圜或五拾圜式分排勒徵ᄒᆞ되官隸를村間에派送ᄒᆞ야逐日督納ᄒᆞᄂᆞᆫ故로民怨이載路ᄒᆞ더라

●果則抑鬱　西來人의傳說을聞ᄒᆞᆫ즉京居前主事洪鳳健씨가開城居金始善氏와多月訟事ᄒᆞ다가月前에得勝ᄒᆞ야平理院訓令을持ᄒᆞ고開城으로下去ᄒᆞ야督捧하기를該郡守署理趙寅恩氏ᄂᆞᆫ金氏의圖囑을聽ᄒᆞ고金氏와同伴ᄒᆞ야暗自上京ᄒᆞ야某々處에運動ᄒᆞ고下去ᄒᆞᆫ지라洪氏ᄂᆞᆫ金氏가陰正月初三日義務履行ᄒᆞᆫ것다ᄂᆞᆫ票를郡守의게呈ᄒᆞᆫ즉趙氏가言ᄒᆞ기를法部에서平理院으로嚴重更査ᄒᆞ라고訓令이發ᄒᆞ엿스니更爲上京ᄒᆞ야裁判ᄒᆞ라ᄒᆞ고逐出ᄒᆞᄂᆞᆫ지라洪시가不得已하야上京하ᄂᆞᆫ日에卽時平理院에請願ᄒᆞ얏더니該院에서ᄂᆞᆫ更査ᄒᆞ라ᄂᆞᆫ訓令이當初에無ᄒᆞ얏다더라

●非偸伊失　李周爽씨가警視廳에被捉ᄒᆞᆫ事ᄂᆞᆫ已爲報道ᄒᆞ얏거니와其內容을得聞ᄒᆞᆫ즉無他所犯ᄒᆞ고東大門郵便局에서屬備ᄒᆞᆫ時에紙貨一圜을서失ᄒᆞᆫ事로漢城裁判所에滯囚되얏다더라

●韓氏流配　內亂犯으로平理院에被囚ᄒᆞᆫ韓傻成씨ᄂᆞᆫ流十年에審理宣告ᄒᆞ야莞島郡으로配所를指定ᄒᆞ얏다더라

●김訴白退　平壤郡居金伯善씨가嚴昌燁氏에게太二百石價를推捧次로平理院에呼訴ᄒᆞ얏더니嚴昌燁氏가何以圖囑ᄒᆞ얏던지金伯善氏가落科되야法部에申訴ᄒᆞ얏더니該部에서訾ᄒᆞ기를平理院에서落科ᄒᆞ고民事局에何以呈訴ᄒᆞᄂᆞ냐ᄒᆞ고法部에서該訴狀을白退ᄒᆞ얏다더라

●金尉假巡　前副尉金炳喆氏ᄂᆞᆫ昨年解隊後로家勢赤貧ᄒᆞ야巡査募集ᄒᆞᆫ다ᄂᆞᆫ說을聞ᄒᆞ고應募ᄒᆞ야被選ᄒᆞ얏다더라

●奬勵再賞　昨二拾一日奬학月報社에서第二回懸募合格人員蔣給四人의게一々施賞ᄒᆞ고三等以上人외게ᄂᆞᆫ褒賞狀을給ᄒᆞ고張志淵氏와朱翰根氏의寄附ᄒᆞᆫ書籍도亦爲添賞ᄒᆞ얏다더라

●何事被捉　再昨日下午五時量에安동分派警察所에서何許行客을執留ᄒᆞ고手帒와囊中을一一히搜索ᄒᆞᄂᆞᆫ데무ᄉᆞᆷ事件이有ᄒᆞᆫ지未知ᄒᆞᆯ것다더라

●賊漢失捕　典洞等地에서再昨日下午四時量에賊漢九名이某人家에突入搜索ᄒᆞ다가발現이되얏던지巡査가該地近處로把守偵探ᄒᆞ되竟爲失捕ᄒᆞ얏다더라

●安家賊警　再昨日下午三時에中部典동安明洙氏家에賊漢七名이突入ᄒᆞ야該家人男女를結縛ᄒᆞ고金銀等屬과衣服四五百圜價値를奪去ᄒᆞ얏다더라

●羅痘致命　新義州에서天然痘에日人一名이致死ᄒᆞ얏다더라

●吉家賊患　去十七日夜에中部東谷吉春植氏家에賊漢三名이突入ᄒᆞ야家人을結縛ᄒᆞ고紙貨五百圜을奪去ᄒᆞ얏다더라

●困債致命　再昨日中部敎專동에殭尸가有ᄒᆞ얏다ᄂᆞᆫ事ᄂᆞᆫ昨報에已揭ᄒᆞ얏거니와該尸ᄂᆞᆫ南部麻동前主事리相龢氏家越房에借居ᄒᆞᄂᆞᆫ全圭德인ᄃᆡ今年이十九歲오寡母侍下에窶貧로生涯라가些少債錢에見督之致로自縊ᄒᆞ얏다더라

●靑年討論　靑年會館에서今日下午七点鐘에討論會를開ᄒᆞ고忍耐가勝於勇趣이란問題로討論ᄒᆞᆫ다더라

▲地方消息▼

▲本月十八日에高陽舟橋等地에서義兵十餘名과日兵四五名이交戰ᄒᆞ얏ᄂᆞᆫᄃᆡ該地良民만二名이被害ᄒᆞ얏다ᄒᆞ고

▲淸州郡一進會員洪鍾大가自衛團部長을被選ᄒᆞ야該郡에서團規組織을施行ᄒᆞ라다가人民이聽從치아니ᄒᆞᆷ으로因爲停止ᄒᆞ얏더니幾日後에洪也가出他ᄒᆞ얏다가乘暮歸家ᄒᆞᄂᆞᆫ中路에서義兵餘名이突出ᄒᆞ야洪也의創堤理由를質問ᄒᆞᆫ즉答ᄒᆞ기를余ᄂᆞᆫ敎人이라하미義兵이不勝嫌訝ᄒᆞ야洪也의身을搜索ᄒᆞᆫ즉自衛團의規則이露出ᄒᆞᆷ으로洪也를卽爲砲殺ᄒᆞ얏다ᄒᆞ고

▲十八日南川驛一里許에義兵約二百名이來襲ᄒᆞ야面長及通譯이被害ᄒᆞ엿ᄂᆞᆫᄃᆡ府令停車場을來襲ᄒᆞᆯ念慮가有ᄒᆞ야十九日午前에黃州守備兵一分隊와又開城에서도守備兵을派出ᄒᆞᆫ다고電報가到達ᄒᆞ얏다ᄒᆞ고

▲堤川郡에서拾六日午後五時에同郡守備隊長以下若干兵이東北方約三里立石里에서義兵廿七名을遭遇ᄒᆞ야一時間을交戰ᄒᆞᆫᄂᆞᆫ디死傷은未詳이라하고

▲載寧郡에서韓巡査五名이同郡上栖面에서二百餘名義兵의게包圍되얏다ᄂᆞᆫ報를接ᄒᆞ고當地에서巡査六名과守備隊兵이應援ᄒᆞᆫ다ᄒᆞ고

▲全羅北道金溝郡水流面院平店一進會員劉道淸이가同會員十一名을集合ᄒᆞ야群港一進會討伐隊라稱ᄒᆞ고각處로徘徊ᄒᆞᆷ으로取調ᄒᆞᆫ즉其部下吳相玉李允德의二名이扶安郡上東面居申奎晳家에闖入ᄒᆞ야簪四個及木布數疋를掠奪ᄒᆞᆫ事實을발見ᄒᆞᆷ으로目下取調中이라ᄒᆞ고

▲忠州郡西面에義兵이夜間에來到ᄒᆞ야人民을恐動ᄒᆞ야日結錢을收捧ᄒᆞᄂᆞᆫ者도殺害ᄒᆞᆫ거시오結錢을納上ᄒᆞᄂᆞᆫ者도殺害하리라ᄒᆞ고稅務官은不日來納지아니ᄒᆞ면日巡査를出送捉來ᄒᆞ야義兵과一般으로嚴治ᄒᆞ리라ᄒᆞᄂᆞᆫ故로人民은擧皆逃避ᄒᆞᄂᆞᆫᄃᆡ生存ᄒᆞᆯ期望이無ᄒᆞ다더라

▲閑中日月▼

▲時局安危不關ᄒᆞ고無所營爲一平生에黃金갓튼이歲月을虛送ᄒᆞ기支離ᄒᆞ다

▲張三李四招集ᄒᆞ야博奕으로爲業ᄒᆞ니爛柯山이어ᄃᆡ미뇨彈指日月於焉이라自謂淸致消殺法은白首殘年되엿고나이것도無事客

▲金玉貴子退仕ᄒᆞ야來頭經綸全無로다骨牌花套沉惑ᄒᆞ야多數巨額往來ᄒᆞ니家産蕩敗不顧ᄒᆞ고판안돈에虛慾ᄒᆞ니이것도無事客

▲手書遝외본ᄂᆞᆫ바다一日須傾三百盃라杏花村을차저가서漢水鴨頭失魂이라泰山體面當頭ᄒᆞ되耳無聞兮目無見은이것도無事客

▲靑年子弟爲許多건만花柳場에放浪ᄒᆞ야如花如月二八妓ᄂᆞᆫ天上仙女맛ᄂᆞᆫ드시精神업시耽樂ᄒᆞ야父母妻子不顧ᄒᆞ니이것도無事客

▲東西詩伴會集ᄒᆞ야江山風月品題ᄒᆞ며高低聲을朗吟하니詩肩自聳如山이라湧勝之具準備ᄒᆞ야淸興陶々狂妄하니이것도無事客

▲南北村頹窓下에坐論客이口險ᄒᆞ다變革時代慨歎ᄒᆞ며闢明事爲誹謗ᄒᆞᆯ제孰是孰非批評ᄒᆞ니空言無實虛誕ᄒᆞ다이것도無事客

▲國成社가어ᄃᆡ미뇨脊椎聲에興致나서曲中春香戀人ᄒᆞ야樂而忘返彷徨ᄒᆞᆫ다門外風塵不關ᄒᆞ니天下滋味여긔잇다이것도無事客

▲世上事를下直하고林泉에다草堂지어將翱將翔逍遙ᄒᆞᆯ제一局形便全昧ᄒᆞ고自爲身謀ᄒᆞᄂᆞᆫ計策別有天地非人間이라이것도無事客

▲當世異人訪尋ᄒᆞ야年國事를問理後에一片翻炮차저가서避禍妙策紛紜ᄒᆞ니八域鼎沸此世界에去將安之可笑로다이것도無事客

▲堪輿神眼迎接ᄒᆞ고明堂大地旁求ᄒᆞ야祖先枯骨葬理ᄒᆞ고後日발蔭希望ᄒᆞᆫ다天定之分自在ᄒᆞᆫ데轉禍爲福理外事라이것도無事客

▲深鎖昏夢猛醒ᄒᆞ야公益上에着手ᄒᆞ고國家恩澤注入ᄒᆞ면前途幸福自在ᄒᆞ리

社告

各地方僉員이本社에投書와寄書가逐日답至ᄒᆞᄂᆞᆫ대居住姓名이昭詳ᄒᆞ고事實이綜核ᄒᆞᆫ者ᄂᆞᆫ即爲揭載어니와姓名도不載ᄒᆞ고事實이模糊ᄒᆞᆫ者ᄂᆞᆫ因而置之ᄒᆞᄂᆞᆫ대催促이又至ᄒᆞ니事甚訝惑이라從今以後로ᄂᆞᆫ投書와寄書를ᄒᆞ시ᄂᆞᆫ人은居住統戶數와姓名을詳錄ᄒᆞ시되若又含糊ᄒᆞ오면並爲勿施ᄒᆞ올거시니照亮ᄒᆞᆷ

○無信錄

[illegible]

永興郡南山동書舖鍾昌鎬사와信川邑六里丁一善시와湖南郡南門니朱伯英시ᄂᆞᆫ本支社員으로認定ᄒᆞ오니右兩處附近에셔ᄂᆞᆫ右兩시와게本報를請求ᄒᆞ시옴

雜報

●兄弟被捉 平山郡居學者라稱ᄒᆞᄂᆞᆫ申在厚氏의兄弟를日兵이捉去砲殺ᄒᆞ얏ᄂᆞᆫ디其理由인즉一進會에셔守備隊에告발ᄒᆞᆷ이義兵에干連이有ᄒᆞ다ᄒᆞᆫ所以라더라

●特賞體育 義州批峴面堂後ᄂᆞᆫ居前主事金龍瑞氏가村中子弟를教育코즈ᄒᆞ야創建校舍數拾間ᄒᆞ고聘師養蒙에學員이乃至百餘名이라教課ᄂᆞᆫ體育으로歸重ᄒᆞ고智育德育을連次教授ᄒᆞᄂᆞᆫ대所養蒙之資ᄂᆞᆫ氏가非但自己擔當이라且多數捐助ᄒᆞ야立本取殖ᄒᆞ야以爲應用케ᄒᆞᆫ다더라

●玩月可望 昌原玩月里村塾을改良ᄒᆞ야學校로擴張ᄒᆞ고教師ᄂᆞᆫ留關居李鎭和氏로延聘教授ᄒᆞᄂᆞᆫ디該동居鄭範錫鄭永義諸氏가出席ᄒᆞ야諸般事務를擔着ᄒᆞ고該港居前主事김志見씨도極力捐助贊成ᄒᆞ야학徒가三拾餘名에達ᄒᆞ얏ᄂᆞᆫ대將有成就之望이라더라

●樵童設校 楊根사院等池에서樵童四五十名이自新學校를設立ᄒᆞ고晝而樵採ᄒᆞ고夜而上學ᄒᆞ야熱心受業ᄒᆞᄂᆞᆫ故로觀洞人民等이莫不稱歎ᄒᆞᆫ다더라

●入教日增 平安南道諸郡에셔地方官이自衛團의指揮로人民을勸募ᄒᆞ야入團ᄒᆞ라ᄒᆞᄂᆞᆫ디人民이皆曰我等은耶蘇教人이라ᄒᆞ즉地方官이晚ᄒᆞ야退送ᄒᆞᆯ뿐인故로近日入教者가比前加多ᄒᆞ다더라

●正誤 昨日雜報欄內斤買同盟이란題下에事實을更聞ᄒᆞᆫ즉事實이全無ᄒᆞ고龍川等地에셔一用達會社를組織ᄒᆞ얏ᄂᆞᆫ데其物品은外國에셔直輸入ᄒᆞ야需用케ᄒᆞ라ᄒᆞᆷ으로何許人이何許思想으로外國物品을一切不用ᄒᆞ라ᄂᆞᆫ다ᄒᆞ고做言와傳ᄒᆞᆷ이라더라

廣告

南陽郡私立普興學校에셔試驗ᄒᆞ얏ᄂᆞᆫ대優等生은高等科壹學年委일縣 朴明淳 박贊榮 特常課四學年리用采 黃仁昌 黃喜正男 三學年崔甲成 黃福 洪性默 二학年洪福 洪用采 洪昌善 壹학年金今俊 리昌會 告白

方永鎭氏隆正月十七日卯時別世ᄒᆞ얏기二十一日丑時知訃照亮 金基珠 白

本人의게證東敎이가土地文券典質ᄒᆞ엿다가失火時燒燼이란言은即其時以無根之說로既有卞明ᄒᆞ얏告인이와二月拾八日證東敎姜乃春妻奉國名字와崔龍圭告白이라ᄒᆞᆷ은不知何許人所爲인지日後且有如此虛無事라도本人은證東敎土地文券與執事에自初至終이永無相關인즉故로玆又卞明ᄒᆞ오니內外國人은照亮ᄒᆞᆷ 麻浦後麓圭 官名炳文 告白

本塾에셔日英語를晝夜로分科ᄒᆞ야教授ᄒᆞᄂᆞᆫ바實際上應用ᄒᆞᆯ課程을專主ᄒᆞ오니願學僉君子ᄂᆞᆫ本月晦日니로入학請願書를來呈ᄒᆞᆷ事

入학試驗은國漢문面試

月謝金은每朔新貨五拾錢

教授時間 (日語)下午三時至五時 (英語)同 七時至九時

南門니陽谷私立廣化新塾 白

正三品李重숭以重翊으로改名ᄒᆞ오니知舊僉照亮ᄒᆞᆷ 李重翊 告白

忠淸南道保寧郡聽忠面竹동居ᄒᆞᄂᆞᆫ趙敎官重厚氏夫人咸平公瑋熙氏게셔以宿患으로隆戊申正月十二日寅時에別世ᄒᆞ셧삽기玆에廣告ᄒᆞ오니京鄉族戚與知舊僉 照亮ᄒᆞ시옴

從子重範 孫 葵鎬 事鎬 從孫聖鎬 外孫리鐘寅 리寬浩 告白

●美國桑港韓人共立新報社義捐金募集廣告 續

黃學秀 壹圜
仝 夫人 壹圜
金錫玄 壹圜
韓承履 壹圜
朴來春 壹圜

未完

西部盤松坊徽政丞契第二百二統豆戶草家六間板刻文券을丁巳年十二月分에金仁九의게買得ᄒᆞ와即時新官文券을交換치못ᄒᆞ고昨年四月分에新官文券을交換次로漢城府에送交ᄒᆞ엿더니接受人이셔失ᄒᆞᆫ故로玆以廣告ᄒᆞ오니誰某閒拾得ᄒᆞ셧슬지라도休紙施行ᄒᆞᆷ 漢陽人劉義善

●學員募集廣告

本校의入學員이가在置ᄒᆞ엿기로玆에廣告ᄒᆞ오니志학僉員은來三月一日(陰正月三十日)內로來試入학ᄒᆞ시옴

◉入學試驗科目 讀書(國漢文) 作文 算術(四則以內)

◉入學年齡 十六歲以上

◉修業年限 三個年

●學科 文法 作文 讀書 (日英語重) 數學 算術 歷史(內外) 地誌(內外) 理化學 博物學 法學 經濟學 簿記 經政學 圖畫 體操

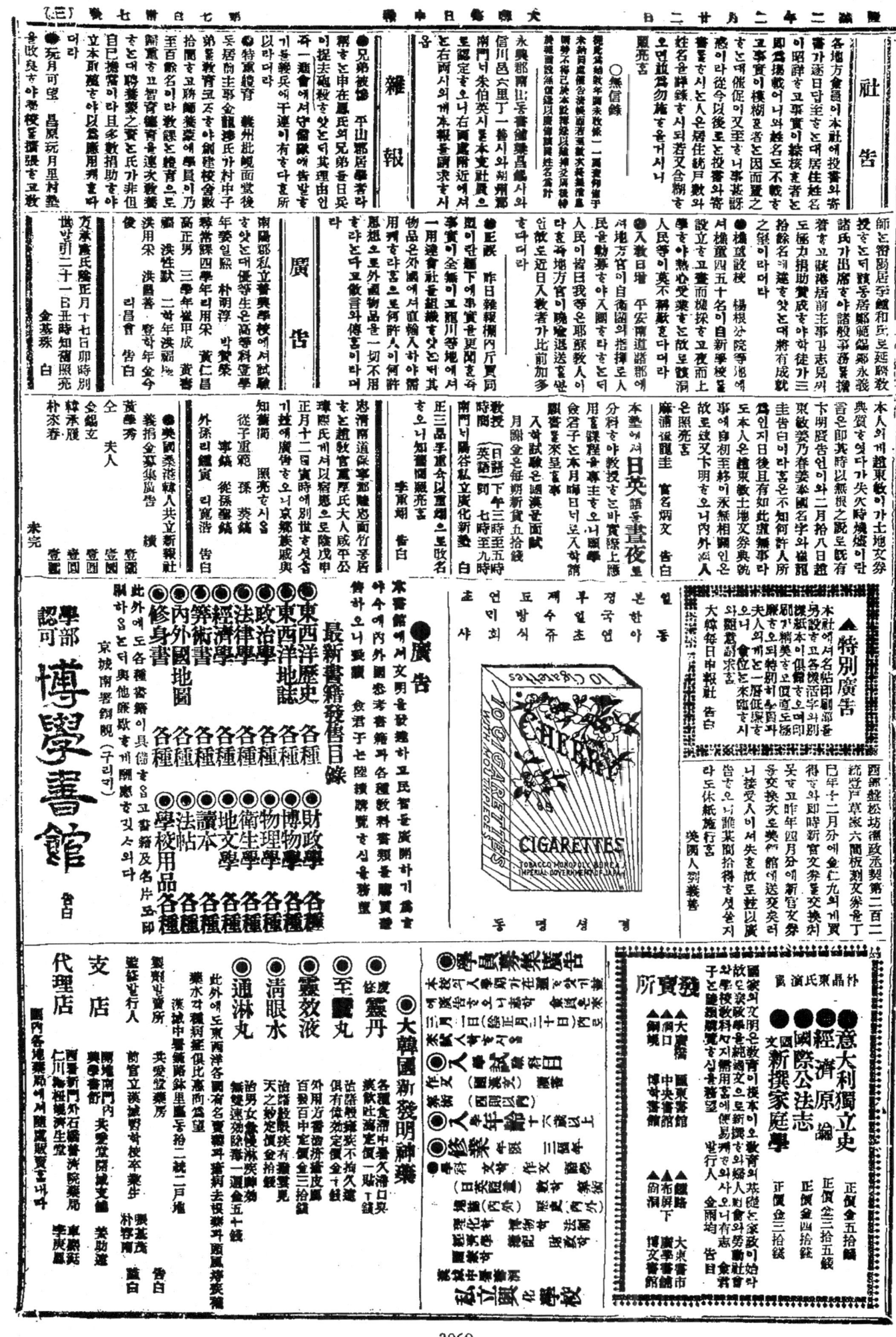

漢城中署寺洞 私立興化學校

任璟宰譯述
新編 銀行簿記學
全一冊定價 六十五전

本書는一般外國諸大家의著述훈簿記學中最近훈학理와最新훈形式을精細蒐輯후야國漢文으로解得키便易하게撰述훈者니一次修習후면帳簿의整理方法과業務의處理順序가瞭如指掌후야實로實業家의一大顧問이다諸銀行家와商業家는不可不案頭에一冊을備置훌者ㅣ니陸續購覽후심을務望

발賣元 中署布屛下三十七統六戶 廣學書舖金相萬
分賣所 동口越邊中央書舖 大廣橋匯東書館
鍾路大東書市 同古今書海館
南門內博文書館 南門外新舊書林
鍾峴博學書館

新撰 美術通義 上

漢城洪鍾旭君編撰 二百三十八頁 定價 七拾五錢

此書는西則으로부터名數ᄭ지編成후얏는데其眞理를破綻후고解式을照載후며且我國度量衡及貨幣와各國度量及貨幣를換算후고其礎를作훔과經度와時差로各國地方時의解得후는方法을揭훔이尤極昭詳후니一般教育界上에大光彩를발揮훌不啻라학問家簿記家及研究者의案頭에可히備置훌惟一훈眞寶ㅣ라

普文社 白

元賣所 博學書館 鍾峴 中央書館 廣학書舖
大東書市 匯東書館 古今書海館 博文書館
新舊書林 安峴書館

家庭雜誌

每月五日發行一冊五十頁定價金十錢一年先金九十六錢地方一年先金郵稅幷一圜

本雜誌는純國文으로發行후와家庭教育界에大光明을放하옵다가財政의艱窘을因후야中間에屢朔廢止후얏더바이온다今에本社에서有志諸氏의協贊을得후야論說論評의各部門과滋味잇는歷史叢談等을著述或翻譯후야本月五日부터續刊發行후엿사오니 僉君子는續々購覽후시옴

발兌元 皇城布屛下金相萬廣學書舖
發兌所 尙洞博文書館 鍾路大東書市
各有名書店
布屛下廣學書舖니家庭雜誌社 告白

▲新刊書籍發售廣告
增補 無寃錄大全 國漢文 定價金 七拾五錢
大韓法規類纂洋裝 三冊 九拾錢 郵稅四拾錢
初等倫理學教科書 二拾錢
初等衛生學教科書 拾五錢
國家學綱領 拾五錢
國民須知 八錢
愛國婦人傳 張志淵氏著 十五錢
發賣所 皇城布屛下 金相萬書舖

本人이日本大阪商業家와特約후고日本內地產出各種物品과西洋各種物品及機械等物을我大韓에輸入후야委托을便宜周旋후고約후얏ᄉ오니商工業에有志후시는僉君子는某物이든지所求후시거든本社로來議후시오 本社에서는手數料만受取훔
興業社本店 開城南大門內興學書館
支店京城南門內水標五十六統 大戶
增殖會社
[illegible]

本事務所에서第一出張所의位置와事務員을如左히定후고平安南北道所管民事代理刑事辯護一切法律事務를處理훔
漢城許병聯合法律事務所
辯護士 尹邦鉉
辯護士 太明식
辯護士 李容相 白告
第一出張所
位置 平壤郡隆德部一里大貫洞一統一戶
事務員 崔觀洙
事務員 洪鶴奎

學徒洋裝帶冊
學徒運動과諸具
羅紗各種 美國金鋼鐵
及服裝靴其他雜貨로廉價放賣후오니僉君子는來臨후심을바라나이다
仁川港李興順新冊肆

越南亡國史 懸藩文 定價貳拾五錢
發賣所京城廣橋高裕相書舖 [illegible]川邊鄭禹時書舖
布屛下金相萬 告白

●[illegible]合資株人廣告
●昌原港 第一回
牛山
리興先 一圜六十전 리化汝
김光日 각六十전 朴昌吉
리光之 各四拾전 閔善五
二十전
合[illegible]圜八拾전

▲元溪
徐道汝 二圜四十전 徐致景
二圜 徐賢仁 一圜廿錢
徐望良 徐武一 각一圜
具太玉 八十전 徐君一
김九欽 徐興運 리致善
曺士仁 徐운實 徐錫禹
각六拾錢 鄭致一 徐可運
서贊汝 李成奎 趙得風
金元汝 김應玉 徐贊西
許哲周 各四十錢 徐化瑞
朴守天 李祿伊 具乃元
徐善一 徐瑞玉 김福吏
金性樂 徐乃仁 徐應玉
徐鎭頭 徐應八 禹召史
徐繼天 徐聖顯 徐乃成
陳順奎 徐道行 金尙容
김敎晴 徐孔運 각[illegible]錢
김五福 徐先寶 각十錢
合二拾圜六拾錢

▲[illegible]ㅎ
陳元吉 리致彥 安永淑
각二圜 卞仲京 一圜五拾錢

金極五 一圜卅錢 리用鄕
리應玉 金萬西 리相凡
정成直 각一圜 徐性佑
八拾錢 리致行 五拾錢
徐武汝 徐性五 鄭文善
金학瑞 韓南俊 鞠京西
김允福 김明彥 陳入汝
각四十錢 鞠性三 리遠瑞
各廿五전 徐주彥 徐春用
金允瑞 申局瑞 각廿錢
裵召史 拾錢五厘
合二拾圜十錢五厘

▲合城
김直均 拾圜 安우鎬 安命鎬
각二圜 김成祿 정大鵬
裵致獻 각壹圜 김順伯
安景珍 김敎八 각六拾錢
金興道 박大仁 안敎成
各四拾錢 金洛見 김弼祿
김應七 각廿錢
合二拾圜六拾錢

▲午山齋학徒
張在選 七拾전 金龍珠
裵鳳實 리鶴齡 辛文八
韓泰敬 김景祚
南作之 리又文 김正實
김계珠 徐寬石 각廿전
黃召奉 朴石祚 김奇萬
김守俊 各十錢
合三圜五十錢

▲陽동
김永주 리乃先
각一圜五十九전 鄭元健
甘敬진 리敬律
각一圜○六錢 김性贊
池鄭伯 張和實 各八十五전
리性庸 七十四전 리敬千
리性七 金春實 金道一
각六拾四전 리致云 張敬守
각五十三전 卞致瑞 리和仲
리光允 張順서 각四十二錢
張性順 卅二전 김性允
三拾전 李琪奉 리致五
리祥伊 張卒日 리敬明

韓云必 成允伯 鄭贊益
具乃明 김永瑞 張性實
金주和 各廿一錢 張弘伊
강子인 各廿전 리敎信
十錢
合拾八圜五拾九錢

▲右社任所
鄭雨吉三圓 리致서 김석彥
김孝景 南錫祚 池大有
盧成執 金인玉 鄭士洪
鄭乃允 孫乃淑 陳明瑞
각二圜 劉敎玉 田泰인
申順凡 全致右 리順奎
河成五 文桂順 김인明
孫化實 韓敎奎 裵允範
鄭乃日 吳大衡 白德順
金致景 裵敬善 尹子玉
朴在順 河龍서 吳乃明
盧敬化 鄭性基 강鳳彥
朴景右 池乃元 丁大根
千斗衡 鄭永彥 각一圜
薛太五 七十전 吳性和
김振汝 각六拾錢 鄭喜辰
李和伯 劉鳳玉 박尙彥
尹尙允 元克彥 黃今同
裵文玉 리寶見 表俊汝
김泰인 김致右 각五十錢
김子玉 段乃西 文興西 金云必
셩允行 金주汝 陳辰先
裵인瑞 각四拾전 林成守
卅歐鎰 申萬汝 강德佑
趙元能 全敬先 張順西
朴芝化 리伯彥 李元吉
朴長玉 金仲寬 鄭奇淑
具甲주 金成西 梁敬三
安贊汝 崔云瑞 申允奎
리致一 김昌奎 鄭士一
各廿전 정玉兼 田致敬
甘成允 洪在千 리仁五
金順奎 리致彥 孔敬道
梁任德 김文在 朴甲祚
朴景五 徐德云 김成祚
崔敬遠 李敬玉 元武一
김成允 白永順 강致右

辛成五 崔敬云 車成三
徐乃允 尹順日 趙斗元
尹泰仁 薛興西 李주伯
정昌元 김致二 金順興
閔道允 朴士玉 裵相道
禹化白 盧萬伊 朴元淑
朴在先 宋右日 朴明局
朴允彥 韓守同 裵致云
韓子寬 李興伯 각十錢
合七拾三圜○貳전

▲上南
金英順貳圜 김應서 김性順
孫炳權 丁錫順 李開東
각一圜 金成彥 大十전
朴乃敬 鄭致三 崔周伯
崔應西 李千一 각五十전
朴聖允 安桂彥 裵伯川
김鳳順 각卅錢 鄭錫振
鄭大淑 李敬文 리致三
金士有 丁凡伊 김益守
張致和 金泰浩 정鳳立
金士賢 金仲寬 金性宥
鄭文五 鄭用一 정文淑
崔洛瑞 裵圭彥 都其汝
朴元順 김星老 각拾전
朴子一八錢 李南돌 김光甫
각五전
合十四圜三拾八전

●本社廣告
○申報價
一張代金 新貨二錢五厘
一個月前納 三十錢
三個月 九十錢
六個月 一圜七十錢
一個年 三圜四十錢
郵稅一張 新貨五厘
一個月 十三錢

發行兼編輯人英國人 裵說
發行所
南署石井洞號外埔三層洋屋內
大韓每日申報社

第六卷

大韓每日申報

第七百卅八號

月曜及慶節
戢時日休刊

檀君開國四千二百四十一年
箕子元年三千三十年
大韓開國五百十七年
日本明治四十一年
淸國光緖三十四年
陰曆戊申正月大二十二日戊申

論說

●呂宋에戰役恐慌

戰爭之機가果有耶아美國艦隊가太平洋으로出發ᄒᆞ던前數月에世界注目을引ᄒᆞ던此舊問題가今者呂宋에서再興ᄒᆞᄂᆞᆫ도다아미리칸케불늬우스新報를信賴홈이可혼진ᄃᆡ今日呂宋에서戰役恐慌之態가著示ᄒᆞᄂᆞ니同報記述이如左ᄒᆞᆫ바滑稽의態가不無ᄒᆞ도다

戰爭이切迫ᄒᆞᆫ諸般風說은路上에서도人皆可聞이라何如商民은米穀을買置ᄒᆞ야呂宋이封鎖된後에勝戰者日人의게奪下ᄒᆞ라ᄒᆞ며何如人은彈丸을欲避ᄒᆞ야家族을香港으로移送ᄒᆞ며何如人은命塊ᄅᆞᆯ私用鐵櫃에貯藏ᄒᆞ며銀行은門戶ᄅᆞᆯ封閉ᄒᆞ거니와如此人은幾千에不過ᄒᆞ고多數人은日出之國에小而貧ᄒᆞᆫ我兄弟ᄅᆞᆯ不慮ᄒᆞ고商務及遊興을繼續ᄒᆞᄂᆞᆫ도다

올는가포에서彼等이奪取ᄒᆞᆯ砲臺ᄅᆞᆯ築ᄒᆞ며大砲ᄅᆞᆯ鑄ᄒᆞᄂᆞᆫ것과此處에서陸海軍이戒嚴을不怠ᄒᆞᄂᆞᆫ것과秘密偵探員이何如外客을守察ᄒᆞᄂᆞᆫ것은然皆當郭요危急之機가漸迫ᄒᆞᆫ것과美國艦隊이南亞美利加海岸을繞行ᄒᆞ야桑港으로指向홀時에日本이必襲홀것도亦其確實이나然이나戰爭의機會로規之ᄒᆞ면果如何오日本의現今狀況은前往에未有ᄒᆞᆫ最其之態라其人民의賦稅가作業所得에比較ᄒᆞ면地球上에最重額이요其商況은平和에至保ᄒᆞ야輸出을必須ᄒᆞᄂᆞ니若無輸出이면後將飢也요英美兩國의巨欵貸金을負ᄒᆞ얏스니其情形이宇宙最富之國과交戰ᄒᆞ기에不適ᄒᆞ도다雖然이나美國人이日本을屈辱ᄒᆞ야日人이갈니포니아洲에서凌辱과毆打와强奪을被ᄒᆞ얏고甚至有退出之說ᄒᆞ얏스니若吾人이德英之人을日人과如히虐待ᄒᆞ얏스면戰爭이旣有ᄒᆞ얏슬거시어ᄂᆞᆯ日人은久受困難ᄒᆞ되堪忍且謙卑ᄒᆞ야現今美國에서日人을實地로排斥ᄒᆞ도紛從ᄒᆞᄂᆞᆫ도다然이나日人이발怒之日에計算ᄒᆞ기ᄅᆞᆯ今其豫備耶아此ᄂᆞᆫ此地及華盛頓에서俱所不知也며始戰에ᄂᆞᆫ失敗之機가或有ᄒᆞ나非因戰爭ᄒᆞ며且吾人이雖始於太晩이나到今ᄒᆞ야ᄂᆞᆫ奔忙ᄒᆞ나니何如事機로던지今者恐慌이吾人의게好擧로다

官報

●第四千四號
隆熙二年二月廿二日

敍任及辭令

警視廳警部 岩崎良材
任警部
正三品李鍾應
任掌禮院典紀 從二品咸在韶
任掌禮院國樂師長
法官養成所助敎授秋山幸衛
兼任法官養成所主事
六品金鍾九
任陸軍武官學校主事
掌禮院國樂師長李南회
依願免本官

外報

●三種學校建設 淸國政府에서會議ᄒᆞ야時急히三種學校ᄅᆞᆯ建設ᄒᆞ기로決定ᄒᆞ얏ᄂᆞᆫᄃᆡ

一憲政學校ᄂᆞᆫ貴族及王公과各大官의子弟ᄅᆞᆯ敎授ᄒᆞ야憲政의實行을基礎ᄒᆞᆯ事

一稅務學校ᄂᆞᆫ各生徒가卒業ᄒᆞᆫ後에各海關에分派ᄒᆞ야稅務ᄅᆞᆯ擴張케ᄒᆞᆯ事

一商務學校ᄂᆞᆫ各生徒가卒業ᄒᆞᆫ後에도상구안에派遣ᄒᆞ야商政을辦理ᄒᆞᆯ事이라더라

●印度商務辨明 東京電에云ᄒᆞ얏스되大隈重信伯이其前에商會에서印度ᄅᆞᆯ保護ᄒᆞᆫ다고演說ᄒᆞᆷ으로英政府와報界에서激憤ᄒᆞᆫ議論이有ᄒᆞᆷ을聞ᄒᆞ고衆人을對ᄒᆞ야辨明ᄒᆞ되其時에言ᄒᆞᆫ바ᄂᆞᆫ印度가一商務地가로本國人民을勸勉ᄒᆞ야商務와利權을經營ᄒᆞ게ᄒᆞᆫ言이라ᄒᆞ얏더라

●軍器輸入允盛 北京電을據ᄒᆞᆫ즉安南으로부터淸國으로軍器를輸入ᄒᆞᄂᆞᆫ것은所今益盛ᄒᆞ다더라

●蒙古會議附俄 大連電을據ᄒᆞᆫ즉蒙古地方에俄人의勢力은日日强大ᄒᆞ야庫倫附近김鑛採掘과其他有望ᄒᆞᆫ事業은皆俄人에게歸ᄒᆞ다더라

●廢港砲臺 華盛頓電을據ᄒᆞᆫ즉日本에서廢港을海軍根據地로삼고同港에彈藥庫와石炭庫ᄅᆞᆯ建築ᄒᆞ며大砲ᄅᆞᆯ排置ᄒᆞ고軍用物品을輸入ᄒᆞ며守備兵을集合ᄒᆞᆫ다ᄂᆞᆫ報가米國政府에到達ᄒᆞ얏ᄂᆞᆫᄃᆡ此ᄅᆞᆯ築ᄒᆞᆫ되廢港에서ᄂᆞᆫ米國領地比律賓ᄭᆞ지ᄂᆞᆫ四拾八時間에航海ᄒᆞᄂᆞᆫ極東要地라至今에砲臺ᄅᆞᆯ築ᄒᆞ고大砲ᄅᆞᆯ排置ᄒᆞ며軍用物品을貯蓄ᄒᆞᄂᆞᆫ것은他日에比律賓을攻擊ᄒᆞᆯ時에艦隊出발地ᄅᆞᆯ삼을터이라ᄒᆞ얏고又米國軍人으로日本에留ᄒᆞᄂᆞᆫ人의確報ᄅᆞᆯ聞ᄒᆞᆫ즉日本은各砲臺ᄅᆞᆯ戰爭時와如히準備ᄒᆞᄂᆞᆫ中이라ᄒᆞ얏더라

●砲臺費議決 華盛頓電을據ᄒᆞᆫ즉砲臺建築費三십萬圓을支出ᄒᆞ기로議會에서決定되얏ᄂᆞᆫᄃᆡ砲臺建築地ᄂᆞᆫ호노루港다야몬드베드와펄港이라ᄒᆞ며此役事ᄂᆞᆫ秘密之事가아니즉服役欵ᄒᆞᆫ日人을使用ᄒᆞ야도無妨ᄒᆞ다ᄒᆞ얏다더라

●條約必行 華盛頓電을據ᄒᆞᆫ즉日本政府가米國에來ᄒᆞᄂᆞᆫ勞働者禁止條約을美國에서請ᄒᆞᆫᄃᆡ로應諾지아니ᄒᆞᄂᆞᆫ것은日本의一種威懲에不過ᄒᆞ거니와最後ᄭᆞ지條約明文을不爲ᄒᆞᆯ地境이면美國政府ᄂᆞᆫ맛당히言辭로라도協約世行ᄒᆞᆷ이可ᄒᆞ다ᄒᆞ엿더라

●米日戰爭說 華盛頓電을據ᄒᆞᆫ즉米日開戰說ᄂᆞᆫ日本人民에게在ᄒᆞ다ᄒᆞ고又日本으로부터還國ᄒᆞᆫ米國商人의實驗ᄒᆞᆫ言을聞ᄒᆞᆫ즉日本國民은足히政府ᄅᆞᆯ動케ᄒᆞᄂᆞᆫ能力이能有ᄒᆞᆫ것을數三次발見ᄒᆞ얏고米日戰爭說도國民이紹介ᄒᆞᄂᆞᆫ理由인ᄃᆡ政府官吏ᄂᆞᆫ其妄談ᄒᆞ設ᄒᆞ기ᄅᆞᆯ아즉時機가早ᄒᆞ다ᄒᆞ되人民은不聽ᄒᆞ고戰爭風說을起ᄒᆞᄂᆞᆫ不穩ᄒᆞᆫ態度가有ᄒᆞ다ᄒᆞ얏더라

雜報

●猶存未淵 禪城에有志會에서行悖ᄒᆞᄂᆞᆫ雜鼠金澄松兇諸源業興學會에서聯會ᄒᆞ고前後又諸學會ᄅᆞᆯ一一調査中이고各學校를勸論開學ᄒᆞ고該會名을開城학會로改稱ᄒᆞ고諸般會務ᄅᆞᆯ一新改良ᄒᆞ야一府人心을慰撫ᄒᆞ고학徒의志願을依從ᄒᆞ미萬口稱頌야莫不快悅ᄒᆞ야疵有학界上括目進步之望이나猶有未滿ᄒᆞᆫ事ᄂᆞᆫ最初該會ᄅᆞᆯ發起ᄒᆞᆯ時에各학校ᄅᆞᆯ維支ᄒᆞᆫ다稱ᄒᆞ고巨額을醵助ᄒᆞ더니각학校ᄂᆞᆫ觀若楚越ᄒᆞ고姦猾手段으로송明학校ᄅᆞᆯ設ᄒᆞ야該校所入이라ᄒᆞ고藉托經費ᄒᆞ고未滿二十名학徒에高等敎師ᄅᆞᆯ雇聘ᄒᆞ야三四ᄀᆡ圜式學料月給을費用ᄒᆞ되該校課程은初等小학에不過ᄒᆞ고按月費用이近萬김式이라一鄕志士와一般학生이該校만廢止ᄒᆞ면將餘學校ᄅᆞᆯ足足維支라ᄒᆞ야累累說明ᄒᆞ되由何事端인지向今斬持ᄒᆞᄂᆞᆫ거시學界上에一点遺憾이라더라

●仁尹興학 仁川府尹金潤晶氏가該港遊食兒ᄅᆞᆯ一齊招集ᄒᆞ고該府尹婦人이遊食에害됨과敎育에利됨을說明ᄒᆞ고拾歲以上은普通학校로送ᄒᆞ고十歲以下ᄂᆞᆫ仁明義塾으로送ᄒᆞ고遊食子弟ᄂᆞᆫ학校에보내지아니ᄒᆞ면其父兄ᄅᆞᆯ論罪ᄒᆞᆫ짓다ᄒᆞᄂᆞᆫ고로每日該學校에新入學徒가답至ᄒᆞᆫ다더라

●閔氏悖孫 閔丹巖川所가廣州慶安面軍月山에在ᄒᆞ야二百年禁養松楸가蔚密ᄒᆞ더니校孫閔泳璘氏가漢江居李順植許에四拾餘萬兩으로暗地斥賣ᄒᆞ야伐木以後에諸子孫이始知ᄒᆞ얏ᄂᆞᆫ되ᄒᆞ듯ᄒᆞ다고自其宗中으로是非가沸騰ᄒᆞᆫ다더라

●觀守虐民 醴泉郡主事金鎰根이가前郡守김炳璜씨兇訴訟ᄒᆞᆫ로郡守ᄅᆞᆯ圖得코저ᄒᆞ야稱以一鄕之論ᄒᆞ고自各面以上의圖章을任意로雕刻ᄒᆞ야該請願書에一一捺之ᄒᆞ야使人으로內部에呈納ᄒᆞ엿다가竟未遂ᄒᆞ되所製圖章을各面長의게分給ᄒᆞ되面長들이圖章이有ᄒᆞ여야되깃기로自郡雕刻ᄒᆞ엿스니各其持去ᄒᆞ고但此則每二緡式이니即刻收案ᄒᆞ라고星火갓치一一督捧ᄒᆞ고該郡駐在ᄒᆞᆫ日巡査弓崎貴松等으로將相干連ᄒᆞ야歸以賓接待ᄒᆞ며각面洞人民의게每戶爲例十枚式과草席一立式收斂ᄒᆞ며人民中에稍饒이有ᄒᆞᆫ者면不問曲直ᄒᆞ고ᄒᆞᆫ月式捉囚討索ᄒᆞ기로觀作能事ᄒᆞᆫ다더라

●私校將績 金川郡私立普昌학校에서上年陽曆一月에終試驗을經ᄒᆞ얏ᄂᆞᆫᄃᆡ高等科最優等生ᄋᆞᆫ池永斗洪世오初等科甲班最優等에李性浩張泰仁이오乙班優等生池知金璟允이오丙班優等生咸昌敎라더라

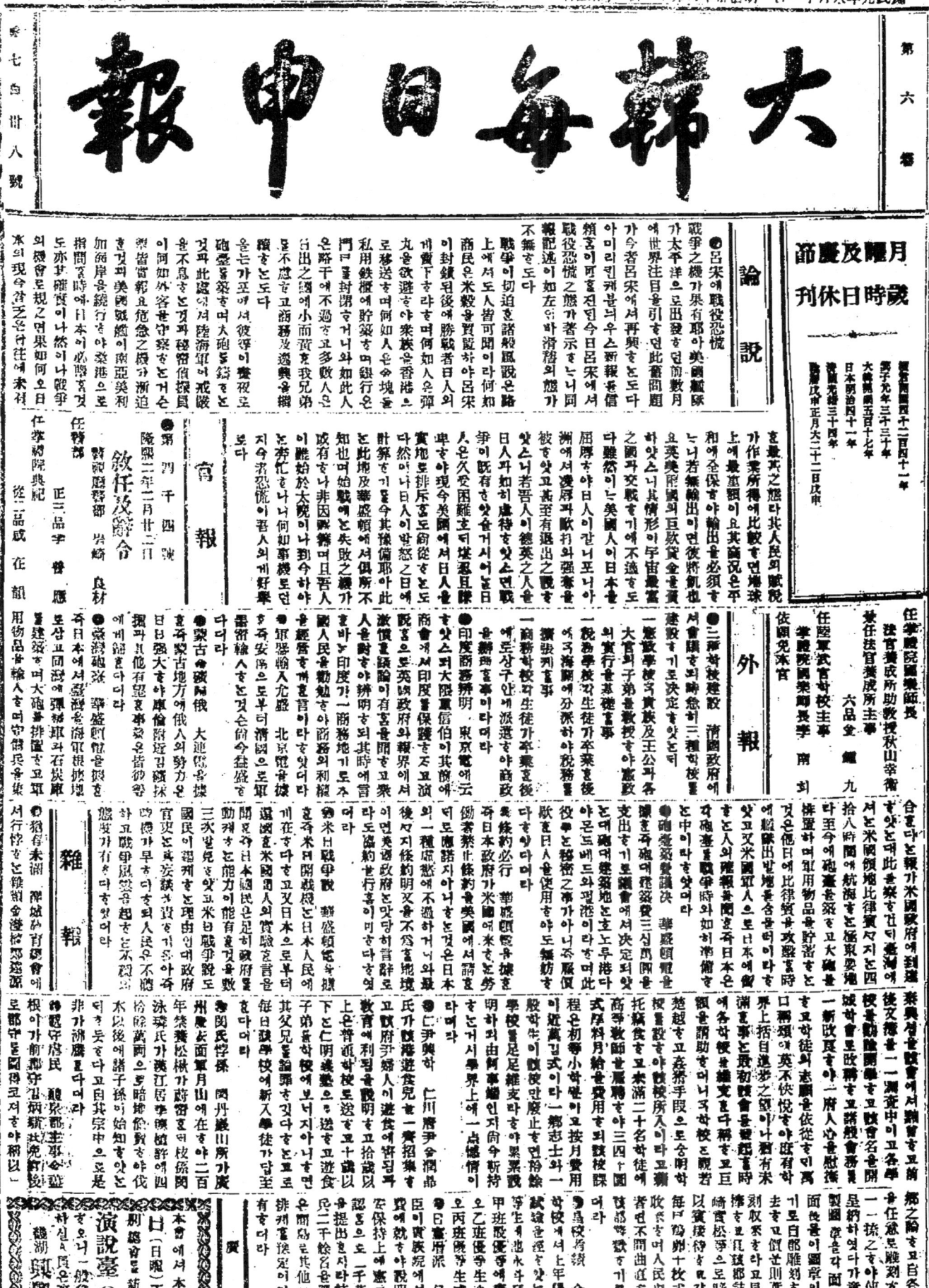

●日憲增派 日本寺內陸軍大臣이貴族院에서韓國憲兵派遣費에就ᄒᆞ야說明ᄒᆞ되日韓兩國安保持上에憲兵增派의必要을認ᄒᆞᆷ으로一千萬圓의追加豫算을提出ᄒᆞᆫ지라結果로韓國에憲兵二千餘名을派送內에五拾名은關島와其他三個國地로分排케ᄒᆞᆫ豫定이라고東京電報가有ᄒᆞ더라

雜報

●法規頒印 內閣에서現行法規遺編을法部로委送印刷ᄒᆞᄂᆞᆫ데再昨日붓터니閣主事一人을派送ᄒᆞ야該印刷事務를監察ᄒᆞ다더라

●分撥命廢 總理大臣李完用氏ᄂᆞᆫ何恩旣이有ᄒᆞᆫ인지自來로발布ᄒᆞ던分撥을廢止ᄒᆞ라고再昨日에命令ᄒᆞ얏다더라

●宮府會議 宮內府에서再昨日에該府次官以下所屬司院長官들이會同ᄒᆞ야該府各項事務處理方針을爛商協議ᄒᆞ얏다더라

●翳信飛至 前總辦金在洙氏가現今日本에滯留中인데日昨에彌副統監의게무삼書信이來到ᄒᆞ얏다ᄂᆞᆫ說이有ᄒᆞ더라

●日本內閣變更 日本內閣은財政問題로黨論이不一ᄒᆞ야各大臣이總히辭職ᄒᆞ기로決定되야總理大臣西園寺氏와度支大臣坂谷씨와遞信大臣山縣씨等이辭職請求를提出ᄒᆞ얏ᄂᆞᆫ데總理大臣은仍舊ᄒᆞ고度支遞信兩大臣만遞任되얏ᄂᆞᆫ데其內容은今番國會에提出ᄒᆞᆫ豫算案에陸海軍費를減削ᄒᆞ고外債돌緊集ᄒᆞ거나稅納을增加ᄒᆞᄂᆞᆫ것쓴不可ᄒᆞ다ᄂᆞᆫ坂谷山縣兩大臣만遞任되얏다고東京電報가有ᄒᆞ더라

●國務擬議 乾元節에國遊會를盛設ᄒᆞ다ᄒᆞᆷ은已爲報道ᄒᆞ얏것이와設備의各項事務ᄂᆞᆫ法部大臣趙重應시가擔任ᄒᆞ얏다더라

●月俸來撥 宮內府에서再昨日에該屬司 一般官吏의月俸을支撥ᄒᆞ얏ᄂᆞᆫ데惟獨 廟 祀殿 宮官吏의月俸은自一月로本月까지未撥ᄒᆞ얏다더라

●臨任諮議 度支部에서該部主事金乘璇씨를財務官으로臨任ᄒᆞᆫ件을內閣에請議ᄒᆞ얏더니年限이不足ᄒᆞ다고退送ᄒᆞ엿다더라

●自請陞級 각府部日官吏들이俸給令等級에注意ᄒᆞᆫ은人所共知어니와等級의高下가官報上에頒布ᄒᆞᆫ後라도主務長官에게圖囑ᄒᆞ야陞級ᄒᆞᆯ意로官報에正誤ᄒᆞ라ᄂᆞᆫ弊가種々有之ᄒᆞ다더라

●蔑義沒覺 義陽君李載覺氏가桂山학校維持抽捐에對ᄒᆞ야不應ᄒᆞᆫ事實은前報에已記어니와日昨에桂洞々員이會同ᄒᆞ야再次勸告ᄒᆞ기로代表를派送ᄒᆞ얏더니氏가答ᄒᆞ기를我ᄂᆞᆫ公益도不知오國家도不知오 皇室도不知니新聞에나너시오ᄒᆞ더라니公益不知ᄂᆞᆫ且置ᄒᆞ나國家 皇室을不知ᄒᆞ면側身天地何處立고五百圓卧食俸도吾不知라고ᄒᆞᆯ가

●携眷避禍 軍部大臣李秉武시의伯시리乘雨시ᄂᆞᆫ義援금因ᄒᆞ야日前에率眷上京ᄒᆞ얏다더라

●박家風流 海豊府院君尹澤榮 皇后宮大夫尹德榮兩氏가日昨에永成門前居ᄒᆞᄂᆞᆫ박弘楠氏家에前往ᄒᆞ야妓樂으로一夜를跌宕이遊樂ᄒᆞ얏다더라

●官人懇會 侍從院副卿李會九시와某某諸시가발起ᄒᆞ야宮內府高等官이懇親會를白雲동김嘉鎭시別庄으로開催ᄒᆞᆫ다ᄂᆞᆫ說은前報에已揭어니와更聞ᄒᆞᆫ즉本日上午拾一時에西학峴前掌禮院內로開催ᄒᆞᆫ다더라

●閔氏供辭 警視廳에被囚ᄒᆞᆫ閔元植氏가陳供ᄒᆞ얏다ᄂᆞᆫ說을漏聞ᄒᆞᆫ즉該시가日本國에渡去ᄒᆞᆫ時에 嚴貴妃께서旅費一萬圓을下賜ᄒᆞ신事가有ᄒᆞ다더라

●詰問閔氏 日本司令部에被因ᄒᆞᆫ尹致晟시事件에對ᄒᆞ야軍部大臣李秉武侍從副卿李會九兩시間에有所據證이던지該兩시가司令部에被招되야無數히詰問을當ᄒᆞ얏다더라

●會長推薦 리학宰氏等諸氏가大同會를組織ᄒᆞᆫ다ᄂᆞᆫ說은各新聞에揭載ᄒᆞ얏거니와會長은永宣君李埈鎔氏로副會長은金思濬氏로推薦ᄒᆞ얏다더라

●謗非其所 慶北觀察使李忠求씨가土地家屋證明書를請求ᄒᆞᆫ事로度支部에報告ᄒᆞᆫ故로該部에서法部로照會ᄒᆞ고該部所管이아이니不可支撥이라ᄒᆞ얏ᄂᆞᆫ데李觀察은身爲觀察使ᄒᆞ야事例에余昧ᄒᆞ야法部로請來ᄒᆞᆫ것을度支部로報告ᄒᆞ얏다고批評이籍々ᄒᆞ다더라

●訓促報來 法部에서地方各警察署長에게訓令ᄒᆞ되本年度붓터本部所管歲出給命令를委任ᄒᆞ얏스니報告及支出計算書ᄂᆞᆫ每月所定ᄒᆞᆫ期限內에促出ᄒᆞ고追啓出給令에발行이無ᄒᆞᆫ境遇에ᄂᆞᆫ其旨義를報告ᄒᆞ라ᄒᆞ얏더라

●權씨未還 海州裁判所檢事權丙勳氏가誣告罪人一名을捉囚ᄒᆞ얏다가保放上京ᄒᆞ얏더니該郡警察署長李惠泰시ᄂᆞᆫ權氏와有何嫌端인지權시를臨機法部ᄒᆞᆷ으로未得下去ᄒᆞ고京城에逗留ᄒᆞᆫ다더라

●具金相換 開城郡에鎭兵隊伐次로出駐ᄒᆞᆫ尉官具鶴西氏ᄂᆞᆫ傾兵等節에不爲擺撥이라ᄒᆞ야召還ᄒᆞ고其代에陸軍步兵副尉金華燮시가出張ᄒᆞᆫ다더라

●招帖勿施 黃海道檢事權丙勳氏가黃州郡守韓貞泰氏의게殺獄事件의對ᄒᆞ야訊問ᄒᆞᆯ事가有ᄒᆞ야招帖을얏ᄂᆞᆫ데適其時에該檢事가上京ᄒᆞ얏더니遞任說務ᄒᆞᆫ後에有何委折인지該招帖을勿施ᄒᆞ얏다더라

●土壤還退 會寧來信을據ᄒᆞᆫ즉年前에日本人이該郡人民의土地를買入ᄒᆞ야軍用地로使用ᄒᆞ다더니位置가不美ᄒᆞ다ᄒᆞ야現今還退ᄒᆞᄂᆞᆫ데已賣ᄒᆞ엿던人民을捉囚督推ᄒᆞᄂᆞᆫ고로呼冤이漲天ᄒᆞ다더라

●使酒被捉 彰義門外附近岩동居김昌植이가飮酒泥醉ᄒᆞ야三溪동居裵千弘를無端毆打ᄒᆞ야左目이重傷ᄒᆞᆫ故로北部警署로捉去ᄒᆞ얏다더라

●權시被捉 前江原觀察使權益相시가公貨所犯이有ᄒᆞᆷ으로數日前에逮捕되얏다더라

●商物被奪 리章憲氏가商業次로魚物과錢財를持來上京ᄒᆞᄂᆞᆫ데一山停車場附近地에서賊漢五名이突出ᄒᆞ야魚物與紙貨一百三十圓을掠奪而去ᄒᆞ얏다더라

●以哭哭慰 舒川郡地方委員具昌濟氏가地方事務에嫺熟ᄒᆞ더니不幸히身死ᄒᆞᆫ지라鴻山稅務官金完濟氏와財務官黒田達氏와該近地方委員諸氏가具씨의妙年長逝ᄒᆞᆷ을嘆惜ᄒᆞ야葬費를優數히捐補ᄒᆞ고祭文ᄶ지製送ᄒᆞ얏다더라

●梅落鶴飛 前監理劉道赫氏가二八歲妓生梅花로佳緣을結託ᄒᆞ야一二年同居ᄒᆞ더니有何事件인지該妓生이幾日前에擺片을呑下自殺ᄒᆞ얏다더라

●文憑自請 楊州郡秦侊面中里權박宗勳洪任瑩兩人을昨年十月分에義徒가抱川等地로捉去ᄒᆞ얏ᄂᆞᆫ데隔月二十五日에逃走ᄒᆞ야乘家에潛伏ᄒᆞ얏다가日昨에警視廳에自現ᄒᆞᆫ故로免罪문憑을出給放送ᄒᆞ얏다더라

●錯認義兵 去十六日에楊州郡비선거리店에서日兵三名이出張ᄒᆞ얏다가巡査를逐督ᄒᆞ야義徒로錯認ᄒᆞ고數時間이나射擊을行ᄒᆞ다가幸히死傷은無ᄒᆞ얏다더라

●燒家防病 東京通信을據ᄒᆞᆫ즉日本大坂市에ᄂᆞᆫ黑死病이逼滿ᄒᆞ야五百名이即死ᄒᆞ얏ᄂᆞᆫ데각學校에서傳染ᄒᆞᆷ을豫防ᄒᆞ기爲ᄒᆞ야七十二處小학校ᄂᆞᆫ休학ᄒᆞ얏고其餘二十二處학校도將次休학ᄒᆞᆯ貌樣이며方今消毒ᄒᆞ기에盡力中이나萬一豫防ᄒᆞᆯ수업ᄂᆞᆫ境遇에ᄂᆞᆫ大坂全市의家屋을沒數燒火ᄒᆞᆯ議論이有ᄒᆞ다더라

●青會講說 青年會館에서今日下午七点半에翻音會를開ᄒᆞ고該會幹館日語敎師曾田嘉伊智氏가基督之恩惠란問題로講說ᄒᆞᆫ다더라

●救人高風 西江等地에서便戰解散次로日巡查放銃ᄒᆞᆫ事은前報에已爲揭載여니와更聞ᄒᆞᆫ則始興居리正相씨가適其時過去라가中丸倒地ᄒᆞᆫ지라耶蘇敎人김然홍씨가適見光景ᄒᆞ고不勝悲慘ᄒᆞ야傾囊叢錢ᄒᆞ야廣求轎車ᄒᆞ되毁겁不出ᄒᆞᄂᆞᆫ지라該동居ᄒᆞᄂᆞᆫ耶蘇敎人諸氏가聞其慘景ᄒᆞ고一齊會동ᄒᆞ야擔來于該金氏之家ᄒᆞ고求약治療ᄒᆞ여救濟添付ᄒᆞ고徵明에該시를濟衆院으로擔送ᄒᆞ엿다더라

●家破慘命 前進士俞鎭儀시가月前에鐵原郡等地에下去ᄒᆞ야무삼事件이有ᄒᆞ얏던지日兵이捕捉ᄒᆞ야四肢를裂殺ᄒᆞ얏다더라

●리시勝事 坡州郡光興학校事務員리鎭冕시ᄂᆞᆫ奬학의熱心으로今番冬期試驗의施賞ᄒᆞᄂᆞᆫ紙筆空冊等을自擔分給ᄒᆞ얏ᄂᆞᆫ데해校學徒들이하시의勤학ᄒᆞᆷ을感服ᄒᆞ야학業에益益賦勤ᄒᆞᆫ故로해시가益益奬勵ᄒᆞᄂᆞᆫ데自今以後로ᄂᆞᆫ月試施賞物品ᄭᅡ지自已가擔當ᄒᆞᆫ다더라

●開城消息 本月十五日開城北二十里되ᄂᆞᆫ大興山城에서義兵이來留ᄒᆞᆫᄂᆞᆫ거슬日兵이聞知ᄒᆞ고前往交戰ᄒᆞ얏ᄂᆞᆫ데死傷은未詳이라더라

東京電報

二十一日發

●間島問題擬議 間島로브터歸來ᄒᆞᆫ齋藤大佐ᄂᆞᆫ伊藤統監邸에서間島境界問題에關ᄒᆞ야審議處理及今後間島經營에就ᄒᆞ야擬議中이라더라

二拾二日발

●伴渡統監 韓國 皇太子殿下隨員宋秉相은三月 入日伊藤統監과同伴歸國ᄒᆞᆫ다더라

路透電報

二拾二日발

●平將被赦 倫敦타임쓰新聞은쓰토셀中將이受ᄒᆞᆫ軍法會議의死刑宣告에對ᄒᆞ야同意를表ᄒᆞ얏ᄂᆞᆫ데旅順에서該中將의行爲가赦免치못ᄒᆞᆯ것이라ᄒᆞ얏더라

●中將減刑 同電을據ᄒᆞᆫ즉쓰토셀中將은露國皇帝의勅令으로十分禁錮의減刑되얏다더라

▲世事如夢▼

▲權謀術數ᄒᆞ던人物이一平生에所爲事가變革時代當ᄒᆞ야보니桑田碧海須臾改라人間萬事感탄ᄒᆞ다

▲昏夜乞哀權門下에抑鬱情勢쯤殞ᄒᆞ야鮫綃泣恩ᄒᆞ더官職을猶恐失之ᄒᆞ던時ᄂᆞᆫ府中院廳敢定案에秋風落葉되엿스니過去事가상걸이오

▲日賦曰詩燈下苦ᄂᆞᆫ風雨窓中田入ᄒᆞ야傭市귀를쓰더이며貫才巨勢自許ᄒᆞ야壯元及第唾手타가科擧가廢止ᄒᆞ니過去事가상걸이오

▲南村名武子弟들은赳赳氣習豪華ᄒᆞ다兵水使와登壇ᄭᅵ로來頭功名自期ᄒᆞ더니一朝落頭ᄒᆞᆫ인업서開進會로會集ᄒᆞ니過去事가상걸이오

▲一分二分聚斂ᄒᆞ야節用節食規模잇다畜肢田庄廣置ᄒᆞ고子々孫々永樂타가驀々蜂起더義兵이如山鐵包執留ᄒᆞ니過去事가상걸이오

▲四人轎와平轎子에騶從첩비羅列ᄒᆞ야秋霜又흔辟除소리兩班行次가ᄂᆞᆫ고나더威儀가어더가고人力車만ᄯᅡ々가니過去事가상걸이오

▲鐵째에고鍊習하야武官學徒卒業이다軍隊赴職幾年만에解散令이意外로다保護國恩未答ᄒᆞ니慷慨之淚難禁이라過去事가상걸이오

▲之東之西行動ᄒᆞ야言語動止作態ᄒᆞ며街路上之字步ᄂᆞᆫ不問可知某子弟라벽破門閥此世界에驕傲之習ᄯᅩ낫ᄂᆞᆫ가過去事가상걸이오

▲郡守一窠圖得ᄒᆞᆫ제運動費가不少ᄒᆞ다本錢未暇充數ᄒᆞ야境內屬民翻觀ᄒᆞ니一身安危念慮보다投印解經歸ᄒᆞ니過去事가상걸이오

▲遠上封쐐出納ᄒᆞ니閑監庫直이壯ᄒᆞᆫ시고居處凡節華麗ᄒᆞ야宰相家가富ᄒᆞ엿ᄂᆞᆫ가被逐所屬沙汰ᄒᆞ니束手無策丐乞이다過去事가굼걸이오

▲各宮會官奴子輩ᄂᆞᆫ공物ᄌᆞ리가貪慾이라用錢如水趐手段이綾羅紵衣奢侈로다供進所가怨生ᄒᆞ니저生涯가可惜ᄒᆞ다過去事가굼걸일세

社告

各地方會員이本社에投書와寄書가逐日답至ㅎ는데居住姓名이昭詳ㅎ고事實이綜核ㅎ者는即爲揭載어니와姓名도不載ㅎ고事實이模糊ㅎ者는因而置之ㅎ는데催促이又至ㅎ니事甚訝惑이라從今以後로는投書와寄書를ㅎ시는人은居住統戶數와姓名을詳錄ㅎ시되若又含糊ㅎ오면仍爲勿施ㅎ올거시니照亮홈

○無信錄

發賣爲始數年間未收條一一函責傳催子未納者屢經催告猶然若罔聞故來該稱債息開錄不得已於本報揭錄以爲擇交兩後鑑於將來故略記該債錄以爲債該員姓名爲計

永興郡南山동書舖樂昌舘시와信川邑六里丁一書시와州州鄕南門내朱伯英시등本支社員으로認定ㅎ오니右三處附近에서는右兩시의게本報를請求ㅎ시옵

雜報

●博川蕭浦博문學校학徒가全國同胞의게敬告

最愛同業研友諸兄이여身雖居各方이나心神은時有交通이라本兒는本來학疎才拙ㅎ야淺見薄識ㅎ니敢對諸兄而猥何卓言乎잇가然ㅎ나至於義理二字ㅎ야는必無推讓일서是以冒揣敢告ㅎ노니今日韓國根基될者誰也오世皆謂吾徒靑年이라ㅎ니誠哉是言이여大哉라重任이여吾徒靑年有何資格로다以何心法으로無缺成就也오實在於團合力이로다團合力은안在오惟在하문敎育而已오別無法이로다幸甚々々今日吾儕之所가前日無效處문이아니오有力實地的新하이보다

嗳友愛友여擧頭顧察時局ㅎ니時危局難호다吁라三千里疆土는太平洋波濤中에서浮沉ㅎ고二千萬生靈은暖水釜中에서号泣ㅎ니暴風腐塞ㅎ고言言落而已라

惟恐吾徒는초량弱性이라當此危險之時局ㅎ야身戰齒激於難堪而脣焦不免半塗로다

愛友々々여古代以色列民을拯救ㅎ던摩西가雖在於冤讐之手中이나不廢學ㅎ이오合衆國을自由獨立케ㅎ던華盛頓은雖在於英吉利縲絏之中이나尙有三絕之勤ㅎ니抑問諸시들이安樂之학敗아危險中이오壯夫之학敗아幼齡時라彼는何人이며吾는何人也오無可奈何라ㅎ지말고勉進則有可如何로다

愛友々々여身皆爲勇士됨을勿歎ㅎ오吾學이오韓冤誅計皆迷ㅎ을勿憂ㅎ오吾학이오抵敵兵器不備ㅎ을勿思ㅎ시오吾학이라劣愚之言을不信커던但思淸日競爭之情況ㅎ라淸國疆土가不大於日本인가人口가不少於日本인가武器가不及於日本인가疆土人口武器는東洋에莫能當이로되但無實效학문敎育之所致로다

愛友々々여徒好嬉戲而勿思ㅎ고勉力勤學成就ㅎ야韓國에도摩西、華盛頓、을幻成ㅎ야已失國權回復ㅎ고國家基礎鞏固ㅎ야獨立安康永享하고東洋平和主張ㅎ세愛友愛友여

拾四歲兒의　리炳彩

●事是無根　本報第七百一拾七號雜報欄니에山將贈哭란題下에孝昌園祭奉이松楸을斫伐自用이라ㅎ事는傳之者誤라더라

廣告

本塾에서**日英**語를**晝夜**로分科ㅎ야敎授ㅎ는바實際上應用ㅎ課程을專主ㅎ오니願學僉君子는本月晦日內로入학請願書를來呈ㅎ事

入학試驗은國漢文面試

月謝金은毎朔新貨五十錢

敎授時間　（日語）下午三時至五時　（英語）同　七時至九時

南門內[illegible]谷私立廣化新塾白

●本社補助錄

八月	灌川	김子央	一圓
	吉州	김子文	一圓
	楊州	金演性	一圓
	穩山	中德厚	一圓
	利川	宋基觀	一圓
	晉陽	孫永敏	二圓
九月		梁會益	一圓
	群山港	客主商會	五十전
	宜川採鑛所	리源奎	五十전
	仁川港	박完順	二十전
	楊州	韓成茂	拾전
	義州	리芝興	五十전
	永興	張成白 文豊大	
	成峰汀	三人	合一圓
		高膺湖	一圓
	肅寧	崔鎬浩	五圓
	龍川	리東業	五拾전
	以上合金拾大圓九拾五전		

●美國桑港韓人共立新報社義捐金募集廣告　續

박孝國	壹圓
至德潤	壹圓
金鎭永	壹圓
宋權庠	壹圓
盧哲愁	壹圓

未完

新編 銀行簿記學

全一冊定價 六十五錢 任璟宰編述

本書ᄂᆞᆫ一般外國諸大家의著述ᄒᆞᆫ簿記學中最近ᄒᆞᆫ학理와最新
式形式을精細蒐輯ᄒᆞ야國漢文으로飜譯ᄒᆞ야便易하게編述ᄒᆞᆫ者
니一次修習ᄒᆞ면簿記의整理方法과業務의處理順序가瞭如指
掌ᄒᆞ야實로實業家의一大顧問이라諸銀行家와商業家ᄂᆞᆫ不不
可案頭에一冊을備置ᄒᆞᆯ者ㅣ니陸續購覽ᄒᆞ심을務望

발행元 中署布屛下三拾七統六戶 廣學書舖金相萬
分賣所 동口越邊中央書館 大廣橋匯東書館
鍾路大東書市 同古今書海館
南門內博文書館 南門外新舊書林
銅峴博學書館

唐城洪鍾旭著復撰 二百三十八頁 定價 七拾五錢

新撰 算術通義 上

此書ᄂᆞᆫ四則으로부터名數ᄭᆞ지編成ᄒᆞ얏ᄂᆞᆫ디其眞理를破綻ᄒᆞ
고解式을昭載ᄒᆞ며且我國度量衡及貨幣로各國度數及貨幣를
換算ᄒᆞ고其礎를作ᄒᆞᆷ과經度와時差로各國地方時의解得ᄒᆞᄂᆞᆫ
方法을揭ᄒᆞᆷ이尤極昭詳ᄒᆞ니一般敎育界上에大光彩를발揮ᄒᆞᆯ
不啻라학問家簿記家及硏究者의案頭에可히備置ᄒᆞᆯ惟一ᄒᆞᆫ眞
寶ㅣ라 普文社 白

元賣所 博學書館 銅峴 中央書館 廣학書舖
大東書市 匯東書館 古今書海館 博文書館
新舊書林 安峴書館

家庭雜誌

每月五日發行一冊五十頁定價金十錢一年先金
九十六錢地方一年先金郵稅幷一圜
本雜誌ᄂᆞᆫ純國文으로發行ᄒᆞ야家庭敎育界에大
光明을放하옵다가財政의艱難을因ᄒᆞ야中間에
屢朔廢止ᄒᆞ엿더니이온디今에本社에서有志諸氏
의協贊을得ᄒᆞ야論說論評의各部門과滋味잇ᄂᆞᆫ
歷史叢談等을著述或蒐輯ᄒᆞ야本月五日부터續
刊發行ᄒᆞ엿사오니 僉君子ᄂᆞᆫ續々購覽ᄒᆞ시옵

발兌元 皇城布屛下金相萬廣學書舖
賣 尙洞博文書館 鐘路大東書市
發所 各有名書店
布屛下廣學書舖니家庭雜誌社 告白

●大韓醫新발明藥廣告
陸軍軍醫守鍵君實驗方劑에
陸軍軍醫張基茂君有效證明으
로消化保命丹을발明인바効能
은如左ᄒᆞ니 僉君子ᄂᆞᆫ試食望

新藥 消化保命丹

本舖 仁川港栮峴 濟生堂

●主治効能
●滯飮 ●食積 ●中暑中寒
●咳嗽 ●痲疾 ●不土不服
●氣鬱 ●吐瀉 ●船車眩暈
●食傷 ●酒醉 ●口熱
▲其他諸般運氣瘟疫萬方妙藥
발行人 仁川栮峴 濟生堂 李[illegible]鳳

代理店 京城鉢里동 共愛堂藥房
特約店 京城鐘路 慈惠藥房
同 藥峴 李信華洋藥局
同 尙洞 盧金亨醫師
同 南門外 廣濟藥院
●仁川內洞 韓昌[illegible]
同 栮峴 和平局
●開城南門內 朴圭相
同 忠橋 具聖模
●水原鍾路下 全致九藥局
●海州宗路 元李植
同 宗路 宋相李
●延安邑內 趙汝文
●江華鍾路 宋順東
同 邑西門外 高成根
●沃溝南門內 崔敏淳
●鳳山砂利院場內 박健萬
仝 任允中
仝 耶蘇敎堂內 李在泌
●黃州南門너 紅門洞 李東鎬
●平壤鐘巨里 韓儀鳳藥舖
仝 [illegible]藥舖 崔致化
仝 文[illegible]藥舖 金龍興
仝 武洞藥舖 金桂宣
仝 君殿客主 金鳳天
仝 門 朴[illegible]
●鎭南浦 金元[illegible]
●仁川邑 [illegible]四里 朴[illegible]
●群山港開 金斗鉉
●京南大門外大同藥會社
●全泥峴郵便局前 天佑堂
●三水郡仲坪場 崔勳客主內
●安岳邑上場里 濟生局 林景柱
●大邱南門內 劉遠 金成浩家
●益山港軍栗 客主 金聖佑家
●安州城內鐵井 회春 大약房
●義州南門外水口街 義和약局
此外에도現代에문明 각有名
각種靈藥이俱備ᄒᆞ

●學徒洋裝書冊
學徒運動과諸具
紙筆各種 熱圖金發賣
衣服緞綢其他雜貨도廉價放賣
ᄒᆞ오니諸君子ᄂᆞᆫ來臨ᄒᆞ심을바
라나이다
仁川港李鎭新冊肆

越南亡國史 國漢文
定價貳拾伍錢
發賣所京城廣橋高裕相書舖
仝 鍾路川朝時夏書舖
布屛下김相萬 告白

▲新刊書籍發售廣告
增補 漢文 萬國 大全 定價金七拾五錢
大韓法規類纂 洋裝 二圓五拾錢
初等倫理學敎科書 二拾錢
初等衛生學敎科書 拾五錢
國家學綱領 拾五錢
國民須知 八錢
愛國婦人傳 張志淵氏著 十五錢
發賣所 皇城布屛下 金相萬書舖

本人이日本大阪商業家와特約
ᄒᆞ고日本內地產出各種物品과
西洋各種物品及機械等物을我
大韓에輸入과委托을便利케ᄒᆞᄂᆞᆫ
事를맛ᄉᆞ오니商工業에有觀ᄒᆞ
신僉君子ᄂᆞᆫ某物이던지請求ᄒᆞ
지ᄒᆞ시거든本社로來議ᄒᆞ시오
本社에서ᄂᆞᆫ手數料슴만受ᄒᆞ
興業社本店
本店京城南大門內與學書舖
支店京城南門內水標五十一號
大戶 時務會社
仝仁港內동廣濟號

●國債報償聯合所收入廣告
●昌原港 第一回
▲城山
宋局老 리鍾伯 각五圓

朴正弼 趙義鎭 각二圓
리正辰 趙圖 五拾전
金和玉 리致三 각壹圓
리泰楷 김甲周 리하道
김性道 각壹圓 김和允
梁桂祚 김命同 각六十전
康成勳 韓明瑞 각五拾전
韓鳳順母朴氏
其間母吳召史 김光之
宋貞玉 김益根 김敬三
김應淑 박德五 各四十전
朴弓益 三十錢 白春日
金性凡 박召史 金召史
金明五 宋致先 曹性三
各二拾전 貽峰宅鄭夫人
김今俊 각二拾錢
合二十九圓六拾錢

▲西城
鄭德弼 三圓 千斗衡
趙圓 金圓善 金子建
각壹圓 김敎彦 五十전
朴圭상 四拾전 黃仁凡
정敎章 各二拾전
合八圓三拾錢

▲安城
金相奎 김相錫 김相震
김相玉 各五拾圓 尹性根
李衡宰 朴德右 朴聖根
각三圓 趙錫碩 俞啟文
각圓 李裕赫 金斗杓
各一圓 趙漢圭 朴德建
朴而守 李性和 姜相用
趙鍾權 趙兩植 朴今伯
정漢植 各一圓 具德三
八十전 韓昭萬 六十錢
朴萬伯 五拾錢 리康浩
김敎行 각四拾五錢
洪益弼 朴英秀 朴英淑
각四十전 朴英赫 趙汝心
趙元萬 趙和彦 各三十전
朴守良 金學伊 趙寬世
各貳拾전 리大春 曹致英
朴德才 朴而俊 朴君益
리贊實 朴君執 朴春滿
趙云龍 趙善五 宋文錫

朴學權 박性基 朱召史
趙文彦 趙性而 尹性則
少敬五 河順振 朴命振
김良振 各二拾전 韓仲吉
許敎允 박仁守 각拾전
鄭士圭 李贊乂 趙召史
姜云世 李允瑞 各十전
合二百三拾七圓八十錢

▲鈴房●中
김成玉 明永瑞 李仁順
각三圓 김士權 김成振
각二圓 黃瑞允 김和植
김 明秀 金光玉 崔成五
김順和 각一圓 裵春實
白好根 朴德和 김性圓
各五拾전 박永三 徐明允
各三十錢 朴鐵同 二拾전
朴致洪 金乃見 姜時和
姜기活 국瑞洪 徐而順
정贊玉 梁乃益 沈致伯
김敬一 김乃振 俞明順
姜其寬 崔三洪 禹敬用
각二十錢 吳德臣 十전
合二十四圓九十錢

▲獅山
尹殷誼 二圓 尹春誼
尹八誼 尹敬伯 尹承範
尹永瑞 崔德汝 各一圓
김應珣 姜학守 崔泰道
李臣宰 各一圓 尹致浩
김容洪 各八拾錢 尹規誼
尹宰誼 尹克誼 周외吉
崔炳基 김敬守 김成振
崔鍾範 李允伯 尹與誼
尹永商 각六十전 尹和誼
尹西奉 尹永敎 尹承翰
김行珣 리寬伯 金遠允
朴今伯 박成春 각四拾錢
周時哲 三十전 尹敎誼
尹定誼 尹保誼 尹先誼
尹永孟 尹萬守 尹永恪
李萬宰 金遠碩 金得鎬
崔鎭海 尹承文 尹承敎
각二十전 金性守 김善伊

姜浩哲 朴和俊 崔文柱
각十전
合二十七元二十전

▲卯村
沈善益 三拾圓 金尙振
十圓 周외俊 四十錢
周時武 周時仁 周時永
沈相인 박致源 각ᄉᆞ錢
박炳爵 丁億爵 尹甲誼
李虎斗 成致龍 周致福
朴時漢 周외恩 金元鎭
각二十錢 金一俊 각拾전
合四拾四圓三拾전

▲兎동
裵文奎 김彦鎭 리正奎
朴회明 各一圓 박永夏
리圭■ 박乃夏 각八十전
朴회必 六拾전 리成汝
朴相卿 朴時穆 김洛彦
박在夏 각六拾전 리滿容
리命容 리興容 各四十전
朴時允 리圭朴 朴회三
각二十전
合拾一圓八十전

▲放場동
孫和實 十二圓 朴奎和
一圓五錢 김尙彦 六拾三전
김敬玉 具益見 각四拾二錢
金敎執 洪永春 各四拾錢
鄭性彦 金明汝 정成振
周敬玉 鄭斗洪 朴召史
延道殷 각廿一전
合十六圓七十九錢

●本社廣告

〇申報價
一號代金 新貨二錢五釐
一個月前納 三十錢
三個月 九十錢
六個月 一圜七十錢
一個年 三圜四十錢
郵稅一張 新貨五厘
一個月 十三錢

發行兼編輯人英國人 裵說
發行所
南署石井洞號外牌三戶洋屋ᄂᆡ
大韓每日申報社

第六卷

大韓每日申報

第七百廿九號

月曜及慶節
歲時休刊

檀君開國四千二百四十一年
箕子元年三千三十年
大韓開國五百十七年
日本明治四十一年
淸國光緖三十四年
陰曆戊申正月大二十四日

論說

●人物의必要ᄒᆞᆫ性

人物云人物云ᄒᆞ니何如ᄒᆞ여야人物이라ᄒᆞᄂᆞᆫ고其耳가師曠又치聰ᄒᆞ며其目이離婁又치明ᄒᆞ며其擧力이金德齡갓치雄猛ᄒᆞ며其智略이姜太師갓치超出ᄒᆞ여야於是乎人物이라稱ᄒᆞᆯ가其天稟이如此ᄒᆞᆫ然後에人物이라ᄒᆞᆯ진ᄃᆡ人物二字ᄂᆞᆫ惟彼聰明有才力者幾個人의專有物을作ᄒᆞ고其天稟이此에不及ᄒᆞᄂᆞᆫ者ᄂᆞᆫ雖如何用力ᄒᆞ더ᄅᆞ도畢竟門外漢을不免ᄒᆞ리니然則儒敎에人可以爲堯舜이라云ᄒᆞᆷ과耶敎에說吏娼妓亦入天國이라云ᄒᆞᆷ과佛敎에一切衆生皆成佛이라云ᄒᆞᆫ東西聖哲의諄諄ᄒᆞᆫ論가並是欺人ᄒᆞᆫ語에不過ᄒᆞ리니其然가豈其然乎아

大抵人物되ᄂᆞᆫ者가其耳의聰ᄒᆞᆷ이不可ᄒᆞ다ᄒᆞᆷ은아니로ᄃᆡ其聰으로만人物이라稱ᄒᆞ지못ᄒᆞᆯ지며其目의明ᄒᆞᆷ이不可ᄒᆞ다ᄒᆞᆷ은아니로ᄃᆡ其明으로만人物이라稱ᄒᆞ지못ᄒᆞᆯ지며其力의雄ᄒᆞᆷ과其才의多ᄒᆞᆷ이不可ᄒᆞ다ᄒᆞᆷ은아니로ᄃᆡ其才其力으로만人物이라稱ᄒᆞ지못ᄒᆞᆯ지니試思ᄒᆞ라十室之邑에도往往記憶力이過人ᄒᆞᆫ秀才와處事敏活이過人ᄒᆞᆫ才ᄂᆞ가ᄉᆞ之ᄒᆞ건만此等人의末路를觀ᄒᆞ면國家興亡에損益도無ᄒᆞ며社會風潮에影響도無ᄒᆞ고只是累累黃葉에無名埋藏ᄒᆞᆷ而已니豈其時勢가不與ᄒᆞᆫ故인가

抑亦人物될價値가未完ᄒᆞᆫ故로다人物될價値ᄂᆞᆫ何오即一公字가是已라公益을私益보다重視ᄒᆞ며公仇를私讐보다痛憤히너여苟利於國이면所不爲란觀念과鞠躬盡瘁死而後已란貞誠과由衆生之病而吾病이란慈悲心으로勉又勉ᄒᆞ며進又進ᄒᆞᆫ진ᄃᆡ비록容貌가他人에不及ᄒᆞ며才調가他人에不踰ᄒᆞ더라도古今英雄傳記中에其姓名이發列되리니海戰界有名偉人된넬손氏가當初疲病小兒가아니며進化論開山始祖다윈氏도元來尋常ᄒᆞᆫ學徒가아닌가

只是同胞를爲ᄒᆞ며國家를爲ᄒᆞ야熱誠으로前進ᄒᆞᄂᆞᆫ者ᄂᆞᆫ人物이라故로金角干이幼時에羅土恢復으로發憤自誓ᄒᆞ고李忠武且死에此讐若滅이면雖死無恨이라ᄒᆞ얏스니此가金角干이金角干되고李忠武가李忠武된所以니라

官報

●第四千五號 隆熙二年二月廿四日

敍任及辭令

任財務署主事 小田楠吾
前書記郞 洪淳復
仝 鄭奎永
仝 三島淸吉
仝 宋定頤
仝 三井淡光
任內部臨時街路及鐵道用地調查局主事 北川紫吉 石井剛三郞 保井元次郞
任度支部主事 前委員 리台鎭
任漢城府主事 財務署主事 南賀康太郞
任財務監督局主事
任建築所主事 江頭又次郞
財務署主事 松永榮次郞
任財務監督局主事
任工業傳習所技手 김桂弘
박承儀 洪漢約
申建淳 韓德實
任財務署主事 財務監督局主事 리聖儀
仝 方荷樂
仝 和田義定
任財務署主事 崔奎弁
仝 康相滿
任財務監督局主事 財務署主事 朴承億
仝 金章鉉
仝 최壽煥
仝 며百憲
臨時財源調查局技手 金潤楫
漢城府主事 宋景옥
財務署主事 申泰儀
仝 池錫圭
稅關鑑查官補 板井八郞
依願免本官

外報

●米日戰爭準備 華盛頓電을據ᄒᆞᆫ즉華盛頓駐箚英國公使ᄂᆞᆫ라이쓰氏ᄂᆞᆫ米日戰爭이起ᄒᆞᄂᆞᆫ日에英國에셔ᄒᆞᆯ事件을豫先準備ᄒᆞ로露國ᄒᆞᆫ다ᄒᆞ며俄國公使러젠氏ᄂᆞᆫ既爲歸國ᄒᆞᆯ豫定이더니米日戰爭機가有ᄒᆞᆫ故로下回을見ᄒᆞ기爲ᄒᆞ야歸國을延期ᄒᆞ얏다ᄒᆞ며美國政府ᄂᆞᆫ比律賓과布哇及太平洋沿岸에防備工役을强ㅅ히ᄒᆞ며四面을警戒ᄒᆞ것시尋常치아니ᄒᆞ니戰爭이必有ᄒᆞᆯ줄노知ᄒᆞ깃스며日本政府ᄂᆞᆫ恒常財政이困難을다ᄒᆞ되軍에ᄂᆞᆫ七億니千萬圓軍資金을貯蓄ᄒᆞᆫ것은何時던지開戰ᄒᆞᄂᆞᆫ日에軍用ᄒᆞᆯ것을預備ᄒᆞ얏다더라

●四千磅義捐 路透電을據ᄒᆞᆫ즉葡萄牙國리스본市의商業家及小賣商等이先帝를弑ᄒᆞᆫ者의家族에게對ᄒᆞ야四千磅의義捐金을贈ᄒᆞ엿더라

●露領宣告 英領古倫布비로리야來電을據ᄒᆞᆫ즉先日에拘留된日本人五百弗罰金을徵納ᄒᆞ던지不然이면此에相當ᄒᆞᆫ禁錮에處ᄒᆞᆯ旨로宣告ᄒᆞ엿ᄂᆞᆫ데若此國을過去ᄒᆞ면放免ᄒᆞᆫ다ᄒᆞ엿더라

●鎭壓隊派遣 伯林電을據ᄒᆞᆫ즉阿弗利加州제니아에暴動이起ᄒᆞ엿ᄂᆞᆫ데葡萄牙에서鎭壓ᄒᆞ기爲ᄒᆞ야三百名軍隊를派遣ᄒᆞ엿다더라

雜報

●果川盛況 果川人의傳說을聞ᄒᆞᆫ즉果川郡居金東約氏가昨春에該郡分派所巡檢을任ᄒᆞ얏ᄂᆞᆫᄃᆡ巡行村間ᄒᆞ며人民을恰勤保護ᄒᆞ야ᄡᅥ安其業케ᄒᆞ더니將起分派所에事務를到達ᄒᆞᆫ즉數郡官吏與巡檢이日兵과義徒에亂甘擊ᄒᆞ야擧皆避身에民情이洶洶ᄒᆞᆯ지라金氏가不顧死生ᄒᆞ고左右交涉ᄒᆞ야來境에至ᄒᆞᆫ人民을盡力救活ᄒᆞᆫ者數百人故로一境이稱誦ᄒᆞᆫ다더라

●總會盛況 開城商業會議所에서日昨에臨時總會를內白本商都家에서開ᄒᆞ고副會頭孫鳳祥氏가升所ᄒᆞᆫ後에會務를處理ᄒᆞ얏ᄂᆞᆫ데會員이二百餘名가列坐ᄒᆞ야會議事件을處理ᄒᆞᆫ데會務은一般에分ᄒᆞ야二十錢ᄉᆡᆨ으로酌定이되얏ᄂᆞᆫ데人皆曰一分으로月捐ᄒᆞ깃다ᄒᆞ기로該郡商業上研究方針에必要ᄒᆞᆫ事件이從此確定되리라더라

●江校復興 江華郡普昌學校ᄂᆞᆫ昨年七月該郡經擾後에該校長李東暉氏ᄂᆞᆫ曖昧히離月滯囚ᄒᆞ고學徒ᄂᆞᆫ多數渙散ᄒᆞ야該況외凋殘ᄒᆞᆷ은人皆嗟惜ᄒᆞ더니數日前에李東暉씨가該郡에下去ᄒᆞ야學父兄과郡內人士를對ᄒᆞ야熱手揮淚ᄒᆞ고懇惻勸勉ᄒᆞ야破殘ᄒᆞᆫ校舍를重修ᄒᆞ고渙散ᄒᆞᆫ學徒를稍稍聚集ᄒᆞ야二月初八日에開學式을設行ᄒᆞ얏ᄂᆞᆫ데該校長의血誠을人人感激ᄒᆞ야內外國紳士百餘人이渙然新想ᄒᆞ야其子其弟를入校受業케ᄒᆞᄂᆞᆫ니가比에尤多ᄒᆞ니該校의中興狀態와前進實力은指日可期라더라

寄書

●有志寄函

嗟乎長夜昏衢에一把火獨燭ᄒᆞ며隆冬ᄉᆡ餘에一線陽春을占ᄒᆞᆫ者ᄂᆞᆫ惟吾大韓每日申報가是也라豈皇天이不遐ᄒᆞ고護祐가來ᄒᆞ샤眞伴爲里之外에歐洲俠士裵說을ᄒᆞ아ᄒᆞᆫ갈一筆을把ᄒᆞ고我韓에渡來ᄒᆞ야韓人에國權思想을鼓吹ᄒᆞ며韓人에昏迷癡疾을喚醒ᄒᆞ며韓人에新鮮空氣를吸收케ᄒᆞᄂᆞᆫ지千古歷史에可히記念ᄒᆞᆯ만ᄒᆞᆫ事이로다

所以聲名之洋溢이播於韓國ᄒᆞ야施及外邦ᄒᆞ야舟車所至와人力所通에凡有血氣者莫不稱揚而上自論說로下逮小說奇談히莫非出於忠愛物成務厚生利用之格言而發ᄒᆞ欲韓民之開發爲ᄒᆞ니其嘉惠我同胞가何啻迷津之指南矣乎아其餘京府統郡之利病과嗔怨婦之悲怨이無不畢悉ᄒᆞ며列强跑踞之惡習과飢而食枯之凶計가無不打破而逆折之辨斥之ᄒᆞ니隱然若虎豹在山之勢ᄒᆞ야令人換骨脫胎神且奇也로다

至若貴報第六百八十九號至九十二號爲國民大韓記者一覽ᄒᆞ야ᄂᆞᆫ其愛國熱腸과正正堂堂이凜乎其不可犯而慷慨說來에有若登高大呼에萬谷響應ᄒᆞ며抗衛說去에有若一夫當關에萬夫莫開之勢ᄒᆞ니於是乎讀者大叫拍案而起曰天上에寧有耳目而能辨是非者乎아

噫彼魔報之狂吠多時者이不盡虎倀之差鬼而奴隷婢膝에甘더他人之涎沫ᄒᆞ니抑不知何天落來種子오韓國이興ᄒᆞᆫ日에ᄂᆞᆫ渠獨不榮이며韓國이亡ᄒᆞᆫ日에ᄂᆞᆫ渠獨不辱乎아

奈之何欲亡之甚고雖然이나吾韓不能勝也殺而千載之下에公論이不泯則渠雖以之ᄒᆞ나事若之何오只任其自以自止而已라僕이豈其飾辭好言而欲阿附者哉아實不勝杞憂激血之至而於貴報之旨에致有與共之或可而不自外爲이라噫라此報ᄂᆞᆫ州人의裵氏主筆也라於韓에何以而住此報ᄒᆞ야因衛感에其實謗如山ᄒᆞ며受矢如的而有所不辭은抑獨何心고益其公心公評이其於人之至情ᄒᆞ며慈悲人之慘狀ᄒᆞ야事自己之困難而欲韓民之開導ᄒᆞ며事自己之貧謗而欲韓民之納關ᄒᆞ니其擧其舌이總是禿且焦矣로다

嗟夫라我同胞深房熟睡가頗舜ᄒᆞ며實力이稍壯ᄒᆞ야己墜國脈이於以挽回ᄒᆞ며己縮之民權이於以恢復ᄒᆞ야大韓二字가終不泯沒於世界上之日에ᄂᆞᆫ大韓每日申報와主筆者ᄂᆞᆫ萬歲韓國에一紀念人을作ᄒᆞᆷ이不是過言爲이라ᄒᆞ노라

雜報

●別宮修理 太皇帝陛下께셔 安동別宮으로移 御하실다는 說은 前報에 歷揭하얏거니와 該宮修理工役을 不日間始役한다더라

●義王入城 義親王殿下께옵서 歸國次로 昨日에 釜山에 到着하옵셧는데 本日下午八時에 南大門外停車場에 到着하신다더라

●證爵請議 少論四大臣趙泰壽리光佐封鑑恒氏以下三拾餘人을 今番大赦時에 罪案을 已爲蕩滌하얏거니와 復證復爵할 意로 法部에서 內閣에 請議하얏다더라

●訪問兩氏 永宣君리埈鎔씨가 再昨日에 中樞院議長徐正淳씨와 前參判徐臣輔氏를 訪問하얏다더라

●餘憾未解 總相리完用시와 宮大리允用시兄弟가 不和한 思想이 有하다는 說은 已爲報道어니와 終乃和解치 못하야 互相詰問하되 兄弟間大臣을 被任하야 何事業을 做成하얏나냐 하다더라

●員役冤聲 內閣員役에 月俸을 磨鍊한 後에 總理大臣의 手當金一千圜을 支出함으로 員役十二名의 月俸만 支給하고 其外에는 支給할 金額이 無함으로 冤聲이 有하다더라

●兩相和衷 宮相리允用시는 宮內所管驛屯土를 日人의게 貸與하기로 契約이 有하다하고 農相宋秉畯氏는 國內陳荒地를 舉하야 日人의게 讓許하얏다니 彼兩相和衷하는 手中에 韓國疆土가 更無餘地하겟즉 哀此韓人은 升天入地外에는 無處可往이라 痛哉라 彼兩人이여 韓國同胞가 於渠에 有何切怨深讐인지 하고 輿論이 紛紜하다더라

●日官云除 伊藤統監이 還任한 後에 各府部院廳과 地方에 在한 日本官吏中에 行爲不正한 人은 一一調査하야 除汰한다더라

●雲宮妓樂 永宣君리埈鎔시는 妓女數三人을 月給으로 定하고 每七曜日이면 該宮으로 招入하야 音樂會를 設行한다더라

●樂琴自娛 永宣君리埈鎔시는 近日에 琴客을 招置하고 琴調를 학習한다더라

●晝夜宴待 三昨日은 前議政리根命씨 生日인故로 宴會를 盛設하얏는데 完興君리載冕 完順君리載完 前判書閔泳韶三씨가 往參하얏고 度支大臣高永喜氏와 內部大臣任善準氏와 法部大臣趙重應氏는 夜宴에 往參하얏다더라

●不聽則去 中樞院顧問리址鎔氏의 親近한 門客某氏가 리址鎔氏의게 勸告하되 大監이 貴官을 買得하야 田庄도 廣置하고 江亭도 修理하얏스니 該亭을 放賣하야 南北村窮交貧族과 門生故吏를 救濟하면 大監의 令名이 不少하리라 한대 리址鎔氏가 不聽한지라 某氏가 리氏를 永別하고 鄕第로 下往하얏다더라

●咸守云任 今番郡守奏本을 漏聞한즉 趙俊植氏는 咸悅郡守를 被任하얏다더라

●支俸定日 각府部院廳一般官人의 月俸을 每月二十一日에 支給할 意로 度支部에서 細則을 規定하야 內閣에 請議하다더라

●鎭義方策 地方에 義擾를 鎭靜하기 爲하야 日本軍司令部에서 協議한다 함은 已爲報道하얏거니와 長谷川大將의 協論結果하얏다는 說을 漏聞한즉 近日義兵의 干連이 有하다 하야 無辜良民이 被殺하는 弊가 有하니 從今以後로는 凶器를 持하고 接戰한 外에 被捉되는 人을 地方官의게 押交하야 調査處理케 한다더라

●恨不作女將軍 前報와 如히 再昨日 宮內府勅任官과 日本人과 該府次官以下至於奏任官이 前學禮院에서 懇親會를 開催하얏는데 內藏院卿金鍾敏시가 風樂中에 一場大舞하고 坐中에 言하되 曾往及第한 兩班들은 如此히 舞치 못하리라 하고 傍若無人하더니 妓生이 獻舞後 該劍八介를 取持하고 히府次官을 向하야 日 此劍은 淸日戰場에도 試用치 못하고 露日戰場에도 用치 못하얏고 韓國에 貪官汚吏의 頭도 斬치 못한 無用劍을 自今日로 廢止한다 하고 劍을 兩手로 折하다가 手指를 傷하야 生血이 流出하미 崔시가 言하되 此血이 好血이라 하얏다더라

●何事不爲 前郡守權直相시의 公錢欠逋가 最上多數하다는 說은 世所共知인대 近日閭巷傳說을 聞한則 該시를 極力庇護하는 外國人某시가 期於無事脫免하기로 周旋中이라는 說이 有하더라

●康氏鄙悖 前廣濟院長康洪大시가 一進會에 入參하얏다는대 該會有權者에 賄札을 圖得하야 私債推尋하는 事에 注意함으로 鄙笑하는 人이 多하다더라

●洪씨請褒 忠北裁判所檢事洪爽희씨가 被任以後로 執務處理를 公平히 하야 聲譽가 載路하니 上奏褒賞하야 特爲陞級하라고 該所判事와 補佐官이 聯署하야 法部에 報告하얏다더라

●區裁請設 高敞郡에 區裁判所를 設置하라고 該郡民等이 該郡에 請願한거슬 因하야 該郡守가 法部로 報告하얏는데 該郡地圖를 粘付上送하얏다더라

●還參恩金 內部에서 前平北參書官張孝根시의 退官恩賜金을 支撥하라고 度支部로 照會하얏다더라

●餘鹿移去 景福宮內에서 飼養하든 生鹿七首中 日昨에 一首가 又爲自斃하얏는대 餘在六首는 三昨日에 昌德宮內로 移去하얏다더라

●廳隷監督 度支部에서 來三月一日부터 懇親若干人을 選置한다는대 其主意는 使令及雇聘人을 指揮監督한다더라

●畿湖景况 再昨日 畿湖興學會에서 國民演說臺에서 總會를 開하미 會員이 二三百餘人이오 傍聽이 八百餘人이라 會長리容植시가 開會大旨를 說明한 後에 總務정永澤시는 本會의 本義로 會員張燾시는 本會의 振興으로 兗宇시는 本회의 前途로 演說하고 리商在시는 一則有感으로 鄭番시는 학문와 新舊로 激切히 演說한 後에 김重煥시는 本회 實務員이 二百餘人인대 出席한 者ㅣ 無過四拾人이라고 大段論駁하엿다더라

●殴打柴商 街路上에 柴馱往來를 行警巡査가 一切嚴禁함은 人所共知어니와 再昨日下午三時量에 外相洞支派所巡査가 廣州居柴商一名을 猛打하야 面部가 重傷에 流血이 淋漓한대 該柴商이 鐘路支派所巡査의게 呼冤한즉 該巡査가 追逐하야 日中署警察署에 前往呼訴하는대 左右傍觀人들이 聚集하야 巡査에 壓迫함을 其不憤歎한다더라

●參會稀少 再昨日湖南學會에서 孤兒院에 會集演說하는대 該道니 有名한 貴本家에서는 往參한 人이 稀少하다더라

●是亦賊類 大安동김鎭赫시 家廊下人金鳳鎭이가 該主人金俱의 物을 取하다가 現露되여 北部警署에서 引致하얏다더라

●김家小火 昨日午前十時에 黃土峴居김在灝시家에서 失火하야 旋卽撲滅하엿다더라

●被酒破窓 安峴居朴永元이가 飲酒泥醉하야 安동支所琉璃窓을 打破한 事로 北部警署로 被捉되얏다더라

●被辭傷命 閔泳徽시의 妻男申挾시가 鎭川郡論室에 居生하는데 他人의 誣告를 被하야 日兵에게 無辜히 砲殺을 當하얏다더라

●行路不便 府來人의 傳說을 據한즉 恩津魯城公州等地에는 日兵이 道路에 把守하야 遞傳夫를 保護하고 來往人의 蹤跡을 一一調査訊問한다더라

●平壤消息 平壤郡을 聞來한즉 義兵과 日兵이 交戰하야 義兵幾名과 日兵二名과 馬一頭가 被殺하얏다더라

●樊하支社 南陽郡西如面前谷居洪厚시가 樊하社長朴大緖시를 往勸하고 教育이 大韓의 急先務라 節儉하야 公私立學校와 及私塾과 新舊學을 不計하고 勸告하기로 支社長을 特約하얏다더라

●大東學校 大東專門學校에서 학徒를 募集하는대 保證은 大東學會會員中으로 하고 期限은 三月二拾三日에 한다더라

●商會演說 靑年會館에서 今日下午七點鐘에 演說會를 開하고 梁起鐸氏가 國家之强力은 人民教育에 在함이란 問題로 演說한다더라

▲地方消息▼

▲濟州郡米院場市에 義兵二千餘名이 數日前부터 會集하야 大將旗를 建하고 該地附近에 義兵이라稱하고 村閭에 掠奪하던者를 一日探問捉來하야 砲殺하고 民財는 秋毫도 不犯한다하고

▲咸興警察署北靑分署警部김升演氏가 昨年十一月十九日에 北靑安坪附近에 義兵이 蜂起한 時에 野上警部와 該處에 出張하얏다가 同月二拾四日 靑磁大尉의 一行과 同行하야 厚치嶺으로 발行할 時에 突刻하야 該一行과 同行치 못한 其翌日에 靑磁大尉와 野上警部의 一行이 全滅되얏다는 說이 有하매 不勝恐怖에 罔知所措하야 服裝을 脫去하고 逃走하얏다하고

▲全羅北道龍潭分遣隊로부터 出張한 討伐隊는 十七日西北方約三里地點에 花峯附近에서 約四百餘名義兵과 衝突하얏는대 死傷은 不明하다하고

▲鳥致院으로부터 派出한 騎兵中隊以下若干은 全羅南道長城守備隊若干과 協力하야 長城西北方二里地点에서 約一百五十名義兵과 互相衝突하얏다하고

▲北靑守備隊長의 報를 據한즉 本月二十一日甲山分遣隊長은 巡査一部隊를 帶率하고 甲山東北約二里細谷에서 百二名義兵과 交鋒하얏는대 警官一名과 兵卒一名이 輕傷하얏다더라

東京電報

二十二日發

●韓駐撤兵 目下募集하는 兵千二百名은 四月上旬에 派遣할터이오 該者에 派遣한 小倉師團兵及騎兵一聯隊는 暴徒의 模樣을 보아서 五月頃에 引揚할터이라더라

▲評梅題品▼

▲閣裏分明紅白梅는 且兩百花頭上開라 愛梅題品이 各不同하야 試向枝頭寄一語하니 人情物態네알니라

▲秋後落葉純切枝에 一脉陽春滿腔로다 國力一時凋落하니 挽回拜綸白을 하야 一衰一盛循環하니 個個太極生生理라 네일흠은 君子梅

▲紫薇氣色滿樹하니 花夢深深香倒로다 時局安危不顧하고 前歡樂自若하니 灼灼早花先繁하니 十日紅이 어렵도다 네일흠은 富貴梅

▲不待東風先發하니 百卉中에 超出이라 時局拳拳奪非齡하니 警世才器傲握로다 世人物傷覺하니 樹下賣酒十千린고 네일흠은 英雄梅

▲百般嬌態向人笑하니 暗香浮動月下로다 外人의게 納諂하야 賣國奴를 自作하니 流臭萬年不顧하고 一時榮辱貪하니 네일흠은 小人梅

▲離拔花心已衰하니 故向東風恣殺로다 一生國恩不顧하고 局外傍觀袖手하니 南何時後何時오 倒地殘葉無聲이라 네일흠은 澤相梅

▲氷玉貞姿特秀하니 花下籬邊不動이라 澄淸八域平生志는 能令一林扶九鼎이라 不與梅爭春色하니 亭亭高標生輝로다 네일흠은 國士梅

▲花未開尺未開러니 來頭氣像조흠시고 星羅碁置학校도 國家基礎鞏固로다 新精神을 喚起하니 滿枝濃珠琢磨하다 네일흠은 少年梅

▲滿天風雪不畏하고 疎影橫斜水淸淺이라 烏雀丹忠炳日星하니 白刃可蹈火可蹈라 鼓向東皇屈膝하니 春外春色獨擅이라 네일흠은 義士梅

▲淡粧素服枝頭來하니 娟姸佳態態悲호다 淸歌妙舞賽席於는 자大官이 魂을일코 晝夜戲遊忘返하야 不覺翠羽啁啾하니 네일흠은 美人梅

社告

各地方僉員이本社에投書와寄書가逐日답지ᄒᆞᄂᆞᆫ대居住姓名이昭詳ᄒᆞ고事實이綜核ᄒᆞᆫ者ᄂᆞᆫ卽爲揭載어니와姓名도不載ᄒᆞ고事實이模糊ᄒᆞᆫ者ᄂᆞᆫ因而置之ᄒᆞᄂᆞᆫ대催促이又至ᄒᆞ니事甚訝惑이라從今以後로ᄂᆞᆫ投書와寄書를ᄒᆞ시ᄂᆞᆫ人은居住統戶數와姓名을詳錄ᄒᆞ시되若又含糊ᄒᆞ오면並爲勿施ᄒᆞ옵거시니照亮ᄒᆞᆷ

○無信錄

從兄爲結數年貰未收餘一一覺查弟侄予未納貰處報告說要君者數次等處面尾聊勢不得已於本紙揭以警其餘後來報告欲職員姓名僉計

永興郡南山동書舖梁昌俶시와信川邑大里丁一善시와湖州郡南門거朱伯英시ᄂᆞᆫ本支社員으로認定ᄒᆞ오니右三處附近에서ᄂᆞᆫ右兩시의게本報를請求ᄒᆞ시옴

雜報

●非宗伊私 本月二拾三日本報中閔氏悖孫이란題下에記載ᄒᆞᆫ事實은更聞ᄒᆞᆫ즉閔丹巖山所局內之外에閔泳璘氏의五代祖山所局內가纔有定界ᄒᆞ고數百年각其守護인ᄃᆡ趙氏가該山宗孫인故로放賣ᄒᆞᆫ事이오閔丹巖山所松楸를暗賣ᄒᆞ얏다ᄂᆞᆫ事ᄂᆞᆫ傳之者誤라더라

廣告

本店에셔洋服附屬品과徒應用物其他에外洋雜貨及各色卷烟草石油를廉價발賣ᄒᆞ오니諸君子ᄂᆞᆫ陸續購用ᄒᆞ심을切望

中部大寺동亭新店 告白

本人의草家六間半板劵을前年에休紙中셔失故廣告事

中署寬仁坊大寺동契十三統八戶 김興得 白

鎭南浦僑寓居韓淼쒀張漢模씨ᄂᆞᆫ年近九拾의本來德行이有ᄒᆞᆷ을世所共知이온바本人이乙巳年分에價用壹千兩을于今不報러니至於昨秋ᄒᆞ야該씨所言에非汝心不良而于今不報라流來債多而眷屬이亦多故로尙今未報則負債者之心事有安舒之時耶予自衷幾拾人相從之地에每有活人之心이니債標ᄂᆞᆫ交周湯滅ᄒᆞ고更히幾千兩을輕遞으로再次債給ᄒᆞ더인즉勤買生計ᄒᆞ야眷屬을生活ᄒᆞ오니本人之心이死後結草라도如是惠澤을何可盡報乎아不勝感謝ᄒᆞ와玆以廣布ᄒᆞᆷ

信川東部리其術 告白

平壤秋鬱奚面懇新學校 白

本郡守白樂均氏淸白爲政愛民如子周行村里設立學校熱心勸告寬處坊曲學校蔚興萬口成碑鄕學務員정在明等諸씨協力贊成大期발達如是廣告

敬啓者設校興학이當時急務라ᄒᆞ야國內有志紳士의趣旨書가每日揭布於新聞紙面ᄒᆞ야使人으로驚心悅目케ᄒᆞ얏슨즉本학校ᄂᆞᆫ不敢措辭만이올기贊成員의捐助ᄒᆞ신金額과학校의進就狀況을左開廣告ᄒᆞᆷ

左開

贊成諸員의義捐金으로本港僑兩洞에日人의建築ᄒᆞᆫ校舍二座를 千五百圓에買得ᄒᆞ야隆熙一年一月四日에開校式을擧行ᄒᆞ고敎師鄭元杰尹建善兩氏를延聘ᄒᆞ야敎授ᄒᆞᄂᆞᆫ더生徒가九拾餘員에達ᄒᆞᆷ

贊成員氏名과金額

紳商會社鄭朔 金拾圓

信發社	仝五拾圓
公信社	仝貳拾圓
埠頭契	仝壹百圓
閉徵契	仝貳拾圓
韓在鎬	仝壹百五拾圓
元容德	仝壹百五拾圓
金永權	仝壹百五拾圓
金柄珣	仝壹百五拾圓
楊命植	仝壹百圓
리孝健	仝壹百圓
리承祚	仝壹百圓
김錫根	仝七拾五圓
리昇叢	仝七拾圓 現寓定州
林黯敦	仝五拾圓
韓承周	仝五拾圓
朱啓一	仝五拾圓
張世琳	仝四拾圓
崔大竣	仝三拾圓
김麗水	仝三拾圓
김道曾	仝三拾圓
리在杰	仝三十圓
김炳淵	仝三拾圓
朴萬化	仝三拾圓
리培根	仝貳拾五圓
具文卿	仝貳拾圓
리秀榮	仝貳拾圓
崔應根	仝貳拾圓
韓宗奎	仝貳拾圓
鄭益洪	仝貳拾圓
同夫人金氏	仝貳拾圓
鄭馨出	仝貳拾圓
韓孝源	仝貳拾圓
김洛行	仝貳拾圓
洪元植	仝貳拾圓
김鴻淳	仝貳拾圓
김止民	仝貳拾圓
김貞洙	仝貳拾圓
리容璉	仝貳拾圓
김容文	仝貳拾圓
김相燦	仝貳拾圓
同夫人韓氏	仝拾圓
김忠岡	仝拾五圓
全덕夔	仝拾五圓

未完

正三品리乘鎭字를以淑字로改定ᄒᆞ오니知悉ᄒᆞ압 照亮ᄒᆞᆷ

리乘淑 告白

●美國桑港韓人共立新報社 義捐金募集廣告 續

金演夏	壹圓
郭應根	壹圓
徐基晃	壹圓
洪鍾璟	壹圓
趙喆회	壹圓

未完

▲特別廣告

本社에셔名啣印刷部를設ᄒᆞ고各樣活字와刷機와紙本이俱備ᄒᆞ오며印刷가精美ᄒᆞ고價値도低廉ᄒᆞ오니紳士와夫人의게ᄂᆞᆫ一層低廉ᄒᆞ오니僉位ᄂᆞᆫ來臨ᄒᆞ시와隨意請求ᄒᆞᆷ

大韓每日申報社 告白

本事務所에셔第一出張所의位置와事務員을如左히定ᄒᆞ고平安南北道所管民事代理刑事辯護一切法律事務處理ᄒᆞᆷ

漢城許可聯合法律事務所

辯護士 尹邦鉉

辯護士 太明시

辯護士 李容相 白告

第一出張所

位置 平壤郡隆德部一里大貫洞一統一戶

事務員 崔觀洙

事務員 洪鶴奎

●廣告

本書館에셔文明을輸進ᄒᆞ고民智를廣開ᄒᆞ기爲ᄒᆞ야今에內外圖書와書籍과各種敎科書類를購買ᄒᆞ오니來臨ᄒᆞ시와 僉君子ᄂᆞᆫ陸續購覽ᄒᆞ심을務望

最新書籍發售目錄

◉東西洋歷史	各種	◉財政學	各種
◉東西洋地誌	各種	◉博物學	各種
◉政治學	各種	◉物理學	各種
◉法律學	各種	◉衛生學	各種
◉經濟學	各種	◉地文學	各種
◉筭術書	各種	◉讀本	各種
◉內外國地圖	各種	◉法帖	各種
◉修身書	各種	◉學校用品	各種

此外에도各種書籍이具備ᄒᆞ옵고書籍及名片도印刷ᄒᆞ옵ᄂᆞᆫ더與他廉價ᄒᆞ게放賣ᄒᆞᆫ깃ᄉᆞ외다

京城南署銅峴(구리개)

學部認可 博學書館 告白

◉學員募集廣告

本校의入學期가在邇ᄒᆞᆫ지라學員을募集ᄒᆞ기로廣告ᄒᆞ오니有志ᄒᆞ신僉員은本三月二日(陰正月三十日)內로來校入學ᄒᆞ시옴

◉入學試驗科目 作文(國漢文) 讀書 算術(四則以內)

◉入學年齡 十六歲以上

◉修業年限 三個年

●學科 文學 作文 習字 (日英語學) 數學 算術 地誌(內外) 歷史(內外) 理化學 博物學 法制 經濟學 簿記 財政學 圖畫學

漢城中署寺洞

私立興化學校

◉大韓國新發明神藥

◉修皮靈丹 各種食滯中暑久滯口臭痰飮吐瀉定價一貼十錢

◉至寶丸 治諸積滯痰不拘久遠俱有偉效定價金十錢

◉靈效液 外用方書治疥瘡皮風百發百中定價金三拾錢

◉淸眼水 治諸般眼疾有撥雲見天之妙定價金拾錢

◉通淋丸 治男女諸般淋疾神效無雙速效除毒一週金五十錢

此外에또東西洋各國有名賣藥과藥料去根藥과開風藥疾藥水각種料藥品俱比廉價發賣

漢城中署銅峴路十五統二十二戶地

製劑발賣所 共愛堂藥房 告白

監督발行人 前醫官文洪植 趙基茂 朴容南 謹白

支店 開城南門內 共愛堂開城支舖 梁瀾瀁

代理店 西署新門外石橋普濟院藥房 李濂英 仁川海關濟生堂 韓庚鳳

國內各地藥房에셔도발賣ᄒᆞᄂᆞ이다

朴晶東氏演述

●義大利獨立史 正價金五拾錢

●經濟原論 正價金三拾五錢

●國際公法志 正價金四拾錢

●文新撰家庭學 正價金三拾錢

國家의文明은敎育이根本이오敎育의基礎ᄂᆞᆫ家政이始也라故로家政學을純國文으로新撰ᄒᆞ야婦人社會와勞動社會와學校敎科에지需用ᄒᆞᆯ에便易케ᄒᆞ와사오니有志僉君子ᄂᆞᆫ陸續購覽ᄒᆞ심을務望

발行人 金쵀均 告白

發賣所

▲大廣橋 匯東書館 ▲鍾路 大東書市

▲洞口 中央書館 ▲布屛下 廣學書舖

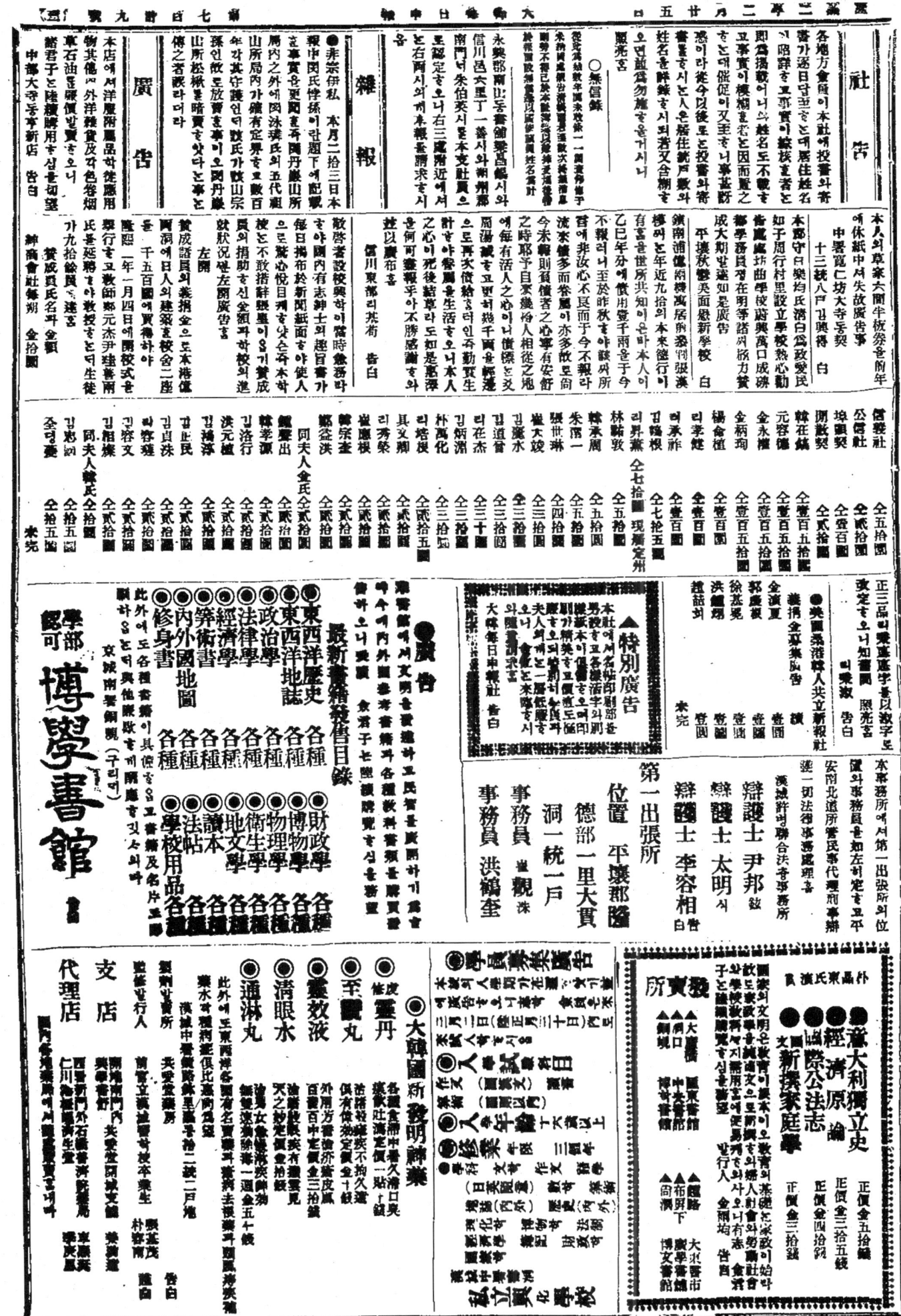

▲銅峴 博文書館 ▲尙洞 博文書館

新編 銀行簿記學

全一冊定價 六十五전

任璟宰編述

本書ᄂᆞᆫ 一般外國諸大家의 著述을 簿記學中最近ᄒᆞᆫ 학理와 最新ᄒᆞᆫ 形式을 精細蒐輯ᄒᆞ야 國漢文으로 譯ᄒᆞ야 便易ᄒᆞ게 編述ᄒᆞᆫ者니 一次修習ᄒᆞ면 銀行의 整理方法과 業務의 處理順序가 瞭如指掌ᄒᆞ야 實로 實業家의 一大顧問이라 諸銀行家와 商業家ᄂᆞᆫ 不可不案頭에 一冊을 備置ᄒᆞᆯ者ㅣ니 陸續購覽ᄒᆞ심을 務望

一발賣元 中署布屛下三拾七統六戶 廣學書舖金相萬

分賣所 동口越邊中央書舖 大廣橋匯東書館 鍾路大東書市 同古今書海館 南門內博文書館 南門外新舊書林 銅峴博學書館

新撰 算術通義 上

唐宣洪鍾旭君編撰 二百三十八頁 定價 七拾五錢

此書ᄂᆞᆫ 四則으로붓터 名數々지 編成ᄒᆞ얏ᄂᆞᆫ디 其眞理를 破綻ᄒᆞ고 解式을 明載ᄒᆞ며 且我國度量衡及貨幣로 各國度量及貨幣를 換算ᄒᆞ고 玆題를 作ᄒᆞ며 經度와 時差로 各國地方時와 解得ᄒᆞᄂᆞᆫ 方法을 揭ᄒᆞᆷ이 尤極昭詳ᄒᆞ니 一般教育界上에 大光彩를 발輝ᄒᆞᆯ 不啻라 ᄒᆞ며 簿記家及研究者의 案頭에 可히 備置ᄒᆞᆯ 惟一ᄒᆞᆫ 眞寶ㅣ라　普文社 白

元賣所 博學書館 銅峴 中央書舖 廣학書舖 大東書市 匯東書館 古今書海館 博文書館 新舊書林 安峴書館

家庭雜誌

本雜誌ᄂᆞᆫ 純國文으로 發行ᄒᆞ와 家庭教育界에 大光明을 放ᄒᆞ옵다가 財政의 艱窘을 因ᄒᆞ야 中間에 廢刊ᄒᆞ얏더니 今에 本社에서 有志諸氏의 協贊을 得ᄒᆞ야 論說論評과 各部門과 滋味잇ᄂᆞᆫ 歷史談叢等을 著述或蒐輯ᄒᆞ야 本月五日부터 續刊發行ᄒᆞ엿사오니 僉君子ᄂᆞᆫ 陸續購覽ᄒᆞ시옵

每月五日發行 一冊五十頁 定價金十錢 一年先金九十六錢 地方一年先金郵稅幷一圜

발兌元 皇城布屛下金相萬廣學書舖

發賣所 鍮洞博文書館 鍾路大東書市 各有名書店

布屛下廣學書舖내 家庭雜誌社 告白

●大韓國[illegible]廣告 陸[illegible]張基茂[illegible] 로消化保命丹을 발明ᄒᆞ야[illegible] 은如左ᄒᆞ니 僉君子ᄂᆞᆫ 惠試ᄒᆞ심을 望

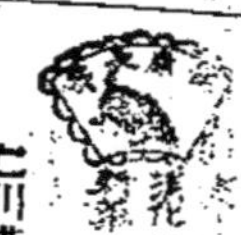

濟生堂 新發明 保命丹

本舖 仁川港杻峴 濟生堂

●主治效能 ●痰飲 ●食滯 ●中暑中寒 ●咳嗽 ●腹痛 ●不土不服 ●氣鬱 ●吐瀉 ●船車眩暈 ●食傷 ●酒醉 ●口熱

▲其他諸般運氣와 預防에 妙藥

발行人 仁川港杻峴 濟生堂 李[illegible]鳳

代理店 京城鍾路 共愛堂藥房
特約店 京城鍾路 慈惠藥房
同 梨峴 李信華洋藥局
同 銅洞 盧益亨冊사
同 南門外 [illegible]濟藥院
仁川 內洞 韓禹根
同 杻峴 和平局
同 [illegible] 朴圭恒
開城 南門內 具聖模
同 忠橋 金[illegible]九藥局
●水原 鍾路 元泰植
●海州 宗路 宋[illegible]孝
同 宗路 邊汝文
●延安 邑內 宋順東
●江華 鍾路 高成根
同 西門外 崔敬淳
●長湍 南門內 박健昌
●鳳山 砂利院 任允中
仝 耶蘇教堂內 李在[illegible]
仝 [illegible] 李東赫
●黃州 南門내 紅門洞 韓鳳儀藥舖
●平壤 鍾[illegible]里 崔龍化
仝 文武洞 藥舖 金龍興
仝 複溶殿 藥舖 金[illegible]宣
仝 [illegible]客主 朴[illegible]天
仝 [illegible] 金元[illegible]藥舖
仝 [illegible] 朴[illegible]俊
●鎭南浦 築洞 金斗鉉
●信川邑 닉四里 大同運輸會社
●群山港 開[illegible]洞 天佑堂
●京畿 大門外 郵便局前 崔勳客主內
●全泥峴 郵便局 濟生局林景柱
●三水郡 仲坪 [illegible]洛[illegible]
●安岳邑 上場里 김成洛[illegible]
●大邱 南門內 廣[illegible] 大[illegible]房
●釜山港 草梁 客主김[illegible]佑[illegible]
●安州城內 裵井동回春大약房
●義州 南門外 水口街 義和약局
此外에도 現代에 문明각國 有名
각種藥을 이 俱備ᄒᆞᆷ

學徒洋裝冊 [illegible]學徒紙筆과 諸般[illegible] 新舊書籍[illegible] 衣類[illegible] 廉價放賣ᄒᆞ오니 諸君子ᄂᆞᆫ 來臨ᄒᆞ심을 望ᄒᆞᆷ

仁川港杻峴[illegible]

越南亡國史 國漢文 定價貳拾伍錢

發賣所 京城大廣橋高裕相書舖 黃海道載寧郡[illegible]書舖

布屛下 김相萬 告백

▲新刊書籍發售廣告

增補 新編大全 國漢文 定價金七拾五錢

大韓法規類纂 洋裝 三圜五拾錢 郵稅四拾錢

初等倫理學教科書 二拾錢

初等衛生學教科書 拾五錢

國家學綱領 拾五錢

國民須知 八錢

愛國婦人傳 張志淵氏著 十五錢

發賣所 皇城布屛下 金相萬書舖

本人이 日本大阪商業家와 特約ᄒᆞ고 日本內地産出各種物品과 西洋各種物品及機械等物을 或大韓에 輸入ᄒᆞ며 委托을 便利케 施ᄒᆞ오니 商工業에 有意ᄒᆞ신 僉君子ᄂᆞᆫ 某物이던지 請求ᄒᆞ시거던 本社로 來議ᄒᆞ시오 本社에서ᄂᆞᆫ 手數料만 受領ᄒᆞᆷ

興業社本店 漢城南大門內 興學書舖

支店 京城南門內 水橋五十一號 大戶 增榮商社

仝仁港內 ᄯᅩᆼ廣濟號

●國債報償組合所收入廣告

●元山港 第一回

▲新甘

張子益 六圜卅八전 高達見 각四拾전

二圜 白允明 白文瑞
高達老 張致凡 각一圜卅전
金應五 白致珣 白瑛瑞
각一圜 林[illegible]元 車[illegible]益
高子春 徐和明 徐守安
石尙見 각八拾전 池汝寬
池元伯 朴[illegible]見 李和瑞
李允玉 金成汝 尹其凡
尹其五 各六十전 高錫瑞
金幸老 池成直 池益順
池順仲 朴允五 朴允益
朴能春 金應直 金守凡
朴善若 金道凡 金成老
金順七 김順敬 김應玉
金在丹 金光五 李成實
具[illegible]元 具大闓 張允五
張仲乘 張[illegible]圭 張士인
金泰瑞 千慶老 朴在見
宋洪寬 白周也 文復用
최泰元 각四拾錢 金君贍
趙敬彥 千順서 金子一
林士弘 徐乃仁 李明珍
李春益 黃成益 朴德允
마尙老 김尙振 徐大瑞
宋洛瑞 朴千率 崔敬實
白永守 白益明 池君見
姜性서 徐致寬 池孔伯
池元淑 白乃明 白乃弘
김元八 車周서 張又千
朴士仲 朴應斗 池元益
김振有 최文吉 김小俊
朴順若 金子玉 林石宗
徐致益 文明贊 각廿전
合四拾六圜卅八전

▲甘泉

宋直汝七圜 白君瑞 池成極
金道俊 各三圜 宋性淑二圜
白明旭 金春益 각一圜
合二十圜

▲檜原

崔敬五 二十圜 黃明八
金應五 黃千一 盧錫瑞
각壹圜 盧致玉 七十전
金成益 金敎贊 陳德文
각四拾전 崔順瑞 金致瑞

金敬先 김致三 車德秉
姜道元 宋乃淑 姜制若
尹[illegible]必 金子玉 金敬瑞
宋乃瑞 羅局彥 尹化俊
崔明七 崔順石 金敎九
崔成七 千化得 千致順
김錫健 盧順和 盧士默
李文瑞 박尙彥 千在濬
盧其玉 崔順太 金應千
千汝玉 金其俊 김乃仁
김和允 金振益 河性順
김錫信 崔千甚 각廿錢
盧在玉 沈云瑞 朴允鳳
申石贊 張元五 李永瑞
李和允 김汝典 李啓云
李和先 김性允 김成振
徐仁彥 李其五 崔德允
李順甫 李用池 각拾전
合三拾五圜

▲設守汝玉呆益契中 拾圜

李鉉國三圜 李在性 韓龍信
각二圜 韓鳳順 田黯夏
朴鍾健 池龍珠 각一圜
合二拾一圜

▲[illegible]谷동中 二拾九圜廿전
龍湖동中 二十五圜
中里동中 二拾四圜卅전
石田동中 二十四圜拾錢
虎溪洞中 二拾一圜
龜岩동中
渥潭동中 각二拾圜
東田동中
平城洞中 十九圜廿五錢
水井동中 拾九圜
外城洞中 合五圜拾전
上谷동中 十一圜六十전
斜栗洞中
盤동洞中 각十圜
新平동中 八圜四十三전
深里洞中
明珠동中
斗尺동中 각八圜
德西동中
杏村동中 각七圜
玉南洞中 六圜
安谷洞中
松亭동中 각四圜
新溪[illegible]中
德東中 각二圜
合二百卅十四圜九十八전

▲婦人會

김人玉妻韓시
李源[illegible]母親趙시
孔道亨妻[illegible]시 각三圜
金大[illegible]母親金시
退妓鉉蘭
黃甲[illegible]母親裵시
李[illegible]吉妻金시 각二圜
김寶漢妻梁시 리仲賢妻金시
洪在甲妻리시 洪在旬妻宋시
洪在權妻金시 羅應五妻高시
최元則妻리시 최度賢妻朴시
元舜巨妻金시 辛尙圭妻黃시
鄭泰年妻姜시 孔善汝妻千시
蔡汝[illegible]祖母김시
孫汝[illegible]妻金시
李太元母親김시
李性敏妻박시 具聖傳妻黃시
姜成八처孫시 呂文益妻丁시
韓明益妻최시 洪明厚妻田시
金舜益母親金시
金舜益妻金시
韓用[illegible]母親高시
韓用信처金시 리君瑞처박시
리文京처田시 宣相衍처박시
丁仁석처呂시
[illegible]致仁母親리시
김洛見처崔시 退妓蓮花
리仁順처정시
鄭德必母親黃시
鄭학明처리시 鄭景允처鄭시
최敎五처徐시
辛尙淑母親김시
李尙淑庶母김시
辛尙淑처兪시 각一圜

發行兼編輯人 英國人 裵說
發行所 南署石井洞(外)三層洋屋 大韓每日申報社

第六卷

第七百四十七號

大韓每日申報

月曜及慶節
翌日休刊

檀君開國四千二百四十一年
箕子元年三千三十年
大韓開國五百十七年
日本明治四十一年
淸國光緖三十四年
陰曆戊申正月大二十四日庚戌

論說

●믹킨氏의預想

믹킨시가日本權力의伸長을因ᄒᆞ야憂懼之懷를不忘ᄒᆞ야報紙上에記述ᄒᆞᆫ바有ᄒᆞᆫ대同시가此問題를舊ᄒᆞ야尤確히說明ᄒᆞ얏도다日本之下에英國이란題目으로一篇論述이有ᄒᆞ니此ᄂᆞᆫ日本이淸國四萬萬人陸軍의協力으로英國을勝服ᄒᆞᆷ을노假定ᄒᆞᆫ거시라其言이如左ᄒᆞ도다

後日此機를當ᄒᆞᆫ時에我情形을籌畫ᄒᆞ노니若濠太利洲가日本領有에在ᄒᆞ며印度가大陸怕儺의夢想을依ᄒᆞ야獨立을成ᄒᆞ고日本이我를勝服ᄒᆞ야英國을治轄ᄒᆞᆫ境遇면何事가將至耶아

撥君主가王位에或存ᄒᆞᆯ지나嚴密ᄒᆞᆫ守衛ᄂᆞᆫ不免ᄒᆞᆯ지니宮內에監察ᄒᆞᄂᆞᆫ日人의認許及檢視外에ᄂᆞᆫ何人이던지不得接見ᄒᆞᆯ지며觀察者의認許를不有ᄒᆞ고ᄂᆞᆫ入國을不得ᄒᆞᆯ거시며我國太子ᄂᆞᆫ敎育을爲ᄒᆞ야日本에移去ᄒᆞᆯ지며鐵路停車場에賣票ᄒᆞᄂᆞᆫ日人들은吾人의行先地를日語로指名ᄒᆞ라要請ᄒᆞᆯ디로다本人의此言을妄言이라ᄒᆞ거나或衛之ᄒᆞᆯ터이나日人이方今韓國에서此事를行ᄒᆞᆷ은本人이能言ᄒᆞᆯ비라何人이던지韓國에停車場에往ᄒᆞ야韓國首府之稱ᄒᆞᄂᆞᆫ語로說及ᄒᆞ고車票를欲買者ᄂᆞᆫ場外로逐出ᄒᆞᆷ을被ᄒᆞᄂᆞᆫ도다

다

日人이許多事項僞造ᄒᆞᆷ을必說ᄒᆞ더인바其第一件은烟草專賣ᄒᆞ며且新工業은此地에持來ᄒᆞ기를希望ᄒᆞᆫ터인바ᄂᆞᆫ產出은僞造物貨라ᄒᆞᄂᆞᆫ者ᄂᆞᆫ大阪에서歐洲에一賣物店이此를不祭ᄒᆞ야其中一人이犯ᄒᆞᆫ者의懲罰되기를日人法庭에試算ᄒᆞ얏더니歐洲物品을模倣僞造ᄒᆞᆷ이無疑確証되앗스되其法庭에서此를無罪로判決ᄒᆞ야放出ᄒᆞ엿도다

如右記述者믹켄씨가韓國慘狀이란新書를來月倫敦에서발刊ᄒᆞ나니此를閱ᄒᆞ미亦或有味ᄒᆞ리로다

官報

●第四千六號

隆熙二年二月廿五日

敍任及辭令

贊儀 澀谷逸次郞

叙任內部書記官

外報

●新式訓鍊許可 北京電을據ᄒᆞᆫ즉袁世凱氏ᄂᆞᆫ兩江總督으로在任ᄒᆞᆯ時에新式訓鍊을施ᄒᆞᆯ目的으로政府에經費支出을請求ᄒᆞ얏더니許可가되야度支部로出給ᄒᆞ라命令을發ᄒᆞ얏더라

●宇都宮火災 東京電을據ᄒᆞᆫ즉宇都宮鎭宮町大鳥居八家에서本月二十日午前四時十分에出火ᄒᆞ얏ᄂᆞᆫ데其時에烈風이吹ᄒᆞ야領宮町大部分及今鐵町一部분이燒燬되얏ᄂᆞᆫ딕被燒家屋이三十戶오其英保險會社損害가一千八百餘圓이오大和가一千二百圓價値라더라

●海軍預算 伯林電을據ᄒᆞᆫ즉英國本年度海軍預算은二千貳百萬磅이라더라

●英國議會 北京電을據ᄒᆞᆫ즉英國議會에서海軍再興에關ᄒᆞ야保護의權을定ᄒᆞ고각省에徵取ᄒᆞ되若干內에서異議가有ᄒᆞᆫ時ᄂᆞᆫ議會ᄒᆞ야徵稅ᄒᆞᆷ을內定이라더라

●米日戰爭 倫敦二十五日발電을據ᄒᆞᆫ즉軍事通信員으로東洋에派遣ᄒᆞᆫ著則은數三件著述ᄒᆞᆫ프레릭유마킨氏가近日東洋으로부터歸國ᄒᆞ얏ᄂᆞᆫ데日本에留ᄒᆞᆫ時에韓國軍政을硏究ᄒᆞᆫ거시잇다ᄒᆞ며韓國과日本이同盟ᄒᆞᆫ거슬大段히非論ᄒᆞ얏스며今日에桑港에사미니新聞通信員과會談ᄒᆞ야술되美國太平洋艦隊가太平洋으로回航ᄒᆞᆫ거시니時에면此ᄂᆞᆫ平和로웃가美國에對ᄒᆞ야反逆的形이되도다ᄒᆞ야도戰防ᄒᆞᆯ어시至今日本에在ᄒᆞᆫ美國人이到處에排斥을當ᄒᆞ야所在에美國人이아니며ᄒᆞ고韓國ᄂᆞᆫ境遇에至ᄒᆞ니日本의感情은可히知ᄒᆞᆯ거시며日本戰爭準備를忽然히ᄒᆞ니ᄂᆞᆫ거순日數를要ᄒᆞᆫ事實인데萬若準備가完成ᄒᆞᄂᆞᆫ日이면不時에急遽ᄒᆞᆫ手段으로美國을大攻擊ᄒᆞ리라ᄒᆞ얏다더라

●間島增兵 奉天來電을據ᄒᆞᆫ즉間島問題가日淸間에交涉이妥合지못ᄒᆞᆷ으로徐總督이更히北洋第三師團에二個大隊를間島로增派ᄒᆞ얏다더라

●日米國力 유마킨시의米日戰爭論은別項과如ᄒᆞ거니와更히시의日本體面力을調査ᄒᆞ거슬據ᄒᆞᆫ즉近來에日本이米國에對ᄒᆞ야惡感情이極度에達ᄒᆞ얏고日本은四年間에陸軍을已往보다十分之六을加ᄒᆞ며現在戰鬪艦六隻이有ᄒᆞ되六隻을新製ᄒᆞ야二隻은方今製造中이니美日戰爭問題가起ᄒᆞ기前부터軍力을擴張ᄒᆞᆫ다더라

雜報

●咸興加平陵洞私立夫夜學校序

天生男子에大略三等이니以壹身而當千萬人使倆ᄒᆞ고以一時而做千萬年事業者ᄂᆞᆫ上品男子也오以一身而當數百人使倆ᄒᆞ고以時而做數百年事業者ᄂᆞᆫ中品男子也오以一日而行一日事者ᄂᆞᆫ下品男子也오下於此則儒劣事ᄒᆞ고以一人而行半人事ᄂᆞᆫ一人이라以日而行半日事者也니無可論也로다吾儕世之士者ᄂᆞᆫ泥於迹跡ᄒᆞ며貪於糟粕ᄒᆞ야歲後來月을掛以歲時ᄒᆞ며腐敗施策을拾以紛照ᄒᆞ야夜々出丁ᄒᆞ다가百年光陰에虛老陳編ᄒᆞᄂᆞᆫ도다冬之夜長ᄒᆞ니所好讀書時節이오夏之日長ᄒᆞ니所好農務時節이어ᄂᆞᆯ云何士子가不達時宜인지民稼穡閒에況而坐ᄒᆞ야빈風七月을誦詠ᄒᆞ며禾麻菽麥을不能辨別ᄒᆞ야年登乖飢ᄒᆞ며冬暖而兒啼ᄒᆞ니又躬世之辟者ᄂᆞᆫ대稼々穡矣ᄒᆞ며穡々耘任ᄒᆞ야春之日始耕ᄒᆞ며夏之日乃耘ᄒᆞ며秋之日乃穫ᄒᆞ며冬之日愛藏ᄒᆞ며晨而行ᄒᆞ며帶月而歸ᄒᆞ니四日而休息日生餘閒日이나日出而作ᄒᆞ다가日入而息ᄒᆞ며或游戱矣오精神蕩矣而此術이效不過이어又皆數小學校의任員獻美步氏가韓國十產의木屬으로染黑色帽子를製造ᄒᆞ며學校學徒들이一齊히效則ᄒᆞ야스니各學校에서易熱이어ᄂᆞᆫ云何爲者ᄂᆞᆫ不違時宜ᄒᆞ고反以怠惰放縱으로取昵於國의ᄒᆞ며誤於左傾ᄒᆞ야來完도此帽ㅣ만需用ᄒᆞ면實上利益을可期ᄒᆞ리라고計畫界의利益이期ᄒᆞ리라고來人이稱頌ᄒᆞᆫ다라

●開伸民 開城府로流來ᄒᆞᆫ俗은巫覡의欺惑民이盛行이러니何幸剛新ᄒᆞᆫ令으로一切禁斷ᄒᆞ시ᄆᆡ人民이廢棄歸向宗敎之心이러니本郡守劉漢容씨가巫覡을爲ᄒᆞ야一萬五千을受ᄒᆞ고淫祀를默許ᄒᆞ니淫祀之風이更盛於前日이오所謂士林이不知時務之學ᄒᆞ고于嬪名臣之習이似乎大臣家門ᄒᆞ야改良之任其影響이大妨害於敎育界ᄒᆞ니新官을公選推戴ᄒᆞ야以進開明이어ᄂᆞᆯ本郡守는卒業後任時에郡科書로紹介受賂ᄒᆞ니使用賂로紹介ᄒᆞ니百端暗向明之恩德이亦稍ᄒᆞ야務을擔暗ᄒᆞ고議務者ᄂᆞᆫ往往擁歎息ᄒᆞᄂᆞᆫ現今痾 害民之惡이莫切於煙

煙館全國中最盛之人이最多食吸故로禁令이比他切嚴ᄒᆞ다니伴時猛加搜捕ᄒᆞ야煙館之廢撤이러니本郡守劉漢容氏가一自莅任之日로唯嚴禁是事ᄒᆞ야嫌吸於煙者ᄂᆞᆫ前日煙館破落등이揚臂而起ᄒᆞ야當日太守도且吸烟이온況我等이리오ᄒᆞ고招攬伴侶ᄒᆞ야爭設煙館ᄒᆞ며富家浪子와紈袴惡少를往往誘引ᄒᆞᆫ다ᄒᆞ니批難이籍籍ᄒᆞ다더라

●飾廳陳賊 漢城居김明洙ᄂᆞᆫ偕來家ᄒᆞ야新貨四百錢을帶持ᄒᆞ고危險ᄒᆞ야日前某家에서賊漢이爲ᄒᆞ야다니라

●谷山抑勒 谷山郡守午年賦稅給租를前郡守리海氏가徵收ᄒᆞ야一盡富遵시의게任置ᄒᆞ얏더니該郡租買納ᄒᆞ고逃ᄒᆞ얏스나前時稅戶치야니ᄒᆞ얏다가無氏가시가犯逋ᄒᆞᆫ條로被捉ᄒᆞ야數次獄囚ᄒᆞᆫ所로郡시에招致督促ᄒᆞ니ᄒᆞ시의困境與抑鬱을皆歎道ᄒᆞᆫ다더라

●四校復興 平壤東隅坊內趙鼎氏ᄂᆞᆫ設四崇學校를셧더니學費가窘乏ᄒᆞ야廢止ᄒᆞᆫ境遇에至ᄒᆞ야더니同郡居김恒健氏가家不贍ᄒᆞᆫ家產으로血誠이奮발ᄒᆞ야每月에錢二十兩式捐助ᄒᆞ미該郡人民이稱頌ᄒᆞ더라

●光校慈善 中和郡私立光成學校內一般任員과學徒父兄들에가京城孤兒院經費窘絀ᄒᆞᆫ데對ᄒᆞ야齊口同聲으로募集ᄒᆞᆫ金二十五圓을寄附ᄒᆞ엿다더라

●二成卒業 義州批峴面北亭私立二成學校에서去冬期에第一回卒業試驗을行ᄒᆞ엿ᄂᆞᆫ대優等에金孝信諸氏오及第에朴命欽諸氏인대但卒業禮式은夏期放學時에擧行ᄒᆞᆫ다더라

●三校新設 西部經營居某々시가北部ᄒᆞ야數三處舍廊에義塾을設立ᄒᆞ고校名은保進、光明、光興이라ᄒᆞ고熱心敎授ᄒᆞᄂᆞᆫ데再昨日에該三校學員三十二名이社稷壇에셔運動會를擧行ᄒᆞᄂᆞᆫ데順基氏가各出義捐ᄒᆞ야賞品及點心料를擔用ᄒᆞ고尹彥시ᄂᆞᆫ空冊三十一卷을一般學徒의게支給ᄒᆞ얏다더라

雜報

●移御準備 太皇帝陛下게옵서安동別宮으로移御ㅎ시면花開洞에新建築ㅎ朴齊純氏의洋屋을納上ㅎ기로內定이되얏다ㄴ說이有ㅎ더라

●訪問樞顧 承寧君李埈鎔시가再昨日上午十二時頃에中樞院顧問朴齊純씨를訪問ㅎ고數時間을談話ㅎ얏다더라

●掩耳盜鈴 法部大臣趙重應氏가贊政擬監丸山重俊氏에게命令ㅎ기를今大臣의私事出入ㅎㄴ件을각新聞에發布되니從今以後로ㄴ各大臣의保護巡査의日報를出示치말나ㅎ얏다더라

●必用親切 宮內府員役을除汰ㅎ다ㅎ은各新聞에揭布ㅎ바어니와更聞ㅎ즉職外로該府大臣의親切ㅎ人으로差出ㅎ다ㄴ대現今員役窠가不穩ㅎ다더라

●學費自擔 內閣大臣들이聰俊子弟를募集하야日本留學生으로派送하되官費生이아니라私費生으로磨鍊ㅎ야該旅費를學徒가自辦ㅎ만ㅎ者면自備ㅎ고不贍ㅎ人은自其門中으로捐補以送케ㅎ기로現今擬議中이라더라

●莫接無處 內藏院所關家屋一座가寺洞에在ㅎ대貧窮ㅎ某氏가借居하얏더니宮內府秘書官박級陽씨가該人을逐出코ㅈㅎ야日巡査를每日派送ㅎ야督迫如星火ㅎㄴ故로該人이莫接處路ㅎ야方在困難中이라더라

●洪氏請裁 閔衛植氏와洪陽周氏가徐相蘇氏로裁判을請願ㅎ되徐相蘇氏가延期不待ㅎ는故로洪陽周氏가昨日缺席裁判을請ㅎ얏다더라

●把城宴會 內部土木課技監中原貞三郞시가昨日下午六時에把城館으로該部內外高等官을請邀宴侍ㅎ얏다더라

●宮屬改稱 宮內所屬을陶汰ㅎ다ㄴ說은已揭어니와顧員과接屬에至於別監武監等을陶汰ㅎ고顧員名號를使員이라改稱ㅎ고若干만仍置ㅎ고別監武監等者도改稱ㅎ야幾人式만設置ㅎ다더라

●鑛費請撥 度支部에서因內部照會ㅎ야增方桑徒掃鑛費一萬二千圜을內閣에請議ㅎ얏다더라

●平院竣工 平理院을新建築ㅎㄴ工役은來五月頃에나竣工될預定이라더라

●兩씨感금 前警視朴喜旭김相설兩氏의恩賜금을即速支撥ㅎ라고너部에서度支部로照會ㅎ얏다더라

●郡主請暇 懷德郡主事尹榮德氏ㄴ本以該郡巡檢으로郡主事를圖得ㅎ야視務數月에郡邏事務를棄帶ㅎ야郡夫에月給을盜食ㅎ고不給이면지郡事를傳之輩便라가굽々遣失ㅎ야人民의損害가不少ㅎ다고該郡來人의傳說이有ㅎ더라

●官費請塡 日本私費留학生김회東氏가학部에請願ㅎ되光武十一年三月에以留학之意로東渡于日本ㅎ야自渡日于今에以日語硏究而意欲今年九月頃에入于早稻田大학校ㅎ야政治經濟專門학科를修業矣러니不意今番官制變更에本학生之父已爲遞任則學費를無一分人附至南觀察道署官김擊漢이가之路ㅎ야至於廢工故로玆敢仰請ㅎ오니來四月頃에待官費生之出闕一窠ㅎ야代塡則此開導本학生之修業之路也니若不如此下掬則本학生에志학을不得滋蔓ㅎ뿐더러餓死於異域則此地里孤魂과百年장恨이惟有來月相吊矣니豈不可矜乎잇가ㅎ야本학生之事情ㅎ야待其官費生出闕을야一窠代塡之地를千萬옹祝이라ㅎ얏는데留학生規程을依ㅎ야留학生監督에게經由ㅎ미爲宜이기작還이라ㅎ얏더라

●即一商會 大同會를設施ㅎ다ㄴ說은前報에揭載ㅎ얏거니와該會에서각道縣貧商을組織ㅎ다더라

●酒中風波 自昨에大東學會任員諸氏가會同ㅎ야該會專門학校任員組織會日에會장趙重應氏와某某諸任員이列坐ㅎ야학校事務를議定ㅎ際에就中二三人이大醉ㅎ야狂詩妄說노作鬧ㅎㄴ故로會장과校監이大責日此係학務公言之場이오決非辭喧之場이니即爲逐出門外ㅎ라ㅎ야當場交像이下堂ㅎ지라該會影響이大段不佳ㅎ다고批評이有ㅎ더라

●爲便監囚 警視攄監丸山重俊씨가法部에質稟ㅎ되인川港監獄署에現在ㅎ罪囚를監督ㅎ기가不便ㅎ야京城監獄署로移囚ㅎ깃다ㅎ얏다더라

●租稅濫捧 鎭南郡驛屯舍音빟가昨秋捧租時에以極大斗로取捧ㅎ미該作人等이大斗所出을問於舍音즉答ㅎ기를內藏院에서下送ㅎ斗라稱ㅎ고挾雜濫捧ㅎ事로該作人等이度支部로請願ㅎ얏다더라

●律社宜廢 國成社이니法律社이니設ㅎ該里遊子蕩客의心志를眩惑케ㅎ으로財産을耗損ㅎ者가有之ㅎ으로警視廳에서將次調査ㅎ야人民의妨害가不少ㅎ면廢止ㅎ기로決定ㅎ얏다더라

●己附隊 幾百年來로陸護軍이耕食ㅎ던蘆嶼踏員田一千二百拾日耕을龍旗軍料로附屬ㅎ얏다더니更聞ㅎ즉往拾里驛馬隊로附屬ㅎ얏다더라

●月報合刊 日本留學生諸시가親睦會를組織ㅎ야每月杪에각月報를發刊ㅎ더니自今爲始ㅎ야留학生六百人이會議ㅎ고각種月報를合ㅎ야發刊ㅎ고名稱을大韓학會々報로ㅎ기로決定ㅎ야本月봇터發刊ㅎ다더라

●仲裁手腕 開城학界上風波事로西北學會에서김明濬太明식兩人을派送ㅎ얏ㄴ데勸告和沖ㅎ計料이라더라

●送函實施 義兵將盧炳大氏가宣諭委員宋綺用氏의게送函ㅎ야質之責之ㅎ얏ㄴ데宋氏가即爲答函하얏다더라

●夜校遷明 昨年八月에全北觀察使김奎熙氏와檢事尹憲求氏와通譯官김鳳鉉氏가發起ㅎ야公立普通學校內에夜學會를設立ㅎ고靑年子弟을勸勉ㅎ야法律算術日語等을敎授ㅎ는日本郡有志紳士諸氏가出義捐金ㅎ고熱心贊成하야維持校況에命名曰遷明夜학校라ㅎ고校長代辦副校長文昌錫贊成長朴來榮諸氏와法律敎師檢事尹憲求裁判所主事鄭寅穆氏算術敎師鄭春회시等이名譽로熱心校授故로학員이日日增加ㅎ야現在학員이百餘人이다進就之望이大有ㅎ라더라

●張氏仁風 南來人의傳說을聞ㅎ則鎭南浦居商務廳官居前參判張議稹氏가壬寅年分에婢子를買來ㅎ얏ㄴ데年已十二歲라使喚數年에行動이分明ㅎ지라該氏가招請婢兒ㅎ여日汝가屢年服備에行止明敏이可惜八家爲奴나汝ㅣ芳年인즉不過幾年에嫁期가已迫ㅎ거시니吾家를脫ㅎ야生男ㅎ즉所生이與民也리니此是好事라ㅎ고諸會眷屬ㅎ고一一辯明後에該婢券을即燒火ㅎ얏다더라

●大東月報 大東학會月報事로編輯員리大榮와印刷員정泳朝氏가학部에請願承認ㅎ얏ㄴ데日間發行ㅎ다더라

●有司不法 開城僑庫ㄴ該郡成均館享祀財庫로昨年봇터該郡敎育總會에引繼ㅎ야학校에補用케ㅎ고節約享祀케ㅎ엿더니庫有司林翊相김翼儀兩人이無嚴弄奸하야學校에補用은尙矣라消融無餘ㅎ미학徒와志願으로開城학會에서該문簿을商業會議所에會同調査中인ㄷ林김兩人이隱避不現ㅎ야該會에서四面搜訪ㅎ되尙不出頭ㅎ으로春享釋奠은迫近ㅎ되享祀費가全無ㅎ야一鄕人士가莫不慨悚痛罵ㅎ다더라

●義將遁著 宣諭委員宋綺用氏가本月八日에淸州邑場市에到着ㅎ야人民을曉諭ㅎ後에義兵大部가該郡靑川面等地에屯據ㅎ을聞하고前往ㅎ는路에義魁趙人을遇하야辟陳利害ㅎ얏다더라

●夜校有望 咸興郡西加平陵동居有志諸씨가鄕民의愚昧ㅎ을慨歎ㅎ야農夫夜학校를設置ㅎ고校장리基演敎師리共精校監리建鎬贊成員劉惟朱在憲諸시가熱心敎授ㅎ야前進之望이頗有ㅎ다더라

●二島水賊 仁川附近永宗龍流舞衣谷에ㄴ水賊七十餘名이船二隻을分乘ㅎ고無時出沒ㅎ야水上에서掠奪ㅎ다더라

●賊漢被捉 天安郡等地에서日人賊漢二名이銃劍을각持ㅎ고村閭에橫行ㅎ야錢財와酒食을討索ㅎ다가一名은憲兵隊에被捉ㅎ얏다더라

●尙誠試驗 龍川郡尙誠學校에서隆熙正月十五日동期試驗을經ㅎ얏ㄴ데普通科優等生에白尙坤等五人이오尋常科優等生에洪奉根等諸시인데校長韓仁權시와紳士洪惠洛시가賞品을優施與ㅎ고敎師최文轍시가敎育에義務로一場演說ㅎ엿다더라

▲地方消息▼

▲二月拾五日午後七時三十分에永同郡에서日兵이義兵約七十名과交戰ㅎ다가一時間之混戰ㅎ얏는데日兵一名이負傷ㅎ얏다ㅎ고

▲十九日午後四時南原郡東北方四里地에서日兵이義兵七十名과交戰ㅎ얏ㄴ데死傷이未詳이라ㅎ고

▲竹山陰城間山中에義兵數百名以上이屯聚ㅎ엿다더라

▲百鳥會同▼

▲春服가漸舒ㅎ며百舌이奇奇ㅎ야天機를能弄ㅎ니白鶴이丞相되고一內閣을組織ㅎ야議案을提出ㅎ을재酒澈ㅎ더氣像이自由權이잇셧고나

▲鴛鴦아蹌蹌朝班더威儀ㄴ大夫重任네아닌가遍身白髮如雪晧ㅎ니仁天雨露에許엇고나江湖之憂깁헛스니一生國恩未答이라千里翹望ㅎ은눈온防禦之策일치마라

▲鳳凰아져져朝陽梧桐枝에處曹吉士네아닌가姦臣이滿朝廷ㅎ야一國政治紊亂ㅎ니是非曲直分揀ㅎ며一士야秋霜ᄀ치姦檜董卓比ㅎ야直陳之任일치마라

▲鴻鵠아千里傳家通信ㅎ니疑蹤使者네아닌가海外列強文明國에平和條約成立ㅎ야兄弟之誼깁흔盟誓獨立世界조흘시고日月所照東西洋에外交權을일치마라

▲黃鶯아出自幽谷遷于喬ㅎ니木世臣네아닌가五世相韓張子房도報國之讐會쳣도다危如一髮이國勢가焦眉之急ᄀ고나罔極天恩如海ㅎ니報國策일치마라

▲蒼鷹아飛身空中雄聲ㅎ니將軍勇力네아닌가八域江山鬱沸ㅎ야滿目風塵擾擾ㅎ니生命財産保ㅎ야呼哭聲이浪藉하다一時掃除澄淸ㅎ討伐權을일치마라

▲蝙蝠아晝伏夜行擾動ㅎ니小人情態네아닌가百方奸計弄出ㅎ야外人의게納媚ㅎ며一身功名圖得ㅎ야國家禍胎釀成ㅎ니父母國을生覺ㅎ야賣國惡名을면지마라

▲燕子야청청利口喃喃ㅎ니辯士寸舌네아닌가六國歷節遊說手段蘇秦張儀본을바다華壇上에半耳잡고世界形便能話ㅎ제從約長을ㅎ번ㅎ여縱橫術을일치마라

▲山鷄야滿身錦繡燦爛ㅎ니陽적大賈네아닌가世貨銀銅來하야全國貨源枯渴ㅎ니運輸ㅎㄴ此世界에輸入輸出增加ㅎ고金融流通經學理ㅎ야消殖權을일치마라

▲白子야渤海上에往來ㅎ니漁夫生涯네아닌가捕鯨蒜址劃定ㅎ야沿海之利益이니爲淵驅魚더水獺이銀鱗玉尺無遺ㅎ다退而結網長歎ㅎ야漁業權을일치마라

社告

各地方會員이本社에投書와寄書가逐日답至ᄒᆞᄂᆞᆫᄃᆡ居住姓名이昭詳ᄒᆞ고事實이確核ᄒᆞᆫ者ᄂᆞᆫ即爲揭載이나外姓名도不載ᄒᆞ고事實이模糊ᄒᆞᆫ者ᄂᆞᆫ因而置之ᄒᆞᄂᆞᆫ데催促이又至ᄒᆞ니事甚訝惑이라從今以後로ᄂᆞᆫ投書와寄書를ᄒᆞ시ᄂᆞᆫ人은居住統戶數와姓名을詳錄ᄒᆞ시되若又含糊ᄒᆞ오면置爲勿施ᄒᆞ올거시니照亮ᄒᆞᆷ

廣告

永興郡南山동書舖梁昌錫시와信川邑六里丁一普시와세州郡南門너朱伯英시ᄅᆞᆯ本支社員으로認定ᄒᆞ오니右三處附近에서ᄂᆞᆫ右兩시의게本報를請求ᄒᆞ시옵

本校에서本科及速成科학員을募集ᄒᆞ오니志願者ᄂᆞᆫ入학請願書에履歷書를付ᄒᆞ야提出ᄒᆞ고三月拾六日初考試所에來臨應試ᄒᆞᆯ事

一試驗科目　漢文四書　算術

本科至四則速成科至比例　作文國한문交作

日語本科ᄂᆞᆫ簡易速成科ᄂᆞᆫ熟選

二年齡十五歲로至二十五歲

三初考시驗所ᄂᆞᆫ本校及각府港普通학校

四詳細ᄂᆞᆫ二月二拾五日官報에在ᄒᆞᆷ

官立漢城師範學校

본샤에셔법국파리경셔신발명ᄒᆞᆫ활동샤진을청구ᄒᆞ와금월이십륙일브터창셜ᄒᆞ옵고또기무도신발명으로ᄆᆡ량ᄒᆞ와ᄌᆞ미가만ᄉᆞ오니강호쳠군ᄌᆞᄂᆞᆫ좌림ᄒᆞ시와완상ᄒᆞ심을경요ᄒᆞᆷ

륭희이년　이월이십륙일

새문안　협률샤　고ᄇᆡᆨ

●學員募集廣告

本學堂의開학期가在邇ᄒᆞ얏기로茲에廣告하오니願學　會員來三月二日(陰正月三拾日)內로來試入學ᄒᆞ시옴

入학年齡　拾六歲以上

修業年限　四個年

학科　聖經文학　數학　歷史

地誌　理化　博物　衛生

經濟　簿記등학

以上諸學科ᄂᆞᆫ純英文으로敎授ᄒᆞᆷ

培材學堂

本店에셔洋服附屬品학徒應用物其他각外洋雜貨及각色卷烟草石油를廉價발賣ᄒᆞ오니諸君子ᄂᆞᆫ陸續購用ᄒᆞ심을切望

中部大寺동事新店　告白

本郡守金樂均氏ᄂᆞᆫ爲政愛民如子周行村里ᄒᆞ야設立學校熱心勸告鄕廳ᄒᆞ야出捐學校ᄒᆞ고興萬口成勝鄕學務員정在明等諸씨極力贊成大期발達如是廣告

平壤秋鄕美面樂新學校　白

敎啓者設校興학이當時急務라ᄒᆞ야國內有志紳士의趣旨書가每日揭布於新聞紙面ᄒᆞ야使人으로熱心悅目케ᄒᆞᆷ은ᄉᆞᆫ즉本학校ᄂᆞᆫ不敢措辭贅論이오나贊成員의捐助ᄒᆞ신金額과학校의進就狀況을左開廣告ᄒᆞᆷ

左開

贊成諸員의義捐金으로本港僑寓洞에日人의建築ᄒᆞᆫ校舍二座를一千五百圜에買得ᄒᆞ야隆熙一年一月四日에開校式을擧行ᄒᆞ고敎師鄭元燾尹璉善兩氏를延聘ᄒᆞ야敎授ᄒᆞᄂᆞᆫᄃᆡ生徒가九拾餘員에達ᄒᆞᆷ

贊成員氏名과金額　續

裵敎鎬　金拾圜　現居安岳

吳時鉉　全拾圜

玄慶燮　全拾圜

金永燦　全拾圜　現居京城

田基沃　全拾圜

리鍾夏　全拾圜

吳晦叔　全拾圜　現居宣川

金雲興　全拾圜

趙泳燦　全拾圜

리誠鎬　全拾圜

梁濟根　全拾圜

金銘龜　全拾圜

魯起元　全拾圜

리德瑞　全拾圜

朴英華　全拾圜

리鼎仁　全拾圜

羅東玉　全拾圜

리恒욱　全拾圜

俞致淑　全拾圜

宋秉基　全拾圜

金錫疇　全拾圜

정顯基　全拾圜

嚴臺源　全拾圜　現居博川

김德奎　全拾圜

리鍾섭　全拾圜

리希섭　全拾圜

白時燦　全拾圜

吳潤良　全拾圜

김錫英　全拾圜

김錫恩　全拾圜

라[illegible]甫　全五圜

박東洙　全五圜

尹敬燮　全五圜

梁鎭燮　全五圜

田仁峻　全五圜

朴秉수　全五圜

韓永喆　全五圜

柳昌燮　全五圜

盧河洪　全五圜

嚴龍善　全五圜

姜應舜　全五圜

朴國輔　全五圜

趙元和　全五圜

張[illegible]翰　全五圜

吳健用　全五圜

리在瑾　全五圜

裵尙洛　全五圜

김寶善　全五圜　現居平壤

尹　灝　全五圜

姜晩用　全五圜

林鎭洙　全五圜

（未完）

前號李沈永셕永字ᄂᆞᆫ桂字로改定ᄒᆞ오니知悉照亮ᄒᆞᆷ

沈桂燮　白

本人松橋旅舘孫永鉉處正月廿日推次三百九十八号二千五百兩於音一片路上에서失敗ᄒᆞᆫ故以此廣告ᄒᆞ며雖某拾得休紙施行ᄒᆞᆷ

鍾路里門洞雜貨商김洙永白

正三品리秉憲字ᄅᆞᆯ以淑字로改定ᄒᆞ오니知悉照亮ᄒᆞᆷ

리秉淑　告白

●美國桑港韓人共立新報社義捐金募集廣告　續

全東鎭　壹圜

申泰模　壹圜

리洛朋　三圜

리德用　壹圜

박尙浩　壹圜

（未完）

本事務所에셔第一出張所의位置와事務員을如左히定ᄒᆞ고平安南北道所管民事代理刑事辯護一切法律事務ᄅᆞᆯ處理ᄒᆞᆷ

漢城許可聯合法律事務所

辯護士　尹邦鉉

辯護士　太明식

辯護士　李容相　告

第一出張所

位置　平壤郡隆德部一里大貫洞一統一戶

事務員　崔觀洙

事務員　洪鶴奎

序　張志淵先生

述　崔在學先生

校正　朴晶東先生

簡明物理敎科書

此書ᄂᆞᆫ初等小學의敎科書인ᄃᆡ小學校園의自然과工業等製造物研究에도簡明易解ᄒᆞ믈取ᄒᆞ야編述ᄒᆞ

發行所　北署[illegible]　安國書館　[illegible]

發賣所　京城　各有名書館

平壤法[illegible]　大同書館

[illegible]　告白

(大韓國新發明神藥)

◎皮膚靈丹　各種食滯中暑久滯口爽痰飮吐瀉定價一貼[illegible]錢

◎至寶丸　治腸胃[illegible]不拘久遠俱有偉效定價金[illegible]錢

◎靈效液　外用方書治所瘡皮風百發百中定價金三拾錢

◎淸眼水　治諸般眼疾有[illegible]見天之妙定價金[illegible]錢

◎通淋丸　治男女急慢淋疾神效無雙速效除毒　定價金[illegible]錢

此外에도東西洋各國有名賣藥과諸病去根藥과西國發明藥水각種病症俱比[illegible]

漢城中署鍾路鉢里[illegible]拾二統一戶地

製藥발賣所　共愛堂藥房　告白

監督발行人　前官立漢城醫學校卒業生　張基茂　朴容南　謹白

支店　開城南門內　共愛堂開城支舖　[illegible]

與學書舖

西署新門外石橋濟衆院藥局　車[illegible]

代理店　仁川[illegible]濟生堂　李[illegible]

國內各地藥房에셔隨意販賣ᄒᆞᆸᄂᆡ다

朴晶東氏演譯

●意大利獨立史　正價金五拾錢

●經濟原論　正價金三拾五錢

●國際公法志　正價金四拾錢

●國文新撰家庭學　正價金三拾錢

國家의文明은敎育이根本이오敎育의基礎ᄂᆞᆫ家政이始ᄒᆞ야敎ᄂᆞᆫ家政學을編述ᄒᆞᆫ新撰으로新撰ᄒᆞ와婦人社會와勞動社會와學校敎科서지需用ᄒᆞᆷ에便易케ᄒᆞ와사오니有志君子ᄂᆞᆫ購覽ᄒᆞ심을務望

發行人　金[illegible]均　告白

發賣所

▲大廣橋　匯東書館

▲[illegible]口　中央書舖

▲銅峴　博學書舖

▲鍾路　大東書市

▲布屛下　廣學書舖

▲銅峴　博文書館

新編 銀行簿記學

任璟宰編述 全一冊 定價 六十五전

本書는 一般外國諸大家의 著述호 簿記學中 最近호 學理와 最新호 形式을 精細蒐輯호야 國漢文으로 解得키 便易하게 述혼 者니 一次修習호면 帳簿의 整理方法과 業務의 處理順序가 瞭如指掌호야 實業家의 一大顧問이라 諸銀行家와 商業家는 不可不 案頭에 一冊을 備置홀 者니 陸續購覽호심을 務望

發賣元 中署布屛下 三十七統六戶 廣學書舖 金相萬

分賣所 동口越邊 中央書館 大廣橋 匯東書館 鍾路 大東書市 同 古今書海館 南門內 博文書館 南門外 新舊書林 銅峴 博學書館

新撰 算術通義 上

唐城 洪鍾旭君 編譯 二百三十八頁 定價 七拾五錢

此書는 西洲의 五十餘名數學書를 採取編成호얏스며 其眞理를 破綻호고 解式을 明瞭케 호며 且 我國度量衡及貨幣와 各國度量及貨幣를 換算호고 又其表例를 作호고 經度와 時差로 各國地方時의 解得호는 方法을 揭호야 尤極昭詳호니 一般教育界上에 大光彩를 발輝홀 뿐不啻라 학問家 簿記家 及 研究者의 案頭에 可히 備置홀 惟一호 寶ㅣ라

元賣所 普文社 白

博學書館 銅峴 中央書館 廣學書舖 大東書市 匯東書館 古今書海館 博文書館 新舊書林 安峴書館

家庭雜誌

每月五日發行 一冊五十頁 定價金十錢 一年先金 九十六錢 地方一年先金郵稅幷一圜

本雜誌는 純國文으로 發行호와 家庭教育界에 大光明을 放하옵다가 財政의 艱窘을 因호야 中間에 廢刊停止호엿더바 이온더 今에 本社에서 有志諸氏의 協贊을 得호야 論說論評과 各部門과 滋味잇는 歷史叢談等을 著述或蒐輯호야 本月五日부터 續刊發行호엿사오니 僉君子는 續續購覽호시옵

발兌元 皇城布屛下 金相萬 廣學書舖

賣捌所 南署 博文書館 鍾路 大東書市 各有名書店

布屛下 廣學書舖니 家庭雜誌社 告白

●大韓國新발明 廣告

陸軍軍醫 全守鉉君 驗方劑와 陸軍軍醫 張基茂君 有效藥劑으로 淸心保命丹을 발明하야 效能은 如左호니 僉君子는 惠試호심을 望

本舖 仁川港 桂峴 濟生堂

●主治效能 ●痰飮 ●食積 ●中暑中寒 ●咳嗽 ●霍亂 ●不服水土 ●氣鬱 ●吐瀉 ●舟車眩暈 ●食傷 ●酒醉 ●口熱 ▲其他諸般 速氣 厲疫 須方妙藥

발行人 仁川港 桂峴 濟生堂 李□□

代理店 京城 鍾路 共愛堂藥房
特約店 京城 鍾峴 李□ 慈惠藥房
同 尙洞 信昌 洋藥局
同 南門外 盧益亨 冊사
同 南門外 廣濟 藥院
●仁川 內洞 韓□根
同 柚峴 和平局
開城 南門內 朴圭祖
同 忠穆 吳聖模
水原 鐘路 全□ 九藥局
海州 宗路 元□植
同 宗路 朱□孝
延安 邑內 趙汝文
江華 邑 鐘路 宋順東
同 邑 西門外 高成根
長湍 南門內 崔□淳
咸山 砂利院 場內 박健昌
全 任允中
全 李在□
黃州 南門 耶蘇教堂內 李東□
平壤 雙巨里 紅門洞 韓藥舖 儀龍化
全 文武洞 藥舖 崔□興
全 君客 藥舖 金□宣
全 殿客 藥舖 桂□天
全 檀客 藥舖 金□瑞
全 里門 洞 朴□□
鎭南浦 榮里 元□ 朴□俊
信川 邑 西里 金斗鉉
載寧 山港 閣洞 儀會社
京城 南大門外 大同運 天佑堂
全 泥峴 鄭便局 客主 林景柱
三水 郡 仲坪場 勸 成浩家
安岳 邑 上場里 濟生局 김重佑家
大邱 南門內 遲客主 돌곳 大약방
釜山港 草梁 客主 回春 和약局
安州 城內 轂井 義和局
義州 南門外 水口街 養和局
此外에도 現代에 문明 各 有名 藥局이 俱備호

學徒洋裝冊 學徒運動帽 及 其他 各種 新到 金錢 紋緞 其他 各種 物貨를 放賣호오니 這這 物貨를 直接 來購호심을 바라나이다

仁川港 香峴 新華 藥舖

新訂 [illegible]國史 國漢文 定價 貳拾伍錢

發賣所 京城 大廣橋 高裕相 書舖 漢城 典洞 [illegible] 時 冊舖

布屛下 김相萬 告白

▲新刊書籍發售廣告

增補 算術大全 國漢文 定價金七拾五錢

大韓法規類纂 洋裝 三圓五拾錢 郵稅四拾錢

初等倫理學教科書 二拾錢

初等衛生學教科書 拾五錢

國家學綱領 拾五錢

國民須知 八錢

愛國婦人傳 張志淵氏著 十五錢

發賣所 皇城布屛下 金相萬書舖

本人이 日本大阪所在 商家와 特約호고 日本內地產出 各種物品과 西洋各種物品及機械等物을 專賣호오니 大韓에 輸入코저 委托을 便利케 호오며 商工業에 有益호 物品을 購入코자 호시는 君子는 某物이던지 請求호시거든 本社로 來議호시요 本社에서는 手數料를 減下受領홈

興業社 本店 漢城 南大門內 興學書館

支店 京城 南門內 水標橋 五十一號

大阪 全仁德內 동 [illegible]號 共榮會社

●國債報償總合所 收入廣告

●昌原港 第十回

▲婦人會

郡邑順興觀 崔지

孫德順妻俞시 金子有妻殷시 孫澤構母親丁시 孫澤構妻김시 孫淵構妻辛시 朴日發母親梁시 沈瑞仲母親박시 각一圜 退妓翠香 八拾전 洪致益妻具시 殷琪淑妻洪시 박敎秀仝金시 金性道仝辛시 金鮎至仝金시 黃論老仝趙시 吳仲汝仝兪시 최度仲仝丁시 徐者□仝리시 李耆仝林시 최性大仝박시 金明彦仝呂시 廉致敬처盧시 崔亨州婦室朴시 朴致州처金시 金澤瑞처李시 甘致伯妻 鄭性攸妻金시 최亨贊妻康시 梁賓向母親李시 李鳳瑞妻孫시 安興楨처金시 河瑞五仝黃시 金英淳처姜시 金萬凡仝리시 丁相殷母親秋시 각六十전 박宗妻白시 五拾四전 鄭秉元仝林시 五拾錢 金成玉仝羅시 李仲賢母親李시 吳景先妻최시 金文有처洪시 陳瑞右仝리시 河聖一처金시 裵桂一처金시 李性淑母親高시 김允直妻金시 김子亨妻김시 金成八仝金시 姜性淳仝龔시 兪其彦仝河시 丁明瑞仝朴시 崔舜汝仝李시 金舜直仝盧시 妓翠香 白浩景母親金시 金而舜妻金시 崔乃進처金시 尹正道仝孫시 河俊汝처徐시 金致彦仝白시 羅寶彦처金시 김性九러李시 退妓錦波 리陽五러朴시 李正眞러宋시 孫和寶러金시 尹和允러朴시 廉春景러金시 韓接長聘母卓시 金有舜러鄭시 尹君弼러金시 崔小姐壽連 李天一러리시

黃聽八母親리시 作之母親 리周亨러박시 리子和러김시 高云明母親김사 芝斗里母親 崔永寶러金시 梁致元러李시 尹性旭母親김시 각四拾錢 鄭其贊母親羅시 三拾전 정云五러朴시 宋其玉러朴시 彭性九러宋시 宋允成처김시 朴和石母親文시 金英瑞러吳시 김泰瑞러文시 文性凡러金시 金性玉母親朴시 李正下聘母李시 최武瑞러鄭시 林士洪러成시 김聖伯러리시 兪鎭泰처親羅시 金達淳妻金시 曹性三러金시 李春一仝金시 朴周一러김시 宋克老仝김시 辛太仁러崔시 徐成五仝朴시 宋伯初러李시 鄭處有仝尹시 朴乃益러金시 成致章仝金시 黃河守러高시 千斗衡러김시 金武俊러千시 金德賢러朴시 徐性老러김시 朴贊仲러白시 金在和러鄭시 李石見러孔시 金乃京러丁시 리正石母親韓시 權致命러金시 申相元러김시 洪昌見러李시 張俊瑞러黃시 姜士玉러李시 리武山母親김시 退妓錦綾春 李致連러殷시 라致成러姜시 리萬雨러김시 金明彦母親김시 김運鎬러徐시 김成玉러朴시 徐甫彦러김시 朴和順러김시 김益稙母親宋시 김英彦러伯시 김仁成러權시 文應巻러김시 朴鎭初러김시 妓秋紅 崔俊伊처리시 召開東母親박시 松娥之母親김시 柳英彦러리시 黃吉人러朴시 김德順母親呂시

김吉見妻韓시 宋性五仝박시 최命瑞仝 姜德右仝리시 라其一仝俞시 黃文俊仝朴시 김振玉仝리시 리致云仝김시 姜昌彦仝朱시 沈敎彦仝리시 林局彦仝김시 張谷母親박시 洪致云仝鄭시 김龍卓仝吳시 秋明佳乙仝김시 趙七彦仝申시 裵性玉仝김시 方九乃仝殷시 田泰仁母親 강亨道妻김시 安子益仝정시 李敬有仝金시 김舜和仝김시 김德九仝姜시 姜仲賢仝丁시 朴小姐明伊 김小姐福順 朴小姐愛喜 김小姐瑞南 莫乃母親박시 妓花月 宋進用妻리서 朴昌浩仝沈시 김性老仝김시 洪希先仝安시 田其入仝리시 리能伯仝김시 김成愛仝리시 김致云仝崔시 김根伊母親김시 崔守益妻김시 라性淳仝黃시 김克宜仝김시 下性亥母親김시 김敎天妻리시 柳섭伊仝박시 姜亨天仝김시 吳致敬仝金시 박相玉仝강시 마德順仝趙시 김致坤仝鄭시 리昌仙母親鄭시 김尙五러김시 朴敬文仝鄭시 都致三仝鄭시 高云瑞仝鄭시 安俊彦仝처시 彭敬律仝박시 각廿錢 勁伊母親김시 김文雨러김사 김根瑞仝박시 김仁健仝김시 김甲哲母親鄭시 姜伯天러김시 각十전

合一百二十五圜三十四錢

貝商都中 卅圓七十七전

辛消賦 十圓

已上都合一千七百七十六圜二十三錢

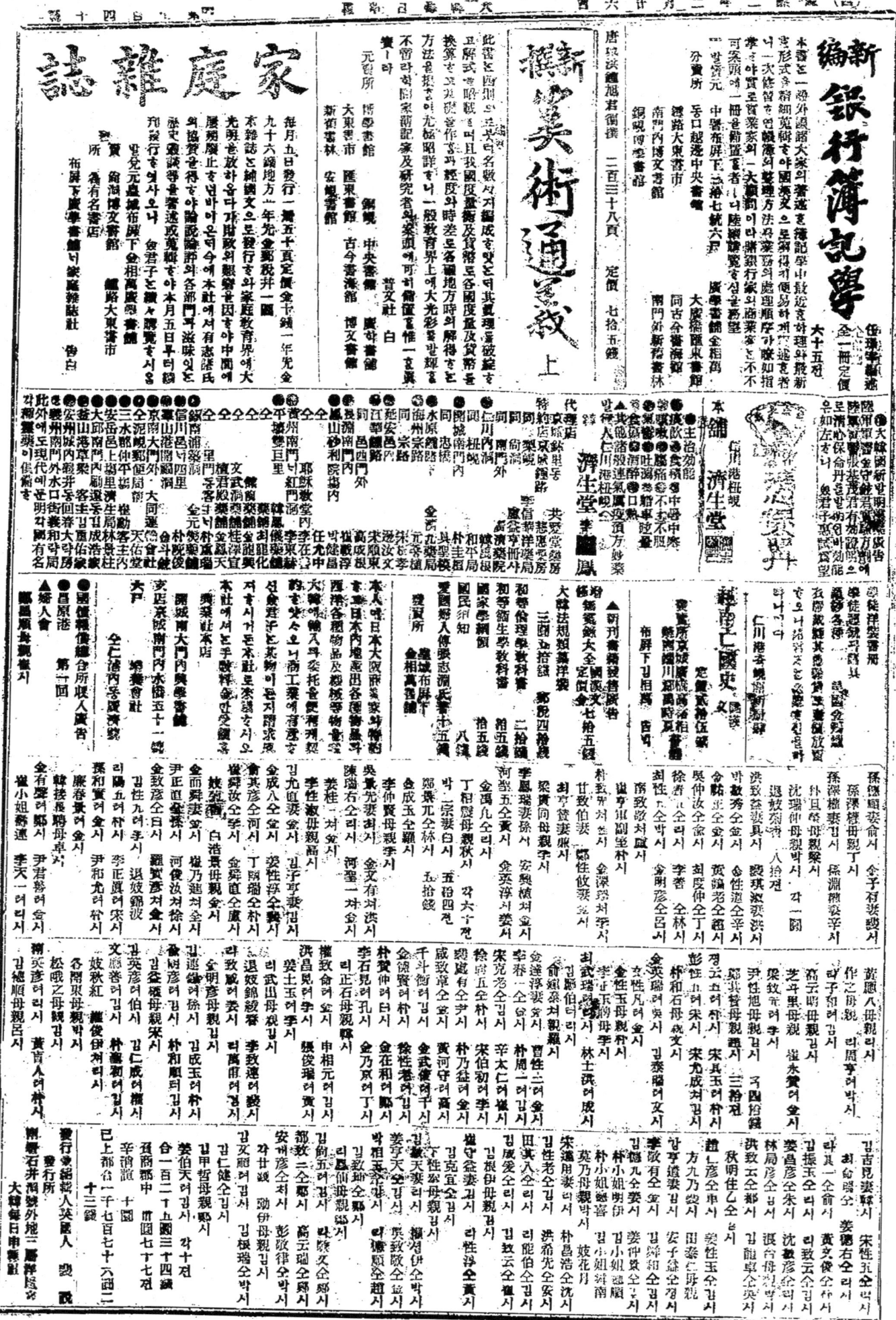

發行兼編輯人 英國人 裵說
發行所 南署石井洞 洞外 第二號 大韓每日申報社

第六卷

大韓每日申報

第七百五十一號

月曜及慶節歲時日休刊

檀君開國四千二百四十一年
箕子元年三千三十年
大韓開國五百十七年
日本明治四十一年
淸國光緖三十四年
陰曆戊申正月大二十六日壬子

論說

●淸日關係

災害預言者를作ᄒᆞ기ᄂᆞᆫ小無稀願이나然而淸日間關係가世界平和를保存하랴ᄂᆞᆫ人士의所望에洽足ᄒᆞᆯ만치和協치못홈은國眼키不能이라現今形態가陷坑에近ᄒᆞᆫ바最其ᄒᆞᆫ危險은日本籍圍에似在로다吾人이日本의貧乏과其過度ᄒᆞᆫ賦稅를特論ᄒᆞ노니此兩件事가危險의第一位를占居ᄒᆞᆫ바若전類를海外로從ᄒᆞ야不得ᄒᆞ면前途에破産이確著其機라事勢至此故로日本에執政者가不得已히借쥬破産금歲를操縱ᄒᆞᆯ시近日에至ᄒᆞ야借款은不可容易得之니但賞賜와如ᄒᆞᆫ금額을必須ᄒᆞᆯ거시오且如此事ᄂᆞᆫ强逼으로乃可成就니日本이强逼을加ᄒᆞ기에能ᄒᆞᆫ一國은但支那가是뿐로다

現今形態를以局外人觀之컨ᄃᆡ日本이淸國과戰局에入ᄒᆞ도록勸逼ᄒᆞ야巨款賠상을獲得코ᄌᆞ홈과如ᄒᆞᆫ지라日本이財政의空竭을不拘ᄒᆞ고 個月戰爭을供給ᄒᆞ기에尙足ᄒᆞ니如此光陰이支那를膝下에致ᄒᆞ기에自足ᄒᆞᆫ거슨實노疑訝가無ᄒᆞ고且日本이淸國을如此히勸逼ᄒᆞ기ᄂᆞᆫ容易之擧이나今以其多端問題로晉之컨ᄃᆡ間島에定界와新民屯에鐵道敷設과撫順에炭礦과武器를截ᄒᆞᆫ日本船의執留됨과遼潤을相對ᄒᆞᆫ地方에淸日人의困難이皆是紛爭인바其中에何如事端이던지衝突을起ᄒᆞ기에優足ᄒᆞᆫ지라日本이若欲起端이면何時에던지其能이로다

雖然이나他理由가特有홈은列强間에協約이多有ᄒᆞ야淸國의威權과不被分割홈을關係ᄒᆞᆫ句項을特加ᄒᆞᆫ거시니支那가無望ᄒᆞᆫ戰敗에難至ᄒᆞ더ᄅᆡ도美法俄와如ᄒᆞᆫ列强이日本으로ᄒᆞ야금何如ᄒᆞᆫ상쥬或土地를不得케홈거슨其然之機에過ᄒᆞᆫ지라若到此境이면日本之危가一層을更加ᄒᆞ리로다

官報

●第四千七號

隆熙二年二月卄六日

敍任及辭令

發相진 張志明
安九玉 九品盧正奎
九品김 李燦
任郡主事
任平壤礦業所主事 御代 현
任度支部主事六品박 夏瑛
任農商工部主事 遠山龜三郎
內藏院事務를囑托홈(奏任待遇) 九品安 必中
帝室財産整理局事務를囑托홈(奏任待遇) 六品김 允基
度支部主事 文 錫 환
依願免本官

外報

●賣物買人 某國遞信을據ᄒᆞᆫ즉淸國政府에서有何事件인지卒地에速射砲를巴里에注文ᄒᆞ야急히購買ᄒᆞᆫ다ᄂᆞᆫ中인ᄃᆡ此ᄂᆞᆫ淸日交涉이切迫홈을當홈인지內亂을防備코저홈인지其原因은아직未詳ᄒᆞ다ᄒᆞ얏더라

●淸日關係 滿洲鐵道問題로因ᄒᆞ야淸日交涉이漸漸危殆ᄒᆞᆫ地境에切迫ᄒᆞᆫᄂᆞᆫᄃᆡ日本은期於히强硬ᄒᆞᆫ手段으로淸國에서敷設ᄒᆞᄂᆞᆫ南滿洲鐵道를反對ᄒᆞᆫ다ᄒᆞ며英國人一派ᄂᆞᆫ社會를組織ᄒᆞ야淸國에서經營ᄒᆞᄂᆞᆫ鐵道建設에從事하기로豫備ᄒᆞᆫ다더라

●移民輸送 大連電을據ᄒᆞᆫ즉露國交通大臣은目今으로三個年間에三百九十萬人의移民을東部西伯利亞로輸送ᄒᆞᆯ方針이라ᄒᆞ고傳說이有ᄒᆞ얏더라

●日艦在處說明 各國政府에서日本艦隊所在處를不知ᄒᆞ야東京通信員에게頻數히電報來往이되ᄂᆞᆫ데日本政府ᄂᆞᆫ 層注意ᄒᆞ야東京駐箚각國公使에게艦隊所在處를說明ᄒᆞ다더라

●排日示威 倫敦電을據ᄒᆞᆫ즉在晩香坡타임스通信員의報를依ᄒᆞᆫ즉晩香坡에서目下狀態ᄂᆞᆫ排日派示威運動을行ᄒᆞ야暴行을逞ᄒᆞ으로頗히危殆ᄒᆞ얏ᄂᆞᆫᄃᆡ日本移住民은彼等의橫暴를慣慨하야暴行을抵抗ᄒᆞ라고準備ᄒᆞᆫ다더라

●滿洲處置抗議 伯林電을據ᄒᆞᆫ則米國政府ᄂᆞᆫ滿洲에關ᄒᆞᆫ處置에對ᄒᆞ야抗議ᄒᆞ라ᄒᆞᆫ다ᄂᆞᆫ風說을否認ᄒᆞ얏더라

●艦隊新編 同電을據ᄒᆞᆫ즉米國은回航艦隊中四艦을海軍小將스파三氏麾下에屬ᄒᆞ게ᄒᆞ야比律賓에一新艦隊를編ᄒᆞ라ᄒᆞᆫ다더라

雜報

●平北定州葛池坊學堂發起

新設校趣旨書

學者ᄂᆞᆫ天下之大經大法과濟世安民之本也라人無學識則五倫이不明ᄒᆞ야上下無序矣리라夫國不可以徒立이오民不可以徒生ᄒᆞ야國民相持에須臾不可離者是也라厥初生民以來로盈虛盛衰ᄂᆞᆫ以德之厚薄이라天之生物也에無厚박而人自有薄ᄒᆞ고無善惡而人自有惡이라擴以充之ᄂᆞᆫ聖也오從以失之ᄂᆞᆫ衆也라何可舍聖而取衆이며捨亡而取惡이리오我韓이尊崇聖人之道가半千有餘年矣라是以로文物彬彬然과禮義燦然은眞可謂文明之舊邦이나國家元氣ᄂᆞᆫ以日懦弱ᄒᆞ며生靈命道ᄂᆞᆫ日增塗炭이라尊聖之에何若是儒弱이며尙聖之民이何若是塗炭가非但懦弱塗炭이라必至死亡이리니豈不痛哉며豈不懼哉아我韓儒敎가名稱尊聖敬義나多失正路하야

是以로君不知敎民之道ᄒᆞ고民不知親君之義ᄒᆞ며四體分析ᄒᆞ고本末無緒ᄒᆞ야皿日自晦ᄒᆞ다一自朝廷以下로以至庶民히才養不培ᄒᆞ고班列始ᄒᆞ며壓倒爲本ᄒᆞ니下民之孽이非自天降이라今日之禍患이孽於斯矣라當此災厄之秋ᄒᆞ야人無兼人之勇ᄒᆞ고手無尺寸之兵이라何以救危局乎아

千愚萬慮ᄒᆞᆫ지死亡以外에別無方策이라死則非一人之死也오亡則非一身之亡也라國家同胞也리니言念及此에惟我同胞가有半分愛國之心則豈有娛日이리오我韓에八域二千方里와二千萬生靈이不究知識ᄒᆞ고以誇閭閻라가迫此剛强之外侮ᄒᆞ야風雨所飄도되未繆桑土ᄒᆞ니覆巢壞卵에餘卵이何完乎急急乎라救危ᄂᆞᆫ莫先乎團體오團体ᄂᆞᆫ莫先乎敎育이라

昔에大禹ᄂᆞᆫ寸陰을是惜ᄒᆞ시니當此存亡之秋ᄒᆞ야分陰을何可虛抛於優遊間哉아生以養之ᄒᆞ고敎以育之ᄒᆞ야以二千萬之熱心으로爲千城ᄒᆞ며以二千萬之赤拳으로爲鐵鑛ᄒᆞ면萬一有存生之方이어니와而若不然ᄒᆞ야一失大器則哀我生靈은雖有巢氏之時代라搆木爲巢歟아徒以天地之廣大로未作衾枕ᄒᆞ리어니一大痛哭處也다 未完

●咸興西湖中段洞夜學校序 讀

一生暗暗에牽牛而迷行ᄒᆞ며釋錄而昧之際ᄒᆞ며竟使士子로議養於農ᄒᆞ고農者議夜於士ᄒᆞ야一人은不知有書ᄒᆞ고一人은不知有夜ᄒᆞ야又寡則家貧하고粟多則聞寡ᄒᆞ니一年三百六旬日에除却一百八十餘日十有二時間ᄒᆞ면餘了上六下大ᄒᆞ야造化無全工ᄒᆞ고世界無全人ᄒᆞ야天地中區가宛然如鴻溝東西에楚漢이所分ᄒᆞ여南陽躬耕布衣之士와西疇負鋤巾之翁이出師拜表와歸去來辭ᄂᆞᆫ忠義文章이慷慨絶世ᄒᆞ이以此而觀此二人者ㅣ亦晝農而夜學矣라上下千古蒼生이萬이雖居半人이여體居全인고朝出耕夜歸讀古人書者ㅣ其惟唐之董邵南人乎저嗟我農矣夜학日에聽我々々ᄒᆞ라千萬人佼備이備於一身ᄒᆞ고千萬年事業이亦起於一日ᄒᆞ나니勉之勉之ᄒᆞ야勿ㅅ於半人之域ᄒᆞ고勿ㅅ於半人之事ᄒᆞ라蝙蝠은物之微者로ᄃᆡ能晝食而晝서ᄒᆞ고刀과ᄂᆞᆫ器之小者로ᄃᆡ能晝炊而夜鬪커든況於人乎아叙之以啓發ᄒᆞ노라

完

●據官不穩 保護黨敎育總會에서風波가大起後에有志人士ᄂᆞᆫ一齊히請願ᄒᆞ엿ᄂᆞᆫᄃᆡ雜種派가去月十二日下午一時에特別通常會를開ᄒᆞᆫ시會員이不滿貳十人이라各학校에서傍聽코저ᄒᆞ야參席ᄒᆞ얏더니創立源氏가ㅣ許傍聽이라ᄒᆞ고逐出ᄒᆞᆫ즉지라 一般學生이分激ᄒᆞ야門外에서閉拒ᄒᆞ기ᄂᆞᆫ,ᄒᆞ다가閉會後에數三條 問ᄒᆞᆫ즉會長以下參席員이摧摩ᄒᆞᄂᆞᆫ시라一般학生이鄙陋ᄒᆞᆫ人士指揮를服從ᄒᆞᆯ것시업스니一体로會장以下職員이辭職退去ᄒᆞ라고勸告ᄒᆞ미勢不得已ᄒᆞ야即席에서辭職書를提呈退去ᄒᆞ얏다더라

●實業可期 龍山大韓婦人會養蠶講習所에卒業生張雲河等三氏가實業上에發達ᄒᆞ기爲ᄒᆞ야蠶業事務에格勤ᄒᆞᆯ뿐不是라蠶見敎育ᄒᆞᄂᆞᆫ方法과桑樹栽培ᄒᆞᄂᆞᆫ理由를熱心研究ᄒᆞ야農理를通達ᄒᆞ기로該講師岩田次郞씨ᄂᆞᆫ桑是蠶桑業에嫺熟ᄒᆞᆫ手段으로實業과학文이令人感服ᄒᆞᄂᆞᆫ디今年도春夏秋三期蠶業擴張을預備ᄒᆞᆫ다더라

●桃花先開 忠州郡은 任海伴에新知識이茫昧ᄒᆞ더니妓生桃花라稱名者年今十九이온ᄃᆡ學問上에熱心ᄒᆞ야公立普通학校에夜학科를設立ᄒᆞᆫ後로杜門謝客ᄒᆞ고日語와算術을工夫ᄒᆞ야不過數朔에略知ㅣ同ᄒᆞ나女子界敎育境에模範이될만ᄒᆞ다고該郡來人의傳說이有ᄒᆞ더라

●充明光明 本校에서一年級年終試驗을一月十三日에開ᄒᆞ고晝夜五個日을試取了畢이온ᄃᆡ甲班優等에金觀용等兩人이오及第에趙鳳九等四人이오乙級優等에朴쥐麟等兩人이오及第에김麟坤等三人이오其外入格生은四十餘名인ᄃᆡ校長金龍濟氏가授級禮式을擧行ᄒᆞ고入格生의賞與物品은空冊과鉛筆과白紙黑墨等으로施賞ᄒᆞ엿다더라

雜報

◎宮役始器　太皇帝陛下씌오서安洞別宮으로移御ᄒᆞ신다ᄂᆞᆫ事ᄂᆞᆫ屢々報道ᄒᆞ얏거니와來三月一日붓터該宮修理에工役을귀始ᄒᆞᆫ다더라

●追崇園所　中樞院議長徐正淳氏가　大院王　大院王妃墓所를園所로追崇ᄒᆞᆯ事로上疏를呈ᄒᆞ얏ᄂᆞᆫ대內閣으로圈議ᄒᆞ라고　批答ᄒᆞ셧다더라

●歐價圖買　大院王墓所를紹封ᄒᆞᆫ孔德里所在森林을放賣ᄒᆞᆫ다ᄂᆞᆫ데近日日人이四千餘圜價値되ᄂᆞᆫ松林土地幷ᄒᆞ야萬圜에買得ᄒᆞᆯ次로運動中이라더라

◎郡奏請議　郡守奏本을內部에셔業已修正ᄒᆞ얏ᄂᆞᆫ대昨日에經議次로內閣에請議ᄒᆞ얏다더라

◎學缶學舞　日前法部大臣趙重應氏大夫人生日宴會에各部大臣이醉興이陶々ᄒᆞ야李載崑氏ᄂᆞᆫ擊缶ᄒᆞ고李完用氏ᄂᆞᆫ起舞ᄒᆞ얏다더라

◎兩會相持　法部大臣趙重應氏가國進敎育會々長으로該會商務課를組織ᄒᆞ며니現今大同會에셔또商務課를設始ᄒᆞᆫᄂᆞᆫ故로趙重應氏가大端相持ᄒᆞᄂᆞᆫ中이라더라

●紙社云設　中樞院顧問官리址鎔閔泳綺氏等이營業的으로巨額을辦備ᄒᆞ야麻浦等地에造紙會社를設始ᄒᆞᆯ계로現今周旋中이라더라

◎反不如日　內部地方局에셔擬議ᄒᆞ기를、大寶壇、關王廟萬東廟에春秋享祀ᄒᆞᄂᆞᆫ例를廢止하랴고發論ᄒᆞ다가日本官吏가反對ᄒᆞ야日人이人의功을不知ᄒᆞ면人이라稱키難ᄒᆞ다ᄒᆞ고論駁ᄒᆞ얏다더라

●錄照時機　法部大臣趙重應氏가自己宗中에發論ᄒᆞ기를日本에留學ᄒᆞ시ᄂᆞᆫ　皇太子殿下쎄셔何年何時던지歸國ᄒᆞ시ᄂᆞᆫ境遇에ᄂᆞᆫ外國留學生이多數需用될터이니宗中에靑年을募集ᄒᆞ야日本에留學케ᄒᆞ자ᄒᆞ야日間宗族을會同協議ᄒᆞᆫ다더라

◎花月殺景　內部技監中原氏가再昨日花月樓에셔宴會를設ᄒᆞ고該部一般官吏를請邀款待ᄒᆞ얏ᄂᆞᆫ데宴會席에셔某局長이失措ᄒᆞᆫ事가有ᄒᆞ얏던지日本人의게批頰를當ᄒᆞ얏ᄂᆞᆫ대宴席이殺風景이되얏더라

●五梅名妓　永宣君李埈鎔氏가每土曜日에音樂會를設ᄒᆞᆫ다ᄒᆞᆷ은已揭ᄒᆞ얏거니와妓生은梅花等五名을使用ᄒᆞᄂᆞᆫ데每名에日費拾二圜式과車馬費를支給ᄒᆞ고該妓生等의게自己도音樂을見習ᄒᆞᆫ다더라

●兩氏會訟　侍從院卿閔丙奭氏와承寧府總管趙民熙氏가무舍田庄事件으로茂州郡居ᄒᆞᄂᆞᆫ具某를招上ᄒᆞ야現今質査中이라더라

●留學宗議　南北村簪纓巨族들이각其宗會를ᄒᆞᆫ다ᄂᆞᆫ데其理由ᄂᆞᆫ日本에留學生을募集派送ᄒᆞᆯ所以라ᄂᆞᆫ대昨日은宗班李시의宗會라더라

●偏敬日人　近日各大官의無禮ᄒᆞᆷ이太甚ᄒᆞ다ᄂᆞᆫ데日本人은雖務勅者라도敬禮答謝가分明ᄒᆞ고本國人은誰某던지人事ᄒᆞ면鼻答도無ᄒᆞᆫ다ᄂᆞᆫ物議가有ᄒᆞ더라

◎苑鹿餘二　慶福宮에셔飼養ᄒᆞ던生鹿六首를昨日에昌德宮으로移置ᄒᆞᆫ事ᄂᆞᆫ前報에已揭ᄒᆞ얏거니와六首中四首가移置ᄒᆞᆫ翌日에又爲自斃ᄒᆞ얏다더라

●宴費각出　去日曜日에宮內府勅任官과外國高等官으로懇親會ᄒᆞᆫ宴費가三百七拾四圜인대勅任官二拾二人이每人에拾七圜式各出ᄒᆞ얏다더라

●府屬新設　承寧府에員役을配置ᄒᆞ얏ᄂᆞᆫ대府丞四人、仕員十人、膳部二人、膳手四人、廚子一人、造夫四人、汲水軍六人、啓割生一人、煎藥一人、藥丁二人、庭監二十人、掃丁二拾一人、柴炭手六人、苑監一人、苑丁六人、使僮四人、使令六人이다더라

●器械更修　去番表勳院에셔失火ᄒᆞᆫ事ᄂᆞᆫ已揭ᄒᆞ얏거니와燒ᄒᆞᆫ器械價値가八千餘圜假量인데現今에更히修造ᄒᆞᄂᆞᆫ中이라더라

●大同任員　大同會에셔會장은永宣君李埈鎔氏로副會長은金思濬氏로推薦ᄒᆞ얏다더니更聞ᄒᆞᆫ즉李埈鎔氏ᄂᆞᆫ攄裁로金思濬氏ᄂᆞᆫ副攄裁로選定ᄒᆞ기로內定되얏고會長은李根浩氏로副會長은리晩孝氏로攄務部長은姜復善氏ᄂᆞᆫ敎育部長은徐肯淳씨로實業部長은尹進학씨로顧問은高羲久씨로監事ᄂᆞᆫ渡邊哲之씨와內尾宇內氏로選定ᄒᆞ고理事가十三人이오評議員이三十人이라더라

●너則多慾　山林이니학者이니名稱ᄒᆞᄂᆞᆫ人某々시가時事ᄂᆞᆫ批評ᄒᆞᆫ다면셔自己의祖與父를直贈이나副提학이나圖得ᄒᆞ랴고親知間에請札이往來ᄒᆞᆫ다고鄙笑ᄒᆞᆫ다ᄂᆞᆫ데忠肅학者가允當ᄒᆞ다더라

◎恩金頒給　別項와如히再昨日에宮內府所屬員役除汰件을裁大臣이諷令頒布ᄒᆞ얏ᄂᆞᆫ대恩衛隊ᄂᆞᆫ姑爲置之ᄒᆞ라ᄒᆞ얏고除汰員은恩賜金은其服役年數를計之頒給ᄒᆞᆫ다더라

●雜技被捕　前承旨朴承穆氏가西洋人家에셔賭技ᄒᆞ다가警察巡査의게被捉ᄒᆞᆫ說은各報에揭載ᄒᆞ얏거니와該氏等十三人과中署에告발ᄒᆞᆫ박某等이尙今滯囚中인대幾箇月禁獄이될떠ᄂᆞᆫ說이有ᄒᆞ더라

◎留학生試取　학部에셔日本에留학生八十名을派遣ᄒᆞᆯ터인대修학院生徒中으로多數選送ᄒᆞ고該院生徒ᄂᆞᆫ試取塡充ᄒᆞᆯ預定이라더라

●誤人酒色　去土曜日下午에普成商業학校生徒張喆김熙廷等十人이黃土峴明月館에入去ᄒᆞ야一盃復一盃로旣醉且飽ᄒᆞ고餘興에與獄後洞色酒家에入去ᄒᆞ야無端詰亂ᄒᆞ얏다ᄂᆞᆫ대右記ᄒᆞᆫ학生等十人은伊日뿐不是라每日下학後면依例히借問酒家何處在의句語를慢吟ᄒᆞ며酒肆靑樓에萬전을日費ᄒᆞᆫ다하니以若학生의資格으로若是浪遊ᄒᆞᆷ이右人等의前途에만歎惜ᄒᆞᆯ뿐아니라一般학界에影響이波及ᄒᆞᆷ으로爲ᄒᆞ야寒心ᄒᆞᆷ을不覺ᄒᆞᄂᆞᆫ지다ᄂᆞᆫ評論이藉藉ᄒᆞᆫ데就中金희廷金敎旭兩씨ᄂᆞᆫ多젼富客으로諸학生을誘引ᄒᆞ야誤入케ᄒᆞᆫ다더라

●誤此愚潜　桂동병門隅潜居ᄒᆞᄂᆞᆫ김敬三은義陽君리載覺시家下人인대今番동會에決定ᄒᆞᆫ十等分排條를指摘出捐ᄒᆞ라ᄒᆞᆫ즉敢김敬三이가離의敎唆을被ᄒᆞ얏ᄂᆞᆫ지大동의完約을사然頑拒ᄒᆞ다고洞議가紛紜ᄒᆞ다더라

●賊漢載車　昨日上午拾二時量에別巡檢이强盜一名을捕縛ᄒᆞ야警視廳으로押去ᄒᆞᄂᆞᆫ대人力車를搭載ᄒᆞ야冠宕을廢止ᄒᆞ고農笠을代着ᄒᆞ얏다더라

●湖南消息　全羅南北道義兵將奇三衍이在天林內費정汲四씨가部下二千餘名을領率ᄒᆞ고現今智陵山에根據ᄒᆞ얏다더라

●靑年演說　今日下午七点鍾에靑年會館에셔演說會를開ᄒᆞ고京城日報社長伊藤祐侃씨를請邀ᄒᆞ야英國一般의風俗이란問題로演說ᄒᆞᆫ다더라

●會費收歛　大東학會々員이合爲二千二百餘名인대該會經費를補用ᄒᆞ기爲ᄒᆞ야每員에紙貨一圜式收斂ᄒᆞᆫ다ᄂᆞᆫ說이有하더라

◎警校親睦　警察專門學校卒業生諸氏가來金曜日上午十時에統內金鎭沃氏家에셔親睦會를開ᄒᆞ고該校維持ᄒᆞᆯ方針을講究ᄒᆞᆫ다더라

▲地方消息▼

▲全羅道義兵은元來金有成奇三衍김六元三派에分ᄒᆞ야其根據地ᄂᆞᆫ茂장々城淳昌咸平靈光附近인데右三派義兵이氣脈을相連ᄒᆞ야同地에橫行ᄒᆞᆫ다ᄒᆞ고

▲潭陽淳昌昌平綾州同福及장興附近의義兵이多數作隊ᄒᆞ야一般이蓑笠과如ᄒᆞᆫ竹幢을着ᄒᆞ고茶飴商의樣子로排徊ᄒᆞᆫ다ᄒᆞ고

▲本月上旬頃에咸北惠山鎭方面에義兵이日人九名을殺害ᄒᆞ엿다ᄒᆞ고

▲淳昌郡五令동附方無夥村附近에義兵의宿營을日兵이探知ᄒᆞ고拾四日該村西方七八百米突地点에셔義兵步哨를衝突ᄒᆞ얏다ᄒᆞ고

▲去十九日에南原郡北方四拾里許에義兵約七十名이日討伐隊와交戰ᄒᆞ얏다더라

▲拾五日午后四時에社倉東南方約二拾米突地에셔斥候隊가前進ᄒᆞᆫ즉義兵八拾名과交蜂ᄒᆞ얏ᄂᆞᆫ대義兵은영光方面으로退却ᄒᆞ얏다ᄒᆞ고

▲今二五日에義兵百餘名이淳昌北方을通過ᄒᆞ야泰仁郡來동으로向ᄒᆞ얏ᄂᆞᆫ대葛潭에발ᄒᆞᆫ日兵이同地에到着ᄒᆞ야一時間을混戰ᄒᆞ엿ᄂᆞᆫ데勝敗ᄂᆞᆫ未詳이라ᄒᆞ고

▲隱浦에셔日人後藤을殺害ᄒᆞᆫ義兵大將김時同은目下群山에入ᄒᆞ엿다ᄒᆞ고

▲此日討伐대가十七日午前八時에光川동으로前進ᄒᆞᆫ際에蘇村端及光川동東北面西南方三高地에셔義兵一百二十三名이突出ᄒᆞ야討伐대를猛烈히射擊ᄒᆞᆫ즉日兵이應戰ᄒᆞᄂᆞᆫ데또義兵이村端堆石을利用ᄒᆞ야樹林前에排列ᄒᆞ고其背後로三十名義兵과三時間을交戰ᄒᆞ고光川東南方高地에셔約二時間을交戰ᄒᆞ얏ᄂᆞᆫ데死傷은不明이라ᄒᆞ고

▲一月三日에義兵約四拾名이咸鏡北道甲山郡別南面에來襲ᄒᆞ야一進會員六名을殺害ᄒᆞ고又拾二日에同郡上南社에來襲ᄒᆞ야同會員四十名을殺害ᄒᆞ고又一月拾日로廿日ᄭᆞ지장津地方에셔同회員八拾餘名을殺害ᄒᆞ얏ᄂᆞᆫ대尙今民心이흉々ᄒᆞ다더라

東京電報

二十六日발

◎似惡非惡　預算外國庫負担으로契約ᄒᆞᆫ件(韓國에對ᄒᆞ야一千九百萬圓을立換ᄒᆞᆫ件)을裁可公布ᄒᆞ엿더라

▲屛門瞷酌▼

白岳山人

▲大路通衢挾席上에셔兩兩觀者列坐ᄒᆞ야濁酒三盃夕陽天에横竪說去瞷酌ᄒᆞ다

▲歷觀東方幾千年에太古民情淳厚ᄒᆞ다檀箕遺風尙存ᄒᆞ야衣冠文物찬明터니怨恨長夜暖暖ᄒᆞ야범벅天地되엿스니나원氣막혀

▲海上三島豎雞中에無數魍魎舞弄ᄒᆞ니政府大臣稱을입어兩附情態可觀이라朝鬪羅士籙興ᄒᆞ니千古惡名何盡恩오나원氣막혀

▲장괴板을相對ᄒᆞ야一局風雲騷擾이라大將軍氣벌나서任自爲之下手ᄒᆞᆯ재一成一敗相爭ᄒᆞ니生殺ᄉᆞ에우쥬죽ᄂᆞ나원氣막혀

▲人々마다ᄒᆞᄂᆞᆫ말이自主이니獨立이니ᄒᆞ더니今日國勢俯察ᄒᆞ면自主이니獨立이니ᄒᆞ오지自主가아니라獨立이오獨立이아니라孤立이니나원氣막혀

▲近日에와지못ᄒᆞᆯ이바람ᄒᆞ나앗어ᄒᆞ면兩班辭사다ᄀᆞᆺ고某名賢에子孫이라揚々自得ᄒᆞᄂᆞᆫ氣勢이世上이재世上인뜻나원기막혀

▲四百小卒時節과卽盟刀勝살슈업너니會社事業亂逢되니밋천쇠ᄂᆞᆫ餘存이나錢貨萬者不用ᄒᆞ면休紙萬張이여뻐ᄂᆞ나원기막혀

▲京釜線京義線鐵道役事宏壯ᄒᆞ다盤田遊覽千餘里에地段價뉘밧엇노宣統帝宮鐵道資乏五百兩이라지五百票資本에鐵道노앗네나원기막혀

▲韓黃廳費撥百里에酒店食費浪費ᄒᆞᄂᆞᆫ捷人矢之에捷入將之러니如干撥徵殘餘餉이鐵道費에消融되니나원기막혀

▲각국演說에어보면愛國心이懇切컨만一粒토難物意더도大韓人種인대차귀事業甘作ᄒᆞ야驅士시지주지ᄂᆞ니나원氣막혀

▲朝廷의文武臣職鄕曲의ᄂᆞᆫ班常업서名分업ᄂᆞᆫ此世界에外人奴隷一般이라堂堂ᄒᆞᆫ체더巡檢은우리보면下待ᄒᆞ다나원氣막혀

▲國債報償ᄒᆞ쟈ᄒᆞ고幾千兩이되얏ᄂᆞᆫ지우리도짐지못ᄒᆞ야富貴人이厭惡ᄒᆞ야中途而廢ᄒᆞᄂᆞᆫ여借款을또ᄒᆞ얏다지나원氣막혀

廣告

任春賢이가ᄒᆞ와이간後消息을나廣告ᄒᆞ오니居住를速히기별ᄒᆞ시오
西署冷洞百七十四統拾一戶　감恩錫　告白

本校에셔本科及速成科學員을募集ᄒᆞ오니志願者ᄂᆞᆫ入學請願書에履歷書를添付ᄒᆞ야提出ᄒᆞ고三月拾六日初考試所에來臨應試ᄒᆞᆯ事
一 試驗科目　漢文四書　算術
本科至四則速成科至比例　作文國한문交作
日語本科ᄂᆞᆫ簡易速成科ᄂᆞᆫ熟達
二 年齡十五歲로至二十五歲
三 初考시驗所ᄂᆞᆫ本校及각府港普通학校
四 詳細ᄂᆞᆫ二月二拾五日官報에在ᄒᆞᆷ

官立漢城師範學校

本報二月廿二日〇〇欄에〇〇이란題下에京居洪鳳鉉이가開城府金始善氏로訟事ᄒᆞᆫ原因은김씨가與鄭居朴有悌로親近而朴이爵債於김씨故로與執南〇ᄒᆞ고貸給二千六百圜矣러니過期不報則兩〇ᄂᆞᆫ自願償主어ᄂᆞᆯ洪鳳鉉이가係到開城ᄒᆞ야〇以南〇ᄂᆞᆫ平山結錢中貿鹽라ᄒᆞ고欲奪〇〇ᄒᆞ야呈訴本部及觀察府에連次落科ᄒᆞ니其判決書에云朴이拿公錢貿南〇이라가因公錢督案ᄒᆞ야與〇代報이고若其所欠未清則責在於朴이지ᄂᆞᆫ捨朴責金이甚涉無謂也라ᄒᆞ얏ᄂᆞᆫ데洪朴이同謀ᄒᆞ고誣訴平理院ᄒᆞ야김反落科ᄒᆞ니김氏가不勝冤抑ᄒᆞ야申訴法部러니自法部로指令平理院ᄒᆞ야嚴重更査ᄒᆞ얏ᄂᆞᆫ데洪鳳鉉이가詭詐不輸ᄒᆞ야初無指令云ᄒᆞ고且김씨가開城府署理趙重應氏ᄒᆞ야同伴上京云ᄒᆞ니金興趙〇本無一面分이러니김씨가八十病重에何能起動乎아〇一言하고此訟委折은洪鳳鉉氏가平山郡守在任時에其婿朴有悌가拿用結錢殖利라가及其不利ᄒᆞ야ᄂᆞᆫ其子鳳鉉이蒙託公錢ᄒᆞ고潛賣他人ᄒᆞ니可謂越法犯網也라公錢殖利ᄂᆞᆫ法典所禁而翁壻男妹가私相挾雜은京鄉所共知者라平理院更査之境에是非가自當明白이어니와鳳鉉이誣告各報ᄒᆞ야欲掩其公錢幻弄之罪ᄒᆞ니豈有如此奸凶之事乎아惟願同胞ᄂᆞᆫ亮察ᄒᆞ시오
開城居　金基학　告白

●學員募集廣告
本學堂의開학期가〇還ᄒᆞ얏기로玆에廣告하오니願學 僉員來三月二日(陰正月三拾日)內로來試入學ᄒᆞ시오
入學年齡　拾六歲以上
修業年限　四個年
學科　聖經文학　數학　歷史　地誌　理化　博物　衛生　經濟　簿記等학
以上諸科ᄂᆞᆫ純英文으로教授ᄒᆞᆷ
培材學堂

敬啓者設校興학이當時急務라ᄒᆞ야國內有志紳士의趣旨書가每日揭布於新聞紙面ᄒᆞ야使人으로驚心悅目케ᄒᆞ얏슨즉本학校ᄂᆞᆫ不敢措辭褒奬이오ᄂᆞ가贊成員의捐助ᄒᆞ신金額과학校의進就狀況을左開廣告ᄒᆞᆷ
左開
贊成諸員의義捐金으로本港〇兩洞에日人의建築ᄒᆞᆫ校舍二座를一千五百圜에買得하야隆熙二年一月四日에開校式을擧行ᄒᆞ고教師鄭元杰尹璉善兩氏를延聘ᄒᆞ야教授ᄒᆞᄂᆞᆫ데生徒가九拾餘員에達ᄒᆞᆷ
贊成員氏名과金額　續
車希範　金三圜
리宗朝　仝三圜
郭溪植　仝三圜
黃駿熙　仝貳圜
盧九元　仝貳圜
金得도　仝貳圜
金宅鎮　仝貳圜
韓匡瑞　仝貳圜
김智煥　仝貳圜
柳應善　仝貳圜
趙學瑞　仝貳圜
元子弘　仝貳圜
嚴仲甫　仝貳圜
李量俊　每個月居間口文中百의五를捐助

本洞에商船來往에便利케ᄒᆞ기爲ᄒᆞ야開港初에左開諸員이金額을捐出ᄒᆞ야船路를擴鑿ᄒᆞ고輸入ᄒᆞᄂᆞᆫ穀物에若干稅金을取入ᄒᆞ더니諸員이教育에熱心ᄒᆞ심으로該擴補를本校에寄付ᄒᆞ시옵기感謝ᄒᆞᆷ을表ᄒᆞ려ᄒᆞ와擴鑿費所入額과氏名을另告ᄒᆞᆷ
白苻燦　三百兩
田錫〇　三百兩
徐相濬　三百兩
李培根　六百兩
楊命植　三百兩
韓〇鎭　三百兩
洪元緒　貳百兩
김燮和　壹百五拾兩
金永權　壹百五拾兩
元容德　壹百兩　完
隆熙二年　二月十八日
三和港　一光학校
校長　元容德
校監　金炳珣
總務　金永權　告白

本郡守白樂均氏淸白爲政愛民如子周行村里設立學校熱心勸告處處坊曲學校蔚興萬口成碑郡學務員정在明等諸씨協力贊成次期발送如是廣告
平壤秋鄉美面懋新學校　白

본사에셔법국파리경셔신발명호활동사진을청구ᄒᆞ와금월이십륙일브터창셜ᄒᆞ옵고또ᄒᆞ무도신발명으로귀당ᄒᆞ와조미가만ᄉᆞ오니강호쳠군ᄌᆞᄂᆞᆫ광림ᄒᆞ시와완상ᄒᆞ심을경요ᄒᆞᆷ
동회이변　이현이진흥인
새문안　협률사　고백

●美國桑港韓人共立新報社義捐金收集廣告　續
梁在鴻　壹圜
尹主事相天　壹圜
鄭燦好　五拾錢
金泰鉉　壹圜
韓相益　壹圜
(未完)

金利鎭의利字를明字로改定ᄒᆞᆷ
南門外大里門골　金明鎭　告白

本事務所에셔第一出張所의位置와事務員을如左히定ᄒᆞ고平安南北道所管民刑代理刑事辯護一切法律事務를處理ᄒᆞᆷ
漢城所在聯合法律事務所
辯護士　尹邦鉉
辯護士　太明軾
辯護士　李容相　白告
第一出張所
位置　平壤郡隆德部一里大貫洞一統一戶
事務員　崔觀洙
事務員　洪鶴奎

●廣告
本書館에셔文明을發達ᄒᆞ고民智를廣開ᄒᆞ기爲ᄒᆞ야今에內外國參考書籍과各種教科書類를購買發售ᄒᆞ오니愛國 僉君子ᄂᆞᆫ陸續購覽ᄒᆞ심을務望

最新書籍發售目錄
◉東西洋歷史　各種
◉東西洋地誌　各種
◉政治學　各種
◉法律學　各種
◉經濟學　各種
◉算術書　各種
◉內外國地圖　各種
◉修身書　各種
◉財政學　各種
◉博物學　各種
◉物理學　各種
◉衛生學　各種
◉地文學　各種
◉讀本　各種
◉法帖　各種
◉學校用品　各種
此外에도各種新書籍이具備ᄒᆞ옵고書籍及名片도印刷하오니與他廉歟ᄒᆞ게酬應ᄒᆞᆯ터이오니
京城南署銅峴(구리개)
學部認可　博學書館　告白
各地方에셔ᄂᆞᆫ郵信으로〇〇시면〇〇〇〇ᄒᆞᆯ터이고價金은郵便引換도ᄒᆞ외다

◉大韓國〇〇發明神藥
◉修皮靈丹　各種食滯中暑久滯口臭痰飲吐瀉定價一貼十錢
◉至寶丸　諸般疾不拘久遠俱有偉效定價金十錢
◉靈效液　外用方藥治疥瘡皮風百發百中定價金三拾錢
◉淸眼水　治諸般眼疾有驗立見天之妙定價金拾錢
◉通淋丸　治男女急慢淋疾神效無雙速效除毒一週金五十錢
此外에도東西洋各國有名賣藥과資料去根藥과國〇〇〇藥水劑藥具備ᄒᆞ와〇〇〇〇
漢城中署銅峴鍾路十二統二戶地
製劑발賣所　共愛堂藥房　告白
監修발行人　前官立漢城醫學校卒業生　劉基萬　朴容南
支店　開城南門內　共愛堂開城支舖　興學書舖
代理店　西署新門外石橋　仁川
國內各地藥局에셔〇〇發賣ᄒᆞᆸ니다

월 풍
본한아
정국연
부일초
제수쥬
됴방식
연미회
초 사

경셩명동

朴晶東氏演說
●意大利獨立史　正價金五拾錢
●經濟原論　正價金三拾五錢
●國際公法志　正價金四拾錢
●國文新撰家庭學　正價金三拾錢
國家의文明은敎育이根本이오敎育의基礎ᄂᆞᆫ家政이始라故로家政學을純國文으로新撰ᄒᆞ와婦人社會와勞動社會와學校敎科셔지適用홈에便易케ᄒᆞ와사오니有志僉君子ᄂᆞᆫ陸續購覽ᄒᆞ심을務望
發行人　金爾均　告白
發賣所
▲大廣橋　匯東書館　▲鍾路　大東書市
▲〇口　中央書館　▲布屛下　廣學書舖
▲銅峴　博학書館　▲〇洞　博文書館

漢城鐘路萬國基督教青年會舘前慈惠藥房
製藥鑑査人濟衆院醫學員洪錫厚朴慈惠李
觀化告白

本人等이米國大學醫院處方을大醫學士魚丕信氏에게受業하고醫學校長勅五等池錫永氏에게有効証明을受하고右記나種을製造하外國製藥規模를依하야紙匣洋鐵匣琉璃瓶에盛하야全國內地各處와外에廣賣하올고濟衆院英字醫說을我國諺文으로飜譯하야名稱과藥方이라하야발賣하오니四方 僉彦中濟衆院나을數拾年來經驗信用하신兄弟는不拘약之多少와路之遠近하고以諺譯買하시면本人은雖拾錢價値약이라도以小包郵便으로仰呈하오리니나封定價外郵稅十전을加送하시되小數젼은郵票十전즈리를소서보너시고賣나家에서는多數買去하시면郵便局換錢票를買送하시오且本藥房에서來國(일코드)製나會社나와(완볼)製나會社나와德國(만능임)製약社약品을直譯入하야德語英語로記한方文과主治와用法을我國漢文으로飜譯발賣

商標

食思振起 精力活潑 補益丸 第一老衰男女의게特效益血

定價表		
拾日分	三十個入	金一圜
二十日分	六十個入	金一圜七拾五錢
三十日分	九十個入	金二圜五拾錢

主治六補元氣能調陰陽男子陽萎不起女子月經不調手足厥冷虛脫失氣久病之蘇完되는効力이大勝於鹿茸蔘人蔘湯

靈効解瘧丸 一日分定價金拾錢此藥은大人小兒長瘧과初瘧과腹痛에以服用하면更不再發

鬮虫丸 一日分定價金拾전此藥은大人蛔積小兒鬮病의神効

四時感冒丸 一日分定價金拾전此藥은感氣몸살의쓰는약인但一二日連服하면四時毒感上下肢節頭痛에即時解熱鎭痛

男女瘡疾祛根藥 定價金五圜此藥은瘡疾의一期二期를勿論하고귀즈은하도록낫을쥬는대口瘡과子冝도아니나오

淸潔眼藥 二日分定價金拾錢此藥은火眼熱眼과各眼等에奇効

無惡臭痳瘡藥 定價金四拾전此藥은痳疹의虫을卅分內殺

鎭咳嗽藥 五日分定價金三拾錢此藥은四時尋常性咳嗽에有効하고特히老人便咳에消痰止咳

寸虫發根 定價金三拾錢此약寸虫驅逐

止足汗藥 二十日分定價貳拾錢此藥은軍人常用除足汗의

經脹根治膏 定價금十五전此나面腫과頭腫에直差

濕腫根治膏 定價금十五전此약은男女勿論하고風寒暑濕으로成腫되여大起搔痒하며奇効

漢城百應膏 一封定價金十錢此약은諸약醫士李信友시方文으로製造한藥인대명우리잘풀디고각項腫氣에발根合瘡이速히되는妙藥인대大洋鐵匣入一個금五十錢

小兒感冒靈効散 此약池錫永氏經驗良方小兒感冒及食滯와身而熱發驚風者祖神效定價金十錢

癎氣神効保嬰散 此약醫學校長池錫永氏數拾年經驗之良方小兒尿色綠而瀉○腹漲○身不安而不寐○腹痛驚叫及直視而驚風者施之效定價금十二錢五厘

發賣所 仁川港栍峴濟生堂약房 京城梨峴藥賣약商李信華

新編 銀行簿記學

任璟宰編述 全一冊定價 六十五전

本書는一般外國諸大家의著述한簿記學中最近한학理와最新한形式을精細蒐輯하야國漢文으로解得키便易하게編述한者니一次修習하면讀衍의整理方法과業務의處理順序가瞭如指掌하야實로實業家의一大顧問이라諸銀行家와商業家는不不可案頭에一冊을備置할者ㅣ니陸續購覽하심을務望

발賣元 中署布屛下三拾七統六戶 廣學書舖金相萬

分賣所 동口越邊中央書舖 大廣橋匯東書館 鐘路大東書市 同古今書海館 南門內博文書館 南門外新舊書林 銅峴博學書館

新撰 算術通義

唐城洪鍾旭著復撰 二百三十八頁 定價 七拾五錢

此書는四則으로부터名數各지編成하앗는더其眞理를破綻하고解式을昭載하며且我國度量衡及貨幣로各國度量及貨幣를換算하고基礎를作하과經度와時差로各國地方時의解得하는方法을揭하이尤極昭詳하니一般敎育界上에大光彩를발揮할不啻라학問家簿記家及硏究者의案頭에可히備置할惟一한眞寶ㅣ라

普文社 白

摠賣所 博學書館 銅峴 中央書舖 廣학書舖

發賣所 大東書市 匯東書館 古今書海館 博文書館 新舊書林 安峴書館

家庭雜誌

每月五日發行一冊五十頁定價金十錢一年先金九十六錢地方一年先金郵稅幷一圜

本雜誌는純國文으로發行하와家庭敎育界에大光明을放하옵다가財政의艱窘을因하야中間에廢刊하였더바이온더今에本社에서有志諸氏와協贊을得하야論說論評과各部門과滋味잇는歷史談話等을著述或蒐輯하야本月五日부터續刊發行하였사오니 僉君子는續々購覽하시옵

발兌元 京城布병下金相萬廣學書舖 尙洞博文書館 鐘路大東書市

發賣所 各有名書店

布屛下廣學書舖너家庭雜誌社 告白

●大韓國新발明藥廣告

陸軍軍醫全守鉉君實驗方劑와陸軍軍醫張基茂君有効證明으로淸心保命丹을발明인바効能은如左하니 僉君子惠試仰望

本舖 仁川港栍峴 濟生堂

●主治効能
●痰飮●食積●中暑中寒
●咳嗽●腹痛●不土不服
●氣鬱●吐瀉●船車眩暈
●食傷●酒醉●口熱
▲其他諸般運氣厲疫預方妙藥

발行人仁川港栍峴 濟生堂 李國鳳

代理店 京城鉢里동 共愛堂藥房
特約店京城鐘路 慈惠藥房
同梨峴 李信華洋藥局
同尙洞 盧益亨冊사
同南門外 廣濟藥院
●仁川內洞 韓禹椒
同栍峴 和平局
●開城南門內 朴圭祖
同忠橋 具聖模
●水原鐘路下 金濟九藥局
同宗路 宋根孝
●延安邑內 邊汝文
●江華鐘路 宋順東
●長湍南門內 徐載存
●鳳山沙利院場內 박健昌
全 任允中
全 李在吉
●黃州南門出耶蘇敎堂內 李東赫
●平壤鏡巨里 韓鳳儀藥舖
全 藥舖 최龍化
全 文武洞藥舖 金龍興
全 藥舖 金桂宣
●鎭南浦 金元燮藥舖
●群山港開福洞 金斗鉉
●京城南大門外 大同運輸會社
●全州泥峴郵便局前 天佑堂
●安岳邑上場里 濟生局 林景柱
●大邱南門內 劇場 成浩家
●釜山港草梁 客主 김重佑家
●安州城內 客主 回春大약房
●義州南門外水口街 義和약局
此外에도現代에분明각國有名
각處靈藥이俱備함
●海州南門內 李寧植
●淸州邑內 新關약局 金演合
●博川邑南 美동商店 박芝行
●載寧邑後동洋약局 崔允國
●北靑新昌港客主 박鎬勳
●元山港本堂出張人 朴敬鎬

學徒洋裝書冊 學徒運動와諸具 紗綢各種 美國金鑛鎭 衣服裁縫英德美貨로廉價放賣하오니諸君子는來臨하심을바라나이다

仁川港栍峴 舘新冊肆

越南亡國史 國漢文 定價貳拾伍錢

發賣所京城廣橋高裕相書舖 鍾閣鐵川鄭時夏書舖

布屛下김相萬 告白

本人이日本大阪商業家와特約하고日本內地産出各種物品과西洋各種物品及機械等物을我大韓에輸入과委托을便利케契約하얏수오니商工業에有意하신僉君子는某物이든지請求코저하시거든本社로來議하시오本社에서는手數料金만受領홈

與業社本店

開城南大門內興學書舖

支店京城南門內水橋五十一統大戶

仁港內동廣濟號 塔揆會社

◉國債報償義捐金

二月中本社收入總額 每日逐号明細錄

●二月十七日

第一六〇九号鉄山雲山面靈洞 耶蘇敎堂內 一圜五十전

●二月十八日

第一六一〇號關東郡山北面金龍里黃範청 一圜

●二月二拾一日

第一六一一号江界郡ㄱ面里 九拾二圜五전

●二月二拾四日

第一六一二號水原義捐堂 第三回一百七拾四圜四拾二전五厘

計二百六十八圜九拾七전五厘

二月廿四日까지收入案額 一千三百廿四圜七十二錢五厘

隆熙二年一月收入摠額 六百六十八圜五拾二전

光武十一年四月至拾一月收入摠額五萬七千四百廿六圜九十五錢七厘

都合五萬九千四百二拾圜二十전二厘

◉報償義捐金收入廣告

●高平石串面佳佐동

김瀾競 具昌喜 徐相韶 李豐圖 盧仲運 七拾錢 徐相春 六拾전 沈相弼 리鍾鎬 成煥吉 리학淳 黃金玉 沈相瓚 河鎭奎 朴宗鶴 沈益섭 각五拾전 沈宜明 朴宗茂 黃今哲 각四十전 김龍福 朴啓封 朴守明 박千둘 박明浩 박仁壽 각三十錢 리元世 廿五錢 朴齊祖 리配夏 리秉壽 리敎翊 吳儀文 박宗益 리敎榮 박勝寬 박再封 박日龍 박甲寅 박乭伯 黃道學 박命福 表상山 黃學星 韓龍三 徐相穆 徐相復 리範儀 각一十전 리鍾완 成煥七 박明壽 박合壽 리廣魯 리仕魯 池釗돌 各拾錢

合十六圜七拾五錢

前號總合五萬八千七百〇一圜九拾三錢七厘

都總合五萬八千七百十七圜六拾八전七厘

發行兼編輯人英國人 裵說
發行所
南署石井洞號外地三層洋屋內 大韓每日申報社

大韓每日申報
第六卷
第七百四十二號

月曜及慶節
臨時休刊

檀君開國四千二百四十一年
箕子元年三千三十年
大韓開國五百十七年
日本明治四十一年
淸國光緖三十四年
陰曆戊申正月大二十七日癸丑

寄書

●學業은國家之基礎라 (張寬翰)

蓋古先明王之治天下也에興학ᄒᆞᆷ으로써得ᄒᆞ며또ᄒᆞᆫ廢학ᄒᆞᆷ으로써失ᄒᆞᆷ은千古歷史上에瞭然ᄒᆞᆫ者라맛당히三代에鑑ᄒᆞᆯ지어다王宮國都로閭巷에及ᄒᆞ야학校를設立ᄒᆞ고英才를培養ᄒᆞᆷ으로國勢가盤石에重ᄒᆞ며民樂은擊壤에酣ᄒᆞ야後世에能히及ᄒᆞᆯ리無ᄒᆞ며맛당이秦에鑑ᄒᆞᆯ지어다

六國幷呑ᄒᆞ야萬里에長城으로北胡의藩병을삼으며百二의重關으로萬世의基業을圖ᄒᆞ얏더니不幸ᄒᆞ야二世에至ᄒᆞ야장城重關이다自己의物이아닌즉其故何哉오咸陽의尋坑塹에儒冠ᄒᆞᆫ儒生의魂이焚書의殘灰를懲親ᄒᆞ야嘉平暮雨中에山東六國의遺魂을喚起ᄒᆞ야[illegible]君의게書를先寄ᄒᆞᆫ後에祖皇으로ᄒᆞ야곰今聲가夢을未覺케ᄒᆞ얏스니[illegible]으로ᄒᆞ야곰終歿大笑ᄒᆞᆯ處로다此에觀ᄒᆞ면학業은國家의基礎라謂ᄒᆞᆯ지라

大抵학業은人으로ᄒᆞ야곰其知識을啓ᄒᆞ며忠孝를循ᄒᆞ며志氣를健케ᄒᆞ며耳目을明케ᄒᆞᄂᆞᆫ等節이니地球上에何國을毋論ᄒᆞ고人民이此에從事ᄒᆞ면君父의重要ᄒᆞᆫ事를知ᄒᆞ야他人의侮辱을受ᄒᆞᆯ지라도湯火를不避ᄒᆞ야身軀를不惜ᄒᆞ면個이[illegible]ᄒᆞᆷ을得ᄒᆞ리라

嗚呼라我韓今日의情況이여試問ᄒᆞ노니民志가未開ᄒᆞᆷ으로써然ᄒᆞ얏ᄂᆞᆫ야抑其實力을不用ᄒᆞᆷ으로써然ᄒᆞ얏ᄂᆞᆫ야近日學業의發됨을窃觀ᄒᆞ니或은平生의학ᄒᆞᄂᆞᆫ바志趣ᄂᆞᆫ다만分外靑雲의志로對案書窓에多少書를變讀ᄒᆞ되繁文을事ᄒᆞ미人이或其祖國의歷史를問ᄒᆞᆫ즉寂然不知ᄒᆞ며또山川戶口와諸般經濟術을問ᄒᆞᆫ즉또ᄒᆞᆫ開口치못ᄒᆞ니此所謂舍己之田而耘人之田者也니寒心哉라

夫士ᄂᆞᆫ人民의俊秀ᄒᆞᆫ者요世界에本錄의어ᄂᆞᆫ士된者ㅣ本國의情況을不知ᄒᆞ면農民이知ᄒᆞᆯ가本國人이不知ᄒᆞ면外人이知ᄒᆞᆯ가然則白首剩馥의工이今에安在오此人은비록개稻一尺하며袖廣三尺이라도士者의資格이라云ᄒᆞᆯ가蚕桑者ㅣ라謂ᄒᆞᆯ가然즉他人의侮를受ᄒᆞᆷ이可ᄒᆞ도다

此所謂人必自侮而後에人이侮ᄒᆞᆷ이라嘗論컨ᄃᆡ國에學識이無ᄒᆞ면人의氣目ᄒᆞᆫ者와家에基礎가無ᄒᆞᆷ과如ᄒᆞ니棟냥을何에設ᄒᆞ며手足을何로向ᄒᆞ리오況今時代ᄂᆞᆫ학生의時代오從事ᄂᆞᆫ學問의從事로다幸혹有血有義有膽有志ᄒᆞᆫ신靑年은今日의情況을悲觀치勿ᄒᆞ고將來文明을營觀ᄒᆞ야齒汚를滌去ᄒᆞ고新氣를吸收ᄒᆞ야학業을從事ᄒᆞ며實力을發成ᄒᆞ야合力으로精神을培養ᄒᆞ야村村如是ᄒᆞ며面面如是하야八域內民族이如是幷進ᄒᆞᆫ더라지十年間이면瞽者가離婁의明을成ᄒᆞ며傾側ᄒᆞᆫ家屋가安壯ᄒᆞᆫ家屋을成ᄒᆞ면國權이從此以成ᄒᆞ며政派가從此以振ᄒᆞ면國勢의鞏固ᄒᆞᆷ이엇지先王의隆興ᄒᆞᆷ에讓ᄒᆞ리오故로國의基礎가학業擴張ᄒᆞᆷ에在ᄒᆞ다ᄒᆞ노라

官報

●第四千八號

隆熙二年二月廿七日

敍任及辭令

任關稅局稅關手 小島順之助
任關稅局通譯手 山川 학
農商工部技手 山田直次郎
兼任臨時財源調査局技手
關稅局主事 椿原 文吉
兼任臨時稅關工事部主事

外報

●立憲政治施行 倫敦電을據ᄒᆞᆫ즉西太后陛下께서勅命을下ᄒᆞ야立憲政體를施行케ᄒᆞ고不遠間各地方에代議士를選擧ᄒᆞᆫ다더라

●冷觀日本 北京電을據ᄒᆞᆫ즉滿洲問題에關ᄒᆞ야淸日兩國間交涉이不一ᄒᆞ야成就되기難ᄒᆞᆫ中近日淸國政府ᄂᆞᆫ米國大艦隊가世界에巡行ᄒᆞᄂᆞᆫ것을恃ᄒᆞ고一層더冷落ᄒᆞ다더라

●淸俄交涉漸就 同電을據ᄒᆞᆫ즉滿洲問題에關ᄒᆞᆫ淸俄兩國間交涉은漸々成就ᄒᆞ야不遠間에洽足케될듯ᄒᆞ다더라

●游淸學生不穩 上海電을據ᄒᆞᆫ즉淸國留학生監督의報告에因ᄒᆞᆫ즉歐洲에在ᄒᆞᆫ淸國留학生은帝室을背反ᄒᆞ고外敎를崇向ᄒᆞ며社會에投入ᄒᆞᆯ傾向이有ᄒᆞ니此를防止措處ᄒᆞᆷ이必要ᄒᆞ다ᄒᆞ얏더라

雜報

●豊郡興學 豊川郡守成樂英氏가公退之暇則多數學徒를敎育ᄒᆞ야校長之任을自擔ᄒᆞ고民會를設立ᄒᆞ야一月二回式人民을會集ᄒᆞ야文明進就之力을說明ᄒᆞ고外國軍隊가義兵偵探次로入境ᄒᆞᆫ時에ᄂᆞᆫ躬自徒步追從에焦身焦舌ᄒᆞ야良民에貽害가無케ᄒᆞ며軍隊入境後에還衛ᄒᆞ고暴徒가犯邑ᄒᆞᆫ時에ᄂᆞᆫ涕泣曉喩ᄒᆞ야破碎코저ᄒᆞᄂᆞᆫ公廨를保全이ᄒᆞ며結錢을巡撿을保命케ᄒᆞ다고該郡來人이稱頌ᄒᆞ더라

●命시設校 固城郡稅務主事李潤永시가該郡有志紳士와相議ᄒᆞ야학校를設立ᄒᆞ고稅務監察事로出張ᄒᆞᆫ命承謙시를敎授로選定ᄒᆞ야諸般敎科를委托ᄒᆞ얏다더라

●慈善可采 大邱市議所에서設備ᄒᆞᄂᆞᆫ協成학校ㅣ觀察使와郡守의贊成으로方今始務ᄒᆞ고本所에서淸貧部를另置ᄒᆞ야方又設備中이라더라

●北平定州葛池坊書堂啊

維新학校趣旨書 (續)

惟我同胞가聖王仁厚之澤으로久被未可之名을니ᄂᆞᆫ自聖朝로右文之化ᄒᆞ야所以학校로培養人才케ᄒᆞ시니嗚呼同胞여孰不感悟이리오학校者은非聚徒講件物事也라貫通古今ᄒᆞ며研究物理也어ᄂᆞᆯ今世俗人士가不知時務ᄒᆞ고以古非今ᄒᆞ야習以新학技藝則非理人之道라ᄒᆞ야若將미踏ᄒᆞ니孔夫子伸數도以六藝로以敎三千ᄒᆞ시니新학技藝도六藝而已라然則智育德育은古今一般이며智德이遵然後에濟世之方을可聞矣라自列聖朝로尊崇儒道ᄒᆞ샤是以로稱以儒生則君主도不敢召ᄒᆞ며官僚도不敢及을是莫非尊敬이거ᄂᆞᆯ今에我韓半島가烈風驟雨에出汲於波濤之間ᄒᆞ야我皇이丕擴金闕에天鑑이孔昭ᄒᆞ사되我儒生이若睍非齋ᄒᆞ고罔極ᄒᆞᆫ皇恩을萬一不報ᄒᆞ면敗常ᄒᆞᆫ律은百死猶有餘ᄒᆞ니豈不可惜乎아願此定郡이僻在遐陬나土是國土人是國民이라雖有窮凶之匪類에나稟天之性도一般也오愛國之思想도亦爲人後로다原來本區을稱此書堂者은雖設書塾ᄒᆞ야老師宿儒가繼出而無休故也라當此時局ᄒᆞ야有志人士治安珍翁兩氏가熱心敎育ᄒᆞ야以構築之資本으로特設學校ᄒᆞ고名曰維新이라ᄒᆞ고未閱數月에학徒가至於二拾名ᄒᆞ니亞國紳士와愛國同胞ᄂᆞᆫ一斷喻染ᄒᆞ고進步於新明ᄒᆞ야宗社와生영을保重ᄒᆞ기로趣旨ᄒᆞ노라

完

●學界慘報 京城新報에日聞ᄒᆞᆫ바를據ᄒᆞᆫ則韓國政府에서今番에官立外지私立학校를撲滅ᄒᆞ기로決定ᄒᆞ얏ᄂᆞᆫᄃᆡ其撲滅手段은今後政府에採用하ᄂᆞᆫ官吏ᄂᆞᆫ官立학校出身者로任用ᄒᆞ고私立학校出身者에ᄂᆞᆫ此特典을不許ᄒᆞᆫ다ᄂᆞᆫᄃᆡ爲中英美法外私立학校가大打擊을被ᄒᆞ며官敎師等의經營ᄒᆞᆫ基督敎主義라ᄒᆞ얏스니此說이果係確實인지不知ᄒᆞ거니와大抵世界各國에文化가發達ᄒᆞᆫ私立學校의發成이官立보다優勝ᄒᆞ거ᄂᆞᆯ韓國에一私立을撲滅ᄒᆞᆫ境이면是ᄂᆞᆫ韓國程度를闇黑ᄒᆞᆫ坑塹에愈益陷ᄒᆞᄂᆞᆫ手段일뿐더러若英美諸官敎師等의經營ᄒᆞᆫ학校ᄂᆞᆫ何故로尤甚ᄒᆞᆫ大打擊을加ᄒᆞᄂᆞ뇨此ᄂᆞᆫ敎育과傳敎界에極甚[illegible]을恣行ᄒᆞᆷ이니엇지重大[illegible]가아니리오此等妨害的[illegible]所自出은不問可知니吾[illegible]國의懲念이如此히極度[illegible]것을對ᄒᆞ야哀矜ᄒᆞᆷ을不禁[illegible]

●黃氏悼妄 西門外尾[illegible]ᄂᆞᆫ黃演昶氏가陰曆昨年[illegible]其外舍를每個月에以一[illegible]錢으로李某에게貫給ᄒᆞ[illegible]其間貰錢不報가數朔에[illegible]로屢々勸其他移ᄒᆞ나嚴[illegible]가人所難堪인故로開春[illegible]야他移ᄒᆞ라ᄒᆞ엿더니不[illegible]某가死病에罹ᄒᆞ미自家[illegible]他人家에서死ᄒᆞᄂᆞᆫ것보[illegible]家에가서死ᄒᆞᄂᆞᆫ것시愈[illegible]고再昨[illegible]夕에自己[illegible]擔舁而往ᄒᆞ더니未幾에[illegible]라ᄒᆞᄂᆞᆫ人이無賴輩一人[illegible]ᄒᆞ야稱謂某某之妻弟ᄒᆞ[illegible]을逐出ᄒᆞᆷ이人情之外라[illegible]部警察署로往ᄒᆞ야도ᄂᆞᆫ[illegible]警察署에往ᄒᆞᆷ은必要가[illegible]氏가不然之端을屢々說[illegible]ᄒᆞ며三人이맛잡고차기로[illegible]之ᄒᆞᆷ이果難堪耐故로不[illegible]往警察署ᄒᆞ니[illegible]之逐出病人雖云薄情이[illegible]則其妻弟也라詐與欺其[illegible]ᄒᆞ니急宜交之境之ᄒᆞ고[illegible]暇이ᄂᆞᆫ來訴警署ᄂᆞᆫ決非[illegible]卽往治料病者하라ᄒᆞ얏[illegible]黃遺洙ᄂᆞᆫ法部大臣趙重應[illegible]保護巡檢이라더라

●昌郡設興 昌城郡昌[illegible]ᄂᆞᆫ昨春에該郡守金相範[illegible]設ᄒᆞ고敎師ᄂᆞᆫ李敬榮氏[illegible]ᄒᆞ며校長委正彬校監曹[illegible]씨가共同注意ᄒᆞ야晝夜[illegible]機誼世敎授ᄒᆞ고每週開[illegible]前進之望을說明ᄒᆞ다고[illegible]人의稱說이有ᄒᆞ더라

雜報

●兩殿移建 太皇帝陛下께서安동 別宮으로 移御ᄒᆞ신後該宮內에 景孝殿 誌孝殿의兩祠宇를新建築ᄒᆞᆫ다더라

●德壽宮問安 陰曆二月八日에 大皇帝陛下께옵셔德壽宮에 動駕ᄒᆞ신다더라

●義王行次 義親王殿下께옵셔昨日에入城ᄒᆞ신다더니有何事故인지姑未入城ᄒᆞ셧다더라

●叙勳運動 明成皇后께서去壬午年播遷時에勤勞가有ᄒᆞᆫ人의게叙勳ᄒᆞ며加資와追贈之典을 奏蒙ᄒᆞ기로侍從院卿閔丙奭氏와中樞院顧問閔泳綺氏가摠理大臣李完用氏와協議中이라더라

●皇族會議 再昨夜에永宣君李埈鎔氏가本宮에서留學生選取ᄒᆞᆯ事件에對ᄒᆞ야宗會를設ᄒᆞ얏는ᄃᆡ完順君李載完氏와학部大臣李載崑씨等諸씨가會同ᄒᆞ야協商協議ᄒᆞ얏다더라

●皇族學生 別項과如히日本留학生派送ᄒᆞᆯ事로再昨日에宗班李시가雲峴宮에서宗會ᄒᆞ고協議ᄒᆞ얏는ᄃᆡ학生九名을派送ᄒᆞ기로決定ᄒᆞ고李載完시令男과학部大臣李載崑시令男兄弟와李海昌시令男을爲先選定ᄒᆞ얏다더라

●水道視察 內部大臣任善準시는平壤郡에水道工事를視察ᄒᆞ기爲ᄒᆞ야日間발程ᄒᆞᆫ다더라

●遞于喬木 晋州觀察使金思黙氏는遞任되고翁衆領에李範七氏가叙任된다는說이有ᄒᆞ다

●錦察云辭 忠南觀察使梁在翼시는誰某의勸告인지日間辭職疏를奉呈ᄒᆞᆫ다더라

●掖屬不穩 再昨日에掖屬을解散ᄒᆞ되統장은呼天痛哭ᄒᆞ고其外沸鬱之氣가발ᄒᆞ야當場主像이不穩ᄒᆞᆫ故로각大臣은昌德宮에仍爲坐直ᄒᆞ고 德壽宮에는承寧府장官이坐直ᄒᆞ얏다가昨朝에退闕ᄒᆞ얏다더라

●각門選擇 日本留학生八十名을派送ᄒᆞᆯ터인ᄃᆡ 皇族中에五名을選擇ᄒᆞ고海豊府院君尹澤榮씨門中에셔三名을選取ᄒᆞ고侍從院卿閔丙奭시門中에셔三名을選擇ᄒᆞᆫ다더라

●梓墨挽止 內部技監中原시가日昨花月樓에宴會ᄒᆞᆫ項은昨報에已揭ᄒᆞ얏거니와追後詳聞ᄒᆞᆫ즉事務官長濱시와地方局長服仲模시가五個酬酌ᄒᆞ는ᄃᆡ長濱이가無故히不知不覺에服仲模사를拳之打之ᄒᆞᆷ으로服시가鄉睦仆地ᄒᆞ거ᄂᆞᆯ府郡課長鶴岡사가長濱을打之論責ᄒᆞ기를設或醉사가失手ᄒᆞᆫ事이存ᄒᆞ며리도溫言順辭로質辦ᄒᆞ는것이可ᄒᆞ거ᄂᆞᆯ一般官人으로如此히行悖ᄒᆞ나냐ᄒᆞ얏다더라

●仁尹上京 仁川府尹김潤晶시는緊急ᄒᆞᆫ公事를因ᄒᆞ야昨日에入城ᄒᆞ얏다더라

●閑民渡韓 近日以來로日本人이京釜鐵道로多數히渡來ᄒᆞᆫ다는ᄃᆡ其니容을聞ᄒᆞᆫ즉實業이無ᄒᆞᆫ乾關牌가居生ᄒᆞᆯ目的으로渡來ᄒᆞ는것시라는巷說이有ᄒᆞ더라

●戶籍引繼 漢城內戶籍은自來로漢城府에셔管轄ᄒᆞ는것인ᄃᆡ今春爲始ᄒᆞ야警視廳에셔引繼句管ᄒᆞᆫ다더라

●兩守曠職 全北觀察使리과璜시가히道管下興德郡守金永璺茂장郡守徐相環兩시가受由過限이已經三朔에終不還任ᄒᆞ야邑事民情이俱爲急迫ᄒᆞ니特爲措處ᄒᆞ라고내部로報告ᄒᆞ얏다더라

●巡檢狠性 仁川港松林居賊在과외次于介甫가該동居리某의妻를刼奸ᄒᆞᆫ事에對ᄒᆞ야該港府尹김潤晶氏가該동民五六人을捉致ᄒᆞ는ᄃᆡ該동民리聖春은以大종으로方在委席이러니巡檢이來到侵捉에蹴下階下ᄒᆞ야魂不付身ᄒᆞ야伏地顚倒에仍又亂打捉去ᄒᆞ야嚴囚冷獄에已過多日로ᄃᆡ未有如何處辦ᄒᆞ니府尹은此情狀을不知ᄒᆞ는바어니와巡檢의行爲가如是不已ᄒᆞ면仁港人民이將不知何境이라더라

●九校請助 經理院에서補助金을支給ᄒᆞ던漢南장業학校等九處에本年度ᄭᆞ지捐助ᄒᆞ고다고宮內府에셔학部로照會ᄒᆞ얏다더라

●抽籤存撥 武監과別監을改稱ᄒᆞ야幾名을置ᄒᆞᆫ다는說은前報에已揭어니와再昨日에實字退字를書ᄒᆞ야抽籤으로施行ᄒᆞ얏는ᄃᆡ前日에는侍從院에셔管轄ᄒᆞ더니自今爲始ᄒᆞ야는主殿院에附屬ᄒᆞᆫ다더라

●施痘實施 咸北種痘委員이昨年秋에該각郡에서施痘ᄒᆞᆫ人을調査ᄒᆞ야ᄂᆡ部로報來ᄒᆞ얏는ᄃᆡ合이三千八十名이라더라

●無事白放 日昨에東部巡査가東小門니에서泥醉ᄒᆞᆫ人一名을逢着ᄒᆞ야身上을搜探ᄒᆞᆫ즉義名에干連ᄒᆞᆫ문蹟가現露ᄒᆞ미郎爲捕捉하야審査ᄒᆞᆫ즉幾徒ᄂᆡ投入하얏다가後悔ᄒᆞ고還爲上京ᄒᆞᆫ事가確實ᄒᆞ야再昨日에放送ᄒᆞ는ᄃᆡ該人에姓名은라家根이오居住는中部壽동인故로히동統首를招致ᄒᆞ야詳問ᄒᆞᆫ後에리永根을限同出送ᄒᆞ얏다더라

●潛跡露館 年前에俄國에渡去ᄒᆞ야滯留ᄒᆞ던金仁하시는日昨에渡來ᄒᆞ야露國假館에서逗留ᄒᆞᆫ다더라

●彌天痛恨 殿寧居劉永대리在와兩氏가妻身麻浮曳ᄒᆞ얏는대一人는砲殺이遍身ᄒᆞ고本社에餉銜來督日居生於同郡하야度業頼ᄒᆞ더니二三次義援가至去民壽山下ᄒᆞᆫ後로魂不付體ᄒᆞᆯ際에陰十一月十五日晩頭에日兵幾拾名이忽지入來ᄒᆞ야洞民十四名과隣近八鵲村鉗匠二名과士器商一名을一齊捉出ᄒᆞ야脇聚동口에不問曲直ᄒᆞ고個個砲殺ᄒᆞᆯ時에兩人와父親이亦爲其中이오兩人즉僥倖免死나切骨之痛은蒼天이下鑑이라必是日兵의羅嗣가有嫌於洞人ᄒᆞ야指囑日兵ᄒᆞ야遽此慘境ᄒᆞᆫ故로同郡分派所에呼訴ᄒᆞ야即爲轉報鳳山憲兵所ᄒᆞ야査得其時通嗣ᄒᆞ고照律處辦에以雪兩동寃天之冤ᄒᆞ라ᄒᆞ얏더니本倅가雖日聞此慘狀ᄒᆞ나暴踏形言이나當事實轉報랴ᄒᆞ더니于今月餘에更無如何措處ᄒᆞ니兩人怨恨은無地可訴이라ᄒᆞ얏다

此所聞에對ᄒᆞ야日本軍司令部에서는必是所聞이不同ᄒᆞ리니와若其事實이如許ᄒᆞ거든吾儕는其事件의緣由如何를採受ᄒᆞ야揭佈ᄒᆞ기를要ᄒᆞ거ᄒᆞ노라

大韓每日申報記者曰

●天良發現 黃海道九岩洞에셔國債報償金義捐이以若殘동으로一百圜에至ᄒᆞ얏스며該동居尹瑛섭의母夫人리氏가婦人義捐을발起ᄒᆞ얏는ᄃᆡ其孫女九歲幼兒貞卿이가新貨一拾錢을手納ᄒᆞ얏더라

●稅殘花心 南溪人의稅說을聞ᄒᆞᆫ즉錦山郡財務主事孫炳用씨는昨年戶稅錢收捧時에秋條戶에白錢三兩을牢은攫捧ᄒᆞ고牢은白捧ᄒᆞ야秉據條六千餘兩을白으로上納ᄒᆞ고且作佚時에각面殿員에게所納殿員에將卜價를分半ᄒᆞ야二百圜을討喫ᄒᆞ고且而兵額取斂出時에各其五十圜式數百圜討食ᄒᆞ고且超後表人이稱當小鮮ᄒᆞ야不弃鮮ᄒᆞ하고右日은昆口이라ᄒᆞᆷ不番ᄒᆞᆫ다ᄒᆞ고私家舍廊에나와愛妓와花鬪ᄒᆞ고仍爲同宿ᄒᆞ며昨年稅金中二千餘圜을欠逋ᄒᆞ고妓生의게納稅ᄒᆞ얏다더라

●又又被捉 北部警署에서强盜犯韓永根等三名을捕捉審査ᄒᆞ며口招로該同謀犯리應遠을再昨日에捕捉ᄒᆞ얏다더라

●義判面長 洪州郡檀松等地에義兵이來到ᄒᆞ야該地面長을捧去ᄒᆞ얏다더라

●逐月占將 各地方人民이義兵의게干連이有ᄒᆞᆫ者를日守備隊와憲兵隊에서捉得斷刑ᄒᆞ고勿使聚集케ᄒᆞᆫ後에每月二次式陸隊에前往ᄒᆞ야占將ᄒᆞᆫ다더라

●眞接燒戶 各地方에人民等波及을被燒ᄒᆞᆫ者를摘報其損케ᄒᆞᆫ意로니部及農商工部에셔聯署ᄒᆞ야地方官에게발訓ᄒᆞ고無論公私森林ᄒᆞ고斫伐結構케ᄒᆞ다는說이有ᄒᆞ더라

●聯合祈講 世界各國青年會에서每年三月을當ᄒᆞ면各학校生徒를會同ᄒᆞ야萬國學生祈禱會를設行ᄒᆞᆷ은各各自己邦國의青年을爲ᄒᆞ야德義心으로實力을扶殖코져ᄒᆞᆷ이라是以로今番漢城青年會에셔來日曜日下午二時에兩門內敎堂에셔각官公私立학校生徒를請ᄒᆞ야本例聯合祈講會를開ᄒᆞᆫ다더라

●青年會講道 青年會館에셔今日下午七点鍾에査經會를開ᄒᆞ고講師金鎭昭氏가講道ᄒᆞᆫ다더라

●湖會演說 湖南學會에서來土曜日에青年會館에會集ᄒᆞ야鄭雲復시를請邀演說ᄒᆞᆫ다더라

●畿湖附會 畿湖興학會에셔總觀ᄒᆞ기爲ᄒᆞ야任員을來二拾九日土曜日에該會장李容稙시私邸로開會ᄒᆞᆫ다더라

●漢校維持 漢江漢湖學校는該동有志諸氏의熱心維持어니와該동居儒生柳瑓文李昌玉三氏는各十圜이오洪壽日씨는四圜을以若不贍之勢로捐付ᄒᆞ얏다더라

▲地方消息▼

▲義兵을討伐次로永興郡新昌面에出張ᄒᆞᆫ警察隊가二十一日에日守備兵과共力ᄒᆞ야永興新昌洞에서義兵一百四十名과交戰하얏는ᄃᆡ日兵一名이中丸卽死ᄒᆞ얏다ᄒᆞ고

▲二十三日장湍郡東面砂峴里에義兵百名이襲來ᄒᆞᆷ으로日守備兵과巡査五名이出往하야石積院西南方面約三千米突等地에서접하얏는ᄃᆡ義兵이射擊佳始ᄒᆞ야三十分間을交戰하얏는ᄃᆡ義兵은傷者의死亡이無ᄒᆞ얏다ᄒᆞ고

▲二拾一日兩陽郡守備兵五名과日巡査二名이同郡陰德面에서한時交戰ᄒᆞ얏다더라

東京電報

●無聲砲발見 廿七日발 米國에셔兵器製造會社에셔發射ᄒᆞᆯ際에조금도音響이不발ᄒᆞ는大砲를發見ᄒᆞ얏는ᄃᆡ軍事界의一大革命됨을信ᄒᆞᆫ다더라

▲獄中精神▼

▲이時局을俯察ᄒᆞ니風霜擂々擬定ᄒᆞ다如醉如狂悅忙ᄒᆞ야君存若無精神업다

▲自衛團을認許ᄒᆞᆯ제日主權을喪ᄒᆞᆯ지각地方에橫行ᄒᆞ야無辜生靈殺戮ᄒᆞ니火上添火이아닌가至今後憑所用잇나內部大臣精神업고

▲撫慰義兵退送ᄒᆞ면日兵來到殺嗎ᄒᆞ야義兵干連執탈ᄒᆞ다脫身上京避禍ᄒᆞ나不勝兵任證賁ᄒᆞ니뎌郡守가精神업고

▲大東會專門學校에任員組織紛紜ᄒᆞᆯ제酒中天地되엿고나在晋安說橫堅ᄒᆞ니逐出令이忽出ᄒᆞ야警協交集不奬ᄒᆞ니뎌分席이精神업고

▲土地家屋證明書ᄅᆞᆯ度支部로報請ᄒᆞ니事務處理所掌件이此部彼部거奧ᄒᆞᆫ대事例茫昧엇지ᄒᆞ나抽一事而可知로다慶北觀察精神업고

▲他人家에屋借ᄒᆞ여稅務方針全沒ᄒᆞ고俸給令에注意ᄒᆞ야臨級國購奔走타가官報以正任書ᄒᆞ니뎌日官이精神업고

▲慶尙郡邑ᄒᆞ는手段公錢欠逋最上이라外人의게納媚ᄒᆞ야庇護方便圖得ᄒᆞ고拔本塞源度外事요無事脫免周旋ᄒᆞ니權稅守가精神업고

▲新官制改定件에宮府所屬除汰ᄒᆞ니減省法을實施ᄒᆞᆯ제一點公心전혀업다銷外食口差出ᄒᆞ야一府怨聲漲天ᄒᆞ니뎌大臣이精神업고

▲티商憲이가變ᄒᆞ야天道敎主孫秉희가되더니近日에는閔元植시가警視廳盜賊에前往行跡綻露되여羅用三이가丁寧ᄒᆞ니뎌人物이精神업고

▲會寧地方民有綱를軍用地로買入타가位置不與還退ᄒᆞᆯ제質土人을捉囚ᄒᆞ니初爲胡不擇地ᄒᆞ고來乃超關生梗ᄒᆞ니뎌日人이精神업고

▲商民中一總督가幾百名이悔過ᄒᆞ야賣國罪案同設ᄒᆞ고一時齊聲退會ᄒᆞ야耶蘇教에入참ᄒᆞ고前日惡名洗滌ᄒᆞ니뎌數人이精神낫네

社告

古阜支社를自三月一日로姑爲廢止ᄒᆞ고該地方에셔本報購覽諸시의게ᄂᆞᆫ本社에셔繼續直送홀터이오니 購覽後三月度代金을本社로即送ᄒᆞ심을爲望

廣告

本人이漢城銀行第七十五號小額當座冊子를路上에셔失ᄒᆞ고本行에通知矣온즉誰某間拾得ᄒᆞ야도無效홈 리漢東 廣告

本人이本郡貞民里居ᄒᆞᄂᆞᆫ鄭漢朝의五字畓八斗落文券을昨年六月分에典執이온바今月二拾日에該券을賠漢의게見失ᄒᆞ얏기玆에廣告ᄒᆞ오니內外國人은切勿見欺ᄒᆞ시오

懷德太田居李鳳 永告

金利鎭의利字를明字로改定홈

南門外大里門동金明鎭告白

南陽睦洞故中樞院議官李奎應氏가時事에痛憤ᄒᆞ야治疏未達ᄒᆞ고飮藥自裁ᄒᆞᆫ事ᄂᆞᆫ昨年陰曆十五日本報에揭載ᄒᆞ얏거니와自裁ᄒᆞᆫ寢室几案에上疏一本과遺書三度를托付於其季氏前教官漢應氏ᄒᆞ니全文大畧曰七旬老親在堂率爾此擧을人雖論罪自古忠孝不得俱全我死後汝聽悅老親供養甘旨ᄒᆞ고教育穉兒六男妹ᄒᆞ야無墜家聲漢應氏가臨文痛哭昏倒不醒家內遑급ᄒᆞ야亦謂當受ᄒᆞ야以聽傳譯에轉護中其老親晝夜哀哭食飮全廢ᄒᆞ야竟至法逝嗚呼無過十餘日一門之內父子俱沒ᄒᆞ니忠義ᄂᆞᆫ亘古罕有요慘慟은令人難見大抵舍生取義ᄂᆞᆫ君子之卓節也奬忠褒賢은國家之大政也李公祥壽不遂朝家初無贈諡之獻議ᄒᆞ니豈無公論之憤激哉

金詰默 告白

本郡守金東鉉氏가蒞任四載에做治一心ᄒᆞ사頌登漁鰥之麥ᄒᆞ고賑受會稽之錢ᄒᆞ와衆情이蒙惠에一境이咸安더니不意本郡守啓遞說府가將近數日에即不還官ᄒᆞ시니善哉我候가雖或無事之時에一日曠官이라도頌政民情이或恐有失커든而况迫此慈方壓種之時乎아一境輿情이若乳子之失慈母ᄒᆞ야裹足往訴于觀察府ᄒᆞ야願留我候에即爲還官ᄒᆞ사以副寬望之情케ᄒᆞ고玆以廣告홈

果川郡郡內面々長金振汝
동장千用成
前議官邊彰煥
內店洞々장林相善
前摠巡朴世鉉
校동동長邊云釜
外店동동長김聖天
李敬彬
上北面面長金鳳오
東面々長李蔡瓘
下北面々長金敎明

黃海道安岳郡龍淵面에在ᄒᆞᆫ驛屯下坪은即帝室財産整理局所管庄土라該庄舍音監官人金理叔이一自平監任後로全以公平納으로舊已任ᄒᆞ야昨秋執稅時에無偏無依ᄒᆞ고一從不形ᄒᆞ야於公에無損下畓上之媚ᄒᆞ고於私에無厚親薄疎之弊ᄒᆞ야自前以來舉秋執稅時에所謂袖전이라ᄒᆞ고作人五六百名이投函抵隙ᄒᆞ야競相納賂於郡監官하고鞭詑執稅之欵이가自成流例ᄒᆞ야作人이認以例給ᄒᆞ고監官廢一坪之權막이러니該氏ᄂᆞᆫ深知其弊에廉曰身守이되作人等이不知該氏之本心하고或可如前納賂而減稅하야儀路暗囑者至於數十人을或溫喩却之ᄒᆞ며或責而拒之ᄒᆞ되一樣不止則畢竟擧其事實에演說于坪內ᄒᆞ야使不正者로自愧而警覺케하고今年正月分에會集作人後開心說告曰坪內에如有積弊隱瘼이어든少無忌諱ᄒᆞ고悉陳無隱하라於是乎作人이齊聲唱諾ᄒᆞ고取賭時秋收監之色租와金齊之落租와監官廳之剩租와監考擧之膝踏租數百石과每作人處에出物鷄饌食이此皆弊막이다안卒該氏가乃害現今本局이維新之初에百度改新인데何獨此坪에有此弊源乎아是皆剝割作人之惡習이라ᄒᆞ고一功革거ᄒᆞ니與實局庄이以之完全ᄒᆞ고渾坪作人이賴而安堵ᄒᆞ니可謂任得其人에民享五福이라고該氏에廉平公直을萬口咸碑ᄒᆞ다며라

任員　龍淵面面長　金濟根
金麟圭　各동頭民
박元坤　沈震澤　告白

◉學員募集

今番本校에셔新入學員約五十名을募集ᄒᆞ니志願者ᄂᆞᆫ入學請願書에履歷書를添付ᄒᆞ야三月二拾五日(陰曆二月二拾三日)內로本校에提呈홈事但入學請願紙ᄂᆞᆫ本校로來購홈事

一 **資格** 年齡滿十二歲以上普通學校卒業生이나或은其同等學力이有ᄒᆞᆫ者

一 **試驗期日** 四月一日(陰曆二月一日)上午九時에來校應試홈事

一 **試驗科目** 日語初步 漢文算術(四則初步)國內地理

一 **學資給與** 學員에게ᄂᆞᆫ志願에依ᄒᆞ야每朔五圜以內에學資를給與홈도有홈

一 入學志願者와注意要件과其他細則은本校에來問홈事

隆熙二年二月　日

京城朝洞

韓國財團法人 **善隣商業學校**

誠豐理東元氏夫人金海金氏除今月貳拾五日寅時別世知舊間照亮

護喪人 金泰榮 告白

本報二月廿二日果則柳瓚이란題下에京居洪鳳鉉이가贖撥捐金始普氏로訟事ᄒᆞᆫ原因은김씨가與鄭潘朴有悌로親近而朴이謂價於김씨故로與執南坪ᄒᆞ고貸給二千大百圜矣러니過期不報則書坪ᄂᆞᆫ書賭債主에ᄂᆞᆫ洪鳳鉉이가假到開城ᄒᆞ야稱以南坪ᄂᆞᆫ平山郡守中買賣다하고欲奪南坪ᄒᆞ야張訴本郡及觀察府에連次落科하니其判決書에云朴이拿公錢賣坪다가因公錢督棄ᄒᆞ야典坪代報이고若其所報未濟則實在於朴이거ᄂᆞᆫ拾朴實金이甚涉無謂也라ᄒᆞ얏ᄂᆞᆫ디洪朴이頭謀ᄒᆞ고越訴平理院ᄒᆞ야김反落科ᄒᆞ니김氏가不勝冤抑ᄒᆞ야申訴法部러니自法部로指令平理院ᄒᆞ야嚴重更查ᄒᆞ얏ᄂᆞᆫ디洪鳳鉉이가賂居本報ᄒᆞ야初無指令云ᄒᆞ고且김씨가圖囑開城郡理主監鳳氏ᄒᆞ야而許上京云ᄒᆞ니金興超로本無一面也어러김씨가六十病衰에何能起動手아該一書ᄒᆞ고此訟委折은洪鳳鉉氏가平山郡守在任時에其婿朴有悌가李用綃讓權利라가及其不利ᄒᆞ야ᄂᆞᆫ其子鳳鉉이藉託公錢ᄒᆞ고橫侵他人ᄒᆞ니可謂越律衆諧也나公錢權利ᄂᆞᆫ法典所禁而鄭朴男妹가私相挾雜온京鄕所共知者라平理院更查之場에是非가自當明白이거ᄂᆞᆯ鳳鉉이認告各報ᄒᆞ야欲掩其公理爭之罪ᄒᆞ니豈有如此奸凶之漢이리오僉君子ᄂᆞᆫ照亮ᄒᆞ시옴

開城居 金蕃학 告白

本人이於龍宮居비實氷鳥에推次錢及紙千兩於音豐百九拾七号受驗을路中에셔失ᄒᆞ얏기轉來拾得이라도勿施홈 趙濟恒白

●學員募集廣告

本學堂의開學期가在邇ᄒᆞ얏기玆에廣告ᄒᆞ오니願學僉員은來三月二日(陰正月三拾日)內로來試入學ᄒᆞ시옴

入學年齡 拾六歲以上
修業年限 四個年
學科 聖經文學 數學 歷史 地誌 理化 博物 衛生 經濟 簿記等학
以上諸學科를純英文으로敎授홈

培材學堂

●美國桑港韓人共立新報社義捐金募集廣告

朴裕成 壹圜
田大鉉 五拾錢
金洪斗 壹圜
李根植 壹圜
方用賢 五錢
合四拾圜五拾錢
(未完)

本校에셔本科及速成科學員을募集ᄒᆞ오니志願者ᄂᆞᆫ入學請願書에履歷書를添付ᄒᆞ야提出ᄒᆞ고三月拾六日初考試所에來臨試驗홈事

一 試驗科目 漢文四書 算術
本科至四則速成科至比例 作文國漢文交作
日語本科ᄂᆞᆫ簡易速成科ᄂᆞᆫ無選
二 年齡十五歲로至二十五歲
三 初考試驗所ᄂᆞᆫ本校及각府港普通학校
四 詳細ᄂᆞᆫ二月二拾五日官報에在홈

官立漢城師範學校

漢城鐘路萬國基督敎青年會舘前慈惠藥房
製藥監督人濟衆院醫學員洪錫厚朴慈惠李觀化 謹白

本人等이米國大學醫院處方並大醫學士魚丕信氏에게受業ᄒᆞ고醫學校長劉五吉池錫永氏에게有効證明을受ᄒᆞ고左記ᄒᆞᆫ各種을製造ᄒᆞᄂᆞᆫ外國醫藥規模을依ᄒᆞ야紙匣洋鐵匣琉璃瓶에盛ᄒᆞ야全選譯ᄒᆞ야名稱과方便方이라ᄒᆞ야발賣ᄒᆞ오니四方僉彦中濟衆院나ᄋᆞᆯ數拾年來經驗信用ᄒᆞ신兄弟ᄂᆞᆫ不拘약之多少와路之遠近ᄒᆞ고以書請買ᄒᆞ시면本人은雖拾錢價値라이라도以小包郵便으로卯呈ᄒᆞ오리나다封定價外郵稅十錢을加送ᄒᆞ시되小數젼은郵票十젼ᄭᆞ지라도좃ᄉᆞ오며ᄯᆞᄒᆞ시고賣ᄒᆞᄂᆞᆫ家에셔ᄂᆞᆫ多數買去ᄒᆞ시면郵便局換證票를買送ᄒᆞ시오且本藥房에來國(얼포드)製약會社약과(와룰)製약會社약의德國(만흥임)製약社약品을直譯入ᄒᆞ야德語英語로記ᄒᆞᆫ方文과主治와用法을我國漢文으로譯論발賣

商標

食思振起 補益丸 第一老衰男女
營力活潑 의게補益血

定價 拾日分 三十個入 金一圜
二十日分 六十個入 金一圜七拾五錢
三十日分 九十個入 金二圜五拾錢

靈效解瘧丸 一日分定價金拾錢此藥은大人小兒長瘧과初瘧과間日瘧과間二日瘧과久瘧等에效驗이確實ᄒᆞ고一二日服用ᄒᆞ면更不再發

主治大補元氣能調陰陽男子陽萎不起女子月經不調手足厥冷虛弱夫氣久病人蘇元되ᄂᆞᆫ効力이大勝於鹿茸蔘人蔘精

回虫丸 一日分定價金拾錢此藥은大人蛔積小兒蛔病의神效

四時感冒丸 一日分定價金拾錢此藥은感氣몸살의쓰ᄂᆞᆫ약인대一二日連服ᄒᆞ면四時毒感上下肢節頭痛에卽時解熱鎭痛

男女搶疾祛根藥 定價金五錢此藥은瘡疾의一期二期를勿論ᄒᆞ고거근ᄒᆞ도록낫을쥬ᄂᆞᆫ대口疳과구역도아니나오

淸明眼藥 一日分定價金拾錢此藥은火眼熱眼의有効

無惡臭疥瘡藥 定價金四拾錢此藥疥瘡虫을卅分內殺

鎭咳藥 五日分定價金三拾錢此藥은四時尋常性咳嗽에有効ᄒᆞ고特히老人喘咳에消痰止咳

寸白殺根 定價金三拾錢此약寸虫蛔殺ᄒᆞᆷ

止足汗藥 二十日分定價貳拾錢此藥ᄂᆞᆫ軍人常用除足汗臭

經脛根治膏 定價금十五전此낙面腫과頭腫에直差

濕腫根治膏 定價금十五전此약은男女勿論ᄒᆞ고風寒暑濕으로腫ᄒᆞ야大起搔痒ᄒᆞᄂᆞᆫ데奇効

漢城百應膏 一封定價金一錢此약은舊약醫士李信友시方文으로製造ᄒᆞᆫ藥인대명우리잘풀리고자頭腫氣에발根合瘡이速히되ᄂᆞᆫ奇藥인바入洋鐵匣入一個금五十錢

小兒感冒靈効散 此약池錫永氏經驗良方小兒感冒及食滯及身熱驚癇風香植神效定價金十錢

癇氣神効保嬰散 此약醫學校長池錫永氏數拾年經驗之良方小兒屎色綠而濕○腹漲○身不安而不寢○腹痛驚驚及直視而驚癇에神効定價금十二錢五厘

發賣所 仁川港枡峴濟生堂약房
京城梨峴寄賣약商李信華

新編 銀行簿記學 任璟宰編述 全一冊定價 大十五전

本書ᄂᆞᆫ一般外國諸大家의著述ᄒᆞᆫ簿記學中最近ᄒᆞᆫ학理와最新ᄒᆞᆫ形式을精細蒐輯ᄒᆞ야國漢文으로附得키便易하게編述ᄒᆞᆫ者니一次修習ᄒᆞ면銀行의整理方法과業務의處理順序가瞭如指掌ᄒᆞ야實로實業家의一大顧問이라諸銀行家와商業家ᄂᆞᆫ不可不案頭에一冊을備置ᄒᆞᆯ者ㅣ니陸續購覽ᄒᆞ심을務望

발賣元 中署布屛下三拾七統六戶 廣學書舖金相萬
分賣所 동口越邊中央書舖 大廣橋匯東書館
鐘路大東書市 同古今書海館
南門內博文書館 南門外新衙書林
銅峴博學書館

唐城洪鍾旭君編撰 二百三十八頁 定價 七拾五錢

新撰 美術通義 上

此書ᄂᆞᆫ四則으로봇터名數ᄭᆞ지編成ᄒᆞ얏ᄂᆞᆫ데其眞理를破綻ᄒᆞ고解式을昭載ᄒᆞ며且我國度量衡及貨幣로各國度量及貨幣를換算ᄒᆞ고基礎를作ᄒᆞᆫ외經度와時差로各國地方時의解得ᄒᆞᄂᆞᆫ方法을揭ᄒᆞᆷ이尤極昭詳ᄒᆞ니一般敎育界上에大光彩를발輝ᄒᆞᆯ不啻라학問家簿記家及硏究者의案頭에可히備置ᄒᆞᆯ惟一ᄒᆞᆫ眞寶ㅣ라 普文社 白

捷賣所 博學書館 銅峴 中央書舖 廣학書舖
發賣所 大東書市 匯東書館 古今書海館 博文書館
新舊書林 安峴書館

家庭雜誌

每月五日發行一冊五十頁定價金十錢一年先金九十六錢地方一年先金郵稅幷一圜

本雜誌ᄂᆞᆫ純國文으로發行ᄒᆞ와家庭敎育界에大光明을放ᄒᆞ옵다가財政의艱窘을因ᄒᆞ야中間에廢刊廢止ᄒᆞ엿ᄉᆞᆸᄂᆞᆫ바이온대今에本社에셔有志諸氏와協贊을得ᄒᆞ야論說記師와各部門과滋味잇ᄂᆞᆫ歷史鐵議를著述或蒐輯ᄒᆞ야本月五日부터續刊發行ᄒᆞᆫ옵사오니 僉君子ᄂᆞᆫ續々購覽ᄒᆞ시ᄋᆞᆷ

발兌元 皇城布屛下金相萬廣學書舖
賣所 尙洞博文書館 鍾路大東書市
發所 各有名書店
布屛下廣學書舖니家庭雜誌社 告白

●大韓國新發明靈藥廣告
陸軍軍醫官守舒君實驗方劑에陸軍軍醫張建植君有効證明으로淸心保命丹을발明인바效能은如左ᄒᆞ니 僉君子ᄂᆞᆫ試爲望

新藥 淸心保命丹

●主治効能
●擴飮 ●食積 ●中暑中寒
●咳嗽 ●腹痛 ●不土不服
●氣鬱 ●吐瀉 ●船車眩暈
●食傷 ●酒醉 ●口熱
▲其他諸般連氣屬證方妙藥

本舖 仁川港枡峴 濟生堂
발行人 仁川港枡峴 濟生堂 李圭鳳

代理店 京城鍾峴里동 共愛堂藥房
特約店 京城鐘路 李信華 慈惠藥房
同 梨峴 盧益亨洋藥局
同 尙洞 盧益亨冊사
同 南門外 濟衆藥院
仁川 內洞 韓國風局
同 枡峴 和平局
同 南門內 朴圭植
開城 忠橋 具聖模
同 水原鐘路下 金濟九藥局
同 宗路 宋祖孝
延安邑內 邊汝文
江華鐘路 宋順東
長湍南門內 崔敎淳
鳳山沙利院場內 박健昌
仝 任允中
仝 耶蘇敎堂內 李在吉
黃州南門外紅門洞 李東赫
平壤雙且里 韓鳳儀藥舖
仝 최龍化
仝 大韓藥舖 金龍興
仝 文武洞南藥舖 金桂學室
鎭南浦藥局洞 全元榮藥舖
群山港開雲洞 金차鉉
京南大門外 大同運輸會社
全泥峴郵便局內 天佑堂
安岳邑上場里濟生局 林景柱
大邱南門內刷選客主 김成浩家
釜山港草梁동客主 김重佑家
安州城內義井동回春大約房
義州南門外水口街義和약局
此外에도現代에문明각國有名
각種靈藥이具備ᄒᆞ
淸州邑南門內 李本植
海州南門內 金演台
淸州邑藥局局 박之行
仁川郡美동藥局 崔允國
鐵原邑後동洋약局 박鍾勳
北靑新昌港客主 朴致鎬
元山港本堂出張人

越南亡國史 國漢文
定價貳拾伍錢

發賣所 京城廣橋高裕相書舖
匯東書館
布屛下김相萬 告白

慫徒洋裝書冊
學徒運動과消具
緞紗各種
衣服貨物其他雜貨도廉價放賣
ᄒᆞ오니諸君子ᄂᆞᆫ來臨ᄒᆞ심을바라나이다
仁川港奇峴 劉信冊肆 興國合資館

本人이日本大阪商業家와特約ᄒᆞ고日本內地産出各種物品과西洋各國物品及機械等物을直輸入ᄒᆞ오며委托을便利케ᄒᆞ오니商工業에有意ᄒᆞ신僉君子ᄂᆞᆫ其物이무어지請求ᄒᆞ시오本社에셔ᄂᆞᆫ手數料金만受領ᄒᆞᆷ
京城南大門內興學書舖
興業社本店
支店 京城南門內水標五十一號
大戶 全仁港內同廣濟號 博養會社

▲新刊書籍發售廣告

增補 萬國歷史 大全 國漢文 定價金七拾五錢
大韓法規類纂洋裝 三圜五拾錢 郵稅四拾錢
初等倫理學敎科書 二拾錢
初等衛生學敎科書 拾五錢
國家學綱領 拾五錢
國民須知 八錢
愛國婦人傳張志淵氏著 十五錢

發賣所 皇城布屛下 金相萬書舖

◎ 義捐金收入廣告

●富平石串面浦里
김聖有 五拾錢 崔明燮
최聖喜 朴仲壽 各四十전

朴士叔 朴嗣同 朴士恩
고冊錄 崔圭喜 崔春燁
韓壯三 朴仲浩 김明종
金德市 李順卜 각廿전
姜德九 金聖玉 각拾錢
合四圜二십전

●富平郡番積里
李會仁 崔鉉植 高順日
최聖化 李聖道 各五拾전
崔鉉奎 四十전 高永先
리敎坤 全光日 최永集
張春宅 박明九 高洪西
張漢明 各廿전 高順哉 十전
合四圜六十錢

總合八圜八十錢
前號總合五萬八千七百十八圜
六拾八錢七厘
都總合五萬八千七百二拾七圜
四拾八전七厘

本社廣告

○申報價
一號代金 新貨二錢五厘
一個月前納 三十錢
三個月 九十錢
六個月 一圜七十錢
一個年 三圜四十錢
郵稅一張 新貨五厘
一個月 十三錢

○廣告料
四号活字十三字詰
每日每英尺一寸에新貨拾五錢
每日發行六次에相當ᄒᆞᆷ
二個日에 二圜五十錢
每日發行四處에相當ᄒᆞᆷ
一個月에 五圜
每日發行四錢一環에相當ᄒᆞᆷ
其期限의長短과字數의多寡
(를依ᄒᆞ야增減ᄒᆞᆷ이有ᄒᆞᆷ)

發行兼編輯人英國人 裵說
發行所 南署石井洞號外地三層洋屋內 大韓每日申報社

第六卷　大韓每日申報　第七百四十三號

大韓每日申報

月曜及慶節歲時日休刊

檀君開國四千二百四十一年
箕子元年三千三十年
大韓開國五百十七年
日本明治四十一年
淸國光緖三十四年
陰曆戊申正月大二十八日甲寅

寄書

●祝每日申報（漢남女士）

在苒ᄒᆞᆫ光陰이如白駒之過隙하야頒ᄒᆞᆫ이遜位ᄒᆞ고東君은卽位하니群生萬物이乘氣를活動ᄒᆞ야陰谷의陽春이初回하고窮巷의積雪이今消ᄒᆞ니舊사ᄂᆞᆫ綻萌ᄒᆞ며岸柳ᄂᆞᆫ舞風ᄒᆞ고萬種花卉ᄂᆞᆫ香氣를吐ᄒᆞ며衆日雨順風調ᄒᆞ야年登大有를可期니豈非好時節가我大韓은自古及今에素稱禮義之邦이라名賢君子와英雄豪傑과忠臣烈士와孝婦烈女와義士俠客이接踵以起ᄒᆞ니箕君箕子의遺訓으로비록愚夫愚婦와三尺童子라도三綱五常을無不知ᄒᆞ며孝悌忠信을無不講ᄒᆞ야爲君臣臣父父子子ᄒᆞ며百姓은樂業ᄒᆞ니時和歲豐ᄒᆞᆫ太平烟月에擊壤歌로爲事러니晚라 前千古後萬代初有ᄒᆞᆫ此時局에我大韓帝國二千萬同胞兄妹여奈何로如此時代를當ᄒᆞ앗ᄂᆞᆫ고我亦二千萬同胞中一分子로恒常不後不先ᄒᆞᆷ을歎ᄒᆞ나不幸히女子가되야身衆惱窮ᄒᆞ고不學無識ᄒᆞ야虛送歲月이一十有七年矣라近年에有志紳士에서新聞을발ᄒᆞ야世界에耳目을縣ᄒᆞ며我同胞兄妹의頑夢을喚醒ᄒᆞ야문明進步케ᄒᆞ며世界形便을日擊ᄒᆞᄂᆞᆫ듯시詳細와激切ᄒᆞᆫ言論에忠愛ᄒᆞᆫ師良友와同ᄒᆞᆫ지라恒常讚仰ᄒᆞ얏更듯渴漢히敬仰ᄒᆞᄂᆞᆫ바至於每日申報ᄒᆞ야ᄂᆞᆫ春秋筆法으로公直ᄒᆞᆫ言論에亂臣賊子ㅣ懼ᄒᆞ고新聞購覽者로ᄒᆞ야곰冷笑를難禁이라三復斯覽ᄒᆞ야不覺嘆賞이되生毛ᄒᆞ니如我愚昧之心에主世界新聞을嚴師와耳目으로知ᄒᆞ고愛讀ᄒᆞᄂᆞᆫ思想이有ᄒᆞ니況我大韓二千萬同胞兄妹의嚴父御에義方之訓을受ᄒᆞᆫ敎稚ᄒᆞᆫ問으로加之以如此開明時代에新학問을兼全ᄒᆞ야선同胞兄妹야愛讀ᄒᆞ심을何須更論가新聞購覽가無窮無盡ᄒᆞ니新聞紙幅이狹小ᄒᆞᆷ을痛恨ᄒᆞ거ᄂᆞᆯ奚暇에奇談이라古蹟이라ᄒᆞᄂᆞᆫ汗漫說話記登載ᄒᆞ리오마ᄂᆞᆫ更恐컨ᄃᆡ學問이無ᄒᆞᆫ婦人孺子ᄂᆞᆫ은彼我勿論ᄒᆞ고新聞趣味를不知하니新聞趣味를不知ᄒᆞᆫ즉卽是耳目이閉塞ᄒᆞᆷ과無異ᄒᆞᆫ故로才談을廣載하면其社說에趣味ᄒᆞ야愚夫愚婦와蒙昧孺子ᄭᆞ지新聞購覽ᄒᆞᆯ思想이발生ᄒᆞ야其傍에有ᄒᆞᆫ論說外報雜報評論ᄭᆞ지自然閱覽ᄒᆞ리니

然則漸漸智與性成ᄒᆞ야將次大학問에進ᄒᆞᆯ지라感謝ᄒᆞ도다每日申報社長發說氏여去益勤勉ᄒᆞ야我大韓全國同胞兄妹로ᄒᆞ야곰時時로覺悟케ᄒᆞ고日日로進步케ᄒᆞ야名譽가六大洲에振動ᄒᆞ고第一文明國卜等人物이되게하기를晝夜祝天ᄒᆞ노라

記者曰東國女學의幹가久矣라女子라一稱ᄒᆞ면十八層閣獄地獄갓ᄒᆞᆫ深々ᄒᆞᆫ閨門裡에鎖ᄒᆞ야학問도不許ᄒᆞ며出入도不許ᄒᆞ고一點淒凉ᄒᆞᆫ燈下에서鬱悶ᄒᆞᆫ生涯를斷送ᄒᆞᆯ而已오師妊이ᄯᅩᄒᆞᆫ女範과蘭雪軒ᄀᆞᆺᄒᆞᆫ문詞를求ᄒᆞ야도已是數百年에偶一現ᄒᆞᄂᆞᆫ鳳毛麟角이니海外문明國의女士갓ᄒᆞᆫ者야將何處得來리오今者此等이緣故ᄂᆞᆫ誰ᄋᆡ罪라謂ᄒᆞ리難ᄒᆞ나此ᄂᆞᆫ目下韓國에難得奇才이기有ᄒᆞᆷ으로ᄒᆞ야一般讀者의眼目을醒케ᄒᆞ노라

官報

●第四千九號

隆熙二年二月廿八日

敍任及辭令

農商工部技手　籾村　文六

農商工部主事　正三品閔　[illegible]鎬

任財務署財務官　齋藤　[illegible]三

任書記　高階　身守

任內部主事　前參尉　金　東　佑

前正尉　金　鎭　[illegible]

前參尉　趙　羲　甲

前正尉　羅　[illegible]　鎬

前參尉　金　元　興

前副尉　리　在　錄

任書記　財務署財務官　宋　文　賢

仝　金　明　濟

仝　閔　永　直

度支部司稅局長　鈴木　穆

命臨時帝室有及國有財產調查局委員

外報

●俄日戰爭準備 紐育電을據ᄒᆞᆫ즉米國陸軍參領히밀돈씨가今番俄國에前往ᄒᆞ얏섯時에上下人情을察ᄒᆞᆫ즉今에日本과更히爭鬪準備를急々히ᄒᆞᄂᆞᆫ것을見ᄒᆞ고詣ᄒᆞ야[illegible]軍隊ᄂᆞᆫ日本有報ᄒᆞᄂᆞᆫ戰爭을必思ᄒᆞ고晝夜操鍊ᄒᆞᄂᆞᆫ데此ᄂᆞᆫ俄가日戰爭에失敗ᄒᆞᆫ緣由로世界에地位가下落될것을不忍ᄒᆞ야還準備ᄒᆞ며時機를待ᄒᆞᆫ다ᄒᆞ얏더라

●無政府黨就縛 路透通信을據ᄒᆞᆫ즉露國彼得堡府에셔無政府黨三拾五名이捕縛되엿ᄂᆞᆫ대彼等이多數히街上에서短銃을携帶ᄒᆞ고露國皇帝에게暴行ᄒᆞ랴ᄂᆞᆫ者를組ᄒᆞ고爆發彈及毒藥ᄂᆞᆫ及收ᄒᆞ엿ᄂᆞᆫ데其書類에ᄒᆞ면스되彼等이暴行을擬ᄒᆞᆫ計謀이더라

●崩壞致命 東京電을據ᄒᆞᆫ즉北海道에셔炭礦이崩壞ᄒᆞ야礦軍一百四名이慘斃되얏ᄂᆞᆫ데其中十三人은救ᄒᆞ얏스나餘皆重傷ᄒᆞ얏다더라

●日本借款不許 英國某新聞에揭載ᄒᆞ얏스되日本이鐵道資金을英國에서借款ᄒᆞᆯ金額이一億圓에達ᄒᆞ얏스되猶爲不足ᄒᆞ야英國에向ᄒᆞ야巨額에借款을運動ᄒᆞ나日本에每年歲入이其借款에比較ᄒᆞ면多數히不足ᄒᆞᆫ즉更히代給치아니ᄒᆞ기로各資本家에셔議論中이라ᄒᆞ얏더라

●美日戰爭必成 法國에有力ᄒᆞᆫ新聞社記者얼너氏가日前에紐育港에셔演說ᄒᆞ되美日兩國이戰爭ᄒᆞᆯ것은明若觀火ᄒᆞ니兩時에起ᄒᆞᆯ것은不知ᄒᆞ고美國과ᄂᆞ마運河를畢役ᄒᆞᄂᆞᆫ日에ᄂᆞᆫ日本에艦隊이漸次衰弱ᄒᆞᆯ터이오又日本이此形勢를先知ᄒᆞ고目下에戰爭ᄒᆞᆯ財政은無ᄒᆞ나同日이던지至今太平洋으로來ᄒᆞᄂᆞᆫ米國艦隊가日本近海에到ᄒᆞᆯ時에機會를乘ᄒᆞ야小時突擊ᄒᆞ야米國艦隊가敗ᄒᆞᆫ즉法國과英國이日本에對ᄒᆞ야巨款을借ᄒᆞᆯ터이나其理由ᄂᆞᆫ戰多히晉ᄒᆞᆫ바아니오米國이日本에게敗ᄒᆞᆫ다ᄒᆞ고도預當치못ᄒᆞ리니와勝敗ᄒᆞ기ᄂᆞᆫ難ᄒᆞ다ᄒᆞ얏더라

雜報

●錢湖敎育 桂洞居ᄒᆞᄂᆞᆫ李增鎬氏가敎明學校를設立ᄒᆞᆫ後에經費가窘絀ᄒᆞ야敎師의三個月薪俸支撥치못ᄒᆞᆷ을聞ᄒᆞ고敎師가義務로ᄒᆞ야熱心敎授ᄒᆞᆫ다더라

●學員熱心 [illegible]에서私立學校를設立ᄒᆞᆫ后에校費가不贍ᄒᆞ야[illegible]ᄒᆞᆯ境遇에至ᄒᆞ얏ᄂᆞᆫ대該學員浦駐韓錫鳳氏가該校主務로[illegible]ᄒᆞ야校務를擔[illegible]

●林門破荒 [illegible]郡남川面社民[illegible]氏가敎育方針으로[illegible]一門ᄒᆞ야使之開明ᄒᆞ며親族中학校를特設ᄒᆞ고熱心敎授ᄒᆞ다더라

●務師經費 美國뉴育耶蘇敎會에셔韓國敎會를擴張ᄒᆞ기爲ᄒᆞ야宣敎師十人을派送ᄒᆞᆫ다ᄂᆞᆫ說은己爲揭載ᄒᆞ얏거니와該事件에對ᄒᆞ야經費拾八萬金을支出ᄒᆞᆫ다ᄂᆞᆫ說이有ᄒᆞ더라

●夜學熱心 平壤中[illegible]面有志人士[illegible]가該面內에[illegible]學校를設立ᄒᆞ고靑年을敎育ᄒᆞᄂᆞᆫ데校務가日就ᄒᆞ고生徒가雲集ᄒᆞ야大有前進之望이라該氏等의熱心敎育ᄒᆞᆷ을人皆稱頌ᄒᆞᆫ다더라

●安氏有志 龍川東上面乾簡洞居安[illegible]氏ᄂᆞᆫ家貧ᄒᆞ야[illegible]爲業이더니[illegible]州晉[illegible]專對夜[illegible]血淚로[illegible]ᄒᆞ야學徒의熱誠이生ᄒᆞ야成就ᄒᆞ얏다고[illegible]來人이稱頌ᄒᆞ더라

●壯哉朱씨 北靑郡居朱明[illegible]氏ᄂᆞᆫ年方弱冠에宅心慈善가大人君子에比肩ᄒᆞᆯ지라其先生學匠老氏ᄂᆞᆫ亦貧寒依어ᄂᆞᆯ田宅을具을買給ᄒᆞ고三歲十歲兒兄弟를愛如親兄弟ᄒᆞ야自己家에撫育ᄒᆞ며紙筆을給予ᄒᆞ야使之入學ᄒᆞ고熱心勸勉曰吾生之子ᄂᆞᆫ卽吾之同氣也ㅣ汝若不信吾言ᄒᆞ고학文에勤勉ᄒᆞ면國民의一分子가아니라ᄒᆞ며每週日에二兒를試驗ᄒᆞᆫ다고北[illegible]人이稱頌ᄒᆞ더라

●[illegible]夜학校趣旨書

夫敎育者ᄂᆞᆫ古今天下에何國을勿論ᄒᆞ고最先最急之務됨은吾人之所共知也어니와然我大韓은尤急於他國也라何오國自數百年以來로先王之善政은漸廢不行ᄒᆞ고徒飾虛僞라가至于建置ᄒᆞ야ᄂᆞᆫ愈往愈甚ᄒᆞ야人民이愚昧ᄒᆞ야[illegible]ᄒᆞ니欲維我太上皇陛下계옵서大放中興之策ᄒᆞ시고克[illegible]明之治ᄒᆞ실새光武八年에特降綸音ᄒᆞ사申飭中外ᄒᆞ사廣設학校ᄒᆞ야培養人材ᄒᆞ시니凡我臣民이孰不興起하야以報答天恩之萬一ᄒᆞ리오是以로學校之設이比比皆[illegible]ᄒᆞ나[illegible]有志紳士라[illegible]敎育之不興[illegible]ᄒᆞ야[illegible]年[illegible]之限이니[illegible]之[illegible]開ᄒᆞ고[illegible]然[illegible]ᄒᆞ야[illegible]同志人士[illegible]夜학校於[illegible]家에[illegible]私立[illegible]學校ᄒᆞ고[illegible]經用을排[illegible]助ᄒᆞ며熱心敎育ᄒᆞ야期於作成ᄒᆞ니[illegible]夫敎育[illegible]否온非一家之事라實關於國脉消長之如何이니嗚呼라凡吾同胞가當此競爭之時ᄒᆞ야雖毛髮絲粟之材라도各自奮발粹勵ᄒᆞ야以[illegible]日[illegible]之[illegible]用則[illegible]乎有以不[illegible]負我太上皇帝陛下如天[illegible]育之盛[illegible]也니惟[illegible]有志[illegible]之[illegible]君子ᄂᆞᆫ共助贊成ᄒᆞ심을切望ᄒᆞᆷ

校장[illegible]　校監朴[illegible]

仝[illegible]

雜報

●下賜日隊 大皇帝陛下께셔 三月十日日本陸軍紀念祭에 金一千圜을 韓國駐箚軍司令部에 下賜ᄒᆞ실 旨로 命ᄒᆞ셧다더라

●祗迎定所 陰二月八日에 大皇帝陛下께옵셔 儒𦤶官에 問安ᄒᆞ실時에 宗親과 文武百官이 依例히 敎化門前에셔 祗迎ᄒᆞ기로 내閣에셔 提議ᄒᆞ얏다더라

●慶祝節次 今年 大皇帝陛下誕辰은 初度乾元節인故로 一般官民의 慶祝之節을 盛設ᄒᆞ기로 漢城府尹張憲植氏가 각社會에 辭謙ᄒᆞ고 紳士를 請邀ᄒᆞ야 慶祝의 準備節次를 烟商協會ᄒᆞ얏다더라

●선殿移建 北闕너에 前 션源殿을 毁撤ᄒᆞ야 安동別宮으로 移建ᄒᆞᆯ터인대 該工役을 陰二月初四日부터 始役ᄒᆞᆫ다더라

●皇族焚香 션源殿에는 自來로 니侍가 大知로 輪回入直ᄒᆞ고 奉審과 朔望으로 焚香ᄒᆞ더니 今番에 니侍가 解散되미 朔望에 焚香官이 無ᄒᆞᆫ故로 宮너府에셔 皇族中으로 輪回焚香ᄒᆞ게ᄒᆞ는대 現在君이 六人인대 完興永宜完順完平義陽昌산六君과 其外 리址鎔 리達鎔 兩씨合八氏가 輪回焚香ᄒᆞ기로 決定ᄒᆞ얏다더라

●禮服復見 近日闕너에 入侍ᄒᆞ는 官人은 厚蘇古套는 廢止ᄒᆞ고 舊小禮服을 着ᄒᆞᆫ다는 說이 有ᄒᆞ더라

●法大競爭 法部大臣趙重應氏가 남北村某々家子弟와 學生等을 對ᄒᆞ야 演說曰 吾가 日本서 觀ᄒᆞ야도 留학界에 西北人이 優等이오 本國내에도 西北학生이 優勝ᄒᆞ니 將來政界가 必歸西北人ᄒᆞ리니 若等은 精神이 有乎아 無乎아 若汝等은 但政治와 法律만 학得ᄒᆞ얏스면 仕宦界에 需用되기는 吾掌手中에 在ᄒᆞᆫ것이니 엇지 西北人의게 讓頭ᄒᆞᆯ바리오ᄒᆞ얏다는데 近日各大家에셔 宗會를 開ᄒᆞ고 子弟를 派遣留學케ᄒᆞ는 事와 普成專門學校에 法律학徒를 大東학校로 移轉케ᄒᆞᆫ 事가 皆此로 由ᄒᆞ얏다더라

●宋眷上京 陽智郡에 在ᄒᆞᆫ 農大宋秉畯氏家眷이 近日에 무슴 緊급ᄒᆞᆫ 事가 有ᄒᆞᆫ지 一齊히 上京ᄒᆞ얏다는데 宋氏之子가 面如土色이라더라

●因雨停行 학部大臣리載崑氏가 水原郡公立普通학校를 觀察次로 昨日에 발行ᄒᆞ랴다가 雨勢를 因ᄒᆞ야 姑爲中止ᄒᆞ얏다더라

●統監不渡 伊藤統監이 遞任ᄒᆞᆫ다는 說은 已爲報道ᄒᆞ얏거니와 更聞ᄒᆞᆫ則 渡韓ᄒᆞᆯ 期가 杳然ᄒᆞ다더라

●兩씨稅官 前局長김其龍氏와 度支部主事元鼎漢씨는 稅務官을 被任ᄒᆞ얏다더라

●犯逋罷免 道稅務官과 稅務主事가 公전欠逋ᄒᆞᆫ 人이 多數ᄒᆞᆫ故로 逼迫히 調査免官ᄒᆞᆫ다더라

●리趙徐任 監査院監査官趙□최鬧씨는 遞任되고 徐周輔氏가 叙任된다더라

●區裁建費 法部에셔 度支部로 照會ᄒᆞ되 各區域裁判所를 新建ᄒᆞᆯ터이니 經費를 從速支撥ᄒᆞ라ᄒᆞ얏다더라

●政務委員 各地方에 派送ᄒᆞᆯ 驛屯土調査派員을 八十名으로 差定ᄒᆞ얏는대 該名稱은 委員이라 改稱ᄒᆞᆫ다더라

●掖屬恩並 闕너掖屬과 宮너府一般所屬使役은 解送ᄒᆞᆫ 等는 昨報에 揭載ᄒᆞ엿거니와 御供熱手牌將리奉天等의게 恩賜金을 二千五百兩式 頒給ᄒᆞ얏다더라

●給依衛生 日昨에 警視總監이 九署長을 會同協議ᄒᆞᆫ 結果로 漢셩五部니에 衛生에 關ᄒᆞᆫ 事件 數十條를 日間警視廳令으로 頒布ᄒᆞᆫ다더라

●匪隊仍存 今番宮내府掖屬除汰ᄒᆞᆫ거시 主殿院所管만 八百餘名이오 匪衛隊五百名은 姑爲置之ᄒᆞ얏다더라

●管轄稟請 地方각警察官을 이裁判所檢事의 指揮를 服從치 아니ᄒᆞᆫ다ᄒᆞ야 一般檢事가 法部에 質稟ᄒᆞ고 區別을 示明ᄒᆞ라ᄒᆞᆫ다더라

●又二十너人 北闕너에 居接ᄒᆞ는 니人을 二十人만 仍存ᄒᆞ고 其餘는 沒數히 出送하는데 恩賜금을 須給ᄒᆞ되 尙宮以下諸니人은 一千兩이오 니人房針母等諸人은 五百兩式 支給ᄒᆞ얏다더라

●濟官爭買 山林이나 학者이니 名稱ᄒᆞ는 人들이 直閣副提학을 圖得ᄒᆞ라ᄒᆞᆫ다홈은 已爲揭佈어니와 該職一窠에 一千圜式 納路ᄒᆞᆫ다는 風說이 有ᄒᆞ기에 隨聞記載어니와 其姓名은 追後詳探揭載ᄒᆞ깃노라

●倫堂移校 陽川郡公立普通학校는 本郡明倫堂으로 移轉ᄒᆞᆫ 事로 학部에셔 本道觀察使에게 訓令ᄒᆞ얏다더라

●以私舞公 各府部院廳日本官吏들은 各其私札을 送致ᄒᆞ랴면 公私에 相關이 有ᄒᆞ다 稱ᄒᆞ고 公用郵票를 使用ᄒᆞ는 弊가 種々存之ᄒᆞ다는대 此는 沒廉ᄒᆞᆫ 事이라고 들ᄒᆞ더라

●享需減省 宮너府에셔 享需를 半減擧行ᄒᆞ기로 奉常寺에 訓令ᄒᆞ엿더니 該寺공사等이 半減ᄒᆞ면 應공치 못ᄒᆞᆯ 意로 請願ᄒᆞ되 三分之一을 減ᄒᆞ라ᄒᆞ야도 該공人等은 三分之一을 減이라도 應공치 아니ᄒᆞ깃다고 更爲請願ᄒᆞ야 該府에셔 公議中인대 何許人等이 半減이라도 擧行ᄒᆞ깃다는 請願書를 該府日本人에게 請囑ᄒᆞ야 願書를 出示하고 半減으로 應공ᄒᆞ얏든지 該日本官人이 坐中에 請ᄒᆞᆫ다ᄒᆞ는 人에게 享需를 許施하기로ᄒᆞ야 原공人等은 退去케되얏는대 原공人等이 會ᄒᆞ기를 退去ᄒᆞ야도 來朔祭及釋奠과 誕辰祭享々지는 繼據後退去ᄒᆞᆯ터이니 受價給不給도 無相關이니 來望祭부터는 新人으로 應공케ᄒᆞ라ᄒᆞ고 退去ᄒᆞ기로ᄒᆞ얏는대 此공은 他공과 不同ᄒᆞᆯ뿐외라 享需所用之物도 預備하야 一年進排ᄒᆞ는 已舊之規으로 ᄒᆞ다가 登明에 散去之境이라더라

●就業輸日 去番韓國에셔 日本商人이 義兵의게 就業을 挌奪ᄒᆞ얏다는 所聞이 有ᄒᆞ므로 當局者가 取調ᄒᆞᆫ 結果로 韓國에셔 日本軍人의 擬防 二千五百정을 某商人의게 取入ᄒᆞ야 卽時日本으로 발送ᄒᆞᆷ을 命ᄒᆞᆫ는대 途中에셔 二三정을 遺失ᄒᆞᆷ을 발見ᄒᆞ얏고 其他는 如前ᄒᆞᆫ대 銃器全部을 破壞ᄒᆞᆫ後에 日本으로 輸送ᄒᆞᆫ다고 京城日人新報에 揭載ᄒᆞ얏더라

●麻市呼訴 麻浦市民들이 火災를 當ᄒᆞ고 賑接이 無路ᄒᆞᆫ中에 委員회와 地民相結事에 對ᄒᆞ야 連日漢城市ᄒᆞ고 漢城府에 呼訴ᄒᆞ얏다더라

●一進離散 北來人의 傳說을 據ᄒᆞᆫ즉 三水甲川等地에 在ᄒᆞᆫ 一進會員들이 近日以來로 有何感想인지 天崇散 또 人殺하는 者多ᄒᆞ다는데 不甚殺日이 更隊等地에 會員은 必是離散乃已라ᄒᆞ더라

●土地典當處理 法部에서 各道觀察使에게 訓令ᄒᆞ되 同管郡내에 在ᄒᆞᆫ 數隊와 土地를 同一ᄒᆞᆫ 契約書에 依ᄒᆞ야 典當ᄒᆞ는 境遇에 處理方法을 左開訓令ᄒᆞ니 到卽飭防各府尹及郡守하야 壹無遺케ᄒᆞᆷ이 可ᄒᆞ다ᄒᆞ얏다더라

附 一외郡니에 在ᄒᆞᆫ 數處와 土地를 同一ᄒᆞᆫ 契約書에 依ᄒᆞ야 賣買交換贈與ᄒᆞᆫ 境遇에 處理方法을 從業經발明인바 同一ᄒᆞᆫ 외郡내에 在ᄒᆞᆫ 數處와 土地를 同一의 契約書에 依ᄒᆞ야 典當ᄒᆞᆫ 境遇에도 推此處理이되 手數料는 其從價額千分之一을 使之納付케ᄒᆞ되 但五拾전에 下ᄒᆞᆷ을 不得ᄒᆞ며 帳簿에는 各處에 對ᄒᆞ야 區別記載ᄒᆞᆷ이 可ᄒᆞ다ᄒᆞ얏다더라

●紙社實業 京셩내 紙商實業ᄒᆞ는 有志諸氏가 京셩紙商組合會社를 組織ᄒᆞ고 股本金二萬圜을 募集ᄒᆞ야 紙商營業界에 大擴張을 注意ᄒᆞᆫ다더라

●學員宴會 普成專門학校法律科第二回卒業生리敎泓 남宮우 尹世榮氏等이 三月一日에 惠泉湯에셔 宴會를 設ᄒᆞ고 校主以下任員諸師를 請邀款待ᄒᆞᆫ다더라

●二班設課 官立漢셩高等학校장 洪與鉉氏가 학部로 報告ᄒᆞ되 本年四月頃에 本校新학徒를 募集ᄒᆞᆯ事에 對ᄒᆞ야 校동普通學校補習科학徒는 依例一年級으로 補充이옵고 各普通학校卒業生을 預算定數이오나 年級학力을 計之ᄒᆞ와 本校預算科에 補充ᄒᆞ깃사온바 今年度각普通學校卒業生으로 本校志願者를 預調査하온즉 二百人假量에 達ᄒᆞ오니 預科를 不容不二班으로 增設ᄒᆞᆷ이 恐合妥當ᄒᆞ다ᄒᆞ얏더라

●士族女校 閔丙奭氏와 某々有志紳士가 발起ᄒᆞ야 女子의 敎育을 발展키爲ᄒᆞ야 女학院을 創設ᄒᆞ고 士族家婦女를 會同敎育ᄒᆞᆫ다더라

●居留日民 再昨日에 外村동日人家에셔 家屋을 修築ᄒᆞ다가 株땅이 崩壓하야 役夫一名이 壓傷ᄒᆞ얏는대 治療次로 病院으로 擔昇以送ᄒᆞ얏다더라

●英陽小戰 英陽郡深川附近에셔 十九日夜에 義兵이 日討伐隊와 交戰ᄒᆞ얏다더라

●海州女校 海州郡守朴炯殷氏가 敎育界에 熱心贊成ᄒᆞ야 鄕校所有財産을 一々調査ᄒᆞ야 享需外에는 학校에셔 하고 正내학校를 設立ᄒᆞ고 女子敎育에 尤加注意ᄒᆞᆫ다더라

東京電報

二十七日午後발

●實業黨組織 增稅反對하는 全國商業會議所其他實業家들이 近日에 實業黨이란 一政黨을 組織ᄒᆞᆯ터이라더라

北京電報

二拾八日발

●森林談判 駐淸林公使가 昨夜에 第二辰丸押留事件에 關ᄒᆞ야 袁世凱那桐等氏와 三時間을 嚴重히 談判ᄒᆞ얏는대 袁씨는 二三日間熟考後에 回答ᄒᆞ마ᄒᆞ고 猶豫ᄒᆞᆷ을 請ᄒᆞᆫ지라 然이나 二辰丸事件에 淸國政府에셔 解放ᄒᆞᆷ을 實行치 아니ᄒᆞ는 境遇에는 日本政府에셔 艦隊를 派送ᄒᆞ야 强制手段을 行ᄒᆞᆯ터이라더라

▲得意天地▼

리重敏

▲紛競時代를 보니 大韓天地 좁다ᄒᆞ고 紛行當世ᄒᆞ는 人物더 할미에 못살깃네

▲全國々權 讓與ᄒᆞ고 一時勢力 圖得ᄒᆞ야 自己地位 놉혓스니 비주고 비빈다 압뒤에 人力車는 日巡査 護衛서 실ᄂᆞᆫ 大臣의 할깃짓

▲外人의게 鷹犬되야 [illegible]心腦를 挾衆ᄒᆞ고 一分付에 施行ᄒᆞ야 無恐不敗ᄒᆞ는 포나 自衛圖를 成立ᄒᆞ야 同國人 殘忍ᄒᆞ니 一進외 할갓짓

▲雜介之類 必報ᄒᆞᆯ제 도혼機會 맛낫고나 齧牙吮血 더蛇蝎이 無所不爲 行險ᄒᆞ며 義兵干連 指嗾ᄒᆞ야 生命財産 籠絡ᄒᆞ니 通譯者의 할깃짓

▲地方配置 警吏는 鼓益方策 全無ᄒᆞ고 日巡査의 前驅되여 財手段 奇妙ᄒᆞ다 無辜良民 捕縛ᄒᆞ야 鬪牢바람에 돈이난다 巡檢나리의 할깃짓

▲偵探役에 食이나셔 不顧廉恥 더物件이 國너機密 秘探ᄒᆞ야 外人의게 告知ᄒᆞ니 機密에 發見 一新模樣 養成하니 探偵軍의 할깃짓

▲花月樓 宴會席에 너外官人 歡樂ᄒᆞᆯ제 平地風波 忽生ᄒᆞ니 賭局長의 所遭보다 一拳猛擊 打殞ᄒᆞ니 韓臣介仆 乃堪怪로다 日本官人의 할깃짓

▲新聞太守 赴任路에 閔刼義兵 遇ᄒᆞ여 니達到京城 周旋ᄒᆞ야 日兵으로 同伴ᄒᆞ니 體面더威儀는 新任行次 莊嚴ᄒᆞᆯ시고 君郡守의 할깃짓

▲大同會가 成立ᄒᆞ니 天下豪傑 모와든다 開邂會와 相持ᄒᆞ니 動不南立 되고나 目的이 무엇인고 平凉子 不花송이 擔負者의 할깃짓

▲義援紛紛 自擔ᄒᆞ고 遠方으로 下去ᄒᆞ니 此哉消息 杳然ᄒᆞ다 울며잡은 전나 宜識之名 虛影이오 郡守圖得 수재라더 委員의 할깃짓

▲日前마되 稍靜ᄒᆞ더니 眼下에 無人ᄒᆞᆫ 行色新知識도 消一이오 新眼目도 消一이라 紛世界가 何世界오 渾濁天우번째 々々開化黨의 할깃짓

一倍勝ᄒᆞ고其味가尙佳ᄒᆞ고身体 一二拾전
一라도元氣를大助ᄒᆞ고國家를發達 一아니라韓國醫學家에서設施ᄒᆞ 一一圓五十전 一

社告

古阜支社를自二月一日로姑爲廢止ᄒᆞ고該地方에서本報購覽諸시와게本社에서繼續直發送홀터이오니 照亮後三月度代金붓터ᄂᆞᆫ本社로卽送ᄒᆞ심을爲望

本支社를左開五處에設置ᄒᆞ고玆以仰佈ᄒᆞ오니本報愛讀ᄒᆞ시ᄂᆞᆫ該附近 僉君子ᄂᆞᆫ該支社로請求購覽ᄒᆞ심을務望홈

▲信川邑六里 丁一善
▲永興郡南山통書舖 梁基鎬
▲朔州郡南門내 秉伯英
▲秦川邑舖前洋약局 李正馨
▲寧邊邑內 明濟世

雜報

●靑會討論 今日下午七点鐘에靑年會館에서附論會를開ᄒᆞ고凡人之合力이勝於英雄之獨力이란問題로可否便宜를이互相討論ᄒᆞᆫ다더라

廣告

開城敎育總會를開城學會로改稱홈

開城學會 告白

桃山西面沙潭居禹文甫가昨年臘初에南部崔雲卿許에物貨三萬兩價値를本人에於音으로得去ᄒᆞ고過限不報ᄒᆞ기에本人이往沙潭ᄒᆞ야禹顯純의畓十四斗落과田二日半耕과家舍五間文券과禹顯世답七斗落與二日耕과家舍八間문券과우顯武二千兩手票를受來ᄒᆞ야崔雲卿許에實限典執爲質則崔雲卿이不聽ᄒᆞ거ᄂᆞᆯ우文甫晉니에該文券을汝持借往吾鄕則當典執報償ᄒᆞ마ᄒᆞ기에不得已借往中路에安城陳元瑞家에到ᄒᆞᆫ즉陳哥言니에該文券을出示則得償以給이라ᄒᆞ기에借之出給矣러니陳元瑞가奪取ᄒᆞ고錢與文券은不給ᄒᆞ니우文甫와陳元瑞所爲가無異ᄒᆞ기에本人이起訴推尋次로先此廣告ᄒᆞ오니내外國人은該文券을切勿相關홈

安洞文仲五 告白

輔仁學會 告白

本學會에서定期總會를來三月一日(陰正月二十九日)下午一時에開ᄒᆞ오니僉會員은照亮來臨ᄒᆞ심을爲要

隨啓 三月二日夕七点에懇親會를設行ᄒᆞ오니僉會員伊時光降願祝

隆熙二年二月二十七日

靑年會 啓

住址가未詳ᄒᆞ야通知書를未傳홈이頗多ᄒᆞ야玆에廣告홈

本人子김英柱字永大年二十八性本浮放不受敎訓亂傷倫理沈酒色欺人出債無所不至故玆以取告內外僉人切勿見欺홈

楊남鎭남鄕東面杭北里 김世一 告白

中署黃土峴第三統四戶瓦家二十四間半契券을昨臘失火에灰燼이옵기新出立旨次로玆에廣佈홈

金榮鎭 告白

光武十一年七月十七日寄金曺康煥 금一百圜 具本淳 리侃 리時雨 尹柱臣 각 拾圜 리遠鎬 現금二拾圜

隆희二年 二月二十三日

韓南洙 梁漢默 각一百圜 邊基纘 三拾圜 康괴昇 四拾圜 尹命紹 閔泳直 각拾圜 鄭應설 劉礪烈 최俊植 최宗默 각十圜 尹光晳 梁會源 각五圜 蘇鐵政 二圜

湖남학會 告白

本書院에서內外國新舊學問各種書籍과敎科各種을發賣ᄒᆞᆫ지三四年인바本敎會敎人과各學校生徒의購覽ᄒᆞ기便利홈을爲ᄒᆞ야左開三處에支冊肆를新設ᄒᆞ오니書籍을願買ᄒᆞ시ᄂᆞᆫ僉彦은附近支肆에請求하심을務望 左開

西門外中學校西便 韓承煥
南門外蓮路東便 安桂元
鍾路館門下 韓鼎敎
平壤貫동上隅

耶蘇敎書院 鄭益魯 告白

慶南鎭南郡居金洪柱名을以容夏로改名ᄒᆞ오니遠近知舊ᄂᆞᆫ以此諒悉홈

金容夏 告白

남巡동巡議官학元鳳에陰正月晦日推次紙貨一千元票서失故玆廣告ᄒᆞ오니誰某拾得이라도休紙施行홈

羅熙俊 白

南署晦洞故中樞院議官李奎應氏가時事에慷慨ᄒᆞ야治疏末遂ᄒᆞ고飮藥自裁ᄒᆞᆫ事ᄂᆞᆫ昨年陰曆十五日本報에揭載ᄒᆞ얏거니와自裁ᄒᆞᆫ寢室几案에上疏一本과遺書三度를托付於其季氏前敎官瀷應氏ᄒᆞ니全文大略曰七旬老親在堂奉此擧을人雖論議自古忠孝不得俱全我死後汝慰悅老親供養甘旨ᄒᆞ고敎育穉兒六男妹ᄒᆞ야無墜家聲瀷應氏가臨文痛哭昏倒不醒家內滿밤救護中其老親晝夜哭泣食飮全廢竟至違逝嗚呼無過十餘日一門之內父子俱歿ᄒᆞ니忠義ᄂᆞᆫ亘古罕有且慘傳은令人雖見大抵舍生取義ᄂᆞᆫ君子之卓節也奬忠褒賢은國家之大政也李公群芳不遂明家初無贈諡之默議ᄒᆞ니豈無公論之憤激哉

金喆熙 告白

本會總會를來七曜日下午一時에鍾路靑年館에開ᄒᆞ오니本道人士ᄂᆞᆫ周知光臨ᄒᆞ심을敬要演說 鄭雲復 鄭應설 鄭喬 傍聽을許홈

湖南학會 告白

本人의現居家本里西統五戶草四間文券을臘卒月十八日遺失時見失故玆以廣告ᄒᆞ오니내外國人拾得이라도休紙施行

東署園里居 리三用 廣告

金利鉉의利字를明字로改定홈

南門外大星門동金明鉉告白

●學員募集

今番本校에서新入學員約五十名을募集ᄒᆞ니志願者ᄂᆞᆫ入學請願書에履歷書를添付ᄒᆞ야三月二拾五日(陰曆二月二拾三日)內로本校에提呈홀事

但入학請願紙ᄂᆞᆫ本校로來購홀事

一 資格 年齡滿十二歲以上普通학校本業生이나或은其同等학力이有ᄒᆞᆫ者

一 試驗期日 四月一日(陰曆三月一日)上午九時에來校應試홀事

一 試驗科目 日語初步漢文筭術(四則初步)國內地理

一 學資給與 學員에게ᄂᆞᆫ志願에依ᄒᆞ야每朔五圜以內에學資를給與홈도有홈

一 入學志願者의注意要件과其他細事ᄂᆞᆫ本校에來問홀事

隆熙二年二月 日

京城明洞

韓國財團法人 善隣商業學校

謹告 理東元氏夫人金海金氏喪事今月頃拾五日寅時別世知舊僉照亮

護喪人 金泰榮 告白

本報二月廿二日雜報 柳鎭이란題下에京居洪鳳鉉이가開城居金始善氏로訟ᄒᆞᄂᆞᆫ原因은김씨가與鄭播朴有憐도親近而朴이該債於김씨故로與洪鳳鉉이가怒到開城ᄒᆞ야稱以債給二千六百圜矣라니洪鳳鉉이不報則兩辨五自願債主어ᄂᆞᆯ洪鳳鉉은平山鎭衛中設置타하고欲審兩辨ᄒᆞ야望民本郡及觀察府에遞次控訴하니其判決書에云朴이拿公鎭質兩辨타가因公議營業ᄒᆞ야與辨代辦이고吝其所紛末淸則實在於朴이거ᄂᆞᆯ拾朴實金이甚多無謂也라ᄒᆞᆫ얏ᄂᆞᆫ데洪朴에며聽ᄒᆞ고裁判所平理院ᄒᆞ야김反落科ᄒᆞ니김氏가不勝冤抑ᄒᆞ야申訴法部에니自法部로指令平理院ᄒᆞ야嚴重更査ᄒᆞ얏ᄂᆞᆫ데洪鳳鉉이가留置本報하야初無指令云ᄒᆞ고且김씨가國債開城署理總巡居氏ᄒᆞ야同伴上京云ᄒᆞ니金與總巡으로本無一面의며김씨가八十病翁에何能起動乎아徵一書ᄒᆞ고此證은折은洪鳳鉉氏가平山鎭守在任時에其鎭朴有憐가奉用親戚和다가及其不和ᄒᆞ야ᄂᆞᆫ其子鳳鉉이藉托公議ᄒᆞ고凌侵他人ᄒᆞ니可明證深案出이라公議遵刑ᄂᆞᆫ法典所禁而兼境男妹가私相挾雜은京鄕所共知者라平理院更査之際에是非가自當明白이거ᄂᆞᆯ鳳鉉이臨時各報ᄒᆞ야欲掩其公전幻弄之罪ᄒᆞ니豈有如此奸凶之將乎아惟願僉照ᄂᆞᆫ洗探ᄒᆞ시옵

開城居 金泰安 告白

●廣告

本書館에서文明을啓導하고民智를廣開ᄒᆞ기爲ᄒᆞ야今에內外國參考書籍과各種敎科書類를購求備置ᄒᆞ오니要讀 僉君子ᄂᆞᆫ陸續購覽ᄒᆞ심을務望

最新書籍發售目錄

◉東西洋歷史 各種
◉東西洋地誌 各種
◉政治學 各種
◉法律學 各種
◉經濟學 各種
◉筭術書 各種
◉內外國地圖 各種
◉修身書 各種
◉財政學 各種
◉博物學 各種
◉物理學 各種
◉衛生學 各種
◉地文學 各種
◉讀本 各種
◉法帖 各種
◉學校用品 各種

此外에도各種書籍이具備ᄒᆞ옵고書籍及名片도刷印하옵ᄂᆞᆫ데與他懸殊ᄒᆞ게廉價ᄒᆞ깃ᄉᆞ외다

京城南署銅峴(구리개)

學部認可 博學書館 告白

各地方에서ᄂᆞᆫ書籍으로購求ᄒᆞ면곳進呈ᄒᆞᆯ터이고價金은郵便引換으로ᄒᆞ외다

◉大韓國新發明神藥

◉修改 靈丹 各種食滯中暑久滯口臭痰飮吐瀉定價一貼十錢
◉至寶丸 治諸般痲疾不拘久遠俱有偉効定價金十錢
◉靈效液 外用方藥治疥瘡皮風百發百中定價金三拾錢
◉清眼水 治諸般眼疾有驗然見天之妙定價金拾錢
◉通淋丸 治男女諸般淋疾神効無雙速効除痛一週金五十錢

此外에도東西洋各國有名賣藥과丸藥去根劑과頭風痔疾補藥水쥬類藥具備俱比惠而發望

漢城中署寺洞鐘路事十二統二戶地

製劑발賣所 共愛堂藥房 洪基茂
製藥발行人 前官立漢城師範學校卒業生 朴容南 謹白

支店 開城南門內 共愛堂開城支店 姜助璟
興學書舖

代理店 西署新門外石橋濟院藥局 崔燕珽
仁川海經濟生堂 李庚鳳

國內各地藥房에서隨意販賣홈니다

각六拾전 孫[illegible] 孫[illegible]
沈[illegible] 박[illegible]生 [illegible]
[illegible] 金元用 [illegible]
[illegible]石用 韓益奉 李[illegible]
各[illegible]
合八圜一拾전
▲[illegible]郡穿火山內面[illegible]村
[illegible]朴[illegible] 八十전
孫[illegible] 李[illegible] 孫[illegible]
各六十錢 李[illegible] 박祥浩
박月永 [illegible] 各四十전
李[illegible] 三[illegible] [illegible]
李三[illegible] [illegible]佑 李能[illegible]
李[illegible] 孫[illegible] 權[illegible]東
李潤成 金[illegible] 鄭[illegible]
[illegible] 박光[illegible] 김[illegible]
리光[illegible] 孫致大 具[illegible]
[illegible] 각卄전 리[illegible]大十전
合八圜
▲穿火面[illegible]住谷동中 三圜六拾전
殿[illegible]동中 四圜
[illegible]竹동中 三圜
光村동中 八圜
[illegible]谷동中 拾二圜
▲[illegible]內面[illegible]洞中 五拾圜二圜四拾五전
社동々中 七전
▲[illegible]東面[illegible]洞
리[illegible] 四拾전 리根一
安洪[illegible] 李[illegible] 安[illegible]
安[illegible] 朴[illegible] 리[illegible]九
朴[illegible] 각卄전
合二圜
[illegible]合一百○九圜二十五錢
[illegible]總合五萬八千七百二十七
[illegible]四拾八錢七厘
都總合五萬八千八百三拾六圜
七拾二전七厘

發行兼編輯人 英國人 裵說
發行所 南署石井洞號外地三層洋屋 大韓每日申報社

第六卷

大韓每日申報

第七百四十四號

月曆及慶節
戲時日休刊

檀君開國四千二百四十一年
箕子元年三千三十年
大韓開國五百十七年
日本明治四十一年
淸國光緒三十四年
陰曆戊申正月大二十九日乙卯

論說

●國文研究에對ᄒᆞᆫ管見

國文者ᄂᆞᆫ何오ᄒᆞ면即國語로聽用ᄒᆞᄂᆞᆫ機關이라此에一人이有ᄒᆞ야言을出ᄒᆞ매一二人或百千萬人이耳로其聲을聞ᄒᆞ고其意趣를能辨ᄒᆞ나但其聲音이有ᄒᆞᆫ時ᄭᅡ지其耳가有ᄒᆞᆫ者ㅣ其言을繼ᄒᆞ고其意趣를能辨ᄒᆞᆯ지오且其聽者의生前에ᄂᆞᆫ其言을或能記憶ᄒᆞ며或他人에게傳播도ᄒᆞ려니와

若或於此에人이有ᄒᆞ야何等好意趣도何等好說話를作코져ᄒᆞ나聽者ㅣ無ᄒᆞ면百千萬言을雖作ᄒᆞ여도必也無用에歸ᄒᆞ며聽者ㅣ雖有ᄒᆞᆯ지라도一人이聽之則一人만知ᄒᆞᆯ而已오十人이聽之則十人만知ᄒᆞᆯ而已라엇지吾의今日에出ᄒᆞᆫ바言이韋이有ᄒᆞ야幾百年或幾千年後ᄭᅡ지幾千萬人이能知ᄒᆞ고且引而用之ᄒᆞ며必曰此句ᄂᆞᆫ某時代에某先生의作ᄒᆞᆫ바言이라ᄒᆞᆯ이有ᄒᆞ리오古者에繩을結ᄒᆞ야政을爲ᄒᆞᆯ時代가有ᄒᆞ니此ᄂᆞᆫ一事가有ᄒᆞ면繩을一結ᄒᆞ얏슨즉其事를經ᄒᆞ고其繩을結ᄒᆞᆫ人은其何事를能記ᄒᆞ려니와其事를經치못ᄒᆞ고其繩을結치아니ᄒᆞᆫ者ᄂᆞᆫ其何事인줄을不知ᄒᆞᆯ지라

故로聖人이書契로易之ᄒᆞ셔人物과鳥獸와艸木과日月을다其形을作ᄒᆞ며一二三四五六의數를分辨ᄒᆞ야其綱目을ᄒᆞᆫ바家家記錄ᄒᆞ니此即史記라竹簡에錄ᄒᆞ며皮革에書ᄒᆞ야石室에藏之ᄒᆞ며金櫃에守之ᄒᆞ야使之不朽케ᄒᆞ며千秋萬代以後에生ᄒᆞᆫ人이千秋萬代以前에有ᄒᆞᆫ事를目擊耳聞과如히能知ᄒᆞᄂᆞ니此即所謂文字ㅣ라欲聽而無聲者ᄂᆞᆫ其妙用이書를作ᄒᆞᆫ人에게在ᄒᆞᆷ을不知ᄒᆞ고其造化가書에在ᄒᆞ다ᄒᆞᄂᆞᆫ도다

開闢이已久ᄒᆞ야人物이漸繁ᄒᆞ며人文이時를隨ᄒᆞ야開ᄒᆞ면人智가代로隨ᄒᆞ야長ᄒᆞᄂᆞᆫ지라於是에人類의種族을分別ᄒᆞ고播住의區域을劃定ᄒᆞᆫ以後로ᄂᆞᆫ더其區域과風土의異ᄒᆞᆷ을隨ᄒᆞ야言語가亦異ᄒᆞ도다

於是乎古聖人의作ᄒᆞᆫ바形象字를原因ᄒᆞ야各其自國의習慣과言語와口音에便利ᄒᆞᆫ世를隨ᄒᆞ야一種文字를각述ᄒᆞ니此即國文이라其文字를作ᄒᆞᆫ法을觀ᄒᆞᆫ진대其字ᄌᆞ各殊ᄒᆞ야人面과如ᄒᆞ야分別이有ᄒᆞ며句와節을分析ᄒᆞ며名詞와動詞와過去와現在와未來를分辨ᄒᆞ야使之易知케ᄒᆞ니此即문字가是言語ㅣ오言語가是문字ㅣ라

韓國은本是一우에國을建ᄒᆞ니其邦은雖舊ㅣ니書契를創造ᄒᆞ고禮樂法度를制作ᄒᆞᆫ聖人이다自國에서產出치아니ᄒᆞᆫ故로支那를一通ᄒᆞ야人의繁盛ᄒᆞᆷ과制度문物의華麗ᄒᆞᆷ을見ᄒᆞ면此即吾之大國이오此即吾之祖先이오此即吾之師表ㅣ라ᄒᆞ야於是乎法律制度와衣冠문物을悉皆模範ᄒᆞ고至於문字ᄒᆞ야ᄂᆞᆫ其尊之崇之ᄒᆞᆷ이大聖人이降臨ᄒᆞᆷ과如히ᄒᆞ더니本朝世宗大王께셔數千年舊邦에國문이無ᄒᆞᆷ을慨歎ᄒᆞ사成三問鄭麟趾諸氏를命ᄒᆞ사國문을始製ᄒᆞ시니其發音과合音과反切의法式이支那문字와泰西各國의國문으로더부러不謀而同ᄒᆞ니可히聖人의智慧와意思가古今과東西가殊ᄒᆞᆷ이無ᄒᆞᆷ을知ᄒᆞ리로다

盖人類이有ᄒᆞᆫ然後에國이有ᄒᆞ고國이有ᄒᆞᆫ然後에國語가有ᄒᆞ고國語가有ᄒᆞᆫ然後에國문이乃作ᄒᆞ야國語를解釋케ᄒᆞ나니吾ㅣ是以로其造化가書에在ᄒᆞ다ᄒᆞᄂᆞᆫ者를嗤ᄒᆞ고無稽하다ᄒᆞ노라

近聞ᄒᆞᆫ즉學部에서國문研究會를設ᄒᆞ고國문을研究ᄒᆞᆫ다ᄒᆞ니何等特異思想이有ᄒᆞᆫ지ᄂᆞᆫ知치못ᄒᆞ거니와我의意見으로ᄂᆞᆫ其淵源과來歷을究之已甚ᄒᆞᄂᆞᆫ데歲月만虛費ᄒᆞᆯ뿐이必要치아니ᄒᆞ니但其風俗에言語와時代에關ᄒᆞ야語音을入道에博採ᄒᆞ야純然ᄒᆞᆫ京城土語로名詞와動詞와形容詞等類를區別ᄒᆞ야國語字典一部를編成ᄒᆞ야全國人民으로ᄒᆞ여곰專一ᄒᆞᆫ문과國語를用케ᄒᆞ되其문字의高低와淸濁은諸人의講定ᄒᆞᆫ者가已有ᄒᆞ니何必取用ᄒᆞᆯ것이오新히怪癖ᄒᆞᆫ說을叛起ᄒᆞ야人의耳目만眩亂케ᄒᆞᆷ이不可ᄒᆞ다ᄒᆞ노라

官報

●第四千拾號 隆熙二年二月廿九日

敍任及辭令

任財務署主事 正村要藏
任財務監督局主事 木下千陰
任財務署主事 財務署主事 崔庚植
仝 安田貞治
任財務監督局主事 財務監督局主事 金肇基
任財務署主事 財務署主事 朱啟榮
任財務監督局主事
任財務署主事 李恒采
公立漢城普通학校本科訓導 鄭範時
任公立普通학校本科訓導
統監局技師 竹田熊太郎
特敍勳二等賜太極章
仁川稅關長 宮木又七
特敍勳二等賜太極章
未完

外報

●米艦碇泊預定 紐育電을據ᄒᆞᆫ즉目下航海中에在ᄒᆞᆫ米國太平洋回航艦隊全部ᄂᆞᆫ桑港에서出帆後에比律賓群島에數個月碇泊ᄒᆞᆯ豫定을該國政府에서발表ᄒᆞ얏다더라

●唐巡撫入京 上海電을據ᄒᆞᆫ즉新民屯과法庫門間鐵道問題에關ᄒᆞ야奉天巡撫唐紹儀氏가來二月에北京으로向ᄒᆞᆫ다더라

●滿洲問題協議 伯林電을據ᄒᆞᆫ즉米國政府ᄂᆞᆫ滿洲問題에關ᄒᆞᆫ協議를日本과及其他列國으로더부러開始ᄒᆞᆯ터인대此에對ᄒᆞ야何等抗議가無ᄒᆞ리라宣言ᄒᆞ얏다더라

●日本의强制 東京電을據ᄒᆞᆫ즉滿洲에對ᄒᆞ야淸國에서開放政策을實行ᄒᆞᄂᆞᆫ境遇에ᄂᆞᆫ日本政府에서艦隊를발ᄒᆞ야强制手段을行ᄒᆞᆯ터이라더라

雜報

●江守奬學 江東郡守金明濬씨가학校를設立ᄒᆞ고학校資本은義捐金을捐ᄒᆞ고私契를聚ᄒᆞ야以爲維持方針ᄒᆞ되落黨民害ᄒᆞ며教師와職員은聖選을廣聘ᄒᆞ야熱心教育ᄒᆞ니開학數朔에학徒가日增ᄒᆞ야現在가五拾五名이라ᄒᆞ고該郡來人이稱頌ᄒᆞ더라

●漫戲학界 海南郡前水營은大瀛沿海要隘라然故로在昔에設營ᄒᆞ얏던지至今에ᄂᆞᆫ廢址됨지라始於今年에야私立학校를設立ᄒᆞ얏스되該志ᄒᆞᄂᆞᆫ數三人外에一境之人이皆夢中에在ᄒᆞ야開學ᄒᆞ야학生은數十名을募集ᄒᆞ얏스나維持方針이沒策ᄒᆞᆫ中에該地浦口船主人會社를以後에付在究穩ᄒᆞ야每年商船收稅를自학校로該收ᄒᆞ기로ᄒᆞ야該浦船主人收稅委付之事로該校ᄒᆞ야大綱方針을得ᄒᆞ얏더니海南郡守官李氏가同浦船主人會事를付民間ᄒᆞ야該校가廢止ᄒᆞᆯ境遇에至ᄒᆞ엿다고該郡來人의傳說이有ᄒᆞ더라

●明進不明 ᄒᆞ門外明進學校가創立ᄒᆞᆫ지數年에吳氏ᄂᆞᆫ京城僧侶가協力이無ᄒᆞᆷ이다近日에東西에서設方支會를組織ᄒᆞ고僧侶의公有ᄒᆞᆫ財産을整理ᄒᆞ야教育武學工商五課를擴張ᄒᆞᆫ다니該僧侶ᄂᆞᆫ明進學校를更히組織ᄒᆞ야僧家에公有財産을保管ᄒᆞᆯ方針을不知ᄒᆞ다고潑說이有ᄒᆞ더라

●李氏奬學 廣州宮村公立本西학校校長李胤緒氏ᄂᆞᆫ該校를設立ᄒᆞᆫ지七八年間에自家產業을半은販賣補助ᄒᆞ고該郡內所在ᄒᆞᆫ各학校에無不盡力讚助ᄒᆞ야境內人民의게遺子八歲ᄒᆞ다고每日曉諭ᄒᆞᆫ다더라

●果是熱誠 江東郡昌陵張家致氏ᄂᆞᆫ教育에熱心ᄒᆞ야家產을獨擔ᄒᆞ야校舍를設ᄒᆞ고학徒를教育ᄒᆞᆫ지三年에其中聰俊子弟를擇ᄒᆞ야日本에留學코져ᄒᆞ야張氏가先히日本에偵往ᄒᆞ야各학校를視察次로離발ᄒᆞ얏다ᄒᆞ고西來人의讚頌이有ᄒᆞ더라

●海州正내학校趣旨書

大凡教育程度ᄂᆞᆫ國家의文明進步를鞏固케ᄒᆞᄂᆞᆫ人類의聰明才智를發達ᄒᆞᆷ인즉無論男女貴賤ᄒᆞ고均受天賦之性ᄒᆞ야期欲振淬於文明世界者ᄂᆞᆫ莫非學問이면無以成이아古昔女子教訓이俱暇於內則閨範等書而綢防이甚嚴ᄒᆞ고拘束이太過ᄒᆞ야不能發揚其天賦之才ᄒᆞ니若能脫却舊規ᄒᆞ고熱心力學則才藝가可就ᄒᆞ고功效가尤著ᄒᆞ야於니貽厥尊章以孝ᄒᆞ며教子女以方ᄒᆞ며奉蒸紫以誠ᄒᆞ고至若貨殖而協之勞와蠶桑紡績之工이莫不具備之於世界에移而何往而不適哉ᄒᆞ야家道가秩然有序矣오外而아鳴乎現今五洲列邦에皆有女학校ᄒᆞ야使兩性平等資格故之學에百工技藝가莫不精備ᄒᆞ야其滿於家國이與男子로無異ᄒᆞ니對照我韓女학界現狀컨대其業不十分發達者乎아玆州에도公私立學校가不爲不多而至於女學校設立ᄒᆞ야ᄂᆞᆫ尙此未遑ᄒᆞ니豈非欠惜者哉아余以匪才로莅任原耳에不媚政教ᄒᆞ야國多疵나唯於教育之志가惓惓不已ᄒᆞ야茲與一鄕中有志之士로日夕會同ᄒᆞ야商議設學之策ᄒᆞᆫ則曰뢰如申明학校ᄒᆞ야以調女士에嘗余乃簿從ᄒᆞ야成局設立인바設立之方은一曰財政이니若求鳩財之方인ᄃᆡ若非諸氏之義捐이면不可圖也라本職이效先捐廪捐助ᄒᆞ고教育家諸氏를選定ᄒᆞ야학徒募集과教授科目에諸般責任을專管措辦케ᄒᆞᆷ은官民이協同ᄒᆞ야以圖完就音이라其於教育上獎勵作成之義不敢辭니將來進就ᄂᆞᆫ實在乎地方僉君子誠力之如何니義務를勿辭ᄒᆞ고熱心贊成ᄒᆞ야益益振興을是所厚望焉

발起人海州郡守韓熉履

雜報

●移御內定 來三月內로 太皇帝陛下께옵서安동別宮으로移御ᄒᆞ시기로내定이되얏다더라

●園遊主席 大皇帝陛下乾元節에園遊會를設ᄒᆞᆫ다홈은前報에揭載ᄒᆞ얏거니와日字ᄂᆞᆫ陰曆初九日로園遊會處所ᄂᆞᆫ秘苑으로定ᄒᆞ고宮內府大臣李允用氏가主席이된다더라

●迎接義王 義親王殿下께옵서再昨日下午九時半에入城ᄒᆞ시ᄂᆞᆫ데各部大臣들이南門外停車場에出往奉迎ᄒᆞ얏다더라

●義王陛見 義親王殿下께옵서再昨夜에入城ᄒᆞ심은別項과如ᄒᆞ거니와昨日上午十二時에德壽宮에進ᄒᆞ야 太皇帝陛下께 陛見ᄒᆞ셧다더라

●隨시陪從 義親王殿下께옵셔入城ᄒᆞ심은別項과如ᄒᆞ거니와劉世男韓應履兩氏가陪從ᄒᆞ얏다더라

●是何問題 內閣에셔近日以來로有何問題인지不知ᄒᆞ거니와諸大臣들이 大皇帝陛下께上奏ᄒᆞᆫ事도有ᄒᆞ다ᄒᆞ며統監官邸에頻數會同ᄒᆞ야協議도ᄒᆞᆫ다더라

●政界云變 伊藤統監이渡韓ᄒᆞᆫ後에ᄂᆞᆫ韓國官制가又爲變更ᄒᆞ야니閣을撤ᄒᆞ고政府로改正ᄒᆞ야皇室懿親이라도政事를參與케ᄒᆞᆫ다ᄂᆞᆫ風說이有ᄒᆞ더라

●官制變更運動 現政府內閣官制變更은永宣君李埈鎔氏가盡力運動中이라더라

●觀勢妥決 統監府와政府當局者가地方義徒를鎭撫ᄒᆞ기爲ᄒᆞ야屢次會議講究ᄒᆞ얏스나義徒가漸次蔓延ᄒᆞᄂᆞᆫ지라前日地方隊를更設ᄒᆞ자ᄂᆞᆫ議論이更起ᄒᆞ얏ᄂᆞᆫ데此問題ᄂᆞᆫ伊藤統監이渡韓ᄒᆞᆫ後에義徒形勢를酌量ᄒᆞ야妥決ᄒᆞᆫ다더라

●三大樹黨 總理大臣李完用氏와宮內府大臣李允用氏ᄂᆞᆫ現政府가容易崩潰홈을料度ᄒᆞ고樹黨ᄒᆞ기爲ᄒᆞ야與法大臣趙重應씨로家族과隨屬을筮仕ᄒᆞ얏ᄂᆞᆫ데각其五六十名에達ᄒᆞ얏다더라

●其勢兩難 一自新協約以後로曾經과現니閣을至今이不服ᄒᆞ야安靜홀日이無ᄒᆞᆫ지라某處에서新政府를更히組織ᄒᆞ기로問題가屢起ᄒᆞ얏ᄂᆞᆫ데前日元老로組織ᄒᆞ며民心은似服이나政策을改良키難ᄒᆞ고日本에서數歸ᄒᆞᆫ前大官으로組織ᄒᆞ면人心을難服이라ᄒᆞ야兩議가不一ᄒᆞ다더라

●論駁張氏 法部大臣趙重應氏가何事件을因緣홈인지水產局長張弘植씨를對ᄒᆞ야張博氏외行爲를大端論駁ᄒᆞ얏다더라

●日官改差 各部官制가將次改定홀터인ᄃᆡ判任官以下日人은并爲勿施ᄒᆞ며其代에ᄂᆞᆫ韓人으로差出ᄒᆞ고各道에日本財務官以下ᄂᆞᆫ并爲改差ᄒᆞᆫ다더라

●妓樂宴待 再昨夜前承旨趙命熙氏家에서懇親會를盛設ᄒᆞ고永宣君李埈鎔氏와中樞院顧問官李址鎔氏와承寧府總管趙民熙씨等諸氏가往參ᄒᆞ얏ᄂᆞᆫ데妓樂이迭宕ᄒᆞ얏다더라

●琴調和暢 近日完順君李載完氏家에서ᄂᆞᆫ琴會를設ᄒᆞ고北村某々諸氏가會集하야琴調를學習ᄒᆞᆫ다ᄂᆞᆫ說이有ᄒᆞ더라

●藤罹梅毒 日人京城新報를據ᄒᆞᆫ則伊藤統監의病氣ᄂᆞᆫ或稱咽喉症이라ᄒᆞ고或稱腦胃病이라ᄒᆞ고各新聞에揭載되얏더니近日本社에서伊侯의昵近者의報道를聞ᄒᆞᆫ즉病氣가年來体니에潛伏ᄒᆞ야梅毒의激발ᄒᆞ얏다더라

●玩闕成聚 中樞院에서長副官을玩闕ᄒᆞᆷ으로玩闕聚를刊出ᄒᆞ야施行홀터인ᄃᆡ閱覽人에對ᄒᆞ야注意홀만ᄒᆞᆫ七八條目을官니府大臣命令으로同爲頒佈ᄒᆞ다더라

●四倍收日 再昨日각部大臣과曾禰副統監이統監府로會同ᄒᆞ야漢城內衛生費事로第二回開會ᄒᆞ얏ᄂᆞᆫᄃᆡ日本人은韓國人보다四倍를收斂ᄒᆞ기로定ᄒᆞ얏다더라

●俸薄用大 度支部判任官들은紙筆墨及茶費와宴會費를徵給ᄒᆞ기로至薄ᄒᆞᆫ月俸으로接濟가難堪이라더라

●衛生費取合 漢城衛生會를第一回로再昨日統監官邸에서開ᄒᆞ고衛生費取合方針을協議ᄒᆞ얏다더라

●職淸執卑 侍從補九窠를設置ᄒᆞᆫ다ᄂᆞᆫ說은前報에已揭어니와侍從補에職務인즉前燈燭房內官이御前正殿에서ᄒᆞ던擧行及房中諸俱洗滌等諸般事務인ᄃᆡ職名은雖淸ᄒᆞ나事務인즉無異賤執이라고南北村某某兩班들이不願ᄒᆞᆫ다ᄂᆞᆫ說이有ᄒᆞ다더라

●御馬所處 宮內府主馬課의所屬家屬馬拾間을新建築ᄒᆞ고御馬者를募集居處케ᄒᆞᆫ다더라

●換屬服色 武監을庭院으로改稱ᄒᆞᆫ다ᄂᆞᆫ說은已揭어니와庭院服色은藤甲마고조등製給ᄒᆞ고別監으로使員이라고改稱ᄒᆞ고使員은昌德宮니動物苑에服務케ᄒᆞᆫ다더라

●褒貶廢却 各道觀察使가管下각郡守의治蹟을秋冬等으로니部에서殿最報告ᄒᆞ더니自今爲始ᄒᆞ야殿最ᄂᆞᆫ勿施ᄒᆞ고郡守가有過ᄒᆞ면隨現報來ᄒᆞ야任免ᄒᆞ기로酌定ᄒᆞ엿다더라

●檢閱云廢 京城內에서발刊하ᄂᆞᆫ幾種新聞을警視廳에서檢閱ᄒᆞᄂᆞᆫ데不檢하ᄂᆞᆫ幾種新聞이史筆이正直ᄒᆞ야不法奸狀을摘발記載ᄒᆞᆫ즉此檢閱이少無效力이라고警視廳에서新聞檢閱은置之홀問題로擬議中이라더라

●花局促償 前郡守閔永采氏가李址鎔씨의게花套債금을姑未推償ᄒᆞ얏던지李址鎔氏가送人督推ᄒᆞᄂᆞᆫ故로閔氏가田庄을放賣코ᄌᆞᄒᆞ되願買者가無ᄒᆞ야現今困難中이라더라

●捐金建祠 今番義援에被燒ᄒᆞᆫ退溪李先生의祠宇를重建築홀터인ᄃᆡ總理以下各大臣이三百圜을收集ᄒᆞ야李先生의子孫에게送致ᄒᆞ얏다더라

●日亦募資 退溪李先生의祠宇重建築ᄒᆞᆫ다ᄂᆞᆫ事ᄂᆞᆫ別項과如하거니와該工役에對하야니部次官木니시도捐助金幾十圜을支出ᄒᆞᆫ다더라

●大同分課 大同會에서各課를分置ᄒᆞ얏ᄂᆞᆫᄃᆡ議査課長은趙회夏씨로庶務課長은李胄永氏로會計課長은方允承시로文書課長은韓鎭忠시로學務課장은朴裕浩시로編輯課長은金正鎭시로農務課長은李회承시로農務課長은리학宰시로商務課長은元周서로工務課長은리濬承시로水產課長은朴亨來諸시로定ᄒᆞ얏다더라

●視察朔校 學部主事리完應과事務官小杉彥治兩시가全羅남北道普通學校를視察次로來火曜日에발程ᄒᆞᆫ다더라

●海朝新聞刊行 俄領海蔘威地方에年來韓國人民이移住居生者가數十萬以上이라ᄂᆞᆫ대有志紳士等이祖國思想과開明事業을啓發ᄒᆞ기爲ᄒᆞ야該港口에一報館을創設ᄒᆞ야海朝新聞이라命名ᄒᆞ고總國文으로발行ᄒᆞᄂᆞᆫ데其趣旨를印布ᄒᆞ엿더라

●奸計現露 申泰休氏가再昨年平北觀察使로在任時에管下二拾一郡에발訓ᄒᆞ야學校를興化ᄒᆞ기로學校에補助金이라하고新貨一千九百餘圜을排收ᄒᆞ야親帶上京ᄒᆞᆫ後에該錢을以舊貨數交로送校ᄒᆞ미該校에서領收證을以舊貨로充收下送ᄒᆞᆫ故로平北각郡에서論議가大起ᄒᆞ미勢不得已ᄒᆞ야該道에서該價收證을該學校에還送ᄒᆞ얏ᄂᆞᆫᄃᆡ申씨가該錢新貨三百圜을尙不擧納ᄒᆞᆫ지라平北人의質問이不止一再ᄒᆞ얏고事邊郡主事明濟泰씨에게도討索ᄒᆞᆫ該新貨七八拾圜을還吐ᄒᆞᆫᄃᆡ本月晦日에擧給하기로定期ᄒᆞ얏다더라

●靑兵第一 鄕來人의所傳을據ᄒᆞᆫ즉中路에서日兵이던지義兵을逢着ᄒᆞ면依例히偵探搜索ᄒᆞᄂᆞᆫ데靑年會票를出示ᄒᆞ면不須更問ᄒᆞ고即時放送ᄒᆞᆫ다더라

●普校休學 普成中學校에서册床을修造ᄒᆞ기爲ᄒᆞ야來月曜日부터一週日을休학ᄒᆞᆫ다더라

●用則忘報 現任咸悅郡守徐廷哲씨가永川郡守在任時에該郡國債報償金四百圜을京城總合所로捨据ᄒᆞ마ᄒᆞ고執用ᄒᆞᆫ지가將近周年에終不送致ᄒᆞᆫ다고評論이藉々ᄒᆞ다더라

●靑年懇話 靑年會에서明日下午一時에회會ᄒᆞ고一般會員을請邀ᄒᆞ야懇親會를設行ᄒᆞᆫ다더라

●西北總會 西北學生親睦會特別總會를今日下午一時西北학會館內에開催ᄒᆞᆫ다더라

●振影刊報 樊학月報第五号부터一層擴張홀뿐더러학報作文錄優等되ᄂᆞᆫ人은寫眞을학報에揭影발刊ᄒᆞᆫ다더라

●巡査學徒 警視廳에서警察학徒를試取ᄒᆞ되來月五日과二拾日에試選ᄒᆞᆫ다ᄂᆞᆫ데該학徒외卒業은一個月로定ᄒᆞ야卒業後에巡査로差任ᄒᆞᆫ다더라

●光校卒業 私立光成實業學校에서今日下午壹時에第四回卒業式을擧行ᄒᆞᆫ다더라

▲地方消息▼

▲陰本月二十日에義兵二百餘名이忠州立場에突入ᄒᆞ야郡收전을出給ᄒᆞ라고該場民을威脅ᄒᆞᆫ境에日兵이驅入放銃ᄒᆞᆫ즉義兵이四散逃走ᄒᆞᆫ지라日兵이該地人民과來往行客을義兵으로知ᄒᆞ얏던지三十餘名을捕縛ᄒᆞ야동外에서砲殺ᄒᆞ얏다ᄒᆞ고

▲驪州方面에서義兵約二百名이장城郡南二面에集合홈으로日兵이襲擊ᄒᆞ랴ᄒᆞᆫ즉本月二十六日光州로向ᄒᆞ얏다하고

▲羅州方面으로來ᄒᆞᄂᆞᆫ商人에言을聞ᄒᆞ고日兵이前進ᄒᆞᆫ즉義兵은東方山中으로退去ᄒᆞ얏다가更히日兵과四十分間을交戰ᄒᆞ얏다ᄒᆞ고

▲拾八日午後七時半에茂長東北方三里地運河江에서日兵과義兵이幾時間을交戰ᄒᆞ얏다ᄒᆞ고

▲二十三日午後四時四拾分에井邑郡에서義兵이日討伐隊와交戰ᄒᆞ얏다하고

▲英陽郡에義兵三四拾名이潛伏ᄒᆞ얏다가二十日午前八時四十分에日兵과交鋒ᄒᆞ야死傷이有ᄒᆞ다더라

▲雨中夢事▼

▲雨鈴滴來四淸晴ᄒᆞ니閑倚午枕睡睡濃ᄒᆞ야萬念이俳徊ᄒᆞ매時局形便俯察ᄒᆞ니一陰一晴循環ᄒᆞᄂᆞᆫ關霽之期杳然ᄒᆞ다

▲雨霏々ᄒᆞ니雲霧重々此江山이黑暗時代이아닌가陰崖蜘木群生物이刼運中에들엇고나春夢深々不覺醒ᄒᆞ니二千萬衆잠드럿나

▲雨霏々하니扶桑東海波瀾聲에漲天洪水鐵舟이라ᄯᅩ蠶魚吳越保ᄒᆞ니東西洋沿海門戶濟世안治水良醫잠드럿나

▲雨霏々ᄒᆞ니天陰雨濕此乾坤에陽明氣像半點업다魍魎鬼面嘯聚ᄒᆞ야無數作戲怪禁이라邪方策누가알고罪魔잠드럿나

▲雨霏々ᄒᆞ니咫尺難辨陰의中에渾渾世界되엿고나醉氣濃홀昏倒ᄒᆞ니不省人事精神업다白首國恩老宰相이不關世事잠드럿나

▲雨비비ᄒᆞ니烟雲深處杳難尋홀ᄃᆡ盜賊靑山懸隔ᄒᆞ다白石爛爛南山下에扣角歌가멋이기다回首斷世嘆져ᄒᆞ니隱君子가잠드럿나

▲雨비비ᄒᆞ니蕭蕭聲中殺氣消ᄒᆞ야一洗塵埃眞面露라登車攬轡더經綸이澄淸天下手段뭇ᄒᆞ야蒼生之憂時慾절매ᄯᅡ雄豪傑잠드럿나

▲雨비비ᄒᆞ니徹夜桑土除雨備ᄂᆞᆫ可以人而不如鳥아國家藩屛已壞ᄒᆞ니驅壯力이어셔놀가防禦之策全沒홀메干城之材잠드럿나

▲雨霏々ᄒᆞ니沉陰天이似濕ᄒᆞ야天朗氣晴無期로다四方盜匪濛々ᄒᆞ니鷹飛虎撒蒼生淚라鐵摙良策杳然ᄒᆞ니執法官憲잠드럿나

▲雨霏々ᄒᆞ니滿天同雲濃聚하야黑淵々이되엿고나前日時代生覺ᄒᆞ니時不來兮奈若何로다磊固蠶蟹透骨髓ᄒᆞ니與世相忘잠드럿나

▲雨霏々ᄒᆞ니一滴千金春到時에潤物無聲萬歲이라愛國歌를高唱ᄒᆞ니新精神을發成이라萬口齊聲勇進ᄒᆞ니學徒少年이잠깨엿나

社告

古阜支社를自三月一日로姑爲廢止ᄒᆞ고該地方에셔本報購覽諸氏의게本社에셔繼續直送ᄒᆞ려이오니 愿光後三月度代金붓터ᄂᆞᆫ本社로卽送ᄒᆞ심을望

廣告

普成專門學校法律童夜學科第二回卒業生은今日下午七時에惠泉湯으로一齊來臨ᄒᆞᆷ
高正暉　告白

三月一日下午一時에卒業式을行ᄒᆞ오니一般校友ᄂᆞᆫ來臨ᄒᆞ시오
光成實業學校

開城敎育總會를開城學會로改稱ᄒᆞᆷ
開城學會　告白

本學會에셔定期總會를來三月一日(陰正月二十九日)下午一時에開ᄒᆞ오니會員은照亮來臨ᄒᆞ심을爲要
輔仁學會　告白

本人子김英柱字永大年二十八性本浮放不受敎訓亂傷倫理沈溺酒色欺人出債無所不至故玆以敗告內外國人切勿見欺ᄒᆞᆷ
慶남鎭남郡東面杭北里
김世一　告白

中署貢士峴第三統四戶瓦家三十拾四間半判券을昨臘失火에灰燼이옵기新出立旨ᄒᆞᆫ로玆에廣佈ᄒᆞᆷ
金榮鎬　告白

慶北尙州邑居金在鄕의尙州咸昌聞慶三郡所在田畓文券並案弊券과該郡守證明書를典執ᄒᆞ고屢々過限而經年不推ᄒᆞ고已有任意放賣消債之約故今將放賣ᄒᆞ깃스니京鄕間勿賣買ᄒᆞᆷ은本人의家로來議ᄒᆞᆷ
南部長동百八統一戶金致善白

本市光明中학校學務員宋貢兩氏熱心看事와敎師金總道氏熱心敎育은已揭前報이옵거니와現今學徒ᄂᆞᆫ日集ᄒᆞ고校舍ᄂᆞᆫ難容ᄒᆞ야ᄒᆞ所學習이實所非便이러니陰本月二拾日은即敎主탄日이라本校多士가以校舍一欵으로大開演說會ᄒᆞ고校舍新建之方을각其說明ᄒᆞᆫ서激感到에必挽誠服이라以其爭先之心으로目睹義捐者至爲三拾九人이오其餘傍聽紳士之諸捐이亦爲數多라此校之於斯爲盛은實有補於風化之萬一이라此若不布告則有欠於勸奬進就之道이온故로義捐諸씨를左開仰布ᄒᆞ옴

▲本학徒出義列名

高鳳勛　林道源　黃鉉侚　김敬셥　각五拾圜式
白남傑　김昌坤　김鍾原　崔允鼎　文道敎　김宋煥　張竹煥　白世칭　李明烈　김寬珍　朴承夏　韓宗赫　李圭明　김濟恩　리鎭河　各三拾圜式
리洛濂　張亨福　정忠煥　각廿圜式
梁聖淵　二拾圜　金炳赫　李守明　李亨根　梁璟浩　金履濟　各十圜式　金永吉　入圜　金殷稜　李학聖　각六圜式　白英三　金桂宗　金宗賢　李承鳳　高京崙　車應華　金在明　金志善　각五圜式
有志諸氏出捐
張基鳳　吳치源　各二拾圜
式宋于賢　拾九圜　黃潤逸　黃翊鉉　金應道　李成烈　각十圜式　田成齊　허世勛　崔錡崙　金龍涉　金斗衡　각五圜式

▲有志諸氏
김敬鉉　韓正洙　崔雲煥　各五圜

謹啓三月二日夕七点에懇親會를設行ᄒᆞ오나僉會員伊時光降顒祝
隆희二年二月二十七日
靑年會　啓

住址가未詳ᄒᆞ야通知書를未傳ᄒᆞᆷ이頗多ᄒᆞ야玆에廣告ᄒᆞᆷ

◉**學員募集**

今番本校에셔新入學員約五十名을募集ᄒᆞᄂᆞ니志願者ᄂᆞᆫ入학請願書에履歷書를添付ᄒᆞ야三月二拾五日(陰歷二月二拾三日)內로本校에提呈ᄒᆞᆯ事
但入학請願紙ᄂᆞᆫ本校로來求ᄒᆞᆯ事

一 **資格**　年齡滿十二歲以上普通학校卒業生이나或은其同等학力이有ᄒᆞᆫ者

一 **試驗期日**　四月一日(陰歷三月一日)上午九時에來校應試ᄒᆞᆯ事

一 **試驗科目**　日語初步漢文算術(四則初步)國內地理

一 **學資給與**　學員에게ᄂᆞᆫ志願에依ᄒᆞ야每朔五圜以內에學資를給與ᄒᆞᆷ도有ᄒᆞᆷ

一 入學志願者의注意要件과其他細事ᄂᆞᆫ本校에來問ᄒᆞᆯ事

隆熙二年二月　日
京城明洞
韓國財團法人**普隣商業學校**

慶南鎭南郡居金洪柱名은以容夏로改名ᄒᆞ오니遠近知舊間은以此諒悉ᄒᆞᆷ
金容夏　告白

남署□□□□元寬에陰正月晦日推次紙貨一千元票을失故로玆以廣告ᄒᆞ오니該票를拾得이라도休紙施行ᄒᆞᆷ
羅照俊　白

本事務所에셔第一出張所의位置와事務員을如左히定ᄒᆞ고平安南北道所管民事代理刑事辯護一切法律事務處理ᄒᆞᆷ

漢城許변護合洪事務所
辯護士　尹邦鉉
辯[redacted]士　太明식
辯[redacted]士　李容相
告白

第一出張所
位置　平壤郡隆德部一里大貫洞一統一戶
事務員　崔觀洙
事務員　洪鶴奎

加平鄕동居張錫형單德孝許推券於音見失難其拾得休紙施行ᄒᆞᆷ
李載式　白

本書院에셔內外國新舊學問各種書籍과聖經자種을發賣ᄒᆞᆫ지三四年인바本敎會敎人과各學校生徒의購覽ᄒᆞ기便利ᄒᆞᆷ을爲ᄒᆞ야左開三處에支備鋪를新設ᄒᆞ오니書籍을購買ᄒᆞ시ᄂᆞᆫ僉彦은附近支鋪에請求하심을務望　左開
西門外中學校西便　韓秉煥
南門外通路東便　安桂元
鍾路館門下　韓鼎敎
平壤貫동上隅
耶蘇敎書院　總務　金聖鐸　告白

朴晶東氏演述
◉**意大利獨立史**　正價金五拾錢
◉**經濟原論**　正價金三拾五錢
◉**國際公法志**　正價金四拾錢
◉國文**新撰家庭學**　正價金三拾錢

國家의文明은敎育이根本이오敎育의基礎ᄂᆞᆫ家政이始라故로家政學을純國文으로新撰ᄒᆞ와婦人社會와勞動社會와學校敎科에ᄭᆞ지需用ᄒᆞᆷ에便易케ᄒᆞ와사오니有志僉君子ᄂᆞᆫ陸續購覽ᄒᆞ심을務望
발行人　金甫均　告白

發賣所
▲大廣橋　匯東書館　▲鍾路　大東書市
▲布屛下　中央書館　▲布屛下　廣學書舖
▲句洞　博學書館　▲句洞　博文書館

●**廣告**

本書館에셔文明을發達하고民智를廣開하기爲ᄒᆞ야今에內外國各等書籍과各種敎科書類를購買ᄒᆞ와發售하오니愛國　僉君子ᄂᆞᆫ陸續購覽ᄒᆞ심을務望

最新書籍發售目錄

◉東西洋歷史　各種
◉東西洋地誌　各種
◉政治學　各種
◉法律學　各種
◉經濟學　各種
◉算術書　各種
◉內外國地圖　各種
◉修身書　各種
◉財政學　各種
◉博物學　各種
◉物理學　各種
◉衛生學　各種
◉地文學　各種
◉讀本　各種
◉法帖　各種
◉學校用品　各種

此外에도各種書籍이具備ᄒᆞ옵고書籍及名片도印刷하옵ᄂᆞᆫ더與他廉價ᄒᆞ게酬應ᄒᆞ깃ᄉᆞᆸᄂᆞ이다
京城南署銅峴(구리개)

學部認可
博學書館
告白

各地方에셔ᄂᆞᆫ書價으로前來ᄒᆞ면곳搬呈ᄒᆞᆯ터이고價金은郵便引換도ᄒᆞᆸᄂᆞ이다

◉**大韓國新發明神藥**

◉廣濟**靈丹**　各種食滯中暑久滯口臭痰飮吐瀉定價一貼十錢
◉**至寶丸**　治瘧疾無不拘久遠俱有偉効定價金十錢
◉**靈效液**　外用方書治疥瘡皮癬百發百中定價金三拾錢
◉**淸眼水**　治諸般眼疾有神驗天之妙定價金拾錢
◉**通淋丸**　治男女急慢淋疾神効無雙速効除毒一週金五十錢

此外에도東西洋各國有名貴劑와藥料去根劑와願望諸症藥水각種俱備ᄒᆞ와就比惠顧爲望

漢城中署鐵縣里鳳谷拾二統二戶地
製劑발賣所　共愛堂藥房
前官立漢城醫학校卒業生
經營발行人　張基茂　朴容南　謹白　告白

支店
平壤南門內共愛堂平壤支舖　秦弼達
興學書舖
代理店
西署新門外石橋敬濟院藥局　車鼎英
仁川港杻峴濟生堂　李庚鳳
國內各港藥局에셔購販賣ᄒᆞᆸᄂᆞ니다

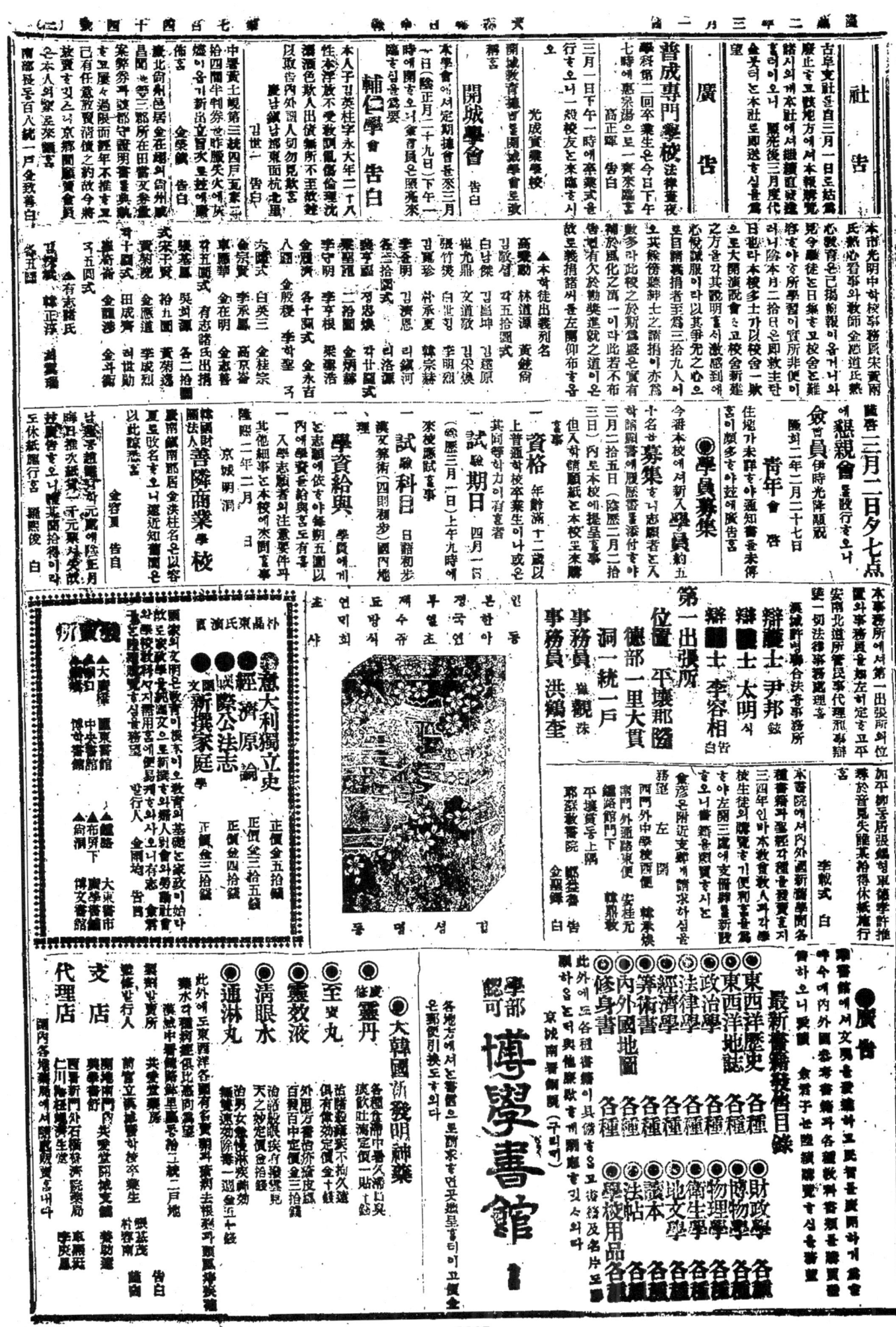

漢城鍾路萬國基督教青年會舘前慈惠藥房 製藥鑑查人濟衆院醫學員洪錫厚朴慈惠李寬化告白

本人等이米國大學醫院處方並大醫學士魚丕信氏에게受業ᄒᆞ고醫學校褒賞五等池錫永氏에게有效證明을受ᄒᆞ고左記나種을製造ᄒᆞ야外國藥規模을依ᄒᆞ야紙匣洋鐵匣琉璃瓶에盛ᄒᆞ야全國內地各處藥店에廣賣ᄒᆞ옵고濟衆院英字醫科로我醫家次으로數課ᄒᆞ야名稱而藥便方이라ᄒᆞ야발賣ᄒᆞ오니四方僉彦中濟衆院나을數拾年來經驗信用ᄒᆞ신兄弟는不拘약之多少와路之遠近ᄒᆞ고以書請買ᄒᆞ시면本人은雖拾錢價値라도以小包郵便으로仰呈ᄒᆞ오며나라封定價外郵稅十錢을加送ᄒᆞ시되小數錢은郵票十재조리를사셔보내시고혹買나家에서는多數買去ᄒᆞ시면郵便局換錢票를買送ᄒᆞ시오且本藥房에米國(얼포드)製나會社나과(와푤)製나會社나과德國(만ᄒᆞ임)製약과각品을直輸入ᄒᆞ야德語英語로記ᄒᆞᆫ方文과主治와用法을我國漢文으로飜譯발賣

商標

良思振起 補益丸 第一老衰男女
精力活潑 外에補益益血

定價表		
拾日分	三十丸入	金一圜
二十日分	六十丸入	金一圜七拾五錢
三十日分	九十丸入	金二圜五拾錢

主治大補元氣能調陰陽男子陽萎不起女子月經不調手足厥冷虛勞失氣久病入蘇完되ᄂᆞᆫ効力이大勝於鹿茸蔘人蔘精

靈効解瘧丸 一日分定價金拾錢此藥은大人小兒長瘧과初瘧이나間瘧에以服用ᄒᆞ면更不再發

蛔虫丸 一日分定價金拾전此藥은大人蛔積小兒蛔病의神効

四時感冒丸 一日分定價金拾전此藥은感氣곰살의쓰ᄂᆞᆫ약인감네二三日連服ᄒᆞ면四時寒感上下肢節頭痛에即時解熱鎭痛

男女瘡毒祛根藥 定價金五圜此藥은瘡疾의一期二期를勿論ᄒᆞ고거근ᄒᆞᄂᆞ독나을쥬ᄂᆞᆫ데다쳐파子억도아니나오

淸明眼藥 一日分定價金拾錢此藥은火眼熱眼의有多功効

無惡臭疥瘡藥 定價金四拾전此藥은疥선虫을卅分內殺

鎭咳嗽藥 五日分定價金三拾錢此藥은四時쌍常性咳嗽에有大効ᄒᆞ고特히老人哽咳에消痰止咳

寸白虫拔根 定價金三拾錢此약寸虫蛔虫拔根

足汗藥 二十日分定價貳拾錢此藥은軍人의常用除足汗

輕腫根治膏 定價금十五전此난面腫과頭腫에直差

濕腫根治膏 定價금十五전此약은男女勿論ᄒᆞ고風寒暑濕으로原腫되며大起搔痒ᄒᆞᄂᆞᆫ데奇効

漢城百應膏 一封定價金十錢此약은衛生醫士學得友시方文으로製造ᄒᆞᆫ藥인데우리조선뿐아니라各國에발根合適이되나이다

小兒感冒靈効散 此약池錫永氏經驗良方小兒感冒及食滯風身而熱驚風에大有神効定價金十錢

癘氣神効保嬰散 此약은小兒癘氣池錫永氏數拾年經驗之良方小兒原色綠而瀉○腹漲○身不安而不寢○腹痛驚悸及直視而驚癎等諸症神效定價금十二錢五厘

發賣所 仁川港栞峴濟生堂약房 京城梨峴審賣약商李信寧

新編 銀行簿記學

任璟宰編述 全一冊定價六十五전

本書ᄂᆞᆫ一般外國諸大家의著述ᄒᆞᆫ簿記學中最近簡易ᄒᆞᆫ者를選ᄒᆞ야精細히翻譯ᄒᆞ야國漢文으로記ᄒᆞ야난事務의整理方法과銀行實務의處理順序가瞭如指掌ᄒᆞ야實業家의大願問이라經濟界에不可缺ᄒᆞᆯ案頭에一冊을備置ᄒᆞᆯ者ㅣ니陸續購覽ᄒᆞ심을敬望

발賣元 中署布屏下三拾七統六戶 廣學書舖金相萬

分賣所 동口越邊中央書舖 大東書舘
鍾路大東書市 同古今書海舘
南門內博文書舘 南門外新舊書林
銅峴博學書舘

新撰 筭術通義 上

唐城洪鍾旭著撰 二百三十八頁 定價 七拾五錢

此書ᄂᆞᆫ四則으로부터名數사지編成ᄒᆞ얏ᄂᆞᆫ데其名稱을破綻ᄒᆞ고解式을昭載ᄒᆞ며且我國度量衡及貨幣와各國度量衡及貨幣를換算ᄒᆞ고基礎를作ᄒᆞᆷ과經度와時差로各國地方時의解得ᄒᆞᄂᆞᆫ方法을揭ᄒᆞ야尤極昭詳ᄒᆞ니一般教育界上에大光彩를발揮ᄒᆞᆯ不啻라학問家와研究者의案頭에可히備置ᄒᆞᆯ者ㅣ惟一ᄒᆞᆫ眞寶ㅣ라

普文社 白

總賣所 博學書舘 銅峴

發賣所 大東書市 匯東書舘 中央書舖 廣학書舖
新舊書林 安峴書舘 古今書海舘 博文書舘

家庭雜誌

每月五日發行一冊五十頁定價金十錢一年先金九十六錢地方一年先金郵稅幷一圜

本雜誌ᄂᆞᆫ純國文으로發行ᄒᆞ와家庭教育界에大光明을放하옵더니財政의困難ᄒᆞ야中間에暫間廢止ᄒᆞ얏더니이졔本社에서有志紳士의協贊을得ᄒᆞ야論說과各部門과滋味잇ᄂᆞᆫ歷史와談叢等을記載ᄒᆞ야本月五日부터續刊發行ᄒᆞ옵사오니 僉君子ᄂᆞᆫ陸續購覽ᄒᆞ시옴

발兌元 漢城布屏下金相萬書舖
賣 所 南洞博文書舘 鍾路大東書市
發 所 各有名書店

布屏下廣學書舖內家庭雜誌社 告白

● 大韓國新발明靈藥廣告 聖家堂翁全守鈴君質疑方劑에時寅嘗張基茂君有效證明으로淸心保命丹을발明이아効能은如左ᄒᆞ니 僉君子ᄂᆞᆫ試爲望

本舖 仁川港栞峴 濟生堂

◎主治効能 ●痰飲●食積●中暑中寒 ●霍亂●腹痛●不土不服 ●魘夢●吐瀉●船車眩暈 ●食傷●酒醉●口熱

▲共減諸般速驗屢效方神藥

발行人仁川港栞峴 濟生堂 李■鳳

代理店 京城鍾路 共愛堂藥房 慈惠藥房
特約店 京城鍾路 李信寧 洋藥局
同 梨峴 廣濟藥院
同 尙洞 韓興汲
同 南門外 和平局
仁川 內洞 朴圭栢
同 栞峴 具聖模
開城 南門內 [illegible]
同 忠橋 宋九藥局
水原 鍾路下 宋相孝
同 宗路 張汝文
延安 邑內 宋順東
江華 鍾路 崔致淳
長淵 南門內 박健昌
益山 砂利院場內 任允中
全 耶蘇教堂內 李在
黃州 南門 紅門洞 李東馨
全 平壤 鍾路巨里 林凰儀
全 文武洞 [illegible]
全 金元愷
全 [illegible]
● 鎭南浦 溪洞 [illegible]
● 釜山港 [illegible]
● 京畿 大門外 大同藥舖
● 全州 西門 天佑堂
● 安岳 邑上 [illegible]
● 大邱 南門內 [illegible]
● 蔚山 港 [illegible]
● 公州 邑內 [illegible]
● 咸州 南門 外水口街 [illegible]
此外에도現代에도 明各處有名
各地 [illegible]
● 海州 南門 內 [illegible]
● 淸州 邑 新 藥局 金濱台
● 成川 郡 美 [illegible] 박之行
● 寧邊 [illegible] 洋藥局 崔允植
● 北靑 新昌 洛客主 박鶴鎭
● 元山港 本堂出張人 朴敬鎬

▲特別廣告

本社에서名帖印刷部를另設ᄒᆞ고各樣活字와印牒紙本이俱備ᄒᆞ오며印刷가精美ᄒᆞ고價額至廉ᄒᆞ오니 僉紳士와夫人외계ᄂᆞᆫ一層信用ᄒᆞ시와隨意請求ᄒᆞ심

大韓每日申報社 告白

學徒洋裝各種
學徒運動과諸具
縫紉各種 裝飾品各種
衣服裁縫其他各種를廉價로販賣ᄒᆞ오니諸君子ᄂᆞᆫ來臨ᄒᆞ시물伏望ᄒᆞ나이다

仁川港本町 [illegible]

本人이日本大阪의賣家와特約ᄒᆞ고日本內地產出各種物品과西洋各國物品及酒類等을多數大韓에輸入ᄒᆞ와委托을受ᄒᆞ게되얏ᄉᆞ오니商工業에有意ᄒᆞ신僉君子ᄂᆞᆫ某物이든지請求ᄒᆞ시거든本社로來議ᄒᆞ시옵本社에서ᄂᆞᆫ手數料金을廉히定홈

開城府大門內與學社 [illegible]
藥業社茶店

支店京城南門內水標五十一戶

仁川港 [illegible] 濟號
[illegible] 會社

▲新刊發售廣告
增補 無冤錄大全 國漢文 定價金七拾五錢
大韓法規類纂續編 三圜五拾錢 郵稅四拾錢
初等倫理教科書 二拾錢
初等衛生學教科書 拾五錢
國家學綱領 拾五錢
國民須知 八錢
愛國婦人傳 張志淵氏著 十五錢
發賣所 京城布屏下 金相萬書舖

越南亡國史

國漢文 定價貳拾伍錢
發賣所 京城廣橋高裕相 京城鍾路時寬齋 會洞
布屏下 金相萬 告白

◎報償義捐金收入廣告

●楊州郡上東面平陵里
安孝千 김鍾彦 각六十錢
朴宗奎 安孝斗 孫承萬
安由建 各四十전 朴魯根
朴文根 孫喜秀 孫完秀
리종一 朴大根 朴희潤
朴희관 박章正 박奎龍
安翊運 安종翊 安樸運
安周運 朴희雲 각二十錢
合五圜八拾錢
▲上東面高踏宮中
扈谷宮中 二圜八十錢 四圜
▲下東面七星里
孫雲鎬 박琮鎔 각一圜
崔致允 文聖大 각四十錢
孫龍秀 孫俊錫 孫聖業
孫性在 孫文鎬 손性國
朴雲慶 文世孝 薛致智
薛麒水 박載郁 朴四律
馬喜환 朴起孝 薛周仲
鄭奎華 曹德仁 韓斗星
徐得龍 金석宗 김永文
車應浩 鄭龍旭 張圭甫
文致錫 曹德善 車應廊
孫甘전 孫性元 孫性奎
孫閏鎬 孫振元 文海敏
薛尙伯 孫性兆 韓斗順
各拾전
合九圜
總合二十一圜六十錢
前號總合五萬八千八百二十六圜七拾三錢七厘
都總合五萬八千八百九拾八圜三拾二전七厘

發行兼編輯人 英國人 裵說
發行所 南署石井洞域外城三層洋屋
大韓每日申報社

第六卷
大韓每日申報
第七百四十五號

月曜及慶節 歲時日休刊

檀君開國四千二百四十一年
箕子元年三千三十年
大韓開國五百十七年
日本明治四十一年
淸國光緖三十四年
陰曆戊申二月小初一日丁巳

論說

●我와社會에關係

今夫一小色身이暫來倏去ᄒᆞᄂᆞᆫ者를我라云ᄒᆞ며過去現在未來를貫ᄒᆞ야長存不壞ᄒᆞᄂᆞᆫ者ᄂᆞᆫ社會라云ᄒᆞᄂᆞ니我ᄂᆞᆫ死ᄒᆞ야도社會ᄂᆞᆫ不死ᄒᆞ며我ᄂᆞᆫ滅ᄒᆞ야도社會ᄂᆞᆫ不滅ᄒᆞ며我ᄂᆞᆫ有限ᄒᆞ야도社會ᄂᆞᆫ無限ᄒᆞᆫ者라我가社會에在ᄒᆞᆷ이固是太倉에一米며泰山의一壤이로다

一米가精ᄒᆞ다ᄒᆞᆫ들太倉이盡腐ᄒᆞᆷ을救치못ᄒᆞ며一壤이堅ᄒᆞ다ᄒᆞᆫ들泰山이盡頽ᄒᆞᆷ을補치못ᄒᆞᄂᆞ니我一身이아모리仁義를磨ᄒᆞ고道德을抱ᄒᆞ얏더라도至社會의腐敗ᄒᆞᆷ을奈何리오ᄒᆞ야庸人下士ᄂᆞᆫ養老飼幼로만自己의天職으로認ᄒᆞ며朝烟暮火로만自己의事業을作ᄒᆞ야一生觀念이薪米鹽漿에不外ᄒᆞ고達觀이라自稱ᄒᆞᄂᆞᆫ者ᄂᆞᆫ出生入死의厭世觀이太甚ᄒᆞ며無大無小의齊物論을主張ᄒᆞ야悲歌縱酒도竹林七賢의後塵을續ᄒᆞ라ᄒᆞ고又其經世로自任ᄒᆞᄂᆞᆫ者도口로ᄂᆞᆫ修齊治平을主唱ᄒᆞ며筆로ᄂᆞᆫ古今時宜를洞發ᄒᆞ나往々束身寡過主義에徹ᄒᆞ야齷齪ᄒᆞᆫ範圍를超出치못ᄒᆞ니噫哉라

我가當初에何意로社會에出現ᄒᆞ얏ᄂᆞᆫ가只是社會의風潮를追隨ᄒᆞ야社會가腐ᄒᆞ거던我도腐敗ᄒᆞ며社會가頑陋ᄒᆞ거던我도頑陋ᄒᆞ며社會가萎靡ᄒᆞ거던我도萎靡ᄒᆞ며社會가隆興ᄒᆞ거던我도隆寔ᄒᆞ야彼茫々大海에無타舟갓치推移ᄒᆞᆷ이可ᄒᆞᆯ가然則我ᄂᆞᆫ身은此社會中一贅肉에不過ᄒᆞ야無之라無所損이오有之라無所益이니我라ᄂᆞᆫ것이元來如此ᄒᆞᆫ一死物이될而已인가

嗚呼라至重者ㅣ我어ᄂᆞᆯ何故로自輕이며至大者ㅣ我어ᄂᆞᆯ何故로自小오大抵我가我를知ᄒᆞ지면此一片軀殼으로我라ᄒᆞᆷ이不可라不生不滅ᄒᆞᄂᆞᆫ靈魂이是我며一般知覺으로我라ᄒᆞᆷ이不可라不增不損ᄒᆞᄂᆞᆫ性海가是我라故로身曰我身이라ᄒᆞ며家曰我家라ᄒᆞ며國曰我國이라ᄒᆞ며世界曰我世界라ᄒᆞᄂᆞ니捲ᄒᆞ면一우에藏ᄒᆞ야其細가如塵ᄒᆞ며其微도如芥ᄒᆞᆫ者도我며放ᄒᆞ면天地에滿ᄒᆞ야其大가無邊ᄒᆞ며其廣이無際ᄒᆞᆫ者도我며大千世界가皆我의家宅이며一切衆生이皆我의肢體니

衆生이皆瘠ᄒᆞᆫᄃᆡ我能獨肥ᄒᆞᆯ가必不能이며衆生이皆痛ᄒᆞᆫᄃᆡ我能獨樂ᄒᆞᆯ가必不能이라故로我가呱々墮地ᄒᆞ야社會의一員된以後에ᄂᆞᆫ不得不此一員된責任을擔ᄒᆞ며一員된天職을盡ᄒᆞ야社會를補助又改良ᄒᆞ여야社會가不壞에我亦不滅ᄒᆞ며社會가不亡에我亦不壞ᄒᆞᄂᆞ니試思ᄒᆞ라東西萬古英雄聖哲이皆至今生存ᄒᆞᆫ者아닌가

乃者碌々蠡想으로如此至重至大ᄒᆞᆫ我를眇視ᄒᆞ야我의義務를自棄ᄒᆞ며我의價値를自滅ᄒᆞᆷ으로或其種이絕ᄒᆞ며或其國이亡ᄒᆞᄂᆞ니

天下事를皆可忘이언뎡我를忘ᄒᆞᆷ은不可ᄒᆞ며天下事를皆可恕이언뎡我를恕ᄒᆞᆷ은不可ᄒᆞ니라

官報

●第四千拾號 隆熙二年二月廿九日 續

敍任及辭令

日本國光濟号艦長海軍少佐 磯貝正吉
特敍勳四等賜八卦章
日本國光濟号機關長海軍機關大尉 野口淸太郞
特敍勳四等賜太極章
統監府技師 遠藤善十郞
特敍勳五等賜太極章
臨時稅關工事部技手 鈴木千代藏
特敍勳六等賜太極章
任建築所扶手 佐藤菊次郞
任掌禮院典祀補 閔와鉉
任稅關主事 吉村深
臨時財源調査局技手 稻葉源太郞
仝 樋口重治
敍任財務監督局技手
公立洪州普通學校副敎員 申孝錫
免本官
右ᄂᆞᆫ該員이擅離任所ᄒᆞ야曠廢校務ᄒᆞ고屢飭不遵ᄒᆞᆷ은其在事體에不可仍置이기免本官
內部事務官事務를囑托ᄒᆞᆷ(奏任待遇) 林田民次郞
稅關港務官補 池上律已
依願免本官
財務署主事 崔相설
免本官
右ᄂᆞᆫ該員이移派已久尙不赴署ᄒᆞ니揆以官紀에不可仍置이기是以免本官
公立原州普通學校專科訓導 리建用
財務署主事 리選鎬
稅關主事 多多良孫二郞
依願免本官
完

●第四千十一號 隆熙二年三月二日

官廷錄事

下賜金

大皇帝陛下ᄭᅴ셔二月拾日日本陸軍紀念祭設行에對ᄒᆞ사金一千圓을韓國駐箚司令部에下賜ᄒᆞ옵시다

外報

●婦人被黨 路透電을據ᄒᆞᆫ즉去一月二拾二日에捕縛된露國의革命黨七名을死罪에宣告ᄒᆞ엿ᄂᆞᆫᄃᆡ其中에婦人二名이有ᄒᆞ더라

●淸使答論 紐育電을據ᄒᆞᆫ즉新任駐米淸國使吳廷芳氏가華盛頓에來着ᄒᆞ얏ᄂᆞᆫᄃᆡ氏ᄂᆞᆫ來客에게向ᄒᆞ여曰近來日本人이淸國의權利를侵ᄒᆞ야跋扈ᄒᆞᆷ이有ᄒᆞ다ᄒᆞ야日本을制裂ᄒᆞ고淸國을援助ᄒᆞ야달나ᄒᆞ엿ᄂᆞᆫᄃᆡ米國에서該請을否認ᄒᆞ엿더라

●軍備減省 倫敦電을據ᄒᆞᆫ즉英國陸軍豫算은三千一萬一千磅을節減ᄒᆞ고兵士三千一百人을減縮ᄒᆞ고又兩階에서騎兵一個聯隊와步四大隊를撤還ᄒᆞ기로決定ᄒᆞ엿더라

●日人判決 倫敦電을據ᄒᆞᆫ즉路透通信員報에ᄂᆞᆫ英領코롬비야州控訴院에서日本人拘留事件에關ᄒᆞ야普通裁判所判決을是認ᄒᆞ얏다더라

●日人條約違反 桑港電을據ᄒᆞᆫ즉加奈多빅토야控訴院에서過般制定ᄒᆞᆫ同國의日加條約移民法을違反ᄒᆞ고日本人의條約權을侵害ᄒᆞ겻다고公言ᄒᆞ엿더라

雜報

◎日人와拓殖會社

日人이該國賞氏勞動者를韓國너地로多數移殖ᄒᆞ기爲ᄒᆞ야一千萬圓의資本金을募集ᄒᆞ고拓殖會社를組織ᄒᆞᆫ事實은年前부터日人報紙上에屢屢揭出ᄒᆞ더니及其官大리尤用씨와農大宋秉畯씨가渡日ᄒᆞᆫ後에該會社와如何交涉이되얏던지種々傳說이有ᄒᆞ가ᄃᆡ리氏ᄂᆞᆫ宮內府所管驛屯土를日人의게貸與ᄒᆞ기로契約이有ᄒᆞ다ᄒᆞ고宋氏ᄂᆞᆫ國內陳荒地開墾을日人의게認許가有ᄒᆞ다ᄒᆞ더니

厥後에日人報紙를閱覽ᄒᆞᆫ則宮內府所管土地貸與條件이頒佈된다ᄒᆞ얏스니此로觀ᄒᆞ면ᄃᆡ리氏와日人會社間에契約이有ᄒᆞᆫ것은的確ᄒᆞᆫ事實이요又一進會員演說에現今日人이一千萬圓의資本으로韓國陳荒地를開墾拓植ᄒᆞᆯ터인ᄃᆡ韓人도또ᄒᆞᆫ一千萬圓을辦出ᄒᆞ야日人과同事ᄒᆞ며야生活方針이되리라ᄒᆞ얏스니此를證ᄒᆞ면陳荒地認許도的確ᄒᆞᆫ事實이로다

然則韓國內에驛屯土와陳荒地를統計ᄒᆞ면幾乎三分之一에過數가될지니此를擧ᄒᆞ야日人의게讓與ᄒᆞ면韓國版籍의三分之一이나過數되ᄂᆞᆫ人民은將次何處로逐送ᄒᆞᆯ計劃인가年來日人이韓國니에土地及家屋基址를貿收或占奪ᄒᆞᆫ것지ᄅᆞ加月增ᄒᆞ야槪算키難ᄒᆞ거ᄂᆞᆯ今又全國土地에三分之이나過ᄒᆞᆫ驛屯土와陳荒地까지沒數占取ᄒᆞᄂᆞᆫ境遇이면韓國人種은昇天入地以外에投身無處ᄒᆞ니此ᄂᆞᆫ波蘭安南의亡國人民도未嘗遭値ᄒᆞᆫ慘境이라倘忍言哉며倘忍言哉아

彼宋李兩씨의賣國行爲ᄂᆞᆫ責之何口리不足擧論이어니와日本官吏를對ᄒᆞ야一言警告를提示ᄒᆞ노니日人의恒常言論이韓國을保護ᄒᆞ며開導ᄒᆞᆫ다稱ᄒᆞ면서此等手段을使用ᄒᆞᄂᆞᆫ가此國人民의生命이盡皆斷絕ᄒᆞᄂᆞᆫ境遇에至ᄒᆞ면誰를保護ᄒᆞ며誰를指導ᄒᆞ리오

且日本官吏ᄂᆞᆫ韓國의人民歷史를未見ᄒᆞ얏ᄂᆞᆫ가以驛屯土皆之ᄒᆞ면皆國內에一條膏腴地라歲作의産出이最多ᄒᆞᆫ故로一般農民이其佃作을圖得ᄒᆞ기에埋頭沒身ᄒᆞ야不遑他力ᄒᆞ던것이오或官人租가捧稅之地에分錢의加歛이有ᄒᆞ야도呼訴가皆至ᄒᆞ다가許可를不得ᄒᆞ면民擾가蜂발ᄒᆞ야百千成群ᄒᆞ야蜂屯蟻聚ᄒᆞ야官人을或水에投ᄒᆞ며或火에薪계置ᄒᆞ며或逐送境外ᄒᆞᄂᆞᆫ行動이往々有之ᄒᆞ얏거ᄂᆞᆯ今에若其殷作地를全然占取ᄒᆞᄂᆞᆫ事가有ᄒᆞ면幾百萬名人民의生命이一朝斷絕之勢라到此地頭ᄒᆞ야如何ᄒᆞᆫ交象이발生ᄒᆞ짓ᄂᆞᆫ가日本官吏ᄂᆞᆫ兩國에平和維持를希望ᄒᆞ거든更爲商量ᄒᆞᆯ자어다

●廣守興학 廣州府興학校任員宜永在시가該郡守吳泰泳氏에게獻議ᄒᆞᆷ미郡守가採用ᄒᆞ야府內三百五十戶에家勢를隨ᄒᆞ야敎育界捐助方針을實施ᄒᆞ자ᄒᆞᆷ미諸任員이協贊決議ᄒᆞ고境內各校와來設校區域ᄭᆞ지라도將且次第로實施ᄒᆞᆫ다더라

廣告

雜報

●乾元會費 今番 大皇帝陛下乾元節에法部大臣趙重應氏가慶祝會를組織ᄒᆞᄂᆞᆫ되該經費가三千餘圜假量이라더라

●移葬完埜 承宣君李埈鎔씨母親墓所를陰四月頃에坡州大院王園所局내로緬封ᄒᆞᆫ다더라

●同意何遲 近日에내外職叙任同意件을統監府에서可否間同意送交치아니ᄒᆞᄂᆞᆫ故로叙任件이延拖된다더라

●騎巡前導 摠理大臣李完用씨ᄂᆞᆫ仕進ᄒᆞᆯ時에騎馬巡査一名이前導ᄒᆞᆫ다더라

●慶祝協議 昨日은中樞院月曜例會인故로贊副議가會同ᄒᆞ야乾元節에慶祝事件을協議ᄒᆞ얏다더라

●法大不仕 法部大臣趙重應氏ᄂᆞᆫ何事件을因ᄒᆞᆷ인지日前븟터不爲仕進視務ᄒᆞᆫ다더라

●合郡姑停 각地方을合郡ᄒᆞᆯ次로現關小郡은事務官任置로磨鍊ᄒᆞ얏다더니內閣에서地方區域을確定ᄒᆞ기爲ᄒᆞ야合郡一款은姑爲停止ᄒᆞ고次々郡守를叙任下送ᄒᆞᆫ다더라

●議員詰論 학部員役이合爲十二名니에三名을除汰ᄒᆞ얏다ᄂᆞᆫ데有何未妥ᄒᆞᆫ事이던지학務局長尹致오氏와會計課장金漢奎氏와事務官小杉氏가互相詰論ᄒᆞ얏다더라

●聘師請議 法語학校教師馬太乙시의續聘事件을학部와度支部에서聯署ᄒᆞ야內閣會議에提出ᄒᆞ얏다더라

●宋시昧例 日本을渡來ᄒᆞᆫ信人의所言을據ᄒᆞᆫ즉農商工部大臣宋秉畯시가韓國 皇太子를陪行ᄒᆞ야各處社회를遊覽ᄒᆞᄂᆞᆫ데東西洋各國物貨를陳列ᄒᆞᆫ회館은各國皇族이御覽ᄒᆞᄂᆞᆫ故로接待室을特設ᄒᆞ야遊覽事를前期通知ᄒᆞ면該館主가諸般等節을預備接待ᄒᆞᄂᆞᆫ더인데宋農大가、皇太子를陪行ᄒᆞ야初無預通ᄒᆞ고直入館中ᄒᆞ미館主ᄂᆞᆫ出他ᄒᆞ고應接無人ᄒᆞᆫ지라 皇太子씨서無聊還駕ᄒᆞ샤宋시를大責曰爲其陪從ᄒᆞ야 皇室體貌를如此損傷케ᄒᆞᄂᆞ냐ᄒᆞ시미宋大臣이謝罪ᄒᆞ고陪從을停止ᄒᆞ얏다더라

●非任勿干 내部次官木내시가各局課長을회同議定ᄒᆞ기를各其所掌職務外에ᄂᆞᆫ他局課事務를切勿相關ᄒᆞ라ᄒᆞ얏다더라

●調察仍存 각道觀察使를一體任免ᄒᆞᆫ다더니全北에李斗璜지와平北에柳赫魯시만仍存ᄒᆞᆫ다더라

●有關勿補 各部郡을合併ᄒᆞᆫ次로統監府에서修臣ᄒᆞ얏ᄂᆞᆫ데殺兵區域을因ᄒᆞ야尙未實行ᄒᆞ고隨其窮闕ᄒᆞ야合ᄒᆞᆯ郡은勿補ᄒᆞ고有勢ᄒᆞᆫ郡守만合併ᄒᆞᆯ郡으로移任ᄒᆞᄂᆞᆫ데挾私가不一ᄒᆞᆷ으로統監府에서不容經議ᄒᆞᄂᆞᆫ故로郡守任免件이數朔式遲滯된다더라

●分黨圖位 日本서還國ᄒᆞᆫ某々氏가近日黨派가分立ᄒᆞ야不穩ᄒᆞᆫ狀態를釀出ᄒᆞᄂᆞᆫ데各其地位를先得ᄒᆞ기로一層運動中이라더라

●日人叙勳 日本陸軍騎兵中佐岩谷龍太郎시ᄂᆞᆫ勳二等八卦章으로賞勳局記官藤井善言시ᄂᆞᆫ勳二等八卦章으로前外務省屬中野許多郎시ᄂᆞᆫ勳五等八卦章을特陞叙ᄒᆞ얏다더라

●祭官更差 新官制에典祀와典祀補와宮내府官人으로祭官을差任ᄒᆞ기로磨鍊ᄒᆞ얏더니該府官人과典祀及典祀補가名譽無祿之人이多數ᄒᆞᆫ故로差出ᄒᆞ면不參ᄒᆞ야享祀所重에臨時狼狽가比々有之ᄒᆞᆫ故로自今으로ᄂᆞᆫ外각部官吏로ᄒᆞᆫ다더라

●出張黃郡 陸軍步兵副尉柳致爲氏ᄂᆞᆫ昨日에黃州郡으로出張ᄒᆞ얏다더라

●觀察討隊 軍部副官參領金基元氏가北道討伐隊를觀察ᄒᆞ기爲ᄒᆞ야再昨日出發ᄒᆞ얏다더라

●興工支社 趙義淵씨가興工團支社를觀察ᄒᆞ기爲ᄒᆞ야日昨平壤等地로前往ᄒᆞ얏다더라

●勢敢然矣 日人拓殖會社에셔貧民을移殖ᄒᆞᆯ計劃으로一千萬圜資本을準備ᄒᆞ고宮大李允用氏의驛屯土貸與ᄒᆞᆯ契約을得ᄒᆞ미先爲拾萬名을移殖코져ᄒᆞ얏다니此를實行ᄒᆞᄂᆞᆫ境遇에ᄂᆞᆫ韓國人民의惡感情을大招ᄒᆞᆯ뿐더러각地方義徒의騷擾를念慮ᄒᆞ야趑趄中이라고日人間에傳說이有ᄒᆞ더라

●任員餘一 忠儀다ᄒᆞᄂᆞᆫ職名은忠臣嫡長孫을調用ᄒᆞᄂᆞᆫ窠요職務ᄂᆞᆫ侍衛儀仗五番備를擧行ᄒᆞ던것인데大小朝坪으로十人이擧行ᄒᆞ더니今番宮내府官吏解散時에亦參其中ᄒᆞ야九人은解散되고一人만姑置ᄒᆞᄂᆞᆫ데名号ᄂᆞᆫ仕員이라ᄒᆞ고仍存ᄒᆞᆫ人은金漢俊氏라더라

●學生驅逐 鐵原郡守김彰鉉氏가학部로報告ᄒᆞ되本郡公立학校事로屢度報告이오나尙無如何訓令이옵고度支部로遞次訓飭于財務所ᄒᆞ야財務官吏가巡査로共來威脅ᄒᆞ야校中備品을渠自移置ᄒᆞ고驅逐學生ᄒᆞ야不得上학케ᄒᆞ오니査照處辨ᄒᆞ라ᄒᆞ얏더라

●志在月銀 日本人으로韓官을叙任ᄒᆞᄂᆞᆫ데其等級比較表를譯ᄒᆞᆫ즉勅奏判任을勿論ᄒᆞ고日本官等에韓官等은四等式를陞定ᄒᆞ여勅奏任三等以上은親任으로奏任三等以上은勅任으로判任三等以上은奏任으로ᄒᆞ되各四等以下ᄂᆞᆫ登二等으로四陞ᄒᆞ미韓人月俸의四倍를加ᄒᆞ야月俸이多數ᄒᆞ고且手當金을別定支撥ᄒᆞᆷ으로判任官의待遇라도幷爲五十圜以上에達ᄒᆞᆷ으로日本에雖下愚者라도渡韓運動者가不知其數라더라

●申計남陷 寧邊前郡守남俊元시가각面長을放賣ᄒᆞᆫ贓縐으로해道稅務署査報를因ᄒᆞ야漢城裁判所에서捉囚인데該事件은其時觀察使申泰休시가面長을派放ᄒᆞ라ᄒᆞ야每面長을三拾圓式에放賣ᄒᆞᆫ즉申觀察이爲言曰該錢이必爲巨額이니緜紬一百疋을賣納ᄒᆞ라ᄒᆞᆷ으로綠紬六十疋紬元雜ᄂᆞᆫ正金賈給ᄒᆞ니價額合이新貸三百六拾圜인즉남倅의所喫ᄒᆞᆫ錢은不過二十圜인데申시의奸計로남시만死地에陷ᄒᆞ얏다더라

●兩氏放免 警視廳에多月滯囚ᄒᆞ얏던閔元植金顯大兩氏가去土曜日에無事放免ᄒᆞ얏다더라

●日營賣淫 詩동等地賞花室을洋屋으로擴張建築ᄒᆞ고賣淫營業을注意ᄒᆞᆫ다ᄂᆞᆫ데該建築費ᄂᆞᆫ日人이擔備ᄒᆞᆫ다더라

●寄附桂校 毅陽君李載覺氏가桂山학校에二拾五圜을寄附ᄒᆞ얏다더라

●鐵路協議 再昨日下午一時에鐵路商業會議所에서湖南鐵道株式硏究會를開ᄒᆞ고財政方針을爛商協議ᄒᆞ얏다더라

●法律成會 外國法律卒業生張燾俞李冕宇張燾三씨等十五人과內國法律卒業生朱定均卞榮晩李基燦씨等이再昨日에法학會를발起ᄒᆞ얏다더라

●회長選定 去日曜日에學生親睦회를桂山學校에서발起회를開ᄒᆞ고회長을李基燦시로選定ᄒᆞ얏다더라

●解員演說 宮내府解散員役들이本月五日에新門外新寺에會同ᄒᆞ야무슴演說을ᄒᆞᆫ다더라

●靑會演說 今日下午七点鍾에靑年會館에서演說會를開ᄒᆞ고紳士金奎植씨가我韓前途란問題로演說ᄒᆞᆫ다더라

●學友新友 京城에在學ᄒᆞᆫ關東학生諸시가來日曜日下午一時에安동大東寄宿館니에서學友회를組織ᄒᆞᆯ터인데關東紳士諸시도一同協贊ᄒᆞᆫ다더라

●逢義逃身 日前에日憲兵八名이通辯人一名을帶同ᄒᆞ고楊州等地에偵探ᄒᆞ다가義兵百餘名이忽地突擊ᄒᆞᆷ을被ᄒᆞ야憲兵이急走上京ᄒᆞᄂᆞᆫ데通辯人김某ᄂᆞᆫ單身으로脫身入城ᄒᆞ얏다더라

●賊漢何多 日昨警視廳에서城內賊黨을多數調捉ᄒᆞᄂᆞᆫ데黃土峴에서二名과協律社前에서二名과西小門外에서三名과水口門內에서四名과東幕等地에서八名을捕捉ᄒᆞ얏다더라

▲地方消息▼

▲二月二十六日午後三拾分에義兵一百五拾名이忠淸남道靑陽巡査駐在所에來襲ᄒᆞ야該所巡査와二時間을交戰ᄒᆞ얏ᄂᆞᆫ데韓巡査一名이散彈을中ᄒᆞ야重傷ᄒᆞ얏다ᄒᆞ고

▲二月二十五日淸安西方面約三里地守義동에서義兵四十名이日兵中丸伍장隊와衝突ᄒᆞ야三時間을交戰ᄒᆞ다가義兵은鎭川方面으로退却ᄒᆞ얏다ᄒᆞ고

▲二月二十七日永平漣川間에서日兵數名이午前十時에下遠里西方高地에서義兵六拾名을遭遇ᄒᆞ야交戰約二時間에勝敗가未詳이라ᄒᆞ고

▲去月廿三日婦川方面約七里下農里에서日兵이義兵四百名과交戰ᄒᆞ고又上農里에서約二百名의義兵이日兵과交戰ᄒᆞ얏다ᄒᆞ고

▲二月拾九日午後八時에義城郡에서義兵四名이日斥候隊와交戰ᄒᆞ얏ᄂᆞᆫ데死傷이未詳이라더라

東京電報

三月一日발

●日艦派遣 日本政府에서淸國이第二辰丸抑留ᄒᆞᆫ事件交涉問題에就ᄒᆞ야軍艦和泉를澳門으로派遣ᄒᆞ얏스나事態가容易치못ᄒᆞᆷ으로更히남淸艦隊全部를派遣ᄒᆞ기로니定ᄒᆞ얏다더라

二月二拾日발

●西太后隱退 淸國西太后ᄂᆞᆫ隱退ᄒᆞ고攝政을慶親王에게讓與ᄒᆞ얏ᄂᆞᆫ데袁世凱、張之洞、孫家鼐三시를宮中顧問官으로任命ᄒᆞ얏다더라

伯林電報

二月二十九日발

●陰謀幸免 波斯國니에陰謀가有ᄒᆞ야國都테헤란에서國王을暗殺ᄒᆞ라ᄒᆞ얏ᄂᆞᆫ데國王은幸히無事ᄒᆞ얏다더라

▲老少問答▼

▲北村서老人이회集ᄒᆞ야講古談今ᄒᆞ더니洋服이鮮明ᄒᆞᆫ一少年이適到ᄒᆞ미氣色이唐突ᄒᆞ야少無忌憚ᄒᆞᄂᆞᆫ지라一老人이睥睨良久에曰近來開化ᄒᆞᆫ兩班들무섭도고少年이勃然曰開化로못된일잇소

▲老人이冷笑曰開化黨이ᄒᆞᆫ번붙더니所謂五條約이니七協約이니ᄒᆞ야國事가此境에至ᄒᆞ얏스니잘된일이오

▲少年曰開化意味를모르시ᄂᆞᆫ말삼이오이거슨賣國大臣의事業이나엇지開化事業이라ᄒᆞ깃소

▲그리ᄒᆞ면幾千年禮義文物을一朝에掃盡ᄒᆞ고薙髮弁服에外人의模製效顰ᄒᆞᄂᆞᆫ거시옳소

▲예現今時代ᄂᆞᆫ改革時代라外樣부터變革ᄒᆞ여야思想이變ᄒᆞ야文明域에進就ᄒᆞ지요

▲그리ᄒᆞ면一進會도斷髮ᄒᆞ엿스나擧世가창鬼로指目ᄒᆞ니이것도文明進就라ᄒᆞ깃쇼

▲예一進會ᄂᆞᆫ元來奴隸性質이라個不飽를於渠에何誅리오마ᄂᆞᆫ雖髻高三寸이오袖廣三尺이라도祖國精神이無ᄒᆞ면無非一進會지오

▲그리ᄒᆞ면近來有志者라稱ᄒᆞᄂᆞᆫ者들이會니國이니각自成立ᄒᆞ다가及其事業인즉名譽를釣取ᄒᆞ야仕宦을籠絡ᄒᆞ니이것도有志者라ᄒᆞ깃소

▲예國과會를成立ᄒᆞ여야人民에國權力을培養ᄒᆞ야國家思想을注入ᄒᆞᄂᆞᆫ것신되近來에或社會를藉托ᄒᆞ고功名을圖取ᄒᆞᄂᆞᆫ者ᄂᆞᆫ假志士이지오

▲그리ᄒᆞ면先聖에經傳은廢止ᄒᆞ고語學이니算術이니外國文字를敎授ᄒᆞ야幼稚ᄒᆞᆫ心膓을變幻케ᄒᆞᄂᆞᆫ것시옳소

▲예海外萬國이舟車所通에交誼를敦修ᄒᆞ야取長棄短에知識을發達ᄒᆞᄂᆞᆫ데外國風氣를茫昧ᄒᆞ면何以立於世리오

▲그리ᄒᆞ면全國이羈絆中에在ᄒᆞ야一動一靜을不得自由ᄒᆞ면서謂之開明時代라ᄒᆞᄂᆞᆫ것시옳소

▲예ᄒᆞᆫ만ᄒᆞᆫ말숨이오時局이此境에至ᄒᆞᆷ은社會에演說趣旨로人民의蒙昧를鼓動ᄒᆞ야自由權을挽回코져ᄒᆞᆷ이지오

▲老人이打膝而起曰今日에新鮮ᄒᆞᆫ言論을聽ᄒᆞ니前日管見을怨愧ᄒᆞ깃다ᄒᆞ고相笑而罷ᄒᆞ더라

雜報

●罪囚報來 法部에서漢城裁判所와京畿海州慶南平南咸北裁判所檢事에게訓令ᄒ되實所에서審理ᄒᆫ强盜罪人의處絞件을已經奏下ᄒ얏스니到卽左開犯을執行後形止를報來ᄒ라ᄒ얏ᄂᆞᆫ디漢城에九名이오京畿裁判所에一名이오海州에一名이오慶南裁判所에五名이오平남裁判所에二名이오咸北裁判所에二名이라더라

●慶賀無計 各觀察道에셔ᄂᆞᆫ內部訓令을因ᄒ야各郡에訓令ᄒ기로今番乾元節에大宴慶祝ᄒ라ᄒ얏스니各觀察道에ᄂᆞᆫ宴會費가立款되얏스니各郡에ᄂᆞᆫ初無預算ᄒᆫ지라殘弊ᄒᆫ民으로ᄂᆞᆫ以支發ᄒ야各郡守가憂慮中이라더라

●甘吞苦吐 李璦夏氏가丙申年分에宋召史를作妾ᄒ얏ᄂᆞᆫ데其老親을奉養ᄒ고二箇幼兒를養育ᄒ더니其老親이棄世ᄒ되三喪을終ᄒ고同居十二年에宋召史가偶然得病ᄒ야半身不收가된지라該氏가美女를作妾ᄒ며家舍ᄂᆞᆫ元來宋召史에家屋인대一萬六千七百兩에放賣ᄒ야一分도不給ᄒ고宋召史를逐出ᄒᆫ지라去處가無ᄒ야花開洞宋召史家挾房을月貰로入處ᄒ며니病勢劇甚ᄒ야方在死境ᄒᆫ자라其情狀은慘不忍見이라더라

●檢事不法 黃海道裁判所檢事權丙勳氏가已於月前에受由上京時十四犯中에不得保放ᄒᆫ盜賊罪囚金致善等三人을玉唐木三疋을受賂保放ᄒ고窃盜不實罪一年處役ᄒᆫ京人黃某를笞刑으로減處ᄒ기로酌定ᄒ고紙貨一百圜을捧賂ᄒ얏다가本道警察署에서此事를探知ᄒ얏ᄂᆞᆫ데該犯人等이本該自首를ᄒ야該檢事擺서의紹介人朴殷交를捉致ᄒ야嚴覈供招ᄒᆫ즉一一自服ᄒᆫ지라自警察署로學務狀ᄒ야先發ᄒᆫ部ᄒ고自本裁判所에서도各人供招를受ᄒ야法部로報告ᄒ얏스니此等官吏를何以措處ᄒᆯᄂᆞᆫ지以待司法上公決이라ᄒ얏더라

●一進討索 任實郡一進會員朴允五가義兵討伐ᄒ다稱ᄒ고富民에게軍需錢二百兩或三百兩式을勒討ᄒ며行爲悖戾ᄒᆷ으로日本守備隊特務曹長에게被捉되야目下取招中이라더라

廣告

本校에서학員을募集ᄒᆫ지三週間에應募ᄒᆫ학員이六人에不過ᄒᆷ으로位置의偏僻됨을確認ᄒ와更히남部琵琶契琵琶洞七十六統五號로學校를移設ᄒ고玆에廣佈ᄒ오니一般勞働同胞ᄂᆞᆫ一週日너에志願書를本校너事務室로繳送ᄒ심을敬要
一 教科書와空冊과鉛筆은本校에서支出ᄒᆷ
一 月謝金은一分도無ᄒᆷ
國民夜學校告白

本人에辰字畓賠拾一石十斗地가在忠남公州九則面인데該문券二張을見失ᄒ엿스니誰某拾得이던지休紙施行ᄒᆷ
稷山居 閔升鉉 白

本人이北署觀光坊大安동四十六統九戶尹尙學家券을典執ᄒ고該券을認許ᄒ야도任置于漢城府後에本府價証을受來이다가仍爲遺失ᄒ얏숩기廣告ᄒ오니誰某拾得ᄒ야도休紙施行ᄒᆷ
吳衡善 告白

本人의同生敏根의子炳麟은性本浮浪ᄒ야不事產業ᄒ고田庄文券與圖章을僞造ᄒ여外國人을締結ᄒ여盜賣코져ᄒ오니內外國人은勿見欺ᄒᆷ
平壤林原面淸水里金泰根告白

南門外大里門동米商金光泰處에正月二十八日推次當坪三千兩於音遺失ᄒ니誰某拾得休紙施行
柳學馨 告白

廣학書舖金相萬氏大人五衛將公완洪씨가陰本月一拾七日戌時에以宿患으로捐世ᄒ얏숩기로玆以訃告ᄒ오니 知舊間照亮ᄒ시요
護喪 劉命赫 告白

本郡館面近동里沈熏瓚氏가靑年教育에熱心ᄒ야設학校ᄒ고校況窘絀ᄒᆷ을閔歎ᄒ야以赤立之勢로所存家舍를竹校ᄒ고極誠勸奬ᄒ니一境欽服ᄒᆷ
郭山雲興학校々長金秉煥白

開城教育擴張을爲ᄒ야開城學會로改稱ᄒᆷ
開城學會 告白

本人의姓名圖章을去陰曆拾二月拾四日楊市來往時에서失이오니知舊間照亮ᄒ심을切望ᄒᆷ
義州古寧朔面北동洪才峰告白

謹啓 三月二日夕七点에懇親會를設行ᄒ오니僉會員은伊時光降ᄒ심을顧祝
隆희二年二月二十七日
靑年會 告
住址가未詳ᄒ야通知書를未傳ᄒᆷ이頗多ᄒ야玆에廣告ᄒᆷ

美國桑港共立新報贊成金
申義燮祖毎 貳圜
申鐵容 貳拾錢
安成淳 貳圜五圜
申洙燮玉丹 貳拾錢
申益燮 貳圜五圜
未完

本事務所에서第一出張所의位置와事務員을如左히定ᄒ고平安南北道所管民事代理訴辯護一切法律事務處理ᄒᆷ
漢城新門外聯合法律事務所
辯護士 尹邦鉉
辯護士 太明軾
辯護士 李容相 白告
第一出張所
位置 平壤郡隆德部一里大貫洞一統一戶
事務員 崔觀洙
事務員 洪鎬奎

남署彰善坊鐵物廛官학元處에陰正月晦日推次紙貨一千元票서失故로玆廣告ᄒ오니誰某拾得이라도休紙施行ᄒᆷ
羅照俊 白

本書院에서內外國新舊學問各種書籍과聖經과각種을發賣ᄒᆫ지三四年인바本教會教人과각學校生徒의購覽을便利ᄒ기爲ᄒ야左開三處에支賣所를新設ᄒ오니書籍을購買코저ᄒ시ᄂᆞᆫ僉彦은附近支所에請求ᄒ심을務望
左開
西門外中學校西便 韓承煥
南門外濟衆院東便 安桂元
鐘路館門下 韓鼎敎
平壤貫동上隅
耶蘇教書院 鄭益善 告
金聖鐸 白

일본졍부졔됴연초
한국일수방매
동아연초쥬식회샤

경셩명동

朴晶東氏演述
●意大利獨立史 正價金五拾錢
●經濟原論 正價金三拾五錢
●國際公法志 正價金四拾錢
●國文新撰家庭學 正價金三拾錢

國家의文明은教育이根本이오教育의基礎ᄂᆞᆫ家政이始ᄒ故로家庭學을純國文으로新撰ᄒ야婦人社會와勞働社會와學校教科서지需用ᄒᆷ에便易케ᄒ얏사오니有志僉君子ᄂᆞᆫ陸續購覽ᄒ심을務望
發行人 金相鈞 告白

發賣所
▲大廣橋 匯東書館
▲銅口 中央書館
▲銅峴 博학書館
▲鍾路 大東書市
▲布屛下 廣學書舖
▲寺洞 博文書館

●廣告
本書舖에서文明을發達하고民智를廣開하기爲ᄒ야今에內外國參考書籍과各種教科書類를購買ᄒ얏사오니愛讀僉君子ᄂᆞᆫ陸續購覽ᄒ심을務望

最新書籍發售目錄
◎東西洋歷史 各種
◎東西洋地誌 各種
◎政治學 各種
◎法律學 各種
◎經濟學 各種
◎算術書 各種
◎內外國地圖 各種
◎修身書 各種
◎財政學 各種
◎博物學 各種
◎物理學 各種
◎衛生學 各種
◎地文學 各種
◎讀本 各種
◎法帖 各種
◎學校用品 各種

此外에도各種書籍이具備ᄒ옵고書籍及名片도印刷하옵ᄂᆞᆫ디與他迥殊ᄒ게廉價ᄒ깃ᄉᆞ외다
京城南署銅峴(구리개)
學部認可 博學書館 告白
各地方에서ᄂᆞᆫ書籍을書面請求ᄒ면곳遞呈ᄒᆯ터이고價金은郵便引換도ᄒ외다

◎大韓國新發明神藥
◎保命靈丹 各種食滯中暑久滯口臭痰飮吐瀉定價一貼十錢
◎至寶丸 治諸積痢疾不拘久遠俱有奇效定價金十錢
◎靈效液 外用方書治疥瘡皮風百發百中定價金三拾錢
◎清眼水 治諸般眼疾有靈驗見天之妙定價金拾錢
◎通淋丸 治男女急慢淋疾神効無雙速効除毒一週金五十錢

此外에도東西洋各國有名ᄒᆫ賣藥과痼病去根藥과西風神藥水각種藥價俱比廉價ᄒᆷ
漢城中署鐵物橋동拾二統二戶
製劑發賣所 共愛堂藥房 張基茂 告白
監修發行人 前官立漢城醫학校卒業生 朴容南 謹白
支店 開城南門內共愛堂開城支舖 崔助遠
興學書舖
代理店 西署新門外石橋濟衆院藥局 李鼎鉉
仁川 李慶鳳
國內各地藥房에서隨意販賣ᄒ나이다

●報償義捐金收入廣告

●官職郡丹場面法久里
남志成　朴寅顯　각一圜
金志演　大십錢　南志福

孫亮福　南志英　裵冀麟　각四十錢
南啓賢　南啓星　三拾錢
南復圭　南志達　孫振八
南華圭　南永圭　金鎭植
박起봉　김鎭淑　郭殷彦
남敎圭　金世益　朴명[illegible]
박海璋　金乃奎　孫炳遠
李起元　남志歡　박啓聖
朴[illegible]　南啓台　成豊鎬
남志潤　南允圭　南志源
金학演　남啓昇　南啓内
愼炳圭　鄭命俊　[illegible]恩勤
치永植　김斗東　치炳기
치炳遠　남命圭　金起演
朴[illegible]律　金海淵　朴학述
李甲伊　許自萬　張來俊
각廿전　南志千　南志鉉
김龍伊　韓哲周　一二전
孫亮弼　金元振　趙逸伊
박永斗　孫振玉　南志淵
남成達　南志洲　南啓穆
金鼎演　池華俊　成起鎬
남貫圭　張貫允　南贊祚
愼守東　김鎭根　金丹秀
朴弘默　大전　각拾전
合十五圜六拾八錢

▲法풍
金聲斗　崔武益　各一圜
朴泰華　金희斗　各四十錢
金위聲　金潤聲　朴成化
趙敬奎　金裕聲　孫亮우
金成大　김鳳元　김敬俊
孫庚憲　李浩根　石甲伊
金任術　李武用　鄭貞元
各廿錢　김五用　金濟喆
각拾전
合六圜

總合二十一圜六十八錢
前號總合五萬八千八百五十八
總三拾二錢七厘
都總合五萬八千八百八拾圜○一전七厘

發行兼編輯人 英國人 裵說
發行所 南署石井洞號外渚三層洋屋 大韓每日申報社

第六卷

大韓每日申報

第七百四十六號

月曜及慶節歲時日休刊

檀君開國四千二百四十一年
箕子元年三千三十年
大韓開國五百十七年
日本明治四十一年
淸國光緒三十四年
陰曆戊申二月小初二日戊午

寄書

●敬呈一夢 (竹似生)

鄒聖有言幼而學之ᄂᆞᆫ壯而欲行之라ᄒ시니七生斯世ᄒ야自幼而하習者孰不以致澤君民으로認爲當行之事리오만은卒不能人皆爲賢君子ᄒ야得以經濟天下ᄒ고畢竟所就가或爲悖逆之魁ᄒ며或爲諂佞之類ᄒ야禍亂家國에汚穢靑史ᄒ며彼謹飭自處ᄒ야稍有聲譽者ᄂᆞᆫ循塗守轍에旅進旅退ᄒ야徒竊爾虞에無一事建功ᄒ며或有王佐之才에可以御世範俗者非不出於其間이나遭時不辰ᄒ야不能展其所蘊ᄒ고終老林泉에泯沒無稱ᄒ며至若行道一世ᄒ고垂法後來ᄒ야偉功弘業이赫赫於史策者ᄂᆞᆫ千百載에綫幾人焉ᄒ니此所以治日常小ᄒ고亂日常多ᄒ야爲志士之長歎者也라僕이生長於窮巷之中에未有游覽之資ᄒ야識見孤陋ᄒ고才智淺狹ᄒ야頹然一蒙之東塗而幼時所學은堯舜聖賢之書요平生所懷ᄂᆞᆫ是治平之道라苟非其義면毫不妄取ᄒ니不可謂不廉이요見[illegible]諂容이면必斥乃已ᄒ니不可謂不直이오辨別是非에不容私意ᄒ니不可謂不公이오與人結約에未嘗違背ᄒ니不可謂不信이라

自以爲出治之資가不讓於前[illegible]者則吾將措諸於世ᄒ야行其所志라ᄒ고乃拔夫幘儀ᄒ고彈冠出門ᄒ야或伺候於宰相之邸ᄒ고或趨走於微官之列ᄒ야塵街行路이屢更裘葛이러니當伊時ᄒ야公議掃地ᄒ고慾浪滔天ᄒ야爵祿官爵이便成錮弊라大少之任과內外之職을不問人才賢愚ᄒ고惟視賄賂之多寡ᄒ야官銜을看作市門ᄒ고公器가變爲貨泉이라

牧伯守宰ᄂᆞᆫ視其等之高下ᄒ야각有定價하고大臣協辦은隨其權之緊歇ᄒ야爭爲互倍ᄒ니朝廷之上에憂國如家者ᄂᆞᆫ百無一二요州郡之間에剝民肥己者ᄂᆞᆫ十居八九라政界之濁亂이莫此爲甚이요仕路之淆雜이於斯爲極ᄒ니

雖然孔孟之聖이라도無所行其道요管葛之才라도無所用其智矣라僕이言辭拙訥에素沒祝鮀之佞ᄒ고形모奇陋에亦乏宋朝之美ᄒ야旣不能媚悅於時ᄒ고亟之轟轟然에又無以自資라於是에退而放浪江湖之上ᄒ고自오於文酒之間ᄒ야不復以進就로爲念而時局之變遷과政令之施措ᄂᆞᆫ只憑貨申報ᄒ야略知其梗槪ᄒ니漆室之嘆과杞人之憂ᄂᆞᆫ未嘗不切于中也라

一日에與友人으로臨樽暢懷ᄒ고披閱報軸ᄒ야語及時事라ᄂᆞᆫ[illegible]然[illegible]數日現今百凡制度가勿論巨細ᄒ고革기改弊에一新[illegible]良이라擇人任官에惟才是用ᄒ고[illegible]于[illegible]杜絶ᄒ고賄賂不行ᄒ니十三觀察과三百守令이無非公道中出來則宜其有善政斯[illegible]ᄒ야不爲汚俗而生民之塗炭은甚於昔日ᄒ며擴張警務ᄒ고精選巡査ᄒ야警署派所가屢羅棊列ᄒ니奸暴之徒가宜其屛息而盜賊之熾盛은猶甚於昔日ᄒ며實行敎育에擇定課程ᄒ야公私학校가遐邇相望ᄒ니俊乂之才가宜其蔚興而士氣之沮喪은猶甚於前日ᄒ며整理財政ᄒ고矯正貨幣ᄒ야淘汰冗官에以省其費ᄒ고禁抑侈靡에以節其用ᄒ니至國金融이宜其流通而財源枯渴은猶甚於昔日ᄒ며其他諸般施爲가無一非維新方針而不惟不見前進之步라反不如仍舊之爲愈하야國權之倒弱은蕩有其極하야譬如倒持太阿에授人以柄ᄒ고人心之危懼ᄂᆞᆫ去益愈甚ᄒ야殆同泛洋巨艦이無人執타ᄒ니此曷故也오反覆思惟에莫知其由라寃天運之攸關이오非人力之可蹬니謂之奈何며謂之奈何오ᄒ고洗盞更酌ᄒ야醉而頹臥러니居無何에有皂隷數三人이奉上帝命令ᄒ고臨門促召여ᄂᆯ余乃整衣巾하고隨至一處하니殿宇엄숭ᄒ고侍衛森嚴 ᄒ야不覺膝行蒲伏이라有一位 皇帝臨于殿上ᄒ사論罪而責之曰栽者培傾者覆은天之道也오優者勝劣者敗ᄂᆞᆫ理之常也라宗社危亡에四天亦有責焉이니爾以匹民之首로生逢競爭之時ᄒ야旣不能발明一技ᄒ며研究一事ᄒ야使民智으로變愚爲智ᄒ며國力으로轉弱爲强ᄒ고徒誦詩傳之文에妄誇治平之術ᄒ야進不見用ᄒ고退不發勉에但以一時失意로空自怨嘆ᄒ니罪[illegible]公信이有何所補오且惟政治[illegible]改革에雖云因時改革이나外交之權을旣已讓與ᄒ고內修之規를又不自持ᄒ야出於依賴之國은未免有寄生之國ᄒ고任鄒泉官은不過爲終尾之盛丞니라

一斃之田과一令之施를不揣其本ᄒ고徒擧其末하야朝發而夕止ᄒ고昨設而今廢ᄒ야以致秩序紊亂에莫尋端緒ᄒ고訛言煽動에迄無底定ᄒ니如是而雖欲望維新之効이나其可得乎아爾是儒敎中人이니不聞先儒言乎아養形而至於致壽ᄒ고학而至於聖人ᄒ고爲國而至於新天承命此二者ᄂᆞᆫ分明是人力이勝造化라ᄒ니若夫縱酒荒色에自貽戕賊曰爾天ᄂᆞᆫ天命이라ᄒ며鄙行悖言으로甘爲下流曰樂愚ᄂᆞᆫ天定이라ᄒ면是豈理也哉아爲國之道가亦類乎是라頹其紀綱ᄒ고亂其政法ᄒ야自趨乎危亡ᄒ되不思所以奮勵振作之方ᄒ고委之天運無奈ᄒ니苟如是면齊之田單이必無匡燕之績이오越之范蠡가豈有平吳之功이리오今爾韓國이雖曰衰弱이나七地爲尙備오人民爲向背ᄒ니苟能上下官民이同心合力하야一念之間을必以愛國으로爲頭腦ᄒ고一事之作을必以愛同胞로爲目的ᄒ야念念是實이오事事是實則至誠所到에天必隨應이라地不改闢ᄒ고民不改聚라도事半古而功必倍ᄒ야足以爲强國에并駕ᄒ리니此所以人力之勝造化也라爾不能反求諸此ᄒ고曠然有怨天底ᄒ니擧天下之人而從汝[illegible]奮發之想이遊而不作ᄒ야必也束手待盡이니於[illegible]者其非[illegible]之[illegible]歟아樹須[illegible]遊自勉ᄒ야勿以個人得失로寬懈是懲ᄒ고[illegible]事是踐ᄒ야[illegible]人而及於十人ᄒ고十人而至百千人하야[illegible]이從而化之則可以漸步文明이리니[illegible]其勉哉어다受命繼踵에恐惧鞠躬ᄒ다가乃向[illegible]一夢이라悚然而恐ᄒ고惕然而[illegible]ᄒ야於是乎始知其人之賢愚外國之安危가惟在自力之如何오實非由天運也라僕之一枕片夢이足以喚醒國民之昏夢而勢不能家喩戶說故로敢效仰陳于 貴社ᄒ노니望須普佈全國ᄒ야俾同胞로知所以幼學壯行之方을爲妥

官報

●第四千拾二號 隆熙二年三月三日

敍任及辭令

日本陸軍騎兵中佐勳二等 岩谷龜太郎
特陞敍勳二等賜八卦章

日本調度局書記官勳四等 勝井 善吉
特陞敍勳三等賜八卦章

日本國前外務五等郎 中野許多郎
特敍勳五等賜八卦章

小田 宗孝 野牧 周
任農商工部技手

外報

●排日愈烈 倫敦電을據ᄒ즉타임쓰의晩香坡通信員報에曰東洋人排斥同盟會의運動은依然活潑ᄒ니日本人問題가解決되기로思惟ᄒᆷ은愚昧之[illegible]이라目下狀態로嫁ᄒ手段은煽動的行動을繼續ᄒ야[illegible]ᄒᆯ싸름이라ᄒ엿더라

●日本不防 同電을據ᄒ즉米國回航艦隊ᄂᆞᆫ日本을防禦치아니ᄒ기로決定ᄒ엿다더라

●非島防備 同電을據ᄒ즉米國當局에서ᄂᆞᆫ[illegible]比律賓防備[illegible]라[illegible]有防備[illegible]ᄂᆞᆫ一[illegible]ᄒ엿더라

●米日戰爭計策 倫敦電을據ᄒ즉米國陸軍[illegible]프로[illegible]과그란트將軍은日米戰爭에對ᄒ야米國이平和ᄒ것시無ᄒ다ᄒ고ᄒ앗ᄂᆞᆫ데그란트將軍은日本과開戰ᄒᆷ은分明하다ᄒ야太平洋方面과太西洋方面의防備도각百萬軍隊을要ᄒ기로計算ᄒ엿더라

雜報

●天然堂營業 前侍從金圭[illegible]氏에天然堂寫眞館開設ᄒ얏ᄂᆞᆫ것은已揭前報어니와陰曆正月一日內에內外國男女撮影ᄒᆫ人이近千餘名에達ᄒ되未及[illegible]ᄒ다ᄒ니韓國內寫眞術就[illegible]을[illegible]賀ᄒ노라

●防匪越境 露國北邊[illegible]一郡人民이每年春秋에俄境으로越去ᄒᄂᆞᆫ者가以下數十人인[illegible]鏡興府尹[illegible]氏가此를防禦ᄒ기爲ᄒ야編戶作統ᄒ야今統首로[illegible]統內ᄒ야勸農[illegible]工ᄒ고學校를多數設立하야子弟를敎育ᄒ다더라

●天道傳布 天道敎人梁鳳默氏가傳道次로日前에義州等地로出往ᄒ얏다더라

●法學硏成 法官養成所學員諸氏가法學硏成會를組織ᄒ고一月에一次式개회ᄒ야法律上問題를討論ᄒ야知識을交換하ᄂᆞᆫ데再昨日에第一回會를[illegible]ᄒ고討論之方은法律이勝於道德이라ᄂᆞᆫ問題로討論ᄒ얏다더라

●耶敎[illegible] [illegible]月[illegible]一日에耶蘇敎堂에서[illegible]를開會ᄒ얏ᄂᆞᆫ인대至於今年ᄒ야ᄂᆞᆫ特別ᄒ[illegible]規를組織ᄒ얏다더라

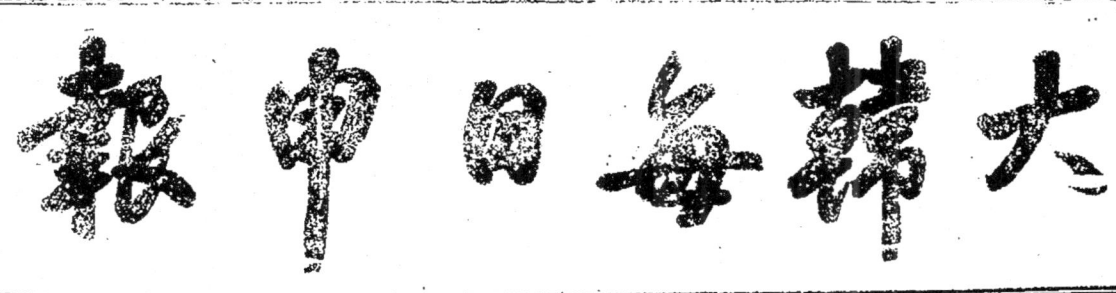

●殘忍遊行 [illegible]시ᄂᆞᆫ酗酒醜色과欺世誣人으로自爲能事ᄒ야一以殘酷으로[illegible]士[illegible]ᄒ고附近人民이被害者ㅣ多ᄒ다고該地[illegible]怨聲이有ᄒ다라며

雜報

●消遣奏稟 太皇帝陛下ᄭᅴ옵서閒寂ᄒᆞ게시니前日에 御覽ᄒᆞ시던輕才와歌舞別監을招入ᄒᆞ옵서技樂으로消遣ᄒᆞᆯ실意로니閣諸大臣等이 奏稟ᄒᆞ미 太皇帝ᄭᅴ옵서不可ᄒᆞ다 下敎ᄒᆞ셧ᄂᆞᆫ대諸大臣은技樂과歌舞別監을募集ᄒᆞ야消遣ᄒᆞ시기로議決ᄒᆞ고前歌舞別監現存者가八名의費額은 皇室費中으로支給ᄒᆞ기로諸大臣이 奏稟ᄒᆞ얏다더라

●統邸會同 昨日下午一時에각部大臣이統監官邸에會同ᄒᆞ야무ᄉᆞᆷ事件을協議ᄒᆞ얏다더라

●鐵義方策 曾禰副統監과長谷川大將과明石小將三씨가각地方騷擾를鎭定ᄒᆞᆯ事件에對ᄒᆞ야前日伊藤統監의對韓政策을一切違反ᄒᆞ고期於히威服歸順케ᄒᆞᆯ方針을研究ᄒᆞᆫ다더라

●兼帶 侍從院侍從李晋九氏ᄂᆞᆫ 義親王府總辨을兼任ᄒᆞ얏다더라

●趙遞徐任 帝室會計監査院監査官趙義聞氏가辭免ᄒᆞᆫ代에徐相輔씨가敍任ᄒᆞ얏다더라

●次第減省 宮內府及所屬各院司員役을擧皆陶汰ᄒᆞ고掌禮院에만依舊仍存ᄒᆞ얏ᄂᆞᆫ대其理由인즉各 陵 園 墓에官員與陵軍에必要가無ᄒᆞᆫ거슨役數汰去ᄒᆞᆯ터인대掌禮院員役은其時에亦爲減汰ᄒᆞᆫ다더라

●金氏免戒 前稅務官에金貴鉉氏가咸興稅務官으로安邊郡守와有何相持이던지免官ᄒᆞ얏더니今聞ᄒᆞᆫ즉度支財務調査局에서調査處辦ᄒᆞ야特別히免懲戒가된다더라

●訓導恩金 學部에서去番選任된官立普通學校訓導三人某某씨의게恩賜金을頒給ᄒᆞ기로證明書를度支部에繕交ᄒᆞ얏다더라

●員役服裝 宮內府及所屬각院司에餘存ᄒᆞᆫ員役은一切斷髮ᄒᆞ고服裝을着ᄒᆞᆯ터인대該員役等의服裝幾百件을該府에서洋服店에注文ᄒᆞ얏다더라

●長民挽留 長水郡守박準成시가鎭安郡守로移任ᄒᆞ얏ᄂᆞᆫ디去月拾八日에移赴次로발程ᄒᆞ얏더니該郡拾三面人民千餘名이會集邑下ᄒᆞ야一體脫衣遮道ᄒᆞ고屢日相持하미勢不得已ᄒᆞ야二十一日에乘夜暗行ᄒᆞ얏스나內眷은民人이挽留ᄒᆞ야姑未搬遷動이라더라

●欠逋將免 定平郡守張台協시ᄂᆞᆫ公逋五百餘圜不納事로免官이된다더라

●日師反對 京鄉각私立학校ᄂᆞᆫ각其발起人과敎師가熱心敎育홈으로학徒에程度가日就月將ᄒᆞᆫ데각道書記官이敎育情況을학部에報告ᄒᆞ며私立학校를普通학校로變更ᄒᆞ야日人敎師를雇聘ᄒᆞ라ᄒᆞᆫ故로각私立학校에서反對ᄒᆞ나其影響所及에敎況이漸々凋殘ᄒᆞ리라더라

●日巡禁報 鏡城郵便局에서本報를幾日式遲滯ᄒᆞ야購覽人의게分傳치아가ᄒᆞᄂᆞᆫ弊도有ᄒᆞ고該郡에駐在ᄒᆞᆫ日巡査ᄂᆞᆫ人民에本報購覽을禁止ᄒᆞᆫ다고히郡來人의傳說이有ᄒᆞ더라

●果是出來 法部에新任ᄒᆞᆫ日本官人을召喚ᄒᆞᆫ다ᄂᆞᆫ說은已揭ᄒᆞ여니와昨日에該部書記松寺岡本山石成三氏와主事岩崎堀江兩씨가入城ᄒᆞ얏고事務官臼井氏ᄂᆞᆫ本日에入城ᄒᆞ고主事小寺松村滕澤三氏ᄂᆞᆫ明日에入城ᄒᆞᆯ터이오書記官山邊淺田兩氏ᄂᆞᆫ七日에入城ᄒᆞᆫ다더라

●日官路文 ᄂᆡ部에서東萊梁山김海昌原密陽等五郡에訓令ᄒᆞᆫ되現接宮ᄂᆡ府照會내開에帝室財產整理局主事飯泉良三等三員이帝室有土地를調査ᄒᆞ기爲ᄒᆞ야出張ᄒᆞᆯ터이라하니調査에關ᄒᆞᆫ材料蒐集과人夫雇用及其他宿泊等節에便宜를與ᄒᆞ라ᄒᆞ얏더라

●賭稅戮爻 平壤財務監督局에서驛屯土賭租稅定ᄒᆞᆫ數合이六萬一千圜價值인대納入數가一万六千圜이오未納數가四萬五千圜이라더라

●還付本姓 楊根居閔元植氏가年纔九歲에東학에被嫌으로擧家가避亂ᄒᆞ야ᄒᆞᆯ時에黃海道等地에流離ᄒᆞ미潛蹤ᄒᆞ기爲하야姓名을羅用三이라稱ᄒᆞᄂᆞᆫ대平山居李鎭麟氏令孃으로議婚ᄒᆞ다가未及成婚ᄒᆞ고日本에前往留학ᄒᆞᆫ後에京城으로年前에還歸ᄒᆞ야本姓名閔元植으로行世ᄒᆞ고嚴俊源씨令孃으로成婚ᄒᆞ얏더니李鎭麟氏가閔氏를對ᄒᆞ야日姓雖殊變이나人則不變ᄒᆞ니約亦難變이라左右夫人之例가昭在ᄒᆞ니卽爲成婚ᄒᆞ자ᄒᆞᆫ事實은有ᄒᆞᆫ故로前에羅用三이ᄂᆞᆫ元是閔元植이로라고閔元植氏가自鳴하더라

●寺亦讓日 寧邊境내妙香山은檀君古基라五百餘年古刹의七百間普賢寺가現在하야 御筆閣의所置이與他自別홈으로該寺基址를朝家에서特定四隙ᄒᆞ야長이十五里요廣이十里인디日本僧徒古川大航이가前往該寺ᄒᆞ야總攝僧普峰을何以誘引이던지該寺全部를日僧의게讓與ᄒᆞ기로契約書를成立ᄒᆞᆫ故로내部에서統監府와屢次交涉ᄒᆞ더니ᄂᆡ部에서도疆境讓與ᄒᆞ야寺事를日本僧이現今主管ᄒᆞᄂᆞᆫ대度支部에서도該寺基址ᄂᆡ火稅九百餘圜을減ᄒᆞ야三百圜으로酌定ᄒᆞ고該道稅務署로訓令ᄒᆞ얏다더라

●김시有志 价川居金輿永시ᄂᆞᆫ露國에留學生으로卒業回國하야年前에外部主事를被任視務ᄒᆞ다가韓日協約에外交權이烏有홈을見ᄒᆞ고浩然長歸ᄒᆞ야京鄉家族을相別ᄒᆞ고露都로還渡ᄒᆞ야現今海蔘威에來到ᄒᆞ야韓人居留地에학校를設立하고熱心敎育ᄒᆞᄂᆞᆫ디其目的은韓國權利挽回가外人학生에在ᄒᆞ다ᄒᆞ야勞動者도夜학ᄒᆞ게ᄒᆞᆫ다더라

●普校開학 再昨日礴동普成專門학校에서廿前新募集ᄒᆞᆫ生徒一百一十餘名에게開학式을擧行ᄒᆞ얏다더라

●帶旗慶祝 各學校학徒들이昨秋以後로ᄂᆞᆫ慶節이면各其該校內에서慶祝ᄒᆞ더니今番 乾元節에ᄂᆞᆫ特別히官私立학徒가학部로會集ᄒᆞ야帶旗競走ᄒᆞ야敎化門外에서慶祝ᄒᆞᆫ다더라

●圖遊請參 公立爲山普通학校々舍落成式을來三月拾日 乾元節에設行ᄒᆞᆯ터이니학部大臣을來臨參觀ᄒᆞ라고該校長尹泰權씨가學部로請願ᄒᆞ얏더라

●職員開會 학部에서本日下午三時에ᄌᆞ官立普通학校職員을一同會集ᄒᆞ야普通學校職員會를開ᄒᆞᆫ다더라

●秘訊李氏 前諸孝殿祀丞李範玉氏가有何事件인지日前仁川港에서日憲兵의게被捉ᄒᆞ얏ᄂᆞᆫ되現今司令部에서秘密訊問中이라더라

●流配珍島 平理院에서審査ᄒᆞᆫᄂᆡ亂犯流拾年罪人李俊澤은珍島로定配ᄒᆞᆫ다더라

●學會組織 江華郡普昌학校長李東暉氏ᄂᆞᆫ近日該地에前往ᄒᆞ야該학校를已往靑年學院으로修理하던旣因武營으로移接ᄒᆞ고敎育前途를維持ᄒᆞᆯ方針으로境ᄂᆡ有志紳士를會同하야학務會를組織ᄒᆞ고各面里에ᄂᆞᆫ학務委員을一人式公選ᄒᆞ야敎育을一層擴張ᄒᆞᄂᆞᆫ디該郡人士의敎育義務를人皆稱頌ᄒᆞ더라

●是何高見 再昨夜靑年會館에서懇親會를設하고會장은徐星濬氏로推薦ᄒᆞ고幹師奇一氏가演說ᄒᆞᆫ後該館經費를支用ᄒᆞ기爲ᄒᆞ야各紳士의補助金을請助ᄒᆞ기로姓名을列錄ᄒᆞ얏ᄂᆞᆫ대兪星濬氏가발論하되現政府大臣의게ᄂᆞᆫ勿爲請助ᄒᆞ라ᄒᆞ얏다더라

●火是無根 再昨日下午十一時에北部司宰監前半井동감某喆氏家厠間에서失火ᄒᆞ야延燒之際에該掌내巡査申泰鎭氏가行巡하다가該家主人과幷力撲滅ᄒᆞ고支所로歸去ᄒᆞᄂᆞᆫ대該附近前正尉李祺錫시家外쳐에서又爲起火ᄒᆞᄂᆞᆫ것을亦卽撲滅ᄒᆞ얏ᄂᆞᆫ대該兩處起火ᄒᆞᆫ根因은皆爲未詳ᄒᆞ다더라

●牧丹新開 義州妓生牧丹이가年方二八에新학問에留意하야杜門謝客ᄒᆞ고脂粉綾羅를盡脫ᄒᆞ고麤布衣服을換着ᄒᆞ며花號를改稱ᄒᆞ야安信爺이라ᄒᆞ고該本府鶴峰培信女학校에入학ᄒᆞ야熱心으로工夫ᄒᆞ니一境之人無不稱讚ᄒᆞ더라

●總倅興학 鏡城郡守尹錫弼氏ᄂᆞᆫ民志를開발홀意로該郡十二面에面々히학校를設立ᄒᆞ고淫祀留物을査探ᄒᆞ야該基址를발賣하야資金으로立本ᄒᆞ며各기義金을捐出ᄒᆞ미生徒ᄂᆞᆫ日增月加ᄒᆞᆫ다고該郡人들이稱道ᄒᆞ더라

●光明光明 江東郡有志人士가私立小學校를設立ᄒᆞ고名之日光明이라ᄒᆞ얏ᄂᆞᆫ대禹光洋은一圜이오使喚金進弘은一圜이오使喚林一鳳은一圜五角으로補助ᄒᆞ엿다더라

▲地方消息▼

▲二月二十五日珍富郡地方내面에서韓相號에率ᄒᆞᆫ義兵三十名이日兵吉畔中尉一隊와交戰ᄒᆞ얏ᄂᆞᆫ디死傷은未詳이라더라

東京電報

二日발

●淸使懇請 淸國全權公使가本日에林外相을外務省에서訪問ᄒᆞ고第二辰丸抑留事件에關ᄒᆞ야ᄂᆞᆫ目下淸國政府에서事實을調査ᄒᆞᄂᆞᆫ中인故로同船解放이遲延되얏스니此際에軍艦을派遣치말나고懇請하얏스나外務省에서ᄂᆞᆫ甚急히最後手段으로出ᄒᆞ기를目下講究中이라더라

▲花中風流▼

▲蓮洞日昨某人宮家晩餐會에各部大臣列坐ᄒᆞ고岸々酒池風流聲에妓生三牌가나온다

▲雪梅야飛々白雪大冬天에獨樹梅가分明ᄒᆞ다一顰一笑더艷度ᄂᆞᆫ炎凉世態可觀이라園中椋花同春色하니傍樹生光豆훌시로主人大監의妓生이요

▲鳳仙아鳳兮鳳兮어볼재何天仙女下降ᄒᆞ엿나掀天功名第一이요到處마다生色ᄂᆞᆫ다三千陪土籠絡ᄒᆞ니任自爲之手段妥라總理大臣의妓生이요

▲비翠야일홈妥다비翠시요玉中외도別品이라地方郡守臣免낙에別別슈가다生겻네世上是非ᄂᆞᆫ가아ᄂᆞᆫ一時行樂無窮ᄒᆞ다內部大臣의妓生이요

▲雪瀞야白玉世界滿壇雪은항양放蕩無定時라東部西舍管杜牧에如川肩佯白樂이라無事奔走더行動은浮萍갓치써잇고라法部大臣의妓生이요

▲溺紅아水中蓮藕亭々立ᄒᆞ니一朶紅愁敗殘時라手下精兵어더가고獨守空閨憂歎ᄒᆞ다一時繁華堪憐ᄒᆞ나十日紅을밋지마라軍部大臣의妓生이오

▲桂香아月中桂냐山中桂냐殘香欲盡如산이라日人敎師延聘ᄒᆞ야各學校에分置ᄒᆞ고敎育方針全昧ᄒᆞ니太和魂이遊人ᄒᆞ라學部大臣의妓生이오

▲花仙아戀々花心不忘ᄒᆞ니月下仙緣네아닌가海外東風吹到處에一片孤棹無恙ᄒᆞ다地位鞏固別擇ᄂᆞᆫ驛屯土가잇셧고나宮內大臣의妓生이오

▲紅桃야夭々桃枝灼々花ᄂᆞᆫ一枝紅雨佳期로세一隊靑부飛盡ᄒᆞ니却疑春色在隣家라虛殼金庫空守ᄒᆞ니東園花夢片時로다度支大臣의三牌오

▲麻浦아더名唱이어서왓나湖南歌鄕登等이라光州觀察風流時에握手同歸ᄒᆞ얏더냐今日宴席에相逢ᄒᆞ니月姥紅繩에因緣일세承事府總管에三牌요

▲海州야關西物色볼작시면今之臨邛이아닌가揚武聲가어더又나이비라고노러보세碧洞々天畜時月은眼前迷微醺影이라侍從卿의三牌로세

▲妓生三牌들아니말들어보소네祖上은晉州촉石樓에서投水而死ᄒᆞ던論介가아니며平壤大同館에서鈴裏充耦ᄒᆞ던계月香이아닌가千秋義烈而今에安在哉오네祖上氣槪를忘却ᄒᆞ고花柳場에만終事ᄒᆞ니네祖選이當存ᄒᆞ면呆惡臺淚가汝心을感動ᄒᆞᆯ듯

社告

古阜支社를自三月一日로姑爲廢止ᄒᆞ고該地方에서本報購覽諸시외게本社에서繼續直發達ᄒᆞᆯ터이오니 購覽後三月度代金붓터ᄂᆞᆫ本社로即送ᄒᆞ심을爲望

本支社를左開五處에設置ᄒᆞ고玆以仰布ᄒᆞ오니本報愛讀ᄒᆞ시ᄂᆞᆫ該附近 僉君子ᄂᆞᆫ該支社로請求購覽ᄒᆞ심을務望홈

▲信川邑大里 丁一善
▲永興郡南山동書舖 梁昌鎬
▲南州郡南門내 朱伯英
▲泰川邑郡南洋약局 李正謙
▲寧邊邑內 明濟僖

各地方會員이本社에投書와寄書가逐日답至ᄒᆞᄂᆞᆫ데居住姓名이昭詳ᄒᆞ고事實이確核ᄒᆞᆫ者ᄂᆞᆫ即爲揭載이니와姓名도不載ᄒᆞ고事實이模糊ᄒᆞᆫ者ᄂᆞᆫ因而置之ᄒᆞᄂᆞᆫ데催促이又至ᄒᆞ니事甚難處이라從今以後로ᄂᆞᆫ投書와寄書를ᄒᆞ시ᄂᆞᆫ人은居住統戶數와姓名을詳錄ᄒᆞ시되若又含糊ᄒᆞ오면亦當勿施ᄒᆞ올거시니照亮홈

雜報

●匿名捐義 陰十二月晦日夜에本社義州支社에서不知何許人이投物急走ᄒᆞ거ᄂᆞᆯ急起出視ᄒᆞ온즉不見去處故로拾其投物ᄒᆞ야開而見之즉니有唐餅一斤而又有紙貨二圜인데紙貨二圜은北美桑港共立新報社에義助金이라書ᄒᆞ고再昨夜에又有不知何許人이本店門을귀ᄒᆞ고投物而急走ᄒᆞ기로取見ᄒᆞᆫ즉新貨二圜也라別紙에云京城孤兒院捐助金이라ᄒᆞ얏스니此兩人외匿名投金홈은宜個贊賀홀만ᄒᆞ다고該地信札이有ᄒᆞ더라

●韓氏被捉 日本早稻田학校에서留學ᄒᆞ던韓남洙氏가某大臣을暗殺ᄒᆞ라다가形跡이綻露되야日昨에警視廳에被捉되얏다더라

●金씨義助 本報第七百四十号雜報欄內에四崇復興이란題下에平壤東標門內居金昌鎭氏가設校ᄒᆞ얏다ᄂᆞᆫ事로更聞ᄒᆞᆫ즉設校ᄒᆞᆫ事가아니라該씨가四崇學校에受業ᄒᆞ더니학費가窘乏ᄒᆞ야退學ᄒᆞᆯ境遇에至ᄒᆞ얏더니同郡居金恒健씨가不贍ᄒᆞᆫ家力으로該氏의退학홈을愛惜ᄒᆞ야每朔에二三兩式捐助ᄒᆞ미該郡人士가莫不稱頌ᄒᆞᆫ다더라

廣告

本人이南門外靑坡三契二十三統一戶布木廛ᄒᆞᄂᆞᆫ金萬春處正月初五日推尋次一萬五千兩於音一片을見失ᄒᆞ여ᄉᆞᆸ기玆以廣告ᄒᆞ오니內外國人間拾得하여도休紙施行홈

雜廛後十一統十戶 張敬根 白

本人이南署豆毛坊纛島簡串里二契下동第四十二統二戶瓦三拾間半草家四間板각文卷을度乙巳四月分의셔失ᄒᆞ얏스오니內外國人間弁某拾得이라도휴지시힝홈

家主劉順吉 告白

本人의沓二行이在於龍川楊西面東堂里이더니該沓本文記七張과本人姓名正刻圖章을藏於几中矣러니去臘月에何許凶類가兩物을並爲盜去이옵기先爲本府立旨成貼이고玆又廣告ᄒᆞ오니內外國人은切勿見欺홈

義州府古郡面 白雉鎭 告白

●楊根郡燒戶建築期成社趣旨書

嗚呼라本郡이[illegible]燹擾에館宇之同祿成燼와民家四百五十五戶之被燒灰燼은滿心慄慄이오溢目愁慘이라數千人口가俱失庇身之所ᄒᆞ니棲屑號泣之狀은木石이라도俱落ᄒᆞ고貧殘餘生이頓無立柱之望ᄒᆞ니結構莫漾이며之方은時日이無期로다凡我同聽諸郡이苟爲越視而不救不恤이면其所形勢가必將流離乃已矣리니弟旣凍ᄒᆞ나에兄煖이豈安이며昆將離散에叔心이自傷이라數百戶同聽之轄乎溝壑이事不怜惻而寒心者와失邑者ᄂᆞᆫ一郡之中心地也라郡不成邑이면民無依仰이오邑而無戶면郡不可以爲郡이온況本郡은關東之要衝이오列邑之都會也니不容不邑村燒戶를期圖結構ᄒᆞ야一新就業然後에郡可以成樣이오民可以奠接일시郡等이功於爲國爲郡爲同聽之義務ᄒᆞ야不度事力而略干義金으로設立建築期成社於邑內이압고並將疾聲仰告于境內僉君子ᄒᆞᄂᆞ니伏惟實心協贊에一以出救助之力ᄒᆞ고一以盡義務之心ᄒᆞ야莫我失所之人民으로無至離散之地를千萬仰祝

發起人 李敬령 李根夏
南相岳 李必用 金最洙 白

本會通常會總會定期日以每月初日曜完定但有特別事故則臨時廣告僉會員 照亮

法學硏成會 告白

仁港松峴동四統一戶草家六間文卷一張을見失故로如是廣告ᄒᆞ오니誰某拾得이라도休紙施行홈

戶主申泰東 告白

儀仗軍等一百七名이三十八年前에各기出斂ᄒᆞ여中署慶幸坊泥동七十五統二戶瓦家拾三間을都家로定ᄒᆞᆫ後新文卷을서失ᄒᆞ야ᄂᆞᆫ바其後라도即新文卷을낼터니오나衆人에家다故로于今너지못ᄒᆞ엿드니今月分에軍等이解散지경이라新文卷을내엿기玆에廣佈ᄒᆞ오니內外國人間舊券을拾得ᄒᆞ와도休紙施行홈

儀仗軍都所任 리昌祿
리順道 曹今石

本校에서학員을募集ᄒᆞᆫ지三週間에應募ᄒᆞᆫ학員이六人에不過ᄒᆞ오로位置의偏僻됨을確認ᄒᆞ와更히남部琵琶동七十六統五号로學校를移設ᄒᆞ고玆에廣告ᄒᆞ오니一般勞働同胞ᄂᆞᆫ一週日너에志願書를本校너事務室로精送하심을敬要

一 教科書와空冊과鉛筆은本校에서支出홈
一 月謝金은一分도無홈

國民夜學校告白

廣하醫師金相萬氏大人九衛將公완珠씨가陰本月一拾七日戊時에以宿患으로別世ᄒᆞ얏습기로玆以告訃ᄒᆞ오니 知舊間照亮ᄒᆞ시요

護喪 劉命赫 告白

開城教育總會를開城學會로改稱홈

開城學會 告白

本人의姓名圖章을去陰曆拾二月拾四日楊市來往時에서失이오니知舊間照亮ᄒᆞ심을切望홈

義州古寧朔面北동洪才燁 告白

新門外石橋五拾三統二戶林吉洙米店瓦二拾七艸拾間을本人이放買ᄒᆞ오니願買人來議ᄒᆞ오

北署紫霞동洞谷全冕明 白

美國桑港共立新報寶成金 續

申洛煥 五錢
申建興 拾錢
仝 夫人 拾錢
申福基 拾錢
吉祥振 七錢五厘

未完

本事務所에서第一出張所의位置와事務員을如左히定ᄒᆞ고平安南北道所管民事代理刑事辯護一切法律事務處理홈

漢城許司聯合法律事務所
辯護士 尹邦鉉
辯護士 太明식
辯護士 李容相 告白

第一出張所

位置 平壤郡隆德部一里大貫洞一統一戶
事務員 崔觀洙
事務員 洪鍾奎

本書院에서內外國新舊學問各種書籍과蒙經각種을發賣ᄒᆞᆫ지三四年인바本教會教人과각學校生徒의購覽ᄒᆞ기便利홈을爲ᄒᆞ야左開三處에支冊肆를新設ᄒᆞ오니書籍을購買ᄒᆞ시ᄂᆞᆫ僉彦은附近支肆에請求하심을務望

左開
西門外中學校西便 韓承煥
南門外通路東便 安桂元
鍾路館門下 韓鼎教

平壤貫동上隅
耶穌教書院 鄭益魯 告
金聖鐸 白

●廣告

兩書舖에서文明을發達ᄒᆞ고民智를開ᄒᆞ기爲ᄒᆞ야今에內外國各書籍과各種教科書類를購買ᄒᆞ야發售ᄒᆞ오니 愛國 僉君子ᄂᆞᆫ陸續購覽ᄒᆞ심을務望

最新書籍發售目錄

◉東西洋歷史 各種
◉東西洋地誌 各種
◉政治學 各種
◉法律學 各種
◉經濟學 各種
◉算術書 各種
◉內外國地圖 各種
◉修身書 各種
◉財政學 各種
◉博物學 各種
◉物理學 各種
◉衛生學 各種
◉地文學 各種
◉讀本 各種
◉法帖 各種
◉學校用品 各種

此外에도各種書籍이具備ᄒᆞ옵고書籍及名片모조印刷하옵ᄂᆞᆫ데與他廉價로ᄒᆞ게酬應ᄒᆞ겟ᄉᆞ오니

京城南署銅峴(구리ᄀᆡ)

學部認可 博學書館 主

各地方에서ᄂᆞᆫ郵信으로請求ᄒᆞ면곳발呈ᄒᆞᆯ터이고價金은郵便引換도ᄒᆞ외다

◉大韓國新發明神藥

◉度修靈丹 各種食滯中暑久滯口臭痰飮吐瀉定價一貼十錢
◉至寶丸 治諸般瘧疾不拘久遠俱有奇效定價金十錢
◉靈效液 外用方藥治疥瘡皮風百發百中定價金三拾錢
◉淸眼水 治諸般眼疾有發靈見天之妙定價金拾錢
◉通淋丸 治男女急慢淋疾神効無雙速効除毒一週金五十錢

此外에도東西洋各國有名賣藥과痼病去根藥과頭風排狹藥水각種病藥을俱比慮으로爲望

漢城中署鐘路鐵里五拾二統二戶地
製劑발賣所 共愛堂藥房 張基茂 告白
監修발行人 前官立漢城醫학校卒業生 林容南 監劑
支店 開城南門內共愛堂開城支舖 姜助遠
興學書舖
代理店 西署新門外石橋普濟院藥局 韋熙挺
仁川梅?濟生堂 李庚鳳

國內各地藥局에서隨處販賣ᄒᆞᄂᆞ이다

漢城鐘路萬國基督教青年會舘前慈惠藥房製藥鑑査人濟衆院醫學員洪錫厚朴慈惠李觀化告白

本人等이 米國大學醫院處方의 大醫學士魚丕信氏에게 受業ᄒᆞ고 醫學校發卒業ᄒᆞᆫ 池錫永氏에게 有効證明을 受ᄒᆞᆫ 左記 나 藥을 製造ᄒᆞ야 外國貿易規模를 依ᄒᆞ야 紙匣洋鐵匣琉璃瓶에 盛ᄒᆞ야 全國內地各處의 販賣ᄒᆞ옵고 濟衆院英字醫書를 我國漢文으로 繙譯ᄒᆞ야 名稱西藥便方이라ᄒᆞ야 발賣ᄒᆞ오니 四方 僉彦中 濟衆院 을 數拾年來經驗信用ᄒᆞ신 兄弟는 不拘多少와 路之遠近ᄒᆞ고 以書請買ᄒᆞ시면 本人은 雖拾錢價值라도 以小包郵便으로 仰呈ᄒᆞ오리니 封定價外郵稅十전을 加送ᄒᆞ시되 小數전은 郵票 十전짜리를 ᄉᆞ셔보내시고 賣 나 家에서는 多數買去ᄒᆞ시면 郵便局 換錢票를 買送ᄒᆞ시오 且本藥房에 米國(멀포드)製 나 會社 나 와 (앞줄)製 나 會社 나 와 德國(만ᄒᆞ임)製 藥料品을 直譯入ᄒᆞ야 德語英語로 記ᄒᆞᆫ 方文과 主治와 用法을 我國漢文으로 譯論 발賣

第一老衰男女 食思振起 體力活潑 補益丸 외개 補氣益血

定價表
拾日分 三十個入 金一圜
二十日分 六十個入 金一圜七拾五錢
三十日分 九十個入 金二圜五拾錢

主治大補元氣能調陰陽男子陽萎不起女子月經不調手足厥冷虛脫失氣久病人蘇完되는 效力이 大勝於鹿茸蔘人蔘精

■效解瘧丸 一日分定價金拾錢此藥은 大人小兒長瘧과 初瘧腹瘧에 以服用ᄒᆞ면 更不再發

■虫丸 一日分定價金拾전 此藥은 大人蛔積小兒蛔病의 神効

四時感冒丸 一日分定價金拾전 此藥은 感氣몸살의 쓰는 약인데 一二日連服ᄒᆞ면 四時毒感上下肢節頭痛에 即時解熱鎭痛

男女瘡■祛根藥 定價金五圜 此藥은 瘡疾의 一期二期를 勿論ᄒᆞ고 거근ᄒᆞ도록 낫을 쥬는 대 口瘡과 子宮도 아니나오

清明眼藥 一日分定價金拾錢 此藥은 火眼熱眼의 有多奇効

無惡臭疥瘡藥 定價金四拾전 此藥疥선虫을 卅分內殺

■咳嗽藥 五日分定價金三拾錢 此藥은 四時毒常의 咳嗽에 有大効ᄒᆞ고 特히 老人哽咳에 消痰止咳

寸■發根 定價金三拾錢 此약은 寸虫을 當場殺ᄒᆞ며

止足汗藥 二十日分定價貳拾錢 此藥은 軍人常用除足汗의

經癧根治膏 定價금十五전 此 나 面腫과 頭腫에 直差

濕腫根治膏 定價금十五전 此약은 男女勿論하고 風寒暑濕으로 成腫되여 大起搔痒ᄒᆞᆫ데 奇効

漢城百應膏 一封定價金十錢 此약은 蕭락醫士李信友지方으로 製造ᄒᆞᆫ 藥인대 명우리 잘 풀리고 각項腫氣에 발根合瘡이 速히 되는 奇藥인대 大洋鐵匣八一個금五十錢

小兒感冒靈効散 此약 池錫永氏經驗良方小兒感冒及食滯與身而熱發驚風者 ■神效定價金十錢

癇氣神効保嬰散 此약 醫學校長池錫永氏數拾年經驗之良方小兒屎色綠而瀉○腹脹○身不安而不寢○腹痛驚悸及直視而驚厥者 ■神效定價금十二錢五厘

發賣所 仁川港■峴濟生堂 나 房 京城梨峴寶賣 나 商李信화

新編 銀行簿記學

任璟宰編述 全一冊定價 六十五전

本書는 一般外國諸大家의 著述ᄒᆞᆫ 簿記學中最近ᄒᆞᆫ 학理와 最新ᄒᆞᆫ 形式을 精細蒐輯ᄒᆞ야 國漢文으로 解釋ᄒᆞ며 簡易ᄒᆞ게 編述ᄒᆞᆫ 者 니 一次修習ᄒᆞ면 帳簿의 整理方法과 業務의 處理順序가 瞭如指掌ᄒᆞ야 實로 實業家의 一大顧問이라 諸銀行家와 商業家는 不可不 案頭에 一冊을 備置ᄒᆞᆯ 者ㅣ니 陸續購覽ᄒᆞ심을 務望

발賣元 中署布屏下三拾七統六戶 廣學書舖 金相萬
分賣所 동口趙洞中央書舘 大廣橋匯東書舘
鐘路大東書市 同古今書海舘
南門內博文書舘 南門外新舊書林
銅峴博學書舘

朴容喜氏演譯 意大利獨立史 正價金五拾錢
經濟原論 正價金三拾五錢
國際公法志 正價金四拾錢
國文 新撰家庭學 正價金三拾錢

國家의 文明은 教育이 根本이오 教育의 基礎는 家敎이 始라 故로 家政學을 純國文으로 新撰ᄒᆞ와 婦人社會와 勞動社會와 學校教科에 々지 需用ᄒᆞ에 便易케ᄒᆞ와 자오니 有志 僉君子는 陸續購覽ᄒᆞ심을 務望 발行人 金南均 告白

發賣所
▲大廣橋 匯東書舘 ▲鐘路 大東書市
▲洞口 中央書舘 ▲布屏下 廣學書舖
▲銅峴 博학書舘 ▲尙洞 博文書舘

瑞士建國誌 定價金 新貨拾五錢

此冊은 政治小說이니 志士의 救國救民ᄒᆞᆫ 原理과 人民의 愛國心을 養成하는데 緊要ᄒᆞᆫ 冊子오

發賣所
▲大韓每日申報社 開新冊肆
▲仁川港■峴 金相萬冊肆
▲中署布屏門下 敎育書舘
▲平壤城內烈女洞 古今書海舘
▲鐘路 中央書舘
▲洞口越便 大東書市
▲鐘路 匯東書舘
▲大廣橋 博文書舘
▲尙洞 姿助遊冊사
▲開城
▲海州碧城書畵舘 朴昌

濟生堂 李■鳳

▲主治効能 ●痰飮 ●食滯 ●中暑 ●中毒 ●咳嗽 ●腹痛 ●不土不服 ●氣鬱 ●吐瀉 ●船車멀미 ●食傷 ●酒醉 ●口熱 ▲其他諸般連氣■疫預方妙藥
발行人 仁川港■峴

新藥 消化 清心保命丹

本舖 仁川港■峴 濟生堂 ■

●大韓國新발明藥廣告 陸軍軍醫金守鉉君의 實驗方劑에 陸軍軍醫張基茂君의 有効證明으로 清心保命丹을 발明인바 効能은 如左ᄒᆞ니 僉君子惠試爲望

代理店 京城鍾路 共愛堂藥房
特約店 京城鐘路 慈惠藥房
同 藥峴 李信華洋藥局
同 尙洞 盧益亨冊사
同 南門外 廣濟藥院
仁川 內洞 韓國■■
同 ■峴 和平局
開城 南門內 朴圭恒
同 忠■■ 具聖模
水原 鍾路下 金濟九藥局
同 宗路 宋根學
延安 邑內 邊汝文
江華 鍾路 宋順東
長湍 南門內 崔致淳
鳳山 沙利院場內 박健昌
仝 任允中
仝 耶蘇敎堂內 李在■
黃州 南門 紅門洞 李東赫
平壤 雙巨里 韓鳳儀藥舖
仝 金元■藥舖
仝 鎭南藥舖 최龍化
仝 文武洞藥舖 金龍興
鎭南浦 ■洞 ■■官
群山港開昌洞 金元燮藥舖
京南大門外 金斗鉉
全泥峴郵便局 大同運輸會社
安岳邑上■里 天佑堂
大邱南門內 濟生局 林景柱
釜山港草梁 客主 김成浩家
安州城內 義井동 回春 김兼佑家
義州南門外 水口街 大吉藥房
此外에도 現代에 문明각 義和약局
각郡藥이 俱備ᄒᆞ 國有名
海州南門內 李承植
清州邑新洞약局 金演台
博川郡美동商店 박之行
寧邊邑後동洋약局 崔允國
北靑郡新昌港客主 박熙勳
元山港本堂出張人 朴啓錫

本人이 日本大阪商業家와 特約ᄒᆞ고 日本內地產出各種貨物과 西洋各國物品及機械等物을 購入ᄒᆞ와 委托會社를 特設ᄒᆞ오니 商工業에 有意ᄒᆞ신 僉君子는 貨物이 有ᄒᆞ시거든 本社로 來議ᄒᆞ시오 本社에서는 手數料를 受ᄒᆞᆷ 興業社本店 漢城南大門內興業會舘 支店 京城南門內 水閣五十一統六戶 仝 仁港內 ■■■■ ■■會社

▲新刊書籍發售廣告
增補 算術 大全 國漢文 定價金七拾五錢
大韓法規類纂洋裝 三圜五拾錢 ■■四拾錢
初等倫理學教科書 二拾錢
初等衛生學教科書 拾五錢
國家學綱領 拾五錢
國民須知 八錢
愛國婦人傳 張志淵氏著 十五錢
發賣所 漢城布屏下 金相萬書舖

洋裝書冊 學徒運動과 諸具 羅紗各種 衣服製造 其他雜貨을 廉價放賣ᄒᆞ오니 諸君子는 來臨ᄒᆞ심을 바라나이다 仁川港■■新冊肆 ■■金■■

◉報償義捐金收入廣告
●密陽郡丹場面 沼里
丁彦섭 丁宅老 金濟相
丁彦■ 崔■■ 李■俊
각 大十전 金■俊 박■■
丁飲實 金■■ 박斗萬
孫宗滙 張德元 丁琪守
박樂允 金相翊 洪致大
愼炳益 金相浩 張■■
각 四拾전 金守長 張厚植
南大圭 張永寬 朴■■
리相坤 金致成 洪석明
崔永吉 洪■允 張守東
張利彦 리元義

朴遊顯 朴聖根 각四十전
崔鎭元 丁福龍 박■彬
각 六十전 李東■ 孫亮俊
朴基洪 리奎泰 李東■
각 一圜 安鍾■ 八十錢
安鍾祜 盧賢容 盧家容
▲蘆谷里 合九圜五十錢
■中 六圜五十전
孫亮元 再迎 三圜
▲法川里 合十四圜六拾전
呂■律 각卄전
리贊九 趙光用 石■三
愼炳謨 金九斗 愼炳■
洪■坤 洪有仁 愼■植
金遂■ 禹■■ 리德相
리■柔 丁圭柱 張成■
朴在連 孫亮■ 朴有■
金■石 洪在夏 丁圭■

李奎日 三十전 리■九
리東■ 孫亮周 孫■道
孫■■ 孫■■ 廉用발
陳用石 ■潤昆 朴■相
丁■守 金道律 丁敬用
金得伊 李敬德 朴■模
朴仁甲 朴相昆 朴成伯
리■伊 리中俊 리基文
朴光■ 朴■■ 리■學
丁甲■ 朴文哲 리錫■
許 重 徐■文 辛俊■
金■生 ■什전 玄斗洪
辛俊得 리李■ 박永春
박■植 許 進 李■■
리■俊 리■■ 리奎澤
리仲林 金花春 各十전
合拾六圜三十전
總合四十圜四十錢
前號總合五萬八千八百八十圜〇一錢七厘
都總合五萬八千九百二拾圜四拾一전七厘

發行兼編輯人 裴說
發行所 南署石井洞號外堤三層洋屋 大韓每日申報社

第六卷

大韓每日申報

第七百四十七號

月曜及慶節翌時日休刊

檀君開國四千二百四十一年
箕子元年三千三十年
大韓開國五百十七年
日本明治四十一年
淸國光緖三十四年
陰曆戊申二月小初三日己未

寄書

●讀每日報英雄論　布哇留리約翰

邇來로貴報筆이高明奇絶하며正直嚴明ᄒᆞ야愛君愛國ᄒᆞᄂᆞᆫ士民은雖是購覽치안ᄂᆞᆫ者ㅣ라도購覽ᄒᆞᄂᆞᆫ者의誦說만聞ᄒᆞ고도感賀치안ᄂᆞᆫ者無ᄒᆞ되欺君亡國ᄒᆞᄂᆞᆫ小人은終當悔改치안일뿐아니라購覽ᄒᆞᄂᆞᆫ者ㅣ々지謀害코저ᄒᆞ니此ᄂᆞᆫ非他라善惡이勢不兩立은自然ᄒᆞᆫ理致라哀痛ᄒᆞ도다塗炭生靈을救키를願ᄒᆞ시ᄂᆞᆫ幾千萬同胞여新年新月에申報第七百號英雄論說을看ᄒᆞ라果然其然ᄒᆞ도다其論說에曰

必也一國이風靡ᄒᆞ고天下가山仰ᄒᆞ며東西南北林々총々ᄒᆞᆫ人物이其一身에向ᄒᆞ야以歌以泣ᄒᆞ며以愛以慕ᄒᆞ며以拜以敬ᄒᆞ여야於是乎英雄其人이라ᄒᆞ고又曰劍砲文筆等을執ᄒᆞ얏든지是ᄂᆞᆫ皆不問ᄒᆞ고唯其所執ᄒᆞᆫ物로風雲을叱咤ᄒᆞ며山河를轉移ᄒᆞ야耳目手足이具有ᄒᆞᆫ靈物로一切其膝下의屈伏케ᄒᆞᄂᆞᆫ能力만優有ᄒᆞ면是ᄂᆞᆫ英雄이라稱ᄒᆞᆯ비라）ᄒᆞ얏스니

果然其然이로다古代와現時英雄의名目을槪論ᄒᆞ면中國漢末에南陽에서坐定三國ᄒᆞ며後에七縱七擒ᄒᆞ며六出祁山ᄒᆞ든諸葛亮이英雄乎아日否라聚賢如渴에三顧草廬ᄒᆞ며遺詔後主에勿以善小而不爲하며勿以惡小而不爲라ᄒᆞ든劉皇叔이英雄乎아日否라挾天子以令諸侯ᄒᆞ든曹孟德이英雄乎아日否라據有江東에國險民富하니ᄂᆞᆫ孫權이英雄乎아汚哉라是何言也오運籌帷幄에決勝千里之外하든張良乎아日否라連百萬之衆ᄒᆞ야戰必勝攻必取ᄒᆞ든韓信乎아日否라大風이起兮여雲飛揚이라威加海內兮歸故鄕이로다安得猛士兮守四方고ᄒᆞ든漢太祖乎아日否라力拔山氣蓋世ᄒᆞ고江東子弟八千人으로渡江而西ᄒᆞ야七十餘戰에未嘗敗로되不渡烏江自刎而死ᄒᆞᆫ楚覇王乎아日否라[illegible]築防胡萬里城ᄒᆞ고二世三世로至于萬世히傳之無窮ᄒᆞ려다가僅不過三世而亡ᄒᆞᆫ秦始皇乎아日否라九合諸侯에一匡天下하든管仲乎아日否라時維鷹揚ᄒᆞ야涼彼牧野ᄒᆞ야肆伐大商ᄒᆞ든姜子牙乎아日否라

愚ᄂᆞᆫ聞世界豪傑이相聚而言曰帝王將相聖賢所修之職은順天樂道明法勞心愛民治國已矣오志士平民의所修之職은尊天學道遵法勞力愛國已矣라ᄒᆞ니斯言也果好矣美矣로다余聞而拜之謝之誦之을不已于身心口舌ᄒᆞ고且略釋之ᄒᆞ야以告諸公ᄒᆞ노니庶幾與吾同感否아

夫天者ᄂᆞᆫ何오天有上帝故로指上帝而言이오道者ᄂᆞᆫ何오上帝之仁愛見於書者오法者ᄂᆞᆫ何오上帝之公義見於書者오心者ᄂᆞᆫ何오吾人神明所居之宅이오民者ㅣ何오吾人多數之衆이오君者ᄂᆞᆫ何오聰明睿哲者ㅣ爲上帝代表者ᄒᆞ야督轄百姓者也ㅣ니至尊至貴也라

然則順天者ᄂᆞᆫ何오順上帝之眞理오樂天者ᄂᆞᆫ何오効上帝之仁愛ᄒᆞ야佈德於民이오明法者ᄂᆞᆫ何오明上帝之公義ᄒᆞ야施恩於民이오勞心者ᄂᆞᆫ何오除逸慾而勤於政事ᄒᆞ야示信於民이오愛民者ᄂᆞᆫ何오廣求賢人ᄒᆞ야施善道於民間이오治國者ᄂᆞᆫ何오使民各授其職ᄒᆞ야使男女老幼로無至無事度日이오尊天者ᄂᆞᆫ何오敬天帝事人帝之謂오學道者ᄂᆞᆫ何오讀仁愛之書오遵法者ᄂᆞᆫ何오不犯天帝人帝之命令이오勞力者ᄂᆞᆫ何오不惰事業之謂오愛國者ᄂᆞᆫ何오不偏謀私事之謂니

千萬年獨立之術이或有獨過於斯乎아苟如是也則雖無尺寸之刃이라도可以當萬斤之鉞斧오雖無一拔之兵士라도可以當千萬强國之武夫ㅣ니如此者를謂之英雄이니라孟子曰挾泰山以超北海를語人曰我不能이라ᄒᆞ면是ᄂᆞᆫ誠不能也어니와以上所論을我不能이라ᄒᆞ면是ᄂᆞᆫ不爲也언뎡非不能也ㅣ니何必棄吾之長物而向人喉下ᄒᆞ야自取滅亡之愚ᄂᆞᆫ祖國中興이果如反掌이로다日月이如流라惟願一千萬生靈이여

官報

●第四千拾三號　隆熙二年三月四日

敍任及辭令

渡邊秉夫　谷川金一郞　葛城毅太郞　楠本茂作　福田壽喜　渡邊宇太郞　牧瀨伊佐衛門　鎌田三郞　栗孫橘　酒本勇四郞

任警視廳警部

福田順稻　川崎爲三　佐佐木三郞　橋本房一　小館力万造　眞野景象　岩崎良材　松井信助　野村直治　堀行衛

任警視廳警部

山田市五郞　井口文彦　糸山儀二郞　伊田剛　生召義信　岡淸之次　鈴木공　小野餘慶太

任警視廳警部

眞鍋長平　野材大太郞

任警視廳警部

김淳敏　安鍾烈　李昌雨　리應鎬　劉世忠　徐丙植　리漢九　白최洙　宋敏洙　李弘純　趙益鎬　金香鐵

任警視廳警部

任警視廳通譯官補　李種植

任財務署主事　長尾竹

任警部　警視廳警部松井府助

任道主事　佐野照藏

任祕閣主事　九品具然學

侍從院侍從　李晋九

兼任毅親王宮總辦　從三品徐周輔

任帝室會計監査院監査官　正三品韓錫[illegible]

任中樞院副贊議　正三品黃應元　正三品李輔妵　正三品趙重恩　六品金彝鎬

任中樞院副贊議　前財務官金箕龍　度支部主事元鼎漢

任財務署財務官　法官養成所繙譯官金敎明

兼任法官養成所助敎授　古阜主事殷在吉

侍從院侍從韓相鎬

帝室會計監査院監査官趙羲聞

部主事盧鶴燁

依願免本官

外報

●浮船渠建造　倫敦發電을據ᄒᆞᆫ즉米國代議院海軍委員會에서最大戰艦을建造ᄒᆞ고浮船渠二個所를建造ᄒᆞ야其一은太西洋面에置ᄒᆞ고其次ᄂᆞᆫ太平洋上에用ᄒᆞ야幷히布哇호놀누에鎭守府를設ᄒᆞ도록政府에勸告ᄒᆞ얏다더라

●防禦豫算　倫敦電을據ᄒᆞᆫ즉米國海軍技師가麻尼剌로써今後常置ᄒᆞᆯ極東艦隊根據地로議定ᄒᆞ고且米國서十寸砲를有ᄒᆞᆫ要塞砲兵六中隊를要ᄒᆞ고치타島에備ᄒᆞ고此를以ᄒᆞ야防備의要部로定ᄒᆞᆫ後에本年度니에總計卅萬磅만麻尼剌에防備ᄒᆞ기爲ᄒᆞ야支出ᄒᆞᆯ터이라더라

雜報

●可謂利總理

여山郡居尹여山令손尹敬直氏의田畓四百石落을去癸卯年分에尹氏之從叔尹窩以가慶業圖得次로賤文券을慶善宮에納付인바其後에尹敬重氏之慈親이慶善宮에往懇乞ᄒᆞ야도姑未推還인바昨年秋間에總相따完用氏가使其家人으로錫基로自請于尹시허야該田畓을推給허마허여든지尹시가許之허니總相은凡事를任意爲之허ᄂᆞᆫ勢力이라承部財總督趙民熙氏의게分付허야田畓所在各郡에致田畓을卽爲證明以給허라訓令及屬案等文蹟을出給于손錫基인바其내容은總相이有與物品受賂ᄂᆞᆫ有所貪皮으로손氏를安ᄒᆞ야該田畓을放買코天ᄒᆞᆫ主義인대時價十萬圓價値五萬圓만給價買得ᄒᆞ면月贊할計爲賂受賂ᄒᆞᆯ지라如ᄒᆞᆫ지라尹시ᄂᆞᆫ其勢力을忌憚ᄒᆞ야不得已半價爲賣圖에許之ᄒᆞ엿더니越價ᄒᆞᆫ박에ᄂᆞᆫ손시가尹시之叔叔前井邑守尹益炳시의게掛欠債ㅣ上加利ᄒᆞ야一萬四千圓을此條中除ᄒᆞ고現金六千圓外에ᄂᆞᆫ一分錢을不給ᄒᆞ고該田畓所在地各郡에看事人을派送ᄒᆞ야秋收租를任意作處ᄒᆞ고一邊으로證明을得出ᄒᆞ고除外은永々不給ᄒᆞᆯ意向이有ᄒᆞᆷ으로尹시가總相의게말ᄒᆞ야其無理ᄒᆞᆷ을質問ᄒᆞᆫ後裁判ᄒᆞ다ᄒᆞᆫ즉總相은손시의게로推托ᄒᆞ면서我ᄂᆞᆫ言及于손某ᄒᆞ야卽爲給케ᄒᆞᆯ터이니思料은말라ᄒᆞ더니以若一國首相으로人民의生命財産保護ᄂᆞᆫ姑舍ᄒᆞ고反以抑奪之主義로心腹門客을籠絡ᄒᆞ야說ᄒᆞᆫ子弟ᄒᆞᄂᆞᆫ部曹은可痛이오與其ᄒᆞ다고들ᄒᆞ더라

●行賊自服　北部巡檢署巡査金敎元씨가昨日남門外畓地로過去ᄒᆞ다가金貴成名者와行色이殊常ᄒᆞᆫ故로捉致審問ᄒᆞᆫ즉行賊ᄒᆞᆫ事實을自服ᄒᆞ얏다더라

●技術於賊　近畿[illegible]人의傳說을據ᄒᆞᆫ즉居民들이義兵과賊黨의게六七次에幾百圓式幾千圓式見奪ᄒᆞ고尙今息擾難日ᄒᆞ야夜不能安眠ᄒᆞ고以韓技術夜ᄒᆞᄂᆞᆫ대以技術으로貿易者가許多ᄒᆞ야東作이無望이라더라

●捐金已約　靑年會館積立金을現政府大臣의게ᄂᆞᆫ勿論하고助ᄒᆞᆫ다ᄂᆞᆫ說은更聞ᄒᆞᆫ즉各部大臣들은幾千圓式捐付ᄒᆞ기로決定已酌定ᄒᆞᆫ故로今回贊助人員이不必再往이라더라

●請入養正　普成專門學校二年級退學ᄒᆞᆫ經濟科生徒二十四人이養正義塾에入學ᄒᆞ기로聯名請願ᄒᆞ얏다더라

●敎員熱心　城津普通學校敎員金乘洛씨ᄂᆞᆫ元來有志之士라敎員으로被任ᄒᆞᆫ미蕃別化進ᄒᆞ야血誠勤勉하고夜則退家ᄒᆞ야自家夜學을設ᄒᆞ고熱心敎授하미學徒가百餘名에達ᄒᆞ얏다더라

雜報

●大詔渙發 大皇帝陛下께셔 詔書를下ᄒᆞ셔曰匪가稔化ᄒᆞ야禍延遐荒ᄒᆞ야經歲蹂躪에迄未戢平ᄒᆞ니朕이念其顚連奔竄ᄒᆞ면진대不勝憫惻而最是民戶之被燒者ㅣ數至屢千ᄒᆞ야墟落이蕭條ᄒᆞ고老幼ㅣ扶擕ᄒᆞ야存卹將舒에東作이無望云하니 朕이年處匪之ᄒᆞ야 內帑[illegible]에者恫在己라搆冀接之方과견布賙恤之典은[illegible] 自當爛商籌劃이어니와 朕이亦欲以帑金으로稍助拯求ᄒᆞ노니其令各道臣守宰로趁速分遣被災地方ᄒᆞ야一々調査ᄒᆞ고面面曉諭ᄒᆞ야以示 朕側怛知傷之至意ᄒᆞ고隣邦民人의寄居被신者을朕이視同我赤子ᄒᆞ노니撫恤之際에無分彼此ᄒᆞ고無或遺漏ᄒᆞ야一例擧行ᄒᆞ라ᄒᆞ셧더라

●義陽焚香 선源殿次知ᄂᆡ官이解散ᄒᆞᆫ後에望焚香을 皇族中六君과리址鎔리達鎔兩氏가輪回擧行ᄒᆞᆫ다ᄂᆞᆫ說은已揭ᄒᆞ얏거니와昨日陰曆二月初一日望焚香官은義陽 리載覺氏오奉爐奉香官은典祀補二人이擧行ᄒᆞ얏다더라

●恩의提議 解散官吏의恩賜金을各其所管長官이度支部에照會ᄒᆞ엿ᄂᆞᆫ데[illegible]이 以上에達ᄒᆞ얏ᄂᆞᆫ데度支部에셔ᄂᆞᆫ五月까지爲限ᄒᆞ야都合額을閣議에提出ᄒᆞ야 豫外에支給ᄒᆞᆫ다더라

●恨不爲石 昨日上午十一時에學部大臣리載崑氏가該部에仕進ᄒᆞᆯ次로人力車를乘ᄒᆞ고該邸大門外에出往ᄒᆞᄂᆞᆫ데携車騎從이失手ᄒᆞ야翻車落傷ᄒᆞ야面部가傷ᄒᆞ엿스나重傷치ᄂᆞᆫ아니ᄒᆞ야仍爲仕進ᄒᆞ얏다더라

●典祀輪直 선源殿入直ᄒᆞᄂᆞᆫ典守內官이入直ᄒᆞ다가內官이解散이된故로該殿봉사典祀補一人式入直ᄒᆞᄂᆞᆫ데典祀補拾人이一朔에三日式輪回入直ᄒᆞᆫ다더라

●大失所望 永宣君李埈鎔氏ᄂᆞᆫ外國에多年留ᄒᆞ다가今爲歸國ᄒᆞ얏슨즉以 皇室至親으로爲國思想이他人보다倍切ᄒᆞᆯ터인데近日所事가音樂에遊遨ᄒᆞ야大失所望이라ᄂᆞᆫ巷說이喧藉ᄒᆞ더라

●稅官促送 度支部에셔各地方稅政에對ᄒᆞ야新任ᄒᆞᆫ財務主事를一齊히促送ᄒᆞ야今日視務케ᄒᆞᆫ다더라

●事務留案 他部에所屬ᄒᆞᆫ空部에ᄂᆞᆫ日人事務官을姑爲設置ᄒᆞᆫ다더니該問題ᄂᆞᆫ永爲留案ᄒᆞ얏다더라

●日官歸國 昨冬에渡韓ᄒᆞ엿던日本侍從武官某氏가歸國次로再昨日京釜線一番列車로발往ᄒᆞ얏다더라

●承府妓生 承寧府에妓生二十名을設置ᄒᆞᆫ다더라

●警視分掌 警視廳敎習所校長을醫部로分掌하얏더니自今以後로ᄂᆞᆫ警視로分掌視務케ᄒᆞᆫ다더라

●妓付掌禮 已往에ᄂᆞᆫ妓生이內醫院尙衣司에入錄ᄒᆞ야稱爲藥房妓生이며尙房妓生이러니此ᄒᆞ얏더니該兩房妓生을掌禮課에付屬ᄒᆞᆫ다더라

●庭監加設 武監을減ᄒᆞ고名稱庭監이라ᄒᆞ고承寧府에ᄂᆞᆫ二十名만置ᄒᆞ얏다ᄂᆞᆫ說은已揭어니와承寧府庭監二十名이擬行에不足ᄒᆞ야十名을加設ᄒᆞᆫ다더라

●鹽務日官 農商工部에셔官有製塩場官制를調査ᄒᆞ야閣議에提出ᄒᆞ얏ᄂᆞᆫ데該案을農部大臣決裁下에置ᄒᆞ고技師以下官吏를日人으로叙任ᄒᆞ기로作定ᄒᆞ얏다더라

●統監府同 商業會議所에셔발起ᄒᆞ야來拾日 乾元節에該城府內人民提燈慶祝을設行ᄒᆞᆯ터인대昨日에商議所에서統部內各洞統監을會同ᄒᆞ야該日에擧行ᄒᆞᆯ節次를協議ᄒᆞ얏다더라

●銘心書頒 內部에서ᄂᆞᆫ十三道觀察使에게訓令ᄒᆞ되免罪文憑을領受ᄒᆞᆫ順者를監視取扱規定及監視人銘心書式樣을頒已訓布인바該銘心書을今玆印送ᄒᆞ니管下各府郡에頒給이되免罪文憑頒給하던張數를依ᄒᆞ야一切分布ᄒᆞ라ᄒᆞ얏더라

●尹郡査報 前鐵原郡守洪凞觀氏와該郡民尹瑱의裁判事件에對ᄒᆞ야漢城裁判所에서該部主事의게발訓ᄒᆞ야査實報來ᄒᆞ라ᄒᆞ얏다더라

●花債典家 學部書記官某氏ᄂᆞᆫ花套債에困難이莫甚ᄒᆞ야自已家舍文券을典執ᄒᆞᆯ次로四處探求中이라더라

●許狀歸虛 學部大臣리載崑氏가各官立普通學校訓導의게昨年六月分에六年內에ᄂᆞᆫ勿遞視務ᄒᆞ기로許狀을繕給ᄒᆞ얏ᄂᆞᆫ데訓導三人이今忽遞任ᄒᆞ엿ᄂᆞᆫ지라六年許狀은休紙施行이라고輿論이紛紛ᄒᆞ더라

●燒戶調査 警視廳에셔各署에指揮ᄒᆞ야各署管내에自光武七年으로昨年ᄭᆞ지韓日兩國人의火지로燒盡ᄒᆞᆫ家屋의坪數를各別調査報來ᄒᆞ라ᄒᆞ얏다더라

●戶젼區別 各地方戶布지를境內原戶로定數ᄒᆞ야增衍戶와漏戶를陞捴치아니ᄒᆞ고原戶젼을排備充納ᄒᆞ더니度支部에서戶稅章程을刪定ᄒᆞ야閣頒佈하야今春부터實施ᄒᆞᆯ터인대六小戶를區別徵稅ᄒᆞ기로磨鍊ᄒᆞᆫ다더라

●屯結橫徵 蔚珍郡興富守山德信ㆍ處所在驛屯土數拾石落이川破覆沙된後에陳作人等이前經理院에屢度呼訴ᄒᆞ야例納賭租를蠲減ᄒᆞ얏스나結卜九百餘結을尙今徵收ᄒᆞᄂᆞᆫ故로陳作人等이渙散乃已라더라

●黨派暗生 大東학회에서老少黨論이暗起ᄒᆞ야互相爭詰中인ᄃᆡ會長申箕善氏가極力撫摩ᄒᆞᆫ다더라

●會館新建 大韓協會에서校동所在該會事務所附近長木廛을買取ᄒᆞ야會館을建築ᄒᆞᆯ터이라더라

●評議開會 畿湖興학會에셔臨時事務所에서昨日下午七時에評議員會를開ᄒᆞ얏다더라

●靑會演說 今日下午七点종에靑年會館에서演說會를開ᄒᆞ고美國總領使[illegible]氏를請邀ᄒᆞ야現世金融이란問題로演說ᄒᆞᆫ다더라

●六力士 義兵將許위李麟榮兩氏部下에力士十六人이有ᄒᆞᆫ데其姓名인즉趙壽淵 金奎鎭 洪仁觀 李秉치 張珣[illegible] 演相 黃在浩 리明起 延起佑 高在石 朴宗彥 尹二先 黃順一 金顯伊 리東凌等이라더라

●賊稱義 南來人의傳說을據ᄒᆞᆫ즉龍山下居賊魁宋今福이가稱義行暴ᄒᆞ야附近居民이支保無路러니今則投義魁하고山大屯山下로移居하야各處에橫行掠奪ᄒᆞᆫ다더라

●夜校復興 江華郡普昌학校校ᄂᆡ에夜학課를設置ᄒᆞ고該校長리東暉氏가該郡榮家靑年俊秀를面々勸諭ᄒᆞ야算術語학을열心敎授ᄒᆞᄂᆞᆫ데生員이日々增加ᄒᆞ야四百餘名에達ᄒᆞ얏다더라

▲地方消息▼

▲地方通信을據ᄒᆞᆫ즉正月初二日永平積城兩郡으로來往ᄒᆞᄂᆞᆫ日兵四五名이楊州上道與洪福信簽에突入ᄒᆞ야婚需所用紬인彩단ㆍ衣을奪去ᄒᆞ고又靑松面宮坪兩村에도突入ᄒᆞ야戶々히突入ᄒᆞ야衣服等物과甚至於蜂桶ᄭᆞ지奪取ᄒᆞ얏다ᄒᆞ고

▲同月拾六日午時頃에楊州東두ᄂᆡ에駐在ᄒᆞᆫ日兵二名이同邑으로向ᄒᆞ다가於等山等地에셔義兵約九拾名을遭遇ᄒᆞ야半時ᄂᆞᆫ互相交戰ᄒᆞ다가日兵이退縮되얏ᄂᆞᆫ데更히楊州邑日兵과合勢ᄒᆞ야韓衣를換着ᄒᆞ고도로於等山으로向ᄒᆞᆫ즉義兵은不知去處ᄒᆞᆫ데日兵이縱放ᄒᆞᆫ村人다려義兵去處를指示ᄒᆞ라ᄒᆞ며無數亂打ᄒᆞᆫ中에其中의一人結縛ᄒᆞ야水中의投入ᄒᆞ얏ᄂᆞᆫ데該水가淺ᄒᆞᆷ으로生命은保安ᄒᆞ얏다ᄒᆞ고

▲同月麻田等地에서賊漢二名이稱以義兵ᄒᆞ고被酒泥醉ᄒᆞ야過去ᄒᆞᄂᆞᆫ데新行轎子를逢ᄒᆞ고詰亂ᄒᆞᄂᆞᆫ故로後行者가同郡兵站에急告ᄒᆞ야日兵을率來ᄒᆞ야賊漢二名을捕捉ᄒᆞ야問招ᄒᆞᆫ則答ᄒᆞ되我等은楊州下道里리[illegible]家에在ᄒᆞ다ᄒᆞᄂᆞᆫ故로日兵이即向[illegible]ᄒᆞ야放銃ᄒᆞ얏ᄂᆞᆫ대該所在義兵은已爲他處ᄒᆞ고蔡[illegible]民二名만重傷ᄒᆞ얏ᄂᆞᆫ대其中二名은即死ᄒᆞ고六名은逃生ᄒᆞ야未辨이라ᄒᆞ고

▲正月初九日에永平日兵站에서韓衣着ᄒᆞᆫ日兵四十餘名이漣川等地로向ᄒᆞ다가楊州鎭所面高灘里에서宿泊ᄒᆞ고麻田으로向ᄒᆞ다가回還時에高灘里김相俊家에突入ᄒᆞ야婚需所用ᄒᆞᆯ各色果物과衣服皿器等屬을奪取ᄒᆞ고又마田ᄃᆡ洪川家의入ᄒᆞ야祭用及他衣皿等物을沒數奪取ᄒᆞ엿더라

東京電報

三日午後發

●日艦向淸 日本艦隊音羽有明松島以下驅逐艦水雷艇十四隻이昨日에後에神艦相合ᄒᆞ야門司海峽을通過ᄒᆞ야向淸第二辰丸抑留事로向ᄒᆞ얏다더라

●競爭必起 第二辰丸抑留事件交涉問題에關ᄒᆞ야淸國政府에서二月二十九日ᄭᆞ지限ᄒᆞ고回答ᄒᆞᆯ터인ᄃᆡ左之右之ᄒᆞ여尙且遷延ᄒᆞᆯ模樣이有ᄒᆞᆷ으로日本政府ᄂᆞᆫ不過數日의最後手段을行ᄒᆞᆯ터이라더라

▲西湖問答▼

西湖子

▲梟湖之客이問於主人曰天이人類를出世上에生ᄒᆞ실셰萬物之中에最慈케ᄒᆞ심은豈日偶然哉아人이되고야爲人之義務를實踐치아니치못ᄒᆞᆯ지니其義務ᄂᆞᆫ何오

▲主人曰第一은敎育이라敎育이란것은[illegible]之樞紐이니人이오[illegible]不如禽獸와[illegible]

▲客曰[illegible]

▲答曰禽獸의게比ᄒᆞᆫ진ᄃᆡ禽中에[illegible]但食량만ᄒᆞ나니鄙[illegible]食發[illegible]鄙而避ᄒᆞᆷ거시오獸中에ᄂᆞᆫ麟이有ᄒᆞ야[illegible]履生草ᄒᆞ나니惡人의嫉妬를見ᄒᆞ면鄙而遠之ᄒᆞᆷ거시오發此에比ᄒᆞ여[illegible]殺을遊生ᄒᆞ고[illegible]物을養成ᄒᆞ나니其效果[illegible]何ᄒᆞ리多大오

▲客曰[illegible]敎育이無ᄒᆞᆫ人은能히此等効果를做出치못ᄒᆞ리니人이오禽獸와異ᄒᆞᆫ士만도不如ᄒᆞᆫ진뎌[illegible]身而已로다

▲日然ᄒᆞ다此身이有ᄒᆞ야敎育[illegible]擬可不務乎아

▲客曰人의當行ᄒᆞᆯ義務가又有乎아

▲曰有ᄒᆞ니即愛國心이라愛國心이란것은於人에貴重品이니天下에雖假之實이라[illegible]오此貴重品이無ᄒᆞ면人의價格이無ᄒᆞ더니라

▲客曰然則此今世界에金剛이니寶石이니ᄒᆞᆫ物件이야모다至貴至重ᄒᆞ다ᄒᆞᆯ지라 此ᄂᆞᆫ比ᄒᆞ면不足爲寶다ᄒᆞᆯ것이오그려

▲日彼寶物이有ᄒᆞᆯ지ᄃᆡ人이切願ᄒᆞᄂᆞᆫ바長生不死를何得ᄒᆞᆯ것인가每人이欽羨ᄒᆞᄂᆞᆫ바[illegible]知識을能通ᄒᆞᆯ것인가[illegible]功名이自在ᄒᆞᆯ것인가[illegible]此則何足爲貴며何足爲重가只是假寶無用之物而已니라

▲客曰昔에魏惠王이齊威王으로더부러田獵ᄒᆞᆯ시光이車十二乘에照ᄒᆞᄂᆞᆫ寶珠가有ᄒᆞ다誇ᄒᆞᆫ거ᄂᆞᆯ齊王이答曰寡人의臣이有ᄒᆞ야名이千里에照ᄒᆞᆫ다ᄒᆞᆫ대魏王이大慚而歸ᄒᆞ얏스니此以也오

▲日推此ᄒᆞ면世上에何物이寶物이던지熱心愛國ᄒᆞᄂᆞᆫ者를比치못ᄒᆞᆯ것은可知ᄒᆞ리라

▲客曰愛國心[illegible]의效果를可得聞乎아

▲日齊已滅國[illegible]央ᄒᆞᄂᆞᆫ只[illegible]畢竟에七十餘城을回復[illegible]歐洲中一小國이[illegible]糾合受ᄒᆞ야一[illegible]ᄉᆞ此ᄂᆞᆫ愛國心之效也ㅣ라

▲客曰然則此貴重品을何以得之이오

▲日[illegible]他道也ㅣ敎育[illegible]面覺[illegible]心[illegible]ᄒᆞ고愛[illegible]無[illegible]이니人이오愛國心[illegible]是[illegible]自滅[illegible]不憫哉아

社告

古阜支社를自二月一日로姑爲廢止ᄒᆞ고該地方에셔本報購覽ᄒᆞ시ᄂᆞᆫ諸氏의게本社에셔繼續直送ᄒᆞᆯ터이오니 照亮後二月度代金은本社로即送ᄒᆞ심을爲望

本支社를左開五處에設置ᄒᆞ고玆以仰佈ᄒᆞ오니本報愛讀ᄒᆞ시ᄂᆞᆫ該附近 僉君子ᄂᆞᆫ該支社로請求購覽ᄒᆞ심을務望홈

▲信川邑六里 丁一善
▲永興郡南山동書舖 梁昌鉉
▲端州郡南門니 朱伯英
▲楽川邑濟前洋약局 李正華
▲寧邊邑內 明濟世

各地方會員이本社에投書와寄書가逐日답至ᄒᆞᄂᆞᆫ대居住姓名이昭詳ᄒᆞ고事實이確核ᄒᆞᆫ者ᄂᆞᆫ即爲揭載어니와姓名도不載ᄒᆞ고事實이模糊ᄒᆞᆫ者ᄂᆞᆫ因而置之ᄒᆞᄂᆞᆫ데催促이又至ᄒᆞ니事甚訝惑이라從今以後로ᄂᆞᆫ投書와寄書를ᄒᆞ시ᄂᆞᆫ人은居住統戶數와姓名을詳錄ᄒᆞ시되若又含糊ᄒᆞ오면竝爲勿施ᄒᆞ올거시니 照亮홈

雜報

◉烟草新발　玄學元南鴻祐金應韶씨等이我國의物品出産이興旺치못ᄒᆞ야商路營業이由此委靡홈을慨歎ᄒᆞ고資本을醵聚ᄒᆞ야卷煙製造所를西署桃동에設立ᄒᆞ고三年前브터特別ᄒᆞᆫ谷山草를多數貿來ᄒᆞ야熟練ᄒᆞᆫ工匠四拾餘人을應聘ᄒᆞ야葉卷烟數十萬枚를大中小三等으로製造ᄒᆞ얏다가今年爲始ᄒᆞ야南署藥동에서販賣ᄒᆞᄂᆞᆫ데品質과臭味의佳洌홈이呂宋烟을凌駕ᄒᆞᆫ다더라

◉光校盛況　日昨에남門內暘동光成實業학校에셔第四回卒業式을行ᄒᆞ얏ᄂᆞᆫ대校門에國旗를交叉ᄒᆞ고式場을整齊히排列ᄒᆞ고來賓이多數會集ᄒᆞ야開校後徐相勉氏가式辭와校事를報告ᄒᆞ고卒業證書와鉛筆空冊圖書備等賞品을授與ᄒᆞᆫ後에校監李範世氏와敎師吏田信彌氏가勸勉ᄒᆞ고학部大臣李載崑氏가訓喩ᄒᆞ고來賓尹致昊氏가祝辭ᄒᆞ고卒業生李善鍾氏가答辭ᄒᆞ고式을畢ᄒᆞᆫ後에茶果를進ᄒᆞ고一同撮影ᄒᆞ얏ᄂᆞᆫ데進級生의게進級証과賞品도同時授與ᄒᆞ야一場盛況을呈ᄒᆞ얏다더라

◉楊根郡燒戶建築期成趣旨書

嗚呼라本郡이昨經災禍에館宇之回祿成墟와民家四百五十九戶之被燒灰燼은滿心悚懍이오盈目愁慘이라數千人口가俱失庇身之所ᄒᆞ야棲屑號泣之狀은木石이俱戚ᄒᆞᆯ지라貧殘餘生이頓無立柱之望ᄒᆞ니結構奠接之方은時日이無期호다凡我同胞諸鄕이苟爲越視而不救不恤이면其所形勢가必將流離乃已矣리니弟旣凍ᄒᆞ니兄煖이豈安이며民將離散에叔心이自傷이라數百戶同胞之轉乎溝壑이寧不恰惻而寒心者이며夫邑者ᄂᆞᆫ一郡之中心地也라郡不成邑이면民無依仰이오邑而無民이면郡不可以爲郡이온況本郡은關東之要衝이오列邑之都會也니不容不邑村燒戶를期圖結構ᄒᆞ야一新就葺然後에郡可以成樣이오民可以奠接일시鄙等이功於爲國爲郡爲同胞之義務ᄒᆞ야不度事力而略干義金으로設立建築期成社於邑內ᄒᆞ고玆將疾聲仰告于境內僉君子ᄒᆞᄂᆞ니伏惟齊心協贊에一以出救助之力ᄒᆞ고一以盡義務之心ᄒᆞ야哀我失所之人民으로無至離散之境을千萬仰祝

發起人 李啓爀 李根夏 南相岳 李必用 金敎洙 告白

廣告

本人에西部龍山坊孔德里四拾二統二戶草家拾間文券을서失ᄒᆞ얏스니誰某拾得ᄒᆞ와도休紙施行홈　朴聖烈 白

現今弊院에셔各項事務를一層擴張ᄒᆞ오며金裝與銀裝各樣의齒와老小間沒數落齒ᄒᆞᆫ데齒床幷齒를隨意製造ᄒᆞ오며拔齒與入齒時에毫無苦痛케ᄒᆞᄂᆞᆫ技方도有ᄒᆞ며齒科上面議ᄂᆞᆫ無料接受ᄒᆞᆸᄂᆞ니四方僉君子ᄂᆞᆫ照亮ᄒᆞ심을爲希홈

京南大門內尙洞美人施蘭敦家 寓齒科醫士 韓大衛 告白

隆熙元年十二月內閣告示第一號漢城衛生會規約實行이時日爲急이옵기會同說明홀事도有ᄒᆞ며兼ᄒᆞ야府民總代를選定ᄒᆞ기爲ᄒᆞ와玆以仰佈ᄒᆞ오니照諒ᄒᆞ오셔來六日(陰曆二月四日)下午一時商業會議所로枉臨ᄒᆞ심을敬要

隆熙二年二月三日 漢城府尹張憲植
漢城內各坊洞尊位統監及各社會代表 僉位 座下

仁港松峴동四統一戶草家六間文券一張을見失故로如是廣告ᄒᆞ니誰某拾得이라도休紙施行홈　戶主申泰泉 告白

本人의姓名圖章을去陰曆拾二月拾四日楊市來往時에셔失ᄒᆞ얏스오니知舊間照亮ᄒᆞ심과切望홈　義州古寧朔面北下洞洪才鎬 告白

新門外石橋五拾三統二戶林吉洙米店五二拾七艸拾間을本人이放賣ᄒᆞ오니願買人은來議ᄒᆞ옵　北署紫霞동西谷金晃朝 白

廣학書舖金相萬氏와八人五衞將公완洪씨가陰本月二拾七日戊時에以宿患으로別世ᄒᆞ얏ᄉᆞᆸ기玆以訃告ᄒᆞ오니 知舊間照亮ᄒᆞ시요　護喪 劉命赫 告白

開城敎育總會를開城學會로改稱홈　**開城學會** 告白

本人의沓二行이在於龍川楊西面果實洞이더니該畓本文記七張과本人姓名正刻圖章을藏於几中矣러니去臘月에何許凶類가兩物을竝爲盜去이옵기先爲本府立旨成貼이고玆又廣告ᄒᆞ오니內外國人은切勿見欺홈　義州府古郡面白[illegible]鎭 告白

本人이南門外靑坡三契二十三統一戶布木廛ᄒᆞᄂᆞᆫ金鳳春處에正月拾五日惟尋次一萬五千兩於音一片을見失ᄒᆞ얏기玆以廣告ᄒᆞ오니內外國人間拾得ᄒᆞ여도休紙施行홈　鞋廛後十一統十戶裵敬浩 白

弄球室主人 著述
滑稽小說 **禽獸會議錄** 全一冊 定價金拾五錢 表紙石版寫眞畵印刷

▲本小說은新体文壇의演劇的小說로空前絕後의一大禽獸會議를開催ᄒᆞ고海陸動物이演壇에集合ᄒᆞ야人類와禽獸의優劣과造化主宰의眞理를討論批評ᄒᆞᆫ光景을傍聽實寫ᄒᆞ야讀者諸君에게紹介ᄒᆞ노니今日吾人類社會의公德頹敗홈을喚醒코ᄌᆞ홈이니其滑稽的文体가光彩陸離ᄒᆞ며諷刺的批評이奇拔欵曲ᄒᆞ야實로漢文小說界에一大異彩를放홈만ᄒᆞ며一讀解頤의好書物이오

▲발行元 皇城書籍業組合
▲分賣所 中署罷朝橋越邊 中央書館　中署종路 大東書市　南署大廣橋東邊 匯東書館　仝 古今書海館　西署남門外紫岩 新舊書林　남署尙洞 博文書館　中署銅峴 博학書館　中署布屛 廣學書舖

本事務所에셔第一出張所의位置와事務員을如左히定ᄒᆞ고平安南北道所管民事代理和事辯護一切法律事務를擔理홈
漢城許可聯合法律事務所
辯護士 尹邦鉉
辯護士 太明式
辯護士 李容相 告白

第一出張所
位置 平壤府隆德部一里大貫洞一統一戶
事務員 崔觀洙
事務員 洪鶴奎

本書院에셔內外國新舊學問各種書籍과筆墨紙各種을發賣ᄒᆞᆫ지三四年인바本教會教人과各學校生徒의購覽ᄒᆞ기便利홈을爲ᄒᆞ야左開三處에支冊肆를新設ᄒᆞ오니書籍을購買ᄒᆞ시ᄂᆞᆫ僉彦은附近支肆에請求ᄒᆞ심을務望
左開
西門外中學校西便 林承煥
南門外通路東便 安桂元
鍾路館門下 韓鼎教
平壤貫동上隅 耶蘇教書院 鄭益魯 金聖鐸 白

●廣告

敝館에셔文明을發達하고民智를廣開하기爲ᄒᆞ야今에內外國參考書類와各種教科書類를購買ᄒᆞ야發賣하오니愛讀 僉君子ᄂᆞᆫ陸續購覽ᄒᆞ심을務望

最新書籍發售目錄
◉東西洋歷史 各種
◉東西洋地誌 各種
◉政治學 各種
◉法律學 各種
◉經濟學 各種
◉算術書 各種
◉內小國地圖 各種
◉修身書 各種
◉財政學 各種
◉博物學 各種
◉物理學 各種
◉衛生學 各種
◉地文學 各種
◉讀本 各種
◉法帖 各種
◉學校用品 各種

此外에도各種書籍이具備ᄒᆞ옵고書籍及名片도印刷ᄒᆞ옵ᄂᆞᆫ데與他廉價로特別廉賣ᄒᆞᆯ것ᄉᆞ외다
京城南署銅峴(두리재)
學部認可 **博學書館** 告
各地方에서ᄂᆞᆫ書信으로請求ᄒᆞ면곳遞呈ᄒᆞᆯ터이고價金은郵便引換도ᄒᆞᆸᄂᆞ외다

◉大韓國新發明神藥
◉修度靈丹 各種食滯中暑久滯口臭痰飮吐瀉 定價一貼十錢
◉至寶丸 治諸般雜疾不拘久遠俱有偉効 定價金十錢
◉靈效液 外用方書治疥癬皮風百發百中 定價金三拾錢
◉淸眼水 治諸般眼疾有起雲見天之妙 定價金拾錢
◉通淋丸 治男女急慢淋疾腫効無雙速効除瘁 一週金五十錢
此外에도東西洋各國有名賣藥과衛病去根補弱과强壯疾病藥水各種病症俱此惠向爲路
漢城中署罷朝橋東邊二十一統二戶
製劑발賣所 共愛堂藥房 告白
監修발行人 前官立漢城醫學校卒業生 張基茂 朴容南 謹白
支店 漢城南門內 共愛堂藥房支店 裵助遠　興學書舖
代理店 西署新門外石橋濟衆院藥局 車顯珽　仁川松峴 李炳麟
依各地方新聞支局에서發賣ᄒᆞᆸᄂᆡ다

報償義捐金收入廣告

◉晋陽郡丹場面泗淵里
리璨九 再巡 一圜六拾錢
리周漢 再巡 金發斗
각一圜四十전 安鍾성再巡
김德亨 각一圜卄전 리鍾九
孫翼奎 郭종模再巡 張周根
孫秀殷 孫종완 각一圜
金聖圭再巡 리圭權 柳道賢
鄭종澤 孫坤翼 朴宗實
梁三同 朴熙用 林舜哲
朴秉學 리周석 孫明述
孫秀亮 孫종文 孫永五
孫永綏 각八十錢
리卿九再巡 리聖九 김鼎漢
金楨宋 孫成秀 孫弘翼
朴相五 리快用 朴景淑
김義炳 金孝賢 金圭漢
金宗烈 李周源 崔應柱
金龍周 孫是翼 孫鳳秀

孫周曰 孫永昊 손永文
손종일 손종皓 각八十전
金德和 郭종吉 各五十錢
柳春秀 孫承道 金鼎九
林敎一 리相震 金松鎬
金德播 金殷哲 鄭鉉殷
朴敬烈 朴秉哲 朴和曰
金寧菜 李得三 孫基鎬
黃致律 孫乙晳 朴基相
李英五 金象伊 朴光玄
林昌奎 金致善 金與石
高好用 孫承道 孫永坤
孫秀坤 孫永관 손永明
손水淳 손永翰 손振甲
손秀澤 손鍾淵 손明秀
金永奎 金泰鎭 申泰宗
손承樂 柳得春 각四拾전
金成連 文周立 方相厚
具致符 具석萬 김斗先
각卄전 沈元默 沈元俊
朴英述 김舜根 愼大成
박景伯 朴道伯 박達干
金圭源 朴永福 손成翼
金景用 金圭甲 박職煥
徐종寬 金世佑 朴鍾哲
金仙伊 金貴학 김奎仁
손학用 朴相秀 박宗壯
김述元 朴致先 李興遠
손相玉 손永甲 손永祿
손昌翼 손永哲 손秀彦
손鍾浮 손永周 손永基
손永憲 文永善 金益학
李德伊 具千百 各卄전
손秀琛 金石崇 愼利得
각十전
동中義助 一圜卄錢
合六拾八圜十전

前號總合 五萬八千九百二十四圜 四厂一錢七厘
都總合 五萬八千九百八拾八圜 五拾一전七厘

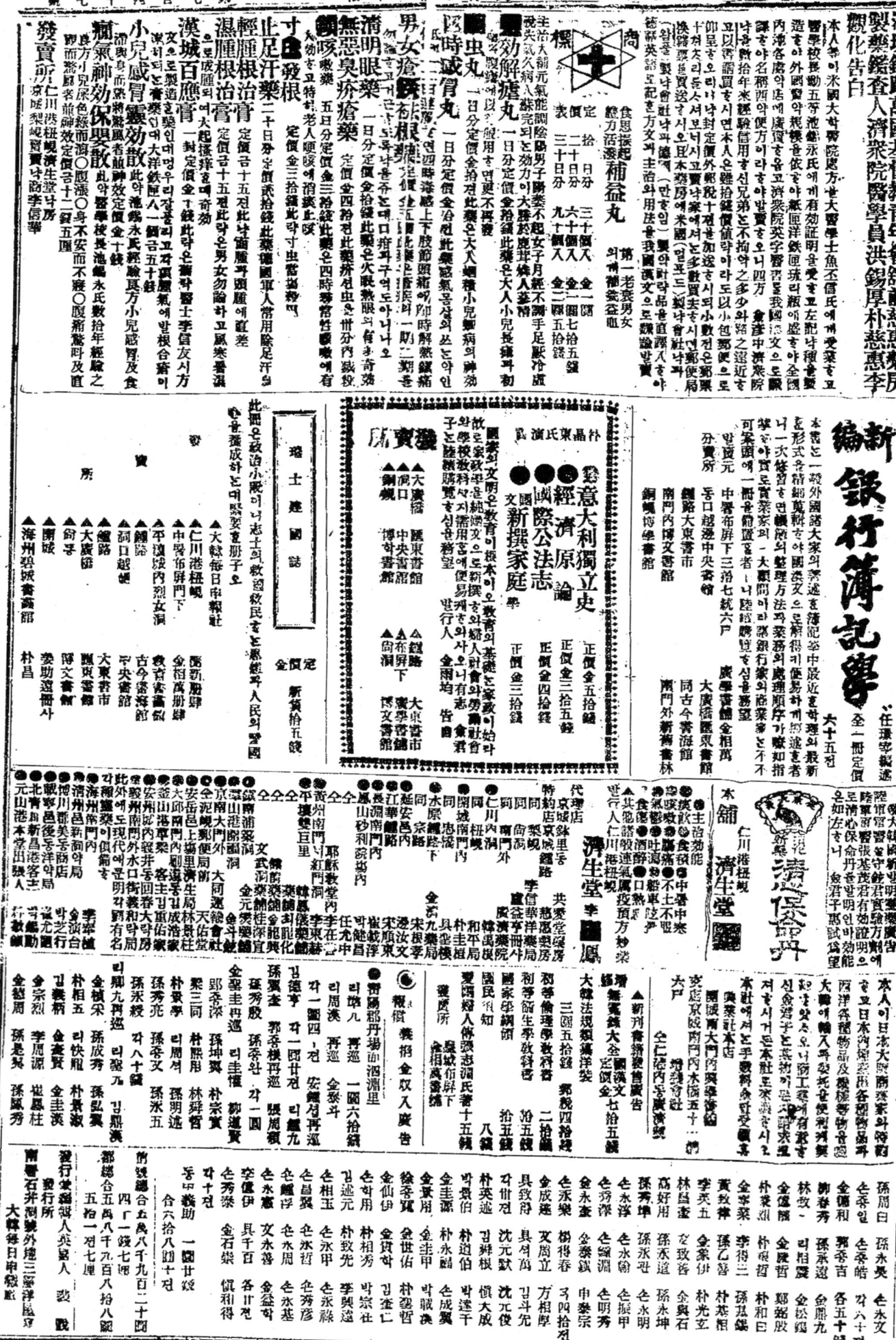

發行兼編輯人 英國人 裵說
發行所 南署石井洞號外地三十號洋屋 大韓每日申報社

第六卷

大韓每日申報

第七百八十四號

月曜及慶節 歲時休日刊

檀君開國四千二百四十一年
箕子元年三千三十年
大韓開國五百十七年
日本明治四十一年
淸國光緖三十四年
陰曆戊申二月小初四日庚申

論說

●本報의官報停揭

本報第一面에每日揭載ᄒ던官報를自今永停ᄒ에對ᄒ야記者의腦際一感을傾瀉ᄒ노니噫乎本報를愛讀ᄒ시ᄂ諸君子여目下韓國에발行ᄒᄂ官報가是果韓人의官報인가每日紙面에充斥ᄒ者ᄂ只是伊藤井上熊野犬養馬場牛尾飯塚左乙女等輩이라滿洲朝廷에滿人이星疎ᄒ고埃及政府에外人이林立ᄒ야鵲去鳩來ᄒ고草盛豆稀ᄒ니一張官報의顏色을變ᄒ이幾乎古人의云ᄒ바太半主人非의歎惑을惹生케ᄒ니此ᄂ官報閱讀者의悲懷만添ᄒ而已며設或其間에往往韓人의名字가厠毛麟角갓치現ᄒ나皆是優遊下僚의微官末職而已며又彼國務大臣으로高椅를特據ᄒ者ᄂ便是無生機體의蠢物又ᄎ外人의傀儡가되야彼의鼻息이나察ᄒ며彼의指使나待ᄒ야奴性奴才로身命을苟保ᄒ니是亦韓國官吏라稱ᄒ가此ᄂ官報閱讀者의冷淚만滴ᄒ而已며昨日政府를今日內閣으로改稱ᄒ며昨日觀察府를今日觀察道라改稱ᄒ니官制改正이此是施政改善의第一案이오昨日協辦을今日次官이라改稱ᄒ며昨日叅書를今日書記官이라改稱ᄒ니官名變更이又是施政改善의第二案이라然則今日官制官名은明日又明日에如何히改稱홀ᄂ지不知ᄒ지니此ᄂ官報閱讀者의心腦만眩ᄒ而已며

新聞界에도官報全部를揭載ᄒᄂ例가都無ᄒ거ᄂ唯獨韓國에ᄂ上等社會大多數가仕宦痼習이腦髓에印ᄒ야叅奉主事의執陞執遷ᄒ歷史와金權問答의執盛執衰ᄒᄂ時毛를是貪是究ᄒ며是閱是讀ᄒ야論說雜報ᄂ或不覽ᄒ지언뎡叙任辭令은不可不一覽이라ᄒ며廣告外報ᄂ或不覽ᄒ지언뎡宮庭錄事ᄂ不可不一覽이라ᄒ야往往新聞購覽者가官報만一讀ᄒ고ᄂ其餘則叫籠邊에付ᄒᄂ者도有ᄒ으로韓國新聞界에此官報揭載가已例를成ᄒ앗거니와今日에至ᄒ야ᄂ決코官報幷覽ᄒ計圖로購讀홀者ㅣ必無ᄒ며設或幾個人如此者가有ᄒ더ᄅ도萬一此를迎合ᄒ기爲ᄒ야官報를尙揭ᄒ면此又購覽者의鄙性만助長홀而已라

所以로本報第一面에揭布ᄒ던官報ᄂ自今永止ᄒᄂ바어니와更히新聞購覽ᄒᄂ人士에게勸告ᄒ一言은지하校趣旨書가비록幼稚ᄒ더ᄅ도此를官報嗜讀ᄒ던心으로讀ᄒ며實業界情報가비록複雜ᄒ더ᄅ도此를官報嗜讀ᄒ던心으로讀ᄒ야愛國感起ᄒ效力으로學校가日興ᄒ고實力이日進ᄒ면韓國官報가舊觀을恢復홀日이必有ᄒ리ᄒ노니勉哉어다

若夫歐界變革의大勢가有ᄒ거나又其大官의運動이有ᄒ면此ᄂ雜報에昭揭ᄒ야新紙上通例를用ᄒ노라

外報

●船渠費巨額　倫敦電을據ᄒ즉英國海軍預算中에로지라쓰船渠擴設經費에關ᄒ야ᄂ三百二十五萬磅의經費로十箇年에完成ᄒ더이라더라

●兵員增派　上海電을據ᄒ즉間島問題에關ᄒ야淸日間에談判이重大ᄒ으로滿洲總督徐世昌氏가更히第三師團의二個大隊를間島方面에增派ᄒ랴ᄒ다더라

●電命鎭匪　北京電을據ᄒ즉軍機處에서浙江의匪徒가尙今平靜치못ᄒ中에更히暴徒가蜂起ᄒ兆朕이有ᄒ다ᄒ야速히討滅ᄒ라고端方氏等의게電命ᄒ앗더라、

●比島海軍　伯林電을據ᄒ즉美國海軍少將스베리氏가겐다씨号及알파마号等四隻을將ᄒ야比律賓島에海軍根據地를設置ᄒ計劃이라더라

●再圖海軍　聖彼得堡電을據ᄒ즉露國政府에서海軍再興費로今後數年間에三百萬磅支出ᄒ事를提議ᄒ터이라더라

●幸免危險　同電을據ᄒ즉떼헤란에在ᄒ로이텔의通信員報에日波斯國王의自動車屋上에爆裂彈二箇를投擲ᄒ者가有ᄒ더先驅者三名은被死ᄒ고其他廿名이負傷ᄒ엿고맛ᄎ波斯王씌서ᄂ自動車를不乘ᄒ고後部馬車에乘ᄒ으로無事히還宮ᄒ셧더라

雜報

●三首興旺　義州批峴面秋峰동三首학校ᄂ素以義塾으로有志紳士들이昨年에校舍를改良ᄒ야敎務를擴張ᄒ고金宅根을敎師로延聘ᄒ고諸般事務를自爲擔負ᄒ며成津港神父洪路氏가晝夜出席ᄒ야熱心敎授ᄒ미學徒가七八拾名에達ᄒ앗고新築夜學校를設ᄒ고農民을募集ᄒ야敎之以國문算術體操等論ᄒ니一境이莫不稱頌ᄒ다더라

●不認亦可　養賢동所在幾百年傳來ᄒ던府君堂이昨年分에失火燒燬ᄒ後로該동民人等이該堂을更爲如前建築ᄒ기로財錢을收聚ᄒ고漢城府에認許之意로等訴ᄒ즉該府에서ᄂ內部로推托ᄒ고內部에呼訴ᄒ즉東署로推托ᄒ야該民等이往訴無處라ᄒ더라

●婦人慈善　宮內府 皇太子宮女官李彭善氏가京城孤兒院에親往ᄒ야孤兒의학習ᄒᄂ것과院內情形을周察ᄒ고慈善心으로每朔金二圜式一月二月兩朔條合四圜을捐寄하엿ᄂ데該氏의月銀이本年一月붓터磨鍊된故로自己가女官在任間은永遠도록每朔捐寄ᄒ다더라

●寄附三校　水原邑三一學校乙班학生리大舜年十五兒가昨年秋에北門네自家를夜학校라名稱ᄒ고학員을募集ᄒ여敎授ᄒ더니其中의八名은國文卒業證書를給ᄒ後更爲普通으로敎授ᄒ기로酌定ᄒ엿ᄂ데三一학校甲班학員車錫우씨와갓치熱心으로敎授ᄒᄂ데京居尹昌烈씨가該校情況을聞ᄒ하고紙貨十三圜五十錢을補助ᄒ앗다더라

●洪校卒業　洪州月峴洪明학校에서卒業禮式을經ᄒ앗ᄂ데卿稷謨等七人은卒業이오沈斗其等八人은甲班으로進級ᄒ고金在鳳等十人은乙班으로進級ᄒ고김後甲等四人은丙班으로進級ᄒ앗ᄂ데多數ᄒ賞品을施給ᄒ고開式趣旨ᄂ김리元씨가來賓을勸勉ᄒ야貴佑燦氏가答辭ᄒ앗다더라

寄書

●韓國에對ᄒ世界各國의觀念

北美留學 輸경

光武九年春에此處에서발刊되ᄂ一種雜誌에吾國事情에有ᄒ기로注目詳閱ᄒ니一張圖式이有ᄒᄃ該圖內에二器飮食과丁年三人이有ᄒ고其下에註釋ᄒ앗스되二器飮食은一은滿洲一은韓國이오二介丁年은一은美國一은日本一은露國이라日露兩人이此飮食 器를爭ᄒ야鬪力相爭ᄒᄂᄃ日本이太平ᄒ거나勝利ᄒ앗스며若日本이完全히勝利ᄒ고보면此二器飮食을獨食ᄒ터인ᄃ美人은擧手稱獨日余ᄂ君의辛苦히得ᄒ飮食에對ᄒ야干涉을아니홀터이라ᄒᄂ據을完全히그려노왓더라

余看畢에精神이恍惚ᄒ야未知何意라가肅然靜坐ᄒ야默然一思ᄒ니此時ᄂ何時오日露戰爭未末之時라當初日露開仗之時에日皇詔勅에不云鞏固韓國之獨立하며保持東洋之平和乎아雖然이나此世에稍有先見者ᄂ預知今日之事而有如此圖式ᄒ야以告其國民ᄒ앗ᄂ더오직鋼知識ᄒ吾政府與國民은他외內懷虎狼之心ᄒ고外加順情慈悲之態ᄒ을信々依賴ᄒ가有今日之禍ᄒ니誰怨誰尤哉아今에的後事宜ᄒ을...而晉ᄒ리라

日本이鐵心積慮ᄒ야韓國을謀ᄒ지數十年이라其第一着은韓國을中國에離ᄒ이니其原因이天津條約을本ᄒ야結果가淸日戰爭에在ᄒ고其第二着은韓國을幷呑코ᄌᄒ심其原因이日俄同盟에本ᄒ야結果가日俄戰爭에在ᄒ지라自此로日本이後援이有ᄒ미더욱韓國을幷呑코ᄌᄒ이滿洲보다尤甚ᄒ더니至於日俄講和談判時ᄒ야俄國에서聲言ᄒ기를日本이韓國을如何히處置ᄒ든지干涉을아니ᄒ터이니

皇帝ᄂ如前히保存ᄒᄌᄒ엿스니此ᄂ露國에서日本에韓國內에自己ᄂ願ᄂ로行權ᄒ政홈을特許홈이오至於美國ᄒ야ᄂ向者靜位時에新聞에發言ᄒ기를吾ᄂ政府에서ᄂ日本이韓皇을廢立ᄒᄂ데對ᄒ야袖手傍觀而已라ᄒ엿스니何故오吾政府에서日本이곳七國을幷存ᄒᄂ데對ᄒ야默諾ᄒ신지가已過二年이니此ᄂ日本東京에서日本總理大臣과美國陸軍大臣과라푸트間에成立된協約의結果다ᄒ갓머라今에此協約의實事를調査ᄒ야研究ᄒ건ᄃ二年前에美國陸軍大臣라푸트氏가議事로因ᄒ야比律賓으로去路東京에幾日留滯ᄒ엿시

日本國務大臣이써방問訪ᄒ니當時에比律賓總督에워드氏와其外幾介隨行人及名紳士와政客들이參席ᄒ앗더라日本政客들이라푸트氏를向ᄒ여曰韓國이自來로開明을極히反對ᄒ야自政府로以至庶民에腐敗莫甚ᄒ니若此不等閑放之ᄒ면東洋에禍가될터이오日本之將來에亦爲妨害가不少ᄒ리니此를改良ᄒᄂ것시乃日本之義務라ᄒ고韓國에腐敗ᄒ情을手段爲道ᄒ니라푸트氏가潛心傾聽ᄒ고乃勸大統領루스밸트씨ᄒ야아모조록美國에서日本이韓國을改良ᄒᄂ것을讚成ᄒ도록하기를詐誘ᄒ니라　未完

雜報

●威儀復元 大皇帝陛下씌옵셔 陰本月初八日에 德壽宮에 問安ᄒ신다ᄂᆞᆫ 說은 前報에 已揭어니와 伊日 動駕時에ᄂᆞᆫ 舊式으로 陪從文武百官이 舊禮服을 着ᄒ고 陪衆ᄒ기로 明日에 動駕節次를 習儀ᄒ다더라

●慶宴服色 大皇帝陛下씌옵셔 乾元節日下午八時에 各府部院廳奏任官以上을 惇德殿으로 賜宴ᄒ시ᄂᆞᆫ데 文官은 燕尾服이오 武官은 小禮服으로 進參ᄒ다더라

●別監待令 내閣諸大臣들이 太皇帝陛下消遣ᄒ시기 爲ᄒ야 妓樂과 歌舞別監을 設置ᄒᆫ다ᄂᆞᆫ 說은 前報에 已揭어니와 歌舞別監을 每朔에 六次式 德壽宮에 待令ᄒ기로 定ᄒ얏다더라

●義王陛見 昨日下午一時에 義親王殿下씌셔 德壽宮에 陛見ᄒ셧다더라

●古閣幷撤 動物園을 修築ᄒᆯ 次로 東闕宣仁門內殿閣을 沒數毁撤ᄒᄂᆞᆫ데 該闕內에 千餘年 傳來ᄒ던 古閣도 亦爲毁撤ᄒ다더라

●云危走計 總理大臣李完用씨와 法部大臣趙重應氏와 農商大臣宋秉畯씨가 각其私邸後園에 大門을 設立ᄒ은 必是危急ᄒᆫ 時를 當ᄒ면 出家守備 踪密門으로 走ᄒ 計策이라고 巷說이 有ᄒ더라

●總相不仕 總理大臣李完用씨ᄂᆞᆫ 有何事故인지 數三日을 내에 仕進치 못ᄒ엿다더라

●何云云題 내藏院卿 閔錫敏氏와 典膳司長 金珏鉉씨가 遷任된다ᄂᆞᆫ 說이 有ᄒ다더라

●臨任詔議 財務主事 沈완鎭氏를 財務官으로 臨任ᄒ기로 度支部에서 내閣에 請議ᄒ얏다더라

●指揮首妓 本月十日 乾元節에 漢城人民이 提燈慶祝ᄒᄂᆞᆫ 事에 對ᄒ야 昨日에 警視廳에서 行首妓生을 招ᄒ야 指揮ᄒ얏다더라

●先免後報 曾前에ᄂᆞᆫ 稅務官과 稅務主事가 職務上에 不勝之責으로 免官ᄒᆯ 事가 有ᄒ면 各該稅務官이 度支部로 報告ᄒ야 該部에서 免官ᄒ더니 自今으로ᄂᆞᆫ 稅務官이나 全主事나 免官ᄒᆯ 事이 有ᄒ거든 各該監督局에서 先免後報ᄒ라고 度支部에서 訓飭ᄒ얏다더라

●民事保放 民事로 警視廳에 滯囚ᄒᆫ 人을 從今以後ᄂᆞᆫ 保放ᄒ기로 日昨에 該廳에서 協議ᄒᆫ 故로 該廳에 民事로 滯囚ᄒ얏든 人이 再昨日븟터 保放을 請願ᄒ고 放出者가 多ᄒ다더라

●移家何煩 宮내府大臣李允用씨ᄂᆞᆫ 鐘路里門내 順和宮으로 撤移ᄒ고 順和宮은 水橋前總長 嚴俊源氏家로 移去ᄒ고 嚴俊源氏ᄂᆞᆫ 新門外尾洞宮相李允用시家로 移去ᄒ기로 決定이 되얏다더라

●直接報來 警務局에서 各地方警務署에 訓令ᄒ기를 諸般事項을 觀察事의게 經由치 말고 直接報來케ᄒ라 ᄒ얏다더라

●金門如市 帝室及國有財產調査局에서 각道屯土를 調査ᄒ기 爲ᄒ야 委員과 派員을 派送ᄒ기로 奏下를 얏ᄂᆞᆫ데 委員은 奏任待遇로 月俸이 五十圜이오 派員은 二十五圜에 日費로 支給ᄒᆫ다ᄂᆞᆫ데 該員을 運動者가 總裁金允植시家에 답至ᄒᆫ다더라

●衛生設會 漢城府尹 張憲植시가 衛生會를 設施하야 漢城내 衛生을 實施次로 閣議政大臣리根命시 以下 各元老大臣을 請邀하야 本日에 商業會議所에서 開會ᄒ다더라

●勸告免職 江界郡守 金炳來씨ᄂᆞᆫ 新式에 昧例ᄒ야 新訟印紙와 土地家屋證明規則과 諸般行政을 實施치 못ᄒ다ᄒ야 統監府에서 내部에 勸告ᄒ야 免職ᄒ라 ᄒ엿다더라

●法官學則 法部에서 法官養成所 학則을 規定ᄒ얏ᄂᆞᆫ데 法학通論、民法、民事訴訟法、刑法、刑事訴訟法、商法、國法학、行政法、國際公法、國際私法、明律、理財學、實務演習、日語、漢文、數학、算術、體操等科程이더라

●法會選員 漢城府尹 張憲植氏等諸氏가 法학協會를 設立ᄒ기로 發起하얏다ᄂᆞᆫ 說은 各報에 揭載하얏거니와 該會員은 內外國에서 韓國獨立男子로 政治法律經濟專門科卒業ᄒᆫ 證書가 有ᄒᆫ 人의게 限ᄒ다더라

●隨意捐助 來十日 乾元節에 商業會議所에서 提燈慶祝會를 組織하되 會員은 城內一般實業家와 富人家에서 隨意捐付ᄒᆫ다더라

●名牌命撤 辯護士 許憲氏의 除名ᄒᆫ 事實은 世人의 共知ᄒᄂᆞᆫ바어니와 該氏가 辯護士名牌를 尙不撤去ᄒ며 新聞廣告도 仍不停止ᄒ고 事務處理를 暗行繼續ᄒᄂᆞᆫ지라 再昨日 平理院에서 辯護士監督長 李冕宇氏를 招來ᄒ야 許씨의 不法을 說明ᄒ고 該名牌를 卽爲撤去케하라고 命令ᄒ얏다더라

●日語試才 再昨日 度支部에서 稅務見習 授業生中 拾餘人을 召集ᄒ야 日語를 試才ᄒ얏다더라

●[illegible]廳直亦日 再昨日 度支部에서 廳直 一名을 日人으로 置ᄒᄂᆞᆫ데 月給이 三十圜이라 韓人廳直 三名은 減額ᄒ얏다더라

●金氏歸國 前會辦 金在珣시가 其間에 渡日ᄒ얏다가 日昨에 歸國ᄒ얏다더라

●伊藤選擇 大東學校의 學徒를 華族으로만 選擇ᄒᄂᆞᆫ 理由를 聞ᄒᆫ則 伊藤統監이 一萬圜式으로 寄付贊成ᄒᆯ 時에 該校長 趙重應氏를 敎ᄒ야 日當此改革時代ᄒ야ᄂᆞᆫ 학問이 無ᄒᆫ 者ᄂᆞᆫ 發揚을 不得이라 韓國華族은 將來에 人力車生活도 못ᄒᆯ지니 大東學校와 학徒ᄂᆞᆫ 華族으로만 選擇敎授ᄒ야 日後需用을 養成케 하라ᄒᆫ 故로 趙씨가 其言을 依ᄒ야 實施ᄒ미 一般輿論에 日韓國華族의 維持ᄂᆞᆫ 伊藤氏의 恩澤이라고 稱ᄒ더라

●何特寶日 水原郡 烏山場基址ᄂᆞᆫ 本是前判書 趙중弼시의 基址인대 近日에 韓시가 該場基址를 日人에게 放賣코ᄌᆞᄒᄂᆞᆫ 故로 該場居ᄒᄂᆞᆫ 諸民이 來訴ᄒ기를 放賣ᄒ라거든 本國人의게 放賣ᄒ고 日本人에게ᄂᆞᆫ 勿爲放賣ᄒ라고 ᄒ얏다더라

●仁港電車 仁川港내 日人居留地에 電氣鐵路를 敷設ᄒᆯ 次 居留民團에서 株式立款 金拾百萬圜을 鳩聚ᄒ야 統監府에 承認ᄒ지된지라 今春에 卽爲開工ᄒᆫ다더라

●避亂人數 高陽郡 杏洲村이 三百餘戶인대 該郡警務分派所와 一進會에서 自衛團을 勸設ᄒᄂᆞᆫ지라 居民이 威脅을 避ᄒᆫ 次로 並하 耶蘇敎에 入參ᄒ다더라

●會券頒給 畿湖興학會에서 會券을 今番繼부터 會員의게 頒給ᄒᄂᆞᆫ대 入會金을 出ᄒᆫ 會員의게만 爲先頒給ᄒᆫ다더라

●李씨放釋 警視廳에 多日滯囚ᄒ얏던 李容復氏가 初無罪跡ᄒᆫ 故로 再昨日에 無事放免ᄒ얏다더라

●海朝新발 海蔘威에 留住ᄒᄂᆞᆫ 韓國有志諸시가 一般同胞의 知識을 開導ᄒ고 愛國心을 鼓動ᄒ기 爲ᄒ야 海朝新聞을 발行ᄒᆫ다더라

●廢儒修習 醴珍郡 儒生 朱晉郁等數拾人이 該郡主事張秉厦씨의 幾年과 日兵隨護中效勞를 臚列ᄒ야 該郡守를 敍任ᄒ라고 觀察府訴狀을 粘聯ᄒ야 內部에 請願ᄒ얏더니 該部에서 白退ᄒ얏다더라

●特勅飮漂娥 東大門外 居車哥爲名人이 漂日會社를 捌設ᄒ다 稱ᄒ고 漢城府에 請願本認ᄒ야 該社ᄂᆞᆫ 設立지 아니ᄒ고 安岩洞溪邊에 洴澹ᄒᄂᆞᆫ 女人네게 白銅貨 二三分式 勒捧ᄒᄂᆞᆫ 故로 漂娥의 稱怨이 狠藉ᄒ다더라

●[illegible]會總會 畿湖興학會에서 本月八日日曜下午一時에 前訓鍊院에 定期總會를 開ᄒ고 事務를 處理ᄒᆫ 後에 辯護士諸氏가 演說ᄒᆫ다더라

●日兵逃走 四日발 東京電報를 據ᄒ즉 第一師團步兵第一聯隊 兵卒三十二名이 逃亡ᄒ얏ᄂᆞᆫ데 行衛가 不明ᄒ다더라

●青年講道 靑年會館에서 今日下午七点鐘에 査經會를 開ᄒ고 金鼎植시가 講道ᄒᆫ다더라

●孤兒無關 當初에 夜照峴協律社演戱場을 設始ᄒᆯ 제 孤兒院의 經費를 補助ᄒᆫ다 ᄒ은 一般世人이 皆知ᄒᄂᆞᆫ바어니와 該場을 設始ᄒᆫ지 于今 數朔인대 該院에 一分補給이 無ᄒ다더라

●崇哉朴氏 湖州郡 朴昌鎭氏ᄂᆞᆫ 耶蘇敎를 信仰ᄒᆫ지 多年에 家本淸貧ᄒ고 只有一婢ᄒ엿더니 一日은 招致該婢ᄒ야 諭之曰 爾亦天賦ᄒᆫ 人이라 我豈忍羈絆乎아 ᄒ고 婢券을 放釋則 該婢가 感泣而去ᄒ며 一鄕人이 無不稱贊ᄒ다더라

●振校建築 振威郡 北面佳岩里私立振又小學校를 設立ᄒᆫ지 半年에 학徒가 五六名에 達ᄒᆫ 故로 校舍가 狹窄ᄒ야 李基燦諸씨가 擲捐協議ᄒ야 校舍數十間을 半年第로 建築ᄒ고 日間에 落成宴을 擧行ᄒᆫ다ᄂᆞᆫ 說이 有ᄒ다더라

●瑞山志士 忠淸南道瑞山郡에 有志人士 韓氏昇 沈在憲 尹承五 趙東淵 李鍾倫 吳世泳 李顯敎 諸시가 학校를 設立ᄒ야 漢文과 英文을 敎授ᄒᆫ다고 人皆稱頌ᄒᆫ다더라

▲地方消息▼

▲日斥侯의 一隊ᄂᆞᆫ 二月二十八日 鐵原倉谷 西北約四里에서 義兵三拾名과 交戰ᄒᆯ 際에 兩勢가 太急ᄒ야 兩陣이 互相顚倒에 勝敗를 未決이라 ᄒ고

▲二月十六日午前九時三拾分에 加平郡 雲井洞 西南 千米突地에서 朴來鳳에 率ᄒᆫ 義兵 約 百五十名이 日討伐隊와 二十分間을 交戰ᄒ얏ᄂᆞᆫ데 死傷이 不明이라더라

▲西湖問答▼ 續

▲客曰 現世人心을 見ᄒ건ᄃᆡ 人人이 皆曰 敎育이오 皆曰 愛國이라ᄒ니 人心은 卽天心이라 此機關과 此實品을 天이 授與ᄒ샤 使人으로 發務를 각盡케 하심이뇨

▲主人曰 然ᄒ다 敎育이 漸ᄒ고 愛國心이 無ᄒᆫ 者ᄂᆞᆫ 天意를 不順ᄒᆷ이오 義務를 不盡ᄒᆷ이니 自滅其身ᄒ고 自滅其國이니라

▲客曰 敎育은 卽 人의 機關이오 愛國心은 卽 人의 實品이라ᄒ니 兩間說明ᄒ노라

▲曰 此兩物이 互爲體用하야 有體요 用이 無ᄒ면 其事가 不成이요 有機關이오 實品을 未遑ᄒ면 其器가 不利오 有敎育이오 愛國心을 不抱하면 其人이 不全이니 有敎育이오 愛國心이 無ᄒ진ᄃ 敎育도 事無이며 有機關이오 貴重品이 無ᄒ진ᄃ 機關도 事無이며 體요 用이 無ᄒ진ᄃ 體도 事無라 此兩物이 表裏相應하야 關자 鑰의 一이라도 不可無ᄒᆷ과 如ᄒ니라

▲客曰 然則 愛國心이 充滿ᄒ라면 不可不 敎育을 務히 ᄒ여야 ᄒ지며 敎育을 普히 ᄒ여야 愛國心이 自生ᄒᆯ지나 其效果ᄂᆞᆫ 何在오

▲曰 今日에 急先務ᄂᆞᆫ 全國同胞가 皆敎育을 受ᄒ야 擧皆愛國心을 抱케ᄒᆫ 完全ᄒᆫ 敎育이 有ᄒᆫ 後에야 精密ᄒᆫ 愛國心이 生ᄒ고 精密ᄒᆫ 愛國心이 有ᄒᆫ 後에 其志가 不謀而同ᄒ고 其機가 不期而會ᄒ야 堅確ᄒᆫ 團體力이 生ᄒ나니 其團體力이 於是에 强硬ᄒᆫ 國力을 成ᄒᆯ지라 當此之時ᄒ야 이ᄂᆞᆫ 誰敢侮之며 誰敢禦之리오 其敎育의 效力을 何如라 云哉아

▲客曰 往者에 普魯士國이 佛蘭西國과 戰勝ᄒᆷ은 實노 小學校에 專在ᄒ다 ᄒ고 後世史家의 云ᄒᆷ이 此를 指ᄒᆷ이오

▲曰 故로 予ᄂᆞᆫ 國家의 强力은 人民敎育에 在ᄒ다 ᄒ노라

▲客曰 然則 敎育은 何를 爲而完全케하며 愛國心은 何를 爲而精密케ᄒ며 團體力은 何를 爲而堅確케ᄒ며 國力은 何를 爲而强硬케ᄒ깃소

▲曰 此制度나 此規模나 此方針과 此程策이 [illegible] 古今時代와 東西列邦의 盛衰興亡에 歷於其間ᄒ야 [illegible]나 滿何者라 智謀ᄒ야 [illegible] 雖可言ᄒ오 [illegible] 氣概나 須太二律 [illegible] 政界ᄒ야 면 難可成일뜻ᄒ나 其規模 [illegible] 似 遂이 [illegible] 似 深이 [illegible] 似 難이오 [illegible] 即易니라

雜報

●反沮敎育 仁同郡에서昨年陰五月에학校를設始ᄒᆞ고校長金性午氏가熱心敎育ᄒᆞ야學費를自擔充用ᄒᆞ고學徒가四十餘人에達ᄒᆞ얏ᄂᆞᆫᄃᆡ現今勢至窮末ᄒᆞ야將至廢止이기로該郡守와維持ᄒᆞᆯ方針을協議期成케ᄒᆞᆫᄌᆞ該郡守가贊成은姑舍ᄒᆞ고沮戲多端ᄒᆞ야悲慘ᄒᆞᆫ境遇에至ᄒᆞ얏다고該郡公論이沸騰ᄒᆞᆫ다더라

●一敗一勝 東亞開進敎育會에서褓負商을句管ᄒᆞ며大同會에서도褓負商을句管ᄒᆞ야兩會가爭權ᄒᆞ더니大同會權力이倍勝ᄒᆞ야各道에出張ᄒᆞᆯ負商班首를擬定中이라더라

●阜頭方築 仁川港阜頭를建築ᄒᆞᆯ次로目賀田氏가財政顧問在任時에極力運動ᄒᆞ더니遞歸ᄒᆞᆫ지라該港稅關에서繼續ᄒᆞ야築埠ᄒᆞ기로準備中이라더라

●孝烈竝全 昌原府龍亭里居具文洪씨에妻許氏只生一男ᄒᆞ고汝至廿三歲ᄒᆞ야奄遭夫喪ᄒᆞ야三斷其指ᄒᆞ되竟不能救而七者舅姑가哀哭子라가因爲氣絶커ᄂᆞᆯ許氏가又以所斷指로更劈出血ᄒᆞ야以灌舅姑之口而數時量에乃得回生이라事姑以至誠ᄒᆞ며且以針術之術으로以供菽水之養而或有所餘이면分運貯畜ᄒᆞ야以爲孤子敎育之費를ᄒᆞ고常戒其子曰爾父親이年少棄世하야公於國家에未能盡國民之義務ᄒᆞ고私於人事에未能竭人子之孝道ᄒᆞ니此是我九曲肝腸之徹底遺感이라不幸吾家에幸汝가孺ᄒᆞ되汝當竭力熱心하야做成好箇人物ᄒᆞ라ᄒᆞ엿고何許人이偸擧於許氏亡塚後이라가爲其許시의孝烈所感ᄒᆞ야不交一言而私自掘去ᄒᆞ니信乎能感天化人이라고該郡來人이稱頌ᄒᆞ더라

●憲兵來卞 本月三日에出刊ᄒᆞᆫ本報雜報欄니에逐殺逃身이란題下에日憲兵八名이楊州等地에서多數ᄒᆞᆫ義兵을逢着ᄒᆞ야急走上京ᄒᆞ얏다ᄂᆞᆫ事에對ᄒᆞ야昨日에日憲兵曹長이本社에來ᄒᆞ야該事實이無ᄒᆞᆷ을公式으로確證ᄒᆞ기로吾儕ᄂᆞᆫ該公式否認을據ᄒᆞ야히記事를取消ᄒᆞ노라

越南亡國史 國漢文 定價貳拾伍錢
發賣所 京城廣橋 高裕相書舖 京城鐘川 都萬時書舖 布屛下 김相萬 告白

●國債報償義捐金
●三月二日
三月中本社收入金額每日逐號明細錄
第一六一三號 寧邊郡各面里 第二回 七拾圜
計七拾圜

三月二日까지收入總額 七十圜
隆熙二年一月收入總額 六百六十八圜五拾二錢
二月收入額 一千三百卄四圜七十二錢五厘
光武十一年四月至拾二月收入總額 五萬七千四百卄六萬九十五圜七厘
都總合 五萬九千四百九拾圜二十전二厘

●報償義捐金收入廣告
●晉陽郡丹場面시田里
都正 김興郁 五衛將 白남浩
各一圜 白成浩
六十錢 朴道龍 朴東柱 白勝基
俞석奎 廉亨浩 張大寬
각四拾전 李浩閏 尹相模
金允석 李偉伊 金海龍
宋明佑 박東俊 金인伊
김八得 俞錫坤 金小寬
千日光 金守文 白敎鉉
權大興 金龍治 李甲伊
金致玉 裵順龍 金三龍
趙鏞학 김光삼 趙執奎
廉致英 李正恩 廉錫璘
崔道致 廉鳳基 崔瑋洵
趙仕善 裵致奐 李起乂
김永根 裵翔文 김斗極
尹東發 廉致祐 張鳳浩
朴위律 廉致洪 김永守
리立中 中良守 禹且碩
申均俊 김大俊 河水哲
李春鳳 尹一德 김德致
趙水澤 尹인碩 리福萬
廉致順 각廿錢 姜相乂
張奉月 각十錢
合十六圜
▲合동중
武陵동동中 三拾三圜
三巨里동中 拾九圜
沙村洞中 拾六圜
九美洞中 九圜拾一전
德城동中 八圜
漢舟동동中 拾圜
安包동동中 七圜四拾전
廿勿中里 四圜二拾전
廿勿德基 六圜
三圜
▲表忠寺僧人
申實河四圜 趙慶達三圜
徐鎭谷 朴枕荷 張普璧
각八拾전 金華岳 張普應
金寶銳 李鎭嶽 具桂璧
內蓮翁 裵慧宜 金華山
金寶運 趙虎山 張蓮雨
廉映明 盧允佑 溫敬五
각五拾전 金慧月 金性月
金慧山 金松鶴 孫枕月
任虎隱 金다峰 鄭九峰
朴敬燁 朴性謙 李應演
裵惺悟 鄭允柱 文守一
趙彰道 金斗宗 김乘好
池妙典 申祥典 金敬信
各一圜四전
寺中八圜八十전
合三拾圜
▲府內面路下里 김鶴圭 一圜
總合一百六十二圜七十一錢
前號總合五萬八千九百八十八圜五十一錢七厘
都總合五萬九千一百五拾一圜二拾二전七厘

發行兼編輯人 英國人 裵說
發行所 京城中署石井洞號外地三層洋屋 大韓每日申報社

雜報

●德壽宮問安 陰本月初八日에 大皇帝陛下씌옵셔 德壽宮에動駕ᄒᆞ신다ᄂᆞᆫ說은前報에已揭어니와伊日에 皇后陛下씌옵셔도同爲動駕ᄒᆞ시ᄂᆞᆫ데上午拾二時에出宮ᄒᆞ샤同下午五時에還宮하신다더라

●提燈御覽 來十日 乾元節에人民이提燈慶祝ᄒᆞᆯ時에 大皇帝陛下씌옵셔敦化門前에臨御ᄒᆞ옵셔提燈會를 御覽하신다더라

●差下關戚 前判書尹用求氏와侍從洪圭植氏가 璿源殿焚香官加差下가되얏ᄂᆞᆫ데尹用求씨ᄂᆞᆫ南寧尉에子요洪圭植씨ᄂᆞᆫ永明尉의孫子인故로焚香官이差下가되얏다더라

●宋氏歸國 日本國會에셔伊藤統監의對韓政策을屢度反駁ᄒᆞ야統監의渡韓이不得容易ᄒᆞᆯ지라宋農大ᄂᆞᆫ勢不得已ᄒᆞ야來月二拾日에渡來ᄒᆞ기로預定ᄒᆞ얏다고本部에電通ᄒᆞ얏다더라

●兩氏移任 正三品崔신榮宮내府主事高義敬兩씨ᄂᆞᆫ禮式官을敍任ᄒᆞ얏다더라

●學大大宴 再昨夜에學部大臣李載崑氏私邸에셔宴會를設ᄒᆞ고副統監長谷川大將以下高等官吏와各部高等官이多數來集ᄒᆞᆫᄂᆞᆫ데舊政府大臣은一不請邀ᄒᆞ고宴需ᄂᆞᆫ韓國料理로設ᄒᆞ라고統監府指揮를承ᄒᆞ얏스며該氏家가狹窄ᄒᆞ야其伯氏完順君李載完씨山亭에셔盛設ᄒᆞ얏ᄂᆞᆫ데宴費ᄂᆞᆫ千餘圜에達ᄒᆞ얏다더라

●治道迎賓 학大리載崑씨家의接賓ᄒᆞᆫ別項과如ᄒᆞ거니와當日來賓을爲ᄒᆞ야該洞內治道役事를不時指揮ᄒᆞᄂᆞᆫ데該洞民이數時間을奔走ᄒᆞ얏다더라

●探費支出 帝室及國有財產調査局에셔各道驛屯土調査委員과派員의旅費로二萬圜으로支出ᄒᆞᆫ다더라

●山稅將生 調査局에서각地方山稅를磨鍊ᄒᆞ기爲ᄒᆞ야각人家山坂을調査ᄒᆞᆯ次로派員을選送ᄒᆞᆫ다ᄂᆞᆫ說이有ᄒᆞ더라

●法官聘日 大審院과控訴院과地方區裁判所를施ᄒᆞ고法官을聘來ᄒᆞᆯ次로法部次官倉富氏가已往渡日ᄒᆞ얏거니와該씨가五月二十日頃에渡來ᄒᆞ야각法官을排置ᄒᆞᆯ터인대各裁判所開廳式은六月一日로預定하얏다더라

●開墾認許 平安南北道에셔國有未墾地를請願者가自昨年九月以來로韓人과日人이幷三百餘名인데鐵路沿邊에ᄂᆞᆫ農部에셔技手를派送測量ᄒᆞ고深遠地에ᄂᆞᆫ該郡報告로調査ᄒᆞ야已經許可ᄒᆞ야日間頒布될者가一百餘名이라더라

●樹苗請去 農商工部에셔樹苗模範場을設施ᄒᆞ기爲ᄒᆞ야技師를派送ᄒᆞ되京畿平壤咸興大邱晉州五處만爲先實施ᄒᆞᆯ터인데樟木과扁柏子種은農部에셔濟州稅務署로訓令ᄒᆞ야該島東濟社에注문分去ᄒᆞ라ᄒᆞ얏다더라

●餅商亦曰 東闕내殿閣毀撤ᄒᆞᄂᆞᆫ役所에役夫가幾千名인데該隊長은日人이라他人을不得通涉케ᄒᆞ고役夫의午飯을闕門隙間으로入送ᄒᆞ더니近日則此亦禁止ᄒᆞ고日人餅商을招入ᄒᆞ야役夫午飯을代食케ᄒᆞ미每名에依例히白銅貨四分式買食하ᄂᆞᆫ故로餅商의所利가多大ᄒᆞ다더라

●法規移刊 由來官制의法規類纂을財政顧問府에셔刊行頒布ᄒᆞ얏더니今番官制改正後로統監府에셔編緝ᄒᆞ야頒布ᄒᆞ기로ᄒᆞ얏다더라

●果則盡職 信川郡主事미鐵永氏ᄂᆞᆫ郡守署理를當ᄒᆞ야內明公務ᄒᆞ며外能交涉ᄒᆞ야事無掣碍ᄒᆞ미一境이感頌ᄒᆞᆫ다고西來人의傳說이有ᄒᆞ더라

●接面受價 天道敎主孫秉熙氏가現今咸鏡道等地에셔留連ᄒᆞᄂᆞᆫ대該地人民들이孫씨顔面을接見코져답至ᄒᆞᄂᆞᆫ지라孫씨가不許接見ᄒᆞᆫ대該民人들이葉二兩式例納ᄒᆞ고孫氏의顔面을接見ᄒᆞᆫ다더라

●金稱手當 解散ᄒᆞᆫ主殿院巡査等을區劃하ᄂᆞᆫ데每朔四圜式支給ᄒᆞᆫ다ᄂᆞᆫ說은前報에已揭어니와日昨에四圜式支給ᄒᆞ얏ᄂᆞᆫ대名目은手當金이라하얏다더라

●一萬燈數 今番乾元節에漢城府民提燈하ᄂᆞᆫ燈數를一萬介爲限하고製造ᄒᆞᆫ다더라

●鞋店組織 漢城내에昨年以來로韓人이洋鞋店을開ᄒᆞᆫ店數가拾六處인대造鞋工은日人鞋店에셔還去ᄒᆞᄂᆞᆫ弊가有ᄒᆞᆫ故로該拾六店에셔農商工部에請願許可ᄒᆞ야韓人洋鞋店을組織ᄒᆞᆫ다더라

●日人禁報 爾來人의傳說을得聞ᄒᆞᆫ즉天安附近에住任ᄒᆞᄂᆞᆫ日人들이韓國人民이本報閱覽홈을見ᄒᆞ면無端히驅逐或毆打ᄒᆞᄂᆞᆫ故로該地人民이敢히本報를公衆에現露치못ᄒᆞᆫ다더라

●靑囊妙訣 리秉完趙東先兩氏가惡疾에罹ᄒᆞ야十餘年呻吟ᄒᆞ야百약이無效ᄒᆞ다가小安동惠春堂약舖에良약과靑약을試用하더니積祟가快ᄒᆞ야已成完人ᄒᆞᆫ지라衛生上에神異ᄒᆞᆫ良方이라ᄒᆞ고人皆稱贊ᄒᆞ더라

●加歛禁止 高陽각面面장이財務官의指揮로각稅額을收納ᄒᆞᄂᆞᆫ데手數料로每結頭에幾兩式加歛ᄒᆞᆫ지라郡守崔恒模씨가去四日에面會ᄒᆞ고一切禁止ᄒᆞ얏다더라

●痘術未施 今番各學校학徒施痘時에遺漏ᄒᆞᆫ학徒를試痘ᄒᆞᆯ次로再昨日普觀廳에셔中橋義塾에前往ᄒᆞᆫ즉학徒等이各其父母의게問ᄒᆞᆫ後에ᄒᆞ깃다ᄒᆞ고一齊散去ᄒᆞ야試術치못ᄒᆞ엿다더라

●悖行如此 京鄕報를據ᄒᆞᆫ즉去一月九日에日兵三派가洪山內山面으로來ᄒᆞᄂᆞᆫ데各동々장을命하야彈丸數箇式以還케ᄒᆞ되代價ᄂᆞᆫ一分도不給ᄒᆞ고氣勢가大眼ᄒᆞ야人不敢仰視ᄒᆞ고路上行人을隨現청打하고日兵一派ᄂᆞᆫ至治里로往ᄒᆞ고二派ᄂᆞᆫ麻田里로往ᄒᆞ니合拾七名이라其中一進會人이半數나되ᄂᆞᆫ데使令文郁宋秉準賦書房으로火를擧ᄒᆞ고동里로周行ᄒᆞ며鷄十四首를提取ᄒᆞ고家家에入ᄒᆞ야기를自家와如히搜索ᄒᆞ며或鷄卵이나乾柿等物이有ᄒᆞ면持去ᄒᆞ고或其婦女를打ᄒᆞ며其翌日은鄭書房家婦人은炊飯을遲緩히ᄒᆞᆫ다고猛打ᄒᆞ얏고飯價ᄂᆞᆫ一分도不給ᄒᆞᆫ지라一夜間浮費가拾圜假量인대동內大十四戶에分排ᄒᆞᆫ則每戶에一兩五戔式이되엿ᄂᆞᆫ지라該等이書ᄒᆞ기를所謂開明ᄒᆞᆫ兵丁이如此히悖惡ᄒᆞᆫ行爲를ᄒᆞᄂᆞᆫ고ᄒᆞ며怨恨이滔天ᄒᆞ다더라

●滊船歸韓 최鳳俊씨에所有滊船伏見丸은元來日本에入籍ᄒᆞ얏더니去二月十七日에日本船舶登記簿에抹消ᄒᆞᆷ을請願ᄒᆞ야日本國籍을免ᄒᆞ고韓國元山港에入籍ᄒᆞ야船名을改ᄒᆞ야俊昌号라稱ᄒᆞ고航路ᄂᆞᆫ如前히元山城津을經ᄒᆞ야露領海蔘威에往來ᄒᆞᆫ다ᄒᆞ니최氏ᄂᆞᆫ自國精神을不失ᄒᆞ고滊船을本國에還籍ᄒᆞ니該氏를爲ᄒᆞ야高聲贊賀ᄒᆞ노라

●義將揭榜 前農商工部後墻에義兵大將金俊洙ᄂᆞᆫ泣告라ᄂᆞᆫ告示一度를揭付ᄒᆞ얏다더라

●東火消息 去二十九日義兵大將閔肯鎬氏가江原道에셔日兵에게被殺ᄒᆞ얏다고各新聞에揭載ᄒᆞ얏더니抱川來傳을據ᄒᆞᆫ즉閔氏가該郡에來到ᄒᆞ얏ᄂᆞᆫ데江原道方面으로其間前往ᄒᆞ얏슴ᄂᆞᆫ지不知라더라

●義執牛商 去四日抱川과楊州冊嶺上에셔義兵六十名이突出ᄒᆞ야糧物을輸去次로來往ᄒᆞᄂᆞᆫ牛商을執留ᄒᆞ얏다더라

●法학總會 法학協會에셔本月十五日에養正義塾내에總會를開催ᄒᆞ고一般規則을研究ᄒᆞᆫ다더라

●西北兩會 西北학會에셔月例通常會를明日下午兩時에開ᄒᆞ고西北학生親睦會에셔月例討論會ᄂᆞᆫ今月八日下午一時에西北會館內에開ᄒᆞᆫ다더라

●靑年討論 靑年會館에셔今日下午七点鍾에特別討論會를開ᄒᆞ고論理가勝於踐實이란問題로약明학校와靑年學校를請邀ᄒᆞ야互相討論케ᄒᆞᆫ다더라

●池興新興 平南順川盈池面居金致乾等諸씨가爲國熱誠으로학校를新設ᄒᆞ고校名은池興이라稱ᄒᆞ고敎師ᄂᆞᆫ朴文俊氏를延聘ᄒᆞ얏ᄂᆞᆫ데三拾餘名학徒가熱心修業ᄒᆞᆫ다고西來人에傳說이籍籍ᄒᆞ더라

●貧校校장 官立尾洞普通學校장宋淳澄씨ᄂᆞᆫ該校에使喚을不置ᄒᆞ고校舍내에每朝와掃除ᄒᆞᄂᆞᆫ것을該校學徒에게輪回擔任케ᄒᆞ고도幼稚ᄒᆞᆫ학徒들이不堪其苦ᄒᆞᆯ뿐더러元來該校에ᄂᆞᆫ使喚에게支給ᄒᆞᄂᆞᆫ經費가無ᄒᆞᆫ지學徒로使役의事를執케홈은外國학校에初有ᄒᆞᆫ事이라고鄕笑가藉藉ᄒᆞ더라

●三氏贊校 西北協成학校內에水商夜學科를設始ᄒᆞᆫ지不過十餘日에學員이四五拾名에至ᄒᆞ얏고該校학監李達元氏ᄂᆞᆫ空冊九拾卷과鉛筆五束을寄付하고本會評議員리甲氏ᄂᆞᆫ別空冊一百卷과鉛筆拾束을寄付ᄒᆞ야諸氏의勸奬으로학徒에程度가日々增進ᄒᆞᆫ다더라

▼地 方 消 息▼

▲日本兵隊가三日夜九時三拾分에酒泉西北方一里에셔義兵三十名과交戰ᄒᆞ얏ᄂᆞᆫ데死傷은未詳이라더라

東京電報

●淸排日人 五日발 合爾賓에셔淸國人間에不穩홈이生ᄒᆞ야淸國人은團體를組織하야日本人을排斥ᄒᆞᆯ貌樣이有홈으로川上總領事가淸國官憲에게向ᄒᆞ야注意ᄒᆞ라ᄒᆞ얏더라

▲西湖問答▼ 續

▲客曰以予淺見薄識으로孤陋寡劣하야四十而無聞焉ᄒᆞ니何足道也리오

▲曰吾亦如此重大ᄒᆞᆫ言論을何可容易히說道ᄒᆞ리오마ᄂᆞᆫ難區々管見이라도略此數言으로說明ᄒᆞ노라

▲客曰敎育에三部分이有ᄒᆞ니其次序를願聞ᄒᆞ노라

▲曰一은家庭敎育이니一人이立志ᄒᆞ야家庭에셔先施ᄒᆞ시敎育의主義와愛國의思想으로以ᄒᆞ야上으로父母의게及ᄒᆞ며下으로妻子와同己의게及하야個人個人이勸勉相從ᄒᆞ면一家가團會相樂ᄒᆞᆯ지니라

▲客曰此ᄂᆞᆫ實地의學識과聞見이無ᄒᆞ면能치못하깃지오

▲曰故로家內婦女兒孫도ᄒᆞ야곰國文을習得케ᄒᆞ야日用事物之間에行有餘力이되ᄂᆞᆫ時隙日ᄒᆞ야家庭雜誌와國문新報를閱覽習讀ᄒᆞ시夫ᄂᆞᆫ婦를敎ᄒᆞ며祖ᄂᆞᆫ孫을敎授ᄒᆞ야渾家이此로以ᄒᆞ야內으로宜家之樂을삼고外으로國民的義務를숨으면非但一家의幸福이라國家의補益이니此亦是國민團體中一分子되ᄂᆞᆫ團體이라

▲客曰願聞其次하노라

▲曰二ᄂᆞᆫ학校敎育이니時局이若是岌嶪ᄒᆞ며人事도可促急이라人生四歲어든幼穉園에卽入ᄒᆞ야課학외例習ᄒᆞ고七歲어든小학校에卽入ᄒᆞ야普通課를학ᄒᆞ고十歲어든中학校에卽入ᄒᆞ야高等課를학ᄒᆞ고十三歲어든大학校에入ᄒᆞ야專門科를학ᄒᆞ야十五歲에卒業케홈이니라

▲客曰此制度에對ᄒᆞ야학年이太早라고臆見에歸ᄒᆞ깃소

▲曰決코不然하니現今。四歲兒가千字를能通ᄒᆞ고童蒙先習을始학ᄒᆞᄂᆞᆫ者亦有ᄒᆞ며且柰셔ᄂᆞᆫ五歲兒를幼穉園에負而往학ᄒᆞᄂᆞᆫ者亦有ᄒᆞ며往者에十歲兒가經傳을能通ᄒᆞ며詩篇을能作ᄒᆞᄂᆞᆫ者亦有ᄒᆞ니此ᄂᆞᆫ現今中學課를修ᄒᆞᆫ만ᄒᆞᆫ학力에過ᄒᆞᆫ지라由此觀之컨ᄃᆡ豈云太早乎아

▲客曰如此히早年에學科를卒業ᄒᆞᆫ後에將何ᄒᆞᆯ고

▲曰於是乎社會上에進逐ᄒᆞᆯ시王勃의滕閣序를賦ᄒᆞ던年이已過ᄒᆞ엿고孫策의江東을定ᄒᆞᆯ時가將近ᄒᆞᆫ지라男兒十八歲면稱云大丈夫ᄒᆞ나니被堅志ᄒᆞ며執銳氣ᄒᆞ야宇宙를包含ᄒᆞ고天下에橫行ᄒᆞ야英雄을收攬ᄒᆞ며豪傑을籠絡ᄒᆞ야國의興亡을擔任ᄒᆞ엿다가平生에志氣를展하니此可謂爲人의幾層이라[illegible]家를不羨ᄒᆞ리로다

大韓每日申報

第七百八十九號

月曜及慶節 歲時日休刊

檀君開國四千二百四十一年
箕子元年三千三十年
大韓開國五百十七年
日本明治四十一年
淸國光緖三十四年
陰曆戊申二月小初五日辛酉

別報

●海朝新聞趣旨書

海蔘威港에居留하는韓國人士가發起하야海朝新聞을발行하얏는데事實其趣旨全文이如左하니

孔子曰溫故而知新이라하시니此는舊知를習하고新知를求함이라人이舊知만守하고新知를求치아니하며譬컨대七八歲兒孩가五六十이되도록七八歲에知覺만守하면年紀는비록五六十老人이나知覺은七八歲兒孩라謂홀지로다嗚呼라如此홀知覺으로有志有識하며有才有能한人을엇지對敵하리오長者와兒孩가相對하면畢竟은長者가勝하느니何以然也오其兒孩의知覺이長者의知覺에不及홈所以라今日俄國人民의形便을觀하라彼國人은如彼히富强하고光榮하되我國人은如此히貧弱하고踊脊하야無他라我人은六七歲에知覺을至今ᄭᆞ지守하얏스니엇지此境에不至하리오此由로知하면孔子의言과如히溫故而知新하지니新을知코져하진ᄃᆡ新聞이新을知하는工夫의一이라

大抵新聞이란者를譬하면人의耳目이니耳目이無하면엇지完全한人이라謂하리오然함으로新聞이不可無할證據를言하노라新文을漢文으로用하며新聞一字로我大韓國方言으로解釋하야言하면셔로듯는것이니同

嗟諸氏는此言을深히生覺홀지어다今日此世界는新世界라萬事百物이皆是新一字니國家에는政治와法律이新하야人民을敎育하는法과軍士를敎鍊하는法과其外他國에通商하는法과其外에도大綱을擧論하면郵替와電報와鐵路와火輪船과其他諸種業과工業도皆新法이라此法은이皆新法이며學文과農事와商英美俄法德諸國이新知識을硏究하고發達하야如彼富强하얏스니新을知하고新을聞한效力이果然何如히偉大한가然하나萬一何許人이有하야火輪船의種類가無한時代에倡言曰車를架하고一朝에數千里를行한다하며無線電으로幾百里를隔하야互相談話한다하면其時代에誰가此言을可타하리오然하나今日은此諸種을目觀하고耳聞하는故로當日此는容易하고非難하다하느니然함으로新知識이라하는것이此에止치아니하고硏究하고發達될ᄉᆞ록進步되는것이라昔에成湯이有銘하사ᄃᆡ日新又日新이라하셧스니今日에知하고明日에又知하며今年에新하고明年에又新하야新知識新見聞이同一進步되면今日에現存한火輪船輕氣毬보다幾十倍되는것이生홀지라此數種으로推觀하면千百種類가皆然홀지니엇지新知識과新聞見을不務하리오

然故로文明한邦國에는國民발行하는新聞이幾百處가有하야

日々로全國人民의耳目을開발홈으로時異而日不同하야人民의生活이日以增殖하면國家가日以富强하야人々이一日飮食은廢홀지언뎡新文紙는一日이라도不覽하면鬱々不堪홀줄노認하니其人과其國이엇시愈益開明치아니하리오

今에吾國人은何故로前日에知하고前日에用하던物件만知하고新을知하고新을聞코져아니하니嗟乎라我同胞여今日에國을失하고人民의自由가無하며土地와財産ᄭᆞ지盡是他人의手中에入하니如此면自己一身만保全하야種子를傳하지못하리니今日形勢가如此히急하거늘舊習만守하고目前에衣食之計만知之하니

嗟乎人也者는禽獸보다靈한者가아닌가禽獸도自身의害를知하거던人이되고야自己目前에害를覺知치못하면何者가禽獸보다有異하다하리오古人이有言하되其形을不見하거든顧컨대其影을察하라하엿스니今日吾儕가堂々한大韓國民이라稱하깃소亡國之奴隸라하깃소此는何人이던지問하던지皆曰亡國之奴隸라하리니奴隸가되야奴隸免홀生覺이無하면此等人은奴隸之奴隸라홀지로다

嗟乎라吾儕가廣大한天地間에光明한日月下와東西黃白人種이十五億이나되는中에我二千萬同胞여他國에奴隸를作하얏스니엇지痛哭處가아닌가萬一奴隸를免홀진ᄃᆡ爲先新知識과新聞見을魅力홀지니所以로上項에言한바新聞이라하는것이新을知코져하는工夫에一이라益를見하시오此는他物件이아니오新聞紙라하는것이니

但吾의國文과吾의方言으로知키易하고覽키易케하야吾의國權이何境에至한것과吾國이列國과關係된것과각國의政治도交涉하는事이며敎育하는理致와農事하는理致와商業하는理致와栽培와牧畜하는法과吾國에忠臣烈士의事蹟과西洋歷史에有名한人物의行事를悉皆揭載하되滋味가有케하야日々발刊하야我同胞의學問과知識을開發하고實業을奬勵하야國民의精神을培養하고國權의回復을主張하야我二千萬一般國民의堂々한皇天이賜予하신自由權利를世界列强과共히太平樂業을享受하기로目的을숨으니僉君子는此新聞을日々請覽하시기를切望하오

一 新聞名號는海朝新聞이라홈

一 一般國民의普通知識을발達하며國權을回復하야獨立을完全하기로目的홈

一 本國과列國의所聞을廣採하야日々발刊홈

一 政治와法律과學文과商業과工業과農業의新文字를日々譯載홈

一 國文과國語의滋味가有한說話로解得키易도록볼 홈

一 實業上進步와其他好事業에발達을爲하야廣告를請하는事가有하면相議記載홈

外報

●米艦出洋 葡萄牙電을據한즉米國太西洋艦隊와水雷艇二隻이次第로太平洋에入來한다더라

●露國恤貧 聖彼得堡電을據한즉俄國政府에서救恤金二百五十萬圓을支발하야國내에飢饉人民을救濟한다더라

●大統領免禍 路透電을據한즉亞爾然丁國大統領殿下에火藥을裝塡한爆裂彈을投하얏는ᄃᆡ大統領이直時出退함으로多幸히危險을免하얏다더라

●鐵道秘測 長春電을據한즉俄國에서蒙古도는府로붓터長春ᄭᆞ지六百五十淸里間에鐵道敷設할計畫을定하고目下秘密히測量中이라더라

●淸日生釁 上海電을據한즉淸國中外報에日淸島問題에關하야日本은淸國의同情을失하엿고且列强의刑罰을不懼하야態度가薄弱하다云하엿고又第二辰丸事件審査列席에海關官吏를拒絶하엿슨즉兩廣總督張人駿씨는淸國銃器輸入規則에依하야第二辰丸을處分할方策을決定할것이라하엿더라

●總督再置 倫敦電을據한즉俄國黑龍州總督은돌팔코將軍이極東問題會議하기爲하야俄京聖彼得堡로召換되엿ᄂᆞᆫᄃᆡ風說을聞한즉俄國政府에서極東總督을再置할計劃이라하더라

●排日計劃 同電을據한즉倫敦타임쓰의晩香坡通信員報에日米國巨航艦隊가써야틀에繫泊中인ᄃᆡ排日暴動을起하라하야目下其計畫中이라더라

雜報

●紅疫神方 南部藥峴坊舟橋下에居하는李鍾均氏가其祖先의所藏한紅疹治療하는神方을得하야典洞병門에賣하는揭付하엿ᄂᆞᆫᄃᆡ其藥은野人乾이니古米二撮에忍冬五錢을蔓黃土水에濃煎하야물되한보가량에소주한종즈음混入하야兒孩年齡分數에假量하야面部에醉氣가小有하도록時時로頻頻히먹으면得效하리라하얏더라

●地裁請仍 今番裁判所區域設定하는ᄃᆡ全州는區裁判所로定하고地方裁判所를廢止하야光州地方에서管轄케홈의其道里의遠近과詞訟의難便이巨막을釀出함으로民情이大端抑鬱하야道내民會에서政府及法部에呼訴하엿ᄂᆞᆫᄃᆡ全州府에居留하는日本民團에서도其商業上利害關係가不勘함으로評議員幾人을派送하여地裁仍置를請願하엿다더라

●太極獨立 日本留學生諸氏가親睦會를組織하고每月終에各月報를發刊하더니今爲始하야留學生六百人이會議하고各種月報를合하야發刊하고名稱을大韓學會會報로決定하야二月브터발刊한다는事는本報에已記하얏거니와更聞한즉此는洛東親睦會大韓留學生會湖南太極學會가合同하야大韓學會를組織함이오[illegible]는如許한事實이無하다더라

廣告

會進行順序

一 提燈行列을擧行ᄒᆞᆯ事

二 提燈員은每署에少ᄒᆞ야도二千人式來會ᄒᆞᆯ事

三 會集地点에區域은左와如홈

一 東署提燈員은自罷朝橋至東門內道路南邊

二 中署提燈員은自鐘路至鐵物橋道路南邊

三 南署提燈員은自鐘路로至남門에向ᄒᆞᆫ道路西邊

四 北署提燈員은自종로巡査支所前으로黃土峴에向ᄒᆞᆫ道路南邊

五 西署提燈員은自黃土峴으로至光化門道路西邊

四 會集時間은本月五日(陰本月八日)下午六時에以上各指定ᄒᆞᆫ地点으로齊會集ᄒᆞᆯ事

五 進行開始時間은同日下午七時

六 進行道路ᄂᆞᆫ左와如홈

鍾路에서鐵物橋를經ᄒᆞ야罷朝橋에至ᄒᆞ야左折로敎化門前에至ᄒᆞ야

大皇帝陛下萬歲를奉呼三次ᄒᆞ고又左折로新營門에至ᄒᆞ야觀峴及安峴(안동)碧洞東十字街를經ᄒᆞ야 光化門前에至ᄒᆞ야南向直線으로大漢門前에至ᄒᆞ야

太皇帝陛下萬歲를奉呼三次ᄒᆞ고又養府를經ᄒᆞ야南大門通街에서左折ᄒᆞ야鍾路에至ᄒᆞ야大韓國民萬歲를唱ᄒᆞᆫ

七 行進ᄒᆞᆯ時刻에ᄂᆞᆫ自中央事務所로指揮員을各派ᄒᆞ야行進ᄒᆞᆷ을指揮키前에ᄂᆞᆫ切勿行動ᄒᆞᆯ事

八 當日에若雨雪則翌日同時로翌日又若雨則又翌日同時로順延ᄒᆞᆯ事

九 行伍ᄂᆞᆫ四列로行ᄒᆞᆯ事

十 五百人式一隊를作ᄒᆞ야每署에四隊ㅡ니甲隊와乙隊에間隔은拾步以上으로進行케ᄒᆞᆯ事

拾壹 球燈은每人에一箇式蠟燭은每燈三個式本會事務所에서供給홈

拾二 각署內각동所任或각隊或團體代表人은각隊동或團體中에參列ᄒᆞᆯ人員에實數를預定ᄒᆞ야각其所用ᄒᆞᆯ燈與燭에領受証을本月八日九日十日(陰二月六日七日八日)以內로本事務所에提出ᄒᆞ고即其時로領受持去ᄒᆞᆯ事

拾三 각隊동及각團體의代表旗와代表燈은각其自擔持來ᄒᆞᆯ事

拾四 点火具(셩양)은每人이각其自擔準備ᄒᆞᆯ事

拾五 각其持來ᄒᆞᆫ球燈數ᄂᆞᆫ當日本會委員의檢査를受ᄒᆞᆯ事

乾元節慶祝會告白

本會를繼續組織하기爲ᄒᆞ야來日曜日下午一時에東闕光晋學校에開會ᄒᆞ오니在京嶠남僉君子ᄂᆞᆫ 光臨을爲要

嶠南敎育會 告白

廣告

本會에서三月八日(日曜)下午一時에定期總會를軍人俱樂部(舊訓鍊院)에開ᄒᆞ오니一般會員과入會ᄒᆞ실人員은趁期來臨ᄒᆞ심을望홈

畿湖興學會 白

本船이伏見丸이라名稱ᄒᆞ옵고航路ᄂᆞᆫ元山城津海三威이온대多年僉同胞께愛顧ᄒᆞ심ᄋᆞᆯ被ᄒᆞ와本人에船泊營業이興旺이옵더니今番에本船이大韓에入籍ᄒᆞ옵고改名ᄒᆞ와船名을俊昌號라稱ᄒᆞ오며航路ᄂᆞᆫ前과如히元山城津海三威이온대來往ᄒᆞ시ᄂᆞᆫ船客께ᄂᆞᆫ一層注意ᄒᆞ와凡事를便케ᄒᆞ오니 照亮愛顧ᄒᆞ심을伏望

俊昌號主人 告白

本郡守金鴻圭氏ᄂᆞᆫ行政敎育에誠心做圖故로務民이感化ᄒᆞ고士林이信仰ᄒᆞ야鄕財設校인바何許悖流가本申報에鄕校勒斂이라誣報이기一邑公議가愛賢辨誣ᄒᆞ야玆에廣告홈

春川鄕校都有司 趙秉鎬 掌議 鄭顯永 金益昌 府內面長 白樂性 北內面長 朴麟모 北中面長 吳富泳 南府內面長 朴受棋 南內一作面長 崔震鶚 西下一作面장 趙秉奎 西上面長 李무鉉 東外一作面長 姜錫圭 東外二作面長 李在容 北外面장 李敏식 南外一作面長 徐뵈 남外二作面長 李斗鉉 史內面長 任明宰 史外面長 宋昌植 남內二作面長 閔泳大 西下二作面長 金健植 東內面장 李斗夏 北內二作面長 李恩範

▲特別廣告

本社에서名帖印刷部를另設ᄒᆞ고各樣活字와刷紙本이俱備ᄒᆞ오며印刷가精美ᄒᆞ고價値도極廉ᄒᆞ오되特別히僉員과夫人의게ᄂᆞᆫ一層從廉ᄒᆞ오니僉位ᄂᆞᆫ來臨ᄒᆞ시와隨意請求홈

大韓每日申報社 告白

南技手朴仁泰仁字를璡字로改定ᄒᆞ고前姓名章은路中에서失ᄒᆞ앗스니內外國人은璡泰신用홈

朴璡泰 告白

現今弊院에서各項事務를一層擴張ᄒᆞ오미金裝與銀裝各樣의齒와老小間多數落齒ᄒᆞ며齒床幷齒ᄂᆞᆫ隨意製造ᄒᆞ오며入齒時에ᄂᆞᆫ無苦痛케ᄒᆞᄂᆞᆫ技方도有ᄒᆞ며齒科上面議ᄂᆞᆫ無料ᄒᆞ옵ᄂᆞ니四方僉君子ᄂᆞᆫ照亮ᄒᆞ심을爲希홈

京南大門內尙洞美人施蘭敎家 齒科醫士 韓大衛 告白

本人의門生敏俊외子柄麟은性本浮浪ᄒᆞ야不事產業ᄒᆞ고田庄文券與圖章을偸出ᄒᆞ야外國人을締結ᄒᆞ야盜賣코져ᄒᆞ오니內外國人은切勿見欺홈

平壤林原面淸水里 金泰근 告白

滑稽小說 禽獸會議錄

弄球室主人 著述

表紙石版寫眞畵印刷 全一冊 定價金拾五錢

▲本小說은新体文壇의演劇的小說로空前絕後의一大禽獸會議를開催하고海陸動物이演壇에集合ᄒᆞ야人類와禽獸의優劣과造化主宰의眞理를討論批評ᄒᆞᄂᆞᆫ光景을傍聽實寫ᄒᆞ야讀者諸君에게紹介로今日吾人類社會의公德頹敗홈을警醒코ᄌᆞᄒᆞᆷ이니其滑稽的文体가光彩陸離ᄒᆞ며諷刺的批評이奇拔欵曲하야實로國文小說界에一大異彩를放ᄒᆞᆯ만ᄒᆞ며一讀解頤의好書物이오

▲발行元 皇城書籍業組合

▲分售處 中署罷朝橋越邊 中央書館 中署종路 大東書市 南署大廣橋東邊 匯東書館 仝 古今書海館 西署남門外藥岩 新舊書林 남署尙洞 博文書館 남署銅峴 博學書館 中署布屛 廣學書舖

本書院에서內外國新舊學問各種書籍과聖經각種을大發賣ᄒᆞ지三四年인바本敎會數人과各學校生徒의購覽ᄒᆞ기便利홈을爲ᄒᆞ야左開三處에支冊肆를新設ᄒᆞ오니書冊을購買ᄒᆞ시ᄂᆞᆫ僉彥은附近支肆에請求하심을務望

左開

西門外中學校西便 韓承煥

南門外道路東便 安桂元

鐘路館門下 韓鼎敎

平壤貨동上隅 耶穌敎書院 總發賣所 鄭益魯 金昭鐸 告白

美國桑港共立新報賛成金 續

崔興奎 五圜

仝 婦人 五錢

未完

●廣告

本書館에서文明을輸入ᄒᆞ고學界를廣開ᄒᆞ기爲ᄒᆞ야今에內外國各種書籍과各種敎科書籍을擴張貿置ᄒᆞ오니愛讀 僉君子ᄂᆞᆫ隨時購覽ᄒᆞ심을務望

最新書籍發售目錄

◎東西洋歷史 各種
◎東西洋地誌 各種
◎政治學 各種
◎法律學 各種
◎經濟學 各種
◎算術書 各種
◎內外國地圖 各種
◎修身書 各種
◎財政學 各種
◎博物學 各種
◎物理學 各種
◎衛生學 各種
◎地文學 各種
◎讀本 各種
◎法帖 各種
◎學校用品 各種

此外에도各種書籍이具備ᄒᆞ옵고書籍及名片도印刷하옵ᄂᆞᆫ데與他販賣ᄒᆞ겟ᄉᆞ오니

京城南署銅峴(구리개)

學部認可 博學書館 白

各地方에서ᄂᆞᆫ書館으로請求ᄒᆞ면곳遞呈ᄒᆞᆯ터이고價金은郵便引換도ᄒᆞ외다

◎大韓國新發明神藥

◎皮膚靈丹 各種食滯中暑久滯口臭痰飮吐瀉定價一貼十錢

◎至寶丸 治諸般痼疾不拘久遠俱有偉效定價金十錢

◎靈效液 外用方書治疥瘡皮風百發百中定價金三拾錢

◎淸眼水 治諸般眼疾有靈驗見天之妙定價金拾錢

◎通淋丸 治男女急慢淋疾神效無雙速效除毒一週金五十錢

此外에도東西洋各國有名賣藥과痰咳去恨藥과痢風疳疾藥水가種種症俱比惠向爲望

漢城中署鍾路鉢里廛동拾二統二戶地

製劑발賣所 共愛堂藥房 張基茂 告白

監修발行人 前官立漢城醫학校卒業生 朴容南 謹白

支店 開城南門內 共愛堂開城支舖 姜助遠 興學書舖

西署新門外石橋 普濟院藥局 崔鼎廷

仁川海稚峴濟生堂 李庚奎

代理店 國內各地藥房에서隨處販賣홈ᄂᆡ다

◉ 義捐金收入廣告

●平北江界郡
金文興 十圜　김泰義 五圜
리基勳 二圜　金益弘 二圜
韓珍桑 김而善
각一圜五拾전 金大健
明云行 리賀寶 韓賀玉
康信齊 任季俊 리承洽
申永浩 金應運 朴永辰
각一圜 崔尙柱 九十전
박官洋 金云山 金永煥
崔應浩 張鳳俊 金丙淳
金善弼 韓鳳根 車成奎
崔奐坤 金致祿 池龍承
尹子明 崔文龍 리龍山
金仲益 金尙龍 李恒德
李淳信 각五拾전 李子化
四拾錢 리時郁 金洛九
리伯奎 리東勳 金부穎
韓鳳敎 崔碩煥 韓昌烈
全京浩 羅光奎 尹석周
각卅전 金以文 金道俊
崔基秀 김亨洽 김云基
정昌俊 任賀杰 김龍浚
金應淑 각卄전 金益信
尹承煥 김允浩 박明洙
金致奎 김子杰 韓明烈
韓允烈 俞明俊 宋龍洙
韓應烈 韓應烈 尹承俊
尹昌宜 각十전 金德淳
정昌應 각廿전 김永鶴
김得九 李信敬 각五전
車亨俊 一圜
▲夫人等
金旺信 宋文信 각五十전
文順命祖母二圜 리順德
一圜五十전 明云行母親

一圜廿전 金泰信 趙德順
朱得承 김奉道 金永洛
崔德成 劉定信 金信淳
각一圜 李賀實妻 張道允
정信成 千一신 文承河
劉愛道 車敬愛 曹奉順
吳永得 金支順 鄭受恩
김基宰 리丁道 宋宰信
權石신 김音신 白順신
김麟希祖母 文英道
金德連妻 리一신 각五拾전
崔學신 리致신 김順益
尹一春 金道善 姜日泰
徐命道 리基柱 각卄전
金奉益 金喆신 文〻成
金支昭母親 朴美道 [illegible]
明云行妻 김從道 黃希〻
최基發 文明道 李敬신
申基允 韓奉根母 崔문龍妻
崔基淳妻 李東勳妻 각廿錢
韓永道 리承浩 池允賀妻
金順道 김신愛 리致成
金致嗣母親 尹石周妻
洪오淑 金문煥妻 金奉신
張丙九母親 각十전
合九拾二圜五전

●慶北閒慶山北面 金龍
黃範洞 一圜

●鐵山雲山面靈동耶蘇教堂內
石千鍾 一圜 李義柟
五十전
合一圜五拾전

總合九十四圜五十五錢
前號總合五萬九千一百五十一
圜二十二錢七厘
都總合五萬九千二百四拾五圜
七拾七전七厘

發行兼編輯人 英國人 裵說
發行所
漢城中署石井洞號外地三層洋屋
大韓每日申報社

第七百五十號

大韓每日申報

月曜及慶節休刊日時識

檀君開國四千二百四十一年
箕子元年三千三十年
大韓開國五百十七年
日本明治四十一年
淸國光緒三十四年
陰曆戊申二月小初六日壬戌

寄書

●嘆敎育之魔障　三緘生

嗚呼라本人은學問이蔑劣하고知識이短淺ᄒ야年既度冠而無一業之做成ᄒ고國既淪陷而無一涓之仰答ᄒ니當杜門緘口하야永作塗塑之人이可也로ᄃ古人이云四十五十而無聞則不足畏라ᄒ음기로余自顧其年에猶隔一三十年이라於是에發奮自勵ᄒ야硏究新學而兼之以購覽大韓每日申報가于今八九朔光陰也라

其間에雖不日學問이稍發ᄒ고知識이些開나然ᄒ나抑亦有所得者多矣라每讀譏論說에莫不擊節喝采ᄒ고嗚咽涕下러니今二月二五日發刊ᄒᆫ三十一号敎育界의悲觀이라ᄒᆫ說이尤使人발忿忘食ᄒ고激血疾呼ᄒ야不可無一言之贊助일새於是에忘其拙ᄒ고蕪詞ᄒ고敢警管見淺思ᄒ야欲庶幾有補於敎育家之萬一云이로니切願諸씨ᄂᆫ幸勿以人廢言ᄒ시고同願詢蕘之義而容察焉하소서

噫라我國家一條活動脉이專係於각公私立學校界星不多ᄒ幾箇生徒而已ᄂ我一般同胞之一口無異談者也니此所謂頹木由孽이오碩果復生之理也라當今日敎育界之職務者宜殫誠竭力ᄒ고焦舌勞思ᄒ야培養以道德ᄒ고灌漑以忠義ᄒ야因本土之性情而導嚮之ᄒ고灌祖國之精神而勿失焉然後에야恢復國權도在於此ᄒ고比肩列强도係於此어늘

今에民知가未開ᄒ야稱日新학이라ᄒ면只知有日語ᄒ야講習數朔에僅々通譯則自稱某學校卒業生이라ᄒ고或奔走於試驗場하며或以敎師로自薦ᄒ고甚至於普通學校의短髮垂々筋骨軟々ᄒᆫ僅學語兒童ᄒ야도皆以日語로爲一大目的ᄒ야一日內三四時光陰을以此虛費ᄒ고且體操運動場과及朝夕相對에茶飯言語行動이皆日本語日本俗也而擧國幾箇학校가莫不皆然ᄒ니此今日二千萬口之齊聲痛哭者也라

夫言者ᄂ一身之樞機라心亦以此宣動ᄒ나니雖血氣勁壯ᄒ고心志立定之人이라도言語所발에心亦隨動이온而況血氣未定ᄒᆫ七八歲穉兒가自孩提之時로所聞者ㅣ日本語也요所習者ㅣ日本俗也면及其장旺ᄒ야不知將作何邦人物也니嗚呼噓唏발々乎慾痛哉라誰가存ᄒ여야此를禁止ᄒ며誰가出ᄒ여야此를革去ᄒ고或日當今之世ᄒ야日語도不可不학이라交際貿易上에尤爲緊急일뿐더러將日人幾千幾萬이渡來同居리니當此時ᄒ야豈可不학日語哉아하니此但爲自家之私慾而傾之祖國之精神者也라

若果如渠言而至於移民之境則內地同胞가孰死孰生고興其甘作奴隷而暫借殘喘로ᄂ曷若堅守節義而永歸泉臺哉아噫라日本者ᄂ與我國으로是同色人種이오又同居東亞ᄒ야今日我國이苟欲輸入外國學問인된日語ᄂ文을固不可廢나但年紀既壯ᄒ고亦旣立之人이라야乃可학也오若彼幼稚腦髓에授之以日語면豈非敎育家之一大모賊也哉아如此而不過數年에全國人民이將盡爲彼모賊之所食이리니嗚呼同胞여誰가有하여야此를痊除ᄒ며誰가有ᄒ여야此番燒却ᄒ고一

外報

●韓國慘狀의批評　씨야틀電을據ᄒᆫ즉韓國韓美電氣會社技師마크란氏가近日歸國ᄒ야日人을評論ᄒ되日本은韓國을完全ᄒ自巳領土로認ᄒ며韓國百姓이何許事이든지日本의認可가無ᄒ면經營ᄒ기를不得ᄒ다ᄒ얏더라

●淸國軍備　北京電을據ᄒᆫ즉至今淸國政府에서크게活動ᄒ야各要害處에軍粮을配置하고秘密히軍七鎭을調발ᄒ야각要塞에駐屯케ᄒᄂᆫ되軍略行動이平時와相異ᄒ다ᄒ얏더라

●女人起擾　倫敦電을據ᄒᆫ즉該地에多數女人이五大臣家에突入ᄒ야擾亂을起ᄒ얏ᄂᆫ대其理由ᄂ男女區別을打破ᄒ고議會에投票權을女子에게도許諾ᄒ라홈이라더라

●同盟會議決　헨버電을據ᄒᆫ즉同盟勞動代表者數百人이當地에서聯合會를開ᄒ고東洋人排斥을鼓唱ᄒ야習ᄒ되近日에도日本勞動者數千名이학生이라假稱ᄒ고엘파소港으로부터合衆國에侵入ᄒ얏스니此를禁止ᄒ라면議會에要求ᄒᄂᆫ것은無效ᄒ리니血을流ᄒᄂᆫ行動을ᄒᄂᆫ日이라야議會에서反省ᄒ리라ᄒ얏더라

●鎭守府設置　伯林電을據ᄒ則美國政府에서ᄂᆫ二萬噸되ᄂᆫ軍艦을受容ᄒᆯ浮船渠二個所를建設하고又布哇벨하보에海軍鎭守府를設置ᄒᆯ計劃이라더라

●製艦費上額　俄國에서製艦하기爲ᄒ야年々히三千萬留式費用ᄒ라ᄒ다더라

雜報

●明校大成　義州批峴面私立普通學校克明학校ᄂᆫ昨年六月十七日에有志諸氏가創立ᄒ고熱心贊助ᄒ야학生이四十餘人에達ᄒ고夜학生이五十餘人인되敎師金承학氏가不分晝夜ᄒ고熱心敎授ᄒᆯ뿐더러每月終試驗時에須賞等節과貧寒ᄒᆫ生徒의月謝金이며各條書冊을本敎師가擔給勸奬하고또一동諸氏가敎師의勤勉으로각ᄒ捐貸ᄒ여不遠間中학校를設立ᄒ리라고人皆稱頌ᄒᆫ다더라

●殖油機新발明　廣信商業학校校監朴仁昌氏가韓國의商工業이振興치못홈을慨嘆ᄒ야年前에同志者와相議ᄒ야該校를設立ᄒ고敎育에熱心ᄒ더니近日에ᄂᆫ新硏究를按出ᄒ야殖油하ᄂᆫ機械를발明ᄒ얏ᄂᆫ대鐵板에下壓機를付ᄒ야其精巧妙홈이歐米列國에도未曾有ᄒᆫ好機械라業已第一次實驗을經ᄒ고將次農商工部에請願ᄒᆫ다더라

●日師傲惡　宜川郡新興中學校ᄂᆫ元來私立인대학員이四五十名에達ᄒᆫ지라敎師與事務員의誠力觀察도大有進就之望이러니忽自學部로日人敎師一名이該校에來到ᄒ야학部訓令을藉ᄒ고不可不改爲公立校라하며一般學員與事務가학部壓制之下에敎育權을지被奪홈을慨歎ᄒ야相爲詰難之際에本守令鎭浩씨ᄂᆫ進會의心腸으로百般挾同ᄒ야卒爲占奪ᄒ미一般學生은一時離散ᄒ고一郡衆論이大段沸騰ᄒ다더라

●出於熱誠　龍川服上面立石동은私塾도曾未設立이러니去年八月分서長동居김永玉洪麟元김說根諸씨가時局을慨歎ᄒ야會集人民ᄒ고一場說明日孟子가云ᄒ사되擇不處仁이면焉得智리요ᄒ얏고又俗諺에云ᄒ앗스되擇地而居라하야스니吾等은他동으로欲爲移家ᄒ노라ᄒ즉동民曰何以오日外人之點制은姑捨ᄒ고隣동之人에交涉이反差也라何故오日彼隣洞은如彼設校而競爭前進ᄒᄂᆫ데此동은株守舊習而尙不醒悟ᄒ니如此ᄒ고야爲往不致敗哉아噫라共作一國之臣民도彼此一般이여ᄂᆫ此동人民은非此韓國之民이冬我爲大韓人民ᄒ야與君同住가不可也故로欲爲移家ᄒ노이다ᄒᆫ則동民이感憤ᄒ야爭出捐義ᄒ야不過三四日에創設一校而名之日經濟학校라ᄒ고募集학徒ᄒ야晝夜敎授에學徒가三四十名에達ᄒ엿다더라

●仁校維持　仁川港私立인明학校를永久히維持ᄒᆯ事로該港面長金弘潤씨가該面議所에서會議하고永久主務ᄂᆫ紳商會社로公選하고各社會와紳士가捐助ᄒᆫ基本金이每朔九十一圓인ᄃ不足額은紳商會社에서基本金으로每朔三十圓式擔當ᄒᆫ다고該港民人이無不稱頌ᄒᆫ다더라

●彰校試驗　甑山郡私立彰新學校에서本年一月에年終試驗을經ᄒ고合格者에게修業證書을施給ᄒ얏ᄂᆫ대甲班優等에ᄂᆫ朴永乃等四人이오夜學科優等에ᄂᆫ朴李하等五人이오乙班卒業等에ᄂᆫ박濟翊等二人인대校監宋道容씨와學務委員源氏가挽留空冊을讚金額捐貸하고敎師와來賓諸氏가勸勉的으로次第演說ᄒ엿다더라

●副敎贩校　平安甑山郡公立普通학校ᄂᆫ設立有年에敎育進就에希望이有ᄒ더니副敎員崔翊龍氏가照由歸家ᄒᆫ지五朔에校務가日至曠廢ᄒᆯ지라自郡으로屢次催促ᄒ되自郡로促送도아니ᄒ고聽若不聞ᄒ다고該郡人들이有ᄒ여라

●日新試驗　昌城郡日新학校에서冬期試驗을經ᄒ얏ᄂᆫ대甲班優等許謨等諸氏오及第姜本浩씨오乙班優等姜乙祖等二氏오及第姜利達等五人이라더라

●正誤　昨日本報第一面第六欄內雜報中太極獨立이란題下第九行以下ᄂᆫ洛東親睦會大韓留학生會湖南학會가合同ᄒ야大韓학會를組織홈이오太極學會ᄂᆫ如許ᄒᆫ事實이無ᄒ다고記載ᄒᆫ인대誤字가倒植되얏기玆에正誤홈

雜報

●下賜提燈 太皇帝陛下께옵셔 一千箇와 皇妃殿下께옵셔 五百箇를 提燈會에 下賜하신다더라

●韓兵侍衛 大皇帝陛下께서 乾元節에 德壽宮에 幸行하실時에는 日本騎兵은 廢止하고 本國近衛隊騎兵이 侍衛하는대 騎兵의 新式服장이 極히 華麗하다더라

●皇孫歸國 義親王殿下께서 日本서 留連하실時에 皇孫을 生하셧다는 說은 前報에 已揭하얏거니와 同殿下께서 今番還國하시는日에 皇孫을 帶同歸國하셧다더라

●洋制建宮 義親王殿下께서 本宮을 放賣코져하시되 價額이 多大하야 願買人이 無한故로 將次該宮을 毁撤하고 該基地에 洋制로 一新建築하기로 決定하다더라

●勝敗未知 近日政府各大臣中에 黨派가 各立하야 內閣總理大臣李完用氏와 內部大臣任善準씨와 學部大臣李載崑씨와 宮內大臣李允用씨等이 一黨을 結하고 其他大臣一派를 打破하랴하는대 一進派宋秉畯氏는 統監을 締結하야 黨權을 確立하고 運動하는지라 宋大臣이 渡來後에는 何黨이 敗할는지 難測이라더라

●苑遊委員 兩闕에서 각府部에 通牒하되 今番 乾元節 闕遊會에 奏任官以上이 入參할터인바 각該部奏任官에 職名居住年齡을 詳細記錄하되 同夫人有無도 亦爲詳示하라하얏다더라

●학徒提燈 大皇帝陛下乾元節에 慶祝하기爲하야 漢城內官私立學校職員학徒一同이 聯合하야提燈行列을擧行한다더라

●韓諜推察 漢城府尹張憲植氏가近日衛生上事務로該府에多日仕進치아니하기로該部文簿가積滯하얏다더라

●保護日技 農商工部技手박秀富、大原滿光、高島圭造三씨가東萊等地에礦業을視察次로日間발程할터인대該部에서昨日韓兩觀察에발訓嚴飭하되同三氏의視察一行을至卽照般保護하라하얏다더라

●觀察稅務 度支部書記官兪承兼氏와主事崔讚斗氏가三南稅務視察을畢了하고再昨日下午十時에入城하얏다더라

●踏査後認 趙회潤氏가龍川郡白川浦等地三個所에石炭採掘할事로農商工部에請認하얏는대該部에서探礦基地를踏查한後許施하기로昨日發訓하얏다더라

●財政調査 各道에財政이窘乏하야商業이漸凋함으로度支部에서支金庫와財務署에申飭하야各道의錢況을調査케한다더라

●調查金額 韓人銀行所에는度支部檢查局에서日人銀行所에는統監府財政課에서官吏를派送하야積立金과出付金을調査하야財政을整理할터인대各農工銀行도幷調査한다더라

●測局章程 國有財産調査局에서각道派員을昨日本局으로會集하야각屯土調査章程을頒給하얏는대各公土와民有로買得한지二年以上된것은査出치아니하기로하얏다더라

●減俸捐會 法部에서는自該部大臣及一般官吏至下隸々지一朔月俸中百分之幾에二分을각出하야提燈會로捐送하기로決定하얏다더라

●[illegible] 陜川郡居鄭海榮씨가其先祖鄭弘以氏의蕩滌復爵에關하야陳訴하는대該先祖가只有爵而無諡故로即爲奏聞하야諡號를同時特蒙케하라고法部에請願하얏다더라

●學校査報 학部에서각郡守에게訓令하되調查上에必要가有하니貴郡公私학校에關한校所在地와最初設立者名何및校長氏名과職員數及학徒數와財源種類事項을調査하야本月三十日내지限하야本部에報明하라하얏다더라

●取扱移屬 內部에서忠北觀察使에게訓令하되國庫金取扱上便宜를爲하야忠北黃간郡을永同郡으로轉移하야取扱便宜케하얏더니該郡舍로充當한家屋을供給하얏스니相當한便宜를與하도록該郡에訓飭하라하얏다더라

●不察民情 新昌郡小東面五洞은昨年秋收에全不掛錄하야民情이嗷々한故로結錢을待麥徵納하기로牙山郡稅務所에呼訴하얏더니該所에서不念民情하고新昌郡警察署에委托하야結錢을捉囚督納하는故로窮蔀殘民의怨聲이載路라더라

●刑法新書 平理院檢事張燾氏가年來에官私立各專門學校의講師로刑法教課를擔任하얏는대同氏가該학科의研究上과其他官民一般의參考를爲하야昨夏에法部認可를得하야日昨에新舊刑事法規大全上下一秩을編輯刊行하얏는대其體裁를開한즉全秩이凡一千三百六十餘頁이니上卷은附例明律、大全會通、增修無冤錄、甲午更張以後의律令等으로次第分類하얏고下卷은刑法大全、現行諸律令、乙未編纂의刑法草案及刑法大全改正草案等으로次第分類한者인대此書는我韓의新制刑法과裁判制度及監獄制度의變遷과總히刑事上의律例及訴訟과治獄에關하야參考上에未曾有한一大法典이라더라

●胡至此極 日本軍司令部와憲兵隊에서韓人偵探客을多數派送하야社會行動을調探하는대探客이不良者는無事之人을指嘱捉囚하고無限히困辱으로鍛鍊하는弊가種種有之하다더라

●日巡惡刑 林志濟氏가順安郡赤岩院下에居生하는대同郡內에金哥가誤하야族人을毆打하야幾至死境한故로金哥를捕縛할時에金哥가知하고日人이무송藥末을持來하야呑下케하고蘇復하얏스니金哥를解하라威脅하야勒解逃走케한後該族人이致死하매族人이忿心을不勝하야該日人을捕結하얏더니該日人이日巡査의게如何히囑하얏던지該族人等을一幷捉去하야吾國四千年所無한嚴刑을施하며恐喝하기를該金哥를毆殺하엿노라供吐하라하고惡刑을猛施하매劫弱한族人들이依言供吐하고該氏은終當供陳이라가惡刑을不堪하야屢々氣塞에幾至死境이매紙貨八十圜을勒徵하야以給該日人하고門外放逐하니親씨人이擔去平壤濟衆院하야무송藥을用하얏는지一縷生氣가回復이나身體는無用에歸하얏스니生不如死라고該郡來人의傳說이有하더라

●細貪怨聲 仁川港警署에서强盜徵役罪人十名과廳使一名이淸潔次로出往하다가逃走하야不知去處라더라

●日兵自鄕 再昨日下午四時쯤에日兵幾名이銃丸을帶持하고桂洞前憲兵隊營門으로入去하는대草鞋에黃土가塗抹하얏는대自地方으로入來하는貌樣이라더라

●義耶誰耶 本月五日에義兵인지誰黨인지高陽居申씨家에突入하야軍糧費幾圜을徵納하라한즉申씨가隣居金씨에게所推辭이有하다하고義兵과眼同하야割치안는대金氏가恐動하다가即爲中丸致死하얏다더라

●宋家賊警 三昨日午前三時에强盜三名이典洞宋碧씨家에突入하야金銀等屬二百六十餘兩價値를奪去하얏다더라

●講師會同 大東專門학校에서本月五日下午七時에講師會議를開하얏다더라

●經濟設課 普成專門학校二年級經濟科生으로退학한諸학徒가養正義塾에入학하기로請願한事는前報에已揭하얏거니와該塾에서經濟科를特設하고來六日부터開학한다더라

●獎勵獎 獎학月報社에서는會事人을奬勵하기爲하야第五回부터每回각科一等人格者의寫眞을本報에次第撮揚하기로決定하얏는대中茶 白由堂主人林炳三氏가特別贊成하기爲하야初次寫眞은無價撮寄하기로하며輔國閔泳徽氏도添贊하기爲하야多數書籍을寄付하얏다더라

東京電報 六日午後발

●淸使訪問 淸國公事館에서는朝來公事以下가二辰丸事件에就하야密議한結果로該公事는英國大使를訪問하고同事件의仲裁를懇乞하얏더라

●海軍異動 日本海軍將官及同相當官間에近近히異動이有하다고目下海軍大臣이奏請中이라더라

北京電報 六日發

紐育電報 六日發

●拒絶要求 第二辰丸抑留事件에對하야淸國官憲은頑冥히日本의要求를拒絶하는事態가益々重大하더라

●학徒慘狀 美國오하오洲子리블란드市에在한小학校에서起火하야兒童一百七十名이燒死하얏더라

▲遠方消息▼

▲海州警察署偵察隊日巡査二名과韓巡査四名이本月四日午前七時에同郡成岡面五里에서義兵八十餘名을遭遇하야數時間을交戰하얏는대死傷이未明이라더라

▲西湖問答▼ (續)

▲客曰社會敎育이라하니兩者는何오
▲曰夫社會敎育이라云하는者는士農工商其他諸般事業上에實地試驗과目擊見習이各각一部分敎育이니라
▲客曰其학之의當奈何오
▲曰士者는內로內治에善하고外로外交에善하야內外의得失과扶植을致察하며外國의變遷을觀하야勉而行之할지니라
▲客曰農者는當奈何오
▲曰農者는天下의大本이라地宜를相하야耕種하며天災를豫察하야防縮하되春耕秋穫을不失其時하야五穀이豐登이어든隣國輸出을比今倍多케하며木綿類屬을栽培하야衣類의織組를振興케하며甘蔗等物을시種하야食品의輸入을自破케하면民而漸以殷富할지니라
▲客曰工者는當奈何오
▲曰工者는從其技藝에各選其能하야女工이興하며男工이盛焉하야紡織과製造工廠을無處不設하며無處不教하야技術이日精하며製品이日精하야輸入品이變爲輸出이면貨를排斥의作梗은夢外에付할지니라
▲客曰商者는當奈何오
▲曰商者는一國의血脈融通을하는機關이니各國이商權競爭하기를兵力戰爭하기보다尤甚하는此時代라國內礦中天造物과國內人造物을多數히外國에輸出하야外國財政을輸入하면民富國強을不言可想일지라
▲客曰其他諸般事業은當奈何오
▲曰此는枚擧키難하나人人이各其事業에보다自尊精神을不失하야其事業이責任이此에在하다하면果然학識을薰陶하며學力을培養하는敎育보다優勝타하노라
▲客曰敎育을務할진대必須精神的을要하나니非精神的이면敎育이不全할깃지오
▲曰故로假使地誌를학할진대何地는鑛産이니可以鑛業을발하며何地는土沃하니可以農業을發하며何國은地廣하니可以殖民이라는心으로腦髓에釘하며何國은何時에何人이自主하얏다는心으로腦髓에釘하야歷史를讀할진대何人이賣國하얏시니怒而罵之하기를生見其人하며哀恐하야志氣를腦脉에印하며何人은復國하얏스니欽而慕之하기를若自已出한거로思하야志를腦脉에印하며何國은富强하니其文物과政略을效而則之하야吾國으로하여금彼國에서優勝코져期하야志를腦脉에印할거시니라
▲客曰一請而敎하고雖某학을修할지라도幼而學之하고壯而行之則可乎아
▲曰然하다修학에必須後에國家를爲하야需用하기로自期하고精神을此에輸하며氣力을此에輸하야一字라도泛看치勿하며一言이라도泛聽치勿할지로다

廣告

大韓文典 崔光玉 述 李商在 校閱

此文典은國語의語法과讀法과作文法을一定ᄒᆞᆫ規模로能成케ᄒᆞᆫ法이備載ᄒᆞ야高等小學校나中學一班에所用홀만ᄒᆞ오니僉君子ᄂᆞᆫ速々購覽ᄒᆞ심敬要

發賣所 平壤 大同書館
京城 進明徽新학校內
安岳 勉學書舖

本會를繼續組織ᄒᆞ기爲ᄒᆞ야來日曜日下午一時에東闕前普光學校에開會ᄒᆞ오니在京嶠南僉君子ᄂᆞᆫ 光臨을爲要

嶠南敎育會 告白

率土之內우리島中滄海가良田되고漁子가農夫로다伏羲氏敎ᄒᆞᆫ網罟佃魚도生活ᄒᆞᄂᆞᆫ中에春秋戶布結稅納을先公後私ᄒᆞ옵더니開明ᄒᆞᆫ此世界에漁基派員金鳳洙ᄂᆞᆫ世界公法不顧ᄒᆞ고朝三暮四幻變術로府郡院晴囑ᄒᆞ야訓令을圖得ᄒᆞ니滚滚ᄒᆞᆫ더服裝에無名宕巾쓰고번쩍갓단匿漁船에馬山浦로下來ᄒᆞᆫ제電報로先文삼고氣勢로鬼劍삼아幾點某處到任令에新舊江이震動ᄒᆞ다綾羅珠屬好風度ᄂᆞᆫ小人이分明ᄒᆞ고장歐高舞滑俠雜ᄂᆞᆫ賊漢昭然ᄒᆞ다民有條로勒奪ᄒᆞ니助桀爲虐誰也런고境上待候逕物件이人力車야自引車야燈火가귀ᄉᆞ되여一子로播列ᄒᆞ니號令이秋霜이라雪上에加霜으로日本人香椎淸水官條全部派員되여民有條를勒奪ᄒᆞᆫ제名色無ᄒᆞᆫ議官參奉優々ᄒᆞᆫ遺物件이或者ᄂᆞᆫ창鬼되고或者ᄂᆞᆫ奴隸되여前導後擁可觀이라渠輩行爲볼작시면類々相從分明ᄒᆞ다派員所廣聞ᄒᆞ고廣告案目高揭ᄒᆞ야高下條論價로제鍋山이擧此이라理事府巡査隊에如何而做驅인지軍艦을派送ᄒᆞ야제巡校을眼同ᄒᆞ여浮浪ᄒᆞᆫ韓日類를厚雇로買得ᄒᆞ야本郡東西各浦口에星奔電馳環巡ᄒᆞ야無辜漁民亂打ᄒᆞ니如遂乱離可憐ᄒᆞ다官路ᄒᆞ다嗚呼라天無靈殺之理ᄒᆞ고民途강生之秋ᄒᆞ얏던지經監內府開完文鼓決斷도實施가無府에서派遣技師廉文一于能巨晒郡ᄒᆞ야官有條民有條ᄅᆞᆯ分辨調査後에官有ᄂᆞᆫ付公ᄒᆞ고民有ᄂᆞᆫ付民이라巡後文牒繼成ᄒᆞ야內外國에頒布ᄒᆞ야永久히遵行케ᄒᆞ니斯人公正을孰不感祝가繼吟日職事矯正遷于上下惟之跡山高海濶이로다

慶尙남道巨濟郡漁民 尹君善 告白

東署於義洞建德坊經基동十統七戶崔召史家舍를丙午年分셔失故玆以廣告ᄒᆞ오니誰某拾得ᄒᆞ와도休紙施行홈

奎完成 告白

本人의山所가在於高陽栢頭里下峴面인바姪子慎求이浮浪ᄒᆞ야禁養松楸를賭賣ᄒᆞ랴ᄒᆞ니內外國人은見欺치勿홈

康鳳來 告白

廣告

本會에서三月八日(日曜)下午一時에定期總會를軍人俱樂部(前訓鍊院)에開ᄒᆞ오니一般會員과入會ᄒᆞ실人員은刊期來臨ᄒᆞ심을望홈

畿湖興學會 白

本書院에서內外國新書學問各種書籍과聖經各種을大發賣ᄒᆞ지三四年인바本敎會敎人과각學校生徒의購覽을기便利홈을爲ᄒᆞ야左開三處에支冊肆를新設ᄒᆞ오니書籍을購買ᄒᆞ시ᄂᆞᆫ僉彦은附近支肆에請求하심을務望

左 開

西門外中학校西便 韓承煐
南門外通路東便 安桂元
鍾路館門下 韓鼎敎

平壤貫동上隅
耶穌教書院 總發賣 金聖鐸 白

現今弊院에서各項事務을一層擴張하오며金裝與銀裝各樣의齒와老小間沒數落齒ᄒᆞᆫ데齒床幷齒를隨意製造하오며拔齒與入齒時에毫無苦痛케ᄒᆞᄂᆞᆫ技方도有ᄒᆞ며齒科上面議ᄂᆞᆫ無料換受ᄒᆞ압ᄂᆞ니四方僉君子ᄂᆞᆫ照亮ᄒᆞ심을爲希홈

京南大門內尙洞美人施蘭敦家寓齒科醫士 韓大衛 告白

本船이伏見丸이라名稱ᄒᆞ옵고航路ᄂᆞᆫ元山城津海三處이온데多年僉同胞에愛顧ᄒᆞ심을被ᄒᆞ와本人에船泊營業이興旺이옵더니今番에本船이大韓에入籍ᄒᆞ옵고改名ᄒᆞ와船名을俊昌號라稱ᄒᆞ오며航路ᄂᆞᆫ前과如히元山城津海三處이온데來往ᄒᆞ시ᄂᆞᆫ船客에게ᄂᆞᆫ一層注意ᄒᆞ와凡事를便케ᄒᆞ오니 照亮愛顧ᄒᆞ심을伏望

俊昌號主人 告白

●進行順序

一 提燈行列을擧行ᄒᆞᆯ事
二 提燈員은每署에少ᄒᆞ야도二千人式來會ᄒᆞᆯ事
三 會集地点에區域은左와如홈
一 東署提燈員은自罷朝橋至東門內道路南邊
二 中署提燈員은自鐘路至鐵物橋道路西邊
三 南署提燈員은自鐘路로至남門에向ᄒᆞᆫ道路西邊
四 北署提燈員은自종로巡査交所前으로黃土峴에向ᄒᆞᆫ道路南邊
五 西署提燈員은自黃土峴으로至光化門道路西邊
四 會集時間은本月五日(陰本月八日)下午六時에以上本指定ᄒᆞᆫ地点으로無違會集ᄒᆞᆯ事
五 進行開始時間은同日下午七時
六 進行道路ᄂᆞᆫ左와如홈
종路에서鐵物橋를經ᄒᆞ야罷朝橋에至ᄒᆞ야左折ᄒᆞ고敎化門前에至ᄒᆞ야
大皇帝陛下萬歲를奉呼三次ᄒᆞ고又左折로新門에至ᄒᆞ야觀峴及安峴安동磚洞東十字街을經ᄒᆞ야 光化門闕에至ᄒᆞ야南向直線으로大漢門前에至ᄒᆞ야
太皇帝陛下萬歲를奉呼三次ᄒᆞ고養洞을經ᄒᆞ야南大門通街에서左折ᄒᆞ야鍾路에至ᄒᆞ야大韓國民萬歲를唱홈
七 行進ᄒᆞᆯ時刻에ᄂᆞᆫ自中央事務所로指揮員을各派ᄒᆞ야行進홈을指揮키前에ᄂᆞᆫ切勿行動ᄒᆞᆯ事
八 當日에若雨則翌日同時로翌日又若雨則又翌日同時로順延ᄒᆞᆯ事
九 行伍ᄂᆞᆫ四列로行ᄒᆞᆯ事
十 五百人式一隊를作하야每署에四隊ㅣ니甲隊와乙隊에相隔은五十步以上으로進行케ᄒᆞᆯ事
拾壹 球燈은每人에一箇式蠟燭은每燈三個式本會事務所에서供給홈
拾二 各署內각동所任或各團體代表人은各該동或團體中에參列ᄒᆞᆯ人員에實數를預定ᄒᆞ야각其所用ᄒᆞᆯ燈與燭에領受証을本月八日九日十日(陰二月六日七日八日)以內로本事務所에提出ᄒᆞ고卽其時로領受持去ᄒᆞᆯ事
拾三 각洞동及各團體의代表旗와代表燈은각其自擔持來ᄒᆞᆯ事
拾四 点火具(성양)은每人이各其自擔準備ᄒᆞᆯ事
拾五 各其持來ᄒᆞᆫ球燈數ᄂᆞᆫ當日本會委員의檢査를受ᄒᆞᆯ事

乾元節 慶祝會 告白

滑稽小說 **禽獸會議錄** 弄球室主人 著述
表紙石版寫眞畵印刷 全一冊 定價金拾五錢

▲本小說은新体文壇의演劇的小說로空前絕後의一大禽獸會議를開催하고海陸動物이演壇에集合ᄒᆞ야人類와禽獸의優劣과造化主宰의眞理를討論批評ᄒᆞᄂᆞᆫ光景을傍聽實寫ᄒᆞ야讀者諸君에게紹介ᄒᆞᆷ로今日吾人類社會의公德頹敗ᄒᆞᆷ을警醒코ᄌᆞᄒᆞᆷ이니其滑稽的文体가光彩陸離ᄒᆞ며諷刺的批評이奇拔欵曲하야實로國文小說界에一大異彩를放ᄒᆞᆯ만ᄒᆞ며一讀解頤의好書物이오

▲발行元 皇城書籍業組合

▲分賣所 中署罷朝橋越邊 中央書館 中署종路 大東書市
南署大廣橋東邊 匯東書館 仝 古今書海館
西署남門外紫岩 新舊書林 남署尙洞 博文書館
남署 銅峴 博학書館 中署布屛 實書舖

學部認可 博學書館

●廣告

東書館에서文明을發達하고民智를啓開하기爲하야수에內外國各書籍과各種敎科書類를購求하오니要覽 僉君子ᄂᆞᆫ陸續購覽ᄒᆞ심을務望

最新發行圖書目錄

◉東西洋歷史 各種
◉東西洋地誌 各種
◉政治學 各種
◉法律學 各種
◉經濟學 各種
◉算術書 各種
◉內外國地圖 各種
◉修身書 各種
◉財政學 各種
◉博物學 各種
◉物理學 各種
◉衛生學 各種
◉地文學 各種
◉讀本 各種
◉法帖 各種
◉學校用品 各種

此外에도各種書籍이具備ᄒᆞ옵고書籍及名片을印刷하옵ᄂᆞᆫ더與他廉價로發賣하오니照亮ᄒᆞ시압

京城南部銅峴(中署)

各地方에서ᄂᆞᆫ書價으로請求ᄒᆞ면곳進呈ᄒᆞᆯ터이고價金은郵便引換도ᄒᆞ외다

◉大韓國新發明神藥

◉修德靈丹 各種食滯中暑久滯口臭痰飮吐瀉定價一貼十錢
◉至寶丸 治諸般雜疾不拘久遠俱有偉效定價金十錢
◉靈效液 外用方書治疥瘡皮風百發百中定價金三拾錢
◉淸眼水 治諸般眼疾有撥雲見天之妙定價金拾錢
◉通淋丸 治男女急慢淋疾神效無雙速効除毒一週金五十錢

此外에도東西洋各國有名實劑과瘡病去根藥과頭風痔疾藥水각種病症俱比惠向爲望

漢城中署鍾路鉢里廛동拾二統二戶地

製劑발賣所 共愛堂藥房 張基茂 告白
監修발行人 前官立漢城醫학校卒業生 朴春南 謹白

支店 開城南門內 共愛堂開城支舖 姜助遠
興學書舖
代理店 西署新門外石橋普濟院藥局 車燕琁
仁川海極峴濟生堂 李庚鳳

國內各地藥局에서隨處販賣ᄒᆞᆸ니다

漢城鐘路萬國基督教青年會館前慈惠藥房 製藥鑑査人濟衆院醫學員洪錫厚朴慈惠李 [illegible] 廣告白

本人等이米國大學醫院處方을大醫學士魚丕信氏에게受業ᄒᆞ고 [illegible] 學校表勵五等池錫永氏에게有效證明을受ᄒᆞ고左記낙種世製造ᄒᆞ야外國製藥規模을依ᄒᆞ야紙匣洋鐵匣琉璃瓶에盛ᄒᆞ야全國內地各處藥店에廣賣ᄒᆞ옵고濟衆院英字醫書를我國漢文으로繙譯ᄒᆞ야名稱西藥便方이라ᄒᆞ야발賣ᄒᆞ오니四方 僉彦中濟衆院 낙용數拾年來經驗信用ᄒᆞ신兄弟는不拘약之多少와路之遠近ᄒᆞ고以書請買ᄒᆞ시면本人은雖拾錢價値藥이라도以小包郵便으로仰呈ᄒᆞ오리니낙封定價外郵稅十錢을加送ᄒᆞ시되小數전은郵票ᄒᆞ시던지로ᄒᆞ서도되시고賣낙家에서는多數買去ᄒᆞ시면郵便局換錢票로買送ᄒᆞ시오且本藥房에米國(멀로드)製낙會社와(와를 □ 發낙會社낙와) 藥펀(만ᄒᆞ임) 製약회략品을直譯ᄒᆞ야德語英語로記ᄒᆞᆫ方文과主治와用法을我國漢文으로飜譯ᄒᆞ야賣

商標

食思振起 第一老衰男女
精力活潑 **補益丸** 외여補益益血

定價表
拾日分 三十個入 金一圜
二十日分 六十個入 金一圜七拾五錢
三十日分 九十個入 金二圜五拾錢

□效解瘧丸 一日分定價金拾錢此藥은大人小兒長幼와初 [illegible] 瘧疾 [illegible] 服用ᄒᆞ면更不再發

[illegible] 大補元氣能調 [illegible] 男子陽萎不起女子月經不調手足厥冷虛 [illegible] 久病 [illegible] 蘇完ᄒᆞ는効力이大勝於鹿茸大人蔘湯

□患丸 一日分定價金拾전此藥은大人蜩積小兒疳病의神効

□時感冒丸 一日分定價金拾전此藥은感氣몸살의쓰는약인 [illegible] 二三日連服ᄒᆞ면四時毒感上下肢節痛에卽時解熱鎭痛

男女瘡□根藥 定價金五圜此藥은瘡疾의一期二期를勿論ᄒᆞ고거근을도록낙을주는대口瘡과구역도아니나노

淸明眼藥 一日分定價金拾錢此藥은火眼과眼의有ᄒᆞ奇効

無𦡊臭瘡藥 定價金四拾전此藥은虫과卅分門殺

鎭咳藥 五日分定價金三拾錢此藥은四時□常咳嗽에有效ᄒᆞ고特히老人喘咳에消痰止咳

寸白□根 定價金三拾錢此약寸虫當□

止足汗藥 二十日分定價貳拾錢此藥德國軍人常用除足汗 [illegible]

經胑根治膏 定價금十五전此낙面腫과頭腫에直差

濕腫根治膏 定價금十五전此약은男女勿論하고風寒暑濕으로발腫되여大起搔痒ᄒᆞᆫ데奇効

漢城百應膏 一封定價金十錢此약은濟약醫士李信友시方文으로製造ᄒᆞᆫ藥인데영우리잘풀리고각項腫氣에발根合瘡이 [illegible] 되는膏藥 대大洋鉄匣八一個금五十錢

小兒感冒靈効散 此약池錫永氏經驗良方小兒感冒及食滯와身而熱驚風者神效定價金十錢

胸氣神效保嬰散 此약醫學校長池錫永氏數拾年經驗之良方小兒床色泄瀉○腹脹○身不安而不寢○腹痛驚吐及直視 [illegible] 效定價금十二錢五厘

發賣所 仁川港杻峴濟生堂낙房 [illegible] 賣낙所李信華

新編 銀行簿記學 全一冊定價六十五전 任璟宰編述

本書는一般外國諸大家의著述ᄒᆞᆫ簿記學中設近ᄒᆞᆫ학理와最新ᄒᆞᆫ形式을精細蒐輯ᄒᆞ야國漢文으로繙譯ᄒᆞ야便易ᄒᆞ게訳述ᄒᆞᆫ者니一次修習ᄒᆞ면銀行의整理方法과業務의處理順序가瞭如指掌ᄒᆞ야實로實業家의一大顧問이라諸銀行家와商業家는不不可案頭에一冊을備置ᄒᆞᆯ者ㅣ니陸續購覽ᄒᆞ심을務望

발賣元 中署布屏下三拾七統六戶 廣學書舖金相萬

分賣所 동口越邊中央書館 大廣橋匯東書館 鍾路大東書市 同古今書海館 南門內博文書館 南門外新舊書林 銅峴博學書館

朴晶東氏演說

意大利獨立史 正價金五拾錢
經濟原論 正價金三拾五錢
國際公法志 正價金四拾錢
國文新撰家庭學 正價金三拾錢

國家의文明은教育이根本이오教育의基礎는家政이始라故로家政學을純國文으로新撰ᄒᆞ야婦人社會와勞動社會와學校教科에지適用ᄒᆞᆷ에便易케ᄒᆞ얏사오니有志僉君子는陸續購覽ᄒᆞ심을務望 발行人 金爾均 告白

發賣所 ▲大廣橋 匯東書館 ▲鍾路 大東書市 ▲洞口 中央書館 ▲布屏下 廣學書舖 ▲銅峴 博學書館 ▲尙洞 博文書館

瑞士建國誌 定價金 新貨拾五錢

此冊은政治小說이니志士의教育救民ᄒᆞ는思想과人民의愛國心을養成ᄒᆞ는데緊要ᄒᆞᆫ冊子오

發賣所
▲大韓每日申報社
▲仁川港杻峴 開新册肆
▲中署布屏門下 金相萬冊肆
▲平壤城內烈女祠 教育書舘
▲鍾路 古今書海館
▲洞口越便 中央書館
▲鍾路 大東書市
▲大廣橋 匯東書館
▲尙洞 博文書館
▲開城 姜助遵冊사
▲海州碧城書齋舘 朴昌

淸心保命丹 新藥 淸心

●大韓國新발明靈藥廣告
陸軍軍醫軍醫金守鉉君實驗方劑에로淸心保命丹을발明인바効能은如左ᄒᆞ니 僉君子惠試爲望

●主治效能 ●擴飮食積●中暑中寒 ●咳嗽嘔痛●不土不服 ●氣鬱吐瀉●船車酔●食傷酒酔●口熱 ▲其他諸般運氣腐瘦頂方妙藥

本舖 仁川港杻峴 濟生堂

발行人 仁川港杻峴 濟生堂 李□鳳

代理店 京城鍾路 [illegible] 共愛堂藥房 特約店 京城鍾路 [illegible] 慈惠藥房 同 藥峴 李信華洋藥局 同 尙洞 盧從亨藥사 同 南門外 廣濟藥院 ●仁川 內洞 韓□□ 同 杻峴 和平局 ●開城 南門內 朴圭□ 同 忠壇 具□□ ●水原 鍾路下 金□九藥局 同 宗路 朱□李 ●延安 邑內 □汝文 ●江華 鍾路 宋□東 ●長湍 南門內 崔□淳 ●風山 砂利院場內 박□昌 全 任允中 ●資州 南門 外紅門洞 李在□ ●平壤 □巨里 耶穌教堂內 李東□ 全 韓鳳儀藥舖 全 □□藥舖 최□化 全 館前洞藥舖 金□興 ●鎭南浦 文武洞藥舖 □性宣 ●群山港開福洞 金元□藥舖 ●京南大門外 大同運輸會社 金斗鉉 ●全泥峴郵便局所 天佑堂 ●安岳邑上場里 濟生局 林景柱 ●大邱南門內 刷還동 김成浩家 ●釜山港草梁 客主 김□佑家 ●安州城內 □井 동 國春大약房 ●義州南門外水口街 義和약局 李□□ 此外에도現代에분明각處有名 각種藥이俱備ᄒᆞ ●海州南門內 ●淸州邑 新洞약局 金演台 ●博川郡美동商店 박芝行 ●殷寧邑後동洋약局 崔允國 ●北靑 新昌港客主 박□勳 ●元山港本堂出張人 朴敎鉉

越南亡國史 國漢文 定價貳拾五錢

發賣所 京城廣橋高裕相書舖 廣州郡 [illegible] 布屏下 □相萬 告白

▲新刊書籍發售廣告
增補 新訂 萬國 大全 國漢文 定價金七拾五錢
大韓法規類纂 洋裝 三圜五拾錢 郵稅四拾錢
初等倫理學敎科書 二拾錢
初等衛生學敎科書 拾五錢
國家學綱領 拾五錢
國民須知 八錢
愛國婦人傳 張志淵氏著 十五錢
發賣所 皇城布屏下 金相萬書舖

學徒洋裝書冊
學徒運動과諸具
羅紗各種 英國金鑛織
衣服諸具 [illegible] 廉價放賣
ᄒᆞ오니諸君子는來臨ᄒᆞ심을바라나이다
仁川港杻峴 新冊肆

◎ 賑恤義捐金收入廣告

●水原府第三回 ▲南部仁道川
金恩斗 金完基 김元基
金恩玉 林永天 각一圜
최德三 최健實 박順燁
各六拾錢 김鎰基 김鎰世
朴性化 리太浩 각五拾錢
리成汝 金仁九 최在順
林貴山 리君甫 김建陽
尹致先 각四十錢 김洪基
김영基 김駿基 문伯俊
殷德元 李春玉 安占日
리元學 陳□甫 각卄전
李士根 리春□ 김成實
鄭喜順 李成康 리祥九
安祥燁 嚴仰連 리明順
崔九甚 咸八峯 리完實
리順九 최明心 최允西

□建섭 尹允用 金性三
宋在天 □允明 金在文
각卄전 金鎰連 김鎰萬
姜信洪 리宗民 殷卜萬
崔濟得 李永吉 申仁學
金春伯 韓秦九 李春水
金永守 崔學奉 리순학
金士允 최任石 張光□
崔□仁 崔九三 朴順二
陳甫直 張元心 리萬俊
金長甫 尹在實 리在允
姜性燁 尹八植 宋德明
朴性西 김君先 □明化
宋炳又 李興西 정喆文
梁□培 김鎭甫 陳甫玄
각十錢
合二十二圜三十전

▲山南동
宋盛浩 林奉汝 각一圜
崔永化 六十錢 宋宗化
柳榮國 成在寬 각五十錢
柳□ 尹京五 金炳武
리炳穆 리東基 각四拾전
柳興□ 宋榮大 朱□浩
柳昇 成敬浩 丁元教
柳榮寬 각卄전 柳회
柳晟 柳昶 柳奎
柳明 柳昌 宋祥浩
宋眞浩 宋信浩 宋完浩
리禹根 李春甫 □升전
朴敬等 朴忠陽 柳旭
柳榮喆 각拾전
合拾一圜

總合三十三圜二十錢
前號總合五萬九千二百四十五圜七十七錢七厘
都總合五萬九千二百七拾九圜○七전七厘

發行兼編輯人 英國人 裴說
發行所 南署苧井洞 [illegible] 大韓每日申報社

月曜及慶節歲時日休刊

檀君開國四千二百四十一年
箕子元年三千三十年
大韓開國五百十七年
日本明治四十一年
淸國光緖三十四年
陰曆戊申二月小初八日甲子

論說

◉乾元節慶祝頌

是日也ᄂᆞᆫ 大皇帝陛下卽位ᄒᆞ신第一回乾元節也라嘉祥이畢集ᄒᆞ고萬姓이歡呼ᄒᆞ니皇室의慶이於斯盛矣로다玆에一頌을搆ᄒᆞ니其文曰

年建隆熙慶回乾元
戴有聖君人物胥欣
穆穆遺䡄堯舜家法
兢々業々進我弘業
瑞日呈彩韶飛御天
第一紀慶於萬卜年
傳世綿綿若檀若箕
致國富强若濟若麗
拓疆闢地若廣開土
愛民養賢若羅文武
文德庾信日顯爲相
姜贊蘇地日備爲將
下及崇謙智謙黔弼
布列朝著補袞無失
莫曾某才是登是揩
某奸某小是周是黜
國搆磐石歡康衢
年々歲々胥抃胥呼

外報

●日米戰爭에對ᄒᆞ야英人評論 倫敦泰晤士報ᄂᆞᆫ則極東에政策을研究하ᄂᆞᆫ英國학生一名이日前에倫敦城에서聲明하되近日米日戰爭說이世界에頒藉ᄒᆞ나斷定코日本이淸國을受降ᄒᆞ고東亞에形勢를擴張ᄒᆞ기前에ᄂᆞᆫ米國과戰爭을始치아니ᄒᆞ리니無他라近日日本이聞ᄒᆞ고見ᄒᆞᄂᆞᆫ바에淸國이漸々開明에進步ᄒᆞ야武藝를鍊習ᄒᆞ되死生을不顧ᄒᆞᄂᆞᆫ精兵이一千萬人이요兼ᄒᆞ야淸國이前日日本에게敗ᄒᆞᆫ事를當ᄒᆞᆫ것을切齒腐心ᄒᆞ야怨讐로生覺ᄒᆞ니三年內에日本이淸國을韓國과如히自己의政策으로結縛지아니하면將來에日本이淸國에患을當ᄒᆞᆯ것지오淸國이更히日本과戰爭을始作ᄒᆞᆯ진대日本을世界上에업시코져ᄒᆞᆯ거슨分明ᄒᆞ니日本이엇지將來東亞의利益과日本全國에興亡을生覺지못하고無益ᄒᆞᆫ米國으로더부러戰爭을開ᄒᆞᆯ理由가有ᄒᆞ리오現今日本은淸國을專力으로經營ᄒᆞ고米國에對ᄒᆞ야ᄂᆞᆫ別般運動이無ᄒᆞ리라ᄒᆞ얏더라

●各國의艦隊擴張 倫敦電을據ᄒᆞᆫ즉目下世界에서海軍을擴張ᄒᆞᄂᆞᆫ것과各艦隊를修理ᄒᆞᄂᆞᆫ것을觀察ᄒᆞᆫ진대各國이一體로戰爭에準備ᄒᆞᄂᆞᆫ模樣이分明ᄒᆞ니近來米國과日本에서海軍을擴張ᄒᆞᄂᆞᆫ것은世界가共知하ᄂᆞᆫ바오俄國은[illegible]支出ᄒᆞ야海軍을擴張ᄒᆞᆫ次로作定ᄒᆞ얏고英國은本年度에艦隊經費一億五千八百萬圓을支出ᄒᆞ얏고西班牙國은(알폰쓰)陛下께셔英國다녀오신後로八艦隊를[illegible]支出ᄒᆞ야艦隊를增設케ᄒᆞ얏고德國은近來에軍艦製造ᄒᆞ기에一層注意ᄒᆞ야一千九百拾四年內로海軍力이英國之次에居ᄒᆞ기로專力ᄒᆞ나現今法國에海軍擴張ᄒᆞᄂᆞᆫ거을見ᄒᆞᆫ진대德國보다最勝ᄒᆞ리라ᄒᆞ얏더라

雜報

●敎院新糧 三和港私立講習院에서有志諸氏가熱心敎授ᄒᆞᆷ은本報에已揭ᄒᆞᆫ바어니와該院은今月에金도엽시학生을廣募ᄒᆞ야敎授ᄒᆞ되近日학生은日進ᄒᆞ고院舍ᄂᆞᆫ狹窄ᄒᆞ야願學者入학ᄒᆞ기不能ᄒᆞ고經費亦窘塞ᄒᆞᆷ으로該院學生中兪致衡氏가發起ᄒᆞ야諸班學生을一同會集ᄒᆞ야院舍를建築ᄒᆞ고학費를隨力捐補ᄒᆞ기로會議ᄒᆞᆯ時에鄭度大閔泳綺씨가拾圓을依前義之日院舍與經費之艱難은非學生之必慮矣니少勿動念ᄒᆞ고依前工夫ᄒᆞ면本人이至於何境으로든지擔任維持ᄒᆞ깃다ᄒᆞᆫ故로諸학生이拍掌大喜ᄒᆞ고因以每日曜日下午三時로討論會를開ᄒᆞ얏다더라

●官民相學 咸興來人의傳說을聞ᄒᆞᆫ즉宜川郡守兪鎭浩씨ᄂᆞᆫ학校設立과敎育勸奬으로另爲急務ᄒᆞ야郡內各坊에勸諭ᄒᆞ야各村私塾을一變ᄒᆞ야新학을設ᄒᆞ얏더라面里淫祀基址와社契資金을全付학校ᄒᆞ야俾維持校費케ᄒᆞ며貧民의勞動無暇ᄒᆞᆷ을特念ᄒᆞ야天然智識을無由啓발이라ᄒᆞ고乃與本郡紳士로熟心協議ᄒᆞ야郡內兩處에夜학校를設立ᄒᆞ고許多學徒를[illegible]ᄒᆞ야每夜上학케ᄒᆞ며本郡財務署主事金熙綵氏와河씨ᄂᆞᆫ連夜出席ᄒᆞ야諸般學徒를勸勉贊助하야使之感발興起케ᄒᆞ니其可賀ᄒᆞᆯ事라ᄒᆞ고咸興來人의傳說이有ᄒᆞ더라

●推賊還守 三陟郡民張錫鴻金東鎬박東一等의傳說을據ᄒᆞᆫ즉前郡守安某氏가在任時에勒斂ᄒᆞᆫ錢葉五萬兩은已爲依民訴府報ᄒᆞ야免官된事ᄂᆞᆫ京鄕이共知ᄒᆞᆫ바요說中金東鎬ᄂᆞᆫ錢葉一千兩은該郡主事敍任ᄒᆞᆫ次로捧捧ᄒᆞ고朴東一은錢葉七百兩은該地方委員敍任ᄒᆞᆫ次로捧食ᄒᆞ고右人等新舊錢葉二萬兩은永久히通錄於舊辨之黨으로侵食하얏ᄂᆞᆫ대所謂主事니委員이니尙不圖給ᄒᆞ고通錄之事ᄂᆞᆫ每因新郡羅之[illegible]ᄒᆞ야今被捉押上之境에至ᄒᆞ얏스니官己欺民된財ᄂᆞᆫ不言可想이라前後所納之전은各自還推乃已라ᄒᆞ고金東鎬ᄂᆞᆫ安郡守家에晝夜出入ᄒᆞᄂᆞᆫ데朴致兩人이轉托於김東鎬ᄒᆞ야右전을若不還給이면安郡守에前後不法行政ᄒᆞᆫ事實을公判ᄒᆞᆫ다더라

廣告

去壬寅五月分에本人五寸叔金炳及憲이寢親本人之孤單ᄒᆞ고欲殺乾沒本人之沓土ᄒᆞ야本人외傳來ᄒᆞᆫ咨山金州高山恩津等地所在沓七三百五十六石十五斗落을暗賣于 慶善宮而事覺綻露ᄒᆞ야自歸無効後에自 宮으로直接沓主ᄒᆞ야興成ᄒᆞᆫ다ᄒᆞᆷ서九萬圓價格외所捧이不過一萬圓이라孤兒寡婦가窮敗接屛ᄒᆞ야積冤飮泣ᄒᆞ고呼訴不已于 宮矣러니自 本宮으로烟其惻隱情境ᄒᆞ시고리總相[illegible]下로繼以要東冤狀ᄒᆞ얏든지自 宮으로調査局으로復券[illegible]給[illegible]ᄒᆞ야己爲出給이니本人외게ᄂᆞᆫ何來人手故로賤문券이未知落在何人之手하야欲爲跟探之際에孫錫基가使姜嬅爲名者로來言曰吾旣懇請于總相ᄒᆞ야還冤답券ᄒᆞ얏스니總相之恩은實爲難忘인대以金錢報酬ᄂᆞᆫ似涉不敬ᄒᆞ고總相之意ᄂᆞᆫ在於歐買답也니雖九萬餘圓假値之物이나假定六萬圓ᄒᆞ고以折半打算ᄒᆞ야汝之實捧은三萬圓만ᄒᆞ면諸般雜費도一切用之ᄒᆞ깃고總相의게報答之禮가至矣盡矣어니와不此之爲ᄒᆞ고如欲全推其답이면非徒背恩이라必至於還納于調査局之境이라ᄒᆞ고反覆誘脅인바以若本人之孤根弱年으로忽聞此言에不知其詳細顚末이나多年冤結之餘에不無喜快之心뿐더러總相愛民之澤을實爲難忘이오至若한納之說하야ᄂᆞᆫ亦不無恐怯ᄒᆞ야其奸僞之事ᄂᆞᆫ未及覺察하고遽而許賣矣나其답二分一은本人이爲其傳來지紀念ᄒᆞ야不爲放賣하고其餘三分之二ᄂᆞᆫ以二萬圓으로放賣于總相ᄒᆞ기로作定矣러니及至去至月念間ᄒᆞ야孫錫基가又使姜嬅으로金六十圓[illegible]炊답洽七石落문券을爲先送之ᄒᆞ고要請新문紀故로雖係越價以前이나給牌旨成新문記等事ᄂᆞᆫ券價以前成給이中來稱價故로無慮許給矣러니券與답價ᄂᆞᆫ終不持來ᄒᆞ고又送姜嬅ᄒᆞ야礦質放賣之手標를書給하라ᄒᆞ기本人의券價답價ᄂᆞᆫ不爲消債ᄒᆞ고本人의要求ᄒᆞᄂᆞᆫ欲討ᄒᆞᆷ이不可라ᄒᆞ고買送後에往問于總相則孫錫基之前後詐狀이遂々綻露ᄒᆞᆫ즉總相이雖有屈旋効勞나此則爲其民情之可矜이며總相聞此買得답之事라ᄒᆞ며二ᄂᆞᆫ該답은自調査局으로還給于답ᄒᆞᆷ을我自周旋ᄒᆞ얏다ᄂᆞᆫ存何請囑等事乎아ᄒᆞ며二은自調査局으로還給문券與圓分에孫정基가使리時圓名義로本人의委任狀及官印을僞造ᄒᆞ야渠自推尋ᄒᆞ야私自掩匿ᄒᆞ고使姜嬅으로詐稱總相ᄒᆞ야如是誘脅本人ᄒᆞᆫ事이기卽往孫錫基家則適値出他不在故로歷送人ᄒᆞ야詰責其欺人之事ᄒᆞ고以不資재답之意로爲言則孫錫基가來訪本人而橫竪十說曰時南之假造委任狀之事ᄂᆞᆫ本人외獨擔ᄒᆞᆫ바賣이라ᄒᆞ며又曰蔥答時五寸叔金炳이亦爲干涉則渠不爲三子謂이니不得不除之라ᄒᆞ며姜嬅及리時兩人에게圖를分給ᄒᆞ얏다하고又曰總相이雖對本人ᄒᆞ야ᄂᆞᆫ賤答은不爲買得으로歸咎이니內實은總相이自買라ᄒᆞ며更以一萬圓을欲出給ᄒᆞ니期於放賣ᄒᆞ라ᄒᆞ나當初의以九萬餘圓價値之物을如是詐欺作定ᄒᆞᆷ이誠爲總相而然인대總相이尙不買得이라ᄒᆞᆫ즉雖時價興成이라도決不放賣이온況見欺於渠ᄒᆞ야宋以歐價收賣於彼之理乎아自 宮還付於本人之문券을渠自擔領掩匿ᄒᆞ고답主不賣之土를勒謀不還ᄒᆞ야以私刀으로ᄂᆞᆫ万無推還之道故로本人이行將控訴ᄒᆞ라ᄒᆞ와大抵孫錫基之行險僥倖은世所共知라去壬寅分陳以된田之攬牌이라ᄒᆞ고孫錫基가誘引金炳氏ᄒᆞ야圖差井邑郡守ᄒᆞ고對金炳氏ᄒᆞ야捧ᄒᆞᆫ千五百圓騙還之罪ᄂᆞᆫ[illegible]本人以去ᄒᆞ얏고其後에도金炳氏處에所捧條ᄂᆞᆫ하고送外人於本人家ᄒᆞ야威脅勒懲이며가竟至呈訴ᄒᆞ야訴謀得勝이나自然觸敗ᄒᆞ얏ᄂᆞᆫ대今又欲奪田답ᄒᆞ다[illegible]惡은孰不可忍가若初審裁判現今繼續裁判所에請願ᄒᆞᆫ狀辭가如右ᄒᆞ오바리總相閣下ᄂᆞᆫ此事에對ᄒᆞ야ᄂᆞᆫ無相關故로玆에廣告ᄒᆞᆷ

告白

雜報

◎三歲皇孫 義親王殿下ᄭᅴ셔 皇孫을帶同歸國ᄒᆞ셧다ᄂᆞᆫ說은前報에揭載ᄒᆞ얏거니와 皇孫의年齡이現今三歲라더라

◎統侍陛見 仁壽宮과長谷川司令官의官舍가相距稍近ᄒᆞᆫ지라 御命을奉承ᄒᆞ야長谷川大將이無時謁見ᄒᆞ기로的定ᄒᆞ얏다더라

◎總相에ᄂᆞᆫ大 宮내府所屬官吏ᄂᆞᆫ皆是宮내大臣에族戚이라總理大臣李完用씨에黨派와會合ᄒᆞ야一家族官人會社를成ᄒᆞ얏ᄂᆞᆫ데內部大臣任善準씨도大小事를勿論ᄒᆞ고李總相에應諾이有ᄒᆞᆫ然後에야施行ᄒᆞ야政界事務ᄂᆞᆫ專是總相의鼻息만仰對ᄒᆞᆫ다더라

◎內大主見 義擾에對하야日本政府에셔大問題가成ᄒᆞ얏ᄂᆞᆫ데統監府에셔曾禰副統監과警務局長과內部大臣이會同ᄒᆞ야義徒의鎭撫ᄒᆞᆯ方針을屢度講究ᄒᆞ얏ᄂᆞᆫ대內部大臣任善準氏ᄂᆞᆫ主唱ᄒᆞ기를匪徒가漸次止戢ᄒᆞᆯ뿐더러農務가方殷ᄒᆞ니自爲歸農이라不足深慮다ᄒᆞ얏다더라

◎趙門異議 法部大臣趙重應氏門中에셔日本留學生五人을選定ᄒᆞᄂᆞᆫ데趙重應氏의指揮로趙門中各派宗孫으로擇定ᄒᆞ얏스나年紀가擧皆近四拾에학徒의資格이不合ᄒᆞ야趙氏諸族의議論이不一하다더라

◎日勤國債 伊藤統監이渡日之際에副統監의게說明ᄒᆞ되韓國亡命客은我國에勤勞가有ᄒᆞ니亡命客中에姑未出脚ᄒᆞᆫ諸氏ᄂᆞᆫ月給五圓式至今ᄭᆞ지支給ᄒᆞᆫ다더라

◎觀察還來 內部警務局長松井茂書記官趙羲九兩씨가地方視察을畢了ᄒᆞ고昨日下午十時에上京하얏다더라

◎三氏高見 平北觀察使柳赫魯氏ᄂᆞᆫ日本에多年滯留ᄒᆞ야日語가嫻熟ᄒᆞᆫ人인ᄃᆡ到任初붓터行動이日本精神뿐이라ᄒᆞ야該道主事洪淳七씨가辭職請願ᄒᆞ야決不出仕ᄒᆞ더니柳觀察이卽爲退送ᄒᆞ라ᄒᆞᆷ으로主事朴鼎緖李承薰兩氏도同爲請願ᄒᆞ미니部에報告ᄒᆞ고其代ᄅᆞᆯ醫院金照俠等으로薦報하얏ᄂᆞᆫ데내部에셔도依報施行ᄒᆞᆫ다더라

◎象任半俸 각郡守에게俸로今年度에ᄂᆞᆫ七級俸五拾圓以上으로支給하ᄂᆞᆫ데合郡處ᄂᆞᆫ姑爲兼任ᄒᆞ야該兼任俸을半俸으로支給ᄒᆞᆫ다더라

◎郡守沙汰 각郡守가新式에昧例ᄒᆞ야施政改良이期望이無ᄒᆞ고民心이不服ᄒᆞ야騷擾가寢息이無日ᄒᆞ다ᄒᆞ야新面目으로叙任ᄒᆞᆫ다ᄂᆞᆫ데統監府에셔該部에勸告가合이一百八拾餘名이라더라

◎何異履員 각部府判任官의黜陟은所掌長官이專行處分ᄒᆞᆫ인데官報에揭載ᄒᆞᆯ必要가無ᄒᆞ다ᄒᆞ야其任免案은官報에揭載치아니ᄒᆞ기로擬議中이라ᄒᆞ더라

◎扶病赴慶 中樞院에셔今日下午六時에乾元節慶祝會를設ᄒᆞ고내外國官吏를請邀ᄒᆞ얏ᄂᆞᆫ대議長徐正淳氏가難病中이라도出席ᄒᆞᆫ다더라

◎保安期限 錦陵尉朴泳孝씨의保安期限이陰五月頃에在ᄒᆞᆫ故로伊時에放逐이된다더라

◎遺族恤金 年前俄日開戰時에一進會員死亡者가合爲千二人인ᄃᆡ閣議에效勞가有하다ᄒᆞ야其遺族의게恤金一百圓式支撥ᄒᆞ얏다더라

◎日語分掌 稅務見習生을日語로試取ᄒᆞᆫ다ᄂᆞᆫ說은已揭어니와該日語試取生拾餘人을叙任ᄒᆞᆫ次로각局課로分送ᄒᆞ야事務를執케ᄒᆞᆫ다더라

◎現闕賣票 景福宮現闕票ᄂᆞᆫ再昨日붓터發賣ᄒᆞ야人民에觀覽을許ᄒᆞ얏다더라

◎檢事譴責 [illegible]남裁判所檢事朴準性이가强盜犯을受贖放送ᄒᆞᆫ事로法部에셔譴責ᄒᆞ얏다더라

◎老宮善泣 近日闕內에宮女를除汰ᄒᆞᄂᆞᆫ데五處所에五十人만置ᄒᆞ고其餘ᄂᆞᆫ一並出送ᄒᆞ미多數宮女가無依無托ᄒᆞ야呼怨이瀰天ᄒᆞ며其中一老宮女가內閣에入來呼訴曰自幼年入宮에三從之道가無ᄒᆞᆫ데忽地에逐出令을當ᄒᆞ니白首殘命이去處가無ᄒᆞ다ᄒᆞ며悲淚가滿面ᄒᆞ거ᄂᆞᆯ日人이在傍라가其慘狀을見ᄒᆞ고爲之悲泣하ᄂᆞᆫ지라該宮女一人만內閣에셔特爲還付케ᄒᆞ얏다더라

◎韓리特裁 前郡守리周鉉氏가前[illegible]郡守在任時에該郡馬頭里居韓[illegible]錫氏의요富ᄒᆞᆷ을聞知ᄒᆞ고逕行이有ᄒᆞ다ᄒᆞ야捉囚嚴杖에逸財五萬五千兩을勒奪ᄒᆞ고田庄ᄭᆞ지奪取ᄒᆞ얏던지韓愚錫씨가該郡守의贓錢을臚列ᄒᆞ야辯護士리冕宇氏의게委托ᄒᆞ야漢城裁判所에裁判ᄒᆞᆫ다더라

◎籍日飲民 振威郡守金英鎭氏ᄂᆞᆫ該郡에駐在ᄒᆞᆫ日本守備隊에供給ᄒᆞᆫ다ᄒᆞ고각面에鷄價미라雞卵價이니ᄒᆞ고許多名目으로收歛ᄒᆞᄂᆞᆫ故로民怨이藉々ᄒᆞ다더라

◎僞音綻露 前郡守李吉鎬氏ᄂᆞᆫ西萬兩於音一張을僞造ᄒᆞ야茂山郡居[illegible]昌鎬씨에게典執ᄒᆞ고紙貨八千圓을貸用ᄒᆞᆫ事로北部警署에被捉되얏다더라

◎毁城期限 京城에城壁을毁撤ᄒᆞ기爲ᄒᆞ야委員[illegible]已爲頒布ᄒᆞ얏거니와各城門에人馬來往에緊要處ᄂᆞᆫ爲先毁撤ᄒᆞ고其外城郭도次第毁撤ᄒᆞᆯ터인데毁撤期限은四年으로酌定ᄒᆞ얏다더라

◎日物增稅 日本政府에셔각食物에稅를增加하여近日日人商店에物價가刀騰ᄒᆞ야酒一升에ᄂᆞᆫ七八錢이增加ᄒᆞ고卷烟數品等도四錢式高騰ᄒᆞ얏다더라

◎提燈規則 昨日에학部에셔各官私立학校에通知ᄒᆞ되今番乾元節에慶祝微忱을表ᄒᆞ기爲ᄒᆞ야當日下午五時頃으로붓터提燈行列을擧行ᄒᆞᆯ事로七日에函佈이온바當夕에盛大히提燈慶祝ᄒᆞᆷ은一般盛事이오ᄂᆞ府民이多數聚集ᄒᆞ고日候不調ᄒᆞ되幼少ᄒᆞᆫ學徒의衛生關係가不無ᄒᆞ니提燈行例ᄂᆞᆫ置之ᄒᆞ고左開와如히祗送祗迎ᄒᆞᆯ意로現承大臣勻敎ᄒᆞ야函佈라ᄒᆞ얏ᄂᆞᆫ데

陰曆二月八日上午十二時 大皇帝陛下大駕進詣 德壽宮

同下午五時 大皇帝陛下還御 昌德宮

一 伊時에校長以下諸任員이領率학徒ᄒᆞ고上項前時에敦化門前에來到ᄒᆞ야 大駕行過ᄒᆞ올실時에崇呼萬歲ᄒᆞᆯ事

一 還宮時에大漢門前에整列ᄒᆞ야祗送ᄒᆞᆯ事

一 학徒ᄅᆞᆯ正肅히關束ᄒᆞ야淆亂치勿케ᄒᆞᆯ事

一 학徒來着順序ᄂᆞᆫ提燈通知時定ᄒᆞᆫ디로進行事

一 학徒ᄂᆞᆫ每個人이國旗ᄅᆞᆯ持參ᄒᆞᆯ사

一 학徒의列立과行動은本部員의指揮에服從事

◎女校同意 學部에셔高等女學校ᄅᆞᆯ城內에設施ᄒᆞᆯ次로準備中인데學校規程을起草ᄒᆞ야統監府同意를經ᄒᆞᆫ後에施行ᄒᆞ리라더라

◎恤金親受 去年八月分에義徒에게被害ᄒᆞᆫ陽城郡守趙瀛哲氏에게救恤金二千圜을昨日內部에셔該郡守의子趙東植씨에게支撥ᄒᆞ얏다더라

◎避禍上京 前參判閔丙升氏가地方騷擾의鄕第를盡爲燒火ᄒᆞᆫ後祠宇를埋安ᄒᆞ고京城으로移寓ᄒᆞ얏다더라

◎砲殺一進 陰曆去月二十四日에淸州細橋場市에셔日兵과義兵이交戰ᄒᆞ다가義兵이退陣之路에該郡華竹坪에셔一進會員一人을砲殺ᄒᆞ얏다더라

◎靑會慶祝 今日下午八点鐘에鍾路靑年會에셔乾元節慶祝禮式을行ᄒᆞᆫ다더라

◎嶠南학會 嶠남학會에셔再昨日에발起ᄒᆞ고普光학校내에開會ᄒᆞ고金熙煥氏로臨時會長을推選ᄒᆞᆫ後朴晶東씨가趣旨를說明ᄒᆞ고崔廷德氏ᄂᆞᆫ習慣改良으로說明ᄒᆞ얏ᄂᆞᆫ대來參ᄒᆞᆫ人員이一百四拾餘名이오來土曜日에總會ᄅᆞᆯ開ᄒᆞ기로定ᄒᆞ얏다더라

◎[illegible]校新設 龍山私立학校ᄅᆞᆯ設置ᄒᆞᄂᆞᆫ데中樞院顧問리基鎔氏ᄂᆞᆫ校舍ᄅᆞᆯ自擔ᄒᆞ얏다더라

◎興校捐助 京湖私立興英학校長韓秉昊氏와總務高允默氏가巨款을自擔ᄒᆞ야該校ᄅᆞᆯ一新重建ᄒᆞᆫ다ᄂᆞᆫ說은前報에已揭어니와更聞ᄒᆞᆫ즉該校ᄂᆞᆫ昨日에竣工ᄒᆞ야方今敎授ᄒᆞᆫ다ᄂᆞᆫ데學監金益洙씨와評議員金炳哲二氏가各一百圓式役費로捐助ᄒᆞ얏고校監金東益敎師정必教洪淳杓강益遠四씨ᄂᆞᆫ時間을特加ᄒᆞ야熱心敎育ᄒᆞ며昨年度에ᄂᆞᆫ洞中諸氏가經費로捐助ᄒᆞᆫ金額이九百餘元에達ᄒᆞ얏다더라

◎卒業生捐助 [illegible]專門학校가第一回卒業後에財政에窘拙을因ᄒᆞ야廢止되얏다더니更聞ᄒᆞᆫ즉一般卒業生이學校의廢止와大韓將來의警察에오有害ᄒᆞᆷ을慨歎히녀여각其幾十圜式捐助ᄒᆞ야還히第二回학員을募集ᄒᆞᆫ다더라

▲地方消息▼

▲橫城北方三里地에셔日兵十八名이義兵約一百五十名과交戰ᄒᆞ얏ᄂᆞᆫ데死傷이未詳ᄒᆞ다ᄒᆞ고

▲本月七日에日兵이川仁東方一里地에셔義兵二十三名과衝突ᄒᆞ얏다더라

◎慶節休刊 本日은大韓大皇帝陛下乾元節이신故로慶祝ᄒᆞ기爲ᄒᆞ야本報ᄅᆞᆯ一日休刊ᄒᆞᆷ。

東京電報

七日午後발

◎假使不眠 駐淸俄國公使ᄂᆞᆫ心장病으로不眠ᄒᆞ엿더라

▲西湖問答▼ 續

▲客曰敎育에三種類가又有하니何者오

▲曰智育德育體育이是也라智育을論ᄒᆞᆫ진ᄃᆡ人類의最靈으로셔학術의精美ᄒᆞᆷ을感ᄒᆞ야智慧의神妙를顯出ᄒᆞ나니人의靈이아니면학術의精을發明치못하고學術의精이아니면智慧의神을通達치못ᄒᆞᄂᆞᆫ지라至今에智育의發達이極度에達하야醫학家ᄂᆞᆫ能히剖腹剖腸ᄒᆞ며能히除[illegible]ᄒᆞ니將來에無病法도造得ᄒᆞᆯ거시오化학家ᄂᆞᆫ能히以水生火ᄒᆞ며以火生水ᄒᆞ니將來에能步能走之人도造成ᄒᆞᆯ거시오理학家ᄂᆞᆫ[illegible]舟ᄅᆞᆯ製作ᄒᆞ야能히空中에飛ᄒᆞ며無線電話ᄅᆞᆯ制ᄒᆞ야能히千里距離에셔互相談話하니將來에ᄂᆞᆫ無烟無聲砲로製出ᄒᆞᆯ거시니智育의效力이若是多大ᄒᆞ니라

▲客曰德育은當奈何오

▲曰天理를順從ᄒᆞ야悔過遷善하나니仁義所出에萬民이感化ᄒᆞ며德化所到에萬國이平和라此ᄂᆞᆫ宗敎의本義니라

▲客曰然則我韓人의崇奉ᄒᆞᄂᆞᆫ바ㅣ何者오仙道乎아

▲曰仙道ᄂᆞᆫ其法이先天之氣ᄅᆞᆯ從ᄒᆞ야逆推하며所謂金丹을煉ᄒᆞᆫ다ᄒᆞ고水火相濟法으로써ᄒᆞ야心이腎經으로며부리蟠台ᄒᆞ야成胎ᄒᆞ고三年溫養ᄒᆞ며九載抱一ᄒᆞ다가七日大死ᄒᆞᆫ後에幻形脫胎ᄒᆞ고成仙ᄒᆞᆫ後에ᄂᆞᆫ可히空中에도飛行ᄒᆞ며又能死能生ᄒᆞ야變化無窮하나니此ᄂᆞᆫ人人이皆難得이어니와或有得焉이라도國家에用ᄒᆞᆯ것이아니라人事에用하지ᄂᆞᆫ가天을逆ᄒᆞ야國을亡ᄒᆞᆯ者ㅣ此也오

▲客曰然則佛道乎아

▲曰佛道ᄂᆞᆫ其法이倚杖發禪ᄒᆞ며擊鼓念佛ᄒᆞ야漸然頓悟에開心見性ᄒᆞ다가往生極樂ᄒᆞ야無邊淸淨에自在受用ᄒᆞ고成佛ᄒᆞᆫ後에ᄂᆞᆫ不生不滅ᄒᆞ며無去無來ᄒᆞ야常樂我淨ᄒᆞᄂᆞ니所云大工이나獨善其身에虛無寂滅ᄒᆞ니其道가空々ᄒᆞ야滅種ᄒᆞᆯ者ㅣ此也오

▲客曰然則儒道乎아

▲曰儒道ᄂᆞᆫ先儒가存心養性으로爲道ᄒᆞ며遏人欲存天理ᄒᆞ야修身齊家ᄒᆞ며治國平天下로爲本이러니入道에門合ᄒᆞ야ᄒᆞ지나中儒ᄂᆞᆫ餘緖襲義에日尙日大ᄒᆞ고近儒ᄂᆞᆫ記誦詞章에偏惑沉溺ᄒᆞ야晦盲否塞ᄒᆞ니斯道不復行矣니라

社告

本支社를左開九處에設置ᄒᆞ고效以仰佈ᄒᆞ오니本報愛讀ᄒᆞ시ᄂᆞᆫ該附近 僉君子ᄂᆞᆫ該支社로請求購覽ᄒᆞ심을務望홈

▲信川邑大里 丁一善
▲永興郡南山동書舖 梁昌鎬
▲??郡??니 朱伯英
▲秦川邑路南洋약局 李正華
▲寧邊邑內 明濟世

各地方會員이本社에投書와寄書가逐日답至ᄒᆞᄂᆞᆫ대居住姓名이昭詳ᄒᆞ고事實이詳核ᄒᆞᆫ者ᄂᆞᆫ即爲揭載어니와姓名도不載ᄒᆞ고事實이模糊ᄒᆞᆫ者ᄂᆞᆫ因而置之ᄒᆞᄂᆞᆫ대催促이又至ᄒᆞ니事甚難感이라從今以後로ᄂᆞᆫ投書와寄書를ᄒᆞ시ᄂᆞᆫ人은居住統戶數와姓名을詳錄ᄒᆞ시되若又含糊ᄒᆞ오면並爲勿施ᄒᆞᆯ터이오니照亮홈

廣告

本人의妻男本郡京山面畳山里居리奇玉爲名人이本人과呻病委臥之時에以問病次로來ᄒᆞ다가本人의所有田土二拾餘石落地문劵權을私竊取去ᄒᆞ야欲爲盜賣ᄒᆞ오니無論內外國人ᄒᆞ고切勿見欺ᄒᆞ심을伏望

宜寧郡富山面立山동居 安晋叟 告白

本人陰二月五日에公동林炳奎處二萬一千二百兩限三月晦日銅峴安處三百兩限二月晦日布五房에金處六千九百五十兩限三月二拾日合三張을遺失ᄒᆞ엿사오니誰某拾得ᄒᆞ든休紙施行홈

문明守 告白

本月十日(陰二月八日)下午六点에本會事務所에서

乾元節慶祝會를設行ᄒᆞ오니會員은來臨ᄒᆞ시오

大韓協會事務所 白

本會에서 乾元節慶祝會를錢路孤兒院에開ᄒᆞ오니湖南人士ᄂᆞᆫ本日下午六時에 光臨ᄒᆞ시옴

湖南학會 告白

本人의再從弟柱邦이性本浮浪ᄒᆞ야寡居兄嫂의田土를多數히偸賣ᄒᆞ기로茲에廣告ᄒᆞ니從今以後로內外國人은更勿見欺홈

善山桃開面華林 盧柱華 告白

大韓文典

崔光玉 述　李爾在 校閱

此文典은國語의語法과讀法과作文法을一定ᄒᆞᆫ規模로能成케ᄒᆞᄂᆞᆫ法이備ᄒᆞ야高等小학校나中학一班에所用ᄒᆞᆯ만ᄒᆞ오니僉君子ᄂᆞᆫ速々購覽ᄒᆞ심敬要

發賣所　平壤 大同書觀　京城 蓮洞儆新학校內　安岳 勉學書舖

本書院에서內外國新舊學問各種書籍과學校가種을大發賣ᄒᆞᆫ지三四年인바本教會教人과各學校生徒의購覽ᄒᆞ기便利홈을爲ᄒᆞ야左開三處에支冊肆를新設ᄒᆞ오니書籍을購買ᄒᆞ시ᄂᆞᆫ僉彦은附近支鋪에請求하심을務望

左 開

西門外中學校西便 韓承煥
南門外道路東便 安桂元
鐘路館門下 韓鼎敎
平壤貫동上隅

耶穌教書院

鄭殷啓 金聖鐸 告白

미동신전김계연처에삼월회일츄ᄎᆞ당오일천량어음삼천이십철호를서실ᄒᆞ엿스니슈모습득ᄒᆞ여도휴지시힘홈 김영규 빅

今現弊院에서各項事務을一層擴張하오미金裝與銀裝各樣의齒와老小間沒數落齒ᄒᆞᆫ데齒床幷齒을隨意製造하오며拔齒與入齒時에毫無苦痛케ᄒᆞᄂᆞᆫ技方도有ᄒᆞ며齒科上面議ᄂᆞᆫ無料接受ᄒᆞ압ᄂᆞ니四方僉君子ᄂᆞᆫ照亮ᄒᆞ심을爲希홈

京南大門內尙洞美人施蘭敦家 寓齒科醫士 林大衛 告白

●奬學月報社第三回入格廣告

●論說 貳等尹선球 三等透永殷 等外鄭國宋 柳寅회

●小說 二等沈友섭 三等劉雙徽 等外 車利錫 李元伯

●詞藻 二等 曺龍煥 洪彛基 三等金有夏 安鍾哲 朴用舟 李然庠 沈友섭 四等任履宰 李容洙 李容業 趙鏞夏 金元祜 李夔夏 安鍾烈 安鍾淳 五等元濟民 高宇相 權業典 金永近 徐明善 崔翼상 梁경煥 李丙河

●作文 一等金獻洙 二等李鍊乾 三等柳根水 金基鉉 四等李健종 白星煥 安東洙 柳寅회 박勝翊

●歷史二等 崔在溶 沈友燮 三等 崔基昇 洪관植 韓亨遠 安종元 四等安東洙 安鍾烈 安종哲 리濬甲 리翊華 김振龜 五等 文在珽 吳昌根

●地理 一等姜文煥 安종烈 安東洙 三等桂奉우 崔哲岳 元濟昇 四等鄭子燮 崔昌鳳 金容燮 趙珍燮 五等鄭灝鎬 鄭六鉉 金元祜 安亨遂 盧德奎 權翊相

●算術 一等車利錫 二等閔天植 三等리柱夏 鄭興明 鄭寅?? 尹正燮 陸炳麟 四等金正琪 김演弼 朱命相 崔業?? 리觀熙 리潤甲 리昌藏 리灝 라萬浩 五等趙徽一 康濱永 김元祐 리昌林 安德洙 朴斗星 王회林 安東洙 安明洙 安鍾烈 趙徽燮

●謎語 一等元容爾 二等朴用舟 崔鳳基 三等김琛건 朴奉柱 趙存喜 趙儀煥 安鍾烈 四等金在珽 최在鎔 任慶宰 리昇煥 朴斗星 리基煥 리鳳煥 朴泳遠 박用雨 金演弼 五等리基京 權沃 리弘섭 辛啟夏 高應?? 鄭尙鎬 陸炳린 김振東 김建濱 리升鎬 申泰일 최健憲 梁경煥 김容?? 趙건회 리基鎭 成樂영 沈友섭

右入格人員이幾百三拾四人

第四回問題

●論說 小說은不爲懸題홈

●詞藻 奉祝 乾元節

●作文 家庭教育과學校教育과社會教育의關係

●歷史 靜庵趙先生의事蹟을列擧ᄒᆞ라

●地理 四郡의沿革

●謎語 (一)田雖廢荒이나人不稱荅이오 (二)夫雖柔弱이나人不稱妻라 右二問題ᄂᆞᆫ各漢文一字로解答홈

●算術 (一)一商이鷄卵若干介를行賣할시甲家에至ᄒᆞ야其所有의二分之一과半卵을賣ᄒᆞ고又乙家에至ᄒᆞ야其殘의二分之一과半卵을又賣ᄒᆞ고丙家에至ᄒᆞ야又其殘의二分之一과半卵을賣ᄒᆞ니所有가遂盡이라問最初所持ᄒᆞᆫ鷄卵數가幾何 但將家에서ᄂᆞᆫ一卵도分割ᄒᆞᆷ이無홈

(二)一獵犬이兎를追ᄒᆞᆯ시兎ᄂᆞᆫ犬보다八拾步를先走ᄒᆞ얏ᄂᆞᆫ데兎가三步를走ᄒᆞᆯ時에ᄂᆞᆫ犬은二步를走하고犬이四步를走ᄒᆞᆯ處에ᄂᆞᆫ兎가七步에走ᄒᆞᆯ따니犬이幾步를經ᄒᆞ여야兎를追及ᄒᆞ겟고

●日語 今回ᄂᆞᆫ日語一科를新添加홈

(一)무슴일이던지바로몰부ᄂᆞᆫ대로몰텰치ᄂᆞᆫ대로ᄋᆡ려ᄒᆞᄂᆞᆫ사ᄅᆞᆷ은두루츈풍이라홀만ᄒᆞ오

(二)마싸누다네와하에누마나바누지시씨와에가다시

右一問題ᄂᆞᆫ日語로二問題ᄂᆞᆫ韓語로翻譯홈

●謝 告

各科一等에ᄂᆞᆫ柳瑾閔泳徽氏의寄付ᄒᆞᆫ新訂東國歷史 大東文粹 中等修身教科書共각一部 中等式二等에ᄂᆞᆫ新撰地文학 中等礦物界教科書 中等生理衛生학中으로一部式三等은姜文煥氏寄付ᄒᆞᆫ갈祿士傳一部式으로添賞홈

●警 告

從玆以往으로本社에서原案紙案의誤書塗抹換書等을一不採用ᄒᆞ깃ᄉᆞ오니 照亮ᄒᆞ신后詳細注意ᄒᆞ시옴

本年二月廿八日國民新報第五百五十六号告可法界라ᄒᆞᆫ論說을覽ᄒᆞᆫ則本人이河允泓과相訟ᄒᆞᄂᆞᆫ事를擧ᄒᆞ야法官을駁論ᄒᆞ지라大抵新聞이라ᄒᆞᆷ은事實을詳知ᄒᆞᆫ然後에公正ᄒᆞᆫ言論으로警告感歸ᄒᆞᆯ거시요一偏私情으로搆陷ᄒᆞᄂᆞᆫ說을作ᄒᆞᆷ은決非新聞資格이라本人이癸未正月에長祐宮所管黃海道信川五宮동에在ᄒᆞᆫ庄土導掌價業錢四千兩을納上ᄒᆞ고納價導掌을蒙差하얏더니壬午夏涤에士濱庄廢된것을築錢二萬四千五百兩을費ᄒᆞ야築洑起답ᄒᆞ얏ᄉᆞ니該庄土에對ᄒᆞ야效勞도有ᄒᆞᆯ뿐더러前後所入이葉전二萬八千五兩인즉何時든지導掌을改差ᄒᆞ라면右錢은宜乎出給이거늘乙未八月分에河允泓이가觀稱該土가移屬內藏院ᄒᆞ야葉但君秋오導掌은收龍ᄒᆞ얏다ᄒᆞ고其姑母宮의勢力을恐怙ᄒᆞ야乙巳年ᄭᆞ지十一年秋收爲有餘石을奪去ᄒᆞ얏스니其行爲가正當ᄒᆞ다謂ᄒᆞᆯ가是以로本人이漢城裁判所에起訴ᄒᆞ야質查ᄒᆞᆫ則河允泓所謂渠之導掌差帖에奉承勅令이라하얏고河叙萬石이라書之ᄒᆞ고乙未八月奪去者를以三月로填ᄒᆞᆯ뿐더러勅令을奉承ᄒᆞᄂᆞᆫ대盛吳數名이是可日事體乎아其僞造가綻露ᄒᆞᆷ故로丙午正月二十九日에判決이成立ᄒᆞ야河允泓이落科ᄒᆞ얏고允泓이平理院에申訴ᄒᆞ야質下ᄒᆞᆯ時에ᄂᆞᆫ判事리趙和의所答이現今議案部守도納錢幾十萬兩而闕得이라가遷任ᄒᆞᆫ즉一分도覓還치못ᄒᆞᄂᆞᆫ뎌況導掌乎아하고本人을落科ᄒᆞ얏스니리判事의判決이正當하다謂ᄒᆞᆯ가本人이法部에呼訴ᄒᆞ기를五六次에至ᄒᆞᆫ즉丙午九月初三日에法部에셔指令ᄒᆞᆫ內槩에屢訴不己가誠甚悶歎이기取考前後質判文案則漢裁判決이不可謂無理어ᄂᆞᆯ貴院書類ᄂᆞᆫ初無問與佚之辭ᄒᆞ고遽留讞案者果據何理며抑何意見인지殊甚慨歎인바河民帖文에曾之以奴名과韓民納價之歸屬과河民에게帖文을成給이면韓民의帖文은何不還收ᄒᆞᆫ事를一々橋査ᄒᆞ야惟理是決이라ᄒᆞᆫ故로平理院에到付更査ᄒᆞ온즉河允泓이一直隱避ᄒᆞ야八九朔이過ᄒᆞ기로缺席判決ᄒᆞ얏ᄉᆞ니本人이理直乎아此ᄂᆞᆫ公眼公議이自在ᄒᆞᆯ것이오至若執行ᄒᆞ야ᄂᆞᆫ河允泓의庄土가抱川郡에在ᄒᆞ기本人이該查請願ᄒᆞ야執行ᄒᆞᆫ즉河允泓은不敢出頭ᄒᆞ고白完赫이卒然突出ᄒᆞ야初當買之러니皮與質卞於議政府에ᄂᆞᆫ日先已典執ᄒᆞ얏다가後乃買有라ᄒᆞ기其所謂日記冊을考閱ᄒᆞᆫ즉給價ᄒᆞᆫ것이타ᄒᆞᄂᆞᆫ것이乃是兩價를會計ᄒᆞᆷ이오當壞에給價ᄒᆞᆫ거슨아니온대前價에ᄂᆞᆫ典執ᄒᆞᆫ事가無ᄒᆞ고其典執이라書ᄒᆞᆫ것도更爲添書ᄒᆞᆫ跡이昭然ᄒᆞᆯ뿐더러憎然은三拾萬兩이오其所謂買有ᄒᆞᆫ문券에ᄂᆞᆫ十五庄土價가二、五萬兩이오니二萬兩價償의物을典執ᄒᆞ고三十萬兩을給償ᄒᆞᆫ理由가天下에無ᄒᆞᆫ즉其僞稱이分明ᄒᆞ고土地証明書이無ᄒᆞᆯ뿐더러其문券에曰光武十一年二月이라ᄒᆞ얏스니此皆僞稱擅造의証跡이오松楸ᄂᆞᆫ本人이斫伐ᄒᆞᆫ事이無ᄒᆞ거니와松楸로ᄒᆞ야도河允泓의親塚이陵山에在ᄒᆞ니河에屢代先山이라ᄒᆞᆷ은此何황說乎아國民新報ᄂᆞᆫ其事實을不知ᄒᆞ고有此황說이오니司體ᄂᆞᆫ照亮하시옴

北署東十字橋一統四戶 韓鎭鉉 告白

漢城鍾路萬國基督教青年會館前慈惠藥房
製藥監査人濟衆院醫學員洪錫厚朴慈惠李[illegible]

[illegible]告白

本人等이米國大學醫院醫方을大醫學士魚丕信氏에게受業ᄒ고醫學校長池錫永氏의게有効證明을受ᄒ고左記낙種을製造ᄒ와外國眞약規模를依ᄒ야紙匣洋鐵匣琉璃瓶에盛ᄒ야全國內地各處약店에廣賣ᄒ옵고濟衆院英字醫書를我國諺文으로飜譯ᄒ야名稱西약便方이라ᄒ야발賣ᄒ오니四方僉彦中濟衆院낙을數拾年來經驗信用ᄒ신兄弟ᄂ不拘약之多少와路之遠近ᄒ고以等請買ᄒ시면本人은雖拾錢價値약이라도以小包郵便으로仰呈ᄒ오리니낙封定價外郵稅ᄂ添加送ᄒ시되小數젼은郵票ᄒ져조리홈ᄉ셔코나사표[illegible]낙家에서ᄂ多數買去ᄒ시면郵便局換錢票買送ᄒ시오且本藥房에米國(밀포드)製낙會社낙과(만ᄒ임)製약社약品을直購入ᄒ야總諺英語로記ᄒᆫ方文과主治와用法을我國諺文으로飜譯발賣

商標

食思振起 強力活潑 補益丸 第一老衰男女 神補血

定價 十日分 三十個入 金一圓 / 二十日分 六十個入 金一圓七拾五錢 / 三十日分 九十個入 金二圓五拾錢

主治 大補元氣能調陰陽男子陽萎不起女子月經不調手足厥冷虛勞症久病人蘇完되ᄂ效力이大勝於鹿茸蔘精

[illegible]效解瘧丸 一日分定價金拾錢 此藥은大人小兒長瘧과初瘧과[illegible]腹瘧에以一次服用ᄒ면更不再發

[illegible]虫丸 一日分定價金拾錢 此藥은大人蛔積小兒蛔病의神效

四時感冒丸 一日分定價金拾錢 此藥은感氣로상외쓰ᄂ약인데二三日連服ᄒ면四時毒感上下肢節頭痛에卽時除蘇無痛

男女瘡[illegible]祛根藥 定價金五拾錢 此藥은瘡疾의一期二期를勿論ᄒ고[illegible]

淸明眼藥 一日分定價金拾錢 此藥은火眼熱眼의有多有效

無惡臭疥瘡藥 定價金四拾전 此藥은疥瘡을卅分內奏效

[illegible]咳嗽藥 五日分定價金三拾錢 此藥은四時痰喘咳嗽에有效ᄒ고特히老人咳嗽에消痰止咳

寸白虫殺根 定價金二拾錢 此약寸白虫當場驅下

止足汗藥 二十日分定價金貳拾錢 此藥德國軍人常用除足汗良

經腫根治膏 定價금十五전 此낙面腫과頭腫에直差

濕腫根治膏 定價금十五전 此약은男女勿論하고風寒暑濕으로成腫에大起搔痒ᄒᆫ데奇效

漢城百應膏 一封定價金十錢 此약은漢城醫士李價友시方文으로製造ᄒᆫ藥인데멍우리잘풀리고各項腫氣에발根合膏이며되ᄂ膏藥인데大洋鐵匣入一個금五十錢

小兒感冒靈效散 此약池錫永氏經驗良方小兒感冒及食滯와身熱驚風者無神效 定價金十錢

癨氣神効保嬰散 此약醫學校長池錫永氏數拾年經驗之良方 兒屎色綠而瀉○腹脹○身不安而不寢○腹痛驚叫及直視而驚風者無神效 定價금十二錢五厘

發賣所 仁川港柳峴濟生堂낙房 京城梨峴 發賣낙商李信華

新編銀行簿記學

任璟宰編述 全一冊 定價六十五전

本書ᄂ一般外國諸大家의著述ᄒᆫ簿記學中에서進ᄒᆫ학理와最新ᄒᆫ形式을精細蒐輯ᄒ야國漢文으로解釋ᄒ기便易하게編述ᄒᆫ者니一次悉習ᄒ면銀行의整理方法과業務의處理順序가瞭如指掌ᄒ야實로實業家의一大關門이라諸銀行家와商業家ᄂ不可不案頭에一冊을備置ᄒᆯ者ㅣ니購覽ᄒ심을務望

발賣元 中署布屛下三拾七統六戶 滙東書舖 金相萬

分賣所 동口越邊中央書館 大廣橋滙東書館 鍾路大東書市 同古今書海館 南門內博文書館 南門外新舊書林 銅峴博學書館

朴晶東氏演述

●意大利獨立史 正價金五拾錢
●經濟原論 正價金三拾五錢
●國際公法志 正價金四拾錢
●國文新撰家庭學 正價金三拾錢

國家의文明은教育이根本이오教育의基礎ᄂ家政이始라故로家政學을純國文으로新撰ᄒ와婦人社會와勞動社會와學校教科서지需用에便易케ᄒ엿사오니有志僉君子ᄂ陸續購覽ᄒ심을務望

發行人 金雨均 告白

發賣所 ▲大廣橋 滙東書館 ▲鍾路 大東書市 ▲洞口 中央書館 ▲布屛下 廣學書舖 ▲銅峴 博學書館 ▲同洞 [illegible]文書館

瑞士建國誌 定價 全新貨拾五錢

此冊은政治小說이니瑞士의救國救民ᄒᆫ歷史라人民의愛國思想을養成하ᄂ데緊要ᄒᆫ冊子오

發賣所 ▲大韓每日申報社 ▲仁川港柳峴 [illegible] ▲中署布屛門下 [illegible] ▲平壤城內 [illegible] ▲鍾路 [illegible] ▲洞口越邊 中央書館 ▲鍾路 大東書市 ▲大廣橋 滙東書館 ▲同 古今書海館 ▲開城 [illegible] ▲海州碧城書籍館 朴昌[illegible]

大韓國新발明藥發賣廣告

陸軍一等軍醫金守鉉君實驗方劑에陸軍三等軍醫張基茂君有效證明으로淸心保命丹을발明인바効能은如左ᄒ니僉君子ᄂ惠試爲望

新藥 淸心保命丹

本舖 仁川港柳峴 濟生堂

●主治効能 ●滯飯食積 ●中暑中寒 ●咳嗽痰痛 ●不土不服 ●氣鬱吐瀉 ●船車[illegible] ●食傷酒酔 ●口熱[illegible] ▲其他諸般通氣風疫預方妙藥

發行人 仁川港柳峴 濟生堂 李[illegible]

代理店 京城鍾路 共愛堂藥房 / 特約店 京城[illegible] 慈惠藥房 / 同 梨峴 李信華洋藥局 / 同 [illegible] 盧益亨冊사 / 同 南門外 廣濟藥院 / 仁川內洞 韓禹[illegible]

[illegible: list of local agents — 開城 永原 江華 延安 平壤 黃州 鎭南浦 羣山 全州 安岳 大邱 釜山 義州 海州 淸州 公州 北靑 元山 etc., each with shop and proprietor names]

▲新刊書籍發賣廣告

條約 新纂[illegible]大全 國漢文 定價金七拾五錢
大韓法規類纂 洋裝 三圓五拾錢
[illegible] 鄭視四拾錢
[illegible]倫理學教科書 二拾錢
初等衛生學教科書 拾五錢
國家學綱領 拾五錢
國民須知 八錢
愛國婦人傳 張志淵氏著 十五錢

發賣所 漢城布屛下 金相萬書舖

[illegible]各種 [illegible]學徒洋裝書冊 學徒硯銃과 [illegible] 各種 [illegible] 英國金[illegible]

仁川港[illegible]新冊肆

報償義捐金收入廣告

●水原府第三回續 ▲[illegible]村 黃京化 印在實 각六拾錢 …

[illegible: lists of donors' names and amounts by village — 安寧面[illegible]村, 宗德面, 葛潭面, 七津面, 漁吞面內동 등]

總合二十二圓二十七錢
前總合五萬九千二百七十九圓[illegible]
都總合五萬九千三百拾一圓[illegible]

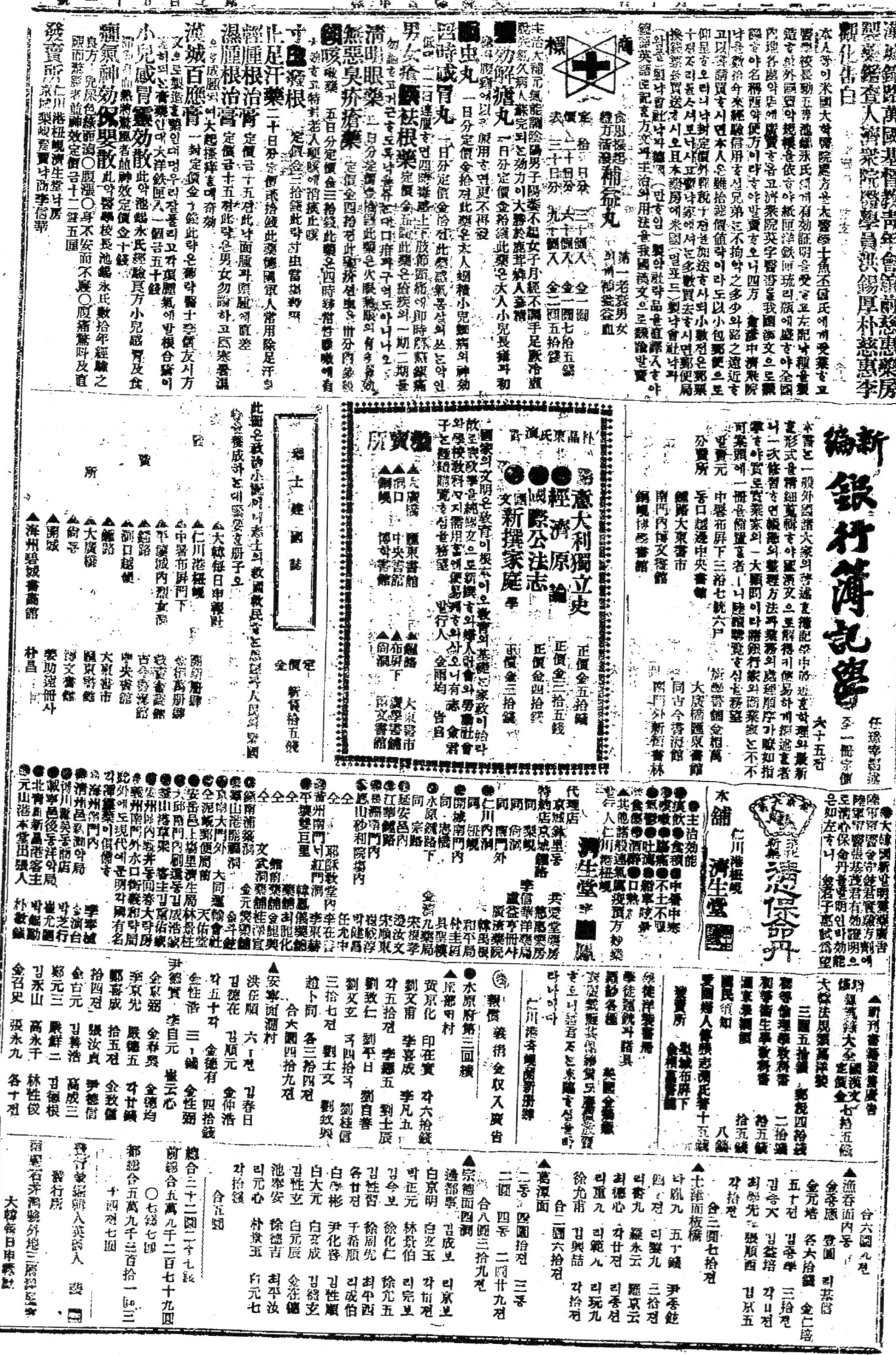

發行兼編輯人 英國人 裵說
發行所 漢城南署[illegible]
大韓每日申報社

第六號

大韓每日申報

五十二號

月曜及慶節臨時休日刊

檀君開國四千二百四十一年
箕子元年三千三十年
大韓開國五百十七年
日本明治四十一年
淸國光緖三十四年
陰曆戊申二月小初十日丙寅

寄書

後宮、中 盧 無 人 一溪生

近日에內官內人과武監別監과別軍官掖庭員役等屬을盡爲減省ᄒᆞ야前後見逐者가內官은五千餘人이오其外내人武監別監別軍官員役等이至於三千五百餘人이라ᄒᆞ니嗚呼라此說가莫非先王恩澤中物이라自兒少時로或藉其父祖餘蔭ᄒᆞ고或因其親戚攀緣ᄒᆞ야得備宮掖使喚ᄒᆞ니是皆做奴做婢라雖無顯忠大功이나豐則足堂之乎足也라久則四五十年이오近亦十數年에服役忠勤ᄒᆞ야其心靡他ᄒᆞ니世所稱巨室大族에政丞判書ᄂᆞᆫ富貴驕盛ᄒᆞ고威勢가熾赫ᄒᆞ야子而繼父ᄒᆞ고孫而繼祖ᄒᆞ야或恐滯官腴職을他人爲之奪하건마ᄂᆞᆫ猶爲不足ᄒᆞ야貪饕不法ᄒᆞ며甚則販君賣國者가比々有之호ᄃᆡ惟此宮中服役之輩ᄂᆞᆫ範圍不及於此오惟所望者ᄂᆞᆫ不過斗祿幾斗米而已라設使謂之無事而費라도其害不至甚多어든況剝非然而食者乎아今乃一朝解放ᄒᆞ야使各人父母兄弟妻孥로塡于邱壑ᄒᆞ야將不知死所ᄒᆞ니[illegible]日此施政改善也라ᄒᆞ며又曰汰冗殺也라ᄒᆞ니噫라施政改善이果無急於此等事ᄒᆞ야[illegible]一家所[illegible]을驟以[illegible]九千名所繫이爲七萬口也ㅣ一時之間에斷送七萬口生命이是當施政改善第一急務乎아

今政府大臣等이勤察國民一千萬口에死過其半이라야開化可爲라ᄒᆞ니然則人多死之日은乃文明發達之秋也라自昨年七月以後人民死者가無慮幾千이로ᄃᆡ猶不見文明發達之兆朕은是何歟며如日汰冗費則今夫各部大臣次官等이每月에食廩一千五百圜或二千圜ᄒᆞ고猶爲不足ᄒᆞ야賞與也歲饌也賜第也[illegible]色名目으로窃取國金이又不知幾費幾十萬圜ᄒᆞ고至於日本人ᄒᆞ야ᄂᆞᆫ魚頭鬼面之卒이無而至ᄒᆞ야上自勅奏判任으로下至使令과牌將과又有囑托補佐[illegible]形々色々名目이遍體據於府部ᄒᆞ고所食名目이每月常俸外에又有諸般雜費ᄒᆞ니家舍費也往來費也遊宴費也가種々不一ᄒᆞ야比諸本國人에常過五六倍ᄒᆞ니此等冗費ᄂᆞᆫ不少槪念ᄒᆞ고惟於宮中服役之若干人所食殘俸을必剝必奪ᄒᆞ니嗚呼라殘忍薄行이惟屈欺后라噫彼大臣等은豫於宴席에醉與이陶々ᄒᆞ야或歌或舞ᄒᆞ니天감이在玆에神目如電이라

所謂今以施政改善之說으로稱曰惡不積이면不足以爲罪라ᄒᆞ고又曰天之假助不義ᄂᆞᆫ非福之也라ᄒᆞ니厚其惡而罰之라ᄒᆞ니其然乎아將不然乎아且夫渠輩ᄂᆞᆫ皆以廝賤牀奴隷從使喚使令ᄒᆞ거든況渠輩勤務[illegible]서皇室使喚使令은一切放逐ᄒᆞ니噫라皆有皇室이不如一大臣之家乎아嗚呼痛哉라韓國皇室이여嗚呼念哉여다韓國人民이여

外報

●船渠完成期限 路透電을據혼즉英國下議院에서海軍預算에關ᄒᆞ야討議가有ᄒᆞ얏ᄂᆞᆫᄃᆡ딥파르ᄊᆡ가日干르지쓰의船渠等은五年乃至六年間에完成홀預定이라답ᄒᆞ얏더라

●暗謀被散 紐育電을據혼즉米國치카고市에서無政府黨이警察長官及市長을暗殺ᄒᆞ랴ᄂᆞᆫ計畫이有혼結果로警察官이同堀無政府黨員을嚴査捕縛中이오米國中央政府에셔도本此事에就ᄒᆞ야戒嚴中이라더라

●輸世界注目 同電을據혼즉淸日關係에不滿足혼狀態가有ᄒᆞ야事甚迫切이라ᄂᆞᆫ說이華盛頓에有志者間에서流行ᄒᆞᆫ다ᄂᆞᆫᄃᆡ就ᄒᆞ야米國外務省及歐洲各國當局者ᄂᆞᆫ注目中이더라

●淸人排日 天津電을據혼즉近來哈爾賓에셔淸國官憲의排日이益甚ᄒᆞ야日人等이大段히困難中에在ᄒᆞ다더라

●英艦隊巡航 伯林電을據혼즉英國回航艦隊ᄂᆞᆫ막다레나灣을出發ᄒᆞ야不遠間에波羅的海로航行ᄒᆞ리라더라

雜報

●大成必大成 [illegible]川閣下西大[illegible]人의[illegible]仲[illegible]里[illegible]大成學校[illegible]을因ᄒᆞ야[illegible]諸有志士와[illegible]의教成을從ᄒᆞ야實川志[illegible]聘ᄒᆞ야然亦教育ᄒᆞ[illegible]冬期試驗에甲班優等이査得乙班優等이明據丙班優等이大闕丁班優等이果得과及其次等某々諸氏를褒証書與紙筆冊等으로施賞ᄒᆞ야益加勤勉ᄒᆞ니大成學校의將來大成홈을可期ᄒᆞᆯ지다ᄒᆞ고西來人의傳說이有ᄒᆞ더라

●扶西將興 鐵山郡扶西학校를設立ᄒᆞᆫ지라郡內有志紳士[illegible]氏가熱心贊成ᄒᆞ고該道觀察使[illegible]氏가極力贊成ᄒᆞ야該校發展ᄒᆞ기를期待ᄒᆞ고西來人이稱頌不已ᄒᆞ더라

●特賢桂校 茂長郡守徐相璟氏ᄂᆞᆫ桂山학校經費를捐出ᄒᆞ고每朔ᄒᆞ야月捐金三圓外에特別히寄付金二十圓을再昨日에該校로送致ᄒᆞ얏다더라

●育英漸就 [illegible]川府[illegible]面鄕長閔主事와丙倫府主事金又浩兩氏가昨年七月分에洞中諸씨와協議ᄒᆞ야教育이急先務라ᄒᆞ고一般說明後에兩氏가先出金九十圓으로私立學校를設立ᄒᆞ야諸씨가爭先捐義ᄒᆞ야校名曰育英학校라ᄒᆞ고教師ᄂᆞᆫ[illegible]基柱氏로聘定ᄒᆞ고校長은前[illegible]正金振行氏로推薦ᄒᆞ야未過半年에學徒가[illegible]名에達ᄒᆞᆫ지라法語算術讀漢文高等小學科를晝夜分科ᄒᆞ야熱心教授혼다더라

●韓國에對혼世界各國의觀念 [illegible]英留學翰경 續

彼日本이我韓에保護를受혼後로聯國政府에韓國改良홀計畫을陳說ᄒᆞ야情報ᄒᆞ니此而感慨[illegible]二千餘國이며大統領이[illegible]對ᄒᆞ야亦不[illegible]ᄒᆞ니自此[illegible]韓國[illegible]不可[illegible]特遇[illegible]지外[illegible]中立[illegible]資格으로韓[illegible]ᄒᆞ나[illegible]此[illegible]韓國[illegible]并呑[illegible]諸國이오法國은兩者에對ᄒᆞ야協約이成立되며交誼가漸厚ᄒᆞ니然反對오至若德國ᄒᆞ야ᄂᆞᆫ日本의權利가擴張進就됨을暗히不快之心이나然이나日本은乃世界五强之一이라自己의게關係업ᄂᆞᆫ事에對ᄒᆞ야豈好與他爭論乎아

故로亦默々無語ᄒᆞ고其外西班與瑞諸國은奔走於自己事에든何暇에念及於他人之事리오以此觀之컨ᄃᆡ此世에我韓을爲ᄒᆞ야協力방助홀人은決無ᄒᆞ도다且日本은遊說客을各國에派送ᄒᆞ야他國人心을買得ᄒᆞ며自己國외進步ᄒᆞᆫ狀을[illegible]ᄒᆞ니此ᄂᆞᆫ政府에서不能爲홀[illegible]人民이代爲之홈이라

向者吾國이郵政局을日本에셔奪占홀時에此國各處新聞에記載ᄒᆞ얏스되韓國이郵務로因ᄒᆞ야每年二十萬圓에損害를當ᄒᆞ더니今에日本에서此를代理ᄒᆞ야此ᄂᆞᆫ韓國을爲ᄒᆞ야大幸ᄒᆞ게되얏스니此ᄂᆞᆫ韓國을爲ᄒᆞ야大幸國이라ᄒᆞ얏스며此를排斥ᄒᆞᆫ대如此虛無之說이想必出自日人之口中이나然이나其事之顚末은未可知로다

古語에曰時來風送滕王閣이오運退雷轟薦福碑라ᄒᆞ얏스니自與國繁者ᄂᆞᆫ人皆羨之ᄒᆞ며仰而欲之ᄒᆞ되自衰自衰者ᄂᆞᆫ人皆蹴之賤之ᄒᆞ야侮而斥之ᄂᆞᆫ世之常情이라自暴自棄ᄒᆞ고求助於他人之手가何異於養虎自衛리오

嗚呼라此世[illegible]가[illegible]ᄒᆞ야惟[illegible]而已라故로古之英雄俊傑斯[illegible]血流成江ᄒᆞ[illegible]積[illegible]不能恢復[illegible]이라ᄒᆞ얏스니此ᄂᆞᆫ今日吾國에對ᄒᆞᆫ格言이라若[illegible]之此鐵血이[illegible]豈能復舊ᄒᆞ리오[illegible]斯에이以符合[illegible]으로[illegible]다도有八九年獨立과四五年[illegible]戰爭ᄒᆞ며其外에反有西班牙和蘭佛蘭西英吉利人이殺戮爭後에東領比律賓ᄒᆞ고西占布哇群島하며昨年에又奪古巴島ᄒᆞ야爲之於保護領土ᄒᆞ니於是에擴威天下ᄒᆞ고權益이[illegible]球러라

日本은乃東洋之第一等强國이라亦足以自保自持어늘何故로益加盡力ᄒᆞ야有事年前에戰爭[illegible]와軍威로戰爭乎아爲人이常爭ᄒᆞ되競爭이乃平和之母也오觀念也다ᄒᆞ니平和를願ᄒᆞ거든先求其根本이라不求其本而求其末ᄒᆞ니豈可得乎리오

近日吾國者ᄂᆞᆫ致書於統監府ᄒᆞ며或者ᄂᆞᆫ致書於內閣諸臣ᄒᆞ니空費幾分時間與一折紙而已라有何半分利益이리오若二千萬人民이一齊로不得自由면不生於此世ᄒᆞ고不願奴隷이면死而不已라ᄂᆞᆫ句를腦中에印刻ᄒᆞ야實力을養成ᄒᆞ며死를不避하면何時던지獨立旗를高揭ᄒᆞ고自由鐘을打破ᄒᆞ며獨立ᄒᆞ얏던各國公使가復還ᄒᆞᆯ時가有ᄒᆞ리니라

苟然則二千萬人族이一團되[illegible]除ᄒᆞ고[illegible]乃[illegible]ᄒᆞ니此將來何在[illegible]俗[illegible]自由者ᄂᆞᆫ非生命이면不可換也라ᄒᆞ니自由之貴重이於此에可知로다

嗚呼라人生之一生一死ᄂᆞᆫ人當有之ᄒᆞ니何刻而不能爲ᄒᆞ리오獻於命而求ᄒᆞ면此世間에無所不得이어늘先人도將來死道를當ᄒᆞᆫ노라又海外風霜에忍辛耐苦而避ᄒᆞ다가[illegible]命ᄒᆞ[illegible]入[illegible]胞[illegible]거니와平生所說之志가[illegible]而[illegible]我同胞ᄂᆞᆫ노라 (完)

雜報

●太皇帝御覽 再昨夜提燈會에서大漢문外에齊進慶祝할時에 太皇帝陛下씌옵서大漢門外에 下午七時에出 御ᄒᆞ옵셔 御覽ᄒᆞ시고수十時에還 御ᄒᆞ셧다더라

●提燈御覽 再昨日 乾元節下午六時에 大皇帝陛下씌셔와皇后陛下씌셔敎化門에 親臨ᄒᆞ옵셔一般人民의提燈慶祝홈을 御覽ᄒᆞ시ᄂᆞᆫ대前日 御樂을送奏ᄒᆞ얏다더라

●賜饌陪從 再昨日下午二時에 太皇帝陛下씌옵서勅奏任官以上과 大皇帝陛下陪從ᄒᆞᆫ官人을 咸寧殿으로賜饌ᄒᆞ셧다더라

●下賜교子 昨日에 大皇帝陛下씌옵서宮內府及各所屬院司에교子一床式 下賜ᄒᆞ셧다더라

●下賜勳章 正二品資憲勳二等大三輪技兵衛院가鐵道院監督在二時에頗有勸勞홈으로 大皇帝陛下씌옵서金四千圜을下賜ᄒᆞ셧다더라

●擧動駕節次 再昨日 大皇帝陛下씌옵서 德壽宮動駕時에儀節은前日과如ᄒᆞ되騎兵은新設ᄒᆞᆫ韓國騎兵이오扈衛대에서鐵路電氣會社前左右路에紅令旗營令旗와棍杖朱杖을設ᄒᆞ며軍士가持立ᄒᆞ얏고衆니吹ᄂᆞᆫ舊軍樂을持立ᄒᆞ얏다가 大駕가駐蹕에 御過ᄒᆞ실時에鼓대執事가舊軍服에戰笠을着ᄒᆞ고環刀와등채를持ᄒᆞ고前日 幸行時와如히擧行ᄒᆞ야鳴金二下에大吹打ᄒᆞ얏다더라

●幸免五學士 乾元節日에 太皇帝陛下씌옵서 動駕ᄒᆞ실時에비從武官中參領리秉殷氏가騎馬하야未熟ᄒᆞ던지 敎化門外에서落馬ᄒᆞ야重傷치ᄂᆞᆫ아니ᄒᆞ얏스나當日公故ᄅᆞᆯ廢止ᄒᆞ얏다더라

●各領事進賀 再昨日上午十時에各國領事가 慶德宮에齊進ᄒᆞ야 乾元節慶賀式을擧行ᄒᆞ얏다더라

●派員私賣 各國方驛屯土調査派員을請願自送하ᄂᆞᆫ者도有ᄒᆞ고現今運動ᄒᆞᄂᆞᆫ者도有하야何爲奔競ᄒᆞᆫ인대運動者가何處에緊托ᄒᆞ얏던지請願ᄒᆞᆯ者에게秘密히納賂幾百兩ᄒᆞ고請願ᄒᆞ기ᄅᆞᆯ許及ᄒᆞᆫ則請願ᄒᆞᄂᆞᆫ者가許諾ᄒᆞᆫ다더라

●慶祝盛況 再昨日下午六時에提燈會에셔 敎化門外로進ᄒᆞᄂᆞᆫ되扈衛隊旗手가靑紅兮旗와棍杖朱杖을持ᄒᆞ고先行ᄒᆞ얏고其後에則니吹打舊軍樂을大吹打ᄒᆞ얏고軍樂隊가軍樂을大奏하고其後에提燈人民이隊伍ᄅᆞᆯ成ᄒᆞ야列行ᄒᆞ고舞童이며妓生은지화자ᄅᆞᆯ呼ᄒᆞ고 敎化門前과 大漢門外에셔慶祝ᄒᆞ얏ᄂᆞᆫ대初有ᄒᆞᆫ盛況이라더라

●宋氏事業 韓國陳荒地ᄅᆞᆯ開拓ᄒᆞᆫ次로農商大臣宋秉畯씨가伊藤統監과紹約ᄒᆞ야日本東京에東洋拓殖會社ᄅᆞᆯ官民이共立ᄒᆞ야會長은前財政顧問目下田氏가被任ᄒᆞ얏ᄂᆞᆫ되農部와統監府運動은發資本은日本政府에서補助ᄒᆞ기ᄅᆞᆯ磨鍊中인되宋農大가該事項을確立ᄒᆞ고渡來ᄒᆞᆫ다더라

●何厚何薄 宮내府에셔該府所管各處家舍ᄅᆞᆯ家屋에無ᄒᆞᆫ官民의게貰給ᄒᆞ되該府官人의게ᄂᆞᆫ每月에貰錢을每間에三十錢式定하고外他人民의게ᄂᆞᆫ每間에五十錢式定給ᄒᆞ얏다더라

●木商發展 乾元節動駕하실時에各官私立학徒가祇迎ᄒᆞᄂᆞᆫ되協成木商夜학校學徒四五十名이鐘路等地에셔祇迎呼萬歲ᄒᆞ며木商의祇迎ᄒᆞᆷ은初有ᄒᆞᆫ盛事라ᄒᆞ더라

●一進蔘山 前承旨리嚴崙씨의山坂이廣州艸月面光地院에在ᄒᆞ야松楸ᄅᆞᆯ幾拾年養ᄒᆞ얏더니一進會員姜蕙秀가該松楸ᄅᆞᆯ稱以渠家산坂이라고無難작伐ᄒᆞᄂᆞᆫ故로리氏가起訟次로上京ᄒᆞ얏다더라

●淸日衝突

北墾島間題로淸國과日本이交涉不決ᄒᆞ더니陰本月初五日八時에淸日兩國兵巡이衝突ᄒᆞ야多少鬪毆傷이出ᄒᆞ얏다고該地方警察署電報가統監府에到達ᄒᆞ얏다ᄂᆞᆫ說이有ᄒᆞ다더라

●毁城着手 城壁處理議定所에셔昨日부터韓日兩國役夫가東大문左右城郭을毁撤하기에着手ᄒᆞ엿나더라

●電燈換設 敎化문에長明燈二介ᄅᆞᆯ設置ᄒᆞ엿더니再昨日부터大電燈一坐ᄅᆞᆯ문前에特設하얏다더라

●水産調査 各道水産物을調査ᄒᆞᆯ次로農商工部와統監府에셔委員을派送ᄒᆞᆫ事ᄂᆞᆫ已爲揭載ᄒᆞ엿거니와農部에셔該區域을十設處에分處ᄒᆞ얏ᄂᆞᆫ되二道沿海부터爲先調査ᄒᆞᄂᆞᆫ지라農部技師의日人庵原씨와統監府技師技手合十餘名이再昨日京釜鐵道로발行ᄒᆞ얏다더라

●偽牒現露 平壤七星門니金炳根과名不知黃哥와金洛彦三人이 宮내府巡檢奉職投書ᄅᆞᆯ偽造ᄒᆞ야孟산居朴芝女氏에四寸芝成處에任投하고發案帖二張ᄅᆞᆯ偽造ᄒᆞ야該氏父親徵稷씨와三寸徵고氏의게각其勅奏ᄅᆞᆯ거며錢七千六百兩ᄅᆞᆯ使且運隊通詞로抑欲督責이나印章偽造ᄒᆞᆫ擧實과該錢을分食ᄒᆞ라던做謀가現露되얏다고西來人의傳說이有ᄒᆞ더라

●委員曉諭 忠北宣諭委員宋綺用氏가去月念後에忠州府에到着ᄒᆞ야該市에셔大小人民을會集宣諭後에卽往于醫援各面ᄒᆞ야被害人之父母妻子ᄅᆞᆯ家家慰問ᄒᆞ얏다더라

●암長更選 向日漢城니衛生規則을實施ᄒᆞᆫ次로府尹張憲植氏가각元老大臣以下ᄅᆞᆯ會集ᄒᆞ야衛生會會長을 薦ᄒᆞ야會장은閔泳徽氏도候補會長은申泰休氏로決定ᄒᆞ얏다더니니部大臣任善準氏와次官木니重四郞씨가발論ᄒᆞ기ᄅᆞᆯ人民程度가與今未開ᄒᆞ야社會上公園과如是依賴的으로大官으로投票ᄒᆞ얏스니該議案은勿施ᄒᆞ고漢城府에申飭ᄒᆞ야衛生代表者ᄅᆞᆯ更爲選定ᄒᆞᆫ다더라

●金氏再囚 前參奉金奎興氏가日憲兵隊에被捉ᄒᆞ얏다가放送이되얏더니日昨에更히被囚ᄒᆞ얏다더라

●直行鐵線 京義鐵道ᄅᆞᆯ來四月부터當日直行ᄒᆞᆯ次로該鐵道ᄅᆞᆯ隨處改良하ᄂᆞᆫ되人民의土地ᄅᆞᆯ軍用時갓치任意使用ᄒᆞᆫ다더라

●落馬致傷 警視廳警部白熙元氏ᄂᆞᆫ再昨日動駕時에落馬ᄒᆞ야重傷ᄒᆞ얏다더라

●商家賊警 三昨日午前一時에賊漢二名이남小洞黃鍾浩氏家에突入ᄒᆞ야物品과紙貨四圜을奪去ᄒᆞ얏다더라

●漏電破燒 去五日上午十時에인川港日人大서商店게架設ᄒᆞᆫ電氣燈이漏電ᄒᆞ야隣附近金融組合事務所합錫水筒十二間假量이被燒ᄒᆞ얏다더라

●靑年幻燈 靑年會館에셔今月下午七點鐘에衛生實驗幻燈會ᄅᆞᆯ開ᄒᆞ고大韓醫院醫士施閣順氏가說明ᄒᆞ다더라

●[illegible] 總督曾禰七曜日下午二時에續路靑年會館니에開ᄒᆞᆫ다더라

●晉級獎학 남來人의傳說을聞ᄒᆞᆫ즉慶남觀察使金思默氏가現在校長校監으로維持方針을商議ᄒᆞ고訓諭各郡ᄒᆞ야學徒ᄅᆞᆯ多數募集ᄒᆞ야敎育이日新月加ᄒᆞᆫ다더라

●宜無是事 本報第四百六拾六號雜報欄니에尹憲燮氏가法大외爪牙가되여리僞氏ᄅᆞᆯ認奏免官ᄒᆞᆫ事와第五百三拾五號雜報欄니에觀相本旨之說은追聞ᄒᆞᆫ즉業官을如脫ᄒᆞ고還給伴給後에無慈當世ᄒᆞ얏스니此等鄙悖之行은必無ᄒᆞ다고物論이有ᄒᆞ다더라

▲地方消息▼

▲去月二十日에義兵이漣川龍潭等處에在ᄒᆞᆫ日人二名을砲殺ᄒᆞ얏다하고

▲去月二十一日에義兵約五十名이漣川官仁面下浛동산谷險峻處에埋伏하고日兵을挾擊ᄒᆞᆯ意ᄅᆞᆯ巡行日兵十名이探知ᄒᆞ고反擊ᄒᆞ미義兵二名이卽死ᄒᆞ고其餘ᄂᆞᆫ渙散ᄒᆞ얏다ᄒᆞ고

▲去月二十三日에鐵原駐日憲兵二名이漣川郡으로郵遞物을保護ᄒᆞ고大光里險峻處ᄅᆞᆯ經過하ᄂᆞᆫ되義兵約二十名이埋伏ᄒᆞ얏다가狙擊ᄒᆞ미一名은中丸卽死ᄒᆞ고一名은本駐所로馳馬還走ᄒᆞ엿고韓人遞夫一名은亦爲致斃ᄒᆞ얏다하고

▲忠州老隱면에서義兵이自衛團을砲殺ᄒᆞ얏ᄂᆞᆫ되日兵이追到ᄒᆞᆫ즉義兵은已爲退却ᄒᆞ엿고該면에探礦ᄒᆞᄂᆞᆫ礦軍三拾餘名을一幷砲殺ᄒᆞ엿다하고

▲三月二日에義兵數十名이抱川察雪嶺店에來到ᄒᆞ야車夫에所載白米와店幕人處에執留ᄒᆞ고該車ᄅᆞᆯ卽爲破碎以去ᄒᆞ얏다ᄒᆞ고

▲本月六日義兵二三名이丹城郡新等面新昌里租稅領收員元泰喆을狙擊ᄒᆞ야地稅金三百五十一圜八十전과同七日夜에又義兵拾四名이同郡法勿면租稅領收員吉即甫ᄅᆞᆯ狙擊하야地稅金一百三十二圜四拾錢을取取ᄒᆞ얏다더라

東京電報

拾五日발

●危在一變 日本外務當局者의明言ᄒᆞᆫ바ᄅᆞᆯ據ᄒᆞᆫ즉第二辰丸抑留事件에關ᄒᆞ야淸國에對ᄒᆞᆫ最後準備ᄅᆞᆯ旣成ᄒᆞᆫ이海軍省에셔危機가一變에在ᄒᆞ얏다더라

▲西湖問答▼ 續

▲客日德育을發ᄒᆞᆯ진대基督敎ᄅᆞᆯ崇信ᄒᆞᄂᆞᆫ거시可乎잇가

▲日然ᄒᆞ다基督耶蘇ᄂᆞᆫ卽上帝의子오卽萬國帝王의王이신대救世贖罪ᄒᆞ사라고降生ᄒᆞ샤天下後世의萬民의罪ᄅᆞᆯ代ᄒᆞ야十字架에釘ᄒᆞ시니卽亦我韓二千萬人의罪ᄅᆞᆯ代贖ᄒᆞ야死ᄒᆞ심이다今日我韓이天意ᄅᆞᆯ不順ᄒᆞ고義務ᄅᆞᆯ不盡ᄒᆞ야罪惡이貫天일서許多ᄒᆞᆫ罪惡ᄅᆞᆯ盡不擧論이나蓋個人의亡國ᄒᆞᆫ罪와一國의失權ᄒᆞᆫ罪가彌滿ᄒᆞ야生前地獄이慘慘在卽ᄒᆞ니此世仁人義士者의忍見ᄒᆞᆯ바니리오只願同胞ᄂᆞᆫ擧皆救主ᄅᆞᆯ篤信ᄒᆞ여야一身의罪와一國의罪ᄅᆞᆯ贖ᄒᆞ고主恩을感服ᄒᆞ야能하殺身成仁도ᄒᆞ며能히救濟蒼生도ᄒᆞ리니同胞ᄅᆞᆯ愛ᄒᆞᄂᆞᆫ範圍가此에不外ᄒᆞ니라

▲客日此敎ᄅᆞᆯ篤信ᄒᆞᆫ연後에可히强ᄒᆞ깃소

▲日上帝로大主宰ᄅᆞᆯ숨고基督으로大元帥ᄅᆞᆯ숨고聖經으로軍을숨고信으로盾을숨아往往直前이면誰가[illegible]命치아니리오現今[illegible]耶蘇敎로宗敎ᄅᆞᆯ삼ᄂᆞᆫ[illegible]步와國光이果如何哉아吾同胞ᄂᆞᆫ此ᄅᆞᆯ美ᄒᆞ거든其諸國의崇奉ᄒᆞᄂᆞᆫ바宗敎ᄅᆞᆯ從ᄒᆞᆯ지니라

▲客日體育은當奈何오

▲日體育은身體ᄅᆞᆯ活動ᄒᆞ야志氣ᄅᆞᆯ壯快케ᄒᆞ며技藝ᄅᆞᆯ鍊習ᄒᆞ야軍事ᄅᆞᆯ學ᄒᆞ야成ᄒᆞ나니[illegible]見ᄒᆞᆫ즉대小학校에셔體操遊動과機械運動을敎授하며中학校에서兵式體操와射擊[illegible]從事ᄒᆞ야隊伍가整齊ᄒᆞ고[illegible]嚴肅ᄒᆞ니後日에志願兵[illegible]이라全國人民이無不[illegible]하生도後日兵이오商民도[illegible]兵이오工匠도後日兵이오[illegible]者도前日兵이라如是而[illegible]兵을實施ᄒᆞ야國民이皆兵이라야國이强ᄒᆞ니라

▲日之於韓에可謂先[illegible]오可謂良師이오可謂[illegible]韓人은善學日本ᄒᆞ야其敎育制度와政治方針과外交法術을其肺肝ᄋᆞᆯ見ᄒᆞᆫ[illegible]하야後日[illegible]이日本에對ᄒᆞᆫ政策을施ᄒᆞ노써以怨報怨[illegible]人道[illegible]台宜ᄒᆞ도다

▲客日[illegible]則三種敎育中에何者爲緊고

▲日體育이니何則고求智者ㅣ雖有智나體不健이면肥病枯瘠에無益ᄒᆞ고智不生이오求德者ㅣ雖有德이나體不健이면腦氣觸傷ᄒᆞ야志氣가[illegible]不振이라體不健이면智와德이俱廢而不全ᄒᆞᄂᆞ니[illegible]德을求ᄒᆞᆯ진대先히體ᄅᆞᆯ健[illegible]지니體를健은體育[illegible]이라所以로體育[illegible]此等諸般敎育이一致발達이라야可謂完全敎育이라ᄒᆞ노라

廣告

西署盤石坊약田契第二百四拾六統一戶洪明淳家瓦七間草六間板券一度을本人이典執하야紙匣에入하고陰曆月初八日乾元節에玩賞次로電車를搭乘去來이다가不覺中紙匣을서失하얏는데紙匣에紙貨八拾圜을入하얏다가亦爲서失이오나貨幣는勿論하것시니該匣을誰某拾得하시던지家券을送致하시면厚意로報償하겟삽기玆에廣告함

西署壇橋 리景成 告白

本會總會를來十□曜日下午一時에鐘路(靑年會館)너에開하야六時閉會하깃스오니在京會員君子는 光臨을敬要

畿南教育會 白

本月四日에仁川港거주崔某氏客主에서鄕客數三人이坐하야骨牌를가지고五圓을내더니不意에巡檢리警瑞가突入하야骨牌로장물잡고坐中人을縛打하며賽錢을搜取則不過幾分이오其中외朴炳觀이가婚需上京次로帶紙貨一百拾圜하고待船而坐라가是亦見奪이고數人捉去矣러니 本府署長金允福氏가另察其踐跡하야所捉人을即放하고所奪錢은如數推給하얏다하니果然警部외善察하심인故로玆以廣告함

傍觀人리慕善 告白

●正誤 本報第七百五十一号第三면韓鐵砧의廣告欄넉第拾七行二萬八千五百의(百)字가脫落되고第五拾八行本人理直乎下에(河允泓이가理直乎아)云ᄒᆞᆫ九字가脫落되고第七十五行万兩上에(十五)二字가其傍七十三行末로誤植되앗기玆에正誤함

●法官養成所學員募集廣告

法官養成所學員約五拾人을募集하오니入學하기願하는人은三月二拾七日內로入學請願書에履歷書를粘連하야本所에提呈하고同月三拾日上午拾時에本所로來하야入學試驗을受할事

試驗課目

一讀書 國漢字交用문及漢文
一作文 國漢字交用文
一算術
一歷史 내外國
一地理 내外國
一外國語 日本語

但官立高等학校官立外國語학校及官立日語학校卒業生은必要한課目만試驗함

年齡은滿拾七歲以上三拾五歲以下

詳細한事項은來所에來問하고入학請願書는本所에請求할事

法官養成所

本人의妻男本郡京山面長山里居리奇玉爲名人이本人과呻病委臥之時에以間病次로來라가本人의所有田土二拾餘石落地文券權를私竊取去하야欲爲盜賣하오니無論內外國人하고勿見欺하심을伏望

宜寧郡富山面立山동居 安晋吏 告白

唐津黃谷居前參奉沈能務氏家에今年陰正月七日夜에匪徒數拾名이각持銃劍하고突入其家하야威之脅之에討索전穀而無由團應故로操理責論則卒然放銃하야因即畏逝矣라適日知舊問에訃告矣나未詳其동名하와玆以佈告하오니本人生時知舊僉位는以此照亮함 沈圭澤 告白

西署養生동六統五戶家契를光武十一年四月二十二日典執하고農工銀行하고金百五拾圜借用하라가該家契를見失後에漢城府認許狀을서失하앗스니誰某拾得하와도休紙施行함

리爲燮 告白

陸軍副領김公鼎閣씨가陰曆二月初七日申時別世知舊間照亮

護喪 金昇鉉 告白

國文愛國精神談 定價金廿錢 리치雨譯述

勿論男女하고愛國心이有한者可以購覽

發賣所 皇城각書舖

本人의沓四石拾五과落과田二石落이在於忠州邑底與玉江이온바本人에外叔宋浮宇가僞券偷賣할라하오니外國人은見欺치勿하시오

尹완 告白

今現弊院에서各項事務를一層擴張하오미金裝與銀裝各樣의齒와老小間沒數落齒로며齒床幷齒간隨意製造하오며拔齒與入齒時에毫無苦痛케하는技方도有하며齒科上面議는無料後受하오나四方僉君子는照亮하심을爲希함

京南大門內尙洞美人施蘭敎家

寫齒科醫士 韓大衛 告白

本人의再從弟柱邦이性本浮浪하야寡居兄嫂의田土를多數히偸賣하기로玆에廣告하나從今以後로內外國人은更勿見欺함

善山桃開面華林廬 柱華 告白

大韓文典

崔光玉 述 李商在 校閱

此文典은國語의話法과讀法과作文法을一定한規模로能成케하는法이備觀하야高等小학校나中학一班에所用할만하오니僉君子는速々購覽하심敬要

發賣所 平壤 大同書觀 / 京城 蓮洞儆新학校內 / 安岳 勉學書舖

本人의姓名圖章을서失하온고로廣告하오니外國人은勿欺하심을務要

仁川港平洞林根洪 告白

本人이撤棄搬移하오니典執貨君子는物件을速々推覓하시고若過今月則放賣하오니限日内로推去하시오

務동二十二統九戶내 典舖主 安麟植 告白

本書院에서內外最新舊學問各種書籍과聖經각種을大發賣한지三四年인바本教會教人과각學校生徒의購覽하기便利함을爲하야左開三處에支店을設하오니書籍을購買하시는僉彦은附近支店에請求하심을務望

左開
西門外中學校西便 韓承煥
南門外蓮路東便 安桂元
鐘路館門下 韓鼎教
平壤貫동上隅 鄭益魯 告

耶蘇教書院 金聖鐸 白

本人의名은一成이옵더니以濟成으로改定하오니知舊僉聞照亮함

安州西部면居 前主事田濟成 告白

越南亡國史 譯漢文

定價貳拾伍錢

發賣所 京城 …

布屛下김相萬 告白

일본정부제도연초
한국일수방매
동아연초주식회사

경성명동

滑稽小說 禽獸會議錄

弄球室主人 著述

表紙石版寫眞畵印刷 全一冊 正價金拾五錢

▲本小說은新體文壇의演劇的小說로空前絶後의一大禽獸會議를開催하고海陸動物이演壇에集合하야人類와禽獸의優劣과造化主宰의眞理를討論批評하는光景을傍聽實寫하야讀者諸君에게紹介로今日吾人類社會의公德頹敗함을精醒코져함이나其滑稽的文體가光彩陸離하며諷刺的批評이奇拔秀出하야實로國文小說界에一大異彩를放할만하며一讀解頤의好書物이오

▲발行元 皇城書籍業組合

▲分售處
中署觀朝橋越邊 中央書館 / 中署寺洞 大東書市
中署大廣橋東邊 匯東書館 / 仝 古今書海館
西署남門外紫岩 新舊書林 / 남署尙洞 博文書館
남署銅峴 博학書館 / 中署布屛 廣學書舖

●廣告

本書館에서文明을發達하고民智를廣開하기爲하야今에內外國各種書籍과各種敎科書類를購買發售하오니愛讀 僉君子는陸續購覽하심을敬要

最新書籍發售目錄

◎東西洋歷史 各種
◎東西洋地誌 各種
◎政治學 各種
◎法律學 各種
◎經濟學 各種
◎算術書 各種
◎內外國地圖 各種
◎修身書 各種
◎財政學 各種
◎博物學 各種
◎物理學 各種
◎衛生學 各種
◎地文學 各種
◎讀本 各種
◎法帖 各種
◎學校用品 各種

此外에도各種書籍이具備하옵고書籍及紙筆은 [illegible] 廉價로 [illegible] 하오니

京城南署銅峴

學部認可 博學書館

各地方에서는書籍을請求하면곳即送呈하더이고價金은郵便引換도하외다

◎大韓國新發明神藥

◎佐度靈丹 各種食滯中暑久滯口臭痰飮吐瀉 定價一貼十錢
◎至寶丸 治諸般癥疾不治久滯俱有偉効 定價金十錢
◎靈效液 外用方書治疥瘡皮膚百發百中 定價金三拾錢
◎淸眼水 治諸般眼疾有神效天之妙 定價金拾錢
◎通淋丸 治男女急慢淋疾神効無雙速効除毒 一週金五十錢

此外에도京城洋各國有名한藥과病去根藥과腫風藥과 [illegible] 藥水각種病에俱比惠向爲盼

漢城中署鐘路 [illegible] 二統二戶地

製劑발賣所 共愛堂藥房 告白

監修발行人 前官立漢城醫학校卒業生 張基茂 朴容南

支店 開城南門內共愛堂開城支店 / 與學書舖

代理店 西署新門外石橋普濟院藥局 / 仁川濟世界濟生堂

國內各處藥局에서隨意販賣함니다

漢城鐘路萬國基督敎靑年會舘前慈惠藥房製藥鑑査人濟衆院醫學員洪錫厚朴慈惠李觀化告白

本人等이米國大學醫院處方과大醫學士魚丕信氏에게受業ᄒᆞ고醫學校長勤五拏池錫永氏에게有効證明을受ᄒᆞ고左記各種을製造ᄒᆞ야外國賣藥規模를依ᄒᆞ야紙匣洋鐵匣琉璃甁에盛ᄒᆞ야全國內外各處藥店에廣賣ᄒᆞ옵고濟衆院英字醫籍을我國諺文으로譯ᄒᆞ야名稱과便方이라ᄒᆞ야발賣ᄒᆞ오니四方僉彦中濟衆院數拾年來經驗信用ᄒᆞ신兄弟는不拘多少와路之遠近ᄒᆞ고以書請買ᄒᆞ시면本人은雖拾錢價値藥이라도以小包郵便으로仰呈ᄒᆞ오며니封定價外郵稅十전을旅送ᄒᆞ시되小數전은郵票十전지리ᄒᆞ시셔보너시고賣藥家에셔ᄂᆞᆫ多數買去ᄒᆞ시면郵便局換錢票를買送ᄒᆞ시오且本藥房에來議(멀조드)製藥會社藥品(만ᄒᆞᆷ임)製藥社藥品을直擇入ᄒᆞ야德國英語로記ᄒᆞᆫ方文과主治와用法을我國漢文으로譯譯발賣

商標

定價表　拾日分　三十個入　金一圜
二十日分　六十個入　金一圜七拾五錢
三十日分　九十個入　金二圜五拾錢

食思振起 精力活潑 補益丸　第一老衰男女의게補益血

主治大補元氣能調陰陽男子陽萎不起女子月經不調手足厥冷虛弱失氣久病人蘇完되ᄂᆞᆫ効力이大勝於鹿茸蔘入蔘精

加味効解瘧丸　一日分定價金拾錢此藥은大人小兒長瘧과初瘧과腹瘧에以上服用ᄒᆞ면更不再發

回虫丸　一日分定價金拾전此藥은大人蛔積小兒蛔病의神效

四時感冒丸　一日分定價金拾전此藥은感氣몸살의쓰ᄂᆞᆫ약인ᄃᆡ二三日連服ᄒᆞ면四時毒感上下肢節頭痛에即時解熱鎭痛

男女瘡疾祛根藥　定價金五拾錢此藥은瘡疾의一期二期를勿論ᄒᆞ고거근ᄒᆞ도록낫은쥬ᄂᆞᆫ데口瘡파구역도아니나오

淸明眼藥　一日分定價金拾錢此藥은火眼熱眼의有名奇效

無惡臭疥瘡藥　定價金四拾전此藥疥癬虫을卅分內殺

鎭咳嗽藥　五日分定價金三拾錢此藥은四時新舊咳嗽에有大效ᄒᆞ고特히老人痰咳에消痰止咳

寸虫發根　定價金三拾錢此약寸虫當場拔下

止足汗藥　二十日分定價貳拾錢此藥은軍人常用除足汗과

輕腫根治膏　定價金十五전此낙面腫과頭腫에直差

濕腫根治膏　定價금十五전此약은男女勿論ᄒᆞ고風寒暑濕으로成腫되어大起搔痒을ᄒᆞ예奇效

漢城百應膏　一封定價金十錢此약은衛生醫士李留友시方文으로製造ᄒᆞᆫ藥인데영우리잘폴리고각頭腫氣에발根合瘡이疼痛ᄒᆞᆫ데쓰ᄂᆞᆫ膏藥인데大洋鐵匣入一個금五十錢

小兒感冒靈効散　此약池錫永氏經驗良方小兒感冒及食滯痰身熱驚風者並神效定價金十錢

癎氣神効保嬰散　此약醫學校長池錫永氏數拾年經驗之良方小兒屎色綠而瀉○腹漲○身不安而不寢○腹痛驚啼及直視而驚癎者並神效定價금十二錢五圜

發賣所　仁川港楹峴濟生堂약房　京城梨峴寶약商李信華

新編 銀行簿記學　全一冊　定價六十五錢　崔撰 發兌

本書는一般外國諸大家의著述ᄒᆞᆫ簿記學中最近ᄒᆞᆫ학理와最新ᄒᆞᆫ形式을精細蒐集ᄒᆞ야國漢文으로解釋ᄒᆞ야便易ᄒᆞ게敍述ᄒᆞᆫ者나一次修習ᄒᆞ면銀行의經營方法과業務處理順序가瞭如指掌ᄒᆞ야實로實業家와一大銀行이라諸般銀行家와商業家ᄂᆞᆫ不可不案頭에一冊을備置ᄒᆞᆯ者ㅣ니陸續購覽ᄒᆞ심을務望

發兌元　中署布屛下三拾七統六戶　廣學書舖金相萬

分賣所　동口越建中央書舘　大廣橋匯東書館
鍾路大東書市　同古今書海館
南門內博文書館　南門外新舊書林
銅峴博學書館

朴晶東氏演義

意大利獨立史　正價金五拾錢
經濟原論　正價金三拾五錢
國際公法志　正價金四拾錢
國文新撰家庭學　正價金三拾錢

國家의文明은敎育이根本이오敎育의基礎ᄂᆞᆫ家政이始라故로家政學을純諺文으로新撰ᄒᆞ와婦人社會와勞動社會와學校敎科에지需用ᄒᆞᆷ에便易케ᄒᆞ와사오니有志食子ᄂᆞᆫ陸續購覽ᄒᆞ심을務望

발行人 金相均 告白

發賣所
▲大廣橋 匯東書舘　▲鍾路 大東書市
▲洞口 中央書舘　▲布屛下 廣學書舖
▲銅峴 博學書舘　▲尙洞 博文書舘

瑞士建國誌　定價金 新貨拾五錢

此冊은政治小說이니志士의救國愛民ᄒᆞᆫ歷史를譯成ᄒᆞᆫ바緊要ᄒᆞᆫ冊子오

發賣所
▲大韓每日申報社
▲仁川港楹峴　新學書舘
▲中署布屛門下　廣學書舖
▲平壤城內鍾路　敎育書舘
▲鍾路　古今書海館
▲洞口越便　中央書舘
▲鍾路　大東書市
▲大廣橋　匯東書舘
▲銅峴　博文書館
▲開城　愛助通冊사
▲海州碧城書籍舘　朴昌

淸心保命丹　本舖 仁川港楹峴 濟生堂

●大韓國醫會에서靈驗方劑ㅣ로調劑ᄒᆞᆫ大韓醫院醫學校長池錫永氏와陸軍軍醫張基浩君이證明ᄒᆞ고淸心保命丹을調製ᄒᆞ야大效ㅣ有ᄒᆞᆷ은如左ᄒᆞ니僉君子ᄂᆞᆫ試用ᄒᆞ심을望

●主治類聚
●漢飮●食積●中暑中寒
●咳嗽●霍亂●不土不服
●氣鬱●吐瀉●腹痛●車酡
●食傷●酒滯●口熱
▲共他諸般速氣滯痰方妙藥

발行人 仁川港楹峴 濟生堂 李

代理店
京城鍾里 共愛堂藥房
特約店 寬城鍾路 慈惠藥房
同 藥峴 學信 華洋藥局
同 衛洞 盧在亨冊사
同 南門外 廣濟藥院
仁川內洞 韓禹根
同 楹峴 和平局
開城南門內 朴圭祖
同 忠機 具聖模
水原鍾路下 金翊 九藥局
同 宗橋 宋熙李
延安邑內 潘汝文
江華鍾路 宋順東
長湍 蔡聖門內 趙敎善
■山砂利院場內 박錫昌
全 任允中
全 耶蘇敎堂內 李在石
黃州南門 紅門洞 李東赫
平壤鐘巨里 儀藥鋪 化
全 大藥局 封圓
全 義藥舖 金雅興
全 布商 桂淨官
文武洞 全元 實藥館
鎭南浦營洞 金斗鉉
載寧山港 開港鍾洞 錦會社
京城大門外 天佑堂
全泥峴 郵便局 大同運 林景柱
安岳邑上場里 濟生局 成浩家
入郎府門內 劉還 김佑家
釜山港梁 客主 동 김大약房
安州城內 洞井 동回春 和약局
義州南門外 水口街 敎 有名
此外에도現代에甚明各약 有名
各種賣藥이俱備ᄒᆞ
海州南門內 李率植
淸州邑 鍾洞 약局 李演台
仁川花開洞 美昌洋行 박芝行
載寧邑 役동洋약店 崔允國
北靑 新昌港 客主 박錫勳
元山港 本堂出張入 朴敎鎬

▲新刊書籍 新式 大韓法規類纂　洋裝　定價金七拾五錢
新撰 大全 國漢文　三圜五拾錢
新撰 倫理學敎科書　二拾錢
初等衛生學敎科書　拾五錢
國家學綱領　拾五錢
國民須知　八錢
愛國婦人傳　漢諺兩譯　拾五錢
發賣所 鍾城布屛下 金相萬書舖
新撰 洋裝 簿記學 三冊
新撰 鐵課 國貿易　各種諸具
理財學各種　發圖 金相萬
衣服製造 其他洋品 賣 主流積放賣
ᄒᆞ오니 諸君子ᄂᆞᆫ 來臨ᄒᆞ심을 告ᄒᆞ
라 나이다
仁川港 楹峴 新舖
告白

報償義捐金收入廣告

●水原府第三回續
▲宗德面西洞 李聖善　五拾錢
▲南谷面
官頂洞中 大圜
晉施동中 一圜九十전
浦內一동々中 拾圜
▲梅谷面二동造山里
楊在秀 五拾錢 리楽秀
리範夏 리圭範 각四拾전
리在承 리雲夏 각卅전
申宅均 申永均 申哲회
리春榮 申京均 리圭택
리圭德 鄭昇烈 리般順
趙重칠 楊世鎭 리在錫
리敏性 申興均 申赫均
차卄저 리在厚 리在都
李在光 柳基源 柳茂惠
鄭영錫 李在仁 鄭秀先
李般衛 金景道 白景西
梁今同 柳應烈 柳昌烈
김夏鉉 李仁榮 리吉夏
李明夏 申基喆 申浩喆
申鉉七 姜憲水 徐相濩
鄭永昌 申聖회 申叙均

李殷弼 趙迎淳 吳舜洙
각拾전
合八圜二拾전
▲공鄕面月門里
鄭寅燮 鄭寅輝 김致晉
각一圜 鄭敦化 리浩仑
각六拾전 金春先 池九心
김順寶 각四拾전 洪致俊
최星玉 金致三 張先浩
각十錢 金河龍 金禮山
安永八 趙元汝 張成德
각卄전 朴仲賢 金학基
印成化 各拾전
合七圜八拾錢
▲提嚴洞
安秀有一圜 安利化 安秀一
洪公叔 安公云 黃順益
각四拾전 安和三 安道元
洪公賓 洪聖根 金汝直
安溥化 安溥鑫 安應仁
安德浩 安溥文 각卄전
安又年 리桂元 洪公益
劉益道 金汝星 각十錢
合五圜五拾전
▲卜村
김鳳周 一圜十錢 鄭鳳瑞 一圜
韓聖心 五拾전 韓泰信
姜太山 金道亨 鄭聖云
각卄전 洪明煥 車公弼
金春先 韓成俊 朴元俊
姜春寶 韓周連 洪順九
洪云京 徐允明 姜仲玄
各卄전
合六圜
總合四十六圜
前總合五萬九千三百十一圜三十四錢七厘
都總合五萬九千三百五拾七圜三十四錢七厘

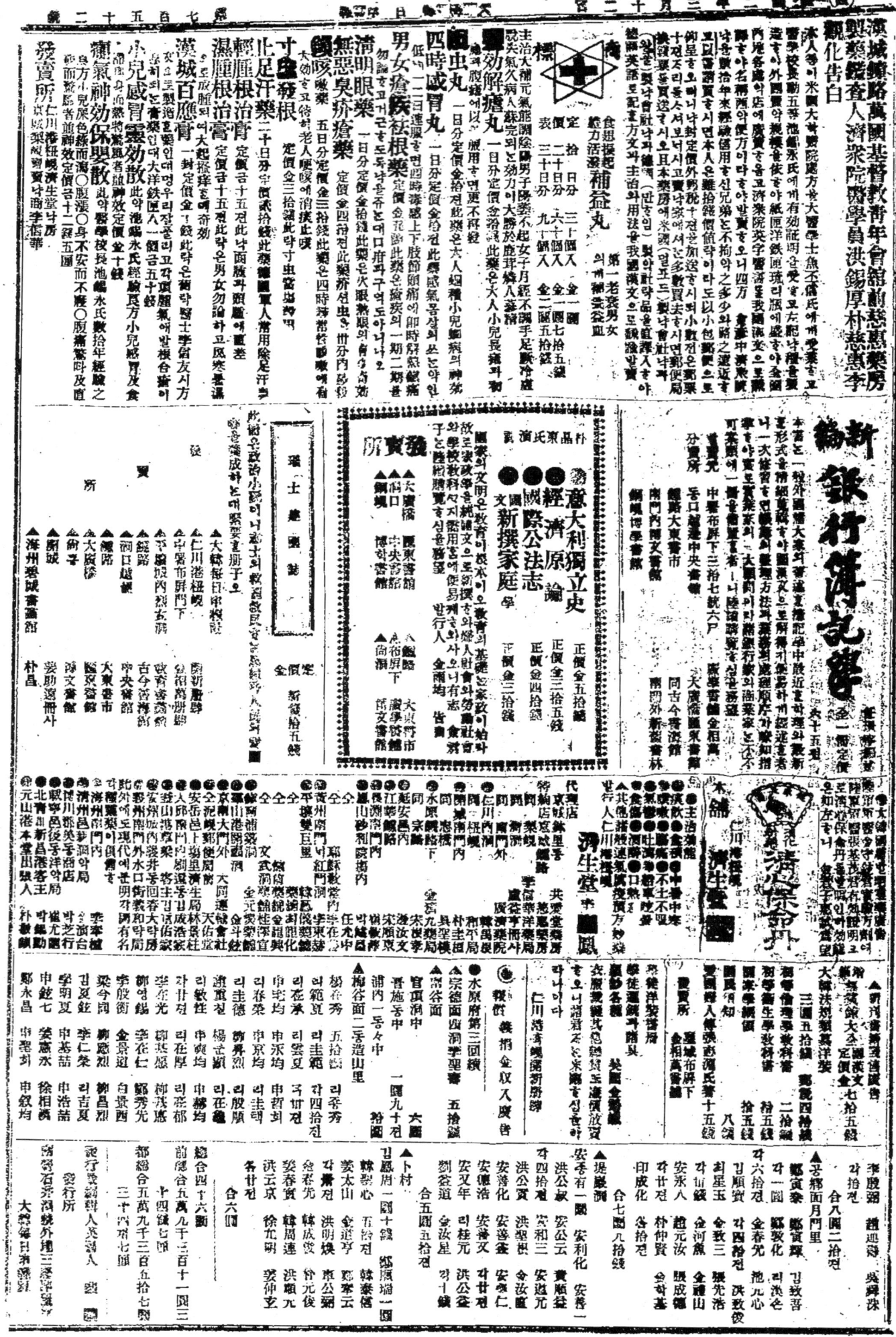

發行兼編輯人 英國人 裴說
發行所
漢城南部石泉洞統外地三洞四十號
大韓每日申報社

第六卷 第七百五十三號

大韓每日申報

月曜及慶節
歲時日休刊

建國紀元四千二百四十一年
[illegible]
大韓開國五百十七年
日本明治四十一年
淸國光緒三十四年
陰曆戊申二月小十一日丁卯

論說

●各학會의前途와關東의久寂寞

韓國의將來休戚은教育의振不振으로驗ᄒᆞᆯ지며教育의振不振은各學會의現狀으로其一斑을可推ᄒᆞᆯ지로다

二十世紀新風潮가韓半島를猛襲ᄒᆞ미此를覺悟ᄒᆞ며此를順應ᄒᆞ야一片赤幟를竪ᄒᆞ고舞臺에先登ᄒᆞ라ᄂᆞᆫ者ᄂᆞᆫ西北이라其奮勇前進ᄒᆞᄂᆞᆫ氣槪ᄂᆞᆫ一般欽歎하ᄂᆞᆫ바라贅言ᄒᆞᆯ비無ᄒᆞ고畿湖則비록數百年宦轍轉變에人心이薄弱ᄒᆞ고風俗이頹敗ᄒᆞ야沉沉長夜에軒睡依酣ᄒᆞ나然이나西人에云ᄒᆞᆫ바睡獅란者ᄂᆞᆫ一日의羅馬가아니라ᄒᆞᆫ것치畿湖의畿湖됨이一人의力으로成就ᄒᆞᆫ바아니며一日의功으로建設ᄒᆞᆫ바아니라累百年來로名臣碩儒가陶鎔鼓舞ᄒᆞᆫ遺風이尙存ᄒᆞ야倫常서거政治實業의中心點되ᄂᆞᆫ人物都會라稱ᄒᆞᆷ이無愧라目下畿湖ᄒᆞᆨ會의發起ᄒᆞᆷ이未久ᄒᆞ야요막前途를豫言키難ᄒᆞ나但熱心誠意者其人이果有ᄒᆞ야高眼闊步로前進不已ᄒᆞ야風氣를力挽ᄒᆞ고靑年을誘導ᄒᆞ면庶乎畿湖山川의顔色이重光ᄒᆞ지오

湖남은元來其居民性質이樸實ᄒᆞ야穎敏ᄒᆞ야才智之倫이輩出ᄒᆞ도로與佳綠府正이人材淵藪라稱ᄒᆞᆷ이虛語가아니더니流水가日下ᄒᆞ고人心이日渝ᄒᆞ야後來士習의浮僞도惟湖남이라ᄒᆞ며吏胥의奸猾도惟湖남이라ᄒᆞ야湖남人이라一稱ᄒᆞ면擧世가排擯不肯齒ᄒᆞᄂᆞᆫ地境에至ᄒᆞ니今乃湖남학會가발起ᄒᆞ미或者ᄂᆞᆫ鼻笑를遽加ᄒᆞ야曰湖남人이何事를能做리오云ᄒᆞ나吾ᄂᆞᆫ想컨ᄃᆡ此等의恥辱羞가其耳朶에頻加ᄒᆞ면慚愧者도或立ᄒᆞ고頑者도或悟ᄒᆞ야남湖의機警人士가大飛躍ᄒᆞᆯ日이必有ᄒᆞ리라ᄒᆞᄂᆞᆫ비며

嶠남으로言ᄒᆞ면古代에文학이甚盛하야先賢이輩出ᄒᆞ야東鄒의鄒魯와希臘의아與갓치燦爛ᄒᆞ던嶠南이러니嗟乎라君子의澤은五世에旣斬ᄒᆞ고後來의人은四十에無聞ᄒᆞ야時局의變遷도不知ᄒᆞ며國家의存亡도不知ᄒᆞ고華淸富中老富女가開元時事나坐談ᄒᆞ듯시夢寐窓에兩三相對ᄒᆞ야晦齋退溪의遺蹟을討論ᄒᆞ고祖先의白骨이나稱ᄒᆞ야門戶의光榮을作ᄒᆞ라ᄒᆞᆯ뿐不肖子孫이滔滔ᄒᆞ야所以로昏夢頑陋에鱗荒이無期러니近日에嶠남敎育會五字가晴夜에突現ᄒᆞ니此가或他日嶠南에一大光彩를放ᄒᆞᆯᄂᆞᆫ지

嗚呼라以上所列ᄒᆞᆫ各學會ᄂᆞᆫ或源泉을未及ᄒᆞ고或發芽을伊始ᄒᆞ고或根幹이未壯ᄒᆞ고或幼稚가尙甚ᄒᆞ야姑且完價値를現ᄒᆞᆯ者ᄂᆞᆫ無ᄒᆞ나抑亦昏衢의列炬오大寐의覺鐘이라慧眼을具ᄒᆞᆫ者一般樂觀ᄒᆞᄂᆞᆫ바어니와惟彼關東은山川의秀麗와人心의淳朴으로他人의賜采를受ᄒᆞᄂᆞᆫ地方인ᄃᆡ世變이日函中에尙且悠々奮々ᄒᆞᆫ貌樣이니嗟乎關東人士여白日이已中ᄒᆞ고風浪이已急ᄒᆞ니라嗟乎關東人士여

近聞ᄒᆞᆫ즉幾個人士가關東학會를超早周旋中이라ᄒᆞ니果然ᄒᆞᆫ지

外報

●美日戰爭必起 華盛頓電을據ᄒᆞᆫ則美國大統領은國會議員을會同하야太平洋沿岸에強大ᄒᆞᆫ軍隊를駐屯케하ᄂᆞᆫ것이必要ᄒᆞ다하야戰鬪艦四隻을新造하기로議論ᄒᆞ얏ᄂᆞᆫ데此ᄂᆞᆫ共和黨뿐아니라民主黨도一致ᄒᆞ얏스며大統領은早晩에日本과더부러戰爭이起ᄒᆞᆯ줄로斷言ᄒᆞ야言하얏다더라

●日本의增稅議決 東京電을據ᄒᆞᆫ則日本衆議院에서ᄂᆞᆫ政府歲入不足은稅納을增加하자ᄂᆞᆫ議案을可決ᄒᆞ얏스며貴族院도또ᄒᆞᆫ協贊ᄒᆞᆫ貌樣인ᄃᆡ資本家實業家들은增稅ᄒᆞᄂᆞᆫ것을大反對ᄒᆞ야此後議員選擧ᄒᆞᆯ時에ᄂᆞᆫ今番增稅案에加贊ᄒᆞᆫ人은投票ᄒᆞ지안키로決議ᄒᆞ얏다더라

●比律賓中立議案 華盛頓電을據ᄒᆞᆫ則미수리도代議員쓰로씨가上議院에提議ᄒᆞᆫ案件은萬國列强國에서比律賓을中立國으로承認ᄒᆞᆯ것ᄀᆞᆺᄒᆞ면美國은一千九百十三年부터管制를撤ᄒᆞ고自治制를施行케ᄒᆞ자ᄒᆞ얏다더라

●艦費請求 同盟通信에ᄂᆞᆫ美國海軍大臣以下議院海軍委員의게對ᄒᆞ야軍艦建造費로七千三百七十萬元을支出ᄒᆞ기로請求ᄒᆞ얏ᄂᆞᆫᄃᆡ此請求ᄂᆞᆫ總數에對ᄒᆞ야四千萬元으로減削支出ᄒᆞ기로衆論이一致되얏다ᄒᆞ얏다라

寄書

●義州郡批峴明義학校趣旨書

竊觀今日之形便ᄒᆞ니海門이一開에世界一新이라亞細亞全面은東洋之一社會也오半島一帶ᄂᆞᆫ大韓之亦一社會也오다有社會而後에有國家ᄒᆞ고有國家而後에有人民ᄒᆞ고有人民而後에有百工財産之發達而上下一致ᄒᆞ야以保護土ᄒᆞ며以保生靈ᄒᆞ나니夫人民은國家之本也라本固라야邦寧이니其安寧也ᄂᆞᆫ以隨時而變遷則生命財産을何以保護也리오大抵此時ᄂᆞᆫ世界商戰이一大變更之秋也라舊染汚俗을株守而不變이면警如膠柱鼓瑟也니其何奏效리오

嗟라蒼天이造成吾人에莫不與之以仁義禮智之性과自由獨立之權이언마ᄂᆞᆫ奈之何彼勝此劣ᄒᆞ고彼强我弱가胥念及此에不覺淚涕滿襟也로다興盡悲來ᄒᆞ고苦盡甘來ᄂᆞᆫ理之固然也니我韓之苦가已極而点矣라其將有興來甘來之日이니彼何人也余何人也오百爾思之에只在於爲與不爲之間而已라道之云遠이나行之則斯近이며事雖有難이나爲之則自易오物雖弊而나變更則是新이니라有一人於此ᄒᆞ야伐寬山之木ᄒᆞ며鑿前山之壤ᄒᆞ야建築一屋ᄒᆞ니其壯麗安壯이固所以爲他人之艶羨이러니已經多年ᄒᆞ야雨洗風過에棟樑朽敗ᄒᆞ며城壁頹傾ᄒᆞ야幾至於傾覆之境일셰於是乎人이乃使良工으로更購美材ᄒᆞ야大木而爲柱ᄒᆞ며細木而爲桷ᄒᆞ야朴ᄒᆞ로와등이각得其宜ᄒᆞ야葺瓦而築墻ᄒᆞ니允爲美於前日之盛況也러라嗚呼라我韓이在東洋半島ᄒᆞ야山明水麗ᄒᆞ고土沃物豊ᄒᆞ야人民之材格이淸秀ᄒᆞ고文物制度가鮮明ᄒᆞ야自檀箕而來로以忠孝爲城ᄒᆞ며仁義爲本ᄒᆞ야彬々乎文風이旭々乎海너머니于今四千餘年의先覺이頹弛ᄒᆞ야法久弊生ᄒᆞ고勝類ᄒᆞ야至于今日에況又六洲交通而天下比肩ᄒᆞ고風氣日개而文明日輸ᄒᆞ야優勝劣敗하고强興弱亡ᄒᆞ니其在死生疑懼之日이오危急存亡之秋也라當此之時ᄒᆞ야足以擴張於萬洲之內ᄒᆞ고耀武於萬里之外者ᄂᆞᆫ國家富强이是也니富强이安在오卽在於靑年敎育也니敎育者ᄂᆞᆫ可以培養人才ᄒᆞ며開發知識之一大關鍵也라然則至於今日에有志有眼者孰不熱血이沸而扼腕大呼耶아所以로少有先覺者ᄂᆞᆫ不用力於敎育ᄒᆞ나니于斯時也에或有反對者면大罪也오知而不行者ᄂᆞᆫ又其次也니라試觀東西古今ᄒᆞ라講究歷史에昭然可考로다古之與太학實明倫而教人者ᄂᆞᆫ此三代之所以致隆興也오焚書坑儒生은此秦之所以致癈亡也며百折不屈ᄒᆞᄂᆞᆫ堅忍的思想으로國民을教育ᄒᆞ야英國의覇絆을脫ᄒᆞᆫ者ᄂᆞᆫ美洲의華盛頓이是也오滿腔熱血로용大ᄒᆞᆫ志略을抱ᄒᆞ고民心을團結ᄒᆞ야法國壓制를免ᄒᆞᆫ者ᄂᆞᆫ德國의俾斯麥이是也며其或沒覺ᄒᆞ야蓄夢을不破ᄒᆞ고人의奴隷를甘受ᄒᆞ야其國을滅ᄒᆞᆫ者ᄂᆞᆫ印度와越南等國이是也니由此觀之라도敎育之興否가豈非關於國家興亡也哉아오所以로吾鄕의有志諸씨가稍知時局之變幻ᄒᆞ며擬酌古今之實宜ᄒᆞ고明目壯膽曰國家之문明前途ᄂᆞᆫ實在於敎育이라ᄒᆞ야仍以期設ᄒᆞ고校而名曰明義以蓋古之私塾也다一新修理ᄒᆞ니開校之日의天朗氣淸ᄒᆞ고학徒가雲集이라其主旨則道德으로爲基礎ᄒᆞ고智育體育으로爲目的ᄒᆞ야培養活氣ᄒᆞ며발達技藝ᄒᆞ야上以保四千載疆宗ᄒᆞ며下以安三千里疆土ᄒᆞ야致吾君於堯舜ᄒᆞ며歸國家於泰山磐石之安者ᄂᆞᆫ此諸靑年之熱誠而敎育之大旨也니惟吾靑年은興起ᄒᆞᆯ지어다

發起人 白野三 白致云等

雜報

●天道수侍天 濟衆人聞ᄒᆞᆫ즉侍天敎大禮師와演局의都下敎人이多數히反對하여曰吾等은本來天道敎만知ᄒᆞ고侍天敎ᄂᆞᆫ初不知라하야抵死코天道敎만固守ᄒᆞ갯다고聲言ᄒᆞ다더라

●青年講道 靑年會館에서今日下午七点半에宣教師尼祿ᄒᆞ고全奎勳氏가講演ᄒᆞᆫ다더라

●勸讀新聞 南原郡鄭遇主事ᄂᆞᆫ浩錫씨가境內人士를對ᄒᆞ면勸勉ᄒᆞ여曰居在遐鄕ᄒᆞ야世界形便을茫然不知하면無以開發知識이니必須先讀新聞雜誌然後에長夜昏夢을漸次覺悟ᄒᆞᆯ거시니新聞購覽이第一急務라ᄒᆞᆫ다고該郡人이稱頌하더라

廣告

雜報

●勞問部長 乾元節日에人民의提燈慶祝홈을 太皇帝陛下께셔와 大皇帝陛下께셔 親臨 御覽ᄒᆞ신事는昨報에揭載ᄒᆞ얏거니와當日夜雪寒에人民이欣抃慶祝홈을 特垂愛惜ᄒᆞ옵셔提燈會五署部長을 命招勞問ᄒᆞ옵셧다더라

●賜宴命婦 昨日 德壽宮에셔內宴을 下賜ᄒᆞ신故로각大官命婦들이一齊히詣闕進參ᄒᆞ얏다더라

●祝費下賜 今番 乾元節에各府部院廳에慶祝費一千五百圜을內 下ᄒᆞ옵셧다더라

●兩統監云遞 日本政府에셔伊藤統監의對韓方針이太爲柔軟홈을論駁ᄒᆞ고且桂太郞氏와伊藤統監과嫉妬의野心으로相爭ᄒᆞᄂᆞᆫᄃᆡ伊藤統監은不久히遞任홀듯ᄒᆞ고後任은桂太郞氏가홀터이라ᄂᆞᆫᄃᆡ曾禰副統監도遞任될다ᄂᆞᆫ說이有ᄒᆞ다더라

●分派運動 現政府가變更홀機徵가발生ᄒᆞᄂᆞᆫ지라前大臣리址鎔氏가閔泳徽氏와運臂ᄒᆞ야永宣君과運動ᄒᆞ고리夏榮權重顯씨ᄂᆞᆫ後援을相助하야리根澤氏를運臂ᄒᆞ야新政府組織을運動中이라더라

●公園基地交涉 倉會동以남附山一部를統監府에셔볼起ᄒᆞ야公園地를設施홀터인대該基地를漢城府와理事廳에셔付與하기로交涉ᄒᆞ얏다더라

●宮土調査 각地方調査委員이驛屯土만關査홀뿐아니라九宮庄土ᄭᆞ지도逐々히調査ᄒᆞᆫ다며다

●鹽結調査 高陽郡稅務署長成周慶씨ᄂᆞᆫ境內鹽結을査出ᄒᆞ야從實陞摠치아니ᄒᆞ고半數以上을隱瞞ᄒᆞ기로該稅務本署에셔關査ᄒᆞᆫ다더라

●학規請議 학部에셔高等女학校令을施行홀規則과官立漢城高等女학校학則과官立普通학校補習科規程을內閣에請議ᄒᆞᆫ다더라

●日官頒布廢止 近日官報中에敍任者ᄂᆞᆫ皆是日本人이라當此騷擾之時하야日人薍仕가尤爲이眼이라ᄒᆞ야內閣과統監府에셔相議ᄒᆞ고多數ᄒᆞᆫ判任官의頒布를廢止ᄒᆞ얏다더라

●船破傷命 一月九日에珍島郡竹項島通行船이申由島로셔回還ᄒᆞ다가海上에셔風波를當ᄒᆞ야破船이되야拾人이溺水ᄒᆞ얏ᄂᆞᆫᄃᆡ一人의屍身만拯出ᄒᆞ얏고九人尸身은不知去處ᄒᆞ얏ᄂᆞᆫ대該拾人에恤金支給홀意로全南觀察金奎昌씨가內部로報告ᄒᆞ얏다더라

●학費請撥 학部擴張費와敎師舍宅修理費八萬三百六拾圜을학部에셔度支部로請求ᄒᆞ얏더라

●魚駭鳥竄 警視廳에셔侍從리長회氏와追逐ᄒᆞ던諸氏를調捉ᄒᆞᄂᆞᆫ故로該人들이無辜히困難을當ᄒᆞ야四處로避身ᄒᆞ야家眷이飢死홀地境이라더라

●敎育組織 法部大臣趙重應씨와事業으로東亞開進敎育會에셔商業을擴張ᄒᆞ다ᄒᆞ야慶尙南道晉州에셔殖貨商會를組織ᄒᆞ고慶次ᄀᆡ會ᄒᆞ얏ᄂᆞᆫ대ᄀᆞ郡警務署에셔一層注目中이라더라

●日憲渡日 각郡義兵을鎭壓ᄒᆞ고도日本憲兵一千名以上을각郡에排置홀터인대該憲兵이本月晦內에渡韓ᄒᆞᆫ다더라

●郡報失格 寧越郡守李祖夏氏가史庫官料支撥事件에對ᄒᆞ야內閣으로報告及繕呈ᄒᆞ되平昌署理寧越郡守李祖夏라ᄒᆞ고議政大臣閣下라書ᄒᆞᆫ故로以若郡守로報告格式에違例라ᄒᆞ야譴責에處ᄒᆞ얏다더라

●韓人日巡 韓人을多數히日本憲司令部에셔別偵探으로使用ᄒᆞ다ᄒᆞ은偵探에已揭어니와更聞ᄒᆞ즉憲司令部에每日韓人이偵探員과秘密探告者가少不下平均四百名可量인대無非同肉相食이오所食은每朔秘探金七八元이라더라

●妓夫捉囚 今番提燈慶祝會에妓生도一齊히提燈來參ᄒᆞ더인대當夜雪寒을因緣ᄒᆞ야妓生들이多數히不參ᄒᆞ얏던지法部大臣趙重應氏가一邊警視廳에指揮ᄒᆞ야該不參ᄒᆞᆫ妓夫를捉囚ᄒᆞ얏다더라

●斫松處役 前參判吳貞模氏의先山松楸를其族人吳학根氏가私自亂斫ᄒᆞᆫ事로屢度裁判ᄒᆞ더니吳학根氏를役一年半에處ᄒᆞ얏다더라

●許氏特捐 淸州郡山東居許樞씨ᄂᆞᆫ元來目不識丁ᄒᆞᆫ人으로赤手起家ᄒᆞ얏ᄂᆞᆫᄃᆡ其姪壻尹斗儀氏가學校를設始ᄒᆞᆫ事에對ᄒᆞ야葉二千兩을補助ᄒᆞ미隣近이莫不稱譽ᄒᆞᆫ다더라

●문憑下送 內部에셔免賤文憑五百張과명心書八百張을甲山郡에下送ᄒᆞ얏다더라

●補習학期 補習科設置ᄒᆞᆫ학校ᄂᆞᆫ補習科학徒를百人으로定ᄒᆞ고受業年限은二個年이라더라

●一進逕報 昌城郡守김昌範씨ᄂᆞᆫ日人의誅求를制止하야行政ᄒᆞᆫ如家事ᄒᆞ더니該地一進會員이售奸ᄒᆞ려ᄒᆞ되容喙홀隘이無ᄒᆞᆫ지라김郡守를排日黨으로指目ᄒᆞ야統監府에ᄭᆞ지報明이有ᄒᆞᆫ지라金郡守가畢竟遞任ᄒᆞ다더라

●通商會退定 大韓協會에셔通商總會原定日이本月十四日土曜인ᄃᆡ事務가浩繁ᄒᆞ야次月十四日土曜로退定ᄒᆞ얏다더라

●救人力挽 黃海道宣諭委員徐相喬氏가海州郡等地에셔義兵을曉諭ᄒᆞᄂᆞᆫᄃᆡ義兵들이徐氏를對ᄒᆞ야日宣諭하ᄂᆞᆫ 詔勅이無ᄒᆞ니必是假宣諭委員이라ᄒᆞ고施杖코저홀際에數人들이挽止ᄒᆞ야幸免危險ᄒᆞ얏다ᄂᆞᆫ說이有하더라

●避義會日 義兵이각處에漸漸蜂起ᄒᆞ야日本人은逢則打殺ᄒᆞᄂᆞᆫ故로統監府에셔각理事廳을訓令ᄒᆞ야各港口及鐵道沿路와守備隊와憲兵駐箚方面以外孤村에居留ᄒᆞᄂᆞᆫ日人은其附近保護下로引揚會集하야危險을免케ᄒᆞ라ᄒᆞ얏더라

●輪回擄任 楊州와抱川等地에ᄂᆞᆫ義兵의需應과日兵의需應에각里民이難堪其苦ᄒᆞ야里役과面長이ᄒᆞᆫ日式輪差ᄒᆞ야面里事務를擔任케ᄒᆞ얏다더라

●校名改稱 官立京橋普通학校를美洞普通학校로改稱ᄒᆞ얏다더라

●尹씨白放 前侍從武官尹致晟氏가日本軍司令部에被囚홈은前報에揭載ᄒᆞᆫ바어니와更聞ᄒᆞ즉日前에放釋하얏다더라

●慶祝盛況 今番 乾元節慶祝會를開城郡에셔大毁盛旺히擧行ᄒᆞᆫᄃᆡ上午拾時에각학校學徒와開城학會가本部 敬德宮에聯合ᄒᆞ야慶祝禮式을設行ᄒᆞᆫ後에封果를分給ᄒᆞ시학徒與參席員이七百餘名이오左右에傍觀ᄒᆞᄂᆞᆫ人士ᄂᆞᆫ人山人海를成ᄒᆞ고上午十二時에開城商業會議所에셔盛大히慶祝禮式을設行ᄒᆞ얏고下午一時에南門樓上에셔郡內士民合同慶祝會에셔慶祝禮式을設行ᄒᆞ얏ᄂᆞᆫ더니外國紳士諸氏가多數參席ᄒᆞ고慶祝禮를畢ᄒᆞᆫ後에宴席에셔娼妓의勸酒歡소리와奏樂소리에祭平聖代를謳歌ᄒᆞᆫ듯ᄒᆞᆫ대其中에愛國思想으로含淚ᄒᆞᄂᆞᆫ者도有ᄒᆞ고嗚呼萬歲소리에天地震動ᄒᆞᄂᆞᆫ듯ᄒᆞ고下午六時븟터提燈式을擧行ᄒᆞ야鐵路上에셔가城學會와商業會議所와각학校가聯合聚集ᄒᆞ야西門外太平館에出往ᄒᆞ야望 闕禮를擧行ᄒᆞ고鐘路로回來ᄒᆞ서提燈行例와懸燈을燭光이明如白月이고日候不調홀ᄯᆡ幼少학徒라도十一時ᄭᆞ지慶祝ᄒᆞ얏다더라

●仁港慶祝 仁川港에셔乾元節에慶祝ᄒᆞ기爲하야각市廛과각社會와人家戶々히太極旗를高揭하고각학徒ᄂᆞᆫ愛國歌를唱하고紳商會社에셔妓樂이送宕ᄒᆞ얏다더라

●新校引繼 宜川私立新興학校를公立普通學校로引繼ᄒᆞᆫ다ᄂᆞᆫ說은前報에已揭어니와該校가設立之初에中학校資格으로多年敎授ᄒᆞ던학校를今番에학部書記官學院査氏와事務官日本人某氏가觀察次로該校에來到ᄒᆞ야實況을觀察ᄒᆞᆫ後에公立학校로引繼ᄒᆞ기로ᄒᆞ미諸學徒中학校敎授ᄒᆞ다가落下ᄒᆞ야普通학生되기도前功이可惜일뿐더러該校任及敎師와屢拾名학員이不願ᄒᆞᄂᆞᆫ거슬觀察ᄒᆞᆫ다ᄂᆞᆫ학部官吏壓制를當ᄒᆞᄂᆞᆫ거시慣寃ᄒᆞ야諸학徒가退학ᄒᆞ야散ᄒᆞ야도不勝憤心ᄒᆞ야呼泣道路ᄒᆞᆫ情狀은不可形言이라더라

●警戒錢盜 聞慶郡居ᄒᆞᄂᆞᆫ錢괴商氏ᄂᆞᆫ日語를累通ᄒᆞ더니昨年該郡에義擾가起ᄒᆞ미日兵이境內에入ᄒᆞ야村閭에放火코ᄌᆞᄒᆞ고人民을砲殺코ᄌᆞᄒᆞᄂᆞᆫ지라錢氏가日兵을隨行ᄒᆞ며至死哀懇ᄒᆞ야該村에ᄂᆞᆫ燒火ᄒᆞᆫ家屋이無ᄒᆞ고人民은被害ᄒᆞᆫ者가無ᄒᆞ다고一境人民이稱頌ᄒᆞᆫ다더라

●校長推薦 判書리載現氏ᄂᆞᆫ養士로私立東興학校々長이되얏다더라

●西北特會 西北학會에셔事務를處理ᄒᆞ기爲ᄒᆞ야今月 十四日下午六時에特別總會를開催ᄒᆞᆫ다더라

●朴氏義捐 交河郡靑岩面烟多山宜昌義塾은該洞居ᄒᆞᄂᆞᆫ尹鎬九氏가創立ᄒᆞ고近洞諸氏가贊成ᄒᆞ야于今三四年을僅々維持ᄒᆞ더니該城西署西小門外居박弼勳氏가年々秋收賭穫ᄒᆞ든該洞所在畓八斗落을永爲寄附ᄒᆞ야該塾이賴此興旺ᄒᆞᆫ다고一郡이稱頌ᄒᆞᆫ다더라

▲地方消息▼

▲三月九日에義兵拾七名이三嘉郡屯洞面東長里稅金領收員朴址煥을襲ᄒᆞ야稅金卅七圜을收取ᄒᆞ고同地附近에潛伏ᄒᆞ얏다ᄒᆞᆷ으로該地警察署에셔聞知ᄒᆞ고韓日巡査四名을派遣ᄒᆞ야方今捜査ᄒᆞᆫ다더라

東京電報

拾一日발

●北海暴風 北海道釧路方面에셔大風雪이激烈함으로該警者를救護ᄒᆞ기爲ᄒᆞ야警察官消防夫를派遣ᄒᆞ얏ᄂᆞᆫ대死傷者가多數ᄒᆞᆫ듯ᄒᆞ다더라

●滊車沒雪 日本膽振國에셔滊車가風雪에埋沒되얏ᄂᆞᆫ대五百名旅客이雪中에在ᄒᆞ다더라

▲西湖問答▼ 續

▲客曰愛國精神은何以則발揮ᄒᆞ깃소

▲曰人이生於斯國ᄒᆞ야長於斯國ᄒᆞ고將死於斯國ᄒᆞ리니此身은卽此國의身이오他國의身은非라當히斯國을爲ᄒᆞ야獻身ᄒᆞ야되此國을爲ᄒᆞ야此身의宜ᄒᆞ홈과如ᄒᆞ며吾가吾를愛ᄒᆞᄂᆞᆫ吾가吾身을愛홈과如히ᄒᆞᆯ지니라

▲客曰身과國의關係가何如오

▲曰一髮一肢가皆吾身인줄知커든一草一木도皆吾國인줄知홀거시오一筋一骨이皆吾身인줄知커든一土一石도吾國인줄知홀거시라吾國의一草一木을失홈이라도吾身의一髮一肢를失홈과如히痛ᄒᆞ며吾國의一土一石을失홈이라도吾身의一筋一骨을失홈과如히痛홀지어다

▲客曰何如라야謂之愛國者乎아

▲曰愛國心으로心在茲念在玆ᄒᆞ야坐臥에도爲國ᄒᆞ야坐ᄒᆞᆯ줄로作心ᄒᆞ며起居에도爲國ᄒᆞ야起ᄒᆞᆯ줄로作心ᄒᆞ며俯仰에도爲國ᄒᆞ야仰ᄒᆞᆯ줄로作心ᄒᆞ며屈伸에도爲國ᄒᆞ야伸ᄒᆞᆯ줄로作心ᄒᆞ며衣亦愛國食亦愛國步亦愛國夢亦愛國ᄒᆞ야須臾不離ᄒᆞ며顚沛不忘ᄒᆞ지니可謂爲非人이오河忘이라도非人이니라

▲客曰人이皆愛身之心이有ᄒᆞ야自身의一髮之落도愛惜ᄒᆞ며一肢之痛은惻憫ᄒᆞ며一骨之折은哀哭ᄒᆞ되國의疆土는設使不哭ᄒᆞ며城壞之毁는不憫ᄒᆞ며森林之赭는不惜ᄒᆞ니何故오

▲曰此는非他라敎育의精神이腦髓에不入ᄒᆞ야敎育ᄇᆞᆺ지못ᄒᆞᆫ人은但知有身이오不知有國ᄒᆞ며但知保身이오不知保國ᄒᆞ며但知身在其間이오不知身關其國ᄒᆞ며但知身保其國이오不知身先爲國ᄒᆞ고但知有君이오不知爲國ᄒᆞ며但知愛君이오不知愛同胞ᄒᆞ며但知君在國이오不知同胞在國이니豈曰愛國心이有ᄒᆞ다ᄒᆞ리오

廣告

善山郡金鳥山下上判동後麓을 前令沈起燮氏가 與後동民으로 協同禁護하는 松契러니 義城居 李仁基씨가 籍其先塋ᄒᆞ고 謂其所有라ᄒᆞ야 暗生譎計에 買錄동民姓名ᄒᆞ야 呈道得訟이라가 觀察使巡行本郡時에 該동民等이 以傳來文券으로 擧實等訴ᄒᆞᆫ즉 李씨의 奸狀이 綻露ᄒᆞ야 還爲落訟ᄒᆞ니 李씨가 計無所施ᄒᆞ야 某報糟誣揭載故로 廣布ᄒᆞᆷ
沈容燮 告白

新舊學文을 大發賣ᄒᆞ오니 願買하ᄂᆞᆫ 僉君子ᄂᆞᆫ 速々求覽ᄒᆞ심을 希望ᄒᆞᆷ
慶尙北道 大邱東上後洞 花田堂 金긔鴻書舖 告白

本人에 所居岬家五間立旨文券을 서失ᄒᆞ앗사오니 誰某拾得이든지 休紙施行ᄒᆞᆷ
北部寬禮宮前 十三統十一戶 金普淵 告白

陸軍步兵參領金顯善氏에 金斑指圖章을 本月六日에서 失故로 玆에 廣告ᄒᆞ오니 知舊僉照亮ᄒᆞᆷ
平安南道安州 金寶善 告白

坡州廣灘面虎尾里畓八斗落畓券五張서失ᄒᆞᆫ즉 誰某拾得ᄒᆞ든지 休紙施行ᄒᆞᆷ
小廣橋居동 十五統一戶 金顯淳 告白

本人이 平澤邑南山里前坪伏在답五斗落田二日耕契卷合二張 舊文卷三張與鄭秉夏處답十四斗落契卷三張을 京城來往之路에 中間서失ᄒᆞ야기로 廣布ᄒᆞ오니 誰某拾得ᄒᆞ와도 休紙施行ᄒᆞᆷ
平澤邑南山里居 張煥 告白

梁山邑居本人外孫池在喆이 或稱白蓮ᄒᆞ고 年今二十九요 其弟在淵은 年今二拾六이라 俱爲浮浪ᄒᆞ야 甘聽雜類而虛帳田畓과 倫名圖章으로 種々欺人타가 屢經懲法이되 不悛前習ᄒᆞ고 出沒京鄕각港口ᄒᆞ야 期欲欺人取物ᄒᆞ오니 內外國人은 切勿見欺追悔ᄒᆞᆷ
密陽邑居 朴和春 告白

皇城新聞雜報欄內에 永宣君邸下로 大同會總裁를 推薦ᄒᆞ앗다ᄒᆞᆫ은 事實이 初無ᄒᆞ기 該新聞社에 質問正誤ᄒᆞ고 玆에 廣告ᄒᆞᆷ
盛城官掌務 告白

忠남公州郡盤口谷面敬天里居 朴병鎬金秉濟金祥文三氏가 現今頹敗民俗과 岌嶪時局을 挽回ᄒᆞ랴면 靑年子弟를 敎育ᄒᆞᄂᆞᆫ것이 第一急先務로 覺得ᄒᆞ고 同志를 糾合ᄒᆞ야 該동에 元明學校를 設立ᄒᆞ고 靑年三十餘人을 募集ᄒᆞ야 學員周宇鉉丁兩氏가 名譽敎師로 熱心敎授ᄒᆞᆷ으로 校況이 日益前進ᄒᆞ야 來頭之望이 頗有ᄒᆞ오며 經費ᄂᆞᆫ 有志人士가 極力義捐ᄒᆞᆯ뿐더러 該近婦人싸지 一二十錢式이라도 爭先捐助ᄒᆞ앗ᄉᆞᆸ기 玆에 左開廣佈ᄒᆞᆷ

金鍾振 徐秉濟 徐인學
金商문 梁柱成 尹相郁
朴병鎭 申鉉九 각三圜
禹利岩五圜 金達鉉 金辰泰
각二圜 徐炳哲 朴來哲
각一圜卅錢 金顯泰 우鍾淳
각一圜五拾전 尹滋聖
尹漢重 辛鳳煥 宋鍾哲
金明叔 金鍾鉉 李世秉
리正西 朴奇東 金應七
金在鶴 臨氏원나
金氏살노미 各一圜 金商洙
白鶴鳳 리鍾善 각七十전
千炳基 리根德 權泰善
각六十전 裵興植 金聖培
權鍾우 楊泰勳 林云京
리云瓛 姜聖德 宋致甲
權致京 최淳星 리亨七
朴東善 崔聖善 리滋三
金德春 金容濟 金학洙
김顯岐 朴洛鎭 李敎文
김종華 徐一煥母親
각五拾전 鄭云執 四十錢
金元井 李興道 金鍾洙
許贊和 韓興致 姜國秉
박礼寅 리根培 曺秉巨
최承淳 金輔熙 朴濟相
鄭時永 金庚洙 朴병鎬夫人
各卅전 金商하 김敎邁
吳性善 尹滋하 尹明炳
朴時綱 김泰鉉 張云京
박正賢 金弘燮 白執
金和洙 金錫柱 林性圭
盧順天 洪宗八 白南化
蕭良善夫人 宋氏학실
金氏윤어시 車德知從妹
리써우리바 金氏이샤버
各二十錢

元明학校 告白

本會總會를 來土曜日下午一時에 鍾路(靑年會館)니에 開ᄒᆞ야 六時閉會를 깃ᄉᆞ오니 在京僉君子ᄂᆞᆫ 光臨을 敬要
嶠南敎育會 白

본인이 동서양 각종 물품을 극력ᄒᆞ여 만히 수리ᄒᆞ와 호상점을 창설ᄒᆞ옵고 물품은 좌와 게지ᄒᆞ오니 첨군ᄌᆞᄂᆞᆫ 리와ᄒᆞ시되 각동좌시ᄒᆞ시ᄂᆞᆫ 첨위도 리의ᄒᆞ시면 갑도 헐ᄒᆞ게ᄒᆞᆯ터이오니 만히와 사가시기를 ᄇᆞ라옵

양복에 소용
남녀학도에 소용
각석철물잡종
각국권연초
기타 잡종도 만히잇ᄉᆞᆸ

종로 철물교안 국약뎐엽문 일편 벽돌집
뎡지은 고빅

●法官養成所學員募集廣告

法官養成所學員約五拾人을 募集ᄒᆞ오니 入學ᄒᆞ기 願ᄒᆞᄂᆞᆫ 人은 三月二拾七日內로 入學請願書에 履歷書를 粘連ᄒᆞ야 本所에 提呈ᄒᆞ고 同月三拾日上午拾時에 本所로 來ᄒᆞ야 入學試驗을 受ᄒᆞᆯ事

試驗課目
一 讀書 國漢字交用과 及漢文
一 作文 國漢字交用文
一 算術
一 歷史 내外國
一 地理 내外國
一 外國語 日本語

但官立高等학校官立外國語학校及官立日語학校卒業生은 必要ᄒᆞᆫ課目만 試驗ᄒᆞᆷ
年齡은 滿拾七歲以上三拾五歲以下
詳細ᄒᆞᆫ 事項은 本所에 來問ᄒᆞ고 入學請願書ᄂᆞᆫ 本所에 請求ᄒᆞᆯ事

法官養成所

本人외 妻男本郡東山面蒙山里居리奇玉爲名人이 本人과 呻病委臥之時에 以問病次로 來라가 本人의 所有田土二拾餘石落地文券權을 私竊取去ᄒᆞ야 欲爲盜賣ᄒᆞ오니 無論內外國人ᄒᆞ고 切勿見欺ᄒᆞ심을 伏望
宜寧郡富山面立山동居 安晋史 告白

唐津貢谷居前參奉沈能秀氏家의 今年陰正月七日夜에 匪徒數拾名이 각持銃劍ᄒᆞ고 突入該家ᄒᆞ야 威之脅之에 討索錢穀而無由酬應故로 撲理實錢則卒然放銃ᄒᆞ야 因卽長逝矣 南日知舊間에 訃告矣나 未詳其동名ᄒᆞ와 玆以備告ᄒᆞ오니 本人生時知舊僉位ᄂᆞᆫ 以此服亮ᄒᆞᆷ
沈圭澤 告白

本人이 姓名方圖章을 陰二月一日 見失故로 刻圖章을 改造以用ᄒᆞ오니 知舊僉照亮ᄒᆞᆷ
積城 朴勝數 告白

西署盤石坊야 田契第貳百四拾大統一戶洪明淳家瓦七間艸六間板券一度를 本人이 典執ᄒᆞ야 紙匣에 入ᄒᆞ고 陰二月初八日 乾元節에 玩賞次로 電車를 搭乘去來ᄒᆞ다가 不覺中紙匣을 서失하완ᄂᆞᆫ대 紙匣에 紙貨八拾圜곤 入ᄒᆞ앗다가 亦爲서失이오니 貨幣ᄂᆞᆫ 勿論ᄒᆞ깃ᄉᆞ니 紙匣ᄂᆞᆫ 誰某拾得이사던지 家券을 送致ᄒᆞ시면 厚意로 報償ᄒᆞ깃ᄉᆞᆸ기 玆에 廣告ᄒᆞᆷ
西署鹽橋 李景成 告白

國文 愛國精神談 定價金廿錢 리치雨譯述
勿論男女ᄒᆞ고 愛國心이 有ᄒᆞᆫ者 可以購覽
發賣所 皇城각書舖

今現鄕院에셔 各項事務를 一層擴張하오며 金裝與銀裝各樣의 齒와 老小關沒數落齒를 嵌호며 齒床幷齒를 隨意製造하오며 拔齒與入齒時에 藥無苦痛케ᄒᆞᄂᆞᆫ 技方도 有ᄒᆞ며 齒科上面議ᄂᆞᆫ 無料接受ᄒᆞ압ᄂᆞ니 四方僉君子ᄂᆞᆫ 照亮ᄒᆞ심을 爲希ᄒᆞᆷ
京南大門內尙洞美人施蘭敦家 高齒科醫士 韓大衛 告白

大韓文典

崔光玉 述 李商在 校閱
此文典은 國語의 語法과 讀法과 作文法을 一定ᄒᆞᆫ 規模로 能成케ᄒᆞᄂᆞᆫ 法이 備載ᄒᆞ야 高等小學校나 中學一班에 所用ᄒᆞᆯ만ᄒᆞ오니 僉君子ᄂᆞᆫ 速々購覽ᄒᆞ심敬要
發賣所 平壤 大同書觀 京城 蓮洞徽新학校內 安岳 勉學書舖

本人외 姓名圖章을 서失ᄒᆞ온고로 廣告ᄒᆞ오니 內外國人은 勿欺ᄒᆞ심을 務望
仁川港平洞 林模洪 告白

●廣告

博學書館에서 文明을 發達하고 民智를 廣開하기 爲하야 今에 內外國各書籍과 各種敎科書類를 購買ᄒᆞ옵하오니 ... 僉君子ᄂᆞᆫ 陸續購覽ᄒᆞ심을 敬要

最新書籍發售目錄

◉東西洋歷史 各種
◉東西洋地誌 各種
◉政治學 各種
◉法律學 各種
◉經濟學 各種
◉算術書 各種
◉內外國地圖 各種
◉修身書 各種
◉財政學 各種
◉博物學 各種
◉物理學 各種
◉衛生學 各種
◉地文學 各種
◉讀本 各種
◉法帖 各種
◉學校用品 各種

此外에도 各種書籍이 具備ᄒᆞ오고 書籍及各種 ... 京城 ...
學部認可 博學書館
各地方에셔ᄂᆞᆫ 書價 ... 郵便 ... 換도ᄒᆞ외다

◉大韓國新發明神藥

◉修度靈丹 各種食滯中暑久瀉口臭痰飮吐瀉 定價一貼十錢
◉至寶丸 治諸般癰疾不拘久遠 俱有偉效 定價金十錢
◉靈效液 外用方香治疥瘡皮膚 百發百中 定價金三拾錢
◉清眼水 治諸般眼疾有翳雲見 天之妙 定價廿拾錢
◉通淋丸 治男女急慢淋疾神效 無雙速效除毒 一週金五十錢

此外에도 東西洋各國有名賣藥과 諸病去根藥과 頭風齊痰藥 藥水각種病症俱比惠向爲望
漢城中署銅峴里鑄동拾二統二戶地
製劑발賣所 共愛堂藥房
監修발行人 前官立漢城醫학校卒業生 朴容南 蔡基茂 謹白
支店 南署南門內 共愛堂南城支舖 姜瑞達 興學書舖
代理店 西署新門外石橋普濟院藥局 車鳳英 仁川 濟生堂 李庚鳳
國內各地藥鄕에서 隨處販賣ᄒᆞᆸ니다

●三月拾一日

●經理報告總額金 三月中本社收入總額 其日謝告明細錄

第一六一四号 錦山郡 각면里 四拾五圜七拾八전 計四拾五圜七拾八錢

三月拾一日까지收入總額 一百拾五圜七十八전

隆熙二年一月二月收入總額 一千九百九十三圜二拾

光武十一年度收入總額 五萬七千四百廿六圜九十四전五厘 五錢七厘

前總合五萬九千五百三拾五圜 九十八전二厘

▲報償義捐金收入廣告

▲水原府第三回續 ▲공鄕面西近村

許남敏 三十전 박乃鳳 尹章성 鄭寅龜 殷東浩 劉錫直 리元儀 각廿전 殷殷淳 김君善 安德實 各拾전

▲陽城 동中 一圜拾錢五厘 合二圜九拾전五厘

▲梅谷 김順元 徐相浩 각五拾전 최德俊 四十전 鄭泰云 김云三 김鎭七 정宅西 姜二甫 張인吉 金德支 김聖化 徐春守 리相逢 김嚴回 김石圭 리已九 各廿전 合四圜

▲防築동 吳炳徽 吳炳來 河命卜 각四十錢 리昆鉉 尹敎植 吳仁植 尹行錫 각卅전 정用植 吳廷植 鄭致善 吳鼎植 申明厚 尹行九 尹模鉉 各卅錢 吳炳緖 拾五전 尹行周 尹行連 曹炳穆 鄭돌明 安九先 河光云 朴周彬 許 松 리起榮 김巳哲 尹光植 尹行祿 癸春日 각十전 合五圜二拾五전

花塘村 十七戶 二圜
葛谷 拾一戶 二拾錢
古州동二拾五戶 四圜六拾錢
上坪村拾三戶 一圜七拾錢
下坪村二拾戶 二圜卅五전
上杏亭 十九戶 一圜四拾九전
▲水下廣德면
一동동中 七圜
二동동中 二圜八拾전
四동동中 六圜
五동동中 四圜
六동동中 五圜

總合四十九圜卅五錢五厘
前總合五萬九千三百五十七圜三十四錢七厘
都總合五萬九千四百〇六圜六十전二厘

發行所 京城西署石井洞第外地三統第二戶 大韓每日申報社 發行兼編輯人 英國人 裵說

大韓每日申報

第[illegible]號

檀君開國四千二百四十一年
箕子元年三千三十年
大韓開國五百十七年
日本明治四十一年
淸國光緖三十四年
陰曆戊申二月小十二日戊辰

月曜及慶節
翌時日休刊

寄書

◉嘆鵲巢鳩居

憂時生

日本貧民六百萬口를調査ᄒᆞ야韓國으로移殖ᄒᆞ야陳荒地를개墾ᄒᆞ다고각報에累現ᄒᆞ얏도다未知케라我韓國人士가此問題에對ᄒᆞᆫ感情이果然何如ᄒᆞᆫ가其日陳荒地라ᄒᆞᆷ은元來確定ᄒᆞᆫ界限이無ᄒᆞ야山林도陳荒地라云ᄒᆞᆯ지며川原도陳荒地라云ᄒᆞᆯ지오又는十三道三百四拾餘郡에拈々未墾의野가太半인ᄃᆡ彼移殖ᄒᆞ는民數가六百萬口에至ᄒᆞ니此는幾乎我國人口三分之一이나되니

萬一此決議가實行되는日이면畿湖關嶺의名區大邑이盡是大阪兒薩摩種의好家居오李金安朴의兩田北답이無非飯塚犬養의新基址라鄕鄕面面동동村村의狀況이居然泥峴光景과一般이리니

嗚乎라檀君四千二百年來로相傳ᄒᆞ든國土가今乃日本人의殖民地를作ᄒᆞᄂᆞᆫ가

日人의此懷抱가非今斯今이라神功后의壯略이新羅王聖德에雲消ᄒᆞ얏스며秀吉씨의웅心이忠武公神筹에무捲ᄒᆞ얏스미韓國二字가只是日本人腦中에만徘徊ᄒᆞ든已러니

㬉然時局이一變ᄒᆞ고物競이愈烈ᄒᆞ미彼●가西來風潮를先迎ᄒᆞ야亞一面에셔揚々自恣ᄒᆞ미其眼力의注集点이爲先韓國에在ᄒᆞ야西鄕隆盛의征韓論提唱ᄒᆞᆫ지가今已數十年矣라

然이나伊時에尙且時勢의不可ᄒᆞᆷ으로此論이實行에未現하얏는ᄃᆡ惜乎韓國之人은彈丸의在後를不覺ᄒᆞ고悠々泄々로許多好光陰을惡用ᄒᆞ다가年前長森藤吉案이頭上의一棒을猛加ᄒᆞ미于是乎夢中人의諸眼이갓치保安會가별現ᄒᆞ얏스나

乃者該會는不過幾日에短命長逝ᄒᆞ고日人의權力은염々日上ᄒᆞ야至國內天府膏腴之地도陳荒地로認視ᄒᆞᆫ지已久라

故로一月內日民來渡者의數交가五百名이니三百名이니云ᄒᆞ며日人某氏가某地를起墾ᄒᆞ다日人某氏가某地에開礦ᄒᆞ얏다ᄒᆞ고各新聞紙上에日揭이러지畢竟韓國내殖民議案을今也에公言으로발布하얏도다

鵲巢를鳩居ᄒᆞ고兎窟을狐占ᄒᆞ나니嗚乎我國民이여

山河가絮漂ᄒᆞ고身世가萍搖하나니嗚乎我國民이여

檀君四千二百餘年來로保守ᄒᆞ든國土가日人의殖民地를竟作ᄒᆞᄂᆞᆫ가

貴報에一言을寄ᄒᆞ야全國同胞의覺醒을祝ᄒᆞ노라

外報

●無政府黨警察 치카고警察搜査ᄒᆞᆫ즉近來各處無政府黨들이치카고市로會集ᄒᆞ야葡萄牙王과太子의暗殺ᄒᆞᆫ事件을喝采ᄒᆞᄂᆞᆫ貌樣이오또近日에會集하ᄃᆡᄂᆞᆫ通文을발布ᄒᆞᆫ故로該處警察署에서大敗히注違ᄒᆞ야二名을捕捉ᄒᆞ야裁判所로押送하얏다더라

●美艦守備 華盛頓電을據ᄒᆞᆫ즉米國政府에서太西洋艦隊가比律賓에到着ᄒᆞᄂᆞᆫ時에戰鬪艦拾四隻과其他裝甲巡洋艦과水雷艇을海島에因爲碇泊케ᄒᆞ야東洋에海軍力을增植ᄒᆞ고海島를守備ᄒᆞ리라ᄒᆞ얏더라

●日艦觸傷 日本津港電을據ᄒᆞᆫ則日本軍艦朝日号ᄂᆞᆫ去三日午前拾一時에津港을出발ᄒᆞ야橫須賀로歸航ᄒᆞᆯ際에伊良子附近에서暗礁에觸ᄒᆞ야艦底가若干破損되야同夕에津港으로返航ᄒᆞ얏다더라

●各國商業觀察 伯林電을據ᄒᆞᆫ즉法國政府에서商業觀察官을英國歐洲大陸의一國、北米合衆國、南米東地中海沿岸各地及極東에派遣ᄒᆞ리라ᄒᆞ다더라

●美國의政綱決定 紐育電을據ᄒᆞᆫ則米國오ᄒᆞ요州共和黨大會에셔滿場一致ᄒᆞ야타프트씨로大統領候補者로指名ᄒᆞ얏고尙且關稅改正及南部諸州黑人種의權利를持ᄒᆞᆯ것과루스벨트씨의政策實行ᄒᆞᆷ을贊成ᄒᆞ기로政綱을決定ᄒᆞ엿더라

●美校火變 倫敦電을據ᄒᆞᆫ즉米國크리비란드市小학校에火災가出하야死者가一百七十八人이오負傷者가一百四拾二名이라더라

雜報

●龍川船島面米峴私立義英學校趣旨書

蓋國家之興隆在乎民智之발達民智之발達在乎敎育之擴張敎育之擴張在乎學校之廣設學校者卽國民之義務而英才敎育之所也故欲治天下者先敎其國欲治其國者先敎其家欲治其家者先敎其身如是則自身而家自家而國自國而至於天下皆能進於문明之域矣是以一家之문明始乎一人之敎育一國之문明始乎一家之敎育天下之문明始乎一國之敎育敎育者문明之根抵也獨立之基礎也豈非國民之急先務者乎噫昔我東亞之興隆也上自國都下及閭巷塾庠序校之敎罔不畢備而人生八歲皆入小學校而敎之以九倫六藝之문及其十有五年皆入大학校而敎之以三綱八條之理故唐虞三代之隆後世莫及而巍然特立於宇內움視於天下矣

挽近以來世道人亡禮廢敎弛俗尙浮靡士習偸薄所謂학問者不超乎記誦詞章之習而敎育之實原由是乎泯爲授受之要理從此爲變矣

所以書愈多而理愈昧學愈煩而心愈放詞章愈盛而德業不廣識論愈高而事功無實其故何哉口耳之학技藝之문紛然益蔓功名之說權謀之術紛然雜出式至于今則殆乎聖학之本原塞矣國民之義理蔑矣嗚呼若是浮習踐而行之則於國於家必無有爲之望而竟至於無國無家而後已靜言思之豈不凛乎懼哉今夫歐美列邦之從事於學問也棄其虛僞力於實踐而人之未보者思所발之古代之未備者思所備之勞心焦思用力於當行之義務故盛勢益强而民智益明天下稱之曰문明之國最多於歐洲云云是孰使之然哉朱子曰中國禍人欲則化爲夷狄夷狄存天 則化爲中國然則華夷之分在乎天理人欲之間矣今我東亞之人晏然有自高之心사然燃自侮之志뎡過外人目爲夷狄不恬自己之行反爲夷狄之習矣

故觀他列强之문明暗有心笑腹非之意全無翻然改悟之心苟久如是則不出十年東亞全球歸於烏有者必矣豈不慨嘆乎我方今之務莫如奮발志氣硏磨智藝去其短而取其長捨其虛而入其實然則何患乎문明國之不可及哉所以玆士志士叛議建학之計詢謀僉同鳩聚財力成立五校命名曰義英학校盖取諸育英之義之義也

凡我靑年顧名思義勉旃勉旃

校長 張八璉 校監 許 煥

●學씨慈善 安城于谷面面長李明九씨는結社取剛와戶戶弱進ᄒᆞ미雖不督促이나民爭先納ᄒᆞ야先於他面收納ᄒᆞ고該郡燒火處에補助金을該面排定이二拾圜인ᄃᆡ當此公納의幷難收合故로不願自家之業貧ᄒᆞ고惟思一面之民情ᄒᆞ야獨自擔當ᄒᆞ얏다고該郡來人이稱頌하더라

●長興新興 長興郡溪上面長興學校에서義務敎育을一層廣張ᄒᆞ야每一個月에試驗을經하얏는ᄃᆡ優等生이七人이오及第生이三十餘人에達ᄒᆞ얏고講師諸氏도名譽로敎授ᄒᆞᆫ다더라

●永柔奬학 永柔郡守朴容觀氏ᄂᆞᆫ數年前郡內에設立一學校ᄒᆞ얏스니昨年에又設男女一학校ᄒᆞ고학徒父兄會를組織ᄒᆞᆫ後每月初二日에通常會를定ᄒᆞ고학校興旺ᄒᆞᆯ方針으로會議ᄒᆞᆫ다더라

●永明新校 豊德南面丁串동新末學桶達秀씨가昨年十一月分에동中諸氏에게對ᄒᆞ야敎育이急先務라고一場說明後校舍七八間을借與ᄒᆞ고幾百兩을捐出ᄒᆞ니諸氏와郡人民이爭先捐義ᄒᆞ야創設學校ᄒᆞ고名曰永明學校라ᄒᆞ고講師白樂玉諸氏로聘請ᄒᆞ고校長은該郡守金允鎬氏와副校長俞澄씨로推薦ᄒᆞ고募集生徒가四五十名에達ᄒᆞᆫ지라國漢文算術作文高等小학각科를晝夜分科ᄒᆞ야熱心敎授ᄒᆞᆫ다더라

●松校任員 沔陽郡松林學校에서去七日에任員을選定ᄒᆞ얏ᄂᆞᆫᄃᆡ校監은鄭時鉉學監은尹瑀學務監은박貞彬庶務ᄂᆞᆫ朴殷彬學校員은[illegible]敎務ᄂᆞᆫ沈相吉會計ᄂᆞᆫ鄭任述測量擔諸씨로推選되고敎師ᄂᆞᆫ金錫俊리應善兩氏가名譽로自願敎授ᄒᆞ고贊成員은리奎陽氏等四十餘人이라더라

●敎師熱心 義州郡廣中里居韓國秀氏ᄂᆞᆫ設耕夜讀ᄒᆞ며近里樵夫牧童을勸勉募集ᄒᆞ야國文漢文과算術物理를晝夜敎授ᄒᆞ고隣里老少에게曉諭四方ᄒᆞ야今爲時務가莫過敎育이라ᄒᆞ며名譽敎師를自請ᄒᆞ고創設一校ᄒᆞ니名曰廣乂이라ᄒᆞ고募集학徒ᄒᆞ야每年經費五拾餘元을自當ᄒᆞ며熱心敎育ᄒᆞᆫ다고西來人이莫不稱頌하더라

●鐵校新設 鐵原郡耶蘇敎會에서학校를設立ᄒᆞ고本月十七日에開校式을擧行ᄒᆞ얏ᄂᆞᆫᄃᆡ來賓紳士가百餘人이오捐助金額이千六百餘兩이오募集ᄒᆞᆫ學生이三拾餘人에達ᄒᆞ얏다더라

雜報

●度支臨見　度支大臣高永喜氏가三昨日午前拾時頃에내閣외衙往하야리總理를訪問ᄒᆞ야무슨事項을協議ᄒᆞ고仍卽臨見하얏다더라

●醫者有用　內閣에서地方人心을鎭定ᄒᆞ기爲ᄒᆞ야今番郡守奏本은斷斷決치아니ᄒᆞ고可堪人으로擇送ᄒᆞ기로擬議中이라더라

●能不自愧　內部大臣任善準氏와法部大臣趙重應씨가무슨物品七千餘圜價値를副統監에게情表로賀納ᄒᆞ얏더니副統監이該物品에對ᄒᆞ야日私自行路가本非大臣體例라ᄒᆞ고還退ᄒᆞ얏다ᄂᆞᆫ說이有ᄒᆞ더라

●宗戚夫人參宴　再昨日에德壽宮에서各大臣夫人에게賜宴ᄒᆞ셧다ᄂᆞᆫ說은昨紙에已揭어니와宗戚에夫人만入參ᄒᆞ얏고各大臣夫人은並皆不參케ᄒᆞ엿다더라

●回謝懇親　宮內府次官小宮三保松氏가本日下午六時에該府勅任官諸씨를花月樓로請邀宴待ᄒᆞᆫ다ᄂᆞᆫ데該宴은向日에該府勅任官이前掌禮院에懇親會ᄒᆞᆫ回謝宴이라더라

●快々而然乎　再昨夜鍾路等地에서何許人이街路上으로橫行大呼하되리觀完이니林昌洙니如呼小兒ᄒᆞᄂᆞᆫ데該根因인즉其人이該兩氏의게官職을另托ᄒᆞ여도如意치못ᄒᆞᆷ으로憤鬱ᄒᆞᆫ所致라더라

●宣諭已畢　忠南宣諭委員崔炳憲氏一行이內浦各郡에巡行ᄒᆞ야宣諭ᄒᆞᆯ서日本守備隊에서數人이禮拜堂에會集ᄒᆞᆷ을屆ᄒᆞ야禁止코자ᄒᆞ거ᄂᆞᆯ崔氏가善爲交涉ᄒᆞ야無碍傳道케ᄒᆞ고事務를畢ᄒᆞ고天安地方에到達ᄒᆞ야日昨上京ᄒᆞᆫ다더라

●加郡久曠　加平郡守廉圭桓氏가曠官四五朔에尙不赴任ᄒᆞᆷ으로該郡邑底日兵站所를設置ᄒᆞ야人民의게赴役이太甚ᄒᆞ되交涉이無人ᄒᆞ야人民이方在困難ᄒᆞ야郡守赴任ᄒᆞ기를日々希望ᄒᆞᆫ다더라

●漢府收額　漢城府에서本年一月로至二月ᄭᆞ지토地家屋證明手數料발賣ᄒᆞᆫ金額이一千九拾四圜이라더라

●幼院保姆　학部에서幼稚院을設置ᄒᆞᆫ다ᄂᆞᆫ說은前報에已揭어니와幼稚院을高等女학校附屬으로設置ᄒᆞ고該院에保姆를置ᄒᆞ되保姆ᄂᆞᆫ判任으로定ᄒᆞ고幼稚에保育을從事케ᄒᆞᆫ다더라

●李氏白放　義兵에干連으로削職이되고平理院에屢月滯囚ᄒᆞ얏던李鍾規氏가再昨日에無罪放免ᄒᆞ얏다더라

●恩金照請　軍部에서該部員은武官解散ᄒᆞᆫ六拾四人에恩賜金을支撥ᄒᆞ라고度支部로照會ᄒᆞ얏다더라

●抑奪呼冤　安州居金召史가北村某大官의게萬餘圜價値되ᄂᆞᆫ庄土를抑奪ᄒᆞᆷ을被ᄒᆞᆫ事가有ᄒᆞ야兼次裁判推選하라고某々處로다니며訴冤ᄒᆞᆫ다더라

●典當規則更請　各典當舖에서典執ᄒᆞᄂᆞᆫ規則實施가되지못ᄒᆞ야週限이拾個月以上된後에放賣ᄒᆞ여도詰責ᄒᆞᄂᆞᆫ弊가有ᄒᆞᆫ故로更히規則을編製ᄒᆞ도록ᄒᆞ자고典當舖人들이日前農商工部에請願ᄒᆞ얏다더라

●逐査畏虎　昌德宮內秘苑과玉流泉附近에大虎의足跡이有ᄒᆞ얏다ᄂᆞᆫ事ᄂᆞᆫ前報와如ᄒᆞ거니와其後로夜間에行巡ᄒᆞᄂᆞᆫ巡査가單獨히巡行ᄒᆞᄂᆞᆫ거시危殆ᄒᆞᆷ으로秘苑에서守直ᄒᆞᄂᆞᆫ苑丁二名式帶同巡行ᄒᆞᄂᆞᆫ데解散巡査외軍刀를各佩ᄒᆞ고巡行ᄒᆞᆫ다더라

●旅費自擔　前參書白潑洙와技手韓明淳兩氏ᄂᆞᆫ日本國農商務省視察次로昨日仁港으로出발ᄒᆞ얏ᄂᆞᆫ데旅費ᄂᆞᆫ各其自備ᄒᆞ얏다더라

●校費支出　各官私立학校擴張費와敎師舍宅修理費ᄂᆞᆫ既報와如히再昨日度支部에서支出ᄒᆞ얏다더라

●養雞理학　申圭植金最炫兩氏가產業界가凋殘ᄒᆞᆷ을慨歎ᄒᆞ야家庭養雞新編을譯述ᄒᆞ얏ᄂᆞᆫ데此事가人工孵化와假母器며管理及醫治法으로少數로乃至千首以上을飼養ᄒᆞ기便利ᄒᆞᆫ要訣이라더라

●上海新聞　上海에留駐ᄒᆞᄂᆞᆫ張弘法氏等이발起ᄒᆞ야新聞을刊行ᄒᆞᆯ터ᄂᆞᆫ데本國人과淸國人의購覽을便利ᄒᆞ기爲ᄒᆞ야一片은國漢文으로一片은純漢文으로발刊ᄒᆞᆫ다더라

●鑛產許日　本月二日봇터六日ᄭᆞ지각鑛을日人에게許可ᄒᆞᆫ이如左ᄒᆞ니
星州郡所在金礦은益山居日人星井作次郎等。咸平郡所在銅礦은中村俊松等。龍川郡所在黑鉛礦은京城居山本猪郎等。昌原郡所在銅鐵礦은京城居田中常郎。義州郡所在金礦은日本福岡市石村一、富平郡所在銅礦은龍山居山本正一。昌原郡所在銅礦은京城居리鍾浩、順安郡所在砂金礦은日本東京市淺野總一郞。順安郡所在砂金礦은釜山居石井久三에게許ᄒᆞ더라

●警隊討義　內部警務局에서義兵을討伐ᄒᆞ기爲ᄒᆞ야各道警察討伐隊外에韓巡査로써組織ᄒᆞ야巡査대三대를特設ᄒᆞ되忠淸咸남方面에義兵을討伐ᄒᆞ기에從事케ᄒᆞ고巡査ᄂᆞᆫ右各地方에一대를約五十名式으로ᄒᆞ야軍대討伐대와協力ᄒᆞ야討伐ᄒᆞ게ᄒᆞᆫ다더라

●淸通放釋　慶南稅務主事리夏瀅氏가公전犯用ᄒᆞᆫ事로該道警察署에被囚ᄒᆞ얏다ᄂᆞᆫ說은前報에已揭어니와리氏가所犯公貨를淸納ᄒᆞᆫ故로放免ᄒᆞ엿다더라

●洪氏被捉　前參領洪淳璟氏가有何事件인지昨日上午五時에別巡檢二人과平服日人一名이來到ᄒᆞ야洪氏를警視廳으로押去ᄒᆞ얏다더라

●擔銃賊被捉　三昨夜慕華館等地에서擔銃ᄒᆞᆫ强盜三名을捕捉ᄒᆞ얏다더라

●砲擊漸熾　地方來人의所傳을據ᄒᆞᆫ則九師府總將은李寅永氏오副將은許蔿氏오十三道司令官은金圭植氏라더라

●云是義將　去拾日夜에麻浦東谷張正相氏家에서留連ᄒᆞᄂᆞᆫ李基相씨를警視廳으로捉囚ᄒᆞ얏ᄂᆞᆫ데該李씨ᄂᆞᆫ義兵大將이라ᄂᆞᆫ說이有ᄒᆞ더라

●安洞小火　昨日下午二時三拾分에中部相洞商主李安弘鉉氏家厨房에서出火ᄒᆞ거ᄂᆞᆯ金卽撲滅ᄒᆞ얏다더라

●爲學是熱心　昨年平壤太平등實善학校舍修理之時ᄂᆞᆫ卽五月年麥之秋라任員金在守氏가以校勢가亦貧ᄒᆞᆫ데修理役費를自擔ᄒᆞ야費則自己家事를未暇顧念ᄒᆞᆷ으로月色을帶ᄒᆞ고年麥을刈ᄒᆞ엿다고西來人의傳說이有ᄒᆞ더라

●會舍臨借　畿湖興學會에서舊砲兵隊營舍이나舊陸軍衛生院이나舊軍被服廠이나三處中一處를會舍로借給ᄒᆞ라고該會長李容稙氏가度支部로請願ᄒᆞ얏다더라

●大韓總會　大韓協會에서總會를退定ᄒᆞ얏더니更開ᄒᆞᆫ則來日下午一時에開催ᄒᆞᆫ다더라

●兩會親睦　畿湖興학會와西北학會가親睦ᄒᆞ기爲ᄒᆞ야明日下午一時에碑洞普成館내에懇親會를開催ᄒᆞᆫ다더라

●談話成會　학部日語講習所에서昨日下午三時에茶菓를設ᄒᆞ고談話會를개ᄒᆞ얏다더라

●靑會討論　今日下午七点半에靑年會館에서討論會를開ᄒᆞ고辯士가勝於武軍이란問題로互相討論ᄒᆞᆫ다더라

▲地方消息▼

▲高山郡一進支部에서義兵을討伐ᄒᆞᆫ다고討伐隊를四方으로발送ᄒᆞ미如干財있ᄂᆞᆫ者와前嫌을報ᄒᆞ기로戰爭과갓고各郡村에一二人式殺害ᄒᆞᆫ것시自昨年五月로至今ᄭᆞ지二百餘名에達ᄒᆞ얏다ᄒᆞ고

▲昨年拾一月二拾二日間에日兵이鴻山方面에入來ᄒᆞ야人民을對ᄒᆞ야義兵의去處를指示ᄒᆞ라고車刀로無數毆打ᄒᆞ고其後에日騎兵七名이入來ᄒᆞ야生淸一升과蜂筒一箇를勒奪持去ᄒᆞ고方生一面은鷄與鷄卵을搜取ᄒᆞᆷ으로絶種ᄒᆞᆫ貌樣이오甚至於鷄商의買去ᄒᆞᄂᆞᆫ鷄라도每首에當錢兩에勒買ᄒᆞᄂᆞᆫ故로村民이畏劫ᄒᆞᆫ다ᄒᆞ고

▲一月二拾日에茂長선운寺에서日兵이義兵과交戰ᄒᆞ얏ᄂᆞᆫ데兩陣에死傷이多ᄒᆞ다ᄒᆞ고長城郡梅남里에서義兵과日兵이交戰ᄒᆞ얏ᄂᆞᆫ데死傷은未詳이라ᄒᆞ고該近人民은一進會와通同ᄒᆞᆫ의行悖로支保키難ᄒᆞ다하고

▲慶尙道興海永川方面에서日兵이二十名二拾九日에義兵四十名과交戰ᄒᆞ얏다ᄒᆞ고日本討伐隊가更히三月二日에同郡내에서義兵一百五十名과衝突ᄒᆞ얏다ᄒᆞ고

▲黃海道延安守備隊에서義兵을討伐ᄒᆞ기爲ᄒᆞ야三月四日白川郡에到ᄒᆞ얏다가下士以下三名이延安으로還歸ᄒᆞᄂᆞᆫ途中에東北方約二里水原橋附近에서義兵八拾名과交戰ᄒᆞ얏고또伐대ᄂᆞᆫ白川東南方約四里增荷里에五十名義兵과交戰ᄒᆞ얏다ᄒᆞ고

▲陽德郡守備隊에서三月五日同郡西南方五里地境里에서義兵八拾名을攻擊ᄒᆞ얏다ᄒᆞ고

▲日騎兵討伐隊ᄂᆞᆫ三月九日肅州北方約四里竹山附近에서義兵六拾名과交戰ᄒᆞ얏다ᄒᆞ고

▲京城남方松坡鎭에在ᄒᆞᆫ騎兵斥候兵以下數名이三月拾一日廣州西남方二里註山附近에서三拾名義兵을遭遇ᄒᆞ야交戰ᄒᆞ다가其蹤跡을失ᄒᆞ얏다더라

東京電報

拾二日發

●辰丸沒收議決　廣東市民大會에서二辰丸을沒收ᄒᆞ기로決議ᄒᆞ고此事件을北京政府에促迫ᄒᆞ라ᄒᆞ엿다ᄂᆞᆫ報가有하더라

▲西湖問答▼　續

▲客曰愛國心이無ᄒᆞ야亡ᄒᆞᆫ國이幾何오

▲曰屈指而數ᄒᆞᆷ을不用ᄒᆞ리니望遠鏡을用치勿ᄒᆞ고近視鏡을用ᄒᆞ면可見ᄒᆞᆯ지니라

▲客曰愛國心이有ᄒᆞ야興ᄒᆞᆫ國이幾何오

▲曰美國獨立史建國誌維新史를世人이皆見皆知者니亦不必枚擧오咫尺에在ᄒᆞᆫ日本을見ᄒᆞ라其血誠이有ᄒᆞᆫ즉頭血이未乾者라도出當에爲國事하야身을當死라ᄒᆞ며其勇敢인즉肩上에擔銃荷劍ᄒᆞ고戰에有死之樂이오無生之心ᄒᆞ며其結果의勞動者라도歐米人과同等權을欲爭ᄒᆞ니愛國心이無코야엇지此地位를占ᄒᆞ리오

▲客曰此를因ᄒᆞ야蠻夷之國이라도上典이될수잇고强盛之邦이라도奴隷가될수잇소

▲曰國의興과亡은人의愛國心이有와無에在ᄒᆞᆯ而已라何須更論가此心이無ᄒᆞᆷ으로戰敗亡ᄒᆞ나니此ᄂᆞᆫ不可환ᄒᆞᆯ事이라或이歸之於天ᄒᆞ며歸之於數ᄒᆞ나此ᄂᆞᆫ愚者의惡說이니라

▲客曰天運을不可信乎아

▲曰人이定ᄒᆞᆫ後에야天이應之ᄒᆞᄂᆞ니人이有ᄒᆞ야事가有ᄒᆞᆷ이오決코運과數가左右ᄒᆞᆷ은無也라人必自侮而後에人이侮之ᄒᆞ고人必自助而後에天이助之ᄒᆞ나니此心을求ᄒᆞᆷ에必得을期ᄒᆞ며旣得에勿失을誓ᄒᆞ며雜念이其間에不侵ᄒᆞ여야可謂堅固ᄒᆞᆫ愛國心이라ᄒᆞ리로다

▲客曰人民의團體가有何方針고

▲曰血脈이合ᄒᆞ야一身의團體가되고人民이合ᄒᆞ야一國의團體가되ᄂᆞ니團體ᄂᆞᆫ卽衆力의集合이라其强은金石도易能錯이오銳戟도不足畏라然이나此ᄂᆞᆫ愛國誠이無ᄒᆞ면不成이오敎育力이無ᄒᆞ면不知ᄒᆞᄂᆞ니라

▲曰然則敎育을可以一蹴而得이며可以一力而成乎아

▲曰否라敎育은安得人々而濟之리오故로團體에志를有ᄒᆞᆫ者ㅣ必先全國同胞와上下等社會를勿論ᄒᆞ고團문을成ᄒᆞ야須習ᄒᆞ야精神的教育을受ᄒᆞ야其身이國에關係가太重ᄒᆞᆷ을깨知케ᄒᆞᆫ然後에야人々이각其但知有國이오不知有身ᄒᆞ야團體에獻身ᄒᆞᆫ則其國力이雖欲不强이나亦不得耳라如此라야可謂確實ᄒᆞᆫ團體라ᄒᆞ노라

雜報

●面長寄附 本報第七百四拾二號雜報欄內에稅穫花心이란題下에錦山郡財務主事宋綺用씨가戶政濫捧事와其他不美之說은初無是事라로該郡拾一面々長이本社에書函辨明ᄒᆞ얏더라

●正誤 本月六七兩日本報第七百四拾八號를七百八拾四號로七百四拾九號를七百八拾九號로誤植이기正誤홈

廣告

本兩學會에서本月拾五日(日曜)下午壹時에磚洞普成專門學校內로懇親會를開催ᄒᆞ오니兩會會長以下一般任員諸氏ᄂᆞᆫ屆期 光臨ᄒᆞ심을敬要

畿湖興學會 西北學會

本人에一號三百圜於音을太平洞居金興琡處에得債ᄒᆞ고出付ᄒᆞ엿더니右人이逃走ᄒᆞ온故로該於音을休紙施行ᄒᆞ오니內外國人은切勿見欺홈 孫壽永 白

平壤舍串坊冕今里洪進七在堂氏大親以老患不幸於今陰二月初五日巳時捐世故玆訃告 護喪金承勳 告白

本人의按圖章과名啣을手帖에入ᄒᆞ여放爲셔失ᄒᆞ엿ᄉᆞ오니僉諒勿施홈 鳳浦 吳有泳 白

宗中에有重大事件ᄒᆞ니僉宗은陰本月十六日에齊會于相洞判書容植氏家至要 坡平尹氏宗中 告白

本人이南門外石岩米廛李盛泰와同習事를ᄒᆞ다가二月初四日分事ᄒᆞ엿ᄉᆞ오니京鄕間誰某를자照亮홈 石岩居朴景三 告白

本校에서修理를已畢ᄒᆞ고今月拾六日陰二月拾四日로開學ᄒᆞ깃ᄉᆞᆸ기玆以廣告ᄒᆞ오니志願이有ᄒᆞ신勞働同胞ᄂᆞᆫ本日下午七時에一切上學ᄒᆞ심을敬要 琵琶洞七拾六統五戶 國民夜學校 告白

本人의七寸廣州麗灘居兆奉叔治光이性本浮浪不顧家産이于今二十餘年矣러니今與俠雜輩로符同ᄒᆞ야本人의廣州彥面面大旺面兩處所在畓二十餘石落을僞造文券ᄒᆞ야典執及與人賣品云하니內外國僉君子ᄂᆞᆫ切勿見欺홈 禹應龍 告白

本人의從姪癸復이가年今六歲인데去丙午年에姓名圖章을以何處로刻賣이던지拾一歲前圖章은法律上所無故不爲施行矣러니今陰曆正月二拾八日에셔失이옵기玆에廣布ᄒᆞ오니內外國人은切勿見欺施行홈 平北宣川郡慕峰里車伯文 告白

本人家親이昨年十一月分에龍山坊沙阿里居崔炳都字東煥의白川郡紙尺上二里紙幌所在田畓二拾三石落買得時에崔哥의請願時와價案과證明書가分明ᄒᆞ기로給價十二萬兩買得矣近日崔哥가一土兩賣ᄒᆞᆯ賊心으로畓驗記을更書ᄒᆞ야兩處에出付ᄒᆞ고隱避不出ᄒᆞ니豈有如此賊心乎잇가勿論內外國人ᄒᆞ고崔哥와相見欺치勿ᄒᆞ시옵 金鎭璉 告白

●學徒募集廣告

本校附屬普通學校에서第一學年生五拾人과各學年生補缺若干人을募集ᄒᆞ오니入學志願者ᄂᆞᆫ三月三十一日(陰曆二月二拾九日)ᄭᆞ지請願書를提出ᄒᆞᆯ事 官立漢城師範學校 白告

本人의圖章을셔失ᄒᆞ옵기廣告ᄒᆞ오니內外國人은勿施홈 烏山驛居金公汶 白

今 聖運重復ᄒᆞ사百度維新에惟材是用이온奚獨三陟은膠守舊習ᄒᆞ고昧例新章ᄒᆞ야厭已之勝하며毁人之善ᄒᆞ야一郡騷擾이層疊出ᄒᆞᄂᆞᆫ所由ᄂᆞᆫ舊儒인지不似人之頑舊也라新舊鄕戰이由此始起ᄒᆞ니新儒ᄂᆞᆫ新式에進就코ᄌᆞᄒᆞ고舊儒ᄂᆞᆫ舊習을膠守코ᄌᆞᄒᆞ야互相爭詰이經歲經年에不爲歸一ᄒᆞ야乃至無邑之境이러니天必顧之ᄒᆞᄉᆞ不棄郡民이라適幸安郡守를任以來로教民以明하고養士以禮ᄒᆞ야發達方針을熱心教育故로新舊가感服其化ᄒᆞ야協議於新ᄒᆞ고新議於舊하야協和通鐵ᄒᆞ니一鄕和氣가蓋在三陟이요萬民安堵가實賴郡守라嘗有去思之頌이러니今何許亂類가有何宿嫌於安郡守인지倫著本人姓名하야稱以傳說ᄒᆞ고有職銜免官이라ᄒᆞ니藏政을變謂職전ᄒᆞ고明官을改稱免官ᄒᆞ며主事金이니委員金이니擇食이다遷錄舊紳時鄕전二萬兩發食이다有錄覆供而押上이니右져遷推次兼제이니擴誤說謊ᄒᆞ야揭載新聞ᄒᆞ니誠々可笑요荒荒罔測이로ᄃᆞ渠稱神云ᄒᆞ니귀神인지狗신인지深夜三更에夢寐來覺ᄒᆞᆫ가縲獲이니번이니罰令은自國家舍廊에出ᄒᆞᆫ가囊中에出ᄒᆞᆫ가舊儒ᄂᆞᆫ誤令이病이지舊전은舊渦ᄒᆞ고新貸難用하니此必是醫耶李醫耶翔其西物湯而豈可治病乎아治에日作僞者ᄂᆞᆫ無後라ᄒᆞ니如此僞人姓名과毁人名譽者ᄂᆞᆫ其後가無ᄒᆞᆯ터이니不足甚言이나不可無新聞上辨明故로玆에廣告홈 三陟居 張錫鴻 金東鍋 朴東一

本會에셔通常總會原定日이本月拾四日(土曜)이온ᄃᆡ處理ᄒᆞᆯ事件이浩繁ᄒᆞ온ᄌᆞ會諸氏와長時間을來俟ᄒᆞ심이極爲悚悶이기로該日에ᄂᆞᆫ本會事務所로會員만集合ᄒᆞ야事務만處理ᄒᆞ오고演說會ᄂᆞᆫ特定日字ᄒᆞ와追後更告ᄒᆞ깃ᄉᆞ오니本會々員은來拾四日(土曜)下午一時에本會事務所로來臨ᄒᆞ시옵 大韓協會 告白

新書學文을大發賣ᄒᆞ오니願買하ᄂᆞᆫ僉君子ᄂᆞᆫ速々求覽ᄒᆞ심을希望홈 慶尙北道 大邱東上後洞 在田堂 金괴鴻書舖 告白

梁山邑居本人外孫池在喆이成冊白藩ᄒᆞ고年今十九요其弟在瀾은年今二拾大이라俱爲浮浪ᄒᆞ야甘心雜類而盧殿田畓과倫名圖章으로種々欺人이라가騷經盡法이되不悛前習ᄒᆞ고出沒京鄕과港口ᄒᆞ야期欲欺人取物ᄒᆞ오니內外國人은勿見欺追悔홈 密陽邑居朴和春 告白

皇城新聞雜報欄內에承宣君邸下로大同會總裁를推薦ᄒᆞ얏다ᄒᆞᆫ事實이初無ᄒᆞ기該新聞社에質問正誤ᄒᆞ고玆에廣告홈 承寧宮事務 告白

▲特別廣告

本社에서名帖印刷部를另設ᄒᆞ고各樣活字와印刷機械를本이備ᄒᆞ오며印刷ᄒᆞ기精美ᄒᆞ고價値도極廉ᄒᆞ오되特別히低價로夫人의게ᄂᆞᆫ一層低廉ᄒᆞ오니僉君子ᄂᆞᆫ來臨ᄒᆞ시와陸續請求홈 大韓每日申報社 告白

本人이姓名方圖章을陰二月一日見失故로新圖章을改造以用ᄒᆞ오니知照亮홈 積城朴勝敎 告白

西署盤石坊에田契第百四拾六統一戶洪明淳家瓦七間卅六間板券一度를本人이典執ᄒᆞ야紙匣에入ᄒᆞ고陰二月初八日乾元節에玩貰次로電車를搭乘去來ᄒᆞ다가不覺中紙匣을失ᄒᆞ얏ᄂᆞᆫ대紙匣에紙貨八拾圜을入ᄒᆞ얏다가亦爲셔失이오니貸物ᄂᆞᆫ勿論ᄒᆞ깃ᄉᆞ니紙匣을誰某拾得이시던지該券만送致ᄒᆞ시면厚意로報償ᄒᆞ깃ᄉᆞᆸ기玆에廣告홈 西署鹽橋李景成 告白

國文 愛國精神 定價金廿錢 [illegible] 譯述

勿論男女ᄒᆞ고愛國心이有ᄒᆞᆫ者可以購覽 發賣所 皇城各書舖

今現辦院에셔各項事務를一層擴張하오며金裝與銀裝各樣의齒와老小齒股數落齒ᄒᆞ며齒床幷齒를隨意製造하오며拔齒與入齒時에毫無苦痛케ᄒᆞᄂᆞᆫ技方도有ᄒᆞ며齒科上面議ᄂᆞᆫ無料接受ᄒᆞ옵ᄂᆞ니四方僉君子ᄂᆞᆫ照亮ᄒᆞ심을爲希홈 京南大門內尙洞美人施蘭敎齋 萬國科醫士 韓大衛 告白

大韓文典 崔光玉 述 李商在 校閱

此文典은國語의語法과讀法과作文法을一定ᄒᆞᆫ規模로能成케ᄒᆞᄂᆞᆫ法이備載ᄒᆞ야高等小學校나中學一班에所用ᄒᆞᆯ만ᄒᆞ온바僉君子ᄂᆞᆫ速々購覽ᄒᆞ심敬要 發賣所 平壤 大同書觀 京城 蓮洞儆新學校內 安岳 勉學書舖

本人의姓名圖章을셔失ᄒᆞ온고로廣告ᄒᆞ오니內外國人은勿欺ᄒᆞ심을務望 仁川港本洞林秉洪 告白

本年二月二拾八日國民新報第五百五十六號告訴法界라ᄒᆞᆫ論說을覽ᄒᆞᆫ則本人이河允泓과相訟ᄒᆞᄂᆞᆫ事를擧ᄒᆞ야法官을毆論ᄒᆞᆫ지라大抵新聞이라ᄒᆞᆷ은事實을詳知ᄒᆞᆫ然後에公正ᄒᆞᆫ言論으로警告或開導ᄒᆞᆯ것시오一偏私情으로擠陷ᄒᆞᄂᆞᆫ황說을作ᄒᆞᆷ은決非新聞資格이라本人이癸未正月에景福官所管黃海道信川五宮房에在ᄒᆞᆫ庄土를永買ᄒᆞ야價錢四千兩을納上ᄒᆞ고納價導掌을蒙差ᄒᆞ얏더니壬午夏에土濱庄價된것을葉錢二萬四千五百兩을費ᄒᆞ야築洑起耕ᄒᆞ얏스니該庄土에對ᄒᆞ야效勞도有ᄒᆞᆫ뿐더러該後所入이葉錢二萬八千五百兩인즉何時든지導掌을敗差ᄒᆞ라면右錢은宜乎歷給이거ᄂᆞᆯ乙未八月分에河允泓이가駁稱該土가移屬內藏院ᄒᆞ야樂但晉秋오導掌은革罷ᄒᆞ얏다ᄒᆞ고其姑母御宮의勢力을憑恃ᄒᆞ야乙巳年ᄭᆞ지十一年秋取萬石餘石을奪去ᄒᆞ얏스니其行爲가正當ᄒᆞᆫ뿐ᄒᆞᆯ가是以로本人이漢城裁判所에起訴ᄒᆞ야質査ᄒᆞᆫ즉河允泓所謂渠之導掌差帖에率承 勅令이라ᄒᆞ얏고河奴萬石이라書之ᄒᆞ고乙未八月奪去者ᄂᆞᆫ以三月로坝書ᄒᆞᆫ바며勅令을奉承하ᄂᆞᆫ때唐突奴名이是可日事體乎아其僞造가綻露ᄒᆞᆫ故로丙午正月二十九日에判決이成立하야河允泓이落科ᄒᆞ얏고允泓이平理院에申訴ᄒᆞ야質下ᄒᆞᆫ時에ᄂᆞᆫ判事李樂和의斷言이現今觀察郡守도納전幾ㄱ萬兩而圖得이라가遞任ᄒᆞᆫ즉一分도還覓치못ᄒᆞᄂᆞᆫ대況導掌乎아ᄒᆞ고本人을落科하얏스니李判事의判決이正當ᄒᆞᆫ時쇠ᄒᆞᆫ가本人이法部에呼訴하기를五六次에至ᄒᆞᆫ즉丙午九月初二日에法部에서指令ᄒᆞ되樂에受訴不已가該甚悶歎이기取考前後質判文案則該判決이不可關係理이ᄂᆞᆫ買院審判ᄂᆞᆫ初無關與供之結辭ᄒᆞ고遠關觀案者果據何理며抑何意見인지殊屬惟歎인바河民帖문에諸之以奴名과韓民納價之歸屬과河民에게帖문을成給이면轉民의帖문은何不還收ᄒᆞᆫ事等一々査ᄒᆞ야惟然最決이라ᄒᆞᆫ故로平理院에到付更査ᄒᆞ온즉河允泓이一款避ᄒᆞ야人九朔이遷延ᄒᆞ기로缺席判決ᄒᆞ얏스니本人이理直乎아河允泓이가理直乎아此ᄂᆞᆫ公眼公論이固在ᄒᆞᆯ거시오至若執行ᄒᆞ야ᄂᆞᆫ河允泓의庄土가抱川郡에在ᄒᆞ기本人이向該判所ᄒᆞ야執行ᄒᆞᆫ즉河允泓은不敢出頭ᄒᆞ고自先賂하야本地突出하야初昏買之러니及其領下於該裁에ᄂᆞᆫ日發巳典執ᄒᆞ얏다가後乃買有라ᄒᆞ기其所謂日記冊을考閱ᄒᆞᆫ즉給貸ᄒᆞᆫ것이라ᄒᆞᆫ者이乃是前債를會計ᄒᆞᆫ이오當場給債ᄒᆞᆫ것은아니온ᄃᆡ前債에ᄂᆞᆫ典執ᄒᆞᆫ事가無ᄒᆞ고其典執이라稱ᄒᆞᆫ것도異筆添書ᄒᆞᆫ跡이明然ᄒᆞᆫ뿐더러價額은三十萬兩이오其所謂買有ᄒᆞᆫ文券에ᄂᆞᆫ庄土價가卄五萬兩이오니卄五萬兩價值의物을典執ᄒᆞ고三拾萬兩을給債ᄒᆞᆫ理由가天下에無ᄒᆞᆯ즉其僞稱이分明ᄒᆞ고土地證明券이無ᄒᆞᆯ뿐더러其文券에曰光武十一年拾二月이라ᄒᆞ얏스니此皆僞稱捏造의證跡이오松楸ᄂᆞᆫ本人이斫伐ᄒᆞᆫ事이無ᄒᆞ거니와松楸로言ᄒᆞ야도河允泓의親塚만其山에在ᄒᆞ니渠에게歷代先山이라ᄒᆞᆷ은此何학說乎아國民新報ᄂᆞᆫ其事實을不知ᄒᆞ고有此학說이오니閱覽ᄂᆞᆫ照亮ᄒᆞ시옵 韓鎭麟 告白

漢城基督敎青年會館前慈惠藥房
製藥師濟衆院醫學員洪錫厚朴慈惠李觀化告白

本人等이米國大學醫院製方을大醫學士魚丕信氏에게受業ᄒᆞ고醫學校長勤五等濟衆院氏에게有効証明을受ᄒᆞ고左記나種藥을製造ᄒᆞ야外國製약規模를依ᄒᆞ야鉄匣洋鉄匣琉璃瓶에盛ᄒᆞ야全國內地各處약店에廣賣ᄒᆞ옵고濟衆院英字醫書를我國漢文으로飜譯ᄒᆞ야名稱西약便方이라ᄒᆞ야발賣ᄒᆞ오니四方僉彦中濟衆院나을數拾年來經驗信用ᄒᆞ신兄弟는不拘약之多少와路之遠近ᄒᆞ고以紹薦買ᄒᆞ시면本人은雖拾錢價値약이라도以小包郵便으로仰呈ᄒᆞ오며나낙封定價外郵稅十전을加送ᄒᆞ시되小數전은郵票十전ᄶᆞ리를ᄉᆞ서보내시고買나家에서는多數買去ᄒᆞ시면郵便局換錢票를買送ᄒᆞ시오本藥房에米國(멀포드)製낙會社나과(왈룸)製낙會社(만호임)製약社낙品을直輸入ᄒᆞ야飜譯英語로記ᄒᆞᆫ主治와用法을我國漢文으로飜譯발賣

商標

補益丸 食思振起 第一老衰男女 健力活潑 의게補益血

定價 拾日分	三十個入	金一圓
二十日分	六十個入	金一圓七拾五錢
三十日分	九十個入	金二圓五拾錢

主治大補元氣能調陰陽男子陽萎不起女子月經不調手足厥冷虛冷夫氣久病人病後된ᄂᆞᆫ効力이大勝於鹿茸蔘人蔘補

驅蟲劾解瘧丸 一日分定價金拾錢此藥은大人小兒長蟲과蛔蟲腹痛에以ᄒᆞ야服用ᄒᆞ면更不再發

驅風丸 一日分定價金拾전此藥은大人蛔積小兒驚癎의神効

正時感冒丸 一日分定價金拾전此藥은感氣몸살의쓰ᄂᆞᆫ약인데一二三日連服ᄒᆞ면四時寒暑上下肢節頭痛에卽時解熱鎭痛

男女瘡毒祛根藥 定價金五圓此藥은瘡疾의一期二期를勿論ᄒᆞ고一근ᄒᆞ도록낙을쥬ᄂᆞᆫ데口瘡과구역도아니나오

淸明眼藥 一日分定價金拾錢此藥은火眼熱眼의有效奇効

無惡臭疥瘡藥 定價金四拾전此藥疥선虫을卅分內殺殺

鎭咳嗽藥 五日分定價金三拾錢此藥은四時寒咳咳嗽에有大効ᄒᆞ고特히老人咳嗽에消藥止咳

寸白發根 定價金三拾錢此약寸虫을殺ᄒᆞ며

止足汗藥 二十日分定價金拾錢此藥은軍人常用除足汗臭

輕腫根治膏 定價금十五전此낙面腫과頭腫에直差

濕腫根治膏 定價금十五전此약은男女勿論ᄒᆞ고風寒暑濕으로浮腫되여大起搔痒ᄒᆞᆫ데奇効

漢城百應膏 一封定價金十錢此약은衛생醫士李信友시方文으로製造ᄒᆞᆫ藥인데명우리고각頂腫氣에발根合瘡이速히되ᄂᆞᆫ喜藥인데大洋鉄匣入一個금五十錢

小兒感胃靈効散 此약池錫永氏經驗良方小兒感胃及食滯와身熱而驚癎風者ᄂᆞᆫ神效定價金十錢

癇氣神効保嬰散 此약醫學校長池錫永氏數拾年經驗之良方이兒尿色緣而綠○腹漲○身不安而不寐○腹痛驚癎及直視而驚癎ᄂᆞᆫ神効定價금十二錢五厘

發賣所仁川港杻峴濟生堂약房 京城梨峴 賣약商李信

新編 銀行簿記學 任璟宰編述 全一冊定價六十五전

本書ᄂᆞᆫ一般外國諸大家의著述ᄒᆞᆫ簿記學中最近ᄒᆞᆫ學理와最新ᄒᆞᆫ形式을精細蒐輯ᄒᆞ야國漢文으로解得키便易ᄒᆞ게編述ᄒᆞᆫ者니一次修習ᄒᆞ면帳簿의整理方法과業務의處理順序가瞭如指掌ᄒᆞ야實로實業家의一大顧問이라諸銀行家와商業家ᄂᆞᆫ不可不案頭에一冊을備置ᄒᆞᆯ者ㅣ니陸續購覽ᄒᆞ심을務望

발賣元 中署布屛下三拾七統六戶 廣學書舖金相萬

分賣所 동口越邊中央書館 大廣橋匯東書館 鍾路大東書市 同古今書海館 南門內博文書館 南門外新舊書林 銅峴博學書館

朴晶東氏演述
意大利獨立史 正價金五拾錢
經濟原論 正價金三拾五錢
國際公法志 正價金四拾錢
國文新撰家庭學 正價金三拾錢

國家의文明은敎育이根本이오敎育의基礎ᄂᆞᆫ家庭이始라故로家政學을純國文으로新撰ᄒᆞ와婦人社會와勞動社會와學校敎科서지需用ᄒᆞᆷ에便易케ᄒᆞ와사오니有志僉君子ᄂᆞᆫ陸續購覽ᄒᆞ심을務望 발行人 金龍均 告白

發賣所 ▲大廣橋 匯東書館 ▲洞口 中央書館 ▲銅峴 博학書館 ▲鍾路 大東書市 ▲布屛下 廣學書舖 ▲尙洞 博文書館

瑞士建國誌 定價金 新貨拾五錢

此冊은政治小說이니志士의敎國救民ᄒᆞᄂᆞᆫ思想과人民의愛國心을養成ᄒᆞᄂᆞᆫ데緊要ᄒᆞᆫ冊子오

發賣所
▲大韓每日申報社 滙新書肆
▲仁川港杻峴 金相萬冊肆
▲中署布屛門下 敎育書籍館
▲平壤城內烈女洞 古今書海館
▲鍾路 中央書館
▲洞口越便 大東書市
▲鍾路 匯東書館
▲大廣橋 博文書館
▲尙洞 奬勵書冊사
▲開城
▲海州碧城書畫館 朴昌

新發明 淸心保命丹 本舖 仁川港杻峴 濟生堂

●大韓醫學新발明濟衆藥廣告 陸軍軍醫金守鉉君實驗方劑에藥劑官醫張基茂君有効證明으로淸心保命丹을발明인바効能은如左ᄒᆞ니 僉君子惠試爲望

●主治效能 ●滯飮●食積●中暑●中寒 ●咳嗽●吐瀉●不上不下 ●氣鬱●霍亂●積聚●腹痛 ●食傷●酒傷●口熱 ▲其他諸般逮氣厲疫預防妙藥

발行人 仁川港杻峴 濟生堂 李周夏

代理店 京城鍾路 共愛堂藥房
神約店 京城鍾路 李信 華洋藥局
同 藥峴 慈惠藥房
同 尙洞 廣濟藥院
同 南門外 韓國局
仁川 內洞 和平局
同 杻峴 朴圭桓
開城 南門內 具聖模
同 忠橋 金茂九藥局
水原 鍾路下 宋根孝
同 宗路 梁汝文
延安 邑內 宋順東
江華 鍾路 崔載淳
長湍 南門內 박健昌
鳳山 沙里院場內 任允中
仝 耶穌敎堂內 李在咨
仝
黃州 南門 紅門洞 李東赫
平壤 雙巨里 韓龍麗 僉藥鋪
仝 최龍化
仝 藥鋪 金龍興
仝 鍾路 新藥鋪 桂澤宣
鎭南浦 藥洞 文武洞 金元榮鋪
仝 金斗鉉
群山港 開福洞
京南 大門外 大同運輸會社
全州 泥峴 郵便局前 天佑堂
安岳 邑上場里 濟生局 林景柱
大邱 南門內 劉選동 김成浩家
釜山港 草梁 客主 김璜佑家
安州 城內 鍛井동 回春大약房
義州 南門外 水口街 義和 약局
此外에도現代에문明각國有名
各種靈藥이俱備ᄒᆞ
海州 南門內 李寧植
濟州 邑 新洞 약局 金演合
安川郡 美동洋약局 박芝行
寧邊 邑後동商店 崔允國
北靑 邑 新昌港客主 박鍵勤
元山港 本堂出張人 朴敬鎬

▲新刊書籍發售廣告
增補 文獻 大全 國漢文 定價金七拾五錢
大韓法規類纂洋裝 三圓五拾錢 郵稅四拾錢
初等倫理學敎科書 二拾錢
初等衛生學敎科書 拾五錢
國家學綱領 拾五錢
國民須知 八錢
愛國婦人傳 張志淵氏著 十五錢
發賣所 中署布屛下 金相萬書舖

本人이日本大阪商業家와特約ᄒᆞ고日本內地産出各種物品과西洋各種物品及機械等物을從大韓에輸入ᄒᆞ야委托을便利케ᄒᆞ야發賣ᄒᆞ오니商工業에有意ᄒᆞ신僉君子ᄂᆞᆫ某物이든지所求ᄒᆞ시거든本社로來議ᄒᆞ시면本社에서ᄂᆞᆫ手數料를廉價로受ᄒᆞᆷ

與業社本店 漢城南大門內興學書舖
支店 京城南門內水標五十一號
大戶 増援會社
全仁港內동廣濟號

◎報償義捐金收入廣告
隆熙二年二月度收入
合一千三百二十四圓七十二錢五厘
自光武十一年四月至隆熙二年二月
都總合五萬九千四百二十圓二十錢二厘

▲●水原府第三回續
▲北部北水洞
車元成 二圓 리順汝 金京賢
各一圓 최先吉 六十전
리奉奇 周永祯
羅德順 千鎭先 安喜尙
嚴永太 리順萬 安石均 各五拾錢
安元西 周公楨 各四十전
車基麟 元致俊 金儀玄
各冊전 洪順順 리亨在
리建中 孫基天 田命卜
鄭在連 安完三 車萬大
權石祚 孫桂萬 박致成
崔京植 車進仁 각二十錢
林興根 十錢
合十三圓
本報第七百五十一号水原安寧面濟村合計에六十전加
總合十三圓六十錢
前總合五萬九千四百○六圓六十錢二厘
都總合五萬九千四百二十圓二十錢二厘

本社廣告

○申報價
一張代金 新貨二錢五錢
一個月前納 三十錢
三個月 九十錢
六個月 一圓七十錢
一個年 三圓四十錢
郵稅一張 新貨五厘
一個月 十三錢

○廣告料
四号活字十三字詰
每日每英尺一寸에新貨普通錢
每日每行六전에相當흠
二週日에 二圓五十錢
每日每行四錢五厘에相當흠
一箇月에 五圓
每日每行四錢一厘에相當흠
其期限의長短과字行의多寡를따라서增減이有흠

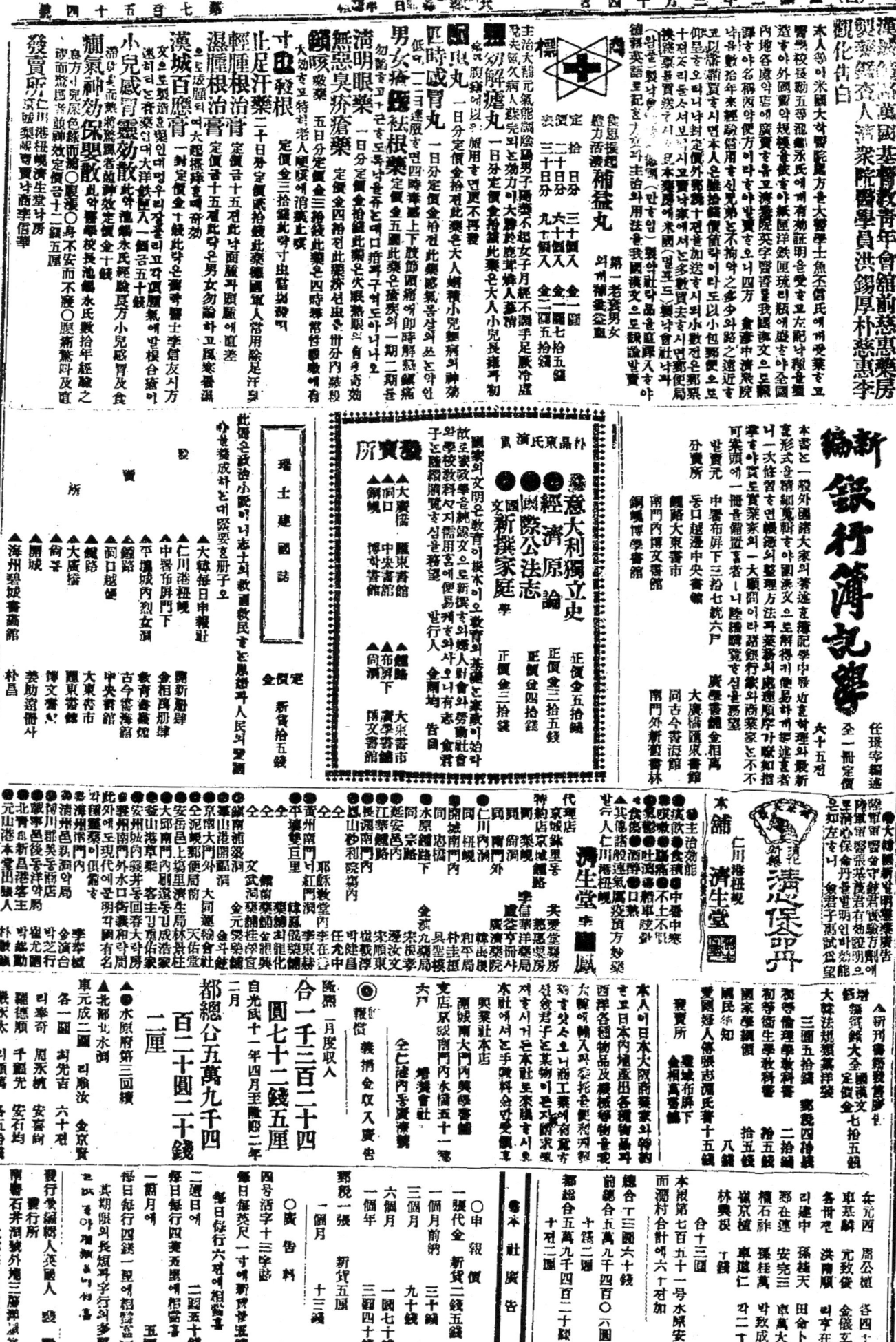

發行兼編輯人 英國人 裴說
發行所 南署石井洞號外第三統第八戶 大韓每日申報社

第六卷　第七百五十五號

大韓每日申報

月曜及慶節
歲時日休刊

檀君開國四千二百四十一年
箕子元年三千三十年
大韓開國五百十七年
日本明治四十一年
淸國光緖三十四年
陰曆戊申二月小十三日己巳

寄書

〇與呂荷亭先生足下　黃羲性

檀君建國四千二百四拾壹年新天地에生ᄒᆞ야頭로韓天을戴ᄒᆞ며足으로韓土를履ᄒᆞ고韓粟으로其腹을充ᄒᆞ며韓衣로其身에暖ᄒᆞ면서擧世가皆曰韓國民이라ᄒᆞᄂᆞᆫ것을先生은獨曰漢國民이라ᄒᆞ야瞋目疾視하며攘臂大叫ᄒᆞ야白霜이盈巓토록其心이不衰ᄒᆞ니奇哉라先生이야抑亦今日韓國에稀有ᄒᆞᆫ人物이로다吾儕於是에先生을爲ᄒᆞ야壹賀하며先生을爲ᄒᆞ야壹哭（賀者ᄂᆞᆫ祝其氣壯이오哭者ᄂᆞᆫ哭其腦頑）ᄒᆞ고將世대斧로先生의頭腦를壹喝直劈코ᄌᆞᄒᆞ노니未知케라先生의腦가鉄歟아石歟아木歟아土歟아

夫自國을自愛ᄒᆞ며自國을自寶ᄒᆞᆷ은古今東西人이同聲ᄒᆞᆫ바라法國의三尺童子를執ᄒᆞ야曰爾必英法이라稱ᄒᆞ고法英이라勿稱ᄒᆞ라ᄒᆞ면釜鉞가雨下ᄒᆞ야도彼必不屈ᄒᆞ지며日本의竇個丐離를脅하야曰爾必淸日이라云ᄒᆞ고日淸이라勿云ᄒᆞ라ᄒᆞ면嚴令이霜打ᄒᆞ야도彼必不肯ᄒᆞ리니世界列强의立國ᄒᆞᆫ精神이卽此에在ᄒᆞ며此에在ᄒᆞ거ᄂᆞᆯ惜哉韓國幾百年來漢문학者ᄂᆞᆫ朝鮮二字ᄂᆞᆫ背後에丟付ᄒᆞ고惟漢을是崇ᄒᆞ며惟漢을是仰ᄒᆞ며是尊ᄒᆞ며是依是賴ᄒᆞ야彼를敬ᄒᆞ야曰大國이라ᄒᆞ며已를卑ᄒᆞ야曰小國이라ᄒᆞ고國必稱華衆이라ᄒᆞ며문必稱眞諺이라ᄒᆞ던惡果가來케ᄒᆞ야國勢가如此不競ᄒᆞ며니苦痛이旣迫에人心이感悟하야今是昨非를婦孺도皆知인되

乃者先生이ᄎᆞᆷ李大책으로奮然登壇ᄒᆞ야一大呼曰漢國문이라ᄒᆞ며再大呼曰漢國문이라ᄒᆞ야國문의逆臣이되며漢문의忠奴가되라ᄒᆞ니嗚乎先生이여捫心自思ᄒᆞ라是韓人呂圭亨씨歟아抑漢人呂圭亨氏歟아

先生의漢國문이라主唱이라ᄒᆞᄂᆞᆫ意見을竊聞ᄒᆞ건ᄃᆡ曰韓文以來로漢문의東渡가已久ᄒᆞ야國문과無異라ᄒᆞ니萬一其渡來已久를因ᄒᆞ야國문보다重라하면然則幾百年後에ᄂᆞᆫ第二呂荷亭先生이作하야必也曰日문으로國문上에加ᄒᆞ야曰日國문이라ᄒᆞᆯ지며又幾百年後에第三呂荷亭先生이作하야必也英문으로國문上에加ᄒᆞ야曰英國문이라ᄒᆞᆯ지며其他俄문學者法문學者德문梵문각種學者에許多呂荷亭先生이輩出ᄒᆞ야各其所選되로扼腕相爭ᄒᆞ야此則曰俄國文이라ᄒᆞ며彼則曰法國文이라ᄒᆞ며或德國문梵國문이라ᄒᆞ야此優美便利ᄒᆞᆫ國문이他國문에附屬品만作ᄒᆞᆯ而已니未知케라先生이여何其作俑ᄒᆞ야樂ᄒᆞᄂᆞᆫ고

嗚乎라先生有心을吾忖度之로니先生은ᄒᆞᆫ문학中에受用最多ᄒᆞᆫ者가아닌가青年時代에雕虫長技를抱ᄒᆞ야才士의名譽가南村에噴藉케ᄒᆞᆫ者도ᄒᆞᆫ文이오一朝天池에鳳笙을吹噓하야呂氏家中에一科慶幷又出케ᄒᆞᆫ者도ᄒᆞᆫ문이오天陞殿謎에春明門外卽天涯ᄯᅡ苍拈孤島에泣涕客을作케ᄒᆞᆫ者도ᄒᆞᆫ문이오縱酒狂歌에平生을誤了ᄒᆞ야十年呂承旨도不幾恨을賦케ᄒᆞᆫ者도漢文이오노倒綺嗚에生計가全無라가ᄒᆞᆫ賊報에被聘ᄒᆞ야糊口ᄒᆞ資케ᄒᆞᆫ者도ᄒᆞᆫ문이오普成高等兩學校에教師椅子를抱據ᄒᆞ야腹中石渠九千卷을自誇케ᄒᆞᆫ者도ᄒᆞᆫ문이오三今大聖學者月報케ᄒᆞᆫ等을執ᄒᆞ야漢國문이라主唱케ᄒᆞᄂᆞᆫ者도ᄒᆞᆫ문이니先生은可謂生於ᄒᆞᆫ문長於ᄒᆞᆫ문知我者其惟ᄒᆞᆫ문罪我者其惟ᄒᆞᆫ문이라ᄒᆞᆯ만ᄒᆞ니ᄒᆞᆫ문이無ᄒᆞ면先生이亦無ᄒᆞ리니先生의死力을出ᄒᆞ야漢문을扶護ᄒᆞᆷ은是亦酬恩報德에固當ᄒᆞᆫ義도다만은

但古八이張儀를非라ᄒᆞᆷ은秦에忠ᄒᆞᆷ을非라ᄒᆞᆷ이아니라魏相으로秦에忠ᄒᆞᆷ이非라ᄒᆞᆷ이니萬一張儀가魏相만아니면忠秦忠趙를其誰問이며先生이韓人만아니면尊淸尊漢을其誰措이리오今且先生을爲ᄒᆞ야計컨ᄃᆡ卽當[illegible]亦渡하야洞庭湖上에一瀟舟를買ᄒᆞ던지柴桑山中에一畝林을種ᄒᆞ던지從心所欲ᄒᆞᆫ後에一禿毫를抽ᄒᆞ야洛城一別四千나賦ᄒᆞ고見識이稍備커던平生所嘲ᄒᆞ던漢文으로著作ᄒᆞᆫ論說序記를幾篇만出ᄒᆞ야其頭에呂荷亭先生集之全이라大書ᄒᆞ면先生의能事畢矣니去矣어다先生이여

新日呂州문字ᄂᆞᆫ元來標茶後에格堅說ᄒᆞᄂᆞᆫ者이니知此器價値가無ᄒᆞ거니와但吾著의筆力을可觀이기此에敗ᄒᆞ야讀者의一笑를博ᄒᆞ노라

外報

●排日法案　倫敦電報를據ᄒᆞᆫ則米國代議院太平洋沿岸議員이日本人排斥法案에就ᄒᆞ야南部委員을設하야贊成케ᄒᆞ엿더라

●憲法案撤廢　伯林電報를據ᄒᆞᆫ즉和蘭內閣政府에서提案ᄒᆞᆫ憲法改正案을撤廢ᄒᆞ얏더라

●大統領候補議決　路透電을據ᄒᆞᆫ즉米國紐育市에關ᄒᆞᆫ共和黨大會에서紐育市長휴ᅳ쓰氏를次期大統領候補者로推薦ᄒᆞ기로決議ᄒᆞ얏더라

●紐育市祭　倫敦電報를據ᄒᆞᆫ즉英國皇太子殿下ᄭᅦ서皇帝代理로來七月에加奈多퀘벡크市에勤駕ᄒᆞ야同市創立三百年祭에參列ᄒᆞᆯ터인데其際에太西洋艦隊ᄂᆞᆫ同殿下를隨行ᄒᆞᆯ터이오又米國及法國에서도艦隊를派遣ᄒᆞ야同式에參列케ᄒᆞᆫ다더라

●總督反對　淸國政府에서二辰丸事件을解決코ᄌᆞᄒᆞ되兩廣總督張人駿씨가反對ᄒᆞ얏다더라

●二辰丸事件과林董　日本林外相이二辰丸事件에對ᄒᆞ야曰本月七日에淸國外務部主事曹汝霖이駐淸日公使에게公文을送ᄒᆞ되　辰丸을抑留ᄒᆞᆷ이不法行爲가아닌즉該官吏를處罰ᄒᆞ기不能하다ᄒᆞ얏다ᄒᆞ나아즉日下淸日兩國間에交涉ᄒᆞᄂᆞᆫ事件은專히領海問題오他事에對ᄒᆞ야ᄂᆞᆫ아즉交涉ᄒᆞᆷ이無ᄒᆞᆫ則領海問題가一日間에解決되지못ᄒᆞᆯ지라然이나日本에서此事外에對ᄒᆞ야國家의體面을維持ᄒᆞ기爲ᄒᆞ야適當ᄒᆞᆫ措處ᄒᆞᆯ터이라ᄒᆞ얏더라

雜報

●全羅南道光興株式蠶業社趣旨書

夫蠶은天下의大本이오蠶居于其一ᄒᆞ니天下之生이久矣라其於化育萬物의道와利用厚生의術이皆已啓발其근약이로되猶必待人功以增廣ᄒᆞᄂᆞ니人功纔則物生이滋ᄒᆞ고人功不盡則物生이不繁ᄒᆞᆷ은養蠶一事에觀ᄒᆞ야可以類推ᄒᆞᆯ지라何者오古者種桑은墻下에樹ᄒᆞ야足히老人의衣帛을供ᄒᆞ얏스나今則蠶工을大闢ᄒᆞ야八荒이衣被ᄒᆞ며古者養蠶은一月功에不過ᄒᆞ되今則春蠶夏蠶秋蠶의種類가別有ᄒᆞ야三時를經歷ᄒᆞ니此非人功大進效耶아蠶의爲蟲이微小ᄒᆞᆫ昆蟲이나其功의大ᄒᆞᆷ이無與比焉이라

禾穀을耕作ᄒᆞᄂᆞᆫ者一歲에二回收獲ᄒᆞᄂᆞᆫ種子가有ᄒᆞ면孰不強求以力穡之ᄒᆞ며花卉를愛賞ᄒᆞᄂᆞᆫ者一歲에二回繁榮ᄒᆞᄂᆞᆫ種子가有ᄒᆞ니孰不稱美以栽培之이오然而禾穀은天候의助를由ᄒᆞ야雨順風調에收獲豐盈ᄒᆞ면民得日樂이오水旱不齊에饑饉相荐ᄒᆞ면其歲를不得養이라도蠶은不然ᄒᆞ야一歲에數回結果ᄒᆞᄂᆞᆫ能力이確有ᄒᆞᆫ지라一回의失利라도再擧의道가有ᄒᆞ야現今世界에歐亞를勿論ᄒᆞ고文明富强ᄒᆞᆫ國은蠶으로써大利源이라認ᄒᆞᄂᆞᆫ거시車輪斡運에巨大ᄒᆞᆫ産物을誇ᄒᆞ니國富民殷의大基礎ᄂᆞᆫ蠶業이其一이라稱ᄒᆞᆯ지라夫我國도養蠶이其來已久라도但習矣而不察其源ᄒᆞ며知之而未盡其詳ᄒᆞ며行之而不能說明ᄒᆞ야鹵莽苟且ᄒᆞ며廢弛便忘ᄒᆞ야歷數千年에漸進ᄒᆞᆫ功이無ᄒᆞ니豈有他故리오專門攻築과討論著書ᄒᆞᆷ이無ᄒᆞᆫ所以라本人이業以農劣ᄒᆞᆫ학識으로養蠶의先進ᄒᆞᆫ原理를研究ᄒᆞ고ᄌᆞᄒᆞᆷ이久矣러니適於光武九年夏에日本에遊ᄒᆞ야信濃長野縣에轉往ᄒᆞ니其地ᄂᆞᆫ蠶業最適地라蠶絲ᄂᆞᆫ一望無際ᄒᆞᆫ平原曠野에田막이相連ᄒᆞ고飼育은戶家一致ᄒᆞ야法規矩로須臾를不忘ᄒᆞ니豈不欽羨哉아時適飼育節이라該縣東筑摩郡松本村世界蠶業會館에就ᄒᆞ야手續[illegible]ᄒᆞ고講習理ᄒᆞ니飼育의便利와結果의全美ᄒᆞᆷ이我邦養蠶에比ᄒᆞ야ᄂᆞᆫ大有差異이라然이나蠶具之器에物財太勝ᄒᆞ야力不贍은已矣어니와容人이無多ᄒᆞ야飼育之娶에法度를難ᄒᆞ야行不及은已矣어니와效則이非難ᄒᆞ니韓僑舊新ᄒᆞᆫ道를有ᄒᆞᆫ未就者久矣러니際玆本道觀察使申蕃昌氏와本郡守洪允公이實業발達世勸獎ᄒᆞ기爲ᄒᆞ야不才ᄒᆞᆫ本人으로發起를托하십ᄂᆞᆫ幸榮ᄒᆞ야蠶ᄒᆞᆷ을不顧ᄒᆞ고道下의有志紳士와詢謀ᄒᆞ야募株ᄒᆞ야全羅南道株式蠶業社를組立ᄒᆞ니此爲全南蠶業의改良模範場이라雖其蠶勿論ᄒᆞ고각相勸勉ᄒᆞ고爭先發業ᄒᆞ야勸進ᄒᆞ신两氏의熱誠德意를感頌ᄒᆞ고富國利民의實利益을共同享有하심을千萬顒祝

發起人　朴源奎　崔相鎬

●全義興學　全義郡에서有志人士가鳩財設校ᄒᆞ야大東小學校라命名ᄒᆞ고任員을選定ᄒᆞ얏ᄂᆞᆫ되校長은金敎來總務ᄂᆞᆫ리鍾範貢과淵학監은洪思翊리樂應氏로排選되고敎師ᄂᆞᆫ申奭永金弘鎭洪思시假시가名譽로自願敎授ᄒᆞ고리範是甲學永시로監督케ᄒᆞ야학員四拾餘名을試驗取選하얏다더라

●石校有望　龍川面石里耶蘇敎人최瑞熺氏가設立學校ᄒᆞ고최允鉉씨를敎師로延聘敎授ᄒᆞᄂᆞᆫ데生徒가六拾餘名에達ᄒᆞ야將就之望이大有ᄒᆞ다고該郡來人의傳說이有ᄒᆞ더라

雜報

●觀櫻園遊 今月二十八日에秘苑園遊會를盛設ᄒᆞᆫ다는說은既報와如ᄒᆞ거니와 大皇帝陛下ᄭᅴ셔와 皇后陛下ᄭᅴ셔親臨ᄒᆞ실터인ᄃᆡ 皇后陛下ᄭᅴ셔는宗戚夫人과各大臣夫人과處所를特別히設置ᄒᆞ며當日會員은各會會長과各新聞社長ᄭᆞ지請帖ᄒᆞᆫ다는ᄃᆡ一般會員數가一千四百餘名假量이라더라

●百疋遮日 秘苑園遊會는別項과如ᄒᆞ거니와當日會所遮日을新製造ᄒᆞᆫ다는ᄃᆡ西洋木百疋假量이라더라

●承命陪覲 學部大臣李載崑씨는命을往日本國東京ᄒᆞ야 皇太子殿下修學을陪覲以來ᄒᆞ라ᄒᆞ셧다더라

●學大渡日說 別項과如히學部大臣李載崑씨가 奉命ᄒᆞ고日本에前往ᄒᆞ가로從速히발程ᄒᆞᆫ다는ᄃᆡ伊時에留學ᄒᆞᆫ子弟를帶同前往ᄒᆞᆫ다더라

●鎭義費裁可 各地方義兵을捕鎭ᄒᆞ기爲ᄒᆞ야捕鎭費增額二萬三百六十六圜을預備金中으로支出ᄒᆞᆯ件을十三日에裁可ᄒᆞ셧더라

●平察云陞 廣州郡守吳泰泳氏는平南觀察使로陞任ᄒᆞᆫ다는說이有ᄒᆞ더라

●宮宴抽籤 再昨日下午七時에 太皇帝陛下ᄭᅴ셔各部大臣과 宗族及宮內府高等官과承寧府高等官을 惇德殿으로賜宴ᄒᆞ셧는ᄃᆡ永宣君李埈鎔氏는同夫人ᄒᆞ고 皇族代表로主席이되고中樞院顧問李址鎔氏도同夫人ᄒᆞ얏고宮內府次官小宮三保松氏는身病으로不參ᄒᆞ고其夫人이入參ᄒᆞ얏고總相李完用氏도入參치아니ᄒᆞ얏스며妓樂이俱備ᄒᆞ고抽籤을施行ᄒᆞ엿는ᄃᆡ抽籤物品은時計緞屬과下駄埃及卷烟인ᄃᆡ抽籤ᄒᆞᆫ기는大官以下로至宮女ᄭᆞ지ᄒᆞ얏는ᄃᆡ侍從리恒九氏는其父親과慈親代表로三次를抽籤ᄒᆞ얏고入參ᄒᆞᆫ妓生은數拾名인ᄃᆡ每名에絹紬一疋式 下賜ᄒᆞ시고昨日上午一時에罷宴ᄒᆞ얏는ᄃᆡ 太皇帝陛下ᄭᅴ옵셔도該殿에 御覽ᄒᆞ셧다더라

●恩宴同賞 宮內府及所屬院司에淘汰ᄒᆞᆫ員役慰勞金支撥ᄒᆞᆯ事件은現今修正ᄒᆞ야日昨統監府와同意를得ᄒᆞᆫ次로越送ᄒᆞᆫ다는ᄃᆡ五拾年勤務ᄒᆞᆫ者에게는一百六拾圜假量이라더라

●以宮塞債 中樞院顧問官李址鎔氏의別室이郡奉妻某의別室과結義ᄒᆞ야呼兄呼弟ᄒᆞ는ᄃᆡ再昨年六月分에李址鎔氏別室이妾氏의別室을對ᄒᆞ야曰余爲親庭亡親ᄒᆞ야寺門外寺刹에前往ᄒᆞ야設齋ᄒᆞᆯ터인ᄃᆡ所費가窘拙ᄒᆞ니錢五百圜만暫爲貸給ᄒᆞ라ᄒᆞ거놀妾氏別室이結義兄弟之地에其所請을難違ᄒᆞ야五百圜을東貸而取ᄒᆞ야以爲酬應ᄒᆞ엿더니其後에過限不報ᄒᆞ는지라往推該젼則李氏別室所答이吾家大監이今爲大闕妻妾奉외郡守一窠를圖給ᄒᆞ마ᄒᆞ고젼을不報ᄒᆞᆫ意思가有ᄒᆞ거놀妾씨別室은該젼을周旋貸給後에의通之度가極難ᄒᆞ야每々往推ᄒᆞ되李氏別室은郡守一窠로稱托不報ᄒᆞ다가李址鎔氏가大를遷任ᄒᆞᆫ後에는該別室言ᄒᆞ니에職發棄를圖施ᄒᆞᆫ다ᄒᆞ고百般誘引ᄒᆞᆫ다더라

●訓導削職 公立廣州普通學校副訓導金容憲씨가光武拾年二月에敍任ᄒᆞ고七月에赴任ᄒᆞ야不過幾日에稱爲親患ᄒᆞ고無由經歸ᄒᆞ고曾無一次辭職ᄒᆞ야教育妨害가不少ᄒᆞ니伹此驗員은不可仍置라原敍任案을拔去ᄒᆞ얏스니敎員許狀과敎員官誥을令到即時에還收上送ᄒᆞ라고學部에서該訓導金容憲氏所居郡廣州郡守에게로訓令ᄒᆞ얏다더라

●女校遞送 再昨日宮內府大臣李允用씨가主殿院主事一人을前議政府朝房에命送ᄒᆞ야借接ᄒᆞᆫ女子敎育會와金虎門外前侍漏院을借接ᄒᆞᆫ漢城府屬女子普通學院을限紛日니로他處로移去ᄒᆞ라ᄒᆞ얏다더라

●東廟賊變 東關王廟에玉瓣와香單子及臥榻與畵床을見失ᄒᆞ얏다고該廟守僕李寅英가掌禮院으로報告ᄒᆞ얏다더라

●石亦賣日 再昨日에掌禮院掌典官李昌善富니府囑托佐達木爾氏가因宮내府大臣命令ᄒᆞ야東關王廟에前往ᄒᆞ야摘奸ᄒᆞᆫ즉該廟後록山石를浮石ᄒᆞᆫ것시長大石이八百餘介오二塊石이千餘介가有ᄒᆞᆫᄃᆡ該山을前太僕司長호喫運氏가該處建築ᄒᆞᆫ洋屋四五座地ᄒᆞ야日人의게八萬餘圜에放賣ᄒᆞᆫ所以로日人이浮石을ᄒᆞᆫ다더라

●商給夫人 昨秋에義兵와계被害ᄒᆞᆫ忠義部故農必永시에恤金二千圜을再昨日에니部에서其夫人漢씨를招來ᄒᆞ야支給ᄒᆞ얏다더라

●日刺日人 京城泥峴居土木工匠土井爲次郞者가日前에仁川港에下往ᄒᆞ야日本人料理店에셔坂田이라는日人과相關ᄒᆞ다가土井이가坂田家에往ᄒᆞ야劍을拔ᄒᆞ야坂田에左捺을刺ᄒᆞ고六穴確로射殺ᄒᆞ야右耳下를中ᄒᆞ고即爲逃走ᄒᆞᆫ거슬該港警署에서捉囚ᄒᆞ얏다더라

●李氏被捉 前承旨李佑씨가無삼事件이有ᄒᆞᆫ지昨警視廳이被囚ᄒᆞ야牢刑을貽ᄒᆞ얏다는說이有ᄒᆞ더라

●因鐵被捉 漢城內에서義兵외干連者와무合運動이有ᄒᆞᆫ人을連日調捉ᄒᆞᆫ다는ᄃᆡ內官들도多數히被捉ᄒᆞ얏다는說이有ᄒᆞ더라

●坡郡義援 坡州來人의所傳을據ᄒᆞᆫ則日前에義兵幾十名이該郡邑內에突入ᄒᆞ얏는ᄃᆡ該港에派駐ᄒᆞ얏던日憲兵은汶山浦等地로出張ᄒᆞ얏다더라

●杆郡義聲 杆城來人의傳說을聞ᄒᆞᆫ則該郡境內에義兵이多數屯聚ᄒᆞ야氣勢가甚大ᄒᆞ다더라

●維鶴爲之 鐵原郡公立普通學校를昨秋經擾後에憲兵隊가駐接ᄒᆞᆷ으로勢不得已而一郡에公議ᄒᆞ야本部鄕廳으로移接ᄒᆞ야敎育ᄒᆞ더니稅務官吏가度支部에셔該廳에居接ᄒᆞ라는飭이有ᄒᆞ다ᄒᆞ고不日來促ᄒᆞ미該校任員諸氏가또ᄒᆞᆫ本部에下來ᄒᆞᆫ度支部에셔權借ᄒᆞ라는訓令을據ᄒᆞ야現今敎育万般에不可借也라ᄒᆞᆫ즉日稅務主事衣笠敏行이가日巡査를招來ᄒᆞ야本校物品을移ᄒᆞ라ᄒᆞ나諸任員은一向不聽ᄒᆞ라ᄒᆞ고該郡守는共濟之義를思ᄒᆞ야議避ᄒᆞ라勸告ᄒᆞᆷ으로稅務官吏의議를遲ᄒᆞ얏스나多數學生과一般任員이道路에呼泣樓府ᄒᆞᆫ다더라

●宣諭消息 忠北宣諭委員宋綺用시는義兵免罪문恩을各面장及里장의게分給ᄒᆞ얏다ᄒᆞ고忠남宣諭委員최炳憲시는其親知가宣諭ᄒᆞᆷ否를問ᄒᆞᆫ즉答왈義兵을初不遂ᄒᆞᆷ이라ᄒᆞ얏다더라

●幸免危險 黃海道宣諭委員徐相嵩시에所遭를詳聞ᄒᆞᆫ즉該시가同地에到着ᄒᆞ야義兵將에게面諭ᄒᆞ여曰余將實施次로詔勅을奉ᄒᆞ고免罪문恩을持來ᄒᆞ엿스니即爲歸化ᄒᆞ라ᄒᆞ엿더니義兵의中將이卒七拾名을率ᄒᆞ고徐시來見日僭往대將所ᄒᆞ야面議歸正ᄒᆞ라ᄒᆞ미徐시가通譯吳某를帶同往訪ᄒᆞᆫ즉義將曰汝知吾等之本意乎아徐시答曰公等이爲國丹忠으로視死如歸ᄒᆞᆷ은吾已知之로다義將曰然則汝之宣諭는何事며且汝所奉 勅令을出示ᄒᆞ라徐시曰勅令은忘置於旅館이라ᄒᆞᆫ則義將曰莫所重ᄒᆞᆫ 勅令을不可暫時離身이거늘棄置旅幕이是豈臣子道理리오必是 勅令이無ᄒᆞᆫᄃᆡ汝之遁辭로彌縫이丁寧ᄒᆞ고且習汝之貌ᄒᆞ니不似儒敎者오同來吳哥는必是日人通辯라ᄒᆞ고令卒徒로縛之打之ᄒᆞ며詰問ᄒᆞ여日汝有勅令이라ᄒᆞ니 大皇帝陛下ᄭᅴ셔親下ᄒᆞ셧는야曰니閣大臣某시가勅令을轉授ᄒᆞ기에持來ᄒᆞ엿노라曰然則汝之委員圖得時에有誰紹介오曰政府에셔指名差送ᄒᆞᆫ비라ᄒᆞᆫ대義兵이該시에所着外國單삼을見ᄒᆞ고曰여是日兵외偵探이라ᄒᆞ고嚴刑ᄒᆞ다ᄒᆞ示威ᄒᆞᆯ際에左右挽止ᄒᆞ야即爲逐出ᄒᆞ엿다더라

●仁校寄附 仁川港通信을據ᄒᆞᆫ則該港居留韓商劉命致興氏는該港永化學校와仁明학校에每朔각新貨十圜式이오韓進社에셔는各二圜式永遠히寄付ᄒᆞ얏다더라

▲地方消息▼

▲海州警察署에셔義兵을搜索ᄒᆞ기爲ᄒᆞ야出張ᄒᆞᆫ日巡査二名韓巡査四名이同郡五里地에셔義兵一名을遭遇加害ᄒᆞ얏다ᄒᆞ고

▲三水駐在所韓巡査二名이高巨里에셔宿泊中에義兵三十名이襲來ᄒᆞ야一名은即死ᄒᆞ고一名은逃走ᄒᆞ얏다ᄒᆞ고

▲慶尙北道咸昌守備隊에셔出張ᄒᆞᆫ討伐隊는三月六日에同郡西北方約八里地에셔三四拾名義兵과交戰ᄒᆞ얏다ᄒᆞ고

▲鏡城人民百餘名이一進會事務所에闖入ᄒᆞ야該所備置ᄒᆞᆫ器物을沒數破壞ᄒᆞ얏다더라

東京電報

●葡國抗議 十三日발 葡萄牙政府는淸國이辰丸淀泊地를支那領海로主張ᄒᆞᄂᆞᆫᄃᆡ對ᄒᆞ야駐淸代理公事로ᄒᆞ야곰北京政府에向ᄒᆞ야抗議를提出ᄒᆞ라ᄒᆞ야外務衙門에交涉ᄒᆞᄂᆞᆫ中이라더라

●淸國紳商檄문 十四日발 남淸紳商들이 辰丸事件에對ᄒᆞᆫ淸國政府의處置를正當ᄒᆞ다ᄒᆞ야橫濱대坂神戶長崎에在ᄒᆞᆫ淸商等의게向ᄒᆞ야檄문을送ᄒᆞ얏는ᄃᆡ내外相應ᄒᆞ야同一ᄒᆞᆫ行動을執ᄒᆞ자ᄒᆞ얏더라

北京電報

●仲裁拒絕 十四日발 北京政府에셔駐淸英國公使의게向ᄒᆞ야第二辰丸抑留事件의仲裁를委托ᄒᆞ얏는ᄃᆡ英國公使가日本公使를訪問ᄒᆞ고其意를言ᄒᆞᆫ즉日公使曰貴下의厚意를謝ᄒᆞ거니와此事件을爲ᄒᆞ야貴國을煩케ᄒᆞᆯ것시無ᄒᆞ다ᄒᆞ고拒絕ᄒᆞ얏더라

▲西湖問答▼ 續

▲客曰國力이强壯ᄒᆞᆫ然後에其結果가何如ᄒᆞ깃소

▲國力은國體力에셔出ᄒᆞ나니國體가堅確ᄒᆞ고與力의强壯ᄒᆞᆷ은不待說明而已悉이니毀此省騐ᄒᆞ노니希望點을還々히圖ᄒᆞ라야對東之政策以外 對內治政策에ᄭᆞ지注意ᄒᆞ면其範圍以內의事는可推ᄒᆞᆯ지니라

▲客曰益其結果를可遂ᄒᆞᆯ方策은何에在ᄒᆞ깃소

▲曰有血誠者는可云志士이오失誠者는可云鄙夫니志士는一心을抱ᄒᆞ야百折不回ᄒᆞ야決心救國ᄒᆞᆯ거시오鄙夫는二心을抱ᄒᆞ야懦弱猜疑ᄒᆞ야反心附外ᄒᆞᆯ거시니一心者는其心을從ᄒᆞ야來頭救國을眼下如睹오二心者는其心을從ᄒᆞ야目前附外를不顧廉恥ᄒᆞᄂᆞ니다

▲客曰一心者는成功을可睹나二心者가有ᄒᆞ오면完力을難期ᄒᆞᆯ깃지오

▲曰然故로二心者一이有ᄒᆞ면自身의一髮이落ᄒᆞᆷ보다더可惜ᄒᆞ며幾乎이有ᄒᆞ면一指가損ᄒᆞᆷ보다더痛ᄒᆞ며四十萬중有ᄒᆞ면一肢가欠ᄒᆞᆷ보다더哭ᄒᆞᆯ지니然則此二心者를見ᄒᆞ거든血心者는誠으로勸ᄒᆞ되汝等은體에셔落ᄒᆞᆫ指이오體에셔落ᄒᆞᆫ肢라獨自腐爛ᄒᆞᆷ而已니急速히體에還附ᄒᆞ라勸之戒之ᄒᆞ야一心과二心이合爲一이되야結果를可遂ᄒᆞᆯ지니라

▲客曰今日我韓人士가학問이稍開ᄒᆞ고智識이漸長ᄒᆞ야全國ᄂᆡ에학校程度가興旺ᄒᆞ니至於女子敎育과勞働者夜學ᄭᆞ지起ᄒᆞ며各地方에商務方針이振興ᄒᆞ니至於外國貿人과製糖積聚ᄭᆞ지成ᄒᆞ엿다ᄒᆞ니此는韓國의中興ᄒᆞᆯ模因이오獨立의基礎也일가ᄒᆞ나이다

▲曰吾亦見而悅之ᄒᆞ며聞而感之ᄒᆞ거니와但敎育界에魔鬼가出生ᄒᆞ엿니眞是敎育의大讐敵이라학校設立ᄒᆞ야沮戲ᄒᆞ며高等학科를禁止ᄒᆞ며來久卒業者를誘出ᄒᆞ며外國留학을防遏ᄒᆞ나니라

社告

本支社를 左開五處에 設置하고 玆以仰佈하오니 本報愛讀하시는 該附近 僉君子는 該支社로 請求購覽하심을 務望함

▲信川邑大里 丁一善
▲永興郡南山동書舖 梁昌鎬
▲[illegible]州郡南門내 朱伯英
▲泰川邑館前洋약局 李正華
▲寧邊邑內 明濟世

各地方僉員이 本社에 投書와 寄書가 逐日답至하는대 居住姓名이 昭詳하고 事實이 確核한 者는 即爲揭載이어니와 姓名도 不載하고 事實이 模糊한 者는 因而置之하는대 催促이 又至하니 事甚難處이라 從今以後로는 投書와 寄書를 하시는 人은 居住統戶數와 姓名을 詳錄하시되 若又含糊하오면 並爲勿施할 터이오니 照亮함

雜報

●渡日留學 兪吉濬氏子 [illegible]氏가 日本에 留學하기로 昨日발程하얏다더라

●紀念演說 監督 解理斯氏는 法學과 哲學에 通邃한 人士이라 東洋에 傳道한지 四拾年이 洽滿한 故로 日前에 監理教牧師들이 該監督을 爲하야 傳道九拾年紀念會를 貞동會堂에서 設行하얏는데 盛況을 頗多하얏지라 該監督이 大韓教徒의 神학을 爲하야 金一千圜을 寄付하얏고 昨日에는 各학校학徒를 齊會하야 急務를 勸說하얏스며 本日은 該氏가 大韓教徒中 執事諸員을 按手禮로 行할터이라더라

廣告

健元陵參奉 李範實 敎厚周信旣明且廉하야 事上以誠하고 待下以寬하야 九陵內外 咸所稱頌이옵거늘 近日新聞에 有所欠說 聞甚驚訝 亦極冤枉 玆以說明廣告함

陵底居民 吳奉天等 告白

●河東郡立普通學校趣旨書

窃惟國家之强弱은 在乎人民之智愚하고 人民之智愚는 係乎敎育之盛衰하며 由乎학校之興廢하나니 학校者는 人民開進之關戶也오 國家需用之機關也라 其爲效力이 豈不重且大歟며 緊莫急哉아 喜惟我 大皇帝陛下띠옵서 時宜를 鑑諒하ᄉᆞ 敎育勤勉에 詔勅을 繼續渙강하ᄉᆞ 公私학校가 於斯蔚興하니 來頭成績은 可與六洲로 爭雄並駕하러니와 顧我本鄉은 雖在僻陋之遐陬나 亦稱股肱之舊鄉이라 設校之資가 縱無預算之豈卑하나 興학之擧를 寧可歇後而越超乎아 所以疾聲大叫로 警告同鄉하며 國家가 賴하면 吾家도 賴하고 吾身도 無하고 吾子孫도 無하리라 하야 家私營業을 不顧하고 惟是公益事業에 注意着力하야 保國保家의 方針을 企圖하기로 決心同盟하야 郡立普通학校를 新設하야 校舍는 以客舍東廳으로 修理建築하고 鄉校畓一百二十斗五升落과 前炮糧畓三千五百兩으로 付作基本金하며 鄉中補助로 爲先購書而聘師하고 生徒를 募集하야 五拾餘員에 達하니 嗣后擴張할 計劃과 永久維持할 方便은 現方講究이거니와 聰俊子弟를 誠心敎育하야 將作需世之國器로 確想預待하노니 願我全郡同胞여 離舊迷夢을 猛醒하고 維新思想을 另注하야 愛鄉精神으로 勸학에 熱心하면 豈特吾鄉之幸也리오 抑亦國家之幸也哉인저

愼正完 成樂璿 金斗存 黃麟秀

本月十八日에 舊京城學堂長 渡瀨常吉氏가 渡韓하옵기 該氏歡迎事로 相議할 事이 有하옵기 玆에 仰佈하오니 京城學堂卒業生及學生은 本月拾五日(日曜)下午四時에 來臨于左記處하심을 務要

南門內尙洞靑年學院內

舊京城學堂同窓會 發起人 柳一宣等

平安남道檢査員 金鎭議氏가 在位有年에 諸般政治 一切刷新하야 持心白明 如天제日하고 決처處理 如竹迎刃하며 內外接濟 一遵其規하야 擇之不去하고 嗟留願足 惜屆來歸 非余之爲 萬口興頌 補佐中村氏 一省同僚 兩鑑相照 韓日兩民 視若同室 凡於剖決 斷釘截鐵 遲而不忘 邇而不貸 所以民頌戚戴 二天其道 藹藹云云 其偏

平壤 兩侍讀 洪在斗
中和 鄉紳士 文廣瑞
祥原 [illegible]參奉 尹濟선 告白

前議官 張大鎬를 大午로 字亭善을 適星으로 改正함

張大午 告白

本人이 西署龍山坊桃花동外契 第九拾統六戶 朴基俊 瓦家拾六間 文券을 甲辰年七月分에 板刻換來次로 韓동 任學駿處에 任給하엿다가 中路에서 失故로 即其時帝國新聞에 廣告하고 而右廣告를 爲하야 遺失故로 玆又廣告하오니 右舊券은 休紙施行함

朴興瑞 告白

本人의 先山이 在於高陽滄浪里 子동이온바 三百餘年 守護禁養하옵더니 該山松楸를 何許悖類가 無以渠之麻營을 하고 欲爲偸賣코ᄌᆞ기에 玆以廣佈하오니 內外國人은 切勿見欺함

宗孫 朴[illegible]

共立新報는 美洲에 留하시는 我國同胞가 高明한 학問과 深厚한 執誠으로 祖國을 東望하고 國魂을 絶叫하야 每週日一次式 刊行하는 新聞이온데 世界形勢도 詳探하며 國情況도 昭載하야 愛國心이 有하신 同胞는 不可不購覽할 新聞이며 又是純國文으로 刊行하야 婦人孺子라도 一覽可瞭할 만하오니 睦我一般同胞가 我留外同胞의 殊邦風霜에 勞心勞力하는 誠意를 豈可越視하리잇가 玆에 僉君子의 購覽을 紹介하기 爲하와 該新聞價及呈覽處所를 如左히 廣告하오

代金表
每號 五錢
六朔 壹圜貳拾錢
壹年 貳圜貳拾五錢

本國내出張所
京城廣학서舖 金相萬
博문서館 盧益형
開城남門내興학서舖 姜勛遠
平山郡古之面城남峴 金錫禹
長淵邑내東里 문석관
平壤上口水外 車利錫
鎭남浦龍井동 梁濟涉
安州城내義村동 金灝河
宣川邑 川邊 梁준명
龍川내山面무山里 李晃萬
義州南門外大東藥房 白用錫
金海台也面智士동 鄭永會
釜山港 草梁 尹相壽
大邱東上面龍동 崔一弘
咸興西門밧 朱경飮
俄領 海蔘威 계東학校

共立新報社代理人 金弼濟 告白

本人의 田畓五拾餘斗落이 在於木川南面驛山大峙이온바 本人의 再堂叔 [illegible]氏가 以僞造文券으로 欲爲偸賣이오니 內外國人은 切勿見欺함

木川남面石川居 鄭榮烈 告白

本人의 姓名圖章을 去陰正月廿五日夜 逢賊時에 遺失이오니 知舊間 照亮하시믈 切望

安岳大元面堂谷林 [illegible]權 告白

本兩學會에서 本月拾五日(日曜)下午壹時에 [illegible]洞普成專門學校內로 懇親會를 開催하오니 兩會會長以下 一般任員諸氏는 屆期 光臨하심을 敬要

畿湖興學會
西北學會

平壤륙串坊覺수里 洪鎭七 在樂氏大親이 以老患不幸於今陰二月初五日巳時 捐世故 玆訃告

護喪 金永勳 告白

本人의 接圖章과 名啣을 手帖에 入하여 並爲失하엿ᄉᆞ오니 僉諒勿施함

龍浦 吳有泳 白

本校에서 修理를 已畢하고 今月拾六日陰二月拾四日로 開학하깃ᄉᆞ오니 志願이 有하신 勞働同胞는 本日下午七時에 一切上학하심을 敬要

國民夜學校 告白
琵琶동七拾六統五戶

本人의 七寸 廣州[illegible]居 [illegible]奉叔 治先이 性本浮浪하야 不顧家産이 于今二十餘年矣러니 今與俠雜輩로 符同하야 本人의 廣州彦闊面大旺面所在畓 二十餘石落을 僞造文券하야 與執友與人賣品云하니 內外國僉君子는 切勿見欺함

[illegible]應龍 告白

國文 愛國精神 定價金廿錢 리치雨 譯述

勿論男女하고 愛國心이 有한 者 可以購覽

發賣所 京城各書舖

家庭養鷄新編

一冊 挿圖 定價金五十錢

養鷄는 簡要한 産業이오 巨大한 利源이라 此書는 方今文明列邦에서 盛行하는 養鷄法인데 人工으로 孵化及醫治와 小數로 千首以上을 飼養하는 要訣이오니 有志君子는 購覽施行하심을 務望

發賣所
大東書市 金基鉉
匯東書館 高裕相
中央書館 朱翰榮
古今書海館 金寅珪
博文書관 盧益亨
廣학書舖 金相萬
新舊書林 池松旭
博學書관 玄어
漢陽서관 趙鍾萬
廣業會社內 申圭植

●學徒募集廣告

本校附屬普通學校에서 第一학年生 五拾人과 ᄀ학年生 補缺若干人을 募集하오니 入학志願者는 三月三十一日(陰曆二月二拾九日)까지 請願書를 提出할 事

官立漢城師範학校 白告

新舊學文을 大發賣하오니 願買하는 僉君子는 遠々求覽하심을 希望함

慶尙北道 大邱東上後洞 崔田堂 金괴洞書舖 告白

皇城新聞雜報欄內에 承寬君邸下로 大同會總裁推薦하얏다 함은 事實이 初無하기 該新聞社에 質問正誤하고 玆에 廣告함

承寬君邸宮事務 告白

▲特別廣告

本社에서 名帖印刷部를 新設하고 各樣活字와 印刷機械와 紙本이 精美하고 價値도 極廉하오며 紳士의계는 特別히 하고 夫人의계는 一層低廉하오니 僉位는 來臨하시와 隨意請求함

大韓每日申報社 告白

本人家親이 昨年十月分에 龍山坊沙洲居 [illegible]都字東煩의 白川郡[illegible]尺上二面[illegible]所在田畓 二拾三石落을 買得時 [illegible]와 量案과 證明書가 分明하기로 給價十二萬兩 買得矣 近日 [illegible]가 一士兩買를 賊心으로 [illegible]을 更書하야 [illegible]와 [illegible]出付하고 隱避不出하니 豈有如此賊心乎잇가 勿論內外國人하고 毋或誤買이계 見欺치 勿하시옵

金鎭[illegible] 告白

今現醫院에서 各項事務를 一層擴張하오며 金裝與銀裝各樣의 齒와 老小兩[illegible]數落齒를 [illegible]齒床과 幷齒를 隨意製造하오며 拔齒與入齒時에 毫無苦痛케 하는 技方도 有하며 齒科上問議는 無料換受하압나니 四方僉君子는 照亮하심을 爲希함

京南大門內尙洞美人施醫家 齒科醫士 韓大衛 告白

大韓文典

崔光玉 述 李昌在 校閱

此文典은 國語의 語法과 作文法을 一定한 規模로 能成케 하는 法이 備載하야 高等小학校나 中학一班에 所用할 만하오니 僉君子는 速々購覽하심을 敬要

發賣所
平壤 大同書觀
京城 蓮洞敬新학校內
安岳 勉學書舖

◎ 報償義捐金收入廣告

●寧邊郡泰平面 館北里 四十圜 · 豊田站 二拾二圜

●端川郡 [illegible]都館里 車炳찬 鄭萬淳 各二圜七拾전 · 柳星旭 一圜 · 吉昌柱 六合전 · 김星汝 五拾錢 · 車士斌 · 三拾錢 張永九 二拾錢 合七十圜

●錦山郡富北面白巖里 辛亨植 高濟順 朴勝德 各二拾전 合大拾전

▲富東面平村 梁永瑠 門中 八圜

▲南西面中金川 金進七 鐵案門中 七圜 ▲弓洞 朴永務 一圜

▲南二面馬場里 朴勝紹 一圜五拾전 박勝國 二拾전 合一圜七拾전

▲壽宗里 宋恒鎭 一圜 박勝仁 五拾전 韓宗植 黃학賢 각二十錢 合一圜九十錢

▲三合谷 梁舜錫 五十錢 梁在璜 朴학西 梁仁錫 各二十錢 郭海道 梁在敎 리晩榮 郭正錫 吉龍基 梁在긔 宋英根 各十전 合一圜八拾전

▲郡二面新대里 朴弘서 一圜 金학根 韓光道 각六十錢 정元鎭 五拾전 리得雲 四十錢 申貫達 三拾전 鄭志彥 十五錢 리乃碩 김德孝 曺巡五 嚴鎭長 宋興伯 任順和 김允範 嚴承西 崔孟西 宋今用 嚴正順 각拾五전 尹鳳林 鄭永叔 韓寧今 金秋伊 柳守貞 李成玉 金正明 金自俊 薛允錫 姜度三 리樂中 리殷千 程應玉 各十전 合六圜五十錢

總合二十八圜五十錢

前總合五萬九千四百二拾圜二十錢二厘

都總合五萬九千四百四十八圜七十전二厘

發行兼編輯人 英國人 裵說

發行所 南署石井洞報外第三層樓屋 大韓每日申報社

第六卷

大韓每日申報

第七百九十六號

月曜及慶節
歲時日休刊

檀君開國四千二百四十一年
箕子元年三千三十年
大韓開國五百十七年
日本明治四十一年
淸國光緖三十四年
陰曆戊申二月小十五日辛未

論說

○國漢文의輕重

旣曰國文이라ᄒᆞ면是ᄂᆞᆫ一般韓人이皆自國의文으로認ᄒᆞᆫ바며旣曰한문이라ᄒᆞ면是又豈般韓人이皆他國의문으로認ᄒᆞᆫ바니其文字의孰簡孰煩도勿論ᄒᆞ며其ᄒᆞᆨ習의孰易孰難도勿問ᄒᆞ고但國문國字만擧ᄒᆞ야途에號ᄒᆞ여曰此가孰重ᄒᆞ고ᄒᆞ면雖黃口小兒라도皆曰國문이重ᄒᆞ다國文이重ᄒᆞ다ᄒᆞᆯ지어ᄂᆞᆯ今乃國漢文의輕重이라題ᄒᆞ고一論을下ᄒᆞ면或者가贅論이아닌가

嗚乎라其輕重이如此雷壤懸絕ᄒᆞᆫ國漢문을今乃幾個操人이謬見妄執으로芒芥가泰山보다大라ᄒᆞ며一涓이黃河보다廣라ᄒᆞ야或會場演說에聽衆이雲集ᄒᆞᆫ대國문은漢문附屬品에不過ᄒᆞ다고大叫ᄒᆞᄂᆞᆫ者도有ᄒᆞ며或雜誌文苑에天下事ᄂᆞᆫ惟漢文을讀ᄒᆞᆫ者가能做ᄒᆞᆫ다고放言ᄒᆞᆫ者도有ᄒᆞ며甚者ᄂᆞᆫ國문으로奴를삼으며漢문으로主를삼고國文으로臣을삼으며漢文으로君을삼어駸々然國文을廢止ᄒᆞ고漢文만崇尙ᄒᆞ랴ᄂᆞᆫ意思이니俄人이波蘭을滅ᄒᆞ고波蘭語를禁ᄒᆞ고外語를用ᄒᆞ야漸々其故國思想을漸滅ᄒᆞ얏다더니今日韓人은自國문을自禁ᄒᆞ고外國문을用코ᄌᆞᄒᆞ니記者於是에不必論ᄒᆞᆯ國漢文輕重을不得不一論ᄒᆞᆯ境遇에處ᄒᆞ얏도다

鄒孟氏有言ᄒᆞ되(予豈好辯哉予不得已也)라ᄒᆞ얏스니嗚乎라記者가亦豈好辯者哉아

夫國文도亦문이며漢文도亦문이어ᄂᆞᆯ必曰國文重漢文輕이라ᄒᆞᆷ은何故오日內國문故로國문을重히녀이라ᄒᆞᆷ이며外國문故로한문을輕히녀이라ᄒᆞᆷ이니라此雖內國이나高僧了義創造ᄒᆞᆫ以後至今千載에只是閣閣되여存ᄒᆞ며下等社會에行ᄒᆞ야不經ᄒᆞᆫ諺冊과淫蕩ᄒᆞᆫ歌詞도人의心德을亂ᄒᆞ얏고彼雖外國文이나幾拾百年來로學士大夫가尊誦ᄒᆞ며君臣上下가一遵ᄒᆞ야此로治民에以ᄒᆞ며此로行政에以ᄒᆞ며此로明倫講道에以ᄒᆞᆫ故로此則譯문이라名ᄒᆞ며彼則眞書라稱ᄒᆞ얏거ᄂᆞᆯ今忽輕重을顚倒ᄒᆞᆷ은何故오日漢문은弊害가多ᄒᆞ고國문은弊害가無ᄒᆞᆫ故니라

同一火藥이로되賊樵ᄂᆞᆫ用ᄒᆞ야倭艦數(白艘)를殲ᄒᆞ야善戰의名을得ᄒᆞ되松岳小兒ᄂᆞᆫ捕雀에資ᄒᆞᆯ而已며同一木布로되林忠愍은用ᄒᆞ야敵兵眼目을眩ᄒᆞ야一城을完ᄒᆞ얏ᄂᆞᆫ대義州婦女ᄂᆞᆫ衣餐에供ᄒᆞᆯ而已라故로鐵甲船의利器로도元均을與ᄒᆞ면勝敗를不可必이며銀天當의利砲도金應徵을與ᄒᆞ면自保도不可望이니夫釋迦正法이爾諦가經ᄒᆞ라만南宗北宗이所傳각殊ᄒᆞ고基督聖經이二本이無ᄒᆞ나만舊新敎가所解各異ᄒᆞ니然則檀君이在位ᄒᆞ시고箕子가爲相ᄒᆞ며乙支文德이軍權을掌ᄒᆞ며徐熙가外交를司ᄒᆞ며崔沖이敎育을主ᄒᆞ며鑛財를理ᄒᆞᄂᆞᆫ者ᄂᆞᆫ權變의權으로撲部觀實의明을據ᄒᆞ며刑法을司ᄒᆞᆫ者ᄂᆞᆫ廣默孤獨의護로ᄂᆞᆫ丁茶山의識을具ᄒᆞ고再又廉富耳格蘭斯頓康德孟德斯鳩等을屢來ᄒᆞ야顧問을備ᄒᆞᆫ然後에一國政法을整頓ᄒᆞ더ᄅᆞ도幾百年後木蠹虫生을誰知ᄒᆞᆯ지어ᄂᆞᆯ今에漢문의末流之弊로由ᄒᆞ야漢文을如此輕視ᄒᆞᆷ은何故오記者ㅣ雙眉를一蹙ᄒᆞ고仰天大聲曰韓人의識見이如此ᄒᆞ니實乎主客을不分ᄒᆞ며上下를倒置ᄒᆞ고韓人의手에서出ᄒᆞ야韓人의眼에만閱ᄒᆞ라ᄂᆞᆫ報紙가幾乎全部쟈이나純漢문으로著出ᄒᆞᆷ이로다

大抵記者의論ᄒᆞᆫ바漢문의弊害라ᄒᆞᆷ은其佶屈聱牙를非ᄒᆞᆷ도아니며其叢脞文隙을歎ᄒᆞᆷ도아니라盖其一出入一主一奴의中間에多大ᄒᆞᆫ害가有ᄒᆞ다ᄒᆞ노니 未完

外報

●英國笑柄 倫敦電을據ᄒᆞᆫ즉第二辰丸事件은全歐洲新聞에評論ᄒᆞ되如此ᄒᆞᆫ小事件으로戰爭을惹起ᄒᆞᆫ다ᄂᆞᆫ思想을嘲笑ᄒᆞ얏다더라

●命令有所不服 北京電을據ᄒᆞᆫ則淸國政府에셔第二辰丸을速히解放ᄒᆞ라ᄂᆞᆫ嚴命을再次廣東總督張人駿씨에게下ᄒᆞ얏ᄂᆞᆫ대然이나張總督은此命令을不服ᄒᆞ고憤慨ᄒᆞ야直時辭職表를提出ᄒᆞ얏ᄂᆞᆫ대北京政府ᄂᆞᆫ辰丸事件을速히解放ᄒᆞ기爲ᄒᆞ야此를聽許ᄒᆞᆫ다더라

●淸拒日品 旅順電을據ᄒᆞᆫ즉吉林地方에셔排日熱이盛行ᄒᆞ야日本商品을購入ᄒᆞ지아니ᄒᆞ며軍隊ᄂᆞᆫ此動作을監視中이라더라

●露極東全權附與 同電을據ᄒᆞᆫ則露國皇帝ᄭᅴ셔東淸鐵道總裁호르왓트將軍에게極東의全權을附與ᄒᆞ얏다더라

●革命黨起擾 上海電을據ᄒᆞᆫ즉淸人二百餘名의革命黨員이騷擾를起ᄒᆞ랴ᄒᆞ야將次北京에前往ᄒᆞᆯ準備中이라ᄂᆞᆫ密報가東京으로부터北京에到着ᄒᆞ얏ᄂᆞᆫ대其黨內에姓名生身地가分明ᄒᆞᆫ者ᄂᆞᆫ五十五名이오其中에婦人二名이參預ᄒᆞ얏다더라

雜報

咸興郡連浦面新興里松湖養成學校趣旨서

天降生民莫不與之以性鮮能率性一有能盡其性者出於其間天命之代天以建學立師曰塾曰庠曰序曰ᄒᆞᆨ庠序小ᄒᆞᆨ校之設所以ᄒᆞᆨ大學校之設所以古之人未嘗有不入ᄒᆞᆨ者故生甫八歲皆入閭塾ᄒᆞᆨ習幼儀及其拾年ᄒᆞᆨ書計而選閭塾所升之人敎諸黨庠而黨庠之所選升諸州庠ᄒᆞᆨ樂誦詩舞勺之已成者也鄕來ᄒᆞᆨ射御是乃成童之所受敎而選殺秀者入于國ᄒᆞᆨ明其明德以新其民盖明明德者以其自明而推明於物新民者由其自新而推新於人小ᄒᆞᆨ顯閭日行而大ᄒᆞᆨ脛子曰禮行顯之身則有形德修之心則無形是以自有形及無形此下ᄒᆞᆨ而上之律筏也凡厥所性愛親敬兄忠君悌長之道莫不具爲而氣質所賦未必無淸濁美惡之別智愚賢凡之殊則利欲所論桎梏性命者衆非ᄒᆞᆨ問不知孝忠敬悌如何道也三代之設學校寔出於此也夫世道之汚隆國家之盛替係在民智之明不明也亘天地萬古之一轍前乎三代民俗醇厚才術備者以ᄒᆞᆨ校之政修而敎之之法施也後乎三代民俗渝才術蔑發者以學校之政廢而敎之之法弛也然則ᄒᆞᆨ校之有關於民智民智之有幹於國家顯不寘歟雖上智不能無學問下愚不能無敎育者民智維新之基業而使之以復性初之根祗從川ᄒᆞᆨ海源不窮睃學山高無狀而邇汁之爲雖良巫而樂之能御千里而崑山之玉雖美琢而磨之終成大器物之情實倫然而况人於學問上講究之心法乎敎毁則華夏盡爲人道幾獸而天地閉鎖日月晦冥異端邪說孽芽其閒塞蹊滔天先王禮樂無處可觀一部麟經無地可讀修人事而不爲夷狄存人心而不至禽獸者孰不濱泣列聖朝崇儒重道文治彬彬塾庠序ᄒᆞᆨ之制雖綱已備而倫經之精達禮敎之興行庶幾與三代侔儷降自世級漸夷문弊之極建歸成竊士之所習不過詞章謀睦之문所學不踰繁禮冗節之間而道器之相反事理之相乖不啻毫差於千里抑斯문之衰非天之所以喪而唯人之所以喪哉二拾世紀西歐ᄒᆞᆨ術開物成務方運中外兵農工商光重電化學學皆有成說動有實驗其富强之業精受之技確不可踰而世之ᄒᆞᆨ者偷觀以爲非人智慮能力之所可及嗚呼是豈有偶術數導得其道而使之研究格致而已宣尼曰形而上者謂之道形而下者謂之器易之繫辭曰取離造耒耜取益作舟楫取渙弦弧矢取睽是皆道理之理會旣成器用者也修所引克明峻德則歐美列强문明開明之標的日新又日新則六洲通界新ᄒᆞᆨ問新知識之根的唉㦲我韓上不講究二代之ᄒᆞᆨ而只從歟西歐之ᄒᆞᆨ盛行付之虛無寂滅法界徒飾藝巧於身上之鉄佛⋯可勝歎哉聖天子深究其故留神學校之政所以奬勵務拔靡不用極於是上自京都下及鄕閭ᄒᆞᆨ校競興有普通焉有專門焉有師範焉有官立焉有私立爲更張之業庶必曰新迨此 邦會維新之時以若澄沛舊鄕之臣民宜乎先騎疾驚倡率勸導上以答 聖明之旨下以作烝庶之乂扶植 宗社擴張道德奈之何膠舊業諳ᄒᆞ思自振興副鄕黨敬吳氏亦背慨然于此協議弟兩叅奉鱗吳氏而出義設校名曰松湖養成ᄒᆞᆨ校而邀近附鳳子衣日不勝扑噫ᄀ嘆吳氏雖年德邵隆旣傳學無方而敎誨不倦務合時宜夫綱常倫彝經體名分天下古今之大經也法律財治技術器用天下萬國之時宜也知所先後而以達其藝大經固不可不先而時宜尤不可不達此吾ᄒᆞᆨ校之趣旨也體旣立而外鍵何歉哂之讓步而三代之不可追哉性者天之道也性之者人之道也人能性天之所性而擴充之上下同其化育而漸且染汚孟子所云人能弘道豈欺余也唉噫出不得掩其醜技擬ᄒᆞ不得抑其播固勢也不侫敢忘陋發說三代之遺敎凡志

想讓鍵旆
ᄒᆞᆨ監姜鎭華 贊成金秉几
朱守宗 校監韓溥明

●義將被捉 義兵將李基相氏가被捉ᄒᆞ얏다ᄂᆞᆫ說을漏聞ᄒᆞᆫ즉泥峴等地에서買銃ᄒᆞ다가悄跡이顯露ᄒᆞ야調捕이되얏다더라

雜報

●豈不無顔 法部大臣趙重應씨가副統監과長谷川大將의게交涉ᄒᆞ야日商務ᄂᆞᆫ既是閑進敎育會發轄인대大同會에셔또祿貿商을組織ᄒᆞᄂᆞᆫ거시決不穩當ᄒᆞ니禁止ᄒᆞᄂᆞᆫ거시可ᄒᆞ다ᄒᆞ얏던지副統監과長谷川氏가趙法相을叱責ᄒᆞ되日商務ᄂᆞᆫ民會所關인즉何會에셔組織ᄒᆞ던지大臣이有何相關ᄒᆞ야此等事를干涉ᄒᆞᄂᆞ냐ᄒᆞ고大端無顔을當ᄒᆞ얏다더라

●往訪학大 昨日上午十一時에總理大臣以下각部大臣과舊統監具然壽氏가학部大臣리載崑氏를該部로訪見ᄒᆞ고數時間을談話ᄒᆞ다가各散ᄒᆞ얏다더라

●학大발程 학部大臣李載崑氏가皇族留학生을帶同ᄒᆞ고日本에前往ᄒᆞᆫ다ᄂᆞᆫ說은已爲報道ᄒᆞ얏거니와本日京釜線路一番列車로발程ᄒᆞ얏다더라

●학相署理 학部大臣리載崑氏가渡日後에ᄂᆞᆫ該大臣署理ᄂᆞᆫ總理大臣리完用氏오編輯局장代辦은학務局장閔泳璣氏로내定ᄒᆞ얏다더라

●□一去役 □洞別宮修理工役을匪久히始作홀터인대該役夫의牌子ᄂᆞᆫ日人과一進會員外에ᄂᆞᆫ他人은不得着手혼다더라

●提調存一 景孝殿提調가각三員式이더니一員만仍置ᄒᆞᆫᄃᆡ 景孝殿에ᄂᆞᆫ閔鍾默氏오 懿孝殿에ᄂᆞᆫ리載億氏라더라

●海朝執筆 是日也放聲大哭ᄒᆞ든張志淵氏가海朝新聞主筆로屬聘되야海蔘威에到達ᄒᆞ야발셔十餘號가발刊되얏다더라

●학生同伴 旅費와如히학部大臣리載崑氏가本日발程ᄒᆞᄂᆞᆫ대私費生으로日本에留학ᄒᆞᆯ학生은該大臣의子姪三人과侍從副卿리倉九씨子와法制局장俞星濬氏子等拾人이隨往ᄒᆞ얏다더라

●師範試取 昨日에官立師範학校학徒를試取ᄒᆞ야八拾名을選置ᄒᆞᆫ다ᄂᆞᆫ딕應試者가七百餘名에達ᄒᆞ얏다더라

●巡査戒嚴 近日夜竊滿等地에行竊巡査의戒嚴이比前頗密하다더라

●日巡採用 內部警務局에셔今番각地方에派遣홀日巡査約四十名을採用홀터인대本月拾二日廿拾三兩日노試驗을施行ᄒᆞᆫ다더라

●會장推薦 法학會에셔再昨日에養正義塾에셔臨時會를開ᄒᆞ고張憲植氏로會장을推薦ᄒᆞ얏다더라

●會規未定 大同會에셔아직財政도籌措ᄒᆞ고會장도完定치아니ᄒᆞ얏스나事務를擴張ᄒᆞᆫ後來四月頃에開會式은大設ᄒᆞ고內外國高等官人과各社會紳士를請邀ᄒᆞᆫ다ᄒᆞ며會員도伊時에完定ᄒᆞᆫ다더라

●關東總會 去日曜日下午一時에大東寄宿館에셔關東學會總會를開ᄒᆞ고臨時會長朴□彬氏가出席ᄒᆞ야趣旨와規則을講論ᄒᆞ고一般任員을組織ᄒᆞ얏ᄂᆞᆫ대會長과副會장推薦은姑爲留案ᄒᆞ고會務를處理ᄒᆞ기爲ᄒᆞ야總務一人과評議員十人만選定ᄒᆞ얏다더라

●三百학徒 大東專門학校에셔학徒의應試請願狀이三百餘度에達하얏ᄂᆞᆫ대昨日에入學試驗을經ᄒᆞ얏다더라

●受保險金 義徒에게被害ᄒᆞᆫ郡守에恤金을內部에셔支拾ᄒᆞᆫ다ᄂᆞᆫ說은前報에已揭어니와被害ᄒᆞᆫ郡守에恤金은設遣旅에게支給時에現帶官人雙保險을受ᄒᆞᆫ後에야支撥ᄒᆞᆫ다더라

●艸梁盛事 釜港草梁동학校內에男女학科가有ᄒᆞᆫ대同校를觀察ᄒᆞᆫ某씨의談話를據ᄒᆞᆫ즉女학徒中六歲된金喜準은其工夫ᄒᆞᄂᆞᆫ希望을問ᄒᆞᆫ즉國權回復을目的ᄒᆞᆫ다ᄒᆞ고且同校內에夜학을設置ᄒᆞ고勞働者와獲則營業ᄒᆞᄂᆞᆫ靑年을募集하야熱心敎授ᄒᆞᄂᆞᆫ대학生이五拾餘名에達하얏다더라

●委員貪行 始興郡地方委員정洪朝시가該郡屯土를無故移作ᄒᆞᆫ事ᄂᆞᆫ該報에揭載ᄒᆞ엿거니와稅務官召數擊氏에게賂賜ᄒᆞᆫ다藉托ᄒᆞ고각동會音에게牛脇一部草一斤式排斂ᄒᆞ며朴興先에게ᄂᆞᆫ牛脇代價로쳔百兩을勒懲ᄒᆞ고作人處에도排斂ᄒᆞᆫ다고民怨이藉々ᄒᆞ다더라

●國民之膽 國債報償금은全國人民이斷々愛國心으로不謀同聲ᄒᆞ야此債만一辦ᄒᆞ면國權까지恢復ᄒᆞᆯ줄로思想ᄒᆞ야婦人은或變을斷ᄒᆞ며童子ᄂᆞᆫ或食器를出ᄒᆞ며勞働役夫等도莫不其血汗錢을獻ᄒᆞ야幾千萬圜을收集ᄒᆞᆫ바인대彼賊面賊目에賊心賊腸가진吳榮根시가晉徒國債報償期成會總務로在ᄒᆞ야此可畏可矜의금額을無難偸食ᄒᆞ다가畢竟神目이如電ᄒᆞ야奸計가綻露되야警視廳에被捉ᄒᆞ야自服되얏스며각新聞에聲討도遭ᄒᆞ얏거니와吳氏의面皮가何其頑厚ᄒᆞ던지再昨에各社會代表諸시가吳시의挾雜ᄒᆞᆫ금額을調査保管ᄒᆞᄂᆞᆫ디吳시가其面目을擡ᄒᆞ고會中에來坐ᄒᆞ야會장을願呼ᄒᆞᄂᆞᆫ지라諸시가憤怒를不勝ᄒᆞ야握拳毆打코자ᄒᆞᄂᆞᆫ者ㅣ多ᄒᆞᆫ대或者가挽止ᄒᆞ야幸得無事ᄒᆞ얏고其中리承喬시ᄂᆞᆫ憤氣撑中ᄒᆞ야吳시를短杖으로毆打討逐出ᄒᆞ얏다더라

●校物吞盡 西來人의傳說을聞ᄒᆞᆫ즉平壤郡內에貧明학校ᄂᆞᆫ校况이日就月將ᄒᆞ야大有興盛之望ᄒᆞ야每月入학生이不下六七十名이고終行卒業證式後에繼又開학ᄒᆞᄂᆞᆫ대該觀察使朴重陽氏가右학校資本金七百餘圜을星火奪去ᄒᆞ고又外川坊所在ᄒᆞᆫ點營학校資本金이며各校物ᄂᆞᆫ淺數히奪去ᄒᆞ며詰ᄒᆞ기를此大同館修理費로入用ᄒᆞᆫ다고藉托ᄒᆞ엿다더라

●鐵校新設 鐵山西林面四松里ᄂᆞᆫ本是十室殘村으로里中有志諸씨가학校를設ᄒᆞ고子弟를熱心敎育ᄒᆞ나ᄂᆞᆫ대財政이窘艱하야幾至廢境이러니紳士정珠澤씨가名譽敎師로熱心敎授ᄒᆞᆷ으로生徒가日進에校况이漸興이라고西來人의稱頌이藉々ᄒᆞ더라

◎異述無用

天道敎主孫秉희氏가鐵山郡人民의게被打重傷ᄒᆞᆫ事ᄂᆞᆫ新義州電報가來到ᄒᆞ얏ᄂᆞᆫ뒤今其詳報를探ᄒᆞᆫ則孫氏가敎務次로權東鎭씨와共히西路각郡에巡行ᄒᆞ다가鐵山郡에至ᄒᆞ야旅館에止宿ᄒᆞ시郡主事와公立학校敎師兩人이訪問談話ᄒᆞᆯ際에該地方天道敎人이만稱ᄒᆞᄂᆞᆫ某씨가來見曰本郡敎會中에셔一학校設立이有하나經費가窘絀하야支保가沒策하니錢一千圜만寄付ᄒᆞ라ᄒᆞ거ᄂᆞᆯ孫氏謝曰此ᄂᆞᆫ事勢도不及일뿐더러義捐請求之繼에指數强請은經緯에不合ᄒᆞ다ᄒᆞ니數人이大怒曰爾가數十年來에全國人民의財産을款騙取食ᄒᆞᆫ것이幾百萬圜인더爾가一箇事業을不做ᄒᆞ고但히酒色之費에濫用ᄒᆞ얏고畢竟結果ᄒᆞᆫ賣國賊宋秉畯과同謀ᄒᆞ야賣國ᄒᆞᆫ즉然則賣國의所得도不少ᄒᆞᆯ터인딕乃曰事勢不及이果何說乎아ᄒᆞ야惡言이無數ᄒᆞ고又責孫曰君은何故로彼漢와同行乎아然則改路則幸矣어니와不然ᄒᆞ면君도非命橫死를不免ᄒᆞ리라ᄒᆞ고以拳毆傷ᄒᆞ며風色이不好하나孫權兩氏ᄂᆞᆫ心中에特ᄒᆞ기를郡主事와학校敎師가在ᄒᆞ니雖有如干暴擧라도必爲挽執禁遏이라하고安坐不動이러니俄而오門外喧鬧之聲이迫近하야數百名이旅관을包圍ᄒᆞ고賣國賊孫秉희를殺ᄒᆞ자ᄒᆞᄂᆞᆫ지라孫權兩씨가於是驚겁ᄒᆞ야其房後門으로躍出ᄒᆞ야權氏ᄂᆞᆫ厠間에隱伏ᄒᆞ고孫氏ᄂᆞᆫ厨下에潛伏ᄒᆞ얏다가該徒가厨中에覓人ᄒᆞ야亂杖으로孫씨를打擊ᄒᆞ야頭部와兩手가重傷ᄒᆞ야鮮血이淋漓ᄒᆞ니孫氏가哀告一聲에昏絶仆地라該徒가死ᄒᆞᆫ줄로認ᄒᆞ고釋之而散ᄒᆞᆫ지라其翌日에權氏가孫씨를覓得ᄒᆞ니渾身이皆血인ᄃᆡ麥末로頭部를包ᄒᆞᆫ지라乃轎子에盛ᄒᆞ야義州에至ᄒᆞ야약을求ᄒᆞ야治療ᄒᆞᆫ試하고京義列車로더러上京ᄒᆞ얏ᄂᆞᆫ데年來韓國에愚昧ᄒᆞᆫ人民이孫氏ᄂᆞᆫ經天律地之才와呼風喚雨之術이有ᄒᆞᆫ줄노信ᄒᆞ고一般男女가至誠으로所謂奉上진을逐月納合ᄒᆞ야손氏의게奉上ᄒᆞ기稅보다尤愈ᄒᆞ더니今에該人의稜杖을制禦치못ᄒᆞ니其呼風喚雨의神術이安在오ᄒᆞ야巷論이藉々ᄒᆞ더라

●正誤 本報第七百五十五號寄서欄黃義性三字ᄂᆞᆫ黃義山人의誤植이기玆에正誤홈

▲地方消息▼

▲寧日守備隊가同郡南方五里除村에서義兵一百餘名을遭遇ᄒᆞ야交戰ᄒᆞ얏ᄂᆞᆫ대死傷은未詳이라ᄒᆞ고

全羅南道靈光西方約三里地에日討代隊가三月拾四日에義兵數十名과交戰ᄒᆞ얏ᄂᆞᆫ딕死傷은未詳이라더라

北京電報 拾六日발

●辰丸事件 辰丸事件에對하야日清兩國決定ᄒᆞᆫ條件을提出ᄒᆞᆫ要領이左와如ᄒᆞ더라

一 清國은日本國旗引卸ᄒᆞᆫ데關ᄒᆞ야辰丸抑留地附近에서日本領事와立會ᄒᆞ고清國軍艦은日本國旗를揭하고禮砲를발ᄒᆞ야陳謝의意를表하고且右에干與ᄒᆞᆫ不都合ᄒᆞᆫ官吏를處罰ᄒᆞᆯ事

二 清國은卽時辰丸을解放ᄒᆞᆯ事

三 清國은辰丸抑留에對ᄒᆞ야事實取調後에不都合ᄒᆞᆫ官吏를處分ᄒᆞᆯ事

四 清國은辰丸抑留로ᄒᆞ야生ᄒᆞᆫ損害를賠償ᄒᆞᆯ事

五 辰丸에搭載ᄒᆞᆫ澳門行武器彈약은清國에서輸入後에成行ᄒᆞᆫ檢査ᄒᆞ고買收ᄒᆞᆯ事를望ᄒᆞᆷ으로日本은特히厚意를表ᄒᆞ야買收를得케ᄒᆞᆯ事

□문이如右ᄒᆞ나寄僑ᄂᆞᆫ清國이아주同意치아니ᄒᆞᆫ듯

▲西湖問答▼ (續)

▲客曰此物이果何物고若知之則欲剿而殺之ᄒᆞ며欲磨而飮之ᄒᆞ며欲碎而滅之ᄒᆞ노니願露出姓名ᄒᆞ라

▲曰有人이南門에登ᄒᆞ야終日出入之人을觀望ᄒᆞ고歸而言曰今日에予ㅣ兩人以外ᄂᆞᆫ未見이로라ᄒᆞ니問曰何人고答曰功生員與利生員이라云ᄒᆞ니予暗思則一者의名은名이오又一者의名은益이라世人이皆此功名利益에奔走ᄒᆞᄂᆞᆫ故로彼가嘲笑而言之ᄒᆞᆷ이러라

此兩物이迄今盛行ᄒᆞ야源流不滅ᄒᆞ야今日吾人이臥薪嘗膽ᄒᆞ고血心做工ᄒᆞᄂᆞᆫ此敎育界의魔鬼를敢作ᄒᆞ니予則更名曰官慾財慾이니라ᄒᆞ노라

財慾이有ᄒᆞᆫ故로학校에設立이나補助를恐之ᄒᆞ며官慾이有ᄒᆞᆫ故로修학의卒業과留학을防害ᄒᆞᄂᆞ니라

▲客曰此物을將以何術노處오

▲曰只在信敎而已니敎를信ᄒᆞ면克服魔鬼를不足爲慮어니와敎에與讐敵大讐敵者ㅣ又有ᄒᆞ니卽國力을養成ᄒᆞᆫ團體力의魔鬼라其心術인즉數人이共立에疾視之甚ᄒᆞ며羽翼이方成에仇妬之深ᄒᆞ며又其勢力인즉台萬人衆도可爲鷹犬이며百萬商民도可將爲資物이니此物이最毒最惡可險可畏者乎아否乎아

▲客曰君言이如此에吾ㅣ半信半疑ᄒᆞ야或無或有를未曉노라

▲曰此非荒說이라必有也니果有라ᄒᆞᆯ진대彌力强壯을熱心希望ᄒᆞ며團體堅確을苦心主張ᄒᆞᄂᆞᆫ國內에此障礙物이有ᄒᆞᆷ은學者皆憤激切齒ᄒᆞ야頭顱를不蹈ᄒᆞᆯ지라故로快히直說去ᄒᆞ노니卽曰猜忌心奴隸性이라人각有猜忌故로團體가不立ᄒᆞ고人甘奴隸故로肯爲資物이나니猜忌者ᄂᆞᆫ只有鐵食鐵肉食肉之利ᄒᆞ고奴隸者ᄂᆞᆫ但遊他人腦髓之中하나니라

▲客曰此物은又將以何術노處置오

▲曰必以聖神之能力으로人各有愛讐如己之心하며爲上帝之子女ᄒᆞ야人각有自由同等之權則莫不化爲이오無所難然이니라

廣告

私立全州養英학校는 刱在一載에 頗有著名ᄒᆞ야 內外國人의 自多稱羨이나 若干財政을 消盡無餘ᄒᆞ야 원同任員에 方針設策터니 학監前主事宋秀昶氏가 出論ᄒ되 現今國民義務가 不外于青年敎育ᄒᆞ니 雖傾瓶罄粮이라도 爲能辦之리요ᄒ고 葉錢一千金을 又捐助ᄒᆞ니 校長以下諸任員이 齊聲捐補ᄒ야 使繼維持之校況으로 更爲扶植繼就ᄒ니 奚但熱誠而已리요 大抵宋秀昶씨는 年纔二十餘에 非但今番이라 上年設校時特捐二百圜貨ᄒ고 又出席勸奬니 切有義度ᄒ야 使一般生徒로 咸服訓導ᄒ니 鄕黨衆人이 無不欽仰이기 廣佈ᄒᆷ

英校顧助金氏名如左

敎長進士李應㴻 葉전 五百兩
副校장前承旨白樂晉 葉二百兩
總務前參奉박榮宗 葉 二百兩
前五衛將金鶴天 葉전五十兩
前正尉金榮旭 葉전 五十兩
前正尉李在淳 葉錢 五十兩
前監察金昌燮 葉錢 一百兩
校監前副尉張鶴允 葉錢三十兩
會計前參奉申彦兌 葉전一百兩
前副尉宋秉式 葉錢 五十兩
財務幼학李康元 葉錢 一百兩
학監幼학金潤榮 葉錢 一百兩
前主事宋秀昶 葉錢 一千兩

曹秉禧 告白

●佛敎宗務局趣旨書

瑟不調者ᄂᆞᆫ 必解而更張之라야 乃可鼓也오 器不正者ᄂᆞᆫ 必鎔而更鑄之라야 乃可用也오 敎來振者ᄂᆞᆫ 必革而一新之라야 乃可爲也라 現今六洲列邦이 皆得발展ᄒ되 其何區區半島ᄂᆞᆫ 若是萎靡ᄒ며 各國佛敎ᄂᆞᆫ 悉能興作ᄒ는데 其何我韓一派ᄂᆞᆫ 獨此微涙乎아 或人이 以皮相的思想으로 有罪其道者ᄒ니 是는 自招其不明之過也라 耶蘇가 生於猶太而猶太가 亡ᄒ니 不可以猶太之亡으로 罪其耶蘇오 仲尼가 過於匡人而匡人이 囚之ᄒ니 亦可以匡人之囚로 和彼仲尼者ㅣ 明矣로다 蓋佛之爲敎也ㅣ 誠至大至廣ᄒ며 至精至妙ᄒ야 其於森羅萬像에 無不得當其宜어니와 至於使吾人으로 喚起精神ᄒ야 獨立不動ᄒ야는 尤是其回생之靈丹이고 起死之神針이라 是以로 於我國先覺者에 薛弘儒 崔孤雲 李退溪 李栗谷諸先生이 皆尊而用之ᄒ야 以作踏實之妙方ᄒ며 又於洋之各洲에 日本은 得之而助장大和魂ᄒ고 暹羅는 戴之而爲作鎭至寶ᄒ며 英人은 新遇而爲護身符ᄒ고 美人은 潛究而得立命地ᄒ며 其餘以此而能輔國佑民者ㅣ 列立相望이로ᄃᆡ 獨唯我韓은 敎敗俗流ᄒ야 自不能收拾ᄒ니 此非徒有志人士之所增歎而止也라 爲其敎家者ㅣ 豈非奮발處乎아 於是乎各寺僧侶가 合會于原城明進學校(僧侶學校)ᄒ야 敎育之方針과 布敎之規程을 惟其淵源之是圖ᄒ야 其主務所를 決議設立ᄒ고 名曰佛敎宗務局이라ᄒ니 乃各道寺院之總攬機關이오 至國僧侶之元動主力이라 凡是爲此宗敎者ㅣ 各自興起ᄒ야 先我 塵路而化居外洋에 十方世界가 便作一家ᄒ고 自我同胞而稍及異類에 一切有情이 皆咸與無體로다 目下急務ᄂᆞᆫ 以其快活手段으로 相時度宜ᄒ야 革其舊慣之未安者ᄒ며 參以新進之適合者ᄒ야 以犧생的思想과 獻身的精神으로 合力同聲ᄒ야 率揚光輝於無窮ᄒ고 以致斯民於樂岸ᄒ야 仰報 佛恩與 皇恩이 豈非我宗敎之責任者耶아 勉旃之어다 佛子여 奮進之어다 佛子여

발起人拾三道各寺總代

李晦光 김一愚 김抱應
金大雲 김玄庵 徐振夏
許夢舺 김南坡 김石翁
李晦明 김愚雲 尹鏡波
金友雲 全頁虛 李春潭
金禪隱 徐鶴庵 姜大蓮
金一河 尹錦隱 陳震應
리寶潭 리서雲 박慶庵
리翠山 龍雲庵 吳字운
金愚堂 김寶輪 車鶴松
楊懶虛 김寶운 리兩坡
김喚愚 金慧月 崔德庵
孫一峯 姜彦庵 尹性海
黃愚松 최西庵 韓운潭
리定谷 洪景潭 崔荷翁
李湖龍 安月松 崔霽峯
劉楓山 리亘虛 朴慧明
韓南和 宋華月 林錦龍
金翠山 張雷應 劉性玄
김玩潭 房翠龍 姜龍船
趙明虛 최金潭 박滿령
韓桂운 리影濟

本人이 南門外厶岩米塵리盛泰와 同著事ᄒ옵다가 二月初四日 分筆ᄒ얏스오니 京鄕間諸某는 지照亮ᄒᆷ
厶岩居朴晟三 告白

本人刈子成爵永니가 三年前에 昌原馬山浦金조헝家에 留ᄒ며니 尙無消息故로 玆以廣告ᄒ오니 諸氶僉地을 知ᄒ시는 僉君子은 京北部齋동二統四戶尹制서宅으로 通寄ᄒ시을 望ᄒᆷ
盧永毋 告白

本郡州南面에 本校를 刱立ᄒ가로 發起ᄒ오며 各동里에서 留恣ᄒ던 里社錢으로 本校에 附付ᄒ至金額과 田畓이 左와 如ᄒᆷ
化陽里 一千圜 田二日耕 長上里 五百圜 鳳樓里 五百圜 畓 一日耕 倉興里 一百二十六圜六十六錢 鶴溪里 長川里 長樂里 자三拾圜
安州州南面長興學校 告白

本所에서 精米機械를 一新改良ᄒ와 穀數ᄂᆞᆫ 多少不計ᄒ고 精米ᄒ시ᄂᆞᆫ 僉君子의게 需應도 迅速便利케ᄒ고 精米의 工錢도 以前보다 大減ᄒ니 廉ᄒ게ᄒ더이오 米色도 精潔히 精出ᄒ오니 精米를 실 僉同胞ᄂᆞᆫ 來臨問議ᄒ시오 工錢 左와 如ᄒᆷ

正租作玄米
五拾石以下 每斗二전五里
五拾石以上 仝 二錢
正租作白米
拾五石以下 仝 四錢
三拾石以下 仝 三전五里
五拾石以下 仝 三전三里
五拾石以上 仝 三전
玄米作白米 仝 四전
中米作白米 仝 三전
(但中玄米ᄂᆞᆫ石數多少)
(不計工전一切平均ᄒᆷ)

南大門外紫巖德昌
精米所 告白

遮동학校 補助金

陸軍副尉閔丙奭 閔泳綺 각一圜 前承旨高起東 前議官趙翊元 각五圜 陸軍參將巳性基 三圜 軍部大臣李秉武 參謀課장李鍾玄 前議官朴璟煥 陸軍正尉安鍾榮 前議官尹永徽 幼학羅元鍾 趙鍾益 각二圜 陸軍正領盧伯麟 軍器所所장宋敬和 李敬弼 陸軍一等軍司白南圭 陸軍二等軍司金明植 技手金鼎鎭 金永植 技師韓旭 김준鉉 主事리鶴範 金敎晃 進士金擧誥 幼학韓鍾伯 리鍾星 張殷植 각一圜 技手정昌基 리士範 孫乘駿 主事鄭錫晉 尹瑀儀 尹浚榮 各五十전 以上合六拾五圜

校監 리炳甲 告白

今月(陰曆)十五日에 新舊物品을 公拍ᄒ오니 僉位ᄂᆞᆫ 來臨ᄒ시옵
寺동四統七戶戊元競賣所 告白

日号 [illegible]

本書館에서 학校敎科서 宗敎서 新小說各種서籍을 無遺完備이오니 各학校敎員과 其他有志人士은 陸續來購ᄒ심을 伏望
安州郡井동安陵서館

金果河 告白

平安남道檢査党鐘鐵氏在位有年에 諸般政治一切刷新 持心曰明 如天개曰 決定精理 如竹遊刃 內外接濟 一進其規模之不濶 擇之不去 陰翳蹟足 惰屈未歸 非余之嘗 萬口興頌 補佐中村氏一省同僚 盡鑑照韓國民 視若同室 凡於割決 斷釘截鐵 遂而不忘近而不貸 所以民頌戚戴 二天其道 萬々歲云其僞

平壤前侍讀 洪在斗
中和前進士 文廣齊
祥原前參奉 尹濟션 告白

本人의 先山이 在於高陽濟源里孝子동이온바 三百餘年守護禁養ᄒ옵더니 宋山松楸를 何許悖類가 稱以渠之所管ᄒ고 欲爲偸賣코ᄌᆞᄒ기에 玆以廣佈ᄒ오니 內外國人은 切勿見欺ᄒᆷ
宗孫朴종審 昌審 容濟 容徹 容玄

平壤통串坊儒士今東洪進士在曩氏大親以老恩不幸於今陰二月初五日巳時捐世故玆訃告
護喪 金永勵 告白

本會所有에서 本月拾五日(日曜)下午發時에 碑洞普成專門學校內로 總親會를 開催ᄒ오니 兩會會員以下一般任員諸氏는 屆期光臨ᄒ심을 敬要

畿湖興學會
西北學會

惟我鐵山河東鄭門세譜 八拾餘年 子孫幾至萬名而散在각處 世係難辨故 今方刷譜則 각道각郡族人 幸勿見欺於來往族人中誘說 道々今月內來臨于本郡豆皮譜所 伏望
鄭門執事子鎬 告白

東署國善坊刷士동十九統新戶 米塵李致伯處當文八千兩通票於音一張果當錢六十七兩五錢을 路中에서 失이오니 內外國人間誰某拾得ᄒ야도 休紙施行ᄒᆷ
등舍十戶 黃義鎭 告白

本人草家九間半板倉及菜麻田畓文記登壘弁서 失也 休紙施行ᄒᆷ
東部建德坊 永禧殿二契五十四統八戶主 리敎濟 告白

華山石橋布木廛英編泳許文四千六百六拾八兩 남外遜동布木廛김鼎禹許文二千一百五拾兩 남外客主郭鎬三許를一萬七千八百兩 麗井동客主김環植許文五千三百八拾二兩 二月晦日捧次於音合四張서 失故 내外國人 休紙施行ᄒᆷ
남너五房 리相玉 告白

西署할냄洞一百九ㅣ統八戶草家五間家券을 서失하엿쓰니 誰某拾得ᄒ시던지 休紙施行하오
韓致成 告白

本人외 姓名正印圖章을 去陰曆正月二十九日에 西村星台坊에서 賊한에게 見奪이옵기 玆以仰佈ᄒ고 自今以後 新章을 行用ᄒ오니 僉君子는 照亮ᄒᆷ
平壤城내 김英鎭 告白

本人의 田畓五拾餘斗落이 在於木川南面엽山大峰이온바 本人의 再堂叔貨昇氏가 以僞造文券 欲爲偸賣이온니 內外國人은 切勿見欺ᄒᆷ
木川남面石川居 韓榮烈 告白

今現醫院에서 各項事務를 一層擴張하오며 金裝與銀裝各樣의 齒와 若小齒沒數落齒ᄒ에 齒床幷齒를 精密製造하오며 拔齒與入齒時에 痲藥을 施케ᄒ는 技方도 有ᄒ며 工料는 廉히 施料接受ᄒ압ᄂᆞ니 照亮ᄒ심을 爲希ᄒᆷ
京南大門內尙美人旅館敦家
眞齒科醫士 韓大衛 告白

●學徒募集廣告

本校附屬普通學校에서 第一학年生五拾人과 第二학年補缺若干人을 募集ᄒ오니 入학志願者는 三月三十一日(陰曆二月二拾九日)々지 請願書를 提出ᄒᆷ을 事
官立漢城師範학校 白告

新舊學文을 大發賣ᄒ오니 願買하는 僉君子는 速々求覽ᄒ심을 希望ᄒᆷ
慶尙北道 大邱東上後洞 在田堂 金기鴻書舖 告白

大韓文典

崔光玉 述　李商在 校閱

此文典은 國語의 語法과 讀法과 作文法을 一定ᄒ 規模로 能成케ᄒ는 法이 備載ᄒ야 高等小학校나 中학一班에 添用ᄒ만ᄒ오니 僉君子는 速々購覽ᄒ심을 敬要

發賣所 平壤 大同書觀　京城 광동 徽新학校內　安岳 勉學書舖

本校에서 修理를 已畢ᄒ고 今月拾六日陰二月拾四日로 開學ᄒ깃습기 玆以廣佈ᄒ오니 有志願ᄒ 有ᄒ신 勞働同胞ᄂᆞᆫ 本日下午七時에 一切上학ᄒ심을 敬要
鑄동七拾六統五戶

國民夜學校 告白

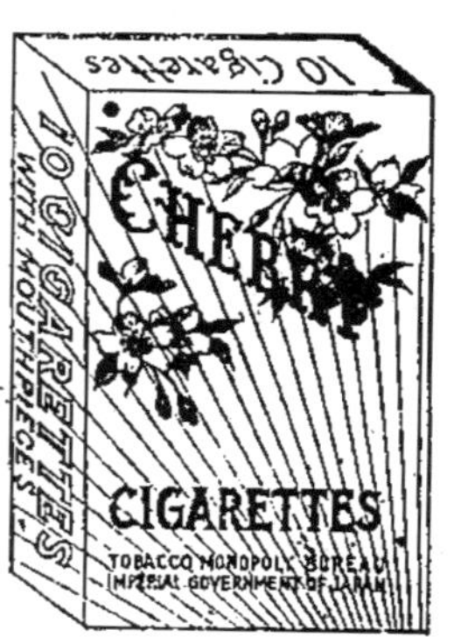

10 Cigarettes
10 CIGARETTES WITH MOUTHPIECES
CHERRY
CIGARETTES
TOBACCO MONOPOLY BUREAU
IMPERIAL GOVERNMENT OF JAPAN

第六卷

大韓每日申報

第七百九十七號

月曜及慶節 臨時休日刊

檀君開國四千二百四十一年
箕子元年三千三十年
大韓開國五百十七年
日本明治四十一年
淸國光緖三十四年
陰曆戊申二月小十六日壬申

論說

○國漢文의輕重 (續)

蓋古者三國時代에淳박이未散ᄒᆞ야人知가未개ᄒᆞ고封建이未破ᄒᆞ야民力이未聚이로ᄃᆡ隋唐의雄師를斥退ᄒᆞ고倭갈의累寇를勦擊ᄒᆞ야赫々國光이外邦에震耀ᄒᆞ더니麗朝以來로ᄂᆞᆫ三韓이統一ᄒᆞ고文運이大闢ᄒᆞᆫ後이나國力의强壯이古代보다甚遜ᄒᆞ며人民의勇敢이古代보다甚劣ᄒᆞ야蒙古가來ᄒᆞ매一低頭ᄒᆞ며滿洲가來ᄒᆞ매再低頭ᄒᆞᆷ은何故인가此ᄂᆞᆫ無他라三國以前에ᄂᆞᆫ漢문이未盛行ᄒᆞ야余國人心이自國만尊ᄒᆞ며自國만愛ᄒᆞ고支那가雖大나我의仇敵으로常視ᄒᆞ야乙支公의麾下一僕夫도隋天子를蛇蝎갓치視ᄒᆞ며泉蓋씨의廚下一炊婢도唐國皇帝를狗彘갓치罵ᄒᆞ야男々女々老々少々가個個愛與血性으로天壤間에特立ᄒᆞ야國을爲ᄒᆞ야歌ᄒᆞ며國을爲ᄒᆞ야哭ᄒᆞ며國을爲ᄒᆞ야死ᄒᆞ되邊境의烽烟만一起ᄒᆞ면樵兒牧竪도敵ᄀᆡ心을滿抱ᄒᆞ야戰陣에赴ᄒᆞᆫ故로巨虜를克服ᄒᆞ야名譽紀念碑를淸川江에장竪ᄒᆞ고玄花白羽로萬古佳話를장傳ᄒᆞ더니와三國以後로ᄂᆞᆫ幾乎家家에ᄒᆞᆫ문을備ᄒᆞ며人人이ᄒᆞᆫ문을讀ᄒᆞ야ᄒᆞᆫ官的假國粹를埋沒ᄒᆞ며ᄒᆞᆫ的敎에國魂을輸送ᄒᆞ야詩必稱大宋大明大淸이라ᄒᆞ고堂堂ᄒᆞᆫ朝鮮을他國의一附庸國으로反認ᄒᆞᆷ으로奴性이充滿ᄒᆞ야奴境에長陷ᄒᆞ얏거ᄂᆞᆯ今日에坐ᄒᆞ야尙且國문을ᄒᆞᆫ문보다輕視ᄒᆞᄂᆞᆫ者有ᄒᆞ면此ᄂᆞᆫ韓人이라云ᄒᆞᆯ가 (未完)

外報

●淸國政府異議 東京電을據ᄒᆞᆫ則二辰丸事件에就ᄒᆞ야北京政府의議論이二派로分ᄒᆞ야西太后의局圖ᄂᆞᆫ有力ᄒᆞᆫ大臣들은辰丸을解放치아니ᄒᆞᆷ을唱ᄒᆞ야日本과開戰ᄒᆞ기ᄭᆞ지에至ᄒᆞ야도決斷코其要求ᄒᆞᆷ을排斥ᄒᆞ라ᄒᆞ고袁世凱씨其他外務部의官吏等은抑留가可ᄒᆞᆫ것으로主張ᄒᆞᄂᆞᆫ頑固派의勢力이强ᄒᆞ고固執ᄒᆞ야曉諭ᄒᆞ기難ᄒᆞᆫ지라袁世凱氏ᄂᆞᆫ不得已ᄒᆞ야駐淸英國公使에對ᄒᆞ야調停을依賴中이라元來廣東總督이二辰丸抑留ᄒᆞᆷ을擧ᄒᆞ야出ᄒᆞ게ᄒᆞᆫ것은全혀頑冥派의內容을實行ᄒᆞᆫ것인즉至今에此를解放ᄒᆞᄂᆞᆫ것은頑冥派의敗兆를示ᄒᆞᆷ과同ᄒᆞ니由此로事態ᄂᆞᆫ容易히解決되기難ᄒᆞᆫ貌樣인ᄃᆡ此를因ᄒᆞ야昨今駐淸日本公使와外務部의交涉은困惱ᄒᆞᆯ狀이니日本政府ᄂᆞᆫ更히一步를進ᄒᆞ야事局을展開ᄒᆞ기外에ᄂᆞᆫ計策이無ᄒᆞ다云ᄒᆞ더라

●米艦回航 路透電을據ᄒᆞᆫ則이번之艦隊ᄂᆞᆫ桑港에서出港後에布哇사마와、멜본、시드니比律賓等地를巡航ᄒᆞ고蘇士運河를經ᄒᆞ야歸國ᄒᆞᆫ다더라

●米艦新程路 紐育電을據ᄒᆞᆫ즉米國海軍卿멧트가프ㅓ가回航艦隊의新艦程을發表ᄒᆞ야同艦隊ᄂᆞᆫ太平洋沿岸에出帆後布哇ᄒᆞ고놉루濠洲시드니멜본及麻尼剌에寄航ᄒᆞ고其處로부터蘇士를經ᄒᆞ야紐育에歸着ᄒᆞᆫ다더라

雜報

●豊德郡私立永明女校趣旨書

夫人之親睦은互相勸勉ᄒᆞ야怡神ᄒᆞ며養性ᄒᆞ야문明之學을修ᄒᆞᆫ後에國家를輔ᄒᆞᆷ바ㅣ라今天下各國이문明에先後ᄒᆞ야前所罕睹을含ᄒᆞᆫ造化之機를多子ᄒᆞ야獨立에方針을競爭ᄒᆞ니至於我東郊ᄒᆞ야ᄂᆞᆫ通商이雖云三拾有年이나다만他邦許多之物만輸入ᄒᆞ고本國에ᄂᆞᆫ 無巧造ᄒᆞ야物不能換用이오到今財局之不敷ᄒᆞ니無他라天造之物은有限ᄒᆞ고手造之物은無限ᄒᆞ되有限之物노以ᄒᆞ야無限之物을換ᄒᆞᄂᆞᆫ所致라然則財用이未興ᄒᆞ며農工商이不敷ᄒᆞ야民不免飢寒ᄒᆞ며國不成富强ᄒᆞ야困於他ᄂᆞᆫ理有當然矣라然則可救ᄒᆞᆯ方法은在何ᄒᆞ고曰爲先養育을就ᄒᆞ야農工의業을精修ᄒᆞ며商賈의業을廣通ᄒᆞ然後에야方可成富强하리로다嗚呼라自古로학問이란者ᄂᆞᆫ或有生以成之ᄒᆞ며或有학以成之ᄒᆞ며或有困以得之ᄒᆞ니不可不求其實에이라야乃可成也ㅣ니求其實心之要ᄂᆞᆫ在於心志固確之存不存如何耳로다학問은一人의有ᄒᆞᆯ거실ᄭᆡ否라萬人의硏究ᄒᆞ야利用ᄒᆞᆯ거시라학問은一國의私有ᄒᆞᆯ거ᄭᆡ否라萬國의同有ᄒᆞ야利用ᄒᆞᆯ거시신이라학問은何를謂ᄒᆞᆷ이오無形上心地로從ᄒᆞ야有形上文字로從ᄒᆞ야無形上心地로還附ᄒᆞᄂᆞᆫ거시心關에智識을見ᄒᆞᆯ時ᄂᆞᆫ문字ᄂᆞᆫ학問의守閑者되미必要ᄒᆞ도다其理를念得ᄒᆞᆷ은智識이오其理를說明ᄒᆞᆷ은言語오其理를記載ᄒᆞᆷ은문字니言은문字ᄂᆞᆫ一塊物中同分子의性質이로다

檀君紀元前四百餘年頃에우리睿聖ᄒᆞ신世宗大王ᄭᅴ셔ᄂᆞᆫ以天縱之聖으로憂民無識ᄒᆞ야創製國문ᄒᆞ샤使智者로不崇朝而通ᄒᆞ고愚者로不挾旬而學케ᄒᆞ시며命儒臣ᄒᆞ샤編輯古今忠孝烈之卓然可法者ᄒᆞ야廣布中外ᄒᆞ셧스나今日之敎育ᄋᆞᆫ實爲儒臣之責任이어ᄂᆞᆯ不能制民以禮ᄒᆞ고導民以義ᄒᆞᆷ으로敎育質柔之학問이오道德躬行도학問이오商業信用도학問이오時勢善察도학問이오交際公法도학問이오雷霆相磷도학問이오情實相探도ᄒᆞᆫ學問이라玆設永明학校ᄒᆞ고諸般敎科를以國漢文으로飜譯ᄒᆞ야使孝者하도一見쳡解케ᄒᆞ오나凡我國中之爲儒臣者ᄂᆞᆫ體先王之調民之意ᄒᆞ시고互相推引協贊ᄒᆞ시면民志之蒨ᄂᆞᆯ마國權之挽回ᄅᆞᆯ可持日以見矣리니可不勉哉아

發起人 柳東秀 白樂玉

●江郡학風 江華來人의傳說을聞ᄒᆞᆫ즉該郡에서義務敎育을實施ᄒᆞ기爲ᄒᆞ야리東暉姜大欽黃範周諸氏가발起ᄒᆞ고郡內紳士及各面里民數百人이今月二十四日의郡廳에會集ᄒᆞ야학務會를組織ᄒᆞᄂᆞᆫᄃᆡ臨時會長리東暉씨가開會趣旨를說明ᄒᆞ고規則을通過ᄒᆞᆫ後、任員을選擧ᄒᆞᄂᆞᆫᄃᆡ會長은姜大欽씨오副會장은趙紹觀氏오總務ᄂᆞᆫ黃範周氏로選定ᄒᆞᆫ後리東暉씨가義務敎育이緊急ᄒᆞᆫ情況과新舊教育의精神優劣을演說ᄒᆞᄆᆡ紳士及面장里장數百人이황然大覺ᄒᆞ야拾六面一百拾四洞을五拾六區域에分ᄒᆞ야已設ᄒᆞᆫ普昌學校二十一處와進明啓明昌華共化四校外에三拾一校를增設ᄒᆞ고학齡에及ᄒᆞᆫ兒童은强制로各區域各校塾에盡入케ᄒᆞ고十五歲以上二十歲以下ᄂᆞᆫ漢문을能解ᄒᆞᄂᆞᆫ者ᄂᆞᆫ郡內普昌학校中학科에入학케ᄒᆞ고二 歲以上四拾歲以下ᄂᆞᆫ漢문에曉ᄒᆞᆫ者ᄂᆞᆫ中成학교內에師範速成科에入학케ᄒᆞ고各교塾經費ᄂᆞᆫ各區域內士民의分擔ᄒᆞᆫ義務及敎師志士의特別義捐과학徒의月謝로但永遠維支케ᄒᆞᆫ다더라

●傾家設校 延安郡觀德亭居申宗均氏가對人慨歎曰當此時代ᄒᆞ야饒居而爲人奴隸가寧貧寒而自由可也라하고如于家産을沒賣辦備二千圓金ᄒᆞ야創設一校에名之曰延興학校라하고一邊敎師를延聘ᄒᆞ고一邊校舍를建築ᄒᆞ야多少所費를先自擔當ᄒᆞ니不日녀靑年학員이五十名에達ᄒᆞᆯ지라氏의熱心公益은世無其匹이오去陰正月二十日開학式을擧行ᄒᆞᄂᆞᆫᄃᆡ片相萬氏ᄂᆞᆫ請座ᄒᆞ야國體然後에可濟라ᄂᆞᆫ問題로一場討論ᄒᆞ니其웅辯高談은屢白名傍聽人에雖田翁峽氓도莫不歎服ᄒᆞ야오勸勉歌를作ᄒᆞ야使諸학徒로唱和ᄒᆞᆷ이如左ᄒᆞ다

어화우리學徒들아
어서가세빨니가세
녹시東風세다말고
一心團體노음쳐어
文明界와獨立界로
어기여차빨니가새
時晩타恨을말고
저건너뒤여보세
못건너면中流滔沒
건너가면同樂太平
太平乾坤어ᄃᆡ미뇨
自由恢復이안인가

詞藻

自由權이어ᄃᆡ미뇨
新학問이여기잇다
大呼大韓同胞들아
新학問을遵熱心ᄒᆞ세

歲暮漫吟

貧家生活婦難爲裙帶當粮不救飢失節試將餓死較一時輕重有誰知
客冬天氣閉藏時有力何人能挽之大是吾生無限恨陽春消息尙遲遲

愼村

雜報

●誕日宴會 本日은 義親王殿下의탄日인故로本宮에셔宴會를盛設ᄒᆞᆫ다더라

●下賜妓樂 去十三日 惇德殿夜會에셔妓生一行에게二百二十四圜과軍樂隊에게五十圜을下賜ᄒᆞ옵셧다더라

●兩大偕往 總理大臣李完用氏와宮相李允用씨가昨日학部大臣李載崑씨의발往하ᄂᆞᆫ列車를同爲搭乘ᄒᆞ고金泉停車場ᄭᆞ지偕往ᄒᆞ얏다더라

●總相渡日說 總理大臣李完用氏도日本之行을陰曆本月晦內로발程ᄒᆞᆯ預定이라더라

●郡奏繼續 郡守奏本을陰曆本月晦內로繼續修正ᄒᆞᆫ다ᄂᆞᆫ데三十窠假量이라더라

●爲參탄宴 羅州郡守김聖基氏가 義親王殿下탄日宴會에參與ᄒᆞ기爲ᄒᆞ야昨日受由上京ᄒᆞ얏다더라

●餞別학大 학部大臣李載崑氏의日本之行은前報와如히昨日上午八時에京釜鐵路로발程ᄒᆞᄂᆞᆫ데各部大臣과中樞院顧問박齊純氏와宮相李允用氏와統監府高等官과其他高等官이一齊히南門外停車場에出往餞別ᄒᆞ얏다더라

●拾三郡守 日昨內閣에셔郡守十三窠를奏裁하얏ᄂᆞᆫ데氏名이如左ᄒᆞ니臨珍에臨陂府尹劉遂容 陽城에安岳郡守沈鎰舜 남浦에鐵川郡守申祺秀 鎭川에忠北事務官宋熙完 高城에義州府尹鄭海璟 尙州에定山郡守리寅洪 宜寧에彥陽郡守리啓弼 陰城에陰竹郡守朴周憲 金化에公州郡守徐甲順 公州에前郡守權泰容 洪谷에前參書官洪鍾濟 洪原에前議官[illegible] 平昌에前正尉리恩경諸氏더라

●城內衛團 援護會에셔漢城五署內에自衛團을組織ᄒᆞᄂᆞᆫ대人民의戶口와出生과死亡을逐々調査ᄒᆞᆫ다더라

●理髮懇親 漢城內各理髮人들이每月一次式會集ᄒᆞ야懇親會를開催하ᄂᆞᆫ데昨日에水月樓로一齊히會同設宴ᄒᆞ얏다더라

●廳直除汰 度支部각局課大廳直이들多數히除汰ᄒᆞᆫ다더라

●何事突入 昨日上午拾時에裂峴居金俊五爲名人이紅峴前參尉리喜鐵氏家니房에突入ᄒᆞ야儼然히坐ᄒᆞᆫ故로該家에셔北部警察所에通寄ᄒᆞ야該俊五를北部警察所에셔捉去ᄒᆞ야審問ᄒᆞᆫ다더라

●官妓勿補 現在ᄒᆞᆫ妓生合數가一百餘名인ᄃᆡ其中三拾名만官妓로選定ᄒᆞ야掌樂課에付屬ᄒᆞ야每日歌舞를敎授ᄒᆞ고其外ᄂᆞᆫ姑爲仍置ᄒᆞ야有闕勿補ᄒᆞᆯ가로定ᄒᆞᆫ다더라

●宋氏錢閣 忠淸道懷德郡居紳士宋鎭在氏가二萬兩을納ᄒᆞ야直閣一啣을圖得ᄒᆞ얏다니懷德之宋은世稱湖中名族인대此時代를當하야猶是街官ᄒᆞᆫ貪慾을ᄒᆞ야金錢을使用ᄒᆞᆫ事가有ᄒᆞ니令人噴飯ᄒᆞᆯ거니와大抵湖中에士族과富豪들이至今ᄭᆞ지國家와人民을爲ᄒᆞ야公益事業에注意ᄒᆞᆷ은全然無聞ᄒᆞ고如彼히仕官界에鄙陋ᄒᆞᆫ行爲만有ᄒᆞᆫ것은一般輿論이慨惜不已하ᄂᆞᆫ바라더라

●僞貨呈現 黃海道新溪郡郵便取扱所에셔僞造第一銀行五圓券一枚를發見ᄒᆞ얏ᄂᆞᆫ대方今犯人을搜索中이라ᄒᆞ니隣國의한流行ᄒᆞᄂᆞᆫ銀行券이僞造貨가又生ᄒᆞ니韓國의財政界를爲ᄒᆞ야悲歎ᄒᆞ노라

●河郡海溢 河川郡串浦에셔海溢이되야該近三洞人民數千人이陷沒之境에이ᄅᆞ니波濤가卽退ᄒᆞ야死傷은無ᄒᆞ얏다더라

●無辜難放 監獄署에經年滯囚ᄒᆞᆫ巫女壽蓮이가放免ᄒᆞ기를極力運動ᄒᆞᄂᆞᆫᄃᆡ該運動費가不足ᄒᆞ야放釋ᄒᆞ기가容易치못ᄒᆞ다더라

●飮藥化仙 南部茶洞居安永錫이가多年閣監으로隨行ᄒᆞ더니今番宮內府解散에減下가되미該氏가三昨日에飮藥自斃ᄒᆞ얏다더라

●會長姑辭 大同會에셔會장을李根호氏로選定ᄒᆞ기로梁鳳煥氏가紹介ᄒᆞ야會長推薦書ᄭᆞ지繕送ᄒᆞᆫ즉李根호씨가日此會目的이二千萬同胞의게大關利益이有ᄒᆞᆫ地境이면會長으로出席ᄒᆞ깃스나又不可不副總裁와長谷川大將의게一次往議然後에可以出席이라ᄒᆞᄂᆞᆫ故로該會에셔苦待ᄒᆞ얏더니法部大臣趙重應씨의셔札이何如ᄒᆞ얏던지리氏가會장推薦書를자退하고第看來頭出席이라ᄒᆞ얏다더라

●牧師餞會 日前에茶동朴來勳시家舍廊에셔新門내敎會中여러紳士들이會集ᄒᆞ야該會牧師리雲林시의餞別會를開ᄒᆞ얏ᄂᆞᆫ대리시外牧師四五人들이同夫人ᄒᆞ고參席ᄒᆞ얏ᄂᆞᆫᄃᆡ驪泰容시가同會趣旨를說明ᄒᆞᆫ후김奎植시가別懷를演述ᄒᆞ고리雲林시가至愛情誼로答辭ᄒᆞᆫ後에茶果禮를行ᄒᆞ고同拾点半ᄭᆞ지互相談話ᄒᆞ얏다더라

●關東議會 關東학會臨時事務所를齋동廣濟院前學輔姓氏家로定ᄒᆞ얏ᄂᆞᆫᄃᆡ本日下午六点半에評議會를開ᄒᆞ고事務를整理ᄒᆞᆫ다더라

●柴駄已絕 高陽郡管內에義兵이捕捞ᄒᆞᆫ事로該處에셔柴駄가全不入城ᄒᆞᆫ다더라

●西部火變 昨日上午一時에西部積善동金漢基씨家에셔失火ᄒᆞ야草家五間과什物을燒燼ᄒᆞ엿고同日上午二時에西部敦化洞征峴邊必元씨家에셔失火ᄒᆞ야旋卽撲滅하얏다더라

●蚕種無價 龍山에在ᄒᆞᆫ大韓婦人會養蚕講習所에셔多年養蚕에從事ᄒᆞ야生徒를敎育하더니同所에셔健强精良ᄒᆞᆫ蚕種을製造ᄒᆞ고更히顯微鏡으로病毒有無를檢査ᄒᆞ야無毒ᄒᆞᆫ者를選別ᄒᆞ야此를無代價로各처養蚕人에게配布ᄒᆞᆫ다더라

●求郡新校 求禮郡守리瀾曹財務署主事洪萬杓兩承旨高光昱鄕方委員高在悅紳士尹稙譜諸氏가私立學校를本郡鄕堂에設ᄒᆞ기로校舍修理費와敎科書與諸般物品價額은爲先出義自擔ᄒᆞ고基本金은本校士와餘額과養士士等諸人과其外贊成員의義捐金을取ᄒᆞ야該校를維持ᄒᆞᆯ方針을講究中이라더라

●有志婦人 三和港박貞順시母夫人이美領布哇에遊覽ᄒᆞ다가昨年에歸港ᄒᆞ야該港牌仁동基督女학校에셔卒業式擧行時에傍觀ᄒᆞ고我國도女子敎育이甚遂ᄒᆞᆷ을感讃하든니卒業生女學徒朴仁德의게毛絹上衣와洋木袋各一件을賞與ᄒᆞ얏다고人皆欽讃ᄒᆞᆫ다더라

●吳氏熱心 西江牛山학校에셔經費艱絀ᄒᆞ야학期試驗後학徒邀級狀은姑未塲給ᄒᆞ엿더니該학校新任校長吳普泳氏가邀級狀與紙貨로紙貨十二圜을特捐ᄒᆞ고該學徒處에空冊鉛筆等物을各其分給ᄒᆞ고一體勸勉後校監김然홍敎師趙乃鉉兩氏가答辭로演說ᄒᆞ엿고今番 大皇帝陛下乾元節에도慶祝費로二圜을寄付ᄒᆞ엿다니該吳氏之熱心敎導ᄂᆞᆫ人皆欽頌不已라더라

●仁校捐金 仁川港仁明학校事實은前報에已揭ᄒᆞ얏거니와更聞ᄒᆞᆫ則該港各會社紳士가基本義金은每朔六拾一圜式寄付하ᄂᆞᆫ대每朔經費가一百三拾餘圜이라不足額七十餘圜은紳商會社에셔擔當ᄒᆞᄂᆞᆫ故로該港民人이稱頌不已ᄒᆞᆫ다더라

●聯合慶祝 今陰曆二月初八日我 大皇帝陛下乾元節에三和港니각私立학校生徒三百餘人이聯合ᄒᆞ야地方官廳과각社會로된니며慶祝ᄒᆞ얏ᄂᆞᆫ대萬歲呼聲이山海相應ᄒᆞ고隊伍가整齊ᄒᆞ야多數盛況을呈ᄒᆞ얏다더라

●捐金義擧 南來人의傳說을據ᄒᆞᆫ즉延安郡陣대里居김鍾集弟김鍾渙이以英年高志로遊학於美國ᄒᆞᆫ지已至五個年之久矣러니今春에將欲歸國이나旅費末由ᄒᆞᄂᆞᆫ事를該近동有志諸시가得聞ᄒᆞ고各出捐金ᄒᆞ야使之歸航케하얏스니該義捐諸시의同胞를愛助ᄒᆞᄂᆞᆫ高誼ᄂᆞᆫ人皆讃誦ᄒᆞᆫ다더라

●리시訴發 [illegible]國民賊[illegible]의所犯을國債報償金保管委員金相天의康鍊과柱炳과承昌리[illegible]五시가昨日發覯에取往ᄒᆞ야物品與金額을推尋ᄒᆞᆫ다ᄂᆞᆫ[illegible]部각各國시가[illegible]의不法ᄒᆞᆫ一塲詳駁ᄒᆞ고查推ᄒᆞᆫ金三千九百餘圜과銀物과餘兩重을該委員에게詳明出給ᄒᆞ고同課日該官에게도善爲交涉ᄒᆞ야熱心周旋ᄒᆞᆷ을人皆稱頌ᄒᆞ더라

▲地方消息▼

▲遂山郡仁川面五山里에義兵이潛伏ᄒᆞᆫ消息을聞ᄒᆞ고全州郡駐在ᄒᆞᆫ騎兵二十名과全州府內에駐在ᄒᆞᆫ一進會討伐隊長리仲燮이가率兵五十餘名하고該村을包圍搜索曰若有逃走者던盡殺無餘라ᄒᆞ며居民이潛伏ᄒᆞᆫ지라義兵二十一名을砲殺ᄒᆞ고義將은高山居盧主事인대亦爲捕縛ᄒᆞ야擧義ᄒᆞᆫ本意를問ᄒᆞᆫ즉答曰吾之擧義ᄂᆞᆫ即欲掃盡口人之計矣러니不幸被捉ᄒᆞ니有死而已오但恨早未殺汝輩라ᄒᆞᆫ되該兵이押去ᄒᆞ얏다ᄒᆞ고

▲錦城日守備隊에셔派遣ᄒᆞᆫ步兵分隊ᄂᆞᆫ三月十三日同地方約四里에셔義兵一百五十名과交戰ᄒᆞ얏다ᄒᆞ고

▲一月七日全州守備隊에隨行ᄒᆞᆫ一進會員이金堤郡月山面鄕校洞孫燮家를搜索ᄒᆞ야環刀二柄을반沒ᄒᆞᆫ비ᄂᆞᆫ시가後患됨다ᄒᆞ야日人을紹介ᄒᆞ야其後賞은金堤郡一進會支會장尹鉉五에게問議ᄒᆞᆫ즉尹哥ᄂᆞᆫ同會員叫化屬과又처全州一進會事務所에到ᄒᆞ야更히會員白基先을使喚ᄒᆞ야金二百圜을供給지아니하면大患이必起ᄒᆞ리라ᄒᆞ며恐喝ᄒᆞ야金一百四拾圜을奪取ᄒᆞᆫ事實을발覺ᄒᆞ야方今取調中이라더라

▲西湖問答▼ 續

▲客日혹竟然而未成인된志士가落淚오志必遂而未遂인된英雄抱恨이라ᄒᆞ니落淚를何可取也며此恨을何可雪也오

▲日必須失望者와二心者를還附ᄒᆞ며官慾者와財慾者를克服케ᄒᆞ며猜忌者와奴隸者를歸化케ᄒᆞ야萬衆이合爲一團하고一協同力ᄒᆞ야一戰ᄒᆞ면竟成哉며志必遂哉인뎌 於是乎自由的活潑ᄒᆞᆫ氣像과文明的協洽ᄒᆞᆫ機關이如山之出ᄒᆞ며如水之湧ᄒᆞ야新天韓江山에煥然高蹈ᄒᆞ고突然特立하야後世記史者ᄂᆞᆫ大書特書曰廿世紀第一先着獨立國이라ᄒᆞ리니君意여成乎아否乎아望耶아否耶아

▲客日或者有言曰時已晩矣라又或曰機已早矣라ᄒᆞ니何如ᄒᆞ니잇고

▲日決非晩矣이오決非早矣라在幾十年前則事機未當ᄒᆞ야見機無路요在幾年後則事已過去ᄒᆞ야着手無暇리니此時가即適中之時오英웅着手之時也니勉之勸之ᄒᆞ야敎育을急務로ᄒᆞ며國强을期圖ᄒᆞᆯ어다

▲客日志士ᄂᆞᆫ愛國愛同胞者요英웅은識時務造時勢者라今에人各有愛國之心ᄒᆞ니志士로ᄂᆞᆫ各相自許어니와英웅은以爲稀異物이라ᄒᆞ야不敢自處ᄒᆞᄂᆞ니英웅이今有乎아否乎아

▲日此ᄂᆞᆫ誤解之語이로다英웅은非別物이라著說著文著淚에能感人ᄒᆞ며能嚇人ᄒᆞ며能激人者도亦是也니演說而能感人者도今有之矣며文章而能嚇人者도世知矣며下淚而能激人者도予見之矣로니多數ᄒᆞᆫ英웅이我韓에豈云無乎아予ᄂᆞᆫ以爲支那에有志者ᄂᆞᆫ甚是英웅이라ᄒᆞ노니何오此等演說家와文章家와淚客을不見乎며不知乎아識英雄者ᄂᆞᆫ識英雄之英雄이오友英雄者ᄂᆞᆫ友英雄之英雄이오愛英雄者ᄂᆞᆫ英雄이오敬英雄者ᄂᆞᆫ英雄之英雄이라[illegible]도英雄이[illegible]一英웅으로百英웅이不可로다至於識時務造時勢ᄒᆞ야ᄂᆞᆫ亦可云有誰이나群英이合ᄒᆞ야天道도可勝이오天機도可奪이라時務의不識을何患이며時勢의未造를何患이리오 言器에東湖之客이唯唯而退ᄒᆞ더라

完

社告

本支社를左開五處에設置하고玆以仰布하오니本報愛讀하시는該附近僉君子는該支社로請求購覽하심을務望함

▲信川邑六里　丁一善
▲永興郡南山동書舖　梁昌鎬
▲[illegible]州郡南門外　朱伯英
▲泰川邑[illegible]前洋약局　李正華
▲寧邊邑內　明濟世

雜報

各地方僉員이本社에投書와寄書가逐日답至하는데居住姓名이昭詳하고事實이綜核한者는卽爲揭載어니와姓名도不載하고事實이模糊한者는因而置之하는데催促이又至하니事甚踈闊이라從今以後로는投書와寄書를하시는人은居住統戶數와姓名을詳錄하시되若又含糊하오면並爲勿施하올거시니照亮함

●學校新設　平壤泰平동田稀蘇等諸氏가敎育에熱心하야義捐을鳩聚하야資陽학校를設立하얏는데학徒之熱心就學과任員諸氏之熱心勸학을一郡니에稱頌이藉藉하다고西來人의傳說이有하더라

廣告

本人의所住南署大平坊下黎동二拾三統五戶官契를昨年拾月分에燒失하엿기玆에廣告함　李圭瑛　告白

日本에留학하기를營하야怱忙히발程함으로知舊間에奉別치못하고登路하오니照亮　俞珏濬　俞嘉濬　俞喆濬　告白

新撰理化學

朴晶東氏著　全一冊定價金三拾錢

一 本書의目的은小學校에敎課하기爲하야編輯함이라
一 理化學解說下에簡明한圖를挿하야讀者의理解함을便易케함이라
一 理化學用語와物質의名詞는近時代適譯의最著한者로採述함이리
一 本書는理化學諸家의學說中最簡易함을採하야十五章으로編하야학徒로하야곰二箇年에畢讀케함이니陸續購覽하시옵

발賣所　布병下 金相萬廣學書舖　京城各書舖　平壤鍾路耶蘇教冊사　法橋大同書觀

◉保險金領收廣告

一金五百圜也右는先親弼賢鎭公께옵서罹者 **日宗生命保險株式會社**와保險契約을하왓숩는데今番不幸히別世하신故로前記金額을同會社群山代理店安部榮太郎씨를經하야卽速出給하시기에領收하옵고玆에同會社의確實한것과保險金出給의迅速한事를江湖에廣告함

全羅北道全州居　保險金受取人　李泰寧

本人장孫燮台가素以浮浪한人이라商出慶尙道晉州地하야借錢幾千兩을得卅於內外國人이라다하니田債家產도無할뿐아니라此放浪이無變하오니內外國人은切勿見欺함

全羅南道求禮郡縣內面再岩里　尹台之　告白

本人이今月十三日에南門外停車場에서金麟氏處에陰月晦日에推尋할新貨三百六十圜票紙一章과國漢英문三字로刻한姓名圖章一箇를見失하얏사오니誰某拾得이던지自歸無用함

[illegible]洞金錫權　告白

本人의長姪植錫字植昭性本浮浪하야與不良輩廬興錫으로暗相締結하야傳來衿得田水郡可山里所在田文券僞造하와欲賣於本郡扶西面面長鄭敎完하옵다가現발於本官하야鄭敎完廬興錫廬頑錫은嚴囚嚴懲이鄭哥則逃走하고其餘漢은嚴治其罪後에證明書則自官庭으로交給於本人하고放送이온데又生凶計하야徵出於本人求로欲得日本人債錢하오니內外國人은切勿見欺함

平北鐵山餘朋面林泉廬炳간　告白

本人의親姪枝實은年少蕩子로恒業은不事하고雜類로逐追하야自己家產은蕩盡於亂債하고三寸群家을蕩破코저하야浮沉於停車場하야挾雜通詞에往々來侵하며隣近不良者稱以負債하고恣鬧하야堂內族戚이難可安堵이옵기廣告하오니內外國人은切勿見欺함

平安北道鐵山郡古城面東部里第二拾五統九戶主李孝信　白

昌城郡守命相範氏는政平訟理하며더러학校에熱心하기로本人等이擔荷子弟를送하야학務하엿더니今聞該氏가辭願한다하니如此郡守가遞免이되오면학校之興旺과靑年之발達이自然失望이되깃기로不勝愛惜하와玆以廣佈함

平北昌州儒生朱饗鍵　朴正鐶
金大勳　金時寶　朴濟濂
南發奉　朱仁英　白

本所에서精米機械를一新改良하와穀數는多少不計하고精米하시는僉君子의게需應하오迅速便利하고精米의工錢도以前보다大減하니廉하게할터이오米色도精潔히精出하오니精米하실僉同胞는來臨問議하시오工錢左와如함

正租作玄米		
五拾石以下	每斗	二젼五里
五拾石以上	仝	二錢
正租作白米		
拾五石以下	仝	四錢
三拾石以下	仝	三젼五里
五拾石以下	仝	三젼三里
五拾石以上	仝	三젼
玄米作白米	仝	四젼
中米作白米	仝	三젼

(但中玄米는石數多少)
(不計工젼一切平均함)

南大門外紫巖德昌 精米所 告白

本人孺子成熟永니가三年前에昌原馬山浦金石형氏에留하며니尙無消息故로玆以廣告하오니僉君子은京北部齋동二統四戶尹物서宅으로通寄하심을望함

齋永母　告白

本郡州南面에本校를設立하기로發起하오며各洞里에서留來한면里社錢으로學校에寄付한金額과田畓이左와如함

化陽里 一千圓 田二日耕　長上里 五百圓　鳳樓里 五百圓 畓一日耕　長興里 一百二十一圓六十六錢　雲溪里 長川里 長樂里 각三拾圓

安州州南面長興學校　告白

南門外盃洞咸應五에紙貨二百圜無只字於音一片을遺失하얏사오니誰某拾得이던지休紙施行함

金錫立　告白

本人이東部寺近동一統九戶林萬石草家六間家券을典執하얏다가遺失故로廣告하오니誰某拾得하야도休紙施行함

南署鎭八里　朴潤培　告白

平安남道檢査官鎭護氏는在位有年에諸般政治一切刷新持心日明如天제日決현管理如竹迎刃內外接濟一遵其規援之不濁擇之不去唆冊驥足借居未非余之晉萬口與頌稱佐中村氏一省同做鑑相照韓日兩民親若同室凡於詞訟決斷剪截鐵遞而不忘近而不貸所以民頌感戴二天其道藹々執云其偏

平壤府侍讀　洪在斗
中和前進士　文廣淵
祥原　[illegible]發奉　尹濟炬　告白

本人의先山이在於高陽濟源里孝子동이온바三百餘年守護禁養하옵더니案山松楸를何許悖類가稱以渠之所管하고欲爲偸賣코자하기에玆以廣佈하오니內外國人은切勿見欺함

宗孫朴宗善　昌善　容濟
容徽　容호

本人이南門外조岩米廛리盛泰와同肩事하옵다가二月初四日分離하엿사오니京鄕間誰某든지照亮함

조岩居朴景三　告白

本人의田畓五拾餘斗落이在於木川南面[illegible]山太峰이온바本人의再從叔寅昇氏가以僞造文券欲爲偸賣이온니內外國人은切勿見欺함

木川남面石川居鄭榮烈　告白

[illegible]務徒募集廣告

本校附屬普通學校에서第一학年生과第二學年과第三學年에補缺若干人을募集하오니入學志願者는三月二十一日(陰曆二月二十九日)까지請願書를提出할事

官立漢城師範학校　告

惟我鐵山河東鄭門에譜八拾餘年子孫幾至百名而散在各處世係難辨故今方開譜則도道各郡族人幸勿疑欺於來往族人中務說還々今月內來臨于本郡豆皮峴譜所伏望

鄭門執事子鎭　告白

華山石橋布木廛吳錫泳許文四千六百六拾八兩남外進동布木廛김鼎禹許文二千一百五拾兩남外客主郭聖三許문一萬七千八百兩宣寺客主김聚道許文五千三百八拾二兩二月晦日捧次於晉合內張서失故내外國人休紙施行함

남니五房리相玉　告白

本傳院에서內外國新舊學問各種書籍과理化각種을大發賣하지三四年인바本數會數人과각學校生徒의購覽하기便利함을爲하야左開三處에支店을新設하오니僉彦은附近支店에請求하심을務望

左　開
西門外中學校西便　韓承煥
南門外造紙路東便　安桂元
鐵路館門下　韓鼎教

平壤貫동上隅
耶穌教書院　鄭益魯 金聖鐸　告白

大韓文典

崔光玉 述　李商在 校閱

此文典은國語의語法과讀法과作文法을一定한規模로能成케한法이錯綜하야高等小학校나中학一班에所用할만하오니僉君子는速々購覽하심敬要

發賣所　平壤 大同書觀
京城 蓮洞儆新학校內
安岳 勉學書舖

西署할님洞一百九十統六戶草家五間家券을실하엿쓰니誰某拾得하시던지休紙施行하오

韓致成　告白

今現弊院에서各項事務을一層擴張하오며金製銀製各樣의齒와老小間殺落齒를齒床幷齒을隨意製造하오며拔齒與入齒時에毫無苦痛케하는技方도有하며齒科上面議는無料擁受하압는니四方僉君子는照亮하신을爲希함

京城[illegible]門內[illegible]入齒科醫院
齒科醫士　韓大衛　告白

慶尙北道大邱東上後洞

新舊學文을大發賣하오니願買하는僉君子는速々求覽하심을希望함

在田堂 金기洪書舖　告白

簡易商業簿記學

全一冊　定價金　四十五錢

本書는簿記학中最近한학理와精妙한形式을精細寬解하야了解케簡易하도록編述한書니一般商業家에不可不一次閱覽할者뿐아니라中等以上學校에敎科로用함도適當하오니陸續購覽하심을望함

발賣所
布병下　廣학書舖
廣橋東便　匯東서館
鐵路　大東서市
洞口越便　中央書館
寺동　滙東서館
鍾路　古今서海관

漢城鐘路萬國基督教青年會舘前慈惠藥房
製藥鑑査人濟衆院醫學員洪錫厚朴慈惠李
觀化告白

本人等이米國大學醫院處方並大醫學士魚丕信氏에게受業ᄒᆞ고醫學校長助五年池錫永氏에게有効証明을受ᄒᆞ고左記ᄒᆞᆫ藥을製造ᄒᆞ야外國製약規模을依ᄒᆞ야紙匣洋鐵匣瑰瓈瓶에盛ᄒᆞ야全國內地各處에廣賣ᄒᆞ옵고濟衆院英字醫書를我國漢文으로飜譯ᄒᆞ야名稱西약便方이라ᄒᆞ오니ᄭᅡ(濟衆院)數拾年來經驗信用ᄒᆞ신兄弟는不拘ᄒᆞ之多少와路之遠近ᄒᆞ고以書請貨ᄒᆞ시면本人은雖拾錢價値랴이라도以小包郵便으로仰呈ᄒᆞ오며나封定價外郵稅十전을加送ᄒᆞ시되小數전은郵票十젼자리로부ᄒᆞ서보니시고賣ᄒᆞ家에서는多數買去ᄒᆞ시면郵便局換錢票로買送ᄒᆞ시오且本藥房에米國(멀포드)製약會社와(왈풀)製약會社와(만호실)製약社각品을直譯人ᄒᆞ야總藉英語로記ᄒᆞᆫ方文과主治와用法을我國漢文으로飜譯ᄒᆞ야發賣

慈惠藥房 食思振起 精力活潑 補益丸 第一老衰男女의게補氣益血

定價表
- 拾日分 三十個入 金一圜
- 二十日分 六十個入 金一圜七拾五錢
- 三十日分 九十個入 金二圜五拾錢

蠲 劣解瘧丸 一日分定價金拾錢此藥은大人小兒長瘧과初瘧과腹瘧에以ᄒᆞ服用ᄒᆞ면更不再發

主治大補元氣能調陰陽男子陽萎不起女子月經不調手足厥冷虛勞失氣久病人蘇完되ᄂᆞᆫ効力이大勝於鹿茸蔘

蠲虫丸 一日分定價金拾전此藥은大人蛔積小兒蛔病의神効

四時感冒丸 一日分定價金拾전此藥은感氣몸살의쓰ᄂᆞᆫ약인데一二日連服ᄒᆞ면四時毒感上下肢節頭痛에即時解熱鎭痛

男女淋疾祛根藥 定價金五圜此藥은淋疾의一期二期를勿論ᄒᆞ고거근ᄒᆞ도록냐을쥬ᄂᆞᆫ대口瘡과구역도아니나오

清明眼藥 一日分定價金拾錢此藥은火眼熱眼의有効

無慝臭疥瘡藥 定價金四拾전此藥疥瘡虫을卅分內殺

蠲咳嗽藥 五日分定價金三拾錢此藥은四時常性咳嗽에有大効ᄒᆞ고特히老人便咳에消痰止咳

寸白發根 定價金三拾錢此약寸白虫을發根

止足汗藥 二十日分定價貳拾錢此藥德國軍人常用除足汗臭

經腫根治膏 定價금十五전此약面腫과頭腫에直差

濕腫根治膏 定價금十五전此약은男女勿論하고風寒暑濕으로生ᄒᆞᆫ腫에效

漢城百應膏 一封定價金十錢此약은衛약醫士李信友시方文이오諸種皮膚病六瘡搔痒에奇効

小兒感冒靈効散 此약池錫永氏經驗良方小兒感冒及食滯與身熱에神効定價金十錢

遠히되ᄂᆞᆫ香藥인대大洋鐵匣入一個금五十錢

猶氣神効保嬰散 此약醫學校長池錫永氏數拾年經驗之良方小兒驚風色綠而瀉○腹脹○身不安而不寐○腹痛驚叫及直視而發熱等諸症神効定價금十二錢五厘

發賣所 仁川港柳峴濟生堂약房 京城鐘峴濟衆院약商李信華

新編 銀行簿記學 任璟宰編述 全一冊定價六十五전

本書ᄂᆞᆫ一般外國諸大家의著述ᄒᆞᆫ簿記學中最近ᄒᆞᆫ학理와最新ᄒᆞᆫ形式을精細蒐輯ᄒᆞ야國漢文으로解釋ᄒᆞ야便易하게編述ᄒᆞᆫ者니一次修習ᄒᆞ면銀行의整理方法과業務의處理順序가瞭如指掌ᄒᆞ야實로實業家의一大顧問이라諸銀行家와商業家ᄂᆞᆫ不不可案頭에一冊을備置ᄒᆞᆯ者ㅣ니陸續購覽ᄒᆞ심을務望

발賣元 中署布屛下三拾七統六戶 廣學書舖金相萬
分賣所 동口越邊中央書館 大廣橋匯東書館
鍾路大東書市 同古今書海舘
南門內博文書館 南門外新舊書林
銅峴博學書舘

일본정부제됴연초
한국일수방매
동아연초쥬식회사
경성명동

朴晶東氏演譯

● 意大利獨立史 正價金五拾錢
● 經濟原論 正價金三拾五錢
● 國際公法志 正價金四拾錢
● 國文新撰家庭學 正價金三拾錢

國家의文明은教育이根本이오教育의基礎ᄂᆞᆫ家政이始작이故로家政學을純國文으로新撰ᄒᆞ와婦人社會와勞動社會와學校教科에ᄭᆞ지需用ᄒᆞᆷ에便易케ᄒᆞ와사오니有志僉君子ᄂᆞᆫ陸續購覽ᄒᆞ심을務望 발行人 金甬均 告白

發賣所
- ▲大廣橋 匯東書館
- ▲洞口 中央書館
- ▲銅峴 博학書館
- ▲鍾路 大東書市
- ▲布屛下 廣學書舖
- ▲尙洞 博文書館

國譯 越南亡國史 定價貳拾伍錢

發賣所京城廣橋廣學書舖 紙商鋪川濟昌時夏 布屛下김相萬 告비

國文 愛國精神 定價金廿錢 리치雨譯述

勿論男女ᄒᆞ고愛國心이有ᄒᆞᆫ者可以購覽 發賣所 皇城각書舖

本館에서학校教科서宗教서新小說等各種서籍을無遺完備ᄒᆞ오니各학校僉員과其他有志人士ᄂᆞᆫ陸續來購ᄒᆞ심을伏望

安州義井동安陵서館

金翼河 謹白

共立新報ᄂᆞᆫ美洲에留ᄒᆞ시ᄂᆞᆫ我國同胞가高明ᄒᆞᆫ학問과深厚ᄒᆞᆫ熱誠으로祖國을東望ᄒᆞ고國魂을絕叫ᄒᆞ야每週日一次式刊行ᄒᆞᄂᆞᆫ新聞이온ᄃᆡ世界形勢도詳揭ᄒᆞ며니國情況도昭叙하야愛國心이有하신同胞ᄂᆞᆫ不可不購覽ᄒᆞᆯ新聞이며又是純國문으로발行ᄒᆞ야婦人孺子라도一覽可瞭ᄒᆞᆯ만하오니嗟我一般同胞가我留外同胞의殊邦風霜에勞心勞力하ᄂᆞᆫ誠意를豈可越視하리잇가茲에僉君子의購覽을紹介하기爲ᄒᆞ와該新聞價及발賣處所를如左히廣告하오

代金表
- 每號 五錢
- 六朔 壹圜貳拾錢
- 壹年 貳圜貳拾五錢

本國내出張所
- 京城廣학서舖 金相萬
- 博문서館 盧益형
- 開城남門너興학서舖 姜助遠
- 平山郡古之面城남峴 金錫萬
- 長連邑너東里 문석관
- 平壤上口水外 車利錫
- 鎭남浦龍井동 梁碩濟
- 安州城너義村동 金翼河
- 宣川邑 川邊 梁奎명
- 朔川너山面무山里 李景萬
- 義州南門外大東藥房 白用錫
- 金海台也面智士동 裵永會
- 釜山港 草梁 尹相壽
- 大邱東上面龍동 崔一弘
- 咸興西門밧 朱경欽
- 俄領 海蔘威 계東학校

共立新報社代理人 金顯淳 告白

● 大韓國新발明製藥廣告

陸軍軍醫金守鉉君이試驗方劑에陸軍軍醫張基茂君이有効證明으로淸心保命丹을발明인바効能은如左ᄒᆞ니僉君子ᄂᆞᆫ試用ᄒᆞ심을望

新發明 淸心保命丹

本舖 仁川港柳峴 濟生堂 謹

● 主治効能
- ● 滚飲 ● 食積 ● 中暑 中寒
- ● 感嗽 ● 積滯 ● 不土不服
- ● 氣鬱 ● 吐瀉 ● 船車眩暈
- ● 食傷 ● 酒酔 ● 口臭
- ▲其他諸般速効丸散經驗方妙藥

발行人 仁川港柳峴 濟生堂 李 鳳

代理店
- 特約店
- 京城鍾里동 共愛堂藥房
- 京城鍾路 慈惠藥房
- 同 藥峴 李儒洋藥局
- 同 倉洞 盧益亨冊사
- 同 南門外 廣濟藥院
- 仁川內洞 韓禹根
- 同 研峴 和平局
- 開城南門內 朴圭祖
- 同 忠橋 具聖模
- 水原鍾路下 金敬九藥局
- 同 宗橋 宋根季
- 延安邑內 邊汝文
- 江華鍾路 宋順東
- 長淵南門內 崔敬淳
- 鳳山沙利院場內 박鍵昌
- 仝 任允中
- 仝 耶蘇教堂內 李在洽
- 黃州南門너紅門洞 李東赫
- 平壤雙五里 韓鳳儀藥舖
- 仝 藥舖 박龍化
- 仝 鐵南藥舖 金龍興
- 仝 文武洞藥舖 桂澤宜
- 鎭南浦築洞 金元榮藥舖
- 載山港開國洞 金斗鉉
- 京南大門外 大同運輸會社
- 安岳邑上場里 天佑堂
- 仝 泥峴郵便局前 濟生局林景杜
- 大邱南門內 剮還동김成浩家
- 釜山港草梁 客主김旺佑家
- 安州城內義井동 客主春大라房
- 安州南門外水口街 回義和약局
- 此外에도現代에문明각處有名
- 各種藥이具備ᄒᆞ
- 海州南門內 李奉植
- 淸州邑 劉약局 金演台
- 博川部美동商店 박芝行
- 寧邊邑後동洋약店 崔允酉
- 北青南新邑港客主局 박錫勛
- 元山港本堂出張人 朴敬鉉

▲ 新刊書籍發售廣告

大韓法規類纂洋裝 增補 新案 國漢文 定價金七拾五錢

- 初等倫理學教科書 三圜五拾錢 郵稅四拾錢
- 初等衛生學教科書 二拾錢 拾五錢
- 國家學綱領 拾五錢
- 國民須知 八錢
- 愛國婦人傳 張志淵氏著 十五錢

發賣所 皇城布屛下 金相萬書舖

本人이日本大阪商業家와特約ᄒᆞ고日本內地出品各種物品과西洋各種物品及機械等物을我大韓에輸入ᄒᆞ와委托을便利케辦納ᄒᆞ겟ᄉᆞ오니商工業에有意ᄒᆞ신僉君子ᄂᆞᆫ某物이든지請求코져ᄒᆞ시거든本社로來議ᄒᆞ시오本社에셔ᄂᆞᆫ手數料를廉收ᄒᆞᆷ

興業社本店 南城南大門內興學書舖
支店 京城南門內水橋五十一號 大戶 仁濟貿易社

學徒洋裝書冊 學徒運動과諸具 羅紗各種 英國金鷄編 衣服裁縫其他雜貨를廉價放賣ᄒᆞ오니諸君은來臨ᄒᆞ심을바라나이다

仝仁港內 廣濟號

仁川港柳峴新冊肆

● 本社廣告

○申報價
- 一張代金 新貨二錢五錢
- 一個月前納 三十錢
- 三個月 九十錢
- 六個月 一圜七十錢
- 一個年 三圜四十錢
- 郵稅一張 新貨五厘
- 一個月 十三錢

發行兼編輯人英國人 裴說
發行所
南署石井洞戰外巷三層洋屋 大韓每日申報社

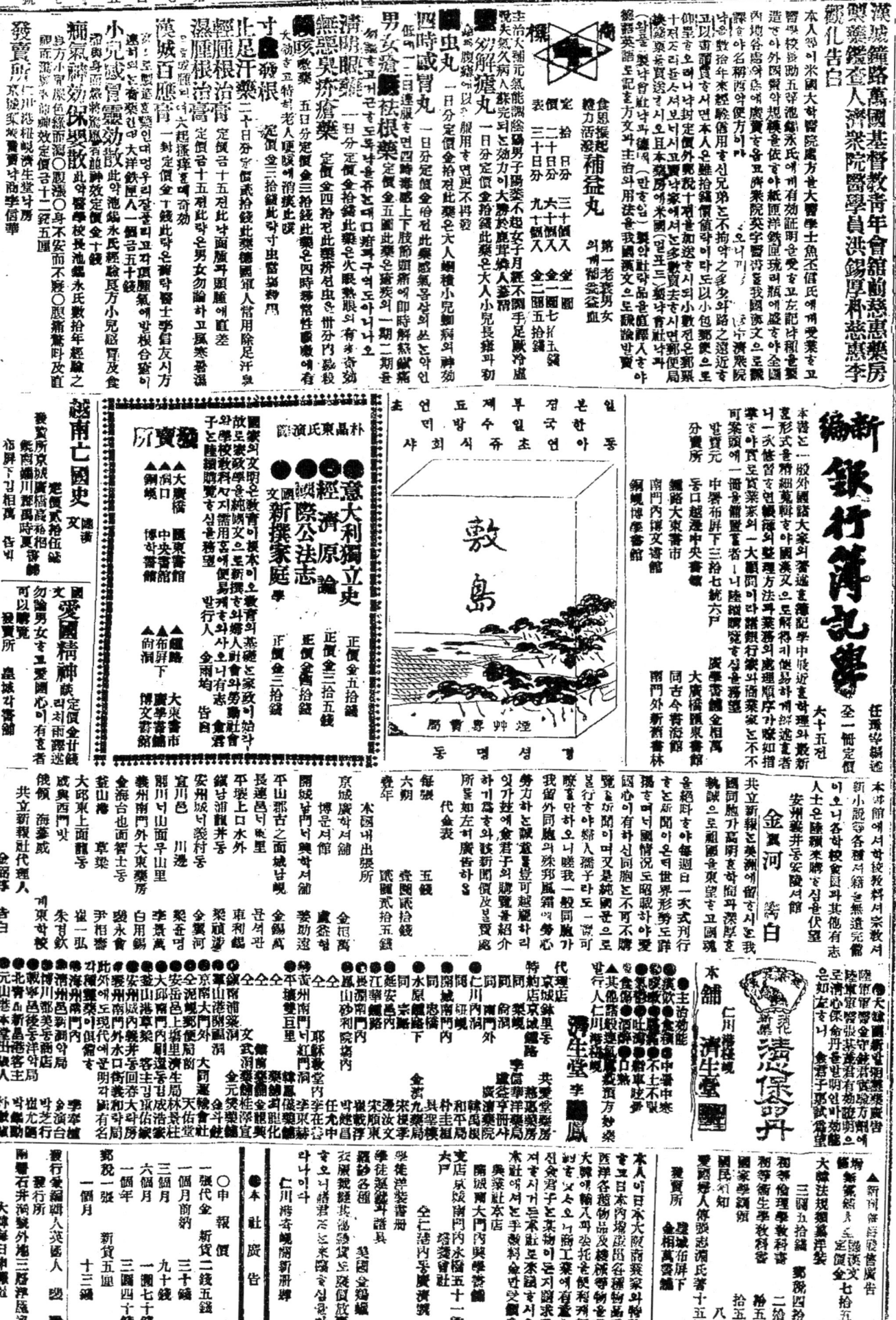

第六卷

大韓每日申報

第 百五十八號

月曜及慶節臨時休日刊

檀君開國四千二百四十一年
箕子元年三千三十年
大韓開國五百十七年
日本明治四十一年
淸國光緖三十四年
隆熙戊申二月小十七日癸酉

論說

○國漢文의輕重 續

自國의言語로自國의文字를編成ᄒ고自國의문字로自國의歷史와法律等을纂輯ᄒ야全國人民에普讀傳誦ᄒ여야其固有ᄒ國精을保持ᄒ며純美ᄒ愛國心을鼓발ᄒ지어ᄂ놀슈에韓人을觀ᄒ건ᄃ唐堯虞舜을檀君扶婁보다더信仰ᄒ며殷湯周武를赫居世東明王보다더謳歌ᄒ며漢武帝唐太宗은天下ᄃ英雄으로認ᄒ되廣開土王太宗文武王은偏邦細瑣傑로觀ᄒ며宋太祖明太祖ᄂ萬古聖天子로尊ᄒ되溫祚王王建太祖ᄂ一시小兒戲로笑ᄒ며韓信彭越은樵歌巷謠에도偏傳ᄒ되梁万春楊春命은何國男兒인지茫不知ᄒ며蕭何曹參오閭巷童舌에도亂誦ᄒ되黃喜許稠ᄂ何代人物인지杳不聞ᄒ고積城一小峴오叛將甄萱의竹馬故蹟을爭道ᄒ되〔積城縣에설馬驅라云ᄒᄂ一小峴이有ᄒ매此ᄂ高句麗를背叛ᄒ고唐朝에入仕ᄒ엿설仁貴의兒時馳馬處라云ᄒ〕平壤石多山〔乙支文德의隣出地〕우古碑가零落ᄒ고扶餘古江은敵壯士의釣龍佳話를共傳ᄒ되〔唐蘇定方이百濟를侵ᄒ다가風雨大作ᄒ야渡江치못ᄒ으로日此ᄂ江龍이護國이라ᄒ야壯士를募ᄒ야白馬餌로龍을釣ᄒ얏다云ᄒ〕高麗九連城은〔尹瓘이女眞을征服ᄒ고此城을築ᄒ〕宿草가荒涼ᄒ야自家先祖ᄂ忘域에斬置ᄒ고他人보碌만智藏千卷ᄒ이니可恥可笑가此에孰甚이며楚漢戰場이公家에何關이완ᄃ腦髓未堅ᄒ六七歲小童子가終日榮陽廣武슈水彭城等에齒酸ᄒ고禹공治水가爾生에何功이완ᄃ聰明已滅ᄒ七八旬老經生이幾年冀州荊州靑州徐州導山導水等에變短ᄒ니惜夫라皇明一統志를矣誦ᄒ이生於장於ᄒ本郡의邑誌를一覽ᄒ만不如ᄒ며鳳岳陽이雖好나自己亭子가아니어ᄂ詩人墨客의夢想이空勞ᄒ고泰山長安洛陽이雖勝이나吾家田園이아니어ᄂ歌童韻妓의謳歌讚美가空深ᄒ니嗟夫라子장遊 篇걷을장吟ᄒ이遊斯釣斯ᄒ故鄕의산水를一錄ᄒ만不如어ᄂ父祖의光明實蹟을遺失ᄒ고鄰家門外의丐兒를求作ᄒ얏스니可悔可恨이此에孰多오嗚乎라此其原因을推究ᄒ면韓國의國文이晩出ᄒ으로其勢力을漢文에被奪ᄒ야一般학士를이漢文으로國문을代ᄒ며漢史로國史를代ᄒ야國家思想을斲滅ᄒ所以라聊故라麗太祖ㅣ云ᄒ수되我國風氣가漢士와迥異ᄒ니華風을苟同ᄒ이不可라ᄒ심은國粹保存의大主義이시거ᄂ幾百年腐奴拙婢가此家事를誤ᄒ야小國二字로自卑ᄒ얏도다然則今日에坐ᄒ야尙且國문을漢文보다輕視ᄒᄂ者有ᄒ면是亦韓人이라云ᄒ가 完

外報

●英日交誼漸薄 倫敦電을據ᄒ則米日戰爭이起ᄒ면日本과同盟ᄒ英國은如何ᄒ態度를取ᄒᄂ지가장世人이注意ᄒᄂ바라此에對ᄒ야辨論ᄒ되英國과日本이同盟을締結ᄒ은亞細亞에在ᄒ兩國의領土를保護ᄒᄂ대關ᄒ이라何時든지他國과戰爭이起ᄒᄂ日이면不可不彼此에도와줄터이나日本이萬若美國과戰爭이起하면英國은干與ᄒ必要가無ᄒ다하야英日同盟을度外로見ᄒ지며又英國領土中에加奈多와오스트리아에對ᄒ야ᄂ其利害가美國과同ᄒ故로日本에對ᄒ英國態度ᄂ日本이此後에더발達되ᄂ거슨不悅ᄒᄂ바이며이뿐아니라英國現內閣은特히美國과交際가敦厚ᄒ며日本에對ᄒ情誼가兩內閣에比ᄒ면漸々薄弱ᄒ다ᄒ얏더라

●孫씨到港 上海電을據ᄒ則革命黨首領孫逸仙은去十日新嘉坡로부터香港에來ᄒ얏다ᄂ說이有ᄒ더라

●英艦訪問 倫敦電을據ᄒ즉晩香坡官憲은英國北米太平洋巡洋艦隊가同地를訪問ᄒ다ᄂ通牒을接ᄒ얏더라

●俄帝動駕 伯林電을據ᄒ즉俄國皇帝及皇后兩陛下ᄭ셔來五月上倫敦에動駕ᄒ신다더라

●墺帝病篤 墺國皇帝프란소丞쇼第 世陛下ᄭ셔ᄂ病氣가危篤ᄒ다ᄒ얏더라

●訪問英帝 伯林電을據ᄒ즉法國大統領퍼리엘氏ᄂ外務卿피숀氏와同伴하야來五月에倫敦에英國皇帝를訪問ᄒ다더라

●美國의日人偵探 산다모니가報를據ᄒ즉彼地北方人跡不到處高山上에日人七名이登하야大砲를持ᄒ고無烟彈으로海岸을向ᄒ야數二日을放砲ᄒ기를試驗ᄒᄂᄃ此處ᄂ不遠ᄒ에米國艦隊가二三日淀泊ᄒ기로豫定인故로村民들은大段히殊常이너여不穩ᄒ情態가有하고殖民資本家헤ㅣ써ᄂ恐慌으로歸來ᄒ다가最昔加入을遇ᄒ야日人들의形便을仔細히問ᄒ즉日人들은항灣週圍의地圖를寫ᄒᄂ것을見ᄒ얏다ᄒ고何許疑民數人우其日人의行動이殊常ᄒ것을見ᄒ고窺視ᄒ즉小大砲一門을下事이持ᄒ고一百八拾五尺되ᄂ高山上에掛置ᄒ고無烟彈藥으로放砲를試驗ᄒᄂᄃ海岸에一英里되ᄂ地点서지至ᄒ며其日人들은傍觀者가有ᄒ것을知ᄒ고卽時中止ᄒ것은實事이오其後七名日人中에四名은로쓰인질쓰로向ᄒ야보ᄒ고三名은츄마浦에서大砲를守直하고잇다더라

雜報

●海州郡茄佐面黎野塢做醒學校趣旨書

上帝造我ᄒ시니百體旣具하고靈魂이寓於其中ᄒ야因以運動이라考之百體에知其智能ᄒ고究之靈魂이信其妙諦로다夫耳目口鼻ᄂ專司外物ᄒ고感悟思想은宗主內心ᄒᄂ니靈魂이豈不大於身軀乎아

人而旣知貴其靈魂인된咨當敎誨上帝어ᄂ人惑他岐하야茫然不知ᄒ니是猶嬰兒之不知父母也로다然이나上帝가旣賦각人良知ᄒ시니又不可無학問而학問進就之要ᄂ在於학校라本市가凋殘ᄒ야人民이稀少ᄒ고財政窘絀ᄒ으로有意未遂者已有年矣러니有志紳士諸氏가各出義捐ᄒ야設立做醒학校ᄒ고迎聘教師ᄒ야募集生徒ᄒ니男女가日進ᄒ야不過一旬之內에已至二拾餘名이라晝宵來集ᄒ야一以感謝賀ᄒ고一以誦讀工課ᄒ야毋怠毋荒에日益慥慥ᄒᄂ니開明進步之期를庶可見矣로다

발起人 姜九淳 金永哲

●先生弟子 宣川郡普新학校ᄂ校長崔浚定校監田福禾시가一般有志로協議創立ᄒ인대校務興旺은遠近에稱頌ᄒᄂ바이라該校敎師金斗榮시ᄂ靑年학院中학校卒業生으로熱心敎授ᄒ더니身上關係로辭免歸去ᄒ고져ᄒ매一校學生이泣然涕下日先生이捨此請학徒而圖ᄒ시면弟子輩도一切從先生而去라ᄒ고互相感泣하ᄂ故로不忍捨去ᄒ고因舊敎授ᄒ다ᄒ니金시의熱心敎養ᄒ은莫不感歎라고西來人傳說이嘖嘖ᄒ더라

●玄校維持 玄湖玄成학校英語夜학科에서經費가不贍ᄒ야一朔을停學ᄒ얏더니今月一日부터更히開學ᄒ고학員을募集ᄒ다ᄂᄃ永遠維持ᄒ方針으로該동里학員諸氏가契約서를繕成ᄒ야該校々長의게送致ᄒ얏다더라

●金氏大熱 鎭津府蘆湖住金光弘씨ᄂ素以宏傑之資로謀爲遠大矣러니昨年分에自出財力ᄒ야設立一校于本鄕ᄒ고鼓動人士ᄒ야現募학徒가八十餘名에達ᄒ얏다더라

●黃歸誠心 明川土加嶺村督成小학校敎師黃府根氏ᄂ熱心으로敎導ᄒ며俸給은謝却ᄒ고義務로敎育ᄒ다더라

●廣校盛況 廣州城內私立廣興학校에서本月十日 乾元節慶祝을行ᄒ後該校第一回卒業式을行ᄒ얏ᄂᄃ優等生에ᄂ石松煥等十五人이오進級生은朴稚殷等七人인대校長本郡守吳泰泳氏가懇篤惻怛ᄒ言辭로一般학員을訓諭하고其他任員及内外國來賓의勸勉과祝辭에滿場이喝采ᄒ얏고優等生石松煥氏가校長以下諸任員의熱誠을陳述ᄒ야答辭ᄒ後校長以下一般任員과來賓이優美ᄒ書冊과紙筆을多數히施賞ᄒ고日暮에數白燈燭으로校場을照耀ᄒ고活潑ᄒ體操와愉快ᄒ唱歌로非常ᄒ盛況을呈ᄒ얏ᄂᄃ來賓及傍觀者ㅣ四五百名에達하얏다더라

●耆校近況 慶北金山郡耆동私立養成학校々舍의重建築工役을已畢ᄒ고陰正月卄六日에開學ᄒ얏ᄂᄃ敎師도延聘ᄒ고학徒를募集ᄒ야數拾人에達ᄒ얏ᄂᄃ各項義捐金積立으로ᄂ經用이不足ᄒ기로該郡金泉市儲物을收稅학費ᄒ즈ᄒ고一部四학校任員等이該郡守朴一陽氏와觀察使李忠求氏의게認許請願ᄒ야方在協議中이라더라

●聘師更聘 松和郡居郊味黔氏ᄂ該郡학校內敎育事務를擔任ᄒ고敎師로生徒를熱心敎導ᄒ더니數月前에該郡內儒林等이有何浮動이던지該씨를無故滯任케ᄒ얏ᄂᄃ該校內生徒ᄂ該氏의前日熱心ᄒ을愛慕ᄒ야更히被選되기를希望ᄒ다더라

●杞校漸就 前副尉金道淳氏ᄂ靑年敎育를爲ᄒ야敎師金澤世氏를延聘ᄒ고該校凡節을自擔ᄒ다더라

●虎亦感孝 寧邊北新峴面下居李啓珍씨가早喪嚴親ᄒ고事母至誠ᄒ더니母喪을當ᄒ야哭泣墓所ᄒ야不廢風雨ᄒ며夜則有一大虎가來護其傍ᄒ니該鄕人이謂之孝感所致ᄒ더라

●教師熱心 濟州郡公立普通학校訓導池弘游氏가該校에赴任ᄒ지周年에校務가日就ᄒ고學徒가日增ᄒ야將有鎭就之人望이라더라

雜報

●義王陪食 昨日은義親王殿下誕辰인ᄃᆡ同殿下ᄭᅴ셔上午에ᄂᆞᆫ 德壽宮에詣ᄒᆞ야 太皇帝陛下ᄭᅴ問候ᄒᆞᆫ後賜饌을陪食ᄒᆞ시고下午에ᄂᆞᆫ 昌德宮에詣ᄒᆞ야 大皇帝陛下ᄭᅴ問候ᄒᆞ신後賜饌을陪食ᄒᆞ셧다더라

●宴費下內 昨日 義親王殿下誕日에本宮宴費二百圜을內下ᄒᆞ셧다더라

●雲宮洋屋 雲峴宮내에洋屋을建築ᄒᆞ기로ᄒᆞ야해宮내撤毁ᄒᆞᆫ家屋을每間當坪六百兩式에放賣ᄒᆞ얏다더라

●三品叅奉 洪陵叅奉을正三品與慶殷씨로叙任이되얏ᄂᆞᆫᄃᆡ正三品으로叅奉叙任은初有ᄒᆞᆫ事라더라

●衛團協議 漢城內五部統監이體事內統首를再昨日에一齊히指揮會同ᄒᆞ야自衛團組織事項을協議ᄒᆞ얏다더라

●位土請還 李忠武公后孫李章禧ᄂᆞᆫ其先祖忠武公位土를稅務署에서公土로陞據ᄒᆞ니勿侵ᄒᆞ기로該署에訓飭ᄒᆞ라고度支部로請願ᄒᆞ얏다더라

●民家買入 安洞別宮後人民家屋을毁撤ᄒᆞᆫ다인ᄃᆡ草家每間에八十兩式定給ᄒᆞ고材木을該家主에게還給ᄒᆞ야他處로移建케ᄒᆞᆫ다ᄒᆞᆫ즉民怨이不無ᄒᆞᆫ디오每間에二千兩式價文을支撥ᄒᆞ라며皇室費中金額이窘絀ᄒᆞ야議論이不一ᄒᆞ다더라

●依報奉安 公立蓮山普通학校에ᄂᆞᆫ御眞奉安ᄒᆞᆯ監督廳이나其他行政官廳이無ᄒᆞ야関宇牌奉安ᄒᆞᆫ舍宇에奉安ᄒᆞ기로ᄒᆞ야郡守鄭海八씨가학部로報告ᄒᆞ얏ᄂᆞᆫᄃᆡ指令ᄒᆞ되本地에각官廳이旣無可合奉安處이면依所報ᄒᆞ야客舍에奉安ᄒᆞ되極致敬審ᄒᆞ라ᄒᆞ얏더라

●使令又除 度支部에서大廳直이혹減額ᄒᆞᆫ다ᄂᆞᆫ說은昨報에已揭어니와昨日에大廳直과使令들각九名式除汰ᄒᆞ얏다더라

●懸板更造 去十日 乾元節에官立貞洞普通학校에서慶祝文으로該校職員과학員이出癸ᄒᆞᆫ後에何許人이該校門懸板을拔去ᄒᆞ얏다고학部로報告ᄒᆞ얏ᄂᆞᆫᄃᆡ懸板은校費로爲先造懸ᄒᆞ고日後ᄂᆞᆫ校品을特別注意ᄒᆞ라고학部에서指令ᄒᆞ얏더라

●辯護出張 辯護士丁明燮씨가慶尙南北道에事務員을出張ᄒᆞ야民事代理와刑事辯護를一切修理케ᄒᆞᆫ다ᄂᆞᆫᄃᆡ出張事務員은金丞默李舜曄兩氏로選定ᄒᆞ얏다더라

●失棲之歎 營繕司長沈宜穎氏가安洞 別宮後人民家屋과基址를連日摘奸ᄒᆞᄂᆞᆫᄃᆡ該地에在ᄒᆞᆫ宮內府所管家舍ᄂᆞᆫ爲先不日間毁撤ᄒᆞᆯ터인故로借住ᄒᆞ얏던人民들이方在困難中이라더라

●吟病冷獄 前叅領洪淳瓚氏가委氣로多日呻吟ᄒᆞ던次에警視廳에被囚ᄒᆞᆫ後治療無路ᄒᆞᆫ故로該氏家人들이甚히焦燥ᄒᆞᆫ다더라

●代人應試 師範학교에서連日生徒를試取ᄒᆞᄂᆞᆫᄃᆡ其窮卒業ᄒᆞᆫ人들이生徒의代行으로應試ᄒᆞᄂᆞᆫ者가多數ᄒᆞ얏다더라

●義金醑食 平南二十三郡負商等이昨年負價義儈募集時에각以血誠으로幾許金式義捐ᄒᆞ야各其郡公事務等의게任置矣러니該公事務等이都頭領劉智赫과締結ᄒᆞ고其義金을醑食ᄒᆞᄂᆞᆫ故로負商金提淵等이該觀察道에呈訴ᄒᆞ얏다더라

●普校更興 磚洞普成專門학校에新募학員이數百人인ᄃᆡ追後願入者가日日增加ᄒᆞᆷ으로該校內에增設一班ᄒᆞ고本月三十日ᄭᆞ지許入ᄒᆞᄂᆞᆫᄃᆡ過限後에ᄂᆞᆫ更不許入ᄒᆞ기로確定ᄒᆞ얏다더라

●日巡談話 湖中一士人이日巡査와交際가頗久ᄒᆞᆷ으로該巡査의게問ᄒᆞ야日現今義擾의止息之機가有ᄒᆞᆫ가ᄒᆞᆫ되該巡査曰以吾所見컨ᄃᆡ止息이無期로다大抵義兵은時勢를不知ᄒᆞ고但히日人을憎惡ᄒᆞᄂᆞᆫ心으로兵器도無ᄒᆞᆫ赤手空拳으로處々蜂起ᄒᆞ야商民兵卒을不分ᄒᆞ고亂擊을行ᄒᆞᄂᆞᆫ되日兵은自來强悍ᄒᆞᆫ性質로ᄯᅩᄒᆞᆫ軍律을不顧ᄒᆞ고無法ᄒᆞᆫ戰爭을加ᄒᆞ야義兵所過處ᄂᆞᆫ無罪ᄒᆞᆫ良民ᄭᆞ지義兵接待라干連이라ᄒᆞ야衝火放砲ᄒᆞ니義兵中一箇가死ᄒᆞ면全家의父子兄弟가義兵에投入ᄒᆞ고且義兵은一進會를仇讐로認ᄒᆞ야殺害를加ᄒᆞ고一進會ᄂᆞᆫ義兵을偵探殺害ᄒᆞ기로爲事ᄒᆞ니如是亂暴之中에一箇人民도安心釋慮ᄒᆞ야生存을圖謀ᄒᆞᆯ수가無ᄒᆞ니從此形便ᄒᆞ면義擾의발生ᄒᆞᆷ이地上에春草와如히益々蔓延ᄒᆞ리라ᄒᆞ얏다더라

●園民避亂 楊州順康園等地ᄂᆞᆫ近日義徒가滋蔓ᄒᆞ야해園人官園官을種々侵ᄒᆞ야幾百兩式討索ᄒᆞᄂᆞᆫ弊가有ᄒᆞ더니日昨에ᄂᆞᆫ해徒가園官을威脅ᄒᆞ고二千兩을討給ᄒᆞ라ᄒᆞ야捧票以去ᄒᆞ얏ᄂᆞᆫᄃᆡ해園官이避身ᄒᆞ얏다더라

●泰陵義擾 三昨夜에泰陵齋室前에서義兵과日兵이交戰ᄒᆞ얏ᄂᆞᆫ데해陵官이逃避ᄭᆞ지ᄒᆞ얏다고해陵陵屬이掌禮院에來口告ᄒᆞ얏다더라

●盜賊俱押 再昨夜八時에桂洞居正尉金두현氏家에서賊漢이來到ᄒᆞ야後門으로突入之際에金氏가單刀를拔ᄒᆞ야賊漢의胃部를追刺ᄒᆞ야該害派出所巡査의게押付ᄒᆞᆫ즉該巡査가金씨와賊漢을俱爲押去于北署警察署ᄒᆞ얏다ᄂᆞᆫᄃᆡ其顚末은未知하깃다더라

●日擊義退 本月九日에平昌郡坪倉洞에셔日兵이康年郡衆和徒黨을攻擊하야該義徒가退却ᄒᆞ얏다더라

●三郡賊擾 南來人의所傳을聞ᄒᆞᆫ則懷德鎭岑連山等地에賊黨이大熾ᄒᆞ야饒民을捉去ᄒᆞ고錢財를討索ᄒᆞᄂᆞᆫ弊가無日無之ᄒᆞ야居民이安保無路라더라

●何故被刺 平壤城내金致根이가日人의通譯으로藉勢行悖가多有ᄒᆞᆷ으로一般人民이目之以창鬼ᄒᆞ고畏之以豺狼하더니一週日前夜深後에洋服者一人이該氏旅館에突入ᄒᆞ야一刀刺殺ᄒᆞ미同宿者兩人이大驚疾呼ᄒᆞ니刺客은閃忽逃走ᄒᆞ야蹤跡이無ᄒᆞᆫ자라해郡警視廳에서其同宿兩人을捉囚ᄒᆞ고訊問이秘密하야姑無消布라ᄒᆞ니其報ᄂᆞᆫ隨聞更報ᄒᆞ깃노라

●商界行悖 南來人의傳說을聞ᄒᆞᆫ則慶北김泉市場에有權力者가商務所를設施하고商民을敎育ᄒᆞᆫ다云ᄒᆞ며各商民許에請助라稱하고一二元四五元或幾百兩을收捧ᄒᆞ더니ᄯᅩ商務建置不足費라稱ᄒᆞ면서각商人許에三四拾兩式收斂ᄒᆞ되一人이라도如有未出者면日後에此市에行치말나ᄒᆞ고威脅ᄒᆞ며收斂ᄒᆞ고該商民許에別로商務所口錢이라하고其開口전外에收斂ᄒᆞ면서一錢이라도未出者가有ᄒᆞ면觀察府認許가有ᄒᆞ다稱ᄒᆞ고行廳으로다고怨訟이藉々ᄒᆞ다더라

●傳校厄會 傳川郡舊鎭耶蘇教會에서觀察道에請願ᄒᆞ야該地在ᄒᆞᆫ神堂을許給ᄒᆞᆷ으로卽爲修理하고학校를設立ᄒᆞ더니해동에愚昧ᄒᆞᆫ人民들의沮戱로因ᄒᆞ야不成ᄒᆞ고更히觀察使의게呼訴ᄒᆞ여嚴飭을下ᄒᆞ고학校를設施ᄒᆞ여三四朔이過ᄒᆞᆫ後에同地人民이更起ᄒᆞ야一邊으로宰牛ᄒᆞ고風流ᄒᆞ며魔鬼에게祭祀하고一邊으로無賴輩들이학校를打破ᄒᆞ고학徒를毆打ᄒᆞ야流血狼藉하며書冊을裂破하고敎師의衾枕을燒火ᄒᆞᆫ지라適其時히郡守ᄂᆞᆫ無ᄒᆞ며日人補佐官의게呼訴ᄒᆞ얏더니耶蘇敎人은自衛團에何不入叅ᄒᆞᄂᆞᆫ야ᄒᆞ고東問西答ᄒᆞ며不爲決處ᄒᆞ얏다더라

●靑會幻燈 今日下午七点半에靑年會館에서該會學監具禮九氏가鐵工上의必要로幻燈演說ᄒᆞᆫ다더라

▲地方消息▼

▲日本討伐隊ᄂᆞᆫ二月二十九日奉化郡내에서義徒七名을捕虜ᄒᆞ고更히三月一日에義徒五十名와巨二陟郡내에서遭遇하야約三時間을交戰ᄒᆞ엿스나彼此死傷은未詳이라ᄒᆞ고

▲韓駐巡査隊의一部ᄂᆞᆫ三月六日江原道大和驛北方約一里地에셔[illegible]名의義徒를遭遇交戰ᄒᆞ얏다ᄒᆞ고

▲日兵討伐隊ᄂᆞᆫ三月十二日에淸州郡米峴北方約三里鵂岩附近에셔六十名義徒를逢着하야交戰ᄒᆞ얏ᄂᆞᆫᄃᆡ義徒三名이被害ᄒᆞ얏다ᄒᆞ고

▲日本上等兵以下斥候ᄂᆞᆫ擬威守備隊와共力ᄒᆞ야해郡西方約四里에셔拾餘名義徒와突擊ᄒᆞ얏다ᄒᆞ고

▲三月十日午前五時에義徒二十七名이武器를携帶ᄒᆞ고楊州郡方面으로봇터廣州郡草月面雙嶺里에來到ᄒᆞ야住民을脅迫ᄒᆞ고喫食ᄒᆞ얏ᄂᆞᆫ되同日宣諭使利川郡守리詰榮의一行中書記朴某ᄂᆞᆫ義徒의게被捉ᄒᆞ얏다가艱辛히逃避ᄒᆞ얏다ᄒᆞ고

▲江原道東南方面에셔討伐에着手ᄒᆞᄂᆞᆫ特設巡査隊의報告가如左ᄒᆞ니

▲二月八日로봇터義徒魁首鄭衆和의率ᄒᆞᆫ一團을追跡ᄒᆞ야九日午後一時에麥嶺山에셔義徒四十餘名을遭遇ᄒᆞ야猛烈히交戰ᄒᆞ얏ᄂᆞᆫ되義徒ᄂᆞᆫ山頂의地를據ᄒᆞ고討伐隊ᄂᆞᆫ山腹不利ᄒᆞᆫ位置에在ᄒᆞ얏슴으로血戰苦鬪로二時間을經ᄒᆞ얏다ᄒᆞ고

▲晉州로부터山淸郡德山里에來ᄒᆞ야材木을採伐ᄒᆞᄂᆞᆫ日本人五名은義徒約五十名이襲擊을被ᄒᆞ야同地로逃來ᄒᆞ얏ᄂᆞᆫ되義徒ᄂᆞᆫ韓人家屋二座를燒棄ᄒᆞ얏ᄂᆞᆫ되當地守備隊에셔ᄂᆞᆫ曹長以下三拾名과巡査四名을派遣ᄒᆞ얏다더라

東京電報 十七日발

●辰丸解放說 第二辰丸은北京政府에셔廣東總督의게訓令을보낸結果로今明日中에解放되리라더라

●間島派兵 淸國政府ᄂᆞᆫ間島를守備ᄒᆞ기爲하야今回에更히大官一名과弁하兵三百名을派遣ᄒᆞᆫ다더라

▲心膓鏈變▼ 智啞生

▲世態가一變ᄒᆞ미衣冠도變ᄒᆞ고家宅도變ᄒᆞ야新학問이며新制度로각項面目變換ᄒᆞ되心膓은只是舊樣人物이로다

▲국大臣이超資하야輔國崇品可觀일세좋의堂上노감투ᄂᆞᆫ金玉圈子달것마ᄂᆞᆫ민송민송더귀ᄯᅢ기大監稱號건물일세더舊習이안이ᄂᆞ아

▲文身을족시면翰林玉堂간ᄃᆡ업고擧頭玉笛如夢이라循俗打破行世ᄒᆞ나색은紅牌掛心ᄒᆞ야서라서리追遊ᄒᆞ니더舊習이안이ᄂᆞ아

▲監査加資ᄒᆞᆫ번ᄒᆞ면叅判稱號조흘시고三班禮式업셔지니더體裁만찻ᄂᆞᆫ고나감막貫子보ᄂᆞᆫ써에拜不拜를是非ᄒᆞ니더舊習이안이ᄂᆞ아

▲酒席上의相對ᄒᆞ면如兄若弟조흔情分醉氣揚々言論ᄒᆞᆯ제心曲眞情발現이라四色中眠辨別ᄒᆞ야怒氣忿生爭詰ᄒᆞ니더舊習이안이ᄂᆞ아

▲外人通官此政界에郡守奏本頒布ᄒᆞ면其郡守ᄂᆞᆫ老論이오某郡守ᄂᆞᆫ少論이라各自較數紛紜ᄒᆞ야猜忌情態暗生ᄒᆞ니져舊習이안이ᄂᆞ아

▲皇后陛下動駕時에車上露面ᄒᆞ셧고나閭巷閭의女子出入長옷廢止自然勢ᄂᆞᆫ데두소미가팔낭팔낭半露頭面如常ᄒᆞ니져舊習이안이ᄂᆞ아

▲시로된兩班들아각衙門에仕進ᄒᆞ면員役輩를對ᄒᆞᆯ時에官장態度倨傲ᄒᆞ다舊班보다尤甚ᄒᆞ야職品ᄌᆞ랑ᄒᆞ니더舊習이안이ᄂᆞ아

▲兵丁巡檢退出ᄒᆞᆫ후올립상투샹ᄌᆞᆨᄒᆞ다銀纓子帽一新ᄒᆞ고街路上에앗ᄂᆞᆫ々々官人인체自處ᄒᆞ너무삼職啣稱號ᄒᆞ나더舊習이아니냐

▲委員派員한번ᄒᆞ면兩班인체自尊ᄒᆞ야家度ᄭᆞ지變換ᄒᆞ다班家婦女본ᄯᅳᆺ아치마외우잡수시ᄂᆞᆫ同類의게半말ᄒᆞ니더舊習이안이ᄂᆞ아

廣告

●正誤 昨日廣告欄ᄂᆡ保險金領收第二項日宗生命之命字ᄅᆞᆯ吟字로誤植이기玆에正誤ᄒᆞᆷ

◎正誤 本報第七百五拾一號獎학月報社第三回入格廣告欄ᄂᆡ詞藻ᄂᆞᆫ等리用爾의兩字ᄂᆞᆫ兩字의誤오作文二等김基鉉의鉉字ᄂᆞᆫ炯字의誤오歷史三等韓亨遠의遠字ᄂᆞᆫ安字의誤오同安鐘元下에金元祜二字漏落이오地理一等黃文燦下의二等二字漏落이오算術四等라基浩의라字ᄂᆞᆫ리字의誤오謎語五等김建演의建字ᄂᆞᆫ達字의誤植이기玆에正誤ᄒᆞᆷ

本人의子壞駿字伯三이가尙未悛舊習ᄒᆞ고今又放蕩ᄒᆞ야浪費浪滿之意로離家出他則內外國僉君子ᄂᆞᆫ切勿錢財相關ᄒᆞ시옵만일相關ᄒᆞ시면白失ᄒᆞᆯ터이오니照亮ᄒᆞᆷ
海州郡來城面劉淳金 告白

太田大韓運輸會社事務ᄅᆞᆯ自今爲始ᄒᆞ야ᄂᆞᆫ本人이主督ᄒᆞ오니僉君子ᄂᆞᆫ照亮ᄒᆞ시옵
大韓運輸會社員宋秉鶴 告白

本人等이草梁驛前**大同運輸會社** 合資積立營業이더니今의各府所事ᄒᆞ야右社營業을不能盡務故로各項文簿ᄅᆞᆯ詳覈ᄒᆞ여各人處所推ᄂᆞᆫ擔當ᄒᆞ여私自收捧케ᄒᆞ고自陽三月八日永爲退立ᄒᆞᆫ즉伊日봇터右社凡務가本人等와계ᄂᆞᆫ相關이無ᄒᆞ오니ᄂᆡ外國僉位ᄂᆞᆫ以此照亮ᄒᆞ심을爲要
釜山草梁 崔桂賢 林春 玄景振 金汝重

本人이明禮宮會音을擧行ᄒᆞᆸ더니本洞居金士弘과水村居리競周兩人이與本人으로有何嫌隙이던지誣囑本郡稅務所書記崔秉顯ᄒᆞ야萬端搆誣ᄒᆞ야會音ᄭᆞ지見奪이되옵고畢竟金용彬을捉囚水原警視廳ᄒᆞ야滯囚月餘矣러니幸賴該廳官人之明白ᄒᆞ야一塲明査에知其本人之毫無所犯而白放이나김리兩人이恐被誣告之律ᄒᆞ야敢肆諸作人將欲擧事이온즉作人輩가不得已退從이나公論디不然이오니究其김리兩人之所爲ᄒᆞ면萬萬可痛이옵기玆에廣告ᄒᆞᆷ
金용彬 告白

本人이去戊戌年에艸家七間을劉一善處에給價七百兩ᄒᆞ고買得ᄒᆞᆫ靑家契ᄅᆞᆯ今正月十六日에遺失이옵기玆以廣佈ᄒᆞ오니內外人은拾得ᄒᆞ와도休紙施行ᄒᆞᆷ
平壤部臨德面大典洞四十九統二戶 金召史 告白

今陰曆正月分에同里居朱東俊이來言ᄒᆞ니出二千兩資金ᄒᆞ와合同商販事로誘引ᄒᆞ니나本人은現無貯金故로爲先代給手標이라가更思則出債營商이不當ᄒᆞ야該標還推次往言則右人이有何凶計인지延拖不給ᄒᆞ더니更聞說傳則本人의手標로請債於諸隣鄕浦等處云ᄒᆞ니僉君子ᄂᆞᆫ切勿見欺ᄒᆞᆷ
義興巢野面梧川金秀汶 告白

●海州郡正內女학교義助金
郡守 韓炯履 新貨五拾圜 金應奎 四拾圜 郡主事韓合履 拾圜 李承謨 二拾圓 김泳澤五拾圜 閔夫人 ○○册圓 李承駿 ○圓 莊明成 二拾圜 劉淳金 八拾圓 崔然昇 三拾圜 吳亨根 五拾圜 李圭昇 貳拾圜 金鳳輝 五拾圓 金聖瓚 二十圓 安鳳錫 五十圓 金應祚 二十圜 韓鳳源 五十圜 ○壽顯 二拾圜 박從煥 二拾圜 張良基 拾圜 金奎鉉 二拾圜 閔相鎬 十圜 金鴻程 拾圜 宜瀚澈 員徐相喬 十圓 리宗桂 十圜 朴元教 十圜 黃載一 十圜 최用문 十圜 吳鶴基 十圜 金人璧 十圜 리承憲 十圜 吳鴻周 十원 金在應 拾圜 洪淳永 拾圜 尹永祺 十원 라殷永 十五圜 朴昌漢 十圜 呂圭燦 拾五圜 宋尙源 十五圜 리天永 五圜 安觀河 五圜 黃義範 二圜 辛在憲 五圜 閔瑞鎬 二圜 리承烈 五圜 黃瀫奎 二圜 리 煥 五圜 張 洼 二圜 具然裕 五圜 朴根秀 二圜 高鏞建 五圜 李憲永 拾圜 金澤廉 五圜 吳鎭煥 五圜 김永錫 五圜 리璟鎬 拾圜 리建夏 五圜 洪막模 二拾圜 리敏榮 二拾圜 張東昱 十圜 林明奎 拾圜 趙昌夏 五圜 崔浩運 五圜 張翼鎭 五圜 박昌鎬 五원 리在林 五十원 최泰植 五圜 김士明 拾圓 黃樂鐘 拾圓
合金一千二百十五圜

西部龍山坊孔德里六拾六統四戶艸三拾五間최載龍家舍ᄅᆞᆯ特別廉價放賣ᄒᆞᆯ터이오니願買僉位ᄂᆞᆫ東部於義동二層廛下二拾四統七戶로枉臨來議ᄒᆞ옵
孫云昌 告白

本郡州南面에本校ᄅᆞᆯ刱立ᄒᆞ기로發起ᄒᆞ오ᄆᆡ各동里에서留來ᄒᆞ던里社錢으로學校에寄付ᄒᆞᆫ金額과田畓이左와如ᄒᆞᆷ
化陽里一千圜 田二日耕 上里 五百圜 鳳樓里 五百圜 ○○里 田二日耕 ○興里 一百圜 ○溪里 二十一圜六錢 長川里 ○樂里 각三拾圜
安州郡南面○興學校 告白

本人이中署堅坪坊承동契二十六統三戶瓦家八間을買得ᄒᆞ야文券을覓持이고西小門外에出往이다가路上에서失ᄒᆞ얏ᄉᆞ니無論內外國人誰某拾得이던지休紙施行ᄒᆞᆷ
北署彰義동金鳳圭 告白

本所에서精米機械ᄅᆞᆯ一新改良ᄒᆞ와穀數ᄂᆞᆫ多少不計ᄒᆞ고精米ᄒᆞ시ᄂᆞᆫ僉君子의所需應도迅速便利케ᄒᆞ고精米와工錢도以前보다大減ᄒᆞ게ᄒᆞᆯ터이오米色도精潔히精出ᄒᆞ오니精米ᄒᆞ실僉同胞ᄂᆞᆫ來臨商議ᄒᆞ시오工錢左와如ᄒᆞᆷ

正租作玄米		
五拾石以下	每斗	二전五里
五拾石以上	仝	二錢
正租作白米		
拾五石以下	仝	四錢
三拾石以下	仝	三전五里
五拾石以下	仝	三전三里
五拾石以上	仝	三전
玄米作白米	仝	四전
中米作白米	仝	三전

〔但中玄米ᄂᆞᆫ石數多少〕
〔不計工전一切平均ᄒᆞᆷ〕

南大門外紫巖德昌 精米所 告白

本人의子成齡永ᄂᆡ가三年前에醫師馬山洞金○형家에貸ᄒᆞ더니附無消息故로玆以廣告ᄒᆞ오니蹤跡留地를知ᄒᆞ시ᄂᆞᆫ僉君子ᄂᆞᆫ京北部齋동二統四戶尹判서宅으로通寄ᄒᆞ심ᄋᆞᆯ望ᄒᆞᆷ
李永母 告白

惟我鐵山河東鄭門譜八拾餘年子孫幾至萬名而散在各處世系難辨故今方修譜則各道各郡族人等勿晩齊來往族入中譜說道々今月內來臨于本郡豆皮譜所伏望
鄭門執事子鎭 告白

日本에留學ᄒᆞ기ᄅᆞᆯ當ᄒᆞ야忽忙히발程ᄒᆞᆷ으로知舊間奉別치못ᄒᆞ고登路ᄒᆞ오니照亮
兪珏兼 兪兼 兪命詰兼 告白

新撰理化學
朴晶東氏著
全一册定價金三拾錢

一 本書의目的은小學校에敎課ᄒᆞ기爲ᄒᆞ야編輯ᄒᆞᆷ이라
一 理化學解說ᄂᆞᆫ簡明ᄒᆞᆫ圖ᄅᆞᆯ揷ᄒᆞ야讀者의理解ᄒᆞᆷ을便易케ᄒᆞᆷ이오
一 理化學用語와物質의名詞ᄂᆞᆫ近時代漢譯의最著ᄒᆞᆫ者ᄅᆞᆯ採述ᄒᆞᆷ이라
一 本書ᄂᆞᆫ理化學諸家의學說中最簡易ᄒᆞᆫ을採ᄒᆞ야十五章으로編ᄒᆞ야學徒로ᄒᆞ야곰二個年에畢讀케ᄒᆞᆷ이니陸續購覽ᄒᆞ시옵

발賣所 布병下金相萬廣學書舖 京城各書舖 平壤鍾路耶蘇敎冊肆 法橋大同書觀

大韓文典
崔光玉 述　學部○○○ 校閱

此文典은國語의語法과讀法과作文法을一定ᄒᆞᆫ規模로能成케ᄒᆞᄂᆞᆫ法이備載ᄒᆞ야高等小학校나中학一班에所用ᄒᆞᆯ만ᄒᆞ오니僉子ᄂᆞᆫ速々購覽ᄒᆞ심ᄋᆞᆯ敬要

發賣所 平壤 大同書觀 京城 ○○新학校內 安岳 勉學書舖

本人의先山이在於高陽○潭里ᄒᆞ와孝子동이온바三百餘年守護禁養ᄒᆞ옵더니粱山松楸를何許悖類가稱以渠의所管ᄒᆞ고欲爲偸賣코ᄌᆞᄒᆞ기에玆以廣佈ᄒᆞ오니內外國人은切勿見欺ᄒᆞᆷ
宗孫朴宗壽 昌善 容濟 容淑 容호

●學徒募集廣告
本校附屬普通學校에서第一학年生五拾人과又學年에補缺若干人을募集ᄒᆞ오니入학志願者ᄂᆞᆫ三月三十一日(陰曆二月二十九日)ᄭᆞ지請願書ᄅᆞᆯ提出ᄒᆞᆷ事
官立漢城師範학校 告白

慶尙北道大邱東上後洞
新舊學文을大發賣ᄒᆞ오니願買ᄒᆞ시ᄂᆞᆫ僉君子ᄂᆞᆫ速々求覽ᄒᆞ심을希望ᄒᆞᆷ
在田堂 金기鴻書舖 告白

華山石橋布木商吳鎭泳許文四千六百六拾八兩남外邊동布木廛김鼎禹許文二千一百五拾兩남ᄋᆞ客主郭聖三許豆一萬七千八百兩鹽井동客主김璟煥許文五千三百八拾二兩二月晦日擇次於晋合四張셔失故ᄂᆡ外國人休紙施行ᄒᆞᆷ
남니五房리相玉 告白

西署합남洞一百九十統六戶草家五間文券을서실ᄒᆞ엿ᄉᆞ니誰某拾得ᄒᆞ시던지休紙施行ᄒᆞ오
崔○建 告白

簡易商業簿記學
全一册 定價四十五錢

本書ᄂᆞᆫ簿記학中最近ᄒᆞᆫ학理와精妙ᄒᆞᆫ形式ᄋᆞᆯ精細蒐輯ᄒᆞ야了解케簡易ᄒᆞ도록編述ᄒᆞᆫ者니一般商業家에不可不一次閱覽ᄒᆞᆯ者뿐아니라中等以上學校에敎科로用ᄒᆞᆷ도適當ᄒᆞ니陸續購覽ᄒᆞ심ᄋᆞᆯ望ᄒᆞᆷ

발賣所 布병下 廣학書舖 洞口越便中央書館 廣橋東便匯東書館 寺동漢陽書館 鍾路 大東書市 鍾路古今書海관

◎大韓國新發明神藥

◎修療靈丹 各種食滯中暑久滯口臭嘔吐泄瀉定價一貼十錢
◎至寶丸 治諸般雜疾不拘久遠俱有偉效定價金十錢
◎靈效液 外用芳香治疥瘡皮風百發百中定價金三拾錢
◎淸眼水 治諸般眼疾有翳膜見天之妙定價金拾錢
◎通淋丸 治男女急慢淋疾神效無雙速効除毒一週金五十錢

此外에도東西洋各國有名賣藥과諸病去根藥과咽風痔瘻藥水各種俱比惠向爲望
漢城中署鍾路鉢里동二統二戶地
製劑발賣所 共愛堂藥房
藥劑발行人 前官立漢城醫學校卒業生 張基茂 朴漢陽 告白
支店 開城南門內共愛堂開城支舖 興學書舖 姜助○
代理店 西署新門外石橋濟院藥局 車○延 仁川梧梃 李庚鳳
各地賣藥局에서隨處販賣ᄒᆞᆸᄂᆡ다

漢城鍾路萬國基督敎靑年會館前慈惠藥房
製藥鑑査人濟衆院醫學員洪錫厚朴慈惠李觀化告白

本人等이米國大學醫院處方을大醫學士魚丕信氏에게受業ᄒᆞ고醫學校長勳五等池錫永氏에게有効証明을受ᄒᆞ고左記낙種을製造ᄒᆞ야外國藥약規模을依ᄒᆞ야紙匣洋鐵匣琉璃瓶에盛ᄒᆞ야全國內地各處약店에廣賣ᄒᆞ올고濟衆院英字醫書를我國漢文으로飜譯ᄒᆞ야名稱西약便方이라ᄒᆞ야발賣ᄒᆞ오니四方낙원數拾年來經驗信用ᄒᆞ신兄弟는不拘약之多少와路之遠近ᄒᆞ고以書請賣ᄒᆞ시면本人은雖拾錢價値락이라도以小包郵便으로仰呈ᄒᆞ오리니낙封定價外郵稅十젼을加送ᄒᆞ시되小數젼은郵票十젼ᄌᆞ리를수셔보니시고賣낙家에서는多數買去ᄒᆞ시면郵便局換錢票를買送ᄒᆞ시오且本藥房에米國(얼포드)製약會社낙와德國(한ᄒᆞ일)製약社락品을直購入ᄒᆞ야翻譯英語로記ᄒᆞᆫ方文과主治와用法을我國漢文으로飜譯ᄒᆞ야발賣

商標 食思振起 體力活潑 **補益丸** 第一老衰男女의게補益血

定價表		
拾日分	三十個入	金一圜
二十日分	六十個入	金一圜七拾五錢
三十日分	九十個入	金二圜五拾錢

[illegible] 主治大補元氣能調陰陽男子陽萎不起女子月經不調手足厥冷虛勞失氣久病人蘇完되는効力이大勝於鹿茸蔘人蔘精

[illegible] **初解瘧丸** 一日分定價金拾錢此藥은大人小兒長瘧과初瘧과腹痛에以服用ᄒᆞ면更不再發

[illegible] **虫丸** 一日分定價金拾젼此藥은大人蛔積小兒蛔病의神効

四時感冒丸 一日分定價金拾젼此藥感氣몸살의쓰는약인低ᄒᆞ二三日連服ᄒᆞ면四時寒熱上下肢節頭痛에卽時解熱鎭痛

男女瘡[illegible]祛根藥 定價金五圜此藥은瘡疾의一期二期를勿論ᄒᆞ고ᄒᆞᆫ도록낙을쥬는대口瘡과구역도아니나오

淸明眼藥 一日分定價金拾錢此藥은火眼熱眼의有多奇効

無惡臭疥瘡藥 定價金四拾젼此藥疥疮虫을卅分內殺殺

[illegible]咳藥 五日分定價金三拾錢此藥은四時寒常性咳嗽에有大効ᄒᆞ고特히老人咳嗽에消痰止咳

寸[illegible]發根 定價金三拾錢此약寸虫當場殺出

止足汗藥 二十日分定價貳拾錢此藥韓國軍人常用除足汗과

經腫根治膏 定價금十五젼此낙面腫과頭腫에直差

濕腫根治膏 定價금十五젼此락은男女勿論하고風寒暑濕으로成腫되여大起掻痒ᄒᆞᆫ대奇効

漢城百應膏 一封定價金十錢此락은醫락醫士學信友시方文으로製ᄒᆞᆫ바[illegible]이며우리잘풀리고각頂腫氣에발根合瘡이漢히되는者[illegible]대大洋鐵匣入一個금五十錢

小兒感冒靈効散 此약池錫永氏經驗良方小兒感冒及食滯與身面熱將驚風者並神效定價金十錢

癇氣神効保嬰散 此약醫學校長池錫永氏數拾年經驗之良方小兒眼色綠而滴○腹脹○身不安而不寐○腹痛驚啼及直視而驚風者並神效定價금十二錢五厘

發賣所 仁川港杻峴濟生堂낙房 京城梨峴寶賣낙商李信雄

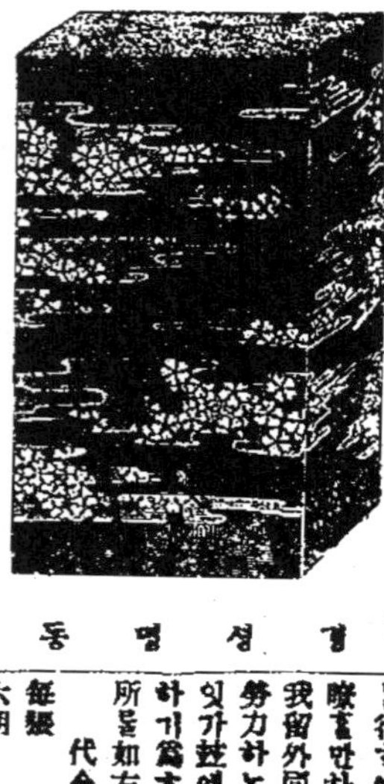

新編 銀行簿記學 任璟宰編述 全一冊定價 六十五젼

本書는一般外國諸大家의著述ᄒᆞᆫ簿記學中最近ᄒᆞᆫ학理와最新ᄒᆞᆫ形式을精細蒐輯ᄒᆞ야國漢文으로解得키便易하게編述ᄒᆞᆫ書니一次修習ᄒᆞ면簿記의整理方法과業務의處理順序가瞭如指掌ᄒᆞ야實로實業家의一大顧問이라各銀行業과商業家는不可不案頭에一冊을備置ᄒᆞᆯ者ㅣ니陸續購覽ᄒᆞ심을務望

발賣元 中署布屛下三拾七統六戶 廣學書舖金相萬
分賣所 동口越邊中央書館 大廣橋匯東書館 鐘路大東書市 同古今書海館 南門內博文書館 南門外新舊書林 銅峴博學書館

朴晶東氏演述
● **意大利獨立史** 正價金五拾錢
● **經濟原論** 正價金三拾五錢
● **國際公法志** 正價金四拾錢
● 國文 **新撰家庭學** 正價金三拾錢

國家의文明은敎育이根本이오敎育의基礎는家政이始라故로家政學을純國文으로新撰ᄒᆞ야婦人社會와勞動社會와學校敎科ᄭᅡ지需用ᄒᆞᆯ에便易케ᄒᆞ와사오니有志僉君子는陸續購覽ᄒᆞ심을務望 발行人 金雨均 告白

發賣所 ▲大廣橋 匯東書館 ▲洞口 中央書館 ▲銅峴 博학書館 ▲鐘路 大東書市 ▲布屛下 廣學書舖 ▲尙洞 博文書館

越南亡國史 國漢文 定價貳拾伍錢
發賣所 京城廣橋高裕相書舖 鐘路 滙東書館 ... 布屛下김相萬 告白

愛國精神談 國文 定價金廿錢 리치雨譯述
勿論男女ᄒᆞ고愛國心이有ᄒᆞᆫ者可以購覽
發賣所 皇城각書舖

本書館에서학校敎科서와宗敎서와新小說等各種서籍을無遺完備이오니各학校會員과其他有志人士는陸續來購ᄒᆞ심을伏望
安州義井동安陵서館

金翼河 告白

共立新報는美洲에留ᄒᆞ시는我國同胞가高明ᄒᆞᆫ학問과深厚ᄒᆞᆫ熱誠으로祖國을東望ᄒᆞ고國魂을絶叫ᄒᆞ야每週日一次式刊行ᄒᆞ는新聞이온데世界形勢도詳揭ᄒᆞ며닉國情況도昭著ᄒᆞ야愛國心이有ᄒᆞ신同胞는不可不購覽ᄒᆞᆯ新聞이며又是純國文으로발行ᄒᆞ야婦人孺子라도一覽可瞭ᄒᆞᆯ만ᄒᆞ오니嗟我一般同胞가我留外同胞의殊邦風霜에勞心勞力ᄒᆞ는誠意를豈可越視ᄒᆞ리잇가玆에僉君子의購覽을紹介ᄒᆞ기爲ᄒᆞ와該新聞價及발賣所를如左히廣告ᄒᆞ오

代金表
每張 五錢
六朔 壹圜貳拾錢
壹年 貳圜貳拾五錢

本國내出張所
京城廣학서舖 金相萬
博문서館 盧益형
開城남門닉興학서舖 姜助遠
平山郡古之面城남峴 金錫萬
長連邑닉東里 문셕판
平壤上口水外 車利錫
鎭남浦龍井동 梁禎涉
安州城닉義村동 金翼河
宣川邑 川邊 梁준명
甑川닉山面辛山里 李景萬
義州南門外大東藥房 白用錫
金海台也面智士동 裵永會
釜山港 草梁 尹相壽
大邱東上面龍동 崔一弘
咸興西門밧 朱경欽
俄領 海蔘威 게東학校
共立新報社代理人 金翼河 告白

● 大韓醫院敎師[illegible]에...[illegible]有効證明으로淸心保命丹을[illegible]購[illegible]ᄒᆞ야[illegible]은如左ᄒᆞ니 [illegible]子試爲望

新製 淸心保命丹

本舖 仁川港杻峴 濟生堂[illegible]

●主治效能 ●中暑中寒 ●[illegible] ●食積 ●不土不服 ●[illegible] ●咳嗽 ●[illegible] ●氣[illegible] ●吐瀉 ●[illegible] ●食滯 ●酒醉 ●口臭 ▲其他諸般運氣風疫預方妙藥
발行人仁川港杻峴 濟生堂 李[illegible]鳳

代理店
京城鍾里동 共愛堂藥房
特約店京城鐘路 慈惠藥房
同 藥峴 學信華洋藥局
同 尙洞 盧卷亨商사
同 南門外 廣濟藥院
仁川內洞 韓國[illegible]
同 [illegible]峴 和平局
開城南門內 朴圭[illegible]
同 忠橋 吳[illegible]模
水原鐘路下 金九藥局
同 宗路 宋根孝
延安邑內 邊汝文
江華[illegible]路 宋順東
長淵南門內 崔[illegible]淳
黃山砂[illegible]院場內 박[illegible]昌
仝 任允中
仝 耶蘇敎堂內 李在[illegible]
黃州南門닉紅門洞 李東赫
平壤巨里 [illegible]
仝 [illegible]
仝 [illegible]
仝 文武洞 [illegible]藥舖 金[illegible]
鎭南浦[illegible]洞 [illegible]
群山港[illegible]洞 金斗[illegible]
京南大門外 大同運輸會社
全州[illegible]郵便局前 天佑堂
安岳邑上場里濟生局 林景柱
大邱南門內[illegible]김 成浩家
釜山港草梁 客主김重佑家
安州城內[illegible]井동回春大약房
義州南門外水口街義和약局
此外에도現代에문明각國有名
各[illegible]藥이俱備ᄒᆞ 李寧[illegible]
海州南門內 金演台
晉州邑新洞약局 박芝行
載寧邑後동洋약局 崔允[illegible]
北靑新昌港客主 박[illegible]勳
元山港本堂出張人 朴[illegible]

▲新刊書籍發賣廣告
新纂 大韓法規類纂 洋裝 全一冊 國漢文 定價金七拾五錢
三圜五拾錢 郵稅四拾錢
初等倫理學敎科書 二拾錢
初等衛生學敎科書 拾五錢
國家學綱領 拾五錢
國民須知 八錢
愛國婦人傳 張志淵氏著 十五錢
發賣所 皇城布屛下 金相萬書舖

本人이日本大阪商業家와特約ᄒᆞ고日本內地産出各種物品과西洋各種物品及機械等物을我大韓에輸入ᄒᆞ와委托을便利케ᄒᆞ기爲ᄒᆞ야ᄌᆞᄉᆞ오니商工業에有意ᄒᆞ신僉君子는某物이든지請求코져ᄒᆞ시거든本社로來議ᄒᆞ시오本社에서는手數料만受領홈
興業社本店 開城南大門內興學書館
支店 京城南門內水橋五十一統大戶 增榮會社

仝仁港內동廣濟號
學徒洋裝書冊
學徒運動靴
紙筆墨各種 英國金剛鐵
衣服[illegible]其他雜貨等廉價放賣ᄒᆞ오니諸君子는來臨ᄒᆞ심을바라나이다
仁川港杏峴新冊肆

●本社廣告

○申報價
一張代金 新貨二錢五錢
一個月前納 三十錢
三個月 九十錢
六個月 一圜七十錢
一個年 三圜四十錢
郵稅一號 新貨五厘
一個月 十三錢

發行兼編輯人英國人 裵說
發行所 南署石井洞號外地三層洋屋 大韓每日申報社

第六卷

大韓每日申報

十九號

月曜及慶節
歲時日休刊

檀君開國四千二百四十一年
箕子元年三千三十年
大韓開國五百十七年
日本明治四十一年
淸國光緖三十四年
陰曆戊申二月小十八日甲戌

寄書

○勸告婦人界　漢陽女士

天開於子ᄒᆞ야自混沌以後로今爲申正이라如日西斜ᄒᆞ니乾坤이擾攘ᄒᆞ고四海가沸騰하야此非競爭凌强制弱ᄒᆞᄂᆞᆫ此時代에世界上列邦이無彼無此히其權利를受ᄒᆞᄂᆞᆫ中에惟獨我大韓帝國二千萬生靈이最悲慘ᄒᆞᆫ境에至ᄒᆞ야同胞로하야금心痛骨戰케하ᄂᆞᆫ도다

噫라此三千里江山이檀箕之疆土오我太祖高皇帝게셔草茅에셔起ᄒᆞ사三尺劒을提ᄒᆞ시고三韓을統一ᄒᆞ사化家爲國ᄒᆞ신萬萬歲之天府이라聖子神孫이繼繼繩繩ᄒᆞ야衣冠文物과禮樂法度ᄂᆞᆫ比肩ᄒᆞᆯ國이無ᄒᆞ야世界가稱讚ᄒᆞ던바오三千里錦繡江山에山明水麗ᄒᆞᆷ과海陸에産出ᄒᆞᄂᆞᆫ萬般物種이豊美ᄒᆞ야天下에第一이오山川의靈秀ᄒᆞᆫ氣脈으로人物에鍾ᄒᆞᆷ도天下에第一이오往古來今에賢人君子와龍逢比干又ᄒᆞᆫ忠臣烈士와程朱갓ᄒᆞᆫ道學家와三蘇갓ᄒᆞᆫ문章과韓彭又ᄒᆞᆫ英雄豪傑이指不勝屈이오

至於女子ᄒᆞ야도任姒又ᄒᆞᆫ閨範과孟母갓ᄒᆞᆫ母儀와徐母갓ᄒᆞᆫ烈俠과黃氏又ᄒᆞᆫ才能과孟光又ᄒᆞᆫ端莊과班昭又ᄒᆞᆫ文章을兼備ᄒᆞᆫ者이라도不可勝數ᄂᆞᆫ女子ᄂᆞᆫ居ᄒᆞ야號令이不出門庭이라ᄂᆞᆫ六字로行狀을作ᄒᆞ야一平生事業은針線紡績과酒食是議뿐인故로男子보다十倍나超越ᄒᆞᆫ婦人이라도草木又치寂寂埋沒ᄒᆞᆷ을歎惜ᄒᆞ더니

驚天動地ᄒᆞᄂᆞᆫ此文明時代를當ᄒᆞ야忽然一陣耳風이蕩天하게吹入ᄒᆞ야鎖鑰을拉折ᄒᆞ고關ᄒᆞᆫ門을打ᄒᆞ야一身의束縛ᄒᆞᆫ것을解放ᄒᆞ니於是乎新鮮ᄒᆞᆫ空氣도浴ᄒᆞ며男子와同히敎育을受ᄒᆞ야本是聰慧ᄒᆞᆫ稟質에新知識을발達ᄒᆞ야忠君愛國ᄒᆞᄂᆞᆫ思想이日로발生ᄒᆞ며人을依賴ᄒᆞᄂᆞᆫ心은二千萬人心中에有ᄒᆞᆫ三千丈無明業火로皆燒却ᄒᆞ고愛國之性과自由之心은腦髓에充滿ᄒᆞ고同胞를愛ᄒᆞᆷ과患難을相救ᄒᆞᆷ을惟恐不及하며同氣相求ᄒᆞ며萬口同聲ᄒᆞ고一心團體로文明進步ᄒᆞ야維新事業을成就ᄒᆞᄂᆞᆫ日이不遠ᄒᆞᆫ지라壯ᄒᆞ도다我大韓帝國同胞姊妹여

雖然女子라도揚名富貴도可期오留芳百世도可期ᄒᆞ리니發々두수精神ᄒᆞ야外客이多ᄒᆞᆫ此世上에他人의羈絆을伺ᄒᆞᄂᆞᆫ眼은電又치閃々ᄒᆞᄂᆞᆫ대猩猩又ᄒᆞ다ᄂᆞᆫ非笑를幸혀取치마시오玉不磨ᄒᆞ면溫潤치不能하고金不鍊ᄒᆞ면精剛치不能ᄒᆞ다ᄒᆞ니玉을十回琢磨ᄒᆞ고金은百遍鍛鍊ᄒᆞ야男子와同等되야維新事業을成就ᄒᆞ야國權을恢復ᄒᆞ기로二千萬人의四千餘年肩上에擔任ᄒᆞᆫ重을至知ᄒᆞ시오如我愚昧人生은陋巷에蟄伏ᄒᆞ야同胞中一聚物이라我敬愛ᄂᆞᆫ同胞姊妹의成就ᄒᆞ심을拭目傾耳ᄒᆞ야待ᄒᆞ노이다

嗟々라人於斯世에千萬其事인되事親爲孝ᄒᆞ며事君爲忠ᄒᆞ니忠孝二事ᄂᆞᆫ事之綱領이오禮義廉恥와恭儉寬恕ᄂᆞᆫ是爲八條오八條之外에도五倫四端과三畏三樂이有ᄒᆞ니事之大小를雖可枚言이어니와事之在心은如亂絲라吐之如蚕ᄒᆞ고結之如蛛ᄒᆞ니蚕蛛之微로도猶有經綸커던人爲最靈ᄒᆞ니蚕蛛不若가志當益勵ᄒᆞ여야萬事를可做ᄒᆞ리니勉之勉之어다

外報

●露兵來投米艦　紐育電을據ᄒᆞᆫ즉近來에米國軍隊에來投ᄒᆞᄂᆞᆫ俄國軍人이多ᄒᆞᆫᄃᆡ全혀役日戰爭時에從事ᄒᆞ야軍事上經驗이多ᄒᆞᆫ故로米日戰爭이起ᄒᆞ면大段히便利ᄒᆞᆯ깃다고米國軍隊ᄂᆞᆫ喜悅ᄒᆞᆫ다더라

●炭藥點檢　紐育電을據ᄒᆞᆫ則美國艦隊에積置ᄒᆞᆫ石炭에爆裂藥을混入ᄒᆞ얏다ᄂᆞᆫ嫌疑가有ᄒᆞ야海軍省에셔마ᅵ사추島海軍鎭守府에其積置ᄒᆞᆫ石炭을嚴重히檢査ᄒᆞ라고命ᄒᆞ얏더라

●謝罪有例　東京電을據ᄒᆞᆫ則淸國巡艦이日本國旗를揭ᄒᆞ고艦砲를발射ᄒᆞ야謝罪ᄒᆞᄂᆞᆫ誠意를表ᄒᆞ게ᄒᆞᆷ은辰丸事件解決ᄒᆞᄂᆞᆫ一條件이라凡國의海軍이他國에對ᄒᆞ야誠意를表ᄒᆞᄂᆞᆫ境遇에ᄂᆞᆫ반다시對手國의國旗를其艦에揭ᄒᆞ고艦砲를발射ᄒᆞᆷ이節例인ᄃᆡ其발砲數ᄂᆞᆫ十一발이오多ᄒᆞᆫ境遇에ᄂᆞᆫ二十一발의答禮砲를受ᄒᆞᆷ이常例라一千八百五十四年에亞米利加에셔法國領事를拘留ᄒᆞᆫ事件의境遇와明治二十七八年戰役之際에日本軍艦八重山이劉永福을擊ᄒᆞᆫ英吉利汽船을点檢ᄒᆞᆫ事件과同ᄒᆞᆷ이라더라

●起戰公言　北京電을據ᄒᆞᆫ則淸國에有力ᄒᆞᆫ政治家ᄂᆞᆫ滿洲問題에對ᄒᆞ야强硬ᄒᆞᆫ態度를取ᄒᆞ야言ᄒᆞ되日本이滿洲를幷合ᄒᆞ기前에一次戰爭을起ᄒᆞ기로公言ᄒᆞ얏다더라

雜報

●寧邊商業夜學校趣旨書　古今殊異에時局變遷ᄒᆞ야列强交隣ᄒᆞ고立紀維新ᄒᆞ니回想時宜컨ᄃᆡ智識經濟가急先務라陸吾會友가書沒産業ᄒᆞ야做工餘暇ᄒᆞ니何以則做得餘暇之學文ᄒᆞ야盡其國民之義務乎아令議ᄒᆞ야同日古有志士之晝耕夜讀ᄒᆞ니晝則生計ᄒᆞ고夜做時宜가豈不美哉아所以로昨年拾月初七日에夜學會也에學則言語術與國地理商業大要法學通論衛生學經濟七件而學員則本道紳商間靑年志氣者를募集ᄒᆞ고選擇敎師ᄒᆞᄂᆞᆫᄃᆡ韓淳琪씨ᄂᆞᆫ非但名譽所著라嫺熟於外國言語及其他諸件而歎惜노友之未逮新學ᄒᆞ야不受資聘ᄒᆞ고自願敎師ᄒᆞ야熱心敎導에期圖就緖라該씨紳士諸씨之協力贊成으로校務가興旺ᄒᆞ며學生出席은月加日增ᄒᆞ야現今三十餘人에達ᄒᆞ야사오니伏願我同胞ᄂᆞᆫ感服此義ᄒᆞ와極力贊成하시옵千萬爲要

發起人　金雲柱　吳元淳

●文校慶祝　文川文明學校에서乾元節慶祝式을開ᄒᆞ고萬歲를唱ᄒᆞᆫ後에生徒四十餘名이자其忠愛的演說로人民을感激케ᄒᆞᄂᆞᆫᄃᆡ該郡主事趙覺衡氏와高原有志紳士徐鍾九氏가同參觀光ᄒᆞ다가當日慶祝費를擔助ᄒᆞ고生徒에對ᄒᆞ야極實勸奬ᄒᆞ니兩氏에熱心敎育을莫不稱頌이라더라

●但爲手料　抱川郡驛前監役李龍九씨가其父親와한居無聊ᄒᆞᆷ을憂悶ᄒᆞ야京居一妾을二千兩에求得ᄒᆞ야使之同居ᄒᆞ다가昨年七月分에其父親이不幸身死ᄒᆞ얏ᄂᆞᆫᄃᆡ該妾가更不適人之意로指天爲誓ᄒᆞ며花心이忽生ᄒᆞ야隣居徐廷麟으로潛通往來라가醜聲이狼藉ᄒᆞ며該女가徐家에週去ᄒᆞᆫ다ᄒᆞ거ᄂᆞᆯ其所顧ᄒᆞ야渠之所用什物과衣服等物을沒數出給以送矣러니不意今者에該女가徐其의族屬을聽ᄒᆞ얏던지欲奪李家財産ᄒᆞ야辯護士김正稷氏의게委托ᄒᆞ야漢城裁判所에裁判ᄒᆞᆫ다니訟理의曲直은勿論ᄒᆞ고手數料만爲ᄒᆞ야辯護ᄒᆞᄂᆞᆫ지

●杞校新設　楊州郡金道濬氏ᄂᆞᆫ靑年敎育을발達ᄒᆞ기爲ᄒᆞ야敎師金□世씨를延聘ᄒᆞ고設立九節을自擔ᄒᆞᆫ다더라

●獸醫養成　韓國에對ᄒᆞᆫ牛畜은必要ᄒᆞᆫ産物로耕耘、運輸、食肉資料等의大資源이될지나種々牛疫의流行을因ᄒᆞ야國民의損害가不少ᄒᆞᆫ지라如斯히危險ᄒᆞᆫ牛疫의預防及治療에關ᄒᆞ야ᄂᆞᆫ其術을姑未講究이더니今番官立農林學校에셔獸醫학速成科를新設ᄒᆞ고期限은一個年으로ᄒᆞ야獸醫를養成하ᄂᆞᆫ대牛疫의防遏及治療를實施ᄒᆞ야畜産上의慘害를芟除ᄒᆞ며并히改良발達케ᄒᆞ야韓國人唯一히嗜好品되ᄂᆞᆫ食肉의檢査를行하야公衆에安全ᄒᆞᆫ食肉을供給ᄒᆞᄂᆞᆫ等의任務에就케ᄒᆞᆫ다ᄒᆞᆫ則此際를當ᄒᆞ야速成科를志願卒業後ᄂᆞᆫ獸醫가되야서畜牝의業에就ᄒᆞᆷ은世人이大히歡迎ᄒᆞᆯ뿐아니라本畜産의改良進步에指導ᄒᆞᆯ가될터인즉此亦業務도多大ᄒᆞᆫ趣味가有ᄒᆞᆯ지오而且本校에셔ᄂᆞᆫ修業中每月六圜式學資金을給與ᄒᆞ며卒業後ᄂᆞᆫ官吏로採用ᄒᆞᆯ터이며該校規則을詳知코ᄌᆞᄒᆞᄂᆞᆫ者ᄂᆞᆫ京城農商工部農務局又ᄂᆞᆫ水原本校에就ᄒᆞ야探問ᄒᆞ고入校志願書ᄂᆞᆫ本月末日(陰曆二十九日)內로本校에提出ᄒᆞᆯ다더라

●奉校慶祝　安岳郡鶴門面杖花洞奉三學校의慶祝式을擧行ᄒᆞᄂᆞᆫᄃᆡ同日九時頃에校長鄭圭二玉哉敎師김炳億財務姜尙圭氏가學徒四十餘員을率ᄒᆞ고該附近村落에循環運動ᄒᆞ시慶祝歌를唱和ᄒᆞ고萬歲三呼ᄒᆞ니該附近에男女老少가雲集如堵ᄒᆞ야二百餘名에達ᄒᆞᆫ지라校長鄭玉哉氏와敎師金炳億氏가大韓演說ᄒᆞ되其趣旨ᄂᆞᆫ凡爲大韓臣民者ㅣ慶祝하ᄂᆞᆫ血誠으로萬分一이라도聖恩을報答ᄒᆞ기로며同胞에게勸告ᄒᆞ고其夜八時頃에該附近父老兄弟三百餘名이학校運動場에齊盛會ᄒᆞ야雖鋤犬樵童이라도堅實ᄒᆞᆫ規則으로頂祝ᄒᆞ고萬歲三唱後에大演說을開ᄒᆞᆯ시校監李漢煥과體操敎師李□校학徒에手戰棋谷諸氏가次第演說ᄒᆞ고敎師金炳億氏가斷起演說ᄒᆞ미傍觀者가莫不垂淚慘色에中에擔負撲地ᄒᆞᄂᆞᆫ人도有ᄒᆞ며扼腕慷慨ᄒᆞᄂᆞᆫ人도有ᄒᆞ여一塲歡欣로風이動ᄒᆞ여니演說下回에卒然이翻ᄒᆞ여敎育方針으로能히大韓國人民이되여活潑ᄒᆞᄂᆞᆫ能力으로文明場에獨立恢復ᄒᆞ여安寧ᄒᆞᆫ福祿을永遠히享ᄒᆞᆫ結辭에對ᄒᆞ여俄者의聽衆ᄒᆞ던人이或歌或蹈ᄒᆞᆫ後에閉會ᄒᆞ엿다더라

雜報

●御覽 玉泉 大皇帝께셔와 皇后陛下께옵셔再昨日下午四時半에秘苑과玉流泉에臨御ᄒᆞ옵셔風景을 御覽ᄒᆞ옵시고仝五時半에還 御ᄒᆞ셧ᄂᆞᆫᄃᆡ兩 陛下께옵셔玉轎를 御乘ᄒᆞ셧다더라

●花樹宴會 再昨日은 義親王殿下의誕日인故로完興君李載冕씨와永宣君李埈鎔氏와完順君李載完氏가同 親王本宮에一齊히往參ᄒᆞ얏다더라

●不遊而何 永宣君李埈鎔氏와承寧府總管趙民熙氏와前參判金昇主씨와金完鎭四氏가三再夜에演藝館에서遊戱를觀覽ᄒᆞᆫ後妓生十二名을領率ᄒᆞ고朴昌菩氏家에前往하야迭宕히遊ᄒᆞ고翌日上午五時에各歸ᄒᆞ얏다더라

●民社風流 昨夜에承寧府總管趙民熙氏가長安社에셔一卓을盛設ᄒᆞ고永宣君李埈鎔氏를請邀ᄒᆞ얏다더라

●幾乎危矣 學部大臣李載崑氏가昨日日本에前往ᄒᆞᆯ時에完順君李載完氏가水原停車場ᄭᆞ지陪往餞別後京畿觀察使李圭桓氏가完順君과其他某某官人을請邀ᄒᆞ야宴會를盛設하고妓樂으로迭宕ᄒᆞᆫ後에李載完氏가當日終車로回京ᄒᆞᄂᆞᆫᄃᆡ李圭桓氏가握別次로上車ᄒᆞ얏나가復下ᄒᆞᄂᆞᆫᄃᆡ足을失跌ᄒᆞ야落地重傷ᄒᆞ얏다더라

●麗守辭職 麗水郡守宋在燮氏가日前內部에辭職請願ᄒᆞ얏다더라

●妓下換妾 永宣君李埈鎔씨ᄂᆞᆫ日前에名妓採蓮을金千圜에買入作妾ᄒᆞ얏다더라

●局亦移接 度支部檢查局은前度支部에在ᄒᆞ얏더니昨日에貞洞으로移去ᄒᆞ고度支部로移接ᄒᆞ얏다더라

●貸付金多 度支部에셔남原郡金融組合所에金一萬圜을下付ᄒᆞ얏다더라

●免職請願 法部에셔前少卿閔宗植前註書趙寅永前主事吳基鎬全김寅植前特進官李容泰前協辦閔衡植前郡守鄭寅國前局長崔載진前秘書丞李鍾肅前教官리근前辦理公使徐彭齡前主事尹注찬博士리光秀前監察崔東植前主事徐廷회諸시等拾五人을免懲戒ᄒᆞ기로內閣에請議하얏다더라

●衛團將施 五署內自衛團組織ᄒᆞᆫ다ᄂᆞᆫ說을槪聞ᄒᆞᆫ즉統監은團장이되고其次에五戶外部長一人式과十戶에統首一人式選定ᄒᆞ야統首가該掌內人民의幾男幾女를逐戶調査ᄒᆞ야團長의게修報ᄒᆞ면團長은該統件을警視廳에送交ᄒᆞᆫ다더라

●商牌拔去 昨日에警視廳에셔大同會總務[illegible]氏를招待質問ᄒᆞᆫ事가有ᄒᆞ얏ᄂᆞᆫᄃᆡ[illegible]인즉該會에셔石鼓[illegible]商務教育所라ᄂᆞᆫ牌를揭ᄒᆞᆫ所以[illegible]法相趙重應氏가警視廳에[illegible]ᄒᆞ야該牌를拔去케ᄒᆞ얏다더라

●京城宣諭 義擾발生以來로宣諭使와宣諭委員等이各地方에前往ᄒᆞ야義兵所在地에ᄂᆞᆫ畏刼ᄒᆞ야敢히直接宣諭치못ᄒᆞ고但邑底ᄂᆞᆫ市場이나學校에셔人民을聚集ᄒᆞ야若干演說이나ᄒᆞᆫ後에ᄂᆞᆫ該事件을敷衍增飾ᄒᆞ야所到處에人民이無不感激涕泣이란句語로誇張ᄒᆞᆫ文字를京中에騰送ᄒᆞ야新聞上揭載를要求ᄒᆞᆫ즉一般輿論이皆曰此等地方宣諭가아니오京城宣諭라고ᄒᆞᆫ다더라

●是亦恩金 度支部에셔大廳直과使令等幾九名式除汰ᄒᆞ얏다ᄂᆞᆫ說은昨報에揭載어니와該除汰ᄒᆞᆫ人에게每名에三朔月給式下給ᄒᆞᆫ다더라

●軍樂移付 曾往에 御前舊樂隊樂學行ᄒᆞ던兼內吹를掌樂課에付屬ᄒᆞ얏다더라

●實卿直閣 近日湖南兩班이金錢을使用ᄒᆞ야直閣淸卿을圖得ᄒᆞᆫ事實이新聞上揭載되미一般公論이該兩班을爲ᄒᆞ야致賀ᄒᆞ되某也의直閣이則無疑聞ᄒᆞ야膾炙인듯ᄒᆞ더니今而後에야新聞에발佈되야世界에膾炙ᄒᆞ니於是乎實卿直閣이되얏다ᄒᆞ다더라

●善守拿致 善山郡守丁회燮시가該郡所在吉洙洙시의田畓訟事에對ᄒᆞ야證明書를誤給ᄒᆞᆫ事로該裁判所에拿致ᄒᆞ얏다더라

●遊覽不許 官立校洞普通학校々장이日昨에該校학徒七拾名을率ᄒᆞ고遊覽運動次로仁川港에前往ᄒᆞ얏다가還來하야該旅費를학部로請求ᄒᆞ얏ᄂᆞᆫᄃᆡ預算에支出치못ᄒᆞ겟다고指令ᄒᆞ얏다더라

●[illegible] 師範학校학徒試[illegible]取ᄒᆞᆫ[illegible]應試ᄒᆞᆫ다ᄂᆞᆫ說은[illegible]이와再昨日에林[illegible]名試才ᄒᆞᆫ다ᄂᆞᆫ姓名年齡을問ᄒᆞᆫ즉所答이模糊ᄒᆞ고行動이殊常ᄒᆞ미該校에셔堅執探問ᄒᆞᆫ즉희셔가言ᄒᆞ되不必應試라ᄒᆞ고即爲出去ᄒᆞᆫ다ᄒᆞ거ᄂᆞᆯ更히詰問ᄒᆞᆫ즉我ᄂᆞᆫ林씨셥의四寸林章셥인데四寸이現今身病으로應試치못ᄒᆞ야不得己代試라ᄒᆞ야卽爲逐出ᄒᆞ얏다더라

●[illegible]以會聞會 東亞開進敎育會에셔商務會에商務課를設ᄒᆞᆫ다ᄂᆞᆫ聞하고總代를遣ᄒᆞ야質問ᄒᆞ되東亞開進敎育會ᄂᆞᆫ政府認許를承ᄒᆞ야設會ᄒᆞ고商務課를組織하거ᄂᆞᆯ貴會에셔ᄂᆞᆫ商務課를置ᄒᆞ얏ᄂᆞ니認許가有ᄒᆞ나ᄒᆞᆫ즉答云認許書도無ᄒᆞ고會장도無ᄒᆞ며商務課ᄂᆞᆫ實業을達目的이오商民組織은아니라ᄒᆞ얏다더라

●僞貨발現 日昨에西학峴等地에셔某々人이僞造紙貨를交授하다가情跡이現露ᄒᆞ야警視廳에被捉ᄒᆞ얏다더라

●果則拿致 驪州郡守金聖基씨가該郡警察署와日兵의게被害ᄒᆞᆫ義兵을爲ᄒᆞ야交涉ᄒᆞ야生還ᄒᆞᆫ者가千餘名에達ᄒᆞ얏더니日前에受由上京ᄒᆞ미該郡人民等이恐爲永遞ᄒᆞ야數百名이脫衣遮道ᄒᆞ야數日을相持ᄒᆞ얏다더라

●借廳入室 前奉侍[illegible]鎭시의鄕第가水原郡에在ᄒᆞ얏ᄂᆞᆫᄃᆡ該郡에駐在ᄒᆞᆫ日本警部가該家를暫時借給ᄒᆞ라고懇請ᄒᆞ미舍廊만借給ᄒᆞ야居接케ᄒᆞ얏더니近日에ᄂᆞᆫ內室ᄭᆞ지出給ᄒᆞ라ᄂᆞᆫ奇別을聞ᄒᆞ고夫人시가再昨日에交涉次로鄕第로下往ᄒᆞ얏다더라

●露貨禁止 咸鏡南北道各郡에ᄂᆞᆫ露國貨幣를多數通用ᄒᆞᄂᆞᆫ故로度支部에셔將次禁止令을頒布ᄒᆞᆫ다더라

●一齊告退 京城孤兒院에任員과講師諸氏가慈善的事業을爲ᄒᆞ야孤兒의敎育과事務를整理ᄒᆞᆷ을熱心着手ᄒᆞ다가新舊不相容ᄒᆞᆷ을因ᄒᆞ야敎育不振을自歎ᄒᆞ고一齊히辭退ᄒᆞ얏다ᄒᆞ니該院에將來를爲ᄒᆞ야人多恨之ᄒᆞᆫ다더라

●義將之墓 江原道義兵大將閔肯鎬氏의被害ᄒᆞ얏다ᄂᆞᆫ確報를聞ᄒᆞᆫ則大邱地方隊解散兵幾拾名이閔肯鎬시陣에來到ᄒᆞ야赴戰ᄒᆞ기를自願ᄒᆞ거ᄂᆞᆯ閔氏가[illegible]受用ᄒᆞ얏더니該兵等이幾月間心腹으로從軍ᄒᆞ다가閔氏를捉去ᄒᆞ야日本守備隊에押付ᄒᆞ야卽爲砲殺이라ᄒᆞ며一說은巡查隊가閔씨所在處에暗入ᄒᆞᆫ즉適其時에閔氏가對飯而坐ᄒᆞ야儼然不避ᄒᆞᆫ지라巡查隊가閔氏를捉來ᄒᆞᄂᆞᆫᄃᆡ義兵이急々追到하미巡查隊가閔시를砲殺ᄒᆞ얏다ᄒᆞᄂᆞᆫᄃᆡ日本守備隊에셔該시의屍體를厚葬ᄒᆞ고木牌에義兵大將閔肯鎬之墓라大書ᄒᆞ야墓前에挿立하얏다더라

●積而能散 錦山邑居朴先敬씨ᄂᆞᆫ元來富饒ᄒᆞᆫ人인ᄃᆡ近日慈善心이有ᄒᆞ야該附近貧民을一齊히會集하고自己田土文券을一々히分給ᄒᆞ얏다더라

●日兵向東 再昨夜十二時頃에日本騎兵七名에東小門元山街道로向ᄒᆞᄂᆞᆫᄃᆡ義兵이楊州等地에在ᄒᆞᆷ으로急行ᄒᆞᄂᆞᆫ貌樣이라더라

●通詞懲罰 日本人通譯이行悖가無雙ᄒᆞᆷ으로當局者들이相當ᄒᆞᆫ懲罰을施ᄒᆞ기로各地方에行悖ᄒᆞᄂᆞᆫ通詞를現今詳探ᄒᆞᆫ다이라더라

●珍守興학 珍山郡守李漢翊씨가該郡紳士諸氏와宋香蘇朴來英氏로協心同力ᄒᆞ야珍明학校를設立ᄒᆞ고青年을敎育ᄒᆞᄂᆞᆫᄃᆡ成就之望이頗有ᄒᆞ며經費ᄂᆞᆫ該郡학堂답을引繼補用ᄒᆞᆯ뿐더러有志紳士가爭先捐助ᄒᆞᆫ다ᄒᆞ고該郡人의傳說이藉ᄒᆞ다더라

◀地方消息▶

▲信川日守備隊에셔出발ᄒᆞᆫ[illegible]士以下四名이三月八日同郡[illegible]方約二里村落에셔義兵七八名과交戰하얏다ᄒᆞ고

▲咸興郡守備隊에셔出張ᄒᆞᆫ日兵八名은三月拾四日에安義郡北方六里地에셔義兵百名을遭遇ᄒᆞ야約四時間을交戰ᄒᆞ얏다하고

▲鏡城守備隊에셔出발ᄒᆞᆫ日本討伐隊ᄂᆞᆫ三月十四日同地東北方四里地에셔義兵百餘名과衝突ᄒᆞ얏다하고

▲海州郡에日兵十六名과警察署警部以下二名이義兵二百名과交戰ᄒᆞ얏다더라

東京電報

十八日보

●損害調查 第二辰丸抑留에關ᄒᆞᆫ損害ᄂᆞᆫ昨日某[illegible]上野領事가廣東總督과會見ᄒᆞ야調查中이러라

●拓會案提出 日本政府에셔東洋拓殖會社法案을衆議院에提出ᄒᆞ얏ᄂᆞᆫᄃᆡ此法案을依ᄒᆞᆫ즉同會社의資本金은一千萬圓이오債券발行額은株拂額외、倍々지許ᄒᆞ고政府의保證額은二千萬圓이오발起人은韓日兩國人으로政府에셔任命ᄒᆞᆫ다ᄂᆞᆫ事이더라

▲古今忠魂▼

▲汨羅水보다술을빗고首陽薇로안주ᄒᆞ야忠臣烈士招魂ᄒᆞᆫ다晉州妓生論介시여술을붓고平壤妓生桂月香이시여勸酒歌를부르니잡으시오잡으시오이술ᄒᆞᆫ잔잡으시오

▲第一盃ᄂᆞᆫ兩日花가피엿스니一片丹忠빗치ᄂᆞᆫ다異域酷刑不畏ᄒᆞ고罵不絶口秋霜又다鐵斷無他더貞忠이竟至身死ᄒᆞ얏고나從堤上시며드리고

▲第二盃ᄂᆞᆫ臨亡君辱ᄒᆞᄂᆞᆫ日에죽지안코무엇ᄒᆞᆯ가向北屈膝深[illegible]ᄒᆞᆫ一權下에孤節이라蒼竹欉이나못되여至今ᄭᆞ지斑斑ᄒᆞ다[illegible]드리고

▲第三盃ᄂᆞᆫ十萬大兵渡航初에一身對敵ᄒᆞ엿고나與日爭光忠奮志ᄂᆞᆫ號令소리震動ᄒᆞᆫ다[illegible]後霜鋒冷[illegible]從容就義ᄒᆞ니哭泉谷께드리고

▲第四盃ᄂᆞᆫ七百義士召募ᄒᆞ야草野間에奮起ᄒᆞ니所向無敵ᄒᆞ衣兵이錦山風塵不幸ᄒᆞ다[illegible]島를指點ᄒᆞ니樹亦同死悲세遺重峰께드리고

▲第五盃ᄂᆞᆫ矗石樓올나보니三壯士가어ᄃᆡ갓나同心同力戰士ᄂᆞᆫ六萬陣勢堂堂ᄒᆞ다血雨幾千年에英雄涙을難禁라金健齋씨게드리고

▲第六盃ᄂᆞᆫ海底船를造ᄒᆞ니神出鬼沒用兵이며百戰百勝雄略은東洋三國第一일세明島一片月이萬古忠節놉혓고나李忠武씨게드리고

▲第七盃ᄂᆞᆫ國運墜落ᄒᆞ던날에滿腔熱血엇지ᄒᆞ나一刀下에忠貞이二千萬衆代表로다血竹이々ᄒᆞ니感發所生이아가閔忠貞씨게드리고

▲第八盃ᄂᆞᆫ編伍中에잇던몸이殺身報國ᄒᆞ엿고나炳日丹忠ᄒᆞ엿스니爲國之心貴賤업ᄂᆞ年後人物이라平壤江山特色일세[illegible]하[illegible]게드리고

▲第九盃ᄂᆞᆫ直士抗意扶危ᄒᆞ니于彼朝陽鳳이운다獨爲島가되미로不食周粟同節이라[illegible]高義屹立ᄒᆞ니愛國思想[illegible]다逸勉菴께드리고

▲第十盃ᄂᆞᆫ萬國平和會議席에自國危機說ᄒᆞ라가快豁一刀腹하야一瀉血色新鮮ᄒᆞ야靑白日丈夫志ᄂᆞᆫ大韓天地生色라리儁씨게드리고

▲第十一盃ᄂᆞᆫ危急局勢痛憤ᄒᆞ야三尺刀로立節하니一隊將卒激義ᄒᆞ야不顧成敗奮起로다生志氣학鐵ᄒᆞ니더宿將이可惜ᄒᆞ다朴昇煥시게드리고

나믄술이얼마런고二千万同胞의게面面히勸ᄒᆞ야祖國精神을喚起하세

社告

本支社를左開五處에設置ᄒᆞ고玆以仰布ᄒᆞ오니本報愛讀ᄒᆞ시ᄂᆞᆫ該附近僉君子ᄂᆞᆫ該支社로購求購覽ᄒᆞ심을務望홈

▲富川邑六里　丁一齋
▲永興郡南山동書舖　梁昌鎬
▲甲州郡南門내　朱伯英
▲秦川邑舘前洋약局　李正華
▲寧邊邑內　明濟世

各地方僉員이本社에投書와寄書가逐日답至ᄒᆞᄂᆞᆫ데居住姓名이昭詳ᄒᆞ고事實이詳核흔者ᄂᆞᆫ即爲揭載어니와姓名도不載ᄒᆞ고事實이模糊흔者ᄂᆞᆫ因而置之ᄒᆞᄂᆞᆫ데催促이又至ᄒᆞ니事甚訝惑이라從今以後로ᄂᆞᆫ投書와寄書를ᄒᆞ시ᄂᆞᆫ人은居住統戶數와姓名을詳錄ᄒᆞ시되若又含糊ᄒᆞ오면並爲勿施ᄒᆞᆯ터이시니照亮홈

廣告

◉正誤　本報第七百五十六號廣告欄內佛敎宗務局趣旨書中第七項의國之國字ᄂᆞᆫ圓字로誤植이오第十四項亦字下에不字가脫落이오第拾五項皆彼之皆ᄂᆞᆫ和字로誤植이오第三拾七項圓滿二字ᄂᆞᆫ圓源으로誤植이오第四拾七項舊慣之舊字ᄂᆞᆫ習字로誤植이기玆에正誤홈

大寺동二十九統二戶內外瓦家十三間半의家券을서失ᄒᆞ엿사오니內外國人은與賣치마시옵
尹弼重　曹太鎭　告白

西署龍山坊服債倉契四十二統一戶草家五間許可狀과戶籍을隆熙二年陰一月十二日에서失ᄒᆞ엿기玆以廣告하오니內外國人이拾得하와도休紙施行홈
安敬之　告白

布廛三房의元蓀推次二月初五日於音二千六百二十五兩一片과小貂주客主朱文奎推次三月初五日於音七千四百二拾五兩一片을路中에서失ᄒᆞ와合가玆以廣布ᄒᆞ오니內外國人間拾得이라도休紙施行홈
華山館後居安台鎬　樓閣洞居鄭蕙燮

關東學會 告白

本會事務所를北部齋洞三拾統壹戶로定ᄒᆞ얏시니入會ᄒᆞ실僉員은照亮홈

本人이今正에有所關於全南光陽郡而數旬逗留之際에詳聞巷說則同郡多鴨面적岩里居鄭召史가本自癸山而來嫁于적岩이라가甲辰春에逢金君若而酒商數年이라가不幸於丙午冬에又爲寡夫而且率子女ᄒᆞ야依托無路故로他適之場에與君若諸弟先若君先君必과其子命岩과동頭民으로公議ᄒᆞ야所持物分財時에五斗落五庫田二隻牛ᄂᆞᆫ彼人次持ᄒᆞ고四斗답一庫田與家產張物은許給之標를拂取ᄒᆞ야더니其中君必이晴懷頑悖之心而稱以有變一進會ᄒᆞ고偷賣分財田畓이기로呈邑判決이더니更扶一進會而且誘其姪命岩ᄒᆞ야稱云有物而撈詔呈府에累次質判이온대餘習不改而僞造文券ᄒᆞ야貽禍於孤單之身이라云ᄒᆞ기에不勝憤抑ᄒᆞ와玆以代表廣告ᄒᆞ오니勿論某人ᄒᆞ고切勿相關而見欺홈
京北署安동朴台淳　告白

本人의墳墓字伯三이가尙未悛習ᄒᆞ고今又放蕩ᄒᆞ야浪費經兩之慮로離家出他則內外國僉君子ᄂᆞᆫ切勿錢財相關하시옵만일相關하시면白失ᄒᆞᆯ터이오니照亮홈
海州郡來城面　劉淳益　白

本人等이草梁驛前大同運輸會社合資積立營業이더니今의營務所事ᄒᆞ야右社營業을不能發務故各項文簿를清帳ᄒᆞ여各人處所推去擔當ᄒᆞ여私自收捧케ᄒᆞ고自陽三月八日永爲退立ᄒᆞ옵기以日後라도右社凡務가在人等와게ᄂᆞᆫ相關이無하오니內外國僉位ᄂᆞᆫ以此照亮ᄒᆞ심을爲要
釜山草梁　崔桂賢　林技春　玄景振　金汝重

本人의先山이在於高陽淸潭里孝子동이온바三百餘年守護禁養ᄒᆞ옵더니宋山松楸를何許悖類가稱以某之所管ᄒᆞ고欲爲偸賣코저ᄒᆞ기에玆以廣佈ᄒᆞ오니內外國人은切勿見欺홈
宗孫朴용善　昌善　容濟　容淑　容主

今現弊院에서各項事務를一層擴張하오며金裝與銀裝各樣의齒와老小間沒數落齒를兩齒床幷齒를隨意製造하오며拔齒與入齒時에毫無苦痛케ᄒᆞᄂᆞᆫ技方도有ᄒᆞ며齒科上面議ᄂᆞᆫ無料授受ᄒᆞ압ᄂᆞ니四方僉君子ᄂᆞᆫ照亮ᄒᆞ심을爲希홈
京南大門內尙洞美人齒科醫院
寓齒科醫士　韓大衛　告白

本郡州南面에本校를設立ᄒᆞ기로發起ᄒᆞ오며各동里에서留來ᄒᆞ던里社錢으로學校에寄付ᄒᆞᆫ金額과田畓이左와如홈
化陽里一千圜　田二日耕　長上里　五百圜　鳳棲里　五百圜　沓一日耕　長興里　一百二十一圜六十六錢　望溪里　長川里　長樂里　各三拾圜
安州州南面長興學校　告白

本人이中署堅坪坊承동契二十六統三戶崔銀實에瓦家八間을買得ᄒᆞ야文券을竟持이고西小門外에出往이다가路上에서저失ᄒᆞ얏스니無論內外國人이某拾得이던지休紙施行홈
北署彰義동金鳳圭　告白

本所에서精米機械를一新改良ᄒᆞ와穀數之多少不計ᄒᆞ고精米ᄒᆞ시ᄂᆞᆫ僉君子의게需應도迅速便利케ᄒᆞ고精米와工錢도以廉價로ᄒᆞ니大廉ᄒᆞ게ᄒᆞ더이오米色도精潔히精出ᄒᆞ오니精米ᄒᆞ실僉同胞ᄂᆞᆫ來臨問議ᄒᆞ시오工錢左와如홈

正租作玄米
五拾石以下　每斗二전五里
五拾石以上　仝　二錢
正租作白米
拾五石以下　仝　四錢
三拾石以下　仝　三전五里
五拾石以下　仝　三전三里
五拾石以上　仝　三전
玄米作白米　仝　四전
中米作白米　仝　三전
〔但中玄米ᄂᆞᆫ石數多少〕
〔不計工전一切平均홈〕

南大門外紫巖德昌精米所　告白

西部龍山坊孔德里六拾六統四戶艸三拾五間최淑龍家舍를特別廉價放賣ᄒᆞ겟더이오니願買僉位ᄂᆞᆫ東部於義동二層屋下二拾四統七戶로枉臨來議하옵
孫云昌　告白

新舊學文을大發賣ᄒᆞ오니願買하ᄂᆞᆫ僉君子ᄂᆞᆫ速々求覽ᄒᆞ심을希望홈
慶尙北道大邱東上後洞　在田堂　金괴鴻書舖　告白

新撰理化學

朴晶東氏著
仝一冊定價金三拾錢

一本書의目的은小學校에敎課ᄒᆞ기爲ᄒᆞ야編輯홈이라
一理化學解說下에簡明ᄒᆞᆫ圖를揷ᄒᆞ야讀者의理解홈을便易케홈이라
一理化學用語와物質의名詞ᄂᆞᆫ近時代漢譯의最著ᄒᆞᆫ者로採述홈이라
一本書ᄂᆞᆫ理化學諸家의著說中最簡易홈을採ᄒᆞ야十五章으로編ᄒᆞ야學徒로ᄒᆞ야곰二箇年에畢讀케홈이니陸續購覽ᄒᆞ시옵

발賣所
布병下金相萬廣學書舖
京城各書舖
平壤鐘路耶蘇敎冊사
法橋大同書觀

本書院에서內外國新舊學問各種書籍과聖經각種을大發賣ᄒᆞ지三四年인바本敎會敎人과각學校生徒의購覽ᄒᆞ기便利홈을爲ᄒᆞ야左開三處에支冊肆를新設ᄒᆞ오니書籍을願買ᄒᆞ시ᄂᆞᆫ僉彦은附近支肆에請求하심을務望
左開
西門外中學校西便　韓承煥
南門外通路東便　安桂元
鐘路館門下
平壤貫동上隅　韓鼎敎

耶蘇教書院

鄭桂齋　金聖鐸　告白

大韓文典

兪光玉　述
李爾在　校閱

此文典은國語의語法과讀法과作文法을一定ᄒᆞᆫ規模로能成케ᄒᆞᆫ法이備載ᄒᆞ야高等小學校나中학一班에所用ᄒᆞᆯ만ᄒᆞ오니僉君子ᄂᆞᆫ速々購覽ᄒᆞ심敬要

發賣所　平壤　大同書觀
京城　遊淵徽新학校內
安岳　勉學書舖

滑稽小說

禽獸會議錄

弄球室主人　著述
表紙石版寫眞印刷
仝一冊　正價金拾五錢

▲本小說은新体文壇의演劇的小說로空前絕後의一大禽獸會議를開催하고海陸動物이演壇에集合ᄒᆞ야人類와禽獸의優劣과造化主宰의眞理를討論批評ᄒᆞᆫ光景을傍聽寫眞ᄒᆞ야讀者諸君에게紹介로今日吾人類社會의公德頹敗를警醒코ᄌᆞ홈이니其滑稽的文体가光彩陸離ᄒᆞ며諷刺的批評이奇拔欸曲하야實로國文小說界에一大異彩를放ᄒᆞᆫᄒᆞ며一讀解頤의好書物이오

▲발行元　皇城書籍業組合
▲分售處　中署鐵朝橋西邊　中央書館　中署종路　大東書市
南署大廣橋東邊　匯東書館　仝　古今書海館
西署남門外紫岩　新舊書林　남署尙洞　博文書館
남署　銅峴　博학書館　中署布屛　廣學書舖

簡易商業簿記學

仝一冊　定價金　四十五錢

本書ᄂᆞᆫ簿記학中最近ᄒᆞᆫ학理와精妙ᄒᆞᆫ形式을精細蒐輯ᄒᆞ야了解키簡易ᄒᆞ도록編述ᄒᆞᆫ者니一般商業家에不可不一次閱覽ᄒᆞᆯ者일ᄲᅮᆫ아니라中等以上學校에敎科로用홈도適當ᄒᆞ니陸續購覽ᄒᆞ심을望홈

발賣所　布병下　廣학書舖
廣橋東便　匯東서館
鐘路　大東서市
洞口越便中央書館
寺동漢陽서館
鐘路古今서海관

◉大韓國新發明神藥

◉⬤快靈丹　各種食滯中暑久滯口臭痰飮吐瀉定價一貼十錢
◉至寶丸　治諸般雜疾不拘久遠俱有偉効定價金十錢
◉靈效液　外用芳香治疥瘡皮風百發百中定價金三拾錢
◉清眼水　治諸般眼疾有撥雲見天之妙定價金拾錢
◉通淋丸　治男女急慢淋疾神効無雙速効除毒一週金五十錢

此外에도東西洋各國有名賢藥과奮病去根藥과頭風痔疾瘡藥水각種病症俱比專向爲望

漢城中署鐘路鐵埠里동拾二統二戶堤
製劑발賣所　共愛堂藥房　告白
監修발行人　前官立漢城醫학校卒業生　張基茂　朴容南　議侶
支店　開城南門內共愛堂開城支舖　姜助遠
興學書舖
代理店　西署新門外石橋普濟院藥局　車熙琔
仁川海堤廣濟生堂　李庚鳳
關內各地藥局에서換賣發賣홈니다

漢城鐘路萬國基督教青年會舘前慈惠藥房製藥鑑查人濟衆院醫學員洪錫厚朴慈惠李觀化告白

本人等이米國大醫學士魚丕信氏에게受業ᄒᆞ고醫學校의勸五等池錫永氏에게有効証明을受ᄒᆞ고左記나種을製造ᄒᆞ야外國藥規模를依ᄒᆞ야紙匣洋鐵匣琉璃瓶에盛ᄒᆞ야全國內地各處에廣賣ᄒᆞ올고濟衆院英字와醫書를我國漢文으로飜譯ᄒᆞ야名稱ᄒᆞ야便方이라ᄒᆞ야발賣ᄒᆞ오니四方僉彦中濟衆院이數拾年來經驗信用ᄒᆞ신兄弟는不拘약之多少와路之遠近ᄒᆞ고以書請買ᄒᆞ시면本人은雖拾錢價値이라도以小包郵便으로仰呈ᄒᆞ오리니對定價外郵稅十錢을加送ᄒᆞ시되小數젼은郵票十젼ᄌᆞ리로ᄉᆞ서보니시고賣약家에서는多數買去ᄒᆞ시면郵便局換錢票를買送ᄒᆞ시오且本藥房에米國(멀포드)製약會社와(와삼풀)製약會社와德國(만호임)製약會社藥品을直輸入ᄒᆞ야德語英語로記ᄒᆞᆫ方文과主治와用法을我國漢文으로飜譯발賣

商標 補益丸

食思振起 體力活潑 補益丸 第一老衰男女의게補益盆血

定	拾日分 三十個入	金一圜
價	二十日分 六十個入	金一圜七拾五錢
表	三十日分 九十個入	金二圜五拾錢

主治大補元氣能調陰陽男子陽萎不起女子月經不調手足厥冷虛股氣久病人蘇完되ᄂᆞᆫ効力이大勝於鹿茸蔘人蔘湯

[illegible]效解瘧丸 一日分定價金拾錢此藥은大人小兒長瘧과初瘧과腹瘧에以試服用ᄒᆞ면更不再發

[illegible]虫丸 一日分定價金拾전此藥은大人蛔積小兒驚病의神効

四時感冒丸 一日分定價金拾전此藥感氣몸살의쓰ᄂᆞᆫ약인ᄃᆡ低에一二日連服ᄒᆞ면四時毒感上下肢節頭痛에卽時解熱鎭痛

男女瘡[illegible]祛根藥 定價金五圜此藥은瘡疾의一期二期를勿論ᄒᆞ고거ᄅᆞᆫ을도독나온ᄌᆞ는매口疳과구어도아니나오

淸明眼藥 一日分定價金拾錢此藥은火眼熱眼의有多奇效

無惡臭疥瘡藥 定價金四拾전此藥疥瘡虫은卄分內殺殺

[illegible]咳嗽藥 五日分定價金三拾錢此藥은四時毒感性咳嗽에有大効ᄒᆞ고特히老人哽咳에消痰止咳

寸[illegible]發根 定價金三拾錢此약寸虫根拔特效

止足汗藥 二十日分定價貳拾錢此藥은韓國軍人常用除足汗

經瀝根治膏 定價금十五전此나面腫과頭腫에直差

濕腫根治膏 定價금十五전此약은男女勿論하고風寒暑濕으로成腫되여大起搔痒ᄒᆞᆫ데奇効

漢城百應膏 一封定價金十錢此약은濟약醫士李信友시方文으로製造ᄒᆞᆫ藥인대명우리잘풀리고각頂腫氣에발模合適이 濕되ᄂᆞᆫ膏藥인대大洋鐵匣八一個금五十錢

小兒感冒靈効散 此약池錫永氏經驗良方小兒感冒及食滯與驚風而熱將驚風者神効定價金十錢

癇氣神効保嬰散 此약醫學校長池錫永氏數拾年經驗之良方小兒尿色綠而瀉○腹脹○身不安而不寐○腹痛驚叫及直視而驚癇者神效定價금十二錢五厘

發賣所 仁川港杻峴濟生堂약房　京城梨峴賣약商李信華

新編 銀行簿記學

任璟宰編述　全一冊定價六十五전

本書ᄂᆞᆫ一般外國諸大家의著述ᄒᆞᆫ簿記學中最近ᄒᆞᆫ학理와最新ᄒᆞᆫ形式을精細蒐輯ᄒᆞ야國漢文으로解得키便易하게編述ᄒᆞᆫ者니一次修習ᄒᆞ면銀行의整理方法과業務의處理順序가瞭如指掌ᄒᆞ야實로實業家의一大顧問이라諸銀行家와商業家ᄂᆞᆫ不不可案頭에一冊을備置ᄒᆞᆯ者ㅣ니陸續購覽ᄒᆞ심을務望

發賣元　中署布屛下三拾七統六戶　廣學書舖金相萬

分賣所　동口越邊中央書舖　大廣橋匯東書館
　鐘路大東書市　同古今書海館
　南門內博文書館　南門外新舊書林
　銅峴博學書館

朴晶東氏演說

● 意大利獨立史　正價金五拾錢
● 經濟原論　正價金三拾五錢
● 國際公法志　正價金四拾錢
● 國文新撰家庭學　正價金三拾錢

國家의文明은敎育이根本이오敎育의基礎ᄂᆞᆫ家政이始나故로家政學을純國文으로新撰ᄒᆞ와婦人社會와勞動社會와學校敎科의必需用品에便易케ᄒᆞ와사오니有志君子ᄂᆞᆫ陸續購覽ᄒᆞ심을務望
발行人 金丽均 告白

總發賣所
▲大廣橋 匯東書館　▲鐘路 大東書市
▲洞口 中央書館　▲布屛下 廣學書舖
▲銅峴 博학書館　▲南門[illegible] 博文書館

越南亡國史 國漢文 定價貳拾伍錢
發賣所 京城廣橋匯東書舖 中署布屛下김相萬 告白
鍾路 [illegible] 時[illegible]

國文 愛國精神 定價金廿錢 리치雨譯述
勿論男女ᄒᆞ고愛國心이有ᄒᆞᆫ者可以購覽
發賣所 皇城각書館

本館에서학校敎科서宗敎서新小說等各種서籍을無遺完備ᄒᆞ오니各학校敎員과其他有志人士은陸續來購ᄒᆞ심을伏望
安州鐵井동安陵서館 金基河 告白

共立新報

共立新報ᄂᆞᆫ美洲에留ᄒᆞ시ᄂᆞᆫ我國同胞가萬明ᄒᆞᆫ학問과深厚ᄒᆞᆫ熱誠으로祖國을東望ᄒᆞ고國魂을喚醒ᄒᆞ야每週日一次式刊行ᄒᆞᄂᆞᆫ新報이온ᄃᆡ世界形勢도辯論ᄒᆞ며내國情況도觀察ᄒᆞ야愛國心이有ᄒᆞ신同胞ᄂᆞᆫ不可不購覽ᄒᆞᆯ新報이며又是純國문으로발行ᄒᆞ야婦人孺子라도一覽可瞭ᄒᆞᆯ만하오니嗟我一般同胞가我留外同胞의殊邦風霜에勞心勞力하ᄂᆞᆫ誠意를豈可越視하며잇가並에僉君子의購覽을紹介하기爲ᄒᆞ와該新報價及發賣處所를左에廣告하오

代金表
每號 五錢
六朔 壹圜貳拾錢
壹年 貳圜貳拾五錢

本國내出張所
京城廣학서舖 金相萬
　博문서館 盧鎭형
開城남門내興학서舖 姜助遠
平山郡古之面城남峴 金錫萬
長淵邑내東里 권석관
平壤上口水外 車利錫
鎭남浦龍井동 梁[illegible]涉
安州城내義村동 金[illegible]河
宣川邑 川邊 梁濬명
龍川내山面平山里 李[illegible]萬
義州南門外大東藥房 白用錫
金海台北面習士동 [illegible]永會
釜山港 草梁 尹相[illegible]
大邱東上面龍동 崔一弘
咸興西門밧 朱경欽
俄領 海蔘威 게東학校

共立新報社代理人 金[illegible]浮 告白

●大[illegible]
[illegible]

新編 活命保命丹

本舖 仁川港杻峴 濟生堂 [illegible]

●主治[illegible]中暑中寒
●[illegible]不[illegible]不服
●[illegible]
●[illegible]口熱
●[illegible]方妙藥

發行人 仁川港杻峴 濟生堂 李[illegible]

代理店
京城鐘路 京城[illegible]舖 共[illegible]藥房
同 [illegible] [illegible]
同 南門外 [illegible]
同 南門外 [illegible]
仁川內洞 韓[illegible]
同 [illegible] 和平局
開城南門內 朴圭祖
同 [illegible] 吳[illegible]
水原鐘路下 金[illegible]九藥局
同 宗[illegible] 宋[illegible]李
延安邑內 趙汝文
江華[illegible] 宋[illegible]東
長淵南門內 [illegible]
瑞山砂[illegible]院場內 朴[illegible]昌
仝 任允中
仝 耶穌敎堂內 李在[illegible]
黃州南門내紅門洞 李東[illegible]
平壤[illegible]巨里 [illegible]
仝 [illegible] [illegible]龍化
仝 [illegible] 金[illegible]
仝 文武洞 [illegible]宣
●鎭南浦[illegible]洞 金元[illegible]
●釜山港[illegible]洞 金斗[illegible]
●京南大門外 大同[illegible]會社
●金泥峴郵便局前 天佑堂
●安岳邑上[illegible]里濟生局 林[illegible]柱
●大邱南門內[illegible] [illegible]洛[illegible]
●釜山港草梁 客主김重佑家
●安州城內[illegible]井동 [illegible]春大약房
●[illegible]州南門外水口街 [illegible]和약局
此外에도現代에有明각國有名
각種[illegible]
●海州南門內 李[illegible]
●淸州邑新[illegible]약局 金[illegible]
●[illegible]川郡[illegible]동洋약局 [illegible]芝行
●咸[illegible]邑[illegible] 崔允[illegible]
●北靑新昌港客主 [illegible]
●元山港本堂出張人 朴[illegible]

▲新刊書籍廣告

增補 新案 大全 國漢文 定價金七拾五錢

大韓法規類纂 全秩 三圜五拾錢　[illegible]四拾錢
初等倫理學敎科書 二拾錢
初等衛生學敎科書 拾五錢
國家學綱領 拾五錢
國民須知 八錢
愛國婦人傳 [illegible]十五錢

發賣所 [illegible]布屛下 金相萬書舖

來人이日本大阪商業家와特約ᄒᆞ고日本內地歐米各種物品과西洋各種物品及機械等物을大韓에輸入과委托을便利케販賣ᄒᆞ겟ᄉᆞ오니商工業에有志ᄒᆞ신僉君子ᄂᆞᆫ某物이든지請求ᄒᆞ시거든本社로來議ᄒᆞ시오本社에서ᄂᆞᆫ手數料金만受ᄒᆞᆷ

興業社本店

支店 京城南門內大[illegible]五十一統六戶
京城南大門內興學書舖
　[illegible]會社
仝仁港內[illegible]廣濟號

學徒洋裝書冊
學徒運動諸具
羅紗各種　美國金[illegible]
衣服[illegible]其他[illegible]賀至[illegible]放賣
ᄒᆞ오니諸君子ᄂᆞᆫ來臨ᄒᆞ심을바라나이다
仁川港[illegible]峴[illegible]新[illegible]

●本社廣告

○申報價
一號代金 新貨二錢五厘
一個月前納 三十錢
三個月 九十錢
六個月 一圜七十錢
一個年 三圜四十錢
郵稅一號 新貨五厘
一個月 十三錢

發行兼編輯人 英國人 裵說
發行所 [illegible]
漢[illegible]石井洞[illegible]外[illegible]三[illegible]洋[illegible]
大韓每日申報社

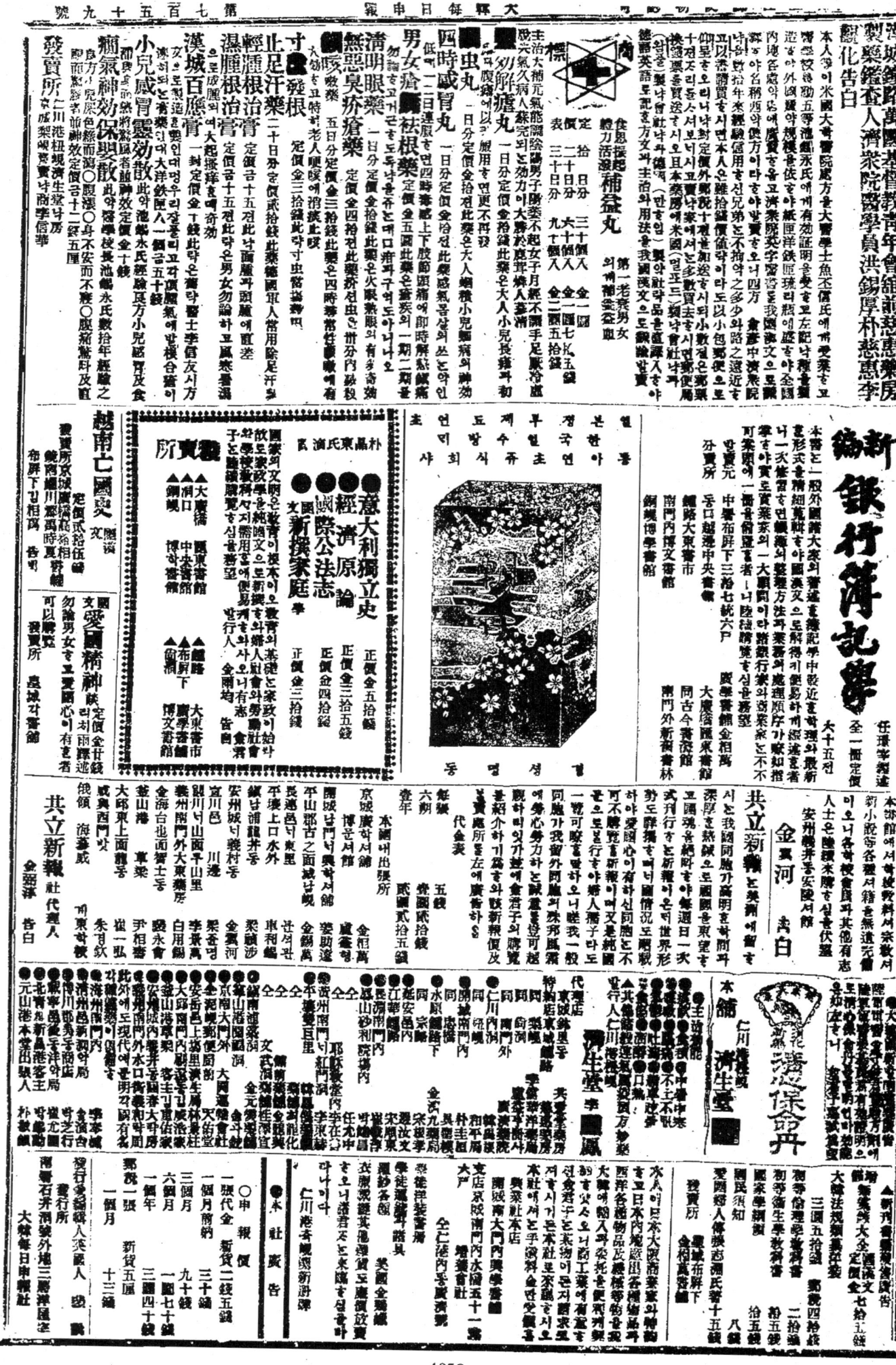

第六卷

大韓每日申報

第七百六十[illegible]號

月曜及慶節
歲時日休刊

檀君開國四千二百四十一年
箕子元年三千三十年
大韓開國五百十七年
日本明治四十一年
淸國光緖三十四年
陰曆戊申二月小十九日乙亥

寄書

國之衰殘이已由于頑固老物腐敗心이오國之興旺이專任乎敎育靑年團合力이다

秋湖生

往世界는舊世界라舊思想舊學文과舊政治舊法律舊軍略으로도治則安ㅎ고亂則危를以時觀之否泰로知ㅎ앗스나今世界는新世界라新思想新학文과新政治新法律新軍略으로優者勝ㅎ고劣者敗는以知識之明昧로謂홀지로다

嗟夫我韓이緣何로如此히衰하고如此히敗ㅎ고如此히難ㅎ고如此히滅홀境遇에至하얏는고ㅎ면曰毋論京鄕ㅎ고頑固老物에腐敗習慣을因ㅎ다謂홀지로다此老物이常來에何惡習을施ㅎ얏는고挽近數百年來로幾個兩班은派黨을四色에分ㅎ야老니少니南이니北이니又曰庶니嫡이니各其黨租ㅎ야出仕之堦에其爲人은傀儡오其行事는豺狼이라도名租만有ㅎ면高官淸爵을猥佩衣帶ㅎ고八路生靈을蹴踏魚肉ㅎ던手段으로貪之虐之ㅎ야無所顧忌이다가其乎於租國疆土ᄭ지賣食ㅎ얏도다

今日我韓이何以로如他히生ㅎ며如他히存ㅎ며如他히興ㅎ며如他히旺홀效果를結ㅎ고ㅎ면曰毋論內外地ㅎ고敎育靑年에團合力圈에有ㅎ다謂홀지라此靑年이晝夜熱誠으로何敎育을養홀가德業體智三育을必須홀지라體者는盖人으로健全ㅎ力을持保ㅎ야新鮮ㅎ飮食과淸潔ㅎ衣服으로寒暑에適應하야精神運動에循環을調整케ㅎ고德者는溫厚謹愼과純良仁愛로涵養케ㅎ야性情行爲에美德을具備케홀거시오智者는全히實利에主義라自己의利益을計劃ㅎ며財產을處理ㅎ며職業世務를圖ㅎ며個人及國家에義務를盡ㅎ기可홀知識오로社會上에卓犖ㅎ人物을養成홀지니此三要件을一身上에允執ㅎ면文事라도可能이오武藝이라도可ㅎ오演理라도可ㅎ며工藝라도可進이오商業이라도可成이니於千萬事에何事를不能不備不適不進不成乎리오是以로世界進化가落在敎育者手中이라홀지라

歐美각國이皆以敎育으로自由를特立이니普國之於法國也에大恥를雪홈도不是면不能이오其餘英美俄諸國之富强도不是면不能이오日本之今日此擧措도從何而出乎아今吾國勢民族이危如累卵漂洋이오累卵哉石이라

嗟我靑年同胞는互相團結ㅎ며互相補助ㅎ며互相資益ㅎ며互相捍救ㅎ며惟是從事於愛國之實ㅎ야早々研省急々硏究ㅎ되凡於利國之事어든雖傾家破產에碎身粉骨이라도無或避辭恨悔ㅎ고肩항脊擔ㅎ야如火益烈로保國保種的一念이國表團裏ㅎ며合上合下ㅎ야光滿於國內ㅎ고洋溢乎世界면所謂於我反對者도撲折ㅎ며於我把握者도破碎ㅎ야與歐西列强으로幷轡同馳에固如泰山磐石이오直如九鼎大呂ㅎ야天地로與同永遠享祚에必興必旺이리니靑年々々은勗勵歟哉어다

外報

●美日戰爭說 華盛頓拾六日電을據ㅎ즉美國과日本이戰爭準備를從々히ㅎ는ᄃ對ㅎ야仲裁者의揣摩도는美日間交涉되는移民問題가戰爭에原因이아니라淸國滿洲開放에關ㅎ야日本統治權을根因홈이니至今에滿洲는大韓갓흔形勢를當ㅎ앗스니日本人民이雜處ㅎ는거슨處置홀介업는고로大韓을占領ㅎ야植民ㅎ計劃이라고日本新聞에揭載ㅎ바어니와日本은至今滿洲를侵掠홈은各國이共認ㅎ淸國領土保全을無視홈이라滿洲에在ㅎ俄國軍隊撤退ㅎ논事로美國과相約홀것도不顧ㅎ고日本은大韓에서行ㅎ던政策을滿洲에서施코저ㅎ니淸國은아직領土保全을美國에請求ㅎ비無ㅎ며美國陸軍大臣탓프氏가上海에서演說ㅎ中에美國은必要ㅎ境遇에는淸國門戶開放主義를保全하기爲ㅎ야活潑ㅎ干涉을行홀터이나至今서ᄂ艦隊는太平洋에接近ㅎ엿스니今年秋間이면亞西亞海面을橫行홀터이라目下에도太平洋에三隻戰艦과美國海軍中最新式最强大ㅎ軍艦一隻을派ㅎ터이오三拾隻大巡艦도目下亞西亞에遊弋하는諸補佐艦과共히合勢ㅎ니一千九百年에北京에서締約ㅎ淸國領土保全에對ㅎ야各國態度와何如홀것을察ㅎ고저하노라萬若淸國이合衆國에對ㅎ야救援을請ㅎ는日이면米國은歐羅巴각國은更論홀것업고日本에對ㅎ야還遼를발ㅎ기를勸처아니홀것스니此時에日本의苦勵이何如홀것은但太平洋에在ㅎ米國艦隊의力을量홀지라ㅎ앗는故로今日에米日間戰爭이起ㅎ면滿洲問題로原因이되리라ㅎ앗더라

雜報

●新校日新 江西郡新興夜학校는儒林所를借得移接ㅎ앗는ᄃ生徒가日々增加ㅎ야將至八拾餘名이오校長白舜欽씨는校務에熱心ㅎ야逐日勤奬혼다더라

●高郡新校 高陽郡德隱동에서李濚應金永寬박奎成劉興烈劉承烈諸氏가발起ㅎ야普通학校를設立ㅎ고熱心敎育혼다더라

●勞動夜학 林業奎김泰裕兩氏가敎育에熱心ㅎ야勞動人을爲ㅎ야夜학校를발起ㅎ고今月二十二日에中橋義塾內에開會ㅎ고任員을組織혼다더라

●仁校請認 孟山郡仁化面有志人士들이子弟를敎育ㅎ기爲ㅎ야仁化학校를設立ㅎ고漢文敎師는文宋主氏로語학敎師는張應叔氏로選定하얏는ᄃ昨日學部에承認ㅎ기를請願ㅎ앗다더라

●海郡女校 海州郡正內女學校는該郡守韓炯履氏가熱心創立ㅎ야本月十一月開학式을行ㅎ나現今入학ㅎ학徒가二十五名에達ㅎ고郡守韓炯履氏가女子敎育의必要를逐ㅊ說明ㅎ며愚迷ㅎ風俗이漸次開明ㅎ야學徒가日益增加홀샌不啻라有志諸씨가贊成金을爭先捐助ㅎ야大有進就之望이라더라

●永柔郡海栗面維新학校趣旨書

凡天下之物이窮ㅎ則變ㅎ고變ㅎ則通ㅎ며久則弊ㅎ고弊ㅎ則敗홈은固然之理也라現今全地球上에維我同胞靑年子弟에新學問과新思想世界激勵ㅎ야人才를養成ㅎ며來智를啓발ㅎ은卽是國權挽回ㅎ基礎며人權을擴張홀方針이라

茲에惟我同志諸員이建학養才를爲ㅎ야一心聯合하야基趾를資本으로학徒를募立하고擧于本校박容規시則促亦智而興之하야命名曰維新이라ㅎ나說取於邦舊命新之旨也라

由是로生徒가日就ㅎ고學業이日就ㅎ야開明之步武가維新하며敎育之起點이維新이니日日新ㅎ며又日新ㅎ야三千里疆土와六百年宗社를恢復維新케홈을希望

隆熙二年陰正月拾八日발起人
鄭入烈 金發鏞 安宗鉉
피快燮 金永斉 金斗洙

○兩金裁判顛末 平壤城니居金鎭鎬의亡兄鎭範은張道淳에게原非物主요亦非同事인되金澄植이가張道淳處에所捺四万餘兩이有ㅎ되鎭鎬와亡兄鎭範을張哥의物主라稱ㅎ고其弟鎭鎬에게勒徵홈으로光武七年에金澄植이가本道裁判所에起訟ㅎ앗다가非理行動이綻露홈으로김澄植이가隱避不出故로缺席裁判判決書를成出이러나其後에김澄植이가김鎭鎬에게對ㅎ야萬端行悖故로金鎭鎬가此事의支離홈을不堪홀뿐더러澄植의行悖를難爲抵當ㅎ야一萬兩을給하고更爲勿侵之意로김澄植의고聚를受ㅎ엿더니不意光武十一年七月分에김형植이가本郡에起訟ㅎ야郡守白樂均씨가有何主見인지김형植에게勝訴判決書를成給故로金鎭鎬가此事를辯護士安秉瓚씨에委任홀즉安辯護가往于本郡ㅎ야審白此訟은處理치못홀訟案인ᄃ何以受理乎아ㅎ고說明ㅎ즉郡守가其失錯됨을覺ㅎ고判決書를自筆로交附하며取消一字를써홀後捺印하앗고又는取消홀理由를說明ㅎ證明書를成出ㅎ앗고其時에김형植은逃避ㅎ엿는지라待其出現ㅎ야非理建訟律에處혼다는證明書를又爲成出故로김鎭鎬는認以安帖ㅎ고二級裁判所에申訴치아니ㅎ엿더니不意今者에김형植이道之委任辯護士藤澤正啓에本郡守가執行命令을發ㅎ야給ㅎ야김鎭鎬의家產世居地에役數押去홀지라김鎭鎬가大韓協會에訴願ㅎ즉協會에서本郡에辯護서를繕送이러니等達서니郡에서該藤에게對ㅎ야此訟案에取消證明成給과事由를言ㅎ즉藤이가威脅與言이라當該郡守不得已成給ㅎ얏다ㅎ命令서를不得已成給혼거시오非家產執行命令서이다等因이고又는本郡守가家產讓出給命令서를成出ㅎ얏는되內開에光武七年分에二級裁判所判決서가有ㅎ거날未取推閱ㅎ고受理ㅎ거신즉郡判決서는自歸無效ㅎ고執行命令서도亦爲無效則執行物還出給事等因이오又는本郡이證據를源으로ㅎ얏는ᄃ內閣에郡判決서가歸於無效則執行命令서도亦歸無效각郡行物還出給事等因이오觀察道로報告홈ᄃ內閣에光武七年二級裁判所判決서를未及推閱ㅎ고自郡受理ㅎ앗슨즉郡判決서는歸於無效라執行命令서도亦自無效이오되自下로難以處斷故로玆以報告事等因인바事機如此에執物을不出給ㅎ니非理之事에도日人交涉이면韓吏가懸氣라ㅎ成人이莫不慨歎ㅎ며金형植의前後行態와藤澤의左右辯案과日辯士의居中抑勒이俱是一般이라ㅎ더라

雜報

[illegible]

地方消息

[illegible]

東京電報

[illegible]

北京電報

[illegible]

社告

本支社를左開五處에設置ᄒᆞ고玆以仰佈ᄒᆞ오니本報愛讀ᄒᆞ시ᄂᆞᆫ該附近 僉君子ᄂᆞᆫ該支社로請求購覽ᄒᆞ심을務望홈

▲信川邑六里　丁一善

▲永柔郡南山동書舖　梁昌鎬

▲[illegible]州郡南門내　朱伯英

▲豐川邑館前洋약局　李正華

▲寧邊邑內　明濟堂

各地方會員이本社에投書와寄書ᄒᆞᄂᆞᆫ日당至ᄒᆞᄂᆞᆫ데居住姓名이昭詳ᄒᆞ고事實이詳核ᄒᆞᆫ者ᄂᆞᆫ卽爲揭載이나或住姓名도不載ᄒᆞ고事實이模糊ᄒᆞᆫ者ᄂᆞᆫ因而置之ᄒᆞᄂᆞᆫ데催促이又至ᄒᆞ니事甚難處이라從今以後로ᄂᆞᆫ投書와寄書를ᄒᆞ시ᄂᆞᆫ人은居住統戶數와姓名을詳錄ᄒᆞ시되若又含糊ᄒᆞ오면卽爲勿施ᄒᆞ올거시니照亮홈

雜報

●校物請借　私立新明학校長崔俊源씨가학部로請願ᄒᆞ되該校ᄂᆞᆫ經費가艱絀하야校椅與床을尙未準備ᄒᆞ야工夫上妨害가不小ᄒᆞ니貴部에所置中校椅與床을各六拾件만借與ᄒᆞ라ᄒᆞ얏더라

廣告

東署花洞所在瓦家四十間자리五十二의落文券을昨年鄕第에서燒失ᄒᆞ얏기玆에廣告홈
金鎭贊　告白

本人이名啣圖書와失ᄒᆞ얏ᄂᆞᆫ데可考ᄒᆞᆯ書類가有ᄒᆞ오니誰某拾得ᄒᆞ시면지卽爲傳致ᄒᆞ시면五圜을仰呈ᄒᆞ오리다
鍾路醫氣會社下家　李興澤

官立普通學校학徒募集廣告

來四月은학年初이기로官立漢城師範학校附屬普通학校와官立普通학校에ᄂᆞᆫ一학年生五拾名式(於漢洞普通학校에ᄂᆞᆫ百名)과各학年級외補缺生을募集ᄒᆞ니入학홀者ᄂᆞᆫ四月三十日內로左記各학校에請願홀事

官立漢城師範학校附屬普通학校
官立校洞普通학校
官立齋동普通학校
官立於義동普通학校
官立仁峴普通학校
官立水下동普通학校
官立貞洞普通학校
官立梅동普通학校
官立미동普通학校

入학年齡은一學年에ᄂᆞᆫ八歲로十四歲ᄭᆞ지오補缺에ᄂᆞᆫ十七歲ᄭᆞ지로홈

隆熙二年三月二十日　學部

本人의率養子傑年少放浪ᄒᆞ야世傳田畓을潛欲潛賣ᄒᆞ기以保守次로本郡證明을蒙許ᄒᆞ오니誰某이던지傑의게買畓ᄒᆞᄂᆞᆫ者ᄂᆞᆫ盜買로無異ᄒᆞ니內外國人은切勿見欺홈
慶北高靈館동故李進士家未亡人呂氏　告白

西署盤山坊服順倉契四十二統一戶草家五間許可狀과戶籍을隆熙二年陰二月十二日저失故로玆以廣告ᄒᆞ오니內外國人拾得ᄒᆞ와도休紙施行홈
姜敬之　告白

本人의壞殷字伯三이가尙未成校備習ᄒᆞ고今又放蕩ᄒᆞ야浪費家財兩之意로離家出他則內外國僉君子ᄂᆞᆫ切勿締財相關ᄒᆞ지옴만일相關ᄒᆞ시면白失ᄒᆞᆯ터이오니照亮홈
海州郡來城面　劉淳益　白

大寺동二十九統二戶內外瓦家十二間半의家券을見失ᄒᆞ얏스오니內外國人은典賣치마시옵
尹錫璜　曾太鎭　告白

布廛三房白元淳推次三月初五日於晉二千六百二十五兩一片과小紙客主宋大奎推次三月初五日於晉七千四百二十五兩一片을路中에서見失ᄒᆞ와슴기玆以廣布ᄒᆞ오니內外國人間拾得이라도休紙施行홈
華山館後居安台鎬　接[illegible]洞居鄭基燮

本會事務所를北部齋洞三十統登戶로定ᄒᆞ얏시니入會ᄒᆞ신會員은　照亮홈
關東學會　告白

本人의先山이在於高陽淸潭里孝子동이온바三百餘年守護禁養ᄒᆞ옵더니近來山松楸를何許悖類가斫伐以樂之所管ᄒᆞ고欲爲倫賣코져ᄒᆞ기에玆以廣佈ᄒᆞ오니內外國人은切勿見欺홈
宗孫朴종善　昌善　容濱
容澈　容圭

本人이中署堅平坊承동契二十六統三戶崔銀實에瓦家八間을買得ᄒᆞ야文券을竟持이고西小門外에出往이다가路上에서見失ᄒᆞ얏스니無論內外國人閒誰某拾得이던지休紙施行홈
北署彰義동金鳳圭　告白

本所에서精米機械를一新改良ᄒᆞ야穀數ᄂᆞᆫ多少不計ᄒᆞ고精米ᄒᆞ시ᄂᆞᆫ僉君子의便需應迅速便利케ᄒᆞ고精米와工錢도以廉價로ᄒᆞ기보다大端廉ᄒᆞ게ᄒᆞ켓ᄉᆞ오니米色도精潔히精出ᄒᆞ오니精米를실僉同胞ᄂᆞᆫ來臨問議ᄒᆞ시오工錢左와如홈

正租作玄米		
五拾石以下	每斗	二錢五厘
五拾石以上	仝	二錢
正租作白米		
拾五石以下	仝	四錢
三拾石以下	仝	三錢五厘
五拾石以下	仝	三錢三厘
五拾石以上	仝	三錢
玄米作白米	仝	四錢
中米作白米	仝	三錢

(但中玄米ᄂᆞᆫ石數多少不計工錢一切平均홈)

南大門外紫巖德昌
精米所　告白

今現辨院에서各項事務을一層擴張ᄒᆞ오며金銀各樣과齒와老小關役數落齒를以補齒床을隨意製造ᄒᆞ오며拔齒與入齒時에毫無苦痛케ᄒᆞᄂᆞᆫ技方도有ᄒᆞ며齒科上面議ᄂᆞᆫ無料로受ᄒᆞ압ᄂᆞ니四方僉君子ᄂᆞᆫ照亮ᄒᆞ심을爲希홈
京南大門內尙洞美人齒科醫士　韓大衡　告白

本郡州南面에本校를設立ᄒᆞ기로發起ᄒᆞ오며各동里에서留案ᄒᆞ던里社錢으로學校에寄付ᄒᆞᆫ金額과田畓이左와如홈
化陽里一千兩　田二日耕　長興里　一百兩　畓一日耕
上里　五百兩　鳳棲里　五百兩
二十一兩六十六錢　雲溪里
長川里　長樂里　各三拾圜
安州州南面長興學校　告白

西部龍山坊孔德里六拾大統四戶坤三拾五間草家龍家會를特以願賣ᄒᆞ오니願買ᄒᆞᆯ터이오니願買僉位ᄂᆞᆫ東部於義동二層屋下二拾四統七戶로枉臨來議ᄒᆞ옵
孫云昌　告白

大廣告　新舊學文을大發賣ᄒᆞ오니願買ᄒᆞ시ᄂᆞᆫ僉君子ᄂᆞᆫ速々求覽ᄒᆞ심을希望홈
慶尙北道大邱東上後洞　在田堂　金기鴻書舖　告白

新撰理化學

朴晶東氏著
全一冊定價金三拾錢

一本書의目的은小學校에敎課ᄒᆞ기爲ᄒᆞ야編輯홈이며
一理化學解說下에簡明ᄒᆞᆫ圖를揷ᄒᆞ야讀者의理解홈을便易케홈이라
一理化學用語와物質의名詞ᄂᆞᆫ近時代譯의最著ᄒᆞᆫ者로採選홈이라
一本書ᄂᆞᆫ理化學諸家의學說中最簡易ᄒᆞᆫ者를採ᄒᆞ야十五章으로編ᄒᆞ야學徒로ᄒᆞ야곰二箇年에畢讀케홈이니陸續購覽ᄒᆞ시옵

발賣所　布병下金相萬廣學書舖　京城各書舖　平壤鐘路耶穌敎書舖　法橋大同書觀

本書院에서內外國新舊學問各種書籍과聖經各種을大發賣ᄒᆞ지三四年인바本敎會敎人과各學校生徒의購覽ᄒᆞ기便利홈을爲ᄒᆞ야左開三處에支冊肆를新設ᄒᆞ오니書籍을購買ᄒᆞ시ᄂᆞᆫ僉彥은附近支店에請來하심을務望
左開
西門外中學校西便　韓承煥
南門外蓮池東便　安桂元
鐘路館門下　韓鼎敎
平壤貫동上隅
耶穌敎書院　金聖鐸　告白

大韓文典

崔光玉 述　學部檢閱

此文典은國語의語法과文法과作文法을一定ᄒᆞᆫ規模로能成케ᄒᆞᄂᆞᆫ法이備ᄒᆞ야高等小학校나中학一班에所用ᄒᆞᆯ만ᄒᆞ오니僉君子ᄂᆞᆫ速々購覽ᄒᆞ심敬要

發賣所　京城 平壤 大同書觀　京城 疑洞徽新학校內　安岳 勉學書舖

滑稽小說 禽獸會議錄

弄球室主人 著述
表紙石版寫眞畫印刷
全一冊　正價金拾五錢

▲本小說은新体文壇의演劇的小說로空前絶後의一大禽獸會議를開催ᄒᆞ고海陸動物이演壇에集合ᄒᆞ야人類와禽獸의優劣과造化主宰의眞理를討論批評ᄒᆞᆫ光景을傍聽貫寫ᄒᆞ야讀者諸君에게紹介로今日吾人類社會의公德頹敗ᄒᆞᆫ世態를醒ᄒᆞ고저홈이니其滑稽的文体가光彩陸離ᄒᆞ며諷刺的批評이奇拔欸曲ᄒᆞ야實로國文小說界에一大異彩를放홀만ᄒᆞ며一讀解頤의好書物이오

▲발行元　皇城書籍業組合

▲分售處
中署罷橋越邊　中央書館　中署鍾路　大東書市
南署大廣橋東邊　匯東書館　仝　古今書海館
南署남門外藥岩　新舊書林　남署尙洞　博文書館
남署銅峴　博學書館　中署布屛　廣學書舖

簡易商業簿記學

全一冊　定價金四十五錢

本書ᄂᆞᆫ簿記학中最近ᄒᆞᆫ학理와精妙ᄒᆞᆫ形式을精細蒐輯ᄒᆞ야了解케簡易ᄒᆞ도록編述ᄒᆞᆫ者니一般商業家에不可不一次閱覽ᄒᆞᆯ者뿐아니라中等以上學校에敎科로用홈도適當ᄒᆞ니陸續購覽ᄒᆞ심을望홈

발賣所　布병下 廣학書舖　洞口越便中央書館　廣橋東便匯東서舘　寺동漢陽서舘　鐘路 大東서市　鐘路古今서海관

◎大韓國新發明神藥

◎度修靈丹　各種食滯中暑久滯口臭痰飮吐瀉　定價一貼十錢

◎至寶丸　治諸般癨疾不拘久遠俱有偉效　定價金十錢

◎靈效液　外用芳香治疥瘡皮風百發百中　定價金三拾錢

◎淸眼水　治諸般眼疾有擬雲見天之妙　定價金拾錢

◎通淋丸　治男女急慢淋疾神効無雙速効除毒　一週金五十錢

此外에도東西洋各國有名賣藥과諸病去根藥과頭風痒疾藥水各種藥具俱比廉向爲望

漢城中署鐘路鉢里廛동拾二統二戶
製劑발賣所　共愛堂藥房　告白
監修발行人　前官立漢城醫학校卒業生　趙基茂　朴容南
支店　開城南門內共愛堂開城支舖　姜助遠　興學書舖
代理店　西署新門外石橋醫濟院藥局　車鼎琪　仁川梅濟生堂　李庚鳳

各地方藥局에서照亮販賣홈내다

[illegible]鐵路[illegible]

觀化堂白

本人等이米國大醫院[illegible]大醫學士魚丕信氏에게受業[illegible]醫學校[illegible]外國[illegible]藥[illegible]依[illegible]內地各處[illegible]名稱[illegible]方[illegible]

商標

食思振起 補益丸 定價表 一日分 二十日分 三十日分

主治大補元氣能調陰陽男子陽萎不起女子月經不調手足厥冷虛勞[illegible]氣久病人蘇完되는効力이大勝於鹿茸蔘人蔘精

効解疳丸 一日分定價金拾錢此藥은大人小兒長痛과初[illegible]腹痛에以[illegible]服用하면更不再發

虫丸 一日分定價金拾전此藥은大人蟲積小兒蟲病의神効

時感胃丸 一日分定價金拾전此藥은感氣몸살의쓰는약인데二日連服하면四時瘟感上下肢節頭痛에卽時解熱鎭痛

男女搶[illegible]祛根藥 定價金五圜此藥은瘡疾의一期二期를勿論하고거근을도득나을쥬는대口瘡과子여도아니나오

淸明眼藥 一日分定價金拾錢此藥은火眼熱眼의有多奇効

無惡臭疥瘡藥 定價金四拾전此藥疥전虫을卅分內滅殺

[illegible]咳嗽藥 五日分定價金三拾錢此藥은四時毒常性咳嗽에有効하고特히老人喫咳에消痰止咳

寸[illegible]發根 定價金三拾錢此약寸虫[illegible]

止足汗藥 二十日分定價貳拾錢此藥은軍人常用除足汗

輕[illegible]根治膏 定價금十五전此약面癰과頭瘡에直差

濕腫根治膏 定價금十五전此약은男女勿論하고風寒暑濕으로成腫되어大起癢痒亨에奇効

漢城百應膏 一封定價金十錢此약은醫학醫士李信友시方文으로製造흔藥인데우리잘풀리고좌頭腫氣에발根合瘡이速히되는膏藥인데大洋鐵匣入一個금五十錢

小兒感冒靈効散 此약池錫永氏經驗良方小兒感冒及食滯與身熱驚風者神効定價金十錢

癇氣神効保嬰散 此약醫學校長池錫永氏數拾年經驗之良方小兒床色綠而濁○腹漲○身不安而不寐○腹痛驚悸及直視而驚者神效定價금十二錢五厘

發賣所 仁川港杻峴濟生堂약房 京城梨峴齊賣약商李信華

越南亡國史 國漢文 定價貳拾伍錢
發賣所 京城廣通橋高裕相書舖 鍾路[illegible]川郡[illegible]時[illegible]書舖 布屛下김相萬 告白

本人이日本大阪商業家와特約하고日本內地産出各種物品과西洋各種物品及機械等物을我大韓에輸入하와委托을便利케契約흐엿스오니商工業에有志하신僉君子는其物이는거나求코저하시거든本社로來議하시오本社에서는手數料金만受領흠
興業社本店 開城南大門內興學書舖
支店 京城南門內水橋五十一號 [illegible]會社
大戶 仝仁港內[illegible]

圖 經濟原論 正價金五拾錢
意大利獨立史 正價金三拾五錢
國際公法志 正價金四拾錢
國文 新撰家庭學 正價金三拾錢

國家의文明은敎育이根本이오敎育의基礎는家政이始作이故로家政學은純國文으로新撰하와婦人社會와勞動社會와學校敎科서지需用흠에便易케흐와사오니有志僉君子는陸續購覽흐심을務望 발行人 金兩均 告白

總賣所 ▲大廣橋 匯東書館 ▲鍾路 大東書市 ▲洞口 中央書館 ▲布屛下 廣學書舖 ▲鋼峴 博학書館 ▲尙洞 博文書館

國漢文 **愛國精神** 定價金廿錢 此册은越南[illegible]勿論男女하고愛國心이有흔者可以購覽 發賣所 皇城各書舖

▲新刊書籍發售廣告
增補 新纂 類 大全 國漢文 定價金七拾五錢
大韓法規類纂洋裝 三國五拾錢 郵稅四拾錢
初等倫理學教科書 二拾錢
初等衛生學教科書 拾五錢
國家學綱領 拾五錢
國民須知 八錢
愛國婦人傳 張志淵氏著 十五錢
發賣所 皇城布屛下 金相萬書舖

新編 銀行簿記學 全一冊定價 六十五전 [illegible]
[illegible]은一般外[illegible]諸大家의[illegible]簿記學中[illegible]과最新[illegible]形式을[illegible]亨야國漢文으로解得키便易하게[illegible]者이니[illegible]實業家의一大原則이[illegible]銀行家와商業家[illegible]案頭에一部[illegible]
發賣元 中署布屛下三拾七統六戶 [illegible] 金相萬
分賣所 [illegible]中央書館 大東書市 [illegible] 博文書館 [illegible]

本書館에서학校敎科와宗敎서[illegible]各種서籍[illegible]完備하오니各학校[illegible]其他有志人士은陸續來購하심을伏望
安州藝井동安[illegible]서館

金[illegible]河 告白

共立新報 [illegible]美洲에留흔我國同胞가高明흔學識과[illegible]으로[illegible]하야每週[illegible]界形勢도詳揭하며[illegible]愛國心이有흔신[illegible]不[illegible]新報이며[illegible]婦人[illegible]我一般同胞가我留外同胞의殊邦風霜에勞心努力하는誠意를豈可越視하리잇가兹에僉君子의購覽을紹介하기爲하와該新報價及賣處所를左에廣告하오
代金表 每張 五錢 六朔 壹圜貳拾錢 壹年 貳圜貳拾五錢
本國내出張所
京城廣학서舖 金相萬
博문서館 盧益형
開城남門내興학서舖 裵勛遠
平山郡古之面城남峴 金錫萬
長連邑내東里 문석관
平壤上口水外 車利錫
鎭남浦龍井동 梁綸涉
安州城내義村동 金翼河
宣川邑 川邊 梁운명
鐵川내山面무山里 李景萬
義州南門外大東藥房 白用錫
金海台也面智士동 張永會
釜山港 草梁 尹相壽
大邱東上面龍동 崔一弘
咸興西門밧 朱경欽
俄領 海蔘威 계東학校
共立新報社代理人 金錫萬 告白

濟生堂 [illegible]
[illegible]君子는試[illegible]望
[illegible]如左하니
本舖 仁川港杻峴 濟生堂 [illegible]
[illegible]
[illegible]人 [illegible]港杻峴 濟生堂 [illegible]

特約店 京城鐘里동 共愛堂藥房
京城鐘路 慈惠藥房
同 梨峴 李信華洋藥局
同 尙洞 盧益亨冊肆
同 南門外 廣濟藥院
仁川內洞 韓[illegible]
同 杻峴 和平局
開城南門內 朴圭[illegible]
同 忠橋 具聖[illegible]
水原鍾路下 金濟九藥局
同 宗路 宋根[illegible]
延安邑內 邊汝文
江華鍾路 宋順東
長淵南門內 崔載淳
風山砂利院場內 박健[illegible]
仝 任允中
仝 李在[illegible]
黃州南門내紅門洞 李東[illegible]
平壤[illegible]巨里 耶蘇敎堂內 韓[illegible]
仝 [illegible]
仝 [illegible]
仝 [illegible]
仝 [illegible]
鎭南浦 [illegible]藥館 金[illegible]
載寧山港 開[illegible]洞 金龍興
京城南大門外 武洞 桂澤宣
全羅 [illegible]郵便局前 [illegible] 金斗鉉
安岳邑上場里 濟生局 大同運輸會社
大邱南門內 [illegible] 天佑堂
釜山港草梁 客主김成林 林景柱
安州城內義井동 客主重佑家
義州南門外水口 [illegible] 大약房
此外에도現代에各[illegible]和약局
各[illegible]이俱備 분明각國有名
海州[illegible]門內 李[illegible]
淸州邑新洞약局 金[illegible]
博川郡美동商店 박芝行
載寧邑後동洋약局 崔允[illegible]
北靑[illegible]新昌港客主 박[illegible]
元山港本堂出張人 朴[illegible]

第一六一[illegible]
[illegible]三月拾九日
[illegible]

慶尙北道慶州 內南面上辛里
金[illegible] 孫相勛 孫永[illegible]
兪致正 孫相夏 孫[illegible]
孫[illegible]大 孫永久 孫永[illegible]
[illegible] 孫永[illegible] 孫[illegible]
[illegible]秀 [illegible]在[illegible] 孫[illegible]河
[illegible] 孫永[illegible] [illegible]永[illegible]
孫相[illegible] [illegible] 손永[illegible]
金顯[illegible] 奇[illegible] 김顯宋
朴[illegible]道 각六拾전
合拾五圜

[illegible]合五[illegible]九千六百六拾七圜九十四전二厘
前號合五萬九千五百三拾五圜 九十八錢二厘
都合五萬九千五百五十圜九十八전二厘

發行兼編輯人 英國人 裴說
發行所 南署石井洞 號外地三十[illegible]洋屋 大韓每日申報社

第六卷　一號

大韓每日申報

月曜及慶節
臨時日休刊

檀君開國四千二百四十一年
箕子元年三千三十年
大韓開國五百十七年
日本明治四十一年
淸國光緒三十四年
陰曆戊申二月小二十日丙子

論說

◉街談一束

記者ㅣ日昨夜에月明을乘ᄒᆞ야鍾路大街로彷徨獨行ᄒᆞ더니何許三三五五靑年者가作伴ᄒᆞ야무슴說話로乱聞하ᄂᆞᆫ대傾耳細聽ᄒᆞᆫ즉其可取의言論이甚多ᄒᆞ기左에摘錄ᄒᆞ노라

一人曰近來社會上有志者라名稱ᄒᆞᄂᆞᆫ人이衆多ᄒᆞ야或舌로同胞頭夢을叫醒ᄒᆞ며或筆로靑年志氣를喚起ᄒᆞ니將來韓國이此로由ᄒᆞ야拯濟홀望이有홀가一人曰噫라吾도此等人士를敬ᄒᆞ며愛ᄒᆞᄂᆞᆫ바어니와但吾가此等人士에게惜하ᄂᆞᆫ바ᄂᆞᆫ事一ᄒᆞᆫ心力이無ᄒᆞ며節單ᄒᆞᆫ目的이無ᄒᆞ야一手ᄂᆞᆫ某學會에着ᄒᆞ며一手ᄂᆞᆫ某協會에着ᄒᆞ고一脚은某報館에立하며一脚은某會社에立ᄒᆞ며一口로ᄂᆞᆫ教育教育ᄒᆞ며一口로ᄂᆞᆫ實業實業ᄒᆞ야華盛頓俾斯麥康德斯賓塞의事業을我一人이都做ᄒᆞ라ᄒᆞᄂᆞᆫ듯하니古人이不云홀바吾人一方寸에如何許多事를盡容ᄒᆞ리오ᄒᆞ얏스니此가可惜處니라

一人曰年來新聞上에揭載된학校만計ᄒᆞ야도其數己夥ᄒᆞ니推此以往에학校設立이續々不絶ᄒᆞ리니韓國이此로由ᄒᆞ야恢復홀道가有홀가一人曰噫라目下학校의接踵繼起홈은無不贊成ᄒᆞᄂᆞᆫ바나太平洞興[illegible]ᄒᆞ고昨創今仆하야他人의贊成寄附金만虛耗ᄒᆞᄂᆞᆫ弊가常多하니其발起諸氏의實踐心이名譽心보다不足홈은可知라故로발起人姓名을廣告로一布ᄒᆞ면哥倫布가南美洲를발見ᄒᆞᆫ듯시自快ᄒᆞ며趣旨書全幅을新紙에一揭ᄒᆞ면俾斯麥이巴黎城에서凱旋ᄒᆞᆫ듯시自負ᄒᆞ야後來야何如ᄒᆞ던지當場에某也가某학校設立ᄒᆞ얏다ᄂᆞᆫ一言을聞ᄒᆞ면此를自己一生事業의大結果로認ᄒᆞ니此가可惜處니라

一人曰數十年以前事를思ᄒᆞ건ᄃᆡ俄人이我國을呑하던지日人이我國을呑ᄒᆞ던지是ᄂᆞᆫ曾不問ᄒᆞ고但我 身만茂朱九天洞이나丹陽의■谷이나智異山靑鶴洞等地에入ᄒᆞ야我 身이나無恙安還ᄒᆞ고我子孫이나無故生長ᄒᆞ면我의能事畢矣라ᄂᆞᆫ思想만有ᄒᆞ더니挽近以來로此等魔■이稍稍刪彈ᄒᆞ야國家의悲境을道ᄒᆞ며默身的精神으로冒險■進者가尙有ᄒᆞ니韓國의末頭에喜消息이有홀가一人曰噫라此一般人은往往其浮熱客氣가多ᄒᆞ고誠心忍力이少ᄒᆞ야項羽의沈船破釜觝하ᄂᆞᆫ決心으로北宮氏의不膚撓不目逃ᄒᆞᄂᆞᆫ堅忍心을乘ᄒᆞᆫ듯하야東海도可超며太山도可蹈오白刃도可蹈라가居然時移事往ᄒᆞ고雲收雨退ᄒᆞ면前事를渾忘ᄒᆞ야越膽이怨非ᄒᆞ고飮酒가怨厚ᄒᆞ니此가可惜의處니라

日然則今日大韓을何以ᄒᆞ면振興ᄒᆞ고日熱誠으로七炸을作하며實心으로基礎를作ᄒᆞ며知識으로工匠을作ᄒᆞ며固結로城郭을作ᄒᆞ며正義로槍砲를作ᄒᆞ며愛國二字ᄂᆞᆫ茶飯으로知ᄒᆞ며獨立一語ᄂᆞᆫ生命으로視ᄒᆞ면韓國의大飛躍이不遠可覩라ᄒᆞ더라

外報

●淸國의對日政策　北京電을據ᄒᆞᆫ則滿洲에日本의勢力이漸々盛ᄒᆞ야가ᄂᆞᆫ故로淸國政府ᄂᆞᆫ此를防備ᄒᆞᄂᆞᆫ政策으로安徽、甘肅、협四等地人口稠密ᄒᆞᆫ地에서滿洲로移民을募集하ᄂᆞᆫ대應募者ᄂᆞᆫ五年間稅納을免給홀뿐만아니라一人의게十(에겟)田土를給ᄒᆞᆫ다더라

●革命黨處刑　路透電을據ᄒᆞᆫ즉紐育헤랄드新聞의포르오(브린스通信員報에日革命黨으로嫌疑된者 一十七人이死刑에處ᄒᆞ야각平獄에入ᄒᆞ얏ᄂᆞᆫ대大統領은布告文을발ᄒᆞ야治安의秩序를期圖ᄒᆞᆫ다더라

●美日武器準備　華盛頓電을據ᄒᆞᆫ즉日本에서彈丸製造ᄒᆞᄂᆞᆫ것을非常히促急히ᄒᆞᆫ다ᄂᆞᆫ報道가美國陸軍部에達ᄒᆞ얏ᄂᆞᆫ대日本은目下에野戰砲八百門이有ᄒᆞ나方今增造ᄒᆞᄂᆞᆫ中이오美國은八十門에서不滿ᄒᆞ니今後戰爭은砲彈에勝敗가係ᄒᆞ얏다ᄒᆞ야參謀本部ᄂᆞᆫ了八日에會議를開ᄒᆞ고議論ᄒᆞ얏다더라

●日本의偵探船　발파에쇼볼電을據ᄒᆞᆫ즉東洋汽船會社에서南亞米利加에航行ᄒᆞᄂᆞᆫ日本汽船립호丸은一月二拾三日에의기기港을발ᄒᆞᆫ後로許久히消息을不知ᄒᆞᆫ다가數日前에비로소一百四十마일되ᄂᆞᆫ트코피라르ᄒᆞᄂᆞᆫ港에到泊ᄒᆞ얏스니此船이一百四十마일을行船ᄒᆞ엿ᄂᆞᆫ데二拾四日間을費ᄒᆞᆫ것은가장疑心되ᄂᆞᆫ지라丁事ᄒᆞ고米國艦隊의行動을偵探홈이라더라

雜報

●리氏放免　警視廳에被囚ᄒᆞ얏던前秘書丞리佑氏ᄂᆞᆫ無事放免ᄒᆞ얏다더라

●三港의勞動夜學　三和港阜頭勞의一般勞動同胞가互相協議ᄒᆞ야日現我韓人이外人의壓制를受ᄒᆞᄂᆞᆫ것은學識이不及ᄒᆞᆫ緣故라吾儕가勞費所致로勞動爲業ᄒᆞ나其爲國民은一也라今日이라도普通學識이有하면國民의資格을獲得ᄒᆞ야國權回復에萬一之助를效ᄒᆞ리라하고夜學科를設立ᄒᆞ고熱心上學ᄒᆞᆫ다더라

●三港紳商設校　三和港紳商會社에서學校를設立ᄒᆞ고少年子弟를教育ᄒᆞ기로的定ᄒᆞ고教師를延聘ᄒᆞ며學徒를募集ᄒᆞᄂᆞᆫ中이라더라

●學校運動　安岳郡玟花롱學三學校에서校장金玉鐵와學員의父兄其々諸氏가運動費五百元을預備ᄒᆞ고本邑과장連文化信川載寧五邑學生을聯合ᄒᆞ야陰三月初九日에大運動을行ᄒᆞᆫ다더라

●是誰也無　日前本報에孤兒학校의任員等이辭退라云ᄒᆞᆫ事에對ᄒᆞ야更聞ᄒᆞᆫ則該校任員이斷々慈善主義로個以名譽視ᄒᆞ인즉辭退홀理由가無ᄒᆞ다더라

●義校新成　義州松長面會開洞동長金文稷李尙河朴時彦三氏가教育에熱心ᄒᆞ야輪行各處ᄒᆞ야捐金數百圓을鳩集ᄒᆞ고第三次로是學校를設立ᄒᆞ야教師ᄂᆞᆫ文時赫씨로延聘ᄒᆞ고學校基址ᄂᆞᆫ教師의菜田으로寄附하고建築費ᄂᆞᆫ教師의子弟들이擔任ᄒᆞ야完全成立ᄒᆞ고諸員이熱心贊助ᄒᆞ며教師ᄂᆞᆫ不受月銀ᄒᆞ미人莫不稱頌ᄒᆞᆫ다더라

●兩校和諧　信川郡內에有男女學校二處ᄒᆞ니男曰耶穌教學校와ᄂᆞᆫ旺學校兩者이오女曰貞信학校也라耶穌학校ᄂᆞᆫ諸般事務가就緒ᄒᆞ엿고ᄂᆞᆫ旺校ᄂᆞᆫ校舍建築ᄒᆞ며將至廢校之境이오貞信校ᄂᆞᆫ月前에新設者라財政이無ᄒᆞ야境內紳士鄭昌茂李瀷國李元鼎崔東鮑朴濟淵李悚瑋諸씨가耶主事李秀永氏로同心發助ᄒᆞ야李源國시가先出一百圓ᄒᆞᄂᆞᆫ대리錫水서ᄂᆞᆫ連出五拾圓하고一城瀛經에境內諸시가爭先出捐而不過數日에三千圓에達ᄒᆞ얏다더라

●滑湖新校　平壤林原面滑湖學校ᄂᆞᆫ于今ᄭᆞ지舊학으로教授ᄒᆞ더니本伴白洛均씨가躬往該里ᄒᆞ와我生界如何程兆와將來何如形便과教育이急先務라고面々曉諭ᄒᆞ미里內居民이一時발忿ᄒᆞ야設立一校ᄒᆞ니稱曰私立普通學校라校長金殷淳氏ᄂᆞᆫ年今八十이나勇進決心으로校監趙仁綱씨와事務員김元喆宋基凡兩氏가維持方針을以死同盟ᄒᆞ고教師김興淵李春根김炳七김昌瑞씨ᄂᆞᆫ名譽로熱心教育하미不過半載에生徒가五十餘人에達ᄒᆞ얏다더라

●廣校興旺　背坡下馬碑동私立廣成學校教師金雨審씨가晝夜학에熱心教導홈으로遠近학徒가來集ᄒᆞ야六十名에達ᄒᆞ미校舍가狹窄ᄒᆞ야將次擴張코져ᄒᆞ나財政이窘艱ᄒᆞ야憂悶ᄒᆞᄂᆞᆫ中이라더라

▲楚水吳山▼　北嶽山人

宇宙에빗겨서々
古今事을헤여보니
日月도薄蝕ᄒᆞ고
山川도變遷커든
하물며批上人事
盛衰興亡엇슬손야
南海風波이러나고
西山明月떠러지니
黑浪々深夜中에
嗟我同胞二千萬은
杏花寒食雨紛々에
四面으로悲歌로다

第　章解隊ᄒᆞᆫ歌

隆熙以前軍人입세
拾餘年從軍터니
一朝解散何罪런고
軍人의生死命은
銃과갈에돌녓ᄂᆞ니
銃과環刀아사가니
運홀목숨떠러졋다
빈營門만바라보니
不覺感淚縱橫이라
恩賜金이다盡ᄒᆞ니
路々에죽ᄂᆞᆫ소리
巡檢主事ᄒᆞ쟈하나
日語不通어이ᄒᆞ며
部守郡監ᄒᆞ쟈ᄒᆞᆯ들
政府에서退却이라
副將至於參尉ᄭᆞ지
門閥職品쓸ᄃᆡ업ᄂᆞ
正校至於兵卒ᄭᆞ지
將星冠石이업다
如干나문將校들은
服裝行色凄凉ᄒᆞ다
街兒路人嗤笑ᄒᆞ니
白髮人路行치말쇼
兵丁업ᄂᆞᆫ져軍部에
何出世入何面目고
延命生活ᄒᆞ건마ᄂᆞᆫ
名譽를도라보소
區々勤苦哀乞ᄒᆞ야
부산榮華보라시오
當日死亡져將校ᄂᆞᆫ
於焉猶成留ᄒᆞ니
可憐ᄒᆞᆫ져冤魂들
一盃酒나慰勞ᄒᆞ세
軍人업ᄂᆞᆫ져獎忠壇
忠魂毅魄寂寞ᄒᆞ다
軍歌曲調끈어지니
致祭節次누가ᄒᆞ라

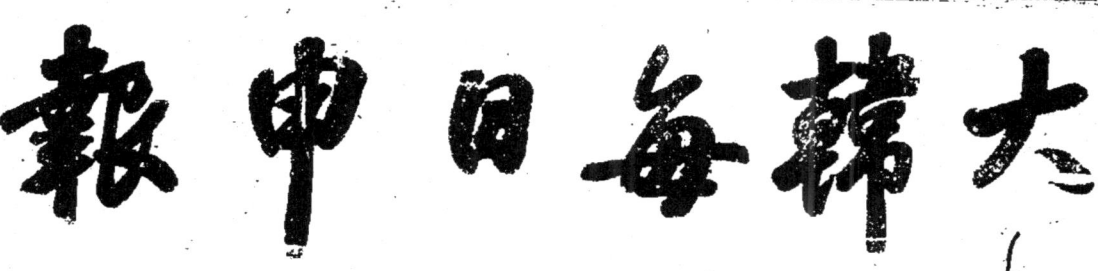

未完

雜報

●兩殿臨御 再昨日下午四時에 大皇帝陛下께셔와 皇后陛下께옵셔 大報壇의御臨ᄒᆞᄉᆞ 壇內에 御覽ᄒᆞ셧다더라

●舊式設會 來二十八日園遊會의諸般節次ᄂᆞᆫ舊式으로設行ᄒᆞᆫ다ᄒᆞ며 大皇帝陛下께옵셔도當日에親臨하실預定인ᄃᆡ侍衛騎兵隊가應用ᄒᆞᆯ각色衛軍物을昨日軍部에셔奏稟ᄒᆞ얏다더라

●公物私橐 總理大臣리完用씨가南山紅葉亭을當젼拾三萬兩에買收ᄒᆞ야此를牟利ᄒᆞᆯ計劃으로大臣官宅이라定ᄒᆞ고十三萬餘圓을呼價ᄒᆞ야度大에게强請ᄒᆞ나度大가恩不獲已ᄒᆞ야六萬圓에落價ᄒᆞ야決定ᄒᆞ얏다니國庫金은리總理의私橐으로盡歸ᄒᆞ고幾幣이나餘存ᄒᆞ얏ᄂᆞᆫ지不知ᄒᆞ깃다고하더라

●還歸野田否 日本에在하면野田太郎이요韓國에來ᄒᆞ면宋秉畯이라ᄒᆞᄂᆞᆫ農商大臣은日本에渡往ᄒᆞ야多月滯留에歸期가尙無ᄒᆞᆫ故로世人이有言ᄒᆞ되宋氏가畢竟野田으로還歸ᄒᆞᆫ듯ᄒᆞ다더라

●只存二令 景孝殿과懿孝殿官制를改正ᄒᆞ야祀丞은一切廢止ᄒᆞ고令二人만存置ᄒᆞ얏다더라

●所謂只此 承宣君李載冕氏가妓生採蓮을三萬兩에作妾ᄒᆞ얏다ᄂᆞᆫ說은各報에揭載하얏거니와置妾ᄒᆞᆫ家舍ᄂᆞᆫ於義洞等地에七萬兩의買渡ᄒᆞ고衣服等物도一新히製給ᄒᆞ얏다더라

●有何秘密 昨日法部에서警視廳으로ᄒᆞᆫ訓令이有何秘密事件인지該文書課에셔揭案을正否를送치아니ᄒᆞ고刑事局에셔秘密修正ᄒᆞ야발送ᄒᆞ얏다더라

●婚後援例 학務局長尹致旿씨가本月二十三日에婚禮를擧行ᄒᆞᆷ은昨報에已揭어니와更聞ᄒᆞᆫ즉成婚後에ᄂᆞᆫ同夫人ᄒᆞ고松都셔지往遊ᄒᆞᆫ다더라

●停婚留學 承寧府摠管趙民熙씨의令允拾五歲兒를日本留學生으로派送ᄒᆞᆯ터인ᄃᆡ婚禮를過行後入送ᄒᆞᆯ라더니內閣에셔ᄂᆞᆫ論ᄒᆞ되以若勅任官으로拾五歲兒를成婚ᄒᆞᆷ이早婚令에關係가有ᄒᆞ다ᄒᆞᄂᆞᆫ故로婚姻은停止ᄒᆞ얏다더라

●視察발程 內部地理課長羅壽淵府郡課長鶴岡學務官林田通譯官補金鍾和諸씨가地方視察次로昨日에釜山等地로발程ᄒᆞ얏다더라

●學大旅費 渡日ᄒᆞᆫ학部大臣의旅費ᄂᆞᆫ宮內府에서一千圓을支出ᄒᆞ얏다더라

●天眞院發 內部醫務局長松井茂氏가來二拾四日下午六時에泥峴天眞樓에서晩餐會를設ᄒᆞ고各高等官을請邀宴待ᄒᆞᆫ다더라

●按月報案 法部에서平漢兩裁及地方裁判所에訓令ᄒᆞ되檢事가處理ᄒᆞᆫ案件을按月報來ᄒᆞ라ᄒᆞ얏다더라

●宮屬免官 順和宮은 勅令으로宮내大臣리允用氏의게賜給ᄒᆞ신後ᄂᆞᆫ人所共知어니와其ᄂᆡ容을聞ᄒᆞᆫ즉宮大가典膳司長金珏鉉씨를紹介ᄒᆞ야其計劃을遂ᄒᆞ얏ᄂᆞᆫᄃᆡ該宮은嚴俊源씨家로移接ᄒᆞ야家屋이挾窄ᄒᆞ미宮屬들이金珏鉉씨를怨咨ᄒᆞᆫ다더라

●兩部獨仕 昨日은日本春季皇령祭日인故로各部에日本官吏ᄂᆞᆫ仕進치아니ᄒᆞ엿ᄂᆞᆫᄃᆡ학務各局課와法部會計課에ᄂᆞᆫ日本官人이仕進視務ᄒᆞ얏다더라

●積冤難雪 海州郡居安昌洙氏의父親이曾往에與학으로被害ᄒᆞ고죽七百兩과落꺼田拾餘日耕을峴임에被失ᄒᆞ얏ᄂᆞᆫᄃᆡ該氏가抑鬱ᄒᆞᆷ을陳述하야承宣君李載冕씨의게呼訴ᄒᆞ얏더니閔泳韶ᄂᆞᆫ되該在三千年前事이라與受者가假殺ᄒᆞ얏스니更勿煩訴ᄒᆞ라ᄒᆞ얏다더라

●何故打殺 日前觀象峴박某의旅館에서日人今西及田二名이韓人壹名을無故히亂打ᄒᆞ야面部가重傷ᄒᆞ고衣冠이盡破ᄒᆞ얏ᄂᆞᆫᄃᆡ日人의强悖ᄒᆞᆷ을傍觀者가莫不憤嘆하얏다더라

●漏戶調査 地方警察署와地方一進會에셔互相交涉하야人民의漏落ᄒᆞᆫ戶總과人口를這這히調査ᄒᆞᆫ다더라

●修학旅行 來二拾八日에各普通학校의卒業生들이連絡ᄒᆞ야仁川港으로遠足旅行ᄒᆞᆫ다ᄂᆞᆫᄃᆡ車費ᄂᆞᆫ각其該校에서擔當ᄒᆞ고食費ᄂᆞᆫ학徒가自請ᄒᆞᆫ다더라

●一時一圓 大東학校의講師가학徒를敎授ᄒᆞᄂᆞᆫᄃᆡ一時間에手當金一圓式을支給ᄒᆞᆫ다더라

●朴氏西行 臨時軍用鐵道調査局장박義秉氏가日本官人一名을帶同ᄒᆞ고平壤郡의民有地犯入ᄒᆞᆫ地價를出給次로日間發程ᄒᆞᆫ다더라

●宴費請撥 官立水下동普通학校에서該校校舍落成式과卒業式을來二十五日에上午下午로分ᄒᆞ야擧行ᄒᆞᆯ터인ᄃᆡ宴需費가未備ᄒᆞ니擴張費中三十圓만特許ᄒᆞ라고학部로報告ᄒᆞ얏더라

●辯護永眠 辯護士金義濟시가去二月十七日에身故ᄒᆞ얏스니辯護士名簿에抹消ᄒᆞᆫ官報에揭載ᄒᆞ라고法部에서넉照으로通知ᄒᆞ얏다더라

●豈不自愧 日昨에내部書記官宋之濂시가義兵大將閔肯鎬시被殺ᄒᆞᆫ거시韓日兩國에幸福이라고該部府郡課長鶴岡시에게言ᄒᆞ미該課장의答이閔肯鎬一人被殺ᄒᆞᆫ거시韓日兩國의有何幸福이며義兵根因을君이知ᄒᆞᄂᆞᆫ야ᄒᆞ얏다더라

●敎不盡頭 貞동監理敎會에셔一年會를擧行ᄒᆞᄂᆞᆫᄃᆡ事務處理를講究ᄒᆞ고敎人은自衛團에切不參ᄒᆞ기를決議ᄒᆞ얏다더라

●墮在奸計 咸興居一進會員韓進國씨가郡守를不久에敍任된다自矜ᄒᆞ고咸南在京某氏를甘誘ᄒᆞ야 北陵參奉一窠를貸五百圓에酌定ᄒᆞ고音標를北村李氏에게傳ᄒᆞ야남村某大臣에게轉納ᄒᆞ고郡速差出ᄒᆞᆫ다ᄂᆞᆫᄃᆡ北日彼日에杳無其期ᄒᆞ미墮在術中ᄒᆞᆷ을恨歎ᄒᆞᆫ다더라

●幽冤請伸 安國洞居某氏가法部에請願ᄒᆞ되本人이去光武四年에平安北道寧邊郡居吳聖模와京城居玄濟昶으로日本에셔同伴歸國ᄒᆞ다가玄濟昶의告發로俱爲被捉ᄒᆞ야光武七年에始乃裁判ᄒᆞ야吳聖모ᄂᆞᆫ斬刑을被ᄒᆞ고本人은終身流刑에處ᄒᆞ온바本人은昨年에 恩赦를既蒙ᄒᆞ야放還ᄒᆞ얏거니와吳聖모의無頭魂은罪籍에尙在ᄒᆞ야冤鬼가地下에冉々ᄒᆞ리로다其遺族은遐鄕에居生ᄒᆞ야伸冤의道를未達ᄒᆞᆷ으로玆에本人이代爲呼顲ᄒᆞ오니向日에燦발ᄒᆞ신赦典에蕩滌ᄒᆞ야吳聖모의罪籍을爻周ᄒᆞ야地下의魂으로ᄒᆞ여금其冤을伸케ᄒᆞ라ᄒᆞ얏더라

●慈善米蠲 慈善夫人會에셔孤兒를養育ᄒᆞ기爲ᄒᆞ야該會員의게每人마다慈善米一個式製給ᄒᆞ야每朔白米 錢式收斂ᄒᆞᆫ다더라

●今日兵備報 北關各等地에ᄂᆞᆫ日兵이多數派駐ᄒᆞ므로淸國政府에셔公使樞密助의게請派兵駐由를質問ᄒᆞ니林公使所答이非派兵이라巡査幾人을派送ᄒᆞ얏다ᄒᆞᆫ지라淸國政府에서護地官吏의게日兵의派駐與否를查報ᄒᆞ라고電報ᄒᆞ얏다더라

●三郡義援 途中來人의傳說을據ᄒᆞᆫ즉高山錦山礪山三郡에義兵이大熾ᄒᆞᆫ다더라

●門外義擾 東小門外議政府等地에義兵이城內에往來ᄒᆞᄂᆞᆫ牛商을不通케ᄒᆞ라고米商一名을砲殺ᄒᆞ얏다더라

●行路阻絶 近日에楊州古毘等地에ᄂᆞᆫ義援가熾盛ᄒᆞ야行人이阻絶ᄒᆞ얏다더라

●諸氏被捉 閔泳采씨와寅國鉉甚駿氏等十餘名이有何事件인지三昨日警視廳에被捉ᄒᆞ얏다더라

●邊씨被捉 平山義兵魁首邊進士錫麟씨가義兵二四人을다率ᄒᆞ고軍器를貿去次로京城에上來ᄒᆞ야西학峴等地步行旅館에留連ᄒᆞ다가警視廳에被捉ᄒᆞ얏다더라

●三賊押付 一間停車場에셔强盜二人을捕縛ᄒᆞ야再昨夜에警視廳으로押付ᄒᆞ얏다더라

●金反被押 桂동金두원氏의家에賊漢이來到ᄒᆞ미金氏가軍刀로背擧ᄒᆞ고追刺ᄒᆞ야聞ᄒᆞᆫ즉此非賊漢이라適其時에有人過去之際에自隣家로呼賊之聲을出ᄒᆞ미金氏가誤認賊漢ᄒᆞ고拔劍追刺ᄒᆞᆫ故로其人은卽金族人이라北署에서裁判ᄒᆞᆫ後該人은無犯故로旋放ᄒᆞ고金두원氏ᄂᆞᆫ日司令部로押交ᄒᆞ얏다더라

●是何悖謬 安山來人의傳說을據ᄒᆞᆫ則去年八月分에該郡遂達里鄕長村에서義兵이闖入ᄒᆞ야後에該동居朴雲瑞가衙役에서獵銃一柄을拾得ᄒᆞᆫ故로藏置ᄒᆞ얏더니京城장등比國公館에使喚이라稱ᄒᆞᄂᆞᆫ金令甫가尹某等三四人ᄒᆞ고討索稱谷次로適來ᄒᆞ야渠之妹家에閑得銃之說을ᄒᆞ고欲爲奪去어ᄂᆞᆯ朴出給ᄒᆞ미恐喝ᄒᆞ여日兵을指送ᄒᆞᆯ터라ᄒᆞᄂᆞᆫ故로朴也ᄂᆞᆫ喫劫ᄒᆞ야納錢于本官이러니金令甫ᄂᆞᆫ逃捉致ᄒᆞ야懲習放送ᄒᆞ엿스나猶不止ᄒᆞ고出沒村閭ᄒᆞ야詐欺를行ᄒᆞᆫ다더라

●正誤 昨日本報雜報欄에徽校風波란題下에徽校학徒試驗에不公ᄒᆞᆫ事로起鬧ᄒᆞ얏다ᄂᆞᆫ事에對ᄒᆞ야該校任員과諸학生等이本社에來ᄒᆞ야辨明ᄒᆞ되起鬧ᄂᆞᆫ姑舍ᄒᆞ고試驗도初無ᄒᆞᆫ데何許有嫌者가如此無根之說을做出이라ᄒᆞ기에吾儕ᄂᆞᆫ該校語시의公式上辨明을悅納ᄒᆞ야玆에正誤ᄒᆞᆷ

▲治世靈丹▼

▲醫國大手ㅣ李滄이還志로爲君ᄒᆞ고益智仁으로和合ᄒᆞ야治國丹藥을出ᄒᆞ니腐敗病疾試用ᄒᆞ면百발百中靈效ᄒᆞ다

▲李根命氏의게약ᄒᆞᆯ거ᄂᆞᆫ白首天恩偏重ᄒᆞ야一國元老僚望이며總相職位同等이라家屋帷幄情分兵라自衛團에入參ᄒᆞ니一進目的을利케ᄒᆞ나老妄症에第一이오

▲申箕善氏의게약ᄒᆞᆯ거ᄂᆞᆫ外國風氣光吸ᄒᆞ니開化首唱이分明ᄒᆞᆫ데半削半存더頑髮은儒佛並行可觀이라大東학會々長으로近日自退ᄒᆞᆯ일인가挾邪症에第一이오

▲閔泳韶氏의게약ᄒᆞᆯ거ᄂᆞᆫ騎牛時節回憶ᄒᆞ면黃粱覺夢甞事로宗社危亡存亡狀에壁上觀戰八字兵라無邪處高臥ᄒᆞ니肉塊大監이稱號로다肥胖症에第一이오

▲承宣君의게약ᄒᆞᆯ거ᄂᆞᆫ慈聖懿親貴々ᄒᆞ니劇堂之事何如ᄒᆞᆫ고高山流水琴曲中에寓ᄒᆞᆫ心而今誤라가採蓮孤舟月下歌ᄂᆞᆫ淸香觸鼻失魂이라貪色症에第一이오

▲리址鎔氏의게약ᄒᆞᆯ거ᄂᆞᆫ附勢力撤天時에郡守奏本성긴돈이用之何處無餘런가朱財手段敏活ᄒᆞ야花奎局을更設ᄒᆞ니如山黃金收取ᄒᆞ니受錢症에第一이오

▲俞吉濬氏의게약ᄒᆞ시ᄂᆞᆫ海外風霜閱盡라가今還本國ᄒᆞ고나興士團을成立ᄒᆞ며別事業을企待더니有力家의追逐하야某會願而選ᄒᆞ니魂迷症에第一이오

▲리済英氏의게약ᄒᆞᆯ거ᄂᆞᆫ楚服으로往見ᄒᆞ니華陽夫人어ᄂᆡ又ᄂᆞᆫ當時片勢圖得터니今何오倒寂寞ᄒᆞ고우合徘徊ᄒᆞ야謫絡手段爽邀ᄒᆞ니졍에第一이오

▲强博氏의게략ᄒᆞᆯ개ᄂᆞᆫ法部大臣行檢時에府中名擧不絶ᄒᆞ니扶桑萬里놀던곰이異域風霜ᄂᆡ저젓고너遍히所得多少ᄂᆞᆫ家屋運動원인가失性症에第一이오

▲趙臣熙시의게약ᄒᆞᆫ개ᄂᆞᆫ外國公使曾經ᄒᆞ야世界形便몰낫던가牛峰落照所遠에依末光而行樂이라安社가어대미요花柳場에蘆片이만발狂症에第一이오

▲秉畯시의게약ᄒᆞᆫ개ᄂᆞᆫ隣邦互結借款돈으로監工保金수업혼韓國人民은피로쟈々하모혼捐金犯用情跡綻露되니國民之賊이아닌가換腦症에第一이라

社告

各地方會員이本社에投書와寄書가逐日답至ᄒᆞᄂᆞᆫ대居住姓名이昭詳ᄒᆞ고事實이確核ᄒᆞᆫ者ᄂᆞᆫ即爲揭載어니와姓名도不載ᄒᆞ고事實이模糊ᄒᆞᆫ者ᄂᆞᆫ因而置之ᄒᆞᄂᆞᆫ데催促이又至ᄒᆞ니甚悶ᄒᆞᆫ지라從今以後로ᄂᆞᆫ投書와寄書를ᄒᆞ시ᄂᆞᆫ이ᄂᆞᆫ居住統戶數와姓名을詳錄ᄒᆞ시되若又含糊ᄒᆞ오면並爲勿施ᄒᆞᆯ거시니照亮ᄒᆞᆷ

雜報

●孰是可忍乎　安城郡西面狀村居一進會員崔明化ᄂᆞᆫ該會長資鐵祐의悖惡을挾助ᄒᆞ야該郡居李士連씨에게錢穀과償債條에게五百兩吳正山에게五百兩金致七에게一千兩을奪取ᄒᆞ고其外他에行悖도不可勝數오無罪良民에게錢穀間討求ᄒᆞ다가若不聽施ᄒᆞ면義兵의干連이라誣陷ᄒᆞ야人命을誤殺케ᄒᆞᆷ이多ᄒᆞ다더라

●六名被慘　昨冬에北署巡查리東희氏殺害ᄒᆞ던義徒金寅燁南敬信池龍雲朴龍安安順龍金億石等六名을拾餘日前에北署에서譏捉ᄒᆞ야審問ᄒᆞᆫ則該等이解散兵으로楊州舊把摠等地로周行ᄒᆞ다가리巡查를殺害ᄒᆞ얏다ᄒᆞᆫ故로再昨日에日巡查가東門外로出張ᄒᆞᄂᆞᆫ데該犯六名을領率以去ᄒᆞ다가忘憂峴等地에서幷爲砲殺以去ᄒᆞ얏다더라

●正誤　本報第七百五拾六号廣告欄니巡廳학校補助金에副尉之尉字가將字誤植이기玆以正誤ᄒᆞᆷ

廣告

支收所來納金廣告

秉柔郡第壹回金貳百九拾四圜七拾五錢을電氣會社內銀行에貯置ᄒᆞᆷ事

國債報償志願金總合所

國債報償志願金總合所金貳百九拾四圜七拾五錢을領置ᄒᆞᆷ事

電氣會社內銀行

本人에昔工黃海道鳳川郡紙尺上二里에住이ᄂᆞᆫ바昨年拾月分에延安居金九万이가吏與縣文으로願買ᄒᆞᆫ값이價折拾二圜矣러니金哥와張君文李相純으로符同ᄒᆞ고右價錢中六萬兩을中間乾沒ᄒᆞ기로今將還退ᄒᆞ올터니金哥與리哥許에給ᄒᆞᆫ一萬五百兩이고畫案을瞞自持去ᄒᆞ고以荷杖之計로橫竪說去ᄒᆞ야本報上에揭認廣告ᄒᆞ얏기玆에辨明ᄒᆞᆷ　西署沙湖　崔炳郁

本人의現住ᄒᆞᆫ中署寬仁坊勳동第拾三統二戶瓦家五拾三間家契를隆熙二月拾六日에見失ᄒᆞ얏ᄉᆞ오니內外國人은雖某던지拾得ᄒᆞ거든休紙施行ᄒᆞᆷ

戶主　金晦秀　告白

門峴雜貨商柳光璽推次三月初五日於音第二千〇五拾号七千二百八拾兩一片을路中에서서失ᄒᆞ와슴기玆以廣布ᄒᆞ오니內外國人間拾得이라도休紙施行ᄒᆞᆷ

茶동居張龍華　告白

今現弊院에서各項事務을一層擴張ᄒᆞ오미金裝與銀裝各樣의齒와老小間沒數落齒ᄒᆞᆫ데齒床幷齒을隨意製造ᄒᆞ오며拔齒與入齒時에毫無苦痛케ᄒᆞᄂᆞᆫ技方도有ᄒᆞ며齒科上面議ᄂᆞᆫ無料接受ᄒᆞᆸᄂᆞ니四方僉君子ᄂᆞᆫ照亮ᄒᆞ심을爲希ᄒᆞᆷ

京城大門內尙洞美人施蘭敦家　齒科醫士　韓大衛　告白

東署花溪所在瓦家四十間과답五十二斗落文券을昨年驛第에서燒失ᄒᆞ얏기玆에廣告ᄒᆞᆷ

兪鎭贊　告白

本人이名啣匣을저失ᄒᆞ왓ᄂᆞᆫ데可考ᄒᆞᆯ書類가有ᄒᆞ오니誰某拾得ᄒᆞ시던지即爲傳致ᄒᆞ시면五圜을仰呈ᄒᆞ오리다

鍾路電氣會社下家　玄興澤

官立普通學校學徒募集廣告

官立漢城師範학校附屬普通학校와官立各普通학校에一학年生五拾名式(於校洞普通학校에ᄂᆞᆫ百名)과各학年級의補缺生을募集ᄒᆞ니入학ᄒᆞᆯ者ᄂᆞᆫ四月三十日內로左記各학校에請願ᄒᆞᆷ事

官立漢城師範학校附屬普通학校
官立校洞普通학校
官立齋동普通학校
官立於義동普通학校
官立仁峴普通학校
官立水下동普通학校
官立貞洞普通학校
官立梅동普通학校
官立미동普通학校

入학年齡은一學年에ᄂᆞᆫ八歲로十四歲ᄭᆞ지오補缺에ᄂᆞᆫ十七歲ᄭᆞ지로ᄒᆞᆷ

隆熙二年三月二十日　학部

▲特別廣告

本社에서名帖印刷部를另設ᄒᆞ고各樣活字와印刷機械를本이俱備ᄒᆞ오며印刷가精美ᄒᆞ고價直도極廉ᄒᆞ오되特別히學徒와夫人의게ᄂᆞᆫ一層低廉ᄒᆞ오니僉位ᄂᆞᆫ來臨ᄒᆞ시와隨意請求ᄒᆞᆷ

大韓每日申報社　告白

本人의率養子傑이年少虛浪ᄒᆞ야世傳田畓을投欲潛賣ᄒᆞ기以保守次로本郡證明을蒙許ᄒᆞ오니誰某이던지傑의게買畓ᄒᆞᄂᆞᆫ者ᄂᆞᆫ盜買로無異ᄒᆞᆫ즉內外國人은切勿誤欺ᄒᆞᆷ

慶北尙州故學進士家亦亡人　邑氏　告白

本所에서精米機械를一新改良ᄒᆞ와穀數ᄂᆞᆫ多少不計ᄒᆞ고精米ᄒᆞ시ᄂᆞᆫ僉君子의게需應도迅速便利케ᄒᆞ며精米의工錢도以前보다大減ᄒᆞ게ᄒᆞᆷ이오米色도精潔히精出ᄒᆞ오니精米ᄒᆞ실僉同胞ᄂᆞᆫ來臨問議ᄒᆞ시오工錢左와如ᄒᆞᆷ

正租作玄米
五拾石以下　每斗一전五里
五拾石以上　仝　二錢

正租作白米
拾五石以下　仝　四錢
三拾石以下　仝　三전五里
五拾石以下　仝　三전三里
五拾石以上　仝　三전

玄米作白米　仝　四전
中米作白米　仝　三전

(但中玄米ᄂᆞᆫ石數多少)
(不計工전一切平均ᄒᆞᆷ)

南大門外紫巖德昌精米所　告白

西部龍山坊孔德里六拾六統四戶草家三拾五間와瓦龍家舍을特別廉價放賣ᄒᆞᆯ터이오니願買僉位ᄂᆞᆫ東部於義동二層屋下二拾四統七戶로枉臨來議ᄒᆞ요

孫云昌　告白

新舊學文을大發賣ᄒᆞ오니願買하ᄂᆞᆫ僉君子ᄂᆞᆫ速々求覽ᄒᆞ심을希望ᄒᆞᆷ

慶尙北道大邱東上後洞　在田堂　金기鴻書舖　告白

新撰理化學

朴晶東氏著

全一冊定價金三拾錢

一本書의目的은小學校에敎課ᄒᆞ기爲ᄒᆞ야編輯ᄒᆞᆷ이라

一理化學解說下에簡明ᄒᆞᆫ圖를挿ᄒᆞ야讀者의理解ᄒᆞ기便易케ᄒᆞᆷ이라

一理化學用語와物質의名詞ᄂᆞᆫ近時代漢譯의最著ᄒᆞᆫ者를採述ᄒᆞᆷ이라

一本書ᄂᆞᆫ理化學諸家의說中最簡易ᄒᆞᆫ者를採ᄒᆞ야十五章으로編ᄒᆞ야學徒로ᄒᆞ야곰二個年에讀케ᄒᆞᆷ이니陸續購覽ᄒᆞ시옵

발賣所
布병下金相萬廣學書舖
京城各處書舖
平壤鍾路耶穌敎冊사
法橋大同書觀

本書院에서內外國新舊學問各種書籍과聖經각種을大發賣ᄒᆞᆫ지三四年인바本敎會敎人과각學校生徒의購覽ᄒᆞ기便利ᄒᆞᆷ을爲ᄒᆞ야左開三處에支冊肆를新設ᄒᆞ오니書籍을購買ᄒᆞ시ᄂᆞᆫ僉彦은附近支肆에請求ᄒᆞ심을務望

左開
西門外中學校西便　韓承煥
南門外蓮路東便　安桂元
鍾路館門下
平壤貞동上隅　韓鼎敎

耶穌敎書院　總務　金聖鐸　白

大韓文典　崔光玉　述　李商在　校閱

此文典은國語의語法과讀法과作文法을一定ᄒᆞᆫ規模로能成케ᄒᆞᄂᆞᆫ法이備載ᄒᆞ야高等小學校나中학一班에所用ᄒᆞᆯ만ᄒᆞ오니僉君子ᄂᆞᆫ速々購覽ᄒᆞ심敬要

發賣所
平壤　大同書觀
京城　蓮洞儆新학校內
安岳　勉學書舖

簡易商業簿記學

全一冊　定價金四十五錢

本書ᄂᆞᆫ簿記학中最近ᄒᆞᆫ학理와精妙ᄒᆞᆫ形式을精細蒐輯ᄒᆞ야了解키簡易ᄒᆞ도록編述ᄒᆞᆫ者니一般商業家에不可不一次閱覽ᄒᆞᆯ者뿐아니라中等以上學校에敎科로用ᄒᆞᆷ도適當ᄒᆞ니陸續購覽ᄒᆞ심을望ᄒᆞᆷ

발賣所
布병下　廣학書舖
廣橋東便匯東서館
鍾路　大東서市
洞口越便中央書館
寺동漢陽서館
鍾路古今서海관

滑稽小說　禽獸會議錄

弄球室主人　著述

安國石版寫眞局印刷

全一冊　正價金拾五錢

▲本小說은新体文壇의滑劇的小說로空前絶後의一大禽獸會議를開催하고海陸動物이演壇에集合ᄒᆞ야人類와禽獸의優劣과造化主의眞宰를評論批評ᄒᆞ야讀者諸君에게紹介로今日吾人類社會의腐敗ᄒᆞᆷ을警醒코ᄌᆞᄒᆞᆷ이니其滑稽的文体가光彩陸離ᄒᆞ며諷刺的批評이奇拔欣曲하야實로政文小說界에一大異彩를放ᄒᆞᆯ만ᄒᆞ며一讀解頤의好書物이오

▲발行元　京城書籍業組合

▲分售處
中署館朝橋越邊　中央書館　中署종路　大東書市
南署大廣橋東邊　匯東書館　仝　古今書海館
西署남門外薬峴　新舊書林　남署尙洞　博文書館
남署銅峴　博學書館　中署布廛　廣學書舖

◉大韓國新發明神藥

◉修度靈丹　各種食滯中暑久滯口臭痰飮吐瀉　定價一貼十錢

◉至寶丸　治諸般癰疾不拘久遠　俱有偉效　定價金十錢

◉靈效液　外用方書治疥瘡皮風　百發百中　定價金三拾錢

◉清眼水　治諸般眼疾有翳雲見天之妙　定價金拾錢

◉通淋丸　治男女急慢淋疾神效　無雙速効除毒　一週金五十錢

此外에도東西洋各國有名賣藥과藥水각種病症去根藥과頭風痔疾等藥俱比甚廉爲望

漢城中署鍾路鋪里濟동拾二統二戶地

製劑발賣所　共愛堂藥房

監修발行人　漢城官立漢城醫학校卒業生　張基茂　朴容南　告白

支店　南大門內　共愛堂醫城支舖　裴助遠
興學書舖

代理店　西署新門外石橋醫濟院藥局　車鼎燮
仁川濟生堂　李庚燮

國內各地藥局에서頒賣ᄒᆞᆸᄂᆞ이다

本郡漁基ᄂᆞᆫ有郡以來數百年으로確的ᄒᆞᆫ民有財產之物이러니初被彭安均之侵奪ᄒᆞ고又被鄭漢奎之勒奪者有年矣而至于乙巳年에幸奉 璿皇帝還給之恩勅이옵고又蒙宮內部大臣還給之指飭完文及裁決書이오되派員金鳳洙者拒命自資에歸屬形ᄒᆞ고香椎源太郞之食襍及米에鮮鍋異勢ᄒᆞ야漁子反失其業터니仍今에伊藤統監之矜恤民情과庵原文一之公正調査에官有餘民有餘을明白分揀이바宮內部大臣과允用氏와農商部署理大臣趙重應氏와副統監曾禰荒助三氏가亦是以一般愛民之心으로시와官有餘ᄂᆞᆫ付公하고民有餘ᄂᆞᆫ歸民하시ᄂᆞᆫ裁決書特成ᄒᆞ야발佈頒佈ᄒᆞᆯ내外國人中에雖有猫猫我鼠之變化奇오라도莫敢國說케ᄒᆞ오니兩氏統監과兩씨大臣과庵原文一之拯民保生케ᄒᆞ온德澤은實爲輿郡借存故로玆에廣告ᄒᆞᆷ

慶尙南道巨濟郡漁條部代表人
玉致三等 告白

㉾ 義捐金收入廣告

▲慶州內南面陰星里
리奎浩 一원 吳泰勳 八十錢
黃致鉉 黃致祥 安鼎述
김璟浩 黃秀龍 各六十錢
리奎元 黃致九 高錫國
각四十錢 金昌洪 최鼎祚
각二拾젼 리奎暉 최世謨
崔錫東 각二十젼 鄭大成 馬남善
黃熊伊 鄭孟源 손成福
마以彦 張甲特 김先伊
각十錢
合八圜八拾錢

▲下安里
崔世金 朴永樹 權炳九
朱雲行 朱永九 各六十錢
崔極鐵 朴璋洙 리周榮
각四拾젼 리圭澤 李道洪
朴璋燦 각六젼 奇平範
金東鎬 박泳彥 리錫仁
各六拾錢 宋元鎬 梁德善
朱□隣 黃致默 박璋洛
各二拾錢 박永德 拾二젼
김洪淵 十젼 合八圜

▲辛乙里
崔□거 崔錫文 各一圜
鄭玟和 九拾錢 奇□澤
崔鉉祚 崔國鉉 鄭麟成
鄭振成 鄭武成 鄭宗和
鄭錫鳳 리淵벽 崔鳳鎬
각六拾전 徐□발 五十젼
張汝端 리圭二 鄭萬植
全宜浩 各二十젼 崔鉉三
朴一凡 리은봉 정武和
金永瑞 鄭錫河 崔錫範
丁以光 리桂秋 文炳五
각四拾젼 鄭錫龍 三十젼
鄭明敎 리錫孝 孫永祐
崔鍾烈 金又先 金時宗
朴致鍾 朴秀萬 각廿錢
合十六圜十錢

總合三十二圜九拾錢
前總合九萬九千五百五拾圜九十八錢二厘
都總合五萬九千五百八十三圜八十八전八厘

發行兼編輯人 英國人 裵說
印刷所
京城石洞外□三層 大韓每日申報社

第六卷　第七百六十二號

大韓每日申報

月曜及慶節時日休刊

檀君開國四千二百四十一年
箕子元年三千三十年
大韓開國五百十七年
日本明治四十一年
淸國光緒三十四年
陰曆戊申二月小廿二日戊寅

寄書

○狐와猫의問答　觀物生

深山之底絕壑之濱에有狐가窟穴ᄒᆞ야其族을生殖ᄒᆞ고傍近村落에有猫가宅焉ᄒᆞ야其子를產育ᄒᆞ더니一日은狐와猫가相遇於田間ᄒᆞ야跳랑舞蹈ᄒᆞ고叱咤呼叫ᄒᆞ야其技能을角ᄒᆞ며其口舌을爭ᄒᆞ다가蒼山日暮에四無人聲이라

狐乃謂猫曰爾의智慧와才能이不及吾族ᄒᆞ고地位와勢力이大遜吾族ᄒᆞ니爾의群子를將ᄒᆞ야我의게供獻ᄒᆞ면吾가實心庇護ᄒᆞ고極力馴化ᄒᆞ야吾族과共히福樂을享케ᄒᆞᆯ지니爾는我를猜疑치말고我를信賴ᄒᆞ며我를對抗치말고我를歡迎ᄒᆞ라若其不然이면爾가他族의侵害를受ᄒᆞ고吞噬를被ᄒᆞ리니吾言을不聽ᄒᆞ면後雖悔之나噬臍莫及ᄒᆞ리라ᄒᆞᆫ대

猫ㅣ曰天之生物에有萬不齊ᄒᆞ야其種類가不同ᄒᆞ고性質이각殊ᄒᆞ고職分이互異ᄒᆞ니其種을各保ᄒᆞ고其性을各遂ᄒᆞ고其職을各守ᄒᆞᆷ이天理의當然ᄒᆞᆫ物則이니何可强而同之ᄒᆞ며抑而易之리오且古書에云ᄒᆞ되非我族類면其心이必異라ᄒᆞ니今에爾가吾의子를庇護ᄒᆞ고馴化ᄒᆞᆫ다ᄒᆞᆷ은不過是甘言利誘的說話라爾의狡猾ᄒᆞᆫ性質과殘忍ᄒᆞᆫ野心은一般獸類가皆所稔知니爾가비록我를誑誘ᄒᆞ고恐嚇코ᄌᆞᄒᆞ는吾가엇지居然히爾의術中에墮落ᄒᆞ리오ᄒᆞ고正色而起ᄒᆞ거날

狐於是에仰天一咳ᄒᆞ고厲聲而罵ᄒᆞ야曰爾何不諒이若是其甚고大抵萬物中에最靈最貴ᄒᆞᆫ者는人類라天地의化育을參贊ᄒᆞ며上帝를代하야庶物을治理ᄒᆞ는道德과權能이有ᄒᆞ니其性靈과智慧와才藝를我獸類와比較ᄒᆞᆯ진대千百層以上에卓越ᄒᆞᆫ者오東洋半島에大韓人種은實로聰祥靈敏ᄒᆞᆫ優等人種이아닌가試觀ᄒᆞ라大韓上等社會에大官某는六十萬大會員을驅使ᄒᆞ야外人의게供獻ᄒᆞ야庇護를懇乞ᄒᆞ며大官某는四拾萬會員을指揮ᄒᆞ야外人의게供獻ᄒᆞ야功勞를발表ᄒᆞ며某會長은全國儒林을威脅ᄒᆞ야外人의게供獻ᄒᆞ야歸化를要求ᄒᆞ니是皆識時達變ᄒᆞ는敏活手段이라爾가獸類中孱弱之種으로如是執拗ᄒᆞ야變通을不知ᄒᆞ니畢竟自滅自亡ᄒᆞᆯ而已로다

猫가此言을聽了에勃然大怒曰爾가人類의行爲를引証ᄒᆞ야我를誘脅코져ᄒᆞ나此는其一을徒知ᄒᆞ고其二는未知ᄒᆞᆷ이로다大抵人類가禽獸보다貴ᄒᆞ고貴ᄒᆞ다ᄒᆞ는것은道德과智慧가禽獸보다卓異ᄒᆞᆫ故라然이나現今世界에人類의行爲를觀ᄒᆞ건ᄃᆡ自己의官爵을圖得ᄒᆞ기爲ᄒᆞ야誣天辱父者도有ᄒᆞ고自己의勢力을取得ᄒᆞ기爲ᄒᆞ야販賣國者도有ᄒᆞ고自已의利益을圖謀ᄒᆞ기爲ᄒᆞ야殘害同族者가接踵相望하니如彼行爲는可히人類로論ᄒᆞᆯ者가아니오吾獸族의深耻痛罵ᄒᆞ는者어ᄂᆞᆯ爾乃以此嚇我乎아

狐乃鼓掌稱善曰爾의自主ᄒᆞᆫ思想과自保ᄒᆞᆫ方針은吾가贊成ᄒᆞᆯ지언졍妨害는不可ᄒᆞ고吾가扶植ᄒᆞᆯ지언졍壓迫은不當이라ᄒᆞ고大笑一場에各歸其所ᄒᆞ더라

外報

●印度民擾　印度京城갈거타電에云ᄒᆞ되該國南方에서人民이成羣作黨ᄒᆞ야村落에橫行하며警察官吏를殺害ᄒᆞᆷ으로該國政府에서該亂民을鎭壓次로軍隊二中隊를派送ᄒᆞ엿다더라

●德帝祝賀　德國皇帝께서米國大統領에對ᄒᆞ야回航艦隊預定을速히갈니포늬아海面에到着ᄒᆞ기를熱心으로祝賀ᄒᆞᆫ다ᄒᆞ엿다더라

●軍艦派遣　英國大藏大臣아쓰솨이쓰氏는軍艦子래쓰시及인데후와지가풀兩艦을派遣ᄒᆞ기로발表ᄒᆞ얏ᄂᆞᆫ데佛德兩國의軍艦도헤이지에向ᄒᆞ야派遣中이라고伯林에서唱道ᄒᆞ는바인대佛德兩國이協同行動을採ᄒᆞᆫ다云ᄒᆞ더라

●日本商品排斥　廣東商人들이日本商品排斥ᄒᆞᆯ意로ᄒᆞᆫ書信이長崎淸商許에達ᄒᆞ얏다더라

●波斯王被害說　墺地利京城비엔아電에云ᄒᆞ되波斯王國(미사)陛下께서去月十四日下午에刺客에게暗殺을當ᄒᆞ엿다ᄂᆞᆫ電報가該京에來到하엿스나眞僞ᄂᆞᆫ姑未分明이라더라

●俄國砲臺增設　俄國京城彼得堡電에云ᄒᆞ되俄國陸軍部에서六百萬留巨款으로써海蔘威港에砲臺增設ᄒᆞ기로決定이되엿스며爲先機械師六十人을該港에派送ᄒᆞ야方將始設ᄒᆞ는中인ᄃᆡ海蔘威港은俄國東方要害之地라或日本과日後에更히戰爭이되면前俄日戰爭에旅順口와ᄀᆞᆺ치見奪될가念慮ᄒᆞ야預先準備中이라더라

雜報

●志士寄函　載寧郡邑內自立學校長金基燕氏가寄函ᄒᆞ야되本人等이昨年夏五月에募集郡內之幼童稚堅ᄒᆞ야名之曰夜학이라하고任員之勤학也不怠ᄒᆞ고生徒之授業也熱心ᄒᆞ야稍々益進에現有五十餘名之多而琢之磨之에庶見玉成ᄒᆞ니就緒之實은一言可決이라然而財政이貧絀ᄒᆞ야聾霹不眠이더니今乾元節日夜에郡內各社會及各學校男女生徒가團會于本郡內部十字街上ᄒᆞ야慶祝之時에人山人海라忽有勞働者一人이以弊衣破笠으로登壇說明概意가國之安危을未能詳知이더니今見각학徒之熱心慶祝ᄒᆞ니如此코復見堯舜世가有何難고就中自立학徒로言之면無非煢獨樵牧之類라身無可替之衣ᄒᆞ고口嫌有味之物이라愛國之心은一層激昂ᄒᆞ야晝耕夜讀ᄒᆞ니嘉尙趣旨가與他特異라本人勞働等十一人이憐其情實ᄒᆞ고欲補學費之萬一ᄒᆞ야組織一會ᄒᆞ고每慶祝之時에捐金多少는勿論ᄒᆞ고願助自立학徒云々而先收金三圜三十전을卽出付自立生徒處ᄒᆞ니萬人所觀에此實初有之事也라以若勞働者之身世도必不辨魚魯요初不受敎育이온ᄃᆡ以其日夜使役時骨筋泣求之財政으로若無腦髓上一点愛國思想이면豈有此出義乎아由此觀之면此事之發達과邦國之鞏固를企足可見이라ᄒᆞ얏더라

●靑會演說　今日下午七点半에靑年會館에서演說會를開ᄒᆞ고該會討論會長金一善씨가宜究三派이란問題로演說ᄒᆞᆫ다더라

●法會任員　法學協會에서去日曜日에養正義塾內에評議會를開催ᄒᆞ고細則을通過ᄒᆞ고一般任員을選定ᄒᆞ얏다더라

●閔氏恤孤　閔輔國泳徽氏가其族孫丙爾氏를代表로孤兒院에專送ᄒᆞ야一般학徒를聚集하고激切이勸勉ᄒᆞᆫ後金一百圜을寄附ᄒᆞᆷ으로該院主事李憲선氏와一般任員及학徒가其[illegible]盛意를禮式으로表ᄒᆞ얏다더라

●傷人乎否　鐵路魚物廛洋屋이再昨夜에無故히大량이壓仆ᄒᆞ얏다더라

▲楚水吳山▼　北嶽山人續

第二章武藝別監

五百餘年掖屬으로　咫尺天顔莫嚴ᄒᆞᆫ데
不分晝宵近侍ᄒᆞ야　數多眷口許多親戚
天恩으로사라떠니　一朝汰去이원일고
집에드니哭聲이라　不廢今爾本性質이
하올事業바이읍다　如干주신恩賜金을
深々藏之囊中ᄒᆞ고　瞻暗바嘆ᄒᆞ을지어
酒酒家만차즈가네

第三章內侍內人

奚ᄒᆞ々々네정時節　買官賣爵ᄒᆞ을적에
千金萬金掌中이라　人道方伯守令들은
封物膳物진진ᄒᆞ고　各府各部相宰相도
우리손을빌더니　一朝에廢淸宮禁
門閉업서어이ᄒᆞ고　日本把守警察官吏
이러ᄒᆞ시昧沒ᄒᆞᆫ가　ᄒᆞᆫ슈음는이世上에
더욱우리無數人들　一학問經濟業昧ᄒᆞ니
一生身命어이ᄒᆞᆯ고　大韓가진손들도
經綸飢寒不免커든　싹음는宮中闕役
依托ᄒᆞᆯ곳바이업다

第四章巡檢

八九層에목이미여　近拾年勤務苦生
權任總巡부라더니　그거슨고ᄉᆞᄒᆞ고
八九層도떠나가네　警廳이警視되니
懸板보기내사실쇼　其間薄俸술슈업셔
外上出債ᄒᆞ엿더니　싸장ᄉᆞ반찬가가
놀마다와상져축　밧비쥬쇼ᄒᆞ는소리
闕錐府에使者곳소리　너捕縛을너가지요
閻羅府도가는보다

第五章國事犯歌

拾三年海外蹤跡　白髮雙親靑年妻子
死生存沒杳然ᄒᆞ다　萬겁千겁風霜中에
一縷殘命保存ᄒᆞ야　春風淡蕩桃李花는
이심잇치故國눈물　秋雨颯颯梧桐葉은
떠러지니故國눈물　旅館寒灯新聞紙에
警宵閱覽故國消息　如天如海皇上恩德
無窮ᄒᆞᆷ을洞燭ᄒᆞ사　一朝恩命나리시니
半生故國반갑도다　生還故國ᄒᆞ여보니
方病大腫形勢도다　骨髓에깁히든病
扁鵲인들어이ᄒᆞᆯ가　洋服洋靴無故出入
左右瞻視못그릅다　차라리이럴지면
不如不返故國이뫼　君臣父母國인고로
忍恥偷生區區ᄒᆞ오

未完

雜報

●恩露特降 往年壬午에變生肘腋ᄒᆞ야위震驚ᄒᆞ야石勞播遷ᄒᆞ시더니幸賴當時忠言之臣에竭誠衛扶ᄒᆞ야國勢가始危而終安ᄒᆞ고君綱이復隆而後整ᄒᆞ니朕何能忘ㅣ가特爲示意ᄒᆞ노니故忠文公閔泳璋閔應植忠貞公尹泰兀尹泰駿忠毅公洪啓薰祠版에遣侍從致祭ᄒᆞ고故判敎事徐相祖ᄂᆞᆫ施以節惠之典ᄒᆞ고故參判安鼎玉은特贈諡ᄒᆞ고故郡守리是鎰은特贈從二品하고中樞院顧問閔泳綺正三品韓億吉幷加一資ᄒᆞ고正二品閔炳湜은特超正二品ᄒᆞ고從二品安駿玉은特超正二品ᄒᆞ고대勳侍從閔丙奭은陞賜瑞星대授章ᄒᆞ고從二品金中植은陞賜壹等太極章ᄒᆞ고從二品玄興澤은換太極章ᄒᆞ고前副尉金鳴善은陞賜三等八卦章하라고 詔勅을下ᄒᆞ셧다더라

●八條云施 宮내府大臣李允用氏가十三條件을 上奏ᄒᆞ얏다ᄒᆞᆷ은已爲報道ᄒᆞ얏거니와該條件中에八條ᄂᆞᆫ施行이된다ᄂᆞᆫ悲說이有ᄒᆞ며其餘ᄂᆞᆫ勿施가된다더라

●可字圖章 닉閣에셔勿論大小事ᄒᆞ고統監府에同意를請ᄒᆞᆫ後에施行ᄒᆞᆷ은人所共知어니와統監府에셔可字圖章을刻置ᄒᆞ고施行ᄒᆞᆯ事이면該圖章을捺送ᄒᆞᆫ다더라

●兩大運動 總理大臣李完用氏와內部大臣任善準씨가今番학相日本之行에地位를鞏固ᄒᆞ기爲ᄒᆞ야運動力이一層宏大ᄒᆞ얏다더라

●擔相心占 農商大臣宋秉畯씨가現今日本에셔韓國總相의可堪之人을預卜中인ᄃᆡ俞吉濬等諸씨中은無可用之人이요金允植氏ᄂᆞᆫ惟獨可堪之材나年紀가太高ᄒᆞ야精力이無ᄒᆞ다ᄒᆞ야方在心占中이라더라

●兩大渡日說 總理大臣리完用ᄂᆡ部大臣任善準兩시가日本에渡去ᄒᆞᆫ다ᄒᆞᆷ은已爲報道ᄒᆞ얏거니와更聞ᄒᆞᆫ즉來一拾八日로遊覽後에該兩大臣이同伴渡日ᄒᆞᆫ다더라

●偸食免官 昌德宮ᄂᆡ에新建築ᄒᆞᄂᆞᆫ動植兩物園에經費가三千圓預算이라ᄂᆞᆫᄃᆡ該費額이不足ᄒᆞ다ᄒᆞ야四千圓을加額支出하야宮ᄂᆡ府高等官兩시와其他奏任官兩시가各其一千圓式分食ᄒᆞᆫ事가綻露되야統監府에셔該官人四名을免官ᄒᆞ라고ᄂᆡ閣에勸告ᄒᆞ얏다더라

●偸食現露 通明殿役費를七千圓에立算支出ᄒᆞ야竣工ᄒᆞᆫ後剩額을還人國庫치아니ᄒᆞ고文薄修正ᄒᆞᄂᆞᆫ營繕司主事二人이偸食하다가現露ᄒᆞ야該主事二人은逃避ᄒᆞ얏ᄂᆞᆫᄃᆡ該司장沈宜碩시ᄂᆞᆫ此事件에對하야辭職疏를奉呈ᄒᆞᆯ터이라더라

●江亭買入 總理大臣以下各部大臣이再昨日西江에出往ᄒᆞ얏다가리乾夏시의亭子에셔酒暢ᄒᆞ고該亭子ᄂᆞᆫ總理가四拾萬兩에買得ᄒᆞ얏다더라

●法次迎接 法部次官倉富勇三郎氏가再昨日下午九時에京釜鐵路로入城ᄒᆞᄂᆞᆫᄃᆡ該部大臣以下一般官吏가南門外停車場에一齊히出往迎接ᄒᆞ얏다더라

●能知拒諫 承宣君李埈鎔氏가近日妓樂風流에만沈惑ᄒᆞᄂᆞᆫ事에對ᄒᆞ야某々씨가其不可ᄒᆞᆷ을屢々提醒ᄒᆞᆫ즉李氏所答에吾亦非不知也나徉作而故行이라ᄒᆞ얏다더라

●張門知市 張博씨가近日人士를延攬코져ᄒᆞᆷ인지風致가倍務ᄒᆞᆷ인지未知ᄒᆞ거니와來賓이盈門ᄒᆞ고樽酒가不空ᄒᆞᆫ다더라

●視察咸南 宮ᄂᆡ府事務官黑崎美智雄씨가農林을視察ᄒᆞ기爲ᄒᆞ야該府官人某々氏를帶同ᄒᆞ고日昨咸南等地로前往ᄒᆞ얏ᄂᆞᆫᄃᆡ往還期限은一週間으로預定이라더라

●金시訴冤 鹽商金斗源시가鹽價推捧次로曾彌副統監에게第一次長書ᄒᆞ되尙無回答ᄒᆞᆷ으로該시가昨日에呼訴狀을持ᄒᆞ고北部觀峴路上에셔拾時頃부터待立ᄒᆞ얏다가總理大臣리完用시가仕進ᄒᆞ미訴狀을呈ᄒᆞ얏ᄂᆞᆫᄃᆡ該大臣保護巡査가捕捉ᄒᆞ야北部警察署로押付ᄒᆞ얏다더라

●閔氏美擧 春川府西上面盤松里居黃基初氏외十餘世先山이有ᄒᆞ더니去壬辰年에閔泳徽氏先親斗鎬氏가以本府留守로埋標於該里近地而黃씨의山局을亦皆占有故로黃氏가壓於勢力ᄒᆞ야莫致雖何나抱冤有年터니近日에閔泳徽氏가黃氏의山局을還付本主ᄒᆞ얏다고人皆稱頌ᄒᆞᆫ다더라

●習藝打肩 韓親廳에셔韓日兩國巡査가園遊會에技術을戲呈ᄒᆞ라고擊劍을鍊習ᄒᆞ다가日本技師가誤爲被打ᄒᆞ야一臂가不仁ᄒᆞ다더라

●親親拒絶 花套雜技로警視廳에被囚ᄒᆞᆫ졍寅國閔泳采等의子姪들이親親次로昨日警視廳門에到ᄒᆞᆫ즉警視廳에셔拒絶不納하얏다더라

●客主規則 警視廳에셔漢城닉客主營業規則을新製ᄒᆞ야頒布施行ᄒᆞᆫ다더라

●학生不願 法官養成所所長某氏가日語학校長某씨의게通牒ᄒᆞ고日語卒業生을該所로勸送ᄒᆞ야法律을受業케ᄒᆞ라ᄒᆞ얏스나該卒業生들이不願ᄒᆞ고一齊히大東專門학校로入학請願ᄒᆞ얏다더라

●寫眞館移建 天然堂主人金圭鎭氏가寫眞美術을擴張ᄒᆞ기爲ᄒᆞ야新式上等器械를多數貿來하고鐘路典동병門初入에二層樓屋을洋製로新建築ᄒᆞᆫ다더라

●大東開학禮式 大東專門학校에셔昨日에開학禮式을擧行ᄒᆞᄂᆞᆫᄃᆡ總理以下각部대臣이一齊進參ᄒᆞ야一般학徒의게次第勸勉하얏다더라

●奬社一奬 去二十二日에奬학社에셔第三回應募人員合一百三十四人의게賞品을給與ᄒᆞᄂᆞᆫᄃᆡ三等以上人員은褒賞狀을給ᄒᆞ고輔國閔泳徽氏의寄附ᄒᆞᆫ書籍도添賞ᄒᆞ얏다더라

●新郡不靖 日昨에新溪郡積面會동에셔義兵이라稱ᄒᆞᄂᆞᆫ者數十名이突入ᄒᆞ야該洞장又有三과平民리元甫及天道敎人一名을殺害ᄒᆞ고民家五戶를燒却ᄒᆞ얏다더라

●探義派巡 地方義兵을偵探次로ᄂᆡ部警務局에셔巡査二十餘名을昨日에각地方으로派送ᄒᆞ얏다더라

●順園義擾 順康園等地에셔義兵과日兵이交戰ᄒᆞ야道路가幾日間阻絶ᄒᆞᆫ故로該園參奉某씨가入直出去라가還爲入城ᄒᆞ얏다더라

●通郡義擾 去二拾壹日에義兵十二名이通津郡鳳상里에來到ᄒᆞ야該里居名不知閔參奉家에來留ᄒᆞ며獵軍日人二名을砲殺ᄒᆞ고閔시家에셔錢財를多數奪去ᄒᆞ엿다더라

▲地方消息▼

▲江原道今康守備隊ᄂᆞᆫ三月拾六日馬山里(鐵原西北拾里許)에셔約二拾名義徒와遭遇ᄒᆞ야五時衝突ᄒᆞ얏다ᄒᆞ고

▲積城守備隊長以下半小隊ᄂᆞᆫ三月拾八日午後三時에延果山附近에셔義徒三拾餘名을遭遇ᄒᆞ야突擊ᄒᆞ야多少死傷이出ᄒᆞ얏다하고

▲蔚山郡守備隊의特務曹長以下四名은三月十九日彦陽을襲來ᄒᆞᆫ約百餘名義徒와六時間을交戰하야擊退ᄒᆞ얏다ᄒᆞ고

▲三月二拾日洪川西北約二里地에셔日本守備隊軍醫一名이義徒의게狙擊을受하야腹部가貫通ᄒᆞ야卽死ᄒᆞ얏다ᄒᆞ고

▲長水郡駐在ᄒᆞᆫ日巡査五名은二十日午後에該郡天川面에셔義兵七十餘名과攻擊ᄒᆞ얏다ᄒᆞ고

▲光州守備隊ᄂᆞᆫ장城守備隊騎兵과共同ᄒᆞ야卄一日午後三時에咸平郡廣谷에셔全奎鉉의率ᄒᆞᆫ義兵約八十餘名과互相衝突ᄒᆞ얏ᄂᆞᆫᄃᆡ義兵은終是頑强히抵抗ᄒᆞᆷ으로巡査三名을增派하야尙今戰鬪中이라더라

東京電報

二拾日발

●軍器取入者處罰 昨夜에北京에셔何許當局者에게來電을據ᄒᆞᆫ즉淸國政府ᄂᆞᆫ神戶에셔第二辰丸에軍器를暗載以去ᄒᆞᆫ다고告발ᄒᆞᆫ者를處罰케ᄒᆞ고또澳門에셔軍器를收入하려하든淸國商民을死刑에處하라總督에게嚴히命令하얏다더라

二拾一日발

●憲兵派送 韓國에派送ᄒᆞᆯ憲兵一千二百名은來四月五日에出발하야韓國에向ᄒᆞᆯ터인ᄃᆡ其排置ᄂᆞᆫ間島에五百名을置ᄒᆞ고七百名은仁川元山青津과其他各地方에分置ᄒᆞᆷ다더라

●乞援韓人 日本政府ᄂᆞᆫ今日左와如ᄒᆞᆫ議案을衆議院에提出ᄒᆞᆫ다ᄂᆞᆫᄃᆡ 韓國에公益事業을發ᄒᆞ야日本興業銀行에셔ᄂᆞᆫ韓國政府에貸付ᄒᆞᆷ에對하야政府認可를受ᄒᆞ고外國의債券을발行ᄒᆞᆫ預定으로貸付金은二千萬圓의限ᄒᆞ고其債券의元利支佛ᄒᆞᆫ事ᄂᆞᆫ日本政府가保證ᄒᆞᆯ事이더라

●拓殖案贊成 政友會及進步黨의代議士會ᄂᆞᆫ東洋拓殖會社法案을贊成ᄒᆞ기로決定ᄒᆞ얏더라

紐育電報

二拾壹日발

●美艦訪日 日本國政府에셔回航艦隊가日本에寄港ᄒᆞ기를乞ᄒᆞ야招請ᄒᆞᆫ故로美國政府ᄂᆞᆫ此를承諾ᄒᆞ기로決定ᄒᆞ엿다더라

二拾二日東京經由

●美國下議院說明 美國下議院에셔下議員의說明ᄒᆞᆫ바를據ᄒᆞᆫ즉比律賓에海防費를減省ᄒᆞᄂᆞᆫ것은日本政府의交情을害ᄒᆞᆯ가念慮ᄒᆞᆷ이라하얏다더라

●日本物貨買排斥 廣東商業會議所ᄂᆞᆫ檄文을上海商人의게傳ᄒᆞ고辰丸事件의緣由로日本에對ᄒᆞ야物品賣買排斥ᄒᆞ기를勸誘ᄒᆞ야不穩狀態가有ᄒᆞᆷ으로林公使ᄂᆞᆫ淸國外務部에向ᄒᆞ야警意ᄒᆞ엿더라

●米艦滯日期限 回航艦隊의橫濱滯在ᄂᆞᆫ壹週間으로決定ᄒᆞ얏더라

▲春風八曲▼

▲歲月이於焉ᄒᆞᆫ덧仲春二月이다ᄀᆞᆺ도다海天關遠ᄒᆞᆫ소리에一開春心換起ᄒᆞᆫ다장安萬戶花柳村에각色人物놀어ᄂᆞᆫ다

▲솔々부러봄바람에각八臣이놀어ᄂᆞᆫ다花月樓晩餐에ᄂᆞᆫ富貴花가피엿고나繁華夢이幾時런고花발ᄒᆞ면多風雨라十日紅이元無ᄒᆞ니無窮行樂ᄒᆞ도다마쇼

▲솔々부러봄바람에각部官人이놀어ᄂᆞᆫ다天眞樓餞別宴에쇼悵乙懷절ᄂᆞᆫᄂᆞᆫ다扶桑遊外ᄒᆞᄂᆞᆫ비ᄂᆞᆫ一時風浪念慮ᄂᆞ새ᄒᆞᆫ뒤가면또못오ᄂᆞᆫ握手相別설어마쇼

▲솔솔부러봄바람에外國손님놀러ᄂᆞᆫ다巴城館都賓席에각部官吏圖差하니事務處理何如턴지月撤分에食世ᄂᆡ여對人挑燈誇歎ᄒᆞ니廉恥업시먹지마쇼

▲솔々부러봄바람에皇族一派가놀려ᄂᆞᆫ다日安社를차져가네肩擘白鑾韻致로다琥珀盃珊瑚盤에宴席風流迭宕ᄒᆞ다時局事를顧念ᄒᆞ야樂極生悲너무마쇼

▲솔々부러봄바람에權門貴客놀러ᄂᆞᆫ다幽成社가어듸미요夜夜消興不絶이라春香名妓復生인가嬋姸態에魂이업다歌聲高處怨聲高ᄂᆡ미謳頌을잇지마쇼

▲솔솔부러봄바람에新任郡守놀러ᄂᆞᆫ다第一樓壹卓寳은後日付托懇懃하다外國美品八仙床에不惜千金潤手段이殺朔月錢挪用ᄒᆞ니精神업시浪費마쇼

▲솔솔부러봄바람에남北村顧問놀어ᄂᆞᆫ다明月館에會集ᄒᆞ니淨潔物品二層屋은韓人營業分明ᄒᆞ다一曲妓歌聲纔發에鬱積心懷消暢ᄒᆞᆫ데帶月歸來醉興조라世間甲子잇지마소

▲솔솔부러봄바람에豪蕩少年놀어ᄂᆞᆫ다光武臺를指點ᄒᆞ니西舍東隣招伴ᄒᆞ고左右佳人聯袂ᄒᆞ야雙々往來ᄂᆞᆫ일적에家産蕩敗不顧ᄒᆞ니誤了平生ᄒᆞ지마소

社告

各地方會員이本社에投書와寄書가逐日답至ᄒᆞᄂᆞᆫ대居住姓名이昭詳ᄒᆞ고事實이綜核ᄒᆞᆫ者ᄂᆞᆫ即爲揭載어니와姓名도不載ᄒᆞ고事實이模糊ᄒᆞᆫ者ᄂᆞᆫ因而置之ᄒᆞᄂᆞᆫ대催促이又至ᄒᆞ니事甚誑惑이라從今以後로ᄂᆞᆫ投書와寄書를ᄒᆞ시ᄂᆞᆫ人은居住統戶數와姓名을詳錄ᄒᆞ시되若又含糊ᄒᆞ오면並爲勿施ᄒᆞ올거시니照亮ᄒᆞᆷ

廣告

▲學員募集廣告

本校각語部(日英漢法德語)에新入學員을募集ᄒᆞ오니願入ᄒᆞᆯ員은三月三拾一日(陰二月二拾九日)內로入학請願書에履歷書를添付ᄒᆞ야本校(校동前官立日語학校)로隨其志願提呈ᄒᆞ고四月八日午前九時(陰三月八日)에來校應試ᄒᆞᆯ事

但入학請願書ᄂᆞᆫ本校로來購ᄒᆞ며試驗時所用紙筆墨은携來ᄒᆞᆷ

一科目　國漢文讀書及作文
一年齡　拾二歲以上
一免試、官立諸학校卒業生은免試許入ᄒᆞᆷ
一　願入者ᄂᆞᆫ三月二拾一日官報記載事項을熟覽ᄒᆞᆷ

官立漢城外國語學校

本郡勞働會義捐氏名

設教晉　김鐘謨　宋君璟
張成春　吳成奎　盲人
張元仲　林在華　趙春瑞
김成樑　吳景善　金在景

保寧郡自立學校 告白

韓美電氣會社告白

割引券을發行ᄒᆞ야四月一日부터鍾路本社及龍山停車場에서買下ᄒᆞᆷ

割引券은每券에六拾枚로編成ᄒᆞ고代金은貳圜八拾五錢으로ᄡᅥ收ᄒᆞᆯ터이온대每區域에서一枚式新貨五전과ᄀᆞ치使用ᄒᆞᆷ

龍山線 區域을四月一日부터남大門外汽車停車場前으로改定ᄒᆞᆷ

電車발着 時間은四月一日부터改定ᄒᆞ야夏期時間表를依行ᄒᆞᆷ

去丁未陰曆拾月拾四日梁山金址洪氏가日人迫間店에日貨二千圓得用次出票記使本人故持票言於金敬伯氏處則迫間店不聽云故本人이票紙還給次書札中間封付致於東萊柳島金贊元便矣러니同贊元이가中間失票云故玆以廣告ᄒᆞ니內外國人은如或拾得休紙施行ᄒᆞᆷ

梁山盤准 李仁白 告白

東萊府尹韓致愈氏가莅任以後에短杖芒鞋로周行境內ᄒᆞ야論以忠孝ᄒᆞ며弊以教育ᄒᆞ고溫古知新ᄒᆞ며審取定捨ᄒᆞ야民冤訟을不留晷刻ᄒᆞ고親自査判ᄒᆞ니成解無冤이라化民成俗에闔境이咸戴라政以維新에歌以來暮라街街木碑오處處頌聲이라其在欽仰之地에不可泯默故玆以廣佈ᄒᆞᆷ

東萊釜山面居民徐錫鑄 張箕相 金在縣 丁鎔鉉 朴在瑛等 告白

本洞居丁致佑가年今四十有二라家計剝落ᄒᆞ고自來多病ᄒᆞ야微軀을難保而古所謂國難에思良相이오家貧에思賢妻라其妻鄭氏가山而樵焉ᄒᆞ고鄰而履焉ᄒᆞ야僅奉其夫러니不幸致佑가偶以內종으로呻吟數歲에鄭氏乃至誠求療ᄒᆞᆯ식入鷄名약이면不拘遠近ᄒᆞ고晝夜求得ᄒᆞ며每接醫師에言語懇惻ᄒᆞ야乃感其人ᄒᆞ니由是로一鄕이莫不驚歎ᄒᆞ며四方이爲之流涕하야包賞ᄒᆞᆫ이日至ᄒᆞ되肯不受之ᄒᆞ고屆春屆針ᄒᆞ야不計目飽ᄒᆞ고思夫甘旨ᄒᆞ며中夜祝天ᄒᆞ야不辭其勞ᄒᆞ더니所謂雪上加霜也라ᅵ其夫致佑가종乃사발ᄒᆞ야胃部腹部에自兩胯으로膿血如流ᄒᆞ고甚至於黃門에惡臭를難堪이라人之慰問者ㅣ皆稱難保ᄒᆞ니정氏乃仰天痛哭曰息有三女에皆在강褓ᄒᆞ고家無粒에治療難得이라夫亡之日에誓必從逝矣리라ᄒᆞ고招致十一歲長女曰汝從次長成ᄒᆞ야求作賢配ᄒᆞ야必敬必恭ᄒᆞ야奉汝父祀ᄒᆞ라如是嚴戒하니於聞見者에孰不涕泣가리오賢彼정氏가不嫌其醜ᄒᆞ고吮其膿血ᄒᆞᆯ식朝働暮吮하야經送歲月에至於唇破로록九極以誠이라隣居之人이咸憐其飢ᄒᆞ야食之以食則첩泣而謂之曰妾有罪惡에無子應門ᄒᆞ고又是薄命ᄒᆞ야使夫至此ᄒᆞ니豈敢甘味아ᄒᆞ며或贊其誠則正色謂之曰妾居艸野에全昧禮法이나曾有聞焉ᄒᆞ니日士爲知己而死ᄒᆞ고女爲憐己而粧이라女豈不爲憐己而力哉아ᄒᆞ니至哉라此言이여諺謂至誠感天이라天感其誠ᄒᆞ사能使致佑로乃成完人ᄒᆞ니由此觀之ᄒᆞ면林藪雖薄이나必有麒麟ᄒᆞ고저澤이雖淺이나必有蛟龍者矣로다以若貴社之以公平之筆노賞善罰惡하시ᄂᆞ니以此全文으로褒而揚之ᄒᆞ야使一般同胞妹娣로皆爲仰慕之地ᄒᆞᆷ을伏祝

慶尙南道梁山郡上北面大石동民人等 告白

本會趣旨目的으로殖産上民權를보表ᄒᆞ기爲ᄒᆞ야來二拾七日(金曜)下午一時에中部下於義宮너本事務所에總會를開ᄒᆞ오니會員諸氏ᄂᆞᆫ屆期來臨ᄒᆞ시오傍聽도許ᄒᆞᆷ

大韓殖産獎勵會 告白

本人의八寸天赫이浮浪ᄒᆞ야家産을蕩敗ᄒᆞ고또本人의所有家舍와田二日耕畓四斗落과柴山二麓世數十年來로初不打半ᄒᆞ고全若己物이나族譜은但族誼에專爲救濟여ᄂᆞᆫ爲孝淳의債錢에同家與田을僞券與給故로對孝淳ᄒᆞ야明言僞造에責出與券이오되反爲大言에期欲售奸ᄒᆞ오니僉彦은照亮ᄒᆞᆷ

李鳳赫 告白

全南康津郡萬德山孝寧大君房賜牌地四標文蹟一本과學禮院調令及光州府訴訟一度을以淸州鄭伏龜亭居李鳳儀로定有司帶持上京이已經五六朔에尙無影響而終不來納于本宗家ᄒᆞ니若或中路病臥留滯어든直速還寄ᄒᆞ고又或서失이라도內外國人間에勿爲相關ᄒᆞ시옴

中署寺동二十七統五戶宗孫 李貞宰 告白

支收所來納金廣告

永柔郡第壹回金貳百九拾四圜七拾五錢을電氣會社內銀行에貯置ᄒᆞᆫ事

國債報償志願金總合所

國債報償志願金總合所金貳百九拾四圜七拾五錢을領置ᄒᆞᆫ事

電氣會社內銀行

本人의現住ᄒᆞᆫ中署寬仁坊勸동第拾三統二戶瓦家五拾三間家契를陰二月拾六日에見失ᄒᆞ얏ᄉᆞ오니內外國人은雖某던지拾得하거든休紙施行ᄒᆞᆷ

戶主 金晦秀 告白

今現弊院에서各項事務을一層擴張하오며金裝與銀裝各樣의齒와老小闕沒數落齒ᄒᆞᆫ데齒床幷齒을隨意製造하오며拔齒與入齒時에毫無苦痛케ᄒᆞᄂᆞᆫ技方도有ᄒᆞ며齒科上面議ᄂᆞᆫ無料授受ᄒᆞ압ᄂᆞ니四方僉君子ᄂᆞᆫ照亮ᄒᆞ심을爲希ᄒᆞᆷ

京南大門內尙洞美人施蘭敦家 寓齒科醫士 韓大衛 告白

東署花溪所在瓦家四十間과답五十二斗落文券을昨年月分에셔燒失ᄒᆞ얏기玆에廣告ᄒᆞᆷ

兪鎭贊 告白

本人이名啣匣을서失ᄒᆞ왓ᄂᆞᆫ데可考ᄒᆞᆯ書類가有ᄒᆞ오니誰某拾得ᄒᆞ시던지即爲傳致ᄒᆞ시면五圜을仰呈ᄒᆞ오리다

鍾路電氣會社下家玄興澤

官立普通學校학徒募集廣告

來四月은학年初이기로官立漢城師範학校附屬普通학校와官立各普通학校에一학年生五拾名式(於義洞普通학校에ᄂᆞᆫ百名)과各학年缺의補缺生을募集ᄒᆞ니入학ᄒᆞᆯ者ᄂᆞᆫ四月三十日內로左記各학校에請願ᄒᆞᆯ事

官立漢城師範학校附屬普通학校
官立校洞普通학校
官立齋동普通학校
官立於義동普通학校
官立仁峴普通학校
官立水下동普通학校
官立貞洞普通학校
官立梅동普通학校
官立미동普通학校

入학年齡은一學年에ᄂᆞᆫ八歲로十四歲ᄭᆞ지오補缺에ᄂᆞᆫ十七歲ᄭᆞ지로ᄒᆞᆷ

隆熙二年三月二十日 학部

本人의率養子傑이年少浪浪ᄒᆞ야世傳田畓을沒欲潛賣ᄒᆞ기以保守次로本部證明을禦許ᄒᆞ오니誰某이던지傑의게買畓ᄒᆞᄂᆞᆫ者ᄂᆞᆫ盜買로無異ᄒᆞ니內外國人은切勿見欺ᄒᆞᆷ

慶北尙靈館동故李進士家未亡人呂氏 告白

西部龍山坊孔德里六拾六統四戶艸三拾五間瓦蝦龍家舍를特別廉價放賣ᄒᆞᆯ터이오니願買僉位ᄂᆞᆫ東部於義동二層屋下二拾四統七戶로枉臨來議하ᄋᆞᆸ

孫云國 告白

新舊學文을大發賣ᄒᆞ오니願買하ᄂᆞᆫ僉君子ᄂᆞᆫ速々求覽ᄒᆞ심을希望ᄒᆞᆷ

慶尙北道大邱東上後洞 在田堂 金괴鴻書舖 告白

本書院에서內外國新舊學問各種書籍과聖經각種을大發賣ᄒᆞᆫ지三四年인바本敎會敎人과각學校生徒의購覽ᄒᆞ기便利ᄒᆞᆷ을爲ᄒᆞ야左開三處에支院舖를新設ᄒᆞ오니書籍을購買ᄒᆞ시ᄂᆞᆫ僉彦은附近支院에請求하심을務望

左開
西門外中學校西便　韓承煥
南門外通路東便　安桂元
鍾路館門下　韓鼎敎

平壤貞동上隅
耶蘇敎書院 鄭益魯 金聖鐸 告白

本人의女息成婚時에各位皇族殿下同妃와府院君同府夫人과親勅任官時原任閤下同夫人과內外國紳士諸씨枉駕하오신盛意를感謝하와敬布ᄒᆞᆷ

仁川府尹金潤晶 同夫人純迎子 告白

新撰理化學

朴晶東氏著

全一册定價金三拾錢

一本書의目的은小學校에敎課ᄒᆞ기爲ᄒᆞ야編輯ᄒᆞᆷ이라
一理化學解說ᄂᆞᆫ簡明ᄒᆞᆫ圖를揷ᄒᆞ야讀者의理解ᄒᆞᆷ을便易케ᄒᆞᆷ이라
一理化學用語와物質의名詞ᄂᆞᆫ近時代漢譯의最著ᄒᆞᆫ者로採述ᄒᆞᆷ이라
一本書ᄂᆞᆫ理化學諸家의學說中最簡易ᄒᆞᆷ을採ᄒᆞ야十五章으로編ᄒᆞ야학徒로ᄒᆞ야곰二箇年에學讀케ᄒᆞᆷ이니陸續購覽ᄒᆞ시옴

발賣所
布병下金相萬廣學書舖
京城各處書舖
平壤鍾路耶蘇敎書舖々
法橋大同書觀

大韓文典

崔光玉 述　李鍾在 校閱

此文典ᄂᆞᆫ國語의語法과讀法과作文法을一定ᄒᆞᆫ規模로能成케ᄒᆞᄂᆞᆫ法이備設ᄒᆞ야高等小학校나中학一班에所用ᄒᆞᆯ만ᄒᆞ오니僉君子ᄂᆞᆫ速々購覽ᄒᆞ심敬要

發賣所　京城 蓮洞儆新학校內　平壤 大同書觀　安岳 勉學書舖

率土之賓이莫非王民則一國之內에豈有輕重稅法乎아慶尙南道各郡民等自統監府로移來請願者ᄂᆞᆫ閔悉인바金額稅率을行將調査改定인즉從當平均이런과事關重大에今不可遠離許施이니姑爲退去ᄒᆞ라고度支部에서指令을成出ᄒᆞ셔신즉推我同胞ᄂᆞᆫ庶得平均改定之日ᄒᆞ야納稅가可ᄒᆞᆷ

慶尙南道咸安郡趙性順告白

漢城鐘路萬國基督敎靑年會舘前慈惠藥房
製藥鑑査人濟衆院醫學員洪錫厚朴慈惠李觀化告白

本人等이米國大학醫院處方과大醫學士魚丕信氏에게受業ᄒᆞ고醫學校長勳五等池錫永氏에게有効證明을受ᄒᆞ고左記낙種을製造ᄒᆞ야外國醫약規模을依ᄒᆞ야紙匣洋鐵匣琉리瓶에盛ᄒᆞ야全國內地各處약店에廣賣ᄒᆞ옵고濟衆院英字醫書를我國漢文으로飜譯ᄒᆞ야名稱西약便方이라ᄒᆞ야발賣ᄒᆞ오니四方　僉彦中濟衆院낙을數拾年來經驗信用ᄒᆞ신兄弟는不拘약之多少와路之遠近ᄒᆞ고以書請買ᄒᆞ시면本人은雖拾錢價値락이라도以小包郵便으로仰呈ᄒᆞ오리니낙封定價外郵稅十젼을加送ᄒᆞ시되小數젼은郵票十젼ᄶᆞ리로ᄉᆞ서보너시고賣낙家에서는多數買去ᄒᆞ시면郵便局換錢票을買送ᄒᆞ시오且本藥房에米國(멀포드)製낙會社낙과(앏풀)製낙會社낙과德國(만ᄒᆞ임)製약社락品을直輸入ᄒᆞ야德語英語로記ᄒᆞᆫ方文과主治와用法을我國漢文으로譯論발賣

商標

補益丸　食思振起 精力活潑　第一老衰男女의게補益血

定價表		
拾日分	三十個入	金一圓
二十日分	六十個入	金一圓七拾五錢
三十日分	九十個入	金二圓五拾錢

主治大補元氣能調陰陽男子陽萎不起女子月經不調手足厥冷虛脫失氣久病人蘇完되는効力이大勝於鹿茸人蔘精

■効解瘧丸　一日分定價金拾錢此藥은大人小兒長瘧과初瘧과腹瘧에以ᄒᆞ 服用ᄒᆞ면更不再發

■■虫丸　一日分定價金拾전此藥은大人蛔積小兒疳病의神効

■匹時感冒丸　一日分定價金拾전此藥은感氣몸살의쓰는약인ᄃᆡ一二日連服ᄒᆞ면四時毒感上下肢節頭痛에即時解熱鎭痛

男女瘡■祛根藥　定價金五圓此藥은瘡疾의一期二期를勿論ᄒᆞ고거근ᄒᆞ도록낙을쥬는ᄃᆡ口瘡과子여도아니나오

淸明眼藥　一日分定價金拾錢此藥은火眼熱眼의有ᄒᆞᆫ奇効

無惡臭疥瘡藥　定價金四拾전此藥疥선虫을ᄲᆞᆫ卅分內殺殺

■■咳嗽藥　五日分定價金三拾錢此藥은四時寒暑咳嗽에有効ᄒᆞ고特히老人哽咳에消痰止咳

寸■殺根　定價金三拾錢此락寸虫當場殺ᄒᆞᆷ

止足汗藥　二十日分定價貳拾錢此藥德國軍人常用除足汗ᄒᆞᆫ

輕腫根治膏　定價금十五전此낙面腫과頭腫에直差

濕腫根治膏　定價금十五젼此락은男女勿論ᄒᆞ고風寒暑濕으로成腫되여大起搔痒ᄒᆞᆫ데奇効

漢城百應膏　一封定價金十錢此락은舊락醫士李信友시方文으로製造ᄒᆞᆫ藥인데멍우리잘풀리고各項腫氣에발根合瘡이濟利되ᄂᆞᆫ靈藥이니대大洋鐵匣入一個금五十錢

小兒感冒靈効散　此약池錫永氏經驗良方小兒感冒及食滯로身而熱驚風者最神效定價金十錢

補氣神効保嬰散　此약醫學校長池錫永氏數拾年經驗之良方이니兒屎色綠而瀉○腹脹○身不安而不寐○腹痛驚啼及直視而搐愵者最神效定價금十二錢五厘

發賣所 仁川港杻峴濟生堂낙房
京城梨峴韓醫賣낙商李信華

本郡漁基는有郡以來數百年으로確的ᄒᆞᆫ民有財產之物이러니初被彭安均之侵奪ᄒᆞ고又被鄭漢奎之勒奪者有年矣而至于乙巳年에幸奉　聖皇帝還給之恩勅이옵고又蒙宮內部大臣還出給之指調完文及裁決書이오되派員金鳳洙者拒命自貪에馬鹿易形ᄒᆞ고香椎源太郎之食機及米에蚌鷸異勢ᄒᆞ야漁子反失其業더니伊今에伊藤統監之矜恤民情과庵原文一之公正調查에官有餘民有餘을明白分揀이바宮內部大臣리允用氏와農商部署理大臣趙重應氏와副統監曾禰荒助三氏가亦是以一般愛民之心ᄒᆞ시와官有餘는付公ᄒᆞ고民有餘는歸民ᄒᆞ시는裁決書特成ᄒᆞ야발訓頒佈ᄒᆞᄉᆞ內外國人中에雖有貍猫碩鼠之變化奇才라도莫敢圖覘케ᄒᆞ오니兩氏統監과兩씨大臣과庵原文一之拯民保生케ᄒᆞ온德澤은實爲與郡偕存故로玆에廣告ᄒᆞᆷ

慶尙南道巨濟郡漁條事代表人
玉致三等　告白

國文 **愛國精神談**　定價金廿錢
리치雨譯述
勿論男女ᄒᆞ고愛國心이有ᄒᆞᆫ者可以購覽
發賣所 皇城각書舖

朴晶東氏演述

▲**意大利獨立史**　正價金五拾錢
●**經濟原論**　正價金三拾五錢
●**國際公法志**　正價金四拾錢
●**國文新撰家庭學**　正價金三拾錢

國家의文明은教育이根本이오教育의基礎는家政이始라故로家政學을純國文으로新撰ᄒᆞ와婦人社會와勞動社會와學校教科서지需用ᄒᆞᆷ에便易케ᄒᆞ와사오니有志僉君子는陸續購覽ᄒᆞ심을務望

발行人 金爾均　告白

發賣所
▲大廣橋 匯東書館　▲洞口 中央書舖　▲銅峴 博학書館
▲鐘路 大東書市　▲布屛下 廣學書舖　▲尙洞 博文書館

新編 銀行簿記學

全一冊定價 六十五전　任璟宰編述

本書는一般外國諸大家의著述ᄒᆞᆫ簿記學中最近ᄒᆞᆫ학理와最新ᄒᆞᆫ形式을精細蒐輯ᄒᆞ야國漢文으로解得키便易하게編述ᄒᆞᆫ者니一次修習ᄒᆞ면帳簿의整理方法과業務의處理順序가瞭如指掌ᄒᆞ야實로實業家의一大顧問이라諸銀行家와商業家는不不可案頭에一番을備置ᄒᆞᆯ者ㅣ니陸續購覽ᄒᆞ심을務望

발賣元 中署布屛下三拾七統六戶 廣學書舖金相萬
分賣所 동口越邊中央書舖　大廣橋匯東書館
鐘路大東書市　同古今書海館
南門內博文書館　南門外新舊書林
銅峴博學書館

本書館에서학校教料서宗教서新小說等各種서籍을無遺完備이오니各학校會員과其他有志人士은陸續來購ᄒᆞ심을伏望
安州義井동安陵서館
金翼河　告白

共立新報는美洲에留ᄒᆞ시는我國同胞가高明ᄒᆞᆫ학問과深厚ᄒᆞᆫ熱誠으로祖國을東望ᄒᆞ고國魂을絕叫ᄒᆞ야每週日一次式刊行ᄒᆞ는新報이온ᄃᆡ世界形勢도詳揭ᄒᆞ며니國情况도昭載ᄒᆞ야愛國心이有ᄒᆞ신同胞는不可不購覽ᄒᆞᆯ新報이며又是純國문으로발行ᄒᆞ야婦人孺子라도一覽可瞭ᄒᆞᆯ만ᄒᆞ오니嗟我一般同胞가我留外同胞의殊邦風霜에勞心勞力ᄒᆞ는誠意를豈可超視ᄒᆞ리잇가玆에僉君子의購覽을紹介ᄒᆞ기爲ᄒᆞ와該新報價及발賣處所를左에廣告ᄒᆞ오

代金表
每張 五錢
六朔 壹圜貳拾錢
壹年 貳圜貳拾五錢

本國내出張所

京城廣학서舖	金相萬
博운서館	盧益형
開城남門내興학서舖	姜助遠
平山郡古之面城남峴	金錫萬
長連邑내東里	문석관
平壤上口水外	車利錫
鎭남浦龍井동	梁濟涉
安州城내義村동	金翼河
宣川邑 川邊	梁준명
龍川내山面무山里	李昌萬
義州南門外大東藥房	白用錫
金海台也面智士동	裵永會
釜山港 草梁	尹相壽
大邱東上面龍동	崔一弘
咸興西門밧	朱경欽
俄領 海蔘威	계東학校

共立新報社代理人 金昭孝　告白

●大韓國新발明靈藥廣告
陸軍軍醫金守鉉君實驗方劑에陸軍軍醫張基茂君有効證明으로淸心保命丹을발明인바効能은如左ᄒᆞ니　僉君子惠試爲望

新藥 **淸心保命丹**
本舖 仁川港杻峴 **濟生堂**藥房

●主治効能
●滯飲 ●食積 ●中暑中寒
●咳嗽 ●腹痛 ●不服水土
●氣鬱 ●吐瀉 ●船車眩暈
●食傷 ●酒醉 ●口熱
▲其他諸般違氣厲疫預方妙藥

발行人 仁川港杻峴 **濟生堂** 李[illegible]鳳

代理店 京城鍾里동 共愛堂藥房
特約店 京城鐘路 慈惠藥房
同 藥峴 李信華洋藥局
同 銅洞 盧益亨冊사
同 南門外 廣濟藥院
●仁川內洞 韓禹與
同 硏峴 和平局
●開城南門內 朴圭頤
同 忠橋 具聖模
●水原鐘路下 金若九藥局
同 宗路 宋根孝
●延安邑內 邊汝文
●江華鐘路 宋順東
●長湍南門內 崔敏淳
●鳳山砂利院場內 박建昌
仝 任允中
仝 耶穌教堂內 李在吉
●黃州南門내紅門洞 李東植
●平壤雙巨里 韓鳳儀藥舖
仝 최能化
仝 鍾南藥舖 金能興
仝 文武洞藥舖 桂澤宜
●鎭南浦築洞 金元榮藥舖
●群山港開福洞 金斗鉉
●京南大門外 大同運輸會社
●仝 泥峴郵便局前 天佑堂
●安岳邑上場里濟生局 林景杜
●大邱南門內副還客주 成浩家
●釜山港草梁客主 車東佑家
●安州城內曾井동 大藥房
●義州南門外水口街 義和藥局
此外에도現代明 各處有名
각海州靈藥이俱備ᄒᆞᆷ
●海州南門內 李奉植
●淸州邑新洞약局 金演合
●博川郡美동商店 박芝行
●咸興邑後동洋약局 崔允國
●北靑新昌港客主 박[illegible]勤
●元山港本堂出張人 朴敬鎭

◉國債報償義捐金收入廣告

●慶州北東面院里
孫秀昶 權士運 高炳助
高炳翌 各一圜 鄭允燮
七十五錢 高炳德 鄭文顯
高鎭榮 高炳夏 各七拾전
孫秀几 김恭湖 各六拾전
정成鎔 五拾五錢 鄭永基
成正학 高泳奎 崔璨叙
孫秀剋 孫秀旭 各四十五전
최錫一 朴鎔鎭 孫秀日
高炳鍵 各四十錢 鄭熙鎔
鄭桂鎔 各三十五錢 鄭達鎔
鄭德조 高炳南 高炳浩
이成讚 각二拾五錢 高炳爍
孫秀坤 金龍几 孫永龍
각二十錢 김龍萬 成正文
權宜祚 各拾九전 高元出
孫秀棠 高炳棋 各十五錢
金龍遠 朴東銀 孫秀圭
崔雲壽 各拾전 鄭器鎔
鄭진昱 金宜範 各九錢
合拾八圜四錢

▲月羅里
徐永淳 文奐榮 리錫瑀
徐光允 徐元鎭 李紹年
李晥榮 崔世圭 리祥洪
郭圭華 金永達 각六十전
合六圜六拾전

総合二十四圜六拾四錢
前總合五萬九千五百八十三圜八十八錢八厘
都總合五萬九千六百〇八圜五十二전八厘

發行兼編輯人 英國人 裵說
發行所 南署石井洞號外局三層洋屋家 大韓每日申報社

第六卷

大韓每日申報

第七百六十三號

月曜及慶節歲時日休刊

檀君開國四千二百四十一年
孔子先年二千四百五十九年
大韓開國五百十七年
日本明治四十一年
淸國光緖三十四年
陰曆戊申七月小廿三日己卯

寄書

○愚人覆轍 平壤宋孔三寄

至非利加洲南方에一地가有ᄒ니名은加弗蘭이오其人民은加弗爾人族이라稱ᄒ더니歐羅巴洲白人들이此地에移去혼者多ᄒ미加弗爾人族이이極히白人을憎惡하야歐洲白人을滅種홀生覺을恒懷ᄒ고迄今七八十年間을暴動하야歐洲人과搆兵結怨치안ᄂ時가無혼지라西曆壹千八百五十六年에加弗蘭各族士酋가聯盟聚議ᄒ되歐洲白人을戕殺殲ᄒ야白人의踪跡이다시加弗蘭境너에不見키를務期홀식時에加弗蘭에一介偽先知가出ᄒ야自稱過去未來事爲를能通이라ᄒ미稱爲神人에人人崇戴ᄒ고각士酋等도亦深信之ᄒ야其偽先知와게懇求ᄒ되境內居民의게設法勸諭하야同心協力에歐羅巴白人을殲滅ᄒ고加弗蘭을保存케하소셔ᄒ미其偽先知가機會를乘ᄒ야國中에倡言ᄒ기를已死혼宗祖ᄭ셔爾等後孫들이保國滅外홀思想이有홈을知ᄒ시고大喜ᄒ스我를命ᄒ야爾衆의게特諭하시기를爾衆所畜혼牛를盡屠ᄒ고所積혼穀을悉輸ᄒ야軍需를充ᄒ라若此이遵行ᄒ면將來一定好日이必有ᄒ리니爾國에英雄이復生ᄒ야不可勝屢오爾國에牛馬이充滿ᄒ야不可勝數오爾田에禾穀이廣積하야不可勝食이오爾國內에患難疾病衰老死亡이滅絕에永不更使이오天投木棒ᄒ야歐洲白人을無一子遺而打殺ᄒ리니萬一爾衆이祖宗의命令을不違施行則爾衆도亦是白人과同受其禍ᄒ리라

若此이處處布諭ᄒ미加弗蘭人民이如醉如夢如狂如痴에其半을盡屠ᄒ며其穀을盡食ᄒ며其財를盡捐하며農事를一切廢止ᄒ고一木大棚을建造ᄒ니此ᄂ將來應許ᄒ多牛를畜코ᄌ홈이라甚至於絕食飢餓ᄒ時에도將來應許를望ᄒ고操作을不撤ᄒ야牛棚도造ᄒ며乳器도製ᄒ니鳴乎라其愚其惑이胡至此極고時에好望角에駐在ᄒ英國官員이其愚盲홈을惻然慘悶에其愚를去ᄒ고明理에就코ᄌᄒ야以邏論之ᄒ되不從ᄒ고以勢禁之ᄒ되不服ᄒ니不得已ᄒ야日後賑荒홀所用으로儲積多穀ᄒ니라

一千八百五拾七年春에偽先知應許ᄒ日期가至ᄒ미全國民衆이處々會集ᄒ야預備作亂ᄒ고다만天明을望ᄒ야夜中靜坐ᄒ야待홈은偽先知가曾已設論ᄒ기를某年某月某日天明時에二輪紅日이東山에同升ᄒ리니二日이旣升ᄒ즉天投木棒ᄒ야可惜ᄒ歐洲白人을戕殺ᄒ리라홈을因홈이러라時에加弗爾人種이비록飢餓에成爲ᄒ死人이로되다만當夜則精神을收拾ᄒ고憂喜가交集에오ᄌ好時가 到ᄒ기만佇望ᄒ야困苦를頓失ᄒ고頭問東天而坐待러니無知哉라直至天明에一輪紅日만仍見ᄒ야常時와無異혼디이오木棒은姑舍ᄒ고高々蒼天에其應驗이毫無ᄒ矣라或은歎息하야云ᄒ되先知가欺我乎아祖宗에應許가虛乎아僞乎아ᄒ고或은慰勞ᄒ야曰先知預言이今日午時三刻에不應則日落時ᄂ斷定코應ᄒ리라ᄒ니衆心이紛々ᄒ야半信半疑에午正과日落時를又待ᄒ시赤烏ᄂ西墮ᄒ고白兎ᄂ東升ᄒ나天中變動에一毫도仍爲無見矣라戲々會衆이僞先知의惑世誣民인줄始覺ᄒ고或欲自殺ᄒ며或欲起擾ᄒ미各黨魁首等이撫摩手段을用ᄒ야人心을安慰ᄒ야曰無傷하며勿怯ᄒ며又勿失望焉ᄒ라時也不吉故도今日不應이나以後必然應驗을日이有ᄒ리라ᄒ더라

迨後에鄰邦ᄂ侵掠ᄒ야先知預言을應驗코ᄌᄒ다가斯亦不成ᄒ미衆匪魁가心中激動ᄒ고煩悶失望ᄒ야自殺或逃亡ᄒ고人民等은廉恥를買ᄒ고好望角英館의赴ᄒ야乞食求命者有ᄒ고其餘求乞不願者ᄂ家中에서坐而待死ᄒ니一家食口가沒數餓死ᄒ야數千戶體가具積成堆라强壯之人은流爲盜賊이오老弱之人은轉乎溝壑이오安分良民은樹皮艸根을採食이라가終成餓鬼ᄒ니哀哉라加弗爾人口一百五万名에서餘存者僅爲三十八万口ᄒ니此時僞先知說惑으로由ᄒ야人口三分之二가餓死ᄒ고其先知도死數中에亦存ᄒ니라此ᄂ五十一年前亞非利加南方未敎化혼黑人의所行事라今淸國山東省拳匪가以爲有神術ᄒ야可以扶淸滅洋이라倡言ᄒ야徒黨이熾盛ᄒ되惜乎淸國政府가不寒其流라가反揚其波ᄒ야庚子大禍를卒召ᄒ얏ᄉ니不蹈黑人之覆轍乎아

記者曰此書를讀하고도舊來鄭堪錄土亭秘訣等을尙且迷信ᄒᄂ者ㅣ有홀가懼라

外報

●俄國鐵道敷設 聖彼得堡電을據혼則俄國政府에서議會를開ᄒ고更히俄國이極東에權力을恢復ᄒ기를議論ᄒ얏ᄂᆞᆫ데至今黑龍江岸에敷設ᄒᄂ俄國鐵路을急速히畢役ᄒ게ᄒ고西伯利亞鐵道에支線을敷設ᄒ야淸洲을經치아니ᄒ고海蔘威로來往ᄒ기로酌定이라ᄒ더라

●英國의暴風 去二十二日倫敦電을據혼則英國西方과氷島南方에서暴風이大起ᄒ야家屋이仆頹하고海上에往來ᄒᄂ船隻은相觸破散혼者不少ᄒ며氣車ᄂ傾覆ᄒ야致死혼人과重傷혼者多하다ᄒ더라

●俄日의侵奪 去二十一日伯林電을據혼즉俄國과淸國滿洲東三省에商權을擴張하야地方自治權을施行ᄒ며日本은旅順口와遼陽等地에또ᄒᆞᆫ그와又치自衛社團을建設ᄒ야其商民을保護ᄒ니將次滿洲와旅順口ᄂ俄日兩國에植民地가되깃다더라

●俄將處絞 去二十日聖彼得堡電을據혼즉俄國陸軍大將스토셀氏가前日俄日戰爭時에旅順口에서日本에投降혼罪로數年間을在囚ᄒ엿더니昨日陸軍法院에서該氏를處絞ᄒ기로宣告ᄒ엿다더라

●偽命可憎 갈니포니아洲(발네죠)라ᄒᄂᆞᆫ地方에在혼火약製造所에서去月二十日夜에발火ᄒ야爆발藥一萬餘斤이爆발ᄒ야其時에該工廠內에서赴役ᄒ던英國人四名과淸人二拾四名이燒死ᄒ얏ᄂᆞᆫ데尸體ᄂ豈不覓得ᄒ엿다더라

●伊太利反民 美國（피나델피아）市에在혼伊太利人二千五百名이去月二十一日에路上에會集ᄒ야無政府黨에旗號를揭ᄒ고行動하ᄂᆞᆫ거슬該地警察官吏가解散코ᄌᄒ나諾順치아니홈으로即時巡査五百名을召集ᄒ야八時頃을接戰혼後에亂民은解散ᄒ고巡査三名은中丸ᄒ엿스나重傷치아니ᄒ엿다더라

●政黨總會 美國大政黨덜이來六月十七日에該國西方썬버地方에서總議會를開ᄒ기로決定ᄒ얏다더라

雜報

●罪同罰異 丙午年洪州義兵敗潰時에被捉혼柳濬根南敬天리식申鉉斗文錫煥崔仲一郭相과諸氏ᄂ對馬島로移置ᄒ고伊時義將閔宗植氏와中軍리世永黃英秀氏와金德鎭以下諸씨ᄂ本國內에限己身流配되얏ᄂ디因審判以下諸氏ᄂ昨年大皇帝陛下登極ᄒ신報의蒙放하고對馬島에拘留혼柳濬根諸氏ᄂ獨히放釋이되지못ᄒ니罪同罰異ᄒ다고物論이沸騰하다더라

●關東議會 關東학會에서三昨夜에評議會를開ᄒ고會長及副會장選定과評議員加選홀事에對ᄒ야畧略協議ᄒ고財政方針을研究ᄒᄂ데李時榮氏가三十圓李輔協林起東兩씨가각二十圓元大圭崔鍾洛徐相煥車相鶴氏等이各拾圓이오徐相瑛氏가六圓全命濟權純九兩氏가각三圓이오정鎮冕시가二圓南宮薰시가一圓을義捐ᄒ얏고有志紳士諸시가入會ᄒ야將務發着々整理하ᄂᆞᆫ데會員의熱心ᄒᆞᆫ効果로該會의發展을指日可期ᄒ깃다더라

▲楚木吳山▼ 北嶽山人 譯

第六章ᄌ校학徒
네卒業은어느ᄯ며
니卒業은어느ᄯ냐
卒業ᄒ니무엇ᄒ리
몬저卒業학生들도
區區혼길바이입서
卒業証书손에들고
東西奔走呼訴혼다
朝不慮夕ᄒᄂ家勢
洋服帽子綾苴價에
如干汁物典當으로
父母근심끼쳐도세
郡府院廳通譯主事
外國人의職啣이오
各部稅監敎導ᄭ지
外國人의官僚되니
卒業生活ᄒ잔거시
前程이杳然하다
第七章社會歌
愚昧하고頑固人을
警覺하며曉喩ᄒ야
生命財產保全ᄒ고
학問知識발달ᄒ야
文明國이되ᄌᄒ고
會員이며演說으로
鼓舞演說懇切ᄒ되
광대와打鈴갓치
판슈의讀經갓치
聽者不聞冷笑ᄒ니
혜만다쓸ᄃ이업다
屢百年部陋習을
演說노도할일업소
第八章雜技軍歌
홀일이바이업서
骨牌板에단니면서
興亡得失不顧ᄒ고
잔돈푼어더먹고
기평푼어더써서
盜賊不分生涯삼아
근근이사잣더니
日本警察嚴ᄒ니
捕繩맛세서눈띄네

未完

雜報

●御宴會 太皇帝陛下게서와 義貴妃殿下께서와 義親王及同妃殿下께옵셔 來二十八日閣遊會에臨御ᄒᆞ실預定이라더라

●勤費請撥 大皇帝陛下即位紀念章이日昨에日本으로渡來ᄒᆞ얏ᄂᆞᆫᄃᆡ表勳院에서度支部로照會ᄒᆞ되製造及運輸費를從速支撥ᄒᆞ라ᄒᆞ얏다더라

●此說果然否 近日東京으로來ᄒᆞᆫ風說을聞ᄒᆞᆫ즉日本元老大臣들이韓國政策에對ᄒᆞ야會議ᄒᆞ얏ᄂᆞᆫᄃᆡ財政警察通信外交等權을依舊還歸ᄒᆞ야甲午更張時와如히ᄒᆞ야各部에顧問만置ᄒᆞ고日本官吏ᄂᆞᆫ一齊히廢止ᄒᆞ야交際之誼를永久히維持케ᄒᆞᄂᆞᆫ것이可ᄒᆞ다ᄂᆞᆫ一派의議論이有ᄒᆞ다더라

●統府例會 各部大臣及次官이昨日統監府에서火曜日例會를開ᄒᆞ고各其行政上에關ᄒᆞᆫ件을協議ᄒᆞ얏다더라

●木水日仕 學部署理大臣李完用시ᄂᆞᆫ學部仕進을每木水兩日로定ᄒᆞ얏다더라

●分黨仕進 宮內府官制를改正ᄒᆞᆫ後禮式官도減省ᄒᆞ야拾人으로磨鍊ᄒᆞ얏ᄂᆞᆫᄃᆡ有祿黨가六人이오無祿黨가四人인ᄃᆡ德壽宮과昌德宮에分黨仕進ᄒᆞᆫ다더라

●[illegible]逗留 [illegible]其前日本에留學ᄒᆞᆫ時에[illegible]地에서組織ᄒᆞᆫ會社를始ᄒᆞ야實業이繁旺ᄒᆞ얏더니現今宋[illegible]이數會社를視察[illegible]에서逗留ᄒᆞᆫ다더라

●觀測所官制 農商工部에서觀測所의新官制를規定ᄒᆞ얏ᄂᆞᆫᄃᆡ所長一人技師二人技手二十人이오書記가三人이라더라

●新計新設 度支部新計課를[illegible]에設置ᄒᆞ얏다더라

●喜悅宋氏 新任邵陵參奉宋秀嚴氏ᄂᆞᆫ宋秉畯氏의長子라現今陽智郡에在ᄒᆞᆫᄃᆡ宮相李允用氏가宋農大와緊切ᄒᆞᆫ계結托코저ᄒᆞ야令允으로邵陵參奉을不時敍任ᄒᆞ얏다ᄂᆞᆫᄃᆡ宋參奉은行公치아니ᄒᆞ기로酌定이라더라

●府尹請辭 稻安府尹洪在祺씨가日昨에上京ᄒᆞ얏ᄂᆞᆫᄃᆡ將次辭職請願ᄒᆞᆫ다더라

●奇花可居 中樞院顧問李址鎔씨가妓生奇花를二千圜에作妾ᄒᆞ얏더니近日各大官이妓生을次第로作妾ᄒᆞ나昨日에買一妓ᄒᆞ고明日에買一妓ᄒᆞ면韓國에妓生이自然絕種될것시니女子界의開明前道를希望ᄒᆞ노라

●行下廢止 宮宴會에妓生及工人輩에게行下ᄒᆞᄂᆞᆫ例가有ᄒᆞ더니今番園遊會에ᄂᆞᆫ此例를廢止ᄒᆞ고當日經費를自擔케ᄒᆞᆫ다더라

●事係司法 宮內府整理局事務官徐延岳氏가同局[illegible]委員[illegible]의別室과關係이有ᄒᆞᆫ[illegible]同局에請[illegible]同局事實[illegible]言ᄒᆞ기를此[illegible]司法所關이[illegible]務를[illegible]ᄒᆞᆫ다더라

●渡邊入城 大審院長渡邊시가[illegible]에入城ᄒᆞᆫ다[illegible]法務[illegible]設院[illegible]仕[illegible]ᄒᆞᆫ다더라

●設院期限 大審院의設置ᄒᆞᆫ[illegible]

●諸裁官[illegible] 控訴院[illegible]閣에通牒ᄒᆞ얏다더라

●[illegible] 陵[illegible]官에對飭ᄒᆞ야[illegible]陵[illegible]

●班常異結 公州稅務官李鈺玉씨가民間에結錢을加斂ᄒᆞ되班戶에ᄂᆞᆫ每結頭에三卜式加捧ᄒᆞ고民結에ᄂᆞᆫ五卜式加捧ᄒᆞᆫ즉民[illegible]이[illegible]ᄒᆞ야該郡民人等이度支部에呼訴ᄒᆞ얏다더라

●船社請認 金華駿씨등諸씨가資本을鳩聚ᄒᆞ야沿江木船運輸合名會社를組織ᄒᆞ고農商工部에承認ᄒᆞ기를請願ᄒᆞ얏다더라

●異哉何言 年前鍾路[illegible]都承旨가偶然失火[illegible]忠正公閔泳煥氏가節死ᄒᆞ얏더니[illegible]

●妓亦紛競 各宮司의擧行ᄒᆞᆫ宮妓가合爲八十名이라ᄂᆞᆫᄃᆡ五十名은除汰ᄒᆞ고三拾名만仍置ᄒᆞ기로宮內府에서現今擬議中이라ᄂᆞᆫ데見落지아니ᄒᆞ랴고紛競이大段ᄒᆞ다더라

●驛租請貸 內部에서度支部로照會ᄒᆞ되江原觀察使의報告를據ᄒᆞᆫ즉[illegible]郡에入民이飢寒이[illegible]驛賭推數中限二百石만特設賑糧케ᄒᆞ시고價本은以代錢上納ᄒᆞ야使民으로無至渙散케하라ᄒᆞ얏다더라

●調查保護 內部에서咸鏡南北道에訓令ᄒᆞ되官公府와[illegible]

●[illegible] 黑崎[illegible]雄及徐[illegible]托[illegible]郡[illegible]調查ᄒᆞ라ᄒᆞ얏다더라

●[illegible] 巫女蓮[illegible]署로下囚ᄒᆞ얏던巫女蓮[illegible]月經過로옥決末이無期ᄒᆞ다며何樣別般運動이有ᄒᆞᆫ지日間에白放이된다ᄂᆞᆫᄃᆡ再昨日에訊問係渡邊警視가監獄署井上看守長의게로電話ᄒᆞ고該囚를放出前에別般顧護ᄒᆞ기를懇請ᄒᆞ얏다더라

●稅關設置 咸鏡北道富寧郡淸津稅關監視署ᄂᆞᆫ廢止ᄒᆞ고該署에서處理ᄒᆞ던事務ᄂᆞᆫ淸津稅關支署가此를受繼ᄒᆞ야四月一日노붓터該郡淸津에稅關支署를設置ᄒᆞ고事務를開始ᄒᆞᆫ다더라

●鄕廳請付 洪州郡所在鄕廳一區를該郡稅務署에訓飭ᄒᆞ야還付케ᄒᆞ야以便公務케ᄒᆞ라고內部에서度支部로照會ᄒᆞ얏다더라

●畢竟被捉 前郡守閔泳宋氏가晝夜花套에汨沒ᄒᆞ다ᄒᆞᆫ은本報에曾往揭載ᄒᆞ얏거니와該氏가近日에도此等雜技를[illegible]ᄒᆞ다가自辨ᄒᆞ야[illegible]昨에花套ᄒᆞ야賭[illegible]警視廳에被捉[illegible]ᄒᆞ얏ᄂᆞᆫᄃᆡ習은不悛이라고人皆嘲笑ᄒᆞ더라

●[illegible]撰議 湖南學會에서會館을於義宮에定ᄒᆞ고月報를發刊ᄒᆞ더니[illegible]總務[illegible]氏로教育部長은[illegible]氏가被選ᄒᆞ얏다더라

●法語質問 法語學校生徒에게何等事件을因ᄒᆞᆫ지進級狀을不爲頒與ᄒᆞᆫ故로該校生徒數十名이昨日學部에齊進質問ᄒᆞ엿다더라

●船破人沒 昨日暴風에仁川港沖矢島에서商船一隻이破壞ᄒᆞᆫᄃᆡ韓國人八二名[illegible]

[illegible]式[illegible]死ᄒᆞ얏다더라

●米商被刺 昨日下午에京城小門外樓院等地에서義兵者가米商을執ᄒᆞ야京中에賣米치말나고詰亂ᄒᆞ다가米商을以劍刺殺ᄒᆞ얏다더라

●彈丸見失 日前에南門外停車場에서黃海道로輸送ᄒᆞ던彈丸五千발을見失ᄒᆞᆫᄃᆡ現今調探中이라ᄂᆞᆫ說이有ᄒᆞ다더라

●樂極患生 三昨夜에新門外奉元寺에서度支部官人某々三人이妓生三名으로同遊ᄒᆞᆯ際에賊漢九名이突入ᄒᆞ야妓生의銀叉二介와官人三人의衣冠과與히寺僧에게錢數拾元을奪去ᄒᆞᆫᄃᆡ賊黨中에銃二柄을[illegible]ᄒᆞ엿더라

●梅校紀念 官立梅洞普通學校에서卒業試驗을經了ᄒᆞᆫ故로紀念ᄒᆞ기爲ᄒᆞ야昨日에一般職員以下學徒가會同ᄒᆞ야撮影ᄒᆞ얏고來二十九日夜에幻燈會를設行ᄒᆞᆯ터이오三十一日에ᄂᆞᆫ卒業禮式을設行ᄒᆞᆫ다더라

地方消息

△鏡城警察署討伐隊ᄂᆞᆫ去十七日古沙洞에서義兵大將洪範圖를捕縛ᄒᆞ얏ᄂᆞᆫᄃᆡ巨魁ᄂᆞᆫ장向山嶺[illegible]ᄒᆞ얏다ᄂᆞᆫ報를因ᄒᆞ야討伐隊를該地에派遣ᄒᆞ얏다더라

△本月九日에忠淸南道唐津郡沿岸에義兵이라稱ᄒᆞᄂᆞᆫ者六七十名이各持銃劍ᄒᆞ고來ᄒᆞ야韓人一名을捕縛ᄒᆞ고衆人의게對ᄒᆞ야日出漢이라本人의密偵으로吾等의行動을妨害ᄒᆞᆫ다ᄒᆞ고即時砲殺ᄒᆞ고鏡岩浦로붓터乘船逃走ᄒᆞ얏다ᄂᆞᆫ報道로洪州警察署에서ᄂᆞᆫ巡查五十名을[illegible]地로出張ᄒᆞ얏ᄂᆞᆫᄃᆡ賊徒ᄂᆞᆫ[illegible]島에到ᄒᆞ야日本[illegible]口에繫留ᄒᆞ고上陸ᄒᆞ엿合으로派遣ᄒᆞᆫ巡查隊ᄂᆞᆫ攻擊을始ᄒᆞ엿[illegible]

紐育報電

◉知分者當守口 ·

二拾四日東京經由

韓國前顧問米國人須知分시가日前에桑港에着ᄒᆞ얏ᄂᆞᆫᄃᆡ二拾四日에其旅館前馬車에서下ᄒᆞᆯ際에突然히射擊ᄒᆞ얏ᄂᆞᆫᄃᆡ射擊者ᄂᆞᆫ桑港에滯留ᄒᆞᄂᆞᆫ韓國人이라須知分시가此遭難前에新聞記者를對ᄒᆞ야日本對韓政策을贊揚ᄒᆞ되美國이比律賓에서ᄒᆞᆫ듯同樣의貴重事業을日本이韓國에서起ᄒᆞᆫ다고云ᄒᆞᆫ所以라ᄒᆞ더라

東京電報

廿三日발

●船沈人沒 鄭船會社滊船睦奧丸이日本函館沖에서沈沒ᄒᆞ얏ᄂᆞᆫᄃᆡ乘客二百五十名中에九分은溺死ᄒᆞᆫ模樣이더라

●拓殖總裁내定 東洋拓殖會社總裁ᄂᆞᆫ陸軍中將宇佐川一正시로되얏다더라

△採 약 去▼

△人生百年幾何런고 歎駒隙之光陰이라 國家存亡危急秋에 苟全性命盟々ᄒᆞ다 偸生之術[illegible] 말하고 死ᄒᆞᆯ 줄 그 뉘 몰나

△[illegible]順[illegible]어ᄃᆡ갓나 堂々宗室芳樹[illegible]

△[illegible]어ᄃᆡ갓나 [illegible]已久[illegible] 不死약을 키러갓지

△閔泳[illegible]씨어ᄃᆡ갓나 [illegible]省ᄒᆞ니 待漏官班[illegible]邸 幅沉[illegible] 若椒房至親으로 僞破國恩ᄒᆞ엿도다 不死약을키러갓지

△[illegible]씨어ᄃᆡ갓나 [illegible]辨激疏 [illegible]先事奏모로 [illegible]世人物屈指ᄒᆞ니 [illegible] 袖手傍觀冷笑ᄒᆞᆫ 亡國大夫可歎일세 不死약을키러갓지

▲趙東潤씨어ᄃᆡ갓나 [illegible]號令ᄒᆞ니 忠文公之高節[illegible] 骨痛恨엄셧던 [illegible]友約死背約[illegible]이라 國計[illegible]生覺ᄒᆞ면肝膽[illegible]遺未快로다 不死약을키러갓지

▲金鶴鎭씨어ᄃᆡ갓나 淸陰相公 모르ᄂᆞᆫ가 千古忠義炳日이라 世世簪纓丘혼門閥 [illegible]業이야 ᄂᆡ가 宗社讓色[illegible] 不死약을키러갓지

▲金宗漢씨어ᄃᆡ갓나 仙源相公 後裔로서 江都之事모ᄅᆞᄂᆞᆫ가 雄手段籠絡ᄒᆞ야 一時片勢[illegible]得 國權墜落以後ᄂᆞᆫ 大[illegible]館 [illegible] 不死약을키러갓지

▲李容元씨어ᄃᆡ갓나 [illegible] 雲仍[illegible] 當時驕矜[illegible] 文章으로自許ᄒᆞ니 [illegible]趣 危急時勢見機ᄒᆞ고 [illegible] 차저退隱ᄒᆞ야 不死약을키러갓지

▲[illegible]씨어ᄃᆡ갓나 [illegible] 忠烈公의 苗裔[illegible] 年[illegible]獄[illegible] 殉節[illegible] 愧[illegible]何[illegible]賭棋[illegible] 傍觀[illegible] 不死약을키러갓지

▲閔種默씨어ᄃᆡ갓나 [illegible] 屈趙[illegible] 布衣功名已極이라 一生[illegible] 不死약을키러갓지

社告

本支社를左開五處에設置ᄒᆞ고敬以仰佈ᄒᆞ오니本報愛讀ᄒᆞ시ᄂᆞᆫ諸附近僉君子ᄂᆞᆫ該支社로請求購覽ᄒᆞ심을務望홈

▲信川邑六里 丁一善
▲永興郡南山동書舖 梁昌淑
▲咸州郡府門리 朱伯英
▲泰川邑郡前洋약局 李正華
▲事邊邑內 明濟世

各地方僉員이本社에投書와寄書가逐日답至ᄒᆞᄂᆞᆫ대居住姓名이昭詳ᄒᆞ고事實이確核ᄒᆞᆫ者ᄂᆞᆫ卽爲揭載어니와姓名도不載ᄒᆞ고事實이模糊ᄒᆞᆫ者ᄂᆞᆫ因而置之ᄒᆞᄂᆞᆫ데催促이又至ᄒᆞ니事甚訝惑이라從今以後로ᄂᆞᆫ投書와寄書를ᄒᆞ시ᄂᆞᆫ人은居住統戶數와姓名을詳錄ᄒᆞ시되若又含糊ᄒᆞ오면並爲勿施ᄒᆞᆯ거시니照亮홈

雜報

●申謳可徵 龍仁郡居前承旨申學均씨가該郡居金文基氏와有何嫌端이던지김서가義兵의干涉이有ᄒᆞ다고守備隊에搆誣ᄒᆞ얏더니該金氏의家產什物을執行ᄒᆞ얏ᄂᆞᆫ지라金文基시가宣諭委員의게請願ᄒᆞᆷ으로審査ᄒᆞᆫ즉初無相關이기로該委員이法部에報告ᄒᆞ고申시를査實懲辦ᄒᆞ라ᄒᆞ얏다더라

●尹氏演說 平壤居金鐵鎬訴訟事에對ᄒᆞ야金형植의行賭와該郡守의翻案과日辦譏抑勒은世所共知어니와該郡〈韓協會支會에서京城本會員尹孝定諸氏를請來ᄒᆞ야人民의所有ᄒᆞᆫ生命財產을保護ᄒᆞᆯ目的으로去土曜日에明倫堂에開會ᄒᆞ고本郡守의不公正ᄒᆞᆫ所致로金鐵鎬에財產을不保라고抗論駁斥後에西三時쯤會演說ᄒᆞ얏다더라

●沈家被竊 前侍從沈瀅氏가淸溪上流로率眷渡去ᄒᆞ다ᄂᆞᆫ대某大小家의什物을沒數竊去ᄒᆞ야賣所에放賣ᄒᆞ얏다더라

廣告

教科書類 小說書類 法政書類 文藝書類

本書館에一層擴張ᄒᆞ고各種書籍과學校用品을具備발賣ᄒᆞ오니有志僉彥은陸續購覽ᄒᆞ심敬要

冊價ᄂᆞᆫ京城각冊사와同홈

安州城內大街「큰거리」 知新書館 金澄植

年前에本人이番券與執ᄒᆞ고外使紙幣二千圓得用次로家親承達氏捺章標一張과葉一萬兩報給推尋標一張과葉二千兩報給推尋標一張合三張을行橐中置之러니陰曆二月拾三日遺失則內外國人은拾得이라도付於休紙홈

慶남梁山郡居 裵榮秀 告白

本會趣旨目的으로殖產上民權을發表ᄒᆞ기爲ᄒᆞ야來二拾七日(金曜)下午一時에中部下於義宮내本事務所에總會를開ᄒᆞ오니會員諸氏ᄂᆞᆫ屆期來臨ᄒᆞ시오傍聽도許홈

大韓殖產獎勵會 告白

本人이西署盤石坊藥田契二百四拾六統一戶洪明洙家瓦七間家券一度를爲一千兩典執ᄒᆞ얏다가陰二月初六日에서失ᄒᆞ얏ᄉᆞ오니休紙施行홈

東署崇教坊成均館契下旗洞二拾八統六戶瓦家九間 李景星 告白

西部翰林동本人의所有九十八統十一戶韓家五間文券을見失ᄒᆞ엿스나誰某拾得間休紙施行홈

[illegible] 鄭致成 告白

中部貞善坊[illegible]契水門동十八統九戶瓦家十三間文券을隨時失故로隆熙二年陰二月十二日失故로以廣告ᄒᆞ오니內外國人拾得ᄒᆞ와도休紙施行홈

최錫과 告白

●私立全州進明夜學校寄附金人員

前參奉朴榮來拾圜 前觀察使李源緖 前察使李斗璜 內部會計局長松井茂 前承旨宋台鎬 進士李元楨 前承旨金永哲 各拾圜 前承旨[illegible]鳳鉉 前參奉甲彦兌 各十圜 前主事白樂式 大圜 本道檢事尹滋求 財務官趙炳吉 郡守文昌錫 敎師普通학校敎監 町經夫 前承旨白樂耆 前監察金昌燮 進士郭碩謨 士人金潤榮 前主事李性珪 進士李建鎬 前副卿朴基順 前主事宋秀昶 進士金潤子 前參奉金東斗 進士李禮根 前參奉李東鎬 進士김昌洙 前郡守宋鎭淳 前主事朴夏章 生徒鄭應致 각五圜 進士김禹鉉 각三圜 前主事박泳[illegible] 前正尉김雲相 前參尉張澤[illegible] 前副尉張鶴允 士人李存熙 前參奉金京相 進士宋柱徹 前副尉김應根 前五衛將宋明浩 仝 김학秀 郡主事朴汶 道主事柳聚煥 前參奉李養老 士人李康元 普通학校訓導李相魯 生徒李載 前正尉[illegible] 前總巡鄭德根 祖漢 [illegible] 士人[illegible] 前副尉宋應式 前主事韓龍회 前五衛將리璟 完[illegible] 前護官申鉉昱 士人김炯 燦 仝 前參奉來和 仝 김[illegible] 仝 [illegible]淵 仝 鄭柄老 財務主事下世瑕 生徒[illegible]

[illegible]故로玆以廣告ᄒᆞ니內外國人은如或拾得休紙施行홈

梁田[illegible] 告白

▲**學員募集廣告**

本校사語學(日英漢法德語)에新入學員을募集ᄒᆞ오니願入僉員은三月二拾一日(陰二月二拾九日)內로入學請願書에履歷書를添ᄒᆞ야本校「校舍前官立日語學校」로提呈ᄒᆞ고四月八日午前九時(陰三月八日)에本校에서試驗ᄒᆞᆯ事

但入學請願書ᄂᆞᆫ本校로來購ᄒᆞ며試驗時所用紙筆墨은携來홈

一科目 國漢文讀書及作文
一年齡 拾二歲以上
一免試 官立諸학校卒業生은免試許入홈
一願入者ᄂᆞᆫ三月二拾一日內에報記載事項을照覽홈

官立漢城外國語學校

本郡勞働會義捐氏名

裵敎吾 김鎭談 宋君璟 張成春 吳成奎 盲八 張元仲 林在華 趙春瑞 김成梅 吳景善 金在璟

寧郡自立學校 告白

去丁未陰曆拾月拾四日梁山金址洪氏가日人迫間店에日貨二千圜得用次出票記使本人故持票言於金致伯이러니則迫間店不聽云故本人이票紙返給次其札中封付致於[illegible]島[illegible]贊元便矣러니同贊元이가中間失票[illegible]故로玆以廣告ᄒᆞ니內外國人은如或拾得休紙施行홈

梁山鄭準[illegible] 告白

今玆蘇瑞에서各項事務를一層擴張ᄒᆞ오며金裝與銀裝各樣의齒와老小面及數落齒ᄒᆞᆫ대齒床拵齒을隨意製造ᄒᆞ오며拔齒與入齒時에毫無苦痛케ᄒᆞᄂᆞᆫ技方도有ᄒᆞ며齒科上面談ᄂᆞᆫ無料接受ᄒᆞᆸᄂᆞ니四方僉君子ᄂᆞᆫ照亮ᄒᆞ심을爲希홈

京南大門內尙洞美人齒科醫學士 韓大衛 告白

本人이牽馬千餘駄年少感懷ᄒᆞ야世傳田畓을從欲潛賣ᄒᆞ야以保守次로本郡證明을蒙許ᄒᆞ오나體某이던지僕의게買得ᄒᆞᄂᆞᆫ者ᄂᆞᆫ盜買로無異ᄒᆞ니內外國人은一切勿見欺홈

慶北高靈館洞故李進士家未亡人呂氏 告白

支收所來納金廣告

永柔郡第壹團金貳百九拾四圓七拾五錢을電氣會社內銀行에貯置ᄒᆞᆫ事

國債報償志願金總合所

國債報償志願金總合所金貳百九拾四圓七拾五錢을銀置ᄒᆞᆫ事

電氣會社內銀行

韓美電氣會社告白

割引券을發行ᄒᆞ야四月一日부터鍾路本社及龍山停車場에서賣下홈

割引券은每券에六拾枚로編成ᄒᆞ고代金은貳圜八拾五錢으로ᄒᆞ며每區域에서一枚式新貨五錢과又치使用홈

龍山線區域을四月一日부터南大門外漢車路線까지改定홈

電車發着時間은四月一日부터改定ᄒᆞ야夏期時間을依行홈

▲**官立普通學校學徒募集廣告**

來四月은學年初이기로官立漢城師範학校附屬普通학校와官立普通학校에一학年生五拾名式(於義洞普通학校에ᄂᆞᆫ百名)과各학年級의補缺生을募集ᄒᆞ니入학ᄒᆞᆯ者ᄂᆞᆫ四月三十日內로左記各學校에請願ᄒᆞᆯ事

一官立漢城師範학校附屬普通學校
一官立校洞普通학校
一官立齋洞普通학校
一官立於義洞普通학校
一官立仁峴普通학校
一官立水下洞普通학校
一官立貞洞普通학校
一官立梅洞普通학校
一官立미동普通학校
一入學年齡은一學年에ᄂᆞᆫ八歲로十四歲까지오補缺에ᄂᆞᆫ十七歲까지로홈

新舊學文을大發賣ᄒᆞ오니願買ᄒᆞᄂᆞᆫ僉君子ᄂᆞᆫ速々求覽ᄒᆞ심을希望홈

慶尙北道 大邱東上後洞 在田堂 金기鴻書舖 告白

本書院에서內外國新書籍間各種書籍과聖經각種을大發賣ᄒᆞᆫ지二四年인바本敎會敎人과각學校生徒의購覽ᄒᆞ기便利ᄒᆞᆫ지라新爲ᄒᆞ야左開冊肆에來冊肆를設ᄒᆞ오니僉彥은附近支肆에請求ᄒᆞ심을務望

左開

西門外中學校西便 韓承煥
南門外通路東便 安桂元
鍾路館門下 韓鼎敎
平壤南동上擲

耶蘇教書院 鄭益魯 金明鐸 告白

新撰理化學

朴晶東氏著 全一冊定價金三拾錢

一本書의目的은小學校의敎課ᄒᆞ기爲ᄒᆞ야編輯홈이라
一理化學解說ᄂᆞᆫ簡明ᄒᆞᆫ圖畫를揷ᄒᆞ야讀者의理解ᄒᆞᆷ을便易케홈이라
一理化學用語와物質의名稱ᄂᆞᆫ近時代通譯의最著ᄒᆞᆫ者로採述홈이라
一本書ᄂᆞᆫ理化學諸家의學說中最簡易ᄒᆞᆫ者을採ᄒᆞ야十五章으로編ᄒᆞ야學徒로ᄒᆞ야금二個年에學讀케ᄒᆞᆷ이니陸續購覽ᄒᆞ시옵

발賣所
布병下金相萬廣學書舖
京城各書舖
平壤鍾路耶蘇教書々
法橋大同書觀

大韓文典

崔光玉 述 李商在 校閱

此文典은國語의話法과讀法과作文法을一定ᄒᆞᆫ規模로能成케ᄒᆞᆫ法이備載ᄒᆞ야高等小學校나中學一班에所用ᄒᆞᆯ만ᄒᆞ오니僉君子ᄂᆞᆫ速々購覽ᄒᆞ심敬要

發賣所 平壤 大同書觀 京城 [illegible]新학校內 安岳 勉學書舖

▲**特別廣告**

本社에서名帖印刷部를另設ᄒᆞ고各樣活字와別樣紙本이俱備ᄒᆞ고價直도低廉ᄒᆞ오며精美를要ᄒᆞᄂᆞᆫ紳士와夫人의게ᄂᆞᆫ一層低廉ᄒᆞ오니僉位ᄂᆞᆫ來臨ᄒᆞ시와訂求홈

大韓每日申報社 告白

第六卷

大韓每日申報

第七百六十四號

月曜及慶節臨時休刊

檀君開國四千二百四十一年
箕子元年三千三十年
大韓開國五百十七年
日本明治四十一年
淸國光緖三十四年
隆熙戊申二月小廿四日庚辰

論說

○言論之難

言論者ᄂᆞᆫ實際와距離가甚相遠ᄒᆞ야今日에獨立ᄉᆞᄉᆞᄒᆞ다ᄒᆞ며明日에即獨立ᄒᆞᆯ슈無ᄒᆞ며今日에自由ᄉᆞᄉᆞᄒᆞ다ᄒᆞ고明日에即自由ᄒᆞᆯ슈無ᄒᆞ며今日에文明이니道德이니ᄒᆞ다ᄒᆞ고明日에此를即致ᄒᆞᆯ슈無ᄒᆞ며今日에權利니幸福이니ᄒᆞ다ᄒᆞ고明日에此를即致ᄒᆞᆯ슈無ᄒᆞ야盧梭의筵에ᄒᆞ던其傍에서拿破侖이即躍起ᄒᆞ라ᄒᆞ며瑪志尼의舌이一線ᄒᆞ던其傍에서加富爾가即出現ᄒᆞ라ᄒᆞ면此ᄂᆞᆫ見卵求時者의太早計로다

嗚乎라不平時代의人心은往々히燕太子丹이烏頭馬角의怨恨을抱ᄒᆞ고阿房宮中에一步飛入ᄒᆞ야秦始皇을一劒刺倒ᄒᆞᆯ急激心이有ᄒᆞᆫ대言論家ᄂᆞᆫ易水待還客ᄒᆞ던荊卿의遲々寬緩ᄒᆞᆫ狀態를現呈ᄒᆞ니此ᄂᆞᆫ傍觀者의悶歎ᄒᆞᄂᆞᆫ바ㅣ며ᄯᅥ러抑亦言論家의自懲ᄒᆞᄂᆞᆫ바로다

然이나言論의勢力이小ᄒᆞᆫ듯ᄒᆞ되實大ᄒᆞ고迂ᄒᆞᆫ듯ᄒᆞ되實速ᄒᆞ야然則此로國을以興ᄒᆞ며民을以安ᄒᆞ고不然則此로國을以亡ᄒᆞ며民을以亂ᄒᆞ나니[illegible]

ᄂᆞᆫ其尤必要ᄒᆞᆷ이今日韓國이며其尤甚難ᄒᆞᆷ이今日韓國이로다何也오日社會가腐敗ᄒᆞ니此도不可不言論을陶鑄ᄒᆞᆯ지며國脉이渙散ᄒᆞ니此도不可不言論으로提醒ᄒᆞᆯ지며民氣가衰退ᄒᆞ니此도不可不言論으로振興ᄒᆞᆯ지며民知가蒙昧ᄒᆞ니此도不可不言論으로煥起ᄒᆞᆯ지며國賊이充滿ᄒᆞ니此도不可不言論으로誅斥ᄒᆞᆯ지며창鬼가縱橫ᄒᆞ니此ᄂᆞᆫ不可不言論으로驅逐ᄒᆞᆯ지니韓國의今日言論이誠必要ᄒᆞ도다

마ᄂᆞᆫ但於此에一問題가生出ᄒᆞ니即〔何如ᄒᆞᆫ言論을做ᄒᆞ여야韓國前途에有益ᄒᆞᆯ가〕云ᄒᆞᆷ이是로다

國粹를保全ᄒᆞ라ᄒᆞ면八域內守舊頑鬼들이宋儒의唾唾나是襲ᄒᆞ며唐人의牙慧나是模ᄒᆞ야性理說과風雲月露로平生事業을作ᄒᆞ고峨冠大袖로濶步長吟ᄒᆞ야日是ᄂᆞᆫ我國五百年遺風이라ᄒᆞ리니奈何며

新空氣를吸收ᄒᆞ라ᄒᆞ면現社會의附外창奴들이他人의외되를甘作ᄒᆞ며文明의皮毛만竊取ᄒᆞ야大阪薩摩의一矮見만附追逐ᄒᆞ면其屬이幾ᄒᆞ며倫敦紐育의一都會만作ᄒᆞ야[illegible]

有志紳士로自處ᄒᆞ리니奈何며 (未完)

外報

●國辱紀念 廣東自治會ᄂᆞᆫ本月二十日集會에서辰丸解放日을國辱紀念日이라ᄒᆞ고又日本物品에對ᄒᆞ야淸國에輸入ᄒᆞᄂᆞᆫ日本商品의種類를調査ᄒᆞ기로決定ᄒᆞ얏다더라

●降將正罪評議 聖彼得보電을據ᄒᆞᆫ則其前露日戰爭時에日本의投降ᄒᆞᆫ露國海軍大將쓰ᄌᆞ사로를陸軍衙門에서死刑에判決ᄒᆞᆫ事件에對ᄒᆞ야各報館에서쓰ᄌᆞ사로의寃抑ᄒᆞᆷ을說明ᄒᆞ되旅順口에敗ᄒᆞᆫ水軍의게歸罪치못ᄒᆞᆯ지라眞原因을窮究ᄒᆞ면後援ᄒᆞᆫ軍士가已絶ᄒᆞ고形勢가危急ᄒᆞ야不得已ᄒᆞᆫ境遇에投降ᄒᆞᆷ이니此ᄂᆞᆫ陸軍大將카로벽큰과關東總督아력시우를正罪ᄒᆞᆷ이單律에當然ᄒᆞ다ᄒᆞ얏다더라

●日人의新例抗拒 美國加奈陀(칼립버)島에서日人을禁ᄒᆞ기爲ᄒᆞ야新히一規例를設立ᄒᆞ얏ᄂᆞᆫ대該處에入來ᄒᆞᄂᆞᆫ外國人中에英文을能寫能讀ᄒᆞ며漢文을通ᄒᆞᄂᆞᆫ者라야入境ᄒᆞ기를準許ᄒᆞᄂᆞᆫ데日人二名이該禁例에犯ᄒᆞᆫ故로各五百圓罰金과十二個月徵役에處ᄒᆞᆯ지라日領事가該條例를違犯ᄒᆞ기ᄂᆞᆫ裁判ᄒᆞ야該日人二名은即放釋ᄒᆞ도록議論이有ᄒᆞ나近日以來關係가[illegible]決ᄒᆞ기를待ᄒᆞ야[illegible]

雜報

●鹽商血洒 傳說을得聞ᄒᆞᆫ즉鹽商金파源시가壇價推覓次로本國너關에自己亥以後로拾年을呼冤ᄒᆞ다가終是歸正치안키로不勝私心寃抑ᄒᆞ와再昨日觀峴大路에서總理大臣을俟待ᄒᆞ야請願書를奉呈코ᄌᆞᄒᆞᆫ즉大臣은無一言ᄒᆞ고巡檢巡査ᄂᆞᆫ金시를扶執ᄒᆞ야北署로가ᄌᆞᄒᆞ니김시가答ᄒᆞ기를呼訴ᄒᆞᆫ民을北署로關往ᄒᆞ미有ᄒᆞᆫ故를오ᄂᆞᆯ즉ᄒᆞ니巡檢이答ᄒᆞ기를事機를質問코ᄌᆞᄒᆞ비라ᄒᆞ니김시가不得已隨往ᄒᆞ니電話로觀總監게往復ᄒᆞ고히署報告와김시請願一張과去一月分에九次血書를副統監府下에上ᄒᆞᆫ新聞二度를幷ᄒᆞ야送之ᄒᆞ되미히시가請願狀越送ᄒᆞᆷ을請責ᄒᆞ니히署總巡이言ᄒᆞ되請願狀兼ᄒᆞᆫ거슨別無他事라總監게되이고法部大臣과내部大臣과總理大臣閣下에되이고即爲還送ᄒᆞᆯ거시니退待下回ᄒᆞ라ᄒᆞ얏ᄂᆞᆫ데김시에將後事機를觀ᄒᆞ미如左ᄒᆞ니

本人이日本人木村源　郞兄弟盜壞事件에對ᄒᆞ야毁壞價를推辭ᄒᆞᆷ으로內外國政府에前後呼訴血書가千幅이오涙盡이萬沫이온바家産은蕩敗ᄒᆞ고身世가飄零이오니痛哭憤완이옵기ᄂᆞᆫ已無可言이어니와本年一月分에副統監府下에血書를上ᄒᆞ엿더니終是裁決이無ᄒᆞ기로日本政府와民部에此理由를說明ᄒᆞ기爲ᄒᆞ야現今渡海ᄒᆞ오나總之로該鹽一千八百八十四圓五千一百九十一兩[illegible]己亥以後[illegible]政府가[illegible]千九百拾九圓이온대本國政府에서統監府와交涉ᄒᆞ야歸正치아니ᄒᆞ오시면思不得已ᄒᆞ와方此束裝이옵기로玆에請願ᄒᆞ오니照亮ᄒᆞ옵서日本政府에照會ᄒᆞ와行動에防礙가無케ᄒᆞ심벋千萬泣祝이라ᄒᆞ엿더라

●全州私立進明夜學校趣旨書 夫學校者人民開進之門戶國家需用之基礎也自三代以來有庠序學校之設導發人才是經國濟民之本而國朝以來建大學置四學教授於京師設鄕校書院於州邑有私塾於閭巷以育興人才卓出可謂文明時代矣挽近以來徒尙虛文專無實學至于今日而極矣現方五洲列强交通爭雄開見一新以若自守習慣不可同日而語也本州以豐沛大鄕衣冠文物不讓於八域鄕曲所稱人傑輩出從古稱人才淵藪而近有公立普通私立數三學校然而所從學者不滿孩提未及弱冠者也上年秋觀察使金奎剋檢事尹滋求巡察官金鳳鉉普通校長柳春熙諸씨共謀開進之力創設夜학於學校中不拘年限有願者許分法律算術日語三科而教之法律者人而不知法人不爲人國而不以法國不爲國此人人所可先학而先知也算術者民生日用所爲無不以算數而成之則此人人所可先習者也日語者韓日兩國只隔一水往來相接嗾舌不通有妨治安故此爲學之人所可必解者也[illegible]期速成之科豈不美哉惟望贊成諸員另圖克終就學生徒務進明巽白爲 鄕黨之棟량則非徒有光於興起之諸君子將爲國家養成之實驗云爾

隆희二年二月一五日

課程 法律 算術 日語

生徒年歲拾五歲以上四拾歲以下

本業年限滿一個年

▲楚水吳山▼ 北嶽山人譯

第九章人力車군

빗ᄯᆡ니고ᄯᅥ당니여
人力車을사서놋코
達頭亂髮赤脚으로
風雨寒暑무릅쓰고
병門把守ᄒᆞ듸심히
不分晝夜ᄒᆞ오면서
푼푼이버러다가
行廊ᄉᆞ리挾戶ᄉᆞ리
父母妻子술잣더니
留車ᄂᆞ고爲車나니
人力車가歲月업소
第八章八難歌
五百餘年堯舜世界
日出耕田入食에
含哺鼓腹ᄒᆞ엿더니
年來에貪虐官吏
殼漁白姓魚肉이다
貪虐官吏ᄂᆞ오가니
義兵이亂民이되고
如干糧食數間斗屋
及其이燒火ᄒᆞ고
玉石俱焚ᄒᆞᄂᆞᆫ中에
曖昧ᄒᆞᆫ命다죽엇네
이러ᄒᆞᆫ中政府大臣
顧問官과荒蕪地를
外國人과約ᄒᆞ야
移民ᄒᆞᆫ다ᄒᆞ니
可憐ᄒᆞ다이百姓은
升天入地ᄒᆞᆯ손가
如千皆ᄋᆞᆫ져國土ᄂᆞᆫ
義兵騷擾ᄋᆞᆫ散亂離
[illegible]

雜報

●恤金下賜　今番義擾時에 被害燒燬戶ᄒᆞᆫ 人民의게 太皇帝陛下께옵셔 救恤金을 下賜ᄒᆞ옵신다는 說이 有ᄒᆞ더라

●闕役竣工　昌德宮內 動植兩園의 建築工役이 竣工되얏다는데 該事項을 今日上奏ᄒᆞᆫ다더라

●李北基址付日　南署老人亭以北에 七地段許坪을 日本軍司令部의 附屬病院으로 需用ᄒᆞ기 爲ᄒᆞ야 內閣에서 提議ᄒᆞ얏다더라

●與日協議　學部大臣署理總理大臣李完用씨가 昨日學部에 仕進ᄒᆞ야 該部次官과 何事件인지 密々協議ᄒᆞ얏다더라

●郡奏修正　內部에서 郡守奏本拾二案을 修正ᄒᆞ얏다는데 五案은 遷轉이오 七案은 新任ᄒᆞᆫ다더라

●建築支撥　總理大臣李完用氏의 官邸를 將次新建築ᄒᆞᆫ다더니 度支部에서 預備金中으로 二萬五千圓을 支撥ᄒᆞ얏다더라

●洋制新築　南署尉宮을 總理大臣에게 下賜ᄒᆞ옵신 은 人所共知어니와 該家屋을 毁撤ᄒᆞ고 洋制로 一新建築ᄒᆞᆫ다는데 每日役軍이 四五十名假量이라더라

●完察上京　全北觀察使李斗璜氏가 日昨에 受由上京ᄒᆞ얏다더라

●徐移金任　督林廠委員徐相勉씨는 義州府尹으로 移任ᄒᆞ고 其代에는 前技師金東完氏가 敍任ᄒᆞᆫ다더라

●限末仕進　新任ᄒᆞᆫ 學部學務局二課長隈本氏는 昨日에 仕進ᄒᆞ얏다더라

●遞格免官　麻田郡守韓光河氏는 和無講由ᄒᆞ고 帶印上京ᄒᆞ야 八朔曠官ᄒᆞᆫ 故로 免官ᄒᆞ얏다더라

●觀察東京　宮內府書記官井上雅氏 掌禮院禮式官劉燦제氏는 日本國宮內省事務를 觀察次로 東京에 出發ᄒᆞ얏다더라

●漁基區別　義親王宮所管漁基가 熊川巨濟等郡에 在ᄒᆞᆫ대 旋商工部에서 該郡으로 됴사ᄒᆞ고 宮有民有를 區別査報ᄒᆞ라ᄒᆞ얏다더라

●趙家宴會　趙忠臣公秉世씨의 夫人이 承寧府總管趙民희氏家에서 留連ᄒᆞᆫ다는대 該夫人의 生日이 本月二十八日인 故로 趙民熙氏가 宴會를 設ᄒᆞ고 親知를 請邀ᄒᆞᆫ다더라

●帶同入城　前報와 如히 學務局長尹致旿氏가 新婦를 帶同ᄒᆞ고 松都에 자지 前往ᄒᆞ얏다가 昨日에 入城ᄒᆞ얏다더라

●加卜呼訴　公州稅務官李種玉씨의 結ᄒᆞ 加捧事는 更聞ᄒᆞᆫ則 該郡已罷ᄒᆞᆫ 書員加卜葉二萬餘金을 更爲勒斂ᄒᆞᆫ 故로 呼訴于度支部次로 該郡民人等이 上京ᄒᆞ얏다더라

●辯護出張　丁明燮氏가 辯護出張ᄒᆞᆫ다는 說은 前報에 揭載ᄒᆞ얏거니와 出張員金承默氏는 慶尙北道로 事務所를 定ᄒᆞ고 李宗疇씨는 全羅道로 事務所를 定ᄒᆞ얏다더라

●瓜種寄付　日本神戶에 在ᄒᆞᆫ 村田衛左門商店에서 瓜味種一千種을 勸業模範場에 寄付ᄒᆞ얏다더라

●日兵渡航　韓國內에 在駐ᄒᆞᆫ 日本憲兵의 數爻가 現爲八百名이라는대 一千二百名을 增加派送ᄒᆞᆯ 計劃으로 日本서 現今敎育中이라는데 來四月頃에 渡韓ᄒᆞᆯ 預定이라더라

●日艦玩賞　日本水軍一小隊가 昨日北闕을 玩賞ᄒᆞ얏다더라

●削者不參　近日城內紳流家에서 春氣漸暢ᄒᆞᆷ을 乘ᄒᆞ야 門外各寺刹에 出往ᄒᆞ야 宴會를 盛設ᄒᆞ는데 該近地에 義擾가 쟝々猖獗ᄒᆞᆫ 故로 斷髮人은 該宴會에 有意未參ᄒᆞᆫ다더라

●是可忍乎　新義州警部張東鎭氏가 該地居金京鵬의 小室을 潛通ᄒᆞ야 本年陰二月十二日夜에 誘引警察直所ᄒᆞ야 偃然同寢ᄒᆞᆫ 故로 김京鵬이가 資捉之場에 擧其小室ᄒᆞ야 數次批頰ᄒᆞ고 警部를 譴責之則 張氏가 挾其警部之勢力ᄒᆞ고 號令巡査ᄒᆞ야 金京鵬을 縛之打之ᄒᆞ고 嚴囚數日이라가 仍卽多발巡査ᄒᆞ고 김氏를 越境ᄒᆞ고 其小室은 永奪ᄒᆞᆫ지라 金씨가 法司에 呼冤次로 上京ᄒᆞ얏다더라

●藩膝代書　帝室及國有財産整理局分派所에서 諸般文簿가 浩煩ᄒᆞ야 代書人四名을 聘置ᄒᆞ고 每日雇價를 支撥ᄒᆞ되 冊子一張에 六錢式定給ᄒᆞᆫ다더라

●妹變爲妻　樓閣동居崔仁在가 一寡婦를 謂以渠妹ᄒᆞ고 尹完心와 계居媒作配ᄒᆞ야 互相居生이더니 崔哥가 反稱渠妻ᄒᆞ고 欲爲奪去라가 監獄署에 被捉ᄒᆞ얏다더라

●巡査入城　楊州等地로 出張ᄒᆞ얏던 巡査五十名이 日昨에 入城ᄒᆞ얏다더라

●韓氏先放　閔泳采鄭寅國韓基駿씨等이 警視廳에 被捉ᄒᆞᆫ 說은 已爲報道어니와 就中韓基준氏는 日昨에 無事放免ᄒᆞ얏다더라

●韓씨移囚　警視廳에 多日滯囚ᄒᆞ얏던 韓東洙氏는 數次訊問을 經ᄒᆞᆫ 後 日昨에 漢城裁判所로 移囚ᄒᆞ얏다더라

●金山被囚　金璉楷氏가 有何事件인지 未知ᄒᆞ거니와 日昨에 司令部에 被囚ᄒᆞ얏다더라

●日賊발覺　美國人쎄氏가 歸國次로 昨朝에 南門外停車場에서 汽車票를 買得ᄒᆞᆯ 際에 日人一名이 衣服도 鮮明ᄒᆞᆫ데 該氏傍에 立ᄒᆞ엿다가 該氏衣囊에 紙貨가 有ᄒᆞᆷ을 知ᄒᆞ고 該紙幣를 窃取次로 一手로 衣囊을 掏探ᄒᆞ는거슬 該氏가 覺察ᄒᆞ고 其手를 堅執ᄒᆞ고 巡査를 招致ᄒᆞ야 事由를 說明ᄒᆞ고 日人을 出給ᄒᆞᆫ즉 巡査가 卽爲押去ᄒᆞ얏다더라

●挪家賊警　三昨日下午八時에 茶洞居張任明氏家에 賊漢六名이 突入ᄒᆞ야 衣服等物을 奪去ᄒᆞ얏다더라

●普校上學　普成中學校學徒諸氏가 昨日該校도 會集ᄒᆞ야 該校主李鍾浩氏에게 上學ᄒᆞ기를 請ᄒᆞ얏다더라

●贊成拒絶　叢島에 在ᄒᆞᆫ 養成學校에서 警視廳警監具然壽氏로 贊成員을 選定ᄒᆞ고 該씨에게 通知ᄒᆞ얏더니 具氏가 答ᄒᆞ기를 余는 學校贊成員의 資格이 不適當ᄒᆞ다고 拒絶ᄒᆞ얏다더라

●兩校卒業　水下동及貞동普通學校에서 昨日에 卒業式을 擧行ᄒᆞ얏다더라

●留學伴渡　普成專門學校經濟科二年級生徒金河璞吉昇鉉徐承孝三氏를 該校主李鍾浩氏가 日本으로 留學ᄒᆞ게 ᄒᆞᆫ다는 說은 各新聞에 揭載이어니와 該三씨를 校主李鍾浩氏가 帶同以去ᄒᆞ얏다더라

●張氏歸國說　日本留學生張啓澤씨는 警察全部를 卒業ᄒᆞ고 來四月初에 歸國ᄒᆞᆯ 預定이라더라

●靑年演說　靑年會館에서 今日下午七點半에 演說會를 開ᄒᆞ고 大韓醫院醫士施爾頓씨가 衛生의 實驗이란 問題로 演說ᄒᆞᆫ다더라

●英校出榜　本月廿一日에 英語學校에서 卒業生을 出榜ᄒᆞ엿는데 三年級左班生에 宋基穎吳鎭泳洪炳殷崔喜觀宋利淳趙泰源諸씨와 右班生에 李宜相李建相丁般섭李明奎李宜昌具滋玉李宜春鄭圭진李健泳李相奎金世鎭諸氏合十七人인데 二十五日에 該校內에서 一齊撮影ᄒᆞ고 翌日에 卒業式을 擧行ᄒᆞᆫ다더라

●西校九明　文化郡艸里西明學校는 設立一年에 該郡守鄭會堅씨와 熱心勸奬과 東湖등 諸시의 同力斡旋으로 現今財政을 鳩集ᄒᆞ고 校舍를 重建ᄒᆞ며 高等講師를 延聘ᄒᆞ고 學徒를 擴募ᄒᆞ야 以普通高等學校程度로 敎育을 一層擴張ᄒᆞᆫ다더라

●勸有夜學　廣州郡私立廣興學校一般任員이 郡內貧家子弟와 晝학에 通학키 不能ᄒᆞᆫ 採樵細履ᄒᆞ는 兒童을 憐憫ᄒᆞ야 該校내에 夜학科를 設置ᄒᆞ고 隨其學力ᄒᆞ야 敎授ᄒᆞ는대 本月拾六日開學式에 該校長本郡守吳泰泳시가 懇篤惻怛ᄒᆞᆫ 演說로 勸勉ᄒᆞ미 一般樵牧兒童이 悉皆感泣ᄒᆞ야 熱心勉학ᄒᆞ며 未滿一週에 학員이 逐日增加ᄒᆞ야 三拾餘名에 達ᄒᆞ얏다더라

●孝哉洪씨　南陽郡陰德面下洞花河門居ᄒᆞ는 김允植氏가 年甫二十餘에 與其夫人洪氏로 三四年前에 美國葡牙島에 同往居接이다가 昨年分에 김氏가 不幸身故ᄒᆞ얏는 同年十月에 夫人洪氏가 金壹百圓을 父母의게 送換ᄒᆞ며 日 亡夫의 弟가 年장加冠ᄒᆞ니 以此所送金으로 補其婚需ᄒᆞ며 廣求淑慎之迹ᄒᆞ야 以供養老堂ᄒᆞ면 万里海外에 可謂無恨이라ᄒᆞ더라

●勞動學會　去日曜日에 勞動夜學會에서 中橋義塾내에 開會ᄒᆞ고 任員을 組織ᄒᆞ얏는데 會員이 一千二百餘에 過ᄒᆞ고 會任員諸시가 出席ᄒᆞ야 說明ᄒᆞ되 日비록 下等社會의 勞動爲業ᄒᆞ나 當此時代ᄒᆞ야 不可不학問上에도 注意치 아니치 못ᄒᆞᆷ으로 到底說明ᄒᆞ니 滿場諸衆이 莫不深感鳴採ᄒᆞ얏다더라

▲地方消息▼

▲義魁許德川와 一派는 金津郡馬山面에서 根據地를 定ᄒᆞ고 軍餉을 準備ᄒᆞᆫ 際에 同地駐在ᄒᆞᆫ 巡査及日憲兵伍長以下五名이 攻擊을 始ᄒᆞ얏스나 義徒는 四散奔竄ᄒᆞ얏슴으로 死傷은 無ᄒᆞ얏고

▲本月十四日義徒四十餘名이 稷州郡虎岩洞에 宿泊ᄒᆞᆫ 際에 日騎兵一隊와 日巡査數名이 忽至突擊ᄒᆞ야 約三十分間을 交戰ᄒᆞ얏는대 日本巡査部長瀧下十屋은 義徒의게 重傷을 被ᄒᆞ얏다ᄒᆞ고

▲本月十四日三登郡東北約四里地에서 八十餘名義兵과 日守備隊가 交戰ᄒᆞ야 多少死傷이 出ᄒᆞ얏다ᄒᆞ고

▲本月二十日夜에 多數의 義兵이 水原郡土津面板橋居ᄒᆞ는 一進會員김基順發成順家에 侵入ᄒᆞ야 兩人을 捕縛ᄒᆞ야 栗北面으로 捉去ᄒᆞ야 殺害ᄒᆞ고 또 發成順의 妻를 捕縛而去ᄒᆞ얏다ᄒᆞ고

▲開城北部에 義兵數名이 潛伏ᄒᆞᆷ을 日巡査가 探知ᄒᆞ고 卽時馳往ᄒᆞ야 捕縛ᄒᆞ얏다더라

東京電報

二十四日發

●陸奧丸의 溺死者　函館冲에서 沈沒ᄒᆞᆫ 陸奧丸에 乘客二百六十名내에 生存者가 三十名이오 船員은 四十二名내에 生存者가 十名에 不過ᄒᆞ되 秀吉丸도 損害가 多大ᄒᆞ다더라

●拓殖會社案可決　東洋拓殖會社法案은 今日衆議院에서 日記를 變更ᄒᆞ고 更議ᄒᆞ얏는대 島田三郞시는 反對演說ᄒᆞ고 小川平吉시는 贊成演說ᄒᆞ고 終乃에 松田議長의 贊成으로 從多數可決되엿더라

▲藻眼一擧▼　智亞生

▲北窓春榻에 焚香默坐ᄒᆞ야 消遣世慮라가 責徑을 讀ᄒᆞ고 下界人物을 俯察ᄒᆞ니

▲寧爲賣國賊이언정 富貴無餘恨이로다 一國國權讓與ᄒᆞ야 自己地位買得ᄒᆞ니 五七大臣의 遺臭萬年이오

▲海外亡命者何罪며 賊牌家兹今何功고 罪之魁가 一變ᄒᆞ야 功之首가 되엿스니 國事犯의 變幻手段이오

▲觀察郡守驛屯土로 無知愚民誘引ᄒᆞ야 大和魂을 注入ᄒᆞ고 民權黨을 藉稱ᄒᆞ니 一進會의 奴隷思想이오

▲紙錢또갓流行ᄒᆞ야 國産物網羅無遺ᄒᆞ다 全國利益席捲ᄒᆞ야 虛殼江山餘存ᄒᆞ니 財政界의 慘憺情況이오

▲變幻政界失勢하면 花奩局을 大設ᄒᆞ고 南北富客誘惑ᄒᆞ야 巨萬財去來ᄒᆞ니 遊八官의 奪財手段餘習이오

▲會社라고 名稱ᄒᆞ야 趣旨規則발刊ᄒᆞ고 有錢客을 후려다가 多少股金倫食ᄒᆞ니 無賴輩의 騙財經綸이오

▲權門勢家出入ᄒᆞ며 嚮谷愚氓甘誘ᄒᆞ야 郡守派員運動ᄒᆞᆯ제 從中生涯自足ᄒᆞ니 挾雜輩에 醜陋行色이오

▲意外官職橫出ᄒᆞ니 서兩班이 無數ᄒᆞ다 某某族譜에 一等門閥買得ᄒᆞ니 新貴人의 易祖買班惡習일세

社告

本支社를左開五處에設置ᄒᆞ고玆以仰布ᄒᆞ오니本報愛讀ᄒᆞ시ᄂᆞᆫ該附近 僉君子ᄂᆞᆫ該支社로請求購覽ᄒᆞ심을務望홈

▲信川邑六里 丁一善
▲永興郡南山동書舖 梁昌緖
▲[illegible]州郡南門거리 朱伯英
▲泰川邑留前洋약局 李正華
▲寧邊邑內 明濟世

各地方僉員이本社에投書와寄書가逐日답至ᄒᆞᄂᆞᆫ데居住姓名이昭詳ᄒᆞ고事實이確核ᄒᆞᆫ者ᄂᆞᆫ即爲揭載어니와姓名도不載ᄒᆞ고事實이模糊ᄒᆞᆫ者ᄂᆞᆫ因而置之ᄒᆞᄂᆞᆫ데催促이又至ᄒᆞ니事甚訝惑이라從今以後로ᄂᆞᆫ投書와寄書를ᄒᆞ시ᄂᆞᆫ人은居住統戶數와姓名을詳錄ᄒᆞ시되若又含糊ᄒᆞ오면並爲勿施ᄒᆞ올거시니照亮홈

雜報

●約土暗賣 韓國明沐徵氏가曾往平安道觀察使도각郡士林과鄕約契를設立ᄒᆞ얏던契田을教育實用에補助ᄒᆞ기爲ᄒᆞ야西北學會에委托ᄒᆞᆫ事實은前報에已揭어니와該郡守林학來氏가該郡儒生의김源瑗林瑗韓과漢김龐吉諸人과暗히발賣ᄒᆞ야曰郡校補助라校宮修理라內衙修理라ᄒᆞ나其實은郡校ᄂᆞᆫ每年春秋로逐戶取歛錢과酒貰와牛口文으로排定ᄒᆞ야逐年總額이數爲多이로ᄃᆡ該校情況이全不成樣이오該約長이該田所出로教育費에補用ᄒᆞ라고勸勉ᄒᆞ얏거ᄂᆞᆯ日校宮修理니內衙修理니稱托ᄒᆞ고恐公營私之計를行ᄒᆞᆷ은實爲無理인슥該約所와西北學會에서協議ᄒᆞ야期於調査釐正ᄒᆞ리라더라

●假飾학校 祥原郡公立학校ᄂᆞᆫ每年春秋戶歛과酒貰牛貰로廣鉢ᄒᆞ야資本이有餘ᄒᆞ나校況은全然無實ᄒᆞ야教師ᄂᆞᆫ但算術教師一人이오其他學科의教師ᄂᆞᆫ全無ᄒᆞᆷ으로학徒도稀爲寥星ᄒᆞᆫ데該道觀察使와警視가觀察次로來到三日前에郡守와儒林輩가粧撰ᄒᆞᆫ計로五拾里外新文里學徒二拾名을借來하야迎接을擧行케ᄒᆞ얏다니其假飾行爲ᄂᆞᆫ實로憎惡ᄒᆞ다더라

廣告

廟동五統三戶布木廛崔承繼許에陰三月十日推次當五二千二百一十五兩於音을서失하엿ᄉᆞ오니雖某拾得이라도休紙施行홈 崔在祿 告白

▲學員募集廣告

本校에서來四月八九日上午拾時에豫科학員을試選ᄒᆞᆯ터이니志願者ᄂᆞᆫ今月三拾一日內로志願書及履歷書를本校로持呈홈

但普官公私立普通학校卒業資格이有ᄒᆞᆫ者를要홈

試驗科目은漢文、算術(整數四則)、日語

官立漢城高等學校

本人小室이義州齊東煥이動輒이기論에不法則以長軍刀로無數亂打故欲爲呼訴則逃出境外故로不勝威稱ᄒᆞ야伸冤次로上京ᄒᆞ엿ᄉᆞ오니僉君子ᄂᆞᆫ照亮홈 김京龍 告白

本郡에이에並進학校를設立ᄒᆞ오니 僉君子ᄂᆞᆫ 照亮홈
발起人本郡守校長 尹啓鎬 李鼎九 李廷來 韓宇鎬

本人이陰二月二拾二日武橋等地에서紙匣을遺失ᄒᆞ얏ᄉᆞ오되其中圖章과小林時計店收證領收證一丈幷爲셔失이옵기玆以廣告ᄒᆞ오니內外國人間誰某拾得ᄒᆞ와도休紙施行ᄒᆞᆷ 實物廛 金桂駿 白

孫盈德處에所推ᄒᆞᆫ貨二百圜音과金飾眼鏡典當票와諸般可考記와名啣匣幷ᄒᆞ야陰二月二十三日서失ᄒᆞ여사오니誰某拾得이라도休紙施行외 密陽리 康玟 告白

本人이西大門驛에서張慶植許에推尋ᄒᆞᆫ四百圜手票一枚와張慶植許에四千五百圜勿施ᄒᆞᆫ手票一枚와其他十圜九十八錢領收證一枚를서失ᄒᆞ엿ᄉᆞ오니雖某拾得ᄒᆞ와도休紙施行홈 京西部蛤동田在翊 告白

教科書類 小說書類 法政書類 文藝書類

本書館이一層擴張ᄒᆞ고各種書籍과學校用品을具備발賣ᄒᆞ오니有志僉彦은陸續購覽ᄒᆞ심을敬要

冊價ᄂᆞᆫ京城各冊사와同홈

安州城內大街[큰거리]
知新書館 金瀅植

本人이西署盤石坊桑田契二百四十六統一戶洪明淳의瓦七間卿六兩板券度를二萬一千兩에典執ᄒᆞ얏다가陰二月初八日에서失ᄒᆞ얏ᄉᆞ오니休紙施行홈 東署崇教坊成均館契下旌동二拾八統六戶瓦家九間半 李貴昆 告白

美國桑港共立新報贊成金 續
群山金顯龍 壹圜
申芳雨 壹圜
申芳七 五拾전
申芳[illegible] 貳拾전
申桂養 貳拾전
未完

中部貞洞坊鑄圖契水門동七拾八統九戶瓦家十三間의券을隆熙二年陰二月十二日에失故로玆以廣告ᄒᆞ오니內外國人拾得ᄒᆞ와도休紙施行홈 최錫子 告白

▲學員募集廣告

本校각語科(日英漢法德語)에新入學員을募集ᄒᆞ오니願入僉員은三月三拾一日(陰二月二拾九日)內로入학請願書에履歷書를添付ᄒᆞ야本校(校동前官立日語학校)로隨其志願提呈ᄒᆞ고四月八日午前九時(陰三月八日)에來校應試홈事

但入학請願書ᄂᆞᆫ本校로來購ᄒᆞ며試驗時所用紙筆墨은携來홈

一科目 國漢文讀書及作文
一年齡 拾二歲以上
一免試 官立諸학校卒業生은免試許入홈
一願入者ᄂᆞᆫ三月二拾一日官報記載事項을熟覽홈

官立漢城外國語學校

去丁未陰曆拾月拾四日梁山金址洪氏가日人迫擂店에日貨二千圓을得用次出票記使ᄒᆞ고故持票言於金敬伯氏處則迫擂店不聽云故本人이票紙還給次詣札中間封付致於東萊郵局金貸元便矣러니同貸元이가中間失票云故玆以廣告ᄒᆞ니內外國人은如或拾得ᄒᆞ와도休紙施行홈 梁山盤准李仁日 告白

本會趣旨目的으로殖產上民權을발表ᄒᆞ기爲ᄒᆞ야來二拾七日(金曜)下午一時에中部下於義宮니本事務所에總會를開ᄒᆞ오니會員諸氏ᄂᆞᆫ屆期來臨ᄒᆞ시오傍聽도許홈

大韓殖產獎勵會 告白

今現齒院에서各項事務를一層擴張하오며金裝與銀裝各樣의齒와老小間沒數落齒ᄒᆞᆫ데齒床幷齒를隨意製造하오며拔齒與入齒時에毫無苦痛케ᄒᆞᄂᆞᆫ技方도有ᄒᆞ며齒科上面議ᄂᆞᆫ無料接受ᄒᆞᆸᄂᆞ니四方僉君子ᄂᆞᆫ照亮ᄒᆞ심을爲希홈
京城南門內尙洞美人館蘭致家 寓齒科醫士 韓大衛 告白

支收所來納金廣告

豕柔郡第壹回金貳百九拾四圜七拾五錢을電氣會社內銀行에貯置홈事 國債報償志願金總合所

國債報償志願金總合所金貳百九拾四圜七拾五錢을領置홈事 電氣會社內銀行

韓美電氣會社告白

割引券을發行하야四月一日부터鐘路本社及龍山停車場에서賣下홈

割引券은每券에六拾枚로編成ᄒᆞ고代金은貳圜八拾五錢으로收ᄒᆞ온데每區域에서一枚式新貸五전과又치使用홈

龍山線區域을四月一日부터남大門外滄車停車場前으로改定홈

電車발着時間은四月一日부터改定ᄒᆞ야夏期時間表를依行홈

官立普通學校학徒募集廣告

來四月은학年初이기로官立漢城師範학校附屬普通학校와官立各普通학校에一학年生五拾名式[於義洞普通학校에ᄂᆞᆫ百名]과各학年級의補缺生을募集ᄒᆞ니入학ᄒᆞᆯ者ᄂᆞᆫ四月三十日內로左記各학校에請願홈事

官立漢城師範학校附屬普通학校
官立校洞普通학校
官立齋동普通학校
官立於義동普通학校
官立仁峴普通학校
官立水下동普通학校
官立貞洞普通학校
官立梅동普通학校
官立미동普通학校

入학年齡은一學年에ᄂᆞᆫ八歲로十四歲ᄭᆞ지오補缺에ᄂᆞᆫ十七歲ᄭᆞ지로홈

慶尙北道 大邱東上後洞 在田堂

新舊學文을大發賣ᄒᆞ오니願買하ᄂᆞᆫ僉君子ᄂᆞᆫ速々求覽ᄒᆞ심을希望홈 金긔鴻書舖 告白

本書院에서內外國新舊學問各種書籍과聖經각種을大發賣ᄒᆞᆫ지三四年인바本教會教人과각學校生徒의購覽ᄒᆞ기便利ᄒᆞᆷ을爲ᄒᆞ야左開三處에支冊肆를新設ᄒᆞ오니書籍을購買ᄒᆞ시ᄂᆞᆫ僉彦은附近支肆에請求ᄒᆞ심을務望 左開

西門外中學校西便 韓承煥
南門外通路東便 安桂元
鐘路館門下 韓鼎教
平壤貫동上隅

耶穌教書院 總務 金聖鐸 告白

新撰理化學

朴晶東氏著
全一冊定價金三拾錢

一本書의目的은小學校의教科用에供ᄒᆞ기爲ᄒᆞ야編輯홈이라
一理化學解說上에簡明ᄒᆞᆫ圖를揷ᄒᆞ야讀者의理解ᄒᆞᆷ에便具케홈이라
一理化學用語와物質의名稱ᄂᆞᆫ近時代通譯의最著ᄒᆞᆫ者로採述홈이라
一本書ᄂᆞᆫ理化學諸家의學說中最簡易홈을採ᄒᆞ야十五章으로編ᄒᆞ야학徒로ᄒᆞ야곰二個年에畢讀케홈이니陸續購覽ᄒᆞ시옵

발賣所
布병下金相萬廣學書舖
京城各書舖
平壤鍾路耶穌教冊肆
法橋大同書觀

大韓文典

崔光玉 述　李商在 校閱

此文典은國語의語法과讀法과作文法을一定ᄒᆞᆫ規模로能成케ᄒᆞᄂᆞᆫ法이備載ᄒᆞ야高等小학校나中학一班에所用홈만ᄒᆞ오니僉君子ᄂᆞᆫ速々購覽ᄒᆞ심을敬要

發賣所 平壤 大同書觀　京城 蓮洞儆新학校內　安岳 勉學書舖

▲特別廣告

本社에서名帖印刷部를另設ᄒᆞ고各樣活字와別樣紙本이具備ᄒᆞ오며印刷가精美ᄒᆞ고價直도極廉ᄒᆞ오되特別히令夫人의게ᄂᆞᆫ一層低廉ᄒᆞ오니僉位ᄂᆞᆫ來臨ᄒᆞ시와隨意請求홈

大韓每日申報社 告白

漢城鍾路萬國基督敎靑年會館前慈惠藥房
製藥鑑査人濟衆院醫學員洪錫厚朴慈惠李
觀化告白

本人等이米國大학醫院處方을大醫學士魚丕信氏에게受業ᄒᆞ고
醫學校長池錫永氏에게有効証明을受ᄒᆞ고左記ᄒᆞᆫ藥을製
造ᄒᆞ야外國藥材를依ᄒᆞ야紙匣洋鐵匣琉璃瓶에盛ᄒᆞ야全國
內地各處藥舖에販賣ᄒᆞ옵고濟衆院英字醫語를我國漢文으로飜
譯ᄒᆞ야名稱西藥便方이라ᄒᆞ야발賣ᄒᆞ오니四方 僉彦中濟衆院
에서數拾年來經驗信用ᄒᆞ신兄弟ᄂᆞᆫ不拘藥之多少와路之遠近ᄒᆞ
고以書請買ᄒᆞ시면本人은雖拾錢價値ᄅᆞ이라도以小包郵便으로
仰呈ᄒᆞ오리니ᄒᆞᆫ認定價外郵稅ᄂᆞᆫ一錢을加送ᄒᆞ시되小數錢은郵票
ᄒᆞ거ᄂᆞᆫ 리돌ᄉᆞ셔도너지고賣ᄒᆞᄂᆞᆫ家에셔ᄂᆞᆫ多數買去ᄒᆞ시면郵便局
換錢으로買送ᄒᆞ시오且本藥房에米國(얼포드)製ᄒᆞᆫ會社와
(암홀)製ᄒᆞᆫ會社와德國(만ᄒᆞ임)製藥社ᄅᆞᆫ品을直譯ᄒᆞ야
醫語英語로記ᄒᆞᆫ方文과主治와用法을我國漢文으로飜譯발賣

商標

食慾振起 氣力活潑 補益丸 第一老衰男女 외補益血

定價表		
拾日分	三十個入	金一圜
二十日分	六十個入	金一圜七拾五錢
三十日分	九十個入	金二圜五拾錢

主治大補元氣能調陰陽男子陽萎不起女子月經不調手足厥冷虛
羸久病人蘇完되ᄂᆞᆫ効力이大勝於鹿茸蔘人蔘精

神効解瘧丸 一日分定價金拾錢此藥은大人小兒長瘧과和
瘧과腹痛에以ᄒᆞ야服用ᄒᆞ면更不再發

回虫丸 一日分定價金拾전此藥은大人蛔積小兒蛔病의神效

四時感冒丸 一日分定價金拾전此藥은感氣몸살에쓰ᄂᆞᆫ약인
대에一二日連服ᄒᆞ면四時毒感上下肢節頭痛에卽時解熱鎭痛

男女瘡毒拔根藥 定價金五圜此藥은瘡疾의一期二期를
勿論ᄒᆞ고거즌ᄒᆞᆫ도록낫을주ᄂᆞᆫ데口瘡과구역도아니나오

淸明眼藥 一日分定價金拾錢此藥은火眼熱眼의有名奇效

無惡臭疥瘡藥 定價金四拾전此藥疥성虫을卌分內殺殺

鎭咳嗽藥 五日分定價金三拾錢此藥은四時尋常性咳嗽에有
大効ᄒᆞ고特히老人硬咳에消痰止咳

寸白拔根 定價金三拾錢此약寸虫當日殺虫

化足汗藥 二十日分定價貳拾錢此藥德國軍人常用除足汗臭

輕腫根治膏 定價금十五전此ᄂᆞᆫ面腫과頭瘡에直差

濕腫根治膏 定價금十五전此약은男女勿論ᄒᆞ고風寒暑濕
으로成腫되야大起搔痒ᄒᆞᆫ데奇効

漢城百應膏 一封定價金十錢此약은萬국醫士李信友시方
文으로製造ᄒᆞᆫ藥인대명우리잘풀리고각項腫氣에발根合瘡이
速히되ᄂᆞᆫ靑藥인대大洋鐵匣入一個금五十錢

小兒感冒靈効散 此약池錫永氏經驗良方小兒感冒及食
滯與身而熱及驚風者神効定價金十錢

癎氣神効保嬰散 此약醫學校長池錫永氏數拾年經驗之
良方小兒尿便綠而瀉○腹脹○身不安而不寐○腹痛驚悸及直
視而驚風者神效定價금十二錢五厘

發賣所 仁川港杻峴濟生堂약房 漢城梨峴商賈약商李信華

新編 銀行簿記學

任璟宰編述 全一冊定價 六十五錢

本書ᄂᆞᆫ一般外國諸大家의著述ᄒᆞᆫ簿記學中最近ᄒᆞᆫ학理와最新
ᄒᆞᆫ形式을精細蒐輯ᄒᆞ야國漢文으로解得키便易하게編述ᄒᆞᆫ者
니一次修習ᄒᆞ면帳簿의整理方法과業務의處理順序가瞭如指
掌ᄒᆞ야實로實業家와一大顧問이라諸銀行家와商業家ᄂᆞᆫ不不
可案頭에一冊을備置ᄒᆞᆯ者ㅣ니陸續購覽ᄒᆞ심을務望

발賣元 中署布屛下三拾七統六戶 廣學書舖金相萬

分賣所 동口越邊中央書館　大廣橋匯東書館
鍾路大東書市　同古今書海館
南門內博文書館　南門外新舊書林
銅峴㈜李書館

朴晶東氏演譯

● 意大利獨立史　正價金五拾錢
● 經濟原論　正價金三拾五錢
● 國際公法志　正價金四拾錢
● 國文新撰家庭學　正價金三拾錢

國家의文明은敎育이根本이오敎育의基礎ᄂᆞᆫ家政이始라
故로家政學을純國文으로新撰ᄒᆞ와婦人社會와勞動社會
와學校敎科에ᄉᆞ지需用홈에便易케ᄒᆞ와사오니有志僉君
子ᄂᆞᆫ陸續購覽ᄒᆞ심을務望　발行人 金雨均 告白

發賣所

▲大廣橋 匯東書館　▲鍾路 大東書市
▲洞口 中央書館　▲布屛下 廣學書舖
▲銅峴 博학書館　▲尙洞 博文書館

열본정부제묘언초
동한국일수방미
아연초츄식회사
경성명동

越南亡國史 國漢文

定價貳拾伍錢
發賣所京城廣橋西 梁相晉 鍾路 時夏 銅峴 稻川
布屛下김相萬 告白

愛國精神 國文

定價金廿錢
라쳐雨譯述
勿論男女ᄒᆞ고愛國心이有ᄒᆞᆫ者
可以購覽
發賣所 皇城각書舖

共立新報

共立新報ᄂᆞᆫ美洲에留ᄒᆞ
시ᄂᆞᆫ我國同胞가高明ᄒᆞᆫ학問과
深厚ᄒᆞᆫ熱誠으로祖國을東望ᄒᆞ
고國魂을喚起ᄒᆞ야每週日一次
式刊行ᄒᆞᄂᆞᆫ新報이온데世界形
勢도詳揭ᄒᆞ며ᄂᆡ國情況도昭載
하야愛國心이有하신同胞ᄂᆞᆫ不
可不購覽ᄒᆞᆯ新報이며又是純國
文으로발行ᄒᆞ야婦人孺子라도
一覽可瞭ᄒᆞᆯ만하오니嗟我一般
同胞가我留外同胞의殊邦風霜
에勞心勞力하ᄂᆞᆫ誠意를豈可越
視하리잇가玆에僉君子의購覽
을紹介하기爲ᄒᆞ와該新報價及
발賣處所를左에廣告하옵

代金表
每發 五錢
六朔 壹圜貳拾錢
壹年 貳圜貳拾五錢

本國내出張所
京城廣학서舖 金相萬
博문서館 盧益형
開城남門ᄂᆡ興학서舖 姜助遠
平山郡古之面城남峴 金錫庭
長連邑ᄂᆡ東里 관석관
平壤上口水外 車利錫
鎭남浦觀井동 梁禎涉
安州城ᄂᆡ幾村동 金鎭河
宣川邑 川邊 梁金명
嘉川ᄂᆡ山面무山里 李景萬
義州南門外大東藥房 白用錫
金海台也面智士동 裵永會
釜山港 草梁 尹相壽
大邱東上面龍동 崔一弘
咸興西門밧 朱경欽
俄領 海蔘威 계東학校

共立新報社代理人 金顯洙 告白

西部龍山坊孔德里六拾六統四
戶舛三拾五間瓦家舍를特
別廉價放賣ᄒᆞ리이오니願買
僉位ᄂᆞᆫ東部於義동二層廊下二
拾四統七戶로枉臨來議하옵
孫云昌 告白

● 大韓國新발明發賣廣告
陸軍軍醫金守鉉君實驗方劑에
陸軍軍醫張基茂君有效證明으
로淸心保命丹을발明인바效能
은如左ᄒᆞ니 僉君子惠試爲望

消化新藥 淸心保命丹

本舖 仁川港杻峴 濟生堂 藥舖

● 主治效能
● 滯飮食滯 ● 中暑中寒
● 咳嗽腹痛 ● 不服水土
● 氣鬱吐瀉 ● 船車中毒
● 食毒酒醉 ● 口臭
▲ 其他諸般連氣團投預方妙藥
발行人 仁川港杻峴 濟生堂藥房

代理店 京城鍾路 共愛堂藥房
特約店 京城鍾路 慈惠藥房
同 梨峴 信華洋藥局
同 尙洞 萬亭冊사
同 南門外 廣濟藥院
同 仁川內洞 韓禹根
● 同 濟物浦 和平局
開城南門內 朴圭相
同 忠橋 具聖模
● 水原鍾路下 金若九藥局
同 宗路 宋根孝
● 延安邑內 邊汝文
● 江華鍾路 宋順東
● 長湍南門內 崔載浮
● 鳳山沙利院場內 박健局
仝 任允中
仝 耶穌敎堂內 李在亡
● 黃州南門ᄂᆡ紅門洞 李東赫
● 平壤貝巨里 韓國藥舖 鐵化
仝 南門 藥舖 회신興
仝 武洞 藥舖 金龍宜
仝 文 藥舖 桂澤
● 鎭南浦億兩 金元藥舖 金斗鉉
● 群山港開福洞 大同運 鄭會社
● 京南大門外 天佑堂
● 全泥峴郵便局前 林景柱
● 安岳邑上場里濟生局 成浩家
● 大邱南門內刷還동 김廣佑家
● 釜山港草梁客主 김大宇房
● 安州城內義동 春和약局
● 義州南門外水口街 養閥有名
● 此外에도現代에 각 明
● 각種藥이貝備ᄒᆞ 閔有名
● 海州南門內 李泰植
● 清州邑新商약局 金演台
● 陌川郡美동洋商店 박芝行
● 慶寧邑後동洋약局 崔允彥
● 北靑府新昌港客主 박錫勳
● 元山港本堂出張人 朴敎錄

● 國債報償義捐金
三月中本社收入總額
每日發賣明細表

● 三月二拾四日
第一大一六号慶州郡각面坊
二百二十四圜九十八錢
計二百二拾四圜九拾八錢
三月二拾四日ᄭᆞ지收入總額
四百拾二圜三十二錢
隆熙二年一月二月收入總額
一千九百九十三圜二拾
四전五厘
光武十一年度收入總額
五萬七千四百廿六圜九十
五錢七厘
都總合五萬九千八百九拾二圜
五十二전二厘

◉ 報償義捐金收入廣告
● 慶州江西面琰동
金季河三圜 金以종 牟世潤
各二圜 리在允 리在秀
리鎬久 리在郁 朴耆瓏
各一圜 鄭益淑 金守榮
리錫口 金奎植 朴耆珀
秋秉洙 陳瑩鏞 權濟石
각六拾錢 金炳종 김在洪
金在春 각四十錢 陳裕수
김永世 鄭在文 각二拾錢
合十八圜六十錢
前總合五萬九千六百四十九圜
三十四錢二厘
都總合五萬九千六百六十七圜
九十四전二厘

發行兼編輯人 英國人 裵說
發行所 漢城西署石井洞裵說外地三層洋屋內 大韓每日申報社

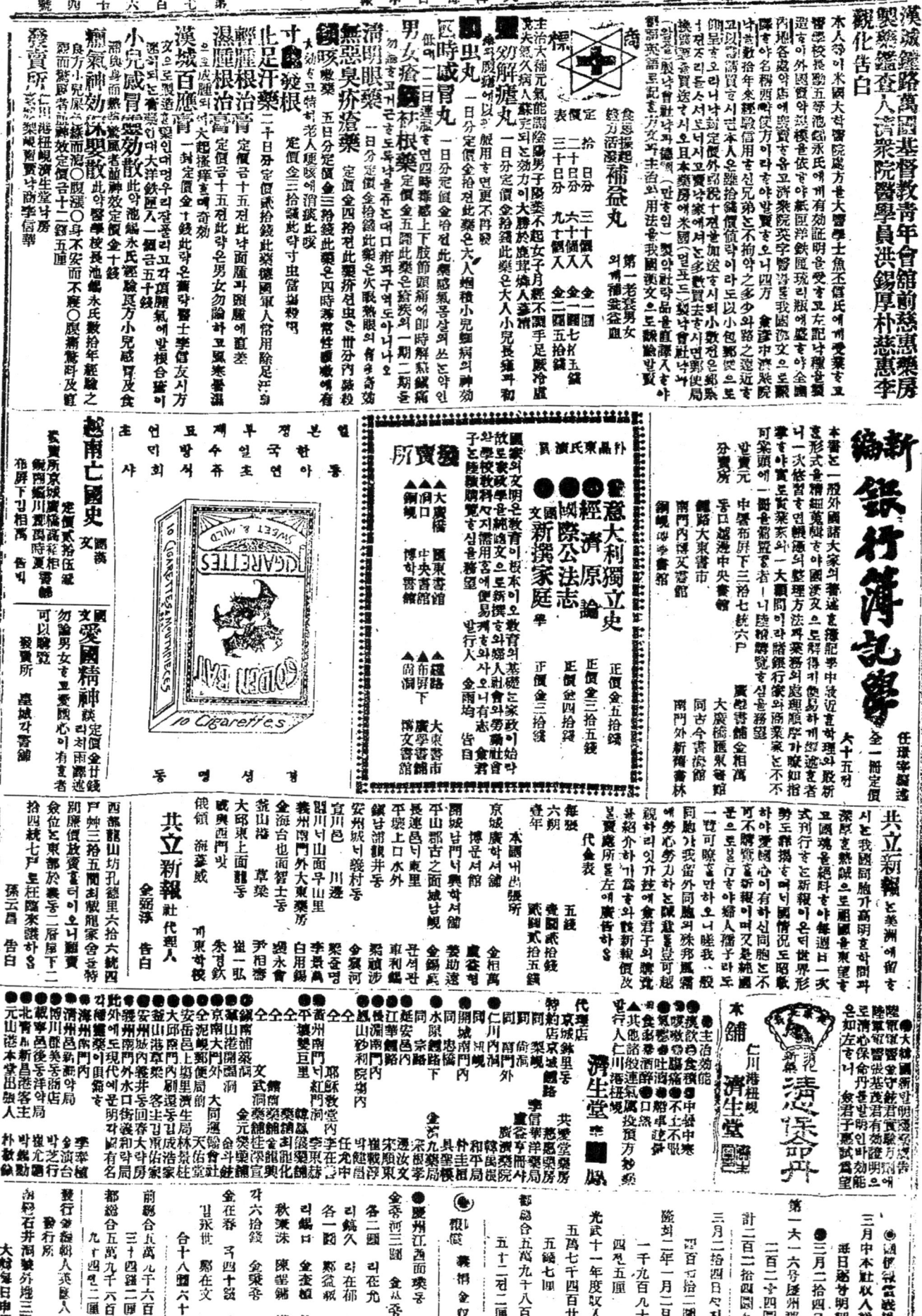

大韓每日申報

第六卷 第七百六十九號

月曜及慶節[illegible]時日休刊

檀君開國四千二百四十一年
箕子元年三千三十年
大韓開國五百十七年
日本明治四十一年
淸國光緒三十四年
陰曆戊申二月小廿五日辛巳

論說

○言論之難 續

志氣를獨立ᄒᆞ라ᄒᆞ면彼ㅣ枯之徒가孤行孑步曰我ᄂᆞᆫ依賴가無ᄒᆞ다하며高談大唾曰我ᄂᆞᆫ阿附가無ᄒᆞ다하야深山菩薩이言必稱慈悲廣濟라ᄒᆞ나離塵絶俗에世事를不知홈과又지國亡을我難愛ᄒᆞ나雙手로何扶며民憂를我雖傷ᄒᆞ나獨脚으로何濟아如彼哀哀ᄒᆞᆫ獨立을獨立으로自信ᄒᆞ리니奈何며

心力을團結ᄒᆞ라ᄒᆞ면彼詐僞之黨가國家의安危도不顧ᄒᆞ며同胞의休戚도不恤하고연々然奴隸頭顱를聚集ᄒᆞ야累千萬衆魔窟을結黨ᄒᆞ고도曰此가團結의力이라ᄒᆞ며外人이我의疆土를求ᄒᆞ거던宣言贊成ᄒᆞ고外人이我에게壓制를行ᄒᆞ거든同聲謳歌ᄒᆞ면서曰此가團結의效라ᄒᆞ며又或者ᄂᆞᆫ政黨의名義로會를成立ᄒᆞ야終年閉談도무何等實將가無ᄒᆞ고只是幾許日ᄒᆞ次式聚來演說로浪費ᄒᆞ고同胞의寄附金만蠶耗ᄒᆞ면서曰此가團結의事業이라ᄒᆞ리니奈何며

自由를依賴하라ᄒᆞ면無忌憚ᄒᆞᆫ小人의心法으로自行自止ᄒᆞ야奸猾惡習으로挾雜을肆行하면서曰此가天賦ᄒᆞᆫ自由本能을行使홈이라ᄒᆞ며博奕飮酒로社會의道德을壞ᄒᆞ면서曰此가我의固有ᄒᆞᆫ自由權利다ᄒᆞ고終乃詬天罵師販君辱國도其意에任ᄒᆞ야羅蘭夫人이自由標本을指ᄒᆞ며天下諸惡이汝名을假ᄒᆞ야以行ᄒᆞᆫ다云々ᄒᆞᆫ言語가實際에現ᄒᆞ리니奈何며

法令을服從ᄒᆞ라ᄒᆞ면一般無恥心膓을持ᄒᆞᆫ者가賣國賊의鷹犬을作하면서曰我가上命을服從ᄒᆞᆫ다하며仇敵의爪牙를作ᄒᆞ면서曰我가權力을服從ᄒᆞᆫ다ᄒᆞ고一世를擧ᄒᆞ야奄々無生氣의域으로歸ᄒᆞ야沉々地獄에卑劣魔됨을不免ᄒᆞ리니奈何며

自信力을養成하라ᄒᆞ면固執盲行을自信力으로認ᄒᆞ리니奈何며

每事를謹愼ᄒᆞ라ᄒᆞ면懦怯劣弱을謹愼으로誤解ᄒᆞ리니奈何며

冒險性을鼓勵ᄒᆞ라ᄒᆞ면愚迷狂妄者ㅣ起ᄒᆞ리니奈何며

實力을養成ᄒᆞ라ᄒᆞ면雌伏退縮者ㅣ藉口ᄒᆞ리니奈何오

古人이云ᄒᆞᆫ대하ᄂᆞᆫ者를扶코져ᄒᆞ면醉人을扶홈과無異ᄒᆞ야東을扶ᄒᆞ면西으로倒ᄒᆞ며西를扶ᄒᆞ면東으로倒홈과如ᄒᆞ다홈과又ᄒᆞ여今日의言論이論愛々乎其難哉로다

其難이如此ᄒᆞ고其難이如此ᄒᆞ니噫夫今日의言論家ᄂᆞᆫ壁丈熱腔을沸ᄒᆞ며一副慧眼을具ᄒᆞ야華佗扁鵲의醫術로對症投劑ᄒᆞ여야其濟를可期ᄒᆞᆯ지어ᄂᆞᆯ兼葭蒼々예伊人이其誰인지有志云々者ᄂᆞᆫ標榜閑話로歲月을送ᄒᆞ야冷淡이熱血보다多ᄒᆞ며新紙界ᄂᆞᆫ太半魔鬼의奴隸를自甘ᄒᆞ며書籍을著出或譯述ᄒᆞᄂᆞᆫ者ᄂᆞᆫ惟遣手腕으로風潮를轉移ᄒᆞᆯ思想은不足ᄒᆞ고臨時利益을多少에着眼ᄒᆞ야何如ᄒᆞ면目下人心에適合ᄒᆞᆯ가ᄒᆞᄂᆞᆫ一問題만講究ᄒᆞ니

嗚乎라淸議가廉에入心이賴ᄒᆞ고正論이際에奸賊이萃ᄒᆞᄂᆞᆫ도다

故로記者ᄂᆞᆫ今日에大擔責大踏步ᄒᆞᄂᆞᆫ言論家의輩出홈을切望하노라 完

外報

●日本物品不買 淸國廣東人民은又廣東自治會에서大集會를開催코져ᄒᆞᄂᆞᆫ데當官이中止케ᄒᆞ얏ᄂᆞ니一般外國物品取扱店은大槩日本商品을不買ᄒᆞᆫ旨로軒頭에貼紙하얏다더라

●汽船夜行禁止 烏港當道를據ᄒᆞᆫ즉該地에서ᄂᆞᆫ日沒後汽船의出入을禁ᄒᆞᄂᆞᆫ新令을司令官이발布ᄒᆞ얏ᄂᆞᆫ데本令을犯ᄒᆞᄂᆞᆫ者ᄂᆞᆫ砲臺의砲擊을受ᄒᆞ기로되얏다더라

●美國艦隊更路 桑港電을據ᄒᆞᆫ즉美國艦隊가日本의請邀홈을因ᄒᆞ야其預定ᄒᆞᆫ航路와日子를變更하야日本橫濱에만七日間碇泊ᄒᆞ얏다가再次馬尼羅로回還ᄒᆞ야一個月間演習ᄒᆞ고又來月 日頃에歸國ᄒᆞᆫ다더라

●타프트氏公認 米國共和黨[illegible]領候補擧選代員五百五十二人內에타프트氏를推擧ᄒᆞᄂᆞᆫ者가四百九十名에及ᄒᆞ야(타프트)氏公認은確實로決定되얏다더라

●露國過激黨 聖彼得堡電을據ᄒᆞᆫ즉[illegible]耳其國에셔軍隊를派送ᄒᆞ야露國(코사가)地方에侵入ᄒᆞ얏다ᄂᆞᆫ說이傳播되며中外가騷動홈으로露國政府에셔北部大臣이一齊會同ᄒᆞ야士耳其의預防홀方策을提議ᄒᆞ얏다더라

雜報

●義將公函 正東義旅將爲東鮮시가宣諭委員徐相崙시에게公函홈을全文이如左ᄒᆞ니

敬啓者ᄂᆞᆫ僕爲國民中一個分子ᄒᆞ야雖至頑至愚나痛忿我國勢之岌業ᄒᆞ고抑鬱我民生之艱迫ᄒᆞ야忠奮發激ᄒᆞᆫ滿腔沸血을不能自遏일ᄉᆡ是以로倡起義旗ᄒᆞ고敢作弄兵ᄒᆞ야上負 皇上之至恩ᄒᆞ며下致同胞之偏罪ᄒᆞ니是謂發憂心中에又添一端之憂也로다今春 皇帝陛下ᄭᅴ옵셔 行恩綸과 降下哀痛喚喩文ᄒᆞ야 伏讀再三ᄒᆞ니聖旨의懇惻ᄒᆞ심은汗流沾背ᄒᆞ고論辭의剴切하심은涙欲沾巾이오나回想乙未以後歷史ᄒᆞ면凡爲韓人之頂天踵地者孰不欲沫血糜骨而況且倭虜之肆ᄒᆞ고政黨리完用等이所謂五條新約과七條協約을恣意締結ᄒᆞ야至於聖朝五百餘年疆土와三千里境人民을盡歸於彼虜之手中ᄒᆞ니嗚乎痛矣라生乎今日之我韓者雖山甿野廢라도荷有血性•類라도悶悵慷慨歆泣에不勝憤生之痛哭이오自有苟安之流類ᄒᆞ야不忠不義之行動을甘爲不可爲之이온況乎位極人臣에謂之以官一品勳一等者가甘爲分棄卒之天良ᄒᆞ야納媚於倭虜에四千載祖國을陷之以犧牲ᄒᆞ고甘心於賣國에二千萬種族을投之以奴隸ᄒᆞ니此何人斯며是何事也오仰蒼天而號之無益이오叩黃土而泣之不已ᄒᆞ니而我人民之㧾痛이胡至此極고今以時勢로揣之則將待普蓋山十年之光陰과普蓋士廿載之星霜ᄒᆞ야國所以挽廻扶持之策이非不莽矣로대聽彼政府黨派ᄂᆞᆫ自衛圖保餘條를頒布全國에勸誘組織ᄒᆞ야舒囚ᄒᆞ狀態가日益屨僭ᄒᆞ고蔽仇讐ᄂᆞᆫ本國人四百名을選拔各郡에敍任敎師ᄒᆞ야人民의束縛을時以漸緊ᄒᆞ니奚暇에能成實力而自守獨立精神ᄒᆞ야建國旗於舞臺之上ᄒᆞ고共享太平之福樂이리오夫人之有忠激心에只可以義所肝膽으로書之오不可以强弱禍福으로計之며但以自己一身으로許之오難以父母兄弟로願之라然則人雖無君이며人誰無父母兄弟妻孥리오만은人若無國이면是猶無家無身이니今本人도亦是我韓服籍上所提赤子라豈不欲戰於彼虜乎아且論辭中不揣時代ᄒᆞ고輕擧煽動ᄒᆞ야如飛蛾撲燈에自不知漸滅은固不過匹夫다ᄒᆞ니若以外擬英强之兵으로不可抗衛則張子房之報韓國과文天祥之完死燕獄을豈不可效哉아今聞宣諭委員의所陳究罪文檄이非徒有리完用之操縱이라聯有民谷川之鈐印云하니果如此言則公等도必不免賣國奴仇讐賊之鷹犬이로다

嗟乎라

敎人同胞여僕昂力이有ᄒᆞᆫ가無ᄒᆞᆫ가我韓國의危險ᄒᆞᆫ境遇와生民의困苦ᄒᆞᆫ情況을試思之어다今此宣諭ᄂᆞᆫ雖云救我生靈이라ᄒᆞ나豈可甘心於委員一察ᄒᆞ야俯首聽命於李賊等之前乎아歟美歷史上에遺憾利之加富伊ᄂᆞᆫ以宗教信徒로成絶世之偉業ᄒᆞ고遺樂利堅之華盛頓은以宗教之人으로血戰八載에能成獨立之基業ᄒᆞ니我果教人中에도亦豈無此等人物이리오만七分觀宣諭委員之性質컨ᄃᆡ如彼鵝湖種이蔑此爲誌ᄒᆞ니還不發識之寒心이라雖然이나以我皇上仁愛之恩과好生之德으로賜民如傷ᄒᆞ人赦詔再降ᄒᆞ시니凡我義旅가爲致不違命歸順ᄒᆞ고偏作好亂之徒ᄂᆞᆫ아니오면[illegible]人非禽獸오心非木石이라然爲遺終無知언뎡不忍見賊隣之除名又恐矣니惟閣下ᄂᆞᆫ且燭且諒焉ᄒᆞ소서今本人이雖不解兵이나將以此論로輪于各陣ᄒᆞ고聯于群黎ᄒᆞ야破須知悉케ᄒᆞ오며一片自己之丹衷이不能含默而止ᄒᆞ야不設鈇鉞之誅ᄒᆞ고敢備狂愚之辭ᄒᆞ오니惟閣下ᄂᆞᆫ恕之察之ᄒᆞ소서

隆熙二年三月九日

正東義旅將爲東鮮

宣諭委員徐相崙閣下

●關北學會趣旨書

水朝宗ᄒᆞ고由山色雄ᄒᆞ야氣稟이敦厚ᄒᆞ니人傑이니故로古昔에名士가輩出ᄒᆞ고渤海遺墟에先生이繼迹ᄒᆞ야淳風美俗이有稱而來駸駸然有幾百年에漢於但退山而水流이라乃者俗習이質實ᄒᆞ고人民이樸拙ᄒᆞ야臨城州關에久稱絃誦之鄕而無一人起立於文學之中ᄒᆞ니吾道之士ᄂᆞᆫ其有出乎ㅣ리오況今西勢東漸에風潮激盪ᄒᆞ야强弱之形이全關于文野之別ᄒᆞ니歷數列邦에我韓이顧何如며我韓之內에關北이顧何如오以最昧之國民으로爲最昧之鄕ᄒᆞ야若不奮발心力에以振教育이면難乎免於奴隸之列ᄒᆞ고待智者而明燎也라於是乎關北有曾出於西北學湖南嶠南諸道之末而趨響者ᄂᆞᆫ始乃發起焉이라嗚呼라關北之士여同聲相應하야一乃心力이어다敎育이非別件事也라勤勉則成ᄒᆞ고研究則難ᄒᆞ나니奈何以消沮之氣로英材로等於樵牧之場而不思其爲文明之國을使야曉世關北之士로大覺於睡ᄒᆞ고其惟國恐而興起哉어다都惑陋邦의思想이射遼이ᄒᆞ다

發起人 金命濬 [illegible] [illegible] [illegible]

雜報

●玉體靡寧 太皇帝陛下씌옵셔 數日前봇터 玉候가靡寧ᄒᆞ옵셔 再昨夜에ᄂᆞᆫ 大端히沉重ᄒᆞ오신故로 昨日上午十一時에 大皇帝陛下씌옵셔 德壽宮에 幸行ᄒᆞ샤 問候ᄒᆞ옵셧다더라

●德壽宮問候 大皇帝陛下씌옵셔 德壽宮에親行ᄒᆞ옵신은 別項과如ᄒᆞ거니와 太皇帝陛下씌옵셔玉度靡寧ᄒᆞ심으로 問安하옵셧다더라

●動駕儀節 太皇帝陛下씌셔 昨日德壽宮에幸行ᄒᆞ심은別項과如ᄒᆞ거니와當日儀仗節次가如左ᄒᆞ니騎兵一隊와宮相리允用氏ᄂᆞᆫ馬車를乘ᄒᆞ고前導ᄒᆞ며 大皇帝陛下御坐ᄒᆞ신馬車에ᄂᆞᆫ侍從院卿閔丙奭氏가陪坐ᄒᆞ고其次에ᄂᆞᆫ總相리完用 承宜君리垵鎔 皇后宮大夫尹德榮 海豐府院君尹澤榮 軍大리秉武 醫觀總監丸山重俊 副監具然壽氏와其外勤奏任官某々氏와內人等이陪從ᄒᆞ얏더라

●醫官帶同 太皇帝陛下 御足에冻氣가발生하신故로再昨日上午十時에侍從장김春희氏가醫官처東根시를帶同入診ᄒᆞ얏다더라

●設鴻門宴 去二十八日 昌德宮秘苑에서園遊會에餘興은漢楚時代의鴻門宴을演戱를設行ᄒᆞ기로決定ᄒᆞ얏더라

●課長云辭 內藏院技師咨績課장沈宜碩시ᄂᆞᆫ辭職疏를奉呈ᄒᆞ얏ᄂᆞᆫ說은前報에已揭어니와該시가辭疏를繙留ᄒᆞ고議를說望ᄒᆞ기로姑未奉呈ᄒᆞ얏스나必將遞任된다더라

●卒業禮式 昨日에각官立語學校에서卒業式을擧行하얏ᄂᆞᆫ대日語학校卒業生三十四人은法度兩部에서役數爵尙ᄒᆞ다더라

●水道費支出 度支部에서仁川水道工事費五萬九千圓을支撥ᄒᆞ얏다더라

●학費加額 학部에서昨年度학務撥費五十萬圓을立算ᄒᆞ얏더니其間에該費額이不足ᄒᆞ야更히八萬圓을度支部에請求承認을얏다더라

●職員錄分給 各府部職員錄을度支部에서現今印刷ᄒᆞᄂᆞᆫ中이라ᄂᆞᆫ데來五月頃에分給ᄒᆞᆯ預定이라더라

●日官韓服 내部秘書과雇員日人白井시가仕進時에冠宕과白말乾鞋을一新히換着ᄒᆞ야韓人과同ᄒᆞ고또韓國語도能通ᄒᆞ다더라

●尹시議案 中樞院贊議尹吉炳시가提議ᄒᆞᆫ事項이如左ᄒᆞ니

一 徵兵令을實施ᄒᆞ야使熟將으로領率ᄒᆞ고義兵을彈壓ᄒᆞ야使外兵으로休息ᄒᆞᆯ事

二 令使日兵으로剿討韓民은在我政府에不忍爲之事니亟行交涉ᄒᆞ야永久和好ᄒᆞᆯ事

三 觀察郡守를必以民望이有ᄒᆞᆫ者로該附近郡守로選擇以送ᄒᆞᆯ事

四 各府部院廳에聘備ᄒᆞᆫ外國官吏ᄂᆞᆫ事務見習ᄒᆞ기爲ᄒᆞᆷ이니高等官幾人式만聘置ᄒᆞ고其餘ᄂᆞᆫ除汰以送ᄒᆞᆯ事

五 自日本政府로貸助ᄒᆞᆫ金中에折半은各郡被燒ᄒᆞᆫ人民에게損給하야使民耕作케ᄒᆞᆯ事

六 各郡財務官을廢止ᄒᆞ던지郡守를廢止ᄒᆞ던지從장取用ᄒᆞ야以省俸費ᄒᆞᆯ事이더라

●總辭勸告中止 中樞院贊議尹吉炳시가提議ᄒᆞᆫ別項과如ᄒᆞ거니와內閣諸大臣의總辭職을勸告ᄒᆞ라다가因爲中止ᄒᆞ얏다더라

●訟何支離 前判書金宗漢氏가尹相五氏로相訟事件에對ᄒᆞ야有何未盡事案이던지再昨日平理院에被招ᄒᆞ얏다가旋即出來ᄒᆞ얏다더라

●自求請牒 無論何等宴會ᄒᆞ고請牒有無를隨ᄒᆞ야進參ᄒᆞᄂᆞᆫ것인대今番園遊會에請牒이無ᄒᆞᆫ日本官吏들은或請牒을自求ᄒᆞᄂᆞᆫ者가有ᄒᆞ다더라

●군主辭褒 忠州郡主박鎬烈시가外交에嫻熟ᄒᆞ고人民을愛護ᄒᆞ야居官數載에著蹟이頗有ᄒᆞ니特爲陞級褒揚ᄒᆞ라고該道觀察使가내部로報告ᄒᆞ얏다더라

●非部伊警 김演楨氏가日軍司令部에被捉ᄒᆞ얏다더니更聞ᄒᆞᆫ즉該시가鄭永澤시로家務事件이有ᄒᆞ야警視廳에被捉ᄒᆞ얏다더라

●김氏押交 軍部軍務局參尉김東元시가日本軍司令部에被囚ᄒᆞᆷ은各報에已揭ᄒᆞ얏거니와更聞ᄒᆞᆫ則該部에서一次審問ᄒᆞ고警視廳으로押交하얏다더라

●主客被捉 再昨日에廟洞等地白樂亨씨家에警部一名과韓巡査二名日巡査二名과別巡檢二名이來到ᄒᆞ야白氏與該家留連ᄒᆞᄂᆞᆫ鄕客一々히警視廳으로押去ᄒᆞᄂᆞᆫ대諸般文簿를這々搜索以去ᄒᆞ얏다더라

●被捉馬關 欺人騙財ᄒᆞ던박희弄이가日本으로渡去ᄒᆞ야馬關警察署에被捉이되야統監府에報告ᄒᆞ얏다ᄒᆞᆷ으로將次警視廳에서派巡押到ᄒᆞᆫ다더라

●講議刊錄 大東專門학校에서一般학從의講議錄을每朔分給ᄒᆞ고每朔五拾錢式徵收ᄒᆞᆫ다더라

●洪氏移獄 警視廳에滯囚ᄒᆞ얏던前參領洪國璨시ᄂᆞᆫ再昨日에監獄署로移囚ᄒᆞ얏다더라

●行袋危險 本月十九日下午八時에徵洞居韓兢準氏에被捉ᄒᆞᆷ은鄭寅國씨와閔泳采氏에同事件이아이라洋服借用ᄒᆞᆫ事로相思동居日人班詞翰其淵家와往印ᄒᆞᆫ際에別巡檢四五名이군至ᄒᆞ야扶擁ᄒᆞ고警視廳에縣去ᄒᆞ야拘囚五日에無他詰問ᄒᆞᆷ으로即爲放還ᄒᆞ얏다더라

●小衣傷命 懷德郡居前郡守김炳夔시가自家後麓에登臨ᄒᆞ야남草을吸ᄒᆞ라고린寸을起火ᄒᆞ다가山草에延소ᄒᆞ야撲滅之際에火及周衣ᄒᆞ야因爲致斃ᄒᆞ얏다더라

●銀房小火 再昨日下午十一時에종路米廛後동沈弘九銀房에서失火ᄒᆞᆫ것을行巡하査가발覺하야即地撲滅ᄒᆞ얏다더라

●碑閣將修 楊州綏吉閣碑閣이頹壓ᄒᆞ얏다ᄂᆞᆫ說은前報에已揭어니와該碑閣을重建ᄒᆞ기로昨日에宮내府技手一人과營繕司主事壹人이該閣에出發摘奸ᄒᆞ얏다더라

●須氏遭難詳報 須知分氏의被傷ᄒᆞᆫ事ᄂᆞᆫ昨報에已揭ᄒᆞ얏거니와其遭難ᄒᆞᆫ情況을詳聞ᄒᆞᆫ則前日曜日夕에韓國人四五名이該氏의留所를訪問ᄒᆞ야日本이我國에對ᄒᆞᆫ施設에關ᄒᆞᆫ某新聞에記事를指摘ᄒᆞ야右記事에同氏로부터出ᄒᆞᆷ이나고問ᄒᆞᆫ즉同氏의所出이아니라答ᄒᆞᄂᆞᆫ지라右韓人等이直時同氏를毆打코저ᄒᆞ나同居ᄒᆞᄂᆞᆫ人等의制止를因ᄒᆞ야別로加害치못ᄒᆞᆫ지라翌日早朝에該씨가旅館을出ᄒᆞ야華盛頓所向客車에搭乘ᄒᆞᆫ즉待合室에赴하야自働車를下ᄒᆞᆯ時에韓人三四名이突然히同氏를包圍ᄒᆞ야其中一人이銃丸으로同氏의面部를毆打ᄒᆞ고其次에數名이拳銃으로連發射擊ᄒᆞ야同氏의肺部에二丸이中ᄒᆞ야重傷ᄒᆞ얏스나絕命의慮ᄂᆞᆫ無ᄒᆞ다ᄒᆞ며其時발砲ᄒᆞ던韓人張仁煥씨ᄂᆞᆫ直時被縛되얏고暴行을擧ᄒᆞᆫ時에韓人田明雲氏ᄂᆞᆫ中丸重傷ᄒᆞ얏다더라

●穀付本主 義將千主事가多數ᄒᆞᆫ義兵을領率ᄒᆞ고남陽郡三貴면等地에橫行ᄒᆞ며防穀榜문을揭ᄒᆞ얏ᄂᆞᆫ데何許人이租幾百石을船隻에裝載ᄒᆞ고出浦ᄒᆞᆷ을探知하고即爲執留ᄒᆞ야該穀을貧民에게分給코ᄌᆞᄒᆞ거날貧民等은固辭ᄒᆞ여日當此春窮ᄒᆞ야非不感謝ᄒᆞ나有主之物을受之不義則還給本主가事理安當이라ᄒᆞᆫ즉義兵이歎賞ᄒᆞ고該穀主를招來還給ᄒᆞ얏다더라

●達東旅館 남人의傳說을聞ᄒᆞᆫ즉前主事宋奎洛시가大邱東門내에達東旅館을設立ᄒᆞ고行旅를便利케하기로營業을計圖ᄒᆞᆫ다더라

地方消息

▲本月二十五日午後二時에義兵約二百名이高原郡駐在巡查派出所를襲擊ᄒᆞ얏다ᄂᆞᆫ報가有ᄒᆞᆷ으로咸興守備隊와警察分署에서巡장以下巡查幾名이急히出發하얏다더라

▲本月二十八日에釜山警察署에서火賊八名을逮捕ᄒᆞ얏ᄂᆞᆫ데鐵砲柄과環刀二柄及火약若干을搜取ᄒᆞ얏다더라

東京電報

廿五日발

●貴院議案 東洋拓殖會社法案은今日貴族院에서本議에上ᄒᆞ야十八名委員의게附托ᄒᆞ얏다더라

●統監渡韓說 伊藤統監은來月廿一日大連을발ᄒᆞ야歸任의途에就ᄒᆞᆯ터인ᄃᆡ廣島에서軍艦을搭乘ᄒᆞ고渡韓ᄒᆞ기로決定ᄒᆞ얏고韓國皇太子同伴歸國ᄒᆞᆯ터이라더라

二拾六日발

●貸付韓人 韓國政府의貸付ᄒᆞᆷ으로可決된日本興業銀行의貸금二千萬圓은佛國과交涉ᄒᆞ야不日니로成立ᄒᆞᆯ터이라더라

●一來一去 曾彌副統監은伊藤統監이歸任ᄒᆞᆷ을待ᄒᆞ야四月拾五日에歸京ᄒᆞᆯ터이라더라

紐育電報

二拾五日東京經由

●遭難後報 遭難後須知分시의容躰ᄂᆞᆫ比較的良好ᄒᆞ야肺臟心臟呼吸器의負傷ᄒᆞᆷ이無ᄒᆞ야의士도快癒하깃다고言ᄒᆞ얏고負傷ᄒᆞᆫ韓人은瀕死ᄒᆞᆫ狀態가有ᄒᆞ다더라

●韓人射擊原因 須知分시를對ᄒᆞ야韓人이射擊ᄒᆞᆫ原因을聞ᄒᆞᆫ즉該射擊者ᄂᆞᆫ須知分시와携帶ᄒᆞᆫ書類를奪取코저ᄒᆞᆷ이오該書類내에韓國의現狀을明記ᄒᆞᆫ것合으로該國의革命黨員은此가實行되면不利ᄒᆞᆷ으로認ᄒᆞᆷ이오또該書類가美國大統領과高平大使의手의渡ᄒᆞ면韓國의絕望이됨으로信ᄒᆞᆷ이라더라

閔之閔

▲照心鏡을손에들고當今人物閱覽ᄒᆞ니姸醜善惡莫逃로다權門勢焰盛衰間에민망ᄒᆞᆫ일許多ᄒᆞ다

▲深掩台扉高臥ᄒᆞ니旅進旅退一平生에當世事를不問타가日皇太子歡迎時에提燈前導趨勢ᄒᆞ니閔泳奎시민망ᄒᆞ고

▲聾耳以從傷弓鳥로宋案巨額欠縮니여海外別庄排徊하고不換□公此江山에祖國興亡不關ᄒᆞᆫ閔泳翊시민망ᄒᆞ고

▲培栽芙兮昔何時오東閣春夢片刻이라交河靑山隔紅塵에帥野開堀되엿고나余盛時를回憶ᄒᆞ던閔泳達氏민망ᄒᆞ고

▲前日氣習撑腸ᄒᆞ야變換時局冷笑도다新政界에有意ᄒᆞ나瞻顧後瞬저ᄒᆞ다無事無慮念佛ᄒᆞ니一肉塊ᄂᆞᆫ閔泳韶氏민망ᄒᆞ고

▲儒林從事ᄒᆞ던몸이侍從卿이何官인고揚武號ᄂᆞᆫ간데업고黃금散盡不復來라而今困難웬일인가閔丙奭氏민망ᄒᆞ고

▲鄕錢錢에生冤ᄒᆞ니서京建築事業이라平安一道去皮ᄒᆞ고剌客의게驚魂ᄒᆞ야寥々無聞今安之오閔泳喆氏민망ᄒᆞ고

▲上海煙霞連ᄒᆞ야何等事爲寄生ᄒᆞᆫ고胡錢交換取利ᄒᆞ야碼片에나着味런가殺國罪名難忘ᄒᆞ니閔泳璇시민망ᄒᆞ고

▲五條約締結時에否字投票外面이오全國財政管理ᄒᆞ야巨額借款勸誘ᄒᆞ야怨聲喧勢退歸ᄒᆞ니閔泳綺氏민망ᄒᆞ고

▲廷諍疏首忸國차레閔忠正의讓與ᄒᆞ고慨然而非洲ᄒᆞ야敎育事務着手ᄒᆞ고新事業을經營ᄒᆞ나閔泳徽시민망ᄒᆞ고

▲法界佛幻生인가私門拘留저平民이時局風潮改하야維馬致에先參타가耶蘇敎에終入ᄒᆞ니閔泳韶氏민망ᄒᆞ고

▲統相掌握時에以酒爲政狂妄ᄒᆞ다當時權力어디가고至今佯狂웬일인가徒以食可憐ᄒᆞᆫ閔炯植시민망ᄒᆞ고

▲室니空人祠堂맛거늘閔草屋蕭凉ᄒᆞ고學者名失魂ᄒᆞ야華麗ᄒᆞᆫ婦好排御ᄒᆞ다日餘力어서又ᄒᆞ니閔商漢시민망ᄒᆞ다

社告

本支社를 左開 五處에 設置ᄒᆞ고 玆以仰佈ᄒᆞ오니 本報愛讀ᄒᆞ시ᄂᆞᆫ 諸僉君子ᄂᆞᆫ 該支社로 請求購覽ᄒᆞ심을 務望홈

▲信川邑內里 丁一發
▲永興郡南山동書舖 梁昌淵
▲利川郡南門外 朱伯英
▲華川邑前洋약房 李正華
▲寧邊邑內 明濟世

各地方僉位의셔 本社에 投書와 寄書가 逐日답至ᄒᆞᄂᆞᆫ대 居住姓名이 昭詳ᄒᆞ고 事實이 確核ᄒᆞᆫ 者ᄂᆞᆫ 卽爲揭載어니와 姓名도 不載ᄒᆞ고 事實이 模糊ᄒᆞᆫ 者ᄂᆞᆫ 因而置之ᄒᆞᄂᆞᆫ대 催促이 又至ᄒᆞ니 事甚訝惑이라 從今以後로ᄂᆞᆫ 投書와 寄書ᄒᆞ시ᄂᆞᆫ 人은 居住統戶數와 姓名을 詳錄ᄒᆞ시되 若又含糊ᄒᆞ오면 幷爲勿施ᄒᆞ올터이시니 照亮홈

雜報

●靑會演說 米國大統領候補選된 쏘쥬이러버린시ᄂᆞᆫ 萬國靑年會總會委辦이며 政治大家이며 慈善大家로 有名ᄒᆞᆫ 人인데 明日下午에 京城에 到着ᄒᆞ야 今月三十日月曜下午七時三拾分에 靑年會에셔 演說ᄒᆞᆫ다ᄂᆞᆫ데 該會에셔 該氏를 歡迎ᄒᆞ기 爲ᄒᆞ야 方在設備中이라더라

●困在利心 [illegible]派徵시가 平安觀察[illegible]에 安州郡居名不知[illegible]의 田六拾餘日耕을 何以爲得ᄒᆞ얏던지 不知어니와 김某의 子婦가 徒步上來ᄒᆞ야 閔輔國에게 哀乞ᄒᆞ기를 右土地를 出給ᄒᆞ라고 甚至於惹鬧ᄒᆞᆫ다ᄂᆞᆫ데 閔시ᄂᆞᆫ 現今困在ᄒᆞᆫ 心이라더라

●醫士發成 毛橋居朴逸根氏ᄂᆞᆫ 外國에 卒業ᄒᆞᆫ 醫師를 聘ᄒᆞ야 [illegible] 華東학校의 貧寒ᄒᆞᆫ 學徒ᄂᆞᆫ 每朔에 兩次式 학徒를 診察ᄒᆞ고 成病ᄒᆞᆫ 症이 有ᄒᆞᆫ 학徒ᄂᆞᆫ 藥物을 自擔治療ᄒᆞᆫ다더라

廣告

本人子元吉이 性本浮浪하야 符同雜類에 發留太田ᄒᆞ야 鄕千庄土를 欺父暗賣ᄒᆞ고 又欲得外債中 連山金의 宗杳ᄒᆞ야 餘落甚多 年耕食이온바 元吉이 認若已物ᄒᆞ고 僞券欲賣ᄒᆞ옵기 玆廣告ᄒᆞ니 內外國人은 一切勿見欺홈

鎭岑郡上남面柳川동 嚴七星 白

本人等 累代先塋이 在於廣州郡五浦面分二里ᄒᆞ야 禁養邱木이더니 門中祀孫[illegible]이 居在森林ᄒᆞ며 諸族이 居生山下ᄒᆞ옵더니 漢城에 [illegible]何貪寒所致이던지 該邱木을 當文二千兩에 定價暗賣於分二里居[illegible]爲名人ᄒᆞ야 同敬회가 斫千斫伐ᄒᆞᆫ 故로 諸族이 不勝驚악ᄒᆞ야 顧念菜薄之窘細ᄒᆞ고 曉喩[illegible]ᄒᆞ며 收斂門中ᄒᆞ야 本價是欲爲還退則 彼[illegible]가 其何漫皮 頑拒不聽而訴呈本郡ᄒᆞ야 還退次로 ᄒᆞᆫ 差員[illegible]也가 知機逃躱上京ᄒᆞ온즉 彼凶獰을 詳不知ᄒᆞ야 爲先廣告ᄒᆞ오니 勿論內外國人 見欺치마옵

廣州郡五浦面分二里居 徐氏門中 告白

田畓買收廣告

경긔도 군포장의셔 오산 가지 수원군 쳐의 잇ᄂᆞᆫ 논과 밧흘 팔고시 분쳠군ᄌᆞᄂᆞᆫ 이집으로 차즈오시요

경셩 [illegible] 한문압 [illegible]평동 니졍목 이십일번호
中西虎彦 [illegible] 은

國民禮服을 擬定ᄒᆞ기 爲ᄒᆞ야 各社會紳士諸氏가 발起ᄒᆞᆫ 事ᄂᆞᆫ 旣經洞報ᄒᆞ엿거니와 趣旨書를 參考ᄒᆞ야 本月二十日로 定期ᄒᆞ고 京城內外同情諸氏의 高見을 廣求ᄒᆞᆫ 結果 多數ᄒᆞᆫ 衣制圖形을 接受ᄒᆞ와 人等이 발起會에셔 衣制式樣選定委員을 選舉ᄒᆞ야 推薦ᄒᆞᆫ 故로 其圖形中 良好ᄒᆞᆫ 三作을 採擇ᄒᆞ야 本會에셔 認定ᄒᆞᆫ바 裁成ᄒᆞ온바 諸民의 普用ᄒᆞᆯ 制度를 數入士의 率爾議定ᄒᆞᆯ비아닌지라 各國體와 他有志紳士諸公의 經田ᄒᆞ기 爲ᄒᆞ야 總會를 開ᄒᆞ겟스온 期日과 處所ᄅᆞᆯ 左開仰佈ᄒᆞ오니 照亮ᄒᆞ시고 同情을 表ᄒᆞ시ᄂᆞᆫ 有志紳士諸氏ᄂᆞᆫ 出席協議ᄒᆞ심을 敬要

一期日은 本月二十九日(日曜)下午一時(雨則次日曜)
一處所ᄂᆞᆫ 獎忠壇國(前壽進宮)

衣制式樣選定委員 尹孝定 池錫永

本人에 舍兄安[illegible]의 兒名은 長祿이오 年今三十이온대 昨年分陰六月晦間東大門內에셔 相別後 所在處ᄅᆞᆯ 未知ᄒᆞ오니 誰某던지 本人에게 龍山 接客主 박興서家로 相逢케 指示ᄒᆞ시면 厚酬ᄒᆞ깃숨

忠州經招居 安장根 在龍山 告白

▲職員募集廣告

本校에셔 本年四月八九日 上午拾時에 豫科學員을 試選ᄒᆞᆯ터이니 志願者ᄂᆞᆫ 今月三拾一日內로 志願書及履歷書를 本校로 呈ᄒᆞᆷ을 望ᄒᆞᆷ 但 官公私立中學校卒業資格이 有ᄒᆞᆫ 者를 要ᄒᆞᆷ

試驗科目은 漢文、算術(整數四則)、日語

官立漢城高等學校

告

본 巡洋監 華美人 東部梨峴
鑛所에셔 月六日로 公拍日字를 定ᄒᆞ옵고 今二十六日 始作이온즉 或委托ᄒᆞ시거나 物品圖買ᄒᆞ시ᄂᆞᆫ 僉君子ᄂᆞᆫ 照亮來臨ᄒᆞ심을 望

銅峴五十九統一戶 廣信競賣所 白

美國桑港 共立新報贊成金 續

孫 [illegible]奕祥 三圜
朴炳宋 慈親 壹圜
金呂恒 五젼
權松永 五젼
[illegible]李奎[illegible] 壹圜
未完

本人이 [illegible]二月二拾二日 武橋[illegible]地에서 紙匣을 遺失ᄒᆞ얏ᄂᆞᆫ되 其中圖章과 小林時計店收遣領收證一丈幷爲서 失이옵기 玆以廣告ᄒᆞ오니 內外國人間 誰某拾得ᄒᆞ와도 休紙施行ᄒᆞᆷ

寶物廛 金桂駿 白

教科書類 小說書類
法政書類 文藝書類

本書館에 一層擴張ᄒᆞ고 各種書籍과 學校用品을 具備발賣ᄒᆞ오니 有志僉彦은 陸續購覽ᄒᆞ심敬要

冊價ᄂᆞᆫ 京城과 同홈

安州城內大街[큰거리] 知新書館 金濬植

本人이 北署盤石坊桑田契二百四十六統一戶洪明浩의 瓦七間卿(?)典執ᄒᆞᆫ 板劵 一度(一萬一千兩)卿典執을 [illegible]陰一月初八日에 失ᄒᆞ얏사오니 休紙施行ᄒᆞᆷ

東署崇敎坊成均館契下樵谷二拾八統六戶瓦家九間半 [illegible]星 告白

東部梨峴百十一統四戶에 競賣場을 新設ᄒᆞ옵고 每個月三日十日로 六次式 公拍을 設行ᄒᆞ오니 內外國僉彦은 照亮ᄒᆞ시옵

東部梨峴 共發[illegible] 競賣所 告白

本郡守남宮濬氏가 下車兩載에 政治氷月노 百弊流習을 剔滌사지ᄒᆞ야 子遺之民이 歲日蘇生而 誦聲이 溢境터니 本月分受由上京이 于今閱朔에 乃無還官之致로 當此不安之時ᄒᆞ야 民情이 一時難堪故로 本人等이 各洞大民代表로 陪行還官次 上來多日에 百般哀乞이나 終不民情之所從ᄒᆞ고 期於遞任之爲計ᄒᆞ니 政府에서 此等情을 詳燭ᄒᆞ실 터이기 境에 限期督促還官ᄒᆞ야 無至民情之敝ᄒᆞ야 民國幸福이옵기 廣佈홈

淮陽人民代表 趙周九 김洪鏞 白

本人小室은 義州聽禁東煥이 勤務이기 論其不法則以其軍刀로 無數亂打故로 欲爲呼訴則逐出境外故로 不勝威脅ᄒᆞ야 伸寃次로 上京ᄒᆞ야 ᄉᆞ오니 僉君子ᄂᆞᆫ 照亮ᄒᆞᆷ

김京龍 告白

韓美電氣會社告白

割引券을 發行ᄒᆞ야 四月一日부터 鐵路本社及龍山停車場에셔 賣下홈

割引券은 每券에 六拾枚로 編成ᄒᆞ고 代金은 貳圜八拾五錢으로 ᄒᆞ며 이온대 每區域에서 一枚式 使用ᄒᆞᆷ

龍山線 區域을 四月一日부터 南大門外 停車場前으로 改定홈

電車發着 時間은 四月一日부터 改定ᄒᆞ야 夏期時間表를 依ᄒᆞ야 行홈

新撰理化學

朴晶東 述著
全一冊 定價 [illegible]

一本書의 目的은 小學校[illegible]에 ᄒᆞ기 爲ᄒᆞ야 編輯홈이라
一理化學解說ᄂᆞᆫ 簡明ᄒᆞᆷ을 [illegible]ᄒᆞ야 讀者의 理解ᄒᆞᆷ을 便易케홈이라
一理化學用語와 物質의 名詞ᄂᆞᆫ 現時代發譯의 最著ᄒᆞᆫ 者를 採述홈이라
一本書ᄂᆞᆫ 理化學諸家의 學說을 最簡易ᄒᆞᆫ 者를 採ᄒᆞ야 十五課로 編ᄒᆞ야 學徒로 ᄒᆞ야곰 二個年에 畢讀케홈이니 陸續購覽ᄒᆞ시옵

발賣所
布병下 金相萬 書舖
京城各 書舖
平壤鐘路 耶蘇敎書舘
法橋大同書舘

大韓文典 兪吉濬 著 (?)

此文典은 國語의 語法과 說法을 作文法을 一定ᄒᆞᆫ 規模로 能成ᄒᆞᆫ 法이 備ᄒᆞ야 高等小學校나 中學一班에 適用홈만ᄒᆞ오니 僉君子ᄂᆞᆫ 速々購覽ᄒᆞ심敬要

發賣所 平壤 大同書館 京城 進明做新학校 安岳 勉學書舘

▲特別廣告

本社에셔 名帖印刷部를 另設ᄒᆞ고 本社에 活字로 精美ᄒᆞᆫ 名帖을 印刷ᄒᆞ오며 時刻을 不違ᄒᆞ오니 夫人와 愈位ᄂᆞᆫ 來臨ᄒᆞ셔 一層低廉ᄒᆞ게 印刷를 請求ᄒᆞ심을 望홈

大韓每日申報社 告白

[illegible]項[illegible]一層 擴張하오되 [illegible]銀裝[illegible] 齒[illegible]小齒[illegible]齒床 什齒[illegible]拔齒[illegible] 人齒等[illegible]技方 로有ᄒᆞ며 齒科上面談은 無料[illegible] 受ᄒᆞ압ᄂᆞᆫ[illegible]君子ᄂᆞᆫ 照亮 ᄒᆞ심을 務希홈

京南大門內尙洞 美人[illegible]致[illegible] 寓齒科醫士 韓大衛 告白

慶尙北道 大邱[illegible] 新舊學[illegible]冊[illegible] 僉君子[illegible]求[illegible] [illegible]希[illegible] [illegible]堂 金[illegible]鴻[illegible]書舖 告白

[illegible]

本人이 日本大阪[illegible]와 特約ᄒᆞ고 日本內地産出各種[illegible]物[illegible] [illegible]工業[illegible]有[illegible]

[illegible] 南大門內 [illegible]書舖

漢城鐘路萬國基督敎靑年會館前慈惠藥房製藥監査人濟衆院醫學員洪錫厚朴慈惠李觀化告白

本人等이米國大學醫院處方을大醫學士魚丕信氏에게受業ᄒᆞ고醫學校長劉五學池錫永氏에게有効証明을受ᄒᆞ고左記ᄒᆞᆫ各種을製造ᄒᆞ야外國賣藥規模를依ᄒᆞ야紙匣洋鐵匣瑠璃瓶에盛ᄒᆞ야全國內地各處藥店에廣賣ᄒᆞ옵고濟衆院英字醫書를我國漢文으로繙譯ᄒᆞ야名稱西藥便方이라ᄒᆞ야발賣ᄒᆞ오니四方僉彦中濟衆院나온數拾年來經驗을信用ᄒᆞ신兄弟는不拘多少와路之遠近ᄒᆞ고以書請買ᄒᆞ시면本人은雖拾錢價値라도以小包郵便으로仰呈ᄒᆞ오리니나封定價外郵稅ᄂᆞᆫ젼을加送ᄒᆞ시되小數젼은郵票ᄒᆞ젼ᄃᆞ리ᄂᆞᆫ샤셔보니시고買ᄒᆞᆫ家에셔ᄂᆞᆫ多數買去ᄒᆞ시면郵便局換錢票로買送ᄒᆞ시오且本藥房에米國(멀죠드)製약會社나와(와알블)製약社와藥餌(만ᄒᆞ임)製약社라品을直譯人ᄒᆞ야總語英語로記ᄒᆞᆫ方文과主治와用法을我國漢文으로繙譯발賣

〔商標〕

食思振起 經力活潑 補益丸 第一老衰男女의게調發益血

定價 拾日分 三十個入 金一圜
二十日分 六十個入 金一圜七拾五錢
三十日分 九十個入 金二圜五拾錢

主治大腸元氣能調陰弱男子陽痿不起女子月經不調手足厥冷虛弱夫氣久病人藥元되ᄂᆞᆫ効力이大勝於鹿茸辨八味湯

効解瘧丸 一日分定價金拾錢此藥은大人小兒長瘧과初瘧과隔日瘧에服用ᄒᆞ면卽不再發

蛔虫丸 一日分定價金拾젼此藥은大人蛔積小兒蛔病의神効

時感胃丸 一日分定價金拾전此藥은感氣몸살의쓰ᄂᆞᆫ약인ᄃᆡ二三日連服ᄒᆞ면四時毒感上下肢節頭痛에卽時解熱鎭痛

男女淋病祛根藥 定價金五圜此藥은淋疾의一期二期를勿論ᄒᆞ고十근ᄒᆞ도록낫슬쥴ᄂᆞᆫ더口舌과구역도아니나오

淸明眼藥 一日分定價金拾錢此藥은火眼熱眼의有多奇効

無惡臭疥瘡藥 定價金四拾전此藥疥섬虫을卅分內滅殺

咳嗽藥 五日分定價金三拾錢此藥은四時寒暑咳嗽에有大効ᄒᆞ고特히老人哽嗽에消痰止咳

寸白發根 定價金二拾錢此략寸虫當場殺下

止足汗藥 二十日分定價貳拾錢此藥僕國軍人常用除足汗臭

輕腫根治膏 定價금十五젼此약面腫과頭腫에直差

濕腫根治膏 定價금十五젼此약은男女勿論하고風寒暑濕으로成腫에大起搔痒을卽愈命効

漢城百應膏 一封定價金十錢此약은衛약醫士李信友시方文으로製造ᄒᆞᆫ藥인ᄃᆡ명우리잘풀리고각색腫氣에발根合瘡이濟되ᄂᆞᆫ看藥이대大洋鐵匣八一錢금五十錢

小兒感冒靈効散 此약池錫永氏經驗良方小兒感冒及食滯瘡疹而發熱驚風者服神效定價金十錢

痢氣神効保嬰散 此약醫學校長池錫永氏數拾年經驗之良方小兒尿色綠而瀉○腹脹○身不安而不寢○腹痛驚悸及直瀉而發熱者服神效定價금十二錢五厘

發賣所 仁川港杻峴濟生堂藥房 京城梨峴實藥局李信華

新編銀行簿記學

任璟宰 譯述 金一圜 定價 大十五전

本書ᄂᆞᆫ一般外國諸大家의著述ᄒᆞᆫ簿記學中에簡易ᄒᆞᆫ理와最新ᄒᆞᆫ形式을精細寬解ᄒᆞ야國漢文으로[illegible]ᄒᆞ야學理와最新進ᄒᆞᆫ者니一次修習ᄒᆞ면機關의整理方法과業務의處理順序가瞭如指掌ᄒᆞ야實業家의一大顧問이라諸銀行家와商業家ᄂᆞᆫ不可不案頭에一冊을備置ᄒᆞᆯ者ㅣ니速히購覽ᄒᆞ심을務望

발賣元 中署布屛下三십七統六戶 廣學書舖 金相萬
分賣所 동口越邊中央書館 大廣橋匯東書館
鐘路大東書市 同古今書海館
南門內博文書館 南門外新舊書林
銅峴德興書館

朴晶東氏演義

● 意大利獨立史 正價金五拾錢
● 經濟原論 正價金三拾五錢
● 國際公法志 正價金四拾錢
● 國文新撰家庭學 正價金三拾錢

國家의文明은敎育이根本이오敎育의基礎ᄂᆞᆫ家政이始라故로家政學을純國文으로新撰ᄒᆞ와婦人社會와學校敎科서지需用ᄒᆞᆷ에便易케ᄒᆞ와사오니有志僉君子ᄂᆞᆫ陸續購覽ᄒᆞ심을務望

발行人 金雨均 告白

發賣所
▲大廣橋 匯東書館 ▲鐘路 大東書市
▲洞口 中央書館 ▲布屛下 廣學書舖
▲銅峴 德학書館 ▲[illegible]洞 博文書館

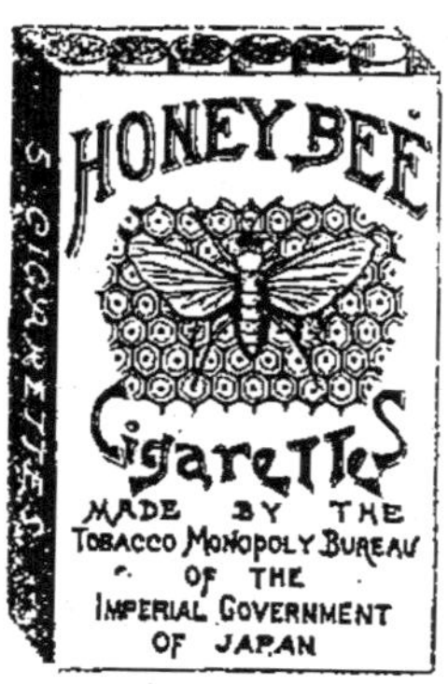

越南亡國史 國漢文

定價貳拾錢
發賣所 京城廣橋[illegible] 布屛下김相萬 [illegible] 梁[illegible]

國文愛國精神談 定價金廿錢 리치雨譯述

勿論男女ᄒᆞ고愛國心이有ᄒᆞᆫ者可以購覽

發賣所 皇城각書舖

共立新報

共立新報ᄂᆞᆫ美洲에留ᄒᆞ시ᄂᆞᆫ我國同胞가爲明ᄒᆞᆫ學問과深厚ᄒᆞᆫ熱誠으로祖國을東望ᄒᆞ고國魂을絶叫ᄒᆞ야每週日一次式刊行ᄒᆞᄂᆞᆫ新報이온ᄃᆡ世界形勢도詳揭ᄒᆞ며ᄂᆡ國情況도昭載ᄒᆞ야愛國心이有ᄒᆞ신同胞ᄂᆞᆫ不可不購覽ᄒᆞᆯ新報이며又是純國문으로發行ᄒᆞ야婦人孺子라도一覽可瞭ᄒᆞᆯ만ᄒᆞ오니嗟我一般同胞가我留外同胞의殊邦風霜에勞心勞力ᄒᆞᄂᆞᆫ誠意를豈可越視ᄒᆞ리오가玆에僉君子의購覽을紹介ᄒᆞ기爲ᄒᆞ와該新報價及발賣處所를左에廣告ᄒᆞ오

代金表
每張 五錢
六朔 壹圜貳拾錢
壹年 貳圜貳拾五錢

本國內出張所
京城廣학서舖 金[illegible]
博문서館 [illegible]
鐘城남門외興학서舖 [illegible]
平山郡古之面[illegible]남峴 金錫[illegible]
長連邑[illegible]里 문석[illegible]
平壤上口水外 車利[illegible]
鎭남浦[illegible]井동 梁[illegible]涉
安州城[illegible]村동 金[illegible]河
宣川邑 川邊 梁[illegible]명
[illegible]川[illegible]山面[illegible]山里 李[illegible]
[illegible]州南門外大東藥房 白用錫
金海台也面智土동 [illegible]永會
[illegible]山港 草梁 尹相[illegible]
大邱東上面龍동 崔一弘
咸興西門밧 朱경欽
俄領 海蔘威 [illegible]東학校

共立新報社代理人 金[illegible] 告白

西部龍山坊孔德里六拾六統四戶第三拾五號[illegible]家舍를特別廉價放賣ᄒᆞᆯ터이오니願買僉位ᄂᆞᆫ東部於義동二層[illegible]下二拾四統七戶로枉臨來議ᄒᆞ옵 孫云昌 告白

本舖 仁川港杻峴 濟生堂

● 主治効能
● 痰飮 ● 食傷 ● [illegible]中
● 咳嗽 ● [illegible] ● 不土不[illegible]
● 氣鬱 ● 吐瀉 ● 霍亂
● 食傷 ● 酒[illegible] ● 口[illegible]
▲其他諸般連氣[illegible]方[illegible]
발行人 仁川港杻峴 濟生堂 李[illegible]

代理店 京城[illegible]里동 共[illegible]堂[illegible]房
特約店 京城梨峴 [illegible]藥局
同 [illegible] [illegible]冊사
同 [illegible] [illegible]
[illegible]

● 大韓國新발明靈藥[illegible]陸軍[illegible]仁[illegible]法[illegible]效[illegible]오如左ᄒᆞ니僉君子[illegible]試ᄒᆞ심望

[illegible]

● 仁川內洞 [illegible]
● [illegible]城南門內 [illegible]
● 水原[illegible]路下 [illegible]
● 延安邑內 宋[illegible]
● 江華[illegible]路 [illegible]
● 長湍[illegible]門內 [illegible]
● [illegible]山[illegible] [illegible]
● 黃州[illegible]門外 李[illegible]
● 平壤[illegible]巨里 [illegible]
● 鎭南浦[illegible]洞 [illegible]
● 群山港[illegible] [illegible]
● 京南大門外 [illegible]
● 全泥峴郵便局前 [illegible]
● 安岳邑上[illegible]里濟生局 林[illegible]
● 大邱[illegible]內[illegible]동김成浩 [illegible]
● 釜山港草梁[illegible]동 [illegible]
● 安州城內[illegible]동 [illegible]
● [illegible]州南門外水口街 [illegible]
此外에도現代에呈明각[illegible]有名
● 海州[illegible]門內 [illegible]
● 淸州邑[illegible]약局 [illegible]
● [illegible]川[illegible]동[illegible]店 박[illegible]
● [illegible]李邑後동洋약局 [illegible]
● 北靑[illegible]新昌港客主 박[illegible]
● 元山港本堂出張人 朴[illegible]

● 咸北道慶州郡[illegible]里 [illegible]
[illegible] 張永[illegible] [illegible]
尹思勳 [illegible]六十錢 [illegible]
[illegible] 各八十錢 [illegible]
김鳳圭 김鵬道 김再[illegible]
[illegible] [illegible] 鄭大賢
리華[illegible] 各四拾錢 徐[illegible]在
[illegible] 김太守 리[illegible]
김[illegible]坤 [illegible]有生 [illegible]坤
각二十錢 [illegible] 元在[illegible]
[illegible] 朴[illegible]生 [illegible]
元在先 김述甲 尹[illegible]介
朴[illegible]根 리[illegible] [illegible]元凡
[illegible]凡 김[illegible] 김[illegible]
各[illegible]錢 合[illegible]

▲[illegible]面[illegible]
[illegible]仁 김[illegible] [illegible]
各八十錢 리[illegible] [illegible]
[illegible] 김王[illegible] 김[illegible]
各六拾錢 김[illegible] 四拾錢
[illegible]根[illegible] [illegible]圭 [illegible]
각二拾젼 中[illegible] [illegible]
[illegible]大[illegible] 朴[illegible] 각[illegible]
合六圜八拾錢

▲雨中[illegible]
[illegible]仁 朴春[illegible] 張[illegible]圭
朴春[illegible] 김祥圭 金[illegible]
各八十錢 合三圜六十錢

總合二拾[illegible]四拾錢
前[illegible]合五萬九千六百大十七圜
九十四錢二厘
都總合五萬九千六百八十八圜
三十四錢二厘

發行兼編輯人 [illegible] 一段
發行所 [illegible]洞[illegible]外[illegible]
大韓每日申報社

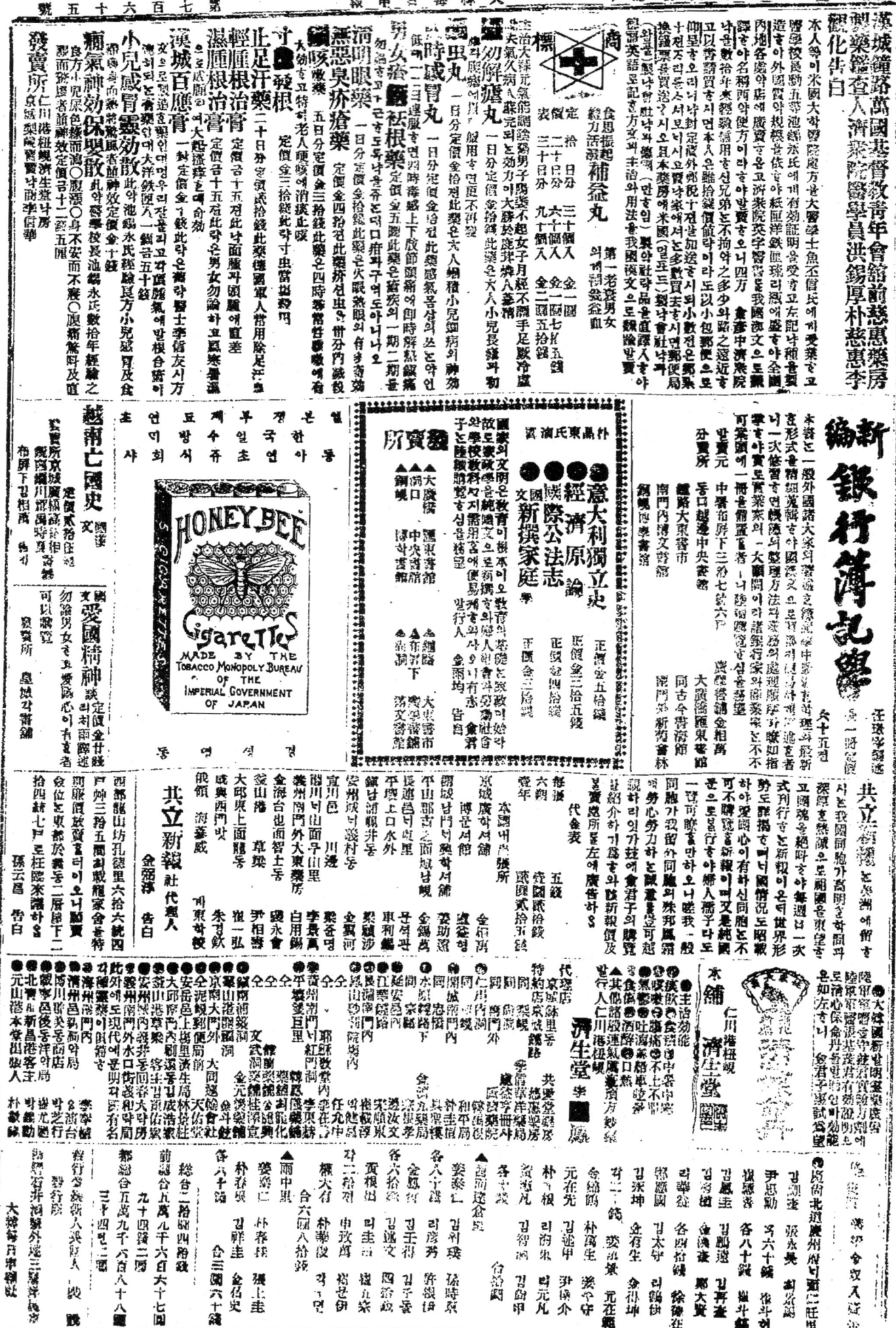

第六卷

大韓每日申報

第七百六十六號

月曜及慶節
識時日休刊

檀君開國四千二百四十一年
箕子元年三千三十年
大韓開國五百十七年
日本明治四十一年
淸國光緖三十四年
陰曆戊申二月小廿六日壬午

論說

○移民於韓國

東亞拓殖或稱東植民會社라稱ᄒᆞᄂᆞᆫ組織을關係ᄒᆞ야日本國會에新議案을提出ᄒᆞ얏ᄂᆞᆫᄃᆡ此會가以一千萬圓資金으로韓國내營業의擴張을企圖ᄒᆞᄂᆞ니吾人이此案件에對ᄒᆞ야雖毫末이라도如ᄒᆞᆫ愛情이라도表ᄒᆞᆯ다ᄒᆞ고ᄂᆞᆫ實情으로볼ᄒᆞᆷ케不能이라以吾人所見으로言之컨ᄃᆡ日本이自國移民으로此半島를充滿ᄒᆞ야此國니土地及工業의所有主를自國政府手下에專置ᄒᆞ려ᄂᆞᆫ奸猾ᄒᆞᆫ試圖를著示ᄒᆞ엿도다

此計劃의從事ᄒᆞᆯ同會가擔任ᄒᆞ엿스나旣著ᄒᆞᆫ特別報道를據ᄒᆞ건ᄃᆡ日本政府가此會事務를監督ᄒᆞᆯ뿐더러自擔ᄒᆞ며且組織된後로八個年之際에每年三拾萬圓式援助ᄒᆞ기를許諾ᄒᆞ엿스니同會를指揮ᄒᆞᄂᆞᆫ諸人은命令下에必在ᄒᆞ리로다

此計策이足爲不美여늘加一層不美之端이尙且從生ᄒᆞ나니此ᄂᆞᆫ植民ᄒᆞ기에必要ᄒᆞᆫ韓國土地를買收ᄒᆞᆯ事件이라何人의土地를其將買收耶아此乃陳荒地耶아國有耶아民有耶아將以威力으로買收耶아所有主의任意로讓渡ᄒᆞ기를將要耶아此會가何如ᄒᆞᆫ手段이던지必要로認ᄒᆞᆯ時에其必取用ᄒᆞᆯ거슨吾人은知悉ᄒᆞᄂᆞᆫ바ㅣ니와容易히曉解ᄒᆞᆯ비니其取用ᄒᆞᄂᆞᆫ方法이若不以溫和勸誘면日本政府의壓迫과國權을其用ᄒᆞ리로다

其計策의曖昧ᄒᆞᆷ이疑訝를確生ᄒᆞᄂᆞᆫ지라

以韓者觀之컨ᄃᆡ日本이可悌ᄒᆞᆫ韓國과ᄀᆞᆺ치强硬ᄒᆞᆫ手段을前者보다尤甚히著示ᄒᆞ니로다吾人의如此ᄒᆞᆫ言이誤解인가或恐이오且誤解에至ᄒᆞ기를眞實히希望ᄒᆞ거니와何如던지此會社議案을獎勵ᄒᆞᄂᆞᆫ者들은此를疑惑ᄒᆞᆫ者日々增加ᄒᆞᄂᆞᆫ것을咎責ᄒᆞ리로다

外報

●張總督煽動 廣東電을據ᄒᆞᆫ則張總督은外務部에罪를謝ᄒᆞ고隱然히人心을煽動ᄒᆞᆫ다ᄒᆞ더라

●三大親任式 東京電을據ᄒᆞᆫ즉日本셔二十五日에右와如히親任式을擧行하얏ᄂᆞᆫᄃᆡ
司法大臣兼大藏大臣松田正久氏ᄂᆞᆫ大藏大臣을任ᄒᆞ고貴族院議員子爵堀田正養氏ᄂᆞᆫ遞信大臣을任ᄒᆞ고東京府知事千家尊福씨ᄂᆞᆫ司法大臣을任하얏다더라

●黑龍鐵道 露國議會의豫算委員會ᄂᆞᆫ黑龍江鐵道敷設을ᄂᆞᆫᄃᆡ對ᄒᆞ야一千二百五十萬留支出ᄒᆞᄂᆞᆫ件을可決하얏다더라

●駐淸公使更迭 日本에駐在ᄒᆞᆫ淸國公使李家駒ᄂᆞᆫ憲政考察大臣으로被命하엿고且李公使의後任은前駐露公使惟胡德이가駐日公使를被任ᄒᆞ얏다더라

●武器輸入取締 淸國政府ᄂᆞᆫ辰丸事件에對ᄒᆞᆫ日本要求를應諾ᄒᆞ야實行되얏슴으로日本은好機를以하야今後ᄂᆞᆫ日本으로브터輸出ᄒᆞ야澳門에入ᄒᆞᆯ武器ᄂᆞᆫ澳門政廳의許可가有ᄒᆞᆫ外에澳門으로브터再次輸出ᄒᆞᆯ際에革命黨에手中에不入ᄒᆞᆯ證明이不有ᄒᆞ면輸出을不許ᄒᆞᆯ지라此意를廣東總督에게報ᄒᆞ야該省士民의게反覆說明ᄒᆞ라고外部에通知ᄒᆞ얏다더라

●加拿陀와移民 倫敦電에日加拿陀옷다와報를據ᄒᆞᆫ則該地下議院에서內部大臣이演說ᄒᆞ야日移民을排斥ᄒᆞ거나退去命令을발ᄒᆞᆯ境遇에ᄂᆞᆫ日本人과印度人을勿論ᄒᆞ고同一히處理ᄒᆞ야ᄒᆞ얏다더라

雜報

○大韓學會趣旨書

時의古今을勿論ᄒᆞ고如何ᄒᆞᆫ國家던지變遷時代를當ᄒᆞ야能히其國恩을挽回ᄒᆞᆫ者ᄂᆞᆫ반다시國民的自覺心을要ᄒᆞᄂᆞ니伊太利建國時代에伊人의言에伊太利ᄂᆞᆫ伊人의伊太利라ᄒᆞ얏고獨逸聯邦統一時代에獨人의言에國合은獨逸을興케ᄒᆞ고分裂은獨逸을亡케ᄒᆞᆫ다ᄒᆞ얏스니是ᄂᆞᆫ國民의自覺心으로湧出ᄒᆞᆫ血言이라

方當時에如許ᄒᆞᆫ自覺心이無ᄒᆞ얏스면兩國이엇지今日의地位를得ᄒᆞ얏시리오嗟喜다目下韓國의形狀을靜觀ᄒᆞ니蕭瑟ᄒᆞᆫ風에黃落ᄒᆞᆫ空山과彷彿ᄒᆞ야다못氣息이奄々ᄒᆞᄂᆞᆫ民族이落葉과ᄀᆞᆺ치維繫維隨ᄒᆞ야方向을不知ᄒᆞ도다젼실로血이有ᄒᆞ고骨이有ᄒᆞᆫ者ㅣ誰가撫오淚를禁ᄒᆞ리오然이나吾儕ᄂᆞᆫ다만現時勢에服從키爲ᄒᆞ야生ᄒᆞᆫ者ㅣ아니오新時勢를造成키爲ᄒᆞ야生ᄒᆞᆫ者라

若强潮가有ᄒᆞ면可以順行이오黑風潮가有ᄒᆞ면可以逆流ᄒᆞ야最後의目的을達ᄒᆞᆯ것이라

大盖國家의一興一亡이반다시其原因이有ᄒᆞ나니國步가艱難ᄒᆞᆫ時代를際ᄒᆞ야經世家가其國家의病源을不究ᄒᆞ고ᄒᆞᆫ갓光復을期圖ᄒᆞ면是ᄂᆞᆫ譬컨ᄃᆡ醫士가病人의病根을不解ᄒᆞ고施약ᄒᆞᆷ과如하도다엇지一毫의効果를奏ᄒᆞ리오世人이韓國의衰退原因을擧ᄒᆞᆷ에所見이各히不同ᄒᆞ나吾儕로써論斷컨ᄃᆡ我韓病蠹의原因은私利私益으로行動ᄒᆞᄂᆞᆫ黨派에在ᄒᆞ다ᄒᆞ노라

文明各國에서公共利益을標準ᄒᆞ고行動ᄒᆞᄂᆞᆫ公黨에도時々로感情의衝突을因ᄒᆞ야社會에多大ᄒᆞᆫ害毒을貽ᄒᆞ거든ᄒᆞ믈며公德心에缺乏ᄒᆞᆫ韓國私黨乎아此惡習이幾百年間國民의腦髓에浸入ᄒᆞ야如何ᄒᆞᆫ愛國家라도吾黨이아니면排斥ᄒᆞ고如何ᄒᆞᆫ賣國家라도吾黨이아니면擁護ᄒᆞ니然ᄒᆞ고國이興ᄒᆞᆯ者 豈有ᄒᆞ리오

嗚乎라吾儕ᄂᆞᆫ日本에留ᄒᆞᄂᆞᆫ靑年이다言必稱國民代表나當하十有餘年에所業이何事오亦是祖先의게傳染ᄒᆞᆫ病的思想을脫치못ᄒᆞ고日甲會日乙會라하야國民的精神을汨了ᄒᆞ고部分的性質을胚胎ᄒᆞ니豈不痛哉며豈不懼哉아於玆에吾儕가大聲疾呼하야曰如何ᄒᆞᆫ好個事業의名義를借ᄒᆞ야經營ᄒᆞ더라도民族的은韓國을興ᄒᆞ고黨派的은韓國을亡ᄒᆞᆫ지니是ᄂᆞᆫ卽我韓時代의要求오我韓國民의自覺心이라此自覺心의實行與否ᄂᆞᆫ我韓興亡에關ᄒᆞᆫ分水點이라幾百年間腐敗ᄒᆞᆫ國民의腦筋을打破ᄒᆞ고新時代의健全ᄒᆞᆫ思想을涵養ᄒᆞ기爲하야東京에在ᄒᆞᆫ我학生이團體가合成ᄒᆞ야大韓학會를組織ᄒᆞ고國民의智識啓發로目的을삼고此趣旨를全國同胞의게廣佈ᄒᆞ오니同心相求ᄒᆞ며同氣相應ᄒᆞ야國家公共事業에一致協力ᄒᆞᆷ을伏望

隆熙二年二月日 발起人一同

●리시熱心 서東人의傳說을聞ᄒᆞᆫ즉平北寧山郡公立普通學校에서校務를發加擴張ᄒᆞ기로郡主事리敏厚시가熱心勸說ᄒᆞ야靑年子弟를多數勸入ᄒᆞ야該校학徒가近至百名에校況이比前擴張되ᄆᆞ로리시의熱心을人皆贊頌ᄒᆞᆫ다더라

●리시孤節 大川郡面序德里居리시夫人은卽故參리興默시親妹也라時年十七에出嫁于溫陽郡吳시矣러니越二年에其夫가不幸ᄒᆞᆷ에從ᄒᆞ야死ᄒᆞ기를誓心絶食ᄒᆞᆫ대老舅가哀號挽止曰予ᄂᆞᆫ無他子姪ᄒᆞ고爾亦無血育이라爾今從去則其於老我에何오ᄒᆞ야孝奉一年에其舅亦亡ᄒᆞ니又爲絶食ᄒᆞ야就死ᄒᆞ더니本兄興默시가聞計往救ᄒᆞ야爲設生活ᄒᆞᆷ以針春之資로欲終餘年矣러니去甲午東擾時에或이動以再嫁ᄒᆞ되終不回意ᄒᆞ고卽斷其髮ᄒᆞ야以示不嫁之意러니今月初에遇疾卒逝矣라一鄕이盛稱ᄒᆞᆫ다더라

●校設速成 北靑樓閣里新明학校生徒가百餘人에達ᄒᆞ얏ᄂᆞᆫᄃᆡ旣有校舍가狹窄ᄒᆞ야方今擴張ᄒᆞᄂᆞᆫᄃᆡ몽中諸氏가熱心赴役ᄒᆞᄂᆞᆫ故로不日成之ᄒᆞᆫ다더라

●順明尤甚 永興郡順寧面順明학校ᄂᆞᆫ組設ᄒᆞᆫ지不過一年에校務가擴發ᄒᆞ야校況이漸成ᄒᆞᆫ와敎師李秀德씨가熱心敎授ᄒᆞᆷ으로生徒가五十名에達ᄒᆞ얏ᄂᆞᆫᄃᆡ進就之望이有ᄒᆞ다고該郡紳人이稱頌ᄒᆞ더라

●[illegible]校試驗 日前에[illegible]학校에서학年試驗을經ᄒᆞ얏ᄂᆞᆫᄃᆡ二年級卒業生은朴万敎等四人이오一年級進級生은孫十敏等二十一人이오落第生이三人이라더라

●金校發兄 全義郡에서前參判金敎圭氏와前郡守리興夏氏와有志諸氏가발起ᄒᆞ야大東學校를設立ᄒᆞᆷ은前報에已揭어니와今月一日에開校式을擧行ᄒᆞ얏ᄂᆞᆫ데維持方針은一境이盡務로擔當ᄒᆞ고리殷夏씨ᄂᆞᆫ校舍를自己所有家屋으로充當寄給ᄒᆞ야俾使敎育케ᄒᆞ고김弘鎭申昊承洪思植二氏가名譽로敎授ᄒᆞ고학員이愛國歌를唱ᄒᆞ고萬歲를三呼ᄒᆞ얏스며老儒에頑固習을痛懲ᄒᆞ기爲ᄒᆞ야如左ᄒᆞᆫ勸학歌를唱ᄒᆞ엿더라

大東학校학徒들아
이내말숨드러보쇼
太平聖代敎育훔은
時勢變遷工夫로세
靑年文章道德義ᄂᆞᆫ
邊土及第所欲일세
白戰風塵 場後에
三日遊街榮耀로다
不학無識蒙騃子ᄂᆞᆫ
借文借筆亂事로세
飽食暖衣逸居ᄒᆞ고
禽獸等閒全昧로세
咄哉增廣殿止되니
丸岳主宰罷難일세
國家幾業金프로다
科文崇尙쓸ᄃᆡ업니
文明時代知識업서
郡守觀察前程ᄒᆞ내
如此ᄒᆞ고窮困ᄒᆞᆯ
郡官雖尤ᄒᆞ잘ᄉᆞ나
腐敗習慣變ᄒᆞ면
卽家前途어이ᄒᆞ료
어화우리학徒들아
一心쓰세一心쓰세
三千疆土ㅣ百宗社
우리肩上擔着일세
忠君愛國目的삼아
[illegible]맛비進步ᄒᆞ세

雜報

●御鶴亭 太皇帝陛下ᄭᅦ옵서 慶運宮內黃鶴亭에 御臨ᄒᆞ옵셔 御射ᄒᆞ시기로ᄒᆞ야 弓矢도 製造ᄒᆞ얏고 該亭과 該宮 御路新門에 雲橋를 修理ᄒᆞ얏고 庭臨은 御射ᄒᆞᆯ時에 畫唱를 私習ᄒᆞᆫ다더라

●赦典又下 総理大臣리완用 法部大臣趙重應兩氏가 赦典詔勅을 欽奉ᄒᆞ야 各在罪案者閔恩孟閔厚植沈近氏等一百三十五名을 蕩滌ᄒᆞᆯ 意로 上奏 裁可되얏다더라

●義妃問安 昨日 義親王妃殿下ᄭᅦ옵셔 德壽宮에 問安ᄒᆞ얏다더라

●轉向淸國 伊藤統監이 本月三十日頃에 日本셔 발程ᄒᆞ야 淸國으로 前往ᄒᆞ얏다가 義州方面으로 出來ᄒᆞ야 還任ᄒᆞᆫ다ᄂᆞᆫ 說이 有ᄒᆞ더라

●渡日姑停 総理大臣니部大臣이 同件ᄒᆞ야 日本國에 渡去ᄒᆞᆫ다홈은 已爲揭載ᄒᆞ얏거니와 更聞ᄒᆞᆫ則 姑爲停止ᄒᆞ얏다더라

●總辦疏遞 侍從리明九氏ᄂᆞᆫ 兼任 義親王府總辦을 疏遞ᄒᆞ얏다더라

●兩氏依免 東宮大夫高義敬 監査院監査官兪致鳳兩氏ᄂᆞᆫ 兼任修學院敎官을 依免ᄒᆞ얏다더라

●日從兩移 裁判所書記長安田從二郎씨ᄂᆞᆫ 補大審院書記長으로 同院中正芳氏ᄂᆞᆫ 補京城控訴院書記장으로 叙任ᄒᆞ얏다더라

●韓官必無 학部內에 日本人判任官이 頗多ᄒᆞᆫᄃᆡ 每日一人式 增加ᄒᆞᆫ다니 此樣으로 若過幾日이면 本國官吏ᄂᆞᆫ 必然乃已ᄒᆞᆯ 것이라고들 ᄒᆞᆫ다더라

●須臾竟逝 遭難에 罹ᄒᆞᆫ 須知分사ᄂᆞᆫ 二十五日午后拾壹時에 逝去하얏ᄂᆞᆫᄃᆡ 統監府官吏一同과 리摠監以下諸시가 吊電을 불送ᄒᆞ얏더라

●園遊節次 今日園遊會에 節次ᄂᆞᆫ 手品奇術。倡夫繩渡。舞蹈。擊劍。柔術。藝者手蹈。妓生演舞。雜歌唱等이오 大皇帝陛下의 儀仗軍陣行列과 舊軍樂。儀仗行列。軍陣行列次第循序라ᄒᆞ얏더라

●會議規例 內閣에서 會議日時와 其他節次를 左와ᄀᆞᆺ치 定ᄒᆞ야 各部에 通牒ᄒᆞ얏더라
一 閣議日時ᄂᆞᆫ 每週日에 月曜及木曜日上午十一時로 定ᄒᆞ고
一 緊急ᄒᆞᆫ 案件이 有ᄒᆞᆫ時에ᄂᆞᆫ 此限에 不在ᄒᆞ고
一 法令案은 內閣法制局에서 速寫板에 即出하야 各部大臣에게 先爲提呈ᄒᆞ야 以便査閱케ᄒᆞ고
一 閣議案件은 法制局에서 目錄으로 一々調製ᄒᆞ야 決定及留案의 區別을 便利케ᄒᆞ다ᄒᆞ얏더라

●兪氏論駁 兪吉濬氏가 今番園遊會에 妓生을 多數히 使用ᄒᆞᆫ다ᄂᆞᆫ 事에 對ᄒᆞ야 現政府官吏를 論駁ᄒᆞ야 曰 大皇帝陛下ᄭᅦ셔도 當日臨御 하신다ᄂᆞᆫᄃᆡ 至賤ᄒᆞᆫ 妖妓로 至尊之前에 押近케ᄒᆞᆫ 것이 切非事君道理라고 屢々說明ᄒᆞ얏다더라

●審院權設 大審院設置前에 視務ᄒᆞ기 爲ᄒᆞ야 當分間 法部大廳에 각設置ᄒᆞ얏ᄂᆞᆫᄃᆡ 控訴院도 該部內에 設置ᄒᆞᆫ다더라

●文課移設 法部文書課를 該部前會計課로 昨日에 移設ᄒᆞ얏다더라

●遊覽法部 大審院控訴院各區裁判所에 判檢事ᄂᆞᆫ 日本人으로 叙任ᄒᆞᆫ다ᄒᆞᆷ은 已爲報道ᄒᆞ얏거니와 將次叙任ᄒᆞᆯ 日本人二十餘名이 昨日法部에서 遊覽ᄒᆞ얏다더라

●日語必選 內部主事吳關이 現今四ヵ人인ᄃᆡ 外국학校卒業生中으로 試取選充ᄒᆞᆫ다ᄂᆞᆫᄃᆡ 日語가 嫻熟ᄒᆞᆫ 者라야 被任ᄒᆞᆫ다더라

●該三士歸國 학部書記官日本人三士ᄂᆞᆫ 日本國會議員을 被任홈으로 日間 歸國ᄒᆞᆯ 豫定이라더라

●設宴餞別 新任ᄒᆞᆫ 忠北事務官元大圭氏가 本日에 發程赴任ᄒᆞᆯ 터인 故로 내部主事諸氏가 多年同僚之誼와 遠別之情을 不勝ᄒᆞ야 該諸씨가 昨夕에 布應병門淸料理店에서 作別宴을 設ᄒᆞ고 元시를 請待ᄒᆞ얏다더라

●軍用電話 慶尙北道永川慶州間에 三月二十四日에 日人이 軍用電話를 架設ᄒᆞ얏더라

●爲收公納 前稅務官김貴鉉氏가 咸興稅務官在任時未納條가 六七千圜에 至홈으로 免官이 된지라 尙今收納치 못ᄒᆞᆫ 故로 公納을 收捧ᄒᆞ기 爲ᄒᆞ야 財務官을 還任ᄒᆞ기로 度支部에서 特히 免戒叙任ᄒᆞᆫ다더라

●選派학生 農商工部所管水原農林학校卒業生으로 技手를 叙任ᄒᆞ야 各道方農林模範場으로 派送ᄒᆞᆫ다더라

●移費支出 咸興北門內普通학校移轉費一千圜을 度支部에서 支撥ᄒᆞ얏다더라

●五部淸潔 警視廳에서 五部에 大淸潔를 來月一日爲始ᄒᆞ야 拾日사이에 設行ᄒᆞᆫ다더라

●罪案蕩滌 閔泳徽 閔徵植 閔泳世 良申 致雲 李鍾 趙東顯 鴻鎭 閔浩善 張浩翼 趙準 許 李周會 慶楷 徐宗厦 尹 재時 明 尹연 尹 閔 尹 尙 沈 續新 리上源 東鼎 錢 李 錫 尹元衡氏等三十九人을 法部에서 上奏ᄒᆞ야 罪案에 蕩滌ᄒᆞ얏더라

●金少義豕 再昨日에 近衛步兵大隊上等兵丁某氏가 本社에 來到ᄒᆞ야 時局事에 對ᄒᆞ야 慷慨히 言論ᄒᆞ다가 以拳打地ᄒᆞ며 雙淚를 懸灑ᄒᆞ고 本社에 金二十五전을 義捐ᄒᆞ며 日此金이 雖少나 一時滯筆之費에 充ᄒᆞ라ᄒᆞ고 感謝之意를 深表ᄒᆞ더라

●會長避嫌 大同會에서 總會長을 韓圭설氏로 投票推薦ᄒᆞ얏더니 該氏가 李根澔氏의 親戚이라 李根澔氏가 初次에 總會장을 辭免ᄒᆞᆫ 故로 韓圭설氏가 至此致嫌ᄒᆞ야 總會長을 亦爲辭免ᄒᆞ얏다더라

●醫部試取 私立醫學校生徒中으로 昨日內部에서 地方警部拾人을 試取ᄒᆞ얏다더라

●靑會歡迎 米國大統領候補로 選坐된 ᄯᅩ슈아 레버링氏가 今日午後八時頃에 京城에 到着ᄒᆞᆫ다ᄂᆞᆫᄃᆡ 靑年會一般會員이 西大門外停車場에 出往迎接ᄒᆞᆫ다더라

●韓巡流毒 淸州烏致院停車場에서 韓巡査가 稱以搜捉義兵ᄒᆞ고 無辜良民을 捉囚ᄒᆞ야 納賂則放送ᄒᆞ고 若不然則 幾日囹圄에 囚ᄒᆞ얏다가 曖昧히 被害ᄒᆞᆫ 者도 有ᄒᆞ미 無辜良民의 怨聲이 載路라고 納來人의 傳說이 有ᄒᆞ더라

●稅主被害 高陽稅務主事徐相達시ᄂᆞᆫ 義兵에게 被害ᄒᆞ얏다ᄂᆞᆫ 說이 浪藉ᄒᆞ더라

●沈家渡滬 前侍從沈遷澤氏가 現今上海等地에 留連ᄒᆞ더니 該씨가 自己의 第宅을 擧賣ᄒᆞ되 家舍를 買渡ᄒᆞ고 該地로 率眷入來ᄒᆞ라ᄒᆞ얏다더라

●楊州匪魁 警視廳警部三人과 巡査二十餘名이 楊州等地에 出張ᄒᆞ야 匪魁李麟榮씨 部下七拾名과 佛岩寺附近地에서 接戰ᄒᆞ야 朴泳恩以下六名을 砲殺ᄒᆞ얏다더라

●鳳陽幸免 高原郡에 人의 所傳을 據ᄒᆞᆫ즉 陰曆本月拾三日에 該郡境內에서 日兵과 義兵이 交戰ᄒᆞᆫᄂᆞᆫᄃᆡ 該郡守가 冒險出往ᄒᆞ야 極力撫磨ᄒᆞ야 幸無殺傷之弊ᄒᆞ고 義兵은 卽爲散去ᄒᆞ얏다더라

●典舖賊警 再昨夜南門內陽洞等地典舖洪씨家에 賊漢이 突入ᄒᆞ야 物件數千圜價値를 奪去ᄒᆞ얏다더라

●李家賊警 三昨日下午十時에 中部瑞麟坊李基昌시家에 賊漢二名이 突入ᄒᆞ야 銅貨百餘元을 奪去ᄒᆞ얏다더라

●열々之冈 私立敎明義塾을 維持ᄒᆞᆯ 方針에 對ᄒᆞ야 리載克李址鎔李秉鎔氏等이 明月館에서 同爛議ᄒᆞ얏다고 各報館에 揭佈ᄒᆞ얏거니와 該塾에서 經費가 窘絀ᄒᆞ야 학徒가 三日間을 上學치 못홈으로 李秉鎔氏에게 捐助ᄒᆞᆷ을 請ᄒᆞ야 二拾圜을 出給ᄒᆞ며 日余의게 任置錢이 有ᄒᆞ나라ᄒᆞ더라니 位在 皇族ᄒᆞ야 鄙吝홈을 笑ᄒᆞᆫ다더라

●晩成漸就 寧峰郡邑에 鳳陽氏가 靑年子弟를 敎育ᄒᆞ기로 私立晩成학校를 設立ᄒᆞ고 학員을 募集ᄒᆞ얏ᄂᆞᆫᄃᆡ 方今入학ᄒᆞᆫ 학員이 五十餘名에 達ᄒᆞ엿다더라

●敎塾休학 敎明義塾에서 經費가 窘絀ᄒᆞ야 昨日부터 三日을 休학ᄒᆞ얏다더라

●培雄新設 礪山郡守範緒氏가 培雄小학校를 設立ᄒᆞ고 학徒를 募集ᄒᆞ야 熱心敎授ᄒᆞᆫ다더라

地方消息

▲鎭安來信을 據ᄒᆞᆫ즉 巡檢의 虐政이 去々益甚ᄒᆞ야 百姓의게 討索을 計策ᄒᆞ다가 若不聽從ᄒᆞ면 義兵干連이니 火賊의 餘黨이니ᄒᆞ야 名目拓內에 計策이 難救ᄒᆞ며 一邊으ᄂᆞᆫ 自衛團事務所라 稱ᄒᆞ고 各面에 米一石式 收斂ᄒᆞ며 人民을 捉來調査ᄒᆞᆫ다ᄒᆞ고 村閭에 橫行ᄒᆞ며 酒草鞋代錢을 討索ᄒᆞ며 該郡守到任後에 歡迎會라 稱ᄒᆞ고 書記가 各面에 私通ᄒᆞ야 鷄拾首와 鷄卵百介及白米七升과 自衛團장을 請求ᄒᆞᄂᆞᆫ 路費五兩式 收斂ᄒᆞ미 民難支保라ᄒᆞ고

▲陰城守備隊兵十一名과 通詞一名이 三月四日에 淸安郡四面에 來到ᄒᆞ야 搜探男女老少를 結縛ᄒᆞ야 洞口에 列坐식힌 後에 男子와 年老ᄒᆞᆫ 女人과 小兒等은 還送하고 年少ᄒᆞᆫ 婦女와 處子ᄂᆞᆫ 滿十로 執去하야 無數劫奸ᄒᆞ고 二日을 留宿ᄒᆞ다가 離발ᄒᆞ얏스며 日兵中에 此等惡物이 槐山淸安陰城等地村落에 橫行ᄒᆞ며 年少ᄒᆞᆫ 婦女를 劫奸ᄒᆞᄂᆞᆫ 때 或有智覺ᄒᆞᆫ 女人은 期於히 逢辱치 아니ᄒᆞ랴고 弊衣를 着ᄒᆞ고 똥걸네를 頭上에 戴ᄒᆞ고 吟病ᄒᆞᄂᆞᆫ 貌樣으로 擁爐以坐ᄒᆞ야 灰塵을 手與面에 塗着ᄒᆞ매 日兵이 來見ᄒᆞ고 날분거시라ᄒᆞ며 以足蹴之ᄒᆞ며 或畏病以避之ᄒᆞᆫ다ᄒᆞ고

▲本月拾五日午後三時에 義兵約四拾名이 鎭山郡附近에서 江景浦守備隊와 交戰ᄒᆞ얏다ᄒᆞ고

▲本月十七日海州西北方約五里에서 義徒二百拾餘名과 日守備隊와 交戰ᄒᆞ얏다ᄒᆞ고

▲本月廿三日黃海道溫井院後里에서 約一百名의 義兵이 日兵守備隊와 互相衝突ᄒᆞ얏다ᄒᆞ고

▲本月廿一日午前九時三拾分에 楚州西南方約四里에셔 四拾餘名義兵과 日討伐隊와 交戰ᄒᆞ얏다ᄒᆞ고

▲本月廿六日光州郡附近에서 義兵四五十名과 日巡査等과 互相突擊ᄒᆞ야 一二人의 死傷이 有ᄒᆞ얏다더라

●斜陽悲歌

大明山人

▲可憐ᄒᆞᆫ 歌ᄒᆞ니 歌也有恩ᄒᆞ도다 言念時局ᄒᆞ니 悲淚縱橫이라 曲不成調ᄒᆞ고 歌不成韻이로다

▲名山大川도 라ᄃᆞ니 東方始祖 檀君ᄭᅴ셔 樹下에 誕降ᄒᆞ신 妙香山 三韓古刹 外倍의게 讓與ᄒᆞ니 慘慘ᄒᆞ다 이 눈물 ᄲᅮ릴 곳이 젼혀업다

▲혈지마소 혈지마소 漢陽山郭 혈지마소 漢陽王都 排舗ᄒᆞᆯ 제 龍蟠虎踞 五百年에 濟々蹌々 將相이요 鬱々葱々 王氣로다

▲忠臣烈士 어ᄃᆡ가고 外人창鬼 彌滿ᄒᆞ야 漢官威儀 볼슈업고 奸細輩의 政府로다

▲五條約 七條約이 猶爲不足 貪心으로 十三條約 運動ᄒᆞ야 各其地位 鞏固方策은 賣國大臣의 手段이로다

▲北極에 놉흔 魏闕 外人이 把守ᄒᆞ고 內侍니 宮女니 宮禁에 逐出ᄒᆞ니 白首扶國 우ᄂᆞᆫ 소리 行雲이 不流ᄒᆞ고 宮樹가 慘淡이로다

▲萬里海潮 오ᄂᆞᆫ 소리 漢江水가 嗚咽ᄒᆞ고 部下士女 悲歎소리 北岳山이 無色ᄒᆞ다

▲八道강山 둘너보니 義兵日兵 互鬪中에 無處不然 痛哭이라 二千萬口 擧國百姓 漂泊西南 悲傷ᄒᆞ다

▲錦繡江山 三千里에 荒山宛骨 存々ᄒᆞ야 骨만 들어서 못고 魂魄인들 어ᄃᆡ갈고 魂兮魄兮 招々ᄒᆞ니 悠々蒼天아 시ᄂᆞᆫ지

▲東山崩雪 고리 ᄒᆞ여 이 눈물이 절도ᄒᆞᆫ다 生女生男 되고마ᄂᆞᆫ 置身無處 엇지ᄒᆞ나 飛禽走獸 아니어든 巢窟穴은 어ᄃᆡ 잇나 嗚呼마다 아 江山을 部割ᄒᆞ다

▲이ᄯᅢ ᄒᆞᆫ 제어셔 靑年學徒 卒業ᄒᆞᆫ 제 우리 同胞 國權恢復 不遠ᄒᆞ야 春風和氣 되라오면 또 ᄒᆞᆫ 江山 다시 볼 듯

雜報

雲校雲興 雲山郡守桂植씨가境內靑年子弟를敎育하기爲하야郡內私塾은一幷廢止하고公立普通학校에학徒를勸入하야학校가比前擴張되얏는데現今贊官[illegible]事리敏厚씨가每朝躬往하야演說勸奬하며敎育方針을家諭戶說하야該郡人士가將來之望이有하다더라

廣告

前參書馬鉉弼을改以鉉穆으로施行하오니 僉君子照亮하심
大邱西上面達동 馬鉉穆 告白

동서연화방계너계상스동제拾整統時戶천쇼스가권한검실한엿습기로쌔광고하오니今모습득한자는시행홈 천순지 고백

本人에隣居潘振煥이가去乙巳年分에將陽新里面宮坪所在斯字沓五石二斗落文券을持來하야拾萬兩을得債之意로懇請이기에右沓券을典執於該處矣러니當其時振煥이가出販하와于今避身不現中挾雜人鄕邑夏爲名人을付同하야僞造本郡證明하야放賣云하오니內外國人은切勿見欺하옵
西小門外蛤洞 金聖源 告白

潮浦水餘面梅谷所在堅字田一日耕忠州面所在四斗落文券遺失하얏기得休紙施行 閔泳義 告白

[illegible]東面居本宗居宗現[illegible]是鑑類[illegible]동中의게討論[illegible]이五拾三兩이오朱俊謙과小同하야民籍에挾雜하야校擧하기難하기로玆以廣告
宋觀浩 告白

再昨夜長安社의서吳봉한이가巡檢의게捕捉이되얏는대本人파동졍동명이玆에撤布홈 南部石井동[illegible] 告白

西部餘慶坊芳橋四十統四戶瓦家一[illegible]順幾歲의九千兩貫給한文券을서失인바誰某拾得休紙施行 家主金文植 告白

世界三怪物

美國 斯密哥德 原著
韓國 卞榮晩 譯
壹冊 定價 拾貳錢

現世界에三大怪物이發生하야六洲에橫行하며風雲을呼喚하니愚者가此物을遇하면其魂을失하고弱者가此物을遇하면其軀를喪하야此物이過하는데天地가飜覆하고國家가丘墟하야上帝의赤子가生命을莫保라故로是書는特히此三大怪物의眞狀을描寫하야其防禦의妙策과利用의術을一一說明하야世界의生存을要求하는者는不可不一覽할冊子이오니僉君子는續續購覽하시옵

▲大발賣所 中署布屛下廣학書舖 金相萬 平壤鍾路耶蘇敎冊肆 京鄕各有名冊사

本人等이京城孤兒院總代委員으로各郡諸氏의寄附하신金을其間新聞에廣告치못흠은因病하와有故로于今廣告치못하엿스나速히上京하면本院에셔廣告하야諸氏芳名을廣告하겟스오니照亮하시옵
李聖澤等 告白

南大門內太平洞四十四統十戶商業信用을今爲改稱永昌하오니以此知悉홈
京新[illegible]客主[illegible]在淑 告白

本人小室이發狂하야[illegible]勸奮이기論莫不法則以軍刀로亂打故欲爲呼訴則逐出境外故로不勝威脅하야伸寃次로上京하얏사오니僉君子照亮홈
京龍[illegible] 告白

田畓買收廣告

경긔도군포장의셔오산가지수원근처의잇는논과밧흘팔고시분쳠군즈는이집으로차즈오시요
경성더한문압 뒤평동 니정목 이십일번호
中西虎彦 중서호 온

本人에舍兄安玄五兄名은長髮이오年今三十한대昨年分陰六月晦間에大門內에서相別後所在處를未知하오니誰某던지本人에留處龍山鹽客主박興서家로相逐케指示하시면厚謝하게슴
忠州鯉沼居 安장根 在龍山 告白

學員募集廣告

本校에서來四月八九日上午拾時에豫科學員을試選홀터이니志願者는今月三拾一日內로志願書及履歷書를本校로提呈홈
但現官公私立普通학校卒業資格이有혼者를要홈
試驗科目은漢文、算術(整數四則)、國語

官立漢城高等學校

美國桑港共立新報贊成金 續
羅德敦夫人 拾圜
申閏國 五拾錢
申天甚 五拾전
申開燮 拾錢
合拾圓八拾七전五厘 未完

本人이親喪을遭하야歸國하엿더니今次渡來하야店務를擴張하고新輸入한各色春夏服과各種帽子와禮服式와其他諸般附屬品이具備하야特別廉價로販賣하오니僉位大人은如前光臨하심을敬要
貞洞入漢門前祥興號主人 告白

本所에서東部梨峴白十一統四戶에競賣場을設하고每個月五日十五日廿五日公拍을設하오니內外國僉彦은照亮하시옵
東部梨峴 共泰昌競賣所 告白

教科書類 小說書類 法政書類 文藝書類

本書館은一層擴張하고各種書籍과學校用品을具備發賣하오니有志僉彦은陸續購覽하심을敬要

安州城內大街「큰거리」 知新書舘 金溶植

冊價는京城各冊사와同홈

韓美電氣會社 告白

割引券을發行하야四月一日부터鍾路本社及龍山停車場에셔賣下홈
割引券은每券에六拾枚로編成하고代價는貳圓八拾五錢으로收入하온데區域에셔一枚式賃金으로使用홈
龍山線 區域은四月一日부터남大門外停車場前으로改正홈
電車發着時間은四月一日부터改定하야夏期時間表를依行홈

共立新報

共立新報는美洲에留하는我國同胞가開明하기를爲하야深厚한熱誠으로祖國을爲하야每週日一次式刊行하는新報인대世界形勢도詳揭하며내國情况도昭載하야愛國心이有한同胞는不可不購覽할新報이며又是純國文으로발行하야婦人孺子라도一覽可瞭할지오니嗟我一般同胞가我留外同胞의殊邦風霜에勞心勞力하는誠意를[illegible]閱하리잇가特히僉君子의購覽을紹介하기爲하야該新報價及發賣所를左에廣告하옴

定價 每號 五錢 六朔 壹圓五拾錢 壹年 貳圓拾五錢

代表 發賣所
京城廣학서舖 金相萬
博문서舘 盧益亨
開城남門내興학서舖 梁助遠
平山郡古之面紙남峴 金錫[illegible]
長湍邑내夜里 문석관
平壤上口水外 李利[illegible]
鎭남浦[illegible]井동 梁禎涉
安州城내[illegible]村동 金[illegible]河
宣川邑 川邊 梁奎명
[illegible]川내山面무山里 李景[illegible]
義州南門外大東藥房 白用錫
金海台也面智士동 裵永會
釜山港 草梁 尹[illegible]
大邱東上面[illegible]동 [illegible]一弘
咸興西門밧 朱[illegible]欽
俄領 海蔘威 [illegible]東학校

共立新報社 總代人 安[illegible]浩 告白

西部龍山坊孔德里六拾六統四戶草三拾五間[illegible]家舍를特別廉價放賣홀터이오니願買하시는僉位는[illegible]部於義동二層下二十四統七戶[illegible]社[illegible]來議하옵
[illegible]云[illegible] 告白

新撰理化學

許[illegible]東氏著
全一冊定價金三拾錢

一 本書의目的은小學校의敎科書가되기爲하야編輯홈이라
一 理化學解說에簡明을務하야讀者의理解홈을便易케홈이라
一 理化學用語와物質의名稱은近時代[illegible]譯의最著[illegible]를採用하엿스며
一 本書는理化學諸家의學說을最簡易한者를採하야十五章으로編하야學徒로하야곰二個年에暢讀케홈이니陸續購覽하시옵

발賣所 布屛下金相萬廣학書舖 京城中央書舘 平壤鍾路耶蘇敎冊肆 法律大同書觀

大韓文典

學部[illegible]社 校閱 [illegible]光玉 述

此文典은國語의話法과讀法과作文法을一定한規模로能成케혼것이니學徒의讀本이라高等小學校中一班에所用할만하오니僉君子는速速購覽하심을敬要

發賣所 平壤 大同書觀 京城 [illegible]新학校 安岳 [illegible]書舖

特別廣告

本社에서名紙印刷를另設하고各樣活字와彫刻을深選하오되精美하고價廉하오니[illegible]夫人외[illegible]一層[illegible]하시옵
大韓每日申報社 告白

今現[illegible]各項[illegible]一層[illegible]樣외[illegible]하오며[illegible]小[illegible]齒床[illegible]技方[illegible]上[illegible]料[illegible]照亮[illegible]希望홈
京[illegible]門內[illegible]藥人[illegible]家 [illegible]科醫士 [illegible] 告白

慶尙北道 大邱東上[illegible]
新[illegible]大學[illegible]書를[illegible]購求하오니願賣하시는僉君子는速速來覽하심을希望홈
[illegible]堂 [illegible]書舖 告白

▲新刊[illegible]廣告
[illegible]大[illegible] 二拾五錢
大韓法規類[illegible] 二[illegible]
[illegible] 三[illegible]五拾錢
[illegible]衛生學敎科書 拾五錢
[illegible]家[illegible] 拾五錢
[illegible]民[illegible]知 八錢
[illegible]國[illegible]入[illegible]十五錢
發賣所 [illegible]布屛下 金相萬書舖

[illegible]
[illegible]店[illegible]門內[illegible]十一[illegible]

◉報償義捐金收入廣告

◉廣州西面寺동 韓용珖 李和律 리圭燮 / 리圭根 孫仁甲 리지根 / 리圭燦 申致百 최炳林 / 김容珖 리圭檀 各六拾錢 / 리根詔 김達坤 더漢文 / 김益贊 리諡相 리榮俊 / 리日遠 리淳遠 리相遠 / 리慵東 申致千 各四拾젼 / 孔李祥 徐相遠 각二十젼 / 合十一圜四拾젼

◉江서面楊月里 김得哲 二拾圜 리圭洞二圜 / 리圭冊 리耆榮 리인久 / 리錫榮 리종贊 리종樂 / 張斗滿 申錫浩 孫時寅 / 리錫光 각一圜 / 鄭晋倫 김顯順 김顯浩 / 김顯文 김石洗 兪末宗 / 리周榮 김允寬 김達祚 / 박雲宗 최錫鳳 김炳根 / 최逸伊 리圭昳 崔鳳基 / 정宗海 김又寬 리瀚久 / 박桂年 김石根 리종喆 / 리圭亭 리彩光 鄭益晉

김衛俊 郭式臨 리圭成 / 리기榮 리鼎榮 孫世應 / 각六拾젼 / 鄭炳鎬 孫錫斗 / 리哲得 孫永久 김順禮 / 리종寅 리종燮 리以六 / 리復榮 박致謙 趙以得 / 리在光 김西伊 김默漢 / 朴漢裕 權惠國 權宜鎭 / 김奇仲 郭定鎬 리우榮 / 各四十錢 리相榮 八十錢 / 리종由 韓允宗 徐丹根 / 김榮寬 김敬丸 황述榮 / 리圭範 리大榮 리範伊 / 리耆榮 리明榮 리能炳 / 郭京鎬 許根伊 김有範 / 리圭珍 리종實 김爵文 / 리진久 리末谷 리容大 / 리道欽 김載欽 리花榮 / 김西嗣 趙方右 吳順日 / 리錫鳳 박大安 김東春 / 김聖哲 朴守根 洪致文 / 兪德秀 리文圭 咸大鼎 / 黃俊五 김龍萬 朴丹悅 / 芮有鳳 각二拾錢 / 合六十六圜八十錢 / 總合七拾八圜二拾錢 / 前領合五萬九千六百八十八圜三十四錢二厘 / 都總合五萬九千七百六十六圜五十四錢二厘

◉本社廣告

○申報價

一張代金 新貨二錢五厘 / 一個月前納 三十錢 / 三個月 九十錢 / 六個月 一圜七十錢 / 一個年 三圜四十錢

郵稅一張 新貨五厘 / 一個月 十三錢

發行兼編輯人 英國人 裴說

發行所 漢城南署石井洞外灘三戶第八號家

大韓每日申報社

第六卷

大韓每日申報

第七百六十七號

月曜及慶節翌日休刊

檀君開國四千二百四十一年
箕子元年三千三十年
大韓開國五百十七年
日本明治四十一年
清國光緒三十四年
陰曆戊申二月小廿七日癸未

論說

●機會ᄂ不可坐待

英雄이機會를造ᄒ고機會가英雄을産ᄒ나니英雄과機會ᄂ互相待하며互相爲用ᄒᄂ바로다手腕을揮ᄒ야風雲을叱咤ᄒ고一世를牢籠ᄒ야巨敵을摧ᄒ고亡國도興케ᄒ이是日英雄이라然이나敵이可摧ᄒ機가有ᄒ으로摧ᄒ얏스며國이可興ᄒ機가有ᄒ으로興케ᄒ이니此로觀ᄒ면英雄은機會의產ᄒ비라ᄒ지며一戰의成功이一日의僥倖數가아니라莫不其幾千日膽力을費ᄒ며幾萬斛血汗을擲ᄒ야越王句踐의二拾年生聚敎訓으로會稽之恥를快雪ᄒ日이始有ᄒ얏스니此로觀ᄒ면機會ᄂ英雄의造ᄒ바라ᄒ지로다英雄과機會의關係가如是而巳어ᄂ

嗚乎라記者가韓國의雄世觀ᄒ건ᄃ往々機會를坐待ᄒ다가平生을自誤ᄒᄂ대姜邯贊의頭上에御賜花를揷ᄒ時가貴果又ᄎ自落來ᄒ리라ᄒ며諸葛亮의劉先生際遇ᄒ日이片雲又ᄎ自相値ᄒ리라ᄒ야時來風送滕王閣一句만諷ᄒ고英雄의機會遭遇ᄒ이高歎老生員의叅奉一窠를僥倖ᄒ으ᄂ迷信ᄒ야明廟朝에權稱ᄒ던尹元衡이吏曹에入ᄒ야貴駭ᄒ시書吏가熱辯을擬ᄒ거ᄂ尹元衡이謀를答曰고치라ᄒ거날書吏가再問은不敢ᄒ야高致二字를塡書ᄒ고其人을廣求ᄒ는대南門一客主에서來留ᄒ는鄕客姓名高致者가出膺ᄒ니라

機會만至ᄒ면巾力士가我를必救ᄒ리라機會만至ᄒ면白馬將軍은我를必應ᄒ리라機會만至ᄒ면統監府가自撤去ᄒ리라機會만至ᄒ면日本艦隊가自破碎ᄒ리라機會만至ᄒ면西洋諸國이皆來朝ᄒ리라ᄒ야時危도不憂ᄒ며國亡도不悲ᄒ고황言大談으로人民을迷惑케ᄒᄂ자道深山窮谷에充滿ᄒ者ㅣ太半此等愚英雄이오

時宜를稍解ᄒ고聞見이稍多ᄒ者도英雄되ᄂ眞訣을未得ᄒ야常日瑪志尼가엇지別人인가不過是演壇報館에辯舌生涯로彷徨ᄒ다가忽然革命의怪運이天來ᄒ야巨偉人瑪志尼가되얏다ᄒ며俾斯麥이엇지別人인가不過是微官下僚로優遊ᄒ다가忽然外交界의活劇이呈現ᄒ야鐵血宰相俾斯麥이되얏다ᄒ며拿破侖의拿破侖됨도時也라渠의力으로ᄂ拿破侖됨도勢也라渠의才ᄂ華盛頓됨이아니라ᄒ며華盛頓의華盛頓됨이아니라ᄒ야其思想이如此ᄒ며其識見이如此ᄒ故로終日飮酒ᄒ다가셔突然驚天動地의大功名ᄒ기를希望ᄒ며終年高枕優悠ᄒ면셔卒然移山轉海의大事業ᄒ기를期待ᄒ니社會上許多人物이太半頑英雄이니

嗚乎라三千里華麗江山에至出ᄒᄂ英웅이必衆ᄒ런만오若是此等愚英웅頑英웅의誤ᄒ비되야一個英웅이無ᄒ도다

請컨대正言으로告ᄒ야曰機會者ᄂ英웅이自造ᄒ며英웅이自擾하나니膽을鍊ᄒ야其險을能蹈하며志를勵ᄒ야其難을能耐ᄒ며知識을先하야其來를豫察ᄒ며能力을蓄ᄒ야其逝를勿縱ᄒ라.

不然ᄒ고서漢武帝가神仙을待ᄒ듯시深宮靜處以求空山荒草에姓名이共히歸ᄒ나니라

外報

●清國匪擾 天津電을據ᄒ즉直隸省新平縣의匪徒가猖獗ᄒ故로楊總督이正定總兵官徐邦傑에게訓令ᄒ고急速히派兵ᄒ야匪徒를鎭壓ᄒ라ᄒ얏다더라

●日本物品排斥 香港電을據ᄒ즉清國人이日本物品을排斥ᄒᄂ運動이漸次尤甚ᄒ야疑惧인디清人이街路에揭示ᄒ바를據ᄒ즉日本人은野蠻이라清國政府를欺瞞ᄒ며清國民을親愛치아니ᄒ니日本物品이不出數年에清國內地에서絶種되리라ᄒ얏더라

●拓殖會案可決 日本서東洋拓殖會社法案이議會에셔提出됨은已爲歷報ᄒ얏거니와現今國庫財政이窘拙ᄒ時를當ᄒ야國家에서每年數千萬元式補給ᄒ必要가無ᄒ다ᄒ야異論이多ᄒ다더니本月二十四日에衆議院에서該案이可決되얏다더라

●清國의對露計劃 露都에서報ᄒ바를據ᄒ즉清國은新히松花江과黑龍江에合ᄒ江口에防備ᄒᄂ市街를建造ᄒ야哈爾賓과海蔘威의經濟上에妨害를興ᄒ기로計劃ᄒ다더라

●日品排斥激烈 香港電을據ᄒ즉廣東에서日本商品排斥의熱이極度에至ᄒ고煽動이激烈ᄒ야本月二十四日朝香港에서도某清人이日品排斥의貼紙로罰을受ᄒ지라日本의商產을非常히打毀을被ᄒ얏다더라

●英國의土地購入 英國政府ᄂ埠頭及兵營을建築ᄒ기爲ᄒ야威海衛附近의土地百八拾區를購入ᄒ얏다더라

雜報

●家族學會 十三道碧珍李氏가時勢를燭察하고敎睦을爲主ᄒ야家族學會를設立ᄒ고各隨其力ᄒ야壤聚資金ᄒᄂ대爭先義捐ᄒ다더라

●玄氏寄附 玄采氏가三湖普成學校에幼年必讀上下二十秩同釋義一秩을寄附ᄒ얏다더라

●太田興校 太田居有志紳士前主事任憲淳씨와敎員李唐浩兩氏ᄂ敎育에注意ᄒ더니時局의變遷과敎育의急先務됨을覺知ᄒ고各其資本金을捐出ᄒ야普通學校를設立ᄒᄂ대校舍ᄂ太田附近大東里宋憲範家八十餘間을買ᄒ야一層洋制로改築ᄒ야校務를擴張ᄒᄂ데閔丙義諸氏가捐助贊成하며靑年生徒가勸勉ᄒ며携手入學ᄒᄂ故로前進之望이大有ᄒ다더라

新譯 海外稗談

第一章 俄皇宮中의人鬼　　冬青山人 譯

俄國은以專制로聞于天下者也라君權이無限ᄒ야生殺予奪이一任其手ᄒ니皮相으로만觀之ᄒ면雖球上第一等縱欲家의地位를占有ᄒ者ㅣ非俄皇乎哉아雖然이나六拾年前에康士但丁氏가以太子之身으로棄位而逃하야其弟尼哥拉第一에讓與ᄒ온世人之所共聞也라聞者가皆駭歎曰公安能棄爵無慾이如此며公安能敝屣富貴를如此오ᄒ나其實은不然ᄒ도다好逸惡勞ᄒ며趨安避危ᄂ人之常情이니盖彼於利祿得失에皆不欲熱中ᄒ야不欲耽於名而受實禍者也라實非高尙貞潔而然也러라

有俄國者ᄂ非俄皇也라俄皇은獵犬也而嗾之嗾之者ᄂ別有焉ᄒ며俄皇도亦傀儡也而操縱之者ㅣ別有焉ᄒ니嗾之操之者ᄂ誰也오世族官吏之中에一種不可思議의秘密黨이是也니此黨이全俄를盤踞ᄒ야勢燄이滔天ᄒ고勢力이無上ᄒ니觸之者ᄂ碎ᄒ고逆之者ᄂ死ᄂ니歷代俄皇의被刺者ㅣ相望ᄒ야爲此黨에劫이如豕在牢ᄒ니嗚呼悲哉라不知者ᄂ以爲ᄒ대亦是俄皇의所爲라ᄒ나其實은不然이오親臣大臣의手에出ᄒᄂ者가九多ᄒ니彼日々操俄皇ᄒ며日々拜俄皇ᄒ야皇權의神聖無上之說을主張ᄒᄂ者가卽是俄皇을拘幽ᄒᄂ獄吏也오俄皇을殺害ᄒᄂ凶手也러라讀者諸君아者余가所見을講述ᄒ노라

西曆一千八百九十二年十月에俄前皇亞歷山大第三의崩殂之報가列國에達ᄒ매各報館이皆其筆을抽ᄒ야其事를記ᄒ고旣而오新君이卽位ᄒ야冬宮에移住ᄒ신대天下가新政을想望ᄒ고其國의新黨은更喜曰今皇帝가儲位에在ᄒ셔서自由에是崇ᄒ고專制政策을不喜ᄒ셧스니卽位之後에必也自由憲法을頒布ᄒ야足케ᄒ리라ᄒ야卽將改黨派의誘藏黨도知此히信望ᄒ야鋒銳ᄃ智藏ᄒᄂ故로今皇의卽位初年에俄國政界가最稱淨靜이라雖然이나俄廷은奇聞怪說의淵藪也라政府波瀾이無時不息이오人心猜懼ᄂ從古如斯ᄒ며今又一種不可思議의怪說이俄廷宮中에出ᄒ도다其說은維何오冬宮에有鬼也오其鬼ᄂ維誰오先帝亞歷山大第三也라俄國皇族의手段이能ᄒ足捷ᄒ고酷ᄒ기로天下에第一有名이라政府之忌만ᄒ觸ᄒᄂ者有ᄒ면而但利ᄂ치水火爲祭이卽其部ᄒ之地ᄂ國人이誰不慨歎ᄒ야故로怪說之起也에密探家가莫不驚異ᄒ야其說의所由來ᄂ莫ᄂ知ᄒ되或日官吏閣도又噤口結舌에莫敢傳說ᄒ야俄國新聞記者도戒戒不言ᄒ니外國探報者가更何處得聞이리오故로能知其眞狀者가列國中에殆無一人인대知之者ᄂ余一人이在ᄒ토다

讀者ᄂ勿謂余好奇也ᄂ라余가其時에此事ᄂ外交上利害에相關이有ᄒ가盛ᄒ야其眞相을得ᄒ러ᄒ더니幸也天假以緣ᄒ사余가適其時俄京彼得堡에留住ᄒ니라余此時에駐俄公使之臣이貶謫ᄒ고何以仍住오鬧友의挽執으로未能遽歸ᄒ故라

余가公使로在任時에一知己가有ᄒ니尼士智俊公爵의夫人也ᄂ夫人의子ᄂ波里斯ᄀ皇帝의近侍로冬宮에서服職ᄒ더니冬宮有鬼之說이正熾ᄒ던其時에夫人이招余飮酒ᄒ야正在談話中인대波里斯가突然入門ᄒ며遽然曰母親母親昨夜에鬼를目睹ᄒ노이다夫人이叱曰其客이在此ᄒ시니不得無禮니라波里斯가擬色이赧然ᄒ면서向余施禮ᄒᄂ지라余가昔日에彼를初見ᄒ時에彼가正在襁褓中이라親余猶父러니今已雖々一英少年來러라　（未完）

雜報

●動駕停止 太皇帝陛下께옵서ᄂᆞᆫ 玉體靡寧ᄒᆞ심으로昨日園遊會에不爲 動駕ᄒᆞ옵셧다더라

●御苑園遊 昨日園遊會ᄂᆞᆫ舊式으로設行ᄒᆞ얏ᄂᆞᆫ대 大皇帝陛下께옵서 動駕ᄒᆞ실時에馬車ᄅᆞᆯ廢止ᄒᆞ고 玉輦을 御乘ᄒᆞ옵시고諸般音樂과各色飮食은宮內府料理로만設行ᄒᆞ얏다더라

●園号崇封 大院王 墓所ᄅᆞᆯ園所로崇封ᄒᆞᆫ다ᄂᆞᆫ說은已揭어니와 園號ᄅᆞᆯ 大德園이라ᄒᆞ고園官은守奉官二窠ᄅᆞᆯ置ᄒᆞ기로酌定ᄒᆞ얏ᄂᆞᆫ대陵守奉官은宗班리氏로만敍任ᄒᆞᆫ다더라

●兩氏輪直 太皇帝陛下께옵서 玉體靡寧ᄒᆞ옵신故로承寧府總管趙民熙씨와侍從장김春熙兩氏가 德壽宮에輪直ᄒᆞᆫ다더라

●醫士進詣 大韓醫士一人과看護婦一人이再昨日에 德壽宮에進詣ᄒᆞ야診察ᄒᆞ얏다더라

●醫士渡航 太皇帝陛下께서 玉度靡寧ᄒᆞ옵심을曾禰副統監이伊藤統監에게電報ᄒᆞ얏ᄂᆞᆫ대伊藤統監이 太皇帝陛下의患候ᄅᆞᆯ治療ᄒᆞ기爲ᄒᆞ야年前에리鴻章氏가中丸時看病ᄒᆞ든大醫院長某氏ᄅᆞᆯ命送ᄒᆞᆫᄂᆞᆫ대日間入京ᄒᆞᆫ다더라

●御射花堂 太皇帝陛下께옵서도暎花堂에서 御射ᄒᆞ시려고日昨에貫革二介ᄅᆞᆯ造成ᄒᆞ얏다더라

●下賜勳章 關稅局囑托英國人푸어퀴氏ᄂᆞᆫ效勞ᄒᆞᆷ이多大ᄒᆞ다ᄒᆞ야勳三等太極章을下 賜하옵셧다더라

●宗族問安 完興君리載冕永宣君리俊鎔宗順君리載完三씨가리達鎔씨ᄅᆞᆯ帶同ᄒᆞ고昨日上午十一時에 德壽宮에齊進ᄒᆞ야 太皇帝陛下씌 問安ᄒᆞ얏다더라

●偶將粧立 昨日園遊會에玩覽ᄒᆞ기爲ᄒᆞ야 昌德宮內宙合樓上層에俱甲冑ᄒᆞᆫ假面粧身ᄒᆞᆫ九箇偶人ᄋᆞᆯ造立ᄒᆞ얏더라

●馬車不借 動駕時에馬車가不足ᄒᆞ야番番히 動駕時에馬車二座ᄅᆞᆯ統監府에借用ᄒᆞ더니三昨日 動駕時에도統監府馬車ᄅᆞᆯ借用ᄒᆞ려ᄒᆞᆫ즉統府에셔借與치아니ᄒᆞ야禮式官及掌禮와侍從副卿은隨駕치못ᄒᆞ얏다더라

●事關犯諱 昨年에日本皇太子渡韓時에賜金八千圓으로官公立학校職員與학徒에게給與ᄒᆞᆫ紀念章을自日本으로製來頒給ᄒᆞᆫ다ᄂᆞᆫ事ᄂᆞᆫ前報에已揭어니와該紀念章을日昨에製來ᄒᆞ얏ᄂᆞᆫ데隆熙之熙ᄅᆞᆯ 太皇帝御諱字와同樣雕刻ᄒᆞ얏스니학務大臣리載崑氏ᄂᆞᆫ 御諱도不議이라고輿論이藉々ᄒᆞ더라

●訪問副統 總理大臣李完用氏ᄂᆞᆫ何事件을因ᄒᆞᆷ인지不知ᄒᆞ거니와再昨日上午十二時에曾禰副統監을訪問ᄒᆞ고幾時間을談話ᄒᆞᆫ後下午二時에回還ᄒᆞ얏다더라

●尹議協議 中樞院贊議尹吉炳氏가六條件을獻議ᄒᆞ얏다ᄒᆞᆷ은已報ᄒᆞ얏거니와軍國機務件이라ᄒᆞ야昨月晦日에該院議장以下顧問諸氏가會同ᄒᆞ야爛商協議ᄒᆞ얏다더라

●[illegible] 宮內府大臣리允用씨ᄂᆞᆫ其別室[illegible]의所謂이면[illegible]信用ᄒᆞᆫ다故로[illegible]宮大라ᄂᆞᆫ悲說이喧藉ᄒᆞ더라

●移植日果 昌德宮內의植物園建築工役이竣工됨은已爲揭報어니와該園에諸般種植ᄒᆞᆯ果木은日本셔輸來培植ᄒᆞᆫ다더라

●衣制烟議 國民禮服制定事件에對ᄒᆞ야각社會紳士들이本日에前齋進宮內로會集ᄒᆞ야禮服制度ᄅᆞᆯ爛商協議ᄒᆞᆫ다더라

●總裁自願 리址鎔씨가一進會總務員尹定植氏의紹介로該會에日間入會ᄒᆞᆫ다ᄂᆞᆫ대該會總裁되기ᄅᆞᆯ自願ᄒᆞᆫ다더라

●沈氏趨勢 內藏院課長沈宜碩氏가辭職疏ᄅᆞᆯ呈ᄒᆞᆫ다ᄂᆞᆫ說은前報에已揭어니와該院에仕進치아니ᄒᆞ고總相리完用氏에家役을看檢ᄒᆞᆫ다더라

●度次歸任 度支次官荒井賢太郎氏ᄂᆞᆫ今二十八日에東京을出발ᄒᆞ야歸任의途에就ᄒᆞ얏다더라

●一長請邀 中樞院顧問官리址鎔氏가再昨日龍山江亭에서有何緊議事이던지一進會長리容九씨ᄅᆞᆯ請邀하얏다더라

●印費支出 法官養成所本年度에敎科書印刷費一千三拾圓을支出ᄒᆞ얏다더라

●補償並請撥 礦業權者의損害補償金一萬圓을支出ᄒᆞ라고農商工部에서度支部에請照ᄒᆞ얏다더라

●英師渡淸 英語학校敎師夫岩敎씨가何事件을因ᄒᆞᆷ인지將次請願辭免하고上海等地로渡去ᄒᆞᆫ다더라

●학費支撥 日本留학生費ᄂᆞᆫ本年度四月분부터六月까지六千四百二十五圓을支撥送致ᄒᆞ얏다더라

●江守招上 江華郡守[illegible]郡守高靑[illegible]郡[illegible]傳習所를設施ᄒᆞ고[illegible]股金을勒捧ᄒᆞ며自衛團費라ᄒᆞ고穀을排斂ᄒᆞ며[illegible]故로捉因ᄒᆞ며面長을私罪하야市上衆人所觀에打臀ᄒᆞ며各樣虐民ᄒᆞᄂᆞᆫ事를臚列ᄒᆞ야京畿觀察使에게呼訴ᄒᆞ미該觀察道에서刷위ᄒᆞ되捉因ᄒᆞᆫ面長은到即放送ᄒᆞ고該郡守ᄂᆞᆫ審査次로本道로上來ᄒᆞ라ᄒᆞ얏다더라

●惡習現露 殷栗郡南面居鄭桑奉春氏ᄂᆞᆫ元來謹飭守措ᄒᆞ더니昨年十二月末에該郡駐在守備隊의通譯人金秀敎가與同郡文昌鎬韓宪達輩로奪財之計ᄅᆞᆯ釀出ᄒᆞ야無辜ᄒᆞᆫ同氏ᄅᆞᆯ稱以義兵干連으로入㞾于憲兵所라ᄒᆞ고幾次推責ᄒᆞ야暗圖奪財라가蹤跡이現綻ᄒᆞ야今方金文鎬三人이即爲逃躲ᄒᆞ미自意所로方在捕捉中이라더라

●研究會請認 南北村大官들과城內有名ᄒᆞᆫ實業家諸시가經濟研究會ᄅᆞᆯ組織ᄒᆞ기로前檢事김正穆시家에臨時事務所ᄅᆞᆯ定ᄒᆞ고발起人五拾餘人이再昨日內部에請願ᄒᆞ얏다더라

●輪卿會長 大同會에서會長을前判書김宗漢씨로推薦ᄒᆞ고總代三人을派送ᄒᆞ야會長出席ᄒᆞ기ᄅᆞᆯ說明ᄒᆞ얏다더라

●校基觀察 泥峴日本人居留民役所에서高等女학校ᄅᆞᆯ設立ᄒᆞ라고該役所員人二名이昨日午後三時에西大門外에出ᄒᆞ야校基ᄅᆞᆯ視察ᄒᆞ얏다더라

●洪氏保放 監獄署에滯因ᄒᆞᆫ洪在瓚씨ᄂᆞᆫ昨日에保放이되얏다더라

●被捉 前侍讀[illegible]佑씨의被捉保放ᄒᆞᆫ事ᄂᆞᆫ各報에揭載ᄒᆞ얏거니와該事實을得聞ᄒᆞᆫ즉該氏와前議官李承漢씨와前承旨李香瀷氏와南州居裵信鐵等四人이黃澗居成都煥을誘引ᄒᆞ야逆承漢의家에서花套局을設ᄒᆞ고以栢子爲籌ᄒᆞ야成都煥의所有金額이壹千五百圓에達ᄒᆞᆫ지라[illegible]佑氏ᄂᆞᆫ自稱債主ᄒᆞ고리承漢氏ᄂᆞᆫ自稱居間ᄒᆞ고裵信鐵은自稱保人ᄒᆞ고成都煥을威脅ᄒᆞ야以償出給樣으로手票ᄅᆞᆯ勒捧ᄒᆞ며三百餘斗落畓券을奪取ᄒᆞᆷ이라더라

●靈寺小廢 蔚珍郡佛影寺에셔義兵이留連ᄒᆞᆫ다ᄒᆞ고日兵이乘夜襲擊ᄒᆞ야六、餘名이被害ᄒᆞ얏다ᄂᆞᆫ說이有ᄒᆞ더라

●義砲柴爲 楊州等地에서義兵이柴商馬二匹을幷爲砲殺ᄒᆞ얏다더라

●文家義援 昨日上午二時에北署外郊二牌楊鐵坪文義俊家에義徒五名이來到ᄒᆞ야銃劍을强求ᄒᆞ다가該家에銃劍이無ᄒᆞ미即爲退去ᄒᆞ얏다더라

●남家小火 昨日上午九時에齋洞前判書南廷哲시家舍廊에서失火ᄒᆞ야艸家三間만燒신ᄒᆞ고旋即撲滅ᄒᆞ얏다더라

●金氏熱心 鎭川郡居前主事金孝炳씨ᄂᆞᆫ明達時務ᄒᆞ야建校設학으로熱心注意ᄒᆞ더니昨年秋에以討伐隊通譯으로出此砥平郡ᄒᆞ야與該郡居前主事權寅翊으로校舍ᄅᆞᆯ協同ᄒᆞ며校費ᄅᆞᆯ獨擔ᄒᆞ야該校時에敎科書와諸般物品을一新準備케ᄒᆞ고積立金도五千兩以上에達ᄒᆞ얏다더라

●學徒云退 曾成中학校 一年級生徒들이何事件을因ᄒᆞᆷ인지請願退학ᄒᆞ라ᄒᆞᆫ다ᄂᆞᆫ說이有ᄒᆞ더라

●리氏熱心 明川黃聖晋成學校贊成員리昌鉉시ᄂᆞᆫ該校維持費一切全擔ᄒᆞ고敎育에熱心ᄒᆞᆷ으로一般이稱頌ᄒᆞᆫ다더라

▲地方消息

▲三月拾九日全羅南道綾州郡錦境里에多數義兵이潛伏ᄒᆞᆫ다ᄂᆞᆫ守備隊가探知ᄒᆞ고即時攻擊ᄒᆞ야開始ᄒᆞ야互相接戰ᄒᆞ야[illegible]義兵은谷城方面으로退却ᄒᆞ얏다ᄒᆞ고

▲本月二拾二日午前四時에伊川郡東倉里에서義兵約貳百名과日守備隊가激烈히交戰ᄒᆞ야多少死傷이有ᄒᆞ다ᄒᆞ고

▲本月廿登日에全州郡葛潭西北方에서寡數의義兵과日守備隊와交戰하얏다ᄒᆞ고

▲本月廿二日午前六時에潭陽郡에서義徒約五拾名과日騎兵一部隊와衝突ᄒᆞ얏다ᄒᆞ고

▲本月廿五日忠北永同郡二巨里에서日守備隊ᄂᆞᆫ六拾餘名의義兵을遭遇ᄒᆞ야一場交戰ᄒᆞ얏다ᄒᆞ고

▲本月廿五日海州郡金山面四里村에서義兵約二百名과日守備兵三十名과交戰ᄒᆞ야日兵一名은戰死ᄒᆞ고二名은負傷하얏다더라

東京電報

二拾七日발

●議會閉院式 今日日本議會ᄂᆞᆫ閉院式을擧行ᄒᆞ얏다ᄒᆞ더라

同日발

●電吊遺族 須知分시致斃ᄒᆞᆫ事에對ᄒᆞ야日本政府ᄂᆞᆫ該遺族의게吊慰ᄅᆞᆯ送ᄒᆞ얏다더라

紐育電報

二拾七日발

●小池臨終 須知分시ᄂᆞᆫ二十六日朝에逝逝ᄒᆞ얏ᄂᆞᆫ대銃彈이大腸部ᄅᆞᆯ貫通ᄒᆞ야[illegible]ᄒᆞ얏고小池領事ᄂᆞᆫ臨終時에病床側에在ᄒᆞ얏더라

同日발

●[illegible]歎喜 須知分시의게行凶ᄒᆞᆫ韓人의容體ᄂᆞᆫ良好ᄒᆞ야漸次快愈에向ᄒᆞᆫ대須知分의訃音을聞ᄒᆞ고歡喜ᄒᆞ얏다더라

▲腹空歎▼ 박陽國

▲當時人物閱覽ᄒᆞ니精神魂魄渾失ᄒᆞ고五臟六腑俱空ᄒᆞ야土偶木偶虛影子가腹空歎이절로난다

▲富貴春夢길히든장國家興亡不顧ᄒᆞ고目前榮華貪ᄒᆞ니等飛蛾之撲燈이라賣國奴隸甘作ᄒᆞ야心腸々지다ᄂᆞ니쥬나內閣大臣의腹空症

▲韓國判書놉흔官職一生國恩偏重ᄒᆞ다危急存亡此時局에拔屈之態可觀이라觀望時機斷저ᄒᆞ니허먹을일전혀업ᄂᆞᆫ元老大臣의腹空症

▲生殺餘炭누가아나一時行樂됴흘시고外人上典節制下에措手之道全無로다殺附挪用月給돈은運動費ᄅᆞᆯ어대서찻나觀察郡守의腹空症

▲吟風咏月더風致ᄂᆞᆫ新학問을冷笑ᄒᆞ야世界形局全昧ᄒᆞ고高談峻論ᄒᆞᄂᆞᆫ模樣黑동天에안젓스니知識蒙昧엇지ᄒᆞ나騷人墨客의腹空症

▲良田美土廣置ᄒᆞᆯ제分저粒米吝惜더니四方殺掠忽起ᄒᆞ야秋收穀ᄒᆞ執留ᄒᆞ니浩大費用엇지하나忽然蕩産되얏고나富家翁의腹空症

▲官職屯土에慾나져投入ᄒᆞᆫ지幾年에當初經綸간데업고賣國罪名만들엇고나入會ᄒᆞ얏판이나妻孥兒寒可憐ᄒᆞ다一進會의복空症

▲門戶爭鬪恨ᄒᆞ더니政官時局됴ᄒᆞ자고[illegible]要路撥動ᄒᆞ야某大臣의[illegible]給ᄒᆞ[illegible]成ᄒᆞ니於時局에[illegible]政로官者의복空症

▲秘密[illegible]貪ᄒᆞ니에[illegible]秘機淸[illegible]제[illegible]干連排[illegible]야無事間[illegible]割肉充복헤인대[illegible]臟[illegible]쥬니[illegible]探偵의복空症

社告

本支社를 左開五處에 設置ᄒᆞ고 玆以仰布ᄒᆞ오니 本報愛讀ᄒᆞ시ᄂᆞᆫ 該附近 僉君子ᄂᆞᆫ 該支社로 請求購覽ᄒᆞ심을 務望홈

▲信川邑內里 丁一鎔
▲永興郡南山동書舖 梁昌錫
▲利原郡南門內 朱伯英
▲楚山邑府前洋약局 李正華
▲寧邊邑內 明濟世

各地方僉員이 本社에 投書와 寄書가 逐日답至ᄒᆞᄂᆞᆫ대 居住姓名이 詔詳ᄒᆞ고 事實이 綜核ᄒᆞᆫ 者ᄂᆞᆫ 即爲揭載어니와 姓名도 不記ᄒᆞ고 事實이 模糊ᄒᆞᆫ 者ᄂᆞᆫ 因而置之ᄒᆞᄂᆞᆫ대 催促이 又至ᄒᆞ니 事甚誕惑이라 從今以後로ᄂᆞᆫ 投書와 寄書ᄒᆞ시ᄂᆞᆫ 人은 居住統戶數와 姓名을 詳錄ᄒᆞ시되 若又含糊ᄒᆞ오면 並爲勿施ᄒᆞ올거시니 照亮홈

雜報

●靑館演說 明日月曜下午七点半에 종路靑年會館에셔 米國大統領候補로 囑望된 쪼수아 래버링氏를 爲ᄒᆞ야 歡迎會를 開ᄒᆞ고 該氏가 兼ᄒᆞ야 一般靑年에 對ᄒᆞ야 演說ᄒᆞᆫ다더라

廣告

◉會員募集廣告

大韓婦人會養蠶講習所에셔 男女學員三十名을 募集ᄒᆞ겟ᄉᆞ오니 入學志願者ᄂᆞᆫ 請願書에 履歷書를 添ᄒᆞ야 陽四月拾日니로 本所에 提呈홀事

試驗ᄒᆞᆯ 日字ᄂᆞᆫ 陽四月十四日이오 入학은 同拾七日이온대 在學中에 食費ᄂᆞᆫ 本所에셔 支給홈

大韓婦人會養蠶講習所 告白

西署□蓮坊內□司契二十六統七戶瓦家二拾二間中家契를 陰曆正月逢賊時에 失ᄒᆞ기 玆以廣告ᄒᆞ오니 誰某間拾得이라도 休紙施行홈 金珍衡 告白

前參書 馬錫龍을 改以鉉穆으로 施行ᄒᆞ오니 僉君子照亮홈 大邱西上面達동 馬鉉穆 告白

漏仁大倫面梅谷新主坐字丑一日耕 忠州金目面所在沓四斗落 文券遺失ᄒᆞ기 得休紙施行 閔泳義 告白

長連郡居 洪勝直이 不以悖頑으로 京鄕出沒에 誘引本人子錫淳之年淺ᄒᆞ야 本人祖包를 欲爲暗賣於他人ᄒᆞ오니 內外國人은 切勿見欺爲要 黃海道安岳 金致祖 告白

南署樂善坊鹽洞十八統二戶帅家三間四度立旨中一張乙巳八月初七日路中에셔 失故廣告 家主 李喆宇 白

本人이 傳貰于 三淸동居 鄭盛雲家이온바 北署鎭長坊三淸동 九統七戶草家十三間傳貰文卷一張을 遺失故玆以仰告ᄒᆞ오니 誰某拾得ᄒᆞ와도 休紙施行홈 李錫九 告白

本人이 陰陽刻圖章을 去陰拾一月二十七日에 路中에셔 遺失ᄒᆞ엿ᄉᆞ오니 內外國人은 照亮홈 安岳板橋 李麟培 告白

今初八日 大皇帝陛下 乾元節에 三湖普成학校에 祝賀捐助ᄒᆞᆫ 額左名

崔恩永 金鎭爕 金敎燾 각拾圜 李昌九 李亂九 盧相建 각五圜 李漢鎭 張元植 각二圜

三湖普成학校 告白

本人等이 陽洞居 潘振煥이가 去乙巳年分에 南陽新里漏宮坪所在 斯字畓五石二斗落文券을 持來ᄒᆞ와 拾五圜을 得貸之意로 懇請이기에 有券을 典執於鍾路 이後 得貸ᄒᆞ더니 當其時 振煥이가 出販ᄒᆞ가 于今避身不現中 挾雜人 柳昌夏等若人을 付同ᄒᆞ야 僞造本畓證明書ᄒᆞ야 放賣云ᄒᆞ오니 內外國人은 愼勿見欺ᄒᆞ옵 西小門外蛤洞 金聖源 告白

世界三怪物

美國 斯密哥德 原著　德國 卞榮晩 譯　發行 定價 拾錢

現世界에 三大怪物이 발生ᄒᆞ야 六洲에 橫行ᄒᆞ야 風雲을 呼喚ᄒᆞ며 愚者가 此物을 遇ᄒᆞ면 魂을 失ᄒᆞ고 弱者가 此物을 遇ᄒᆞ면 其軀를 喪ᄒᆞ야 此物所過에 天地가 翻覆ᄒᆞ고 國家가 丘墟ᄒᆞ야 上帝赤子가 生命을 莫保라 故로 是書ᄂᆞᆫ 特히 此三大怪物의 眞狀을 描寫ᄒᆞ야 其防禦의 妙策과 利用의 術을 一々說明ᄒᆞ야 世界의 生存을 要求ᄒᆞᄂᆞᆫ 者ㅣ 不可不一覽홀 冊子이오니 僉君子ᄂᆞᆫ 續々購覽ᄒᆞ시옵

▲大발賣所 中署布병下 廣학書舖 金相萬　中壤종路 耶穌敎冊肆　京鄕各有名冊사

田畓買收廣告

경긔도 군포장의셔 오산가지 수원근쳐에 잇ᄂᆞᆫ 논과 밧흘 팔고시분 쳠군ᄌᆞᄂᆞᆫ 이집으로 차ᄌᆞ오시요

경셩 뎌한문압 뎌평동 나졍목 이십일번호 中西虎彦 츙셔호은

本人等이 京城孤兒院總代委員으로 各部諸氏의 寄附ᄒᆞ신 金金을 共立新聞에 廣佈치못홈은 因病故有ᄒᆞ야 于今 것上及치못ᄒᆞ여 諸氏에게 謝告치못ᄒᆞ엿스나 速히 上京ᄒᆞ야 孤兒院에셔 廣佈ᄒᆞ깃ᄉᆞ오니 照亮ᄒᆞ시옵

李聖澤等 告白

南大門內太平洞四十四統十戶 前德信局을 今爲改稱永新昌ᄒᆞ오니 以此照悉홈 永新昌客主 姜在淑 告白

本人이 親喪을 遭ᄒᆞ야 歸國ᄒᆞ엿더니 今於還來ᄒᆞ야 店務를 擴張ᄒᆞ고 新輸入各色春夏服과 各種帽子와 禮服次와 其他諸般附屬品이 具備ᄒᆞ며 特別廉價로 販賣ᄒᆞ오니 僉位大人 如前光臨ᄒᆞ심을 敬要 貞洞大漢門前畔 興業主人 告白

本所에셔 東部梨峴百十一統四戶에 競賣場을 新設ᄒᆞ고 每個月五日十日로 六次式公拍을 開ᄒᆞ오이 內外國僉彦은 照亮ᄒᆞ시옵 東部梨峴 共發昌競賣所 告白

韓美電氣會社告白

割引券을 發行ᄒᆞ야 四月一日부터 鍾路本社及龍山停車場에셔 賣下홈

割引券은 每券에 六拾枚로 編成ᄒᆞ고 代金은 貳圜八拾五錢으로 收ᄒᆞ온대 每區域에셔 一枚式 新貨五錢과 又치 使用홈

龍山線 區域을 四月一日부터 南大門外蓮池停車場前으로 改定홈

電車發着 時間은 四月一日부터 改定ᄒᆞ야 夏期時間表를 依行홈

共立新報

共立新報ᄂᆞᆫ 美洲에 留ᄒᆞ시ᄂᆞᆫ 我國同胞가 開明ᄒᆞᆫ 學識과 深厚ᄒᆞᆫ 熱誠으로 祖國을 爲ᄒᆞ야 國魂을 絕叫ᄒᆞ야 每週에 一次式刊行ᄒᆞᄂᆞᆫ바 世界形勢도 詳揭ᄒᆞ며 내외情況도 ᄒᆞ야 愛國心이 有ᄒᆞᆫ 同胞ᄂᆞᆫ 不可不購覽홀 新報이며 一覽可瞭케 ᄒᆞ오며 同胞가 我留外同胞의 殊邦風霜에 勇心勞力ᄒᆞᄂᆞᆫ 誠意를 觀하려니와 紹介하기 爲ᄒᆞ와 該新報價及發賣所를 左에 廣告하옵

代金表 壹朔 五錢 六朔 壹圜 壹年 貳圜武拾五錢

本國내出張所

京城廣학書舖 金相萬
博문書館 盧益亨
開城남門너 학서舖 姜助遠
平山郡古之面城남峴 金錫萬
長連邑되東里 문석관
平壤上口水外 車利錫
鎭남浦龍井동 梁禎涉
安州城너幾村동 金鎭河
宜川邑 川邊 梁奎명
開川너山面우山里 李景鳳
義州南門外大東藥房 白用錫
金海台也面智士동 裵永會
釜山港 草梁 尹相審
大邱東上面龍동 崔一弘
咸興西門밧 朱有欽
俄領海蔘威 계東학校

共立新報社代理人 金錫源 告白

西部龍山坊孔德里六拾六統四戶 帅三拾五間瓦家舍를 特別廉價放賣ᄒᆞ겟ᄉᆞ오니 願買僉位ᄂᆞᆫ 東部於義동二統下二拾四統七戶로 枉臨來議ᄒᆞ옵 孫云昌 告白

新撰理化學

朴晶東氏著 全一冊 定價金三拾錢

一 本書의 目的은 小學校敎授ᄒᆞ기 爲ᄒᆞ야 編輯홈이라
一 理化學解說下에 簡明ᄒᆞᆫ 諸를 揷ᄒᆞ야 讀者의 理解홈을 便易케 홈이라
一 理化學用語와 物質의 名稱은 近時代譯의 最著ᄒᆞᆫ 者로 述홈이라
一 本書ᄂᆞᆫ 理化學諸家의 學說로 取ᄒᆞ고 簡易ᄒᆞᆫ 者를 採ᄒᆞ야 十數篇으로 編ᄒᆞ야 學徒로 ᄒᆞ야곰 二個年에 畢讀케홈이 可ᄒᆞ니 ᄒᆞ시옵

발賣所 布병下 金相萬廣學書舖　京城各書舖　平壤鍾路耶穌敎冊肆　法橋大同書觀

大韓文典

崔光玉 述　李商在 校閱

此書ᄂᆞᆫ 典에 國語의 話法과 讀法과 作文法을 一定ᄒᆞᆫ 規模로 能成케 ᄒᆞᆫ 法이 備載ᄒᆞ야 高等小學校나 中學一班에 所用홀만ᄒᆞ오니 僉君子ᄂᆞᆫ 速々購覽ᄒᆞ심 敬要

發賣所 平壤 大同書觀　京城 蓮洞儆新학校內　安岳 勉學書舖

▲特別廣告

本社에셔 名帖印刷部를 另設ᄒᆞ고 各樣活字와 刷紙本이 俱備ᄒᆞ오며 印刷가 精美ᄒᆞ고 價直도 低廉ᄒᆞ오되 特別히 今番 紳士와 夫人의게ᄂᆞᆫ 一層低廉ᄒᆞ오니 僉位ᄂᆞᆫ 來臨ᄒᆞ서 隨意請求홈

大韓每日申報社 告白

敎科書類 小說書類 法政書類 文藝書類

本書館은 二層擴張ᄒᆞ고 各種新刊과 校用品을 具備ᄒᆞ야 僉彦은 購覽ᄒᆞ심 敬要

冊價ᄂᆞᆫ 京城各書舖와 同홈

安州城內大街「큰거리」 知新書館 金澄植

本現齒院에셔 各項營業을 一層擴張하오며 金銀製各樣의 齒와 小齒及入齒와 齒科上ᄂᆞᆫ 無料로 受ᄒᆞ압ᄂᆞ니 四方僉君子ᄂᆞᆫ 照亮ᄒᆞ심을 爲希홈

京南大門內尙洞 入齒院 齒科醫士 韓大衛 告白

新舊學文을 大發賣ᄒᆞ오니 願買하ᄂᆞᆫ 僉君子ᄂᆞᆫ 速々求買ᄒᆞ심을 希望홈

慶尙北道 大邱東上後洞 在田堂 金기鴻書舖 告白

▲新刊書籍發售廣告

最新無冤錄大全 國漢文 定價金七拾五錢
大韓法規類纂 洋裝 三圜五拾錢 郵稅四拾錢
初等倫理學敎科書 二拾錢
初等衛生學敎科書 拾五錢
國家學綱領 拾五錢
國民須知 八錢
愛國婦人傳 張志淵氏著 十五錢

發賣所 布屛下 金相萬書舖

漢城鐘路萬國基督敎靑年會館前慈惠藥房 製藥鑑査人濟衆院醫學員洪錫厚朴慈惠李 觀化告白

本人等이米國大學醫院處方을大醫學士魚丕信氏에게受案ᄒᆞ고醫學校長勳五等池錫永氏에게有効證明을受ᄒᆞ고左記ᄂᆞᆫ種을製造ᄒᆞ야外國質약規模을依ᄒᆞ야紙匣洋鐵匣琉리瓶에盛ᄒᆞ야全國內地各處약店에廣賣ᄒᆞ옵고濟衆院英字醫書를我國漢文으로飜譯ᄒᆞ야名稱西약便方이라ᄒᆞ야발賣ᄒᆞ오니四方낙울數拾年來經驗信用ᄒᆞ신兄弟ᄂᆞᆫ不拘약之多少와路之遠近ᄒᆞ고以書請買ᄒᆞ시면本人은雖拾錢價値략이라도以小包郵便으로仰呈ᄒᆞ오리니낙封定價外郵稅十젼을加送ᄒᆞ시되小數젼은郵票十젼조리을스셔보너시고買낙家에셔ᄂᆞᆫ多數買去ᄒᆞ시면郵便局換錢票를買送ᄒᆞ시오且本藥房에米國(멀포드)製낙會社낙과(왕춘)製낙會社낙와(만ᄒᆞ임)製약社약品을直譯人ᄒᆞ야德國英語로記ᄒᆞᆫ方文과主治와用法을我國漢文으로飜譯발賣

商標 食思振起 體力活潑 **補益丸** 第一老衰男女의게補氣益血

定價表		
拾日分	三十個入	金一圜
二十日分	六十個入	金一圜七拾五錢
三十日分	九十個入	金二圜五拾錢

主治大補元氣能調陰陽男子陽痿不起女子月經不調手足厥冷虛脫夫氣久病人蘇完되ᄂᆞᆫ効力이大勝於鹿茸蔘人蔘湯

[illegible]効解瘧丸 一日分定價金拾錢此藥은大人小兒長瘧과初瘧이[illegible]腹痛에以ᄒᆞ야服用ᄒᆞ면更不再發

[illegible]虫丸 一日分定價金拾젼此藥은大人蛔積小兒蟲病의神効

[illegible]時感冒丸 一日分定價金拾젼此藥은感氣몸살의쓰ᄂᆞᆫ약인데二三日連服ᄒᆞ면四時毒感上下肢節頭痛에即時解熱鎭痛

男女痳[illegible]祛根藥 定價金五圜此藥은痳疾의一期二期를勿論ᄒᆞ고不근ᄒᆞ도록낙을쥬ᄂᆞᆫ데口指不子여도아니나오

淸明眼藥 一日分定價金拾錢此藥은火眼熱眼의有奇効

無惡臭疥瘡藥 定價金四拾젼此藥疥션虫은卌分內殺

[illegible]咳嗽藥 五日分定價金三拾錢此藥은四時尋常性咳嗽에有効ᄒᆞ고特히老人哽咳에消痰止咳

寸[illegible]發根 定價金三拾錢此약寸虫當場殺ᄒᆞ며

北足汗藥 二十日分定價武拾錢此藥德國軍人常用除足汗ᄒᆞᆷ

釋腫根治膏 定價금十五젼此낙面腫과頭腫에直差

濕腫根治膏 定價금十五젼此약은男女勿論ᄒᆞ고風寒暑濕으로成腫되여大起搔痒ᄒᆞᆫ데奇効

漢城百應膏 一封定價金十錢此약은御약醫士李信友시方文으로製造ᄒᆞᆫ藥인데명우리잘풀리고각項腫氣에발根合瘡이잇되ᄂᆞᆫ藥이대大洋鐵匣入一個금五十錢

小兒感冒靈効散 此약池錫永氏經驗良方小兒感冒及食滯與身面熱驚風者無神效定價金十錢

瘟氣神効保嬰散 此약醫學校長池錫永氏數拾年經驗之良方小兒屎色綠而滯○腹脹○身不安而不眠○腹痛驚啼及直視而驚風者無神效定價금十二錢五厘

發賣所仁川港栖峴濟生堂낙房 京城梨峴濟賣낙局李信華

◉大韓國新發明神藥

◉修虔靈丹 各種食滯中暑久滯口臭痰飮吐瀉定價一貼十錢

◉至寶丸 治諸般痳疾不拘久遠俱有偉效定價金十錢

◉靈效液 外用芳香治疥瘡皮風百發百中定價金三拾錢

◉淸眼水 治諸般眼疾有翳雲見天之妙定價五拾錢

◉通淋丸 治男女無慢淋疾神効無雙速効除毒一週金五十錢

此外에도東西洋各國有名賣藥과諸病去根藥과頭風痔瘵藥水각種病藥俱比惠向爲望

製劑발賣所 漢城中署鍾路銖里廣통拾二統二戶地 共愛堂藥房 告白

監修발行人 前官立漢城醫학校卒業生 張基茂 朴容南 謹白

支店 開城南門內共愛堂開城支店 姜助遠 興學書館

代理店 西署新門外石橋普濟院藥局 車熙珽 仁川梨栖峴濟生堂 李庚鳳

國內各地藥局에서隨處販賣ᄒᆞᄂᆞ니다

簡易商業簿記學

全一冊 定價金四十五錢

本書ᄂᆞᆫ簿記학中最近오학理와精妙ᄒᆞᆫ形式을精細蒐輯ᄒᆞ야了解케簡易ᄒᆞ도록編述ᄒᆞᆫ者니一般商業ᄂᆞ에不可不一次閱覽ᄒᆞᆯ者될뿐아니라中等以上學校에敎科로用ᄒᆞᆷ도適當ᄒᆞ니陸續購覽ᄒᆞ심을望ᄒᆞᆷ

발賣所 布병下 廣학書鋪 洞口越便中央書館 廣橋東便匯東書館 寺동滙陽서館 鍾路 大東서市 鍾路古今서海관

弄球室主人 著述 表紙石版寫眞(彩)印刷

滑稽小說 **禽獸會議錄** 全一冊 正價金拾五錢

▲本小說은新体文壇의演劇的小說로空前絕後의一大禽獸會議를開催ᄒᆞ고海陸動物이演壇에集合ᄒᆞ야人類와禽獸의優劣과造化主宰의眞理를討論批評ᄒᆞᆫ뎌光景을傍聽寫ᄒᆞ야讀者諸君에게紹介ᄒᆞ도今日吾人類社會의公德頹敗ᄒᆞᆷ을警醒코져ᄒᆞᆷ이니其滑稽的文体가光彩陸離ᄒᆞ며諷刺的批評이奇拔欵出ᄒᆞ야實로國文小說界에一大異彩를放ᄒᆞᆷ만ᄒᆞ며一讀解頤의好資物이오

▲발行元 皇城書籍業組合

▲分售 中署罷朝橋越邊 中央書館 中署寺洞 大東書市 南署大廣橋東邊 滙東書館 全 古今書海館 西署남門外 紫岩 新舊書林 남署尙洞 博文書館 남署 銅峴 博학書館 中署布屏 廣학書鋪

◉大韓國醫學新발明製藥廣告

陸軍軍醫金守鉉君實驗方劑에陸軍軍醫張基茂君有効證明으로淸心保命丹을발明인바効能은如左ᄒᆞ니 僉君子惠試爲望

● 主治效能

● 痰飮 ● 食積 ● 中暑中寒 ● 咳嗽 ● 腹痛 ● 不土不明 ● 氣鬱 ● 吐瀉 ● 暑車昡暈 ● 食傷 ● 酒醉 ● 口熱

▲其他諸般運氣厲疫預方妙藥

발行人仁川港栖峴濟生堂李鳳鳳

新藥 淸化 **淸心保命丹**

本舖 仁川港栖峴 濟生堂

代理店 京城鍮里동 共愛堂藥房 特約店 京城鐘路 慈惠藥房 同 京城梨峴 李信華洋藥局 同 府洞 金益亨冊사 同 南門外 廣濟藥院 仁川 內洞 韓忠與 同 栖峴 和平局 開城 南門內 朴圭植 同 忠橋 具聖模 水原 鍾路下 金宏九藥局 同 宗路 宋甘孝 延安 邑內 趙汝文 江華 鍾路 宋順東 長湍 南門內 崔載淳 鐵川 砂利院場內 박健昌 仝 任允中 仝 耶穌敎堂內 李在言 黃州 南門外紅門洞 李東彬 平壤 雙巨里 韓藥鋪 儀藥化 仝 南藥鋪 崔龍興 仝 藥鋪 金龍寅 仝 武洞 文 柱澤 鎭南浦 藥鋪 金元榮 群山港開福洞 韓藥鋪 金斗銓 京南大門外 大同選 徐會社 全泥峴郵便局 淸南 天佑堂 安岳邑上場里 濟生局 林景柱 大邱南門內 刷還 김成浩家 釜山港草梁客主동 김重佑家 安州城內穀山 春回 大약房 義州南門外水口동 街 祥和약局 此外에도現代에문明각國有名 各處賣藥이俱備ᄒᆞᆷ 海州南門內 李奉樹 淸州邑藥局 多滋台 博川郡美동商店 박芝行 泰川邑後동洋약局 崔允明 北靑新昌港客主 박錫勳 元山港本宮出張人 朴敏鉉

慈善亡國史 文

定價貳拾伍錢 發賣所 京城廣橋高裕相書舖 仁川 濟舖 中署布屏下 김相萬 書舖

國文 愛國精神 正價五十錢 리치雨譯述

勿論男女ᄒᆞ고愛國心이有ᄒᆞᆫ者可以讀覽

發賣所 皇城各書舖

學徒洋裝書冊 學徒運動具 羅紗各種 衣服裝飾其他各種 洋貨 美國金鷄蠟 放賣ᄒᆞ오니諸君子ᄂᆞᆫ來臨ᄒᆞ심을敬요ᄒᆞᄂᆞ니다

仁川港奇峴 濟衍商店

◉ 義損金收入廣告

▲廣州內東面東方洞 정煥文四圜 徐炳夏 安학宇 崔瑛壽 文章煥 崔在壽 박應弼 각二圜 曺형壽 安學경 崔思孝 남敎祥 薛水奎 정達基 盧成浩 鄭漢基 鄭奎基 鄭榮基 김炳準 崔錫翰 리成相 徐盛載 安學緖 朴登圖 崔雲漢 김致業 鄭顯榮 박在春 박八顯 리圭瓚 鄭奎鎔 朴翼鉉 朴時顯 각八錢 리錫淵 리能洙 崔錫발 崔錫中 안학組 안학문 안학容 徐俊根 崔貞春 안鎭源 김자祚 成鎭九 鄭유基 鄭致柱 리振榮 鄭厦基 命한銖 鄭孟基 鄭宗基 鄭元基 정泳基 정雨基 김鉉少 리乙星 각六十錢 김銘학 리能洪 최錫倫 安학緖 리悳淵 徐錫戰 정佑基 尹奎云 李圭周 徐秉憲

리圭河 정甲基 權鶴行 安씨 성山 정一基 洪什鎭 김鎭增 崔有壽 崔在悳 崔性鎬 林福伊 安享源 정在源 각四十錢 崔海立 崔錫再 리能穆 박忠顯 정普鎔 林德壽 金昌澤 尹奎一 林裕大 리錫壽 박時天 김한澤 權수준 리錫華 리壽圭 정致鎔 정元鎔 尹性坤 박臣顯 최학鎬 張召史 金出伊 김生伊 徐錫壽 各二十전 崔錫鉉 리萬和 劉萬興 정鉉旺 김基玄 김基秀 김基星 박在寬 朴在院 崔錫九 崔享鉉 최敬學 김仁赤 정致준 洪在淑 南敎應 各十錢 朴泳顯 鄭振鎬 박時兼 崔榮基 정白用 辛召史 정淑鎔 김壬戌 각拾錢 徐哲載 정奎基 각六錢

合六拾九圜九拾二錢

前總合五萬九千七百六十六圜五十四전二厘

都總合五萬九千八百三十六圜 ○六錢二厘

◎本社廣告

○申報價

一張代金 新貨二錢五厘
一個月前納 三十錢
三個月 九十錢
六個月 一圜七十錢
一個年 三圜四十錢

廣告一行 新貨五圜 一個月 上三錢

發行兼編輯人 英國人 裵說

發行所 大韓每日申報社 京城中部西署外署三洞府

第六卷 第七百六十八號

大韓每日申報

月曜及慶節
翌日休刊

檀君開國四千二百四十一年
箕子元年三千三十年
大韓開國五百十七年
日本明治四十一年
淸國光緒三十四年
陰曆戊申二月小廿九日乙酉

論說

○銳進速退의悲

日노進ᄒᆞ면岩谷의水가東海에可達이며日노進ᄒᆞ면駑馬의步가太山에可登이며日노進ᄒᆞ면蠻々野蠻이文明을可致며日노進ᄒᆞ면奄々弱國이富强을可致니

擧天下無價寶物은惟此進一字로皆可購로다

進이란者ᄂᆞᆫ吾人의强作ᄒᆞᆫ바도아니며吾人의假習ᄒᆞᆫ바도아니오上天이吾人에게賦興ᄒᆞᆫ者니本能이어ᄂᆞᆯ此本能을賦與ᄒᆞᆫ同時에一魔가隨來ᄒᆞ얏스니其魔ᄂᆞᆫ雖何오即所謂退라ᄂᆞᆫ것이是也라

此魔現處에邦國이丘墟ᄒᆞ고人種이滅絶ᄒᆞ야美洲에現ᄒᆞ미紅尸가狼藉ᄒᆞ며非洲에現ᄒᆞ미黑鬼가悲號ᄒᆞ고埃及에現ᄒᆞ며波蘭에現ᄒᆞ며猶太印度에現ᄒᆞ며所過無不殘滅의大悲慘을呈ᄒᆞ고無厭의毒手를又揮ᄒᆞ야太平洋東半島大韓으로襲ᄒᆞ얏도다然則韓人된者가將何以處此生ᄒᆞ고

嗚乎라此魔가到處臨ᄒᆞ기如彼ᄒᆞ며毒ᄒᆞ기如彼ᄒᆞ며殘忍ᄒᆞ기如彼ᄒᆞ나其强敵(即進)을一遇ᄒᆞ면形은藏ᄒᆞ며影은匿ᄒᆞ야春雪又치消ᄒᆞ며秋葉갓치捲ᄒᆞᄂᆞ니

萬一進을領ᄒᆞ야魔를斬ᄒᆞ며進으로砲를삼아魔를射ᄒᆞ며進으로旗幟를삼아魔境에揮ᄒᆞ면陰盡陽生ᄒᆞ고苦去甘來하ᄂᆞᆫ日이必有하나니

慧眼을具ᄒᆞᆫ者ㅣ韓國前途의存亡問題를研究ᄒᆞᆯ진ᄃᆡ魔力의强弱을先問ᄒᆞᆯ것이아니라韓人의前進ᄒᆞᄂᆞᆫ能力의優劣多寡를是察ᄒᆞᆯ지로다

人皆曰韓人은此能力이劣ᄒᆞ다ᄒᆞ되余獨曰優ᄒᆞ다ᄒᆞ며人皆曰韓人은此能力이寡ᄒᆞ다ᄒᆞ되余獨曰多하다ᄒᆞ노니

思ᄒᆞ라前日性理之說이盛行ᄒᆞᆯ際ᄂᆞᆫ幾乎家々一程朱오詞章之學이盛行ᄒᆞᆯ際ᄂᆞᆫ幾乎人々皆李杜라時勢를隨ᄒᆞ야轉變ᄒᆞᄂᆞᆫ者ㅣ韓人이며風潮에立ᄒᆞ야勇奮ᄒᆞᄂᆞᆫ者ㅣ韓人이니即今二十世紀以來로天地面目이一變ᄒᆞ미將且此新舞臺에出ᄒᆞ야拔袖獨步ᄒᆞᆯ者 韓人이아닌가

雖然이나余가韓人을爲ᄒᆞ야絶叫ᄒᆞ며韓人을爲ᄒᆞ야苦叫ᄒᆞᄂᆞᆫ바有ᄒᆞ니即第二魔征服이是라

第二魔ᄂᆞᆫ又何오昨日에難ᄒᆞ다가今日에旋退ᄒᆞ며今日에難ᄒᆞ다가明日에退ᄒᆞᆷ이即第一魔니라第壹魔ᄂᆞᆫ韓人이固已征服ᄒᆞ얏거니와第二魔ᄂᆞᆫ苟且韓人腦中에根據하얏도다

是故로學業을初修ᄒᆞᆯ時에ᄂᆞᆫ今日에經濟學을卒業ᄒᆞ며明日에法律學을卒業ᄒᆞ며明日에工商業을卒業하라ᄒᆞ야熱血이沸ᄒᆞ며痲痺가旁ᄒᆞ다가ᄂᆞᆫ忽然中途廢ᄒᆞᄂᆞᆫ者ㅣ有ᄒᆞ며社會에初現ᄒᆞᆯ時에ᄂᆞᆫ今日에學會를組織ᄒᆞ며明日에政黨會를組織ᄒᆞ며又明日에國會를組織ᄒᆞ리라ᄒᆞ야手腕이忙ᄒᆞ며心力이瘁ᄒᆞ다가도居然休旗偃鼓ᄒᆞᄂᆞᆫ者ㅣ有ᄒᆞ나니

悲夫라五條約以後로幾日이不過ᄒᆞ야此處에서敎育을叫ᄒᆞ며彼處에實業을唱ᄒᆞ야勃々意氣가靑漢을薄ᄒᆞᆯ듯ᄒᆞ더니迄今數年에一樣沉々ᄒᆞᆷ은何故오此皆第二魔(即銳進速退)의所戲라

此第二魔를征服ᄒᆞ면新大韓이突現이라하노라

外報

●露日不相信 彼得堡電報를據ᄒᆞᆫ則俄國議會에서駐俄日本大使館設置案의第二讀會를開ᄒᆞ얏ᄂᆞᆫᄃᆡ社會黨은該案을反對ᄒᆞ고又中央黨우와로후씨ᄂᆞᆫ外務當局者가日本漁業家를爲ᄒᆞ야西伯利亞沿海를開放ᄒᆞᆫ事를駁論ᄒᆞ고又曰日本이平和主義가有ᄒᆞ다ᄒᆞᆷ은不可信이라ᄒᆞ얏더라

●淸國의美艦隊歡迎 駐美淸公使伍廷芳氏가美國政府에通牒ᄒᆞ기를南京總督이支那領海에서美國艦隊를請邀ᄒᆞ야歡迎ᄒᆞ기로準備中이라ᄒᆞ얏ᄂᆞᆫᄃᆡ美國政府에서應諾ᄒᆞ얏다더라

●露國의軍港檢閱 露國皇帝ᄂᆞᆫ海軍提督에게黑海와波羅的諸港에臨時檢閱을命ᄒᆞ얏다더라

●比島賣却說否認 比律賓島賣却에關ᄒᆞ야獨逸皇帝와美國大統領間에意見을交換ᄒᆞ얏난ᄃᆡ紐育及倫敦來報에ᄂᆞᆫ官吏들에셔ᄂᆞᆫ公同히否認ᄒᆞ얏다ᄒᆞ엿더라

●東洋人排斥會 米國고로나드州에셔東洋人排斥熱이大起ᄒᆞ야該市에셔東洋人을排斥ᄒᆞ기로秘密同盟을新히組織ᄒᆞ얏다더라

●自治會打電 上海電을據ᄒᆞᆫ則廣東自治會ᄂᆞᆫ日本과對敵ᄒᆞᆯ挑釁的의記事를殆히淸國各日刊新聞紙에打電ᄒᆞ얏다더라

雜報

●務民呼冤 全南務安府前郡衙ᄂᆞᆫ本以同郡中央에置ᄒᆞ야無訴訟不便之怨이러니不意丙午年에自政府로前郡衙를廢止ᄒᆞ고一府尹府를同郡最南端木浦港에移設ᄒᆞ미最東西北住民이一次訴訟이면道路之來往과盧多客費로蕩敗家産者比々有之ᄒᆞ고況賊徒가間々成群ᄒᆞ야村閭에擄掠ᄒᆞ야民不料生ᄒᆞᆫ대然人禁止ᄒᆞᆯ지라自木浦로相距가七十餘里요此路中에高嶺峻坂이有七處요況東西北端金등面珍下山面으로往木浦里數가一百七十里인데官令이不到ᄒᆞᆫ지라同郡儒生等이本道觀察府에呼訴ᄒᆞ야即報內部ᄒᆞ고又上京ᄒᆞ야內部에鳴冤ᄒᆞ되姑無何處分이라고該郡來人이呼冤이有ᄒᆞ더라

●校師自退 華東學校設立敎師尹光普氏가熱心敎育ᄒᆞ야學徒가八十餘名에達ᄒᆞ얏ᄂᆞᆫᄃᆡ有何不協事端인지昨昨에自退ᄒᆞ얏다더라

●民何料生 南來人傳說을聞ᄒᆞᆫ즉堤川近左面居ᄒᆞᄂᆞᆫ一進會員金水寬이가同面居民十三人과有何嫌怨이던지義兵千達이라ᄒᆞ고日本守備隊에誣陷하미該隊에셔十三人을捕去ᄒᆞ야拷問査探ᄒᆞᆫ즉的是孟浪之說故로遂即爲放釋ᄒᆞᆫ지라金水寬이가凶謀不遂ᄒᆞᆷ을自愧ᄒᆞ야或義兵의게火藥을遺送ᄒᆞ얏다ᄒᆞ며或軍衣를制送ᄒᆞ엿다ᄒᆞ며百般으로搆誣ᄒᆞ미日兵이屢數村閭를探察하ᄂᆞᆫ故로民不安業ᄒᆞ며至忠州山尺面石門등居ᄒᆞᄂᆞᆫ李敎克리餓用譙姓人三氏등通辭選檢擧가堤川院西ㄴ本守備隊에押召ᄒᆞ야三시를捉囚ᄒᆞᆫ지拾餘日만에放釋ᄒᆞ얏다더라

詞藻

●讀報有感 東毅散人

熱血輪囷鐵骨嗟
對君欲泣復狂歌
懸燈照耀千家佛
猛棒偶醒丈魔
月落孤鍾遠夜踏
天寒獨鳥挾雲過
安危須仗梢工力
泛彼扁舟蕩頑波

新譯 海外稗談

第一章 俄皇宮中의人鬼 冬岄山人 譯 (續)

余가答禮後에其慈母ᄒᆞᆫ事가有ᄒᆞᆷ을見ᄒᆞ고告別欲去ᄒᆞ니母子가余를强挽ᄒᆞ며波里斯가從容히所見을述ᄒᆞ야曰我皇의所居室이共八間인ᄃᆡ其外에ᄂᆞᆫ遊廊이며其東에ᄂᆞᆫ別殿이오又其西에一門이有ᄒᆞ야封鎖緊密ᄒᆞ며其前面에ᄂᆞᆫ隙가少ᄒᆞ야後苑을可窺오自此更進ᄒᆞ면空房數間이列立ᄒᆞ엿ᄂᆞᆫᄃᆡ相傳數十年來로居者가無ᄒᆞ니此處에守兵設置ᄒᆞᆷ이必要가無ᄒᆞ되但興容의出入을念慮ᄒᆞ야侍衛ᄒᆞᆫ人으로看守케ᄒᆞ니波里斯即彼之職掌也即此處也니이다金星이明滅ᄒᆞ며樹陰이婆娑ᄒᆞ고夜靜無人ᄒᆞᆫ데沈鬱幽陰之境에單身獨立하니雖勇夫라도淒覺無聊라故로不過幾時間ᄒᆞ고ᄂᆞᆫ他人의來代ᄒᆞ야自己ᄂᆞᆫ安息ᄒᆞᆯ지라

衛士가此職을奉行ᄒᆞᆷ은無人樂之러니殊也新君即位之翌日에二點鍾以後之守直은下令廢止ᄒᆞ시니於是에直宿者ㅣ皆欣ᄒᆞ고功德을頌ᄒᆞ더이다波里斯가曰日九點鍾부터空廊을守ᄒᆞ시ᄃᆡ二點鍾만一打ᄒᆞ면即時歸家ᄒᆞ야無限自由ᄒᆞᆯ것기로時々로顚川走之ᄒᆞ여心中境界가一起一滅ᄒᆞ야千變萬化ᄒᆞ야一刻이異若三秋라焦灼翔行ᄒᆞ며徘徊翔步ᄒᆞ고당당ᄒᆞᆫ鍾聲을數遍ᄒᆞ며拾一點半ᄭᆞ지直至ᄒᆞ야尙深一遍ᄒᆞ니月湧隘移ᄒᆞ며夜凉似水ᄒᆞ고風聲葉聲이含々相和ᄒᆞ야愁慘寂寞의氣가人의毛髮을竪ᄒᆞᄂᆞᆫ데波里斯의視線이月光의引ᄒᆞᆷ이되어東從西望ᄒᆞ더니猝然이園中의셔一物이現出ᄒᆞ야眼簾에閃爍ᄒᆞ니嗚呼라俄國宮中에勃鬱蓬勃之氣象이自昔然矣라宮中人은難慣ᄒᆞ나少怪ᄒᆞ나至此에亦安得驚怖刀이리오ᄒᆞ야愕然側立ᄒᆞ야擡頭俟之ᄒᆞ니彼果何物也오即 긔然頭(之人影이白布로覆面ᄒᆞ고樹陰을循ᄒᆞ야前面屋角으로從向而東ᄒᆞ더니이다波里斯가以爲ᄒᆞᄃᆡ此人影이必是俄國皇室과不共戴天의讐가有ᄒᆞᆫ無賴貝也라ᄒᆞ엿더니彼然眼線이其에彼人影이行近ᄒᆞ門ᄒᆞ엿ᄂᆞᆫᄃᆡ出散々々라此門이向ᄒᆞᆫ지殿不用ᄒᆞ야關鎖已久者인ᄃᆡ彼乃縱々搥推에雙扉가忽啓ᄒᆞ며人忽不見ᄒᆞ고影遂入滅ᄒᆞ니波里斯가駭然氣塞에不知所措ᄒᆞ야流汗이涔々沾背러라時에自鳴鍾이땅々十二點을打ᄒᆞ되波里斯가茫然若無聞ᄒᆞ고心內에自忖度ᄒᆞ되昨夜將息乎아將默息乎아將默息而有所不安이오將當爾而有所不敢ᄒᆞ이다波里斯之所以不敢者ᄂᆞᆫ何也오一聲驚而波里斯之命이將在旦夕也니何也오俄國의內情을稍知ᄒᆞᄂᆞᆫ者면彼虛無黨의性質을可知ᄒᆞᆯ지라 (未完)

雜報

●玉候漸復 太皇帝陛下ᄭᅴ옵셔 玉度가靡寧ᄒᆞ시더니再昨日부터差道가有ᄒᆞ옵시다더라

●遊園書畵 日昨秘苑園遊會節次ᄂᆞᆫ前號에已爲揭載ᄒᆞ얏거니와當日宙合樓에明 太祖御筆과 肅廟皇帝御筆과其他古書古畵를掛鋪ᄒᆞ고樓前에ᄂᆞᆫ각花盆과古器等物을多數列置ᄒᆞ얏다더라

●宗親俱樂 皇族中리載克씨와其他某某諸氏가발起ᄒᆞ야宗正府ᄂᆡ에宗親學校와宗親俱樂部를設立ᄒᆞ라ᄒᆞ고俱樂部總裁ᄂᆞᆫ 義親王殿下로推選ᄒᆞ라ᄒᆞ얏더니反對가有ᄒᆞ야完興君리載冕氏로選定ᄒᆞ얏다더라

●內下宗親學校 宗親學校를設立ᄒᆞᆫ다ᄂᆞᆫ事ᄂᆞᆫ別項과如ᄒᆞ거니와 太皇帝陛下ᄭᅴ옵셔五千圜 大皇帝陛下ᄭᅴ옵셔壹萬圜을將次下 賜ᄒᆞ신다더라

●宮大 陛見 昨日上午拾壹時에宮ᄂᆡ府大臣리允用氏가德壽宮에 陛현ᄒᆞ얏다더라

●慶嬪祠板移安 宮ᄂᆡ府大臣리允用氏가종路里門ᄂᆡ順和宮으로搬移ᄒᆞᆫ다ᄂᆞᆫ說은前報에已揭ᄒᆞ얏거니와再昨日에慶宮과新門外尾동리宮相家로相換移去ᄒᆞ고慶嬪祠板을移奉ᄒᆞᄂᆞᆫᄃᆡ慶宮宮屬과庭監等이陪從ᄒᆞ고김珏鉉天洙兩氏도陪行ᄒᆞ얏다더라

●爲悅外人 去土曜日園遊會에法大趙重應씨가外人의耳目에納媚ᄒᆞ기爲ᄒᆞᆷ인지不知어니와莫與莫嚴ᄒᆞᆫ 御裝威儀를倡戲도設行ᄒᆞ얏ᄂᆞᆫᄃᆡ滿城見者가憤歎ᄒᆞ더라고物議가藉々ᄒᆞ더라

●胡爲輕易 園遊會에서倡戲를設ᄒᆞᆫ事ᄂᆞᆫ上項과如ᄒᆞ거니와現任某大臣으로言ᄒᆞ거ᄂᆞᆯ如此重大ᄒᆞᆫ事項을內閣會議에提出도아니ᄒᆞ고輕易히設行ᄒᆞᆫ다ᄒᆞ고ᄒᆞ고豚々相看만ᄒᆞ얏다더라

●是可忍乎 園遊會에倡戲를作ᄒᆞᄂᆞᆫᄃᆡ儀仗節次를羅列侍衛ᄒᆞᆫ時에法大가前導ᄒᆞ야巡同ᄒᆞ면셔壹般觀光人에게對ᄒᆞ야帽子를脫ᄒᆞ고敬意를表ᄒᆞ라ᄒᆞᆫ즉一軍官이趙法大를壹場論駁ᄒᆞ되趙氏ᄂᆞᆫ聽若不聞ᄒᆞᄂᆞᆫ지揚々ᄒᆞᆫ意氣ᄂᆞᆫ果不忍見이라고ᄒᆞ더라

●夫人委員 日昨園遊會에夫人迎接委員金澗鼎씨夫人과尹致昨氏夫人兩委員이內外國夫人入場에握手迎接ᄒᆞ얏다니라

●督促建屋 泥峴等地接相宋秉畯氏私第를毁撤ᄒᆞ고壹新히洋制로建築ᄒᆞᆫ다ᄂᆞᆫᄃᆡ宋秉畯氏가日本셔電報ᄒᆞ되不日修築ᄒᆞ라ᄒᆞ얏다더라

●徵兵否決 昨日中樞院에서例會를開ᄒᆞ고去木曜特別會에趙院贊議尹吉炳에建議ᄒᆞᆫ六條中에徵兵擇件令과韓日兩國民平和及外國官吏中高等官數人式만置ᄒᆞᆯ事와郡守與財務官中壹人만置ᄒᆞᆯ事와日本貸助金中折半은分給被擾民ᄒᆞᆯ事等九條ᄂᆞᆫ可決ᄒᆞ야ᄂᆡ閣으로照會ᄒᆞ고徵兵實施與否ᄂᆞᆫ否決되얏다더라

●閔門二議 朽庭閔台鎬氏의墓所를閔丹岩山所階下에緬奉ᄒᆞᆫ次로現今擬議中이라ᄂᆞᆫᄃᆡ丹岩의後裔諸氏ᄂᆞᆫ日前閔泳綺氏家에會同ᄒᆞ야爛商協議ᄒᆞ얏다ᄂᆞᆫᄃᆡ紛競이太甚ᄒᆞ다더라

●趙監渡日 陪從武官長趙東潤氏의別室이日本에留連ᄒᆞᆫ故로再昨日에발程ᄒᆞ얏다더라

●此亦見退 李址鎔氏가一遊會에入參ᄒᆞᆫ다ᄂᆞᆫ說은已爲在道어나와該會에서리氏의行爲가不公平ᄒᆞ다ᄒᆞ야入會ᄒᆞ기를不許ᄒᆞᆫ다ᄂᆞᆫ說이有ᄒᆞ다더라

●ᄂᆡ侍陵官 解散된ᄂᆡ官을각陵陵官으로敍任闕處ᄒᆞ다ᄂᆞᆫᄃᆡ職次ᄂᆞᆫ不顧ᄒᆞ고宮殿門票有ᄒᆞᆫᄂᆡ官만闕處ᄒᆞ기로定ᄒᆞᆫ다더라

●日人事務 각語학校를恩彥宮ᄂᆡ로合附ᄒᆞᆷ은已報ᄒᆞ얏거니와更聞ᄒᆞᆫ則各該校ᄂᆡ에事務員壹人式을日本人으로雇聘ᄒᆞᆫ다더라

●禍不單行 掌禮院香祝課主事로今番宮ᄂᆡ府官吏解散時退出ᄒᆞᆫ鄭弘烈氏가再昨年에試才厲首로該主事를叙任ᄒᆞ얏다가退官이되미該課에서鄭氏를還任ᄒᆞ야莫重香祝을擧行ᄒᆞ라掌禮院에報告ᄒᆞ얏ᄂᆞᆫᄃᆡ尙未還任ᄒᆞ야抑鬱之冤이有ᄒᆞᆯ뿐外라薄俸으로延命ᄒᆞ더니退官後餓死之境인中月前에失火ᄒᆞ야家屋을沒燒ᄒᆞ고拾餘口가號泣道路ᄒᆞᄂᆞᆫ慘狀은目不忍見이라더라

●勸工場云設 京城에模範勸工場을新設ᄒᆞᆯ預定인ᄃᆡ現今民團商業會議所에서協議中이라더라

●寄附義隣 학部에서本年度에義隣商業학校에對ᄒᆞ야補助金二千二百八拾圜을該校長에게送致ᄒᆞ고統監府로照會ᄒᆞ얏다더라

●專門校請認 大東專門학校에서經費로現存각處積立ᄒᆞᆫ二萬三千元證明書를貼付ᄒᆞ야該校認許ᄒᆞ가를학部에請願ᄒᆞ얏더라

●淸潔云施 昨日上午拾時에各署에서各동統首를招集ᄒᆞ야淸潔法施行日割及區域圖壹件式出給ᄒᆞ고淸潔法을家々戶々에曉諭實施케ᄒᆞ라ᄒᆞ얏다더라

●郡主不法 槐山郡主事洪承濬씨가人民의게有何虐行이던지該郡面장들이張某의不法行爲를臚列ᄒᆞ야內部에長書ᄒᆞ얏다더라

●[illegible]督捧 南來人의所傳을據ᄒᆞᆫ즉舒川郡稅務主事가結錢을收刷ᄒᆞ되巡査를帶同ᄒᆞ고民間에躬行督納ᄒᆞᄂᆞᆫ故로民情이嗷嗷ᄒᆞ다더라

●派巡討義 各地方에義擾를討伐ᄒᆞ기爲ᄒᆞ야內部警務局에셔日巡査數三拾名을派送次로昨日該部內에셔說明ᄒᆞ얏다더라

●赤壹怪事 咸平郡方丑里居李化一의妻金召史가懷孕當朔에四胎를產出ᄒᆞ되連四日에三女壹男을分娩後에男子와產母ᄂᆞᆫ仍卽致斃ᄒᆞ얏다고該郡守秦尙彥씨가內部에報告ᄒᆞ얏다더라

●鄭夫行悖 忠州以下淸州爲致院以上住來ᄒᆞᄂᆞᆫ日人避傳夫가或 三名式或三四名式擔銃來往ᄒᆞᄂᆞᆫᄃᆡ該路邊居民의게強制力으로鄕物을交還貿去ᄒᆞᄂᆞᆫ故로該人民들이其賊資을不勝ᄒᆞ야依例히鮮次貿去ᄒᆞ나苦弊가滋生ᄒᆞ야民難支保라고남來人의傳說이狼藉ᄒᆞ더라

●人心難測 北部安峴居ᄒᆞᄂᆞᆫ리召史가年今八十三歲인ᄃᆡ都無親屬ᄒᆞ야所持家舍六間을去乙巳年分에借給於申鎬允處ᄒᆞ고我가無親屬ᄒᆞ니身死後에爲埋葬ᄒᆞ라ᄒᆞ고言托ᄒᆞ얏더니該申氏가薄待가滋甚ᄒᆞᆷ으로現今山寺에寄在ᄒᆞ야該家舍를欲爲放賣ᄒᆞᆫ즉該申氏가該家券을出給지안ᄂᆞᆫ故로리召史가昨日漢部警署에呼訴ᄒᆞ얏다더라

●兩義揭榜 南來人의傳說을聞ᄒᆞᆫ즉全南義兵所에셔揭榜ᄒᆞ기를所謂大東학會에서統監을稱頌ᄒᆞ야長書ᄒᆞ던八人의凶計가甚於七賊이라入京之日에ᄂᆞᆫ八奸을聲討ᄒᆞ다고云ᄒᆞ얏다더라

●日丸逃西 昨日上午十二時에日兵壹小隊가彈丸五六駄를領率ᄒᆞ고南門外로出往ᄒᆞ야高陽等地로발向ᄒᆞ얏다더라

●與家小火 再昨日上午拾壹時에茶동吳基泳氏家廚房에셔失火ᄒᆞ야該管巡査二人과幷力ᄒᆞ야卽時撲滅ᄒᆞ얏다더라

●校舍請借 [illegible]敎育會가創設日淺에會舍를未定ᄒᆞ얏스니典圜前官立漢語학校가現에空虛ᄒᆞ니借與ᄒᆞ라고該會長代辦副會장尙灝씨가學部에請願ᄒᆞ얏더라

●轉학大東 普成專門학校二年級生徒ᄂᆞᆫ大東학校로轉入上학ᄒᆞ기로ᄂᆡ定이되얏다더라

●金[illegible]演說 今日下午七時三拾分에靑年會館에서演說會를開ᄒᆞ고金德甚氏가演說ᄒᆞᆫ다더라

●湖校考績 利原郡遮湖普成學校에서陰正月二拾日에第壹학期試驗을經過ᄒᆞ얏ᄂᆞᆫᄃᆡ中학科優等生은金有燦等諸氏오高等少학科에박振玉等諸시라더라

▲地 方 消 息▼

▲三月二拾五日午前拾時에永同郡二公里에서義徒約六拾名이日討伐隊와二時間을交戰ᄒᆞ얏다ᄒᆞ고

▲本月二十三日水原安仲場市等地에서義兵約十名과交戰ᄒᆞ얏다ᄒᆞ고

▲本月二十九日海州郡泳東面泳亭에서義徒三拾餘名이蘇白巡査四名과交戰ᄒᆞ얏다ᄒᆞ고

▲本月二拾八日에義徒二拾餘名이山淸邑을來襲ᄒᆞ야巡査駐在所及郡主事家宅을燒棄ᄒᆞ얏다ᄂᆞᆫ報를因ᄒᆞ야晉州警察署에서警務部及巡査를派遣ᄒᆞ얏다ᄒᆞ고

▲本月二拾七日夜에義兵八名이山淸郡大源寺方面으로부터德山附近에襲來ᄒᆞ얏다ᄒᆞ고其翌日午後壹時에丹城郡義兵八十名이侵入ᄒᆞ야郵便館을後에該郡邑을襲擊ᄒᆞᆫ다揚言ᄒᆞ얏다ᄒᆞ고

▲二拾二日夜에義兵六名이韓銃을携帶ᄒᆞ고안[illegible]來ᄒᆞ야金某家에[illegible]을捕縛ᄒᆞ고非人의所在를問ᄒᆞ되應答지아니ᄒᆞᆷ으로卽時砲殺ᄒᆞ고何等物貨를掠奪而去ᄒᆞ얏다더라

東京電報

二拾九日발

●間島派所官制 統監府ᄂᆞᆫ別로히間島派出所官制를制定ᄒᆞ야事務의敏活ᄒᆞᆷ을圖ᄒᆞ고韓民保護를實로히ᄒᆞᆯ터이라더라

紐育電報

二十九日東京經由

●愛國的狂亂 須知分氏를暗殺ᄒᆞᆫ韓國人은公式上으로起訴가되얏ᄂᆞᆫᄃᆡ辯護士ᄂᆞᆫ韓國人의所爲가愛國的狂亂에甚ᄒᆞ야無知覺的犯罪ᄒᆞᆷ이라고說ᄒᆞ야辯護ᄒᆞ얏더라

▲聞 雷 有 感▼

▲前宵滿天風雨急ᄒᆞ야揚沙走石ᄒᆞᆯ제眼中에雷聲電光忽起ᄒᆞ니人々마다驚動ᄒᆞ고壹生寐爲ᄒᆞᆫ想ᄒᆞ니其聲其惡難狀로다

▲우루루룽雷霆소리壹身富貴貪ᄒᆞ야내여百方奸計醞出ᄒᆞᆯ제君臣之義蔑如ᄒᆞ고生民魚肉不顧ᄒᆞ야全國權讓與ᄒᆞ니萬古罪人이아닌가賣國奴의驚겁이오

▲우루루룽雷霆소리妖怪/術叛出ᄒᆞ야無智愚民煽動ᄒᆞᆯ제甲午風塵掠劫後에餘手段으로[illegible]이라民財殘酷聚斂ᄒᆞ야巨萬[illegible]姿行樂ᄒᆞ니天道敎主의驚겁이오

▲우루루룽雷霆소리의衛闈을設施ᄒᆞ고外兵의前驅되니無辜良民殺害ᄒᆞ니同胞中에怨讐로다甘作魔犬더惡ᄒᆞᆫ이壹等功臣自處ᄒᆞ니一進會의驚겁이오

▲우루루룽雷霆소리地方行政酷烈ᄒᆞ야無罪良民捉囚ᄒᆞ되滿家產奪取ᄒᆞ니徹骨怨恨極天타가變換時局當ᄒᆞ엿보니還吐錢財엇지하나貪官汚吏의驚겁이오

▲우루루룽雷霆소리鄕曲富客甘誘ᄒᆞ야郡守一窠로籠絡ᄒᆞ고多數財産圖取後에此曰彼曰延拖ᄒᆞ니含淚而歸落望ᄒᆞᆯ제더厭劍、埋怨이라賣官勢客의驚겁이오

▲우루루룽雷霆소리自家權力獨專ᄒᆞᆯ제砍頭凶計做出ᄒᆞ다無罪之人捕捉ᄒᆞ야千仞坑에陷落ᄒᆞ고壹時擅權揚揚ᄒᆞ니如見肺肝可痛ᄒᆞ다爭權者의驚겁이오

▲우루루룽雷霆소리山川所禱妖怪說로[illegible]室巨額圖得ᄒᆞ야膏腴田庄廣置ᄒᆞ고高大廣廈排鋪ᄒᆞ야忽地貴人되얏스니欺君罔上네아닌가賣術者의驚겁이오

▲우루루룽雷霆소리外人勢力憑藉ᄒᆞ고國家禍胎醞成ᄒᆞ야舞弄手段大張ᄒᆞᆯ제무合運動秘密ᄒᆞ야萬里海外往來ᄒᆞ며旋設金만偷食ᄒᆞ니欺君者의驚겁이오

▲우루루룽雷霆소리堪輿之術自許ᄒᆞ고禍福說로誘人ᄒᆞ야明堂大地許多ᄒᆞ야萬年幽宅遷移ᄒᆞ고如干殘財欺取ᄒᆞ니窮及白骨悲慘ᄒᆞ다行術客의驚겁이오

社告

本支社를 在國五處에 設置ᄒᆞ고 玆以仰布ᄒᆞ오니 本報愛讀ᄒᆞ시ᄂᆞᆫ 該附近 僉君子ᄂᆞᆫ 該支社로 請求購覽ᄒᆞ심을 務望홈

▲信川邑六里 丁一善
▲永興郡南山동書舖 梁昌鎬
▲錦州郡南門니 朱伯英
▲漆川邑館前洋약局 李正華
▲寧邊邑內 明濟世

雜報

各地方會員이 本社에 投書와 寄書가 逐日답至ᄒᆞᄂᆞᆫ대 居住姓名이 昭詳ᄒᆞ고 事實이 確核ᄒᆞᆫ 者ᄂᆞᆫ 即爲揭載어니와 姓名도 不載ᄒᆞ고 事實이 模糊ᄒᆞᆫ 者ᄂᆞᆫ 因而置之ᄒᆞᄂᆞᆫ대 催促이 又至ᄒᆞ니 事甚訝惑이라 從今以後로ᄂᆞᆫ 投書와 寄書를 ᄒᆞ시ᄂᆞᆫ 人은 居住統戶數와 姓名을 詳錄ᄒᆞ시되 若又含糊ᄒᆞ오면 並爲勿施ᄒᆞ올거시니 照亮홈

●傳之者誤 前号雜報欄니 英師渡淸이란 題下에 英語학校敎師夫岩씨가 將次請願辭免ᄒᆞᆫ다ᄂᆞᆫ 事ᄂᆞᆫ 更聞ᄒᆞᆫ즉 虛無之說이라더라

廣告

東部蓮花坊後洞契壹百二拾壹統五戶 劉興瑞家박成罷에 買文券을 本人이 遺失ᄒᆞ얏스니 誰某拾得ᄒᆞ되 休紙施行　리德昌 告白

本人이 去廿四日夜에 圖章을 遺失이오니 知舊間照亮홈　平壤郡黃종淑 告白

西洋砂果五六年根五百本出賣 至急來購홈　東門外紅樹洞 金亮達 果園

本人의 祖父山이 在於金北金溝一北面□泉洞東麓이온바 去丙戌秋用山時에 張此山餘局內을 買得於其宗孫京元과 門族遠五處ᄒᆞ야 禁養守護數十年則此是宋山也오 絶非張山也어날 凶彼遠五之孫京先이가 欲掘渠塚而再賣ᄒᆞ려ᄒᆞᆫ즉 宋山을 張何以欲賣之乎아 列邑員은 勿爲見欺홈　全羅北道金溝洛陽面□老里居 宋允甫 宋在洪 告

남署曲橋第十三統三戶 故光五草家五間을 以光武六年本券으로 買得ᄒᆞ고 欲出判刻新券矣러니 陰二月二拾七日見失ᄒᆞ오니 誰某拾得休紙施行홈　大廣橋時計鋪 趙璣璨 告白

本人이 西署龍山灘項浦六十四統一戶 艸家九間을 甲申年分에 失火ᄒᆞ야 丁亥年에 新建ᄒᆞ온지 二十餘年에 此年彼年接ᄒᆞ야 家券이 本無故로 漢城府에 家券新刊하기를 請願ᄒᆞ오니 諸君은 知悉홈　金今春 告白

光明書觀에서 各種新學文과 各種聖經을 大發賣ᄒᆞ며 下水口內에 支店을 設ᄒᆞ얏스오니 僉兄弟ᄂᆞᆫ 陸續購覽ᄒᆞ시옵　平壤大同館上偶二層屋

本人이 去乙巳夏에 還浦於豐德郡下祖江東山坪ᄒᆞ고 翌年丙午春에 自該郡으로 成出立案矣러니 本人이 前看等入李喜鎭이 不告於本人ᄒᆞ고 暗典此立案文記於他人而其後以□見逃ᄒᆞ야 更不接踪於本人而今聞則李喜暗將此土立案文記ᄒᆞ야 斥賣云ᄒᆞ니 勿論內外國人ᄒᆞ고 本人相關外에ᄂᆞᆫ 勿爲見欺千萬千萬　金永振 廣告

本月廿八日廣告欄內 蛤동金聖源告白이라ᄒᆞᆫ 事緣에 本人이 陽沓五石二斗落文券을 典執ᄒᆞ고 得債. 萬兩而不報ᄒᆞ고 僞造證明放賣라ᄒᆞ얏스니 本人이 乙巳年分에 果有債於金聖源ᄒᆞ야 出給文券矣러니 金聖源이가 持去文券ᄒᆞ고 永爲避身ᄒᆞ야 不得償用하고 券亦未推故로 文券見失事로 請願證明於土在官ᄒᆞ야 放賣矣니 金聖源이가 以荷杖之計로 如是廣告ᄒᆞ니 甚屬痛歎ᄒᆞ야 玆以下明홈　西小門外冶洞 潘振煥 柳昌夏 告

本人子李圭淳이 李叢敎育이 今至拾餘年矣러니 性本浮浪ᄒᆞ야 再昨年夏에 竊財逃走ᄒᆞᆯ 西面授覓ᄒᆞ야 因置家內ᄒᆞ고 待其悔改러니 陰一月十二日에 間其本人之上京ᄒᆞ야 如干錢財沒數盜出逃走에 不知所向ᄒᆞ즉 勢不得已永爲雇離ᄒᆞ오니 從今以後로ᄂᆞᆫ 何等挾雜이 有ᄒᆞ던지 內外國人은 切勿見欺홈　崔錫斗 告白

本會事務所를 大貞동前侍從院으로 移接ᄒᆞ엿삽기 玆에 廣佈ᄒᆞ오니 京鄕會員은 照亮하심을 敬要　東亞開進敎育會 告白

本人의 姓名半形圖章을 陰二月拾七日에서 失ᄒᆞ엿사오니 知舊間照亮ᄒᆞ심을 爲要　義州南門外 金允河 告白

前郡事申錫東을 仁均으로 改名ᄒᆞ고 前議官申錫寅을 義均으로 改名홈　連山顚川 申仁均 申義均 告白

本人의 丈人趙恆烈氏가 出家ᄒᆞᆫ 年이 不知去處이오니 內外同胞ᄂᆞᆫ 逢着ᄒᆞ시면 傳知케ᄒᆞ시옵　黃海道瓮津郡海昌坊交化 白

本人이 再昨日에 紙匣을 遺失ᄒᆞ얏스온대 그 중의 香路立壓花州房錄相源許推次當文三萬五千兩無利字通票一丈과 西部延署楊泉里李泰鎬奎州家六間判刻文券一度를 셔실하얏사오니 誰某拾得ᄒᆞ와도 休紙施行홈　延署硃峴居 設聖泰 白

女學員募集廣告

大韓婦人會養蠶講習所에서 男女學員三十名을 募集ᄒᆞᆯ터이오니 入學志願者ᄂᆞᆫ 請願書에 履歷書를 添付ᄒᆞ야 陽四月拾日니로 本所에 提呈ᄒᆞᆷ 試驗日字ᄂᆞᆫ 陽四月十四日이오 入學은 同拾七日이온 在學中에 食費ᄂᆞᆫ 本所에서 支給홈　大韓婦人會養蠶講習所 告白

西署仁達坊內需洞契二十六統七戶瓦家二拾二間 中家契를 陰曆正月逢賊時에 失하얏기 玆以廣告ᄒᆞ오니 誰某間拾得이라도 休紙施行홈　金珍衡 告白

前參書馬錫麒을 改以鉉穆으로 施行하오니 僉君子照亮홈　大邱西上面達동 馬鉉穆 告白

龍仁水餘面梅谷所在堅字田一日耕 忠州金□面所在沓四斗落文券遺失 誰某拾得休紙施行　閔泳義 告白

長連郡居朴勝直이 本以悖類로 京鄕出沒에 誘引本人子錫淳之年淺ᄒᆞ야 本人租包를 欲爲暗賣於他人ᄒᆞ오니 內外國人은 切勿見欺爲要　黃海道安岳 金致龍 告白

南大門內太平洞四十四統十戶 前德信昌을 今爲改稱永信昌ᄒᆞ오니 以此知悉홈　永新昌客主崔在淑 告白

本人에 蘚洞居潘振煥이가 去乙巳年分에 南陽新里面宮坪동所持沓五石二斗落文券을 典執於錢□家ᄒᆞ와 저拾萬兩을 得償之際에 懇請이기에 右沓券을 典執於錢□後 得償矣러니 當其時振煥이가 出販ᄒᆞ와 于今避身不報ᄒᆞ며 挾雜人柳昌夏爲名人을 付同ᄒᆞ야 僞造本郡證明書ᄒᆞ와 放賣云ᄒᆞ오니 內外國人間 切勿見欺ᄒᆞ옵　西小門外蛤洞 金聖源 告白

世界三怪物

美國 斯密斯德 原著　韓國 卞榮晩 意譯　壹冊 定價 拾五錢

現世界에 三大怪物이 발生ᄒᆞ야 六洲에 橫行ᄒᆞ며 風雲을 呼喚ᄒᆞ미 愚者가 此物을 遇ᄒᆞ면 其魂을 失ᄒᆞ고 弱者가 此物을 遇하면 其軀를 喪ᄒᆞ야 此物所過에 天地가 飜覆ᄒᆞ고 國家가 丘墟ᄒᆞ야 上帝赤子가 生命을 莫保라 故로 是書ᄂᆞᆫ 特히 此三大怪物의 眞狀을 描寫ᄒᆞ야 其防備의 妙策과 利用의 術을 一一說明하야 世界의 生存을 要求ᄒᆞᄂᆞᆫ 者ㅣ 不可不一覽ᄒᆞᆯ 冊子이오니 僉君子ᄂᆞᆫ 續續購覽ᄒᆞ시옵

▲大발賣所　中署布병下 廣학書舖 金相萬　平壤종路耶蘇敎冊肆　京鄕各有名冊사

本人이 觀喪을 遂ᄒᆞ야 歸國ᄒᆞ엿더니 今又還來ᄒᆞ야 店務를 擴張ᄒᆞ고 新輸入各色春夏服과 各種帽子와 靴次와 其他諸般附屬品이 具備ᄒᆞ고 特別廉價로 販賣ᄒᆞ오니 僉位大人 如前光臨ᄒᆞ심을 敬要　貞洞大漢門前 祥興號主人 告白

新撰理化學

朴晶東氏著　全一冊定價金三拾錢

一 本書의 目的은 小學校에 敎授ᄒᆞ기 爲ᄒᆞ야 編輯홈이라
一 理化學解說下에 簡明ᄒᆞᆫ 圖를 揷ᄒᆞ야 讀者의 理解홈을 便易케홈이라
一 理化學用語와 物質의 名詞ᄂᆞᆫ 近時代漢譯의 最著ᄒᆞᆫ 者로 採述홈이라
一 本書ᄂᆞᆫ 理化學諸家의 學說中 最簡易ᄒᆞᆫ 을 採ᄒᆞ야 十五章으로 編ᄒᆞ야 학徒로ᄒᆞ야곰 二個年에 履修케홈이니 陸續購覽ᄒᆞ시옵

발賣所　布병下 金相萬廣學書舖　京城各書舖　平壤耶蘇敎冊肆　法橋大同書觀

大韓文典

崔光玉 述　李商在 校閱

此書ᄂᆞᆫ 國語의 話法과 辭法과 作文法을 一定ᄒᆞᆫ 規模로 能成ᄒᆞᆫ 者ᄂᆞᆫ 法이 備載ᄒᆞ야 高等小學校나 中學一班에 所用ᄒᆞᆯ 만ᄒᆞ오니 僉君子ᄂᆞᆫ 逐逐購覽ᄒᆞ심을 敬要

發賣所　平壤 大同書觀　京城 鄭洞 儆新학校內　安岳 勉學書舖

▲特別廣告

本社에서 名帖印刷部를 新設ᄒᆞ고 各樣活字와 別樣紙本이 俱備ᄒᆞ오며 印刷가 精美ᄒᆞ고 價値도 廉ᄒᆞ오되 特別히 學員과 夫人의게ᄂᆞᆫ 一層低廉ᄒᆞ게 ᄒᆞ오니 僉位ᄂᆞᆫ 來臨ᄒᆞ시와 隨意請求홈　大韓每日申報社 告白

教科書類 小說書類 法政書類 文藝書類

本書館은 一般撰擇ᄒᆞ고 各種書籍과 學校用品을 具備발賣ᄒᆞ오니 有志僉彦은 陸續購覽ᄒᆞ심 敬要

冊價ᄂᆞᆫ 京城各冊사와 同홈

安州城內大街「큰거리」 知新書館 金澄植

慶尙北道 大邱東上後洞　新舊學文을 大發賣ᄒᆞ오니 購買하ᄂᆞᆫ 僉君子ᄂᆞᆫ 逐逐求覽ᄒᆞ심을 希望홈　在田堂 金기鴻書舖 告白

韓美電氣會社告白

割引券을 發行하야 四月一日부터 鐵路本社及龍山停車場에서 賣下홈

割引券은 每券에 六拾枚로 編成ᄒᆞ고 代金은 貳圜八拾五錢으로 收ᄒᆞ며 每區域에서 一枚式 新貨五전과 又치 使用홈

龍山線 區域을 四月一日부터 남大門外 電車停車場前으로 改定홈

電車발着 時間은 四月一日부터 改定ᄒᆞ야 夏期時間表를 依行홈

本人이 借貸于三湖居鄭盛□家이온바 北署鎭□坊三湖동第九統七戶 草家十三間傳貰文券一張을 遺失故로 玆以仰告ᄒᆞ오니 誰某拾得ᄒᆞ와도 休紙施行홈　李錫九 告白

●慶州府內面新基里
리基전　鄭志瀏　各一圜
리基源　리章圭　各八十錢
리鍾九　徐宗俊　曹秉源
리香湖　리鎬宰　라根榮
金鳳朝　리鍾河　金鳳祿
리再榮　리德秀　리秀榮
鄭志淳　리圭桓　리琦秀
리錫漂　김基彦　鄭經煥
白文五　리浩榮　各六十전
白東진　리基翰　리奎相
리基祥　리孝옥　리秉龜
리泳秀　각四十錢　리學根
리基洛　정載寬　리春秀
具榮春　金尙元　徐相圭
韓宗夏　朴大宗　各二拾錢
合二拾圜二拾錢

▲江東面삽谷里
孫晋箕一圜六錢　정來河
孫秀奎　孫晋炯　各六十錢
孫永鶴　孫晋斗　孫秀燁
孫晋九　각四拾錢　孫秀傑
리淳久　리斌久　리漸久
孫晋圭　리以成　金福伊
李千석　崔日三　리千得
全丁동　全仍中　崔仁石
박용伊　趙庚尙　리武範
張善終　金福述　김几伊
각二拾錢　合八圜四十六전

▲多山里
리斗和　리南和　各五錢
리喜鎔　리容燮　權宜龍
리燕東　각一圜　리恩鉉
八十錢　리時水　李容觀
金贊彦　金相玉　金秉彦
權九翰　黃鍾基　鄭顯龍
김相久　各六十錢　리容晋
리燮和　리容根　리範和
리吳和　리宋和　權宜鳴
리燕鎭　리基錫　權九嚞
리能賢　각四十錢　리璇水
리容祖　리日和　리翊和
리容극　權宜용　李三德
리燕一　李友永　리鍾文
權寓世　金麒彦　정鎭八
리萬東　리能參　리容곡
리度和　각二十전
合二十八圜

總合五拾六圜四拾六錢
前總合五萬九千八百三十六圜
○六錢二厘
都總合五萬九千八百九十二圜
五十二錢二厘

發行兼編輯人英國人　裴說
發行所　南署石井洞號外旅三條洋舘內
大韓每日申報社

第六卷

大韓每日申報

第七百六十九號

月曜及慶節 臨時休日刊

檀君開國四千二百四十一年
箕子元年三千三十年
大韓開國五百十七年
日本明治四十一年
淸國光緖三十四年
陰曆戊申三月小初一日丙戌

論說

●春懷壹篇

困夢을初醒ᄒᆞ고曉窓을壹推ᄒᆞ니佳麗ᄒᆞ다光景이며溫暖ᄒᆞ다天氣여嗚呼春已來矣로다

庭畔의宿草ᄂᆞᆫ細芽를新坼ᄒᆞ며籬頭의老木은枯枝가將蘇ᄒᆞ고東隣小兒ᄂᆞᆫ富貴花를坐賞ᄒᆞ며西舍健夫ᄂᆞᆫ百日紅을爭栽ᄒᆞ니群生草木이個々春光을歡迎ᄒᆞ되다마ᄂᆞᆫ可憐片石下에壹寸久壓ᄒᆞᆫ筍은何時에나自由出頭ᄒᆞ라ᄂᆞᆫ지

滿林歸禽은雌雄相和ᄒᆞ며動蟄羣虫은同類相求ᄒᆞ고從地躍徙(종달새)은雄飛가日高ᄒᆞ며勸布穀鳥ᄂᆞᆫ生計를日催ᄒᆞ니禽虫微物도個々春功을讚美ᄒᆞ더마ᄂᆞᆫ可憐叢薄間에拾月凍殺後은何日에나幸福을購得ᄒᆞᄂᆞᆫ지

前江에水暖ᄒᆞ니大魚ᄂᆞᆫ踴躍ᄒᆞ고小魚도徉徉이라龍宮大闕에[illegible]世界를開闢ᄒᆞ고鯨鯢鰲背에春游戰爭을設始ᄒᆞ야個個春情으로活動ᄒᆞ다마ᄂᆞᆫ可憐溷濁底에三尺銀鱗魚ᄂᆞᆫ何處에서斗水를沾被ᄒᆞᆯᄂᆞᆫ지

空山에日入ᄒᆞ니狐狸綏々ᄒᆞ고미鹿은濯々이다前虎後狼이眈々相逐ᄒᆞ며左龍右비가相々相脫ᄒᆞ야個個春機로跳舞ᄒᆞ다만은可憐深柵裡에一條晴月半ᄂᆞᆫ何年에羈絆을脫免ᄒᆞ라ᄂᆞᆫ지

宇宙에俯仰ᄒᆞ고東西로徘徊ᄒᆞ니上天이無私ᄒᆞ셔春色이處々來언만은壹邊에ᄂᆞᆫ歡樂聲이며一邊에ᄂᆞᆫ歎歎聲이오一邊에ᄂᆞᆫ歌呼聲이며壹邊에ᄂᆞᆫ呑泣聲이라茶爾生涯가六洲에遍滿ᄒᆞᆫ대唯此三千里內에ᄂᆞᆫ風凄々ᄒᆞ며雨蕭々ᄒᆞ야只是春來不似春의景況이로다

孰令爲之며孰使然之오竊聞컨되救者培傾者覆이오自助ᄒᆞ면天助라故로曰在人이오不在天이니惟願韓國靑年은春淚를且拭ᄒᆞ며春恨을且休ᄒᆞ고春風舞袖로舞臺에勇進ᄒᆞ야靑年好時節을勿負ᄒᆞᆯ지어다

外報

●拓殖社組織 東京電을據ᄒᆞᆫ則東洋拓殖會社創立委員會ᄂᆞᆫ大藏省內에置ᄒᆞ고松田藏相은會長이되야七月末ᄭᆞ지會社를設立ᄒᆞᆯ터이라더라

●琿春과間島防備 淸國督撫會의結果로吉林에在ᄒᆞᆫ北洋軍第一營과吉軍의第二營을合ᄒᆞ야兵二千五百을間島와琿春에分派ᄒᆞ야東邊國境의防備를嚴重히ᄒᆞ기로軍隊ᄂᆞᆫ旣往吉林에서발ᄒᆞ얏다더라

●廣東排日運動 廣東電을據ᄒᆞᆫ즉廣東省에排日運動이依然히熾盛ᄒᆞ야日本에對ᄒᆞ야罵詈ᄒᆞ며或은投石ᄒᆞᄂᆞᆫ대廣東總督이淸廷의訓令과日本領事의抗議를因ᄒᆞ야鎭撫에努力ᄒᆞᆫ다더라

●緬甸雲南의鐵道 上海電을據ᄒᆞᆫ즉英國政府가緬甸雲南間鐵道敷設에關ᄒᆞ야協約을淸國과締結ᄒᆞ라ᄒᆞᆫ다더라

●宮內官派遣 東京電을據ᄒᆞᆫ즉日本日高內大臣秘書官을韓國에派遣ᄒᆞᆫᄂᆞᆫ대伊藤統監과同行ᄒᆞᆯ터이라더라

●韓人歸淸 奉天電을據ᄒᆞᆫ즉韓國人八百名이琿春서淸國官憲의게歸依ᄒᆞ기를請願ᄒᆞᆷ으로吉林巡撫ᄂᆞᆫ總督의게諮問ᄒᆞ야此를許可ᄒᆞ얏ᄂᆞᆫ데又出願者가連續有之ᄒᆞ다고聲言ᄒᆞ얏다더라

●北京火變 北京電을據ᄒᆞᆫ즉近來火災가頻々ᄒᆞ야陳列所가燒火ᄒᆞ고頤和宮이亦爲被燒ᄒᆞᆫ뿐더러此際에革命黨이入京ᄒᆞᆫ다ᄂᆞᆫ風說이有ᄒᆞ야人心이搖動된다더라

雜報

●리寡米書 韓國閔泳徽씨가十餘年前平安觀察在任時에安州居李召史의夫金義鼎을稱以四寸間不和ᄒᆞ고甘結于博川郡ᄒᆞ야발校捉去ᄒᆞ야嚴杖셜囚가迫近數朔故로不堪惡刑ᄒᆞ야安州郡上端及坪里所在二十九日晦에致斃矣러니其後에又以本人夫名으로[illegible]貼紙를別定京下人下送ᄒᆞ야其時京來人이稱以前例ᄒᆞ고資需也許多雜費ᄂᆞᆫ尙矣勿論ᄒᆞ고嚴威農室을敢生指斥ᄒᆞ야稱以內納ᄒᆞ고安州蔣哥所在畓二十五日畊을爲勒奪이오ᄂᆞᆫ其時則閔氏之勢力을不敢抵當ᄒᆞ야以來拾餘年을未得推推矣러니至于今年ᄒᆞ야上京欲推則勒以陰二月拾九日出給으로爲答矣러니待其日하야又往該氏宅則該氏ᄂᆞᆫ不爲出給ᄒᆞ고反以若干錢兩으로欲爲塞責하며使人請和이기其無理而更往該宅ᄒᆞ야欲爲說明則使隷逐出ᄒᆞ며拒絕ᄒᆞ故로勢不得呈訴司ᄒᆞ야以待公決之意로決心矣러니數氏가使門人李澤起로威挾日大臣之子衛樹씨가往復于內部大臣ᄒᆞ야李召史를押囚警廳之意로揚言ᄒᆞᄂᆞᆫ지라李召史가對人說明ᄒᆞ여曰吾夫가權於此事ᄒᆞ야至於身死ᄒᆞ니此畓을若不還推ᄒᆞ면吾亦決死ᄒᆞ야以雪此冤이라고本社에來言ᄒᆞ더라

●一進占校 順川時務學校ᄂᆞᆫ光武九年에本郡有志人士들이捐財設立ᄒᆞ고學部에서私立으로認許ᄭᆞ지ᄒᆞ여至于今維持之望이有ᄒᆞ더니數月前브터一進會에서該校를占領ᄒᆞ여日本人敎師를延聘ᄒᆞ고校名은改稱郡立普通學校라云ᄒᆞᆷ으로舊日任員及學徒ᄂᆞᆫ四散彷徨ᄒᆞᆫ다더라

●梅校褒賞 官立梅洞普通學校第壹回卒業試驗榜을昨日에出榜ᄒᆞᆫᄃᆡ四年級優等生劉永鎬等拾六人은卒業ᄒᆞ고三年級優等生은尹萬興三人이오二年級優等生은[illegible]等四人이오壹年級優等生은[illegible]星岩등인대各々賞品을給ᄒᆞ얏다더라

●光興紀念 再昨日光興學校紀念式에來賓與職員이二百餘人에達ᄒᆞ얏ᄂᆞᆫ데[illegible]氏가敎育方針을一場演說後撮影ᄭᆞ지ᄒᆞ얏다더라

●三民熱心 海州府[illegible]李家應善鄭金鳳業主事[illegible]三氏가敎育에熱心注意ᄒᆞ야學校를新設ᄒᆞᄂᆞᆫ대則本郡[illegible]에仕議하야公事를觀務ᄒᆞ고夜則該學校에齊會ᄒᆞ야諸般方針을商議進興ᄒᆞᆫ則郡內老少가捧頭悅服ᄒᆞ야義捐ᄒᆞᆫ金額이爲先五千六百餘圓에達ᄒᆞ얏고生徒가日加月增ᄒᆞᆫ다더라

●晋州進明 忠淸남道禮山郡居ᄒᆞᄂᆞᆫ[illegible]氏가靑年敎育에熱心ᄒᆞ야該郡西面에晋明學校를創立ᄒᆞ고同氏가校長兼敎師를兼帶ᄒᆞ얏ᄂᆞᆫ대學徒가四拾餘名에達ᄒᆞ얏다고南來人이稱道ᄒᆞᆫ다더라

●果則實守 長湍郡守金潤晶氏가日守備隊長과巡査部長으로更嚴重히交涉ᄒᆞ야憲兵巡査를廢ᄒᆞ고民間의私自出入ᄒᆞᆷ을禁戢ᄒᆞ고良民이義兵干連으로被捕ᄒᆞᆫ者가有ᄒᆞ면一邊交涉ᄒᆞ고一邊報府ᄒᆞ야伴卽放釋ᄒᆞ니一境이無事ᄒᆞ다고南來人의傳說이有ᄒᆞ더라

●三港淸潔 三和港埠頭監督[illegible]俊植氏가同署를愛ᄒᆞᄂᆞᆫ것과愛國誠이特有ᄒᆞᆷ은累報어니와該氏가餘財一千餘兩을捐出ᄒᆞ고擔負軍三百名을募집ᄒᆞ야衛生에必要로每年春秋로港內六洞에淸潔을實施ᄒᆞᄂᆞᆫ데今春에爲先一次淸潔을行ᄒᆞ얏다더라

●晝夜敎授 三和港龍井洞耶蘇敎女學校에漢文敎師가無ᄒᆞ고僅兩機耶蘇敎女學校에留學ᄒᆞᆫ敎師가無ᄒᆞᆷ으로敎育方針이萬無ᄒᆞ더니[illegible]港埠頭監督에셔漢文敎師一人을選定ᄒᆞ야午前은龍井洞女學校에서敎授ᄒᆞ게ᄒᆞ고午後에ᄂᆞᆫ僅兩機女學校에서敎授ᄒᆞ게ᄒᆞ얏ᄂᆞᆫ대該港內人士이稱頌ᄒᆞᆫ다더라

新譯 海外稗談

第一章 俄國宮中의人鬼（續） 多蒼山人 譯

虛無黨者ᄂᆞᆫ固俄國의肘腋下의서出沒ᄒᆞᄂᆞᆫ者인데俄之宮廷이警搾蜂窠ᄒᆞ야穴於其中者ᄅᆞᆯ執是虛無黨이며執是[illegible]黨인지安能辨之리오此人影者가旣已宮禁에出入ᄒᆞ니卽果是刺客也엿지며其本職은非將有則侍從也라衛發明에告警敢捕ᄒᆞ면彼ᄂᆞᆫ發覺口에卽可解脫ᄒᆞ야波里斯를反噬ᄒᆞ리니虛無黨人의性質如此ᄒᆞᆷ은俄廷之人의所共稔知也라

故로料神譯認에彼ᄂᆞᆫ過ᄒᆞ니益益案에盡忠ᄒᆞᄂᆞᆫ人은共危險이殆異謀逆者로同等制國의通例가然也니波里斯의遲回審顧가不得不然이니이다

波里斯가正홀몰失措ᄒᆞ여니忽聞登禮音이空房에셔ᄂᆞᆯᄒᆞ야隨風而至ᄒᆞ거ᄂᆞᆯ傾耳[illegible]聽ᄒᆞ니門扉開閉之聲也러라於心에默忖ᄒᆞ되彼刺客이必也無人之室에潛入ᄒᆞ야몸쳐를搜覓코저ᄒᆞᆷ이로다危機發發에手無寸鐵ᄒᆞ니波里斯ᄂᆞᆫ[illegible]狽ᄂᆞᆫ不啻可喩나此時의猛悟ᄒᆞ니休想室中의劍從拾箇이有ᄒᆞ거ᄂᆞᆯ遂飛步徙取ᄒᆞ야携劍出門ᄒᆞ다가忽目중而不能視ᄒᆞ며舌咋而不能下ᄒᆞ며股挺足麻而不能復步ᄒᆞ니此又何故오[illegible]가空鄕에突出ᄒᆞ야波里斯를攔遮ᄒᆞᆫ所以라

咄哉다此괴物가果何物也오其人耶아鬼耶아幽中之木魅耶아否라乃是高然七尺之丈夫가白帕로裹首ᄒᆞ며黑衣로曳地ᄒᆞᆫ대蒼茫ᄒᆞᆫ淡月之光에其面目을能躬黙미辨이니彼ᄂᆞᆫ果非他라正是此先朱[illegible]에侍國官吏가爲之服從ᄒᆞᄂᆞᆫ前皇亞歷山大第三의侍從也러이다

波里斯驚魂이稍定ᄒᆞᆫ後에數步出門外ᄒᆞ야衛空屋을窺ᄒᆞ니乃更存絶ᄒᆞ며[illegible]方纔所見之人影이忽又寂然消滅ᄒᆞ야不可蹤跡이오但見淸淡ᄒᆞᆫ月光에寒蟲만喞喞ᄒᆞ더이다以上云云은皆波里斯의所自述也라

（未完）

雜報

●御眞移奉 平壤豊慶宮에奉安ᄒᆞ신 太祖高皇帝陛下 御眞과 太皇帝陛下 御眞을奉來ᄒᆞ야 昌德宮내로奉安ᄒᆞ기로니完ᄒᆞ얏다더라

●龍顔微腫 太皇帝陛下ᄭᅴ옵서 玉度靡寧ᄒᆞ옵시다ᄂᆞᆫ說은前報에屢揭어니와 面部에微腫이又발ᄒᆞ셧다더라

●御射節次 太皇帝陛下ᄭᅴ옵서親臨 御射ᄒᆞ신다ᄂᆞᆫ說은已爲報道ᄒᆞ얏거니와一週日間에二次式 親射禮를擧行ᄒᆞ시고現今掌樂課에서習樂妓生三拾名을招入ᄒᆞ야劒舞를 御覽하옵신다더라

●德壽問安 本日上午拾壹時에 大皇帝陛下ᄭᅴ옵서德壽宮에 問안次로動駕ᄒᆞ신다더라

●日醫入城 日本醫士가 太皇帝陛下玉侯診次로伊藤統監이命送渡來ᄒᆞᆫ다ᄂᆞᆫ說은前報에已揭어니와히醫士ᄂᆞᆫ醫학博士佐藤進시인대昨日下午九時에入城ᄒᆞ얏다더라

●御覽入診 大皇帝陛下ᄭᅴ옵서德壽宮의動駕ᄒᆞ신다ᄂᆞᆫ說은別項과如ᄒᆞ거니와動駕ᄒᆞ오셔日本醫士佐藤進이가入診하ᄂᆞᆫ거슬 御覽ᄒᆞ신다더다

●妓生監督 太皇帝陛下ᄭᅴ서親射ᄒᆞ실時에使用ᄒᆞᆯ妓生을每日掌樂課에서習樂ᄒᆞᄂᆞᆫ대承寧府總管趙民熙씨가該課에前往監督ᄒᆞᆫ다더라

●니閣云變 挽近以來로新니閣이組織된다ᄂᆞᆫ說이浪藉ᄒᆞᆫ더其니容을漏聞ᄒᆞᆫ즉六品大臣이半數以上이나被任되리라고들하더라

●觀妓習樂 承宣君리준鎔氏가再昨日下午에掌樂課에前往ᄒᆞ야妓樂을觀覽ᄒᆞ얏다더라

●訪問度大 總理大臣리完用씨가有何緊議事件이던지再昨日下午四時에度支大臣高永喜氏를訪問ᄒᆞ얏다더라

●農相云歸 農商大臣宋秉畯氏가本日 皇太子殿下上학禮式을陪覲ᄒᆞ고明日에발程ᄒᆞ야五六日頃에入城ᄒᆞᆯ預定이라더라

●妓樂長技 中樞院顧問리址鎔承寧府總管趙民熙侍從閔鄕리會九三氏와其他某々諸氏가再昨日掌樂課에서妓樂으로跌宕盛遊ᄒᆞ얏다ᄂᆞᆫ데現時代를當ᄒᆞ야此等遊樂이該시들외本色인즁은人所共知어니와究其心志하면沒廉이太甚이라고浪藉ᄒᆞ더라

●伴兵上京 春川觀察使黃鐵氏가得由上京코저ᄒᆞ되義兵을畏劫ᄒᆞ야多月燥鬱ᄒᆞ더니今番近衛隊兵丁回京ᄒᆞᄂᆞᆫ路에同伴入城ᄒᆞ얏다더라

●修贊計算 昌德宮을將次修理ᄒᆞᆫ다ᄂᆞᆫ대所入經費ᄂᆞᆫ八萬六千圓으로計算ᄒᆞ얏다더라

●兩陵내官 解散ᄒᆞᆫ니官을陵官으로區處ᄒᆞᆫ다ᄂᆞᆫ說은昨報에已揭어니와爲先二人을叙任ᄒᆞ얏ᄂᆞᆫ데恭陵參奉은前典守번錫진으로獻陵參奉은前典守金宜鉉시가叙任ᄒᆞ얏다더라

●其子又選 宰相某某시가大同會長을被選ᄒᆞ엿다더니更聞ᄒᆞᆫ즉金宗漢시의令男金基東시가被選ᄒᆞ야數次出席ᄒᆞ얏다더라

●視察入城 南中地方을視察ᄒᆞᆫ니部府郡課장鶴岡과地理課장雞壽淵시等一行이再昨日에入城ᄒᆞ얏다더라

●中村歸國 法部事務官中村秀夫시가民刑事統計事務을調査以來로ᄒᆞᆯ次로昨日에日本으로渡去하얏다더라

●리氏歸國 通興會社를設立ᄒᆞᆫ前郡守리圭恒氏가무合物品을貿來次로日本에前往ᄒᆞ얏다가再昨日에歸國ᄒᆞ얏다더라

●買亭移眷 前判書洪淳馨氏가三淸洞玉壺亭을買渡ᄒᆞ야鄕眷을一齊히搬移하얏다더라

●法所費額請撥 法官養成所를擴張ᄒᆞ고학徒二百五拾餘名을加額募集ᄒᆞᆫ다ᄂᆞᆫ데擴張費四百五拾圓을支出ᄒᆞ라고法部에서度支部로照會ᄒᆞ얏다더라

●他郡何嫌 地方各郡主事를本郡人으로만叙任ᄒᆞ더니從今以後로ᄂᆞᆫ無論何郡人ᄒᆞ고資格만合當ᄒᆞ면叙任ᄒᆞ기로내部에서擬議ᄒᆞ얏다ᄂᆞᆫ說이有ᄒᆞ더라

●牌院分張 司正院을設置ᄒᆞ고人民에게戶牌를實施ᄒᆞᆫ다ᄒᆞᆷ은각報館에已揭ᄒᆞ얏거니와該院官制가將次頒布된다ᄂᆞᆫ대十三道에出張所을排置ᄒᆞ고事務를處理ᄒᆞᆫ다더라

●恐妨衛團 司正院을設置ᄒᆞᆫ다ᄒᆞᆷ은別項과如ᄒᆞ거니와法大趙重應氏가反對沮戱ᄒᆞᆫ다ᄂᆞᆫ대其理由인즉自衛團에妨害가有ᄒᆞᆫ가ᄒᆞᆷ이라더라

●恤金頒布 니部에서拾三道에調令ᄒᆞ되昨年水火에罹ᄒᆞᆫ者에對ᄒᆞ야死亡者壹人에七拾五전式과家屋壹間에三拾전式으로恤금을下送ᄒᆞ니死者ᄂᆞᆫ遺族에게交付ᄒᆞ고漂頹燒火家戶ᄂᆞᆫ其戶主에게交付後領受記를上ᄒᆞ라ᄒᆞ얏더라

●反請減債 閔泳采鄭寅國氏等이雜技事件으로警視廳에被囚ᄒᆞᆷ은人所共知어니와其事實을得聞ᄒᆞᆫ즉當初에리址鎔趙民熙趙命회諸시가三千餘圓을負債ᄒᆞ얏다ᄂᆞᆫ대閔泳采시와李시가該事件을將次警視廳에請願ᄒᆞ라ᄒᆞᆫ즉리址鎔趙民회시等은言ᄒᆞ기를三千圓을蕩減ᄒᆞ마ᄒᆞ얏다ᄂᆞᆫ說이有ᄒᆞ더라

●關眼手段 平壤居前參領方興周시가金鎭龜金澄櫚債訟事에對하야同澄櫚의委任ᄒᆞᆫ辯護士齊藤滾五郞이以金鎭龜의金額으로欲爲關眼이러니事不諧ᄒᆞᆷ을慮ᄒᆞ야現爲上京ᄒᆞ야스니히시의敏活手段으로誰某를關眼ᄒᆞᆯ는지不知ᄒᆞ거니와金시의多數金額을籠絡ᄒᆞ야關眼餘額으로欲充自橐ᄒᆞ니히시의打背撫背之術은世所難測이라더라

●校장自退 晉成학校장盧伯麟시ᄂᆞᆫ再昨日에請願自退ᄒᆞ얏다더라

●武校請移 法官養成所를夜珠峴前武官학校로移接ᄒᆞ게ᄒᆞ다고該所에서法部로報告ᄒᆞ얏더라

●手藝器械貿來 高等女학校를設置ᄒᆞ고該학徒의手藝器械를日本에注문貿來ᄒᆞᆫ다ᄂᆞᆫ대刺繡。編物。造花等屬이라더라

●夫人同參 仁川港日語학校에서昨日에卒業式을擧行ᄒᆞ얏ᄂᆞᆫ데학務局長尹致旿시가同夫人ᄒᆞ고往參ᄒᆞ얏다더라

●春期放학 各官立학校에서今日爲始ᄒᆞ야限拾日ᄒᆞ고春期放학ᄒᆞᆫ다더라

●高等校卒業 漢城高等학校第四回卒業式을擧行ᄒᆞ얏ᄂᆞᆫ데優等生은千阳鎬金亨培리龍鎭三시오及第生은徐丙斗全光鉉林炳彛尹泰弘黃興周五시라더라

●明月宴待 今番日語卒業ᄒᆞᆫ三拾餘人諸시가昨日下午四時에明月館에設宴ᄒᆞ고히校敎師諸시를請待하얏다더라

●宴待俱樂 東洋協會習通하校分校卒業生諸시가來四月二日下午六時에泥峴日人俱樂部에設宴ᄒᆞ고該敎師김澄櫚김東完시等을請邀ᄒᆞᆫ다더라

●借倉設校 羅州郡枝竹上谷郡谷三面에居ᄒᆞᄂᆞᆫ리信啓羅士集朴承殷三氏가 慶善宮所管二倉과潮海兩倉舍에학校를設立ᄒᆞ기로該宮에請願ᄒᆞ여認許를得ᄒᆞ얏다더라

●韓兵入城 義兵을鎭壓ᄒᆞ기爲ᄒᆞ야兩西等地로派送ᄒᆞ얏던近衛隊兵丁이江原道에巡行ᄒᆞ고再昨日下午에入城ᄒᆞ얏다더라

●魯城義擾 魯城來人의所傳을據ᄒᆞᆫ즉義兵이該郡境內에橫行ᄒᆞ야각面面장을指揮ᄒᆞ야結錢을收刷치못ᄒᆞᄂᆞᆫ데面長二人은笞刑을當ᄒᆞ고二人은家屋을全燒ᄒᆞ얏다더라

●聯絡船借入 釜山과馬關間에聯絡하ᄂᆞᆫ瀛船은五月上旬부터晝夜에二次式往來ᄒᆞ기로定ᄒᆞ야薩摩丸을郵船會社의셔借入ᄒᆞ얏다더라

●甚賊被捉 日本人前田永島田宗號七人이去拾壹日에長湍郡松上面에在ᄒᆞᆫ開城大廟里居김종太시에墳墓를破掘ᄒᆞ고高麗磁器를窃取하다가開城警察署에被捉하얏다더라

●何意越墻 日本木手松浦眞三郞及玉置貞太郞兩人이三昨日下午三時에惇德殿前洋製殿閣을玩남次로越墻入去하다가南部警署로捉致ᄒᆞ얏다더라

●權家火變 陽川郡三井面訪花峴居權主事睆奎氏家에서本月二拾日에兒孩가(셩양)으로相戱ᄒᆞ다가失火ᄒᆞ야니舍二間과外舍四五間만幸히救免ᄒᆞ고其餘七八間은沒燒ᄒᆞ얏다더라

●夫人會葬 蓮洞耶蘇敎牧師奇一氏의夫人이卒逝ᄒᆞ야昨日上午十一時에발靷ᄒᆞ야楊花渡義葬地에安葬ᄒᆞᄂᆞᆫ데該敎會中一般男女老少가一齊히會葬次로前往ᄒᆞ얏다더다

▲地方消息▼

▲去月二拾三日午前八時에淳昌郡雙項里에서義兵約五十名이日騎兵隊와交戰ᄒᆞ얏다ᄒᆞ고

▲去月二十五日에高原郡에義兵一百五十餘名이히地巡査駐在所를來襲ᄒᆞ미郵便護送兵四名이壹時間을應戰ᄒᆞ얏다ᄒᆞ고

▲去月二十六日午前五時에黃海道白川溫井院南方三里附近에義徒幾拾名과日守備隊와交戰ᄒᆞ얏다ᄒᆞ고

▲去月三拾日에義兵六十餘名이海州西方約五百米突되ᄂᆞᆫ山中에서日憲兵과日守備隊兵과二拾分을交戰ᄒᆞᄂᆞᆫ데日憲兵上等兵壹名이重傷하얏다ᄒᆞ고

▲去月二拾四日午後三時에義兵約二百名이風帆船四隻을分乘ᄒᆞ고康翎郡敗미面九月浦의上陸ᄒᆞ얏다ᄂᆞᆫ報를接ᄒᆞ고當地日憲兵分遣所의셔憲兵曹장以下幾名을出張ᄒᆞ야目的地의到達ᄒᆞᆫ즉多數義兵이壹齊히三時間을射擊ᄒᆞ야彼此死傷이有ᄒᆞ얏다더라

東京電報

三拾日발

●日本排斥議決 사로늬와駐在ᄒᆞᆫ日本領事의報告의曰第二辰丸事件의關하야히處의在ᄒᆞᆫ淸國人들은集會ᄒᆞ야日本物品을排斥ᄒᆞ기로決議ᄒᆞ얏다더라

同日발

●統監云渡 伊藤統監은四月五日의大磯의서발行ᄒᆞ야歸任路의就ᄒᆞᆫ다더라

▲看竹題品▼

▲窓外綠竹題品하니風雨霜雪經刼後에靑靑ᄒᆞ다며性色이不改淸陰自若ᄒᆞ니君子節이네아니나

▲蕭瑟洞霜扶疎枝에壹團貞心自如ᄒᆞ다扶桑東天壹陣風이壹幅山河吹撼ᄒᆞ나檀君以後四千年에强硬風氣難變이라君子竹아네알니라

▲萬木荒凉暮秋天에四時春色獨帶로다荒蕪礦産占領ᄒᆞ야三千疆土分割ᄒᆞ나쌍생이ᄂᆞᆫ못ᄒᆞ며가니背邱山川長不改라君子竹아네알니라

▲梅菊蘭兮同等이나靑靑氣色自別이라外國人이雇備되여內外官職圖差하고韓日人이渾處ᄒᆞ나薰유氷炭不同器라君子竹아네알니라

▲滿地白雪大冬天에不變本色凛凛ᄒᆞ다外人規模效倣ᄒᆞ야衣制ᄭᅡ지變更ᄒᆞ나錦衣公子더貴驚은出番人谷未聞이라君子竹아네알니라

▲霏霏細雨暮春節에氷玉貞姿依舊ᄒᆞ다日人敎師雇聘ᄒᆞ야日語학習더學徒ᄂᆞᆫ自國思想未滅ᄒᆞ야崑山斥玉自若하니君子竹아네알니라

▲烟籠寒水薄暮時에壹朶精神亭亭ᄒᆞ다外人事務排置ᄒᆞ야地方政治管轄하나民心不服엇지ᄒᆞ리水火元來不相濟라君子竹아네알니라

▲滿天寒風吹到處에猗猗性質斐然ᄒᆞ다此時代가何時代뇨外人天地되얏고나阿附情態더微物도天良本心必回ᄒᆞ리君子竹아네올니라

▲巒中壹枝壁上斜ᄒᆞ니依微影子天然ᄒᆞ다縱橫時事此局上에百般秘計醜出ᄒᆞ나禮義東邦우리同胞變華爲夷萬無ᄒᆞ다君子竹아네알니라

▲脩々衆影彈琴聲에져心事를누가알가變換世界冷笑ᄒᆞ고高臥不起幾箇雄이濟世經綸徘徊ᄒᆞ니紛紛塵氣何時掃오君子竹아네알니라

社告

各地方會員이本社에投書와寄書가逐日답至ᄒᆞᄂᆞᆫ데居住姓名이昭詳ᄒᆞ고事實이確核ᄒᆞᆫ者ᄂᆞᆫ即爲揭載이니와姓名도不載ᄒᆞ고事實이模糊ᄒᆞᆫ者ᄂᆞᆫ因而置之ᄒᆞᄂᆞᆫ데催促이又至ᄒᆞ니事甚訝惑이라從今以後로ᄂᆞᆫ投書와寄書ᄒᆞ시ᄂᆞᆫ人은居住統戶數와姓名을詳錄ᄒᆞ시되若又含糊ᄒᆞ오면此等勿施ᄒᆞ올ᄒᆞ시니照亮홈

雜報

●姓同名異　本報第七百六十壹号雜報欄니에瞳在奸計이란題下에韓進國시가北陵參奉挾雜ᄒᆞᄂᆞᆫ事ᄂᆞᆫ更聞ᄒᆞᆫ즉韓進國시ᄂᆞᆫ아니라韓啓宰라더라

廣告

本人이去乙巳年分에潘鎭煥所有南陽郡宮坪洞所在斯字畓五石二斗落文劵을典執ᄒᆞ고當文ᄀ萬兩을債給ᄒᆞ얏더니同鎭煥이가出販逃身不報이온바噫彼鎭煥이가內懷賊心ᄒᆞ고隱坐幽處ᄒᆞ야與該郡居韓顯緯昌夏로互相符同ᄒᆞ야僞造證明書ᄒᆞ야已典답土을欲賣云故로不無疑慮ᄒᆞ야本陰二月二十七日分에本報論理廣布ᄒᆞ얏더니凶彼鎭煥이가反生賊心ᄒᆞ야同月二十九日에本報廣告ᄒᆞ기를去乙巳年分에該劵을典執ᄒᆞᆫ者로出給本人이더니避身不現故로卞明廣告ᄒᆞᆫ다ᄒᆞ얏스나果若渠言而乙巳年給劵이면何不趂即廣告而今幾廣告乎아該典劵與鎭煥之票가自在無疑이기로玆에更佈ᄒᆞ오니內外國人間切勿見欺於鎭煥

處ᄒᆞ시고或有僞券이라도休紙施行홈
四小門外蛤洞居 金聖源 告白

▲株金募集廣告

本社에서農商工部에認可를承ᄒᆞ얏숩기株金을募集ᄒᆞ오니願入ᄒᆞ시ᄂᆞᆫ僉君子ᄂᆞᆫ左記條例를照亮ᄒᆞ시ᄋᆞᆷ을望홈

▲左記

一 應募期日 即保證金辦納日
自隆熙二年四月
至同年四月廿日
(陰三月一日 陰四月一日)

一 資本總額 拾萬圓

一 壹株金額 貳拾圓

一 保證金額 一株에對ᄒᆞ야壹圓

一 第一回辦納金額 一株에對ᄒᆞ야五圓
但第壹回辦納金은保證金을扣除計算홈

一 第壹回金辦納期日은(自隆熙二年五月一日 至同年五月廿日)(陰四月二日陰四月二拾二日)

一 株金取扱所 株金領受所ᄂᆞᆫ
韓一銀行
漢城銀行
農工銀行
本社

發起人 張輔衡 趙彭漢等
贊成員 趙鎭泰 趙秉澤 韓相龍

南署棗洞契六十二統九戶 苧洞四巨里
二層洋屋
漢城材木柴炭株式會社仰布

本人에圖章을陰二月拾五日에서失ᄒᆞ야新造ᄒᆞ고該圖章은勿施ᄒᆞ엿기廣告홈
中部貞善坊金萬年契廿三統四戶 卞鎭舜 白

潘南朴氏用字行列還以泳字改正族戚知舊照諒
朴氏門中 告白

本人이去乙巳四月分에豊德郡下租江東山坪還浦築堰라가海水漲溢ᄒᆞ야破潰築堰ᄒᆞ야役費百萬餘金見敗ᄒᆞ고昨年三月分에與爲築堰ᄒᆞ야役費가爲三萬餘兩也라兩次所入金八萬餘金을計邊ᄒᆞ면拾有餘萬金所八之工요已經四年之事를今忽奚振써所有地로揭載新聞ᄒᆞ즉金氏가實欲奪去면役費를計邊出給則百拜送交該地ᄒᆞ깃고不費壹分ᄒᆞ고欲奪築堰은實非經遇也니孰是孰非ᄂᆞᆫ自然確知故로玆에廣告홈
리喜鎭 告白

本府尹倉鎭哲氏가鐵山郡守在任時에多著政蹟ᄒᆞ야萬口成碑러니何幸本府尹轉任以後로去益奮勵에政治一新ᄒᆞ고教育是擴이라府主事張宗植白道源兩氏ᄂᆞᆫ本以有名的학問家로互相輔導에一境賴安이기玆以公佈홈
龍川府士民等 告白

▲廣賣
西洋砂果五六年根五百本出賣至急來購홈
東門外紅樹洞 金光建 果園

남署曲橋第十三統三戶金光五草家五間을以光武六年本券으로買得ᄒᆞ고欲出判刻新券矣러니陰二月二拾七日見失ᄒᆞ오니誰某拾得休紙施行홈
大廣橋時計舖趙璨熙 告白

本人의丈人趙恒烈氏가出家ᄒᆞᆫ年외不知去處이오니內外同胞ᄂᆞᆫ逢着ᄒᆞ시면傳知케ᄒᆞ시옵
黃海道甕津郡海昌坊蔡化 白

本人이去乙巳夏에還浦於豊德郡下租江東山坪ᄒᆞ고翌年丙午春에自該郡으로成出立案矣러니本人에前看人李喜鎭이不告於本人ᄒᆞ고暗與此立案文記於他人而其後以事見逐ᄒᆞ야更不接踪於本人而今聞則李哥暗將此土立案文記ᄒᆞ야斥賣云ᄒᆞ니勿論內外國人ᄒᆞ고本人相關外에ᄂᆞᆫ勿爲見欺千萬千萬
金永振 廣告

◉學員募集廣告
大韓婦人會養蠶講習所에서男女學員三十名을募集ᄒᆞᆯ터이오니入學志願者ᄂᆞᆫ請願書에履歷書를添ᄒᆞ야陽四月拾日내로本所에提呈ᄒᆞ되試驗日字ᄂᆞᆫ陽四月十四日이오入학은同拾七日이온ᄃᆡ在學中에食費ᄂᆞᆫ本所에서支給홈
大韓婦人會養蠶講習所 告白

西署仁達坊內需司契二十六統七戶瓦家二拾二間半家契를陰曆正月逢賊時에失ᄒᆞ얏기玆以廣告ᄒᆞ오니誰某間拾得이라도休紙施行홈
金珍衡 告白

漸桑番馬錫龍을改以鉉穆으로施行하오니 僉君子照亮홈
大邱西上面達동 馬鉉穆 告白

龍仁水餘面梅谷所在坚字田一日耕忠州金目面所在畓四斗落文券遺失誰某拾得休紙施行
閔泳義 告白

長連郡居朴勝直이本以悖類로京鄉出沒에誘引本人子錫淳之年淺ᄒᆞ야本人租包를欲爲賭賣於他人ᄒᆞ오니內外國人은切勿見欺爲要
黃海道安岳金致龍 告白

本人子李圭淳을率養敎育이今至拾餘年矣러니性本浮浪ᄒᆞ야再昨年夏에竊財逃走를四面搜覓ᄒᆞ야因置家內ᄒᆞ고待其悔改러니陰二月十二日에間其本人之上京ᄒᆞ야如干錢財沒數盜出逃走에不知所向ᄒᆞ니勢不得已承爲罷養ᄒᆞ오니從今以後로ᄂᆞᆫ何有挾雜이라도內外國人은切勿見欺홈
崔錫斗 告白

世界三怪物

英國 斯密哥德 原著
韓國 卞榮晩 意譯
壹冊 定價 拾貳錢

現世界에三大怪物이발生ᄒᆞ야六洲에橫行ᄒᆞ며風雲을呼喚ᄒᆞ미愚者가此物을遇ᄒᆞ면其魂을失ᄒᆞ고弱者가此物을過ᄒᆞ면其軀를喪ᄒᆞ야此物所過에天地가飜覆ᄒᆞ고國家가丘墟ᄒᆞ야上帝赤子가生命을莫保라故로是書ᄂᆞᆫ特히此三大怪物의眞狀을描寫ᄒᆞ야其防禦의妙策과利用의神術을一々說明하야世界의生存을要求ᄒᆞᄂᆞᆫ者ㅣ不可不一覽홀冊子이오니 僉君子ᄂᆞᆫ續々購覽ᄒᆞ시옵

▲大발賣所
中署布병下廣학書舖金相萬
平壤종路耶穌敎冊肆
京鄉各有名冊사

本人이親喪을遭ᄒᆞ야歸國ᄒᆞ엿더니今에還來ᄒᆞ야店務를擴張ᄒᆞ고新輸入各色春夏服과各種帽子와禮服次와其他諸般附屬品이具備ᄒᆞ고特別廉價로販賣ᄒᆞ오니 僉位大人如前光臨ᄒᆞ심을敬要
貞동大漢門前祥興號主人告白

新撰理化學

朴晶東氏著
全一冊定價金三拾錢

一 本書의目的은小學校에敎課ᄒᆞ기爲ᄒᆞ야編輯홈이라
一 理化學解說下에簡明ᄒᆞᆫ圖彔를揷ᄒᆞ야讀者의理解홈을便易케홈이라
一 理化學用語와物質의名稱ᄂᆞᆫ近時代漢譯의最著ᄒᆞᆫ者로採述홈이라
一 本書ᄂᆞᆫ理化學諸家의學說中最簡易홈을採ᄒᆞ야十五章으로編ᄒᆞ야학徒로ᄒᆞ야곰二箇年에畢讀케홈이니陸續購覽ᄒᆞ시옵

발賣所
布병下金相萬廣學書舖
京城各處書舖
平壤鍾路耶穌敎書舖
法橋大同書觀

本人에姓名斗전圓形圖章을陰二月拾七日에서失ᄒᆞ엿사오니知舊間照亮ᄒᆞ심을爲要
義州南門外 金允河 告白

光明書觀에서各種新學文과各種聖經을大發賣ᄒᆞ며下水口內에支店을設ᄒᆞ앗스오니僉兄弟ᄂᆞᆫ陸續購覽ᄒᆞ시옵
平壤大同館上偶二層屋

本人이西署龍山灘項浦六十四統一戶草家九間을甲申年分에失火ᄒᆞ얏ᄯᅡ가丁亥年에新造住接ᄒᆞ온지二十餘年에此年彼年되야家券이本無故로漢城本署에家券新刊ᄒᆞ기를請願ᄒᆞ오니諸君은知悉홈
金今春 告白

教科書類 小說書類 法政書類 文藝書類

本書館에二層擴張ᄒᆞ고各種書籍과學校用品을具備발賣ᄒᆞ오니有志僉彥은陸續購覽ᄒᆞ심을敬要
冊價ᄂᆞᆫ京城각冊사와同홈
安州城內大街「큰거리」知新書館金澄植

慶尙北道
大邱東上後洞
新舊學文을大發賣ᄒᆞ오니願買하ᄂᆞᆫ僉君子ᄂᆞᆫ速々求覽ᄒᆞ심을希望홈
在田堂 金괴鴻書舖 告白

韓美電氣會社告白

割引券을發行하야四月一日부터鍾路本社及龍山停車場에서賣下홈

割引券은每券에六拾枚로編成ᄒᆞ고代金은貳圜八拾五錢으로定ᄒᆞ엿ᄂᆞᆫ데每區域에셔一枚式新貨五전과ᄀᆞ치使用홈

龍山線 區域을四月一日부터남大門外藏車停車場前으로改定홈

電車발着 時間은四月一日부터改定ᄒᆞ야夏期時間表를依行홈

本人이傳貫于三淸洞居鄭盛業家이온바北署鎭長坊三淸동第九統七戶草家十三間傳貫文券一張을遺失故玆以仰告ᄒᆞ오니誰某拾得ᄒᆞ와도休紙施行홈
李錫九 告白

漢城鐘路萬國基督教靑年會舘前慈惠藥房
製藥鑑査人濟衆院醫學員洪錫厚朴慈惠李
觀化告白

本人等이米國大學醫院處方世大醫學士魚丕信氏에게受業ᄒᆞ고醫學校長劒五學池錫永氏에게有効證明을受ᄒᆞ고左記나種을製造ᄒᆞ야外國藥의規模를依ᄒᆞ야硝子鐵匣琉璃瓶에盛ᄒᆞ야全國內地各處藥店에廣賣ᄒᆞ읍고濟衆院英字醫書를我國諺文으로繙譯ᄒᆞ야名稱而藥便方이라ᄒᆞ야발賣ᄒᆞ오니四方 僉彦中濟衆院나음數拾年來經驗信用ᄒᆞ신兄弟는不拘약之多少와路之遠近ᄒᆞ고以書請買ᄒᆞ시면本人은雖拾錢價値약이라도以小包郵便으로伯黑ᄒᆞ오며다낙對定價外郵稅十젼을加送ᄒᆞ시되小數젼은郵票로代ᄒᆞ셔도되너시고賈낙家에셔는多數買去ᄒᆞ시면郵便局換錢票로買送ᄒᆞ시오且本藥房에米國(멀포드)製낙會社낙파(알분)製낙會社낙과德國(만호임)製약社약品을直購入ᄒᆞ야諺語英語로記ᄒᆞᆫ方文과主治와用法을我國漢文으로飜譯발賣

商標

定價表
拾日分 三十個入 金一圜
二十日分 六十個入 金一圜七十五錢
三十日分 九十個入 金二圜五拾錢

食思振起 第一老衰男女
體力活潑 補益丸、의게補氣益血

主治大補元氣能調陰陽男子陽萎不起女子月經不順手足厥冷虛脫失氣久病人蘇完되는効力이大勝於鹿茸蔘人蔘精

■■蚘解瘡丸 一日分定價金拾錢此藥은大人小兒長蟲과蛔蟲으로腹痛에以ᄒᆞ야服用ᄒᆞ면更不再發

■■蚘虫丸 一日分定價金拾錢此藥은大人蛔積小兒疳病의神効

■時感冒丸 一日分定價金拾젼此藥은感氣몸살의쓰는약인데一二日連服ᄒᆞ면四時毒感上下肢節頭痛에即時解熱鎭痛

男女瘡■祛根藥 定價金五圜此藥은瘡疾의一期二期를勿論ᄒᆞ고거곤ᄒᆞᆫ도독나을쥬는대口瘡파구역도아니나오

淸明眼藥 一日分定價金拾錢此藥은火眼熱眼의有奇効

無惡臭疥瘡藥 定價金四拾젼此藥은疥선虫을卅分內殺殺

■咳嗽藥 五日分定價金三拾錢此藥은四時毒感性咳嗽에奇効ᄒᆞ고特히老人喉咳에消痰止咳

寸■發根 定價金三拾錢此약은寸虫當藥殺멸

止足汗藥 二十日分定價貳拾錢此藥은軍人常用除足汗

輕腫根治膏 定價금十五젼此낙面腫과頭腫에直差

濕腫根治膏 定價금十五젼此약은男女勿論하고風寒暑濕으로成腫된데大起癢痒ᄒᆞᆫ데奇効

漢城百應膏 一封定價金十錢此약은濟약醫士李信友시方文으로製造ᄒᆞᆫ藥인데명우리잘풀리고각頂腫氣에발模合膏이되고衛藥의대大洋鐵匣入一個금五十錢

小兒感冒靈効散 此약은池錫永氏經驗良方小兒感冒及食滯로身而熱風者服神効定價金十錢

補氣神効保嬰散 此약醫學校長池錫永氏數拾年經驗之良方小兒尿色綠而濁○腹漲○身不安而不寢○腹痛驚悸及直瀉而發熱者服神效定價금十二錢五厘

發賣所 仁川港栮峴濟生堂약房 京城梨峴萬賣약商李信鎬

◉大韓國新發明神藥

◉虔修靈丹 各種食滯中暑久滯口臭痰飮吐瀉定價一貼十錢

◉至寶丸 治諸般雜疾不拘久遠俱有偉効定價金十錢

◉靈效液 外用方香治疥瘡皮風百發百中定價金三拾錢

◉淸眼水 治諸般眼疾有難瑩見天之妙定價五拾錢

◉通淋丸 治男女淋便淋疾神効無雙速効除毒一週金五十錢

此外에도東西洋各國有名賣藥과藥病去根藥과隨風雨寒暑藥水각種病을俱比惠尙爲望

漢城中署鐵路鉢里廳右拾二統二戶地

製劑발賣所 共愛堂藥房 張基茂 告白

監修발行人 前官立漢城醫學校卒業生 朴容南 謹白

支店 開城南門內 共愛堂開城支店 姜助永
興學書舘

代理店 西署新門外石橋濟濟院藥局 車炳廷
仁川港栮峴濟生堂 李庚鳳

國內各地藥局에서隨處販賣ᄒᆞᆸᄂᆡ다

簡易商業簿記學

全一冊 定價金 四十五錢

本書는簿記학中最近ᄒᆞᆫ학理와精妙ᄒᆞᆫ形式을精細蒐輯ᄒᆞ야了解키簡易ᄒᆞ도록編述ᄒᆞᆫ者니一般商業가에不可不一次閱覽ᄒᆞᆯ者될뿐아니라中等以上學校에教科로用ᄒᆞᆯ도適當ᄒᆞ니隨讀購覽ᄒᆞ심을望홈

발賣所
布병下 廣학書舖　洞口越便中央書館
廣橋東便匯東서館　寺동漢陽서館
鍾路 大東서市　鍾路古今서海관

弄球室主人 著述

滑稽小說 禽獸會議錄 表紙石版寫眞版印刷
全一冊 正價金拾五錢

▲本小說은新体文壇의演劇的小說로空前絶後의一大禽獸會議를開催ᄒᆞ고海陸動物이演壇에集合ᄒᆞ야人類와禽獸의優劣과造化主宰의眞理를討論批評ᄒᆞᄂᆞᆫ光景을傍聽實寫ᄒᆞ야讀者諸君에게紹介ᄒᆞ도今日吾人類社會의公德頹敗홈을警醒코ᄌᆞ홈이니其滑稽的文体가光彩陸離ᄒᆞ며諷刺的批評이奇拔欹曲하야實로國文小說界에一大異彩를放ᄒᆞᆯ만ᄒᆞ며一讀解頤의好讀物이오

▲발行元 皇城書籍業組合

▲分售處
中署龍朝橋越邊 中央書館　中署鍾路 大東書市
南署大廣橋東邊 匯東書館　仝 古今書海館
西署남門外藥峴 新舊書林　남署尙洞 博文書館
남署銅峴 博學書館　中署布屛 廣學書舖

◉大韓國新발明藥廣告
陸軍軍醫官張基茂君實驗方劑에도濟心保命丹을발明인바効能은如左ᄒᆞ니 僉君子惠試爲望

新藥 濟心保命丹

本舖 仁川港栮峴 濟生堂

主治效能
◉痰飮 ◉食積 ◉中暑 ◉中寒
◉咳嗽 ◉腹痛 ◉不走 ◉不服
◉氣鬱 ◉吐瀉 ◉精神 ◉嘔吐
◉食傷 ◉酒醉 ◉口熱

▲共他諸般速氣厲疫眞方妙藥

발行人 仁川港栮峴 濟生堂 李■鳳

代理店
京城鉢里동 共愛堂藥房
特約店京城鐘路 慈惠藥房
同 藥峴 信韓洋藥局
同 尙洞 益亨冊사
同 南門外 濟衆藥院
仁川內洞 韓國■
同 새峴 和平局
開城南門內 朴圭祖
同 忠橋 具■模
水原鐘路下 全九■局
同 宗路 ■根學
延安邑內 ■汝文
江華鐘路 宋順東
殷■南門內 ■■■
鳳山砂和院場內 박■■
仝 任允中
仝 李在公
黃州南門내 耶蘇教堂內 李東■
平壤鍾路 紅門洞 ■■■
仝 ■■■ 金■化
仝 ■■■ 金龍輿
仝 文武洞 ■■宮
鎭南浦築港洞 金■■
群山港開福洞 金斗■
京南大門外 大同運輸會社
全泥峴郵便局前 天佑堂
安岳邑上場里濟生局 林■柱
大邱南門內 ■■■ 成浩家
益山港新藥局 ■■■
安州城內 ■■洞 大약房
義州南門外水口街 ■和藥局
此外에도現代에名明各地有名
各藥■藥이俱備ᄒᆞ
海州■■■ 李■■
海州邑■■藥局 金演台
博川郡美■■店 박之行
寧邊邑■■■ 崔允■
北靑■新昌港 客主 박■勳
元山港本堂出張人 朴■■

越南亡國史 譯述
定價貳拾錢
發賣所及販賣所 廣橋■ 高裕相書舖
鐘路 ■■
布屛下 김相萬 書舖

國文 愛國精神 續定價金廿錢
리쳐■■譯述
勿論男女ᄒᆞ고愛國心이有ᄒᆞᆫ者可以購覽
發賣所 皇城각書舖

▲特別廣告
本社에셔名帖印刷部를另設ᄒᆞ고各樣活字와洋紙本이俱備ᄒᆞ오며印刷ᄒᆞ기精美ᄒᆞ고價値도低廉ᄒᆞ오되特別히紳士와夫人의게는一層低廉ᄒᆞ오니僉位는來臨ᄒᆞ시와隨意請求홈
大韓每日申報社 告白

大韓文典 兪吉濬 著述
李商在 校閱
此文典은國語의語法과讀法과作文法을一定ᄒᆞᆫ規模로能成케ᄒᆞᄂᆞᆫ法이備觀ᄒᆞ야高等小學校나中학一班에所用ᄒᆞᆯ만ᄒᆞ오니僉君子는速々購覽ᄒᆞ심을敬要
發賣所 京城 ■■■校內 平壤 大同書觀
安岳 勉學書舖

千兩手票를弁爲出給ᄒᆞ온仲五ᄒᆞ야ᄒᆞᆫ南의同伴上京ᄒᆞ야崔云京을往見ᄒᆞ고此문券을與執하야數朔寬限之意로懇乞이되崔云京이不聽ᄒᆞ거늘文仲五와文南가此文券을帶持하고本人等의게還來ᄒᆞ야更爲周旋次로下來之路에安城陳元瑞家에駐防ᄒᆞᆯ거陳元瑞가內에此處에有故ᄒᆞ니문券을出示하면錢을出給ᄒᆞ마기에僞之無疑出給矣러니陳元瑞가稱有用處ᄒᆞ고券을奪取ᄒᆞᆫ지라문仲五가强頭不得으로不得已上京ᄒᆞ야此意를本報에廣告ᄒᆞ지ᄒᆞ온世所共知어니와不良ᄒᆞᆫ者에게好人을ᄒᆞ고欲推次로ᄒᆞᆷ이니此문券은本非문南物이오本人等物이문仲五를出給ᄒᆞᆫ沙潭堂事이所共知인대陳元瑞가문南의所債를藉托ᄒᆞ고■主田畓을勒奪코저ᄒᆞᆫ은强盜와無異ᄒᆞ며此文券은休紙로施行하고本人等이更히官庭에成出하기에玆以廣告ᄒᆞ오니內外國人은照亮홈
槐山西面沙潭居■■純■■世
高顯武 告白

本人의再從叔文府가本以商業으로生인바京城安東居文仲五와已有面分ᄒᆞ야昨年에當錢三萬兩을借得ᄒᆞ야崔云京許에物件을買去云矣러니문府가崔云京의게所債條가有ᄒᆞ면지문仲五의於音二萬兩을替給又除ᄒᆞ고物件을不給ᄒᆞ미문府는鄕第로下來ᄒᆞ고崔云京이가二萬兩於音을문仲五의게督推ᄒᆞᆫ지라문仲五가문府의推尋次로下往見之則문府分錢難辦이라문仲五는於音을暫時借貸타가中間見困이오爲抑■이기에本人等이各有家券與由답문券과二

◉本社廣告
◎廣告料
四號活字十三字를一行으로每日每行以一寸으로所尺相當
每日每行大字에相當ᄒᆞᆫ
二週日에 二週五十錢
每日每行四號五厘에相當
一個月에 ■■
每日每行四號一厘에相當
其期限외長短과字行의多寡를依ᄒᆞ야增減ᄒᆞ미有홈

發行兼編輯人 英國人 裵說
發行所 皇城西署■■外■三■■■
大韓每日申報社

第六卷

大韓每日申報

第七百七十號

月曜及慶節

時休日刊

檀君開國四千二百四十一年
箕子元年三千三十年
大韓開國五百十七年
日本明治四十一年
清國光緒三十四年
陰曆戊申三月小初二日丁亥

論說

○日本의三大忠奴

全國內銅鐵金貨를皆他人이掠去ᄒᆞ면其國이永亡ᄒᆞᆷ가曰否라此로ᄂᆞᆫ永亡ᄒᆞ리라云ᄒᆞᆷ이不可ᄒᆞ니라全國ᄂᆡ海產陸品을皆他人이奪取ᄒᆞ면其國이永亡ᄒᆞᆷ가曰否라此로ᄂᆞᆫ永亾ᄒᆞ리라云ᄒᆞᆷ이不可ᄒᆞ니라全國ᄂᆡ尺土寸壤을皆他人이占領ᄒᆞ면其國이永亡ᄒᆞᆷ가曰此로ᄂᆞᆫ永亡ᄒᆞ리라云ᄒᆞᆷ이不可ᄒᆞ니라全國ᄂᆡ壹艸壹木을皆他人이管理ᄒᆞ면其國이永亡ᄒᆞᆷ가曰否라此로ᄂᆞᆫ永亡ᄒᆞ리라云ᄒᆞᆷ이不可ᄒᆞ니라然則何如ᄒᆞᆫ國을亡國이라ᄒᆞᄂᆞᆫ가曰人心이皆他人의買得ᄒᆞᆫ비된然後에其國이永亡이라云ᄒᆞᆯ지니라

權特捏의奸猾로도伊太利民族을滅盡치못ᄒᆞᆷ은其國人心이尙存ᄒᆞᆫ故며俾斯麥의雄悍으로도法蘭西國名을廢絶치못ᄒᆞᆫ은其國人心이尙存ᄒᆞᆫ故니百項羽千拿破侖이一時並生ᄒᆞ야左提右挈ᄒᆞ더라도其國의人心을柰何리오

是以로韓國의國權渠渡를人皆哭ᄒᆞ더라도我ᄂᆞᆫ不哭ᄒᆞ며韓國의國利被奪을人皆哭ᄒᆞ며라도我ᄂᆞᆫ不哭ᄒᆞ며韓國政府의日人日增을人皆哭ᄒᆞ더라도我ᄂᆞᆫ不哭ᄒᆞ며韓國土地의日人殖民을人皆哭ᄒᆞ더라도我ᄂᆞᆫ不哭ᄒᆞ노바어니와此國에日本三大忠奴가有ᄒᆞᆷ은我가不得不哭이며我가不得不大哭이며我가不得不放聲哭이며我가不得不椎胸撫心哭이며我가不得不呼天叫地哭이로다

彼三大忠奴가渠一身만爲奴ᄒᆞ진ᄃᆡ我가不哭ᄒᆞᆯ지며渠一身만爲奴ᄒᆞᆯ진ᄃᆡ我가不哭ᄒᆞᆯ지나嗚乎慘哉라彼輩의一轉目에無辜良民을奴境으로日驅入ᄒᆞᄂᆞᆫ도다聽者가不信ᄒᆞᄂᆞᆫ가我言을諦聽ᄒᆞ라

第壹忠奴宋秉畯은壹進會를組織하야九條約時宣言書로一等功臣을奄作ᄒᆞ고其手下親兵四十萬으로日本에諂附ᄒᆞ야自衛團討伐隊로全國을騷擾케ᄒᆞ며

第二忠奴趙重應은東亞開進敎育會의首領되야八拾萬商民을誘煽ᄒᆞ야伊藤曾彌氏의號令을等待ᄒᆞ며

第三忠奴申箕善은伊藤氏의萬圜金으로大東학會를擴張하야儒敎를扶持ᄒᆞᆫ다爲名ᄒᆞ고壹張布告文으로域內儒林을威脅ᄒᆞ야日本同化力內에吸入코ᄌᆞᄒᆞ니

或曰申箕善氏ᄂᆞᆫ元來任鼓山門人으로儒학에管見이有ᄒᆞᆫ者라宦慾이雖大ᄒᆞ나公論을畏하나니布告文等類가必是該會中他人의意見으로出ᄒᆞᆷ인듯ᄒᆞ거ᄂᆞᆯ今에三大忠奴에同列ᄒᆞ면氏가冤痛라아니ᄒᆞᆯ가曰不然ᄒᆞ다責ᄌᆞᆫ元帥라殺로論ᄒᆞ면氏가百口라도難辨이니라

今日에四十萬이明日에五拾萬六十萬될ᄂᆞᆫ지도難知며今日에八十萬이明日에一百萬二百萬이될지도難知며今日에曰孔曰孟者가明日에齒盡黑衣盡斑ᄒᆞᆯᄂᆞᆫ지도難知니然則不知不覺間에全國二千万이彼日本三大忠奴輩의所願과ᄀᆞᆺ치欣々然日本臣日本犬日本牛馬를作ᄒᆞ기도易ᄒᆞᆯ지라嗟呼라朴堤上이已遠ᄒᆞ고金時敏이不作ᄒᆞ니沈々長夜에狐狸가亂叫ᄒᆞᄂᆞᆫ도다

赫々ᄒᆞᆫ檀君子孫으로神武天皇을遙祭하며堂々ᄒᆞᆫ壬辰遺民으로豊臣秀吉을敬仰ᄒᆞ고隆熙朝廷의臣子로明治萬歲ᄂᆞᆯ高呼ᄒᆞ며獨立山河의種子로保護政策이나謳歌ᄒᆞ야韓穀을種ᄒᆞ고서日本雨露를祈禱ᄒᆞ며韓土를履ᄒᆞ고서日本日月을瞻拜ᄒᆞ니此輩가日盛ᄒᆞ면將來面目不變ᄒᆞᆫ韓人을何處에求見ᄒᆞᆯ고

人心이有ᄒᆞᆫ韓人이어彼輩의欺弄中에勿墮ᄒᆞᆯ지어다

今에國雖危나人心만有ᄒᆞ면危可安이오今日에國雖亡이나人心만有ᄒᆞ면亡可興이니라

希臘이畢竟獨立ᄒᆞᆷ은無他라其言에曰(何處에在ᄒᆞ던지希臘人은是希臘人이라)ᄒᆞᆫ一句에在ᄒᆞ니라

外報

●清國外交手段 伯林電을據ᄒᆞᆫ즉數週ㅣ前에清國政府에서駐德公使로하야금滿洲貿易上에關ᄒᆞ야美德兩國이均霑ᄒᆞᆯ事을協定ᄒᆞ라ᄒᆞ얏슴으로清國公使ᄂᆞᆫ自國政府의命令을德國外部에傳ᄒᆞ얏ᄂᆞ나德國外相은耳을傾ᄒᆞ야大關係되ᄂᆞᆫ事로生覺하나確定ᄒᆞᆫ回答은姑無ᄒᆞ얏다라

●清國活動 華盛頓電을據ᄒᆞᆫ則清國政府ᄂᆞᆫ露日兩國에對ᄒᆞ야處置ᄒᆞᆯ方針을講究ᄒᆞ기로東三省觀察使를奉天府로合同ᄒᆞ다ᄒᆞ며一邊으로ᄂᆞᆫ歐羅巴에駐剳ᄒᆞᆫ公使로ᄒᆞ야금外交上活動을始作ᄒᆞ며新任清公使吳廷芳氏가赴任하ᄂᆞᆫ日이면美國政府에對ᄒᆞ야우삼請求ᄒᆞᆯ事件이有ᄒᆞ다ᄒᆞ며滿洲에셔日本鐵道政策에反抗으로美國商務上에損害를當ᄒᆞᆫ報告가美國政府에逐日답至ᄒᆞᆫ다ᄒᆞ며美國政府에셔ᄂᆞᆫ清國政府가德國에提議ᄒᆞᆫ것과ᄀᆞᆺ치正式提議가有ᄒᆞ기를待ᄒᆞ여交涉을起ᄒᆞᆫ다ᄒᆞ며可信處의言을聞ᄒᆞᆫ즉美國政府ᄂᆞᆫ德國을提携ᄒᆞ야日本을壓迫ᄒᆞᆯ意가有ᄒᆞ다하얏더라

雜報

●暴風損害 去二拾九日暴風에五署ㅣ損害를調査ᄒᆞ얏ᄂᆞᆫᄃᆡ東署管내에韓人家屋半壞가八戶오盖艸損害가壹百五拾三戶오第五拾營聯隊ㅣ에烟筒에셔失火ᄒᆞᆫ거슨撲滅ᄒᆞ얏고西署管내에韓人家頹壓이四戶오盖艸損害가三百處오電線絶斷이五處오墻壁頹壓이五處오中署에ᄂᆞᆫ盖艸損害가數個處에韓人家筒에셔失火ᄒᆞᆫ거슨旋即撲滅ᄒᆞ얏고南署管내에日人家屋壹座가壞頹ᄒᆞ얏고電線絶斷이二處오樹木拾七株와理髮廳旗桿이折倒ᄒᆞ고南山에倒木이一百五拾株에盖艸損害가四十七處오北署에ᄂᆞᆫ盖艸與全部破損이四戶오小破가六十三處오龍山韓人家에셔失火ᄒᆞᆫ거슨即爲撲滅ᄒᆞ얏다더라

●泰校卒業 安岳郡私立泰三普通學校에셔去年終에第壹回卒業試驗을擧行하얏ᄂᆞᆫᄃᆡ優等生리玩瑛等諸氏오該校ㅣ尋常小학科에셔第二回卒業試驗을行ᄒᆞ얏ᄂᆞᆫᄃᆡ優等生姜日奎等諸씨라더라

●家材特施 ᄂᆡ部에셔十三道에訓令ᄒᆞ되地方義徒에게被燒ᄒᆞ야自燬도再築ᄒᆞᆯ餘力이無ᄒᆞᆫ人民에게家屋建築ᄒᆞᆯ材木을許給ᄒᆞᄂᆞᆫ것은今番農商工部에協議ᄒᆞ야被害人請願에依하야國有森林을採伐ᄒᆞ야無償오로附與케하노니該請願에對ᄒᆞ야府尹郡守ᄂᆞᆫ被害에事實을調査ᄒᆞᆫ後採伐을認許ᄒᆞᆯ지며又或私有森林木材를購買ᄒᆞ야其需用에充ᄒᆞᄂᆞᆫ것시便利케ᄒᆞᄂᆞᆫ者가有ᄒᆞᆫ時ᄂᆞᆫ該所有者에게曉諭ᄒᆞ야相當時價로買收에應ᄒᆞ게ᄒᆞᆯ지며且此法施行節目은主務局장으로ᄒᆞ야금通牒ㅣ有케ᄒᆞᆯ지니另加注意ᄒᆞ야濫伐의弊가無케ᄒᆞ다ᄒᆞ얏더라

●金家設校 前協辦金重煥씨家에셔日語夜學課를特設ᄒᆞ고青年을敎授ᄒᆞᄂᆞᆫᄃᆡ講師ᄂᆞᆫ日人山口照平씨와渡변竹四郞氏로選定ᄒᆞ얏ᄂᆞᆫᄃᆡ渡변씨가或有故ᄒᆞ야出席지못ᄒᆞ면渡변氏夫人이出席敎授ᄒᆞᆫ다더라

新譯 海外稗談

第一章 冬靑山人 譯

俄皇宮中의人鬼 (續)

余가聞而駭然ᄒᆞ야乃徐問曰空廊之側에別有他室否아波里斯曰無有라惟此邊에登戶가有하니即是新皇宮의通路를杜斷ᄒᆞᆫ者니이다ᄒᆞ거ᄂᆞᆯ余가元來괴異ᄒᆞᆫ事를不信ᄒᆞᄂᆞᆫ故로波里斯에게再三盤問ᄒᆞ여曰這個現像이或是眼花에幻做인지不知ᄒᆞᆫ者라ᄒᆞ나波里斯가其所見의不謬ᄒᆞᆷ을力言ᄒᆞ고其母夫人도兒子의所見이必眞ᄒᆞᆷ을力證ᄒᆞᄂᆞᆫ지라余ㅣ於是에疑心이大生하야波里斯의鬼괴를初見ᄒᆞ던時에生覺ᄒᆞᆫ바와ᄀᆞᆺ치虛無黨所爲에必屬ᄒᆞ엿다思量ᄒᆞ며曰彼黨이後園門鑰을潛開ᄒᆞ고此에入ᄒᆞᆫ인듯ᄒᆞ도다皇居를通過ᄒᆞᄂᆞᆫ戶鑰이或彼等手中에在ᄒᆞ엿던지昨夜로븟터半夜輪直을廢ᄒᆞᆫ故로亥末子初之際에彼가空房에突入ᄒᆞ엿도다ᄒᆞ야余가비록如此히主張하나波里斯ᄂᆞᆫ의且先帝의手姿다確否ᄒᆞ며且云ᄒᆞ되先帝의聲音笑貌가歷々不錯ᄒᆞ야萬無疑認ㅣ라ᄒᆞᄂᆞᆫ지라

余 辨詰이旣窮ᄒᆞ매只有實驗이道가可以暢破此問題나彼가果然虛無黨일진ᄃᆡ今日은即宮中大會다定然再露ᄒᆞ리라ᄒᆞ고乃與波里斯로約往當地ᄒᆞ야以觀動靜ᄒᆞᆯ새彼波里斯ᄂᆞᆫ素以膽氣로自豪ᄒᆞᄂᆞᆫ者라慨然從之하더라

於是에遂透ᄒᆞ其處에到ᄒᆞ야長廊間에直趨ᄒᆞ니時에宮中大종이正報셧종ᄒᆞ니四圍寥々ᄒᆞᆫ데余與波里斯가각執牛銃ᄒᆞ야同立少許라가旋忽彼人의來路가爲我所梗ᄒᆞ야即時休憩ᄒᆞᆯ에潛伏ᄒᆞ니寰中無聲하나可以窺外러라

界然數時辰ᄒᆞ니寰되俱寂ᄒᆞ고絶無影響이라余 波里斯와확語ᄒᆞᆯ수잇ᄂᆞ니波里斯ᄂᆞᆫ默不答ᄒᆞᄂᆞᆫ지라余甚無聊ᄒᆞ야潛出坐所하야東隱西望ᄒᆞ며니咄哉라果見怪物이遙觸余眼ᄒᆞᄂᆞᆫ도다余ㅣ面으로胸跳不己ᄒᆞ며急面으로擺眼一看ᄒᆞ니燈線幽光이波里斯所鎖禁房에셔現出ᄒᆞᄂᆞᆫ지라急히休憩室을向ᄒᆞ야揮之以肱ᄒᆞ니波里斯曉得ᄒᆞ고戰戰兢兢地出來ᄒᆞ야躡蹤遙覘ᄒᆞ고低聲曰哉라此火가從何處來오彼處가拾數年不曾擧燭이니라

(未完)

雜報

●儀仗如前 大皇帝陛下께셔 昨日上午十二時에 旣報와如히 德壽宮에 動駕ᄒᆞ시ᄂᆞᆫᄃᆡ 儀仗節次ᄂᆞᆫ 前日과如ᄒᆞ고 義親王殿下께셔도 馬車를搭乘ᄒᆞ고 陪從ᄒᆞ셧더라

●四君問安 昨日上午拾壹時에 完興君李載冕 完順君李載完 宜陽君李載覺 永宜君李埈鎔 四氏가 德壽宮에進詣ᄒᆞ야 太皇帝陛下ᄭᅴ 問安ᄒᆞ얏다더라

●孤兒祇迎 昨日 大皇帝陛下께셔 動駕ᄒᆞ실時에 惟獨孤兒院학徒가壽進동等地에서 祇迎ᄒᆞ얏다더라

●義王問候 義親王及同妃兩殿下께셔 再昨日下午一時에 太皇帝陛下ᄭᅴ 問安하옵셧다더라

●三氏陪從 豐慶殿에奉安ᄒᆞᆫ 御眞을 奉來ᄒᆞᆫ다ᄂᆞᆫ說은 昨報에已揭ᄒᆞ얏거니와 奉來時에 宮內府大臣과 掌禮院卿과 奎章(上)卿 三氏가 平壤에 前往陪從ᄒᆞ야 京義鐵路로 奉來ᄒᆞᆫ다더라

●殿官廢止 別項과如히 豐慶殿에 奉安ᄒᆞ신 御眞을 奉來ᄒᆞ면 豐慶殿官制를 廢止ᄒᆞᆫ다더라

●受勳示明 再昨日內閣에서 各府部院廳으로 通牒ᄒᆞ되 一般官吏中 勳章을受ᄒᆞᆫ人이 有ᄒᆞ거든 壹壹히 調査ᄒᆞ야 不日內로 示明하라ᄒᆞ얏다더라

●滿期陞等 內閣에서 각府部院廳奏判任官의 敍任ᄒᆞᆫ日로븟터 滿二年에 陞等ᄒᆞ고 滿壹年에 陞級ᄒᆞ기로 決定ᄒᆞ야 該規則을 不日間頒布ᄒᆞᆫ다더라

●議後奏本 再昨日에 各部大臣이 統監府에 會同ᄒᆞ야 大審院과 控訴院과 各區域裁判所法官 敍任事件을 秘密히 會議ᄒᆞ고 當日夜에 內閣으로 一齊히 會同ᄒᆞ야 該案件을 經議ᄒᆞᆫ後 法部大臣 趙重應氏가 仍卽 上奏ᄒᆞ얏다더라

●法官亦日 再昨夜法部大臣이 法官奏本을 上奏ᄒᆞ얏다ᄂᆞᆫ說은 別項과如ᄒᆞ거니와 該奏本을 漏聞ᄒᆞᆫ즉 擧皆日本人으로 敍任ᄒᆞ얏다더라

●平守請願 平海郡守李命健씨가 赴任ᄒᆞᆫ지 拾餘日만에 還爲上京ᄒᆞ얏ᄂᆞᆫᄃᆡ 將次內部에 辭職請願ᄒᆞᆫ다더라

●兩守日勳 昌原府尹申錫麟氏가 熊川郡守在任時와 慶州郡守李琦ㄴ가 昌原府尹으로在任時에 鎭海灣軍港地를 調査ᄒᆞᆷ으로 效勞가頗多ᄒᆞ야 日本에서 李琦씨ᄂᆞᆫ 勳四等瑞寶章으로 申錫麟氏ᄂᆞᆫ 勳五等瑞寶章을 頒給ᄒᆞ얏다더라

●値伊擬議 須知分시가 桑港에서 逝去ᄒᆞᆫ事에對ᄒᆞ야 韓國政府에서 金五萬圓을 遺族의게 贈與ᄒᆞ기로 擬議中이라더라

●내侍提調 前奉侍ᄂᆞᆫ 廟社殿宮提調로 調用ᄒᆞᆫ다더라

●俱樂果樂 官人俱樂部를 設置ᄒᆞ얏스나 諸般事務가 擴張치못ᄒᆞᆷ으로 永宜君李埈鎔氏가 該事務를 進就케ᄒᆞ라고 現今周旋中이라더라

●荒井出迎 度支部次官荒井與太郎氏ᄂᆞᆫ 再昨日下午七時에 南大門驛에 到着ᄒᆞᆫ時에 該部高等官諸氏가 該驛에서 迎接ᄒᆞ얏다더라

●宮屬失接 宮내府大臣이 允用ᄒᆞ시移居ᄒᆞᆫ 順和宮이 四百八拾餘間에 壹無空棄ᄒᆞ고 棄々에居接ᄒᆞ든 宮屬들이 該宮을 移接하미 居接이 無處ᄒᆞ야 情景이 可矜ᄒᆞ다더라

●兩官反對 去月에 總理大臣 李完用시가 前奉侍鄭世煥리有奏附시를 請來ᄒᆞ야 以陵官으로 調用ᄒᆞᆫ다ᄒᆞ미 리有奏시가 答言ᄒᆞ되 吾等이 自今以後로 五百餘年을 相傳繼存ᄒᆞ야 某家라稱ᄒᆞ던거시 永絶이되얏고 雖ㅣ官이나 資格이 有ᄒᆞᆫ대 陵官으로 區處ᄒᆞ신다ᄂᆞᆫ거시 至當치아니하니 區處ᄒᆞ라거든 廟社殿官提調로ᄂᆞᆫ 區處ᄒᆞ라ᄒᆞᆫ대 坐中에 法大諸重應시와 其他諸시가 其言을 切當히 知ᄒᆞ고 一時에 拍掌ᄒᆞ얏다더라

●貸金當用 京畿鐵道犯入地段價額이 五萬餘圓인ᄃᆡ 該金額을 所有主에게 分給ᄒᆞᆯ次로 鐵道管理局에 請求하얏더니 答函하기를 日本政府에서 此金額을 壹萬五千圓으로 算定하얏다ᄒᆞᄂᆞᆫ지라 韓國政府에 貸助金으로 此價額이나 支出ᄒᆞᄂᆞᆫ거시 妥當ᄒᆞᆫ것다고 物議가 浪藉ᄒᆞ더라

●消防夫教鍊 警視廳消防隊에서 消防夫를 募集ᄒᆞ야 數日前부터 教鍊ᄒᆞᆫ다더라

●合番施潔 警視廳에서 昨日부터 漢城ᄂᆡ 大淸潔ᄒᆞ기爲ᄒᆞ야 出番巡査를 一齊히 合番하얏다더라

●白骨多露 南大門城첩을 毁撤ᄒᆞᆫ다ᄂᆞᆫ說은 前報에已揭ᄒᆞ엿거니와 히城을毁撤하고 城外로 治道ᄒᆞᄂᆞᆫᄃᆡ 白骨이 多數히 露出된다ᄂᆞᆫ說이 有ᄒᆞ더라

●交兵渡韓 韓國에 駐在ᄒᆞᆫ 交遞兵壹千六拾餘名이 昨日에 渡韓ᄒᆞ얏다더라

●討隊派送 ㅣ部에서 各地方討伐隊三千餘名을 選取ᄒᆞ얏다ᄂᆞᆫᄃᆡ 今日에 各其區域으로 派送ᄒᆞ얏다더라

●領事會葬 耶蘇教牧師奇一氏의 夫人발刺時에 壹般教會에서 會葬ᄒᆞᆷ은 昨報에 已揭ᄒᆞ얏거니와 各國領事諸氏들도 同夫人ᄒᆞ고 會葬ᄒᆞ얏다더라

●鄕客被捉 昨日上午五時量에 三淸동虹霓門내 某人家에 留連ᄒᆞᄂᆞᆫ 鄕客二名이 騎兵干連으로 日憲兵의게 被捉되얏다더라

●騙財被捉 安邊郡居崔用錫氏가 身死ᄒᆞ고 只有年幼二子ᄒᆞᆫᄃᆡ 族人崔璋奎가 以渠祖母承重居喪之人으로 蔑視寡婦家之無人ᄒᆞ고 敢生肥己叢宗之心ᄒᆞ야 稱以人糸이다 與該郡主事崔明沼 吏房崔贊奎 戶長崔漢奎 崔東奎 朴季老 朴柱根 千重夏 憲兵通辭及前郡領박有泰等屬으로 挾勢ᄒᆞ야 該郡守吳根泳氏ᄒᆞ고 勒奪田답及禾穀ᄒᆞ야 暗相買分食이다가 贓跡綻露ᄒᆞ고 憲兵分隊에서 探知ᄒᆞ야 崔漢奎 崔東奎 通辭二人을 捉囚ᄒᆞ야 將至平理院押上이며 郡守吳氏ᄂᆞᆫ 咸興警署에 拘拿ᄒᆞ야 論罪를 當ᄒᆞ미 該同謀人等이 或逃躲或滯囚ᄒᆞ얏다더라

●礪峴賊警 再昨日高陽礪峴等地에 賊漢三名이 突出ᄒᆞ야셔 목商賈의錢三千五百兩을 掠奪ᄒᆞ얏ᄂᆞᆫᄃᆡ 該商賈인즉 新昌居人으로 京城에 上來ᄒᆞ야셔 목장사ᄒᆞᄂᆞᆫ 資本金을 沒數見奪ᄒᆞ엿다더라

●義禁柴商 近日楊州廣州兩郡等地에 義徒等이 各面各村을 夜間에 周行ᄒᆞ며 各동尊位의게 言하되 滿中에 柴商爲業ᄒᆞᄂᆞᆫ人民을 上京賣柴치못ᄒᆞ게ᄒᆞ라ᄒᆞ야 各동에서 柴商ᄒᆞᄂᆞᆫ人의 姓名을 成冊禁止ᄒᆞᄂᆞᆫ故로 以柴爲涯ᄒᆞᄂᆞᆫ人들이 困難中이라더라

●楊郡不穩 楊州古邑에 義擾之說은 屢揭ᄒᆞ엿거니와 義徒等이 頻數往來ᄒᆞᄂᆞᆫ故로 該附近人民이 安堵치못ᄒᆞᆫ다더라

●定山義擾 來人의傳說을 據ᄒᆞᆫ즉 陰去月二拾四日夜에 稱以義兵ᄒᆞ고 三拾餘名이 각持銃劒ᄒᆞ고 定山郡木面오山里에 來到ᄒᆞ야 面長禹顯泰와 其族人을 結縛牢刑에 結稅錢葉五百兩을 勒討ᄒᆞ고 幾千兩은 來初五日로 追後備給之意로 手標를 勒捧ᄒᆞᆫ後 轉往芝谷里리槐山家하야 괴山의孫子十二歲兒를 結縛威脅에 葉四百兩을 討去ᄒᆞ얏ᄂᆞᆫᄃᆡ 該黨이 同郡七甲山에 根據地를 定ᄒᆞ얏다더라

●冠岳匪擾 果川冠岳山中에서 義兵과 討伐隊가 再昨日에 交戰ᄒᆞ얏다ᄂᆞᆫ說이 浪藉ᄒᆞ다더라

●代人應試 昨日善隣商業학校에서 학徒五拾名을 試取ᄒᆞᆷ으로 應試人이 三百餘名에 達ᄒᆞ얏ᄂᆞᆫ대 試才時에 代人應試者가 多數ᄒᆞ얏다더라

●義金歸一 前期成會와 收合ᄒᆞᆫ 國債報償金에 金東圭奐榮根 兩시犯用還推條와 漢城及其他 各銀行에 散置條를 爲先調査ᄒᆞᆫ 金額壹萬八千壹百二十圓二拾八錢을 保管委員五人이 各社會에 公平ᄒᆞᆫ論議를 依ᄒᆞ야 韓一銀行이 正當ᄒᆞᆫ줄로 衆議歸一ᄒᆞ야 右金을 爲先히 銀行에 任置하얏다더라

●遊覽報請 去二拾八日에 官立水下동普通학校卒業生을 히校教師가 領率ᄒᆞ고 仁川港에 遊覽ᄒᆞ고 학部에 報告ᄒᆞ엿다더라

●關東總會 關東학會에서 來五日(陰初五日)日曜下午壹時에 定期總會를 校동西北학會會館ᄂᆡ에서 開ᄒᆞ고 壹般任員을 推選ᄒᆞᆯ터인데 히道ㅣ 有志紳士가 多數히 來參ᄒᆞᆫ다더라

●김氏演說 青年會에서 今日午後七時三拾分에 演說會를 開ᄒᆞ고 紳士金祥演씨가 小학校教育이 急務란問題로 演說ᄒᆞᆫ다더라

●五山校況 定州郡私立五山學校々監리昇勳氏와 有志諸氏가 協力成立ᄒᆞ얏ᄂᆞᆫᄃᆡ 不憚勞苦ᄒᆞ고 青年을 教育ᄒᆞ며 학生食費를 自擔ᄒᆞ고 寄宿舍도 方將增設ᄒᆞᄂᆞᆫ中이라고 西來人이 稱頌ᄒᆞ더라

▲地方消息▼

▲去月二拾二日朝에 洪州郡積面附近地에셔 鄭相烈외 李某義兵四丁餘名이 忠州日憲兵隊와 交戰ᄒᆞ야 三時間을 經ᄒᆞᆫ後에 退去ᄒᆞ얏다ᄒᆞ고

▲去月二拾五日午後七時에 德山附近에셔 義兵五拾餘名이 日守備隊와 約二時間을 交戰하얏다ᄒᆞ고

▲去月二十九日 全羅兩道仙岩方面에서 數拾名義兵과 光州日守備隊를 狙擊ᄒᆞ얏다ᄒᆞ고

▲去月廿五日 慶南長水郡에 義徒百二十餘名이 來襲ᄒᆞ야 自衛團長을 毆打ᄒᆞ고 租三拾石을 奪去ᄒᆞ얏다더라

東京電報　一日발

●慰弔乘合 韓國政府顧問須知分시訃音을 接ᄒᆞ고 日本政府ᄂᆞᆫ 히시遺族에게 金十五萬圓을 贈與ᄒᆞ기로 決定ᄒᆞ얏고 且朝野有志者도 弔慰金을 醵集中이라더라

●日本物品排斥再발 一時稍히 鎭靜에 歸ᄒᆞ얏던 廣東의 日本物品排斥이 再발ᄒᆞ야 氣勢가 大甚不穩ᄒᆞᆫ中인대 上野領事ᄂᆞᆫ 淸國總督의게 注意ᄒᆞ라고 林公使를 經ᄒᆞ야 淸國政府에 警告ᄒᆞ얏더라

▲擧粲國歌▼

▲輿地圖를壁에걸고大韓山川指點ᄒᆞ니磅礴雄峻蜿轉勢ᄂᆞᆫ天下明氣聚台ᄒᆞ야當世人物종賢

▲九合諸侯匡天下하니뎌手段이며며친又世界事를籠絡ᄒᆞ야掩舒風雲掌握이라待其時而不起ᄒᆞ니國家之憂엇지ᄒᆞ나英雄峰이놉헛고나

▲一劒正當百萬師ᄒᆞ니뎌將略이며며친고背水法을試ᄒᆞ면烏合衆도精兵된다寒溪夜月追到ᄒᆞ던蕭相國이어ᄃᆡ갓나將軍이놉헛고나

▲壹椎喚起天下雄ᄒᆞ니뎌壯氣가며며친고百斤之鐵如羽擧야萬乘副車粉似碎라椒子房을不遇ᄒᆞ니賈勇ᄒᆞᆯ곳업셧도다壯士峯이놉헛고나

▲伏龍鳳雛此間在ᄒᆞ니뎌經綸이며며친고莘野에ᄂᆞᆫ蓄烟이오渭水에ᄂᆞᆫ釣月이라栽桂南山길흔곳에잔々玉帛며듸엿다隱士峰이놉헛고나

▲蒼鷹擊殿韓相府에뎌俠氣가며며친가荊刀漸筑一去ᄒᆞ니二百年前慷慨로다燕趙斜陽불것ᄉᆞ니酒後歌가엇혓도다俠士峰이놉헛고나

▲國辱身存竟何爲오져忠憤이며며인고齊連海水有如白ᄒᆞ니帝秦之恥깁헛고나白刃可蹈져決心은與日爭光特立이라忠臣峯이놉헛고나

▲眉端深撥當世愁ᄒᆞ니져志士가며며친고蒼生塗炭痛恨ᄒᆞ니四方風塵何時定고不求聞達平生에더出處가鄭重ᄒᆞ더君子峰이놉헛고나

▲爲虐世撥亂平하셧스니뎌道德이며며친고過化存神ᄒᆞᄂᆞᆫ日에海隅蒸夷率服ᄒᆞ고修齊治平門戶中에壹樹치花爛熳ᄒᆞ니聖賢峯이놉헛고나

▲措天下於泰安ᄒᆞ니뎌弘實이며며친고東夷之强不犯하고聞風逃走ᄒᆞ고나理陰陽而順四時ᄂᆞᆫ大宰業을做出이라宰相峯이놉헛고나

社告

本支社를左開五處에設置ᄒᆞ고玆以仰布ᄒᆞ오니本報愛讀ᄒᆞ시는諸附近 僉君子는該支社로請求購覽ᄒᆞ심을務望흠
▲信川邑六里　丁一善
▲永興郡南北동書舖　梁昌錫
▲湖州郡南門내　朱伯英
▲楚川邑蘭游洋약局　李正華
▲寧邊邑內　明濟世

各地方會員이本社에投書와寄書가逐日답至ᄒᆞ는대居住姓名이昭詳ᄒᆞ고事實이確核흔者는即爲揭載어니와姓名도不載ᄒᆞ고事實이模糊흔者는因而置之ᄒᆞ는대催促이又至ᄒᆞ니事甚謬惑이라從今以後로는投書와寄書를ᄒᆞ시는人은居住統戶數와姓名을詳錄ᄒᆞ시되若又含糊ᄒᆞ오면並爲勿施ᄒᆞ올거시니照亮흠

雜報

●姓同爲嫌　本報第七百四拾八號雜報欄內何特賣日이란題下에前判書趙秉弼氏가水原烏山場基址를日人에게賣渡ᄒᆞ라ᄒᆞ얏다는事는更聞ᄒᆞ즉該基址가同氏에所有가아니오他趙씨에所有라더라

廣告

田답賭地記와去來文書를藏흔手帒를見失ᄒᆞ얏기玆以廣告ᄒᆞ오니內外國人은切勿見欺흠　大安동卅七統七戶 김希洙 白

吳英根의名字가與吳榮根으로語音이相同키로英字를以祥字로改定흠　吳祥根 廣告

●募集廣告

東亞開進教育會에서本學校를設立ᄒᆞ고速成科를夜학으로教授ᄒᆞ깃기玆에募集ᄒᆞ오니願하人은今月七日內에本校로請願흠을爲要
入학年齡二十歲以上
修業年限一年
科目 法律 日語 算術
簿記　西部貞洞東亞開進教育會內 弼進學校

本人西部阿峴瓦契二百二十六統七戶草家六間문券을遺失ᄒᆞ얏ᄉᆞ니誰某拾得間休紙施行흠　方春和 告白

中部廟洞二十六統四戶本人의所居瓦家二十七間半家券을中間遺失ᄒᆞ와方欲請願于漢城府ᄒᆞ야成出證明書故玆先廣告하오니雖或拾得休紙施行흠　兪鎭泰 告白

上谷郡谷枝竹二面田畓은係是慶善宮々庄에不敢私自買賣는世所共知也而近間無賴之類가不知法意ᄒᆞ고僞造面私圖章ᄒᆞ야私相買賣云ᄒᆞ니實爲駭惜이라內外國人은咸須悉此後에切勿擧論之地를望흠
上谷面長 朴齊형
郁谷面長 李承俠
枝竹面長 羅元炯

本人이去乙巳年分에潘鎭煥所有南陽郡宮坪등所在斯字畓五石二斗落文券을典執ᄒᆞ고當文十萬兩을債給矣러니同鎭煥이가出販避身不報이온바噫彼鎭煥이가內懷賊心ᄒᆞ고隱坐幽處ᄒᆞ야與懿郡居韓穆呂夏로互相符同ᄒᆞ야僞造証明書ᄒᆞ야已典답土을欲賣云故로不無疑慮ᄒᆞ야本年二月二十七日分에本報論理廣布矣러니凶彼鎭煥이가反生賊心ᄒᆞ야同月二十九日에本劵廣告하기를去乙巳年分에該券을典執흠次로田給本人이더니避身不現故로卞明廣告라ᄒᆞ얏스나果若渠言而乙巳年給劵이면何不趂即廣告而今幾廣告乎아該典劵與鎭煥之票가自在無疑이기로玆에更佈ᄒᆞ오니內外國人은切勿見欺於鎭煥處를시고或有僞劵이라도休紙施行흠　西小門外蛤洞居 金聖源 告白

▲株金募集廣告

本社에서 農商工部에認可를承ᄒᆞ얏ᄉᆞ기株金을募集ᄒᆞ오니願入 僉君子는左記條例를照亮하심을望흠

▲左記
一 應募期日 即保證金辦納日
自隆熙二年四月 日
至同 年四月卅日
（陰三月一日 陰四月一日）
一 資本總額 拾萬圓
一 壹株金額 貳拾圓
一 保證金額 一株에對ᄒᆞ야 壹圓
一 第一回辦納金額 一株에對ᄒᆞ야五圓
但第壹回辦納時에 保證金을扣除計算흠
一 第壹回金辦納期日은（自隆熙二年五月一日 至同年五月廿日）（陰四月二日陰四月二拾二日）
一 株金取扱所 株金領受所는
本社 韓一銀行 漢城銀行 農工銀行
發起人 張輔衡 趙彭漢等

贊成員 趙鎭泰 趙秉澤 韓相龍

南署 果 洞契六十二統九戶 苧洞四巨里 二層洋屋
漢城材木柴炭株式會社仰佈이기에玆以廣告ᄒᆞ오니內外國人은照亮흠
槐山西面沙潭居禹顯純禹顯世 禹顯武 告白

本人에圖章을陰二月拾五日에서失ᄒᆞ야新造ᄒᆞ고該圖章은勿施ᄒᆞ옵기廣告흠　中部貞善坊金萬年契廿三統四戶卞鏞舜 白

潘南朴氏用字行列改以泳字六品朴用奎改以泳奎朴用國改以泳國從二品박用元改以泳薰九品박用文改以泳文　朴氏門中

▲廣賣
西洋砂果五六年根五百
本出貨至急來購흠
東門外紅樹洞
金先達 果園

本人외丈人趙恆烈氏가出家十年외不知去處이오니內外同胞는逢着ᄒᆞ시면傳知케ᄒᆞ시옵　黃海道穀寧海邑張泰化 白

本人이去乙巳夏에還補於豊德郡下租江東山坪ᄒᆞ고翌年丙午春에自豊郡으로成出立案矣러니本人에前看舍人李喜鐵이不告於本人ᄒᆞ고暗與此立案文記於他人而其後以爲見逐ᄒᆞ야更不接際於本人而今聞則李哥暗將此立案文記ᄒᆞ야斥賣云ᄒᆞ니勿論內外國人ᄒᆞ고本人相關外에는勿爲見欺千萬千萬　金永振 廣告

龍仁水餘面梅谷所在堅字田一日耕忠州金目面所在畓四斗落文券遺失誰某拾得休紙施行　閔泳義 告白

本人이西署龍山灘項浦六十四統一戶草家九間을甲申年分에失火ᄒᆞ얏짜가丁亥年에新造住接ᄒᆞ온지二十餘年에此年彼年되야家券이本無故로漢城本署에家券新刊하기를請願ᄒᆞ오니諸君은知悉흠　金今春 告白

本人이親喪을遭ᄒᆞ야歸國ᄒᆞ엿더니今又還來ᄒᆞ야店務를壹層擴張ᄒᆞ고新輸入各色春夏服과各種帽子와靴服次와其他諸般附屬品이具備ᄒᆞ고特別廉價로販賣ᄒᆞ오니 僉位大人如前光臨ᄒᆞ심을敬要　貞동大漢門前祥興號主人告白

本人의再從文甫가本以商業資生인바京城安東居文仲五와已有面分ᄒᆞ야昨랍에當錢三萬兩於音을借得ᄒᆞ야崔云京許에物件을買去云矣러니문甫가崔云京외게所負條가有ᄒᆞ던지문仲五외於音三萬兩을舊債로除ᄒᆞ고物件을不給ᄒᆞ미문甫는鄉第로下來ᄒᆞ고崔云京이가三萬兩於音을문仲五외게督推ᄒᆞ는지라문仲五가문甫의推尋次로下往見之則문甫分전難辦이라문仲五는於音을暫時借貸라가中間見困이緣爲抑寃이기에本人等이各有家券與田답문券과二千兩手票를幷爲出給문仲五ᄒᆞ야문甫외同爲上京ᄒᆞ야崔云京을往見ᄒᆞ고此문券을典執하야數朔實限之意로懇乞이되崔云京이不聽ᄒᆞ거늘文仲五와文甫가此文券을帶持하고本人等의게還來ᄒᆞ야更爲周旋次로下來之路에安城陳元瑞家에歷訪ᄒᆞ고陳元瑞言內에此處에有錢處ᄒᆞ니문券을出示하면錢을得給ᄒᆞ마기에信之無疑出給矣러니陳元瑞가稱有문甫舊債ᄒᆞ고문券을白晝奪取ᄒᆞ는지라문仲五가強弱不同으로不得已上京ᄒᆞ야此意를本報에廣告ᄒᆞ지흠은世所共知어날不識今者에稱安城人ᄒᆞ고欲推次來言하니此문券은本非문甫物이오本人等物로문仲五를出給흠은沙潭登동이所共知인대陳元瑞가문甫의債를藉托ᄒᆞ고有主田畓을勒奪코저흠은強盜와無異흘뿐더러此掠奪흔문券은休紙로施行하고本人等이更히官證을成出

本人子學圭를率養教育이今至拾餘年矣러니性本浮浪ᄒᆞ야再昨年夏에竊財逃走를四面搜覓ᄒᆞ야因置家內ᄒᆞ고待其悔改러니陰二月十二日에聞其本人之上京ᄒᆞ야如干錢財沒數盜出逃走에不知所向奈勢不得已ᄒᆞ야爲罷養ᄒᆞ오니從今以後로는何有挾雜이라도內外國人은切勿見欺흠　崔錫斗 告白

光明書觀에서各種新學文과各種聖經을大發賣ᄒᆞ며下水口內에支店을設ᄒᆞ앗ᄉᆞ오니僉兄弟는陸續購覽ᄒᆞ시옵　平壤大同館上偶二層屋

西署仁達坊內需司契二十六統七戶瓦家二拾二間半家契를陰曆正月逢賊時에失하얏기玆以廣告ᄒᆞ오니誰某間拾得이라도休紙施行흠　金珍衡 告白

前參書馬錫翻을改以鉉穆으로施行하오니 僉君子는照亮흠　大邱西上面達동 馬鉉穆 告白

教科書類 小說書類 法政書類 文藝書類
本校舘에一層擴張ᄒᆞ고各種書籍과學校用品을具備발賣ᄒᆞ오니有志僉彦은陸續購覽ᄒᆞ심敬要
冊價는京城各冊사와同흠
安州城內大街「관거리」 知新書舘 金澄植

慶尙北道 大邱東上後洞
新舊學文을大發賣ᄒᆞ오니願買하는 僉君子는速々求覽ᄒᆞ심을希望흠
在田堂 金과鴻書舖 告白

韓美電氣會社告白

割引券을發行하야四月一日부터鐵路本社及龍山停車場에서賣下흠
割引券은每券에六拾枚로編成ᄒᆞ고代金은貳圓八拾五錢으로領收이온대每區域에서一枚式新貨五錢과갓치使用흠
龍山線區域을四月一日부터남大門外停車場前으로改定흠
電車발着時間은四月一日부터改定ᄒᆞ야夏期時間表를依行흠

長湍郡居朴勝直이本以悖類로京鄕出沒에誘引本人子鍚浮之年少ᄒᆞ야本人租包를欲爲暗賣於他人ᄒᆞ오니內外國人은切勿見欺爲要　黃海道安岳金致龍 告白

漢城鍾路萬國基督教青年會舘前慈惠藥房 製藥監査人濟衆院醫學員洪錫厚朴慈惠李觀化告白

本人等이米國大학醫院處方을大醫學士魚丕信氏에게受業ᄒᆞ고諸般校授勁五澄池邊永氏에게有効證明을受ᄒᆞ고左記나種을製造ᄒᆞ야外國藥와規模을依ᄒᆞ야紙匣洋鐵匣玻璃瓶에盛ᄒᆞ야全國內地各處에廣賣ᄒᆞ옵고濟衆院英字醫書를我國漢文으로飜譯ᄒᆞ야名稱內에便方이라ᄒᆞ야발賣ᄒᆞ오니四方僉彦中濟衆院나음으數拾年經驗信用ᄒᆞ신兄弟는不拘약之多少와路之遠近ᄒᆞ고以書請買ᄒᆞ시면本人은雖拾錢價値라도以小包郵便으로卽呈ᄒᆞ오리니나封定價外郵稅十젼을加送ᄒᆞ시되小數젼은郵票로換送ᄒᆞ시면郵便局十젼자리로ᄒᆞ서보니시고賣藥人家에셔는多數買去ᄒᆞ시고郵便局換錢票를買送ᄒᆞ시오且本藥房에米國(멀포드)製약社나과德國(만흔임)製약社라品을直譯入ᄒᆞ야(왈콤)製약會社나과[illegible]英語로記ᄒᆞᆫ方文과主治와用法을我國漢文으로飜譯ᄒᆞ야발賣

商標

補益丸 食思振起 精力活潑 第一老衰男女의게補益血

定價表	拾日分 三十個入	金一圜
	二十日分 六十個入	金一圜七拾五錢
	三十日分 九十個入	金二圜五拾錢

[illegible]效解瘧丸 一日分定價金拾錢此藥은大人小兒長瘧과初瘧(?)腹瘧에以ᄒᆞᆫ服用ᄒᆞ면更不再發

[illegible]虫丸 一日分定價金拾전此藥은大人蛔積小兒疳病의神効

正時感冒丸 一日分定價金拾전此藥感氣몸살의쓰는약인데一二日連服ᄒᆞ면四時毒感上下肢節頭痛에即時解熱鎭痛

主治大補元氣能調陰陽男子陽萎不起女子月經不調手足厥冷虛勞失氣久病人蘇完되는効力이大勝於鹿茸蔘

男女瘡[illegible]祛根藥 定價金五圜此藥은瘡疾의一期二期를勿論ᄒᆞ고거근ᄒᆞ도록나을쥬는데口瘡과구억도아니나오

淸明眼藥 一日分定價金拾錢此藥은火眼熱眼의有효ᄒᆞ効

無惡臭疥瘡藥 定價金四拾전此藥疥션虫은卅分內殺

[illegible]咳藥 五日分定價金三拾錢此藥은四時尋常性咳嗽에有効ᄒᆞ고特히老人喉咳에消痰止咳

寸[illegible]發根 定價金三拾錢此약寸虫當時[illegible]

止足汗藥 二十日分定價貳拾錢此藥德國軍人常用除足汗臭

經歷根治膏 定價금十五전此나面腫과頭腫에直差

濕腫根治膏 定價금十五전此약은男女勿論하고風寒暑濕으로發腫되어大起搔痒ᄒᆞᆫ데奇効

漢城百應膏 一封定價金十錢此약은濟생醫士李信友시方文으로製造ᄒᆞᆫ藥인데명우리잘풀리고각頂腫氣에발根合瘡이되는데는大洋鐵匣入一個금五十錢

小兒感冒靈効散 此약池邊永氏經驗良方小兒感冒及食滯와驚風者[illegible]神效定價金十錢

稀氣神効保嬰散 此약醫學校長池邊永氏數拾年經驗之良方小兒疳色綠而瀉○腹脹○身不安而不寐○腹痛驚悸及直視而發搐者神効定價금十二錢五圜

發賣所 仁川港栮峴濟生堂약房 京城梨峴醫賣약商李信華

◉大韓國新發明神藥

◉修皮靈丹 各種食滯中暑久滯口臭痰飮吐瀉定價一貼十錢

◉至寶丸 治諸般諸疾不拘久遠俱有偉効定價金十錢

◉靈效液 外用方藥治疥癬皮風百發百中定價金三拾錢

◉淸眼水 治諸般眼疾有驗效見天之妙定價金拾錢

◉通淋丸 治男女急慢淋疾神効無雙速効除毒一週金五十錢

此外에도東西洋各國有名賣藥과當病去根藥과頭風痔疾諸藥水各種類完俱比惠向爲望

製劑발賣所 漢城中署鍾路鉢里峴二統二戶地 共愛堂藥房

監修발行人 前官立漢城醫학校卒業生 蔡基茂 朴容南 謹白

支店 開城南門內 共愛堂開城支店 姜助遠 / 西署新門外石橋普濟院藥局 車顯廷 / 奧學舍 仁川港栮峴濟生堂 李慶鳳

代理店 國內各地藥局에서隨處販賣ᄒᆞᆷ니다

告白

簡易商業簿記學

全一冊 定價金四十五錢

本書는簿記학中最近ᄒᆞᆫ학理와精妙ᄒᆞᆫ形式을精細蒐輯ᄒᆞ야了解켸簡易ᄒᆞ도록編述ᄒᆞᆫ著니一般商業家에不可不一次閱覽ᄒᆞᆯ者될뿐아니라中等以上學校에敎科로用ᄒᆞᆷ도適當ᄒᆞ니陸續購覽ᄒᆞ심을望ᄒᆞᆷ

발賣所 布屛下 廣학書舖 洞口越便中央書舘 / 廣橋東便匯東書舘 寺동漢陽서舘 / 鍾路 大東서市 鍾路古今서海관

滑稽小說 禽獸會議錄 弄球室主人 著述 表紙石版寫眞活印刷 全一冊 正價金拾五錢

▲本小說은新体文壇의演劇的小說로空前絶後의一大禽獸會議를開催하고海陸動物이演壇에集合ᄒᆞ야人類와禽獸의優劣과造化主宰의眞理를討論批評ᄒᆞ는光景을傍聽實寫ᄒᆞ야讀者諸君에게紹介로今日吾人類社會의公德頹敗ᄒᆞᆷ을警醒코ᄌᆞᄒᆞᆷ이나其滑稽的文体가光彩陸離ᄒᆞ며諷刺的批評이奇拔欣曲ᄒᆞ야實로國文小說界에一大異彩를放ᄒᆞᆯ만ᄒᆞ며一讀解頤의好讀物이오

▲발行元 皇城書籍業組合

▲分售處 中署罷朝橋越邊 中央書舘 大東書市 / 南署大廣橋東邊 匯東書舘 古今書海舘 / 西署남門外紫岩 新舊書林 남署尙洞 博文書舘 / 남署銅峴 博학書舘 中署布屛 廣學書舖

◉大韓國新발明靈藥廣告 陸軍留醫金守鉉君實驗方劑에陸軍留醫張基茂君有効證明으로淸心保命丹을발明인바効能은如左ᄒᆞ니僉君子惠試爲望

新製 淸心保命丹

本舖 仁川港栮峴 濟生堂

◉主治効能 ◉痰飮◉食積◉中暑中寒 ◉咳嗽◉腹痛◉不土不服 ◉氣鬱◉吐瀉◉船車眩暈 ◉食傷◉酒醉◉口熱

▲其他諸般速氣厲疫預方妙藥

발行人 仁川港栮峴 濟生堂 李慶鳳

代理店 京城鉢里동 共愛堂藥房 / 特約店 京城鍾路 慈惠藥房 / 同 藥峴 李信華洋藥局 / 同 尙洞 廣益亭冊사 / 同 南門外 廣濟藥院 / 仁川 內洞 韓禹悅 / 同 栮峴 和平局 / 開城 南門內 朴圭桓 / 同 忠堤 具聖模 / 水原 鍾路下 金濟九藥局 / 同 宗路 宋振孝 / 延安 邑內 邊汝文 / 江華 鍾路 宋順東 / 長淵 南門內 崔載淳 / 殷山 砂利院場內 박健昌 / 全 任允中 / 全 李在命 / 黃州 南門내 紅門洞 耶穌敎堂內 李東赫 / 平壤 雙巨里 韓鳳儀藥舖 / 全 藥舖 朴龍化 / 全 舘南藥舖 金聖興 / 全 舘南藥舖 桂澤宣 / 鎭南浦 蓝洞 文武洞 金元燮藥舖 / 載寧 山港 開 [illegible]洞 金斗鉉 / 京南 大門外 大同運輸會社 / 全泥 峴郵便局前 天佑堂 / 安岳 邑上場里 濟生局 林景杜 / 大邱 南門內 刷還동 김成浩家 / 釜山港 草梁 客主 김重佑家 / 安州 城內 發井동 回春大藥房 / 義州 南門外 水口街 義和藥局 / 此外에도現代에발明各國有名各種賣藥이俱備ᄒᆞᆷ / 海州 南門內 李孝植 / 濟州 邑 新洞약局 金濟台 / 博川 郡 美동 商店 박之行 / 載寧 邑 後동 洋약局 崔允國 / 北靑 郡 新昌港 客主 박能勳 / 元山港 本堂出張人 朴教獻

越南亡國史 國漢文

定價貳拾伍錢

發賣所 京城廣橋 高裕相 書舖 / 鍾路 [illegible]時 [illegible] / 布屛下 김相萬 告白

愛國精神 國文

定價金卄錢 …譯述

勿論男女ᄒᆞ고愛國心이有ᄒᆞᆫ者可以購覽

發賣所 皇城각書舖

學徒洋裝書冊 學徒運動具 羅紗各種 英國金巾各種 衣服裁縫其他雜貨至廉價放賣ᄒᆞ오니諸君子는來購ᄒᆞ심을바라나이다

仁川港 鎭南新商舖

◉國債報償義捐金

三月中本社收入總額

每日申報明細錄

三月三十日

鎭南浦 六壹七號智島郡岩泰面各村 十圜九拾六전

計拾圜九拾六錢

三月三拾日까지收入總額

四百八拾三圜二十八전

隆熙二年一月二月收入總額

一千九百八十三圜二拾

四전五圜

光武十一年度收入總額

五萬七千四百廿六圜九十

五錢七圜

都總合五萬九千九百三圜四拾

八전二圜

◉本社義捐金收入廣告

◉智島郡岩泰面

▲水谷 前議官文泰炫二圜 文柄헌 壹圜 文鴻헌三十錢 鄭永洸 / 鄭喜三 각二拾錢 文珍相 三拾錢 文準 十一 / ▲洛島 文洛元 四十錢 文仁凡 二十錢 高有植 金龍光 각四十錢 高國三 十錢 / 박處三 至一同 각二十錢 박贊叔 姜京才 김良先 鄭福吉 각十錢 박贊永 六錢 / ▲浦島 朴泰三 八十錢 朴和有 六十錢 김玉瑞 四十錢 孫良三 박成知 孫完水 各二拾錢 姜成云 박和順 각拾錢 / ▲就巢 張春必 文先有 文君甫 各三十錢 韓仁植 四拾錢 張德九 文處玉 文鳳伊 各二十錢 合拾圜○九拾六錢

前總合五萬九千八百九十二圜五十二錢二圜

都總合五萬九千九百○三圜四拾八전二圜

◉廣告料 本社廣告

每日每行四號字十三字加 一寸에新聞 每日 [illegible]

每日每行大 [illegible] 一週日에 二圜五十錢

每日每行四號五號에相當ᄒᆞᆷ 一箇月에 五圜

每日每行四號一號에相當ᄒᆞᆷ

其期限의長短과字行의多寡를依ᄒᆞ야減價ᄒᆞᆷ이有ᄒᆞᆷ

發行兼編輯人 英國人 裵說 / 發行所 南署石井洞號外塲二層洋屋内 大韓每日申報社

光武九年八月十一日 明治三十八年八月十一日（第三種郵便物認可） 金曜

第六卷　　大韓每日申報　　第七百七十一號

大韓每日申報

月曜及慶節 臨時休刊

檀君開國四千二百四十一年
箕子元年三千三十年
大韓開國五百十七年
日本明治四十一年
淸國光緒三十四年
陰曆戊申三月小初三日戊子

論說

○讀壬辰誌有感

人心의如何를觀ᄒ야其國이以亡以不亡ᄒᆷ은古今에同然ᄒᆫ理어니와壬辰韓日戰史를讀ᄒ미其確然을尤覺ᄒ깃도다

是時를試想ᄒ라政治를論하면腐敗가莫甚ᄒ야日東日西日南日大北小北稷北急北等의黨論이蜂起ᄒ야私鬪만是事ᄒ고國事ᄂ不問ᄒ며六曹ᄂ虛設에不過ᄒ며三公은尸位에空據ᄒ던時오軍備를觀하면兵額이幾千에不滿ᄒ고將官은員數만備具ᄒ며且統制使兵使水使等을任差ᄒᆷ에人材만不得ᄒᆯ뿐아니라閫外之權을宮中에서坐握ᄒᆷ으로千里兵機를啓聞乃決ᄒ야壹事를莫專하며一籌를莫展ᄒ던時라

是故로豐臣秀吉의兵이海를壹渡ᄒ미 車駕ᄂ倉皇西遷ᄒ며軍兵은壹時瓦解ᄒ야廟堂諸臣이束手無策에眼淚만被面ᄒ얏스며隣國의兵이來救ᄒ다爲名ᄒ얏스나逗遛만ᄒ고爲主ᄒ고進戰을不肯ᄒ얏스니國家의存亡이一絲를爭ᄒ얏건만은十八年兵火를經ᄒ고도各道가無缺ᄒᆷ은果然何를賴ᄒᆷ인가曰此ᄂ人心이不去ᄒᆫ故니라

是時人心을觀ᄒ미空拳鋤櫌도國事를爲ᄒ야戟을奮ᄒ며擊據ᄒ며豈說도國事를爲ᄒ야鋤를投ᄒ며娼妓ᄂ一個賣淫者언만敵將을抱ᄒ고江樓에서殉死ᄒᆫ娼妓도有ᄒ며僧徒ᄂ壹個守寂者인만長삼을着ᄒ고義伯軍을募集ᄒ야敵兵과決死ᄒᆫ僧徒도有하야流血로搶亂을代ᄒ며義氣로甲冑를代ᄒ며敵愾心으로城郭을作ᄒ야其國만知ᄒ고其身其家를不知ᄒ앗스니

人心이如此ᄒᆫ時인즉設令淸正의腕에兩翼이生ᄒ며行長의頭에三角이出ᄒ야虎又치吼ᄒ며獅又치攫ᄒᆯ지라도彼를何足慮며何足懼리오

故로日國家의亡不亡은民心을觀ᄒ다ᄒᆷ이니人心者ᄂ何오即國을愛ᄒ고同胞를愛ᄒᄂ壹段秉彝良心이是니

彊土의據를勿擺ᄒ고人心의泯을是懼ᄒ며權利의削을勿態ᄒ고人心의衰를是驚하자

人心만有ᄒ면八域內에百千萬敵營을列하며沿海ᄌ地에百千萬敵艦을檥ᄒᆯ지라도我疆土我權利ᄂ我가案還乃己ᄒ나니라

外報

●露國鉄道株券落價　莫斯科電을據ᄒᆫ즉露國鉄道事務가紊亂ᄒ야運輸物貨의遂賊ᄒᆫ거시總計數萬圓에達ᄒ얏다하ᄂ故로株式券이忽地에落價되얏다더라

●露帝의會員接見　聖彼得堡電을據ᄒᆫ즉露國皇帝ᄂ각地方의會員으로上京ᄒᆫ各團體代表者三百餘人을接見ᄒ셧ᄂᄃ其中에立憲共和黨波蘭代表의代表ᄂ不遺ᄒ앗스며皇帝ᄂ각代表를向ᄒ야讓意를行ᄒ셧다더라

●葡國君主不安　巴里電을據ᄒᆫ즉葡萄牙國共和黨리마氏가新聞探報者를對하여曰葡萄國이將次下議院을選擧하야下議院으로會集ᄒᄂ日이면畢竟問題를提出ᄒ여民主國이될지니革黨은失敗를當ᄒ리라더라

●肅親王과袁世凱　北京電을據ᄒᆫ즉暗殺者에革命黨으로被捉ᄒᆫ欵黨。江天澤等과今番外國人에게秘密事件을漏泄ᄒᆫ理由로被捉ᄒᆫ高原喜。鐵鍰等은肅親王이信任하야民政部官吏로敍任ᄒᆫ지라故로袁世凱氏가肅親王이如此ᄒᆫ者를敍任ᄒᆷ이不可ᄒᆫ意로駁論ᄒᆫ故로肅親王이此를因하야辭職하라ᄒᆫ다더라

●地震과火災　桑港電을據ᄒᆫ즉墨西哥지라바市에去月二十六日以來로地震이有하야該市建築物이破壞하고火災가又生ᄒ야家屋이多數燃燒ᄒ엿다더라

●淸國陸軍編成　漢口電을據ᄒᆫ즉淸國泗水省에서五年間에軍隊三師團을編成ᄒᆯ計劃인ᄃ日本陸軍中佐以下三名外에輜重兵小尉를雇聘하얏다더라

●淸國駐外公使　北京電을據ᄒᆫ則和蘭에駐剳ᄒᆫ淸國公使錢恂氏ᄂ伊國公使로陸徵祥氏ᄂ和蘭公使로任命되얏다더라

雜報

●舊邑新校　平北博川舊邑私立新明학校ᄂ學徒父兄이幾兩式出捐ᄒ야敎師月俸을擔當ᄒ고학徒三十餘名을敎授ᄒᆫ다더라

●張氏熱心　龍川樓下面安心里居張泰浩씨ᄂ商務爲業ᄒ더니昨秋에與同志幾人으로協力ᄒ야該里에安定학校를新設ᄒ고敎師를延聘ᄒ야多數학徒가方在進就中이라고西來人이稱頌ᄒ더라

●학資義捐　西來人에傳說을聞ᄒᆫ則載寧郡海倉居金永弼氏ᄂ학校를熱心贊助ᄒ더니去乙巳年分에黃州居李承吉씨가平壤中학校에受業ᄒ다가家貧費絀하야학業을中止ᄒ게됨을見ᄒ고大端히慨惜히여겨以不贍之財로該人의학資與衣服諸般凡節을一切擔當ᄒ고于今四年에始終이如壹ᄒ미該人은來四月에卒業ᄒᆫ다더라

●江郡興학　江西前郡守李宇榮氏在郡時에학校를郡내에設立ᄒ고熱心勸勉ᄒ더니郡守姜鴻大氏가來莅以後에학校事務에注意ᄒ야각面을巡行說喩ᄒ고郡主事白舜欽氏도熱心贊成하야學校가各洞에次第設立ᄒᆫ다고西來人이稱頌ᄒ더라

●학生運動會　安岳郡城내洞小학校에서春期大運動會를設行ᄒ기爲ᄒ야命孝英박七淸某々諸氏가運動費數百餘圓을預備ᄒ고載寧信川豊化黃州鳳山長連殷栗豊川三和潛各학校學生을聯合ᄒ야陰三月拾五日에大運動을行한다더라

●普校落成　公立馬山普通학校에서今月拾日에落成式을設行ᄒ얏ᄂᄃ官民이壹齊參列ᄒ야五六百人에達ᄒ고또同月二十九日에生徒證書授與式을設行ᄒ미日部協辦方親察官鶴岡氏와羅壽淵씨가歷路에入參ᄒ여敎育을奬勵ᄒ기爲ᄒ야演說ᄒ엿다더라

●逐日諸公　前郡守李府亨氏가自己私邸에精一女塾을設置ᄒ고女학徒를募集ᄒᆫ다ᄒᆷ은已爲報道ᄒ얏거니와該塾에서經費를維持ᄒ기爲ᄒ야학徒의父兄은每朔月捐金五拾錢式月賦金拾전式을支出ᄒᆫ다더라

●漢城材木柴炭株式會社
創設趣旨書

夫建築及燃燒材料ᄂ人間生活의壹大要件이라其需用이萬國을通하야不異ᄒ고其供給이四時를貫ᄒ야無窮ᄒ니故로國家의文野程度와人民의貧富景況이其購買方法의難易와運輸機關의便否에觀ᄒ야可悅ᄒ논지라今에我幽의狀態를擧ᄒ야論ᄒ건ᄃ森林의代採가太濫ᄒ야到處의山岳이皆赭ᄒᆫ則徑尺의木은금이有ᄒ야도求하기甚難하며大厦傑閣의棟樑은姑捨ᄒ고矮屋陋室의柱椽도絶無僅有ᄒ야都邸의建築이發丈의高에達하ᄂ者가不多ᄒ니民間의棲息이宛然穴居時代의風이오且燃料ᄂ一年生의艸蒿로其貴ᄒᆷ이桂와如ᄒ미冬時ᄂ貧窮者의寒를呼ᄒᄂ聲이城에滿ᄒ고夏節의雨期에至ᄒ야ᄂ運輸의不便ᄒᆷ으로米를抱ᄒ고炊ᄒ기不能ᄒᆫ者가往々其有하야生活의費用及勞苦에柴炭의政이其半에過하니此ᄂ物料의稀貴로因ᄒᆷ이나亦商販ᄒᄂ道가其宜를不得ᄒᄂ然故라是以로吾儕가國家의經濟와都民의便利를爲ᄒ며又商業의발達ᄒᆫ目的으로本株式會社를設立ᄒ고諸條로써有志君子의贊同을乞ᄒ노라

발起人　張輔衡　趙彰漢

新譯 海外稗談

第　章　　冬青山人　譯

假面中의人鬼（續）

余一點頭曰君且休怪ᄒ라此中에必有委折이니彼若鬼物이런何以火爲리오必有不退之從기在此謀逆이니라波里斯聽了에曰假使如此인된將如之何오是求守兵을呼來ᄒ던지深장에報告ᄒ던지從長計議가可也라ᄒ거ᄂ

余於政治界에閱歷旣深ᄒ야登切機密이皆莫能逃余法眼이라此事가必非碌碌ᄒᆫ이니若遽報出이면必致後悔오即波里斯의도亦不宜使知眞相이어늘乃謂波里斯曰凡事를不宜倉卒이니余定要徹底探査오且余爲外國使節이라有治外法權이ᄒ니雖有危險이라도必無害也니此事ᄂ正宜余先冒險이니汝其少俟ᄒ라

余將獨往ᄒ야以査火光之所從出ᄒ리라但君過拾五分不返이어던任君爲之니呼兵告擧를余皆不管ᄒ리라余遂向彼火光而趨ᄒ니火光이忽隱忽現於石室重門之下에서閃現ᄒᄂ지라

初欲敲門타가繼而猛想ᄒ니彼必從此門出入이니不下鑰이亦未可知라乃試執門鈕ᄒ고用力推ᄒ야乘勢推ᄒ니果應手而開이라遂勇從騰起에大步躍入ᄒ니絶無人氣하고惟右首에存室ᄒ이戶半開扇에光從此出ᄒ니始從彼光線ᄒ야卽此火之原光也러라

乃急掩大門ᄒ고犇入此室ᄒ다噫嘻라余當時之驚詫와當時之淒慄은至今에猶銘刻腦中ᄒ야欲忘不能忘이로다當下에此室門을推入ᄒ니室內에有一物이忽自椅上으로躍起立ᄒ니其物이何物이뇨正是波里斯所謂身長八尺ᄒ고服被黑衣ᄒ고其容이醜淡ᄒ며其色이慘凉ᄒ야身死未寒之亞歷山大第三世也러라

（未完）

雜報

●玉候漸復 太皇帝陛下의玉體康寧ᄒᆞ신ᄭᆞ온漸次平復이되셧다더라

●祭儀看審 昨日에掌禮院卿리재夏와院理事金奎熙兩氏가奉常司에前往ᄒᆞ야再明日廟殿及各陵園淸明祭各需를看審奉進ᄒᆞ얏다더라

●日醫入診 太皇帝陛下腫候進診次로三昨日入城ᄒᆞᆫ醫學博士佐藤進시가再昨日上午十一時에 大皇帝陛下ᄭᅴ셔先爲 陛見ᄒᆞ고仍卽 德壽宮에 陛見入診ᄒᆞ얏다더라

●合郡姑停 地方各郡을合付ᄒᆞ야壹百四十餘郡으로定ᄒᆞ고廢止ᄒᆞᆫ郡에ᄂᆞᆫ日本人으로事務官壹人式을選置ᄒᆞᆫ다더니地方의騷擾를因ᄒᆞ야合郡壹款은勿施ᄒᆞ고可堪ᄒᆞᆫ人을擇差ᄒᆞ야郡守로敍任ᄒᆞ기로決定이되얏다더라

●會補宴別 會補副統監이將次歸國ᄒᆞᆫ다ᄂᆞᆫ대日間餞別宴을設ᄒᆞ고內外國勅任官以上을請邀宴待ᄒᆞᆫ다더라

●내人月銀 內人을減額ᄒᆞᆫ後에現存ᄒᆞᆫ내人은自尙宮以下月俸이自壹百圜으로下至二十圜이라더라

●叅奉沙汰 各陵叅奉을解散ᄒᆞ니官五十餘名區處ᄒᆞ기爲ᄒᆞ야幷爲遞任된다더라

●事非違例 各部에셔ᄂᆞᆫ公文接受與발送을각秘書課에셔ᄒᆞᄂᆞᆫ例인대內部警務局에셔ᄂᆞᆫ接受及發送을警務局庶務課에셔自由即接ᄒᆞᆫ다더라

●遞調奔忙 承寧府官制中侍從補를增額設置ᄒᆞᆫ다ᄂᆞᆫ대侍從補一課를圖得ᄒᆞ랴고運動ᄒᆞᄂᆞᆫ者가多數ᄒᆞ다더라

●[illegible] 內閣諸大臣과中樞院顧問諸氏가發起ᄒᆞ야正副兩溫公의眞率會를依ᄒᆞ야茶話會를組織ᄒᆞ얏ᄂᆞᆫ데明日第一回를蓮花峯閔丙奭氏邸에셔開ᄒᆞᆫ다더라

●美艦歡迎 桑港報를據ᄒᆞᆫ즉同港에居留ᄒᆞᄂᆞᆫ韓國人이美國大西洋艦隊가太平洋으로回航ᄒᆞ다가今月拾五日에桑港에到着ᄒᆞ면該艦에對ᄒᆞ야歡迎ᄒᆞ기로準備中이라더라

●依日生威 各裁判所의判檢事로被任ᄒᆞᆫ日本人이多數渡來ᄒᆞᆷ은已揭어니와數日人들이法部로仕進視務ᄒᆞᄂᆞᆫ데法部大臣의威焰이一層宏壯ᄒᆞ다고들ᄒᆞ더라

●水工務增置 仁川水道工事를擴張ᄒᆞ야來月頃에竣工ᄒᆞᆯ預定이라ᄂᆞᆫ데事務員을比前增置ᄒᆞᆫ다더라

●修費支出 軍部內經理局舍壹層修理ᄒᆞᆫ다ᄂᆞᆫ데諸般經費ᄂᆞᆫ二千圜으로支出ᄒᆞ얏다더라

●郵筒遍掛 通信管理局에셔郵物을多數히分傳ᄒᆞᄂᆞᆫ家에ᄂᆞᆫ夜間에分傳을便利케ᄒᆞ기爲ᄒᆞ야該家門外에函筒을造掛ᄒᆞᆫ다더라

●籍紙價不收 내部民籍課에셔今年爲始ᄒᆞ야戶籍紙價를民間에不收ᄒᆞ고該課에셔自當ᄒᆞ기로決定ᄒᆞ얏다더라

●驛屯穀價 全州財務監督局에셔該各郡驛屯土穀價를認定ᄒᆞ니壹萬四千圜인데納入額이二萬五千圜이오未納額이五萬五千圜이라더라

●苦待恩金 解散ᄒᆞᆫ殿院巡査等은每朔手當금으로四圜式支給ᄒᆞ더니近日恩賜金을支撥ᄒᆞᆫ다ᄂᆞᆫ說이有ᄒᆞ야該院解散巡査四五拾名이輪回ᄒᆞ야該院前外直所에會集待榜ᄒᆞᆫ다

더라

●債金都聚 再昨日에閣成ᄒᆞᆫ國債報償金保管委員五씨가各銀行에任置ᄒᆞᆫ金額을韓一銀行으로都聚ᄒᆞᄂᆞᆫ것시妥合ᄒᆞ다ᄒᆞ야各銀行에推尋ᄒᆞᆫ즉擧皆應諾ᄒᆞ되惟獨該銀行總務韓相龍씨가反抗ᄒᆞ며曰銀行은一般인대今忽推之何也오ᄒᆞᆫ대該委員이答曰社會公議가都聚一處가事理에當然이오韓一銀行은獨立正當이라ᄒᆞᆫ데韓氏가又曰假嫌於日人이此銀行에事務를干涉ᄒᆞᆷ인즉日人을逐出ᄒᆞ면此銀行에도當貯置ᄒᆞ야ᄒᆞ고一場抵抗ᄒᆞ얏다더라

●荷杖之習 日前桑風에南山風落松을該署內巡査가枝葉을剪伐次로帶斧而去ᄒᆞ얏더니該等地居留ᄒᆞᄂᆞᆫ日人들이多數來到ᄒᆞ야該巡査를亂打逐送ᄒᆞᆫ故로該巡査가警視廳에呼訴ᄒᆞ얏다더라

●趙씨歸國 長老敎師趙元時氏가敎會中代表로日前歸國ᄒᆞ얏다더라

●祠板奉移 俞市洞公不遷之位가其嗣孫俞寅植氏家에在ᄒᆞᆫ대俞門諸씨가公議ᄒᆞ되當此地方騷擾ᄒᆞ야祠位를不可不京城으로奉安ᄒᆞ깃다ᄒᆞ야日間入城ᄒᆞᆫ다더라

●時日廢止 本月壹日부터각停車場에서도標準時間을日本時로廢止ᄒᆞ고韓國時로施行ᄒᆞᆫ다더라

●本色難棄 地方局長廉仲模氏가近日以來로仕進時에服裝은廢止ᄒᆞ고一進會本色으로單周衣에帽子만着ᄒᆞ얏다더라

●勞動懇留 勞働夜학會에셔京城에居留ᄒᆞᄂᆞᆫ木工과石工과蓋瓦匠塗벽匠擔軍役夫等百有餘名이入會ᄒᆞ얏ᄂᆡ日昨以下午一時에任員懇親會를明月館에開催ᄒᆞᆫ다더라

●朴氏興校 濟州島에滯留ᄒᆞᄂᆞᆫ錦陵尉朴泳孝씨가該島에학校를設立ᄒᆞ고永遠ᄒᆞᆫ方針으로田土幾日畊을買得ᄒᆞ야外國과種果木을播種ᄒᆞ야該校資本을成立ᄒᆞᆫ다더라

●普校紀念 今日은普成專門학校第四回創立紀念인대普成專門학校와학校任員講師壹同과校友諸氏와학員及來賓合數千餘名이永道寺에셔紀念式을擧行ᄒᆞ고運動遊戱와餘興에觀景이盛ᄒᆞ다더라

●布衣出義

義州에居ᄒᆞᄂᆞᆫ布衣生이一封寄函에금십圜을入ᄒᆞ고桑港에셔被囚中에在ᄒᆞᆫ張仁煥氏의情景을特念ᄒᆞ야助給ᄒᆞᄂᆞᆫ거슬轉送ᄒᆞ라고本社에委托ᄒᆞ엿더라

●최冤呼訴 楊州蘆院面中溪居최雲慶이가該隣居김永浩妻와有何芥嫌인지金妻가議政府兵站所에誣訴ᄒᆞ되崔雲慶이가義兵과干連이라ᄒᆞ야捉囚該所ᄒᆞ고無數鍛鍊ᄒᆞᆫ故로최氏家人이抑冤ᄒᆞᆫ理由를昨日日憲司令部에請願ᄒᆞ얏다더라

●鄭氏云放 警視廳에被囚ᄒᆞᆫ姜寅圭鄭寅國氏等을屢次審査ᄒᆞ얏스되日間放釋이된다더라

●廢墻之禍 南大門城堞을毁撤ᄒᆞᆫ다ᄂᆞᆫ日前에勞動者三名이壓傷致斃ᄒᆞ얏다ᄂᆞᆫ說이有ᄒᆞ니라

●洋紙調査 警視廳에셔十餘日前에安東洞에셔前학部大廳直리文根을窃盜로捕捉ᄒᆞ야訊問ᄒᆞᆫ즉학部大廳直으로服役時에該部編輯局에셔所用ᄒᆞᄂᆞᆫ洋紙를偸出ᄒᆞ얏다ᄒᆞ고自服ᄒᆞ야警部가巡査를帶ᄒᆞ고該部에來到ᄒᆞ야見失ᄒᆞᆫ洋紙出處를問ᄒᆞ미該部에셔調査後通知ᄒᆞ마ᄒᆞ고昨日該部에積置ᄒᆞᆫ洋紙를調査ᄒᆞᆫ다

더라

●許氏押囚 前辯護士許憲시가平理院判事宋振玉시를相持ᄒᆞ야呈訴ᄒᆞᆷ은가시俞大判決인데日昨에宋判事가該事件으로許憲시를該裁判所에還爲呈訴ᄒᆞ야許憲시가再昨日에該裁에被捉ᄒᆞ야監獄署로即爲押囚ᄒᆞ얏다더라

●抱郡怨聲 抱川來人의傳說을據ᄒᆞᆫ즉近日該郡境內에義擾ᄂᆞᆫ寢靜ᄒᆞ얏스나派駐ᄒᆞᆫ日兵行悖가無變ᄒᆞ야許多應設에民難支保ᄒᆞ며境내饒戶에ᄂᆞᆫ作梗ᄒᆞᄂᆞᆫ弊가在々有之ᄒᆞ야怨聲이載路라더라

●麗氏何辜 南來人의傳說을據ᄒᆞᆫ즉麗水郡分派所巡査東崎竹次郞씨가該郡無辜良民을藉稱義兵干連ᄒᆞ고捉囚鍛鍊ᄒᆞ며勒討財之弊가種々有之ᄒᆞ야怨聲이狼藉ᄒᆞ다더라

●鐵義砲殺 陰曆去月拾三日에日兵이自全羅道로壹隊ᄂᆞᆫ渡態津浦來ᄒᆞ고壹隊ᄂᆞᆫ渡離浦津來ᄒᆞ야韓山郡新市에到着ᄒᆞ야義兵干連ᄒᆞᆫ三人을捕捉ᄒᆞ야舒川郡豐舊等地에셔壹時砲殺ᄒᆞ얏다더라

●竊犯賊한 日昨에北部警署巡査가門外에物品을持ᄒᆞ고過去ᄒᆞᄂᆞᆫ人에行色이殊常ᄒᆞ야該署로捉致訊問ᄒᆞᆫ즉該人이長湍東面居吳鎭秀인데窃盜犯으로懲役八個月ᄒᆞ다가滿限放送ᄒᆞ야再犯窃盜ᄒᆞᆫ者라더라

●夜학移設 有志紳士가日語夜학科ᄂᆞᆫ新門外平洞李容稙氏家에在ᄒᆞᆫ華東學校內에設立ᄒᆞ고靑年子弟를熱心敎育ᄒᆞ더니不意에校主가有不肯之意ᄒᆞ야閉학ᄒᆞᆯ境에至ᄒᆞ얏더니茶洞居金東完氏와朴鼎壽兩氏와設力ᄒᆞ야該校를貞洞前侍從院東亞閣進敎育會內로移設ᄒᆞᆫ다더라

▲地方消息

▲去廿四日丹陽郡[illegible]附近에서義徒約七拾名이日守備隊와壹時間을狙擊ᄒᆞ야多小死傷이有ᄒᆞ다ᄒᆞ고

▲去月廿壹日順天郡月燈面地方에서義徒數十餘名과日巡査六名間에交戰ᄒᆞ야數時間을交戰ᄒᆞ다가義徒ᄂᆞᆫ谷城方面으로退去ᄒᆞ얏다ᄒᆞ고

▲去月廿六日午前六時에利川郡蘿里에셔少數義兵과日本守備隊와交戰ᄒᆞ얏다ᄒᆞ고

▲去月廿五日夜에咸昌郡松面場附近에義徒十餘名과日守備隊와壹場交鋒ᄒᆞ얏다ᄒᆞ고

▲去月廿八日午後三時에忠淸北道新基方面에셔義徒約廿名과郵便護衛兵二名과二時間을交戰ᄒᆞᆫ後義徒ᄂᆞᆫ陰城方面으로退去ᄒᆞ얏다ᄒᆞ고

▲去月廿四日慶尙北道聞沙店北方山麓에義兵約三十名과日守備隊와互相交戰ᄒᆞ얏다ᄒᆞ고

▲去月二十九日午前四時頃에義兵十餘名이楊根郡北部下道面沙店에侵入ᄒᆞ야該村壹進會員김英宗及池元학二名을銃殺ᄒᆞ고再次同村居김德潤김在英尹光雲三名을捕縛ᄒᆞ야錢金四十圜을强奪ᄒᆞ고即時北方으로逃走ᄒᆞ얏다더라

海參威電報

壹日東京經由

●暴動戒嚴 海參威港에暴動이起ᄒᆞ야合으로戒嚴令을施ᄒᆞ얏더라

△新春有感▽

▲靑邱山河바라보니新春消息반갑도다陰崖草木群生物이壹時活動潑々ᄒᆞ니盛衰消長壹理中에人情物態變換ᄒᆞ다

▲春眠을不覺曉ᄒᆞ니白首國恩難忘ᄒᆞ고[illegible]泰平朋暇ᄒᆞ야江湖에閑作伴ᄒᆞ야悠々朋從欲偸ᄒᆞ니元老大臣의朋寮이오

▲春山無伴獨相求ᄒᆞ니當時功名已極ᄒᆞᆫ대所求ᄒᆞ니何等권고長久ᄒᆞᆫ地位運動ᄒᆞ야納媚情態百方이라무슴條約叉讃ᄒᆞ야國家禍胎釀成ᄒᆞ니內閣大臣의心腸이오

▲春來花鳥莫深愁ᄒᆞ라山河淑氣又回ᄒᆞ니暫時김運근심마소一心團體同盟ᄒᆞ니人衆ᄒᆞ면勝天이니國權挽回容易ᄒᆞ다大韓人民의希望이오

▲春江水暖鴨先知ᄒᆞ니不顧廉恥며微物도變換時를知也否아權門出入哀乞ᄒᆞ야意外官職榮耀되니平生經營이仕宦者의昏夢이오

▲春宵桃李花開夜에豪游春心忽生ᄒᆞ야春從春遊夜轉夜라學樂課妓娼聲에皇族貴人失魂ᄒᆞ야家國興亡不顧ᄒᆞ니碌碌官人의痼習이오

▲春色便是桃花水라隨水逐浪炎凉態ᄂᆞᆫ滔々皆是可歎ᄒᆞ다各國會에出入ᄒᆞ야釣名式叅ᄒᆞ며行色이趣旨演說紛紜ᄒᆞ다假志士의所管이오

▲春水船如天上坐ᄒᆞ니外國風氣吸收ᄒᆞ제火輪船에돗달엇다布哇桑港에移渡ᄒᆞ야新知識이漸進ᄒᆞ니祖國魂魄喚起로다在外同胞의精神이오

▲春水滿四澤ᄒᆞ니外人官職日增ᄒᆞ야內外排擯彌滿ᄒᆞ다事務處理는소ᄒᆞ나月給돈은영락업다日人家率ᄂᆞᆫ무아하日本官人의沒廉이오

▲春旣ᄒᆞ니森林秀라四方征敝々ᄒᆞ니森林叢삼緊ᄒᆞᆯ가禁之不得擾攘ᄒᆞ니警察官吏무엇ᄒᆞ나魚毆鳥竄可矜ᄒᆞ다地方人民恐의겁이라

社告

本支社를 左開五處에 設置하고 玆以仰布하오니 本報愛讀하시는 該附近 僉君子는 該支社로 請求購覽하심을 務望홈

▲信川邑六里 丁一善
▲永興郡南山동書舖 梁昌鎬
▲朔州郡南門내 朱伯英
▲豐川邑會洋약局 李正華
▲寧邊邑內 明濟世

雜報

●西北例會 西北학會에서 本月四日(土曜日)下午三時에 月例通常會를 開하는데 一般會員이 屆期來參홈을 希望한다더라

廣告

敬啓者 本月三日(金曜)은 即本校第四回創立紀念式이오니 本校友는 同日上午十壹時에 東門外永導寺로 光臨하심을 敬要
普成專門학校 告白

本人의 弟 ■一이가 性本不良하야 蕩敗家産하고 締結雜類하야 僞造文券하야 得貸코저 하오니 內外國人은 勿爲見欺홈
陽城升良院面上里 洪炳殷 告白

安岳茂동居 姜甫赫氏가 昨年陰九月分 本郡市場에셔 多數貿太하다가 歸家計錢則紙貨九圜이 著貲間不知何處欠縮터니 不意今者에 面目不知하는 本郡順風坊高村居 金亨模氏가 來訪姜氏曰 吾는 昨年分 君處貿太하는 人인대 歸家計錢則紙九圜이 添衆홈지라 其時交易奔走홈際에 君以十圜一張으로 認是一圜而誤給이라하고 紙貨九圜을 面傳以去하니 이는 金氏仁善은 近世罕有이기 玆에 廣告홈
安岳大德坊桐谷居 姜啓錫 白

去陰二月初二日 本人之家에 賊盜突入하야 家藏汁物掠奪하는 同時 正字刻圖圖章亦爲見奪而 自玆以往 四方刻舊圖章施行爲計 知舊闕照亮홈
祥原和峰 金鳳燮 告白

本人이 金鼎濟의 金礦假稅官假印詐賂호 事項에 對하야 銀貨三千圜見勒호 理由가 至冤하야 本道裁判所에 欲爲呈狀則 該所主事金澄秀는 金鼎濟의 爪牙者오 金泳準은 鼎濟之猶子也라 藉以裁官하고 訴狀을 自外退却하매 本人은 是非를 得치못하기로 法意를 質問之地에 號令裁隷하야 酷爲毆拍하야 甚至黑暗牢囚之境에 觀察使가 되음셔 幸臨觀景하시고 使之放送故로 雖爲生出이나 兩金等이 職在訟政하야 冤訟을 至此壓制하니 雖緣鼎濟之權勢나 此等을 仍置면 本裁判訟政이 自歸操縱하야 殘民冤枉을 難以伸雪故로 玆에 廣告홈
雲山郡民 리학謙 告白

浙南學會

本會館은 中署樓동 十一統四戶로 定하고 來日曜(陰三月五日)午後壹時에 特別總會를 開하오니 本道內人士는 屆期光臨을 敬要

本會에서 來五日下午一時에 總會를 校동 西北학會會館內에서 開하오니 關東 諸君子는 一齊來臨하심을 望홈
關東學會 告白

本人이 乾元慶節에 轉到于安州城隍동地則 該面龍興嶺 前新登靈城四隣老少男女가 慶祝하기 爲하야 高岡에 陟하여 皇天后土에 焚香祝拜하고 齊呼萬歲하니 誠臨九天이오 聲應四方이라 右人의 愛國誠心과 開化武步를 可仰이기 玆以廣告
定州郡南面一里 玄九逵 白

●法官養成所 科學員募集廣告

法官養成所豫科學員約壹百人을 募集하오니 入學하기 願하는 人은 入學請願書에 履歷書를 添付하야 四月十七日內로 本所에 提呈하고 四月二十日上午十時에 本所로 來하야 入學試驗을 受할事

壹 入학資格 年齡 十七歲以上二十三歲以下 男子로 品行이 方正하고 身體가 壯健한者
壹 入학試驗科目 讀書 漢文及國漢字交用文 作文 國漢字交用文
壹 豫科 修業期限 壹個年
壹 豫科 敎授科目
法學通論 論理學 歷史 地理 數학 日本語 體操

豫科에 卒業한 者는 本科에 編入홈
詳細한 事項은 本所에 來問하고 入학請願書는 本所에 請求할事
隆熙二年四月一日
官立法官養成所

本학堂에 速成夜학英語日語筭術各專門科를 設立하엿사오니 願학 僉員은 速速來臨하야 本학堂에 隨意入학하심을 要홈
開학日字는 四月拾日
培材학堂 告白

本會總會를 來日曜日上午十二時에 (박동普成專門學校)內에 開하깃사오니 在京 僉君子는 屆期 光臨을 敬要
嶠南敎育會 白

本郡守李寅治氏가 下車以來로 敎育에 熱心하고 학校를 擴張하는 中 北面 坊塢里 金成九氏等이 發意推擧承하야 金陵학校를 設立하고 財務 金舜默氏로 資本을 擔當하고 校監 金翊淑氏로 학徒를 募集하야 本郡학校卒業生 金[illegible]氏로 敎師를 定하고 本月十七日에 開학儀式을 設行하며 本郡守 臨席演說하서 愛國思想을 激昂하고 敎育方針을 說明하니 贊成傍觀이 無不感服하야 必爲子弟之敎와 文翁莅蜀之化를 嘖嘖讚嘆하는 故로 玆에 廣佈홈
安州金陵학校贊成員用祿 金秉喆 楊洛基

寧邊商業학校第二回諸氏名函
本郡市廳契壹百十元四十전
崔達源三圜 金鍾淳一圜
김昌柱一圜 李桂奉五拾전
鄭彰燮五十錢
張洛賢五拾전
吳國權五十전
張南照二十錢

本人이 再昨日에 紙匣을 失하온데 그 중에 鍾路立廛花草房 徐相源許推文 舊文三萬五千兩 無日字通票壹丈과 西部延署楊泉里 裴錫奎 草家六間 契文 卷壹度를 失하얏사오니 雖某 拾得하와도 休紙施行홈
延署礫峴居 裴聖奎 白

田답賭地記와 去來文書를 藏한 手帖을 見失하얏기 玆以廣告하오니 內外國人은 切勿見欺홈
大安동 卅七統七戶 김希洙 白

株金募集廣告

本社에셔 農商工部에 認可를 承하얏슴기 株金을 募集하오니 願入 僉君子는 左記條例를 照亮하심을 望홈

▲左記
一 應募期日 即保証金辦納日
自隆熙二年四月 日 至同 年四月廿日
(陰三月一日 陰四月一日)
一 資本總額 拾萬圜
一 壹株金額 貳拾圜
一 保証金額 一株에 對하야 壹圜
一 第一回辦納金額 一株에 對하야 五圜
但 第壹回 辦納金은 保証金을 扣除計筭홈
一 第壹回金辦納期日은 (自隆熙二年五月一日 至同年五月廿日)(陰四月二日 陰四月二拾二日)
一 株金取扱所 株金領受所는
本社 韓一銀行 漢城銀行 農工銀行
發起人 張博衡 趙彰漢等
贊成員 趙鍾泰 趙秉源 韓相龍
南署 棗洞 契 六十三統九戶 苧廟四巨里
二層洋屋
漢城材木柴炭株式會社 仰布

南部廣通坊二十四統十戶 金德煥 家舍典執證明二度셔 失故 廣告홈
金德煥

吳英根의 名字가 與吳榮根으로 語音이 相同키로 英字를 以祥字로 改定홈
吳祥根 廣告

●募集廣告
東亞開進敎育會에셔 本學校를 設立하고 速成科를 夜學으로 敎授하깃기 玆에 募集하오니 願학人은 今月七日內에 本校로 請願홈을 爲要
入학年齡 二十歲以上
修業年限 一年
科目 法律 日語 筭術 簿記
西部貞洞東亞開進敎育會內 開進學校

本人이 親喪을 遭하야 歸國하엿더니 今에 還來하야 店務를 擴張하고 新輸入各色春夏服과 各種帽子와 禮服次와 其他諸般附屬品이 具備하고 特別廉價로 販賣하오니 僉位大人은 如前光臨하심을 敬要
貞동大漢門前 祥興號主人 告白

中部廟洞二十六統四戶 本人의 所居瓦家二十七間半 家券을 中間遺失하와 方欲請願于漢城府하야 成出證明書 故玆先廣告하오니 雖或拾得이라도 休紙施行홈
會鎭泰 告白

本人의 文人趙恆烈氏가 出家한 年이 不知去處이오니 內外同胞는 逢着하시면 傳知케 하시옴
黃海道載寧[illegible]化 白

光明書觀에셔 各種新學文과 各種聖經을 大發賣하며 下水口內에 支店을 設하얏사오니 僉兄弟는 陸續購覽하시옴
平壤大同館上隅二層屋

南鄕書局 鄭龍을 改以鉉穆으로 施行하오니 僉君子 照亮홈
大邱西上面逕宅 鄭鉉穆 告白

教科書類 小說書類 法政書類 文藝書類
本務館을 二層擴張하고 各種書籍과 學校用品을 具備발賣하오니 有志僉彦은 陸續購覽하심을 敬要
冊價는 京城각册사와 同홈
安州城內大街[큰거리] 知新書館 金澄植

新舊學文을 大發賣하오니 願買하는 僉君子는 速速求覽하심을 希望홈
慶尙北道 大邱東上後洞 在田堂 金기鴻書舖 告白

韓美電氣會社告白

割引券을 發行하야 四月一日부터 鐵路本社及龍山停車場에셔 賣下홈
割引券은 每券에 六拾枚로 編成하고 代金은 貳圜八拾五錢으로 價收이온데 每區域에셔 一枚式 新貨五전과 ᄀᆞᆺ치 使用홈
龍山線 區域을 四月一日부터 南大門外 漢車停車場前으로 改定홈
電車발着 時間은 四月一日부터 改定하야 夏期時間表를 依行홈

漢陽郡居 朴勝鎭이 本以悖類로 京鄕出沒에 橫刑本人子弟浮之年淺하야 本人祖包를 欲爲暗賣於他人하오니 內外國人은 切勿見欺爲要
黃海道安岳 金致龍 告白

漢城鍾路萬國基督教青年會館前慈惠藥房
製藥鑑査人濟衆院醫學員洪錫厚朴慈惠李觀化告白

本人等이米國大學醫院處方을大醫學士魚丕信氏에게受業ᄒᆞ고醫學校長劉五峯池錫永氏에게有効証明을受ᄒᆞ고左記ᄒᆞᆫ各種을製造ᄒᆞ야外國藥의規模를依ᄒᆞ야紙匣洋鐵匣玻璃甁에盛ᄒᆞ야全國內地各處와이外에廣賣ᄒᆞ옵고濟衆院英字醫書를我國漢文으로飜譯ᄒᆞ야名稱西藥便方이라ᄒᆞ야발賣ᄒᆞ오니四方 僉尊中濟衆院ᄂᆞᆫ數拾年來經驗信用ᄒᆞ신兄弟ᄂᆞᆫ不拘약之多少와路之遠近ᄒᆞ고以書請買ᄒᆞ시면本人은雖拾錢價值라도以小包郵便으로卽呈ᄒᆞ오리니對定價外郵稅十전을加送ᄒᆞ시되小數전은郵票換ᄒᆞ시고買ᄒᆞ시ᄂᆞᆫ家에서ᄂᆞᆫ多數買去ᄒᆞ시면郵便局換錢票로買送ᄒᆞ시오且本藥房에米國(멀포드)製약會社와(왕글)製약會社와藥局(한ᄒᆞᆫ일)製약社각品을直輸入ᄒᆞ야英語로記ᄒᆞᆫ方文과主治와用法을我國漢文으로飜譯발賣

商標

食思振起 體力活潑 **補益丸** 第一老衰男女의게補益益宜

定價表		
拾日分	三十個入	金一圜
二十日分	六十個入	金一圜七拾五錢
三十日分	九十個入	金二圜五拾錢

[illegible]效解瘧丸 主治大補元氣能調陰陽男子陽萎不起女子月經不調手足厥冷脫失氣久病人蘇完되ᄂᆞᆫ効力이大勝於鹿茸蔘人蔘補 一日分定價金拾錢此藥은大人小兒長瘧과初瘧과腹瘧에이라 服用ᄒᆞ면更不再發

[illegible]虫丸 一日分定價金拾전此藥은大人蛔積小兒蛔病의神効

四時感冒丸 一日分定價金拾전此藥은感氣몸살에쓰ᄂᆞᆫ약인대一二日連服ᄒᆞ면四時寒感上下肢節頭痛에即時解熱鎭痛

男女瘡[illegible]袪根藥 定價金五圜此藥은瘡疾의一期二期를勿論ᄒᆞ고거근ᄒᆞ도록낫을쥬ᄂᆞᆫ대口瘡과구역도아니나오

清明眼藥 一日分定價金拾錢此藥은火眼熱眼의有多奇效

無惡臭疥瘡藥 定價金四拾전此藥은疥瘡虫을卅分內殺

[illegible]咳嗽藥 五日分定價金三拾錢此藥은四時寒熱性咳嗽에大効ᄒᆞ고特히老人喘咳에消痰止咳

寸[illegible]發根 定價金三拾錢此약은寸虫驅除神藥

止足汗藥 二十日分定價貳拾錢此藥은軍人常用除足汗臭

輕腫根治膏 定價금十五전此약은面腫과頭腫에直差

濕腫根治膏 定價금十五전此약은男女勿論하고風寒暑濕으로成腫되여大瘡腫痒ᄒᆞᆫ대奇効

漢城百應膏 一封定價金十錢此약은衛生醫士李信友시方文으로製造ᄒᆞᆫ藥인대명우리잘풀리고각頭腫氣에발根合瘡히濕瘡되ᄂᆞᆫ대洋鐵匣八一個금五十錢

小兒感冒靈效散 此약은池錫永氏經驗良方小兒感冒及食滯와身熱驚風者神效定價金十錢

驚氣神效保嬰散 此약은醫學校長池錫永氏數拾年經驗之良方小兒尿色赤而滿○腹脹○身不安而不寢○腹痛驚啼及直視而發驚者神效定價금十二錢五厘

發賣所 仁川港栮峴濟生堂약房　京城藥商賣약商과學信華

◉大韓國新發明神藥

◉**靈丹** 慶修 各種食滯中暑久瀉口臭痰飮吐瀉定價一貼十錢

◉**至寶丸** 治諸般難疾不拘久遠俱有偉効定價金十錢

◉**靈效液** 外用芳香治疥瘡皮風百發百中定價金三拾錢

◉**清眼水** 治諸般眼疾有撥雲見天之妙定價金拾錢

◉**通淋丸** 治男女急慢淋疾神効無雙速効除毒一週金五十錢

此外에도東西洋各國有名賣藥과製藥病去根療과頭風癨疾과藥水각種病藥俱比惠向爲望

漢城中署鍾路鉢里壚동拾二統二戶地

製劑발賣所　共愛堂藥房　張基茂

監修발行人　前官立漢城醫學校本業生　朴容南　謹白

支店　閔瀛南門內　共愛堂開城支舖　姜助瀛　藥學書舖

代理店　西署新門外石橋普濟院藥局　車顯瑛　仁川港栮峴濟生堂　李庚鳳

道內各地藥局에서隨意販賣홈내다

簡易商業簿記學

全一冊　定價金四十五錢

本書ᄂᆞᆫ簿記학中最近ᄒᆞᆫ학理와精妙ᄒᆞᆫ形式을精細蒐輯ᄒᆞ야了解케簡易ᄒᆞ도록編述ᄒᆞᆫ者니一般商業家에不可不一次閱覽ᄒᆞᆯ者될뿐아니라中等以上學校에敎科로用홈도適當ᄒᆞ니陸續購覽ᄒᆞ심을望홈

발賣所　布屛下 廣학書舖　洞口越便中央書館　廣橋東便滙東서館　寺동漢陽서館　鍾路 大東서市　鍾路古今서海관

弄珠室主人 著述

滑稽小說 **禽獸會議錄**

表紙石版寫眞綿印刷　全一冊 正價金拾五錢

▲本小說은新体文壇의滑稽的小說로空前絶後의一大禽獸會議를開催하고海陸動物이演壇에集合ᄒᆞ야人類와禽獸의優劣과造化主宰의眞理를討論批評ᄒᆞᆫ光景을傍聽實寫ᄒᆞ야讀者諸君에게紹介ᄒᆞ노라今日吾人知識社會의公德頹敗홈을痛斥ᄒᆞᆫ者이니其滑稽的文体가光彩陸離ᄒᆞ며諷刺的批評이奇拔欸曲ᄒᆞ야實로國文小說界에一大異彩를放홈만ᄒᆞ며一般解頤의好讀物이오

▲발行元　皇城書籍業組合

▲分售處　中署罷朝橋越邊 中央書館　中署鍾路 大東書市　南署大廣橋東邊 滙東書館　仝 古今書海　西署남門外藥峴 新舊書林　남署尙洞 博文書館　남署銅峴 博학書館　中署布屛 廣學書舖

◉大韓陸軍軍醫官魯明謙發明　陸軍軍醫張基茂君守檢驗有効方劑를發明ᄒᆞ야淸心保命丹을발明인바効能은如左ᄒᆞ니 僉君子惠試爲望

清化新藥 **淸心保命丹**

本舖　仁川港栮峴　濟生堂　[illegible]

◉主治效能　◉滯飮食傷　◉中暑中寒　◉咳嗽痰痰　◉不土不瀉　◉氣鬱吐瀉　◉船車眩暈　◉食傷嗜酒　◉口熱　▲其他諸般連氣厲疫瘟方妙藥

발行人　仁川港栮峴　濟生堂　李[illegible]鳳

代理店　京城鉢里동 共愛堂藥房　特約店京城鍾路 慈惠藥房　同 藥峴 李信華洋藥局　同 尙洞 盧益亨冊사　同 南門外 廣濟藥院　同 仁川 內洞 韓禹根　同 仁川 마峴 和平局　開城南門內 朴圭桓　同 忠橋 具聖模　水原鍾路下 金貞九藥局　同 宗路 宋根孝　延安邑內 沈汝文　江華鍾路 宋順東　長湍南門內 崔敎淳　鳳山沙利院場內 박健昌　仝 任允中　仝 耶蘇敎堂內 李在㤁　晉州南門 紅門洞 李東赫　平壤鍾路互里 鍾路 儀藥舖　仝 慶南藥舖 封龍化　仝 藥舖 金龍興　仝 藥舖 桂澤宜　鎭南浦 文武洞 金元燮藥舖　釜山港開化洞 金斗鉉　京南大門外 大同運輸會社　全泥峴郵便局前 天佑堂　安岳邑上場里濟生局 林景柱　大邱南內 刷還조김成浩家　益山北草藥 客主김重佑家　安州城內 義井동回春大약房　義州南門外水口街 義和약局　此外에도現代에문明각藥이具備ᄒᆞ며各種靈藥이有名　海州南門內 李奉植　淸州邑 義洞약局 金濟台　傍川郡美동商店 박芝行　報寧邑後동洋약局 崔允迎　北靑郡新昌港客主 박能勳　元山港本堂出張人 朴敬錄

越南亡國史 國漢文 定價貳拾伍錢

發行所 京城鍾路高裕相書舖　皇城漢川書舖　布屛下 김相萬 告白

▲特別廣告

本社에서名帖印刷部를另設ᄒᆞ고各種活字와印刷機械를具備ᄒᆞ야精美ᄒᆞᆫ名帖을特別히價値로印刷ᄒᆞ오되特別히減價ᄒᆞ오니官人과夫人의게ᄂᆞᆫ一層低廉ᄒᆞ오니僉位ᄂᆞᆫ來臨ᄒᆞ시와隨意請求홈

大韓每日申報社 告白

學徒洋裝冊　學徒運動과諸具　羅紗各種　美國金鐘錶　衣服諸般其他雜貨를廉價放賣ᄒᆞ오니僉君子ᄂᆞᆫ來臨ᄒᆞ심을바라나이다

仁川港栮峴[illegible]

◉報償義捐金收入廣告

隆熙二年三月度收入

計四百八十三圜二十八錢

自光武十一年四月至隆熙二年三月

都總合五万九千九百三圜四十八錢二厘

◉國債報償總合所收入廣告

平安남道永柔郡白鷺面日雲里

劉炳許二圜　劉覲烈　劉衡烈　리炳鉉　각壹圜　리正模　金秦鉉　각五拾錢　김德淳

▲中部面栮井里　리奉九 각二拾錢 合六圜四十錢　김[illegible] 崔京浩 각二圜　리成根 壹圜五十錢 楊禹弘　大十錢 박利善 金斗洲　梁[illegible]洙 각五拾錢 吳應賢　趙基用 김景海 김錫道　리升燁 邊國鉉 박弘石　김宗奎 各三拾錢 合十圜

▲白鷺面安徠里　김斗星 五十錢 김正献　김順恒 김允華 김元玉　각三十錢 김利俊 김益善　金永鶴 김觀鏞 각二拾錢 合二圜五拾錢

▲上界面九峰里　박義鉉 壹圜 張益彦 김養福　各五拾錢 박智현 朴寅洙　김炯珍 박允珍 張鳳洛　박文洙 各三拾錢 鄭應用　二拾五錢 김相회 정景相　各二十전 林召吏 拾五錢　김致道 리龍田 김燦[illegible]　至宗玕 리鳳洙 리宗徳　朴鴻水 김華玉 각 [illegible] 合五圜四拾錢

▲德池面浦羅里　리觀業 三圜 石炳夏 一圜五十錢　崔漢洙 리介吉 各五十錢　김학元 리錫初 金用國　各三拾錢 리승初 白貫玉　김基鳳 김振海 리승鎬　각二十錢 리元植 리永杰　白貫國 韓光明 최濟弘　리遠浩 리敬善 리應영　各十錢 合八圜二十錢

發行兼編輯人 英國人 裵說
發行所 南署石井洞第外地三[illegible]統[illegible]戶
大韓每日申報社

第六卷

大韓每日申報

第七百七十二號

月曜及慶節
歲時日休刊

[illegible]千二百四十一年
箕子元年三千三十年
大韓開國五百十七年
日本明治四十一年
淸國光緒三十四年
陰曆戊申三月小初四日己丑

論說

△日本의對淸愛情

支那를熱愛ᄒᆞᄂᆞᆫ日本報筆의政策이如彼冷笑를若不放ᄒᆞ얏스면衝怒를不得免ᄒᆞᆯ비라日本物品을排斥하ᄂᆞᆫ支那人民의行動을關係ᄒᆞ야日人報紙가頓無感情ᄒᆞᆷ은日本政府及報館間에有何協定인가吾人이ᄌᆞ못無疑訝어니와日人의各種新報를每日閱覽컨ᄃᆡ東京朝日新聞이此方向으로輕視之態를特著ᄒᆞ논도다

同報ᄂᆞᆫ支那가排斥美國物貨ᄒᆞ다가竟至失敗ᄒᆞᆫ거슬高眼으로下視ᄒᆞ야現今排日運動을不以重大로度之ᄒᆞ며非特止此ᄂᆞ支那人民이美國은正直ᄒᆞᆫ國民인줄노信認ᄒᆞ되猶其物品을排斥ᄒᆞ엿거든況乎日本에對ᄒᆞ야ᄂᆞᆫ非至如此오其以下로意定ᄒᆞ나니ᄢᆞ今에物品을排斥ᄒᆞᄂᆞᆫ行動이不足驚怪인줄노量度ᄒᆞ엿고但他邦의船隻을抑留ᄒᆞ야其旗幅을取下ᄒᆞ고其結果에所遇를逃避코ᄌᆞᄒᆞᆷ이其乃大誤失인줄만淸國으로ᄒᆞ여곰銘心케ᄒᆞᆯ거시라ᄒᆞ엿도다

我同業者의其餘발習으로觀ᄒᆞ건ᄃᆡ若其排斥運動이重大ᄒᆞᆷ에至ᄒᆞ면失敗에竟歸ᄒᆞᆯ거ᄉᆞ確然無疑어니와日本은此形勢ᄂᆞᆫ二十年前에自國도執迷ᄒᆞ던性質을記憶ᄒᆞ야後時에볼起되ᄂᆞᆫ兩邦의明을順要하며且如此斥外의結果ᄂᆞᆫ淸國의權利回復은遲緩케ᄒᆞᆷ인줄을敎示ᄒᆞᆯ而已라日本에在ᄒᆞ야淸日通商을首領ᄒᆞᄂᆞᆫ者ᄂᆞᆫ卽淸國廣東人이니今此提出ᄒᆞᄂᆞᆫ排斥의損害를彼必最甚히被하야其愚昧之擧의結果를必覺ᄒᆞ리로다然이나普通으로言之면執報筆者ㅣ我國(日本)으로ᄒᆞ여곰存心케ᄒᆞᆯ거시不無하니此ᄂᆞᆫ我國이所欲ᄃᆡ로淸國을激怒ᄒᆞᆯ줄노量度ᄒᆞᆷ은誠是誤計라今番辰丸事件에도日本人民의何如部分은兵力을恐請ᄒᆞᆯ傾向이有ᄒᆞ엿스나然이나土地主權의綱領과開放門戶의政策을實地로不完케ᄒᆞᆯ거슨日本이淸國을損弱하려ᄂᆞᆫᄃᆡ重在ᄒᆞ니日本은淸國을其必忍耐로敎導ᄒᆞ야其進步가何知遲緩하며리도漸次新思想과新行爲에至ᄒᆞ기를期待ᄒᆞᆯ거시라ᄒᆞ엿도다

東京朝日新聞이大而不振하ᄂᆞᆫ隣邦에對하야如彼忍耐로볼習ᄒᆞᆷ은果是好擧나然이나其勸告가其所期望과如히受容을被ᄒᆞᆯ지ᄂᆞᆫ多有疑点이며雖淸國이辰丸事件에讓許ᄒᆞ엿스나此ᄂᆞᆫ他意를不有코ᄌᆞᄒᆞᆷ이라當初에讓許ᄒᆞᆫ意向을有하얏고但其交涉에遲緩ᄒᆞᆷ은此意外事端에列强의充滿ᄒᆞᆫ注目을引入코ᄌᆞᄒᆞᆷ이로다若日本이淸國을不安ᄒᆞᆫ方向으로更驅ᄒᆞ면日本의永遠히恨嘆ᄒᆞᆯ民族的嫌惡가漸起ᄒᆞᆯ거슨衆所確見이라由是로日本之與淸交涉에臨愼을勿失ᄒᆞᆷ이智明之策이必作ᄒᆞᆯ줄은本記者도亦與我同業者로贊成하노라

外報

●天津領事館否決　獨逸帝國議會ᄂᆞᆫ其後에天津에領事館을建設ᄒᆞ자ᄂᆞᆫ動議를否決ᄒᆞ얏다더라

●吉長鐵道工事　吉林長春線의踏査를終了ᄒᆞ야淸日兩國委員은奉天에셔預算을作成ᄒᆞ고來六月부터工事에着手ᄒᆞᆯ預定인ᄃᆡ段芝貴ᄂᆞᆫ同鐵道總辦으로內定하얏다더라

●無政府黨撲滅會議　紐育電을據ᄒᆞᆫ즉近日에紐育유니언街에셔無政府黨員이警官에對ᄒᆞ야爆發약을投ᄒᆞᆫ事件이有ᄒᆞ얏ᄂᆞᆫᄃᆡ英國政府에셔英國無政府黨撲滅會議를開ᄒᆞ기爲ᄒᆞ야各國에提議ᄒᆞᆯ次로目下起艸中이라더라

●日本物品排斥의影響　廣東에駐在ᄒᆞᆫ日本領事의電報를據ᄒᆞᆫ則淸國人이辰丸事件에對ᄒᆞ야開會ᄒᆞ고日本商業及商船을排斥하기로議決ᄒᆞ얏ᄂᆞᆫᄃᆡ該決議가果然實行될ᄂᆞᆫ지ᄂᆞᆫ不知ᄒᆞ되萬若實行될境遇에ᄂᆞᆫ廣東에서ᄂᆞᆫ日本郵船會社及淸國商人과去來ᄒᆞᄂᆞᆫ日本雜貨商이其影響을被ᄒᆞ리라ᄒᆞ얏다더라

雜報

●北靑靑會　北靑郡中山面발英종有志紳士朱元燮리讃在金正默諸氏가人心을團合ᄒᆞ고敎育을奬勵ᄒᆞ기爲ᄒᆞ야數年前부터村里農民으로더부러一會를組織ᄒᆞ야知識研究會라名ᄒᆞ고每人이一月에艸索一同을각捐ᄒᆞ야會費와基本金을立ᄒᆞ고會況이漸進ᄒᆞ며니近日京城에設立ᄒᆞᆫ靑友興학總會에請願ᄒᆞ야其支會로承認ᄒᆞ얏다더라

●永訣敎主　鐵山郡[illegible]館居李元玉金枝하兩氏가本社에寄函ᄒᆞ엿ᄂᆞᆫᄃᆡ曰本人等이去乙巳年부터天道敎에入籍ᄒᆞ야多數錢財를浪費ᄒᆞ고觀察郡守를企待ᄒᆞ더니所營이歸虛ᄒᆞ야憤愧交切ᄒᆞ며니所謂大道主孫秉熙가布德次로本月三日에本館에來會ᄒᆞᆫ時에有志諸氏가質問ᄒᆞ기를四十九年間收斂ᄒᆞᆫ幾千萬圓을用於何處乎아ᄒᆞᆫᄃᆡ答云太皇帝陛下께서十三道結戶錢을春秋로收捧ᄒᆞ야用於何處를諸君이亦知乎아ᄒᆞ니如此無厭無道之類ᄂᆞᆫ不欲同席而坐ᄒᆞ야自今以後로天道敎를永別하기로決心ᄒᆞ엿노라ᄒᆞ엿더라

●順安興학　西來人의傳說을聞ᄒᆞᆫ즉順安郡守[illegible]氏가敎育에時晩ᄒᆞᆷ을慨歎ᄒᆞ야該郡主事韓仁根氏와志士林英燮氏로相議ᄒᆞ고該郡各坊各里에학校를設ᄒᆞ며郡底에師範을養成ᄒᆞ고爲先夜학校를該郡須明학校에附設ᄒᆞ고勞動者의敎育ᄒᆞᆷ로郡民을召集ᄒᆞ고萬端으로演說ᄒᆞ며當日自願入학者가百餘이라더라

●平壤학務　西來人의雜報를據ᄒᆞᆫ則平壤郡守白樂均氏가西北學會와協議ᄒᆞ야各面內約契錢을各里均分ᄒᆞ고紳士의義捐을收合ᄒᆞ야학務를府擴張ᄒᆞᄂᆞᆫᄃᆡ秋乙美面參里英林학校主務ᄂᆞᆫ一面의共有財를獨占코ᄌᆞᄒᆞᆫ다더라

●渡日留학　崔炳憲氏의令孃이遊학次로日前에京釜鐵道로발程ᄒᆞ얏ᄂᆞᆫᄃᆡ其時에貞洞梨花女학校학徒一人도同伴ᄒᆞ야日本活水女학院으로向ᄒᆞ얏다더라

●寧邊郡商校　寧邊郡商業학校ᄂᆞᆫ該郡商業衆議會々長朴又현其他任員諸氏之熱心贊成으로該郡市廛領首[illegible]諸氏가時局의變遷됨을覺然改悟ᄒᆞ야邑下老幼를會同公議後에自古傳來ᄒᆞ던堂祀神資本金壹百[illegible]圓을該郡商業학校에多數寄附ᄒᆞ얏다고該郡來人이稱頌ᄒᆞ더라

新譯 海外稗談

第一章　俄廷宮中의人鬼（續）　[illegible]山人 譯

余ㅣ當時에望聽ᄒᆞ고中惟見彼人이自懷中으로探出[illegible]ᄒᆞ야直欲來擬어ᄂᆞᆯ余自知生死關頭ᄒᆞ고亦急出小鎗ᄒᆞ야應手相向ᄒᆞ며且大呼曰余乃法國使臣也ㅣ라今杖劍威ᄒᆞ야間汝爲誰오ᄒᆞ노나彼人이遽垂小鎗ᄒᆞ고熱視余面하가乃발一種悲聲曰余ᄂᆞᆫ亞歷山大第三世라ᄒᆞ고言畢에復倒坐椅子어ᄂᆞᆯ余不覺手腕鎗落ᄒᆞ고向下叩倒라가伴爲椅子所支ᄒᆞ야不至跌撲ᄒᆞ나氣則殆絶이라久之에乃曰嗚乎라乃陛下耶신잇가外臣이敢唐突來此로소니伏乞見諒하소셔雖然이나陛下ㅣ

余一語未終에亞歷山大가遽曰卿이必以余로爲死者矣리라又長嘆曰居ᄒᆞ라吾ㅣ語卿ᄒᆞ리라卿旣至此ᄒᆞ니必知吾事라吾何能諱리오卿其安坐어다余ㅣ已非昔者矣니라余ㅣ驚訝坐定ᄒᆞᆫᄃᆡ帝曰卿은須記吾所以至此之由니我以此處로爲避世仙源이라決非他人所知也어ᄂᆞᆯ卿以何種因緣으로得來此地오願聞其說ᄒᆞ노라余遂以前情으로不諱盡告ᄒᆞᆫᄃᆡ帝曰有是耶아彼是耶아我實知卿의探偵秘密之手段이神出鬼沒이로다余將一切心腸ᄒᆞ야盡以告卿ᄒᆞ노니九卿止卿於人에聲色이不大ᄒᆞ며且深信卿之素取信於ᄒᆞ노라其靜聽之ᄒᆞ라

余父亞歷山大第二가曾在彼得堡街上ᄒᆞ야斃于凶徒之奔彈ᄒᆞ니卿之所知也ㅣ니此等險兇은余固眇然視之ᄒᆞ야好勝之心으로毅然當之ᄒᆞ나但日復一日이며年復年에種々危難이伏於肘腋ᄒᆞ야處々相隨에無一息之間斷ᄒᆞ니此所謂堪者也ㅣ라余가不幸히俄國血脈之帝位에登ᄒᆞ야百年歲月이對々是帝指之歷史라不知者ᄂᆞᆫ以爲至大無上ᄒᆞᆫ權力이無限ᄒᆞ야作威作福이惟余所欲이라ᄒᆞ야此左右輔弼에無權無力ᄒᆞᆫ狀之嵌이聚然於之府가되니嗚呼라余以無樂乎爲君이로다堂々七尺之軀로倦作左右之傀儡ᄒᆞ야非我靜也而持動者ㅣ誅我ᄒᆞ고非我殺也而有舌者ᄂᆞᆫ黑我ᄒᆞ니不知死生에作何恐懼이겟ᄂᆞ다今에監生爲難制君主ᄒᆞ야生人의不能堪ᄒᆞᆫ苦況을歷盡ᄒᆞᄂᆞᆫ지라再[illegible]自認而已로라人或以維新改革之事로吾를說ᄒᆞ나卿은熟知俄國之내情者也니試爲我易地思之ᄒᆞ라余가果以革命從事ᄒᆞ면彼等大后黨、世家黨이皆出我所當ᄒᆞ며亦豈不加我脅ᄒᆞ야以快其心哉아余再辞曰然하니이다乃縱諾曰余擁此帝位ᄒᆞ야外似榮榮이로되其實은與禁錮로無異라故로余欲退位者久矣로대但吾子가未及長成ᄒᆞ야不可以營此難局일시是以로不果ᄒᆞ며니今機會已至ᄒᆞ니平昔所懷를可以實行이로다雖然이나余退位之後에仇我者ㅣ必不釋然也리니余旣退位면從自放逐ᄒᆞ야無以自衛라彼欲封切余에殺者亦大豈不擇時而進殺아　（未完）

雜報

●齊詣問安 再昨日下午六時에 各部大臣과 完興君李載冕 完順君李載完 永宣君李埈鎔 海豐府院君尹澤榮 皇后宮大夫尹德榮 中樞院顧問李址鎔 諸氏가 齊齊히 德壽宮에 進詣ᄒ야 太皇帝陛下께 問安ᄒ얏다더라

●玉候添祟 再昨日에 皇族諸君과 各部大臣이 德壽宮에 齊進ᄒ 事는 別項과 如ᄒ거니와 太皇帝陛下께옵서 患候가 添祟되셧다는 說이 有ᄒ더라

●御覽活動寫眞 皇太子殿下께옵서 東京셔 鹿獵ᄒ시는 것과 運動ᄒ시는 것을 愛國夫人會에서 活動寫眞으로 再昨夜 德壽宮에서 擧行ᄒ얏는대 太皇帝陛下께옵서 御覽하시는대 各部大臣이 陪觀ᄒ얏다더라

●御射陪從 前報와 如히 再昨日下午三時에 大皇帝陛下께옵서 暎花堂에 御臨ᄒ샤 親射ᄒ옵시매 各大臣이 陪從觀射ᄒ얏다더라

●御眞移奉 前報와 如히 平壤豐慶宮太極殿과 重華殿에 奉安ᄒ셧던 御眞을 宮內府大臣李允用 奎章閣卿趙同熙 掌禮院卿李重夏 三氏가 選去陪來ᄒ야 慶運宮靜觀軒에 移奉ᄒ얏다더라

●義王馳馬 三昨日下午九時半에 義親王殿下께옵서 光化門前路에서 馳馬運動ᄒ셧다더라

●宋勢倒李 農商工部大臣宋秉畯씨가 今番歸國ᄒ 後에는 內閣이 變更된다는대 該氏의 權利가 壹層宏大ᄒ야 總理大臣李完用氏를 壓倒ᄒ 勢力이 有ᄒ다더라

●宋先伊後 農相宋秉畯氏는 蹤因ᄒ 次로 昨日발程ᄒ고 伊藤統監은 [illegible]다더라

●位土移付 裕陵二周祭後에 位土를 未劃定ᄒ 故로 洪陵位土中 沓七拾二斗落과 田壹百壹日耕을 移付裕陵位土ᄒ라고 掌禮院에서 洪陵으로 訓令ᄒ얏다더라

●初無可否 中樞院贊議尹吉炳氏가 獻議ᄒ 事件을 내閣에 照會ᄒ얏다ᄒ은 各報館에 已揭ᄒ얏거니와 내閣에서는 該事件에 對ᄒ야 可否間提議도 無ᄒ다더라

●拓殖會任員 韓國에 拓殖會社가 實施된다는대 該社總裁는 日本大藏大臣이 被薦되얏다더라

●拓植社總裁 農商工部大臣宋秉畯씨는 拓植會社副總裁를 被任ᄒ야 將次渡來ᄒ다는대 國內陳荒地를 壹新開拓ᄒ다더라

●兩氏監務 祗候官嚴柱益시는 慶善宮監務를 任ᄒ고 典繕司장김珏현시는 順和宮監務를 任ᄒ얏다더라

●貰家規則 宮內府에서 該府所管家屋을 放貰ᄒ다는 說은 已爲報道ᄒ얏거니와 更聞ᄒ즉 放貰ᄒ는 規則을 該府에서 頒佈ᄒ 後施行ᄒ다더라

●何不還任 江原觀察使黃鐵氏가 受由上京ᄒ얏는대 何事件을 因ᄒ인지 還不赴任하기로 決定ᄒ얏다더라

●兩氏發程 내部衛生局長劉猛과 社寺課長宋之憲 兩씨는 日間平安南北道地方視察次로 發程을 預定이라더라

●待日出示 각部에서 新聞記者를 對ᄒ야 日本官吏가 仕進ᄒ 然後에 記載件을 出示ᄒ고 韓國官吏만 仕進ᄒ면 記載件을 出示치아니ᄒ다더라

●徒費國금 行政視察이니 地方視察이니 ᄒ는 名色으로 만히 徒來ᄒ야 宜例히 該地方日本旅館에서 만留宿ᄒ는데 壹夜를 宿泊ᄒ면 盤費는 四五圜假量이라는대 視察의 功效는 毫末도 無ᄒ고 國庫금만 旅費로 耗損된다고 ᄒ더라

●不無此弊 각地方郡守들이 郡主事壹窠를 親近ᄒ 人으로 敍任ᄒ라고 主事의 行政上에 關ᄒ야 擠擁報告ᄒ고 免官ᄒ라는 弊가 尤甚하다더라

●稍稍渡韓 日本貧民幾百万名이 渡韓ᄒ다ᄒ은 已爲報道ᄒ얏거니와 拓殖會社가 擴張ᄒ 然後에 稍稍渡來ᄒ다더라

●三處電話 내部에서 各官署와 地方局及土木局에 電話를 加設ᄒ기爲ᄒ야 通信管理局에 交涉ᄒ야 承認ᄒ얏다더라

●韓日茶會 本日上午十壹時에 內部醫務局에서 局장以下韓日人壹般官吏가 茶話會를 開催ᄒ다더라

●惠泉懇會 度支部經理局에서 今日下午四時惠泉湯에 懇親會를 設ᄒ고 該局官吏가 宴樂ᄒ다더라

●種樹請認 旌義郡居吳有行 吳大龍等이 該郡所在公有地에 樹木種植ᄒ 次로 昨日農商工部에 請願하얏다더라

●統監會同 漢城府尹張憲植氏가 今日下午一時에 城내각統監을 會同ᄒ야 학年幼稚를 區別ᄒ야 敎育을 實施ᄒ 事로 說明ᄒ다더라

●英字門牌 磚洞某氏家에서 門牌를 英字로 書付ᄒ고 技局을 大設ᄒ야 誘引富家子弟ᄒ야 賭技爲業ᄒ다더라

●堤巡流惡 堤川郡分署通辯巡檢김益俊은 自恃日醫部之信用ᄒ고 橫行村市에 無端발劒ᄒ야 驅迫老少ᄒ며 少有嫌疑ᄒ면 義兵이라 誣陷ᄒ야 善良民等이 頻數被捉ᄒ는대 多日滯囚喫苦ᄒ다가 始捨ᄒ고 討附ᄒ는 者가 有ᄒ야 人民이 渙散ᄒ 境에 至ᄒ엿다고 堤川人의 傳說이 有ᄒ다더라

●痘員熱心 濟州郡派員金德洙氏와 金亮新氏가 周行閭里에 熱心播痘ᄒ되 貧寒ᄒ 人의게는 壹分도 不捧ᄒ고 衛生에만 注意ᄒ다더라

●通譯惡行 堤川分署通譯某시는 通辯巡檢김益俊과 符同ᄒ야 邑내良民에 有夫女를 奪取同居ᄒ으로 김益俊은 虎生蹤翼ᄒ듯 意氣揚揚ᄒ야 無所不爲나 民權其勢ᄒ야 未得呼訴ᄒ은 反被毒手ᄒ가ᄒ야 愚昧ᄒ 人民等이 다만 觀之如廝ᄒ다고 東來人의 傳說이 有ᄒ더라

●其子爲往 昭格洞居韓敬履氏에 子韓寅教가 陰曆去年十二月二拾八日夜에 齋洞리督校시家舍廊에서 來宿ᄒ다가 錢舍廊문匣中에 置ᄒ 銀行票二張及錢二百圓을 偸去ᄒ 事로 李시가 韓敬履시를 訪見ᄒ고 其事를 言ᄒ즉 韓시가 無數謝過後 錢三拾圓을 出給ᄒ고 其餘는 從當備報ᄒ 票를 書給後 此日彼日ᄒ야 終不出給ᄒ매 李시가 再昨日北署에 呈訴ᄒ야 韓시를 招來問之ᄒ즉 其子는 曾有狂症더니 現今不知去處라ᄒ며 其子를 覓來ᄒ라ᄒ고 韓시를 出送ᄒ얏다더라

●信郡騷擾 信川郡附近村落에 義兵이 蜂起ᄒ으로 壹境之내에 百姓이 或山中으로 避亂ᄒ며 或港口로 避亂ᄒ야 扶老携幼에 路上不絶ᄒ야 將至廢農之境이라고 該郡來人의 傳說이 有ᄒ더라

●許氏保放 漢城裁判所에 被囚ᄒ 許憲씨는 昨日에 保放ᄒ얏다더라

●同胞欺同胞 平壤東村居水原人 김哥爲姓者가 自陵發奉에 帖紙로 自稱借啣ᄒ고 閭巷에 藉官行悖ᄒ니 該郡人이 鼻笑ᄒ다고 西來人의 傳說이 有ᄒ더라

●壹進廢校 淸道郡에서 去丙午年에 以攝校財政으로 乃設關明학校ᄒ고 延聘敎師ᄒ야 庶望生徒之成就터니 該郡壹進會員崔翰榮이가 堅慾이 忽生ᄒ야 使次第顚洪으로 忽生無理之是非ᄒ야 逐師奪校後에 又使其三弟輸迥自爲한문敎師ᄒ야 敎師等節은 買之度外ᄒ고 臥食虛料타가 至于今年ᄒ야 又請渠之所親ᄒ 無識日人ᄒ야 與其弟로 幷爲敎師ᄒ고 渠則自稱학監ᄒ며 寄食於학校ᄒ고 觀若已物ᄒ다고 該郡來人의 傳說이 有ᄒ더라

●兩시熱心 忠南公州郡火川面孝洞居尹滋和 김重泰兩시가 敎育에 熱心ᄒ야 尹시는 自己대田壹石落을 학校에 寄付ᄒ고 김시는 自己家屋八間을 校室로 定ᄒ고 학徒를 募集ᄒ야 四拾餘名에 達ᄒ얏는대 兩시를 人皆稱頌ᄒ더라

●리氏敎校 審査局長李鳳來氏가 靑年을 敎授ᄒ기爲ᄒ야 美동仁義禮智家에 학校를 建築ᄒ고 각項校況을 自擔ᄒ다더라

●海校卒業 김海郡普通학校에서 本年試驗에 第壹回卒業試驗을 擧行ᄒ는데 卒業生은 裵[?]澤시等拾七人이오 二年학優等生은 印東開시等三人이오 二年학優等은 五이오 壹年학優等은 정每用시等六人이라더라

●女務男校 發國義塾女학徒들도 昨日背成專門학校紀念式에 往參ᄒ얏다더라

●興인將興 東大門外私立興인학校는 財政이 窘乏ᄒ야 廢止之境에 至ᄒ엿더니 該校設立이 學校經費는 每朔五圜式擔當ᄒ고 已往所負百餘圜을 辨給하야 학校를 維持ᄒ얏다더라

●咸郡夜校 咸興元平坊隣近地에서 靑年志士朴任徽 리跟鐘 道根三氏가 발起ᄒ야 夜학校를 組織ᄒ얏는데 敎師는 名譽로 自擔任ᄒ고 학員을 募集ᄒ니 應聲自願ᄒ는 者ㅣ 數日之이에 六十餘名에 達ᄒ지라 校長은 邊錫龜氏로 校監은 金順夏氏로 推定ᄒ고 陰曆正月望日에 三個학科를 分設ᄒ고 開校式을 行ᄒ얏다더라

●淸湖新校 平壤林原面淸湖학校에서 新設一校ᄒ니 稱曰私立普通학校라하고 校長김殷淳氏는 年今八十이나 勇進決心으로 校監羅인綱氏와 事務員김元喆 宋基凡 諸氏와 維持方針을 以死同盟ᄒ고 敎師김興淵 리楡根 김炳七 김元瑞諸氏는 名譽로 熱心敎育ᄒ매 未過半載에 新入ᄒ 授業生徒가 五십餘人에 達ᄒ얏다더라

●靑會討論 靑年會館에서 今日下午七時三十分에 討論會를 開ᄒ고 敎化가 勝於法律이란 問題로 討論ᄒ다더라

●傳客之誤 本報第七百六十三號雜報欄內 班常異結이란 題下에 公州稅務官리鉉玉氏의 結錢加斂ᄒ 事와 其翌日雜報欄에 리種玉氏의 結錢을 加捧ᄒ얏다는 事는 更聞ᄒ則 初無ᄒ 事이라더라

▲人傑地靈▼

▲패西風水子가 天下名산遊覽코ᄌ 四方으로 雲行타가 白頭山上上峰에 飄然登臨ᄒ야 山川氣像을 遙望ᄒ고 喟然歎曰 韓國도 從古로 英雄豪傑이 倍出ᄒ야 乙支문德은 中岳山의 宗孫이요 庾信은 中岳山에 生ᄒ고 松岳山에 生ᄒ야 地靈이 萬古不變이라 人傑을 繼ᄒ 專於古러니 今亦不無其人이로다

▲摩天嶺을 바라보니 揷天峰巒이 千般鍾靈이라 壹良三학이 皆勇兼全이로다 吸收精華ᄒ야 撫擢英雄하니 北門鎖鑰으로 威振三國ᄒ리로다

▲妙香山을 바라보니 錦繡縮峙는 淑氣崢嶸이라 稜桂山下게 弓弓乙乙이라 南風塵에 名價播ᄒ니 布展方策ᄒ야 救濟蒼生ᄒ리로다

▲九月산을 바라보니 磅礴假鬱하야 庶幾出試로다 衆群之心은 如玉之圭로다 君子匿兮여 醫國手段이니 籌運千里ᄒ야 可挽登境하리로다

▲金剛산을 바라보니 萬二千峰이 精神特秀로다 赫赫師尹이여 森和星明이로다 拔산超海에 壓遊四方ᄒ니 壹夫當關에 萬夫莫開ᄒ리로다

▲太白산을 바라보니 銀峰鐵介가 佳氣鬱葱이러라 孫武家松은 依依로다 秋夜讀兵ᄒ니 韜藏萬甲ᄒ니 坐在帷幄ᄒ야 指揮軍ᄒ리로다

▲俗離산을 바라보니 佳麗氣色이 芙蓉削出이라 翼張翮雖는 此間有之로다 幼少淡泊에 自有勝敵ᄒ니 懾伏不前ᄒ리로다

▲德裕산을 바라보니 雄偉氣勢가 盤據湖南이라 김聲玉振은 將軍氣色이라 稱云不偶로다 ᄒ니 百戰雄師를 壹劍正當ᄒ리로다

▲智異山을 바라보니 千枝萬葉으로 根據八百이라 八個壯士가 臨於其間ᄒ니 骨骸古跡에 層門出身이라 八路에 杖劒橫行ᄒ리로다

廣告

本人이西部龍山坊靑坡四契六十一統三戶草家九間문券을遂賊時見失故로以此廣告ᄒᆞ오니內外國人間勿爲見欺흠
김興基 告白

◉感賀義捐

▲本社에補助ᄒᆞᆫ金額과氏名이如左ᄒᆞ니
隆熙元年拾月度
壹日 殷栗 김鼎敎
同 洪性淵
同 김元奎 壹圜
同 無名씨 壹圜
同 博川 리圭鉉 廿전
二日 坡州 吳厚根 壹圜
三日 鐵山 김命沃 貳圜
四日 大邱壽昌학校 壹圜
五日 同 壹圜
拾四日 同 壹圜
拾五日 永흥普通학校
김益根
盧弘玖 각五拾전
拾八日 開城 邊昇基 壹圜
廿一日 大邱壽昌학校 壹圜
拾壹月度
五日 公州儒성團聚會 壹圜
十壹日 槐산 김鎭洛 壹圜
十壹日 昌정未湖학校 三圜
十三日 大邱壽昌학校 壹圜
十八日 金海 崔光伊 壹圜
廿二日 大邱協成학校 三元
未完

◉谷香葉卷煙草 大發賣

大煙百本入一箱에 壹圜八十錢
仝 五拾本入一箱에 九拾五錢
中煙百本入一箱에 八拾錢
小煙百本入一箱에 五拾錢
但多數願買則割引進呈
南署罷洞六拾二統拾戶
谷香合資會社 告白

本所에서鑛山 田畓 築洑 林野 대宅의測量製圖設計等事務를迅速處理ᄒᆞ오니 첨君子ᄂᆞᆫ來臨問議ᄒᆞ시옵
中署貢士峴紀念碑閣下谷 維新測量事務所

本人의庄土가在於江西郡잉奀串面箴津一동員이옵ᄂᆞᆫ데平壤館前雜貨商日本民花咲平松賊漢之人이本人의子素是浮浪悖類之人楊濟權楊濟民對面長梁場煥通謀ᄒᆞ고鳳翔等을假付同ᄒᆞ야僞造文卷ᄒᆞ고稱爾舊文券이라ᄒᆞ고數郡守를暗蹈拘捏ᄒᆞ야證明書圖得持來云々故本人이不勝冤ᄒᆞ와趁即呼冤于花咲商店則花笑之所答이貽證明圖得之時에浮費가乃至二百三十圓所入云々ᄒᆞ면서言ᄒᆞ기를該浮費二百三十圓을持來後에야挾雜문卷을推去云々ᄒᆞ오니大抵商民之道理乎開明國之人事乎內外國첨君子切勿見欺흠
平壤梁召史 白

忠南公州郡守김甲淳氏가水旱兩災에濟戶飢民을捐廩救活ᄒᆞ고散財賑恤ᄒᆞ야可謂千家活佛이오百里陽春으로一境之民이賴而安居러니不意遞任故로該郡民人이願留次로內部에呼訴ᄒᆞ얏스나伏念 閣下適當銓遷ᄒᆞ와黜陟遷轉은都關爲民이오니執此矜情ᄒᆞ시와懇奏 天陛至ᄒᆞᆫ 聯念ᄒᆞ사合有變通ᄒᆞ시면合郡業願ᄒᆞ와上以補 天聰이오며下以活民命을伏望흠
公州郡民人等林학洙 白

●義州玉川中學校에壹百捐助人氏名
幼학何종詢 裵鳳遂 각百圜
幼학林炳遂 三[illegible] [illegible]
炳夏 貳十圜 幼학리[illegible]
[illegible]珪 拾圜 [illegible]

六圜 幼學김賢秀 白承哲
白純회 각五圜 幼학金益鉉
김得坤 김鳳律 김鉉玉
李世勳 張起弦 각三圜
幼학金龍坤 金基善 崔東俊
安尙弼 金孝奉 姜奉鉉
周 幼학鄭濟乘 정命彬 文
精華 獨孤유 김鍾龜 金泗
善 黃菊保 韓炳俊 獨孤衍
韓道郁 盧璨 빈若賢 尹希
禮 議官張昌植 各貳圜
幼학許承定 壹圜五拾전
白成基 洪鍾杓 鄭成演
參奉金正源 김鉉昇 張基演
리枝潤 崔瑞範 孔昌國
主事정鳳九 技手金昇煥
參奉리必登 幼학崔京植
김敬念 김正楷 김聲珍
韓承俊 리基덕 김燦崇
김炳燦 韓正淳 金時鍵
김在權 리益禎 白來瀨
김樂敏 최河瑞 崔碩萬
최洛瑞 김麟善 白仁換
邊惑遂 김成儀 최在峻
張益賢 최在巡 林楨鳳
崔慶煥 崔孝化 김元漸
리文興 김致玉 김炳鍊
崔世雄 崔觀寔 정인宅
김炯鍵 趙貞國 김泰廉
김孝默 尹平國 張時見
洪爽鳳 白基燁 정相橋
各壹圜 리基淳 박尙厚
김道墳 김泰碩 韓孝禧
리枝享 張允道 洪淳학
김賢珪 김寅度 尹子珍
김興良 崔春世 김仲浩
崔志인 各五拾전 崔錫璟
정錫尹 김性炳 各三十전
김志鉉 二圜
義州玉川中학校학監白錬珪

本人의再從문甫가本以商業資生인바來城安東居文仲九와已有面分而야昨람에當錢三萬兩을借得ᄒᆞ야崔云京許에物件을買去云矣러니문甫가최云京의게所負條가有ᄒᆞ던지문仲五의於音三萬兩中舊債로除ᄒᆞ고物件은不給ᄒᆞ미문甫ᄂᆞᆫ鄕第로下來ᄒᆞ고崔云京이가三萬兩於音을문仲五의게督推ᄒᆞᄂᆞᆫ지라문仲五가문甫의推尋次로下往見之則文甫分의難辦이라文仲五ᄂᆞᆫ於音을暫時借貸라가中間見困이極爲抑冤이기에本人等이각有家券與田畓문券과二千兩手票를並爲出給文仲五ᄒᆞ야문甫의同爲上京ᄒᆞ야崔云京을往見ᄒᆞ고此문券을典執ᄒᆞ야數朔寬限之意로懇乞이되崔云京이不聽ᄒᆞ거날文仲五와文甫가此文券을帶持ᄒᆞ고本人等의게還來ᄒᆞ야更爲周旋次로下來之路에安城陳元瑞家에歷訪ᄒᆞᆫ즉陳元瑞言內에此處에有錢處ᄒᆞ니문券을出示ᄒᆞ면錢을得給ᄒᆞ마기에信之無疑出給矣러니陳元瑞가稱有文甫舊債ᄒᆞ고문券을삐奪取ᄒᆞᄂᆞᆫ지라文仲五가强弱不同으로不得已上京ᄒᆞ야此意로來說에廣告ᄒᆞ지흠은世所共知어ᄂᆞᆯ不意今者에稱安城人ᄒᆞ고欲推次來言하니此문券은本非문甫物이오本人等의물文仲五를出給흠은沙潭壹동이所共知인대陳元瑞가문보의舊債를藉托ᄒᆞ고有主田畓을勒奪코저흠은强盜와無異ᄒᆞᆯ뿐더러此掠奪흔문券은休紙로施行ᄒᆞ고本人等이更히官證을成出ᄒᆞ기에玆以廣告ᄒᆞ오니內外國人은照亮흠
槐山西面沙潭居 禹顯純 禹顯世 禹顯武 告白

本人의弟男一이가性本不良ᄒᆞ야濟敗家産ᄒᆞ고締結雜類僞造文券ᄒᆞ야得債코저ᄒᆞ니內外國人은勿爲見欺흠
陽城升良院面上里洪炳殷 告白

本人의家券을丙申七月十七日失火時에入소ᄒᆞ얏ᄉᆞᆸ기廣告흠
東門外崇信坊紅樹동五統六戶 洪光鎬 告白

●安岳順里坊河邱학校趣旨書

蓋人이靈於動物은以其有道德知識也라何者오必因敎育而能之也니故로古昔에聖人이庠序와학校를始設하야上自王宮國都로下及州郡閭巷에莫不有敎而國，興替와人之賢愚가亶在不敎如何ᄒᆞ니라是以로秦은焚坑ᄒᆞ야黔首를愚亂에亡滅이暴至ᄒᆞ고한은文을右ᄒᆞ야儒術을雅獎에興旺이自來ᄒᆞ니此皆支那前鑑而灼然者矣라現狀東西大洋에風潮가震盪하야五大部洲에학海源泉이湧出이라卓彼先覺이智船道라로數萬里滄海에掀天風浪을勇渡ᄒᆞ야乃先登岸에最高ᄒᆞᆫ地位를占據ᄒᆞ야宇內를虎視하고海外를鯨呑ᄒᆞ야號令所발에勢力能使이어ᄂᆞᆯ今我韓國이處在東洋半島ᄒᆞ야濱於何等岩海오濁浪排空에涉然壹扁船이泛在中流하야維楫을已亡ᄒᆞ고五洲源을未溯에望洋之歎이悔復何及이리오嗟我五百年宗社에危亡이立至矣오二千萬生靈이東縛을坐受ᄒᆞ니稍有國家義務者孰不痛恨哉아自是而皇勅이屢降ᄒᆞ시고謄謄이담至ᄒᆞ야民智를欲발에학校를設立ᄒᆞ고國體를欲固에社會를組織하야自由와獨立旗로興復을誓圖하야東洋號令ᄒᆞ고而强을指揮ᄒᆞ야世界에特立ᄒᆞᆯ基礎가正在今日일시惟我河相古邱ᄂᆞᆫ即靑邱西畔一隅岸로草木발榮遲々다니何幸郡守沈公이以籍學斯文으로注意ᄒᆞ야熱誠奬勵ᄒᆞ시余가與諸生으로勸取新학之旨而折衷ᄒᆞ야興校ᄒᆞ으로互相參考則相爲表裏에不有反對之理焉이라於是에邱下舊塾을開門恰受新空氣ᄒᆞ야題其日曰河邱新塾이라ᄒᆞ고以新학之多少義捐과舊학之如干遺物로協補학備에敎育이得宜ᄒᆞ니舊學은論孟庸학四書오新학은地誌歷史算術博物諸書라祖國에精神과宗敎에趣旨가確在此矣니嗟爾靑年은戒勉이어다
발起人 高貞華

去陰二月初二日本人之家賊黨突入家藏汁物掠奪同時正字刻圓圖章亦爲見奪而自玆以往四方刻舊圖章施行爲計知舊間照亮흠
祥原郡初峰 金鳳淇 告白

本會總會를來日曜日上午十二時에(박동普成專門學校)內에開ᄒᆞ깃ᄉᆞ오니在京 僉君子ᄂᆞᆫ屆期 光臨ᄒᆞᆷ을敬要
嶠南敎育會 白

本會館世中署樓동十一統四戶로定ᄒᆞ고來日曜(陰三月五日)午後壹時에特別總會를開ᄒᆞ오니本道內人士ᄂᆞᆫ屆期光臨ᄒᆞᆷ을敬要

湖南學會

本會에서來五日下午一時에總會를校동西北학會會館內에서開ᄒᆞ오니關東첨君子ᄂᆞᆫ齊來臨ᄒᆞ심을望흠
關東學會 告白

田답賭地記와去來文冊을藏置ᄒᆞ얏다가手票를見失ᄒᆞ얏기玆以廣告ᄒᆞ오니內外國人은切勿見欺흠
交安동卅七統七戶 김希洙 白

長湍郡居郭勝國이本以悖類로京鄕出沒에誘引本人子錫淳之年淺ᄒᆞ야本人祖包를欲爲暗賣於他人ᄒᆞ오니內外國人은切勿見欺爲望
黃海道安岳 全致龍 告白

本人이乾元慶節에轉到于安州燕동地則觀而龍興嶺附新豐城四隣老少男女가慶祝ᄒᆞ기爲ᄒᆞ야高岡에陟ᄒᆞ여皇天后土에焚香祝拜ᄒᆞ고齊呼萬歲ᄒᆞ니誠感九天이오聲應四方이라右人之愛國誠心과趨化武步가可觀可仰이기玆以廣告
定州郡南面一里 主九達 白

本人이親喪을遭ᄒᆞ야歸國ᄒᆞ엿더니今方還來ᄒᆞ야店務를擴張ᄒᆞ고新輸入各色春夏服과洋帽子와靴子其他諸般附屬品이具備ᄒᆞ고特別廉價로販賣ᄒᆞ오니僉位大人은如前光臨ᄒᆞ심을敬要
貞동大漢門前祥興號主人 告白

中部廟洞二十六統四戶本人의所居瓦家二十七間半家券을中間遺失ᄒᆞ와方欲請願于漢城府ᄒᆞ야成出證明書故玆에廣告하오니雖或拾得이라도休紙施行흠
俞[illegible]泰 告白

光明書觀에서各種新學文과各種聖經을大發賣

ᄒᆞ며下水口內에支店을設ᄒᆞ엿ᄉᆞ오니僉兄弟ᄂᆞᆫ陸續購覽ᄒᆞ시옵
平壤大同館上四層屋

教科書類 小說書類
法政書類 文藝書類

本書館을一層擴張ᄒᆞ고各種書籍과學校用品을具備ᄒᆞ얏사오니有志僉彦은陸續購覽ᄒᆞ심을敬要
冊價ᄂᆞᆫ京城책사와同흠
安州城內大街「큰거리」
知新書館 金[illegible]植

廣告

本學堂에 速成夜學英語日語算術各專門科를 設立하엿스오니 願學僉員은 速々來臨于本學堂하와 隨意入學하심을 要함
開學日字는 四月拾日
培材학堂 告白

▲株金募集廣告

本社에서 農商工部에 認可를 承하옵고 株金을 募集하오니 願入 僉君子는 左記條例를 照亮하심을 望함

△左記

一 應募期日 即保證金辦納日 自隆熙二年四月一日 至同年四月卅日 (陰三月一日 陰四月一日)
一 資本總額 拾萬圓
一 壹株金額 貳拾圓
一 保證金額 一株에 對하 壹圓
一 第一回辨納金額 一株에 對하야 五圓
但第壹回辦納金은 保證金을 扣除計算함
一 第壹回金辦納期日은 (自隆熙二年五月一日 至同年五月廿日) (陰四月二日 陰四月二拾二日)
一 株金取扱所 株金領受所는
本社 韓一銀行 漢城銀行 農工銀行

발起人 張輔衡 趙彰漢等
贊成員 趙鎭泰 趙秉澤

韓相龍
南署 東□洞契 六十三統九戶 學洞四巨里 二層洋屋
漢城材木柴炭株式會社 仰布

●法官養成所豫科學員募集廣告

法官養成所豫科학員約壹百人을 募集하오니 入學을 기願하는 人은 入學請願書에 履歷書를 添付하야 四月十七日內로 本所에 提呈하고 四月二十日上午十時에 本所로 來하야 入學試驗을 受할事

壹 入학資格 年齡 十七歲以上二十三歲以下 男子로 品行이 方正하고 身體가 壯健한者
壹 入학試驗科目 讀書 漢文及國漢字交用文 作文 國漢字交用文
壹 豫科 修業期限 壹個年
壹 豫科 教授科目 法學通論 論理學 歷史 地理 數學 日本語 體操

豫科에 卒業한者는 本科에 編入함
詳細한 事項은 本所에 來問하고 入학請願書는 本所에 請求할事

隆熙二年四月一日
官立法官養成所

□□書籍販賣를 改以錠穩으로 施行하오니 僉君子는 照亮함
大邱西上面達洞 馬健穆 告白

韓美電氣會社告白

割引券을 發行하야 四月一日부터 鐵路本社及龍山停車場에서 賣下함
割引券은 每券에 六拾枚로 編成하고 代金은 貳圓八拾五錢으로 領收이온대 每區域에서 一枚式 割貸五전과 又치 使用함
龍山線 區域을 四月一日부터 남大門外 □車停車場前으로 改定함
電車발着 時間은 四月一日부터 改定하야 夏期時間表를 依行함

世界三怪物

美國 斯密斯德 原著
韓國 卞榮晩 譯譯
壹冊 定價 拾貳錢

現世界에 三大怪物이 발生하야 六洲에 橫行하며 風雲을 呼喚하니 愚者가 此物을 遇하면 其魂을 失하고 弱者가 此物을 遇하면 其軀를 喪하야 此物所過에 天地가 飜覆하고 國家가 丘墟하야 上帝赤子가 生命을 莫保라 故로 是書는 特히 此三大怪物의 眞狀을 描寫하야 其防備의 妙策과 利用의 術을 一々說明하야 世界의 生存을 要求하는 者ㅣ 不可不一覽할 冊子이오니 僉君子는 續々 購覽하시옵

▲大발賣所 中署布병下 廣학書舖 金相萬 平壤鍾路 耶穌教冊肆 京鄉各有名冊사

◎大韓國 新發明神藥

◎唐條 靈丹 各種食滯中暑久滯口臭 嘔吐泄瀉 定價一貼十錢
◎至寶丸 治諸般難疾不拘久近 但有偉效 定價金十錢
◎靈效液 外用方書 治疥瘡皮風 百發百中 定價金三拾錢
◎淸眼水 治諸般眼疾有效 天之妙 定價金拾錢
◎通淋丸 治男女急慢淋疾神效 特別速效除毒 一週金五十錢

此外에도 東西洋各國有名賣藥과 醫病去根藥과 應急藥水 각種 俱比廉價

漢城中署銅峴鍾路里 第二統二戶 地
製劑발賣所 共愛堂藥房 告白
監修발行人 前官立漢城醫학校卒業生 朴容南 趙基茂
支店 開城南門內 共愛堂開城支舖 梁助浩
興學書舖 西署新門外石橋普濟院藥局 車基□
仁川 □□濟生堂 梁廣鳳
代理店 國內各地藥局에서 隨意販賣함니다

簡易商業簿記學

全一冊 定價金 四十五錢

本書는 簿記學中最近한 學理와 精妙한 形式을 精細히 編輯하야 了解케 簡易하도록 編述한者니 一般商業家에 不可不一次閱覽할 者뿐아니라 中學以上學校에 教科로 用할도 適當하니 陸續購覽하심을 望함

발賣所 布병下 廣학書舖 洞口越便 中央書館 廣橋東便 匯東書館 寺洞 漢陽書館 鍾路 大東서市 鍾路 古今서해관

滑稽小說 禽獸會議錄

弄球室主人 著述
表紙石版寫眞畵印刷
全一冊 正價金拾五錢

▲本小說은 新體文壇의 演劇的 小說로 空前絶後의 一大禽獸會議를 開催하고 海陸動物이 演壇에 集合하야 人類와 禽獸의 優劣과 造化主宰의 眞理를 討論批評하는 光景을 傍聽寫實하야 讀者諸君에게 紹介호도 今日吾人類社會의 公德頹敗를 醒醒코저 함이니 其滑稽的 文體가 光彩陸離하며 諷刺的 批評이 奇拔欽曲하야 實로 國文小說界에 一大異彩를 放할만하며 一讀解頤의 好書物이오

▲발行元 皇城書籍業組合
▲分賣處 中署罷朝橋北邊 中央書館 中署鍾路 大東書市 南部大廣橋東邊 匯東書館 仝 古今書海館 西署남門外紫岩 新舊書林 남署倉洞 博文書館 남署銅峴 博학書館 中署布屛 廣學書舖

越南亡國史 國漢文
定價貳拾錢
發賣所 京城廣橋 高裕相書舖 仁川 □□時□書舖
布屛下 김相萬 告백

▲特別廣告

本社에서 名帖印刷部를 別設하고 各樣活字와 印刷紙本이 俱備하오며 印刷가 精美하고 價直도 極廉하오니 特別히 紳士와 夫人의게는 一層低廉하오니 僉位는 來臨하시와 隨意請求하심
大韓每日申報社 告白

學徒揮號所 學徒照號과 諸具 眼紗各種 美國金鍋鐘 衣服裝具 其他雜貨로 廉價放賣하오니 賜顧하시는 僉君子는 多々來臨하심을 바라나이다
仁川 龍□□洞 □□所

●國債報償總合所收入廣告

●永柔郡中部面淸溪里
김明洙 리萬吉 김相浩 金世鎔 尹泰京 金尙涉 安丁洙 각二十錢 김顯業 拾錢 鄭炳烈五拾錢 合二圓
▲德자面정쩌里
김台先三圓 김晟倫八十錢 김麟先 김晟璧 각七拾錢 金鍊益 김宗獻 김宗益 박泰仁 김斗先 김晟发 김益贊 각六拾전 김明淵 극召史 各四十錢 김昇模 김龍益 김鼎鎭 金時浩 各三十錢 리貞先 二十전 김仁先十錢 김益先 김九珍 各五錢 合十참圓八十錢
▲同面大寨里
리柳麟二圓 朴昇一三拾錢 白在珍?圓 子夏獎五十錢 리顯鎬一圓五拾錢 □□九錢

金圓 리鼎徵 鄭世權 子弟 鄭世權 리輔구 洪時權 리宗徽 白在萬 各三十錢 鄭世璜 리贊奎 김贊叔 張云世 各二十錢 吳應國 리贊禄 리相成 鄭成俊 白在福 리鍾徽 리贊鎬 김相涉 최允昌 리世成 리淳心 정淵彦 각十錢 리圭現 十六錢 리寶奎 리鎭徽 리晟奎 鄭世福 袁俊鳳 洪斗南 리會峰 各五전 合十二圓
▲정閤里
김秉先 김命祁 각一圓 合二圓
▲上外面鮮巖里
裵泰鋅一圓 子封淳 桂時永 박云集 김秉守 각三拾錢 김炳弘 鄭키俊 김貞淳 김利燦 리致民 申瀾식 리允白 桂泰俊 김天一 各二十錢 정리鉉 김寬守 김琳和 김成賢 리淳淳 崔殷千 金鐵用 金寬守 金利用 박丁起 김宗淳 康鍵鳳 리京先 趙希準 金基鳳 劉興吉 張基寶 任源洙 羅允炯 林昌九 梁錫仁 정元甫 각十전 리永吉 桂贊淳 김利俊 崔孝根 各二十錢 리敎淳 十五전 박致文 五錢 合七圓二拾錢

◎特別廣告◎

國債報償金三月度所捧은 姑未合計이옵고 本年二月까지 所捧總合五萬九千四百二拾圓十九錢은 電氣會社內銀行에 貯置하얏삽고 其貯置額中 三萬二千三百圓은 國債報償總合所로 移交함
大韓每日申報社

發行兼編輯人 英國人 裵說
發行所 南署石井洞第外□三□□□
大韓每日申報社

第六卷

大韓每日申報

第七百七十三號

月曜及慶節 隨時休刊

檀君開國四千二百四十一年
箕子元年三千二十年
大韓開國五百十七年
日本明治四十一年
淸國光緖三十四年
陰曆戊申三月小初五日庚寅

論說

◎何其惑世誣民之易也

向者에孫秉熙氏가平안道鐵산郡에往ᄒᆞ야夜半旅館外에서賣國賊孫秉熙라ᄒᆞ는大喝聲이出ᄒᆞ미當場에겁을喫ᄒᆞ고該敎徒의神明又치仰慕하는天道敎대道主의地位로沈々厨下에抱頭鼠伏ᄒᆞ얏다가畢竟衆目이如覩하고賊聲이漸迫ᄒᆞ되龍潭大先生의尊神이不吊ᄒᆞ고侍天主造化定의聖呪가無靈ᄒᆞ야甲午時節에斥洋斥倭라銃耳生水라고叫ᄒᆞ던咽喉로一杖이猛下ᄒᆞ에哀々救我救我를悲叫ᄒᆞ고血肉이淋漓에昏絶倒仆ᄒᆞ야艱辛히一命을保全ᄒᆞ얏다ᄂᆞᆫ說은國內報紙에遍傳하야有耳者가無不聞ᄒᆞ며有目者가無不見인대遠來人의傳言을聞ᄒᆞᆫ즉一般天道敎信徒들은曰厨下에敗ᄒᆞᆫ者ㅣ孫先生이아니라孫先生의幻造ᄒᆞᆫ虛影人이며亂杖을受ᄒᆞᆫ者ㅣ孫先生이아니라孫先生의幻造ᄒᆞᆫ虛影人이며血을流ᄒᆞᆫ者도此虛影人이며救我를叫ᄒᆞᆫ者도此虛影人이니自能力이有ᄒᆞ신孫先生이엇지此危境에陷하얏스리오彼輩의作擾를豫知ᄒᆞ고此等虛影人을幻出ᄒᆞ야彼輩의惡戱에供ᄒᆞ고自己ᄂᆞᆫ遁甲藏身ᄒᆞ야機上에安坐ᄒᆞ섯다가無恙上來하얏다ᄒᆞ야其迷信ᄒᆞ는樣이誥或頭破面傷ᄒᆞᆫ孫秉熙를觀ᄒᆞ고도將且此도虛影人이오孫先生이아니라고主張ᄒᆞᆯ地境이라더라

記者ㅣ此를聞ᄒᆞ고喟然을不覺ᄒᆞ야曰甚矣라惑世誣民者의罪여甚矣라惑世誣民者의罪여蓋距今十餘年以前壬辰癸巳之際에壓制가旣甚ᄒᆞ고塗炭이旣極ᄒᆞ야斯民이破壞를渴望ᄒᆞᆷ이極度에達ᄒᆞᆫ지라萬若此時에正義人道의旗幟를揭ᄒᆞ야獨立自由를主唱ᄒᆞ는英雄其人이在ᄒᆞ더면政治를維新ᄒᆞᆷ도可ᄒᆞ며國光을宣揚ᄒᆞᆷ도可ᄒᆞ거늘乃秦幾個妄人이此機를乘ᄒᆞ야國內에亂만ᄒᆞ여曰我를隨ᄒᆞ라我를隨ᄒᆞ라我만隨ᄒᆞ면長生不死ᄒᆞ며太平極樂ᄒᆞ야投水라도不濕ᄒᆞ며人火라도不燃ᄒᆞ며刀鎗에도不傷ᄒᆞ며鼎鑊에도不爛ᄒᆞᆫ다ᄒᆞ야盧無孟浪으로民智를昧ᄒᆞ며好生惡死ᄒᆞ는民心을易ᄒᆞ야太平洋上에外國軍艦이充斥ᄒᆞ면悠然笑曰此는將來頭痛將頂이出ᄒᆞ는日이一朝오로掃蕩ᄒᆞ다ᄒᆞ며內地各處에外國兵站이林立ᄒᆞ면悠然曰此는黃巾力士가下ᄒᆞ는日에一棒으로退ᄒᆞᆯ다ᄒᆞ며離亂兵火에生命이慘酷ᄒᆞ면一句詩를咏ᄒᆞ야曰風雨霜雪過去後에滿樹花開萬樹春ᄒᆞ리니弓弓은深山窮谷에寂ᄒᆞ야樑子가盆ᄒᆞ면지松栗을喫ᄒᆞ면지不然則與世推移ᄒᆞ야日人奴隷를作ᄒᆞ던지英人奴隸를作ᄒᆞ던지何如ᄒᆞᆫ方法을不問ᄒᆞ고但此一命만苟保ᄒᆞ면淨土天國이不久ᄒᆞᆫ限期에突現ᄒᆞ리라ᄒᆞ야此等황說로人民을엇어케誣惑ᄒᆞ엿던지幾個首領이刑戮을被ᄒᆞᆫ後에도彼愚民들은猶相傳告曰某接主는智異山某窟에서講道ᄒᆞ나니其死者는形貌酷類ᄒᆞᆫ他人이오某接主가아니라ᄒᆞ며某接長은全羅道某郡에서傳敎ᄒᆞ나니其死者는姓名相同ᄒᆞᆫ他人이오某接長이아니라ᄒᆞ야其迷信ᄒᆞ는狀態를觀ᄒᆞ면憫惜을不堪ᄒᆞ는비러니

即今孫秉熙氏는文明空氣를吸收ᄒᆞᆫ人이라면서其部下에如此迷信者가有ᄒᆞᆫ지

然이나孫秉熙씨가受傷ᄒᆞᆫ後에大言을放ᄒᆞ야曰吾의能力으로此輩를加罰ᄒᆞᆷ이何難이有ᄒᆞ리오만은其愚蒙을憫ᄒᆞ야留且恕容ᄒᆞ얏노라ᄒᆞ더라니此又孟浪可笑之說이로다

外報

●淸兵增派　昨年에俄國이滿洲에서撤兵ᄒᆞᆫ以後로淸國政府에서地方保護라稱ᄒᆞ고北洋의精兵을吉林黑龍兩省에駐屯케ᄒᆞ야今에實々哈爾賓에는騷動氏가壹營을統率駐屯ᄒᆞ며長春에는師團장曾昆의所率北洋第三鎭이有ᄒᆞᆫ대本年度에更히數個鎭을增加ᄒᆞᆯ計劃이有하다ᄒᆞ고又吉林省城에는吉林常備軍과北洋軍常備隊外에巡兵八百名이有ᄒᆞ야合計五千七百名이駐屯ᄒᆞ고間島事件이발生ᄒᆞᆫ以後로陸續派兵하야昨今에는變服ᄒᆞᆫ兵卒이三々五々히兩方으로入來ᄒᆞ야吉林等地로向往ᄒᆞ는데本年壹月부터二月ᄭᆞ지ᄂᆞᆫ五百名이彼處로派送되고三月初旬부터ᄂᆞᆫ變服ᄒᆞᆫ兵弁三百五拾名이彼處로派送되고大砲、壹門도二月下旬부터三月上旬ᄭᆞ지玆處로發送ᄒᆞ얏는ᄃᆡ淸國政府에서今年內에吉林省에三個鎭을增置하기로決定ᄒᆞ얏다더라

●美國의移民　각國에서美國에移住ᄒᆞᆫ者가每年其本國에送交하는金額이畧五億元이오每年該金額이十分壹式增加ᄒᆞᆫ다더라

●勞動者賦役拒絕　淸國廣東勞動者가聯合ᄒᆞ야日本人貨物賦役의勞動에從事치아니ᄒᆞ미三井會社는石炭運輸에關係가有ᄒᆞᆷ으로日本公使가淸國外部에向하야抗議를提出ᄒᆞ얏다더라

●露國艦隊暴動　露國黑海艦隊의壹部는暴動을起ᄒᆞ랴하나으뎃사에서發ᄒᆞ기前에現발되야關係者를捕縛ᄒᆞ얏고又風說을據ᄒᆞᆫ則浦塩斯德에在ᄒᆞᆫ艦隊에서도暴動을生ᄒᆞᆫ다더라

●逮捕者拒絕　香港電을據ᄒᆞᆫ則張總督은北京서日本商品排斥에對ᄒᆞᆫ煽動者逮捕의命令을受ᄒᆞ얏스나此를拒絕ᄒᆞᆫ旨로答電하얏다더라

●英美造艦　찍가스會社에서製造ᄒᆞᆫ英國新戰鬪艦로도네号는其排水量이二萬噸이니明年末에竣工ᄒᆞ리이오又美國新艦미스실비號는近者에其艤裝을完成ᄒᆞ야艦長ᄭᆞ지任命ᄒᆞ얏다더라

●萬國癌疫會議　米國大統領의提議ᄒᆞᆫ萬國癌疫特別會議를開催ᄒᆞ는件을日本內務省은昨年末에同意ᄒᆞᆫ旨를回答ᄒᆞ얏고目下歐米各國에도勸誘ᄒᆞ는中인ᄃᆡ其結果에依ᄒᆞ야는日本서開催ᄒᆞ기로定ᄒᆞ고又當局者는大統領의게照會ᄒᆞᆫ後에會場과其他設備에着手ᄒᆞ기로豫定ᄒᆞ얏다더라

●銅貨鑄造禁止　北京電을據ᄒᆞᆫ즉昨日에勅諭를下ᄒᆞ야銅貨를回收ᄒᆞ고銀貨銅貨의價格權衡을保全ᄏᆞ저ᄒᆞ얏스나施行이못되얏슴으로再次勅諭를下ᄒᆞ야今後數月間에各省에서銅貨鑄造를禁止ᄒᆞᆫ다더라

雜報

●吳氏熱心　鐵산郡東등里前主事吳時殷氏가各洞人民을懇切히勸勉ᄒᆞ며財本金六十元을捐助ᄒᆞ며昨年拾月分에開학ᄒᆞ얏ᄂᆞᆫᄃᆡ生徒가數十名에至ᄒᆞ얏다고該氏의熱心을人皆稱頌ᄒᆞᆫ다더라

新譯 海外稗談

第一章　俄皇宮中의人鬼（續）　冬青山人 譯

於是에余ㅣ不得不作欺人之事일서佯死假葬으로天下의耳目을掩ᄒᆞ고人跡罕到의幽處를擇ᄒᆞ야以送殘年ᄒᆞᆯ計로自隱於此ᄒᆞ야一盃의甘味와一夕의안眠을始得ᄒᆞ니數月以前부터間居ᄒᆞᆫ昔也에幽獄이오今也에天堂이라此事가若能永秘ᄒᆞ면吾如重囚遇赦라夫復何求ㅣ리오今知我如此者는惟吾妻子와吾心腹九人과又醫生二人、僕一人而已라吾以爲ᄒᆞ대此雖解脫生涯나亦可喚做病樂世界라恩仇가相忘ᄒᆞ고刀劍이不來ᄒᆞ야余不知有天下ᄒᆞ고天下도不知有余다卿의友人되고余의近臣되는波黑斯도亞歷山大와猶此生存은斷非料及이오或偶見影蹤ᄒᆞ더ᄅᆞ도不過以爲鬼物而已러니不意今夜에此卅가爲卿所破로다雖然이나卿必故舊를不忘ᄒᆞ리니將以何術으로思欲解衆惑而全賤軀耶아

余ㅣ聞其言ᄒᆞ고心膽々寒ᄒᆞ야方欲有所言ᄒᆞ다가波黑斯와相約ᄒᆞᆫ時間을猛然回憶ᄒᆞ고時刻이既過而視之ᄒᆞ니已踰十二分이라因遽起作別曰吾人이相待ᄒᆞ니若踰時限ᄒᆞ면恐不爲陛下利라請從此辭ᄒᆞ노이다陛下는自安ᄒᆞ소셔臣이決不負陛下ᄒᆞ리이다惟有一事를陳奏ᄒᆞ오니願陛下는今吳所居室의近處에再勿數々往來ᄒᆞ소셔言訖에仰悵別ᄒᆞ니帝의悵然惜別之情이溢於面하더라余가波黑斯를出見ᄒᆞ니彼가正欲往告探兵之時라被彼挽留ᄒᆞ거ᄂᆞᆯ余가巧言으로釋之曰余所親見은有難晉君者다今에結識ᄒᆞ노니君이殆誤認皇帝父子之說也로다夜中微行이安知非今帝리오西一君이他日에今帝微行을逢ᄒᆞ면今夜之疑가可以消釋矣리라ᄒᆞᆫ대波黑斯가以余言으로爲然이라ᄒᆞ야豐신之ᄒᆞ고其翌日에又遂ᄒᆞ야一論하야悉撤空殿之守衛兵ᄒᆞ니自此로此風說이漸滅ᄒᆞ니라

按此篇은法國前駐俄公使某君의所著也라俄皇亞歷山大第三이以西歷千八百七十四年으로崩於格里迷亞之離宮ᄒᆞ야稱葬於聖彼得堡ᄒᆞ니其誰不知리오不過著者之寓言耳라然이나其描寫俄皇之隱情ᄒᆞ야痛論專制國之苦慘은有可謂ᄂᆞᆫ니라　（完）

雜報

●御覽活動寫眞 再昨夜에 景德宮에셔도 皇太子殿下ᄭᅦ옵셔 鹿獵ᄒᆞ시ᄂᆞᆫ活動寫眞을擧行ᄒᆞ야 御覽ᄒᆞ옵시ᄂᆞᆫ대仝六時에各部大臣과承寧府總管趙民熙와侍從金春熙兩시가詣闕陪觀ᄒᆞ얏다더라

●御覽打毬 大皇帝陛下ᄭᅦ옵셔近日侍從官을 御榻前으로命召ᄒᆞ옵셔打毬ᄒᆞ라ᄒᆞ시고勝負競爭을 御覽ᄒᆞ옵신다더라

●位牌埋安 各寺刹中에大院王의位牌를奉安ᄒᆞᆫ이或有ᄒᆞ다ᄂᆞᆫ데此ᄂᆞᆫ還爲不敬ᄒᆞᆫ事라ᄒᆞ야永宣君과尊禮시가발論ᄒᆞ야壹々히調査ᄒᆞᆫ後에埋安ᄒᆞᆫ다더라

●兩시陛見 海豊府院君尹澤榮 皇后宮大夫尹德榮兩시가昨日上午拾二時에 德壽宮에進詣ᄒᆞ야 太皇帝陛下ᄭᅦ陛見ᄒᆞ얏다더라

●義宮茶會 義親王宮에셔再昨日에ᄯᅩ皇族諸시를會同ᄒᆞ야茶話會를設行ᄒᆞ얏다더라

●會議預期 내閣通常會를每週月木兩際에開ᄒᆞ다ᄂᆞᆫ說은前報에已揭어니와會前에각部重要件은日曜日에送交ᄒᆞ면來月曜日에提議ᄒᆞ고木曜日送交件은來木曜日에提議ᄒᆞᆯ意로내閣에셔각部로通知ᄒᆞ얏다더라

●進參緊會 軍部大臣李秉武氏가有何緊議事인지昨日上午十時에總理大臣李完用氏를訪問ᄒᆞᆫ後內閣으로入去ᄒᆞ얏다가蓮花峰閔丙奭氏私第로前往ᄒᆞ야懇親會에出席ᄒᆞ얏다더라

●兩시辭疏 中樞院議長徐正淳副議長成岐運兩시ᄂᆞᆫ再昨日에辭職疏를奉呈ᄒᆞ얏고副贊議尹吉炳시ᄂᆞᆫ昨日에辭職疏를奉呈ᄒᆞ얏다더라

●尹議之故 中樞院議長以下三시가辭職疏를呈ᄒᆞ얏다ᄒᆞᆷ은別項과如ᄒᆞ거니와其理由인즉尹吉炳시가獻議ᄒᆞᆫ件에對ᄒᆞ야내閣에셔辭職ᄒᆞ라고勸告ᄒᆞᆫ所以라더라

●尹議ᄂᆞᆫ非 中樞院副贊議尹吉炳씨가獻議ᄒᆞᆫ事에對ᄒᆞ야日本人判任官과其他下等社會라도壹時激仰ᄒᆞᆯᄲᅮᆫ아니라統監府에셔도公論이不一ᄒᆞ얏다더라

●區別報告 내部에셔昨日 三道에발訓ᄒᆞ되人民의被燒ᄒᆞᆫ家屋幾戶ᄂᆞᆫ本部로報告ᄒᆞ되其他戶稅結稅蕩減條ᄂᆞᆫ即報度支部라ᄒᆞ얏다더라

●調査會計 度支部會計檢查局에셔각部會計를調査ᄒᆞᄂᆞᆫ대其間에ᄂᆞᆫ農商工部會計를調查ᄒᆞ야昨日에畢了ᄒᆞ고來月曜부터軍部會計를調査ᄒᆞᆫ다더라

●兩시出張 內部土木局書記官權輔相技師金倫求兩시ᄂᆞᆫ大邱郡道路修築ᄒᆞᄂᆞᆫ事에對ᄒᆞ야明日에該地로出張ᄒᆞᆫ다더라

●祭官謀避 本日각陵淸明祭祭官은각陵官이奉行ᄒᆞᄂᆞᆫ例인ᄃᆡ近日時勢로擬去치아니ᄒᆞ고圖避之人이多ᄒᆞᆷ으로掌禮院에셔祭官을差出ᄒᆞ기에困難中이라더라

●勞働會費 本日明月館에셔勞働夜學懇親會를開ᄒᆞᆫ다ᄂᆞᆫ說은已爲報道어니와該會任員諸氏와顧問俞吉濬張博趙희淵等諸氏가參會ᄒᆞᆫ다ᄂᆞᆫ대當日費用은四百圓假量이라더라

●尹設리沮 尹始炳氏가勞働夜學會를設始ᄒᆞᆫ事에對ᄒᆞ야壹進會說리ᄂᆞᆫ九ᄒᆞ不可ᄒᆞᆷ으로極反對ᄒᆞ얏다더라

●稅官辭職 濟州郡稅務官韓秉昊氏ᄂᆞᆫ該郡三稅에會前濫捧ᄒᆞᆫ雜稅ᄂᆞᆫ壹並革罷ᄒᆞ고其樣稅人ᄋᆞᆫ係稍憫恤ᄒᆞᆫ故로該郡人民이稱頌不已ᄒᆞᆫ다더라

●爲設학會 日本留학生들이大韓학會를組織ᄒᆞᆫ事를贊成ᄒᆞ기爲ᄒᆞ야倡議ᄒᆞᆫ勝彩諸氏等이贊成會를組織ᄒᆞ다더라

●團結陞總 懷仁郡居鄭壹浩氏가該郡所在團結壹百拾結을推案ᄒᆞ야陞總ᄒᆞ얏다고該郡守가度支部로報告ᄒᆞ얏다더라

●高시見機 江華郡守高濟旭시ᄂᆞᆫ以民訴로京畿裁判所에招致ᄒᆞᆫ다ᄂᆞᆫ說은前報에已揭어니와高郡守가京畿裁判所에參到ᄒᆞ야該裁判事與檢事를私自人見ᄒᆞ라ᄒᆞ미兩處에셔拒絕不見ᄒᆞ얏어니高시가晉ᄒᆞ되必是被囚ᄒᆞᆯ機微라ᄒᆞ고脫身上京ᄒᆞ얏ᄂᆞᆫ대該裁判所에셔捉致ᄒᆞ라고巡查를京성에上送ᄒᆞ얏ᄂᆞᆫ대高시가見機ᄒᆞ고再昨日에下去自現ᄒᆞ야罪過를切々自服ᄒᆞ고保放이되얏다더라

●益線增價 本月一日以後로京釜線票價ᄂᆞᆫ增捧ᄒᆞᆫ다더라

●教會有例 美以美教敎師趙元時氏가教會代表로歸國ᄒᆞᆫ事ᄂᆞᆫ更聞ᄒᆞᆫ즉無論某國이던지宣教師二拾五人이在ᄒᆞᆫ地方에셔ᄂᆞᆫ依例히總代一人을派送ᄒᆞ야美國每年總會에參與케ᄒᆞᄂᆞᆫ故로韓國教會에셔ᄂᆞᆫ趙시가代表로前往ᄒᆞ얏다더라

●張氏演說 再昨日永道寺에셔普成專門학校紀念式을擧行ᄒᆞᄂᆞᆫ데張博씨가出席ᄒᆞ야학界上에有益ᄒᆞᆫ大旨로演說ᄒᆞ얏다라

●派員贊成 昨日下午壹時에漢城府내에셔各統監을會同ᄒᆞ야教育事務를說明ᄒᆞ얏ᄂᆞᆫ대학部에셔官吏壹員을派送ᄒᆞ야贊成ᄒᆞ얏다더라

●欵花買花 前承旨閔丙爀시가閔시의小室家券을借典次로歷々言及于欵小室ᄒᆞᆫ즉該落拒絕ᄒᆞ얏더니閔시가김某符何相議ᄒᆞ고該家券을서失ᄒᆞᆫ故으로先爲廣告ᄒᆞ고追後漢城府에呈訴ᄒᆞ야家券을更出ᄒᆞ야日本人의게典執得債ᄒᆞ야錢數ᄂᆞᆫ로良妾을得ᄒᆞ얏ᄂᆞᆫ되過限이되여債主日人이來到ᄒᆞ야該家를出給ᄒᆞ라하ᄂᆞᆫ故로得債ᄒᆞᆫ것시現露ᄒᆞ야閔시小室이閔시와相戰ᄒᆞ다가해小室이日昨에漢裁에呈訴ᄒᆞ얏다더라

●無犯當賞 警務廳에셔韓兩洙씨와千連으로西署等地居田某를捉囚ᄒᆞ라ᄒᆞ야田氏가知機逃躱ᄒᆞᆫ지라巡查等이二次田씨家를搜索ᄒᆞ고至於把守까지하다가參四日後撤退ᄒᆞ얏ᄂᆞᆫ데田시가追後入家ᄒᆞ야數拾日을經過ᄒᆞ되更無詞捉之端인故로田시가昨日警視廳에該事由를質問次로請願ᄒᆞ얏다더라

●一人兩訴 開城來人의傳說을聞ᄒᆞᆫ즉該處光明학校ᄂᆞᆫ木手壹日餘人의勞動금으로經費充用이더니該校長[?]澄植氏가建築時와經費支撥時에偷食ᄒᆞᆫ金額이總計壹萬餘圓이라開城학會員三拾餘人이該郡에聯名呈訴ᄒᆞ야偷食ᄒᆞᆫ金額을捉囚督捧ᄒᆞ며달나ᄒᆞ고또[?]澄楨氏ᄂᆞᆫ昨年武聽班首在任時에徐氏遺愛閣移去에役費及田土放入時에偷食ᄒᆞᆫ金額이萬餘圓인故로立牌時盟員鄭達源徐相東三씨가分食이라ᄒᆞ야該三氏를該郡武廳에셔會同ᄒᆞ야三十餘名이日本警察署에聯名告訴하얏다더라

●奇哉此童 東來人의傳說을聞ᄒᆞᆫ즉楊根郡에셔燒戶를結搆ᄒᆞ기爲ᄒᆞ야有志人等이建築期成社를設立ᄒᆞ고趣旨를廣布ᄒᆞ미各慈善家에셔爭爲義助ᄒᆞᄂᆞᆫ대該郡남中面東門里居리直攀[?]ᄋᆞᆫ年今十一歲孤兒인대問此期成社設立ᄒᆞ고言於其母씨曰當此經擾之時ᄒᆞ야設此何社ᄒᆞ니同胞義務에不可無相助인즉吾家閣林中可用之材를發爲義補ᄒᆞᆷ이가ᄒᆞ거ᄂᆞᆯ母氏가答ᄒᆞ기를吾家山林은皆是稚松이오無可用之材라ᄒᆞᆫ대兒曰山無可用之材ᄒᆞ야未得多數補助나幾何間이爲補助면實非義務라ᄒᆞ고其母氏에게屢請ᄒᆞ거ᄂᆞᆯ其母씨가受其志ᄒᆞ야樣木三十株를買得補助ᄒᆞ얏다더라

●烽峴臨戰 再昨日下午拾二時頃에東大門外烽火峴等地에셔義兵과日兵이交戰ᄒᆞ야日兵이東關王廟後까지退縮ᄒᆞ고門內에來往하ᄂᆞᆫ電車ᄂᆞᆫ日兵을搭載出戰ᄒᆞ얏다ᄂᆞᆫ대義兵은寡不敵衆ᄒᆞ야及其終末에退去ᄒᆞ고死生은姑未詳知라ᄂᆞᆫ데一場騷擾를成ᄒᆞ얏다더라

●高郡小戰 高原郡에셔陰曆去月二拾三日曉頭에義兵과砲聲이該郡邑底附近山峰에셔應出ᄒᆞᄂᆞᆫ지라該郡警察隊가應砲ᄒᆞ야當日上午拾二時에乃止ᄒᆞᆫ지라義兵은永興郡으로越去ᄒᆞᆷ으로幸無被傷之弊ᄒᆞ얏다더라

●白家小火 昨日上午八時에河橋北川邊平壤郡守白樂均氏家後空房에失火하얏ᄂᆞᆫ데旋即撲滅ᄒᆞ얏다더라

●賊丸致傷 再昨日夜拾二時量에賊黨數拾名이阿峴布木廛ᄒᆞᄂᆞᆫ[?]林氏家에放矣砲人ᄒᆞᆯ際에該壹洞人民이應聲齊起ᄒᆞ미賊黨이還爲退去ᄒᆞᄂᆞᆫ데銃丸이連발ᄒᆞ야該洞居洪某가中丸重傷하얏다더라

●任員推薦 前協判李鳳來시가학校를設立ᄒᆞ얏다ᄒᆞᆷ은已揭ᄒᆞ얏거니와任員을組織ᄒᆞ얏다ᄂᆞᆫ데校長은金星濟시로校監은安[?]煥시로推選하얏다더라

●[?]校 宋시가[?]通학校에教科書로幼年必讀五拾帙을寄附하얏다더라

▲地方消息▼

▲去月二十五日江原道橫城郡東面馬岩附近에셔韓相烈의率ᄒᆞᆫ義徒幾名과日守備隊와交戰ᄒᆞ얏다ᄒᆞ고

▲去月二·五日全羅北道泰仁東南三里中에셔義徒六十餘名이日騎兵一中隊와交戰ᄒᆞ야ᄂᆞᆫ데伊時日騎兵壹名이被傷ᄒᆞ얏다ᄒᆞ고

▲去月十六日로붓터拾九日ᄭᆞ지日本人에輸送ᄒᆞᄂᆞᆫ穀物을義徒의撤奪ᄒᆞᆫ價額이壹百六十餘圓에達ᄒᆞ얏다ᄒᆞ고

▲本月二日夜에楊州郡瓦孔面德沼里에義徒六百餘名이來襲ᄒᆞ야漢山岸에碇泊ᄒᆞᆫ船隻三艘를燒毀ᄒᆞ고其近村面에徘徊ᄒᆞ다ᄂᆞᆫ報가有ᄒᆞ다ᄒᆞ고

▲去月拾九日洪川郡瑞石面淸楊里에셔韓相烈의率ᄒᆞᆫ義徒二百餘名과韓日巡查幾名과交戰ᄒᆞ야激烈히三時間을戰鬪하얏ᄂᆞᆫ대彼此間死傷이有ᄒᆞ다ᄒᆞ고

▲去月二拾一日에多數義徒가정善郡邑에侵入하야民家三四戶를燒燬ᄒᆞ고珍富方面으로退去ᄒᆞ얏다ᄂᆞᆫ報道를由ᄒᆞ야日守備隊가馳往ᄒᆞ얏다더라

東京電報

三日발

●常陸視察 英國의로從ᄒᆞ야歸國ᄒᆞᆫ常陸山은近日韓國과滿洲를視察ᄒᆞ고途에就ᄒᆞ얏다더라

▲清潔方針▼

▲清潔方針實施ᄒᆞᆫ다韓日巡查橫行ᄒᆞ야滿城家宅掃除키로閭巷衛生一新ᄒᆞ니內臟衛生注意ᄒᆞ야眞淸潔ᄒᆞᆷ당이면방분淸潔許多하다

▲海東惡氣吸收ᄒᆞ니[?]關외惡心이라寶囪奴隷甘作ᄒᆞ야顏忍無恥반반ᄒᆞ다人人마ᄃᆞ唾罵ᄒᆞ니流臭萬年ᄒᆞᆯ듯ᄒᆞ고나더心腸을淸潔ᄒᆞ지

▲汚穢之氣滿腹ᄒᆞ니自族賣八行爲로다花柳春風好時節二八名妓[?]弄ᄒᆞ며家國安危不顧ᄒᆞ고樂而忘返沉溺ᄒᆞ니더心腸을淸潔ᄒᆞ지

▲鄙陋情態滿面ᄒᆞ니觀察郡守의浸廉이라外人上典指揮밧어聽令趨退ᄒᆞᄂᆞᆫ꼴世民間疾苦不觀하니玷汚公器ᄒᆞᄂᆞᆫ고나더心腸을淸潔ᄒᆞ지

▲妖怪深說煽唱ᄒᆞ니天道教人의惡行이라無知愚民勝引ᄒᆞ야東학[?]劃後에變名易姓潛伏ᄒᆞ야殘飮收斂偷食ᄒᆞ니더心腸을淸潔ᄒᆞ지

▲壹[?]腐氣凝集ᄒᆞ야一進會가生出이라大和魂魄換奪ᄒᆞ니土倭之稱難免이라自衛團의兼揹으로傳染病이熾盛ᄒᆞ니더心腸을淸潔ᄒᆞ지

▲不顧倫ᄂᆞ掩鼻ᄒᆞ니仕宦者의醜態이라蠅營狗苟더行色이權門下에哀乞ᄒᆞ제吠蹄[?]搖不愧ᄒᆞ고羞恥廉恥失自棄ᄒᆞ니더心腸을淸潔ᄒᆞ지

▲滿身銅臭觸鼻ᄒᆞ니萬石君의吝嗇이라公益事業退避ᄒᆞ고拔毛而不爲로다[?]分젼의爭奪내니唾之罵之指目ᄒᆞᆫ다더心腸을淸潔ᄒᆞ지

▲流毒[?]人하얏스니日人偵探可畏로다無辜良民捕捉ᄒᆞ야[?]번探[?]幾回ᄂᆞᆫ가[?]求韓國人種으로安忍爲之暴行ᄒᆞ노더心腸을淸潔ᄒᆞ지

▲多額月銀貪ᄒᆞ니日人官吏厭恥업다韓人官人茶話會ᄂᆞᆫ主박김치ᄂᆞᆫ감하다他人事何關인가남의薪患에斷指ᄒᆞ네더心腸을淸潔ᄒᆞ지

社告

各地方會員이本社에投書와寄書가逐日답至ᄒᆞᄂᆞᆫᄃᆡ居住姓名이昭詳ᄒᆞ고事實이綠核ᄒᆞᆫ者ᄂᆞᆫ即爲揭載어니와姓名도不載ᄒᆞ고事實이模糊ᄒᆞᆫ者ᄂᆞᆫ因而置之ᄒᆞᄂᆞᆫᄃᆡ催促이又至ᄒᆞ니事甚難悶이라從今以後로ᄂᆞᆫ投書와寄書를ᄒᆞ시ᄂᆞᆫ人은居住統戶數와姓名을詳錄ᄒᆞ시되若又含糊ᄒᆞ오면並爲勿施ᄒᆞ올거시니照亮ᄒᆞᆷ

本支社를左開五處에設置ᄒᆞ고玆以仰布ᄒᆞ오니本報愛讀ᄒᆞ시ᄂᆞᆫ該附近 僉君子ᄂᆞᆫ該支社로請求購覽ᄒᆞ심을務望ᄒᆞᆷ

▲信川邑六里 丁一善
▲永興郡南山동書舘 梁昌鎬
▲朔州郡南門너 朱伯英
▲泰川邑藥商洋약局 李正華
▲寧邊邑內 明濟世

雜報

◉砥校盛況 砥平郡邑니학校에셔本月拾七日에勝학禮式을舉行ᄒᆞ엿ᄂᆞᆫᄃᆡ新募集ᄒᆞᆫ학徒二拾餘員과학徒에父兄과니外國紳士百餘人이多數會集ᄒᆞ야順序排立ᄒᆞᆫ後校長郡守署理鄭云榮시ᄂᆞᆫ開校式에趣旨와祝辭를演述ᄒᆞ고總務權重翊시ᄂᆞᆫ敎育에必要ᄒᆞᆫ演說을ᄒᆞ고贊成長駐隊中尉中村正시ᄂᆞᆫ勸勉旨意를演述ᄒᆞ고其他來賓諸시들도次第演說ᄒᆞ고敎師鄭璘敎시ᄂᆞᆫ愛國歌를唱導ᄒᆞ미觀聽者가無不稱頌ᄒᆞ더라

◉正誤 本報第七百六拾五號雜報欄內客主被捉이란題下에白樂亨시에亨字ᄂᆞᆫ正字에誤植이기玆에正誤ᄒᆞᆷ

廣告

本人의族孫安敬先이가昨年四月分에本人의妻를勒奸코져ᄒᆞ다가塲叱賊에即爲逃躱ᄒᆞᆫ지라還來ᄒᆞᆫ後本人의父가厥漢之悖習을懲責則敬先이가即使其弟敬全으로刀棒亂打에卽爲致斃ᄒᆞᆫ지라因欲報讐則本警署에象鎮이ᄂᆞᆫ受其賂物ᄒᆞ고反讐敬先兄弟ᄂᆞᆫ至今揚施威於本人ᄒᆞ니國法紊亂ᄂᆞᆫ姑舍ᄒᆞ고報讐者不共戴天之寃을難伸케ᄒᆞ니世如褐象鎮之律法則何雖殺人이며何懼法律이리오全國同胞ᄂᆞᆫ知悉ᄒᆞ시옵

三和郡西里面栗谷里 安基洙 告白

本所에셔鑛山 田畓 森林野 대宅의測量製圖設計等事務를迅速處理ᄒᆞ오니 請君子ᄂᆞᆫ來臨問議ᄒᆞ시옵

中署貞洞十觀紀念碑下谷 維新測量事務所

◉感賀義捐

▲本社에補助ᄒᆞᆫ金額과氏名이如左ᄒᆞ니 續

隆熙元年拾貳月度
六日 大邱 朴實鉉 壹圓
拾六日 開城 孫儀文 貳圓
二拾日 興陽 韓永弼 貳圓
廿壹日 新孫 朴致務 一圓
廿二日 昌原普通학校 壹圓
廿四日 日本留學生 김仁淳 五拾젼

隆熙貳年壹月度
三日 江華 柳致夏 四拾젼
四日 安州 人民等 壹圓
六日 釜山 金聲振 貳圓卅九젼
七日 大邱協成학校 壹圓
同日 東萊館 崔應善 卅젼
九日 西門外松井동 미權榮 卅젼
拾日 晋州 정泰與 卅貳젼
十三日 晋州 朴琪華祖母 五圓
拾七日 吉州隆成학校 貳圓
十七日 龍川 김子範 貳圓
十七日 北靑 박鎭勳 貳圓
拾八日 昆陽明々학校 壹圓
拾八日 義州灣友夜학校 壹圓
廿貳日 無名氏 廿五젼
廿四日 淸道 리基華 壹圓
廿八日 金海 許 돈 壹圓
三拾日 安州普達학校 壹圓
永興 私立학校 壹圓
仝 普通학校內김益根 五十젼
仝 盧弘根 五十錢
龍川 光明中학校 二圓
定平 韓鎭영 五圓
江華 宋堯德 五拾錢
仝 김敬昌 五十錢
永柔 彰西학校 二圓
宣川 리明璉 壹圓
木浦 朴平必 五十錢
大邱 權麟우 一圓
平壤 康世昌 壹圓
水原 人民等 一圓
順安 朴仁祥 壹圓
江東 김商俊 一圓
龍岡 韓弘喆 壹圓
甲山 李聖澤等 壹圓
錦山 池永瑞等 二圓
錦山 士民等 二圓
鳳興進浦夜학校 壹圓
永柔惟新학校 壹圓
永柔 김濟極 一圓
信川 미錫永 十四錢
草溪 卞榮夜 壹圓
京 김完洙 二十五젼
仝 崔鎭汝 壹圓
仝 南 垓 壹圓
未完

◉谷香葉卷煙草 大發賣

大煙百本入一箱金一圓八十錢
仝 五拾本入一箱金九拾五錢
中煙百本入一箱金八拾錢
小煙百本入一箱金五拾錢
但多數購買則割引還呈

南署蒼동六拾三統拾戶
谷香合資會社 告白

民刑事上委托ᄒᆞᄂᆞᆫ事務를迅速히處理ᄒᆞ기爲ᄒᆞ야出張事務所를如左設置ᄒᆞ얏ᄉᆞᆸ기廣告ᄒᆞᆷ

第一出張所位置大邱 事務員金永默
第二出張所位置晋州 事務員李鍾曄
第三出張所位置羅州 事務員朴永殷

漢城西署鑄洞一百八十六號
三戶法律事務所
辯護士丁明燮

慶尙北道大邱西門內鍮商河永源廛房債帳事로逃躱ᄒᆞᆫ後에客商與本商이見害不小ᄒᆞᆫ中에本郡守崔鉉達시와此事에對ᄒᆞ야三朔勤苦ᄒᆞ신政體도大端不安ᄒᆞ온中該店에品物委任于本郡商務所ᄒᆞ얏ᄂᆞᆫᄃᆡ所長박彦陽氏와議長李完秀氏와評議員리善如氏와特別委員김永植씨와常置委員馬榮俊씨가無前ᄒᆞᆫ事를行ᄒᆞ야該店物品을公拍ᄒᆞ고其分排ᄒᆞᆫ物情과仔詳ᄒᆞᆫ文數로本來打價ᄒᆞᆫ價額上에加入이近四百金되ᄂᆞᆫᄃᆡ統以計之ᄒᆞ면千餘金이加剩ᄒᆞ야被害各商輩이不幸中幾許間加捧補害ᄒᆞᆫ功德을稱頌ᄒᆞ기爲ᄒᆞ야玆以廣告ᄒᆞᆷ

前參奉 리春榮 申泰休 等告白

本人에姓名圖章을陰二月初六日上午八時淸國來往時에셔失이오니內外國人은切勿信用ᄒᆞᆷ

碧潼西上面 김泳育 告白

本人의子成文이가年今二十四歲인ᄃᆡ去丁未二月初二日元山서海參人去稻를乘ᄒᆞ고海參崴等地로入去ᄒᆞᆫ지兩年에一無消息이옵기玆以廣告ᄒᆞ오니照亮後誰某氏던지成文의詳知ᄒᆞ시ᄂᆞᆫ이ᄂᆞᆫ平北草塲館本人家로通寄ᄒᆞ사오면不忘其恩德ᄒᆞ오리다

平安北道鐵山郡西草塲館 南斗鎭 告白

本人의再從兄甫가本以商業致生인바京城安東居文仲五와己有面分ᄒᆞ야昨年에當錢三萬兩於音을借得ᄒᆞ야據云京許에物件을買去云矣러니兄甫가到云京외게所負條가有ᄒᆞ던지兄仲五외於昔三萬兩을舊債로除ᄒᆞ고物件을不給ᄒᆞ미兄甫ᄂᆞᆫ鄕情로下來ᄒᆞ고據云京이가三萬兩於音을兄仲五외게督推ᄒᆞᄂᆞᆫ지라兄仲五가兄甫의推尋次로下往見之則文甫分稍難辭이라文仲五ᄂᆞᆫ於音을暫時借貸라가中見因이極爲抑冤이기에本人等이각有家券與田답문券과二千兩手票를並爲出給文仲五ᄒᆞ야兄甫와同爲上京ᄒᆞ야據云京을往見ᄒᆞ고此문券을典執ᄒᆞ야數朔寬限之意로懇乞이되據云京이不聽ᄒᆞ거날文仲五와文甫가此文券을帶持ᄒᆞ고本人等외게還來ᄒᆞ야周旋次로下來之路에安城陳元瑞家에歷訪ᄒᆞᆫ즉陳元瑞官內에此處에有錢處ᄒᆞ니문券을出示ᄒᆞ면錢을得給ᄒᆞ마기에借之無疑出給矣러니陳元瑞가稱有文甫債ᄒᆞ고문券을비흠奪取ᄒᆞᄂᆞᆫ지라文仲五가強弱不同으로不得已上京ᄒᆞ야此事을本報에廣告ᄒᆞᆺ지ᄒᆞᆷ은世所共知어ᄂᆞᆯ不恭今者에稱安城人ᄒᆞ고欽推次來言ᄒᆞ니此문券은本非兄甫物이오本人等物이所共知인ᄃᆡ陳元瑞가兄甫외債文仲五를出給ᄒᆞᆫ은沙津壹郞舊債를稱托ᄒᆞ고有主田畓을勒奪코저ᄒᆞᆷ은強盜와無異ᄒᆞᆫ地며此探奪ᄒᆞᆫ문券은休紙로施行ᄒᆞ고本人等이更히官證을成出ᄒᆞ기에玆以廣告ᄒᆞ오니내外國人은照亮ᄒᆞᆷ

槐山西面沙津居 馬顯純 馬顯世 馬顯武 告白

農商工部山林局林局長에게가ᄂᆞᆫ書函一度를中路에서漏失ᄒᆞ엿사오니誰某던지拾得ᄒᆞ시면발送處로傳ᄒᆞ시고郵便料를徵去ᄒᆞ심을伏望

박德在 告白

本人의弟兩一이가性本不良ᄒᆞ야蕩敗家產ᄒᆞ고締結雜類ᄒᆞ야僞造文券ᄒᆞ야得債코저ᄒᆞ오니內外國人은勿爲見欺ᄒᆞᆷ

漢城升興院西上里 洪炳殷 告白

去陰二月初二日本人之家賊黨突入家藏什物探奪同時正字對聯圖章亦爲見奪而自玆以往四方刻舊圖章施行爲計知舊聞照亮ᄒᆞᆷ

鮮原初峰 金鳳燮 告白

本會總會를來日曜日上午十二時에(박동普成專門學校)內에開ᄒᆞ짓ᄉᆞ오니在京 僉君子ᄂᆞᆫ屆期光臨을敬要

畿內敎育會 白

長湍郡居朴勝直이本以悖類로京鄕出沒에誘引本人子鎬淳之年滿ᄒᆞ야本人租包를欲爲賭賣於他人ᄒᆞ오니內外國人은切勿見欺爲要

黃海道安岳金致龍 告白

本人이觀光을還ᄒᆞ야歸國ᄒᆞ엿더니今次還來ᄒᆞ야店務를擴張ᄒᆞ고新輸入各色春夏服과各種帽子와靴服次와其他諸般附屬品이具備ᄒᆞ고特別廉價로販賣ᄒᆞ오니 僉位大人如前光臨ᄒᆞ심을敬要

眞善大漢門前鮮興號主人 告白

中部壽洞二十六統四戶本人의所居瓦家二十七間半家券을中間遺失ᄒᆞ와方欲請願于漢城府ᄒᆞ야成出證明書故玆以廣告ᄒᆞ오니該文券은休紙施行ᄒᆞᆷ

金誠壽 告白

光明書觀에서**各種新學文**과**各種聖經**을**大發賣**ᄒᆞ며下水口內에支店을設ᄒᆞ얏ᄉᆞ오니僉兄弟ᄂᆞᆫ陸續購覽ᄒᆞ시옵

平壤大明館上偶二層屋

教科書類 小說書類 法政書類 文藝書類

本書館에ᄂᆞᆫ一層擴張ᄒᆞ고各種書籍과學校用品을具備발賣ᄒᆞ오니有志僉彦은陸續購覽ᄒᆞ심을敬要

冊價ᄂᆞᆫ京城各冊사와同ᄒᆞᆷ

安州城內大街「큰거리」 **知新書舘 金灌植**

新撰理化學

朴晶東氏著

全一冊定價金三拾錢

一 本書의目的은小學校에敎課ᄒᆞ기爲ᄒᆞ야編輯ᄒᆞᆷ이라

一 理化學解說下에簡明ᄒᆞᆫ圖를挿ᄒᆞ야讀者의理解ᄒᆞᆷ을便易케ᄒᆞᆷ이라

一 理化學用語와物質의名詞ᄂᆞᆫ近時代漢譯의最著ᄒᆞᆫ者로採述ᄒᆞᆷ이라

一 本書ᄂᆞᆫ理化學諸家의學說中最簡易ᄒᆞᆷ을採ᄒᆞ야十五章으로編ᄒᆞ야學徒로ᄒᆞ야곰二個年에畢讀케ᄒᆞᆷ이니陸續購覽ᄒᆞ시옵

발賣所
布병下金相萬廣學書舖
京城各書舖
平壤鍾路耶蘇敎書舍
法橋大同書觀

廣告

本學堂에 速成夜學英語日語算術各專門科를 設立ᄒᆞ엿ᄉᆞ오니 願學僉員은 速々來臨于本學堂ᄒᆞ와 隨意入學ᄒᆞ심을 望ᄒᆞᆷ

開學日字ᄂᆞᆫ 四月拾日

培材學堂 告白

▲株金募集廣告

本社에셔 農商工部에 認可를 承ᄒᆞ야 今에 株金을 募集ᄒᆞ오니 願入 僉君子ᄂᆞᆫ 左記條例를 照亮ᄒᆞ심을 望ᄒᆞᆷ

▲ 一 一

一 應募期日 卽保證金辦納日
自隆熙二年四月一日 至同年四月卄日
(陰三月一日 陰四月一日)

一 資本總額 拾萬圓

一 壹株金額 貳拾圓

一 保證金額 一株에 對ᄒᆞ야 壹圓

一 第一回辦納金額 一株에 對ᄒᆞ야 五圓
但第壹回辦納金은 保證金을 扣除計算ᄒᆞᆷ

一 第壹回金辦納期日은 (自隆熙二年五月一日 至同年五月卄日) (陰四月二日 陰四月二拾二日)

一 株金取扱所 株金領受所ᄂᆞᆫ

本社 韓一銀行 漢城銀行 農工銀行

發起人 張轎衡 趙彰漢等

贊成員 趙鎭泰 趙秉澤

南署 棗洞 契 六十三統 九戶 林相讓

二層洋屋 (竹洞四巨里)

漢城材木柴炭株式會社仰布

南署商品陳列館을 改以鉉種으로 旅行ᄒᆞ오니 僉君子ᄂᆞᆫ 照亮ᄒᆞᆷ

漢城西上面蓮洞 高鉉彥 告白

共立新報

共立新報ᄂᆞᆫ 美洲에 僑寓ᄒᆞ시ᄂᆞᆫ 我國同胞가 高明ᄒᆞᆫ 學問과 深厚ᄒᆞᆫ 熱誠으로 祖國을 東望ᄒᆞ고 國魂을 絶叫ᄒᆞ야 每週日 一次式 刊行ᄒᆞᄂᆞᆫ 新報이온ᄃᆡ 世界形勢도 詳揭ᄒᆞ며 國情況도 昭載ᄒᆞ야 愛國心이 有ᄒᆞ신 同胞ᄂᆞᆫ 不可不購覽ᄒᆞᆯ 新報이며 又是純國文으로 發行ᄒᆞ야 婦人孺子라도 一覽可瞭ᄒᆞᆯ만ᄒᆞ오니 惟我一般同胞가 我留外同胞와 殊邦風霜에 勞心努力ᄒᆞᄂᆞᆫ 誠意를 豈可超視ᄒᆞ리잇가 玆에 僉君子의 購覽을 紹介ᄒᆞ기 爲ᄒᆞ와 該新報價及發賣所를 左에 廣告ᄒᆞ오

代金表

每號 五錢
六朔 壹圜貳拾錢
壹年 貳圜貳拾五錢

本國내 出張所

京城 廣학서舖 金相萬
博文서館 盧益亨
京城 남門 外 興학서舖 金錫萬
平山郡古之面城남峴 姜助遠
長連邑 東里 車利錫
平壤上口水外 김석관
鎭남浦龍井동 張膺涉
安州城 義村동 金聖河
宣川邑 川邊 梁종명
殷川너山面平山里 李長萬
義州南門外大東藥房 白用鍚
金海台也面智士동 趙永會
蝅山浦 草梁 尹相奎
大邱東上面龍동 崔一弘
咸興西門밧 朱경欽
俄領 海蔘威 大東共報

共立新報社 代理人 金錫澤 告白

韓美電氣會社告白

割引券을 發行ᄒᆞ야 四月一日부터 鐵路本社及龍山停車場에셔 賣下ᄒᆞᆷ

割引券은 每券에 六拾枚로 編成ᄒᆞ고 代金은 貳圜八拾五錢으로 領收이온ᄃᆡ 每區域에셔 一枚式 新貨五錢과 又치 使用ᄒᆞᆷ

龍山線 區域을 四月一日부터 남大門外 電車停車場前으로 改定ᄒᆞᆷ

電車發着 時間은 四月一日부터 改定ᄒᆞ야 夏期時間表를 依行ᄒᆞᆷ

世界三怪物

英國 斯密哥德 原著
韓國 卞榮晩 譯述

定價 拾錢

現世界에 三大怪物이 발生ᄒᆞ야 六洲에 橫行ᄒᆞ며 風雲을 呼喚ᄒᆞ니 愚者가 此物을 遇ᄒᆞ면 其魂을 失ᄒᆞ고 弱者가 此物을 遇ᄒᆞ면 其軀를 喪ᄒᆞ야 此物所過에 天地가 翻覆ᄒᆞ고 國家가 丘墟ᄒᆞ야 上帝赤子가 生命을 難保라 故로 是書ᄂᆞᆫ 特히 此三大怪物의 眞狀을 描寫ᄒᆞ야 共防ᄒᆞᆯ 妙策과 利用ᄒᆞᆯ 術을 一々說明ᄒᆞ야 世界의 生存을 要求ᄒᆞᄂᆞᆫ 者ㅣ 不可不一覽ᄒᆞᆯ 冊子이오니 僉君子ᄂᆞᆫ 續々購覽ᄒᆞ시옵

▲大발賣所
中署布屛下 廣학書舖 金相萬
平壤츈路耶穌敎冊肆
京鄕各有名冊사

◉大韓國新發明神藥

◉淸心靈丹 各種食滯中暑久滯口臭嘔吐泄瀉定價一貼十錢

◉至寶丸 泄痢腹痛不拘久遠俱有偉効定價金十錢

◉靈效液 外用方藥治疥癬皮風百發百中定價金三拾錢

◉淸眼水 治諸般眼疾有特效天之妙定價金拾錢

◉速淋丸 治男女急慢淋疾神效無雙速効除根一週金五十錢

此外에도 東西洋各國有名賣藥과 藥材와 諸般藥品을 俱備ᄒᆞ와 廉價로 高向ᄒᆞ오니 爲望

漢城中署鍾路銅峴里六統二戶地

製劑발賣所 共愛堂藥房

監督발行人 前官立漢城醫學校卒業生 張基茂 李容南 告白

支店 南大門內 共愛堂開城支舖 姜助遠
興學書舖

代理店 西署新門外石橋普濟院藥局 車鼎煥
仁川海梧興濟生堂 李庚鳳

國內各處藥局에서 隨處發賣ᄒᆞᆷ니다

簡易商業簿記學

全一冊 定價金 四十五錢

本書ᄂᆞᆫ 簿記中最近ᄒᆞᆫ 學理와 精妙ᄒᆞᆫ 形式을 精細ᄒᆞ게 詳解ᄒᆞ야 ᄒᆞ게 簡易ᄒᆞ도록 編述ᄒᆞᆫ 著니 一般商業家에 不可不一次閱覽ᄒᆞᆯ 書뿐아니라 中等以上學校에 敎科로 用ᄒᆞᆷ도 適當ᄒᆞ니 陸續購覽ᄒᆞ심을 望ᄒᆞᆷ

발賣所 布屛下 廣학書舖 洞口越便中央書館
廣橋東便匯東서館 寺洞漢陽서館
鐘路 大東서市 鐘路古今서海관

演說 禽獸會議錄

弄球室主人 著述

全一冊 正價金拾五錢

表紙石版寫眞畫印刷

▲本小說은 新体文壇의 演劇的 小說로 空前絶後의 一大禽獸會議를 開催ᄒᆞ고 海陸動物이 演壇에 集合ᄒᆞ야 人類와 禽獸의 優劣과 造化主宰의 眞理를 討論批評ᄒᆞᄂᆞᆫ 光景을 傍聽實寫ᄒᆞ야 讀者 諸君에게 紹介로 今日吾人類社會의 公德頹敗ᄒᆞᆷ을 警醒코ᄌᆞ ᄒᆞ이니 其滑稽的 文体가 光彩陸離ᄒᆞ며 諷刺的 批評이 奇拔欽曲ᄒᆞ야 實로 國文小說界에 一大異彩를 放ᄒᆞᆫ만ᄒᆞ며 一讀解頤의 好冊物이오

▲발行元 皇城書籍業組合

▲分賣所
中署龍明橋越邊 中央書館 大東書市
南署大廣橋東邊 匯東書館 古今書海
西署남門外藥岩 新舊書林 仝
남署 銅峴 博학書館 博文書館
中署布屛 廣학書舖

總南亡國史

國漢文 定價貳拾伍錢

發賣所 京城南部洞路相 署韓國寶川部 書館
布屛下김相萬 告白

▲特別廣告

本社에셔 名帖印刷所를 另設ᄒᆞ고 各樣活字와 紙本이 俱備ᄒᆞ오며 印刷가 精美ᄒᆞ고 價値도 極廉ᄒᆞ오되 特別히 紳士와 夫人의게ᄂᆞᆫ 一層低廉ᄒᆞ오니 僉位ᄂᆞᆫ 來臨ᄒᆞ시와 隨意請求ᄒᆞᆷ

大韓每日申報社 告白

學徒洋服製造所

學徒運動과 諸具 運動各種 皆在

衣服靴鞋其他雜貨로 廉價放賣ᄒᆞ오니 請컨ᄃᆡ 來臨ᄒᆞ심을 바나이다

仁川海岸興新捌業

愛國精神 文一冊

定價金廿錢 미국 雨果氏 著述

勿論男女ᄒᆞ고 愛國心이 有ᄒᆞᆫ 者 可以購覽

發賣所 皇城各書舖

◉國債報償總合所收入廣告

◉永柔郡上界面松鶴里
崔華珍 子淳昊 各五拾錢
최敎根 壹圜 최淳實 權寅肇
趙元貞 최恒鎬 최淳岩
石應三 각三拾전 리京洙
石應七 각二拾錢 趙永國
石應八 金丙圭
최淳明 合四圓六拾錢
각一錢

▲松石里
趙兆寧 權寅睿 각壹圓
趙元淳 五十전 趙善殷
김相燕 權寅炯 최炳諾
孫水俊 각三十전 김拯鉉
趙京珍 김龍洙 崔淳旭

▲道三館里 各二拾錢 合四圜八十錢
鄭鳳龍 金召史 박丁寶
김世璞 김永福 박瑞鳳
康利植 박鳳학 各三拾錢
成用善 梁文用 김絃伯
各二十전 金永淳 金錫연
金亨吉 김錫丁 韓秉稷
박召史 各十五錢 최寶運
拾錢 合四圓

▲孤峴里
리允奎 壹圓五拾錢 趙錫俊
韓賢星 安昌涉 리鶴俊
각壹圓 吳秦化 박鎭淳
리承俊 김昌欽 리變俊
각五十전 馬元喆 金乃聲
朴聖祥 각三拾錢 리僖萬
김一成 吳致平 金錫龍
各二十錢 최延彥 一五錢
김養臣 康儀京 김文圭
각十錢 合々圓十五錢

▲三館里
김鎭祥 壹圓 리英合 四拾錢
安水星 韓養謙 리淡烈
김貫泳 김京國 각三十錢
리仁赫 최允相 리興燕
각二拾전 최九八 박召史
안泰成 各拾五錢
合三圓九拾五錢

本社廣告

○申報價

一張代金	新貨二錢五厘
一個月前納	三十錢
三個月	九十錢
六個月	一圓七十錢
一個年	三圓四十錢

郵稅一張 新貨五厘
一個月 十三錢

發行兼編輯人 英國人 裵說
發行所 南署石井洞鏡外地三層洋屋
大韓每日申報社

大韓每日申報

第六卷 第七百七十四號

月曆及慶節
歲時日休刊

檀君開國四千二百四十一年
箕子元年三千三十年
大韓開國五百十七年
日本明治四十一年
清國光緒三十四年
陰曆戊申三月小初七日壬辰

論說

●日人何知

日人의新聞雜誌에往々本報를評ㅎ야曰排日論者라ㅎ야狂罵가沓至ㅎ는대其中妄千萬ㅎ는甚至於宮中秘密金을受ㅎ야民心煽動의機關을作ㅎ다ㅎ고誣揭ㅎ者도有ㅎ도다記者曰嗚呼라彼가엇지本報를知ㅎ리오彼가엇지本報를知ㅎ리오

謂排日者라ㅎ고本報를咎ㅎ야도本報가首肯치아니홀지며非排日者라ㅎ고本報를頌ㅎ야도本報가首肯치아니홀지며排日非排日의中間에立ㅎ는者라ㅎ고本報를評ㅎ야도本報가首肯치아니ㅎ지니噫라本記者筆下에彼日本을覺知ㅎ리오心中目中에但只韓國만有ㅎ도다

海外蹤跡으로此國에到ㅎ니其時는俄日戰爭의開仗된後오長森藤吉案의提出홀際라半島江山은顏色이漸變ㅎ고八域同胞는頑夢이未醒ㅎ야三千里內에外國人勢力만日大ㅎ는지라狠牙鬼吻은耽々相逐ㅎ고惡氛怪浸은근々爭集ㅎ야韓國景狀이日로大悲慘을呈ㅎ는日噫々二千萬兄弟는尙日太古的眼孔으로此를尋常看過ㅎ야彼가何意를抱ㅎ지何狀을作ㅎ는지不知ㅎ고東方이明ㅎ며世上으로知ㅎ니旁觀者가悶歎ㅎ도다勝ㅎ며며러乃本國耳目된者新聞紙도自由言權을盡失ㅎ야自家喪事에一哭을不敢ㅎ며自身苦痛에呼叫를不敢ㅎ야杜陵野老의草間呑聲과無異ㅎ中에加之以檢閱이란것이有ㅎ야一幅新聞에怨爲가滿紙ㅎ니鎖國歷制下에在ㅎ던斯民이將次何物을藉ㅎ야其知識을開ㅎ리오本記者ㅣ此를悲歎ㅎ며此를哀惜ㅎ야慨然히筆을執ㅎ고奮起ㅎ야本報를刱刊ㅎ며韓國에情緣을托ㅎ고韓人과艱厄을通ㅎ니時는光武八年七月十八日이러니라

至今本報의年齡이五歲가纔滿이지만은其閱歷흔風霜으로言ㅎ면釋迦指頭에陵谷이累遷ㅎ고麻姑眼下에滄桑이三變이라

五條七協에怪約이頻煩ㅎ며天道一進에魔黨이紛紜ㅎ고域內土地에外人이日殖ㅎ며政府椅子에外人이日多ㅎ니悲運이極矣라忠臣烈士는國權과同殉ㅎ고英男傑女는不平을抱ㅎ야최益鉉이旣去에李儁이又來ㅎ며김奉學이旣死에박昇煥이又現ㅎ야紐由、박堤上、김千鎰、宋象賢이接踵比肩ㅎ니義烈이壯矣오京城外方에軍隊를解散ㅎ며揭竿斬木에義兵이尤起ㅎ고壓制籠絡에羅絆이尤甚ㅎ며自衛討伐에民心이如燬ㅎ고捐金鑄財에學校가日增ㅎ며攝各擠등에留학이日衆ㅎ며海外에共立、合成、大同、海朝 各報가列立ㅎ야人民의權利思想을鼓吹ㅎ나壯劇活劇悲劇慘劇의現象이無不有矣로다嗚呼라本報의年齡은비록五歲에不過ㅎ나其間經歷에或歌或舞ㅎ며作笑作哭하야筆已老矣禿矣라 未完

外報

●日人家搜索　海蔘港電을據ㅎ則本月一日午後에該地官憲은日本漁業者의家宅을搜索ㅎ야私札及其他書類를押收ㅎ얏는대其原因은不明ㅎ니아마義兵集會에關ㅎ何等의嫌疑인가보다ㅎ얏다더라

●淸日商開會　漢口電을據ㅎ則日本領事高橋가主唱ㅎ日淸商人의聯合會를本月壹日에開會ㅎ고日本人二十名과淸國人四拾名이出席ㅎ얏는데該地重望이有ㅎ紳商이라더라

●淸國敎育制實施　淸國政府는今番義務敎育法을施行ㅎ야七歲以上男女는普通敎育을受ㅎ義務가有ㅎ니此에背違ㅎ는者는其父兄을處罰ㅎ는制裁를設ㅎ야不遠間實行ㅎ리인대徐總督은去月三十日에同訓令을受取ㅎ얏다더라

●物品排斥影響　香港電을據ㅎ則淸國에셔日本物品을排斥ㅎ는影響이香港에波及ㅎ야滿商聯四十名이此에加盟ㅎ야日本物品을販賣치아니ㅎ기로公佈ㅎ얏다더라

●日物排斥　本月壹日某處에達ㅎ電報를據ㅎ則香港서日本物品斥賣ㅎ는勢力이漸次增加ㅎ야日本石炭과燐寸品類及麥酒等에對ㅎ야壹切賣買를謝絶히排斥ㅎ기로決行ㅎ는대目下에日本商人은不得已取扱을中止ㅎ고出態가漸々重大ㅎ는報가來ㅎ엿고斥賣ㅎ는勢力이陸上에人夫ㅅ지延及ㅎ야香港에石炭輸入ㅎ는日本汽船은人夫가舒縮에不來홈으로空然히繫留ㅎ얏다더라

雜報

●關東會任員　昨日關東학會定期總會에任員을組織定하얏는대會長은南宮億氏로副會長은박勝彬氏로總務는朴瀚徐氏요評議員拾人을加選하얏다더라

●明校捐金　義州批峴面蘆남里明義학校에셔校長박泰裕氏는金二百圜을捐助ㅎ고監督張殷富氏와贊成員朴亨ㅁ와朴宗垕시는金二百九拾圜을捐助ㅎ고事務박用楨시와高承浩시와박麟楨諸시가金四百二拾圜을捐助ㅎ고事察朴貞楨시와김載煥시가金三百七拾五圜을捐助ㅎ얏다고該郡來人의稱頌이有ㅎ더라

●靑會演說　今日下午七点半에종路靑年會館에서리範壽氏가天定ㅎ律法이란問題로演說ㅎ다더라

●勞動義助　去月乾元節慶祝日에報寧郡內각학校가聯合慶祝ㅎ는대同郡勞動者裴敎善等十壹人이登壇ㅎ야向牧童학校生徒演說曰何幸我童학校가創立以來로敎授也誠篤ㅎ고工夫也熱心ㅎ니我等이雖是庸劣이나不勝感激ㅎ야三圜三拾젼錢金으로敢助萬一之학資하오니幸副微誠ㅎ며晝夜勤工ㅎ야身脫牧童之名ㅎ라ㅎ엿다고該郡來人이稱頌하다더라

●廢校擴張　금山郡김泉面에廢興하校를設ㅎ얏는대학校가窮拙ㅎ야幾爲廢止之境이러니히道觀察使리忠求시가枉駕贊成ㅎ야東市牛廛稅를特爲捐付ㅎ고本郡守朴ㅇ시가熱心贊成ㅎ는故로校長리東宰시와본超人文夏永시와事務員리承九리聖振諸시가敎育에極爲熱誠ㅎ야學徒가日益增加하야五拾餘名에達ㅎ야大有進就之望이라고該來人의傳說이有ㅎ더라

新譯 海外稗談

第二章　二喜堂主人 譯

俾斯麥의狠狽

噫라世界는其壹大戲臺요인저此戲臺中의所演諸劇이無非可觀인대其中最可觀者ㅣ外交오最有趣者ㅣ外交界로다

德相俾斯麥의退隱ㅎ던當年에世人의耳目은無ㅎ고耳聞만有ㅎ故로塗聽으로擬議ㅎ며推測으로妄斷ㅎ야彼一說、此一說이各々其裡面眞相을得ㅎ양노라自許ㅎ니局中人이觀之에不免掩口葛笑로다諸君이其詳을願聞ㅎ는者ㅣ有ㅎ아余請壹遞ㅎ노라

俾斯麥의平口에苦心經營이太半法國事件에在홈은天下의所共知어니와壹千八百年의戰役에德勝法敗홈以來로法國民心이激揚하야復仇主義로恢復을計圖하는든彼俾公ᆞ又其深謀雄略을再逞ㅎ야熱復計較ㅎ되法國이元氣未復혼時를乘하야大兵으로直搗ㅎ고全法을蹂躙ㅎ면其捲土重來의萌芽를可折ㅎ리라ㅎ야壹千八百七十五年에俾公이將次此策을實行하려ㅎ미法國이甚是危殆혼境遇이더니終乃俄國皇帝亞歷山大第二의干涉으로其事가中止되고法國이稍憲ㅎ엿스나然而冤々相因ㅎ야仇々相積ㅎ야兩國間決裂의情이日甚ㅎ더라

既而오德國維廉第一가即位ㅎ며니德政府가忽然使臣을遣ㅎ야法政府에告ㅎ여曰德法은比隣이라交好가宜也어늘背者의事故를因緣ㅎ야干戈로相見홈에至ㅎ고嗣後로彼此嫉視홈이爲日已久ㅎ니斯豈兩國의本意哉아願自今으로嫌惡을捐棄ㅎ고和好를復講ㅎ기를是望ㅎ노라하며當邊으로는俾公이德國에駐劄ㅎ法國公使의게此意를說告ㅎ고且日此事는專是寡什의聖裁오老夫의意ㄴ아니라ㅎ니時에法國外務大臣李鍋譽는一熱誠愛國之好男子也로대但其誠意만有餘ㅎ고機警은不足ㅎ故로以爲ㅎ되俾斯麥의氣勢가已衰ㅎ야德國과和親을結ㅎ이라ㅎ고他意가有ㅎ줄은非所料及이어라

於是에德政府가更進壹步ㅎ야法政府를誘說ㅎ되空言相親은彼此難以相信이니願以 實事로爲證하노니尚 法國이與斯庇林二地를永遠히德國에讓與ㅎ는以上에는德國도法國의所求에로應許ㅎ리라ㅎ거늘而學가以ㅎ其出於誠意ㄴ다ㅎ야乃我約曰英國이埃及을竝中物로視之ㅎ니此乃法國의所憤恨而欲奪取者也ㅎ니德國은有以相助ㅎ라ㅎ얏거라　未完

雜報

●午飯米下賜 再昨에 太皇帝陛下께옵서會往에承候官의게午飯米次下ᄒᆞ든例로宮內府大臣리允用侍從副卿리會九承寧府總管趙民熙全副總管박齊斌仝侍從장金春熙祇候官諸氏의게白米十石式各其 下賜ᄒᆞ시고同侍從九人의게白米幾石式 下賜ᄒᆞ셧다더라

●批旨不佈 巳往에ᄂᆞᆫ大官이辭職疏를奉呈ᄒᆞ면 批旨를官報에頒佈ᄒᆞ더니近日에ᄂᆞᆫ此例를廢止ᄒᆞ고依免事件만頒佈ᄒᆞᆫ다더라

●云任總理 農商工部大臣宋秉畯씨ᄂᆞᆫ內閣總理大臣으로移任ᄒᆞᆫ다ᄂᆞᆫ確定이되얏다ᄂᆞᆫ說이有ᄒᆞ더라

●兩시渡航 伊藤統監과農相宋秉畯시ᄂᆞᆫ再昨日朝九時에大磯에셔出發ᄒᆞ야渡韓ᄒᆞᆫ다더라

●例會不開 昨日이中樞院例會인대該院議장徐正淳副議장成岐運兩氏가辭疏를奉呈ᄒᆞᆫ故로開會치못ᄒᆞ얏다더라

●勸告辭職 中樞院議長副議長과贊議尹吉炳氏의辭職疏에對ᄒᆞ야內閣에셔勸告ᄒᆞ얏다ᄂᆞᆫ說을詳聞ᄒᆞᆫ則內閣書記官長韓昌洙씨가中樞院副議長成岐運氏를訪問ᄒᆞ고辭職ᄒᆞ기를勸告ᄒᆞ얏다ᄒᆞ며尹吉炳徐正淳兩시가疏遞되얏다더라

●議장論辨 中樞院議장及副議장이辭職疏를奉呈ᄒᆞᆫ은巳爲揭佈어니와內閣諸大臣이議장徐正淳씨에게對ᄒᆞ야論辨ᄒᆞ기를贊議獻議事件을何思想으로可否取決ᄒᆞ얏나냐ᄒᆞ얏다더라

●七人新任 大審院과控訴院及地方裁判所判檢事를敍任ᄒᆞᆫ現在平한兩裁判檢事幾人監磁外에新任ᄒᆞᆫ韓人은不過七人이더라

●借住宗府 宮內府大臣리允用시가睦和宮으로搬移홈은巳爲報道어니와該邸修理前에ᄂᆞᆫ該大臣의少室山月은宗正府에留接케ᄒᆞᆫ다더라

●反上落ᄒᆞ 法部文書課장中宇永ᄒᆞᄂᆞᆫ該課課員이되고該課事務官十谷永太郞씨가課장이되야該課諸般事務를監督ᄒᆞᆫ다더라

●日字延期 日本人으로官吏를叙任ᄒᆞ라면月俸에關係로衆月에叙任件을日字ᄂᆞᆫ一月이나二月日字로頒포ᄒᆞᆫ다ᄂᆞᆫ뎌此ᄂᆞᆫ前古에未有ᄒᆞᆫ事이라고浪藉ᄒᆞ더라

●搖鈴罷仕 度支部에셔ᄂᆞᆫ日昨부터罷仕時면搖鈴ᄒᆞᆫ後罷仕ᄒᆞ기로酌定ᄒᆞ얏다더라

●電話架設 학部文書課에電話를設置ᄒᆞ기로通信管理局에交涉ᄒᆞ야니間架設ᄒᆞᆫ다더라

●拓殖社排置 拓殖會社總裁를大藏大臣이被任ᄒᆞᆫ다ᄂᆞᆫ說은前報에巳揭어니와更聞ᄒᆞᆫ즉該總裁를前度支部財政顧問官目賀田시가被任하고京城에다該本部를設置ᄒᆞ고支部ᄂᆞᆫ日本東京及각道에置ᄒᆞᆫ다더라

●名譽委員 한城府尹張憲植씨가각統監을招集ᄒᆞ야五部內학齡兒童을調查ᄒᆞ야敎育ᄒᆞ기로勸諭ᄒᆞ얏ᄂᆞᆫ데每坊에학務委員五人式選定ᄒᆞ고將次학部와交涉ᄒᆞ야部令으로名譽職을締給ᄒᆞᆫ다더라

●韓日殊異 前報와如히니部衛生局장新猛시와書記官衆之憲시가日本官吏奏判任官幾八을帶同ᄒᆞ고地方視察次로昨日에平安南北道로발程ᄒᆞ얏ᄂᆞᆫ데其旅費支出에對ᄒᆞ야韓國官吏ᄂᆞᆫ雖勅任官이라도百圓에不過ᄒᆞ고日本官吏ᄂᆞᆫ雖判任官이라도一百二十餘圓이라ᄂᆞᆫ旅費一款에도優劣이懸殊ᄒᆞ다고들ᄒᆞ더라

●학齡調査 학齡兒童을調査ᄒᆞᆫ다ᄂᆞᆫ說은別項과如ᄒᆞ거니와八歲以上兒童을一々調査ᄒᆞ야各其該附近學校로入학케ᄒᆞ야私塾은永히廢止ᄒᆞᆫ다더라

●料理店新設 中署氷庫洞박俊完氏가東門外 洪陵동口에料理店을開設ᄒᆞᆫ다ᄂᆞᆫ데該店建設ᄒᆞᆯ基址와料理開設ᄒᆞᄂᆞᆫ資本은骨佛安氏가支給ᄒᆞ기로ᄒᆞ야박氏가自願ᄒᆞ얏다더라

●美國通信 美國에前往ᄒᆞ얏던前海牙府壹總代리相설시ᄂᆞᆫ二月二、七日紐育에到着ᄒᆞ더인대尹秉九宋憲崩兩시도同地에伴到ᄒᆞ얏ᄒᆞ고六月美國中央府에셔韓人愛國志士特別大議會를開ᄒᆞᄂᆞᆫ데代表ᄂᆞᆫ히地方에셔本年六月에美國民主黨이前無ᄒᆞᆫ大議會를擧行ᄒᆞᄂᆞᆫ지라此機會를乘ᄒᆞ야우리가呼冤擧事ᄒᆞᆯ터이니各地方韓人社會에셔總代壹人式來發ᄒᆞ기를希望ᄒᆞᆫ다더라

●士官還歸 義徒를討伐ᄒᆞ기爲ᄒᆞ야西北道로出張하얏던士官들이稍々上京ᄒᆞᆫ다더라

●專校移接 大東專門학校를前英語학校로移接ᄒᆞᆫ다더라

●布哇近信 布哇에合成協會ᄂᆞᆫ日々振興ᄒᆞ야現今會員이壹千餘人에達ᄒᆞ고自强支會도一體會同ᄒᆞ얏다니布哇同胞의美事를致賀ᄒᆞ노라

●孤院經費 孤兒院舍狹窄홈을 大皇帝陛下께셔滿燭ᄒᆞ샤고前麗동宮을 下賜ᄒᆞ신事ᄂᆞᆫ前報에已爲揭載어니와日前에該院이該宮으로移去而孤兒寄宿舍가全無홈으로方今修理中인ᄃᆡ經費窘絀하야停役홈境에至ᄒᆞ얏다더라

●勞動日備 勞働會에셔無論某役ᄒᆞ고着手ᄒᆞᄂᆞᆫ日에ᄂᆞᆫ百名以上牌長의日費ᄂᆞᆫ壹圓으로十長의日費ᄂᆞᆫ六十錢으로役夫의日費ᄂᆞᆫ五十錢으로支撥ᄒᆞᆫ다더라

●三反被捉 前進士리圭浩金某申某三人이가去年에海牙萬國平和會에셔白鉉을리金氏를返柩ᄒᆞ기로發起ᄒᆞ다가該三씨가再昨日에警視廳으로被捉하얏다더라

●학員更試 法官養成所에셔日昨에학期試驗을擧行하다가日人大廳直이가該학員一人이出去ᄒᆞᄂᆞᆫ거슬挾雜이有ᄒᆞ다ᄒᆞ고捉囚코ᄌᆞᄒᆞᄂᆞᆫ事에對ᄒᆞ야該학員이壹齊退出ᄒᆞ야應試치아니ᄒᆞ엿더니其間에有何措處인지昨日에該학員이應試ᄒᆞ얏다더라

●仁校卒業 去三十一日下午一時에仁川官立日語학校卒業證書授與式을擧行ᄒᆞᄂᆞᆫ대內賓은該港內紳士가二拾五人이오外賓은日本理事官副理事及郵便局장外拾三人이來參ᄒᆞ얏다더라

●白씨白放 警視廳에被捉ᄒᆞᆫ前副尉白樂興氏ᄂᆞᆫ屢度訊問ᄒᆞ되初無所犯인故로無罪放釋이되얏다더라

●火光滿江 本月二日夜에發兵이德沼等地에셔船隻三座ᄅᆞᆯ燒毁ᄒᆞ얏다ᄂᆞᆫ說을更聞ᄒᆞᆫ즉載柴船五隻을放火ᄒᆞ야當夜火光이滿江衝天ᄒᆞ얏다더라

●警官惡行 日館에官服ᄒᆞᆫ韓國巡査一名이日巡査一名을帶同ᄒᆞ고南署㭗洞宋鍾完氏家의內庭ᄭᆞ지入來ᄒᆞ야稱以鄕客之來留와家內人口數交와主人의爲業을探問ᄒᆞᄂᆞᆫ데其時該家主人宋鍾完씨ᄂᆞᆫ出他不在ᄒᆞ엿다가婦人만인ᄃᆡ日巡査ᄂᆞᆫ入來時에初無壹言ᄒᆞᄂᆞᆫ대韓人巡査가得同行ᄒᆞ고拾里村에還來ᄒᆞ야況言曰內室房門ᄭᆞ지閉ᄒᆞ고婦人을對ᄒᆞ야高聲ᄒᆞ며行動이不正ᄒᆞᆫ지라少年婦人이病臥ᄒᆞ야後門을閉ᄒᆞ야비록韓人巡査가室內를들너본後病臥ᄒᆞᆫ婦人을對ᄒᆞ야恐動ᄒᆞ며木棒인지軍刀인지病臥ᄒᆞᆫ婦人을打ᄒᆞ며言ᄒᆞ되晝寢은何故오云而出去ᄒᆞ얏다고稱冤이有ᄒᆞ더라

●羅郡敎校 羅州郡 一倉湖海兩處에私立任置敎校設立ᄒᆞᆷ은已爲報道ᄒᆞ얏거니와該校校장은在檢官金永遂씨요校監은朴永般씨로定ᄒᆞ고副校장과事務員은將次選定ᄒᆞᆫ다ᄒᆞ고該郡各面에靑年을募集ᄒᆞ야熱心敎授ᄒᆞᆫ다더라

▲地方消息▼

▲去二月二拾二日夜義兵二百餘名이自高原郡水동趾로下來ᄒᆞ야該路壹進會員二名을砲殺ᄒᆞ고宣支村壹進會村二十壹戶를燒火後捉致老幼ᄒᆞ야會員去處를探知ᄒᆞ니當日에會員十三名이邑中에逃避ᄒᆞ고當夜에義兵이邑中에侵入ᄒᆞ야四面圍立ᄒᆞ고四處聲言曰雖有砲聲이나居民은切勿遷動云故로邑이二百戶가初不遷動이더니限一時刻砲聲이不止ᄒᆞ더니適其時警察官吏ᄂᆞᆫ知機避身ᄒᆞ야幸免死傷ᄒᆞ고曉頭에移발ᄒᆞ야灰谷村에셔午飯을催食ᄒᆞ고還歸山谷ᄒᆞ얏다ᄒᆞ고

義兵壹千貳百名이각路山口에把守埋伏ᄒᆞ고邑村民物無一相害ᄒᆞᄂᆞᆫ데卄三日永興守備隊兵六名과巡査二名과韓人巡檢二名이히郡에來到ᄒᆞ야郡守리庸植씨와同벌ᄒᆞ다가山谷에到ᄒᆞ야무슴事端이有ᄒᆞ던지日警務補佐官이拔劍恐喝하며히倅가不得同行ᄒᆞ고拾里村에還來ᄒᆞ야洪川郡伏院에셔郵便遞送人壹

義兵은咆喩ᄒᆞ며閉ᄒᆞ고義兵이聲言曰倡變人은擧皆打殺云云故一進會員等이擧皆避身하고히禍佐官言니와義兵討伐時與郡守로同行討伐ᄒᆞᆫ다ᄒᆞᄂᆞᆫ故로히倅ᄂᆞᆫ辭職歸去ᄒᆞᆫ다ᄒᆞ고義兵이揭榜ᄒᆞ기를使尉平民ᄒᆞ고阿付外人ᄒᆞ며放賣大韓土地ᄒᆞᄂᆞᆫ一進會와日本巡査兵丁外에ᄂᆞᆫ雖某夜某日이라도我等入邑時切勿遷動ᄒᆞ라ᄒᆞ얏고

▲去月二拾四日에知禮郡松川西方에셔義兵約四十名이日兵六名과交戰ᄒᆞ얏다ᄒᆞ고

▲去月二十七日에高敞郡日守備隊에셔同郡甲平里附近에셔郵便護衛兵이義兵의게被害하얏다ᄂᆞᆫ報를接ᄒᆞ고下士以下合三名이同地에急行ᄒᆞᆫ즉義兵이히地松林에砦設ᄒᆞᆫ膝射散兵壕를發見ᄒᆞ고蹤跡을追ᄒᆞ야北方約十里에到하야義兵의隱匿ᄒᆞᆫ家를包圍鏖殺ᄒᆞ얏다ᄒᆞ고

▲去月二拾九日에永平郡姑蘇城里남方約七十米突地에셔義兵約壹百五十名이日本荷物護衛兵과猛烈히交戰ᄒᆞ얏다ᄒᆞ고

▲今四日에光州郡東남方畧三十里에義兵四拾名과日兵拾五名이交戰ᄒᆞ얏다ᄒᆞ고

▲今四日에開城郡鐵路동에셔義兵約五十名이日憲兵七名과壹時三拾分間交戰ᄒᆞ얏다ᄒᆞ고

▲去月卄六日에先鋒將리晋圭와(義將崔寶直의部下)卄餘名義兵이盈德郡竹장面山谷村落에潛伏ᄒᆞ야軍需金을收聚ᄒᆞᆫ다ᄂᆞᆫ報를變裝巡々隊가探知ᄒᆞ고義兵의步哨壹名을捕捉ᄒᆞ야嚮導를삼고險峻를經ᄒᆞ야同地에到達交戰ᄒᆞ얏ᄂᆞᆫ데義兵은四散ᄒᆞ얏다ᄒᆞ고

▲四日春川발電을據ᄒᆞᆫ즉同日午前拾一時에義兵約二拾名이洪川郡伏院에셔郵便遞送人壹行을襲擊ᄒᆞ얏다ᄒᆞ고

▲四日발忠州發電을據ᄒᆞᆫ즉同日忠州郵便物은淸安及四千兩金淸安郡加德多에셔義兵의게見奪ᄒᆞ얏다ᄒᆞ고

▲今四日昌平郡에셔義兵約四拾名이日守備隊와特別巡査隊와交戰ᄒᆞ야拾名이戰死ᄒᆞ얏다云ᄒᆞ고

▲奈州電을據ᄒᆞᆫ즉去月二拾八日未明에義魁文太守及名不詳義將의統率ᄒᆞᆫ貳百義兵이合勢하야茂朱邑에來襲ᄒᆞ야財務主事張祐々家에入ᄒᆞ야히시을以刀로刺ᄒᆞ야負傷이되고公金壹百五拾圓을收取하고日巡査駐在所를包圍放砲ᄒᆞ미히巡査가數時間을應戰하야彈丸이盡ᄒᆞ고義兵이民家에放火退却ᄒᆞ얏ᄂᆞᆫ대永同守備隊와錦山分遣所에셔急行追而不及ᄒᆞ엿다더라

東京電報

四日발

●辰丸事件의終局 第二辰丸에搭載ᄒᆞᆫ武器彈藥의代金은本月二日橫濱에셔차즐預貨手形으로淸國政府에셔支撥ᄒᆞ얏다더라

紐育電報

五日東京經由

●美國의滿洲方針 哈爾濱駐劄美國領事ᄂᆞᆫ明言ᄒᆞ야曰美國은루코嗚과露國又젼벽과商議成立ᄒᆞᆫ條約을固守ᄒᆞᄂᆞᆫ故로美國은어대ᄭᆞ지던지滿洲開放을主張ᄒᆞ야此를實行ᄒᆞ기로努力ᄒᆞ며또ᄒᆞᆫ露國의特權을認識ᄒᆞ기不能ᄒᆞ고美國의東洋에셔外交대方針은포츠마우쓰條約에明記홈과如히露國은日露兩國이同時에滿洲의셔各自撤兵홈을請求ᄒᆞ고第二ᄂᆞᆫ淸國의統治權을回復케홈에在ᄒᆞ다ᄒᆞ얏다하얏더라

社告

各地方僉員이 本社에 投書와 寄書가 逐日踏至ᄒᆞᄂᆞᆫ대 居住姓名이 昭詳ᄒᆞ고 事實이 橑核ᄒᆞᆫ者ᄂᆞᆫ 卽爲揭載어니와 姓名도 不載ᄒᆞ고 事實이 模糊ᄒᆞᆫ者ᄂᆞᆫ 因而置之ᄒᆞᄂᆞᆫ대 催促이 又至ᄒᆞ니 事甚謊惑이라 從今以後로ᄂᆞᆫ 投書와 寄書를 ᄒᆞ시ᄂᆞᆫ人은 居住統戶數와 姓名을 詳錄ᄒᆞ시되 若又含糊ᄒᆞ오면 並爲勿施ᄒᆞ올거시니 照亮ᄒᆞᆷ

本支社를 左開處에 設置ᄒᆞ고 玆以仰佈ᄒᆞ오니 本報愛讀ᄒᆞ시ᄂᆞᆫ 附近 僉君子ᄂᆞᆫ 該支社로 請求購覽ᄒᆞ심을 務望ᄒᆞᆷ

▲信川邑六里　丁一善
▲永興郡南山동書舖　梁昌鎬
▲朔州郡南門내　朱伯英
▲肇川邑舘前洋약局　李正華
▲寧邊邑內　明濟世

謹報

●養塾卒業　養正義塾에서 卒業試驗을 經過ᄒᆞ얏ᄂᆞᆫ대 卒業證授與式은 本月十九日로 擧行ᄒᆞ고 該校校장 嚴柱益氏가 昨日下午五時에 該校敎師諸氏를 惠泉湯으로 請邀宴待ᄒᆞ엿다더라

●勞動設校　勞働夜학會에서 將次校舍를 修理ᄒᆞ고 勞働者를 募集ᄒᆞ야 日語算術國문三科를 敎授ᄒᆞ기로 決定ᄒᆞ얏다더라

廣告

基於人道之原則ᄒᆞ고 重於正義之誠實ᄒᆞ며 以親切爲旨ᄒᆞ야 訴訟事件幷각官廳請願事件을 廣受依托ᄒᆞᆷ

京城저洞六拾四統二戶
東洋大학前講師
辯護士
日本法律學士 木尾虎之助

去陰二月念間 本人의 方形楷刻姓名圖章을 失ᄒᆞ얏기 玆에 仰佈ᄒᆞ오니 內外國人間 勿施行ᄒᆞ며 名字를 以僞照로 改定知舊閣照亮ᄒᆞᆷ

義州南門外 李偶熙 告白

本郡古邑面玉泉里居 前承旨 李秉綸氏와 其從姪 前參判 李健容氏ᄂᆞᆫ 窮交貧民에 素多周恤이러니 昨秋境內燒산以後로 樓屑民情을 矜惻히 知ᄒᆞ야 交嚴倉티兩里所在 柱木五百餘株를 分給ᄒᆞ고 玉泉里燒戶에ᄂᆞᆫ 每戶錢六圓 租四石式 出給하고 片兩山坂을 買給ᄒᆞ야 一新結搆케ᄒᆞ얏스며 本社에 金五圓을 捐補하야 建築事務를 勸奬ᄒᆞ니 氏의 厚意를 感謝ᄒᆞ야 玆에 特別廣告ᄒᆞᆷ

楊根建築期成社 告白

前知事 梁萬基氏가 本社에 賣租三拾石을 寄函捐補ᄒᆞ야 燒戶建築을 贊助ᄒᆞ오니 氏의 公共上義務와 慈善的 厚意를 感激ᄒᆞ야 玆에 廣布ᄒᆞᆷ

楊根郡建築期成社 告白

大邱大同運輸社를 本人이 相關ᄒᆞ다가 至今은 리春實께 永爲傳掌ᄒᆞ고 干涉안ᄒᆞ오니 첨君子照亮ᄒᆞᆷ

大邱 최泳玉 白

本人의 收養子名은 奎贊이오 字ᄂᆞᆫ 汝星이오 年今二拾六이온바 去乙酉年分에 門前棄兒를 收而養之ᄒᆞ야 以爲親子러니 近聞ᄒᆞᆫ즉 奎贊이 自言宋哥之子라ᄒᆞ고 已往在親母家이기 本人則永爲罷養ᄒᆞ오니 該宋奎贊이 如或藉托挾雜이거든 내外國人은 切勿見欺ᄒᆞᆷ

坡州內契大 三統拾二戶 趙源默 告白

陰三月初三日夜에 銅硯等地電車에서 方圖章遺失ᄒᆞ얏ᄉᆞ오니 知舊間照亮ᄒᆞ시옵

南門外大里門동居 金泰相 告白

特別廣告

昌城郡守 김相範氏가 本郡前守 김潤根氏의 民贓을 明確行査ᄒᆞᆫ바 昨年至月分에 本郡一進會員 崔之彦이가 來謂本人ᄒᆞᆫ디 谷城倅 査贓時에 我族人의 見奪錢을 猶有未盡推ᄒᆞ얏스니 此必是受賂于本郡守ᄒᆞ야 以至如是라 我在於外村에 聞有貳百圓行賂之說ᄒᆞ니 汝與前郡守相好則其事實을 必知니 其爲立證ᄒᆞ라ᄒᆞ기 本人曰 郡不聞知라 兄何立證가ᄒᆞᆫ즉 之彦이 勃然起怒曰 爾與前守相親ᄒᆞ야 免不能禁其贓ᄒᆞ고 又此反對ᄒᆞ니 若不立證이면 我必生梗이라ᄒᆞ며 號拳肆罵에 禍色이 迫頭故로 以壹時圖免之計로 取捺書函時 不用章以給이러니 持此而誣訴昌城倅于寧邊裁判所다ᄒᆞ기 再書招還ᄒᆞᆫ대 彼終不聽ᄒᆞᆷ으로 亦爲致函于寧邊一進支會ᄒᆞ야 卞明其無實이러니 今於大韓新聞과 京城日報에 誣罔之說을 至於揭布ᄒᆞ얏스니 此ᄂᆞᆫ 최之彦의 所爲가 分明ᄒᆞᆫ지라 該人無良은 已無可言이어니와 本人則當初所遣가 登如右陳ᄒᆞ니 其被捺立證은 自歸無效어니와 該之彦의 做出無根ᄒᆞ야 謀陷本人ᄒᆞ며 壞人名節은 不勝痛완ᄒᆞ야 具訴本郡ᄒᆞ야 已爲申明이고 玆又遍賣廣布ᄒᆞ오니 覽報 僉員은 照亮ᄒᆞᆷ

平北朔州邑內居 朱榮전 告白

廣告

本人의 圖章을 陰正月二十日分에서 失이온 데 本人은 年老ᄒᆞ야 復不使用이기 從今以後로ᄂᆞᆫ 子贊得의 圖章으로 專用하오니 知舊照亮ᄒᆞᆷ

博川 최成麟 告白

本人의 子 文國이가 素性浮浪ᄒᆞ야 蕩敗家産於酒色之場이오미 不些食口가 將至于道路彷徨之境이오되 終不改習ᄒᆞ고 符同雜類ᄒᆞ야 欲圖欺人得債ᄒᆞ오니 毋論內外國人ᄒᆞ고 錢財相關이다가 無至日失追悔ᄒᆞᆷ

寧邊獨山面南平里居 朴濟楨 白

本社에 義助ᄒᆞᆫ 諸氏의게 感謝ᄒᆞᆷ을 不勝ᄒᆞ야 其氏名과 義助額을 另壹回로 廣佈ᄒᆞᆷ

本郡守 鄭元모 拾五圜
憲兵所長 大槻吉太郎 六圜
郡主事 李殷哲 六圜
憲兵伍長 烏山得吾 三圜
社長 李敬렴 貳圜
總務 리根夏 壹圜
贊務 呂圭星 壹圜
幹事 李회榮 壹圜 김봉洙
五十전 리駿承 五十錢
前判書 閔泳雨 拾七圜
前進士 申錫祺 拾三圜五十전
韓昌貳圜 前判書 趙秉承
柱八十株 椽三百株
租四拾貳石
前進士 徐相一 椽壹百株
前參奉 리弼在 椽壹百株
前郡守 리鳳稙 柱壹千三百株
前主事 具然泰 柱八拾株
徐丙求 椽貳百介 尹相鎔
椽三百柱 尹就鎬 椽壹百株
리汝三 椽三百株 趙秉彝
椽貳百株 리得哲 椽三百株
金鎭舜 椽五拾株 安敎晉
椽四百株 趙德淳 柱四拾株
辛亨求 中房木 洽五株
최聖云 柱貳百株 金六圜
七拾五전
前主事 리範來 椽三十株
前判書 申兵善 椽壹百株
邑內面公山里中 柱五十介
仝 白동里中 柱拾介

楊根燒戶建築期成社 告白

本人이 方面半篆姓名圖章을 見失ᄒᆞ엿ᄉᆞ오니 此章은 勿施ᄒᆞᆷ

申廷植 告白

美國桑港 共立新報 贊成金 續
경북 대구 장동
뎡회란 며부인 拾壹圜
未完

本人의 族孫 安景先이가 昨年四月分에 本人의 妻를 勒奸코져ᄒᆞ다가 一場叱喊에 卽爲逃躱ᄒᆞᆫ자 다 還來ᄒᆞᆫ後 本人의 父가 厥漢之悖習을 懲責則 景先이가 卽使其弟 景金으로 刀棒亂打에 卽爲致斃ᄒᆞᆫ지라 因欲報讐則 本醫署監 象鎭이ᄂᆞᆫ 受其賂物ᄒᆞ고 反護景先兄弟ᄒᆞ고 毒施威脅於本人ᄒᆞ니 國法紊亂은 姑舍ᄒᆞ고 報讐者不共戴天之冤을 難伸케ᄒᆞ니 世如此象鎭之律法則何難殺人이며 何懼法律이리오 全國同胞ᄂᆞᆫ 知悉하시옵

三和郡西里面栗谷里 安基洙 告白

本所에서 鑛山 田畓 築洑 林野 대宅의 測量製圖設計等 事務를 迅速處理ᄒᆞ오니 첨君子ᄂᆞᆫ 來臨問議ᄒᆞ시옵

中署黃土峴紀念碑下谷 維新測量事務所

農商工部山林局 樣局長에게 가ᄂᆞᆫ 書函一度를 中路에서 遍失ᄒᆞ엿사오니 誰某던지 拾得ᄒᆞ시면 발送處도 傳ᄒᆞ시고 郵便料를 徵去하심을 伏望

박德在 告白

新舊學文을 大發賣ᄒᆞ오니 願買하ᄂᆞᆫ 僉君子ᄂᆞᆫ 逐々求覽ᄒᆞ심을 希望ᄒᆞᆷ

慶尙北道 大邱東上後洞 在田堂 金기鴻書舖 告白

本人에 姓名圖章을 陰二月初六日上午八時 濟國米往時에서 失ᄒᆞ오니 內外國人은 切勿信用ᄒᆞᆷ

碧동西上面 김泳冑 告白

◉谷香葉卷煙草 大發賣

大煙百本入一箱 金一圓八十錢
仝 五拾本入一箱 金九拾五錢
中煙百本入一箱 金八拾錢
小煙百本入一箱 金五拾錢
但多數購買則割引進呈

南署棗동六拾二統拾戶
谷香合資會社 告白

本人의 子 成文이가 年今二十四歲인데 去丁未二月初二日 元山서 海蔘威人去船을 乘ᄒᆞ고 海蔘等地로 入去ᄒᆞᆫ지 兩年에 一無消息이옵기 玆以廣告ᄒᆞ오니 照亮後 誰某氏던지 成文을 詳知ᄒᆞ시ᄂᆞᆫ 이ᄂᆞᆫ 平北車輦館 本人家로 通奇ᄒᆞ시오면 不忘其恩德ᄒᆞ오리다

平安北道鐵山郡車輦館 南斗鶴 告白

長連郡居 朴勝直이 本以悖類로 京鄕出沒에 誘引本人子 錫淳之年淺ᄒᆞ야 本人 租包를 欲爲騙賣於他人ᄒᆞ오니 內外國人은 切勿見欺爲要

黃海道安岳 余致龍 告白

本人이 親喪을 遭ᄒᆞ야 歸國ᄒᆞ엿더니 今에 還來ᄒᆞ야 店務를 擴張ᄒᆞ고 新輸入 各色 春夏服과 各種帽子와 靴服次와 其他諸般 附屬品이 具備ᄒᆞ야 特別廉價로 販賣ᄒᆞ오니 僉位大人 如前光臨ᄒᆞ심을 敬要

貞香大漢門前 鮮興號 主人 告白

中部壽洞二十六統四戶 本人의 所居瓦家二十七間半 家券을 中間遺失ᄒᆞ와 方欲請願于漢城府ᄒᆞ야 成出證明書故 玆先廣告하오니 雖或拾得ᄒᆞ도 休紙施行ᄒᆞᆷ

俞城泰 告白

光明書觀에서 各種新學文과 各種聖經을 大發賣ᄒᆞ며 下水口內에 支店을 設ᄒᆞ얏ᄉᆞ오니 僉兄弟ᄂᆞᆫ 陸續購覽ᄒᆞ시옵

平壤大同館上四二層屋

教科書類　小說書類
法政書類　文藝書類

本書館은 一層擴張ᄒᆞ고 各種書籍과 新學校用品을 具備貿置ᄒᆞ오니 有志僉君子은 陸續購覽ᄒᆞ심을 要
冊價ᄂᆞᆫ 京城冊사와 同ᄒᆞᆷ

安州城內大街「큰거리」
知新書館 金浚植

新撰理化學

朴晶東氏著
全一冊 定價金三拾錢

一 本書의 目的은 小學校에 敎授ᄒᆞ기 爲ᄒᆞ야 編輯홈이라
一 理化學解說下에 簡明ᄒᆞᆫ 圖畫를 挿ᄒᆞ야 讀者의 理解ᄒᆞ믈 便易케 홈이라
一 理化學用語와 物質의 名稱은 近時代 漢譯의 最著者를 採選홈이라
一 本書ᄂᆞᆫ 理化學諸家의 學說中 最簡易ᄒᆞᆫ 것을 採ᄒᆞ야 十五章으로 編ᄒᆞ야 學徒로 ᄒᆞ야곰 一年에 學習케 ᄒᆞ니 陸續購覽ᄒᆞ시옵

發賣所
布屛下 金相萬冊舖
京城各冊舖
平壤鍾路耶穌敎書舖
法橫大同書觀

廣告

本학堂에速成夜학英語日語辨術各專門科를設立ᄒᆞ엿ᄉᆞ오니願학僉員은速々來臨于本학堂ᄒᆞ와隨意入학ᄒᆞ심을要ᄒᆞᆷ
開학日字ᄂᆞᆫ四月拾日
培材학堂 告白

▲株金募集廣告

本社에셔 農商工部에認可를承ᄒᆞᆫ앗숩기株金을募集ᄒᆞ오니願入 僉君子ᄂᆞᆫ左記條例를照亮ᄒᆞ시심을望ᄒᆞᆷ

▲左記

一 應募期日 即保證金辦納日
自隆熙二年四月一日
至同 年四月卅日
(陰三月一日 陰四月一日)

一 資本總額 拾萬圓

一 壹株金額 貳拾圓

一 保證金額 一株에對ᄒᆞ야 壹圓

一 第一回辦納金額 一株에對ᄒᆞ야五圓
但第壹回辦納ᄒᆞ올保證金을扣除計算ᄒᆞᆷ

一 第壹回金辦納期日은(自隆熙二年五月一日 至同年五月廿一日)(陰四月二日陰四月二拾二日)

一 株金取扱所 株金領受所ᄂᆞᆫ

本社 韓一銀行
漢城銀行
農工銀行

創立委員
張椰衡
趙彰漢等
趙鎭泰
趙巽澤

南署 孝洞契 六十三統九戶 韓相龍

二層洋屋
漢城材木柴炭株式會社仰布

共立新報

ᄂᆞᆫ美洲에留ᄒᆞ시ᄂᆞᆫ我國同胞가高明ᄒᆞᆫ학問과深厚ᄒᆞᆫ熱誠으로祖國을東望ᄒᆞ고國魂을絶叫ᄒᆞ야每週日一次式刊行ᄒᆞᄂᆞᆫ新報이온ᄃᆡ世界形勢도詳揭ᄒᆞ며ᄂᆡ國情況도昭報ᄒᆞ야愛國心이有ᄒᆞ신同胞ᄂᆞᆫ不可不購覽ᄒᆞᆯ新報이며又是純國문으로발行ᄒᆞ야婦人孺子라도一覽可瞭ᄒᆞᆯ만ᄒᆞ오니嗟我一般同胞가我留外同胞의殊邦風霜에勞心勞力ᄒᆞᄂᆞᆫ誠意를豈可越視ᄒᆞ리잇가玆에僉君子의購覽을紹介ᄒᆞ기爲ᄒᆞ와該新報價及발賣處所를左에廣告ᄒᆞ오

代金表
每張 五錢
六朔 壹圓貳拾錢
壹年 貳圓貳拾五錢

本國내出張所
京城廣학서舖 金相萬
博문서館 盧益亨
開城남門ᄂᆡ興학서舖 婁助遠
平山郡古之面城남峴 金錫禹
長連邑ᄂᆡ東里 문석관
平壤上口水外 車利錫
鎭남浦龍井동 梁禎涉
安州城ᄂᆡ義村동 金翼河
宣川邑 川邊 梁益명
陽川ᄂᆡ山面무山里 李景萬
義州翊門外大東藥房 白用錫
定海台也面智士동 劉永會
釜山港 草梁 尹相壽
大邱東上面龍동 崔一弘
咸興西門밧 朱경欽
俄領 海蔘威 계東학校

共立新報社代理人
金鎭落 告白

南署 孝洞契 六十三統九戶 韓相龍

萬秦書馬錫龍을改以鉉穆으로施行하오니 僉君子照亮ᄒᆞᆷ
大邱西上面達동 馬鉉穆 告白

韓美電氣會社告白

割引券을發行하야四月一日부터鐵路本社及龍山停車場에서賣下ᄒᆞᆷ

割引券은每券에六拾枚로編成ᄒᆞ고代金은貳圓八拾五錢으로領收하온대每區域에서一枚式新貨五전과ᄀᆞᆺ치使用ᄒᆞᆷ

龍山線 區域을四月一日부터남大門外電車停車場前으로改定ᄒᆞᆷ

電車발着 時間은四月一日부터改定ᄒᆞ야夏期時間表를依行ᄒᆞᆷ

世界三怪物

美國 斯密斯德 原著
韓國 卞榮晩 意譯
登錄 定價 拾貳錢

現世界에三大怪物이발生ᄒᆞ야六洲에橫行ᄒᆞ며風雲을呼喚ᄒᆞ니愚者가此物을遇ᄒᆞ면其魂을失ᄒᆞ고弱者가此物을遇하면其軀를喪ᄒᆞ야此物所過에天地가翻覆ᄒᆞ고國家가丘墟ᄒᆞ야上帝赤子가生命을莫保라故로是書ᄂᆞᆫ特히此三大怪物의眞狀을描寫ᄒᆞ야其防備의妙策과利用의術을一々說明하야世界의生存을要求ᄒᆞᄂᆞᆫ者ㅣ不可不一覽ᄒᆞᆯ冊子이오니 僉君子ᄂᆞᆫ續々購覽ᄒᆞ시옵

▲大발賣所
中署布병下廣학書舖 金相萬
平壤종路耶穌敎冊肆
京鄕各有名冊사

◉大韓國新發明神藥

◉改修 靈丹 各種食滯中暑久滯口臭痰飮吐瀉定價一貼十錢
◉至寶丸 治諸般雜疾不拘久遠俱有偉效定價金十錢
◉靈效液 外用方書治疥瘡皮膚百發百中定價金三拾錢
◉淸眼水 治諸般眼疾有難奏見天之妙定價金拾錢
◉通淋丸 治男女急慢淋疾神效無雙速效除毒一週金五十錢

此外에도東西洋各國有名賣藥과藥水各種病症俱比意向爲望

漢城中署鍾路鉢里廬동拾二統二戶地
製劑발賣所 共愛堂藥房 張基茂
監修발行人 前官立漢城醫학校卒業生 朴容爾 謹白 告白
支店 開城南門內 共愛堂開城支館 姜助遠
義學令舒
代理店 西署新門外石橋普濟院藥局 車順珽
仁川紬緞峴濟生堂 梁庚鳳
道內各地藥局에서隨處販賣ᄒᆞᆷ내다

簡易商業簿記學

全一冊 定價金 四十五錢

本書ᄂᆞᆫ簿記학中最近ᄒᆞᆫ학理와精妙ᄒᆞᆫ形式을精細蒐輯ᄒᆞ야了解케簡易ᄒᆞ도록編述ᄒᆞᆫ者니一般商業家에不可不一次閱覽ᄒᆞᆯ者뿐아니라中等以上學校에教科로用ᄒᆞᆷ도適當ᄒᆞ니陸續購覽ᄒᆞ시옴을望ᄒᆞᆷ

발賣所 布병下 廣학書舖 洞口越便中央書館
廣橋東便匯東서館 寺洞漢陽서館
鍾路 大東서市 鍾路古今서海관

滑稽小說 禽獸會議錄
弄球室主人 著述
表紙石版寫眞畵印刷
全一冊 正價金拾五錢

▲本小說은新体文壇의演劇的小說로空前絶後의一大禽獸會議를開催하고海陸動物이演壇에集合ᄒᆞ야人類와禽獸의優劣과造化主宰의眞理를討論批評ᄒᆞᄂᆞᆫ光景을傍聽實寫ᄒᆞ야讀者諸君에게紹介ᄒᆞ노今日吾人類社會의公德頹敗ᄒᆞᆷ을警醒코ᄌᆞᄒᆞᆷ이니其滑稽的文体가光彩陸離ᄒᆞ며諷刺的批評이奇拔欵曲하야實로國文小說界에一大異彩를放ᄒᆞᆯ만ᄒᆞ며一讀解頤의好書物이오

▲발行元 皇城福籍業組合

▲分賣所
中署鐘閣橋邊 中央書館 中署종路 大東書市
南署大廣橋東邊 匯東書館 仝 古今書海館
西署남門外紫岩 新舊書林 남署尙洞 博文書館
남署 銅峴 博학書館 中署布屛 廣學書舖

越南亡國史 譯述 文

定價貳拾伍錢
發賣所京城廣橋高裕相書舖 鍾路福川書館馬時賢書舖 布屛下김相萬 告白

▲特別廣告

本社에셔名帖印刷所를另設ᄒᆞ고各樣活字와別樣紙本이俱備ᄒᆞ오며印刷가精美ᄒᆞ고價値도廉ᄒᆞ오되特別히學員과夫人의게ᄂᆞᆫ一層低廉ᄒᆞ오니 僉位ᄂᆞᆫ來臨ᄒᆞ시와隨意請求ᄒᆞᆷ

大韓每日申報社 告白

學徒洋裝書冊
學徒運動와諸具
洋紗各種 美國金絲煙
衣服裁縫其他雜貨도廉價放賣ᄒᆞ오니諸君子ᄂᆞᆫ來臨ᄒᆞ심을바라나이다
仁川港 奇峴 關新郡舖

國文 愛國精神 談 定價金卅錢
리치雨譯述 勿論男女ᄒᆞ고愛國心이有ᄒᆞᆫ者可以購覽
發賣所 皇城各書舖

◉國債報償總合所收入廣告

◉永柔郡德지面龍岡里
최烈 二圜 崔明奎 壹圜五拾錢
韓利元 七拾錢 崔相奎
최홍 各五十錢 馬永琭 二拾錢
崔贊奎 二拾錢 리谷涉
拾錢 合六圜八拾錢

▲橋北里
趙炳桼 一圜 金先國 김用國
리贊丁 各五拾錢
김정爾 金基善 각二十전
리珍坤 김瑞國 김基贊
朴永培 郭喜泰 김학寬
姜興俊 各二拾전 리贊洙
리俊三 韓得 리贊周 …

▲東部塔峴里
각拾전 合四圜九拾전
韓承國 壹圜五十전 김元甫
壹圜 김俊京 七拾전 김志澤
김允京 各五十전 리致善
김元祚 리珍日 김允根
韓大鎬 김학基 各三十錢
김利穆 김昌烈 김昌周
各二拾전 韓亨玉 申成倫
김大成 金鋼石 김春光
각十錢 合七圜十전

▲水晶里
康丁燦 二圜 김寬奎 리俊澤
劉景穆 趙光林 安昌周
中景恒 申應俊 각九拾錢
리翰萬 三十전 김寬昇
二拾錢 合六圜

▲竊桼里
前主事김鴻俊 二圜 김明淳
壹圜三拾錢 韓守謙 宋元喆
金希鵬 각五拾錢 김永殿
三十錢 김基洙 김丁云
김贊淳 각二拾錢 리化玉
拾錢 合五圜八十錢

◉本社廣告

○申報價
一張代金 新貨二錢五厘
一個月前納 三十錢
三個月 九十錢
六個月 一圜七十錢
一個年 三圜四十錢
郵稅一張 新貨五厘
一個月 十三錢

發行兼編輯人 英國人 裵說
發行所 漢城南署石井洞統外署三十戶 大韓每日申報社

第六卷

大韓每日申報

第七百七十五號

月曜及慶節翌日休刊

檀君開國四千二百四十一年
箕子元年三千三十年
大韓開國五百十七年
日本明治四十一年
淸國光緖三十四年
陰曆戊申三月小初八日癸巳

論說

●日人何知 續

韓ㅣ以來로斷々壹念이只是大韓에在ᄒᆞ야大韓에悲가有ᄒᆞ면本報도悲ᄒᆞ며大韓에喜가有ᄒᆞ면本報도喜ᄒᆞ며大韓에憂가有ᄒᆞ면本報도憂ᄒᆞ며大韓에樂이有ᄒᆞ면本報도樂ᄒᆞ며大韓을爲ᄒᆞ야寤寐ᄒᆞ며大韓을爲ᄒᆞ야思想ᄒᆞ노니此ᄂᆞᆫ本報가韓國同胞에對ᄒᆞᆫ義務얼ᄲᅮᆫ더러抑又本記者가大韓에渡來ᄒᆞᆫ星霜이已久ᄒᆞ미其習慣의所染과境遇의所關으로自然第二故鄕을便成ᄒᆞ야欲忘不能忘ᄒᆞ며欲默不能默故로此國에侮辱을加ᄒᆞᄂᆞᆫ者有ᄒᆞ면此筆로奮鬪ᄒᆞ며此國에苛虐을施ᄒᆞᄂᆞᆫ者ㅣ有ᄒᆞ면此筆로痛罵ᄒᆞ며此國에權利를侵害ᄒᆞᄂᆞᆫ者ㅣ有ᄒᆞ면此筆로疾指ᄒᆞ며此國에文明을障礙ᄒᆞᄂᆞᆫ者ㅣ有ᄒᆞ면此筆로猛斥ᄒᆞᄂᆞᆫ비어ᄂᆞᆯ彼가動輒本報를排日者라ᄒᆞ나夫排日二字를本報가畏避홈은아니나其實은只是韓國만爲홈이오排日不排日의觀念은初無ᄒᆞᆫ비니嗚乎라彼가엇지本報를知ᄒᆞ리오彼가엇지本報를知ᄒᆞ리오

且本報ᄂᆞᆫ卽是韓政府의奸賊을罵醒ᄒᆞ며韓國人의頑夢을喚醒ᄒᆞ야羈絆을脫ᄒᆞ고自由를求ᄒᆞ라ᄒᆞ며依賴를斷ᄒᆞ고獨立을扶ᄒᆞ라ᄒᆞ며蒙昧를거ᄒᆞ고文明에進ᄒᆞ라ᄒᆞ며卑劣을捨ᄒᆞ고雄强에就ᄒᆞ라ᄒᆞ야連編累紙로眷々不休홈이莫非慈愍之心으로正義人道를力唱ᄒᆞ거ᄂᆞᆯ此正義人道力唱ᄒᆞᄂᆞᆫ本報를排日이라指目ᄒᆞ니是ᄂᆞᆫ彼日人이不正義로自認홈이며不人道로自處홈이니엇지大端慨惜홀者아닌가

若夫宮中秘密金을引出이라홈은是乃狂喉狂吻도一狂吠를作ᄒᆞ야彼大韓新聞者가本報를露西亞機關新聞이라고譏罵ᄒᆞᆫ것과同一ᄒᆞᆫ心事니足히與辨홀비아니로다

嗟라彼가如何히嫉視ᄒᆞ며如何히誣揑하던지本報ᄂᆞᆫ高尙瑩潔ᄒᆞᆫ壹片心을抱ᄒᆞ고大韓에對ᄒᆞᆫ壹目的을貫徹ᄒᆞ리라ᄂᆞᆫ大韓每日申報니라 完

外報

●학徒의慘狀 三月四日에美國오ᄒᆞ요로랜城外코룬학校에서壹時에回祿을當ᄒᆞ엿ᄂᆞᆫ딕其中에在ᄒᆞᆫ학徒壹百六十餘名이燒死ᄒᆞ얏ᄂᆞᆫ딕屍體ᄂᆞᆫ搜覓ᄒᆞ얏다더라

●淸日生釁 桑港某報를據ᄒᆞᆫ즉瑞典國人으로東洋諸國을遊覽ᄒᆞ든(끝나)氏가차인아船便으로桑港에來到ᄒᆞ얏ᄂᆞᆫ딕該氏가言ᄒᆞ되自己가西伯利亞로붓터滿洲와淸國과日本을遊覽ᄒᆞ얏ᄂᆞᆫ딕日本이滿洲에淸國主權을許치아니홈으로淸國과日本에交際가日々不順ᄒᆞ야戰爭에幾微가確實ᄒᆞ며該氏가西伯利牙를遊覽ᄒᆞᆯ時에目見ᄒᆞᆫ바俄國이西伯利亞各要害地에新히兵營을建築ᄒᆞ고多數ᄒᆞᆫ軍士를排置ᄒᆞ얏고취라地方에ᄂᆞᆫ十五萬軍兵이屯聚ᄒᆞ엿고海蔘威와哈爾賓地方에도無數ᄒᆞᆫ軍士를駐留홈은日本이淸國과戰爭하기를待ᄒᆞ여淸國을助援홀經營이오方今淸國이東洋에更히權勢를恢復ᄒᆞ고져ᄒᆞ니淸日戰爭이비록至今은되지아니홀지라도數年內에是非가大段히起홀거시오日本이現今東洋에셔着手홀事가多ᄒᆞᆫ즉美日戰爭은丁寧코更히不爲ᄒᆞ리라ᄒᆞ더라

●敎育費獻納 敎育會를據ᄒᆞᆫ則가넥써가敎育에進步하기爲ᄒᆞ야각州학校敎員의恩給費로壹百萬磅을政府에願納ᄒᆞᆫ다더라

●濠洲美艦隊 米國艦隊ᄂᆞᆫ來九月에濠洲에達홀터인대올보른과스도니에셔各四日間을滯在하다가同艦隊ᄂᆞᆫ濠洲各首府에招待를受ᄒᆞᆫ다더라

●獨逸軍艦新造 路透電을據ᄒᆞᆫ즉獨逸海軍省에셔今夏에戰鬪艦七隻과巡洋艦拾九隻과水雷艇二拾四隻을新製造에着手ᄒᆞᆫ다더라

雜報

●鳳校任員 鳳鳴학校에셔任員을組織ᄒᆞ얏ᄂᆞᆫ디校長은金重煥씨로학監은徐舜夏宋鎭浩兩씨로選定ᄒᆞ얏다더라

●同胞爲讐 槐山南面蘆洞居金鎔奉家에셔雇傭ᄒᆞᄂᆞᆫ人이有ᄒᆞ더니金氏가該人을何樣薄待ᄒᆞ얏던지該人이義兵에投入하야義兵幾十名을領率ᄒᆞ고金氏家에來到ᄒᆞ야金氏를結縛周牢에軍需錢을討索ᄒᆞ되金氏가終不聽ᄒᆞ미義兵이金氏家를放火ᄒᆞ야穀包數百石과積柴幾千束을沒燒ᄒᆞ고隣家四戶가延燒ᄒᆞ얏다더라

●石守奬학 石城郡私立石陽學校ᄂᆞᆫ幾箇有志人의刱立홈으로三年于玆에財政이窘拙ᄒᆞ야幾乎廢止矣러니該郡守姜泰顯氏가赴任以後에熱心勸奬ᄒᆞ고又捐廉俸ᄒᆞ야校費를補用ᄒᆞ미該郡人士들이自然感발ᄒᆞ야田畓을捐付ᄒᆞ고錢財을補用ᄒᆞ야校況이漸進ᄒᆞ고학徒가日增ᄒᆞ다더라

●弔一醒李儁文 白南脩年

大韓隆熙二年四月日某痛哭弔故義士리公준之영嗚呼人固好生生若苟生生而不生執不惡死死於當死死而不死然其所好重於生所惡甚於死擇熊魚而取舍者蓋亦難矣若夫死於祖國之獨立死於同胞之自由死於君命之不可辱灑熱血於西球振義聲於萬古者惟公其人赫赫乎烈烈乎孰得以尙之

嗚呼昊天不弔國權日削敵强鄰之劫盟今日讓壹明日許壹壹切內政外交鐵路山林川澤港灣財源生産盡歸他人之掌握宗社瀕於綴旒人民陷於犧牲上之千百年下之億萬歲未有如此之極慘奇禍雖忠臣烈士之慷慨殉國者不甚寂寂而但能自靖無奈大局之傾覆也

公毅然奮발欲開民智而養實力以爲後日之聯圍旋新會演論激昻聽者如堵無不感泣曁爲法官觸忤當路被黜不悔頭聲益高然時勢之危迫益不可問遂啣皇命遠涉重洋赴和蘭之海牙登鳴冤于萬國之會席而聽者觀觀公痛哭嘔血忿劇氣結昏倒垂絶而猶呼帝國之獨立祝同胞之自由天地爲之慘憺日月爲之失色東西兩球使節及壹般紳士莫不悽而壯之爲之流涕嗚呼天欲使我韓不國而同胞不得存活耶于今大韓二字僅存名詞而朝紙則韓人之姓名日少原野則韓人之骸骨日滅其勢不盡易我種則不止天乎天乎胡寧忍斯蘇武之節未還而張巡之厲空泣生聚教訓成十年之越者誰歟散萬金報五世之韓者誰歟滔滔九衆公其不瞑矣雖然使天下列强知我東洋有黃色人者公也公之血則獨立之基也願大輪生第二리준公於今日特建第一大韓于萬年嗚呼哀哉

新譯 海外稗談

俾斯麥의狠猾 第二章 二喜堂主人 譯 (續)

嗚呼奇哉며嗚呼怪哉라向來원犬갓치相惡ᄒᆞ고氷炭又치不相容ᄒᆞ던德法兩國이今乃忽地에此密約이成立ᄒᆞ얏도다英法兩交之不睦은滑鐵盧之戰役以來로始也라故로英人은法人을不喜ᄒᆞ고法人은英人을不喜ᄒᆞᄂᆞᆫ데惟獨余가其時英國全權公使와甚相得하야每週日마다英公館에往ᄒᆞ야飮酒相樂ᄒᆞ며ᄂᆞᆫ不意此因緣으로歐洲當場의대戰이危機一髮之際에銷滅ᄒᆞᆫ도다某週日에英公使가照例로余를請邀ᄒᆞ거ᄂᆞᆯ余가治裝而往ᄒᆞ야公使를見ᄒᆞ니顔色 平時와異ᄒᆞᆫ지라心甚怪之러니飮畢에英公使가余手를握하고一書齋로進去하자ᄒᆞ더라

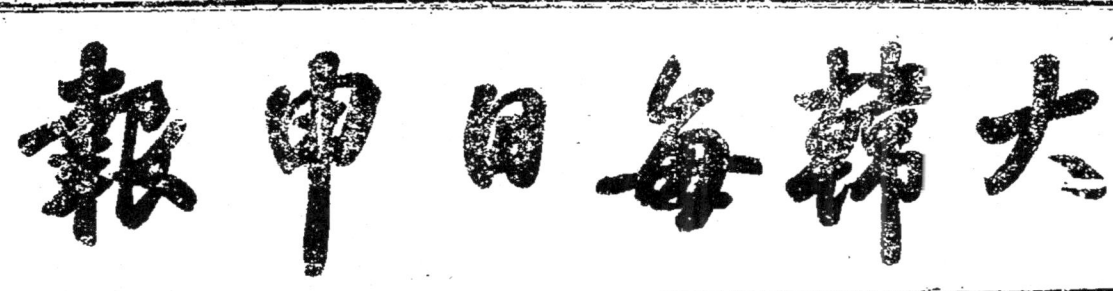

余ᄂᆞᆫ日前外務大臣의게德法密約의事를聞ᄒᆞᆫ故로當時에大使의形迹에此홈을見ᄒᆞ고意中에九分이나曉得하되彼가必然此風聲을微聞ᄒᆞ고余의게詰問ᄒᆞ고저홈이로다雖然이나余의舌을拔ᄒᆞ야도余가告치아니ᄒᆞ리라當時余의心中에如此히思付ᄒᆞ고如此히自誓ᄒᆞ엿더니余가坐定에大使ㅣ喟然曰余와君이今爲至交ᄒᆞ야情同骨肉을대共英法이不幸至於開戰ᄒᆞ면豈非痛心之事乎이ᄒᆞ거ᄂᆞᆯ余가心內로自語ᄒᆞ되速以에及으로相議則已어니와不然이면兩國이必危ᄒᆞ리라ᄒᆞ며外面으로唯々應之而已러니大使ㅣ又曰此非利害ᄂᆞᆫ兩國에關係됨이不淺하니望足下ᄂᆞᆫ留意ᄒᆞ라余가今有壹言相告ᄒᆞ노니望足下ᄂᆞᆫ勿告他人ᄒᆞ라余曰唯다願聞之ᄒᆞ다대使曰法國이德國과密約ᄒᆞ되將次吾英人을驅逐ᄒᆞ고埃及을占領코다니其學가非貴國之所提議者乎아余가於是에大驚ᄒᆞ고於是에不得不佯驚ᄒᆞ며吾驚密事를彼乃盡知ᄒᆞ니安得不驚이리오雖然이나面目에ᄂᆞᆫ佯做又치換變홈은是乃外交家의常態也라余가乃佯作驚怪狀曰惡라是何言也오密約ㅣ密約ㅣ密約豈有是事리오君이無乃作夢中話耶아대使冷笑曰君이以爲不知耶아然이나余ᄂᆞᆫ不可不言也로니夫英國向來에決不入於三國同盟者ᄂᆞᆫ不顧助德而攻法也러니今爲事勢所逼ᄒᆞ야行將敗計矣로다雖然이나君은無愁我英也ᄒᆞ라 未完

雜報

●洋制新築 安東別宮을 從近修葺ᄒᆞᆫ다더니 該宮을 沒數毁撤ᄒᆞ고 洋制로 一新建築ᄒᆞᆫ다ᄂᆞᆫ 說이 有ᄒᆞ더라

●賞賜典의 太皇帝陛下께옵셔 患候가 平服되셧다ᄂᆞᆫ데 嚴貴妃殿下께옵셔 慶善宮으로 命令ᄒᆞ샤 各典醫의게 白米貳石式 下賜ᄒᆞ셧다더라

●[illegible]醫輪診 今番 太皇帝陛下께옵셔 靡寧中에 日本人醫士 四人이 [illegible]候를 輪回入診ᄒᆞ얏다더라

●日巡伴直 主殿院卿과 侍從院卿과 法部大臣 趙重應시가 輪回로 昌德宮에 入直ᄒᆞᆫ다ᄂᆞᆫ대 日本資[illegible]式은 依例히 伴直ᄒᆞ다더라

●論駁尹氏 總理大臣 李完用氏가 尹吉炳氏 六條事件에 對ᄒᆞ야 一進會장 리容九氏의게 送人ᄒᆞ야 尹氏妄擧를 大端論박ᄒᆞ얏다더라

●非金則박 中樞院議장 徐正淳氏가 辭職疏를 奉是ᄒᆞᆫ後遞任이된다ᄂᆞᆫ데 其代에ᄂᆞᆫ 制度局總裁 金允植씨와 醫院顧問官 박齊純兩氏中에 被任ᄒᆞᆫ다ᄂᆞᆫ說이 有ᄒᆞ더라

●總是日人 度支部臨時財源調査局에 技師技手를 多數敍任ᄒᆞᆫ다ᄂᆞᆫ대 擧皆日人이라더라

●有勢掀天 典膳司장 김珏鉉시가 皇室費中幾許圓을 私竊ᄒᆞ얏다고 各報館에 揭布ᄒᆞᆫ바어니와 該씨가 將次免職이 된다더니 宮內府대臣 리允用시의 斡旋으로 如前視務ᄒᆞᆫ다ᄂᆞᆫ데 抵官吏의 心腸은 與人過殊ᄒᆞ다고 輿論이 沸騰ᄒᆞᆫ다더라

●尹氏悔改 一進會에셔 尹吉炳시의게 總代를 派送ᄒᆞ야 六條板件으로 質問ᄒᆞᆫ대 尹씨가 該總代에 對ᄒᆞ야 日吾已辭疏에 批旨를 蒙ᄒᆞ야 出入이 難便ᄒᆞ니 會規에 依ᄒᆞ야 相當ᄒᆞᆫ 罰에 處ᄒᆞ기를 望ᄒᆞᆫ다고 懇囑ᄒᆞ얏다더라

●尹氏黜會 一進會에셔 再昨日에 評議會를 開ᄒᆞ고 尹吉炳氏를 黜會ᄒᆞ얏다더라

●勢固然矣 度支部稅務主事의 巡方에 不發도ᄒᆞ고 壹朔月俸으로ᄂᆞᆫ 食費도 不足ᄒᆞ고 外人과 和衷치못ᄒᆞᆫ 所致로 辭職請願ᄒᆞᆫ 人이 多數ᄒᆞ다더라

●[illegible]風流 再昨日에 奎章閣卿 趙同熙氏가 該家에 設宴ᄒᆞ고 總相리[illegible]法大臣 趙重應 承寧府總管 趙[illegible]氏와 諸氏를 請待ᄒᆞᆫ데 妓樂與唱夫를 俱設ᄒᆞ고 風流가 迭宕ᄒᆞ얏다더라

●卒業名稱 대韓醫院教育部에셔 卒業生職名를 擇定ᄒᆞ기로 協議ᄒᆞ얏다ᄂᆞᆫ데 或은 進士로 或은 司業으로 或은 학士로 名稱ᄒᆞ기로 ᄒᆞ얏다더라

●邊何不進 內官으로 陵參奉 敍任ᄒᆞᆫ人이 三人인데 二人은 淸明祭에 進去到齋ᄒᆞ얏ᄂᆞᆫ대 恭陵參奉 邊석鎭씨ᄂᆞᆫ 淸明祭에 下去치아니ᄒᆞ야 莫重典祀에 祭官排備가 不足ᄒᆞ야 掌禮院에셔 該陵書員을 招致ᄒᆞ야 該參奉 邊시의게 卽爲進參ᄒᆞᆷ을 指揮ᄒᆞ얏ᄂᆞᆫ대 該書員이 此意로 邊시의게 傳ᄒᆞᆫ즉 邊시所答이 雖至警視廳에 被捉이라도 進去치못하깃다ᄒᆞ엿다더라

●視察入京 학部秘書課장 金思[illegible]씨가 湖南各학校視察後에 三昨日上京하얏다더라

●總巡派置 警察의 擴張ᄒᆞᆷ을 隨ᄒᆞ야 地方各郡에 總巡壹名式을 派置ᄒᆞ기로 現今協議中이라더라

●幹事非理 日人 荒田이가 江華郡養蠶傳習所幹事員으로 該所股金收取ᄒᆞᆫ時에 非理勒收ᄒᆞᆷ으로 民怨이 藉藉ᄒᆞ다고 該郡參人의 傳說이 有ᄒᆞ더라

●勞働會任員 勞働會에셔 任員을 組織ᄒᆞ되 十名을 領率ᄒᆞ면 十장으로 百名을 領率ᄒᆞ면 事務員으로 三百名을 領率ᄒᆞ면 事務장으로 五百名을 領率ᄒᆞ면 組장으로 稱ᄒᆞ고 帖紙를 措給ᄒᆞᆫ다더라

●陵土催稅 度支部에셔 掌禮院에 照會ᄒᆞ되 坡州郡各陵位土의 結稅를 丙午年度에 收總ᄒᆞ얏스니 各陵官들이 貴院의 訓飭이 無ᄒᆞᆷ을 稱托ᄒᆞ고 不爲應稅ᄒᆞ니 從速知飭ᄒᆞ야 稅務에 妨害가 無케ᄒᆞ라ᄒᆞ얏다더라

●夜船不渡 五江에 通涉ᄒᆞᄂᆞᆫ 船隻이 已往에ᄂᆞᆫ 雖夜深ᄒᆞᆫ後라도 行人의 有無를 隨ᄒᆞ야 使之越涉케ᄒᆞ더니 近日에ᄂᆞᆫ 有何戒嚴ᄒᆞᆫ事인지 下午六時後면 不爲通涉케ᄒᆞᆫ다더라

●果則當訴 蔚珍郡居 權養天 林道敬시等이 昨年陰五月分에 國債報償義捐金을 境內人民의게 收合ᄒᆞ야 紙貨三百二圓九錢을 其時郡守 尹榮兌氏와 子 尹弘植의게 寄付ᄒᆞ야 總合所에 使之傳納케ᄒᆞ얏더니 該氏가 尙今不納ᄒᆞᆫ故로 該郡民 權養天 林道敬氏等이 上京ᄒᆞ야 漢城裁判所에 呼訴ᄒᆞ얏다더라

●墓所插標 日昨에 何許日人이 標木을 義嬪墓所十字內에 揷立ᄒᆞ미 該墓所에셔 掌禮院에 報告ᄒᆞᆫ故로 昨日에 該院主事壹人과 宮內府整理局日人壹人이 摘奸次로 偕往ᄒᆞ얏다더라

●日去日來 公立定州普通學校 日語教師 石川淸시 身故ᄒᆞᆫ代에 鹿子木義明시를 訓導로 敍任下送ᄒᆞᆫ다고 학部에셔 該郡守에게 訓令ᄒᆞ얏다더라

●米商控訴 下米廛都家商民 八九十名이 前排[illegible]의 抑冤ᄒᆞᆷ으로 法部에 控訴ᄒᆞ얏ᄂᆞᆫ대 指令이 未出ᄒᆞ얏다더라

●三[illegible]被捉 去十四日下午六時量에 학生 [illegible] 尹[illegible]학 三氏가 何許件인지 警視廳에 被捉ᄒᆞ얏다더라

●淫祠流毒 堤川郡院西居 張準魏 順甫리 附賓等은 本是悖類라ᄂᆞᆫ데 日兵通詞 柳姓者를 符同ᄒᆞ야 無辜人民을 稱以義兵干連이라ᄒᆞ며 淫行不孝라ᄒᆞ고 捉囚亂打ᄒᆞ야 錢財를 討索ᄒᆞ며 民訴債訟에 無不干涉ᄒᆞᆷ으로 民不安堵ᄒᆞᆫ다더라

●日守東門 義兵의 入城ᄒᆞᆫ다ᄂᆞᆫ 風說이 浪藉ᄒᆞᆷ을 因ᄒᆞᆷ인지 數日前부터 東大門에 日兵이 把守ᄒᆞᄂᆞᆫ데 薙髮치아니ᄒᆞᆫ者ᄂᆞᆫ 義兵의 偵探인가 疑心ᄒᆞ야 通來ᄒᆞ기가 容易치못ᄒᆞ다더라

●楊州[illegible] 本月四日에 楊州府村等地에셔 日兵과 義兵이 交戰ᄒᆞ야 日兵이 多數被害ᄒᆞ얏다ᄂᆞᆫ 說이 有ᄒᆞ더라

●日到義退 永平郡居 玄濟錫氏家에 義兵이 來到ᄒᆞ야 軍需錢 五萬兩을 討索ᄒᆞ며 期日을 定給ᄒᆞ고 過伊日이면 砲殺을 未免ᄒᆞ리라ᄒᆞᆫ 威脅之際에 抱川郡驛場巨里守備隊日兵이 適爲來到ᄒᆞ야 義兵이 解散ᄒᆞᆫ故로 玄씨가 當場禍色을 免ᄒᆞ얏다더라

●實業大報 南門內 廣信商業학校內에 在ᄒᆞᆫ 廣成학會에셔 實業雜誌를 每月十[illegible]에 발刊ᄒᆞᆫ다ᄂᆞᆫ데 該雜費ᄂᆞᆫ 校장 郭泰鉉 贊成員 김環極 리稻林 三시가 自擔ᄒᆞᆫ다더라

●委員組織 東[illegible]口內에 在ᄒᆞᆫ 東[illegible]塾을 年前에 發起紳士가 設立敎授ᄒᆞ더니 校費가 窘拙ᄒᆞ야 將至廢校之境이러니 去七曜日에 表勳院總裁 리載克氏가 特別贊成會를 開ᄒᆞ고 維持方針을 組織ᄒᆞᄂᆞᆫ데 贊成員 [illegible]閔濟鎬시ᄂᆞᆫ 塾장으로 收合委員은 리鎬진시로 選定ᄒᆞ얏다더라

●靑年運動 鍾路青年會館에셔 春期大運動會를 來月二日에 開ᄒᆞᆫ다더라

●親睦開會 本日曜日에 학生親睦總會를 普成館內에 開催ᄒᆞ고 리商在氏와 尹致昊 兩씨를 請邀演說ᄒᆞᆫ다더라

●稚園附屬 漢城高等女학校를 將次設立ᄒᆞᆫ데 該校附屬으로 幼稚園을 設置ᄒᆞᆫ다더라

●학界魔障 京城孤兒院은 前錦洞宮으로 移接ᄒᆞ고 現今修理中인데 稱云土司ᄒᆞᄂᆞᆫ 徐相[illegible]氏가 該院任員으로 主管ᄒᆞᆫ데 該院所有神堂을 壹新修理ᄒᆞ고 勤誠ᄒᆞᆫ다ᄒᆞ니 此是教育上 障碍物인가ᄒᆞ야 社會에셔 大批評이 將起ᄒᆞ리라더라

●학務總會 西來人의 傳說을 聞ᄒᆞᆫ즉 平安北道有志人士들이 熱心敎育ᄒᆞᆷ으로 不過數年에 七百餘校에 達ᄒᆞ얏스나 科程規則目的이 각異ᄒᆞ야 獨力으로ᄂᆞᆫ 長久維持키 難ᄒᆞ다ᄒᆞ야 某某諸씨가 勉학總會所를 各郡에 置ᄒᆞ고 各校에 熱心視察員을 擇ᄒᆞ야 每朔一次式 議定ᄒᆞ고 互相維持ᄒᆞ기로 龍川宣川兩邑에 總會所를 組織ᄒᆞ고 各面에 勸察을 置ᄒᆞ야 每朔兩次式 各校를 聯合ᄒᆞ야 講習所를 設ᄒᆞ고 財政을 合ᄒᆞ야 학校物品을 壹從需應케ᄒᆞᆫ다더라

●廣校卒業 廣州郡私立廣興학校를 權重顯씨가 設立ᄒᆞ엿다ᄂᆞᆫ 事ᄂᆞᆫ 已爲報道ᄒᆞ엿거니와 去十日에 卒業式을 擧行ᄒᆞ얏다더라

●普校試驗 대邱普通학校에셔 三月三十日에 第壹학年度修了證書授與式을 擧行ᄒᆞᄂᆞᆫ대 第三학年及第生은 徐炳老 崔任[illegible]等四人이오 第二학年及第生은 김甲[illegible] 任得等 二拾七人이오 第壹학年及第生은 김昶遇 김昶魯等 三十壹人인대 空冊鉛筆等物로 觀察使 리忠求시와 警視[illegible] 리[illegible]鉉시와 裁判所檢事가 施賞ᄒᆞ얏다더라

●徽校試驗 徽文義塾 第[illegible]학年第二學期第三回試驗을 經ᄒᆞ얏ᄂᆞᆫ데 中학一年科 優等生 劉[illegible]烈 權[illegible] 具然昶等 三十四人及第生 四人 一年科 優等生 洪秉賢 金允[illegible] 리鼎燮等 四十人及第生 二十四人 預備科 優等生 閔泳魯 金濟元 [illegible]等 三十人及第生 四十壹人의게 鉛筆空冊等物로 施賞ᄒᆞ얏다더라

●順校卒業 平南順川郡院下面 基督敎私立日新학校에셔 去陰壹月十五日에 卒業式을 行ᄒᆞ얏ᄂᆞᆫ데 師範科卒業生은 리聖徵 朴東薰 박昌炫 朴昌彬等이오 尋常科卒業에ᄂᆞᆫ 리仁永 김永珍 박東麟 박斗鉉이라더라

▲地方消息▼

▲六日天安電報를 據ᄒᆞᆫ즉 二日午後七時에 定山郡 仁面村上里에셔 義兵六拾名과 日本派遣所憲兵五名과 衝突ᄒᆞ야 三拾分間을 交戰ᄒᆞ얏다더라

東京電報

六日發

●美露交涉과 日政府 東淸鐵道敷地內에셔 露國의 行政을 施ᄒᆞᆷ에 對ᄒᆞ야 美國政府에셔 抗議中인데 日本은 此事件에 干與치아니ᄒᆞᆯ 方針이라云ᄒᆞ더라

▲淸明細雨▼

▲一百五日淸明雨와 二十四番花信風에 人情物態變幻ᄒᆞ야 靑邱江山三千里에 人歌人哭 相半일세

▲雨紛紛ᄒᆞ니 楡柳新火日暮時에 靑烟散入貴人家라 富貴花가 [illegible]ᄒᆞ니 扶桑東風吹到處에 離披春色欲認ᄒᆞ니 夜來雨에 多少愁ᄒᆞᆫ 六臣의 斷魂이오

▲雨紛紛ᄒᆞ니 [illegible] 夜留ᄒᆞ야 [illegible]이라 時局感慨ᄒᆞ야 失勢ᄒᆞ고 雙淚[illegible]ᄒᆞ니 窓下에 前日[illegible] 回想ᄒᆞᄂᆞᆫ [illegible]悠々ᄒᆞᆫ다 元老大臣의 斷魂이오

▲雨紛紛ᄒᆞ니 垂楊樹出三尺天에 滿街春色 踏靑人이야 茶話오 々花樹台에 宗祊安危 忘却ᄒᆞ고 一時繁華 耽樂ᄒᆞ야 東城落散夕陽邊에 貴族豊派의 斷魂이오

▲雨紛紛하니 人生[illegible]稍明ᄒᆞ고 滿江碧草 思悠悠ᄒᆞ니 [illegible]時運 關心ᄒᆞ야 望장安於日下ᄒᆞ니 新空氣呼吸ᄒᆞ니 依舊ᄒᆞᆫ 思가 倍切이라 海外歸人의 斷魂이오

▲雨紛紛ᄒᆞ니 落日靑山에 泣貞忠ᄒᆞ야 萬非閭閻에 皆禁火라 危如壘卵 國勢에 痛忿悲想 益切ᄒᆞ야 一笄紅日 寶花色에 輪困熱血滿腔ᄒᆞ니 志士의 斷魂이오

▲雨紛紛ᄒᆞ니 開眼初[illegible]桃爛紅은 滿天新景 摠得來ᄒᆞ니 門外[illegible]便[illegible]이라 [illegible]趣自在ᄒᆞ다 鷗鷺將靑 [illegible]虛度ᄒᆞ니 生可惜ᄒᆞ다 騷人墨客의 斷魂이오

▲雨紛紛ᄒᆞ니 柳腰嬌[illegible]桃臉開ᄒᆞ야 彩[illegible]新樂이 東園片時에 相笑빈ᄒᆞ니 花月佳妓[illegible]神일어 國興亡不顧ᄒᆞ고 [illegible]盡貴에 忘返ᄒᆞᄂᆞᆫ 蕩子遊人의 斷魂이오

▲雨紛紛ᄒᆞ니 夜深無人倚樓空ᄒᆞ야 春來又添一種愁라 回首愁關東塞ᄒᆞ니 [illegible] 何處故[illegible] 一生羈遊目하ᄂᆞᆫ 제人 悔後事미 [illegible] 장沙客의 斷魂이오

▲雨紛紛ᄒᆞ니 白楊荒墳 登盃酒ᄂᆞᆫ 怨恨[illegible]哭如歎라 幾兵[illegible]中에 우ᄂᆞᆫ 郞君어ᄃᆡ 又나靑山ᄂᆞᆫ 水荒京村에 비ᄂᆞᆫ 身世 엇지ᄒᆞ나 寄春孀婦의 斷魂일세

社告

各地方僉員이本社에投書와寄書가逐日답至ᄒᆞᄂᆞᆫ대居住姓名이昭詳ᄒᆞ고事實이據核ᄒᆞᆫ者ᄂᆞᆫ即爲揭載어니와姓名도不載ᄒᆞ고事實이模糊ᄒᆞᆫ者ᄂᆞᆫ因而置之ᄒᆞᄂᆞᆫ대催促이又至ᄒᆞ니事甚訝惑이라從今以後로ᄂᆞᆫ投書와寄書를ᄒᆞ시ᄂᆞᆫ人은居住統戶數와姓名을詳錄ᄒᆞ시되若又含糊ᄒᆞ오면並爲勿施ᄒᆞ올거시니照亮ᄒᆞᆷ

本支社를左開五處에設置ᄒᆞ고玆以仰佈ᄒᆞ오니本報愛讀ᄒᆞ시ᄂᆞᆫ該附近 僉君子ᄂᆞᆫ該支社로請求購覽ᄒᆞ심을務望ᄒᆞᆷ

▲信川邑六里 丁一善
▲永興郡南山동書舖 梁昌鎬
▲朔州郡南門너 朱伯英
▲稷川邑館前洋약局 李正華
▲寧邊邑內 明濟世

雜報

●晉光卒業 私立晉光학校에서再昨日에晝夜학卒業式을擧行ᄒᆞ고優等生의게優數ᄒᆞᆫ賞品을授與ᄒᆞ얏ᄂᆞᆫ더晝學科에金鏞宇與丙驗李元植等三十六人이오夜학科에金元龍리範奕朴鑒鄭硏晉等四人이라더라

●誤事是無根 本報第七百七十三號雜報欄內에一人兩訴란題下에金澄檀氏가光明학校經費를侵食ᄒᆞᆫ事로被訴ᄒᆞᆫ事와徐씨碑閣移建費를侵食ᄒᆞᆫ事로被訴ᄒᆞᆫ事ᄂᆞᆫ更聞ᄒᆞᆫ즉初無ᄒᆞᆫ事이라더라

廣告

本人의姓名圖章을陰曆二月初三日외火賊黨의게見失ᄒᆞ얏사니內外國人은照諒ᄒᆞᆷ
慶尙北道淸道林塘居韓佑農白

書館에서海朝新聞을發賣도ᄒᆞ고分傳도ᄒᆞ오니購覽ᄒᆞ시기願ᄒᆞᄂᆞᆫ 僉彦은請求ᄒᆞ시옵
南大門內尙洞教堂 前 博文書館 白

本書館에서民智를廣開ᄒᆞ고文明發達ᄒᆞ기爲ᄒᆞ야新舊書籍을大中買ᄒᆞ오니 僉君子ᄂᆞᆫ陸續來臨ᄒᆞ심을望ᄒᆞᆷ
釜山港東館協興書館金汝重 權秉律 廣告

中署大勘동一統六戶家舊券을見失ᄒᆞ얏스니內外國人은以休紙로아셔고勿爲見欺ᄒᆞ시오 家主李召史 告白

●乾元節慶祝會寄附金씨名如左
德壽宮 下賜金 壹千五百圓
慶壽宮 五百圓 承寧府總管
趙民熙 貳百圓 內閣五百圓
法部 百圓 內部韓日人並
壹百五拾圓 韓一銀行
手形組合 東洋用達會社
各拾圓 千競植 李樹培
張容汲 최文植 金相설
李鐘[illegible] 張斗鉉 金用集
洪肯燮 趙秉澤 趙鎭泰
鄭永斗 芮宗錫 박基元
李敏卿 韓相龍 白寅基
尹晶鎬 각五圓

本人의子容琪가金貫壹의差人으로上京留連터니被洋漢擊殺害以義兵干連ᄒᆞ야食怯酒伏矣今彼輩가服法而自法所로詢于大邱警署ᄒᆞ야探其本事受兩家所告ᄒᆞ야修穀于京部ᄒᆞ엿스니宜可동燭이어니와愚昧容琪가提怯不現ᄒᆞ니容琪를知面ᄒᆞ신 僉君子ᄂᆞᆫ出頭辨明키를勸告ᄒᆞᆷ
大邱守東斗山文昌殷 告白

請雜錢揭ᄒᆞᆫ平壤東村金哥가稱貞陵參奉借啣ᄒᆞ고籍官行悖者金志永인더兇僞造田券ᄒᆞ야騙財無忌ᄒᆞ니官報의有無를調査ᄒᆞ야懲習ᄒᆞᆷ을大廣佈ᄒᆞᆷ
平北紳士崔道淵 廣告

中署鐘路長通坊丁萬石契光耳洞拾一統六戶外孤兒院瓦家三拾八間을放賣코져ᄒᆞ오니願買 僉君子ᄂᆞᆫ來問于京城孤兒院ᄒᆞ심을望ᄒᆞᆷ
京城孤兒院主 告白

本人所居瓦家拾二間半家券을見失ᄒᆞ얏스니誰某拾得間休紙施行ᄒᆞᆷ
西署盤石坊布洞九拾四統二戶 金顯來 告白

本人의圖章을陰正月二十日分에셔失이온대本人은年老ᄒᆞ야復不使用이갓숩기從今以後로ᄂᆞᆫ子贊得의圖章으로專用하오니知舊間照亮ᄒᆞᆷ
博川최成麟 告白

本人의子文國이가素性浮浪ᄒᆞ야蕩敗家產於酒色之場이오며不些食口가將至于道路彷徨之境이오되終不改習ᄒᆞ고符同雜類ᄒᆞ야欲圖欺人得債ᄒᆞ오니毋論內外國人ᄒᆞ고錢財相關이다가無至白失追悔ᄒᆞᆷ
寧邊獨山面南平里居朴濟植白

本所에서鐵山 田畓 築狀 林野[illegible]測量製圖設計等[illegible]ᄒᆞ오나 청君子ᄂᆞᆫ[illegible]協議ᄒᆞ시옵
中署[illegible] 維新測量事務所

大邱大同運輸社를本人이相關ᄒᆞ다가至今은따春賣ᄒᆞ永爲傳掌ᄒᆞ고干涉안ᄒᆞ오니첨君子照亮ᄒᆞᆷ
大邱 최泳玉白

本人의方面半篆姓名圖章을見失ᄒᆞ엿스오니此章은勿施ᄒᆞᆷ
申延昭 告白

本人의族孫安景先이가昨年四月分에本人의妻를勒奸코져ᄒᆞ다가一塲叱喊에即爲逃躲ᄒᆞ지라還來ᄒᆞᆫ後本人의父가厭蕩之悖習을懲責則被逆에即使其弟景金으로刀棒亂打ᄒᆞ여即爲致斃ᄒᆞ지라因欲報讐則本警署[illegible]象鎭이ᄂᆞᆫ受其賄物ᄒᆞ고反懲景先兄弟ᄒᆞ고[illegible]施威於本人ᄒᆞ니國法紊亂ᄒᆞᆫ姑舍ᄒᆞ고報讐者不共戴天之寃을難伸케ᄒᆞ니世如彼象鎭之律法則何難殺人이며何懼法律이리오全國同胞ᄂᆞᆫ知悉하시옵
三和郡河里面東谷里 安基洙 告白

◉谷香葉卷煙草 大發賣

大煙百本入一箱金一圜八十錢
仝 五拾本入一箱金九拾五錢
中煙百本入一箱金八拾錢
小煙百本入一箱金五拾錢
但多數購買則割引進呈
南署[illegible]六拾二統拾戶
谷香合資會社 告白

本人이親喪을遭ᄒᆞ야歸國ᄒᆞ엿더니今又還來ᄒᆞ야店務를壹層擴張ᄒᆞ고新輸入各色春夏服과各種帽子와禮服次와其他諸般附屬品이具備ᄒᆞ와特別廉價로販賣ᄒᆞ오니 僉位大人은如前光臨ᄒᆞ심을敬要
貞동大漢門前祥興號主人 告白

中部廟洞二十六統四戶本人의所居瓦家二十七間半家券을中間遺失ᄒᆞ와方欲請願于漢城府ᄒᆞ야成出證明書故玆에廣告하오니雖或拾得ᄒᆞᆯ지라도休紙施行ᄒᆞᆷ
俞鎭泰 告白

光明書觀에셔各種新學文과各種聖經을大發賣ᄒᆞ며下水口內에支店을設ᄒᆞ얏스오니 僉兄弟ᄂᆞᆫ陸續購覽ᄒᆞ시옵
平壤大同館上偶二層屋

教科書類 小說書類
法政書類 文藝書類
本書館은一層擴張ᄒᆞ고各種書籍과學校用品을具備발賣ᄒᆞ오니有志僉彦은陸續購覽ᄒᆞ심敬要
冊價ᄂᆞᆫ京城각冊사와同ᄒᆞᆷ
安州城內大街「큰거리」
知新書館金濬植

新撰理化學

朴晶東氏著
全一冊定價金三拾錢
一本書의目的은小學校에教課ᄒᆞ기爲ᄒᆞ야編輯ᄒᆞᆷ이라
一理化學解說下에簡明ᄒᆞᆫ圖畫를揷ᄒᆞ야讀者의理解ᄒᆞᆷ을便易케ᄒᆞᆷ이라
一理化學用語와物質의名詞ᄂᆞᆫ近時代漢譯의最著ᄒᆞᆫ者로採述ᄒᆞᆷ이라
一本書ᄂᆞᆫ理化學諸家의學說中最簡易ᄒᆞᆷ을採ᄒᆞ야十五章으로至編ᄒᆞ야학徒로ᄒᆞ야곰二個年에畢讀케ᄒᆞᆷ이니陸續購覽ᄒᆞ시옵
發賣所
布병下金相萬廣學書舖
京城各處書舖
平壤鍾路耶蘇教書舖
法橋大同書觀

▲株金募集廣告

本社에셔 農商工部에認可를承ᄒᆞ얏삽기株金募集ᄒᆞ오니願人 僉君子ᄂᆞᆫ左記條例를照亮하심을望ᄒᆞᆷ

▲左記
一應募期日 即保證金辨納日
自隆熙二年四月一日
至同年四月卄日
〔陰三月一日 陰四月一日〕
一資本總額 拾萬圜
一壹株金額 貳拾圜
一保證金額 一株에對ᄒᆞ야壹圜
一第一回辨納金額 一株에對ᄒᆞ야五圜
但第壹回辨納金은保證金을扣除計算ᄒᆞᆷ
一第壹回金辨納期日은〔自隆熙二年五月一日 至同年五月卄日〕〔陰四月二日陰四月二拾二日〕
一株金取扱所 株金領受所ᄂᆞᆫ
本社 韓一銀行 漢城銀行 農工銀行
創立委員 張輔衡 趙彰漢等 趙鎭泰 趙秉澤 韓相龍

南署棗洞契六十三統九戶 亭洞四巨里
二層洋屋
漢城材木柴炭株式會社仰佈

南署[illegible]舖를改以鍾路로施行하오니 僉君子照亮ᄒᆞᆷ
大邱西上面達동 馬鍾鉉 告白

本학堂에셔速成夜學英語算術二專門科를設立ᄒᆞ엿ᄉᆞ오니附학僉員은速々來臨于本학堂ᄒᆞ와諮議入학ᄒᆞ심을望ᄒᆞᆷ
開학日字ᄂᆞᆫ四月拾日
培材학堂 告白

共立新報ᄂᆞᆫ美洲에留ᄒᆞᄂᆞᆫ我韓同胞가設明ᄒᆞᆫ學[illegible]과深厚ᄒᆞᆫ熱誠으로國粹를保全ᄒᆞ고國魂을喚醒ᄒᆞ야每週日一次式刊行ᄒᆞᄂᆞᆫ新報이온디世界形勢도詳揭ᄒᆞ며니國情況도昭載ᄒᆞ야愛國心이有ᄒᆞ신同胞ᄂᆞᆫ不可不購覽ᄒᆞᆯ新報이며又是純全으로發行ᄒᆞ야婦人孺子라도一覽可曉ᄒᆞᆯ만하오니我一般同胞가我留外同胞의殊邦風霜에勞心勞力하ᄂᆞᆫ誠을可超覽하며있가迷에 僉君子의購覽을紹介하기爲ᄒᆞ와該新報價及發賣所를左에廣告하옴

代金表
每張 五錢
六朔 壹圜兩拾錢
壹年 貳圜貳拾五錢

本國내出張所
京城廣학서舖 金相萬
博문서館 盧益亨
開城남門외興학서舖 [illegible]
平山郡古之面城남峴 金鎬[illegible]
長連邑니[illegible]里 [illegible]
平壤上口水外 [illegible]
鐵남浦[illegible]井동 [illegible]
安州城니[illegible]村동 金[illegible]河
宣川邑 川邊 [illegible]
鐵川니山面平山里 [illegible]
義州南門外大東藥房 白用鎬
金海台也面晋士동 [illegible]
釜山港 草梁 尹相[illegible]
大邱東上面[illegible]동 崔一[illegible]
咸興西門밧 朱[illegible]
俄領 海蔘威 [illegible]

共立新報社代理人 金[illegible] 告白

廣告

韓美電氣會社告白

割引券은發行하야四月一日부터鍾路本社及龍山停車場에서賣下홈

割引券은每券에六拾枚로編成ᄒᆞ고代金은貳圓八拾五錢으로領收이온ᄃᆡ每區域에서一枚式新貨五젼과ᄀᆞᆺ치使用홈

龍山線區域을四月一日부터남大門外蓮池停車場前으로改定홈

電車발着時間은四月一日부터改定ᄒᆞ야夏期時間表를依行홈

世界三怪物

英國 斯密哥德 原著
韓國 卞榮晩 意譯
壹冊 定價 拾貳錢

現世界에三大怪物이발生ᄒᆞ야六洲에橫行ᄒᆞ며風雲을呼喚ᄒᆞ며愚者가此物을遇ᄒᆞ면其魂을失ᄒᆞ고弱者가此物을遇ᄒᆞ면其軀을喪ᄒᆞ야此物所過에天地가翻覆ᄒᆞ고國家가丘墟ᄒᆞ야上帝赤子가生命을莫保라故로是書ᄂᆞᆫ特히此三大怪物의眞狀을描寫ᄒᆞ야其防禦의妙策과利用의術을一々說明하야世界의生存을要求ᄒᆞᄂᆞᆫ者ㅣ不可不一覽홀冊子이오니 僉君子ᄂᆞᆫ續々購覽ᄒᆞ시옵

▲大발賣所 中署布屛下廣학書舖金相萬　平壤종路耶穌敎冊肆　京鄕各冊사

漢城鍾路萬國基督敎靑年會館前慈惠藥房 製藥鑑査人濟衆院醫學員洪錫厚朴慈惠李觀化告白

本人等이米國大학醫院處方을大醫學士魚丕信氏에게受業ᄒᆞ고醫學校長[illegible]氏에게有効証明을受ᄒᆞ고左記낙種을製造ᄒᆞ야外國賣약規模을依ᄒᆞ야紙匣洋鐵匣琉璃瓶에盛ᄒᆞ야全國內地各處약店에廣賣ᄒᆞ옵고濟衆院英字醫書를我國漢文으로飜譯ᄒᆞ야名稱西약便方이라ᄒᆞ야발賣ᄒᆞ오니四方 僉彦中濟衆院낙을數拾年來經驗信用ᄒᆞ신兄弟ᄂᆞᆫ不拘약之多少와路之遠近ᄒᆞ고以書留買ᄒᆞ시면本人은雖拾錢價値낙이라도以小包郵便으로仰呈ᄒᆞ오리니낙封定價外郵稅十젼을加送ᄒᆞ시되小數젼은郵票十젼ᄶᆞ리돌스셔보니시고賣낙家에서ᄂᆞᆫ多數買去ᄒᆞ시면郵便局換錢票를買送ᄒᆞ시오且本藥房에米國(엘포드)製낙會社낙와德國(만호임)製약社약品을直購入ᄒᆞ야德語英語로記ᄒᆞᆫ方文과主治와用法을我國漢文으로飜譯발賣

商標

食思振起 精力活潑 **補益丸** 第一老衰男女의게補益益血

定	價	表
拾日分	三十個入	金一圓
二十日分	六十個入	金一圓七拾五錢
三十日分	九十個入	金二圓五拾錢

主治大補元氣能調陰陽男子陽萎不起女子月經不調手足厥冷虛脫失氣久病人蘇完되ᄂᆞᆫ効力이大勝於鹿茸蔘人蔘精

[■]效解瘧丸 一日分定價金拾錢此藥은大人小兒長瘧과初瘧腹瘧에以ᄒᆞ야服用ᄒᆞ면更不再發

[■]虫丸 一日分定價金拾젼此藥은大人蛔積小兒蛔病의神効

四時感冒丸 一日分定價金拾젼此藥은感氣몸살외쓰ᄂᆞᆫ약인ᄃᆡ二三日違服ᄒᆞ면四時毒感上下肢節頭痛에即時解熱鎭痛

男女瘡疾袪根藥 定價金五圓此藥은瘡疾의一期二期를勿論ᄒᆞ고ᄂᆞᆫ근ᄒᆞ도록낫을쥬ᄂᆞᆫ대口瘡과구역도아니나오

淸明眼藥 一日分定價金拾錢此藥은火眼熱眼의有奇效

無惡臭疥瘡藥 定價金四拾젼此藥疥션虫을卅分內殺

[■]咳嗽藥 五日分定價金三拾錢此藥은四時傷寒咳嗽에有大効ᄒᆞ고特히老人喘咳에消痰止咳

寸虫殺根 定價金三拾錢此약寸虫當殺ᄒᆞᆷ

止足汗藥 二十日分定價貳拾錢此藥陸國軍人常用除足汗臭

輕腫根治膏 定價금十五젼此낙面腫과頭腫에良

濕腫根治膏 定價금十五젼此낙은男女勿論하고風寒暑濕으로成腫되여大起搔痒할때奇効

漢城百應膏 一封定價金十錢此낙은華락醫士李信友시方文으로製造ᄒᆞᆫ藥인데명우리잘풀되고각項腫氣에발傾合瘡이速히되ᄂᆞᆫ膏藥인대大洋鐵匣入一圓금五十錢

小兒感冒靈効散 此약池錫永氏經驗良方小兒感冒及食滯與身而熱將驚風者神效定價金十錢

獺氣神効保嬰散 此약醫學校長池錫永氏數拾年經驗之良方小兒屎色綠而瀉○腹脹○身不安而不寐○腹痛驚悸及直觀而驚風者神效定價금十二錢五厘

發賣所 仁川港杻峴濟生堂낙房　京城梨峴賣買낙商李信榮

漢城鍾路萬國基督敎靑年會館前西洋藥乾材局慈惠藥房內에醫院을新設
內外科診察醫 洪錫厚　看護婦三年生沈慈善
東西洋각약買取大발賣主任 朴慈惠李觀化

◉大韓國新發明神藥

◉皮修**靈丹** 各種食滯中暑久滯口臭痰飮吐瀉定價一貼十錢

◉**至寶丸** 治諸般難疾不拘久遠俱有偉効定價金十錢

◉**靈效液** 外用方을治疥瘡皮風百發百中定價金三拾錢

◉**淸眼水** 治諸般眼疾有發靈見天之妙定價金拾錢

◉**通淋丸** 治男女急慢淋疾神効無雙速効除毒一週金五十錢

此外에도東西洋各國有名賣藥과靈祠去極藥과藥水와各種病症俱比惠向爲望

漢城中署鍾路鉢里廛동接二統二戶地 共愛堂藥房 告白

製劑발賣所

監修발行人 前官立漢城醫학校卒業生 張基茂 朴容南 謹白

支店 開城南門內共愛堂開城支館 姜助[?]

代理店 西署新門外石橋濟衆院藥局 車鼎延　仁川港杻峴濟生堂 李庚鳳

道內各處藥房에서隨處販賣홈ᄂᆡ다

簡易商業簿記學

全一冊 定價金四十五錢

本書ᄂᆞᆫ簿記中最近ᄒᆞᆫ학理와精妙ᄒᆞᆫ形式을精細히編輯ᄒᆞ야了解키簡易ᄒᆞ도록編述ᄒᆞᆫ者니一般商業家에不可不一次閱覽홀者될ᄲᅮᆫ아니라中學以上學校에敎科로用ᄒᆞᆯ도適當ᄒᆞ니陸續購覽ᄒᆞ심을望홈

발賣所 布병下 廣학書舖　洞口越便 中央書館　廣橋東便 匯東書館　寺동 漢陽서館　鍾路 大東서市　鍾路 古今서쳑판

滑稽小說 禽獸會議錄

弄球室主人 著述
表紙石版寫眞畵印刷 全一冊 正價金拾五錢

▲本小說은新体文壇의演劇的小說로空前絶後의一大禽獸會議를開催하고海陸動物이演壇에集合ᄒᆞ야人類와禽獸의優劣과造化主宰의眞理를討論批評ᄒᆞᄂᆞᆫ光景을傍聽實寫ᄒᆞ야讀者諸君에게紹介로今日吾人類社會의公德頹敗홈을警醒코ᄌᆞ홈이니其滑稽的文体가光彩陸離ᄒᆞ며諷刺的批評이奇拔欲曲하야實로國文小說界에一大異彩를放홀만ᄒᆞ며一讀解頤의好讀物이오

▲발行元 皇城書籍業組合

▲分賣所 中署銅峴 中央書館　中署종路 大東書市　南署大廣橋東邊 匯東書舖　仝 古今書海館　西署남門外紫岩 新舊書林　남署尙洞 博文書館　남署銅峴 博학書館　中署布屛 廣學書舖

越南亡國史

國漢文 定價貳拾伍錢
發賣所 京城廣橋高裕相書舖 [illegible]
布屛下김相萬 告白

▲特別廣告

本社에서名帖印刷部를另設ᄒᆞ고各樣活字와別樣紙本이俱備ᄒᆞ오며印刷가精美ᄒᆞ고價直도極廉ᄒᆞ오되特別히學員과夫人의게ᄂᆞᆫ一層低廉ᄒᆞ오니 僉位ᄂᆞᆫ來臨ᄒᆞ시와隨意請求홈

大韓每日申報社 告白

學徒洋裝諸用 學徒運動과遊具 履紗各種 英國金鶴[?] 衣服裁縫其他諸物을廉價放賣ᄒᆞ오니諸君子ᄂᆞᆫ來臨ᄒᆞ시옵 仁川港[illegible] 라나이다

國文愛國精神談

定價金卄錢 리치雨譯述
勿論男女ᄒᆞ고愛國心이有意者可以閱覽
發賣所 皇城각書舖

●國債報償總合所收入廣告

貝萬奉 崔炳哲 박弘鍾 리召史 각二拾錢 徐承吉 金啓行 吳基哲 정昌淳 申致俊 각ㄴ錢 合拾兩四拾錢

▲蘇湖面金德里 車貞默二圓 車貞燮一圓五拾錢 合三圓五拾錢

▲興龍里 리貞淑二圓 康濟濟二圓五拾錢 최致鳳 壹圓五拾錢 合六圓

▲烏染里 리淳謙三圓 최活 리俊模 리柔楨 安炳都 리顯模 각一圓 최兄模八拾錢 리淳浩 六十錢 崔璐朋 김召史 각五十錢 최淑 三拾錢 리淑三 二拾錢 合丁圓九拾錢

▲燭山里 김召奉二圓五十錢 崔基烈 石贊玉 김允學各一圓三拾錢 崔文孝一圓二拾錢 韓利淳 김錫俊 各七拾錢 韓明善 五十錢 김永石 石春玉 崔문彦 崔模亂 韓承模 각四拾전 韓兄哲七十錢 崔文燦二十五錢 合拾二圓四拾九전

●永柔郡德지面水晶里 김田致正壹圓五拾錢 韓允一 壹圓 沈元吉 洪丁國 김大成 리寶植 각五拾전 김贊鳳 김用濟 최鎭浩 각三十전 金丁模 張ㅅ전 合五圓六十錢

▲永豊里 吳珍元 圓 김俊瀾 朴天應 리召史 尹昌鎬 각壹圓 桂錫蕙 六十錢 김鉉贊 김次係 各五十전 安壽萬 김奉鉉 馬宗覲 각二十전 김善國 金錫範 金雲瑞

本社廣告

○申報價

一張代金	新貨二錢五厘
一個月前納	三十錢
三個月	九十錢
六個月	一圓七十錢
一個年	三圓四十錢
郵稅一張	新貨五厘
一個月	十三錢

發行兼編輯人 英國人 裵說
發行所 漢城西署石井洞接外署二統[illegible] 大韓每日申報社

第六卷

大韓每日申報

第七百七十六號

檀君開國四千二百四十一年
箕子元年三千三十年
大韓開國五百十七年
日本明治四十一年
淸國光緒三十四年
陰曆戊申三月小初九日甲午

月曜及慶節 臨時日休刊

論說

留學生監督申海永氏와內帑金一萬圜

太皇帝陛下在位時에日本留學生의苦況을稱燭ᄒᆞ샤劃下ᄒᆞ신內帑金一萬圜을內閣에서緊探ᄒᆞᆫ즉學生等이請求ᄒᆞ야도不應ᄒᆞ며陳情ᄒᆞ야도不顧ᄒᆞ며甚至於一二指가慘落ᄒᆞᆫ것도不恤ᄒᆞ고圖書館을ᄒᆞᆫ다무엇ᄒᆞᆫ다云々ᄒᆞ다가居然光陰이已深ᄒᆞ야壹般學生等이幾乎此金有無를已忘ᄒᆞᆫ地境이니嗚呼라彼輩가上으로聖主의恩德을沮格ᄒᆞ며下으로學生의情境을忽視ᄒᆞᆷ이極ᄒᆞ도다所以壹般社會에批評이藉々ᄒᆞ던바어니와今에日本留學生監督申海永氏가內閣에陳請ᄒᆞ야此萬圜金을大韓學會에劃付케ᄒᆞ얏다니噫라現內閣에셔安敢擴廣의自由物을吝惜ᄒᆞ듯시兩手로握有ᄒᆞ던此金인대今乃際監에付ᄒᆞ야公益을圖케ᄒᆞᆷ은實로可喜ᄒᆞᆯ비며又申氏의手段을可驚ᄒᆞᆯ만ᄒᆞ나但吾輩於此에一疑點이大有ᄒᆞ도다

留學生監督의任을擁有ᄒᆞᆫ者는壹般留學生을壹觀ᄒᆞᆷ이可ᄒᆞᆯ뿐더러且此金을下ᄒᆞ신聖意가元來留學界普及ᄒᆞᆷ에在ᄒᆞ거늘今에此金을劃付ᄒᆞᆯ진대學生界는不問ᄒᆞ고學會만是顧ᄒᆞᆷ이何意인가或學會가留學生으로組織ᄒᆞᆫ者ᆫ즉會가便是學生의異名이라ᄒᆞ야如此히ᄒᆞᆷ인가

然而日本에游學留學ᄒᆞᄂᆞᆫ者ㅣ幾乎千名에至ᄒᆞᄂᆞᆫ대此會中人은二百人에不滿ᄒᆞ니將奈何며又는會라稱ᄒᆞ면一進、大東、隣進、數種以外에는日人도疾視ᄒᆞ며政府도不喜ᄒᆞᄂᆞᆫ대前日留學生을爲ᄒᆞ야請求ᄒᆞᆷ에는勃然不肯ᄒᆞ다가今日大韓學會를爲ᄒᆞ야請求ᄒᆞᆷ에는欣然不惜ᄒᆞ야申氏의請言에總落ᄒᆞ며內閣에서爾來遽投ᄒᆞ니嗚呼異哉라吾輩는霧眼을頻拭ᄒᆞ고疑問을試探ᄒᆞ노라

外報

●軍人排斥運動　佛國新聞에이々도의所報ᄒᆞᆫ바를據ᄒᆞᆫ則印度邦에軍人排斥運動이猖獗ᄒᆞ야事態가容易치아니ᄒᆞᆯ것다더라

●加奈陀移民制限　加奈陀政府는各國의移民을爲ᄒᆞ야特別ᄒᆞᆫ停車場을定ᄒᆞ야其境界를制限ᄒᆞ고又移民은日本의게만限ᄒᆞᆯ거시아니라歐洲로봇터來ᄒᆞ는移民도米國通路로봇터入ᄒᆞᆷ事를不許ᄒᆞ기로ᄒᆞ얏다더라

●淸國武備學生增派　日本에留學ᄒᆞ는淸國學生中에普通留學生은今後에更히減少ᄒᆞᆯ模樣이有ᄒᆞ고淸國에셔軍備의整頓와擴張ᄒᆞᆷ을爲ᄒᆞ야武備學生을日本에派遣ᄒᆞᆯ方針이라ᄒᆞᆫ즉武備學生은減少치아니ᄒᆞᆯ模樣이오淸國武備生中德法諸國에在ᄒᆞᆫ者도有ᄒᆞᆫ대其中英國에在ᄒᆞᆫ者는專히造船機械等을研究中이라더라

●俄設無線電信　俄國에서는蘇都와海蔘崴間에無線電信을設ᄒᆞ고(우라루)山과(아무다이)山에中繼所를設置ᄒᆞ기로命令을發ᄒᆞ얏다더라

●淸俄通信　海蔘崴來信을據ᄒᆞᆫ則俄曆今月七日로봇터烟秋와淸國地境琿春間에電報通信을交換ᄒᆞᆫ다더라

●執照代金　海蔘崴通信을據ᄒᆞᆫ즉俄曆今年一月로봇터三月二日ᄭᆞ지本港第二警務署에서韓淸人의게執照를放賣ᄒᆞᆫ價金이二千五百十一元이되얏다더라

●獨逸皇帝歡迎　獨逸皇帝는來九日에열르島에來着ᄒᆞᆯ터인故로目下歡迎ᄒᆞ기를準備ᄒᆞ기爲ᄒᆞ야獨逸及英國軍艦은同島로向ᄒᆞᆫ다더라

●廣東民慈援　淸國廣東人이辰丸解放ᄒᆞᆫ事에對ᄒᆞ야慈援ᄒᆞᆫ辞職을聞ᄒᆞᆫ즉淸廷에서辰丸을解放ᄒᆞᆷ미兩省人民三千餘名이聚集ᄒᆞ야兩總督의家族을保護ᄒᆞᆫ다稱ᄒᆞ고出兵ᄒᆞᆷ을請求ᄒᆞ며日本物品購買ᄒᆞᆷ을禁止ᄒᆞ고萬若日本人이異議가有ᄒᆞ던日本人과開戰ᄒᆞᆯ것다宣言ᄒᆞ고二萬餘名이聚集ᄒᆞ야兩總督의出境ᄒᆞᆷ을請求ᄒᆞ야形勢가甚히不穩ᄒᆞᆫ故로廣東廣西兩省에在ᄒᆞᆫ日本人은爲先避亂ᄒᆞ고淸廷에서는方今極力鎭撫中이라더라

雜報

●普光施賞　再昨日普光學校에서卒業式을擧行ᄒᆞᆯ時에該校장리址鋒氏는金時계와金絲眼鏡을特別授與ᄒᆞ고學監金昌濬氏는法學通論三十五卷으로來賓安炳耆는大韓協誌部長卒業生과優等生의게賞品으로寄付ᄒᆞ얏다더라

●畿湖興學會에셔畿湖人士에게발送ᄒᆞᆫ全文이如左ᄒᆞ니

國家의存亡과民族의盛衰는社會와團體成否에在ᄒᆞ니今日吾人이生存競爭과優勝劣敗ᄒᆞᄂᆞᆫ世界를當ᄒᆞ야大而國家와小而身家에自保自存ᄒᆞᆯ策을講究ᄒᆞ면我同胞靑年의敎育을獎勵勉勵ᄒᆞ야人才를養成ᄒᆞ며衆智를啓發ᄒᆞᆷ이實上國權을恢復ᄒᆞ고人權을伸張ᄒᆞᄂᆞᆫ基礎라然이나此運大ᄒᆞᆫ事業은반다시公衆의團體力을發ᄒᆞᆫ後에야可히振起擴張ᄒᆞᆯ지니此는今日畿湖學會의設立ᄒᆞᆫ所以라畿湖는國家의根幹이오人物의府庫니名門巨族이蔚然相望ᄒᆞ야歷千年文學之區로대尙或固守舊見者도有之ᄒᆞ고더쏙新學者도有之ᄒᆞ야桃花源裏에春夢이方酣ᄒᆞ고實役津頭에利涉이無望ᄒᆞ니興晉及此에寧不慨歎이리오古語에云敎育이不興이면生存을不得이라ᄒᆞ고且曰養子不敎는父母之罪라ᄒᆞ니噫다智識은敎育의效果며勢力은生存의原素라今吾儕民이値此時代ᄒᆞ야所處地位가果何如耶아以若智識과以若勢力으로는作人奴隷와供人犧牲이即目前倘來者이니苟有靈覺之性이면豈不惕然以警이며奮然以作이리오凡我畿湖人士와爲人父兄者는試思之어다自己身世는生於舊習固陋之中ᄒᆞ야腦髓가已痼ᄒᆞ고歲月을難追ᄒᆞ니從事新學ᄒᆞ고開發新知가尙屬無望이어니와忍令其子若孫으로도怠惰不學ᄒᆞ야無識無才로驅陷於此等地位ᄒᆞ야奴隸於他人ᄒᆞ고犧牲於他人而已耶아到此地頭ᄒᆞ야衛謬以過去歲月ᄒᆞ고罔念將來禍福ᄒᆞ야不肯注意於子弟敎育者는非但國家之罪人이오抑亦子孫之罪人이니寧不可歎哉아今玆本會가學會를組織ᄒᆞᆷ은公衆의力量을聯合ᄒᆞ야諸般好果를欲得ᄒᆞᆷ이니位置는次第로定ᄒᆞᆷ은文明의中心點을作ᄒᆞ고鼓動振引ᄒᆞ는機關을備ᄒᆞ야其他方面으로流通貫注ᄒᆞ야脉脈一氣와衆流一源으로發展ᄒᆞᆫ團體를成立ᄒᆞᆷ이從玆以後로希望이니惟我同胞諸公은互相感發ᄒᆞ고互相勸勵ᄒᆞ야各其鄕城에셔明年以內로發起支會ᄒᆞ고又聯合ᄒᆞ야學校를發起ᄒᆞ야互相觀摩ᄒᆞ고講習德誼ᄒᆞ야團結地方團體ᄒᆞ야以作全國進步之起點이면與於後日에我畿湖人士가握手相賀曰國權恢復도畿湖團體之力이오人權伸張도畿湖敎育之功이라ᄒᆞ리니此爲但畿湖人士之幸이리오抑亦爲全國同胞之幸也니豈不美哉며豈不壯哉아幸望僉同胞人士ᄂᆞᆫ興國實施之方ᄒᆞ시와一以作團體之標準ᄒᆞ고一以爲興學之先導케ᄒᆞ심을敬要

新譯 海外稗談

第二章　二　三淸宋人 譯

俾斯麥의猖獗 (續)

蓋俾斯麥이我駐德公使의게來告曰法國이與吾로今爲締約ᄒᆞ고埃及境內에在ᄒᆞᆫ人을驅逐ᄒᆞ며ᄒᆞ니爲一英國이七日內에三國同盟에加入ᄒᆞ고有事之時에法國海軍은法國沿岸을對鎭ᄒᆞ다相約지아니면我德國이法政府所請를應從ᄒᆞ다ᄒᆞ엿다니眞乎아僞乎아法德締約이何君必知之ᄒᆞᆯ터이지余가日使의書를閱ᄒᆞ고且驚且懼ᄒᆞ며幾於慟哭而泣호라嗚呼라俾斯麥이여以甘言으로誘我政府ᄒᆞ야締結不義之條約ᄒᆞ고與人英國於三國同盟ᄒᆞᆫ然後에因以攻破我法國ᄒᆞ려ᄒᆞ니何其計之毒也오然이나此時에顚倒失措ᄒᆞ야大使의게可疑之端만示ᄒᆞᆷ은又甚不可故로湧出之血을强抑ᄒᆞ며將下之淚를飮制ᄒᆞ고從容言曰是는不入耳之談이로다此必俾斯麥이故爲此言ᄒᆞ야再顧然我를反間ᄒᆞᆷ인듯ᄒᆞ도다日使曰余以此事로告於君其也어니와今에更有一言ᄒᆞ노니此次禮拜六日에俾斯麥이將以獨逸外務大臣所議密約으로我公使의게示ᄒᆞ리니君이爲一早々周旋ᄒᆞ야約文을繳回ᄒᆞ면已어니와不然이면半月之內에必有大戰禍ᄒᆞ리라

余가念컨대此事由를彼旣熟知ᄒᆞ니辯之何益이리오乃曰卿君厚意를謝ᄒᆞ노라此事는必是俾斯麥의所捏造인듯ᄒᆞ나吾가姑見我外務大臣而問之ᄒᆞ리라於是에再返寓所ᄒᆞ야與大使夫人으로二十分을交談ᄒᆞ고거슨欲介大使로見我從容코不我疑也라已而오既頭痛ᄒᆞ고起身忙辭ᄒᆞᆷ은恐公使館員이爲招馬車ᄒᆞ야知余行止ᄒᆞ면大不便故也라

未完

雜報

●頒給白米 太皇帝陛下께옵셔承寧府總管以下諸씨에게賜米ᄒᆞ옵신거슨再昨日에前承寧府庫에積置ᄒᆞ얏던白米로頒給ᄒᆞ얏다더라

●上奏後頒 학部에서各학校에頒給ᄒᆞᆯ紀念章에御諱에關係가된다ᄂᆞᆫ誤辨가有ᄒᆞᆷ으로昨日宮내府로通牒ᄒᆞ야該府대臣이 上奏裁可ᄒᆞᆫ後頒賜케ᄒᆞ다더라

●免案留案 中樞院議長徐正淳副議長成岐運贊議尹吉炳三씨의依免案件을내閣에서提出ᄒᆞ야統監府에同意를請ᄒᆞ얏ᄂᆞᆫ데統監府에서ᄂᆞᆫ緣何事件인지聽不承認ᄒᆞ고留案ᄒᆞ얏다더라

●訪問장谷 軍部대臣李秉武씨가昨日下午壹時에장谷川대將을訪問ᄒᆞ얏다더라

●所營止此 揔理대臣리完用氏와宮내대臣리允用兩氏ᄂᆞᆫ所爲事業은國是의關係가何如ᄒᆞᆫ지顧不思量하고廢宮이나圖得ᄒᆞ야家屋建築이나ᄒᆞ고親近ᄒᆞᆫ人으로任官이나敍任ᄒᆞᄂᆞᆫ事로每々奔走ᄒᆞ다ᄂᆞᆫ데近日議論을據ᄒᆞᆫ則該兩氏가勢力範圍와家宅廣置가如是宏壯ᄒᆞᆫ則獨步宰嚴ᄒᆞᆫ지ᄒᆞ고鄙笑가喧騰ᄒᆞ다더라

●追悼設行 本日下午四時에副統監曾禰씨가主催ᄒᆞᄂᆞᆫ須知分시의追悼會를貞동英國總領事館前英國禮拜堂에設行ᄒᆞᄂᆞᆫ데宮내府대臣以下壹般官吏가與祭古套로參詣ᄒᆞ라고내閣에서宮내府로照話ᄒᆞ얏다더라

●指定配所 流配罪人의配所指定ᄒᆞᆷ은法部대臣이 上奏裁可後에施行ᄒᆞ더니此例가煩접ᄒᆞ다ᄒᆞ야法部대臣이直接處理ᄒᆞ기로決定ᄒᆞᆫ다더라

●云爲鼎濟 法部대臣趙重應씨가昌德宮에入直ᄒᆞᆷ은他事件이아니오司法장官됨으로宮내府에鼎濟ᄒᆞ기爲ᄒᆞ야入直ᄒᆞᆫ다더라

●韓氏監董 安洞別宮을德壽宮으로建築ᄒᆞᆯ工役을將次着手ᄒᆞᆫ다ᄂᆞᆫ대監董은韓昇東씨로差任ᄒᆞᆫ다더라

●事係違格 中樞院贊議尹吉炳氏ᄂᆞᆫ獻議ᄒᆞᆫ六條件에對ᄒᆞ야一進會에셔出會ᄒᆞᆷ은違格인것이一進會에中樞院이아닌데인대中樞院贊議資格으로獻議ᄒᆞᆫ것을一進會에셔關係가何有리오ᄒᆞ고物議가有ᄒᆞ다더라

●反履日人 各府部親勅任官들이事務處理에對ᄒᆞ야韓日兩國官吏가互相協議ᄒᆞ야從長取決ᄒᆞᆫ것이當然ᄒᆞᆫ事인되公文上에도日本官吏가改定ᄒᆞᄂᆞᆫ件이有ᄒᆞ면唯々應從만ᄒᆞ다ᄂᆞᆫ데日本人의게屈服ᄒᆞᄂᆞᆫ例로思惟ᄒᆞᆫ다더라

●兩씨辭免 前典守로獻陵參奉을敍任ᄒᆞᆫ김宜현과恭陵參奉을敍任ᄒᆞᆫ정錫鐵兩씨가再昨日宮내府에辭職請願ᄒᆞ얏다더라

●會計又檢 度支部計檢査局에셔軍部會計를檢査ᄒᆞᆫ다ᄂᆞᆫ說은前報에已揭어니와軍部會計檢査를本日에畢了ᄒᆞ고明日붓터法部會計를檢査ᄒᆞᆫ다더라

●頒下府員 民興庫에積貯ᄒᆞᆫ國穀이數百石인데今番에除汰된宮내府員役에게頒給ᄒᆞ얏다더라

●外人入口 國내에居留ᄒᆞᄂᆞᆫ外國人中에日本人은除ᄒᆞ고各國居留人口를調査ᄒᆞᆫ則대合為八千五百四拾壹人내에男이八千一百四拾二人이오女가三百八拾五人이라더라

●巡査敎鍊 內部에서十三道에派送ᄒᆞᆫ巡査三十餘名을昨日부터該部에로招集敎鍊ᄒᆞ얏다더라

●借廳舍 再昨日北部壯洞等地淸潔을檢査ᄒᆞᄂᆞᆫ日本警吏가前參奉侍講洪氏舍廊을貰借ᄒᆞ야撒接ᄒᆞ얏다더라

●空閑難得 農商工部에國有空處地開墾請願이다至ᄒᆞᄂᆞᆫ데實地調査ᄒᆞᆫ즉個々有主之土라더라

●道松生怨 公州觀察使梁在謇氏가栗主事在萬氏를懷德郡에派送하야該郡山내面封山風落松을伐賣ᄒᆞᄂᆞᆫ데生松千餘株를濫斫ᄒᆞ야該山下居民三百名을勒役으로屈價一分도不給하고板材等屬을運輸하ᄂᆞᆫ故로民怨이漲藉ᄒᆞ다더라

●僞券典日 학部主事김公植氏의田畓을何許人이僞造文券ᄒᆞ야日人松島常治의게典執ᄒᆞ얏던지김公植氏가日昨東署警察署에呼訴ᄒᆞ얏다더라

●子何不還 鎭川郡居黃奎浩가同郡居韓伯京의게妻嫁子ᄒᆞ얏ᄂᆞᆫ데旣往出妻ᄂᆞᆫ置之ᄒᆞ고血脈所在에自已子를推覓코자ᄒᆞ야府郡에屢度裁判에尙不覓得ᄒᆞ야昨日平理院에泣冤ᄒᆞ얏다더라

●爲其子讐 高敞郡稅務主事로義徒에게被害ᄒᆞᆫ徐相建씨父親徐紀淳氏가自已로討伐使를活用ᄒᆞ야義徒를蕩滅ᄒᆞ고其子의報讐를ᄒᆞ깃다고니엣에ᄒᆞ얏다더라

●李召史痛恨 安州郡居ᄒᆞᄂᆞᆫ李召史ᄂᆞᆫ閔輔國泳徽氏의게田土를推尋ᄒᆞᆷ은已爲報道ᄒᆞ얏거니와該시가田土를尙未出給ᄒᆞ미李召史가日往該시ᄒᆞ야怨恨ᄒᆞᆫ事情을號泣說明ᄒᆞ미該시가李召史를對ᄒᆞ야日若以好誼로指處ᄒᆞ면幾千元을出給ᄒᆞ야世誼를保持ᄒᆞ거시오田土則移所難處之端ᄒᆞ니不可照給ᄒᆞ깃다固執ᄒᆞ고日李召史ᄂᆞᆫ世誼도吾不知오代金도吾不知오推覓吾之田土가事理에當然ᄒᆞ니卽爲出給ᄒᆞ라固執ᄒᆞ며飮泣而語曰吾夫가此事로因ᄒᆞ야身死하얏스니吾亦以死自處ᄒᆞ다ᄒᆞ며以手로推胸ᄒᆞ야胸膈에浮氣가生ᄒᆞ고氣塞가瘦瘠ᄒᆞ야將至死境이라더라

●歎民窮室 江華郡守李齊龍시가該郡에自已의家屋을新建築ᄒᆞᆫ다ᄂᆞᆫ대富民에게謝財幾百圓假捨ᄒᆞ야劫貸用ᄒᆞ고該郡主를對ᄒᆞ야面言ᄒᆞ기를今當家役에補助金을義捐ᄒᆞ시니라端感謝ᄒᆞ다고致賀ᄒᆞᆫ다니該郡守의牟利計策은他人보다超等ᄒᆞ다고物議가漲藉ᄒᆞ다더라

●痘員被害 去月 七日에橫州長興面에서種痘委員김榮희氏가義徒에게被害ᄒᆞ얏다더라

●式命極慘 再昨夜에禁府後洞김尙宮家行廊에서石油燈에失火ᄒᆞ야該房내에셔七歲女兒가與其父로俱為燒死ᄒᆞ얏ᄂᆞᆫ대行廊貳間만燒却ᄒᆞ고卽時撲滅ᄒᆞ얏다더라

●何事被捉 安동居李麟학氏가有何事件인지再昨日上午에日憲兵司令部에被捉ᄒᆞ얏다더라

●洪氏更囚 前參領洪淳瓚씨가保放되얏다더니日昨更囚ᄒᆞ야尙今監獄에滯囚ᄒᆞ얏다더라

●三氏移囚 新報關에花峯事件으로被捉ᄒᆞᆫ閔泳采 寅國 三氏ᄂᆞᆫ昨 漢城裁判所로移囚ᄒᆞ얏다더라

●會장代辦 同會臨時會장리하宰氏가被囚ᄒᆞᆫ後에徐肯淳氏가代辦會務로보아직視務ᄒᆞᆫ다더라

●西北特別總會 西北학會에서事務를處理ᄒᆞ기爲ᄒᆞ야再明日下午七點에臨時特別總會를開ᄒᆞᆫ다더라

●定期開會 畿湖興학會事務所를陸軍衛生院으로移接ᄒᆞ고來日曜日에定期總會를繼催ᄒᆞᆫ다더라

●材社開會 本日上午拾二時에京城材木柴炭會社에셔学동四거里二層洋屋에臨時事務所를設定ᄒᆞ고開會ᄒᆞᆫ다더라

●春期放학 法官養成所에서學期試驗을昨日에畢了ᄒᆞ고仍爲春期放학하얏다더라

●明新移接 磚동明新女학校를前내需司로移接ᄒᆞᆫ다더라

●交河騷擾 陰去月二十八日에交河郡境에義兵二十六人이來到하야一進會員을調捉ᄒᆞᆯ시一進會員은先機逃避ᄒᆞ고會員의妻壹人이汶山浦日兵站所에奔告하야日騎兵四人이當日午時量에到來ᄒᆞ니義兵이一齊奔避ᄒᆞᄂᆞᆫ대日兵이追到成黨里ᄒᆞ야義兵이將入洛中圖生ᄒᆞ고只有擔砲式鐵銃者一人이不及避匿ᄒᆞ고追兵은漸迫ᄒᆞ며欲走則火海가當前ᄒᆞᆫ지라不得避身ᄒᆞ고卽向日兵交鋒하야三人을射倒ᄒᆞ니其餘壹人이逃走ᄒᆞᆫ지라乃聚集逃匿者ᄒᆞ야招船渡海而去하얏다더라

●痛根之說 本報第六百九拾六號雜報欄내女徒誘引이란題下에裵夫人敎堂에서方水淵을黜敎ᄒᆞᆫ대諸夫人이干連이란說ᄂᆞᆫ更聞ᄒᆞᆫ則純是無根之說이더라

方 水淵 告

▲去月二十七日에義兵將吳姓者가數百名을領率ᄒᆞ고孟山郡邑에突入ᄒᆞ야兵站에侵入ᄒᆞ야糧米壹百石과軍需錢幾萬兩을出給ᄒᆞ라고威嚇ᄒᆞ다ᄒᆞ고

▲目今以來로申康年의領率ᄒᆞᆫ義兵百餘名이永平東面과加平道地境에셔逗遛ᄒᆞ다가本月三日에永平新溪동에在ᄒᆞᆫ分間ᄒᆞ고日兵十餘名이四日晩에襲擊ᄒᆞ야半日을相戰ᄒᆞ다가衆寡不敵ᄒᆞ야日兵이退却ᄒᆞᆫ後에義兵은加平道城으로前往하얏ᄂᆞᆫᄃᆡ近地에派住日兵五六十名이更爲集合하야勝尾追去ᄒᆞ얏다니日間에衝突이又有ᄒᆞᆯ터이라ᄒᆞ고

▲槐山郡四面에寄居ᄒᆞᄂᆞᆫ김老綜시의兄嫂가年可三十歲寡居인ᄃᆡ月前에日兵이該시家에突入ᄒᆞ야其嫂를勒奸ᄒᆞ얏다ᄒᆞ고

▲數三日前에義兵四拾餘名이通津郡鳳岸里에來ᄒᆞ야夜則村中에横行ᄒᆞ며洞中으로軍資錢幾千兩式討索ᄒᆞ며該지장을結縛打之ᄒᆞ며一進會員幾名을指名ᄒᆞ라ᄒᆞ얏다ᄒᆞ고

▲本月四日午前四時에義徒三百餘名이山上으로부터麻田郡日憲兵隊分遣所를向ᄒᆞ야射擊ᄒᆞ야漸次接近히突擊ᄒᆞ야二時間을經過ᄒᆞᆫ後에附近方面으로退去ᄒᆞ얏다하며

▲本月六日午前七時頃에高陽郡神穴面礴石里에砲器를携帶ᄒᆞᆫ義兵三十餘名이京城方面으로부터突然히該里에入ᄒᆞ야以前兵役의關係가有ᄒᆞᆫ住民十二名을捕縛ᄒᆞ야鷄鳴時々京城方面으로押去ᄒᆞ얏다ᄂᆞᆫ報道를高陽郡日憲兵隊에서接ᄒᆞ고所兵以下五名이出張ᄒᆞ얏다더라

▲大 風 吹 塲▼

▲扶桑에天發ᄒᆞ고颶風이萬數怒號吹不同ᄒᆞ야東國山河時局이가江漢浮萍은々ᄒᆞᄂᆞᆫ다鷄海桑田皆幻化ᄒᆞ니變遷時代이아닌가

▲大風起兮여宋賊大가東渡ᄒᆞ야合併稱託ᄒᆞ고閣官所聯絡ᄒᆞ야排斥手段을施ᄒᆞ니萬里海上으로ᄂᆞᆫ바이風潮氣々ᄒᆞ니政界風波가吹撼ᄒᆞ고

▲大風起兮여拓殖會社가成立ᄒᆞ야각地方에排置ᄒᆞᆫ荒蕪地가無餘ᄒᆞ리니山川草木愁慘ᄒᆞ고生疎人物輻湊ᄒᆞᆫ다하니百姓이엇지ᄒᆞᄂᆞ냐大韓江山에吹撼ᄒᆞ고

▲大風起兮여中州消息이頻接ᄒᆞ니廣東人民이反抗ᄒᆞ야日本物品排斥案이日加月增紛紜ᄒᆞ야一時影響이所及處에不穩形態包涵ᄒᆞ니支那天地에吹撼ᄒᆞ고

▲大風起兮여靑白餘郡에付案에日人事務進行ᄒᆞ니地方匪徒騷擾ᄒᆞ야鎭靜方針晉州ᄒᆞ니爲探民情ᄒᆞ야分合議案未決ᄒᆞ니大洲州郡에吹撼ᄒᆞ고

▲大풍起兮여尹吉炳氏六條獻議ᄂᆞᆫ一進會中出身으로此時發見意外로다院議勸告紛々하야新入會出하얏스니逆旅舍가되얏고나樞院에吹撼ᄒᆞ고

▲大風起兮여五十餘名內官을一時退送合黨ᄒᆞ니區處ᄒᆞᆯ길전혀업셔陵寢을敍任ᄒᆞ니今參奉이海沐ᄒᆞ야官場風波怨生ᄒᆞ니園陵官吏에吹撼ᄒᆞ고

▲大풍起兮여大審院控訴院에辯論檢事減削ᄒᆞ고日本官人選置ᄒᆞ니풍土物情엇지아나語音不通ᄒᆞ니訴訟에脈々相對ᄒᆞᆯ다韓國法官에吹撼ᄒᆞ고

▲大風起兮여一進會의高位組織ᄒᆞ야實業間組織代로江華郡守爲得ᄒᆞ야發矜을勸取ᄒᆞ니結殺民冤이漲天지로觀察使로押上ᄒᆞ니江華變境에吹撼ᄒᆞ고

▲火風起兮여大臣에浩蕩春情太中勝事로다雖花錦帛堂에花錦春心不勝ᄒᆞ야宗社興亡不顧ᄒᆞ니送客하니失望하니대心腸에吹撼하고

社告

各地方會員이本社에投書와寄書가逐日답至ᄒᆞᄂᆞᆫ데居住姓名이昭詳ᄒᆞ고事實이據據ᄒᆞᆫ者ᄂᆞᆫ即爲掲載어니와姓名도不載ᄒᆞ고事實이模糊ᄒᆞᆫ者ᄂᆞᆫ因而置之ᄒᆞᄂᆞᆫ대假弖ᄒᆞ야又至ᄒᆞ니事甚齟齬이라從今以後로ᄂᆞᆫ投書와寄書ᄒᆞ시ᄂᆞᆫ人은居住統戶數와姓名을詳錄ᄒᆞ시되若又含糊ᄒᆞ오면進登勿施ᄒᆞ올거시니照亮ᄒᆞᆷ

本支社를左開八處에設置ᄒᆞ고玆以仰布ᄒᆞ오니本報愛讀ᄒᆞ시ᄂᆞᆫ僉君子ᄂᆞᆫ該支社로請求購覽ᄒᆞ심을務望ᄒᆞᆷ

▲信川邑六里 丁一善
▲永興郡南山동書舖 梁昌鎬
▲州郡南門內 朱伯英
▲鎭川邑館前洋약局 李正華
▲東萊邑內 明濟俊
▲成川上部面 馬應三
▲江西邑內 金昌煥
▲咸從郡耶蘇教堂 金弘舒

廣告

故副尉崔根永之子長孫이年少沒覺ᄒᆞ야無賴輩誘引ᄒᆞ야欲以僞券典當ᄒᆞ고又欲得債於無典貸ᄒᆞᆯ所云ᄒᆞ니內外國人은切勿見欺ᄒᆞᆷ

中部貫洞二十八統三戶 리召史 告白

사동雅樂隊營門越便김昌基씨宅左便살던孫龍母馬召史와新門자연우흐잔달이살던聘母申召史消息을알고자ᄒᆞ오니아시ᄂᆞᆫ이ᄂᆞᆫ每日申報社로通寄ᄒᆞ심을기ᄃᆞ림

英國華盛頓道水下頓留 孫泰鵬兒名昌龍 告白

載寧郡養元학校捐助人名
前主事林昌鉉 貳圓
幼학閔泳龍 五拾圓
巡査리東一 每朔壹圓

本所에서礦山森林土地等에對ᄒᆞ야測量及製圖를請求ᄒᆞ면不計遠近ᄒᆞ고特爲酬應ᄒᆞᆷ

京城南部履동六十七統七戶 大東測量製圖事務所 告白

本人의姪岸錫年今十八稱洞於雜類輩ᄒᆞ고外國人處에得債云故玆以廣布ᄒᆞ오니內外國人은切勿見欺ᄒᆞᆷ

中部水標橋七十九統貳戶 박敬源 告白

本人之養子玄福龍이性이浮浪ᄒᆞ야出沒京鄉ᄒᆞ야蕩敗家產故로議于宗中ᄒᆞ고已罷養ᄒᆞ오니內外國人은咸須照亮

大邱西門외동玄召史 告白

本人所居廣州郡大旺面정동坪所在賤字別字畓이不意에本面隱谷居洪姓爲名漢이與名不知日人으로暗自답驗而去라ᄒᆞ니不無挾雜之慮이기로玆에廣告ᄒᆞ오니內外國人은切勿見欺ᄒᆞᆷ

京居朱德淳 告白

●初等女學讀本

本書ᄂᆞᆫ不但女校에必要之用書라聽解를另附ᄒᆞ야在家婦女도均可便覽而增장知見이오니續續購讀ᄒᆞ심을望ᄒᆞᆷ

발賣所 漢城各書舖

本人의與新任化郡守김甲淳氏로同居ᄒᆞᆫ지六年인데挽近氏之於本人이向意ᄒᆞ야漸至疎遠ᄒᆞ더니公州本鄉에率妾ᄒᆞᆫ後數年以來로去益尤甚ᄒᆞᆫ지라本人에無依無托ᄒᆞ고不少不老ᄒᆞᆫ此身勢가是져오ᄒᆞᆯ가托身終歲ᄒᆞᆯ길이無ᄒᆞ기로從此以後ᄂᆞᆫ永爲斷緣ᄒᆞ고擇人托身ᄒᆞ야欲以終餘年ᄒᆞ오니知舊僉照亮

北署桂동 최召史 告白

本人이陽四月四日에義州枇峴驛近方에서契字圖章을遺失ᄒᆞ얏ᄉᆞ오니誰人이拾得ᄒᆞ시더라도効力이無ᄒᆞᆷ

本驛八金斗衛 告白

本人의庄土가昨秋에潛賣ᄒᆞᆫ說이有ᄒᆞ더니忽於昨冬에有面不知日本人一名이來ᄒᆞ야出示名啣曰我ᄂᆞᆫ即小公동東亞興業會社任務松島常治인대責庄七가本社에典執된지週年에消息이無ᄒᆞᆷ기로來督ᄒᆞ노라ᄒᆞ거ᄂᆞᆯ於玆에必是挾雜이나如何ᄒᆞᆫ事實인지不勝紆鬱ᄒᆞ야往探ᄒᆞᆫ즉僞造文券手標量案ᄒᆞ야昨年四月分에金壹千五百圜을松島常治에게居間指据云云ᄒᆞ니大抵田畓을典執ᄒᆞᄂᆞᆫ地에本主의面目도不見ᄒᆞ고文券의虛實도不問ᄒᆞ고巨欵을出給ᄒᆞᆷ도諸不成說일뿐더러週年이되도록一言半辭가無ᄒᆞ다가今始來督ᄒᆞᆫ것시是豈近理乎아松島常治와符同雜類ᄒᆞ야欵人取財ᄒᆞᄂᆞᆫ因謄은明若觀火이옵기玆以廣告ᄒᆞ오니內外國僉君子ᄂᆞᆫ照諒ᄒᆞ심을爲要ᄒᆞᆷ

中署樓동六十五統七戶 金公鐵 告白

本人의姓名圖章을陰曆二月初三日의火爐叢에서見失ᄒᆞ얏사오니內外國人은照諒ᄒᆞᆷ

慶尚北道淸道郡璿塔佑慶 告白

本書館에서滿朝新聞을發賣도ᄒᆞ고分傳도ᄒᆞ오니購覽ᄒᆞ시기願ᄒᆞ시ᄂᆞᆫ僉彦ᄂᆞᆫ請求ᄒᆞ시옴

南大門內尙洞教堂 前博文書館 白

基於ᄉᆞ道之原則ᄒᆞ고專於正義之誠實ᄒᆞ며以懇切爲旨ᄒᆞ야訴訟事件幷각種辯論事件을廣受依托ᄒᆞᆷ

京城저洞六拾四統二戶
東京大학前講師
辯護士 日本法律學士 木尾虎之助

中署銅峴通坊丁萬石契光耳洞拾統六戶前孤兒院瓦家三拾八間을放賣코져ᄒᆞ오니願買僉君子ᄂᆞᆫ來問于寺동孤兒院ᄒᆞ심을望ᄒᆞᆷ

京城孤兒院主 告白

本人의子玄國이가素性浮浪ᄒᆞ야蕩敗家產於酒色之場ᄒᆞ오며不些口가將至于道路彷徨ᄒᆞᆫ境이오되終不改悔ᄒᆞ고符同雜類ᄒᆞ야欲謀欺人得債ᄒᆞ오니毋論內外國人ᄒᆞ고錢財相關이다가無至見失追悔ᄒᆞᆷ

事邊獨出面 平壤居玄濟植

本人의子容琪가金貴登의姦人으로上京留連ᄒᆞ여被浮浪輩誘引ᄒᆞ야以兵干連ᄒᆞ야食怯潛伏ᄒᆞ고彼輩가服法而自法所로韵于大邱監獄ᄒᆞ야採其本事受而豪所告ᄒᆞ야移報于京部ᄒᆞ엿스니宜可另燭이어니와愚昧ᄒᆞᆫ容琪가畏怯不現ᄒᆞ니容琪를知面ᄒᆞ신僉君子ᄂᆞᆫ出頭辨明키를勸告ᄒᆞᆷ

大邱府東斗山文昌殷 告白

◉谷香葉卷煙草 大發賣

大煙百本入一箱 金一圜八十錢
全 五拾本入一箱 金九拾五錢
中煙百本入一箱 金八拾錢
小煙百本入一箱 金四拾錢
但多數購買ᄒᆞ면割引遞呈

漢城東署蓮池동六拾二統拾戶 谷香合資會社 告白

本人이製服을遣留ᄒᆞ야歸國ᄒᆞ엿다가今番還來ᄒᆞ야店務를擴張ᄒᆞ고新輸入各色春夏服과各種帽子와靴及其他諸般附屬品이具備ᄒᆞ오니特別廉價로販賣ᄒᆞ오니僉位大人은如前光臨ᄒᆞ심을敬要

貞동大漢門前祥興號主人 告白

光明書觀에서各種新學文과各種聖經을大發賣

ᄒᆞ며下水口內에支店을設ᄒᆞ엿ᄉᆞ오니僉兄弟ᄂᆞᆫ陸續購覽ᄒᆞ시옴

平壤大同館上倂二層屋

教科書類 小說書類 法政書類 文藝書類

本書館은一層擴張ᄒᆞ고各種書籍과學校用品을具備발賣ᄒᆞ오니內外國僉彦은陸續購覽ᄒᆞ심을望

冊價ᄂᆞᆫ京城冊사와同ᄒᆞᆷ

安州城內大街「큰거리」 知新書館 金達植

新撰理化學

朴晶東氏著
全一冊定價金三拾錢

一 本書의目的은小學校에敎授ᄒᆞ기爲ᄒᆞ야編輯ᄒᆞᆷ이라
一 理化學解說上에簡明ᄒᆞᆷ을擇ᄒᆞ야讀者의理解ᄒᆞᆷ을便易케ᄒᆞᆷ이라
一 理化學用語와物質의名稱은近時代漢譯의最普通ᄒᆞᆫ者로採述ᄒᆞᆷ이라
一 本書ᄂᆞᆫ理化學諸家의學說中最簡易ᄒᆞᆫ者를採ᄒᆞ야十五章으로編ᄒᆞ야學徒로ᄒᆞ야곰二個年에讀完케ᄒᆞᆷ이니陸續購覽ᄒᆞ시옴

발賣所
布병下金相萬廣學書舖
京城各書舖
平壤鍾路耶穌敎書舖
法橋大同書觀

▲株金募集廣告

本社에서農商工部에認可를承ᄒᆞᆫ바ᄋᆞᆷ기株金을募集ᄒᆞ오니願入ᄒᆞᆯ僉君子ᄂᆞᆫ左記條例를照亮ᄒᆞ심을望ᄒᆞᆷ

▲左記

一 應募期日 即保証金辨納日 自隆熙二年四月 日 至同年四月卅日 (陰三月一日 陰四月一日)
一 資本總額 拾萬圜
一 壹株金額 貳拾圓
一 保証金額 壹圜 一株에對ᄒᆞᆷ
一 第一回辨納金額 一株에對ᄒᆞ야五圜 但壹圓은辨納ᄒᆞᆫ保証金을扣除計算ᄒᆞᆷ
一 第壹回金辨納期日은(自隆熙二年五月一日至同年五月廿日)(陰四月二日陰四月二拾二日)
一 株金取扱所 株金領受所ᄂᆞᆫ 本社 韓一銀行 漢城銀行 農工銀行

創立委員 [illegible]

南署 會賢洞契六十三統九戶 二層洋屋

漢城材木柴炭株式會社 仰布

本所에서礦山 田畓 森林과宅地의測量製圖設計等事務를迅速處理ᄒᆞ오니僉君子ᄂᆞᆫ隨時請求ᄒᆞ시옴

林野測量事務所

共立新報

[illegible]

共立新報社代理人 告白

廣告

韓美電氣會社告白

割引券을發行하야四月一日부터鍾路本社及龍山停車場에서賣下홈

割引券은每券에六拾枚로編成하고代金은貳圜八拾五錢으로領收하온대每區域에셔一枚式新貨五젼과又치使用홈

龍山線區域을四月一日부터南大門外藥車停車場前으로改定홈

電車발着時間은四月一日부터改定하야夏期時間表를依行홈

漢城鍾路萬國基督敎青年會館前慈惠藥房 製藥鑑査人濟衆院醫學員洪錫厚朴慈惠李觀化告白

本人等이米國大學醫院處方을大醫學士魚丕信氏에게受業하고醫學校長劒五等泡爲氏에게有効証明을受하고左記나藥을製造하야外國賣藥規模를依하야紙匣洋鐵匣瓶에盛하야全國內地各處약店에廣貿하읍고濟衆院英字醫籍을我國漢文으로飜譯하야名稱西약便方이라하야발賣하오니四方僉君子는數拾年來經驗信用하신兄弟는不拘하고多少와路之遠近하고以書請買하시면本人은雖拾錢價値라도以小包郵便으로仰呈하오리나對定價外郵稅十전式加送하시되小數는郵票로代하시고賣藥家에서는多數貿去하시면郵便局換錢票를買送하시오且本藥房에米國(멀트드)製약會社약品(安賣)(밀크인)製약品을直輸入하야德語英語로記한方文과主治와用法을我國漢文으로飜譯發賣

標 商

補益丸 第一滋養男女 食思振起 體力活潑 補益血

定	拾日分	三十個入　金一圜
價	二十日分	六十個入　金一圜七拾五錢
表	三十日分	九十個入　金二圜五拾錢

主治大補元氣能調陰陽男子陽萎不起女子月經不調手足厥冷虛脫失氣久病人蘇完되는効力이大勝於鹿茸蔘人蔘精

[illegible]**効解瘧丸** 一日分定價金拾錢此劑은大人小兒瘧疾과虛弱腹痛에以오般用호면更不作發

[illegible]**虫丸** 一日分定價金拾전此藥은大人蛔蟲小兒蛔病의神効

四時感冒丸 一日分定價金拾전此藥은感氣몸살의쓰는약인데一二日適服호면四時寒感上下肢節頭痛에卽時痊愈

男女瘡[illegible]袪根藥 定價金五圜此藥은瘡疾의一九二期를勿論호고十조에근호도록낙을주는데口瘡과구뻑도아니니오

清明眼藥 一日分定價金拾錢此藥은火眼熱眼과各色眼疾

無惡臭疥瘡藥 定價金四拾전此藥疥瘡虫을卅分內에除

[illegible]**咳嗽藥** 五日分定價金三拾錢此藥은四時寒咳痰嗽에大効호고特히老人哽咳에消痰止咳

寸[illegible]拔根 定價金二拾錢此약寸虫消除

止足汗藥 二十日分定價貳拾錢此藥德國軍人常用

輕腫根治膏 定價금十五전此약面腫과頭腫에直差

濕腫根治膏 定價금十五전此약은男女勿論하고風寒濕으로成腫되여大起搔痒을애奇効

漢城百應膏 一封定價金十錢此약은醫學博士孝信友氏가大洋鉄匣人一個금五十錢

小兒感冒靈効散 此약池錫永氏經驗良方小兒感冒及食滯與身而熱者에神效定價金十錢

痢氣神効保嬰散 此약醫學校長池錫永氏數拾年經驗之良方小兒屎色綠而瀉○腹脹○身不安而不寐○腹痛驚悸及直視而驚悸者에神效定價금十二錢五厘

發賣所 仁川港栝挽濟生堂약房 京城梨峴賣藥商회社

世界三怪物

美國 斯密哥德 原著
韓國 卞榮晩 譯譯
壹冊 定價 拾貳錢

現世界에三大怪物이발生호야六洲에橫行호며風雲을呼喚호며愚者가此物을遇호면其魂을失호고弱者가此物을遇하면其魄을喪호야此物所過에天地가翻覆호고國家가丘墟호야上帝赤子가生命을莫保라故로是書는特히此三大怪物의眞狀을描寫호야其防備의妙策과利用의術을一々說明하야世界의生存을要求호는者ㅣ不可不一覽홀바니오니僉君子는續々購覽호시옵

▲大發賣所
中署布屛下廣학書舖金相萬
平壤鍾路耶穌敎冊肆
京鄉各書舖

◎大韓國漸發明神藥

◎**皮膚靈丹** 各種瘡疾中久瘡口吳瘍飮吐瀉定價一貼十錢

◎**至寶丸** 治諸痲瘟疾不拘久遠但有偉効定價金十錢

◎**靈效液** 外用治療治濕麻皮皴百發百中定價金三拾錢

◎**清眼水** 治諸眼疾有效良天之妙定價五拾錢

◎**通淋丸** 治男女淋疾淋疾發熱無限痛苦治一週年十錢

此外에도東西洋各國名醫의試驗藥水各種藥物이有하오니

漢城中部寺洞里第一統二戶第

製劑발賣所 奬受堂藥房

監修발行人 朴容南 告白

支店 ……

代理店 西署……藥局 仁川……生堂

國內各處藥局에서發賣홈니다

簡易商業簿記學

全一冊 定價金 四十五錢

本書는簿記中最近한理와精妙한形式을精細히解釋호야了解케簡易호도록撰述호者니一般商業家에不可不一次閱覽할者뿐아니라中學以上學校에敎科로用할도適當하니陸續購覽호심을希望홈

발賣所 布屛下 廣학書舖 洞口越便中央書館 城東便 滙東書館 寺洞 漢陽書館 鍾路 大東書市 鍾路古今書海과

禽獸會議錄

滑稽小說
弄球室主人 著述
裝紙石版寫眞印刷
全一冊 定價金拾五錢

▲本小說은新体文壇의滑稽的小說로空前絶後의一大禽獸會議를開催하고世界의動物이演壇에集合하야人類와禽獸의優劣과造化主宰의眞理를討論批評하는光景을傍聽寫眞하야讀者諸君에게紹介하오니吾人類社會의罪惡을暴露하며諷刺的批評이奇拔하야其滑稽的文体가光彩陸離하며國文小說界에一大異彩를放하였스니實로한번보실만한好物이오

▲발行元 皇城新聞社組台

▲分賣所 中署罷洞橋路 中央書館 中署寺洞路 大東書市 南署大廣橋東邊 匯東書館 仝 古今書海 西署남門外 新舊書林 남署銅峴 博文書館 남署銅峴 博학書館 中署布屛下 廣학書舖

今現業院에서各項事務를一新擴張하오며

今現業院에서各項事務를一新擴張하오며金裝與銀裝各種齒牙와老小圓沒數落齒를補하며拔齒하며入齒時에毫無苦痛케하는技方을有하며料上面을無料로受하압는니四方僉君子는照亮하심을敬希홈

京城南大門內醫藥人齒科醫敎家 齒科醫士 韓大衛 告白

▲特別廣告

本社에서名帖印刷部를另設하고各樣活字와印刷機械를本社에服務하야名帖을精美한格式으로印刷하오되特別히廉價로發賣하오니僉位는來臨하시와隨意請求함

大韓每日申報社 告白

▲寶洞里 趙士國 趙官國 각壹圜 朴利歡 趙禮國 각四拾錢 合二圜八十錢

▲大橋里 김利柱 리泰和 각發圜 리芝寶 리濟收 리濟亨 리芝헌 각五拾錢 리觀彬 三十錢 田雨涉 貳十전 合四圜五拾錢

▲瓦山里 김宗鉉 一圜五拾錢 金玄道 一圜二拾錢 白永周 리昌白 金應濟 각一圜 金鍚鎬 八拾錢 姬承鎬 林永德 각五拾錢 張학仁 김의南 박學驥 金鍾浩 金玄瑞 각三十錢 合九圜

▲兩浦橋里 鄭增鎬 鄭大烈 鄭濟烈 鄭泰烈 鄭泰哲 각二拾圜 金禧浩 鄭世根 각八拾五錢 鄭世附 鄭世斗 金俊基 박學植 鄭世興 각三十五錢 合八圜五錢

▲八井里 金福鎬 김相歡 각壹圜 김洛仁 孔憲학 各六拾九전 合三圜三十錢

◎國債報償總合所收入廣告

仁川港寺洞新洋新聞冊肆

勞働者執筆冊 …

◎水柔郡蘇湖面鼎巖里

▲姜錫祥發圜五拾錢 姜貞祥 김九寶 자發圜一拾전 姜觀允 發圜 김寧柱林元涉 각七十錢 姜達祥 김석寶 김觀天 각六十전 김淳國 五十전 宋運敬 四十전 徐京淳 宋利涉 成圭俊 각卅十전 合九圜六拾錢

▲洞興里 龍文浩 리洛模 郭日鎭 各五十전 成圭涉 崔학洙 각二拾錢 최학一 十전 合圜

◎本社廣告

○申報價

一張代金	新貨二錢五厘	
一個月前納	三十錢	
三個月	九十錢	
六個月	一圜七十錢	
一個年	三圜四十錢	
郵稅一張	新貨五厘	
一個月	十三錢	

發行兼編輯人 裵說

發行所 漢城西部外洞三統六戶 大韓每日申報社

漢城鍾路萬國基督敎青年會館前西洋藥材局慈惠藥房內에醫院을新設 內外科診察醫 洪錫厚看護婦三年生沈慈惠 東西洋各科의良藥을發賣主任 朴慈惠李觀化

第六卷

大韓每日申報

第七百七十七號

月曜及慶節
識時日休刊

檀君開國四千二百四十一年
箕子元年三千三十年
大韓開國五百十七年
日本明治四十一年
淸國光緖三十四年
陰曆戊申三月小初十日乙未

論說

○尙武敎育의必要

國家에孟賁、烏獲、奧章、許褚만彌滿ᄒᆞ면其結果가如何ᄒᆞᆯ가其國은곳暴力競爭에弱肉强食ᄒᆞᄂᆞᆫ修羅場을化成ᄒᆞᆯ뿐이니吾ㅣ此를不願하며

國家에呂尙、孫빈、張良、諸葛等만充斥ᄒᆞ면其結果가如何ᄒᆞᆯ가其國은곳生機頓絶에無色無氣ᄒᆞᆫ捏槃界를變作ᄒᆞᆯ뿐이니吾ㅣ此도不願ᄒᆞ노라

夫唯如是라故로壹國存立上에文과武를可히偏用치못ᄒᆞᆯ지오智와力이반다시幷存ᄒᆞᆷ을要ᄒᆞᄂᆞ니是ᄂᆞᆫ可存이라ᄒᆞ며彼ᄂᆞᆫ可廢라ᄒᆞ거나是ᄂᆞᆫ可重이라ᄒᆞ며彼ᄂᆞᆫ可輕이라ᄒᆞᄂᆞᆫ言論은彼翼을可隻이오輪을可單이라ᄒᆞᄂᆞᆫ妄見과其優劣을擇ᄒᆞᆯ비無ᄒᆞ도다

然則文과武ᄂᆞᆫ恒常其功用이均一ᄒᆞ야緩急先後의別이無ᄒᆞᆯ가ᄒᆞᆫ즉또ᄒᆞᆫ不然ᄒᆞ나니即武가弊되ᄂᆞᆫ境遇에ᄂᆞᆫ不得不文으로其弊를矯正ᄒᆞᆯ지오文이弊되ᄂᆞᆫ境遇에ᄂᆞᆫ不得不武로其弊를矯正ᄒᆞᆯ지라各其境遇를隨ᄒᆞ야各其緩急이有ᄒᆞᄂᆞ니余ᄂᆞᆫ時代와環境을回顧ᄒᆞ야尙武敎育의必要를絶叫ᄒᆞ노라

彼獨逸聯邦을試觀ᄒᆞᆯ지라壹戰에悍奧를摧ᄒᆞ며再戰에驍佛을蹴ᄒᆞ야國勢를如彼히肆張ᄒᆞ야歐洲에雄視ᄒᆞᆫ지其原因이無ᄒᆞ리오敗衂心이富ᄒᆞᆫ人民은俾斯麥의鐵血政略으로鼓動前進ᄒᆞᆷ에不過ᄒᆞᆫ지라物質的獨逸이成立되기前에精神的獨逸이先成ᄒᆞ야精神所到에物質이發現ᄒᆞᆷ이니精神은何오尙武敎育이即是니라

然이나尙武敎育의精義ᄂᆞᆫ又弱不振의弊害를除却ᄒᆞ고不羈獨立의精神을발揮ᄒᆞᆷ에實在ᄒᆞᆫ지라是를誤解ᄒᆞ야戰鬪殺伐을是勸是獎하ᄂᆞᆫ者ㅣ라勿謂ᄒᆞᆯ지니即國民으로ᄒᆞ야금戰鬪殺伐의能力을準備케ᄒᆞᆷ은有ᄒᆞᆯ지언뎡國民으로ᄒᆞ야금戰鬪殺伐을常行케ᄒᆞᆷ은아니니라

然則尙武敎育의方法은如何ᄒᆞᆯ가其要ᄂᆞᆫ有二ᄒᆞ니

(一)國民一般의體育을發達케ᄒᆞ야國民으로ᄒᆞ야금雄偉活潑ᄒᆞᆫ氣格을帶有케ᄒᆞᆷ이오

(二)各種學問을機械的(即無生脈)으로敎育치말고반다시愛國的精神으로鼓吹ᄒᆞ야爲國禦侮ᄒᆞᄂᆞᆫ性能을保有케ᄒᆞᆷ이是니라

外報

●公使派遣裁可 北京電을據ᄒᆞᆫ즉淸國이十崎씨가淸國에셔暹羅와條約을締結ᄒᆞ야公使를派送ᄒᆞ고又波斯國西貢에領事를駐箚케ᄒᆞᄂᆞᆫ件을上奏ᄒᆞ야裁可를蒙ᄒᆞ얏더라

●淸國立憲期限 淸國에셔昨年에立憲預備의上諭를頒布ᄒᆞᆫ後에各黨의匪亂이起ᄒᆞ야朝廷에셔其鎭撫에奔忙ᄒᆞᆫ貌樣이더니此ᄂᆞᆫ立憲實施의期限이未定ᄒᆞᆫ所以라ᄒᆞ야軍機處에셔實施期限을確定ᄒᆞᆫ意로上奏ᄒᆞ야十五年後에憲政을實行ᄒᆞ기로確定ᄒᆞ고各部院에通知ᄒᆞ얏더라

●淸國外債募集說 上海電을據ᄒᆞᆫ즉淸國에셔滿洲에要ᄒᆞᄂᆞᆫ二千萬兩을英國에셔募集ᄒᆞᆫ다ᄂᆞᆫ說이有ᄒᆞ더라

●淸國人放逐 三百名의淸國人은人頭稅納付ᄒᆞᄂᆞᆫ事에對ᄒᆞ야反抗ᄒᆞᆷ으로晩香坡에셔放逐되얏다더라

●三國同盟改締 四月二日발倫敦電을據ᄒᆞᆫ則先頃의英皇帝와獨伊兩皇帝와御會見ᄒᆞᆫ際에三國同盟改締에關ᄒᆞ야御協議가有ᄒᆞ얏ᄂᆞᆫ데新協定은本年度로븟터來年度ᄭᆞ지延長ᄒᆞᆯ터이오遠大問題가될줄로思料ᄒᆞᆫ다더라

●英國의歲計剩餘 壹千九百七年乃至八年度의英國政府의歲計剩餘ᄂᆞᆫ約五百萬磅에達ᄒᆞ얏더라

●羅馬擾亂 昨日羅馬에셔勞動者의示威運動이有ᄒᆞ야群集ᄒᆞ얏ᄂᆞᆫ데解散의命令을無視ᄒᆞᆷ으로軍隊ᄂᆞᆫ街路의群衆을驅逐ᄒᆞ야三名의死亡者와十壹名의負傷者가生ᄒᆞ고警官廿壹名이毆打負傷ᄒᆞ야形勢가大段不穩ᄒᆞᆷ으로商店을閉鎖ᄒᆞ고電車의運轉을休止ᄒᆞᆫ結果로守備隊ᄭᆞ지派遣ᄒᆞ얏더라

寄書

◉歌曲改良의意見 琴兮

凡風俗之移人이導之以善則善ᄒᆞ고導之以惡則惡ᄒᆞ야一或成俗이면雖미猝變이나然이나現今我韓國內所習歌謠ᄂᆞᆫ無非病風傷俗之風驗則不可不改革이亦一急務라所謂妓女唱夫及街路兒童이開口則所謂歌曲이都是수심가난봉가알으랑흥타령等類뿐이니此何窮凶巨惡淫談悖說之成習也오彼等愚賤之尋常行之를不足掛齒라ᄒᆞ면豈可曰導之以善之有也리오道聞尤有痛歎痛惜者ᄒᆞ니所謂宮人名色이與此倂唱에猶恨不淫悖之益甚ᄒᆞ니是爲々國乎아是爲々家乎아此時가何時오實非諸君宴樂之日而況若有壹點人子之本性이면豈可擧而安而坐聽此妖言狂說哉아爲之寒心處로다

蓋英雄濶達之詞와壯士慷慨之歌ᄂᆞᆫ古今이何異리오만은至若此等亡身亡家亡國之荒音은宜有警吏之痛禁而置諸度外ᄒᆞ니亦何故也오以外相觀之면此未免蓄古之論이나然이나其實은際此開明前進之時代ᄒᆞ야妨害志氣가莫此爲甚也라所以冒敢一謳而且不可無子弊故로先以陳談數句로製呈ᄒᆞ니幸須宜本此義ᄒᆞ야更爲研究田報하야彼妖妄謠語之繫와神脫坐尸之類焉이어다

第一章

人生이處世ᄒᆞ니春直가웃음이라黃金又芒이光陰을伐齊爲名虛送ᄒᆞ니於焉圖忠도孝도다못ᄒᆞ고後世에무엇을

第二章

노지마오노지마오늙어지면恨되나니花無十日紅이오달도차면기우나니人生이一場春夢이라늙기젼에

第三章

靑山아무러보쟈古今事를네알니라興亡盛衰ᄂᆞᆫ只在人이오不在蒼天이라함에제일을제가잘못ᄒᆞ고미양怨天

第四章

자부시오자부시오이술한잔자부시오이술이술아니라익국으로비져너혀일심단례걸너ᄂᆞ니文明발達自由酒라만일하잔자부시면忠죽盡命ᄒᆞ오리다孝當竭力ᄒᆞ오리다권권할제잡으시오

雜報

●仁校運動費捐補 仁川港通信을據ᄒᆞᆫ즉官公私立학徒春期聯合運動에財政이荷艱ᄒᆞᆫ데無他道理ᄒᆞ야面議所에셔擔任ᄒᆞ고面內十二洞代表會同ᄒᆞ야財政方針을研究ᄒᆞ야期於實施ᄒᆞ도록協議之際에內局娼妓等三拾五名이合四拾圓과府內面淸潔役夫等二拾七名이合拾圓을面議所에寄付ᄒᆞ야運動經費를補用ᄒᆞ라ᄒᆞ고또각社會紳士及각동이一唱百諾ᄒᆞ야運動經費를充數ᄒᆞ기로可決이되얏다더라

●測量校試驗 西北학會館內에測量학校를設立ᄒᆞ고학員을募集ᄒᆞᄂᆞᆫ데試驗은國漢文讀書作文과算術分數以內오試驗日은本月十八日土曜上午十二時라더라

●兩冊發刊 前理事朱宗均氏가著述ᄒᆞᆫ法학通論四千餘部와經濟학三千部를現今발行中이라더라

海外稗談

第二章 二喜堂主人 譯

俾斯麥의狼狽 (續)

乃自行至櫃街ᄒᆞ니適有街車가過ᄒᆞ거ᄂᆞᆯ招而乘之ᄒᆞ고竟至外務省ᄒᆞ야幸與外務大臣으로相値ᄒᆞ니라

乃其所聞으로覆述殆徧ᄒᆞ니外務大臣이聞而大驚ᄒᆞ더니良久에言曰此乃英國大使所言耶아ᄒᆞ거ᄂᆞᆯ大使가曾托無他人故로余乃謊辭對曰否다某ㅣ久不見英國大使오라某有友人이自栢林來訪ᄒᆞ야與此事ᄒᆞᄂᆞᆫ지라其人之姓名은未可明告로대其所言則明白確實ᄒᆞ니라外務大臣이聞ᄒᆞ더니驚狂欲絶ᄒᆞ며援筆頓足曰畜生이敢我ᄒᆞ도다畜生々々ᄒᆞ면서罵不絶口ᄒᆞ더라事旣至此ᄒᆞ니余亦非所料及이라卒然問曰密約이稿를已交送于彼乎아外曰然ᄒᆞ다德公使가屢次密約艸案을當由法國先定이라ᄒᆞᄂᆞᆫ故로已於四日前에交與之ᄒᆞ니今必在俾斯麥之手中矣로다可恨哉라畜生이여ᄒᆞ거ᄂᆞᆯ余以善言으로慰解外務大臣ᄒᆞ고且爲定計曰密約艸稿가今雖在俾斯麥手中이나君이但一書ᄒᆞ야使余로帶至栢林(德國서울)公使館ᄒᆞ면余能取還之ᄒᆞ리라外大臣君이此事를肯任ᄒᆞ니良足感激이로다請君은遂去ᄒᆞ라嬉々大一字勳章이必爲君ᄒᆞ야矣라ᄒᆞ더라

未完

雜報

●夫人陪見　皇太子殿下陪從臣東宮大夫高羲敬氏의夫人이本月拾二日에日本東京으로발程ᄒᆞᆯ터인故로本日에 昌德宮에 陛見ᄒᆞ다더라

●宮舍廣求　順和宮은門外로移去ᄒᆞ야 嚴嬪祠宇를奉安ᄒᆞᆯ것슬 貴妃께옵서未安이넉이샤該宮은據ᄒᆞ니로定ᄒᆞ시라고四方으로家宅을求ᄒᆞ시ᄂᆞᆫ데日昨에北署壯洞紫橋前奉侍리㳟署氏家舍를洪尙宮을命送ᄒᆞ야看審ᄒᆞ야入去ᄒᆞ얏ᄂᆞᆫ데該家도合當치아니ᄒᆞ야現今廣求ᄒᆞ신다더라

●義親修費　義親王宮을洋屋으로建築ᄒᆞᆫ다ᄂᆞᆫ說은前報에已揭ᄒᆞ엿거니와該宮修理費豫筭이二萬圜이라더라

●歸期更延　日本에渡去ᄒᆞᆫ學部大臣의歸任期限을二週日로定ᄒᆞ얏다더니更히四週日로延期ᄒᆞ얏더라

●統監云到　伊藤統監이歸任次로발程ᄒᆞᆫ다ᄂᆞᆫ說은前報에已揭ᄒᆞ엿거니와本月拾六日에仁川港에到着된다ᄂᆞᆫ說이有ᄒᆞ더라

●滕到松去　宮내府次官三保松氏ᄂᆞᆫ行政上에有何未妥ᄒᆞᆫ事인지ᄂᆞᆫ不知어니와伊藤統監이歸任後에ᄂᆞᆫ遞任이되리라ᄒᆞ더라

●懸請記者　法部大臣趙重應氏가昨日에國民新報社로電話ᄒᆞ되伶利ᄒᆞᆫ記者一人을明日須知分氏追悼會席으로派送ᄒᆞ라ᄒᆞ얏다더라

●云待伊藤　中樞院議장以下三氏에遞職案件은統監府에同意를請ᄒᆞᆷ은已報ᄒᆞ얏거니와更聞ᄒᆞᆫ즉伊藤統監歸任後에結果된다고ᄒᆞ더라

●兩씨云任　中樞院議長副議長이幷爲遞任ᄒᆞ다ᄂᆞᆫ데其後任人을更聞ᄒᆞᆫ즉議長은俞吉濬씨가被任ᄒᆞ고副議長은鄭진氏가被任ᄒᆞ다ᄂᆞᆫ說이有ᄒᆞ더라

●徐遞帝任　帝室財產整理局長徐廷岳氏ᄂᆞᆫ將次遞任되고其代에ᄂᆞᆫ前參書官김益魏氏가被任ᄒᆞᆯ다더라

●日標不禁　義嬪墓所垓字내에日人이挿標ᄒᆞᆫ거슬掌禮院에서摘奸ᄒᆞ다ᄂᆞᆫ事ᄂᆞᆫ前報에已揭ᄒᆞ얏거니와該日人主事兩人이往看ᄒᆞᆫ즉果是該墓所垓字니至近地인대墓所與挿票之間에民家田土가有ᄒᆞᆫ지라日人主事가言ᄒᆞ되有家有田ᄒᆞᆫ즉插票ᄒᆞᆯ거시無碍라ᄒᆞ고又言日從當谷 陵垓字니도調査ᄒᆞᆫ後幷許可ᄒᆞᆯ터이라ᄒᆞ고禁止치아니ᄒᆞ고入來ᄒᆞ얏다더라

●宴費收斂　去月 乾元節慶祝秘園苑遊會에宴費를收斂ᄒᆞᆫ데勅任官외게ᄂᆞᆫ三圜式이오奏任官은壹圜五拾젼式이오判任官은三十젼式이라더라

●視察入城　학部書記官리敏應과事務官小杉彥治와主事리完應三氏가全羅남北道각公私立학校를視察ᄒᆞ고昨日上午壹時에還來ᄒᆞ엿다더라

●申氏有憂　大東학會會長申箕善氏ᄂᆞᆫ近日何事件을因ᄒᆞᆷ인지寢食이不甘이라ᄂᆞᆫ데新聞上에論駁을當ᄒᆞᆫ所以인듯ᄒᆞ다고들ᄒᆞ더라

●面議何事　忠北觀察使리鍾成氏가緊切面議事가有ᄒᆞ야上京ᄒᆞ겟스니暫爲許由ᄒᆞ라고내部로報告ᄒᆞ얏다더라

●濁酒觀察　公州觀察使梁在爨氏가會社에談遊稗術으로在ᄒᆞᆯ時에該府底酒家를壹壹히詳知ᄒᆞᄂᆞᆫ故로現今觀察使로短杖을携持ᄒᆞ고酒家를尋訪ᄒᆞ야昏醉無度ᄒᆞᆫ다더라

●三年狗尾　前協辦최榮夏氏家에서昨夜에其々官入九氏가宴費四圜式을其收斂ᄒᆞ야妓生과三牌로壹夜를迭宕히遊ᄒᆞ얏다더라

●卽壹一進　順川郡守리興雨氏가一進會에請이면惟命是聽ᄒᆞ야近日에屢百年禁養ᄒᆞ던社稷山及邑後麓松木을一進會에許給ᄒᆞ야無端斫伐케ᄒᆞᆫ다고西來人의傳說이有ᄒᆞ더라

●獸皮新社　前郡守鄭義東씨가資本家를募集ᄒᆞ야獸皮株式會社를現今設始中인데股本은拾萬圜으로酌定ᄒᆞ야每股에五十圜式募集ᄒᆞᆫ다더라

●權道督捧　權益相氏가昌原郡守在任時에公逋가四千圜니一千圜은警視廳에被捉時에納上ᄒᆞ고其餘三千圜을現今督捧中이라더라

●柴賊復入　楊州廣州等地柴商을義兵이上京賣柴치못ᄒᆞ게ᄒᆞᆫ다ᄂᆞᆫ說은前報에已揭ᄒᆞ엿거니와該柴商의困難ᄒᆞᆫ情況을義兵의게懇請ᄒᆞ야日昨봇터上京賣柴를許給ᄒᆞ야三昨日爲始ᄒᆞ야東郊柴馱가連續入城ᄒᆞᆫ다더라

●義吾還吐　平남負商都班首劉智鉉이가各郡負商等의國債報償金을酒食ᄒᆞᆫ事ᄂᆞᆫ前報에已揭ᄒᆞ엿거니와更聞ᄒᆞᆫ즉平壤郡負商等이該道裁判所에告발ᄒᆞ야其餘條四十餘圜을當場納上케ᄒᆞ니道내負商等이一齊會同ᄒᆞ야曰此王國賊이니不可暫留라ᄒᆞ야聲罪黜逆ᄒᆞ고各郡公事와倫食條도到底히調査ᄒᆞ야期於히納上케ᄒᆞᆫ다더라

●海郡天疫　海남郡郡壹面과外三面에天然痘가발生ᄒᆞ야死亡者가七拾餘名이라고木浦警察署에서衛生局으로報告ᄒᆞ얏다더라

●應試過數　再昨日에官立語學校에서日語教員을試取ᄒᆞ야八拾七名을試選ᄒᆞᄂᆞᆫ데應試者가近四百名에達ᄒᆞ얏다더라

●未解生疑　森林이라ᄂᆞᆫ것슨無論何國ᄒᆞ고人民의게關係가不少ᄒᆞᆫ것인데森林法實施에對ᄒᆞ야農商工部令으로頒布ᄒᆞᆷ이人民의疑端處가多有ᄒᆞ야解得키難ᄒᆞ다ᄂᆞᆫ되此ᄂᆞᆫ日文의飜譯을因ᄒᆞᆷ이라더라

●甑民呼訴　甑山郡所在ᄒᆞᆫ동은太是民有田畓으로年前의慶善宮에附屬이되지ᄒᆞ現今整理調査局에서民有地를調査ᄒᆞ야還爲出給ᄒᆞᆫ다ᄂᆞᆫ說을聞ᄒᆞ고該洞民鄭在璜等이調査局에呼訴ᄒᆞ얏다더라

●佳緣無跡　妓生飛燕이가何許日人捧債事에對ᄒᆞ야立保ᄒᆞᆫ事가有ᄒᆞ고日人은妓生과壹夜佳緣이有ᄒᆞ얏던지償用者가逃躲ᄒᆞ민該日人이飛燕의게徵捧코ᄌᆞᄒᆞ야警視廳과漢城裁判所에서屢度對質ᄒᆞᄂᆞᆫ데妓生은日人과壹夜佳緣이有ᄒᆞ다ᄒᆞ고日人은初無是事라ᄒᆞ야互相未決中이라더라

●天疸講防　釜山港磯會社에日美人을보내가ᄂᆡ部에請願ᄒᆞ되該磯近地에天然痘가流行ᄒᆞ야生命에橫罹之禍가不無ᄒᆞ기로此를豫防코ᄌᆞᄒᆞ야衛生支局을設立ᄒᆞᆯ터이니認許ᄒᆞ라ᄒᆞ얏다더라

●日賊可畏　軍部掌樞社過春이가該部二月度月俸四千圜을泥峴銀行에서覓來ᄒᆞ다가不知中日本賊漢의게二千圜을見失ᄒᆞ야枕시ᄒᆞᆫ徵納하얏ᄂᆞᆫ데從今以後로ᄂᆞᆫ該部各局課에서壹人式偕往推尋ᄒᆞ기로定ᄒᆞ얏다더라

●是何日人　去壹日下午八時에西署壯元亭後山에서日人壹名이致死ᄒᆞ얏ᄂᆞᆫ데警官이出張檢屍ᄒᆞᆫ즉住所와姓名은未詳ᄒᆞ나天然痘에罹ᄒᆞ야道路에往來ᄒᆞ다가致死ᄒᆞᆷ이라더라

●리則無犯　리鍾학氏의被囚ᄒᆞᆫ事件은漏聞ᄒᆞᆫ즉該氏의親舊가日人의게軍器를貿去ᄒᆞᆫ事가有ᄒᆞ고該氏ᄂᆞᆫ少無干連이라더라

●郊外義擾　東來人의所傳을據ᄒᆞᆫ則東大門外三四拾里만出往ᄒᆞ면義兵이連絡不絕ᄒᆞ야行路가不便ᄒᆞ다더라

●四郡賊警　公州懷德連山鎭岑四郡境내에ᄂᆞᆫ賊黨이三々五々히擔銃橫行ᄒᆞ야饒戶ᄂᆞᆫ這々搜索ᄒᆞᄂᆞᆫ데貧民도壹般驚劫ᄒᆞ야安堵無路라더라

●會館新築　校동에在ᄒᆞᆫ西北학會會館은壹新히三層洋製로建築ᄒᆞᆯ터인데舊家舍ᄂᆞᆫ材木으로毀撤放賣ᄒᆞᆫ다더라

●兩校運動　私立廣興學校와廣信商業학校에서春期大運動을來日曜日에東門外永道寺로出往運動ᄒᆞᆫ다더라

●專校卒業　東洋協會專門학校에서來十二日午前拾二時에第壹回卒業式을擧行ᄒᆞᆫ다ᄂᆞᆫ데各部次官及高等官을請邀ᄒᆞᆫ다더라

●女校費筭　漢城高等女학校에壹年所入費가壹萬餘圜으로筭定ᄒᆞ얏다더라

●嶺友親睦　在京ᄒᆞᆫ慶尙南北道학生等이來日曜日上午拾壹時에普光학校內에서親睦會를組織ᄒᆞᆫ다더라

●韓會開會　大韓協會에서本月十壹日下午壹時에前訓鍊院大廳에서通常總會를開ᄒᆞ고會務를處理ᄒᆞᆫ後傍聽을許ᄒᆞ고尹孝定氏ᄂᆞᆫ時局의急務論으로金明濬氏ᄂᆞᆫ民權의如何란問題로演說ᄒᆞᆫ다더라

▲地方消息▼

▲去月二拾八日寧遠郡東남三里溫泉에서壹百五拾餘名義兵이日守備隊와交戰ᄒᆞ얏다ᄒᆞ고

▲去月二十貳日午前拾時에加平西北約四里되ᄂᆞᆫ木林村附近에서二百餘名義兵이日騎兵及巡査若干과五時間을交戰ᄒᆞ다가深山窮谷으로退去ᄒᆞ얏다ᄒᆞ고

▲去月三拾一日午後五時에慶尙남道夢石동附近에서차臨甫외率ᄒᆞᆫ義兵七拾餘名이日守備隊와二拾分을交戰하다가居昌及修道寺方面으로退去ᄒᆞ얏다ᄒᆞ고

▲本月二日午前八時에江原道下佳溪附近에서義徒約壹百五拾名이三方面을包圍ᄒᆞ고日守備隊를激烈히衝突ᄒᆞ얏다ᄒᆞ고

▲本月三日原州文幕西方約壹里新岱村에서정東鉉의率ᄒᆞᆫ義兵二拾餘名이日守備隊와數三時間을交戰ᄒᆞ다가退去ᄒᆞ얏다ᄒᆞ고

▲本月三日午前六時頃에星州巨勿里附近에서義魁박鳳來외率ᄒᆞᆫ三拾餘名이壹時間을日守備隊와間에交戰ᄒᆞ얏다더라

東京電報

八日발

●干連者處罰　第二辰丸抑留事件에干與ᄒᆞᆫ淸國官吏中에重ᄒᆞᆫ者ᄂᆞᆫ位記勳章을褫奪ᄒᆞᆫ處分을受ᄒᆞ고輕ᄒᆞᆫ者ᄂᆞᆫ譴責ᄒᆞᆫ다ᄂᆞᆫ公報가有하얏더라

同日발

●婦人知恥　廣東에서ᄂᆞᆫ國恥會라ᄂᆞᆫ婦人團體가起ᄒᆞ야日本物品購買排斥運動을開始ᄒᆞ얏다더라

▲醉生夢死▼

智唖生

▲春眠을느지ᄭᆡ여壹大白을滿引ᄒᆞ고環顧壹世思量ᄒᆞ니滔滔皆是뎌人物이醉生夢死ᄒᆞᄂᆞᆫ고나

▲國存ᄒᆞ면家保ᄒᆞ고國無ᄒᆞ면家亡이라登時功名貪ᄒᆞ니여國興亡不關ᄒᆞ고國權讓與웬일인가割肉充腹하ᄂᆞᆫ고나內閣大臣의醉夢이오

▲政治得失質問ᄒᆞ야民權設立藉稱ᄒᆞ고魚頭鬼面聚ᄒᆞ야同惡相濟成羣ᄒᆞ고同胞搆誣甘作ᄒᆞ니外人창鬼榮光이라壹進會의醉夢이오

▲海外東풍吹到處에壹輻羅工浮沈ᄒᆞ나喬木世家某某人은偏被國恩숫깃만袖手局外高臥ᄒᆞ야越視秦瘠ᄒᆞᄂᆞᆫ고나元老宰相의醉夢이오

▲日兵의厚待ᄒᆞ면義兵追剿執탈ᄒᆞ고自衛團을實施ᄒᆞ면民心煽動엇지ᄒᆞᆯ가棄官歸家ᄒᆞᄌᆞᄒᆞ나當場飢渴苦々ᄒᆞ다各郡守의醉夢이오

▲勢力이殘滅ᄒᆞ야仕宦圖得ᄒᆞ엿고資本難辦ᄒᆞ야商業爲生ᄒᆞ엿다三旬九食뎌生涯ᄂᆞᆫ百計沒策엇지하나窮措大의醉夢이오

▲趣旨規則발起ᄒᆞ니開明目的될듯ᄒᆞ나釣取名譽뎌行動이權門締結奔走ᄒᆞ다互相爭鬪眈眈ᄒᆞ야有始無終ᄒᆞᄂᆞᆫ고나假志士의醉夢이오

▲有勢家에出入ᄒᆞ야百万으로納媚ᄒᆞᆯ제五臟六腑잇것마ᄂᆞᆫ不顧廉恥哀乞ᄒᆞ되內外官職不給ᄒᆞ리外人의게占奪된다仕官客의醉夢이오

▲運輸來往便利키로汽차搭乘爭奪ᄒᆞ다三處鐵路불즉시면良田美土盡入이라目前小利貪取ᄒᆞ야心腹大患不知ᄒᆞ니乘차客의醉夢이오

▲國債報償못ᄒᆞ면金江山이뉘것되나千萬石秋收坪이自己物件永久ᄒᆞᆯ가貧賤者ᄂᆞᆫ出義컨만何主意厭避ᄒᆞ노資本家의醉夢일세

廣告

本人姓名圖章과曹敬順姓名圖章을南門停거場에서見失이오니內外國人은照亮홈
西署大平洞留金尙元 告白

本人等이物品賣買에便利迅速홈을爲ᄒᆞ와西部毛橋南邊洋屋에競賣所를設始ᄒᆞ오니僉君子ᄂᆞᆫ來臨相議ᄒᆞ심을敬要
競賣所主리喜子 告白

本人이陰三月八日에名函圖章을遺失ᄒᆞ얏기玆에廣告ᄒᆞ오니內外人間誰某拾得이라도切勿施行홈 元山至喜化 告白

本人이再昨日에小格洞路上에서紙貨壹圜을拾得ᄒᆞ얏ᄉᆞ니見失ᄒᆞ신이ᄂᆞᆫ來覓홈 小格洞五十七統拾戶申章회 告白

本人이小安洞九統拾四戶외崔仁國許賣立旨를셔失ᄒᆞ얏기廣告홈 大安洞三十七統七戶金稀洙 告白

本會社所管壹萬壹千坪의農作地가蠶島에在ᄒᆞᆫ바該墓地를貰給ᄒᆞ더이니農作에有意ᄒᆞ신僉君子ᄂᆞᆫ本會社로來臨問議ᄒᆞ심을望홈
京城水道會社 告白

本人이장호拾斗落이安岳龍門一所小川동에有ᄒᆞᆸᄂᆞᆫ대本人외同腹兄田淵乃가僞造文券을ᄒᆞ야他人處에放賣ᄒᆞ얏다니誰某던지虛買치마옵
黃海道安岳龍門二所玫花동 張若來 告白

法學講習所第壹回貳回講員이同窓親睦契를組織ᄒᆞ고設立總會를來日曜日(本月拾二日)下午壹点종에本所로開ᄒᆞ오니첨講員은屆期光臨ᄒᆞ심을望홈
法學講習所書記리晳相 告白

本人龍山稅차內圖章與紙貨四圜白銅貨三拾五兩서失誰某拾得來ᄒᆞᆫ于太平동六拾二統三戶甚望 朴古煥 告白

●興학社第四回合格人員廣告

論說貳等李曉雨 三等우康濟 等外永興 林秉薰 柳寅熙
小說二等申發元 三等元容晋 等外 陸定洙 李昇煥
詞藻壹等리康洽 貳等成斗永 三等정貞會 尹선求 四等尹龍求 정爽朝 김直洙 白奉德 五等金容雲 高斗相 劉秉微 梁璟煥
作文壹等趙鏞周 二等리弼夏 三等김元祜 木川洪承澈 四等리鍾敎 리濬浩 五等尹成濬 玉輪世
歷史二等金正琪 金敎恩 三等開城崔寅鉉 安鍾烈 四等김元祜 安東洙 安鍾哲 安享遠 姜文煥 五等尹丙燮 木川洪承澈
地理三等김元祜 崔在洛 姜文煥 殷斗煥 四等安東洙 리宅承 平壤김濬植
筭術一等김義增 二等平壤崔在琛 정爽朝 三等김敎翰 김敎恩 김正선 정志衍 정寅晧 四等최翼參 嚴秉鎔 木原리積升 리昌林 김演韶 洪鐘郁 權容珏 沉友燮 리容浩 정寅會 五等洪관植 리寅翊 리桂夏 리容薰 김在奇 車화東 安鍾淳 尹丙燮 權永鶴 김正琪 朴準星 리潤甲 陸炳麟 徐延完 정寅祜 讀與九 康漢永 尹炳烈 尹泰權 남正熙
譯語一等 리元榮 二等리桂夏 三等김敎翰 리漢商 四等김正琪 남光회
日語壹等尹達洙 二等任明淳 三等宋申翔 成斗永 韓重烈 四等趙興九 劉鍾烈 리濟敏 김元祐 리基浩 차學박 奉柱 閔政鎬 柳純一 崔在惠 申泰鉉 權任淵 洪承者 安鍾烈 최在洛 김容선

右合格人員壹百丁人

第五回 問題

論說 小說은不爲懸題홈
詞藻 寒食但七律壹首
作文 德育智育體育의關係
歷史 姜邯贊事蹟을列擧ᄒᆞ라
地理 白頭山脈을詳擧
筭術 (一)東西兩府停車場間에甲乙丙丁四市가一直線으로羅列ᄒᆞ얏ᄂᆞᆫ대今에一旅客이每分六九米突의速力으로鐵道線을沿ᄒᆞ면셔西府停車場으로向ᄒᆞ시甲市에셔西府停車場으로부터東府停車場으로向來ᄒᆞᄂᆞᆫ汽車를逢ᄒᆞ고其後二拾分을經ᄒᆞ야乙市에셔又其汽車가東府停車場에往ᄒᆞ얏다가歸來홈을逢ᄒᆞ고其後五分을經ᄒᆞ야丙市에셔又其汽車가西府停車場에歸ᄒᆞ얏다가再來홈을逢ᄒᆞ고其後四分을經ᄒᆞ야又其汽車가東府停車場에往ᄒᆞ얏다가歸來홈을逢ᄒᆞ니汽車의每分速力과兩府距離를求ᄒᆞ다
(但汽車ᄂᆞᆫ等速力으로停滯업시行홈으로假定홈)
(注意)此解ᄂᆞᆫ完全數解法으로解ᄒᆞᆯ것이오分數解法이나代數的解法은不要홈
(二)連九數 即九九九九(○○○○○○○○○○○○等)은二와五의因子ᄂᆞᆫ含有치아니ᄒᆞᆫ數(即三。七。九。一一。一三。一七。一九。二一。二三。二七。二九。三一。○○○○○○○○)等으로除盡ᄒᆞᆫ다ᄒᆞ니此理를證明ᄒᆞ라
才談(一)山上山又出
(二)敗者行千子
右二問題ᄂᆞᆫ相當ᄒᆞᆫ對句를로홈
日語(一)저스몸은버르장이업스니아마도아비업ᄂᆞᆫ자식인가보오
(二)아찌사에나야로루쓰가이노데후와미루메니모무쓰마시이메데스
右第一問題ᄂᆞᆫ日譯ᄒᆞ되漢字邊에假名을付ᄒᆞ고
第二問題ᄂᆞᆫ韓譯홈事(但原文에ᄂᆞᆫ濁音을不付ᄒᆞ엿슴)

本會에셔來(土曜日上午十時)에通常總會를開ᄒᆞ고財源殖產은人造가勝於天產이란問題로討論ᄒᆞ오니僉會員照亮
法學研成會

故副卿리根承氏子景회年少沒覺爲無賴輩誘引欲以僞券與當又欲得債於無與貸금所云內外國人切勿見欺홈
中部貫동二十八統三戶 리召史 告白

사동軍樂隊除管門越便김昌基씨宅左便살던孫昌龍母馬召史와新門外연우宮잔달이살던聘母申召史消식을알고ᄌᆞᄒᆞ오니아시ᄂᆞ니ᄂᆞᆫ每日申報社로通기ᄒᆞ옵기를伏望
美國華盛頓道水卜傾留 孫泰龍兒名昌龍 告白

載寧郡養元학校捐助氏名
前主事林昌鍵 貳圜
幼학閔泳龍 五拾圜
巡查리東一 每朔壹圜

本所에셔礦山森林土地等에對ᄒᆞ야測量及製圖에請求를不計遠近ᄒᆞ고特爲隨應홈
京城南部履동六十七統七戶 大東測量製圖事務所 告白

本人之養子玄福龍性本浮浪出沒京鄕蕩盡家產故議于宗中今已罷養內外國人咸須照亮
大邱西內동玄召史 告白

本人所有廣州郡大旺面정琴坪所在賤字別字貫字답을不意에本面隱谷居洪漢殷爲名漢이與名不知日人으로暗自盜賣而去다ᄒᆞ니不無挾雜之慮이기로玆에廣告ᄒᆞ오니內外國人은切勿見欺홈 京居朱德淳 告白

本人이陰四月四日楊州批峴驛近方에서篆字圖章을遺失ᄒᆞ얏ᄉᆞ오니誰某拾得ᄒᆞ시더라도効力이無홈 本驛人金斗衡告白

本人의姓名圖章을陰曆二月初三日의失踪의再見失ᄒᆞ얏사오니內外國人은照諒홈 慶尙北道淸道林塘居朴佑慶白

本會에셔本月十二日(日曜)下午壹時에通常總會를南署工曹後동官立英語학校내로開ᄒᆞ오니壹般會員及有志同胞ᄂᆞᆫ屆期來臨ᄒᆞ시옵

畿湖興學會 告白

本書館에셔民智를廣啓ᄒᆞ고문明發達ᄒᆞ기爲ᄒᆞ야新舊書籍을大발賣ᄒᆞ오니僉君子ᄂᆞᆫ陸續來臨ᄒᆞ심을望홈
釜山港東館韓興書館金汝直
權종律 廣告

本人의子文國이가素性浮浪ᄒᆞ야蕩敗家產於酒色之場이오며不些食口가將至于遊路彷徨之境이오되終不改習ᄒᆞ고符同雜類ᄒᆞ야欲圖欺人得債ᄒᆞ오니毋論內外國人ᄒᆞ고錢財相關이다가無至白失追悔事
邊獨山面所坪里居朴濟植白

本月十一日(土曜)下午一時에博洞練院聯合會에서通常總會를開ᄒᆞ고事務를處理ᄒᆞᆫ後左開二題로演說ᄒᆞ오니 첨會員은來臨ᄒᆞ시옵
演題(傍聽許入)
時局의急務論 尹孝定
民權의如何 金明濬

大韓協會

本校에셔聰俊ᄒᆞᆫ敎育을ᄒᆞ기爲ᄒᆞ야학員을募集ᄒᆞ오니左開ᄒᆞᆫ資格에合當ᄒᆞᆫ학員은屆期來학홈을望홈
左開
位置 美洞孝悌忠信家
年齡 八歲以上拾六歲以下
학科 普通학科
開학 四月廿日 陰三月廿日
本校에入학코ᄌᆞᄒᆞᄂᆞᆫ학員은自本月拾五日로請願書를來呈홈
但請願紙ᄂᆞᆫ本校에셔支給홈
隆熙二年四月日
鳳鳴학校 校長김重煥

本所에셔鐵山 田畓 林野 대宅의測量製圖設計等事務를迅速處理ᄒᆞ오니 첨君子ᄂᆞᆫ來臨相議ᄒᆞ시옵
中署黃土峴 維新測量事務所

◉谷香葉卷煙草 大發賣

大煙百本入一箱金一圜八十錢
仝 五拾本入一箱金九拾五錢
中煙百本入一箱金八拾錢
小煙百本入一箱金五拾錢
但多數顧買ᄂᆞᆫ割引進呈
南署棗동六拾二統拾戶
谷香合資會社 告白

本人이親喪을遭ᄒᆞ야歸鄕ᄒᆞ엿더니今次還來ᄒᆞ야店務를擴張ᄒᆞ고新輸入各色春夏服과各種帽子와禮服次와其他諸般附屬品이具備ᄒᆞ야特別廉價로販賣ᄒᆞ오니僉位大人은如前光臨ᄒᆞ심을敬要
貞동大漢門前鮮興號主人 告白

中署鐘路長通坊丁萬石契光耳洞拾一統六戶前孤兒院瓦家三拾八間을放賣코저ᄒᆞ오니願買僉君子ᄂᆞᆫ來問于壽동孤兒院ᄒᆞ심을望홈
京城孤兒院主 告白

株金募集廣告

本社에셔農商工部에認可를承ᄒᆞ얏ᄉᆞᆸ기株金을募集ᄒᆞ오니願入ᄒᆞᆯ僉君子ᄂᆞᆫ左記條例를照亮ᄒᆞ심을望홈
左記
一 應募期日 即保證金辦納日
自隆熙二年四月一日 至同年四月卅日 (陰三月一日 陰四月一日)
一 資本總額 拾萬圜
一 壹株金額 貳拾圜
一 保證金額 壹圜 一株에對ᄒᆞ야
一 第一回辦納金額 一株에對ᄒᆞ야五圜
但第壹回辦納ᄒᆞᆫ保證金을扣除計算홈
一 第壹回金辦納期日은(自隆熙二年五月一日至同年五月廿日)(陰四月一日陰四月拾二日)
一 株金取扱所 株金領受所ᄂᆞᆫ
本社 韓一銀行 漢城銀行 農工銀行
創立委員 張輔衡 趙彰漢 趙鐘 趙秉澤 韓相龍
南署棗洞契六十三統九戶 學洞四巨里 二層洋屋
漢城材木柴炭株式會社仰布

前參書馬鍋龍을吹以銃殺으로施行하오니僉君子ᄂᆞᆫ照亮홈
大邱西上面達동 馬鍵聲 告白

廣告

韓美電氣會社告白

割引券을發行ᄒ야四月一日부터鍾路本社及龍山停車場에셔賣下흠

割引券은每券에六拾枚로編成ᄒ고代金은貳圜八拾五錢으로領收이온대每區域에셔一枚式新貨五젼과又치使用흠

龍山線區域을四月一日부터남大門外電車停車場前으로改定흠

電車발着時間은四月一日부터改定ᄒ야夏期時間表를依行흠

世界三怪物

美國 斯得諾德 原著
韓國 卞榮晩 譯
壹冊 定價 拾貳錢

現世界에三大怪物이발生ᄒ야六洲에橫行ᄒ며風雲을呼喚ᄒ미愚者가此物을遇ᄒ면其魂을失ᄒ고弱者가此物을遇하면其軀을喪ᄒ야此物所過에天地가飜覆ᄒ고國家가丘墟ᄒ야上帝赤子가生命을莫保라故로是書ᄂ特히此三大怪物의眞狀을描寫ᄒ야其防禦의妙策과利用의術을一々說明하야世界의生存을要求ᄒᄂ者ㅣ不可不一覽홀者ㅣ이오니 僉君子ᄂ續々購覽ᄒ시옵

▲大발賣所
中署布屛下廣학書舖 金相萬
중漢各路耶穌敎冊肆
京鄕各書冊사

漢城鍾路萬國基督敎靑年會舘前慈惠藥房 製藥鑑査人濟衆院醫學員洪錫厚朴慈惠李觀化告白

本人等이米國大학醫院醫方을大醫學士魚丕信氏에게受業ᄒ고醫學校長劉五等池錫永氏에게有効證明을受ᄒ고左記낙樂을製造ᄒ이外國醫약規模를依ᄒ야紙匣洋鐵匣琉璃瓶에盛ᄒ야全國內地各處약店에廣賣ᄒ옵고濟衆院英字醫書를我國漢文으로飜譯ᄒ야名稱西약便方이라ᄒ야발賣ᄒ오니四方 僉彦中濟衆院낙을數拾年來經驗信用ᄒ신兄弟ᄂ不拘약之多少와路之遠近ᄒ고以書請買ᄒ시면本人은藥拾錢價値락이라도以小包郵便으로仰呈ᄒ오리니낙封定價外郵稅十젼을加送ᄒ시되小數젼은郵票十젼즈리를스셔보너시고賈낙ᄒᄂ家에셔ᄂ多數買去ᄒ시면郵便局換錢票를買送ᄒ시오且本藥房에米國(멀토드)製낙會社낙과(왐품)製낙會社낙과(만ᄒ임)製약社락品을直譯入ᄒ야醫師英語로記ᄒ方文과主治와用法을我國漢文으로飜譯발賣

商標

食思振起 體力活潑 補益丸 第一老衰男女의게補益益血

定價表
拾日分 三十個入 金一圜
二十日分 六十個入 金一圜七拾五錢
三十日分 九十個入 金二圜五拾錢

主治大補元氣能調陰陽男子陽萎不起女子月經不調手足厥冷虛弱失氣久病人蘇完되ᄂ効力이大勝於鹿茸蔘人蔘精

■**効解瘧丸** 一日分定價金拾錢此藥은大人小兒瘧疾과初瘧이腹瘧에以ᄒ服用ᄒ면更不再發

■**虫丸** 一日分定價金拾젼此藥은大人蛔積小兒疳病의神効

四時感冒丸 一日分定價金拾젼此藥은感氣몸살의쓰ᄂ약인ᄃ低네二日連服ᄒ면四時毒感上下肢節頭痛에即時解熱삼藥

男女瘡■祛根藥 定價金五圜此藥은瘡疾의一期二期를勿論ᄒ고거근ᄒ도록낙을주ᄂ대口瘡과구역도아니나오

淸明眼藥 一日分定價金拾錢此藥은火眼熱眼의有多益効

無惡臭疥瘡藥 定價金四拾젼此藥은疥疮虫을卅分內殺

■**咳嗽藥** 五日分定價金三拾錢此藥은四時常習性咳嗽에有大効ᄒ고特히老人哽咳에消痰止咳

寸■發根 定價金三拾錢此낙은寸虫當出特効

止足汗藥 二十日分定價貳拾錢此藥은韓國軍人常用除足汗之藥

輕腫根治膏 定價금十五젼此낙은面腫과頭腫에最要

濕腫根治膏 定價금十五젼此낙은男女勿論하고脈寒暑濕으로成腫되여大起痛疼ᄒ는데奇効

漢城百應膏 一封定價金十錢此약은韓국醫士李信友시方으로製造ᄒ藥인데멍우리잘풀리고각頂腫氣에발根合瘡이遲ᄒ되ᄂ膏藥인대大洋鐵匣入一封금五十錢

小兒感冒靈効散 此약池錫永氏經驗良方小兒感冒及食滯與身而熱驚風者並神效定價金十錢

癇氣神効保嬰散 此약醫學校長池錫永氏數拾年經驗之良方小兒屎色綠而濁○腹脹○身不安而不寢○腹痛驚悸及直視而驚風者並神效定價금十二錢五厘

發賣所 仁川港杻峴濟生堂낙房 京城藥峴賣낙商李信華

◉大韓國新發明神藥

◉**修皮靈丹** 各種食滯中暑久瀉口臭痰飮吐瀉定價一貼十錢

◉**至寶丸** 治諸般鬱疾不拘久遠俱有偉効定價金十錢

◉**靈効液** 外用方香治疥瘡皮風百發百中定價金三拾錢

◉**淸眼水** 治諸般眼疾有撥雲見天之妙定價金拾錢

◉**通淋丸** 治男女急慢淋疾神効無雙速効除根一週金五十錢

此外에도東西洋各國有名賣藥과醫網去根藥과痘風瘡藥寒藥水각種新藥을俱備ᄒ오니購覽ᄒ시ᄋ

漢城中署銅峴路鍾路十二統一戶建
製劑발賣所 共愛堂藥房 告白
監修발行人 前官文漢城醫학校卒業生 張基茂 朴容南 謹白

支店 鍾路南門內共愛堂開城支店 姜助濟
代理店 西署新門外石橋醫濟院藥局 車鼎延
仁川港杻峴濟生堂 李庚鳳

道內各處藥局에셔隨處販賣흠니다

簡易商業簿記學

全一冊 定價金 四十五錢

本書ᄂ簿記학中最近ᄒ학理와精妙ᄒ形式을精細蒐輯ᄒ야了解케簡易ᄒ도록編述ᄒ者니一般商業家에不可不一次閱覽ᄒ者될뿐아니라中等以上學校에敎科로用ᄒ도適當ᄒ니陸續購覽ᄒ심을望흠

발賣所 布屛下 廣학書舖 洞口越便中央書館
廣通橋東便滙東서館 寺동漢陽서館
鍾路 大東서市 鍾路古今서海舖

滑稽小說 禽獸會議錄

弄球室主人 著述
表紙石版寫眞畵印刷
全一冊 正價金拾五錢

▲本小說은新体文壇의滑稽的小說로空前絶後의一大禽獸會議를開催하고海陸動物이演壇에集合ᄒ야人類와禽獸의優劣과造化主宰의眞理를討論批評ᄒᄂ光景을傍聽實寫ᄒ야讀者諸君에게紹介로今日吾人類社會의公德頹敗흠을警醒코ᄌ흠이니其滑稽的文体가光彩陸離ᄒ며諷刺的批評이奇拔欬曲하야實로國文小說界에一大異彩를放흘만ᄒ며一讀解頤의好讀物이오

▲발行元 皇城書籍業組合
▲分賣所
中署罷朝橋越邊 中央書舘 中署종路 大東書市
南署大廣橋東邊 滙東書舘 仝 古今書海舘
西署남門外紫岩 新舊書林 남署尙洞 博文書舘
남署 銅峴 博학書舘 中署布屛 廣학書舖

特別廣告

本社에셔名帖印刷部를另設ᄒ고各樣活字와別樣紙本이俱備ᄒ오며印刷가精美ᄒ고價値도遞廉ᄒ오되特別히勸學과夫人의게ᄂ一層低廉ᄒ오니 僉位ᄂ來臨ᄒ시와隨意請求흠

大韓每日申報社 告白

今現醫院에셔各項事務를一層擴張하오며金裝與銀裝各樣의齒와老小間沒數落齒흔며齒床幷齒을隨意製造하오며拔齒與入齒時에毫無苦痛케ᄒᄂ技方도有ᄒ며齒科上面議ᄂ無料施ᄒ오압ᄂ니四方僉君子ᄂ照亮ᄒ심을爲希흠

京城南門內尙洞美人施蘭致家
高齒科醫士 韓大衛 告白

學徒洋裝書冊
學徒靴鞋과諸具
衣服과各種衣服과各樣物品을賣ᄒ오니...

●國債報償總合所收入廣告

仁川港各社新聞社

●永柔郡蘇湖面동串里
김永柱二圜 金永瑞 김永植
趙召史 각一圜 石炳喆
尹炯수 김奎瓚 각七十五錢
김成奎 金啓德 박宗龍
각五十錢 金俊澤 韓應麻 各卅錢
金永璉 拾錢
合九圜四十五錢

▲下동串里
金宗夏 五十錢 鄭明烈 趙鳳浩
韓炳德 리發珠 각三拾錢
合一圜七拾錢

▲薛橋里
김종선 二圜 金宗恩 壹圜

合三圜

▲馬山里
金志鏞 金志鶴 각壹圜
리快涉 二圜 子致謙 五十錢
合四圜五十錢

▲黑巖里
林應陸 五圜 子宗運 壹圜
金忠甫 三圜
合九圜

▲楸巖里
康登濟 五拾錢 康炳珠 康仁化
康應福 金正謙 康在明
각三拾錢 金南益 六十錢
康知煥 康應浩 康應田
康允化 리一섭 각 一十錢
合三圜六十錢

▲槐明里
金斗洙 五十전 金標洙
金裕煥 金元日 김聲菊
金亨燁 각三拾錢 김亨模
김敬洙 리永化 桂明俊
김鳳德 김昌煥 康貞訓
각二十錢
合三圜四拾錢

▲上蘇串里
申榮武 三圜 申翰燮 二圜
鄭基鵬 壹圜五十錢 嚴致坤
박錫龜 申錫奉 각三十五錢
合七圜九十五전

◉本社廣告

○申報價
一張代金 新貨二錢五厘
一個月前納 三十錢
三個月 九十錢
六個月 一圜七十錢
一個年 三圜四十錢
郵稅一張 新貨五厘
一個月 十三錢

發行兼編輯人 英國人 裵說
發行所 漢城西署新門外遼三洞 大韓每日申報社

第七百七十八號

大韓每日申報

第六卷

月曜及慶節
歲時日休刊

檀君開國四千二百四十一年
孔子[illegible]年
大韓開國五百十七年
日本明治四十一年
淸國光緖三十四年
陰曆戊申三月小十一日丙申

論說

●淸國立憲問題에對ᄒᆞᆫ所感

淸國은歐美各國人이東方病夫로指目ᄒᆞ던國이라六千年鋼習은癃疸又치凝結ᄒᆞ며三百年久弊ᄂᆞᆫ塵埃갓치堆積ᄒᆞ야曾國藩의忠純으로도此를改革지못ᄒᆞ며李鴻章의識時務로도此를收革지못ᄒᆞ며康有爲譚嗣同의熱性으로도此를改革지못ᄒᆞ고甲午戰爭에蕞爾島國의嘲侮를受ᄒᆞ며庚子變亂에聯軍의蹂躪을遭ᄒᆞ고黑龍奉天에悍俄의恫嚇을久忍ᄒᆞ며膠남泗川에猜法의侮借를强許ᄒᆞ고其他英國의請求、德國의請求、美國의請求、日本의請求에眼鼻를莫開ᄒᆞ고精神을未拾ᄒᆞ며甚至於比利時小國이三門灣要求案을提出ᄒᆞᆷ에至ᄒᆞ야五城十城에要求가無己ᄒᆞ며畏首畏尾에置身이無幾라十八省의錦繡山河로外人의裁割에任ᄒᆞ고四億萬의衆多人口로外人의刀俎에供ᄒᆞ야奄々殘息이朝夕難保ᄒᆞᆯ地境이러니何來巨靈의神斧로淸廷의頑腦를劈開ᄒᆞ얏ᄂᆞᆫ지頃年以來로改革의詔가風行ᄒᆞ며西法硏究의學士가紛紛ᄒᆞ고茶飯又치嗜ᄒᆞ던鴉片을禁止ᄒᆞ며蛇蝎又치嫉ᄒᆞ던外國留學生을日派ᄒᆞ고昨年에立憲預備의皇勅을頒布ᄒᆞ더니挽近에ᄂᆞᆫ其實行期限을確定ᄒᆞ엿다ᄒᆞ니人으로ᄒᆞ야금淸國의來報를接ᄒᆞᆷ에滋味가大有ᄒᆞ도다

其實際의狀態如何도勿問ᄒᆞ며其內容의眞假如何도勿論ᄒᆞ고但其外面의발露가如是ᄒᆞᆫ즉文明前途의初啓軔이라ᄒᆞ기ᄂᆞᆫ可稱ᄒᆞᆯ지니試思ᄒᆞ라其原動力의所在가何處인가

宮庭을觀ᄒᆞ면西太后의垂簾이如故ᄒᆞ며政府를觀ᄒᆞ면滿漢의黨派가如故ᄒᆞ며大臣을觀ᄒᆞ면袁世凱張之洞이曾國藩의一指趾를敢望치못ᄒᆞᆯ지며封疆에吏를觀ᄒᆞ면端方鹿傳霖이리鴻章의一毛髮을能肖치못ᄒᆞᆯ지며康有爲梁啓超ᄂᆞᆫ留且海外亡命의蹤跡으로無情歲月에筆舌이나坐擲ᄒᆞᆯ而已니異哉라此維新風潮가何自로발生ᄒᆞ얏ᄂᆞᆫ가

虎狼의暴ᄂᆞᆫ可馴이어니와屬婦의性은難變ᄒᆞ나니此風潮의發生을曰西太后로由ᄒᆞ얏다ᄒᆞ야도吾가不信ᄒᆞ며凡夫의頑은可開어니와發聞人의心腦ᄂᆞᆫ難穿ᄒᆞ나니此風潮의발生을日袁世凱輩之동으로由ᄒᆞᆷ이라ᄒᆞ야도吾가不信ᄒᆞ노라

然則此風潮의발生ᄒᆞᆫ原因이果然何에在ᄒᆞᆫ가曰壯哉라志士의血이며偉哉라英雄의淚여維血與淚ᄂᆞᆫ如茶如錦의文明을購入ᄒᆞᄂᆞᆫ價金이로다秦始皇의雄威로萬里城을築ᄒᆞᆯ지언뎡文明은購入지못ᄒᆞᆯ지며漢武帝의標力으로西域諸國을通ᄒᆞᆯ지언뎡文明은購入지못ᄒᆞᆯ지며支那四百餘州商業家工業家의黃金을盡募集ᄒᆞ며此로大砲幾萬門巡洋艦幾百隻은購入ᄒᆞᆯ지언뎡文明을購入지못ᄒᆞᆯ지오文明을購入ᄒᆞᆷ에ᄂᆞᆫ但志士의血과英雄의淚로以ᄒᆞ나니壯哉라血淚여美哉라光明이여吾所謂文明은物質的文明을云ᄒᆞᆷ이아니라精神的文明을云ᄒᆞᆷ이로다今玆淸國이文明發軔의立憲預備를講究ᄒᆞᆷ이幾年來革命黨暴動黨中에此去彼來ᄒᆞ고彼死此繼ᄒᆞ던許多志士英雄의血痕淚點으로購得ᄒᆞᆫ비아닌가吾ㅣ於是乎志士의血에拜ᄒᆞ며英雄의淚에舞ᄒᆞ노라

淸國에暴動이非今斯今이라大刀小刀도一暴動이며哥志三合도一暴動이며排教義團도亦一暴動이건만ᄂᆞᆫ吾가昔日에淸國이此暴動으로由ᄒᆞ야慘境에日入ᄒᆞᆫ다ᄒᆞᆷ은曾聞ᄒᆞ얏거니와文明購入ᄒᆞᆫ事實은未聞이로라曰暴動의性質이有二ᄒᆞ니(一)文明的(二)野蠻的이是라野蠻的의暴動은至愚至蠢ᄒᆞ며至迷至頑ᄒᆞ야敎堂이나學校나碎ᄒᆞ며民財나奪取ᄒᆞ고高尙ᄒᆞᆫ目的도無ᄒᆞ며專一ᄒᆞᆫ懷抱도無ᄒᆞᆫ故로一時憤悔에突然排外熱이蹶發ᄒᆞ다가도年移月更ᄒᆞ면銳氣가漸沮ᄒᆞ며勢弱力殘ᄒᆞ면心志가都喪ᄒᆞ야烏散魚散에自貽伊慼ᄒᆞᆯ而已어니와文明的暴動에至ᄒᆞ야ᄂᆞᆫ所求者ᄂᆞᆫ民族의權利오所抱者ᄂᆞᆫ愛國의血誠이라公憤의代表者ㅣ奮勇先登ᄒᆞ되險阻도不憚ᄒᆞ며死生도不知ᄒᆞ고身膚骨肉으로國家에供獻ᄒᆞ미其淚의滴ᄒᆞᆫ處ᄂᆞᆫ木石이起立ᄒᆞ며其血의流ᄒᆞᆫ處ᄂᆞᆫ山河이動色ᄒᆞ야登聲自由鐘에文明花가燦爛ᄒᆞ나니비록虎狼國의踐踏이日酷ᄒᆞ고夜叉官吏의壓抑이日慘ᄒᆞ야도鐵으로其胸을刲ᄒᆞ며槍으로其頭에加ᄒᆞᆯ지라도此劍此槍이其淚其血의精神만助長ᄒᆞᄂᆞᆫ따니

噫라淸國前日의革命云暴動云은野蠻的에不過ᄒᆞᆫ故로無價의血淚만作ᄒᆞᆷ이오淸國近日의革命云暴動云은文明的에漸進ᄒᆞᄂᆞᆫ故로有價의血淚를作ᄒᆞᆷ이로다曰然則此後淸國은憲法基礎가確立ᄒᆞ야宇內에雄飛ᄒᆞᆷ을得ᄒᆞᆯ가曰文明者ᄂᆞᆫ血淚로購ᄒᆞ야又須血淚로擁護ᄒᆞ나니文明已達ᄒᆞᆫ國도血淚가少ᄒᆞ면文明을保守키難ᄒᆞ거던況淸國은今且발軔ᄒᆞᄂᆞᆫ初이니不可不血淚種子를多々產出ᄒᆞ야支那乾坤을一大洗滌ᄒᆞᆫ然後에東亞大陸一等文明國을成立ᄒᆞᆯ지니라

外報

●一條商奏　北京電을據ᄒᆞᆫ則前駐日淸公使胡維德氏가(一)外交官은法政의學을修ᄒᆞᆫ者에서擇用ᄒᆞᆯ事와(二)在外淸國居留民을保護誘導ᄒᆞ야自治의資格을養成ᄒᆞᆯ事와(三)漸히斷髮ᄒᆞ고服制를改正ᄒᆞᆯ事로請奏ᄒᆞ얏더라

●淸人斷髮說　淸國農商工部右侍郞楊士琦씨도亦是斷髮ᄒᆞᄂᆞᆫ것이必要ᄒᆞ다ᄒᆞ얏ᄂᆞᆫ디現今上下가斷髮을希望ᄒᆞᄂᆞᆫ風潮가盛ᄒᆞ다더라

●五國關係論　倫敦電을據ᄒᆞᆫ則俄國各新聞이美國서淸俄兩國及俄日兩國의關係에干涉ᄒᆞ라ᄂᆞᆫ計劃에對ᄒᆞ야不平ᄒᆞᆫ意思를발表하고又莫斯科新聞의報ᄒᆞᆫ바를據ᄒᆞᆫ則美國이滿洲에셔淸國의主權을維持ᄒᆞ라ᄒᆞᆷ은德國의後援이有ᄒᆞᆫ所以라ᄒᆞ얏더라

●露斥獨人　露國議會에셔ᄂᆞᆫ露國政府에勸告ᄒᆞᄂᆞᆫ獨逸人排斥에關ᄒᆞ야激論이有ᄒᆞ얏더라

●中美의戰機　伯林電을據ᄒᆞᆫ則哥倫比亞와巴奈馬兩共和國間에紛擾가起ᄒᆞ야開戰ᄒᆞᆯ機가漸迫ᄒᆞᆫᄃᆡ美國은此에干涉ᄒᆞ야調停ᄒᆞ얏다더라

●米露와滿洲　米國外務卿은華盛頓에셔露國大使와會見ᄒᆞ고滿洲에對ᄒᆞᆫ米國從來의態度를說明ᄒᆞ고且淸國이哈爾賓에서露國鐵道總裁에게對ᄒᆞ야抗議를提出ᄒᆞᆫ事에關ᄒᆞ야談話ᄒᆞ얏다더라

●美艦到日期　美國艦隊ᄂᆞᆫ十月에日本에到着ᄒᆞᆫ다더라

●日民移米　神戶市森岡移民會社에셔取扱ᄒᆞᆫ和歌山三重廣島沖繩四縣의移民男八百六拾三名女四十名合計九百三名은森岡移民會社의所有嚴島丸(二千八百八噸)을搭乘ᄒᆞ고六日午後四時에남米秘露를向ᄒᆞ야橫濱에셔出帆ᄒᆞ얏다더라

雜報

●鳳校開校　前協判리鳳來氏가設立ᄒᆞᆫ鳳鳴학校에셔本月二十日에開校式을擧行ᄒᆞᆫ다더라

新譯 海外稗談

第二章　俾斯麥의狼狽　夏堂主人　譯

(續)

余가於是에封書를携ᄒᆞ고栢林에赴ᄒᆞ야我人使를先訪ᄒᆞ고事實을論ᄒᆞ니此次密約議가專由俾此獨裁오實非德皇聖意라余가乃以塱朔로德皇을宮中에셔見ᄒᆞ니라德皇이爲戱太息時에與余로相善ᄒᆞ야嘗共持槍遊獵ᄒᆞ고爲莫逆之交라余旣稱名求謁ᄒᆞᆫ대即時召見ᄒᆞ거ᄂᆞᆯ直造御前ᄒᆞ니德皇이方在案上ᄒᆞ야[illegible]披圖貴觀ᄒᆞ다가欣然起而迎曰久不相見이러니今日何天好風이吹得到此오余가今에遙拜繼의好用을講求ᄒᆞ야一新法世思得ᄒᆞ얏노라未畢所言ᄒᆞ고忽然히首를舉ᄒᆞ야自鳴鐘을一瞥하더니又曰若過十五分鐘이면余將往劇場看劇ᄒᆞ리니今時間이尙未다可共暢談이니君이此에셔談論코져ᄒᆞᄂᆞᆫ가抑庭院에行ᄒᆞ련셔寡人이발明ᄒᆞᆫ煤油車를觀코져하ᄂᆞᆫ가余가於是에知德皇이燥急之性이尙此未改ᄒᆞ엿스니利用이亢好로다乃再拜言曰敬謝陛下ᄒᆞ노니願假此座ᄒᆞ야容外臣一言ᄒᆞ소서外臣此來ᄂᆞᆫ非爲公務라乃瞻奉本國政府使命而來者ㅣ로소이다

余言이甫畢에德皇의神情이驟變ᄒᆞ야頻擧目示余ᄒᆞ며若有不解者어ᄂᆞᆯ余乃飾言以譬之曰敝國政府가尊敬陛下ᄒᆞ야至於如陛下가不欲ᄒᆞ시ᄂᆞᆫ法國으로爲難이면敝國은只是壹心敬服ᄒᆞᆯ지라ᄒᆞ노이다帶同然ᄒᆞ다法國이尙安其分ᄒᆞ야不來相逼이면我敝故意挑釁이리오余가敬謝曰外臣이得聆爲義ᄒᆞ니感激難名이로소이다

若使敝國之人으로共聞斯言이면不知其欣喜何似也리이다敝國政府가常自計日兩國이有事ᄒᆞ면不經當局者之手ᄒᆞ고直與陛下交涉이是所願也오나今但貴國之外交政略이是俾斯麥의獨斷獨行인즉를敝國이知之故로●○○○○○○○○○○○○

未完

雜報

●陪立御射 大皇帝陛下께옵셔再昨日下午二時에映花堂에臨御하샤 御射하옵셧는대一般侍從官들이陪立하얏다더라

●賜米役夫 昨日에役夫一名이映花堂前에在하야耒耜를起耕하얏는대 大皇帝陛下께옵셔該役夫의게白米壹石을 下賜하옵셧다더라

●勅使命送 再昨日須知分氏追悼會에 大皇帝陛下께옵셔侍從院副卿相鶴을勅使로命送하샤往參케하셧다더라

●毁宮中止 永宜君의舊邸에서가設한宮家屋을毁撤하고洋屋을建築한다는說은前報에已揭어니와近日에永宜君慈親께셔히시에개言하되先人院王殿下께옵셔建築하신家屋을毁撤하는거시不當하다고挽止하얏다는대且壹說을聞한즉 太皇帝陛下께옵셔도毁撤치못할意로處分이有하사洋屋建築을中止하얏다는說이有하더라

●統監歸朝 伊藤統監이歸任할다는事는已爲報道하얏거니와更聞한즉今拾五日에入城할다더라

●新內閣組織說 近日내閣大臣이壹齊變更된다는說이喧藉한데其裏許를漏聞한則大東학會장申箕善氏가總理大臣을被任하야新內閣을組織한다더라

●顧問及贊議 內閣이變更되는日에는現任政府大臣은中樞院顧問으로轉任되고諸贊議參與諸씨는該院勅任贊議로敍任이된다는說이有하더라

●追榮無碍 內閣에서現帶親勅任官外에는追榮之典을不得奏蒙하기로決議하야統監府에同意를얻더니統監府에서此를反對하야曰韓國華族이元來追榮之典을大端히榮職으로知하나니不必現帶親勅任官이라會經親勅任官이라도勿碍通用之意로同意를回交하얏다더라

●阿容無色 現任內閣某大臣이日前에曾禰副統監을訪問談話하다가阿諛苟容하는言辭로볼表하기를所謂義兵을一一討滅하야使民安堵케하는것이急務라한즉曾禰副統監이默然良久에答하야曰義兵의倡起하는原因을能知乎아此는無他라政府에서失政한所以니討滅方針은更無他技요至하야라도人民에對하야政治를公正케하면該義兵은自然止息하리라한즉某大臣이無聊以退하얏다더라

●帶同渡日 東宮大夫高羲敬氏夫人이明日에渡日한다는說은昨報에已揭어니와該夫人은高羲敬氏의弟氏掌禮院禮式官高羲誠氏와偕往한다더라

●何故晩仕 警視總監丸山重俊氏가近日에는每日下午壹時後에仕進하는故로諸般處理事務가難便之端이多有하다더라

●派員奔競 帝室財産整理局所管慶尙남道沿海郡漁磯를該本家에서先爲上納하고派員을圖得以去하라고該局에囑托某氏와該局員某氏로符同하야各郡漁磯를分割하야以爲圖得코져하는데派員을調査한後에差定한다發言하엿다더라

●電費支出 學部次官俵孫一氏私邸에架設한電燈費를統監府에서支撥하더니本月부터는學部에서支給한다는대費額은每朔壹百五十圜式이라더라

●選員辭職 학部書記官三土忠助씨는該國會委員을被選한故로書記官을辭職請願하얏다더라

●日軍拜觀違規 景福宮拜觀은日曜及木曜兩日에만불許하는規則을官報에頒布함인데日本水雷艇隊卒幾十名이昨日에拜觀하얏다는대此는規則을違反함이라고들하더라

●平服夜察 漢城內各警察署巡査가閭巷間에夜巡하야步行旅館과殊常之人과雜技局을這這히調査하되艸鞋麻履에平服으로秘密히行巡한다더라

●經費無餘 학部학務局과秘書課를修理하는工役을昨日부터始役하얏는데春夏秋冬으로修理의工役이頻數하니該部如干經費는該工役에耗損乃已라고들하더라

●忠壇招魂 來十二日奬忠壇에서春季致祭를擧行할터인대其節次인즉上午十一時에는來賓迎接이오同十二時에는致祭의禮를擧行한다는데軍部廳官吏는武官大禮服으로文官은小禮服으로往參한다더라

●案件審査 昨日漢城裁判所에서鄭寅興氏와姜貴圭氏等의案件을審査하얏다더라

●李氏逃躱 東部居前參判李惠翼씨는何事件인지韓日兩國巡査가詗捉하는대該氏는知機逃躱하얏다더라

●崔氏又捉 前侍御崔鳳彩氏는有何事件인지再昨日에警視廳으로被捉하얏다더라

●水道忽漲 水道桶數設한水桶에다가灌水하얏던지昨日上午十時에中署茶동四街等地水桶埋置處에서卒地溢水하야附近民家水道及道路에遍滿하얏다더라

●花恨八字 日昨三牌들이檢査를受하고歸去하는路에相顧恨歎하되梅毒이多한妓生들은檢査치아니하고無病한吾等은每月幾次式檢査의困辱을當하니此何惡八字오하고無數相歎하더라

●敎主紀念 昨日은侍天敎主崔濟愚의死日인故로該敎會에서紀念宴을盛設하얏다더라

●獸皮支社 鄭義東氏가獸皮會社를設한다는說은已報어니와日人雅彦씨가支配人으로該社를爲組織하야沿三道에支社를配置한다더라

●救兒致傷 再昨日下午三時에竹山郡居進士朴禎陽氏가西拾字閣道路로避去할際에騎兵壹名이騎馬馳走하는대適其時에小兒壹名이觸傷하미該兵이該兒를救濟次로抱移라가反爲重傷하얏다더라

●同窓設會 法學講習所卒業生徐相浩氏等拾人이同窓會를組織하고來日曜日下午壹時에國民敎育會내에서總會를開한다더라

●各校開學 官立各학校에서학年試驗後休暇하얏더니本日에開학한다더라

●惠春慈善 小安동서移徙한惠春堂醫약이神効하야拾餘年辛苦하든滯症과惡瘡을만이뭇처셔衛生에大端有益한데無依無託한人의게는代금은不受하고熱心救濟하미可謂慈善心이라고人皆讚頌하더라

●湖南학徒調査 湖남학會에서觀察五人을派送하야漢城內各학校에在한湖南학徒가幾人이有한지這這調査한다더라

●禁柴渡江 銅雀津都沙工은義兵이再昨日에捉去하얏다는대其理由인즉柴馱와行人을不得通涉케함이라더라

●靑年討論 今日下午二時三拾分에靑年會館에서討論會를開하고智識開발은國文이勝於漢文이란問題로討論한다더라

●賤民熱心 南陽雙阜面角里居하는丁正來씨가名利에斷念하고一洞에檀童을竪募集하야國文과漢文을熱心으로敎育하며該동의大小事를從理救弊한다더라

●一士兩粉 龍川光化里居鄕濟源氏는昨秋與隣坊同志人士로太極支會를組織하고熱心經營中인더今方該동光華學校의校況窘拙을憤歎하여名譽로敎師를擔任하얏다고西來人의讚揚이有하더라

●兩校落成 官立平壤日語학校와該郡普通학校를移設하고日語普通학校는大同館으로移接한故로該兩校에서本月拾三日拾四日에落成式을擧行하는대學部次官俵孫一氏가往參한다더라

●義校振興 饒州專對학校에서學徒가七十餘名에達하얏는데經費가窘絀함으로校況이零星하더니敎師리維根氏와校監張문華兩氏가名譽로敎育上에熱心하야晝夜를不分하미히校進就之望이有하다고西來人이稱頌하더라

▲地方消息▼

▲慶源郡鑑明社에居하는姜宅圭가多數人民을聚黨하야渾春地方間島界山에根據地로定하고附近에在한韓國人民을煽動하야暴動한다는報를慶源駐在所巡査가接하고虛實을偵探하기爲하야三月拾五日에出張하엿는데該巡査는南山에서同拾一日에京城으로서下去한二人과鏡城에서前往한者二名과其他數名이會集密議하고拾四日에出發하야露領안지가方面으로移去하얏는대何事를計圖하는지未知하겟다하고

▲本月九日安邊南茅時社에義徒約九拾名이來襲함으로全地憲兵分遣所에서憲兵을派送하야約一時間을交戰하얏다하고

▲本月八日午前八時에義徒三百餘名이黃海道市邊里에서日憲兵分遣所를襲擊하얏다는報를平山分遣所에서接하고日隊少尉以下六名을派遣하야應戰數時間에義兵은其附近方面으로退去하얏다하고

▲本月八日午前拾一時에義兵五十餘名이陜川郵便取扱所에襲來하야猛烈히攻擊한結果로所長은頭部及足部가重傷하고日巡査와約壹時間을交戰하얏는대附近居留日人은三嘉郡으로逃避하얏다하고

▲本月八日에楊口郡에서義徒二十餘名이日守備隊連絡兵과鍮谷等地에서衝突하얏다하고

▲本月九日午前拾時에益山郡堅福面에서義徒拾八名과日巡査幾名과交戰하얏다하고

▲本月二日夕에慶州郡七동에서魁殺權某와率한百餘名의義兵과日守備隊兵이交戰하야壹時間을猛烈히衝突하얏다하고

▲去月二拾七日午前拾壹時에咸陽西北約二里신村附近에서四十餘名의義兵와日守備隊가交鋒하야彼此若干負傷이有하얏다더라

▲燕子炎凉▼

▲簾前曉夢忽驚하니新燕喃喃報春이라昨秋別今又來하야慇懃하다如有訴하니炎凉世態를汝知否아

▲鷹隼아莫相猜하라朱鹿大가渡航하야多經營買여手段이富貴春色獨擅할제前日情誼멋지마라內閣首席壓倒하니半峯落照無色하다悵相燕이네아니나

▲飛人尋常百姓家하니時局風雲變幻하야貴戚大臣失勢로다寂々蕭閣에深掩門하고더라世恨歎하니冰上枕畔에午夢惱하니門前車馬어대갓나王謝燕이네아니나

▲登身輕々掌上舞하니月老紅繩을新結하야某君家에佳緣이라요々登樽不畏風하니別有中流採遊舟라月下濁香에夢魂하야國事를渾忘하니趁飛燕이네아니나

▲危素弗之累殺하니海外狂風忽起處에靑邱江山陸沈이라四方風塵騷擾하나紛靜方針전혀업다三千疆土存亡秋에危如壹髮難扶로다潘岳燕이네아니나

▲誤入華胥國裏來하니異域風氣染入하야衣巾制度怨變이라自國蘭絲賤棄하고外國物品輸入하야色彩尙黑效顰하니東方靑氣無色하다오衣燕이네아니나

▲淸風明月遊漢水하니斷々鐵石一片心은忠臣烈女一般이라當世危忠幾人인고興亡爭光特色이라千古貞忠不滅하야樂臺精靈宛視하니玉京燕이네아니나

▲咰々相樂知幾日고興亡機關全昧하나隊々爲會集하야跳足附耳며大官은무合運動秘密하고貪權樂勢니무마라不知火之將至로다堂上燕이네아니나

▲主人이貧亦歸하니海外所留幾年만에列强空氣飽吸하고新聞雜誌보고하야團體力을養成하고祖國危機痛恨하야望美人兮天壹方하니窗時燕이네아니나

▲春風遲々間久蟄하니접域山川淸秀氣는至今鍾出幾箇雄고張子房은不遇하니三介劒을誰買오漁樵間에遁跡하야待時而出遲々하니小溪燕이네아니나

社告

本支社를左開十處에設置호고玆以仰布호오니本報愛讀호시는貴附近　僉君子는該支社로請求購覽호심을務望홈

▲信川邑六里　丁一善
▲永興郡南山동書舖　梁昌鎬
▲咸州郡南門내　朱伯英
▲鏊川邑舘宮洋藥局　李巨晋
▲寧邊邑內　明濟世
▲成川上部面　馬應三
▲江西邑內　金昌煥
▲咸從郡耶蘇教堂　金弘舒
▲平南順川郡速洞　鄭山경
▲龍川舊邑　車載明

廣告

本郡이多月空官에民莫支保키로本人等이郡民代表로너郡請願還官次方今上京이기玆先廣告홈

全남靈光郡民李奎鎬
鄭達明　告白

本人等이嶺南학生親睦會를발起호고來日曜日上午十一時에敎化門前普光학校內에서設立總會를開호오니嶺남학生첨君子는卒業及[illegible]勿論啓期光臨호심을敬要

발起人　李[illegible]　朴魯成
盧載鉛　[illegible]　朴泰薰
趙麟衍　安[illegible]濟等　告白

本人叶의姪子金종淳이오字는和卿인딕無故出他가已爲七年則姑兮婦兮日望還家而尙今未歸호니倚閭之懷와望夫之恨이當何如哉即速還家호야以慰婦姑無窮之懷호라

安東豊山面九潭里居姜召史　白

本會定期總會를來拾貳日(日曜日)下午壹時에本會館으로開호오니本道人士는屆期光臨호시옴　湖남학會　告白

本人외庄土가全義地에在호더니忽於日前에有面不知日本人壹名이來호야出示名啣曰我는即小公동東亞興業合資會社任員松島常治인대貴庄土가本社에典執된지週年에消息이無호기來督호노라호거늘於意에必是挾雜이나如何호事實인지不勝紆鬱호야往見호즉僞造文券手標量案호야昨年四月分에金壹千五百圜을松島常治가居間指据云云호니大抵田畓을典執하는地에本主외面目도不見호고文券의虛實도不問호고巨款을出給홈도語不成說일뿐더러週年이되도록登晉半辭가無호다가今始來言호는것시是甚近理乎아松島常治외符同雜類호야欺人取財호는凶膽은明若觀火이옵가玆에廣告하오니內外國僉君子는照諒호심을爲要홈

中署樓동六拾五統七戶　金公館　告白

本학會의定期總會를本月拾二日(陰三月拾二日)日曜下午二時에本事務所에開호오니會員은趁期來臨하심을爲要홈

輔仁學會　告白

사동軍樂隊營門越便김昌基씨宅左便살던孫昌龍母馬召史와新門外연우宮잔달이살던聘母申召史消식을알고저호오니아시는니는每日申報社로通기를옵기를伏望

美國華盛頓道水卜傾留
孫泰龍兒名昌龍　告白

本人等이物品貿買에便利迅速호기爲호와西部毛橋南邊洋屋에競賣所를設始호오니僉君子는來臨相議하심을敬要

競賣所主리慕字　告白

本人외子가痼氣로幾至死境에朗麻동三拾貳統拾戶留醫師尹先五氏高明호고用藥即差에玆에廣告홈　廟골居朴承基　告白

本會社所管壹萬壹千坪의農作地가蠶島에在호바該基地를貰給홀터이니農作에有意호신僉君子는本會社로來臨問議호심을望홈

종路水道會社　告白

本所에서礦山森林土地等에對호야測量及製圖에請求를不計遠近호고特爲酬應홈

京城南部履동六十七統七戶
大東測量製圖事務所　告白

本人之養子宖龍性本浮浪出沒京鄕蕩盡家產故議于宗中今已罷養內外國人咸須照亮

大邱西內동李召史　告白

本會에서本月十二日(日曜)下午壹時에通常總會를前工曹後屋官立英語학校되에開호오니[illegible]臨호시옴

畿湖興學會　告白

本人외子文國이가素性浮浪호야蕩敗家產於酒色之場이오며不些食口가將至于道路彷徨之境이오되終不改習호고符同雜類호야欲圖欺人得債호오니毋論內外國人호고錢財相關이다가無至白失追悔홈

事邊獨山面南平里居朴濟植　白

本月十一日(土曜)下午一時에演訓鍊院議會에서通常總會를開호고事務를處理호後左開二題로演說호오니첨會員은來臨호시옴

演題　(傍聽許入)
時局의急務論　尹孝定
民權의如何　金明濬

大韓協會

本校에서聰俊子弟를敎育호기爲호야학員을募集호오니左開호資格이合當호학員은屆期來학홈을望홈

左開
位置　美洞孝悌忠信家
年齡　八歲以上拾六歲以下
학科　普通학科
開학　四月廿日(陰三月廿日)

本校에入학코저호는학員은自本月拾五日로請願書를來呈홈
但請願紙는本校에서支給홈
隆희二年四月日
鳳鳴학校　校長김重煥

本所에서鑛山、田畓、森林、野、대宅의測量製圖設計等事務를迅速處理호오니첨君子는來臨問議호시옴

中署黃土峴紀念碑閣下谷　維新測量事務所

◉谷香葉卷煙草　大發賣

大煙百本入一箱金一圜八十錢
[illegible]五拾本入一箱金九拾五錢
中煙百本入一箱金八拾錢
小煙百本入一箱金五拾錢
但多數顧買則割引進呈

南署棗동六拾二統拾戶
谷香合資會社　告白

本人이親喪을遭호야歸國호엿더니今又還來호야店務를壹層擴張호고新輸入各色春夏服과各種帽子와禮服次와其他諸般附屬品이具備호고特別廉價로販賣호오니僉位大人如前光臨호심을敬要

貞동大漢門前祥興號主人　告白

中署銅路長通坊丁萬石契光耳洞拾一統六戶前孤兒院瓦家三拾八間을放賣코저호오니願買僉君子는來問于壽동孤兒院호심을望홈

京城孤兒院主　告白

▲株金募集廣告

本社에서農商工部에認可를承호얏슴기株金을募集호오니願入僉君子는左記條例를照亮하심을望홈

▲左記

一 應募期日　即保証金辦納日
自隆熙二年四月一日
至同年四月卅日
(陰三月一日　陰四月一日)

一 資本總額　拾萬圜

一 壹株金額　貳拾圜

一 保証金額　壹圜　一株에對호

一 第一回辦納金額　一株에對호야五圜
但第壹回辦納金은保証金을扣除計筭홈

一 第壹回金辦納期日은(自隆熙二年五月一日　至同年五月廿日)(陰四月一日陰四月二拾二日)

一 株金取扱所　株金領受所는
本社　韓一銀行　漢城銀行　農工銀行

創立委員　張[illegible]衡　趙彭漢等　趙鎭泰　趙[illegible]濬　韓相龍

南署[illegible]洞契六十三統九戶　苧洞四巨里　二層洋屋

漢城材木柴炭株式會社仰布

載寧郡養元학校捐助氏名
前主事林昌鉉　貳圜
幼학閔泳龍　五拾圜
巡査리東一　每朔壹圜

故鄙鄕리根永氏子贊화年少沒覺爲無賴輩誘引欲以僞券典當又欲得債於無與貸金所云內外國人切勿見欺홈

中部貢洞[illegible]二十六統三戶　리召史　告白

共立新報

共立新報는美洲에留호시는我國同胞가高明호학問과深厚호熱誠으로祖國을東望호고國魂을絕叫호야每週日一次式刊行호는新報이온딩世界形勢도詳揭호며내國情況도昭載하야愛國心이有하신同胞는不可不購覽홀新報이며又是純國文으로발行호야婦人孺子라도一覽可瞭홀만하오니睡我一般同胞가我留外同胞의殊邦風霜에勞心勞力하는誠意를豈可越視하리잇가玆에僉君子의購覽을紹介하기爲호와該新報價及발賣所를左에廣告하옵

代金表
每張　五錢
六朔　美國貨拾錢
壹年　美國貨貳拾五錢

本國내出張所
京城廣학서舖　金相萬
博文서館　[illegible]
開城남門내興학서舖　[illegible]
平山郡古之面[illegible]　金[illegible]
[illegible]邑내[illegible]里　[illegible]
[illegible]城上口水外　車[illegible]
[illegible]남浦龍井동　[illegible]
安州城내[illegible]村동　金[illegible]
宣川邑　川[illegible]　[illegible]
[illegible]川내山面[illegible]山里　[illegible]
義州南門外大東藥房　白用[illegible]
金海台[illegible]面[illegible]士동　[illegible]永會
釜山港　[illegible]　尹相[illegible]
大邱東上面[illegible]동　崔一弘
咸興西門밧　朱[illegible]欽
俄領　海蔘威　[illegible]

共立新報社代理人　金[illegible]　告白

本人이陽四月四日義州枇峴驛近方에서篆字圖章을遺失호얏사오니誰某拾得호시더라도效力이無홈

本驛人金斗衡　告白

●初等女學讀本

本書는不但女校에必要之用書라諺解를另附호야在家婦女도均可便覽而增장知見이오니續續購讀하심을望홈

발賣所　漢城各書舖

萘於人道之原則호고重於正義之誠實호며以親切爲旨호야訴訟事件幷각各廳詐願事件을廣受依托홈

京城저洞六拾四統二戶
東洋大학前講師
辯護士
日本法律학士　木尾虎之助

世界三怪物

壹冊　定價　拾貳錢
美國斯密哥德　原著
韓國卞榮晚　譯

現世界에三大怪物이발生호야六洲에橫行호며風雲을呼喚호미凡愚者가此物을遇호면其魂을失호고騙者가此物을遇하면其軀를喪호야此物所過에天地가飜覆호고國家가丘墟호야上帝赤子가生命을莫保라故로是書는特히此三大怪物의眞狀을描寫호야其防禦의妙策과利用의術을一々說明하야世界의生存을要求호는者ㅣ不可不一覽홀冊子이오니僉君子는續々購覽호시옴

▲大발賣所
中署布屛下廣학書舖　金相萬
平壤鍾路耶穌敎冊肆
京鄕各有名冊사

一 [illegible] 一二拾錢
一 [illegible] 五十錢

漢城鐘路萬國基督敎靑年會館前慈惠藥房 製藥鑑査人濟衆院醫學員洪錫厚朴慈惠李觀化告白

本人等이米國大學醫院處方을大醫學士魚丕信氏에게受業ᄒ고醫學校長勸五萃池錫永氏에게有効證明을受ᄒ고左記낙種을製造ᄒ야外國賣약規模를依ᄒ야紙匣洋鐵匣玻璃瓶에盛ᄒ야全國內地各處약店에廣賣ᄒ옵고濟衆院英字醫書를我國漢文으로謄譯ᄒ야名稱西약便方이라ᄒ야발賣ᄒ오니四方 僉彦中濟衆院낙을數拾年來經驗信用ᄒ신兄弟ᄂ不拘약之多少와路之遠近ᄒ고以書請買ᄒ시면本人은雖拾錢價値락이라도以小包郵便으로仰呈ᄒ오리니낙封定價外郵稅十전을加送ᄒ시되小數전은郵票로대신ᄒ심도無妨ᄒ오며且本藥房에서ᄂ多數買去ᄒ시면郵便局換錢票를買送ᄒ시오且本藥房에米國(엄포드)製낙會社낙과(왕푼)製낙會社낙과德國(만ᄒ임)製약社낙品을直輸入ᄒ야錄諸英語로記ᄒ方文과主治와用法을我國漢文으로飜譯발賣

商標

食思振起 體力活潑 補益丸 第一老衰男女 의게補益血

定	拾日分 三十個入	金一圜
價	二十日分 六十個入	金一圜七十五錢
表	三十日分 九十個入	金二圜五拾錢

主治大補元氣能調陰陽男子陽痿不起女子月經不調手足厥冷虛發失氣久病人蘇完되ᄂ効力이大勝於鹿茸蔘

[redacted] 効解瘧丸 一日分定價金拾전此藥은大人小兒長瘧과初瘧과腹瘧에以 服用ᄒ면更不再發

[redacted] 虫丸 一日分定價金拾전此藥은大人蛔積小兒蟲病의神効

四時感冒丸 一日分定價金拾전此藥은感氣몸살에쓰ᄂ약인 바一二日連服ᄒ면四時瘟疫上下肢節頭痛에卽時解熱鎭痛

男女瘡[redacted]祛根藥 定價金五圜此藥은瘡疾의一期二期를勿論ᄒ고거근ᄒ도록낙을주ᄂ데口瘡과구역도아니나오

淸明眼藥 一日分定價金拾錢此藥은火眼熱眼의有多奇効

無惡臭疥瘡藥 定價金四拾전此藥疥선虫은卅分內殺

[redacted] 咳嗽藥 五日分定價金三拾錢此藥은四時咳嗽에有効ᄒ고特히老人喉咳에消痰止咳

寸[redacted]發根 定價金三拾錢此약寸虫蛔虫

北足汗藥 二十日分定價貳拾錢此藥은軍人常用除足汗

輕腫根治膏 定價금十五전此낙面腫과頭腫에直差

濕腫根治膏 定價금十五전此약은男女勿論하고風寒濕

漢城百應膏 一封定價金十錢此약은諸瘡腫에大騐搔痒에奇効

小兒感冒靈効散 此약은池錫永氏經驗良方小兒感冒及食滯와驚風者服神效定價金十錢

補氣神効保嬰散 此약醫學校長池錫永氏數拾年經驗之良方 兒屎色綠而瀉○腹脹○身不安而不寐○腹痛驚啼及直視者服神效定價금十二錢五厘

發賣所 仁川港 濟生堂약房 京城梨峴 大東書市 商學信華

◉大韓國新發明神藥

◉靈丹 各種食滯中暑久滯口臭痰飮吐瀉定價一貼十錢

◉至寶丸 治諸般疾不拘久遠俱有偉効定價金十錢

◉靈效液 外用方香治疥瘡皮風百發百中定價金二拾錢

◉淸眼水 治諸般眼疾有撥雲見天之妙定價金拾錢

◉通淋丸 治男女急慢淋疾神効無雙速効除毒一週金五十錢

此外에도東西洋各國有名賣藥과奮病去根藥과腦風痔疾藥水各種病症俱此惠向爲望

漢城中署鐘路鉢里第拾二統二戶牌 製劑발賣所 共愛堂藥房 張基茂 告白

監修발行人 前官立漢城醫학校卒業生 朴容南 謹白

支店 開城南門內共愛堂開城支館 姜助鉉 東學書館

代理店 西署新門外石橋濟院藥局 車應延 仁川港濟生堂 李庚夏

國內各地藥局에서隨意販賣ᄒ내다

簡易商業簿記學

全一冊 定價金 四十五錢

本書ᄂ簿記하中最近ᄒ학理와精妙ᄒ形式을精細蒐輯ᄒ야了解케簡易ᄒ도록編述ᄒ書니一般商業家에不可不一次閱覽ᄒ者된뿐아니라中等以上學校에敎科로用ᄒ도適當ᄒ니陸續購覽ᄒ시을望ᄒ

발賣所 布덕下 廣학書舖 洞口越便中央書館 廣橋東便匯東서館 寺洞漢陽서館 鐘路 大東서市 鐘路古今서海관

弄球室主人 著述 表紙石版寫眞畫印刷

滑稽小說 禽獸會議錄 全一冊 定價金拾五錢

▲本小說은新体文壇의演劇的小說로空前絶後의一大禽獸會議를開催하고海陸動物이演壇에集合ᄒ야人類와禽獸의優劣과造化主宰의眞理를討論批評ᄒᄂ光景을傍聽實寫ᄒ야讀者諸君에게紹介ᄒ도今日吾人類社會의公德頹敗ᄒ을警醒코ᄌᄒ이니其滑稽的文体가光彩陸離ᄒ며諷刺的批評이奇拔欸曲하야實로國文小說界에一大異彩를放ᄒ만ᄒ며一讀解頤의好讀物이오

▲발行元 皇城書籍業組合

▲分賣處 中署罷朝橋越邊 中央書館 中署종路 大東書市 南署大廣橋東邊 匯東書館 仝 古今書海館 西署남門外蓮峴 新舊書林 남署尙洞 博文書館 남署銅峴 博학書館 中署布屛 廣學書舖

● 大韓國新發明神藥廣告

發行所 仁川港 濟生堂藥房 淸心保命丹 九十粒入金拾錢

主治効能 ●痰飮●食積●中暑●中寒 ●咳嗽●腹痛●水土不服 ●氣鬱●吐瀉●船車眩暈 ●食傷●酒醉●口熱惡臭 ▲其他諸般邪氣厲疫鎭方妙藥

●出張代理特約발賣所 ●京城大廣橋共愛堂大藥房 同종路慈惠藥房 리觀化 同梨峴洋약局 리信華 同銅峴博文書館 盧益亨 同南大門外大同運輸會社 同泥峴三丁目 新井支店 同泥峴郵便局前 天佑堂 同水橋本堂出張人 리鳳林 ●仁川舊邑本堂出張所 金濟賢 同開城旅館 韓鳳根 同寺洞和平堂 리應善 ●開城門內萬物廛 박圭植 同南門內同店 禹相玉 同南門內冊肆 리顧鍚 同北部忠橋商店 具聖模 同海州宗路商店 宋在瑛 同二房약舖 김永泰 同南門內店 리奉植 ●水原종路下약房 金濟九 ●延安邑내洋약局 邊汝文 ●江華종路店 尹斗鉉 同종路店 宋順玉 同西門外冊肆 高成根 ●長湍남門내 崔敬淳 ●砂利院市場내客主 朴健昌 同 任九中 同耶蘇敎堂내 리在善 ●晉州남門내紅門동 리來赫 ●平壤鍾巨里濟약局 韓鳳儀 同館前衛生醫院 金鳳興 同大同門外 韓龍化 ●同西門出張人 桂澤宣 同里門안武洞局里 尹寶赫 同남浦동洋약局 김元섭 ●鎭南浦開機本堂出張人 吳남줄 同傳開福동 ●群山港開福동 김斗鉉 安州 ●安岳邑上 大약房 ●大邱남門내剛還동 김成浩 ●釜山港草梁客主 象國佑 ●博川郡 朴芝行 ●載寧邑後동洋약局 俺允國 ●忠州東良面早逝 金鎭和 晉州郡관놀 박魯賢

●定州남門내洋약局 리健任 ●郭山邑내洋약局 羅熙彬 ●鐵山邑내永春亭 安源 ●宜川邑내冊肆 安 ●義州本口街 崔석裔 ●信川邑西里洋약局 김永植 ●郭山邑冊肆 김大鉉 ●元山港濟生堂支店 박敬寅 ●北靑新昌港客主 박錫勳 ●江界道本堂出張人 馬雲來 ●德川邑西동洋약局 리丙斗 ●禮山용谷里 리東赫 ●其他各약店마다隨意販賣ᄒ ◉仁川港濟生堂告白

▲特別廣告

本社에서名帖印刷部를另設ᄒ고各樣活字와印刷機械를備ᄒ오며紙本이俱備ᄒ고價直도極廉ᄒ오니精美ᄒ特別히印刷ᄒ기를要ᄒ시ᄂ夫人ᄂ외게되ᄂ一層低廉ᄒ오니僉位ᄂ來臨ᄒ시와隨意請求ᄒ

大韓每日申報社 告白

學徒洋裝書冊 學徒運動과諸具 羅紗各種 美國金鷄蠟 衣服裝鍊其他雜貨도廉價放賣ᄒ오니諸君ᄌᄂ來臨ᄒ시을바라나이다

仁川港奇峴新冊肆

越南亡國史 國漢文 定價貳拾五錢

發賣所 京城廣橋高裕相 書舖 慶州邑川郡邑時賣 書舖 平壤下ᄉ김相萬 告백

●國債報償義捐合所收入廣告

●永柔郡蘇湖面下森串里 申錫元 申相섭 各五十전 申興섭 三十五錢 리基德 二十五錢 明俊德 신京湜 各貳十錢 박養白 신明燮 鄭元俊 각十錢 合二圓三拾錢

▲蓮卜面新興里

리吉源 馬大英 각二圓 ●上英蔓圓 鄭之都 김응봉 金永燁 각五十錢 김相楫 리昇鎬 박敬洙 박仁植 김仲起 孫右八 各三十錢 合八圓三十錢

▲鷹巖里 宋益洙 一圓五十錢 김贊元 壹圓 梁奇洙 七拾錢 김錫珍 六十五錢 김炳權 김發屵 김贊西 김選庚 趙基淳 各五拾錢 石永祿 金道俊 리基奉 各三拾錢 김炳俊 張鎭德 김鳳石 石麟瑞 吳寧贊 各一拾錢 合八圓二拾五錢

▲東月松里 김瀅璘 二圓

▲西리村里 리泰英 壹圓

▲通三館里 宋國珍 二圓 高九楨 壹圓五拾錢 金石 一圓 신贊化 八拾錢 鄭天益 五十錢 韓昌謙 三十錢 리正文 金觀楨 각五十錢 合七圓

●本社廣告

○申報價

一張代金 新貨二錢五釐
一個月前納 三十錢
三個月 九十錢
六個月 一圓七十錢
一個年 三圓四十錢
郵稅一張 新貨五厘
一個月 十三錢

發行兼編輯人 英國人 裵說
發行所 南署石井洞新外地三層洋屋
大韓每日申報社

大韓每日申報

第六卷

第七百七十九號

月曜及慶節臨時休刊

檀君開國四千二百四十一年
箕子紀元三千三十年
大韓開國五百十七年
日本明治四十一年
淸國光緖三十四年
陰曆戊申三月小十二日丁酉

別報

○與友人絶交書　錦頰山人

記者曰凡入一進會者ᄂᆞᆫ皆當三復此書

以若拍案抵掌에慷慨論天下事ᄒᆞ던吾兄으로서今乃入一進會乎아以若仰天叫地에恨不爲國一死ᄒᆞ던吾兄으로서今乃入壹進會乎아擧世가皆入壹進會ᄒᆞ더라도吾謂吾兄은獨不入壹進會라ᄒᆞ얏더니吾兄이乃入壹進會乎아吾兄向日에怨歎吾國四千年來도都無壹日之完全獨立이라ᄒᆞ기에吾兄之謀底祖國을吾固疑之ᄒᆞ얏스나不意吾兄이竟入壹進會也로다吾兄向日에怨謂吾國之獨力으로ᄂᆞᆫ終不可以自主라하기에吾兄之侮慢同胞를吾固惜之하얏스나不意吾兄이竟入一進會也로다

吾兄向日에稱許閔泳煥崔益鉉리儒김奉하이只殺其身이오無益於國이라ᄒᆞ기에吾兄之腎論與變을吾固異之ᄒᆞ얏스나不意吾兄이竟入一進會也로다吾兄向日에怨答宋秉畯리完用等齊純리埃鎔도亦是壹時英雄이라眼前富貴가足以自坏니國亡民滅을何必過問하기에吾兄之愚想顚倒를吾固悶之ᄒᆞ얏스나不意吾兄이竟入一進會也로다吾兄々々이여吾兄而乃入壹進會乎아吾兄而乃入壹進會乎아誠非平日之所望於吾兄也로다鳴呼라吾與吾兄으로從此絶矣로다吾雖不欲絶吾兄이나吾兄이入一進會어니吾安得不絶也며吾兄이自絶於祖國이어니吾安得不絶也며吾兄이自絶於同胞어니吾安得不絶也리오嗚乎라吾不與吾兄絶이며祖國이將與吾絶이오同胞가將與吾絶이니吾寧絶於吾兄이언뎡其可絶於祖國同胞乎아此所以不能不絶於吾兄也로니嗚乎라吾與吾兄으로從此絶矣로다

雖然이나吾於吾兄에今當不能不絶之時ᄒᆞ야又有不忍絶之心하노니不忍絶者ᄂᆞᆫ私也며情也오不能不絶者ᄂᆞᆫ公也며義也다情不可勝義故로不忍絶而不能不絶ᄒᆞ고公不可無私故로不能不絶而又不忍絶ᄒᆞ노니嗟々吾兄가여今於將絶之地에可以求不絶之道乎아

不絶之道ᄂᆞᆫ無他라兄ㅣ欲自絶於祖國이면吾不敢與吾兄絶이오兄不自絶於同胞면吾不肯與吾兄絶이니夫오兄이亦豈欲自絶於祖國與同胞哉아만은不過基因於　時之誤解而有此自絶也라

오請를淚抹血以告之ᄒᆞ리니兄其靜聽淸慮以聽之어다

降于太ㅣ에與堯並은檀君之獨立也오同爲臣僕에東出朝鮮은箕子之獨立也오西畧支那에拓[illegible]東征日本에援救新羅[illegible]王之獨立也오平壤[illegible]敵兵如娶兒하고薩水大戰에隋兵이魚腹은乙支文德之獨立也오淸遊唐國에窺伺敵際ᄒᆞ고和連秣갈에果伐隣邦은蓋蘇文之獨立也오厥遇唐兵에盡收麗濟故地ᄒᆞ고進逼大阪에至受城下之盟은文武王之獨立也니勝朝中葉以後로稍々隳矣나此只是庸君闇臣의苟安自卑之故오斯氏之獨立精神은未嘗一日休也어ᄂᆞᆯ今日四千載以來에都無壹日之完全獨立이라ᄒᆞ니吾兄之誤解가何其深也며乞他力而求獨立ᄒᆞᆷ은是乃入水而求ㅅ溺이니苟乞美國之扶我獨立이면將不免美國之奴隷며乞法國之保我獨立이면將未免法國之奴隷也며乞諸英國ᄒᆞ야도亦然이며乞諸德國ᄒᆞ야도亦然ᄒᆞᆯ지어ᄂᆞᆯ今觀吾兄之意컨ᄃᆡ將丐　岐薩摩兒之餘瀝ᄒᆞ야以爲充腹之計ᄒᆞ니是ᄂᆞᆫ百世라도難免丐兒之名者也니吾兄之誤解가何其大也며以物質的而觀之하면國權리金之成就가因無一利於國이어니와以精神的而觀之ᄒᆞ면長劒을一揮에山河가動色ᄒᆞ고熱血을一灑에日月이回精ᄒᆞ야即今教育云實業云國權恢復云々者가皆此諸公之遺烈也어ᄂᆞᆯ今曰諸公이徒殺其身이라ᄒᆞ니吾兄之誤解가何其酷也며彼五賊七賊之壹時富貴ㅣ雖似自身之得策이나今夫覆豈家殺一人者도猶有壹時之顯罰이거든況賤敗我四千載產業者乎며況犧牲我二千萬生靈者乎아是故로人怒鬼讟가日々愈急ᄒᆞ고地獄大坑이在々相隨ᄒᆞ야其身이雖生이나其心은已死니位雖高ᄒᆞ나雖多나誠亦何樂矣리오足爲彼輩寒心이어ᄂᆞᆯ今曰彼輩도亦壹時英雄이라ᄒᆞ니吾兄之誤解가何其甚也오

未完

外報

●淸匪武器密輸　淸國廣東省碣石鎭에在ᄒᆞᆫ者等이海豊附近에서武器를秘密히輸入ᄒᆞ랴하다가남洋艦隊砲艦廣利號에被捉ᄒᆞ야匪魁陳炳은被死ᄒᆞ고餘黨二人은擒되고又逃躲ᄒᆞᆫ者도有하얏ᄂᆞᆫ데風說을據ᄒᆞᆫ則致界에셔孫逸仙氏가主謀者라ᄒᆞ야該事件이査出된以後로其黨人을防遏ᄒᆞ기에熱心이라ᄒᆞ고又孫氏ᄂᆞᆫ該省嘉應潮州及海豊壹帶地方을第二根據地로定ᄒᆞ고目下餘黨을會集ᄒᆞᆫ다ᄒᆞ고又三月十八日西江流域에沿ᄒᆞᆫ香山附近에서淸國에稅關官吏가武器를密輸入하ᄂᆞᆫ者를搜索ᄒᆞ셔小銃五拾柄彈丸三千발을査出ᄒᆞ야捕獲하얏ᄂᆞᆫ더其輸入ᄒᆞᆫ者ᄂᆞᆫ逃躲ᄒᆞ얏다더라

●淸國馬賊上陸　大連電을據ᄒᆞᆫ즉淸國金州管內二十里堡四里외地点에馬賊壹隊가兩隻의木船으로去六日午前에上陸ᄒᆞ얏ᄂᆞᆫ데金州民政署警察隊ᄂᆞᆫ同日午后五時에討伐次로出發ᄒᆞ얏다더라

●露國極東經營　海參威電을據ᄒᆞᆫ則露國商工協會會長某氏ᄂᆞᆫ黑龍江鐵道敷設에關ᄒᆞ야其港외建築必要를論ᄒᆞ고更히自由港問題에論及ᄒᆞ야自由港廢止ᄂᆞᆫ時機가尙早ᄒᆞ고當今間에從來외制度를繼續ᄒᆞ야總히外國輸入品에對ᄒᆞ야免稅ᄒᆞᆷ은極東經營上最必要ᄒᆞ다ᄂᆞᆫ意見書를陸軍大藏商工務외三大臣及國防委員장에게提出ᄒᆞ얏다며라

●英國首相病篤　英國首相싸나만씨ᄂᆞᆫ病氣가危重ᄒᆞᆷ을因ᄒᆞ야辭表를提出ᄒᆞ얏ᄂᆞᆫ데英國皇帝께서ᄂᆞᆫ쎄아리쓰地에在ᄒᆞᆫ大藏大臣아쓰기쓰氏를召견ᄒᆞ셧더라

雜報

●靑壹新校　北靑郡仲坪面槐井里에셔昨年秋에히里晉齋數拾間을壹新修理ᄒᆞ야靑壹학校라名稱ᄒᆞ고資本金은히里鄕廳財錢과각契所有財産과各人補助金으로存本殖利케ᄒᆞ야학資를立ᄒᆞ고高明ᄒᆞᆫ講師를延聘敎授ᄒᆞᄂᆞᆫ대出席각徒가七拾名에達ᄒᆞ얏다고ᄒᆞ郡來人이稱頌ᄒᆞ다더라

●학徒雲集　龍川光化倘義학校ᄂᆞᆫ洪繼洛張濟翊洪建英鄭時成洪宗洛五氏가학校費를自擔設立하고該教師ᄂᆞᆫ文化氏ᄂᆞᆫ月俸으로還償生徒를민敎학校生徒가雲翔霧集ᄒᆞᆫ다더라

●明校運動　北靑樓閣洞諸員이新明학校生徒의體力과氣力을養成ᄒᆞᆯ目的으로賞品을熱心寄附ᄒᆞ고陰本月十五日에獨立門外로春期運動을擧行ᄒᆞᆫ다며라

●朴氏大覺　中和郡稗泉面居박鐵雍ㅅ가新學에有益ᄒᆞᆷ을大覺ᄒᆞ고該面內에進明학校를創設ᄒᆞ야靑年子弟를教育ᄒᆞ며또奔忙ᄒᆞᆫ農人을爲ᄒᆞ야春夏秋則夜학冬則晝학으로熱心敎授ᄒᆞᆫ다더라

新譯 海外稗談

第二章　寧堂主人　譯

俾斯麥의狼狽　(續)

德皇이不待余言之畢ᄒᆞ고勃然變色曰日耳曼帝國이在于寡人獨裁之下ᄒᆞ니卽彼首相俾斯麥도亦不過奉命而行이니라余曰德帝人외密約中所擬議ᄂᆞᆫ寡以爲只出於陛下之意而已니若是俾斯麥之自斷인대敵國이豈敢從命耶아德皇이卒然問何謀ᄒᆞ거ᄂᆞᆯ余乃言曰臣者에陛下ㅣ로議ᄒᆞ사願德法이聯合ᄒᆞ야以伐英國ᄒᆞ고且約以埃及으로爲法國屬地ᄒᆞ시더니今豈忘之耶아德皇이聞之ᄒᆞ고躍然起立曰咄哉라是何言々々고謂寡人欲伐英國ᄒᆞ고以埃及으로爲貴國屬地歟아此語가甚奇로다不知何人이作此事오德皇이言次此ᄒᆞ더니忽然似有所觸ᄒᆞ며遂噤口不語ᄒᆞ거ᄂᆞᆯ余乃佯驚曰俾公이未嘗與陛下로相商ᄒᆞ고自斷此事耶아外臣等은正以爲此事가必出自陛下聖裁라ᄒᆞ이다德皇이於是乎茫然自所失ᄒᆞ거ᄂᆞᆯ吾忖其心ᄒᆞ니必憤俾公之專橫이로다又俾斯麥씨輕蔑帝望之事로不欲使之俾聞於他國故로當時德皇之顔色이若有大不豫ᄒᆞ어ᄂᆞᆯ余가於是에務得德皇之歡心ᄒᆞ야以離間俾斯麥ᄒᆞᆯ시乃再激之曰誠如是也俾公之手段이豈不可驚乎아雖然이나法國이實不欲與德國으로提携而伐英國也로니請陛下ᄂᆞᆫ勿爲過憂ᄒᆞ소셔今外臣이請得其確證ᄒᆞ야以證오言之不謬하고且欲於世人未知之前에早了此事ᄒᆞ리이다因獻壹計曰如此々々ᄒᆞ소셔ᄒᆞᆫ에德皇이欣然色喜하며撫掌稱善ᄒᆞ더라

我法國이豈其忘之耶아俾斯麥이欲驅入英國於三國同盟之中ᄒᆞ야以傾法國ᄒᆞ셔其所恃以爲手段者ᄂᆞᆫ即法國外務大臣學羅與외所曾署名ᄒᆞᆫ和議書也라余之使命이正在撤還此書인대此書가現爲俾老所握ᄒᆞ니可奈何ᄂᆞ所幸者ᄂᆞᆫ俾斯麥이未嘗與德皇으로一商議ᄒᆞ고自斷此策ᄒᆞ얏스니是ᄂᆞᆫ天之未絶我法國也로다

未完

雜報

●下賜東宮 東宮、夫高최敬씨夫人洪氏가東京을向ᄒᆞᆯ次로韓蓈官에發ᄒᆞ다ᄂᆞᆫ說은已爲報道ᄒᆞ얏거니와 太皇帝陛下ᄭᅦ옵셔果子一箱ᄋᆞ汀丁壹箱白淸壹樽實白子壹箱를皇太子殿下ᄭᅴ傳送하셧더라

●紀念章將頒 表勳院總書官鄭東植씨가昨日각府部院廳으로函牒ᄒᆞ되 大皇帝陛下卽位式紀念章을頒給ᄒᆞᆯ터이니會往에頒給ᄒᆞᆫ各官吏의紀念章證書ᄅᆞᆯ不日내로還爲收合送交ᄒᆞ라ᄒᆞ얏다더라

●儀節鍊習 警官들이 大皇帝陛下 動駕時에警衛ᄒᆞᄂᆞᆫ節次ᄅᆞᆯ每土曜日이면警廳으로會集鍊習ᄒᆞᆫ다더라

●輪直廢止 承寧府摠督及侍從長이 侍醫官에輪直ᄒᆞ던거ᄉᆞᆫ日昨에廢止ᄒᆞ고每日醫官入診時에만摠督과侍從長이輪回入侍ᄒᆞᆫ다더라

●兩大憂愁 摠理大臣리完用法部大臣趙重應兩시ᄂᆞᆫ近日에何許事件을因ᄒᆞᆷ인지憂愁思慮ᄒᆞᄂᆞᆫ中이라더라

●宋任監督 今番에渡來하ᄂᆞᆫ農商工部大臣宋秉畯시ᄂᆞᆫ日本貧民의總監督의任을擔任ᄒᆞ얏다ᄂᆞᆫ說이有ᄒᆞ더라

●學大歸期 학部大臣리載崑시ᄂᆞᆫ日本國內학校를觀察ᄒᆞ고本月二十四日頃에出발歸任ᄒᆞᆯ다더라

●有何見機 近日에各元老大臣들과中樞院顧問諸氏中에셔무슨機微를見ᄒᆞ얏ᄂᆞᆫ지不知ᄒᆞ거니와一譪會에入參코저하라ᄂᆞᆫ人이多ᄒᆞ다고巷說이喧藉ᄒᆞ다더라

●二十日選 中樞院議官徐正淳副議ᄂᆞᆫ成岐運贊議尹吉炳三시가辭職疏ᄅᆞᆯ奉呈ᄒᆞ얏다ᄂᆞᆫ事ᄂᆞᆫ前報에已揭ᄒᆞ얏거니와再昨日에該三시가依疏遞任되얏다더라

●沈選陞任 奎章閣司長沈宜碩氏遞任ᄒᆞᆫ代에韓鎭植氏가被任ᄒᆞ얏다더라

●戶院請議 前教官박圭純氏가발起ᄒᆞ야各戶戶院을設立ᄒᆞ고房牌及門牌ᄅᆞᆯ實施ᄒᆞᆯ意見書ᄅᆞᆯ中樞院에獻議ᄒᆞ얏다더라

●孫邸午餐 昨日上午十二時에孫澤孃邸에셔宮내府대臣라允用承寧府摠督趙民熙全副摠管박齊斌侍從장金春최諸시가今番 太皇帝陛下 玉候入診ᄒᆞᆫ日韓醫院장佐藤進醫官佐々木四方志仝鈴木謙之助시等四人과醫師摠監丸山重俊仝副監具然壽諸시가會集ᄒᆞ야午餐會ᄅᆞᆯ開催ᄒᆞ얏다더라

●학次視校 平壤郡日語학校落成式에往參次로학部次官俵孫一시가今日에發程ᄒᆞ야各학校大運動ᄭᆞ지觀覽ᄒᆞ고二十六日에歸任ᄒᆞᆯ預定이라더라

●각校視察 公立학校擴張ᄒᆞ기爲ᄒᆞ야학部書記官리晩奎仝小杉彥治扶手松本政次郞三시ᄂᆞᆫ呂州로學部次官表孫 事務官上村正己兩시ᄂᆞᆫ平壤으로學部학務課長閔健植技師石原鍊太郞主事리完應三시ᄂᆞᆫ江華로明日에발程ᄒᆞᆫ다더라

●法次旅費 法部次官倉富勇三郞氏의日本往返旅費不足額이八百圓인대昨日度支部에셔支出ᄒᆞ얏다더라

●渡日留학 承寧府總管趙民熙奎章閣卿趙同熙兩시에令郞兩人이日本에留학次로昨日에發程ᄒᆞ얏다더라

●法官花郞 漢城裁判所一般官吏가昨日東門外永道寺에前往ᄒᆞ야花郞會ᄅᆞᆯ盛設ᄒᆞ얏다더라

●成氏下鄕 前中樞院副議장成岐運씨가其妻山에宗葬ᄒᆞᆯ次로昨日鄕第로下往ᄒᆞ얏다더라

●日학鍾語 統監府에셔日本人警察官及財務官을韓語教授ᄒᆞ기爲ᄒᆞ야度支部主事徐紀殷씨와日本官吏二氏로囑托ᄒᆞ야韓語必携라ᄂᆞᆫ冊子ᄅᆞᆯ編輯中이라더라

●戕盜施賞 北部警署刑事巡査柳橋捻九郞全金敎元分權重洛朴元浮시等이警察上에恪勤供職ᄒᆞ야强盜五名을逮捕ᄒᆞᆫ事로警視廳에셔六圓以下三圓以上으로賞與支給ᄒᆞ얏다더라

●祠士請還 鎭남郡在ᄒᆞᆫ忠烈祠享祠位土文書ᄅᆞᆯ該郡守高최駿씨가奉入官庭ᄒᆞ얏다ᄂᆞᆫ되忠武公의後孫리南熙氏가내部에請願ᄒᆞ고該文券ᄅᆞᆯ還爲出給케ᄒᆞ라ᄒᆞ얏다더라

●耳基插標 承寧府庶務課장吳一永씨가再昨日에駱山及城北등等地에前往ᄒᆞ야 慶興宮所管基址의境界ᄅᆞᆯ區別ᄒᆞ야揷票ᄒᆞ얏다더라

●敎育難辨 近日에김在순이란者가秘密히一會ᄅᆞᆯ組織ᄒᆞ얏다ᄂᆞᆫᄃᆡ或云天理敎라ᄒᆞ나會인지敎인지姑未詳知ᄒᆞ되大官四五名이奉參其中ᄒᆞ고黨員五八拾名이團結ᄒᆞ얏다ᄒᆞ나其行動은隨聞記載ᄒᆞ깃노라

●官論上京 利川郡守로京畿官論委員被任ᄒᆞᆫ리蒔榮시가官論後再昨日上京ᄒᆞ얏다더라

●弓矢新造 侍從官諸氏들이御射와陪射ᄒᆞ기爲ᄒᆞ야弓矢ᄅᆞᆯ現今一新製造ᄒᆞᄂᆞᆫ中이라더라

●騎兵鍊習 각署警部들이日前부터每土曜日이면騎馬鍊習을設行ᄒᆞᆫ다더라

●沃守恤金 沃川郡守任喆宰시가身病으로致死ᄒᆞ얏ᄂᆞᆫ되內部에셔恤金二百圓ᄅᆞᆯ支給ᄒᆞ얏다더라

●柴社任員 리圭完氏가柴炭株式會社ᄅᆞᆯ刱設ᄒᆞ야日前学동二層洋屋에셔刱會式ᄅᆞᆯ擧行ᄒᆞ얏다ᄂᆞᆫ事ᄂᆞᆫ已爲報道ᄒᆞ얏거니와任員을組織ᄒᆞᆫᄂᆞᆫᄃᆡ社장은張鳳煥氏가被選되고總務ᄂᆞᆫ리圭完氏가被薦되얏다더라

●一進奪耕 養州光城面에閔忠正輪臘宅동이有ᄒᆞᆫᄃᆡ동外所有餘坂ᄒᆞ方欲藥동之際에一進會員이稱爲陳荒ᄒᆞ拓ᄒᆞ고不問主人有無ᄒᆞ고任意奪藥ᄒᆞᄂᆞᆫ故로呈訴于理院ᄒᆞ야尙未判決ᄒᆞ고時候ᄂᆞᆫ漸晩ᄒᆞ니必至廢耕之境이라더라

●會장出席 勞働夜학會會長金膺模씨가昨日부터出席視務ᄒᆞ얏다더라

●可以觀感 西北학會에셔會館及學校ᄅᆞᆯ三層洋屋으로新建築ᄒᆞᆫ다ᄂᆞᆫ事ᄂᆞᆫ已爲報道ᄒᆞ얏거니와該建築費에對ᄒᆞ야리鍾浩시ᄂᆞᆫ壹萬圓과趙鼎九시ᄂᆞᆫ九千圓과리甲시ᄂᆞᆫ壹千圓과柳東說시ᄂᆞᆫ三百圓과張박시ᄂᆞᆫ壹百圓을捐補ᄒᆞ얏다니諸시가公益事業을爲ᄒᆞ야義心을奮發ᄒᆞᆫ은贊賀不已ᄒᆞ거니와각학會諸시들도此ᄅᆞᆯ觀感興起ᄒᆞ기ᄅᆞᆯ切望ᄒᆞ노라

●日人墜死 再昨日平理院建築所에셔日人役夫壹名이層階에墮落ᄒᆞ야卽爲致斃ᄒᆞ얏다더라

●三氏保放 閔泳采姜寅泰鄭寅國三氏ᄂᆞᆫ多日滯囚ᄒᆞ얏더니再昨日에姑爲保放ᄒᆞ얏다더라

●沈氏被捉 呂州義兵將沈相휘氏가再昨日警視廳에被捉ᄒᆞ얏다더라

●何事被捉 大東會財務員김弘憲氏가有何事件인지再昨日警視廳에被囚ᄒᆞ얏다더라

●順校卒業 平南順川郡院下面基督教私立日新학校에셔去陰十月十九日에卒業式을行ᄒᆞ얏ᄂᆞᆫᄃᆡ師範科卒業生은리聖徵박東薰等이오尋常科卒業生에ᄂᆞᆫ李仁永金永珍等이라더라

●拾郡公校 학部에셔宜川平壤間島江華은陽密陽秋[illegible]古阜甕岩呂州拾郡에公立학校ᄅᆞᆯ設張ᄒᆞᆫ다더라

●安塾將歎 安州郡州南面에서학校ᄅᆞᆯ設立ᄒᆞᆫ다ᄂᆞᆫᄃᆡ梁贊益吳承剛兩시가발起ᄒᆞ야該面니私塾遺在저과各동遺在錢과有志紳士에贊成金을集合ᄒᆞ야四五萬兩으로학費ᄅᆞᆯ삼아校況이大有就緖之望이라ᄒᆞ더라

●新校運動 龍川外上남市동居리錫洪氏가特出五百금하야新設학校ᄒᆞ고名曰日新이라ᄒᆞ고該동中申瑞桓等諸시가擧皆擔任ᄒᆞ야熱心教授에학徒가日進하고兼設夜학校ᄒᆞ야勞働者百有餘名이入학ᄒᆞ고去八日春期大運動에각處학徒가如雲ᄒᆞ集ᄒᆞ야試取拔優ᄒᆞ야以錦旗鉛筆空冊等物로次第施賞ᄒᆞ얏다더라

●光校復興 雲山郡北面橋동私立光東학校은韓동人士가각각出捐金ᄒᆞ야校舍ᄅᆞᆯ買得ᄒᆞ고학徒ᄅᆞᆯ敎授ᄒᆞ더니昨年春에至ᄒᆞ야운經費가極艱ᄒᆞᆷ으로校況이日益凋殘ᄒᆞ며將至廢撤之境이러니該校贊成員리根永시가任員諸시로더부러擴張ᄒᆞᆯ方針을爛商協議ᄒᆞᆫ後에히附近金礦會社美人諸시에게학校情況을一一히說明ᄒᆞ고捐助ᄅᆞᆯ請ᄒᆞ얏더니不過幾日에四百餘元義捐金을收合ᄒᆞ며該시에서出給하미卽時校舍에間을華麗히新建築ᄒᆞ고리化伯시로敎師ᄅᆞᆯ擇定ᄒᆞ며生徒ᄅᆞᆯ敎授ᄒᆞᄆᆡ校況이日就ᄒᆞ다고該郡人人이稱頌ᄒᆞ더라

▲地方治息▼

▲本月四日淮陽灰峴西北方六吉雞米等地에셔五十餘名義兵과日守備隊가夜戰ᄅᆞᆯ開ᄒᆞ얏다ᄒᆞ고

▲本月六日陽德郡瓶瀨동附近에셔義兵四十餘名은孟山日守備隊와交戰ᄒᆞ얏ᄂᆞᆫᄃᆡ彼此間死傷이有ᄒᆞ얏다ᄒᆞ고

▲本月九日午後 時大德里附近동에서義兵拾六名과日憲兵若干名과互相攻擊ᄒᆞ얏다ᄒᆞ고

▲本月四日海州郡檢丹面에셔二十餘名義兵이日憲兵과激烈히交戰ᄒᆞ다가其附近方面으로退去ᄒᆞ얏다ᄒᆞ고

▲本月八日坡州郡衛備人최明光及孫興宅兩人이官府命令으로同郡栗峴三峴里에出張ᄒᆞ얏ᄂᆞᆫᄃᆡ伊時義兵四十餘名을遭ᄒᆞ미日軍의偵探이라稱ᄒᆞ고牛骨里로捉去ᄒᆞ얏다ᄂᆞᆫ急報ᄒᆞᆫ의地憲兵分遣所에셔接ᄒᆞ고憲兵幾名及巡査三名을同地에派遣ᄒᆞ얏다더라

東京電報

十日發

●伊藤歸任 伊藤統監이十四日軍艦吾妻ᄅᆞᆯ乘ᄒᆞ고下關을발ᄒᆞ야拾六日仁川에上陸ᄒᆞᆯ預定이라더라

▲痼疾難治▼

▲將養科試ᄅᆞᆯ設ᄒᆞ니百目白中神效ᄅᆞᆯ만人韓人에게流行ᄒᆞ야痼疾病入骨髓成祟ᄒᆞ야百약無效難治로다

▲東西南北四色論이擬自何時競爭ᄒᆞ야士禍ᄅᆞᆯ繼起ᄒᆞ더니各自搆惡疾ᄒᆞ야至今에尙未解ᄒᆞ야心曲中에包藏ᄒᆞ니黨派癖은難治로다

▲翰林玉堂淸宦이오兩司馬[illegible]賤職이라淸濁經緯ᄅᆞᆯ穩衛ᄒᆞ야門閥高下比較ᄒᆞ니平交相敬ᄒᆞ分ᄒᆞ야胡肝越膽不通ᄒᆞ니兩班癖은難治로다

▲남北村行世客이權門勢家追逐ᄒᆞ야營營苟苟平生에無他事論埋沒ᄒᆞ야靑春於焉에老ᄒᆞᄃᆡ小局習慣이쎤이라仕宦癖은難治로다

▲壹分貳分聚斂ᄒᆞ야良田廣厦廣置ᄒᆞ고爲子孫計安樂ᄒᆞ며公益事爲冷笑ᄒᆞ야雖至粒米斂手ᄒᆞ고守錢虜甘作ᄒᆞ니愛財癖은難治로다

▲蛾眉之愛富頭ᄒᆞ되畏國畏婦縮然ᄒᆞ나風花烟艸더性質이依頼情態可惜ᄒᆞ다此라聲 自廢ᄒᆞ니置壹身於何地런고柔懦癖은難治로다

▲外國物品塗身ᄒᆞ니綾羅錦繡燦爛ᄒᆞ다無一錢於胃中이나日前繁華耽樂ᄒᆞ네識者鄙之市道輩ᄂᆞᆫ富貴子弟可歎이라奢侈癖은難治로다

▲弊衣破冠遐鄕客이胃緞萬中그뉘알고驕藩ᄒᆞ다京華子ᄂᆞᆫ眼下觀之鼻笑ᄒᆞ며言語驕矜下待ᄒᆞ니都中少年네아니냐驕矜癖難治로다

▲竹林七賢본을바다淸談으로消度ᄒᆞᆯ데世上事ᄂᆞᆫ不問ᄒᆞ고烟雲花鳥江山景은詩句中에題品ᄒᆞ야自謂高標逍遙ᄒᆞ니韻致癖을難治로다

▲外人勸告運動ᄒᆞ야觀察郡守圖得ᄒᆞᆯ데不顧傍人唾罵ᄒᆞ고阿諛苟容百方이라金力暗動ᄒᆞ諸ᄒᆞ면如登龍門揚揚ᄒᆞ니鄙陋癖을難治로세

雜報

●下仁作別 前參判리應翼氏가逃躱ᄒᆞᆫ事ᄂᆞᆫ更聞ᄒᆞᆫ즉該氏가其伯씨作別次로仁港에下去ᄒᆞᆫ事이라더라

●必無是事 本報第七百七十五號雜錄欄에學界魔障이란題下에新移ᄒᆞᆫ孤兒院에在ᄒᆞᆫ廟堂에서徐相台시가致誠ᄒᆞ얏다ᄂᆞᆫ說은更聞ᄒᆞᆫ즉初無ᄒᆞᆫ事라더라

廣告

本人布屏縫裁所박聖弼處四月二拾日推次當文九百七兩票遺失故廣告內外國人間拾得休紙施行ᄒᆞᆷ
金正厚 告白

本人이宗路布木廛리鍾源處에推次當錢壹萬壹千兩票壹張과東小門內米廛리秉旭處의推次當錢壹萬四千六拾三兩五전票ᄅᆞᆯ遺失ᄒᆞ얏스오니誰某拾得ᄒᆞ여도勿施ᄒᆞᆷ
東署梨峴內玉房 리東龜 告白
동八拾壹統四戶

●開進學校趣旨書

庠序학校ᄅᆞᆯ設置ᄒᆞ야人材ᄅᆞᆯ培養ᄒᆞᆷ은古昔遺規로되三皇이不同禮ᄒᆞ고五帝가不同樂은盖沿革이因時制宜ᄒᆞᆷ이라宇內의時務ᄅᆞᆯ통察ᄒᆞ면幾千年閉關自守ᄒᆞ던舊俗ᄅᆞᆯ壹向執迷ᄒᆞᆯ바라오現今泰西列邦이各其時宜ᄅᆞᆯ研究ᄒᆞ야進化에從事ᄒᆞᆷ으로格致의透解와製造의精巧ᄒᆞᆷ이愈出愈奇ᄒᆞ야凡於政治法律殖産經濟兵備刑律牧工商이形式의大小ᄂᆞᆫ雖殊나需世利用則壹也ㅣ라敎育之術가頗不頹敗ᄒᆞ야嗚呼라我東半島가檀箕以來로忠賢이繼續ᄒᆞ고名行을砥礪ᄒᆞ야君君臣臣ᄒᆞ고父父子子러니夫何近代以後로風敎가腐敗에虛文을徒尙ᄒᆞ고習慣이惰逸에實業을等棄故로國勢貧弱ᄒᆞ고民智蒙昧ᄒᆞ야嶷嶷然今日에至ᄒᆞ엿ᄉᆞ니固當自反이라伊誰史尤리오惟我開進학校의刱立趣旨ᄂᆞᆫ世道의艱危와士氣의沮陷ᄒᆞᆷ을奮불振興코져하야維新학問으로聰俊을啓迪ᄒᆞᆷ이卽其目的이라人皆愛國愛民의勇往直前을此俾斯麥의鐵血과瑪志尼의決心으로團體ᄅᆞᆯ永結ᄒᆞᆫ然後에야民命을可以拯救오國富ᄅᆞᆯ可以回生ᄒᆞ리니多數靑年에指導ᄒᆞᄂᆞᆫ方針이오警醒ᄒᆞᄂᆞᆫ木鐸이라惟我同胞ᄂᆞᆫ極力贊成ᄒᆞ야開明之域에日日進步하면人民文明의要津과國家富强의基礎가此에在ᄒᆞ야써東亞全局의平和ᄅᆞᆯ維持케ᄒᆞ고智識을養成케ᄒᆞᄂᆞᆫ域에至ᄒᆞᆷ을期圖코ᄌᆞᄒᆞ노라
東亞開進教育會館內
開進학校

本人의世傳耕食ᄒᆞᄂᆞᆫ田畓字々답拾과落始字답拾六斗落制字田二日耕賓字田二日耕文券을서失故로本郡에請願ᄒᆞ야證明書ᄅᆞᆯ已出ᄒᆞ얏슨즉其文券은休紙施行ᄒᆞᆯ터이니內外國人間勿爲見欺ᄒᆞ시오
陽川郡加谷面元堂里 柳浩敏 告白

金海郡主事裵相진以稅務書記擧行時素習奸猾ᄒᆞ야剝割先民不可枚擧而至若去甲乙兩年歉餘結錢ᄒᆞᆫ以純葉八拾兩式으로依舊勒捧而隱卜八百餘結도亦以八拾ᄊᆞ勒捧ᄒᆞ야[illegible]肥已故上年二月에至有民擾ᄒᆞ야己爲政府洞燭이오며有限國結ᄒᆞᆫ不爲陞揔ᄒᆞ고從中幻弄ᄒᆞ야壹境之民이無至魚肉之境故廣告ᄒᆞᆷ
崔貞英 告白

故副尉리根承氏子景최年少沒覺爲無賴輩誘引欲以僞券與當又欲得債於無興貸금所云內外國人切勿見欺ᄒᆞᆷ
中部貞동二十六統三戶 리召史 告白

本人이塩谷리진鉉三月二拾五日出次當伍九百四兩票ᄅᆞᆯ서失ᄒᆞ엿ᄉᆞ니誰某拾得閒休紙施行ᄒᆞᆷ
琪尹相 白

陽城郡首書記高德鉉이素有風力이러니昨年八月辭遞以後도多日空官之際의百姓鎭撫와外人交涉의雍容做去ᄒᆞ야民無貽弊故로村村稱誦이요街街立牌ᄒᆞ니如此書記ᄂᆞᆫ近世罕聞이라宜有褒揚之擧이기玆以廣布ᄒᆞᆷ
金東一 告白

金海所在嬰峴宮蘆田宮監을上年三月日의舜韓圖綮ᄒᆞ야持公文下來而蘆草放賣故守直與商民이從時價無疑買賣라가同年九月日該郡居具亨植이業以桴類로田沒京鄕作弊無常터니圖得宮監下來後已賣蘆草價金四千圓을運徵於各人次於毆打拔劍作梗勒捧驛錢故不勝抑鬱ᄒᆞ야新舊宮監與作人等面質裁判於漢城府ᄒᆞ와具哥落科捉囚獄이옵더니又幸蒙放下來에以其嫌疑蘆田守直等을一並逐出後大作葉八九百兩中作九六百下作二三百兩式討食於守直蘆ᄒᆞ니此人所行을不可枚擧오殘民이亦難支保故廣告ᄒᆞᆷ
崔貞吳 告白

西署內江倉前里拾九統一戶草家六間文券見失인즉拾得之人은休紙施行ᄒᆞᆷ
家主韓昌洙 告白

西署西江倉前里十八統一戶草家四間文券을見失인즉誰某拾得ᄒᆞ나休紙施行ᄒᆞᆷ
家主崔應洙 告白

本所ᄂᆞᆫ各位에委托ᄅᆞᆯ受ᄒᆞ야各種物을公拍ᄒᆞ되陰每月六次式四九日로ᄒᆞ고小月則二拾八日노ᄒᆞᆷ
銅峴銅與鏡貿所 白

本人의先山在於長湍滿潭里이온바案山松楸ᄅᆞᆯ家人中欲爲賣賣이기廣布하오니內外國人切勿見欺ᄒᆞᆷ
박昌善 告白

本月初十日午後에七歲된女兒가져고리ᄂᆞᆫ청길다홍ᄭᅳᆺ동치마ᄂᆞᆫ다홍이오나무신신고자지항나깡괴로동관동지에서일허ᄉᆞ니보시ᄂᆞᆫ니ᄂᆞᆫ본인집으로통긔ᄒᆞ쥬시면후샤ᄒᆞ겟ᄉᆞᆸ
중부궁골 철십일통가구호 박규병 朴奎秉 白

本人等이繼開학生親睦會ᄅᆞᆯ발起ᄒᆞ고來日曜日上午十一時에敎化門前普光학校內에서設立總會ᄅᆞᆯ開ᄒᆞ오니幡남학生첨君子ᄂᆞᆫ卒業及通學을勿論ᄒᆞ고期光臨ᄒᆞ심을敬要
발起人 李元稙 朴魯成 盧載鉛 李覺鎬 朴泰兼 趙稼衍 安熙濟 等 告白

本人子의姓名은金宗淳이오字ᄂᆞᆫ和卿인데無故出他가已爲七年則姑兮婦兮ㅣ望還家而尙今未歸ᄒᆞ니倚閭之懷와望夫之恨이當何如哉即速還家ᄒᆞ야以慰婦姑無窮之懷ᄒᆞ라
安東豊山面九潭里居姜召史 白

本會定期總會ᄅᆞᆯ來拾貳日(日曜日)下午壹時에本會館으로開ᄒᆞ오니本道人士ᄂᆞᆫ屆期光臨ᄒᆞ시옴
湖남학會 告白

샤쥬軍樂隊營門越便길邑基씨宅左便살던孫邑閣母馬台史와新門外연우宮잔달이살던聘母申召史消식을알고져ᄒᆞ오니아시ᄂᆞᆫ니ᄂᆞᆫ每日申報社로通기ᄒᆞ옵기ᄅᆞᆯ伏望
美國華盛頓道水卜領留
孫泰龍兒名昌龍 告白

本人의庄土가全羅道에在矣러니忽於日前에有面不知日本人壹名이來ᄒᆞ야出示名啣曰我ᄂᆞᆫ卽小公동東亞興業合資會社任員松島常治인데貴庄土가本社에典執된지週年에消息이無ᄒᆞ기來督ᄒᆞ노라ᄒᆞ거ᄂᆞᆯ於意에必是挾雜이나如何ᄒᆞᆫ事實인지不勝紆鬱ᄒᆞ야往見ᄒᆞᆫ즉僞造文券手標ᄅᆞᆯ鑑案ᄒᆞ야昨年四月分에金壹千五百圓을松島常治가居間括据云云ᄒᆞ니大抵田畓을典執ᄒᆞᄂᆞᆫ境에本主의面目도不見ᄒᆞ고文券의虛實도不問ᄒᆞ고巨款을出給ᄒᆞᆷ도語不成說일ᄲᅮᆫ더러週年이되도록壹言半辭가無ᄒᆞ다가今始來言ᄒᆞᄂᆞᆫ것시是豈近理乎아松島常治의符同雜類ᄒᆞ야欺人取財ᄒᆞᄂᆞᆫ凶臆은明若觀火이옵기玆에廣告하오니內外國僉君子ᄂᆞᆫ照諒ᄒᆞ심을爲要ᄒᆞᆷ
中署樓동六統五戶 金公禎 告白

本會社所管壹萬壹千坪의農作地가叢島에在ᄒᆞᆫ바該基地ᄅᆞᆯ貰給ᄒᆞᆯ터이니農作에有意ᄒᆞ신僉君子ᄂᆞᆫ本會社로來臨商議ᄒᆞ심을望ᄒᆞᆷ
香路水道會社 告白

本會에서本月十二日(日曜)下午壹時에通常總會ᄅᆞᆯ前工曹後동官立英語학校내로開ᄒᆞ오니壹般會員及有志同胞ᄂᆞᆫ屆期來臨ᄒᆞ시옴

畿湖興學會 告白

本人의子文國이가素性浮浪ᄒᆞ야蕩敗家産於酒色之場이오며不些食口가將至于道路彷[illegible]之境이오되終不改習ᄒᆞ고符同雜類ᄒᆞ야欲圖欺人得債ᄅᆞᆯ오니毋論內外國人ᄒᆞ고錢財相關이다가無至日失追悔ᄒᆞᆷ
寧遠獨山面南平里居朴濟楨 白

本校에서聽從量敎育ᄒᆞ기爲ᄒᆞ야학員을募集ᄒᆞ오니左開ᄒᆞᆫ資格이合當ᄒᆞᆫ학員은屆期來학ᄒᆞᆷ을望ᄒᆞᆷ

左開

位置 美洞孝悌忠信家
年齡 八歲以上拾六歲以下
학科 普通학科
開학 四月廿日 陰三月廿日

本校에入학코ᄌᆞᄒᆞᄂᆞᆫ학員은自本月拾五日로請願書ᄅᆞᆯ來呈ᄒᆞᆷ
但請願紙ᄂᆞᆫ本校에서支給ᄒᆞᆷ
隆熙二年四月日
星鳴학校 校長김重煥

◉谷香葉卷煙草 大發賣

大煙百本入一箱金一圓八十錢
仝五拾本入一箱金九拾五錢
中煙百本入一箱金八拾錢
小煙百本入一箱金五拾錢
但多數購買則割引減呈
南署苧동六拾二統拾戶

谷香合資會社 告白

本人이親喪을遭ᄒᆞ야歸國ᄒᆞ엿더니今又還來ᄒᆞ야店務ᄅᆞᆯ擴張ᄒᆞ고新輸入各色春夏服과各種帽子와靴服次와其他諸般附屬品이具備ᄒᆞ고特別廉價로販賣ᄒᆞ오니僉位大人如前光臨ᄒᆞ심을敬要
貞동大漢門前鮮興號主人 告白

中署鐵路長通坊丁萬石與光耳洞拾一統六戶前孤兒院瓦家三拾八間을放賣코져ᄒᆞ오니願買僉君子ᄂᆞᆫ來問于京城孤兒院ᄒᆞ심을望ᄒᆞᆷ
京城孤兒院主 告白

本書館에서民智ᄅᆞᆯ廣開ᄒᆞ고文明發達ᄒᆞ기爲ᄒᆞ야新書籍을多數購來ᄒᆞ야大발賣ᄒᆞ오니僉君子ᄂᆞᆫ陸續來臨ᄒᆞ심을敬望ᄒᆞᆷ
釜山港東館韓興書館金汝重
權宗律 廣告

▲株金募集廣告

本社에서農商工部에認可ᄅᆞᆯ承ᄒᆞ얏ᄉᆞᆸ기株金을募集ᄒᆞ오니願入僉君子ᄂᆞᆫ左記條例ᄅᆞᆯ照亮하심을望ᄒᆞᆷ

▲左記

一 應募期日 即保證金辦納日
自隆熙二年四月一日 至同年四月卅日 (陰三月一日 陰四月一日)
一 資本總額 拾萬圓
一 壹株金額 貳拾圓
一 保證金額 一株에對ᄒᆞ야壹圓
一 第一回辨納金額 一株에對ᄒᆞ야五圓
但第壹回辨納할ᄯᆡᆫ保證金을扣除計算ᄒᆞᆷ
一 第壹回金辦納期日은(自隆熙二年五月一日 至同年五月廿日)(陰四月二日陰四月二拾二日)
一 株金取扱所 株金領受所ᄂᆞᆫ
本社 韓一銀行 漢城銀行 農工銀行 天一銀行

創立委員 張轄衡 趙彰漢 趙鐵象 趙秉澤 韓相龍

南署會洞契六十三統九戶 苧洞四巨里 二層洋屋

漢城材木柴炭株式會社仰佈

敎導部養元학校捐助氏名
前主事林昌鉉 貳圓
幼학閔泳譜 五拾圓
進士리秉一 每朔壹圓

漢城鐘路萬國基督敎靑年會舘前慈惠藥房
醫學院醫學員洪錫厚朴慈惠李觀化告白

本人等이 米國大學醫院處方을 大醫學士魚丕信氏에게 受業ᄒᆞ고 醫學校長勸五等池錫永氏에게 有効證明을 受ᄒᆞ고 左記藥을 製造ᄒᆞᆫ 外國賣藥規模를 依ᄒᆞ야 紙匣洋鐵匣瓶에 盛ᄒᆞ야 全國內地各處藥店에 廣賣ᄒᆞ옵고 濟衆院英字醫書를 我國諺文으로 飜譯ᄒᆞ야 名稱西藥便方이라 ᄒᆞ야 발賣ᄒᆞ오니 四方僉彦中濟衆院나 會數拾年來經驗信用ᄒᆞ신 兄弟는 不拘약之多少와 路之遠近ᄒᆞ고 以書請買ᄒᆞ시면 本人은 雖拾錢價値약이라도 以小包郵便으로 仰呈ᄒᆞ오리니 약對定價外郵稅十젼을 加送ᄒᆞ시되 小數젼은 郵票十젼짜리 종스서로 너시고 賣약家에서는 多數買去ᄒᆞ시면 郵便局換錢票로 買送ᄒᆞ시오 且本藥房에 米國(멀포드) 製약會社와 德國(만ᄒᆞ임) 製약會社약品을 直輸入ᄒᆞ야 發賣ᄒᆞ오며 英語로 記ᄒᆞᆫ 方文과 主治와 用法을 我國諺文으로 飜譯ᄒᆞ야 발賣

商標 食思振起 精力活潑 補益丸

第一 老衰男女 외 補益丸

主治大補元氣能調陰陽男子陽萎不起女子月經不調手足厥冷虛弱夫氣久病人蘇完되ᄂᆞᆫ 効力이 大勝於鹿茸人蔘等

定價表

拾日分	三十個入	金一圜
二十日分	六十個入	金一圜七十五錢
三十日分	九十個入	金二圜五拾錢

解瘧丸 一日分定價金拾錢 此藥은 大人小兒長瘧과 初瘧과 瘧疾에 以服用ᄒᆞ면 更不再發

蛔虫丸 一日分定價金拾젼 此藥은 大人蛔積小兒蛔病의 神效

四時感冒丸 一日分定價金拾젼 此藥은 感氣몸살의 쓰ᄂᆞᆫ약인 대 二三回連服ᄒᆞ면 四時寒感上下肢節頭痛에 卽時解熱鎭痛

男女瘡毒祛根藥 定價金五圜 此藥은 瘡疾의 一期二期를 勿論ᄒᆞ고 근ᄒᆞ도록 낫을 주ᄂᆞᆫ 데 口瘡과 구역도 아니나오

淸明眼藥 一日分定價金拾錢 此藥은 火眼熱眼의 有多奇効

無惡臭疥瘡藥 定價金四拾젼 此藥疥瘡虫은 卅分內殺

咳嗽藥 五日分定價金三拾錢 此藥은 四時寒常咳嗽喘嗽에 有大効ᄒᆞ고 特히 老人便咳에 消痰止咳

寸白發根 定價金三拾錢 此약寸白虫蛔虫

止足汗藥 二十日分定價貳拾錢 此藥은 韓國軍人常用除足汗

經腫根治膏 定價금十五젼 此약面腫과 頸腫에 宜

濕腫根治膏 定價금十五젼 此약은 男女勿論하고 風寒濕

漢城百應膏 一封定價金十錢 此약은 醫학醫士學信友시 方文으로 製造ᄒᆞᆫ 藥인대 명우리장풀이고 각頂腫氣에 발根合瘡이 成腫되여 大起擾痒ᄒᆞᆯ 때 奇効

小兒感冒靈効散 此약池錫永氏經驗良方 小兒感冒及食滯와 身熱驚風에 神效 定價金十錢 洋鐵匣八一個금五十錢

精氣神効保嬰散 此약醫學校長池錫永氏數拾年經驗之良方이니 兒尿色赤而濁 腹脹 身不安而不寐 腹痛驚啼及直中而嘔者에 神效 定價금十二錢五圜

發賣所 京城梨峴賣藥商李信卿 仁川港杻峴濟生堂약房

延齡堂 發明神藥

◎ **腹癰丹** 各種瘡部中毒久滯口臭吐瀉 定價一貼十錢

◎ **至寶丸** 治諸般疾不拘久遠 但有健効 定價金十錢

◎ **靈效液** 外用芳香治疥癬皮風 百發百中 定價金三拾錢

◎ **淸眼水** 治諸般眼疾有損雲晃 天之妙 定價金拾錢

◎ **通淋丸**

製劑발行所 漢城南部大廣橋西邊第三家十九統七戶 共愛堂大藥房 謹白

支店
- 京城南門內 共愛堂第壹支店 姜助遠
- 群山港開福동 共愛堂第二支店 리春善
- 河東郡赤良面 共愛堂第三支店 黃麟秀

代理店
- 京城北部大安동 仁濟藥房
- 仝 鐘路靑年會館前 慈惠藥房
- 仝 西署新門外石橋 普濟醫院
- 仁川杻峴 濟生堂　仝 和平局

此外에도 東西洋各國有名賣藥과 草材藥이 俱備하오니 藥의 多少을 不拘ᄒᆞ고 請求ᄒᆞ시면 小包로 仰呈ᄒᆞ게습

簡易商業簿記學

全一冊　定價金四十五錢

本書ᄂᆞᆫ 簿記학中最近ᄒᆞᆫ 학理와 精妙ᄒᆞᆫ 形式을 精細蒐輯ᄒᆞ야 了解케 簡易ᄒᆞ도록 編述ᄒᆞᆫ 者니 一般商業家에 不可不一次閱覽ᄒᆞᆯ 者일뿐아니라 中等以上學校에 敎科로 用ᄒᆞᆷ도 適當ᄒᆞ니 陸續購覽ᄒᆞ심을 望ᄒᆞᆷ

발賣所
- 布廛下 廣학書舖
- 洞口越便 中央書館
- 廣橋東便 匯東서館
- 寺동 漢陽서館
- 銅峴 大東서市
- 鐘路 古今서海관

滑稽小說 禽獸會議錄

弄球室主人 著述　表紙石版寫眞畵印刷

全一冊　正價金拾五錢

▲本小說은 新体文壇의 演劇的小說로 空前絶後의 一大禽獸會議를 開催ᄒᆞ고 海陸動物이 演壇에 集合ᄒᆞ야 人類와 禽獸의 優劣과 造化主宰의 眞理를 討論批評ᄒᆞᄂᆞᆫ 光景을 傍聽實寫ᄒᆞ야 讀者 諸君에게 紹介ᄒᆞᆷ로 今日吾人類社會의 公德頹敗ᄒᆞᆷ을 痛醒코ᄌᆞᄒᆞᆷ이니 其滑稽的文体가 光彩陸離ᄒᆞ며 諷刺的批評이 奇拔欲曲ᄒᆞ야 實로 國文小說界에 一大異彩를 放ᄒᆞᆯ 만ᄒᆞ며 一般解頤의 好讀物이오

▲발行元 皇城書籍業組合

▲分售處
- 中署罷朝橋越邊 中央書館
- 中署종路 大東書市
- 南署大廣橋東邊 匯東書館
- 仝 古今書海館
- 西署남門外紫岩 新舊書林
- 남署館洞 博文書館
- 남署 銅峴 博학書館
- 中署布屛 廣學書舖

同泥峴	[illegible]
同水橋本郡	[illegible]
仁川舊邑本堂出張人所	韓禹根
開城旅館	리憲善
同寺峴和平堂	박圭桓
同開城南門內萬物廛	禹相玉
同남門內同店	리禎鎬
同남門內冊肆	具聖模
同北部忠橋	宋在瑛
海州宗路香店	김永泰
同二房약舖	리奉植
同남門內店	金濟九
水原종路下약房	邊汝文
延安邑내洋약局	尹斗鉉
江華종路店	宋順玉
同종路店	高成俊
同西門外冊肆	崔觀洋
礪山남門내	朴健昌
沙利院市場내客主	任九中
同	리在善
同耶蘇敎堂내	리東赫
義州남門내紅門동	韓鳳儀
平壤雙巨里濟生局	金龍興
同館前衛生醫院	桂禪化
同大興部里	桂禪宜
同관武洞藥局	尹寅赫
同里관出張人	김元서
鎭남浦築동洋약局	吳남奎
同德興機本堂出張人	김斗鉉
群山港開福동	大약房
安州鄕내義井동回春局	林景柱
安岳邑上場里濟生局	김成浩
大邱남門내副還동	金重佑
釜山港草梁客主	朴芝行
博川郡東동商店	崔九國
載寧邑役동洋약局	金鎭和
忠州東良面早遜	박魯賢
晉州郡관등	

● 主治効能
- ● 痰飮食積 ● 中暑中寒
- ● 咳嗽一腹痛 ● 水土不服
- ● 氣鬱吐瀉 ● 船車眩暈
- ● 食傷酒醉 ● 口熱惡臭
- ▲其他諸般瘴氣癘疫에 ㅅ方妙藥
- ● 出張代理特約卖所

● 京城大廣橋共愛堂大藥房
- 同鐘路慈惠藥房 리觀化
- 同梨峴洋약局 리信華
- 同南署博文書館 盧益亨
- 同南大門外大同運輸會社
- 同泥峴三丁目 新井支店
- 同泥峴郵便局前 天佑堂
- 同水橋本堂出張人 리鳳林
- 仁川舊邑本堂出張人所 金濟賢

● 大韓國에 發明新藥

- 陸軍軍醫金守鉉君實驗方劑
- 陸軍軍醫監張忠鉉氏保證
- 四海衛生之諸君子常備之要藥

消化新藥 **淸心保命丹**

發行所 仁川港杻峴 濟生堂藥房

九十粒入 金拾錢

● 定州남門내洋약局 리時任
- ● 郭山邑내洋약局 羅鎬彬
- ● 鐵山邑대永春堂 安濟
- ● 宣川邑내冊肆 安丞
- ● 龍州邑口街 崔서浩
- ● 信川邑西里洋약局 김永植
- ● 郭山邑冊肆 김大鉉
- ● 元山港濟生堂支店 박敬惠
- ● 北靑新昌港客主 박錫勳
- ● 江界道本堂出張人 姜泰來
- ○ 德川邑目동洋약局 리丙斗
- ● 禮山용谷里 리東赫
- ● 其他各약店마다 隨應販賣ᄒᆞᆷ
- ● 仁川港濟生堂 告白

▲特別廣告

本社에서 名帖印刷部를 另設ᄒᆞ고 各樣活字와 印刷機와 紙本이 俱備ᄒᆞ오며 印刷가 精美ᄒᆞ고 價値도 極廉ᄒᆞ오되 特別히 紳士와 夫人의게ᄂᆞᆫ 一層低廉ᄒᆞ오니 僉位ᄂᆞᆫ 來臨ᄒᆞ시와 隨意請求ᄒᆞᆷ

大韓每日申報社 告白

學徒洋裝冊

學徒運動과 諸具

羽紗各種　美國金鷄蠟

衣服鈕鍛具을 廉價放賣ᄒᆞ오니 諸君子ᄂᆞᆫ 來臨ᄒᆞ심을 바라나이다

仁川港杻峴 新刊舖

越南亡國史

國漢文　定價貳拾伍錢

發賣所 京城鍾路 [illegible] 相萬書舖

布廛下 김相萬 告白

▲新刊書籍發售廣告

新訂算術大全 國漢文 定價金七拾五錢

大韓地誌 洋裝 三圜五拾錢 郵稅四拾錢

初等倫理學敎科書 二拾錢

初等衛生學敎科書 拾五錢

國家學綱領 拾五錢

國民須知 八錢

愛國婦人傳張志淵著 十五錢

發賣所 皇城布屛下 金相萬書舖

● 國債報償義捐金合所收入廣告

● 永柔郡漢下面通毅隅里 리濟鉉

리昇模壹圜七拾錢 康箕洙壹圜拾五錢 三十五錢 安國祚 김俊模 신明觀

各五十五젼 安允祚 安希祚 康仁植 각三十五젼 吳應泰

安장珠 리善恒 田泰周 金錫化 김應杰 김召史

各三拾錢 김京淳 최其贊 리逢春 리道永 김炳干

김應珠 각二十錢 김奉璋 김贊洙 리仙 邊升운

安國祚 吳應周 김炳秉 各拾錢 梁문학 김京洙

각九錢 合十圜

以上都合三百九十四圜七十五錢

● 本社廣告

○ 廣告料

國号活字十三字詰 一寸에 新聞하 五錢

每日依英尺一寸 (每日每行六錢에 相當)

二週日에 二圜五十錢 (每日每行四錢五里에 相當)

一箇月에 五圜 (每日每行四錢一里에 相當)

其期限의 長短과 字行의 多寡를 依ᄒᆞ야 增減이 有ᄒᆞᆷ

○ 申報價

一張代金	新貨二錢五錢	
一個月前納		三十錢
三個月		九十錢
六個月		一圜七十錢
一個年		三圜四十錢
郵稅一張	新貨五圜	
一個月		十三錢

發行兼編輯人 英國人 裵說

發行所 漢城石井洞號外 [illegible]

大韓每日申報社

第六卷

大韓每日申報

第七百八十號

月曜及慶節時日休刊

檀君開國四千二百四十一年
[illegible]二千三十年
大韓開國五百十七年
日本明治四十一年
淸國光緖三十四年
隆熙戊申三月小十四日己亥

別報

○與友人絶交書 錦頴山人 續

嗚乎라美洲에本無國也로대華盛頓이起而美國이成ᄒᆞ얏거던兄此四千載赫赫之獨立國乎며希臘에ᄂᆞᆫ乃有六十名之獨立邦이거던兄此二千年堂々之大國民乎아今吾兄이以卑劣之性으로上誣古人ᄒᆞ고欲付托苟生於他力之下ᄒᆞ니誠可悲也오觀憑義以狂妄ᄒᆞ며仰逆賊如聖神ᄒᆞ야欲以壹寸之私意로易萬世之公論ᄒᆞ니誠可痛也로다

吾兄近日에購覽國民日報兩魔報ᄒᆞ더니忽然喪魂을如此乎아吾兄近日에追逐開進大東家怪鬼ᄒᆞ더니忽然易操ᄅᆞᆯ如此乎아嗚乎吾兄이여彼輩之言을吾亦聞之矣로라彼輩曰壹進之會員은日益ᄒᆞ고義兵之徒黨은日減ᄒᆞ여야生靈을可保오國權을可回라ᄒᆞ니嗚乎라義兵이非無害也로대其害ᄂᆞᆫ只是外部之生命財產也어니와一進之害ᄂᆞᆫ卽是內部之精神也니精神旣死라將何以回國權於已墜乎아此吾所以太息也오彼輩曰眞親日者ㅣ乃能眞排日이라ᄒᆞ나(國民報第五百八 七號論說) 蓋其意ᄂᆞᆫ謂以外面之親日로潛行內面之排日이라ᄒᆞᆷ이니一親日而五條가立矣며再親日而七約이定矣오三親日而軍隊가解散矣며四親日而韓國니殖民案이出矣오電線鐵道도亦以親日而許之矣며森林鑛山도亦以親日而讓之矣니吾見其親日也어니와未見其眞排日也로니未知케라彼輩가待我四千載國家永亡之時와一千萬人淨死之後ᄒᆞ야起塚中之枯骨ᄒᆞ며驅天上之鬼卒ᄒᆞ야以行渠等之所謂眞排日者乎아此吾所以痛哭也오彼輩又曰今日은人種戰爭之時代라黃人이盛則白人이衰ᄒᆞ고白人이興則黃人이亡ᄒᆞ나니吾輩ᄂᆞᆫ黃人이라不可不顧忘微嫌ᄒᆞ고聯結東洋ᄒᆞ야彼最强最悍之日本을推爲盟主ᄒᆞ고韓淸兩國이隨後以進ᄒᆞ여야可以相保라ᄒᆞ나니嗚乎彼輩여醉中謗乎아夢中譫乎아假令有於此ᄒᆞᆫ대自身之上衣下裳을被人裂破ᄒᆞ며自家之南田北畓을被人占奪ᄒᆞ야旣餓且凍에滿壑이在前커ᄂᆞᆯ乃執著欲懲ᄒᆞ고曉々然卜之曰五十年後에吾家가必有大災ᄒᆞ리라ᄒᆞ야頓忘目前之僵仆ᄒᆞ고遠慮後日之양災ᄒᆞ면斯非愚人乎아今日韓人의坐受[illegible]賊手者ㅣ何以異是리오此吾所以聽塞而不能語也로다

嗟乎吾兄이여皆眞人一進會者歟아不過因絶望而誤解하고因誤解而生迷惑ᄒᆞ야以至於入一進會者로다不然이면以兄之高明慷慨로豈其入壹進會者哉아一身이雖小나善用之則爲華盛頓爲瑪志尼ᄒᆞ며不善用之則爲宋秉畯爲李容九ᄒᆞ나니兄之不欲爲華盛頓瑪志尼而必欲爲宋秉畯李容九ᄂᆞᆫ何也오兄觀此言ᄒᆞ면必曰如吾處劣이何足有爲오ᄒᆞᆯ지나嗟々라此又誤解也로다

求爲華盛頓瑪志尼ᄒᆞ다가ᄂᆞᆫ雖或不成ᄒᆞ더라도可爲賢人이라祖上父母가撫背而祝之曰此吾孝子慈孫이라ᄒᆞ며列聖神靈이執手而褒之曰此吾忠臣義民也라ᄒᆞ며行人過客이憑遺墟而吊之曰此ᄂᆞᆫ爲祖國而流血者也라ᄒᆞ며史家執筆者ㅣ臨舊跡而歎之曰此ᄂᆞᆫ爲同胞獻身者也라ᄒᆞᆯ지오求爲宋秉畯李容九ᄒᆞ면無論其所懷之成不成ᄒᆞ고祖不以爲孫ᄒᆞ며君不以爲臣ᄒᆞ고麥黨影子에群童이聚罵ᄒᆞ며姓名露處에千人이指叱ᄒᆞ야生無以爲榮이오死無以自寧ᄒᆞ리니吾兄々々이여何苦爲此오

嗚乎라吾兄이不忍絶祖國이면吾亦不忍絶吾兄也며吾兄이不忍絶同胞면吾亦不忍絶吾兄也어니와今吾兄이忍絶祖國ᄒᆞ고忍絶同胞ᄒᆞ니亦吾所以忍絶何腦也로다 完

外報

●鐵道案否議 彼得堡電을據ᄒᆞᆫ則俄國議會에서該國遞信大臣이提出ᄒᆞᆫ黑龍江口鐵道敷設案을附論ᄒᆞ얏ᄂᆞᆫ데陸軍大官至리와도將軍은該鐵道를敷設ᄒᆞ면俄軍의軍事上社會上에大端히불利되리라ᄒᆞ야該案이可決됨을希望ᄒᆞ얏더라

●葡國總選舉騷擾 葡萄牙國에서ᄂᆞᆫ總選舉의騷擾가起ᄒᆞ야死者가六名이오負傷者가五十名인ᄃᆡ帝國政黨은非常ᄒᆞᆫ勝利를占得ᄒᆞ얏다더라

●日人歸化反對 加奈陀에駐在ᄒᆞᆫ日本人ㅣ二名은近者同國政府에歸化ᄒᆞ기를請願ᄒᆞ엿ᄂᆞᆫ대此에對ᄒᆞ야東洋人排斥派中有力者ㅣ가스氏ᄂᆞᆫ反對ᄒᆞᄂᆞᆫ意見을발表ᄒᆞ얏다더라

●米提督戰爭說 紐育電報를據ᄒᆞᆫ즉에우안쓰提督이演述ᄒᆞ야曰萬一太平洋上에艦隊가相戰ᄒᆞᆫ境遇면商業은全히破壞가됨이라ᄒᆞ더라

●太平洋防備問題 米國太平洋沿岸防禦에關ᄒᆞ야豫算案은下院에서大削減을加ᄒᆞ얏ᄂᆞᆫ데元老院은下院의決議를排斥ᄒᆞ고政府의要求額全部의對ᄒᆞ야協贊을與ᄒᆞ얏다더라

●無政府黨撲滅議案 路透電을據ᄒᆞᆫ즉美國大統領은特別敎書로써無政府黨員撲滅의關ᄒᆞᆫ規定을設ᄒᆞᆯ事로議會에要求ᄒᆞ얏더라

●米國海軍擴張說 桑港電을據ᄒᆞᆫ則米國下院議員호부손氏가議院에서一場演說ᄒᆞ얏ᄂᆞᆫ대其要領에曰米國이繼續하每年四隻의大軍艦을建造ᄒᆞ야太平洋의平和及太平洋에在ᄒᆞᆫ米國領土의保護安全을確實히要ᄒᆞᆫ다ᄒᆞ얏다라

●英美仲裁條約 紐育電을據ᄒᆞᆫ則美國議會上院은英美仲裁條約을通過ᄒᆞ얏더라

●間島問題讓步 上海電을據ᄒᆞᆫ즉北京駐在의日本領事ᄂᆞᆫ間島問題에對ᄒᆞ야讓步ᄒᆞ다ᄂᆞᆫ日本政府의承諾을得하얏다더라

雜報

●寄付有感 仁川港通信을據ᄒᆞᆫ즉公私立學徒春期聯合大運動에捐助ᄒᆞᆫ諸氏ᄂᆞᆫ前報에已揭ᄒᆞ얏거니와本港內商務等이又二拾圜七兩軍部中金五圜과量[illegible]中金五圜水門樓下陸軍部中金二圜五拾錢砂格等金拾圜을運動經費로補用ᄒᆞ라고寄付ᄒᆞ얏다더라

●海郡女校 海州郡正內女校에서去月二拾一日에開校式을本校長리承說씨邸에서權設擧行ᄒᆞᄂᆞᆫ데內外國紳士와城內外男女數百人이聚集ᄒᆞ야盛況을呈ᄒᆞ얏ᄂᆞᆫ데監督本郡守韓炯履씨가本校大旨를說明ᄒᆞ고任員과來賓諸氏가女子敎育의必要로數時間을激切이演說ᄒᆞ엿다더라

新譯 海外稗談

第二章 一喜堂主人 譯

俾斯麥의狼狽 (續)

然則我之第一急者ᄂᆞᆫ惟德皇與俾老의意見未融ᄒᆞᆫ時를乘ᄒᆞ야該密約書를速取消之ᄒᆞᆯ而已로다余가前者栢林公使로在ᄒᆞᆯ時에俾公의爲人을畧知ᄒᆞ니他一切緊要文書를不藏于首相官邸之密室ᄒᆞ고却以一黃色手盒으로帶在身邊ᄒᆞ야晝夜不離左右라余惟知其如此故로遂想出一計ᄒᆞ야以商議于德皇이러니德皇이亦以爲然ᄒᆞ야乃卽按電鈴ᄒᆞ야遣使召俾公ᄒᆞ니有頃에使者ㅣ反命ᄒᆞᄃᆡ奉召卽來라ᄒᆞ거ᄂᆞᆯ余가乃避入密室以覘之ᄒᆞᆫ즉不及數十分에俾公이果挾壹黃色手盒ᄒᆞ고蹣跚而來ᄒᆞ더라余之不見彼가忽々六年矣인대彼依然是肥胖短小ᄒᆞ고眉毛倒竪ᄒᆞ며儼然俾斯麥이더라彼가與帝爲禮ᄒᆞᆫᄃᆡ帝問曰俾斯麥아汝近日風濕疾이何如오對曰苦累實甚이로소이다臣이奉職以來四十年矣라如此老朽ᄒᆞ니實不堪命이라願陛下ᄂᆞᆫ更選英才ᄒᆞ야以代老臣ᄒᆞ소서德皇이曰汝胡爲作此言고俾斯麥아汝胡言去오維廉이口雖如此나心實不然이라

於是에更不命坐ᄒᆞ고卽以德俄聯商條約으로有所盤問ᄒᆞᆫ대俾公이不得已ᄒᆞ야手盒을開ᄒᆞ고總俄條約否要書를取出커ᄂᆞᆯ維廉帝ㅣ假意一閱ᄒᆞ다가遽擲ᄒᆞᄂᆞᆫ老之手曰願與君으로且登樓ᄒᆞ노라寡人이近日에作壹樂譜ᄒᆞ야令皇后로彈之ᄒᆞ니甚悅於耳라將與君으로一聞之ᄒᆞ리라ᄒᆞ고敦迫俾公卽行ᄒᆞᆫᄃᆡ俾公이狐疑躊躇ᄒᆞ다가點頭自語曰房門을下鎖ᄒᆞ면必無他意라ᄒᆞ고於是에隨德皇登樓而去ᄒᆞ더라

余가密室中에서忙出ᄒᆞ야該手盒을開見ᄒᆞ니長尺許物이映吾眼簾ᄒᆞᄂᆞᆫᄃᆡ一大封皮에法國外務省關防이有ᄒᆞ고已經開圻ᄒᆞᆫ者라余가攫取之ᄒᆞ니嗚乎라法國存亡所繫之一封書가已入余手矣로다余가正將文書抽出ᄒᆞᆯᄂᆡ에維廉帝가忽走下來ᄒᆞ니此乃忘帶樂譜로爲口實ᄒᆞ고登樓至半ᄒᆞ다가便復下來也니與余로預先約定者也다

乃以文書로示帝ᄒᆞ시上面에德法兩國이結攻守同盟之議라寫ᄒᆞᆫ것과下面에法國外務大臣字羅理與라署名ᄒᆞᆫ것으로忽々示帝ᄒᆞ더니無何에俾公足音이跫然至於門外ᄒᆞ더라

維廉帝가見此에答然若喪ᄒᆞ며張首四望ᄒᆞ거ᄂᆞᆯ余以此時도此緊要文書ᄂᆞᆫ衣袋에揷入ᄒᆞ고更히衣袋內에서一封同樣의文書를取出ᄒᆞ야依舊히封皮內에揷入ᄒᆞ야手盒裡에投下ᄒᆞᆫ後密室로退藏하니라俾公이開門入來ᄒᆞᄂᆞᆫᄃᆡ氣喘々하고眉間에盡皺ᄒᆞᆫᄃᆡ帝가忙開卓子ᄒᆞ고假搜樂譜ᄒᆞ더니俾公이急將手盒하야關鎖安當ᄒᆞ고又自挾之ᄒᆞ며憤々叫曰老臣은去ᄒᆞ노이다德皇이曰汝何忙也오皇后가久不見汝ᄒᆞ니汝且登樓ᄒᆞ라寡人도亦隨後去也리라俾公이不便强辭ᄒᆞ야只託言足痛ᄒᆞ고悻々然登樓而去ᄒᆞ더라 未完

雜報

●永宣問安 永宣君李埈鎔氏는再昨日 東宮에問安ᄒᆞ얏다더라

●議會後任 昨日은내閣月曜通常會인故로各部大臣이會同ᄒᆞ얏다가下午四時頃에各其本部로仕進ᄒᆞ얏다더라

●洪氏希望 新內閣이組織되는日에는一進會員洪肯燮氏가大臣椅子에高踞ᄒᆞᆫ다는說이喧藉ᄒᆞ더라

●議장固辭 制度局總裁金允植氏가中樞院議長을單望으로被任ᄒᆞᆫ다더니該氏가議長之任을固辭ᄒᆞ기로決定ᄒᆞ얏다더라

●宋氏歸國 農相宋秉畯씨가還國次로去十壹日에東京서離발ᄒᆞ얏는ᄃᆡ曾往에多年逗留ᄒᆞ든千葉縣으로前往ᄒᆞ야組織會社를觀察ᄒᆞ고仍即歸國ᄒᆞᆫ다더라

●兩會運動 내閣이將次變動되고六品大臣이多數히出ᄒᆞᆫ다ᄒᆞ미大東학會會員들이運動ᄒᆞ는者多ᄒᆞ다ᄒᆞ며一進會에서多數需用되리라는說이喧藉ᄒᆞ더라

●昌宮植木 去十日에農商工部山林局에서 昌德宮內에植木ᄒᆞᆯᄉᆡ該局長嶺相數시가入闕ᄒᆞ야看檢ᄒᆞ얏다더라

●各大叅會 大東協會專門學校에서再昨日上午十時에卒業證式을設行ᄒᆞ얏는ᄃᆡ各大臣이齊進叅會ᄒᆞ얏다더라

●卒業需用 法官養成所卒業生中法律에嫺熟ᄒᆞᆫ人으로今番에設置ᄒᆞ는各裁判所檢事로需用ᄒᆞᆯ計劃이라더라

●有何窘拙 中樞院顧問閔泳綺시는何事件을因ᄒᆞ야財政이窘拙ᄒᆞᆫ지三淸동及紅峴에在ᄒᆞᆫ兩處家屋을現今放賣ᄒᆞ라ᄒᆞᆫ다

더라

●被笞難堪 黃海道宣諭委員徐祖峇시가義兵에게笞刑을當ᄒᆞᆫ前後事實을내部으로報告ᄒᆞ얏다더라

●一進態度 一進會에서最强毆ᄒᆞᆫ政治的團體로自任ᄒᆞ고韓日兩國이如此히親密홈에至홈은本會의聲援이有力ᄒᆞᆷ즉此功勞에對ᄒᆞᆫ報償으로內閣의組織ᄒᆞ야도不可ᄒᆞᆷ이無ᄒᆞ다ᄒᆞ야目下該會領袖七等輩가東奔西走ᄒᆞ야此準備에奔忙ᄒᆞᆫ데伊藤統監이還任後에此를迫請ᄒᆞ야萬若不納ᄒᆞ면態度를壹變ᄒᆞ야壹大運動을開始ᄒᆞ리라고朝鮮타임쓰新聞에揭載ᄒᆞ엿더라

●演社風流 寺洞에演興社를設立홈은已報ᄒᆞ얏거니와中樞院顧問리址鎔시와其他某々大官들이日昨에前往盛遊ᄒᆞ얏다더라

●減俸施恤 度支部司稅局長鈴木氏와課長兪承兼成夏國兩氏가高敞財務主事로義徒의게被害ᄒᆞᆫ徐相達氏와茂朱財務主事로負傷ᄒᆞᆫ張駿文兩시에恤金을收合ᄒᆞ기로발起ᄒᆞ얏는ᄃᆡ히部官人月俸에百分之壹로收合ᄒᆞ야三分으로分ᄒᆞ야二分은徐시와遺族恤金으로送ᄒᆞ고壹分은張시에恤金으로送ᄒᆞᆫ다더라

●江守遁辭 江華郡守高青龍氏가民訴를因ᄒᆞ야京城裁判所에拿致ᄒᆞᆫ事는前報에已揭어니와히郡民과對質裁判ᄒᆞ는ᄃᆡ히郡居鬼方委員沈遂馨시捉囚ᄒᆞᆫ事는初無오坐席이擾々ᄒᆞ니暫避使令聽ᄒᆞ라ᄒᆞ얏다고防塞ᄒᆞ는故로裁判을未決ᄒᆞ고히所에서巡査一人으로히郡主事及大民某某를招致ᄒᆞ얏다더라

●義捉財主 日昨에井邑財務主事鄭起源氏가義徒의게捉去ᄒᆞ얏는ᄃᆡ히氏의死生을未詳이라더라

●淸訟難辨 經理院에서官蔘事件으로淸商과屢度裁判홈은已爲報道어니와明日下午壹時에平理院에서該事件에對ᄒᆞ야共開裁判을設ᄒᆞᆫ다는데淸商便辯護士는리晃宇씨오經理院便辯護士는丁明燮氏라더라

●隱結査出 入邸財務監督局에서所管각郡에自本年壹月로至四月ᄭᆞ지隱結査出ᄒᆞᆫ거시七千七百七拾結이라더라

●警巡入城 警視廳에서慶尙南道義兵을偵探ᄒᆞ기爲ᄒᆞ야派送ᄒᆞ얏던警部巡査가再昨夜에入城ᄒᆞ얏다더라

●七條討守 서來人에傳說을據ᄒᆞᆫ즉寧遠郡守鄭殷悅氏가到任以後에人民에게何樣虐政이有ᄒᆞ얏던지히郡人民이場市에多數聚集ᄒᆞ야該郡守에虐政七條를演說討罪ᄒᆞ얏다더라

●落成合設 各官立語학校를昨今兩日에合設ᄒᆞ고來拾五日에落成式을設行ᄒᆞᆯ豫辦ᄒᆞᆫ다더라

●國旗標帽 官立語학校학徒帽子에各其語학敎授ᄒᆞ는國旗를帽子前面리花左右로票ᄒᆞᆫ다더라

●峯財噤口 去拾日夜에諫동박召史家에서留連ᄒᆞ는鄕客四人中二人이破窓次로花套를相戱ᄒᆞ다서東十字橋派出所巡査壹名이平服人二名을帶同突入ᄒᆞ야鄕客四人을俱爲結縛ᄒᆞ고賭技ᄒᆞᆫ樣으로無數毆辱에至身迸搜索ᄒᆞ야囊裡에深藏ᄒᆞᆫ客用餘錢을收取ᄒᆞᆫ後解縛而去ᄒᆞ며愼勿발說ᄒᆞ기를伸托ᄒᆞ얏다더라

●金閔未判 閔丙淑氏가以家券典執事로其小室과漢裁에相訟ᄒᆞᆫ다는說은更聞ᄒᆞᆫ즉新門外金濟동金鎭守兩씨가閔丙淑氏와有何相關이던지漢城府에請囑ᄒᆞ야閔氏의家券을僞造典執ᄒᆞ얏다는說이有ᄒᆞ미閔氏小室張召史가兩씨와僞券ᄒᆞᆫ事實을漢裁에呈訴ᄒᆞ얏더니今至五六日에兩김을招待裁判치못ᄒᆞ얏다더라

●右館可笑 校洞右文館活版所는出力主務者는金宗漢氏也오創設周旋者는김光濟氏也라自設施以後로김宗漢가每多不公處理홈으로김光濟씨와據務之任은去一月에自退ᄒᆞ고更不干涉ᄒᆞ얏는데該館의事務處理가多有鄙悖之事ᄒᆞ미該任員이警視廳에稱々被捉ᄒᆞ다고각社會에서批評이有ᄒᆞ다더라

●燕々于飛 妓生飛燕과日人이償訟으로裁判ᄒᆞᆫ다는事는已爲報道ᄒᆞ얏거니와該事實을判明ᄒᆞᆫ즉布병居保命珠가妓生에圖章을僞造ᄒᆞ야日人의게典執ᄒᆞᆫ事가明確ᄒᆞ고該妓生은與日人으로壹夜之緣이無홈으로即爲白放ᄒᆞ얏다더라

●陵土附校 洪陵斉炭답幾石落이礪山郡에在ᄒᆞᆫ데該답은本是旣沓으로年前에洪陵의附屬ᄒᆞᆫ치라現今全北觀察使리斗璜씨가該郡에學校를設始ᄒᆞ고該沓을학校에附屬ᄒᆞ기로학部에報告ᄒᆞ얏다더라

●日警惡行 日昨에남部警署日人警部某지가稱以潛潔ᄒᆞ고남署美동北署刑事巡査김敎元시家뒤庭에突入ᄒᆞ야金시에妹二十餘歲된女人만在ᄒᆞ얏는ᄃᆡ히女人의手를執ᄒᆞ고合辱ᄒᆞ미히女人이高聲惹鬧ᄒᆞᆫ즉出去ᄒᆞ더니其翌日에히警部가又來ᄒᆞ야執手入房ᄒᆞ라ᄒᆞ는故로히家人이히동支所에呼訴ᄒᆞ야巡査가來到ᄒᆞᆫ즉히警部가巡査를對ᄒᆞ야何事로入來ᄒᆞ얏나냐ᄒᆞ며反爲恐喝ᄒᆞ며出去ᄒᆞ는지라金시가남部警察署에呼訴ᄒᆞ얏더니히署에서無事ᄒᆞ도록忍耐ᄒᆞ라는것이妥合ᄒᆞ다ᄒᆞ는故로中止ᄒᆞ얏다더라

●春雪何壯 東京電을據ᄒᆞᆫ즉本月九日에未曾有ᄒᆞᆫ大雪이降ᄒᆞ야電車는終日運轉을停止ᄒᆞ고電話電信電燈이不通되얏는ᄃᆡ其損害된것시壹週間이나되여야回復되리라ᄒᆞ얏더라

●日奸日女 本月七日下午七時에仁川港日人公園地下에서日本人三名이日女年可二十歲된谷岡승을强奸ᄒᆞ얏는데히日女가히港警察署에呼訴ᄒᆞ야히强奸日人을方今搜索中이라더라

●義殺一進 河東山淸等郡에義兵이益發熾盛ᄒᆞ야一進會員三名을打殺ᄒᆞ얏다더라

●柴商勸入 東門外楊州等地에서義兵이京城으로入來ᄒᆞ는牛馬와柴馱를阻遏ᄒᆞᆫ다더니近日은日兵이該等地沿路에探巡ᄒᆞ야柴商을城니로勸送ᄒᆞᆫ다더라

●執留牛馬 數日前에日兵千餘名이自釜山列車로烏致院停車場에到着下陸ᄒᆞ야牛馬九百餘匹을執留ᄒᆞ야服馱를載去ᄒᆞ는ᄃᆡ該停車場五拾里內에는人情이騷擾ᄒᆞ다더라

●良民誤捉 西署刑事巡査金明雲박昌植兩人이日昨에大安동居리永祚를竊盜로誤捉ᄒᆞ야訊問ᄒᆞᆫ後無犯白放ᄒᆞ얏는ᄃᆡ리永裕의族親리학順이가該事件에對ᄒᆞ야良民을捕捉이라ᄒᆞ야北署에呼訴ᄒᆞ얏다더라

●塾장請認 平郡等地에서有志紳士들이平湖義塾을創設ᄒᆞ고塾長은制度局總裁金允植씨로推薦ᄒᆞ얏는데承認次로昨日학部에請願ᄒᆞ얏다더라

▲地方消息▼

▲本月二日慶尙남道咸陽郡雲峰等地에서義徒三拾餘名과日守備隊와交戰ᄒᆞ얏다ᄒᆞ고

▲本月九日午前六時公州牧時等地에서義兵十五名과日騎兵五名이互相衝突ᄒᆞ얏다ᄒᆞ고

▲去月二拾六日午後拾壹時에義徒五拾餘名이山淸邑에襲來ᄒᆞ야巡査駐在所를包圍발砲홈으로韓日巡査四名은衆寡不敵ᄒᆞ야壹齊逃避홈으로義徒는即時該所에闖入ᄒᆞ야軍刀及其他衣服等物을沒數燒燬ᄒᆞ고히郡々主事及使令의家屋도延燒ᄒᆞ엿는ᄃᆡ義徒는其次에郡衙를侵入ᄒᆞ야郡守의印章及壹般書類를燒却ᄒᆞ고黃山面으로逃去ᄒᆞ엿는데官物의被燒ᄒᆞᆫ價額이六百餘圜에達ᄒᆞ엿다ᄒᆞ고

▲本月拾二日午後一時頃에高陽대엄里에서義徒二百餘名이日巡査六名과交戰ᄒᆞ얏다ᄒᆞ고

▲本月一日午前壹時에義徒五十餘名이居昌郡加北面等地에서日巡査隊와數三時間을互相衝突ᄒᆞ야多少死傷이出ᄒᆞ얏다ᄒᆞ고

▲本月四日에慶州駐任大동서方高地에서義徒五拾餘名이日守備隊와交戰ᄒᆞ엿는데中軍將權遂五는日隊의게被擒되엿다더라

▲忠魂訴恨▼

▲再昨日은奬忠壇招魂祭라滿天花雨霏霏ᄒᆞᆫ데忠魂毅魄來臨ᄒᆞᆫ듯日沉沉兮雲冥冥ᄒᆞ니戰亡士卒울음운다

▲ᄒᆞᆫ士卒이우ᄂᆞᆫ고나國家藩屏排置홈은우리 皇上恩德이라危急之時當코보니죽지안코무엇ᄒᆞᆯ가泉臺경々不忘이라國事가엇지되나애고지고셜운지고

▲또ᄒᆞᆫ士卒우ᄂᆞᆫ고나우리軍人偏愛ᄒᆞ샤 皇室巨額傾盡ᄒᆞ야 夏扇冬曆歲饌頒賜 恩典이아니신가滔々九原望美淚는 龍樓起居엇더신고애고지고셜운지고

▲또ᄒᆞᆫ士卒우ᄂᆞᆫ고나兎차詩를歌咏ᄒᆞ니公侯干城누구신가우리將軍洪啓勳氏以身殉國ᄒᆞ셧ᄉᆞ니一生丁壯ᄒᆞᆫ건만雪恥ᄒᆞᆯ이누가잇나애고지고셜운지고

▲또ᄒᆞᆫ士卒우ᄂᆞᆫ고나千古凶變나든날에貴戚大臣리耕稙은罵不絶口一刀下에同日殉節ᄒᆞ엿ᄉᆞ니壯ᄒᆞ고도悲慘ᄒᆞ다더後裔가누구신고애고지고셜운지고

▲또ᄒᆞᆫ士卒우ᄂᆞᆫ고나左向右向口令ᄒᆞ며坐作進退操鍊ᄒᆞ며同心同力蓄銳ᄒᆞ야敵萬人ᄒᆞ짓더니大韓國運不幸ᄒᆞ야竟至身死ᄒᆞ얏고나애고지고셜운지고

▲또ᄒᆞᆫ士卒우ᄂᆞᆫ고나月落寒營夜深後에銃뒤배고잠ᄲᅮᆫ잔다一身苦況不顧ᄒᆞ고斷斷無他愛國터니危急顚色追頭ᄒᆞ야鴻毛又치投身일세애고지고셜운지고

▲또ᄒᆞᆫ士卒우ᄂᆞᆫ고나韜略虎略學習ᄒᆞ야東征西伐此世界에凱歌壹曲奏功ᄒᆞᆯ제獨立旗를놉히들고封候拜將自期터니一朝身亡萬事로다애고지고셜운지고

▲또ᄒᆞᆫ士卒우ᄂᆞᆫ고나海外列國最强力은軍隊衆寡比較로다우리軍隊擴張ᄒᆞ야英美法德同等되고號令東양ᄒᆞ잔夢애되엿ᄉᆞ니애고지고셜운지고

▲또ᄒᆞᆫ士卒우ᄂᆞᆫ고나平壤江山指點ᄒᆞ니우리軍人精銳ᄒᆞ다有進無退決心ᄒᆞ야壹命不惜泣忠ᄒᆞ니大同江水嗚咽ᄒᆞ야鄕園之懷恨缺ᄒᆞ야애고지고셜운지고

▲또ᄒᆞᆫ士卒우ᄂᆞᆫ고나白髮父母永訣ᄒᆞ고靑春寡人泣別ᄒᆞ야國家深恩報答ᄒᆞ니死無餘恨되엿ᄉᆞ나靑山白水寡婦村에우리家事업지ᄒᆞ니애고지고셜운지고

社告

本支社를 左開十處에 設置ᄒᆞ고 玆以仰布ᄒᆞ오니 本報愛讀ᄒᆞ시ᄂᆞᆫ 該附近 僉君子ᄂᆞᆫ 該支社로 請求購覽ᄒᆞ심을 務望홈

▲信川邑六里　丁一善
▲永興郡南山동書舖　梁昌錫
▲洪州郡南門니　宋伯英
▲肅川邑南洋약局　李正華
▲寧邊邑內　明濟世
▲成川上龍面冊肆　馬應三
▲江西邑니　金昌燦
▲咸從郡耶蘇教堂　金弘舒
▲平南順川郡蓮洞　鄭山경
▲龍川舊邑　車敬明

雜報

●關東議會　再昨日下午七時에 關東학會評議會를 該會總務 李輔佐氏家에 開ᄒᆞ고 諸般事務를 處理ᄒᆞ얏다더라

廣告

中署壽進宮內九統一戶家券을 見失ᄒᆞ얏스니 誰某拾得間休紙施行홈
中署壽進坊壽進宮內　金興德

平壤돌串坊洪在璣氏의 大親이 去月에 捐世인바 已爲廣告어니와 本月陰卄七日에 江西艸里坊 先塋下에 永펌이옵기 玆又廣告ᄒᆞ오니 知舊間照亮홈
護喪　金永勳　告白

本所ᄂᆞᆫ 各位에 委托을 受ᄒᆞ야 各種物을 公拍ᄒᆞ되 陰每月六次式 四九日로ᄒᆞ고 小月則二拾八日노홈
鍾峴銅興競賣所　告白

本人의 先山이 在於高陽㵎濯里이온바 案山松楸를 宗人中 欲爲[illegible]ᄒᆞᄂᆞᆫ 이가 有ᄒᆞ기 廣布ᄒᆞ오니 內外國人은 切勿見欺홈
朴宗善 朴昌善　告白

●新발明梅毒명약廣告
陸軍軍醫 金영鉉 實驗方劑

落梅丹

口瘡不발창病去根之명약
壹劑 九百粒 定價金 三圜
主治　梅毒(唐창) 新瘡창
●瘰癧●皮膚病●倭마質私●
천病
已上病證外에 男女間에 不精交合ᄒᆞᆫ 後에 若疑아之端이 有ᄒᆞ야도 此약 壹劑만 服用ᄒᆞ면 完無後慮ᄒᆞ고 脾胃로 健全홈을 世擔保홈 此外에도 醫療機械와 精美ᄒᆞᆫ 약材를 所備ᄒᆞ고 內外科 각色疾病을 誠心治療홈
皇城北部大安동
仁濟약房　藥用진　謹白
代理店
京城鍾路　共愛堂약房
仁川港龍동　濟生堂
國內各處약局에서 隨應販賣홈

●兩西留學生會趣旨書

國於天地에 必有與立ᄒᆞᄂᆞ니 立者ᄂᆞᆫ 何오 國民之精神이 是也니 則其精神之所以藏修者ᄂᆞᆫ 腦髓也오 所以發育者ᄂᆞᆫ 학界也라 夫合群爲量之腦髓ᄒᆞ야 陶冶一爐ᄒᆞ야 有成强固不拔之大基者ᄂᆞᆫ 卽所謂國腦者而國腦所立之地에 有精神的結晶体者를 謂之學會니 學會ᄂᆞᆫ 何義也오 凡國民이 於進勝之責任에 政治爲必有社會ᄒᆞ며 經濟爲必有社會ᄒᆞ며 殖産爲必有社會ᄒᆞ며 工藝爲必有社會ᄒᆞ니 非학術界研究之磨礪之者면 莫敢能造其域故로 余斯학이 無所謂政治所謂經濟所謂殖産所謂工藝ᄒᆞ야 所以國無以自立矣라 故로 國之所有者曰학會오 諸社會之母也라ᄒᆞ니 顧今兩양文明之進步ㅣ 皆藉於是則爲我韓今日謀者ㅣ 寧可以전々相視而止也리오 西友학會가 始日발起ᄒᆞ고 漢北機湖兩南關東이 次第開會ᄒᆞ야 皆在京師而西友漢北이 聯又合部ᄒᆞ니 此乃학界上團体之步武也라 從玆前進ᄒᆞ야 不息不惰則聯合諸會ᄒᆞ야 發揮我帝國統一的학會가 不甚難矣니 豈不喜哉아 此皆老成鴻碩之所以奬勸靑年者則吾儕靑年所修之天職이 又有重焉ᄒᆞ니 凡散在各校ᄒᆞ야 不能留接轄仁則恐其腦智未換ᄒᆞ고 情志未宜일너니 乃先自吾兩西人在京留학者로 團成一体ᄒᆞ야 名曰兩西留학生학會라ᄒᆞ니 蓋斯會之名義가 豈端然哉리오 第以意大利之少年會와 昔發士之良民會도 爲經위而組織之ᄒᆞ고 又以希臘之保種會와 北米之獨立會로 爲質素而加采之ᄒᆞ노니 惟我在京학生은 每月第三土曜日에 會於本館ᄒᆞ야 先究其立志之要와 樂群之義ᄒᆞ야 道德相勸ᄒᆞ며 智識相求ᄒᆞ야 共作精神的國民을 是所渴望也로라

隆熙二年四月日　發起人 一同

美國桑港共立新報 賛成金 額
泥峴 [illegible] 一圜
始興 [illegible] 五十錢
大夫人 崔氏 三拾錢
夫人 박씨 三十錢
鐵原 [illegible] 三十錢
夫人 白氏 三拾錢
子 相朝 三十錢
子婦 李氏 三十錢
合三圜三十錢
西署毛橋 李勉儀 壹圜
남門동 梁紹中 五拾錢
泥峴 玄枝師 五拾전
宋敬祚 五拾錢
合二圜五拾錢
未完

本人이 去陰拾二月十四日 本邑[illegible]西面[illegible]동居 [illegible]有文處 貸給銀貨參百圜 捧票를 本年二月十八日 本面新城동地 臨襲見失ᄒᆞ야 誰某拾得休紙施行홈
龍川郡西面장松동　朴應俊　告白

本會社所管 壹萬壹千坪의 農作地가 纛島에 在ᄒᆞᆫ바 該基地를 貰給ᄒᆞᆯ터이오니 農作에 有意ᄒᆞ신 僉君子ᄂᆞᆫ 本會社로 來臨問議ᄒᆞ심을 望홈
鍾路水道會社　告白

本人의 子文國이가 素性浮浪ᄒᆞ야 蕩敗家産於酒色之場이오며 不些食口가 將至于道路彷徨之境이오되 終不改習ᄒᆞ고 符同雜類ᄒᆞ야 欲圖欺人得債ᄒᆞ오니 毋論內外國人ᄒᆞ고 錢財相關이다가 無至失追悔홈
[illegible]邊獨山面兩平里居　朴濟楨　白

故朴鼎鄕이根永氏子 長到年少沒覺爲無賴輩誘引 欲以僞券與當又欲得債於無貸ᄒᆞᆫ 所云內外國人은 切勿見欺홈
中部貫동二十六統三戶　리召史　告白

◉谷香葉卷煙草 大發賣

大煙百本入一箱 金一圜八十錢
仝 五拾本入一箱 金九拾五錢
中煙百本入一箱 金八拾錢
小煙百本入一箱 金五拾錢
但多數顧買時 割引進呈
南署[illegible]동六拾三統拾戶
谷香合資會社　告白

本人이 親喪을 遭ᄒᆞ야 歸國ᄒᆞ엿다가 今에 還來ᄒᆞ야 店務를 擴張ᄒᆞ고 新輸入ᄒᆞᆫ 色種夏服과 各種帽子와 禮服次와 其他諸般附屬品이 具備ᄒᆞᆫ 特別廉價로 販賣ᄒᆞ오니 僉位大人은 如前光臨ᄒᆞ심을 敬要
貞동大漢門前　祥興號主人　告白

▲株金募集廣告

本社에서 農商工部에 認可를 承ᄒᆞ얏삽기 株金을 募集ᄒᆞ오니 願入 僉君子ᄂᆞᆫ 左記條例를 照亮ᄒᆞ심을 望홈

▲左記
一 應募期日 即保証金辦納日
自隆熙二年四月 日 至同年四月卄日
(陰三月一日 陰四月一日)
一 資本總額 拾萬圜
一 壹株金額 貳拾圜
一 保証金額 一株에 對ᄒᆞ야 壹圜
一 第一回辦納金額 一株에 對ᄒᆞ야 五圜
但第壹回辦納金은 保証金을 扣除計算홈
一 第壹回金辦納期日은 (自隆熙二年五月一日 至同年五月卄日) (陰四月二日 陰四月二拾二日)
一 株金取扱所 株金領受所ᄂᆞᆫ
本社　韓一銀行　漢城銀行　農工銀行　天一銀行
創立委員　張輔衡　趙彰漢　趙鎭泰　趙秉澤　林相龍

南署 薰洞契 六十三統九戶 [illegible]瓦屋 一層洋屋
漢城材木柴炭株式會社 [illegible]

本人의 墳谷 [illegible] 진錢 三月二拾五日 沿次當伍九百四兩 [illegible]에서 失ᄒᆞ얏스니 誰某拾得間休紙施行홈
尹相瑛　白

韓美電氣會社告白

割引券을 發行ᄒᆞ야 四月一日부터 鐘路本社及龍山停車場에서 賣下홈
割引券은 每券에 六拾枚로 編成ᄒᆞ고 代金은 貳圜八拾五錢으로 定ᄒᆞ야 每區域에서 一枚式 乘車ᄒᆞ야 又치 使用홈
龍山線 區域은 四月一日부터 南大門外停車場前으로 改定홈
電車발着 時間은 四月一日부터 改定ᄒᆞ야 夏期時間表를 依行홈

中署鍾路長通坊丁萬石契光耳洞 拾一統六戶 前孤兒院瓦家三拾八間을 放賣코져ᄒᆞ오니 願買 僉君子ᄂᆞᆫ 來問于壽동孤兒院ᄒᆞ심을 望홈
京城孤兒院主　告白

本書館에서 海朝新聞을 發賣도ᄒᆞ고 分傳도ᄒᆞ오니 購覽ᄒᆞ시기 願ᄒᆞᄂᆞᆫ 僉彦은 請求ᄒᆞ시옵
南大門內尙洞 教堂前　博文書館　白

●初等女學讀本

本書ᄂᆞᆫ 不但女校에 必要之用書라 諺解를 另附ᄒᆞ야 在家婦女도 均可便覽而增장知見이오니 續續購讀ᄒᆞ심을 望홈
發賣所　漢城各書舖

基於人道之原則ᄒᆞ고 重於正義之誠實ᄒᆞ며 以親切爲旨ᄒᆞ야 訴訟事件과 各官廳請願事件을 廣受嘱托홈
京城[illegible]동 六拾四統二戶
東京大學前講師
辯護士 日本法律學士　木尾虎之助

次書館에서 民智를 啓發ᄒᆞ고 문明發達ᄒᆞ기 爲ᄒᆞ야 新舊書籍을 世界各國으로 輸來ᄒᆞ야 販賣ᄒᆞ오니 僉君子ᄂᆞᆫ 陸續來臨ᄒᆞ심을 望홈
釜山港東館 韓興書館　金汝重
權[illegible]律　廣告

共立新報

共立新報ᄂᆞᆫ 美洲에 留ᄒᆞ시ᄂᆞᆫ 我韓同胞가 高明ᄒᆞᆫ 학理와 深厚ᄒᆞᆫ 熱誠으로 組織ᄒᆞᆫ 바인ᄃᆡ 固有ᄒᆞᆫ 國魂을 絶叫ᄒᆞ야 每週日 一次式 刊行ᄒᆞᄂᆞᆫ 新報이온ᄃᆡ 世界形勢도 詳揭ᄒᆞ며 本國情況도 昭載ᄒᆞ야 愛國心이 有ᄒᆞ실 同胞ᄂᆞᆫ 不可不購覽ᄒᆞᆯ 新報이며 又是純國文으로 발行ᄒᆞ야 婦人孺子라도 一覽可暸ᄒᆞ게 ᄒᆞ오니 嗟我一般同胞가 我留外同胞의 殊邦風霜에 勞心勞力ᄒᆞᆫ 誠意를 豈可越視ᄒᆞ리잇가 玆에 僉君子의 購覽을 紹介ᄒᆞ기 爲ᄒᆞ와 該新報價及發賣所를 左에 廣告ᄒᆞ옴

代金表
每號 五錢
六朔 壹圜貳拾錢
壹年 貳圜貳拾五錢

출張所
京城 廣학서舖　金相萬
博문서館　盧益형
皇城남門니 興학서舖　裵助遠
平山郡古之面城남峴　金錫萬
長連邑니 [illegible]里　문석관
平壤소口水外　車和錫
鎭남浦龍井동　梁濟涉
安州城니 [illegible]村동　金翼河
[illegible]川니 山面무山里　梁[illegible]명
宣川邑 川邊　李昌萬
義州南門外 大東藥房　白用錫
金海台也面智士동　鄭永會
釜山港 草梁　尹[illegible]憲
大邱東上面[illegible]동　[illegible]一弘
咸興西門밧　朱[illegible]
俄領 海參威　[illegible]

共立新報社 代理人　金翮洙　告白

漢城鍾路萬國基督教靑年會舘前慈惠藥房 製藥鑑査人濟衆院醫學員洪錫厚朴慈惠李觀化告白

本人等이米國大學醫院處方을大醫學士魚丕信氏에게受業ᄒᆞ고醫學校長鄭五壽池錫永氏에게有効証明을受ᄒᆞ고左記낙種을製造ᄒᆞ야外國賣약規模를依ᄒᆞ야紙匣洋鐵匣琉璃瓶에盛ᄒᆞ야全國內地各處약店에廣買ᄒᆞ옵고濟衆院英字醫書를我國漢文으로飜譯ᄒᆞ야名稱西약便方이라ᄒᆞ야발賣ᄒᆞ오니四方　僉彦中濟衆院낙을數拾年來經驗信用ᄒᆞ신兄弟ᄂᆞᆫ不拘약之多少와路之遠近ᄒᆞ고以書詞買ᄒᆞ시면本人은雖拾錢價値락이라도以小包郵便으로仰呈ᄒᆞ오리니낙封定價外郵稅十젼을加送ᄒᆞ시되小數젼은郵票十젼ᄌᆞ리를ᄉᆞ셔보니시고賣낙家에셔ᄂᆞᆫ多數買去ᄒᆞ시면郵便局換錢票를買送ᄒᆞ시오且本藥房에米國(멀포드)製낙會社낙과(와솔)製낙會社낙과德國(만호임)製약社락을直輸入ᄒᆞ야德語英語로記ᄒᆞᆫ方文과主治와用法을我國漢文으로飜譯發賣

商標

食思振起 體力活潑 **補益丸** 第一老衰男女외게補益[illegible]

定價 拾日分	三十個入	金一圜
二十日分	六十個入	金一圜七拾五錢
三十日分	九十個入	金二圜五拾錢

主治大補元氣能調陰陽男子陽萎不起女子月經不調手足厥冷虛脫失氣久病人蘇完되ᄂᆞᆫ効力이大勝於鹿茸蔘人蔘精

神効解瘧丸 一日分定價金拾錢此藥은大人小兒長瘧과初瘧과腹瘧에以服用ᄒᆞ면更不再發

蛔虫丸 一日分定價金拾젼此藥은大人蛔積小兒蛔病의神効

四時感冒丸 一日分定價金拾젼此藥은感氣몸살의쓰ᄂᆞᆫ약인ᄃᆡ一二日連服ᄒᆞ면四時毒感上下肢節頭痛에即時解熱鎭痛

男女瘡症祛根藥 定價金五錢此藥은瘡疾의一期二期를勿論ᄒᆞ고거근ᄒᆞ도록낫ᄂᆞᆫ데口瘡과구역도아니나오

淸明眼藥 一日分定價金拾錢此藥은火眼熱眼의有多奇效

無惡臭疥瘡藥 定價金四拾젼此藥疥ᄉᆞᆫ出ᄒᆞᆫ卅分內殺虫

鎭**咳嗽藥** 五日分定價金三拾錢此藥은四時毒常性咳嗽에著大効ᄒᆞ고特히老人哽咳에消痰止咳

寸虫發根 定價金二拾錢此약寸虫窩殺出

止足汗藥 二十日分定價貳拾錢此藥德國軍人常用除足汗臭

輕腫根治膏 定價금十五젼此낙은面腫과頭腫에直差

濕腫根治膏 定價금十五젼此락은男女勿論하고風寒暑濕으로腫되여大起搔痒ᄒᆞᄂᆞᆫᄃᆡ奇効

漢城百應膏 一封定價金十錢此락은衛락醫士學信友시方文으로製造ᄒᆞᆫ藥인ᄃᆡ명우리잘풀리고각頂腫氣에발根合瘡이되ᄂᆞᆫ膏藥인ᄃᆡ大洋鐵匣八一個금五十錢

小兒感冒靈効散 此약은池錫永氏經驗良方小兒感冒及食滯와身熱驚風者에神效定價金十錢

療氣神効保嬰散 此약醫學校長池錫永氏數拾年經驗之良方○兒尿色綠而瀉○腹脹○身不安而不寐○腹痛驚啼及直視驚風者에神效定價금十二錢五厘

發賣所 仁川港栗峴濟生堂약房 梨峴賣약商李信學

●慈惠藥房附屬普印社廣告　本社에서慈惠藥房東西藥業月報版出ᄒᆞ기爲ᄒᆞ야印刷所를設置ᄒᆞ고數拾年米國문聖經翻譯ᄒᆞ던洪

◉大韓國新發明神藥

◉疫痢靈丹　各種食滯中暑久滯口臭痰欬吐瀉定價一貼十錢

◉至寶丸　治諸般癩疾不拘久遠俱有偉效定價金十錢

◉靈效液　外用芳香治疥瘡皮風百發百中定價金三拾錢

◉淸眼水　治諸般眼疾有難禁見天之妙定價金拾錢

◉通淋丸　治男女急慢淋疾神效無雙速效除毒壹週金五拾錢

製劑발行所　漢城南部大廣橋西邊第三署十九統十戶　共愛堂大藥房　謹白

支店　漢성남門內共愛堂第壹支店　姜助遠
群山港開福동共愛堂第二支店　리春善
河東郡赤良面共愛堂第三支店　黃麟秀

代理店　皇城北部大安동　仁濟藥房
仝　종路靑年會館前　慈惠藥房
仝　西部新門外石橋　普濟醫院
仁川栗峴　濟生堂　仝　和平局

此外에도東西洋각國有名賣藥과草材藥이俱備ᄒᆞ오니藥의多少를不拘ᄒᆞ고請求ᄒᆞ시면小包로仰呈ᄒᆞ게슴

簡易商業簿記學

全一冊　定價金四十五錢

本書ᄂᆞᆫ簿記학中最近ᄒᆞᆫ학理와최妙ᄒᆞᆫ形式을精細蒐輯ᄒᆞ야了解케簡易ᄒᆞ도록編述ᄒᆞᆫ者니一般商業者의不可不一次閱覽ᄒᆞᆯ者될뿐아니라中等以上學校에敎科로用ᄒᆞᆯ도適當ᄒᆞ니陸續購覽ᄒᆞ심을望ᄒᆞᆷ

발賣所　布병下 廣학書舖　洞口越便 中央書舘
廣橋東便 匯東서舘　寺동 漢陽서舘
鐘路 大東서市　鐘路 古今서海관

滑稽小說 禽獸會議錄

弄球室主人 著述　表紙石版寫眞畵印刷　全一冊　正價金拾五錢

▲本小說은新体文壇의演劇的小說로空前絶後의一大禽獸會議를開催ᄒᆞ고海陸動物이演壇에集合ᄒᆞ야人類와禽獸의優劣과造化主宰의眞理를討論批評ᄒᆞᄂᆞᆫ光景을傍聽實寫ᄒᆞ야讀者諸君에게紹介ᄒᆞ노라今日吾人類社會의公德頽敗ᄒᆞᆷ을警醒코져ᄒᆞᆷ이니其滑稽的文体가光彩陸離ᄒᆞ며諷刺的批評이奇拔欽曲ᄒᆞ야實로國文小說界에一大異彩를放ᄒᆞᆯ만ᄒᆞ며一讀解頤의好讀物이오

▲발行元　皇城書籍業組合

▲分售處　中署觀朝橋越邊 中央書舘　大東書市
南署大廣橋東邊 匯東書館　仝 古今書海館
西署남門外紫岩 新舊書林　남署侖洞 博文書館
남署銅峴 博학書館　中署布屛 廣學書舖

●大韓國新發明靈藥廣告

●陸軍軍醫金守鉉君實驗方劑
●陸軍軍醫張基茂君有効證明
●四海衛生之諸君子不可不備之靈藥

消化新藥 **淸心保命丹**

發行所　仁川港栗峴 濟生堂藥房

九十粒入金拾錢

●主治効能　●中暑中寒　●食積水土不服　●痰欬腹痛舟車眩暈　●咳嗽吐瀉口熱惡臭　●氣鬱酒醉　●食傷　▲其他諸般瘴氣厲疫預方妙藥

●出張代理特約발賣所　京城大廣橋共愛堂大藥房
同 종路慈惠藥房 리觀化
同 梨峴洋약局 리信華
同 谷동博文書館 盧谷亭
同 남大門外 同運輸會社
同 泥峴三丁目 新井支店
同 泥峴郵便局前 天佑堂
同 水橋本堂出張人 리鳳林
●仁川舊邑本堂出張所 金濟賢
同 開城旅館 韓琦根
同 冷峴和平堂 리應善
●開城南門 萬物商 박圭桓
同 남門內同店 禹相玉
同 남門내冊肆 리禎鎬
同 北部忠橋 具聖模
●海州宗路忠店 宋在瑛
同 三房약舖 김永泰
同 남門內店 리奉植
●水原종路下약房 金濟九
●延安邑ᄂᆡ洋약局 邊汝文
●江華종路店 尹斗鉉
同 종路店 宋順五
同 西門外冊肆 高成俊
●益溜남門ᄂᆡ 崔敏淳
●砂利院市場ᄂᆡ客主 朴健昌
同 任允中
同 耶蘇敎堂ᄂᆡ 리在善
●黃州남門ᄂᆡ紅門동 리東赫
●平壤雙巨里濟生局 韓鳳儀
同 館前衛生醫院 金龍興
同 大興部 里 崔龍化
同 관武洞 局 桂澤宜
同 出張人 尹寅赫
●鎭남浦叅동洋약局 김元셥
同 儀兩機本堂出張人 吳남쥰
●群山港開福동 김斗鉉
●安州ᄂᆡ義井동回春약房 大
●安岳邑上場里濟生局 林夢柱
●大邱남門ᄂᆡ刷還동 김成浩
●釜山港草梁客主 金重佑
●博川郡美동商店 朴芝行
●載寧邑後동洋약局 崔允國
●忠州東良面早遞 金鎭和
●晉州郡관동 박魯賢
●定州남門ᄂᆡ洋약局 리健柱
●郭山邑ᄂᆡ洋약局 羅鳳彬
●鐵山邑ᄂᆡ永春堂 安灝
●宣川邑ᄂᆡ冊肆 安蚤
●義州水口街 崔석浩
●信川邑四里洋약局 김永植
●郭山邑冊肆 김大鉉
●元山港濟生堂支店 박敬鎭
●北靑新昌港客主 박錫勳
●江原道本堂出張人 馬雲來
○德川邑官동洋약局 리丙斗
●禮山용谷里 리東赫
●其他各약店마다隨應販賣ᄒᆞᆷ
◉仁川港濟生堂告白

▲特別廣告

本社에서名帖印刷部를特設ᄒᆞ고各樣活字와印刷機械紙本이俱備ᄒᆞ오며印刷가精美ᄒᆞ고價直도極廉ᄒᆞ오되特別히紳士와夫人외게ᄂᆞᆫ一層低廉ᄒᆞ오니僉位ᄂᆞᆫ來臨ᄒᆞ시와隨意請求ᄒᆞᆷ

大韓每日申報社 告白

今現弊院에셔各項事務을一層擴張ᄒᆞ오며金裝與銀裝各樣의齒와老小間没數落齒ᄒᆞᆫ데齒床并齒을隨意製造ᄒᆞ오며拔齒與入齒時에毫無苦痛케ᄒᆞᄂᆞᆫ技方도有ᄒᆞ며齒料上面議ᄂᆞᆫ無料換受ᄒᆞ압ᄂᆞ니四方僉君子ᄂᆞᆫ照亮ᄒᆞ심을爲希ᄒᆞᆷ

京南大門內尙洞美人施蘭敦家 寓齒科醫士 韓大衛 告白

▲新刊教科發售廣告

新撰算術六卷 國漢文 定價金七拾五錢
大韓法規類纂洋裝 三册五拾錢 郵稅四拾錢
初等倫理學敎科書 二拾錢
初等衛生學敎科書 拾五錢
國家學綱領 拾五錢
國民須知 八錢
愛國婦人傳 張志淵氏著 十五錢
發賣所 皇城布屛下 金相萬書舖

●國債報償總合所收入廣告

●永川支所鶴洞
崔命述 三十錢　孫啓模
壹圓 박致華　리雨春
리錫雨　리종浩　孫啓永
리종弼　朴致榮　리종石
朴達瀧　리得徐　徐廷伯
各二拾錢　리종淳　四拾錢
徐廷學十錢　리道川　具然衔
라海宗　각三十山　리春化
리熙祥　리永鐸　김聲采
리尙東　具好書　具然曰
具然錫　具寬坤　각二十錢
具然吉　具然箕　具然俊
각三拾錢　具然章壹圓孫啓佑
孫啓星　손世翼　具春吉
손世濟　리종杓　각二拾錢
徐而宅　盧鼎文　각十錢
●山底面雙溪洞
리炫百　리晋炎　리錫柱
리彦秀　리璜基　리洙치
리福치　各 圓　리仁柱
朴瑚水　朴최水　리煥泰
曹潤臣　黃道文　각二拾錢
리台秀　成德運　리承燁
리珖秀　리致秀　각六拾錢
成榮英　黃百英　리煥周
각八拾선

●本社廣告

○申報價
一張代金　新貨二錢五厘
一個月前納　三十錢
三個月　九十錢
六個月　一圜七十錢
一個年　三圜四十錢
郵稅一張　新貨五厘
一個月　十三錢

發行兼編輯人 英國人 裵說
發行所
印刷人 石井潤 京城外三署
大韓每日申報社

第六卷

大韓每日申報

第七百八十一號

月曜及慶節 歲時日休刊

檀君開國四千二百四十一年
箕子元年三千三十年
大韓開國五百十七年
日本明治四十一年
清國光緒三十四年
隆熙戊申三月小十五日庚子

論說

○此是自家事

西北학會々館文학校建築에對ᄒᆞ야리觀浩시ᄂᆞᆫ壹萬圜趙鼎允시ᄂᆞᆫ五千圜리甲시ᄂᆞᆫ壹千圜鄭東說시ᄂᆞᆫ三百圜張박시ᄂᆞᆫ壹百圜을捐助ᄒᆞ얏다ᄒᆞ고一般社會上有志人士가諸시의公益에奮발ᄒᆞᄂᆞᆫ熱誠과教育界에自任ᄒᆞᄂᆞᆫ毅力은目下全國人의大模範的人物이됨만ᄒᆞ다ᄒᆞ고莫不奔走ᄒᆞ며贊賀ᄒᆞ더라

記者曰嗚乎라是何足賀이며是何足賀리오今夫滔天之浪이門庭을來拍ᄒᆞ야父母妻子가魚腹鬼를作ᄒᆞᆯ境인ᄃᆡ黃金을櫃藏ᄒᆞ고防遮料를吝嗇ᄒᆞᆷ이可乎며燎原之焰이閭閻을包燒ᄒᆞ야朋友兄弟가回祿灰燼化ᄒᆞᆯ場頭인ᄃᆡ青銅을地埋ᄒᆞ고撲滅費를節惜ᄒᆞᆷ이可乎아韓國現狀을觀ᄒᆞ건ᄃᆡ悲風이已凄ᄒᆞ며愁雲이日集ᄒᆞ야三千里山河ᄂᆞᆫ漏船上에飄揚ᄒᆞ고二千萬人民은刀鋸下에悲叫ᄒᆞ니哀哉며慘矣라남勝貧兒가血汗을阻ᄒᆞ야參間斗屋을僅搆ᄒᆞ얏지마明日來日에誰家兒가據居ᄒᆞᆯᄂᆞᆫ지難知며北村老農이手腕을費ᄒᆞ이一頃山田을起墾ᄒᆞ얏지만明年後年에誰시子가驚據ᄒᆞᆯᄂᆞᆫ지難知며發三리四寒에眉目如畫ᄒᆞᆫ奇童子를產下ᄒᆞ얏지만奴籍에注入ᄒᆞᆯ人生이何人種管에奈命ᄒᆞᆯᄂᆞᆫ지難知라如此戰々慄々ᄒᆞᆫ時代에幸히先知豫言者가此國同胞의生門方을指示ᄒᆞ니即教育一路가是라此路로勇進ᄒᆞ면獨立도在此ᄒᆞ며此路로齊登ᄒᆞ면自由도在此ᄒᆞ며其他一身의安寧과子孫의幸福이莫非此路에在ᄒᆞ야此路를向ᄒᆞ면必生必榮ᄒᆞ고此路를背ᄒᆞ면必亡必辱ᄒᆞ나니此等義助ᄂᆞᆫ即是自家事를爲ᄒᆞᆷ이오他人을爲ᄒᆞᆷ이아니라故로今日에비록忠州져믄고비又ᄒᆞᆫ守錢虜가復生ᄒᆞ여라도所有資本을傾ᄒᆞ야小學校中학校대학校等設立에奔走ᄒᆞ려던況乎右列諸시ᄂᆞᆫ元來愛國心이富ᄒᆞ며文明事業에注意ᄒᆞᄂᆞᆫ人士이니今者自家事를爲ᄒᆞ야自家金을捐ᄒᆞᆷ이何足贊이며何足賀리오

是故로記者ᄂᆞᆫ諸시의게贊賀를不加ᄒᆞᆫ뿐아니라諸氏의贊賀有ᄒᆞᆷ을歎惜ᄒᆞ노니

卽今域內셩外及畿湖關嶺에諸서보다五倍十倍되ᄂᆞᆫ財產家가凡幾何인가萬 此輩神經이조금敏捷ᄒᆞ야時局形勢를少覺ᄒᆞᆯ진ᄃᆡ

北村某大官이櫃中에封置ᄒᆞᆫ幾一萬圜金을直出ᄒᆞ고國民에게謝罪ᄒᆞ야曰吾가貪迷ᄒᆞᆫ思想으로潛私肥己에專力ᄒᆞ야手中의大賊棒을亂揮ᄒᆞ야幾道嵩堡의鋼財를白奪ᄒᆞ며門下의群狗輩를指使ᄒᆞ야幾邑殘民의血液를赤吸ᄒᆞ얏스니到今追思에汗出沾背라今且公益事業으로自贖ᄒᆞ리라ᄒᆞ고不日經營ᄒᆞ야幾十萬宏大ᄒᆞᆫ校舍를創建ᄒᆞ며諸州의萬圜千圜等을其誰가贊賀ᄒᆞ며

茶동其富客이自已財產三分之一만快割ᄒᆞ야社會上에出現ᄒᆞ며曰吾가知覺이愚昧ᄒᆞ야身外無物이라妄思ᄒᆞ고高尙ᄒᆞᆫ意志ᄂᆞᆫ毫無ᄒᆞ야前倉後庫에米穀이紅腐ᄒᆞ며左箱右篋에錢鋼이線生ᄒᆞ야도各학校에一分補助를不肯ᄒᆞ얏더니而今에야國亡身亾ᄒᆞᄂᆞᆫ原因과遺子黃金萬錢이不如教子壹藝라ᄂᆞᆫ眞意를猛覺ᄒᆞ얏노라ᄒᆞ고學校도多設ᄒᆞ며各학會에累萬圜巨捐도出ᄒᆞ면諸氏의萬圜千圜等을其誰가贊賀ᄒᆞ리오

悲夫라彼貪官汚吏로得名ᄒᆞ던者들은財物만有ᄒᆞ면死後에天堂갈줄로迷信ᄒᆞᄂᆞᆫ지今日에도將功贖罪ᄒᆞᆯ思想이毫無ᄒᆞ며彼豪富巨家들은民族이滅亡ᄒᆞ야도產業만多ᄒᆞ면榮光을獨享ᄒᆞᆯ줄로誤解ᄒᆞᄂᆞᆫ지今日에도爲義出捐ᄒᆞ기를不肯ᄒᆞ며其他輕薄子弟들은或花妾骨牌에幾千圜을擲ᄒᆞ며或青樓酒사에幾百圜을擲ᄒᆞ며或協律社團成社等觀光에幾十圜을擲ᄒᆞ면셔도公益上捐助에ᄂᆞᆫ一分을不肯ᄒᆞ야此等名譽를彼諸氏에게讓與ᄒᆞ니엇지歎惜ᄒᆞᆯ者ㅣ아니리오

嗚乎라累巨萬圜以上資本을擁有ᄒᆞᆫ人도非無언만은萬圜五千圜의義捐이今始初有ᄒᆞ며三百壹百圜이多大ᄒᆞᆷ은아니언만抑亦該氏의竭力誠意ᄒᆞᆷ비니嗚乎라吾가不能不兩手로諸씨의게膜拜ᄒᆞ고贊賀를表하노라

外報

●英國新首相 十二日東京電을據ᄒᆞᆫ즉英國이스기스氏ᄂᆞᆫ出納州當도辭하고總理大臣兼大藏登等總裁를任하얏다더라

●英皇歸國 英國皇帝陛下씌셔ᄂᆞᆫ來十五日에佛國(비아릿스)에셔歸國ᄒᆞ신다더라

●間島問題解決 間島問題에關하야日本政府ᄂᆞᆫ清國에讓步ᄒᆞ얏다ᄂᆞᆫ說이有ᄒᆞ나又一種說을據ᄒᆞᆫ즉日本政府ᄂᆞᆫ近日에清國政府에對ᄒᆞ야左記二條件을要求ᄒᆞ야此問題를永久히解決ᄒᆞᆯ旨로通牒ᄒᆞ얏ᄂᆞᆫᄃᆡ

一日本政府ᄂᆞᆫ間島에在住ᄒᆞᄂᆞᆫ韓人을保護ᄒᆞᄂᆞᆫ權利를保持ᄒᆞᆯ事

一清國政府ᄂᆞᆫ間島에서清兵의게被害ᄒᆞᆫ日本人의損害에對ᄒᆞ야賠償ᄒᆞᆯ事

一日本政府ᄂᆞᆫ任意로天寶山金礦採掘許可를保有ᄒᆞᆯ事이더라

●清國軍隊會集 清國政府ᄂᆞᆫ무숨目的을因ᄒᆞᆷ인지未詳ᄒᆞ거니와各處에在ᄒᆞᆫ多數軍隊를廣東으로會集ᄒᆞᆫ다더라

●張氏審判延期 須知分氏를銃殺ᄒᆞᆫ張某의審判은辯護士의請求를依ᄒᆞ야八日午後ᄭᆞ지延期되얏ᄂᆞᆫᄃᆡ韓國人은張씨를爲ᄒᆞ야極力運動ᄒᆞᆫ다ᄒᆞ며田某ᄂᆞᆫ至今ᄭᆞ지病院에在ᄒᆞ다더라

●外交禮服請改 德國의駐箚ᄒᆞᆫ清國公使孫寶琦씨ᄂᆞᆫ外國에在ᄒᆞᆫ外交官의衣服을改正ᄒᆞ기를請ᄒᆞ얏ᄂᆞᆫᄃᆡ外務部에셔ᄂᆞᆫ本國禮服을從ᄒᆞ라訓令ᄒᆞ얏다더라

●武器불見 清國廣東에서ᄂᆞᆫ無烟火약과銃器를多數불見ᄒᆞ얏ᄂᆞᆫᄃᆡ皆是革命黨의所爲라더라

雜報

●鳳校卒業 价川郡鳳鳴학校를設立ᄒᆞᆫ지三載에郡守朴承健씨가去月十壹日에卒業式을舉行ᄒᆞ고校장이祝辭를說明ᄒᆞ고生徒에게柳仁植氏가答辭ᄒᆞ얏다더라

●養塾卒業 養正義塾에서本月拾三日에第壹回卒業式을經ᄒᆞ얏ᄂᆞᆫᄃᆡ卒業生은金癸根洪達厚等二十二人이오三年級及第生은徐鳳勳趙萬熙等拾六人이오二年級及第生은尹教信金병濟等十八人이라더라

●兩氏傳道 南來人에傳說을聞ᄒᆞᆫ則清州郡西面新基洞에居ᄒᆞᄂᆞᆫ宋在蓮리李萬甫氏가自發ᄒᆞ야數間教堂을建築ᄒᆞ고人民數百名을會集ᄒᆞ야熱心傳道ᄒᆞᆫ다더라

●勅語函請 私立鳳鳴학校에셔日間開校ᄒᆞᆯ터이니該校에敬奉ᄒᆞᆯ 勅語壹本을齎送ᄒᆞ라ᄒᆞ고該校長金重煥氏가학部학務局장의게函請ᄒᆞ얏다더라

新譯 海外稗談

第二章 一喜堂主人 譯

俾斯麥의狼狽 (續)

余與維廉帝로雖曾有約이나盜取文書事ᄂᆞᆫ未嘗有及이라是時에再從密室出來ᄒᆞ니帝가張目熟視曰君이何故로偸取他文書오余가對曰陛下가已言此和約이余出俾公獨斷이오我不與聞이라ᄒᆞ시며外臣도亦已言此約이果不出陛下聖裁인ᄃᆡ敝國政府가願即撤消라ᄒᆞ얏사오니言猶在耳에陛下가豈忘之耶아此문書ᄂᆞᆫ實是俾斯麥이用詭計騙來者이니今不可仍留於彼手中故로取還之也니이다帝曰此固雖不可나然이나何必如此偸取耶아ᄒᆞ며言下에稍帶怒容ᄒᆞ거ᄂᆞᆯ余曰此固外臣之過나然이나此事가若爲世所知면即兩國이俱不利니이다又曰今所換入封皮之文書도標題가依然ᄒᆞᆫ前書와無異ᄒᆞ니俾公이未必能當時看破라陛下ᄂᆞᆫ外臣의無狀ᄒᆞᆷ을特恕ᄒᆞᆸ쇼셔帝가面紅曰彼文書中에未嘗言及他事耶아抑向自己耶아對曰此事外에ᄂᆞᆫ誠無有也러이다余가維廉帝의게一一拜別ᄒᆞ고郵政局에馳至ᄒᆞ야駐法英公事의게此事ᄂᆞᆫ君의誤聞이라打電ᄒᆞ고該文書ᄂᆞᆫ即時裂破ᄒᆞ니라歸國未幾에栢林消息을接聞ᄒᆞ니果然俾斯麥이於禮拜六日에與英國大使로會于維廉帝之前ᄒᆞ야先以會合之意를陳奏ᄒᆞ고帝ᄒᆞ고揚揚意氣로顧謂英國公使曰何如오 貴國이亦爲加入於二國同盟乎아今待君回答하노라原來老維廉이在世時에ᄂᆞᆫ一切事件을俾斯麥의게全權으로委任ᄒᆞ고絕不容喙ᄒᆞ더니今帝ᄂᆞᆫ尙是幼年으로事事를要來干涉하니此是俾公之所大憾也라故로欲於暗中에辨 大事ᄒᆞ야使帝로口恣無可再言케하려ᄂᆞᆫ意思로今此事ᄂᆞᆫ未嘗 言奏達於皇帝ᄒᆞ고ᄂᆞᆫ蓋點入英國於二國同盟ᄒᆞ야以攻滅法國ᄒᆞ면不曾上陳ᄒᆞᆷ細過ㄴ帝必不聞이오將來外交事務에不復干涉ᄒᆞᆯ지니此 俾公之所抱也라俾公이此時에以文書之被人偸換은尙不覺得ᄒᆞ고自得之色이溢於面ᄒᆞ나英國公使ᄂᆞᆫ已是駐法英使의電報를接受ᄒᆞᆫ故로不肯中計ᄒᆞ야乃曰欲我回答인ᄃᆡ法國이英國을攻하려ᄂᆞᆫ確據도相示ᄒᆞ라俾公이聞言ᄒᆞ며니忙向手盒敲曰確據가在此ᄒᆞ다法國이與我同攻英國ᄒᆞ자ᄂᆞᆫ密約及原書가在此ᄒᆞ다維廉帝ᄂᆞᆫ於是에會意ᄒᆞ야法國人의該文書用計ᄒᆞ去ᄒᆞᆫ緣故를始知ᄒᆞ얏스나事已無奈라乃反身袖手而傍觀之ᄒᆞ더라

未完

雜報

●江亭賞烟 本日에 義親王殿下께옵셔 龍山中樞院顧問리보鎔氏江亭에出往ᄒᆞ야 宴會를設ᄒᆞ다ᄒᆞ더라

●郡案照奏 日昨ᄂᆡ部에서郡守案本二十八條를修正ᄒᆞ야ᄂᆡ閣으로請議ᄒᆞ얏더니同意ᄒᆞᆫ故로統監府에送交ᄒᆞ얏ᄂᆞᆫ데日間奏裁頒布가되리라더라

●兩守云任 郡守案本은劉瑱과如ᄒᆞ거니와其被任ᄒᆞᆫ氏를據聞ᄒᆞᆫ즉高산에리秉民氏오安岳에리寅奎라더라

●附情態 ᄂᆡ閣에서各區域裁判所法官叙任事件을協議ᄒᆞᄂᆞᆫ데韓日人을相半任用ᄒᆞ기로公議가不壹ᄒᆞ고法部次官倉富勇三郎氏도半數叙任ᄒᆞᄂᆞᆫ것시安當ᄒᆞᆫ줄노發論ᄒᆞ얏다ᄂᆞᆫ데惟獨法部大臣趙重應氏가反對ᄒᆞ야曰韓國卒業生은學識이不足ᄒᆞ니不可叙用이라ᄒᆞ얏다더라

●統府並會 昨日은統監府火曜例會인故로各部大臣會와叅與官會를並開ᄒᆞ얏다더라

●兩氏訪問 法部大臣趙重應氏와承寧府總管趙民희氏가再昨日上午十二時에會彌副統監을訪問ᄒᆞ얏다더라

●ᄂᆡ部會同 ᄂᆡ部警務局壹般高等官들이昨日警察ᄂᆡ에會同ᄒᆞ야事務處理의擴張ᄒᆞᆯ方針을爛熟協議ᄒᆞ얏다더라

●技師得人 前典器廠技師韓旭시ᄂᆞᆫᄂᆡ部技師를被任ᄒᆞᆯ다더라

●兩守依免 唐津郡守리啓泰寧遠郡守정회悅兩시ᄂᆞᆫ辭職請願ᄒᆞ야依免ᄒᆞ얏다더라

●ᄂᆡ主被任 前書記生박準弼시ᄂᆞᆫᄂᆡ閣主事를被任ᄒᆞ얏더라

●卒業進士 大韓의院教育部卒業生徒의名稱을학士司業進士中으로協議ᄒᆞᆫ다홈은已爲報道ᄒᆞ얏거니와該院長佐藤進事務員劉秉珌兩시가ᄂᆡ部大臣과瞯商ᄒᆞ얏다ᄂᆞᆫ데ᄂᆡ部大臣은밧論ᄒᆞ기를進士로名稱ᄒᆞᄂᆞᆫ거시安當ᄒᆞ다ᄒᆞ얏다더라

●討衣三陵 恭陵順陵永陵三處에義民이來到ᄒᆞ야 陵官을威脅曰二處 陵官이合力ᄒᆞ야衣服七拾件을製給ᄒᆞ라ᄒᆞ며니再次來到ᄒᆞ야ᄂᆞᆫ三拾件을減ᄒᆞ고四拾件만不日製給ᄒᆞ라ᄒᆞ고方在見督中이라더라

●戒子以棒 趙民희氏가其令允을日本에遊학次로去拾壹日에入送ᄒᆞᄂᆞᆫ데永登浦停車場ᄭᆞ지前往ᄒᆞ야發言戒之曰汝가若不卒業歸國ᄒᆞ면以棒으로打出門外ᄒᆞ야更不入家케ᄒᆞ리라ᄒᆞ얏다더라

●部中擇任 森林調查委員三人을叙任ᄒᆞᆯ터인ᄃᆡ該員은ᄂᆡ部官吏奏判任中으로叙任ᄒᆞᆫ다더라

●治道費額 ᄂᆡ部土木局에서今年治道費ᄂᆞᆫ七拾萬圜으로計算ᄒᆞ고明年度治道費ᄂᆞᆫ三拾萬圜으로計算ᄒᆞ얏다더라

●公逋處理 幾十年以來로地方郡守들이公錢欠逋ᄒᆞᆫ者를度支部에서壹壹調查ᄒᆞ얏ᄂᆞᆫᄃᆡ該公錢을不日督捧ᄒᆞᆫ다며或說은二幷蕩滅ᄒᆞᆫ다더라

●甲筵稅費 前觀察使沈相翊氏가日前에其父前贊政沈健澤시의宴日에獻壽床을盛設ᄒᆞ야沈贊政前에列置ᄒᆞ고獻壽ᄒᆞ려ᄒᆞ미沈贊政이泥醉ᄒᆞ야言ᄒᆞ되長婦ᄂᆞᆫ寡居ᄒᆞ고次婦ᄂᆞᆫ疎薄中이오三婦도亦寡居오四婦ᄂᆞᆫ出繼居喪中인ᄃᆡ靑孀與素服之婦를列置하고有何滋味로此床을受ᄒᆞ리오하고還却ᄒᆞᆫ대子與婦가情理에不可不獻酌ᄒᆞ려ᄒᆞᆫ즉永爲拒絶ᄒᆞ다가沈贊政이醉倒床前ᄒᆞ야陳設食物이壹並顚散ᄒᆞ얏다더라

●電話費額 農商工部각局課ᄂᆡ에電話를架設ᄒᆞ얏ᄂᆞᆫ데一年所入費ᄂᆞᆫ三千餘圜으로算定ᄒᆞ얏다더라

●家屋調查 近日에國有財產調査局에서宮ᄂᆡ府所管家屋을調査ᄒᆞᄂᆞᆫᄃᆡ各公廨公處外他家屋은國庫금으로買得ᄒᆞᆫ거시아니라ᄂᆡ帑금으로買收ᄒᆞᆫ거신즉宮ᄂᆡ府所管이아니라承寧府所管이라ᄒᆞ야히家屋를承寧府에서調査中이라더라

●醫師調查 警視廳에서昨日韓日巡査二名을派送ᄒᆞ야漢城ᄂᆡ各약舖와醫師의姓名과居住와技術을登々히調查ᄒᆞ얏다더라

●徐何圖避 洪鶴周시와徐相業시가債訟事件으로漢성裁判所에서裁判ᄒᆞ야徐相業시가落科ᄒᆞ얏ᄂᆞᆫ대該裁判所에서判決을歸正ᄒᆞ고屢次招致ᄒᆞ되徐시가圖避不現ᄒᆞᆫ다더라

●一進流毒 義州府一進會員俞承淵이가又入天道教ᄒᆞ야圖得本府稅務監ᄒᆞ야與府ᄂᆡ執綱輩時興으로締結腸肚ᄒᆞ야三年之間에私田을勒稱驛士라ᄒᆞ며年例所納稅를或爲打半ᄒᆞ되居民이不耐其毒ᄒᆞ야將至渙散之境이라더라

●大同風流 大安동大同會商務支局을日昨에創設ᄒᆞ얏ᄂᆞᆫᄃᆡ히局에서昨日에創設宴을開ᄒᆞ고前德語學校에遊戲場을設ᄒᆞ고該局任員은平京子를暫着하고舞童等物로風流가迭宕ᄒᆞ얏다더라

●削髮反對 再昨日에大東학校에서贊務員諸씨가會議를開催하고壹般任員과학生의斷髮ᄒᆞ기를決議ᄒᆞ얏ᄂᆞᆫ대贊務리應聚정翁兩氏ᄂᆞᆫ히事件에反對ᄒᆞ야請願退去ᄒᆞᆫ다더라

●右館惡習 리觀鎔김學濟諸氏가方약合編一部를新撰ᄒᆞᆫ바針脉法약性綱領과濟嬰新編과牛馬經과서약用法을俱備增刪ᄒᆞ야三千五百部를印刷ᄒᆞ기로右又館崔炳湜氏의게委托ᄒᆞ야昨年十一月ᄂᆡ로畢刷ᄒᆞ기로契約ᄒᆞ고工費三百餘圜ᄂᆡ에二百五拾圜은先給ᄒᆞ얏더니至于今過限三朔에刷役이未畢ᄒᆞ야冊主가催促ᄒᆞᆫ즉崔氏가稱以工費餘條推尋之計라ᄒᆞ야無賴輩를符同ᄒᆞ야리觀鎔씨家에突入ᄒᆞ야三四卷編次ᄒᆞᆫ冊張을渾錯奪去홈으로리김兩氏가警視廳에請願ᄒᆞ엿더니冊子ᄂᆞᆫ自警視廳으로推給ᄒᆞ고損害費ᄂᆞᆫ民事所關인故로裁判所에訴推ᄒᆞᆫ다더라

●所학何事 日昨에普成專門학校학徒리起勛이가安동雜貨塵에서 圖紙貨一張을偷取ᄒᆞ다가北部警署에被捉하얏다더라

●兩人處役 ᄂᆡ亂犯으로京畿裁判所에서審理ᄒᆞᆫ陳希서김善汝等三人은役拾五年에宣告ᄒᆞ얏다더라

●賊情綻露 昨日上午、壹時에警務顧問募軍勞動兒二十壹二歲되ᄂᆞᆫ兒가該司進日壹部를竊取ᄒᆞ야去ᄒᆞ다가行巡巡查가捕捉問之則役所看役ᄒᆞᄂᆞᆫ委主事가持來ᄒᆞ라ᄒᆞ얏다ᄒᆞ미役所로還奇問之則初無是事라ᄒᆞ야該兒를毛橋支所에서捉致ᄒᆞ얏더라

●賊女家養 會寧郡居리姓女가서署盤松坊尹永植시家에來留ᄒᆞ다가該家에서紙貨百圜을竊取ᄒᆞ야逃鄕ᄒᆞ려다가발現되여警署에被捉ᄒᆞ얏다더라

●非義伊賊 東來人의傳說을聞ᄒᆞᆫ즉楊州加平郡等地에서賊黨數拾名이出沒村閭ᄒᆞ야稱以義兵ᄒᆞ고討索民間ᄒᆞ야錢穀을勒奪ᄒᆞᄂᆞᆫ대乾川等地에서ᄂᆞᆫ農牛四五隻을奪去ᄒᆞᆫ故로히동人民은幾至廢農之境이라더라

●雜誌承認 女子教育會에서女子指南이라ᄂᆞᆫ雜誌를發行ᄒᆞᆯ次로ᄂᆡ部에承認ᄒᆞ얏다더라

●서來義聲 서來人의傳說을聞ᄒᆞᆫ즉黃海道倡義大將辛關谷시가首倡義旗ᄒᆞ야其徒衆이千餘員에達ᄒᆞ얏ᄂᆞᆫ대리允元은運糧將이오김翊鎭은中隊將이오河在天은書記員이라日兵과交戰ᄒᆞᆷ이前後數十餘次되야屢次狀況에壹壹枚擧不遑하나就中最著ᄒᆞᆫ者ᄂᆞᆫ遂安松禾交戰에日兵七名을砲殺ᄒᆞ고義兵은僅히二名이戰亡ᄒᆞ고되難장淵交戰에半日을廝殺하야맛츰리日兵拾四名은致斃ᄒᆞ고또去月拾二日에海州彌勒坪礪峴에서愈々히擊射를試ᄒᆞ야日兵二名을砲殺ᄒᆞ고上等兵一人은折臂되여乘勝追擊ᄒᆞ야松田中에서또日兵六名을砲殺ᄒᆞ얏ᄂᆞᆫ데松田中에屍体를日前에日兵이覓去ᄒᆞ고義兵도此戰에六名이損折되얏고松禾文化等地方에自衛團이有ᄒᆞ거ᄂᆞᆯ中隊將김翊진시를遣하야一進會員十名과日人二名을殺ᄒᆞ고其間에侵桒ᄒᆞᄂᆞᆫ假義兵들을一切嚴束ᄒᆞ야作弊가無ᄒᆞ다더라

●設契補校 서江牛산居民等이該동학校經費窘絀홈을聞ᄒᆞ고設契出捕ᄒᆞ야校費를補用ᄒᆞ기로決議ᄒᆞ고警視廳에設契ᄒᆞ기를請認ᄒᆞᆫ다더라

●夫人出捐 開성남部禮拜堂서에孤兒院에義금을出捐ᄒᆞᄂᆞᆫᄃᆡ리明哲시夫人은銀鈑壹件을捐助하며雲산금礦吳俊植시大夫人은금壹圜을捐助ᄒᆞ얏다더라

◉感賀義捐 兎산外峴面易谷居申彥基시가美領布哇에移居하다가日前에歸來ᄒᆞ야本社에委訪ᄒᆞ고금五圜을出捐而去ᄒᆞ더라

▲地方消息▼

▲本月八日午後十壹時에定산郡七古산에서義徒百餘名이日憲兵과接戰ᄒᆞ얏다ᄒᆞ고

▲本月九日午後十二時頃에義徒十五名이江華郡北寺面에侵入ᄒᆞ야物品을掠奪而去ᄒᆞ얏다ᄒᆞ고

▲本月六日午前八時에連산郡晚木동에서義徒二拾餘名과日憲兵幾拾名과交戰ᄒᆞ야數三時間을經ᄒᆞᆫ後에義兵은該附近方면으로退却ᄒᆞ얏다ᄒᆞ고

▲去月二拾五日午前拾時에利原郡下仙里에서義徒拾餘名과日守備隊와交鋒ᄒᆞ얏다ᄒᆞ고

▲本月拾三日厚昌郡邑에多數義徒가來襲ᄒᆞ야該郡駐在日巡査隊와交戰ᄒᆞ얏ᄂᆞᆫ대日巡査一名이左腕에重傷하얏다하고

▲本月八日에京성에出발하야김化郡으로前往ᄒᆞᄂᆞᆫ荷物護衛兵은其翌日該郡ᄂᆡ里附近에서義徒百餘名을遭遇ᄒᆞ야互相攻擊ᄒᆞ얏다ᄒᆞ고

▲本月七日에淮陽郡舊化村서北方에서多數義兵과日守備隊가夜戰을開하얏ᄂᆞᆫᄃᆡ義徒ᄂᆞᆫ鳴牛里方면으로退去ᄒᆞ얏다ᄒᆞ고

▲本月四日午前拾一時頃에長淵郡碑淵浦附近에서義徒百餘名과該郡守備隊와交鋒하얏다더라

▲依賴可戒▼

▲大韓人情揣摩ᄒᆞ면文治遺風幾百年에杜門不出ᄒᆞ며局見이習與性成柔懦ᄒᆞ야自强之力全無ᄒᆞ고依賴情態可惜ᄒᆞ다

▲飛去飛來任意ᄒᆞ니飛鳥라도自由권만生而不知ᄒᆞ며手下에奴隸羈絆自願ᄒᆞ야自家事를委托ᄒᆞ니無有餘遺獲取ᄒᆞᆫ다依賴心을두지마라

▲君看兎絲依荊진ᄒᆞ소樵童斫去與之幷이라親若上典仰事ᄒᆞ야俯首聽令服從라가鐵鑊[illegible]此世界에同歸一轍ᄒᆞ지ᄒᆞ니依賴心을두지마라

▲芙蓉出汚自麗ᄒᆞ고芝蘭不培自長이라深鎖舊夢喚醒ᄒᆞ야新精神을刷勵ᄒᆞ고自國實力養成ᄒᆞ면獨立基礎절노된다依賴心을두지마라

▲木高ᄒᆞ면必摧ᄒᆞ니托危柯而可戒로다並吞八國蠶食威不過二世壘亡이라目前氣焰望라가極盛必衰恨되리니依賴心을두지마라

▲終日營々蚊虻計ᄂᆞᆫ欲攀[illegible]不得이라蠅營狗苟、平生에富貴思想쌘일망정阿諛苟容쓸ᄃᆡ업고非黃금而不成일세依賴心을두지마라

▲依水ᄒᆞ니類萍浮、오寄松ᄒᆞ니似懸蘿라一幅山河許與ᄒᆞ야壹時功名圖得ᄒᆞ니政海風潮變幻ᄒᆞ니鳥盡弓藏이아닌가依賴心을두지마라

▲蘇유ᄂᆞᆫ不同器오氷炭은不相容이라산천風氣各殊ᄒᆞ니善惡性이逈別이라奉若神明ᄒᆞ더라도쪽사랑이쓸ᄃᆡ잇나依賴心을두지마라

▲維鵲有巢維鳩居ᄂᆞᆫ더意思를거뉘알며荒蕪開墾懲藉ᄒᆞ고미土地를占領ᄒᆞ니借廳入室ᄒᆞᄂᆞᆫ날에同居之誼잇슬손가依賴心을두지마라

▲寸寸膚而觸石라가聚作奇峯捲舒도다二千萬衆우리兄弟一心團結ᄒᆞ고보면强壯力이自生ᄒᆞ야所向無敵ᄒᆞ리로다依賴心을두지마라

廣告

本人이四月十三日夜에서署養生坊太平동五拾壹統拾壹戶沈相완이라ᄒᆞᆫ私刻圖章을遺失ᄒᆞ엿ᄉᆞ오니內外國人間切勿信用ᄒᆞᆷ
남부沈相완 告白

勅命之下國有附屬財產도賤子孫使之一々出給ᄒᆞ라시ᄂᆞᆫ뒤至若宮有附屬田畓은東萊郡尹泰富가茶奉오ᄂᆞᆫ海郡居權吏𨺗相진浮이不顧 勅命하옵고以權利壓制ᄒᆞ야盜買於宮ᄒᆞ니世豈有如許買賣之理乎이며且當推ᄒᆞᆫ純秦二萬二千餘兩도未推而仲冤無處에呼泣京鄕將至塡壑玆以廣告ᄒᆞᆷ
徐貞昊 告白

本人的鉉이性本浮浪ᄒᆞ야蕩盡百餘石ᄒᆞᆫ을陳仕眞鐵技債도見奪ᄒᆞ고又被本郡權吏陳國柔誘引ᄒᆞ야本人之宗土本郡石橋坪拾二斗落을僞券處給云ᄒᆞ니必當辨明이기玆廣告ᄒᆞ오니內外國人은切勿見欺ᄒᆞᆷ
興德富外面下龍山리鉉昇 告白

本人의田庄이江華郡仙源面뒤可面松亭面府내面四面所在合七拾七斗落이온ᄃᆡ本郡府내面新村동居김元甲이가僞造문券ᄒᆞ야京居兩郡守최기周씨의게所負가有하야典執ᄒᆞ엿다ᄒᆞ고本月에최가踏品하오니有主ᄒᆞᆫ庄을典執踏品이是豈成說乎아김元甲의不法散心은懲治ᄒᆞ련이와從ᄒᆞ所執문券은休紙施行ᄒᆞᆷ
江華郡府내面衛村동 김致權 告白

◉陽成社ᄂᆞᆫ塲標賣下所
玩賞ᄒᆞ시ᄂᆞᆫ僉君子ᄂᆞᆫ買票時에동口東邊烟草商店으로來臨하시면票價ᄂᆞᆫ本社와同等이오나上品烟草으ᄂᆞᆫ特別無價添呈ᄒᆞᆺᄉᆞ오니照諒光臨ᄒᆞ시옵
동口東邊ᄉᆞᆫ塲票分賣所 崔天汝 告

本人에本名이仲석이온ᄃᆡ今玆仲錦으로改名ᄒᆞ와사오니京鄕知舊間以此照亮ᄒᆞᆷ
明동拾統二戶崔仲錦 告白

▲學員募集廣告

本校에서校舍ᄅᆞᆯ壹層擴張ᄒᆞ고학員을多數募集ᄒᆞ오니願人僉員은四月二十九日（陰三月廿五日）ᄭᆞ지入학請願書ᄅᆞᆯ本校에呈하고四月三十日（陰三月三日）上午十時에來校應試ᄒᆞᆷ
提但入학請願書履歷書紙ᄂᆞᆫ本校로請求ᄒᆞᆷ

一 試驗科目
國漢文讀書作文算術四則以내
但相當ᄒᆞᆫ卒業證書가有ᄒᆞᆫ人은免試許入ᄒᆞᆷ
一 修業年限 三個年
一 修業科目 普通科

西北協成學校

◉感賀義捐

本社에助補ᄒᆞᆫ多額과氏名이如左ᄒᆞᆷ

隆熙二年二月度
五日 永興普通학校金益根 壹圜
一日 盧弘根 壹圜
同日 永興私立學校內 白順七 五拾전
同日 朱院종 五拾전
六日 江華 宋堯德
同日 金致昌 壹圜
同日 龍川光明中학校 貳圜
同日 宣平韓錫영 五圜
拾日 永柔郡彰有학校 貳圜
同日 宣和明珪 壹圜
十一日 木浦박平心 五拾전
拾七日 大邱權錫우 壹圜
十八日 平壤太平동康世昌 壹圜
十九日 康산최在正 壹圜
廿二日 水原人民등 壹圜
同日 順安朴仁祥 壹圜
廿九日 江東김國俊 壹圜
同日 용岡韓弘哉 壹圜
同日 甲山리學錄 壹圜
三月度
九日 錦산池永瑞 二圜
拾一日 錦山士民등 壹圜
拾四日 咸興連浦夜학校 壹圜
十九日 永柔維新학校 壹圜
同日 洪明夜학校내 김源極 壹圜
同日 信천리석永 拾四錢
廿三日 神溪鼎ᄌᆞ卞榮表 壹圜
廿七日 京城김完洙 廿五전
同日 京城崔鎭汝 壹圜
廿八日 남 하 壹圜
四月度
十壹日 批峴韓應點 貳圜

本所ᄂᆞᆫ各位에委托을受ᄒᆞ야각種物을公拍ᄒᆞ되除每月六次式四九日로ᄒᆞ고小月則二拾八日로ᄒᆞᆷ
銅峴銅興競賣所 白

●新발明梅毒령약廣告
陸軍軍醫金영鉉實驗方劑

落梅丹

口瘡不발창病去根之령약
壹劑五百粒定價金三圜
主治 梅毒(唐창)新舊창
●瘰癧●皮膚病●僂마質私●천病
已上病證外에男女間에不精交合ᄒᆞᆫ後에若疑아之端이有ᄒᆞ야도此약壹劑만服用ᄒᆞ면完無後慮ᄒᆞ고肺胃도健全ᄒᆞᆷ을擔保ᄒᆞᆷ
此外에도醫療機械와精美ᄒᆞᆫ약材ᄅᆞᆯ新備ᄒᆞ고內外科각色疾病을誠心治療ᄒᆞᆷ
漢城北部大安동 仁濟약房 高用진 謹白
代理店 京城鐘路 共愛堂약房
仁川港龍동 濟生堂
各內各處약局에서隨應販賣ᄒᆞᆷ

本人의先山在於嘉陽浦源里이온바松楸ᄅᆞᆯ宗人中欲爲賣ᄒᆞᆯ이기廣布ᄒᆞ오니內外國人切勿見欺ᄒᆞᆷ
박종善박昌善 告白

平壤동串坊(洪在燮)氏의大親이去月에捐世인바己爲廣告어니와本月陰廿七日에江西艸里坊先塋下에永폄이옵기玆又廣告ᄒᆞ오니知舊照亮ᄒᆞᆷ
護喪 金永勳 告白

本人去陰拾二月十四日本邑碌西面西望동居리有文處債給銀貨參百圜捧票를本年二月十八日本面新城동地路에서見失誰某拾得休紙施行ᄒᆞᆷ
龍川楊西面장松동朴應俊 告白

本人의子文國이가素性浮浪ᄒᆞ야蕩敗家產於酒色之場이오며不些食口가將至于道路彷徨之境이오되終不改習ᄒᆞ고符同雜類ᄒᆞ야欲圖欺人得債ᄒᆞ오니毋論內外國人ᄒᆞ고錢財相關이다가無至曰失追悔ᄒᆞᆷ
專邊獨山面南平里居朴濟楨 白

◉谷香葉卷煙草 大發賣

大煙百本入一箱金一圜八十錢
仝 五拾本入一箱金九拾五錢
中煙百本入一箱金八拾錢
小煙百本入一箱金五拾錢
但多數購買則割引進呈
南署棗동六拾二統拾戶
谷香合資會社 告白

本書館에서海朝新聞을發賣도ᄒᆞ고分傳도ᄒᆞ오니購覽ᄒᆞ시기願ᄒᆞᄂᆞᆫ僉彥은請求ᄒᆞ심을
南大門內尙洞教堂 前 博文書館 白

本人이擅谷리진鉉三月二拾五日出次當伍九百四兩票ᄅᆞᆯ서失ᄒᆞ엿ᄉᆞ오니誰某拾得ᄒᆞ면休紙施行ᄒᆞᆷ
尹相琪 白

韓美電氣會社告白

割引券을發行하야四月一日부터鐘路本社及龍山停車場에서賣下ᄒᆞᆷ
割引券은每券에六拾枚도編成ᄒᆞ고代金은貳圜八拾五錢으로ᄒᆞ되■■區域에서一枚式新貨五전과갓치使用ᄒᆞᆷ
龍山線 區域을四月一日부터남大門外停車場前으로改定ᄒᆞᆷ
電車발着 時間은四月一日부터改定ᄒᆞ야夏期時間表를依行ᄒᆞᆷ

新撰理化學

朴晶東氏著
全一冊定價金三拾錢
一 本書의目的은小學校에敎課를ᄒᆞ기爲ᄒᆞ야編輯ᄒᆞᆷ이라
一 理化學解說下에鮮明ᄒᆞᆫ圖畵를揷ᄒᆞ야讀者의理解ᄒᆞᆷ을便易케ᄒᆞᆷ이라
一 理化學用語와物質의名詞ᄂᆞᆫ近時代漢譯의最著ᄒᆞᆫ者도採述ᄒᆞᆷ이라
一 本書ᄂᆞᆫ理化學諸家의學說中最簡易ᄒᆞᆫ을採ᄒᆞ야十五章으로編ᄒᆞ야학徒로ᄒᆞ야곰二個年에學修ᄒᆞᆷ이니陸續購覽ᄒᆞ시옵
발賣所 布병下金相萬廣學書舖
京城各處書舖
平壤鍾路耶穌教書々
法橋大同書觀

本書館에서民智를廣啓ᄒᆞ고문明發達ᄒᆞ기爲ᄒᆞ야新舊書籍을大발賣ᄒᆞ오니僉君子은時時來臨ᄒᆞ심을望ᄒᆞᆷ
釜山港東館韓興書館 金汝廣
權중律 廣告

中署鐘路長通坊丁萬石契光耳洞拾 統六戶에孤兒院瓦家三拾八間을放賣코저ᄒᆞ오니願買僉君子ᄂᆞᆫ來問于本동孤兒院ᄒᆞ심을望ᄒᆞᆷ
京城孤兒院主 告白

共立新報

共立新報ᄂᆞᆫ美洲에留ᄒᆞ시ᄂᆞᆫ我國同胞가高明ᄒᆞᆫ학問과深厚ᄒᆞᆫ熱誠으로祖國을東望ᄒᆞ고國魂을絕叫ᄒᆞ야每週日一次式刊行ᄒᆞᄂᆞᆫ新報이온ᄃᆡ世界形勢도詳揭ᄒᆞ며內國情況도明遺ᄒᆞ야愛國心이有하신同胞ᄂᆞᆫ不可不購覽ᄒᆞᆯ新報이며又是純國文으로발行ᄒᆞ야婦人孺子라도一覽可瞭ᄒᆞᆯ만ᄒᆞ오니嗟我一般同胞가我留外同胞의殊邦風霜에勞心努力하ᄂᆞᆫ誠意를豈可越視하리잇가玆에僉君子의購覽을紹介하기爲ᄒᆞ와該新報價及발賣所를左에廣告하옵

代金表
每張 五錢
六朔 壹圜貳拾錢
壹年 貳圜貳拾五錢

本國내出張所
京城廣학서舖 金相萬
博문서館 盧益亨
開城남門내興학서舖 崔助遠
平山郡古之面城남峴 金錫禹
長連邑내南里 문석관
平壤土口水外 車利鉉
鎭남浦龍井동 梁誠涉
安州城내義村동 全鳳河
宣川邑 川邊 梁舍명
龍川내山面平山里 李景直
義州南門外大東藥房 白用錫
金海台也面習士동 裵永會
釜山港 草梁 尹相韓
大邱東上面龍동 崔一默
咸興西門밧 朱甘欽
俄領 海參威 桂東학舖
共立新報社代理人 金弼濟 告白

教科書類 小說書類 法政書類 文藝書類

本書館은一層擴張ᄒᆞ고各種書籍과學校用品을具備발賣ᄒᆞ오니有志僉彥은陸續購覽ᄒᆞ심을敬要
冊價ᄂᆞᆫ京城各冊사와同ᄒᆞᆷ
安州城內大街「큰거리」
知新書館金瀅植

世界三怪物

英國 斯密哥德 原著
韓國 卞榮晩 譯
壹冊 定價 拾五錢
現世界에三大怪物이발生ᄒᆞ야六洲에橫行ᄒᆞ며風雲을呼喚ᄒᆞ미感者가此物을遇ᄒᆞ면其魂을失ᄒᆞ고弱者가此物을遇하면其軀를喪ᄒᆞ야此物所過에天地가翻覆ᄒᆞ고國家가丘墟ᄒᆞ야上帝赤子가生命을莫保라故로是書ᄂᆞᆫ特히此三大怪物의眞狀을描寫ᄒᆞ야其防禦의妙策과利用의神術을一々說明하야世界의生存을要求ᄒᆞᄂᆞᆫ者ㅣ不可不一覽ᄒᆞᆯ冊子이오니 僉君子ᄂᆞᆫ購覽ᄒᆞ시옵
▲大발賣所
中署布병下廣학書舖金相萬
平壤종路耶穌教冊舖
京鄕各有名冊사

漢城鐘路萬國基督教靑年會舘前慈惠藥房 製藥鑑査人濟衆院醫學員洪錫厚朴慈惠李 觀化告白

本人等이米國大학醫院處方을大醫學士魚丕信氏에게受業ᄒᆞ고醫學校長勘五랑池錫永氏에게有効証明을受ᄒᆞ고左記낙種을製造ᄒᆞ야外國賣약規模을依ᄒᆞ야紙匣洋鐵匣琉리瓶에盛ᄒᆞ야全國內地各處약店에廣賣ᄒᆞ옵고濟衆院英字醫書를我國漢文으로飜譯ᄒᆞ야名稱西약便方이라ᄒᆞ야발賣ᄒᆞ오니四方僉彦中濟衆院낙을數拾年來經驗信用ᄒᆞ신兄弟는不拘약之多少와路之遠近ᄒᆞ고以書請買ᄒᆞ시면本人은雖拾錢價値약이라도以小包郵便으로仰呈ᄒᆞ오리니낙封定價外郵稅十젼을加送ᄒᆞ시되小數젼은郵票十젼즈리를소셔보너시고賣낙家에서는多數買去ᄒᆞ시면郵便局換錢票를買送ᄒᆞ시오且本藥房에米國(멀포드)製낙會社낙과德國(왕쑬)製낙會社낙과(만ᄒᆞ임)製약社약品을直譯入ᄒᆞ야德語英語로記ᄒᆞᆫ方文과主治와用法을我國漢文으로譯㬥발賣

商 標

食思振起 精力活潑 **補益丸** 第一老衰男女 외게補益血

定價表

拾日分	三十個入	金一圜
二十日分	六十個入	金一圜七十五錢
三十日分	九十個入	金二圜五拾錢

神效 **効解瘧丸** 一日分定價金拾錢此藥은大人小兒長瘧과初瘧과腹瘧에以服用ᄒᆞ면更不再發

主治大補元氣能調陰陽男子陽萎不起女子月經不調手足厥冷虛脫失氣久病人蘇完되ᄂᆞᆫ効力이大勝於鹿茸人蔘補

蛔 **虫丸** 一日分定價金拾전此藥은大人蛔積小兒虫病외神効

四時感冒丸 一日分定價金拾전此藥은感氣몸살외쓰ᄂᆞᆫ약인ᄃᆡ一二日連服ᄒᆞ면四時寒感上下肢節頭痛에即時解熱鎭痛

男女瘡症 **祛根藥** 定價金五圜此藥은瘡疾외一期二期를勿論ᄒᆞ고거근ᄒᆞ도록낙을쓴ᄂᆞᆫᄃᆡ口瘡과구ᄋᆡ도아니나오

淸明眼藥 一日分定價金拾錢此藥은火眼熱眼외有名奇効

無惡臭疥瘡藥 定價金四拾전此藥疥션虫은卅分內殺殺

鎭 **咳嗽藥** 五日分定價金三拾錢此藥은四時寒熱咳嗽에有大効ᄒᆞ고特히老人喘咳에消痰止咳

寸虫 **發根** 定價金二拾錢此약寸虫當日發出

止足汗藥 二十日分定價貳拾錢此藥德國軍人常用除足汗

輕腫根治膏 定價금十五젼此낙面腫과頭腫에直差

濕腫根治膏 定價금十五젼此약은男女勿論하고風寒濕濕으로感腫되여大起搔痒ᄒᆞᆫᄃᆡ奇効

漢城百應膏 一封定價金十錢此약은醫약醫士學信友시方으로製造ᄒᆞᆫ藥인ᄃᆡ명우리잘풀리고자頭腫氣에발根合瘡이되ᄂᆞᆫ膏藥인ᄃᆡ大洋鐵匣八一個금五十錢

小兒感冒靈効散 此약池錫永氏經驗良方小兒感冒及食滯身熱驚風者神効定價金十錢

補氣神効保嬰散 此약醫學校長池錫永氏數拾年經驗之良方니兒屎色綠而瀉○腹漲○身不安而不寐○腹痛驚타及直視而涕者神效定價금十二錢五厘

發賣所 仁川港杻峴濟生堂낙房 京城梨峴商賣낙商學信華

◉大韓國新發明神藥

◉ 修度 **靈丹** 吞嚼含嚼中暑久瀉口臭痰欬吐瀉定價一貼十錢

◉ **至**寶**丸** 治諸般痰疾不拘久遠俱有偉效定價金十錢

◉ **靈效液** 外用芳香治疥瘡皮瘡百發百中定價金三拾錢

◉ **淸眼水** 治諸般眼疾有瞖雲見天之妙定價金拾錢

◉ **通淋丸** 治男女急慢淋疾神效無雙速效除毒壹週金五拾錢

製劑발行所 漢城南部大廣橋西邊第三家十九統七戶 共愛堂大葯房 謹白

支店 평양남문外共愛堂第壹支店 婁助遠
群山港開福동共愛堂第二支店 리春春
河東郡赤良面共愛堂第三支店 黃麟秀

代理店 皇城北部大安동 仁濟藥房
仝 종路靑年會館前 慈惠葯房
仝 西部新門外石橋 普濟醫院
仁川寺峴 濟生堂 仝 和平局

此外에도東西洋各國有名賣葯과草材葯이俱備하오니葯외多少을不拘ᄒᆞ고請求ᄒᆞ시면小包로仰呈ᄒᆞ게슴

簡易商業簿記學

全一冊 定價金 四十五錢

本書ᄂᆞᆫ簿記中最近ᄒᆞᆫ학理와精妙ᄒᆞᆫ形式을精細蒐輯ᄒᆞ야了解케簡易ᄒᆞ도록編述ᄒᆞᆫ者니一般商業家에게不可不一次閱覽ᄒᆞᆯ者될뿐아니라中等以上學校에敎科로用ᄒᆞᆯ도適當ᄒᆞ니陸續購覽ᄒᆞ심을望홈

발賣所 布병下 廣학書舖 洞口越便中央書館
廣橋東便匯東서館 寺동滙陽서館
鍾路 大東서市 鍾路古今서海관

弄球室主人 著述

滑稽小說 **禽獸會議錄** 表紙石版寫眞畵印刷 全一冊 正價金拾五錢

▲本小說은新体文壇의演劇的小說로空前絶後의一大禽獸會議를開催하고海陸動物이演壇에集合ᄒᆞ야人類와禽獸의優劣과造化主宰의眞理를討論批評ᄒᆞᄂᆞᆫ光景을傍聽實寫ᄒᆞ야讀者諸君에게紹介ᄒᆞ도今日吾人類社會의公德頹敗ᄒᆞᆷ을特醒코져ᄒᆞᆷ이니其滑稽的文体가光彩陸離ᄒᆞ며諷刺的批評이奇拔欵曲하야實로國文小說界에一大異彩를放ᄒᆞᆯ만ᄒᆞ며一讀解頤의好讀物이오

▲발行元 皇城書籍業組合

▲分售處 中署罷朝橋越邊 中央書館 中署종路 大東書市
南署大廣橋東邊 匯東書館 仝 古今書海
西署남門外蓮岩 新舊書林 남署尙洞 博文書館
남署 銅峴 博학書舖 中署布屛 廣학書舖

●大韓國新發明靈藥廣告

· 陸軍軍醫金亨鎭君奇異發方劑
· 陸軍軍醫張基茂君有效證明
· 四海商衛生之諸君子常備之靈藥

消化新藥 **淸心保命丹** 仁川港杻峴 發行所 濟生堂藥房

九十粒入 金拾錢

●主治効能 ●痰欬 ●食積 ●中暑 ●中寒 ●咳嗽 ●腹痛 ●水土不服 ●氣鬱 ●吐瀉 ●船車眩暈 ●食傷 ●酒醉 ●口熱惡臭 ●其他諸般運氣癘疫預方妙藥

●出張代理特約발賣所

京城大廣橋共愛堂大藥房 同종路慈惠藥房 리觀化
同梨峴洋葯局 리信華
同尙동博文書館 盧益亨
同東大門外大同運輸會社
同泥峴三丁目 新井支店
同泥峴郵便局前 天佑堂
同水橋本堂出張人 리鳳林
仁川舊邑本堂出張所 金濟賢
同開城旅館 韓鳳根
同寺峴和平堂 리應善
●開城南門外萬物屋 박圭植
同남門內同店 禹相玉
同남門內冊肆 리禎鎬
同北部忠橋 具聖模
●海州宗路商店 宋在瑛
同二房약舖 김永泰
同남門內店 리奉植
●水原종路下약房 金濟九
●延安邑내洋약局 邊汝文
●江華종路店 尹斗鉉
同종路店 宋順五
同西門外冊肆 高成ㅁ
●長淵남門내 崔觀淳
●砂利院市場내客主 朴健昌
同 任九中
同耶蘇敎堂내 리在善
●黃州남門내紅門동 리東赫
●平壤雙巨里濟生局 韓鳳儀
同館前衛生醫院 金龍興
同大興部里 崔能化
同鳳武洞局 桂澤宣
同里문洞出張人 尹寅赫
●鎭남浦萊동洋약局 김元셥
同德洞機本堂出張人 吳남준
●群山港開福동 김斗鉉
●安州如내義井동回春大약房
●安岳邑十字里濟生局林景杜
●大邱남門내劉還동 김成浩
●釜山港草梁客主 金重佑
●博川郡美동商店 朴芝行
●載寧邑後동洋약局 崔允國
●忠州東良面早遞 金鎭和
●晉州郡관동 박魯賢

●定州남門내洋약局 리健柱
●郭山邑내洋약局 羅應彬
●鐵山邑내永春堂 安灝
●宣川邑내冊肆 安丞
●義州水口街 崔석浩
●信川邑四里洋약局 김永植
●郭山邑冊肆 김大鉉
●元山港濟生堂支店 박敬緖
●北靑新昌港客主 차錫勳
●江原道本堂出張人 馬瑩來
●德川邑百동洋약局 리丙斗
●禮山용谷里 리東赫
●其他各약店마다隨處販賣홈
●仁川港濟生堂告白

▲**特別廣告**

本社에서名帖印刷部를另設ᄒᆞ고各樣活字와朋樣紙本이俱備ᄒᆞ오며印刷가精美ᄒᆞ고價値도極廉ᄒᆞ오되特別히本社員과夫人외게ᄂᆞᆫ一層低廉ᄒᆞ오니僉位ᄂᆞᆫ來臨ᄒᆞ시와隨意請求홈

大韓每日申報社 告白

今現齒院에서各項事務를一層擴張하오미金裝與銀裝各樣외入齒時에毫無苦痛케ᄒᆞᄂᆞᆫ技方도有ᄒᆞ며齒科上面議ᄂᆞᆫ無料接受ᄒᆞ압ᄂᆞ니四方僉君子ᄂᆞᆫ照亮ᄒᆞ심을爲希홈 齒와老小間沒數落齒ᄒᆞᆫ데齒床幷齒을隨意製造하오며拔齒與

京城大門內尙洞美人施蘭敦家 寓齒科醫士 韓大衛 告白

▲新刊書籍發售廣告

增補 無冤錄大全 國漢文 定價金七拾五錢
大韓法規類纂 洋裝 三冊五拾錢 郵稅四拾錢
初等倫理學敎科書 二拾錢
初等衛生學敎科書 拾五錢
國家學綱領 拾五錢
國民須知 八錢
愛國婦人傳 張志淵氏著 十五錢

發賣所 京城布屛下 金相萬書舖

●國債報償總合所收入廣告

●永川支取所山底面德洞
徐泰奎 리承鎬 리英秀
徐錫俊 黃佑華 趙弼敎
趙煥敎 黃聖得 각四十錢
리承敎 趙승弘 徐錫명
徐석轍 趙종律 리炳翊
各廿錢 徐洛奎 徐進奎
리克秀 徐민衡 각六拾錢
徐석猷 趙종濠 리鍾國
리承浩 徐丁述 리承秀
徐奉奎 김丁凡 각十錢
趙종우壹圜 徐錫宗八十錢

▲平村동
全振玉 張保漢 柳晚春
朴春白 각十전 韓應秀 박基白
리元春 朴龍得 柳華元
鄭鎬午 池潤鎬 李基樹
洪召史 朴奎秀 각廿錢
張석振 김在寬 河貴鎔
崔林翰 김甲振 池壬述
朴度賢 尹伊廷 尹永甫
리敬貞 崔振賢 鄭水鎔
최斗允 黃在根 최振翊
각四拾錢
尹伊殷 김坤鎬 尹秉碩
김聖浩 韓永祚 崔林煥
尹秉權 崔尙采 朴聖基
리종振 尹秉舜 리啓寅
정致옥 정允達 김泳洙
張斗杓 리在英 張永俊
각六拾錢

▲上坪洞
리基舜 김炯徹 정仁曉
郭寅圭 趙종洪 박聖根
각六拾전 郭性奎 禹鶴熙
禹續熙 趙允敎 리慶植
박在得 文範由 각四拾전
鄭奎鎔 禹在奎 趙秀敎
鄭起煥 趙鍊元 郭民圭
김鶴杓 우東河 曹文承
김炯文 박종元 趙종榮
각卄錢

發行兼編輯人 英國人 裵說
發行所 大韓每日申報社
印刷所 京城南署石井洞外第三統六戶

●慈惠藥房附屬普印社廣告 本社에서慈惠藥房東西藥業月報版出ᄒᆞ기爲ᄒᆞ야印刷所를設置ᄒᆞ고數拾年米國문聖經翻譯ᄒᆞ던洪

第六卷

大韓每日申報

第七百八十二號

月曜及慶節 識時日休刊

檀君開國四千二百四十一年
箕子元年三千三十年
大韓開國五百十七年
日本明治四十一年
淸國光緖三十四年
陰曆戊申三月小十六日辛丑

論說

○日本報筆

韓人을對ᄒᆞᆫ日人의虐政이日本니에在ᄒᆞᆫ外人報紙上에著示ᄒ니此를見ᄒ기가甚悅이로다本報가日人의如此虐待를屢屢說明ᄒ엿슴으로日本에열及其他報筆이本人을亂言者오紊亂平和者라ᄒ고非難ᄒ더니到今ᄒ야橫濱크로늬클과如ᄒᆞᆫ高等報筆이韓國內日本形態를甚重히鉛責ᄒ엿스니本人이此를讀ᄒ기에豈不悅乎아

同報가去今隙日紙上에此問題로論說을장述ᄒᆞᆫ바韓國殖民의提案을繼續及人道上으로專責ᄒᆞᆫ바不啻라日本이以此로財務及政策上에重大關係를不免ᄒᆞᆯ줄노亦言ᄒᆞᆫ지라其槪要가如左ᄒ도다

吾人所見에ᄂᆞᆫ此全部計策이重大關係의積緊됨을著示ᄒᄂᆞᆫ지라財政上으로ᄂᆞᆫ其將失敗ᄒᆞᆯ거시오政策上으로ᄂᆞᆫ現行形態를更惡케ᄒᆞᆯ줄노吾人이可度이라ᄒ엿도다

我同業者가其次에ᄂᆞᆫ日人의待韓人之形態를舉ᄒ야其蠻行과驕傲와嫌惡를反復辯明ᄒ엿스며如此說明의證據로ᄂᆞᆫ近著에韓國을遊覽ᄒᆞᆫ同報館의探報員을所用ᄒ얏스며日其人은日本을反對ᄒᆞᆯ理由가毫無ᄒᆞᆫ줄노言言ᄒ엿도다同報記述이向日에遊覽ᄒᆞᆫ一遊覽者의激怒之說과正同ᄒ니此探報員이卽其人인가可疑어니와其人이日本의게不聽ᄒᆞᆫ態가未有ᄒᆞᆫ거ᄉᆞᆫ本人도我同業者의發言을確據ᄒ깃도다

日本크로늬클報館의探報員이此地滯留之際에得見ᄒᆞᆫ거ᄉᆞᆫ卽吾人의一年內每日目睹ᄒᆞᄂᆞᆫ形態요我壹般外人은如此形態를戒止ᄒ며此不幸ᄒᆞᆫ韓人으로普通公正을得ᄒ도록協贊ᄒ기에必要ᄒᆞᆫ지라吾人이如此情形의實證을官憲注目에提供ᄒᆞᆫ어多有ᄒ되無限히遲延라가及其聲明하야ᄂᆞᆫ吾人이誤解로歸ᄒ고或其事狀이太甚明確하면其犯罪者가公式ᄂᆞᆫ懲責을被ᄒ엿도다

今者韓國人民의嫌日之態가크롬왈氏當時에愛蘭人이英人을憎惡ᄒᆞᆷ과或波蘭人이俄人을憎惡ᄒᆞᄂᆞᆫ것과同一ᄒᆞᆷ이니有何驚異리오漢성에居留ᄒᆞᄂᆞᆫ壹般外人이若발實言ᄒᆞᆯ진ᄃᆡ彼크로늬클報의强硬히說明ᄒᆞᆫ바와同ᄒᆞᆫ意見을不有ᄒᆞᆫ者ㅣ幾無ᄒ도다

外報

●美國貿易問題　紐育電을據ᄒᆞᆫ즉美國이리노이스州實業家等이東洋에對ᄒ야貿易을擴張ᄒᆞᄂᆞᆫ問題로討論ᄒ얏ᄂᆞᆫ데協會에서貿易을擴張ᄒ기爲하야近近히二百名을東洋各國에派送ᄒᆞᆫ다더라

●美國海軍擴張說　桑港電을據ᄒᆞᆫ즉美國下議院議員호부슨氏가議院에서一場演說ᄒ얏ᄂᆞᆫ대其槪意ᄂᆞᆫ聞ᄒᆞᆫ즉美國에서每年大軍艦四隻을製造ᄒ야太平洋의平和를維持하고東洋에在ᄒᆞᆫ美國領事를保護ᄒᆞᆷ이必要ᄒ다ᄒ얏더라

●大使館議案可決　俄國議會에서駐日俄國公使館을大使館으로改定ᄒᆞ자ᄂᆞᆫ議案을參議院에提出ᄒ얏더니該案이可決되얏다더라

●美日間問題　紐育으로來ᄒᆞᆫ報道를據ᄒᆞᆫ즉日本人四名이奉天에在ᄒᆞᆫ美國領事館에侵入ᄒ야該館事館니에在ᄒᆞᆫ淸人을私嫌으로攻擊ᄒ얏ᄂᆞᆫ故로美國領事ᄂᆞᆫ淸國巡査를招來ᄒ야該日人을捕縛ᄒ야日本領事館으로押送ᄒ얏ᄂᆞᆫ대其結果ᄂᆞᆫ外交上行動을採用ᄒ기ᄭᆞ지될經營이라더라

●武器輸出許可　辰丸事件以來로武器輸出의取締를一層嚴重히ᄒᆞᄂᆞᆫ것시必要ᄒᆞᆫ줄로過般에日淸兩國이協定ᄒᆞᆫ바어니와日本으로부터淸國에輸出ᄒᆞᄂᆞᆫ武器彈藥은淸國政府가任意로處分ᄒᆞᆷ을得ᄒᆞᆯ지나澳門은葡國領地가됨으로同地로下陸ᄒᆞᆷ에對ᄒ야ᄂᆞᆫ日本政府가각稅官에訓令하야該武器가叛徒의手에歸치못ᄒᆞᆯ旨로嚴重ᄒᆞᆫ證明이有ᄒᆞᆫ後에야輸出許可를得하기로決定ᄒ얏더라

雜報

須知分砲殺續聞

(一)田氏答辯

桑港共同會別報를據ᄒᆞᆫ則桑港警察署에서須知分의中丸ᄒᆞᆫ事를聞ᄒ고急往視之ᄒᆞᆫ則壹丸은背部를貫通ᄒ야肺臟에入ᄒ얏스며壹丸은脚部에沒入ᄒ고狙擊士田明雲시ᄂᆞᆫ兩部에中丸ᄒ얏ᄂᆞᆫ데彼此에生命은傷치아니ᄒᆞᆫ故로即時病院으로伴送ᄒ얏고義士張인煥시ᄂᆞᆫ警察署에被捉ᄒ얏스니警察署에서韓人中에英語解ᄒᆞᄂᆞᆫ人을請ᄒᆞᆫ지라敎牧傳道師梁柱三시가病院으로往ᄒ야警察官의問答을通譯ᄒ얏ᄂᆞᆫ데田明雲시의게事實을先問ᄒᆞᆫ則田시가答曰日本이我韓에獨立을爲ᄒ야俄國과戰爭ᄒᆞᆫ다ᄒ고世界에公言ᄒ더니我韓의國權을奪去ᄒ고土地를勒奪ᄒ며民家를燒火ᄒ고婦女를강姦ᄒ며財政을枯渴케ᄒ고官職을占領ᄒ고憲兵巡査가京鄕에彌滿ᄒ야我韓의生命을虐殺ᄒ니내地에서ᄂᆞᆫ自由行動을不得ᄒᆞᄂᆞᆫ故로美國에移渡ᄒ야학業을修ᄒᆞᆫ後에爲國獻身ᄒ기로決心ᄒ얏더니現今須知分이가韓國月給을食ᄒᆞᄂᆞᆫ者로日本을贊助ᄒ야虛無之說로자處에遊說ᄒ야아모조록日本의野蠻行動을每樣掩迹ᄒ다가今番에또桑港크로닉클報에無理之說을揭載ᄒ야我同胞가愛國心으로排日ᄒᆞᄂᆞᆫ事ᄂᆞᆫ全혀誣掩ᄒ고反히日本을歡迎ᄒᆞᆫ다感服ᄒᆞᆫ다傳布ᄒ얏스니須知分은我國의讐賊이라故로我ᄂᆞᆫ一段愛國性으로히漢을砲殺ᄒ라고探知ᄒᆞᆫ즉今日九時半에桑港에서발程ᄒᆞᆫ다ᄂᆞᆫ消息을聞ᄒ고六穴砲와한의萬匹을가지고停車場에서坐待ᄒ엿더니九時半에須知分이日本領事와自働車에下ᄒᆞᄂᆞᆫ것을向ᄒ야砲射ᄒ랴ᄒᆞᆯ때에砲丸이不得故로不得已砲柄으로합頭를奮擊ᄒ고事機가急迫ᄒ야逃亾ᄒᆞᆯᄌᆞᄂᆞᆫ際에忽然從後로射來ᄒᆞᄂᆞᆫ砲丸에被中ᄒ고放砲ᄒᆞᆫ張인煥시ᄂᆞᆫ不期而會로巧遇ᄒᆞᆫ것이오初不相知라고ᄒ엿스며

(二)張氏答辯

桑항共립新聞記者가張시를獄所에서特訪ᄒ고其實을問ᄒᆞᆫ즉張시가英語가不足ᄒ야國文으로筆談ᄒ야以贈ᄒᆞᆫ대記者가韓人敎堂에來ᄒ야翻譯以去ᄒ얏ᄂᆞᆫ다ᄂᆞᆫ대其畧이如左ᄒ니

日本人이韓國에對ᄒᆞᆫ不義行動은世人이皆知ᄒᆞᄂᆞᆫ바인대彼須知分은韓國顧問官으로韓國月銀을食ᄒ면서反히日本을助ᄒ야我二千萬同胞를毒殺ᄒ니此ᄂᆞᆫ我國의讐賊이라此賊을不殺ᄒ면우리ᄂᆞᆫ日本人의手에滅亡을當ᄒᆞᄂᆞᆫ것인故로我가掃中ᄒᆞᆫ憤氣를不勝ᄒ야讐賊을滅ᄒ고我가殺身成仁ᄒ야我와갓ᄒᆞᆫ義士들이連續出現ᄒᆞᆷ을願ᄒᆞᄂᆞᆫ바오萬一我의生命을顧惜ᄒ고자ᄒ며라도我의父母妻子兄弟姉妹가每日日人의虐殺을當ᄒᆞᄂᆞᆫ데인즉雖生이나是死라

是以로我가壹死를決ᄒᆞᆫ次에須知分이가桑항에到來ᄒᆞᆫ단日로即時虛無之說을크로닉클新聞에公布ᄒ니此한놈不殺ᄒ면韓國을亡케만宜力ᄒ야將次此보다尤甚ᄒᆞᆫ事가有ᄒᆞᆯ지라故로今日早朝에停車場에往ᄒ야徘徊ᄒ며須지分을待ᄒ더니我同胞中에我와又ᄒᆞᆫ愛國士가有ᄒ야須지分을向ᄒ야詰難ᄒᆞᆯ際에自後로連三次放砲ᄒ얏노라ᄒ얏더라

新譯 海外稗談

第二章　俾斯麥의狼狽　喜堂主人　譯　(續)

英使가謂俾公曰竊恐法蘭西가未必有此事라ᄒ되俾公이완爾而笑ᄒ고封筒中에서余所換之文書로英使의게遞與ᄒᆞᄂᆞᆫ데維廉之心은何如오登邊으로ᄂᆞᆫ憤法人之狡詐ᄒ고登邊으로ᄂᆞᆫ爽快俾公之將受困ᄒ야注目坐視而已라英使가문書를展ᄒ더니高聲讀曰

右ᄂᆞᆫ法國德國兩政府가締結ᄒᆞᆫ攻守同盟의議인데

此句를讀ᄒ고俾公이蹙身如산ᄒ며吐氣言曰何如오英使가再朗讀曰

法政府가此德國政府提議를再三商量ᄒ니甚是不可라斷不加入ᄒ기로決定ᄒᆞᆷ이라

讀至此에俾斯麥이怒吼一聲에兩眼이突出ᄒ며躍然而起ᄒ야英使手中에서該文書를奪去ᄒ며니張口壹咲ᄒ니當時俾公의顏에忿怒의色驚怪의色悔恨의色失望의色이一時並顯ᄒ니眞是可笑오又是可憐이로다維廉帝가從旁潮之曰俾斯麥아汝果何意오汝가不受勅許ᄒ고擅與人으로攻守同盟을締結ᄒ야朕所親愛之友邦을離間코저ᄒ니汝果何意오俾斯麥이此時에狀如狂犬ᄒ며喃々亂語ᄒ고口中所咲之文書를吐而擲地曰初有事로다初有事로다我緊要手盒이被人偸弄ᄒᆞᆫ初有事로다ᄒ며仰首曰陛下與大使아請聽老夫壹言ᄒ오攻守同盟之議가眞非老夫之意오實出於法政府者耳니이다

維廉帝ᄂᆞᆫ反身側顧ᄒ며佯若不聞ᄒ고英使ᄂᆞᆫ聳肩自득ᄒ니俾公이一時의妙計가水泡又치解ᄒ며英國은依然翱翔于三國同盟之外ᄒ더라

未一月에俾公遞相之報가又達於五洲각國矣러라　完

雜報

●三君御安 宗興君과 觀寬院順君과 敦宗承宣君과 丞鎔三氏가 昨日下午二時에 德壽宮에 齊進하야 太皇帝陛下께 問安하얏다더라

●讀本捧呈 皇后陛下 御讀習所에 入用하오실 日語讀本 1秩을 학部에서 皇后宮으로 入呈하얏다더라

●龍山觀流 義親王殿下께셔 昨日龍山과 址鎔氏別邸에 開養消暢會를 開하셧는데 海豊府院君 尹澤榮 皇后宮大夫 尹德榮 承宣君 以下 諸氏가 陪從하얏다더라

●伊藤入城 伊藤統監이 今日下午三時 인쳔港에 到泊하야 卽時京의 鐵道를 搭乘하고 同四時半에 남문外에 到着할 預定인데 總理大臣 李完用 法部大臣 趙重應 兩씨가 今日에 永登浦까지 前往迎接하고 日憲兵이 一行을 迎接하기 次로 多數히 昨日에 京의 鐵路登列車를 搭乘하고 預先出往하얏고 韓國驛에서 一行을 警備하기 爲하야 警部以下 巡査를 多數히 昨日에 인쳔港으로 派送하얏다더라

●新任迎接 農商大臣 宋秉畯氏가 伊藤統監과 同伴하야 本日 인쳔港 到着하는 故로 一進會員 李容九씨가 迎接次로 昨日 하港에 前往하얏다더라

●학徒出迎 伊藤統監이 本日下午三時에 歸着할 預定인대 今番則 학界에서 特別히 歡迎를 表하기 爲하야 各학校職員과 학徒가 同히 京城에 到着할 時에 남문外 停車場에서 歡迎할 意로 학部大臣에게 勻敎를 承하얏다고 학部에서 各官私立학校에 通知하얏는대 학徒羅列할 處所는 前例를 依하야 本部 指揮員의 指導를 隨하라 하얏다더라

●所畏者義 伊藤統監 來着할 沿路에 義徒의 不虞를 預防하기 爲하야 警視廳에서 沿路鐵道에 巡査를 密密排立警衛할다더라

●何意又免 日昨表勳院에서 大皇帝卽位紀念章을 頒給하는대 日人丁龜熊名人이 紀念章壹箇를 覓去하얏는데 其後에 人이 紀念章을 推去次로 更來하더니 該院에서 頒給冊子를 詳考한즉 姓名이 載錄하얏는지라 該院日人事務員이 訓令部로 電話하야 該人을 捉去하얏다더라

●三土免官 학部書記官兼外國語학校長 三土忠造氏는 依免하얏다더라

●夫人同樂 度支部次官 荒井賢太郎씨가 來土曜日에 會同俱樂部에서 園遊式을 設行한다는대 該部壹般官吏가 同夫人進參한다더라

●釀金設會 度支部次官이 발會式을 設行한다는 事는 別項과 如하거니와 該會費는 奏任官은 二圜 判任官은 壹圜 雇員은 五拾錢式으로 排定支出한다더라

●薄俸無餘 各部官吏가 薄俸으로 官人家族求恤금이니 官人治裝費니 國遊會費니 懇親會費며 俱樂部宴費等 各項出欽을 除하면 生活이 難計라고 相遇咄歎한다더라

●買地修道 내部土木局技師 김倫求시는 全羅남道道路用地를 人民에게 買入할 次로 日間 協方으로 出張한다더라

●團結乾沒 全남觀察使 김奎昌氏는 管下각郡에 隱結五百結을 査出乾沒한 事를 木浦警察署에서 調査하야 내部로 報告하얏다더라

●情願統府 平壤宋龍贊시에 先祖遺衆日影帖을 前日觀察使 朴重陽시가 日人에게 放賣한 事에 對하야 宋시가 該帖을 交涉推給하다고 統監府에 請願하얏다더라

●錯認義兵 日昨에 警察係長 미憲珪씨가 平服으로 平服巡査 幾名을 領率하고 出張之路에 午飯을 미食次로 東문外 淸涼寺로 入去하미 該近巡산巡査가 該査行을 義徒로 誤知하고 警視廳으로 報告하미 該廳에서 仍卽巡査를 派送하야 往到該寺한즉 警廳警察係長査行인지라 巡査等이 入去하얏스나 該廳에서는 虛驚하얏다더라

●閔氏落鄕 前協辨 閔泳植氏가 將次鄕第로 移去할 計劃인 故로 其家産什物을 賣하다더라

●警官擧職 漢城警察署警部 리晃根氏는 警部를 被任한지 四五朔에 外交를 熟習케하며 雜技와 鴉片과 巫覡을 痛禁하며 道路와 民家淸潔法을 實施하되 利害를 說明하야 人民으로 悅服케 하다고 該地不人이 稱頌하더라

●科學增設 각外國語학校를 前藩思宮으로 合付홈은 已爲報道하얏거니와 從此以後로는 각語학校에 日語科程一科를 增設하기로 학部에서 磨鍊하얏다더라

●陷人不測 前珍部居 權養天氏가 尹弘植氏와 國債報償事로 推薦次로 漢성裁判所에 呼訴하는 事는 已爲報道어니와 尹氏가 回避不現하는 故로 權氏가 旅館에 逗留하더니 去十三日朝에 日憲兵이 不意來到하야 權씨를 捉去飢間하는대 移ㅂ鍛鍊하다가 寬無所犯하야 旋爲放免하얏는대 其根因인즉 權씨를 義兵干連이 有한 偵探으로 日憲兵隊에서 經驗한 所以라더라

●日兵西向 義兵討伐隊를 組織하기 爲하야 大邱郡에 出張하얏던 警視權藤茂시가 日昨에 入城하얏다가 卽時開성郡으로 발向하얏다더라

●派員遇害 實성郡驛屯土調査派員 리永鎬씨가 日前에 義兵의게 被害하얏다는 電報가 來到하얏다더라

●何事被捉 小安동地居하는 基학씨가 有何事件인지 日憲兵司令部에 被捉하얏다더라

●血誠義捐 桑항서須知分敎숙 敎後에 韓人共同會에서 三月二十三日夜에 第 回 討論會를 開하고 田明雲張仁煥兩시의 裁判에 收用하기로 捐助금을 募集하얏는데 參席한 會員四拾名이 擧皆 捐義하야 七百餘弗에 達하엿다하고 裁判時에 用할 一切事를 專權委員七人을 擇定하엿다더라

●安家賊警 再昨夜에 安동安召史家에 賊漢이 暗入하야 衣服與鍮器等物을 偸去하얏다더라

●靑會演說 靑年會館에서 今日下午七時十分에 演說會를 開하고 前參贊 李商在씨가 今日 靑年의 擔任이란 問題로 演說할다더라

●法徒傍聽 昨日平理院에서 官吏事件으로 公開裁判을 開하얏는데 法官養成所卒業生만 傍聽을 許入하얏다더라

●二師敎師 趙家耶蘇敎女中학校에서 敎長老리源競氏를 名譽敎師로 推薦하얏는데 競氏는 年高학德하고 職務又爲敎하야 女校敎師 資格에 的當하다고 云한다더라

●已爲黜校 普成專門學校生徒리超勳氏가 雜貨店에서 紙貨를 偸取하다가 被捉한 事는 昨報에 已揭어니와 리氏의 行爲가 端正치못함으로 該校에서 已爲黜校를 知하고 去二月에 業已黜校한者이라더라

●洪氏設校 定州郡馬산坊居前參奉 洪登柱氏가 학校를 設立하고 敎師 김明溍氏를 延聘하야 生徒를 熱心勤勉한다더라

●出捐孤院 三和港坤頭廟에서 孤兒院에 孤兒를 特念하야 紙貨拾圓을 出捐하얏다더라

●리氏熱心 明川郡居 前觀察리允在氏가 普成支학校를 設立하고 敎師로 黃廣振氏가 名譽로 敎授하고 四拾名학徒를 自擔稽食케 한다고 北來人의 稱이 有하더라

●三校更振 三和港僞兩機耶蘇敎學校에서 校費가 窘拙하야 廢학之境에 至하얏더니 該港埠頭廟에서 廢學함을 慨歎하야 都中二拾餘人이 每朔三拾錢式 補助하여 該校를 更設하얏다고 來人이 稱頌不已하더라

●學徒減額 대東專門학校학徒가 二百餘名인데 무슨 事故를 因함인지 近日에 八拾餘名可量이나 減額하얏다더라

●寶民設校 海州郡 鄕士 李應 懸令 鳳 等이 該郡에 학校를 設立하야 壹夜학을 設하고 未入學한 靑年과 無暇入학할 勞働者를 敎育成就케할 目的으로 학徒를 募集한다더라

●削何邇何 數月前에 何許一進會員이 忠남觀察使 梁在龑氏에게 某某학者들이 倡義한다고 誣謀하고 宗族하야 田長을 捉囚하얏더니 終無事實한지라 放送할 際에 梁氏가 習호되 此를 仍說야서는 畢竟에 禍胎를 構成하리라하야 創變放送코저하거늘 田山林及其門弟子의 倉曌히 聚集하얏던 數日名이 專死언덩 變不可斷이라고 抵死反抗하야 儒得無事하얏는대 田氏는 近日에 不知去處라고 남來人의 傳說이 有하더라

●永明新校 江華郡位良面外州동 宋堯德씨와 敎師 黃奎爽諸氏와 同郡井浦洞 鄭世鉉 鄭鳳鉉諸씨가 合力하야 永明학校를 創立하고 敎師는 리錫烈宋堯彩兩氏를 名譽로 推薦하고 整課程을 熱心敎育하미 學員이 五十餘人에 達하엿다더라

●聯合運動 安岳郡玖花동에서 本月陰初九日에 載寧連三和港四郡拾九處학校가 聯合하야 大運動會를 擧行하는대 학徒가 三百餘名이오 觀光人이 數千人인데 午前九時에 國旗를 高揭하고 諸般運動을 行하고 運動歌를 齊唱하면서 各歸宿所이다가 翌日午前八時에 再會하야 施賞한 後廢會하니 一般학生의 活潑之氣像을 擧皆稱頌하엿다더라

◀地方消息▶

▲去月貳拾四日 事郡銀坡西北方에셔 義徒拾九拾名이 安州郡日守備隊와 交戰하얏다하고

▲本月拾貳日午後에 三嘉郡天皇시에서 義兵四餘名이 晉州郡駐在日守備隊와 交戰하얏다하고

▲本月念日 黃州郡지林寺셔方高地에서 義兵五拾餘名과 日守備隊가 二時間을 互相攻擊하얏다하고

▲本月十四日午前九時에 光州蘭堂里에 少數의 義兵과 日守備隊가 交戰하얏다더라

◀要世十款▶ 鄭春一

▲世上事를 商量하니 逆旅又혼 此天地에 粒米一身杳然하다 富貴榮名 길히 든장 身後惡名不顧하니 片時春夢이 아닌가

▲一年春色欲暮하니 이人生이 또 늙는다 時局事를 生覺하면 歲月又치 變遷하다 否運가고 泰運와서 文明時代다시볼가

▲二心을 낭두지말고 國民資格培養하야 陽春和氣挽回하고 新世界에 遊泳하야 人人마다 決心하면 國體社會이아닌가

▲一角산 올나보니 雄峻氣勢依舊하다 陰마之氣 彌大하고 汚穢之物積聚하야 莫嚴宮門咫尺地에 外人把守寒心하다

▲四千年을 相傳하니 權兵遺來分明하다 禮義餘風浹洽하야 自國魂魄 失하니 鐵石又치 구든 腦髓勸加羈絆安受할가

▲五七入臣누구련가 國亡君辱不顧하며 外人心術換着이라 百方禍胎釀出하야 一時榮華圖得하나 悠久遺臭無하다

▲六出奇計누가잇나 此時機가 危急하니 神出鬼沒대手段이 席門風雲呼嘯하다 草野遺跡何處恩으로 國權恢復밧부도다

▲七協約이 成立後에 地方風塵忽起로다 自衛團에 激烈하야 愈往愈甚蜂起하되 廟堂籌策全無하니 氣候掃除杳然하다

▲八域山川指點하니 荒蕪之地開墾에 巨河河伯痛哭하다 在上皇天모도시나 이疆土와分裂하면 魚腹蒼生어지하나

▲九萬里空붕을 달은 普天之下同胞들아 遙指하야 脅海外國老兩雜種을 安知런고 同等國이 강敵이나 何其强弱不同할가

▲拾年所指할 國奴는 一進會가 아니나 너도 大韓人종으로 安忍樂爲此事런고 禍將禍淫目在運命에가엇지免할소냐

漢城各路에 作하야 乾材局을 慈惠하
七拾저석과 오니 數千里外에 居
[illegible]
衛兵上頭가 無하오니 不幸이
[illegible]

社告

本社에서受讓ᄒᆞᆫ國債報償의義捐金銀物은積置本社ᄒᆞ고或費失ᄒᆞ면損害에終歸ᄒᆞᆯ慮가有ᄒᆞ기로少欲放貸ᄒᆞ야報償額을添入ᄒᆞ려ᄒᆞ나貯置銀行ᄒᆞ면雖幾分利子라도添殖ᄒᆞᆯ거시오故로問銀價ᄒᆞ니皆是市上買賣銀價보다一二分減削이나勢必斥賣이니從市價放賣ᄒᆞ야價額實數ᄂᆞᆫ次第揭載ᄒᆞ깃사오니 僉位ᄂᆞᆫ照亮ᄒᆞᆷ

各地方會員이本社에投書와寄函ᄒᆞᄂᆞᆫ者가日로多ᄒᆞᄂᆞᆫ대居住姓名이昭詳ᄒᆞ고事實이確核ᄒᆞᆫ者ᄂᆞᆫ即爲揭載ᄒᆞ나姓名도不載ᄒᆞ고事實이模糊ᄒᆞᆫ者ᄂᆞᆫ因而置之ᄒᆞᄂᆞᆫ대備說이又至ᄒᆞ니事甚認悉이라從今以後로ᄂᆞᆫ投書와寄書ᄒᆞ시ᄂᆞᆫ人은居住統戶數와姓名을詳載ᄒᆞ시되若又含糊ᄒᆞ오면並皆勿施ᄒᆞ올거시니照亮ᄒᆞᆷ

廣告

本人이江華郡府內面新村居金元甲處에券典執而以捧債ᄒᆞ더니昨年陰臘月分에本郡에裁判ᄒᆞ고判決ᄒᆞᆫ와今年陰元月晦日에備報ᄒᆞ기로期限ᄒᆞ와二月分에下去ᄒᆞ니無備報ᄒᆞ기로本郡에更爲請願ᄒᆞ와該券證書ᄂᆞᆫ올차ᄌᆞ所在處面長의게謄給이自在ᄒᆞ오며該券典執ᄒᆞᆫ成冊ᄒᆞᆫ줄은一邑이所共知오니不意에김致權과내길元甲이가該券을僞造ᄒᆞ야典執ᄒᆞ는말을當初에無ᄒᆞᆫ즉豈有如此ᄒᆞ리오內外國人은勿爲冒欺ᄒᆞᆷ 北署齋洞居 言人朴泰根 告白

ᄒᆞᆫ人하ᄃᆞ 滄浪翠으로改名ᄒᆞ오니古今知舊間照亮ᄒᆞᆷ 典洞拾一統九戶 崔東瀚 告白

本人의舍弟中五柳谷이以年淺所致로被誘于他人ᄒᆞ와或雜技場과酒色界에擬爲出債報償이오니內外國人은諒亮하시와該人의僞造文跡을勿爲施行ᄒᆞᆷ 慶北醴泉渚谷面基洞 申成辰 白

學員第二回募集廣告

本塾에서英日語壹個年半速成夜學科를募集ᄒᆞ오니志願이有ᄒᆞᆫ僉員은四月二拾日ᄂᆡ로本塾事務所로來議ᄒᆞᆷ

課目 英語科 英語 算術 / 日語科 日語 簿記 算術

開學日 陽四月二拾五日

東部黃橋拾三統八戶 海東新塾

本人姓名章本月十日서失故廣告 主事 董光鎬 告白

典圜局前議官朴斗淵씨가昨年十二月에棄世ᄒᆞ얏ᄂᆞᆫ대山所ᄂᆞᆫ武寧이오葬日은陰今月二拾九日이오니知舊間照亮ᄒᆞᆷ 諸喪所朴一同 告白

煥人이陽四月四日批峴驛近方에서義字圖章을遺失ᄒᆞ엿사오니誰某拾得間效力이無ᄒᆞᆷ 義州古郡面龍동 金斗衡 白

◉開成社人蔘標賣下所 玩賞ᄒᆞ시ᄂᆞᆫ僉君子ᄂᆞᆫ買票時에동口東邊烟草商店으로來臨ᄒᆞ시면票價ᄂᆞᆫ本社와同等이오나上品烟草으로特別無價添呈ᄒᆞᆯ터이오니照諒光臨ᄒᆞ시옵 동口東邊人蔘票分賣所 崔天汝 告

本書館에셔民智의廣開ᄒᆞ고學明發達ᄒᆞ기爲ᄒᆞ야新舊書籍을大발賣ᄒᆞ오니僉君子ᄂᆞᆫ陸續來臨ᄒᆞ심을望ᄒᆞᆷ 釜山港東館韓興書館主汝東 權宰律 廣告

本人天道敎를永別ᄒᆞ기爲ᄒᆞ야玆以廣布于各國同胞ᄒᆞ오니照亮爲要 平北車輦館 金成坤

本會에서來月曜日(陰十九日)下午一時에總會를開ᄒᆞ고學校內에開ᄒᆞ고演說ᄒᆞ오니在京本道會員及有志同胞ᄂᆞᆫ光臨ᄒᆞ심을敬要 畿南敎育會 告白

世界文明産育新法

全一冊 純國文 廿九錢

◉十九世紀歐洲文明進化論 全一冊 國漢文 三十錢

◉元賣所 鍾路古今書海館

◉支賣所 京鄕有名書館

勅令之下에國有附屬財産도國有로歸ᄒᆞ라시ᄂᆞᆫ대至若官有附屬土出을東萊郡尹富尹과金海郡[illegible]利益ᄒᆞ야盜買於[illegible]ᄒᆞ니世[illegible] 勅令하옵고以權利를[illegible] 有如許買賣之理乎이며月當推而[illegible]純[illegible]二萬二千餘兩도未推伸冤無處에呼泣京鄕將至斷[illegible]玆以廣告ᄒᆞᆷ 崔[illegible] 告白

本人姓名章錢石[illegible]性本[illegible]ᄒᆞ야[illegible]仕[illegible]技[illegible]本郡[illegible]更[illegible]又[illegible]本郡石橋里拾三[illegible]落[illegible]僞[illegible]給云ᄒᆞ니必當辨明이기玆廣告ᄒᆞ오니內外國人은切勿見欺ᄒᆞᆷ 興德富外面下鶴山里 錢升 告白

葬於人道之原則ᄒᆞ고實於正義之誠實ᄒᆞ며以親切爲旨ᄒᆞ야訴訟事件幷各官廳請願事件을廣受依托ᄒᆞᆷ 京城西署六拾四統二戶 辯護士 東京大學部辯師 日本法律學士 木尾虎之助

學員募集廣告

本校에셔校舍를擴張ᄒᆞ고學員을多數募集ᄒᆞ오니願入ᄒᆞᆯ員은四月二十九日(陰三月十五日)ᄂᆡ로入學請願書를本校에呈ᄒᆞ고四月二十日(陰三月三日)上午十時에本校에서試驗ᄒᆞᆷ 但入學請願書와履歷書紙ᄂᆞᆫ本校로請求ᄒᆞᆷ

一 試驗科目 國漢文讀書作文算術四則以內 但相當ᄒᆞᆫ卒業證書가有ᄒᆞᆫ人은免試許入ᄒᆞᆷ

一 修業年限 三個年

一 修業科目 普通科

西北協成學校

四月十二日坊下栗谷井洞四統四戶板刻券을途中에서失ᄒᆞ얏스니誰某拾得間休紙施行ᄒᆞᆷ 朱[illegible] 告白

平壤舍串坊[illegible]外大兒이去月에損世인바已爲廣告어니와本月十七日에江西[illegible]里坊先塋下에永폄이옵기玆又廣告ᄒᆞ오니知舊間照亮ᄒᆞᆷ 護喪김永勳 告白

◉初等女學讀本

本書ᄂᆞᆫ不但女校에必要之用書라[illegible]解를另附ᄒᆞ야在家婦女도均可便覽而增장知見이오니續購讀ᄒᆞ심을望ᄒᆞᆷ 發賣所 漢城各書舖

本書館에셔新刊新聞을發賣도ᄒᆞ고分傳도ᄒᆞ오니購覽ᄒᆞ시기願ᄒᆞᄂᆞᆫ 僉彦은請求ᄒᆞ시옵

南大門內尙洞敎堂

前 博文書館 白

●新발明梅毒명약廣告

陸軍軍醫 金守鉉 實驗方劑

落梅丹

口瘡不발창病去根之명약 壹劑五百粒 定價金 三圜

主治 梅毒(唐창)新舊창 ●瘰癧●皮膚病●便마蕃私●천病

已上病證外에男女間에不精交合ᄒᆞᆫ後에若疑아之ᄒᆞ이有ᄒᆞ야도此약壹劑만服用ᄒᆞ면完無後慮ᄒᆞ고脾胃도健全ᄒᆞᆷ을擔保ᄒᆞᆷ 此外에도醫療機械와精美ᄒᆞᆫ약材를具備ᄒᆞ고內外科각色疾病을誠心治療ᄒᆞᆷ

皇城北部大安동 仁濟약房 高用진 謹白

代理店

京城鍾路 共愛堂약房

仁川港龍동 濟生堂

國內各處약局에셔隨意販賣ᄒᆞᆷ

本人의子文國이가素性浮浪ᄒᆞ야蕩敗家産於酒色之場이오며不些食口가將至于道路彷徨之境이오되終不改習ᄒᆞ고符同雜類ᄒᆞ야欲圖欺人得債ᄒᆞ오니亦論內外國人ᄒᆞ고錢財相關이다가無至日失追悔ᄒᆞᆷ 事邊獨山面남平里居 朴濟楨 白

◉谷香葉卷煙草

大發賣

大煙百本入一箱金一圜八十錢

仝 五拾本入一箱金九拾五錢

中煙百本入一箱金八拾錢

小煙百本入一箱金五拾錢

但多數購買時ᄂᆞᆫ割引進呈

남署瑞동六拾二統拾戶

谷香合資會社 告白

本校友會에셔本月十九日(陰三月十九日)日曜下午壹時에定期總會를박동普成專門學校에셔開ᄒᆞ오니諸般校友僉彦은屆期來臨ᄒᆞ심을爲要 普成專門學校々友會 謹白

本人이南門外停車場에셔在漢韓銀行任音手票人을名啣匣세서失ᄒᆞ얏기玆에廣告ᄒᆞ오니該手票ᄂᆞᆫ誰某가得ᄒᆞ여도休紙施行ᄒᆞᆷ

番號 四 三壹 金額 五百圜 振出月日 隆熙貳年四月四日 任音主 趙乙龍

番號 四 二四 金額 壹千圜 振出月日 隆熙四年三月九日 任音主 朴庠鎔

右見失ᄒᆞᆫ匣과票ᄂᆞᆫ韓一銀行으로持來ᄒᆞ오면厚謝ᄒᆞ깃소 박致賢 告白

本人이三月二日南門驛乘車時紙匣與輪圖姓名圖章을並爲見失故로更刻ᄒᆞ고茲知照ᄒᆞᆷ 小笠洞三四八戶 朴泳[illegible] 告白

韓美電氣會社告白

割引券

을發行하야四月一日부터鍾路本社及龍山停車場에셔賣下ᄒᆞᆷ

割引券

은每券에六拾枚로編成ᄒᆞ고代金은貳圜八拾五錢으로預收ᄒᆞ며每區域에셔一枚式新貨五錢과又치使用ᄒᆞᆷ

龍山線

區域을四月一日부터남大門外停車場前으로改定ᄒᆞᆷ

電車발着

時間은四月一日부터改定ᄒᆞ야夏期時間表를依行ᄒᆞᆷ

中署鐵路長通坊下寺石契光耳洞拾統六戶京城孤兒院延家三拾八間을放賣코저ᄒᆞ오니願買ᄒᆞ실僉君子ᄂᆞᆫ來問于京城孤兒院ᄒᆞ심을望ᄒᆞᆷ 京城孤兒院主 告白

敎科書類 小說書類 法政書類 文藝書類

本書館에셔一層擴張ᄒᆞ고各種書籍과學校用品을具備販賣ᄒᆞ오니有志僉彦은陸續購覽ᄒᆞ심을敬要

冊價ᄂᆞᆫ京城과同ᄒᆞᆷ

安州城內大街「큰거리」

知新書舘 金 澄植

美國 斯密哥德 原著

韓國 卞榮晩 意譯

世界三怪物

壹冊 定價 拾貳錢

現世界에三大怪物이발生ᄒᆞ야六洲에橫行ᄒᆞ며風雲을呼喚ᄒᆞᄆᆡ愚者가此物을遇ᄒᆞ면其魂을失ᄒᆞ고弱者가此物을遇ᄒᆞ면其軀를喪ᄒᆞ야此物所過에天地가飜覆ᄒᆞ고國家가丘墟ᄒᆞ야上帝赤子가生命을莫保라故로是書ᄂᆞᆫ特히此三大怪物의眞狀을描寫ᄒᆞ야其防備의妙策과利用의神術을一々說明하야世界의生存을要求ᄒᆞᄂᆞᆫ者ㅣ不可不一覽ᄒᆞᆯ冊子이오니 僉君子ᄂᆞᆫ續々購覽ᄒᆞ시옵

▲大발賣所

中署布병下廣學書舖 金相萬

平壤종路耶穌敎冊사

京鄕各有名冊사

第六卷
大韓每日申報
第七百八十三號

月曜及慶節 臨時休刊

檀君開國四千二百四十一年
箕子元年三千三十年
大韓開國五百十七年
日本明治四十一年
西曆一千九百八年
陰曆戊申三月小十七日壬寅

別報

○須知分砲殺詳報

共同會別報照譯

愛國義士田明雲張仁煥兩氏가須知分을砲殺ᄒᆞᆫ事實은當時電報으로도本報에略載ᄒᆞ얏거니와今에共同會別報의全文을左에譯揭ᄒᆞ노라

奸賊須知分砲擊顚末

本月二十一日에日本丸船便으로桑港에來到ᄒᆞᆫ所謂韓國政府顧問官須知分이라ᄒᆞᄂᆞᆫ美國人이本港各新聞記者를對ᄒᆞ야韓國을侮辱ᄒᆞᆫ大槪가如左ᄒᆞ니

一、日本이韓國을保護ᄒᆞᆫ後로韓國에有益ᄒᆞᆫ事가多ᄒᆞᆫ故로近來韓日兩國人間에交際가漸々親密ᄒᆞ며

二、日本이韓民을治ᄒᆞᄂᆞᆫ法이美國의非律賓을治ᄒᆞᆷ과同ᄒᆞ고

三、韓國新政府組織된後로政界에得志치못ᄒᆞᄂᆞᆫ人은日本을反對ᄒᆞ나選擧에農民과本處人民이前日政府에虐待又虐待를不受ᄒᆞᄂᆞᆫ故로農民들은日人을歡迎ᄒᆞᆫ다ᄒᆞᆫ지라

●質問須知分

所謂韓國外交顧問官須知分이가如此無理ᄒᆞᆫ說로各新聞에揭載ᄒᆞᆫ것을我同胞들이大憤ᄒᆞ야二十二日夜八時에桑港共立館에서共同會를開ᄒᆞ고總代를派送ᄒᆞ야其事實을質問케ᄒᆞᄂᆞᆫ目的으로崔有涉文讓鄭在寬李鍾鉉四氏를選定ᄒᆞ얏ᄂᆞᆫ데韓國의月給을食ᄒᆞᄂᆞᆫ者로서日本만爲ᄒᆞ야我韓國을害케ᄒᆞᄂᆞᆫ須知分은桑항에第一되ᄂᆞᆫ上等旅館에留ᄒᆞ니總代四氏가前往ᄒᆞ야須知分을往訪ᄒᆞᆫ즉旅館應接室에서迎接ᄒᆞᄂᆞᆫ지라人事後에韓國形便을問ᄒᆞᆫ즉答曰韓國에李完用갓ᄒᆞᆫ忠臣이有ᄒᆞ고伊藤갓ᄒᆞᆫ統監이有ᄒᆞ니韓國의大幸福이오東洋의大幸福이라我ㅣ韓國形便을觀ᄒᆞ니本皇帝ᄭᅴ셔失德이太甚ᄒᆞ고頑固黨들이百姓의財産을强盜질ᄒᆞ고百姓은愚昧ᄒᆞ야獨立ᄒᆞᆯ資格이無ᄒᆞᆫ즉日本이奪取치아니ᄒᆞ얏드면벌셔俄國에게被奪ᄒᆞ얏슬지라我가日本政策을贊否ᄒᆞ야新聞上에揭載ᄒᆞᆫ것은事實이니不必更爲正誤라ᄒᆞᄂᆞᆫ지라鄭在寬氏가此言을聞ᄒᆞ고憤氣大發ᄒᆞ야以拳으로直擊其頭ᄒᆞ니須知分이向後顚倒ᄒᆞ니於是에諸氏가一齊히毆ᄒᆞ야各其坐下交椅를擧ᄒᆞ야須知分을提毆ᄒᆞ니須知分의面部가被傷ᄒᆞ야鮮血이淋漓ᄒᆞᄂᆞᆫ데其室ᄂᆡ에環坐ᄒᆞ얏던數百名客들이大驚ᄒᆞ야挽執勸解故로諸氏가不勝其憤ᄒᆞ야須知分의無理ᄒᆞᆫ行爲와日本의暴虐ᄒᆞᆫ行을聲討演說ᄒᆞ며滿坐賓客이爽快히녀이며好言으로慰勞ᄒᆞ야諸氏를勸解ᄒᆞ니總代諸氏가閉會ᄒᆞ야其顚末을會中에公佈ᄒᆞ매諸同胞가益々憤ᄒᆞ야不能忍耐ᄒᆞ고已而散會ᄒᆞ엿더니

○田明雲張仁煥兩氏가須知分을砲擊

須知分이가二十三日上午九時三十分에桑港에서發程ᄒᆞ야華盛頓으로向ᄒᆞ랴고玉蘭市停車場에當ᄒᆞᆫ미愛國義士兩氏ᄂᆞᆫ從何而來ᄒᆞ얏던지早已等待中이라須知分이가日本領事와同伴ᄒᆞ야自動車에서下來ᄒᆞᆯ時에左右攻擊ᄒᆞ야連三次砲聲이轟々ᄒᆞᄂᆞᆫ處에須知分이가中丸倒地ᄒᆞ니警察官吏가急히來集ᄒᆞ야馬車에昇載ᄒᆞ고病院으로往ᄒᆞ니라

桑港警察에서此危機를據ᄒᆞ고往觀ᄒᆞᆫ즉須知分은二丸을中ᄒᆞ얏ᄂᆞᆫ데一丸은背後로貫通ᄒᆞ야肺部가被傷ᄒᆞ고一丸은脚部에中傷ᄒᆞ얏고(須知分은兩日後에卽死)義士田明雲氏ᄂᆞᆫ肩上에彈丸을中ᄒᆞ얏ᄂᆞᆫ데生命은傷치아니ᄒᆞᆫ故로卽時病院으로送置ᄒᆞ고義士張仁煥氏ᄂᆞᆫ警察署에被捉ᄒᆞ얏다云ᄒᆞ얏더라

●警告僉同胞

如此ᄒᆞᆫ境遇를當ᄒᆞ야吾輩가兩씨와同死ᄒᆞᆯ地頭에ᄂᆞᆫ未進ᄒᆞ얏스나其愛國熱性이야豈可不慰며오吾輩의抑鬱ᄒᆞᆫ事情을世界에發表ᄒᆞᆯ機會가無ᄒᆞ야恒常慨歎이러니今日에兩씨의義擧로紹介ᄒᆞ야半日之頃에각國號外新聞과世界電報가人의耳目을驚動케ᄒᆞ얏스니萬國兩氏의義血이아니면吾輩의冤痛ᄒᆞᆫ것을世界萬國에其誰가公佈ᄒᆞ리오

嗚呼라한國獨立도卽自今日이오한國自由도卽自今日이니今日은吾輩의大志를成就ᄒᆞᆯ日이오吾輩의抑鬱ᄒᆞᆫ것을裁判ᄒᆞᄂᆞᆫ日이라吾輩가각々義務를擔ᄒᆞ야獨立을爲ᄒᆞ야裁判을ᄀᆡ다릴不可不再得이니此裁判은世界의公開裁判이오此裁判은吾輩의獨立裁判이라吾輩가此裁判에得勝이라야吾輩二千萬의獨立이自生ᄒᆞᆯ지니勝乎々々여千載一時로다云ᄒᆞ얏더라

外報

●革命黨의蜂起 淸國湖남省湘郷에革命黨이蜂起ᄒᆞ얏다ᄂᆞᆫ警報가有ᄒᆞᆫ故로巡撫岑春暄氏가鎭壓ᄒᆞ기爲ᄒᆞ야精兵千名을派送ᄒᆞ얏다더라

●軍備擴張反對 桑港電을據ᄒᆞᆫ則美國元老院議員이陸海軍擴張은國民의負擔을增加케ᄒᆞᆷ이라ᄒᆞ야極力反對ᄒᆞ얏ᄂᆞᆫ데陸軍大臣타프트씨가現在兵員을增加ᄒᆞᆷ이必要ᄒᆞᆫ事로說明ᄒᆞ얏다더라

●淸國官吏留學 北京電을據ᄒᆞᆫ즉駐德淸公使孫寶琦氏가中央政府官吏四名을六箇年間英德兩國兩箇國에留學케ᄒᆞᆷ을上奏ᄒᆞᆫ故로外務省에서此規定을定ᄒᆞ야爲先各省에서三十五年以下의官吏八名을派送케ᄒᆞᄂᆞᆫ데外務部及學部에서試驗을行ᄒᆞ야留學케ᄒᆞ기로決定ᄒᆞ얏다더라

●日人偵探捕縛 桑港某報를據ᄒᆞᆫ즉該地에서數英里되ᄂᆞᆫ뎁쓰라운에서日本偵探一名을捕縛ᄒᆞ얏ᄂᆞᆫ데其姓名은姑未吐說ᄒᆞ나該日人이何許酒店에서西洋名爵딘ᄌᆞᆫ씨를逢着ᄒᆞ야軍機事務를探ᄒᆞ더이니桑항으로往ᄒᆞ야각海岸과砲臺를摘出以給ᄒᆞ라ᄒᆞ매딘ᄌᆞᆫ씨가聽來激忿ᄒᆞ야日人을壓伏ᄒᆞ고兩手指를捆縛ᄒᆞ엿다더라

●電信技手罷工 倫敦電을據ᄒᆞᆫ즉印度에서ᄂᆞᆫ電信技手의同盟罷工을因ᄒᆞ야許多ᄒᆞᆫ電信이停滯되고僅々히數名의技手가緊急事件에關ᄒᆞᆫ新聞及通信에從事ᄒᆞᆫ다더라

●美使宣言 伯林電을據ᄒᆞᆫ즉米國에駐在ᄒᆞᆫ露國大使ᄂᆞᆫ華盛頓에서宣言ᄒᆞ야曰哈爾賓鐵道問題ᄂᆞᆫ誤解된故로露國政府ᄂᆞᆫ淸國의國政을害ᄒᆞᆯ理由가無ᄒᆞ다ᄒᆞ얏더라

雜報

●養新新設 北靑郡虛川面龍田里에有志諸씨가客年二月에該里大都家를一新修理ᄒᆞ야稱以養新學校라ᄒᆞ고經費ᄂᆞᆫ該里所管雜財와與各人補助金을存本殖利ᄒᆞ고高明ᄒᆞᆫ教師를延聘敎授ᄒᆞᄂᆞᆫ되出席학徒가五拾餘名에達ᄒᆞ얏다ᄒᆞ고北米人이稱頌ᄒᆞ더라

●義校盛行 龍川郡楊西面廣明학校ᄂᆞᆫ創設이幾過周年인ᄃᆡ該地各동有志諸시가協議贊成ᄒᆞ야敎師金昇燁시ᄂᆞᆫ熱心敎育ᄒᆞ고校長鄭鳳九ᄂᆞᆫ極力勸奬ᄒᆞ야生徒가日增ᄒᆞᆫ지라二月八日은卽該校第一回紀念也라學徒成果ᄒᆞ고會同諸員ᄒᆞ야禮式을擧行ᄒᆞ고ᄯᅩ生徒를試驗ᄒᆞ엿다더라

●龍校將成 龍川外上面新成학校ᄂᆞᆫ李蘇연卿氏ᄂᆞᆫ年過七十餘에蕭石擔土ᄒᆞ야構築之役을躬執ᄒᆞ고家産을傾盡ᄒᆞ야補贊을自擔ᄒᆞ며教師安志龍事務觀國晶贊成員李枝華三시가協力贊扶ᄒᆞᆷ으로生徒가日增ᄒᆞ고工程이日新ᄒᆞ다ᄒᆞ야人이稱頌ᄒᆞ더라

新譯 海外稗談

第四章 東籬子 譯

白林禄

某日에大使某가余를要ᄒᆞ야將次納涼之川로背路華散ᄒᆞᆯ赴ᄒᆞ더니方出을ᄒᆞ다가余見大使外套襟上에有赤線이在着이거ᄂᆞᆯ余曰止ᄒᆞ라大使襟上에有赤線綫ᄒᆞ니吾請拔去之ᄒᆞ리라ᄒᆞᆫ대大使聞之ᄒᆞ더니愕然回顧ᄒᆞ며渾身戰慄ᄒᆞ고向余稱謝ᄒᆞ며니且地上에棄投ᄒᆞᆫ赤線을熟視ᄒᆞ면서顏色이忽靑忽白ᄒᆞᄂᆞᆫ지라余가心中大怪ᄒᆞ야詰問ᄒᆞᆫ즉不便ᄒᆞ야大使의顏色만默視ᄒᆞᆫ대大使가吾意를揣知ᄒᆞ고乃言曰君이吾之無端ᄒᆞᆫ恐怖를異怪히녀이ᄂᆞᆫ가雖然이나吾心에ᄂᆞᆫ實有所感而然也로다於是에復向地上ᄒᆞ야赤線을拾取觀之ᄒᆞ며니喟然曰赤線이여赤線이여吾가汝를復覩ᄒᆞ니舊事가感觸되야々懷가大惡ᄒᆞ도다

再次余를向ᄒᆞ야曰君이其詳을願聞ᄒᆞᄂᆞᆫ가請爲君言之ᄒᆞ리니와假此事에關係者人이今尙生存ᄒᆞ엿스미眞姓名을直指ᄒᆞ야不好ᄒᆞ나此其歲月이不留ᄒᆞ고國家이百變ᄒᆞ니過覆陳迹에良用慨然이로다余가昔日에余ᄂᆞᆫ奉ᄒᆞ고代理公使로某國에駐箚ᄒᆞ니某國形勢ᄂᆞᆫ歐洲의東南이오巴爾幹半島中의 國이라原來土耳其의附屬이더니近始발憤自强ᄒᆞ고倡議獨立ᄒᆞ야成功은幸得ᄒᆞ엿ᄂᆞᆫ데當時에國ᄒᆡ新造ᄒᆞ고人心이洶々ᄒᆞ야變亂之事ㅣ不時蜂起ᄒᆞ니其酸壓ᄒᆞᆫ情과凶暴의狀은往々文明國人의想像不及處가多ᄒᆞ더라余의就職ᄒᆞᆫ時에俄羅斯、奧地利兩國이類々히此邦에서勢力을互爭ᄒᆞ니於是에其國臣民이俄黨奧黨으로分派ᄒᆞ야互相嫉妬가如犬如猿ᄒᆞ며甚至於宮中ᄭᆞ지黨派가各分ᄒᆞ야國王은奧國을依賴ᄒᆞ나奧黨이되고王后ᄂᆞᆫ俄國人이라俄國을依賴ᄒᆞ니俄黨이되엿더라

雜報

●異音不諱　日本皇太子渡韓時下賜金으로紀念章에雕刻ᄒᆞᆫ字가 御諱、觸犯ᄒᆞ얏다ᄂᆞᆫ人言이有ᄒᆞ야頒給지아니ᄒᆞ고學部에서承寧府總管에게照會ᄒᆞ야該總管이此意로 入稟ᄒᆞ얏더니 太皇帝陛下ᄭᅴ옵서下詔ᄒᆞ시기를字音이不同ᄒᆞ고字影이懸殊ᄒᆞ니人民의誤解함이無識所致이니卽爲頒給ᄒᆞ라신聖意를承ᄒᆞ야該府에서學部로照會ᄒᆞᆫ故로該章을卽爲頒給ᄒᆞᆫ다더라

●兩宮勅使　昨日에伊藤統監이仁川에到着ᄒᆞ얏ᄂᆞᆫᄃᆡ 德壽宮에서ᄂᆞᆫ侍從長김春熙시로 勅使를命送ᄒᆞ셧고 昌德宮에서ᄂᆞᆫ侍從院副卿丙奭시로 勅使를命送ᄒᆞ옵셔該兩시가仁川ᄭᆞ지前往ᄒᆞ얏다더라

●■妓鍊習　太皇帝陛下ᄭᅴ옵서黃鶴亭에서 御射ᄒᆞ실時에割唱妓生五名이再昨日부터鍊習ᄒᆞᆫ다더라

●以銀代金　大皇帝陛下ᄭᅴ옵서部位紀念章을純金으로製造頒賜ᄒᆞ기로ᄒᆞ얏ᄂᆞᆫᄃᆡ統監府官吏게게금章投與ᄒᆞᆫ人이多ᄒᆞᆫ故로頒給ᄒᆞᆯ금章이無餘ᄒᆞ야각君은完興君만該君代表로금章을頒給ᄒᆞ고其外ᄂᆞᆫ壹並銀章으로頒給ᄒᆞ얏다더라

●保護法改正　移民保護改正件ᄒᆞ니部대臣與摠理대臣이聯署ᄒᆞ야上奏ᄒᆞ야裁可ᄒᆞ얏ᄂᆞᆫᄃᆡ光武拾年法律第壹號移民保護法中（農商工部大臣은내部大臣으로改正）第壹條中（目的으로）（下에日本以外의）六字를添入ᄒᆞ엿다더라

●聯合請議　한南株式滊船會社補助금支給事를農商工部와度支部兩大臣이聯署ᄒᆞ야內閣으로請議ᄒᆞ얏다더라

●郡守變動　郡守貳拾餘員을修正ᄒᆞ야統監府에請議ᄒᆞᆫ은昨報에已揭어니와更聞ᄒᆞᆫ즉伊藤統監이歸任ᄒᆞᆷ으로幾許算가變動된다더라

●郡守奏聞　今에郡守奏本에遂安郡守가十餘員인ᄃᆡ高산郡守김寅金氏ᄂᆞᆫ江東으로移任을ᄒᆞ고遂安郡守리承麟씨ᄂᆞᆫ扶餘郡守로移任ᄒᆞ얏다더라

●宋何落後　農相宋秉畯氏가伊藤統監과作伴入城ᄒᆞᆫ다더니更聞ᄒᆞᆫ즉該氏ᄂᆞᆫ有何事件인지釜山서下陸ᄒᆞ야幾日間逗留ᄒᆞ다가入京ᄒᆞᆫ다ᄂᆞᆫ說이有ᄒᆞ더라

●扶病出迎　宮內府大臣李允用氏가身病으로數日仕進치못ᄒᆞ더니昨日은伊藤統監이入城ᄒᆞᄂᆞᆫ故로不得已出迎ᄒᆞ얏다더라

●代表迎接　伊藤統監이昨日에入城ᄒᆞᆷ은別項과如ᄒᆞ거니와地方一進支會에서歡迎ᄒᆞ기爲ᄒᆞ야代表로幾人式上來ᄒᆞ얏다더라

●議長內定　中樞院議長徐正淳氏가依免ᄒᆞᆫ代에某某가被任ᄒᆞᆫ다ᄒᆞᆷ은前報에已揭어니와更聞ᄒᆞᆫ즉承寧府總管趙民熙氏가該任ᄉᆞ기로內定이되얏다더라

●六시依免　長淵郡守리公雨養성郡守南相七江東郡守김明濬麗水郡守宋在蔓漣川郡守리官聽山原道事務官張鵬諸시ᄂᆞᆫ依免ᄒᆞ얏다더라

●有何主見　南北村官人들이近日에有何主見인지 一進會에投入코저ᄒᆞ야其所親대로紹介를廣求ᄒᆞᄂᆞᆫ中이라더라

●召喚費請撥　法部에서監獄署官吏召喚費四千五百五十圓과法官養成所敎師長連恒시召喚費二百圓을支撥ᄒᆞ라고度支部로照會ᄒᆞ얏다더라

●兩시云歸　日本東京에留業ᄒᆞ러前往ᄒᆞ얏던邊洙田洛兩시가昨日釜山에到着ᄒᆞ얏다고該本部로電報가來到ᄒᆞ엿다더라

●尙宮有子　完王宮監所監官謝縣根이가多年勤實守護이더니有何犯罪인지現今除汰中인ᄃᆡ本宮孫尙宮이藉托 勅令ᄒᆞ고該監官을以其子梁桂翔으로差出ᄒᆞ얏다니近來尙宮도有子ᄒᆞᆫ지未知ᄒᆞ깃다고巷說이喧藉ᄒᆞ더라

●移囚毀獄　水閣楠西정光雲氏가西江居김時精氏父親외게排債餘條事件이有ᄒᆞ던지再昨日에정氏가김氏를毆之打之에自己家空房에私自拘留ᄒᆞ야不得動作케ᄒᆞᆫ다더라

●辯士下남　辯護士리冕宇氏가債訟事件에辯護ᄒᆞ기爲ᄒᆞ야再昨日에晉州觀察道로前往ᄒᆞ얏다더라

●校租請還　江西鄕校庫賭租七拾石을該郡公立학校에附屬ᄒᆞ엿더니該郡財務署에서推去ᄒᆞ야該校況이難保다고該校에서度支部로移照ᄒᆞ야維持케ᄒᆞ라고學部로報告ᄒᆞ엿더라

●외人請試　地方에普通학校士個所를設置ᄒᆞᄂᆞᆫ事에對ᄒᆞ야敎師拾人을試取ᄒᆞᆯ터인ᄃᆡ日本人이應試次로학部에請願ᄒᆞᆫ者가數二百名에達ᄒᆞ얏다더라

●洪시正論　一進會本部에서洪奭洞시에게摠代를派送ᄒᆞ야義捐ᄒᆞ라ᄒᆞᆫ즉洪시가答ᄒᆞ기를無論何等義捐ᄒᆞ고個人의慈善的인ᄃᆡ何名目으로義捐을請ᄒᆞ오一進會에義捐ᄒᆞᆯ理由이有ᄒᆞ면學校에補助를ᄒᆞ깃다ᄒᆞᆫ즉該摠代들이無聊而退ᄒᆞ얏다더라

●藉日惡行　廣州來人의所傳을據ᄒᆞᆫ즉該郡大雙山飲居ᄒᆞᄂᆞᆫ박百祿爲名人이素以兩班藉勢ᄒᆞ야魚肉民ᄒᆞ며酗酒雜技로爲能事ᄒᆞ더니陰二月二十八日에與村人으로因其前事之不協意ᄒᆞ야對來詬辱ᄒᆞ며毆之打之다가甚至於放銃行刺ᄒᆞ야리元集은胸部를傷ᄒᆞ고리容俊은左腕을重傷ᄒᆞ야俱在危境인故로自洞中으로該事由를本郡守외게報告ᄒᆞ얏더니朴氏가大怒日自郡으로吾家父子를捉滯ᄒᆞᄂᆞᆫ弊가有ᄒᆞ면日兵隊에게指嗾ᄒᆞ야該洞을沒數燒燼ᄒᆞ깃다ᄒᆞᆫ다더라

●地何葬人　再昨日上午拾二時에韓國巡査二名과日巡査壹名이何許葬人인지韓人男者五名과二拾歲될兒童과十四歲된兒童과女人二名이幼兒를背負ᄒᆞ얏ᄂᆞᆫᄃᆡ合九名을警視廳으로押妥ᄒᆞ얏다더라

●殺賊被囚　■同鄕居■星과金濂과시와祁母山을其三從叔康昌과康■의女婿■化一金鼎■■이掘塚斷頭ᄒᆞ야會衆市柳數中에留之ᄒᆞ고■財를討索ᄒᆞ다가情跡이綻露ᄒᆞ야■化 金鼎元은守備隊외게砲殺、當ᄒᆞ고■康昌은逃走ᄒᆞ얏다가再次入來ᄒᆞ야金星과■家에衝火ᄒᆞ다가登時被捉ᄒᆞ야即爲打殺ᄒᆞ고大邱警察署에自現ᄒᆞ얏어ᄂᆞᆫ該署에서金星과等九人을捉囚月餘에尙無判決인故로該人等이平理院에申訴ᄒᆞ얏다더라

●五義被捉　警察係■■珪시가平服巡査를領率ᄒᆞ고■從■■■探次로■■■ᄂᆞᆫ■■報에已揭어니와該시가昨日上午拾二時에■州게너미等地에서義徒五名을捕捉ᄒᆞ야警視廳으로領率人來ᄒᆞᄂᆞᆫᄃᆡ該從五名이壹齊히上下衣가黃色으로着ᄒᆞ고白巾으로纏頭ᄒᆞ얏고銃이五柄이오或負背囊ᄒᆞ얏다더라

●日兵勸削　平康郡駐日本守備隊ᄂᆞᆫ義兵을偵探次로鐵原郡北面院里에來到ᄒᆞ야義兵의午飯을供饋ᄒᆞ엿다ᄒᆞ고該洞人民與■客合ᄒᆞ야八九十名을捕縛毆打ᄒᆞ고■並剿滅ᄒᆞᆯᄉᆞ엿다더라

●何■放銃　廣州彥周面淸潭里人民二拾八名이該郡勸令을依ᄒᆞ야陳荒地에植木ᄒᆞ고歸家ᄒᆞᄂᆞᆫ路에日本偵探兵이義兵으로誤認ᄒᆞ얏던지放銃ᄒᆞ야리喜萬이가左臂에中丸重傷ᄒᆞ얏다더라

●高陽義援　日前高陽來石坊에서義兵一百餘名이來到ᄒᆞ야該地鏡民외게■需錢五千兩을討食ᄒᆞ얏다더라

●資品負債　通津郡汾兩학校장沈啓澤氏가今月八日에該校에서春期運動會擧行ᄒᆞᆯ次로賞品을優數히貿去ᄒᆞ얏다더라

●■■■■　錦州府裁判所判事署理■■珪ᄂᆞᆫ외檢事■■明善시가互相間議ᄒᆞ야民刑事裁判을明敎ᄒᆞ決ᄒᆞ미人皆稱頌ᄒᆞᆫ다더라

●中校休학　典■私立中■학校에서本月曜日로卒業試驗을行ᄒᆞᆯ터인ᄃᆡ再昨日부터日語科滿語科를復習ᄒᆞ기爲ᄒᆞ야休학ᄒᆞ엿다더라

●박씨熱心　박川府津■鳳朝氏가夜학校를設立ᄒᆞ고학徒를募集ᄒᆞ시當日에五十名이達ᄒᆞᆫ지다熱心動奬ᄒᆞ미人皆讚頌ᄒᆞᆫ다더라

●志士設校　■根西始面沙谷居呂升鉉呂■亨諸氏가■租ᄒᆞ야■里에光東■校를設立ᄒᆞ고呂運亨氏가名譽로熱心敎授ᄒᆞᄂᆞᆫᄃᆡ該員이四十餘名에達ᄒᆞ얏다더라

▲地方消息▼

▲黃海道白川郡내義魁朴京直은村民을對ᄒᆞ야自己所在를日本守備隊외게通知ᄒᆞᆫ嫌으로義兵을率ᄒᆞ고村落을燒火ᄒᆞ고老幼婦女를殺戮ᄒᆞ깃다ᄂᆞᆫ報道를因ᄒᆞ여延安守備隊에서步兵六名을派遣ᄒᆞ엿다ᄒᆞ고

▲本月八日延安郡東北約五千米突地에서拾五名義徒와日守備隊가交戰ᄒᆞ엿다ᄒᆞ고

▲本月七日에■昌北方約九里地에서■魁■■ᄂᆞᆫ■士외率ᄒᆞᆫ百餘名義徒ᄂᆞᆫ咸陽日守備隊와交戰ᄒᆞ엿다ᄒᆞ고

▲本月拾五日夜二時에忠淸北道永同附近에서義徒幾名이鐵道를破壞ᄒᆞ엿다ᄒᆞ고

▲本月十五日京釜線太田松若間의鐵道를義徒幾名이破壞ᄒᆞ야三時間을交戰ᄒᆞ얏다ᄒᆞ고

▲本月拾■日에慶州東南方祇林寺附近에서二十餘名의義徒와日守備隊가互相攻擊ᄒᆞ여多少死傷이有ᄒᆞ얏다ᄒᆞ고

▲本月十日全羅北道鎭安郡東남約五里地에서二百餘名의義徒ᄂᆞᆫ該郡日守備隊와三時間을互相衝突ᄒᆞ여多少死傷이出ᄒᆞ얏다ᄒᆞ고

▲本月拾三日加平郡南方二里地에서義徒二拾餘名이日巡査幾名과互相攻擊ᄒᆞ얏다더라

●名節休刊　今明兩日은陽洋名節인故로武日休刊홈

▲鳴破頑夢▼

▲時針은拾點을已指ᄒᆞ고日輪은三丈을■昇ᄒᆞ얏ᄂᆞᆫᄃᆡ■獄又ᄒᆞᆫ登ᄀᆞᆫ室이엇더케黯暗ᄒᆞ던지殘燈을挑ᄒᆞ고其中四五個日세본再衿이相對ᄒᆞ야무슨ᄂᆡ약이롤ᄒᆞ노라고두런두런짓거린다

▲壹個　어ㅡ쇠또각좀만어쓰면人生이落地ᄒᆞ면쇠또각이第壹이라쇠또각만잇스면脈劣ᄒᆞᆫ놈도英雄되고微賤ᄒᆞᆫ놈ᄂᆞᆫ兩班되지어ㅡ나도쇠또각만만으면法部대臣趙重應씨ᄀᆞᆺ치女ᄒᆞ아되셔다노코左夫人右夫人에동여옵ᄂᆞᆫ티며음ᄭᅥᆺ잘놀아볼셜

▲又壹個　어ㅡ벼슬좀ᄒᆞ여보앗스면守舊판이던지開化판이던지벼슬이壹이지벼슬만놈허ᄒᆞ면月俸이니歲饌이니賂物이니ᄒᆞᄂᆞᆫ각項名目에臥食ᄒᆞᆯ八字되ᄂᆞᆫ데또只ᄒᆞ도手段만잘부리면시골富者어려ᄲᅧ려잡지셜마어ㅡ나도리址鎔大人리鉉稷ᄀᆞᆺᄒᆞᆫ안히나잇서外國사ᄅᆞᆷ들이나잘다니며보게ᄒᆞ얏더면ㅅ部대臣좀ᄒᆞ여볼엽

▲又個　어　나도甲午年에東학이나ᄒᆞ엿더면或是大道敎主ᄀᆞ되여馬부셔실에긔운좀펴볼ᄃᆡ인ᄃᆡ空然히東학ᄒᆞ면죽ᄂᆞᆫ다소리에못ᄒᆞ얏지今日이라도그런ᄃᆡ로天道敎나ᄒᆞ여볼ᄭᆡ

▲又個　어ㅡ나도■條約時節ᄀᆞ얏ᄂᆞᆫᄃᆡ言論나ᄒᆞ얏더면農商工部대臣ᄒᆞ던지觀察使맛슬보던지ᄒᆞ不失壹郡守ᄂᆞᆫ싸실터인ᄃᆡ空然히逆賊소리무서워못ᄒᆞ얏지言言■■갓치ᄒᆞ얏스면宋秉畯시尹始炳시뒤가리ᄂᆞᆫ法어ᄃᆡ잇나今日이라도그런ᄃᆡ로登■■나드러볼ᄭᆡ

▲最後壹個　허허今等네다夢中ᄋᆡ이ᄒᆞ세只今大韓금庫가뉘것인가只ᄒᆞ官報에揭載되ᄂᆞᆫ姓名이다누구던가돈도權利잇서야保存ᄒᆞ고벼살ᄒᆞ權利잇서야保全ᄒᆞ자우리가오날ᄂᆞᆫ別數업지二千萬입으로國權民權獨立自由를부르지지며나아가보세

社告

本社大邱支社員崔一弘시ᄂᆞᆫ日前에解任ᄒᆞ고本報를停送인바 히지購覽諸시의本報愛讀之厚意를副코조하야當지남門내乾材약局梁務益시를本社支社員으로認定ᄒᆞ고還間停送ᄒᆞ얏던바該號數를追送ᄒᆞ오니購覽쳠員은右梁시의게繼續請覽하심을要

廣告

本校에서測量科入學試驗日子를業已廣告이온바四月二十六日(陰三月二十六日)日曜上午十二時로更定ᄒᆞ고處所ᄂᆞᆫ碑洞普成學校內로定하오니僉員은照此應試ᄒᆞ시옴
西北協成學校 告白

本人이리濟洼외게本郡東下面新厚坪所在羔讚二字畓문券ᄒᆞᆫ與執債給ᄒᆞ얏다가限則當限推捧ᄒᆞ얏스나文券을견失ᄒᆞ야還給치못ᄒᆞ고官證을成ᄒᆞ야도여기가玆에廣告ᄒᆞ오니誰某拾得休紙施行홈
韓山東下面下桂亭申鉉㫌告白

永平은公私學校가本無러니郡守崔와榮ᄒᆞ가下車以後에境內紳士들數次會集ᄒᆞ고國之興替가敎育有無에在ᄒᆞ다ᄒᆞ야曉諭ᄒᆞ미令人感발일서六七紳士가憤발乃心ᄒᆞ야爭出義捐ᄒᆞ고設一校於邑中ᄒᆞ니名曰永彰이라開학이不過望에학徒가日增ᄒᆞ야將次有望이나基本金을慈欵不已矣本郡게寶屯이有ᄒᆞ야每年賭租三拾餘包를郡守가自來廢兄ᄒᆞ바ᄒᆞ公이義出熱心ᄒᆞ야付屬ᄒᆞ학校ᄒᆞ의一邑人民과ᄒᆞ校任員與학生이感賀不已하와학校之進就를可期홈
校監 리漢國　贊成員 金在英 金東灝

서서룡산방ᄉᆞ老已계四統四戶主최演默白紙家券을今月初七日서실고로광고홈
최演默白

本人이餘慶坊奉常寺前門동第九統八戶瓦家九間半板刻文券一章을典執ᄒᆞ엿다가不幸히遺失故玆에仰告ᄒᆞ오니內外國人은勿論ᄒᆞ고誰某拾得ᄒᆞ와도休紙施行홈
劉漢文 告白

本人의先山이在於忠州梅村面右川板ᄒᆞ니雖有賣買之說이나本人等面約外ᄂᆞᆫ切勿擧論이니內外國人은勿爲見欺홈
宗孫 閔正植　支孫 閔憲植 白

本年二月二十八日에郡主事全九範씨가本人을請會ᄒᆞ거ᄂᆞᆯ依會ᄒᆞ즉本郡으로三千浦ᄭᆞ지至ᄒᆞ야馬路를新設ᄒᆞᆫ請願書에인ᄒᆞ라ᄒᆞ기에事由ᄅᆞᆯ本人等이擦草ᄒᆞ니境界와程途를計ᄒᆞ며商民利益은微小ᄒᆞ고國土損害ᄂᆞᆫ重大ᄒᆞᆷ가堅不捺章ᄒᆞ니一進會長김奇才가突言曰商民이可라ᄒᆞᆷ너니本月七日에日人各店住在ᄒᆞᆫ韓人이全致奎金允若申道仁鄭甲辰정永斗가列名捺章ᄒᆞ얏다가該人等을招請言及ᄒᆞᆫ즉김致奎김允若申道인二人은服非割名ᄒᆞ고兩정은在避全名ᄒᆞ니一般輿論으로國土損害를不恩ᄒᆞ야極甚痛憤ᄒᆞᆯ지라外國人은照亮ᄒᆞ시와勿欺홈
晋州郡左右社尙民 김자昊 김應西 尹應仲 姜應彥 김慶淑 朴俊瑞 等 告白

本人의舍弟中五柳谷이以年淺所致로被論于他人ᄒᆞ와或雜技場과酒色界에擬爲出債報償이오니內外國人은諒亮ᄒᆞ시와勿爲遊文跡을勿爲施行홈
慶北醴泉渚谷面基동申成民白

平北龍岩府남面居尹希德은本以有名悖類로素於土豪之人이라去陰正月分에被酒ᄒᆞ고巡檢을ᄒᆞ던巡査金應鎭을毆打ᄒᆞ야其服裝이裂破되미巡警署에使발ᄒᆞ야捉致하얏더니日人警部가不懲其罪ᄒᆞ고纔日后에仍然放送ᄒᆞ니所謂文明國의警察도法網이解弛ᄒᆞ니目擊所도에不可含默ᄒᆞ야玆以廣布홈

再 去陰舊年三月分에平壤居탐秀가龍岩居鄭龍處에牛皮五百同價値를出給放賣케ᄒᆞ얏더니右尹希德이가此物ᄒᆞᆫ哥씨게所捺條가有ᄒᆞ다假稱ᄒᆞ고右額을勒奪ᄒᆞ니미德秀가不勝憤抑ᄒᆞ야龍岩監理魚允迪씨게具由呈訴ᄒᆞ니리哥가反히落科ᄒᆞᆫ지라該地尹京春이가此리許를探知ᄒᆞ고證據ᄒᆞ야尹希德이가一百圓을行路ᄒᆞ고得訟ᄒᆞᆯ바라ᄒᆞ기에玆以廣布홈

再 本年陰正月分에리德秀가尹希德의行悖無據ᄒᆞᆷ을擧ᄒᆞ야龍岩府에更呈하야尹哥를捉致려니段警署通辯김姓沃ᄒᆞᆫ大奎兩人이尹哥에게五拾圓을捧賂ᄒᆞ고放送ᄒᆞ니미民이抱寃忍痛ᄒᆞ야歸리니至於ᄉᆞ하야右通辯兩人외奸贓아綻露ᄒᆞ야警署에方在滯囚中이라吾人은公理判決을希望홈
平北龍岩 尹萬春 김弘成 告白

本府尹鼎敎愈ᄂᆞᆫ莅任以後熱心敎育ᄒᆞ고勵行開明民皆感從ᄒᆞ며漸進발達性과廉直聽訟每聽民訟ᄒᆞᆷ에公正論理ᄒᆞ며質判落科者不怨又設鄕約契ᄒᆞ며令民相愛一境安堵ᄒᆞ며民稱頌如此政治不可泯默故玆以廣佈홈
東萊沙下面下端里 洞長都敬化與居民等 告白

本人이釜山府사中동梁山幕ᄒᆡ聆字四拾二統壹戶草家三間을陰曆二月拾二日에伊甲伊處買得인바同家에ᄂᆞᆫ以鄭永明名으로記載ᄒᆞᆫ草문記壹號와壹百拾圓登張을遺失ᄒᆞ고已成官契約이오나未知草문記拾得之人이向ᄒᆞ야玆에廣告ᄒᆞ오니外國人은勿爲見欺홈
釜山府梁山幕四拾貳統壹戶 鄭永彥 告白

世界文明産育新法 全一冊純國文廿五錢
十九世紀歐洲文明進化論 全一冊國漢文三十錢
元賣所 鐘路古今書海館
支賣所 京鄕有名書館

中署鐵路發源坊丁洞石獒光耳洞拾一統六戶南孤兒院瓦家三拾八間을放賣코져ᄒᆞ오니願買僉君子ᄂᆞᆫ來問于孤兒院ᄒᆞ심을望홈
京城孤兒院主 告白

世界三怪物

英國 斯密哥德 原著　韓國 卞榮晩 譯述
全冊 定價 拾五錢

現世界에三大怪物이발生ᄒᆞ야六洲에橫行ᄒᆞ며風雲을呼喚ᄒᆞ미愚者가此物을遇ᄒᆞ면其魂을失ᄒᆞ고弱者가此物을遇ᄒᆞ면其軀를喪ᄒᆞ야此物ᄒᆞ過에天地가飜覆ᄒᆞ고國家가丘墟ᄒᆞ야上帝赤子가生命을莫保라故로是書ᄂᆞᆫ特히此三大怪物의罪狀을描寫ᄒᆞ야其防備의妙策과利用의術을一々說明하야世界의生存을要求ᄒᆞᄂᆞᆫ者ㅣ不可不一覽ᄒᆞᆯ書冊子이오니僉君子ᄂᆞᆫ續々購覽ᄒᆞ시옵
▲大발賣所
中署布병下廣학書舖金相萬　平壤종路耶蘇敎冊肆　京鄕各有名冊사

本會에서來日曜日(陰十九日)下午一時에總會를碑동普成中학校內에開ᄒᆞ고演說ᄒᆞ오니在京本道會員及有志同胞ᄂᆞᆫ光臨ᄒᆞ심을敬要
嶠南教育會 告白

學員第二回募集廣告

本塾에서英日語壹個年半速成夜학科로募集ᄒᆞ오니志願이有ᄒᆞᆫ僉員은四月二拾日ᄂᆡ로本塾事務所로來議홈
課目 英語科 英語 筭術　日語科 日語 簿記 筭術
開학日 陽四月二拾五日
東部黃橋拾三統八戶廣東新塾

▲學員募集廣告

本校에서校舍를擴張ᄒᆞ고학員을多數募集ᄒᆞ오니願入僉員은四月二十九日(陰三月十五日)ᄂᆡ로入학請願書를本校에呈하고四月三拾日(陰三月卅日)上午十時에來校應試홈
提但入학請願書와履歷書紙ᄂᆞᆫ本校로請求홈
一 試驗科目 國漢文讀書作文筭術四則內 但相當ᄒᆞᆫ卒業證書가有ᄒᆞᆫ人은免試許入홈
一 修業年限 三個年
一 修業科目 普通科
西北協成學校

本書館에서新刊新聞을發賣도ᄒᆞ고分傳도ᄒᆞ오니購覽ᄒᆞ시기願ᄒᆞᄂᆞᆫ僉彥은請求ᄒᆞ시옵
南大門內尙洞教堂 前博文書館 白

來十九日水曜日寺洞本校運動時에校友總會를兼行ᄒᆞ니僉校友ᄂᆞᆫ伊日上午八時ᄭᆞ지本校로諸會홈事
光成實業學校 告白

●新발明梅毒약廣告
陸軍軍醫보好鉉實驗方劑

落梅丹

口府不발창病去根之령약
壹劑五百粒 定價金三圜
主治 梅毒(便창)新舊창 橫痃及廣病 便毒 淋病
已上病證外에男女間에不精交合ᄒᆞᆫ後에若疑아之端이有ᄒᆞ야도此약을服用ᄒᆞ면完癒後에康ᄒᆞ고脾胃ᄂᆞᆫ健全ᄒᆞᆷ을擔保홈
此外에도醫療機械와精選ᄒᆞᆫ약材를具備ᄒᆞ고內外科각色疾病을誠心治療홈
皇城北部大安동 仁濟약房 高用진 謹白

代理店
京城鐵路 共愛堂약房
仁川港龍동 濟生堂
國內各處약局同에서臨應販賣홈

本人외子文國이가素性浮浪ᄒᆞ야蕩敗家産於酒色之場ᄒᆞ오미不些ᄒᆞ口가將至于道路彷徨之境이오되終不改習ᄒᆞ고符同雜類ᄒᆞ야欲圖欺人得債ᄒᆞ오니毋論內外國人ᄒᆞ고錢財相關이다가無至曰失追悔홈
寧邊獨山面남平里居朴濟根白

◉谷香葉卷煙草 大發賣

大煙百本入一箱金一圜八十錢
仝 五拾本入一箱金九拾五錢
中煙百本入一箱金八拾錢
小煙百本入一箱金五拾錢
但多數販賣則割引減呈
남署棗동六拾二統拾戶 谷香合資會社 告白

本校友會에서本月十九日(陰三月十九日)日曜下午壹時에定期總會를박동普成專門학校내로開ᄒᆞ오니壹般校友청彥은屆期ᄒᆞ야臨ᄒᆞ심을爲要
普成專門학校々友會 謹白

本人이남門外停車場에서左開京韓銀行任금手票入ᄒᆞᆫ名啣匣을失ᄒᆞ얏기玆에廣告ᄒᆞ오니該手票ᄂᆞᆫ誰某拾得하여도休紙施行홈
番号 四三壹　금額 五百圜　振出月日 隆희貳年四月四日　任금主 趙乙龍
番號 四二四　금額 壹千圜　振出月日 隆희四年三月九日　任금主 朴庠鎔
右見失ᄒᆞᆫ匣과票를韓一銀行으로持來ᄒᆞ오면原謝ᄒᆞ깃소
박致實 告白

本人이三月二日南門驛乘車時紙匣與輪圖姓名圖章並爲見失故更刻新章知委照亮홈
小笠洞三四八戶朴泳龢告白

韓美電氣會社告白

割引券을發行하야四月一日부터鐵路本社及龍山停車場에서賣下홈
割引券은每券에六拾枚도編成ᄒᆞ고代金은貳圜八拾五錢으로ᄒᆞ며每區域에서一枚式新貨五전과ᄀᆞᆺ치使用홈
龍山線 區域을四月一日부터남大門外電車停車場前으로改定홈
電車발着時間은四月一日부터改定ᄒᆞ야夏期時間表를依行홈

漢城鍾路萬國基督敎靑年會舘前慈惠藥房製藥鑑査人濟衆院醫學員洪錫厚朴慈惠李觀化告白

本人等이米國大學醫院魚丕信氏에게受業ᄒᆞ고證書校長勳五等魚丕信氏에게有効證明을受ᄒᆞ고左記나種을製ᄒᆞ야外國貿易規模를依ᄒᆞ야紙匣洋鐵匣瓶에盛ᄒᆞ야全國各處藥店에廣賣ᄒᆞ올고濟衆院英字醫書를我國文으로譯ᄒᆞ야名稱西藥方이라ᄒᆞ야發賣ᄒᆞ오니四方僉彦中濟衆院나은數拾年來經驗信用ᄒᆞ신兄弟는不拘약之多少와路之遠近ᄒᆞ고以書請買ᄒᆞ시면本人은雖拾錢價値약이라도以小包郵便으로仰呈ᄒᆞ오며나對定價外郵稅十전을加送ᄒᆞ시되小數전은郵票十전즈리를소셔보너시고賣약ᄒᆞ시는多數買去ᄒᆞ시면郵便局換錢票를買送ᄒᆞ시오且本藥房에米國(멀포드)藥약會社약과英國(왈쿰)製약會社와韓國(만호입)製약社약品을直輸入ᄒᆞ야發賣ᄒᆞ오며英語로記ᄒᆞᆫ方文과主治와用法을我國國文으로譯ᄒᆞ야發賣

商標

食思振起 補益丸 第一老衰男女의게補益登血
精力活潑

定價表

拾日分	三十個入	金一圜
二十日分	六十個入	金一圜七十五錢
三十日分	九十個入	金二圜五拾錢

主治大補元氣滋潤陰腎男子陽萎不起女子月經不調手足厥冷虛脫失氣久病人蘇完되는效力이大勝於鹿茸蔘人蔘精

神效 解瘧丸 一日分定價金拾錢此藥은大人小兒長瘧과初瘧과腹瘧에以ᄒᆞ야服用ᄒᆞ면斷不再發

神效 虫丸 一日分定價金拾전此藥은大人蛔積小兒蟲病의神効

四時感冒丸 一日分定價金拾전此藥은感氣몸살의쓰는약인데一二日連服ᄒᆞ면四時寒感上下肢節頭痛에卽時解熱鎭痛

男女瘡症祛根藥 定價金五拾此藥은梅疾의一期二期를勿論ᄒᆞ고거즌ᄒᆞ도록낫을주는데口瘡과구허도아니나오

淸明眼藥 一日分定價金拾錢此藥은火眼熱眼의有名ᄒᆞᆫ藥

無惡臭疥瘡藥 定價金四拾전此藥疥瘡虫을卅分內殺

神效 咳嗽藥 五日分定價金三拾錢此藥은四時尋常咳嗽痰喘에와大効ᄒᆞ고特히老人喘咳에消痰止咳

寸虫發根 定價金三拾錢此약은寸虫驅除發明

止足汗藥 二十日分定價貳拾錢此藥은德國軍人常用除足汗약

輕腫根治膏 定價금十五전此藥은癰癤腫과頭瘡에直差

濕腫根治膏 定價금十五전此약은男女勿論하고風寒暑濕으로成腫되여大起掻痒ᄒᆞ매奇効

漢城百應膏 一封定價金十錢此약은藥학博士李儒友시方文으로製造ᄒᆞᆫ藥인데명우리잘풀니고각種腫氣에발榜合藥이添허되는膏藥인데大洋鐵匣入一個금五十錢

小兒感冒靈効散 此약은池錫永氏經驗良方小兒感冒及食滯發身而熱驚風者諸神效定價金十錢

補氣神効保嬰散 此약은醫學校長池錫永氏數拾年經驗之良方小兒尿色綠而滿○腹脹○身不安而不寢○腹痛等科及百般驚證者並神效定價금十二錢五厘

發賣所 仁川港租峴濟生堂약房 京城梨峴賈貿약商李信卿

◎大韓國新發明神藥

◎保壽靈丹 各種急病中暑久泄口臭嘔吐泄瀉定價一貼十錢

◎至寶丸 諸般積病不拘久遠俱有神効定價金十錢

◎靈效膏 外用芳香治疥瘡皮膚白發百中定價金三拾錢

◎淸眼水 治諸般眼疾有靈驗(?)天之妙定價金拾錢

◎通淋丸 治男女急慢淋疾神效無雙速效除毒壹週金五拾錢

製劑發行所 漢城南部大廣橋西邊第三家十九統七戶 共愛堂大藥房 謹白

支店 漢城남門內共愛堂第壹支店 婁助遠
群山港開福洞共愛堂第二支店 리春善
河東郡赤良面共愛堂第三支店 黃麟秀

代理店 京城北部大安洞 仁濟藥房
仝 鍾路靑年會館前 慈惠藥房
仝 西署新門外石橋 普濟醫院
仁川杏峴 濟生堂
仝 和平局

此外에도東西洋各國有名賣藥과草材藥이俱備하오니藥의多少를不拘ᄒᆞ고請求ᄒᆞ시면小包로仰呈ᄒᆞ게송

簡易商業簿記學

全一冊 定價金四十五錢

本書는簿記中最近ᄒᆞᆫ학理와精妙ᄒᆞᆫ形式을精細蒐輯ᄒᆞ야了解케簡易ᄒᆞ도록編述ᄒᆞᆫ書니一般商業家에不可不一次閱覽ᄒᆞᆯ者될뿐아니라中等以上學校에敎科로用ᄒᆞ도適當ᄒᆞ니陸續購覽ᄒᆞ심을望ᄒᆞᆷ

발賣所 布屛下 廣學書舖 洞口越便中央書館
廣橋東便匯東書館 寺洞淸(?)書館
鍾路 大東書市 鍾路古今書海관

洋紙石版寫眞版印刷

弄球室主人 著述

滑稽小說 禽獸會議錄 全一冊 正價金拾五錢

▲本小說은新体文壇의演劇的小說로空前絶後의一大禽獸會議를開催하고海陸動物이演壇에集合ᄒᆞ야人類와禽獸의優劣과造化主宰의眞理를討論批評ᄒᆞᆫ光景을傍聽實寫ᄒᆞ야讀者諸君에게紹介ᄒᆞ고今日吾人類社會의公德頹敗ᄒᆞᆷ을警醒코ᄌᆞᄒᆞᆷ이니其滑稽的文体가光彩陸離ᄒᆞ며諷刺的批評이奇拔欵出ᄒᆞ야實로國文小說界에一大異彩를放ᄒᆞᆫ만ᄒᆞ며一讀解頤의好物이오

▲발行元 皇城書籍業組合

▲分售處
中署鳳鳴橋越邊 中央書館
南署大廣橋東邊 匯東書舖
西署남門外蓮峴 新舊書林
남署 銅峴 博學書館
中署寺洞 大東書市
仝 古今書海
남署鑄洞 博文書館
中署布屛 廣學書舖

●大韓國新發明藥廣告

消化 清心保命丹 仁川港租峴 發行所 濟生堂藥房
九十粒入 金拾錢

●主治効能
●痰飮食積●中暑中寒
●咳嗽腹痛●水土不服
●癘疾叶瀉●船車眩暈
●食傷酒酔●口臭惡臭
▲其他諸般氣病疫病方妙藥
●出張代理特約販賣所
●京城大廣橋共愛堂大藥房
同 鍾路慈惠藥房 리觀化
同 梨峴 濟약局 리信華
同 貞洞 博文書館 盧益亨
同 南大門外 同進棟會社
同 泥峴三丁目 新井支店
同 泥峴郵便局前 天佑堂
同 水標橋 共學出張人 리鳳林
●仁川龍洞(?)濟生堂出張所 兪濟賢
同 開港旅館 韓國根
同 杏峴和수堂 리應善
●開城南門內萬物商 박圭相
同 남門外同店 禹榴玉
同 남門內 리瑞鎬
同 北部忠橋 具學模
●海州宗路洋店 宋在瑛
同 二房약舖 김永泰
同 남門內店 리奉儀
●水原鍾路卜약房 金濟九
●延安邑니洋약局 邊汝文
●江華鍾路店 尹斗鉉
同 鍾路店 宋順之
同 西門外冊肆 高成奐
●灣湖남門니 兪敏淳
●沙利院市場니客主 朴健昌
同 同 任允中
同 耶蘇敎堂니 리在善
●全州남門니紅門동 리東赫
●平壤鍾路濟生局 韓鳳儀
同 館前衛生醫院 金熙興
同 大興部 崔龍化
同 武洞藥局 桂澤宣
同 里 尹寬赫
●鎭남浦洋약局 김元섭
同 倍藥局出張人 吳남奎
●群山港開福동 김斗鉉
●安州니 義井동回春大약房
●安岳邑上里濟生局 林景枝
●大邱남門니 刷還동 김成浩
●釜山港草梁客主 金東佑
●仁川郡大商店 朴芝行
●載寧邑後동洋약局 崔允國
●忠州東良面早遷 金鎭和
●晉州邑內 박성진

●定州남門니洋약局 리鍵任
●郭山邑니 趙起彬
●鐵山邑니永春堂 安潑
●宜川邑니冊肆 安丞
●義州水口街 崔석浩
●信川邑四里洋약局 김永植
●郭山邑冊肆 김大鉉
●元山港濟生堂支店 박敬興
●江景港客主 박錫勳
●渭源邑本堂出張人 리丙斗
●禮山용谷里 리東赫
●其他各약店마다隨意販賣
●仁川港濟生堂告白

▲特別廣告

本社에서名貼印刷部를分設ᄒᆞ고各樣活字와印刷機械와紙本이俱備ᄒᆞ오며印刷가精美ᄒᆞ고價値도廉ᄒᆞ오니諸君子는速히來臨ᄒᆞ시면廉價로應하오며紳士나夫人의名貼도應需ᄒᆞᆷ

大韓每日申報社 告白

今現齒院에서名項事務를一層擴張하오며金裝銀裝各樣의齒와老小隔沒齒落落齒ᄒᆞᆷ에齒床을特意製造ᄒᆞ오며拔齒에入齒時에無苦痛케ᄒᆞ는技方도有ᄒᆞ며齒科上面議는無料로受ᄒᆞ압ᄂᆞ니四方僉君子는照亮ᄒᆞ심을爲希ᄒᆞᆷ

京南大門內尙洞美人藏齒科
齒科醫士 韓大衛 告白

▲新刊書籍發售廣告

新纂錄 大全 國漢文 定價金七拾五錢
大韓法規類纂 洋裝 三圜五拾錢 郵稅四拾錢
初等倫理學敎科書 二拾錢
初等衛生學敎科書 拾五錢
家庭學讀本 拾五錢
國民須知 八錢
愛國婦人傳 張志淵氏著 十五錢

發賣所 皇城布屛下 金相萬冊肆

●國債報償金收入廣告
●永川支取所川底面山岩동
최학윤 崔永五 各六十錢

最加영 崔相영 各四十錢
崔洪 朴永운 崔相吉
崔相祐 各二十錢 申之協
김종運 朴應煥 김貴丹
崔斗杓 各十錢 崔相謨
三拾錢 김得心 三十五錢
최相희 六錢
▲鶴동
리根瑞 五拾錢 韓宗憲
박明鎬 韓始憲 各六拾錢
韓啓洋 리得瑞 韓始根
各三拾錢 韓景伯 김得水
각四拾錢 김斗七 高銘鍚
김玉柄 리根均 김斗柄
韓應台 韓應宗 金聲振
吳勸白 韓球洙 각一十錢
金錫玹 김학봉 최晉坤
●瑞雲동
朴貴伊 朴몽基 張成千
金日錫 김日史 박寶行
길任哲 崔敬明 각十錢
朴哲鎔 張周봉 朴福七
洪錫玹 김학瑞 최晉坤

各二十錢
新堂동中 一圜二拾錢
●下休面諸夫동
各四十錢
洪종玉 張錫知 리枝白
各四十錢 鄭基哲 鄭基烈
各六拾錢 김聖九 박嘉岩
정敬燮 張共明 리萬榮
各二十錢 洪鍾漢 정大錫
各二拾錢

本社廣告

○申報價

一張代金	新貨二錢五厘	
一個月前金	三十錢	
三個月	九十錢	
六個月	一圜七十錢	
一個年	三圜四十錢	
廣告一號	新貨五厘	
一個月	十三錢	

發行兼編輯人 英國人 裵說
發行所 西署石井洞號外第三統第十戶
大韓每日申報社

燕惠藥房附屬印刷廣告 本社에서燕惠藥房東西藥業月報를發出ᄒᆞ기爲ᄒᆞ야印刷所를設置ᄒᆞ고數拾年米國문聖經을翻譯ᄒᆞ던洪준으로英文著準主任으로[illegible]

第六卷

大韓每日申報

第七百八十四號

月曜及慶節 歲時日休刊

檀君開國四千二百四十一年
箕子元年三千三十年
大韓開國五百十七年
日本明治四十一年
淸國光緖三十四年
陰曆戊申三月小廿一日丙午

論說

○告田艮齋先生足下

不佞은歐洲英國人也라生장於文明之邦國ᄒ며優遊於自由之天地ᄒ야知有獨立ᄒ고不知有依賴ᄒ며知有優勝ᄒ고不知有劣敗라故로或讀之以奴隸國之慘狀ᄒ면吾掉頭不願曰寧有是理리오ᄒ며或遇之以亡國民之悲境ᄒ면吾掩耳不肯曰寧有是事리오ᄒ야終不知世界列邦中에有如韓國者也러니及於光武八年頃에偶然東渡韓土ᄒ야目擊外人之跋扈ᄒ며耳接衆民之情況ᄒ고不知涕之所從出也ᄒ야欷歔仰歎曰天乎아世乃有是國乎아世乃有是國乎아外被隣強之蹂躪ᄒ며內受官吏之擠壓ᄒ야口도吾口也언만言論을吾不敢自由ᄒ며疆土도吾疆土也언만은吾不以爲吾有ᄒ며家屋도吾家屋也언만吾不敢以爲吾有ᄒ며其他森林礦山陳荒地等一切吾有之物이名曰吾有而實則人有니嗚乎라古今天下에許多邦國에其有如是之國乎아不佞於此에竊不勝一片慷慨激발之義俠心ᄒ야忘其固陋ᄒ고創立本報ᄒ니區々揷舌이何足輕重於韓國이리오만은其於喚起權利之思想에と亦豈無毫髮之助哉아以是自任ᄒ며以是自憤ᄒ며以是忘寢廢食ᄒ야點檢韓國維新黨之一補助員而兩兩然者と韓國人之無血性이是耳라無血性故로四千載之國脈이斷矣로ᄃᆡ只如此悠々ᄒ며三千里之土地權이斷矣로ᄃᆡ只如此悠々ᄒ며五百年之宗社가將斷矣로ᄃᆡ只如此悠々ᄒ며二千万之生命이欲斷矣로ᄃᆡ只如此悠々ᄒ며時代가變矣언만悠々於畋獵ᄒ며存亡이迫矣언만悠々於[illegible]爭ᄒ며生活이艱矣언만悠々於實業ᄒ며興學이急矣언만悠々於教育ᄒ야悠々二字에光陰이日下하と도다

此國之可稱血性男兒者ㅣ其果何人고求之政界하야도無是人也ᄒ며求之社會ᄒ야도無是人也ᄒ며求之東道之濱ᄒ야도無是人也ᄒ며求之西道之濱ᄒ야도無是人也ᄒ니是人者ㅣ果何在오在山之阿乎아在水之涯乎아吾聞艮齋先生田愚氏가道德이高ᄒ고行義가優ᄒ다ᄒ니其或是人歟아

吾以是로祝先生ᄒ고不敢以是로遽信先生이러니日昨에偶因南來之儒ᄒ야得聞先生之近狀ᄒ니先生者と果熱血其性之人也며不惟先生이라即先生之門下弟子도亦皆熱血其性之人也로다夫一髮之斷을何足如是痛惜이리오만은先生이乃大罵曰頭可斷이언뎡髮不可斷이라ᄒ며朋友及弟子數百人이皆大呼曰頭可斷이언뎡髮不可斷이라ᄒ야至以一命之生死로爭一髮之斷否ᄒ니人或以此而譏先生之頑固ᄒ지나不佞은以此而服先生之強項ᄒ노니一髮이雖輕이나非實國奴之刀의所可削也오壹발이雖小나非外國人之威脅의所可剃也니然則先生之哭은非哭壹발也라哭壓制也며哭逼迫也며哭五百年禮義之墮地也니嗚乎先生이여其有得於西諺所謂不自由無寧死之義也로다吾安得不敬先生이며吾安得不仰先生이리오

雖然이나敢以一言으로奉質先生ᄒ노니四千載之國家가其不重於一발乎며三千里之國토가其不大於一발乎며五百年之宗社가其不尊於一발乎며二千萬之生命이其不貴於壹발乎아雖執途之人而問之라도此其輕重을可判이어ᄂᆞᆯ今者先生이不爭壹國家之休戚而爭壹발之休戚ᄒ며不爭壹國土之存亡而爭壹발之存亡ᄒ며不問宗社之安危而斷々於一髮ᄒ며不恤民族之生死而恐々於一髮ᄒ니吾於是에不能無憾於先生ᄒ노라

先生之髮이受驚於剃刀之下者ㅣ不幾時에朋友及弟子冒死來者ㅣ數百人이라ᄒ니若過幾日이러면其將數千人이冒死來抗ᄒ지며若過幾十日ᄒ면其將數萬人이冒死來抗ᄒ지니是と華盛頓之爭獨立也며瑪志尼之爭共和也며亞歷山拿破侖之爭覇權也ᄂ、可謂壯矣나亦可謂誤矣로다以此氣慨와以此團結로振興實業ᄒ면不幾年而韓國富力이膨漲東洋ᄒ지며提倡教育ᄒ면不幾年而韓國民智가凌駕西歐ᄒ지니獨立恢復이易如反掌ᄒ지어ᄂᆞᆯ今乃不此之爲ᄒ고只是努々於保全壹발之策ᄒ니是と以四千里國家로易壹髮也며以三千里國土로易一髮也며以五百年宗邦二千萬生民으로易一髮也니是豈仁者之可爲哉아

近世亡國은不同於古代之亡國ᄒ야古代亡國은民其民而易其君而已러니近世則不然ᄒ야其國이既亡ᄒ면民亦隨之ᄒ나니不信吾言이어던其觀近世之許多亡國史哉어다國亡而民存者ㅣ其能幾何오髮雖保矣나國苟不保ᄒ면雖有華冕이나無地可着이며雖有緇冠이나無地可戴며雖有春秋壹部나無處可讀이리니可不念哉아

不佞 爲此言也と非惜先生之髮也라願先生은以愛발之心으로愛國ᄒ며以保발之誠으로保國ᄒ고又願社會人士と愛國을如先生之愛발ᄒ며保國을如先生之保발ᄒ면其庶幾也라ᄒ노니先生은以爲何如오

外報

●長白州設置奏案 奉天電을據ᄒ즉淸國徐總督이鴨綠上流長白山北方 帶地가荒蕪ᄒ故로該處에都市를新設ᄒ고知府를置ᄒ야長白州라稱ᄒ고開墾ᄒ人民을移住ᄒ게도上奏ᄒ얏더라

●東淸鉄道賣渡說 大連電을據ᄒ즉俄國에셔淸國에셔무슴有力ᄒ權利를得ᄒ고其代에東淸鐵道를淸國에賣渡ᄒ겟다로俄淸兩國이秘密協議ᄒ다と說이有ᄒ더라

●飛行車試驗 倫敦電을據ᄒ즉法國巴里에셔空中飛行機의試驗을設行ᄒ얏と대六分三十秒間에四哩半을駛行ᄒ얏다더라

●孫氏陰謀 淸國革命黨首領孫逸仙씨가目下西貢에在ᄒ며其部曲이壹萬八千名이오其客舍에と暗兵을排置ᄒ야淸國官吏及刺客와襲擊을預備ᄒ고一面으로と比律賓獨立黨의敗將等과協議ᄒ고新革命黨을組織ᄒ야一隊と新嘉坡香港으로派送ᄒ고又一隊と崖山에셔鶴山으로入ᄒ얏다ᄒ고又孫氏가近者에香港銀行에셔其任置金三百五十萬圓을推還ᄒ야泰和洋行所有艦壹隻을購入ᄒ야頻々히陰謀를計劃ᄒ다ᄒと지라淸國政府에셔在西공法國官吏에게孫氏를捕縛ᄒ고又其黨與를驅逐ᄒ을懇請ᄒ얏스나法國官吏と他國兵力을依賴치勿ᄒ고自國의兵力으로써討伐ᄒ이可ᄒ다ᄒ야其請求를不應ᄒ얏다더라

●移民法案提出 加奈多內部大臣이該國下議院에一法案을提出ᄒ얏と대法案을據ᄒ즉移住民이其生長ᄒ國이나其歸化ᄒ國에셔直接으로渡來ᄒ지아니ᄒ는者と退去ᄒ을命ᄒ다と事가有ᄒ리라ᄒ얏더라

雜報

●愛國壹銃遐邇同情 美洲각處에留ᄒ는韓國同胞들이張仁煥田明雲兩씨의게各團體代表로慰問電報를보ᄂᆡ야其烈々意氣를致謝ᄒ고一邊은此事件出來ᄒ기ᄭᆞ지各其所得錢을幾數義捐ᄒ고同盟ᄒ얏다하며버클레大學校淸國留學生等은總代兩人을派送ᄒ야愛國義士田張兩氏의계同情을表ᄒ고拾元金을義捐ᄒ얏다더라

新譯 海外稗談

第三章 白絲線 東籬子 譯 續

余가就任ᄒ지未久에俄公使來喜男시가突然히來訪ᄒ더니本國에有事ᄒ니暫爲歸去라가一月內外間으로復來ᄒ다言ᄒ거ᄂᆞᆯ余가乃爲惜別之詞曰今君이歸去ᄒ면我甚寂寞ᄒ깃도다請君은了事後에速々歸來ᄒ라以余로數與頻來케ᄒ라俄使가謙謝ᄒ더니更히前席ᄒ며移近ᄒ며曰我去後에代理之任을須得其人然後에可也나意中에姑無其人이라私意로と君에게委托코저ᄒ노니君이肯以情義로相許乎아ᄒ거ᄂᆞᆯ余가念컨ᄃᆡ此國은國小事簡ᄒ야각國이使館을雖設이나人員이不備ᄒ야公使外에代理之員을委托ᄒ는記官도幷無ᄒ면他國公使中最相得者의게委托ᄒ이亦是尋常事也오且余가法國代理公使之身으로俄國全權公使之任을受託ᄒ이體面에도甚是不俗이나當時各國이此國에擁領ᄒ만政有ᄒ엿と대惟俄與英兩國은正式公使를特派ᄒ야權力을相爭ᄒ니勢力消長이專是公使의才不才에係ᄒ지라是故로余가當時俄使之所託을不以爲怪ᄒ고又私心에窃喜ᄒ나以爲微識이淺ᄒ야此日政界에未知底蘊故로乃以此로爲辭ᄒ며且曰英國代理公使가久留此國ᄒ야此國情形을熟知ᄒ나니若託於英公使가何如오ᄒ即俄使 掉頭曰否々라不可ᄒ다彼と與孤也라與吾로도情如膠漆ᄒ니豈可將此이리오君은純實之人也오且俄法之交가如兄若弟ᄒ니君의게委托ᄒ면敝國人이自聖ᄒ리라無異라故로如此相請ᄒ노니願君은承諾ᄒ라

余가不便再思ᄒ야遂許之ᄒ며俄公使再拜致謝ᄒ고因付其秘語ᄒ야曰總理大臣斯他羅支と是好人이니爲一敝國之事계雖爲之處가有ᄒ거든此人과相議ᄒ라余點頭ᄒ대俄公使再三申囑ᄒ고遂束裝歸國ᄒ니라

未完

雜報

●射矢造成 太皇帝陛下의셔 御射ᄒᆞ실時에陪射ᄒᆞᆫ侍從諸시에게 下賜ᄒᆞ실矢二百餘介를製造ᄒᆞ얏다더라

●下賜孤院 孤兒院孤兒의情況을 皇貴妃殿下의셔軫念ᄒᆞ사白米三拾石과干醬四缸과六十名幼徒에衣服代金四百餘圜을 下賜ᄒᆞ셧다더라

●統監陪食 伊藤統監以下高等官人이本日上午拾二時에陛見ᄒᆞ고下午一時에延慶堂에셔御 陪食ᄒᆞᄂᆞᆫ디完順丞宣海豊三君과侍從長이陪叅ᄒᆞ다더라

●兩氏習射 丞宣君과중錫氏ᄂᆞᆫ黃鶴亭에每日妓樂을觀來하야海豊府院君尹澤榮諸氏等으로習射ᄒᆞᆫ다더라

●統監의行動 伊藤公은入城翌日에第二艦隊司令長官寺垣氏와其他高等官을帶同 陛見ᄒᆞ엿고再昨日에伊藤統監이園遊會를設하고據理大臣以下각部大臣과각國據領事를請邀宴待ᄒᆞ얏ᄂᆞᆫ대鼓씨가內外政務를整理ᄒᆞ고來六月頃에歸國ᄒᆞᆯ預定이라더라

●今則無恙乎 伊藤博문씨가須知分의凶音을接ᄒᆞᆫ當時에大驚ᄒᆞ야數日을臥席呻吟ᄒᆞ얏다더라

●罷會又會 總理以下각部大臣이再昨日下午三時에統監府園遊會에一齊히進叅ᄒᆞ고同五時에ᄂᆞᆫ宮內府大臣리允用씨家로聯往ᄒᆞ야晚餐會를盛設ᄒᆞ고同八時에散會ᄒᆞ얏다더라

●夫人伴叅 統監府園遊會ᄂᆞᆫ別項과如ᄒᆞ거니와該府에셔각大臣의게請帖ᄒᆞ되同夫人來叅ᄒᆞ라ᄒᆞᆫ故로大臣들이一齊히同夫人ᄒᆞ고往叅하얏다더라

●大官又請 今番統監府園遊會에ᄂᆞᆫ韓日請帖지아니ᄒᆞ던南北村大官들도多數히請邀宴待ᄒᆞ야盛況을呈ᄒᆞ얏다더라

●胡不成眠 伊藤公이入城ᄒᆞᆫ日에有何事故이던지總理大臣以下각大臣이不能成寐ᄒᆞ고戒嚴이大段ᄒᆞ얏다더라

●曾彌云歸 曾彌副統監은農商工部次官岡喜七郞氏와同伴ᄒᆞ야韓北地方을遊覽後歸國ᄒᆞᆫ다ᄂᆞᆫ說이有ᄒᆞ더라

●宋也不歸 송秉畯氏가伊藤統監과同伴ᄒᆞ다가釜山에落後ᄒᆞ얏다ᄂᆞᆫ事ᄂᆞᆫ更聞ᄒᆞᆫ즉一說에ᄂᆞᆫ학大리戰崑씨와三四日後에同伴歸任ᄒᆞᆫ다ᄒᆞ고一說에ᄂᆞᆫ有何事件인지歸期가杳然ᄒᆞ다더라

●三察叅會 內部에셔來二拾六日에事務官會를設ᄒᆞᆫ다ᄂᆞᆫ디受由上京ᄒᆞᆫ觀察使黃鐵氏와리鎬成씨와朴彝陽氏와리圭桓氏에게通寄ᄒᆞ야伊日에來叅ᄒᆞ라ᄒᆞ얏다더라

●尹議之故 再昨日統監府園遊會에각府部勅奏任官을一齊請邀하얏스되中樞院贊議ᄂᆞᆫ壹不請牒ᄒᆞ얏다ᄂᆞᆫ대其理由ᄂᆞᆫ즉尹吉炳시에憲議ᄒᆞᆫ事件을因ᄒᆞᆷ이라고ᄒᆞ더라

●日領事驚겁 桑港日領事小池ᄂᆞᆫ須知分을餞送ᄒᆞᆯ時에砲聲에喫劫하야抱頭鼠竄ᄒᆞ야性命을保全ᄒᆞ고尙今ᄭᅡ지閉門不出ᄒᆞᆫ다더라

●阿日情態 再昨日에日本海軍이自持舖陳ᄒᆞ고北闕慶會樓에人來ᄒᆞ야遊玩하ᄂᆞᆫ더不求ᄒᆞᄂᆞᆫ舖陳을主殿院理事黃鎭菊시가 太皇帝陛下 御舖陳中一新舖設ᄒᆞ얏ᄂᆞᆫ故로承寧府侍從이舖陳擧行ᄒᆞ든人員에姓名을錄去ᄒᆞ얏다더라

●殿門破碎 今番에伊藤統監과同渡ᄒᆞᆫ海軍將卒을三昨日에法部大臣趙重應主殿院卿리謙濟兩氏가帶同ᄒᆞ야北闕을拜觀ᄒᆞᄂᆞᆫ디각殿閣을封鎖ᄒᆞ고開金은承寧府에留置ᄒᆞ얏ᄂᆞᆫ故로開金持來次로承寧府에送人ᄒᆞ얏ᄂᆞᆫ대該人이來到ᄒᆞ엿던지主殿院卿리謙濟氏가長安堂門樞를以斧子로斫破闢戶ᄒᆞ고入去ᄒᆞ얏ᄂᆞᆫ디莫重之地를리卿이斧子斫破ᄒᆞ거ᄂᆞᆯ侍從이聞ᄒᆞ고宮內府大臣에게面告ᄒᆞᆫ즉히大臣所答이關내事ᄂᆞᆫ主殿院에셔摠察ᄒᆞᄂᆞᆫ거시며亦無關係라하얏다더라

●박遞리任 黃海道觀察使朴彝陽ᄂᆞᆫ將次遞職되고其代에ᄂᆞᆫ多年日本에滯留ᄒᆞ얏던리軫鎬氏가被任ᄒᆞᆫ다ᄂᆞᆫ說이浪藉ᄒᆞ더라

●兩氏入城 內部衛生局長劉猛씨와寺社課長宋之憲兩氏가新義州ᄭᅡ지視察ᄒᆞ고再昨日下午拾時에入城ᄒᆞ얏다더라

●韓人稀小 내部衛生局工事課에ᄂᆞᆫ官吏가合爲九十餘名내에韓國官吏ᄂᆞᆫ六人에不過ᄒᆞ다더라

●或留或賣 全州財務監督局所管驛屯土賭租ᄂᆞᆫ義援을因ᄒᆞ야放賣치못ᄒᆞ고大邱財務監督局所管驛屯土賭租ᄂᆞᆫ時擾로歇價放賣ᄒᆞ얏다더라

●平市支線 日人上杉松太郞等諸시九人이발起ᄒᆞ고平壤郡에市街鐵道를敷設ᄒᆞᄂᆞᆫ대出財見額金이一萬六千五百圜이오股定資本金은二萬一千四百圜이라더라

●北闕小火 再昨日下午二時에景福宮神武門外舺場에玩鶴人의燐寸으로失火ᄒᆞ얏다가旋卽撲滅ᄒᆞ얏ᄂᆞᆫ대侍從이摘奸次로入來ᄒᆞ얏다가玩鶴人을逐出ᄒᆞ얏다더라

●奪財反誣 抱川居리冕宰시가所耕답八斗落을欲爲斥賣ᄒᆞ려니全郡居趙東洙리元宰與名不知朴哥二人이符同ᄒᆞ야該畓을偷賣於金和叔處ᄒᆞ고當錢一萬兩ᄒᆞ야暗地受價ᄒᆞ야沒數分食後에김和叔시가債劵을推覓ᄒᆞᆫ즉該三人이以遁辭彌縫ᄒᆞ야畓價를受ᄒᆞ라가見失於賭於場이라ᄒᆞ고只以二千五百兩으로本文記를리冕宰시에게要求ᄒᆞ라가計不入料ᄒᆞ야리冕宰시를反以無理之說로搆誣ᄒᆞᆫ다고該郡來人에傳說이有ᄒᆞ더라

●閔시被捉 大邱財務官閔泳直시ᄂᆞᆫ結錢에有何相關인지不知어니와大邱財務署에셔派巡捉去ᄒᆞ얏다더라

●義不受金 坡州恭陵順陵靑陵一處에義兵이來到ᄒᆞ야衣服四拾件을討索ᄒᆞᆫ다ᄂᆞᆫ說은已爲報道ᄒᆞ얏거니와恭陵令엄昇현氏가該陵에貧寒ᄒᆞᆷ과實況에殘薄ᄒᆞᆷ을善爲說明ᄒᆞ고二陵官의登期月俸을合爲捐助ᄒᆞ야軍需를補用ᄒᆞ라ᄒᆞᆫ대該義兵이김氏의言을感動ᄒᆞ야錢亦不受以去ᄒᆞ얏다더라

●畿會出捐 畿湖興학會를擴張ᄒᆞᆯ方針으로南北村大官들이前徵文毅塾내에會同하야각其補助금을義捐ᄒᆞᄂᆞᆫ디永宣君리埈鎔시ᄂᆞᆫ五百圜을補助ᄒᆞ얏다더라

●靑會演說 靑年會館에셔今日下午七時三十分에演說會를開하고牧師徐炳憲氏가此湖一哭이란問題로演說ᄒᆞᆫ다더라

●박씨總務 前承旨朴鼎[illegible]氏가近日開進학校總務로敎育에熱心ᄒᆞ야擴張코ᄌᆞᄒᆞᆫ다더라

●花樂寄校 再昨日養正義塾에셔卒業禮式을擧行ᄒᆞᄂᆞᆫ대軍樂과六角을送ᄒᆞ고假花를盛設ᄒᆞ얏ᄂᆞᆫ대六角과假花ᄂᆞᆫ洪肯燮氏가寄付ᄒᆞ얏다더라

●聯台運動 仁港通信을據ᄒᆞᆫ즉각학校聯台大運動會ᄂᆞᆫ松林後麓으로定ᄒᆞ고日字ᄂᆞᆫ今月二拾九日이라더라

●咸郡新校 咸興西雲田社官西里居趙鎬道全履謙吳文根趙鎬源四씨가國文夜학校를設立ᄒᆞ고樵夫牧童四五十名을募集ᄒᆞ야敎授ᄒᆞ며또女학徒를募集ᄒᆞ야合動奬ᄒᆞ미大有前進之望일너라학徒父兄의義捐금이三百五十圜이오護國鄕齋齋屯田二拾四日耕과新村屯田二十八日耕을학校에寄付ᄒᆞ엿다고北來人이稱頌ᄒᆞ더라

▲地方消息▼

▲本月十日上午四時에義徒百餘名이畏水郡에突入ᄒᆞ야公廨及民家十七戶를沒數燒火ᄒᆞ고財務署에셔收刷ᄒᆞᆫ稅金九百拾七圜二拾전을奪去하얏다ᄒᆞ고

▲十七日발電을據ᄒᆞᆫ즉十六日丹城郡에義兵이襲來ᄒᆞᆫ다ᄂᆞᆫ報를當地警察署에셔接ᄒᆞ고即朝에韓日巡査五名을派遣ᄒᆞ얏다ᄒᆞ고

▲十四日에厚昌郡富山동에義兵四百名이日討隊와四時間을激烈히交戰ᄒᆞ얏다ᄒᆞ고

▲新坡中江鎭間에電線全部가破壞되얏ᄂᆞᆫ대此是厚昌郡에서鬪ᄒᆞ던義兵의所爲라ᄒᆞ고

▲靈光郡森남地方에約百名義兵이逗遛ᄒᆞᆫ다ᄂᆞᆫ報를接하고同地에駐屯ᄒᆞᆫ日騎兵以下十四名이四月七日에目的地에到着ᄒᆞ야八十名義兵과交戰ᄒᆞᆫ대當日에兩勢가劇甚ᄒᆞ야義兵이二時間을抵抗ᄒᆞᆷ으로容易히退却지못ᄒᆞ얏ᄂᆞᆫ대日騎兵壹名이眉間에中丸負傷ᄒᆞ엿다ᄒᆞ고

▲拾九日發平壤電을據ᄒᆞᆫ즉義兵八十名이祥原邑을襲來ᄒᆞ야放火逃走하얏ᄂᆞᆫ대財務署全部와郡衙一部가燒失ᄒᆞ얏다ᄒᆞ고

▲元산電을據ᄒᆞᆫ즉十八日午後一時頃에約二百五名義兵이文川郡에襲來하야巡査駐在所及財務署에留置ᄒᆞᆫ文簿를燒却ᄒᆞ고又財務署建築物을破壞ᄒᆞ고日人壹名을殺害ᄒᆞ며韓巡査ᄂᆞᆫ被服을掠奪ᄒᆞ고雲林社方面으로逃走ᄒᆞ얏다ᄂᆞᆫ報를當地警察署에셔接ᄒᆞ고警部가巡査를領率ᄒᆞ고急行ᄒᆞ얏다ᄒᆞ고

▲拾八日全州발電을據ᄒᆞᆫ즉同日午前一時頃에義兵一百餘名이任實郡巡査駐在所及日備騎兵을襲ᄒᆞ야二時間을交戰ᄒᆞ얏ᄂᆞᆫ대日騎兵一名은戰死ᄒᆞ고一名은負傷ᄒᆞ얏다ᄂᆞᆫ報를當地警察署에셔接ᄒᆞ고討伐次로出張ᄒᆞ얏다더라

東京電報

十七日발

●東洋協會의知事招待 東양協會ᄂᆞᆫ今日에각地方官을招待ᄒᆞ얏ᄂᆞᆫ대桂總裁ᄂᆞᆫ拓殖會社의將來方針과其他事件으로演說ᄒᆞ엿다더라

拾八日발

廣東의日貨排斥 廣東의日本商品排斥運動이再起ᄒᆞ야香항에도波及ᄒᆞ얏스미形勢가容易치아니ᄒᆞ다더라

拾九日발

日政府無能 廣東에셔日本商品排斥이日益劇烈ᄒᆞ야도日本政府ᄂᆞᆫ優柔不斷ᄒᆞ야진靜ᄒᆞᆯ時가無ᄒᆞᆫ故로同地에居留ᄒᆞᄂᆞᆫ日本人은日本政府의無能ᄒᆞᆷ을慨歎ᄒᆞᆫ다더라

▲相馬辨難▼

▲相馬ᄂᆞᆫ經을觀ᄒᆞ고能ᄒᆞ야高下優劣을題品ᄒᆞ니人之賢愚와相等이라執策而臨天下ᄒᆞ야曰無馬니오不知馬다

▲豈超檀溪免危ᄒᆞ니濟世之憂길엇고나南陽何日廬中에求賢如渴驌驦ᄒᆞ니豈天之下大經綸은背上英雄執鞭이라的盧馬가네아니냐

▲志在千里數伏ᄒᆞ니奔背逐影不得志라豈打玉壺悲歌하니豈生壯心不已로다斥馳逸氣가等泛駕ᄒᆞ니不遇當時에惜虛老라伏櫪驥가네아니냐

▲轅下局促勞寒蹄하니遲々春日流汗轡라外人眷鞭一揮處에系腕覊絆不自由라春睡欲來踏鞴背ᄒᆞ니兩耳如垂玄黃이라歟段馬가네아니냐

▲朝能獲冷食하니誰遇手段누가잇나一幅江山三千里가며術中에墮在로다全國禍胎釀成ᄒᆞ야一時勢力闢得ᄒᆞ니變奚馬가네아니냐

▲時不利兮추不逝ᄒᆞ니所向無敵쓸대업네慓悍勇氣밋지마라無不殘滅失德ᄒᆞ야人心不服하ᄂᆞᆫ날에吳江落日엄엇고나烏추馬가네아니냐

▲世上事를思量ᄒᆞ면豈得豈失豈殺이라如弄小丸此天地에來頭禍福安知런고强壯力이反生ᄒᆞ야會稽深蟄能害이라塞翁馬가네아니냐

▲豈顧猶直千金ᄒᆞ니係陽祠鞭不遇로다馬耳山이出沒ᄒᆞ니隱君子가有誰런고禮羅未設卿對하야待價ᄒᆞ고가徘徊로다鞍兀馬가네아니냐

▲行々且止所到處에人皆畏憚縮頸로다萬古奸物滿廷ᄒᆞ니國家事가蒼茫ᄒᆞ다危言直諫無聞ᄒᆞ니朝陽鳳鳴어ᄃᆡ갓나靑驄馬가네아니냐

▲湖州路邊不勝悄ᄒᆞ야身誇錦鞍度春風ᄒᆞ니當時富貴豪華子ᄂᆞᆫ揚々得意過去ᄒᆞ나變換時局不知런가驕矜情態可惜ᄒᆞ다章臺馬네아니냐

右上品世冒金鳴納一圓定價금一기각

社告

本社大邱支社員崔一弘시ᄂᆞᆫ日前에解任ᄒᆞ고本報ᄅᆞᆯ停送인바 히지購覽諸시의本報愛讀之厚意ᄅᆞᆯ辜副코ᄌᆞ하야當지남門나乾材약局梁務益시ᄅᆞᆯ本社支社員으로認定ᄒᆞ고還間停送ᄒᆞ얏던申報도逐號遞送ᄒᆞ오니購覽쳠員은右梁시와게繼續請覽하심을望要

雜報

◎非子伊姪 本報第七百八十三號雜報欄니와宮有子란題下에梁柱翊氏가完王宮尙宮의子란句語에對하야梁시가送人卞明ᄒᆞ기ᄅᆞᆯ尙宮의子가아니라收養姪이라하더라

廣告

尹範檀氏許今晦日推次三拾圓票十六只遺失誰某拾得休紙施行

本所에셔、山林、田답、家屋、각鑛等、외測量製圖事務ᄅᆞᆯ迅速處理ᄒᆞ오니 僉君子ᄂᆞᆫ來議ᄒᆞᆷ
新門外南邊第四家測量事務所 文建鎬 告白

本校에셔測量科ᄌᆞ학試驗日子ᄂᆞᆫ業已廣告이온바四月二十六日(陰三月二十六日)日曜上午十一時로更定ᄒᆞ고處所ᄂᆞᆫ磚동普成학校內로定하오니請員은趁期應試ᄒᆞ시ᄋᆞᆷ
西北協成학校 告白

平南殷山郡守鄭基泳氏ᄂᆞᆫ本月十五日에平壤各학校大運動時에本郡々內학徒의服裝價二十餘圓과路費拾圓을出捐ᄒᆞ엿기不勝感謝ᄒᆞᆷ
殷山郡濟南面基督학校任員等
리鍾煒 趙基璉 金鍾鏞 告白

東萊府尹韓致愈氏가莅才四朔에治化ㅣ大行이라內政爲驟明ᄒᆞ고外交爲嫺熟이라舊학이既贍에新학이又富로다急先務於教育ᄒᆞ야樂捐助而成美라裁決如流ᄒᆞ니庭清似水로다如此賢明之侯ᄂᆞᆫ可謂獨立使君이요正是囝知太守이기概擧其美ᄒᆞ야以揭公眼ᄒᆞᆷ
東萊府沙中面居民 朴重奎 최鵬 金憑有 박自玉 鄭寅奎 姜元俊 리仁瑢 李英瑞 等告白

本人의名啣匣을本月十五日平壤運動場에서見失이온바田畓溢處所捧一百四拾圓手標와平常契中國債報償壹百圓碑石동基督학校國債報償六十圓大韓每日申報社에任置ᄒᆞᆫ領證二度가在하오니誰某拾得間休紙施行ᄒᆞᆷ
三和港牌石洞鄭亨混 白

本人高祖山이在於仁川黃等川面斗吉里植松禁養사爲六七十年矣當初買山時계下左麓有名不知박塚而幾十年間一不見形至于近日加里峯居朴德信稱以塚主金山松楸欲爲偸賣ᄒᆞ니內外國人은切勿見欺ᄒᆞᆷ
京龍山金載昌 告白

本人에從子命九가本自浮浪ᄒᆞ야符同挾雜之類ᄒᆞ고渠之叔父에田답ᄅᆞᆯ欲爲偸賣하니內外國人은切勿見欺ᄒᆞᆷ
文義郡內面德留趙東璽 告白

本人의四寸在旭이性本浮浪이온바本人이惟恩教誨ᄒᆞ야自來周恤은衆人共知라今者在旭이或稱在珏ᄒᆞ고或稱在洪하야符同外人에多數用債ᄒᆞ오니債用도無ᄒᆞ고財產ㅏ擔保도無ᄒᆞᆫ人아分外債務ᄅᆞᆯ多負ᄒᆞᆷ은其意何居오此人의宅心無良은勸解不得ᄒᆞ와玆廣告ᄒᆞ오니內外國人은切勿見欺ᄒᆞᆷ
鎭山邑정在學 告白

本郡守李源喆氏가赴任後邑政巨細ᄅᆞᆯ處理公正ᄒᆞ고日兵來往에交濟無弊ᄒᆞ니民懷其德ᄒᆞ고闔境安堵ᄒᆞᆫ며러勤治道路ᄒᆞ야以便行旅ᄒᆞ며拾三面內에捐俸救弊ᄒᆞ니如此善蹟을不可泯默故로玆先廣告ᄒᆞᆷ
陽성居民權학俊 白

本학院에서**數學專門**科ᄅᆞᆯ設置하고左開各科ᄅᆞᆯ隨意教授ᄒᆞ되時間은特別히晝학이나夜학에入參ᄒᆞᆫ신諸학員과共他業務에從事ᄒᆞ시ᄂᆞᆫ諸씨ᄅᆞᆯ爲ᄒᆞ야**下午**四時以後七時以前으로上학케ᄒᆞ깃사오니有志僉彥은**四月二十六日**內로來請ᄒᆞ심을要ᄒᆞᆷ
但開학後라도壹週日以內에ᄂᆞᆫ入參함을許ᄒᆞᆷ

科程

科目	級數	各級教授要項
算術	貳級	壹級自初至分數 貳級自比例至求積
代數	貳級	壹級自初至壹次 貳級自貳次至對數
幾何	三級	壹級自初至圓 貳級自比至平面終 三級立體
三角測量製圖	壹級	壹級平面及立體

但각級에期限은六個月로定ᄒᆞ고각科中貳科ᄂᆞᆫ兼修ᄒᆞᆷ을得ᄒᆞ되每級에入員이二拾人에不達ᄒᆞ면該級은不爲特設ᄒᆞᆷ
학費金은每科每月에六拾錢式으로定ᄒᆞᆷ
但貳科ᄅᆞᆯ兼修ᄒᆞᄂᆞᆫ人에ᄂᆞᆫ壹科에半額ᄋᆞᆯ減ᄒᆞᆷ
保証金은貳圓으로定ᄒᆞ되在학期間三拾箇日以上欠席이無ᄒᆞ고所修학業을完了ᄒᆞᆫ時에還給ᄒᆞᆷ
位置 北部觀峴徵文義塾內
入學及一般規程은右義塾內에**本院權設事務所來問事**
漢城數學院 리相益 尹定老 柳錫璨

本人이餘慶坊奉常寺南門동第九統八戶瓦家九間半板刻文券一章을典執ᄒᆞ엿다가不幸히遺失故玆以仰告ᄒᆞ오니內外國人은勿論ᄒᆞ고誰某拾得ᄒᆞ와도休紙施行ᄒᆞᆷ
劉漢文 告白

世界文明産育新法 全一冊純國文廿五錢
十九世紀歐洲文明進化論 全一冊國漢文三十錢
元賣所 鐘路古今書海館
支賣所 京鄉有名書館

世界三怪物
美國 斯密斯德 原著
韓國 卞榮晚 意譯
壹冊 定價 拾貳錢

現世界에三大怪物이발生ᄒᆞ야六洲에橫行ᄒᆞ며飄雲을呼喚ᄒᆞ미愚者가此物을遇ᄒᆞ면其魂을失ᄒᆞ고弱者가此物을遇하면其軀를喪ᄒᆞ야此物所過에天地가飜覆ᄒᆞ고國家가丘墟ᄒᆞ야上帝赤子가生命을莫保라故로是書ᄂᆞᆫ特히此三大怪物의氣狀을描寫ᄒᆞ야其防禦의妙策과利用의術을一々說明하야世界의生存을要求ᄒᆞᄂᆞᆫ者ㅣ不可不一覽ᄒᆞᆯ冊子이오니 僉君子ᄂᆞᆫ續々購覽ᄒᆞ시ᄋᆞᆷ
▲大발賣所
中署布병下廣학書舖 金相萬
平壤종路耶穌教書舖
京鄉各有名書사

▲**學員募集**廣告
本校에서校務ᄅᆞᆯ擴張ᄒᆞ고학員을多數募集ᄒᆞ오니願入僉員은四月二十五日(陰三月廿五日)내로入학請願書ᄅᆞᆯ本校에呈하고四月三拾日(陰三月卅日)上午十時에來校應試ᄒᆞᆷ
但入학請願書履歷書紙ᄂᆞᆫ本校로請求ᄒᆞᆷ
一 試驗科目
國漢文讀書作文算術四則以내
但相當ᄒᆞᆫ卒業證書가有ᄒᆞᆫ人은免試許入ᄒᆞᆷ
一 修業年限 三個年
一 修業科目 普通科
西北協成學校

本書館에서新刊新聞을發賣도ᄒᆞ고分傳도ᄒᆞ오니購覽ᄒᆞ시기願ᄒᆞᄂᆞᆫ僉彥은請求ᄒᆞ시ᄋᆞᆷ
南大門內尙洞教堂前 博文書館 白

本書館에서民智ᄅᆞᆯ廣開하고文明發達ᄒᆞ기爲ᄒᆞ야新舊書籍ᄋᆞᆯ大발賣ᄒᆞ오니僉君子은陸續來臨ᄒᆞ신ᄋᆞᆯ望ᄒᆞᆷ
釜山港東館韓興書館金汝翼
權務律 廣告

●**初等女學讀本**
本書ᄂᆞᆫ不但女校에必要之用書라諺解ᄅᆞᆯ另附ᄒᆞ야在家婦女도均可便覽而增장知見이오니續々購讀하심을望ᄒᆞᆷ
발賣所 漢城各書舖

基於人道之原則ᄒᆞ고重於正義之誠實ᄒᆞ며以親切爲旨ᄒᆞ야訴訟事件幷각官廳請願事件ᄋᆞᆯ應受依托ᄒᆞᆷ
京城저洞六拾四統二戶
東洋大학講師
辯護士 日本法律학士 木尾虎之眞

本人이陰二月廿日에明煥圖章을서失ᄒᆞ고宗煥으로圖章ᄋᆞᆯ改名ᄒᆞ얏스니 僉君子ᄂᆞᆫ照亮ᄒᆞᆷ
辛宗煥 告白

●新발明梅毒약廣告
陸軍軍醫[illegible]實驗方劑
落梅丹
口指不발창病去根之령약
壹劑五百粒 定價金三圓
主治 梅毒(창)新舊창 ●瘰癧●及廣病●便마質私●천病
已上病證外에男女間에不精交合ᄒᆞᆫ後에若疑아之端이有ᄒᆞ야도此약壹劑만服用ᄒᆞ면完無後慮ᄒᆞ고脾胃도健全ᄒᆞᆷᄋᆞᆯ擔保ᄒᆞᆷ
此外에도醫療機械와精美ᄒᆞᆫ약材ᄅᆞᆯ備ᄒᆞ고內外科각色疾病을誠心治療ᄒᆞᆷ
皇城北部大安동
仁濟약房 高用진 謹白
代理店
京城鍾路 共愛堂약房
仁川港龍동 濟生堂
國內各處약局에서隨應販賣ᄒᆞᆷ

本人의子次國이가本性浮浪ᄒᆞ야蕩敗家產於酒色之場이오며不些食口가將至于道路彷徨之境이오되終不改悛ᄒᆞ고符同雜類ᄒᆞ야欲圖欺人得債ᄒᆞ오니毋論內外國人ᄒᆞ고錢財相關이다가無至니失追悔ᄒᆞᆷ
事邊獨山面남平里居朴濟楨 白

◉**谷香葉卷煙草 大發賣**
大煙百本入一箱金一圓八十錢
仝 五拾本入一箱金九拾五錢
中煙百本入一箱金八拾錢
小煙百本入一箱金五拾錢
但多數購買則割引廉星
남署葉동六拾二統拾戶
谷香合資會社 告白

教科書類 小說書類 法政書類 文藝書類
本書館에셔擴張ᄒᆞ고各種書籍과學校用品을具備발賣ᄒᆞ오니有志僉彥은陸續購覽ᄒᆞ심ᄋᆞᆯ敬要
冊價ᄂᆞᆫ京城各冊사와同ᄒᆞᆷ
安州城內大街(큰거리) **知新書館 金鍾植**

本人이남門外停車場에서左開ᄒᆞᆫ韓一銀行의手票入ᄒᆞᆫ名啣匣을서失ᄒᆞ얏기玆에廣告ᄒᆞ오니該手票ᄂᆞᆫ誰某拾得하여도休紙施行ᄒᆞᆷ
番号 四 三壹
금額 五百圓
振出月日 隆희貳年四月四日
任금主 趙乙龍
番號 四 二四
금額 壹千圓
振出月日 隆희四年三月九日
任금主 朴庠鎔
右見失ᄒᆞᆫ匣과票ᄅᆞᆯ韓一銀行으로持來ᄒᆞ오면厚謝ᄒᆞ깃소
박致寬 告白

韓美電氣會社告白
割引券을發行하야四月一日부터鐘路本社及龍山停車場에셔賣下ᄒᆞᆷ
割引券은每券에六拾枚로編成ᄒᆞ고代金은貳圜八拾五錢으로ᄒᆞᆷ收이온ᄃᆡ每區域에서一枚式新貨五전과갓치使用ᄒᆞᆷ
龍山線區域을四月一日부터남大門外停車場前으로改定ᄒᆞᆷ
電車발着時間은四月一日부터改定ᄒᆞ야夏期時間表ᄅᆞᆯ依行ᄒᆞᆷ

漢城鐘路萬國基督教靑年會舘前慈惠藥房 製藥鑑査人濟衆院醫學員洪錫厚朴慈惠李 觀化告白

本人等이 米國大學醫院處方을 大醫學士魚丕信氏에게 受業ᄒ고 醫學校長勳五等池錫永氏에게 有效證明을 受ᄒ고 左記ᄒ 藥을 製造ᄒ야 外國醫藥規模를 依ᄒ야 紙匣洋鐵匣玻璃瓶에 盛ᄒ야 全國內地各處藥店에 廣賣ᄒ옵고 濟衆院英字醫書를 我國諺文으로 飜譯ᄒ야 名稱西藥便方이라ᄒ야 발賣ᄒ오니 四方 僉尊中 濟衆院 낙會數拾年來經驗信用ᄒ신 兄弟는 不拘약之多少와 路之遠近ᄒ고 以書請買ᄒ시면 本人은 雖拾錢價値라이라도 以小包郵便으로 仰呈ᄒ오리니 낙封定價外 郵稅十전을 加送ᄒ시되 小數전은 郵票 十전자리 등소서 보너시고 賣낙家에서는 多數買去ᄒ시면 郵便局 換錢票로 買送ᄒ시오 且本藥房에 米國(멀포드)製낙會社낙과 德國(만호입)製약社약品을 直輸入ᄒ야 (알갈)製낙會社낙과德國 法語英語로 記ᄒ方文과 主治와 用法을 我國諺文으로 飜譯발賣

商標

食思振起 體力活潑 補益丸　第一老衰男女 외개補益血

定價表		
拾日分	三十個入	金一圜
二十日分	六十個入	金一圜七拾五錢
三十日分	九十個入	金二圜五拾錢

主治大補元氣能調陰陽男子陽痿不起女子月經不調手足厥冷虛脫失氣久病人蘇完되ᄂ 効力이 大勝於鹿茸蔘人蔘精

神効解瘧丸　一日分定價金拾錢此藥은 大人小兒長瘧과 初瘧과 腹瘧에 以하 服用ᄒ면 更不再發

蛔虫丸　一日分定價金拾전此藥은 大人蛔積小兒蟲病외 神効

四時感冒丸　一日分定價金拾전 此藥은 感氣몸살에 쓰ᄂ약인데 一二日連服ᄒ면 四時傳感上下肢節頭痛에 卽時解熱鎭痛

男女瘡症祛根藥　定價金五圜此藥은 瘡疾의 一期二期를 勿論ᄒ고 거근ᄒ도록 낙을 쥬ᄂ데 口疳과 구역도 아니나오

淸明眼藥　一日分定價金拾錢此藥은 火眼熱眼의 有名奇効

無惡臭疥瘡藥　定價金四拾전此藥은 疥瘡虫을 卅分內撲殺

鎭咳嗽藥　五日分定價金三拾錢此藥은 四時傳常咳嗽에 有大効ᄒ고 特히 老人哽咳에 消痰止咳

寸虫發根　定價金三拾錢此약은 寸虫을 撲殺　円

止足汗藥　二十日分定價貳拾錢此藥은 德國軍人常用除足汗臭

輕腫根治膏　定價금十五전此낙은 面腫과 頭腫에 直差

濕腫根治膏　定價금十五전此약은 男女勿論하고 風寒暑濕으로 成腫되여 大起搔痒ᄒᆫ데 奇効

漢城百應膏　一封定價金十錢此약은 醫약醫士學信友시方文으로 製造ᄒᆫ 藥인데 명우리잘풀리고 각項腫氣에 발根合瘡이 速히되ᄂ 膏藥인데 大洋鐵匣入 一個금五十錢

小兒感冒靈効散　此약은 池錫永氏經驗良方小兒感冒及食滯身熱驚風者 神效定價金十錢

補氣神効保嬰散　此약은 醫學校長池錫永氏數拾年經驗之良方이니 小兒屎色綠而瀉○腹漲○身不安而不寐○腹痛驚悸及直視戴眼者 神效定價금十二錢五匣

發賣所　仁川港杻峴濟生堂낙房　京城梨峴賣낙商李信幹

◉大韓國新發明神藥

◉ 救皮膚靈丹　各種食滯中暑久滯口臭 痰飮吐瀉定價一貼十錢

◉ 至寶丸　治諸般雜疾不拘久近 俱有偉効定價一千錢

◉ 靈效液　外用芳香治疥瘡皮風 百發百中定價金三拾錢

◉ 淸眼水　治諸般眼疾有撥雲見 天之妙定價金拾錢

◉ 通淋丸　治男女急慢淋疾神效 無雙速效除毒壹週金五拾錢

製劑발行所　漢城南部大廣橋西邊第三家十九統…戶 共愛堂大葯房 謹白

支店　漢성남門內共愛堂第壹支店 姜助遠　群山港開福동共愛堂第二支店 리春若　河東郡赤良面共愛堂第三支店 黃麟秀

代理店　京城北部大安동 仁濟藥房　仝 종路靑年會館前 慈惠葯房　仝 西部新門外石橋 普濟醫院　仁川杏峴 濟生堂　仝 和平局

此外에도 東西洋각國有名賣葯과 草材葯이 俱備하오니 葯의 多少을 不拘ᄒ고 請求ᄒ시면 小包로 仰呈ᄒ게숍

簡易商業簿記學

全一冊　定價金四十五錢

本書ᄂ 簿記학中最近ᄒᆫ학理와 精妙ᄒᆫ形式을 精細蒐輯ᄒ야 了解키 簡易ᄒ도록 編述ᄒᆫ者니 一般商業家에 不可不一次閱覽ᄒᆯ者될뿐아니라 中等以上학校에 敎科로 用ᄒᆯ도 適當ᄒ니 陸續購覽ᄒ심을 望ᄒᆷ

발賣所　布병下 廣학書舖　洞口越便中央書館　廣橋東便匯東서館　寺동漢陽서館　鍾路 大東서市　鍾路古今서海관

弄球室主人 著述　表紙石版寫眞畵印刷

滑稽小說 禽獸會議錄　全一冊 正價金拾五錢

▲本小說은 新体文壇의 演劇的小說로 空前絶後의 一大禽獸會議를 開催하고 海陸動物이 演壇에 集合ᄒ야 人類와 禽獸의 優劣과 造化主宰의 眞理를 討論批評ᄒᄂ 光景을 傍聽實寫ᄒ야 讀者 諸君에게 紹介ᄒ도 今日吾人類社會의 公德頹敗ᄒᆷ을 警醒코ᄌ홈이니 其滑稽的文体가 光彩陸離ᄒ며 諷刺的批評이 奇拔欵曲하야 實로 國文小說界에 一大異彩를 放ᄒᆯ만ᄒ며 一讀解頤의 好書物이오

▲발行元　皇城書籍業組合

▲分賣所　中署龍朝橋越邊 中央書館　中署종路 大東書市　東署大廣橋東邊 匯東書館　仝 古今書海　西署남門外藥岩 新舊書林　남署尙洞 博文書館　남署 銅峴 博학書館　中署布屛 廣學書舖

●大韓國新發明藥廣告

◉ 主治效能
◉ 痰飮 ◉ 食積 ◉ 中暑中寒
◉ 咳嗽 ◉ 腹痛 ◉ 水土不服
◉ 氣鬱 ◉ 吐瀉 ◉ 船車眩暈
◉ 食傷 ◉ 酒醉 ◉ 口熱惡臭
▲其他諸般邪氣厲疫預方妙藥

新藥 淸快保命丹　九十粒入金拾錢　發行所 仁川港杻峴 濟生堂藥房

◉出張代理特約발賣所
京城大廣橋 共愛堂大藥房
同 종路 慈惠藥房 리觀化
同 梨峴 活약局 리信華
同 尙洞 博文書館 盧益亨
同 南大門外大同運輸會社
同 泥峴三丁目 新井支店
同 泥峴郵便局前 天佑堂
同 水橋 本堂出張人 리鳳林
仁川 舊邑 本堂出張所 金濟賢
同 開港 旅館 韓禹根
同 杏峴 和平堂 리應善
開城 東門 大萬物廛 박圭植
同 남門內 同店 禹相玉
同 남門內 冊肆 리禎錫
同 北部 忠橋 具聖模
海州 宗路 商店 宋在瑛
同 二房 약舖 김永泰
同 남門內 店 리奉緖
水原 종路下 약房 金濟九
延安 邑내 洋약局 邊汝文
江華 종路 店 尹斗鉉
同 종路店 宋順玉
同 西門外 冊肆 高成俊
長湍 남門내 崔敬淳
砂利院 市場내 客主 朴健昌
同 任九中
同 耶蘇敎堂내 리在善
黃州 남門내 紅門동 리東赫
平壤 螢巨里 濟生局 韓鳳儀
同 舘前 衛生醫院 金龍興
同 大興部一里 崔龍化
同 문武洞 藥局 桂澤宣
同 甲문 內 出張人 尹寅赫
鎭남浦 삼동 洋약局 김元섭
同 德洞 機本堂 出張人 吳남奎
群山港 開福동 김斗鉉
安州 城내 義井동 回春大약房
安岳邑 上場里 濟生局 林贊柱
大邱 남門내 劇場동 김成浩
釜山港 草梁 客主 金重佑
博川郡 美동 商店 朴芝行
載寧邑 後동 洋약局 崔允國
忠州 東良面 무遞 金鎭和
晉州郡 핀동 박魯賢

●定州 남門내 洋약局 리健柱
●郭山邑 내 洋약局 崔膺彬
●鐵山邑 내 永春堂 安瀬
●宜川邑 내 冊肆 安奎
●義州 水口街 崔석浩
●信川邑 四里 洋약局 김永植
●郭山邑 冊肆 김大鉉
●元山港 濟生堂 支店 박敬鎭
●北靑 新昌港 客主 박錫勳
●江原道 本堂 出張人 馬賢求
○德川邑 官동 洋약局 리丙斗
●禮山 용谷里 리東赫
●其他 各약店마다 隨應販賣흠
◉仁川港 濟生堂 告白

今般本院에셔 各項事務을 一層擴張하오며 金裝與銀裝各樣의 齒와 老小間 役數落齒호데 齒牀幷齒을 隨意製造하오며 拔齒與入齒時에 痊無苦痛케ᄒᄂ 技方도 有ᄒ며 齒科上面議ᄂ 無料로 受ᄒ압ᄂ니 四方 僉君子ᄂ 照亮ᄒ심을 爲希홈

京南大門內 尙洞 美人齒園 致家　寫齒科醫士 韓大衛 告白

▲新刊書籍發售廣告

新譯 無冤錄 大全 國漢文 定價金七拾五錢
大韓法規類纂 洋裝 三圜五拾錢
初等倫理學敎科書 鄭羲四拾錢
初等衛生學敎科書 二拾錢
國家學綱領 拾五錢
國民須知 拾五錢
愛國婦人傳 張志淵氏著 八錢 十五錢

發賣所 皇城布屛下 金相萬書舖

●國債報償總合所收入廣告
●永川支取所거林面石村동
김啓一 김노鐸 김泰희
成洙瓚 韓鎭敎 김泰彦
김明海 각六拾錢 김泰國
강泰嵩 韓석敎 孫星寬
成洙永 리章鉉 各四十錢
許松 申泰恒 김덕慶
김노汶 成洙운 리成潤
김인업 各二十錢
龍岡동中 二圜

▲還錫面古川동
崔永羽 壹圜 崔仁柱 八拾전
정희學 黃學華 각六十錢
최應華 김守八 리祥純
各四十錢 申七永 二拾錢
▲仙源동
鄭淵旭 鄭鎭一 정致衡
각二圜 曹錫일 정錫宅
各壹圜 정裕根 리仲模
嚴又述 各二十錢 張哲금
김北述 嚴貫江 吳順得
김元玉 各六拾錢 김官用
리五得 元述伊 崔凡伊
各四十錢
▲愚巷동
박鎭鎔 一圜 鄭鎬弼 정弼奎
김龍得 정守甲 김宗海
정外晥 최凡伊 박鎭周
朴鎭九 정문奎 朴致久
최品任 朴聖道 朴和珠
朴鎭洞 김萬伊 리星文
정尙用 白大用 崔凡守
崔根伊 朴道治 김箕先
申元伊 신應天 崔萬祿
崔止祿 申任文 張又根
신靑岳 朴鎭柱 박順永
신吉伊 柳成權 김振根
박진千 정錫앙 朴진澤
鄭致覺 김召史 박珠永
김春五 리鶴植 리致亨
정희宅 정희鳳 리起弘
리熙汉 朴진宗 정擇奎
리璧元 정昌奎 鄭龜錫
尹泰伊 김云伊 各二拾錢
리致叔 朴海朱 신仕永
鄭鎬和 金八用 김允星
정 희 리述伊 河永守
김필 必 박加夫 김澤熙
朴稷永 各四十錢 池聲鶴
최희柱 吳永守 各六十錢

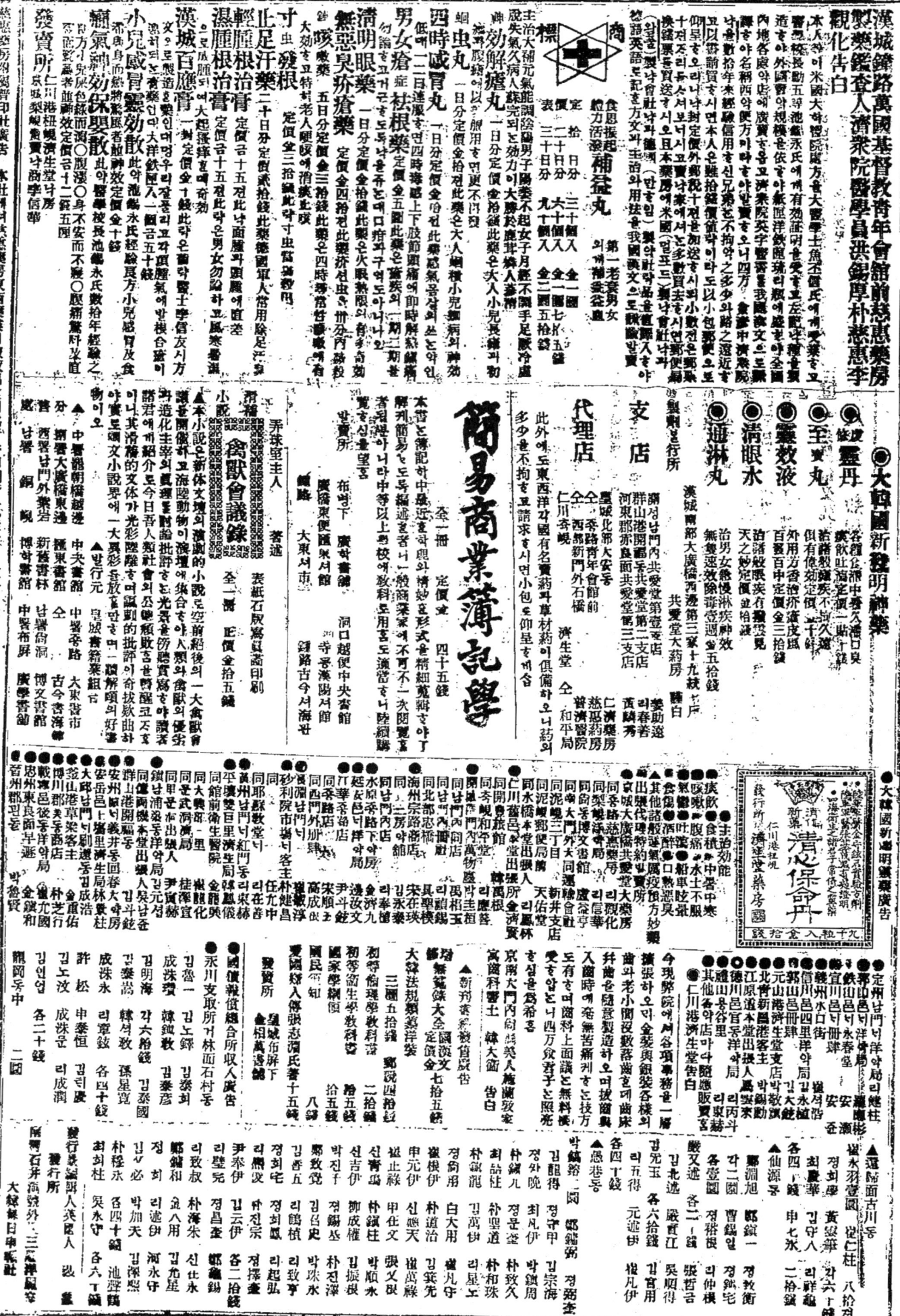

發行兼編輯人 英國人 裵說
發行所 南署石井洞號外三三…洋屋
大韓每日申報社

第六卷

大韓每日申報

七百八十五號

月曜及慶節
翌時日休刊

檀君開國四千二百四十一年
[illegible]
大韓開國五百十七年
日本明治四十一年
淸國光緖三十四年
陰曆戊申三月小廿二日丁未

別報

去月二十四日桑港電로ᄂᆞᆫ新聞에**須知分은韓國의公敵**이라題ᄒᆞ고揭載ᄒᆞᆫ全文이如左ᄒᆞ니

西方砲聲이世界에擾亂ᄒᆞᆫ韓國愛國志士張仁煥田明雲兩氏가韓國政府顧問官으로數年在任ᄒᆞ얏더가華盛頓으로봇터向ᄒᆞᄂᆞᆫ須知分을射ᄒᆞᆯ시張씨銃에二丸을中ᄒᆞ고田氏도張氏銃에一丸을中ᄒᆞ얏더라

韓國에서日人의칭讚을受ᄒᆞᄂᆞᆫ韓人들은此銃聲을讚美ᄒᆞ면셔兩씨ᄂᆞᆫ驍騎丁天ᄒᆞᆫ것ᄀᆞᆺ치生覺ᄒᆞᆯ터이오日本에셔ᄂᆞᆫ此信을聞ᄒᆞ고韓國을波蘭國ᄀᆞᆺ치ᄒᆞ기를生覺ᄒᆞᆯ거시오

外交界에셔ᄂᆞᆫ如此히變事日本ᄒᆞ던美國人이韓秩을當ᄒᆞᄂᆞᆫ더驚動ᄒᆞ야世界各國이其裁判에注目ᄒᆞ며必云々ᄒᆞ기를愛國性이란것이韓國人中에一新名詞인대此ᄂᆞᆫ日俄戰爭後에日本이韓國을占領ᄒᆞᄂᆞᆫ것을見ᄒᆞ고自由文明國에來游ᄒᆞ야愛國性이발生ᄒᆞᆫ것이라ᄒᆞᆯ더이로다蓋須知分을射殺ᄒᆞᆫ原因은彼日本이三年內에韓國의獨立을剝奪ᄒᆞ고專制殖民政策을作ᄒᆞᆫ事實이발表되얏ᄂᆞᆫ뎌此皆須知分이外部顧問으로在ᄒᆞᆯ時事라故로韓人이此人을實國賊으로認ᄒᆞᆷ이로다噫라千八百八十五年에須知分이日本을爲ᄒᆞ야效忠ᄒᆞ얏ᄂᆞᆫ대其間에盛職ᄒᆞᆷ으로東洋에有名ᄒᆞᆫ人이되얏고又日本皇帝가賞金도多給ᄒᆞ얏스며勳章二度를賜ᄒᆞ얏더라

須知分이美國書記官으로日本東京에住留ᄒᆞ더니日本의月銀厚給ᄒᆞᆷ을貪ᄒᆞ야美國職任을辭免ᄒᆞ고日本에獻身ᄒᆞ얏ᄂᆞᆫ대初次ᄂᆞᆫ華盛頓日本公使館書記官으로在ᄒᆞ얏고幾年後에日本東京으로復渡ᄒᆞ얏다가日俄戰爭後에韓國外部顧問官으로爲名ᄒᆞ야韓國月銀을食ᄒᆞ얏스나其實은日本利益만爲ᄒᆞ야觀務ᄒᆞ얏더라

故로韓法氏著述ᄒᆞᆫ冊에云ᄒᆞ기를須氏가外部顧問ᄒᆞᆷ은韓國의外交權을日本셔奪取코ᄌᆞᄒᆞᆷ이라ᄒᆞ얏더라

一千八百八十三年에韓國이美國과條約ᄒᆞᆫ內에曰彼此兩國間에何國이던지外國의損害를當ᄒᆞ면彼此間에極力相助ᄒᆞ자云ᄒᆞᆫ句節이有ᄒᆞᆷ으로韓國이美國을第一信認ᄒᆞ얏스며又美國人에게三百七十五英方里나되ᄂᆞᆫ金礦과電車와自來水等을許與ᄒᆞ얏다云ᄒᆞ얏더라

外報

●慰撫使派送說　上海電을據ᄒᆞᆫ즉淸國廣東廣西人民이北京政府의外交가劣弱ᄒᆞᆷ을憤恨ᄒᆞ너이ᄂᆞᆫ故로此를慰撫ᄒᆞ기爲ᄒᆞ야戴振貝子와唐紹儀兩氏를派送ᄒᆞᆫ다ᄂᆞᆫ說이有ᄒᆞ더라

●間島增兵　長春電을據ᄒᆞᆫ즉淸國에셔間島에派兵을增加ᄒᆞ기爲ᄒᆞ야吉林及長春에셔壯丁을募集ᄒᆞᆫ다더라

●漁業談判歸決　淸日兩國에셔關東州漁業問題로談判이已久ᄒᆞ더니該問題가本月十三日에歸決되얏다더라

●海軍法規開議　英國政府ᄂᆞᆫ海戰에關ᄒᆞᆫ法規를議ᄒᆞ기爲ᄒᆞ야本年拾月에倫敦셔海軍國會의議를開ᄒᆞ기로計劃ᄒᆞ야各國政府에請待狀을발ᄒᆞ얏다더라

●滿漢結婚無實　北京通信을據ᄒᆞᆫ즉각新聞에記載ᄒᆞ얏스되淸國　皇太后ᄭᅴ옵셔三品以上大官으로滿洲種子와漢種이通婚ᄒᆞᆫ다ᄂᆞᆫ件에對ᄒᆞ야調査ᄒᆞᆫ즉實無其事이오但樞府大臣들이會議ᄒᆞᆯ時에某大臣이滿漢結婚ᄒᆞᄂᆞᆫ事를提議ᄒᆞ얏스나至今ᄭᆞ지施行치못ᄒᆞᆷ은皇太后ᄭᅴ셔不可ᄒᆞ다ᄂᆞᆫᄯᅳᆺ이라ᄂᆞᆫ傳說이有ᄒᆞ더라

●俄日關係　海參威港俄國新聞에揭載ᄒᆞ얏스되日本이韓國邊界에軍用鐵路數條ᄒᆞᆯ地方을姑未詳知ᄒᆞ나畢竟韓國으로붓터關東과俄國邊界를經營ᄒᆞᆯ터이라ᄒᆞ며美國某新聞에揭載ᄒᆞ얏스되現今日本이緊急히大用ᄒᆞᆯ目的은但남滿洲內에셔地利를得ᄒᆞᄂᆞᆫ中인대俄國(아물)鐵道建築이俱備ᄒᆞ면對ᄒᆞ야自國의進就되ᄂᆞᆫ前程이遲滯될것을預知ᄒᆞᄂᆞᆫ貌樣이라더라

雜報

●新校日新　安山郡瓦里面新角ᄒᆞᆼ에居ᄒᆞᄂᆞᆫ徐允一尹世榮咸啓化丁壽七諸氏가발起ᄒᆞ야校舍를建築ᄒᆞ고名稱은新華學校라ᄒᆞ고科程은國文漢文算術體操等諸課目이오教師ᄂᆞᆫ金斗赫文徵翊兩氏가名譽로敎授ᄒᆞᄂᆞᆫᄃᆡ학徒가四十餘名에達ᄒᆞ얏다고該郡來人이稱道ᄒᆞ더라

●玉成학校　平北龍川楊上面玉成학校ᄂᆞᆫ丙午年九月分에設立ᄒᆞ고延師聘학ᄒᆞ야設科敎育ᄒᆞᄂᆞᆫ대校장金鉉玉씨와事務金弘珍氏가熱心視務ᄒᆞᆷ으로生徒日集ᄒᆞ고敎育이有方ᄒᆞ더니陰本月十一日에학年試驗을經ᄒᆞ고卒業例式을行ᄒᆞ얏ᄂᆞᆫ대高等卒業生김天源白元鳳김天鴻三氏와普通卒業證書를授與ᄒᆞ고김明達김德坤諸氏ᄂᆞᆫ甲級으로김啓周김宅柱諸氏ᄂᆞᆫ乙級으로金亨柱諸氏ᄂᆞᆫ丙級으로김基坤諸氏ᄂᆞᆫ丁級으로進級ᄒᆞᆫ後에校長이勸勉的으로一場說明ᄒᆞ고優數이賞品을頒賜ᄒᆞ얏다더라

●海港同胞義捐　海參威港에居留ᄒᆞᄂᆞᆫ韓人同胞들이去番桑港에셔須知分을砲擊ᄒᆞᆫ田張兩氏를救恤ᄒᆞ기爲ᄒᆞ야義捐金을多數募集ᄒᆞ기로同港新聞에揭載ᄒᆞ엿더라

●聯合運動　本月十五日과十六日兩日에平安南北道각학校에셔平壤에聚集ᄒᆞ야聯合運動會를開ᄒᆞ고諸般運動을行ᄒᆞᄂᆞᆫᄃᆡ校旗가共四百餘個오生徒가共計大七千이오旁觀者가十萬餘名인대西道에曾未有ᄒᆞᆫ一大壯觀을呈ᄒᆞ엿다더라

●春期運動　水原郡官公私立학校春期聯合運動會를本月二十二日上午八時에該郡東門니鍊武臺에셔擧行ᄒᆞᆫ다더라

●協校試驗　西北協成학校에셔本月二拾日爲始ᄒᆞ야師範登年速成科第一回卒業試驗을設行ᄒᆞ고內外國歷史法학算術等諸課程으로試取ᄒᆞᄂᆞᆫᄃᆡ應試ᄒᆞᆫ학員이四十人이라더라

新譯 海外稗談

第三章　東籬子 譯

白絲線　續

俄公使去後에幾日이못되야宮中에設宴ᄒᆞ거ᄂᆞᆯ余亦參연ᄒᆞ니雖非大會나來者甚衆이라奧公使及總理大臣斯氏等과國王前외同詣ᄒᆞᆫ되王이慇懃寬待ᄒᆞ며皇后亦在座ᄒᆞ야尤爲招呼懇摯ᄒᆞ니后ᄂᆞᆫ色態가美絶ᄒᆞᆯ샏外라其才藝과力量도歐洲各國皇后中에首屈一指者라旣而오宴席에就ᄒᆞ야數巡行酒後에情形을細察ᄒᆞ니秘事가似有ᄒᆞ도다國王이擧盃自酌ᄒᆞ며皇后와ᄂᆞᆫ一言도不交ᄒᆞ고却與奧公使로低聲私語ᄒᆞᄂᆞᆫ대皇后가意似不安ᄒᆞ야注目視王ᄒᆞ고總理大臣도顏色이忽變ᄒᆞ며座上衆賓은或양々得意ᄒᆞ며或鬱々不樂ᄒᆞ니一見而可知一大事ᄒᆞ出이로다未幾에侍者가獻果餅ᄒᆞᆫ되王끠셔蔘起立ᄒᆞ야注酒盈杯ᄒᆞ더니擧杯放顧ᄒᆞ며向衆人言曰朕이吾親友奧地利皇帝佛蘭西大統領에康寧을謹祝ᄒᆞ노니其各一大盃를擧ᄒᆞ야以爲祝ᄒᆞ라余於此에乃大悟ᄒᆞ니盖王이必與奧國으로密約을結ᄒᆞ얏ᄂᆞᆫ도다今之擧酒相賀ᄂᆞᆫ正其奧黨의至勝과俄黨의全敗ᄒᆞᆷ을示ᄒᆞᆷ이로다

於是에左右를觀察ᄒᆞᆫ則喜形於色ᄒᆞ야意氣揚々에若勝不勝者ᄂᆞᆫ奧公使也오蓄脊頹色으로不得已起立하야引杯强飲에如飲死藥者ᄂᆞᆫ皇后也니와總理大臣은狡猾之人也라故로顏色을假粧ᄒᆞ야意思가安閑ᄒᆞᆫ듯시一飮而盡ᄒᆞ더라

座間에忽然小聲이余耳膜을敲ᄒᆞ거ᄂᆞᆯ其音을細察ᄒᆞᆫ즉日我黨이다俄公使에恰於此時에不在座로다若在座러면○○○○○○

余가此言을聞ᄒᆞ미俄公使歸ᄒᆞ이出於深計인줄을始悟ᄒᆞ고思之又思ᄒᆞ게心緖의作惡ᄒᆞᆷ을不禁ᄒᆞ더니總理大臣이暗々向余語ᄒᆞᄃᆡ俄公使의預料가如此ᄒᆞ더니果然이로다

君今代理之責을受ᄒᆞ얏스니雖有難事나不可不竭力相助라今我懷中에緊要文件이有ᄒᆞ니閣下ᄂᆞᆫ受而歸之ᄒᆞ오ᄒᆞ거ᄂᆞᆯ余嘗時에心甚不快ᄒᆞ니盖俄國政略이陰險ᄒᆞᆷ을皆曾聞之로되直接으로其計中에墮入ᄒᆞᆷ은實始今日이로다然이나與人相約ᄒᆞ고今忽反覆ᄒᆞ면外交官之名譽도有損이오法蘭西之體面도不好라乃不得已而答總理大臣曰願於明日에此文件을携來ᄒᆞ라總理大臣이蹙額顰眉ᄒᆞ며低聲再言曰不可ᄒᆞ다事勢가至急ᄒᆞ니不可再待明日이라今我가食卓之下를向ᄒᆞ야暗以投之ᄒᆞ리니君其注意受之ᄒᆞ고無使人見ᄒᆞ라余乃勉强許諾ᄒᆞ니總理가僞與左邊々客으로對言ᄒᆞ며其手를外衣之袖로徐々探入ᄒᆞ거ᄂᆞᆯ余亦其法을效ᄒᆞ야背坐與皇后로談話ᄒᆞ니國王이余와總理의私語狀을遙見ᄒᆞ고卽時余身邊으로離席就坐ᄒᆞ야漫話로周旋ᄒᆞᄂᆞᆫ되皇后도從傍而聽ᄒᆞ며間有所言이라余가方與兩陛下로譚笑間忽然登物이余膝을來觸ᄒᆞ거ᄂᆞᆯ乃會意ᄒᆞ고潛伸右手ᄒᆞ야卓下로從探ᄒᆞᆫ즉何許登物이手指와相接ᄒᆞ나卽總理大臣之所謂緊要文件이라余遂收之ᄒᆞ야揷入於胸前之裏囊ᄒᆞ엿ᄂᆞ니已오總離食堂ᄒᆞ야復至客廳ᄒᆞ니皇后가乘左右無人ᄒᆞ야低聲語余曰君이旣此緊要文件을收取ᄒᆞ얏스니此所를早離ᄒᆞᆷ이如何오ᄒᆞ더라　未完

雜報

●日醫陪射 太皇帝陛下ᄭᅦ옵서 再昨日下午一時에 鶴亭에 親臨ᄒᆞ옵서 御射ᄒᆞ옵셧ᄂᆞᆫᄃᆡ 의士佐藤進이가 陪從參觀ᄒᆞ얏고 太皇帝陛下ᄭᅴ옵셔 饌料를 下賜ᄒᆞ옵셧다더라

●御臨玉泉 大皇帝陛下ᄭᅴ셔와 皇后陛下ᄭᅴ셔 再昨日下午二時에 玉流泉에 臨御ᄒᆞ옵셔 春光을 玩賞ᄒᆞ시고 同四時에 還宮ᄒᆞ셧다더라

●雲宮洋屋 雲峴宮을 毁撤ᄒᆞ고 양屋으로 建築ᄒᆞᆫ다ᄂᆞᆫ 說은 已爲報道ᄒᆞ얏거니와 自 上으로 不可ᄒᆞ시다ᄂᆞᆫ 處分이 有ᄒᆞᆫ 故로 沒數毁撤ᄒᆞ기ᄂᆞᆫ 停止ᄒᆞ고 前面으로 幾拾間을 毁破ᄒᆞ고 양制로 建築ᄒᆞ기로 酌定ᄒᆞ야 日前부터 工役에 着手ᄒᆞ얏다더라

●伊藤陛見 伊藤박文시가 昨日下午二時에 秘書官以下數人을 帶同ᄒᆞ고 大皇帝陛下ᄭᅴ 陛見ᄒᆞ얏다더라

●統府例會 昨日에 각部次官이 統監府에 例會를 開ᄒᆞ얏다더라

●長谷不參 日前統監府園遊會宴況을 漏聞ᄒᆞᆫ즉 有何事件인지 未知어니와 伊藤박文시ᄂᆞᆫ 顔色이 別無與況ᄒᆞ고 장谷川大將은 宴會에 出席지 아니ᄒᆞ얏다더라

●訪問伊藤 前特進官兪吉濬시가 再昨日에 伊藤統監을 訪問ᄒᆞ고 數時間을 談話後에 還歸ᄒᆞ얏다더라

●法務委任 法部大臣趙重應씨가 壹週間에 不過壹貳次式 仕進ᄒᆞ고 該部諸般事務를 壹切日本官吏의게 委托ᄒᆞᄂᆞᆫ 故로 事務處理가 多有障碍ᄒᆞ다더라

●宋留山口 農商工部대臣宋秉畯씨ᄂᆞᆫ 現今日本國山口縣에서 留連ᄒᆞᄂᆞᆫ 中이라더라

●학大歸留 학部대臣리載崑氏가 歸國次로 昨日에 東京에서 出發ᄒᆞ얏다고 학部에 電報ᄒᆞ얏다더라

●演社風流 再昨夜宋宣君리至鎔氏ᄂᆞᆫ 妓生九名을 帶同ᄒᆞ고 總相리完用氏의 子리恒九씨ᄂᆞᆫ 妓生二名을 帶同ᄒᆞ고 演興社에 前往ᄒᆞ야 迭宕히 演戲를 觀覽ᄒᆞ얏다더라

●江亭詩興 中樞院顧問리址鎔氏가 近日龍山江亭에서 某某官人을 請邀ᄒᆞ야 詩會를 盛設ᄒᆞ얏다더라

●墮車傷臂 度支大臣高永喜氏가 再昨日에 詣闕ᄒᆞ다가 人力車가 顚覆됨으로 落傷ᄒᆞ얏ᄂᆞᆫᄃᆡ 右臂가 不仁ᄒᆞ야 現今治療中이라더라

●兩氏權任 前報와 如히 中樞院議長은 金允植氏로 내定되고 副議장은 申箕善시로 내定이 되얏ᄂᆞᆫᄃᆡ 日間頒布가 된다더라

●視察三남 内部地方局長兪仲模 事務官吳在豊及高橋比等이 三남地方을 觀察次로 日間發程ᄒᆞᆯ 預定이라더라

●兩守云任 今番郡守奏本을 漏聞ᄒᆞᆫ즉 延安郡守ᄂᆞᆫ 리範昌시로 富川郡守ᄂᆞᆫ 申佑熙氏로 叙任ᄒᆞᆫ다더라

●伊藤落膽 各地에 橫行ᄒᆞᄂᆞᆫ 義徒를 伊藤박문시가 歸任途中에서 鎭撫ᄒᆞ려ᄒᆞᆫ다ᄂᆞᆫ 流言이 頻頻ᄒᆞ더니 伊藤박문시도 去拾六日에 仁川서 上陸ᄒᆞᆯ際에 注意가 不少ᄒᆞ더니 永登浦에 至ᄒᆞ야ᄂᆞᆫ 數町之地에서 一聲砲響이 轟然突起ᄒᆞ거ᄂᆞᆯ 車내統監이 落膽이라 憲兵과 巡査數拾名이 驟驅偵探ᄒᆞᆫ則 日人獵者의 誤발ᄒᆞᆷ이라더라

●辭守留京 靈光郡守閔丙吉시ᄂᆞᆫ 該郡守를 辭職遞ᄒᆞ고 日후에 留ᄒᆞ며 次로 發程ᄒᆞᆯ터이라

●塚入水道 前法部協辦리源競시의 累代先祖의 墳所가 鷺梁地에 在ᄒᆞᆫᄃᆡ 該墳段이 인川水道敷設地로 犯入되얏ᄂᆞᆫᄃᆡ 該리시가 内部에 請願ᄒᆞ기를 他區域을 勝牌例로 指定ᄒᆞ던지 不然ᄒᆞ면 移葬費幾萬圓을 支撥ᄒᆞ라ᄒᆞ얏다더라

●水道費支撥 釜山港水道工事費에 所入三年經費가 壹百二拾萬圓으로 支撥ᄒᆞ얏다더라

●無聊獨坐 向日伊藤박文시가 入城ᄒᆞᆯ時에 각官立학校학徒만 齊齊히 出往迎接ᄒᆞᄂᆞᆫᄃᆡ 의학校長池錫永시가 該학徒다려 迎接次로 出往ᄒᆞ라ᄒᆞᆫ즉 一般학員이 皆曰不可라ᄒᆞ거ᄂᆞᆯ 池시가 又動ᄒᆞ기를 玩남次로 出往ᄒᆞ라ᄒᆞ니 학員들이 然則午飯後에 會集ᄒᆞ야 出往ᄒᆞ다ᄒᆞ고 각歸其家ᄒᆞ얏더니 日暮而不會ᄒᆞᄂᆞᆫ지라 池시ᄂᆞᆫ 無聊獨坐ᄒᆞ얏다더라

●豈曰無故 渭原郡分派所巡査安希俊이가 該郡邑民金希辰의 妻를 强奸ᄒᆞᆫ 事가 現露ᄒᆞ야 該郡守리東成氏가 使喚七八名을 多送ᄒᆞ야 安希俊을 捉囚郡獄ᄒᆞ얏ᄂᆞᆫᄃᆡ 事변警察署에셔 安希俊을 該郡守가 無故히 捉囚ᄒᆞ얏다고 내部로 報告ᄒᆞ얏다더라

●委員選置 漢城府尹張憲植시가 각洞학齡幼兒를 教育實施ᄒᆞᆯ 次로 各洞에 학務委員을 選置ᄒᆞᄂᆞᆫᄃᆡ 二統에 학務委員壹人式을 選擇ᄒᆞᆯ터인ᄃᆡ 統監一人이 該委員五人式을 選報ᄒᆞ면 官報에 掲載ᄒᆞᆫ다더라

●巡査向東 昨日韓日巡査三拾餘名이 平服으로 東門外로 出張ᄒᆞ얏다더라

●日刺韓指 再昨日下午九時에 壽동地方轉橋商店에서 韓人과 有何相折인지 互相爭詰ᄒᆞ다가 日人이 韓人의 手指를 拔刎刺ᄒᆞ얏ᄂᆞᆫᄃᆡ 該日人은 日巡査가 捕縛ᄒᆞ야 警務中署로 押去ᄒᆞ얏다더라

●燒戶蠲布 江原道伊川郡에서 今番義擾時에 人民의 家屋被燒ᄒᆞᆫ 數가 壹百三十餘戶이라ᄂᆞᆫᄃᆡ 度支部에서 該戶布錢을 蠲減ᄒᆞ얏다더라

●義害行客 日前東門外花溪寺附近地에서 義兵이 行客四名을 殺害ᄒᆞ얏다ᄂᆞᆫ 說이 有ᄒᆞ더라

●劫脅趙相 傳說을 據ᄒᆞᆫ즉 義兵幾名이 木川郡居ᄒᆞᄂᆞᆫ 前議政趙秉鎬氏를 訪問威脅ᄒᆞ기를 太平昇世에ᄂᆞᆫ 出仕ᄒᆞ다가 現今擾擾ᄒᆞᆫ 時代를 當ᄒᆞ야ᄂᆞᆫ 杜門不出ᄒᆞᄂᆞᆫ 것이 非臣子의 道理라ᄒᆞ고 無限威迫ᄒᆞ얏다더라

●移校空營 漢城高等女학校를 前漢語학校로 設立ᄒᆞᆫ다더니 更聞ᄒᆞᆫ즉 桂洞前工兵隊營門으로 設置ᄒᆞᆫ다더라

●臨亭思主 私立興化학校에서 本日에 春期運動次로 東小門外城北洞欽碧亭으로 出往ᄒᆞ얏ᄂᆞᆫᄃᆡ 該학校가 閔忠正公이 設立ᄒᆞᆫ 학校이오 該亭이 亦閔忠正公의 亭子인 故로 該亭에서 擧行ᄒᆞᆫ다더라

●何不自往 江原道宣諭委員朴선彬시ᄂᆞᆫ 原州鎭衛隊參領으로 在任時에 聲譽가 有ᄒᆞ든 所以로 政府에셔 特授宣諭之任ᄒᆞ야 該地에 派送ᄒᆞ얏더니 及其下去後에ᄂᆞᆫ 義兵所在近處에ᄂᆞᆫ 不敢來足ᄒᆞ고 但其從人及下人二名만 義兵의게 派送ᄒᆞ야 宣諭문을 傳致ᄒᆞ얏더니 義兵이며 端패씸이녀여히 二人을 殺害ᄒᆞ얏다더라

●慈會運動 本月二十四日에 慈惠婦人會에서 春期대運動會를 訓鍊院에서 設行ᄒᆞᆫ다ᄂᆞᆫᄃᆡ 一般女子社會에서ᄂᆞᆫ 一齊進參ᄒᆞᆫ다더라

●僻鄕頑習 泰安郡紳士李浮基祿시가 該郡에 華陽學塾을 設立ᄒᆞ고 三四年間에 八千餘圓을 捐入ᄒᆞ야 小학課程에 國漢文及英語科를 加設ᄒᆞ고 僻鄕의 陋俗을 不變ᄒᆞ야 문明旨趣를 知得케ᄒᆞ라고 熱心을 費盡ᄒᆞ되 該地頑固物들이 漢문만 專主치 아니ᄒᆞᆷ을 厭忌ᄒᆞ야 한문私塾을 數處의 設立ᄒᆞ고 入校ᄒᆞ엿던 학員을 誘引退出케ᄒᆞᆫ다니 吾輩ᄂᆞᆫ 리시의 徒勞無效ᄒᆞᆷ은 不恤ᄒᆞ거니와 該地靑年의 前途를 爲ᄒᆞ야 慨惜ᄒᆞᆷ을 不勝ᄒᆞ노라

▲地方消息▼

▲黃海道遂安守備隊長의 報告를 據ᄒᆞᆫ즉 本月十日該地附近村落에셔 爆彈五十個를 發現ᄒᆞ야 調査ᄒᆞᆫᄃᆡ 如甘子ᄒᆞ고 黃色火약에 小石을 混雜ᄒᆞ야 油紙로 싸ᄒᆞ고 其口를 絲로 堅緊ᄒᆞ엿스니 萬壹堅固ᄒᆞᆫ 物質에 投ᄒᆞ면 忽然爆발ᄒᆞ고 又靴子로 蹈ᄒᆞ면 爆발ᄒᆞᄂᆞᆫ 中에 小石이 四方으로 飛散ᄒᆞ고 其爆聲은 小銃보다 稍대ᄒᆞᆫᄃᆡ 近來義兵이 此等爆彈을 使用ᄒᆞᆫ다ᄒᆞ고

▲去十七日舒川郡北方山中에서 義兵約五十名이 日騎兵斥候와 遭遇ᄒᆞ야 交戰ᄒᆞ얏다ᄒᆞ고

▲茂朱郡附方三十里에서 義兵約五十名이 日守備隊와 交戰ᄒᆞ엿다ᄒᆞ고

▲去拾日夜에 二時頃에 義兵約五十名이 金川郡助浦를 襲來ᄒᆞ야 旅閣一拾餘座와 庫門을 開ᄒᆞ고 인川地方으로 발送ᄒᆞᆫ다 稱ᄒᆞ며 倉庫에 積置ᄒᆞᆫ 대豆小麥等合三千五拾包를 錄持ᄒᆞ고 更히 指揮를 待ᄒᆞ야 발送ᄒᆞ라ᄒᆞ고 同四時頃에 平山郡瀰川方面으로 向ᄒᆞ엿다ᄒᆞ고

▲去拾七日午前三時頃에 西部槐把撥김儀賢家에 義兵數拾名이 侵入ᄒᆞ야 김儀賢 김好와 김良根과 周及其他人民을 捉去ᄒᆞ고 且貨貳百餘圓과 白木三拾疋을 收取以去ᄒᆞ얏ᄂᆞᆫᄃᆡ 高陽分派所兵四名이 急行調査ᄒᆞᆫ즉 壹人도 歸來치 아니ᄒᆞ고 同里居民은 擧皆避亂ᄒᆞ엿다ᄒᆞ고

▲本月拾九日平山石橋附近에서 九拾餘名義徒가 日憲兵幾名과 交鋒ᄒᆞ엿다ᄒᆞ고

▲本月拾八日午後에 義徒四拾餘名이 坡州郡竹院里에 侵入ᄒᆞ야 韓人家屋二座를 燒燬ᄒᆞ엿다ᄒᆞ고

▲同十七日에 義兵數十名이 坡州郡廣탄面九龍里에 會集ᄒᆞ야 京성의 通行ᄒᆞᄂᆞᆫ 行人을 威脅ᄒᆞᆫ다ᄒᆞ고

▲本月十五日午後에 義兵三拾餘名이 船隻을 搭乘ᄒᆞ고 江華鶴山伊浦에 到泊ᄒᆞ야 糧及衣類를 要求ᄒᆞ다가 機會不適ᄒᆞᆷ을 因ᄒᆞ야 豊德郡으로 退却ᄒᆞ엿다ᄒᆞ고

▲本月拾日午前四時頃의 義兵約三名이 水邑을 襲來ᄒᆞ야 郡衙及民家를 燒棄ᄒᆞ얏ᄂᆞᆫᄃᆡ 當地駐在所巡査ᄂᆞᆫ 適値出他ᄒᆞ얏스므로 抵抗치 못ᄒᆞ얏다ᄒᆞ고

▲本月十四日興海郡北面朱背동에 義兵約五拾名이 韓日巡査隊와 互相衝突ᄒᆞ야 多少死傷이 有ᄒᆞ얏다ᄒᆞ고

▲本月四日海州西方約四里石潭附近의셔 義徒三拾餘名이 該郡守備隊와 交戰ᄒᆞ엿다ᄒᆞ고

▲今月拾八日潭陽郡北約三里茅水亭附近의셔 七拾餘名義徒가 日騎兵과 一時間을 交戰ᄒᆞ엿다ᄒᆞ고

▲本月二拾二日京城憲兵本隊에서 憲兵百名을 三隊로 分ᄒᆞ야 楊州高陽汶山方面으로 出發ᄒᆞ엿다더라

▲老人嘲酌▼

▲北山下頽窓前에 杜鵑花兩三枝가 春色이 離披ᄒᆞᆫᄃᆡ 白髮主人翁의 吞興이 忽生ᄒᆞ야 兩隣老人을 請邀酬酌ᄒᆞᄂᆞᆫᄃᆡ 談屑이 霏々ᄒᆞ더라

△여보 伊藤박文씨가 渡來ᄒᆞ야 園遊會를 設ᄒᆞᆫ 後에 무ᄉᆞᆷ 所聞잇슬더인ᄃᆡ 何此寥々ᄒᆞ니 웬일인지 예 伊藤시가 須知分은 爪才又치 恃ᄒᆞ얏더니 砲以當ᄒᆞ든 敵手足을 如失ᄒᆞᆫ듯 臥席呻吟ᄒᆞ든 餘症이 未快인가

△여보 宋農相이 尖運動으로 籠絡ᄒᆞ고 伊藤博文씨와 同伴歸國ᄒᆞᆫ다고 世界에 喧藉ᄒᆞ더니 何事件인지 歸期가 杳然ᄒᆞ다지 宋씨가 歸來ᄒᆞ면 一進會中에서 大官이 無數히 生出ᄒᆞᆯ 터이라 意氣가 揚々ᄒᆞ더니 南北村獵官者流가 欽羨ᄒᆞ야 爭頭爭首ᄒᆞ더니 忽地에 落望이 되니 一進會가 第壹狼狽이지오

△여보 摠相리完用以下각大臣은 伊藤박文씨의 壹等元勳이라 히사가 留任ᄒᆞᆫ 日이며 勢力이 壹居宏大ᄒᆞᆫ 줄노 世人이 知料ᄒᆞ더니 近日에 무ᄉᆞᆷ 戒嚴ᄒᆞᆯ 事가 有ᄒᆞ던지 夜不成眠ᄒᆞ야 憂心悄々ᄒᆞ다니 웬일이오 모를것 무엇잇소 兎死狗烹이란 文字모르오 自古로 成功者ᄂᆞᆫ 去라ᄒᆞ니 此所謂狼狽類疑지오

△여보 今番統監府園遊會에 南北村케케묵은 宰相을 請邀ᄒᆞ야 特ᄒᆞᆫ 뭇ᄂᆞ니 아마 新내閣을 組織ᄒᆞᆯ 機微지요 글세요 老宰가 當局ᄒᆞ면 國事가 잘되오릿가 누가 알겟소 또 보와야 알지오

▲여보 近日에 郡守奏本이 數年이 드럿다ᄂᆞᆫᄃᆡ 누가 다ᄒᆞ얏ᄂᆞᆫ지 예 郡守奏本 대강 드르니 老論家知名人多參ᄒᆞ다지오 그러면 그렷치 우리 破壞時代라ᄒᆞ여도 우리 老論의 재법이지 여보 그 말마오 今日을 當ᄒᆞ야ᄂᆞᆫ 金貫子玉貫子가 狗屎에 一般이니 여 三尺幼兒도 唾之唾之ᄒᆞᄂᆞᆫ 此時代에 老論自矜ᄒᆞᄂᆞᆫ 頑習이 尙存ᄒᆞ오 腦子가 無乎아 腦髓가 腐乎아

社告

本社大邱支社員崔一弘시는日前에解任홈으로本報를停送인바하지購覽諸시의本報愛讀之厚意를深副코ᄌ하야當지남門내乾材약局梁務益시를本社支社員으로認定ᄒ고這間停送ᄒ얏던申報도遞號送ᄒ오니購覽첨員은右梁시의게繼續請覽하심을要

本支社를左開十處에設置ᄒ고玆以仰佈ᄒ오니本報愛讀ᄒ시는該附近 僉君子는該支社로請求購覽ᄒ심을務望홈

▲信川邑六里 丁一善
▲永興郡南山동書舖 梁昌鎬
▲■州郡南門내 朱伯英
▲麥川邑館前洋약局 李正華
▲寧邊邑內 明濟世
▲成川上部面冊肆 馬應三
▲江서邑내 김昌煥
▲咸從郡郡蘇教堂 김弘舒
▲平남順川郡達洞 鄭산경
▲龍川舊邑 車載明

雜報

●校長還歸 普成小학校長리東暉氏가去土曜日에平壤運動會에前往ᄒ얏다가昨日에上京ᄒ얏다더라

廣告

現化開明ᄒ世上에각宮投托付屬ᄒ田畓及他導掌을因 勅命調査後私有을一一出給ᄒ子孫이온바金海所在本人次知蘆田을東萊尹義泰金海發相진等이藉寫盜賣然盜賣가法律上固然而況本人所特者 勅命也오尹發所特者權ᄒ也而又有當推純乘二萬二千五百餘兩이오되以權■勒故至氣三次廣告홈 崔貞昊 告白

本年二月二十八日에郡老事로允範씨가人을請合ᄒ거늘依會ᄒ즉本郡으ᄂ三千浦又지至ᄒ야馬山路를新設ᄒ請願ᄒ인대本人等搭章을請하기에事由를默思ᄒ즉境界와程道를計ᄒ미商民利益은微小ᄒ고國土損害ᄂ甚大ᄒ기堅不搭章ᄒ니一進會及金善才가獎言日商民의搭章ᄒ로嫁으로圖成ᄒ면有何不可리오하더니本月七日에日人각店住在ᄒ韓人金致奎及允若申道仁鄭中辰等이斗列名搭章ᄒ얏다기此人等을招請ᄒ及ᄒᄒ즉致奎允若申道仁二人은服非罰名ᄒ고兩名은在避全名ᄒ니壹般韓民으로國土損害를不思ᄒ며極甚痛憤ᄒ지라內外國人은照亮ᄒ시와勿欺홈
晉州郡左右社商民
김斗昊 김總□ 尹應仲
姜應彥 □慶淑 朴俊瑞 等 告白

◉支收所來納ᄒ廣告
南門外약舖劉漢模ᄒ三拾三圓三拾錢을貯置于電氣會社內銀行ᄒ事
國債報償志願金總合所
國債報償志願金總合所ᄂ三拾三圓三拾錢을領置ᄒ事
電氣會社內銀行

慶尙南道昌山郡海平面龍藪洞所在沿江上下數拾里德藪坪은卽我先祖海平府院君手澤之地而吾宗數萬人共同所有로累百年傳來而守護ᄒ也라明確實蹟이載於邑誌ᄒ고傳于世講이거ᄂ去古愈遠에後裔散處ᄒ미挽近換鞏ᄒ符同藪坪直伊ᄒ야僞造贋券에稱以賣買ᄒ고敢售肥已之慾ᄒ야暗圖賣ᄒ오니內外國人은切勿見欺홈
海平尹氏大宗中 告白

京萊府尹韓致愈氏가莅才四朔에治化ㅣ大行이라內政爲眼明ᄒ고外交爲嫻熟이라兩학이旣贍에新학이又富도다急先務於教育ᄒ야樂捐助而成美라裁決如流ᄒ니庭前似水로다如此賢明之侯ᄂ可謂獨立使君이요正是司知太守이기概擧其美ᄒ야以揭公眼홈
東萊府沙中面居民 朴重奎
최鵬 金總有 박自玉
鄭寅주 姜元俊 리仁瑞
李英瑞 等告白

本人高祖山이在於仁川黃等川面斗吉里柳松禁養ᄒ爲六七十年矣當初買山時에下左龍有名不知박塚而幾·年間一不見形至于近日加用峯而德信稱以塚主金山松楸欲爲偷賣ᄒ오니內外國人은切勿見欺홈
京龍山金載昌 告白

本人의四寸在旭이性本浮浪이온바本人이惟恩教誨ᄒ야自來周恤은衆人共知라今者在旭이或稱在玉ᄒ고或稱在洪하야符同外人에多數作債ᄒ오니信用ᄒ無ᄒ고財産ㅣ擔保도無ᄒ人이分外債務만多ᄒ홈이其意何居오此人의宅心無良은勸解不得ᄒ와玆廣告ᄒ오니內外國人은切勿見欺홈
錦山邑정在學 告白

世界文明産育新法
全 冊純國文廿九錢

十九世紀歐洲文明進化論
全一冊國漢文三十錢

元賣所 鍾路古今書海館
支賣所 京鄕有名書館

本所에서、山林、田답、家屋、各鑛等、의測量製圖ᄒ業을迅速處理ᄒ오니 僉君子ᄂ來議홈
新門外南邊第四測量事務所

本人이陰二月廿日에明煥圖章을서失ᄒ고宗煥으로圖章을改名ᄒ얏스니 僉君子ᄂ照亮홈
辛宗煥 告白

本학院에서數學專門科를設置하고左開科目을隨意教授ᄒ되時間은特別히晝학이나夜학에入參ᄒ신諸학員과共他業務에從事ᄒ시ᄂ諸씨를爲ᄒ야下午四時以後七時以前으로上학케ᄒ깃사오니有志僉彦은四月二十六日內로稟請ᄒ심을要홈
但開학後라도壹週日以內에ᄂ入參합을許홈

科 程
科目 級數 各級教授要項
算術 貳級 壹級自初至分數 貳級自比例至求積
代數 貳級 壹級自初至壹次 貳級自貳次至對數
幾何 三級 壹級自■至圓 貳級自■至平面終 三級立體
三角測量製圖 但各級 壹級平面及立體
期限은六個月로定ᄒ고各科中貳科ᄂ乘修홈을得ᄒ되每級에人員이一拾人에不達ᄒ면該級은不爲特設홈
학費ᄂ每科每月에六拾錢式으로定홈
但貳科를乘修ᄒᄂ人에ᄂ壹科에半額을減홈
保證金은貳圓으로定ᄒ되在학期三拾箇日以上欠席이無ᄒ고所修科業을完了ᄒ時에還給홈

位置 北部觀峴徽文義塾內 八學及一般規程 本院權設事務所來問事
漢城數學院 리相益尹定老柳錫泰

▲學員募集廣告
本校에서校舍를擴張ᄒ고學員을多數募集ᄒ오니願入僉員은四月二十九日(陰三月廿五日)ᄂ로入학請願書를本校에呈하고四月三拾日(陰三月卅日)上午十時에來校應試홈
但入학請願書와履歷書紙ᄂ本校로請求홈
一 試驗科目
國漢文讀書作文 算術四則以내
但相當ᄒ卒業證書가有ᄒ人은免試許入홈
一 修業年限 三個年
一 修業科目 普通科

西北協成學校

本書館에서海朝新聞을發賣도ᄒ고分傳도ᄒ오니購覽ᄒ시기願ᄒᄂ 僉彦은請求ᄒ시옵
南大門內尙洞教堂前 博文書館 白

本書館에서民智를廣啓ᄒ기爲ᄒ야新舊書籍을明發達ᄒ고大방賣ᄒ오니僉君子은陸續來臨ᄒ심을望홈
釜山港東館韓興書館金汝直

●初等女學讀本
權尙律 廣告
本書ᄂ不但女校에必要之用書라凡諸解를另附ᄒ야在家婦女도均可便覽而增장知見이오니諸彦은陸續購讀하심을望홈
發賣所 漢城各書館

凡於人道之原則ᄒ고歸於正義之誠實ᄒ며以叙切爲旨ᄒ야訴訟事件幷各官廳請願事件을廣受依托홈
京城저洞六拾四統二戶
東井大학前講師
辯護士 法律學士 日本 木尾虎之助

●新발明梅毒령약廣告
陸軍軍醫 丈守鉉實驗方劑

落梅丹

口瘡不발창瘡去根之령약
壹劑ㅣ百粒 價金 三圓
主治 梅毒(唐창)新舊창 ●瘰癧濕疲廣病●便마質私●淋病
已上病證外에男女間에不精交合ᄒ後에若疑아之爲이有ᄒ야도此약을壹劑만服用ᄒ면完無後慮ᄒ고脾胃ㄴ健全ᄒ를擔保홈
此外에도醫療機械와精美ᄒ약材를具備ᄒ고內外科각色疾病을誠心治療홈
皇城北部大安동

仁濟약房
高用진 謹白

代理店
京城鐘路 共愛堂약房
仁川港龍동 濟生堂
國內各處약局에서發賣販賣홈

本人외子在國이가素性浮浪ᄒ야蕩敗家産於酒色之場이오미不보食口가將至于道路彷徨之境이오되終不改習ᄒ고符同雜類ᄒ야欲圖欺人得債ᄒ오니毋論內外國人ᄒ고錢財相關이다가無至日失追悔홈
事邊獨山面남平里居朴濟楨白

敎科書類 小說書類 法政書類 文藝書類

本書館은、層擴張ᄒ고各種新刊學校用品을具備발賣ᄒ오니有志僉彦은陸續購覽ᄒ심을敬要
冊價ᄂ京城各冊사와同홈

安州城內大街「큰거리」知新書館金濬植

本人의餘慶坊奉常寺門前동第九統八戶瓦家九間半板刻文券一章을典執ᄒ엿다가不幸히遺失故玆以仰告ᄒ오니內外國人은勿論ᄒ고誰某拾得ᄒ와도休紙施行홈 劉■■ 告白

美國 斯密爾德 原著
韓國 卞榮晩 意譯

世界三怪物
全一冊 定價 拾貳錢

現世界에三大怪物이발生ᄒ야六洲에橫行ᄒ며風雲을呼喚ᄒ니愚者가此物을遇ᄒ면其魂을失ᄒ고弱者가此物을遇ᄒ면其軀을喪ᄒ야此物所過에天地가翻覆ᄒ고國家가丘墟ᄒ야上帝赤子가生命을莫保라故로是書ᄂ特히此三大怪物의眞狀을描寫ᄒ야其防禦와妙策과利用의醫術을一一說明하야世界의生存을要求ᄒᄂ者ㅣ不可不一覽ᄒ書冊子이오니 僉君子ᄂ續續購覽ᄒ시옵
▲大발賣所
中署布병下廣학書舖 金相萬
平壤鍾路耶穌敎冊舖
京鄕各有名冊사

韓美電氣會社告白

割引券을發行하야四月一日부터鐵路本社及龍山停車場에서賣下홈
割引券은每券에六拾枚로編成ᄒ고代金은貳圓八拾五錢으로區收이온대每區域에서一枚式新貨五전式使用홈
龍山線區域은四月一日부터남大門外漢車停車場前으로改定홈

電車발着時間은四月一日부터改定ᄒ야夏期時間表를依行홈

◉國債報償總合所收入廣告

◉永川支取所還歸面林泉동 정진誠 六拾錢 / 洞中 四圜 / ▲曉동 박진順 리회秉 崔啓璇 / 최在선 리永華 各壹圜 / 박禹天 박진煥 각壹圜二拾錢 / 柳漢慶 柳寅部 리庠範 / 리基允 최在鳳 徐洛圖 / 박鏡洙 各六十錢 柳寅厚 / 리祥弼 최在棐 崔慶官 / 리진燦 元卜心 崔在佑 리회龍 / 崔文慶 崔利선 各四拾전 / 리祥旭 정稽閏 리진元 / 崔右錫 各三十錢 崔在鶴 / 柳湖永 리岩低 崔致하 / 朴東龍 박千伊 朴斗永 朴建伊 / 各二十錢 최擇璇 朴진厚 / 각八錢 / ◉前山동 崔道成 崔萬水 崔相振 / 朴萬春 朴萬水 최相哲 / 申九兼 김德魯 姜郁伊 / 各四十錢 / ▲方木동 김학采 리祥雲 김년 / 曺琦承 各八拾錢 金福熙 / 朴鎭亨 김成奎 정致道 / 정致香 曺暎承 김仲회 / 김晋熙 朴性선 정鎭九 / 김漢熙 孫彬喜 각四十錢 / 정鎭石 六十錢 김鎭회 / 金斗明 정致成 리祥奏 / 김台圭 各二十錢 김錫桓 / 손彬香 각十錢 최鎭華 / 金道회 각六錢 김仁圭 / 八錢

發行兼編輯人 英國人 裵說 / 發行所 漢城西署石井洞統外第三十二號 大韓每日申報社

大韓每日申報

第六卷
…八十六號

月曜及慶節翌時日休刊

檀君開國四千二百四十一年
孔子先年二千三十年
大韓開國五百十七年
日本明治四十一年
淸國光緖三十四年
陰曆戊申三月小廿三日戊申

論說

○覆板新聞紙의讀法

曰者에何許客子가皇城報一張을袖讀ᄒᆞ다가第二面半幅墨殺에至ᄒᆞ야ᄂᆞᆫ愕然驚曰此中에何言을載ᄒᆞ얏기에從頭至尾一字를不留ᄒᆞ고如此抹殺을加ᄒᆞ얏ᄂᆞᆫ가三尺沒字碑에揣摸가無術이며一片空紙冊에閱남이無味ᄒᆞ도다時局情形을知ᄒᆞ고海外奇事를聞코ᄌᆞ홈이新聞購남ᄒᆞᄂᆞᆫ本意어ᄂᆞᆯ今에此紙를觀홈은霧中의看花와水中의撈月홈又라終日三復ᄒᆞ야도所言이何言인지難知이니何必月々三十五錢을妄擲ᄒᆞ리오吾가此後로ᄂᆞᆫ此紙購覽을停止코ᄌᆞᄒᆞ노라

記者曰客아爾ᄂᆞᆫ今ᄭᆞ지新聞讀法을不知ᄒᆞᄂᆞᆫ가倫敦各新聞이비록文明ᄒᆞ다稱ᄒᆞ나此ᄂᆞᆫ英文만解ᄒᆞ면可讀ᄒᆞᆯ지며伯林各新聞이비록善美ᄒᆞ다ᄒᆞ나此ᄂᆞᆫ德文만解ᄒᆞ면可讀ᄒᆞᆯ지나唯此皇城新聞에至ᄒᆞ야ᄂᆞᆫ此國內에通行ᄒᆞᄂᆞᆫ國漢文만善讀ᄒᆞᆫ다고此紙를能讀ᄒᆞᆫ다ᄒᆞ기難ᄒᆞ니何也오蓋此紙ᄂᆞᆫ日人檢閱에墨殺을多遭ᄒᆞᄂᆞᆫ新聞이라故로一種讀法이不有ᄒᆞ면此紙를不可讀이니라

有時乎論說一欄에墨痕가散飛ᄒᆞ고有時乎雜報一幅에黑雲이滿蔽ᄒᆞ니設令東西洋의許多文豪와許多識時務俊傑을聚ᄒᆞ야六洲列强의競爭大勢를敍說ᄒᆞ며八域生靈의遭遇慘狀을描畵ᄒᆞ며라도一板이盡覆에萬目이俱盲이거ᄂᆞᆯ何等奇法으로此를讀ᄒᆞᆯ다ᄒᆞᄂᆞᆫ가曰吾가辨言ᄒᆞ리니讀者諸君은其辨聽ᄒᆞᆯ지어다

(一)韓天을戴ᄒᆞ며韓地를履ᄒᆞ고寢寐食息에大韓二字를不忘ᄒᆞᄂᆞᆫ思想을抱ᄒᆞ고셔此를讀ᄒᆞᆯ지며

(二)此世界가如何ᄒᆞᆫ世界인가今日韓人의境遇가如何ᄒᆞᆫ境遇인가徘徊一念ᄒᆞ면셔此를讀ᄒᆞᆯ지며

(三)韓國內에셔韓人이발行ᄒᆞᄂᆞᆫ新聞中에何此自國精神으로孤鳴ᄒᆞᄂᆞᆫ新聞이幾種이有ᄒᆞᆫ가回思ᄒᆞ면셔此를讀ᄒᆞᆯ지며

(四)此等墨殺을當ᄒᆞᄂᆞᆫ句語가此國에有益ᄒᆞᆫ句語인가此國에有害ᄒᆞᆫ句語인가時々研究ᄒᆞ면셔此를讀ᄒᆞᆯ지며

(五)此新聞設立ᄒᆞᆫ지가已爲許多星霜인즉何等句語ᄂᆞᆫ墨殺을遭ᄒᆞ리라고略々忖度ᄒᆞᆯ지어ᄂᆞᆯ今乃不拘ᄒᆞ고往々此種을揭載홈이何意인가默想ᄒᆞ면셔此를讀ᄒᆞᆯ지니

此法으로讀ᄒᆞ면每樣墨殺最慘ᄒᆞᆫ日에愛國熱性이一度를增ᄒᆞ리니何故로云然고大抵言論自由ᄂᆞᆫ天賦의人權이거ᄂᆞᆯ韓人은何罪완ᄃᆡ有懷不敢吐ᄒᆞ며有口不敢言ᄒᆞᄂᆞᆫ가ᄒᆞ며新聞者ᄂᆞᆫ人의耳目이거ᄂᆞᆯ韓人이何罪완ᄃᆡ有耳不能聞ᄒᆞ고有目不能見ᄒᆞᄂᆞᆫ가ᄒᆞ야墨殺一字에淚一掬이冷滴ᄒᆞ며墨殺數句에血一丈이熱沸ᄒᆞ고墨殺壹板에一肢一節이俱痛ᄒᆞ야自由々々々々々々ᄒᆞᄂᆞᆫ聲이胸裡에湧ᄒᆞ야喉間에繞ᄒᆞ며腦際에結ᄒᆞ야實地에見ᄒᆞ리니噫라今日國民된者의汲々講究ᄒᆞ야涙도瀉ᄒᆞ며血도易ᄒᆞᆯ者ᄂᆞᆫ曰自由二字라自由二字에觀念이冷淡ᄒᆞ면아모리古今歷史를無不窺ᄒᆞ며東西時勢를無不知ᄒᆞ며其他各種學術技藝를無不能ᄒᆞ더라도終乃他人의奴隸만做ᄒᆞᆯ而已니

嗚呼韓國人人이여某月에某事가有ᄒᆞ다其日에某事가有ᄒᆞ다ᄒᆞᄂᆞᆫ것은或不知도可커니와自由의樂과不自由의辱은不可不知어다

故로彼墨殺新報紙가九日本權利思想을鼓吹홈이어ᄂᆞᆯ多數ᄒᆞᆫ罔巫ᄒᆞ며誘言을監ᄒᆞ며無道ᄒᆞᆫ奏法이며偶語를禁ᄒᆞᄂᆞᆫ도다

外報

●水雷艇到着　日本神戶造艦所에셔製造ᄒᆞᆫ淸國水雷艇湖鵬湖鶚兩隻이上海에到着ᄒᆞ얏다더라

●美國軍艦製造　美國셔今年度에竣工ᄒᆞᆯ船이八隻인ᄃᆡ戰鬪艦二隻裝甲船巡洋艦驅逐艦隻은五六日內에竣工ᄒᆞᆯ터이라더라

●淸國의無線電　淸國兩江總督端方氏가德國에注文ᄒᆞᆫ無線電信機二座가近者에上海에到着ᄒᆞ얏다더라

●漢船被燒　路透電을據ᄒᆞᆫ즉北獨逸漢船會社의포엔쏘욜렌号ᄂᆞᆫ地中海살쩌니아附近에셔暗礁에觸ᄒᆞ야船體가危險을受ᄒᆞ얏ᄂᆞᆫᄃᆡ該船에積載ᄒᆞᆫ荷物은他船에移載ᄒᆞ고乘客은漢船사루ᄃᆡ우허号에轉乘ᄒᆞ얏다더라

●伯林放火　伯林에셔本年二月로부터放火ᄒᆞᆫ處所가數百餘件에達ᄒᆞ얏ᄂᆞᆫᄃᆡ今次燒火ᄒᆞᆫ處所ᄂᆞᆫ獨帶禮拜堂과衛戍內敎會堂인ᄃᆡ同敎會堂內에多數히戰利品을貯藏ᄒᆞᆫ中一千八百十三年以來로佛國에셔捕獲ᄒᆞᆫ軍旗七十旒도烏有에歸ᄒᆞ얏더라

雜報

●朴氏勸學歌　廣州退村面居子爵前主事朴齊선氏가時局을洞察ᄒᆞ고靑年子弟를敎育ᄒᆞ기爲ᄒᆞ야村中의靑年夜學校를設ᄒᆞ고熱心敎育ᄒᆞᆫ다고ᄒᆞᆫ郡來人의稱讚이有ᄒᆞ다더라

●光校懇會　私立光東學校에셔學徒父兄諸氏가懇親會를設ᄒᆞ야校長以下任員諸氏를請邀ᄒᆞ고年來敎育의積勞를致謝ᄒᆞ고茶果禮를行ᄒᆞᆫ後에校內에獎勵會를組織ᄒᆞ기로協議ᄒᆞ얏다더라

●中樞運動　昨日에中樞義塾에셔春期運動을設行ᄒᆞ얏ᄂᆞᆫᄃᆡ泰泰宋斗淳氏와小學校長金圭東氏가協力準備ᄒᆞ얏고小學校贊成員柳文煥氏가多數補助하얏ᄂᆞᆫᄃᆡ東門外로出往ᄒᆞ야奉行하얏다더라

●須知分의慘狀

桑港공립新聞이如左ᄒᆞᆫ曲折을揭報ᄒᆞ얏도다

須知分이가甕邊으로暴更頭問之針의苦楚를當ᄒᆞ여甕邊으로ᄂᆞᆫ被傷處의極痛이甚ᄒᆞ되猶以其寬容으로甚切ᄒᆞᆫ獻曲을供給ᄒᆞ얏도다

病院으로引向ᄒᆞᆫ此怪常ᄒᆞᆫ諸人前에環立ᄒᆞᆫ衆人들은其被傷之人이新聞記者의對ᄒᆞ야說其事狀홈을靜聽ᄒᆞ더니兩傍으로扶護를被ᄒᆞᆫ張씨가來到ᄒᆞ니此ᄂᆞᆫ數分前에須知分을試殺ᄒᆞ던人이라此時情形은悲劇과戲劇이兼兼하얏도다

被傷兩人은相對靜視ᄒᆞ고環來은呼吸之聲이無ᄒᆞ도록靜寂히此兩人을詳察ᄒᆞ셔須知分은不幸ᄒᆞᆫ韓人全土下로注視ᄒᆞ고張은東洋人의疾視之態로須知分을熟視ᄒᆞ기에少無畏縮이다가被傷人의痛勢를輕視ᄒᆞ고冷笑가還발ᄒᆞ야豈協讎境을成ᄒᆞ얏도다如此輕視之態가竟不能久支ᄒᆞ야韓人이自己行動의防護的으로說明ᄒᆞ되

汝가韓人全部를欲殺ᄒᆞ니汝ᄂᆞᆫ但日人의偵探이라我가汝를砲擊ᄒᆞᆫ것은即汝가日人偵探外에非他인緣由니라ᄒᆞ고顚面에悲痛之態가表出ᄒᆞ야須知分의게로顚向코저ᄒᆞᄂᆞᆫ지라其隨從人이張을治療床으로引臥ᄒᆞ야餘言을止홈케ᄒᆞ얏도다

須知分은房中에서靜寂ᄒᆞ기를待ᄒᆞ야美國人語勢로輕視之態를兼ᄒᆞ야발言하되汝可憐ᄒᆞᆫ者아我가汝國人民을爲ᄒᆞ야三年을觀務ᄒᆞ얏고其人民을我友로認知ᄒᆞ거ᄂᆞᆯ汝何不解오今我所資은汝가我를砲擊홈에不在ᄒᆞ고汝가小而愚ᄒᆞ야良好ᄒᆞᆫ것을不知홈이니我ᄂᆞᆫ汝와及小而愚홈이汝와如ᄒᆞᆫ者로ᄒᆞ여금汝之今日試行을實認케ᄒᆞᆷ이至ᄒᆞ기를希望ᄒᆞᆫ다ᄒᆞ얏도다

此兩人의傷處를發次治療ᄒᆞᆫ後에中央子急病院으로並引去ᄒᆞ니라

新譯 海外稗談

第二章　白絲線（續）　東籬子　譯

아々卓卜之授受를余當時에以爲無人窺見이러니乃皇后가見之ᄒᆞ엿스니然則其他衆目에又被掛見與否를吾又安得知之耶아於是에一번으로ᄂᆞᆫ愕然暗驚ᄒᆞ며一邊으로ᄂᆞᆫ又其所言이深意가似有ᄒᆞᆫ故로點頭示意ᄒᆞᆫ後에國王前에辭退出來ᄒᆞ니라出至廊下ᄒᆞ니侍者가忽呼余曰止ᄒᆞ라大使ᄭᅴ套上에白絲가係着ᄒᆞ니請除去之ᄒᆞ노ᄒᆞ던數句語가此正君의今時所言과無異ᄒᆞ어이다當時에不以爲怪ᄒᆞ고將欲除去ᄒᆞ니半不可破이다余乃針工의太祖홈을命責ᄒᆞ고斷而棄之ᄒᆞᆫ後에街路로出向ᄒᆞ니臨發은在樹ᄒᆞ고月光은如水ᄒᆞᆫᄃᆡ夜雖未深이나道上이寂然에行人之跡이絶矣러라

行未幾에忽然一人이出現하ᄂᆞᆫᄃᆡ登目은吵矣며登足은跛矣오手巾으로纏首ᄒᆞ고手持登杖ᄒᆞ엿ᄂᆞᆫᄃᆡ余에게橫遮ᄒᆞ야曰河瀆之澤을望ᄒᆞ노라ᄒᆞ니盖丐者也라余ᄂᆞᆫ生所惜이最是丐者故로喝令退去ᄒᆞ니彼乞兒가堅不退去ᄒᆞ며不肯讓路ᄒᆞ더니忽覺後面에又有登人이來到ᄒᆞ되丐者가乃捨余而趨彼ᄒᆞ거ᄂᆞᆯ余가即乘此隙ᄒᆞ야脫身而歸ᄒᆞ니다使館에至ᄒᆞ야總理所授의文件은藏諸密處ᄒᆞ고心中鬱々之懷가正多ᄒᆞ야乃與使館中武員某로象棋를下ᄒᆞ며니正興濃間에忽聞門外에譁聲이大作ᄒᆞ거ᄂᆞᆯ余心이一動ᄒᆞ야棋盤을遽推ᄒᆞ고武員某다려出觀ᄒᆞ라ᄒᆞ엿더니有頃의武官某가變色而入曰奇變이出ᄒᆞ얏소奇變이出ᄒᆞ엿소總理大臣이出宮ᄒᆞᆫ路에何許凶徒가行刺ᄒᆞ야今其遺骸를運歸ᄒᆞ엿더이다　未完

●又何條件 去十七日에伊[illegible] 總理이 [illegible]見時에何條件인[illegible] 上奏[illegible]復籍[illegible]

●[illegible]統監이[illegible] 報와[illegible] 昨日下午[illegible]時에[illegible]鐵路로[illegible]觀察次로[illegible] 程ᄒᆞ얏ᄂᆞᄃᆡ伊藤統監과 總相리宮相리尹用兩씨와各部大臣이 [illegible]門外停車場에出[illegible] 餞別ᄒᆞ얏다더라

●[illegible] 近日閭巷間에[illegible] 閣大臣의變更되다ᄂᆞᆫ說이有ᄒᆞᆫᄃᆡ 總相以下各大臣과宮相이 變更이되고[illegible] 法大臣軍大리[illegible]二氏[illegible] 席에[illegible]ᄂᆞᆫ說이有ᄒᆞ다라

●連日開會 各部次官들이 連日이면統監府例會를開ᄒᆞ[illegible] 何緊ᄒᆞᆫ事이잇던지昨日에 再次開會ᄒᆞ얏다더라

●姑徐傳說 [illegible]大臣[illegible] ᄂᆞᆫ將次[illegible]理大臣으로[illegible] 다ᄂᆞᆫ說이有ᄒᆞ더라

●宮大辭疏 宮內府大臣李允用氏ᄂᆞᆫ何事件을因ᄒᆞᆷ인지將次 辭職疏를奉呈ᄒᆞᆫ다더라

●弄兩花 [illegible]君李載[illegible]氏 가妓生을於[illegible]等地에置家ᄒᆞ 얏다ᄂᆞᆫ說도已爲報道어니와[illegible] 妓生一名을茶洞等地에置家ᄒᆞ 얏다더라

●法部新築 法部를양制로新 建築ᄒᆞᆯ터인故로該部를來月初 순平理院으로移接ᄒᆞᆫ다더라

●委員選報 漢城府에서各署 各洞에학務委員을選定ᄒᆞᆫ다ᄂᆞᆫ 說은前報에已揭어니와該委員 을五部니에爲先選報ᄒᆞᆫ거시東 部에一人이오西部에十人이오 南部에四人이요北部에一人

[illegible]

◎感荷出捐

[illegible]

社告

本社大邱支社員崔一弘시는日前에解任을고本報를傳送인바 히지廳寬諸시의本報愛讀之厚意를[illegible]고ᄌ하야當지남門네乾材약局梁務益시로本社支社員으로認定을專遣間傳送이오니[illegible]中[illegible]도逐號遞送을오니購覽 청員은右氏시에게[illegible]심을要

雜報

[illegible]運動 [illegible]學校에서[illegible]壇에前往야春期[illegible]運動을擧行다더라

廣告

前主事리湜이改名承九로앗시오니知照亮을요

李承九 告白

[illegible]部[illegible]坊[illegible]橋五五十五統二戶新造瓦家十間家券을失故로廣告오니誰某拾得이라도休紙施行事

[illegible] 告白

●京城孤兒院廣告

三新[illegible]光[illegible]學校[illegible]士의咨附金額이如左

金 [illegible] 김 [illegible]

[illegible]

[illegible] 告白

[illegible]市[illegible]新[illegible]하야[illegible]用物品과[illegible]帽子를製造야[illegible]商[illegible]을[illegible]

[illegible] 告白

[illegible]

[illegible]

平[illegible] 告白

[illegible] 吉田[illegible]郞 각五圜

[illegible]財務官[illegible] 五圜

[illegible] 三圜 [illegible]婦人會

會長[illegible] [illegible]

本人이本年正月分의廣州[illegible]等地에서印形姓名圖章을[illegible]失故로玆의廣告오니僉君子照亮하시옴

廣州島坪 林容圭 告白

北部[illegible]花[illegible]

[illegible]日 [illegible]

[illegible]

本人의姓名圖章을陰三月拾七日見失故로如是廣告오니內外國知舊는勿欺를심을望홈

仁川港內[illegible] 木齋 金弘濟 告白

美國桑港共立新報贊成金 續

경상북도[illegible]산군김[illegible]상업회의소

상업소[illegible]회두 박지화 오십젼

상의원 [illegible] 오십젼

상의원 최진[illegible] 사원

상의원 [illegible] 오십젼

부회두 김응슈 오십젼

상의원 박재철 오십젼

총무원 정[illegible] 오십젼

상의원 손[illegible] 오십젼

회원 박[illegible] 일원

최셩구 오십젼

박상근 오십젼

상의원 정종[illegible] 오십젼

회원 리셩근 오십젼

리셩구 오십젼

문[illegible] 오십젼

[illegible] 오십젼

김달[illegible] 일원

김윤[illegible] 오십젼

안사윤 오십젼

김국[illegible] 오십젼

엄봉슈 오십젼

김윤익 오십젼

김경삼 일원

미완

東萊府尹[illegible]致[illegible]才[illegible]에[illegible]化[illegible]內政[illegible]明 을고外交[illegible]新[illegible]教育[illegible]樂捐助而成美[illegible]知[illegible]如此賢明之[illegible]可謂獨立使君이요正是知[illegible]槪[illegible]其美以揚公[illegible]

東萊府[illegible]中面居民 朴[illegible] [illegible] 박[illegible]玉 [illegible] 李元[illegible] 리[illegible] 李英[illegible] 等告白

數學專門 科

本所에서山林、田畓、家屋、各鑛等의測量製圖事務를迅速[illegible]君子는來議홈

新門外[illegible]測量事務所

本學院에서數學專門科를設置하고左開各科를隨意教授하되時間은特別히[illegible]하나夜學에入參하신[illegible]員과[illegible]他業務에從事하시는諸씨[illegible]

下午 四時以後七時以前으로上學케하깃사오니有志[illegible]

四月二十六日 [illegible]

但開學後라도壹週日以內에는入參함을許홈

科程

科目 級數 各級教授要領

算術 貳級 壹級自初至分數 貳級自比例至求積

代數 貳級 壹級自[illegible]至[illegible] 貳級自[illegible]至[illegible]數

幾何 三級 [illegible] [illegible]自[illegible]至平面終 [illegible]

三角 [illegible]

測量製圖 [illegible]

但各級[illegible]限은六個月로定[illegible]

學費金은每科每月에六拾錢式[illegible]

位置 北部觀峴徵文義塾內

入學及一般規程

本院權與事務所來問事

漢城數學院 [illegible]

世界文明產育新法

全一冊 [illegible]

十九世紀歐洲文明進化論

全一冊 [illegible]

元賣所 鍾路古今書海館

[illegible] 京鄉有名書館

[illegible]

落梅丹

●新발明梅毒약廣告

[illegible]

主治 梅毒(唐창) 新[illegible]창 [illegible]

仁濟약房 [illegible]

代理店

京城鍾路 [illegible]

仁川港[illegible]

[illegible]

修業年限 三個年

修業科目 普通[illegible]

試驗科目

[illegible]

西北[illegible]校

教科書類 小說書籍

法政書類 文藝書

[illegible]

安州城內大街 [illegible]

知新書舖 金[illegible]植

南大門內尙洞教堂 前 博文書館 白

本書館에서海朝新聞을發賣도고分傳도오니購覽시기願는僉彦는請求시옵

世界三怪物

美國 斯密斯德 原著

韓國 卞榮晩 譯

[illegible] 定[illegible]

現世界에三大怪物이발生야六洲에橫行[illegible]風雲을呼喚[illegible]此物을遇면其[illegible]失[illegible]此物을遇[illegible]此物의所過에天地가[illegible]上帝의赤子가生命을保라[illegible]此三大怪物의[illegible]其防禦의妙策과利用의術[illegible]冊子이오니僉君子는[illegible]購覽시옴

▲大[illegible]所

中署[illegible] 廣[illegible]書舖 金相萬

平壤[illegible] [illegible]

京鄉各有名冊사

韓美電氣會社告白

割引券을發行하야四月一日부터鍾路本社及龍山停車場에서賣下홈

割引券은每券에六拾枚로編成[illegible]代金은貳圜八拾五錢으로[illegible]枚이온대[illegible]一枚式[illegible]使用홈

龍山線 區域을四月一日부터南大門外[illegible]停車場[illegible]로改定홈

電車發着 時間은四月一日부터改定[illegible]時間[illegible]行홈

漢城鍾路萬國基督教青年會館前慈惠藥房
製藥鑑查人濟衆院醫學員洪錫厚朴慈惠李觀化告白

本人等이米國大학醫院處方을大醫學士魚丕信氏에게受業ᄒᆞ고醫學校長劉五登滿鉉永氏에게有効證明을受ᄒᆞ고左記낙種을製造ᄒᆞ야外國賣약規模을依ᄒᆞ야紙匣洋鐵匣琉리瓶에盛ᄒᆞ야全國內地各處약店에廣賣ᄒᆞ옵고濟衆院英字醫書를我國漢文으로繙譯ᄒᆞ야名稱西약便方이라ᄒᆞ야발賣ᄒᆞ오니四方僉彦中濟衆院낙을數拾年來經驗信用ᄒᆞ신兄弟ᄂᆞᆫ不拘약之多少와路之遠近ᄒᆞ고以書請買ᄒᆞ시면本人은雖拾錢價値낙이라도以小包郵便으로仰呈ᄒᆞ오리니낙封定價外郵稅十젼을加送ᄒᆞ시되小數젼은郵票十젼자리를소셔보너시고買낙家에셔ᄂᆞᆫ多數買去ᄒᆞ시면郵便局換錢票를買送ᄒᆞ시오且本藥房에米國(멀포드)製낙會社낙과德國(만ᄒᆞ임)製약社낙品을直購入ᄒᆞ야德語英語로記ᄒᆞᆫ方文과主治와用法을我國漢文으로譯하야발賣

商標

補益丸 食思振起 體力活潑 第一老衰男女의게補血益氣

定價表		
拾日分	三十個入	金一圜
二十日分	六十個入	金一圜七拾五錢
三十日分	九十個入	金二圜五拾錢

主治大補元氣能調陰陽男子陽萎不起女子月經不調手足厥冷虛脫失氣久病人蘇完되ᄂᆞᆫ効力이大勝於鹿茸蔘人蔘劑

神効解瘧丸 一日分定價金拾錢此藥은大人小兒長瘧과勿論瘧疾에服用ᄒᆞ면更不再發

蛔虫丸 一日分定價金拾젼此藥은大人蛔積小兒疳病의神効

四時感冒丸 一日分定價金拾젼此藥은感氣몸살의쓰ᄂᆞᆫ약인ᄃᆡ一二日連服ᄒᆞ면四時寒熱上下肢節頭痛에即時解熱鎭痛

男女瘡症祛根藥 定價金五圜此藥은瘡疾의一期二期를勿論ᄒᆞ고거근ᄒᆞ도록낙을쥬ᄂᆞᆫ데口瘡이자구여도아니나오

清明眼藥 一日分定價金拾錢此藥은火眼熱眼의有多奇効

無惡臭疥瘡藥 定價金四拾젼此藥疥癬虫을卅分內殺殺

鎭咳嗽藥 五日分定價金三拾錢此藥은四時痰咳嗽에有大効ᄒᆞ고特히老人哽咳에消痰止咳

寸虫殺根 定價金三拾錢此낙寸虫을殺殺

止足汗藥 二十日分定價金拾錢此藥德國軍人常用除足汗臭

輕腫根治膏 定價금十五젼此낙面腫과頭腫에宜差

濕腫根治膏 定價금十五젼此낙은男女勿論ᄒᆞ고風寒濕溫

漢城百應膏 으뜸成腫에大起擴瘡ᄒᆞᆫ데奇効 一封定價金十錢此낙은해각醫士學信友시方文으로製造ᄒᆞᆫ藥인데명우리잘풀리고각頭腫氣에발根合瘡이되ᄂᆞᆫ藥인데大洋鐵匣入一個금五十錢

小兒感冒靈効散 此약은濟衆院醫學校長魚丕信氏經驗方小兒感冒及食滯身不熱驚風者에神効定價金十錢

癰氣神効保嬰散 此약醫學校長魚丕信氏數拾年經驗之方小兒屎色綠而瀉○腹脹○身不安而不寢○腹痛驚啼及面弱而瘦者神効定價금十二錢五厘

發賣所 仁川港棋盤峴濟生堂낙房 製藥賣買낙商李信華

◉大韓國新發明神藥

◉皮膚靈丹 各種食滯中暑久滯口瘡 定價一貼一錢

◉至寶丸 諸瘧諸痢疾不拘久遠俱有偉效定價金十錢

◉靈效液 外用芳香治疥瘡皮風百發百中定價金三拾錢

◉清眼水 治諸般眼疾有殺驗見天之妙定價金五拾錢

◉通淋丸 治男女急慢淋疾神效無雙速效除毒壹週分五拾錢

製劑발行所 漢城南部大廣橋西邊第三統十九號一戶 共愛堂大藥房 謹白

支店 開城南門內共愛堂第壹支店 / 群山港開福洞共愛堂第二支店 / 河東郡赤良面共愛堂第三支店

代理店 京城北部六安洞 姜助遠 / 仝 鍾路靑年會館前 리春善 / 仝 西部新門外石橋 黃麟秀 / 仁川香峴 濟生堂 / 仝 仁濟藥房 / 仝 慈惠藥房 / 和平局 普濟醫院

此外에도東西洋各國有名賣藥과草材藥이俱備하오니藥의多少을不拘ᄒᆞ고請求ᄒᆞ사면小包로仰呈ᄒᆞ게숨

簡易商業簿記學

全一冊 定價金四十五錢

本書ᄂᆞᆫ簿記학中에簡易ᄒᆞᆫ單式의精妙ᄒᆞᆫ形式을精細萬辨ᄒᆞ야了解케簡易ᄒᆞ도록編述ᄒᆞ엿스니一般商業家에不可不一次閱覽ᄒᆞᆯ者뿐아니라中等以上學校에教科로用ᄒᆞᆷ도適當ᄒᆞ니陸續購覽ᄒᆞ심을望홈

발賣所 布屛下 廣학書舖 / 洞口越便 中央書館 / 廣橋東便 匯東서館 / 寺동 漢陽서館 / 鍾路 大東서市 / 鍾路 古今서海관

滑稽小說 禽獸會議錄

弄球室主人 著述　洋紙石版寫眞版印刷

全一冊 定價金拾五錢

▲本小說은新体文壇의演劇的小說로空前絶後의一大禽獸會議를開催하고海陸動物이演壇에集合ᄒᆞ야人類와禽獸의優劣과造化主宰의眞理를論議批評ᄒᆞᆫ光景을彷彿寫ᄒᆞ야讀者諸君에게紹介ᄒᆞᆫ今日吾人類社會의公德頹敗홈을警醒코져홈이니其滑稽的文体가光彩陸離ᄒᆞ며諷諫的批評이奇拔欽出ᄒᆞ야實로國文小說界에一大異彩를放ᄒᆞᆫ바ᄒᆞ며一讀解頤의好讀物이오

발行元 皇城書籍業組合

▲分售處 中署罷朝橋越邊 中央書館 / 中署鐘路 大東書市 / 南署大廣橋東邊 匯東書舖 / 仝 古今書海館 / 西署南門外紫岩 新舊書林 / 南署尙洞 博文書館 / 南署銅峴 漢城書館 / 中署布屛 廣學書舖

大韓國新發明靈藥廣告

清心保命丹 消化新藥　九十粒入金拾錢

陸軍軍醫……　四海衛生之諸君子常備之靈藥

發行所 仁川港棋盤峴 濟生堂藥房

●主治効能 ●食積 ●中暑 ●中寒 ●痰飲 ●腹痛 ●水土不服 ●咳嗽 ●船車眩暈 ●氣鬱 ●吐瀉 ●口熱惡臭 ●食傷 ●酒醉

▲其他諸般運氣瘟疫預防妙藥

發出張代理特約발賣所

京城大廣橋共愛堂大藥房 / 同 鍾路慈惠藥房 리觀化 / 同 梨峴洋약局 리信華 / 同 尙동博文書館 盧益亨 / 同 南大門外大同運輸會社 / 同 泥峴三丁目 新井支店 / 同 泥峴郵便局前 天佑堂 / 同 水橋本堂出張人 리鳳林 / 仁川 蕃邑本堂出張所 金濟賢 / 同 開城旅館 韓萬根 / 同 寺峴和平堂 리應善 / 開城 南門內萬物廛 박圭桓 / 同 南門內同店 禹相玉 / 同 南門內冊肆 리禎錫 / 同 北部忠橋 具聖模 / 海州 宗路商店 宋在瑛 / 同 二房약舖 김永樂 / 同 南門內店 리泰植 / 水原 鍾路下약房 金濟九 / 延安邑내洋약局 邊汝文 / 江華 鍾路店 尹斗鉉 / 同 鍾路店 宋順玉 / 同 西門外冊肆 高成根 / 同 淵南門내 崔觀淳 / 砂利院市場내 客主 朴健昌 / 同 耶蘇教堂내 任允中 / 公州 南門내紅門동 리在春 / 平壤 鍾路巨里濟生局 韓鳳儀 / 同 館前濟生醫院 金麗興 / 同 大興部里 權能化 / 同 呂武洞藥局 桂澤宜 / 同 里門出張人 尹寅赫 / 鎭南浦 三和동洋약局 김元섭 / 同 德岡本堂出張人 吳남秀 / 群山港開福동 김斗鉉 / 安州 城내義井동回春大약房 / 安岳邑上場里濟生局林秉杜 / 大邱 南門내刷還동 김成浩 / 釜山港 草梁客主 金重佑 / 博川郡 大동商店 朴芝行 / 載寧邑後동洋약局 崔允國 / 忠州東良面早逝 金鎭和 / 晉州郡 관동 박魯賢

定州南門내洋약局 리健柱 / 郭山邑내洋약局 羅應彬 / 鐵山邑내永春堂 安瀬 / 宣川邑내冊肆 安丕 / 義州水口街 崔석浩 / 信川邑四里洋약局 김永植 / 郭山邑冊肆 김大鉉 / 元山港濟生堂支店 박敬淑 / 北青新昌港客主 박錫勳 / 江界道本堂出張人 馬璟東 / 德川邑官동洋약局 리丙斗 / 禮山용谷里 리東赫 / 其他各약店마다販賣홈 / 仁川港濟生堂告白

特別廣告

本社에서名牌印刷所를設ᄒᆞ고各種活字와銅版과機械가俱備ᄒᆞ오며印刷가精美ᄒᆞ고價値도廉ᄒᆞ오며特別히學員과夫人의게ᄂᆞᆫ一層低廉ᄒᆞ오니僉彦은來臨ᄒᆞ시와顧惠請求홈

大韓每日申報社 告白

今現代醫學科學의時務를一層擴張하오미金裝與銀裝各樣의齒與老小間疫數諸齒를때齒床幷齒金區意製造하오며拔齒與入齒時에無苦痛케ᄒᆞᄂᆞᆫ技方도有ᄒᆞ며齒科上詳議ᄂᆞᆫ無料接受ᄒᆞ압ᄂᆞ니四方僉君子ᄂᆞᆫ照亮ᄒᆞ심을望홈

京城南門內尙洞美人廳隣家 齒科醫士 韓大衞 告白

▲新刊書籍發售廣告

算術新書 大全 國漢文 定價金七拾五錢

大韓法規類纂 洋裝 定價四拾錢

三韓文拾錢 郵稅 二拾錢

初等倫理學教科書 拾五錢

國家學綱領 拾五錢

國民須知 八錢

愛國婦人傳 慈淑氏著 十五錢

發賣所 鍾路布屛下 金相萬書舖

●國債報償總合所收入廣告

●永川支取所還歸面新坪동

▲浮邀洞 리洋龍 리啓斗 리祥慶 / 리基淳 리祥麟 各六錢 / 리祥順 리基馥 리祥烈 / 리基國 리基豊 各二十錢 / 리祥春 리基赫 리基永 / 각四ᄀ錢 리昇杓 리基연 / 又一圓

▲浮邀洞 리祥龍 壹圓 리祥彩 리祥禧 / 각四錢 리祥彬 리根浩 / 白周安 리基壽 각六十錢 / 김洪一 三圓

▲平村동 김祥麟 유일熙 각四十錢 / 리東村 二十錢

▲龜溪동中 拾貳圓二十錢 / 盤谷동中 拾九圓 / 良才동中 三圓七拾錢 / 茶山동中 六圓六拾錢 / 平安동中 七圓八拾錢 / 大迎동中 三圓八十錢 / 良岩동中 拾六圓七拾錢 / 水坪동中 八圓

●原谷面明珠동 俞厚心 薛春日 김太興 / 각六錢 朴日才 任春三 / 申日心 楊元今 각四十錢 / 김貴돌 리以今 郭世月 / 리光禮 全奉石 任春丹 / 김甫成 楊日郎 全奉丹 / 楊貴丹 全奉進 각二十錢 / 리德郎 二拾六錢 楊月丹 / 具順心 각十錢

▲大里동 정남憲 鄭興九 각四十錢 / 尹致龍 八拾錢 林命述 / 俞顯龍 各二拾錢

▲中里동 金鍾奭 김禹永 河斗洪 / 方永齡 리炳基 각四十錢

發行兼編輯人 英國人 裵說

發行所 漢城西署西小門內外洞三統四戶 大韓每日申報社

第六卷 大韓每日申報 第七百八十七號

大韓每日申報

月曜及慶節 歲時日休刊

檀君開國四千二百四十一年
箕子元年三千三十年
大韓開國五百十七年
日本明治四十一年
淸國光緒三十四年
陰曆戊申三月小廿四日己酉

別報

○東洋拓殖會社設立問題

海朝新聞謄

外面을觀ᄒᆞ면開明事業인듯ᄒᆞ나內容을審ᄒᆞ면便是韓國人의死命을制ᄒᆞᄂᆞᆫ一問題니此問題ᄂᆞᆫ何問題오本報第一面에大書特書曰東양拓殖會社라ᄒᆞᄂᆞᆫ問題가是라●

此問題ᄂᆞᆫ何에셔生하얏ᄂᆞᆫ가卽去月十八日日本衆議院에셔桂太郞氏가提出ᄒᆞᆫ議案이라其名義ᄂᆞᆫ東양에셔土地를開拓ᄒᆞ고人民을移殖ᄒᆞ기爲ᄒᆞ야會社를設立ᄒᆞᆷ이니東양二字가含抱ᄒᆞᆫ것은廣ᄒᆞ나其實狀은我韓一國만爲主ᄒᆞᆷ이니韓人된者ᄂᆞᆫ不可不一覽三思ᄒᆞᆯ비로다故로其要件을左에畧揭ᄒᆞ고說明을加ᄒᆞ노라

第一條 東洋拓殖株式會社ᄂᆞᆫ韓國에셔拓殖事業을經營ᄒᆞᆯ目的으로株式會社의本店을韓國에置ᄒᆞᆫ다ᄒᆞ얏고

第二條 會社의資本은壹千萬圓이오

第三條 會社의株式은總히記名式에韓日兩國人만爲限ᄒᆞᆫ다ᄒᆞ얏스니

此를觀ᄒᆞ라其名은비록東洋이라ᄒᆞ얏스나其實은韓國을經營ᄒᆞᆷ이아닌가

第十壹條 會社의經營ᄒᆞᄂᆞᆫ業務ᄂᆞᆫ(一)農業(二)土地買賣와貸借오(三)土地經營과管理이오(四)建築物의築造와買賣와貸借오(五)韓日移民의募集과分配ᄒᆞᄂᆞᆫ것이오(六)日本移民과韓國農民에對ᄒᆞ야種子와肥料와其他商業의所用되ᄂᆞᆫ原料를供給ᄒᆞᆷ이오(七)建築材料와商業에用하ᄂᆞᆫ器械와舟車와獸畜을供給ᄒᆞᆷ이오(八)生産物과獲得物과其他必要ᄒᆞᆫ物件의買賣와運送ᄒᆞᄂᆞᆫ것과儲畜ᄒᆞᄂᆞᆫ것이오(九)拓殖上에必要ᄒᆞᆫ資本을供給ᄒᆞᆷ이오

第十二條 拓殖上에必要로認ᄒᆞᄂᆞᆫ境遇에ᄂᆞᆫ附帶ᄒᆞᆫ事業도經營ᄒᆞᆷ(一)水産業과礦産業(二)農産物水産物노製造ᄒᆞᄂᆞᆫ業(四)其他拓殖上必要ᄒᆞᆫ事業

以上條件을觀ᄒᆞ건대我國內에셔土地家屋의買得又典執과農工、森、礦、鐵道、船業、牧畜、漁業等의各種利益을壹々經營ᄒᆞᆯ計劃이오

第拾三條 資本金供給하ᄂᆞᆫ方法은韓國內不動産과獲得物을擔保ᄒᆞᆫ다ᄒᆞ얏스니

此條例所云은該會社에셔不動産과獲得物을擔保로典執하고資本金을供給ᄒᆞᆷ이오

第二十三條 會社의資本金拾倍를爲限ᄒᆞ고會社의債券을발行ᄒᆞᆫ다하얏스니

此條件은비會社에셔資本金原額外에十倍나되ᄂᆞᆫ債券을발行ᄒᆞᆷ이니假令該會社資本金을一千萬圜으로定ᄒᆞᆫ境遇이면拾倍를加出ᄒᆞ야一億萬圜의債券을발行ᄒᆞᄂᆞᆫ것이合壹億壹千萬圜이라

히會社의抱有趣旨를硏究ᄒᆞ건대韓國內天産人造의物品을一切網羅ᄒᆞ야一千萬圜資本으로一億萬圜을延利하야大韓三千里土地와二千萬人民을次第로買收ᄒᆞ야所有權을掌握코ᄌᆞᄒᆞᆷ이라ᄒᆞ얏더라

外報

●排日運動激烈 淸國廣東地方에셔日本物品에對ᄒᆞ야排斥運動ᄒᆞᆷ은已報ᄒᆞ얏거니와積地方에셔排斥運動이尤甚하야勞働者들이煽動하야物貨運搬ᄒᆞᆷ을不得케ᄒᆞ고其排斥ᄒᆞᄂᆞᆫ範圍가天津漢口等地々지擴張되다며라

●大統領候補 倫敦電을據ᄒᆞᆫ즉美國미네소다洲共和黨大會에셔ᄂᆞᆫ라푸르氏의大統領候補者됨을極히贊成ᄒᆞ고且關稅改革을主張ᄒᆞᆫ다더라

●日人陷死 同電을據ᄒᆞᆫ즉英國落機山中에在ᄒᆞᆫ알ᄯᅡ三深淵에雪崩이有ᄒᆞ야鐵道線路及鐵道工夫車ᄂᆞᆫ深淵에墜ᄒᆞ야二十名의日本人이卽死ᄒᆞ얏다며라

●俄國軍制改正 聖彼得堡電을據ᄒᆞᆫ則大官會議의結果로陸海軍의全部를大元帥라稱ᄒᆞᄂᆞᆫ最高司令官陛下에直ᄒᆞ기로決定ᄒᆞ얏다더라

●摩洛哥激戰 同電을據ᄒᆞᆫ則알제리아國境에셔激戰이有ᄒᆞ얏ᄂᆞᆫ데步兵二千名及騎兵三千名으로編成ᄒᆞᆫ摩洛哥軍은十四日移夜襲軍ᄒᆞ야翌朝未明에佛軍의陣營을襲擊ᄒᆞ얏ᄂᆞᆫ대此戰에佛軍의死者가一十八名이요負傷者가百餘名에至ᄒᆞ얏다며라

●太平양의戰備 同電을據ᄒᆞᆫ즉美國艦隊ᄂᆞᆫ산지아고에到着ᄒᆞ야加州人의게盛大ᄒᆞᆫ歡迎을受ᄒᆞ얏ᄂᆞᆫ데同州知事질넷트ㅣ씨ᄂᆞᆫ歡迎의辭를述ᄒᆞ야曰太平양에셔早晩間最大海戰을行ᄒᆞᆯ터인ᄃᆡ美國은太平양에使命을完全케ᄒᆞᆯ準備를不可不豫先爲之ᄒᆞᆯ터이라ᄒᆞ엿더라

雜報

●平士長書 平壤豊慶宮御眞을京宮에 奉還ᄒᆞ심으로平安남北道紳士代表進士金宗萬氏가內閣에上書ᄒᆞᆫ全文이如左ᄒᆞ더라

伏以西土五百年湮鬱之賤品粗具彝性徒切愛君憂國之誠矣何幸 聖明乃發西顧爰卜楨寀古都營建 豊慶宮 御眞奉安于 太極殿 重華殿 猗歟億萬年無疆之休實基於此西土人士莫不歡欣仰瞻 耿光感願 努功矣國家多事子來之誠未畢敎匠之役中止士民之積鬱抱恨者亦幾年矣今伏見京報 御眞還奉于京闕西宮殿止以若莫嚴莫敬之地有此 遷動之舉誠出不意本道士民昕夕瞻仰者遽爾失望其悵慘齋鬱果何如哉生等以紳士代表로足上來敢陳奇莽之說伏願閣下勿以人廢言俯察輿衷數奏 天陛以慰一路之人心千萬伏祝

●原校試驗 原州郡公立普通學校敎員洪樣槇씨가赴任以後로同志幾人과協議ᄒᆞ고原普義塾을別設ᄒᆞ고晝夜를分하야公私校務에熱心ᄒᆞ야本月七日에兩科夏期試驗을經ᄒᆞ얏ᄂᆞᆫ데普通校優等生은李容華權英根等十四人이오及第生은李萬錫鄭儀俊等十九人이오原 義塾優等生은元乃燕박注형等三人이오優等生은金종國沈宜達等六人이오及第生은安鳳九金진錫等十一人이라더라

新譯 海外稗談

第三章 白絲線 東籬子 譯 續

余가一驚ᄒᆞ야大吃ᄒᆞ고卽時帽子를取ᄒᆞ야頭上에戴ᄒᆞ니武官某가驚問ᄒᆞ되何處에往코ᄌᆞᄒᆞᄂᆞᆫ잇가余曰我가消息을去探치아니ᄒᆞᆷ이不可ᄒᆞ니君可同往ᄒᆞ야路上에셔或他變의生出ᄒᆞᆷ을防禦ᄒᆞ자ᄒᆞ고於是에兩人이昂然便行ᄒᆞ야須臾에總理邸下에抵到ᄒᆞᆫ즉只見人山人海가擾々攘々ᄒᆞ야或奧大利로罵ᄒᆞᄂᆞᆫ者도有하고或俄羅斯를罵ᄒᆞᄂᆞᆫ者도有ᄒᆞ며皆謂今番行凶이必於政治上에有干連者라ᄒᆞ더라

余此時에不遑他顧ᄒᆞ고但總理大臣을一見ᄒᆞ야萬一彼의一息이尙存ᄒᆞ면或臺言을得聞ᄒᆞᆯ가ᄒᆞ야遂挺身欲入ᄒᆞ니及門에有巡捕가止之曰警視摠監이尙未來ᄒᆞ엿스니命令이無ᄒᆞ면不可入也니라余가元來此輩의心膽을洞知ᄒᆞ노니此輩가口雖倔强이나其實幾斤만見ᄒᆞ면卽爲屛氣者也라因用此物ᄒᆞ야竟得入門ᄒᆞ니라

旣而오邁大門하니一點香前에余와同卓對食ᄒᆞ던總理大臣斯陀難支가今乃架床에橫臥ᄒᆞ야流血이淋漓ᄒᆞᄂᆞᆫ도다其血衣ᄂᆞᆫ盡脫하야一隅에投ᄒᆞ고來觀ᄒᆞᄂᆞᆫ醫生이傷處를覓出ᄒᆞᄂᆞᆫ데背上槍孔에滯미容兩指오黑血이湧出如注ᄒᆞ니雖扁鵲이復生이라도不可救矣러라余가不忍久視ᄒᆞ야室中에徘徊往來ᄒᆞ더니忽然傷者의血衣가吾眼에觸ᄒᆞᄂᆞᆫ데外套의上에刺客刀痕過處와相去가一寸쯤되ᄂᆞᆫ데乃有白絲가悠々下垂ᄒᆞ얏스니아々異哉라此者余의外套上의繫ᄒᆞ얏던白絲와無少異也로다余가心中驚怪ᄒᆞ야其絲를欲拔ᄒᆞ니確乎緊繫에有力難拔이라

余가當時에此事로警視摠監의게告ᄒᆞ려ᄒᆞ야擧頭望看ᄒᆞᆫ즉摠監이尙未至라余怨하ᄒᆞ되此事를暫勿告人ᄒᆞ고第觀動靜ᄒᆞ리라ᄒᆞ더니已而오來人이皆散歸ᄒᆞ거ᄂᆞᆯ余가乃傷者의側에走近ᄒᆞ야呼曰君이能開口耶아君何以竟至於此오傷者가余言을聞ᄒᆞ고起身코ᄌᆞᄒᆞ거ᄂᆞᆯ余가耳를傾ᄒᆞ야傷者口邊에附하니總理가張目曰跋者야文件이여ᄒᆞ더니言未終而氣絶矣러라

總理大臣이昇遐ᄒᆞᆫ後에適醫親摠監이手下數人을領率ᄒᆞ고來到ᄒᆞ더니余를見ᄒᆞ고顏色이少變ᄒᆞ다가旣而오天然正色ᄒᆞ고問於余曰總理가被刺ᄒᆞᆫ事를君의게所告가有하던가余曰否라彼欲開口다가氣遂絶矣러라總監이他人의게復問ᄒᆞ되所答이與余無異라摠監이乃謂余曰彼被刺之事ᄂᆞᆫ彼或自知ᄒᆞᆫ터인데旣不能自言而死ᄒᆞ니奈何오然이나我當從速査捕ᄒᆞ야死者의靈을慰ᄒᆞ리라ᄒᆞ며니余가更無他言ᄒᆞ고卽時摠監의게作別ᄒᆞᆫ後에公使館으로歸ᄒᆞ야卽時維也納에在ᄒᆞᆫ所親商人의게護身網衫一件을寄來ᄒᆞ라고致書ᄒᆞ托ᄒᆞ니蓋此網衫은鐵網으로編成ᄒᆞᆫ비연故로汗衫을代用하면刃石을可禦니對敵人과戰爭ᄒᆞᆯ時에士官이每此衣로臨陣者也라

未完

雜報

●銀銅不公 今番 대皇帝陛下 卽位紀念章을頒布ᄒᆞᆫᄃᆡ表勳院과내閣과宮내府判任官은銀章으로頒給ᄒᆞ고其他各部府院判任官은銅章으로頒給ᄒᆞ미公正치못ᄒᆞ다ᄂᆞᆫ巷說이有ᄒᆞ더라

●總相云辭 總理대臣리完用씨ᄂᆞᆫ何事件이有ᄒᆞᆫ지將次辭職疏를奉呈ᄒᆞᆫ다ᄂᆞᆫ說이有ᄒᆞ더라

●軍大孔懷 軍部大臣리秉武氏가昨日에其伯氏리秉禹氏의喪을遭ᄒᆞ야仕進치못ᄒᆞ얏다더라

●학대到港 학部대臣리載崑시ᄂᆞᆫ今日釜山항에下陸ᄒᆞ야학事를視察ᄒᆞ고數日後에入셩ᄒᆞᆯ預定이라더라

●迎接학대 학部秘書官김思重시ᄂᆞᆫ학部대臣을迎接次로今日釜山港々지下往ᄒᆞᆫ다더라

●각自대將 監査院長김允식氏가中樞院議장으로移任ᄒᆞᆫ代와修학院장申箕善씨가副議長으로轉任ᄒᆞᆫ代에前議長徐正淳氏ᄂᆞᆫ監査院長으로前副議장成岐運시ᄂᆞᆫ修학院장으로敍任ᄒᆞᆫ다ᄂᆞᆫ說이有ᄒᆞ더니近日에ᄂᆞᆫ該兩院長을運動ᄒᆞᄂᆞᆫ人이多數하야未知鹿在誰手라ᄂᆞᆫ說이有ᄒᆞ더라

●署理日俸 각觀察郡守에署理俸給을내部에셔決定ᄒᆞ기를勅任官에日俸은三圜이오奏任官에日俸은二圜이오判任官에日俸은 圓이라더라

●但知裁府 平남觀察박重陽시ᄂᆞᆫ有何思想인지行政上에報告ᄒᆞᆯ事이有ᄒᆞ면所管내部ᄂᆞᆫ置之ᄒᆞ고統監府로依例修報ᄒᆞᆫ다더라

●蔘病預防 度支部臨時財源調査局技手富手正義씨가人蔘病預防法을視察次로日昨에開城等地에前往ᄒᆞ얏다더라

●花月宴會 再昨日下午七時에내部醫務局長松井茂氏가花月樓에셔該局壹般官吏를請邀宴待ᄒᆞ얏다더라

●醫局茶話 再昨日下午三時에내部衛生局壹般官吏와醫務局壹般官吏가茶話會를開ᄒᆞ고衛生局長劉猛氏ᄂᆞᆫ平安남北道衛生視察景況을說明ᄒᆞ고渡邊警部ᄂᆞᆫ北間島視察景況을說明ᄒᆞ고事務官市川氏ᄂᆞᆫ行政事爲를說明ᄒᆞᆫ後同五時에散會ᄒᆞ얏다더라

●請撥儲金 平理院檢事張燾氏가其伯氏의婚日이漸近ᄒᆞᆫ대婚需所用이窘拙ᄒᆞ야法部大臣趙重應氏의게報告ᄒᆞ되自己儲蓄금을計額支撥ᄒᆞ라ᄒᆞ얏다더라

●驛土調查 각道驛屯土徵收事項을觀察次로度支部主事박容俊氏ᄂᆞᆫ京畿忠淸兩道로全主事卞志相氏ᄂᆞᆫ全羅남道로全主事趙谷瑛씨ᄂᆞᆫ慶尙道로全主事韓聖鍵氏ᄂᆞᆫ平안道로出장ᄒᆞ얏다더라

●양服者掘陵 慶州郡新羅善德王의陵寢을去二十日에양服ᄒᆞᆫ者四名이該陵을毁掘ᄒᆞ고高麗磁器를取去ᄒᆞ얏다더라

●講師照會 度支部書記官俞承謙시ᄂᆞᆫ法官養成所講師를囑托ᄒᆞᆫ意로法部에셔度支部로照會ᄒᆞ얏다더라

●韓人不認 近日傳說을據ᄒᆞᆫ즉國니에陳荒地를開墾次로地方에居留ᄒᆞᄂᆞᆫ日人과韓國人民들이農商工部에請願하면日人들은容易히認許를承得ᄒᆞ고韓國人民들은承認치못ᄒᆞᄂᆞᆫ者多ᄒᆞ다ᄂᆞᆫ데此亦壹觀之下에遺憾이되ᄂᆞᆫ事이라고들ᄒᆞ더라

●毁府築室 宗正府니에院廊을毁撤ᄒᆞᆫ石材ᄂᆞᆫ完順君리載完시가家屋을建築次로沒數運撤ᄒᆞ다더라

●減一存一 각國語학校를創設ᄒᆞᆫ恩官으로合付ᄒᆞᆫ은已爲報道ᄒᆞᆫ바어니와漢文敎師가合爲五人니에三名은除減ᄒᆞ고二名만存置ᄒᆞᆫ다더라

●宜乎免官 地方官吏로民有地나或官有地를外國人에게賣渡ᄒᆞᄂᆞᆫ弊가有ᄒᆞ다고入聞됨으로내部에셔ᄂᆞᆫ秘密査探ᄒᆞ야如此ᄒᆞᆫ官吏ᄂᆞᆫ並免官懲治ᄒᆞᆫ다더라

●會何秘密 김在珣氏가壹教를設ᄒᆞ얏다ᄂᆞᆫ事ᄂᆞᆫ已爲報道ᄒᆞ얏거니와目的을變ᄒᆞ야政治經濟研究會라ᄒᆞ며會規를組織ᄒᆞ고秘密히數百名을會集協議ᄒᆞ얏ᄂᆞᆫ대其主意인즉拓殖會社를贊助ᄒᆞᆯ嫌疑가有ᄒᆞ다고巷說이籍藉ᄒᆞ고또北村大官某々氏가該氏籠絡에陪ᄒᆞ야該會에入添ᄒᆞ얏다ᄒᆞ니其姓名은將次揭布ᄒᆞ깃노라

●宮土無關 三和港所在 英親王宮庄土秋收로학校를創設ᄒᆞᆯ意로秋本理事가학部에請願ᄒᆞᆫ故로학部에셔帝室有國及財産局으로照會ᄒᆞ얏더니該局에셔答照ᄒᆞ되該庄土가本是慶善宮庄土인즉該局에셔ᄂᆞᆫ相關이無ᄒᆞ다ᄒᆞ얏다더라

●更調辯報 巨濟郡々主事尹永現氏가不法行爲가有ᄒᆞ다ᄂᆞᆫ民訴가내部에到ᄒᆞᆫ故로該部에셔查實報來ᄒᆞ라ᄒᆞ고該郡守에게訓令ᄒᆞᆫ지多日에報來치아니ᄒᆞ미日昨에更訓ᄒᆞ얏다더라

●騎馬鍊習 軍部領尉官들이每壹週니에一次式騎馬를鍊習ᄒᆞ기로決定ᄒᆞ얏다더라

●前勢復圖 前韓國閔泳徽시가家人을對ᄒᆞ야說話ᄒᆞ기를余가無勢ᄒᆞᆫ所致를因ᄒᆞᆫ인지財産을侵奪코저하ᄂᆞᆫ者가種々有之에人所難堪이라ᄒᆞ고宦路에出脚ᄒᆞ기를運動ᄒᆞᆫ다ᄂᆞᆫ說이有ᄒᆞ다더라

●日騎還說 昨年日本皇太子渡韓時에護衛로渡來ᄒᆞ얏던日本騎兵四個中隊ᄂᆞᆫ其後도地方義擾를鎭靜ᄒᆞ기에從事ᄒᆞ얏더니今回日憲兵의渡韓ᄒᆞᆫ結果로五月中旬頃에歸國ᄒᆞᆯ터이라더라

●日兵韓服 남來人의傳說을聞ᄒᆞᆫ즉地方에行巡ᄒᆞᄂᆞᆫ日兵이身着周衣ᄒᆞ고頭戴白巾ᄒᆞ고雨則蓑笠ᄒᆞ고擧皆換着ᄒᆞ야韓人服色과恰似ᄒᆞ다더라

●寧郡不寧 寧邊郡에義兵이蜂起ᄒᆞ야地方이不穩ᄒᆞᆫ狀態가有ᄒᆞ다ᄂᆞᆫ電신이某處에到ᄒᆞ얏다더라

●壹義被害 本月二拾日에文義와山塲市附近地에셔義兵三拾餘名이來到ᄒᆞ야殺鷄討飯ᄒᆞᆯ際에日兵이多數來到ᄒᆞ야不意放砲ᄒᆞᆫ즉義兵이一齊解散ᄒᆞᄂᆞᆫ데一名은中丸被傷ᄒᆞ야擔舁而去ᄒᆞ다가中路에셔砲殺ᄒᆞ얏다더라

●朱씨被捉 國成社員朱珠榮氏가有何事件인지日昨警視廳에被捉하얏다더라

●共報不傳 桑港所來共立新報ᄂᆞᆫ十五号二拾七張을再昨日에慶山驛警察署에셔收置ᄒᆞ고呈送치아니ᄒᆞ얏다고내部保안課로牒報ᄒᆞ얏다더라

●銅鑛還人 甲山郡古鎭東社麗谷銅鑛을光武八年에美國人某씨에게自니로許給ᄒᆞ엿신ᄃᆡ說이有ᄒᆞ고政府에셔ᄂᆞᆫ許可가無ᄒᆞ고또ᄒᆞᆫ年限이過ᄒᆞ엿는日에宮내府에셔該 交涉ᄒᆞ야還收ᄒᆞᆫ다더라

●法학總會 來日曜日上午九時에法학總會에셔臨時總會를養正義塾내에開催ᄒᆞ고今番該塾卒業生이入會ᄒᆞ다더라

●嶠남親會 嶠南학生親睦會를來日曜日下午二時에普光학校내에開ᄒᆞ고卒業生과現학生들이任員을組織ᄒᆞᆫ다더라

●關東會演說 關東학會에셔來日曜日下午一時에寺동華樂隊越便演興社內로有志紳士諸씨를請邀演說ᄒᆞᆫ다ᄂᆞᆫ데리商在氏ᄂᆞᆫ학會之效이意在富强으로鄭濟復氏ᄂᆞᆫ關東人士의奮發時代란問題로演說ᄒᆞᆫ다더라

●爲張田兩氏

美國警察廳에被囚ᄒᆞᆫ張仁煥氏와田明雲씨를爲ᄒᆞ야安岳郡紳士三氏가금八圜을本社에來傳ᄒᆞ며該處로轉送ᄒᆞ기를請ᄒᆞ더라

●善隣移校 善隣商業학校에셔前陸軍衛生院으로移設ᄒᆞ더인故로軍部에셔該院내借住ᄒᆞᆫ人民拾戶를昨日니로出去ᄒᆞ라督促ᄒᆞᄂᆞᆫ故로該借住人民들이方在困難中이라더라

●運動盛況 安岳郡小학校에셔春期大運動을設行하얏다ᄂᆞᆫ事ᄂᆞᆫ已爲報道어니와今月拾五日에각處三十七학校가聯鍊場에齊會ᄒᆞ미千餘名학徒ᄂᆞᆫ鳴鼓次第로行伍가井井ᄒᆞ고觀光者ᄂᆞᆫ環両如屛이라自上午九時로下午四時々지體操術作文競走體操選動을次第試驗ᄒᆞ고其次에각학徒가演說하고其翌日上午九時에來賓과紳士劉光玉氏ᄂᆞᆫ今番이란問題로김成武氏ᄂᆞᆫ生活이란問題로美國宣敎師召芮彬씨ᄂᆞᆫ대韓獨立이란問題로演說ᄒᆞᆯ時에滿塲諸人이莫不叩掌喝采ᄒᆞ고盛備ᄒᆞᆫ物品으로次第施賞ᄒᆞ얏다더라

●上海학院 上海大同학院에셔敎師美人우벨氏와監督徐相氏가至大ᄒᆞᆫ熱誠으로敎授ᄒᆞᆫ뿐不啻라諸학生이勤々孜々ᄒᆞ야他校壹箇年학科를三箇月에盡課ᄒᆞ야今月拾二日에月終試驗을經ᄒᆞ얏ᄂᆞᆫ대優等生은申衡浩田炳치趙종진三씨인대賞品을多數히施與ᄒᆞ얏다더라

▲地方消息▼

▲今月拾九日午前拾時에鐵原道從津江上流에셔義兵約二拾名이日憲兵과拾五分을戰鬪ᄒᆞ다가남方으로退却ᄒᆞ고二拾日午前拾一時에三水郡西方約拾里山間에셔義兵壹百五拾名이日憲兵과四時間을交戰ᄒᆞ엿다ᄒᆞ고

▲間島電을據ᄒᆞᆫ즉二拾壹日午後四時에間島伏沙坪距二拾里地에義兵約壹百名이集合ᄒᆞ야同地憲兵分遣所를襲擊ᄒᆞᆯ形勢가有ᄒᆞ다ᄂᆞᆫ急報를接ᄒᆞ고日守備隊에셔偵探隊를派遣하엿다ᄒᆞ고

▲今月拾壹日에慶州郡江東面上吾동에義兵數拾名이侵入ᄒᆞ야民間에軍資금을收取以去ᄒᆞ엿다ᄒᆞ고

▲本月十日夜에長湍郡九化塲東距約一里地에셔小數의義徒와該郡日守備隊가交戰ᄒᆞ얏다ᄒᆞ고

▲本月拾六日加平郡西方約二里地에셔三拾餘名義徒가김化郡駐在日守備隊와交戰ᄒᆞ얏다ᄒᆞ고

▲本月拾六日江原道珍富等地에셔三百餘名義徒가同地日守備隊와交戰ᄒᆞ얏다ᄒᆞ고

▲本月拾三日黃海道谷山郡下圖面에셔義徒五拾餘名이同郡駐在日憲查와攻擊ᄒᆞ야一時間을經ᄒᆞᆫ後陽德郡横川里方面으로退去ᄒᆞ얏다더라

▲十不知▼ 李笞

▲現今世界ᄂᆞᆫ變革時代라知識만通達ᄒᆞ면人皆可以英雄으로自負ᄒᆞᆯ터인대然此輩人은只以婁太公諸葛亮만英雄으로知ᄒᆞ니眞個此等英雄이出世ᄒᆞ면濟世之策이잇술ᄂᆞᆫ지第一不知事

▲韓淸日三國은東양의至近隣邦이오人又同種이라宜乎與他自別ᄒᆞᆫ友誼가有ᄒᆞᆯ터인대挽近에ᄂᆞᆫ反目相視ᄒᆞ니第二不知事

▲日本이韓國을保護ᄒᆞᆫ다더니保護三年에生靈之塗炭과財政之枯渴이莫此爲甚ᄒᆞ니保護ᄂᆞᆫ무어술保護ᄒᆞᄂᆞᆫ지第三不知事

▲東學黨의目的은斥倭ᄒᆞᆫ다稱ᄒᆞ고甲午大亂을唱起ᄒᆞ더니現今에ᄂᆞᆫ天道敎니侍天敎니名稱ᄒᆞ고日人의心服을甘作ᄒᆞ니第四不知事

▲近年에避亂客들이異議를倡ᄒᆞ야勝地를訪覓ᄒᆞ居ᄒᆞ며而避援가忽起ᄒᆞ미所謂十勝地에根據處를作ᄒᆞ니義兵의拾勝之地인지第五不知事

▲埋骨求福은韓國遺俗인대近因鐵道電線郵電에斷脈後龍이라고破碎腦塔ᄒᆞ되未聞其子孫之禍敗ᄒᆞ니第六不知事

▲一進會長리容九ᄂᆞᆫ東학黨의魁首로侍天敎를刱出ᄒᆞ야각立門戶ᄒᆞ고天道敎를若仇讐ᄒᆞ니第七不知事

▲近來或者들이내心으로附日하고外面으로扶韓ᄒᆞᄂᆞᆫ듯시假然히社會上에露出擧目ᄒᆞ야演說이나討論에서天을得ᄒᆞ고國을利害ᄒᆞᆯ言論ᄒᆞ니是何心腸인지第八不知事

▲現今韓人이雖三尺之童이라도國權恢復ᄒᆞ기를晝宵祝ᄒᆞᄂᆞᆫ데閉人臣은國權을販賣ᄒᆞ기爲ᄒᆞ야각大臣은韓國人種이아닌지第九不知事

▲兄弟家屋도彼의其知ᄒᆞ야擅取코ᄌᆞᄒᆞ야諸般設計가無非撲滅ᄒᆞᆯ思想뿐이라ᄒᆞ니其弟가沒吞을獨能安享ᄒᆞᆯ가第十不知事

廣告

本敎中央總部ᄅᆞᆯ남部대坪坊弘門洞五統 戶에移接홈
天道敎中央總部 告白

大韓每日申報七百七拾九號廣告欄내에최貞旻의本人訴斥ᄒᆞ온人是悖類오語涉駭妄則不足多卞而所謂結稅之純業貴擲ᄒᆞᆫ主務自在에本人이不致擅[illegible]也오隱卜則逐年照據ᄒᆞ[illegible]存은邑所共知[illegible]事ᄂᆞᆫ亦何干於本人[illegible]이若有實犯則一邑之[illegible]欺矣라豈敢出仕於主事[illegible]아略擧其槪而廣佈홈
金海郡主事裵相진 告白

本人의子김尙旻가性本浮浪ᄒᆞ야酒色雜技로四五次蕩敗家産ᄒᆞ고末乃所存畓八斗地只을又식이재圖章처서放賣ᄒᆞ야母子分利ᄒᆞ얏ᄂᆞᆫ데今又同畓虛文券으로逗留각處ᄒᆞ야欲爲欺人ᄒᆞ니내外國人은一切勿見欺홈
梁山下北面新坪里김召史告白

本月二十六日(日曜)에臨時總會ᄅᆞᆯ義正義塾內로開ᄒᆞ오니僉會員은繼期來臨ᄒᆞ시옵
法學協會 告白

本社에서각학校掛置時計修繕代金은不受(各校信章을捺送홈)ᄒᆞ깃고生徒의懷中時計修繕金은廉價로受홈은已告ᄒᆞ얏고且生徒의帽子票修理金은特히不受ᄒᆞ깃ᄉᆞ니每日曜日下午一時로至六時ᄭᆞ지來議ᄒᆞ시면不顧事務ᄒᆞ고卽施ᄒᆞ깃ᄉᆞ오니外方각학校에서도小包로來往케ᄒᆞ시면盡力修繕홈
京城大安洞三十四統七戶
永信時計修繕社리敏始 告白

本人의家를朴齊駿許에貰給ᄒᆞ고立旨를遺失ᄒᆞ얏기廣告ᄒᆞ오니誰某拾得間休紙施行홈
中部貞善坊慶國契八十二統十五戶 리正善 白

本會에서今二十六日(日曜)下午一時에寺洞軍樂隊西便興社內에特別總會를開ᄒᆞ고演士리商在 [illegible]兩氏를請邀演說ᄒᆞ오며傍聽을許ᄒᆞ오니有志僉員은光臨ᄒᆞ시옵
關東學會 告白

◎京城孤兒院寄附金廣告
▲義州
鄭濟進 리文一 각五圜
柳甲秀 김斗煥 각三圜
趙在榮 四圜 李明善
김尙濶 리온瑾 각貳圜
리永善 김載成 리寬實
리龍雲 각壹圜 申雲祥
張順善 김志운 김道濟 각拾圜
韓廷祿 六拾전 남門外耶蘇敎會 卄六圜八拾七전五厘
洪在現 崔翼瑞 張응濬 각拾圜
高秉台五圜 朴奉燁
三圜 洪龜孫 김학淵각貳원
金鼎瑞 洪종洛 張仁학
白인成 김光潤 김世학
梁國源 김善학 각壹圜
替馬耶蘇敎會拾圜卄八전五厘
▲龍川
權鳳洙十圜 張宗植 張錫夏
김昌祿 각五圜 리永和
김基崇 韓正淳 康宗洛
張興善 安鎭燮 리基鉉
崔希烈 金達用 김希善
리贊玉 韓致福 리錫河
張基洛 張大植 韓濟鐸
張濟洙 리圭一 각壹圜
張秉良 張鵬鳳 각三圜
리心一 리基閔 각貳圜
리信默 安連玉 리田坤
김呂석 리心煥 김린赫
리용涉 김秋貞 각五十전
鄭인澤 張乘彦 張益厚
각五圜 리英來 김國敏
김柄燦 각三원 張昌楨
張基鳳 白一元 각兩圓
田成濟 白政根 趙運郁
리東瑛 宋子賢 文道敎
리학基 張응麗 박基浩
張世澤 리世漢 張乘周
高秉勛 張昌善 각壹圓
▲鉄山
오최源 貳拾圓 會진哲
최昌立 조潤立 각十圓
김汝賢 정士학각貳圓 鄭殷泳
리최重 劉啓秀 김龍최
김泰亨 張鐸한 黃正運
리義貝 김國俊 리贊文
曺亨贊 劉최昌 김병鉉
張응龍 韓官泳 정석泰
宋之賛 리維根 각壹圓
▲定州
리世卿拾圓 리昇薰리明龍
각五圓 安炳敎 金光顯
金周欽 盧德濟 白南日
崔昌淳 毛昌英 김萬道
金夢駿 洪成麟 韓鎭石
趙昌均 각貳圓 朴舜日
三圜崔鼎河 김元玉 김呂鎭
리永秀 리健柱 각壹圓張大奎
崔鳳석 趙重有각五拾錢
▲郭山
리啓爽拾圓 김昌峯九圓
朴昌根三圓 리銀瑞貳圓
김俊文 김鼎賢 김星五
김濟河 김寅柱 김基洙
김麗三각壹圓
▲宜川
俞鏞浩 김최綽 魯晶완
각九원 吳致殷貳拾圓
김昇鉉 김應鎬 박宜衡
각三圓 申基周 方春永
각貳원 桂時恒 吉祥與
각壹圓
▲寧邊
박勝鳳 貳拾圓 池基榮
天道支敎각拾圓 김賢文
貳圓 洪淳七 김在寬
車國원 각壹圓
商業衆議會七圓八拾전
▲박川 柳종주三圓
▲雲山北鎭
耶蘇敎堂拾三圓拾전리根永
리慶楨各拾圓리永根박진奎
리聖玉 吳俊鎬 各五圓
林鶴俊 김亨植 최致廷
김益弘 韓석泰 各貳圓
오俊楨대夫人 정炳順 張觀奎
安孝元 康于善 각壹圓
美國人美西富五十圓
▲雲山
양鳳濟十圓리敏厚 김乘濟
김順治 각貳圓 리敏浩
김鼎런 리셕林 康信赫
각壹원
▲順川
金能基 玄利祚 洪병夏
김寧基 정鏞復 김尙默
각拾圓 리興雨 朴利貞
각五圓 方孝宜 二圓
김承韶 三圓
▲殷山
리健膺 리종燁 趙孫璉
각拾원 김珍潤 五원
▲成川
朴箕석 朴珽恒 리炳슈
각十圓 朴基彦 五圓
정志立 김斗鉉 각二圓
정東根 四圓
▲安州
리得런 十五圓 김인梧
韓泰鄕 김최璞 각三圓
리鶴秀 五圓 리인恒
리基昌 리인楨 許 경
각九拾錢 김炳浩 김瀅植
文致晟 김昌燮 최良泰
리寔永 張하俊 김龍학
최裕松 張東商 김邦淑
林枝華 김基泳 劉光祚
安興학校敎師 각壹圓
▲江西
白舜欽 三圓 김昌煥二圓
朴來穆 圓五拾錢
▲咸從
김璉植 拾圓 崔得평三圓
郭逢학 方達周 文최元
정濟萬 각二圓
▲진南浦
리承祚 五拾圓 楊命植
梁濟根 姜俊植 각拾圓
張世琳 리孝健 각五圓
任能準 趙宗植 각三圓
沈종禹 禹夏榮 각二圓
리承泰 尹在根 각一圓

以上寄附금額은合九百餘圓이온데活字를買ᄒᆞ여永々本院의維持方針을計러니遺憾九韓圓所費가三百八圓을減ᄒᆞ미其餘금이六百餘圓이온데不幸히碍與地方康林山下에서義徒의게四百三拾二圓을見奪ᄒᆞ여但本院에ᄂᆞᆫ二百餘圓을持來ᄒᆞ엿나이다
京城孤兒院너
李聖澤 告白

▲黃州
池斗泓 신大鉉 方允鳳
尹士成 각三원 尹應燮
宋昌禧 趙炳祐 各二원
▲平壤
朴經석 方興周 尹聖運各十원
리昇薰 黃학悅 각五圓
金鎭根 大同書觀 各三圓
최得輪 文承鎬 白樂均
각一원
▲甑山
崔允燦 四원
▲永柔
白鳳학 二圓
김主事 원壹 南城南部耶蘇敎堂拾一圓大拾七錢
京城孤兒院너趙存元리聖澤白

▲安岳郡紅봉학校捐助諸氏
張汝弘 康麟 朴鳳
韓錫奎 金仁煥 최殷直
崔殷敏 各五圓 朴泰학
김 淳 朴亨孝 리東煥
文澤鉉 各二圓 朴春健
朴泳선 리南柱 玄元圭
김 永 리鼎烈 김貞三
楊召史 김明河 宋永淳
文德鳳 정就模 김基燮
리丙浩 김炳杰 정萬秀
박廷琨 裵鳳瑞 洪根務
각壹圓 邊錫奎 안撤善
元亨道 康召史 리衆柱
朴致瑩 各二圓 安聖[illegible]
二圓五十錢 表明俊 鄭虎[illegible]
리龍鉉 박鎭俟 정允命
박錫萬 박泳璜 高昌模
리 基 各五十錢 溫井동
契錢六十원

南主事리湜이收承九ᄒᆞ얏스오니知舊照亮ᄒᆞ옵
리承九 告白

本人의姓名圖章을除三月拾七日見失故로如是廣告ᄒᆞ오니內外國知舊ᄂᆞᆫ勿欺ᄒᆞ심을望홈
仁川港內동하本里弘濟告白

北部花開洞掌苑署橋私立講數院告白
算術 數學 日語
入學時自下午七時至拾時
入學試驗은四月二十八日
下午壹時
法律 經濟 日語
選科
六個月速成科
上學時自下午四時至七時
入學試驗은五月三日
下午壹時

▲學員募集廣告
本院에서第二回學員을募集ᄒᆞ고五時特設法律講習所를設ᄒᆞ고日人敎師를延聘ᄒᆞ얏ᄉᆞ오니願學僉員은依次來臨ᄒᆞ심을望홈

▲測量製圖廣告
本所에서山林、田畓、家屋、其他測量製圖事務를迅速處理ᄒᆞ오니僉君子ᄂᆞᆫ來議ᄒᆞ심을望홈
新門外南邊第四統測量事務所

慶尙南道靈山郡海平面龍數洞所在沿江上下數拾里德數坪은即我先祖海平院君尹澤之地而吾宗數萬人共同所有之業白年傳來而守護者也라明確眞贖이어늘傾於邑誌ᄒᆞ고傳于世譜이거늘去古愈遠ᄒᆞ고後裔散處ᄒᆞ미挾雜輩가符同數坪ᄒᆞ야僞造贋券에稱以買ᄒᆞ고敢肆肥已之慾ᄒᆞ야暗圖賣ᄒᆞ오니內外國人은切勿見欺홈
海平尹氏大宗中 告白

本書市에서各種洋약과학徒所用物品과학徒帽子ᄅᆞᆯ製造ᄒᆞ야廉價로放賣ᄒᆞ오니첨君子照亮ᄒᆞ시기ᄅᆞᆯ
安岳上場海西書市林景柱白

本人의四寸在旭이性本浮浪이온바本人이惟恐敎誨ᄒᆞ야自本居愼은衆人共知라今番在旭이或稱在玉ᄒᆞ고或稱在洪ᄒᆞ야符同外人ᄒᆞ야多數稱債ᄒᆞ오니信用은無ᄒᆞ고財產도擬保도無ᄒᆞ온人이分外債務만多홈이其意何居오此人의宅心無良은勸解不得ᄒᆞ와玆廣告ᄒᆞ오니內外國人은切勿見欺홈
錦山邑정化學 告白

▲학員募集廣告
本校에서校舍ᄅᆞᆯ壹層擴張ᄒᆞ고학員을多數募集ᄒᆞ오니願入僉員은四月二十九日(陰三月[illegible])브터四月三拾日(陰三月[illegible])ᄭᆞ지入학請願書를本校에提出ᄒᆞ고[illegible]上午十時에來校應試홈 但入학請願書履歷書紙ᄂᆞᆫ本校로請求홈
一 試驗科目
國漢文讀書作文筭術四則以內
但相當ᄒᆞᆫ卒業證書가有ᄒᆞᆫ人은免試許入홈
一修業年限 三個年
一修業科目 普通科
西北協成학校

漢城鍾路萬國基督教靑年會舘前慈惠藥房
製藥鑑査人濟衆院醫學員洪錫厚朴慈惠李
觀化告白

本人等이米國大학醫院處方을大醫學士魚丕信氏에게受業ᄒᆞ고醫學校長勵五흡池錫永氏에게有効證明을受ᄒᆞ고左記낙種을製造ᄒᆞ야外國賣약規模를依ᄒᆞ야紙匣洋鐵匣瑞피甁에盛ᄒᆞ야全國內地各處약店에廣賣ᄒᆞ옵고濟衆院英字醫書를我國譯文으로繙譯ᄒᆞ야名稱西약方이라ᄒᆞ야발賣ᄒᆞ오니四方 僉彦中濟衆院낙을數拾年來經驗信用ᄒᆞ신兄弟는不拘약之多少와路之遠近ᄒᆞ고以書請買ᄒᆞ시면本人은雖拾錢價値약이라도以小包郵便으로仰呈ᄒᆞ오리니낙對定價外郵稅十젼을加送ᄒᆞ시되小數젼은郵票十젼즈리를스서보너시고賣낙家에셔는多數買去ᄒᆞ시면郵便局換錢票를買送ᄒᆞ시오且本藥房에米國(벌포드)製낙會社낙과(왈폴)製낙會社낙과德國(만ᄒᆞ엽)製약社약品을直輸入ᄒᆞ야德語英語로記ᄒᆞᆫ方文과主治와用法을我國漢文으로飜譯발賣

商標

食思振起 體力活潑 **補益丸** 第一老衰男女의게補益品

定價 拾日分	三十個入	金一圓
二十日分	六十個入	金一圓七十五錢
三十日分	九十個入	金二圓五拾錢

主治大補元氣能調陰陽男子陽痿不起女子月經不調手足厥冷虛脫失氣久病人蘇完되는効力이大勝於鹿茸與人蔘湯

瘧疾 **効解瘧丸** 一日分定價金拾錢此藥은大人小兒長瘧과物瘧과腹瘧에以三服用ᄒᆞ면更不再發

蛔 **虫丸** 一日分定價金拾젼此藥은大人蛔積小兒驚病의神効

感冒 **四時感冒丸** 一日分定價金拾젼此藥은感氣꿈샹의쓰는약인데二日連服ᄒᆞ면四時寒感上下肢節頭痛에即時解熱鎭痛

男女瘡症祛根藥 定價金五圓此藥은瘡疾의一期二期를勿論ᄒᆞ고거근ᄒᆞ도록낙을주는데口瘡과구며도아니나오

淸明眼藥 一日分定價金拾錢此藥은火眼熱眼의有ᄒᆞ奇効

無惡臭疥瘡藥 定價金四拾젼此藥疥션虫을卅分內殺殺

咳嗽藥 **咳嗽** 五日分定價金三拾錢此藥은四時尋常性咳嗽에奇大効ᄒᆞ고特히老人哽咳에消痰止咳

寸虫 **發根** 定價金三拾錢此약寸虫驅殺用

止足汗藥 二十日分定價貳拾錢此藥은軍人常用除足汗臭

輕腫根治膏 定價금十五젼此낙面腫과頭腫에直差

濕腫根治膏 定價금十五젼此약은男女勿論하고風寒暑濕으로成腫된데大起搔痒홀데奇効

漢城百應膏 一封定價金了錢此약은舊약醫士學信友시方文으로製造ᄒᆞᆫ藥인데명우리잘쓸미고각頭腫氣에발根合瘡이破하된데膏藥인대大洋鐵匣入一個금五十錢

小兒感冒靈効散 此약은池錫永氏經驗良方小兒感冒及食滯而發身熱驚風者皆神效定價金十錢

癎氣神効保嬰散 此약醫學校長池錫永氏數拾年經驗之良方小兒癎色綠順瀉○腹瀉○身不安而不寢○腹痛驚悸及直視而搐搦者皆神效定價금十二錢五圓

發賣所 仁川港杻峴濟生堂낙房 京城梨峴趙賣낙商學信華

◎大韓國新發明神藥

◎慶性 **靈丹** 各種食滯中暑久滯口臭痰飮에最效定價一貼十錢

◎至寶 **丸** 洪醫新鑛疾不拘久遠俱有偉效定價金三十錢

◎**靈效液** 外用芳香治疥瘡皮風百藥百中定價金三拾錢

◎**淸眼水** 治諸般眼疾有發見天之妙定價金拾錢

◎**通淋丸** 治男女急慢淋疾神效無雙速效除毒壹週金五拾錢

製藥發行所 漢城南部大廣橋西邊第三家十九統七戶 共愛堂大藥房 謹白

支店
京성남門內共愛堂第壹支店 李勛遠
群山港開醫동共愛堂第二支店 리春春
河東郡赤良面共愛堂第三支店 黃麟秀

代理店
京城北部大安동 仁濟藥房
仝 종路靑年會館前 慈惠藥房
仝 西部新門外石橋 普濟醫院
仁川杻峴 濟生堂 仝 和平局

此外에도東西洋各國有名賣藥과草材藥이俱備ᄒᆞ오니藥의多少를不拘ᄒᆞ고請求ᄒᆞ시면小包로仰呈ᄒᆞ겟숨

簡易商業簿記學

全一冊 定價金四十五錢

本書ᄂᆞᆫ簿記中最近ᄒᆞᆫ學理와巧妙ᄒᆞᆫ形式을精細寬解ᄒᆞ야丁寧케簡易ᄒᆞ도록編述ᄒᆞᆫ者니一般商業家에不可不一次閱覽ᄒᆞᆯ者뿐아니라中等以上學校에敎科로用ᄒᆞᆯ도適當ᄒᆞ니陸續購覽ᄒᆞ심을望ᄒᆞᆷ

발賣所 布屛下 廣학書舖　洞口越便中央書館
廣橋東便匯東서館　寺洞漢陽서館
鍾路 大東서市　鍾路古今서海

滑稽小說 禽獸會議錄

弄球室主人 著述　表紙石版寫眞畵印刷
全一冊 正價金拾五錢

▲本小說은新体文壇의演劇的小說로空前絶後의一大禽獸會議를開催하고海陸動物이演壇에集合ᄒᆞ야人類와禽獸의優劣과造化主宰의眞理를討論批評ᄒᆞᆫ光景을傍聽實寫ᄒᆞ야讀者諸君에게紹介ᄒᆞᆫ도今日吾人類社會의公德頹敗ᄒᆞᆷ을警醒코ᄌᆞᄒᆞᆫ이니其滑稽的文体가光彩陸離ᄒᆞ며諷刺的批評이奇拔欽曲ᄒᆞ야實로國文小說界에一大異彩를放ᄒᆞᆫ만ᄒᆞ며一讀解頤의好讀物이오

▲발行元 皇城書籍業組合

▲分售處
中署罷朝橋越邊 中央書館　中署종路 大東書市
南署大廣橋東邊 匯東書館　仝 古今書海
西署남門外蓮岩 新舊書林　남署쉬洞 博文書館
남署銅峴 博학書館　中署布屛 廣學書舖

◎大韓國新發明靈藥廣告

陸軍軍醫金守鉉君實驗方劑
陸軍軍醫張基茂君有效證明
四海衛生之諸君子常備之靈藥

消化新藥 **清心保命丹**

發行所 仁川港杻峴 濟生堂藥房

九十粒入金拾錢

●主治効能
●痰飮●食積●中暑●中寒
●咳嗽●腹痛●水土不服
●氣鬱●吐瀉●船車眩暈
●食傷●酒醉●口熱惡臭
▲其他諸般毒氣厲疫預方妙藥

●出張代理特約販賣所
●京城大廣橋共愛堂大藥房
同종路慈惠藥房
同梨峴洋약局 리觀化
同銅동博文書館 리信華
同中大門外大同運輸會社 盧益亨
同泥峴三丁目 新井支店
同泥峴郵便局前 天佑堂
同水橋本堂出張人 리鳳林
●仁川舊邑本堂出張所 金濟賢
同開城旅館 韓昌根
同쥭峴和平堂 리應善
●開城府門內萬物廛 박圭桓
同남門內同店 禹相玉
同남門內郵便社 리鎭錫
同北部忠橋 具聖模
●海州宗路商店 宋在琰
同八二房약舖 김永泰
同남門內店 리奉權
●水原종路下약房 金濟九
●延安邑니洋약局 邊汝文
●江華종路店 尹斗鉉
同종路店 宋順五
同西門外冊肆 高應根
●長淵남門니 崔秉淳
●砂利院市場니客主 朴健昌
同 任九中
同耶蘇教堂니 리在善
●義州남門니紅門동 리秉赫
●平壤雙巨里濟生局 韓鳳儀
同館前衛生醫院 金龍興
同大興部里 崔龍化
同畀문外出張人 桂澤宣
同곡武洞藥局 尹寅赫
●鎭남浦兪동洋약局 김元섭
同德川機本堂出張人 吳남孫
●群山港開福동 김斗鉉
●安州郡니義井동回春大약房
●安岳邑上場里濟生局 林業柱
●大邱남門니刷還동 김成浩
●釜山港草梁客主 金鳳佑
●博川郡大동商店 朴芝行
●載寧邑從동洋약局 崔允國
●忠州東良面早遜 金鎭和
●晉州郡핀奇 박魯賢

●定州남門니洋약局 리健柱
●郭山邑니洋약局 羅應彬
●鐵山邑니永春堂 安瀾
●宣川邑니冊肆 安丕
●義州本口街 崔석浩
●信川邑西里洋약局 김永植
●郭山邑冊肆 김大鉉
●元山港濟生堂支店 박敬顯
●北靑新昌港客主 박錫勳
●江原道本堂出張人 馬寔來
●德川邑官동洋약局 리丙斗
●禮山용谷里 리東赫
●其他各약店마다隨意販賣홈
仁川港濟生堂告白

▲特別廣告

本社에서名帖印刷節를設ᄒᆞ고各樣活字와印刷機紙本이俱備ᄒᆞ오며印刷기精美ᄒᆞ고價直도廉ᄒᆞ오되特別히쥬賓와夫人의게ᄂᆞᆫ一層低廉ᄒᆞ오니僉位ᄂᆞᆫ來臨ᄒᆞ시와隨意請求홈

大韓每日申報社 告白

今現幣院에서各項事務을一層擴張하오며金裝與銀裝各樣외齒와老小間敗落齒ᄒᆞ데齒床幷齒을隨意製造하오며拔齒與入齒時에疼痛苦痛케ᄒᆞᆫ技方도有ᄒᆞ며齒科上面議ᄂᆞᆫ無料接受ᄒᆞᆸ니四方僉君子ᄂᆞᆫ照亮ᄒᆞ심을爲希홈

京南大門內尙洞美人施蘭致家
寓齒科醫士 韓大衛 告白

▲新刊書籍發售廣告
增補 精選算術 文全 國漢文 定價金七拾五錢 郵稅八錢
大韓法規類纂 洋裝 三冊 金拾錢 郵稅四拾錢
初等倫理學敎科書 二拾錢
初等衛生學敎科書 拾五錢
國家學綱領 拾五錢
國民須知 八錢
愛國婦人傳 張志淵氏著 十五錢
發賣所 皇城布屛下 金相萬書舖

學徒洋裝冊
學徒運動에諸具
羅紗各種　美國金鑛
衣服裁縫其他雜貨도廉價放賣ᄒᆞ오니諸君ᄂᆞᆫ來臨ᄒᆞ심을바라나이다
仁川港杻峴漢新뿌肆

●國債報償總合所收入廣告
●永川支取所梁谷面上동
柳興渭 리秉裕 柳興桂
孫錫敎 辛魯乂 리秉先
成在中 黃在淵 申周和
徐禎彦 박得才 各三十젼
孫秀龍 柳興格 리秉珖
成在文 金종澤 리宰奉
崔先전 리亨甲 申垣植
리秉和 각四十錢 金上村
柳壬出 各十五錢
金順月 二十錢

◎特別廣告◎

國債報償金四月度所捧은姑未合計이오고本年三月々지所捧總合五萬九千九百◎三圓五十四錢은電氣會社內銀行에貯置ᄒᆞ얏숩고其貯置額中三萬二千三百圓은國債報償志願金總合所로移交홈

大韓每日申報社

●本社廣告

○申報價

一張代金	新貨二錢五厘
一個月前納	三十錢
三個月	九十錢
六個月	一圓七十錢
一個年	三圓四十錢
郵稅一張	新貨五厘
一個月	十三錢

發行兼編輯人 英國人 裵說
發行所 漢城石井洞號外地三十戶
大韓每日申報社

第六卷

大韓每日申報

第七百八十八號

月曜及祝節
識時日休刊

檀君開國四千二百四十一年
箕子元年三千三十年
大韓開國五百十七年
日本明治四十一年
大淸光緒三十四年
陰曆戊申三月小廿五日庚戌

寄書

○拜賀학生青年諸君　白頭青年

昔에西班牙國이法國디統領拿破侖第一世에게巨創을受호後도一般國民이報復을誓호고高尙瑩潔호愛國性과偉대壯烈호敵愾心으로國民을喚起호시食時에도法蘭西의殘暴를毋忘케호며寢時에도法蘭西의侮慢을毋忘케호며造次顚沛에도必曰彼法蘭西를將奈何오호며遊戱談論에도必曰彼法蘭西를將奈何오하고其학校의用호는唱歌에曰학生들이々々々々우리公敵닛지마라公敵이누구인가나파레온卽拿破侖 其人이라호야獨立不屈로되氣로陶鑄호故로後來에賢相도此에서出호며名將도此에서出호야西班牙國民이天驕을不負홈바니萬壹此壹片獨立對外的精神이殘弱호면비록官公私立의학校가林立호고政治法律의박士가蝟集호야도終乃奴隷種子만作하야他人犧牲에供홀而已로다嗚乎라今夫한國의학生들이此等精神이何處로從生홀기敎育權은日人이握有훈故로伊呂波를小학科程에加入호야幼稚의腦髓를迷醉케호며所謂歷史科는無論某校호고日本歷史를偏讀케호고其他과呪魔戯가無所不至하니恐컨대幾年을不出호야國性을保有혼한國학生이無幾일가호얏더니

日昨에伊藤박文氏入셩홀時에公等의剛礦自守홈을觀하며吾가緣을買호야君等의面을繍코자호며吾가錢을賭호야君等의像을鑄코져호며吾가兩手로膜拜호며一心으로頂祝호노라彼가京인鉄道列車로洋々入來호는대眉開眼笑에皆彌보谷이出迎호며劍翻槊磨에憲兵巡査가列衛호얏는디頑哉라所謂政府大臣輩는面皮를搖호고其後에隨호며冥哉라彼一進會衆은意氣를揚호고其傍에列호며無知호路上人民은其渾沌的眼孔을擧호야其盛儀의盛옴과車馬의衆홈을觀호노라고彼指點此指點홈而已오伊藤박문씨가來호는지日本統監이來호는지不知호는貌樣又호되其中顔色에不樂호야深恨을抱호듯冷淚가滴호者는惟韓國학生諸君(一進會의光武학校학徒는不數홈)이是라最前에는日國학生이羅立호고其次에는光武학校학生이羅立호고又其次에修학師範高等其他각학校학生들이次第羅立호얏더라日國학生이伊藤萬歲를唱호며半日人된光武학生들이伊藤萬歲를唱호야終남산이震動호는디한國학生들은或頭를擧호야天만仰호며或面을抑호야地에俯호고脉々無語호는지라日人敎師가其光景을視호고大端히不樂호야각校長에게詰問曰학徒을호야곰呼萬歲호게指揮치아니홈은何故오각校長이昻然答曰我等이雖已勸論나其於학徒가不應에奈何오호즉日人敎師가爲聊而退라호니噫라其貿中에同一호懷抱가無호며同一호苦痛이無호며同一호憤慨가無호며壹同호對外獨立的精神이無호면엇지不謀而同으로如此호리오吾輩가於是乎大韓前途를諸君에게望호며諸君에게信하노니諸君아諸君의此心이不挫호면彼가비록千百番魔手段을弄호더라도足히畏홀비無호니라

外報

●比律賓島에暴動 紐育電을據혼則比律賓群島인빠나오에서暴動이起하야形勢가甚大호模樣이라더라

●露國契約改訂 倫敦電을據혼즉加奈陀太平양鐵道會社長쇼그부네시氏는加奈陀太平양鐵道線經由의日本支邦行郵便事務에關혼契約을協議호기로英國을向호야出發호얏다더라

●露國의募兵 伯林電을據혼즉露國々會의委員은新히一千五百萬人의陸軍徵集案을提出호얏는데右는從來로兵役의義務가無호든露國人中으로募集홀計畫이라더라

●森林問題交涉 北京電을據혼즉駐淸日本公使는昨日外務部에셔虛紹儀氏를訪問호고鴨綠江森林經營問題에對호야主張을延期호야二十四日에更히會見홀터인디林公使歸國을기ㄷ지는不可不相當히解決홀豫定이라더라

●比島軍備擴張 現今美國에서比律賓의海岸防禦工役을着始호고彈藥兵器石炭과其他軍用品을桑港에서輸送中인대該島의가기데港口를扼혼고루리기도루島와其他三島에는拾壹寸砲八門式排置호야敵艦의襲擊을防備호고又病院과火약庫를設置호며각砲臺間에는鉄道를設置하며각砲臺間에는鐵道를敷設하야彈丸의運送에便利케하얏는대陸軍大臣타프트氏의計劃에는明年度에는該島에要塞를建築호기爲호야六百四十八萬八千弗을要求홀터이라더라

雜報

●會費獨擔 西來人의傳說을聞혼즉海西人士들이會集호야海西敎育總會를組織호고初次經費는安岳郡리仁培氏가專當하기로決합하얏다더라

●德明漸明 定州郡德岩面김澤鎭與某々諸씨가鳩聚財호야懸設德明학校호고生徒를募集호며敎師를延聘호야熱心敎授호다더라

●各校有望 全北益山郡에셔김敎性리元稙兩氏가발起호야私立普通學校를刱設호야發彰학校라名호고校長은該郡守김正基氏로敎師는리容琦씨로選定호얏는대開학혼지未幾日에학徒가六拾餘人에達혼지라附就之望이有호다고該郡來人이稱頌호더라

●導校盛況 義州郡導對학校에셔今月十五日箕城聯台運動會에往參호얏는디義州商人某々氏가發會를爭欲脫股호는대箕城客主沈商鉉氏가幾拾圜費를獨擔호고本校與龍川楊明학校의生徒百餘名과任員及從觀者五拾餘人을盛發接待호얏스며義州商人全星鎭諸氏는양鼓壹雙을寄給호얏다더라

新譯 海外稗談

第三章 白絲線　東籬子 譯

嗟呼라君아余當時에汲々戒嚴홈이實非怯也라試思호라壹夜之中에兩現의白絲가壹은余에外套에繫호고壹은摠理에外套에繫호엿는대摠理則死호고余則幸生호엿스나其爲行凶之暗号는無可疑오彼丐者가余前에突立호야吾의去路를阻당하니其必待同黨之追來를無可疑로다萬壹余의外套上白絲만拔去치아니호엿더면余의性命도摠理대臣과同壹結果矣며且摠理대臣의臨終時에數句不明白之語로推想호건대行凶의原因은是必宴席間授受의文件으로由홈이니此文件이何문件이완디授受者의身分이此危險홀가可痛호다彼俄國公使여此危險홀物로他人의게嫁禍호고自己는脫去호엿는가心中에甚是不平이나而余가此文件을旣受호엿스니今에其封을開折호야其中에何物이存홀가窺見코져호나向者에俄使의言호기를政黨摠理大臣의函이有호거든愼密投遞하라호얏스니開折이固不可호오此事를警察署에告호려호나若是政治上의關係되는事件이면警察인들奈何리오此亦不可호다乃此事의始末을俄公使의게報告호야其來를促하니라

總理大臣斯陀羅支는歐洲有名의人物이러니今에被刺훈消息이各國의達호매各國公館이皆私相接議호되或은俄羅斯의서出호엿다或은奧地利에서出호엿다호며或은私怨者의所爲라호야各國物議가如此紛々호니本國人心의沸騰은又不言可想也라政府도或他變을醸出홀가慮하야總理대臣의葬禮를夜間으로擧行호며會葬者는政府諸官과死者의親戚朋友로爲限하고其外則不許會葬호디라余亦摠理之友人인故不可不會葬인디該國風俗에死者의棺槨은死者의友人이昇之호고其餘는徒步로來會호야馬車乘홈을不許라余가奇變을遙逢호以來로未嘗出門壹步러니今則不可不出故로裝束을畢호고外套를披호려호다가日昨白絲所繫之處를檢視호니咄々異哉라又何一白絲가依舊附着矣오余가思호건디此必凶手가余의會葬路에道中에셔刺殺호려고此白絲로又以爲標識者乎인저余가初甚驚駭다가繼而大憤호야自言曰凶客아々々欲刺어던試刺之호라我亦自有主發라하고白絲付着혼처로出去홀터로는디天公이湊巧호사適其時余의所求호鐵網衣가維也納商店에셔來到혼지라余가大喜호야此網衣를外套裏에着하고武官을召하야此事를大畧으로說明혼後에相與定計호고會葬所로至호니此武官이年幼호나甚有勇氣하고又極敏捷호야正是合用之人也러라

險惡이貊山호고天氣가悽凉혼디會葬者가零々落々히市上으로過去호새火炬는夜色의蔭호비호야並棺의黑被와會葬者의喪服이俄使의與人의衣服이火光과相映호야乍明乍暗호니此時光景이一倍悽然호야生人의氣가無하더라已而오墓地에抵호야下棺호고會葬者가各自歸去호는대余가武官某와應敵之法을商議혼後에余則先行호고武官某는隨後而來케호니此時衆人은皆已何處로홀然각歸호엿는지四面이寂々하야無復人聲이오唯武官某의足音만登々微聞호더라

未完

雜報

●二條上奏 伊藤統監이日前再次 賜謁時에무ᄉ二大條件을 上奏ᄒ얏던지 上으로도允許ᄒ셧다ᄂ說이有ᄒ다더라

●宮殿停役 義親王宮을洋制로新建築ᄒ야舊風을毁撤ᄒ다ᄒ은已爲報道ᄒ얏거니와更聞ᄒ즉該基址가低陷卑濕홈으로建築ᄒ役을停止ᄒ얏다ᄂ대損害만不少ᄒ얏다더라

●悲讒紛紜 伊藤統監이渡韓ᄒ後에何事件을提出ᄒᆯᄂ지未知어니와諸般政略을復舊ᄒ기謝에ᄂ地方騷擾가益益熾張ᄒ리라ᄂ悲說이誼藉ᄒ다더라

●能ㅣ何愧 總理大臣李完用氏가統監을爲ᄒ야園遊會를設行ᄒ라고발起ᄒᄂ데伊藤박文氏가此를聞知ᄒ고禁止ᄒ기를實役로園遊會만設行ᄒ면國事가進就乎아ᄒ고論駁ᄒ얏다더라

●一進電散 農大宋秉畯의去就를聞ᄒ즉一說에ᄂ一進會를隱然히解散식히라고ᄒ며本部에電報가來到ᄒ얏다ᄒ며一說에ᄂ新內閣을組織ᄒ後에出頭ᄒ다ᄂ卷說이紛紜ᄒ다더라

●學大辭職 學部大臣李載崑氏ᄂ昨日下午七時에馬關서乘船ᄒ얏ᄂ대同日에該部로電報가到ᄒ얏다더라

●郡奏請意 내部에서郡守二十餘窠를擬定ᄒ야統監府에請意ᄒ얏다홈은已爲揭載어니와該郡守奏章은姑未頒布인대且現閣部의總窠ᄂ現今修定中이라ᄂ대日間統監府에請意ᄒᆯ다더라

●倂合同請 平壤來信을據ᄒ즉北漢地方을巡視中에在ᄒ曾彌副統監은二十四日朝에同地를發ᄒ야安東縣으로向ᄒ얏다더라

●追勢成習 永宜君리죤鉻시가新勢力을挽回ᄒ다ᄂ巷說이紛紜ᄒ며鄙陋ᄒ京華子弟가히시門前에日日成市ᄒᄂ데或者ᄂ히시에親切門客의게도逐逐納諂ᄒ다더라

●通守移任 通川郡守리東根氏ᄂ江原道事務官을被任ᄒ얏다더라

●複道新設 학部각局課에서大臣官房來往에便利키爲ᄒ야複道를敷設ᄒ기로着手ᄒ얏다더라

●觀察礦產 農商工部主事伊等祐之가官營礦產觀察次로鎭남浦로日間出張ᄒ다더라

●應接定所 度支部統計課를賦稅檢查局으로合設ᄒ고히課ᄂ次官에應接室로定ᄒ다더라

●四民請恤 本月貳拾日에安東郡守備隊에서該附近ᄉ川里居良民四名을義徒로誤認砲殺홈으로該道觀察使가該四名에게救恤金을支給ᄒ라고내部로報請ᄒ얏다더라

●樞院新延 中樞院議장김允植副議장甲賓善兩氏가昨日官報에頒佈되ᄆ로히院官吏들이新延의例로昨日에히兩氏를訪問ᄒ얏다더라

●日官賞金 前財務監督局事務官伊藤恒藏氏ᄂ勦勞가有ᄒ다고度支部에서賞金二千圓을支給ᄒ다더라

●日人使命의權限 法部에서郡使令을日本人으로使用ᄒ며니ᄂ部에서ᄂ此를機範홈인지日本人으로郡使令을置之ᄒ얏다ᄂᄃ히部에서ᄂ需用ᄒᄂ柴炭畢의翊劍ᄂ一一總管ᄒ고部內役員을任意로左之右之ᄒ다더라

●選報廢驛 共立新聞을慶山警察署에서執留ᄒ事ᄂ昨報에已揭어니와히新聞二拾七號를江華居김完俊處所去書簡을封과並爲郵便局으로再昨日에上送ᄒ얏ᄂ데히新聞執留ᄒ理由인즉김完俊許에所去ᄒᄂ書封이殊常ᄒ所以라ᄒ야書封與新聞을郵便局에서慶山驛으로還送ᄒ얏다더라

●緣報起擾 內部警務局으로共立新聞壹奔이到着이됨으로히局官吏가閱남後에主事某氏가一張을借去ᄒ얏던지히新聞張을還爲覓納홈으로壹時紛擾가起ᄒ얏다더라

●被囚緣由 大同會員諸氏의多日滯囚ᄒ內容을得聞ᄒ즉리학宰씨등對ᄒ야訊問ᄒ되리學宰써入會ᄒ理由를詰問ᄒ거ᄂᆯ리학宰氏曰韓人의身分이台當ᄒ고또羅憲相氏가保爲ᄒ기에許入ᄒ얏노라ᄒ즉羅憲相氏를卽爲捉囚ᄒ얏다더라

●陷人不測 尹弘植氏가權養天씨를義兵의干連이有하다고日憲兵司令部에誣囑ᄒ事가綻露되야日前警視廳에被捉ᄒ야漢城裁判所로押交ᄒ야權養天씨와裁判ᄒ後에監獄署에移囚ᄒ얏다더라

●平察唾罵 平남觀察使박重陽氏가日前히郡각학校聯合運動會에히氏가其別室과妾聘母와婢子幾名을率來ᄒ야果子等物만飽喫ᄒ고壹分捐助도無ᄒ엿다고觀光人이莫不唾罵ᄒ엿다더라

●日尸火葬 高陽郡부岩等地에서何許人이日人一名을殺害ᄒ야水中에投之ᄒ얏ᄂ대日昨日兵이過去ᄒ다가該屍體를拯出ᄒ야火葬ᄒ얏다더라

●放日之害 坡州郡臺院村이數百戶村落인데義兵이日人一名을捕縛ᄒ야該村에任置ᄒ고第待幾日後砲殺하깃다ᄒ고他處로向去ᄒ後에該主人이日兵이來到ᄒᆯ가畏劫ᄒ야日人을自意로解放ᄒ얏더니義兵이追後來到ᄒ야該家를爲先放火ᄒ얏고至村數百戶ᄂ二拾四日에沒數放火하깃다고聲言ᄒ다더라

●義討民財 義兵幾名이順陵附近등에來到하야該등中饒民을結縛威脅하야錢五千兩을索ᄒ고泰陵場市日에付送ᄒ라ᄂ票紙를勸掛而去ᄒ얏다더라

●獎社觀察 獎학社장박太緒氏가平安北道에旅行ᄒ야학校의興隆否를見ᄒ고歸來ᄒ後에教育에熱心ᄒ社員中에總代二人을選定ᄒ야不日內로該各학校에一一觀察ᄒ고極力勸勵ᄒ다더라

●義兵이亂打統監 義兵幾拾名이再昨日에弘濟院附近등에突入ᄒ야히동統監을亂打重傷ᄒ얏다더라

●級俸不均 今番水原農林학校卒業生二拾餘人을技手로敍任ᄒ야각地方으로派送ᄒᄂ대七人만六級俸으로敍ᄒ고其餘人은七級俸으로磨鍊ᄒ故로該卒業生들이何厚何薄의論評이不一ᄒ다더라

●普校運動 礡동普成中학校에서來貳拾九日에三仙坪에서春期大運動을設行ᄒ다더라

●光校討論 陽동光成實業학校에서討論會를組織ᄒ고去土曜日에一次討論ᄒ얏다더라

●酒費補校 德川郡興德학校校費를該郡內酒商에게稅金을徵收ᄒ야補用ᄒ얏더니學部에報告ᄒ얏ᄂ데히部에서酒商稅金額數를詳査報來ᄒ라고指令ᄒ얏다더라

●普明可明 龍川楊西面東坪里鄭인錄씨와春世鋹致興三시가教育上에熱心ᄒ야히里에普明학校를刱立ᄒ고教師를延聘ᄒ야隣近貧寒子弟와早別父母ᄒ靑年子弟를募集教育ᄒ미生徒가三拾餘名에達ᄒ지라日夜孜孜ᄒ야方在進就中이라더라

●奉校運動 本月初九日에安岳玖花동奉三학校에서聯合運動을開ᄒ얏ᄂ대會長은張義澤시로投票公選ᄒ야臨時事務를總裁케ᄒ고體操審判장은龍岡居前侍衛三聯三隊正校정寅權시로公選ᄒ야体操法式을試取케ᄒ고優等을甄拔ᄒ여褒賞을施ᄒᄂ데第一等은安岳東倉培英학校오二等은平남三和港教義학校오三等은載寧元학校오四等은安岳郡公立학校오五等은玖花동奉三학校오及隣近茂동학校오鏵術등은長連郡公立학校인데多數賞品을平等分給ᄒ여勸獎의道를表ᄒ고午後四時頃에特別演說會를開ᄒ고각其趣旨를說明ᄒ얏다더라

●河守奬학 河川郡守朴芝陽씨ᄂ教育에熱心ᄒ야自今年으로本邑菲方面小合德에玖瑰학校를校長으로本校학生과及青年을曉諭ᄒ고又近日本邑鄕校에학校를設置ᄒ야民人을勸獎ᄒ미一邑人民이莫不喜悅ᄒ다더라

●醫校醫新 平北義州水鎭面鎮峴ᄂ醫新학校ᄂ히동有志士박敬德김芝H諸시가熱心設校ᄒ고教師최擧根시와教監白陽根시를延聘ᄒ야教授가不過三朔에校況이興旺ᄒ고生徒가三拾餘名에達ᄒ얏ᄂ대進就之望이有ᄒ다더라

●感荷義捐 鎭山郡私立進彰학校에서金壹圜을本社에補捐ᄒ얏ᄂ데其原意를感謝ᄒ노라

▲地方消息▼

▲本月十九日午後六時에義兵三拾餘名은江華島方面에서韓日巡查隊와交戰ᄒ고昇天浦附近으로退去ᄒ얏다ᄒ고

▲本月十三日新溪郡남方漁大동陪近에서多數義兵과該城郡駐在日守備隊와交鋒ᄒ얏다ᄒ고

▲本月二十二日延安郡金山浦附近에서義兵三百餘名이統監府水産調査員松生技手及護衛로同件ᄒ日巡查六名과海上에서衝突ᄒ야激烈히四時間을交戰ᄒ結果로日巡查一名이重傷ᄒ야히郡駐在日守備隊에서步兵及巡查를派遣ᄒ얏다더라

東京電報

二十三日發

●英相病眠 英國前首相째나만시가逝去ᄒ얏다ᄂ公電이有ᄒ더라

紐育電報

二拾三日東京經由

●太平洋戰備 美國元老院에서議案을討議中인대多數議員이豫言ᄒ기를比律賓群島의領有ᄂ强大ᄒ艦隊를要ᄒᄂ것이必要인즉現今回航ᄒᄂ艦隊를太平洋에置ᄒ기로協評論ᄒ고不出拾年에美國이强國과太平洋에서交戰ᄒ리라ᄒ얏다더라

▲鉛劍有聲▼

▲壹陣狂風이東吹ᄒ야政海波濤가忽然飜覆ᄒ니江淡浮萍이擾擾不定이로다

▲宮大리允用씨가辭職疏를奉呈ᄒ고總相리完用씨가또辭職疏를奉呈ᄒ다ᄒ니春風桃李가拾日紅이已盡ᄒ야滿枝空落ᄒ라ᄂ가兄弟불動ᄒ야錄聯不成이라留鑒ᄒ며登樓之害가有ᄒ고留兩日에兩臣之罪가有ᄒ니式遄其歸ᄒ지어다

▲前輔國閔泳徽씨가向人說道ᄒ되余之財產을侵奪코不ᄒᄂ人ᄂ種種有之ᄒ니此必是無勢所致인즉不可不宦路에出脚ᄒ야運動ᄒ깃다ᄒ며國權恢復은夢亦不想ᄒ고疏斷에서謀避ᄒ더니勢力挽回ᄂ死亦不忘ᄒ야心頭에懸懸ᄒ니哀此人生이여亡國大夫ᄂ問是何人이며頭上括皮ᄂ問是何人고리甲氏가尙今에리召史가又生ᄒ고리召史去後에第二第三리召史가又生ᄒ리니勢力은挽或挽回ᄒ더리도셔七人民은誅滅이되야乃已ᄒ리로다

▲平남觀察使朴重陽씨가行政上에報告ᄒ事가有ᄒ야도內部에ᄂ報告치아니ᄒ고統監府로報告ᄒ다ᄒ니身爲韓官ᄒ야不知有韓廷ᄒ고甘作外奴ᄒ야但知統府ᄒ니渠若韓種이면寧爲是也리오爲韓人者聞此에不覺毛骨이竦然이로다

▲近日農商工部에서日人과韓國人民들이陳荒地請願ᄒ면日人에게만認許ᄒ고韓人의게ᄂ認許치아니ᄒ다ᄒ니政府에所爲ᄂ更不欲掛齒어니와該大臣의財產은隣人이同時請求ᄒ면隣人은排斥ᄒ고家人의게許與ᄒ려든該家와隣人을此何異리오

▲沈宜君리줄銘씨가向者에妓生採遊를作配ᄒ얏다가遊ᄂ에또酒名妓茶等를收取ᄒ엿다ᄒ니反對者ᄂ日開化界에唾罵ᄒ더니遊外多數ᄒ야所習을止此ᄒ고身爲皇族ᄒ야國運이亡局에傍觀ᄒ고所好ᄂ心志所樂ᄒ야移ᄒ고笑者ᄂ日時勢에不利ᄒ고韜晦를自作ᄒ다ᄒ나吾儕ᄂ찰ᄒ리韜晦ᄒ希望ᄒ노라

社告

本社大邱支社員崔一弘시는日前에解任ᄒᆞ고本報를停送인바하지購覽諸시의本報愛讀之厚誼를奉副코자하야當지남門너乾材약局梁務益시로本社支社員으로認定ᄒᆞ고遲間停逆ᄒᆞ얏던中報도逐號遞送ᄒᆞ오니購覽쳠員은右梁시와게繼續請覽하심을敬要

本支社를左開十處에設置ᄒᆞ고茲以仰佈ᄒᆞ오니本報愛讀ᄒᆞ시ᄂᆞᆫ僉附近 僉君子ᄂᆞᆫ該支社로請求購覽ᄒᆞ심을務望ᄒᆞᆷ

▲信川邑六里　丁一普

▲永興郡南山동書舖　梁昌鎬

▲咸州郡南門남　朱伯英

▲秦川邑鍾前洋약局　李正華

▲寧邊邑內　明濟世

▲成川上部面冊肆　馬應三

▲江서邑內　김昌煥

▲咸從郡耶蘇教堂　김弘舒

▲平남順川郡蓮洞　鄭산경

▲龍川舊邑　車載明

廣告

中署壽進坊壽進宮內九統一戶家券을녀失ᄒᆞ얏스니誰某拾得ᄒᆞ야도閒休紙施行ᄒᆞᆷ　家主金鎭永　白

西署盤松坊池下契谷井洞四統四戶板瓦家券을녀失ᄒᆞ얏스오니誰某拾得ᄒᆞ야도閒休紙施行ᄒᆞᆷ　朱煥杓　告白

南署豆毛浦坊蠶島一契大廳洞二十三統四戶草家六間家券一張을녀失ᄒᆞ얏스니誰某拾得ᄒᆞ야도閒休紙施行ᄒᆞᆷ　家主金弘燮　告白

樂仁郡邑內南彩華김春成의장子七華이와次子燦峰이自幼賦性이純厚하야能有經財義之心ᄒᆞ고稱盡宗族敦睦之誼러니及其父初度之日하야以其悅親之心으로設酒設宴에會家歡娛하야以獻其壽ᄒᆞ고跪告其父曰今夫家勢가雖未饒富나有답幾斗落而庶可生活則其於窮親族에亦不無救急之道라하고以二拾斗落沓田으로均爲分給ᄒᆞ니其父之警其子와其子之救族睦宗之義가世所罕有故로玆에廣告ᄒᆞᆷ　金戰允　告白

本月二十六日(日曜)上午九時에臨時總會를養正義塾內로開ᄒᆞ오니 僉會員은繼期來臨ᄒᆞ시옵

法學協會 告白

閉會 [illegible]

本會에셔 [illegible] 日(陰曆十一日) [illegible]

本教中央總部를남部대坪坊弘門洞五統 戶에移接ᄒᆞᆷ

天道教中央總部 告白

李完珪本月下九日來ᄒᆞ야六百圓通於音을請求ᄒᆞ기에卽時發標以給ᄒᆞ되紙票六百圓出次라ᄒᆞ고限四月晦日노ᄒᆞᆫ還於音이온뒤其翌日노다시來ᄒᆞ야다지고推尋ᄒᆞ기로相約ᄒᆞ얏더니其翌日이되여도來치아니ᄒᆞ고右人의蹤跡을壓難知ᄒᆞ옵기에此標ᄂᆞᆫ休紙施行ᄒᆞ기로廣告ᄒᆞ오니內外國人은照亮ᄒᆞ시옵　沈宗燮　白

本人의子김命吳가性本浮浪ᄒᆞ야酒色雜技로四五次蕩敗家産ᄒᆞ고末乃所存沓八斗地只을도시이제圖章처셔放賣ᄒᆞ야母子分用ᄒᆞ얏ᄂᆞᆫ데今又同沓虛又券으로逗留각處ᄒᆞ야欲爲欺人ᄒᆞ니너外國人은切勿見欺ᄒᆞᆷ　梁山下北面新坪里김召史告白

리侍從聖默씨大人副頌公이三月二拾三日別世ᄒᆞ얏스오니知舊僉照亮ᄒᆞᆷ　護喪　리圭象　白

▲三和港壹進학校義捐諸氏如左

韓泰鄕　五拾圓　劉光祚　貳拾圓　리鏡麟　十圓　金星鎭　三圓　全允煥　拾圓　洪昌鉉　壹圓　王廷煥　壹圓五拾전　金潤國　貳圓　黃柱성　壹圓　최貞泰　三圓　張학俊　拾圓　金鼎淳　拾圓　리時淵　五圓　김元淑　壹圓　리泰亨　貳圓　리文弘　壹圓

以上安州

김尙弼　五拾圓　朴龍洙　貳拾圓　박文承　十圓　林蔚精　貳圓　朴芝行　貳圓　金昌彦　五圓　리三柱　五圓　김致殷　拾五圓　王泰協　朱昇彦각　貳圓　沈昌健　三圓　金應燮　五圓　邊龍珏　拾圓

以上博川

金義庚　拾圓　박　泳　五圓　최龍化　拾圓　김能元　十圓　朴經錫　貳圓　김鎭厚　十五圓　金鎭根　五圓　金瓚求　五圓　金鎰희　三圓　崔鳳翼　貳圓　박鳳翰　三圓　方適亨　五圓　리敎植　五圓　박성澄　貳圓

平壤대新학校生徒

以上平壤

리泰模　貳拾圓　吳廷도

拾圓　韓仁根　合五圓　韓熙重　貳十圓　安敬瓚　拾圓　金容重　五圓

金海郡市內協信株式會社趣旨書

今에世運의進化ᄒᆞᆷ을件ᄒᆞ야各國各民이生存을競爭ᄒᆞ니卽是進化ᄒᆞᄂᆞᆫ公例라吾人이萬一此例에昧ᄒᆞ야生存하기를失時不圖ᄒᆞ면先自一身과家族의自主ᄒᆞᄂᆞᆫ權力이自然消却ᄒᆞ야不得不他人의使役을供給ᄒᆞ며僅僅口腹을求活ᄒᆞ리니奚暇에文化自主的國民을更望ᄒᆞ리오思惟及此에不覺寒心이라所以로同志로與ᄒᆞ야協信株式會社를발起ᄒᆞ고每株葉錢一百兩으로一百株를期定ᄒᆞ엿더니何幸衆志가歸壹ᄒᆞ야壹箇月內에壹百株이准期滿了ᄒᆞ니誠爲欣幸過望ᄒᆞᆫ온지라玆에社中規例를確定ᄒᆞ고准拾箇年儲蓄貯ᄒᆞᆫ後日에大事業을更圖ᄒᆞ며文化自主ᄒᆞᄂᆞᆫ國民이되기로協議決ᄒᆞ니此目的을到達ᄒᆞ기ᄂᆞᆫ協信二字에在하다ᄒᆞ노라

隆熙二年四月二十一日

社員名錄

社長裵東烈　副社長白일成　書記朴載殷　監督文澈模　총世鉉　具彜會　裵東翰　김德弼　裵壽燮　掌財林종明　庶務監東轍

비東昇　朴大鳳　박秀厦　許　炯　비鳳祥　비瑾煥　김斗興　김佑興　朱남淳　김　璽　리良道　丁大燮　許　奉　비　忠　裵東鳴　박廷秀　裵璨귀　韓聚洙　曹秉勵　비用진　朴盛秀　韓其淑　김琥楨　비東然　朴錫東　리弘鉉　徐琪杓　具璟신　비相朝　全世淵　비宗燮　曹龍泰　辛錫肯

리成叔　비鳳先　韓東奭　曹문承　비文柱　비寅煥　비秉根　김종浩　김永贊　비觀鉉　정寅乙　具盛會　김尙龍　許　垣　정寅厦　林봉哲　趙奎應　김鳳귀　許　부　김秉浩　朴秀鍊　權聖運　비甲守　朴椿奎　許　발　배秉民　曹明承　曹秉烈　박秉秀　辛達今　朴秀仲　최東碩　박明玉　朴東환　박炳石　朴奐建　리德淳　정東輪　리종琪　卞璟瀾　趙羲東　許　燁　許　濂　許　박　박明達　裵先道　김敬龍　김惠在　韓翠香　비남叔　김武진　睦四會　리奎석　비贊連　劉光秀　林炳株　合一百人

北部花開洞私立 [illegible] 日語 [illegible] 法律 [illegible] 算術 [illegible]

前　博文書館　白

南大門內尙洞教堂

本書館에셔 [illegible] 發賣도ᄒᆞ고分賣도ᄒᆞ오니購覽ᄒᆞ시기願ᄒᆞᆫ 僉彦은請求ᄒᆞ시옴

本所에서、山林、田답、家屋、외鑛等、외測量製圖事務를迅速處理ᄒᆞ오니 僉君子ᄂᆞᆫ來議ᄒᆞᆷ
新門外南邊第四家測量事務所

基於人道之原則ᄒᆞ고置於正義之誠實ᄒᆞ며以親切爲旨ᄒᆞ야訴訟事件幷각官廳請願事件을廣受依托ᄒᆞᆷ
京城저洞六拾四統二戶
辯護士　東洋大학前講師
日本法律학士　木尾虎之助

本書市에셔각種洋약과학徒所用物品과학徒帽子를製造ᄒᆞ야廉價로發賣ᄒᆞ오니쳠君子照亮ᄒᆞᆷ
安岳上端海西書市林景柱白

本人의四寸在旭이性本浮浪ᄒᆞ야自來로放蕩不悛이온바本人이惟恩教誨ᄒᆞ야自來周恤은衆人共知라今者在旭이或稱在玉ᄒᆞ고或稱在洪ᄒᆞ야符同外人에多數用債ᄒᆞ오니信用도無ᄒᆞ고財産도無ᄒᆞ고擔保도無ᄒᆞᆫ人이分外債務만多負ᄒᆞᆷ이其意何居오此人의宅心無良은勸解不得ᄒᆞ와茲廣告ᄒᆞ오니內外國人은切勿見欺ᄒᆞᆷ
錦山邑정任學　告白

▲학員募集

本校에셔校務를益加擴張ᄒᆞ고학員을多數募集ᄒᆞ오니願入僉員은四月二十九日(陰三月廿五日)니로入학請願書를本校에呈ᄒᆞ고四月三拾日(陰三月卅日)上午十時에來校應試ᄒᆞᆷ

提但入학請願書履歷書紙ᄂᆞᆫ本校로請求ᄒᆞᆷ

一 試驗科目

國漢文讀書作文算術四則以내

但相當ᄒᆞᆫ本業證書가有ᄒᆞᆫ人은免試許入ᄒᆞᆷ

一 修業年限 三個年

一 修業科目 普通科

西北協成校학

本학院에서數學專門科를設置하고左開各科를隨意敎授ᄒᆞ되時間은特別히設학니夜학에入參ᄒᆞᆫ신입학員과其他業務에從事ᄒᆞ시ᄂᆞᆫ諸씨를爲ᄒᆞ야下午六時以後七時以前으로開학케ᄒᆞ깃사오니有志僉彦은四月二十六日內로來請ᄒᆞ심을望ᄒᆞᆷ

但開학後라도壹週日以內에ᄂᆞᆫ入參함을許ᄒᆞᆷ

科　程

科目	級數	各級教授要項
算術	貳級	壹級自初至分數 貳級自比例至求積
代數	貳級	壹級自初至壹次 貳級自貳次至對數
幾何	三級	壹級自初至圓 貳級自比至平面終 三級立體
三角 測量製圖		壹級 壹級平面及立體

但각級에期限은六個月로定ᄒᆞ고各科中貳科ᄂᆞᆫ兼修ᄒᆞᆷ을得ᄒᆞ되每級에人員이二拾人에不達ᄒᆞ면該級은不爲特設ᄒᆞᆷ

학費金은每科每月에六拾錢式으로定ᄒᆞᆷ

但貳科를兼修ᄒᆞᄂᆞᆫ人에ᄂᆞᆫ壹科에半額을減ᄒᆞᆷ

保証金은貳圓으로定ᄒᆞ되在학測三個月以上欠席이無ᄒᆞ고所修학業을完了ᄒᆞᆫ時에還給ᄒᆞᆷ

位置ᄂᆞᆫ北部觀峴徽文義塾內

入學及一般規程

은右義塾內에本院權設事務所來問事

漢城數學院 리相益 異定 老柳鎬泰

漢城鐘路萬國基督教青年會舘前慈惠藥房 製藥鑑査人濟衆院醫學員洪錫厚朴慈惠李觀化告白

本人等이米國大학醫院處方을大醫學士魚丕信氏에게受業ᄒᆞ고醫學校長魚五斗池錫永氏에게有効証明을受ᄒᆞ고左記나種을製造ᄒᆞ야外國賣약規模를依ᄒᆞ야紙匣洋鐵匣琉璃甁에盛ᄒᆞ야全國內地各處약局에廣賣ᄒᆞ옵고濟衆院英字醫書를我國漢文으로飜譯ᄒᆞ야名稱西약便方이라ᄒᆞ야발賣ᄒᆞ오니四方 僉彦中濟衆院나實數拾年來經驗信用ᄒᆞ신兄弟ᄂᆞᆫ不拘약之多少와路之遠近ᄒᆞ고以書請買ᄒᆞ시면本人은雖拾錢價値라도以小包郵便으로仰呈ᄒᆞ오리니다封定價外郵稅十전을加送ᄒᆞ시되小數전은郵票十전즈리로소셔보니시고買약家에셔ᄂᆞᆫ多數買去ᄒᆞ시면郵便局換錢票를買送ᄒᆞ시오且本藥房에米國(멀포드)製약會社나라(와골)製약會社나라德國(만호임)製약社약品을直輸入ᄒᆞ야德語英語로記ᄒᆞᆫ方文과主治와用法을我國漢文으로飜譯발賣

商標

食思振起 精力發 **補益丸** 第一老衰男女의게補益強血

定價表
- 一日分 三十個入 金一圜
- 二十日分 六十個入 金一圜七拾五錢
- 三十日分 九十個入 金二圜五拾錢

効驗瘡丸 一日分定價金拾錢此藥은大人小兒長瘡과諸毒

主治大補元氣能調陰陽男子腎虧不足女子月經不調手足厥冷虛脫失氣久病人蘇完되ᄂᆞᆫ効力이大勝於鹿茸蘂人蔘湯

疑虫時服ᄒᆞ이면服用ᄒᆞ여更不再發

蛔**虫丸** 一日分定價金拾전此藥은大人幼穉小兒蛔病의神効

四時感冒丸 一日分定價金拾전此藥은感氣몸살의쓰ᄂᆞᆫ약인데二三日連服ᄒᆞ면四時毒感上下肢節頭痛에即時解熱鎭痛

男女瘡疾祛根藥 定價金五圜此藥은瘡疾의一期二期를勿論ᄒᆞ고거근ᄒᆞ도록나올쥬ᄂᆞᆫ데口瘡과구역도아니나오

淸明眼藥 一日分定價金拾錢此藥은火眼熱眼의有効奇効

無惡臭疥瘡藥 定價金四拾전此藥疥선虫은卅分內殺

鎭**咳嗽藥** 五日分定價金三拾錢此藥은四時寒熱性咳嗽에有大効ᄒᆞ고特히老人喉嗽에消痰止咳

寸虫發根 定價金三拾錢此약寸虫殺救円

止足汗藥 二十日分定價貳拾錢此藥德國軍人常用除足汗

輕腫根治膏 定價금十五전此나面腫과頭腫에直差

濕腫根治膏 定價금十五전此약은男女勿論ᄒᆞ고風寒暑濕으로成腫ᄒᆞ여大起搔痒ᄒᆞᆫ데奇効

漢城百應膏 一封定價金十錢此약은화약醫士學信友시方文으로製造ᄒᆞᆫ明인데명우리잘풀리고각頂腫氣에발根合瘡이速히되ᄂᆞᆫ妙藥인ᄃᆡ大洋鐵匣入一個금五十錢

小兒感冒靈効散 此약池錫永氏經驗良方小兒感冒及食滯身熱驚風者服神効定價金十錢

糖氣神効保嬰散 此약醫學校長池錫永氏數拾年經驗之良方小兒疳色綠而瀉○腹脹○身不安而不寢○腹痛驚悸及直視而驚悸者服神効定價금十二錢五圜

發賣所 京城 梨峴濟生堂약房 仁川港 梨峴慈惠약房 學信舖

新訂方藥合編 壹部壹圜拾전

針脈經。病論。약性。方藥。牛疸丹。牛馬病약。洋약用法。診察法。經驗方。이具備ᄒᆞ야醫하ᄂᆞᆫ者와약業ᄒᆞᄂᆞᆫ者의最新要緊ᄒᆞ오며

社會勝覽 純國文廿三전

社會에規則와演說ᄒᆞᄂᆞᆫ方法과脈絡이며東西양雄辯家에演說을譯述ᄒᆞ야社會有志者와勞働ᄒᆞᄂᆞᆫ者와婦人ᄭᆞ지라도不可不購覽ᄒᆞᆯ者며

婦人儀範 純國文廿五전

婦人教育ᄒᆞ고家庭을整理ᄒᆞᄂᆞᆫ道로婦人社會의特要ᄒᆞᆫ師範이오며

中等算學 壹帙一冊壹圜五拾전

自四則至開立方凡積數를次第橫布ᄒᆞ야학習에便易ᄒᆞ고我韓算學中에壹具備ᄒᆞᆫ者ᄂᆞᆫ各校학生의게ᄂᆞᆫ特別減價로賣홈

註譯 支那時文類聚

八拾三頁 리치雨 編集 定價금 二拾二錢

右冊은近日現用ᄒᆞᄂᆞᆫ다機緊要私札往復이며韓淸與日淸間에現行往復ᄒᆞᄂᆞᆫ公私宴會請帖往復이며其他公函往復과公文照會等狀을編成一冊ᄒᆞ야可作高等社會의錦囊要訣이오니照亮

발賣元 皇城典洞光東書局 各書舖

簡易商業簿記學

全一冊 定價金 四十五錢

本書ᄂᆞᆫ簿記中最近ᄒᆞᆫ학理와精妙ᄒᆞᆫ形式을精細蒐輯ᄒᆞ야了解케簡易ᄒᆞ도록編述ᄒᆞᆫ者니一般商業者에不可不一次閱覽ᄒᆞᆯ者될쁜아니라中等以上학校에敎科로用ᄒᆞᆷ도適當ᄒᆞ니陸續購覧ᄒᆞ심을望홈

발賣所 布병下 廣학書舖 洞口越便中央書館 廣橋東便匯東書館 寺洞漢陽書館 鍾路 大東書市 鍾路古今書舖

弄球室主人 著述 表紙石版寫眞籃印刷

滑稽小說 **禽獸會議錄** 全一冊 定價金拾五錢

▲本小說은新体文壇의演劇的小說로空前絕後의一大禽獸會議를開催ᄒᆞ고海陸動物이演壇에集合ᄒᆞ야人類와禽獸의優劣과造化主宰의眞理를討論批評ᄒᆞᄂᆞᆫ光景을傍聽實寫ᄒᆞ야讀者諸君에게紹介ᄒᆞ오今日吾人類社會와公德頹敗ᄒᆞᆷ을警醒코ᄌᆞᄒᆞᆷ이니其滑稽的文体가光彩陸離ᄒᆞ며諷刺的批評이奇拔欵曲ᄒᆞ야實로國文小說界에一大異彩를放ᄒᆞᆷ만ᄒᆞ며一讀解頤의好讀物이오

▲발行元 京城書籍業組合

▲分賣所 中署罷朝橋越邊 中央書舖 中署香路 大東書市 南署大廣橋東邊 匯東書館 仝 古今書海館 西署남門外紫岩 新舊書林 남署尙洞 博文書館 남署銅峴 博학書館 中署布屛 廣학書舖

●大韓國新發明藥廣告

陸軍軍醫金守鉉氏實驗古劑 陸軍軍醫張基茂氏有効證明 京城淸之諸君子常備之良藥

消化新藥 **淸心保命丹** 九十粒入金拾錢

仁川港杻峴 發行所 濟生堂藥房

●主治効能 ●痰飮 ●食積 ●中暑 ●中寒 ●咳嗽 ●腹痛 ●水土不服 ●吐瀉 ●船車眩暈 ●食傷 ●酒醉 ●口熱惡臭 ●其他諸般瘴氣癘疫預防妙藥

▲出張代理特約발賣所

京城大廣橋共愛堂大藥房 同鍾路慈惠藥房 리觀化 同梨峴洋약局 리信華 同銅峴博文書館 盧益亨 同東大門外大同運輸會社 同泥峴三丁目 新井支店 同泥峴郵便局前 天佑堂 同水橋本堂出張人 리鳳林 仁川舊邑本堂出張所 金濟賢 同開城旅館 韓禹根 同寺峴和平堂 리應善 開城西門內萬物商 박圭桓 同남門內同店 禹裕玉 同北門內冊肆 리禎錫 同北部忠橋 具聖模 海州宗路商店 宋在瑛 同八二房약舖 김永泰 同남門內店 리奉植 水原鍾路下약房 金濟九 延安邑니洋약局 邊汝文 江華鍾路店 尹斗鉉 同鍾路店 宋順丞 同西門外冊肆 高成友 長淵남門니 崔徹淳 砂利院市場니客主 朴健昌 同 任允中 同耶蘇教堂니 리在善 黃州남門니紅門동 리東赫 平壤貸乒里濟生局 韓鳳儀 同館前衛生醫院 金翼興 同大興部里 崔龍化 同西武洞濟局 桂澤宜 同甲군面出張人 尹寅赫 鎭남浦榮동洋약局 김元섭 同鐵山機本堂出張人 吳남奎 群山港開福동 김斗鉉 安州邑니義井동回春大약房 安岳邑上場里濟生局 林貴柱 大邱남門니剧遷동 김成浩 釜山港草梁客主 金重佑 博川郡美동商店 朴芝行 載寧邑後동洋약局 崔允國 忠州東良面早遷 金鎭和 晉州郡괴동 박啓賢

●定州남門니洋약局 리鍵柱 郭山邑니洋약局 羅應彬 鐵山邑니永春堂 安濬 宣川邑니冊肆 安在 義州水口街 崔석浩 信川邑四里洋약局 김永植 郭山邑冊肆 김大鉉 元山港濟生堂支店 박敎鎭 北靑新昌港客主 박錫勳 江原道本堂出張人 馬雲來 德川邑官동洋약局 리丙斗 禮山용谷里 리東赫 其他各약店마다隨應販賣홈 ●仁川港濟生堂告白

▲特別廣告

本社에서名帖印刷部를另設ᄒᆞ고各樣活字와別樣新本이俱備ᄒᆞ오며印刷精美ᄒᆞ고價値도極廉ᄒᆞ오되特別히學界와服從ᄒᆞᄂᆞᆫ夫人의게ᄂᆞᆫ一層低廉ᄒᆞ오니僉位ᄂᆞᆫ來臨ᄒᆞ시와隨意請求홈

大韓每日申報社 告白

今現驛院에서各項事務을一層擴張하오며金裝與銀裝各樣의齒와老小閒歿數落齒ᄒᆞᆫ데齒床幷齒齦을顧製造하오며拔齒與入齒時에毫無苦痛케ᄒᆞᄂᆞᆫ技方도有ᄒᆞ며齒科上面議ᄂᆞᆫ無料授受ᄒᆞ압ᄂᆞ니四方僉君子ᄂᆞᆫ照亮ᄒᆞ심을爲希홈

京南大門內尙洞美人施蘭敦家 萬齒科醫士 韓大衡 告白

▲新刊新籍發售廣告

儀禮琛錄 文全 國漢文 定價金七拾五錢 大韓法規類纂 三圜五拾錢 郵稅四拾錢 初等倫理學教科書 二拾錢 初等衛生學教科書 拾五錢 國家學綱領 拾五錢 國民須知 八錢 愛國婦人傳 張志淵氏著 十五錢

發賣所 皇城布屛下 金相萬書舖

●國債報償總合所收入廣告

●永川支取所朗谷面上동 리亨範 金基澤 김基淵 김良奎 丁武奎 김潤洛 김在洛 柳奇淳 崔世甲 김致祚 김인탁 김潤洛 김呈洛 各二十전 김仲洛 下進良 金昌洛 리春錫 김榮洛 丁萬夏 김英洛 안億龍 김龍伊 각十錢

▲甘동 리時澔 朴秊淼 최達俊 陳興權 리炳七 우支서 各四十錢 최海南 三十錢 리炳星 김鐵俊 崔喜伊 각拾錢

●安동 리亨約 林儀鳳 각六十錢 金周洛 리致根 김相奎 정炳七 각四十錢 尹翼衡 陳華영 金壽昊 孫永周 孫永琛 리貢盛 각三拾전 黃河益 정思淳 김학洙 리敦五 리游진 정炳八 具永道 曺秉인 尹滋益 리祥雨 朴春元 장셕和 각二拾錢

▲龍山동 尹致馨 리萬봉 김斗元 金益兆 曹秉達 김時洪 孫錫一 각四拾錢 辛奎烈 方德恩 각二錢 김斗成 김卓榮 각三十錢 金斗拱 리相珍 각拾錢

▲關塘洞 朴東禮 김뎍丹 辛春丹 각五拾 전 具禮心 柳岑丹 楊丁禮 각四錢 리得온 리順得 각二十전

發行兼編輯人英國人 裵說 印刷所 大韓每日申報社 漢城南署石井洞外城三十五號

第六卷

大韓每日申報

第七百八十九號

月曜及慶節時日休刊

檀君開國四千二百四十一年
孔子[illegible]二千[illegible]年
大韓開國五百十七年
日本明治四十一年
淸國光緒三十四年
陰曆戊申三月小廿六日辛亥

論說

○政界觀瀾

天崩地塌하며山傾海翻하야生死의悲ㅇ目前에迫하얏는데無知小兒等이手中梨栗을緊握하고相鬪相毆하며相詬相擧하야拳去拳來하며爭奪不休하나니達觀慧眼者가傍觀하매此를笑할이可할가哀할이可할가嗚乎라韓國政界의現狀을察하건대此와恰似하도다

甲午以後數十年來로韓國政界의變遷을낫낫察하건대環球上各國有史以後獨一無二의怪現象이라彼泰西立憲國의宰相은無論하고卽東洋專制古代의執政者도其名位權力이果然何如하앗던가百僚를董率하며國憲을主持하야國의治亂存亡이其手에在한故로曰一人之下萬人之上이라하엿거늘噫라韓國數十年政界大臣들도其亦大臣哉며其亦大臣哉아

其名曰議政大臣議政大臣內部大臣外部大臣이라하나其內容을察하면東奴의僕에可憐한身世라

[illegible]君이鑰을擲하며其膝下에伏하여曰我位를鞏固케하야줍소서하며蓮妖巫가鈴을搖하며其眼下에趨하여曰我權을長保하야줍소서하며靑嘗이來하면靑嘗에게如此哀乞하며玄嘗이來하면玄嘗에게如此哀乞하며美麗娘가來하면婆석娘에게如此哀乞하며羅帶娘이니하면經世娘에게如此哀乞하며其他號二리四의無賴輩가偶然豊妖技를抱하야特別人侍에昇參預하다하야도奔走千謁하야千萬諂媚하나니前後左右가無非上典이라或是上典의脾胃를逆할가是懼하며上典의顔色에忤할가是慮하야朝夕으로問安하고拱手拜拜하면서或誠意가未盡한가하야三千里江山에二千萬을剝하며二千萬民族의血液을吸하야彼에게供奉하니大臣이何樂이완대如此慘毒을行하야以求하는가

然이나此時에幾個人의奴隸는作하얏스나其他一切官民은皆我의操縱權을논비니小人之心에此亦滋味로知하얏다하려니와

今日大官들은可哀가尤甚이라齊裝과壹嘗을事함에는紬幾疋饌幾度이면足하며姜와羅氏에게供함에는茸幾片蔘幾斤이면可하며니今日伊藤曾彌는鐵線鐵道와森林礦山과其他陳荒地軍用地等에所請을無不許하며名色大臣으로權力이都無하야外로統監副統監에見壓하며內로次官參與官에게見制하고前日又치登初仕도得用할수無하니今에政府를批評하는者或曰是日人의鷹犬이라하며或曰是日人의奴隸라하나余로觀하건데只是假偏而已로다鷹犬과奴隸는知覺이猶有어니와今日政界人物도其亦知覺 有라할가使之舞하면舞하고使之拜하면拜하나니此只是登箇無生機體의頑物이로다

然이나此假僞됨도人々是樂하며人々是競하야伊藤登徒還에內閣椅子가動搖할듯하미라完用氏는愁眉가暗蹙하며宋秉畯氏는魔膽이斗起하고대東會一進會가意氣가愈高하니我는想컨대朴齊純과趙秉澤等도嘗藥가爛만하리로다

嗚乎라何日에나韓國政府에活動하는其人을見할는지

外報

●奧國總督暗殺 伯林電을據한則奧國가리시아總督쏘도기伯은政界上理由로우레니야學生의게虐殺을當하얏다더라

●鐵道賣却說 大陸電을據한則露國은他有力한特權을東淸鐵道로交換할目的으로써히鐵道를淸國에賣却할旨로兩國間에秘密히協商中이라더라

●宮中爆殺약 倫敦電을據한則俄國에서今番파푸로우라女公의婚禮式을擧行할時에宮中에서爆彈을裝置하라는陰謀가발覺되얏더라

●波斯匪徒侵入 倫敦電을據한즉波斯의匪徒가俄國國境에入한故로俄國에서波斯政府에對하야嚴重히照會하얏는데該匪徒로由하야俄國人四名이被殺하고五名이被傷한故로高加索과其他各處에서該國境에援軍을急派하얏더라

●英國火災 倫敦電을據한즉美國마사추쎄쓰洲엘쓴市附近지엘시라에서大火災가起하야二三處의美麗한公共建造物과歷史上有名한敎會及製造場等이多數燒燬하얏는데其損害額은一千萬弗에達하얏고一萬人의住民은失棲彷徨하는慘狀이有하얏다더라

●滿洲問題落着 華盛頓電을據한則駐米露國大使로젠男은國務卿루트氏와哈爾賓問題에關하야長時間을博議하야滿足한解決을得하얏는대今後滿洲問題에關하야兩國의衝突을豫防할것이요루트氏는北滿洲에露國活動은哈爾賓의情態를改善하는데對하야贊助하고贊져치아니할旨로確言하얏더라

●黑龍江鐵道 倫敦電을據한則露國議會에서黑龍江鐵道法案은第二議會를通過하얏는데該鐵道와新線路는달지쓰子를變更하야구엔가를經由할터이라더라

●海底電線復舊 路透電을據한즉리바플商業會議所와東印度及支那部는印度事務大臣모레氏에게向하야印度海底電線을速히復舊함을請求하얏더라

●日商排斥 紐育電을據한즉桑港에在한淸國人은熱心으로日本商民排斥에着手하야 同히日本貨物을取扱치안키로決하얏더라

●宣言書調印 伯林電을據한즉獨逸、露西亞、瑞典、丁抹四國은波羅的海에關한宣言書에調印하얏더라

●駐日大使任命 同電을據한즉露國人마레후쓰기。마레우이쓰지氏는駐日露國大使를任命하얏다더라

雜報

●東會演說 關東학회에셔今日下午一時에寺동演興社內에紳士들을請邀演說한다함은已爲報道어니와會長남宮억氏는世界의現狀이란問題로演說한다더라

●兩校運動 開城私立永昌학校와孟東義塾兩校가本月二十三日에聯合運動會를該郡麗山屛岩에서開催하엿는데參席한學員은一百三十餘名이오內外國紳士來賓이多數參席하고左右에傍觀者가三四百名이라當日食料品은永昌학校長崔又鉉氏가擔當하고施賞品은魚秉應氏及都中에서多數히寄附하야賞品과實料가豊備하야一大盛況을呈하얏다더라

新譯 海外稗談

第三章 白絲線 東籬子 譯 續

余가更히回顧하고向前直行하야屹然登路巷에至하니此巷만出하면卽公使館也라余方緩步而前하더니忽然黑暗中에一人이來하거늘余心頭가不禁跳動하야細々察之하더니暫眼間雲影에被掩하엿던月光이躍然吐出하야宇宙가光明하고毛髮을可數인대前面來者爲誰오正是前日所遇하던跛足之丐者也라余乃昂然直行하야竟與相遇하니丐者가余의進路를前遮하며向余求乞하거늘余 僞爲顧니하며手探懷中하더니忽然有步聲이自後來하야漸逼余身하더라此後事는余ㅣ昏然如在夢中하야籠切惝形이都不明瞭矣라大抵壹人이猛力으로余背를擊하는데余의鐵網衣와相激하야忽然壹聲에火光이四迸者는匕首의折斷之聲이오猛獸之時에大罵之聲이非時俱作者는凶客의踴也오隨後急한발며盤力大喝者는武官某의聲也라此皆兩三秒間事也러라

余背後에在한凶賊은余不暇顧하야武官某의게一任하고余則飛步로上前하야前面의丐者를執捉하니果然此丐는假粧의跛者로다卽棄其杖하고踉蹌欲逃하거늘余가那裡肯放하야竭力拘率하니此賊이力甚强하야幾數披脫하거늘余가平生力을出盡하야僅々能制하는데背後의賊은兩脚이甚捷하야武官의追來함을見하고奔路逃去에不見影見러라

此賊이旣逃에武官某가乃歸來助余하야兩人의合力으로此僞丐를捉縛하야公使館으로率至한後에此賊이何許妻子인가燈火로燭하니아々奇哉々々라是乃警視總監其人也로다余가當時에憤不勝憤하며罵不勝罵하야直欲蹴 殺之食之하야以泄吾憤하다가忽而轉念하고乃詰之曰汝不足責이오汝ㅣ不足役이라余之所憤은乃汝를主使한人也니汝肯吐實乎아若吐實하면吾當釋汝使去하려니와不然이면率汝至壹冷巷하야我의壹彈丸을喫하리라한대於時에警總監이不遑하고面如土色하니彼輩는原是小人이오且知生命之甚重者也라乃哀乞曰閣下아余願吐實自招矣리니閣下는活我하오며余受命하고閣下及總監大臣을暗處에서殺害하려하다가標識한白絲를不可見故로閣下를放過하고此故로大難을受하나此白絲를閣下가自除去否잇가余曰然하다今不必多言하오但汝가何人之命으로欲殺我乎아

總監曰吾卽不言하드리도閣下가亦必知之하오리다余가佯驚曰然하다吾非不知로되但汝口의一供을得코자하노라然而彼가剛저不肯言하거날余乃鏘然壹聲에短槍을出하야卓上에置하니總監이乃惶懼白吾가招하리이다命余者는國王이니이다

未完

雜報

●迷惑風水 完興君리載冕시의夫人墓所ᄂᆞᆫ楊州德亭里로緬奉ᄒᆞ고히시의舍男리문鎔시의墓所ᄂᆞᆫ 대院王墓所舊壙으로遷奉ᄒᆞ기로決定ᄒᆞ얏다ᄂᆞᆫ디風水의迷惑ᄒᆞᆫ言을信聽ᄒᆞᆫ所以라더라

●勸告辭職 伊藤박문氏가總理대臣리完用씨에게對ᄒᆞ야辭職勸告ᄒᆞ얏다더라

●新내閣組織 政府가變動된다ᄂᆞᆫ巷說이喧藉ᄒᆞᆷ은世人이注目ᄒᆞᄂᆞᆫ바어니와其組職되얏다ᄂᆞᆫ氏名을槪聞ᄒᆞᆫ즉總理대臣은리容元시로내部대臣은○褣聲시度支대臣은閔泳徽시로ᄂᆞ定이되얏다ᄂᆞᆫ巷說이藉ᄒᆞ더라

●宴宮宴待 永宣君리준鎔氏가日間盛宴을排設ᄒᆞ고伊藤統監과長谷川大將을請邀宴待ᄒᆞ다더라

●학部協議 학部에서昨日下午二時에聯合會를設ᄒᆞ고학務擴張ᄒᆞᆯ事를協議ᄒᆞ얏다더라

●號少日多 ○審院을不日너로開廳ᄒᆞᆯ터인대韓人檢事一人判事二人書記若干人이오其外에ᄂᆞᆫ擧皆日人이라더라

●出迎학대 학部대臣리載崑氏ᄂᆞᆫ貳拾四日夜에대邱에서留宿ᄒᆞ고昨夜에ᄂᆞᆫ太田에서留宿ᄒᆞ고今日에入성ᄒᆞᆯ豫定인대秘書課에김思濬書記官리敏應兩氏가迎接次로昨日에太田ᄭᆞ지下去ᄒᆞ얏다더라

●岡喜入성 森林觀察次로西北地方에出發ᄒᆞᆫ農商工部次官岡喜七郞氏ᄂᆞᆫ明日에入성ᄒᆞᆫ다더라

●轉任監卿 典膳司長金珏鉉시ᄂᆞᆫ何以運動ᄒᆞ얏ᄂᆞᆫ지不知어니와監查院卿으로轉任ᄒᆞᆫ다더라

●演社寺股 海春府尹君尹澤榮씨가寺社演興社에資金五百圓을捐付ᄒᆞ고其家人一名을該社에送ᄒᆞ야事務를擔任케ᄒᆞ고月給 圓式支撥ᄒᆞᆫ다더라

●恥ᄉ居下 中樞院副議長申箕善시ᄂᆞᆫ該職敍任ᄒᆞᆷ을거시不穩ᄒᆞᆫ思想이有ᄒᆞ야言ᄒᆞ되余가議長을再次被任ᄒᆞ얏고曾往參政大臣이오勸善品이不下於金允植씨인ᄃᆡ김시ᄂᆞᆫ議長을被任ᄒᆞ고我ᄂᆞᆫ副議장이된ᄌᆞ猖皮莫甚ᄒᆞ야行公치못ᄒᆞᆫ즉辭職疏를奉呈ᄒᆞᆯ것다하매法部大臣趙重應氏가言ᄒᆞ되修학院長보다ᄂᆞᆫ나으니行公하라고勸告하얏다더라

●壹認壹否 度支部에서關稅局官制와稅關工事部官制를統監府에同意를請ᄒᆞ얏ᄂᆞᆫ더稅關工事部官制ᄂᆞᆫ承認되고關稅局官制ᄂᆞᆫ承認이되지못ᄒᆞ얏다더라

●議장受勅 新任中樞院議長金允植시ᄂᆞᆫ昨日에詣闕受勅ᄒᆞ얏다더라

●禮院依免 掌禮院에서名譽典祀、祀補각、餘人의依免件을宮內府로報告ᄒᆞ얏다더라

●何游於尹 각府部院廳에서日本人으로官吏를敍任ᄒᆞ고召喚旅費를依例히幾百圓씩支給ᄒᆞ더니今番高等女학校敎師尹貞姬의召喚費ᄂᆞᆫ一分도支撥치아니ᄒᆞ얏다더라

●兩日又請願 農商工部主事某시ᄂᆞᆫ受由請願書를該部에提呈하얏ᄂᆞᆫ디該兩個月은으로交作ᄒᆞᆷ으로該請願을各각還ᄒᆞ얏다ᄂᆞᆫ대此等人種은日本精神이腦髓에深養ᄒᆞᆫ故로唾罵ᄒᆞᄂᆞᆫ者多ᄒᆞ다더라

●除諜詗探 內部警務局에서近日院내에秘密히詗探中인대히理由인즉何許黨派가現政府人員을謀殺ᄒᆞ랴ᄂᆞᆫ情跡이발現하얏다ᄂᆞᆫ說이有ᄒᆞ더라

●警局兩會 內部警務局에서慣行調查會와戶口民籍調查會를組織ᄒᆞ야人情風俗에關ᄒᆞᆫ事項을調査ᄒᆞᆫ다더라

●板券何遲 漢城內人民들이家屋을賣買ᄒᆞᆫ後文券을交換次로漢城府에舊文券을納呈ᄒᆞ미新文券을趁卽成給지아니ᄒᆞ고延拖ᄒᆞᄂᆞᆫ故로家屋賣買ᄒᆞᆫ人들이困難이莫甚ᄒᆞ다더라

●印局花會 度支部印刷局에서今日上午九時에孔德里에서花柳會를設行ᄒᆞᆫ다ᄂᆞᆫ대度支部勅任官以下一般官吏가一齊會同ᄒᆞᆫ다더라

●星郡牛疫 星州郡에牛疫이大熾ᄒᆞ야黃牛二首가致斃ᄒᆞᆫ故로大邱警署에서獸醫를該郡으로派遣ᄒᆞ얏다더라

●失盜減俸 警視廳巡查吳文永시가現今平理院에派送ᄒᆞ야服務ᄒᆞᄂᆞᆫ대物盜犯梁仕淳을見失ᄒᆞᆫ故로一朔月俸에百分之十을減ᄒᆞ다더라

●宋氏被捉 寺동等地居宋柱祥씨가三昨日下午에警視廳에被捉ᄒᆞ얏ᄂᆞᆫ대其根因인즉義兵의干連이라ᄂᆞᆫ說이有ᄒᆞ더라

●義徒流言 韓國의義徒로過般桑港에서須知分의暗殺事件이有ᄒᆞᆫ以來로蜚語流說을選ᄒᆞ이甚ᄒᆞ고또統監暗殺의謀計를成ᄒᆞ얏다고揚言ᄒᆞᄂᆞᆫ者ㅣ有ᄒᆞᆫ더히徒黨中에서각地日本討伐隊의게向하야種種脅迫문字를送致ᄒᆞᆷ도有ᄒᆞ얏고또向日某隊에到ᄒᆞᆫ書類中에長谷川司令官의頭顱를潰ᄒᆞ야盃로作ᄒᆞ고伊藤박문시의頸肉을劃ᄒᆞ야膽을作ᄒᆞᆫ다云ᄒᆞᄂᆞᆫ문字가有ᄒᆞ얏다고日曜大韓日報에記載ᄒᆞ엿더라

●必有他意 今月廿六日에曾彌副統監이三和港에到着ᄒᆞᆫ다ᄂᆞᆫ디三和府官吏가각학校에關行說論ᄒᆞ면서曾彌를歡迎ᄒᆞ기로懇請하며曰我國학界에關係됨을구경도식하며歡迎誇張ᄒᆞ不ᄒᆞᆫ지라히港各社會와각학校에서言論ᄒᆞ되今若각학校에서歡迎ᄒᆞ면各新聞에必然揭載될거시니須知分被殺事裁判時에藉山之端을含ᄒᆞᆫ主意니ᄒᆞ야巷說이紛々ᄒᆞ고且각社會와학校에서도憂慮中이라더라

●牧師悖說 去水曜日에平壤宣敎師馬仙시가講道ᄒᆞᆯ時에新聞與新書籍은世上학問이라非吾信徒의所購남者이니登拒絶ᄒᆞ고唯耶蘇만崇奉이라야天國의民이오上帝의子라ᄒᆞ고且端說論을ᄒᆞ며新聞은一般敎人들이相顧而語曰新聞은民智開發에要具인디耳目을鎖閉코ᄌᆞᄒᆞ니壹되德情을惹起ᄒᆞ얏다더라

●女校月報 女子敎育會에서昨日에一般任員이會同ᄒᆞ야敎育事務擴張ᄒᆞᆯ件과敎育會月報를刊ᄒᆞᆯ件을協議ᄒᆞ얏다더라

●학生强硬 順川郡時務학校를 進會가占奪ᄒᆞᆫ事ᄂᆞᆫ前報에揭載ᄒᆞ얏거니와日巡查某씨ᄂᆞᆫ히校의顧問이되고韓國語ᄂᆞᆫ一字도不知ᄒᆞ고凞還ᄒᆞ고坐ᄒᆞ며人敎師ᄂᆞᆫ三拾五圓月俸을給ᄒᆞ고端隊食ᄒᆞ고新組織을任員은皆一進會人이오四方에서多數驅來ᄒᆞᆫ新학生은皆一進會員之子姪인대校니에서夜做ᄒᆞᄂᆞᆫ事ᄂᆞᆫ無異韓人을排虛ᄒᆞ며人에게告발ᄒᆞᄂᆞᆫ바라前에학生들이大히憤心ᄒᆞ야日에被奪我校ᄒᆞᆫ郞奪我自由라ᄒᆞᆫ聲가此時에巨대ᄒᆞᆫ職分을擔任ᄒᆞᆫ者되여失我自由ᄒᆞ면與死無異라ᄒᆞ고直入학校ᄒᆞ야口罵日國賊ᄒᆞ며一場爭鬪ᄒᆞᆫ挙案椅子時計燈臺等을頻覆하며一進會人이卽발于日巡查ᄒᆞ여학生을毆打之ᄒᆞ여警署에多日禁囚ᄒᆞ얏다가放釋ᄒᆞ얏다ᄂᆞᆫ傳說이有ᄒᆞ더라

●郡冊寄校 女公廉氏가幼年必讀九拾秩을尙友攻玉小학校에寄付ᄒᆞ야幼年의敎育을奬勸ᄒᆞᆷ으로一般人士가히氏를稱譽ᄒᆞᆫ다더라

●育英移校 남海郡育英학校에서히郡鄕校에로移接ᄒᆞ고去月拾二日에移校式을設行ᄒᆞᄂᆞᆫ대학徒가七十餘名에達ᄒᆞ얏다더라

●培校運動 開城私立培養학校에서本月拾九日에春期運動을該郡龍岩山屛岩에서設行ᄒᆞ얏ᄂᆞᆫ디施賞品은本校監리晃根씨가自當ᄒᆞ고當日宴需費ᄂᆞᆫ本校長김宗煥씨가擔當하얏ᄂᆞᆫ디參學員이百餘名이오內外國來賓紳士諸氏가多數參ᄒᆞᆫ지라當日盛況을人皆稱頌ᄒᆞ며라

●興校卒業 漢南학校에서本月拾日에第二回卒業式을擧行ᄒᆞ엿ᄂᆞᆫ대卒業生은金義석리鳳圭等八人이오賞品은리회直시가鉛筆十東이오西北학會에서空冊一拾卷이오리敏轍시가鉛筆拾東이오리海朝시가空冊一卷이오沈承弼시가空冊拾卷을寄付ᄒᆞ얏ᄂᆞᆫ디該有志紳士가贊成ᄒᆞ얏다더라

●价校運動 价川郡에서一郡各私立학校生徒를會集ᄒᆞ여陰四月二十日로運動을行ᄒᆞᄂᆞᆫ대技藝와術作文體操等十二條를試取ᄒᆞ야一二三等四十二人을冊子等屬으로賞與하얏다더라

●김家設校 臨陂下北面萬谷里居兩議官김鎔煥氏가以卒業生으로該家에普通韓一학校를設ᄒᆞ고熱心敎育ᄒᆞᆫ다고該郡來人의稱頌이籍々ᄒᆞ더라

●閔氏出義 殷寧郡邑내居閔泳龍氏ᄂᆞᆫ本是信川鉢山人으로移寓該郡ᄒᆞ얏ᄂᆞᆫ디境내各학校를一々歷訪하고文昌학校에二又圓基督男학校에二拾圓基督女학校에二拾圓自立학校에二拾圓養元학校에五拾圓을寄付ᄒᆞ얏다고該郡人士가擬頌不已ᄒᆞ더라

●新校盛況 甑山郡彰新학校에서本月九日에聯合대運動會를設行ᄒᆞ얏ᄂᆞᆫ대來參ᄒᆞᆫ학校二拾八이오학徒ᄂᆞᆫ千餘名에達ᄒᆞᆫ지라九日로十日下午一時ᄭᆞ지畢了ᄒᆞ고同三時에演說會를開催ᄒᆞ얏ᄂᆞᆫ디外國遊학ᄒᆞ던紳士吳대泳김종烈諸氏가次第登壇ᄒᆞ얏고署理郡守金璉植시가熱心贊成ᄒᆞ야盛況을呈ᄒᆞ얏다더라

▲地 方 消 息▼

▲本月拾七日任實東北方約三里地에서義兵八十餘名이鎭安郡日本守備隊와交戰ᄒᆞ얏다ᄒᆞ고

▲本月二十日淸州서남方約四里地에서三拾餘名義兵은同郡日本守備隊와交戰ᄒᆞ얏다ᄒᆞ고

▲本月廿二日咸興郡에四拾餘名義兵은光州日守備隊와交戰ᄒᆞ얏다ᄒᆞ고

▲本月拾七日慶州郡王山附近에서五拾餘名義兵은히郡駐在日守備隊와壹時間을攻擊ᄒᆞ얏다ᄒᆞ고

▲本月二十四日光州郡素池面에서五拾餘名義兵이日本騎兵隊와警察隊와交戰ᄒᆞ얏다더라

▲曲 中 山 川▼

▲近日에新內閣을組織ᄒᆞᆫ다ᄂᆞᆫ說이盛行ᄒᆞ더니大東학會作에壹이오舊政府中에壹이오現政府中에壹이오亡命客中에壹이라ᄒᆞ더니向日에ᄂᆞᆫ新式으로責任內閣을組織ᄒᆞ더니今番에ᄂᆞᆫ舊式으로四派변움은ᄒᆞ라ᄂᆞᆫ지擁政指導가神出鬼沒ᄒᆞ고나

▲總理리完用氏가伊藤박文氏를歡迎ᄒᆞ기爲ᄒᆞ야園遊會를設行ᄒᆞ라ᄒᆞᆫ디伊藤박文氏가聞而論責ᄒᆞ되宴會만頻數ᄒᆞ면國事ᄂᆞᆫ何可進就乎아하얏다니蘇氏ᄂᆞᆫ附肝附肺ᄒᆞᄂᆞᆫ手段으로目中에ᄂᆞᆫ伊藤이오心에ᄂᆞᆫ도박文이라歡迎阿諛가無所不至ᄒᆞ다가逢彼之怒ᄒᆞ니千萬意外의政治老翁의陰謀心術로而今에야可知ᄒᆞᆯ가

▲日本에滯留ᄒᆞᆫ農夫宋秉畯이가壹進에本領에歸ᄒᆞ야會員을發推ᄒᆞ며國家에必要가無ᄒᆞ고反히生民의게妨害가不少ᄒᆞ니壹館解散ᄒᆞ라ᄒᆞ얏다니宋氏가壹進會를籍ᄒᆞ야地位를圖得ᄒᆞ더니成功ᄒᆞᆫ後에ᄂᆞᆫ壹進會로因ᄒᆞ야自己勢力이減損ᄒᆞᆯ가慮가有ᄒᆞ야會를解散ᄒᆞ기로運動ᄒᆞ니此所謂甘呑苦吐라强盜도有愛黨ᄒᆞ거든ᄒᆞ믈며反覆奸計ᄂᆞᆫ如見肺肝이로다

▲前判리容元ᄒᆞ니門閥은西大臣後裔오文章은三蘇에自比ᄒᆞ야驕矜ᄒᆞ며當世에第一이라時局이變遷ᄒᆞᆫ後에政界에ᄂᆞᆫ逍遙自樂ᄒᆞ며餘戀이尙存ᄒᆞ야向ᄒᆞ야輔國을圖得ᄒᆞ려고ᄒᆞᆫ逗留ᄒᆞ다가今番에總理被任ᄒᆞᆫ다ᄂᆞ니果然ᄒᆞ면政府首席을占據ᄒᆞ고統監다閣統監ᄒᆞ司令官의게壹府叙用ᄒᆞ야驕班驕ᄂᆞᆫ行ᄒᆞᆯᄂᆞᆫ지

▲前參判尹容聲은數年에淸風家門으로代가不利ᄒᆞ야院동子석에셔鬱々不得志ᄒᆞ더니今番新內閣組織에大가頻繁ᄒᆞ니今番에ᄂᆞᆫ閣은文閣로바輪回擇用ᄒᆞ라ᄂᆞᆫ지

社告

本社大邱支社員崔一弘시는日前에解任하고本報를停送인바하지購覽諸시의本報愛讀之厚誼를寧副코자하야該지남門내乾材약局梁務益시를本社支社員으로認定하고還間停送하얏던申報도逐號追送하오니購覽諸員은右梁시의게繼續請覽하심을要

本支社를左開十處에設置하고玆以仰布하오니本報愛讀하시는諸附近 僉君子는該支社로請求購覽하심을務望함

▲信川邑六里 丁一鎔
▲永興郡南山동書舖 梁昌鎔
▲定州郡南門내 朱伯英
▲泰川邑藥商洋약局 李正華
▲寧邊邑內 明濟世
▲成川上部面冊肆 馬應三
▲江西邑內 김昌煥
▲咸從郡耶蘇敎堂 김弘舒
▲平남順川郡通洞 鄭산경
▲殷川舊邑 車載明

廣告

江原道春川芳洞申壯節公墓所松楸係是여宗中所管이온바宗人申慶均欲爲偸賣於外國人故玆以廣告하니外國人切勿見欺務望

平山申氏大宗中 告白

金世基出儈音票를雜技輩에게主從이가奪去하야錢與票間에不給하오니音票를休紙施行함

朴潑玉 告白

本會에서今日下午一時에特別總會를本會館에開하오니本道人士는來臨하시옵

湖남학會 白

陽曆二月二拾八日義擾時에本人의姓名圖章을遺失하엿습기廣告함

張佑文 告白

金海所在峴洞蘆田을上年三月日에舜○圖差宮監持宮公文下來故守直與和民等이蘆草從時價無疑放賣라가同年九月日該郡府具亨植裵以傳類出沒京鄕作弊無常터니圖得宮監하야來後已買민蘆草價四千圓還徵於各人次威脅毆打拔劒作梗하야勒捧票紙故로勝抑鬱하야新舊宮監與作人等이面質裁判於漢城府하온즉具哥落科提因니警獄又幸蒙放下하야後以其嫌疑로蘆田夺賣호와並逐니後에大作葉八九百兩式中作五六百兩下作貳三百兩式討食於守直處하니自本官不卽逐出하고任厥手宜하야廢庄已無可言이오守直等亦難支保玆에更廣告

하郡掌守直等 告白

金海郡主事○○진以稅務書記擧行時에素習狡猾剝割生民不可枚擧而去甲乙兩年散餘結稅錢以純葉八拾兩式依舊勒捧而隱遺八百餘結亦以八拾兩勒捧하야私棄肥已故上年一月日已有民擾自政府洞燭이온바有限國結不爲壟總幻弄하나壹境之民이漸至魚肉之境故玆更廣告

崔貞晃 告白

聖化開明할世上에宮投托付屬田畓及他導掌等으로因勅命調査後私自을壹々出給하온즉係이온바김海所에入來知蘆田을東萊尹義泰와朴○斐和진等新宮盜買然盜매온徵於盜買가法律上固然而況本人所持勅命也오彼等所持權○也而以右當推純葉萬二千五百餘兩이오되權利聽勒故至冤四次廣告

崔貞晃 告白

金恒圭학校捐金七百兩三百兩於音二張三月拾五日出次條와金鳳瑞七百兩六百兩二張於音三月初七日出次條를並失이오니誰某拾得하든지休紙施行함

平安남道江西松湖里金鍵白

夫本會는以擴張教育하며養成實力而盡忠保國으로爲目的이고且於本會總務長張景文는本是沈默愼重하야素有信仰於社會者라今聞自內地消息則所以朴永運爲名者或假稱本會總務長名字하야或稱徵富하며或稱起兵하야以百般譎計로亂動人心云云하니非但本會總務長之所不知라亦爲本會與總務長之目的으로대爲反對者也라是何怪事오必有其嫌計하야恐有損害於社會故로卽爲擧悉仰佈하오니內外同胞는更勿疑本會之愼重目的을是望

上海大韓人大同保國會中央會
會長徐相潤
書記申鶴永 等告白

延安署理海州郡守韓炯履氏가兩郡各坊面의학부에서학校설立하라신훈령봉준하시와누차고시도하시고모든청년자제들을열심권면하시어서기명의진취케하라고지극열성하시기로兩郡拾餘處에학校을설립하고날로진취되오니이것은관장이공골마다잇스면일년이내에다한번민이기명의진취되게습기로너모감사하와광고하오니세계첨원은조량하시옵

延安兩岩面□井□新학校告白

본회당을새로건축하고四月二十六일브터二月三일자지사경회와연설회를열겟사오니첨군자는왕임하심을무망

시간은上午九브터十二시지지사경회오下午二시브터四시자논연설회로모힘

서서젹선방죵교예수교당고빅

본人이남大門外桃동박弘吉雜物廛에推尋條紙貨三百餘圓於音을遺失于小公동近處하엿스니誰某間拾得하던지休紙施行함

梁致明 告白

本洞居리元謙所有宙字四十九統四戶草家拾間文證明紋을落失한故로官府에立旨繕出하오니拾得한人은休紙施行하오

鎭南浦億兩機 全一權 告白

開學

[illegible]

世界文明産育新法 全一冊純國文卄五錢

十九世紀歐洲文明進化論 全一冊國漢文三十五錢

元賣所 鍾路古今書海館
支賣所 京鄕有名書館

[illegible]

本所에서山林、田畓、家屋、各鑛等、외測量製圖事務를迅速處理하오니 僉君子는來議함

新門外南邊第四家測量事務所

其於人道之原則하고重於正義之誠實하며以親切爲旨하야訴訟事件并각官廳請願事件을廣受依托함

京城저洞六拾四統二戶
東京大學前講師
辯護士 日本法律學士 大尾虎之助

本靑市에서各種洋학과학徒所用物品과학徒帽子를製造하야廉價로賣하오니 청君子照亮함

安岳上垈海西書市林景柱白

本人의四寸在旭이性本浮浪이온바本人이惟恐教誨하야自來周恤은衆人共知라今者在旭이或稱在玉하고或稱在洪하야符同外人에多數用債하오니信用도無하고財産上擔保도無함人이分外債務만多負함이其意何居오此人의宅心無良은勸解不得하와玆廣告하오니내外國人은切勿見欺함

錦山邑 [illegible] 告白

▲학員募集廣告

本校에서校舍를擴張하고학員을多數募集하오니願入僉員은四月二十日(陰三月廿五日)一日내로入학請願書를本校에呈하고四月三拾日(陰三月卅日)上午十時에來校應試함

提但入학請願書와履歷書紙는本校로請求함

一試驗科目
國漢文讀書作文算術四則以내
但相當한卒業證書가有한人은免試許入함

一修業年限 三個年
一修業科目 普通科

西北協成학校

天道教中央總部 告白

本教中央總部를남部대坪坊弘門洞五統 戶에移함

本학院에서數學專門科를設置하고左開학科에隨意教授하되時間은特別히晝학이나夜학에入參하신諸학員과共他業務에從하시는諸씨를爲하야下午(陰時)以後七時以前으로上학케하깃사오니有志僉彦은四月二十六日內로來請하심을要함

但開학後라도壹週日以內에는入參할을許함

科程

科目	級數	各級教授要頂
算術	貳級	壹級自初至分數 貳級自比例至求積
代數	貳級	壹級自初至壹次 貳級自貳次至對數
幾何	三級	壹級自○至圓 貳級自比至平面 三級立體
三角 測量製圖	壹級	壹級平面及立體

但각級에期限은六個月로定하고각科中貳科는兼修함을得하되每級에人員이二拾人에不達하면該級은不爲特設함

학費는每科每月에六拾錢式으로定함

但試科는兼修하는人에는壹科半額을減함

保證金은貳圓으로定하되本학期三拾箇日以上欠席이無하고所修학業을完了한時에還給함

位置 北部觀峴徵文義塾內

八學及一般規程은右義塾內에本院權設事務所來問

漢城數學院 理事相益尹定
老柳鎬泰

本月二十六日(陰三月 日)上午九時에臨時總會를觀峴正義塾에서開하오니 僉會員은繼到來臨하시옵

法學協會 告白

共立新報는美洲에留학하시는我國同胞가萬國學問를深究하며學術을硏究하고國魂을喚醒하야歷遊하며一次式刊行하야世界形勢도詳論하며本國情況도昭載하야愛國心이有하신同胞는不可不購覽할新報이며又是純國문으로볼行하야婦人孺子라도一覽可曉할터하오니一般同胞가我留學同胞의殊兒聽覽에勞心勞力하는誠意를豈可超視하리잇가諸君子의購覽과紹介하시기를望하오며代金과支店所를左에廣告함

代金表

每張	五錢
六朔	壹圓拾錢
壹年	貳圓貳拾五錢

本國내出張所

京城廣학서舖	金相萬
博文서館	盧益亨
京城남門내興학서舖	裴助遠
平山郡古之面鐵남峴	金錫奐
長連邑내 里	윤석관
平壤大同門外	車利鍵
鎭남浦龍井동	梁鎭涉
安州城내義村동	金鎭河
宣川邑 川邊	梁丕명
龍川니山面平山里	李長興
義州南門外大東藥房	白用錫
金海台也面智士동	裴永介
寧江郡耶蘇敎堂내	邦基
大邱東上面龍동	崔一弘
咸興西門밧	朱君敏
俄領 海參威	東학館

共立新報社代理人 金昌祿 告白

漢城鍾路萬國基督敎靑年會舘前慈惠藥房
製藥鑑査人濟衆院醫學員洪錫厚朴慈惠李觀化告白

大ㅅ等이漢城南大門外濟衆院用ᄒᆞᄂᆞᆫ處方으로左記封入ᄒᆞᆫ을製造ᄒᆞ오니京鄕遠近勿論ᄒᆞ고此藥品을用ᄒᆞ시기爲ᄒᆞ야前醫學校長池錫永氏에게藥方文마다識定ᄒᆞ고有効證明書를受ᄒᆞ고主治効能用法을詳記ᄒᆞ야洋鉄匣紙匣琉璃瓶에封ᄒᆞ야賣ᄒᆞ오니兄弟에게利益이加有ᄒᆞ도록ᄒᆞ매ᄒᆞ나이다

治痰平胃丸　男女補 氣血補益丸
瘰癧根治膏　純金鷄蠟丸
濕腫根治膏　蛔虫浸出丸
各種根合瘡膏　四時感冒丸
小兒胎毒金瘡膏　清明眼藥水
瘡氣神効 保嬰安散　消痰鎮咳藥
小兒感冒 靈効散　男女痰疾 祛根藥
德國製鐵痰丸　寸虫拔根藥
漢城百應膏　止足汗臭藥
洋藥乾材　止瀉潤腸丸
醫藥藥草材　陳陳旧滯 消積丸
西藥醫方治套　無惡臭秘瘡藥

新訂方藥合編　全部壹圓拾전

針脈學。病論。藥性。方套。牛痘法。牛馬病약。洋약用法。診察法。經驗方。이具備ᄒᆞ야醫약ᄒᆞᄂᆞ니醫약家의最히必緊ᄒᆞ오며

社會勝覽　純國文廿二전

社會ᄂᆞᆫ規則과演說에方法과賦格이며東西양雄辯家에演說을課述。아社會有志者와勞働ㅅ及婦ㅅ이지不可不購覽ᄒᆞᆯ者며

婦人儀範　純國文廿五전

婦ㅅ로敎育ᄒᆞ고家庭을整理ᄒᆞᄂᆞᆫ道로婦人社會의特要ᄒᆞᆫ師範이오며

中等算學　洋裝一冊壹圓五拾전

自ㅁ則至開立方九積數를次第橫列ᄒᆞ야학習에便易ᄒᆞ고我韓學界中에壹具備로ᄉᆞ며각校학生의게ᄂᆞᆫ特爲減價로賣홈

註譯支那時文類聚　八拾三頁　리치雨 編集　定價금 二拾二錢

右冊은近日現用ᄒᆞᄂᆞᆫ各樣緊要私札往復。며韓淸與ㅁ淸商에現行往復ᄒᆞᄂᆞᆫ公私宴會請帖往復며其他公函往復과公文照會等式을編成ᄒᆞᆫ冊이니可作商務社會의錦囊要訣이오니照亮

발행元　皇城典洞光東書局　각書舖

簡易商業簿記學　全一冊　定價金 四十五錢

本書ᄂᆞᆫ簿記학中最近ᄒᆞᆫ學理와精妙ᄒᆞᆫ形式을精細蒐輯ᄒᆞ야了解키簡易ᄒᆞ도록編述ᄒᆞᆫ著이니一般商業家에不可不一次閱覽ᄒᆞᆯ者뿐아니라中等以上學校에敎科로用ᄒᆞᆷ도適當ᄒᆞ니陸續購覽ᄒᆞ심을望홈

발賣所　布병下 廣학書舖　洞口越便中央書館　廣橋東便匯東서館　寺동滙陽서館　鍾路 大東서市　鍾路古今서海관

녀ᄌᆞ독본　韋菴先生 張志淵 著　壹帙二冊二百七拾頁　定價金六拾錢

我韓女학에不講이久矣라ㅏ等婦人에知識도虛ᄒᆞᆫ諺冊에不過ᄒᆞᄂᆞ니如此ᄒᆞ고야엇지文明國民을作成ᄒᆞ리오挽近志士가女학의必要를絶叫ᄒᆞ야女子학校가在々發起ᄒᆞ나完全ᄒᆞᆫ敎科書가無ᄒᆞ야識者에慨歎ᄒᆞᄂᆞᆫ바라故로此書二卷ᄂᆞᆫ女子의知識開발을기爲ᄒᆞ야純國文을純用ᄒᆞ고漢文을旁註ᄒᆞ얏ᄂᆞᆫ데上卷은本國故代有名夫人의歷史오下卷은東西各國有名婦人의歷史이오니 僉君子ᄂᆞᆫ速々來購ᄒᆞ시옵

발賣元　김相萬
발賣所　皇城中署布屛下廣학書舖　平壤종路耶蘇敎冊ᄉᆞ　平壤法橋大同書觀　京鄕각書舖

消化新藥 **清心保命丹**　發行所 仁川港杻峴 濟生堂藥房　九十粒入 金拾錢

●大韓國各地發賣廣告
●主治効能 ●痰飮食積 ●中暑中寒 ●咳嗽腹痛 ●水土不服 ●氣鬱吐瀉 ●船車眩暈 ●食傷酒醉 ●口熱惡臭 ●其他諸般瘴氣癘疫頓方妙藥
●出張代理特約발賣所
●京城大廣橋共愛堂藥房
同 종路慈惠藥房 리觀化
同 梨峴洋약局 리信華
同 南署博文書館 盧谷ᄋᆞ
同 南大門外大同運輸會社
同 泥峴三丁目 新井支店
同 泥峴郵便局前 天佑堂
同 水橋本堂出張人 리鳳林
●仁川舊邑本堂出張所 金濟賢
同 閑梧旅館 韓禹根
同 寺峴和平堂 리應ᄋᆞ
●開城南門內萬物廛 박圭桓
同 南門內同店 禹相玉
同 南門內冊肆 리禎錫
同 北部忠橋 具聖模
●海州宗路商店 宋在瑛
同 二房약舖 김永泰
同 南門內店 리奉植
●水原종路下약房 金濟九
●延安邑니洋약局 邊汝文
●江華종路店 尹斗鉉
同 종路店 宋順王
同 西門外冊肆 高成浪
●長湍南門니 崔觀淳
●砂里院市場니客主 朴健昌
同 任允中
同 耶蘇敎堂니 리在淳
●黃州南門니紅門동 리東赫
●平壤雙巨里濟生局 韓鳳儀
同 館前衛生醫院 金鵬興
同 大興部里 崔龍化
同 邑武洞濟局 桂澤宣
同 邑洞出張人 尹寅赫
●鎭남浦종동洋약局 김元섭
同 億兩機本堂出張人 吳남奎
●群山港開福동 김斗鉉
●安州義井동回春약房
●安岳邑上場里濟生局 林景柱
●大邱남門니刷選동 김成浩
●釜山港草梁客主 金重佑
●博川郡美동商店 朴芝行
●穩城邑後동洋약局 崔允國
●忠州東良面早遷 金鎭和
●晉州郡ᄋᆞ동 박晉賢

●定州남門니洋약局 리健柱
●郭山邑니洋약局 羅應彬
●鐵山邑니永春堂 安瀨
●宣川邑니冊肆 安奎
●義州小口街 崔석浩
●信川邑西里洋약局 김永植
●郭山邑冊肆 김大鉉
●元山港濟生堂支店 박敬寧
●北靑新昌港客主 박錫勳
●江原道本堂出張人 馬雲來
●德川邑旨동洋약局 리丙斗
●禮山용谷里 리東赫
●其他各약店마다隨處販賣홈
●仁川港濟生堂告白

謹別廣告

本社에셔[illegible]各樣活字와[illegible]印刷[illegible]精美ᄒᆞ고[illegible]特別히[illegible]一層低廉ᄒᆞ오니[illegible]僉位ᄂᆞᆫ來臨ᄒᆞ시와隨意請求홈

大韓每日申報社 告白

今現醫院에셔各項事務를一層擴張하오미金裝與銀裝各樣의齒와若小個殘敗落齒ᄒᆞᆫ데齒床과齒를隨意製造하오며拔齒與入齒時에無痛術을施ᄒᆞᄂᆞᆫ技方도有ᄒᆞ며齒科上面識ᄂᆞᆫ燕料接受ᄒᆞ얍ᄂᆞ니四方僉君子ᄂᆞᆫ照亮ᄒᆞ심을爲希홈

京南大門內尙洞美人施蘭敦家　齒科醫士 韓大衛 告白

▲新刊書籍發售廣告
增補新撰尺牘大全 國漢文 定價金七拾五錢
大韓法規類纂 洋裝 三冊五拾錢
初等倫理學敎科書 鄭觀四拾錢
初等衛生學敎科書 二拾錢
國家學綱領 拾五錢
國民須知 拾五錢
愛國婦人傳 八錢
[illegible]氏著 十五錢
發賣所 皇城布屛下 金相萬書舖

●國債報償義金收入廣告(續)
●永川支取所梁谷面新寧
楊致雲 郭종洛 리巳秀
김禹植 최任述 朴九植
리乃佑 김德順 郭時浩
최鶴松 각一拾錢 朴東旭
ㅅ四전
●羅峴동
李秉寅 김斗元 각五十錢
김炳台 文秉圭 리武榮
리東彦 朴奎裕 리相ㅁ
리晩榮 各四十錢 朴秉郁
정진默 리종璟 김在환
各六ㅅ전 정치默 一拾錢
▲蒼木面龍丹동
曹喜淵 二圓 曹種煥
朴東柱 各三十錢 曹憲樂
六十錢
▲平沙동
리集夏 기敏浩 각六拾錢
金必權 金彦陽 김秉斗
리命述 朴桂秀 리弼周
金龍宗 鄭源孝 최종진
김時和 金琪山 鄭基萬
김擁振 김應伯 각五十錢
張致魯 白啓述 崔雲彦
박壽銘 박聖錫 郭載述
정秉根 鄭秉昭 林東春
各四十錢 兪致宗 金彦鎬
姜石重 黃成采 최永壽
각三拾錢 박鎭玉 朴鎭玉
각二十錢
▲三水洞
리인석 리武植 朴採律
朴應來 각四十錢 리相봉
朴啓紅 吳鳳大 김周星
각貳十錢

發行兼編輯人 英國人 裵說
發行所 南署石井洞第[illegible]號
大韓每日申報社

英語와 日語와 한語를 비호시ᄂᆞᆫ 男女학

第六卷
大韓每日申報
七百九十[illegible]號

月曜及慶節歲時日休刊

檀君開國四千二百四十一年
箕子元年三千三十年
大韓開國五百十七年
日本明治四十一年
淸國光緖三十四年
陰曆戊申三月小廿八日癸丑

論說

◉滅亡韓國者는農商工部也

近間에韓國人民이或森林造林事도나或礦山採掘事도나或陳荒地開墾事로農商工部에請願ᄒᆞ면此日彼日此月彼月延拖ᄒᆞ야壹不許施ᄒᆞ고日人所請이라면如恐不及ᄒᆞ야朝請夕許ᄒᆞ며夕請朝許ᄒᆞ야其名曰韓國農商工部로되其實은日人爲ᄒᆞ야잇는農商工部라고巷說이藉々ᄒᆞ거날

本記者ㅣ初也에는尙且其然未然하녀日現今韓政府가固皆日人의手足이며日人의機關이지만은韓國農商工部라爲名ᄒᆞ면서韓人을爲ᄒᆞ야公利를興치는못ᄒᆞᆯ지언뎡엇지障害ᄒᆞ야忍加ᄒᆞ며韓人을爲ᄒᆞ야實業을奬勵치는못ᄒᆞᆯ지언뎡엇지沮擾ᄒᆞ야忍行ᄒᆞ리오ᄒᆞ얏더니其뒤容實際를査探한즉所聞보다壹層더驚愕ᄒᆞᆯ事가許多하도다

東道某郡에壹坪田을起墾하랴고請願을呈ᄒᆞᆫ者는分明韓人이나거만認許를得ᄒᆞ는者는背後에突出ᄒᆞ는日人이며西道某郡에壹川水를狄堰ᄒᆞ랴고請願을呈ᄒᆞᆫ者는丁寧韓人이지만은認許를得ᄒᆞ는者는暗中에潛現ᄒᆞ는日人이며某山에造林도韓人이請願을ᄒᆞ얏는대認許는日人이며某野에採礦도韓人이請願을ᄒᆞ얏는대獎認者는日人이리哀哉韓人들은日人의뵈縱指示ᄒᆞ는功狗만作ᄒᆞ야逐鷄望籬의悲歎만뵈ᄒᆞ는도다

日人의請願ᄒᆞ도日人을認許ᄒᆞ고韓人의請願ᄒᆞ도日人을認許ᄒᆞ야所謂韓人名色으로는銖利壹寸業도興作ᄒᆞᆯ路가殄絕ᄒᆞ나니

知乎아韓人들아不知乎아韓人들아三間斗屋은公家로認ᄒᆞ며五畝山田은吾土를信하는가三千里山河에網羅를四張ᄒᆞ며二千萬民族의血液은日吸ᄒᆞ야外國他種에게納媚ᄒᆞ라고極力圖謀ᄒᆞ는彼農商工部라些 利益인들君輩에게肯許ᄒᆞᆯ理가有ᄒᆞᆯ가

知乎아婦人들아不知乎아韓人들아檀箕子孫을殄ᄒᆞ는者 彼農商工部며朝鮮國民을滅ᄒᆞ는者ㅣ農商工部며十三道山河를碎ᄒᆞ는者ㅣ農商工部며四千載產業을剝ᄒᆞ는者 農商工部며二千萬胃에血을結케ᄒᆞ는者ㅣ農商工部며四千萬眼에淚을堆케ᄒᆞ는者ㅣ農商工部라

彼日本忠奴領首農商工部大臣宋秉畯이日本에渡ᄒᆞᆫ지有月에東洋拓殖會社가設立되니此는韓國實利를吸收ᄒᆞ는壹大君園穴이라

此穴이既成ᄒᆞᆫ後에日本貧民六百萬名을移殖ᄒᆞ야東西南北에蠅叉치散하며山野城邑에蚓갓치蟠ᄒᆞ야壹草壹芥라도張口以呑하며壹沙壹石이라도伸瓜以攫ᄒᆞ야育郎江山에來反爲主ᄒᆞᆯ經營인대壹毫半分의利인들韓人의게手를肯許ᄒᆞᆯ理가有ᄒᆞᆫ가

豈々者氓들은今日이何日인지今時가何時인지農商工部官吏가何樣人物인지不知ᄒᆞ고或何地何方에던지利益點을見ᄒᆞ면不遠千里ᄒᆞ고跰足上來ᄒᆞ야農商工部門前에伏乞ᄒᆞ여曰此를認許ᄒᆞ야지이다此를認許ᄒᆞ야지이다 此를萬壹認許ᄒᆞ시면某等의私利뿐아니라國家에公利로소이다ᄒᆞ야舌焦唇弊하며紙短心長ᄒᆞ나니哀哉라韓人이여役々히徒勞ᄒᆞ고坐敗漁人之功者有ᄒᆞᆫ줄은不知ᄒᆞ는도다

不佞이且一言으로正告ᄒᆞ야曰農商工部가名則韓國農商工部나實則日本農商工部오農商工部官吏가名則韓國農商工部官吏나實則日本農商工部官吏니壹番請願에一利數를指示ᄒᆞ고二番請願에二利數를指示ᄒᆞᆷ이라

韓人의請願이無ᄒᆞ다고日人이不知ᄒᆞᆯ理는無하니一張請願이速禍ᄒᆞᆷ은無疑라休矣어다請願하는韓人이여乾十山頭凍殺雀이不知何處可圖生고吾輩가韓人을爲ᄒᆞ야涕泗滂々ᄒᆞᆷ을不覺ᄒᆞ노라

外報

●匪徒討伐費 淸國江蘇湘江의匪徒討伐費는確實ᄒᆞᆫ報告가無ᄒᆞᆫ되兩江總督端方及湘江巡撫馮汝騤이度支部에報告ᄒᆞᆫ바를據ᄒᆞᆫ則浙江省에서는三拾萬兩寧蘇省에는六七拾萬兩을支出ᄒᆞ얏다더라

●間島韓人歸化 上海電을據ᄒᆞᆫ則間島에在ᄒᆞᆫ韓人은聯名ᄒᆞ야淸國에請願하고歸化ᄒᆞ기를要求ᄒᆞ얏다더라

●森林問題協議 北京電을據ᄒᆞᆫ즉駐淸日公使林權助氏는廿一日에外務部에前往ᄒᆞ야唐紹儀를尋訪ᄒᆞ고鴨綠江森林問題에對ᄒᆞ야商議ᄒᆞ얏고廿四日에再次會見ᄒᆞ얏더라

●露兵出發 倫敦電을據ᄒᆞᆫ즉露都로브터來ᄒᆞᆫ報道에曰高加索總督은波斯國境에向ᄒᆞ야二個師團의軍隊를出發ᄒᆞ얏다더라

●回々教徒蜂起 同電을據ᄒᆞᆫ즉印度버시올로브터來ᄒᆞᆫ報道를依ᄒᆞᆫ즉 萬人의回々教徒가蜂起하야印度國境을侵略ᄒᆞ야英國哨兵에게向ᄒᆞ야銃火를加ᄒᆞᆫ結果로三千人의英國縱隊는國境에會集中이라더라

●露戰波軍 伯林電을據ᄒᆞᆫ則露國國境守備兵의一隊는波斯國境에前進ᄒᆞ야波斯軍을擊退ᄒᆞ얏더라

●土帝特使派送 同電을據ᄒᆞᆫ즉土佛兩國間의紛議에關ᄒᆞ야調停을要求ᄒᆞ기爲ᄒᆞ야土耳其皇帝는歐洲列强에特使를派遣ᄒᆞ얏더라

●美議員의反對 紐育電을據ᄒᆞᆫ즉美國지요지아州에選出ᄒᆞᆫ元老院議員베군氏는院內에서激烈ᄒᆞᆫ演說을試하야戰鬪艦隊의回航을實現케ᄒᆞ는海軍政策을激烈히攻擊ᄒᆞ얏는되氏는艦隊가世界에週航ᄒᆞ는것이危險ᄒᆞᆯ뿐不啻라且失費가多ᄒᆞ고世間을驅動케ᄒᆞᆷ이라單히誇飾ᄒᆞᆯ目的으로海軍을使用ᄒᆞᆷ은大反對라고述ᄒᆞ얏다더라

雜報

●中校擴張 典동前에立漢語學校內에已往中東夜學校를私設敎授ᄒᆞ야학徒가近爲三百人에達ᄒᆞ더니今에漢語學校가移接假處ᄒᆞᆷ을際하야校長以下諸任員이壹層擴張ᄒᆞ야壹學盛部를新設ᄒᆞ고特別히測量登科를設立ᄒᆞᆫ다더라

●鳳校復振 安岳郡屹政面溫井洞봉隊학校는邊錫奎박志학諸氏가발起ᄒᆞ야以救坊里社錢과原來동中補用ᄒᆞ던溫陽貰을付屬학校ᄒᆞ고학徒를募集하며敎師元道華氏을延聘ᄒᆞ여昨年秋에開學ᄒᆞ고敎授數月에頗有前進之望이러니及其歲終ᄒᆞ야校費가不贍ᄒᆞ되維持方針이全無ᄒᆞ야自爲廢學이더니本年春에박泳奎朴魯鍵諸氏가與박志학邊錫奎兩氏로靑年敎育이自廢ᄒᆞᆷ을不勝慨嘆ᄒᆞ야洞準華氏家에동會하고敎育이不興이면生存을不得이란問題로登塲演說에壹동諸人이佔淚感意ᄒᆞ야爭先出義에百餘圓을收合ᄒᆞ고敎師元道華氏는名譽로熱心敎授하야更爲扶持케하니一鄕人士가無不贊頌ᄒᆞᆫ다더라

新譯 海外稗談

第三章 白絲線 東籬子 譯 續

余가乃喝々曰罷々하라汝將此供하야余及武員의眼前에明白錄出ᄒᆞ고簽名畫押而去ᄒᆞ라如此면卽放汝夫ᄒᆞ리라總監이余의此語를聞하더니顰眉搔首하되驚惑無言ᄒᆞ거ᄂᆞᆯ余가其意를察ᄒᆞᆫ되彼ᄂᆞᆫ無賴小人이라余의恐嚇으로도不得已吐實하얏스나將來에ᄂᆞᆫ必也突然變口曰吾未嘗爲此言이로다ᄒᆞᆯ計策也라久々에彼果開口曰簽名畫押은吾實不能이로라ᄒᆞ거ᄂᆞᆯ余가手中短槍을復提ᄒᆞ며武官을命ᄒᆞ야彼에頭頸을牽來ᄒᆞ라ᄒᆞᆫ되總監이乃大懼하야狂呼曰我가錄出하리니壹片紙로與我ᄒᆞ쇼서於是에不得已簽名畫押ᄒᆞ거ᄂᆞᆯ余가以謂ᄒᆞ대殺此鼠輩가徒汚我刀라ᄒᆞ야驅之使去ᄒᆞᆫ되總監이遂抱頭鼠竄而去ᄒᆞ니라

翌朝에余將謁見國王ᄒᆞᆯ식已命駕矣러니忽然警鳥ㅣ가飛到ᄒᆞ야至門而止ᄒᆞ더니其中에서一人이跳下ᄒᆞ니正俄公使其人也라彼가一見余에即大叫曰事已結末ᄒᆞᆫ者又得救ᄒᆞ니可喜로다余答曰何足煩謝慮리오余不過自救而已로라

俄國之險陰政策은余已親嘗其味ᄒᆞ야急欲卸手故로總理大臣所託의文件과醫師總監口供의片紙로俄公使의게交付ᄒᆞ니此後에俄使가國王과若何히交涉ᄒᆞᆫ은非余所能知也라然이나未幾而國王은退位ᄒᆞ고十三歲王子가王位에登하니라 余於總理大臣所託之文件에再三思之ᄒᆞ니未必是十分重要之案이오只是巧黠之俄公使가以此로陷其國王而已로다嗚呼라交涉가雖貴用術이나只爲本國之利益ᄒᆞ야他國之總理大臣을以此而死於非命케ᄒᆞ며無寃無怨之外國公使도幾乎由此而作犧牲ᄒᆞ니嗚呼라寧非過甚耶아

按巴爾幹半島는東歐之伏魔殿而俄奧兩國의勢力相爭之地也라其中에有國曰塞爾維亞니其王曰米蘭이오其后曰拿陀利인대后는俄國近衛隊大佐茄士支哥乙女也라后是俄黨故로事々를依俄ᄒᆞ고王則傾心於奧ᄒᆞ야兩人이常若氷炭이러니王이竟以一千八百八十八年十月로出后어ᄂᆞᆯ俄人이不能默就ᄒᆞ야迫退奧黨王ᄒᆞ고擁立幼主亞歷山ᄒᆞ니是乃一千八百八十九年之事也라

此篇은實以此事로敷演成之者而據理被剝之事는專屬虛構也니라

完

雜報

●移御停止 太皇帝陛下께옵셔 安國別宮으로 移御하신다더니 何事由를因홈인지 永爲停止혼다는說이 有하더라

●動駕四宮 大皇帝陛下께서와 皇后陛下께서 本日上午拾壹時에 動駕하사 德壽宮에 問安하옵시고 毓祥宮과 景祐宮과 實禧宮에 巡回 展拜하신다더라

●大祭親行 本月初五日 太廟夏享大祭에 大皇帝陛下께옵서 親行하신다더라

●御路修築 大皇帝陛下께옵서 今日各宮에 展拜하옵심은 別項과如하거니와 昨日내部에서 각宮所經沿路를 一新修築하얏다더라

●下賜司令官 太皇帝陛下께서 承寧府摠管趙民熙를 命하사 古銅色別紋緞 一疋과 銀茶臺壹座를 伊藤統監을 經하야 伊集院第二艦隊司令官에게 下賜하셧다라

●賜宴의고 太皇帝陛下 玉候康寧하신時에 入診하든 大韓醫院에 佐藤進氏以下의 官三시와 承寧府總管以下侍從諸시의게 昨日上午十二時에 昌德宮에셔 賜宴하셧는대 宴費는 一千원이라더라

●六條宣言 日本으로셔 韓日同志會의 宣言書가 某處에 到達하얏다는 傳說을 漏聞혼則 其書中의 宣言혼 六條目이 如左하다云하더라

(一)은 國都를 遷移홈이오 (二)는 拓植인데 移民을 論하여 日韓國民은 二千萬이오 日本民은 四千萬이니 五百萬名을 韓國의 移住홈이오 (三)은 森林과 (四)는 教育과 (五)는 法權等諸件이라더라

●下賜翠雲 義親王宮建築홀 基址가 無혼故로 自 上으로셔 翠雲亭基址를 下賜하셧다더라

●又有壹說 新內閣이 將次組織되면 某々氏가 被任혼다는說은 已爲報道어니와 壹說에는 據理大臣은 朴齊純씨가 被任하고 內部大臣은 리道宰氏가 被任혼다더라

●徇苟情態 近日新내閣에 頑固派로 組織된다는 說이 喧藉하미 南北村頑固黨派들이 春夢을 忽醒하고 意氣가 揚々自得하야 某々氏門庭에 逐日往來에 納媚獻諂하며 爾是某之後裔오 我是某之後裔니云云하야 兩班言論이 宏大하야 稱級厚冥를 唾手可得홀줄노 知하야 鄙陋之態가 令人可笑라더라

●谷大哀乞 내閣諸대臣이 伊藤統監에게 懇乞하얏다는說을 聞혼즉 萬一余輩들 一切遞職홀境遇이면 此셩내에셔 居生홀道理가 無하니 何地方으로 安置하던지 不然하면 不爲遞職하던지 指措處를 하라고하얏다더라

●兄弟불動 中樞院顧問리根澔시와 與其伯氏리根호로 近日政府椅子를 熱心運動혼다는 巷說이 藉藉하더라

●訪問統府 新任中樞院議長 金允植 兪吉濬兩시는 昨日午后時에 統監府에 前往하야 鶴原長官、石塚參與官을 訪問하얏더라

●학大入城 학部大臣리載崑氏가 再昨夜에 水原서 留宿하고 昨日에 入셩하얏다더라

●迎接學大 학部大臣리載崑시가 昨日에 入城홈은 別項과如하거니와 각部大臣과 該部勅奏任官들이 南門外停車場에 前往迎接하얏다더라

●公材築室 完順君리載완氏가 自己家舍를 毁撤하고 壹新히 建築하는데 雲峴宮家材三十間을 買渡하야 以爲補用하고 石材가 猶爲不足하야 宗正府石材를 沒數輸去하야 巨屋을 創立혼다더라

●雲宮宴會 永宣君리준鎔氏가 昨日下午二時에 허宮에 宴會를 開催하고 各部大臣과 伊藤統監以下長谷川大將을 請邀宴待하얏다더라

●四察參會 昨日下午壹時에 내部에서 道書記官會를 開하얏는데 京畿忠北江原黃海四道觀察使도 一齊參會하얏다더라

●衛生協議 한셩衛生會評議員과 내部衛生局長劉猛시以下高等官들이 昨日統監府에서 衛生會를 開하고 衛生事務에 擴張홀方針을 協議하얏다더라

●親任式擧行 新任中樞院議長김允植시는 昨日上午拾二時에 親任式을 擧行하얏다더라

●尹家宴會 去日曜日에 尹雄烈시가 三溪동別庄에서 永宣君리준鎔시와 리址鎔시를 請邀宴待하얏다더라

●日駁伊藤 地方義擾가 발生以後로니 外國人의 商業界가 凋殘홈은 내外國新聞에 累累揭佈혼바어니와 傳說을 據혼則 泥峴日本商民들이 日前에 會同하야 演說하기를 地方義兵을 討滅하던지 不然하면 施何政略하야 壹切歸順케하는것이 妥當하다하고 伊藤統監의 政策을 詰論하얏다더라

●日習電話 학部각局課니에 電話架設홈은 已爲揭報하얏거니와 電話使用하는人을 日人으로 雇置하야 通信管理局으로 任選하야 電話使用하는 方法을 見習케혼다더라

●七郡隱結 金山郡에는 隱結五拾六結을 陞摠하고 梁山郡에는 隱結二百二十八結을 陞摠하고 漆原郡에는 隱結三拾五結을 陞摠하고 東萊郡에는 隱結二百九拾五結을 陞摠하고 蔚山郡에는 隱結二百七十三結을 陞摠하고 淸州郡에는 隱結七拾七結을 陞摠하고 文義郡에는 隱結五十九結을 陞摠하얏다더라

●技手出發 今番農林학校卒業生을 技手로 叙任하야 地方각郡으로 出張하는데 區域인즉 木浦咸興晋州群山咸昌平壤海州公州水原等郡이라더라

●玩남人員 去日曜日에 北關玩남혼人에 據數가 二千壹百十八名이라더라

●醫學試取 내郡에서 각地方에 出發홀 醫師를 試取하는데 應試者가 四拾餘名에 達하얏다더라

●官人雲集 無賴雜類가 各演戲場에 追逐하더니 近日에 至하야 各部勅奏任官들이 每日晩日이면 演戲場으로 如雲會集혼다는 批評이 有하더라

●리시留학 度支部主事리奎昇시는 該職을 辭遞하고 留학次로 昨日에 日本으로 發往하얏다는데 留學旅費는 該씨丈人中樞院顧問리根澤氏가 辨給하얏다더라

●宗府建築 宗正府毁撤혼다는說은 已爲報道어니와 該府內에는 宗族학校를 建築혼다더라

●奚但欠點 去土曜日에 학部에서 聯員會를 設行하얏는대 數年來官俟係一시가 擬問하기를 近日各普通학校에 入학하는 학徒가 稀少하다하니 무合理由로 然혼지 不知혼깃다하기놀 齋동義동兩普通학校長이 說明하기를 壹二年級에다 日語科를 添入혼所以로 此境에 至홈이니 教育界에 欠點이될뜻하다하얏다더라

●會合演說 今日下午七点半에 鐘路靑年會舘에서 大韓외院외士施蘭頓氏를 聘하야 演說會를 開혼다더라

●悖說是誤傳 再昨日曜日本報雜報欄內에 牧師悖說이란 題下에 平壤宣教師馬布氏가 講道홀時에 新文與新書籍은 世上학文이오 非吾信徒의 所購남者니 一切拒絶하라하얏다고 揭載하얏더니 更聞혼즉 該氏가 我韓에 來혼지 十餘星霜에 傳教에 熱心홀뿐더러 耶蘇教書院을 設置하고 각種新書籍을 輸入하며 院內에 新聞縱覽所를 更設하야 韓國同胞와 知識開導홈에 惓々하는더인즉 此等言論을 發할理가 無하니 此는 信仰力이 無혼者의 誤傳이기 一時誤聞됨을 慨惜하녀 於玆에 正誤하노라

●咸荷義捐

富平郡桂昌학校敎師任章淳氏가 金二圜을 本社에 寄附하얏는데 其盛意를 感謝하노라

▲地方消息▼

▲本月二拾二日午前二時에 朔寧郡橫山附近에서 五十餘名의 義徒와 該郡日守備隊와 交戰하얏다하고

▲本月二拾三日 漣川郡法化동에서 數名義兵은 該郡日守備隊와 夜戰을 開하얏다하고

▲本月二十日夜에 咸鏡北道茂山郡養學동에서 義徒三十餘名과 該郡日守備隊와 激烈히 襲擊하얏고

▲本月二十五日午後四時에 光州郡魚頭山에서 多數의 義兵은 日巡査及日守備隊와 猛烈히 射擊하얏다하고

▲本月二十三日午後一時에 多數의 義兵이 茂朱郡駐在日巡査出張所를 襲擊하얏다더라

東京電報

二拾六日發

●海上法規會委員 本年十月에 倫敦에서 開催하는 萬國海上法規會議에 日本海軍省에서도 二三名의 委員을 派遣하기로 決定하얏더라

紐育電報

(二十五日東京經由)

●軍艦派遣 美國政府는 太平양艦隊를 設置홀目的으로 戰鬪艦二十隻을 呂宋으로 派遣하얏더라

(二拾六日東京經由)

●將來衝突 美國元老院議員中에서 大統領이 戰鬪艦四隻을 製造하라는案에 對하야 辯護홈이 有혼데 其中覺人이 言하되 亞西亞人種의 移住에 關하야 將來에 日本과 危險혼 衝突이 有할 을見하겟시요 又日本이 英國民의 輿論으로 同盟하야 美國과 開戰하리라 하얏더라

(二十七日東京經由)

◎大暴風損害 美國南部諸州에서 大暴風이 有하얏는데 以上家屋이 盡爲崩壞하고 死者五百餘名이오 損害多大하얏다더라

▲內閣組織▼

▲近日新내閣의 組織된다는說이 喧聒하미 業의 東風에 紅塵超하야 除々逐々히 互相密議하며 黨派가 相分하야 人々希望하 附驥之蠅이 聞與奔飛하야 派吾派에 勢力强弱과 門閥을 각相比較하야 局面登記官을 擧郡守를 囊中之物로 知하 腕揚々하야 각自以爲大將하니

▲大東學會派의 運動은 申箕善氏가 主唱이되니 以若泉村沿官後裔로 山林門下에 揖衣趨逍하다가 近日에는 俗挫出하니 副議長이 不協하면 政府首揆를 自期혼것이오 其次는 前參判洪承憲氏는 藥室之後오 愛史之允으로 天性이 純厚하야 號稱胎塊하니 人力車上에 興탕을 壯飾하야 出入대官에 兩班之態를 不失하얏스나 今番에 무合與路를 得하얏는지 閣椅子에 眈眈히지을 自期혼것이오

▲頑固一派의 運動은 閔泳韶氏가 鄕首되니 鄕判勢力을 又爲挽回코져하야 八兄弟가 又聚하니 第一座趙同희시는 西臣之後오 心籌之孫으로 片勢를 已失하고 泥峴林泉에 翱翔閑遊하다가 何日義擧에 避亂上京하야 又爲出脚하더니 新勢力을 運動하야 權利恢復을 自期홈거시오

▲各政府黨派의 運動은 最强力이 有혼데 朴齊純 리根澤 權重顯諸시는 條約成立功績이 有하고 [illegible] 功績이 有하니 地位復舊를 期혼것이오

▲現政府黨派의 運動은 리병武시는 軍隊解散혼 功勞가 有하고 且內閣대臣의 [illegible] 又有 [illegible] 別選運動하대 生하니 地位不動을 自期홈거시오

▲桂山査派의 運動은 [illegible] 에 別體勢가 暗生하야 其반시가 派後援을 勸하야 好手段을 鍊弄하고 東風에 飽受한데는 某當衆某도 指揮를 하며 在하야 次第出하야 政府組閣을 要用홀 捲舒하기로 각相自期하것지

社告

本社大邱支社員崔一弘시ᄂᆞᆫ日前에解任ᄒᆞ고本報를停送인바하지購覽諸시의本報愛讀之厚意를奉副코ᄌᆞ하야當지남門니乾材약局梁務益시를本社支社員으로認定ᄒᆞ고這間停送ᄒᆞ얏던申報도逐號遞送ᄒᆞ오니購覽쳠員은右梁시의게繼續請覽하심을敬要

雜報

●박씨熱心　鐵山郡新明학校教師박致勳시ᄂᆞᆫ教育에熱誠ᄒᆞ야本校학徒를教授餘暇에還行付閭ᄒᆞ야학校設立ᄒᆞ기를熱心勸導ᄒᆞ미各村에학校設立이日增ᄒᆞᆫ다더라

●紙冊寄校　二月晦日에鐵原郡公立普通학校에서月終試驗時에通信事務員京居金永濟씨가空冊二券과洋紙拾丈을寄附ᄒᆞ얏다더라

●畿會總會　畿湖興학會에서總務會를來五月二日下午壹時에開ᄒᆞ고進就之方針을爛商硏究ᄒᆞᆫ다더라

●兩氏熱心　慶南熊川加德面梁在斗崔戰鎭兩氏가二百圓式首先義捐ᄒᆞ야학校를創立ᄒᆞ고靑年을募集教育ᄒᆞ니壹郡人民이此를感服ᄒᆞ야各其隨力捐助ᄒᆞᆫ다더라

●聯合運動　義州龍川鐵山有志紳士가발起ᄒᆞ야平北大運動會를組織하고陰四月七日에義州府内에서數百학校가聯合ᄒᆞ야大運動을擧行ᄒᆞᄂᆞᆫ대有志士가多數來參ᄒᆞ엿다더라

廣告

本人等이俱是함川리씨로挽近悖類리致伯리圭德輩가隨其好本ᄒᆞ야改本慶州ᄒᆞ며先祖碑갈을磨啄改書ᄒᆞ야함川리公을慶州리公으로書ᄒᆞᆫ故로追上漢城ᄒᆞ야慶리譜所에說明拔單ᄒᆞ야偏護致빅等ᄒᆞ야斬持故로致伯을擧訴於裁而自設裁檢室에서有何屬耳이던지屢經質査에此推彼推ᄒᆞ며如此明確ᄒᆞᆫ未決이라가譜冊을刊傘云ᄒᆞ고他譜를得來ᄒᆞ야如合ᄒᆞ면致伯等을落科라ᄒᆞ기로果川郡同리譜冊을准此持待ᄒᆞ되自設로大々過去ᄒᆞ며本人等을落科케ᄒᆞ고換本易祖ᄒᆞᆫ致伯은黑律치안ᄂᆞᆫ故로本人等이不勝此桑之痛ᄒᆞ야平理院上訴코져留連費를辦上코져下去中路에同族六을逢着ᄒᆞ야問有本郡에서起訴ᄒᆞ야致빅等이箇々自服ᄒᆞ며至有面報ᄒᆞ야彼之換本이昭露故로壹邊碑갈을改造ᄒᆞ얏시니本郡守之明政은龔黃之復覩오該裁檢室之聽理은似有疑雲滯塞이며且聞有京居리判事之私札이本郡公庭에來到ᄒᆞ얏다ᄒᆞ니如此陋面을何擡ᄒᆞ며如此不公正ᄒᆞᆫ官員도或有民之伸寃乎아不可不頒布홈

慶尙南道三嘉郡 拍山面며許동　리門中白

錦山郡主事金在燾氏ᄂᆞᆫ素有文雅ᄒᆞ고能通外語라一鄕公薦으로昨春敘任에학校를設立ᄒᆞ고躬行閭里ᄒᆞ야勸告紳士에校費를鳩聚ᄒᆞ고靑年을募集ᄒᆞ야期圖進就ᄒᆞ며曠官棄湖에義務이幾張컨를不避危險에面々曉諭ᄒᆞ야使卽退去ᄒᆞ고日兵이隣次來往에民之橫罹와邑之延燒을隨處救濟ᄒᆞ고多小生費도自擔ᄒᆞ야使民安堵ᄒᆞ며民斂雜費도亦多禁革ᄒᆞ야壹境이晏如ᄒᆞ니該郡士民이薦報府郡ᄒᆞ고請願니部ᄒᆞ야登用之典을希望홈

高靈儒鄕郭秉奎리德基　告白

◎特別廣告

本會의七大綱領은大韓前途의救濟方案이오自立基礎를指示ᄒᆞᄂᆞᆫ者라今回에其解說을발刊ᄒᆞ야全國同胞의周知ᄒᆞ심을期待ᄒᆞ오니本會員以外에라도有志人士의一切購남ᄒᆞ심을敬要

一冊代金新貨十五錢
郵遞料二錢

大韓協會　告白

분售所中部寺동二統五戶　英林書舘
北部小安동十六統八戶　大韓書林

本人에六寸漢柱가性本浮浪ᄒᆞ야悖類를符同ᄒᆞ고無與當債用ᄒᆞ라ᄒᆞ오니內外國人은切勿見欺홈

杜동英嬪宮內三十一統五戶　崔德柱　告白

盧蔡奉淵愚許告壹方以後不遂故諸方尋問ᄒᆞ되居住未詳ᄒᆞ고鄕便으로書信을送ᄒᆞ여도亦爲便退則不得已新聞上에告ᄒᆞ니龍湖丸舟買事件對契約買戾權過限故我任意措處하깃스니七個日內로對面相議歸正ᄒᆞ고不然則後日更勿他言ᄒᆞᆷ

四月廿二日仁川木村　告白

郡主事圖職ᄒᆞᆫ裵相진去甲乙兩年款餘稅務書記을圖得ᄒᆞ야莫重推定正供與隱卜八百餘結을依舊每結에以葉八十兩式剝割生民徵々ᄒᆞ야私橐肥已故上年二月日至有民擾而自本府已爲裁判報告于政府이온바到此擧云之日所謂裵相진自稱新文上說明하기로本人이若有實犯則一邑之公眼은莫欺矣니豈敢出仕於主事之職乎야ᄒᆞ니被告雖欲免犯이나豈敢免犯乎五次廣告홈

金海郡居최貞昊　告白

痛彼具亨植案以無恆産悖類出沒京鄕托名於一進會莫重宮庄을丞宣君還宮ᄒᆞ신前勒奪肥己還宮ᄒᆞ신後蘆田圖得ᄒᆞ야因公文已代買蘆價을勸還徵於守直及商民等故呼訴于漢城裁判具哥落科捉囚警獄又幸蒙放下來以其嫌疑로無辜守直等登郡逐出後大作以葉八九百兩式中五六百兩式下作二三百兩討食於守直等處이고且以戊申蘆稅錢藉托先上納云而宮人借來ᄒᆞ야未萌蘆草를至於盡買收倒之境ᄒᆞ온使此悖盜之類로自宮下宮土廢庄은已無可言이옵고不卽逐出이고一任厥手오면目守直等亦難支保三次廣告홈

要峴宮蘆出金海守直等　告白

●富平郡私立桂昌학校義捐氏名

▲富平郡內面

郡守全國煥　壹百圓
郡主事李濟翼　拾圓
校長李圭翮　貳百圓
總務朴최煥　五拾圓
監督趙龍培　壹百圓
朴斌秉　八圓
贊成員朴濟秉　壹百五拾圓
朴春秉　五十圓　리종啓
重崇리升雨　각四拾圓
宋春錫　崔成圭　각卅圓
趙九鉉　廿五圓　禹致俊
정行敏　리秉常　리종敎
각廿圓　李文浩　八圓
윤琫完　리濬五　각七圓
尹元圭　崔仁甫　김致根
俞春曄　朴正來　리在根
각六圓　김秉根　方璽开
朴宗伯　吳九榮　梅宗燁
김昌雲　朴氣會　金奇男
리道亨　徐璽敏　許辰化
尹德眞　우남淳　薛完圭
金濟甫　리完植　朴白鳳
玄貞默　리奉凡　杜종華
孫載煥　姜南현　尹德俊
각五圓　김문玉　四圓
權得一　三圓
合金壹千九拾三圓
京居김觀燮時鉉　五圓
리技師基鎬　貳圓

▲東面

朴承祚　廿五圓　朴絃秉
貳拾圓　趙性般　拾六圓
白樂元　拾六圓　朴昌秉
拾四圓　崔性淳　拾貳圓
김豐先　壹圓　김致西
十圓　朴한益　박容贊
김連實　朴容晃　김한德
박하秉　박厚秉　朴承赫
朴容熙　김仲燁　각五圓
朴奉益　趙伯云　최春五
최致云　각四圓　박承宅
趙明必　趙元西　金한善
姜連熙　姜鳳熙　최璨柱
각三圓　尹龍柱　김化成
崔文煥　김成弘　최壽秉
리元基　金順集　리云實
각貳圓　金永洙　박性實
朴永益　박應俊　黃近洙
朴順文　리春先　崔順弼
김仲鉉　尹準九　朴景煥
壹圓貳拾三錢　박昌淳五十錢
合金貳百卅八圓七拾三錢

▲西面後井동

申仁淑　六拾圓　申鎔極
申完植　각九圓　申문秀
文用觀　각三圓　金貴甫
貳圓　박春敎　申在均
각壹圓五拾錢　申孝秀
林璽培　각五拾錢

▲葛月里

尹致舜　拾圓　리來祚
리鳳秉　리文白　리元敎
리元酉　각六圓六拾전
리星汝　리平伯　리公善
리在亨　각三圓六拾전
洞中각人　三拾貳圓六拾전
合九拾圓

▲韓井里

金成鎭　大圓　驟敬祚
김公化　김成彦각三圓六拾전
동中各人　拾三圓貳拾전
合三拾圓

▲佳峴　洞中各人　貳원

▲新대里

安弘植　김順儀각壹圓八拾전
최致玉　崔永觀　김永信
김元학　각壹圓四拾錢
동中各人　拾貳圓八十전
合貳拾貳圓

▲化田里

리順元　리秉德　각八圓
리秉哲　리秉會　리秉律
각六圓　리秉裕　리允植
각四圓　동中各人　貳拾四圓
合六拾六圓
已上三百圓

▲馬場面

任百영　三拾六圓五十전
沈濬興　리東宇　池有弼
각拾五圓　黃友實　김龍化
각八圓　리東燦　리致浩
김永化　리致弘　각六圓
리姓友　리台凡　任永春
리元凡　김斗淵　김晩秀
각[illegible]圓　面內각人　四拾八
圓五拾전　合貳百圓

▲石串面

佳佐동各人合金七拾四圓
新峴里각人合金四拾四圓
高棧里各人合金貳拾圓
番作里各人合金拾六圓六拾전
浦里各人合金[illegible]貳圓
佳亭里趙順根　四拾원
栗島동中合金　貳[illegible]圓
合貳百卅六圓六拾전
上吾丁面內각人合金貳百壹圓四拾전
黃魚面內각人合금貳百八圓
毛月串面公村각人合금貳拾圓
已上合金貳千五百四圓七拾三錢

本書市에서각種洋화학徒所用物品과학徒帽子를製造ᄒᆞ야廉價로發賣ᄒᆞ오니첨君子照亮홈

安岳上場海西書市林景柱白

世界文明產育新法　全一冊純國文廿五錢

十九世紀歐洲文明進化論　全一冊國漢文三十錢

元賣所　鐘路古今書海館
支賣所　京鄕有名書舘

본회당을새로건축ᄒᆞ고四月二十六일브터五月三일ᄭᆞ지사경회와연셜회를열겟ᄉᆞ오니 쳠군ᄌᆞᄂᆞᆫ왕임ᄒᆞ심을무망
시간은上午九시브터十二시ᄭᆞ지사경회오후二시브터四시ᄭᆞ지ᄂᆞᆫ연셜회로모힘

셔대적션방죵교예수교당고빅

基於人道之原則ᄒᆞ고重於正義之誠實ᄒᆞ며以親切爲旨ᄒᆞ야訴訟事件幷각官廳請願事件을廣受依托홈

京城저洞六拾四統二戶
東洋大학前講師
辯護士
日本法律학士　木尾虎之輔

▲학員募集廣告

本校에서校務를擴張ᄒᆞ고학員을多數募集ᄒᆞ오니願入僉員은四月二十九日(陰三月廿五日)ᄭᆞ지로入학請願書를本校에呈ᄒᆞ고四月三拾日(陰三月卅日)上午十時에來校應試홈
提但入학請願書履歷書紙ᄂᆞᆫ本校로請求홈

一 試驗科目
國漢文讀書作文筭術四則以내
但相當ᄒᆞᆫ卒業證書가有ᄒᆞᆫ人은免試許入홈

一 修業年限 三個年

一 修業科目 普通科

西北協成학校

漢城鍾路萬國基督敎靑年會館前慈惠藥房製藥鑑査人濟衆院醫學員洪錫厚朴慈惠李觀化告白

本人等이漢城南大門外濟衆院用ᄒ던處方으로左記封入ᄒ藥을製造ᄒ오니京鄕僉君子는此藥品信用ᄒ시기爲ᄒ야前醫學校長勳五等池錫永氏에게各方文마다議定ᄒ고有效證明書를受ᄒ고主治效能用法을詳記ᄒ야洋鐵匣紙匣琉璃甁에封ᄒ야賣ᄒ兄弟에게利益이加有ᄒ도록발매ᄒ나이다

治痰平胃丸　男女補益丸
輕腫根治膏　純金鷄蠟丸
濕腫根治膏　蛔虫浸出丸
大腫拔根金瘡膏　四時感冒丸
小兒胎毒金瘡膏　清明眼藥水
癘氣神効保嬰散　消痰鎭咳藥
小兒感冒靈効散　男女祛根藥
德國製淋疾丸　瘰疾寸虫拔根藥
漢城百應膏　止足汗臭藥
洋藥乾材　止瀉潤腸丸
複藥唐草材　陳舊滯消積丸
西藥方醫方活套　無惡臭疥瘡藥

◎新訂方藥合編　全部壹圜拾전
一鍼脉經○病論○性○方套○牛痘法○牛馬病약○洋약用法○診察法○經驗方○이具備ᄒ야醫학ᄒᄂ이의最히要緊ᄒ오며　純國文廿三젼

◎社會勝覽
사會、規則과演說에方法과脉格이며東西양雄辯家에演說을譯述ᄒ야社會有志者와勞働人及婦人ᄭ지ᄂ可不購覽ᄒ者며　純國文廿五젼

◎婦人儀範
胃子를敎育ᄒ고家庭을整理ᄒᄂ道로婦人社會의特要ᄒ師範하이오며

◎中等算學　卷帙二冊壹圜五拾젼
自然則至開立方九積數를次第縱橫으로ᄒ야학習에便易ᄒ고我韓算書中에完具備ᄒ者며각校학生의게ᄂ特爲減價발賣ᄒ

註釋 支那時文類聚　八拾三頁　리처雨 編集　定價금 三拾二錢
右冊은近日現用ᄒᄂ지緊要私札往復이며韓淸與日淸間에現行往復ᄒᄂ公私宴會帖往復이며其他公函往復과公文照會等式을編成冊ᄒ야可作商學社會의錦囊要訣이오니照亮
總發賣　皇城典洞光東書局
分賣所　皇城각書舖

簡易商業簿記學　全一冊　定價金四十五錢
本書ᄂ簿記학中最近ᄒ학理와精妙ᄒ形式을精細蒐輯ᄒ야了解ᄒ게簡易ᄒ도록編述ᄒ얏스니一般商業에不可不一次閱覽ᄒ者뿐아니라中等以上학校에敎科로用ᄒ도適當ᄒ니陸續購覽ᄒ심을望ᄒ
발賣所　布廛下 廣학書舖　銅口越便中央書館　廣橋東便匯東서館　寺洞漢陽서館　鍾路 大東서市　鍾路古今서海관

韋菴先生　張志淵 著
녀ᄌ독본
我韓女학에不講이久矣라上等婦人에知識도虛荒ᄒ諺冊에不過ᄒ니如此ᄒ고야엇지文明國民을作成ᄒ리오挽近志士가女학의必要를絶叫ᄒ야女子학校가在々發起ᄒ나完全ᄒ敎科書가無ᄒ야識者에慨歎ᄒᄂ바라故로此書二卷은女子의知識開발ᄒ기爲ᄒ야純國文을純用ᄒ고漢文을旁註ᄒ얏ᄂ니上卷은本國故代有名夫人의歷史오下卷은東西각國有名婦人의歷史이오니僉君子ᄂ速々來購ᄒ시오
壹帙二冊二百七拾頁 定價金六拾錢
발賣元 김相萬
발賣所 皇城中署布屛下廣학書舖　平壤鍾路耶蘇敎冊々　平壤法橋大同書觀　京鄕각書舖

●大韓國新潟明藥廣告
●陸軍軍醫金守鉉君實驗良劑 ●陸軍軍醫朴永喆君有效證明 ●四海衛生之諸君子常備之靈藥
消化新藥 清心保命丹
發行所 仁川港杻峴 濟生堂藥房
九十粒入 金拾錢

●主治効能
●痰飮●食積●中暑●中寒
●咳嗽●腹痛●水土不服
●氣鬱●吐瀉●船車眩暈
●食傷●酒醉●口熱惡臭
▲其他諸般運氣厲疫預方妙藥
●出張代理特約발賣所
●京城大廣橋共愛堂大藥房
同 鍾路慈惠藥房 리觀化
同 梨峴洋약局 리信華
同 鍾路博文館 盧晉亨
同 南大門外大同運輸會社
同 泥峴三丁目 新井支店
同 泥峴郵便局前 天佑堂
同 水橋本堂出張人 리鳳林
仁川舊邑本堂出張所 金濟賢
同 開城旅館 韓昌根
同 寺峴和平堂 리應善
開城南門內萬物商 박圭植
同 남門內同店 閔相玉
同 남門內冊社 리顧錫
同 北部忠橋 具聖模
海州宗路商店 宋在瑛
同 二房약舖 김永泰
同 남門內店 리奉植
水原鍾路下약房 金濟九
延安邑내洋약局 邊汝文
江華鍾路店 尹斗鉉
同 鍾路店 宋順五
同 西門外冊肆 高成俊
長湍남門내 崔敬淳
砂利院市場내客主 朴健昌
同 耶蘇敎堂내 任允中
黃州남門내紅門동 리在善
平壤雙巨里濟生局 리東赫
同 館前衛生醫院 朱鳳儀
同 大興部里 金龍興
同 鍾武洞藥局 崔龍化
同 鍾路出張人 桂澤宣
鎭남浦三동洋약局 尹寬赫
同 儀西機本堂出張人 김元섭
群山港開福동 吳남奎
安州城내義井동同春大약房 김斗鉉
安岳邑上坊里濟生局 林景柱
大邱남門내 劉還동 김成浩
釜山港草梁客主 金重佑
博川郡東동商店 朴芝行
載寧邑後동洋약局 崔允國
忠州東良面早遜 金鎭和
晉州郡끤동 박魯賢

●定州남門내洋약局 리健柱
●郭山邑내洋약局 羅應彬
●鐵山邑내永春堂 安濟
●宜川邑내冊肆 安奎
●義州本口街 崔석浩
●信川邑四里洋약局 김永植
●郭山邑冊肆 김大鉉
●元山港濟生堂支店 박敬鎭
●北靑新昌港客主 박錫勳
●江原道本堂出張人 馬雲求
●德川邑百동洋약局 리丙斗
●禮山용谷里 리東赫
●其他各약店마다隨應販賣ᄒ
●仁川港濟生堂告白

▲特別廣告
本社에셔名帖印刷部를另設ᄒ고各樣活字와別樣印刷機械를本이俱備ᄒ오며印刷가精美ᄒ고價値도特別히廉ᄒ오니僉位ᄂ來臨ᄒ시와隨意請求ᄒ
大韓每日申報社 告白

今現辨院에셔各項業務를一新擴張하오며金裝與銀裝各樣의齒와老小齒牙에數落齒ᄒ며齒床幷齒을顧客製造하오며拔齒與入齒時에毒無苦痛케ᄒᄂ技方도有ᄒ며齒科上面議ᄂ無料接受ᄒ웁ᄂ니四方僉君子ᄂ照亮ᄒ심을爲希ᄒ
京城大門內尙洞美人施蘭敦家
高齒科醫士 韓大衛 告白

客年七月頃에統監技師庵原文一郞氏가熊川巨渡兩郡漁基調査次奉命下來ᄒ야公正ᄒ眼力과慈惠ᄒ心法으로加德島漁基前後文券을査覆後上京이더니今오該文券과民有條의冤失ᄒ얏던漁基를一々還屬本主ᄒ시니此是庵原公의明査公判之惠라失業瀕死之島民이聞此德音ᄒ고感頌再生之恩ᄒ야將欲勒石竪碑ᄒ야以表永世不忘之德ᄒ깃숩기玆以廣告ᄒ
慶尙남道熊川郡加德島漁民代表人 姜重見 告白

●國債報償義捐金收入廣告
●永川支取所蒼木面五宗동
崔宗佑 崔한基 朴武周 박世進 리春甲 曹昌復 曹錫洪 金東述 각二十전 曹鍾進 曹應璋 리미用 曹益煥 曹有承 申正述 曹喜洛 申萬述 洪琪宗 朴得用 曹鍾薰 曹鍾河 김守進 曹麻煥 각四拾錢 리承運 朴且龍 曹且煥 曹鍾德 각六十錢 조啓燕 壹圓 조命煥 二圓
▲丹溪동
조鍾玉 郭順復 최頂雲 宋鍾奎 조啓華 姜학述 各六拾錢 조啓賢 조鍾度 郭鍾琪 崔錫龍 각四十전 신於中 二十錢
▲龍湖洞
조鍾洙 조鍾潤 조鍾浩 朴永律 金景通 각四拾전 조鳳煥 조鍾基 조海承 조武承 리東雨 리東俊 리貞보 리源祐 조洛承 조鍾守 吳慶達 박仁文 리春伊 각一錢 조鍾哲 吳慶道 각二拾錢
▲新터洞
金用澤 俞弘淳 각壹圓 一十錢 金회洙 리상碩 박大坤 各八拾錢 東道哲 김基恩 金海述 최永伯 韓順德 최斗益 玄錫植 金任澤 정鎬一 朴漢述 金敬伯 各六十錢 林淳楚 김元韶 김炳伊 方鶴宗 白漢元 김회石 김石元 東壬述 尹仁伯 金任述 각四十錢 梁英湖 김士用 박漢석 林淳伯 邊小元 尹俊伯 선元石 김洛元 金道治 林在根 金谷關 姜德石 리台運 金東根 白漢龍 金在根 玄永遊 김元白 각二拾錢 梁舟湖 七十錢 리在榮 壹圓
發行兼編輯人 英國人 裵說
發行所 南署石井洞第外道三統三戶 大韓每日申報社

[illegible]小包郵便代金引換으로仰呈ᄒᆞᆯ거시니當該郵便局에서以錢相換ᄒᆞ시오

第六卷

大韓每日申報

第六百九十一號

月蝕及慶節 歲時日休刊

檀君開國四千二百四十一年
箕子元年三千三十年
大韓開國五百十七年
日本明治四十一年
淸國光緖三十四年
陰曆戊申三月小廿九日甲寅

論說

○百梅特捏이不足以鎭壓一伊太利

行動을拘束ᄒᆞ야一擧手一投足을不能自由케ᄒᆞ면其國을可滅ᄒᆞᆯ가權利를剝奪ᄒᆞ야一邱艸壹塹木을不能自保케ᄒᆞ면其國을可滅ᄒᆞᆯ가敎育權을掌握ᄒᆞ야許多迷魂術로靑年腦髓에國性을易ᄒᆞ면其國을可滅ᄒᆞᆯ가言論을束縛ᄒᆞ야書籍出版에苛檢閱을行ᄒᆞ며甚或海外에서自由로行ᄒᆞᄂᆞᆫ新紙ᄂᆞᆫ購覽을不許或還取ᄒᆞ면其國을可滅ᄒᆞᆯ가嗚乎否々라其國의國魂이不去ᄒᆞ면비록如何ᄒᆞᆫ怪手段으로壓ᄒᆞ더라도無益이니我가梅特捏의歷史를請言ᄒᆞ리라

已往拾九世紀頃에絕世奸雄梅特捏이란者ㅣ奧地利에産出ᄒᆞ니撤但의心法이오夜叉의手眼이라奧地利富强의勢를席ᄒᆞ고維也納聯盟同盟의烈을藉하야伊太利半島의千年呻吟하던民族을剝滅코ᄌᆞᄒᆞᆯ서

人類로牛馬로待ᄒᆞ며民權을弁髦로視ᄒᆞ고苛虐ᄒᆞᆫ法律을厲行ᄒᆞ야伊太利三千萬人을壹塗炭水火中으로驅入ᄒᆞᄂᆞᆫ데或彼人民들이光明天日을仰見ᄒᆞ고地獄中에서躍出ᄒᆞᆯ計圖ᄒᆞᆯ가念慮ᄒᆞ야新聞記者가下筆을稍激하면洒縲獄에其軀가爛ᄒᆞ며會場辯士가掉舌을稍直ᄒᆞ면炮箸烙鐵에其骨이焦ᄒᆞ고학校ᄂᆞᆫ비록設置를許ᄒᆞ얏스나一般敎科가太半民賊을服從ᄒᆞ라ᄂᆞᆫ宣論이며書局은비록創立을聽ᄒᆞ나각種書籍이盡是惡政府를信仰ᄒᆞ라ᄂᆞᆫ魔醉劑인ᄃᆡ加之以靑年의出양遊학을嚴禁ᄒᆞ며文明각國의新학說輸人을不許ᄒᆞ고

巨網으로魚를驅ᄒᆞ듯시機穽으로虎를捉ᄒᆞ듯시三匝四匝을圍之又圍ᄒᆞ며一尺二尺을掘之又掘ᄒᆞ야黑々暗々ᄒᆞᆫ土室中에無辜之氓과君子人을ᄒᆞ고千奇萬怪ᄒᆞᆫ計策으로아모조록其目을盲케ᄒᆞ며其耳를聾케ᄒᆞ며其手足을不仁케ᄒᆞ며其呼吸을不通케ᄒᆞ야半點生機만有ᄒᆞᆫ듯ᄒᆞ면奔走杜塞ᄒᆞ라ᄒᆞ지凡四十餘年을經ᄒᆞ얏스나

畢竟은伊太利愛國志士가蜂起ᄒᆞ야正義의幟를揭ᄒᆞ며自由의笭을撞ᄒᆞ고彼와對抗ᄒᆞ미彼鬼魅狐狸갓ᄒᆞᆫ梅特捏의怪傑도도白旗를竪ᄒᆞ고抱頭鼠竄하야他鄕日月下에서其凄凉ᄒᆞᆫ餘生을斷送ᄒᆞ얏스니嗚乎라梅氏又치野心을抱ᄒᆞ야人國을謀하ᄂᆞᆫ者여此를可鑑ᄒᆞᆯ지어다

外報

●西藏約條調印　倫敦電을據ᄒᆞᆫ즉淸國委員은西藏通商條約에調印ᄒᆞ얏ᄂᆞᆫᄃᆡ同條約은今後二個年間기한으에에서通商事務官及其事務所를保護ᄒᆞ기爲ᄒᆞ야矣國兵五十名을同地에駐割케ᄒᆞ며右期限이滿了ᄒᆞᆫ後ᄂᆞᆫ淸國政府에右事務所及기야쓰에間의交通機關을保護ᄒᆞ기로規定ᄒᆞ얏더라

●戰鬪艦建造　伯林電을據ᄒᆞᆫ즉美國大統領은議會의決議를反對ᄒᆞ고戰鬪艦四隻의建造를主張ᄒᆞᆫ다더라

●仲裁條約批准　華盛頓報道를據ᄒᆞᆫ즉美國上院은英米西三國間의仲裁裁判條約을批准ᄒᆞ얏더라

●萬國議員會　萬國各會議員會ᄂᆞᆫ來九月　日伯林에서開催ᄒᆞᆫ다더라

●淸國自治政策　近來淸國官憲은地方自治政策을取ᄒᆞᆷ에熱心ᄒᆞ야今番遂陽自治期成會를組織ᄒᆞ얏ᄂᆞᆫᄃᆡ會員五十名은民間紳士中으로官選ᄒᆞ고知守가後援者의位置에立ᄒᆞᆫ다더라

●淸兵日銳　鐵嶺電을據ᄒᆞᆫ則東三省總督徐世昌氏가今番保字軍衛에屬ᄒᆞᆫ鎭嶺特備兵三百五ㄱ名에對ᄒᆞ야日本銃을頒給ᄒᆞ고二十四日브터操鍊을開始ᄒᆞ얏다더라

●淸法交涉　北京電을據ᄒᆞᆫ則廣西巡撫張鳴岐氏가남寧의土匪ᄅᆞᆯ아직鎭靜되지못ᄒᆞ얏스나安남龍州間境界의土匪를討伐事件으로商議ᄒᆞᄂᆞᆫ法淸條約은姑未決定이라더라

雜報

◉美國行動

吾人所知에滿洲ᄂᆞᆫ美國行動을極氷의利益關係가有ᄒᆞᆫ列强은滿足히猛度ᄒᆞᆯ거시요惟獨日本은雖或不至如此나然이나此島中帝國도美國行爲의公正ᄒᆞᆷ을尙知ᄒᆞ야何如論非를提出키不能ᄒᆞ리로다

哈爾賓에在ᄒᆞᆫ美國領事의行動이華盛頓政府의有力ᄒᆞᆫ命令으로從生ᄒᆞᆫ거슨疑訝ᄒᆞᆯ비無ᄒᆞ니同領事가自國政府를代表ᄒᆞ야滿洲ᄂᆞᆫ에서支那以外에何如主權을拒而不認ᄒᆞᆫ은北美合衆國이中華帝國내에서대단深遂ᄒᆞᆫ利益關係가有ᄒᆞᆷ을更壹次說明ᄒᆞᆫ거시라今此行動이列强의贊斬를作하야各邦協贊을得ᄒᆞᆯ줄노信認ᄒᆞ노라

今者美國論非의對抗之意가在於俄國이오不在於日本인거슨確實ᄒᆞ나然이나其論非之文은試讀ᄒᆞᆯ진ᄃᆡ其事實이日本을또ᄒᆞᆫ同一히對抗ᄒᆞᆫ거신줄은難非怜敏之人이라도可解리로다

俄도ᄒᆞᆫ여금支邦ᄉᆞ幅ᄂᆞ에淸國외單獨行政을完全히還附ᄒᆞ엿거ᄂᆞᆯ滿洲에現行ᄒᆞᄂᆞᆫ如何事態를知悉ᄒᆞᄂᆞᆫ人士ᄂᆞᆫ日俄中何國이던지此一句를違守ᄒᆞ엿다ᄒᆞᆯ許키不能이요且同締約第四條에亦有一句ᄒᆞ니此ᄂᆞᆫ淸國이滿洲에商工業을발達키爲하야列强의經에通用되ᄂᆞᆫ何如方策을取行ᄒᆞ던지日與俄가俱不用妨碍ᄒᆞᆯ줄노說明ᄒᆞᆫ거시로다

第三條로言之컨ᄃᆡ俄國이哈爾賓에서自國行政을施設코져ᄒᆞᆫ거슨此條約을果不違背ᄒᆞᆷ이니美國의論非가此로從出ᄒᆞᆫ거시요且此論非가日本으로ᄒᆞ여금自顧ᄒᆞ야自國도此條約에同一하緊繫됨을記憶케ᄒᆞᄂᆞᆫ警醒示로다

華盛頓에此決案이列强의實心으로是認ᄒᆞᆷ을不久에得ᄒᆞᆯ거슨其疑가不多ᄒᆞ니今者美國의此强硬ᄒᆞᆫ態度를對ᄒᆞ야淸國은其必銘感ᄒᆞᆯ바로다

●前　官　後　[illegible]

日前에日本水軍이景福宮을拜觀ᄒᆞᆫ時에主殿院卿리趙濟씨가法部大臣趙重應氏의命令을違反치못ᄒᆞ야深鎖ᄒᆞᆫ乾淸宮內坤寧閤門을破碎ᄒᆞ고　明成皇后의避害ᄒᆞ시던形跡을觀남ᄒᆞᆫ事ᄂᆞᆫ已爲報道어니와該事項에對ᄒᆞ야일場風波가起ᄒᆞ얏ᄂᆞᆫᄃᆡ前後事實을詳聞ᄒᆞᆫ즉其翌日에承寧府侍從리龍羨氏가景福宮에前往ᄒᆞ야　殿閣守直ᄒᆞᄂᆞᆫ人을無數面責ᄒᆞ얏더니主殿院별監實錄國시ᄂᆞᆫ守直ᄒᆞᄂᆞᆫ人을甘謗ᄒᆞ야리侍從에게無數毆打ᄒᆞ야死境에至ᄒᆞ야方今某病院에서治療ᄒᆞᄂᆞᆫ故으로主殿院卿외게報告ᄒᆞ얏고其後宮內府리九用氏私邸落成宴에兩等官이多數來參ᄒᆞ얏ᄂᆞᆫᄃᆡ李侍從이趙法相을面責하야曰以若司法大臣으로莫重　宮閣에入ᄒᆞ야深深閉鎖ᄒᆞᆫ殿閣을破碎케ᄒᆞᆫ냐ᄒᆞᆫ즉趙法相曰宮闕은都是主殿院卿의所管인즉殿門은姑舍ᄒᆞ고光化門을破碎ᄒᆞ야도孰能禦之며君是本宮府侍從으로何等關係가有ᄒᆞ야若是詰問ᄒᆞᄂᆞᆫ쇼其翌日에總相리完用시가右事實을聞ᄒᆞ고리侍從을招請ᄒᆞ나리侍從이往見치아니ᄒᆞᆫ즉리總相이子恒九氏를委送ᄒᆞᆫ지라리侍從이不得已往見ᄒᆞᆫ즉리總相이言ᄒᆞ되方今世上에直言ᄒᆞᄂᆞᆫ人은所用이無ᄒᆞ거날何等熱誠으로如斯ᄒᆞᆫ直言을발ᄒᆞ야禍를自取ᄒᆞᄂᆞ냐趙法相과리主殿院卿을訪問ᄒᆞ고謝過ᄒᆞᄂᆞᆫ거시可하다勸諭ᄒᆞ며리侍從이總相의勸諭를拒絶키難ᄒᆞ야趙리兩氏도其私邸로訪問謝過ᄒᆞ얏ᄂᆞᆫᄃᆡ리侍從이謝過치아니ᄒᆞ얏더면殿閣守直人을毆打ᄒᆞᆫ樣으로捉拿ᄒᆞ야不測之禍를難免ᄒᆞᆯ번하얏다더라

新譯 海外稗談

第四章　○靑生　譯

美利堅의愛國幼年會

我의愛ᄒᆞᄂᆞᆫ少年들아我의敬ᄒᆞᄂᆞᆫ少年들아美利堅의愛國幼年會잇슴을知ᄒᆞᄂᆞᆫ가ᄂᆞᆫ가此를一述ᄒᆞ야我國少年에게紹介코ᄌᆞᄒᆞ노라

壹千九百三年頃에當ᄒᆞ야美利堅에四萬噸되ᄂᆞᆫ軍艦壹個가出現ᄒᆞ야進水式을行ᄒᆞᆯ시其樂이悠揚ᄒᆞ고國旗가飄揚ᄒᆞ니盛ᄒᆞ고壯ᄒᆞ도다

此軍艦의名稱은무엇인고ᄒᆞ니(卽亞美利加의兒童)이라云ᄒᆞ더라

我가其名을溯ᄒᆞ야其歷史를講ᄒᆞ리니我의敬愛ᄒᆞᄂᆞᆫ少年들아仔細히聆聽하오

某歲夏炎을當ᄒᆞ야각小학校가放학休暇ᄒᆞᆯ시敎師가학生을率ᄒᆞ고海濱에遊行ᄒᆞ니

夕陽에紅霞ᄂᆞᆫ모暮景이蒼凉ᄒᆞᄃᆡ淸風이徐來ᄒᆞ니興味가甚適ᄒᆞ도다

俄而오氣象偉然ᄒᆞᆫ一巨艦이風을乘ᄒᆞ며浪을破ᄒᆞ고前來ᄒᆞ거ᄂᆞᆯ國旗를遙첨ᄒᆞ니二十八箇가燦爛ᄒᆞ더라

학生等이皆大喜躍ᄒᆞ며拍手歡迎ᄒᆞᆫ대敎師曰汝等이樂乎아

皆曰樂이로소이다

敎師曰汝等이此를樂ᄒᆞᆷ이何意오皆曰國防을壯토ᄒᆞ며國威를此로壯케ᄒᆞ나니此를對ᄒᆞᆷ에엇지快樂이無ᄒᆞ리잇가　未完

官報

●奏件蒙允 伊藤統監이 太皇帝陛下ᄭᅴ 義援鎭壓ᄒᆞᆫ事와 移民件과 拓殖等事를 上奏ᄒᆞ고 第壹義務鎭壓ᄒᆞᆯ方針을 太皇帝陛下ᄭᅴ 奏稟ᄒᆞ얏ᄂᆞᆫ대 該鎭壓ᄒᆞᆯ事ᄂᆞᆫ 承允하셧다ᄂᆞᆫ說이 有ᄒᆞ더라

●動駕儀節 大皇帝陛下ᄭᅴ셔 昨日 動駕ᄒᆞ옵시ᄂᆞᆫ뎨 儀仗節次ᄂᆞᆫ 前日과 如ᄒᆞ고 完興君 李載冕氏와 海豊府院君 尹澤榮씨가 同夫ㆍ陪從ᄒᆞ얏더라

●展拜節次 昨日下午一時에 大皇帝陛下ᄭᅴ옵셔 儲慶宮에 展拜하옵시ᄂᆞᆫ대 御着翼蟬冠에 黃龍袍로 行禮ᄒᆞ옵셧ᄂᆞᆫ대 奏任官以上이 入參ᄒᆞ얏다더라

●只幸毓宮 大皇帝陛下ᄭᅴ옵서 昨日에 各宮에 幸行ᄒᆞ옵신다더니 時間이 促迫ᄒᆞᆷ으로 毓祥宮에ᄂᆞᆫ 動駕ᄒᆞ옵신다ᄂᆞᆫ 說이 有ᄒᆞ더라

●兩校祗迎 大皇帝陛下ᄭᅴ셔 昨日 動駕ᄒᆞ시ᄂᆞᆫ뎨 修學院학徒와 孤兒院학徒ᄂᆞᆫ 鍾路等地에서 祗迎ᄒᆞ얏다더라

●학大陛見 학部大臣 李載崑氏가 昨日上午十時에 陛見ᄒᆞ고 皇太子殿下 御留학ᄒᆞ시ᄂᆞᆫ 事件을 一々히 奏達ᄒᆞ얏다더라

●학大往訪 학部大臣 李載崑氏가 昨日上午十一時에 統監府에 前往ᄒᆞ야 伊藤統監을 訪問ᄒᆞ얏다더라

●度大病篤 度支大臣 高永喜氏ᄂᆞᆫ 落傷ᄒᆞᆫ後 治療하다가 添病이 되야 再昨夕에ᄂᆞᆫ 駿家에서 經夜不寐ᄒᆞ얏다더라

●論駁학大 학部大臣 李載崑氏가 今番日本에 前往ᄒᆞ얏다가 留學生의게 無數ᄒᆞᆫ 論박을 當ᄒᆞ얏다ᄂᆞᆫ說이 有ᄒᆞ더라

●宋시畏겁 農大 宋秉畯시ᄂᆞᆫ 昨日에 馬關을 出發ᄒᆞ야 歸國途에 就ᄒᆞ얏다ᄂᆞᆫ 電報가 其處에 達ᄒᆞ얏ᄂᆞᆫ대 各種危險ᄒᆞᆫ 風說이 傳播ᄒᆞᆷ으로 警察官吏ᄂᆞᆫ 京釜線路等 戒嚴ᄒᆞᆯ터인대 ᄒᆞ시ᄂᆞᆫ 本月三十日頃에 入京ᄒᆞᆯ 預定이라더라

●因會未行 中樞院議長 김允植시가 再昨日에 親任式을 擧行ᄒᆞ다더니 總理大臣 리완用시가 鑾駕宮宴會에 參與ᄒᆞᆷ을 因ᄒᆞ야 未得設行ᄒᆞ얏다더라

●副議長仕進 中樞院副議長 申箕善氏가 昨日 中樞院에 仕進ᄒᆞ얏다가 卽爲仕退하얏다더라

●意見提出 昨日 內部에서 道書記官會를 開ᄒᆞ얏다ᄒᆞᆷ은 已揭ᄒᆞ엿거니와 將次 道事務官과 道觀 會를 開ᄒᆞ고 各其事務處理의 意見을 提出ᄒᆞᆫ다더라

●日民不穩 日本人居留民等이 日前에 演說ᄒᆞ얏다ᄂᆞᆫ說은 已爲報道어니와 伊日에 居留民과 辯護士가 會同하야 伊藤統監의 政策이 失當ᄒᆞᆷ으로 韓日兩國民의 生活이 無路라고 大端이 不穩之態가 有ᄒᆞ얏다ᄂᆞᆫ 說이 有ᄒᆞ더라

●朴氏向남 臨時軍用鐵道用地調査局長 박義秉시가 鎭海灣軍用地에 犯入ᄒᆞᆫ 民有地段價를 分給次로 再昨日에 主事壹名을 帶同ᄒᆞ고 向ᄒᆞ얏다더라

●飜譯試取 昨日 內部에서 郡主事及地方警察署에 通譯官補를 試取ᄒᆞ얏ᄂᆞᆫ뎨 應試者가 五六十名에 達ᄒᆞ얏다더라

●蝶怒花散 中樞院顧問 리根澤氏가 近日에 十餘年同居하던 別室과 相詰ᄒᆞ야 所居家舍與沓土幾十石落을 給與出送ᄒᆞᆫ다ᄂᆞᆫ 說이 有ᄒᆞ더라

●爲祖請願 始興郡中東里居 洪嵩构氏가 自巳六代祖 洪逃海氏를 復官ᄒᆞ야 달나고 再昨日 法部에 請願ᄒᆞ얏다더라

●碧邑疹氣 碧潼邑에서 本月二拾日에 怪疾이 發生ᄒᆞ야 三日之間에 致死者가 五六人이오 罹病者가 十餘名이라고 該道觀察使가 內部로 報告ᄒᆞ얏다더라

●爲父詳恤 光化門郵便局遞傳夫 金在德이가 本月十八日 坡州竹院等地에서 義兵의게 被害ᄒᆞ얏ᄂᆞᆫ뎨 其子 金鳳龍이가 證明次로 該緣由를 昨日 漢城府에 請願ᄒᆞ얏다더라

●沈家賊發 中署中谷居 印刷局主事 沈종瑞氏家에 賊漢四名이 突入ᄒᆞ야 七百餘圜을 奪去ᄒᆞ얏다더라

●美國婦人演說 愛國義士 張仁煥 田明雲 兩시가 須知分을 砲擊ᄒᆞᆫ時에 附양人 四五千名이 其狀況을 目見ᄒᆞᄂᆞᆫ뎨 一美國婦人이 衆人中에서 演說ᄒᆞ되 此人은 비록 眇少ᄒᆞᆫ 黃人種이로ᄃᆡ 果然愛國志士오 義氣男子로다 自己의 國을 爲ᄒᆞ야 自己의 自命을 犧牲삼앗스니 無論誰某이던지 一般國民된者ᄂᆞᆫ 自巳의 國을 此人과 如히 愛ᄒᆞ여야 되깃다ᄒᆞ엿다더라

●旅券不認 興化학校卒業生 정載元시ᄂᆞᆫ 年今十六에 姿質이 穎悟ᄒᆞ고 학資金도 繼續키 非難ᄒᆞ야 其叔父 정芝煥시ᄂᆞᆫ 北米紐育에 先往留學ᄒᆞᄂᆞᆫ뎨 히시ᄂᆞᆫ 同地에 前往ᄒᆞ야 叔姪이 同校에 相依留학ᄒᆞᆯ 意로 展次 理事廳에 請願ᄒᆞ야 히시의 目的如何와 資金實否를 數次 警署와 偵探ᄒᆞ지 經ᄒᆞ고 旅行券을 許給ᄒᆞᆯ 望이 有ᄒᆞ더니 然地에 統監府의 分付라ᄒᆞ고 請願書를 退却ᄒᆞ얏다더라

●廉시慘狀 信川邑六里居 廉成心시ᄂᆞᆫ 年未三十인뎨 陰三月三日下午十時에 出行ᄒᆞ다가 히郡守衛隊兵丁壹名을 逢著ᄒᆞ매 이兵이 以足蹴打ᄒᆞ거ᄂᆞᆯ 廉시ᄂᆞᆫ 不勝憤氣ᄒᆞ야 擧石投之ᄒᆞᆫ즉 히兵이 卽逃于大將所ᄒᆞ여 擔銃兵九六名을 領率出來ᄒᆞ여 廉시家를 包圍ᄒᆞ고 卽爲捉出ᄒᆞ여 無數毆打ᄒᆞ다가 鎗劒으로 廉시의 左股를 刺ᄒᆞ여 流血이 成川ᄒᆞ얏ᄂᆞᆫ뎨 히兵이 廉시를 分派所近處로 牽過ᄒᆞ거ᄂᆞᆯ 히郡巡査 리悌浩시가 聞其曲折ᄒᆞ고 히所에 任置ᄒᆞ엿더니 不過數時間에 因以致斃ᄒᆞᆫ지라 廉시의 慈親과 伯시가 尸躰를 覓來ᄒᆞ얏ᄂᆞᆫ뎨 其慘狀은 慘不忍見이라고 히郡來人의 傳說이 有ᄒᆞ더라

●勞動强硬 曾彌副統監이 三和港에 到着ᄒᆞᆫ時에 히港主事 沈종萬시가 各社會가 歡迎ᄒᆞ기를 言論ᄒᆞᄂᆞᆫ대 紳商會社에서ᄂᆞᆫ 沈氏를 逐送ᄒᆞ엿고 他社會에서ᄂᆞᆫ 不應ᄒᆞᄂᆞᆫ 故로 各학校에 强請ᄒᆞ나 擧皆不應ᄒᆞᆷ으로 憤氣를 不勝ᄒᆞ야 히港埠頭軍을 警察署로 招致ᄒᆞ야 歡迎ᄒᆞ라ᄒᆞᆫ즉 答ᄒᆞ되 各社會와 학校가 有ᄒᆞ오니 社會와 학校가 歡迎ᄒᆞ면 從此行矣ᄒᆞ깃다ᄒᆞᆫ則 히시가 威脅曰 各社會와 학校ᄂᆞᆫ 自由홈이 有ᄒᆞ거니와 汝等은 社會와 학校와 不同ᄒᆞ니 歡迎ᄒᆞ라ᄒᆞᆫ즉 埠頭軍이 壹齊히 會集相議曰 吾雖勞動生涯ᄒᆞ나 國民則壹般이라ᄒᆞ고 雖死언뎡 歡迎치 못ᄒᆞ깃다ᄒᆞ얏ᄂᆞᆫ뎨 惟獨 公立普通학校와 壹進會에서만 歡迎ᄒᆞ엿다더라

●閔氏慈善 閔輔國泳徽氏가 京城孤兒院에 修理費로 金壹百圜을 寄付ᄒᆞ얏ᄂᆞᆫ뎨 一般孤兒가 其慈善ᄒᆞᆫ 盛意를 感賀하야 該氏私第에 齊進敬禮ᄒᆞᆷ으로써 가孤院運動時 午料로 金三拾圜을 出付하얏다더라

●東會演說 再昨日 關東학會에서 特別總會를 開ᄒᆞ고 會長 남宮억氏 副會長 朴勝彬氏 西北學會長 정雲復 諸씨가 激切ᄒᆞᆫ 言辭로 演說ᄒᆞ얏다더라

●汾校試驗 通津郡私立汾남학校에서 春期試驗을 經ᄒᆞᆫ뎨 壹班優等 丁寅燮等 九人이요 及第 沈相德等 三人이요 二班優等 리圭容等 二人이오 及第 沈相斑等 廿人이요 三班優等 崔甲乘이요 及第 成萬基 十七人인대 次第施賞ᄒᆞ고 一層勸勉ᄒᆞ얏다더라

●金校試驗 金海郡私立金谷普通학校에서 今月十三日에 학期試驗을 經ᄒᆞ얏ᄂᆞᆫ뎨 優等生은 김琦璞 鍾在龍等 拾六人이오 及第生은 趙濟煥 김正國等 拾八人인대 賞品을 多數施與ᄒᆞ얏다더라

●金氏頌德 龍인郡上村笛동 宗동은 數百餘戶農村인뎨 當此春窮ᄒᆞ야 農糧이 無路ᄒᆞ야 廢農之境인대 該洞居 金成鎭氏가 正租十石與錢三千兩을 出義ᄒᆞ야 該兩洞農民 數百餘戶에 分給하야 作農케ᄒᆞᆫ 故로 該兩洞에서 金氏에 頌德ᄒᆞᄂᆞᆫ 木碑를 竪ᄒᆞ얏다더라

●帽子寄付 海州郡鍾昌학校에 有裝학徒等이 壹齊斷髮ᄒᆞ고저ᄒᆞ되 帽子가 無ᄒᆞ야 遂意치 못ᄒᆞ더니 該郡紳士 리承駿氏가 其事를 聞ᄒᆞ고 帽子十五介를 寄付ᄒᆞ미 該校任員들이 感謝不巳ᄒᆞᆫ다더라

●專校運動 大東專門학校 第一回春期運動會를 來日曜日에 成均館等地에서 設行ᄒᆞᄂᆞᆫ대 運動會長은 該校長 趙重應氏요 運動費ᄂᆞᆫ 該會에서 壹百圜이오 該校에서 壹百圜이오 講師諸氏가 各壹圜式이오 학徒가 又出拾錢式ᄒᆞ얏다더라

▲地方消息▼

▲本月八日에 義兵五百餘名이 延豊郡淡巖동에 突入ᄒᆞ야 一進會員 名을 殺害ᄒᆞ고 卽時 槐山郡沙부동에 轉到ᄒᆞ얏다가 延豐郡五可동으로 向去하엿다ᄒᆞ고

▲陽智郡에서 數日前에 義徒三百餘名과 日兵十二名이 交戰ᄒᆞ다가 衆寡不敵ᄒᆞᆷ으로 日兵은 他處로 退去ᄒᆞ얏다하고

▲本月廿六日午後壹時에 남原郡草光坊에서 義兵約拾二名과 討伐隊와 交戰ᄒᆞ얏다하고

▲本月十九日에 義兵三百餘名이 橫성郡에 突入하야 日兵과 三時間을 交戰ᄒᆞ얏ᄂᆞᆫ뎨 彼此間死生은 未詳이라ᄒᆞ고

▲本月十二日午前에 甲山郡下남面魚성里에서 三十餘名義兵과 高성郡駐箚日憲兵隊와 壹時間을 交戰ᄒᆞ고 北方山中으로 退去ᄒᆞ얏ᄂᆞᆫ뎨 踪跡이 杳然ᄒᆞ다ᄒᆞ고

▲本月二十二日 江華喬桐方面에서 約二拾名義兵이 히島駐在日憲兵과 半時間을 交戰ᄒᆞᆫ後 北方으로 乘船退却ᄒᆞ엿다ᄒᆞ고

▲本月二三日 陽智郡古北面附近에서 義兵七拾餘名이 日本步兵哨隊와 二拾分間을 射擊하다가 登山退却ᄒᆞ얏다ᄒᆞ고

▲本月二拾二日 京元街道附近 鐵嶺에서 三拾餘名의 義徒ᄂᆞᆫ 金성郡駐在守備隊와 交戰ᄒᆞ얏다더라

▲餞春兼送君▼

▲今日은 卽餞春日이라 東皇九拾에 告功而歸ᄒᆞ니 天時人事가 離合ᄒᆞᆷ이 無常ᄒᆞ야 別有好別ᄒᆞ고 又有恨別ᄒᆞ니 壹去兮不復還이로다

▲가노나가노나 總理大臣 리完用氏 五七條約에 成功ᄒᆞ더니 黃扉卿月 輪己盈ᄒᆞ야 拾五夜光影子 斷마 昨夜에 東風吹ᄒᆞ니 落花가 幾何런고 봄과ᄀᆞᆺ치 가ᄂᆞᆫ고나

▲가노나가노나 宮內大臣의 九用此壹朶棣花爛開ᄒᆞ야 連枝生色繁華ᄒᆞ다 扶桑蠶絲織出ᄒᆞ야 之子衣裳 欲編타가 요々然謝不定ᄒᆞ야 海外投梭怨莫ᄒᆞ니 봄과ᄀᆞᆺ치 가ᄂᆞᆫ고나

▲가노나가노나 內部大臣 任善準氏 三百郡守黜陟ᄒᆞ니 一品功名意外高에 門外春色欲殘이라 鎖々姻誼 밋지마라 末路悲運亦無奈라 봄과ᄀᆞᆺ치 가ᄂᆞᆫ고나

▲가노나가노나 度支大臣 高永喜氏 中央金庫管理ᄒᆞ야 巨額外債與借ᄒᆞ고 銀銅貨幣製來하야 唯々聽命服從下에 全國出致竭ᄒᆞ니 봄과ᄀᆞᆺ치 가ᄂᆞᆫ고나

▲가노나가노나 學部大臣 리載崑 壹席風을 顧助ᄒᆞ야 布帆無恙歸來로다 大和魂을 收入ᄒᆞ야 別思想을 양出이라 教育界내 主管ᄒᆞ니 壹魔障이 아닌가 봄과ᄀᆞᆺ치 가ᄂᆞᆫ고나

▲가노나가노나 農商大臣 宋秉畯씨 海外風烟別天地에 別手段을 籠絡ᄒᆞ야 森林荒蕪釀與ᄒᆞ고 來頭勢力欲挽타가 勢窮力盡되얏스니 봄과ᄀᆞᆺ치 가ᄂᆞᆫ고나

▲가노나가노나 如天叩觀統監府에 各大臣이 哀乞ᄒᆞ제 其事情說明ᄒᆞ야 舌弊口焦ᄒᆞ엿ᄃᆞᆫ 已決心을 難回ᄒᆞ야 聽若不聞冷待ᄒᆞ니 봄과ᄀᆞᆺ치 가ᄂᆞᆫ고나

▲가노나가노나 甘作창鬼 壹進會ᄂᆞᆫ 百方獻計阿附ᄒᆞ나 解散令이 不遠ᄒᆞ니 壹場春夢이 아닌가 世上사ᄅᆞᆷ 누가아나 泡沫風燈 可憐ᄒᆞ다 봄과ᄀᆞᆺ치 가ᄂᆞᆫ고나

▲가노나가노나 天道教主 孫秉熙ᄂᆞᆫ 向日鬪內風波後에 妖怪神術疑訝ᄒᆞ야 各自相顧偶語ᄒᆞ니 風飛雹散 각歸ᄒᆞ던 更合ᄒᆞ기 杳然ᄒᆞ다 봄과ᄀᆞᆺ치 가ᄂᆞᆫ고나

전上号世昌會購納一朔定價금 이다

社告

本社大邱支社員崔一弘시는日前에解任ᄒ고本報를停送인바購覽ᄒ시ᄂ諸시의本報愛讀之厚意를奉副코ᄌ하야南門니乾材약局梁務益시로本社支社員으로認定ᄒ고還間停送ᄒ얏던申報도逐號郵送ᄒ오니購覽첨員은右梁시와게繼續請覽ᄒ심을務要

本支社는大方十二處에設置ᄒ고玆以仰布ᄒ오니本報愛讀ᄒ시는附近 僉君子는該支社로請求購覽ᄒ심을務望홈

▲信川邑六里　丁一晳
▲永興郡南山동書舖　梁昌錫
▲□州郡南門니　朱伯英
▲秦川邑館前洋약局　李正華
▲寧邊邑內　明濟世
▲成川上部面冊肆　馬應三
▲江서邑ᄂ　김昌煥
▲咸從郡耶蘇敎堂　김弘舒
▲平남順川郡蓮洞　鄭산경
▲龍川舊邑　車載明
▲龍川남市驛　韓贊希
▲龍岡郡耶蘇敎堂內　박종은

廣告

許奉淵告 本人이壹月以後不逢故諸方尋問ᄒ되居住未詳ᄒ고郵便으로書信을送ᄒ여도亦爲回退則不得已新聞上에告ᄒ니龍湖丸의買事件對契約買渡權過限故我任意措處ᄒ깃ᄉ니七個日內로對面相議歸正ᄒ고不然則後日更勿他言ᄒ옵

四月廿二日仁川木材　告白

京畿동耶蘇敎長老高燦益시四月二拾四日別世各道敎友開照亮홈

長老　리源稙　白

本人子燦爲人浮浪林川所在畓幾石落文券不告持去典執放賣間內外國人切勿見欺爲望

京北署齋동會賓植　告白

大韓書林

五月壹日　開業

本書林에서內外國書籍과학校用品壹切을廉價販賣하오니僉君子는陸續왕求ᄒ심을望홈 但遠方에서郵便으로請求홀時는本舖事務員李星鎬의게交涉ᄒ시옵

京城北部小安동拾六統八戶

大韓書林主　鄭雲復

本人에姓名章을陰三月一日에서失ᄒ야該圖章은勿施ᄒ옵기廣告홈

朴鎭圭　告白

本人의姓名章을本月廾二日夜에當地北門外에서遺失ᄒ얏ᄉ오니誰某拾得ᄒ던지勿施홈

大邱財源調查局技手리종烈白

本月二十七日下午八点종에强盜二漢이突入ᄒ야家產什物을沒數奪去ᄒ고該中家券二座와畓券一張ᄭ지見失ᄒ얏는디一은本人의現居家屋이오一은北部觀峴三統十戶八間屋이오畓則竹山郡近二面所在三石十一斗落이오니內外國人은照亮後見欺치말으심을望홈

中部長通坊下板橋四十八統十戶　沈鍾瑞　白

●錦山郡私立錦新學校趣旨書

噫天라本學校之設立이在於上年丁未春인바有志紳士之奮勵와可敎子弟之趨向이蔚然有進々之望ᄒ니遠近聞者孰不欽贊이리오余今莅玆ᄒ야先問校兒之興替則郡人曰間經地方援擾ᄒ고且因財政窘乏之ᄒ야竟至廢闕에仍不修擧이라ᄒ니慨歎之極에寧欲無言이라當此時代ᄒ야曰急壹日者即開明維新이니苟非敎育이면曷以爲哉아顧此錦郡이雖處在峽中이나山川이明媚ᄒ고人物이丰秀ᄒ야紳士愛國之誠은可以激發이오聰俊需世之材를可以堅養이거늘豈任其長夢於黑洞々中이리오已極可惜이온何況既設之校를不踰年而旋廢者乎아此得不復設乃已故로乃與有志諸彥으로謀允協ᄒ야改聘敎師ᄒ고還集학徒ᄒ니絃誦之聲이宛復如前이라此校之名稱錦新이意豈徒然哉아錦上에添花ᄒ니最喜溫古而知新이오錦郡이有色ᄒ니可期日新又日新이라噫々齊年이여顧名思義에可不勉旃가第念校務維持之方이不可無備者財政也라不佞이適守玆土ᄒ야熱心振興을宜不後人이니以此月銀으로無以措手故로復得衆資ᄒ야先捐幾拾圜ᄒ야以助萬壹資ᄒ니是豈私於我也리오惟願愛世好학之僉君子는同聲相應ᄒ야仗義優施ᄒ야俾存贊成之效ᄒ고共躋文明之域이幸甚々々

발起人本郡守金宇植

春川申壯節公墓所松楸係是매宗中所管이온바開宗人慶均方欲偸賣內外國人切勿見欺

平山申시매宗中　白

●海州私立齊民학校趣旨書

天生斯民에一視博愛ᄒ샤初無上下貴賤之別이거늘民之自處也異乎天意ᄒ야下者賤者가視上者貴者를認若大定에不可기而及之ᄒ니豈其然乎哉아雖下者賤者라도勤孤학業ᄒ야開達智識ᄒ면亦獨出乎上者貴者ᄒ나니然則其道安在오敎育이宜務며欲務敎育인딘학校가宜急이라顧玆海州城內外에有公立학校爲ᄒ고又有私立학校三四所爲ᄒ야從來入학受敎之徒가非不多矣로디擧一城而言之ᄒ면未入학호子弟가不啻陪蓰於入학之數일시有志紳士가唯是之憂ᄒ니青年子弟의妓館酒樓에蕩情發語로消磨日月ᄒ고滿敗家產홈도所憂者며勞働者流가朝出暮入에東奔西走ᄒ야無暇入학에爲下者賤者홈도尤其憂之ᄒ야新設학校ᄒ고晝夜학을開ᄒ야未入학호靑年과無暇入학호勞働者를敎育成就ᄒ야文明之域에進進ᄒ方針을協議講定ᄒ니聞之者莫不贊成이라夫唯設학校敎育이非爲一人 已之私故로贊成者多ᄒ야初爲如此ᄒ니將來를可知라蓋此학校는將以齊民之不齊ᄒ야無有上下貴賤之別케ᄒ야牖答天意也니故로校名을以齊民으로命之라然其齊之能不能은학徒의勤慢과父兄의向背에在ᄒ니勗之哉어다

發起人　리應憲　金鳳熏
黃履淵　莊明成　리在林
韓俊弘　리承憲

●海州私立齊民학校發捐金廣告

李熙穆　五十圜　리意應
壹百圜　金鳳熏　五百圜
黃履淵　壹百圜　金奉鉉
貳百圜　莊明成　三百圜
리承駿　五百圜　리奉植
壹百圜　金봉輝　貳百圜
高鏞희　貳百圜　리承讚
貳百圜　김永澤　貳百圜
金魯恒　貳百圜　박尙煥
貳百圜　吳元彬　壹百圜
리哲榮　壹百圜　김應奎
壹百八拾圜　김寬永　壹百圜
박昌浹　壹百圜　李東斌
壹百圜　吳亨根　貳百圜
安承圭　貳百圜　洪경模
壹百圜　崔熙昇　壹百圜
安承億　壹百圜　成寬鎬

壹百圜　金鳳郁　壹百圜
韓鳳源　壹百圜　劉淳益
壹白圜　未完

本書市에서각種洋약과학徒所用物品과학徒帽子를製造ᄒ야廉價로賣ᄒ오니첨君子照亮홈

安岳上場海西書市林景柱白

●初等女學讀本

本書는不但女校에必要之用書라諸解를另附ᄒ야在家婦女도均可便覽而增장知見이오니續續購讀ᄒ심을望홈

發賣所　漢城各書舖

本書館에서民智를廣啓ᄒ고文明發達ᄒ기爲ᄒ야新舊書籍을大방賣ᄒ오니僉君子은陸續來臨ᄒ심을望홈

釜山港東館韓興書館金汝寬

權종律　廣告

●新발明梅毒명약廣告

陸軍軍醫金守鍵實驗方劑

落梅丹

口舌不발창病去根之령약

壹劑五百粒定價金　三圜

主治　梅毒(唐창)新舊창
●瘰癧●皮膚病●僂마質私●청病

已上病證外에男女間에不精交合ᄒ後에若疑아之患이有ᄒ야도此약壹劑만服用ᄒ면完無後慮ᄒ고脾胃도健全홈을擔保홈

此外에도醫療機械와精美ᄒ약材를新備ᄒ고內外科각色疾病을誠心治療홈

皇城北部大安동

仁濟약房　高用진　謹白

代理店
京城鍾路　共愛堂약房
仁川港龍동　濟生堂
國內各處약局에서隨應販賣홈

世界文明產育新法
全一冊純國文廿五錢

十九世紀歐洲文明進化論
全一冊國漢文三十錢

元賣所　鍾路古今書海館
支賣所　京鄕有名書館

본회당을새로근축ᄒ고四月二十六일브터五月二일ᄭ지사경회와연설회를열겟ᄉ오니 첨군ᄌ는왕임ᄒ심을무망 시간은上午九브터十二시ᄭ지사경회오下午二시브터四시ᄭ지는연설회로모힘

서셔적션방종교예수교당고빅

玆於人道之原則ᄒ고兼於正義之誠實ᄒ며以親切爲旨ᄒ야訴訟事件幷각官廳請願事件을廣受依托홈

京城西洞六拾四統二戶

辯護士　日本法學士　東洋大學前講師　木尾虎之助

本人에六寸漢柱가性本浮浪ᄒ야悖類를符同ᄒ고無與當債用ᄒ랴ᄒ오니內外國人은切勿見欺홈

杜동英韓館寄三十一統五戶　崔德柱　告白

共立新報는美洲에留ᄒ시는我國同胞가高明ᄒ학問과深厚ᄒ熱誠으로祖國을東望ᄒ고國魂을紹叫ᄒ야每週日一次式刊行ᄒ는新報이온ᄃ世界形勢도詳報ᄒ며我國實況도昭載ᄒ야愛國心이有ᄒ신同胞는不可不購覽ᄒ新報이며又是純國문으로발行ᄒ야婦人孺子라도一讀可曉홀만ᄒ오니我一般同胞가我同胞의殊邦風霜에勞心努力ᄒ는誠意를豈可越視ᄒ리잇가玆에僉君子의購覽을紹介ᄒ기爲ᄒ와該新報價及발賣所를左에廣告하옵

代金
每張　五錢
六朔　壹圜貳拾錢
壹年　貳圜貳拾五錢

本國내出張所
京城廣학서舖　金相萬
博文서館　盧益형
開城남門내興학서舖　姜助遠
平山郡古之面城남峴　金錫虎
長連邑내東里　문석관
平壤上口水外　車利錫
鎭남浦龍井동　梁致涉
安州城내義村동　金鎭河
宣川邑　川邊　梁雲백
鐵川니山面平山里　學景萬
義州南門外大東藥房　白用錫
金海台也面智士동　盧永會
龍江郡耶蘇敎堂니　邦基昌
大邱東上面龍동　崔一弘
咸興西門밧　朱□欽
俄領　海參威　李東학

共立新報社代理人
金翊洛　告白

▲학員募集廣告

本校에서校務를擴張ᄒ고학員을多數募集ᄒ오니願入僉員은四月二十五日(陰三月十五日)브터入학請願書를本校에呈ᄒ고四月三拾日(陰三月卅日)上午十時에來校應試홈

提供入학請願書履歷書紙는本校로請求홈

一 試驗科目
國漢文讀書作文算術四則以내
但相當ᄒ卒業證書가有ᄒ人은免試許入홈

一 修業年限　三個年
一 修業科目　普通科

西北協成학校

漢城鐘路萬國基督教青年會館前慈惠藥房
製藥鑑査人濟衆院醫學員洪錫厚朴慈惠李
觀化告白

本人等이漢城南大門外濟衆院用냐處方으로左記封入냐을製造ᄒᆞ오니京鄕遠近勿論ᄒᆞ고此냐品信用ᄒᆞ시기爲ᄒᆞ야前醫학校長動丸等池錫永氏에게냐方文이다議定ᄒᆞ고有効証明書를受ᄒᆞ고主治効能用法을詳記ᄒᆞ야洋鉄匣紙匣琉璃瓶에封ᄒᆞ야賣냐兄弟에게利益이加有ᄒᆞ도록放매ᄒᆞ나이다

治痰平胃丸　男女氣血補益丸
輕腫根治膏　純金鷄蠟丸
濕腫根治膏　蛔虫浸出丸
大腫瘡根合瘡膏　四時感冒丸
小兒胎毒金瘡膏　清明眼藥水
癘氣神効保嬰安散　消痰鎮咳藥
小兒感冒靈効散　男女祛根藥
德國製痰丸　寸虫拔根藥
漢城百應膏　止足汗臭藥
洋藥乾材　止瀉潤腸丸
韓藥唐草材　陳陳舊滯消積丸
西藥醫方活套　無毒惡瘡藥

◉大韓國新發明神藥

◉度修靈丹　各種食滯中暑久滯口臭
　　　　　　嘔吐泄瀉定價一貼下錢
◉至寶丸　治諸般痰疾不拘久遠
　　　　　但有偉効定價金十錢
◉靈效液　外用芳香治疥瘡皮風
　　　　　百發百中定價金三拾錢
◉清眼水　治諸般眼疾有攝發見
　　　　　天之靈藥立治
◉通淋丸　治男女急慢淋疾神效
　　　　　無毒速效除毒壹週金五拾錢

製劑發行所　漢城南部大廣橋西邊第三家十九統七戶
　　　　　　共愛堂大藥房　謹白

支店　漢城南門內共愛堂第壹支店　姜助遜
　　　群山港開福洞共愛堂第二支店　리春善
　　　河東郡赤良面共愛堂第三支店　黃麟秀

代理店　皇城北部大安洞　仁濟藥房
　　　　仝　鐘路靑年會館前　慈惠藥房
　　　　仝　西部新門外石橋　普濟醫院
　　　　仁川畓峴　濟生堂　仝　和平局

此外에도東西洋각國有名賣藥과草材藥이俱備하오니藥의多少를不拘ᄒᆞ고請求ᄒᆞ시면小包로仰呈ᄒᆞ게ᄉᆞᆷ

簡易商業簿記學

全一冊　定價金四十五錢

本書ᄂᆞᆫ簿記학中最近ᄒᆞᆫ학理와精妙ᄒᆞᆫ形式을精細蒐輯ᄒᆞ야了解케簡易ᄒᆞ도록編述ᄒᆞᆫ者니一般商業家에不可不一次閱覽ᄒᆞᆯ者될ᄲᅮᆫ아니라中等以上學校에敎科로用ᄒᆞᆷ도適當ᄒᆞ니陸續購覽ᄒᆞ심을望ᄒᆞᆷ

發賣所　布전下　廣학書舖　洞口越便中央書館
　　　　廣橋東便匯東서館　寺동漢陽서館
　　　　鐘路　大東서市　鐘路古今서海관

韋菴先生　張志淵　著

녀ᄌᆞ독본

壹帙二冊二百七拾頁　定價金六拾錢

我韓女학에不講이久矣라上等婦人에知識도虛환ᄒᆞᆫ諺冊에不過ᄒᆞ니如此ᄒᆞ고야엇지文明國民을作成ᄒᆞ리오挽近志士가女학의必要를絶叫ᄒᆞ야女子학校가在々發起ᄒᆞ나完全ᄒᆞᆫ敎科書가無ᄒᆞ야識者에慨歎ᄒᆞᄂᆞᆫ바라故로此書二卷은女子의知識開발ᄒᆞ기爲ᄒᆞ야純國文을純用ᄒᆞ고漢文을旁註ᄒᆞ얏ᄂᆞᆫ되上卷은本國故代有名夫人의歷史오下卷은東西各國有名婦人의歷史이오니僉君子ᄂᆞᆫ速々來購ᄒᆞ시옵

발賣元　皇城中署布屛下廣학書舖　김相萬
발賣所　平壤鐘路耶蘇敎冊肆　平壤法橋大同書觀
　　　　京鄕각書舖

●大韓國新發明靈藥廣告

◉痰飮●咳嗽●氣鬱●食傷●諸●其他諸●出張●京城
主治効能　●食積●中暑中寒●泄瀉●水土不服●吐瀉●船車眩暈●酒醉●口熱惡臭●諸般瘴氣癘疫預防妙藥
出張代理特約發賣所　京城大廣橋共愛堂大藥房
同鐘路慈惠藥房　리觀化
同梨峴洋藥局　리信華
同尙洞博文書館　盧益亨
同南大門外大同書館　韓樂會社
同泥峴三丁目　新井支店
同泥峴郵便局前　天佑堂
同水橋本堂出張人　리鳳林
仁川舊邑本堂出張所　金濟賢
同開城旅館　韓昌根
同寺峴和平堂　리應善
開城南門內萬物商　박圭桓
同남門內同店　禹相玉
同남門外冊肆　리韻鎬
同北部忠橋　具聖模
海州宗路藥店　宋在瑛
同九二房약舖　김永泰
同남門內店　리奉儀
水原鐘路下약房　金濟九
延安邑ᄂᆡ洋약局　邊汝文
江華鐘路店　尹斗鉉
同鐘路店　宋順玉
同西門外冊肆　高成根
長湍남門ᄂᆡ　盧聖淳
砂利院市場ᄂᆡ客主　朴健昌
同　任允中
同耶蘇敎堂ᄂᆡ　리在善
黃州남門ᄂᆡ紅門동　리東赫
平壤雙巨里濟生局　韓基儀
同館前衛生醫院　金龍興
同大興里　權麒化
同普武洞藥局　桂澤宣
同甲屯出張人　尹寬赫
鎭남浦洋동洋약局　김元섭
同德岡機本堂出張人　吳남奎
群山港開福동　김斗鉉
安州城ᄂᆡ義井동回春약房
安岳邑上場里濟生局　林景柱
大邱남門ᄂᆡ刷還동　김成浩
釜山港草梁客主　金重佑
陝川郡某동商店　朴芝行
載寧邑後동洋약局　崔允國
忠州東良面早遜　金鎭和
晉州郡관동　박魯賢

發行所　濟化新藥　清心保命丹　仁川港杻峴　濟生堂藥房
九十粒入金拾錢

●定州남門ᄂᆡ洋약局　리繼柱
●郭山邑ᄂᆡ洋약局　羅應彬
●鐵山邑ᄂᆡ永春堂　安瀬
●宣川邑ᄂᆡ冊肆　安益
●義州水口街　崔석浩
●信川邑四里洋약局　김永稙
●郭山邑冊肆　김大鉉
●元山港濟生堂支店　박敬鎭
●北靑新昌港客主　박錫勳
●江原道本堂出張人　馬寅永
●德川邑官동洋약局　리丙斗
●積山용谷里　리東赫
●其他各약店마다隨應販賣ᄒᆞᆷ
●仁川港濟生堂告白

▲特別廣告

本社에서名粘印刷所를另設ᄒᆞ고各樣活字와印刷機械를具備ᄒᆞ오며印刷ᄒᆞ기精美ᄒᆞ고價値도廉ᄒᆞ오니僉位ᄂᆞᆫ一層低廉ᄒᆞ게되오니食位ᄂᆞᆫ來臨ᄒᆞ시와隨意請求ᄒᆞᆷ

大韓每日申報社　告白

今現發ᄒᆞ야서各項事務를一層擴張하오며金銀裝飾樣의齒와若小關役敗落齒ᄒᆞᆫ齒床幷齒를隨意製造하오며拔齒與入齒時에毫無苦痛케ᄒᆞᄂᆞᆫ技方도有ᄒᆞ며齒科上面議ᄂᆞᆫ無料接受ᄒᆞ압ᄂᆞ니四方僉君子ᄂᆞᆫ照亮ᄒᆞ실을務希ᄒᆞᆷ

京南大門內尙洞美人施酬敎濟
萬齒科醫士　韓大衛　告白

客年七月頃에統監府技師庵原文一郞氏가熊川巨濟兩郡漁基調査次奉命下來ᄒᆞ야公正ᄒᆞᆫ眼力과慈惠ᄒᆞᆫ心法으로加德島漁基前後文券을查査後上京ᄒᆞ야더니今에該文券과民有條와冤失ᄒᆞ얏던漁基를一々還局本主ᄒᆞ시니此是庵原公의明查公制之惠다失業瀕死之島民이聞此德音ᄒᆞ고咸頌再生之恩ᄒᆞ야將欲勒石堅碑ᄒᆞ야以表永世不忘之德ᄒᆞ깃ᄉᆞᆸ기玆先廣告ᄒᆞᆷ

慶尙남道熊川郡加德島漁民代表人姜重見　告白

●靈價報償纏合所收入廣告

●永川支取所蒼水面安基용
徐潤발　鄭錫音　姜永錫
成鳳祖　조虎承　黃基主
金泰周　김泰先　정夢徵
리永華　김三進　鄭雲溪
各一十錢
박泳喜　鄭학淼　최致鳳
姜永周　鄭花潤　김泰浩
각四十錢　김新得　柳위安
尹喜文　정時宗
各六拾錢

▲南星洞
尹致周　리炳鍊　리周一
리丁根　각四拾錢　최永壽
方ᄒᆞᆫ석　金相點　方文述
高相文　金召史　리能唱
김相元　리ᄒᆞᆫ樹　尹致寬
方ᄒᆞᆫ一　박俊石　韓인燮
리周善　朴俊元　尹致春
各貳拾전

▲元方동
김溶奎　리비煥　리晚秀
각六拾錢　曺基煥　박甲伊
尹存秀　정直源　金鎔哲
曺百煥　박大元　김升奎
徐源鎬　김哲伊　각二十錢
정鳳源　정致祥　리炳鎬
金升奎　정英贊　리寅龍
리錫權　朴元周　리宗植
徐源鎬　趙湜祖　리賢玉
리凡文　각四錢

▲五宗동
조秉直　조炳煥　조秉國
金哲伊　池連功　김召史
方建달　各二拾錢　리道玉
조秉鼎　各四拾錢　조秉軾
조寅煥　각壹圓　金永五
曺秉윤　각六拾錢

發行兼編輯人英國人　裵說
印刷人
發行所　大韓每日申報社

本社에서慈惠藥房東西藥業月報版出을기爲ᄒᆞ야印刷所를設置ᄒᆞ고數年來國문聖經을譯ᄒᆞ던洪

英語와日語와한語를비호시ᄂᆞᆫ

第六卷

大韓每日申報

第七百九十二號

月曜及慶節 翌日休刊

紀元四千二百四十一年
箕子元年三千三十年
大韓開國五百十七年
日本明治四十一年
淸國光緖三十四年
陰曆戊申四月大初一日乙卯

論說

▲政府當局者의伎倆

大韓을治ᄒᆞᄂᆞᆫ當局者等은當行ᄒᆞᆯ緊急事務에ᄂᆞᆫ專力注意치안코如左ᄒᆞᆫ事件만做出ᄒᆞ얏도다

隆熙貳年四月二十九日官報에新聞紙法改正에關ᄒᆞᆫ件을一로頒布ᄒᆞ얏ᄂᆞᆫᄃᆡ

新聞紙法第三十三條次에左에各條를添加ᄒᆞ고第三十四條를第三十七條로ᄒᆞ야次例遞下ᄒᆞᆷ

第三十四條 外國에서發行ᄒᆞᆫ國文或國漢文又ᄂᆞᆫ漢文의新聞紙와又ᄂᆞᆫ外國人이內國에서發行ᄒᆞᆫ國文或國漢文又ᄂᆞᆫ漢文의新聞紙로治安을妨害ᄒᆞ며又ᄂᆞᆫ風俗을壞亂ᄒᆞᆷ으로認ᄒᆞᄂᆞᆫ時ᄂᆞᆫ內部大臣은該新聞紙를內國에서發賣頒布ᄒᆞᆷ을禁止ᄒᆞ고該新聞紙를押收ᄒᆞᆷ을得ᄒᆞᆷ

第三十五條 第三十四條의禁止를違反ᄒᆞ야新聞紙를發賣頒布ᄒᆞᆫ內國人은三百圜以內罰金에處ᄒᆞᆷ

第三十六條 內國人이第三十四條에依ᄒᆞ야發賣頒布를禁止된事를知ᄒᆞ고該新聞紙를輸送ᄒᆞ며又ᄂᆞᆫ配布ᄒᆞᆫ者ᄂᆞᆫ五拾圜以內罰金에處ᄒᆞᆷ이라ᄒᆞ얏더라

대韓每日申報의所有主ᄂᆞᆫ대英國人也오대韓과대英兩國間條約下에在ᄒᆞᆫ者라此兩國間法律에違反됨이無ᄒᆞ면何時ᄭᆞ지던지何許干涉을不受ᄒᆞ고營業을自由做去ᄒᆞᄂᆞᆫ權限이自在ᄒᆞ거니와今의韓國巡査가本報購覽人의姓名을調査ᄒᆞᆫ가의着手ᄒᆞᆷ을聞ᄒᆞᆫ故로此를宣言ᄒᆞ노니

本報購覽者가萬有餘名에達ᄒᆞ얏슨즉此를一々調査ᄒᆞ기의許多工夫를徒費ᄒᆞᆯ지로다

吾輩ᄂᆞᆫ今此官報의揭載된新聞紙法의關ᄒᆞᆫ諸般條例가無害無犯ᄒᆞᆫ我대韓每日申報를正鵠으로觀ᄒᆞᆫ者가아닌줄은信ᄒᆞ나尙且韓國政府가漢日문으로刊行ᄒᆞᄂᆞᆫ新聞紙를拘束코ᄌᆞᄒᆞᆷ도아님은明白ᄒᆞ도다

然而內部대臣의承認與否ᄂᆞᆫ吾儕가擔任ᄒᆞ야質言ᄒᆞ기不能ᄒᆞ나支那以東의在ᄒᆞᆫ彼等의셔發行ᄒᆞᄂᆞᆫ公平正直ᄒᆞᆫ新聞의對ᄒᆞ야此等困難을與ᄒᆞᆷ이或有ᄒᆞᆫ가遺憾히査出코ᄌᆞᄒᆞ노라

何如ᄒᆞᆫ지吾儕ᄂᆞᆫ此等挫折的條件의關係가素無ᄒᆞ니事是秘문擴張의二種申報를每日繼續發行ᄒᆞᆯ터이며本報購覽諸시들은何等ᄭᆞ當ᄒᆞᆫ壓迫으로諸시의게加ᄒᆞᄂᆞᆫ者有ᄒᆞ거던本社의通知ᄒᆞ기를切望이오며至於本報分傳人諸시ᄒᆞ야ᄂᆞᆫ更有言ᄒᆞ노니吾儕가正當ᄒᆞᆫ方法으로新聞事業을做去ᄒᆞᆯ터인즉本報를分傳ᄒᆞᄂᆞᆫ데對ᄒᆞ야不公平ᄒᆞᆫ處罰을當ᄒᆞ면吾儕ᄂᆞᆫ此에對ᄒᆞ야吾儕의權力되ᄂᆞᆫ正當ᄒᆞᆫ法律로나相當ᄒᆞᆫ償을오나懲ᄒᆞ야各別히保護ᄒᆞᆯ터이로다

外報

●甘肅省騷擾 北京電을據ᄒᆞᆫ즉甘肅省蘭州府東岡縣人이回々敎徒와聯絡ᄒᆞ야亂을起ᄒᆞᆷ이其勢가猖獗ᄒᆞᆫ故로該省總督이派兵鎭撫ᄒᆞ다이라더라

●貨物排斥激烈 倫敦電을據ᄒᆞᆫ즉시또나ㅣ地에居留ᄒᆞᄂᆞᆫ淸國商人은全然히日本에對ᄒᆞ야商物排斥을行ᄒᆞᄂᆞᆫᄃᆡ滊船八幡丸에도淸國乘客과貨物이無ᄒᆞ야荷物을積載치아니ᄒᆞ고又多少을不拘ᄒᆞ고每航에반다시輸送을委托ᄒᆞ던正金ᄭᆞ지라도不積ᄒᆞ매同船은去二十三日에同港을解纜ᄒᆞ얏다더라

●淸伊交涉 駐淸伊國公使林權助氏ᄂᆞᆫ伊太利大使로轉任ᄒᆞᆯ터이가로歸國ᄒᆞ라ᄂᆞᆫ命을承ᄒᆞ야五月中旬에北京셔出發ᄒᆞᆯ豫定인故로在來問題를終了ᄒᆞ기爲ᄒᆞ야昨今袁世凱那桐唐紹儀氏等과交涉折衝中인ᄃᆡ該案件中關係가最大ᄒᆞᆫ者因ᄒᆞ야協定이困難ᄒᆞ다ᄂᆞᆫ吉林森林問題及間島所屬問題인ᄃᆡ間島에在ᄒᆞᆫ統監府出張所長齋藤大佐ᄂᆞᆫ此로因ᄒᆞ야命令을承ᄒᆞ야北京에前往ᄒᆞ야交涉에關ᄒᆞᆫ公使의諮問에應ᄒᆞᆫ다더라

●粵漢鐵路借款 湖廣粵漢鐵路의借款一百拾萬磅은拾年間에排年ᄒᆞ야償還ᄒᆞ기로定ᄒᆞ야香港政廳에서張總督과粵漢鐵路總辦리안氏와香港太守가借入契約을締結ᄒᆞ엿고또香港太守廣東英國總領事廣東總督은鐵道의管理者가되기로決定ᄒᆞ얏다더라

●滿洲外債停止 淸國度支部에서ᄂᆞᆫ徐總督에게五百萬兩을送ᄒᆞ고外債의募集을아죠停止ᄒᆞ얏다더라

寄書

●國家前途初級에急先撲滅者假志士 吳秦善

人有千層萬層下에仁智著强暴者優勝者劣弱者가共同而居ᄒᆞ야愛國家ᄒᆞ며保種族은現世界列邦이同歸壹轍也니更何辨明가若我大韓ᄒᆞ야ᄂᆞᆫ二千萬同胞가前進事業을特別準備ᄒᆞᆯ時代라當此境遇ᄒᆞ야强暴者反對者頑固者은猶可恕也언뎡斷不宥者ᄂᆞᆫ假志士也라何以然也오ᄒᆞ면反對者頑固者ᄂᆞᆫ進就ᄒᆞᄂᆞᆫ事業上妨害所致가止於一二箇人也로ᄃᆡ至若假志士ᄒᆞ야ᄂᆞᆫ不然ᄒᆞ야社會上名譽를盜得ᄒᆞ야政界에도出沒ᄒᆞ며外人交際도頻煩ᄒᆞ며外라敎育上事業이며社會上事業에無不沮戱ᄒᆞᄂᆞᆫ能力이有ᄒᆞᆫ者니急々撲滅者此非假志士乎아有時以共同ᄒᆞᆫ演說場과箇人關話頭에도憂國淚가滂々ᄒᆞ야令人落淚오令人信仰케ᄒᆞ다가少而오臺政府官吏與外人則白頭諂媚로眞志士與一般同胞를沒沼於不測之地ᄒᆞ나니急々撲滅者此非假志士哉아假志士之做去事가不外乎此니假志를抱ᄒᆞᆫ同胞도本地位를萬分悔悟ᄒᆞ려니와眞志士여此假士에對ᄒᆞ야懺之遂之ᄒᆞ야仰希々々

雜報

●自談談人 慶州校村崔泰拳氏ᄂᆞᆫ兄弟ᄂᆞᆫ卽稱三代相傳ᄒᆞᆫ三南巨富로그操行也와爲人也非不可堪이로되群於顚愚ᄒᆞ야恆習曰莫貴莫重ᄒᆞᆫ錢財를儲蓄分이라도何可浪費於千万不當之학校及新聞雜誌等事乎아ᄒᆞ미登郡人民이皆效ᄒᆞ시ᄒᆞ야敎育에妨害가不少ᄒᆞ다고ᄒᆞ니郡來人에傳說이有ᄒᆞ더라

●旅費自擔 義州專對학校校長金志閣氏ᄂᆞᆫ熱心敎導ᄒᆞᄂᆞᆫᄃᆡ積城運動會往參時에百餘人五百餘里의旅費를亦爲自擔ᄒᆞ얏다더라

●協成校 龍山協成학校에서開校式을來月三日下午壹時에擧行ᄒᆞᆫ다더라

新譯 海外稗談

第四章 心齋生 譯

美利堅의愛國幼年會 續

敎師曰汝等도雖童ᄒᆞ나亦國民의分子어ᄂᆞᆯ此等軍艦의製造ᄒᆞ야國家擁護ᄒᆞᆷ을覺知치不ᄒᆞ니참可憐ᄒᆞ도다학生等이曰先生의此言은實際에違反됨이大段ᄒᆞ니이다我等학生이年齡이甚幼稚ᄒᆞ며能力이劣弱ᄒᆞ고私蓄이又無ᄒᆞ니萬此等經營에留意ᄒᆞᆫ들眞實로妄想에不過ᄒᆞᆯ지니이다

敎師笑曰不然ᄒᆞ다汝等이不爲也언뎡非不能也니라

학生等이問曰一艦을製造ᄒᆞ라면其費가幾何오敎師曰至少ᄒᆞ야도百萬圜을用ᄒᆞᆯ지니라

학生等이皆吐舌ᄒᆞ더니

敎師曰汝等이何其太弱고大丈夫가必也決ᄒᆞ면天下에難事가無ᄒᆞ나니我가其理를說明ᄒᆞ야汝等을曉ᄒᆞ리라

皆曰願聞ᄒᆞ노이다

敎師曰汝等이所食ᄒᆞᄂᆞᆫ果餠을小減ᄒᆞ야每月마다銅幣四五錢式捐出ᄒᆞ면汝等의所損은不大ᄒᆞ고壹歲를未積ᄒᆞ야半圜을已得ᄒᆞ리니此를儲蓄銀行에存儲ᄒᆞ라

학生曰此等殘金을何用고

敎師曰否라今我美金國內小학徒를統計ᄒᆞ면八百萬名에不下ᄒᆞ리니假令每人마다半圜을出ᄒᆞ면不及壹年에此等軍艦四隻을製造ᄒᆞ리라ᄒᆞᆫ대학生等이皆大感奮ᄒᆞ더라

日晩에各歸ᄒᆞ야敎師가方捲戶就寢ᄒᆞ랴ᄒᆞᆯ中에叩門聲이作ᄒᆞ거ᄂᆞᆯ出視ᄒᆞᆫ즉本학堂학生全體가來到ᄒᆞ얏더라

每人이各各銅幣數枚를出ᄒᆞ며曰我等이先生의言을感動ᄒᆞ야從今以後로果餠費의所入金을준節ᄒᆞ야軍艦製造를計圖ᄒᆞ라ᄒᆞ오니願컨ᄃᆡ先生은我等을爲ᄒᆞ야銀行에儲蓄ᄒᆞ소서敎師가此를敬受ᄒᆞ야曰諾다ᄒᆞ고翌日某新聞에此事가揭載되미各處小학生이一切贊成ᄒᆞ야不一月에愛國幼年會가成立되니다

愛國幼年會의宗旨가三이니尙武精神을提倡ᄒᆞᆷ이其(一)이오共儲蓄을奬勵ᄒᆞᆷ이其(二)오愛國思想을鼓ᄒᆞᆷ이其(三)이러라

於是乎美國童子들이壹佳果를購ᄒᆞ랴ᄒᆞ다가必曰我가此로軍艦費를補ᄒᆞ리라ᄒᆞ며一玩具를買ᄒᆞ랴다가必曰我가此로軍艦에附ᄒᆞ리라ᄒᆞ며女학校에初級生들이佩物을爭ᄒᆞ미ᄒᆞ야曰我가此로軍艦의貯金을作ᄒᆞ리라ᄒᆞ니 未完

雜報

●秘苑賜宴 大皇帝陛下께옵셔昨日上午十二時에秘苑에서總理大臣以下各部大臣과日本高等官에게 賜宴ᄒᆞ옵셧다더라

●永宣陛見 永宣君리金錫이가昨日下午八時半에 德壽宮에進詣ᄒᆞ야 太皇帝陛下께 問候ᄒᆞ고同九時半에退闕ᄒᆞ얏다더라

●修학院撤罷說 修학院은元來 皇太子殿下 睿학ᄒᆞ시기爲ᄒᆞ야設置ᄒᆞᆫ바인ᄃᆡ 皇太子殿下께옵셔 睿駕渡日ᄒᆞ심을以ᄒᆞᆷ인지近日에該院이撤罷된다ᄂᆞᆫ說이有ᄒᆞ미壹般世人이無不慨歎ᄒᆞᆫ다더라

●雁使密行 日昨昌德宮에셔晩餐會를ᄒᆞ던前日에伊藤統監이何事件인지書簡을密封ᄒᆞ야永宣君리金錫氏와往復이有ᄒᆞ얏다더라

●학部解任 내閣總理大臣리完用氏ᄂᆞᆫ臨時學部大臣署理事務를解任ᄒᆞ얏다더라

●更往迎宋 警視副監具然壽씨가本月十七日에農相宋秉畯氏의一行을迎ᄒᆞᄂᆞᆫ保護次로釜山ᄭᆞ지前往留連ᄒᆞ다가二拾七日夜에入성ᄒᆞ얏ᄂᆞᆫᄃᆡ更히來月二日頃에釜山에前往하야農相宋秉畯氏의一行을迎接ᄒᆞᆫ다더라

●親日晩餐 내部大臣任善準氏가마ᄂᆞᆫ日化ᄒᆞ기에셔晩餐會를設行ᄒᆞ얏ᄂᆞᆫᄃᆡ該部의日本官人은判任以上ᄭᆞ지沒數請邀ᄒᆞ고本國判任官은各局課에代表로一人式을招待ᄒᆞ얏다더라

●□三察發□ 北海觀察使朴齊陽忠北觀察使리□成江原觀察黃鐵諸시ᄂᆞᆫ日前에내部大臣晩餐에

●諸撥餉金 前中樞院議長徐正淳賛議尹吉炳兩氏가中樞院에請願ᄒᆞ되本職이既是遞任되얏슨즉儲置金을支撥하라ᄒᆞ얏다더라

●監獄新築 新門外에監獄署를建築ᄒᆞᆫ後進査二名을派送ᄒᆞ야監董ᄒᆞ고署長은每日壹次式看審次로前往ᄒᆞᆫ다더라

●학費再請 학部에서학事費不足額三萬四千三圜八十錢과校舍建築費四萬一千圜을度支部로照請速撥ᄒᆞ되度支部에서상今支撥치아니ᄒᆞᄂᆞᆫ故로학部에서再次請求ᄒᆞ얏다더라

●日人自薦 日本人井上英壹氏가農商工部에請願ᄒᆞ되本人이中學校大학校卒業生이오且資格이勳八等이니相當ᄒᆞᆫ官吏壹課를叙任ᄒᆞ라ᄒᆞ얏다ᄂᆞᆫᄃᆡ此等人物은仕官에만熱心이太甚ᄒᆞ다고들ᄒᆞ더라

●兄服請復 農商工部主事日本人某氏가日前에其伯氏의喪을當ᄒᆞ얏ᄂᆞᆫᄃᆡ該部에請願ᄒᆞ기를起復令을速히頒포케ᄒᆞ라ᄒᆞ얏ᄂᆞᆫᄃᆡ該請願에對ᄒᆞ야壹般官吏가拍掌大笑ᄒᆞ얏다더라

●器具買入 農商工部에서森林調査所에器具를買入ᄒᆞᆯ金額을二百三拾圜으로支撥ᄒᆞ얏다더라

●恤金支撥 義徒에게被殺된稅務主事徐相達시家族의게救恤金八百圜을度支部에서支撥ᄒᆞ얏다더라

●日人健訟 前郡守崔英根氏와田庄文券을서失ᄒᆞᆫ廣告後에日人松宮竹次郎이典執ᄒᆞ얏다ᄒᆞ야성裁判所에屢次對質ᄒᆞ야日人이番々落科를되番々更訴ᄒᆞ야作鬪無變ᄒᆞᆫ故로崔氏ᄂᆞᆫ生費가不少ᄒᆞ다더라

●欠席何多 外國語학校에서無故欠席ᄒᆞᆫ학徒가五十名에達ᄒᆞᆫ지라該校長이一並黜학ᄒᆞ고학部에報告ᄒᆞ얏다더라

●實業新社 珍島前主事趙致관前主事曹秉玉前技手鄭玹永等十餘人이今番國民協會를組織ᄒᆞ고國民實業발達을圖計ᄒᆞᆯ目的이라다將次會規를定ᄒᆞᆫ後政府에認許를請ᄒᆞᆯ터인ᄃᆡ現今珍島에臨時事務所를設置ᄒᆞ고方今會員을募集中이라더라

●誤認 前黃海道叅書官朴회오씨와鄭錫マ이가龍성郡에在ᄒᆞᆫᄃᆡ간親次로下去ᄒᆞ다가義會도誤認ᄒᆞ고東大門外에서義徒의게被殺되얏다더라

●鐵車傷命 車夫金□이가三昨日下午二時量에萬里峴等地로載染ᄒᆞᆫ馬車를驅去ᄒᆞ다가爲車所壓ᄒᆞ야因爲致斃ᄒᆞ얏다더라

●리氏白放 日憲兵隊에多日被囚ᄒᆞ얏던리某학氏가日昨에無事放免이되얏다더라

●何事被捉 昨日에果川居前進士리德善氏가무ᄉᆞᆫ事件을因ᄒᆞᆷ인지北署警察署에被捉ᄒᆞ얏다더라

●義將발遣 義兵將許위리康年씨가蘇蔡柳仁錫박正斌諸씨가本月一十壹日에速히起兵ᄒᆞ라ᄂᆞᆫ通문을拾三道에발送ᄒᆞ얏다더라

●인校運動 昨日인川港각학校에서春期聯合대運動을設行ᄒᆞ얏ᄂᆞᆫᄃᆡ學務局長尹致오氏가前往參觀ᄒᆞ얏다더라

●普校運動 普成專문학校에서來日曜日에中학校와協成학校를統率ᄒᆞ고東小門外三仙坪에前往하야春期運動을設行ᄒᆞᆫ다더라

●保國會出捐 上海韓人大同保國會에서本月十九日에同會館에特會를開ᄒᆞ고張인煥田明雲兩義士事件에對ᄒᆞ야慷慨激烈히演說ᄒᆞ고該兩시의公開裁判費로義捐금을儲蓄集合ᄒᆞ얏ᄂᆞᆫᄃᆡ閔泳璇氏와同夫人과沈選澤시와同夫人과玄爾健시와徐相瑚시와沈理煐시와其他諸시도自五十元至壹元ᄭᆞ지合二百三十七元이라더라

●青年演說 青年會館에서今日下午七時三十分에演說會를開ᄒᆞᆫᄃᆡ紳士金一善氏가必慎其獨이란問題로演說ᄒᆞᆫ다더라

●可謂有志 中署校洞居尹致昭시가壹般同胞에十地家屋山林測量이便利ᄒᆞᆯ思想으로測量卒業生十餘員을募集協議ᄒᆞ야事務所를設立ᄒᆞ고一切測量에對하야請求를應供ᄒᆞ니此시ᄂᆞᆫ公益上事業의有志ᄒᆞᆫ人이라고贊成ᄒᆞ더라

●先何後何 廣州國債報償義捐金은自去年臘月로財務員任業發시가來納于本社ᄒᆞ고新聞에次第揭佈ᄒᆞᆫᄃᆡ近日남來傳說을據ᄒᆞᆫ즉該郡人某々씨가右款을還推ᄒᆞᆫ다고稱鬧無常ᄒᆞᆫ다더라

●日女師入성 한성高等女학校教師赤穗千春氏ᄂᆞᆫ昨日에入성ᄒᆞ얏다더라

●請待학生 東湖리鄭浩劉秉徹兩氏ᄂᆞᆫ去日曜日에회동興英학校一般학員을請邀ᄒᆞ야茶果會를特設ᄒᆞ고獎勸勉後에空冊鉛筆等物을一々分給ᄒᆞ얏다더라

●茶校발起 茶동等地實業家內寅基日周鉉望宗國朴泓鉉劉原鎬趙秉澤諸氏가회동內에학校를設立ᄒᆞ고子弟를教育ᄒᆞ기로決議ᄒᆞ고昨日趙秉澤氏家에서發起會를開ᄒᆞ얏다더라

●勞動出捐 桂동宮廊下에住ᄒᆞᄂᆞᆫ勞動人裵今儲高聖培朴順元等이桂山普興학校에每朔新貨五十錢式義捐ᄒᆞ기로自願ᄒᆞ얏ᄂᆞᆫᄃᆡ其慇意를莫不贊頌ᄒᆞᆫ다더라

●順守治蹟 順川郡守리興兩氏ᄂᆞᆫ각面학校에躬行勸勉ᄒᆞ고資金을確立ᄒᆞ야永爲維持케ᄒᆞ고또慈山兼官으로多設學校ᄒᆞ미兩郡人의頌聲이浪藉ᄒᆞ더라

●桂山試蹟 桂山普興학校에서第二학期試驗을經ᄒᆞ얏ᄂᆞᆫᄃᆡ二年級優等生은任永獸張瑪鉉等十三人이오壹年級優等生은玄慶係吳享善四人이오尋常二年級優等生은趙孝萬河大均等五人이오尋常壹年級優等生은會昌津盧關默二人인ᄃᆡ優數히施賞ᄒᆞ얏다더라

●體操教授 鐵原郡公私立학校에體操課가未備ᄒᆞ더니京居前正尉리範한氏ᄂᆞᆫ公立학校教授로紳士崔希英氏ᄂᆞᆫ私立학校教授로自願擔任하야熱心教育ᄒᆞ미人皆稱頌ᄒᆞᆫ다더라

●龍潭新校 龍潭郡守吳昌麟시와郡主事高최鉉시가該邑郡衙에普通학校를創設ᄒᆞ야熱心教育ᄒᆞᄂᆞᆫ故로願入학員이日々增加ᄒᆞᆫ다고該郡來人의稱頌이有ᄒᆞ더라

●桂邑發昌 富平郡私立桂昌학校ᄂᆞᆫ境內有志人士가捐金設立이數個朔에학徒가五十名에達ᄒᆞ얏ᄂᆞᆫᄃᆡ來五月三日로春期運動을設行ᄒᆞ기로預定ᄒᆞ고該郡守김國煥氏도公私立학校에關行勸勉ᄒᆞᆫ다더라

●瓦會務校 三和港瀰沛동김能權氏가教育에熱心ᄒᆞ야該港에五星학校設立ᄒᆞᆷ을贊成ᄒᆞ기爲ᄒᆞ야其所居瓦家十餘間을허校에寄付ᄒᆞᆷ으로一港紳士가稱頌不已ᄒᆞᆫ다더라

▲地方消息▼

▲本月二十日頃에義兵二百餘名이豐川邑을乘夜襲擊하야巡查駐在所와財務署를打破ᄒᆞ고警察과簿書를燒却ᄒᆞ얏ᄂᆞᆫᄃᆡ財務署主事ᄂᆞᆫ僅僅히避身ᄒᆞ야元山港으로向하얏다ᄒᆞ고

▲金羅慶兩道에出沒ᄒᆞᄂᆞᆫ義兵은智異山에據ᄒᆞ고數千名을集合ᄒᆞ야勢甚熾盛ᄒᆞ다ᄒᆞ고

▲本月十九日原州郡東北方鶴谷附近에서五十餘名의義兵이橫성郡駐在日守備隊와交戰ᄒᆞ얏다ᄒᆞ고

▲本月廿壹日谷山東方約四里地에서五十餘名의義兵은同郡駐在日巡查와交戰ᄒᆞ얏다하고

▲本月貳拾七日에海州郡文旨面惡동에서多數의義兵은同郡駐在日巡查와數時間을交戰하얏다ᄒᆞ고

▲本月二拾八日江界郡江鎭□三里地点에五拾餘名義兵이襲來ᄒᆞ야同地一進會員을劫迫ᄒᆞ고財物을掠奪ᄒᆞ얏다ᄒᆞ고

▲本月貳十六日午前拾壹時三十分에天安郡東方約貳里地에서大十餘名의義兵과日憲兵과交戰ᄒᆞ얏ᄂᆞᆫᄃᆡ多少死傷이有ᄒᆞ다ᄒᆞ고

▲本月廿八日夜九時에羅州郡竹浦에서十五名의義徒가襲擊하야日本人一名을殺害ᄒᆞᆫ結果로該地警察所와서憲兵幾名을出張ᄒᆞ얏다더라

▲招死後生▼

▲世上事를生覺ᄒᆞ며循環之理自在ᄒᆞ야極盛ᄒᆞ면必衰ᄒᆞ고極衰ᄒᆞ면必盛하나니目前困難恨歎다마

▲軍用地로도라드니鐵海興灣에片々膏腴諾與ᄒᆞ야渙散痛哭ᄒᆞ나絕望心을두지마라當晦虧缺ᄒᆞ며月輪도哉生되나니라

▲鐵道沿邊도라드니幾千里에田段割劃보니作無窮憂歎하나絕望을마라野火吹還生ᄒᆞ니再生잇나니라

▲營林廠도라드니利斧輕斤到處에濯濯靑山愁慘ᄒᆞ다之利益奪되나絕望心을두지마라陰崖中에던草木도陽春을오나니라

▲銀銅鑛도라드니山野在開鑿키로家屋墳墓難支ᄒᆞ야天叩地痛哭ᄒᆞ나絕望心을두지마라覆巢之鳥도依托ᄒᆞᆯ곳이니라

▲沿海邊도라드니捕鯨漁業許ᄒᆞ야漁村生涯凋殘이라ᄒᆞ야漂泊呼泣ᄒᆞ나絕望心을두지마라脫商ᄒᆞᆫ神龜도曳尾ᄒᆞᆯ날이니라

▲府郡院廢도라드니事務廢生소권行政權이盡奪되야指揮下에服從ᄒᆞ나絕望心을두지마라天崩ᄒᆞ여도出牛穴이잇니라

▲商業界도라드니銀銅貨幣紹키로物價조翔難禁ᄒᆞ야財源斷絕痛歎ᄒᆞ나絕望心을두지마라涸中魚가困難ᄒᆞ나得水之日잇나니라

▲醫藥器도라드니生面特更構行ᄒᆞ야有罪無罪不辨하니生命財產難保ᄒᆞ나絕望心을두지마라牛山美木有孽ᄒᆞ니雨露之恩잇나니라

▲拓殖社云設ᄒᆞ니生疎ᄒᆞᆫ人物渡來ᄒᆞ며鳥獸不可同居ᄒᆞ니居生ᄒᆞᆯ곳全無하나絕望心을두지마라十年教育잘ᄒᆞ면會稽避可嘗얼세

謹報

敎書冊寄校 安岳郡□□씨가 幼年必讀一秩을 倉동彰東학校에 寄付ᄒᆞ얏기 謹報

廣告

本人이 東部於義동 六十一統六戶 金敎環 許에 當坪陸千九百兩 推次於音壹片과 鍾路雜穀廛 朱병두 許에 當坪九百八十正兩 推次於音壹片 合二度를 本月二十七日에 遺失ᄒᆞ얏ᄉᆞ오니 外國人間 拾得ᄒᆞ야도 休紙施行ᄒᆞᆷ

孔德里旌門동 □□賢 告白

學員募集廣告

本所에서 測量製圖術을 三箇月 速成으로 敎授코ᄌᆞᄒᆞ야 學員二十人을 陰四月五日內로 募集ᄒᆞ오니 願학 僉員은 速々來議ᄒᆞᆷ

南署茶동 十統二戶 리基祿家 速成測量製圖講習所 廣告

測量製圖所 告白

本所會洞玉家 測量製圖所을 南署下鋤동 二十二統七戶 崔俊植家로 移住ᄒᆞᆷ

◎特別廣

本會의 七大綱領은 大韓前途의 救濟方案이오 自立基礎를 指示ᄒᆞᆫ 者라 今回에 其解說을 발刊ᄒᆞ야 全國同胞의 周知ᄒᆞ심을 期待ᄒᆞ오니 本會員以外에라도 有志人士의 一切購覽ᄒᆞ심을 敬要

一冊代金 新貨十五錢 郵遞料二錢

발賣所 中部寺동 二統七戶 英林書舘

大韓協會 告白

北部小安동 十六統八戶 大韓書林

本校학員諸氏가 今春 安岳郡大運動會에 赴試次로 發往ᄒᆞᆯ時에 本郡財務署長 具滋祿氏가 학徒等에 對ᄒᆞ야 학校에 趣旨와 工夫의 科程과 運動에 必要와 技藝에 ᄇᆞᆨ남을 極口演說ᄒᆞ고 特捐五圓ᄒᆞ야 補給路費를 ᄒᆞ얏ᄉᆞ며 郡內東部一區에 居ᄒᆞᆫ 前主事 甘承武氏가 今番運動之行에 학員에 ᄇᆞᆨ남됨을 高聲稱讚ᄒᆞ고 伍圓金을 亦爲助資ᄒᆞ며 幷爲餞行ᄒᆞ니 此兩氏의 有志於敎育ᄒᆞᆷ과 出義於학資ᄒᆞᆷ은 衆讚頌ᄒᆞ야 廣佈ᄒᆞᆷ을 爲ᄒᆞ기 玆以敬告ᄒᆞᆷ

松禾郡郡立彰東학校委員 鄭龍國 리潤秀 楊鎭榮 河化龍 告白

本人의 從姪炳憲이가 去年陰七月初九日에 當承重祖母喪이오 適玆地方不靖ᄒᆞ야 路途梗塞ᄒᆞ야 遠外訃書ᄂᆞᆫ 或未及傳ᄒᆞ고 或傳未達故로 廣佈ᄒᆞ오니 知舊ᄂᆞᆫ 照諒ᄒᆞᆷ

慶尙道咸陽海坪里 리址華 告白

本학校를 粤自丙午春으로 학資不贍ᄒᆞ야 艱過數年而幾至廢業矣러니 本郡守署理 豐川郡守 成樂英氏가 以署理校長으로 念功校務ᄒᆞ야 聚會民人ᄒᆞ고 識時務開民智가 專擔於학校ᄒᆞᆷ을 說明ᄒᆞ고 一般協議ᄒᆞᆫ 後에 特捐圖金ᄒᆞ야 학費에 補付ᄒᆞᆷ의 境內僉紳士諸氏가 齊聲讚頌ᄒᆞ고 亦以義務로 各齊遺物田畓을 特付補用케ᄒᆞ며 校舍도 亦爲移設於鄕校ᄒᆞ야 數多학徒ᄂᆞᆫ 優爲容接케ᄒᆞ니 校長의 熱心勸勉과 儒林의 協議捐補ᄂᆞᆫ 際此文明ᄒᆞ야 當爲稱頌이옵기 玆廣佈ᄒᆞᆷ

松禾郡立彰東학校 告白

本人의 子 龍湖가 從挾雜에 誘引ᄒᆞ야 蕩敗家産ᄒᆞ고 見今得債ᄒᆞᆫ다ᄒᆞ니 內外國은 切勿貸款ᄒᆞᆷ

大邱解北村百安동 金玉汝 白

小學漢文讀本

元泳義氏 纂輯　上下二編　正價金六拾錢

▲本書ᄂᆞᆫ 蒙學漢文初階를 繼續ᄒᆞ야 各種科학의 理論을 編輯ᄒᆞ고 國文으로 句讀을 明釋ᄒᆞ야 普通의 指남과 文理의 捷徑을 作ᄒᆞᆷ

初等女學讀本

李源兢 著述　第壹編　正價金三拾錢

本書ᄂᆞᆫ 女학校敎科書應用키 爲ᄒᆞ야 本文은 國漢文으로 諺解를 另附ᄒᆞ야 分課編輯ᄒᆞᆫ 者니 雖在家婦女라도 均可便覽而增長知見ᄒᆞᆷ에 必要ᄒᆞᆷ

愛國偉人 葛蘇士傳

淸國梁啓超 原著　全一冊　正價金拾五錢 (國漢文)

本書ᄂᆞᆫ 歐洲風雲世界를 撼ᄒᆞ고 自國獨立을 力圖ᄒᆞ던 匈牙利愛國偉人 葛蘇士의 事蹟을 網羅著輯ᄒᆞᆫ 者니 當時葛蘇士의 雄飛活躍의 經歷과 及其雄末路의 不運을 隨ᄒᆞ야 奧匈聯邦의 雙立國體를 竟成ᄒᆞᆫ 結果를 觀컨대 可使讀者 英雄崇拜의 感想을 激起케ᄒᆞ리로다

발兌元
▲皇城中署鐵明橋越便中 中央書舘
▲皇城鍾路 博文書舘
▲皇城大廣橋東邊 滙東書舘
▲皇城남門內倉동 大東書市

補益水 大발매

보익슈는 미국인 왕보씨가 세인의 요ᄉᆞᄒᆞᆷ을 연구ᄒᆞ야 이약을 발명ᄒᆞ얏는데 부족증과 점병 자지못ᄒᆞ는 병도 한중허한증 제병허증 후오줌소리 리질ᄂᆞ리 후에 매일 신효ᄒᆞ오

발매所 京城 南門內尙洞 박文書館

本학校學徒가 安岳ㅅ運動에 발往ᄒᆞᆯ時에 安岳郡에 駐在ᄒᆞᆫ 憲兵査 崔□輝 리應善 兩氏가 極力保護ᄒᆞ고 特別顧愛ᄒᆞᆷ이 其熱心을 感尙ᄒᆞᆯ뿐不啻라 且捐月俸ᄒᆞ야 各學徒의 式을 路資로 助給ᄒᆞ니 ᄎᆞᆷ으로 稱頌ᄒᆞ기 爲ᄒᆞ야 玆에 廣佈ᄒᆞᆷ

松禾郡私立彰東학校 告白

本人의 姓名章을 本月廿二日夜에 當地北門外에서 遺失ᄒᆞ얏ᄉᆞ오니 誰某拾得ᄒᆞᆫ던지 勿施ᄒᆞᆷ

大邱財源調査局技手 리宗烈 白

春川市壯節公墓所松楸係是대宗中所管則宗人慶均方欲偸賣ᄒᆞ니 內外國人은 切勿買欵

平山申시대宗中 白

五月壹日 開業

大韓書林

本書林에서 內外國書籍과 학校用品等 一切을 廉價販賣ᄒᆞ오니 僉君子ᄂᆞᆫ 陸續 왕求ᄒᆞ심을 望ᄒᆞᆷ 但遠方에서 郵便으로 購求ᄒᆞᆯ時ᄂᆞᆫ 本舖事務員 李星鎬의게 交涉ᄒᆞ시옴

京城北部小安동 拾六統八戶

大韓書林主 鄭雲復

本書市에서 各種洋약과 학徒所用物品과 학徒帽子를 製造ᄒᆞ야 廉價로 賣ᄒᆞ오니 첨君子 照亮ᄒᆞᆷ

安岳上場 海西書市 林景柱 白

●初等女學讀本

本書ᄂᆞᆫ 不但女校에 必要之用書라 諺解를 另附ᄒᆞ야 在家婦女도 均可便覽而增장知見이오니 續續購讀ᄒᆞ심을 望ᄒᆞᆷ

발賣所 漢城各書舖

本書館에서 民智를 廣啓ᄒᆞ고 文明發達ᄒᆞ기 爲ᄒᆞ야 新書籍을 大발賣ᄒᆞ오니 僉君子ᄂᆞᆫ 陸續來臨ᄒᆞ심을 望ᄒᆞᆷ

釜山港東館 韓興書館 金汝寬

●新발明梅毒약廣告　權丞律 廣告

陸軍病醫 至誠經驗方劑

落梅丹

口瘡不발창 病去根之명약

壹劑五百粒 定價金三圜

主治 梅毒(唐창) 新舊창 ●瘰癧 ●皮膚病 ●保마質私●

已上病證外에 男女間에 不精交合ᄒᆞᆫ 後에 若疑아之虞이 有ᄒᆞ거든 此藥壹劑만 服用ᄒᆞ면 完然後慮를 ᄒᆞ고 脾胃도 健全ᄒᆞᆷ을 擔保ᄒᆞᆷ 此外에도 醫療機械와 精良ᄒᆞᆫ 藥材를 新備ᄒᆞ고 內外科 各色疾病을 誠心治療ᄒᆞᆷ

皇城北部大安동

仁濟약房 高明진 謹白

代理店

京城鍾路 共愛堂약房
仁川港□동 濟生堂
國內各處약局에ㅅ 發販賣ᄒᆞᆷ

世界文明産育新法

全一冊 純國文 卄五錢

十九世紀 歐洲文明 進化論

全一冊 國漢文 三十錢

元賣所 鍾路 古今書海館

발賣所 京鄕有名書館

英於人道之原則ᄒᆞ고 重於正義之誠實ᄒᆞ며 以親切爲旨ᄒᆞ야 訴訟事件 幷 각官廳請願事件을 廣受依托ᄒᆞᆷ

京城□洞 六拾四統二戶

東洋大학前講師

辯護士 渡邊 日本法律學士 木尾虎之助

▲학員募集廣告

本校에서 校務를 擴張ᄒᆞ고 학員을 多數募集ᄒᆞ오니 願入僉員은 四月二十五日(陰三月卄五日)ᄂᆡ로 入학請願書를 本校에 呈ᄒᆞ고 四月三拾日(陰三月卅日) 上午十時에 來校應試ᄒᆞᆷ

提出 入학請願書 履歷書紙ᄂᆞᆫ 本校도 請求ᄒᆞᆷ

一 試驗科目 國漢文讀書作文 算術四則以내 但相當ᄒᆞᆫ 卒業證書가 有ᄒᆞᆫ 人은 免試許入ᄒᆞᆷ

一 修業年限 三個年

一 修業科目 普通科

西北協成학校

本人에 六寸漢柱가 性本浮浪ᄒᆞ야 悖類을 符同ᄒᆞ고 無與當債ᄒᆞ라 ᄒᆞ오니 內外國人은 切勿見欺ᄒᆞᆷ

杜동 與賢宮ᄂᆡ 三十一統一戶 祖德柱 告白

共立新報

共立新報ᄂᆞᆫ 美洲에 留ᄒᆞ시ᄂᆞᆫ 我國同胞가 高明ᄒᆞᆫ 學問과 深厚ᄒᆞᆫ 熱誠으로 祖國을 思望ᄒᆞ고 國魂을 喚起ᄒᆞ야 每週에 一次式 刊行ᄒᆞᄂᆞᆫ 新報이온ᄃᆡ 世界形勢도 詳揭ᄒᆞ며 本國情況도 昭載ᄒᆞ야 愛國心이 有ᄒᆞ신 同胞ᄂᆞᆫ 不可不購覽ᄒᆞᆯ 新報이며 又是純國文으로 발行ᄒᆞ야 婦人孺子라도 一覽可瞭ᄒᆞᆯ지오니 睦我一般同胞가 我留外同胞의 殊邦風霜에 勞心努力ᄒᆞᄂᆞᆫ 誠意를 豈可超然ᄒᆞ리잇가 玆에 僉君子의 購覽을 紹介ᄒᆞ기 爲ᄒᆞ와 新報價及발賣所를 左에 廣告ᄒᆞ오

代金表
每張 五錢
六朔 壹圜貳拾錢
壹年 貳圜貳拾五錢

本國내 발賣所
京城 廣학서舖 金相萬
京城 博문서舘 盧益형
開城 남門내 興학서舖 姜助遠
平山郡 古之面 城남峴 金錫萬
長連邑내 東里 문석현
平壤 ㅗ口水外 韓和錫
載寧 新환井동 梁鼎涉
安州城내 義村동 金濟河
宣川邑 川邊 梁준명
踰川내 山面 무山里 李昇萬
義州 南門外 大東藥房 白用錫
金海 台也面 智士동 裵永會
龍江郡 耶蘇敎堂내 邦基昌
大邱 東上面 龍동 崔一瑞
咸興 西門밧 朱경삼
俄領 海參威 부東학舘

共立新報社代理人 金鍾淳 告白

第七百九十三號

大韓每日申報

檀君開國四千二百四十一年
孔子先年三千三十年
大韓開國五百十七年
日本明治四十一年
淸國光緒三十四年
隆熙戊申四月大初二日丙辰

月曜及慶節臨時休刊

論說

●不必淚驚

近日에伊藤氏가六條件을 上奏ᄒᆞ얏다ᄂᆞᆫ風說이閭巷에喧傳ᄒᆞ며一般韓人同胞들마음에疑雲이塞하며眼에霧花가亂ᄒᆞ야日此又何事件인가此又何事件인가法人이越남에行하던法으로我國에行ᄒᆞ랴ᄂᆞᆫ가俄人이波蘭을待ᄒᆞ던例로我民을待하랴ᄂᆞᆫ가ᄒᆞ야紛々相與驚ᄒᆞᄂᆞᆫ狀態가甚是悲悶ᄒᆞ도다嗚乎韓人아聞見이何其淺ᄒᆞ며智識이何其短ᄒᆞᆫ가來頭事項이六條件뿐ᄒᆞᆯ것이幾百番될ᄂᆞᆫ지幾千番될ᄂᆞᆫ지不知어날韓人은尙且此를不信ᄒᆞᄂᆞᆫ가尙且此를不悟ᄒᆞᄂᆞᆫ가大抵某國을勿論ᄒᆞ고國權을旣失ᄒᆞᆫ以後에ᄂᆞᆫ人民이人民이아니라牛馬와同ᄒᆞ며國家가國家가아니라牢獄과 一般이며아모리有耳有目ᄒᆞ나盲聾된廢人이며아모리有手有足하나禁錮된罪人이라出門壹步ᄒᆞ랴면旅行券을要ᄒᆞ며販擔壹張ᄒᆞ랴면行商稅를出ᄒᆞ고數人이相聚開談ᄒᆞ다가도巡査輩의亂捧을遭하며登香을請願祀望ᄒᆞ랴다가外國人의橫占을被ᄒᆞ고甚至於新紙壹張을購람ᄒᆞᆷ에도惡魔의恐喝이多端ᄒᆞ야一日을經ᄒᆞ미一層苦痛이添ᄒᆞ며二日을經ᄒᆞ미二層苦痛이添ᄒᆞ며三日四日을經ᄒᆞ미三層四層의苦痛이添하며五日六日을經ᄒᆞ미五層六層의苦痛이添ᄒᆞ야滔々歲月은我病을增ᄒᆞᄂᆞᆫ愁線이며茫々天壤에我生을拘칩ᄒᆞᄂᆞᆫ苦窟이라故로曰(哀莫哀者ㅣ無國이오痛莫痛者ㅣ無國이라)ᄒᆞᄂᆞᆫ마니嗟乎韓人아有國之民으로自信ᄒᆞᄂᆞᆫ가抑亦無國之民으로自知ᄒᆞᄂᆞᆫ가有國之民으로自信ᄒᆞᆫ다ᄒᆞ면吾가更詳ᄒᆞᆯ바無ᄒᆞ거니와無國之民으로自知ᄒᆞᆫ진ᄃᆡ將來苦痛의日復日增加될지니當自知ᄒᆞᆯ자어ᄂᆞᆯ

乃者某權利를去ᄒᆞᆫ然後에某權利의失ᄒᆞᆷ을始知ᄒᆞ며某條件提出ᄒᆞᆫ然後에某條件의成ᄒᆞᆷ을을始知ᄒᆞ니엇지可憫치아니며엇지可惜치아니ᄒᆞᆫ가

嗟乎韓人아從今以後에公等은層々落下ᄒᆞ며外力은咄々逼ᄒᆞ야許多怪禍、慘狀、悲悶、恐怖、愁苦、哀痛으로서뮤、서伯利亞等荒天漠地의慘景이三千里半島에叢集ᄒᆞ야檀君子孫의浩々一大刼이涯涘가正無ᄒᆞ니彼匪徒의 條件은成ᄒᆞ야도不足驚이며不成ᄒᆞ야도不足喜오大에五를續ᄒᆞ야壹條件만施ᄒᆞᆫ다ᄒᆞ야도不足樂이며六에四를加ᄒᆞ야拾條件을施ᄒᆞᆫ다ᄒᆞ야도不足憂ᄒᆞᆯ다ᄒᆞ노니

惟라其遲其速其多其少其成其不成을都不論ᄒᆞ고必運ᄒᆞᆯ苦痛이며必添ᄒᆞᆯ苦痛인ᄃᆡ何必今日에ᄉᆞ始驚ᄒᆞ리오

日然則韓人된者ᄂᆞᆫ痛ᄒᆞ야도痛을不知ᄒᆞ며癢ᄒᆞ야도癢을不知ᄒᆞ고刀鋸이면刀鋸、鼎확이면鼎확、彼의來加ᄒᆞᄂᆞᆫ뎌도安而受之ᄒᆞ야如何ᄒᆞᆫ怪約을提ᄒᆞ던지如何ᄒᆞᆫ惡法을行ᄒᆞ던지國이存ᄒᆞ던지亡ᄒᆞ던지民이生ᄒᆞ던지滅ᄒᆞ던지非我所知라ᄒᆞ이可ᄒᆞᆫ가曰否々라吾가如彼히言ᄒᆞᆷ은冷而不燃ᄒᆞ며寂而不動ᄒᆞ라고勸ᄒᆞᆷ이아니라但只苦痛이來ᄒᆞᆫ然後에苦痛을始知ᄒᆞ며苦痛이去ᄒᆞᆫ然後에苦痛을全忘ᄒᆞ야畵々苦痛의窠中으로陷入ᄒᆞᄂᆞᆫ者ㅣ哀惜ᄒᆞᆫ故로此言으로警告ᄒᆞ노니

嗟乎韓人이어腔의血이常熱ᄒᆞ며眼의淚가常積ᄒᆞ야其悲憤其慷慨가恒常五條約되던第二日에坐ᄒᆞᆫ듯하며七協約되던第二日에坐ᄒᆞᆫ듯하야臥ᄒᆞ거든獨立을夢ᄒᆞ고起ᄒᆞ거든自由를呼ᄒᆞ야乙支文德김庾信의跡을繼ᄒᆞ며라ᄒᆞ며華盛頓瑪志尼의志를友ᄒᆞ라ᄒᆞ면自助天助의至理가昭然ᄒᆞ야國權恢復의其ᄂᆡ이必有하려니와

但何許條件을締結ᄒᆞ던지當時에만怪々驚懼ᄒᆞ면何益이有ᄒᆞ리오

▲隆熙二年四月二拾九日官報

隆熙貳年度歲入歲出總預算追加案을上奏ᄒᆞ야可라ᄒᆞ신旨를奉ᄒᆞᆷ

隆熙二年四月貳拾五日
內閣總理大臣李完用
度支部大臣高永喜

豫 算

第壹條 隆熙貳年度歲入歲出追加額을七十萬圓으로定ᄒᆞ고其款項의金額은別冊甲號歲出預算에揭ᄒᆞᆷ

第貳條 別冊乙號所揭한費途ᄂᆞᆫ其規畫ᄒᆞᆫ바에隨ᄒᆞ야隆熙三年度에亘ᄒᆞᆫ繼續費로ᄒᆞᆷ

甲號 歲出臨時部

ᄂᆡ部所管

第貳款 治道費 金七拾萬圓
第壹項 俸給 金貳萬六千四百六拾圓
第貳項 廳費 金壹萬七千三百四拾六圓
第三項 旅費 金貳萬六千七百三拾圓
第四項 雜給及雜費 金三萬四千九百貳拾圓
第五項 舍宅料 金七千五百六拾圓
第六項 修繕費 金壹萬三千三百拾圓
第七項 工事費 金五拾七萬三千六百七拾四圓

乙號 治道費 總額
金百萬圓 款 治道費
年額 隆熙貳年度
金七拾萬圓 款 治道費
隆熙三年度
金三拾萬圓 款 治道費

說 明

前記의費途ᄂᆞᆫ前揭의貳箇年度에亘ᄒᆞᆫ繼續費로ᄒᆞ야旣定ᄒᆞᆫ治道費에倂算ᄒᆞ야使用ᄒᆞᆷ을要ᄒᆞᆷ
但隆熙貳年度、要ᄒᆞᆯ金額은此를歲出臨時部ᄂᆡ部所管第貳款에揭ᄒᆞᆷ

外報

●移民問題議決 倫敦電을據ᄒᆞᆫ則晩香坡에서大集會를開ᄒᆞ고亞細亞移民問題를討議ᄒᆞ얏ᄂᆞᆫᄃᆡ一件의決議案은可決ᄒᆞ고日加條約中移民에關ᄒᆞᆫ條款을廢棄ᄒᆞᆷ을要望이라ᄒᆞ얏더라

●太平洋艦隊組織 桑港電을據ᄒᆞᆫ즉美國政府에서目下戰鬪艦二拾隻을馬尼羅에派送ᄒᆞ야太平洋艦隊를組織ᄒᆞ라ᄒᆞᆫ다더라

●蒙古州縣의新設 淸國政府에서內外蒙古의司法行政을改善하기爲ᄒᆞ야州縣을新設ᄒᆞ기로決定ᄒᆞ얏더라

●貨幣劃一獻議 天津에駐箚ᄒᆞᆫ比國領事가本國에北京天津保定과其他北淸都市에貨幣의價格을一定ᄒᆞᆯ意로直隸總督楊士驤氏에게獻議ᄒᆞ얏ᄂᆞᆫᄃᆡ其獻議가如左ᄒᆞ니

銅貨鑄造權을北京政府에委任ᄒᆞᆯ事
銀貨及銅貨의交換額을制定ᄒᆞᆯ事
國稅와其他收入金을政府에서鑄造ᄒᆞᆫ銅貨로收入ᄒᆞᆯ事

●漢口大風 漢口電을據ᄒᆞᆫ즉去二十五日漢口에大風이起ᄒᆞ야水上及陸上에被害가甚ᄒᆞ얏ᄂᆞᆫᄃᆡ損害가三十萬兩計算이라더라

●露國大雪 倫敦電을據ᄒᆞᆫ즉露國全部에大雪이降하얏다더라

●暴風慘狀 桑港電을據ᄒᆞᆫ즉去二十四日午后묵서哥灣沿岸諸州에暴風이起ᄒᆞ야人飛屋拔에死傷者數千人에達ᄒᆞ엿고至今ᄭᆞ지其後報告를據ᄒᆞᆫ즉死者三百八人이오負傷者千餘名인ᄃᆡ就中미스쓰피ㅣ州ᄂᆞᆫ其被害가最甚ᄒᆞ야全部村落이吹揚ᄒᆞ야餘痕이無ᄒᆞᆫ處가數箇所라人畜와材木이空中에舞揚ᄒᆞ얏ᄂᆞᆫ대該附近에서救濟ᄒᆞ기로努力中이라더라

●杭廢鐵道開通 淸國杭州廢平間의鐵道ᄂᆞᆫ五月十四日로開通ᄒᆞ기로豫定ᄒᆞ엿더니四月三十日에開通ᄒᆞ엿다더라

雜報

●同興設社 定州郡人士들이同興會社를設立ᄒᆞ고股本은十萬圜假量인ᄃᆡ現今募集금額이四萬圜에達ᄒᆞ얏다더라

●西北月例通常會 西북학會에서月例通常會를五月二日(土曜日)下午四時에舊進善本校ᄂᆡ(前漢북학校)에開ᄒᆞ고事務를處理ᄒᆞᆫ다더라

新譯 海外稗談

第四章 靑生 譯

美利堅의愛國幼年會 續

半年이못되여각處儲蓄銀行의報告를據ᄒᆞᆫ즉軍艦貯金이凡三百萬圓이러라

愛ᆞ幼年會에서決議ᄒᆞ고艦을ᄉᆡ造ᄒᆞ니其名曰(亞美利加의幼童)이라云ᄒᆞ더니라

余가此篇을旣譯하고我國少年에게敬告ᄒᆞ야曰我國학生들아此幼童을視ᄒᆞ라我國少年들아此幼童을視ᄒᆞ라我國資本家들아此幼童을視ᄒᆞ라我國愛國志士들아此幼童을視ᄒᆞ라 箇年少力小ᄒᆞᆫ髫髮垂ᄒᆞᄂᆞᆫ者도此國家를爲ᄒᆞ야此偉大ᄒᆞᆫ事業을作ᄒᆞ거ᄃᆞᆫ壯歲男兒ᄂᆞᆫ엇지事業을成하고歲月을虛送ᄒᆞ니何如며黃金富客으로ᄂᆞᆫ엇지利를不興ᄒᆞ고貨財만坐腐ᄒᆞ니何如오他日海上에大韓幼年이란軍艦이或出ᄒᆞᆯᄂᆞᆫ지

完

廣告

雜報

●御臨運動 今番各官公私立학校聯合大運動을舉行ᄒᆞᄂᆞᆫ日에 大皇帝陛下게셔와 皇后陛下게셔 親臨御람ᄒᆞ신다더라

●馬車注문 대皇帝陛下幸行ᄒᆞ실時에需用次로宮내主馬課에셔馬車新座를日本에注문貿來ᄒᆞᆯ計劃이라더라

●木曜例會 昨日은木曜日인故로내閣諸대臣이木曜例會를開ᄒᆞ고行政處理의關ᄒᆞᆫ案件을協議ᄒᆞ얏다더라

●兩壓壹派 近日桂동派와대東학會와壹進會二派가新政府를互相運動ᄒᆞ야秘密運動中인ᄃᆡ桂동派와대東학會兩派가壹進會壹派를壓倒ᄒᆞᆯ計劃이라더라

●經議後任 학部대臣리載崑氏가昨日내閣會議를經ᄒᆞᆫ後에本部로仕進視務ᄒᆞ얏다더라

●出迎宋氏 農商工部대臣宋秉畯氏가日間入성ᄒᆞᆯ터인ᄃᆡ警視廳에셔秘密히壹層保護하며壹進會에셔ᄂᆞᆫ該會長리容九氏만迎接次로釜산等地ᄭᆞ지前往ᄒᆞᆫ다더라

●質問雲峴 主殿院卿리謙濟氏가 進會長리容九씨의代表로義州龍천等地所在雲峴宮庄土事로去番夜半十貳時종에雲峴宮에前往ᄒᆞ야承宣君리垂鎔씨의게質問ᄒᆞ고리容九氏의게回報ᄒᆞᆫ後當夜에又往雲峴宮ᄒᆞᆫ즉門已深鎖ᄒᆞ야不得更入ᄒᆞ얏다더라

●携妓蕩遊 국대臣들이演戲場에追逐ᄒᆞᄂᆞᆫ事ᄂᆞᆫ累累報道ᄒᆞᄂᆞᆫ바어니와中樞院顧問리址鎔氏가日昨에妓生산紅을帶同ᄒᆞ고決陵동口에新設ᄒᆞᆫ演戲場에셔終日跌宕ᄒᆞ얏고同夜에ᄂᆞᆫ協律社에셔遊樂ᄒᆞ얏다더라

●圖囑成習 近日니部에셔郡主事及通譯官을試取ᄒᆞᆷ은其資格의合當ᄒᆞᆫ人을選取叙任ᄒᆞ야地方行政에補道가有케ᄒᆞᆷ인ᄃᆡ主務대臣及勅任官ᄭᆞ지ᄂᆞᆫ如何ᄒᆞᆫ試取ᄒᆞᆷ을相關이無ᄒᆞ고奏任官某々諸氏가該試取에對ᄒᆞ야互相私囑ᄒᆞ얏다ᄂᆞᆫ醜說이浪藉ᄒᆞ더라

●界限插標 한셩니각市街의土地를度支部에셔壹壹히測量ᄒᆞᆯ터인ᄃᆡ基址所有權者로ᄒᆞ야금定界插標케ᄒᆞᆫ다더라

●測量成圖 한셩니家屋及土地를測量ᄒᆞᆷ은其面積의幾許를査實後에地圖를條錯ᄒᆞᆯ所以라더라

●郊民呼訴 東대문外에在ᄒᆞᆫ향馬場과사養ᄒᆞᄂᆞᆫ馬匹은軍部所管이라ᄂᆞᆫᄃᆡ該基址를官니府의所管으로認定ᄒᆞ고該馬匹도現今收入ᄒᆞᆯ라ᄒᆞᆷ으로該局를使用營業ᄒᆞ던人民等이宮니府에抑冤ᄒᆞᆫ事實을呼訴ᄒᆞ얏다더라

●柴社股금 한셩柴炭株式會社股本據額이五千圜인ᄃᆡ現今募集額이四千餘圜인故로其零額은발起人이擔當ᄒᆞ기로決議ᄒᆞ얏다더라

●犯逋금額 개國五百三年부터光武壹年ᄭᆞ지各官吏의犯逋금額中度支司稅局及한셩稅務署에셔昨年七月以後로本年二月ᄭᆞ지國庫에收納금額이四拾四萬四百九元八十五전壹厘오其人數가百拾七人이오司稅局에셔光武拾壹年以前에各官吏의犯逋ᄒᆞᆫ금額中에將來國庫에上納케ᄒᆞᆫ誓約證書를受ᄒᆞᆫ금額이二 八萬六千三百六拾四元拾七전四厘오其人數ᄂᆞᆫ三拾七人이라더라

●官私聯合 학部에셔各官公私立학校聯合大運動을來月九日頃으로擬定인ᄃᆡ本月쯤터각학校任員을會同ᄒᆞ야運動節次를協議ᄒᆞᆫ다더라

●神父還國 대英國聖教會主教端雅德氏가教中規矩를改定ᄒᆞ고教育을擴張ᄒᆞ기爲ᄒᆞ야暫時還國ᄒᆞ얏스ᄃᆡ各道에셔傳教ᄒᆞᄂᆞᆫ神父와教師를會同ᄒᆞ야該事件을爛熳相議ᄒᆞ고教名을改定ᄒᆞ야대韓宗古聖教會라稱ᄒᆞ고本月三十日上午七時에발程ᄒᆞᄂᆞᆫ故로各處神父와教師와내外國人諸씨가南대문外停車場에出往餞送하얏다더라

●朴氏被害顛末 前海州郡參書官박회도氏가義兵의게被害ᄒᆞᆫ說은昨報에揭載ᄒᆞ얏거니와其被害ᄒᆞᆫ顛末을詳聞ᄒᆞᆫ즉去二拾七日에該氏가金城郡私第에下往次로轎子를乘ᄒᆞ고松隅場에到着ᄒᆞᆫ즉義兵數百名이朴氏를緊執ᄒᆞ고質問ᄒᆞ되爾非一進會員박參書乎아ᄒᆞ거ᄂᆞᆯ박氏答曰我非一進會라前海州參書官朴회도라ᄒᆞ더義兵이終不信聽ᄒᆞ고木棒으로朴氏를數次猛打에朴氏가因爲昏倒ᄒᆞ더니即其時에義兵數百名이來到ᄒᆞ야朴시를使轎軍으로扶掖ᄒᆞ야旺方산十五里許에驅入ᄒᆞ야朴氏를拔劍斬之ᄒᆞ고轎軍은無事放送ᄒᆞ얏ᄂᆞᆫᄃᆡ該轎軍의所傳이如斯ᄒᆞ다더라

●茶校任員 茶동等地에居ᄒᆞᄂᆞᆫ實業家諸氏가학校를設始ᄒᆞ다ᄂᆞᆫ說은昨報에已揭ᄒᆞ얏거니와校名은共成학校라命名ᄒᆞ고校長은劉臣鎔氏로校監은리商在氏로選定ᄒᆞ얏다더라

●出捐共校 前判尹김영振씨가共成學校에補助금五百圜을捐付ᄒᆞ얏다더라

●師範新校 海州儒林諸시가鄉校에師範학校를設立ᄒᆞᆯ기로方今協議中인ᄃᆡ一境人士가莫不贊成ᄒᆞᆫ다더라

●設校禁酒 박천舊진에夜학校를設立ᄒᆞ고학徒를募集ᄒᆞᆫ시有志동長김得賢씨가熱心勸獎ᄒᆞ야학徒가三拾餘名에됐ᄒᆞᆫ지라壹般학徒與동長이동내에酒禁ᄒᆞ기로相議ᄒᆞ고釀酒者와酗酒者를嚴禁ᄒᆞ미遠近人民이莫不稱頌ᄒᆞᆫ다더라

●慶尹獎학 북來人에傳說을聞ᄒᆞᆫ즉慶興府尹김榮진氏가赴任七朔에教育에熱心ᄒᆞ야학校를盡力贊成ᄒᆞ고面面社社에私立학校를設立ᄒᆞ고夜학科를兼備ᄒᆞ야樵童을多數募集ᄒᆞ고國文算術을每夜教授ᄒᆞ며셩니에女학校를創設ᄒᆞ고학徒六十餘名을會集教導ᄒᆞᆫ다더라

●不厭教導 慶興公立普通학校ᄂᆞᆫ設施ᄒᆞᆫ지六七年에至ᄒᆞ엿더니該府郵便局主事沈相旭시가教務를自擔ᄒᆞ고不避風雨ᄒᆞ며親往訓導ᄒᆞᆫ다ᄒᆞ고該郡來人이稱頌ᄒᆞ더라

●數院漸擴 북部三清동에有志諸ᄉ가講數院을設立ᄒᆞᆷ은已經屢載인바現今夜학科를三回학員을增募ᄒᆞ며特設養학科ᄒᆞ고法律經濟日語等科를教授하기爲ᄒᆞ야학員을募集中인대將次校舍도擴張ᄒᆞᆫ다더라

●夫人助會 車夫人順卿氏와鄭炳采氏夫人과리秉辰氏夫人과申夫人敬희氏가上海에留連ᄒᆞᄂᆞᆫ더韓館에셔韓人이保國會를組織ᄒᆞ고會館을設立ᄒᆞ미四夫人이熱心贊助ᄒᆞ야각自出力에自十圓으로至三圓ᄭᆞ지捐助ᄒᆞ얏다니此眞可賀可感ᄒᆞᆯ事라ᄒᆞ노라

●商校創設 開셩確報를據ᄒᆞᆫ즉本月二十四日上午拾二時에開셩商業會議所에셔定期總會를白木廛都家에개ᄒᆞ얏ᄂᆞᆫᄃᆡ參席員이三百餘名이오會頭최문鉉시가事務處理를一致可決ᄒᆞᆫ中에김奎章氏提議로廣木양木玉양木石油等物을매買時에外口를磨鍊ᄒᆞ야商業학校를創設ᄒᆞᄌᆞᄒᆞ미최문鉉氏가商業학校에必要ᄒᆞᆷ과獎助遠氏ᄂᆞᆫ商業學校가將來國家財源의利害를說明ᄒᆞ고外口와내口ᄂᆞᆫ同壹히五月拾日爲始하야收入ᄒᆞᆫ後五月내로商業학校를創立하기로預定하얏다더라

●開校運動 本月二拾八日에開셩滿月臺에春期대運動을郡내각학校가聯合設行ᄒᆞ얏ᄂᆞᆫᄃᆡ公立에壹百八十人이오마셩에四拾九人이오普昌에六拾八人이오孟東에五十六人이오培義에九拾八人이오韓英에二百六拾八人이오和昌에六十六人이오松明에八十壹人이오光明에七十壹人이오春雨에二十九人이라合八百九拾七名이會集ᄒᆞ야計算提燈取物高跳각等을擧行ᄒᆞᆫ後에來賓의平壤학務會總代김회원시ᄂᆞᆫ公益에必요와셔북학會總代김明濬시ᄂᆞᆫ現世責任과셔북학會로鄭雲復시ᄂᆞᆫ運動의利益과식木의利益과韓英書院長尹致昊시ᄂᆞᆫ何如方針으로植木이라ᄂᆞᆫ問題로演說ᄒᆞᆫ後에銀時票三箇ᄂᆞᆫ計算優等三次의分給하얏다더라

▲地方消息▼

▲去月二十三日旌善북方四里에셔壹百五拾餘名의義徒ᄂᆞᆫ該郡駐在日守備隊와交戰ᄒᆞ얏다ᄒᆞ고

▲去月拾五日蔚珍서북方新里에셔少數의義兵은三陟郡日守備隊와交戰하얏다ᄒᆞ고

▲去月二拾七日午後七時半에鳳산郡赤셩坊空대에셔五拾餘名義徒ᄂᆞᆫ日憲兵幾名과交戰ᄒᆞ얏다ᄒᆞ고

▲去月拾壹日午前壹時에豊천郡遊산面唐館동에셔數十名義徒ᄂᆞᆫ日守備隊와交戰ᄒᆞ얏다ᄒᆞ고

▲去月拾三日에釜산東북約二里地에셔五拾餘名義徒ᄂᆞᆫ日本巡査及守備兵幾名과壹時間을交戰ᄒᆞ얏다ᄒᆞ고

▲去月二拾八日午前九時에楊州郡泉천面德亭里에셔義兵四拾餘名은日憲兵幾名과猛烈히交戰ᄒᆞ얏다ᄒᆞ고

▲去月拾七日新義州巡査分遣所의報告를依ᄒᆞᆫ즉去月初八日에佛國人二名이京셩으로붓터昌셩을向ᄒᆞᄂᆞᆫ途中에强盜를遭遇ᄒᆞ야如干物品을被奪ᄒᆞ고重傷을被ᄒᆞ얏다ᄒᆞ고

▲去月二拾六日午前九時三拾分에龍인郡下東村에셔日憲兵六名이百餘名의義兵을遭遇ᄒᆞ야即時互相衝突ᄒᆞ야多小死傷이有ᄒᆞ얏다더라

東京電報

●清政府의抗議 二十九日발 清國政府에셔間島에在ᄒᆞᆫ日本統監府派出所를撤回하라고抗議하얏스나日本政府ᄂᆞᆫ此를拒絶ᄒᆞ얏ᄂᆞᆫᄃᆡ清國政府도此를承認ᄒᆞᆯ듯하다ᄒᆞ얏더라

▲春夏餞迎▼

▲天時人事點檢ᄒᆞ니紅綠相禪春夏交에新舊交遞迎送이라萬象擾々莽換ᄒᆞ니改革時代이아닌가

▲政界飜覆ᄒᆞ야新내閣을組織ᄒᆞ니疾足者가誰런고각自爭鋒唾手로라罶中隱月吐影ᄒᆞ니一送一迎自然勢라봄이가면여름온다

▲郡守奏本頻煩ᄒᆞ니運動登庸奔忙ᄒᆞ다地方生령塗炭ᄒᆞ나百里分憂누가잇노前日政治문亂터니新政治ᄂᆞᆫ何如ᄒᆞᆯ가봄이가면여름온다

▲府部官吏變更ᄒᆞ니生소面目乘權ᄒᆞ야日加月增敍任ᄒᆞᆫ다風土人情不同ᄒᆞᆫᄃᆡ事務處理엇지ᄒᆞ나韓人가고日人오니봄이가면여름온다

▲三家村中老학究ᄂᆞᆫ新時代에憂歎ᄒᆞᆫ다各학校가成立ᄒᆞ니史畧通鑑無用이라地誌算術各課程에新教師를延聘이라봄이가면여름온다

▲酒食是議ᄒᆞ더習慣은女子所학이뿐이라列强制度본작시면男女教育一般이라女학校가星羅ᄒᆞ니대韓舊俗一變이라봄이가면여름온다

▲衣服制度忽變하야靑々白々無常이라開化黨이吹撼ᄒᆞ야新舊式이相雜ᄒᆞ니帽子洋鞋두루마기換面人物無數하니봄이가면여름온다

▲海外人物渡航ᄒᆞ야家屋土地占居ᄒᆞ니山澤之利盡歸로다居民何以支保ᄒᆞᆯ가此天地가何天地오日人天地되겟고나봄이가면여름온다

▲京鄉各處裁判所ᄂᆞᆫ新法律을編成이라由來法律見在ᄒᆞ나異域規模模倣ᄒᆞ나대明律을廢ᄒᆞᆫ가新法官이多數ᄒᆞ다봄이가면여름온다

▲變幻世界當코보니新局見안用ᄒᆞᆯ가列强形便全味ᄒᆞ면正墻面立엇지ᄒᆞ나悠悠頑夢一破ᄒᆞ고新知識에注意ᄒᆞ니봄이가면여름온다

社告

本社大邱支社員崔一弘시는日前에解任ᄒ고本報를停送인바 히지購覽諸시의本報愛讀之厚意를寡副코ᄌ하야當지남門내 乾材약局梁壽益시를本社支社員으로認定ᄒ고還間停送ᄒ얏던申報도遞號還送ᄒ오니購覽쳥員은右梁시의게繼續請覽하심을요

廣告

去陰二月卄五日分에得債次로日本人藤川米之助處에家대田券契約書八枚와一萬五千兩票字를兼付러니居間韓基柱朴希鏞兩人이挾推故로得債事를停止ᄒ고契約서는還推이나票字를遺失이다ᄒ고尙不出給ᄒ니外國人은此票字를切勿施行하심을務望홈

平安남道介川中남面光德里 洪性濂 告白

◎特別廣告◎

本塾英語夜학科에서春期試驗을經ᄒ後각級학員을增募ᄒ고英語를專門으로教授ᄒ려이니願학 僉君子는本月五日內로本塾에來議ᄒ을務望홈

應接時間每日下午六七時

(南大문나暘동四九三統七戶)

私立廣化新塾長 南廷晳

夫晦日夜에靑寧橋等地에서紙갑을拾得ᄒ엿스니誰某시든지見失ᄒ오신人은來問홈 남部后동六十二統十三戶 鄭濱謨 白

懷德郡炭동面내동前主事柳寅하氏寅兄弟는如干世業을貧族窮交에許給救濟ᄒ니如此慈善을所聞有ᄒ기廣佈홈

朴晉璉 告白

慶북금산郡금泉市廣興학校校長리大議ᄯ와贊成長최鎭台氏리昌淳氏가教育에熱心으로本校를維持ᄒ엿아니라商業을進ᄋ研究ᄒ야商業會議所를創立ᄒ고各客主規例를組織ᄒ야無論某物ᄒ고客主口문外祿負商取錢之弊ᄂ登功痛禁ᄒ야買민에便利ᄒ고商賈가稱譽ᄒ더니所謂김允命리建徵ᄂ素以浮浪悖類로負商의猖鬼가되야有何感情이던지리大議리昌淳리鎭台三씨를譖訴挾雜하야各處에網利ᄒ고약笠蘆席商에도收稅太鹽에라云ᄒ니口文인지收稅인지名目도不知에고稱云收稅은於理不當이며김리兩人이但히負商輩의教唆으로奸謀를欲售ᄒ야教育에熱心과商業에務圖ᄒ는有志人士를滔於不測하니是는教育을妨害하고商業을沮遏ᄒ는죄라如此悖類ᄂ不無聲討이기玆에廣告홈

廣興학校先徒 문夏永 朴元석 김命允等白

春천申壯節公墓所松楸係是뎌宗中所管今聞宗人慶均方欲偷매내外國人切勿見欺

平산申시대宗中 白

五月二日上午八時에新興寺에서春期懇親ᄒ運動을設行ᄒᄂ대一般會員게居住가詳細치못ᄒ야通知書를未傳ᄒᆷ이多ᄒ故玆에廣告ᄒ오니伊時에齡臨ᄒᄉ來臨하심을務望

基督教靑年會 告白

리允玉씨玉字를仲字로改正홈 남문外大里동리允仲 告白

本人이북署鍾府동廿七九統八戶에居生이옵더니去一月拾五日夜의火災를致ᄒ야家產什物을燒盡ᄒ옵고建築道理가全無ᄒ얏습더니本동有志紳士와前居동里有志紳士가其事狀慘酷홈을동中에出言ᄒ사不拘저財多少ᄒ고捐助를公布ᄒ시민登동이樂從ᄒ와不時에數百元을集合ᄒ야捐助ᄒ와家舍를建築ᄒ얏ᄉ오니如양惠澤은糞脊不忘ᄒ야廣告於我同胞ᄒ오니照亮하심을伏望

其捐助紳士는如左

本동발起紳士 林蓮潤

徐鼎九 리基英 리容觀

朴淳키 壯동발起紳士

大韓吴千商宮 五圜 리龍夏

宋相俊 孫九永 白米壹石

艮장沈榮각壹器 리容觀

리喬永 김宜東 김鳳洙

吳悌泳 以上貳圜 林達潤

徐相鎬 趙源誠 리基英

리俊서 리鍾俊 朴寧夏

김濃圭 리象喆 俞乘煥

김진덕 안云善 徐尙宮 朴尙宮

趙尙宮 以上壹圜 崔貞鎬

김格 朴佑鉉 林商澄

崔歪相 김敬賢 朴容俊

洪종振 문相鉉 陳석範

리龍夏 宋相俊 김萬濟

董命鎬 김永萬 田곽植

卓敬壽 리종台 변章煥

梁壽賢 김龍根 리덕榮

康인植 林丙圭 김尙宮

김尙宮 以上五拾錢 林우澄

趙源英 朴潤宗 以上四拾錢

리吉宰 曹用煥 김馨煥

成龍植 以上卅錢 朴淳뎌

林炳澤 趙召史 리龍淳

鄭寅甲 閔元植 趙慶鈺

崔弘植 尹喜영 정昌潤

김然뎌 宜孀均 閔丙玉

최順巨 趙진成 申덕종

김致剛 리秀模 김龍基

김顯昇 김진國 以上廿錢

김慶종 十錢 崔회영 卄전

長醫士 醫각壹器 안召史

長醫士 醫각壹器 김德柱 告白

●學員集募廣告

本所에서測量製圖術를三個月速成으로教授코ᄌᄒ야학員二十人을陰四月五日內로募集ᄒ오니願학 僉員은遙々來議홈

南署茶동十統二戶 리基祿家 速成測量製圖講習所 廣告

本書市에서각種洋약과학徒所用物品과학徒帽子를製造ᄒ야廉價로賣ᄒ오니첨君子照亮홈

安岳上場海서書市 林景柱 白

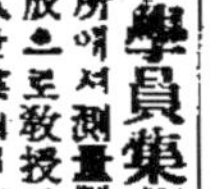

測量製圖所 告白

茶洞俞炳玉家測量製圖所을남署下犂동二十二統七戶崔俊植家로移住홈

小學漢文讀本

장隱 元泳義氏 纂輯 上下二編 正價金六拾전

▲本書는蒙學漢文初階를繼續ᄒ야각種科학의理論을編輯ᄒ고國文으로句讀를明釋하야普通의指남과文理의捷徑을作홈

●初等女學讀本

本書는不但女校에必要之用書라諺解를另附ᄒ야在家婦女도均可便覽而增장知見이오니續續購讀하심을望홈

발賣所 漢城各書舖

初等女學讀本

李源競 著述 第壹冊 正價金 三拾전

本書는女학校教科書應用키爲ᄒ야本文은國漢文으로諺解를另附ᄒ야分課編輯ᄒ者니雖在家婦女라도均可便覽而增長知見홈에必要홈

愛國偉人 葛蘇士傳

清國梁啓超 原著 全一冊 正價金拾五錢 (國漢文)

本書ᄂ歐洲風雲을震撼ᄒ고自國獨立世力圖ᄒ던匈亞利愛國偉人葛蘇士의事蹟을綱羅著輯ᄒ者니當時葛蘇士의雄飛活躍의經歷과及其英雄末路의不運을隨ᄒ야奧匈聯邦의雙立國體를竟成ᄒ結果를觀ᄒ에可使讀者英雄崇拜의感想을激起케ᄒ리로다

발兌元

▲皇성中署罷朝橋越便中 中央書舖館

▲皇城종路 博々書館

▲皇城大廣橋東邊 滙東서館

▲皇城남門內의동 大東書市

●本邦未曾有ᄒ新雜誌

〔大韓〕醫藥新報 每月一回發行 一部定價四錢

第三號印刷中 一介年 郵稅幷五十錢

本報ᄂ標題와如히我大韓의의학을振興ᄒᆯ目的으로東서古今의학說源委와日新학物의治驗廣告를無遺詳記ᄒ얏ᄉ오니同業君子ᄂ斯速購람ᄒ시오

한성中部鉢里동 十二統二戶

발行所 醫약新報社

其於人道之原則ᄒ고直於正義之誠實ᄒ며以親切爲旨ᄒ야訴訟事件幷각官廳請願事件을廣受依托홈

京城저洞六拾四統二戶

東京大학前講師

日本法律학士 辯護士 木尾虎之助

特別 學員募集廣告

本校에서書학을設立ᄒ고학員을募集ᄒ오니願학첨員은來九日(陰四月八日)내로請願서를提呈ᄒ시옵但請願서는本校用紙홈

卒業年限은貳個年

一年齡十五歲以上

一科目 日語 算術 歷史 漢문 體操 地誌

一試驗日字 五月十日上午十時

一試驗科目 國漢문讀서作문 但貳年級志願者는 日語 算術(四則以上)

典洞私立中東학校告白 (前漢語학校)

大韓書林

五月 壹日 開業

本書林에서內外國書籍과학校用品일切을廉價販賣하오니僉君子는陸續왕求ᄒ심을望홈

京城북部小安동拾六統八戶

大韓書林主 李星鎬

共立新報는美洲에留ᄒ시는我國同胞가高明ᄒ학問과深厚ᄒ熱誠으로祖國을眞望ᄒ고國魂을絕叫ᄒ야每週에一次式刊行ᄒ는新報니온다世界形勢도詳揭ᄒ며내國情況도昭載하야愛國心이有하신同胞는不可不購覽홀新報이며又是純國문으로발行ᄒ야婦人孺子라도一覽可瞭홀ᄯ하오니嗟我一般同胞가我留外同胞의殊邦風霜에勞心勞力하는誠意를豈可起觀하리잇가玆에僉君子의購覽을紹介하기爲ᄒ와該新報價及발賣所를左에廣告하옵

代金表

每號 五錢

六朔 壹圜貳拾錢

壹年 貳圜貳拾五錢

本國내出張所

京성廣학서舖 金相萬

博문서館 盧益형

開城남門내興학서舖 姜助遊

平산郡古之面城남峴 金錫萬

長連邑내東里 문석관

平壤上口水外 車利錫

鎭남浦龍井동 梁麟涉

安州城내義村동 金濟河

宣川邑 川邊 梁종明

順川내山面平山里 李景萬

義州남門外大東藥房 白用錫

金海台也面智士동 鄭永會

龍江郡耶蘇教堂내 邦基鎬

大邱東上面龍동 崔一鎬

咸興서문밖 朱영欽

俄領 海蔘威 개東학舖

共立新報社代理人 金鴻濤 告白

簡易商業簿記學

全一冊　定價金四十五錢

本書ᄂᆞᆫ簿記學中最近ᄒᆞᆫ학理와精妙ᄒᆞᆫ形式을精細蒐輯ᄒᆞ야了解키簡易ᄒᆞ도록編述ᄒᆞᆫ者니一般商業家에不可不一次閱覽ᄒᆞᆯ者뿐아니라中等以上學校에敎科로用ᄒᆞᆷ도適當ᄒᆞ니陸續購覽ᄒᆞ심을望ᄒᆞᆷ

발賣所
　布병下　廣학書舖　洞口越便中央書館
　廣橋東便匯東書館　寺동漢陽書館
　鍾路　大東서市　鍾路古今서海관

녀자독본

韋菴先生　張志淵　著

壹帙二冊二百七拾頁　定價金六拾錢

我韓女學에不講이久矣라上等婦人에知識도虛妄ᄒᆞᆫ證冊에不過ᄒᆞ니如此ᄒᆞ고야엇지文明國民을作成ᄒᆞ리오挽近志士가女학의必要ᄒᆞᆷ을絶叫ᄒᆞ야女子학校가在々發起ᄒᆞ나完全ᄒᆞᆫ敎科書가無ᄒᆞ야識者에慨歎ᄒᆞᄂᆞᆫ바라故로此書二卷을女子의知識開발ᄒᆞ기爲ᄒᆞ야純國文을純用ᄒᆞ고漢文을旁註ᄒᆞ얏ᄂᆞᆫ데上卷은本國故代有名夫人의歷史오下卷은東西각國有名婦人의歷史이오니　僉君子ᄂᆞᆫ速々來購ᄒᆞ시옴

발賣元　皇城中署布屛下廣학書舖　김相萬
발賣所　平壤종路耶蘇敎冊々　平壤法橋大同書觀
　　　　京鄕각書舖

客年七月頃에統監府技師庵原文郞氏가熊川巨濟兩郡漁基調査次奉令下來ᄒᆞ야公正ᄒᆞᆫ眼力과慈惠ᄒᆞᆫ心法으로加德島漁基前後文券을査覈後上京이ᄂᆞ니今에該文券에民有條와冤失ᄒᆞ얏던漁基를一々還屬本主ᄒᆞ시니此是庵原公의明査公判之惠다失業瀕死之島民이聞此德音ᄒᆞ고咸頌再生之恩ᄒᆞ야將欲勒石竪碑ᄒᆞ야以永永世不忘之德ᄒᆞ짓ᄉᆞ기玆先廣告ᄒᆞᆷ

慶尙남道熊川郡加德島漁民代表人　姜重見　告白

●國債報償總合所收入廣告
●永川支取所北習面新河동
韓士元　柳枝坤　朴任元
各三十二錢　孔인하　韓允壽
各貳十二錢　嚴任守　四拾錢
▲回龍동
姜永寬　孫爽瀛　姜永鎬
각八十錢　崔舜宗　安永燦
姜采楚　리般喜　朴종伊
姜采珍　각六拾錢　리炳秀
崔鎔溶　尹起滿　崔容老
尹相文　김海龍　각四拾錢
孫泰滿　鄭松伊　姜水天
金龍培　각三拾錢　韓士根
姜述伊　리般坤　각二拾전
▲後谷동
리應翼　張斗明　각六十전
리承鳳　리진厚　각四十전
金英祐　金在泳　리致植
김仕祐　金大元　각二拾전
▲三槐洞
姜在夏　리鉉斗　각八拾錢
姜桂會　柳濱坤　各六十전
리景休　리哲伊　金承石
張祥斗　각四拾전　都岳成
金應仕　리建渠　都基成
金在國　각二十전
▲鳳溪동
金在述　金善吉　各八拾전
리鐘대　최世倍　權永鎬
韓始거　리문旋　都遂東
韓始鵬　리東根　김奉成
각四十전　리和得　六十전
박永壽　河鎭千　리泰彦
리진厚　각二十錢　김在敬
二十전
▲竹溪동
리夏九一圓　崔鳳一　金裕翰
韓泰祐　김□袋　리命天
河一天　河水兼　尹載根
리元實　韓道根　리承祿
리水英　林周伯　각六十전
리학老　吉水　리應老
최世允　각八拾錢　鄭福伊
四十전　최性出　二十전

發行兼編輯人　英國人　裵說
發行所　京城石井洞第六統二號二
大韓每日申報社

本社에서 ... 英語와日語와한語를비호시는男女학

第六卷

大韓每日申報

第七百九十四號

月曜及慶節
臨時日休刊

檀君開國四千二百四十一年
箕子元年三千三十年
大韓開國五百十七年
日本明治四十一年
淸國光緒三十四年
陰曆戊申四月大初三日丁巳

論說

●關東學會前途

風雲이幻ᄒᆞ고歲月이深ᄒᆞ미彼高枕夢夢ᄒᆞ던關東人士도此覺醒이乃有ᄒᆞ도다閑暇悠悠ᄒᆞ던關東人士도此奮발이乃有ᄒᆞ도다太古淵濛의關東에此학會가乃有ᄒᆞ、다或日今日關東학會四字가影子ᄂᆞᆫ瞥現ᄒᆞ얏스나不過幾日에閃藏ᄒᆞᆯᄂᆞᆫ지도不知니試思ᄒᆞ라彼가資本이有ᄒᆞᆫ가勢力이有ᄒᆞᆫ가其進步의前途가遙遙乎其難ᄒᆞᆫ中況該道人士의同情을表ᄒᆞᄂᆞᆫ者ᄂᆞᆫ 曉星又치稀疎ᄒᆞ니비록畿湖西北의前進ᄒᆞᄂᆞᆫ呼聲이彼幾個人士의神經을刺觸ᄒᆞ야愧憤遊飛의結果로一張趣旨書를發ᄒᆞ얏스며數次總常會를開ᄒᆞ얏스나落々ᄒᆞᆫ會員과擾々ᄒᆞᆫ基礎로何事를能做ᄒᆞ리오其不久退散은知者를不待ᄒᆞ야可知ᄒᆞᆯ비라ᄒᆞ더라

記者曰斯語也ㅣ果然關東人士의服膺三思ᄒᆞ야益々奮勵를加ᄒᆞᆯ비어니와雖然이나吾意則以爲ᄒᆞ되團體의事業成就ᄒᆞᄂᆞᆫ原因에不得不金力의饒와會員의多를待ᄒᆞᆯ지나此兩件으로最大最重者ㅣ라認ᄒᆞᆷ은不可라ᄒᆞ노니

此言을不信ᄒᆞ거던目下韓國에第一人多ᄒᆞ고多財ᄒᆞᆫ某會를觀ᄒᆞ라其뜻이展ᄒᆞ던時代에ᄂᆞᆫ幾事에食力ᄒᆞᄂᆞᆫ半四年에ᄒᆞ야幾費에供ᄒᆞᄂᆞᆫ者도有ᄒᆞ며八口가困生ᄒᆞᄂᆞᆫ三斛學業ᄒᆞ야會飮에獻ᄒᆞᄂᆞᆫ者도有ᄒᆞ고五百年積累ᄒᆞ얏던團體ㅣ一刀에斷下ᄒᆞᄂᆞᆫ者ㅣ日노幾百幾千人에至ᄒᆞ얏스니徐徐突飛가此에孰過리오만은其影響所及을詳察ᄒᆞ라韓國이利를得ᄒᆞ얏ᄂᆞᆫ가害를得ᄒᆞ얏ᄂᆞᆫ가

故로心力團結을求ᄒᆞᄂᆞᆫ者ㅣ主觀的의趣旨와懷抱를先正ᄒᆞᆯ지오客觀的의人員과財額은不問ᄒᆞᆯ지니라

且其種事業을無論ᄒᆞ고艱難經歷을喫ᄒᆞ고서其目的地에到達ᄒᆞ여야能跋能慎ᄒᆞ며能保能守ᄒᆞ며能擴能進就ᄒᆞᆷ은人事의常經이라苟或勃然翻然之間에萬事가如意ᄒᆞᆷ을ᄂᆞᆫ奇遇를逢ᄒᆞ면一時에ᄂᆞᆫ快ᄒᆞ나長久之計라稱ᄒᆞᆷ은不可ᄒᆞ니故로저瀟瀟中에一夜百萬金을獲ᄒᆞ미ᄒᆞ餘年勞動拮据의取得함만不如ᄒᆞᆫ바라

關東이元來靈秀ᄒᆞᆫ山川과敦厚ᄒᆞᆫ風俗으로著名ᄒᆞᆫ地方이라元沖中에就ᄒᆞ고又ᄒᆞᆫ豪傑이輩出ᄒᆞ며李齊賢元天錫又ᄒᆞᆫ하士가頻現ᄒᆞ야海內에雄鳴하더니中間에時運의不齊와人事의不臻ᄒᆞᆷ을遂ᄒᆞ야昔夢을留ᄒᆞ얏스나苟能哂然一覺ᄒᆞ야文明士這에蹴登ᄒᆞ면七省民族의背後에不落ᄒᆞ리라ᄒᆞ노라

▲隆熙貳年四月三拾日官報

勅　令

朕이稅關官制中改正에關ᄒᆞᆫ件을裁可ᄒᆞ야玆에頒布케ᄒᆞ노라

隆熙貳年四月貳拾八日

御名　御璽

內閣總理大臣李完用

度支部大臣高永喜

勅令第貳拾七號

稅關官制中改正件

隆熙元年勅令第四拾五号稅關官制中左ᄀᆞᆺ치改正ᄒᆞᆷ

第三條中事務官의專任貳人을專任四人으로主事의專任七拾五人을專任七拾七人으로監視官補의專任八人을專任九人으로鑑定官補의專任拾九人을專任貳拾八人으로監吏의專任九拾五人을專任九拾九人으로並改正ᄒᆞᆷ

附　則

本令은頒佈日로봇터施行ᄒᆞᆷ

外報

●印度戰鬪損失　倫敦電을據ᄒᆞᆫ則印度國境에서戰鬪ᄒᆞᆫ모만族의損失은四百名에達ᄒᆞ얏더라

●締約의關印　同電을據ᄒᆞᆫ則北海及波羅的海의現狀을維持ᄒᆞ기爲ᄒᆞ야締結ᄒᆞᆫ兩條約은昨日에調印ᄒᆞ얏더라

●英國風害　路透電을據ᄒᆞᆫ則英國全部에非常ᄒᆞᆫ風雪이有ᄒᆞ얏ᄂᆞᆫᄃᆡ가다일市에ᄂᆞᆫ氣溫氷點以下十二度에達ᄒᆞ얏더라

●烟台築堤　淸國烟台淸商等이數年前부터該港에防波堤堰을建築ᄒᆞ기로計劃ᄒᆞ얏ᄂᆞᆫ데아직實施치못ᄒᆞ얏더니今番同志等이協議ᄒᆞ고實行ᄒᆞ기로ᄒᆞ얏ᄂᆞᆫᄃᆡ其預算은二百萬兩으로決定ᄒᆞ야折半은烟台에在ᄒᆞᆫ內外淸商에게醵集ᄒᆞ고折半은該港에出入ᄒᆞᄂᆞᆫ內外船舶에徵收ᄒᆞᆯ다더라

●淸國對抗演習　今秋에擧行ᄒᆞᆯ湖北南對抗演習은安徽省의潛山太湖地方에서行ᄒᆞᆯ터인ᄃᆡ該費用으로百萬兩을支出ᄒᆞᆫ다더라

●八旗授業議　북京八旗兵은職業을授하기爲ᄒᆞ야工場을起ᄒᆞ자고旗人出身大官間에協議中이라더라

●淸國戶口調査　淸國民政部에서ᄂᆞᆫ各省에戶口調査를督促ᄒᆞᄂᆞᆫᄃᆡ湖北에서ᄂᆞᆫ발서調査를畢ᄒᆞ야戶口冊籍을送ᄒᆞ얏다더라

●歐州諸紙의好評　伯林電을據ᄒᆞᆫ즉歐州의新聞은北海協約과關印에對ᄒᆞ야一般히滿足을表ᄒᆞ고且英佛ᄂᆞᆫ瑞典諾威의領土保全에關ᄒᆞᆫ條約에關印ᄒᆞᆷ을贊成ᄒᆞ얏더라

雜報

●勸奬靑年　安州郡에서本郡守와實業家와有志紳士가靑年敎育에熱心勸奬ᄒᆞ야大運動會를設行ᄒᆞᆫ다더라

●冤名奪脫　남部犂洞居前郡守劉한翼氏가昨年拾月에其親知리庚九氏의所謂으로日本人산口與吉을會都下房에無貰借接케ᄒᆞ얏더니今月一二日에稱以失物ᄒᆞ고同시외子를指目盜去ᄒᆞ야日本憲兵隊에捉去ᄒᆞ고物價를徵出코져ᄒᆞᆯ際에警務남署에서히訊犯을捉得ᄒᆞ고該日人에게通知ᄒᆞ야同物品을出給ᄒᆞᆫ즉劉시외子ᄂᆞᆫ靑天白日之下에冤名을脫ᄒᆞ얏다더라

寄書

▲論天時地利不如人和

金正奎

余嘗誦鄒傳이라가至天時地利不如人和ᄒᆞ야未嘗不欣々然若有所得也로라何則고閱覽古史ᄒᆞ니秦이內有雄兵百万에六國이來賓ᄒᆞ고外有函谷險지에四夷服貢이나至二世而亡ᄒᆞ고項羽ᄂᆞᆫ謀有范增ᄒᆞ고勇有騅馬에因沛公於西蜀ᄒᆞ고殺義帝於江中이나終有烏江之患ᄒᆞ고又至三國ᄒᆞ야曹操ᄂᆞᆫ據中國而挾天子ᄒᆞ고令四方ᄒᆞ며孫權은居江東而謀士名將이不下中國而兀々玄德이狹居蜀이나天下歸心ᄒᆞ야以係漢紀ᄒᆞ고隋煬帝ᄂᆞᆫ內儲洛口倉之粟ᄒᆞ고外修八百里之國이나終爲以臣之所弑ᄒᆞ야身敗國亡ᄒᆞ고越王句踐은拘於吳獄ᄒᆞ야多被羞辱이나含羞忍辱ᄒᆞ야終爲破吳ᄒᆞ니然則天時地利ᄂᆞᆫ不如人和ᄂᆞᆫ不待蓍龜而可知也로다當時之人이若得人和면何民不事며何民不服가以近時言之라도露國之强으로도敗於旅順ᄒᆞ야縮尾收頭에不敢窺東ᄒᆞ니由此觀之컨ᄃᆡ天道無私ᄒᆞ사惟不義ᄂᆞᆫ是抑ᄒᆞ고惟義ᄂᆞᆫ是扶ᄒᆞ니惟我同胞ᄂᆞᆫ協心幷力ᄒᆞ야上副天心ᄒᆞ고下濟塗炭ᄒᆞ야同享泰平을擬手願望而同舟遇風에相恤ᄒᆞ고傍이ᄂᆞᆫ於親父子兄弟則恩讐를何分이며胡越이何隙이리오嗟我同胞아深聽此言ᄒᆞ라

偉人遺蹟

水軍第一偉人 李舜臣

錦頰산人

第一章　緒論

嗚呼라嶋國殊種이代々韓國의血敵이되야蠶食의觀線이毒注ᄒᆞ고九世必報에舊怨이深刻ᄒᆞ야韓國四千載歷史에外寇ᄂᆞᆫ使와ᄃᆞ歷數ᄒᆞ면倭寇二字가幾乎拾之八九에居ᄒᆞ야邊烽의警과海氛의惡으로百年高枕ᄒᆞᆯ時節이罕ᄒᆞ되來則騷擾ᄒᆞ며去則嬉戲ᄒᆞ야啖淡ᄒᆞᆫ腕으로挽抗ᄒᆞᆯ者ᄂᆞᆫ無ᄒᆞ고當時姑息으로苟策을作ᄒᆞ며沿海各地에血腥의臭가不絶ᄒᆞ얏스니慨君子孫의遺恥가故로도다今에往昔日本과對抗ᄒᆞᆷ에足히我民族의名譽를代表ᄒᆞᆯ만ᄒᆞᆫ偉人을求ᄒᆞ건ᄃᆡ上世에兩偉人이니(一)高句麗廣開土王(二)新羅太宗王이오近世에三偉人이니(一)鄭方慶(二)鄭地(三)李舜臣이니凡그人에止ᄒᆞ얏노다然이나其時代가近ᄒᆞ고其遺蹟이備ᄒᆞ야後人의模範되ᄂᆞᆫ最好ᄒᆞᆫ者ᄂᆞᆫ惟我리舜臣이是니惟我리舜臣이是로다著者의劣弱ᄒᆞᆫ筆力으로리公의精神을分毫도寫ᄒᆞᆯ다ᄒᆞ기難ᄒᆞ나汗漫소漏ᄒᆞᆫ舊傳記에比ᄒᆞ면 장이差有ᄒᆞ리니嗚乎讀者여眼을着ᄒᆞ야我리舜臣傳을讀ᄒᆞᆯ지어다

壬辰之事를尙可忍言가篤論이朝野에熾ᄒᆞ며上下가私意에汨ᄒᆞ야排擠比附에汲々ᄒᆞᆫ小人들이增ᄒᆞ야干戈로殺戮을日慈ᄒᆞ미奚暇에政界를是問이며奚暇에國危를是慮며奚暇에外交를是講이며軍備를是修리오日公曰卿曰將曰相이不過是一條黨派에文ᄒᆞ야各其自家私鬪事로瞋目裂眥ᄒᆞ며扼腕大呼ᄒᆞᄂᆞᆫ時라是以로彼平秀吉者가辭名之師를起ᄒᆞ야我境을侵ᄒᆞ더將士가瓦解ᄒᆞ고人民이獸竄ᄒᆞ야彼가出兵ᄒᆞᆫ지不過ᄒᆞ數日間에京城을奄迫ᄒᆞ야無人之境을入ᄒᆞᆷ과ᄀᆞᆺ치驅ᄒᆞ얏스니嗚乎라禍亂의作을其又誰咎아

腥塵이八域에滿ᄒᆞ고惡氛이東海에蔽ᄒᆞ야兵火가七八年을至ᄒᆞ니如此腐敗ᄒᆞᆫ國政과如此찬散ᄒᆞᆫ人心에何를藉ᄒᆞ야國家를興復ᄒᆞ얏ᄂᆞᆫ가吁라我리舜臣의功烈을于此에可想이로다

未完

雜報

●動園御馬 昌德宮니動物園에各種動物을蒐集ᄒᆞᄂᆞᆫ되 大皇帝陛下의 御乘馬 四匹을紀念ᄒᆞ기爲ᄒᆞ야該園에셔飼養ᄒᆞ다더라

●日犯御路 大皇帝陛下게옵셔日昨 儲慶宮及 德壽宮에幸行ᄒᆞ셧다가 還御ᄒᆞ실時에敎化문前에 臨御ᄒᆞ시ᄂᆞᆫ대適其時에日本警문에셔扈衛ᄒᆞᄂᆞᆫ日人壹名이自行車를乘ᄒᆞ고御路를經過ᄒᆞᄂᆞᆫ대主殿院警衛리邦協씨가見其光景ᄒᆞ고該日人을捕捉ᄒᆞ야日巡査에게出給ᄒᆞ얏다더라

●宋氏出迎 農大宋秉畯氏가昨日下午八時三拾分에入성ᄒᆞ얏ᄂᆞᆫ대 進會長리容九氏以下一般會員과農商工部壹般官吏와其他各部官吏가多數히남문外停車場에出往迎接ᄒᆞ얏다더라

●代表迎宋 農商工部大臣宋秉畯氏가昨日에入성ᄒᆞ얏다ᄂᆞᆫ說은別項과如ᄒᆞ거니와農商工部秘書官최相敎氏ᄂᆞᆫ該部代表者로水原ᄭᆞ지前往迎接ᄒᆞ얏다더라

●宋羅勢道 내部에셔各地方通譯官을現今試取ᄒᆞᄂᆞᆫ되其中에有何運動인지該部官吏中社寺課長宋之濂氏와地理課長羅縉淵氏를勸來ᄒᆞᄂᆞᆫ者遝日답至ᄒᆞᆫ다더라

●携妓禁中 典膳司장김珏鉉氏가去月拾五日에詣闕ᄒᆞ얏다가妓生을率ᄒᆞ고秘園으로入去ᄒᆞᄂᆞᆫ지라庭監이防遏ᄒᆞ얏더니대談擅入ᄒᆞᄂᆞᆫ故로庭監이禁令에違反ᄒᆞᆷ을說明ᄒᆞ야入去치못ᄒᆞ얏다더라

●淸潔費額 내部衛生局에셔五部내汚穢物掃除費預算額이七萬七千九百七十七圜四十三錢이라더라

●何獨於韓 각部에셔각新聞記者에게新聞材料를供給하기爲ᄒᆞ야特히應接室을設置ᄒᆞᆫ事ᄂᆞᆫ壹般世人이共知ᄒᆞᄂᆞᆫ바어니와近日내部에셔ᄂᆞᆫ于今十餘日을니國新聞記者에게ᄂᆞᆫ新聞材料를壹件도不與ᄒᆞ고特히日本新聞記者에게만對ᄒᆞ야給與ᄒᆞᆫ다고輿論이紛紜ᄒᆞ다더라

●治道費額 前報와如히八道道路를改修ᄒᆞ기爲ᄒᆞ야二個年繼續事業으로百萬圜을支出ᄒᆞᆯ事로決定ᄒᆞ얏ᄂᆞᆫ대本年度에支出額은七十萬圜이오明年度ᄂᆞᆫ三拾萬圜이라더라

●栽培費額 農商工部所管綿花栽培所費一千八百圜을昨日度支部에셔支撥ᄒᆞ얏다더라

●商界廢業 近日漢셩내에財政이困難ᄒᆞ야商業界가現今恐慌ᄒᆞᆫ貌樣이라ᄂᆞᆫ대布木商店四座와客主壹座가此를因ᄒᆞ야破産ᄒᆞ얏다더라

●金融不通 壹般商業界에錢政이窘拙홈은別項과如ᄒᆞ거니와其原因을得聞ᄒᆞᆫ즉已往에ᄂᆞᆫ各營군兵丁의月俸과各府部院廳의官吏의月俸이流通이되더니本年度에至ᄒᆞ야ᄂᆞᆫ日本官吏의月俸은韓國商店에流通이아니되고兼ᄒᆞ야兵丁의月俸이無ᄒᆞᆫ所以라더라

●日兵拜闕 日本陸軍步兵少尉中村信이가兵卒八十名을領率ᄒᆞ고明日에 景福宮을拜觀ᄒᆞᆫ다고統監府에셔宮내府로照會ᄒᆞ얏다더라

●決囚押上 法部에셔水原裁判所로訓令ᄒᆞ고已決囚ᄂᆞᆫ沒數히京城監獄署로不日押上ᄒᆞ라ᄒᆞ얏다더라

●日師催渡 학部에셔今年度에新設ᄒᆞᆫ公立普通학校十四處의訓導를沒數히日本人으로叙任ᄒᆞ얏ᄂᆞᆫ대該日人이現今日本國에在ᄒᆞᆫ故로該部에셔統監府로照會ᄒᆞ야該日人十四名의게速々히通知하야不日渡來視務케ᄒᆞ라ᄒᆞ얏다더라

●日貨現額 韓國에日本通貨現在額을調査ᄒᆞᆫ즉金貨ᄂᆞᆫ銀行券準備가七萬一千圜、市場流通이八千八百圜이오紙幣ᄂᆞᆫ銀行準備가二百四拾六萬五千圜市場流通이六十一萬二千六百圜이오補助貨ᄂᆞᆫ市場流通이三拾一万六千圜이오銀行券발行額及準備額은正貨準備額이三百四十萬圜、保證準備額이五百八拾壹萬四百八拾六圜、발行額이九百二十九萬四百八十六圜、市場流通額이八百五十六萬六千二百一圜、散在額이七十二萬四千二百七十六圜이라더라

●快哉리氏 警務부部權任全某가苑동支所巡査리泰衡氏에게對ᄒᆞ야杯酒를對接지아니ᄒᆞᆫ다稱하고壓迫이無日無之라ᄂᆞᆫ디리泰衡씨가其醜態를唾罵ᄒᆞ고所著ᄒᆞ얏던服裝과軍刀를解脫ᄒᆞ야該權任의게投棄ᄒᆞ고從今以後로ᄂᆞᆫ此役을服務치아니ᄒᆞ깃다ᄒᆞ얏다더라

●誤銃傷命 再昨日下午三時頃에孔德里에셔勞働者趙景先爲名人이日本人誤銃에中丸ᄒᆞ야死境에至ᄒᆞ얏다ᄂᆞᆫ되日人은廣浦警察署로押去ᄒᆞ고中丸ᄒᆞᆫ者ᄂᆞᆫ病院으로舁去ᄒᆞ얏다더라

●稅官被害 全羅북道高산郡稅務官徐相八氏ᄂᆞᆫ高敞茂장德古阜四郡結錢을收刷ᄒᆞᄂᆞᆫ디性情이猛烈ᄒᆞ야百姓을革鞭으로打ᄒᆞ며惡言을出ᄒᆞᆷ으로百姓의怨聲이籍々ᄒᆞ더니陰貳月十七日夜半에不知何許人數拾名이高敞邑에突入ᄒᆞ야大棒으로該氏를打殺ᄒᆞ고砲聲을ᄒᆞ고卽爲退去ᄒᆞ엿다더라

●運動準備 大東專문학校에셔來日曜日에成均館에前往ᄒᆞ야運動會를開ᄒᆞᆫ다ᄂᆞᆫ事ᄂᆞᆫ前報에已掲ᄒᆞ얏거니와昨日下午一時에一般委員이會同ᄒᆞ야諸般禮式節次를一々히準備演鍊ᄒᆞ얏다더라

●關東總會 關東학會에셔明日下午一時에定期總會를壽進坊興化학校내에開ᄒᆞ고事務를處理ᄒᆞᆫ다더라

●奬社親睦 奬학社에셔壹般학生親睦會를ᄒᆞ기爲ᄒᆞ야五月三日下午壹時에中東학校에셔볼組會를開ᄒᆞᆫ다더라

●湖南風塵

京郷新聞을據ᄒᆞᆫ즉陰二月貳拾四日에義兵대將김泰元씨가砲軍七拾名을領率ᄒᆞ고長성郡土物里後峯에伏兵하고日兵과戰鬪ᄒᆞᄂᆞᆫ되初次에ᄂᆞᆫ日兵三兵이被殺ᄒᆞ고日兵이逃走ᄒᆞ야各處守備隊에請兵하야日兵六拾餘名이來到하야午前八時봇터午後壹時ᄭᆞ지交戰ᄒᆞ얏ᄂᆞᆫ대日兵은三拾餘名이被殺ᄒᆞ고義兵도三拾餘名이被死ᄒᆞ얏고義將金리元氏의弟ᄂᆞᆫ박士김律氏도與其兄으로同爲唱義ᄒᆞ야交戰ᄒᆞ야屢次ᄒᆞ얏고光州郡棠村에留連ᄒᆞᄂᆞᆫ대該村居朴哥가히郡駐在日兵의게通奇ᄒᆞ미日兵이來到ᄒᆞ야김律氏를捕縛ᄒᆞ야砲殺ᄒᆞ라ᄒᆞᆯ際에별眼間에風雨가大作ᄒᆞ며霹靂聲이震動ᄒᆞ거ᄂᆞᆯ김律氏가聲言하기를汝輩ᄂᆞᆫ見ᄒᆞ라我ᄂᆞᆫ天出之忠臣이라ᄒᆞ니日兵이鼻哭ᄒᆞ며守備隊로押去ᄒᆞ야觀察使와日兵隊에이問招ᄒᆞᄂᆞᆫ대一言도屈치아니ᄒᆞ니大小官吏들이稱讚ᄒᆞ기를謝ᄂᆞᆫ眞男子라稱ᄒᆞ엿고陰三月初七日에김泰元씨가砲軍幾拾名을領率ᄒᆞ고광光郡三남明牛동이라ᄒᆞᄂᆞᆫ동니에留連ᄒᆞᄂᆞᆫ대隣동某賓이라ᄒᆞᄂᆞᆫ동리人羅同壽의害를被ᄒᆞ야日兵이來到ᄒᆞᆫ다ᄂᆞᆫ報道를聞ᄒᆞ고牛谷後峯으로避身하니此時에隨從하ᄂᆞᆫ義兵은十四名뿐이라遑々ᄒᆞᆫ際에日兵이前後로包圍하거ᄂᆞᆯ不得已接戰ᄒᆞ야終日토록未決ᄒᆞᄂᆞᆫ대適其時義兵의留陣處가地利를得ᄒᆞ야大敗ᄂᆞᆫ無ᄒᆞ고日兵의死傷은或十八名이라ᄒᆞ며或一、二名이라ᄒᆞ고義兵의死傷은或二名이라ᄒᆞ며或五名이라ᄒᆞ얏더라

▲地方消息▼

▲義兵魁首김春壽가楊根북面에來到ᄒᆞ야歸順ᄒᆞᆫ者三名을捕捉ᄒᆞ야二名은加平郡남面에셔砲殺ᄒᆞ얏다ᄒᆞ고

▲去月十八日午后十壹時에義兵壹百五十名이交川郡에來襲ᄒᆞ야해地巡査駐在所를燒棄ᄒᆞ고日人一名을殺害ᄒᆞ얏다ᄂᆞᆫ報道를因ᄒᆞ야元산日憲兵隊에셔憲兵幾名及巡査三名을出張ᄒᆞ얏다ᄒᆞ고

▲去、六日午前三時에和順郡巡査駐在所及日本人家에義兵四拾餘名이來襲ᄒᆞ얏ᄂᆞᆫ대其後報ᄂᆞᆫ姑未詳接ᄒᆞ얏다ᄒᆞ고

▲去月拾一日午後六時頃에寶城郡道村面虎音에財務署徵收員郵便鐵函을義兵數名이襲擊ᄒᆞ고公錢貳千八圜을强奪ᄒᆞ얏다ᄒᆞ고

▲木浦港巡査分遣所報告를據ᄒᆞᆫ즉同港財務署로徵收ᄒᆞ기爲ᄒᆞ야望云에派遣ᄒᆞᆫ財務主事及韓巡査壹名은四月二拾日朝에義徒의게捉去하얏ᄂᆞᆫ대其中巡査ᄂᆞᆫ重傷을被하야艱辛히逃避ᄒᆞ얏다ᄒᆞ고

▲去月二、五日午前二時에連산郡자古時附近에셔義兵三拾餘名은日憲兵幾名과交戰하얏다ᄒᆞ고

▲去月廿七日鎭안郡서殿面下沐동附近에셔數拾名義兵이히地方憲兵과半時間을衝突ᄒᆞ얏다ᄒᆞ고

▲連산郡東代谷에居ᄒᆞᄂᆞᆫ義徒魁首리元日은良民을捉去ᄒᆞ야押囚ᄒᆞ얏다ᄂᆞᆫ情報를得ᄒᆞᆫ地分遣所에셔接하고倉富中尉以下十名이憲兵을率ᄒᆞ고同地에出張ᄒᆞ야卽時射擊ᄒᆞ고被囚ᄒᆞ얏던韓人을解放ᄒᆞ얏다ᄒᆞ고

▲去月廿六日靑松郡內로約大里地에셔八十名義徒ᄂᆞᆫ軍威郡駐在日守備隊와交戰ᄒᆞ얏다ᄒᆞ고

▲去月廿三日寧越郡으로歸還ᄒᆞᄂᆞᆫ日守備兵과堤천郡地에四拾餘名義兵을遭遇ᄒᆞ야卽時交戰ᄒᆞ얏ᄂᆞᆫ대死傷은無ᄒᆞ얏다더라

東京電報

五月壹日발

●海底電信買收 今回리쓰본에開催ᄒᆞᆫ萬國電信會議에日本政府ᄂᆞᆫ對馬釜산間의海底電信買收問題를提出ᄒᆞ얏다더라

四月三拾日발

●松島艦乘組員 沈沒ᄒᆞᆫ松島艦의乘組員은艦장以下將校拾大名少尉候補三拾七名下士卒三百四拾壹名인대此中의生存者ᄂᆞᆫ將校准士官九名候補生貳拾四名下士卒百四拾 名이라더라

●松島艦生存者 松島艦沈沒ᄒᆞᆯ際에檣立、嚴島、兩艦에收容ᄒᆞᆫ人員은砲術장機關니尉中軍의各壹名候補生貳十四名准士官七名이오艦장副장及士官以下多數ᄂᆞᆫ行衛가不明ᄒᆞ더라

▲陽春譜歌▼

▲芳草如茵夕陽天에三四靑襟相對ᄒᆞ야不過富貴懷慨悲壽高之酒而放歌ᄒᆞ니其歌에曰

▲懷慨兮歌壹曲ᄒᆞ니드〻照彌露豔ᄒᆞᆫ廣大ᄒᆞᆫ다此天地에不得自由此身世가羈絆中 드러잇셔難飛難躍彷徨ᄒᆞ니何〻無處엇지ᄒᆞ나내 懷가無窮ᄒᆞ다

▲懷慨兮歌貳曲ᄒᆞ니爾於吾疆分明ᄒᆞ야幾十半世의 、何事渡航侵奪ᄒᆞ야欲擅秦楚ᄒᆞᄂᆞᆫ고나土地ᄂᆞᆫ々減縮ᄒᆞ니貳千萬衆안孤ᄒᆞ고내心懷가無窮ᄒᆞ다

▲懷慨兮歌三曲ᄒᆞ니屬來紛종더奸物이外人의阿附ᄒᆞ야汚肝凶肚奮計ᄒᆞᆯ제暫時功名耽樂ᄒᆞ야弄出全國禍機ᄒᆞ니骨肉相殘이아닌가내心懷ㅣ無窮ᄒᆞ다

▲懷慨兮歌四曲ᄒᆞ니附郎八域好江산ᄃᆞᆯ 楓錦繡佳麗ᄒᆞ며流時精명凝聚處에英雄豪傑누구런고四方祭禝搖擾하나寥寥無聞遁跡이라내心懷가無窮ᄒᆞ다

▲懷慨兮歌五曲ᄒᆞ니檀箕遺業相傳ᄒᆞ야禮義文物彬彬터니一撩雲狂風吹到ᄒᆞ야壹朝掃ᄒᆞ니蔑如로다異域風氣移入ᄒᆞ니變華爲夷이아닌가내心懷가無窮ᄒᆞ다

▲懷慨兮歌六曲ᄒᆞ니明朗ᄒᆞᆫ此乾坤이忽然黑夜되얏고나四季節의時節인가風雨도沈沈ᄒᆞ다何時壹運更合ᄒᆞ야大明中天다시볼가니心懷가無窮ᄒᆞ다

▲懷慨兮歌七曲이니聳聳ᄒᆞ다此宇宙에一掬愁淚灑ᄒᆞ니滿腔熱血壹灑ᄒᆞ니枝枝鵑化ᄒᆞᆯ것고나이春限을엇지ᄒᆞ고산欲愁兮水咽이라내心懷가無窮ᄒᆞ다

▲懷慨兮歌八曲ᄒᆞ니陳蘇산對指點ᄒᆞ면虛影子만놈엇고나산東六鷄不鳴ᄒᆞ니嬴秦虐炎이아닌가當時威力밋지마ᄂᆞᆫ沙邱平臺ᄂᆞᆫ落이라내心懷가無窮ᄒᆞ다

▲懷慨兮歌九曲ᄒᆞ니三尺秋遐依모ᄒᆞᆯ제燕趙悲懷전노ᄒᆞ니剃兄漸離어대잇나斜陽抱筑顧져ᄒᆞ니此世界가何世界오知心人을不逢이라내心懷가無窮ᄒᆞ다

雜報

●校費擔當 倉洞私立彰東학校ᄂᆞᆫ開학ᄒᆞᆫ지六年에校費가窘絀ᄒᆞ더니新任校長尹致昨氏가經費를自擔ᄒᆞ기로ᄒᆞᆫ고로一般任員과학徒父兄들이莫不感謝ᄒᆞᆫ다더라

●正誤 本報第七百五十二號雜報欄내桂산試驗이란題下에池永默의池字ᄂᆞᆫ任字로誤植이오張璟黙의璟字ᄂᆞᆫ璨字로誤植이오孫大均의孫字ᄂᆞᆫ河字로誤植이기玆에正誤ᄒᆞᆷ

廣告

本人에草家八間文券서失ᄒᆞ얏사오니誰某拾得이든休紙施行ᄒᆞᆷ

西部盤石坊石橋契第二百十二統六戶김殷濊 白

▲公告

南署南산町 丁目居日本人
債權者 森勝次
中署堅坪坊水典契水典동貳拾三統八戶
債務者 閔龍植
目的物
壹京성中署堅坪坊水典契水典동貳 三統八戶垈所及家舍瓦家九介壹圜
壹競매日時 隆熙貳年五月七日午后壹時
壹競매場所 目的物所在地
壹競매에依하야債還을受ᄒᆞᆯ債權額
金六千圜也元本
金貳千壹百圜也利金
外執行費用幷
右ᄂᆞᆫ土地家屋典當執行規則第三條에依ᄒᆞ야債權者가此를競매ᄒᆞᄂᆞᆫ故로同施行細則第貳條에依ᄒᆞ야公告ᄒᆞᆷ
隆熙貳年五月二日
債權者代理人
京성本町五丁目居
辯護士 商橋章之助

●保險金領收廣告
壹金壹千圜也
但亡夫正田丈助保險金
右日宗生命保險會社로부터同會社木浦代理店守田千助氏를經ᄒᆞ야確實히領收ᄒᆞᆷ
妻 正田初 告白

●保險金領取廣告
壹金五百圜也
但亡夫秀助保險金
右日宗生命保險會社로부터同會社砂利院代理店惠良曉雄氏를經ᄒᆞ야確實히領收ᄒᆞᆷ
受取人 南盈平

本會定期總會를來日曜(陰初四日)下午一時에壽進동興化학校內에서開ᄒᆞ오니 會員은照亮ᄒᆞᆷ
關東學會 告白

特別 ◉學員募集廣告
本校에서夜학을設立ᄒᆞ고학員을募集ᄒᆞ오니願학僉員은來九日(陰四月八日)니로請願서를提呈ᄒᆞ시옵但請願서ᄂᆞᆫ本校用紙ᄒᆞᆷ
一卒業年限은貳個年
一年齡十五歲以上
一科目 日語 算術 地誌 歷史 漢문 躰操
一試驗日字 五月十日上午十時
一試驗科目國漢문讀서作문 但貳年級志願者ᄂᆞᆫ日語 算術「四則以上」
典洞私立中東학校告白
(前漢語학校)
廣告

◎特別廣告◎

本塾英語夜학科에서春期試驗을經ᄒᆞᆫ後각級학員을增募ᄒᆞ고英語를專문으로敎授ᄒᆞᆯ터이니願학 僉君子ᄂᆞᆫ本月五日內로本塾에來議ᄒᆞᆷ을務望ᄒᆞᆷ
應接時間每日下午六七時
(南大문너場동四十三統七戶)
私立廣化新塾長 南廷哲

大邱居羅相稷處 百十一圜七十전을呂允一이가擁當ᄒᆞ야給票를遺失ᄒᆞ얏ᄉᆞ오니誰某拾得이라도休紙施行ᄒᆞᆷ
昌原 박基洙 白

補益水大발매
보익슈ᄂᆞᆫ미국인왕보씨가제인의요소ᄒᆞᆷ을연규ᄒᆞ야이약을발명ᄒᆞ얏ᄂᆞᆫ데부족증뇌점병자지못ᄒᆞᄂᆞᆫ병도한중허한중적병속병ᄒᆞᆯ녀후오즘소ᄐᆡ리질락된후에대일신효ᄒᆞ오
發賣所ᄂᆞᆫ京성남門內尙洞 박文書館

本書館에서民智를廣開ᄒᆞ고文明發達ᄒᆞ기爲ᄒᆞ야新舊書籍을大발賣ᄒᆞ오니僉君子ᄂᆞᆫ陸續來臨ᄒᆞ심을望ᄒᆞᆷ
釜山港東館韓興書館主 汝重
權宗律 廣告

教科書類 小說書類
法政書類 文藝書類
本書館은一層擴張ᄒᆞ고各種書籍과學校用品을具備발賣ᄒᆞ오니有志僉彦은陸續購覽ᄒᆞ심을敬要
冊價ᄂᆞᆫ京城各冊사와同ᄒᆞᆷ
安州城內大街(큰거리)
知新書館金灐植

◉學員募集廣告
本所에서測量製圖術을三箇月速成으로敎授코ᄌᆞᄒᆞ야학員二十人을陰四月五日內로募集ᄒᆞ오니願학僉員은速々來議ᄒᆞᆷ
南署茶동十統二戶리基祿家
速成測量製圖講習所 廣告

本書市에서각種洋약과학徒所用物品과학徒帽子를製造ᄒᆞ야廉價로발賣ᄒᆞ오니청君子ᄂᆞᆫ照亮ᄒᆞᆷ
安岳上場海서書市林景柱 白

茶洞會賢玉家測量製圖所을남署下笠동二十二統七戶崔俊植家로移住ᄒᆞᆷ
測量製圖所 告白

●初等女學讀本
本書ᄂᆞᆫ不但女校에必要之用書라諺解를另附ᄒᆞ야在家婦女도均可便覽而增장知見이오니續續購讀ᄒᆞ심을望ᄒᆞᆷ
발賣所 漢城各書舖

小學漢文讀本

장隱 元泳義氏 纂輯 上下二編 正價金六拾전
▲本書ᄂᆞᆫ蒙學漢文初階를繼續ᄒᆞ야각種科학의理論을編輯ᄒᆞ고國文으로句讀을明釋하야普通의指남과文理의捷徑을作ᄒᆞᆷ

初等女學讀本

李源兢 著述 第壹冊 正價金三拾전
本書ᄂᆞᆫ女학校敎科書應用키爲ᄒᆞ야本文은國漢文으로諺解를另附ᄒᆞ야分課編輯ᄒᆞᆫ者니雖在家婦女라도均可便람而增長知見ᄒᆞᆷ에必要ᄒᆞᆷ

愛國偉人 葛蘇士傳

淸國梁啓超 原著 全一冊 正價金拾五錢(國漢文)
本書ᄂᆞᆫ歐洲匈國이墺國羈絆을擺據ᄒᆞ고自國獨立을力圖ᄒᆞᆫ匈牙利愛國偉人葛蘇士의事蹟을綱維著輯ᄒᆞᆫ者니當時葛蘇士의雄飛活躍의經歷과及其末路의不運을臨ᄒᆞ야與匈聯邦의雙立國體를竟成ᄒᆞᆫ結果를觀ᄒᆞ면可使讀者英雄崇拜의感想을激起케ᄒᆞ리로다
發兌元
▲皇성中署罷朝橋越便中 中央書館
▲皇城좆路 博文書館
▲皇城大廣橋東邊 滙東서館
▲皇城남門內尙동 大東書市

世界文明產育新法 全一冊純國文卄五錢
十九世紀歐洲文明進化論 全一冊國漢文三十錢
元賣所 鍾路古今書海館
支賣所京鄉有名書館

太韓書林
五月壹日開業
本書林에셔內外國書籍과학校用品一切을廉價발賣하오니僉君子ᄂᆞᆫ陸續왕求ᄒᆞ심을望ᄒᆞᆷ
京城북部小安동拾六統八戶
大韓書林主 리星鎬

落梅丹
●新발明梅毒명약廣告
陸軍軍醫포仔健實驗方劑
主治 梅毒(唐창)新舊창●痳澁●皮膚病●便마質私●魚口疳不발창病去根之명약
壹劑五百粒定價金三圜
已上病證外에男女間에不精交合ᄒᆞᆫ後에若疑아之慮이有ᄒᆞ야도此약壹劑만服用ᄒᆞ면完無後慮ᄒᆞ고脾胃도健全ᄒᆞᆷ을擔保ᄒᆞᆷ
此外에도醫療機械와精美ᄒᆞᆫ약材를新備ᄒᆞ고內外科각色疾病을誠心治療ᄒᆞᆷ
皇城北部大安동
仁濟약房 高用진 謹白
代理店
京城鐘路 共愛堂약房
仁川港龍동 濟生堂
國內各處약局에서隨應販賣ᄒᆞᆷ

基於人道之原則ᄒᆞ고重於正義之誠實ᄒᆞ며以親切爲旨ᄒᆞ야訴訟事件幷각官廳請願事件을廣受依托ᄒᆞᆷ
京城저洞六拾四統二戶
東洋大학前講師
辯護士 日本法學士 木尾虎之助

撰理化學
朴晶東氏 著
全一冊定價金三拾錢
一本書의目的은小學校에敎育ᄒᆞ기爲ᄒᆞ야編輯ᄒᆞᆷ이라
一理化學解說下에簡明ᄒᆞᆫ圖를揷ᄒᆞ야讀者의理解ᄒᆞᆷ을便易케ᄒᆞᆷ이라
一理化學用語와物質의名稱ᄂᆞᆫ近時代의最著ᄒᆞᆫ者로採譯ᄒᆞᆷ이라
一本書ᄂᆞᆫ理化學諸家의學說中最簡易ᄒᆞᆫ을採ᄒᆞ야十五章으로編ᄒᆞ야학徒로ᄒᆞ야곰二箇年에畢讀케ᄒᆞᆷ이니陸續購覽ᄒᆞ시옵
발賣所
布병下金相萬廣學書舖
京城各處書舖
平壤鍾路耶蘇敎書舖
法橋大同書觀

本書館에서漸新ᄒᆞᆫ新聞을發賣ᄒᆞ고分傳도ᄒᆞ오니購覽ᄒᆞ시기願ᄒᆞᄂᆞᆫ僉彦은請求ᄒᆞ시옵
南大門內尙洞敎堂前 博文書館 白

一朔五十전

漢城鍾路萬國基督教靑年會館前慈惠藥房
製藥監督人濟衆院醫學員洪錫厚朴慈惠李觀化告白

本人等이 漢城南大門外濟衆院用ᄒᆞ던 處方으로 左記諸人나을 製造ᄒᆞ오니 […] 此등品 […] 洋鐵匣紙匣玻璃瓶에 封ᄒᆞ야 發賣ᄒᆞ오니 […] 利益이 […] ᄒᆞᆸ나이다

治痰平胃丸
男女氣血補益丸
輕腫根治膏
純金鷄蠟丸
濕腫根治膏
蛔虫泄出丸
大腫核根合瘡膏
四時感冒丸
小兒胎毒金治膏
淸明眼藥水
癘氣 神効保嬰散
消痰鎭咳藥
小兒 感冒 靈效散
男女 瘡疾 祛根藥
德國製嗽痰丸
寸虫拔根藥
漢城百應膏
止足汗臭藥
洋藥乾材
止瀉潤腸丸
唐鄕藥唐草材
陳陳 舊滯 消積丸
一三藥醫方活套
無惡臭疥瘡藥

●大韓國新發明神藥
◎[illegible]靈丹 ◎至寶丸 ◎靈效液 ◎淸眼水 ◎通淋丸

製藥發行所 漢城南部大廣橋[…]共愛堂[…]
支店 […]共愛堂第一支店 […]共愛堂第二支店 […]共愛堂第三支店
代理店 […]

簡易商業簿記學
全一冊 定價金四十五錢

此外에도 東西洋各國有名賣藥과 草材를 […] 多少를 不拘ᄒᆞ고 請求ᄒᆞ시면 小包로 […]

本書ᄂᆞᆫ 簡易ᄒᆞ야 […] 發賣所 布屛下 廣學書舗 […] 大東書市 […] 古今書海관

녀자독본
女學先生 張志淵 著
上帙二冊二百七拾頁 定價每六拾錢

我韓女學에 不講이 久矣라 […] 此書ᄂᆞᆫ 女子의 知識開發ᄒᆞᆯ 敎科書가 無ᄒᆞ야 […] 本國故代有名ᄒᆞᆫ 夫人의 歷史오 下卷은 東西各國有名ᄒᆞᆫ 婦人의 歷史 이오니 僉君子ᄂᆞᆫ 速々 來購ᄒᆞ시옵
發賣元 […] 發賣所 […]

●大韓國新發明藥廣告

消化新藥 淸心保命丹
發行所 仁川港 濟生堂藥房

▲特別廣告
本社에서 名帖印刷部를 另設ᄒᆞ고 各樣活字와 別樣紙本이 具備ᄒᆞ오며 印刷ᄂᆞᆫ 精美ᄒᆞ고 價直도 極廉ᄒᆞ오니 […] 大韓每日申報社 告白

●國債報償義捐金收入廣告

第六卷

大韓每日申報

第七百九十五號

月曜及慶節臨時休刊

檀君開國四千二百四十一年
箕子元年三千三十年
大韓開國五百十七年
日本明治四十一年
淸國光緖三十四年
隆熙戊申四月大初四日戊午

論說

●警告各團體社會

賢哉ㄴ諸君이여外勢ᄂᆞᆫ如彼咄逼ᄒᆞ고自力은如此薄劣ᄒᆞ야偃仰屈伸을不得自由ᄒᆞᄂᆞᆫ今日에毅然히手腕을出ᄒᆞ야各々團體를結ᄒᆞ고國내에呼ᄒᆞ야ᄀᆞᆯ오ᄃᆡ本會의綱領은敎育이니敎育이興ᄒᆞᆫ然後에國家가興ᄒᆞᆫ다ᄒᆞ며本會의主旨ᄂᆞᆫ實業이니實業이蘇ᄒᆞᆫ然後에生民이蘇ᄒᆞᆫ다ᄒᆞ야各其旗幟를揭ᄒᆞ고先登을爭ᄒᆞᄂᆞ니賢哉라諸君이여諸君이아니면誰가此國事를爲ᄒᆞ야憂慮ᄒᆞ며誰가此國運을爲ᄒᆞ야謳歌ᄒᆞ며誰가此國民을開導ᄒᆞ며誰가此國士를莊嚴ᄒᆞ리오

故로余가諸君을敬ᄒᆞ며愛ᄒᆞ며祝ᄒᆞᄂᆞᆫ바이어니와

雖然이나現今各團体界를觀察ᄒᆞ건ᄃᆡ性々不滿을抱ᄒᆞᆯ事가甚多ᄒᆞ도다敎育을主ᄒᆞ거든皮相으로主치말고熱心으로主ᄒᆞ며實業을唱ᄒᆞ거든舌頭로唱치말고衷情으로唱ᄒᆞ며其他某種의改良,某弊의矯正이莫非眞實的奮鬪的으로做去ᄒᆞ여야腐敗ᄒᆞᆫ人心의一方面이라도提醒이될지며墮落ᄒᆞᆫ風俗의一部分이라도挽回가될지며頑固ᄒᆞᆫ有鬼의一二派라도警悟ᄒᆞᆯ지며詐欺僞善者의一二個라도悔改ᄒᆞᆯ지어ᄂᆞᆯ

噫乎라現今團體界에於稱愚想을抱ᄒᆞᆫ者ㅣ有ᄒᆞᆯ가慨ᄒᆞᆯ지彼ᄂᆞᆫ君이國ᄒᆞᄂᆞᆫ창鬼蜮의團結은吾가問ᄒᆞᆯ비아니며相時射利ᄒᆞᄂᆞᆫ部大輩의團結도吾가論ᄒᆞᆯ비아니어니와其中目的이純正ᄒᆞ며趣旨가第一ᄒᆞᆫ야今國人民을願ᄒᆞᆫ다ᄒᆞ며靑年子弟를敎導ᄒᆞᆫ다ᄒᆞᄂᆞᆫ某々會도吾ㅣ言ᄒᆞ더라도慘憺한經營도無ᄒᆞ며高尙ᄒᆞᆫ理想도無ᄒᆞ고進取ᄒᆞᆯ精神도無ᄒᆞ며奮鬪ᄒᆞᆯ思想도無ᄒᆞ고但只每月幾次通常會特別會를開ᄒᆞ야會錄이나報告ᄒᆞ며芒節나登載ᄒᆞᆯ而已오其餘에ᄂᆞᆫ幾個人이昇平歲月又치安閑聚集ᄒᆞ야權貴의閑談으로互明ᄒᆞ야勝ᄒᆞ라ᄒᆞ며枕上의夢ᄉᆞ로挙論ᄒᆞ야國ᄒᆞ라ᄒᆞ니是ᄂᆞᆫ腦中에坐ᄒᆞ야千里를行코자ᄒᆞᆷ과同ᄒᆞᆫ이로다心力의滿願ᄒᆞᆷ이엇지此에至ᄒᆞ뇨

又君等이往々言論ᄒᆞ기를我國은資本家가公益事業에窮窶ᄒᆞᄂᆞᆫ者ㅣ無ᄒᆞᆷ으로學校를設立ᄒᆞ기難ᄒᆞ며會舘을建築ᄒᆞ기도難ᄒᆞ다ᄒᆞ나니斯言이固當ᄒᆞ도다만은但米知ᄒᆞ라幾白万圓金額만何ᄒᆞ면公等이此를涙費케不擲ᄒᆞ고能히公益事業에만適用ᄒᆞᄂᆞᆫ지自己의眼에皆點血涙를惜ᄒᆞ며他人의手에千金巨捐을吝ᄒᆞ다고批評ᄒᆞ니愚矣哉며頑矣哉로다

或者ᄂᆞᆫ云ᄒᆞ되諸君이白曾曰敎育이니ᄒᆞ나實業을未旨가未有ᄒᆞᆷ이可歎憎ᄒᆞᆯ바ᄒᆞ나此가猶是其臺만知ᄒᆞ고其二ᄂᆞᆫ不知ᄒᆞᄂᆞᆫ者따如此陷遣坊暴ᄒᆞᄂᆞᆫ中에비록眞個善美ᄒᆞᆫ事旨를得ᄒᆞ어더도實로無益ᄒᆞᆯ지라

故로余가諸君에게望ᄒᆞᄂᆞᆫ바ᄂᆞᆫ只是兩個眼孔에血涙滂々ᄒᆞᆷ이로다

官報

▲隆熙二年五月壹日 官報

豫備金支出

豫備金中支出額을左又치內閣會議를經ᄒᆞᆫ後上奏ᄒᆞ야可라ᄒᆞ신旨를奉ᄒᆞᆷ

隆熙貳年四月二拾日
內閣總理大臣李完用
度支部大臣高永喜

隆熙貳年四月拾八日
卽位紀念章製造諸費
金額四,八三六,〇六〇

外報

●黑龍江鐵路 本年四月拾三日에俄國議會에셔起工ᄒᆞ기로決定ᄒᆞᆫ黑龍江鐵道ᄂᆞᆫ延長이二千四十餘里오其所入費가三億留니千九百十二年에竣工ᄒᆞᆯ預定이라더라

●俄艦注文 倫敦電을據ᄒᆞᆫ則俄國에셔英國子다이도造艦所에大戰艦五隻을注文ᄒᆞ얏다더라

●大統領候補 倫敦電을據ᄒᆞᆫ즉來月에開催ᄒᆞᆯ共和黨國民大會에서大統領候補者推薦을受ᄒᆞᆯ者ᄂᆞᆫ타프트씨더라

●英國製艦討議 同電을據ᄒᆞᆫ즉美國製艦問題에就ᄒᆞ야其後繼續히議論이激烈ᄒᆞ얏고英國上院에對ᄒᆞ야修正法案을討議中이라더라

●印度支那事 路透電을據ᄒᆞᆫ즉佛國々防會議에셔大統領이出ᄒᆞ야首相구레만쏘와陸軍相비쓰갈諸씨가列席ᄒᆞ야印度支那(佛領地)에駐屯兵部를土民兵으로代用ᄒᆞ자ᄂᆞᆫ事에可否를討議ᄒᆞ얏ᄂᆞᆫᄃᆡ淸國이殷은今日如斯히不穩ᄒᆞᆷ이得策이아니라고決議ᄒᆞ얏더라

●艦隊碇泊與期 紐育電을據ᄒᆞᆫ즉亞米利加回航艦隊의公式豫定은大々的發表ᄒᆞ얏ᄂᆞᆫᄃᆡ七月三拾一日桑港을出帆ᄒᆞ야八月二十日濠洲시드늬에到着ᄒᆞ고十月一日馬尼刺에八ᄒᆞᆯ터인ᄃᆡ同月十七日橫濱에到着ᄒᆞ야七日間을碇泊ᄒᆞᆯ預定이라더라

●銀行儲金還收 路透電을據ᄒᆞᆫ즉美國大藏卿고덜유ᄂᆞᆫ同國々立諸銀行에셔政府貯蓄金四千五百萬弗을更히回收ᄒᆞᆯ旨로告示ᄒᆞ얏다더라

●戰艦製造決定 紐育電을據ᄒᆞᆫ즉美國上院은本月에戰鬪艦二隻、驅逐艦 隻、潜航艇八隻、給炭船五隻의建造ᄒᆞᆯ豫算을計上ᄒᆞ야海軍豫算을通過ᄒᆞ얏ᄂᆞᆫᄃᆡ今後每年二隻의戰鬪艦을建造ᄒᆞ기로決定ᄒᆞ야발表ᄒᆞ얏더라

雜報

●私校新設 高陽郡守權復俶氏가該郡有志紳士諸氏를請邀ᄒᆞ야時局之形便과靑年之敎育으로써說明ᄒᆞᆫ미該郡諸氏가協議ᄒᆞ야該郡에私塾을廢止ᄒᆞ고學校를注意ᄒᆞᄂᆞᆫ中에求知道面杏洲村에셔申觀均 萬氏가多少間捐ᄒᆞ야허동院내에鄭龍殷二氏가發起ᄒᆞ고登廟諸空屋을修理ᄒᆞ고私立普通學校를設立ᄒᆞ야臨東학校라名ᄒᆞ고校長은郡守ᄂᆞᆫ校監은張杰氏로敎師ᄂᆞᆫ會晶圭氏와최仁鎬氏로定ᄒᆞ얏ᄂᆞᆫᄃᆡ去月二拾七日에開校式行時에來參者數百人이오開學ᄒᆞᆫ지未幾日에學徒가五十餘名에達ᄒᆞ얏스니將就之望이有ᄒᆞ다더라

●敎書請認 與十個에서 敎科書를編輯ᄒᆞ야學部에請願ᄒᆞ되登登檢定ᄒᆞᆫ後에認許ᄒᆞᆯ刊케하라하얏다더라

●沁校振興 江華郡내可面古阜동에普昌학校를設立하얏ᄂᆞᆫᄃᆡ校장黃在信학院沈可一敎師兪致玉財務鄭芝純諸씨가熱心敎授ᄒᆞ고其他諸氏도熱心贊助ᄒᆞᆷ으로校務가日發興旺ᄒᆞ다더라

偉人遺蹟

水軍第一偉人 李舜臣

錦頰산人

第二章

◉이舜臣의幼年과及其少時

天蒼々兮在上ᄒᆞ고海陰々兮在下ᄒᆞᆫ데兩間에居住ᄒᆞᄂᆞᆫ人類ᄂᆞᆫ登大數代性으로化生ᄒᆞᆫ者라故로閉關自守ᄒᆞᆫ國是를作ᄒᆞ야老子의言과又치隣國이老死不相往來ᄒᆞ던時代에도此民族이彼民族과登播觸ᄒᆞᄂᆞᆫ境遇이면骨飛血灑ᄒᆞ고天慘地黑ᄒᆞ야生滅存亡이瞬息呼吸에決ᄒᆞ거던況世變이愈大ᄒᆞ고競爭이愈烈ᄒᆞ야鉄血을崇拜ᄒᆞᄂᆞᆫ近世乎아彼文納緩步ᄒᆞ며幾百年修齊治平을講ᄒᆞ던者ᄂᆞᆫ皆是夢中의讒語ᄒᆞ던人物이아니던가累々衆生이空手來空手去ᄒᆞ야丙寅年江華砲聲만耳邊에偶墮ᄒᆞ면否々男負女戴ᄒᆞ고草根木石을嘗ᄒᆞ며世爭尊ᄒᆞ야一命을苟保ᄒᆞ다가畢竟에ᄂᆞᆫ生無益ᄒᆞ며死無損ᄒᆞ야荒산枯骨이艸木과同腐ᄒᆞᄂᆞᆫ디嗚乎라天을遙倚ᄒᆞ야三百年前을回想컨ᄃᆡ一身으로蒼茫波濤上에立ᄒᆞ야戈를杖ᄒᆞ고諸將을指揮ᄒᆞ며賊艦이蝟集ᄒᆞ며砲丸이雨下ᄒᆞ야도窮且屹立不動ᄒᆞ며上天에祈禱ᄒᆞ야曰「此讐를若滅인ᄃᆡ雖死나無憾이라」ᄒᆞ고其身을犧牲ᄒᆞ야國을拯濟ᄒᆞ던者ㅣ今日三尺童子사지傳誦ᄒᆞᄂᆞᆫ我水軍三道統制使忠武公李舜臣이아닌가

豐臣秀吉가卒伍間(秀吉은初에是織田信長部下卒)에셔崛起ᄒᆞ야三島를統合ᄒᆞ고關白에位ᄒᆞ據ᄒᆞᆫ後東韓을睥睨ᄒᆞ야不久에東萊釜산에殺氣가日漲ᄒᆞ며祖國疆土에靑邱의無人을사며敵對抗ᄒᆞᆯ干城材가ᄒᆞ시니實王宣廟朝乙巳三月初八日子時에漢城乾川洞에서呱々聲을報ᄒᆞ니라

父의名은貞이오母의씨ᄂᆞᆫ卞이오其祖曰生員百祿이니라舜臣의將產ᄒᆞᆯ際其祖가現夢ᄒᆞ고此名을賜ᄒᆞ얏다ᄒᆞ나니라

慈ᄒᆞ吹ᄒᆞ며竹을騎ᄒᆞ고에서遂々往來ᄒᆞᄂᆞᆫ것을嬉戲라고幕府히習치말往々英雄의頭角을此中出ᄒᆞᆯ지니盡리舜臣幼時兒와嬉戲ᄒᆞ며戰陣을佈ᄒᆞ고元帥라自稱ᄒᆞ고木을削ᄒᆞ야矢를自作ᄒᆞ고중中人에者가有ᄒᆞ면弓을挽ᄒᆞ야其目을射코ᄌᆞᄒᆞ더라

悲夫라時代의結習이恒常兒를束縛ᄒᆞ야擬飯範圍內에坐ᄒᆞ나니라舜臣의出現ᄒᆞᆫ時代ᄂᆞᆫ儒衣가滿國ᄒᆞ고淸談이盛行ᄒᆞᆫ때며又是自家父祖가世々儒者門庭中人物이니公이此등天授ᄒᆞᆫ軍人資格이나安能容易自拔ᄒᆞ리오是以로是伯仲二兄을從ᄒᆞ야儒業을受ᄒᆞ야二十年光陰을送ᄒᆞ얏도다雖然이나將來에滿上臺片舟로敵率를拖ᄒᆞ고制남을障蔽ᄒᆞ야全國大司命을作ᄒᆞᆯ人物이엇지此中에셔長終ᄒᆞᆯ가慨然히筆을擲ᄒᆞ고武藝를鍊習ᄒᆞ니時年이二十二러라

未完

雜報

●御覽運動 今日大東學會學校에서運動式을成均館丕闡堂뒤에서開ᄒᆞᄂᆞᆫ데 大皇帝陛下ᄭᅴ옵셔 御覽ᄒᆞ시기爲ᄒᆞ야 玉流泉에 臨御ᄒᆞ옵신다더라

●宋氏陛見 農商工部大臣宋秉畯시가昨日에 大皇帝陛下ᄭᅴ 陛見ᄒᆞ고 皇太子殿下의御留學ᄒᆞ시ᄂᆞᆫ動靜을上奏ᄒᆞ얏다더라

●政界云變 日間내閣이變更된다ᄂᆞᆫ대甚至於各部書記官ᄭᆞ지變更이된다ᄂᆞᆫ說이有ᄒᆞ더라

●迎接宋氏 農人宋秉畯氏가再昨日下午八時三十分에入城ᄒᆞᆫ事ᄂᆞᆫ昨報와如ᄒᆞ거니와總理大臣리完用氏와軍部大臣리秉武氏ᄂᆞᆫ水原停車場ᄭᆞ지下往ᄒᆞ얏고法部大臣趙重應씨ᄂᆞᆫ成歡停車場ᄭᆞ지下往ᄒᆞ얏고其他각大臣은남문外停車場ᄭᆞ지出往迎接ᄒᆞ얏ᄂᆞᆫ데伊藤博文氏와統監府高等官吏도南문外停車場ᄭᆞ지出往迎接ᄒᆞ얏다더라

●此亦戒嚴 再昨日에農相宋秉畯氏가入성ᄒᆞᆯ時에ᄂᆞᆫ남문外停車場에서入場券은各部親勅任官과其他高等官吏외게만配却ᄒᆞ얏다더라

●餞迎合宴 昨日下午六時에泥峴日本人俱樂部에셔晩餐會를開ᄒᆞ얏ᄂᆞᆫ대其내容인즉伊藤박문씨의歡迎宴兼曾禰副統監의餞別宴이라ᄂᆞᆫ데會費ᄂᆞᆫ每名에三圜式醵集ᄒᆞ얏다더라

●宋氏戒嚴 再昨日宋農相入성ᄒᆞᆯ時所到各停車場에戒嚴이甚厲嚴密ᄒᆞ얏ᄂᆞᆫ데該氏家附近에ᄂᆞᆫ韓日兩國巡査가尙此戒嚴ᄒᆞ얏다더라

●拘忌未仕 軍部대臣리秉武시가其伯시服制를當ᄒᆞ엿은已報어니와拘忌로尙今仕進치아니ᄒᆞᆫ다더라

●綠雨止會 統監府鐵道管理局에서昨日에園遊會를孝昌院近地에設行ᄒᆞ라다가雨勢를因ᄒᆞ야中止ᄒᆞ얏다더라

●內次官舍 각部親勅任官의官舍를建築ᄒᆞᄂᆞᆫ데내部次官木내의官舍ᄂᆞᆫ남部老人亭에在ᄒᆞᆫ前宮내府理事용容濟의家舍로定ᄒᆞ얏다더라

●深岡歸任 中橋義塾日語敎師日本人深岡씨ᄂᆞᆫ大審院高等通譯官으로敍任ᄒᆞᆫ다더라

●印紙節用 내藏院度支課長金澤氏가宮내府로通知ᄒᆞ고自今以後로ᄂᆞᆫ公문辭意가印札半張에不過ᄒᆞᄂᆞᆫ者ᄂᆞᆫ半印札紙로用ᄒᆞ고外公문辭意가一張에過ᄒᆞᄂᆞᆫ者ᄂᆞᆫ印札全張에用ᄒᆞᆷ이國家經濟上에妥當ᄒᆞ다ᄒᆞ얏다더라

●局課建費 宮내府ㅅ馬課를將次新建築ᄒᆞ며修理도ᄒᆞᆫ다ᄂᆞᆫ대其所入經費ᄂᆞᆫ二萬七千圜으로算定ᄒᆞ얏다더라

●行政意見 각道書記官들이내部에서連日會議ᄒᆞ야行政方針을提出ᄒᆞᆷ은已報어니와합북書記官某시의意見提出ᄒᆞᆫᄂᆞᆫ概意를漏聞ᄒᆞᆫ즉自已가該道에赴任以後에風俗과民情을觀ᄒᆞᆫ즉不可不地方을安靜케ᄒᆞ라면觀察郡守의權限을前日과如히許與ᄒᆞᄂᆞᆫ것이妥當하다ᄒᆞ얏다ᄂᆞᆫ대其理由인즉愚迷ᄒᆞᆫ人民이自由이니活動이니ᄒᆞ고恣意行動이多ᄒᆞᆫ所以라ᄒᆞ더라

●擇用方針 내部衛生局長劉猛씨가觀察郡守擇敍ᄒᆞᄂᆞᆫ事에對ᄒᆞ야趙내部대臣에게意見을說明ᄒᆞ얏다ᄂᆞᆫ說을聞ᄒᆞᆫ즉官吏任用ᄒᆞᄂᆞᆫ事를主務長官만擇選ᄒᆞᆯ것이아니라本部내勅任官이라도可堪ᄒᆞᆫ人을薦ᄒᆞ야其資格의合當與否를協議ᄒᆞᄂᆞᆫ것이妥當ᄒᆞᆫ닷하다ᄒᆞ얏다더라

●蓮舍云典 侍從院卿閔丙奭氏ᄂᆞᆫ何事를因ᄒᆞᆷ인지남문外蓮花峯에在ᄒᆞᆫ家屋을典執債用ᄒᆞ랴ᄒᆞᆫ다더라

●校장會同 학部에서각官立학校에訓令ᄒᆞ되今年度春期聯合大運動을今月旬間에設行ᄒᆞᆯ터인대該運動式에對ᄒᆞ야不得不商議ᄒᆞᆯ事가有ᄒᆞ니校長以下一般任員은今月四日月曜上午拾壹時에학部로來會하라ᄒᆞ고今年度秋期聯合運動은各학校에서自意擅便ᄒᆞ라ᄒᆞ얏다더라

●罪由罰輕 江華郡남嵩靑龍氏가該郡人民에等訴ᄒᆞᆷ을因ᄒᆞ야京畿裁判所에서禁獄一個月에判決ᄒᆞᆫ다ᄂᆞᆫ說은前報에已揭어니와罪雖輕減이라도贖役二年은免不得之事라ᄒᆞ야該郡民等이該判決에不服ᄒᆞ고高氏를禁獄 個月로宣告ᄒᆞ면平理院에更爲申訴ᄒᆞ기로決定ᄒᆞ얏다더라

●恩賞退待 非殿院解散巡査等이每朔手當金으로支給ᄒᆞᄂᆞᆫ四圜으로ᄂᆞᆫ生活이困難ᄒᆞ야恩賜金을支給ᄒᆞᄂᆞᆫ지支給지아니ᄒᆞᄂᆞᆫ지不勝燥鬱ᄒᆞ야니昨에宮내府茶田課장의게呼訴ᄒᆞᆫ즉該課長所答이 恩賜금은斷當支給ᄒᆞᆯ터이니會集지말고각其歸家ᄒᆞ야支給之日을待ᄒᆞ라ᄒᆞ얏다더라

●旅費擬議 高等女학校敎師尹孝姈시와合孃을召還ᄒᆞᄂᆞᆫ旅費를支出치아니ᄒᆞᆫ다더니更聞ᄒᆞᆫ즉旅費를支撥ᄒᆞ려고現今학部에서協議中이라더라

●明校運動 明新女학校에서ᄂᆞᆫ本日에뚝섬農商所에서運動會를擧行ᄒᆞᆫ다더라

●完璧難償 連산郡居金監役喆鉉氏에六七拾萬兩價値廿石落香券을趙氏에三從孫이權殊ᄒᆞ시가癸卯年에僞造ᄒᆞ야典配嚴杜承씨에게徵미ᄒᆞ얏ᄂᆞᆫ故로김監役이該僞造券推覓次로趙氏從孫金宗洙씨를紹介ᄒᆞ고嚴前郡守中석孝氏를起送上京ᄒᆞ야氏의게業ㅁ萬兩을給與ᄒᆞ고顯券을推則受ᄒᆞ고懲戒만書給ᄒᆞ고此ᄂᆞᆫ彼ᄂᆞᆫ口ᄒᆞ야延拖屢月後에該券은宮中失火時에入于回祿ᄒᆞ얏다하고 英親王宮完문一張을成給ᄒᆞᆯ터이니持來下鄕ᄒᆞᆫ則김喆鉉시에게姪婿某가該宮完문을買受ᄒᆞ來ᄒᆞ야김朴兩가彼此僞造라고互相起訟ᄒᆞ야于今五六年이러니김시가嚴시의左右도奔財ᄒᆞᆫ數를推尋次로漢城에告訴ᄒᆞ얏다더라

●校物注文 高等女학校에應用ᄒᆞᆯ物品을日本에注文貿來ᄒᆞ얏다더라

●一校將況 水原郡대運動時에同郡鳥산市私立新학校가亦爲聯合하ᄂᆞᆫ대本학校任員中김俊相宋榮同諸氏가각其熱心으로運動費를自當ᄒᆞ고同동居前主事리致弘氏ᄂᆞᆫ本非학校中任員也요具子弟間에도入학ᄒᆞᆫ者도無ᄒᆞ되特以綏務로今番運動時에本동新明龍岡학校生徒百餘名의東費를自擔하엿다고該郡人이稱頌ᄒᆞ더라

●來會運動 平壤ㅅ학校에서京城官私立각학校徒聯合春期대運動時에上京來參ᄒᆞᆯ학徒二百名을選擇ᄒᆞ얏다ᄂᆞᆫ說이有ᄒᆞ더라

●룡校可成 룡川府龍巖浦에룡成학校ᄂᆞᆫ학部編輯局長魚允迪시가該府尹在任時에興督下紳士로協議設立ᄒᆞ고親爲敎授라가移職上來後幾爲廢止之境이러니該港居張京默시가更爲協力ᄒᆞ야昨秋에該校舍를建築ᄒᆞᄂᆞᆫ대김龍善鄭用梯兩시가自擔發校를ᄒᆞ고韓시ᄂᆞᆫ經費를擔當ᄒᆞ야維持ᄒᆞᆯ方針이有ᄒᆞ다고서來人이稱頌ᄒᆞ더라

●保校可支 郭산郡弓面揷谷里朝동保興夜학校학徒十餘名이以窮困家勢로書를備ᄒᆞ고夜以로工ᄒᆞ야니校費가難辦ᄒᆞ야廢학之境에至ᄒᆞᆯ지라多少학徒가齊會協議ᄒᆞ더니一학徒가발論ᄒᆞ기를校外潮水出納處를築ᄒᆞ作畓ᄒᆞ면其費로학費를可以支用이라ᄒᆞᆫ딕一般生徒가挨手唱采ᄒᆞ고整ㅁᄒᆞ始ᄒᆞ야同力赴役ᄒᆞᄂᆞᆫ대該동父老가盡心助力ᄒᆞ야數拾餘斗落假量되ᄂᆞᆫ膏沃地를不日卽成ᄒᆞ엿다더라

▲地方消息▼

▲去月十七日延안郡米산七里에義徒十七名이襲來ᄒᆞ야同地에繫留ᄒᆞ얏던淸國潛船壹隻을奪取ᄒᆞ고故로연坪島方面을向ᄒᆞ야出航ᄒᆞ얏다ᄒᆞ고

▲去月貳十貳日夜下천郡水面동에서該ㅣ餘名의義徒ᄂᆞᆫ該郡駐在ᄒᆞᆫ巡査와交戰ᄒᆞ얏다ᄒᆞ고

▲去月一十三日夜에原州郡문幕에서四拾餘名의義徒ᄂᆞᆫ該郡駐在巡査와數時間을交戰ᄒᆞ얏다ᄒᆞ고

▲去月拾九日午前壹時에黃海道遂안梧동等地에서百餘名의義徒ᄂᆞᆫ該郡駐在日憲兵及巡査와壹場衝突ᄒᆞ얏다하고

▲去月貳拾四日午前一時에全州읍四문外居日人中居ㄷ郎은任實郡新示面에數拾名義兵의게慘殺을當ᄒᆞ얏ᄂᆞᆫ대頭部를亂打하야頭骨이破碎ᄒᆞ엿다ᄒᆞ고

▲去月拾五日河東郡赤良東面에서數拾名의義徒ᄂᆞᆫ日巡査及守備隊兵과數時間을交戰ᄒᆞ얏다ᄒᆞ고

▲去月十八日淳昌郡오산面池내里에서約百名義兵과同郡虎溪面甲동十七名에義兵과同面深草里에井名義兵과鏡峴里에四十名義兵과興面馬時三拾名義徒가同力出沒ᄒᆞᆫ다ᄂᆞᆫ報가有ᄒᆞ다ᄒᆞ고

▲近日遂안郡내各處에義兵이遍滿ᄒᆞ되日憲兵과巡査ᄂᆞᆫ巡行偵察ᄒᆞᆫ다ᄒᆞ고

▲四月拾八日에三陟郡鷹峯산中에서義兵과日兵이交戰ᄒᆞ얏다ᄒᆞ고

▲去月二拾八日午前拾一時에楊州郡泉천面豫享里산上에서數拾名의義兵은日憲兵과交戰ᄒᆞ얏다ᄒᆞ고

▲去月廿一日午後三時에平康郡實乘面石문里에義兵이來襲ᄒᆞ야民家九戶를放火ᄒᆞ고同北方에서一進會員二名을捕捉射殺ᄒᆞ얏다ᄒᆞ고

▲去月廿八日公州郡維鳩에서義兵二十餘名은天안郡에駐在ᄒᆞᆫ日憲兵과衝突ᄒᆞ야多少死傷이有ᄒᆞ얏고ᄒᆞ고

▲去月廿六日午前壹時에義兵九十餘名이遂안郡舟岩동에來襲ᄒᆞ야民家十九戶를放火燒棄ᄒᆞ얏다ᄒᆞ고

▲去月廿六日夜十二時에義兵八名이令천郡新安里에入來而居民貳名을拿去ᄒᆞ고其家族의게紙貨六十圜을勒奪ᄒᆞ엿다더라

東京電報

五月一日發

●松島艦沈 松島艦沈沒後報 松島艦沈沒에關ᄒᆞᆫ後報를據ᄒᆞᆫ則生存者가二百三拾九名이오死者가二十貳名이오生死不明者가壹百七十五名이라더라

▲聞鵑有感▼

▲春花欲殘ᄒᆞᆫ樹枝에空山夏月猶라聲々杜宇啼恨ᄒᆞ니萬端心緖惹起도다悄然倚枕兩量ᄒᆞ니正是愁人不寐時라

▲歸蜀道歸蜀道ᄒᆞ니兩方氣候從來ᄒᆞ야天下將亂을知로다五夜閑步天津橋에有誰聽ᄒᆞ고嘆歎인고當局時機危急을대此余懷而誰禁이라杜鵑새가우ᄂᆞᆫ고나

▲歸蜀道歸蜀道ᄒᆞ니將有事於西疇ᄒᆞᆫ제望帝ᄂᆞᆫ催耕이라四方氣殺未淨ᄒᆞᆫ대이農事를엇지ᄒᆞ나兒妻離散ᄒᆞ니悆啼之聲져혀업다杜견새가우ᄂᆞᆫ고나

▲歸蜀道歸蜀道ᄒᆞ니聲々怨鶩兩耳에ᄒᆞ니英雄之氣喚起ᄒᆞ니挖利器잠伏ᄒᆞ야千金高價方待터니延頸而起徘徊ᄒᆞ니世上事가엇지될ᄂᆞ杜鵑새가우ᄂᆞᆫ고나

▲歸蜀歸蜀道ᄒᆞ니枝頭春恨啼紅ᄒᆞᆯ제ᄂᆞᆫ心事를네알니라雨日花가爛開ᄒᆞ니一片心이붉것고나國家를思念ᄒᆞ며縱橫淚難禁이라杜鵑새가우ᄂᆞᆫ고나

▲歸蜀道歸蜀道ᄒᆞ니化爲神鳥啼送ᄒᆞ야興衰之理알게ᄒᆞ니世好物遷朝하야一時稱柄誰誰ᄒᆞ나萬反覆無常ᄒᆞ니危險風潮엇지ᄒᆞᆯ고杜鵑새가우ᄂᆞᆫ고나

▲歸蜀歸蜀道ᄒᆞ니我留共啼枝頭血은戰亡士卒悲歎ᄒᆞ다腥塵血雨掃ᄒᆞ니千古遺恨깁헛고ᄂᆞᆫ殺魂冤魄ᄒᆞ야興亡共睹ᄒᆞᆫ杜鵑새가우ᄂᆞᆫ고나

▲歸蜀歸蜀道ᄒᆞ니奔魂啼怖如有訴에瓜國思想惹起도다海外居留져人士ᄂᆞᆫ列强風氣吸盡ᄒᆞ야斷斷心結台ᄒᆞ니每倚北斗盤이라杜鵑새가우ᄂᆞᆫ고나

▲歸蜀道歸蜀道ᄒᆞ니不如歸啼恨ᄒᆞᆯ재故鄕事가倫撫턴가扶桑遠渡ᄒᆞ야此江山에占居ᄒᆞ나人情風氣가同ᄒᆞ야永以其棲엇지ᄒᆞ리杜鵑새가우ᄂᆞᆫ고나

▲歸蜀道歸蜀道ᄒᆞ니月沉々夜未央ᄒᆞᆫ제簾聲那堪聞가滿目烟塵所到處에悽懷抱呼哭이라失保權이啼過ᄒᆞ니壹年寃恨깁헛도다杜鵑새가우ᄂᆞᆫ고나

社告

本社大邱支社員崔一毁시는日前에解任흥고本報를傳送인바 히지購覽諸시의本報愛讀之厚意를堅副코ㅈ하야當지남門너乾材약局梁聖益시를本社支社員으로認定흥고遞間傳送흥얏던申報도遞送흥오니購覽쳠員은右梁시의게繼續請覽하심을望要

本支社를左開十三處에設置흥고玆以仰布흥오니本報愛讀흥시는諸僉君子는該支社로請求購覽흥심을務望흠

▲信川邑大里 丁一善
▲水興郡남山동書舖 梁昌鎬
▲湖州郡남門너 朱伯英
▲泰川邑舘前洋약局 李正華
▲寧邊邑內 明濟世
▲成川上部面書鋪 馬聖三
▲江西邑내 김昌煥
▲咸從郡邸敎堂 김弘舒
▲平남順川郡蓮洞 鄭산경
▲龍川舊邑 車載明
▲龍川남市驛 韓贊希
▲龍岡郡邸蘇敎堂ㅅ 박종온
▲結성廣川場대朴熙春家 리啓祚

廣告

本人이셔失흔家券을還覓흥엿스니大韓每日申報ㄷ九四号에揭佈흔廣告ㄷ勿施흠
김秉潤 告白

本人이餘慶坊奉常寺뒤골동第六統八號瓦家九間半板剝조券一張을典執하얏다가不幸히遺失故玆以仰告흥오니內外國人을勿論흥고誰某神得흥와도休紙施行흠
劉魚文 告白

本會開會日에兩處를因흥야來五日(火曜)下午三時로延定하고處所는안東대東宮館으로定흥야수오니 賛務員諸氏는照亮後屈期來臨흥심을望흠
畿湖학會 賛務會 告白

隆熙貳年三月貳拾九日大韓協會寧邊성支會第壹回任員組織案
會장 리義德 副會장 偘秉哲
總務 김泳하 會計 崔鵬남
김錫龜 書記 孫萬承 리寶珪
評議部評議장리俊求 評議員 정元一 리晃求 池東燮 姜承輪
리秀林 최秀종 池潤九
趙鼎國 김鉉翼 리東浩
리雲協 조우泳 최燦하
姜秉황 幹事員 박時煥
김鼎九 박豪駿 洪任雄
馬우석 김炳奎 金과련
리顯鳳 리大珪 리敏洙

▲公告

南署南산町 丁目居日本人
債權者 森勝次
債務者 閔龍植

目的物
京城中署堅坪坊水典契不典동貳拾三統八戸地所及家舍瓦家九간壹間
中署堅坪坊水典契水典동貳拾三統八戸

競賣期日時 隆熙貳年五月七日午后壹時
競賣場所 目的物所在地

債權額 金六千圓也元本
金貳十壹十圓也利息

競賣에依하야債還을受흥債權者의申請에依흥야左記事項을公告흠
右ᄂᆞᆫ土地及屋典當執行規則第一條에依ᄒᆞ야債權者가此를競賣에ᄂᆞᆫ故로同施行細則第貳條에依흠을公告흠
隆熙貳年五月二日

執行吏 費中井

債權者代理人
영성町五丁目居
辯護士 高橋章之助

대邱居權弼聖處百十圓七十저을呂九一이가擔當출給되려니와紛失이오니誰某가拾得이라도休紙施行흠
呂秉奇 嘉珠 白

特別 ◉學員集募廣告

本校에서夜學을設立흥고학員을募集흥오니願하쳠員은來九日(陰四月十日)너로請願서를提呈흥시옵但請願서는本校用紙흠

本校年限은貳個年
一 年齡ᄂᆞᆫ十五歲以上
一 科目 日語 算術 地誌 歷史 漢文 體操
一 試驗日字 五月十日上午十時
一 試驗科目國漢文讀서作文
但貳年級志願者는日語 算術(四則以上)

典洞私立中東학校告白(前漢語학校)

◎特別廣告◎

本塾英語學科에서春期試驗을經흥後各級학員을增募흥고語學專門으로敎授흠터이니有志학ᄂᆞᆫ僉君子는本月九日內로本塾에來議흠을務望흠
應接時間每日下午六七時

私立廣化新塾長 南廷哲
(南大門內昌동四 三統七戸)

敎科書類 小說書類 法政書類 文藝書類

本書館에셔書籍을擴張흥고各種書籍과學校用品을具備발賣흥오니有志僉彦은陸續購覽흥심을敬要

價格는京성各冊사와同흠

安州城內大街(큰거리)
知新書館 金溎植

本書館에셔民智를廣開하고文明發達흥기爲흥야新舊書籍을大발賣흥오니僉君子는陸續來購흥심을望흠

釜山港東館韓興書館 金汝斗
權秀律 廣告

本書市에서各種洋약과학徒所用物品과학徒帽子를製造흥야廉價로發賣흥오니첨君子照亮흠

安岳上場浦西書市 柳景杜 白

小學漢文讀本

장隆 元泳義氏 纂輯 上下二編 正價金六拾전

▲本書는蒙學漢文初階를繼續흥야各種科學의原論을編輯흥고國文으로句讀를明釋하야普通의指남과文明의捷徑을作흠

女子讀本

李源兢 著述 第壹冊 正價金 三拾전

本書는女학校敎科書로應用키爲흥야本文은國漢文으로諺解를另附흥야分課編輯흔者니雖在家婦女라도均可便覽而增其知見흠에必要흠

愛國偉人 葛蘇士傳

淸國梁啓超 原著 全一冊 正價金拾五錢 (國漢文)

本書는歐洲風雲을感慨흥고自國獨立을力圖하던匈牙利愛國偉人葛蘇士의事蹟을綱領著述흔者니當時葛蘇士의雄飛活躍의經歷과及其英雄末路의不遇를隨흥야奧匈聯邦의雙立國體를竟成흔結果를觀컨대可使讀者英雄崇拜의感想을激起케흐리로다

發兌元
▲皇성中署鍾路橋越便中 中央書舘
▲皇城鍾路 博文書舘
▲皇城大廣橋東邊 滙東서舘
▲皇城남門內 동 東書市

關東學會 告白

本會定期總會를來日曜(陰初四日)下午一時에奬進동興化학校內에셔開흥오니會員은照亮흠

●初等女學讀本

本書ᄂᆞᆫ不但女校에必要之用書라諺解를另附흥야在家婦女도均可便覽而增장知見이오니陸續購覽하심을望흠

발매所 漢城各書舖

世界文明產育新法

全一冊純國文廿五錢

十九世紀歐洲文明進化論

全一冊國漢文三十錢

元賣所 鍾路古今書海舘

支賣所京鄉有名書舖

五月 壹日 開業

大韓書林

本書林에셔內外國書籍과학校用品壹切을廉價發賣하오니僉君子는陸續來求흥심을望흠

京城북部小安동拾六統八戶
大韓書林事務員 리星鎬

落梅丹

●新발明梅毒당약廣告

陸軍軍醫 金弼鉉 實驗刀劑

口瘡不발창腫去根之명약
壹劑 五百粒 定價金 三圓

主治 梅毒(唐창)新舊창 瘰癧 及廣瘡 ●便마賓私●천病

已上病證外에男女間에不精交合흔後에若疑아之虞이有흥야도此약壹劑만服用흥면完無後慮흥고脾胃도健全흠을擔保흠

此外에도醫療機械와精美흔약材를新舊를고內外科각色疾病을誠心治療흠

京城北部大安동
仁濟약房 高用진 謹白

代理店

京城鐘路 共愛堂약房
仁川港龍동 濟生堂

國內各處약局에셔販賣흠

茲於人道之原則흥고重於正義之誠實ᄒᆞ며以親切爲旨흥야訴訟事件幷각官廳請願事件을廣受依托흠

京城저洞六拾四統二戶
東京大학前講師
辯護士
日本法律學士 木尾虎之助

撰理化學

朴晶東氏 著
全一冊定價金三拾錢

一本書의目的은小學校에敎育ᄒᆞ기爲ᄒᆞ야編輯흠이라
一理化의原理ᄅᆞᆯ簡明흔圖를揷ᄒᆞ야解흠을便易케흠이라
一理化ᄂᆞᆫ物質의名稱은近世代의譯語를用흠
一本書ᄂᆞᆫ理化學諸家의學說中最簡易흔者를採ᄒᆞ야十五章으로編흥야학徒로ᄒᆞ야곰二個年의課程에ᄒᆞ야陸續購覽ᄒᆞ시옵

발매所
布屛下 相路廣一書舖
京城各處書舖
平壤鍾路耶蘇敎書舖
法橋大同書觀

本書館에셔滿朝新聞을發賣ᄒᆞ고分傳도ᄒᆞ오니購覽ᄒᆞ시기願ᄒᆞ면僉位ᄂᆞᆫ請求ᄒᆞ시옵

南大門內尙洞敎堂
前 博文書舘 白

漢城鍾路基督敎靑年會館前慈惠藥房
製藥監督人 濟衆院醫學員 洪錫厚 朴慈惠 李觀化 告白

本人等이漢城南大門外濟衆院에셔處方으로左記封入낙을製造ᄒ오니京鄕遠近勿論ᄒ고此各品을用ᄒ시기爲ᄒ야前醫學校長勳五等池錫永氏게계락方文마다議定ᄒ고有効証明書를受ᄒ고主治効能用法을詳記ᄒ야洋鉄匣紙匣琉璃甁에封ᄒ야賣락兄弟에게利益이擴有ᄒ도록본매ᄒ나이다

治痰平胃丸　男女補益丸
輕腫根治膏　純金鷄蠟丸
濕腫根治膏　蛔虫浸出丸
大癰後根合瘡膏　四時感冒丸
小兒胎毒合瘡膏　淸明眼藥水
癨氣神効保嬰散　消痰鎭咳藥
小兒感冒靈嬰効散　男女瘡疾祛根藥
德國製淋疾丸　寸虫拔根藥
漢城百應膏　止足汗臭藥
洋藥乾材　止瀉潤腸丸
舊藥唐草材　陳陳旧滯消積丸
西藥醫方活套　無惡臭齊瘡藥

◎新訂方合編　壹部四拾전
針脉經。病論。藥性。方套。牛瘟經。牛馬病의洋藥用法을聯纂ᄒ야具備ᄒ야圖示ᄒ나買ᄒ야家에散布要緊ᄒ오며

◎社會勝覽　純國文卅三전
社會規則과演說의方法과脉格이며東西양雄辯家의演說을譯述ᄒ야社會有志者와勞働人及婦人ᄭ지可不購覽ᄒ者며

◎婦人儀範　純國文卄五전
育子를敎育ᄒ고家庭을整理ᄒᄂ道로婦人社會의特要ᄒ師範이오며

◎中等算學　每帙 冊壹圓五拾전
自四則至開立方九積數를大專模倣ᄒ야學習에便易ᄒ고我韓算書中에具備ᄒ者며各校학生의게ᄂ特爲減價로發賣ᄒᆷ

註譯 支那時文類聚
八拾三頁
리치兩 編集
定價금 二拾二錢

右冊은近日現用ᄒᄂ各樣緊要私札往復이며韓淸與日淸間에現行往復ᄒ던公私宴會請帖往復이며其他公函往復과公文照會等式을編成ᄒ야可作高等社會의訣이오니照亮

總發賣 皇城典洞 光東書局
分賣所 皇城각書舖

簡易商業簿記學
全一冊　定價金 四十五錢

本書ᄂ簿記學中最近ᄒ학理와精妙ᄒ形式을精細萬解ᄒ야了解케簡易ᄒ도록譯述ᄒ者니一般商業家에不可不一次閱覽ᄒ者뿐아니라中等以上學校에敎科로用ᄒᆷ도適當ᄒ니購覽ᄒ심을望ᄒᆷ

발賣所　布廛下 廣학書舖　洞口越便中央書館
廣橋東便 匯東서館　寺洞 滙東書館
鍾路 大東서市　鍾路 古今서海관

녀ᄌ독본
章巷先生 張志淵 著
壹帙二冊 二百七拾頁 定價金六拾錢

我韓女학에不講이久矣라上等婦人에知識도廣하ᄒ者寥寥ᄒ니如此ᄒ고야엇지文明國民을作成ᄒ리오挽近志士가女학의必要를絶叫ᄒ야女子학校가在々發起ᄒ나完全ᄒ敎科書가無ᄒ야識者에慨歎ᄒᄂ바라故로此書二卷은女子의知識발ᄒ기爲ᄒ야純國文을純用ᄒ고漢文을旁註ᄒ얏ᄂᆫ데上卷은本國故代有名夫人의歷史오下卷은東西각國有名婦人의歷史이오니 僉君子ᄂ速々來購ᄒ시옵

발賣元 皇城中署布屛下 廣학書舖 김相萬
발賣所 平壤鍾路耶蘇敎冊々 平壤法橋大同書觀
京鄕각書舖

●大韓國新奇明藥廣告

· 從來藥料金文散布方例
· 從來藥效名方效證明
· 四港衛生家庭必備之寶藥

消化新藥 淸心保命丹
九十粒入 金拾錢
發行所 仁川港杻峴 濟生堂藥房

●主治効能
◉痰飮 ◉食積 ◉中暑 ◉中寒
◉咳嗽 ◉腹痛 ◉水土不服
◉泄瀉 ◉吐瀉 ◉船車眩暈
◉食傷 ◉酒醉 ◉口熱惡臭
▲其他諸般瘟氣厲疫預方妙藥

●出張代理特約發賣所
●京城大廣橋 共愛堂大藥房
同 香路 慈惠藥房
同 梨峴 洋약局 리觀化
同 銅峴 博文書館 리信華
同 南大門外 大同書館 盧益亨
同 泥峴三丁目 大同運輸會社
同 泥峴郵便局前 新井支店
同 水橋本堂出張人 天佑堂
●仁川舊邑本堂出張所 리鳳林
同 開城旅館 金濟賢
同 寺峴和平堂 韓困根
●開城南門內萬物盛 리應魯
同 南門內同店 박圭桓
同 南門內本店 禹相玉
同 北部忠橋 리潤錫
●海州宗路商店 具學模
同 二房약舖 宋在瑛
●開城南門大店 김永泰
●水原宗路下약房 리奉植
●延安邑내洋약局 金濟九
●江華宗路店 邊汝文
同 宗路店 尹斗鉉
同 西門外冊肆 安順根
●長湍남門내 高成根
●砂利院市場내客主 崔敬洋
同 耶蘇敎堂 朴健昌
同 義州남門내紅門동 任九中
●平壤鐘路中央濟生局 리東彬
同 館前衛生醫院 韓鳳儀
同 大興部里 金鳳興
同 西武洞藥局 崔龍化
同 甲岩出張人 桂衡宜
●鎭南浦德洞洋약局 尹寅濬
同 德洞本堂出張人 김元석
●鮮州港關福 吳남奎
●安州 김斗鉉
●安岳邑內 ○○房
●大邱남門내鄭蘭 林景柱
●釜山港草梁客主 김成浩
●忠川郡 藥局店 金重佑
●戰東邑 朴芝行
●忠州東良 曹九國
●晉州 金鎭和
박魯賢

●定州남門내洋약局 리健柱
●郭山邑내洋약局 羅應郁
●鐵山邑내永春堂 安源
●宣川邑내冊肆 安丕
●義州水口街 崔석浩
●信川邑西里洋약局 김永植
●郭山邑冊肆 김大鉉
●元山港濟生堂支店 박敬輿
●北靑新昌港客主 박錫勳
●江原道本堂出張人 高泰來
●德川邑官동洋약局 리丙斗
●龍山용谷里 리東赫
●其他各약店마다隨應販賣ᄒᆷ
●仁川港濟生堂告白

▲特別廣告
本社에서名帖印刷部를另設ᄒ고各樣活字와刷紙本이俱備ᄒ오며印刷ᄒ기精美ᄒ고價値도低廉ᄒ오되特別히가格을廉ᄒ야夫人의게ᄂ一層低廉ᄒ오니僉位ᄂ來臨ᄒ시와照覽請求ᄒᆷ
大韓每日申報社 告白

今現醫院에셔各項事務을一層擴張하오며金裝與銀裝各樣의齒와老小間沒數落齒ᄒ며齒床幷齒를隨意製造하오며拔齒與入齒時에毫無苦痛케ᄒᄂ技方도有ᄒ며齒科上面識ᄂ無料擔受ᄒ오압ᄂ니四方僉君子ᄂ照亮ᄒ시믈爲希ᄒᆷ
京南大門內尙洞美人施醫院
齒科醫士 韓大衛 告白

客年七月頃에統監府技師應眼文一郎氏가熊川巨濟兩郡漁基를調査次奉命下來ᄒ야公正ᄒ眼力과慈惠ᄒ心法으로加德島漁基前後文券을査閱後上京ᄒ야니今에該文券과民有條의冤失ᄒ얏던漁基를一々還屬ᄒ主ᄒ시니此是應眼公의明査公斷之惠라失業瀕死之島民이聞此欲音ᄒ고咸頌再生之恩ᄒ야將欲勒石竪碑ᄒ야以爲永世不忘之德ᄒ깃삽기玆先廣佈ᄒᆷ
慶南道熊川郡加德島漁民代表人 姜重見 告白

●國債報償總合所收入廣告
●永川支取所北習面木생동
리香祿 崔永壽 崔永浩
리圭燮 각六十전 리圭文
최源遠 리圭석 리香局
최永퓽 리浩與 各四十전
최月鉉 金光晳 리香弦
김在퓽 鄭致洙 리應克
리曉樹 金應洙 田寅秀
崔龍洙 各二拾錢
●外新洞
리源信 徐楨有 리源一
리堯相 徐楨文 리舜相
리星鉉 盧哲伊 盧秀卓
김濟진 리吉彦 각六十錢
吳부弼 四拾錢
▲夫龍동
김極瑞 六拾전 鄭成五
리聖秀 김甲산 각四拾錢
尹善日 박守切 韓敬문
各二十전 최五乘 鄭문賢
各三十錢
▲芝동
리承德 리承斗 리弘老
安致一 柳鎭湖 曹茂承
리承진 각二拾전 리敎厚
尹祥道 張碩兀 각三十錢
리承元 四十錢
▲학산동
田㶊秀 리香杓 田秉秀
田惠秀 田학鎭 김尙河
각六拾錢 韓尙坤 최永守
鄭鳳회 各二十錢
▲城동
리承문 박乃祐 각六拾錢
리종湖 二拾錢
▲大才동
김驥浩 리明厚 尹始翰
리連厚 路春永 각二十錢

發行兼編輯人 英國人 裴說
發行所
皇城西署?洞 大韓每日申報社

本社에서慈惠藥房東西藥業月報發刊ᄒ기爲ᄒ야印刷所를設置ᄒ고數拾年來國文活版을…

第七百九十六號 第六卷

大韓每日申報

月曜及慶節翌日休刊

檀君開國四千二百四十一年
箕子元年三千二十年
大韓開國五百十七年
日本明治四十一年
淸國光緖三十四年
陰曆戊申四月大初六日庚申

論說

●甚矣韓人之不知學問也

嗚乎라韓國에학界를觀ᄒᆞᆫ건ᄃᆡ新學의不興이固미憂어니와舊學의將絶이尤可慮로다

新학에留意ᄒᆞᄂᆞᆫ者ᄂᆞᆫ往々自國의政俗沿革과儒先著述을壹切抹殺코쟈ᄒᆞ니此ᄂᆞᆫ舊학만不知홀ᄲᅮᆫ아니라新학도亦不知라ᄒᆞ노라

康德의倫理학이固是新倫理학이나此로由ᄒᆞ야蘇格拉底의說을抛棄ᄒᆞᄂᆞᆫ者ㅣ無ᄒᆞ며伯倫知理의政治학이固是新政治학也나此로由ᄒᆞ야亞里士多德의說을廢閣ᄒᆞᄂᆞᆫ者ㅣ無ᄒᆞ나니一二新說을耳食ᄒᆞ고舊學을抹殺코쟈ᄒᆞᆷ이何奚可ᄒᆞᆫ가

或者ᄂᆞᆫ必曰彼泰西諸哲은雖其見解의優劣이古今을隨ᄒᆞ야不同ᄒᆞ나其學術이相貫ᄒᆞ며脈絡이相湊ᄒᆞ야古哲의遺緖를繼承ᄒᆞ며今哲의奧旨를研究ᄒᆞᆯ도可ᄒᆞᆯ新舊가不無ᄒᆞᆯ지나故로舊新學을相須并存ᄒᆞᄂᆞᆫ바어니와今에吾韓가西양文說을輸入홈에陳腐ᄒᆞᆫ東洋學說을不知ᄒᆞᆷ이何害리오ᄒᆞᆯ지나此又不然ᄒᆞ니大抵新學을講究ᄒᆞᄂᆞᆫ本意가只是自己의知識을擴充ᄒᆞ야務空門외獨學을求ᄒᆞ야世外에孤立ᄒᆞ야衆生의苦樂을不關ᄒᆞ라ᄒᆞᆷ인가抑或半分이라도祖國을爲ᄒᆞ야此時代에在ᄒᆞ야下手ᄒᆞᆯ結果로써以ᄒᆞ야後世의幸福을計圖ᄒᆞ라ᄒᆞᆷ인가

前說을從ᄒᆞᆫ다ᄒᆞ면吾가再告ᄒᆞᆯ바更無ᄒᆞ거니와後說을從ᄒᆞᆫ다ᄒᆞ면吾가一言으로請進ᄒᆞ리니我今日의新學의政治手段이有ᄒᆞ더라도其國의人情風俗을全昧ᄒᆞ면一部分의職을不堪ᄒᆞᆯ지며箇哥究의教育家品格으로도其國人의性質習慣을莫知ᄒᆞ면一教師의任을不勝ᄒᆞᆯ지어ᄂᆞᆯ挽近에학界有志者가往々新학에沒頭ᄒᆞᄂᆞᆫ者ᄂᆞᆫ舊학을파羅邊에置ᄒᆞ니可惜ᄒᆞ도다

俗儒의舌端에舊학은新학의根源이오新학은舊학의支流라하ᄂᆞᆫ言論은余도反對ᄒᆞ거니와壹時風潮의趨向으로自國學業의幾百年茫々心血을嘔出ᄒᆞ야後人에게留贈ᄒᆞᆫ것을壹幷束之高閣홈은不可의甚ᄒᆞᆫ者오且舊학의流弊를矯正하라하야도不可不其내容의如何를知홀지니라

官報

▲隆熙二年五月四日 官報

法 律

朕이帝室債務에關ᄒᆞᆫ法律案을裁可ᄒᆞ야玆에頒布케ᄒᆞ노라

隆熙二年四月三十日

御名 御璽

內閣總理大臣李完用

法律第九号

帝室債務에關ᄒᆞᄂᆞᆫ件

第一條 帝室債務에關ᄒᆞ야ᄂᆞᆫ開國五百四年法律第二號會計法第二十九條의規定을準用ᄒᆞᆷ

第二條 前條의規定은本法施行前에生ᄒᆞᆫ帝室債務에關ᄒᆞ야도亦此를適用ᄒᆞᆷ

第三條 本法施行前에生ᄒᆞᆫ帝室債務에對ᄒᆞ야ᄂᆞᆫ隆熙二年九月三十日內로債權者가宮內府大臣에게請求ᄒᆞᆷ이可ᄒᆞᆷ 其請求를原定의期限이到來치아니ᄒᆞᆫ者ᄂᆞᆫ其事由를申告ᄒᆞᆷ이可ᄒᆞᆷ

前項의期限內에請求又ᄂᆞᆫ申告ᄒᆞᆷ이無ᄒᆞᆫ時ᄂᆞᆫ債權이其效力을失ᄒᆞᆷ

附則

本法은頒布日로부터施行ᄒᆞᆷ

外報

●漁業問題解決 淸日兩國間에許久히交涉中인바關東漁業問題ᄂᆞᆫ去月三日에加藤總領事와徐總督間에意見이壹致ᄒᆞ야全혀解決ᄒᆞᆷ을告ᄒᆞ얏다더라

●淸國銀行創立 山西省에銀行業者ᄂᆞᆫ外國銀行과競爭ᄒᆞ기爲ᄒᆞ야貳百萬兩의資金으로써一大銀行을創立ᄒᆞᆯ計劃이라더라

●蒙古拓殖銀行 大連電을據ᄒᆞᆫ則蒙古拓殖銀行은가호신附近에設置ᄒᆞ고農工商業에對ᄒᆞ야三拾個年의年賦로써貸出ᄒᆞᆫ다더라

●製艦否決 路透電을據ᄒᆞᆫ즉華盛頓下院은美國大統領의希望을由ᄒᆞ야戰艦四隻建造修正案을再討議에付ᄒᆞ얏ᄂᆞᆫ대同案은二拾三日에五十人의否決로留案되얏다더라

●風聲不絶 路透電을據ᄒᆞᆫ즉英國ᄂᆞᆫ部를亘運하야風聲이尙今繼續ᄒᆞᆫ다더라

●大演習決定 北京電을據ᄒᆞᆫ즉淸國陸軍部에서秋期大演習地ᄂᆞᆫ定ᄒᆞ기爲ᄒᆞ야陸軍使를派遣ᄒᆞ야實地踏査ᄒᆞᆫ結果로近々히安徽省避仙山과大湖間에서擧行ᄒᆞᆯ터이오經費ᄂᆞᆫ度支部에서百萬兩을支撥ᄒᆞ고不足額은陸軍部와各省에서分擔ᄒᆞᆯ터이라더라

●死傷者調査 路透電을據ᄒᆞᆫ즉滿洲빅로ᄃᆡ아政府ᄂᆞᆫ去廿一日부터봉시港에서回避ᄒᆞᄂᆞᆫ列車가衝突ᄒᆞᆫ變에關ᄒᆞ야調査委員을任命ᄒᆞ얏ᄂᆞᆫᄃᆡ當時遭難에死傷者ᄂᆞᆫ三十六名이라더라

●賠償決定 上海電을據ᄒᆞᆫ즉上海商興閣에서海賊의게劫掠을遭遇ᄒᆞᆫ日淸汽船會社及泰昌盛所屬汽船의積荷損害賠償에對ᄒᆞ야淸政府에서ᄂᆞᆫ一萬二千弗의賠償金을支拂ᄒᆞᆯ事로決定되얏다더라

●鐵道借款成立 北京電을據ᄒᆞᆫ則江浙鐵道代表者와趙爾巽及同鐵道總辦陳元立兩氏ᄂᆞᆫ線路의測量及支線增設의經費를上海伸成銀行에서二百萬兩을借款ᄒᆞᆯ契約이成立ᄒᆞ얏다ᄒᆞ고江西出身北京官吏의게打電ᄒᆞ얏다더라

雜報

●興校復興 順興郡私立興紹學校를昨年十一月一日에義兵이衝火ᄒᆞᆫ事ᄂᆞᆫ各報에已揭ᄒᆞ얏거니와該郡守김昌洙氏가鄕內에有志人士를勸勉ᄒᆞ야學會를組織ᄒᆞ고校舍重建ᄒᆞᆯ方略을提議ᄒᆞ니壹般人民의捐助금이千餘圓에達ᄒᆞᆫ故로該郡南二里許에在ᄒᆞᆫ舊屋樓를二層半洋製로修繕ᄒᆞ얏ᄂᆞᆫ대生徒數百名을可容이오諸般物品과敎授程度를新鮮具備ᄒᆞ고基本금은正租二百餘石收入ᄒᆞᄂᆞᆫ田畓을境내에排置ᄒᆞ며敎科ᄂᆞᆫ師範普通兩學으로ᄒᆞ고生徒의寄宿館拾餘間을新建築ᄒᆞᆯ터이라더라

●能贊其志 회川郡葛峴居麗지汶氏ᄂᆞᆫ農業發生으로素稱하問인ᄃᆡ其父親이性本好酒라氏ᄂᆞᆫ每年數包若干을預割付酒家ᄒᆞ야以待不時之需ᄒᆞ고或自勞常酒債則行處하야能養其志이더니近來에子弟敎育에熱心이大발ᄒᆞ야壹般致力ᄒᆞ니壹鄕靑年이皆以風動ᄒᆞᆫ다더라

●運動寓樂 再昨日漢江한편서학校에서春期運動式을擧ᄒᆞ며擧行ᄒᆞᆫᄃᆡ軍樂은孤兒院에서借用ᄒᆞ얏다더라

●協成卒業 西北協成학校에서師範壹年速成科第壹回卒業試驗을擧行ᄒᆞ얏다홈은己爲揭榜ᄒᆞ얏거니와昨日에卒業試驗을經ᄒᆞᆫ優等生에丁海紀趙重鼎等貳人이오及第生에김용沫太晉全等二拾人이라더라

偉人遺蹟

水軍第一偉人 李舜臣 錦頰산人 續

第二章

◉리舜臣의幼年과及其少時

二十八에訓鍊院別科에赴ᄒᆞ야騎蒭을試ᄒᆞ다가馬上에서落下ᄒᆞ야左脚이折骨되고良久昏倒ᄒᆞ니見者가皆曰리舜臣이已死라ᄒᆞᄂᆞᆫ대리舜臣이忽然一足으로起ᄒᆞ고柳枝를折ᄒᆞ야其皮를剝ᄒᆞ야傷處에짜ᄒᆞ고躍上馬ᄒᆞ니滿場이喝采라嗚呼라此雖小事나大奮鬪ᄉ忍耐ᄒᆞᄂᆞᆫ英雄의人格을可想ᄒᆞᆯ지니彼指底에登棘刺만入ᄒᆞ야도終夜苦痛ᄒᆞ야口味를全失하ᄂᆞᆫ겁劣輩들이야何事를能做ᄒᆞ리오

大舞臺에活動ᄒᆞᄂᆞᆫ人物은智略만是貴ᄒᆞᆯᄲᅮᆫ아니라體力도不可不觀이니라리舜臣이일즉ᄒᆞᆫ埜을往省ᄒᆞ니將軍石이仆倒ᄒᆞ얏ᄂᆞᆫ대下數十人이此를扶起ᄒᆞ다가其力이不勝ᄒᆞ야息聲이暗々ᄒᆞ거ᄂᆞᆯ리舜臣이一聲에喝退ᄒᆞ고靑袍를着ᄒᆞᆫ채背上에負ᄒᆞ야舊地에立ᄒᆞ니觀者가大驚ᄒᆞ더라

旣長에兒時蹈揚發越ᄒᆞ던氣를歛縮ᄒᆞ고性格을涵養ᄒᆞ야同儕武夫가終日慢言으로相戲하면서리舜臣ᄂᆞᆫ不敢을ᄒᆞ엿스며비록洛中에生長ᄒᆞ나門을杜ᄒᆞ고出入이罕ᄒᆞ며武經을獨究ᄒᆞ얏스니嗚呼라英雄을학ᄒᆞᄂᆞᆫ者ㅣ不可不其業을先학홀지니라

完

第三章

◉리舜臣의出身과其後困難

伯樂을ᄭᅡ遇ᄒᆞ야騏驥ᄂᆞᆫ鹽車에서空穿하ᄂᆞᆫ대無情ᄒᆞᆫ歲月은丈夫의頭髮만催白ᄒᆞ야리舜臣의年齡이居然二毛之年이되얏도다

是歲에一科를縱中ᄒᆞ야武及第出身이되니文貴武賤에上典이何多며산重水複에活動이何地오其冬에함鏡道董仇非堡權管이되여翌四年三 五歲에訓鍊院奉事로內遷ᄒᆞ얏다가又其冬에忠淸兵使의軍官이되여三十六歲에鉢浦水軍萬戶가되얏다가翌年에坐事罷職ᄒᆞ고其秋에訓鍊院奉事를復任ᄒᆞ더니翌三年에咸鏡南道兵使營軍官이되얏다가其秋에乾原堡權管이되니리舜臣의年齡이一歲만添ᄒᆞ면便是四拾歲러라

當時權々官族의乳臭兒들은一蹴가初無ᄒᆞ야도今日丞旨明日參判에乘馬衣子하고東西橫馳ᄒᆞ며곤ᄒᆞ權門의吮癰舐痔ᄒᆞᆫ一能이都乏ᄒᆞ야도今日節度使明日統制使에持梁齒肥ᄒᆞ고左右顧眄ᄒᆞ며甚至於三家村裡都々平丈의盲학究가數年만跪膝ᄒᆞ야도白衣吏曹判書로乘시上來ᄒᆞᄂᆞᆫᄃᆡ乃者絶代偉人리舜臣은出身後七八年에一資도未陞ᄒᆞ고卒히權管等微職으로拘ᄒᆞ야窮途에서悲嘯케ᄒᆞᄂᆞᆫ도다

未完

雜報

●御覽運動 前報와如히再昨日에大東專門학校에서第壹回春期運動을設行ᄒᆞ얏ᄂᆞᆫᄃᆡ 大皇帝 皇后兩陛下께옵서集春門너에御軍幕을鋪陳 御覽ᄒᆞ시고運動會勸奬ᄒᆞ시ᄂᆞᆫ 勅諭와侍從院副卿丙奭으로傳諭ᄒᆞ셧다더라

●動駕대祭 前報와如히昨日上午十二時에 大皇帝陛下께옵서 宗廟夏享 大祭에 動駕ᄒᆞ시ᄂᆞᆫ대儀節은前과如ᄒᆞ고奏任以上은闕門外에서祗送隨駕ᄒᆞ얏ᄂᆞᆫ대下午十二時에自너부墻門으로還 御ᄒᆞ셧다더라

●請𢖟大祭 昨日 大皇帝陛下께옵서 宗廟夏享大祭 親行時에百官入參之意로內閣에서各部로電話ᄒᆞ얏더라

●例會中止 昨日은너閣日曜例會인대夏享대祭와公故를因ᄒᆞ야該會議事件은中止ᄒᆞ얏다더라

●責人則明 法대趙重應氏ᄂᆞᆫ日昨某宴席에서韓日兩國官人과談話ᄒᆞ다가甲辰年新條約을評論ᄒᆞ야日世界列强國에서ᄂᆞᆫ對等條約을締結ᄒᆞᄂᆞᆫᄃᆡ我國에서ᄂᆞᆫ通商條約을締結ᄒᆞ야自衛力이無케되얏슨즉此ᄂᆞᆫ其時에條約을締結ᄒᆞ던諸대臣이條約의性質과關係의如何ᄒᆞᆷ을未知ᄒᆞ고締結ᄒᆞᆫ所以라고 一場說話ᄒᆞ얏다고巷論이浪藉ᄒᆞ다더라

●農部不參 宗親文武百官이昨日公故에參與ᄒᆞᆷ은別項과如ᄒᆞ거니와惟獨農商工部에서ᄂᆞᆫ事務가積滯ᄒᆞ다ᄒᆞ야次官以下登敍官吏가壹不參與ᄒᆞ얏다더라

●鮫綃將泣 某大臣이年前議所에在ᄒᆞᆫ時에前議官尹相浩氏가一動一靜을厚이補助ᄒᆞ얏더니現今該大臣이尹氏의厚誼를欲報ᄒᆞ야郡守壹窠를圖施코ᄌᆞᄒᆞ나據理대臣리完用씨와너部大臣任善準氏가尹氏의資格이元來不合ᄒᆞ고ᄯᅩ官次으로有名ᄒᆞᆷ을熟知ᄒᆞᆫ故로郡守一窠를終不許施ᄒᆞ얏더니該대臣이期於히圖施ᄒᆞ라고 奏本마다懇請ᄒᆞᆫ다더라

●曾彌辭國 曾彌副統監은來七日頃에出발ᄒᆞ야歸朝ᄒᆞᆯ預定이라더라

●韓任檢事 平壤院裁判長洪鍾억氏ᄂᆞᆫ대審院檢事를被任ᄒᆞᆫ다더라

●規程條定 監獄署守와女監取締職務에對ᄒᆞ야規程을法部에서條定ᄒᆞ야該部令으로頒布ᄒᆞᆫ다ᄂᆞᆫ說이有ᄒᆞ더라

●建費請撥 각區裁判所와檢事日本人의家屋을新建築ᄒᆞᆯ經費를法部에서度支部로請求ᄒᆞ얏다더라

●遺林地段 農商工部에서技手를인川等地에派送ᄒᆞ야遺林ᄒᆞᆯ地段을視察ᄒᆞ얏다더라

●刑法仍舊 現今法典調査局에서民刑法을制定ᄒᆞᄂᆞᆫᄃᆡ就中刑法은現刑法大全中非刑法의條문만删去ᄒᆞ고仍舊施行ᄒᆞᆫ다더라

●日女判任 漢성高等女학校외敎授日本女人板野德씨ᄂᆞᆫ判任官으로敍任ᄒᆞ얏다더라

●緣姜逐婦 正二品閔丙한氏ᄂᆞᆫ其少室의猜妬를因ᄒᆞᆷ인지不知ᄒᆞ거니와該氏가其夫人을本家로逐送ᄒᆞ얏다ᄂᆞᆫ說이浪藉ᄒᆞ더라

●拜謁人數 再昨日北闕너에觀람ᄒᆞᆫ韓日兩國人의總數가八百餘名에達ᄒᆞ얏다더라

●會員未備 畿湖興학會에서去土曜日下午一時에贊務員總會를開ᄒᆞ얏ᄂᆞᆫᄃᆡ出席員의總數가四拾名에不過ᄒᆞᆫ故로開會치못ᄒᆞ고本日下午三時로更히退定ᄒᆞ얏다더라

●會簿割名 刑事局長金洛憲氏ᄂᆞᆫ湖남학會를刱設ᄒᆞᆫ以後로屢次開會에一不進參ᄒᆞᆫ所以로該會에서日昨에總會를開ᄒᆞ고該氏를會員名簿에割名ᄒᆞ고即時聽會ᄒᆞ얏다더라

●日呼歐價 各演戯場에서近日에ᄂᆞᆫ利益이無ᄒᆞᆫ所以로現今賣却코ᄌᆞᄒᆞᄂᆞᆫ대就中麗朝橋에在ᄒᆞᆫ團成社ᄂᆞᆫ日本人에게賣渡코져ᄒᆞᆫ즉該日人이呼價ᄒᆞ기를紙貨五十원에不過ᄒᆞᆫᄂᆞᆫ故로아직賣却치아니ᄒᆞ얏다더라

●各校調査 度支部會計檢査官警田勇씨及隨員四人이학部所管각학校를調査ᄒᆞ기爲ᄒᆞ야本月六日부터出發ᄒᆞᆫ다더라

●地價請撥 너部臨時軍用鐵道調査局에서軍用地犯入地段價丁一萬六千二百圜을支撥ᄒᆞ라고度支部로照會ᄒᆞ얏다더라

●明月宴待 再昨日下午八時에한성府尹張憲植張燾兩씨가明月館에設宴ᄒᆞ고送宕허노ᄂᆞᆫ데妓生도數三名이라더라

●地段認許議決 鏡城郡에駐箚ᄒᆞᆫ日本人의兵營建築所用으로石材採用ᄒᆞᆯ地段認許ᄒᆞᆯ事件을너閣會議에提議歸決ᄒᆞ얏다더라

●日孤院演戯 京성日本孤兒院에서會동等地에演戯場을本日로明日ᄭᆞ지設行ᄒᆞᆫ다더라

●鉛塊傷命 三昨日에仁川寺峴에서三兄弟兒가同遊道中ᄒᆞ다가鉛鎮壹塊를拾得ᄒᆞ야매鉛次로該三童이同往於該近鍛冶匠所ᄒᆞ얏ᄂᆞᆫ대該冶工人도兄弟라鉛塊를破碎ᄒᆞ다가爆발됨이로ᄒᆞ야該兒三兄弟와冶工兄弟並五人이致斃ᄒᆞ얏다더라

●閔氏押去 前尙州稅務官閔泳완氏ᄂᆞᆫ何事件을因ᄒᆞᆷ인지警視廳에被捉이되얏다가昨日에邸警察署로押去ᄒᆞ얏다더라

●二義押囚 楊州抱천等地로出發ᄒᆞ얏던韓日兩國巡査가義兵二名을再昨日警視廳으로押囚ᄒᆞ얏다더라

●리씨白放 前祀丞리範圭氏가上海等地에前往타가인천港에서日憲兵의게被捉ᄒᆞ야數二朔을困難中에在ᄒᆞ더니日前에無罪放釋이되얏다더라

●武校試驗 武官학校에서ᄂᆞᆫ本日브터春期試驗을行ᄒᆞ얏다더라

●不必疑慮 楊州郡㟁里居中銓諸氏가該동國債報償金五圜을收合ᄒᆞ야代表로本社에來納ᄒᆞ고領收證을受去ᄒᆞᆫ後先後次序가有ᄒᆞ야廣告에姑未頒布ᄒᆞᆷ으ᄃᆡ該동人民이該領收證을僞造라ᄒᆞ야方在困難中이라더라

●關東總會 關東학會에서再昨日興化학校內에定期總會를開ᄒᆞ고規則의改正과會務의處理와任員의改選ᄒᆞᆯ事를協議ᄒᆞ얏ᄂᆞᆫ대評議員은鄭鄒東김海振權衆駿리輔銓四씨가被選되얏고總務리輔銓 辭免ᄒᆞᆫ代에金癸根氏가被選되얏다더라

●運動定日 昨日下午三時에각학校職員諸氏가학部에會同ᄒᆞ야각학校春期聯合大運動을日字를協議擇定ᄒᆞ얏다더라

●杷校運動 去月三十日上午十時에杷成학校에서春期運動會를東小門外三仙坪에設行ᄒᆞᄂᆞᆫ되校長리鍾泰시가開會後에학員을四隊로分ᄒᆞ야設行ᄒᆞ고諸氏의寄附賞品이多數ᄒᆞᆫ故로等級을依ᄒᆞ야次第시賞ᄒᆞ얏다더라

●運場擊鼓 前報와如히大東專門학校에서再昨日曜日에成均館丕闡堂너에서運動式을擧行ᄒᆞ얏ᄂᆞᆫ대運動呼令은明倫堂에在ᄒᆞᆫ大鼓를使用ᄒᆞ얏다더라

●女校紀念 明進女學校에서開校紀念式을擧行ᄒᆞᄂᆞᆫ대開城女學校前副校장林翊相氏가金貳圜을特爲施賞ᄒᆞ얏다더라

●觀校試驗 載寧邑基督明新學校에서陰三月二十三日의春期대試驗을左里梁谷에서設行ᄒᆞ얏ᄂᆞᆫ대本校女학徒四十五人과郡너되昌村학徒二拾人이傍參ᄒᆞ고該학徒八拾四人이入場ᄒᆞ야體操等術作文旗取競走脫衣還走跳각躁課程을次第擧行ᄒᆞᆯ미行伍가井々ᄒᆞ고氣像이活潑ᄒᆞ야盛況을呈ᄒᆞ얏다ᄂᆞᆫᄃᆡ남莖尙趙東壹兩氏가賞品을多數히寄附ᄒᆞ얏다더라

●인校運動 인川府너面에서히府官公私立학校春期聯合대運動을四月貳拾九日上午拾時에히港松林동後園에서設行ᄒᆞᄂᆞᆫ대官立日語학校와公立普通학校와私立永化학校인明학校박文학校日新학校及外他私塾拾餘處학徒合七百五十四人과永化女학校학徒壹百三十七人이오任員은本府尹으로總裁를選定ᄒᆞ고拾貳동代表及七會社와有志紳士諸氏總合壹百拾六人이各帶任名ᄒᆞ고運動會順序를次第進行ᄒᆞᄂᆞᆫ데觀光依幕은三百餘處에白布로設帳ᄒᆞ고太極旗를各其高揭ᄒᆞ고港너人民도戶々이國旗를高懸ᄒᆞ야使학生으로勸奬케ᄒᆞ고通衢商民은當日에一致休業ᄒᆞ고觀光너外國人이約三萬人에達ᄒᆞ야一대盛況을呈ᄒᆞ얏다더라

◉感荷義捐 載寧基督明新학校에서金壹圜과晦즉黃明國氏가金六十錢을本社에出捐ᄒᆞ미其厚意를稱謝ᄒᆞ노라

▲地方消息▼

▲去月二拾七日에咸陽郡東北茂豐場에서多數ᄒᆞᆫ義兵이該郡駐箚日守備隊와交戰ᄒᆞ얏다ᄒᆞ고

▲去月二十七日에平昌郡東北五里地에서百餘名義徒ᄂᆞᆫ該郡駐在日守備隊와交戰ᄒᆞ얏다ᄒᆞ고

▲去月三拾日溫陽郡남方三里地에서二百餘名義徒ᄂᆞᆫ該郡日守備隊와數時間을攻擊ᄒᆞ얏ᄂᆞᆫ대多少死傷이有ᄒᆞ얏다ᄒᆞ고

▲去月二拾九日午前八時에海州附近揷橋에서多數의義徒ᄂᆞᆫ平山郡駐在日憲兵과交戰ᄒᆞ얏다ᄒᆞ고

▲去月廿九日厚昌郡河山面木材廠에義兵拾餘名이襲來ᄒᆞ야日人二名을殺害ᄒᆞ얏다ᄂᆞᆫ報를因ᄒᆞ야히郡駐在日憲兵及巡査幾名은同地에急行ᄒᆞ얏다ᄒᆞ고

▲本月一日午後二時三拾分에實城郡되源寺에義兵六拾餘名이日巡査拾餘名과猛烈히射擊ᄒᆞ야數時間을衝突ᄒᆞ얏ᄂᆞᆫ데日巡査二名은重傷을被ᄒᆞ얏다ᄒᆞ고

▲去月二拾七日午後五時에江界郡平남鎭에五拾餘名의義徒ᄂᆞᆫ히郡駐在日巡査와數三時間을奮鬪ᄒᆞ얏다ᄒᆞ고

▲本月一日에綾州郡에數拾名의義徒와日守備隊間에壹場戰鬪가有ᄒᆞ얏다더라

▲世事要歎▼

▲絲陵如海深院中에如年白日支離ᄒᆞ다白首老人相對ᄒᆞ야擧盃論心消寂ᄒᆞᆯ제當世事를談論ᄒᆞ니嗚呼短歎절노ᄂᆞᆫ다

▲ᄒᆞᆫ老人이歎息ᄒᆞᆫ다七拾年을閱歷ᄒᆞ니世上事가虛誕ᄒᆞ다餘年이幾何런고安過泰平ᄒᆞᆯ수업다至今ᄭᆞ지生存라가紛亂時를보ᄂᆞᆫ고나이身世를엇지ᄒᆞᆯ고

▲ᄯᅩᄒᆞᆫ老人歎息ᄒᆞᆫ다家門恭替憂慮ᄒᆞ야十年燈下勤苦ᄒᆞᆯ제詩賦表策下工ᄒᆞ야賦兩場中擅名ᄒᆞ더니登科試도不得ᄒᆞ고이世上을當ᄒᆞ얏다이身世를엇지ᄒᆞᆯ고

▲ᄯᅩᄒᆞᆫ老人歎息ᄒᆞᆫ다내門閥을自恃ᄒᆞ고行世ᄌᆞ정ᄃᆞ굳제에公論科擧바랏더니在蔭歲ᄭᆞ지虛送ᄒᆞ야變遷되變無情ᄒᆞ니逢時不幸되얏고나이身世를엇지ᄒᆞᆯ고

▲ᄯᅩᄒᆞᆫ老人歎息ᄒᆞᆫ다某判書某參判은宅號世々相傳ᄒᆞ니京鄕人民畏겁ᄒᆞ야壹分付에施行ᄒᆞ니새兩班이多出ᄒᆞ미反被壓制難堪일세이身世를엇지ᄒᆞᆯ고

▲ᄯᅩᄒᆞᆫ老人歎息ᄒᆞᆫ다姻婭族戚某大官은情分與他自別ᄒᆞ야壹片錄紙請囑ᄒᆞ면數千金이往來러니政界風雲變幻ᄒᆞ야怨地落望되얏고나이身世를엇지ᄒᆞᆯ고

▲ᄯᅩᄒᆞᆫ老人歎息ᄒᆞᆫ다대和氣이一吹ᄒᆞ니積弊遺制掃地로다開化子弟불작시면蓬頭弁服揚揚ᄒᆞ야傍若無人橫行ᄒᆞᆯ제不計齒德歷視ᄒᆞ다이身世를엇지ᄒᆞᆯ고

▲ᄯᅩᄒᆞᆫ老人歎息ᄒᆞᆫ다一出門外顧眄ᄒᆞ니滿目傷心慘憺하다生踈物彌滿ᄒᆞ고驅迫手段層生ᄒᆞ야家屋土地難保ᄒᆞ니埋身ᄒᆞᆯ곳전혀업다이身世를엇지ᄒᆞᆯ고

▲ᄯᅩᄒᆞᆫ老人歎息ᄒᆞᆫ다時局風潮觀望ᄒᆞ니如我老物難容이라遁鄕林泉차져가서以終餘年ᄒᆞᄌᆞᄒᆞᆫ즉四方氣𤊾未掃ᄒᆞ야安淨之地전혀업다이身世를엇지ᄒᆞᆯ고

▲ᄯᅩᄒᆞᆫ老人歎息ᄒᆞᆫ다膝下兒孫敎導ᄒᆞ야門戶之計ᄌᆞ질ᄒᆞ니現時代에新敎育은舊日聞見無用이라語학算術歷史等에無識ᄒᆞᆫ이내로고나이身世를엇지ᄒᆞᆯ고

廣告

本人庄土가在於淸州北江外二
等地와木川條身面二東面等地
와新舊문記自仕어날淸州新村
居再從회昌氏가偸매之意로出
本郡證明書ᄒᆞ고稱故매云ᄒᆞ오
며本人厥母丁氏가性本不淑ᄒᆞ
어니本人의養父喪事後로不待
葬年ᄒᆞ고郎爲改嫁이오나本人
이不忍于母之信ᄒᆞ야賭一七石
文記와草家三間을許給이고衣
服器皿도分爲出給이오나丁氏
가川沒京鄕ᄒᆞ야本人의庄土를
欲爲偸매ᄒᆞ오니내外國人은切
勿見欺ᄒᆞ시ᄆᆞᆷ
木천대澤居리회達 告白

本人의子錫圭가性本浮浪ᄒᆞ야
本郡학校에得罪見黜ᄒᆞ고至于
捉囚署타가逃走ᄒᆞ야不知去處
더니本郡名不知兩人이誘引ᄒᆞ
야往留于京성西小門外史直舞
家ᄒᆞ야欲得日債云ᄒᆞ나留烟費
도不捧ᄒᆞᆯ터이오錢物開切勿相
關見失ᄒᆞ시기爲ᄒᆞ야廣告ᄒᆞᆷ
海州東部金鳳輝 告白

本人이渡津營業次로漢江과西
氷庫兩津에津船組合이라名稱
ᄒᆞ야官廳에請願ᄒᆞ와章程과細
則을承認ᄒᆞᆫ바船隻을改良準備
하야營業中이오니 僉君子ᄂᆞᆫ
照亮ᄒᆞ시ᄋᆞᆸ
남部漢江八統一戶申영均 白

本人이圖南合名會社々員이러
니現方株式改定之時에事有不
合ᄒᆞ야請願退去ᄒᆞ오니內外國
人은以此照亮ᄒᆞ시오
金東健 白告

本人의仕進時所揀正字로刻ᄒᆞᆫ
圖章을見失이기廣告ᄒᆞᆷ
大安동三十七統七戶金希洙白

本人이四年前喪失ᄒᆞᆫ後數箇稚
子를依ᄒᆞ야居生이옵더니장子
리인俊이가寡居의老母를不顧
ᄒᆞ고背機之間에掃如蕩産이온
대今復出往平壤하야浮雜之類
와酒色之場에留連ᄒᆞ오니母論
內外國人ᄒᆞ고인俊處에錢兩債
給이다가無至白失追悔ᄒᆞᆷ
安州城ㄱ栗北동리召史 告白

陰四月初七日에本郡公立普通
학校와私立養性학校에서春期
大運動을擧行하옵ᄂᆞᆫ대會長은
本郡守韓貞奎氏요事務員은有
志紳士諸氏라각郡公私立학徒
를一齊請邀케ᄒᆞ고伊日優等生
施賞等節은郡내同胞가隨力捐
助ᄒᆞ기로玆에廣佈ᄒᆞᆷ
본郡人黃海道海州郡公私立학
校大運動會事務員 金基璜
崔衡倫
姜鎬璜 白

本人의姓名圖章을去月二十七
日頃에遺失ᄒᆞ왓기玆以廣告ᄒᆞᆷ
三和港鄕남浦僮兩機三拾二統
五戶 張世琳 告白

本人이抱川內洞龍淵所在觀字
畓九斗落을典執次로成手記ᄒᆞ
얏더니路中서失故로玆에廣告
ᄒᆞ오니內外國人間拾得ᄒᆞ야도
休紙施行ᄒᆞᆷ
抱川內洞龍淵居洪在韶 告白

本人이餘慶坊奉常寺南골동第
六統八號瓦家九間半板契文券
一張을典執ᄒᆞ얏다가不幸히遺
失故玆以仰告ᄒᆞ오니內外國人
은勿論ᄒᆞ고誰某拾得ᄒᆞ와도休
紙施行ᄒᆞᆷ
劉漢交 告白

本會開會日에雨戱를因ᄒᆞ야來
五日(火曜)下午三時로退定하
고處所ᄂᆞᆫ안東대東客宿館으로
定ᄒᆞ얏ᄉᆞ오니 贊務員諸氏ᄂᆞᆫ
照亮後屆期來臨ᄒᆞ심을望ᄒᆞᆷ
畿湖학會贊務會 告白

特別 **學員集募廣告**

本校에서普학을設立ᄒᆞ고학
員을募集ᄒᆞ오니願학첨員은來
九日(陰四月十日)내로請願서
를提呈ᄒᆞ시옵但請願서ᄂᆞᆫ本校
用紙ᄒᆞᆷ
卒業年限은貳個年
一年齡十五歲以上
一科目 日語 算術 地誌
歷史 漢문 體操 一試驗日字
五月十日上午十時
一試驗科目國漢문讀ᄭᅪ作문
但貳年級志願者ᄂᆞᆫ 日語 算
術 (四則以上)
典洞私立中東학校告白
(前漢語학校)

廣告

◎特別廣告◎

本塾英語夜학科에서春期試驗
을經ᄒᆞᆫ後각級학員을增募ᄒᆞ고
英語를專문으로敎授ᄒᆞᆯ터이니
願학 僉君子ᄂᆞᆫ本月五日內로
本塾에來議ᄒᆞᆷ을務望ᄒᆞᆷ
應接時間每日下午六七時
(南大문내暢동四十三統七戶)
私立廣化新塾長 南廷哲

隆熙貳年三月貳拾九日大韓協
會鏡성支會第壹回任員組織案
會장 리義德 副會장徐秉哲
總務 김永학 會計徐鵬남
김鍾龜 書記操萬承 리震桂
評議部評議장리俊求 評議員
정元一 리晃求 池東燮 姜承翰
리秀林 최秀종 池潤九
趙鼎國 김鉉翼 리東浩
리貿協 玄우泳 최秉학
姜秉황 幹事員 박時煥
김鼎九 박泰駿 洪在雄
馬우석 김炳奎 金꾸현
리福鳳 리大珪 리敎洙

本書館에서民智를廣啓하고문
明發達ᄒᆞ기爲ᄒᆞ야新書籍을
大발賣ᄒᆞ오니僉君子ᄂᆞᆫ陸續來
購ᄒᆞ심을望ᄒᆞᆷ
釜山港東館韓興書館金汝廉
權중律 廣告

本書市에서각種洋약과학徒所
用物品과학徒帽子를製造ᄒᆞ야
廉價로賣ᄒᆞ오니첨君子照亮ᄒᆞᆷ
安岳上場海서書市林最柱白

教科書類 小說書類
法政書類 文藝書類
本書館에一層擴張ᄒᆞ고各種書
籍과學校用品을具備발賣ᄒᆞ오
니有志僉彦은陸續購覽ᄒᆞ심敬
要
冊價ᄂᆞᆫ京성각冊사와同ᄒᆞᆷ
安州城內大街「큰거리」
知新書舘金澄植

小學漢文讀本

장隱 元泳義氏 纂輯 上下二編 正價金六拾전
▲本書ᄂᆞᆫ蒙學漢文初階를繼續ᄒᆞ야各種科학의理論을編輯ᄒᆞ고國文으로句讀을明釋하야普通의指남과文理의捷徑을作ᄒᆞᆷ

初等女學讀本

李源競 著述 第壹冊 正價金 三拾전
本書ᄂᆞᆫ女학校敎科書應用키爲ᄒᆞ야本文은國漢文으로譯解를另附ᄒᆞ야分課編輯ᄒᆞᆫ者니雖在家婦女라도均可便람而增長知見ᄒᆞᆷ에必要ᄒᆞᆷ

愛國偉人

葛蘇士傳

淸國梁啓超 原著 全一冊 正價金拾五錢 (國漢文)
本書ᄂᆞᆫ歐洲風雲을撰據ᄒᆞ고自國獨立을力圖ᄒᆞ던匈亞利愛國偉人葛蘇士의事蹟을網羅著輯ᄒᆞᆫ者니當時葛蘇士의雄飛活躍의經歷과及其英雄末路의不遇를隨ᄒᆞ야奧匈聯邦의雙立國體를覺成ᄒᆞᆫ結果를觀ᄒᆞ건대可使讀者英雄崇拜의感想을激起케ᄒᆞ리로다
봉兌元
▲皇성中署龍明橋越便中 中央書館
▲皇城종路 博文書館
▲皇城大廣橋東邊 滙東서館
▲皇城남門內昭동 大東書市

世界文明産育新法 全一冊純國文廿五錢
十九世紀歐洲文明進化論 全一冊國漢文三十錢
元賣所 鍾路古今書海舘
支賣所 京鄕有名書舘

大韓書林

五月 壹日 開業
本書林에서內外國書籍과학校用品을ᄇᆡᆨ倍廉價로販賣하오니僉君子ᄂᆞᆫ陸續 왕來ᄒᆞ심을望ᄒᆞᆷ
京城북部小安동拾六統八戶
大韓書林事務員리星鎬

●新발明梅毒령약廣告
陸軍軍醫 金守鉉 實驗方劑

落梅丹

口瘡不발창病去根之령약
壹劑五百粒定價金 三圜
主治 梅毒(唐창)新舊창
●瘰癧●皮膚病●便마質私●
천病
已上病證外에男女間에不精交合ᄒᆞᆫ後에若疑아之端이有ᄒᆞ야도此약壹劑만服用ᄒᆞ면完無後慮ᄒᆞ고脾胃도健全ᄒᆞᆷ을擔保ᄒᆞᆷ此外에도醫療機械와精美ᄒᆞᆫ약材를新備ᄒᆞ고內外科각色疾病을誠心治療ᄒᆞᆷ
皇城北部大安동
仁濟약房 高翊진 謹白
代理店
京城鍾路 共愛堂약房
仁川港龍동 濟生堂
國內各處약局에서隨應販賣ᄒᆞᆷ

基於人道之原則ᄒᆞ고重於正義之誠實ᄒᆞ며以親切爲旨ᄒᆞ야訴訟事件并각官廳請願事件을廣受依托ᄒᆞᆷ
京城저洞六拾四統二戶
東洋大학前講師
辯護士 日本法律학士 木尾虎之助

▲公告
南署南산町一丁目居日本人
債權者 森勝次
中署堅坪坊水典契水典洞貳拾三統八戶
債務者 閔龍植
目的物
一京城中署堅坪坊水典契水典洞貳拾三統八戶地所及家舍
瓦家九合壹間
一競賣日時 隆熙貳年五月七日午后壹時
一競賣場所 目的物所在地
一競賣에依하야償還을受ᄒᆞᆯ債權額
金六千圓也元本
金貳千壹百圓也利金
外執行費用幷
右ᄂᆞᆫ土地家屋典當執行規則第三條에依ᄒᆞ야債權者가此를競賣ᄒᆞᆫ故로同施行細則第貳條에依ᄒᆞ야公告ᄒᆞᆷ
隆熙貳年五月二日
債權者代理人
京성本町五丁目居
辯護士 高橋章之助

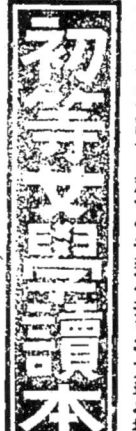

●初等女學讀本
本書ᄂᆞᆫ不但女校에必要之用書라諺解를另附ᄒᆞ야在家婦女도均可便覽而增장知見이오니讀讀購覽ᄒᆞ심을望ᄒᆞᆷ
발매所 漢城各書舘

今現弊院에서 各項事務를 一層擴張ᄒ오며 金裝與銀裝各樣의 齒와 老小間沒數落齒ᄒ 齒床을 隨意製造ᄒ오며 拔齒與入齒時에 毫無苦痛ᄒ는 技方도 有ᄒ며 齒科上面談은 無料施受ᄒ오니 四方僉君子는 照亮ᄒ시옵을 爲希ᄒ
京南大門內 尙洞 美人施蘭致家
齒科醫士 韓大衛 告白

客年七月頃에 統監府技師庵原文一郎氏가 熊川巨濟兩郡漁基調査次奉令下來ᄒ야 公正ᄒ 眼力과 慈惠ᄒ 心法으로 加德島漁基前後文券을 歪依後上納ᄒ며 [illegible] 民의 條와 冤失니 今에 該文券을 [illegible] 一々還屬ᄒ주시니 此是庵原公의 明鑑公判之惠다 失業瀕死之島民이 闔此盛音ᄒ고 咸頌冉 之恩ᄒ야 將欲勒石竪碑ᄒ야 以示永世不忘之德ᄒ겟숩기 玆先廣告ᄒ
慶南 熊川 加德島 漁民代表人 姜[illegible] 告白

●國債報償總合所收入廣告
永川支取所 北面 智谷面
정日興 八十젼　김末午
三拾錢 金巳[illegible] 박[illegible]俊
김鳳介 河八宜 각二拾젼
金[illegible]伊 金[illegible]萬 河[illegible]不
各十錢 김[illegible]東 河[illegible]伊
張學伊 金召史 各四十錢

▲良[illegible]동
김伯宗 [illegible]允伊 안召史
김仁守 각 一十錢

▲內新洞
박在元 張[illegible]道 [illegible]龍煥
리戰根 리基守 各四拾錢
리日龍 [illegible]儀[illegible] 박果春
各二拾錢

▲松[illegible]동
김[illegible]吉 최[illegible] 김[illegible]
리[illegible] 리伯根 任宗泰
각三拾錢 리[illegible] 一 二拾錢

▲九政동
具然우 具然湜 具明[illegible]
各四十錢 최在泳 金鳳柱
河水出 具[illegible] 각二十錢

▲竹田동
최[illegible]柱 郭先復 최鳳[illegible]
최元[illegible] 각三拾젼

▲新村洞
김興[illegible] 김永[illegible] 曹[illegible]彦
琴[illegible]云 金[illegible] 리成春
김致[illegible] 金成甲 [illegible]
各四拾錢 金敬[illegible] 都中伊
김戰允 金珠八 張宅巨
김月[illegible] 各一十錢

▲夫興동
丁基우 [illegible]明 權松萬
趙化ᄒ 各三十六젼
丁春[illegible] 朴[illegible]伊 김濟[illegible]
朴丁心 各一四錢

發行兼編輯人 英國人 裴說
發行所 [illegible] 石井洞 [illegible]
大韓每日申報社

第七百九十七號

大韓每日申報

第六卷

月曜及國慶節
[illegible]時日休刊

檀君開國四千二百四十一年
箕子元年三千三十年
大韓開國五百十七年
日本明治四十一年
淸國光緒三十四年
隆熙戊申四月大初七日辛酉

寄書

◎選彷與欵 今晚者

當此早暵之治으로人靠貧困ᄒ야斷送之暇에曾遊三碗之下ᄒ니時値夏秋之交라山間動物이極繁可貧狀이라諸昆虫ᄒ야各從其乎日所欲用ᄒ니中極微極惡ᄒ야爲天下所共藥者有二焉ᄒ니其 一은蚤類中蠅也니毛陰而不堪擾之於子요肉臭而不堪使之於厨ᄒ되其性則狡黠善偸ᄒ며其害則暑縟ᄆ剩ᄒ야行穢穢物ᄒ고其二ᄂ化類中蚤也니身雖而不能役ᄀ於蟹이오才變而不能翻之於약이로ᄃ其質則冥頑不靈ᄒ며其尾則尖銳難據ᄒ야動必螫人ᄒ니此二物之爲이至醜至陋ᄒ야旣不能厚明於世則寧勿 勿化리도可也로다國當然이어ᄂ空然天地之間에睦々疾走ᄒ며色々変飛를ᄒ야貽事同類ᄒ니何避物者之巧瑣如此乎요必竊慷歎이러니嗚乎今日에日語譯讀之行爲가不幸類此로다

睦我五百年積累昇平之民이猝値此變에罔知所措ᄒ야抱國重足ᄒ며淪于禍禁ᄒ야叫之聲이徹于霄ᄂ迫此民情業々之日ᄒ야所謂通譯輩가少有祖國精神이면宜乎爲交涉ᄒ이爲導彼人ᄒ며極力保護하야使此無辜同胞로彼鋒丸之禍血이어날今不及此ᄒ고反恃狐假之勢ᄒ며敢翻연覆之計하야곤變

齊靴와猥心兎目으로跳梁於白日之下ᄒ면서搆陷善類하야以爲治安妨害라ᄒ고侵奪民財를以爲義兵糧餉이라ᄒ며刼奸村婦ᄒ고施殺路人ᄒ되其象焰可畏ᄒ莫敢誰何라松저팔松과禾모廢禾가此何物理也오悲夫라彼亦我國禮義中涵來之物이언만은設心醜毒이胡至此極ᄒ고究其平日所爲컨ᄃ不過一無禮無儀小學ᄉ嚴之徒로奴唇婢舌에僅蝸背之剩ᄒ고藏蠆尾之毒ᄒ야敢背祖國家ᄒ며害流生靈ᄒ니彼之今日堂々勢焰을若使實相御事者之妻로見之면寧不欲羞痛愧死耶아嗟乎通譯者ᄂ毋恃外力이어다氷산有鑑이니愼哉々々ᄒ야痛斷爾心을洗濯於漢江流를ᄒ야回復我國精魂을二千萬兄弟가齊聲祝願홈

官報

▲隆熙貳年四月九日 官報

訓令

度支部訓令第一三四号 各財務監督局 各財務署

隆熙元年十二月勅令第三十六號를依ᄒ야度支部經理院所管인宮院所管되얏던鐵道及忠淸南道에在ᄒ庖稅及各道에在ᄒ銅鑛稅、鐵鑛稅、鍮店稅、水鐵稅ᄂ農商工部管理에移屬인바右에關ᄒ야今番別紙와如히農商工部와協議妥定하엿스니右稅徵收事務ᄂ左開각項을依ᄒ야處理홈이可홈事

隆熙二年四月二十三日

度支部大臣高永喜

左開

一庖稅ᄂ庖사規則을依ᄒ고銅鑛稅、鐵鑛稅、鍮店稅及水鐵稅ᄂ經理院所管財產取人調及經理院 二道甲辰以降稅及從來의慣例를參酌ᄒ야其稅額을調定ᄒ고租稅徵收規定을依ᄒ야徵收事務를處理홈이可홈

二歲入科目은欵租稅項庖々稅又ᄂ銅鑛稅以下ᄂ雜稅로整理홈이可홈

外報

●萬國道路會議 佛國大統領의首唱에依ᄒ야來十月一日에巴里에셔第壹回萬國道路會議를開ᄒ터인ᄃ列國의參會를求ᄒ고又此次會議에ᄂ世界各國交通運搬機關模型展覽會도開設ᄒ터이라더라

●蒙古遠征隊 東部셔伯利亞地학會支部ᄂ本年夏에蒙古遠征隊를派遣하야審査事로委員을預爲選定中이라더라

●露國大洪水 露國에大洪水가有ᄒ얏다ᄂ報가有ᄒ다더라

●淸兵駐屯拒絶 吉林巡撫ᄂ淸國兵을東淸鐵道境界에駐屯ᄒ야馬賊을防備ᄒ라다가露國鐵道被兵官이反對하ᄂ故로該事件ᄂ電奏ᄒ얏다더라

●英國新聞紙數 英國에셔刊行ᄒᄂ新聞紙가總計二千三百五十二種이니四百四種은倫敦에셔發行하고其中日刊新聞은三十一種이라더라

●萬國電信會議 五月五日에里斯本에셔萬國電信會議를開ᄒ고料金의統一과輕減에對ᄒ야討論ᄒ터이라더라

●北화太의開放 大連灣을據ᄒ얏ᄂ露國에셔薩哈連島를開放ᄒ야移民을獎勸ᄒ기로決定ᄒ얏다더라

●憲政考察 淸國政府에서각國에考察憲政大臣을派送ᄒᄂᄃ지方에有識이有餘ᄒ紳士를東西兩洋에派送ᄒ기로決定ᄒ고各省에地方官의派送을ᄒ얏ᄂᄃ此ᄂ議院에關ᄒ諸般事項과實地를調査ᄒ야他日議院設立홈에準備하기爲홈이라더라

雜報

●江校試驗 江華郡紫山學校에셔陰三月晦日에十二歲學校長會同ᄒ야運動式을設行ᄒᄂᄃ賞品과需用ᄂ該校監督丙烈氏가自擔ᄒ엿고算術作文을擇取ᄒ야優等은居山학校生徒中에優等生이多ᄒ엿다고該郡來人이稱頌ᄒ더라

●國氏出義 載寧邑니居國深龍氏ᄂ倡건본산人으로昨冬에移來ᄒ엿ᄂᄃ同郡각학校情況을觀察ᄒ고文昌학校와(新舊)二拾圜自立학校와貳十圜基督明新학校와貳拾圜全女학校와二十圜養元학校와五拾圜을寄付ᄒ얏다고該郡來人이稱頌ᄒ더라

●徽校將興 載寧南面下照江里에셔金允哲田永喆諸씨가同心協贊ᄒ야徽新普通학校를今春에設立하얏ᄂᄃ학員이三十名에達ᄒ지라春期試驗을行ᄒᄂᄃ一班優等生은리호使尹甲萬氏오二班優等生은洪龍伊氏오三班優等生은리호範孫氏라더라

●觀睹盛況 獎학社와각학校生徒가聯合觀睹會를본起組織ᄒ다홈은已報ᄒ엿거니와三昨日下午壹時에[illegible]起會를開ᄒ고[illegible]私立三十餘校와[illegible]二十餘人에達ᄒ야極히盛況을呈ᄒ얏다더라

●滬東卒業 私立海東新塾에셔第一回卒業試驗을經ᄒ얏ᄂᄃ英國語科卒業生은최영惠玄昇健시等六人이오日語科卒業生은白偉基鄭鳴우시等三人이오日語科優等生은리獻容金正鎭等諸시라더라

偉人遺蹟

水軍第一偉人 李舜臣 錦頰산人

第三章 續

◎리舜臣의出身과其後困難

리舜臣의出身과其後困難홈이라舜臣은平生에困難이不絶ᄒ엿시ᄃ萬聲地位를早得ᄒ야才畧을快展ᄒ얏더면渤海의風雲을吹噓ᄒ야吉林奉天의舊壤을恢復ᄒ야高句麗廣開土王의紀功碑를重建홈도可ᄒ며大阪薩摩의諸島를蹂躪ᄒ야新羅太宗大王의白馬塚을再築홈도可ᄒ거늘庸劣의奴輩가朝廷에充斥홈으로東征北伐을相々將帥를遲々ᄒ야江山에久囚ᄒ얏도다嗚呼라남怡將軍이白頭山에登ᄒ야支那日本女眞韃靼等각國을睥睨ᄒ며我國의微弱을回顧ᄒ고少年銳氣를不勝ᄒ야登詩를題ᄒ여ᄀ白頭산石磨刀盡、豆滿江波飮馬無、男兒二十未平賊、後世誰稱大丈夫라云ᄒ니此로畢竟其身이慘死ᄒ얏스니人民의外親惡함을如此擁折ᄒ던時節이니英雄의困塞이固宜ᄒ도다

然이나李舜臣은窮達을等忘ᄒ고正義로自持ᄒ야威武에不屈ᄒ며權貴에不附ᄒ니此가古人의云ᄒ바(擧俗而擧賢)이로다[illegible]貴[illegible]이[illegible]實[illegible]初[illegible]出하야엿지[illegible]ᄒ며[illegible]一로稱홈時에左水使成允文이人을[illegible]ᄒ고謀人을[illegible]ᄒ며[illegible]万戶[illegible]

舜臣의[illegible]은ᄒ엿시ᄃ乾原堡權管으로在任ᄒ時에蕃胡鬱只乃가邊患을作ᄒ거ᄂ舜臣이計로擒捕ᄒ더니兵使金禹瑞가其功을忌하야不奧ᄒ고擅擧ᄒ大事人字로狀啓ᄒ야賞典이竟無ᄒ니라東還ᄒ지八年에訓鍊參軍을陞ᄒ여ᄂ父喪을遭ᄒ야去官ᄒ고服闋에司僕寺主簿를任ᄒ니年이四十二歲러라 完

第四章

◎防胡의小役과朝廷의求材

宣廟丙戌에胡亂이方殷홈으로朝廷이公을擧ᄒ야造산万戶를任ᄒ고翌年丁亥에鹿屯島屯田官을兼任ᄒ더니리舜臣이該島地形을詳察ᄒ고兵使리鎰에게累報ᄒ야曰島가孤遠ᄒ고防守軍이單寡ᄒ니胡來면將奈何오ᄒ며리鎰이不從ᄒ며曰太平時代에增兵何爲오ᄒ더라未久에蕃胡가果然兵을大擧ᄒ야島에闌ᄒᄂᄃ리舜臣이其渠帥數人을射倒ᄒ고리雲龍等과追擊ᄒ야被擄ᄒ大 餘人을奪還ᄒ시戰鬪에胡矢가左股를傷하얏스[illegible]念慮[illegible]自拔[illegible]此雖小戰이나[illegible]可想이니亦[illegible]舜[illegible]小々紀念이로다 未完

雜報

●三王追崇 再昨日 大皇帝陛下재옵셔 太廟夏享대祭時에각 親王과原任議政과掌禮院卿을召對ᄒᆞ사 眞宗 憲宗 哲宗三대王追崇ᄒᆞᆯ事로 下詢ᄒᆞ시고 追崇節次ᄂᆞᆫ令宮내府로擧行ᄒᆞ라ᄒᆞ셧다더라

●三宮動駕 太皇帝陛下께옵셔 毓祥 宣禧 景祐三宮에展拜動駕ᄒᆞᆯ本月旬間에ᄒᆞ신다더라

●幸行東陵 大皇帝陛下께옵서數日間에東대門外각 陵에幸行ᄒᆞ옵신다더라

●園會戒嚴 鐵道管理局에서去二日에남문外靑坡附近에서園遊會를設行ᄒᆞ려다가中止ᄒᆞ얏ᄂᆞᆫ데何事件을因ᄒᆞᆷ인지不知ᄒᆞ거니와附近洞任을申飭ᄒᆞ야禁雜人을嚴督케ᄒᆞ라ᄒᆞ얏다더라

●日一許入 農대宋秉畯氏家에來客이逐日沓至ᄒᆞᄂᆞᆫ대就中日本官吏와韓國人中에一進會員外에ᄂᆞᆫ日巡査가許入치아니ᄒᆞᆫ다더라

●院舍觀察 中樞院議長김允植氏ᄂᆞᆫ昨日本院에仕進ᄒᆞ야該院舍를觀察ᄒᆞ얏다더라

●有何面議 慶남觀察使김思默씨가上京ᄒᆞ야面議ᄒᆞᆯ事이有ᄒᆞ다고내部로報告ᄒᆞ얏다더라

●회守請辭 회천郡守朱哲準氏ᄂᆞᆫ내部에辭職請願ᄒᆞ얏다더라

●盧氏爵辭 陸軍武官학校장盧伯麟氏ᄂᆞᆫ辭職請願ᄒᆞ얏다더라

●韓警試取 昨日내部에서韓國人으로警部幾名을試取하얏다더라

●鎭壓策變更 韓國政府와統監府에서義徒鎭壓策을變更ᄒᆞᆫ다ᄂᆞᆫ데其理由를詳聞ᄒᆞᆫ즉昨冬以後로ᄂᆞᆫ懷柔策을用ᄒᆞᆷ은仝히義徒가政治上意味를含ᄒᆞᆷ으로知ᄒᆞ얏더니近日각地에出沒ᄒᆞᄂᆞᆫ狀態ᄂᆞᆫ純然히剽竊을爲ᄒᆞᆷ이라ᄒᆞ야嚴烈히討伐ᄒᆞ기로決定ᄒᆞ얏다고日문대韓日報에記載ᄒᆞ얏다더라

●道書記聽訓 각道書記官이本日農商工部에會集ᄒᆞ야該部대臣과次官의訓示를聽ᄒᆞᆫ다더라

●舊貨訓廢 度支部에서拾三道觀察使의게訓令ᄒᆞ되已往流通ᄒᆞ든日本舊銀貨壹圓은日本에서廢止됨은已無可論이어니와至於本國ᄒᆞ야ᄂᆞᆫ流通ᄒᆞᄂᆞᆫ것이不可ᄒᆞ니管下각郡에申飭ᄒᆞ야不爲流通케ᄒᆞ라ᄒᆞ얏다더라

●運動會議 明日학部에서각학校校장을師範학校니圖書館에會同ᄒᆞ야學校대運動會에節大를爛商說明ᄒᆞᆫ다더라

●日학徒防遏 勿論何許人이던지 景福宮을拜觀ᄒᆞ려면日曜水曜兩日에만문標를買得觀람하ᄂᆞᆫ것인데昨日上午拾壹時頃에日本학徒數拾名이該宮闕을拜觀ᄒᆞ려다가문把守巡査에게拒絶을當ᄒᆞ얏다더라

●口문會議 京성에競賣所가廿餘處인데物件放매에口문拾一條를除ᄒᆞ미居間에게ᄂᆞᆫ所利가無ᄒᆞ니半減ᄒᆞ기로居間ᄒᆞᄂᆞᆫ諸氏가日昨에會集爛商ᄒᆞ얏다더라

●華容演戲 寺동演興寺에서각種演藝를演ᄒᆞᄂᆞᆫ中인대爲先華容道를實施하기爲ᄒᆞ야該社員登名을日昨에三남等地로派送ᄒᆞ야唱夫三十名을募集ᄒᆞᆫ다ᄂᆞᆫ데所入經費ᄂᆞᆫ紙貨八百圜假量이라더라

●亦一風波 去土曜日에南門外里門동貧商等이舞童牌를率ᄒᆞ고該동附近厚岩等地에往ᄒᆞ야浩浩히遊戲ᄒᆞ고夕陽歸路에히동居民等과有何紛爭이던지互相衝突ᄒᆞ다가貧商等이敗歸ᄒᆞ야韓國巡査中貧商에入名ᄒᆞᆫ者拾餘名을領率ᄒᆞ고更往于히동ᄒᆞ야一般人民을無數亂打ᄒᆞ야三名이重傷을被ᄒᆞ얏ᄂᆞᆫ대就中박仁석씨ᄂᆞᆫ現今命在頃刻이오又歸路에남廟前에서人民과更爲衝突ᄒᆞ야無辜殘民을無數毆打ᄒᆞ얏다고輿論이憤鬱ᄒᆞ다더라

●運動日子 官公私立각학校春期大運動을今日旬間에行ᄒᆞᆫ다ᄂᆞᆫ事ᄂᆞᆫ前號에已揭ᄒᆞ얏거니와來十三日에訓鍊院에서設行ᄒᆞ기로完定이되얏다더라

●恐生浮費 각학校春期聯合대運動會에地方학校의生徒ᄂᆞᆫ參與치아니ᄒᆞ기로申飭ᄒᆞ얏다ᄂᆞᆫ대其理由인즉來往浮費에關係가有ᄒᆞᆷ이라더라

●討隊被害 去月二拾七日에東峽으로出往ᄒᆞ얏던討伐警察隊가變服으로韓服을着ᄒᆞ고永平郡栗산等地로往ᄒᆞᄂᆞᆫ대適其時該地에서日兵과義兵이交戰ᄒᆞ다가義兵이敗歸ᄒᆞᆷ으로日兵이乘勝追擊하ᄂᆞᆫ中이라討伐隊가來ᄒᆞᆷ을見ᄒᆞ고義兵으로誤認ᄒᆞ고日兵이突出射擊ᄒᆞ야討伐隊中被死者가六名이오被傷者가二名인대該被死被傷者ᄂᆞᆫ陸로로運搬ᄒᆞ면所經道로에人民이知ᄒᆞᆷ이不可ᄒᆞ다ᄒᆞ야永平郡에서水로로運送ᄒᆞ야坡州문순浦에到着하얏ᄂᆞᆫ대日昨에京義鐵道로運上入성ᄒᆞ얏다더라

●郡印見失 去月拾日에義兵百餘名이장水郡에突入ᄒᆞ야郡衙를襲擊ᄒᆞᆯ際에該郡印章을見失ᄒᆞ얏다고該道觀察使가내部로報告ᄒᆞ얏다더라

●義擾益熾 近來각地方에義兵이出沒ᄒᆞ야甚히危險ᄒᆞᆫ情態를呈ᄒᆞ얏ᄂᆞᆫ데日本人은一步라도내地에入ᄒᆞ기能치못ᄒᆞ고京城稍距近ᄒᆞᆫ高陽楊州산中에義兵幾千名式一大集團이有ᄒᆞ야四方으로橫行ᄒᆞ며到底小部隊로ᄂᆞᆫ討伐키難ᄒᆞᆫ지라居留日人과韓國良民은不能安業ᄒᆞᆫ다고日人대韓日報에揭載ᄒᆞ얏더라

●義奪日穀 傳說을據ᄒᆞᆫ즉金浦郡後串地에서義兵幾十名이過去ᄒᆞ다가日本商人壹名이白米幾拾石을船載出航ᄒᆞᆷ을見ᄒᆞ고該米穀을沒數奪取ᄒᆞ얏다더라

●講習試驗 三淸洞法律講習所에서去日曜日에入학試驗을經ᄒᆞ얏ᄂᆞᆫ대入格者가三拾餘人에達ᄒᆞ얏다더라

●홍校請助 三和港홍井동耶蘇教학校에서財政이窘拙ᄒᆞ야維持키難ᄒᆞᆷ으로김道賢리景夏김正民三氏가발起ᄒᆞ야補助金을請求ᄒᆞᄂᆞᆫ대금額이三拾餘圜에達ᄒᆞ얏다더라

●江묘試驗 江華郡鼎산학교에서陰三月晦日에拾三處학교를會同ᄒᆞ고運動式을設行ᄒᆞᄂᆞᆫ데賞品과賽需ᄂᆞᆫ該校監督丙烈氏가自擔하얏고弊術作을旗取와優等은臣산학校生徒中에서多ᄒᆞ얏다고該郡來人이稱頌ᄒᆞ더라

●廣塾新設 江原道洪천郡耶蘇教堂내에有志人士宋化善隊翻昨김鼎基氏等五十餘員이금貳百餘圜을각自出捐ᄒᆞ야廣成義塾을設立ᄒᆞ고高明ᄒᆞᆫ教師를延聘ᄒᆞ야熱心教育ᄒᆞᆷ으로生徒가五十餘名에達하얏다더라

●專義校況 용천石동學校ᄂᆞᆫ耶蘇教人최處道최瑞황安明煥諸씨가與紳士崔학濟氏로設立ᄒᆞᆫ지數年에生徒가六十餘名이오夜학生徒가亦至百餘人이라教師崔允競씨를延聘ᄒᆞ야熱心教育에有將就之望인故로近境人士가觀感而興動ᄒᆞᆫ다고該郡來人이稱頌ᄒᆞ더라

●教師可賀 務安港永興학校ᄂᆞᆫ耶蘇教人이設立ᄒᆞ여國문과한문으로幼穉를教育ᄒᆞ더니稅關主事남宮赫氏가數年을熱心으로 語複학을教授ᄒᆞᆷ이학徒가稍進ᄒᆞ고教務가興旺ᄒᆞ더니本年發月에司氏가晝夜事務에身體가不强치못ᄒᆞ야학徒를對ᄒᆞ여堪耐치못ᄒᆞᆯ實情을說明ᄒᆞᆫ즉英語학徒拾六名이陳情請願ᄒᆞᆫ지라司氏가諸학徒의向학ᄒᆞᆫ實心을感歎ᄒᆞ여本年四月붓터稅關의職任을辭免ᄒᆞ고本校教師로英語와각科로教育上에專力從事ᄒᆞᄂᆞᆫ데一港너人民이無不贊頌ᄒᆞᆫ다더라

●莞島新校 莞島郡楸子島ᄂᆞᆫ四百餘家와二千餘人口로只爲漁採計活터니昨年春에秋島居김駿대高彤奎朴明來三氏가慨然出義ᄒᆞ야각出義捐ᄒᆞ여학교를設立ᄒᆞ고今春에島너衆議가團合ᄒᆞ야本島全部漁採基地를屬付학교하며又設漁業合資會社하야以利殖금으로教育基本을作ᄒᆞ고且寄宿舍를設置ᄒᆞ고遠居生徒의食料費를會社에서支出ᄒᆞ기로規則을定ᄒᆞ야官許를承認하고학部에請願ᄒᆞ얏다더라

●新舊交濟 年前日本司令部에被拘ᄒᆞ얏던前秘書丞김升圭씨ᄂᆞᆫ元來儒林碩望으로舊學문에精選ᄒᆞ더니時局의情形을觀察ᄒᆞ고時務의變遷을覺悟ᄒᆞ야慨然日今之學者ᄂᆞᆫ先習의經傳으로써道德의根基를立ᄒᆞ고現世의新학問을研究ᄒᆞ야富强의術을採用ᄒᆞᆷ이可ᄒᆞ다고학교設立에熱心ᄒᆞ며東西洋의新書籍을廣求備置ᄒᆞ야孜孜講究ᄒᆞᆫ다더라

▲地方消息▼

▲去月二十六日午前六時에廳田郡三角谷松林中에서義兵二千餘名이該郡駐在日巡査와交戰ᄒᆞ얏다ᄒᆞ고

▲本月三日에안東郡대谷에서義兵魁首林處士ᄂᆞᆫ日巡査에게被害ᄒᆞ얏다ᄒᆞ고

▲去月三拾日午前九時에平康郡용堰洞에서五十餘名義兵이該郡駐在日憲兵六名과衝突ᄒᆞ얏다ᄒᆞ고

▲去月貳拾九日午後壹時에海州郡檢丹面에서多數義兵은該郡駐在日巡査와交戰하얏다ᄒᆞ고

▲咸興駐在日憲兵分隊장의報告를據ᄒᆞᆫ즉韓人리範允氏ᄂᆞᆫ(俗稱山砲隊장)日露戰役時에露淸地方에逃走ᄒᆞ야隱伏中이더니現今은露領우오에후쓰고地에同志者를募集ᄒᆞᄂᆞᆫ行動이有ᄒᆞ다ᄒᆞ고

▲本月四日에平안道中和郡古生陽面에義兵이來襲ᄒᆞ야漸次集合ᄒᆞᆫ다ᄂᆞᆫ報道를接ᄒᆞ고平壤駐在日憲兵五名을派遣ᄒᆞ얏다더라

▲장僧手段▼

▲너閑을바라보니許多장僧列坐ᄒᆞ야物價高歇言論ᄒᆞᆯ제一手販매ᄒᆞᄂᆞᆫ手段老鍊ᄒᆞ고도敏活하야大韓物品無餘로다

▲사오〻〻外交權을放매ᄒᆞ야각其地位買得ᄒᆞ니一時權柄弄出ᄒᆞ야掀天動地ᄒᆞᄂᆞᆫ고나富商大賈되던들에得롱望蜀無厭ᄒᆞ니또풀거시무엇신고

▲사오〻〻置用地段劃定ᄒᆞ야一區江산割與ᄒᆞ니一木一草盡歸ᄒᆞ야外人天地되엿고나生民何以奠居ᄒᆞᆯ가呼哭聲이滿天ᄒᆞ다또풀거시무엇신고

▲사오사오大小官職讓與ᄒᆞ야韓國官吏除汰ᄒᆞ고生疎面目延聘ᄒᆞ야左之右之擅便ᄒᆞ니政治得失何如ᄒᆞᆫ지指揮下에僕事로다또풀거시무엇신고

▲사오사오地方官吏敍任ᄒᆞᆯ제金錢賄賂出動ᄒᆞ야一貫泉을親作하니主務大臣食性도타價之高下自在ᄒᆞ야壹貫半級空것업네또풀거시무엇신고

▲사오사오荒蕪地를許ᄒᆞ니片片裂破此산河에魍魎鬼面彌滿ᄒᆞ야太半이나主人非라이疆土를指點ᄒᆞ니죠약돌노아ᄂᆡ남네또풀거시무엇신고

▲사오사오中央金庫名存ᄒᆞ나財政權은남되엿네銀銅貨幣製來ᄒᆞ니物價騰踊刁翔ᄒᆞ야全國財源杜絶이라失水魚가되엿고나또풀거시무엇신고

▲사오사오漁郵兩司許與ᄒᆞ니通信權이남의되엿네雁便魚信沈滯ᄒᆞ니他人手에益人이라積少成大더利益도壹網打盡ᄒᆞ엿고나또풀거시무엇신고

▲사오사오금銀銅鑛許施ᄒᆞ니산澤之利남되엿네良田美土堅閉ᄒᆞ야莫接ᄒᆞᆯ곳전혀업다墳墓ᄭᆞ지毁破ᄒᆞ니靑산白骨何罪런고또풀거시무엇신고

▲사오사오採石基址讓與ᄒᆞ야漢城國都咫尺地에陵遷谷移되엿ᄊᆞ니碧海桑田經겁이라縣縣老石破碎聲에더산명이우ᄂᆞᆫ고나또풀거시무엇인ᄂᆞ

雜報

●산門賊警 再昨日에 약수정에 賊漢七八名이 突入하야 금三千兩을 掠奪而去하엿다더라

廣告

本人의 姪昌夏兄弟가 性本浮浪하야 祖上의 分財田畓을 蕩敗하고 出沒京鄕하며 雜類를 符同하야 本人의 漣川鐵原兩處에 在한 畓七十餘石落을 僞造文券하야 典執得債코저하오니 內外國人間에 誰某가 典執하던지 休紙로 認知하시오 但元文券은 本人處에 自在함
鐵原郡용潭上村 리召史 告白

刑事辯護와 民事代理其他訴訟鑑定과 諸文案起草等을 迅速處理함
中部長橋東谷第二統三戶
辯護士 前檢事 朴星煥法律事務所
伸權無資力한 者에게는 無報酬로 應함

本會에서 北協成학교 第壹回卒業式을 本月七日(木曜)上午拾時에 新門外天然亭에서 擧行하오니 本會壹般會員은 壹齊히 右所로 屆期來臨하시옵
西北학會 告白

本人이 東部養士동二拾三統拾一戶에 更建許可狀을 入於書類箱中이라가 失故廣告하오니 勿論內外國人間拾得하와도 休紙施行함
張寅根 白

本人의 父親이 利川파발막酒店에서 猝卒인바 紙匣中에 土地證明書와 雜財與受文蹟을 見失하얏사오니 無論內外國人하고 誰某拾得이던지 休紙施行함
睬竹梁里居 金韶卿 白告

本人에 姓名圖章을 遺失하고 圖章文으로 更刻하얏기 玆以廣告함
남門外盈洞二百卅三統四戶 朴泳銑 告白

●慶尙北道高靈郡又新학校趣旨書

國者積民而成 未有民不智而國自新 民者積학而智 未有학不講而民自新 학之弛張 可以占國民之盛衰矣 古昔聖王 莫不以教育爲治道之根 而非建학無以棄 故塾庠序학爲升騰之階級也 非立師無以導教 故州長黨正逐鄕大夫 掌其地之法令也 教與賓興 同出登途 而才德不爽 所以文明稱二代 自夫世降以來 辟擧爲九品中正 爲制科爲詩賦帖括 紛然迭興 惟以祿利之路爲取人之標準 教與科試 遂成異途 而名實相乖 流弊極於後代矣 現今環球忽通 優勝劣敗 便成天演之公例 彼之所尙覇術也 猶以成학授執據而日益雄飛 我之所慕王道也 乃以五학不實施而日趨虛僞 則嘉禾空穗 反不及稗之有秋 苟能발憤自新 復我古制 原之以德行 採之以時務 則他日效成 豈但新國新民而止 其將睥睨萬邦 譬教育新矣 吾郡素稱文학 而近頗委靡不振者 抑亦爲士者徒守舊見而不務新智 爲民者每安故俗而不通時宜 以至悠泛頹惰 玆踊躍ㄱ 何幸主倅俞公鎭瀅莅郡之初 慨然以爲化成俗 豈在教育壹事 遂勸誘於鄕人士 謀所以擴張學務 僉曰我校宮之有賓興齋 專爲養士也 亟興之設民約社 亦爲導民也 蓋於此招集英俊 使吾百里之내 洋々乎武城之歌 又翕之風也耶 候因請認于部府 屢蒙優許 又捐其齋廩 究其經費 苦心以贊成 努力以監督 凡所局章 無不用極 適微胡安定經義治事之制 升設兩학校 壹因賓興齋而修葺堂室 專屬經史之科 一取民約社 並因各國普通학校成예 而棄兩藝학 各延師以奬育 其規模方針 已畧備矣 凡今日이業於斯者 旣皆壹鄕之選 則亦當知爲학之要 不在於泥舊 而在於自新 天下之物 莫不因舊而生 斂待新而就 暎今夫泉有新源故不渴 木有新根故不枯 苟任其枯渴 則益就陳腐 加之灌培 則還見活動 若復新之又新 無有間斷 如盤之日滌 蘇之更展 則篤於課而人才接衰而又新矣 升於州而會圖革敝而又新矣 用於朝而國勢雙驅而又新矣 於是乎又新之扁 知其有以也

本人의 仕進時所採正字도 刻한 圖章을 見失이기 廣告함
大安동三十七統七戶 金希洙 白

本人의 姓名圖章을 去月二十七日頃에 遺失하얏기 玆以廣告함
三和港鈴남浦僞兩樓三拾二統五戶 張世琳 告白

本人이 餘慶坊奉常寺南문동第六統八號瓦家九間半板瀨文券一張을 典執하얏다가 不幸히 遺失故玆以仰告하오니 內外國人은 勿論하고 誰某拾得하와도 休紙施行함
劉漢文 告白

本人이 四年前喪夫한後 數箇稚子를 依하야 居生이옵더니 장子리인俊이가 寡居의 老母를 不顧하고 背棄之間에 掃如蕩産이온대 今復出往平壤하야 浮雜之類와 酒色之場에 留連하오니 母論內外國人하고 인俊處에 錢兩債給이라가 無至白失追悔함
安州城內栗北동 리召史 告白

本人이 圖南合名會社々員이러니 現方株式改定之時에 事有不合하야 請願退去하오니 內外國人은 以此照亮하시오
金東健 白告

本書館에서 民智를 廣開하고 문明發達하기爲하야 新書書籍을 大발賣하오니 僉君子은 陸續來臨하심을 望함
釜山港東關韓興書舘 金汝重 權종律

本書市에서 각種洋약과 학徒所用物品과 학徒帽子를 製造하야 廉價로 賣하오니 쳠君子는 照亮하심
安岳上場海서書市 林長桂 白

教科書類 小說書類
法政書類 文藝書類
本書舖는 一層擴張하고 各種書籍과 學校用品을 具備발賣하오니 有志僉彦은 陸續購覽하심敬要
價는 京城각冊사와 同함
安州城內大街 (큰거리)
知新書舖 金濬植

小學漢文讀本

장陵 元泳義氏 纂輯　上下二編　正價金六拾전
▲本書는 蒙學漢文初階를 繼續하야 각種科학의 理論을 編輯하고 國文으로 句讀을 明釋하야 普通의 指남과 文理의 捷徑을 作함

初等女學讀本

李源競 著述　第壹書　正價金 三拾전
本書는 女학校敎科書에 應用키爲하야 本文은 國漢文으로 譯解를 另附하야 分課編輯한者니 雖在家婦女라도 均可便覽而增長知見함에 必要함

愛國偉人

葛蘇士傳

淸國梁啓超 原著　全一冊　正價金拾五錢 (國漢文)
本書는 歐洲風雲을 震撼하고 自國獨立을 力圖한 匈牙利愛國偉人葛蘇士의 事蹟을 網羅著輯한 者니 當時葛蘇士의 雄飛活躍의 經歷과 及其失敗末路의 丕運을 隨하야 與匈聯邦의 雙立國體를 竟成한 結果를 觀건대 可使讀者로 英雄崇拜의 感想을 激起케하리로다
발兌元
▲皇성中署鐘閣越便 中央書館
▲皇城종路 博文書館
▲皇城大廣橋東邊 滙東서館
▲皇城남門內茁동 大東書市

特別 學員集募廣告

本校에서 夜학을 設立하고 학員을 募集하오니 願학僉員은 本月九日(陰四月十日)내로 請願서를 提呈하시옵 但請願서는 本校用紙함
一 卒業年限은 貳個年
一 年齡十五歲以上
一 科目 日語 筭術 地誌 歷史 漢文 體操
一 試驗日字 五月十日上午十時
一 試驗科目 國漢文讀서作文 但貳年級志願者는 日語 筭術 (四則以上)
典洞私立中東학校告白 (前漢語학校)

廣告
補益水大발매
보익슈는 미국인왕보씨가 새인의 요ㅅ홈을 연규하야 미약을 발명하얏는데 부족증과 점병자지못하는병도 한중허한중젹병슈병증병과후오줌소텨리질각텬후에대일신효하오
발매所는 京성 남門內銅洞 박文書館

大韓書林

五月 壹日 開業
本書林에서 內外國書籍과 학校用品壹切을 廉價放賣하오니 僉君子는 陸續 왕求하심을 盼望함
京城북部小安동拾六統八戶 大韓書林事務員 리星鎬

●新발明梅毒명약廣告
陸軍軍醫 金守鉉 實驗方劑

落梅丹

口瘡不발창 病去根之명약
壹劑五百粒 定價金三圜
主治 梅毒(唐창) 新舊창 ●癩疾●皮膚病●便마贋私● 천病
已上病證外에 男女間에 不精交合한 後에 若疑아之症이 有하야도 此약壹劑만 服用하면 完然無慮하고 脾胃도 健全함을 擔保함
此外에도 醫療機械와 精奬한 약材를 新備하고 內外科各色疾病을 誠心治療함
皇城北部大安동
仁濟약房 高用진 謹白
代理店
京城鐘路 共愛堂약房
仁川港龍동 濟生堂
國內各處약局에서 陸續販賣함

▲公告

南署南산町一丁目居日本人 債權者 森勝次
中署堅坪坊水典契水典洞貳拾三統八戶 債務者 閔龍植
目的物
一 京城中署堅坪坊水典契水典洞貳拾三統八戶地所及家舍瓦家九間壹圓
一 競賣日時 隆熙貳年五月七日午后壹時
一 競賣場所 目的物所在地
一 競賣에依하야償還을受할債權額 金六千圓也元本 金貳千壹百圓也利金 外執行費用幷
右는 土地家屋典當執行規則第三條에依하야 債權者가 此를 競賣하는故로 同施行細則第貳條에依함을 公告함
隆熙貳年五月二日
債權者代理人 京성本町五丁目居 辯護士 高橋章之助

漢城鐵路萬國基督敎靑年會館前慈惠藥房
製藥醫査人濟衆院醫學員洪錫厚朴慈惠李

觀化告白

本人等이 漢城南大門外濟衆院用의 處方으로 左記諸藥을 製造ᄒᆞ오니 京鄕遠近勿論ᄒᆞ고 此各品을 用ᄒᆞ시기 爲ᄒᆞ야 前醫學校 敎師 五等池錫永氏에게 각方文마다 議定ᄒᆞ고 有効證明書를 受ᄒᆞ고 主治効能用法을 詳記ᄒᆞ야 洋鐵匣紙匣琉璃瓶에 封ᄒᆞ야 賣ᄒᆞ오니 兄弟에게 利益이 加有ᄒᆞ도록 愛用ᄒᆞ시ᄋᆞᆸ나이다

治痰平胃丸　男女補益丸
輕腫根治膏　純金鷄蠟丸
濕腫根治膏　蛔虫浸出丸
大癰拔根金瘡膏　四時感冒丸
小兒胎毒金治膏　清明眼藥水
積氣神効保嬰安散　消痰鎮咳藥
小兒感冒靈妙散　男女瘡疾祛根藥
德國製嗽痰丸　寸虫拔根藥
漢城百應膏　止汗臭藥
洋藥乾材　止瀉潤腸丸
舊唐藥草材　陳陳旧滯消積丸
西藥醫方活套　無悲惡瘡藥

◎新訂方合編 全部壹圜拾젼
創脈經 病論 藥性 方套 牛痘法 平馬病와 洋藥用法 醫案 法 醫殿方이 具備ᄒᆞ야 醫學家나 賣藥家에 最히 要緊ᄒᆞ오며

◎社會勝覽 純國文廿三젼
社會에 規則과 演說에 方法과 脉絡이며 東西洋 雄辯家에 演說을 譯述ᄒᆞ야 社會有志者와 勞働人及婦人々지 不可不購覽ᄒᆞᆯ者며

◎婦人儀範 純國文卄五젼
婦子를 敎育ᄒᆞ고 家庭을 整理ᄒᆞᄂᆞᆫ 道로 婦人社會의 特要ᄒᆞᆫ 師範이오며

◎中等算學 洋裝 冊壹圜五拾젼
自四則至開立方九種數를 次序橫示ᄒᆞ야 學習에 便易ᄒᆞ고 我韓算書中에 査具備ᄒᆞᆫ 者며 各校學生의 게ᄂᆞᆫ 特爲減價ᄒᆞᆷ

註譯 支那時文類聚

八拾三頁 리치雨 編集 定價금 二拾二錢

右冊은 近日現用ᄒᆞᄂᆞᆫ 바 撲緊要私札往復이며 韓淸與日淸間에 現行往復ᄒᆞᄂᆞᆫ 公私宴合請帖往復과 其他公函往復과 公文照會等式을 編成一冊ᄒᆞ야 可作爲學社會의 指南要訣이오니 照亮

總發兌 皇城曲洞光東書局
分賣所 皇城各書舖

簡易商業簿記學

全一冊 定價金 四十五錢

本書ᄂᆞᆫ 簿記學中 最近ᄒᆞᆫ 學理와 精妙ᄒᆞᆫ 形式을 精細講解ᄒᆞ야 丁寧ᄒᆞ게 簡易ᄒᆞ도록 編述ᄒᆞᆫ 者니 一般商業家에 不可不一次閱覽ᄒᆞᆯ 者될 ᄲᅮᆫ아니라 中等以上學校에 敎科로 用ᄒᆞᆷ도 適當ᄒᆞ니 陸續購覽ᄒᆞ심을 望ᄒᆞᆷ

發賣所 布屛下 廣學書舖 洞口越便 中央書館 廣橋東便 匯東書館 寺洞 滙陽書館 鐘路 大東書市 鐘路 古今書海관

녀ᄌᆞ독본

韋菴先生 張志淵 著

壹帙二冊 二百七拾頁 定價金 六拾錢

我韓女學에 不講이 久矣라 上等婦人에 知識도 虛乏ᄒᆞᆫ 廢滯ᄒᆞᆫ 者ᄂᆞᆫ 不遇ᄒᆞ니 如此ᄒᆞ고야 엇지 文明國民을 作成ᄒᆞ리오 挽近志士가 女學의 必要를 絶叫ᄒᆞ야 女子學校가 在々發起ᄒᆞ나 完全ᄒᆞᆫ 敎科書가 無ᄒᆞ야 識者에 慨歎ᄒᆞᄂᆞᆫ 바라 故로 此書二卷은 女子의 知識開發을 爲ᄒᆞ야 純國文을 純用ᄒᆞ고 漢文字를 旁註ᄒᆞ얏ᄂᆞᆫ되 上卷은 本國故代有名夫人의 歷史오 下卷은 東西各國有名婦人의 歷史이오니 僉君子ᄂᆞᆫ 速々來購ᄒᆞ시옵

발행원 김상만
발매소 皇城中署布屛下廣學書舖 平壤鍾路耶蘇敎冊肆 平壤沃橋大同書觀 京鄕各書舖

◎大韓國香港明星鏡廣告

◎主治効能
◎痰飲 食積 中暑 中寒
◎咳嗽 心腹痛 水土不服
◎氣鬱 肚痛 船車眩暈
◎食傷 酒醉 口熱 惡臭
▲其他諸般 運氣 厲疫 預方妙藥
◎田驛代理特約實賣所
◎京城大廣橋 共愛堂 大藥房
同 香路落 蒼藥房 리觀化
同 梨峴 洋藥局 리商華
同 鍮店 忠文書館 盧益亨
同 南大門外 大同週報會社
同 泥峴 三丁目 新井支店
同 泥峴 郵便局前 天佑堂 리恩林
同 水標橋 本堂出張人 魚濟賢
◎仁川 本堂出張所 韓國根
同 開城 旅館 리應善
同 孝峴 和平堂 朴圭桓
◎開城 南門內 萬物廛 馬相玉
同 南門內 同店 리顯錫
同 南門內 新社 具聖模
同 北部 忠橋 宋在瑛
同 海州 宗路 商店 김丞泰
同 二房 약舖 리奉植
同 南門內 店 金濟九
◎水原 鍾路下 藥房 邊汝文
◎延安 邑 洋약局 尹斗鉉
◎江華 邑 宗路店 宋順五
同 漢陽 店 高成根
同 西門外 冊肆 趙敬淳
◎沙利院 市場 客主 朴健昌
同 長湍 南門 任九宇
◎同 耶蘇 敎堂 리在宇
◎平壤 南門 紅門 동 리東彬
◎海州 鍾路 濟生 局 韓思儀
同 館前 衛生 醫院 金鵬興
同 安岳 民里 桂澤宣
同 茂武 洞 藥局 權龍化
同 平山 出張人 尹寅燮
◎鎭南浦 洋약局 김元성
同 甑山 晩出 出張人 吳남순
◎群山 港 順福 동 김斗鉉
◎全州 義井 동 回春 약房
◎安岳 邑 上 區里 衛生局 林景柱
◎大邱 南門 刷遺 동 김成洛
◎釜山 港 客主 金重佑
◎仁川 郡 本 商店 朴芝行
◎載寧 邑 後 동 藥局 崔九國
◎忠州 東 良 郵 早 遞 金鎭和
◎晉州 邑 지 동 박善賢

◎定州 남門 외 藥局 리鍾相
◎鐵山 邑 내 洋藥局 羅鼎彬
◎宣川 邑 내 永春堂 安
◎義州 本 口 街 晶 석浩
◎宣川 邑 鐵 鋪 安
◎郭山 邑 西 里 약 局 김永禮
◎元山 港 濟生堂 支店 김大鉉
◎北靑 新 昌 港 客主 박敬典
◎江原道 本堂 出張人 박鼎勳
◎德川 邑 官 동 洋 약局 리丙斗
◎竹山 각 谷 里 리東赫
◎其他各약房마다 代理販賣홈
◎仁川港濟生堂告白

△ 慈善 廣告

本社에서 名刺印刷를 新設ᄒᆞ고 各國語文字와 顯撰印刷가 精美ᄒᆞ고 價値가 低廉ᄒᆞ오니 僉位ᄂᆞᆫ 來臨ᄒᆞ시와 光顧를 ᄇᆞ라ᄂᆞ이다 特別히 一層低廉ᄒᆞ니 大韓每日申報社 告白

今現辦院에셔 各項事務와 一層 擴張하오미 金裝與銀裝各樣의 齒와 老小兩沒數落齒ᄂᆞᆫ 齒床幷齒을 隨意製造하오며 拔齒와 入齒時에 毫無苦痛케ᄒᆞᄂᆞᆫ 技方도 有ᄒᆞ며 齒科上 面議ᄂᆞᆫ 無料授受ᄒᆞ압ᄂᆞ니 四方僉君子ᄂᆞᆫ 照亮ᄒᆞ심을 爲希홈
京南大門內 尙洞 美人 齒科醫士 韓大衛 告白

◎國債報償義捐所收入廣告
◎永川支取所北習面島川동
정東模 韓永圭 鄭東圭 崔永泰 各五十錢 曹鎬昊 三拾전 曹秉權 姜四동 韓介郎 각貳拾錢
◎又谷面內塊동 安寶遠 六圜 朴任善 박文國 朴東植 각一圜 任永祚 朴太守 朴在석 각六十전 박中述 四十錢 리聖鳳 朴岩佑 각二十錢 許 종 八拾錢

東槐동 韓炳燾 二圜 박奉日 壹圜二拾錢 兪鎭世 任진호 朴尙호 李壹圜 김聖호 許寶남 兪卜석 김逸莊 최敬鳳 許鳳基 許恭호 정錫작 김大柱 박文吉 김東한 박聖호 各六十錢 權成召 任文植 박乘 各二拾錢 兪在鎔 三十錢 박在俊 方在珠 兪仕원 朴泰호 各四十錢
△鶴溪동 吳長福 一圜 리진ᄒᆞ 金寬提 김其述 許隱洪 ·錢 정元甲 박其鉉 各四拾錢 △泉동 徐海회 정好元 최浪꼰 各六十錢 김분根 壹圜二十錢 김好伊 壹圜
▲本村동 徐丞海 徐錫奎 김斗星 一圜 崔潤壽 朴時萬 리于東 김ㄴ洙 徐奎律 金鍾奎 各壹圜 朴伊哲 리起萬 김인中 리康旭 리東立 김元문 김寬洙 리召ᄉ 김鎭元 徐用植 徐東히 김守萬 各四十錢 徐肯文 徐진히 徐武히 徐楨述 徐楨壽 각十錢 韓百首 徐楨洛 河丑龍 리喜俊 各三拾錢 박龍ᄉ 朴連用 김在甲 김萬石 徐讚黙 宋在鳳 각拾錢

發行兼編輯人英國人 裴說
發行所 漢城石井洞新門外
大韓每日申報社

英語와 日語와 漢語를 비호시…

光武[illegible]年八月十一日 明治四十一年八月十一日 [illegible]

大韓每日申報

第六卷

第七百九十八號

月曜及慶節
識時日休刊

檀君開國四千二百四十一年
箕子元年三千三十年
大韓開國五百十七年
日本明治四十一年
淸國光緖三十四年
陰曆戊申四月大初八日壬戌

寄書

●敬祝每日報　漢北頑固生

敬謝大韓每日申報記者足下ᄒᆞ노라 生은 壹漢北頑固腐儒[illegible] 西歐南米ᄂᆞᆫ 吾足의 所未涉이오 政治法律은 吾腦의 所未究오 東西交涉은 吾耳의 所未聞이오 外國歷史ᄂᆞᆫ 吾眼의 所未[illegible]오 只是陳篇舊籍으로 [illegible] 之壹小自由天地ᄒᆞ야 [illegible] 於文明開化而然[illegible] 傷心於 僞文明僞開化之所致也라 名曰 文明人士而實[illegible]者ㅣ 實出 於是ᄒᆞ며 名曰[illegible]子弟而傷風 害俗者ㅣ 實趨於是ᄒᆞ야 爲壹時 之安樂而[illegible]全國之土地ᄒᆞ며 爲壹身之[illegible]而犧牲全國之人 民ᄒᆞ니 [illegible]哉며 不仁哉라 吾所 以不忍言文明開化也며 新聞雜 誌가 何亦托於文明之目的也로 [illegible]大韓之兩旗[illegible]出現 則新[illegible]非新聞也오 民[illegible]學會 가 [illegible]非[illegible]以開化之趣旨也ㅣ오 [illegible]有壹過大東兩魔會가 出現 則[illegible]가 非[illegible]也니 此[illegible] 以不欲言文明開化也로라 [illegible] 文明開化가 非吾所欲言則[illegible] 가 不得不托於頑固也ㅣ 故로 人 [illegible]頑固ᄒᆞ고 我亦自號[illegible] 頑固生은 [illegible] 固가 是吾所欲哉아 頑固生之所謂[illegible] 로 春秋之[illegible]言은 何[illegible] 臣賊子ㅣ [illegible]亂臣賊子[illegible]秋之 旨旨也오 亦頑固生之宗旨也ㅣ[illegible]

頑固生이 抱此宗旨ᄒᆞ고 冥冥求 同志於全國之中者ㅣ 有年에 求 之於山林而山林에 無其人ᄒᆞ고 求之於朝市而朝市에 無其人ᄒᆞ 더니

嗚呼라 吾見每日申報ᄒᆞ니 其殆 [illegible]乎며 其殆斯乎인져 列强이 幷 峙ᄒᆞ야 各自雄長ᄒᆞ니 其春秋之世 乎며 惟利是尙에 正道가 晦塞 ᄒᆞ니 其春秋之俗乎며 壹筆이 不 屈에 闡明大義ᄒᆞ니 其春秋之旨 乎인져 敢壹言ᄒᆞ고 我韓에 無每 日報면 直言者ㅣ 其誰오 故로 日 每日報者ᄂᆞᆫ 今日之春秋也라 ᄒᆞ 노라

然이나 昔日은 認國家爲一王朝 私產之時代也러니 今日은 認國 家爲壹國民公產之時代也며 昔 日은 認國民爲一王朝奴隸之時 代也러니 今日은 認國民爲一國 家要素之時代也라

故로 春秋之亂臣賊子ᄂᆞᆫ 亡王 朝者也러니 今日之亂臣賊子ᄂᆞᆫ 殄滅 國之人民者也며 春秋之 亂臣賊子ᄂᆞᆫ 覆宗社稷者也러니 今日之亂臣賊子ᄂᆞᆫ 傾覆壹國之 公產者也라 然則 春秋之亂臣賊 子ᄂᆞᆫ 其罪猶小어니와 今日之亂 臣賊子ᄂᆞᆫ 其罪甚大ᄒᆞ고 春秋之 亂臣賊子ᄂᆞᆫ 其[illegible] 今日 之亂臣賊子ᄂᆞᆫ 其[illegible] 每 [illegible]가 其[illegible]於春秋 ᄒᆞ라

頑固生이 [illegible] 故로 [illegible] 嚴於前古 世之[illegible] 每日報ᄂᆞᆫ 甚於 春秋ㅣ라

近者[illegible]天에 [illegible]日이 時 實[illegible] 直言이 見 [illegible] 始ᄒᆞ니 吾恐春秋之道之將窮也 ᄒᆞ노라

然이나 董狐남史之筆이 奄伏於 魔戲之下ᄒᆞ면 斯非董狐남史之 筆也니 彼不法之令이 烏足以 箝直言之舌哉아 吾以是로 信每日 報ᄒᆞ고 又以是로 告每日報愛讀 者ᄒᆞ노라

外報

●伊國噴火 倫敦電을 據ᄒᆞᆫ즉 伊國에 도나산은 濃烟를 噴出ᄒᆞ야 新히 噴火山을 生ᄒᆞ얏ᄂᆞᆫ대 其灰燼은 山麓數村에 落下ᄒᆞᆫ다더라

●淸國訪問中止 紐育電을 據ᄒᆞᆫ즉 米國同航艦隊의 淸國訪問豫定을 變更ᄒᆞ야 中止ᄒᆞᆫ다ᄂᆞᆫ 說이 有ᄒᆞ더라

●英葡兩國外債 倫敦電을 據ᄒᆞᆫ즉 英葡兩國私立銀行은 葡國政府에 對ᄒᆞ야 一百萬磅의 財政補助를 與ᄒᆞ얏다더라

●獨逸海軍義會 同電을 據ᄒᆞᆫ즉 獨逸海軍義會의 年次報告를 據ᄒᆞᆫ즉 其會員數가 壹百萬名에 達ᄒᆞ얏다더라

●남米陰謀 [illegible]透電을 據ᄒᆞᆫ즉 고 데마라大統領을 殺害ᄒᆞ라ᄂᆞᆫ 大事件의 陰謀가 발覺되야 主謀者十八名은 旣히 死刑에 處ᄒᆞ고 其他犯罪者와 處刑에 就ᄒᆞ야 非常ᄒᆞᆫ 激昂이 惹起ᄒᆞ얏다ᄒᆞ고 同大統領이 列國에 通牒ᄒᆞ얏더라

●經濟[illegible] 同電을 據ᄒᆞᆫ즉 [illegible]

●暹羅[illegible] [illegible]

[illegible] 人의 暴徒蜂起가 有ᄒᆞ얏ᄂᆞᆫ대 ᄯᅢ 단ᄶᅢ시에 在留歐人은 印度支那 銀行에 避亂ᄒᆞ얏더라

●波斯人虐殺 同電을 據ᄒᆞᆫ즉 [illegible]彼得堡電에 曰 쿠르드人은 波斯婦人及小兒二千名의게 慘害를 加ᄒᆞ얏더라

●征隊全滅 伯林電을 據ᄒᆞᆫ즉 西北亞非利加마우레다늬아에 騷亂이 起ᄒᆞ야 佛國派征隊ᄂᆞᆫ 全滅ᄒᆞ얏ᄂᆞᆫ대 生還者ᄂᆞᆫ 僅히 一名이라더라

●摩島의 暴動 伯林電을 據ᄒᆞᆫ즉 德國말지늬쓰구島홀드푸란쓰地方에 暴動이 起ᄒᆞ야 居住人이 夥多히 被害ᄒᆞ얏더라

●革命黨入京說 北京電을 據ᄒᆞᆫ즉 淸國革命黨員[illegible]鶴齡은 同志數名을 領率ᄒᆞ고 京漢鐵道로 由ᄒᆞ야 入京ᄒᆞᆫ다ᄂᆞᆫ 說이 有ᄒᆞᆷ으로 民政部步軍統領衙門及巡査部ᄂᆞᆫ 警戒中이라더라

雜報

●리씨特婚 龍川居ᄒᆞᄂᆞᆫ 리基[illegible]와 義州[illegible]居ᄒᆞᄂᆞᆫ 韓[illegible] 인禮ᄂᆞᆫ 我國의 婚姻法 改良ᄒᆞ기를 注意ᄒᆞ더니 該兩氏가 自己 女息을 [illegible] 學校學徒中 無父母 [illegible] 成婚ᄒᆞ얏다더라

●江郡新校 江西郡沙津面[illegible]德里에서 有志紳士韓成[illegible]韓宅 主等諸氏가 各出義捐 千餘元ᄒᆞ고 校名은 曰 [illegible]

[illegible]

偉人遺蹟

水軍第一偉人 李舜臣　錦頰산人

第四章 續

●防胡의 小役과 朝廷의 求材

魚龍이 泥塗에 在ᄒᆞ야 누幾에 見困ᄒᆞᆷ은 常然ᄒᆞᆫ 事라 라 金萬瓊의 化身이 되던지 賞功ᄒᆞᆯ 意가 初無ᄒᆞᆯ 뿐더러 自己가 其增兵 不許ᄒᆞᆷ을 愧ᄒᆞ야 리舜臣을 殺코자 ᄒᆞ더라

리舜臣이 리鎰의 命을 聞ᄒᆞ고 將入ᄒᆞᆯ시 友人宣居怡가 執手流涕ᄒᆞ며 酒를 勸ᄒᆞ며 曰 此를 醉ᄒᆞ면 臨刑時에 苦痛을 忘ᄒᆞ리라 李舜臣이 正色曰 死生이 有命ᄒᆞ니 飮酒何爲오ᄒᆞ고 遂入ᄒᆞᆫ즉 리鎰이 敗軍狀을 供ᄒᆞ라 ᄒᆞ고 喝ᄒᆞᄂᆞᆫ지라 리舜臣曰 我가 增兵을 累請ᄒᆞ되 增兵을 不許ᄒᆞᆫ 書目이 昭在ᄒᆞ거ᄂᆞᆯ 엇지 我를 罪ᄒᆞ며 且我가 力戰退賊ᄒᆞ야 被擄人을 追還ᄒᆞ얏거날 엇지 敗로 論ᄒᆞ리오ᄒᆞ고 聲色이 俱厲ᄒᆞᆫ대 리鎰이 辭塞ᄒᆞ야 再詰ᄒᆞ기 不能ᄒᆞ얏스나 맛참니 朝廷에 誣告ᄒᆞ야 職을 奪ᄒᆞ고 白衣로 從軍케 ᄒᆞ니라

有材ᄒᆞ면 被猜ᄒᆞ고 有功ᄒᆞ면 得罪ᄒᆞ니 時事를 可知로다 然이나 문忠公柳成龍이 公의 材를 深服ᄒᆞ고 武臣中에 不次擢用ᄒᆞᆯ 人材라로 薦ᄒᆞ더라

宣廟戊子에 井邑縣監을 除ᄒᆞ야 泰仁에 兼官ᄒᆞ니 時에 泰인이 曠守已久ᄒᆞ야 滯積ᄒᆞᆫ 簿書를 頃刻盡決ᄒᆞ니 全郡이 皆驚ᄒᆞ고 御史에게 呈文ᄒᆞ야 리舜臣으로 [illegible]任ᄒᆞ라고 請ᄒᆞᄂᆞᆫ 者 紛紛ᄒᆞ니 嗚乎라 嬌々虎將이 [illegible]材로 弃從ᄒᆞ도다

庚寅에 高沙里僉使를 除ᄒᆞ다가 臺諫이 守令遷動으로 沮ᄒᆞ야 仍任ᄒᆞ며 未旣에 滿浦僉使를 除ᄒᆞ다가 臺諫이 又就陞으로 沮ᄒᆞ야 仍任ᄒᆞ더니 翌年辛卯에 倭寇의 信息이 日大ᄒᆞ미 於是乎 將材를 始求ᄒᆞ니 舜臣의 成功ᄒᆞᆯ 日이 漸至ᄒᆞ라 珍島郡守를 拜ᄒᆞ더니 赴任前에 加里浦水軍節制使를 拜ᄒᆞ고 又赴任前에 全羅左道水軍節度使를 拜ᄒᆞ니 年이 四十七이러라 此ᄂᆞᆫ 리公臣이 海上에 見跡ᄒᆞᆫ 始初라 英雄이 用武地를 幾得ᄒᆞ얏도다

第五章

●리舜臣의 戰役準備

是時를 當ᄒᆞ야 豊臣秀吉이 日本 內各藩을 壹鞭으로 統合ᄒᆞ고 勃勃ᄒᆞᆫ 野心으로 西隣을 睥睨ᄒᆞ며 使臣을 遣ᄒᆞ야 我國의 內情을 窺ᄒᆞ고 國辭로 侮辱을 頻加ᄒᆞ니 兩國의 兵機가 眉睫에 迫ᄒᆞ얏거ᄂᆞᆯ 無謀ᄒᆞᆫ 朝廷諸臣들은 袖手坐ᄒᆞ야 倭不來를 主唱ᄒᆞ며 倭寇將動이라고 言ᄒᆞᄂᆞᆫ 者ᄂᆞᆫ 不過是稍談의 資柄을 作ᄒᆞ야 彼의 使나 斬ᄒᆞ자ᄒᆞ며 明朝에나 聞ᄒᆞ자ᄒᆞ고 自守自立을 求ᄒᆞᄂᆞᆫ 者ㅣ 絶無ᄒᆞ되 默默ᄒᆞᆫ 隅에 坐ᄒᆞ야 寢을 忘ᄒᆞ며 食을 廢ᄒᆞ고 日後大戰役을 預備ᄒᆞᄂᆞᆫ 者ᄂᆞᆫ 惟全羅左道水軍節度使리舜臣一人뿐이로다 本營々屬鎭을 指揮ᄒᆞ야 器械를 備ᄒᆞ며 戰具를 修ᄒᆞ며 軍卒을 鍊ᄒᆞ고 海路를 詳察ᄒᆞ야 行軍往來의 捷步를 默定ᄒᆞ니 嗚呼라 리舜臣의 此擧에 若一年만 遲ᄒᆞ얏던들 倭寇가 作ᄒᆞ얏ᄂᆞᆫ대 如此短日月間에 取捷으로 大功을 成ᄒᆞ얏스며

未完

雜報

●帝同陛見　伊藤統監과曾禰副統監과장谷천大將과岡崎師團長四氏ᄂᆞᆫ昨日上午十一時에德壽宮에　陛見하고同十二時에ᄂᆞᆫ　昌德宮에　陛見ᄒᆞ얏다더라

●郡奏將領　너閣에셔郡守奏本同叢案件을統監府에請議ᄒᆞᆫ지가于今數十日이미너議案件을昨日統監府에셔너閣으로送交ᄒᆞ얏ᄂᆞᆫ디日間頒布가되리라더라

●人蔘專賣議定　人蔘은韓國産物中重要ᄒᆞᆫ者인故로國庫收入이巨額에達하얏ᄂᆞᆫ디韓國政府ᄂᆞᆫ今回人蔘專賣에關하야規則을制定ᄒᆞᄂᆞᆫ디昨五日에統監官邸大臣會議에提出ᄒᆞ야審議ᄒᆞ다더라

●家稅規則　度支部에셔家屋稅徵收規則을制定ᄒᆞ야너閣會議에提出ᄒᆞ얏다ᄂᆞᆫ디徵收期限은春秋兩期로定하고家屋等數ᄂᆞᆫ一等으로八等ᄭᆞ지定ᄒᆞ고稅額은壹等에拾圓이오八等에三拾錢인디家屋壹百間以上은壹等으로定ᄒᆞ고拾間以下ᄂᆞᆫ八等으로定ᄒᆞ얏다더라

●臨亭風流　再昨日에永宣君李埈鎔氏와中樞院顧問리址鎔氏와前叅判김昇圭諸氏ᄂᆞᆫ黃鶴亭에前往ᄒᆞ야妓樂과弓矢로遊戲ᄒᆞ얏다더라

●農署解任　法部大臣趙重應시ᄂᆞᆫ再昨日에農商工部大臣署理를解任ᄒᆞ얏더라

●夜不安枕　近日以來로각部大臣은何緣由를因ᄒᆞᆷ인지視務行政上에奔走無暇ᄒᆞ다ᄒᆞ며夜則不能成寐ᄒᆞᆫ다ᄂᆞᆫ巷說이浪藉ᄒᆞ다더라

●日々訪問　農商工部대臣宋秉畯시ᄂᆞᆫ渡來ᄒᆞᆫ後로每日壹次式統監府에訪問ᄒᆞᆫ다더라

●학費調査　度支部檢査局에셔昨日부터檢査官과主事를학部로派送ᄒᆞ야該部諸般事業費를調査ᄒᆞᆫ다더라

●日官訕毁　法部에셔民刑事訴訟法改良ᄒᆞᆯ日昨에該部大臣에셔大審院以下及控訴院과地方裁判所法官이會同ᄒᆞ야起草ᄒᆞᄂᆞᆫ대該部奏任官에韓人은壹人도叅與치못하고日人書記官은壹幷叅會ᄒᆞ얏다더라

●警部試選　한셩너警察五署에셔警部幾名式을試取ᄒᆞ얏다ᄂᆞᆫ디將次地方으로派送ᄒᆞᆫ다더라

●咸民請願　咸鏡남道함興郡商民盧昊洙리烟州等이昨日午時의該郡毁셩基址事件의對ᄒᆞ야너部의請願하엿다더라

●觀察入셩　農商工部산林局技師鈴木主事吳과煥兩시가森林視察次로寶버等地에田往ᄒᆞ얏다가再昨日에入셩ᄒᆞ얏다더라

●代言語塞　典祀嚴柱承氏가連산居김監役喆鉉氏의僞造답事로김完洙氏가한셩裁判所에告訴하얏다ᄂᆞᆫ說은前報에已揭어니와嚴柱承氏가該訟에對ᄒᆞ야代言人으로原告와裁判ᄒᆞᄂᆞᆫ대김完洙氏가理直ᄒᆞ미代言人이語塞ᄒᆞ야應答지못ᄒᆞᄂᆞᆫ故로法所에셔嚴典祀의게來對應訟ᄒᆞ라ᄒᆞ얏다더라

●各報押收　俄羅斯海蔘威留崔晩學시의발行ᄒᆞᄂᆞᆫ海朝新聞第四十七號와桑港에留정在寬氏가발行ᄒᆞᄂᆞᆫ共立新報第七拾七号와文讓穆氏가발行ᄒᆞᄂᆞᆫ大同公報第二卷第十五号와美國布哇留朴一三시가발行ᄒᆞᄂᆞᆫ合成新報第壹卷第拾四号의新聞紙ᄂᆞᆫ治안을妨害ᄒᆞᆷ으로認하야新聞紙法第三十四條를依ᄒᆞ야禁止ᄒᆞ고押收ᄒᆞ얏다고너部에셔告示ᄒᆞ얏다더라

●官民相訴　江華郡守高青룡시에事ᄂᆞᆫ累揭어니와京畿裁判所에셔笞一百에照律ᄒᆞ얏ᄂᆞᆫ대該郡民等이不服ᄒᆞ기를平理院에提囚ᄎᆡ아니하고無罪ᄒᆞ다고放送ᄒᆞ얏ᄂᆞᆫ대高시도亦爲申訴ᄒᆞᆫ다더라

●民籍未收　海州警察署에셔너部로報告ᄒᆞ되해郡東남谷面에ᄂᆞᆫ民籍을收合ᄒᆞ얏고서北十四面에ᄂᆞᆫ義徒가戶籍을휘諱으로來納ᄒᆞ라고傳令ᄒᆞᆫ所致로尙未收取다ᄒᆞ얏다더라

●田土散盡　淸안東面梧里江居尹基瑞시ᄂᆞᆫ少時에至貧라가中年에致富ᄒᆞ얏ᄂᆞᆫ디當此時代ᄒᆞ야積財濫用ᄒᆞ고自已生活ᄒᆞᆯ만치田土만置ᄒᆞ고其外ᄂᆞᆫ族戚知舊에게沓二斗落式幷分發ᄒᆞ야分給ᄒᆞ얏다더라

●金玉技局　北署碧동居前承旨沈九澤氏家舍廊에貴人ᄒᆞᆫ盧源明이라稱ᄒᆞᄂᆞᆫ者가賭局을逐日連設ᄒᆞ고該附近某々金玉官吏를誘引ᄒᆞ야賭債錢을放ᄒᆞᄂᆞᆫ디晝以繼夜ᄒᆞ고夜以繼晝ᄒᆞᆫ다더라

●校장選報　私立彰明학校장리廷壹시有故代에朴박시가被任ᄒᆞ얏다고학部로報告ᄒᆞ엿더라

●會報承認　慈善婦人會贊務員朴魯학시가該會報를발刊ᄒᆞᆯ意로너部에認許ᄒᆞ라고請願ᄒᆞ야承認ᄒᆞ얏다더라

●成川風塵　本月五日에義兵幾十名이成川郡에突入ᄒᆞ야財務署를放火燒燼ᄒᆞ얏고해郡에居留ᄒᆞᄂᆞᆫ日本人너外並二名이被殺ᄒᆞ얏고財務主事壹名과使令壹名이被殺ᄒᆞ얏다고度支部로電報ᄒᆞ얏다더라

●間島消息　北來人의傳說을據ᄒᆞᆫ則北間島에셔義兵이多數會集ᄒᆞ야一進會와衝突ᄒᆞ얏다ᄂᆞᆫ대壹進會員中義兵의게歸化ᄒᆞᄂᆞᆫ者ᄂᆞᆫ極力保護ᄒᆞ고一向反對하ᄂᆞᆫ者ᄂᆞᆫ壹幷梟首ᄒᆞᆫ다고掲榜ᄒᆞ며軍器ᄂᆞᆫ十二連발洋銃이오諸般餉費도有餘ᄒᆞ다더라

●一言退義　坡州恭陵叅令김鉉八시가義兵이侵入ᄒᆞᆷ미陵氏가說明ᄒᆞ기를莫重陵園에任自擅入ᄒᆞᆷ이事躰에不可라ᄒᆞ미義徒가然其言而退去ᄒᆞᄂᆞᆫ지라附近각동이賴以安淨ᄒᆞ얏다더라

●義丸被傷　전南地方에討伐次로出張ᄒᆞᆺ던警視김義鉉시가義兵의게中丸하야日昨에上京而大韓의院에셔治療ᄒᆞᆫ다더라

●因炬被禍　日昨夜에廣州雙嶺里에셔日兵幾拾名이人民으로ᄒᆞ야금炬火를指導하ᄂᆞᆫ디義兵數十名이此를聞知ᄒᆞ고追後襲來하ᄂᆞᆫ디炬火軍幾名이被殺되얏고日兵一名은肩部를中丸被傷ᄒᆞ얏고該동人民等은避身次로道路에接屛ᄒᆞ다가中丸被殺者가多數ᄒᆞ다더라

●인천火災　昨日下午三時의인천港停車場附近의셔起火ᄒᆞ야日本人가屋拾二戶가延燒ᄒᆞ얏다더라

●閔시被捉　前判書閔丙한시의弟丙淑시ᄂᆞᆫ何事件을因ᄒᆞᆷ인지數日前에警視廳에被捉이되얏다더라

●何事被捉　再昨日下午에中署廟洞牛馬旅閣主人김應裕氏家에平服巡査四五名이來到ᄒᆞ야抱川居ᄒᆞᄂᆞᆫ정汝安씨를捕縛以去ᄒᆞ얏ᄂᆞᆫ대其時同留ᄒᆞ던行客二名은無事放釋되고정氏ᄂᆞᆫ警視廳에嚴囚ᄒᆞ얏다더라

●奇價見失　天안郡前叅奉安설시에畓土가太田等地에在ᄒᆞᆫ二拾石落을日人許에壹萬圜에매渡하야八千圜은推去ᄒᆞ고二千圜은히시에子봉周시가推尋ᄒᆞ야太田酒幕에留宿ᄒᆞ다가遂被見失ᄒᆞ얏다더라

●日賊被捉　日本人增田太作은去五月壹日夜에南門外停車場에셔農林社장卜國션氏에洋服뒤衣에在ᄒᆞᆫ금錢을窃取ᄒᆞ다가出張巡査의게被捉ᄒᆞ얏더라

●旅館賊警　德천郡財務署長安某가上京ᄒᆞᄂᆞᆫ路에再昨日에開셩停車場附近客主家에留宿ᄒᆞᄂᆞᆫ대當夜에賊漢四五名이突入ᄒᆞ야該씨를無數毆打ᄒᆞ고所帶文簿를亦爲奪去ᄒᆞᆺ다더라

●畿湖總會　畿湖興학會에셔再昨日下午三時에贊務員總會를安동大東書館에開ᄒᆞ얏ᄂᆞᆫ대出席員이壹百五十名假量인디當日捐助金總額이壹千圜에達ᄒᆞ얏다더라

●會館月貰　畿湖興학會會館에셔前陸軍衛生院을每間一五전式月貰로的定하야居接ᄒᆞᆫ다더라

◉咸荷義捐　般山郡셔湖居리鉉廣許鎭리天奎三氏가금壹圓을本社에出捐ᄒᆞ엿기其盛意를稱謝ᄒᆞ노라

▲地方消息▼

▲去月二拾四日午後三時에高原郡山谷面下竹田에셔義兵約一百五拾名과日守備隊將卒二십名과同地警部八名이三時間을交戰ᄒᆞ다가義兵은平安道地方으로退却ᄒᆞ얏다ᄒᆞ고

▲去月二十九日午後六時에扶餘郡方生面東幕東方에셔義兵數拾午이日憲兵四名과變裝日巡査二名으로拾五分을交戰ᄒᆞ얏다가義兵은북方산中으로退却ᄒᆞ얏다ᄒᆞ고

▲去月二拾九日午後九時頃에義徒五拾餘名이和順郡을侵入ᄒᆞ야同地駐在日本巡査出張所를包圍攻擊ᄒᆞ얏ᄂᆞᆫ디伊時에日巡査一人及日語학校教師韓國人一人은頭部를重傷ᄒᆞ얏다ᄒᆞ고

▲去月二十八日午後九時頃에約拾五名의義徒ᄂᆞᆫ羅州郡竹浦에襲來ᄒᆞ야在留日人高田榮藏의가를砲擊ᄒᆞ얏ᄂᆞᆫ대伊時에該人은左胸部를中丸ᄒᆞ야即死ᄒᆞ얏고家族은僅々히避亂ᄒᆞᆫ同時에該가屋은燒却ᄒᆞ얏다ᄒᆞ고

▲去月八日麟제郡麟제面에셔義魁박남化의率ᄒᆞᆫ百八十名의義兵은他壹團의義徒를遭遇ᄒᆞ야日軍隊로誤認ᄒᆞ고數分을交戰ᄒᆞ얏다ᄒᆞ고

▲去月十八日高原郡水동面에셔義兵一百五十餘名은日守備隊及巡査幾名과數時間을交戰ᄒᆞ야多少死傷이有ᄒᆞ얏다ᄒᆞ고

▲去月拾二日午後拾時豊川郡上里面에셔數十名의義徒ᄂᆞᆫ日憲兵及巡査幾名과互相衝突ᄒᆞ얏다더라

東京電報

五日발

●直江津대火　日本新瀉縣直江津에셔대火災가起ᄒᆞ야七百戶가燒失되고死傷者도有ᄒᆞ얏스며損害ᄂᆞᆫ百四拾萬圜이나되ᄂᆞᆫ디原因은精米所의所失이라더라

●松島艦後報　沉沒ᄒᆞᆫ松島艦에關ᄒᆞᆫ海軍省에着ᄒᆞᆫ電報를據ᄒᆞᆫ즉四日中에산천少佐以下二拾名의死體를收容ᄒᆞ얏다더라

▲歷數人物▼

▲齊邱山阿바다보니險奎氣勢登々ᄒᆞᆫ中壹邊厲氣凝聚ᄒᆞ니許多人物産出ᄒᆞ야分類成黨可觀일세

▲第壹派ᄂᆞᆫ奸肚凶膽賛成ᄒᆞ야奈國興亡不顧ᄒᆞ고壹身名利圖得ᄒᆞᆯ제埋頭沒身獻諂ᄒᆞ야事壹國而讓與로다매國大臣네아닌가

▲第貳派ᄂᆞᆫ風聲鶴唳聚合ᄒᆞ야壹唱百諾濟惡이라外人의게獻身ᄒᆞ니外釋內日分明ᄒᆞ다渠亦同國人種으로安忍爲之此事런고壹進會가네아닌가

▲第三派ᄂᆞᆫ月給分에쭐닌몸이爲日前驅되얏고나橫行村閭行悖ᄒᆞ니外人보다拾倍ᄂᆞ다百惡居生設計하니骨肉相爭ᄒᆞᄂᆞᆫ고나外人通譯네아닌가

▲第四派ᄂᆞᆫ自國機密探知ᄒᆞ야幾拾圜에매食ᄒᆞᆯ제纖芥微嫌欲關ᄒᆞ야無辜之民捕捉ᄒᆞ고千仞坑塹陷落으로自謂能事하ᄂᆞᆫ고나外人偵探네아닌가

▲第五派ᄂᆞᆫ有力家에攀緣하야勸告同意旋ᄒᆞᆯ제意外官職圖得ᄒᆞ면氣岸忽地高聳ᄒᆞ야殘民下視封牲ᄒᆞ고肥己思想뿐이로다貪官汚吏네아닌가

▲第六派ᄂᆞᆫ妖怪異術唱道하고無知愚民煽動ᄒᆞ야壹大風潮釀出ᄒᆞ고萬里海外潛跡터니家々殘幾晴收ᄒᆞ야登時行樂ᄒᆞᄂᆞᆫ고나天道教主네아닌가

▲第七派ᄂᆞᆫ薙髮ᄒᆞ고洋服ᄒᆞ면別功名을어든듯시自國風氣誹謗하며外人餘唾吸取ᄒᆞ야揚々自得ᄒᆞᄂᆞᆫ親𫉬眼下無人ᄒᆞᄂᆞᆫ고나學開化가네아닌가

▲第八派ᄂᆞᆫ大同支社設施ᄒᆞ니平京子木花송이此天地가좁다하고橫行自得ᄒᆞᄂᆞᆫ고나前日氣習復生ᄒᆞ니目的이무엇신고貧商牌가네아닌가

▲第九派ᄂᆞᆫ國家危機恨ᄒᆞᄂᆞᆫ체對人言論慷慨ᄒᆞ야社會上에出沒하며權門下에連絡ᄒᆞ야官職暗裏圖囑ᄒᆞ니自愧其心안되ᄂᆞᆫ지假志士가네아닌가

廣告

▲尋人廣告

住址郵便寄函或廣告申報或來告
顧達 崔學銖
대韓每日申報社會計室
同窓弟 김紹玄 白

羅島箭串坪所在諸員田二百三拾日耕을光武二年에往十里驛馬隊所耕地에編入ᄒᆞ엿슴去四月에舊田主에게還給ᄒᆞᆷ을얏기玆以廣告ᄒᆞᆷ
徐相珪 告白

本人의堂姪纘基가欲爲倫賣其嫡從孫之家舍이다가不得如意ᄒᆞ고彼之祖與父塚이在於廣州地本人親산局니인대其所在田沓與松楸을昨年已賣이며니松楸를又欲暗賣ᄒᆞ니此則已有其主ᄒᆞ니不必見欺이고天안擇浦庄土를方欲倫賣云ᄒᆞ니外國人은勿爲見欺ᄒᆞᆷ
忠淸남道禮山邑居니남恒 告白

本事務所에서第三出張所를左記와如히定ᄒᆞ고民事代理와刑事辯護의壹切法律事務를處理ᄒᆞᆷ
漢城中署詐屛聯合法律事務所
辯護士 尹邦鉉
辯護士 太明식
辯護士 리容相
第三出張所位置沃溝港竹城里第拾號三戶

事務員 宋슈憲

本人에堂姪炳叔承써가上京ᄒᆞᆫ지四朔이되도록還家치아니ᄒᆞᆯ쌘더러家니에緊急ᄒᆞᆫ事故가有ᄒᆞ야차져왓더니所住을不知ᄒᆞ오니廣告보시는日로니翻同니박胃彬가로枉臨ᄒᆞ심을望ᄒᆞᆷ
洪州생枝面卜杜里居 리觀與 告白

本人은東天道敎人이라爲主金演局氏가侍天敎에歸ᄒᆞ기로改薦ᄒᆞ야敎ᄒᆞᆷ을伸明ᄒᆞᆷ
黃海道長津郡天道敎人 정海翼

북部諫동四丁二統七戶地에新建ᄒᆞᆫ草家五間買許狀을昨年陰十月拾六日에盜難으로見失ᄒᆞ얏사오니該認許狀은休紙施行ᄒᆞᆷ
沈鼎섭 告白

本人이雜穀廛韓昌建許에八十圓推次魚驗壹片을遺失ᄒᆞ엿사오니니外國人間拾得ᄒᆞ야도休紙施行ᄒᆞᆷ
成樂憲 告白

本人이圖남合名會社々員이러니現方株式으로改定ᄒᆞᆯ쌔더러商業上에多事ᄒᆞ야請願退去ᄒᆞ왓스니니外國人은以此照亮ᄒᆞᆷ
김東鎭 告白

本人의姪昌夏兄弟가性本浮浪ᄒᆞ야祖上의分財田沓을蕩敗ᄒᆞ고出沒京鄕ᄒᆞ며雜類를符同ᄒᆞ야本人의漣천鐵原兩處에在ᄒᆞᆫ畓七十餘石落을僞造文券ᄒᆞ야典執得債코져ᄒᆞ오니內外國人間에誰某가典執ᄒᆞ던지休紙로認知ᄒᆞ시오但元文券은本人處에自在ᄒᆞᆷ
鐵原郡용潭上村리召史 告白

刑事辯護와民事代理其他訴訟鑑定과諸文案起草等을迅速處理ᄒᆞᆷ
中部橋東谷第二拾統三戶
辯護士 前檢事 朴星煥法律事務所
伸權無資力ᄒᆞᆫ者에게는無報酬로應ᄒᆞᆷ

本會니서北協成학교第壹回卒業式을本月七日(木曜)上午拾時에新門外天然亭에서擧行ᄒᆞ오니本會壹般會員은壹齊히右所로屆期來臨ᄒᆞ시옴
서北학會 告白

本人이東部養士동二拾三統拾一戶에更建許可狀을入於書類箱中이라가셔失故廣告ᄒᆞ오니勿論니外國人間拾得ᄒᆞ와도休紙施行ᄒᆞᆷ
張寅根 白

本人의父親니利川과발막酒店에서病卒인바紙匣中에土地證明書와錢財與受文蹟을見失ᄒᆞ얏스오니無論내外國人ᄒᆞ고誰某拾得이던지休紙施行ᄒᆞᆷ
陰竹槩里居金世卿 白告

本人이四年前喪夫ᄒᆞᆫ後數箇稚子를依ᄒᆞ야居生이옵더니장子리인俊이가寡居의老母를不顧ᄒᆞ고靑樓之間에掃如蕩産이온대今復出往平壤하야洋雜之類와酒色之場에留連ᄒᆞ오니毋論內外國人ᄒᆞ고인俊處에錢兩債給이라가無至白失追悔ᄒᆞᆷ
安州城內乘北동리召史 告白

本人이圖남合名會社々員이러니現方株式改定之時에事有不合ᄒᆞ야請願退去ᄒᆞ오니內外國人은以此照亮ᄒᆞ시오
김東健 白告

本書市에서각種洋약과학徒所用物品과학徒帽子를製造ᄒᆞ야廉價발賣ᄒᆞ오니첨君子照亮ᄒᆞᆷ
安岳上坦海서書市林景柱 白

教科書類 小說書類
法政書類 文藝書類
本書館을一層擴張ᄒᆞ고各種書籍과學校用品을具備발賣ᄒᆞ오니有志僉彦은陸續購覽ᄒᆞ심을敬要
冊價는京성各冊사와同ᄒᆞᆷ
安州城內大街 [큰거리]
知新書館金澄植

本書館에서民智를廣開하고문明發達ᄒᆞ기爲ᄒᆞ야新舊書籍을大발賣ᄒᆞ오니僉君子은陸續來臨ᄒᆞ심을望ᄒᆞᆷ
釜山港東關韓興書舖
金汝重 權주律

特別學員集募廣告
本校에서夜學을設立ᄒᆞ고학員을募集ᄒᆞ오니願학者員은來九日(陰四月十日)니로請願서를提呈ᄒᆞ시옵但請願서는本校用紙ᄒᆞᆷ
一 卒業年限은貳個年
一 年齡十五歲以上
一 科目 日語 筭術 地誌 歷史 漢문 體操
一 試驗日字 五月十日上午十時
一 試驗科目國漢문讀서作문
但貳年級志願者는 日語 筭術 (四則以上)
典洞私立中東학校告白
廣告 (新漢語학校)

補益水大발매
보익슈는미국인왕보씨가새인의요ᄉᆞᄒᆞᆫ불연구ᄒᆞ야이약을발명ᄒᆞ얏는데부족증뇌점병자지못ᄒᆞ는병도한증허한증적병속병증병후오증소듸리절락ᄒᆞᆫ후에데일신효ᄒᆞ오
발매所는京성남門內尙洞 박文書館

●新발明梅毒명약廣告
陸軍軍醫金守鉉實驗方劑
落梅丹
口瘡不日去根之령락

壹劑五百粒定價金三圜
主治 梅毒(唐창)新舊창●橫痃●皮膚病●便마質私●
천病
已上病證外에男女間에不精交合ᄒᆞᆫ後에若疑아之ᄒᆞ이有ᄒᆞ야도此약壹劑만服用ᄒᆞ면完無後慮ᄒᆞ고脾胃도健全ᄒᆞᆷ을擔保ᄒᆞᆷ此外에도醫療機械와精美ᄒᆞᆫ약材를新備ᄒᆞ고內外科각色疾病을誠心治療ᄒᆞᆷ
皇城北部大安동
仁濟약房 高用진 謹白
代理店
京城鐘路 共愛堂약房
仁川港龍동 濟生堂
國內各處약局에서隨應販賣ᄒᆞᆷ

▲公告
南署南산町一丁目居日本人
債權者 森勝次
中署堅坪坊水典契水典洞貳拾三統八戶
債務者 閔龍植
目的物
一 京城中署堅坪坊水典契木典洞貳拾三統八戶地所及家舍瓦家九合壹間
一 競賣日時 隆熙貳年五月七日午后壹時
一 競賣場所 目的物所在地
一 競賣에依하야債還을受ᄒᆞᆯ債權額
金六千圜也元本
金貳千壹白圜也利金
外執行費用幷
右는土地及屋典當執行規則第三條에依ᄒᆞ야債權者가此를競賣ᄒᆞ는故로同施行細則第貳條에依ᄒᆞ야公告ᄒᆞᆷ
隆熙貳年五月二日
債權者代理人
京성本町五丁目居
辯護士 高橋章之助

基於人道之原則ᄒᆞ고置於正義之誠實ᄒᆞ며以親切爲旨ᄒᆞ야訴訟事件幷각官廳請願事件을受依托ᄒᆞᆷ
京城저洞六拾四統二戶
東洋大학前講師
辯護士 日本法律학士 木尾虎之助

世界文明產育新法 全一冊純國文廿五錢
十九世紀歐洲文明進化論 全一冊國漢文三十錢
元賣所 鐘路古今書海館
支賣所 京鄕有名書館

●撰理化學
朴晶東氏著
全一冊定價金三拾錢
一 本書의目的은小學校에敎育ᄒᆞ기爲ᄒᆞ야編輯ᄒᆞᆷ이라
一 理化學解說下에簡明ᄒᆞᆫ圖를揷ᄒᆞ야讀者의理解ᄒᆞᆷ을便易케ᄒᆞᆷ이라
一 理化學用語와物質의名稱는近時代漢譯의最著ᄒᆞᆫ者로採述ᄒᆞᆷ이라
一 本書는理化學諸家의學說中最簡易ᄒᆞᆷ을採ᄒᆞ야十五章으로編ᄒᆞ야학徒로ᄒᆞ야곰二個年에學習케ᄒᆞᆷ이니陸續購覽ᄒᆞ시옴
발매所
布병下金相萬廣學書舖
京城各處書舖
平壤鐘路耶蘇敎書舖
法橋大同書觀

●初等女學讀本
本書는不但女校에必要之用書라諺解를另附ᄒᆞ야在家婦女도均可便覽而增장知見이오니續續講讀하심을望ᄒᆞᆷ
발매所 漢城各書舖

世界三怪物
美國 斯密哥德 原著
韓國 卞榮晩 意譯
壹冊 定價 拾貳錢
現世界에三大怪物이발生ᄒᆞ야六洲에橫行ᄒᆞ며風雲을呼喚ᄒᆞ미愚者가此物을遇ᄒᆞ면其魂을失ᄒᆞ고弱者가此物을過ᄒᆞ면其軀를喪ᄒᆞ야此物所過에天地가飜覆ᄒᆞ고國家가丘墟ᄒᆞ야上帝赤子가生命을莫保라故로是書는特히此三大怪物의眞狀을描寫ᄒᆞ야其防禦의妙策과利用의術을一々說明하야世界의生存을要求ᄒᆞ는者ㅣ不可不一覽ᄒᆞᆯ冊子이오니 僉君子는續々購覽ᄒᆞ시옴
▲大발賣所
中署布병下廣학書舖金相萬
平壤종路耶穌敎冊肆
京鄕各有名冊사

大韓美電氣社告白
割引券은發行하야四月一日부터鐘路本社及龍山停車場에서賣下ᄒᆞᆷ
割引券은每券에六拾枚로編成ᄒᆞ고代金은貳圜八拾五錢으로開敗이온바每區域에서一枚式新貨五전과又치使用ᄒᆞᆷ
龍山線區域을四月一日부터南大門外漢車停車場前으로改定ᄒᆞᆷ
電車발着時間은四月一日부터改定ᄒᆞ야夏期時間表를依行ᄒᆞᆷ

●國債報償總合所收入廣告
●永川支取所乂谷面作山동
리方九 金在浩 黃基玉
리逸仲 리慶得 라萬千
黃회宗 黃得伊 各六拾錢
리枝榮 徐槇述 리연石
리時模 安在光 김二龍
林道要 各二十전 黃회鳳
林召史 김道治 김友之
各四十錢
▲新里동
김桂元 許日植 林炳琦
林秀碩 任永俊 各六十錢

▲背安동
朴致萬 二十錢 許語元
리康話 各三十錢 許植伊
김봉奎 朴長守 각四十錢
金宗鎬 金時徹 수泰□
김元和 김道洙 김聖洙
각六拾錢 김秉和 김賀和
金甲和 金應洙 최甲述
리秉泰 김奈和 各四十錢
김七和 김甲輝 김話和
김甲述 各二十錢 리文坤
리贊五 김召史 朴召史
리召史 朴召史 리召史
권召史 各拾錢
▲店村동
朴宗회 리和俊 김濂城
崔召史 김奉度 각六十전
朴訓祚 박應弼 리八彦
김潤伊 각二拾전 리聖三
김有彦 김潤哲 각四拾錢
최鉉正 一圜
▲酒幕동
김聖호 六十錢 權五禮
김今分 리成根 각二十二전
黃岩壽 二拾四錢 김世均
十錢 權順根 二十錢
▲阿川面彦下동
徐廷玉 박成根 각六十錢
徐廷鴻 壹圜 김基采 四十錢
▲雲천洞
리璧 리璜一 각壹圜 姜鎭厚
정鉉宇 정致炫 孫海水 김昌億
각六拾錢 朴龍根 리七龍
리槇鴻 權尙範 리璟伊
김億采 각四拾錢 리基洪
二十錢

發行兼編輯人英國人 裴說
印刷人 [illegible]
發行所 大韓每日申報社

第六卷

大韓每日申報

第七百九十九號

月曜及慶節讀時日休刊

檀君開國四千二百四十一年
箕子元年三千三十年
大韓開國五百十七年
日本明治四十一年
淸國光緒三十四年
陰曆戊申四月大初九日癸亥

論說

◉敬告本報愛讀諸君子

嗟乎本報愛讀諸君子아本記者ㅣ歐洲遠人으로此國에來ᄒ야此國의現狀을觀察ᄒ며此國의來頭를俯仰ᄒ매一腔義俠心所발에旁觀을不忍ᄒ으로慘然禿筆을提ᄒ고正義人道를絕叫ᄒ야諸君과情緣을結ᄒ자今已四五星霜에

諸君의歡迎이日加ᄒ며記者의誠이日騰ᄒ야壹片每日紙가遠近各地에風行ᄒ야閭閻市廛에ᄂ手々國문每日報오螢窓雪案에ᄂ口々漢文每日報라擬刊未幾에萬枚以上이발售되니諸君의眷顧ᄒ시ᄂ盛念도感歎ᄒ뿐더라記者가此國에對ᄒ希望도成就ᄒ日이必有ᄒ리라ᄒ야心腦를竭하며精誠을磬ᄒ야國魂을喚醒ᄒ며國奸을罵醒ᄒ며니頑哉蚩哉라彼何人斯인지莫母의醜狀은不嫌ᄒ고明鏡의來照를痛恨ᄒ며魑魅의怪態ᄂ不掩ᄒ고神鼎의昭鑄를咎惡ᄒ야自家의奸凶陰毒ᄒ心法은毫末도悔改ᄒ思想이無ᄒ고反히本報의剛直公平을仇視ᄒ야百方으로沮戲를加ᄒᄂ디記者ㅣ不屈不撓의精神으로一向對抗ᄒ야彼가甘言으로誘ᄒ면我ᄂ莊論으로答ᄒ며彼가詐力으로脅ᄒ며我ᄂ正道로拒하야許多艱難險阻、辛酸、苦痛을此一箇舌罔無不備嘗하고도至今까지流砥柱又치屹立ᄒ온庶幾愛讀諸君子의盛意를不負ᄒ라ᄒ이더니

嗚乎라君子道消ᄒ고小人道長ᄒ야彼蠶魔腦ᄂ一種怪研究를按出ᄒ야本報의自白權를蹂躪ᄒ며愛讀諸君子의不平을惹起하ᄂ도다

諸君子ㅣ本報를如是愛護ᄒ다가本報가此意外의擊戲를當ᄒ미

諸君子ㅣ十分驚訝ᄒ며十分嗟惜ᄒ며十分悶鬱ᄒ며十分督視ᄒ야投書者도有ᄒ며來問者도有ᄒ니此ᄂ愛讀ᄒᄂ厚意에出ᄒ심이라

記者ㅣ且拜且謝ᄒᄂ바이니와但記者가諸君子에게告ᄒ一言이有ᄒ노니諸君子ᄂ其詳聽哉어다

大抵本報의言論을歡迎ᄒ야同情을共表ᄒ은諸君子의感念이오强硬ᄒ主旨를讚好ᄒ야自由權을擴張ᄒ은本報의義務이니嗚乎諸君子여本報가此義務를豈忘ᄒ가

況且本報ᄂ正義人道를扶植키자하ᄂ者니彼가비록韜々撓戲를加ᄒ더라도畢竟正義人道에光照ᄒᄂ下에魔戲가自消ᄒ것은諸君子의共信ᄒᄂ바어니와本報와現改正新聞紙法의關係ᄂ從來本紙에揭ᄒ고解釋을昭加ᄒ야一般疑點을破ᄒ라ᄒᄂ라

▲隆熙貳年九月七日 官報
▲光武九年賻贈規例를左갓치收止ᄒ이라

隆熙二年四月二日奉
勅 宮內府大臣 李允用

布達第壹百七拾五號

賻贈規例

第壹條 賻職은特贈과追贈의二種으로定홈

第二條 特贈은軍功及戰亡ᄒᄒ者와忠孝學行이卓異ᄒ者에限ᄒ되其本職을隨ᄒ야陞品或超品으로相當ᄒ官을贈ᄒ

奉命出疆ᄒ야身歿異域ᄒ者도亦同ᄒ

但第壹項의功勞와行蹟이有ᄒ되本職이無ᄒ者ᄂ相當ᄒ品職을贈ᄒ

第三條 追贈은現히親任官及勅任官의職에在ᄒ者와曾히同一ᄒ官職을行公視務ᄒ엿ᄂ者의考以上三代에限ᄒ야贈ᄒ

第四條 親任官의先代追榮은左開甲表에依ᄒ고勅任官의先代追榮은左開乙表에依ᄒ

第五條 出繼ᄒ人으로其所后家先世에資窮ᄒ境遇에ᄂ本生先代에移施ᄒ을得ᄒ

第六條 受贈人의妻ᄂ從夫職例與에一例准施ᄒ 未完

外報

●日本海物排斥 廣東電을據ᄒ今該地의海産物旅閣에서香港同業者와交涉ᄒ야淸曆四月一日붓터日本海産物에對ᄒ야排斥事項을實行ᄒ되若有違反者면二百弗의罰金을徵出ᄒ기로議決된거슨숙치自治會의煽動에出ᄒ것이分明ᄒ지라國恥記念회도繼續ᄒ야各地에附ᄒ다ᄒ더라

●山東匪徒蜂起 北京電을據ᄒ즉山東寧海州에匪類가蜂起ᄒ얏다ᄂ報가有ᄒ더라

●駐日露使被任 俄敎電을據ᄒ則露都로부터來ᄒ報道에云하얏스되露國元老議員마레우이쓰지氏ᄂ日本駐在露國大使를被任하얏더라

●馬車爆烈彈 同電을據한則印度벤갈市모푸에ᄂ地에서歐洲婦人의馬車에爆烈彈을投ᄒ얏ᄂᄃ馬車御者ᄂ卽死ᄒ고婦人도亦生命이危ᄒ다더라

●英國巡洋艦選轉 伯林電을據ᄒ즉英國新巡洋艦인드미다블號ᄂ運轉式을試ᄒ얏ᄂ되平均速度가二拾八里에達하얏다더라

●和蘭軍被擊 同電을據ᄒ즉蘭領순다列島中후론쓰島에서和蘭軍은土民의게襲擊을受ᄒ얏더라

●滊車盜賊 紐育電을據ᄒ즉편실배늬아洲가네기市에서凶賊이滊車中에서八萬弗을奪取ᄒ야遁逃ᄒ얏더라

●大刀會不穩 淸國大刀會敎師張老鳴氏가安남에在ᄒ孫逸仙氏와氣脈을相通ᄒ야徐州鋼丕間에往來ᄒ며鄕民을煽動ᄒ야敎徒數十名을得ᄒ고將次蜂起ᄒ라ᄒᄂ故로討伐隊數百名을派送ᄒ얏다더라

雜報

●吳氏設校 海州郡花陽面二四里廣明학校會장吳聖文氏가該洞諸氏를勸勉하야학校에學校를創立ᄒᄂ대敎師金基鎬氏가不嫌月銀些少ᄒ고晝夜熱心으로학徒를勸勉ᄒ야自家子女와本洞諸氏에게大爲勸勉ᄒ며與諸氏로학徒를召募ᄒ야三拾餘名에達ᄒ얏다더라

●令節紀念 陰四月初四日은鄭정圃隱先生殉節ᄒ신日인故로先生의道德貞忠을紀念ᄒ기爲ᄒ야追慕會를송陽書院니에設行ᄒ얏ᄂ대來參ᄒ人員은開城學會와商業會議所와皆漸숭明培義春塾開성孟東光明承참韓英普昌각학校학員及府니紳士男女幷數千人이라下午二時에開會ᄒ고臨時會장리東暉氏가開會趣旨를說明ᄒ後先生의影頓에對ᄒ야참謁禮를行ᄒ고김某夏氏ᄂ追慕文을朗讀ᄒ고林圭永씨ᄂ先生의歷史를說明ᄒ고來賓中孫鳳祥韓敎序諸氏ᄂ次第로演說ᄒ얏ᄂ데各々其忠節을追慕ᄒ야言辭가慷慨激刎ᄒ야滿場ᄒ人士로ᄒ야금忠愛의精神을奮發鼓發케ᄒ얏다더라

偉人遺蹟

水軍第一偉人 李舜臣

錦頰산人

第五章 續

◉리舜臣의戰役準備

又奇智를出ᄒ야大船을創ᄒ니前에龍頭口를設하고背에鐵尖을植하고船內에서ᄂ外를窺ᄒ나船外에서ᄂ內를窺치못ᄒ야數百賊船中에도往來無碍케製造ᄒ얏ᄂᄃ其狀이龜形과彷彿ᄒ故로龜船이라名하니此로冠賊을討平ᄒ야當時大功을成ᄒ뿐아니라即世界鐵甲船의鼻祖가되야西國海軍記에往々其名을記ᄒ니라

銳師를率ᄒ야島嶼의險을不守ᄒ고彈丸臺에서覆沒ᄒ던申將軍立이陸戰에만專意ᄒ고舟師를廢ᄒ고자啓辭ᄒ야朝廷이許코자ᄒ거날李舜臣이馳啓ᄒ야曰「海寇를遮遏ᄒᄂ디舟師가最重이니水陸兩戰에何者를偏廢ᄒ리오」하야舟師가不廢ᄒ니라雖然이나朝廷이水軍一事ᄂ又說가尤甚ᄒ야恒常有亦而無來可로知하ᄂ故로리舜臣이觀察使에게上ᄒ書에曰「我國備禦가寒々齟齬ᄒ얏ᄂᄃ러倭奴所畏者가舟師인ᄃ方伯에게移文ᄒ야도個水卒을檢送치아니하며軍糧의艱窘이尤甚ᄒ야舟師一事ᄂ勢將絕滅이니國事를將奈何오」ᄒ얏스며又倭變後狀啓에曰「釜山東萊沿海諸將이舟楫을整理ᄒ야海口에列兵ᄒ고威武를大揚ᄒ며勢力을度ᄒ야進退有方이러면賊이엇지陸路登步ᄒᆷ을出ᄒ얏스리오此를念及ᄒ오매感憤을不勝ᄒ다」云々ᄒ얏스니當時朝廷이水師에無意ᄒᆷ을可見이오李舜臣이修備拮据에獨勞ᄒᆷ을尤可見이로다

第六章 釜山海赴援

時에陸軍을觀ᄒ건ᄃ申砬리鎰等數童子（日月錄에曰數三童子分爲統帥不待賊至而其敗可知也云）가分統ᄒ며水軍을觀ᄒ건ᄃ元均裵楔等狂夫가主將ᄒ니所謂備禦가實可寒心인ᄃ當時湖嶺以南에萬里성을作ᄒ야中興基本을作ᄒᆷ이惟獨리舜臣을是仗이로다然而리舜臣의地位가一水使에不過ᄒ니其位가極卑ᄒ고職權이全羅左道에不出ᄒ니其權이極狹이라萬一水陸軍大提督을任ᄒ얏거나否則三道水軍統制의除授만差早ᄒ얏던덴百豊臣秀吉이來ᄒ더라도海底魚腹에葬ᄒᆯ뿐이니라 未完

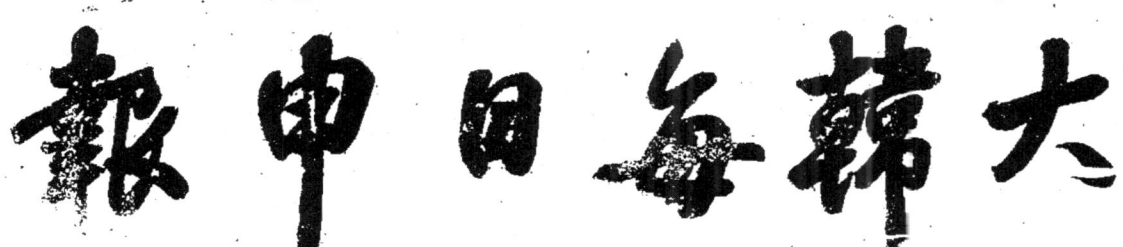

廣告

雜報

●追崇儀節 眞宗大王 憲宗大王 哲宗大王와追崇 皇帝尊號議節을宮내府로磨鍊擧行ᄒᆞ라신 勅旨를昨日에下ᄒᆞ오셧ᄂᆞᆫᄃᆡ 追崇都監을兼次設置ᄒᆞᆯ터인ᄃᆡ經費ᄂᆞᆫ一萬圓으로支撥ᄒᆞᆫ다더라

●陵路修築 大皇帝陛下께옵서日間東陵에 幸行ᄒᆞ신다ᄂᆞᆫ事ᄂᆞᆫ前報에已揭ᄒᆞ얏거니와再昨日에巡査가東九 陵내에詣往ᄒᆞ야陰今月拾日에 幸行ᄒᆞ실터이니 陵내각道路와橋梁을恪別申飭ᄒᆞ라ᄒᆞ얏다더라

●昌宮觀燈 昨日은浴佛日인故로 大皇帝陛下께옵서 觀燈하시기爲ᄒᆞ야 慶運宮에在ᄒᆞ얏던琉璃燈을沒數히 昌德宮으로移去ᄒᆞ얏다더라

●葬所戚儀 昨日은完興君리載冕氏配의葬奉日인ᄃᆡ載氏父子가각히胡四人轎를白色으로作ᄒᆞ야搭乘ᄒᆞ고墓所로出往ᄒᆞᄂᆞᆫᄃᆡ리載冕氏ᄂᆞᆫ騎馬ᄒᆞᆫ巡査壹名과擁銃ᄒᆞᆫ日憲兵四名을領率하고리埈鎔氏ᄂᆞᆫ擁銃ᄒᆞᆫ日巡査十餘名을領率ᄒᆞ얏고墓所에ᄂᆞᆫ日本騎兵隊와日憲兵二拾餘名을派送環圍ᄒᆞ얏다더라

●餞別曾彌 曾彌副統監이昨日上午九時에京釜鐵道第壹番列車를搭乘ᄒᆞ고발程歸國ᄒᆞ얏ᄂᆞᆫᄃᆡ總理大臣以下각大臣과各次官과伊藤統監과長谷川大將과統監府高等官吏들이南大門外停車場에서餞別ᄒᆞ얏다더라

●局長開會 度支部에서財務監督局長會를再昨日부터開ᄒᆞ얏다더라

●各大訪問 再昨日下午壹時에總理大臣리完用氏以下諸大臣은학部大臣리載崑氏私邸로訪問ᄒᆞ얏다더라

●兩氏伴往 昨日에曾彌副統監이歸國ᄒᆞᄂᆞᆫᄃᆡ農商工部次官岡喜七郞과山林局장崔相敦兩氏가伴往ᄒᆞ얏다더라

●兩費請議 度支部에서학部학事擴張費二拾九萬四千圓預算金中支出事와내閣所管法典調査費二萬二千圓支出事로내部에請議ᄒᆞ얏다더라

●治道費請撥 別項과如히東九陵 幸行時治道費七千圓을內部에서度支部로請求ᄒᆞ얏다더라

●森林法改良 森林法頒布件이未備處가多有ᄒᆞ야農商工部에서現今改良ᄒᆞᆫ다더라

●農次代辦 農商工部次官岡喜七郞가歸國ᄒᆞᄂᆞᆫᄃᆡ次官代辦은該部事務官囑托澤田牛麿氏가ᄒᆞᆫ다더라

●校長兼任 학務第二課長隈本繁吉씨ᄂᆞᆫ外國語학校長을兼任ᄒᆞᆫ다더라

●鴉片先禁 內部衛生及警務兩局에서聯合ᄒᆞ야鴉片吸喫ᄒᆞᄂᆞᆫ人民을極力嚴禁ᄒᆞ라ᄒᆞ얏다더라

●私行旅費 內部次官木內重四郞씨가自巳의家事를因ᄒᆞ야歸國ᄒᆞ얏다가還任ᄒᆞ얏ᄂᆞᆫᄃᆡ醫務事項에出張旅費라ᄒᆞ고四百二十餘元을請求ᄒᆞ얏다더라

●官誥廢止 義兵을討伐次로地方에出張ᄒᆞ얏다가被害ᄒᆞᆫ巡檢을警部로叙任ᄒᆞᆫ은已報어니와無論某官ᄒᆞ고貼紙를繕給ᄒᆞᄂᆞᆫ것인ᄃᆡ此警部의官誥紙ᄂᆞᆫ財政에關係가有ᄒᆞ다ᄒᆞ야官誥繕給事ᄂᆞᆫ廢止ᄒᆞᆫ다더라

●自治會設立 한셩내에自治制度를實行ᄒᆞᆯ目的으로한城府民會를設立ᄒᆞ기爲ᄒᆞ야발起會를今日午後二時에預聖建議所내에서開ᄒᆞᆫ다더라

●初心劔變 江原道宣諭委員朴基鎭氏의談話를據ᄒᆞᆫ즉余가宣諭次로발程時에心盟ᄒᆞ기를地方이安靜ᄒᆞ기前에ᄂᆞᆫ期於히上來치아니ᄒᆞᆯ라ᄒᆞ얏더니及其히地를當ᄒᆞᆫ즉其危險ᄒᆞᆫ景狀은一口難說이라더라

●宮府運動 宮內府에서來日曜日에孔德里等地에出往ᄒᆞ야運動會를設行ᄒᆞᆫ다ᄂᆞᆫᄃᆡ其運動科目은三百步競走軍樂及舞童輩로淡宕이遊樂ᄒᆞᆫ다ᄂᆞᆫᄃᆡ官廳運動은宮內府에서刱始ᄒᆞᄂᆞᆫ事이라더라

●日文通牒 학務局長尹致旿氏ᄂᆞᆫ日昨에今番春期大運動에對하야각학校에日文으로通牒ᄒᆞ얏다더라

●宋씨義助 宋明燮氏가倉洞彰東학校에서春季聯合大運動에所用金五圓을義助ᄒᆞ얏다더라

●爆竹特許 中部警察署에서昨日告示ᄒᆞ되今日은浴佛日인ᄃᆡ韓淸兩國人의爆竹하ᄂᆞᆫ習慣이有ᄒᆞ기로特히今日은許施ᄒᆞᆫ다더라

●紙砲試驗 近日兒童輩가紙砲를亂放하미民家에延火ᄒᆞᆯ慮가有ᄒᆞ야警視廳消防係에서延火與否를試驗코ᄌᆞᄒᆞ야各色紙砲를買入試驗ᄒᆞᆫ다더라

●巡査儲金 巡査도貯蓄金을去月부터五拾錢式貯蓄ᄒᆞᆫ다더라

●種痘人數 忠州郡에四月度官民種痘ᄒᆞᆫ人數合이壹百四十名이라더라

●塩商血洒 傳說을聞ᄒᆞᆫ즉警視廳課長渡邊鷹次郞氏가去三月拾三日에鹽商김과源氏를請ᄒᆞ여言ᄒᆞ되鹽價를推移ᄒᆞ기爲ᄒᆞ야日本政府와民權黨에게呼訴ᄒᆞ엿스되三百圓을價得渡日코져ᄒᆞᆫ다하니果然否아ᄒᆞᄂᆞᆫ지라김氏가答曰然ᄒᆞ다渡邊氏曰余가김公을請ᄒᆞᆫ뜻은無他라김公의可矜事件을說明ᄒᆞᆯ곳이有하니何如ᄒᆞ뇨ᄒᆞ고曰김公이九次統監府에上ᄒᆞ던血書를日文으로飜譯ᄒᆞ야曾彌副統監에게示之ᄒᆞ고自初至終에所聞所見을細々說明ᄒᆞᆯ터이니今月二十日下午二時에更來하라ᄒᆞ거ᄂᆞᆯ期約을待ᄒᆞ야復往ᄒᆞᆫ즉渡邊氏曰其事件을副統監에게說明ᄒᆞᆫ즉壹二萬圓에ᄀᆡ年을計邊ᄒᆞ면五萬餘圓이라數爻가過多ᄒᆞ다ᄒᆞ고退却ᄒᆞ더라고言ᄒᆞᄂᆞᆫ지라김氏가壹塲論駁而歸ᄒᆞ얏다더라

●日打河守 남來確信을據ᄒᆞᆫ즉日前에日兵長官以下兵丁幾拾名이河陽郡에來駐ᄒᆞ얏ᄂᆞᆫᄃᆡ該郡守宋憲冕씨와該郡主事가接待에疎忽ᄒᆞ다ᄒᆞ야해郡守及郡主事를打之毆之에甚至於衣冠裂破ᄒᆞ고頭部ᄭᆞ지被傷이되얏ᄂᆞᆫᄃᆡ命令官吏를如是毆打ᄒᆞᄂᆞᆫ것이初有ᄒᆞᆫ事라ᄒᆞ더라

●宋兵被捉 大廟동居前兵丁宋平云은廣州果川義徒首魁廷明祐氏의部下러니東小門外及廣州果川等地로徘徊ᄒᆞ다가去四日午前二時에入城ᄒᆞ야廟洞娼女家에潛伏ᄒᆞ얏다가불의逮逮되얏다더라

●窃取被捉 廟동居金永培가梨峴居崔壽男에紙貨八圓六十전과時計를窃取ᄒᆞᆫ事로北部警署에被捉ᄒᆞ얏다더라

●賊한被捉 近日中部中谷等地에賊患이種々有之ᄒᆞ다더니再昨日下午六時頃에中部麻洞等地에서賊한壹名이捕捉ᄒᆞ얏ᄂᆞᆫᄃᆡ該賊한은日昨中谷沈종緖氏家에入去ᄒᆞ야窃盜ᄒᆞ던者라더라

●日押淸人 再昨日下午八時에美동等地에서泥醉ᄒᆞᆫ淸人貳名이數동人力車軍을無端이亂打ᄒᆞ미該掌내巡査가捕縛ᄒᆞ야남部警署로押去ᄒᆞ려ᄒᆞᆫ즉該淸人이無數詰難ᄒᆞ야不得押去ᄒᆞᆯ境遇에至ᄒᆞ미남署로電話ᄒᆞ야日巡査二人이來到ᄒᆞ야押去ᄒᆞ얏다더라

●韓會開會 大韓協會에서本月九日通常總會에處理ᄒᆞᆯ事件이浩繁ᄒᆞᆷ으로事務所에서會員만集合ᄒᆞ야事務를處理ᄒᆞᆫ다더라

●協成校卒業式 昨日下午壹時에西北協成학校에서第壹回卒業禮式을擧行ᄒᆞ얏다더라

●徽校紀念 徽문義塾에서昨日이該校設立ᄒᆞ던紀念인故로一日을休학하얏다더라

●女校運動 서署장興동培英女學校에서運動次로再昨日에特別電車를搭乘ᄒᆞ고龍산等地에出往擧行ᄒᆞ얏다더라

●殷守奬학 殷山郡普光학校ᄂᆞᆫ自丙午夏로設立ᄒᆞ야학徒가四十餘名에達ᄒᆞ얏ᄂᆞᆫᄃᆡ年終試驗에特異ᄒᆞᆫ人은或京校에往學ᄒᆞ며或進以監督局과稅務課에視務ᄒᆞ고其餘三十餘人은學費가窘拙ᄒᆞᆫ際에該郡守鄭基泳氏가莅位ᄒᆞ야身爲校長에每日赴校ᄒᆞ야生徒를勸奬ᄒᆞ미校况이日增ᄒᆞ고該郡五箇校가接踵而起ᄒᆞ엿다ᄒᆞ며去四月十四日平壤郡聯合大運動時에該郡守가학徒ㅣ四名을親率ᄒᆞ고徒步往赴ᄒᆞ야及其試驗之塲에服裝一襲式自費買給ᄒᆞ고食費ᄂᆞᆫ折半助給ᄒᆞ며外村학徒六十餘名에게도三日點心費를助給하얏다고該郡來人이稱頌ᄒᆞ더라

◉感荷義捐 咸興郡蓮浦新興동학校에서金一圓을本社에出捐ᄒᆞ엿기其盛意를稱謝ᄒᆞ노라

▲地方消息▼

▲四月二拾九日以來로平壤에日本憲兵隊가討伐次로遂安方面에向ᄒᆞ다가道中에서二拾으로乃至五拾各韓兵을數次遭遇交戰하얏고且護衛兵은義徒를四次遭遇衝突ᄒᆞ야日兵의死傷은未詳이오義兵은四名이被害라云ᄒᆞ며義徒ᄂᆞᆫ秀山及成山을根據하야其周圍내에約三百名式數處에團聚ᄒᆞ얏다ᄒᆞ고

▲去月三十日午前三時에義兵三拾名이成川郡에襲來ᄒᆞᆫ事ᄂᆞᆫ昨報에已揭어니와詳報를據ᄒᆞᆫ즉度支部財源調査局出張所를放火ᄒᆞ야公文과家屋全部가燒失ᄒᆞ얏고派員等은獵銃과拳銃으로一時應戰ᄒᆞ다가衆寡不敵ᄒᆞ야一同避亂ᄒᆞ얏고雇員安哥와通譯李哥兩人은腹部를中丸하고下人全哥ᄂᆞᆫ頭部가刀傷ᄒᆞ야皆爲致死하고日女二名은重傷ᄒᆞ얏다더라

東京電報

●無線電信試驗 東京通信鍊習所와横濱에碇留ᄒᆞᆫ汽船間에今日부터無線電信을試驗中인ᄃᆡ其成적은極히良好ᄒᆞ더라

●日米仲裁條約 日本仲裁條約은昨日華盛頓에서調印ᄒᆞ얏ᄂᆞᆫᄃᆡ條約의要領은法律과條約의解釋에關ᄒᆞ야兩國이其意見이異ᄒᆞᆫ境遇에ᄂᆞᆫ海牙仲裁裁判에附ᄒᆞᆯ터이라더라

▲浴佛佳節▼

▲昨日은卽浴佛佳節이라天外九龍이吐水ᄒᆞ야世尊佛을洗滌인듸安得挽回壹派水ᄒᆞ야韓國人의腐膓敗肚저와又치洗滌ᄒᆞᆯ가

▲南無阿彌陀佛政界風潮晴變ᄒᆞ니七大臣이奔忙ᄒᆞ야夜不成寐綠何事오有力黨에日訪ᄒᆞ야阿附情態層生하니奸譎ᄒᆞ다더心膓을이와又치洗滌ᄒᆞ자

▲南無阿彌陀佛砂察郡守行政權을外人의게讓與ᄒᆞ고坐如泥塑公堂中에附手聽令唯々로다月銀分만貪食ᄒᆞ니廉恥업다더心膓을이와又치洗滌ᄒᆞ자

▲南無阿彌陀佛 貴族貴人放浪하야國家休戚不關하고黃鶴亭上風流席에如花如月二八妓가精神奪去莫回ᄒᆞ니昏迷ᄒᆞᆫ더心膓을이와又치洗滌하자

▲南無阿彌陀佛元老大臣閒臥ᄒᆞ야무슨事爲做出ᄒᆞ나全國危機冷觀ᄒᆞ고名利心이滔々ᄒᆞ야勢力下에延頸하니鄙陋ᄒᆞ다더心膓을이와又치洗滌ᄒᆞ자

▲南無阿彌陀佛남北村獵官輩ᄂᆞᆫ聞臭蠅이네아닌가權門下에埋身ᄒᆞ야鷄鳴狗吠區區態ᄂᆞᆫ不顧傷人唾血ᄒᆞ니腐敗ᄒᆞ다더心膓을이와갓치洗滌ᄒᆞ자

▲南無阿彌陀佛高談峻論頑固輩ᄂᆞᆫ壹年管見自是하고變遷時代深恨하며深鎖舊夢悠悠ᄒᆞ야黑洞々에自陷ᄒᆞ니愚拙ᄒᆞ다더心膓世되와갓치洗滌ᄒᆞ자

▲南無阿彌陀佛鷲桀妖巫怨生ᄒᆞ야煽惑人心可痛ᄒᆞ다長安婦女輻輳ᄒᆞ야金釵典當卜錢ᄒᆞ고所願成就希望ᄒᆞ니暗昧ᄒᆞ다더心膓을이와又치洗滌ᄒᆞ자

▲남無阿彌陀佛晝夜奔忙挾雜輩ᄂᆞᆫ遐鄕愚氓甘誘ᄒᆞ야派員會音許多請囑欺騙手段敏活ᄒᆞ야如干錢財偷食ᄒᆞ니鄙悖ᄒᆞ다더心膓을이와又치洗滌ᄒᆞ자

▲南無阿彌陀佛豪華子弟所爲事ᄂᆞᆫ綾羅錦繡塗身ᄒᆞ야窮奢極侈더行色이靑樓酒肆出沒ᄒᆞ야自謂能事揚々ᄒᆞ니賤陋ᄒᆞ다더心膓을이와又치洗滌ᄒᆞ자

社告

本支社를左開十三處에設置ᄒᆞ고玆以仰布ᄒᆞ오니本報愛讀ᄒᆞ시ᄂᆞᆫ僉君子ᄂᆞᆫ該支社로請求購覽ᄒᆞ심을務望홈

▲信川邑大里 丁一善
▲永興郡남山동書舖 梁昌鎬
▲剛州郡남門내 朱伯英
▲泰천邑韶前洋약局 李正華
▲寧邊邑內 明濟世
▲成川上部面冊肆 馬應三
▲江서邑내 김昌煥
▲咸從郡耶蘇敎堂 김弘舒
▲平남順川郡邃洞 鄭산경
▲龍川舊邑 車載明
▲龍川남市驛 韓貫希
▲龍岡郡耶蘇敎堂內 박중온
▲結성廣川場대朴熙春家 리啓祚

廣告

本會에셔通常總會隈定日이本月九日(土曜)이온ᄃᆡ處理ᄒᆞᆯ事件이浩繁함으로演說은停止ᄒᆞ고本會事務所로會員만集合ᄒᆞ야事務만處理ᄒᆞ깃사오니本會會員은來九日(土曜)下午壹時에本會事務所로來臨ᄒᆞ시옴

大韓協會

去陰二月廿五日分에得債次로日本人藤川米之助處에家대田畓契約書八張과壹萬九千兩襍試을兼ᄒᆞ라니居關韓基柱朴希鎭兩人이挾雜故로得債ᄂᆞᆫ停止ᄒᆞ고契約書ᄂᆞᆫ還推이나標紙ᄂᆞᆫ遺失이다稱ᄒᆞ고尙不出給ᄒᆞ니內外國人은此票紙를切勿施行ᄒᆞ심을爲希

平安남道价川郡中面光德里 漢姓엽 告白

本月去三日夜에賊漢拾餘名이突入內庭ᄒᆞ야전數를奪去ᄒᆞᆫ同時에本人의篆字刻圖章을見失이옵기玆에廣佈하오니內外國人은切勿施行ᄒᆞ시옴

平壤靑龍坊楸洞문學周 告白

同窓會

校洞日語학校同窓會를來十日(日曜)上午拾時에紫芝동에셔設行ᄒᆞ오니屆期光臨ᄒᆞ심을爲要

再會費 五拾錢

幹事等 告白

ᄒᆞ와이金泰俊氏가身故後其遺産이本人의게來到ᄒᆞ엿스니써외親族은卽來領受ᄒᆞ시옴

京貞동第一禮拜堂내 崔炳憲

▲奬學社第五回入格榜廣告

論說 貳等鄭寅燮 三等木川李範倫 等外金容선
小說 貳等陸定洙 三等沈友燮 等外리源璧
詞藻 壹等尹龍求 貳等姜居澤 三等坡州金鳳회 리種建 리杜夏 金容션 康光燮 四等金正琪 梁경煥 申祜永 東湖聶鎭相 五等朴勝敎 吳桂鉉 鄭彦謨 趙鋼
作文 貳等安東洙 三等徐丙錫 夏리남翼 尹炳烈 리哲用 金元祐 開城金基炯 永興趙鳳喆 四等韓泰源 永興리학龍 木川리範倫 永興金星杓
地理 三等金元祐 留在洛 四等金正선
歷史 壹等尹丙燮 貳等金正琪 三等尹成海 金敎恩 최丙鉉 釆申用 四等韓圭源 鄭寅哲 价川全鍾九 元祐 韓泰源 康正鉉 安東洙 木川리範倫 永興桂奉 千鄭 建沈友燮 振東
筭術 壹等權永禧 貳等金敎恩 二等金正琪 리杜夏 鄭寅會 四等鄭與朝 金受吉 金敎倫 永興박泳奎 永興金啓龍 鄭寅福 徐炳玑 리哲用 五等馬鳳源 權用珏 南順최 木川리範倫 永興金在寧 永興鄭基澄 범鄭범 玉金義增 리種昇 康光燮 金川黃道性 金廷션
才談 貳等柳純一
日語 貳等洪世煥 三等成斗永 李相和 四等任明淳

以上合格人員八拾五人

●謝告

泥洞吳榮根氏가第五回各科壹等에新選筭術上下貳卷中等用器畵法各壹部式各科貳等에新選外國地誌各壹部式添賞ᄒᆞ시기玆에廣布홈

▲第六回問題

論說小說은 不爲懸題
詞藻 燈夕 七律壹首
作文 학生聯合親睦會設立의必要
歷史 金庾信의事蹟
地誌 本國의海岸線을列擧
筭術 (一)或數에셔其數字의和를減ᄒᆞ니壹三●五壹이라問此黑點位置에在ᄒᆞᆫ數字가何數인고 (二)貳數가有ᄒᆞᆫᄃᆡ最大公約數ᄂᆞᆫ拾五오最小公倍數ᄂᆞᆫ三壹五라云ᄒᆞ니此貳數를求ᄒᆞ라
才談 (一)낫에먹어도밤 (二)안졋셔도다람쥐 壹栗

●今番各支社를擴張ᄒᆞ기爲ᄒᆞ야各都會에總支社를設立ᄒᆞᄂᆞᆫᄃᆡ爲先淸北總支社ᄂᆞᆫ宣川邑鮑학總議所로定ᄒᆞ얏ᄉᆞ오니該近에支社를欲設ᄒᆞ시ᄂᆞᆫ이ᄂᆞᆫ該所로相議ᄒᆞ심을爲要

奬學社 告白

補益水大발매

보의슈ᄂᆞᆫ미국인왕보씨가세인의요ᄉᆞ홈을연구ᄒᆞ야이약을발명ᄒᆞ얏ᄂᆞᆫᄃᆡ무론죵뇌점병자지못ᄒᆞᄂᆞᆫ병도한즁허한즁젹병슉병즁병후오줌소텅리질락ᄃᆡ후에ᄃᆡ일신효ᄒᆞ오

發매所ᄂᆞᆫ京셩 남門內尙洞 박文書館

本人이圖남合名會社々員이러니現方株式도改定ᄒᆞ엿ᄉᆞ며려商業上에多事ᄒᆞ야請願退去ᄒᆞ얏스니내外國人은 以此照亮홈

김東鐵 告白

本人의姪昌夏兄弟가性本浮浪ᄒᆞ야祖上의分財田畓을蕩敗ᄒᆞ고出沒京鄕ᄒᆞ며雜類를符同ᄒᆞ야本人의連천鐵原兩處에在ᄒᆞᆫ畓七十餘石落을僞造文券ᄒᆞ야典執得債코져ᄒᆞ오니內外國人間에誰某가典執ᄒᆞ던지休紙로認知ᄒᆞ시오但元文券은本人處에自在홈

鐵原郡용潭上村리召史 告白

中部橋東谷第二拾統二戶

辯護士前檢事 朴星煥法律事務所

刑事辯護와民事代理其他訴訟鑑定과諸文案起草等을迅速處理홈 伸權無資力ᄒᆞᆫ者에게ᄂᆞᆫ無報酬로도應홈

本人이四年前喪夫ᄒᆞᆫ後數箇稚子를依ᄒᆞ야居生이옵더니장子리인俊이가寡居와老母를不顧ᄒᆞ고兩權之間에掃如蕩産이온대今復出往平壤ᄒᆞ야浮雜之類와酒色之場에留連ᄒᆞ오니毋論內外國人ᄒᆞ고인俊處에錢兩貸給이라가無至白失追悔홈

安州城 聚北동리召史 告白

敎科書類 小說書類 法政書類 文藝書類

本書館에一層擴張ᄒᆞ고各種新舊學校用品을具備발賣ᄒᆞ오니有志僉彦은陸續購覽ᄒᆞ심敬要

冊價ᄂᆞᆫ京성各冊사와同홈

安州城內大街「큰거리」 知新書館金澄植

本書館에셔民智를廣開ᄒᆞ고문明發達ᄒᆞ기爲ᄒᆞ야新舊書籍을大발賣ᄒᆞ오니僉君子ᄂᆞᆫ陸續來臨ᄒᆞ심을望홈

釜山港東關韓興書館 金汝重 權중律

特別 學員集募廣告

本校에셔畫학을設立ᄒᆞ고학員을募集ᄒᆞ오니願학僉員은來九日(陰四月十日)니로請願서를提呈ᄒᆞ시옴但請願서ᄂᆞᆫ本校用紙홈

卒業年限은貳個年
一年齡十五歲以上
一科目 日語 筭術 地誌 歷史 漢문 體操
一試驗日字 五月十日上午十時
一試驗科目國漢문讀서作문
但貳年級志願者ᄂᆞᆫ 日語 筭術「四則以上」

典洞私立中東학校告白 (新漢語학校)

廣告

本書市에셔各種洋약과학徒所用物品과학徒帽子를製造ᄒᆞ야廉價로發賣ᄒᆞ오니첨君子ᄂᆞᆫ照亮홈

安州上塘海서書市林景柱白

●新발明梅毒당약廣告 陸軍軍醫金守鉉實驗方劑

落梅丹

口瘡不발창病去根之명약

壹劑五百粒定價金三圜

主治 梅毒(唐창)新舊창●疳疾●皮膚病●俗마鬂私●천病

已上病證外에男女間에不精交合ᄒᆞᆫ後에若疑아之病이有ᄒᆞ야도此약壹劑만服用ᄒᆞ면完無後慮ᄒᆞ고脾胃도健全홈을補保홈此外에도醫療機械와精美ᄒᆞᆫ약材를新備ᄒᆞ고內外科各色疾病을誠心治療홈

皇城北部大安동 高用진 謹白

代理店 仁濟약房
京城鍾路 共愛堂약房
仁川港龍동 濟生堂
國內各處약局에셔販賣홈

基於人道之原則ᄒᆞ고重於正義之誠實ᄒᆞ며以親切爲旨ᄒᆞ야訴訟事件幷各官廳請願事件을敢受依托홈

京城저洞六拾四統二戶

東洋大학辯護師

辯護士 日本法律학士 木尾虎之助

世界文明産育新法 全一冊紙國文卄五錢

十九世紀歐洲文明進化論 全一冊國漢文三十錢

元賣所 鍾路古今書館

支賣所京鄕有名書館

●初等女學讀本

本書ᄂᆞᆫ不但女校에必要之用書라難解를보附ᄒᆞ야在家婦女도均可便覽而增장知見이오니陸續購讀ᄒᆞ심을望홈

발매所 漢城各書舖

●撰理化學

朴晶東氏著 全一冊定價金三拾錢

一本書의目的은小學校에敎書ᄒᆞ기爲ᄒᆞ야編輯홈이라
一理化學解說下에簡明ᄒᆞᆫ圖畵를揷ᄒᆞ야讀者의理解홈을便易케홈이라
一理化學用語와物質의名詞ᄂᆞᆫ近時代繙譯의最著ᄒᆞᆫ者로採述홈이라
一本書ᄂᆞᆫ理化學諸家의學說中最簡易ᄒᆞᆫ者을採ᄒᆞ야十五章으로編ᄒᆞ야學徒로ᄒᆞ야곰二箇年에學讀케홈이니陸續購覽ᄒᆞ시옴

발매所
布병下金相萬廣學書舖
京城各處書舖
平壤鍾路耶蘇敎書舖
法橋大同書觀

大韓美電氣社告白

割引券을發行하야四月一日부터鍾路本社及龍山停車場에셔賣下홈

割引券은每券에六拾枚로編成ᄒᆞ고代金은貳圜八拾五錢으로ᄒᆞ며收이온대每區域에셔一枚式新貨五전과갓치使用홈

龍山線區域은四月一日부터남大門外漢車停車場前으로改定홈

電車발着時間은四月一日부터改定ᄒᆞ야夏期時間表를依行홈

漢城鍾路萬國基督教青年會[?]慈惠藥房
製藥鑑査人濟衆院醫學員洪錫厚朴慈惠李[?]

勸化告白

本人等이 漢城南大門外濟衆院用하는 處方으로 左記對人[?]을 製造하오니 京鄉間遠近勿論하고 此각品을 用하시기 爲하야 前醫學校長池錫永氏에게 각方文마다 議定하고 有效證明書를 受하고 主治效能用法을 詳記하야 洋鐵匣紙匣琉璃瓶에 封하야 賣각兄弟에게 利益이 加有하도록 發賣하나이다

治痰平胃丸
男女鹽補益丸
輕腫根治膏
純金鷄蠟丸
濕腫根治膏
蛔虫浸出丸
大癰拔根合瘡膏
四時感冒丸
小兒胎毒全治膏
淸明眼藥水
痼氣神效保嬰散
消痰鎭咳藥
小兒感冒靈效散
男女瘡疾祛根藥
德國製淋疾丸
寸虫拔根藥
漢城百應膏
止足汗臭藥
洋藥乾材
止瀉痢腸丸
韓藥唐草材
陳舊滯消積丸
西藥醫方活套
無惡臭疥瘡藥

◎新訂方合編 壹圜貳拾전
鉛脈脈論이야 性의 方套이 午症理이 牛馬病야이 洋藥用法이 診案法이 鍵驗方이 이具備하야 醫학家나 賣藥家에 最新要緊하오며

◎社會勝覽 純國文 貳三전
社會規則과 演說에 方法과 躰格이며 東西양 雄辯家에 演說을 譯述하야 社會有志者와 勞動人及婦人々지 不可不購覽할 者며

◎婦人儀範 純國文 廿五전
育子와 敎育하고 家庭을 整理하는 道로 婦人社會의 特要한 師範이오며

◎中等算學 壹帙 冊壹圜五拾전
自四則至開立方九積數와 求積横布하야 학習에 便易하고 我韓算書中에 具備한 者며 각校학生의게는 特爲減價로 賣함

註譯 支那時文類聚 리쳐爾 編集 八拾三頁 定價금 二拾三錢

右冊은 近日現用하는 긴繁要私札往復이며 韓淸與日淸間에 現行往復하는 公私案會淸帖往復이며 其他公函往復과 公文照會等式을 編成一冊하야 可作高等社會의 錦囊要訣이오니 照亮

總發賣 皇城典洞光東書局
分賣所 皇城각書舖

簡易商業簿記學 全一冊 定價金 四十五錢

本書는 簿記中最近한 學理와 精妙한 形式을 精細蒐輯하야 了解케 簡易하도록 編述한 者니 一般商業家에 不可不一次閱覽할 書籍일 뿐아니라 中等以上學校에 敎科로 用함도 適當하니 陸續購覽하심을 望함

발賣所 布屛下 廣학書舖 洞口越便中央書館 廣橋東便匯東서館 寺동滙陽서館 鐘路 大東서市 鍾路古今서海관

韋菴先生 張志淵 著

녀자독본 壹帙二冊 二百七拾頁 定價並 六拾錢

我韓女학에 不講이 久矣라 上等婦人에 知識도 虛妄한 聽聞에 不過하니 如此하고야 엇지 文明國民을 作成하리오 挽近志士가 女학의 必要를 絶叫하야 女子학校가 在々發起하나 完全한 敎科書가 無하야 識者에 慨歎하는 바라 故로 此書二卷은 女子의 知識開발하기 爲하야 純國文을 純用하고 漢文을 旁註하얏는데 上卷은 本國故代有名夫人의 歷史오 下卷은 東西각國有名婦人의 歷史이오니 僉君子는 速々來購하시옴

발賣元 皇城中署布屛下 廣학書舖 김相萬
발賣所 平壤종路耶蘇敎冊사 平壤決橋大同書觀 京鄉각書舖

●大韓國新藥淸心保命丹廣告

陸軍軍醫金[?]鉉石君實驗方劑 陸軍軍醫[?][?]君有效證明 四海衛生之諸君子宜備之藥

消化新藥 淸心保命丹
發行所 仁川港柳峴 濟生堂藥房
九十粒入 金拾錢

●主治效能 ●食積 ●中暑中寒 ●嘔吐 ●霍亂 ●水土不服 ●吐瀉 ●腹痛 ●暈車暈船 ●氣鬱 ●酒醉 ●口熱惡臭 ●食傷 ●其他諸般 運氣 厲疫 預方妙藥
●出張代理特約發賣所
●京城大廣橋 共愛堂大藥房
同 香路 慈惠藥房
同 梨峴 洋약局 리觀化
同 銅峴 博文書館 리信華
同 南大門外 大同館 [?]谷亨
同 泥峴 三丁目 運輸會社
同 泥峴 郵便局前 新井支店
同 水橋 本堂出張人 天佑堂
●仁川 畓邑 本堂出張人 리鳳林
同 開 旅館 本堂出張所 리濟賢
同 寺峴 和平堂 韓禹根
同 鐘路 門內 萬物廛 리惠啓
●開城 南門內 同店 박圭相
同 南門內 同社 禹相玉
同 北部 忠橋 商店 리禎鎬
同 宗路 약舖 具聖模
●海州 二房 店 宋在瑛
同 南門 內店 김永泰
同 南門 下약房 리奉植
●水原 鍾路 洋약局 金濟九
●延安 邑내 店 邊致文
●江華 종路 店 尹斗鉉
同 香路 店 宋順五
同 南門外 冊肆 高成根
●長湍 南門내 [?]敬淳
●砂利院 市場내 客主 朴健昌
同 同 任允?
同 耶蘇敎堂내 리在二
同 黃州 南門내 紅門동 리東植
●平壤 鍾前 巨里 濟生局 韓鳳儀
同 館前 衛生 醫院 金龍興
同 大興部 里 [?]龍化
同 武洞 藥局 桂澤宣
同 觀察洞 出張人 尹寬赫
同 南浦 巖동 洋약局 김元섭
●鎭南浦 本堂 出張人 吳남奎
●群山 港開 福동 김斗鉉
●安州 東義 井동 回春大약房
●安岳 邑 上里 濟生局 林景柱
●大邱 南門 내 廣濟동 김成浩
●釜山 港 草梁 客主 金寬佑
●博川 郡 美동 商店 朴芝行
●載寧 邑 後동 洋약局 [?]允國
●忠州 東良 面 早遞 金鎭和
●晉州 郡 [?]동 박奎賢

●晉州 南門外 洋약局 [?]龍彬
●鐵山 邑內 洋약局 安[?]
●鐵山 邑 永春堂 安琪
●宣川 邑 冊肆 [?]석浩
●義州 水口街 김永鎬
●信川 邑內 里 洋약局 김大鉉
●郭山 邑 冊肆 박敬鎬
●元山 港 濟生堂 支店 박錫勳
●北靑 新昌 港 客主 [?][?]來
●江景 本堂 出張人 리丙斗
●德川 邑 官동 洋약局 리[?]赫
●通山 용谷 里
●其他 各약店마다 隨意 販賣함
●仁川 港 濟生堂 告白

▲特別廣告

本社에서 名帖印刷部를 特設하고 各樣活字와 印刷紙本이 俱備하오며 價格이 精美하고 價値도 低廉하오니 特別히 一層低廉하게 賣하오니 僉位는 來臨하시와 請求함
大韓每日申報社 告白

今現醫院에서 各項事務를 一層擴張하오미 金裝與銀裝各樣의 齒와 老小間 沒數落齒한 때 當齒를 隨意製造하오며 拔齒與入齒時에 無苦痛케 하는 技方도 有하며 齒科上面議는 無料接受하오니 四方僉君子는 照亮하심을 爲希함
京南大門內 尙洞 美人施蘭致家
齒科醫士 韓大衛 告白

●國債報償總合所收入廣告
●永川支取所阿천面新基동
徐琪錫 權道용 高武用
各四拾錢
高학瑞 除廷憲 許楨
各六錢 許樟
許楠 정日生 정道인
各八拾錢
▲良巷동
리祥稷 리祥天 리敦鎬
리秉勳 各一圜 리祥審
리秉秀 리秉來 리在哲
林應奎 리祥約 리基洪
各四十錢 리祥萬 孫慶碩
申萬伊 金命哲 리祥木

리斗[?] 리武得 리基淳
各六拾錢 리祥業 리祥秀
리祥奎 리衡석 리祥根
各二拾錢
▲心곡동
辛丙敎 김在秀 朴凡鎬
各四拾錢 김斗석 박時殷
朴時周 김相坤 各一十錢
權宜福 六十錢
▲臨皐동
김斗業 김祿伊 各四十錢
정鐘회 二拾錢 金守益
六拾錢 리漢鎬 壹圜
▲山泰洞
리[?] 許俊 各二十錢
▲前천동
리鍾基 리[?]鉉 各一圜
●北安面倉上동
孫遠永二圜 정[?]敎一圜四拾錢
정仁[?] 정[?]欽 金在호
權佑석 各一圜 리仲英
정熙敎 리周[?] 김尙澤
各四丁전
정鉉重 權宜富 金致鎬
정承敎 정炳敎 정鎭漢
南相旭 리宅洙 김在洙 정日敎
리泰彦 各貳拾錢 김世得
六十錢 정鉉弼壹圜二拾錢 崔百壽
▲楮峴동
김達稟 정召[?] 김永坤
최洪右 白永守 김守坤
徐인昊 各二拾錢

●本社廣告

○申報價
一張代金 新貨二錢五錢
一個月前納 三十錢
三個月 九錢
六個月 一圜七十錢
一個年 三圜四十錢
郵稅一張 新貨五厘
一個月 十二錢

發行兼編輯人 英國人 裵說
印刷所 南署公洞外廛三號印刷所
發行所 大韓每日申報社

●慈惠藥房附屬普印社廣告 本社에서 慈惠藥房東西藥業月報를 發出하기 爲하야 印刷所를 設置하고 數拾年來國文經籍을 翻譯하던 決[?]

英語와日語와한語를 비호시는 男女학生의게 漢文[?]敎科書가 되오니 [?]

第六卷

大韓每日申報

第八百號

京外小包郵便代金引換으로仰吳ᄒᆞ시거나當地郵便局에셔以錢相換ᄒᆞ시오

月曜及慶節 臨時休刊

檀君開國四千二百四十一年
箕子元年三千三十年
大韓開國五百十七年
日本明治四十一年
清國光緒三十四年
隆熙戊申四月大初十日甲子

論說

本報와新聞紙法의關係

韓國에서新聞紙法을改正ᄒᆞᆫ以來로本報를眷愛ᄒᆞᄂᆞᆫ韓國同胞가無端히疑惧를懷ᄒᆞ야我當가日至ᄒᆞᄂᆞᆫ바或改正된新聞紙法의너容을問ᄒᆞᄂᆞᆫ者도有ᄒᆞ며或本社에서取用ᄒᆞᆯ方針을知得코ᄌᆞᄒᆞᄂᆞᆫ者도有ᄒᆞ기玆에重疊의嫌을不拘ᄒᆞ고히新聞紙法의너容과本社의主旨를詳細히論明ᄒᆞ야疑惧를抱ᄒᆞᆫ諸君子의게仰告코ᄌᆞᄒᆞ노라

改正된新聞紙法

第三拾四條 外國에서나外國人이내國에서발行ᄒᆞᆫ國문或國한문又ᄂᆞᆫ한문의新聞紙로治안을妨害ᄒᆞ며又ᄂᆞᆫ風俗을壞乱ᄒᆞᆷ으로認ᄒᆞᄂᆞᆫ時ᄂᆞᆫ내部대臣은해新聞紙를내國에서발賣頒布ᄒᆞᆷ을禁止ᄒᆞ고해新聞紙를押收ᄒᆞᆷ을得ᄒᆞᆷ

本條ᄂᆞᆫ外國에서발行ᄒᆞᄂᆞᆫ新聞紙와내國에서外國人이발行ᄒᆞᄂᆞᆫ新聞紙에句管을加코자ᄒᆞᄂᆞᆫ主旨로부터從出ᄒᆞᆫ者ㅣ라 蓋國家의主權은領域을踰越치못ᄒᆞᄂᆞᆫ故로外國에서발行ᄒᆞᄂᆞᆫ新聞紙에對ᄒᆞ야ᄂᆞᆫ韓國의新聞紙法을適用ᄒᆞᆷ이不能ᄒᆞᆷ은勿論이오且韓國니에서발行ᄒᆞᄂᆞᆫ新聞紙라도韓國은元來外國人에對ᄒᆞ야領事裁判權을許與ᄒᆞᆫ故로外國人이발行ᄒᆞᄂᆞᆫ新聞紙에對ᄒᆞ야ᄂᆞᆫ韓國의新聞紙法을適ᄒᆞᆷ이不能ᄒᆞᆫ바라然而現今韓國의當局者ᄂᆞᆫ去年에新聞紙法을頒布ᄒᆞ야人民의言論自由를制限ᄒᆞ고自己의自由行動을得ᄒᆞ엿고자ᄒᆞᆫ바此新聞紙法의管理를不受ᄒᆞᄂᆞᆫ新聞紙로부터往々直言을加ᄒᆞ야其計劃을圖逞ᄒᆞ기에障碍가不少ᄒᆞᆫ지라故로此計를做出ᄒᆞ야此等新聞에句管을加코자ᄒᆞᄂᆞᆫ바라然이나自國主權에服從치아니ᄒᆞᄂᆞᆫ新聞紙에對ᄒᆞ야其발行을停止或禁止ᄒᆞᆷ은不能ᄒᆞᆫ事인故로다만내國에서발매頒布ᄒᆞᆷ을禁止ᄒᆞ고其新聞紙를押收ᄒᆞᆫ다規定ᄒᆞᆫ바오且無條件으로如斯ᄒᆞᆫ制裁를加ᄒᆞ면人權을蹂躪ᄒᆞᆷ이太甚ᄒᆞᆫ故로其制裁를加ᄒᆞᆷ은해新聞紙가治안을妨害ᄒᆞ거나風俗을壞亂ᄒᆞᆷ으로認ᄒᆞᄂᆞᆫ時에限ᄒᆞᄂᆞᆫ旨意를示ᄒᆞᆫ바라

第三十五條 第二十四條의禁止를違反ᄒᆞ야新聞紙를발賣頒포ᄒᆞᆫ내國人은三百圜以내罰금의處ᄒᆞᆷ

本條ᄂᆞᆫ前條의規定을違反ᄒᆞᆫ者에對ᄒᆞ야制裁를加코ᄌᆞᄒᆞᄂᆞᆫ主旨로붓터從出ᄒᆞᆫ者 라 蓋발매頒포를禁止ᄒᆞᆷ에不拘ᄒᆞ고依然히발賣頒포를行ᄒᆞ야도何等의制裁가無ᄒᆞ면前條에規定은結局實效가無ᄒᆞᆷ에可至ᄒᆞᆫ故로如斯히極重ᄒᆞᆫ制裁를附ᄒᆞᆫ바ㅣ라然이나已論ᄒᆞᆷ과如히外國人은韓國法權에服從치아니ᄒᆞᄂᆞᆫ故로내國人이라特示ᄒᆞᆫ바오且내國人이라도발賣頒포에關係가無ᄒᆞᆫ者(例如購覽者)ᄂᆞᆫ何等에制裁를加ᄒᆞᆷ이不能ᄒᆞᆫ故로발賣頒포ᄒᆞᆫ내國人이라特揭ᄒᆞᆫ바ㅣ라但발賣頒포에職務를行ᄒᆞᄂᆞᆫ者라도내部대臣에命令을違反치아니ᄒᆞ면罪가成立치아니ᄒᆞᆷ이라

第三十六條 내國人이第二十四條에依ᄒᆞ야發賣頒布를禁止된事를知ᄒᆞ고해新聞紙를輸送ᄒᆞ며又ᄂᆞᆫ配布ᄒᆞᆫ者ᄂᆞᆫ五拾圜以내罰금에處ᄒᆞᆷ

本條ᄂᆞᆫ발賣頒布의職務가無ᄒᆞᆫ내國人이其禁止된事實을知ᄒᆞ고故意로輸送或配布ᄒᆞᆫ境遇에制裁를加코ᄌᆞᄒᆞᄂᆞᆫ主旨로부터從出ᄒᆞᆫ者ㅣ라 蓋前一條의規定이有ᄒᆞ야도禁止의命令을受치아니ᄒᆞᆫ者가輸送或頒포ᄒᆞᆯ時ᄂᆞᆫ如何ᄒᆞᆷ이不能故로直接으로禁止의命令을受치아니ᄒᆞ얏슬지라도其事實을知ᄒᆞ고輸送或頒포ᄒᆞᆫ者에對ᄒᆞ야ᄂᆞᆫ制裁를加ᄒᆞᄂᆞᆫ旨趣를示ᄒᆞᆫ바라

嗚呼라右三條의規定은極히巧密ᄒᆞᆷ을表彰ᄒᆞᆷ에足ᄒᆞ도다然이나本記者ᄂᆞᆫ韓國에對ᄒᆞ야領事裁判權「即治外法權」을有ᄒᆞᆫ堂々ᄒᆞᆫ大英國臣民이라 我ᄂᆞᆫ英國法律命令에抵觸되지아니ᄒᆞᄂᆞᆫ以上은啓蒙의自由와言論의自由가自在ᄒᆞᆫ故로此를少毫도顧慮지아니ᄒᆞ얏더니甚ᄒᆞ다韓國當局者의不法이여本紙의발매頒포를禁止ᄒᆞᄂᆞᆫ境遇에至ᄒᆞ얏스니엇지可歎ᄒᆞᆯ者ᄂᆞᆫ아니리오如斯히不當ᄒᆞᆫ抑壓을加ᄒᆞᆷ은國際間에容認된啓蒙의自由와言論의自由를侵害ᄒᆞ며正義人道를無視ᄒᆞᆷ이어니와諸君은申報를無碍히購覽ᄒᆞᆯ權限이自在ᄒᆞ고何許官吏던지諸君을防碍ᄒᆞ거던本社에서韓國政府의行動에對ᄒᆞ야詰問ᄒᆞᄂᆞᆫ權力이自在ᄒᆞ니諸君은切勿疑惧ᄒᆞ야다本報ᄂᆞᆫ專혀韓國을爲ᄒᆞ야筆을執한즁즁은諸君도權認ᄒᆞᄂᆞᆫ비이니 韓國人民이此申報에對ᄒᆞ야必須贊助ᄒᆞ며益々히購覽ᄒᆞ야無端히疑惧를惹치말지어다 然이나或有威脅之事어던本社에特爲通知ᄒᆞ야此等弊端을杜ᄒᆞᆷ은本社의責任이니라 完

▲隆熙貳年五月七日 官報 續

光武九年贈職規例를左又치改正ᄒᆞᆷ이라

隆熙貳年四月二日奉

勅 宮內府大臣李允用

布達第百七十五號

附 則

第七條 本令은隆熙二年壹月一日로붓터施行ᄒᆞᆷ

第八條 光武九年四月二十九日奏下贈職規例ᄂᆞᆫ本令施行日로부터廢止ᄒᆞᆷ

左開

甲表

奎章閣大提學	考
奎章閣大提學	祖
奎章閣副提學	曾祖

正壹品親任官의追榮은大提學을大匡輔國階、大提學을崇政階、提學을資憲階로從壹品至正一品親任官의追榮은己職을准ᄒᆞ되大提學을崇政或資憲階、提學을資憲或嘉善階、副提學을嘉善或通政階로ᄒᆞᆷ

乙表

奎章閣提學	考
奎章閣副提學	祖
奎章閣直閣	曾祖

正二品以上勅任官의追榮은提學을資憲階、副提學을嘉善階、直閣을通政階로從二品至正三品勅任官의追榮은提學을嘉善階、副提學을通政階、直閣을通訓階로ᄒᆞᆷ

外報

●雲南不穩 諒산電을據ᄒᆞᆫ즉清國雲南省河防에서去月二十九日에革命의叛亂이起ᄒᆞ야尚今戰鬪中이라더라

●鐵道借款 北京電을據ᄒᆞᆫ즉淸國御史최금臺와鐵道總辦陳武立兩氏가江西鐵道代表者로上海伸成銀行에該鐵道測量及敷設經費二百萬元을借款ᄒᆞ기로契約ᄒᆞ얏더라

●獨逸機關報 獨逸의機關新聞北京日報가四日부터발刊되얏다더라

●副檢使被殺 倫敦電을據ᄒᆞᆫ즉ᄉᆞ단洲副檢察使스고트몬구리에쓰후씨가멧사라미附近에서暗殺을被ᄒᆞᆫ事에對ᄒᆞ야同洲知事ᄂᆞᆫ兵卒을率ᄒᆞ고以場에臨檢ᄒᆞ다ᄂᆞᆫ說이埃及(가이로)로부터報道가有ᄒᆞ더라

●波斯내閣總辭 同電을據ᄒᆞᆫ則波斯내閣은總辭職을ᄒᆞ얏다ᄂᆞᆫ說이有ᄒᆞ더라

●英暹兩國條約 英國及暹羅兩國에締結ᄒᆞᆫ條約은暹羅가八千方哩의領土를英國에讓渡ᄒᆞ기로決定되얏더라

●田氏豫審延期 香港電을據ᄒᆞᆫ즉故須山分次의殺害犯八田明雄氏의豫審은本月一日에開ᄒᆞ얏ᄂᆞᆫ데被告의請願에依ᄒᆞ야八日ᄭᆞ지延期ᄒᆞ얏다더라

●外債報償方針 北京電을據ᄒᆞᆫ즉淸國은和國事變으로起生ᄒᆞᆫ外債를報償ᄒᆞᆯ目的으로國民이出捐募集ᄒᆞ얏ᄂᆞᆫ데國民의應募ᄒᆞᆫ者ㅣ不少ᄒᆞ얏스나外債의十分之一도報償키不足ᄒᆞᆫ지라其應募ᄒᆞᆫ金額은度支部銀行에貯蓄ᄒᆞ얏ᄂᆞᆫ데國民의義捐은應募ᄒᆞᆫ者의意를從ᄒᆞ야幷本利出給ᄒᆞ던지或貯金으로留置ᄒᆞ던지國民의願을從ᄒᆞ고또外債報償ᄒᆞᆯ方法은特別히度支部의셔告示ᄒᆞ라고勅令이下ᄒᆞ엿다더라

偉人遺蹟

水軍第一偉人 李舜臣 錦頰산人

第六章 釜山海赴援 續

萊釜海口에愁雲이黯淡ᄒᆞ고嶺南沿海에烽火가경絶ᄒᆞᆫ데封疆之臣이身不能自擅ᄒᆞ야終夜不寐ᄒᆞ고撫劒咄嗟ᄒᆞ니怒膽이輪囷ᄒᆞ도다壬辰四月十五日에慶尙右道水軍節度使元均의關이來到ᄒᆞ얏ᄂᆞᆫ데倭船九十隻이左道축伊島로經過ᄒᆞ야釜山浦로連續出來ᄒᆞ며四月十六日辰時에慶尙道觀察使김수의關文이來到ᄒᆞ얏ᄂᆞᆫ데倭船四百餘艘가釜山浦越邊에來泊ᄒᆞ얏다ᄒᆞ더니同日亥時의元均의關文을又接ᄒᆞᆫ즉釜山巨鎭이已爲陷沒ᄒᆞ지라卽時營下諸將을召ᄒᆞ야進附를議ᄒᆞ니皆曰「本道舟師ᄂᆞᆫ本道나守ᄒᆞᆯ지니嶺南之賊이於我何關가」ᄒᆞ며規避者가甚多ᄒᆞᆫ데光陽縣監魚泳潭、鹿島萬戶鄭運及軍官宋希立等이奮然曰嶺남도逼上이오嶺남의倭도國賊이니今日에嶺南이陷ᄒᆞ면明日에全羅도能保ᄒᆞᆯ가ᄒᆞ거ᄂᆞᆯ舜臣이拍案「唯라ᄒᆞ고各浦戰船을招集ᄒᆞ며人馬를分就ᄒᆞ고二十九日에本營前洋에約束ᄒᆞᆷ을申明ᄒᆞ다 未完

雜報

●昌宮燈歌 再昨夜 昌德宮에서歌客別監等을待令ᄒ야燈타령을드르셧다더라

●日語手當금 日昨內閣에서會議ᄒ되從今以後로ᄂᆫ韓國官吏라도日語를能通ᄒᄂᆫ者ᄂᆫ日本人官吏와如히手當금을磨鍊ᄒ기로決議ᄒ야統監府에同意를請ᄒ얏다더라

●農大仕進 農商工部大臣宋秉畯氏ᄂᆫ再昨日부터仕進視務ᄒ얏다더라

●何事闕仕 내部大臣任善準氏ᄂᆫ何事件을因홈인지于今一週日을仕進視務치아니ᄒᆫ다더라

●郡守奏本 郡守奏本案件이昨日에裁可되얏ᄂᆫ데其氏名이如左ᄒ더라 懷德具周鉉 溟천김禹회 扶餘리承위 遂安元世祿 坡州洪우顯 延安리範昌 義성康圭桓 加平리承祖 江東김인圭 高산리秉民 饒州徐相勉 魯성김永燾 定平리泰夏 金제張인源 孟산千象夏 沃川申鉉九 延豐曹斗煥 安岳리寅奎 旌善박喜旭 平산리奎泓 淳昌黃鳳淵 長淵俞鎭明 마田白樂均 平壤梁柱謙 燕岐閔丙吉 덩光林炳瓚 三和김永璨 諸氏더라

●贊議已定 中樞院贊議尹吉炳氏를前承旨某씨가總理大臣리完用氏를訪見ᄒ고贊議를叙任케ᄒ야달나懇請ᄒ미據相所答이余에權利가不足이오該某도誰某幾人이統監府勸告도有ᄒ다ᄒ고却之ᄒ얏다ᄂᆫ데니容인즉該贊議ᄂᆫ前醫務使許진氏로決定이되얏다더라

●三溪宴會 法部대臣趙重應氏가明日午后一壹時에三溪洞에서宴會를設ᄒ고各대臣과統監府高等官을請邀宴待ᄒᆫ다ᄂᆫ대 義親王殿下께옵서도行啓ᄒ옵신다더라

●韓官日勳 年前日露戰役時에서北道守令으로在任ᄒ얏던申대均彭翰周申桁模等 餘人을隨其階級ᄒ야日本서勳章을製造頒給하얏다더라

●書記官協議 各道書記官들이昨日上午十壹時에統監府人事課에會同ᄒ야行政事務를協議ᄒ얏고下午六時에ᄂᆫ農商대臣宋秉畯씨가花月樓에서晩餐會를設하고請邀宴待ᄒ얏다더라

●三去限來 官立外國語학校長三土忠造氏ᄂᆫ解任되고其代에ᄂᆫ외本繁吉시가被任ᄒ얏더라

●安氏陞任 내部主事안國承시ᄂᆫ該部事務官을陞任ᄒ얏더라

●花月宴會 再昨日下午六時에法部次官倉富勇三郞이가花月樓에서宴會를開ᄒ고法部一般官吏와平漢兩裁判官吏와法官養成所官吏와其他法律家를請邀ᄒ야大審院開廳式에對ᄒᆫ諸般方針을商議ᄒ얏다더라

●校友開會 宮내部次官小宮三保松이ᄂᆫ日本法政大學校出身인대日昨에花月樓에서校友會를開ᄒ얏다더라

●憲業商會 昨日下午六時에商業會議所任員諸氏가憲宗湯에서宴會를開ᄒ얏다더라

●水道費請撥 내部에서인川水道費三拾三萬圜을支撥ᄒ라고度支部로請求ᄒ얏다더라

●家稅請議 家屋稅를磨鍊ᄒᆫ다ᄂᆫ事ᄂᆫ前報에已揭어니와해稅則을度支部司稅局에서現今修正ᄒ야日間내閣에請議ᄒᆫ다더라

●院長月俸 大審院長의年俸은一萬二千圓으로立案ᄒ얏다더라

●胡不自辦 前觀察使權鳳相氏가公逋로滯囚ᄒᆫ事에對ᄒ야前觀察리根洪前郡守趙종緒兩氏가불起ᄒ고權氏의所親에게出捐ᄒ야公債를畢納放免ᄒ기로ᄒ다더라

●慰問김氏 내部警務局장松井茂가昨日에人員을大韓醫院에派送ᄒ야治療中에在ᄒᆫ김龜鉉氏를慰問ᄒ얏다더라

●漆川費請撥 내部에서水原郡蠶桑費三百三拾圓을支撥ᄒ라고度支部로請求ᄒ얏다더라

●間島問題 淸國北京에留ᄒᄂᆫ倫敦타임스新報特派員에손박士가近日該新報社에傳函ᄒᆫ事實을聞ᄒ則淸國이近日에列國과交涉ᄒᄂᆫ事가漸次難步되나但日本과交涉ᄒᄂᆫ間島中에滿洲의郵便電信과鴨綠江森林과滿洲各處에煤礦等은最히解決키難ᄒᆫ者오오작間島에對ᄒ야ᄂᆫ日人이巧히言ᄒ되淸國이비록히地를占領ᄒ얏더라도實相은韓國에附屬ᄒᆯ것이라ᄒ며錦壹대關係되ᄂᆫ者ᄂᆫ淸國이遼河와新民屯과法庫門서部間에鐵道를新建築ᄒᆯ이니日本이遼河東便에數設ᄒᆫ鐵路와相去가三十英里에不過홈으로日本이極力沮戱ᄒ나도작新民屯과法庫門의鐵路ᄂᆫ昨年十一月八日에英國公使와契約書가分明ᄒᆫ則日本이엇지容易히反對ᄒ리오ᄒ얏스니滿洲事件에對ᄒ야英國의干涉이또ᄒᆫ不少ᄒ다ᄒ고海港報에揭載ᄒ엿더라

●順民可矜 順興郡民人들이昨年十壹月拾壹日에義兵의게家屋을被燒됨을各報에累揭ᄒ얏거니와家産汁物과一年農作物을沒數히灰燼된故로陵郡結錢을郡守도蒙減次로累報上部ᄒ고영川財務署에서도調査ᄒ기에該年度稅금三拾餘結을각領任員이趁時收捧치못ᄒ엿머나當此窮春ᄒ야財務署에督促은日甚ᄒ고地方所擾ᄂᆫ滾息치아니ᄒ여居民이流離ᄒ다고該郡來人이稱冤ᄒ더라

●歇額支用 韓國政府에서日本政府로부터本年度에借入ᄒᆫ金額五百ㅁ五萬九千八百圜支撥事에就ᄒ야荒井次官에所言을據ᄒ즉總額中二百萬圜은經常費로計入ᄒ고로殘額二百二拾五萬九千八百圜은本年度의企劃으로각郡本廳舍裁判所廳舍官舍에新築日本新任官吏에旅費에充用ᄒ기로酌定이라더라

●場市請復 永平郡梁文場을邑내로移設하얏ᄂᆫ데該郡民元永甫씨等二拾餘名이日昨에該郡守최과榮ㅁ私邸로上쫏ᄒ야히市場을文으로還設케ᄒ라고呈訴ᄒ얏다더라

●是亦欺騙 東亞開進教育會執事皮桂順이가該執事帖狀을該會에서ᄂᆫ千전式受ᄒ야賤金皮桂順이가各商民을威脅하고五拾錢式討食ᄒᄂᆫ故로警視廳에서招致ᄒ야詐欺取財律로懲役에越交ᄒ얏다더라

●運動規程 官私立각학校春季聯合大運動에諸학校가和衷協同하야數行ᄒᄂᆫ대總所與각項規程을학部에서각학校에通知하얏다더라

●運場會장 官私立各학校聯合大運動時에會長은학務局장尹致昨오副會長은編輯局長魚允迪兩氏라더라

●聯會請牒 今番각학校聯合運動會에各府部院勅任官以上과각社會代表者만請牒ᄒ다더라

●鷄子絕種 김浦郡에日本兵참을近日에新設ᄒ얏ᄂᆫ대히郡警務分署에서各面에指揮ᄒ야每戶에鷄拾五首와鷄卵壹帖式을徵收ᄒ야兵참所에供給ᄒᄂᆫ데價額은市上價格의比ᄒ며半額式을出給ᄒᄂᆫ故로히郡人民의困難이莫甚ᄒ다더라

●江陵消息 東來人의傳說을聞ᄒ즉陰三月拾七日에江陵邑場시에서日兵壹人이生鮮을欲買ᄒ다가價를不給ᄒ고一尾를攫取하미魚商追欲奪還之際에日兵이伸手批頰ᄒ거ᄂᆫ魚商이亦張拳回擊ᄒ야互相爭詰하다가日兵이逃走하야如何히搆捏이던지守備隊장이三十餘名兵丁을領率하고場시외出往ᄒ니시民等이見其來勢凶猛ᄒ고驚겁逃散ᄒ야場시가一空ᄒ지라히處八家를搜索ᄒ야七八人을捕縛하야毆之打之ᄒ며帶歸駐營니ᄒ야盡日猛打後에예出營外ᄒ니舉皆昏倒라가入夜後에僅得擡舁ᄒ야歸ᄒ야尙今死生을未判이라ᄒ고又於二拾二日場시에日兵數ㄱ名이各持長棒하고出來시中ᄒ야示威而歸ᄒ얏ᄂᆫ매히處人心이대畏히疑懼中이라더라

●輔校有望 晉성郡장久동面久洞尹正重시ᄂᆫ拾間瓦舍와二拾圜新貨를自願捐助홈으로輔인학校를賴以設立하야將有來望이라고히郡來人이稱頌ᄒ더라

●中塾試驗 日昨中橋義塾에서月終試驗을經ᄒ얏ᄂᆫ대中學科에ᄂᆫ權寧弼宋台植兩시오小학科에ᄂᆫ김世顯리種玉尹학範三시인대賞物을施給ᄒ엿다더라

▲地方消息▼

▲本月四日에元산附近宣興社에出張中에在ᄒᆫ齋藤巡査部장及通譯리某ᄂᆫ同地남里에서八日夜에義兵七八名에게狙擊을被ᄒ야齋藤은頭部를重傷ᄒ얏고리通譯은行衛가不明ᄒ다ᄒ고

▲本月一日午前十一時에松禾郡松동서方산上의서義徒數拾名은戰寧分遣所憲兵四名과交戰ᄒ얏다ᄒ고

▲去月二十九日海州郡翼嶺面萬田동에서義魁權得奎에部下義萬國은日憲兵에게逮捕ᄒ얏다ᄒ고

▲本月六日午後壹時에砂利院附近에서十餘名義兵은日巡査幾名과交戰ᄒ얏다더라

▲本月一日午前七時께진천郡栢谷面齊龍동에서義兵拾餘名이히郡駐在日憲兵과交戰ᄒ얏ᄒ고

▲本月二日午前一時에義兵九拾餘名이泰인郡巡査分派所를襲來ᄒ야三十分間을交戰하얏다더라

東京電報

七日발

○日師渡韓 韓國義徒를진壓ᄒᆯ次로第拾二師團에一箇旅團을派送ᄒᆯ터이라더라

▲把花有感▼

▲窓外壹朶海棠開ᄒ니恰似二八娼家女ᄅᆯ야百般嬌態能媚人이라언紅弄春能幾時오前夜風雨多少落에盛衰를비알니라

▲海棠花야海棠花야富貴春光能路ᄒ제外人의게忠奴되야七椅子에高據ᄒ나穢淫之理貞在하니며功名도限이잇다못진마고슬허마라

▲海棠花야海棠花야前日勢炎回想ᄒ면黃粱壹夢虛事로다臨輪浩劫轉換處에退臥卿宰悲歎이라國家危何如런지勢力挽回奔忙ᄒ다못진다고슬허마라

▲海棠花야海棠花야海外幾年潛跡라가甚風吹到好還이라異域風氣懸々ᄒ야有力家에聯絡ᄒ고許多運動密勿ᄒ니昔日榮名不還ᄒ다못진다고슬허마라

▲海棠花야海棠花야穩察郡守廉懲나서入會금에爛産ᄒ니妻子외게冤聲失고同胞외게舞八이라爲淵驅魚더卒付ᄂᆫ宋스리외일뿐일세못진다고슬허마라

▲海棠花야海당花야陳荒關壁蠶與ᄒ니群大事業宏壯ᄒ나登時獸蹈手段中에三千江山띠ᄂᆫ잔다掐之不動ᄒ더地位ᄂᆫ提劫ᄒᆫ일저허엽다못진다고슬허마라

▲海당花야海당花야時局臨潮落望하니금玉官人無幾ᄒ야花登局骨牌場에如금歲月銷日ᄂᆫ재蕩敗家産不顧ᄒ니壹隊靑부手弄이라못진다고슬허마라

▲海당花야히당花야指方臨臺未掃ᄒ니더蒼生이何罪런고兄弟妻子離散ᄒ야呼哭聲이漲天ᄒ니冥々太空下臨ᄒ샤佑我東邦ᄒ느니라못진다고슬허마라

▲海당花야海당花야除々逐々相從ᄒ야門閥ᄂᆫ相較ᄒ며前日黨派暗結ᄒ야如兄若弟酬酌ᄒ제今日時代恨歎ᄒ며好機會를更待ᄒ니못진다고슬허마라

▲海동花야海동花야處々戲臺相望하니蕩子遊人不在歌라流廊에沒身ᄒ야家國興替夢外로다東園桃리片時春에落後梅々忘返ᄒ니못진다고슬허마라

謹告

本支社를 左開三處에 設置ᄒᆞ고 效以仰布ᄒᆞ오니 本報愛讀ᄒᆞ시ᄂᆞᆫ 該附近 僉君子ᄂᆞᆫ 該支社로 請求購覽ᄒᆞ심을 務望홈

▲龍川남市驛 韓贊希

▲龍岡郡耶蘇敎堂內 박중은

▲結城廣川場대 朴熙春家

本社 告白

雜報

●歡迎欠席 최鳳俊氏가 俊昌號購入事ᄂᆞᆫ 前報에 已揭ᄒᆞ얏거니와 該艦이 元산港에 初入ᄒᆞᆫ 日에 ㅣ外國官吏紳士가 該事務諸課에 對ᄒᆞ야 齊會歡迎ᄒᆞ얏고 就中日本人도 商業에 是極力이 公益事業에 大關係된다ᄂᆞᆫ 意로 尤極讚賀ᄒᆞᄂᆞᆫ데 該港府尹은 稱病不赴ᄒᆞ얏다고 該港來人에 傳說이 有ᄒᆞ더라

●爲請捐金 畿湖興학會에셔 事務所를 前陸軍衛生院으로 移設ᄒᆞ고 再昨日下午八時에 評議會를 開ᄒᆞ얏ᄂᆞᆫ대 其內容인즉 日昨 贊務員總會時 來參ᄒᆞᆫ 各贊務員의게 捐助金을 請求ᄒᆞ기 爲ᄒᆞ야 委員拾五人을 選定ᄒᆞ얏다더라

●宮設設校 完平宮에셔 私塾을 設置ᄒᆞ고 學徒를 募集敎授ᄒᆞᄂᆞᆫ대 科程은 舊학問으로 ᄒᆞ되 必要ᄒᆞᆫ 新학問을 參互敎授ᄒᆞ고 敎師의 月俸과 학生의 應用하ᄂᆞᆫ 經費ᄭᆞ지 該宮에셔 擔當支給ᄒᆞᆫ다더라

●嘉校試才 加平郡에셔 私立嘉陵普通학校를 設立ᄒᆞ고 中小兩학科를 置ᄒᆞ야 生徒가 六拾餘名에 達ᄒᆞ야 進就之望이 有ᄒᆞ더니 不幸히 地方擾擾을 値ᄒᆞ야 財政이 自然不敷ᄒᆞ미 中학科ᄂᆞᆫ 廢止를 境遇에 至ᄒᆞ고 小학科만 僅々維持ᄒᆞ나 亦不成樣이러니 今春에 更募ᄒᆞᆫ 학徒가 卅五名이라 春期試驗을 經ᄒᆞ얏ᄂᆞᆫ데 甲班優等生에ᄂᆞᆫ 김英瑞 리起承 等이오 乙班優等生에ᄂᆞᆫ 김永준 리龍寬 리胤錫 等이오 丙班優等生에ᄂᆞᆫ 金龍山 徐十龍 等이오 丁班優等生에ᄂᆞᆫ 崔문龍 吳千福 等이라더라

●樵童夜학 通津私立汾남학校任員諸氏가 該校ᄂᆡ에 國漢日語算術 四科를 夜학으로 設始ᄒᆞ고 附近地의 樵童牧竪를 募集敎授ᄒᆞᄂᆞᆫ대 現今上학者ㅣ 四十人의 達ᄒᆞ얏다더라

●贊校試驗 去日曜日에 私立贊文학校에셔 第三回卒業試驗을 經ᄒᆞ얏ᄂᆞᆫ데 優等生에 徐貞淳 白世鎭 二人이오 及第生은 김寅東 全膺基 等 五人인데 校장 以下 任員外에 諸氏가 賞品을 給與ᄒᆞ고 來賓中 嚴俊源氏가 금十圜과 김汝植氏가 空冊一卷式을 寄付ᄒᆞ얏다더라

●夜校盛況 三和港 埠頭里에셔 夜學校를 設ᄒᆞ엿다홈은 已爲揭載ᄒᆞ엿거니와 去月月終試驗에 三十餘名 학徒中에 四人만 落第ᄒᆞ고 其餘ᄂᆞᆫ 沒數히 優等賞을 受ᄒᆞ엿다고 該港來人이 稱頌ᄒᆞ더라

●初舞干涉 尹滋榮氏가 寺동演興社에 紙貨五百圜을 補助ᄒᆞ고 家人으로 幹事ᄒᆞᆫ다ᄂᆞᆫ 事ᄂᆞᆫ 傳之者誤라더라

廣告

來日曜(陰四月拾一日)下午壹時에 通常會를 本會館에 開ᄒᆞ오니 本道人士ᄂᆞᆫ 來臨ᄒᆞᆷ

湖南學會 白

北署延恩坊弘濟院契十二統九戶草家五間文券見失인즉 誰某拾得休紙施行홈

家主 金大根 告白

本會事務所를 建春門越便前陸軍衛生院으로 移接ᄒᆞ얏사오며 本月拾日(日曜)下午壹時에 通常總會를 本事務所ᄂᆡ에 開ᄒᆞ오니 壹般會員과 有志同胞ᄂᆞᆫ 以此照亮ᄒᆞ시와 後屆期 來臨ᄒᆞ심을 望홈

畿湖興學會 告白

本會에서 通常總會原定日이 本月九日(土曜)이온데 處理ᄒᆞᆯ 事件이 浩繁함으로 演說은 停止ᄒᆞ고 本會事務所로 會員만 集合ᄒᆞ야 事務만 處理ᄒᆞ깃사오니 本會會員은 來九日(土曜)下午壹時에 本會事務所로 來臨ᄒᆞ시옵

大韓協會

本月去三日夜에 賊黨拾餘名이 突入內庭ᄒᆞ야 錢穀을 奪去ᄒᆞᆫ 同時에 本人의 筆字刻圖章을 見失이옵기 茲에 廣佈하오니 內外國人은 切勿施行ᄒᆞ시옵

平壤育龍坊楸洞 문學周 告白

校洞日語학校同窓會를 來十日(日曜)正午拾時에 紫芝동에서 設行ᄒᆞ오니 屆期光臨ᄒᆞ심을 爲要

再會費 五十錢

同窓會 幹事等 告白

ᄒᆞ와 今夢俊이가 身故後 其遺屬에 本人의 親族到ᄒᆞ엿ᄉᆞ니 外親族은 勿來觀覽ᄒᆞ시옵

京居 崔炳台

小學漢文讀本

장隱 元泳義氏 纂輯　上下二編　正價金六拾전

▲本書ᄂᆞᆫ 蒙學漢文初階를 繼續ᄒᆞ야 各種科학의 理論을 編輯ᄒᆞ고 國文으로 句讀를 明釋ᄒᆞ야 普通의 指남과 文明의 捷徑을 作홈

初等女學讀本

李源兢 著述　第壹冊　正價金三拾전

本書ᄂᆞᆫ 女학校敎科書應用키 爲ᄒᆞ야 本文은 國漢文으로 諺解를 附ᄒᆞ야 分課編輯ᄒᆞᆫ 者니 雖在家婦女라도 均可便람而增長知見홈에 必要홈

愛國偉人 葛蘇士傳

淸國梁啓超 原著　全一冊　正價金拾五錢 (國漢文)

本書ᄂᆞᆫ 歐洲風雲을 飜據ᄒᆞ고 自國獨立을 力圖ᄒᆞ던 匈亞利愛國偉人 葛蘇士의 事蹟을 網羅著輯ᄒᆞᆫ 者니 當時葛蘇士의 雄飛活躍의 經歷과 及其英雄末路의 不運을 隨ᄒᆞ야 奧匈聯邦의 雙立國體를 竟成ᄒᆞᆫ 結果를 覽컨대 可使讀者 英雄崇拜의 感想을 激起케ᄒᆞ리로다

발兌元

▲皇성中署罷朝橋越便中　中央書舖

▲皇城鍾路　大東書市

▲皇城大廣橋東邊　滙東서館

▲皇城남門內尙동　博文書館

刑事辯護와 民事代理 其他訴訟鑑定과 諸文案起草等을 迅速處理홈

中部罷橋東谷第二拾統一戶

辯護士 前檢事 朴星煥法律事務所

伸權無資力ᄒᆞᆫ 者에게ᄂᆞᆫ 無報酬로도 應홈

本人이 四年前喪失ᄒᆞᆫ 後數箇稚子를 依ᄒᆞ야 居生이옵더니 장子리인俊이가 寡居의 老母를 不顧ᄒᆞ고 靑樓之間에 掃如蕩産이온 데 今復出往ᄒᆞ야 浮浪之類와 酒色之場에 留連ᄒᆞ오니 毋論內外國人ᄒᆞ고 인俊處에 錢兩債給이라가 無至白失追悔홈

安州城內 栗北동 리召史 告白

本人이 劉남合名會社々員이러니 現方株式으로 改定홈에 因ᄒᆞ야 業上에 多事ᄒᆞ야 請願退去ᄒᆞ왓ᄉᆞ니 內外國人은 以此照亮홈

김東鎭 告白

本書市에서 各種洋학과 학徒所用物品과 학徒帽子를 製造ᄒᆞ야 廉價로 賣ᄒᆞ오니 첨君子ᄂᆞᆫ 照亮ᄒᆞ시옵

安城上場 朴南植 林柱白

●新발明梅毒령약廣告

陸軍軍醫 金상鉉 實驗方劑

落梅丹

口捐不발창病去根之령약

壹劑 五百粒 定價金 三圜

主治 梅毒(唐창) 新舊창

●瘰癧●皮膚病●便毒●貫私●淋病

已上病證자에 男女間에 不精交合ᄒᆞᆫ 後에 若疑아之端이 有ᄒᆞ야도 此약壹劑만 服用ᄒᆞ면 完無後慮ᄒᆞ고 脾胃도 健全ᄒᆞᆷ을 擔保홈

此外에도 醫療機械와 精美ᄒᆞᆫ 약材를 新備ᄒᆞ고 內外科 各色疾病을 誠心治療홈

皇城北部大安동

仁濟약房

高用진 謹白

代理店

京城鍾路　共愛堂약房

仁川港龍동　濟生堂

國內各處약局에셔 販賣홈

測量見習生募集廣告

本課에셔 測量技手見習生을 募集ᄒᆞ더니 應募코ᄌᆞᄒᆞᄂᆞᆫ 諸員은 本月貳拾八日ᄂᆡ로 履歷書와 志願書를 本課로 提呈홈

但履歷書와 志願書의 書式은 前度支部ᄂᆡ 門外에 揭示홈

年齡 貳拾歲以上三十歲以下 身體康健ᄒᆞᆫ 者를 要홈

試驗科目 算術(比例ᄭᆞ지) 作文「國한문交用」日語

試驗ᄂᆞᆫ 字六月壹日爲始

試驗場所ᄂᆞᆫ 本課門前에 臨時揭示홈

臨時財源調査局量地課

本書館에셔 學習을 廣開ᄒᆞ고 文明發達ᄒᆞ기 爲ᄒᆞ야 新舊書籍을 廉價로 發賣ᄒᆞ오니 僉君子ᄂᆞᆫ 陸續來臨ᄒᆞ심을 望홈

釜山港 東關韓興書館

金汝重 權중律

基於人道之原則ᄒᆞ고 重於正義之誠實ᄒᆞ며 以親切爲旨ᄒᆞ야 訴訟事件幷各官廳請願事件을 受依托홈

東城저洞六拾四統二戶

辯護士 東洋大학前講師 日本法律학士 木尾虎之助

世界文明產育新法

全一冊 純國文 廿五錢

十九世紀歐洲文明進化論

全一冊 國漢文 三十錢

發賣所 元寶所

●鍾路古今書海館

發賣所 京鄕有名書館

新撰理化學

朴晶東氏著

全一冊定價金三拾錢

一 本書의 目的은 小學校에 敎育ᄒᆞ기 爲ᄒᆞ야 編輯홈이라

一 理化學解說下에 簡明ᄒᆞᆫ 圖畫를 揷ᄒᆞ야 讀者의 理解홈을 便易케홈이라

一 理化學用語와 物質의 名稱은 近時代漢譯의 最著ᄒᆞᆫ 者로 採述홈이라

一 本書ᄂᆞᆫ 理化學諸家의 學說中 最簡易홈을 採ᄒᆞ야 十五章으로 編ᄒᆞ야 학徒로 ᄒᆞ야금 二個年에 熟讀케홈이니 陸續購覽ᄒᆞ시옵

발 매 所

布병下 金相萬廣學書舖

京城各處書舖

平壤鍾路耶蘇敎書々

法橋大同書觀

漢城鍾路基督敎靑年會館前慈惠藥房
製藥監査人濟衆院醫學員洪鍾厚朴慈惠李觀化告白

本人等이漢城南大門外濟衆院用ᄒ던處方으로左記諸人낙을製造ᄒ오니京鄕間遠近勿論ᄒ고此약品信用ᄒ시기爲ᄒ야前醫學校長鎔五等池錫永氏에게각方文마다議定ᄒ고有効証明書를受ᄒ고主治効能用法을詳記ᄒ야洋鉄匣紙匣琉璃瓶에封ᄒ야賣약兄弟에게利益이加有ᄒ도록본매ᄒ나이다

治痰平胃丸　男女氣血補益丸
輕腫根治膏　純金鷄蠟丸
濕腫根治膏　蛔虫浸出丸
大癰後根全瘡膏　四時感冒丸
小兒胎毒全治膏　淸明眼藥水
癘氣神効保嬰安散　消痰鎭咳藥
小兒感冒靈効散　男女瘡疾祛根藥
德國製橄痰丸　寸虫拔根藥
漢城百應膏　止足汗臭藥
洋藥乾材　止瀉調腸丸
韓醫藥唐草材　保精補精丸
西藥醫藥各種　無臭無痛藥

●大韓國新創明神藥

◉修成靈丹　各種食滯中暑久滯口臭痰飮吐瀉定價一貼十錢
◉至寶丸　治諸般痰疾不拘久遠俱有像効定價金十錢
◉靈效液　外用芳香治折瘡皮膚百發百中定價金三拾錢
◉淸眼水　治諸般眼疾有靈驗天之妙定匣[illegible]錢
◉通淋丸　治男女急慢淋疾神效無雙速效除毒壹週金五拾錢

製劑發行所　漢城南部大廣橋西邊第三家十九統三戶　共愛堂大藥房　主人白姜助淵

支店　漢성남門內共愛堂第壹支店　리春普
群山港開福동共愛堂第二支店　張麟秀
河東郡赤良面共愛堂第三支店

代理店　皇城北部大安동　仁濟藥房
仝　종路靑年會館前　慈惠藥房
仝　西部新門外石橋　普濟醫院
仁川畓峴　濟生堂　仝　和平局

此外에도東西洋각國有名賣葯과草材葯이俱備하오니葯의多少를不拘ᄒ고請求ᄒ시면小包로仰呈ᄒ게슴

簡易商業簿記學

全一冊　定價金四十五錢

本書는簿記학中最近ᄒᆞᆫ학理와精妙ᄒᆞᆫ形式을精細蒐輯ᄒ야了解케簡易ᄒ도록編述ᄒᆞᆫ者니一般商業家에不可不一次閱覽ᄒᆞᆯ者뿐아니라中等以上學校에敎科로用ᄒᆞᆯ도適當ᄒ니陸續購覽ᄒ심을望홈

발賣所　布병下　廣학書舖　洞口越便中央書館
廣橋京便匯東서館　寺동漢陽서館
鐘路　大東서市　鐘路古今서海관

韋菴先生　張志淵　著

녀ᄌᆞ독본

登鈇二冊二百七拾頁定價並六拾錢

我韓女학에不講이久矣라上等婦人에知識도虛妄ᄒᆞᆫ謬見과過ᄒ니如此ᄒ고야엇지文明國民을作成ᄒ리오挽近來二가女학의必要를絶叫ᄒ야女子학校가在々發起ᄒ나完全ᄒᆞᆫ敎科書가無ᄒ야識者에慨歎ᄒ는바라故로此書二卷은女子의知識을開발ᄒ기爲ᄒ야純國文을純用ᄒ고漢文을旁註ᄒ얏는더上卷은本國故代有名夫人의歷史오下卷은東西各國有名婦人의歷史이오니　僉君子는速々來購ᄒ시옴

발행元　김相萬
발賣所　皇城中署布屛下廣학書舖
平壤종路耶蘇敎冊ᄉ　平壤法橋大同書觀
京鄕각書舖

●大韓國新創明藥廣告

淸化新藥 淸心保命丹
●陸軍軍醫金守鉉君實驗方劑
●陸軍軍醫長洪基君有効證明
●四海衛生之術君子常備之靈藥
發行所　仁川港租界　濟生堂藥房
九十粒入金拾錢

●主治効能
●痰飮●食積●中暑中寒
●咳嗽●腹痛●水土不服
●霍亂●嘔吐●船車暈
●食傷●滯酒●口熱惡臭
▲其他諸般雜症瘟疫癘氣
●出張代賣所
京城大廣橋共愛堂大藥房
同종路漢城藥房
同梨峴洋약局　리信華
同鍾路博文書館　皇城亨
同南大門外大同運輸會社
同泥峴三丁目新井支店
同泥峴郵便局前　天佑堂
同水橋本堂出張人　리鳳林
仁川畓洞本堂出張所　金濟賢
同開城旅館　韓禹根
同寺峴和平堂　리容善
開城南門內萬物廛　박圭桓
同남門內同店　禹栢玉
同남門內冊肆　리禎鎬
同北部忠橋　具顯模
海州宗路商店　宋在瑛
同乂二房약舖　김永泰
同남門內店　리奉植
水原종路下약房　金濟九
延安邑니洋약局　洪澈文
江華종路店　尹斗鉉
同종路店　宋順五
同西門外冊肆　高成根
長湍남門니　徐敏淳
砂利院市場니客主　朴健昌
同　任允〃
同耶蘇敎堂니　리在學
黃州남門니紅門동　리東植
平壤貫日里濟生局　韓鳳儀
同館前衛生醫院　金鎭興
同大興部里　崔鎭化
同西武洞藥局　桂澤宣
同里西澗出張人　尹寅錫
鎭남浦洋동약局　김元석
同德興仁本堂出張人　吳남奎
群山港開福동　김斗鉉
安州城니洋약房　리大春
安岳邑上濟生局　林秉柱
大邱남門니刷還동　김成浩
釜山港草梁客主　金重佑
沔川郡吳동商店　朴之行
載寧邑後동洋약局　崔九圃
忠州東良面早逕　金鎭和
晉州郡관동　박致賢

●定州남門니洋약局　리錫柱
●郭山邑니永春堂　孫瀜彬
●宣川邑니冊肆　安瀛
●義州水口街　安金
●信川邑西門里洋약局　崔석浩
●郭山邑冊肆　김永植
●元山港濟生堂支店　김大鉉
●平壤新寄藥局　박致鎭
●江原道本堂出張人　박錫勳
●德川邑官동洋약局　馬彝來
●禮山용谷里　리丙斗
●其他各약店마다隨應販賣ᄒᆞᆷ
●仁川港濟生堂告白

▲特別廣告

本社에서名帖印刷를另設ᄒ고各樣活字와印刷紙本이俱備ᄒ오며印刷가精美ᄒ고價直도極廉ᄒ오되特別히一層低廉ᄒ오니僉位는來臨ᄒ시와隨意請求ᄒᆞᆷ
大韓每日申報社　告白

今現弊院에서各項事務를一層擴張하오며金銀與鐵製各樣의齒와老小間破落齒를叫齒床幷齒을隨意製造하오며拔齒與入齒時에毫無苦痛케ᄒ는技方도有ᄒ며齒科上面議는無料奉受ᄒ압는니四方僉君子는照亮ᄒ심을爲希홈
京南大門內尙洞美人蘭敎家
齒科醫士　韓大衛　告白

●國債報償總合所收入廣告
●永川支取所北安面倉下洞
金秉柱　尹炳朱　姜渭鈞
리氣和　元容必　白南基　白敎基
리明雨　金秉哲　각四拾錢
리鐘華　辛東柱　禹榮穆
各一圜　金在基　崔晩基
具宗吉　김基萬　리秉久
孫奉日　리錫乂　金洪柱
金德문　孫奎浩　林在殷
리東弼　정鎭達　정鎭斗

리學泰　리敎三　白鉉燮
리成奎　各二十錢　安致寬
辛翊守　各三拾錢　姜위文
최慶淳　朴又連　林在鉉
白洪基　各六十錢
▲牛亭洞
최世振四十錢　黃元八　皇甫坂
金德九　黃鐵奎　黃元奎
金鳳寬　金[illegible]
黃元京　金[illegible]
曾潤煥　[illegible]佑
韓[illegible]　각四十錢　崔世顯
黃貞範　金啓旭　各一圜
金鳳昊　金海龜　최翼龜
皇甫경　金한鳴　徐聖源
金봉儀　崔학基　최永俊
金俊基　朴鎭柱　金永和
崔運齡　김基祚　韓永白
리得雨　邱榮玉　金在河
최碧齡　各二拾전　鄭和奎
리聖支　金鳳佑　柳春生
黃元吉　安宗模　金相彦
金승範　각拾錢　吳道秀
八十錢
▲鏡里동
金在淑　八十錢　박盛根
張基哲　各六拾錢　金종福
金在關　各四十錢　文昌根
二拾錢

本社廣告

○申報價
一張代金　新貨二錢五錢
一個月前納　三十錢
三個月　九錢
六個月　一圜七十錢
一個年　三圜四十錢
郵稅一張　新貨五厘
一個月　十三錢

發行兼編輯人　英國人　裵說
發行所　皇城中署[illegible]洞[illegible]號
大韓每日申報社

●慈惠藥房附屬晉印社廣告　次社에서慈惠藥房東西藥業月報版出ᄒ기爲ᄒ야印刷所를設置ᄒ고數年來國문經綸ᄒ던洪鍾[illegible]
[illegible]

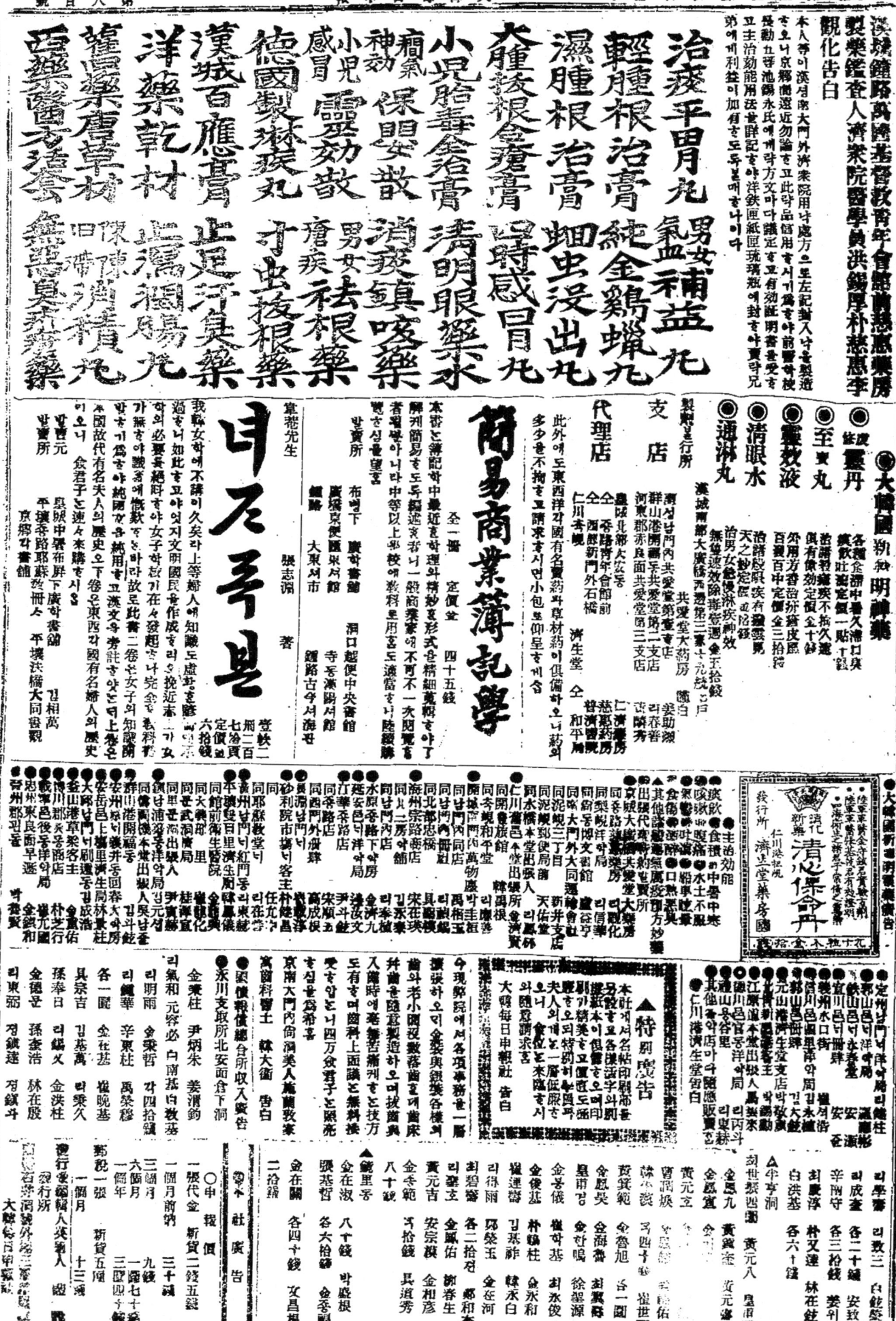

第六卷
大韓每日申報
第八百一號

月曜及慶節歲時休日刊

檀君開國四千二百四十一年
箕子元年三千三十年
大韓開國五百十七年
日本明治四十一年
淸國光緖三十四年
陰曆戊申四月大初十一日乙丑

寄書

●教育及團體　趙喆衡

世界一關에萬物이維新일시人於其間에有萬般事業이로ᄃᆡ其最重最大者ᄂᆞᆫ教育與團體가是ㅣ也라俯仰古今ᄒᆞ며溯究歷史에瞭然可徵而有雖一々枚擧일시若鄒夫子ᄂᆞᆫ千古亞聖이로ᄃᆡ三遷然後에成大儒ᄒᆞ시니以其教育也오齊桓公은當時英傑이로ᄃᆡ九合然後에匡天下ᄒᆞ얏스니以其團躰也다

然則教育ㅅ功과團體ㅅ力이豈不重且大歟아要之컨ᄃᆡ又有感於物而興思者ㅣ라以物之至愚로도馴致而猶爲所使用ᄒᆞ며團合而猶有所成立者를請爲證之ᄒᆞ리라

昔에宋之杭州西湖之山에有和靖處士(姓林名逋)ᄒᆞ니馴致兩鶴ᄒᆞ야使之報客ᄒᆞᆯ시處士每泛西湖에客至則童子應門延客ᄒᆞ고開籠放鶴ᄒᆞ면良久에處士必掉船而歸ᄒᆞ니蓋以鶴鳴으로爲客至之驗이라ᄒᆞ얏고又按海外稗史에有云ᄒᆞ되英之蘇閣格北方에有壹외士(姓名은不載)ᄒᆞ니馴致雙鴿ᄒᆞ야使之通信ᄒᆞᆯ시외士每閱人病報ᄒᆞ고往必帶同一鴿而若其病人危劇ᄒᆞᆫ境遇인즉以鉛錢으로繫鴿放送ᄒᆞ면家人이依其所錄ᄒᆞ야製藥以送ᄒᆞ고且외士用他選擇時則家人이放送他鴿ᄒᆞ야傳致緩急之事情ᄒᆞ야使외士로知之케ᄒᆞ다云ᄒᆞ엿거ᄂᆞᆯ

余ㅣ乃掩卷咨嗟ㅣ異哉라物亦靈乎ㄴ저孰謂物之愚也ㅣ오因復自심曰非其靈矣오以其馴致之쟈也로다夫物之類此者ㅣ奚啻處士鶴외士鴿乎아鷹犬之擾搏과馬牛之馳耕도亦皆馴致之功也오至於蜂之釀蜜과蟻之封垤은以其團合之力也라噫라以物之至愚로도猶可如此커든況乎以人之至靈으로教育而不爲達乎며團體而不成立乎아오不爲也언뎡非不能也로다

益當論之커ᄃᆡ人有教育團體ᄒᆞ고物有馴致團合ᄒᆞ니其奏功則壹也而實在乎時也ㅣ라失其時則不能也ㅣ니可不以時乎며可不以時乎아時之爲功이其大矣乎ㄴ저夫時者ᄂᆞᆫ難得而易失ᄒᆞㅣ며易失而莫追也라時之中者ᄂᆞᆫ得ᄒᆞ고時之違者ᄂᆞᆫ失ᄒᆞ나니此固古今之常理오人物之所同然也라教育以時ᄒᆞ며團體以時而時不違成立者ㅣ未之有也오馴致以時ᄒᆞ며團合以時而不使ᄒᆞ作成者ㅣ未之有也라聖人이有言ᄒᆞ샤ᄃᆡ苟得其養이면無物不成이오苟失其養이면無物不消라ᄒᆞ시고

里諺에有曰蹇(俗稱담뷔)成千群ᄒᆞ면虎豹不能食이라ᄒᆞ니信矣斯言也여凡爲青年强壯者ㅣ盡覺乎此而奮起哉아宜其感발懲惻ᄒᆞ며猛加奮勵ᄒᆞ야實業을益進ᄒᆞ며能力을成立ᄒᆞ면何患乎國家之不興이리오

▲隆熙二年五月九日　官報

勅令

朕이外國語학校令中改正에關ᄒᆞᆫ件을裁可ᄒᆞ야玆에頒布케ᄒᆞ노라

御名　御璽

隆熙二年五月七日

內閣總理大臣李完用
학部大臣李載崑

勅令第二十八号

外國語學校令中改正件

光武拾年勅令第四拾三號外國語학校令中左갓치改正ᄒᆞᆷ

第四條中研究科下에「又ᄂᆞᆫ速成科」의五字를加ᄒᆞᆷ

第五條中「研究科ᄂᆞᆫ二個年」은「研究科及速成科ᄂᆞᆫ各一個年」으로改正ᄒᆞᆷ

附則

本令은頒布日로봇터施行ᄒᆞᆷ

外報

●美日戰爭說　美國下議院員홉슨가本月一日에美日戰爭事件으로演說ᄒᆞ야曰現今日本에셔軍備擴張에汲々ᄒᆞᆫ則美日戰爭은畢竟免不得의事오美國海軍力이微弱ᄒᆞᆫ즉國會에셔新艦製造案은否決ᄒᆞᆷ이不可ᄒᆞ고萬若美國太平洋艦隊가回還ᄒᆞᆫ즉日本이太平양沿岸諸港에軍隊를出ᄒᆞ야侵略的態度를取ᄒᆞᆯ이明白ᄒᆞᆫ故로該艦隊ᄂᆞᆫ太平양에留駐ᄒᆞᆷ이必要가有ᄒᆞ고美國에셔日本國債三億五十萬圓을擔當ᄒᆞ고又昨年에銃七十五萬柄을日本에賣渡ᄒᆞᆫ跡에武器를借給ᄒᆞᆷ과如ᄒᆞ다ᄒᆞ야其辭意가頗히激烈ᄒᆞ얏다더라

●印度討隊派送　路透電을據ᄒᆞᆫ즉印度國境에侵入ᄒᆞᆫ阿富汗人을討伐ᄒᆞ기爲ᄒᆞ야步兵三十一大隊의騎兵拾가中隊及砲大隊四門을國境에派送ᄒᆞ얏더라

●亞富汗兵撤退　同電을據ᄒᆞᆫ則萬三千乃至一萬의亞富汗人이國境을踰ᄒᆞ야란쪽다方面의成塞를攻擊ᄒᆞ다가印度守備兵의게擊退ᄒᆞ얏다더라

●爆彈連累被縛　同電을據ᄒᆞᆫ則印度벤갈、몬쓰헐바에셔歐洲婦人의게爆彈을投ᄒᆞᆫ凶徒ᄂᆞᆫ捕縛되얏ᄂᆞᆫᄃᆡ一名은自殺ᄒᆞ얏고갈가쓰다의警察官의搜索ᄒᆞᆫ結果로二個所에셔多數의爆발物을발見ᄒᆞ얏고連累者三拾名을捕縛ᄒᆞ얏다더라

●回回教徒叛亂　路透電을據ᄒᆞᆫ則埃及平류나일副監察使를暗殺ᄒᆞᆫ回々教의僧侶ᄂᆞᆫ豫言者라自稱ᄒᆞ고一百五十餘名의部下를糾合ᄒᆞ야知事ㅣ렛기되ᄂᆞᆫ氏외率ᄒᆞᆫ壹隊의兵과衝突ᄒᆞ야三十餘名의死者를出ᄒᆞᆫ後敗走ᄒᆞ고官兵은二名의士官이戰死ᄒᆞ고知事及로ᄃᆞᆫ氏ᄂᆞᆫ負傷ᄒᆞ얏다더라

●東三省外債整理　大連電을據ᄒᆞᆫ則徐總督은東三省外債整理募集으로五百萬元의貸附를度支部에請願ᄒᆞ얏더라

雜報

●開校卒業　去月八日외ᄃᆡ셔首創ᄒᆞᆫ私立明성학堂에셔第四回卒業證書授與式을擧行ᄒᆞᆫᄂᆞᆫᄃᆡ卒業ᄒᆞᆫ학徒拾五人의게각々證書를授與ᄒᆞᆫ後또賞品을分給ᄒᆞ고萬里前程의勿以半途自足이라ᄂᆞᆫ問題로勸勉ᄒᆞ얏더라

偉人遺蹟

水軍第一偉人 李舜臣　錦頰산人

第六章　釜山海赴援　續

戎船欲發ᄒᆞ여니差送人順天水軍李彦浩가奔還稟告ᄒᆞ되南海縣의縣令及첨使가賊의聲息을聞ᄒᆞ고倉黃逃避ᄒᆞ야蹤跡을杳不知이오며公廨閭舍가擧皆荒空ᄒᆞ야烟火가蕭然ᄒᆞ고官倉穀物은四處頒散ᄒᆞ고武庫兵器ᄂᆞᆫ滿地狼藉ᄒᆞ되唯獨軍器廳外에敗者壹人이坐泣ᄒᆞ다ᄒᆞ고來報ᄒᆞ니嗚乎라此是李舜臣의一大驚痛處로다

大抵남海ᄂᆞᆫ右水營과距離가不遠ᄒᆞ야鼓角이相聞ᄒᆞ고坐立人形도歷々可數인ᄃᆡ該縣이旣已空虛ᄒᆞ얏슨즉本營도賊患이迫眉ᄒᆞ얏도다然이나本營을坐守ᄒᆞ자ᄒᆞᆫ즉四面賊勢ᄂᆞᆫ逐日大ᄒᆞ야八道人民의號呼가動地ᄒᆞᄂᆞᆫᄃᆡ將臣의名義로坐觀不救ᄒᆞ면不인이라不可爲也며各地를壹散코ᄌᆞᄒᆞᆫ則釜ㅣ援兵도單弱이莫甚ᄒᆞ야前途勝算이杳無把握인ᄃᆡ若復分兵ᄒᆞ면何以爲戰이리오不智라不可爲也로다中夜遠床에灑淚彷徨ᄒᆞ다가翌日에狀啓를上ᄒᆞ고釜山海에赴ᄒᆞ야元均을救ᄒᆞ더라

船數가賊艦百分의一이못되며兵額이賊兵千分의一이못되며器械도賊갓치精利치못ᄒᆞ며慣戰勢도賊갓치壯치못ᄒᆞ며習水도賊만못ᄒᆞ도賊만못ᄒᆞ건만只是[illegible]字로軍心을激勵ᄒᆞ야個々與賊不俱生之心으로戰途에登ᄒᆞ니板屋船이二十四隻이오挾船이拾五隻이오鮑作船이四十六隻이더라

五月四日鷄鳴에發船急行ᄒᆞ여니往々所經沿路에雙船이馬艘도夫後ᄒᆞ야遂次啓行ᄒᆞᄂᆞᆫ者ㅣ道途相繼ᄒᆞ얏스니彼皆何人고皆中時摩難ᄒᆞ야飽食暖衣ᄒᆞ고金圈玉貫으로稱太守稱督將ᄒᆞᄂᆞᆫ人物들의避亂行次이더라

第七章

◉李舜臣의初登戰(玉浦)

是日에慶尙道所非浦洋中에結陣夜宿ᄒᆞ고翌五日六日兩日에慶尙全羅兩道諸將이追後續至ᄒᆞᄂᆞᆫ者ㅣ多ᄒᆞ거ᄂᆞᆯ一處에招集ᄒᆞ야約束을再三申明ᄒᆞᆫ後巨濟島松未浦洋中에日沒經夜ᄒᆞ고七日曉山에發船ᄒᆞ야賊船留泊處로向ᄒᆞ실ᄉᆡ午時에玉浦前洋에至ᄒᆞ니斥候將金浣등이神機箭을放ᄒᆞ야前面有倭를報ᄒᆞ거ᄂᆞᆯ리舜臣이諸將을申飭ᄒᆞ야靜重如山。切勿妄動ᄒᆞ라軍中에傳令ᄒᆞ고整列齊進ᄒᆞᆫ즉倭船五拾艘가分泊ᄒᆞ얏ᄂᆞᆫᄃᆡ其船四面에畵采雜文의帳幕으로匝圍ᄒᆞ고帳邊에ᄂᆞᆫ紅白小旗를亂懸ᄒᆞ야風前에飄颺ᄒᆞ니人眼이眩擾ᄒᆞ더라

我軍將士等이一齊踴躍ᄒᆞ야抵死爲限ᄒᆞ고東西衝抱ᄒᆞ니賊徒가蒼黃罔措ᄒᆞ야逢丸着箭에流血淋漓ᄒᆞ며舟中戰物을紛々投水ᄒᆞ고登時潰散ᄒᆞ야沈溺死者를不可勝數며登陸走ᄒᆞ도能後相繼라我軍이益々奮戰ᄒᆞ야倭船數十隻을撞破焚滅ᄒᆞ니登海大洋에烟焰이漲天ᄒᆞ더라

未完

雜報

●尊號日字 眞宗 憲宗 哲宗三大王 尊號日字를陰本月十貳日로推擇ᄒᆞ야掌禮院에셔上奏ᄒᆞ얏다더라

●活動寫眞 德壽宮에셔明日에 皇太子殿下의 御動靜을搭出ᄒᆞᆫ活動寫眞會를 惇德殿에開ᄒᆞ실터인ᄃᆡ 皇族夫人과各大臣에夫人을 命召ᄒᆞ샤觀覽케ᄒᆞ신다더라

●別宮修理 安동別宮을修理ᄒᆞᆯ라다가停止ᄒᆞᆫ은已爲報道ᄒᆞ얏거니와更聞ᄒᆞᆫ즉本月晦ㅂ터또修理工役에着手ᄒᆞᆫ다ᄂᆞᆫᄃᆡ犯入家屋은七拾餘戶라더라

●一來一往 歸國ᄒᆞᆫ曾禰副統監은本月貳拾日頃에還任ᄒᆞ고伊藤統監은本月晦日ㅂ터에歸國ᄒᆞᆯ預定이라더라

○統監駁論 日昨에內閣諸大臣이伊藤統監을訪問ᄒᆞ얏더니伊藤統監이地方騷擾에對ᄒᆞ야鎭撫ᄒᆞᆯ方針을各其意見으로提出ᄒᆞ라ᄒᆞ얏더니각大臣이答曰現今蒼卒間에意見을提出ᄒᆞ기가甚히不便ᄒᆞᆫ즉各其歸家ᄒᆞ야硏究ᄒᆞᆫ後意見書를提出ᄒᆞ깃다ᄒᆞᆫ즉伊藤統監이一場論駁ᄒᆞ야曰我가歸國ᄒᆞ얏다가渡來ᄒᆞᆫ지于今幾朔에有何所成이며又況如此重大ᄒᆞᆫ事件을尙未研究ᄒᆞ얏스니如此ᄒᆞ고엇지國務大臣의職分을다ᄒᆞ얏다ᄒᆞ리오하얏다더라

●日語有等 韓國官吏中日語를能通ᄒᆞᄂᆞᆫ者ᄂᆞᆫ日本官吏와如히手當金을贈給ᄒᆞ기로內閣에셔會議ᄒᆞ야統監府에同意를表ᄒᆞ얏다ᄂᆞᆫ事ᄂᆞᆫ昨報와如하거니와該案을統監府에셔承認하야度支部에셔預算外로支出ᄒᆞᆫ다ᄂᆞᆫᄃᆡ日語程度를三等에分ᄒᆞ야一等에十圜이오二等에八圜이오三等에六圜으로定ᄒᆞ얏다더라

●학大宴會 拾一日下午六時에학部大臣李載崑氏가日本人俱樂部에셔晩餐會를設ᄒᆞ고각高等官을請邀接待ᄒᆞᆫ다더라

●德宮抽籤 각皇族夫人과각大臣의夫人들이昨日上午拾二時에德壽宮에會同하야抽籤會를設行ᄒᆞ얏다ᄂᆞᆫᄃᆡ抽籤物品은夫人의日用物品이라더라

●建費請撥 北間島駐在ᄒᆞᆫ警官에官舍建築費一萬五千圜을支撥ᄒᆞ라고ㅂ部에셔度支部로照請ᄒᆞ얏다더라

●金融規則 度支部에셔金融機關監督規則拾一條를制定ᄒᆞ야各銀行과各財務署에分給ᄒᆞ얏다더라

●恤金豫定 來頭地方에出役ᄒᆞᆫ警視中에義徒에게被害之患이有ᄒᆞ면三千圜恤金으로地方官이被害ᄒᆞ면二千원恤金을支給ᄒᆞ기로決定ᄒᆞ얏다더라

●走爲上策 全南光州守備隊通譯으로下去ᄒᆞ얏던趙要照가初到之日에義兵과日兵이接戰되야警察署와財務署及取扱所를打破ᄒᆞ며死傷도有ᄒᆞ얏ᄂᆞᆫᄃᆡ허시ᄂᆞᆫ脫身上京ᄒᆞ얏다더라

●外人居地徵稅 外國人居留地에在ᄒᆞᆫ地稅徵收入에關ᄒᆞᆫ規則을度支部에셔條定ᄒᆞ야各財務監督局及財務署에訓令ᄒᆞ얏다더라

●永濱賞金 度支部關稅總長永濱盛三이가功勞가頗有效勞ᄒᆞ다고賞與金三千圜을支給ᄒᆞ얏다더라

●留학生應試 내部에셔郡主事와地方通譯官을試取ᄒᆞᆫ다ᄂᆞᆫ事ᄂᆞᆫ前號에已揭어니와于今十餘日에應試ᄒᆞᆫ者가六十餘名이라ᄂᆞᆫᄃᆡ就中에日本에留학ᄒᆞᆫ者ㅣ多數ᄒᆞ다더라

●自治制任員 漢城ㅂ에自治制를實施ᄒᆞᆫ다ᄂᆞᆫ事ᄂᆞᆫ前報와如하거니와再昨日下午一時에漢城府尹張憲植씨와其他各社會有志紳士諸氏가남署公동石鼓壇內에會同ᄒᆞ야自治方針을爛商議決ᄒᆞᆫ後에會長은兪吉濬氏로副會長은趙鎭泰氏로會計ᄂᆞᆫ韓相龍씨로定ᄒᆞ얏다더라

●運動任員組織 今番官私立學校春季聯合大運動時에職員을學部에셔決定ᄒᆞ얏ᄂᆞᆫᄃᆡ會장副會長은昨報와如ᄒᆞ고其職員은司令長은리晩奎오副長은小三彦治오司令員은리完應金公植山口登耶矢部美奎정永澤等이오審判장은외本榮吉이오副장은洪鍾健이오審判員은增戶鶴吉金俊珠等六人이오褒賞長은閔建植이오副長은澁谷元良이오施賞員은리應完等三人이오警護長은本田常吉이오副장은靑田節이오警護員은文書課全部及立芝은全璨旭等이오衛生長은김寅基오副長은大韓의院敎育部장이오衛生員은編輯局全部朴承혁이오接待장은金恩重이오副장은上村正已오接待員은秘書課員全部오會場장은會計장은金한奎오會場副장은石原鎌太郎이오會計副장은道田猶太郎이오會計員及會場員은會計課全部建築掛全部外五人이오運動準備장은李敎應이오副장은朴成圭오運動準備員은朴稚祥及七人인ᄃᆡ總務部ᄂᆞᆫ각장及副장으로組織ᄒᆞ얏더라

●斃殺立保 全남討伐隊로出張ᄒᆞ얏다가中丸ᄒᆞᆫ警部김鍾鉉氏가大韓의院에셔治療ᄒᆞᆫ다ᄂᆞᆫ說은前報에已揭어니와中丸ᄒᆞᆫ히氏左股에骨節이受傷ᄒᆞ야完合이容易치아니ᄒᆞ야히股를割去ᄒᆞᆯ터인ᄃᆡ保證人이有ᄒᆞᆫ然後에割股ᄒᆞᆫ다하야主事權某氏가保證ᄒᆞ고김警部와左脚을割去ᄒᆞᆫ다더라

●果有是事 釜山港商務會議所ᄂᆞᆫ原來名譽가顯著ᄒᆞᆫ社會인故로國內有志人士의愛護ᄒᆞᄂᆞᆫ바러니今남來人의傳說을聞ᄒᆞᆫ즉該港客主ᄒᆞᄂᆞᆫ김鑾五가昨年社장으로在任時에上京者事費라稱하고本社錢八百圜을犯用ᄒᆞᆫ故로方今該社員이裁判中이라ᄒᆞ고또今春에至하야十三客主를衝動ᄒᆞ야該會議所를反對ᄒᆞ매社會에妨碍가不少라고하더라

●仲媒所實業 金山郡金市ᄂᆞᆫ嶺南大都會處라一年ㅂ牛疋買賣가不下三十餘頭인ᄃᆡ近來에牛疫이滋蔓ᄒᆞᆷ憂慮가有ᄒᆞ야諸氏가發起ᄒᆞ고金二千餘圜을鳩聚하야毛牛매賣仲媒所를設立하고獸의를延聘하야牛疫豫防法을永久히實施한다고該郡來人의傳說이有ᄒᆞ더라

●餘忿已解 北署孟峴居前技師洪淳奎安洞居前副尉吳直善前稅務官權重喆三氏ᄂᆞᆫ再昨日에該洞某色酒家에셔飮酒大醉하야權吳兩人이洪氏를毆打ᄒᆞ야眼胞가重傷ᄒᆞᆫ故로洪씨가北部警察署에呼訴ᄒᆞ야히兩시를捉囚ᄒᆞ얏더니洪시가히署에更爲請願ᄒᆞ야히兩시를無事放送케ᄒᆞᆷ을懇請ᄒᆞᄂᆞᆫ故로히署에셔洪시를說諭放送ᄒᆞ얏다더라

●花寺賊警 日昨에東小門外花溪寺에賊黨拾餘名이突入ᄒᆞ야佛器與寺汁物三千餘圜價値를奪去ᄒᆞ얏다더라

●光郡義擾 光州來信을據ᄒᆞᆫ즉本月五日에義徒千餘名이光州郡에突入ᄒᆞ야財務署郵便取扱所分派所外他公廨를打破無餘에一般民情이現今數々中이라더라

●新葉歷史 前中樞院副議장成岐運氏가東國歷代라題ᄒᆞ고檀箕以來로現今ᄭᆞ지地區沿革理由와帝王의更秩事狀을纂緝하야知舊間壹件式分給ᄒᆞ얏다ᄂᆞᆫᄃᆡ備考에大段便利緊要ᄒᆞ다더라

●慈善會風流 寺洞演興社에셔慈善婦人會의慈善目的이感發ᄒᆞ야每晩捐助ᄒᆞ기로慈善捐助四字를旗上에書ᄒᆞ고舞童과風樂을同慈善會館에派送ᄒᆞ야一場遊戲하얏다더라

●遊성淸潔 大邱城ㅂ에淸道居리정희氏가巨額을自當하야淸潔点燈會社를本郡南門內長洞에設立하고募軍을雇入ᄒᆞ야晝則道路를淸潔하고夜則各洞口에張燈ᄒᆞ야淸潔에大端注意ᄒᆞᆫ다고該郡來人이稱頌ᄒᆞ더라

●華校基金 端川郡利下社에셔養士契를設立ᄒᆞᆫ지于今八十餘年이더니年前區域分合時에該社中五洞이城津郡으로劃付ᄒᆞ미該契錢을分散ᄒᆞᆯ際에該郡守鄭문卿氏가社中人士를善喩ᄒᆞ야華重學校를設立ᄒᆞ고該契錢으로校中基本金을補立ᄒᆞ고靑年子弟를敎育ᄒᆞ미該郡士人이莫不稱頌ᄒᆞᆫ다더라

▲地方消息▼

▲去月貳十九日에靑松郡縣東面에셔義將崔戊執의率ᄒᆞᆫ義兵約六十名이日巡査六名及日守備兵四名과衝突ᄒᆞ엿다ᄒᆞ고

▲去月二拾八日에麗州郡竹浦面池洞에義兵拾餘名이來襲ᄒᆞ야히郡居日人高田德藏을殺害ᄒᆞ고전二百元과其他商品衣服等物을奪去하얏다ᄒᆞ고

▲去月二拾九日에永春郡東谷面下院동附近에셔義兵約六拾名이忠北駐在日巡査四名及日守備兵四名과壹時間을交戰ᄒᆞ다가義兵은事越地方으로退却ᄒᆞ엿다ᄒᆞ고

▲今月二日豐川郡夢今浦江岸에日本漁夫二名이魚餌를採取ᄒᆞ다가義兵의過去ᄒᆞᄂᆞᆫ것을望見ᄒᆞ고畏㥘逃走ᄒᆞ얏다ᄒᆞ고

▲本月一日孟山郡學泉面附近에셔義徒數拾名이日巡查와交戰ᄒᆞ얏다ᄒᆞ고

▲去月廿八日에咸平郡大化面에셔數拾名義徒ᄂᆞᆫ日巡查幾名과接戰ᄒᆞ얏다ᄒᆞ고

▲本月三日報恩郡東北方約四里에셔義兵二十餘名이히郡日守備隊와接戰하얏다더라

東京電報 八日發

●兩聯隊渡韓 韓國暴徒鎭定ᄒᆞ기爲ᄒᆞ야日本熊本縣과北海道의셔二箇聯隊를派送ᄒᆞᆯ터인ᄃᆡ來十五日에出發ᄒᆞᆯ터이라더라

●駐露公使館改稱 五月一日부터露都에在ᄒᆞᆫ日本公使館을大使館으로改定하얏더라

▲疑山壹抹▼

▲漢陽山川指點하니御風花雨沉陰天에時局事가葬換ᄒᆞ야九疑山이連綿ᄒᆞ니萬目眩惑難辨일세

▲ᄒᆞᆫ편을指點ᄒᆞ니政海壹帶風濤가乍起乍滅未靜이라有力家에日防ᄒᆞ야百方運動秘密ᄒᆞ나東天壹片黑雲中에不測風雨安知ᄒᆞᆯ가九疑山이놉혓고나

▲또ᄒᆞᆫ편을指點ᄒᆞ니謀孽時機窺察ᄒᆞ고揚臂扼腕得意ᄒᆞ야黨派分裂鼎峙ᄒᆞ고各自以爲大將하니未知鹿在誰手로다九疑山이놉혓고나

▲또ᄒᆞᆫ편을指點ᄒᆞ니府部院廳더官吏ᄂᆞᆫ生疎ᄒᆞᆫ人物日增ᄒᆞ니多數月銀不足ᄒᆞᆫ가家舍費를增撥이라事務處理主管ᄒᆞ니이政治가엇지될가九疑山이놉혓고나

▲또ᄒᆞᆫ편을指點ᄒᆞ니拓殖社를設立이라더監督이누구런고渠亦韓國人種으로安忍樂爲此事런고壹幅山河浮沉ᄒᆞ니來頭事가엇지될가九疑山이놉혓고나

▲또ᄒᆞᆫ편을指點ᄒᆞ니地方官吏擇用ᄒᆞᆯᄯᆡ許多規則提議터니郡守奏本頒布되미面々相顧辨論ᄒᆞ니只是舊樣人物이라何等人材擇用인지九疑山이놉혓고나

▲또ᄒᆞᆫ편을指點하니日人敎師延聘ᄒᆞ야各學校에排置ᄒᆞ다日語課程添設ᄒᆞ야外他학問且置ᄒᆞ고語학에만專力ᄒᆞ니敎育方針이ᄯᅥᆫ인지九疑山이놉혓고나

▲또ᄒᆞᆫ편을指點ᄒᆞ니生面警吏彌滿ᄒᆞ야閭閻間에橫行ᄒᆞ니風土物情各殊ᄒᆞ니民間疾苦엇지알고罪犯有無不辨ᄒᆞ니生靈保護잘될ᄂᆞᆫ자九疑산이놉혓고나

▲또ᄒᆞᆫ편을指點ᄒᆞ니各社會가成立ᄒᆞ미團結登心希望터니此劣彼優相較ᄒᆞ야越視秦瘠ᄒᆞᄂᆞᆫ고나只增一會奔忙하나이社會가엇지될가九疑산이놉혓고나

▲또ᄒᆞᆫ편을指點ᄒᆞ니形形色色더服色은半韓半日淆雜ᄒᆞ다살쭉鏡에短杖집고얏을얏을가ᄂᆞᆫ貌樣太和魂에노ᄂᆞᆫ고나이世上이엇지될고九疑산이놉혓고나

雜報

●會費醵收 昨日下午六時에韓日兩國人中日本法政大學校卒業諸氏가度支部次官荒井씨家에會同하야校友會를開하다는說은已報와如커니와會費는每名에五十錢으로定하고演說은石鎭衡씨가하엿다더라

●爲選會頭 商業會議所任員이甚京孫에서宴會를開하엿다는事는昨報와如하거니와該宴會內容인즉該所會頭洪肯燮氏請願하代에會頭를選擧하기爲홈이라는데會頭는趙鎭澤氏로副會頭는白潑洙氏로選任하얏다더라

●牧童新校 廣州慶安面總谷셔牧童학校를設立하고該洞儒童三十二人을募集하는데科程은國文漢文과算術及啓蒙編等書籍으로先爲教授하야期於進就發達홈으로附近隣里가響應從風하고漢山학校에서도別設一校를하야數十人의童을招集開학케하고前校里에서는三十四人을募集하하며驛村서도四拾三人을招集設校하매四處에牧童학校가蔚興하다고該郡來人이稱頌하더라

●漢校興旺 廣州慶安面胎峯漢山학校는設立한지數年인대昨秋에義援를經한後에校樣이蕭索한故로幾乎廢校터니今年二月에尹璨哲尹主鉉兩教師를延聘하야熱心教育함으로학徒가八十餘員에達하얏다고該郡來人이稱頌하더라

●玫校落成 河川비芳小合德天主堂의佛國宣教師慶元善氏는乙巳年分에渡韓하야不但天主教에熱心이라自昨年으로허村의玫瑰학校를設立하야生徒가六十名에達하미校舍가俠窄하야三月에一학校를宏壯히設創하고本月晦日에落成式을擧行하는대校長은該郡守朴芝勝氏인대학徒의開明前道를登壇演說하미來皆喝采하야盛况을呈하엿다고該郡來人이稱頌하더라

廣告

●咸興曾昌학校義捐諸氏名錄

高錫奎紙貨拾圓 최龍진 金晋煥 각二圓 權昇經 徐학默 尹昇模 尹斗鉉 리榮식 吳明根 洪基鎬 金舜命 朱璣欽 吳然謨 韓鎬봉 각壹圓 김夔周 六十전 김鶴權 김在河 宋永近 각五拾젼 鄭在弼 二圓

咸興郡西古川吉村

陰四月九日夜十時四拾分釜山行車에人之下來上去紛擾時에何許日人이압헤서몸을비々면서가지아니하는것슬尋常히알고올나가서본즉事에속에지갑이업스오니其中所有物은扶濟前府尹金敎獻氏의致府海望亭後坪蘆田證明書壹張과同씨月銀推覓條釜山第一銀行三百五圓票壹張과同氏가金壹千圓價用홀票壹張을잃어삽고其外細瑣者紙片은未能盡記이오니內外國僉君子는照亮홈

東萊府主事金鐘斗 告白

本郡普通학校教員崔璟烈씨親務餘暇에本校日語課를名譽教授하오니該氏의教育熱心은一境이讚頌이옵기玆에廣布홈

北靑私立普成學校 告白

正三品白仁洙名字를以元爕改行하오니知舊間 照亮홈

白元爕 告白

林山下面大上里居申命求는吉求로字의汝道는義叔으로改正하오니知舊間以此照諒홈

申吉求 告白

本人이去月晦內에珊瑚자지揷花沸手조나뷔에三色金三種東部蓮橋典當局丙二号票를路中見失하얏스오니誰某拾得하야도休紙施行홈

安城石井洞李種漢 告白

補益水大발매

보의슈는미국인왕보씨가제인외요스홈을연구하야이약을발명하얏는데부족증뇌점병자지못하는병도한중허한중적병속병증병후오증소티리질락리후에대입신효하오

發賣所는京성남門內尙洞 박文書館

◎測量見習生募集廣告

本課에서測量技手見習生을募集홀터이니應募코자하는諸員은本月貳拾八日니로履歷書와志願書를本課로提呈홀事

但履歷書와志願書의書式은度支部니中門外에揭示홈

年齡 貳拾歲以上三拾歲以下身體康健한者를要홈

試驗科目算術(比例까지)作文「國한문交用」日語

試驗日字六月壹日爲始

試驗場所本課門前에臨時揭示홈

臨時財源調査局量地課

校洞日語학校同窓會를來十日(日曜)上午拾時에桑芝동에셔設行하오니屆期光臨하심을爲要

再會費 五十錢

幹事等 告白

同窓會

小學漢文讀本

장陵 元泳義氏 纂輯 上下二編 正價金六拾젼

▲本書는蒙學漢文初階를繼續하야各種科學의理論을編輯하고國文으로句讀을明釋하야普通의指남과文理의捷徑을作홈

初等女學讀本

李源競 著述 第壹冊 正價金 三拾젼

本書는女學校敎科書應用키爲하야本文은國漢文으로詳解를另附하야分課編輯한者니雖在家婦女라도均可便람而增長知見홈에必要홈

愛國偉人

葛蘇士傳

淸國梁啓超 原著 全一冊 正價金拾五錢 (國漢文)

本書는歐洲風雲을震撼하고自國獨立을力圖하던匈亞利愛國偉人葛蘇士의奇蹟을網羅著輯한者니當時葛蘇士의雄飛活躍의經歷과及其英雄末路의不運을隨하야奧匈聯邦의雙立國體를竟成한結果를觀케에可使讀者英雄崇拜의感想을激起케하리로다

발兌元

▲皇성中署廣明橋越便中 中央書館

▲皇城鍾路 大東書市

▲皇城大廣橋東邊 滙東서館

▲皇城남門內尙동 博文書館

刑事辯護와民事代理其他訴訟鑑定과諸文案起草等을迅速處理홈

中部寺洞東谷第二拾統二戶

辯護士 前檢事 朴星煥法律事務所

伸權無資力한者에게는無報酬로도應홈

來日曜(陰四月拾一日)下午壹時에通常會를本會館에開하오니本道人士는來臨홈

湖南學會 白

●新발明梅毒당약廣告 陸軍軍醫金당鉉實驗万劑

落梅丹

口唇不발창病去根之명약

壹劑五百粒定價金三圓

主治 梅毒(唐창)新舊창 ●瘰癧●皮膚病●便마寶私●천病

已上病證外에男女間에不精交合한後에若疑아乙ㅣ이有하야도此약壹劑만服用하면完無後慮하고脾胃도健全함을擔保홈此外에도醫療機械와精美한약材를新備하고內外科각色疾病을誠心治療홈

皇城北部大安동

仁濟약房 高用진 謹白

代理店

京城鍾路 共愛堂약房

仁川港龍동 濟生堂

國內各處약局에서隨應販賣홈

本人이四年前喪夫한後數箇稚子를依하야居生이옵더니장子인俊이가寡居의老母를不顧하고商業之間에揮如蕩産이온대今復出往平壤하야浮雜之類와酒色之場에留連하오니母論內外國人하고인俊處에錢兩債給이라가無至白失追悔홈

安州城內栗北동리召史 告白

本書市에셔각種洋약과학徒所用物品과학徒帽子를製造하야廉價로賣하오니첨君子照亮홈

安岳上場海서書市林景柱 白

基於人道之原則하고重於正義之誠實하며以親切爲旨하야訴訟事件과各官廳請願事件을擔受依托홈

京城저洞六拾四統二戶

辯護士 東洋大학前講師 日本法學士 木尾虎之助

世界文明產育新法

全一冊純國文卄五錢

十九世紀歐洲文明進化論

全一冊國漢文三十錢

元賣所 鍾路古今書海館

支賣所京鄉有名書館

本會事務所를建春門越便前陸軍衛生院으로移接하얏사오며本月拾日(日曜)下午壹時에

通常總會

를本事務所내에셔開하오니壹般會員과有志同胞는以此照亮하신後屆期來臨하심을望홈

畿湖興學會 告白

釜山港東關韓興書館 金汝重 權중律

本書館에셔民智를廣啓하고開明發達하기爲하야新舊書籍을大발賣하오니僉君子은陸續來臨하심을望홈

●撰理化學

朴晶東氏著

全一冊定價金三拾錢

一 本書의目的은小學校에敎育하기爲하야編輯홈이라

一 理化學解說下에簡明한圖를揷하야讀者의理解홈을便易케홈이라

一 理化學用語와物質의名詞는近時代漢譯의最著한者로採述홈이라

一 本書는理化學諸家의學說中最簡易홈을採하야十五章으로編하야학徒로하야금二個年에學讀케홈이니陸續購覽하시옵

發賣所

布屛下金相萬廣學書舖

京城各處書舖

平壤鍾路耶蘇教書々

法橋大同書觀

◉國債報償總合所収入廣告

◉永川支取所北安面柳下洞

尹士안 리光厦 崔鶴壽
리奎潤 朴秀氷 김英連
朴任인 崔인述 朴在天
金斗信 김秉海 리相和
各五十四錢 리正燮 리光幹
리在樹 각八拾四錢 崔敬洙
二十錢 朴斗碩 馬道汝
權琪ㄴ 리述伊 金慶烈

鄭振甲 金元伊 金斗河
김聖淑 崔且祥 各三十六錢
金龍浩 許有哲 金述伊
김世林 리宇模 리相玄
리인基 各一拾四錢 安斗和
김聖안 各六十六錢 리奎默
리奎植 蔣元植 각一圜二十錢
최甲述 朴敎英 金斗根
각三十錢 閔基玄 五・六錢
리春植 리潤榮 각六十錢
리述伊 최道一 각八錢
김斗應 김厚卜 各十錢
權敬敎 各拾八전

◉新村동
김興奎 曹弘承 최翼柱
각六十錢 崔世柱 孫錫泰
曹翰承 김敎文 金時문
리氷奎 權敎宇 김錫重
각四十전 김錫幹 리海奎
김國柱 崔龍守 各二十錢
리己龍 三十錢

◉釣巖동
리元伊 五十전 梁孫伯
大ㄱ錢 리述祚 四拾錢
리ト乃 최悅進 各二拾錢
리斗平 拾錢

●本社廣告

○申報價
一張代金 新貨二錢五錢
一個月前納 三十錢
三個月 九錢
六個月 一圜七十錢
一個年 三圜四十錢
郵稅一張 新貨五厘
一個月 十三錢

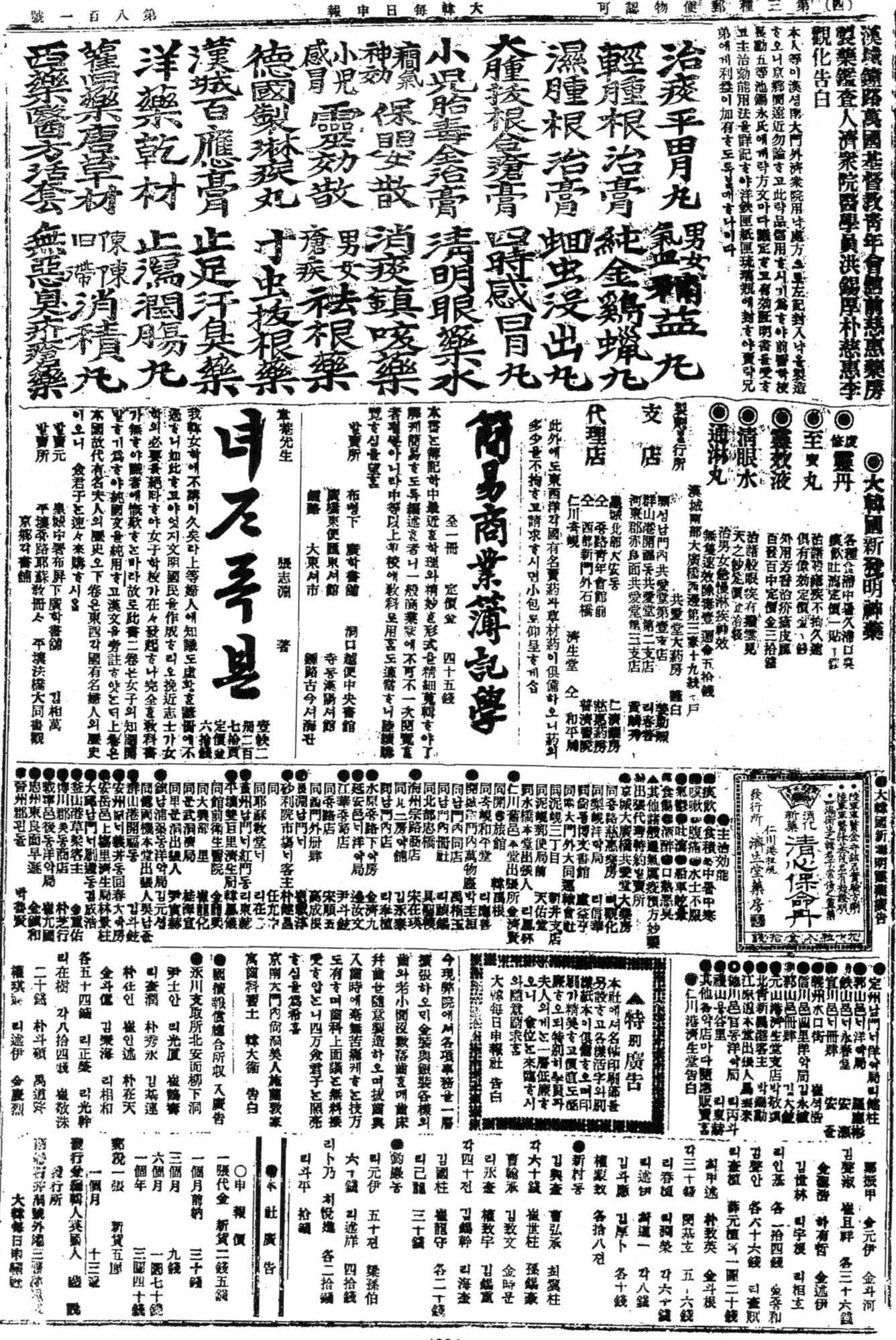

發行兼編輯人 英國人 裵說
發行所 漢城南署外瑞三洞
大韓每日申報社

大韓每日申報

第六卷

第八百貳號

月曜及慶節歲時日休刊

檀君開國四千二百四十一年
箕子元年三千三十年
大韓開國五百十七年
日本明治四十一年
淸國光緒三十四年
陰曆戊申四月大十三日丁卯

寄書

◀代幾湖山川愧無一南相鶴

湖南生

三角山이巍巍하고漢江水가湯湯ᄒ니五百年來로此間에時代驕兒들幾個나產出ᄒ얏던가三相六判에鐘鳴鼎食의華族이幾百家며千倉萬箱에衣子乘肥의富客이幾千戶며梅花萬國桃竹殘年에吟風批月ᄒᄂᆞᆫ者、幾多才子며虞舜深衣魯人章甫에談心說性ᄒᄂᆞᆫ者、幾個名儒런가北村小兒가口尙乳臭하더라도金貫玉圈의頭啣에例到ᄒ며南隣驕童이目不識丁ᄒ더라도翰林館閣의文任이自來ᄒ고四體不勤ᄒᄂᆞᆫ某家子弟도粱肉이津津ᄒ며十指不動ᄒᄂᆞᆫ某邑의女嬌도衣服이燦燦ᄒ야幾湖人의偏榮을受ᄒ고獨樂을享ᄒᆷ이如此하얏스니幾湖山川의顏色이正好ᄒ얏더ᄂ

噫乎라幾湖山川이여幾湖人의安榮은與ᄒ고智慧ᄂᆞᆫ能與치못ᄒ얏ᄂᆞᆫ가國家가第二地位에陷ᄒ며人民이大千塗炭에遭ᄒ야半於장於ᄒᆫ一片故鄕地도何人이鳩居ᄒᄂᆞᆫ지不知ᄒ며歎斯哭斯하ᄂᆞᆫ三間茅屋도誰ᄒᆫ테鶉奪ᄒᆯ지不知니

此日此時를當ᄒᆫ者、眼을擧하야江山의風景을作察ᄒ며耳를傾ᄒ야內外의消息을作聽ᄒ면木石의頑으로도必感ᄒ지며蚯蚓의蠢으로도必動ᄒᆯ지어ᄂᆞᆯ彼甚甚者幾湖人들은神經이遲鈍ᄒ야然ᄒᆫ지思想이薄弱ᄒ야然ᄒᆫ지一點熱血이無ᄒ야然ᄒᆫ지一般葬性이無ᄒ야然ᄒᆫ지或令名勃勃ᄒ던皇室懿親으로셔洋洋妓樂에장夜半飮이나是樂ᄒ며或寵光赫赫ᄒ던朝家戚臣으로셔津津富樂에畢生兎子나是圖ᄒ고其他豪富家實業家子弟들의溟擲ᄒᄂᆞᆫ金錢이靑樓酒肆에幾萬錢이며骨牌花套에幾千金이며協律社圓成ᄒ며觀光에幾十錢이며新興寺永道寺春遊에幾拾圓이라此等浪子들業에ᄂᆞᆫ吝色이毫無ᄒ되唯獨公益捐助에至하야ᄂᆞᆫ搖首不可라ᄒᄂᆞᆫ者 又幾多인지不知ᄒᆯ지니嗚乎라幾湖五拾餘郡에壹個南相鶴氏가無ᄒᆫ가

남相鶴氏가前日에ᄂᆞᆫ비록春川巨富로見稱하얏스나中間虧敗ᄒᆫ것이亦不少ᄒ야而今에ᄂᆞᆫ一中產家에不過ᄒ다ᄂᆞᆫ데再昨日關東學會評議會에셔毅然히一千圓을捐出ᄒ야該會의前途를維持케ᄒ며該道의人士를感奮케ᄒ얏다니吾儕가此에對ᄒ야祝賀를不勝ᄒ거니와更聞ᄒᆫ즉此回會議에參與ᄒᆫ人士가草草三拾人에未滿하고又其資本家라稱ᄒᆯ人이絕無僅有ᄒᆫ듸居然壹千五百餘圓이收合되얏다니關東人의從此大飛躍을豫言者邵康節을不待ᄒ야可推ᄒᆯ바니壹隅僻地의關東으로도此日이乃有ᄒᆫ뎌嗚乎라幾湖五拾餘郡에壹個南相鶴氏가尙無ᄒᆫ가

謝會發起ᄒᆫ지가不多日이며聚合ᄒᆫ人員이不多數로ᄃᆡ乃者如此巨捐이有ᄒᆫ즉關東人의公德心은此에可見ᄒᆯ지니從此로此等公益에身을獻ᄒᄂᆞᆫ者ㅣ接踵相繼ᄒ야關東山川이新面目을快呈ᄒᆯ지니嗚乎라幾湖五十餘郡에ᄂᆞᆫ壹個南相鶴氏가尙無ᄒᆫ가

雖然이나幾湖ᄂᆞᆫ壹國人物의淵藪며政治實業의中堅이니吾且幾湖를爲ᄒ야解嘲ᄒ야曰三年不飛ᄒ고將冲天ᄒ며三年不鳴ᄒ고將驚人이라云ᄒᆷ이何如오

官報

△隆熙二年五月拾壹日 官報

△度支部訓令第三十七號

各財務監督局
各財務署

外國人居留地에서地稅及雜入을徵收事務取扱規程은左와如히定ᄒᆷ

隆熙二年五月一日 度支部大臣 高永喜

外國人居留地에在ᄒᆫ地稅及雜入徵收事務取扱規程

第壹條 外國人居留地에在ᄒᆫ地稅、地稅息納利子及土地競賣代金의徵收事務ᄂᆞᆫ本規程에依ᄒ야處理ᄒᆷ이可ᄒᆷ

第二條 前條地稅其他의收入이有ᄒᆫ時ᄂᆞᆫ日本國理事官에서各項의收入金額을所轄財務署長에게通知가有ᄒ리니財務署長은此通知에基ᄒ야韓國政府의收入이될金額을調定ᄒ야日本國理事官又ᄂᆞᆫ居留地會에對ᄒ야納入告知書를發ᄒᆷ이可ᄒᆷ

第三條 歲入科目은左開에依ᄒ야整理ᄒᆷ이可ᄒᆷ

款	項	目
租稅	地稅	居留地地稅
雜收入	雜入	地稅息納利子
		土地競賣代金

第四條 徵收簿ᄂᆞᆫ每日에口座를分ᄒ야整理ᄒᆷ이可ᄒᆷ

第五條 財務署長은別紙第一號樣式에依ᄒ야外國人居留地地稅及雜入徵收報告書를製ᄒ야收入이有ᄒᆫ時ᄂᆞᆫ每翌月五日을限ᄒ야所轄財務監督局長을經由ᄒ야本大臣에게提出ᄒᆷ이可ᄒᆷ

第壹號樣式

隆熙何年度何地外國人居留地地稅及雜入何月條徵收報告書 樣式畧ᄒᆷ

外報

●埃及紛擾 路透電을據ᄒᆫ則埃及平류나일部에統監察을暗殺ᄒᆫ者ᄂᆞᆫ同地方의回回敎酋長인ᄃᆡ自稱豫言者라ᄒ고百五拾名의前僧兵을集合ᄒ얏ᄂᆞᆫ되知事멧킨숀氏가秩序를回復ᄒ기爲ᄒ야壹隊兵을率ᄒ고同地에到ᄒ야攻擊ᄒ얏스나反히擊破ᄒᆷ을被ᄒ야逃走ᄒᆫ지라此로因ᄒ야二拾五名의僧兵及貳名의埃及士官이戰死ᄒ고知事及도간씨ᄂᆞᆫ負傷ᄒ얏다더라

●米日戰爭說 倫敦電을據ᄒᆫ則米國홉손大佐가論曰米日이開戰되면米國이必然大敗ᄒᆷ을當ᄒ리니即太西太平兩岸에兵力의優勢를占有ᄒᆷ이米國의義務라ᄒ얏더라

●米富鐵道自擔 同電을據ᄒᆫ則米國大富록子헤리氏ᄂᆞᆫ黑龍江鐵道를擔負ᄒ고五年以內로此를敷設ᄒᆯ事件에就ᄒ야俄國과商議中인ᄃᆡ技師若干名은踏査하기爲ᄒ야旣爲出발ᄒ얏다더라

●極東再圖 倫敦電에ᄒ얏스되俄國新聞紙에曰俄國이年前極東에서禍敗를當ᄒ야其利益을毀損ᄒ얏스나今將再次勢力을占코져ᄒ다ᄒ얏다더라

偉人遺蹟

水軍第一偉人 李舜臣

錦頰산人 續

第七章

◉리舜臣의第壹戰(玉浦)

登山賊을搜捕ᄒᆯ라다가山形이險峻하고樹木이鬱茂ᄒ야容足ᄒᆯ地가無ᄒᆯ뿐더러日勢가又暮ᄒᆷ으로不得已永登浦前양에退駐ᄒ야經夜ᄒ기를計圖ᄒ더니申時量에倭大船五隻이與來ᄒ야距離不遠處에서飄漾ᄒ거ᄂᆞᆯ即時合浦前양에追擊大破ᄒᆫ後昌原海鹽浦前양에서經夜ᄒ고初八日早朝에鎭海古里梁에서倭船이留泊ᄒ얏다ᄂᆞᆫ報道가來ᄒᄆᆡ即時發船ᄒ야固城赤珍浦에서倭船拾三隻을見하야襲擊이突掩ᄒ며千砲가齊發ᄒ야大勝利를又獲ᄒ니라

士卒이朝食을又休憩ᄒᄂᆞᆫ대赤珍浦近處居民李信同이라ᄒᄂᆞᆫ者가山上에서我國旗를望見ᄒ고어니背에幼兒를負ᄒ고顚倒呼泣ᄒ며浦濱으로趨ᄒ거ᄂᆞᆯ小舟로載來ᄒ야賊徒의蹤跡을問ᄒᆫ즉其言에曰倭賊等이昨日에此浦에到ᄒ야人命을殺害ᄒ며婦女를劫奪ᄒ고財物과牛馬를掠ᄒ야其船에載ᄒ더니良初更에中流泛舟ᄒ고屠牛飮酒ᄒ며歌聲笛聲이達曙至今不止ᄒ다가今日早朝에固城等地로向ᄒ더이다ᄒ며又其民은老母妻子를亂中에相失ᄒ야罔知所向이로소이다ᄒ고悽涙가如注ᄒ거ᄂᆞᆯ李公이惻隱之心을不勝ᄒ야陣中에率置코라ᄒᆫ즉其母妻子를見ᄒᆷ도不肯ᄒ더라

李舜臣等一行將士가此言을聞ᄒ매發發ᄒᆫ心膽이憤裂ᄒ야日人과不俱生ᄒ기로盟誓ᄒ고賊船留泊處로向ᄒ더라

是役에倭賊死傷이數千에過ᄒ고我兵은오즉順天代將李先枝가左臂에丸傷ᄒ얏더라

第八章

◉李舜臣의第 戰(唐浦)

銳氣가方盛ᄒᆫ將士들이突來로다五月八日에固城月明浦에至ᄒ야結陣休兵ᄒ며諸將과破賊方策을商議ᄒᆯ새中本道都事崔鐵堅이狀文으로來報하기를大駕가平壤에播遷ᄒ얏다ᄒᄂᆞᆫ지라李舜臣이悲痛ᄒᆷ을不禁ᄒ고肝膽이欲裂ᄒ야闕然一旅로너地에馳赴ᄒ야賊黨을掃蕩ᄒ고闕址를恢雪코자ᄒ나戰馬와糧餉이不足ᄒᆯ뿐더러舟師를一撤ᄒ면三南의障蔽를又將奈何오

慷慨多血은元來英雄의本色이나猖獗狂妄이其是將家의切戒라於時에李舜臣이悲憤을強抑ᄒ고本營에歸ᄒ야右水軍節度使리億祺에게釜山賊을勦滅ᄒᆷ조고移文ᄒ야六月三日로同會破賊ᄒ기로定約ᄒ고屈指待日ᄒ더니約期數三日에賊船數艘를露梁에서發現ᄒᆫ지라彼厚集ᄒ기前에破滅ᄒᆯ計策으로戰船三隻을獨領ᄒ고露梁洋中에直到하야倭船壹隻을攻擒ᄒᆫ後泗川船滄으로轉向ᄒᆫ즉약七八里許되ᄂᆞᆫ一山上에셔倭賊四百餘名이紅白旗를亂揷ᄒ고장蛇又對陣ᄒ얏고山麓에ᄂᆞᆫ倭船을列泊ᄒ야嚴陣을岸下에ᄂᆞᆫ倭船拾二隻이列泊ᄒ야巍巍이據ᄒ며氣焰이揚揚ᄒ더라

未完

雜報

●御營基址圖形 安洞別宮修理를本月三十日頃에着手ᄒᆞᆫ다ᄂᆞᆫᄃᆡ其間停止된事를漏聞ᄒᆞᆫ즉承寧府庶務課長吳一泳시가新建築ᄒᆞᆯ基址를圖形ᄒᆞ야 太皇帝陛下씌 奏案ᄒᆞᆫ즉히圖形을御覽ᄒᆞ옵시고基址가梯田形과同一ᄒᆞ니方田形과同一케ᄒᆞ라ᄒᆞ옵심으로更히方田形으로圖形ᄒᆞ야 上奏ᄒᆞᆫ즉 太皇帝陛下씌옵셔依奏施行ᄒᆞ라ᄒᆞ옵심으로其間遲緩이되얏다더라

●御眞奉安 大皇帝陛下와御眞壹本式을각部及觀察道에奉安ᄒᆞᆯ터인ᄃᆡ宮內府에셔각部로壹本式을奉安케送交ᄒᆞ얏고觀察道에奉安ᄒᆞᆯ件은內部에셔陪奉下去케ᄒᆞᆫ다더라

●내閣例會 摠理大臣리完用시以下각部大臣들이昨日내閣에셔月例會를開ᄒᆞ고各其行政上에緊急ᄒᆞᆫ事務處理를協議ᄒᆞ얏다더라

●樞院例會 中樞院議장副議長以下贊議諸氏가昨日月曜例會를ᄆᆞ치ᄒᆞ얏다가提議ᄒᆞᆯ事가別無ᄒᆞᆷ으로因爲散會ᄒᆞ얏다더라

●虎亭射會 中樞院顧問리址鎔시가昨日에樓閣동虎亭에射宴會를設ᄒᆞ고承宜君리준鎔海豐府院君尹澤榮承寧府總管趙民희諸시等를請邀ᄒᆞ얏다더라

●家稅規定 度支部에셔家屋에對ᄒᆞ야各財務局장會集ᄒᆞ야徵屋規則을磨鍊ᄒᆞ얏ᄂᆞᆫᄃᆡ一等家屋을除ᄒᆞᆫ則京鄕이總過一千戶인ᄃᆡ家屋稅ᄂᆞᆫ壹等에拾元二等에八元三等에六元四等에四元五等에二元六等에一元七等에五十錢八等에三十錢으로定ᄒᆞ얏다더라

●因任番階 本國院宮班檢事張兼씨ᄂᆞᆫ大審院檢事로因任된다더라

●內地卒業無用 大審院開廳式을日間擧行ᄒᆞᆫ後控訴院과各地方裁判所及區裁判所에法官을部時任命ᄒᆞᆫ다ᄂᆞᆫᄃᆡ日本人外에若干은現任法官으로仍用ᄒᆞ고其他ᄂᆞᆫ沒數히外國에셔法律卒業ᄒᆞᆫ者로任用ᄒᆞ고內地卒業生은一人도需用치아니ᄒᆞᆫ다ᄂᆞᆫᄃᆡ外國留학生들이각其勢力대로四方으로運動ᄒᆞᄂᆞᆫ者가多數ᄒᆞ다더라

●無使向隅 忠淸北道結民等의代表趙昇基氏가中樞院에獻議ᄒᆞ고該兩道結錢을他道와如히新貨八附式徵收ᄒᆞ게ᄒᆞ되閣에移照實施케ᄒᆞ야使此人民으로向隅之歎이無케ᄒᆞ라ᄒᆞ얏더라

●리氏不參 法官을外國留학生으로만需用ᄒᆞᆫ다ᄂᆞᆫ中에別項과如ᄒᆞ거니와就中리珍雨氏ᄂᆞᆫ日本早稻田大학校卒業生인ᄃᆡ年前에早稻田大학校에셔留학生等이起擾ᄒᆞᆫ時에리氏도亦參ᄒᆞᆫ中ᄒᆞᆫ所以로今番法官任命秩에參榜치못ᄒᆞ다더라

●辯護將試 法部에셔辯護士를次試取ᄒᆞᆯ터인ᄃᆡ大審院開廳式後에開始ᄒᆞᆫ다더라

●安氏出張 內部事務官安國承씨ᄂᆞᆫ土木工事를因ᄒᆞ야日間木浦等地로出張ᄒᆞᆫ다더라

●食費自擔 各官私立학校春季大運動會時에奏任官以下ᄂᆞᆫ雖각部官吏라도當日食費ᄂᆞᆫ각其自擔케ᄒᆞᆫ다더라

●懲役減等 慶尙北道裁判所에懲役罪囚六名中五名은越獄逃躱ᄒᆞ고就中終身懲役罪囚崔顯학은不爲逃躱ᄒᆞ얏다고該所檢事李洙淳씨가法部로報告ᄒᆞ고特爲減等ᄒᆞ다ᄒᆞ얏다더라

●禮院風流 再昨日에掌禮院卿리載克가該院一般官吏를率ᄒᆞ고本院으로會集ᄒᆞ야茶話會를開ᄒᆞ고該院日人事務官을請待ᄒᆞᄂᆞᆫᄃᆡ來賓은奏任官金天洙兩氏오掌禮院同副紀注官等이妓樂이送宕ᄒᆞ야鄕男舞를觀ᄒᆞ얏다더라

●運動反對 去日曜日에宮內府及該所屬官吏가運動會를開ᄒᆞᆫ다ᄂᆞᆫ說은前報에已揭어니와該運動費를宮내府에셔ᄒᆞᄂᆞᆫ게아니라내藏院에셔自主ᄒᆞ야運動費를磨鍊ᄒᆞ고請牒ᄒᆞ얏ᄂᆞᆫᄃᆡ運動會에對ᄒᆞ야該府各司에셔但一人이라도總代를合集ᄒᆞ야商議決定ᄒᆞᆫ거시可ᄒᆞᆫᄃᆡ自該院에셔獨當발起ᄒᆞᆫ거ᄉᆞᆫ無如壓制이고該院權利ᄂᆞᆫ宮내府각司月給만支撥ᄒᆞᄂᆞᆫ權이有ᄒᆞ더인즉如此壓制ᄂᆞᆫ不受ᄒᆞ것다ᄒᆞ고往參치아니ᄒᆞᆷ으로設行치못ᄒᆞ얏다더라

●康氏質問 昨日中樞院에셔例會를開ᄒᆞ얏ᄂᆞᆫᄃᆡ康洪平씨가來到ᄒᆞ야該氏에月前獻議件을尙今可決이無ᄒᆞ니有何事端으로留案ᄒᆞ얏ᄂᆞ냐質問ᄒᆞᆫ즉議長이可決件이多ᄒᆞ야留案이되얏ᄉᆞ나來會에ᄂᆞᆫ可否間取決ᄒᆞᆯ줄노히院에셔答送ᄒᆞ얏다더라

●新聞으로牟利 忠南觀察使金嘉鎭氏ᄂᆞᆫ管下각郡에訓飭ᄒᆞ야畿湖新聞代金을觀察道로送納ᄒᆞ라ᄒᆞ미각郡에셔收送ᄒᆞᆫ것시四五百圜假量인ᄃᆡ該新聞社에셔ᄂᆞᆫ文도接受치못ᄒᆞ얏ᄉᆞ니該觀察은一進會出身으로明人物이라自稱ᄒᆞ면셔新聞代金으로牟利ᄒᆞᆫ지不知ᄒᆞᆯ것다더라

●俄紙所論 俄京彼得堡報에日本이韓國을擄ᄒᆞᆫ則韓國靑年들이愛國思想으로圖謀恢復ᄒᆞᆯ기로切齒腐心ᄒᆞ미日本이如彼情況을知ᄒᆞᄂᆞᆫ故로韓國에靑年敎育을妨礙ᄒᆞ야各학校에日人敎師를定ᄒᆞ고日語만敎授ᄒᆞᆫ다더라

●花籍俱存 日前에銅峴分署에셔五署니賣淫女를檢査ᄒᆞ얏ᄂᆞᆫᄃᆡ合이壹百七十九名니에有夫女가二拾七名이라더라

●韓妻訴推 中部梢洞居韓인洙妻가日前에逃走ᄒᆞ야北部帶동金相烈家에在ᄒᆞᆷ을聞知ᄒᆞ고昨日에其妻를往覓ᄒᆞᆫ則金相烈은北壯洞東亞支會所公事員인故로觀會執事等數拾名을帶同ᄒᆞ고該女를出給치아니ᄒᆞᆯ計劃으로韓氏를無數毆打ᄒᆞ고該女를所謂히任房으로率去ᄒᆞᆫ故로韓氏가北部에呼訴ᄒᆞ야推去ᄒᆞ얏다더라

●日殺日人 日人森田룬太郎이가漢川停車場에셔日人니田有三郎과相鬪ᄒᆞ야森田은太郎이가니田을以銃刺殺ᄒᆞ고逃避ᄒᆞ야龍산에在ᄒᆞ얏다가日昨에日巡査에게被捉ᄒᆞ얏다더라

●日人相殘 交河警察署에셔義兵을진壓次로日巡査와平服으로周行ᄒᆞ다가日兵과相遇ᄒᆞ얏ᄂᆞᆫᄃᆡ日兵이義兵으로誤認ᄒᆞ고히周行ᄒᆞᆫ日巡査一行四人을砲擊ᄒᆞ야히巡査六名이中丸致死ᄒᆞ얏다더라

●語학速成 학部에셔官立語학校速成科規則을日間頒布ᄒᆞᆯᄯᅡᄂᆞᆫᄃᆡ히速成科학員은五拾名이오學期은日語오年限은週年인ᄃᆡ修業料五拾錢을每月五日以內로納ᄒᆞ기로定ᄒᆞ얏다더라

●協會評議 法學協會에셔來土曜日下午三時에評議會를開ᄒᆞᆫ다더라

●見習請願 養正義塾卒業生김浩秉朴泰鑑尙翊相等五人이平理院에實地見習ᄒᆞ기爲ᄒᆞ야日昨法部에請願ᄒᆞ얏다더라

●寄館擴張 大東寄宿館景況은果拔本籌어니와建設費로因ᄒᆞ야償額八千餘圜으로困迫을無數히當ᄒᆞ더니該館附屬商店에셔營業ᄒᆞᄂᆞᆫ諸씨가議會를開ᄒᆞ고擴商協議ᄒᆞ야敎育家와實業家ㅣ六人이發起ᄒᆞ야각其五百圜式合資ᄒᆞ야該債額을淸償ᄒᆞ고該館을擴張ᄒᆞ기로決定ᄒᆞ얏다더라

●武校運動 三昨土曜日에武官학校에셔春期試驗을終了ᄒᆞᆫ後獎忠壇에前往ᄒᆞ야運動會를開ᄒᆞ얏ᄂᆞᆫᄃᆡ軍部大臣李秉武氏가紙貨五十圜을捐給施賞ᄒᆞ얏다더라

●運動豫習 昨日각官公私立학校에셔聯合大運動을各其豫習ᄒᆞ얏다더라

●普校成績 新門外普成小학校에셔本月四日에第二학期成績을經ᄒᆞ얏ᄂᆞᆫᄃᆡ優等生이九十三人에達ᄒᆞᆫ지라褒證과賞品을付與ᄒᆞ얏다더라

●中校卒業 典洞私立中東學校夜학科에셔紀念及卒業式을去六日에行ᄒᆞ얏ᄂᆞᆫᄃᆡ학務局장尹致旿氏ᄂᆞᆫ同夫人携參ᄒᆞ얏고壹般紳士가多數來參ᄒᆞ얏ᄂᆞᆫᄃᆡ漢語科卒業生에리地秀朴容贊등三人이오日語科卒業生은國종鎬김競濟등五人이오簿記科에ᄂᆞᆫ趙浣翊劉命根등九人인ᄃᆡ賞品을多數히施與ᄒᆞ고其整日에校長以下壹般任員及학徒가紀念ᄒᆞ기爲ᄒᆞ야寫眞을撮影ᄒᆞ얏다더라

●養塾紀念 養正義塾에셔第四回紀念祝式을本日에東門外永道寺에出往ᄒᆞ야擧行ᄒᆞ얏다더라

▲地方消息▼

▲去月二拾五日午后九時에豐川郡□山面靑龍洞에셔義兵七拾餘名이日憲兵幾名과交戰ᄒᆞ얏다ᄒᆞ고

▲去月二十四日午后三時에五拾餘名義兵이順興郡豕息面朝陽里에來襲ᄒᆞ야히地區面長의子를銃殺ᄒᆞ고鳥耳嶺을超ᄒᆞ야北方으로逃走ᄒᆞ얏다ᄒᆞ고

▲本月四日午後三時에中和郡古生陽面에義兵百餘名이來襲ᄒᆞ야漸次會集ᄒᆞᆫ다ᄂᆞᆫ報를因ᄒᆞ야同郡駐在憲兵派出所에셔憲兵幾名을出張ᄒᆞ얏다ᄒᆞ고

▲目下平安南道及黃海道方面에派遣ᄒᆞᆫ日討伐隊斥候ᄂᆞᆫ大德寺에셔七十餘名의義兵을遭遇ᄒᆞ야互相接戰ᄒᆞ얏다ᄒᆞ고

▲去月貳十二日平安北道昌城郡東面大동里에留宿ᄒᆞᄂᆞᆫ英國人달핀씨가賊盜를逢ᄒᆞ야左足腰部及頭部를被打ᄒᆞ야重傷ᄒᆞ얏고同件ᄒᆞ얏던韓人通譯馬夫四人도毆打를被ᄒᆞ얏고金壹千二百五十九圜五拾錢과四千圜價値의時計와鑛石分析試驗器械와(千圜價値)草兀壹個를被奪ᄒᆞ얏다더라

東京電報

十日發

●長野縣廳火災 今朝에日本長野縣廳이燒失되야取用외書類가悉皆灰燼되얏ᄂᆞᆫᄃᆡ原因은不明ᄒᆞ다더라

▲旱天憂歎▼

▲旱魃爲虐五月天에耕作無望龜坼愁라櫳花古城三千里가水源壹時枯渴ᄒᆞ야畝銷石鑠無餘ᄒᆞ도다

▲고고苦日出ᄒᆞ니地方行政官虐ᄒᆞ야蠶絲牛毛層生이라不得自由며蒼生이嚴網에陷落ᄒᆞ니悲慘ᄒᆞ고可矜ᄒᆞ다塗炭中에嗷嗷ᄒᆞ니이旱氣를엇지ᄒᆞᆯ고

▲고고苦日出ᄒᆞ니荒蕪之地와堅塵에艸木爲之愁慘ᄒᆞ다開阡이發登ᄒᆞ니換面江산되엇고나赤壤厭ㄷ括拔ᄒᆞ니全國膏腴已竭이라이旱氣를엇지ᄒᆞᆯ고

▲고고苦日出ᄒᆞ니一片紙幣流行ᄒᆞ야物價日踊ᄒᆞ니禁이라商界紛地蕭索ᄒᆞ야擧皆凋殘失業일세收一國之血脉ᄒᆞ야混混漏已渴ᄒᆞ니이旱氣를엇지ᄒᆞᆯ고

▲고고苦日出ᄒᆞ니齊郞壹幅援護ᄒᆞ야滿目烟塵未寧ᄒᆞ다壹聲砲響忽起處에魚駭鳥竄可憐ᄒᆞ다兄哭其弟妻哭其夫ᄂᆞᆫ鼎沸이셧고나이旱氣를엇지ᄒᆞᆯ고

▲고고苦日出ᄒᆞ니車用標木揷立ᄒᆞ야土地家屋占領ᄒᆞ니生者東西飄泊ᄒᆞ나死者孤墳何罪런고千秋에骨弃ᄒᆞ니一片靑山如燃ᄒᆞ라이旱氣를엇지ᄒᆞᆯ고

▲고고苦日出ᄒᆞ니江海之利盡歸ᄒᆞ야漁業權을讓ᄒᆞ런고含淚流離ᄒᆞᆫ漁夫ᄂᆞᆫ一曲棹歌命ᄒᆞ고나寂寞生涯海上村에酒价魚行되엿고나이旱氣를엇지ᄒᆞᆯ고

▲고고苦日出ᄒᆞ니外官驕讓渡ᄒᆞ고家貰旅費增撥ᄒᆞ야有限財無限ᄒᆞᆫ一任他手不顧ᄒᆞ고隣邦借款劃來ᄒᆞ니庫藏渴盡ᄒᆞᆫ다이旱氣를엇지ᄒᆞᆯ고

▲고고苦日出ᄒᆞ니勸告同盡圖得ᄒᆞᆯ제獵官者流奔忙ᄒᆞ다全力從中暗動ᄒᆞ야百方秘計籠絡ᄒᆞ니患得患失ᄒᆞᆫ情態ᄂᆞᆫ奸膽敗肚焦로다이旱氣를엇지ᄒᆞᆯ고

▲고고苦日出ᄒᆞ니地方警吏排置ᄒᆞ나警察權이紊亂ᄒᆞ니綠林豪客驕恣ᄒᆞ야愈往愈甚橫行ᄒᆞ다나殺侵掠慄悍ᄒᆞ야生命財產渴盡ᄒᆞ니이旱氣를엇지ᄒᆞᆯ고

本支社를左開四處에設置하고玆以仰布하오니本報愛讀하시는僉君子는該支社로購求購覽하심을務望홈

▲龍川남市驛　林贊浩
▲龍岡郡耶蘇敎堂內　박죵은
▲結성廣川場여사朴熙春家　리啓弼
▲龍川府南面松峴海東書會　金贊圭

雜報

●關東捐金　關東학會에서本月九日에臨時評議會를開하고事務를處理한後其時參席한任員拾七人이各自義捐한金額이合爲壹千五百六十餘圜인데南相鶴氏가壹千圜정義捐하고李輔炫兩氏는각百圜이오其餘諸氏도七十圜으로五六圜ᄭᆞ지라더라

●江校運動　江華私立普昌학校에서今月四日에附近學校八十餘處와聯合運動을盛大히擧行하엿다더라

●又新新校　高靈郡守[illegible]씨와該郡에有志人士와協力하야新學校를設立하얏는데又新學校라命名하고敎育熱心贊成한다더라

●平壤新校　平壤郡中城上四里新日학校는客廳에서有志紳士김[illegible]諸씨가發起하야學校를設立하는데論般經費는任員이自擔하더니至於[illegible]頃하야는更爲協議하고校務를擴張코자하야機械品과敎授科程을新擬具備케하며其本金을確立하며校室을現今修繕하야學徒百有餘名을可容케하기爲하야會計[illegible]

三[illegible]校務[illegible]報壹百八拾圜[illegible]務文弘發壹百拾圜[illegible]壹百七拾圜贊成員[illegible]張東燦鄭鳳朝諸氏가拾六拾圜[illegible]尹敬植貳拾圜[illegible]先出捐하얏는데諸氏가其撫子弟間에학인[illegible]特以壹分子之義務로此熱心을[illegible]其不揆賀홈하고該郡人이稱頌한다더라

●[illegible]校運動　陰四月初七日에黃州郡普通학校와私立養性學校에서各郡學徒를請邀하고春期聯合大運動을擧行하는데該郡守林貞奎氏가先以敎育目的으로一場說明한後에各郡學徒一千餘人이隨其運動科目하야爭試優等하니觀光者數萬餘人과內外國官吏가拍手稱賀하고該郡有志紳士와多數商民이熱心捐補하야翌日에優等生徒를大施賞을하엿다더라

●又新更新　三和郡私立又新학校는該郡鄕校[illegible]址에學校를設하야雜用하엿더니間因主務者之失操하야經費는濫用하야覺至廢學이더니該郡有志紳士들이莫不慨歎하야前任校長[illegible]을擯逐하고更以公正擔任者로選定한後已散學徒를一々勸入敎育하며財政은現在調査[illegible]中이라더라

●商會贊業　[illegible]商業會議所에서[illegible]하고會頭를選定하얏는데[illegible]日人西原[illegible]

●合力興校　三和郡[illegible]石洞[illegible]

[illegible]

實셔尹乙炳등六人이라더라

●傳者易誤　학務局長尹致旿氏가日文으로각학校에通牒하얏다는事는傳之者誤라더라

廣告

富平[illegible]面[illegible]室里에사는本人先祖墳을屢百年守護이옵더니名不知趙姓人이挾雜擧을符同하야松楸을斫伐賣하라하는故로玆에仰布하오니內外國人은詗勿見欺홈

所有主　趙鎭哲　告白

本府尹韓致愈氏가莅任以後로周行敎育의演說勸告하니下愚人이亦可進開明이오對坐聽訟에釋理質判하니落科者自以爲無冤이라康公政治와인明敎化는可謂設邑後初見이옵기玆以廣布홈

東萊沙下面大新里居民
리又七　리明[illegible]
김인旭　等告白

[illegible]山下面大上里居申命求는吉求로字와汝道는舊叔으로改正하오니知舊間以此照諒홈

申吉求　告白

●測量見習生募集廣告

本課에서測量技手見習生을募集하더이니應募코자하는諸員은本月貳拾八日ᄭᆞ지履歷書와請願書를本課로提呈홀事

但履歷書와請願書의書式은度支部[illegible]門外에揭示홈

年齡　貳拾歲以上三拾歲以下身體健康者를要홈
試驗科目　算術(比例ᄭᆞ지)
作文「國漢文用」日語
試驗日字六月壹日爲始
試驗場所本課[illegible]
示홈

大[illegible]

小學漢文讀本

장臨　元泳義氏　纂輯　上下二編　正價金六拾전

▲本書는蒙學漢文初階를繼續하야各種科학의理論을編輯하고國文으로句讀을明釋하야普通의指남과文明의捷徑을作홈

初等女學讀本

李源兢　著述　第壹冊　正價金　三拾전

本書는女학校敎科書應用키爲하야本文은國漢文으로註解를另附하야分課編輯한者니雖在家婦女라도均可便覽而增長知見홈에必要홈

愛國偉人

葛蘇士傳

淸國梁啓超　原著　全一冊　正價金拾五錢（國漢文）

本書는歐洲風雲을展揚하고自國獨立을力圖하던匈牙利愛國偉人葛蘇士의事蹟을綱羅著輯한者니當時葛蘇士의雄飛活躍의經歷과及其英雄末路의不遇을[illegible]하야其[illegible]聯邦의雙立國體를竟成한結果를觀건에可使讀者英雄崇拜의感想을激起케하리로다

발兌元
▲皇성中署[illegible]中　中央書館
▲皇城[illegible]路　大東書市
▲皇城大廣橋東邊　滙東서館
▲皇城남門內倉동　博文書館

月

刑事辯護와民事代理其他訴訟鑑定과諸文案起草等을迅速處理홈

中部[illegible]橋東谷第二拾統三戶
辯護士前檢事　朴星煥法律事務所
伸權無資力한者에게는無報酬도應홈

大

本部普通학校敎員[illegible]烈씨와[illegible]本校日語課를名譽敎授로[illegible]하오니該氏의敎育熱心은一[illegible]기玆에廣布홈

[illegible]私立普成學校　告白

[illegible]

本人이四年前喪失한[illegible]數箇稚子를依하야居生이옵더니[illegible]子[illegible]와[illegible]이가[illegible]居의老母를[illegible]之間에[illegible]往平壤하야[illegible]之場에[illegible]하오니[illegible]外國人하고인[illegible]이다가[illegible]白失[illegible]홈[illegible]市에서[illegible]子를[illegible]하오니[illegible]

[illegible]

●新발明梅毒명약廣告
陸軍[illegible]醫[illegible]經驗方劑

落梅丹

口瘡不발창洞去根之명약
壹劑九百粒定價金三圜

主治　梅毒（唐창）新舊창
[illegible]瘰癧疽及膚病[illegible]便毒[illegible]等病

已上病證外에男女間에不精交合한後에若疑아之虞이有하야도此약壹劑만服用하면完無後慮하고脾胃도健全홈을擔保홈

此外에도醫療機械와精美홈약材를新備하고內外科各色疾病을誠心治療홈

皇城北部大安동　田

仁濟약房　高用진　謹白

代理店
京城鐘路　共愛堂약房
仁川港龍동　濟生堂
國內各處약局에서販賣홈

本於人道之原則하고重於正義之誠實하며以親切爲旨하야訴訟事件并各官廳請願事件을委托홈

京城西署[illegible]六拾四統二戶　月
[illegible]士　木尾虎之助
京城大韓[illegible]辯護師

[illegible]國家學[illegible]新法
[illegible]十九世紀歐洲文明[illegible]進化論
[illegible]

本書館에서民智를啓發하고文明을發達하기爲하야新書籍을多數貿來하오니僉君子는陸續來臨하심을望홈

釜山府東關　韓興書館
金汝重　權奉律

撰理化學

朴晶東　著
全一冊定價金三拾錢

一本書의目的은小學校에敎授하기爲하야編輯홈이라
一理化學解說上에簡明한圖畫를揷하야讀者의理解홈을便易케홈이라
一理化學用語와物質의名稱은近時代漢譯의最著한者로採用홈이라
一本書는理化學諸家의學說中最簡易홈을採하야十五章으로編하야學徒로하야곰二學年에學習케홈이니陸續購覽하시옵

發賣所　月
布병下金相萬廣學書舖
京城各處書舖
平壤鐘路耶蘇敎書舍
[illegible]大同書觀

[illegible]

●國債報償總合所收入廣告
●永川支取所北安面柳上동
朴準爵　五拾錢　최斗瓚
최永회　黃世杓　嚴世福
金致晩　金鍾太　各六十錢
박準종　金在壽　박桂來
김인坤　崔永基　朴準瑛
김在根　黃命壽　各四拾錢
박準萬　權厚仲　金慶河
박炳來　黃世詞各二十錢　崔相錫
十전　김在水김永圭各三十錢
▲百安洞
김光輝　김ㅂ輝　辛錫範
各六十전　金商洙　김益和
김圭洞　최壽金　김기和
金斗益　金召洙　리在洪
최漢述　金致輝　김珞輝
김時煥　朴龍浩　리秉述
各四十전　김時洙　金槐和
趙炳文　리道玉　김範和
리麟範　김필和　김元洙
具元相　김商良　최振玉
김振伸　各二十錢　張商遐
金基植一各十錢
▲七百面大驛洞
金璋烈　一圜二十錢　김泰九
김용써　金東洙　각一圜
金興烈　김泰一　김秉萬
各八拾錢　김秉周　曹啓周
金東和　리榮보　金泰振
리秉浩　曹正遠　崔穆彦
韓鎔洙　각六十錢　리戊戌
김泰鳳　김相烈　각四十錢
김泰源　金貞烈　리重勳
各二拾錢　金綾祚　김ㅎ東
각拾錢
▲尙村洞
全泰龍　全岸五　全祥有
全祥鳳　各豊園　全祥箕
八十錢　全祥潤　徐鎭在
各六十錢　全萬龍　全祥慶
각二拾錢　全祥範　全重鎬
각四拾錢

●本社廣告
○申報價
一張代金　新貨二錢五里
一個月前納　三十錢
三個月　九錢
六個月　一圜七十錢
一個年　三圜四十錢
郵稅一張　新貨五厘
一個月　十三錢
發行兼編輯人　英國人　裵說
發行所　皇城西署石井洞越便
大韓每日申報社

第八百四號

大韓每日申報

第六卷

月曜及慶節歲時日休刊

檀君開國四千二百四十一年
箕子元年三千三十年
大韓開國五百十七年
日本明治四十一年
淸國光緖三十四年
陰曆戊申四月大十五日己巳

論說

○送師範學校卒業生新任小學校敎師之任

韓國第二世國民養成의責任을負有ᄒᆞᆫ師範學生諸君이業을卒ᄒᆞ고普通學校訓導를任ᄒᆞ야各其任所에赴ᄒᆞᆯ시

記者曰行矣어다諸君이여彼近邑諸郡에許多聰明의幼年들이淸淨無垢의腦髓로新空氣를吸收코ᄌᆞᄒᆞ나其術을未得ᄒᆞ나니行矣어다諸君이여良知良能의所본도愛國思想을培養코ᄌᆞᄒᆞ나其道를未知ᄒᆞᄂᆞ니行矣어다諸君이여呼爺喚孃의稚齡으로도今日時局이史畧卷鑑畧만坐讀ᄒᆞᆷ이不可ᄒᆞᆫ時局인줄ᄂᆞᆫ畧知ᄒᆞ되新學問新聞見을廣코ᄌᆞᄒᆞ나問津이無路ᄒᆞ나니行矣어다諸君이여

鄒孟氏有言ᄒᆞ되先知가覺後知ᄒᆞ며先覺이覺後覺이라ᄒᆞ니今日諸君所處의地位가先知先覺되야後知後覺(卽第二世國民)을覺ᄒᆞᄂᆞᆫ者ㅣ아닌가然則諸君의地位ᄂᆞᆫ尋常ᄒᆞᆫ地位가아니며諸君의責任은尋常ᄒᆞᆫ責任이아니니愼哉戒哉어다此後知後覺을誘覺케ᄒᆞᄂᆞᆫ彼(卽小學徒)ᄂᆞᆫ獨立國國民이되며諸君은獨立國民의父母가되ᄂᆞ니彼ᄂᆞᆫ未來英雄이되며諸君은未來英雄의敎鞭手가되야二十世紀大韓國의日月이重光ᄒᆞ리니愼哉戒哉ᄒᆞ야卑劣에自陷치말지어

現今韓人의鄙見이[illegible]低度에在ᄒᆞ야小學校에敎授ᄒᆞᄂᆞᆫ敎師라云ᄒᆞ면村學究와同品이라ᄒᆞ며月給分의칩身으로認ᄒᆞ야學校敎員을下等賤執事又치視ᄒᆞ던餘風이尙存ᄒᆞ니此ᄂᆞᆫ知者의一笑에付ᄒᆞᆯ而已어니와所可惜者ᄂᆞᆫ小學敎師의自視도往々如此ᄒᆞ야其思想의及ᄒᆞᄂᆞᆫ바ᄂᆞᆫ朝飯夕膳에不過ᄒᆞ며其精神의注ᄒᆞᄂᆞᆫ바ᄂᆞᆫ京遷內轉에不出ᄒᆞ고眞個高尙ᄒᆞᆫ目的을懷抱ᄒᆞᆫ者ᄂᆞᆫ[illegible]에一二를得見키難ᄒᆞ니엇지可歎ᄒᆞᆯ바아니리오

昔에普魯士毛奇將軍이師丹戰役에大勝利를獲ᄒᆞ고其凱旋ᄒᆞᄂᆞᆫ路에小學校를指ᄒᆞ며볼歎ᄒᆞ여曰今番戰勝ᄒᆞᆫ功이吾輩에게不在ᄒᆞ고彼等敎師에게在ᄒᆞ다ᄒᆞ얏스니

諸君은試思ᄒᆞ라此가엇지作文算術로만成就ᄒᆞᆫ바이며此가엇지倫理化學으로만敎導ᄒᆞᆫ바인가抑或此等課程外에別件傳授ᄒᆞᆫ旨訣이有ᄒᆞᆫ가余ᄂᆞᆫ以爲ᄒᆞ되他種知識은此課程으로闡ᄒᆞᄂᆞᆫ바어니와外競ᄒᆞᄂᆞᆫ實力을培養ᄒᆞ야國民의事業을宇宙에震動케ᄒᆞᆷ은此區々機械的授受의其課々ᄒᆞ로可能ᄒᆞᆯ바아니라必也國民의精神을發揮ᄒᆞ며國民의品格을陶鑄ᄒᆞ야國恥를視ᄒᆞ거든扼腕熱叫ᄒᆞ며國憂를聞ᄒᆞ거든撫膺沉思ᄒᆞ고國利의發達을謀ᄒᆞ거든萬目이一的을指ᄒᆞ며國勢의强大를圖ᄒᆞ거든萬口가登聲케ᄒᆞ여야於是乎國民敎育이라云ᄒᆞᆯ지니

行矣어다諸君이여奴隷境으로導入ᄒᆞᄂᆞᆫ魔說邪說이學界精神을侵蝕ᄒᆞᄂᆞᆫ此時에더욱勉孺勵ᄒᆞ야幼稚腦髓에國魂을注入ᄒᆞᆯ지어다行矣어다諸君이여

官報

▲隆熙二年五月拾三日 官報

◉部令

官立漢城外國語學校速成科規則을左又치定ᄒᆞᆷ

隆熙二年五月十一日 學部大臣李載崑

學部令第十二號

官立漢城外國語學校速成科規則

第一條 官立漢城外國語學校에速成科를置ᄒᆞᆷ

第二條 速成科의定員은五十人으로ᄒᆞᆷ

第三條 速成科의修業年限은壹個年으로ᄒᆞᆷ

第四條 速成科의學科目은日語로ᄒᆞᆷ

第五條 速成科의學科課程及每週敎授時間數ᄂᆞᆫ學校長이此를定ᄒᆞ야學部大臣의認可를受ᄒᆞᆷ이可ᄒᆞᆷ

第六條 速成科에入學ᄒᆞᆷ을得ᄒᆞᆯ者ᄂᆞᆫ左의資格을有ᄒᆞᆫ者됨이可ᄒᆞᆷ

一 普通의國語及漢文을解得ᄒᆞᄂᆞᆫ者

二 年齡十五歲以上의者

三 身體强健ᄒᆞ고品行方正ᄒᆞᆫ者

第七條 速成科에在學ᄒᆞᄂᆞᆫ者ᄂᆞᆫ每月五日以內에授業料金五十錢을納ᄒᆞᆷ이可ᄒᆞᆷ

第八條 學年敎授日數休業日入學退學其他本令에規定이無ᄒᆞᆫ者ᄂᆞᆫ總히本校의規定을準用ᄒᆞᆷ

附則

本令은頒布日로부터施行ᄒᆞᆷ

外報

◉革命黨猖獗 上海電을據ᄒᆞᆫ즉孫逸仙의革命軍二千餘人은蒙自와河口를攻擊하ᄂᆞᆫ데官軍이貳晝夜를此와交戰ᄒᆞ얏스되敗北ᄒᆞᆷ으로河口ᄂᆞᆫ革命軍의게陷落되엿ᄂᆞᆫ데此로因ᄒᆞ야雲貴總督錫良氏ᄂᆞᆫ官吏의게囑托ᄒᆞ야[illegible]을審問하고又劉將軍을命ᄒᆞ야兵을率ᄒᆞ야革命軍을征伐ᄒᆞ라ᄒᆞ얏더라

◉米日關係 北米艦隊가日本橫濱에訪問ᄒᆞᄂᆞᆫ事에對ᄒᆞ야俄國某新聞에言ᄒᆞ기를現今米國이俄皇帝의請ᄒᆞᆷ을應諾ᄒᆞ야艦隊를日本港口에派送ᄒᆞᄂᆞᆫ것이ᄂᆞᆫ但히此로因ᄒᆞ야瞥眼間에米日兩國親誼가加ᄒᆞ거나戰備를罷ᄒᆞ기ᄂᆞᆫ萬無ᄒᆞ고又兩國間에互相和合ᄒᆞ기難ᄒᆞᆫ것은非他라極東商業利權에大關係가有ᄒᆞ기로今明年間戰爭은避ᄒᆞᆯ슈無ᄒᆞᆫ데目今日本이米國에對ᄒᆞ야아직親誼를表ᄒᆞᄂᆞᆫ체ᄒᆞᄂᆞᆫ것은淸國內에將來를希望ᄒᆞᆷ이라ᄒᆞ얏더라

◉淸國海軍擴張 淸國政府에서海軍을擴張하기爲ᄒᆞ야海南楡林港을根據地로選定ᄒᆞᆫ즉兩廣總督은旣爲大陸에鐵道를敷設ᄒᆞ야同地附近에聯絡指點을指定ᄒᆞᆷ이可ᄒᆞᆫ旨로北京으로봇터電命을受ᄒᆞ얏다더라

雜報

◉夜學罷工 尙洞敎堂내에設ᄒᆞᆫ國文夜學校에서商工業에勞動ᄒᆞᄂᆞᆫ人員을爲ᄒᆞ야特設ᄒᆞᆫ지四五朔만에學業이勸實하더니一進會長尹始炳씨가該校를勞勵學會에附屬코저ᄒᆞ야百般勸誘ᄒᆞ고百般計劃ᄒᆞ나該學生等이週間에愛國說이腦髓에堅固ᄒᆞ야尹氏를排斥하여日本校ᄂᆞᆫ獨立으로特設ᄒᆞ얏슨즉一進會에無關ᄒᆞ니매國黨의主管ᄒᆞᆫ學會에安忍附屬ᄒᆞ리오ᄒᆞ고校長에게을反對ᄒᆞ고同盟罷工하얏다더라

偉人遺蹟

水軍第一偉人 李舜臣 錦頰산人 譯

第八章

⊙李舜臣의第二戰(唐浦)

五日에海霧가天에塞ᄒᆞ야咫尺을不辨이러니至晩에稍捲ᄒᆞ거ᄂᆞᆯ리儺祺와遁賊을追討ᄒᆞ기로相議ᄒᆞ고懸帆出海ᄒᆞᆫ즉巨濟居民七八人이小艇을騎ᄒᆞ고欣然來迎曰「民等이將軍을待ᄒᆞᆷ이久矣로다將軍이아니면民等의父母가陋鋒에魚肉되며民等의妻子가賊丸에冤鬼되야全羅道가大血腥世界를作ᄒᆞ얏슬지어ᄂᆞᆯ幸히彼蒼上帝가將軍을下送ᄒᆞ셧도다將軍々々이여民等을生ᄒᆞᆫ者ᄂᆞᆫ父母어니와民等을活ᄒᆞᆯ者ᄂᆞᆫ將軍이니將軍도我父母지이다唐浦에서被敗ᄒᆞᆫ賊이唐項浦에碇泊ᄒᆞ얏나이다將軍은早々히靈威를奮ᄒᆞ야民等을活ᄒᆞ소서」하거ᄂᆞᆯ仍히唐項浦形勢를問ᄒᆞ니遼可二十餘里오廣可容舟라ᄒᆞᄂᆞᆫ지라몬저二三探船을派ᄒᆞ야地理를詳審ᄒᆞᆯ새賊者追逐ᄒᆞ거든佯退引出ᄒᆞ라ᄒᆞ고嚴飭以送ᄒᆞ고舟師大隊가其後에繼至ᄒᆞ더니探船이海口에繼出ᄒᆞ며機砲를放ᄒᆞ야報變ᄒᆞ거ᄂᆞᆯ戰船四隻은浦口에潛伏ᄒᆞ고大隊가擁入ᄒᆞᆫ즉彼가挾江貳拾餘里兩邊山麓內에在ᄒᆞ며其間地形이不甚狹窄ᄒᆞ야戰船을容納ᄒᆞᆯ만ᄒᆞ더라

諸船가魚貫齊進ᄒᆞ야召所江口岸에至ᄒᆞᆫ즉板屋만치大ᄒᆞᆫ黑賊倭船九隻과中船四隻과小船은三隻이泊ᄒᆞ얏ᄂᆞᆫ데其中最大一船頭에三層板閣을別設하야粉壁丹靑이佛殿과恰似ᄒᆞ며閣下에ᄂᆞᆫ黑染絹幔을垂ᄒᆞ고幔面에ᄂᆞᆫ白花紋을大描ᄒᆞ얏ᄂᆞᆫ데幔內에無數倭人이列立하얏고旣而오又倭大船數隻이內浦에서出ᄒᆞ야一處에聚ᄒᆞ니各船에皆黑旗를揷ᄒᆞ고各幡에皆南無妙法蓮花經七字를書ᄒᆞ얏더라

我師를見ᄒᆞ더니鐵丸을亂放ᄒᆞ거ᄂᆞᆯ諸船이圍立ᄒᆞ고龜船이當先突入ᄒᆞ야良久接戰에勝負未分이러니

李舜臣曰彼가萬若勢窮ᄒᆞ야棄船登陸ᄒᆞ면盡殲키難ᄒᆞ니我가退兵狀을佯作ᄒᆞ야解圍却陣ᄒᆞ다가彼가移舟ᄒᆞᄂᆞᆫ隙을乘ᄒᆞ야左右尾擊ᄒᆞᆷ이可ᄒᆞ다ᄒᆞ고一面을開ᄒᆞ니賊船이果然開路로出ᄒᆞ거ᄂᆞᆯ我船을催ᄒᆞ야四面圍圍ᄒᆞ고龜船으로其層閣下에直衝ᄒᆞ며砲丸을亂放ᄒᆞ니船閣上에賊坐ᄒᆞ얏던賊將이登時에中丸ᄒᆞ야水에墜ᄒᆞ매餘船은潰散ᄒᆞ엿ᄂᆞᆫ데後에降倭의口招를據ᄒᆞᆫ즉此戰에死ᄒᆞᆫ者ᄂᆞᆫ秀吉의要將羽柴筑前守라云ᄒᆞ더라

賊兵動ᄒᆞ야倭亂을盡殄滅ᄒᆞ고船만放送ᄒᆞ야歸路를開ᄒᆞ니可生可殺이無非將軍의靈威로다 未完

雜報

●活動會未開 三昨日에 皇太子殿下 御動靜活動寫眞會를 惇德殿에서開ᄒ시고 皇族夫人及各大臣夫人을 命召觀覽케ᄒ신다ᄂ說은前報에已揭ᄒ엿거니와 太皇帝陛下足部가更히 靡寧ᄒ옵셔伊日에該活動會를開設치못ᄒ얏다더라

●幸陵日子 大皇帝陛下씌옵셔東九陵에 幸行ᄒ신다ᄂ說은前報에已揭ᄒ엿거니와東九陵 幸行ᄒ실日字ᄂ陰本月十九日로定ᄒ셧다더라

●親祭三陵 別項과如히陰本月十九日東九陵 幸行時에 健元陵 綏陵 景陵에 大皇帝陛下씌옵셔 親祭ᄒ시고局內諸 陵은 親行禮로擧行ᄒ신다더라

●追崇儀節磨鍊 再昨日에宮內府大臣李允用掌禮院卿閔 奎章閣卿趙同熙內藏院卿崔錫敏四氏가會同ᄒ야三 大王追崇時寄官及郡廳과別殿董事各項節次를議定ᄒ얏다더라

●三氏監董 掌禮院掌典官權錫鎭典祀趙浩毅니藏冊理事金澤三氏ᄂ三 대 王尊號追上時에別號監董가되얏다더라

●蕩滌議決 再昨日內閣에서會議ᄒ고乙巳以上條公道ᄂ示爲蕩滌ᄒ기로決議가되얏ᄂᄃ數日內로頒布가되리라더라

●兩洪議申 既往에罪名이有ᄒ야蕩滌치못ᄒ者七十餘名은已爲蕩滌되얏스ᄂ就中洪國榮洪介리兩人과蕩滌의 恩典未蒙ᄒ으로兩人도將次蕩滌ᄒ기로內閣에서會議ᄒ얏다더라

●監卿兼任 中樞院副議長申箕善씨ᄂ帝室會計監查院卿을兼任ᄒ얏다더라

●院長被任 從二品閔丙奭씨ᄂ修史院長으로敍任ᄒ얏다더라

●轉任檢事 法官養成所教授劉文煥氏ᄂ京城控訴院檢事로移任이되얏다더라

●非洪則鄭 大審院判事를韓國官吏中으로一人만敍任ᄒ리라ᄂ데現任平理院官吏中洪鍾億鄭寅興兩氏中으로擇任되리라더라

●內訓到達 內部에서昨日各道에左와如ᄒ訓令을發ᄒ얏다더라

漢城府尹과郡守가事故가有ᄒ時에地方官官制第二十七條에依ᄒ야隣接ᄒ地方의郡守로서其職務를署理ᄒᄂ必要가有ᄒ時ᄂ觀察使ᄂ其署理를命ᄒ고同時에本部에報告ᄒ事

隆熙元年 勅令第四號地方官官制第三條에依ᄒ야開國五百四年八月 勅令第三十七號地方官吏職制及隆熙元年八月 勅令第四拾六號地方官吏職務權限에關ᄒ規定은自今으로廢滅에歸ᄒ얏스니此로遵照ᄒ事

●再可睡手 前主事신[illegible]兩氏ᄂ有何運動이던지郡守를方在圖得中인ᄃ今番奏本에ᄂ未參ᄒ얏거니와來後奏本에ᄂ即時敍任된다더라

●開廳式延期 大審院開廳式을六月一日로預定이라더니廳舍가未備ᄒ야伊日에擧行치못ᄒ고該式이延期가되리라더라

●開港紀念 인川港開港이二十五年인ᄃ該港紀念을紀念ᄒ기爲ᄒ야來十七日下午二時에紀念會를日本公園地에서設ᄒ고各部大臣과勅任官以上을請邀ᄒ다더라

●舊貨收額 鎔解部에서去四月中에舊白銅貨收入高ᄂ總額은京城交換所에서第一種白銅貨가拾二萬枚오第二種白銅貨가六拾三萬三千枚오群山支金庫에四十九萬枚오平壤支金庫에貳百二拾萬枚오鎭南浦支金庫에四拾萬枚오公州支金庫에八萬枚오忠州支金庫에三萬枚라더라

●巡查再試 曾往에ᄂ警務廳에서巡査試取時에試才ᄒ기를巡査資格이有ᄒ人으로選用ᄒ더니近日에ᄂ文官任用令第二條를依ᄒ야試取ᄒᄂᄃ此令頒布에試取ᄒ人이四十人이오此條를依ᄒ야選拔ᄒ人이四人이라더라

●日師駐韓期 韓國駐屯第十三師團은本年내에日本으로還歸ᄒ고該本第六師團이交代ᄒ야派遣ᄒ기로決定되얏ᄂᄃ現今義兵을鎭壓ᄒ기爲ᄒ야增派ᄒ第六師團步兵第貳拾三聯隊ᄂ義兵을鎭靜ᄒ以後에도二箇年間을繼續ᄒ야韓國守備의責任을擔當ᄒ다더라

●崔氏破產 前農商工部農務局長崔文植氏ᄂ何事件을因ᄒ인지각債主에게償還ᄒ債額이五百餘圓인故로勢不得已ᄒ야自閉破產ᄒ다더라

●未得運動 [illegible]郡學徒百餘名이昨日官私立聯合大運動會에參與次로同히양服에擔銃ᄒ고上京ᄒ얏다가昨日運動會에入參치못ᄒ고該會場外에셔彷徨觀望ᄒᄂ情況이可憐ᄒ다ᄂ說이有ᄒ더라

●兪氏徵納 平안남道國債報償金을國債報償所首總劉智鏞이가濟食ᄒ것을平壤觀察使河씨가搜探檢察ᄒ야게告發ᄒ야金拾圓七拾錢五厘을還徵ᄒ야本社에來納ᄒ더라

●日招淸商 인川港에서日本總領事官과居留民長이發起ᄒ야再昨日午後七時에在인港淸商團董事二十餘人을瀛山樓本店으로招待ᄒ야盛宴을設ᄒ고親睦을結ᄒ얏다더라

●郵物誤配 近來京城郵便局에서有何事端인지郵便物의誤配가頻多ᄒ다고大韓日報에揭載ᄒ얏더라

●銀礦採掘 南部公洞居宋燁氏가成川郡銀礦七万餘坪을認許採掘ᄒ더니時擾를因ᄒ야採掘키難ᄒ니義徒鎭靜되기까지寬限ᄒ야달나고度支部로請願ᄒ얏다더라

●金川義擾 日昨에金川郡에義徒數十名이擁銃突入ᄒ야該郡公廨를打破ᄒ고各公文을燒却ᄒ얏다고該道觀察使가內部로報告ᄒ얏다더라

●獎社親睦 獎학月報社에서官私立학生聯合親睦會를組織ᄒ고趣旨書를發行ᄒ다더라

●通俗運動 甘海郡沓谷洞英학校에서春期運動을陰四月八日에設行ᄒᄂᄃ학徒五十三人과敎師十八人이郡西武漢里에到着ᄒ미觀者如堵ᄒ며該里書堂枚伯氏ᄂ七○餘名학徒의夕飯을自擔ᄒ고孫其伯氏ᄂ晝飯을自擔ᄒ며酒果接待ᄒ者가多數ᄒ야一場盛況을呈ᄒ얏다고該郡來人의稱頌이有ᄒ더라

●居民渙散 嘉陵郡元塘面都萊洞은百餘戶饒村인데自昨冬以來로義徒가頻頻來到ᄒ야軍需와糧粮을討索不已ᄒᄂ其戶와小戶ᄂ皆上京ᄒ고其餘殘戶ᄂ逃退無路ᄒ야其苦楚를堪耐ᄒ고惟死自居ᄒ더니日前에日兵과義徒가其附近龍頭里에서接戰ᄒ야義徒가散去ᄒ얏ᄂᄃ日兵去後에義徒가復來ᄒ야都來居民더러其遺失ᄒ銃數를役出ᄒ라威脅ᄒ으로居民이離皆渙散ᄒ얏다더라

●明校可明 平北義州批峴面南里明義학校에서昨年七月붓터該校ᄂ朴泰殷씨와事務朴用楨瑠氏가極力補助ᄒ며敎師朴오楨씨ᄂ名譽로敎授ᄒ미生徒의進就之望이有ᄒ다고該郡來人이稱頌ᄒ더라

●安校運動 安州郡有志人士가발起ᄒ야春期聯合大運動을陰四月八日에設行ᄒᄂᄃ南北道五拾餘校에學徒三千餘名이集合ᄒ야壹大盛況을呈ᄒ얏ᄂᄃ各학徒의活潑ᄒ氣像과勇敢ᄒ競爭은足히寂寞ᄒ江山으로華麗ᄒ景色을幻作ᄒᄂ지라我韓敎育前途를爲ᄒ야感賀ᄒ을不已ᄒ거니와運動場을平坦修築ᄒ時에西門外與西江勞動同胞가無限ᄒ으로自願修補ᄒ알고辯護士安秉瓚氏가歷路入場ᄒ야三拾圓을出捐ᄒ며西北學會에서空冊萬卷을贈給ᄒ와中央書館主人朱翰榮氏가萬蘇士傳壹百卷을寄付ᄒ얏ᄂᄃ觀覽者가莫不感賛ᄒ얏다더라

●海塾卒業 私立海東新塾에서三昨日에第一回卒業式을擧行ᄒᄂᄃ登壇으로寓樂을奏ᄒ며英日兩科卒業生九人의게卒業證書와多數ᄒ賞品을給與ᄒ後贊成장리戰克氏와來賓中李暎運리종桑諸氏가大綱勸勉ᄒ고英語科卒業生中崔榮富健兩氏와日語科卒業生中白俊基氏가答辭ᄒ後閉式ᄒ얏ᄂᄃ其時賞品은該塾維持員伴鎭씨가自擔ᄒ고朱興均리時膺兩氏도多數ᄒ賞品을寄附ᄒ얏스며來賓은數百名에達ᄒ얏다더라

●募集延期 典洞私立中東학校에서普학募集日字를廣告ᄒ은已爲揭載ᄒ얏거니와入學請願人을更加ᄒ야試驗日을延期ᄒ얏다더라

▲地 方 消 息▼

▲本月九日午前四時에義兵約三百名이江原道襄陽郡에來襲ᄒ야日守備隊와五時間을交戰ᄒ얏다ᄒ고

▲本月五日에高城郡西方遠處에서義兵約七拾名이伊川郡守備隊와交戰ᄒ얏다ᄒ고

▲本月壹日에三登郡東方貳十里地에서義兵約四十名이日守備隊와交戰ᄒ얏다ᄒ고

▲本月九日午前六時에淸안郡으로부터淸州方面에發送ᄒᄂ郵遞夫를淸州郡外一面상에서義兵卄名이突出ᄒ야射擊을불ᄒ야護衛兵壹名을卽殺ᄒ얏다ᄒ고

▲本月五日午后四時頃에義兵三十名이玉산산谷에서日憲兵數名과交戰ᄒ얏ᄒ고

▲本月三日에洪川郡分遣所憲兵五名이該郡각村面에서義兵露順좌안成洛의捕去ᄒ을驗附近에駐屯ᄒ던義兵八名이此報를聞ᄒ고兩時嶺에急行ᄒ야通노兩側七八十米突高地를占領ᄒ얏ᄂᄃ又義兵卅名이衝突ᄒ야卄分間을交戰ᄒ얏다더라

東 京 電 報

拾三日發

●拓殖委員云任 曾彌副統監은東洋拓殖會社創立에就ᄒ야一切設備를完成ᄒ고此件을寶ᄒ고歸京ᄒ故로二十三日間에創立委員의任命이有ᄒ리라더라

▲尙 緖 靑 山▼

▲山靜似太古ᄒ니故仍僞難立精神ᄒ야今古無窮閃盡ᄒ니世上事를네알니라

▲山아山아政府合ᄒ니賴煩ᄒ야무숨事項掛ᄒ니殿下秘密에出ᄒ야各部에地位鞏固ᄒ재運勁力이暗生ᄒ야一國禍의胚胎로다이事機를네알니라

▲山아山아拓殖社가成立ᄒ야債券將次發行이라別樣貨幣製來ᄒ야一國財權籠絡ᄒ재物價刁翔엇지ᄒ나金融必至杜絕이라이事機를네알니라

▲山아山아郡守奏本疊疊ᄒ니何等人物擇用인지三十餘가在前이라舊官者流乘機ᄒ야奮厲奔忙圖囑ᄒ니人材選用엇지될고이事機를네알니라

▲山아山아靑津開放언제런가經便鐵路敷設ᄒ니복韓山川險勢가範圍니에드럿고나居民怨地流離ᄒ니盡巢鳥가鷄鳴이라이事機를네알니라

▲山아山아각학校가星羅ᄒ야靑年英材培養ᄒ재日人敎師延聘ᄒ야語학으로從務ᄒ니他학問에蒙昧ᄒ니面映人子弟아아닌가이事機를네알니라

▲山아山아許多物品輸入ᄒ야全國商權收去ᄒ니商界怨聲瀰滿ᄒ야虛設商店餘存이라事皆萬殘愁歎ᄒ니無恒産ᄒ되엿고나이事機를네알니라

▲山아山아海上權이盡歸ᄒ야航行ᄒ지點檢ᄒ니來往交通不便ᄒ야道路阻絕엇지ᄒ나洞開門戶此界ᄒ坐賣方憂歎ᄒ다이事機를네알니라

▲山아山아區裁判所設置ᄒ고法官試取選用ᄒ재外國風만흘먼저ᄒ資格以外關ᄒ며卒業不用ᄒ니擇人ᄒ公이아닌가이事機를네알니라

▲山아山아坊坊曲曲指點ᄒ니海外人物瀰滿ᄒ야凌侮氣習日장ᄒ니鳥獸不可同群이라土地之利商舖ᄒ니우리생활안ᄒ런고이事機를네알니라

廣告

本事務所에서田畓山林礦山家屋未墾地에關ᄒᆞᆫ一切測量及設計等을迅速需應ᄒᆞ깃사오니僉君子ᄂᆞᆫ來臨問議ᄒᆞ심을敬要홈

中署校洞貳拾五統拾二戶
共同測量製圖事務所告白

本人이去三月分에安州龍頭面남洞里金基璨處에給價五百兩ᄒᆞ고買得田半日耕文券을遺失ᄒᆞ얏기玆以廣佈ᄒᆞ오니너外國人은拾得ᄒᆞ와도休紙施行홈

平壤价川末人洞車炳祚白

北靑邑李文浩父母兩親尋子次現留北靑鄕契운浩卽速來此

父　芝英　廣告

◉特別廣告

日本東京에在ᄒᆞᆫ本國留學生이一統團合ᄒᆞ야大韓學會를組成ᄒᆞ얏기其團合을贊成ᄒᆞ기爲ᄒᆞ야演說會를開ᄒᆞ오니同志人士ᄂᆞᆫ多數來臨ᄒᆞ시옵

大韓學會發成會발起人一同

一 日時 來拾七日(日曜日)下午　時
一 處所 西門外國民演說臺
一 辯士 鄭雲復 尹孝定 俞星濬 張燾 朴勝彬 尙灝 리珍爾 等告白

西署盤洞五統登戶草家拾間立旨文券壹丈을失故玆以布告ᄒᆞ오니無論某人拾得ᄒᆞ와도休紙施行홈

戶主 尹學洙字興汝

本人이姓名圖章을路中에서失ᄒᆞᆫ故로玆以廣告ᄒᆞ오니誰某拾得이라도勿用홈

公州新上面維鳩倉村居 閔龍植

◉大韓學會贊成會趣旨書

國家의前途ᄂᆞᆫ學生靑年의責任에專在홈이오學生靑年中에ᄂᆞᆫ海外留學生으로써其前驅를作ᄒᆞ리로다故로在外學生界에英材가輩出ᄒᆞ면全國이賴而賀之ᄒᆞ고或小하가有ᄒᆞ면憂而救之ᄒᆞ야壹動壹靜에無不注目ᄒᆞ야全然히在外學生界의成績을國家盛衰의機關으로ᄒᆞᄂᆞᆫ觀이로다近年에日本東京에留學ᄒᆞᄂᆞᆫ我國靑年이其數近千인대各學에勸勉ᄒᆞ야成績이優越ᄒᆞ며來力을結合ᄒᆞ야會體를組成ᄒᆞ며月報를刊行ᄒᆞ야同胞를勸勵ᄒᆞ며其他種種美事가我壹般同胞의歡悅을致ᄒᆞᆯ뜻도다然이나社交의能力이多數人의團合을成홈에未及ᄒᆞ야南北道가相別ᄒᆞ고官私費가相分ᄒᆞ야多數會名이各起紛紛ᄒᆞ야統合ᄒᆞᆫ國民的團合을未成ᄒᆞᆫ지라此를觀ᄒᆞ고政黨派之弊가生ᄒᆞᆯ가或積弊之端이起ᄒᆞᆯ가在內人士의疑惧와憂慮가頗深ᄒᆞ더니近日에壹片喜音信이春風에伴渡ᄒᆞ야耳膜에播動ᄒᆞ니卽日本東京에在ᄒᆞᆫ大韓國留學生이大團合의必要를自覺ᄒᆞ야總團體를組織ᄒᆞ고大韓學會라命名ᄒᆞᆫ事實이라宜哉宜哉로다同會가[illegible]籍상有實者ㅣ[illegible]ᄒᆞ야會員을所히홀必要가有ᄒᆞ며오國民的精神으로團合ᄒᆞ야總體를作홈이得其宜哉로다此를聞홈에凡大韓國의幸福을希望ᄒᆞᄂᆞᆫ人이誰가讚賀之聲을不發ᄒᆞ리오於是에 皇太子殿下께서 下賜ᄒᆞ샤獎賞ᄒᆞ심을示ᄒᆞ시고政府大臣이續續히收合寄附ᄒᆞ야勸勉을加ᄒᆞ고各地紳士ㅣ趣旨書亦揭載ᄒᆞ야贊揚을布ᄒᆞᆫ지라今에贊成社會의同情을表ᄒᆞ기爲ᄒᆞ야大韓學會贊成會를發起ᄒᆞ오니勉哉어다有志同胞여棟樑之材가生長홈을見ᄒᆞ고其培養의勞를豈惜ᄒᆞ리오在外學生이精神的團合의必要를自覺홈에際ᄒᆞ야在內人士ᄂᆞᆫ其團合을永久히鞏固케하기를自任ᄒᆞᆯ지로다奮哉어다愛國同胞여

發起人

姜允熙 權東鎭 鄭衛弘 柳瑾 姜華錫 權鳳洙 趙琬濬 柳東說 安泰植 南宮억 趙齊桓 洪東作 金光濟 張吉相 趙彰汭 劉■煥 金達河 張燾 鄭■淵 劉秉泌 金東完 張■■ 呂圭亨 韓一宣 金洛■ 李永■ 呂炳鉉 李甲 俞■濬 鄭永澤 廉仲模 李■暉 俞■濱 鄭■復 盧伯麟 李■宇 李敎■ 李珍爾 朴晶東 宋之憲 리鍾■ 리■■ 朴■華 申光熙 리商在 閔衡植 朴■■ 申佑■ 리相弼 朴斗柴 白寅■ 申■■ 리時榮 朴晩緖 白■■ 沈宜性 리容九 朴星煥 梁■■ 안國善 리容漢 朴勝彬 尙灝 안昌浩 리人稙 朴承■ 徐■珪 魚■善 리종一 朴承■ 石鎭■ 嚴柱益 리承浩 朴容台 孫之鉉 吳世昌 朴殷植 金星■ 崔■浮 梁■■ 金■■ 崔廷■ 洪■鉉 俞■■ 崔相敎 尹■■ 崔■■ 尹昌鎭 崔■ 尹致晟 太明식 尹致■ 韓相龍 尹致■ 韓■振 尹孝定 韓致■ 元■常 玄■■

礪山宋氏四派宗中

貞烈公山所歷腦偸葬리塚今已掘去僉宗照亮

宋奎燮　告白

本人의姓名圖章水晶으로刻ᄒᆞᆫ거슬遺失ᄒᆞ온바本人은此圖章으로何人게던지一分去來가無ᄒᆞ오니僉君子照亮ᄒᆞ시옵

김錫祚　告白

本人에西署積善방唐皮洞所在西統壹戶草家拾三間判券을紛失ᄒᆞ얏ᄉᆞ오니誰某拾得하와도休紙施行홈

김洛正　告白

慈善家僉位의게謹告홈

京城孤兒院은韓國紳士리感선氏의刱設ᄒᆞᆫ바于今四載에孤兒를收容ᄒᆞ야敎育之더니廨舍之狹隘이甚ᄒᆞ야天陛ᄒᆞ야 下賜前廨宮ᄒᆞ샤使之移接케하시고 太皇帝陛下如天之 鴻恩과 皇貴妃殿下愛恤之 仁心으特業ᄒᆞ와錢財와衣服錁物을廣降恩賜ᄒᆞ와補添理故로始敢着手ᄒᆞ야經營修葺ᄒᆞᆫ바增設房屋ᄒᆞ고廣設敎場ᄒᆞ며新排床卓ᄒᆞ고另設工役之所ᄒᆞ니費額이浩巨ᄒᆞ고資助頗少ᄒᆞ야所來校役이고[illegible]不得繼續ᄒᆞ니噫라個人의單獨熱心으로ᄂᆞᆫ到底히完全키不能ᄒᆞ니僕이自東京來者ㅣ數年에此士會社上目的을擴願천대生徒保護人才養育에義務ᄂᆞᆫ上下千百載와東西數千里에表々獨立ᄒᆞ야此에比홀者ㅣ無천만은此校役을以財渴로中止ᄒᆞ니豈但有志者의慨歎也리오實有慚於天인地厚無疆之德이라僕이以局外人으로立此傍觀之地ᄒᆞ야忍不住泯默ᄒᆞ고敢此疾呼ᄒᆞ야還請宇內之慈善家ᄒᆞ오니惟願紳士諸氏ᄂᆞᆫ金品多少를不拘ᄒᆞ시고陸續寄附ᄒᆞ시와可憐ᄒᆞᆫ孤兒를多數收容ᄒᆞ야敎育을開ᄒᆞ고德藝를成就하야他日에國民中壹部分의用處를作케홈은院主의本心이오我輩의希望

寄附코ᄌᆞᄒᆞ시ᄂᆞᆫ 僉位ᄂᆞᆫ京城中署壽洞孤兒院事務所로送致ᄒᆞ시면領受証을繕呈홀터이오니 照亮하시옵

京城孤兒院特別贊成員

大垣丈夫　告白

本人이四年前喪夫ᄒᆞᆫ後數箇稚子를依ᄒᆞ야居生ᄒᆞ더니장子리인이가寡居ᄒᆞᆫ老母를不顧ᄒᆞ고靑樓之間에掃如蕩産이온대今復出往ᄒᆞ야洋雜之類와酒色之場에留連ᄒᆞ오니毋論內外國人ᄒᆞ고인債로施兩債給이라도不給至白失追悔홀　月

忠州城內[illegible]召史　告白

仁川而松峴洞拾三統二戶洞又記를失故玆以廣告ᄒᆞ오니誰某拾得이라도休紙施行홈

鄭興祐　告白

小學漢文讀本

元泳義氏 纂輯　上下二編　正價金六拾전

▲本書ᄂᆞᆫ蒙學漢文初階를繼續ᄒᆞ야各種科學의理論을編輯ᄒᆞ고國文으로句讀을明釋ᄒᆞ야普通의指南과文明의捷徑을作홈

初等女學讀本

李源兢 著述　第壹冊　正價金三拾전

本書ᄂᆞᆫ女學校敎科書應用키爲ᄒᆞ야本文은國漢文으로註解를另附ᄒᆞ야分課編輯ᄒᆞᆫ者니雖在家婦女라도均可便覽而增長知見홈에必要홈

愛國偉人

葛蘇士傳

淸國梁啓超 原著　全一冊　正價金拾五錢（國漢文）

本書ᄂᆞᆫ歐洲風雲을撥撥ᄒᆞ고自國獨立산力圖ᄒᆞ던匈牙利愛國偉人葛蘇士의事蹟을編纂著述ᄒᆞᆫ者니當時葛蘇士의雄飛活躍의經歷과及其英雄末路의不遇를隨ᄒᆞ야與何聯邦의雙立國體를覺成ᄒᆞᆫ結果를觀건대可使讀者英雄崇拜의感想을激起케ᄒᆞ리로다

月　日發兌元

▲皇城中署觀[illegible]橋越便中　中央書館
▲皇城鍾路　大東書市
▲皇城大廣橋東邊　滙東書館
▲皇城남門內[illegible]동　博文書館

本港居金成旭與其弟二人이家勢赤貧ᄒᆞ야冶匠爲業타가陰三月二十七日에鉛塊破碎之際에鉛塊中巧有暴발ᄒᆞ야忽然ᄒᆞ야兄弟俱被酷死ᄒᆞ니人之擧知者ㅣ而其慘狀之形勢ᄂᆞᆫ埋葬無路하야尸在房屬ᄒᆞᆫ境에至ᄒᆞ니本港警署長金允[illegible]가禁上生民保護之已盡可論이오且金成旭慘死를矜念ᄒᆞ야知舊紳商의熱心勸說ᄒᆞ야左開捐助로治葬掩土ᄒᆞ니其兄山[illegible]ᄂᆞᆫ誰가非惧喪家之感이리오擧港之稱頌故敎此

廣告

捐助 [illegible]拾圓
勤業社 [illegible]貳拾五圓
同社長 [illegible]圓
轉運社中 貳圓
同副社長 [illegible]道坤 金貳圓
[illegible] 金三圓
又役夫二十八名

仁川港龍洞居　朴銓遂　尹學千　白

本市에서各種洋物과학徒所用物品과학徒帽子를製造ᄒᆞ야廉價로發賣ᄒᆞ오니僉君子照亮홈

四安岳上坊海[illegible]市林[illegible]柱白

[illegible]於人道之原則ᄒᆞ고置於正義之誠實ᄒᆞ야以親切爲旨ᄒᆞ야訴訟事件幷각官廳請願事件을受依托홈

京城[illegible]洞六拾四統二戶　月
東洋大學前講師
辯護士
日本法學士　木尾虎之助

世界文明産育新法

全　國純國文廿五錢

十九世紀歐洲文明進化論

全一冊國漢文三十錢

元賣所　鍾路古今書館　月　日
支賣所　京鄕有名書舖

漢城鐘路萬國基督敎靑年會館前慈惠藥房
製藥鑑査人濟衆院醫學員洪錫厚朴慈惠李觀化告白

本人等이漢城南大門外濟衆院用하던處方으로左記封入한을製造ᄒᆞ오니京鄕遠近勿論ᄒᆞ고此藥品信用ᄒᆞ시기爲ᄒᆞ야前醫學校長勳五等池錫永氏에게各方文마다議定ᄒᆞ고有効証明書를受ᄒᆞ고主治効能用法을詳記ᄒᆞ야洋鉄匣紙匣琉璃瓶에封ᄒᆞ야賣ᄒᆞᄂᆞ니兄弟에게利益이加有ᄒᆞ도록볼매ᄒᆞ나이다

治痰平胃丸　男女氣血補益丸
輕腫根治膏　純金鷄蠟丸
濕腫根治膏　蛔虫浸出丸
大腫拔根合瘡膏　四時感冒丸
小兒胎毒全治膏　淸明眼藥水
稍氣神効保嬰安散　消痰鎭咳藥
小兒感冒靈效散　男女祛根藥
德國製淋疾丸　瘡疾寸虫拔根藥
漢城百應膏　止足汗臭藥
洋藥乾材　止瀉固腸丸
舊賣藥唐草材　陳陳旧滯消積丸
西藥醫大活套　無惡臭狂瘡藥

◉大韓國新發明神藥
◉度修靈丹　各種食滯中暑久滯口臭痰飮吐瀉定價一貼十錢
◉至寶丸　治諸種痰疾不拘久遠俱有偉効定價金十錢
◉靈敎液　外用方否治疥瘡皮癬百發百中定價金三拾錢
◉淸眼水　治諸般眼疾有霧翳見天之妙定價金拾錢
◉通淋丸　治男女急慢淋疾神效無論遠近救除毒害一週金五拾錢
製劑본行所　漢城西部大廣橋洞第三統十九戶　共愛堂大藥房　謹白
支店　漢城南門內共愛堂第一支店　姜助綏
　　　群山港開福洞共愛堂第二支店　리春善
　　　河東郡赤良面共愛堂第三支店　黃麟秀
代理店　臺城北部大安洞　仁濟藥房
　　　仝　鍾路靑年會館前　慈惠藥房
　　　仝　西部新門外石橋　普濟醫院
　　　仁川杏峴　濟生堂　仝　和平局
此外에도東西洋各國有名賣藥과乾材藥이俱備ᄒᆞ오니藥의多少을不拘ᄒᆞ고請求ᄒᆞ시면小包로郵呈ᄒᆞ깃숩

簡易商業簿記學

全一冊　定價金四十五錢

本書ᄂᆞᆫ簿記학中最近ᄒᆞᆫ학理와精妙ᄒᆞᆫ形式을精細蒐聚ᄒᆞ야了解케簡易ᄒᆞ도록編述ᄒᆞᆫ者니一般商業家에不可不一次閱覽ᄒᆞᆯ것될뿐아니라中等以上學校에敎科로用ᄒᆞᆷ도適當ᄒᆞ니陸續購覽ᄒᆞ심을望홈

발賣所　布병下　廣학書舖　洞口越便中央書館
　　　廣通東便匯東서館　寺동滙陽서館
　　　鐘路　大東서市　鍾路古今서海관

녀ᄌᆞ독본

韋菴先生　張志淵　著

壹秩二冊二百七拾頁　定價金六拾錢

我韓女학에不講이久矣라上等婦人에知識이虛ᄒᆞᆫ지라聽聞에不過ᄒᆞ니如此ᄒᆞ고야엇지文明國民을作成ᄒᆞ리오挽近志士가女학의必要를絕叫ᄒᆞ야女子학校가在在發起ᄒᆞ나完全ᄒᆞᆫ敎科書가無ᄒᆞ야識者에慨歎ᄒᆞᄂᆞᆫ바라故로此書二卷은女子의知識開발ᄒᆞ기爲ᄒᆞ야純國文을純用ᄒᆞ고漢文으로旁註ᄒᆞ얏ᄂᆞᆫ데上卷은本國故代有名夫人의歷史오下卷은東西各國有名婦人의歷史이오니僉君子ᄂᆞᆫ速速來購ᄒᆞ시옵

발賣元　皇城中署布屛下廣학書舖　김相萬
발賣所　平壤鍾路耶蘇敎冊肆　平壤法橋大同書觀
　　　京鄕各書舖

◉慈惠藥房附屬普印社廣告　本社에서慈惠藥房東西藥品月報版出ᄒᆞ기爲ᄒᆞ야印刷所를設置ᄒᆞ고數拾年來國문活字와漢文활字로[illegible]

◉大韓國新發明靈藥廣告

淸心保命丹　新藥 淸化
陸軍軍醫金守鉉名實驗方劑
陸軍軍醫張基茂君名丸藥發明
四海衛生之靈藥千萬名子常備之靈藥
發行所　仁川港杻峴　濟生堂藥房
九十粒入金拾錢

◉主治効能
◉瀉飮食積中暑中寒
◉咳嗽心腹痛水土不服
◉氣鬱吐瀉船車眩暈
◉食傷酒醉口熱惡臭
▲其他諸般邪氣癘疫限方妙製
◉出張代理特約발賣所
◉京城大廣橋共愛堂大藥房
同鍾路慈惠藥房　리觀化
同梨峴洋藥局　리信華
同鍾路博文書館　盧益亨
同南大門外大同運輸會社
同泥峴三丁目新井支店
同泥峴郵便局前　天佑堂
同水橋本堂出張人　리鳳林
◉仁川舊邑本堂出張所　金濟賢
同開城旅館　韓錫根
同東峴和平堂　리應善
◉開城南門內萬物廛　박圭桓
同南門內同店　閔柄玉
同北部忠橋冊肆　리禎鎬
同海州宗路商店　具聖模
同ㄱ二房약舖　宋在珙
同南門內店　김永泰
◉水原鍾路下약房　리奉植
◉延安邑니洋藥局　金濟九
◉江華鍾路店　邊女文
同鍾路店　尹斗鉉
同西門外冊肆　宋順五
◉長淵南門니　高成根
◉砂利院市場니客主　劉鼎淳
同　朴健昌
同耶蘇敎堂니　任九ㄱ
◉義州南門니紅門동　리莊ㄷ
◉平壤邑川星濟生局　韓鳳儀
同館前衛生醫院　金龍興
同大興部里　崔學化
同昌武洞藥局　尹宣宣
同甲邑出張人　尹寬赫
同鎭南浦渼동洋약局　尹元셥
同德川機本堂出張人　吳남奎
◉群山港開福동　김斗鉉
◉安州城니義井동回春大약房　[illegible]
◉安岳邑上壇里濟生屋　林慶杜
◉大邱南門니刷還동　김成浩
◉釜山港草梁客主　金重佑
◉博川郡美동商店　朴芝行
◉載寧邑後동약局　崔允國
◉抱川東良面平遷　金鎭和
◉晉州郡鬥[illegible]　박魯賢

◉定州南門니洋약局　玄振柱
◉鐵山邑니永春堂　安應彬
◉宣川邑니冊肆　安瀜
◉義州水口街　崔서浩
◉信川邑商里약局　安永植
◉郭山邑冊肆　김大鉉
◉元山港濟生堂支店　박牧浩
◉北靑新昌場客主　박鍚勳
◉江原道本堂出張人　高基來
◉順川邑皇華洋약局　리丙午
◉遂山邑本屋　리東赫
◉其他各店마다隨應販賣宮
◉仁川港濟生堂告白

▲特別廣告

本社에서各帖印刷部를另設ᄒᆞ고各樣活字와印刷機械를本이保備ᄒᆞ오며印刷가精美ᄒᆞ고價値도極廉ᄒᆞ오니愛讀ᄒᆞ시ᄂᆞᆫ夫人외게ᄂᆞᆫ一層低廉ᄒᆞ오니僉位ᄂᆞᆫ來臨ᄒᆞ시와隨意請求홈

大韓每日申報社　告白

今現院에서各項事務를一層擴張ᄒᆞ오며金銀與銀裝飾模의齒와移小齒及數落齒를隨意製造ᄒᆞ오며抜齒與幷齒을隨意製造ᄒᆞᆫ데當床入齒時에毫無苦痛케ᄒᆞᄂᆞᆫ技方도有ᄒᆞ며齒科上面額ᄂᆞᆫ無料換受ᄒᆞ압ᄂᆞ니四方僉君子ᄂᆞᆫ賜顧ᄒᆞ심을爲務홈

京南大門內尙洞美人施蘭致家
萬國齒科醫士　韓大衛　告白

◉撰理化學

朴晶東氏著
全一冊定價金三拾錢

一本書의目的은小學校에敎育ᄒᆞ기爲ᄒᆞ야編輯홈이라
一理化學解說下에簡明ᄒᆞᆫ圖畵를揷ᄒᆞ야讀者의理解ᄒᆞᆷ을便ᄒᆞ게ᄒᆞ얏이라
一理化學用語와物質의名詞ᄂᆞᆫ

近時代漢譯의最著ᄒᆞᆫ者로撰述홈이라
一本書ᄂᆞᆫ理化學諸家의學說中最簡易ᄒᆞᆫ者를採ᄒᆞ야十五章으로編ᄒᆞ야학徒로ᄒᆞ야곰二個年에畢讀케ᄒᆞ니陸續購覽
ᄒᆞ시압　月
발賣所
布병下金相萬廣學書舖
京城各書館
平壤鍾路耶蘇敎冊肆
法橋大同書觀

◉國債報償組合所收入廣告
◉永川支所七百附上道동
安鍾述　安秉述　安鍾或
安鍾式　安鼓洙　리春萬
金石根　각一圓　安鍾佑
安鍾闓　각六十錢　安鍾瓚
四拾錢　리先鍾　三拾錢
吳九進　拾錢
▲下里洞
林華洙四圓　安秉文　安奎式
安都洙　각一圓　安哲洙
二圓　安鏧洙　壹圓二拾錢
김乃月　리永哲　각六十錢
朴道文　四十전　安益洙
二拾錢
▲佳也洞
曹延煥一圓　曹源煥　曹寅植
김좌완　리載源　各六十錢

◉本社廣告
○申報價
一號代金　新貨二錢五錢
一個月前納　三十錢
三個月　九錢
六個月　一圓七十錢
一個年　三圓四十錢
廣告一號　新貨五圓
一個月　十三圓
發行兼編輯人英國人　裵說
發行所　皇城中署洞稅門外石[illegible]
大韓每日申報社

第六卷

大韓每日申報

第八百五號

月曜及慶節
歲時日休刊

檀君開國四千二百四十一年
箕子元年三千三十年
大韓開國五百十七年
日本明治四十一年
淸國光緖三十四年
陰曆戊申四月大十六日庚午

論說

論國民教育

現今韓國內에舌을掉ᄒᆞᄂᆞᆫ者도曰教育々々ᄒᆞ며筆을執ᄒᆞᆫ者도曰教育々々ᄒᆞ고國을中興ᄒᆞᆯ도曰教育에在ᄒᆞ다ᄒᆞ며國을富强케ᄒᆞᆯ도曰教育에在ᄒᆞ다ᄒᆞ야教育風潮가韓人社會의一大傾向을成ᄒᆞᆫ지라

目下에地方의騷擾와財政의困難과又其他各種의原因으로由ᄒᆞ야創設ᄒᆞᆫ學校가尙且曉星갓치稀疎ᄒᆞ야壹般志士의感歎을與케ᄒᆞᄂᆞᆫ然ᄒᆞ나其大勢의所趨를觀ᄒᆞᆫ건ᄃᆡ비록如何ᄒᆞᆫ障碍가有ᄒᆞᆯ더라도幾年을不過ᄒᆞ야學校가全國內에彌滿케됨은可히豫言ᄒᆞᆯ비로다

此點에對ᄒᆞ야誰가舞蹈치아니며誰가歡迎치아니며誰가拍掌喝采치아니며誰가熱心贊成치아니리오만은雖然이나今日教育이果然國을中興케ᄒᆞᆯ教育이며國을富强케ᄒᆞᆯ教育인가

記者曰嗚乎라一定ᄒᆞᆫ宗旨가有ᄒᆞᆫ教育이라야是教育이며一貫ᄒᆞᆫ精神이有ᄒᆞᆫ教育이라야是教育이어ᄂᆞᆯ今日教育이果能如此ᄒᆞᆫ가

如此ᄒᆞ면是國民的教育이며人道的教育이며精神的教育이며興國的教育이라吾가嘔心瀝血ᄒᆞ야此教育을贊助ᄒᆞ려니와不如此ᄒᆞ면是奴隸的教育이며禽獸的教育이며機械的教育이며亡國的教育이라吾가高聲疾呼ᄒᆞ야此教育을矯正코ᄌᆞᄒᆞ노니教育에有志ᄒᆞᆫ諸氏여斯言을察ᄒᆞᆯ지어다

現今教育家의狀態를列擧컨ᄃᆡ熱心ᄒᆞᆫ者ㅣ多ᄒᆞ니彼壹般人은其擧를斷ᄒᆞ며其袖를挾ᄒᆞ고其身이教育界에出現ᄒᆞ야校長校監或教師의重任을帶有ᄒᆞ면儼然히文明紳士로自居ᄒᆞ며他人도亦文明紳士로信認ᄒᆞ지만은實狀을察ᄒᆞᆫ즉便是渾沌漢類에不過ᄒᆞᆫ도다國이興ᄒᆞ던지亡ᄒᆞ던지人民이生ᄒᆞ던지死ᄒᆞ던지是는皆不知ᄒᆞ고其心에曰斯世에生ᄒᆞ야斯世에人이되얏스니斯世에浮沈ᄒᆞᆷ이可ᄒᆞ다ᄒᆞ야外語與籍은行世의要訣로認ᄒᆞ며政治法律은穿邪의捷徑으로認ᄒᆞ야此로其身을誤ᄒᆞ고他人을更誤ᄒᆞ니噫라此等도亦教育家라云ᄒᆞᆯ가又壹般人은時事에恨을抱ᄒᆞ고前途에淚를灑ᄒᆞ야青年教育에發憤ᄒᆞ니其勇往前進ᄒᆞᄂᆞᆫ熱誠이可敬이로다만은其主張ᄒᆞᄂᆞᆫ言論을聞ᄒᆞᆫ즉曰人民의知識이高等에達ᄒᆞ면國權이自還ᄒᆞ며外侮가自去라ᄒᆞ야經年役々ᄒᆞᄂᆞᆫ腦目이物質的文明을輸入ᄒᆞᆷ에不過ᄒᆞ야甚者ᄂᆞᆫ或閑遊會나擊球會며或外國人의握手禮나行ᄒᆞ면能事畢矣인줄로誤解ᄒᆞ며法之美惡은勿論ᄒᆞ고行動이法律範圍內에만不越ᄒᆞ면民權이巨大ᄒᆞᄂᆞᆫ줄로妄想ᄒᆞ니噫라此等도亦教育家라云ᄒᆞᆯ가

如此委靡ᄒᆞᆫ教育家手腕下에셔ᄂᆞᆫ비록華盛頓俾斯麥又ᄒᆞᆫ偉大人物이라도終乃齷齪小兒輩를化成ᄒᆞᆯ지며비록德意志英吉利又ᄒᆞᆫ强健民族이라도終乃行尸走肉을幻做ᄒᆞᆯ지니엇지可歎ᄒᆞᆯ비아니리오

且一般文明國으로도英國의教育이法國과不同ᄒᆞ며法國의教育이德國과不同ᄒᆞ며德國의教育이英國과不同ᄒᆞᆷ은각其歷史를按ᄒᆞ며民性을因ᄒᆞ야不能不然이며不可不然이며亦不得不然ᄒᆞᆫ바어ᄂᆞᆯ今日教育家가此義를知ᄒᆞᄂᆞᆫ者ㅣ果有ᄒᆞᆫ가

嗚呼ㅣ라何以ᄒᆞ면全國青年을軍隊的精神으로訓鍊ᄒᆞ며愛國的思想으로鼓舞ᄒᆞ야他日世界舞臺에同列케ᄒᆞ료

●宮廷錄事

▲隆熙二年五月拾四日 官報
▲致年
○議號

眞宗大王 憲宗大王
哲宗大王
廟號ᄂᆞᆫ不爲改議ᄒᆞ옵고
眞宗大王 憲宗大王
哲宗大王 帝號와
孝純王后 孝顯王后
孝定王后 哲仁王后
諡號議定以入之意로 奏下ᄒᆞᆷ이라

眞宗大王 帝號望
昭皇帝 令名洋溢曰昭
裕皇帝 强學好問曰裕
安皇帝 兆民寧賴曰安
孝純王后 諡號望
昭皇后 令名洋溢曰昭
裕皇后 强學好問曰裕
安皇后 兆民寧賴曰安
憲宗大王 帝號望
成皇帝 禮樂明具曰成
桓皇帝 克敬勤民曰桓
熙皇帝 敬德光輝曰熙
孝顯王后 諡號望
成皇后 禮樂明具曰成
桓皇后 克敬勤民曰桓
熙皇后 敬德光輝曰熙
孝定王后 諡號望
成皇后 禮樂明具曰成
桓皇后 克敬勤民曰桓
熙皇后 敬德光輝曰熙
哲宗大王 帝號望
章皇帝 法度大明曰章
靖皇帝 柔德安衆曰靖
康皇帝 安樂撫民曰康
哲仁王后 諡號望
章皇后 法度大明曰章
靖皇后 柔德安衆曰靖
康皇后 安樂撫民曰康

隆熙二年五月十一日奉
勅首望敬依

外報

●蒙古設省 同電을據ᄒᆞᆫ즉淸國에서蒙古를省으로改正ᄒᆞ라ᄂᆞᆫ議가有ᄒᆞᆫ대此說을贊成ᄒᆞᄂᆞᆫ者가頗多ᄒᆞ다더라

●屯田兵議案 北京電을據ᄒᆞᆫ즉駐[illegible]駐法前淸國公使가連名上奏ᄒᆞ되各强國에接近ᄒᆞᆫ甘[illegible]西藏蒙古等地의防禦計策으로屯田兵을採用ᄒᆞ기로請求ᄒᆞ야目下政府에셔此를詮議中이라ᄒᆞ더라

●輕氣球運行 桑港電을據ᄒᆞᆫ즉라이트氏兄弟가紙鳶形輕氣球를完成ᄒᆞᆷ으로同兄弟ᄂᆞᆫ此를乘ᄒᆞ고空中飛行ᄒᆞ기를試ᄒᆞᄂᆞᆫ대當日에風勢가不順ᄒᆞ나小無拘碍ᄒᆞ고自由로運行ᄒᆞᄂᆞᆫ妙法을得ᄒᆞ야北으로이나州海岸에ᄭᆞ지行ᄒᆞ얏다더라

●討除抵抗準備 路透電을據ᄒᆞᆫ즉目下俄淸國境에駐屯ᄒᆞᆫ무날쓰크將軍의率ᄒᆞᆫ討伐隊를抵抗ᄒᆞ기爲ᄒᆞ야골로族이大大的準備를ᄒᆞ얏다더라

●東省借款 上海電을據ᄒᆞᆫ즉東省總督徐世昌氏ᄂᆞᆫ滿洲經營費로貳千萬兩의借款을英國에請ᄒᆞ얏다더라

●革命黨討伐 上海電을據ᄒᆞᆫ즉雲南布政使劉春霖씨ᄂᆞᆫ本月二日에湖南省長沙를發ᄒᆞ야北京으로向ᄒᆞ얏ᄂᆞᆫᄃᆡ今回北京政府에셔臨時[illegible]에赴任ᄒᆞ야軍兵을統率ᄒᆞ고河口에在ᄒᆞᆫ孫逸仙의一派를討伐ᄒᆞ라고命ᄒᆞ얏다더라

偉人遺蹟

水軍第一偉人 李舜臣

錦頰山人

續

第八章

◉리舜臣의第二戰(唐浦)

六月曉頭에防踏僉使리純信을召ᄒᆞ여曰昨日에故放ᄒᆞᆫ賊船의餘賊이唐項浦登山賊과合勢ᄒᆞ야乘曉潛犯ᄒᆞ리니君이此를邀擊捕ᄒᆞ라ᄒᆞ다

리純信이去未幾에飛報가來ᄒᆞ얏ᄂᆞᆫᄃᆡ果然海口를纔出ᄒᆞᆫ즉倭人數百名이戰船을乘ᄒᆞ고其中倭將은年貌가大綱一十四五歲假量이오容顏이娃偉ᄒᆞ고服飾이華麗ᄒᆞᆫ대杖劍獨立ᄒᆞ야其黨을指揮ᄒᆞ고畏怯ᄒᆞᆫ色이少無ᄒᆞ거ᄂᆞᆯ리純信이累矢射中ᄒᆞ나遂箭凡十餘度에失聲隕水ᄒᆞ고其餘ᄂᆞᆫ皆水中에投死ᄒᆞ니리舜臣의斬賊이益에是ᄒᆞ더라

敵船中에京房을別作ᄒᆞ고房에ᄂᆞᆫ帷幕이皆極奢侈ᄒᆞᆫ뒤文書藏置ᄒᆞᆫ一小櫃가有ᄒᆞ거ᄂᆞᆯ取覽ᄒᆞᆫ즉倭船諸將分軍記인ᄃᆡ凡三千四十名이오名下에各ᄉᆞ삽血着盟ᄒᆞ얏더라

是日에兩注冥晦ᄒᆞ야海程을分辨ᄒᆞᆯ수업슴으로唐項浦岸에移屯ᄒᆞ야戰士를休息ᄒᆞ고翌日에承發前進ᄒᆞ다가敗遁ᄒᆞᄂᆞᆫ倭船七隻과相値ᄒᆞ야殺獲殲滅ᄒᆞ니此後로ᄂᆞᆫ賊兵이리舜臣을遇ᄒᆞ면大戰慄ᄒᆞ야抱頭鼠竄ᄒᆞ며走ᄒᆞ며險阻를據ᄒᆞ고不出ᄒᆞ며라

是時에我國兵家가尙且支那六國秦代의上首功法을效ᄒᆞ야首級의多少로功勞의優劣을分ᄒᆞ더니리舜臣曰斬首ᄒᆞᆯ時間을利用ᄒᆞ야射擊을多行ᄒᆞᆷ이可ᄒᆞ다ᄒᆞ고遂改正ᄒᆞ니라

是役에倭船殺沒者가八十二隻이니倭屍가海에蔽ᄒᆞ얏ᄂᆞᆫᄃᆡ我兵은死者가十八人이오傷者가三十八人이러라

第九章

◉李舜臣의第三戰(見乃梁)

彼가海를縱ᄒᆞ야縱橫出入ᄒᆞ며我兵을奔命에疲케ᄒᆞ고我民은運輸에勞케ᄒᆞᆫ後徐々히其殘擊乘ᄒᆞ야掇取ᄒᆞ라ᄂᆞᆫ陰計劃이어니卒然李舜臣을遇ᄒᆞ야戰必敗ᄒᆞ며攻必北ᄒᆞᆫ지彼 懷抱가畵餠에歸ᄒᆞᄂᆞᆫ지라

豐臣秀吉이此를大切齒ᄒᆞ야麾下諸將을畢集ᄒᆞ고리舜臣의敵手를問ᄒᆞᆫᄃᆡ宇喜多秀家란者ㅣ奮擲ᄒᆞ고自當ᄒᆞ기를請ᄒᆞ거ᄂᆞᆯ秀吉이許諾ᄒᆞ고水軍總大將을拜ᄒᆞ야薩摩兵十三萬을率ᄒᆞ고海를渡ᄒᆞ야西來ᄒᆞ니秀家ᄂᆞᆫ元來秀吉과各藩征戰ᄒᆞᆯ제累從ᄒᆞ야奇功을多立ᄒᆞᆫ名將이러더라

리舜臣이賊盟을探ᄒᆞ고諸將을約束ᄒᆞ야壹時發船ᄒᆞ야南海境露梁에至ᄒᆞ니慶尙右水使가戰船七隻으로來會ᄒᆞ얏더라

七日에固城地唐浦에至ᄒᆞ니牧人ᄒᆞᆫ山頂上에셔[illegible]ᄒᆞᆫ一收置이我戰船을望見ᄒᆞ고惶々下來ᄒᆞ여曰余ᄂᆞᆫ牧子金千孫이로소이다ᄒᆞ며當日未時量에賊船七十餘隻이固城地見乃梁에到泊ᄒᆞ얏나이다ᄒᆞ거ᄂᆞᆯ諸將을更飭ᄒᆞ야該處로向ᄒᆞ더니

未完

雜報

●陵幸洪陵 大皇帝陛下께옵서 本月十九日東九 陵에 幸行ᄒᆞ신다ᄂᆞᆫ事ᄂᆞᆫ昨報와如ᄒᆞ거니와 出宮時ᄂᆞᆫ上午七時오 還宮時ᄂᆞᆫ下午六時로定ᄒᆞ얏다ᄂᆞᆫ딕 還宮ᄒᆞ시ᄂᆞᆫ路次에 洪陵에 臨御ᄒᆞᄋᆞ셔 親祭ᄅᆞᆯ行ᄒᆞ신다더라

●勅語下賜 각道書記官은再昨日에內部대臣及同次官과共히 參內 陛見ᄒᆞᆫ事ᄂᆞᆫ前報에已揭ᄒᆞ얏거니와 其時에 大皇帝陛下께ᄋᆞᆸ셔 左와如ᄒᆞᆫ 勅語를下賜ᄒᆞ옵셧더라

朕이爾等각道書記官의게 諭ᄒᆞ노니 朕이踐祚以來로 庶政을圖治ᄒᆞ야 積弊를釐革ᄒᆞᆷ으로써 衆庶와홈ᄭᅴ更始維新의 實을擧ᄒᆞ기로期ᄒᆞᄂᆞᆫ지라 是로以ᄒᆞ야 卽位初에閣臣을 命ᄒᆞ야 新히日本國과協約을 締結케ᄒᆞ고 專혀日本國의援助와指導를依ᄒᆞ야 國政改良의功을收코져ᄒᆞᄂᆞᆫ바니 惟ᄒᆞ건ᄃᆡ 爲政의本은民에在ᄒᆞᆫ故로 朕이親民ᄒᆞ기를赤子와如히ᄒᆞ니 牧民의職에在ᄒᆞᆫ者ㅣ 朕意를克體ᄒᆞ야 不懈不忘ᄒᆞᆯ지니 爾等은同心戮力ᄒᆞ야 觀察使를輔翼ᄒᆞ고 府尹郡守等을指導ᄒᆞ야 夙夜精勵ᄒᆞ야 期副 朕意케ᄒᆞ라

●果有是訓 日昨完興君李載冕氏ᄂᆞᆫ其孫宜君李鍝氏를 責訓ᄒᆞ되 日君이日本에在ᄒᆞᆫ時에 我國民이希望이有ᄒᆞ더니 及其歸國ᄒᆞ야ᄂᆞᆫ 一無所爲ᄒᆞ고 妓生이나作妾ᄒᆞ며 演戲場風流席에 埋頭沒身ᄒᆞ야 歲月을虛送ᄒᆞ니 國人의唾罵을免치못ᄒᆞ니 豈不自愧乎아ᄒᆞ얏다ᄂᆞᆫ說이有ᄒᆞ더라

●統監參會 本月二十三日에 內部에서各觀察使會議에 地方形便을問ᄒᆞ고安靜ᄒᆞᆯ方針을訓示ᄒᆞᆫ次로伊藤統監과總理대臣李完用氏가來參ᄒᆞᆫ다더라

●運動委員 再昨日각학校聯合대運動會에伊藤統監과長谷川대將과總理대臣以下各部대臣이一齊히進參ᄒᆞ얏ᄂᆞᆫ대就中農相宋秉畯氏ᄂᆞᆫ一進會腰色으로平服에帽子만着ᄒᆞ고巡査를領率치아니ᄒᆞ고單獨一身으로人力車만乘ᄒᆞ고進往ᄒᆞ얏다더라

●書式請改 度支部에서出納命令書式을改定ᄒᆞ야日昨統監府에同意를請ᄒᆞ얏다더라

●電費函請 地方警察署와守備隊에電話를架設ᄒᆞᆫ經費額二十七萬圓을支出ᄒᆞ라고遞信管理局에서度支部에公函ᄒᆞ얏다더라

●次第陞任 法官養成所敎授劉文煥씨가漢城控訴院檢事로移任ᄒᆞᆫ다ᄂᆞᆫ事ᄂᆞᆫ昨報와如ᄒᆞ거니와該氏轉任ᄒᆞᆫ代에助敎授石鎭衡氏가陞任되고石鎭衡氏의代에ᄂᆞᆫ朴勝彬氏가敍任된다더라

●財務會議 本月五日以來로부터度支部에서開會ᄒᆞᆫ財務監督及局長會議ᄂᆞᆫ今後壹週間을開ᄒᆞᆯ터이라더라

●統監寄函 再昨日官私立學校聯合대運動會에伊藤統監이金二百圓을寄付ᄒᆞ얏다더라

●鐵義請費 內部에서來八七兩月에義徒剿捕費壹千五百圓을支撥ᄒᆞ라고度支部로照請ᄒᆞ얏다더라

●韓家茶會 內閣書記官장韓昌洙氏가明日下午六時에該氏私邸에茶果會를開催ᄒᆞ고各部高等官을請待ᄒᆞᆫ다더라

●出入物品 五月下旬內에仁川港物品輸出額이三拾五萬九千圓이오輸入額이九拾萬七千圓이라더라

●清潔請擔 勞動학會幹事員安謙鎬씨가내部에請願ᄒᆞ되本會에工匠이數千名이오役夫가數萬名이오馬車가數百餘臺이니滿城內清潔事務를委任ᄒᆞ라ᄒᆞ얏다더라

●兩氏反對 民刑訴訟法을單行法으로一百餘條를制定ᄒᆞ야日間頒布ᄒᆞᆯ터이라ᄂᆞᆫ대于今頒布되지아니ᄒᆞᆫ理由를得聞ᄒᆞᆫ즉其第二條에民刑訴訟上에韓國或日本國言語文字를用ᄒᆞᆷ이라ᄂᆞᆫ句語로因ᄒᆞ야日昨에法部에서韓日兩國官吏가會同ᄒᆞ야議決ᄒᆞᄂᆞᆫᄃᆡ該部民事局長李始榮刑事局長金洛憲兩氏가論ᄒᆞ기를韓國言語文字를用ᄒᆞ라면日本國言語文字란句語를拔去ᄒᆞᆯ던지日本國言語文字를用ᄒᆞ라면韓國言語文字란句語를拔去ᄒᆞᆯ던지ᄒᆞ라고反對ᄒᆞ얏더니該部次官倉富가又爲是論ᄒᆞ되李金兩局長의言이是ᄒᆞ다然則可否를問ᄒᆞ야多數決議ᄒᆞ자ᄒᆞᆷ으로故로李始榮氏가又爲反對하야曰方今目前現像으로ᄂᆞᆫ日本人官吏가韓國官吏보다多數인즉日本國言語文字를用ᄒᆞᆫ다ᄂᆞᆫ句語가可決될터인즉絶對的으로應行치못ᄒᆞ깃다고極力反對ᄒᆞᆫ所以로姑爲留案ᄒᆞ얏다ᄒᆞ더라

●許覧박物 農商工部에서勸業박物館을該部內에設立ᄒᆞ고日前부터觀覽을許ᄒᆞ얏ᄂᆞᆫ대無論某人ᄒᆞ고無代金觀覽케ᄒᆞᆫ다더라

●警吏向西 警視廳에서坡州長湍等地에義兵剿探次로昨日下午四時에韓日巡査가京義鐵道로出張ᄒᆞ얏다더라

●責在校長 再昨日官私立各學校聯合대運動會時에官立미동普通學校에서優等이되얏ᄂᆞᆫ대該校에서卒業生中에爲競走ᄒᆞᆯ人을以現在ᄒᆞᆫ學徒로變姓名冒錄ᄒᆞ야參會優等ᄒᆞᆫ事가綻露ᄒᆞ야優等이勿施되얏ᄂᆞᆫ대此事로因ᄒᆞ야該校長을學部에서免官ᄒᆞᆫ다더라

●爲慰리校 再昨日官私立學校聯合運動會에地方학徒ᄂᆞᆫ參例를不得ᄒᆞᆷ으로西北학會에서永柔郡리花학校학徒를慰藉ᄒᆞ기爲ᄒᆞ야來土曜日上午七時에西北학生聯合運動會를訓鍊院에서設行ᄒᆞᆫᄃᆡ城內外각校에入학ᄒᆞᆫ西北학生은該期來參ᄒᆞ기를希望ᄒᆞᆫ다더라

●婦人參觀 慈善婦人會장以下壹般會員三十餘名이帷幕을設ᄒᆞ고今番運動會에參觀ᄒᆞ엿다더라

●電線胡斷 昨年以來로電氣會社에各地下에埋置ᄒᆞᆫ鐵線을斷取ᄒᆞᆫ弊가有ᄒᆞ더니日前에西部警署에서嚴明福等三名을逮捕ᄒᆞ얏다더라

●日砲貫手 日昨夜에日人竹原이가假稱刑事巡査라ᄒᆞ고靑坡飮食店에入ᄒᆞ야該家에在ᄒᆞᆫ大穴砲ᄅᆞᆯ觀覽ᄒᆞ다가발射ᄒᆞ야渠의掌을貫ᄒᆞ고該主妻의手를貫ᄒᆞᆫ故로該日人이卽地逃走ᄒᆞ얏다더라

●偷으將訴 順天郡所謂負商班首洪達植이가褓負商의義捐ᄒᆞᆫ國債報償금拾圓을偷食ᄒᆞ얏ᄂᆞᆫ事가綻露되야負商等이각處에通문ᄒᆞ야將次該郡에起訴ᄒᆞᆫ다더라

●不許揭載 義兵將某氏가本社에諺札壹度에廣告문壹幅과廣告代金二圓을同封送致ᄒᆞ고本報廣告欄內에揭布ᄒᆞᆷ을要求ᄒᆞ얏ᄂᆞᆫ대其猥褻ᄒᆞᆫ辭意ᄂᆞᆫ人民을勸誘ᄒᆞ야日本物貨에賣買를排斥ᄒᆞᆷ인ᄃᆡ本社에서ᄂᆞᆫ揭布ᄒᆞᆷ을中止ᄒᆞ고該代金은還索ᄒᆞ기ᄭᆞ지本社에留置ᄒᆞ노라

●草家火變 再昨日下午六時에西署慕華館居崔允五氏家에서失火ᄒᆞ야草家五間과家藏什物이沒燒ᄒᆞ얏다더라

●實敎師懷喜 今番運動會高跳競走에靑年학院학徒가最優等을占ᄒᆞᆫ故로서伴人實敎師某氏가懷喜ᄒᆞ더라

●業芝風流 昨日에東亞支會員이東門外業芝동에상되도감을設ᄒᆞ고風流가浩宕ᄒᆞ얏다더라

●殺人者捉 昨年七月分에振威郡長登里居김鶴七이가該郡宋龍面陳洛汝의家內庭에入ᄒᆞᆫ事로陳哥가金哥를打殺逃走ᄒᆞ얏더니本月九日에水原警察署에서捉致ᄒᆞ얏다더라

●贈果리校 永柔郡학徒가聯合대運動에參例次로上京ᄒᆞ얏다ᄂᆞᆫ事ᄂᆞᆫ昨報에已揭어니와一還의長리容九씨가該학徒에게果子壹箱子를贈與ᄒᆞ얏다더라

●農校創設 寧邊北新峴面上月林에서朴履烱宋致欽諸氏가愛國思想이激烈ᄒᆞ야敎育에熱心ᄒᆞᄂᆞᆫ대農民夜학校를設立ᄒᆞᆫ趣旨書를發行ᄒᆞ얏더라

●益彰漸旺 鎭山郡김敎性리宗植諸氏가발起ᄒᆞ야私立益彰학校를設立ᄒᆞ고靑年子弟를敎育ᄒᆞᆫᄃᆡ校況이日益興旺ᄒᆞᆫ다더라

●龍寺請移 漢성外북部字內龍岩寺主掌朴興元이가내部에請願ᄒᆞ얏ᄂᆞᆫ대數年前부터本寺에盜賊이種種侵入ᄒᆞ야衣服等物을奪取ᄒᆞᆯ뿐더러或人命에害ᄒᆞ며寓居者ᄂᆞᆫ賊黨으로警務廳에서捕捉ᄒᆞᆫ故로昨年五月부터主掌僧은奉元寺에移接ᄒᆞ고該寺ᄂᆞᆫ空虛ᄒᆞᆷ으로該寺宇拾間을奉元寺로移建ᄒᆞ야莫重佛像을保護ᄒᆞ며生命을保存케ᄒᆞ라ᄒᆞ엿다더라

▲地方消息▼

▲光州東北方潭陽北貳里四岩面村落에서義兵數名이該郡日守備中隊와交戰ᄒᆞ엿다ᄒᆞ고

▲去四月三拾日에江原道通川東남方三里地長林里附近에서義兵壹百五拾名이日討伐隊와交戰ᄒᆞ얏다ᄒᆞ고又同郡西남五里地에서義兵三百名이日討伐隊와交戰ᄒᆞ엿다ᄒᆞ고

▲本月九日에通津郡[illegible]串面에義兵二十餘名이金浦分遣所日憲兵隊와貳拾分間을交戰ᄒᆞ엿다하고

▲本月七日午后拾一時에白川松城面義戰里附近에서義兵五拾名이日憲兵隊와二十分間을交戰ᄒᆞ엿다더라

東京電報 十三日발

●森林條約 鴨綠江森林問題에關ᄒᆞ야明日北京에서調印ᄒᆞᆯ條約의要ᄒᆞ온年限은貳十五箇年으로定ᄒᆞ되期限이滿了ᄒᆞᆫ後에ᄂᆞᆫ淸日兩國이協議後에年限을延장ᄒᆞᆯ事오資本金은三百萬圓인ᄃᆡ淸日兩國이各각半額式支出ᄒᆞ고此條約締結後壹箇月以내에兩國에서委員을出ᄒᆞ야奉天에서細則을協定ᄒᆞᆫ後三箇月以내로開業ᄒᆞᆫ다더라

▲夢中虛事▼

▲人生百年幾何런고 興亡盛衰 如風輪이라 壹定之理 元無ᄒᆞ니 世上事를 生覺ᄒᆞ면 春夢又치 虛事로다

▲ᄉᆞᆼ결일세 ᄉᆞᆼ결일세 當時勢力 自恃ᄒᆞ야 強暴行爲ᄒᆞ더니마ᄂᆞᆫ 無不殘滅 楚霸王도 烏江落日에 欲渡ᄒᆞ니 天下事가 有恨이라 ᄭᆡ고보면 虛事로다

▲ᄉᆞᆼ결일세 ᄉᆞᆼ결일세 壹國權 獨弄ᄒᆞ야 肥己之慾 已充이라 挾天子令諸侯ᄒᆞ던 萬古奸雄 曹孟德도 泡沫風燈 可憐하니 ᄭᆡ고보면 虛事로다

▲ᄉᆞᆼ결일세 ᄉᆞᆼ결일세 此江山을 占奪ᄒᆞ나 ᄉᆞᆼᄉᆞᆼ이ᄂᆞᆫ 그저잇다 物各有主 此天地에 客反爲主 되단말가 非人力에 所致니라 ᄭᆡ고보면 虛事로다

▲ᄉᆞᆼ결일세 ᄉᆞᆼ결일세 富貴花가 爛開ᄒᆞ나 早凋先萎 可惜하다 白首殘年 더元老ᄂᆞᆫ 失勢ᄒᆞᆯ지 幾日인고 惡歎嘆ᄒᆞᄂᆞᆫ고나 ᄭᆡ고보면 虛事로다

▲ᄉᆞᆼ결일세 ᄉᆞᆼ결일세 이世上이 뉘世上고 大和風이 吹到ᄒᆞ야 入城江山 浮沉ᄒᆞ나 埋豚春氣 復回ᄒᆞ면 風靜浪息 되ᄂᆞ니라 ᄭᆡ고보면 虛事로다

▲ᄉᆞᆼ결일세 ᄉᆞᆼ결일세 躡足附耳 각대臣은 무슴議案 提出ᄒᆞ야 阿附手段 糊弄ᄒᆞ노 各其勢力 挽回ᄒᆞ나 兎死狗烹 免ᄒᆞᆯ손가 ᄭᆡ고보면 虛事로다

▲궁결일세 궁결일세 他人土地 虛慾나서 壹口吸盡ᄒᆞ랴ᄒᆞ나 造化翁이 劇戲ᄒᆞ야 더穢德을 厭惡ᄒᆞ니 竟乃逐藏ᄒᆞᄂᆞ니 ᄭᆡ고보면 虛事로다

▲궁결일세 궁결일세 軍用地段 占領ᄒᆞ야 南端北倪 延亘ᄒᆞ나 並呑六國 秦始皇도 萬里長城 虛築ᄒᆞ야 防胡之策 無用일세 ᄭᆡ고보면 虛事로다

▲궁결일세 궁결일세 流水又흔 이歲月에 名利心만 滔滔하야 外人鷹犬 自願ᄒᆞ고 勤告同意 圖得ᄒᆞ니 飛蛾撲燈 悲慘ᄒᆞ다 ᄭᆡ고보면 虛事로다

廣告

本人이陰三月拾日에姓名圖章을失호엿스니誰某拾得호와도勿施홈
西小門外京洞梁俊默 告白

陰本月拾八日子時에先府君兩文義郡守必永公의先葬禮式을交河郡栗里先塋에서擧行호오니知舊僉照亮호시옵
孤哀子 長男 慶範
次男 慶립
三男 慶복
隆熙貳年五月拾五日
中部稚思洞八統拾戶 慶範 告白

本人이去三月分에安州龍頭面남洞里 處에給價五百兩호고買得田半日耕文券을遺失이옵기茲以廣佈호오니外國人은拾得호와도休紙施行홈
平壤价川主人洞車炳詐 白

◉特別廣告

日本國東京에在호本國留學生이一新團會를야大韓학會를組成호얏기其團合을贊成하기爲호야演說會를開호오니同志人士는多數來臨하시옵
大韓학會贊成會發起人一同

一 時 日 本月拾七日(日曜日)下午
一 處所 西門外國民演說臺
一 辯士 鄭雲復 尹孝定 俞星濬 張燾 朴勝彬 尙灝 리珍雨

本학會에서來土曜日上午七時에西北학生聯合運動會를訓鍊院에서設行호오니各校에西北학生及會員은趁期來參호시옵
雨則明日
西北학會 告白

湖南藍浦線洞謹泰奉金東穆의名을리간元으로改定호앗기知舊僉照亮호시옴
金간元 告白

西署盤洞五統壹戶草家拾間立旨文券壹丈서失故茲以布告호오니無論某人拾得호와도休紙施行홈
戶主尹鼎淳字興汝

險성法旺面謙泰奉리相與의與字以協字로改正호오니知舊僉照亮홈
리相協 告白

本事務所에서田畓山林礦山家屋未懇地에關호一切測量及設計等을迅速需應호겟사오니僉君子는來臨問議호심을敬要홈

中署校洞第十九統第二戶
共同測量製圖事務所 告白

本人이姓名圖章을路中에서失故로茲以廣告하오니誰某拾得이라도勿用홈
公州新上面維鳩倉村居 閔龍植

◉大韓學會贊成會趣旨書

國家의前途는학生靑年의責任에專在홈이오학生靑年中에는海外留학生으로써其前驅를作호리로다故로在外학生界에美事가發호면全國이喜而賀之호고或不備가有호면憂而救之호야壹動壹靜에無不注目호야全然히在外학生界에成저호國家盛衰의龜鑑으로호는觀도다近年에日本東京에留학호는我國靑年이其數近千인대科학에勤修호야成적이優越하며衆力을結合호야會體를組成호며月報를刊行호야國脈을勸勵호며其他種種美事가我壹般同胞의慰悅을致호앗도다然이나社交의能力이多數人의團合을成홈에未及하야南北道가相別호고官私費가相分호야多數會名이各起紛紛호야完全호國民的團合會未成호지라此를觀호고或黨派之弊가生호가或猜疑之端이起호가在內人士의疑懼나憂慮가頗深호더니近日에壹片喜音信이春風에件渡호야耳膜에播動호니郎日本國東京에在호六韓國留學生이大團合의必要를自覺호야總團體를組織호고大韓學會라命名호事를報호이라宜哉宜哉로다同登호國籍造有호者·異邦에留학호야會集을各別호호必要가無有호지오國民的精神으로團合호야壹體를作홈이得其宜哉로다此를聞홈에凡大韓國의幸福을希望호는人이誰가讚賀之聲을不發호리오於是에 황太子殿下에서 睿覽음 下賜호샤奬賞을示하시고政府大臣이亦頗히收合斯附호야勸勉을加호고지感賀鑠이趣旨書를揭載호야讚揚을布호앗고今에普般社會의同情을表호기爲호야大韓학會贊成會를發起호오니勉哉어다有志同胞여棟樑之材가生장홈을見호고其培養의勞를닐情호리오在外학生이精神的團合의必要를自覺홈에際호야在內人士는其團合을永久히鞏固케하기를自任홀지로다奮발哉어다愛國同胞

發起人

姜윤熙 權東鎭 鄭鐵弘
柳瑾 姜華錫 權鳳珠
趙秉澤 柳東說 金奎植
南宮억 趙濟桓 柳東作
金光濟 張吉相 趙彭漢
劉ㅇ煥 金達河 張燾
羅壽淵 劉秉泌 金東完
張憲楨 呂圭亨 柳一宜
金洛憲 李永憲 呂炳鉉
李甲 金明濬 鄭永澤
廉仲模 李東暉 金祥演
鄭雲復 盧伯麟 李冕宇
李敎卿 李珍雨 朴晶東
宋之憲 리範來 리彰鎬
朴承華 申光熙 리商在
閔衡植 朴熙陽 申佑善
리相弼 朴斗榮 白寅丞
申隱熙 리時榮 朴晩緒
白完赫 沈宜性 리容九
朴星煥 梁承鎭 안國善
리容漢 朴勝彬 尙灝
안昌浩 리人稙 朴承章
徐內珪 魚용善 리종一
朴承혁 石鎭衡 嚴柱益
리종浩 朴容合 張之鉉
吳世昌 朴殷植 金星준
崔敬淳 洪肯燮 金承燦
崔延德 洪忠鉉 俞致衡
崔相敦 尹益善 崔錫敏
尹晶鎬 崔鎔 尹敬晟
太明식 尹致旿 韓相龍
尹致昊 韓錫振 尹孝定
韓致愈 元應常 玄暎運

◉慈善家僉位의게謹告홈

京城孤兒院은韓國紳士리憑성氏의刱設홈바于今四載에收容孤兒호야育之敎之러니廂舍之狹隘이甚于 天陛호야 下賜前龍洞宮호사使之移接케하시고 太皇帝陛下如天之 聖德과 皇貴妃殿下愛恤之 仁心을特蒙호와錦財와衣服의物을屢 降恩賜하와神補修理故로始敢著手호야經營修繕호야增置房屋호고廢綴數新排床卓하고另設工役之所호니費額이浩巨호고資助頗少하야尙未竣役이오蘇氏之憤ᄉ無餘호니噫라個人의單獨熱心으로는到底히完全키不能호니僕이自東京來者ㅣ數年에此土會社上目的을環顧컨대生靈保護人才養育에義務는上下千百載와東西數千里에表ᄉ獨立호야此에比홀者ㅣ無컨만은此校役을以財渴로中止호니豈但有志者의嗟歎也리오實有憾於天인地厚無疆之德이라僕이以局外人으로立此傍觀之地호야忍不住泯默호고敎學疾呼호야遍請宇內之慈善家호오니惟願紳士諸氏는仝品多少를不拘호시고陸續寄附호시와可憐호孤兒를多數收容호야敎育을開호고德藝를成就하야他日에國民中壹部分子處를作케홈은院主의本心이오我輩의希望
寄附코ᄌ호시는僉位은京城中署寺洞孤兒院事務所로送致호시면領受證을繕呈호이오니照亮하시옴
京城孤兒院特別賛成員 大垣丈夫 告白

本人이四年前喪夫호後數箇稚子를依호야居生다가올머니장子뻐인僕이가寡居의老母를不顧호고靑樓之間에掃如蕩産이온바뫼今復倍往平壤하야洋雜之類와酒色之場에留連호고니母의內外國人호고인後에는兩値給이라도無至白失追悔홈
月 日
安州城內栗北동리召史 告白

仁川而松峴第拾三統二戶洞又記서失故茲以廣告호오니誰某拾得이라도休紙施行홈
鄭奭楨 告白

외士한니本月拾八日에京성에서離去호얏다가七月貳拾八日頃에還歸호깃노라고揭至호기로聚홈

基於人道之原則호고準於正義之誠實호며以親切爲旨호야訴訟事件并行官廳請願事件을專受依托홈
京城저洞六拾四統二戶
東京六鼎講師
辯護士
日本法律學士 木尾虎之助

小學漢文讀本

張志淵 元泳義 纂輯 上下二編 正價金六拾전
▲本書는鍾路漢文初階를纂輯호야各種科학의深淺을從호야編輯호고國文으로句讀을明釋하야普通의指남과文學의捷徑을作홈

初等女學讀本

李源競 著述 第壹編 正價金 三拾전
本書는女학校敎科書에應用키爲호야本文은國漢文으로註解를另附호야各課編輯호者니雖在家婦女라도均可便覽而增長知見홈에必要홈

愛國偉人 葛蘇士傳

◉淸國梁啓超 原著 全一冊 正價金拾五錢(國漢文)
本書는歐洲風雲을觀擬호고自主獨立을力圖호던匈牙利愛國偉人葛蘇士의事蹟을編纂호者니當時葛蘇士의雄飛活躍의經歷과及其英雄末路의조運을論호야奧匈聯邦의雙立團體를竟成호結果를觀컨대可使讀者英雄崇拜의感想을激起케호이로다
月 日
발兌元
▲皇성中署觀峴越便 中央書館
▲皇城鐘路 大東書市
▲皇城大廣橋東邊 滙東서館
▲皇城남門內倉洞 博文書館

世界文明產育新法

全 純國文 七十五錢

十九世紀歐洲文明進化論

全一冊 國漢文 三十錢

元賣所 鐘路古今書海館
支賣所 京鄕有名書舖

●新발明梅毒광약廣告
陸軍軍醫 實驗方劑

落梅丹

口瘡不발창病去根之명약
壹劑五百粒定價五 三圜
主治 梅毒(唐창)新舊창
●瘰瘯●皮膚病●便마貫私●천病
已上病證外에男女間에不精交合호後에若疑아之廬이有호야도此약壹劑만服用호면完無後慮호고腸胃도能全홈을擔保홈
此外에도醫療機械와精美호약材를新備호고內外科각色疾病을誠心治療홈
皇城北部大安洞
月 日
仁濟약房 藥劑師 告白

代理店
京城鐘路 大東藥房
仁川港龍동 濟生堂
國內各處약局에서販賣홈

◉國債報償義捐金
四月中本社收入總額
每日逐号明細錄

四月十四日
第一六二〇号 慶州郡各面里 一百六拾四圜四錢

四月二拾日
第一六二一号 慶州郡各面里 三百拾七圜四十錢

四月貳拾五日
第一六二二号 慶州各面里 三百九十八圜九十전

四月二十九日
第一六二三號 慶州郡各面里 二百四十九圜拾六전

總計 一千一百三十八圜六十五錢

四月二拾九日까지收入總額 一千一百三拾八圜八十五錢

隆熙二年一月至三月收入總額 二千四百七十六圜五拾二전五厘

光武十一年度收入總額 五萬七千四百廿六圜九十五錢七厘

合計 六萬一千〇四十二圜三拾三전二厘

●四月八日
第一六一八号 楊州郡 西面 里洞中 五완

四月拾一日
第一六一九号 聞慶山北面 金龍寺僧 四圜三十五전

◉特別廣告◉
國債報償金五月度所捧은姑未計이옵고本年四月까지所捧總計六萬一千〇四十二圜三十三錢은本社內銀行에貯置ᄒᆞ얏ᄉᆞ고其貯置額中三萬二千三百圜은國債報償志願金總合所로越交홈
大韓每日申報社

發行兼編輯人 英國人 裵說
發行所 南部苧不非洞號外地三層洋屋家 大韓每日申報社

第八百六號

大韓每日申報

第六卷

月曜及慶節歲時休刊

檀君開國四千二百四十一年
箕子元年三千三十年
大韓開國五百十七年
日本明治四十一年
淸國光緖三十四年
陰曆戊申四月大十七日辛未

論說

◎學界의花

壯哉라拾七학生의指血이여烈哉라拾七學生의指血이여余가此血에舞ᄒᆞ며此血에蹈ᄒᆞ노니凡韓國有情男女아皆此血에舞ᄒᆞ며蹈ᄒᆞᆯ지어다余가此血에歌ᄒᆞ며此血에哭ᄒᆞ노니凡韓國有淚男女아皆此血에歌ᄒᆞ며哭ᄒᆞᆯ지어다

拾七학生의指血은何血고愛國의血이며憂時의血이며慷慨의血이며熱狂의血이니壯哉라拾七학生指혈이며烈哉라拾七학生의指血이여

日昨本社에來ᄒᆞᆫ咸興壹行客이眼淚를灑ᄒᆞ고拾七血學生의血史를詳傳ᄒᆞ여曰北陸에春回ᄒᆞ고上元에月明ᄒᆞᆫ데愛國歌壹聲에咸鏡郡豐湖里普昌학校學生五十餘人이聚集ᄒᆞ야保家之心反移於國이란問題를演說ᄒᆞ다가新亭의風景이其懷를觸ᄒᆞ며滄桑의浩劫이其恨을助ᄒᆞ야箇々嗚咽哀痛ᄒᆞᆫ句語로互相勉勵ᄒᆞ며日其中拾七人은血性이尤발ᄒᆞ야蒼天을指ᄒᆞ며盟誓를發ᄒᆞ되我國은我가必復ᄒᆞ리라我我三千里山河를必還ᄒᆞ리라我가我國[illegible]를必振ᄒᆞ리라我가我四千載歷史를必光ᄒᆞ리라ᄒᆞ며各其佩刀로手指를斫ᄒᆞ야點々碧血로同盟書를寫ᄒᆞ얏다ᄒᆞ니壯哉라拾七學生의指血이여偉哉라拾七學生의指血이여懷想은雖切ᄒᆞ나江山이遙隔ᄒᆞ야吾輩가諸학生의面目도得見치못ᄒᆞ얏스며諸학生의咳唾도得接지못ᄒᆞ얏스나敢히此指血을讚美ᄒᆞ며曰自由의先鋒이며文明의導師며學界의花라ᄒᆞ노니학生々々이여千萬自愛어다

自古靑史에名譽的紀念碑를竪ᄒᆞᆫ英雄兒ᄂᆞᆫ其誰가流血中에出來ᄒᆞᆫ者아니던가是故로求道의心이切ᄒᆞ면神光이其臂를斷ᄒᆞ며保敎의願이大ᄒᆞ면異斯夫가其頸을斫ᄒᆞ며功名의志가烈ᄒᆞ면吳起가其腕을斷ᄒᆞ며報國의情이深ᄒᆞ면岳飛가其背를涅ᄒᆞ얏스니

噫라個人의事業、國家의事業을無論ᄒᆞ고其發願을혈로以ᄒᆞ며其實行을血로以ᄒᆞ여야其結果의宏大ᄒᆞᆷ을可期ᄒᆞ나니壯哉라拾七학生의指血이여偉哉라拾七학生의指血이여

吾가此에一感이又有ᄒᆞ노니今日世界ᄂᆞᆫ血世界라文明도血이아니면購치못ᄒᆞ며富强도血이아니면就치못ᄒᆞ며腐敗ᄒᆞᆫ社會도血이아니면改革지못ᄒᆞ며頑迷ᄒᆞᆫ民族도혈이아니면喚醒치못ᄒᆞ며步를進코쟈ᄒᆞ야도血이아니면進치못ᄒᆞ며事를行ᄒᆞ라ᄒᆞ야도혈이아니면行치못ᄒᆞᆯ지라

故로其膓에ᄂᆞᆫ熱血이常轉ᄒᆞ며其眼에ᄂᆞᆫ혈淚가常流ᄒᆞ며其身에ᄂᆞᆫ혈海에浴ᄒᆞ며其心은혈山혈石에磨ᄒᆞ야其民은혈民이되며其國은혈國이되여야壯嚴國士가乃現ᄒᆞ나니今韓國二千萬人衆에十七指의혈이少라ᄒᆞ지나抑亦春信을先洩ᄒᆞᄂᆞᆫ微機인저

或者ᄂᆞᆫ苛評ᄒᆞ야曰此ᄂᆞᆫ狂妄의혈이며無意味의血이라ᄒᆞ나是ᄂᆞᆫ國民의慘狀도不視ᄒᆞ며世界의大勢도不聞ᄒᆞ며血의價値도不知ᄒᆞᄂᆞᆫ一愚人이라ᄒᆞ노니噫다此血이雖微ᄒᆞ나熱膽的奮鬪的積極的이오決코悲觀的悶退的消極的이안이니라

官報

▲陞敍 ▲式年 五月拾九日 官報

◉部令

看守及女監取締職務規程을左又치定ᄒᆞᆷ

隆熙 年 月十二日 法部大臣 趙重應

法部令第四號

看守及女監取締職務規程

第壹章 看守의職務

第壹條 看守ᄂᆞᆫ典獄及看守長의指揮를承ᄒᆞ야庶務及戒護에從事ᄒᆞᆷ

第二條 勤務의方法及事務의分擔은典獄及看守長이特히指定ᄒᆞᆫ바에從ᄒᆞᆷ이可ᄒᆞᆷ

第三條 總히擔當ᄒᆞᆫ事務ᄂᆞᆫ擅히此를他에게依托ᄒᆞᆷ을不得ᄒᆞᆷ

第四條 庶務에從事ᄒᆞᄂᆞᆫ者ᄂᆞᆫ恒常規定을從ᄒᆞ야正確히諸般事務를整理ᄒᆞ되若執行上違例或錯誤가有ᄒᆞᆷ을認定ᄒᆞᆫ時ᄂᆞᆫ直時此를看守長에게報告ᄒᆞᆷ이可ᄒᆞᆷ

第五條 戒護에從事ᄒᆞᄂᆞᆫ者ᄂᆞᆫ恒常規定을從ᄒᆞ야監獄의警戒及在監人의檢束紀律에關ᄒᆞᆫ執行에任ᄒᆞᆷ이可ᄒᆞᆷ

第六條 恒常在監人의動靜을視察ᄒᆞ야其狀況을看守長의게報告ᄒᆞᆷ이可ᄒᆞᆷ

第七條 在監人의個人的處遇方法은典獄이判定ᄒᆞᆫ바에依ᄒᆞᆷ이可ᄒᆞᆷ

在監人處遇上에關ᄒᆞ야意見이有ᄒᆞᆫ時ᄂᆞᆫ典獄이나看守長에게開陳ᄒᆞᆷ이可ᄒᆞᆷ

第八條 恒常在監人의健康狀態에注意ᄒᆞ되苟或異狀을認定ᄒᆞᆫ時ᄂᆞᆫ直時此를看守長及監獄醫에게報告ᄒᆞᆷ이可ᄒᆞᆷ

未完

外報

●間島問題 北京電을據ᄒᆞᆫ즉駐淸日公使林權助氏가本月拾日에袁世凱氏를訪見ᄒᆞ고間島問題에對ᄒᆞ야ᄂᆞᆫ日本에셔讓步ᄒᆞᆯ餘地가更無ᄒᆞᆫ故로速히歸決ᄒᆞᆷ을希望ᄒᆞᆫ다ᄂᆞᆫ意로陳述ᄒᆞ고또韓國問題에對ᄒᆞ야日本書類와公문等을提出ᄒᆞᆫ지라然ᄒᆞ나該問題가日公使歸國ᄒᆞ기前에ᄂᆞᆫ結梢되지못ᄒᆞᆯ것다더라

●革命黨討伐 上海電을據ᄒᆞᆫ즉孫逸仙黨派의革命軍은雲南南谿를攻擊中인대官軍은此를擊退ᄒᆞ기不能ᄒᆞ고形勢漸々危殆ᄒᆞᆷ으로防禦指揮ᄒᆞ기爲ᄒᆞ야目下雲南蒙古間에通海에在ᄒᆞᆫ總督錫良氏ᄂᆞᆫ直隸省錄[illegible]派ᄒᆞᆫ兵器의[illegible]乞ᄒᆞ얏ᄂᆞᆫ데龍濟光提督은又廣西軍을率ᄒᆞ야雲南으로向ᄒᆞᆫ다더라

●討伐印度革命 倫敦電을據ᄒᆞᆫ즉英國司令官빌곡쓰將軍은二大隊의兵을率ᄒᆞ고直時印度로만三種族을討伐ᄒᆞ기爲ᄒᆞ야出發ᄒᆞ라ᄂᆞᆫ命令을受ᄒᆞ얏다더라

●長白州設置 大連電을據ᄒᆞᆫ즉奉天總督은長白山管轄의邊地를防備ᄒᆞ기爲ᄒᆞ야長白州를設置ᄒᆞᆫ다더라

●戰馬設鐵 北京電을據ᄒᆞᆫ즉從來淸國陸軍의使用ᄒᆞ던馬匹은滿洲蒙古伊犁의産馬를購入ᄒᆞ얏ᄂᆞᆫ대今番軍制改革時에馬匹의奬勵와馬制의統一ᄒᆞ기爲ᄒᆞ야一大牧場을設置ᄒᆞ기로決定ᄒᆞ고全國內에三十六鐵을設ᄒᆞ야登錄에馬匹一千二百頭式置ᄒᆞᆫ다더라

雜報

●日巡査撻行 去十三日早朝七時頃에無罪ᄒᆞᆫ韓人一人이自家에셔日巡査의게慘酷히被打ᄒᆞ얏ᄂᆞᆫ데該巡査가無私情으로慘酷히打之척之ᄒᆞ다가末乃에ᄂᆞᆫ大道上으로拽出ᄒᆞ야鍾路巡査派出所로往ᄒᆞ더라

李明赫氏ᄂᆞᆫ耶蘇敎의久ᄒᆞᆫ忠實ᄒᆞᆫ信徒이오迤來奇一牧師數堂의長老인대鍾路靑年會社越便에書館을開ᄒᆞ고聖經書籍을賣ᄒᆞᄂᆞᆫ者ㅣ니此人이卽其如斯慘酷ᄒᆞᆫ撲待를受ᄒᆞᆫ人이라本社의特別代表者가再昨日에該人을委訪ᄒᆞ야對話ᄒᆞᆫ辭意가如左ᄒᆞ니

問 君이昨日에日巡査의게慘酷ᄒᆞᆫ撲待를受ᄒᆞ얏다ᄒᆞ니果然그러ᄒᆞᆫ가

日然ᄒᆞ다余가身에被打ᄒᆞᆷ이多ᄒᆞ야脚部와胸膛에[illegible]苦痛ᄒᆞ노라

其時에李明赫氏가所包繃帶를解ᄒᆞ고其脚部를露示ᄒᆞᄂᆞᆫ데[illegible]交擬ᄒᆞ야原形이全無ᄒᆞ더라

問 鍾路巡査가何故로如此激怒케ᄒᆞᆫ事가有ᄒᆞᆫ가

日無ᄒᆞ다

問 本社新聞을購覽ᄒᆞᄂᆞᆫ가

日否라

問 君이其所經事를詳히余의게說明ᄒᆞᆷ이好ᄒᆞ도다

日昨日早朝七時頃에鍾路巡査派出所의日人巡査가余家에來到ᄒᆞ야大韓每日申報를購覽ᄒᆞᄂᆞᆫ가査問ᄒᆞ거ᄂᆞᆯ答曰否라ᄒᆞ니彼가余를呼ᄒᆞ야說敎者라ᄒᆞ미答云我ᄂᆞᆫ元來耶蘇敎信徒다實言만說出ᄒᆞ노라ᄒᆞ되彼ᄂᆞᆫ猶然余를呼ᄒᆞ야說敎者々々라ᄒᆞ거ᄂᆞᆯ余가答ᄒᆞ되對人說話를如此히不適當케ᄒᆞᆷ이不可라ᄒᆞᆫ즉於是에彼가余를拽出ᄒᆞ야脚頭와全部를踶蹴ᄒᆞ고두로쳐ᄒᆞ며全身을亂打ᄒᆞᄂᆞᆫ데或用刀鞘ᄒᆞ거ᄂᆞᆯ其時에余가少히拒禦ᄒᆞ려니所以로余를捕去라ᄒᆞᄂᆞᆫ지라余ᄂᆞᆫ無罪無過이오但余의生命이危殆中에在ᄒᆞᆫ줄노思料ᄒᆞᆫ時에가彼를拒禦ᄒᆞᆯ而已라遂히鍾路派出所에捕去ᄒᆞ야ᄂᆞᆫ彼所에在ᄒᆞᆫ韓人巡査를對ᄒᆞ야余의情景을說明ᄒᆞᆫ재該日巡査가拒止ᄒᆞ야不得說言케ᄒᆞ며更次余를虐待ᄒᆞ얏스며後에韓巡査가彼日巡査와辨明ᄒᆞ야遂爲放釋이라余의被打ᄒᆞᆫ事件은意向이아닌게ᄉᆡ雖然恰分的確얏스나後日巡査ᄂᆞᆫ韓語를未善曉解일ᄉᆡ余의好意的言辭가或彼를侮辱ᄒᆞᆫ줄노彼가誤解ᄒᆞᆫ듯ᄒᆞ다ᄒᆞ더라

然ᄒᆞ즉韓國內에日本巡査의如此擧行 積確히査察ᄒᆞᆯ거시리ᄒᆞ노다

雜報

●御臨秘苑 大皇帝 皇后兩陛下께옵서運動하시기爲ᄒᆞ사再昨日午後貳時에秘苑에出御ᄒᆞ샤六時三十分에還御하옵셧다더라

●德壽宮動駕 大皇帝陛下께옵서本日午前拾壹時三拾分의德壽宮의 行幸ᄒᆞ사 太皇帝陛下께 問安ᄒᆞ옵신後의眞殿과 景孝殿에 展謁하시고午後四時三拾分의 還御ᄒᆞ옵신다더라

●秘苑運動延期 本日에 大皇帝陛下께옵서학徒三百名을秘苑으로召入ᄒᆞ사運動을 御覽ᄒᆞ신다더니國忌에相値되야退期되얏다더라

●費額議定 三大王皇帝追樂時와 三大王陵 碑石改竪費를合二萬圜으로議定ᄒᆞ얏다더라

●承宣入城 永宣君이준鎔氏ᄂᆞᆫ再昨日上午拾一時에坡州園所에出往ᄒᆞ얏다가翌日上午拾貳時에入城ᄒᆞ얏다더라

●郡主敍任 內部에서郡主事를連日試取ᄒᆞᆫ다ᄂᆞᆫ事ᄂᆞᆫ前號에已揭ᄒᆞ얏거니와當先日語優等生으로二十三名을敍任ᄒᆞ얏ᄂᆞᆫᄃᆡ再昨日에該部에招集ᄒᆞ야本니次官이視務ᄒᆞᆯ方針을壹一히曉諭ᄒᆞ얏다더라

●分守請辭 金海郡守鄭銓溶氏ᄂᆞᆫ辭職請願을ᄒᆞ고再昨日에入城ᄒᆞ얏다더라

●提議件請交 各觀察使會를五日을連續ᄒᆞᆯ터이라該會에各部에서提出件이有ᄒᆞ거든錄交ᄒᆞ라고內部에서各部로通知ᄒᆞ얏다더라

●韓官勸章 特派觀禮官觀리憲 桂氏ᄂᆞᆫ[illegible]勳五等章으로[illegible]四等勳章을賜給ᄒᆞᆫ다더라

●餘額請諾 光武十年度內部預算餘額의로隆熙二年度에推移所用ᄒᆞᆯ必要가有ᄒᆞ니承認ᄒᆞ라고內部에서度支部로照會ᄒᆞ얏다더라

●尹家設宴 학部學務局장尹致旿씨가再昨日下午六時에該私邸에設宴ᄒᆞ고該部高等官을請待ᄒᆞ얏다더라

●康氏議長 內部에서各觀察使會를開ᄒᆞᆫ다ᄂᆞᆫ說은昨報에已揭어니와該會議장은地方局長廉仲模氏라더라

●院長參會 再昨日上午十壹時에表勳院總裁리載克氏가인川開港紀念祝賀會에往參次로下去ᄒᆞ얏다더라

●勞金頒給 宮內府解散巡檢等의慰勞金은其服務年限을隨ᄒᆞ야四個式을排比支給ᄒᆞᆫ다ᄂᆞᆫ事ᄂᆞᆫ前號에已揭어니와巡檢等의請願을依ᄒᆞ야昨日光化門外로壹齊招集ᄒᆞ고主殿院理事黃鎭國氏가頒給하ᄂᆞᆫᄃᆡ壹年以上五年以下ᄂᆞᆫ四十圜이오五年以上拾年以下ᄂᆞᆫ四拾五圜이오拾年以上拾五年以下ᄂᆞᆫ五拾圜으로服務階級을定ᄒᆞ야壹切頒給ᄒᆞ얏다더라

●鐵路測量 平남鐵道敷設經營의關ᄒᆞ야實地測量ᄒᆞᆯ事로日人技師岡氏가平壤에出發ᄒᆞ야鎭남浦의出張ᄒᆞ얏ᄂᆞᆫᄃᆡ約一週日後의測量의着手ᄒᆞᆯ터이라더라

●西北特別會 西北학會에서本日下午四時에特別總會를進洞協成학校에서開ᄒᆞ고事務를處理ᄒᆞᆫ다더라

●西北運動停止 西北학會에서柔花학校生徒를慰籍ᄒᆞ기爲ᄒᆞ야西北학生聯合運動會를設行ᄒᆞᆫ다ᄂᆞᆫ事ᄂᆞᆫ昨報에揭載ᄒᆞ얏더니更聞ᄒᆞᆫ즉秘苑運動에西北학生이入參ᄒᆞᆫᄂᆞᆫ相値가有ᄒᆞ며來月曜日로退行ᄒᆞ려ᄒᆞ얏다가리花학校生徒等이多日滯留ᄒᆞ면父母의依閭之望을作ᄒᆞᆯ뿐더러工夫上에도妨害가되깃기로運動事ᄂᆞᆫ停止ᄒᆞ고本日發程ᄒᆞᆫ다ᄂᆞᆫ該학會生徒等을爲ᄒᆞ야京城內名園勝區에壹日指導供給ᄒᆞ고興士團에서該生徒等을請邀ᄒᆞ야午餐을接待ᄒᆞ깃다더라

●繼續出兵 來拾七八日頃의인川丸으로來渡ᄒᆞᆯ增派討伐軍第七師團第二拾七聯隊ᄂᆞᆫ聯隊장白井齋輔의率ᄒᆞᆫ兵이約壹千六百名인ᄃᆡ其너의半數ᄂᆞᆫ인川의서一泊後의인川驛으로붓터滊車로殘數ᄂᆞᆫ二泊後의滊車로由ᄒᆞ야各地의出發ᄒᆞᆯ터이고三昨日의渡來ᄒᆞᆫ二拾三聯隊本部ᄂᆞᆫ再昨日午前九時拾五分第二大隊ᄂᆞᆫ午前二時及四時二回로分ᄒᆞ야目的地의出發ᄒᆞᆯ터이오殘部ᄂᆞᆫ釜山地方의向ᄒᆞ야進行ᄒᆞᆯ터이라더라

●忠郡義擾 日昨에忠州郡에義徒百餘名이突入ᄒᆞ야郵便物을沒數히奪去ᄒᆞ고護送兵一名을殺害ᄒᆞ얏다더라

●日賊被捉 去十一日에인川港居留淸人이該港第一銀行支店에서紙貨二千圜을推覓ᄒᆞ야計數ᄒᆞᆯ際에紙貨壹千圜壹封을日人奇術師의게瞬息間에見失ᄒᆞ얏ᄂᆞᆫᄃᆡ該警察署에서警視의게電話ᄒᆞ얏더니日昨에該賊을詗捉ᄒᆞ미該賊은日本人으로釜山居留ᄒᆞᄂᆞᆫ吉永友一인ᄃᆡ八百圜은推尋ᄒᆞ고二百圜은該賊同犯者가持去ᄒᆞ야未推ᄒᆞ얏다

●匪賊被捉 三昨日下午八時頃에西署松橋桂塵ᄒᆞᄂᆞᆫ梨杜景氏家에賊漢四名이各其六穴砲와環刀를持ᄒᆞ고突入ᄒᆞ야婦女의指環과銀釵를沒數奪取ᄒᆞᆯ際에廳房에서使喚ᄒᆞᄂᆞᆫ兒가隸附近東署에告발ᄒᆞ야三名은卽爲逮捕ᄒᆞ고壹名은隣家廳底에隱伏ᄒᆞ거ᄂᆞᆯ搜覓ᄒᆞ야亦爲捉得ᄒᆞ얏ᄂᆞᆫᄃᆡ二名은中部로捉去ᄒᆞ고二名은西部로捉去ᄒᆞ얏다더라

●殺妻定役 定州郡居盧繼根이妻가鄕間에서放蕩ᄒᆞᆫ다ᄒᆞ고應根의族盧貞順이가强奸코ᄌᆞ支事로ᄒᆞ卽應根이가其妻를打殺ᄒᆞ고棄家逃衛火藥燒ᄒᆞ얏ᄂᆞᆫᄃᆡ히道裁判所에서處絞擬律ᄒᆞ야法部로報ᄒᆞ미히法部에서減等ᄒᆞ야役拾五年에處ᄒᆞ라고指令ᄒᆞ얏다더라

●採菜何罪 장湍某面居邊以家婦人이隣家女子와作伴ᄒᆞ야登山採菜ᄒᆞ다가日兵이突襲ᄒᆞ야兩婦人을當砲殺하얏ᄂᆞᆫ되洞中李某家에急報가來ᄒᆞ얏다더라

●獨立義학 尙顯勞動夜학校에서同盟罷工ᄒᆞ다ᄂᆞᆫ事를更聞ᄒᆞ즉勞動학會會장尹始炳氏가該학校를勞動학會에附屬ᄒᆞᆯ計劃으로百般籠絡ᄒᆞ야[illegible]학會에서金十圜을寄附하ᄂᆞᆫᄃᆡ一圜은尹氏가中間乾沒ᄒᆞ고九圜만送致ᄒᆞ였고今番運動會에ᄂᆞᆫ학校와勞動학會에서[illegible]ᄒᆞᆫ대尹씨가國旗와校旗를廢止ᄒᆞ고勞動학會旗를揭ᄒᆞ라ᄒᆞᆷ으로該학生이極力反對ᄒᆞ엿고該校에서ᄂᆞᆫ獨立으로繼續就業ᄒᆞ다더라

●女校運動 本月貳拾二日土曜日에各處女학校에서聯合運動會를西闕니에設行ᄒᆞᆯ次로進明학校와養閨義塾에셔發起ᄒᆞ고京城各處에在ᄒᆞᆫ拾二학校와水原과開城과인川에在ᄒᆞᆫ各女학校々지通牒ᄒᆞ얏ᄂᆞᆫᄃᆡ臨時委員장은養閨義塾事務장리宗夏氏로定ᄒᆞ고書記ᄂᆞᆫ進明義塾敎師建炳善씨로定ᄒᆞ야本日에師及各議定ᄒᆞᆫ다더라

●明校受賞 樓閣동新明學校ᄂᆞᆫ昨年八月에設立ᄒᆞ얏ᄂᆞᆫᄃᆡ敎師西氏가熱心敎授ᄒᆞ야訓鍊院聯合大運動場에서賞品三等을受하엿다고觀光人들이稱道ᄒᆞᆫ다더라

◎感荷義捐

水原남門外山樓洞김文奐리東根兩씨가各其金一圜六拾九錢을本社에捐助하얏기其厚意를稱謝ᄒᆞ노라

▲地方消息▼

▲本月九日蔚山郡北方約六里地에서義兵五十名이해郡日守備隊와交戰ᄒᆞ얏다ᄒᆞ고

▲慶尙北道義城郡警察隊ᄂᆞᆫ五月四日에安東郡에서義兵二十名과交戰ᄒᆞ얏다ᄒᆞ고

▲平安南道成川郡北方等地에서義兵三拾名이同郡日守備隊와警察署巡查六名과互相交戰ᄒᆞ얏다ᄒᆞ고

▲昨年八月以來로楊州加平楊根郡에出沒ᄒᆞ며外他各處에橫行ᄒᆞᄂᆞᆫ義魁ᄂᆞᆫ全禰烈이라ᄒᆞ고

▲今月二日에義兵이多數히咸昌郡地方으로集合하얏ᄂᆞᆫᄃᆡ日巡사隊가해地로出發ᄒᆞ야方在應戰中이라ᄒᆞ고

▲延安郡方面에서義魁沈春術은倡義大將이라稱ᄒᆞᄂᆞᆫᄃᆡ辛景七의게比ᄒᆞ라면尤極猖獗ᄒᆞ야討伐隊를屢屢抵抗하고平山郡桃坪附近에根據地를作하얏ᄂᆞᆫᄃᆡ延安郡駐在日巡사가來襲ᄒᆞᆷ으로白川[illegible]退却ᄒᆞᆫ지라延安郡守備隊와沿路憲兵隊가協議ᄒᆞ고討伐ᄒᆞ기를計劃ᄒᆞᄂᆞᆫᄃᆡ壹面으로歸順ᄒᆞ기로勸諭ᄒᆞᄂᆞᆫ文字를送ᄒᆞ얏ᄂᆞᆫᄃᆡ壹向抵抗ᄒᆞᄂᆞᆫ答가來到ᄒᆞ얏다ᄒᆞ고

▲本月拾壹日에義兵三拾名이南原東北方四里地에서光州日守備隊와交戰ᄒᆞ얏다ᄒᆞ고

▲信川郡斗羅坊所興村남方細谷山의셔去五月八日午後六時三拾分의日兵六名이義魁閔孝植의部下二十餘名과交戰ᄒᆞ얏다ᄒᆞ고

▲장기郡主事徐俊氏ᄂᆞᆫ去月頃의義兵의게被打致傷ᄒᆞᆫ後로病氣가沈篤ᄒᆞ야視事치못ᄒᆞᆫ다고내部로辭職請願ᄒᆞ얏다ᄒᆞ고

▲本月八日井邑東方壹里地岩里에서義兵四拾名이同郡日守備隊와交戰ᄒᆞ얏고又義兵五拾名이해郡東남三里地鷲岩里에서同郡日守備隊軒藤曹장以下拾餘名과互相交戰하얏다더라

東京電報

●革命軍態度 北京電報를據ᄒᆞᆫ즉淸國安東境界에革命軍이起ᄒᆞ야奉天으로向ᄒᆞ야進ᄒᆞᄂᆞᆫ中인대兵器ᄂᆞᆫ精銳ᄒᆞ고態度ᄂᆞᆫ嚴正ᄒᆞ야一毫不犯ᄒᆞᆫ다더라 (十四日發)

●關印畢了 鴨綠江森林條約은今日北京에셔關印을了ᄒᆞ얏다ᄂᆞᆫ報가有ᄒᆞ더라 (同日發)

▲叢歌叢耳▼

▲春漏方殘鐘聲曉에知是寅미鳴개개라壹針爾砭俗耳ᄒᆞ야新精神을喚醒하니可以人兮不如鳥아

▲其鳴兮개개로다九臟六腑다[illegible]腸肉것치餓虎니던젓스니더壹身도ᄂᆞ려간다꾀리가우ᄂᆞᆫ고나

▲其鳴兮개개로다芳樹春陰더公子ᄂᆞᆫ燦爛錦衣揚揚ᄒᆞ다漢上事ᄅᆞᆯ渾忘ᄒᆞ고左右名花手弄ᄒᆞ야甘香爛葺失魂이라꾀리가우ᄂᆞᆫ고나

▲其鳴兮개개로다深々睡睫壓驪ᄒᆞ니長夜乾坤되엿고나壹統高臥더元老ᄂᆞᆫ黃粱舊夢欲偸ᄒᆞ니五心煩惱엇지ᄒᆞ나꾀리가우ᄂᆞᆫ고나

▲其명兮개개로다艸堂何處深院中에壁上山川經綸깁々時局事를俯觀ᄒᆞ고완爾一笑何意런고惠爾好音驚耳ᄒᆞ니꾀리가우ᄂᆞᆫ고나

▲其鳴兮개개로다南隣西舍招朋ᄒᆞ고拍肩聯袂遊逸ᄒᆞ야酒肆青樓더滋習이如電歲月虛擲ᄒᆞ니求友聲에잠셔여라꾀리가우ᄂᆞᆫ고나

▲其鳴兮개々로다列强空氣飽吸ᄒᆞ야變化氣質ᄒᆞ엿고나幾年海外더同胞ᄂᆞᆫ望眼於此ᄒᆞ야祖國懷緖惹起로다꾀리가우ᄂᆞᆫ고나

▲其명兮개々로다靑年英材養成ᄒᆞ니國家基礎이아닌가勇往前進더工校ᄂᆞᆫ凱歌齊唱ᄒᆞ야壹幽懷鼓吹ᄒᆞᆫ네꾀리가우ᄂᆞᆫ고나

▲其鳴兮개々로다ᄯᅡ로團體가成立ᄒᆞ야指大爲誓結心ᄒᆞ고奴隸羈絆脫免ᄒᆞᆯ제異口齊聲同力ᄒᆞ면能使家家春意關이라꾀리가우ᄂᆞᆫ고나

▲其명兮개々로다四方砲聲飯起處에失魂傷魄失하야死生存沒杳然ᄒᆞ다荒凉孤村嫠婦窓에窮天幽恨喚起ᄒᆞ니꾀리가우ᄂᆞᆫ고나

●正誤 本報第八百四號雜報欄內에募集延期란題下에更加二個之個字는週字에誤植이기玆에正誤함

往十里眞八里布木廛에尤培處本月拾[illegible]日推次當五千二百五拾兩於音을서失하야休紙施行함

東部於義洞 [illegible]宜종 白

本人에所居草家六間典執認許狀一張을서失하엿스니休紙施行함

西部里門籍洞百五十六統二戶 尹元 白

本人이平남中和看東面壹里貳洞所在田井字丁秋上畊과藉字丁字畊兩作을龍郡經面四里四統八戶卿宗厚處에定價壹百十圓으로買得한證明書를三月廿六日에義兵의게見失이온바內外國人은勿爲見欺함

中和東頭面下六里林召史 告白

●인川港官公私立학校大運動에捐金出한氏名이如左함

內洞官藝妓 四拾圓 紳商會社 三拾圓 魚商會社 米商會社 多所面中 金致興 酒商契中 龍岡官藝妓 各二拾圓 勸業社 柴炭會社 各拾五圓 轉[illegible]社 協同郵船會社 淸潔役夫 三板都中 徐夫淳 平 金弘潤 沈能得 養測所 金澈濟 各拾圓 和田雄夫 染谷成章 富田耕司 足立瀧二郞 橫山謙 各拾圓 朴三洪 五圓 同夫八 壹圓 補助冊壹卷 斗量廳 七桶 金貞坤 宋明濬 金容根 申哲鎬 張乃興 池相玉 大浦茂彦 湯淺秀富 金東희 鄭順澤 [illegible]國 島連治 邊勝洪 [illegible]明淑 郭時永 廉永夏 立學校 리敏愚 四睭 [illegible]世柱 鄭興澤 申昇均 河濬容 [illegible]龜永 鄭不仙吉 [illegible]三院 水門桶上跣都中 二圓五十전 金禹瑞 金成玉 리학연 趙存九 리亨父 馬駿命

松本鐵三郞 尹祖憲 리佑根 林麟植 鄭寅錫 各貳圓 韓우根 리학俊 朴인煥 각壹圓 崔良西 五十전

內洞々中 六十六圓二十전
栗木동々中 三拾三圓十錢
龍洞々中 三十二圓五十五錢
外洞々中 三拾四圓四拾五전
平동々中 三十圓十五전
金谷동々中 甘壹圓四拾七전五厘
牛角洞々中 二拾圓八十三전
杏洞々中 二拾圓八拾錢
花村동々中 拾三圓八拾錢
新昌동洞中 八圓 萬石동々中 五圓
入合金七百五拾二圓三拾七錢五厘

府尹金潤晶 蜜柑廿百枚
張箕彬 筆四柄
全鍾父 彈丸七拾二個
金香元 鉛筆二匣
리範玉 石筆二匣
姜準 空彈丸五拾介 擦紙一百介
리庚鳳 鉛筆二匣
리應善 空冊四拾卷 白露紙一軸
柴炭下陸都中 鉛筆二匣 空冊二拾卷
彩姬 鉛筆拾二丹
崔應三 空石四拾立
尹衡叔 空石五拾五立

陰本月拾八日子時에先府君南文義郡守必承公의完葬禮式을交河郡栗里先塋에서擧行하오니知舊間照亮하시옴

長男 慶範
次男 慶림
三男 慶득

隆熙貳年五月拾五日
中部相思洞八統拾戶 慶範 告白

本人이四年前喪夫한後數個稚子를依하야居生이올더니장子리인俊이가寡居의老母를不顧하고浮蕩之輩에接如蕩産이온바今復酒色之場에留連하오니毋論內外國人하고인俊處에錢兩債給이다가無至白失追悔함

安州城內栗北동 리召史 告白

인川松峴拾三統二戶洞文記를失故로玆以廣告하오니誰某이라도休紙施行함

鄭寅植 告白

城南藍浦坊洞前奉事金東祿의名을以간元으로改定하얏기知舊間照亮하시옴

金간元 告白

基於人道之原則하고重於正義之誠實하며以親切爲旨하야訴訟事件并刑事請願事件을受依托함

京城저洞六拾四統二戶

東洋大學前講師 辯護士 日本法學士 太尾虎之助

漢城鍾路萬國基督敎靑年會館前慈惠藥房
製藥監査人濟衆院醫學員洪錫厚朴慈惠李

勸化告白

本人等이漢城南大門外濟衆院에서[illegible]處方으로左記封入니을製造ᄒᆞ오니京鄕遠近勿論ᄒᆞ고此各品을信用ᄒᆞ시기爲ᄒᆞ야前醫學校醫監五等池錫永氏에게각方文마다講定ᄒᆞ고藥物證明書를受ᄒᆞ고主治効能用法을詳記ᄒᆞ야洋鉄匣紙匣[illegible]에封ᄒᆞ야賣ᄒᆞᄂᆞ니僉兄弟에게利益이加有ᄒᆞ도득[illegible]ᄒᆞ나이다

治痰平胃丸　男女氣血補益丸
輕腫根治膏　純金鷄蠟丸
濕腫根治膏　蛔虫沒出丸
大腫接根合瘡膏　四時感冒丸
小兒胎毒合瘡膏　淸明眼藥水
積氣神効保嬰散　消痰鎭嗽藥
小兒感冒靈効散　男女瘡疾祛根藥
德國製樹痰丸　寸虫拔根藥
漢城百應膏　止足汗臭藥
洋藥乾材　上瀉潤腸丸
韓唐藥草材　陳陳旧滯消積丸
頭藥醫方活套　無惡臭拜瘡藥

◉大韓國新發明神藥
◉慶靈丹　各種食滯中暑久滯口臭痰飮吐瀉定價一貼[illegible]錢
◉至寶丸　諸般積聚疾不拘久遠俱有停効定價五十錢
◉靈救液　外用芳香治療皮膚百[illegible]有[illegible]定價金二拾錢
◉淸眼水　治諸般眼疾[illegible]靈見天之妙[illegible]
◉通淋丸　治男女急慢淋疾神效無毒速效除毒壹週金五拾錢

漢城南部大廣橋第三統十九統七戶 共愛堂大藥房 主人 姜助[illegible]白

製劑발行所
支店
　平壤南門內 共愛堂第壹支店 리春善
　群山港開福동 共愛堂第二支店 黃麟秀
　河東郡赤良面 共愛堂第三支店
代理店
　皇城北部大安동 仁濟藥房
　仝 鍾路靑年會館前 慈惠藥房
　仝 西部新門外石橋 濟衆醫院
　仁川外奇觀 濟生堂　仝 和平局

此外에도東西洋各國有名賣藥과藥材藥이俱備ᄒᆞ오니藥의多少를不拘ᄒᆞ고請求ᄒᆞ시면小包로仰呈ᄒᆞ게ᄉᆞᆸ

簡易商業簿記學

全一冊　定價金四十五錢

本書ᄂᆞᆫ簿記學中最近ᄒᆞᆫ學理와精妙ᄒᆞᆫ形式을精細蒐輯ᄒᆞ야了解케簡易ᄒᆞ도록編述ᄒᆞᆫ書니一般商業家에不可不一次閱覽ᄒᆞᆯ者뿐아니라中等以上各學校에敎科로用ᄒᆞᆯ도適當ᄒᆞ니陸續購覽ᄒᆞ심을望ᄒᆞᆷ

발賣所
　布屛下 廣학書舖
　廣橋東便 匯東書館
　大東서市
　洞口越便 中央書館
　寺동 滙陽서館
　鍾路 古今서海관

녀ᄌᆞ독본

韋菴先生　張志淵 著

我韓女학에不講이久矣라上等婦人의知識도虛항ᄒᆞᆫ證때에不過ᄒᆞ니如此ᄒᆞ고야엇지文明國民을作成ᄒᆞ리오挽近志士가女학의必要를絶叫ᄒᆞ야女子학校가在々發起ᄒᆞ나完全ᄒᆞᆫ敎科書가無ᄒᆞ야識者에慨歎ᄒᆞᄂᆞᆫ바라故로此書二卷은女子의知識開발을기爲ᄒᆞ야純國文을純用ᄒᆞ고漢文을旁註ᄒᆞ얏ᄂᆞᆫ데上卷은本國故代有名夫人의歷史오下卷은東西各國有名婦人의歷史이오니 僉君子ᄂᆞᆫ連々來購ᄒᆞ시요

登帙二冊二百七拾頁 定價金六拾錢

발賣元　皇城中署布屛下 廣학書舖　김相萬
발賣所　平壤鍾路耶蘇敎冊々　平壤決橋大同書觀　京鄕각書舖

◉大韓國新發明賣藥廣告
◉主治効能
◉痰飮食積中暑中寒
◉咳嗽[illegible]痛水土不服
◉[illegible]吐瀉[illegible]車眩暈
◉食傷酒醉口熱惡臭
▲其他諸般運氣屬疫[illegible]方妙藥
◉出張代理特約販賣所
　京城[illegible]廣橋 共愛堂大藥房
　同 西部[illegible] 리觀化
　同 梨峴洋藥局 리信華
　同 銅峴[illegible]館 盧谷亨
　同 南大門外同[illegible] 共[illegible]會社
　同 泥峴三丁目 新井支店
　同 泥峴鄭便局前 天佑堂
　同 水橋[illegible] 리鳳林
　仁川舊邑[illegible]堂出張人 [illegible]濟賢
　同 開城[illegible]旅館 [illegible]根
　同 寺峴和平堂 리[illegible]
　開城[illegible]內萬物鋪 박主柱
　同 南門內同店 리[illegible]玉
　同 北部[illegible]冊肆 리禎錫
　同 北部忠橋 具聖模
　海州宗路發店 宋在瑛
　同 九二房[illegible]舖 김永泰
　同 南門內店 리奉植
　水原[illegible]路下藥房 金濟九
　延安邑[illegible]洋藥局 邊汝文
　江華[illegible]店 尹斗鉉
　同 [illegible]路店 宋順五
　同 西門外冊肆 高成根
　長湍[illegible]門[illegible] 金[illegible]淳
　砂利院市場[illegible]客主 朴健邑
　同 耶蘇敎堂[illegible] 任允中
　同 [illegible] 리[illegible]
　黃州南門[illegible]紅門동 리東植
　平壤[illegible]里濟生局 韓鳳儀
　同 館前衛生醫院 金龍興
　同 大[illegible]里 崔龍化
　同 [illegible]武洞[illegible]局 桂[illegible]宜
　同 [illegible]出張人 尹[illegible]赫
　鎭南浦[illegible]洋藥局 김元[illegible]
　同 [illegible]本堂出張人 吳[illegible]
　群山港開福동 김斗鉉
　安州[illegible]非동回春 大藥房
　安岳邑上[illegible]里濟生局 林景柱
　大邱南門[illegible]圖[illegible] 김成浩
　釜山港草梁客主 金重佑
　仁川郡[illegible]商店 [illegible]芝行
　載寧邑後동[illegible]藥局 崔[illegible]
　忠州東良面早[illegible] 金[illegible]和
　晉州郡[illegible] 박[illegible]賢

發行所 仁川港[illegible] 濟生堂藥房
消化新藥 淸心保命丹
[illegible]十九[illegible]入金[illegible]錢

◉定州南門[illegible]洋藥局 리[illegible]
◉郭山邑[illegible]洋藥局 [illegible]
◉鐵山邑[illegible]永春堂 安[illegible]
◉宣川邑[illegible]冊肆 安[illegible]
◉義州水口街 崔[illegible]浩
◉宜川邑西里洋藥局 김永植
◉郭山邑冊肆 김大鉉
◉元山港濟生堂支店 박敬[illegible]
◉北靑新[illegible]港[illegible] 박錫勳
◉江原道本堂出張人 [illegible]
◉德川邑官동洋藥局 리丙斗
◉龍山용谷里 리東赫
◉其他各藥店마다販賣
◉仁川港濟生堂告白

▲特別廣告
本社에서名帖印刷을請求ᄒᆞ오ᄂᆞᆫ[illegible]活字와別號紙本이俱備ᄒᆞ오며印刷가精美ᄒᆞ고價値도低廉ᄒᆞ오니僉位ᄂᆞᆫ來臨ᄒᆞ시와隨意請求ᄒᆞ심
[illegible]大韓每日申報社 告白

◉國債報償義捐金
五月中本社收入總額
逐日號明細錄
◉五月一日
一六二四号安逸國債報償募集所 三拾五圓九拾五錢
五月拾四日
第一六二五号平壤殷山順安貿商等 二圓七十二錢五厘
計五十六圓六拾七젼五厘
五月拾四日까지收入總額五拾六圓六拾七錢五厘
隆희二年一月至四月收入總額三千六百十五圓三拾七젼五厘
光武十一年度收入總額五萬七千四百廿六圓九十五錢七厘
都總合六萬一千〇九十九圓〇七厘

◉報償義捐金收入廣告
楊州敬德面[illegible] 각一圓
慶北聞慶郡山北面[illegible]
朴允協 박和玉 각一圓
崔敎植 五十錢 林龍谷
金月現 리退山 權夢奎
崔智窟 리桑兒 黃[illegible]
實慶五 리祐성 合二拾錢
十歲童子太星 五錢
合四圓三拾五錢
▲慶州江東面上吾里
孫晋哲 孫奉誤 各二圓
崔在根 壹圓四 金在琼
壹圓 리泓久 [illegible]秀
崔在鄕 김海鎭 崔支仁
각六十錢 리能弼 崔在[illegible]
崔李元 金鍾律 박[illegible]鉉 金汝立
김[illegible] 崔[illegible] 각四十錢
리浦久 二十二젼 [illegible]明
孫晋琪 金千鎰 [illegible]和
金彦述 리以得 김[illegible]
김在淵 金在河 [illegible]
[illegible] 金[illegible]伊 [illegible]
리巳萬 金洛瑞 [illegible]成根
金大千 金[illegible] [illegible]
金萬述 崔士元 [illegible]
崔任琢 崔일鎭 [illegible]林
千毛山 千希龍 千[illegible]
孫時宗 金宇鉉 김[illegible]龍
金貴祥 金甲 金允甲
金[illegible]伊 김龍得 [illegible]好凡
孫利昆 許官 리巳大
김[illegible]奇 崔在九 [illegible]得文
리純伊 吳千得 리能璋
각二十젼 김龍白 十四젼
崔聖達 리命大 리俊用
김巳相 리[illegible]千 千[illegible]伊
각十錢 김龍寶 六錢
合二拾二圓八拾二錢
總合三拾貳圓十七錢
前總合五萬九千九百〇三圓四拾八錢二厘
都總合五萬九千九百三十五圓六十五錢一厘

發行兼編輯人 英國人 裵說
發行所 南署石井洞號外地三層洋屋家 大韓每日申報社

◉慈惠藥房附屬普印社廣告　本社에서慈惠藥房東西藥業月報를出ᄒᆞ기爲ᄒᆞ야印刷所를設置ᄒᆞ고數拾年來國문經[illegible]ᄒᆞ던[illegible]

英語와日語와한語를비[illegible]

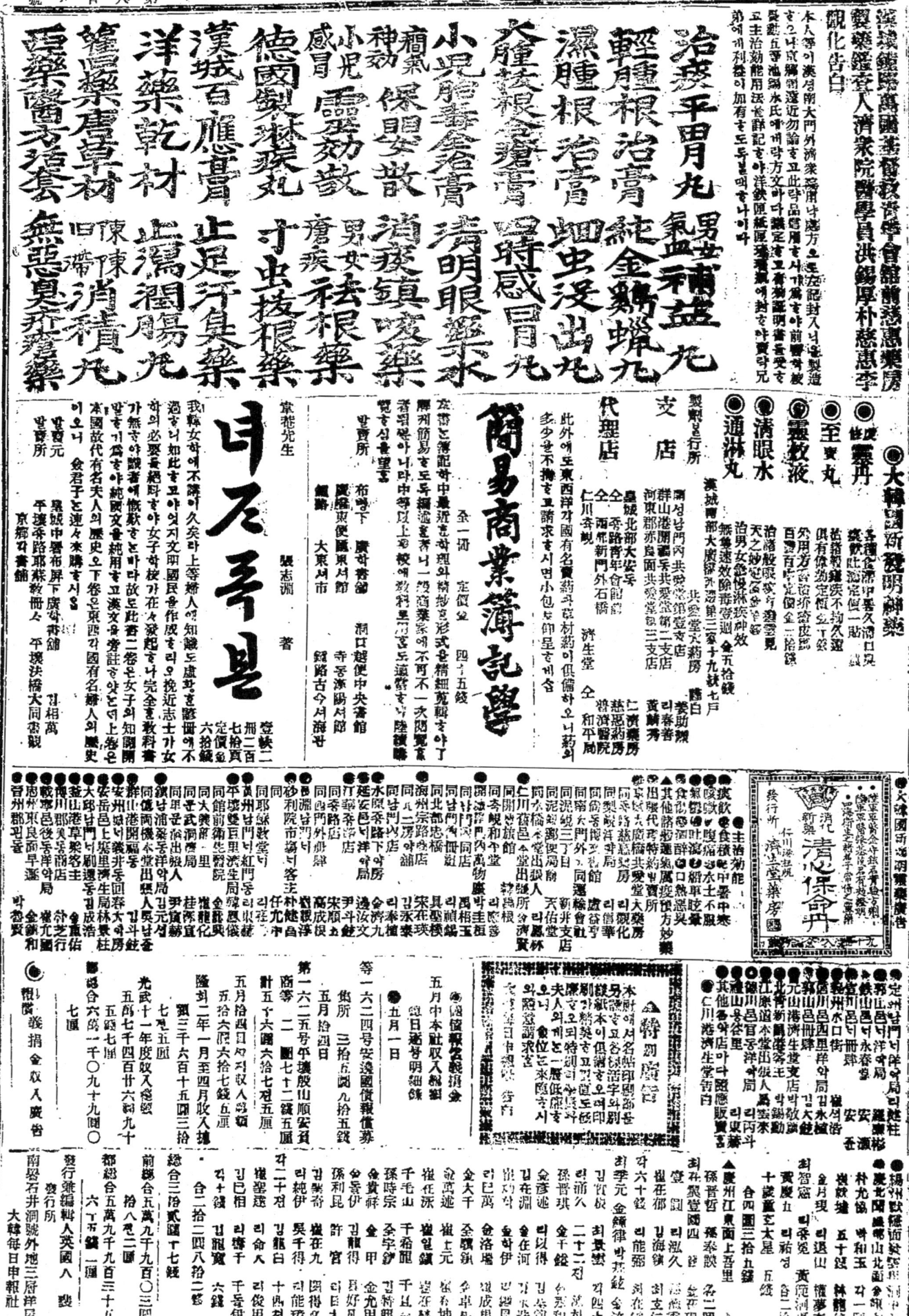

第六卷

大韓每日申報

第八百七號

月曜及慶節歲時休日刊

檀君開國四千二百四十一年
箕子元年三千三十年
大韓開國五百十七年
日本明治四十一年
清國光緒三十四年
陰曆戊申四月大十八日壬辰

論說

◉南鄉來客의談

新聞紙一張도不肯購覽ᄒᆞ며國史一卷도不曾過讀ᄒᆞ고深山僻谷에蟄伏ᄒᆞᆫ守舊家에余가彼等의頑習과素閉ᄒᆞᆷ은悶歎ᄒᆞ나舊壘를堅守ᄒᆞᄂᆞᆫ忍耐性은欽服ᄒᆞᄂᆞᆫ바러니日昨南鄉來客의傳說을接ᄒᆞ매又一大悶惜을惹ᄒᆞᆫ바有ᄒᆞ도다

客言에曰我國이海隅에僻處ᄒᆞ야交通이不廣ᄒᆞᆯᄲᅮᆫ더러又時代의結習으로由ᄒᆞ야學問이라云ᄒᆞ면第一은心性理氣, 第二ᄂᆞᆫ訓詁記誦第三은詞章札翰等이라千字文童蒙先習의教授ᄂᆞᆫ小學校初程으로觀ᄒᆞ며詩傳書傳左傳周易의講讀을大학校卒業으로認ᄒᆞ고其胸에蓄量을聚一新段畧記를讀ᄒᆞ면獨二無一의博士로仰ᄒᆞ며其手를功令架ᄒᆞ면首題能搆ᄒᆞ면空前絕後의大문豪로信ᄒᆞ야夏虫이氷을不知ᄒᆞ며蟪蛄가春秋를不知ᄒᆞ앗스니今日科學的眼孔으로觀ᄒᆞ면噴飯一笑를不覺ᄒᆞᆯ비나然이나當時所謂賢人君子도此에셔出ᄒᆞ앗스며英雄豪傑도此에셔出ᄒᆞ앗스며公卿宰執과大小寮工도此에셔出ᄒᆞ앗스니噫噫라鄙吾舌이蘇秦을遜ᄒᆞᆯ지니能히盲者를眩倒ᄒᆞ며오ᄒᆞ眼이離婁를勝ᄒᆞᆯ지니能히盲者를欺弄ᄒᆞ나ᄂᆞᆫ腐敗ᄒᆞᆫ舊學을가勃々前進ᄒᆞᄂᆞᆫ新學者에ᄂᆞᆫ不及ᄒᆞᆯ지니抑亦도不識丁者보다ᄂᆞᆫ優勝ᄒᆞᆯ지어다.

而今에漢江以南을波ᄒᆞ야閭閻의光景을察ᄒᆞ면志士의淚가산然ᄒᆞᆯ지로다彼頑固家가新학問을仇視ᄒᆞ거던舊학問이나獎勵ᄒᆞ며新知識을排斥ᄒᆞ거든舊知識이나勉强ᄒᆞ면猶可說也어니와今에乃不然ᄒᆞ야子弟의舊學을任從ᄒᆞ며日新學校에入케ᄒᆞ다가倭奴를作ᄒᆞ면不可爲也라ᄒᆞ며新書籍을讀誦케ᄒᆞ라ᄒᆞ면排夷邪說은不可讀也라ᄒᆞ며雜誌歷史新學問을ᄒᆞ라ᄒᆞ면國漢文을改用을不可讀也라ᄒᆞ야其子弟의新學을旣如是禁止ᄒᆞ고通鑑史略을涉獵케ᄒᆞ라ᄒᆞ면開化時節에論은無用가ᄒᆞ며中庸大學을讀習케ᄒᆞ면乾坤에儒教가將泯이라ᄒᆞ야其子弟의舊學도又如是廢棄케ᄒᆞ고然則荷鋤鋤犢케農業이나從事케ᄒᆞ라ᄒᆞ면日不可ᄒᆞ다時局은雖變ᄒᆞ나吾輩의班心은不可變이라ᄒᆞ야其子弟의實業思想도又如是戰禁ᄒᆞ니木歟아石歟아其腦가頑頑ᄒᆞ며夢歟아癡歟아其耳가聾聵ᄒᆞ야自己聰明愛子를縛ᄒᆞ야舊禮도非요非武非ᄂᆞᆫ非農非商非新非舊의無用棄物을化成ᄒᆞ니於戲에何快오

且梨栗의嬰兒도新舊를亦知之도다海州ᄂᆞᆫ檀香을石油로代ᄒᆞ며木綿을洋布로代ᄒᆞ야着ᄒᆞ며京城에來ᄒᆞ라면電車를乘ᄒᆞ야登切ᄒᆞ用常行에ᄂᆞᆫ排歐를不避問ᄒᆞ며惟便利를是求ᄒᆞ야新舊를不較ᄒᆞ고但只頭上의毀撮髻를微觀ᄒᆞ야曰吾能守舊라ᄒᆞ々々々ᄒᆞᆫ니守舊乎々々々여

此等守舊ᄂᆞᆫ成都縣先生을遇ᄒᆞ면

支那某縣(成都)에日成都에張先生者가有ᄒᆞ야終身토록火柴(석냥)를不用ᄒᆞ며鐵道를不乘ᄒᆞ며一切外國物을都不近ᄒᆞ고常曰一國에皆吾注을학ᄒᆞ면外人이自去云々

其面에唾를受ᄒᆞ而已며自家子弟를暴棄ᄒᆞ야猪々豚犬만成ᄒᆞᆯ而已니惜哉라今日所謂守舊여往者를爲ᄒᆞ야變哭ᄒᆞᆷ이可ᄒᆞ도다

以上은皆客의所陳이라客이此言語ᄒᆞᆯ時에悲悶이掌中을撲ᄒᆞ야幾乎下淚코ᄌᆞ호여라嗚乎라眞守舊의智ᄂᆞᆫ猶小어니와僞守舊의禍ᄂᆞᆫ尤大ᄒᆞ도다今에此를特記ᄒᆞ야一般有子弟者에게警告ᄒᆞ노라

▲隆熙二年五月拾五日 官報

◉部令 (續)

第 章 看守의職務

第九條 在監人이訴願或은密告ᄒᆞ라ᄒᆞᄂᆞᆫ者가有ᄒᆞᆫ時ᄂᆞᆫ此를看守長에게報告ᄒᆞᆷ이可ᄒᆞᆷ

第拾條 檢束上重大ᄒᆞᆫ事故가生ᄒᆞ거나又ᄂᆞᆫ生ᄒᆞ라ᄒᆞᄂᆞᆫ虞慮가有ᄒᆞᆫ時ᄂᆞᆫ其臨機에應ᄒᆞ야防制救護及急報의措置를行ᄒᆞᆷ이可ᄒᆞᆷ

第拾壹條 檢束上必要에基因ᄒᆞᄂᆞᆫ諸般點檢及檢査ᄂᆞᆫ細密히此를行ᄒᆞ되若異狀이有ᄒᆞᆷ을認定ᄒᆞᆫ時ᄂᆞᆫ卽速히看守長에게報告ᄒᆞᆷ이可ᄒᆞᆷ

第拾二條 在監人을監獄外로押送ᄒᆞᆯ時ᄂᆞᆫ戒具를施ᄒᆞ야檢査를經ᄒᆞᆫ後特히嚴密ᄒᆞᆫ注意로써戒護ᄒᆞᆷ이可ᄒᆞᆷ

第拾三條 恒常在監人의役業을督勵ᄒᆞ며其科程의畢了與否及製品의良好與否를檢査ᄒᆞᆷ이可ᄒᆞᆷ

第拾四條 女性의在監人을戒護ᄒᆞᆷ은特히指揮ᄒᆞᆫ境遇에限홈

第二章 女監取締의職務

第拾五條 女監取締ᄂᆞᆫ典獄及看守장의指揮를承ᄒᆞ야女監內의取締及戒護에從事홈

第拾六條 看守의職務第拾二條第十四條를除ᄒᆞᆫ外에其他各條ᄂᆞᆫ總히本職에게도適用홈

完

外報

●排日協議 桑港亞細亞人排斥協會에셔年會를開ᄒᆞ고前役員을再選ᄒᆞ앗ᄂᆞᆫ대스탄취로大學總장某박士가某雜誌에日本人을排斥ᄒᆞᆫ投稿를記載ᄒᆞ앗ᄉᆞᆫ즉同박士를詰難ᄒᆞ야앗고今後에ᄂᆞᆫ益々活動ᄒᆞᆯ樣으로協議ᄒᆞ얏다더라

●艦隊常置說 太西洋艦隊의半分을比律賓으로부터引還ᄒᆞ야太平양艦隊에加ᄒᆞ야同地에常置ᄒᆞ리라ᄂᆞᆫ說이有力者邊으로부터漏說되얏다더라

●國恥屑章 香港政廳을據ᄒᆞᆫ즉日品排斥爆裂者로認知ᄒᆞᆫ廣東自治會會장張某ᄂᆞᆫ自治와國恥會의會員多數를件ᄒᆞ고同地에來ᄒᆞ얏ᄂᆞᆫ대府廳은皆國恥一字로記ᄒᆞ얏다더라

●列國艦隊撤退 同電을據ᄒᆞᆫ즉各國政府에셔七領크렛島問題에關ᄒᆞ야目下同島首府에니야에서對議ᄒᆞ얏ᄂᆞᆫ데同島總督아데산며싸이암氏의確實ᄒᆞᆫ保證ᄒᆞᆷ을因ᄒᆞ야列國은本年內로同島의駐屯艦隊를漸時撤退ᄒᆞ기로決定ᄒᆞ얏다더라

●俄の機關紙 北京電을據ᄒᆞᆫ즉哥張之洞씨의機關新聞으로中央日報를再昨日에發刊ᄒᆞ얏다더라

●革命軍猖獗 同電을據ᄒᆞᆫ즉雲南境界에革命軍은紅河河口를占領ᄒᆞ고蒙自縣으로向ᄒᆞ야淸軍中인대武器를精銳ᄒᆞ고兀態度는公明ᄒᆞ야法國鐵道工夫等에도危害를不加ᄒᆞ고反爲保護ᄒᆞ며政府ᄂᆞᆫ雲남總督에게新式軍隊를派遣ᄒᆞ야討伐ᄒᆞ기를宣明ᄒᆞ고又法國人이懸懃히革命軍에게保護ᄒᆞᆷ은妥當치못ᄒᆞ다ᄒᆞ야詳細히調査ᄒᆞ라고訓令ᄒᆞ앗다더라

◉憲法案提出 伯林電을據ᄒᆞᆫ즉普國聯邦議會에셔크련爾三에셔續行ᄒᆞᆫ普國憲法案을提出ᄒᆞ얏다더라

偉人遺墳

水軍第一偉人 李舜臣

錦頰산人 (續)

第九章

◉李舜臣의第三戰(見乃梁)

中洋에未及ᄒᆞ야倭船二十餘船이結陣ᄒᆞ얏고其後에ᄂᆞᆫ無數軍船이亂擲ᄒᆞ얏더라

李舜臣이其形을良久觀覽ᄒᆞ며諸將을顧ᄒᆞ야曰海가隘ᄒᆞ고港이又淺ᄒᆞ니我舟의用武之地됨이不足ᄒᆞ도다我가將且快濶ᄒᆞᆫ大海中으로誘出ᄒᆞ야殲滅ᄒᆞ리라ᄒᆞ고

板屋船五六隻을揮ᄒᆞ야其先鋒賊을追逐ᄒᆞ야掩擊ᄒᆞᆯ狀을詐示ᄒᆞᆫ대各船賊將이一時에帆을懸ᄒᆞ고逐擊ᄒᆞ거ᄂᆞᆯ

我船이佯退ᄒᆞ야灣中으로引出ᄒᆞ니勝敗의機가決ᄒᆞ얏도다

洶湧ᄒᆞᆫ海波ᄂᆞᆫ壯士의怒氣를鼓ᄒᆞ며寥廓ᄒᆞᆫ海天은將軍의懷抱를助ᄒᆞᄂᆞᆫ대舳艫相接上에西千戰國의鬼命을據ᄒᆞ고世仇公敵과角勝ᄒᆞᄂᆞᆫ試ᄒᆞ니嗚乎라男兒到此에雖死나何恨ᄒᆞ리오勝字銃(銃名)을放ᄒᆞ야賊船에衝擊ᄒᆞ야倭船一二隻을撞破ᄒᆞ니

諸倭ᄂᆞᆫ魄이奪ᄒᆞ고我軍ᄂᆞᆫ氣가百倍ᄒᆞ야順天府使權俊과光陽縣監魚泳潭이皆外先登ᄒᆞ야倭將二名과倭頭二十二級을斬ᄒᆞ고麾下倭船一隻을擊沈ᄒᆞ며蛇渡僉使ᄂᆞᆫ洗水縣監과同立ᄒᆞ야倭將及百과倭頭二十四級을斬ᄒᆞ고李純信의奇男尹思莊과安東申浩等諸將卒이箇々奮勇爭先ᄒᆞ야入射擊을試ᄒᆞ니三帆이飛揚ᄒᆞ고鳥銃이亂發ᄒᆞ야頃刻間에倭腥倭血 海水가盡赤이라彼七十三隻의倭船에惟得免ᄒᆞᆫ者ᄂᆞᆫ但只倭船十四隻에落後ᄒᆞᆫ던賊船이焚燒船斫將ᄒᆞ던光景을望見ᄒᆞ고棹를促ᄒᆞ야脫去ᄒᆞ더라

熊川人諸末이日本에被擄ᄒᆞ얏슬時에對馬島로移入ᄒᆞ야聞ᄒᆞᆫ즉日兵死者가九千人이라云ᄒᆞ얏더라

望九日에倭船四十餘隻이安骨浦에留泊ᄒᆞᆷ을맛다고探望軍이來報ᄒᆞ거ᄂᆞᆯ李舜臣이卽時出師ᄒᆞᆯ새再鼓ᄒᆞ야本道(卽全羅)右水使와慶尙右水使로相議ᄒᆞ며鑑船前進ᄒᆞ야日暮ᄒᆞ야巨濟溫川島에經夜ᄒᆞ고翌十日曉頭에安骨浦에至ᄒᆞ야其賊船五十九隻을誘ᄒᆞ야無遺焚滅ᄒᆞ고北兵船에向ᄒᆞ야射擊을又試ᄒᆞᆯ새存ᄒᆞᆫ倭ᄂᆞᆫ一齊陸地로下走ᄒᆞ기로李舜臣이又默量ᄒᆞ되此等其船을盡焚ᄒᆞ야歸路를絕ᄒᆞ면彼等이內地의窮寇되야潛伏ᄒᆞᆫ人民을魚肉ᄒᆞ리라ᄒᆞ고一里許를稍退ᄒᆞ야其走路를開ᄒᆞ니嗚乎라此國을愛ᄒᆞᄂᆞᆫ者ᄂᆞᆫ民을必愛ᄒᆞᄂᆞᆫ도다

翌朝에倭賊이敗走ᄒᆞᆷ을聞ᄒᆞ고戰死ᄒᆞᆫ倭屍ᄂᆞᆫ凡十一處에堆積ᄒᆞ고焚燒ᄒᆞᆷ을加ᄒᆞ얏ᄂᆞᆫ데蒼黃逃遁ᄒᆞᄂᆞᆫ中에沒燒치못ᄒᆞ얏던지隻手片脚이地上에狼藉ᄒᆞ야人의惨狀을惹ᄒᆞ더라 未完

雜報

●祭官午飯 明日 大皇帝陛下께옵서東九 陵에 幸行ᄒᆞ시ᄂᆞᆫ時에祭官與各差備에게午飯을典膳司에셔支給ᄒᆞ기로決定ᄒᆞ야再昨日에宮內府에셔掌禮院으로通知ᄒᆞ야祭官與各差備姓名을錄送ᄒᆞ얏다더라

●儀節豫前 昨報와如히昨日大皇帝陛下께옵셔 德壽宮에 覲行ᄒᆞ옵시ᄂᆞᆫᄃᆡ警衛與陪從等節은前과如ᄒᆞ얏더라

●陵行告由 昨日大皇帝陛下께옵셔 德壽宮에 覲幸ᄒᆞ사고 眞殿과 長孝殿에展拜ᄒᆞ옵시기ᄂᆞᆫ 陵行日字가差退ᄒᆞᆷ이告由次로 幸行ᄒᆞ셧다더라

●獻官差定 明日 大皇帝陛下께옵셔健元陵親祭時에亞獻官은義親王殿下께옵셔ᄒᆞ옵시ᄂᆞᆫᄃᆡ終獻官은原任議政이나ᄂᆞ 輔國으로差定ᄒᆞᆯ터인ᄃᆡ原任議政은身病으로參祭치못ᄒᆞ고閔輔國泳韶ᄂᆞᆫ裕陵移獻官으로差定ᄒᆞ엿고閔泳徽ᄂᆞᆫ不可不差祭ᄒᆞᆯ터인ᄃᆡ現帶職이無ᄒᆞ야再昨日에祗侯官敍任件을統監府의同意를請ᄒᆞ얏다더라

●北署長轉任 北部警察署長一岐寶은晉州警察署로移去ᄒᆞ고代에ᄂᆞᆫ公州警察署警視鈴木重民이가니移ᄒᆞᆫ다더라

●稅規制定의起草 政府에셔今番의地方稅規則을制定頒布ᄒᆞ기爲ᄒᆞ야目下內部에셔其草案을起草中이라ᄂᆞᆫᄃᆡ當局者의談話를據ᄒᆞᆫ즉觀察郡守가國庫에上納ᄒᆞᄂᆞᆫ稅額外에屠牛所及市場에稅金을徵收ᄒᆞ며其他諸般費用은地方人民의게徵收ᄒᆞᄂᆞᆫ雜稅가有ᄒᆞ야其弊害가不少ᄒᆞᆫ故로此等雜稅ᄂᆞᆫ一切嚴止ᄒᆞ자ᄂᆞᆫ議가有ᄒᆞ얏스나人民이于今網稅ᄒᆞ던것ᄂᆞᆫ廢止ᄒᆞ얏·가稅則을再定ᄒᆞ야徵稅ᄒᆞᆯ境遇에ᄂᆞᆫ人民이係稅를納ᄒᆞᄂᆞᆫ樣으로認ᄒᆞ야徵稅上에反ᄒᆞ야不美ᄒᆞᆷ이有ᄒᆞᆯ지라故로此際에ᄂᆞᆫ雜稅를整理ᄒᆞ고地方稅도納케ᄒᆞ면人民의負擔ᄂᆞᆫ增加치아니ᄒᆞ고地方行政의收入을得ᄒᆞ리라ᄒᆞ야此方針으로써新地方稅規則을制定ᄒᆞᄂᆞᆫ故로地方人民은該稅規則을頒布實施ᄒᆞ더라도新稅를納ᄒᆞᄂᆞᆫ事ᄂᆞᆫ更無ᄒᆞ다더라

●面職制頒布 各郡에面이有ᄒᆞ고面下의洞村里가有ᄒᆞᆫᄃᆡ面에ᄂᆞᆫ面長이有ᄒᆞ고洞村里에도其長이有ᄒᆞ여其管내公務를掌理ᄒᆞ고差定方法은各히管내有志人士의推選으로郡守의게申請ᄒᆞ여承認ᄒᆞ되任期ᄂᆞᆫ多則壹箇年으로ᄒᆞᄂᆞᆫ것이壹般通則이나姑히各區내의通行ᄒᆞᄂᆞᆫ法規가齟齬ᄒᆞᆫ故로內部에셔今番의其職制를頒布ᄒᆞᆯ次로目下調查中인ᄃᆡ由來習慣과各地의現狀을參酌ᄒᆞ여當히變革치아니ᄒᆞᄂᆞᆫ程度로制定ᄒᆞᆫ다더라

●本報押收와英領警察 本月十三日에할릴드新聞을據ᄒᆞᆫ즉朝鮮新聞에揭ᄒᆞᆫ昨日본京城에셔外ᄒᆞ얏스되近日禁止의關ᄒᆞᆫ發行件을押收次로本巡查가大韓每日申報社에入去ᄒᆞᆫ事의對ᄒᆞ야英國總領事館으로셔論駁을提起ᄒᆞᆷ으로警察署장동氏를免官ᄒᆞ기로決定ᄒᆞ얏다더라

●關稅條項 度支部理財局에셔關稅總長의게公函ᄒᆞ되本局에셔國際貿易關係以外의原因에依ᄒᆞ야正貨의收支關查ᄒᆞᄂᆞᆫ壹端으로ᄒᆞ야금左記ᄒᆞᆫ項의對ᄒᆞ야光武七年及隆熙元年의 個年分을年別로詳知코ᄌᆞᄒᆞ야仰煩미라ᄒᆞ얏ᄂᆞᆫᄃᆡ該條項이如左ᄒᆞ더라

入部

一 外國軍艦需要品購入
二 外國商船需要品購入
三 在韓國外國汽船會社支店經費
四 噸稅及稅關雜收入
五 寄港上陸外人消費
六 來遊外人消費
七 外國軍艦乘組員消費
八 外國商船乘組員消費
九 外國船舶의備入되ᄂᆞᆫ韓國船舶의收入이오

出部

一 韓國人及在留外國人船舶의出給ᄒᆞᆫ乘船賃
二 仝上運賃
三 備入外國船의支拂ᄒᆞᆫ船舶使用料
四 外遊韓國人幷在留日本人海外消費
五 韓國船舶乘組員海外消費러라

●電借旅所 日本守備隊壹聯隊가日昨에水原郡에下去ᄒᆞ야宣化堂에住接ᄒᆞ깃다고ᄂᆞᆫ部에電報ᄒᆞ얏더니該郡에셔答電ᄒᆞ기를該堂은行宮이라認許치못ᄒᆞᆫ다ᄒᆞ얏더니該隊에셔更電ᄒᆞ기ᄂᆞᆫ宣化堂後에在ᄒᆞᆫ장樂堂에나住接ᄒᆞ깃다ᄒᆞ거ᄂᆞᆯ該郡에셔答電ᄒᆞ기를該堂도行宮인故로認許치못ᄒᆞ겟다ᄒᆞ얏더니該隊에셔再三次電報ᄒᆞ기를住接處가無ᄒᆞ니某堂이던지本隊權利대로勸住ᄒᆞᆫ다ᄒᆞᆫ故로大가答電ᄒᆞ기를余ᄂᆞᆫ不知ᄒᆞ니該府向대로措處ᄒᆞ라ᄒᆞ얏다더라

●日人判事 咸鏡觀察道書記官岡本宜平은大審院判事로陞任된다더라

●辯護亦日 各裁判所에實施ᄒᆞᆫ後辯護士ᄂᆞᆫ日本辯護를採用ᄒᆞ기로決定되야日昨에日本辯護士等이統監府에請願ᄒᆞ얏더니出張을認許ᄒᆞ얏다ᄂᆞᆫ說이有ᄒᆞ더라

●抽籤分掌 日昨에敍任ᄒᆞᆫ通譯主事二·三名은內部로會同ᄒᆞ야本月俸給과來月手當金을預先給與ᄒᆞ야行裝諸具를收拾케ᄒᆞ얏다ᄂᆞᆫᄃᆡ各郡으로分掌ᄒᆞᆯ時에ᄂᆞᆫ抽籤法을施行ᄒᆞᆫ다더라

●胡不赴任 內部에셔通譯主事一二三名을會同ᄒᆞ야俸給과手當金을預先給與ᄒᆞ얏다ᄂᆞᆫ事ᄂᆞᆫ別項과如ᄒᆞ거니와敍任ᄒᆞᆫ後赴任치아니ᄒᆞᄂᆞᆫ者ᄂᆞᆫ帖紙를還收ᄒᆞ고壹幷懲罰ᄒᆞᆫ다더라

●照請留學 日本留學生張路澤씨가東京셔醫藥科와消防鍊習을卒業ᄒᆞ얏스되相當官職을採用ᄒᆞ라고學部에셔內部로照會ᄒᆞ얏다더라

●穢潔視察 再昨日下午二時에內部衛生局장劉猛씨가該局日本人技師와日本陸軍軍醫와副醫를帶同ᄒᆞ고각處汚穢를視察ᄒᆞ얏다더라

●傷命慘禍 三昨日任實郡邑內에셔起火ᄒᆞ야家屋三百餘戶가延燒ᄒᆞ고家畜二百餘首가被燒ᄒᆞ고男一女三은重傷ᄒᆞ얏다ᄂᆞᆫ電報가內部에到ᄒᆞ얏다더라

●振興實業 完圭 昇鎬 蔡諸氏가實業을爲ᄒᆞ야寺洞等地에健馬堅車를購ᄒᆞ야馬會社를設ᄒᆞ얏ᄂᆞᆫᄃᆡ運輸가速ᄒᆞ고價도미廉ᄒᆞ야運輸業에輻輳請求ᄒᆞᆫ다더라

●海東測所 海東測量所를卒業生某某ᄂᆞᆫ典洞等地에設施ᄒᆞ얏다더라

●振校將振 平安北道박川郡南湖面振明學校ᄂᆞᆫ設立ᄒᆞᆫ지有年인ᄃᆡ該校長尙弼氏의熱心으로學徒가漸進ᄒᆞ야八十餘名에達ᄒᆞ얏다더라

●舊齋設校 鳳山郡守申佐均氏ᄂᆞᆫ該郡兩面舊齋를廢止ᄒᆞ고私立小學校를移設ᄒᆞ야敎育에熱心이有ᄒᆞ다고該郡人이稱頌ᄒᆞ더라

●晉사汾校 趙희潤씨가通津普通學校學徒가運動會에參例치못ᄒᆞᆷ으로慰勞ᄒᆞ고石板壹枚式과石筆을多數分給ᄒᆞ고勸勉奬ᄒᆞ얏다더라

●中校漸進 典洞私立中東夜學校에셔幾名講師를延聘ᄒᆞ야該校學員을熱心敎授ᄒᆞ며測量壹科를又爲特設ᄒᆞ고學員을募集ᄒᆞᆫ다더라

●光校運動 再昨에光南學校에셔春期運動을奬忠壇附近에셔擧行ᄒᆞ얏ᄂᆞᆫᄃᆡ當日旗取競走一等에張世淳騎馬競走一等에任明宰弄術競走一等에趙義應賞與壹等에張世淳提燈競走壹等에氏盲目競走壹等에길洛諸氏인ᄃᆡ本校에셔賞品을大第施賞ᄒᆞ後정贊政周泳가聖歷三卷과鉛筆壹柄을寄附ᄒᆞ고趙贊議義聞氏가과子二箱을寄贈ᄒᆞ엿다더라

●江校運動盛況 本月十五日에江華郡普昌學校에셔該郡公私立學校를召集ᄒᆞ야聯合大運動을擧行ᄒᆞᄂᆞᆫᄃᆡ該郡所在八十餘校와隣郡二十餘學校聯合ᄒᆞ야學校數가二千六百拾三人이오外國來賓與傍觀이三萬名以上이오二拾餘科程을分隊競爭ᄒᆞ야各各施賞ᄒᆞᄂᆞᆫᄃᆡ壹般學徒가左右에分列ᄒᆞ야砲聲을施行ᄒᆞ며又亦一字陣으로圍於左右ᄒᆞ야傷倒兵卒을壹壹擔去病院ᄒᆞ며砲聲이繼起ᄒᆞ야兩陣이互相爭鬪ᄒᆞᆯ際에兩邊將官等은杖劍儼立ᄒᆞ야指揮兵卒ᄒᆞ며數擧望遠鏡ᄒᆞ야詳探敵陣ᄒᆞ더니發號號令ᄒᆞ야自壹陣中으로敢死隊가以奔突之勢로突出擊ᄒᆞ니敵陣이隊伍가亂ᄒᆞ야自相踐踏ᄒᆞ야勝敗가已決ᄒᆞ니軍樂聲이從太極旗而出ᄒᆞ야蹈之舞之에壹大盛況을呈ᄒᆞ엿다더라

●洪郡義擾 本月七日에義兵壹百五拾名이洪州郡廳과華城城壕市에셔驛屯穀을出給ᄒᆞ라고相持ᄒᆞ다가該面에執留ᄒᆞᆫ面長을砲殺ᄒᆞ고該面市에衝火ᄒᆞ야二十七戶가沒燒ᄒᆞᄂᆞᆫᄃᆡ女人壹名이被燒ᄒᆞ엿다더라

◎感荷義捐

連山郡塔養學校에셔本社에金壹圓을義捐助ᄒᆞ얏기感謝를表ᄒᆞ노라

▲地方消息▼

▲本月二日伊川郡東北方七里廣此洞에셔義兵約四百名이同郡日守備隊와交戰ᄒᆞ엿다ᄒᆞ고

▲本月七日朔寧郡西南方二里地에셔義兵二拾名이同郡守備隊斥候隊六名과交戰ᄒᆞ엿다ᄒᆞ고

▲本月拾壹日晉州郡西北方九里地에셔義兵百名이同郡守備隊와交戰ᄒᆞ엿다ᄒᆞ고

▲四月廿八日에義兵二拾名이盈德郡北方二里地에셔日憲兵八名과交戰ᄒᆞ얏다더라

東京電報

十五日發

●日本海外人增加 三月中에外國人渡來數가二千七百七拾三名인ᄃᆡ昨年同月中에渡來者數에比ᄒᆞ면千七百名이增加ᄒᆞ얏ᄂᆞᆫᄃᆡ此에最多數ᄂᆞᆫ英人인ᄃᆡ三百五拾二名이오次ᄂᆞᆫ米人인ᄃᆡ三百三名이라ᄒᆞ얏더라

▲時事感歎▼

▲此天地甚艱難ᄒᆞ니感愁腸胸日하야風輪浩劫辭換處에丈夫心膽不平ᄒᆞᆷ

▲東來泥鯨鬪戲ᄒᆞ야如山白浪谷이로다[illegible]桑田碧海되ᄂᆞ니이心懷를엇지ᄒᆞᆷ

▲那邊毒龍噓氣ᄒᆞ니狂雨猛風不測ᄒᆞ다磨牙吮血더惡物이一時流毒ᄒᆞ니堪인ᄃᆡ猖獗ᄒᆞ다此山河에避身ᄒᆞᆯ곳전혀업네이心懷를엇지ᄒᆞᆯ고

▲多才善賈더手段이百方籌計籌弄ᄒᆞ야許多物品攫取ᄒᆞ제土壤之利木産ᄭᆞ지網打盡ᄒᆞ얏스니虛殼江山남엇고나이心懷를엇지ᄒᆞ고

▲耽耽虎視嬴秦時나無不摧折可惜ᄒᆞ다山東六國不鳴ᄒᆞ니稍稍蠶食엇지ᄒᆞ나蕭條山河悽悵士ᄂᆞᆫ往往悲歌不絕이라이心懷를엇지ᄒᆞᆷ고

▲禮義東方數千年에遺風餘俗留在터니移域腥氣噓人ᄒᆞ야據地爲로다이天地가엇지되노變華爲夷ᄒᆞᆫ단말가이心懷를엇지ᄒᆞᆷ

▲圮橋何處從容步ᄒᆞ던褐衣老翁遲遲ᄒᆞ다橋上月이懷人ᄒᆞᆫ다今時英雄蒼茫ᄒᆞ야寥寥寂寂此江山에無人之境되엿고나이心懷를엇지ᄒᆞᆷ

▲洪水滔天懷襄世에民猶魚矣可矜ᄒᆞ다神禹斧乎下ᄒᆞ니治世良手어ᄃᆡ가고ᄂᆞ니逆行波濤何時還오一望無際되엿고나이心懷를엇지ᄒᆞᆷ

▲天網恢恢時代에魑魅魍魎肆行ᄒᆞ야遍滿境에엿스니邪氣搖動엇지ᄒᆞ나傳染病이流行ᄒᆞ되預防衛術을味ᄒᆞ다이心懷를엇지ᄒᆞᆯ고

▲四方山川指點ᄒᆞ니血流腥膻水鄕으로다우ᄂᆞᆫ客도韓人이오죽ᄂᆞᆫ者도韓人이라家屋燒燼烟炎中에獨不痛恨九深이라이心懷를엇지ᄒᆞᆯ고

廣告

本支社를 [illegible]開四處에 設置하고 玆以仰佈하오니 [illegible] 僉君子는 該支社로 請求購覽하심을 務望홈

▲龍川 남市驛　韓寶[illegible]

▲龍岡郡邵蘇敎堂內　박종온

▲結城廣川場市 朴熙春家　리喜祚

▲龍川府[illegible]面松峴海東書會　金賢圭

雜報

●斷髮出席　再昨日興士團에서 柔[illegible]花[illegible]校學徒를 請邀하야 茶菓를 供給한 後 俞吉濬씨가 該學徒等에게 對하야 勸勉하고 該學徒가 答辭한 後 何許有髮客이 闖出하야 問曰 此席에서 有髮人은 發言權이 不許하느냐 하매 在傍之人이 答曰 不許한다 한즉 該客이 卽時 以刀로 自斷其髻하고 儼然出席하야 一場演說에 [illegible] 勸勉하얏는데 該시는 [illegible]邊郡居하는 明以恒氏라고들 하더라

廣告

本人의 身圖章 金記篆字 景鉉正字로 刻한 四方章을 陰四月拾二日 見失이오니 京鄕知舊間 照亮勿施홈

義州 虹[illegible]居 金景鉉 告白

正三品 閔佑植氏 大夫人 慶州李氏 陰四月初九日午時 別世

弟 佐植 仲植 徽植

護喪 [illegible]順一 告白

▲速成夜學員募集

本校夜學科에서 第壹回 卒業試驗을 經하고 各科學員을 增募하오니 願學하시는 僉員은 每夜七時頃에 來臨請願홈을 爲要

科程(隨意專科)

漢語 日語 英語

簿記 算術

●測量科學員募集 廣告

本校內에 測量科를 特設하고 學員을 募集하오니 願學하시는 僉員은 六月貳拾八日內로 入學請願書를 提呈하시옵

但 請願紙는 本校에서 購홈

試驗科目 國漢文(讀書) 算術(四則以上)

試驗日字 今月二拾九日下午四時

上學時間 自下午四時三拾分至六時三拾分

卒業期限 六個月

典洞私立中東學校 告白

陽曆九月十三日에 慈惠房主人의 圖章을 本人이 光化門郵便局에서 物品推尋時 路에서 失하기로 廣告하오니 誰某가 拾得하야도 休紙로 施用홈

鍾路慈惠藥房主人 [illegible] 告白

●興學會 勸勉時義捐

鉉弼珠 一圜　金[illegible]秀 二圜

孫[illegible]範 二錢　崔[illegible]雲 六圜

金在선 三圜　[illegible] 壹圜

리建會 壹圜　金潤[illegible] 壹圜

朴宗郁 壹圜　朴[illegible] 壹圜

朴鼎煥 五十錢　朴문煥 三拾錢

金泰[illegible] 壹圜　박宗桓 二圜

孫昌玉 九拾錢

彰[illegible]學校事務所 告白

隆熙元年九月壹日分에 西署餘慶坊毛橋契鐵洞四拾七統三戶 草家拾四間을 家主리啓允이가 家券을 西署皇華坊[illegible]器契四拾六統拾戶 張[illegible]家에 典當하고 貸六百圜을 以二分邊으로 借用時 債權人等이 認許하야 三張成貼하야 壹張은 自漢城府에 存案하고 壹張은 債權人處에 任置하고 壹張은 債務處에 [illegible]하얏더니 今年五月分에 同家屋을 放賣後 家券을 換券次 債務人所在한 認許券을 休紙中에서 失하얏사오니 確無疑故로 玆에 廣告하오니 內外國人은 以此舊券을 拾得하야도 休紙施行홈

리啓允 白

姜準회之準字를 以俊字로 改定하오니 知舊間 照亮홈

姜俊[illegible] 告白

本校의 義捐 諸氏 芳名及捐額을 左開廣佈하오며 誠意를 감사하옵

金炳浩 拾圜　金用濟 五圜

玄得訓 五圜　宋用秀 五圜

김康周 五圜　[illegible]用 五圜

김[illegible] 壹圜　리炳根 五圜

최建柱大夫人 三圜　[illegible]梧 五圜

三和港新典洞安息敎會학校니

최建柱 白

本商務課에서 前左右社員을 改稱하야 左右監이라 하고 左右圖章을 合載이더니 今에 右圖章 閑散商務部所管各設인즉 名달 各部에 各任房은 以此知悉事

京西部西門外盤井橋九拾五統八戶 都所掌務員 [illegible]居 [illegible] 金[illegible]榮氏가 有所幹하야 往永同郡矣러니 同郡巡檢 陳[illegible]이 被酒行悖에 無端亂打하니 巡檢本意는 生民保護에 在하거늘 如此行悖하는 巡檢을 本署에서 不知인지 固當嚴懲擬勵하기 玆에 廣告홈

金[illegible]榮代人 [illegible]化實 白

獎文社書館廣告

本館에서 一般學界에 敎科書와 用品을 需用하시는 各種書籍과 各種用品을 多數貿入하야 學界에 特別廉價로 販賣하오니 學界 諸君은 陸續來臨하심을 敬要

北部小安洞 [illegible]統[illegible]戶 獎學社附屬 獎文社書館

本人이 平南中和看[illegible]面登里 [illegible]洞에 在田畓字丁牛日耕 [illegible]郡[illegible]面[illegible] 西統八戶 [illegible]厚[illegible]에 [illegible]價[illegible] 十[illegible] [illegible]得 [illegible]設明 [illegible]三 月廿六日 義[illegible]의 [illegible]失이온 [illegible] 內外國人은 勿爲見欺홈

中和東[illegible]面下六里 [illegible] 告白

本月十七日下午一時에 學生聯合親睦會의 創立會를 徽文義塾內에서 開會하오니 一般學生은 多數光臨하심을 切望

獎學社 告白

兩[illegible]稅 [illegible]比他[illegible]加[illegible]收[illegible]故 [illegible]等[illegible]此呼訴[illegible]二[illegible]五度而下 未四月度支部[illegible]令[illegible]爲[illegible]非長久之規宜可追今[illegible]自明年爲始以圖平均[illegible] 結民遵此訓令[illegible]他[illegible]例輸納加徵條勿納以俟[illegible]爲國民義[illegible]故玆以廣告홈

全羅南北道結民代表

宋榮淳

邊昇基

朴海朝等 告白

本事務所에서 田畓山林礦山家屋未墾地에 關한 一切測量及設計等을 迅速需應하겟사오니 僉君子는 來臨問議하심을 敬要홈

中署校洞貳十九統拾二戶

共同測量製圖事務所 告白

本人이 四年前 與夫[illegible]後 數箇稚子를 依하야 居生하더니 장子 [illegible]인俊이 [illegible] 寡居하는 老母를 不顧하고 [illegible]之際에 [illegible]家産이 [illegible] 今復 [illegible]往平壤하야 洋靴之類와 酒色之場에 留連하느니 毋論內外國人하고 인俊에게 與何債給이라가 無至白失追悔홈

月 日

安州城內 栗北[illegible] 리召史 告白

本商市에서 各種洋[illegible]와 [illegible] 用物品과 帽子를 製造하야 廉價로 販賣하오니 僉君子는 照亮하시고 來臨하심을 望

安岳上海[illegible]書市 孫景柱 白

本書館에서 民智를 廣發하고 開明發達케 爲하야 新書籍을 多數貿來하오니 僉君子는 陸續來臨하심을 望홈

釜山 東關 興書館 金重權 告白

小學漢文讀本

元泳義氏 編輯　上下二冊　正價 [illegible]六拾전

本書는 漢文初步를 解釋하야 各種科學과 理論을 編輯하고 國文으로 句讀을 明釋하야 普通의 指南과 文法의 捷徑을 作홈

初等女學讀本

李源兢 著述　第壹冊　正價 金三拾전

本書는 女學校敎科書에 適用키 爲하야 本文은 國漢文으로 註解를 另附하야 分課編輯한 者니 雖在家婦女라도 均可便習而增長知識에 必要홈

愛國偉人 葛蘇士傳

淸國 梁啓超 原著　全一冊　正價 金拾五錢 (國漢文)

本書는 歐洲匈牙利 愛國偉人 葛蘇士의 事蹟을 [illegible]自國獨立을 力圖하던 何匈牙利 偉人 葛蘇士의 事蹟을 綱羅蒐輯한 者니 當時 葛蘇士의 [illegible] 經歷과 及 英雄末路의 不遇를 闡하야 與何東邦의 獨立團體를 竟成한 結果를 說明하야 可使讀者로 英雄崇拜의 感想을 激起케 하리로다

發兌元

▲皇城中署[illegible] 中央書館

▲皇城[illegible] 大東書市

▲皇城大廣橋[illegible] [illegible]書館

▲皇城남門內[illegible] 博文書館

月

[illegible]水 분매

보익슈는 미국인 왕보씨가 새이 [illegible]의 요스홈을 연구하야 이약을 명하얏는데 부족증과 점배자지 못하는병도 한증과 한즉 정명속병을 [illegible]후 오즘소리 리질 락리 후에 대일신 효험을 [illegible]

發賣所는 京城 남門內 尙洞 박文書館 白

●新發明 梅毒령약廣告

陸軍軍醫 [illegible] 經驗方劑

落梅丹

口瘡不발창 病去根之명藥

壹劑 五百粒 正價 五三圜

主治 梅毒(唐瘡) 新舊창 ●瘰癧●及廣瘡●便마[illegible]私● 천鋼

已上 病證外에 男女間에 不精爽念意後에 若疑아之[illegible]有하야도 此藥 壹劑만 服用하면 完無後慮하고 脾胃도 健全하야 增保하며 此外에도 醫療器械와 精美한 藥材를 新備하고 內外科 各色 疾病을 診治홈

皇城北部大安洞

仁濟藥房 主 高[illegible]전 告白

代理店

京城[illegible] [illegible]

仁川[illegible] 濟生堂

[illegible]

皇城基督教靑年會館前濟衆院藥房

製藥發賣人濟衆院醫學員洪鍾厚朴兼斯李

觀化告白

本人等이 多年間 大門外濟衆院用 藥處方으로 左記 諸丸을 製造하오니 京鄕僉君子는 勿論하고 此藥品을 信用하시기 爲하야 前醫學校 教師 魚丕信(Avison) 氏에게 製藥方文마다 議定하고 有效證明書를 受하고 主治効能用法을 詳記하야 洋紙匣紙函과 玻璃瓶에 封하야 賣하오니 僉君子는 請求하시기를 伏望하나이다

治痰平胃丸 男女益氣補益丸

輕腫根治膏 絶金鷄蠟丸

濕腫根治膏 蛔虫從出丸

大腫拔根會膿膏 時氣感冒丸

小兒胎毒會治膏 淸明眼藥水

癎氣保嬰散 神效 消痰鎭咳藥

小兒靈效散 男女赤根藥

德國製淋痰丸 瘧疾截根藥

漢城百應膏 寸白蟲根藥

洋藥乾材 止泻丹

韓藥唐草材 止濁腸丸

西藥醫方諸套 陳舊消積丸

無形卽效藥

◉大韓國新發明神藥

◉靈砂丹 ◉至寶丸 ◉靈效液 ◉清眼水 ◉通淋丸

漢城南部大廣橋西邊第十三統十九戶 製劑發行所 共愛堂大藥房 陳昌

支店 漢城南門外 共愛堂第一支店 群山港開港 共愛堂第二支店 河東郡赤島面 共愛堂第三支店

代理店 仁川 濟生堂 李春耆 寶齡春 二濟藥房 慈惠藥房 神濟醫院 和平局

此外에도 東西洋各國 有名賣藥과 藥材等이 俱備하오니 多少를 不拘하고 請求하시면 小包로 仰副하오리다

簡易商業簿記學

[illegible]

發行所 廣學書舖 [illegible]

定價金 [illegible]

◎新訂方合編

診脈經○病論○藥性○方奏○牛疫法○牛馬病藥○作藥法○診察法○經驗方○이具備하야 醫學家나 賣藥家의 最緊要하오며

定價壹圜拾錢

◎社會勝覽

社會의 規則과 演說하는 方法과 脈絡이 며 東西洋雄辯家의 演說을 譯述하야 社會有志者와 勞働人及婦人이 不可不閱覽할 者이며

純國文 卅三錢

◎婦人儀範

[illegible]敎育하고 家庭을 整理하는 道로 婦人社會의 特別한 師範이오며

純國文 卅五錢

◎中等算學

自四則至開立方 九積數를 縱橫으로 學習에 便易하고 我韓 學部中에 具備한 者며 各校學徒의 特別 減價로 賣함

壹帙 冊數 四五拾錢

리치雨 編輯

八拾三頁

右冊은 近日 現用하는 緊要私札 往復과 [illegible]與 淸國에 行往復을 모든 公私宴會 請帖 往復과 其他公函 往復과 公文照會等式을 編成一冊하야 可作 社會의 錦囊秘訣이오니 照亮

定價金 二拾二錢

總發賣所 皇城典洞 光東書局

分所 皇城各書舖

◉大韓國新發明靈藥廣告

發行所 仁川港 濟生堂藥房 消化 新藥 清心保命丹

◉主治效能 ◉痰飲 ◉食積 ◉中暑 ◉中寒 ◉咳嗽 ◉腹痛 ◉水土不服 ◉霍亂 ◉吐瀉 ◉船車眩暈 ◉食傷 ◉酒醉 ◉口熱惡臭

▲其他諸般瘟氣瘴疫 神方妙藥

出張代理特約賣所

京城大廣橋 共愛堂大藥房

同 鍾路 慈惠藥房 리殷化

同 梨峴 [illegible]藥局 리信華

同 銅峴 [illegible] 廣德堂

同 東大門外 [illegible] 同濟藥房

同 泥峴三丁目 [illegible] 新井支店

同 泥峴 [illegible] 天佑堂

同 水標橋 [illegible] 리炳休

仁川 畓洞 濟衆堂出張所

同 開城 旅館 韓國根

同 寺峴 和平堂 리應善

同 [illegible] 西相玉

同 南門 [illegible] 具聖模

同 北部 [illegible] 宋在琰

同 [illegible] 김永泰

同 南門 [illegible] 리奉植

水原 [illegible] 李昌九

延安邑 [illegible] 洋藥局 [illegible]

江華 [illegible] 尹斗鉉

同 [illegible] 宋順五

同 [illegible] 孫成根

長湍 [illegible] 趙敬淳

沙利院 市場 [illegible] 朴能昌

同 [illegible] 任允

同 耶蘇 [illegible] 리在三

海州 南門 紅門 [illegible] 리炳俊

平壤 [illegible] 濟生藥局 [illegible]

同 館前 [illegible] [illegible]

同 大興 [illegible] [illegible]

同 [illegible] 桂鎭德

同 [illegible] 尹[illegible]

鎭南浦 [illegible] 洋藥局 김元선

同 [illegible] 入 吳[illegible]

群山港 [illegible] 김斗鉉

安州 [illegible] 春大藥房

安岳邑 [illegible] 濟生局 林景柱

益山 [illegible] 金成洛

大邱 南門 [illegible] [illegible]

仁川郡 [illegible] 朴芝行

戰場邑 [illegible] 洋藥局 崔允國

忠州 東良 [illegible] 金德和

晉州郡 [illegible] 박[illegible]

◉定州 南門 洋藥局 리澤任 ◉郭山邑 洋藥局 張[illegible]彬 ◉鐵山邑 永春堂 安[illegible] ◉宣川邑 冊肆 安[illegible] ◉[illegible]州 水口街 [illegible]錫浩 ◉[illegible]川邑 西里 洋藥局 김永植 ◉龜山邑 冊肆 김[illegible]鉉 ◉元山港 濟生堂 支店 박敬勳 ◉北青 [illegible]客主 박[illegible] ◉江原道 本堂出張人 [illegible] 玉泉 ◉德川邑 [illegible] 洋藥局 리丙斗 ◉[illegible]山 [illegible] 리家[illegible]

◉其他各藥店마다 隨處販賣함

◉仁川港濟生堂 告白

本社에서 名稱[illegible] 各種[illegible] 紙類와 [illegible] 別로 [illegible]

大韓每日申報社 告白

◉現今[illegible]

[illegible]

東門內[illegible]

高[illegible]醫士 韓大衡 告白

◉慶北 慶州郡 江東面 [illegible]里

孫宗厦 四圓 孫晋蕃 孫慶稷

孫秀彬 孫秀彬 孫秀份

孫秀麟 孫晋憲 孫晋潡

安宗翰 李容闓 [illegible]道允

辛宗宅 金玉鉉 박文傑

鄭甲伊 리再述 [illegible]伊

정道光 尹必伊 [illegible]

[illegible] 洪[illegible]

宋[illegible] 四十錢 孫宗光

▲[illegible] 孔[illegible] [illegible]

二十錢

合拾七圜六拾錢

▲川北面玉洞里

리圭正 金[illegible]洒 許[illegible]

黃[illegible]律 黃[illegible]律 각六拾錢

김[illegible] 金[illegible] 리圭[illegible]

리[illegible]允 黃斗律 각五拾전

[illegible]圭 李圭宋 崔錫[illegible]

각四十전 崔[illegible]坤 二十錢

合八圓九拾전

孔[illegible] 孔[illegible] [illegible]

孔[illegible] [illegible]

[illegible]

孔成[illegible] 六錢 洞中四拾四전

合拾四圓四[illegible]전

總合 五十八圓九十전

前除合 五萬九千九百三十五圓

六拾五전二厘

都總合 五萬九千九百七十四圓

五十五錢二厘

發行兼編輯人 英國人 裴說

發行所 南署[illegible]井洞號外 [illegible]

大韓每日申報社

[illegible]

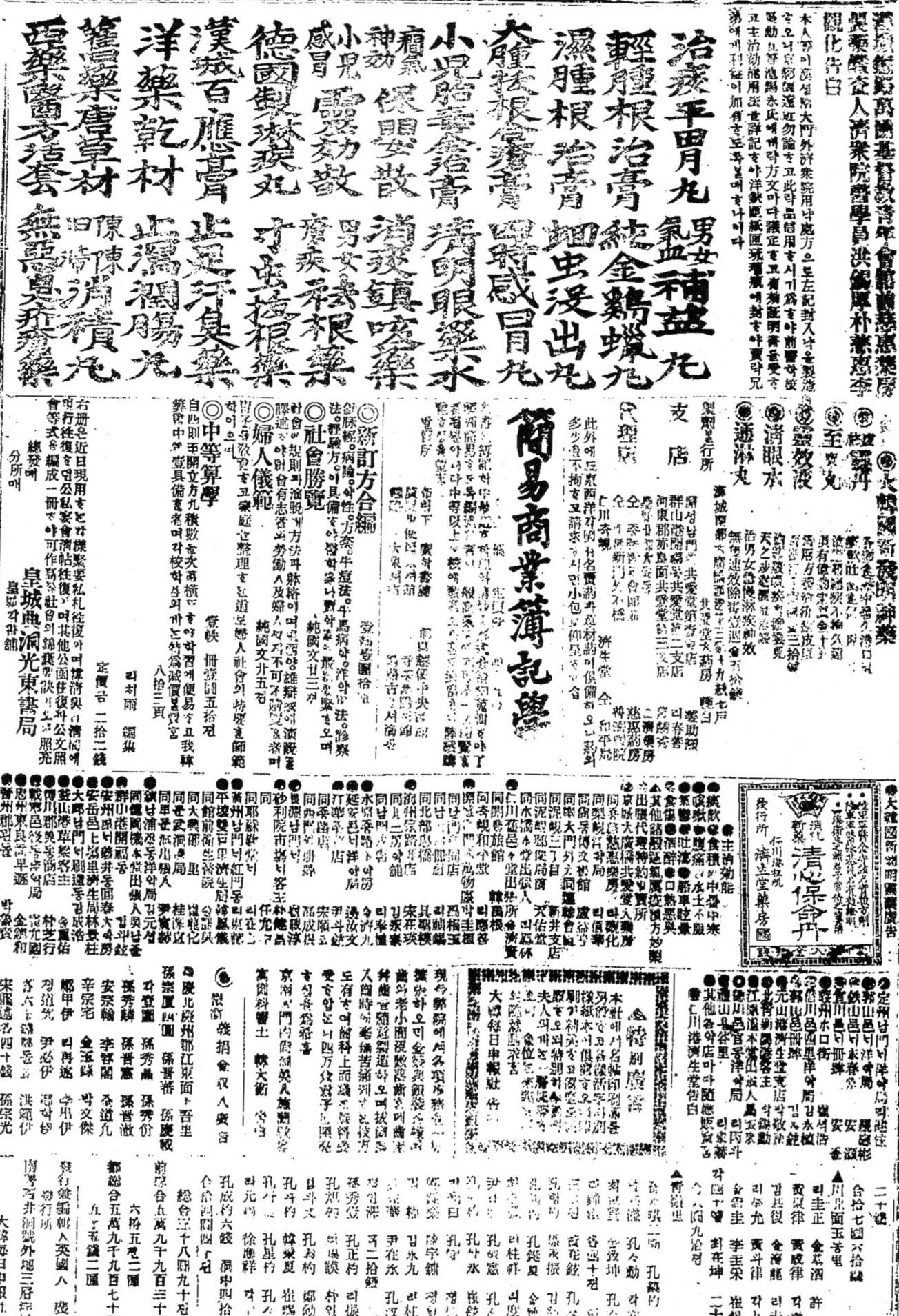

第六卷

大韓每日申報

第八百八號

寄書

●每日報ᄂᆞᆫ韓國之精神命脈

退耕生權夢奎

余ᄂᆞᆫ浮屠者也라雲蓮山中에(聞慶郡金龍寺山名)拾年을藏迹ᄒᆞ며螢乘을未了ᄒᆞ며明難하校에(東營外僧侶학校)三月을館穀ᄒᆞ되四則도未解ᄒᆞᆫ뿐不是라我의頑夢이他人보다壹節이更深하며我의固習이他人보다壹層이更高ᄒᆞᆷ은念佛數響이新思想을變케ᄒᆞ며發禪杖子가新形便을盲케ᄒᆞᆷ이로다

대韓國民參新報上에日々揭載가不過是宦海風波에執勝熱黜ᄒᆞᆫ官報와街巷言論을塗聽塗說ᄒᆞᆫ雜訊와評界板에是々非々와競爭局에物々事々를廣告ᄒᆞᆷ이온房에具도充키不能ᄒᆞ며消遣에法도供키不足하야滿目陳言이라謂ᄒᆞᆯ지로다

무ᄅᆞ가瓦玉에混ᄒᆞ며닭秀가鷄殼에傍ᄒᆞᆷ으로肉眼妄想에明拆이不能ᄒᆞ야貴報도新聞이며同登ᄒᆞᆫ新聞인줄노만認ᄒᆞ엿더니近日에何來緣分이深大하야緊隣에貴範洞氏가貴報를購覽ᄒᆞᆷ이或傍聽도ᄒᆞ며或借覽도ᄒᆞ니頑腦가忽開ᄒᆞ야剎國人이韓言을驟聞ᄒᆞ듯黑杰島民이韶音을得聞ᄒᆞ듯七百里平原湖畔에均樂을廣張ᄒᆞᆫ듯十八層阿鼻獄中에가鎖를解脫ᄒᆞᆫ듯如ᄒᆞ야手로舞ᄒᆞ며足으로蹈ᄒᆞᆷ을自禁키不能ᄒᆞ도다

噫라八拾老人의疲骨衰疾이日甚壹日ᄒᆞ야形容이憔悴ᄒᆞ며手足이痿痺ᄒᆞ며呼吸을活潑키難ᄒᆞ며動靜을自由치못ᄒᆞ야華陀扁鵲의針砭도無效ᄒᆞ고父母妻孥의恩情도쇄缺ᄒᆞ야回生ᄒᆞᆯ望이絕無ᄒᆞ고送死에禮를將擧ᄒᆞᆯ제望外三山에神仙이下降ᄒᆞ야九轉영丹을刀圭人腹에既絕ᄒᆞᆫ脈이回ᄒᆞ야命분에溫氣가有ᄒᆞ며既散ᄒᆞᆫ魂이還ᄒᆞ야眼球에精彩가生ᄒᆞ니積年沉痼가一朝一夕에快離키ᄂᆞᆫ不能ᄒᆞ나將來此ᄅᆞᆯ因ᄒᆞ야食飮도可進ᄒᆞᆯ지며痛苦도可忍ᄒᆞᆯ지며夢寐도安ᄒᆞ며屈伸도能ᄒᆞ며戶庭에出入ᄒᆞᆯ期도從此하야有ᄒᆞᆯ지며家事를干涉ᄒᆞᆯ想도從此ᄒᆞ야生ᄒᆞᆯ지며抱子弄孫ᄒᆞᆯ樂도亦可因此ᄒᆞ야得ᄒᆞᆯ지로다

嗚呼라我大韓이危如累卵하며孤如一髮ᄒᆞ야釋迦記中에魔强法弱ᄒᆞ고宣尼去後에瀾喪樸澌이라半島江산이浮沉ᄒᆞ야有不如無ᄒᆞ고同胞兄弟가漂泊ᄒᆞ야生不如死ᄒᆞᆯ제海서英邦에義說氏가渡來ᄒᆞ야慈眼을一縱에慘狀을觀憫ᄒᆞ시大義憤ᄒᆞᆫ志를懷ᄒᆞ며慈悲ᄒᆞᆫ心을發ᄒᆞ며正大ᄒᆞᆫ筆을擧ᄒᆞ되他報에筆端으로畏ᄒᆞ며外人의舌戰도不顧ᄒᆞ야爲政三日에少正卯를誅ᄒᆞ든正義와成道初夜에波旬宮을破하든定力과洪水를導ᄒᆞ고毒蛇를驅逐ᄒᆞ든禹良과王道를扶하고楊墨을排斥ᄒᆞ든舌辯으로熱心을瀉ᄒᆞ야韓人肺肝에傾注ᄒᆞ며甘露를灌ᄒᆞ야韓人昏倒의猛醒ᄒᆞ며木鐸을擊ᄒᆞ야韓人睡夢을警覺ᄒᆞ며指南을作ᄒᆞ야韓人迷路를引導ᄒᆞ니頑腦惡習이一句一書에剪破키ᄂᆞᆫ不能ᄒᆞ나醉倒ᄒᆞᆫ精神도因此回醒ᄒᆞᆯ지며困耕ᄒᆞᆫ手脚이因此解脫ᄒᆞᆯ지며守舊黨의深夢도或覺ᄒᆞᆯ지며爲國事에熱誠도益固ᄒᆞᆯ지며獨脈力도漸厥ᄒᆞᆯ지며獨立權도將立ᄒᆞᆯ지며宗社를回復ᄒᆞ며志士를保護ᄒᆞ며同胞의自由生活ᄒᆞᆷ이도因此ᄒᆞ야有ᄒᆞᆯ지로다

貴報가我韓을謳歌ᄒᆞ며我韓을推崇ᄒᆞ야毀譽讚罵에勸沮ᄒᆞ不加ᄒᆞ고筆力이愈健愈快ᄒᆞ며愈正愈大ᄒᆞ며愈嚴愈猛ᄒᆞ니世尊이二拾年을滅與하ᄉᆞ來生에게遺囑ᄒᆞ며耶蘇가拾字架에受刑ᄒᆞᄉᆞ世人으로贖罪케ᄒᆞᆷ과同ᄒᆞ도다

快哉라每日報여大韓의精神이며

대哉라每日報여대韓의命脈이며

難哉라每日報여同胞의령丹이며

異哉라每日報여同胞의鍼針이로다

我同胞의게勸告ᄒᆞ노니精神을欲勵ᄒᆞ며命脈을苟延키든每日報를每日讀ᄒᆞ되沉潛讀ᄒᆞ며歌詠讀ᄒᆞ며演講讀ᄒᆞ며解釋讀ᄒᆞ야迷한精神을두수ᄒᆞ며絕ᄒᆞᆫ命脈을扶持ᄒᆞᆯ지어다

外報

●革命進軍 上海電을據ᄒᆞᆫ則蒙自江南間通路에셔革命軍이印度支那의情報交通을防遏ᄒᆞ며又北方으로向하야進軍中이라더라

●俄國新兵募集 俄國議會에서今年秋에募集ᄒᆞᆯ兵員數을目下稅務審査中인데漏聞ᄒᆞᆫ즉陸軍省의募集預定員數가四十六萬九千五百人인데其中에海軍이十一萬五千이오此를壹千九百三年度現在兵數에比ᄒᆞ면十四萬九千人이增加ᄒᆞ얏다더라

●森林問題決定 北京電을據ᄒᆞᆫ즉鴨綠江森林伐採問題ᄂᆞᆫ淸日兩國代表者가議定ᄒᆞ야本月十三日에調印ᄒᆞ얏다더라

●航行權返收策 俄國人이松花江黑龍江烏蘇里等江의航行權을掌握ᄒᆞ야淸人의게影響이不少ᄒᆞ더니東三省總督徐世昌氏가赴任以後로該航權還收ᄒᆞᆯ을計劃ᄒᆞ야近者에軍機處에獻議ᄒᆞ기를海關에셔收入ᄒᆞᆫ稅額으로써東三省航行權을擴張ᄒᆞ야該航行權을還收ᄒᆞ자ᄒᆞ얏ᄂᆞᆫ니今番에政府에同意를得ᄒᆞ야漸次購入ᄒᆞ기에着手ᄒᆞ얏더라

●淸拒米軍 米國에셔上海近傍에海軍根據地를永久히占得코자ᄒᆞ나淸國에셔此를拒絕ᄒᆞ얏다더라

雜報

●開進新校 砥平郡廉勿里開進학校에셔開校式을本月九日에設行ᄒᆞᄂᆞᆫ데遠近有志紳士와新募集ᄒᆞᆫ학員三十餘人과학員에父兄이一齊來會ᄒᆞ야開會ᄒᆞᆯ時에該郡主事리趙泳氏가設校主旨와敎育의必要를演述하고總務리桂蕪氏가趣旨書를公佈ᄒᆞ고敎師梁柱冕氏가학校義務를演說하고體操敎師김世中김敎瓚兩씨가各其維持方針을演說ᄒᆞ고來賓鄭正夏氏가實效義務를演說ᄒᆞ고校長리建永氏가答辭ᄒᆞᆫ後에生徒ᄂᆞᆫ愛國歌를同唱하고下午 時에茶果를進饌하야歡而罷ᄒᆞ얏ᄂᆞᆫ데觀光者가無不稱頌ᄒᆞ엿다더라

●申門興학 淸州山東申氏等이宗中子弟를敎育ᄒᆞ기爲ᄒᆞ야학契를設始ᄒᆞ얏다ᄒᆞᆷ은本報에已揭ᄒᆞ얏거니와該契發起申泰休씨가勸告ᄒᆞᆫ一道를宗中에傳布ᄒᆞ얏ᄂᆞᆫ대左文이如左하니

嗚乎我韓宗族이여現狀이果在何等地平아學契趣旨書에已悉이라不必贅論이어니와敎育々々이爲今日急務ᄂᆞᆫ有耳皆聞이오有口皆說ᄒᆞᆫ不啻라在去丙午에

皇上陛下ᄭᅴ셔頒詔ᄒᆞᆫ十三省州郡ᄒᆞ사學校를設興ᄒᆞ시고繼以丁未에

東宮殿下ᄭᅴ셔臨御于官私立학校ᄒᆞ사敎育을勸勉ᄒᆞ시니爲人民者 莫不感泣ᄒᆞ야敎育을是務하야上以報答

聖意ᄒᆞ고下以啓導民智어ᄂᆞᆯ何量천我族之寥々至此오環球列邦에ᄂᆞᆫ明民族을試思ᄒᆞᆯ지어다如彼其開發은由乎何技術이며如彼其富强은由乎何方인고實在乎敎育이라㫌非吾人의大慣ᄒᆞᆯ天醒之日乎아文難春夢이甸存黑감ᄒᆞ야膠古主見과蓄古坐談으로不省此世界此時代ᄒᆞ야虛擲了好個光陰하니是在白首過境엔後悔莫追어니와其於靑年前途에無乃罪歟아鄕村峽里에繼有若個私塾이나媒窟弊席에景況이本陋ᄒᆞ고陳腐叢編에科程이未備ᄒᆞ니良可惜也로다

惟我宗族은二千萬國民中一部分民族으로如此히野昧ᄒᆞᆫ地位에陷落ᄒᆞᆷ을甘作ᄒᆞᆯ가滋實可憫이確有其源하니卽學校를야發達敎育이是라係於學校之創立에莫唱財政之不敷ᄒᆞ라眞個有熱誠이면何患無發弁리오財政으로論하면由來習俗에送子書堂ᄒᆞ야工夫ᄂᆞᆫ是勉ᄒᆞ서春畝夏권에壹年勤苦得ᄒᆞᆫ幾石麥幾石租와秋砧夜機로數口生活料외一匹布를貢納ᄒᆞ기不惜ᄒᆞ고多ᄒᆞᆫ先生의冠冕에報酬供給ᄒᆞᄂᆞᆫ誠心과資力이有ᄒᆞ니此誠心此資金으로新進학校를設立ᄒᆞ고高明敎師를延聘ᄒᆞᄂᆞᆫ대移用ᄒᆞ며且宗중宗禊와先塋松楸를亦可量宜補充ᄒᆞ며財政幕不出算外ᄒᆞ고敎育爲自在其中이라

誰不欲愛其子弟며誰不欲保其門戶며誰不欲愛其國家리오若不及今猛省ᄒᆞ야石數分銅을是吝是惜ᄒᆞ야愛護若金玉子弟를不敎不育ᄒᆞ야荒歸愚盜이면此是父兄之積惡이오架衍是尙家族으로自暴自棄ᄒᆞ야自斷廣敗ᄒᆞ면是豈國民之資格乎아所以敎育이爲今日急務者ㅣ良由此也라

惟我宗族은壹致協心ᄒᆞ고一致協力ᄒᆞ야老幼老少長에敎育을勸勉ᄒᆞ고相諾部落에ᄂᆞᆫ학校를振興하면花樹芳園이自此生色이오文明世界에可以并驅ᄒᆞᆯ진뎌登晋以蔽ᄒᆞ오니我子弟와我門戶와我國家를愛ᄒᆞᆯ진뎌其在斯敎育이니惟我宗族은矢心勉之ᄒᆞ쇼어다

雜報

●都監不設 眞宗 憲宗 哲宗三 대王追上 尊号都監설置ᄒᆞ기로決定ᄒᆞ얏다홈은諸報의揭載ᄒᆞ얏거니와更聞ᄒᆞᆫ즉該都監을設置ᄒᆞ면自然巨額이消耗될을因緣ᄒᆞ야中止ᄒᆞ고追上節次ᄂᆞᆫ宮內府와掌禮院의셔奉行ᄒᆞᆫ다더라

●陵로禁雜 大皇帝陛下ᄭᅴ옵셔昨日東九 陵에 幸行ᄒᆞ심으로三昨日에警視廳에셔 陵所附近各面장에게指揮ᄒᆞ야幸行ᄒᆞ시ᄂᆞᆫ沿路에雜人을嚴禁ᄒᆞ라ᄒᆞ얏다더라

●土木局待令 昨日 대皇帝陛下ᄭᅴ옵셔東九 陵에 幸行ᄒᆞ옵시ᄂᆞᆫ대土木事項에對ᄒᆞ야親히 諮詢ᄒᆞ실事가有ᄒᆞ심으로니部土木局事務官權輔相氏가待令ᄒᆞ얏다더라

●陪從加資 대皇帝陛下ᄭᅴ옵셔昨日 幸行ᄒᆞ실時에別陪從官人은加資ᄒᆞᆫ다더라

●脫着使日 皇后宮대夫尹德榮氏ᄂᆞᆫ洋服脫着에便利키爲ᄒᆞ야日女壹名을雇聘ᄒᆞ얏ᄂᆞᆫ데月俸은二拾圓으로定하얏다더라

●指導運動 今回郡守奏本에前主事김某某兩씨ᄂᆞᆫ각其指導郡으로叙任ᄒᆞ라고某대臣이方今運動中이라더라

●免官已決 陸軍正領盧伯麟氏가辭職請願ᄒᆞ얏다홈은前報에揭載ᄒᆞ얏거니와히시가當此有事之時ᄒᆞ야請願홈은不可ᄒᆞ야免官ᄒᆞ기로軍部에셔決定ᄒᆞ얏다더라

●達察上來 慶北觀察使리忠求시가니部觀察使會議의參與次로昨日上京하얏다더라

●寧察上來 寧邊觀察使柳赫魯시ᄂᆞᆫ昨日외上京次로發程하더라

얏다고히시本家로頭信가來到ᄒᆞ얏다더라

●金씨陞任 度支部主事김鳳鎭氏ᄂᆞᆫ開城財務官으로陞任ᄒᆞ얏다더라

●法部移接 法部를新建築ᄒᆞ기爲ᄒᆞ야平理院으로移接ᄒᆞᆫ다ᄂᆞᆫ說은前報에已揭어니와該部가平理院으로移接ᄒᆞ기를來二拾四日로定ᄒᆞ얏다더라

●리家宴待 三昨日下午七時에承寧府侍從리恒九시가宴會를本第외設ᄒᆞ고軍대와法대及각部官人을請邀宴待ᄒᆞ얏다더라

●職帖頒給 日昨에復官爵ᄒᆞᆫ者七拾餘人의職帖을니閣에셔頒給ᄒᆞᆯ터인대其子孫의請願을待ᄒᆞ야出給ᄒᆞ기로決議되얏다더라

●發往신地 日昨에니部에셔先次叙任ᄒᆞᆫ通譯主事二十三名은昨日上午六時量에각其신地로발程ᄒᆞ얏ᄂᆞᆫ데每郡에二人式으로分掌ᄒᆞ얏다더라

●日人多數 각裁判所에配置ᄒᆞᆯ通譯官補를本月三拾日에法部에셔試取ᄒᆞᆫ다ᄂᆞᆫ데其中에도日本人이多數ᄒᆞᆯ터이라더라

●韓人只四 니部에서主事와技手를無定數로叙任ᄒᆞᆫ다ᄂᆞᆫ데昨日에爲先叙任ᄒᆞᆫ者가主事九人이오技手八人인데其中韓人은四人이라더라

●卒業需用 니地에서法律卒業ᄒᆞᆫ者ᄂᆞᆫ각裁判所書記로任用ᄒᆞ기로決定되얏ᄂᆞᆫ데法官養成所卒業生中八人이오養成專문학校卒業生中九人이오養正義塾卒業生三人이라더라

●民籍新規 니部에셔民籍에對ᄒᆞ야規則制定案이告成이되야日間頒布된다ᄂᆞᆫ데建陽元年에制定ᄒᆞᆫ民籍規則은廢止된다더라

●陶산仕進 受由歸鄕ᄒᆞ얏던度支部秘書官陶산武 鄭시ᄂᆞᆫ再昨日에入城ᄒᆞ얏ᄂᆞᆫ대昨日부터仕進視務ᄒᆞ엿다더라

●視務入성 財務視察次로全남의出張ᄒᆞᆫ度支部主事卞志庠시ᄂᆞᆫ視察事務를畢了ᄒᆞ고日昨의入성ᄒᆞ엿다더라

●犯逋調査 度支部會計檢査局외셔각府部院廳會計實地檢査외事務를着手ᄒᆞ얏다홈은已爲槪報ᄒᆞ얏거니와平壤兩穀會計를檢査ᄒᆞᆫ즉錯誤되ᄂᆞᆫ事가有ᄒᆞᆯ뿐아니라公錢을多數犯用된官吏가多ᄒᆞᆷ으로檢査官이각官廳檢査를畢了ᄒᆞᆫ後외ᄂᆞᆫ檢査總장외게報告ᄒᆞ야平壤兩裁의錯誤된事와公錢犯逋를一一査推ᄒᆞᆫ다더라

●醵금設宴 三昨日下午七時에내部警務局警視官吏가懇親會를日本人俱樂部에設ᄒᆞ얏ᄂᆞᆫ데伊日會費ᄂᆞᆫ奏任官四圓、判任官二圓式分排ᄒᆞ얏다더라

●警察手當금 警視總監丸산重俊시가本年壹月以後로于今ᄭᆞ지手當금을推尋치못한지라니部에서度支部에照會ᄒᆞᆫ대該手當금을今年度豫算中으로撥給ᄒᆞᆯ터이니承認ᄒᆞ라ᄒᆞ얏더라

●債幣收入 近日에何事件을因ᄒᆞᆫ인지각銀行所에서각商民의게貸給ᄒᆞ얏던貨幣를日益收入ᄒᆞᄂᆞᆫ故로商業上에恐慌이壹層惹起된다더라

●運動定日 學部에서秘苑運動을來二十一日（木曜）上午九時로完定ᄒᆞ얏다더라

●校名改正 학部외셔公立統營普通학校ᄂᆞᆫ公立鎭남郡普通學校로改正ᄒᆞ얏더라

●勸善何罪 桂동居김宅東이가昨年七月分의김在善宋禹祥兩人을逢ᄒᆞᆫ즉김宋兩人이言ᄒᆞ되水原龍珠寺의既光이壯ᄒᆞ니僧徒하ᄌᆞ고ᄒᆞ면김宅東이가言ᄒᆞ되我ᄂᆞᆫ斷髮ᄒᆞ얏고鄕信ᄒᆞ禄ᄒᆞ대下往ᄒᆞ지가不可ᄒᆞ다ᄒᆞ미김宋兩人이言하되水原은銘道가有ᄒᆞ니念慮업다ᄒᆞ고ᄂᆞᆫ故로强意隨行ᄒᆞᆫ다가適逢義徒招募之擧ᄒᆞ야無數詰亂ᄒᆞ미勢不得已入參義徒라가數日後의乘間逃躲ᄒᆞ야即爲上京ᄒᆞ얏ᄂᆞᆫ데김宋兩人이上京치아니ᄒᆞᆫ故로김宋兩人이月前의警視廳외被捉ᄒᆞ야同行ᄒᆞᆫ줄로口招ᄒᆞ야김宅東이가無罪히被捉ᄒᆞ얏다더라

●教員褒賞 前教員김商학시가義務로郡郡ᄒᆞ야激勸人士ᄒᆞ야設校ᄒᆞ며학徒教育을熱心奬勵ᄒᆞ야其效勞가殊異ᄒᆞ니特爲褒奬ᄒᆞ기로該員履歷書를粘付ᄒᆞ니相當職으로叙用ᄒᆞ라고平北觀察使柳赫魯시가니部로報告ᄒᆞ얏다더라

●校舍請借 서北測量학校ᄂᆞᆫ新문外普成小학校외移接ᄒᆞ얏ᄂᆞᆫ대該校ᄂᆞᆫ狹窄ᄒᆞ야教授치不便ᄒᆞᆷ으로校동普通학校를許借ᄒᆞ라고학部외交涉中이라더라

●韓日人被害 度支部臨時財源調査局主事리奎용시와日本人安達健兩씨가成천郡의出張ᄒᆞ야勤務ᄒᆞ다가去月三拾日에義徒에게被害ᄒᆞ얏다더라

●慫犯ㄱ放 普成專문학校雜학生리紀勳시ᄂᆞᆫ物盜犯으로被捉되얏다더니日昨에漢城裁判所에서審判ᄒᆞᆫ後無罪放免되얏다더라

●남郡海賊 本月六日외남陽郡영興島에海賊數十名이突入ᄒᆞ야각面장을會投ᄒᆞ야錢五千兩을辨出ᄒᆞ라고無數威脅ᄒᆞ다가其翌日에他處로出발ᄒᆞ얏다더라

●[illegible] 昨日上午三点鐘에[illegible]部主事[illegible]家에[illegible]이突入하야衣服一襲與佩物을沒數奪去ᄒᆞ얏다더라

●雪嶺賊塵 去금曜日에日兵[illegible]嶺외셔義去ᄒᆞᆫ즉대義兵數拾名이岩間의潛伏ᄒᆞ얏다가射擊ᄒᆞ야日兵五名中의四名은被死ᄒᆞ고壹名은中丸ᄒᆞ야重傷을被ᄒᆞ얏다ᄂᆞᆫ說이有ᄒᆞ더라

●閔시厚葬 東來人의傳說을聞ᄒᆞᆫ즉義將閔肯鎬시가過嚳ᄒᆞ미原州郡某某諸씨와實議委員朴善植시가協議ᄒᆞ고日守備隊외交涉ᄒᆞ야閔시의尸體를옴니ᄂᆞᆫ대昇來ᄒᆞᆫᄂᆞᆫ대死後七日의顔色이不變ᄒᆞᆷ으로人皆異之ᄒᆞ여고邑村人民이會集ᄒᆞ여爭出捐助ᄒᆞ여葬埋之費가豐足ᄒᆞᆫ대日守備隊외셔外棺壹件을製送ᄒᆞ여日雖知棺槨이非不無也로되期於此槨을用ᄒᆞ라ᄒᆞ엿고葬禮日을當ᄒᆞ야會葬者가人海를成ᄒᆞ야趨赴가成雨ᄒᆞᆫ대柏義斌시가人民을對하야懇惻히曉諭ᄒᆞ엿고賻葬費가有餘ᄒᆞ야位로買置ᄒᆞ고次로因幾斗落을興成ᄒᆞᆫ세田土日當員은出捐買토ᄒᆞᄂᆞᆫ대邑則價受捧이於義외不可라ᄒᆞ고半價로許ᄒᆞ엿다더라

●同窓會 普成專문학校에셔[illegible]同窓會를[illegible]外永道寺로設行ᄒᆞᆫ다더라

●西北特別會 西北학會에셔再昨土曜日에特別總會를開ᄒᆞᆫ다고本報에已揭ᄒᆞ얏거니와該聞ᄒᆞᆫ則[illegible]ᄒᆞ야開會치못ᄒᆞ고來二拾日水曜下午四時로退定ᄒᆞ고緊要事務를處理ᄒᆞᆯ터인데一般會員이齊來參席ᄒᆞᆷ을希望ᄒᆞᆫ다더라

●親睦盛況 去十[illegible]日에학生聯合親睦會를[illegible]에셔開ᄒᆞ엿ᄂᆞᆫ대本會趣旨를說明ᄒᆞ고會員[illegible]ᄒᆞ야出席ᄒᆞᆫ員이[illegible]人에達ᄒᆞ엿다더라

●王씨熱心 박川書津王錫協시가家勢ᄂᆞᆫ雖不裕餘나勤학에熱心ᄒᆞ야何處학校ᄂᆞᆫ지校費가窘拙ᄒᆞᆷ을聞ᄒᆞᆫ즉自己艱難은不顧ᄒᆞ고極力補扶ᄒᆞᆷ으로名譽가藉々ᄒᆞ더니또박川학校에新貨拾圓을補助ᄒᆞᆷ으로人皆稱頌ᄒᆞᆫ다더라

▲地方消息▼

▲去月三拾日忠淸北道永春郡서方約 里地외서義兵六拾名이韓日討伐隊와日巡査五名과交戰ᄒᆞ얏다ᄒᆞ고

▲五月八日平창郡北方一里외서義兵二拾名이郵便護衛兵과交戰ᄒᆞ얏다ᄒᆞ고

▲本月七日慶尙남道咸陽郡東남方山淸서남約三里地외서義兵四五十名이同郡日守備隊兵拾五名과交戰ᄒᆞ얏다ᄒᆞ고

▲本月八日三陟남方九里地외서義兵二拾八名이江陵日守備隊兵拾餘名과交戰ᄒᆞ얏고又整日외[illegible]郡[illegible]里남의三里地외서義兵五百名이再次交戰ᄒᆞ엿다더고又同守備隊가三陟남方拾五里地외서四百名義兵과互相交戰ᄒᆞ엿다ᄒᆞ고

▲本月拾二日[illegible]郡東方六里地외셔義兵一百四十名이珍富日守備兵拾餘名과交戰ᄒᆞ엿다ᄒᆞ고

▲本月拾五日羅州郡의서義兵八拾名이全羅남道分遣所憲兵拾名과交戰ᄒᆞ엿다더라

東京電報

十七日

●一去還來 曾禰副統監은來月拾七八日頃에伊藤統監歸朝에交代ᄒᆞ야歸任ᄒᆞ기로豫定ᄒᆞ얏다더라

●牧稅問答 智島郡牧場屯土及宮庄賭稅賦課의關ᄒᆞ야[illegible]該島人[illegible]附稅가되ᄂᆞᆫ바[illegible]度[illegible]累次呼訴[illegible]法[illegible]派送ᄒᆞ얏ᄂᆞᆫ데該官이[illegible]ᄒᆞ야島民의問答ᄒᆞᆫ것이如左ᄒᆞ니

問 牧場屯ᄂᆞᆫ從前賭稅를對ᄒᆞ야幾斗를納ᄒᆞ얏던고

答 畓은七貫이오田은 貫이오但往古에ᄂᆞᆫ壹結에對ᄒᆞ야白米五、斗를代금으로三拾兩式ᄒᆞ얏고田은壹結에對ᄒᆞ야木花田은五十斤代금三拾兩粟豆田은百斗代금二拾五兩을納ᄒᆞ얏소

問 何處에納ᄒᆞ얏소

答 司僕寺ᄂᆞᆫ京성掌島叙智島牧島場을云ᄒᆞᆷ其後司僕寺ᄂᆞᆫ廢止되얏소

問 司僕寺ᄂᆞᆫ何年頃에廢止ᄒᆞ얏소

答 乙未年이니卽今으로부터拾四年前이오

問 廢止ᄒᆞᆫ同時에何處로移轉ᄒᆞ얏던고

答 司僕寺가廢止ᄒᆞᆫ後에니藏寺로移轉ᄒᆞ고同司가廢止된後에니藏院으로移屬ᄒᆞ고同院이廢止된後에經理院으로移轉ᄒᆞ얏소

問 度支部臨總은何年인고

答 甲午前이니卽[illegible]부터拾五年이라同年에國稅[illegible]徵收ᄒᆞᆷ으로ᄡᅥ賭[illegible]國稅를負擔[illegible]가되야依[illegible]야當[illegible]兩稅오

問 國稅、賭[illegible]擔[illegible]其壹[illegible]兩稅[illegible]稅가何[illegible]오

答 [illegible]故로小作人은地主의[illegible]小作料를納지아니키ᄂᆞᆫ可ᄒᆞ나엇지壹지兩稅가되지아니ᄒᆞ오

右問答이畢了ᄒᆞᆫ後에該調査次로下去ᄒᆞ얏던官員이果然民情이抑鬱ᄒᆞ니指壹措處ᄒᆞ라고度支部에報告ᄒᆞ얏더라

廣告

海東測量事務所를中署典洞四拾七統一戶에設施ᄒ얏사오니僉君子ᄂ來臨相議ᄒ시옴

海東測量事務所

◉本校新建築에對ᄒ야義捐ᄒ諸氏가左와如홈

韓致模 五十圜　金允煥 二十圜　黃壽坤 十五圜　申龍現　康正淳　金明孝　船山張氏門中 각六圜　王貞煥　金聖奎　김潤國　朴긔貞　張石祚　金用侃　리鎬俊　金守翊　趙成麟　張회鎬　崔泰鉉　朴贊根　리熙廷 각五圜　錦山洞리氏문中 四圜　洪昌鎬　金鼎憲　張允文 각三圜　리秉秀　黃桂涉　白南箕　金星鎭　趙應彬　葛花崔씨문中　申龍湖　朴昌根　리熙昌 각二圜　卓廷富 每年 二圜　리元芳 二圜　長上里너農夫 十圜　김美甫　金翊善　朴澄鎭　申龍田　朴元吉　朴鼎禹　梁贊秀　吳承周　申德守　박낙순　玄碩奎　趙熙淳　康炳株　申炳勳　최峯祥 각壹圜

安州外南面長興학校 告白

本務課에셔從前左右社를改稱ᄒ야左右圖이라ᄒ고左右圖를合設이더니今에右圖를散商務都所로改定ᄒ야各道각郡에ᄌ任房은以此知悉事

京西部西署外蓋井橋九拾五統八戶都所掌務員 비完楨 告白

本會副會長林圭奕氏가陰本月十八日別世ᄒ얏기知舊間照亮仰要

開城學會 告白

本人의八代祖山所在於密陽上南面平村前龍登亥坐之原이온바支孫孝成이性本浮浪ᄒ야先山私賣次로遐近處求買ᄒ기로漏聞ᄒ고呈官立旨得題이오나人心을難測ᄒ와玆以告白ᄒ오니勿論內外國人ᄒ고切勿見欺홈

梁山東面錦山里박炳華 告白

本塾敎長張台鉉氏와敎師卓定奎氏가학員七人을募集ᄒ고敎授ᄒᄂ대課程은漢文、地誌、歷史、算術、이옵기廣佈홈

西部銀杏洞三拾九統　戶私立崇文義塾 白

前主事리興世에名字를以玩世로改正ᄒ오니知舊間照亮홈

리玩世 告白

鍾路따俊東의紙貨二千圜於音一張見失拾得人은休紙施行홈

리重夏 告白

本人이路中에서孫殷永으로刻ᄒ圖章壹箇와孫九永으로刻ᄒ圖章二個를見失ᄒ얏ᄉ오니誰某拾得ᄒ야도勿施홈

孫九永 告白

本人외子孝銓이가性本浮浪으로符同雜類ᄒ야去十三日에不告其父ᄒ고不知何往이오니或僞造文券ᄒ야典當用役이되면內外國人은一切勿見欺ᄒ심을爲要

定州葛池面金允成 告白

本人외姓名圖章을日前에셔失故로廣佈홈

南洞黃建祚 告白

普魯士國厚禮斗益大王七年戰史

矩堂先生 兪吉濬 譯述

全壹冊　定價金三拾錢

此書ᄂ卽拾八世紀頃에普魯士國厚禮斗益大王이日耳曼列邦中에介在ᄒ弱國으로突然奮起ᄒ야尙武的精神으로人民을鼓勵ᄒ며俄法等諸國과對抗ᄒ시七年戰爭을繼續ᄒ야普魯士國의雄飛ᄒᄂ端緖를開ᄒ事實이온대其政略의巧妙홈과其功烈의偉大홈이足히讀者의敵愾心을喚起ᄒᆯ지라 僉君子ᄂ速々講覽ᄒ시옴

發賣元 布屛下廣학書舖 金相萬

發賣所 京鄕各有名書店

新刊書籍發售廣告

女子讀本 張志淵氏著　全貳冊　定價금六拾錢

初等衛生學　全壹冊　拾五錢

初等倫理학　全壹冊　貳拾전

國家학綱領　全壹冊　[illegible]

國民須知　全壹冊　八錢

初等小학　全四冊　壹圜三拾錢

中等萬國新地誌　全貳冊　壹圜

增修無冤錄大全　國漢文　壹冊　七拾五錢

伊太利建國三傑傳　全壹冊

新撰化學　全壹冊　定價金三拾전　朴晶東시著

獨習日語獨학　洋裝壹冊　壹圜貳拾五전　鄭雲復시著

愛國夫人傳　全壹冊　定價금拾五전　張志淵시著

新小說血淚　全壹冊　定價금貳拾錢　리人稙시著

養鷄新論　鮮于叡시著　全壹冊　定價금三拾五전

世界三怪物　저壹冊　拾貳전

家庭雜誌　每號拾전

新訂算術　전三冊　六拾전

普魯士國厚禮斗益大王七年戰史　전壹冊定價　三拾전

發賣所 皇城中署布屛下 廣학書舖 金相萬

京鄕各有名書舖

正三品閔佐植氏夫人慶州리氏陰四月初九日子時別世

弟 佐植 仲植 敞植　護喪 김順　告白

速成夜學員募集廣告

本校夜學科에서第壹回卒業試驗을經ᄒ고各科학員을增募ᄒ오니願학ᄒ시ᄂ 僉彦은夜학時頃에來臨請願ᄒ심을爲要

科程（隨意專科）　漢語　日語　英語　簿記　算術

●測量科學員募集廣告

本校內에測量科를特設ᄒ고학員을募集ᄒ오니願학ᄒ시ᄂ 僉員은今月貳拾八日內로入學請願書를提呈ᄒ시옴

但請願紙ᄂ本校에來取홈

試驗科目　國漢文（讀書）　算術（四則以內）

試驗日字　今月二拾九日下午四時

上學時間　自下午四時三拾分至六時三拾分

卒業期限　六個月

典洞私立中東學校 告白

본읍에셔부인강습소를셜립ᄒ고녀쇼학교교ᄉ와녀중학교에비싱ᄒᄆ로처가위ᄒ와음력오월십오일브터개학ᄒ오니공부ᄒ실이ᄂ 긔한젼에입학ᄒ심을ᄇ라ᄂ이다

안악용면학회 고백

本人의身圖章을記家字景鉉으로刻ᄒ四方章을陰四月拾二日見失이오니京鄕知舊間照亮勿施홈

義州虹峴居 金景鉉 告白

黃州郡居崔承旨金燦榮氏가有所幹ᄒ야往永同郡矣러니該郡巡檢陳鎣二이被酒行悖에無端亂打ᄒ니巡檢本意ᄂ生民保護에在ᄒ거늘如此行悖ᄒᄂ巡檢을本署에셔不知인지固當嚴懲黜逐ᄒ여야ᄒᆯ지라玆에廣告홈

金燦榮代人 리化實 白

奬文書館開店廣告

本館에셔一般학界에敎科書와學用品을需應ᄒ기爲ᄒ야各種書籍과學界各種用品을多數買置ᄒ고학生에게ᄂ特別廉價로販賣ᄒ오니 학生諸君은陸續來臨ᄒ심을敬要

北部小安洞安峴第十統四戶

奬학社附屬 奬文社書館

本人이中和看東面壹里貳洞所在田基字丁秋日畊과頭字丁半日畊兩作을該郡東面四里四統八戶柳宗厚處에定價壹百十圜으로典當得證明書를陰三月廿六日에義兵의게見失이온즉內外國人은勿爲見欺홈

中和東頭面下六里林召史 告白

某於人道之原則ᄒ고重於正義之議實ᄒ며以親切爲旨ᄒ야訴訟事件幷各官廳請願事件을受任托홈

京城西部洞六拾四統二戶　東洋大學講師

日本辯護士 木尾虎之助

陽曆五月十三日에慈惠醫房主人리殷化에圖章을本人이光化門郵便局에셔物品推尋時에路에셔失ᄒ엿기로廣告ᄒ오니誰某가拾得ᄒ야도無用홈

鍾路慈惠醫房任員 리鎭惠 白

本事務所에셔田畓山林礦山家屋未墾地에關ᄒ一切測量及設計等을迅速需應ᄒ오니僉君子ᄂ來臨問議ᄒ심을敬要홈

協成測量製圖事務所

西署毛橋南川邊後 麯洞四五統五戶

本事務所에셔田畓山林礦山家屋未墾地에關ᄒ一切測量及設計等을迅速需應ᄒ겟사오니僉君子ᄂ來臨問議ᄒ심을敬要홈

共同測量製圖事務所 白

中署校洞貳十五統拾二戶

本人이四年前喪夫ᄒ고後數箇種子를依ᄒ야居生ᄒ옵더니장子리인俊이가寡居와老母를不顧ᄒ고奇機之間에復出往來ᄒ야浮雜之類와酒色之場에留連ᄒ오니毋論內外國人ᄒ고인俊處에典賣ᄒ는事가有ᄒ거든勿爲施行ᄒ심을爲要

安州城내栗北동리召史 告白

本書市에셔各種洋약과학徒所用物品과학徒帽子를製造ᄒ야廉價로發賣ᄒ오니僉君子ᄂ來顧ᄒ심을務要

平安南道上津書市 林景柱

本書館에셔民智를廣啓ᄒ기爲ᄒ야新舊書籍을發賣ᄒ오니僉君子ᄂ陸續來臨ᄒ심을望홈

釜山東關興書舘 金重權

補益水 발매

보익슈ᄂ미국인왕보씨가세인의효소홈을연구ᄒ야이약을발명ᄒ얏ᄂ데부족증뇌점병자지못ᄒᄂ병과한증허한증적병증병후오줌소리리절단된후에매일신효ᄒ오

발매所ᄂ 남門안 박文書館

●新발명梅毒약廣告

陸軍軍醫 試驗方劑

落梅丹

口耑不발ᄒ 病去根之靈藥

壹劑九百粒　定價 三圜

主治　梅毒（唐瘡）淋疾　●下疳●皮膚病●便毒●

已上病證外에男女間에不潔ᄒ交合ᄒ後에若疑아之心이有ᄒ야도此약壹劑만服用ᄒ면完然ᄒ고腸胃도健全ᄒ며

此外에도醫療機械와精美ᄒ藥材를具備ᄒ고疾病을懇切治療홈

皇城北部大安洞

仁濟약房 謹白

代理店　京城 共愛堂약房　仁川 濟生堂

◉新報義捐金收入廣告

●慶北慶州郡見谷面來台里
김昌宇 金相善 김輪鎬 각壹圓 具應滋 具志會 리圭植 각七十錢 김文善 김致海 具永寬 김士俊 김致斗 김奎浩 尹相稷 김元善 具泰滋 각八十錢 김應遠 玄永위 玄永同 具有大 각五十錢 玄永俊 김彥澤 김應甲 리正久 金一鎬 金盛斗 白○伊 각四十錢 具元滋 리有根 具正鎬 玄永範 具一會 金谷善 김聖善 김時俊 各二拾錢 金述彥 金應守 孫衡道 리相雨 金應伊 김正圖 金元華 각十錢 合拾七圓六拾錢

▲金文里
徐養錫二圓 曺極來 리有祥

▲俠坪里
김成동 白圖文 ○江用 김祐東 朴萬甫 각 圓 合九圓 曺丕承 尹인鎬 崔奉학 各壹圓 尹瑞龍 壹圓二전 尹分祥 六拾전 曺圭承 三拾六錢 리能孝 二十四錢 尹興珠 三十二錢二文 尹澤珠 三拾 錢 崔元祥 五拾六錢 최一壽 梁在浩 최曉昇 尹西龍 각三拾錢 尹三龍 權학祥 十八錢 김益柱 朴相年 남春祥 朴귀煥 각 錢二文 合八圓四拾錢

▲鐘洞
朴貢洙 四圓 崔昌敏 최柄鎬 각壹圓 최世慶 韓鎭五 김尙照 각六拾六錢 리佑榮 一圓 김召史 七拾錢 朴容洙 김榮夏 김學守 鄭柄一 崔海珠 각五十八錢 박海閏 朴桂俊 최大奎 韓치水 崔南道 各五拾錢 김連奉 朴春水 김奉八 林得千 各拾四錢 리甲伊 拾錢 鄭九錫 리在先 全漢문 김寬鉉 리應源 朴海燮 각四拾錢 최元述 김斗白 俞致洪 徐柄鵬 朴海仅 韓鎭昌 各二拾八錢 김仁八 崔鈗奭 各二拾錢 孫晉五 리完伊 朴大谷 各 錢 合二拾圓五十二錢

總合五十五圓五十二전
前總合五萬九千九百七十四圓 五十五전二厘
都總合六萬○○三十四○七錢二厘

發行兼編輯人英國人 裵說　發行所 南署石井洞號外地三層洋屋家　大韓每日申報社

第六卷

大韓每日申報

第八百九號

月曜及慶節歲時日休刊

檀君開國四千二百四十一年
箕子元年三千三十年
大韓開國五百十七年
日本明治四十一年
淸國光緖三十四年
陰曆戊申四月大廿一日乙亥

論說

學術獨修하는法

近日靑年人士가往往世界의風潮를感하고圖南의壯志를抱하야文明新智識을講究코자하는者ㅣ不少하나往往生計의拘碍와學資의窘拙을因하야海外에留學하랴하나此도不能하며京城에來學하랴하나此도不能하며鄕塾에入學하랴하나此도不能하고只是蓬廬蓽戶에局縮하야朝烟暮火에其眼이眛하며妻呼兒啼에其腦가亂하야千金歲月을區區井臼間에서擲送하는者ㅣ幾何人인지不知할지니噫라此가其人一身만可惜일뿐더러卽今中央京城과各地州縣에現設한學校가如是寥星하고外國留學生으로言之라도又如是稀少하니嗚乎라將來大韓新天地를斡旋할者ㅣ彼學校出身者에在함은無疑이나然이나如此少數人士로將來大責任을獨擔하며將來大艱險을獨排하야半島風雲을快嘘함에能할가然而敎育家의提醒하는方針은校內少數에止하고校外英才는區區衣食에埋頭하야修學할餘地가全無할따름自暴而已니此는志士의同歎할비로다韓國에實業敎育의普施는幾拾年後歲月에在할는지難知오倏忽한光陰은丈夫의面髮을催白하나니嗟彼有志無資한靑年들아二拾世紀新舞臺의風雲은日幻하고四千載舊宗邦의慘狀은日迫하는데意氣正銳한靑年으로草木同腐를自甘하는가魄力正大한靑年으로牛馬羈絆을甘忍하랴하는가

古人이云하대士가今日에生하야蒲柳를作코자하면蒲柳가되며松栢을作코자하면松栢이된다하얏스니靑年諸君은無資本으로自沮치말며無暇隙으로自餒치말고大勉强大進步로新世界의活劇을演할지어다請컨대諸君을爲하야學術獨修의方法을語하리니詳聽哉어다諸君이여

一時間 夫營營役作하야口腹을糊하는人士가修학할時間을得함이果難할지로다彼資本이旣優하며時間이又寬하야優遊閒暇히學校에出入하는者의幸福은旣不可望이오雜務가山又치堆積한百忙의一暇를求함은又是甚難이니將何以則聞見을廣하고智識을充하야天地間一蠹虫의怪號를免할가曰修學할志가無하면修學할時도無하려니와修학할志만有하면修학할時도有하나니美國의獨立檄文을草하던密敎氏는元來印刷館의雇人으로帳簿整理한餘暇에詩문을硏究하며其他法律학經濟학醫學解剖학하야美國歷史에華盛頓과齊名하얏스며西歐에有名한大家로傳名한德留씨는當初一鞋匠으로終日勞作한餘暇에夜寢을廢하고性理를探硏하야학術界에泰斗를作하얏고其他醫根煩腦中에서學術을修하야雄名을寰區에震한者ㅣ古今幾人인지不知할되니噫라志가無하할지언뎡時間이야豈無하리오但只定限만嚴立하야一日幾十分間이라도繼續修학하면誠意所積에金石可透할지니라

二專精 此無暇隙의暇隙을求하야학業을修하는者ㅣ아모리勸苦刻勵로方法으로自修하여라도其精神을專一히專業에集치안코雜隊에縱騰하듯시政治도我가하리라歷史도我가하리라算術도我가하리라哲學도我가하리라하야一人의腦로萬有의학을皆通하랴하면其聰明만耗하고其心志만亂하야將次학書蠹皆不成의歎이有하려니此가可慮할바아닌가故로一路로馳하며一藝에專하야成名을求할지오諸藝를並進하고文武를兼全하랴는妄想은勿做할지니蓋今日은分業時代오一人萬能을唱하는野蠻時代가아니니라

三恒久 학校에入학하는者는敎導者가自己에게鞭督을加함으로비록至極히怠懶하고至極不能한者ㅣ有할지라도不課程을循하야倘前進하거니와獨修에至하야는其進도我오其止도我라登念이忽荒하면血誓도冷하며一步를忽蹶하면銳氣가灰하야譬컨댄千里長程에無伴獨行하는者ㅣ與味도易索하며厭退心도易生하야踴躍以出이라가廢然以退하나니噫라獨修의爲山九仞에功虧一簣하는者ㅣ比比하도다故로有初鮮終은古人이歎한비라凡我有志는逆境에能奮하며險境에能忍하야進進不已하면光明의路가自現하리니蓋十提反復의行動機器는十五年만에成功하고瓦特의蒸氣機器는二十年만에成功하고其他偉人哲士의一藝一학의修가莫非二三十年或終身의力을用하나니라 (未完)

外報

●米國大風 路透電을據한즉米國루제니야西部로서大風이起하야地方의一工場이吹到되얏고루제니야全部에反하야死者百餘名이오負傷者가七十名이라더라

●威嚇日本 紐育電의日華盛頓報를據한즉大統領루쓰벨트氏는日本勞動者가間間히米國에入來하는데對하야威嚇的抗議로日本政府에交涉하얏는데日本當局者가勞働者의渡來를制限치아니하면米國政府는斷然히日本勞働者排斥條例를制定한다더라

●革命軍乘機 上海電을據한즉蒙自以南의電信이不通되얏는데此는革命軍이佛領印度支那를經하야消息이漏洩될가恐하야途中에서通信을差押함이오又該軍이此機를乘하야北方으로進軍할計策이라더라

雜報

▲無名氏出捐 再昨日에無名氏가本社에寄函한전문이如左하니 貴社之有登部中報與亞之人이別之爲英字報하야具眼於英書者라야能解之라故로外他國漢文上에濡染見聞者는猝過此則滾滾若聾盲之不辨黑白하며世皆知是면此報를無足謂幸有而廢之也久矣리라然하나以其能解者之幸有로口耳相播하야自由祖果에事關民國한面目機봄을瞭然覺知하니非此報之幸有면能解者安得以有之며不能解者又安得以與有聞焉이리오撮我韓人士之傾盤局見이遊接泰西時事에有如隔鞋搔癢하야雖不足賴以加損於鼓柔聞聲이나亦自一己上心智開悟에未必無補어던況乎爲人自變之祖國休戚에賴此報而不至冥昧하야可褒可貶과可喜可慍과可驚可愕을靡不纖悉하니現今九洲列强之陞梯航에孰不嘵我韓情態之朝暮安危也리오以此而有或虎視眈眈하야弱肉强食을十分容易타고一筆이森嚴에公議自在하야揣摩顧忌之頃에國脉이小完하고有或淳淳勸勉에括栝磨鈍하야輔車相依하며簾不用極이라도此報로莫拖에姸醜當鏡하니凡我韓七之人이謂此報를幸以有者可乎아謂此報를未必有者可乎아苟以此報로謂未必有則是는幷與祖國思想으로未必有者也라嗚呼라天下之絕人美多矣多有不得其資而廢之하야歷歷爲古今有志人士歎하니信不虛語也로다近聞貴社之財政이垂竭하야我韓不可無英字報一部를將至休刊云하니在吾人可驚可愕이며安得不大有關於民國上可驚可愕也哉아語云塵微積大하고流涓成深이라하니幾所收捐을或助하야却焉하소서今金百圜을忘將汗呈하야以補急需하노니幸使一部英報로移入至停刊之境을千萬渴仰之至哉이오姑不啻仰하오며尤加想諒함을是望이라하얏더라

●斷酒違約 水原郡金汝奐李東根兩氏가其友金興强의게寄函하되古人이有言曰酒者는伐性狂藥이라하니信哉斯言也여使人으로心神迷惑이莫如酒요陷身傷命이莫如酒요傷人害物이亦莫如酒로다醉人을試觀컨대雖至嚴至尊之人이在前이라도神狂魂亡하야天地不分하니心神迷惑이孰大於是며酒癖成癇하야因以致死者도有之하고墮水落井하야醉臥路側은十常八九니陷身傷命이孰大於是며生平의雖安詳謹愼者라도過飲則妄招是非하며至於犯禁하니傷人害物이孰大於是리오萬이로다自古帝王으로至於庶人히者酒不亡者ㅣ未之有也오대聖之逐疏儀狄과誠是悅酒性不能張皇枚擧로라吾輩의同志諸員이鑑古證今하야斷酒結盟이여갓吾兄이蓋何違約하야施罰懲後러니未幾日의再違罰約하니嗟惜哉나吾兄이여何其暫時悅口之慾을從하야豈足回約을背忘하는요大抵地球上至微至賤之物質이라도生克制化博物推用의所益者甚多故로人所不棄로대噫此無信無義之人은反不如至汚之糞이라糞도下田而令穀藉茂어니와人而無信이면不啻無用物이라其罪次漸하야至於亡國하나니可不愼哉며可不懼哉아信之地와義絕城之人이라도自由遽義하야必悅感服이요不信之地에는雖兄弟之親이라도互生猜疑하야戰爭不息하야觀如讐敵하나니大哉라是信이여重哉라是信이며須臾違次의豈敢暫離아朋友責善은古人所戒也故로敢以數行拙辭로奇呈하오니惟望吾兄은更勿近酒하시고遂悔前過하야信之一字로腦髓에深刻하여同約同盟하야牢成하기를千希望이라하엿더라

雜報

●胡不審愼 大皇帝陛下ᄭᅦ옵서再昨日 洪陵에 幸行ᄒᆞ옵시ᄂᆞᆫᄯᅢ前導ᄒᆞᆫ騎兵馬가 洪陵紅門內橋上으로過去ᄒᆞ다가該橋가穿穴되야馬壹匹이失足重傷ᄒᆞᆷ으로治道가不美ᄒᆞᆫ事에對ᄒᆞ야法대趙重應시가京畿觀察使리圭桓시를拘拿ᄒᆞ기로봄論ᄒᆞᆷ으諸대臣이會議ᄒᆞ되治道事ᄂᆞᆫ觀察使의責任이無ᄒᆞ고너部治道局에在ᄒᆞ다ᄒᆞᆷ으로該局官吏를昨日에壹切待令ᄒᆞ얏더니其中該局事務官權輔相시ᄂᆞᆫ免官이나重譴責을當ᄒᆞ리라ᄂᆞᆫᄃᆡ其理由인즉今番治道에權輔相시가擔當ᄒᆞᆫ所致라더라

●小宮隨駕 宮너府大官小宮시ᄂᆞᆫ再昨日 陵行時에 대駕를陪從ᄒᆞ얏다더라

●兩대陛見 昨日下午壹時에軍部대臣李秉武시와度支部대臣高永喜兩시가 德壽宮에陛見하얏다더라

●問安署名 昨日勅任官以上이 대皇帝陛下 幸行하신後翌日 問安을署名ᄒᆞ얏다더라

●院卿守宮 再昨日 幸行時에宮너府高等官들이該數陪從ᄒᆞ얏ᄂᆞᆫᄃᆡ主殿院卿리謙濟시ᄂᆞᆫ守宮을爲ᄒᆞ야陪從치아니ᄒᆞ얏다더라

●學徒祇迎 再昨日에 大皇帝陛下ᄭᅦ서東九 陵幸行還宮時에官立於義洞普通學校學徒와大韓의院學徒와興인門너軍신學校學徒와京성孤兒院學徒와壹進會光武學校學徒와女子敎育會에서東門外에出往ᄒᆞ야祇迎ᄒᆞ얏다더라

●嚴氏渡日 嚴柱益시가韓國皇太子殿下學業觀察하기爲ᄒᆞ야日間日本으로出發ᄒᆞᆫ다더라

●運會任員 今回秘苑運動會에任員을定ᄒᆞ얏ᄂᆞᆫᄃᆡ會長尹致昊指揮員리晩奎等七人審判員魚允迪等八人施賞員閔健植等七人醫師員金思用等四人衛生員리敏應等三人準備員김漢奎氏等七人이더라

●言則是也 日前에 進會에서農相宋秉畯시의歡迎會를該會本部에서設ᄒᆞ얏다ᄒᆞᆷ은前報에已揭어니와伊時에宋農대가演說ᄒᆞᆫ趣旨를漏聞ᄒᆞᆫ즉此人을爲ᄒᆞ야僉會員들이歡迎會를設ᄒᆞᆷ은感謝ᄒᆞ오나余가還國ᄒᆞ면進會中외政府를壓手可得ᄒᆞᆯ줄노知ᄒᆞ고余의還國ᄒᆞ기를顒望하얏스나此외對ᄒᆞ야ᄂᆞᆫ望外之事이오ᄯᅩ京鄕會員들이未墾地開墾請願이有ᄒᆞᆯ지라도私情으로ᄂᆞᆫ認許치못ᄒᆞᄂᆞᆫ格式이오實地調査ᄒᆞᆫ然後의認可ᄒᆞᄂᆞᆫ것인ᄃᆡ近日會員中외서右請願에對하야私囑으로爲主ᄒᆞᄂᆞᆫ者가許多하니엇지愚昧ᄒᆞᆫ思想이有ᄒᆞᆷ을慨歎치아니ᄒᆞ리오하얏다더라

●完察上京 全北觀察使리斗璜시ᄂᆞᆫ너部에서設ᄒᆞᆫ觀察使會議에參與ᄒᆞᆫ次로本日上京ᄒᆞᆫ다더라

●判事轉任 法部刑事局장김洛憲시ᄂᆞᆫ대審院判事로轉任ᄒᆞ고其代에ᄂᆞᆫ漢성裁判所判事리範직시가轉任ᄒᆞᆫ다더라

●郡主試取 너部에서昨日부터郡主事를壹週間試取ᄒᆞᆫ다ᄂᆞᆫᄃᆡ每日三拾名式試驗ᄒᆞᆫ다더라

●通譯試充 軍部通譯官補二三窠가欠闕ᄒᆞ얏ᄂᆞᆫᄃᆡ該窠를充用키爲ᄒᆞ야日間試取採用ᄒᆞᆫ다더라

●行淫被捉 再昨日 大皇帝陛下ᄭᅦ옵서東九 陵에幸行하실時에安甘川後山麓에서何許男女가行淫ᄒᆞ다가巡山巡査의게발覺되야該兩人을東署로押囚ᄒᆞ얏다더라

●郵表送交 通신管理局에서我國너各主要地에互相間郵便送達의壹覽表를發刊ᄒᆞ야壹件式각府部院廳에送交ᄒᆞ얏다더라

●船上茶會 關稅總장永濱盛三시가來二拾三日上午拾二時에인川港에到泊ᄒᆞᆫ光濟号에서茶話會를設ᄒᆞ기로定ᄒᆞ고度支部와農商工部勅奏任官에게請牒ᄒᆞ얏ᄂᆞᆫᄃᆡ壹切同夫人來參ᄒᆞ라ᄒᆞ얏다더라

●治療專擔 學部에서너部로照會ᄒᆞ고官立師範學校生徒의治療ᄂᆞᆫ대韓의院에서專任治療케ᄒᆞ고治療費ᄂᆞᆫ原價額中半額式으로定케ᄒᆞ라ᄒᆞ얏다더라

●軍樂函請 今番特別運動會에軍樂隊를派送ᄒᆞ라고學部의서宮너府庶務課로函請ᄒᆞ얏다더라

●英師慰金 英語學校副敎師奚來伯士가滿限되여解雇ᄒᆞᆯ터인ᄃᆡ該시의慰勞金五千圜을支給ᄒᆞᆫ다더라

●風流無味 前警察학校校장尹敎重氏가三昨日에妓樂을率하고東大門外塔洞僧房에出往ᄒᆞ야逍宕히遊ᄒᆞᄂᆞᆫᄃᆡ各학校學徒가養腦ᄒᆞ기爲ᄒᆞ야出往ᄒᆞ얏다가該妓樂聲을聞ᄒᆞ고尋往見之ᄒᆞ고無數論駁ᄒᆞ여曰此時가何時완ᄃᆡ挾娼遨遊가於心에安乎아ᄒᆞᆫ즉尹시가無言答辭ᄒᆞ고杜門終日에不敢出頭하야無味而歸ᄒᆞ엿다더라

●爲防火災 警視廳에서五江沿岸에積置ᄒᆞᆫ柴木을人家가稍遠ᄒᆞᆫ處로退積케ᄒᆞ얏다ᄂᆞᆫᄃᆡ其原因인즉火災를預防ᄒᆞ기爲ᄒᆞ야退積ᄒᆞᆫ所以라더라

●鴉烟禁止 너部警務局에서日昨에會議를ᄒᆞ고鴉片烟禁止方法에對ᄒᆞ야輸入販賣를禁制ᄒᆞᆯ外라本國人中에鴉片烟을吸ᄒᆞᄂᆞᆫ者를調査ᄒᆞ기로決議ᄒᆞ고該調査事務를現今着手ᄒᆞᆫ다ᄂᆞᆫᄃᆡ實行犯으로被捉된者ᄂᆞᆫ不問理由ᄒᆞ고長期禁獄에處ᄒᆞᆫ다더라

●日隊到京 今明兩日은新渡ᄒᆞᆫ日本軍隊入京ᄒᆞᄂᆞᆫ日이라각戶의國旗를揭揚ᄒᆞ고南門外停車場외서ᄂᆞᆫ同軍隊가着驛ᄒᆞᆯ際에烟火砲를放하야歡迎ᄒᆞᄂᆞᆫ儀를表ᄒᆞᆫ다더라

●日兵縱覽 今番에新到着ᄒᆞᆫ日本守備兵이昨日에京성各處에縱覽ᄒᆞ기爲ᄒᆞ야多數히作隊遊行ᄒᆞ얏다더라

●組合費徵收 度支部에서각官舍를維持하기爲ᄒᆞ야官舍所在地에衛生組合所를設置ᄒᆞ고委員長壹人과委員若干人을置ᄒᆞ얏ᄂᆞᆫᄃᆡ組合員은該設置에關ᄒᆞᆫ經費에充ᄒᆞᆯ費를因緣ᄒᆞ야組合費를每月二拾五日너로定限ᄒᆞ고勅任官舍에壹圜、奏任官舍에五拾錢判任官舍에三拾錢式徵收ᄒᆞ기로規則을定ᄒᆞ얏다더라

●悉爲六師 三淸洞法語講習所日語敎師日人田中正岡이가敎授程度가甚劣ᄒᆞ야壹般生徒들이敎授에服從치아니ᄒᆞᆷ으로昨日에解雇ᄒᆞ얏다더라

●舊貨引上 度支部所管貨幣整理部에서本月四日부터拾日ᄭᆞ지舊白銅貨를引上ᄒᆞᆫ額이如左ᄒᆞ니納稅額이壹百三拾三萬壹千五百拾圜이오交換額이四百二拾萬五千二百二圜이오買上額이壹百四拾二萬三千四百三拾二圜이더라

●惜哉金氏 日本에留學ᄒᆞ다가歸國ᄒᆞᆫ人의傳說을聞ᄒᆞᆫ즉康津郡居金昌湜씨가日本에留學ᄒᆞ야熱心做業ᄒᆞ더니自本家로有何凶音이던지不得已歸國ᄒᆞ얏다가更爲東渡ᄒᆞ랴ᄒᆞ나旅費가窘拙ᄒᆞ야中止됨을東京留學生諸氏가聞知ᄒᆞ고慨歎不已ᄒᆞᆫ다더라

●留學生발程 徽문義塾學徒閔天植白斗鉉洪森基三시ᄂᆞᆫ日本의留학次로三昨日의발程ᄒᆞ얏다더라

●運動私習 昨日下午貳時에師範學校너에서秘苑運動會節次를私習ᄒᆞ얏다더라

●捐金勒討 富平郡五洞居韓汝公시가敎育에熱心ᄒᆞ야自己家產을盡傾ᄒᆞ야該동에學校를設始ᄒᆞ얏더니該郡守전國煥시가韓시를招致ᄒᆞ야吏廳의勒留ᄒᆞ여曰本邑외도學校를將設ᄒᆞᆯ터이니幾百圜을補助ᄒᆞ라ᄒᆞᄂᆞᆫ지라韓시曰補助壹欵은在於自由어늘强制로徵收코ᄌᆞᄒᆞᆷ은安當치못ᄒᆞᆫ事이라ᄒᆞᆫ즉勒留多日외終不放送ᄒᆞᄂᆞᆫ故로該郡吏屬이屢次勸誘의壹不聽許ᄒᆞ미五洞學校의非常ᄒᆞᆫ影響이及ᄒᆞᆫ다고該郡來人의傳說이藉々ᄒᆞ더라

●兩賊被捉 日昨에警視廳에서强盜김太植김基相二漢을捕捉ᄒᆞ얏ᄂᆞᆫᄃᆡ該賊은近日京성너短刀等物을持ᄒᆞ고行賊ᄒᆞ던有名ᄒᆞᆫ賊이라더라

●亦一不幸 開城郡學會副長林圭永씨가敎育事務를自己責任으로負擔ᄒᆞ더니本月拾五日上午拾壹時에長逝ᄒᆞ미該郡敎育界에大不幸이라고人皆落淚ᄒᆞᆫ다더라

●水雷傷命 本月拾四日에鬱陵島海面에서韓國人이機械水雷壹個를拯出ᄒᆞ랴다가水雷가暴發ᄒᆞ야日人壹名과韓國人二名이卽死ᄒᆞ고其他七名은被傷ᄒᆞ얏다더라

●測量學生試取 三昨日桂山學校에서測量生徒를募集ᄒᆞᄂᆞᆫᄃᆡ應試人員이貳百餘名中에合格者가六拾餘名이라더라

●測科特設 대東專門學校速成學員等이測量을學ᄒᆞ기로志願ᄒᆞ야聯齊請願ᄒᆞ얏ᄂᆞ니該員等의志願을依ᄒᆞ야測量科를特設ᄒᆞᆫ다더라

●協成開學 西北協成學校에서本月二拾壹日(木曜)開학ᄒᆞᆫ다더라

●稅何不均 全羅南道結民代表莞島申宰均慶尙남道咸安趙性順兩氏가度支部에請願ᄒᆞᆫ內槪에從古로賦役이均ᄒᆞ야樂土乾坤은生民之謂也而今에남民의不均之歎은十三府結稅가每結紙貨八圜으로施行은已爲屢年而何獨兩道ᄂᆞᆫ拾貳圜으로責捧ᄒᆞ며以道內隣郡으로見之라도或爲八圜ᄒᆞ니同是王結로有此四圜之加徵이ᄂᆞᆫ가屢次請願ᄒᆞᆫ즉指令內槪에用葉之郡은以拾貳圜으로定規라ᄒᆞ니如是紙葉分別之下에幸此남民이尤可權捧ᄂᆞᆫ挽近以來로環三千里地方에郡々處々가皆用紙貨故로民間收刷와京部堪納錢爲紙貨ᄂᆞᆫ擧世目覩며어늘率土之濱에壹般王稅가何輕何重며同壹樣紙貨가何加何減이리오昔에輔弼은天下도齊匡而今에贊成은三千里稅政도行此不均ᄒᆞ니惟我愚氓도竊爲恨歎이로다今伏聞 勅語下賜ᄒᆞ온즉積弊를釐革ᄒᆞᆷ으로州衆庶ᄒᆞᆷ에更始維新이라하시고政은爲民에在라하시니如是恤民 勅敎之下에其於奉職之官이必有克體懲勸之心故로先此仰白ᄒᆞ오니惟我結民은咸須照亮ᄒᆞ고期待歸正ᄒᆞ되雖捧稅所로爲々督促이라도八圜外에ᄂᆞᆫ切勿收刷ᄒᆞ라ᄒᆞ얏더라

●經濟研會 金[illegible]珣시諸氏가經濟研究會를組織ᄒᆞᄂᆞᆫ趣旨書를發布ᄒᆞᆫᄃᆡ本月二拾八日下午一時에남部[illegible]校에서開會ᄒᆞᆫ다더라

●義捐三校 向日聯合大運動時에紅門外居金熙川夫人이[illegible]靑年學院과攻玉男女小學校三校年課를擔當ᄒᆞ고崔景瑞씨가二圜과無名씨가四圜을該校에補助하얏ᄂᆞᆫᄃᆡ諸氏의熱誠을人皆稱頌ᄒᆞᆫ다더라

●開進新校 陰竹郡남面長湖院有志紳士리洪來尹리東諸氏가靑年子弟를敎育ᄒᆞ기爲ᄒᆞ야煙商協議ᄒᆞ고資本金을多數募集ᄒᆞ야可進學校를設立ᄒᆞ고熱心敎育ᄒᆞᄂᆞᆫᄃᆡ學徒가六拾餘名에達ᄒᆞ얏다더라

▲地方消息▼

▲本月八日下午壹時頃에信川郡과羅坊嶺店村等地에서數拾名義兵과拾餘名日兵이數時間을交戰ᄒᆞ얏다하고

▲本月四日에城津鏡城世昌洋行의鏡城支店과附屬家舍에義兵이來襲ᄒᆞ야該店直人의所有銃二柄과彈丸을奪去ᄒᆞ얏다ᄒᆞ고

▲本月[illegible]方남陽西方八里海中仙才島의義兵의船隻이到泊ᄒᆞ야日韓巡査四名이衛[illegible]ᄒᆞ얏다ᄒᆞ고

▲本月拾五日에議政府東北方約二里地의義兵 拾餘名이日本荷物護衛兵數名을射擊ᄒᆞ야上等兵壹名이負傷을ᄒᆞ얏다ᄒᆞ고

▲本月八日에忠淸北道丹陽郡北方五里地외서多數義兵이同郡日守備兵壹名과互相交戰ᄒᆞ얏다더라

社告

本支社를左開四處에設置ᄒᆞ고該以仰布ᄒᆞ오니本報愛讀ᄒᆞ시는該附近　僉君子는該支社로請求購覽ᄒᆞ심을務望홈

▲醴川남市驛　韓贊熙
▲龍岡郡耶蘇敎堂內　박중은
▲結성廣川場대朴鼎春家
▲龍川府南面松峴海東書會　리啓祚　金贊圭

雜報

●陽校運動　남陽郡陽春학校에서陰本月初八日에春期運動會를自郡距三里許되는計壇坪에서擧行ᄒᆞ얏는대代辦校장朴厚權氏가四拾餘名학徒를率ᄒᆞ고前往出席ᄒᆞ미其餘任員諸氏與來賓諸氏及학徒父兄이多數來參ᄒᆞ야諸般運動을行ᄒᆞ고優數히施賞ᄒᆞ얏다더라

●宜校運動　交河郡私立宜城普通학校에서境內각小학校와聯合春期大運動을今月拾貳日에本郡長命山에서設行ᄒᆞ얏는대학員이三百餘名에達ᄒᆞ얏고會長김思説씨와宣明학校敎師張準相시가登壇勸勉演說ᄒᆞ얏고각種競技를行ᄒᆞᄂᆞᆫ대百步競走壹等宜昌학校黃中植이오貳等宣明學校김石山이오旗取壹等宜城普通學校金命烈이오貳等宜昌학校黃中植이오貳百步競走壹等宜城普通학校尹秉秀이오貳等宜元학校최圭澤이오文裴競走壹等宜城普通학校趙鏞鎬오貳等宣明학校尹鳳周오算競走壹ᄂᆞᆫ宜城普通학校김命烈이오貳等宜陽학校최昌學이오基오貳等宜元학校최圭澤이오高跳壹等宜城普通학校ᄂᆞᆫ陽復이오二等宜城普通학校鄭雲植인디多數ᄒᆞᆫ賞品을施與ᄒᆞ고三百名학徒의行進이整齊ᄒᆞ야壹

大盛況을呈ᄒᆞ얏다더라

●安校落成　安州郡鳳처里에校舍를新築ᄒᆞᄂᆞᆫ대六里之民이각自赴役ᄒᆞ야今月初三日上午拾時에기校式을擧行ᄒᆞᄂᆞᆫ대校長리寅洽副校장리秉秀兩氏ᄂᆞᆫ趣旨를說明ᄒᆞ고來賓尹瀅亨與成訓謨諸氏가贊成演說ᄒᆞᆫ後校監韓秉鼎贊成員洪昌鉉財務員김允燦諸氏가각其학徒의熱心做工ᄒᆞᆫ것을勸勉ᄒᆞ고學徒김昌善리貞涉兩人이答辭ᄒᆞ얏ᄂᆞᆫ디當日生徒六拾餘員이一齊斷髮入학ᄒᆞ고下午三時에閉會ᄒᆞ야當日盛況을呈ᄒᆞ얏다더라

廣告

日昨吉澤상點告嗚呼가失放ᄒᆞ야그七點壹가有ᄒᆞ건니其弖寺山即쇼ᄂᆞᆫ日尋도東事府宮趙夫人이김赫周氏의학資가無ᄒᆞ야憂歎ᄒᆞᆷ을聞ᄒᆞ고月懸金壹圓式擔當ᄒᆞ다斷言키로顧客藥廣布홈　金赫鎭告白

學員募集廣告

本학會에서輔인小학校를新設ᄒᆞ고학員을募集ᄒᆞ오니子弟를入學코자ᄒᆞ시ᄂᆞᆫ僉君子ᄂᆞᆫ本月三拾一日(陰五月初一日)內로本학會에來議하시옴
位置　西署內需司內
開학　六月八日(陰五月十日)
年齡　七歲以上拾四歲以下
학科ᄂᆞᆫ普通학校程度

輔仁學會告白

本校에서本月二十一日(木曜)上午九時에齋洞本校內에서開학하오니僉학員은齊齊來臨ᄒᆞ시옴　西北協成학校　白

△速成夜學員募集廣告

本校夜學科에서第壹回卒業試驗을經ᄒᆞ고各科학員을增募ᄒᆞ오니願학僉彦은每夜七時頃에來臨請願ᄒᆞᆷ을要

科程(隨意專科)
漢語、日語、英語
簿記、算術

●測量科學員募集廣告

本校內에測量科를特設ᄒᆞ고학員을募集ᄒᆞ오니願학僉員은今月貳拾八日內로入學請願書를提呈ᄒᆞ시옴
但請願紙ᄂᆞᆫ本校에來購홈
試驗科目　國漢文(讀書)算術(四則以內)
試驗日字　今月二拾九月下午四時
上學時間　自下午四時三拾分至六時三拾分
卒業期限　六個月

典洞私立中東學校　告白

六品成昌鎬에昌字를以敎字로改名ᄒᆞ오니京鄉知舊間照亮ᄒᆞ시옴　三淸洞成敎鎬　告白

技手見習者募集ᄒᆞᆫ事로已爲揭布인바拘碍되ᄂᆞᆫ事由가有ᄒᆞ야募集을延期ᄒᆞ고玆에廣告홈
但募集時ᄂᆞᆫ更爲廣告홈事
隆熙二年五月拾九日
臨時財源調査局量地課

本人에身邊圖章과記案字景鉉正字로刻ᄒᆞᆫ四方章을陰四月拾二日見失ᄒᆞ오니京鄉知舊間照亮勿施홈
義州虹岘居金景鉉告白

本人외八代祖山이在於密陽上南面平村青龍登亥坐之原이온바支孫孝成이性本浮浪ᄒᆞ야先山私賣次로遠近處求買ᄒᆞ기로漏聞ᄒᆞ고呈官立旨得題이오나人心을難測ᄒᆞᆯ와玆以告白ᄒᆞ오니勿論內外國人ᄒᆞ고切勿見欺홈
梁山東面錦山里박炳華告白

開城學會告白

本會副會長林圭永氏陰本月十六日別世知舊間照亮仰要

奬文書館開店廣告
本館에서一般학界에敎科書와用品을需應ᄒᆞ기爲하야各種書籍과학界各種用品을多數貿置ᄒᆞ고학生에게ᄂᆞᆫ特別廉價로販賣ᄒᆞ오니학生諸君은陸續來臨하심을敬要
北部小安洞安峴第十統四戶
奬학社附屬奬文社書館

本人이路中에서孫殷永으로刻ᄒᆞᆫ圖章壹箇와孫九永으로刻ᄒᆞᆫ圖章二個를見失ᄒᆞ얏ᄉᆞ오니誰某拾得ᄒᆞ야도勿施홈　孫九永　告白

本人외子學銓이가性本浮浪으로符同雜輩ᄒᆞ야去一三日에不告其父ᄒᆞ고不知何往이오니或僞造文券하야典當用債이되ᄂᆞᆫ外國人은切勿見欺하심을爲要
定州葛池面允成　告白

本人외姓名圖章을日前에失故로廣佈홈　明洞黃建祚　告白

厚禮斗益大王七年戰史

鶴堂先生　俞吉濬　譯述
普魯士國　全壹冊　定價金三拾錢

此書ᄂᆞᆫ即拾八世紀頃에普魯士厚禮斗益大王이奧耳曼列邦中에介在ᄒᆞᆫ寡弱國으로突然奮起ᄒᆞ야尙武的精神으로人民을鼓勵ᄒᆞ며俄法等諸國과對抗ᄒᆞ야七年戰爭을繼續ᄒᆞᆫ바普魯士國의雄飛ᄒᆞᄂᆞᆫ端緒를開ᄒᆞᆫ事實이온대其政略의巧妙ᄒᆞᆷ과其功烈의偉大ᄒᆞᆷ이足히讀者의敬慨心을喚起ᄒᆞᆯ만ᄒᆞ오니　僉君子ᄂᆞᆫ速々講覽ᄒᆞ시옴
發賣元　布屛下廣학書舖金相萬
發賣所　京鄉各有名書店

新刊書籍發售廣告

女子讀本　張志淵氏著　全貳冊　定價금六拾錢
初等衛生學　全壹冊拾五錢
初等倫理학　全壹冊貳拾전
國家학綱領　全壹冊拾五전
國民須知　全壹冊八錢
初等小학　全四冊壹圓三拾錢
中等萬國新地誌　全貳冊壹圓
增補無冤錄大全
國漢文壹冊七拾五錢
伊太利建國三傑傳　全壹冊卅전　申采浩　譯
新撰化학　林昌果시著
獨習日語獨學　全壹冊　定價金三拾전
洋裝壹冊　鄭雲復시著
愛國夫人傳　壹冊貳拾五전　張志淵시著
新小說血淚　全壹冊　定價금拾五전　리人稙시著
富國金融新論　全壹冊　定價古貳拾錢　鮮于叡시著
世界一怪物　全壹冊　定價금三拾五전
家庭雜誌　每號拾전
新訂算術　전壹冊拾貳전
普魯士國厚禮斗益大王七年戰史　전三冊六拾전
발賣所　皇城中署布屛下　전壹冊定價金三拾전
廣학書舖　金相萬
京鄉各有名書舖

本人이平남中和看東面壹里貳洞所在田基字丁字畊丁未秋로畊耕作ᄒᆞᆫ者가丁未年에所作ᄒᆞᆫ麥粉郡號面四里西統八戶鄭宗厚處에定價壹百十圓으로買得ᄒᆞᆫ證明書를陰三月廿六日에義兵의게見失이온즉內外國人은勿爲見欺홈
中和東頭面下六里林召史告白

萬於人道之原則ᄒᆞ고理於正義之誠實ᄒᆞ며以親切爲旨ᄒᆞ야諸般訴訟件에關ᄒᆞᆫ請願事件을受依托홈
京城西署六拾四統二戶
東洋大學前講師
日本法學士　辯護士　太尾虎之助

本事務所에서田畓山林礦山家屋未懇地에關ᄒᆞᆫ一切測量及設計等을迅速需應ᄒᆞ겟사오니僉君子ᄂᆞᆫ來臨問議ᄒᆞ심을敬要홈

中署校洞貳十九統拾二戶
共同測量製圖事務所　白

本人이四年前喪夫ᄒᆞᆫ後數箇稚子를依ᄒᆞ야居生이올더니장子洪인俊이가寡居의老母를不顧ᄒᆞ고靑樓之間에揮如蕩產이온대ᄉᆞ復出往ᄒᆞ야浮雜之類와酒色之場에留連ᄒᆞ오니毋論內外國人ᄒᆞ고인俊處에債貸給이라가無至白失追悔홈
安州城內粟北동리召史　告白

本舖市에서各種洋아파학徒所用物品과학徒帽子를製造ᄒᆞ야廉價로賣ᄒᆞ오니쳠君子照亮홈
西安岳上塘洞서書市林景柱舖

本書館에셔民智를廣開하고學明發達ᄒᆞ기爲ᄒᆞ야新舊書籍을大발賣ᄒᆞ오니僉君子은陸續來臨ᄒᆞ심을望홈

釜山港東關韓與書館 金汝重權종律

補益水大발매
보의슈ᄂᆞᆫ미국인왕보씨가새연의요ᄉᆞᄒᆞᆫ연구ᄒᆞ야이약을발명ᄒᆞᆫ것인ᄃᆡ부족증뇌졈병자지못ᄒᆞᄂᆞᆫ병도한증허한증젹병슈병증백후오줌소리리절락된후에대일신효ᄒᆞ오
발매所ᄂᆞᆫ京셩남門內尙洞　박文書館

落梅丹

●新발明梅毒영약廣告
陸軍軍醫金유鉉實驗方劑
口瘡不발창網去根之영藥
壹劑五百粒定價金三圜
主治　梅毒(唐창)新舊창●淋疾●皮膚病●偏마質私●痔瘻
已上病證外에男女間에不精實合ᄒᆞᆫ後에若疑아之病이有ᄒᆞ야도此약壹劑만服用ᄒᆞ면完然無後慮ᄒᆞ고脾胃도健全ᄒᆞᆷ을擔保홈
此外에도醫院機械와精美ᄒᆞᆫ약材를新備ᄒᆞ고內外科각色疾病을誠心治療홈
皇城北部大安동
仁濟약房　高用진　謹白

代理店

京城鍾路　共愛堂약房
仁川港內리　濟生堂
平壤內外各處약房에서發賣홈

漢城鐘路萬國基督敎靑年會館前慈惠藥房
製藥鑑査人濟衆院醫學員洪錫厚朴慈惠李
觀化告白

本人等이漢셩南大門外濟衆院用하ᄂᆞᆫ處方으로左記封入ᄒᆞᆫ을製造ᄒᆞ오니京鄕間遠近勿論ᄒᆞ고此약品信用ᄒᆞ시기爲ᄒᆞ야前醫學校長勳五等池錫永氏에게약方文마다議定ᄒᆞ고有効證明書를受ᄒᆞ고主治効能用法을詳記ᄒᆞ야洋鉄匣紙匣琉璃瓶에封ᄒᆞ야賣ᄒᆞ오니兄弟에게利益이加有ᄒᆞ도록발매ᄒᆞ나이다

治痰平胃丸 男女氣血補益丸
輕腫根治膏 純金鷄蠟丸
濕腫根治膏 蛔虫浸出丸
大腫痰根合瘡膏 四時感冒丸
小兒胎毒合瘡膏 淸明眼藥水
積氣神効保嬰散 消痰鎭咳藥
小兒感冒靈效散 男女瘡疾袪根藥
德國製鎭痰丸 寸虫拔根藥
漢城百應膏 止足汗臭藥
洋藥乾材 止瀉調腸丸
舊藥唐草材 陳陳旧滯消積丸
西藥醫方活套 無惡臭疥瘡藥

◉大韓醫學校院製藥

◉改良 靈丹 各種食滯中暑久滯口臭痰飮吐瀉에定價一兩 五拾錢
◉至寶丸 治癆症瘧疾不拘久遠俱有偉効定價金十錢
◉靈效液 外用方藥治疥瘡疥皮風百發百中定價金二拾錢
◉淸眼水 治諸般眼疾有效靈寶天之妙定價金拾錢
◉通淋丸 治男女急慢淋疾神效無害速效除毒壹週金五拾錢

製劑兼發行所 漢城中部大廣橋南邊第二統十九統七戶 共愛堂大藥房 謹白

支店
南셩南門內共愛堂第壹支店 姜助燮
群山港開港場共愛堂第二支店 리春善
河東郡赤良面共愛堂第三支店 黃時秀

代理店
皇城北部大安동 仁濟藥房
仝 종路靑年會館前 慈惠藥房
仝 西部新門外石橋 普濟醫院
仁川奇峴 濟生堂 仝 和平局

此外에도東西洋각國有名賣藥과草材藥이俱備ᄒᆞ오니藥의多少을不拘ᄒᆞ고請求ᄒᆞ시면小包로仰呈ᄒᆞ겟슴

簡易商業簿記學

全一冊 定價金四十五錢

本書ᄂᆞᆫ簿記學中最近ᄒᆞᆫ學說와精妙ᄒᆞᆫ形式을精細蒐輯ᄒᆞ야了解키簡易ᄒᆞ도록編述ᄒᆞᆫ者니一般商業家에不可不一次閱覽ᄒᆞᆯ者뿐아니라中等以上學校에敎科書로用ᄒᆞᆷ도適當ᄒᆞ니陸續購覽ᄒᆞ심을望ᄒᆞᆷ

발賣所
布廛下 廣학書舖 洞口越便中央書館
廣橋東便 匯東書館 寺洞 漢陽書館
鐘路 大東書市 鍾路古今書海관

◎新訂方合編 壹部壹圜拾전
針脈經。病論。약性。方套。牛症法。牛馬病약。洋약用法。診察法。經驗方。이具備ᄒᆞ야醫학家나賣약술에最緊要ᄒᆞ오며

◎社會勝覽 純國文廿三전
社會에規則과演說에方法과脉絡이며東西양雄辯家에演說을譯述ᄒᆞ야社會有志者와勞動人及婦人々지不可不購覽ᄒᆞᆯ者며

◎婦人儀範 純國文廾五전
胄子를敎育ᄒᆞ고家庭을整理ᄒᆞᄂᆞᆫ道로婦人社會의特要ᄒᆞᆫ師範학이오며

◎中等算學 壹帙 冊壹圜五拾전
自四則至開立方九積數를次第橫布ᄒᆞ야학習에便易ᄒᆞ고我韓算術中에壹具備ᄒᆞᆫ者며各校학生의게ᄂᆞᆫ特爲減價발賣ᄒᆞᆷ

八拾三頁

註譯 支那時文類聚

리치雨 編集
定價금 二拾二錢

右冊은近日現用ᄒᆞᄂᆞᆫ각樣緊要私札往復이며韓淸與日淸間에現行往復ᄒᆞ던公私宴會請帖往復이며其他公函往復과公文照會等式을編成一冊ᄒᆞ야可作高等社會외鍋舊要訣이오니照亮

總發매 皇城典洞光東書局
分所며 皇城각書舖

會大韓國務大臣明憲藥廣告

- 陸軍軍醫金守鉉君이實驗方劑
- 陸軍軍醫張基茂君有効發明
- 四海衛生之諸君子常備之靈藥

消化新藥 淸心保命丹

發行所 仁川港杻峴 濟生堂藥房

九十粒入一盒拾錢

◉主治効能
◉痰飮 ◉食積 ◉中暑 ◉中寒
◉咳嗽 ◉腹痛 ◉水土不服
◉氣鬱 ◉吐瀉 ◉船車眩暈
◉食傷 ◉酒醉 ◉口熱惡臭
▲其他諸般疑氣厲疫에方妙藥
◉出張代理特約賣所
◉京城大廣橋共愛堂大藥房
同 종路慈惠藥房 리觀化
同 梨峴洋약局 리信華
同 銅동博文書館 盧益亨
同 南大門外 同選 輸會社
同 泥峴三丁目 新井支店
同 泥峴郵便局前 天佑堂
同 水橋本堂出張人 리鳳林
◉仁川舊邑本堂出張所 金濟賢
同 開城旅館 韓禹根
同 壽峴和平堂 리應善
◉南門內萬物商 박圭桓
同 남門內同店 禹柄玉
同 남門內冊肆 리禎鎬
同 北部忠橋 具聖模
同 海州宗路商店 宋在瑛
同 ㅅ二房약舖 김永泰
同 남門內店 리奉植
◉水原종路下약房 金濟九
◉延安邑니洋약局 邊汝文
◉江華종路店 尹斗鉉
同 종路店 宋順九
同 西門外冊肆 高成根
◉長湍남門니 崔觀淳
◉砂利院市場니客主 朴健昌
同 任允汝
同 耶蘇敎堂니 리在二
◉黃州남門니紅門동 리東載
◉平壤雙巨里濟生局 韓鳳儀
同 館前衛生醫院 金龍與
同 大興部里 崔龍化
同 문武洞書局 桂濬宜
同 里문洞出張人 尹寅赫
◉鎭남浦碑石동洋약局 김元셩
同 德兩機本堂出張人 吳남杳
◉群山港開福동 김斗鉉
◉安州城니義井동回春 大약房
◉安岳邑上場里濟生局 林景柱
◉大邱남門니剛還동 김成浩
◉釜山港草梁客主 金重佑
◉博川郡夫동商店 朴芝行
◉載寧邑後동洋약局 崔允國
◉忠州東良面早遯 金鎭和
◉晉州郡관동 박啓賢
◉定州남門니洋약局 리健柱
◉郭山邑니洋약局 羅應彬
◉鐵山邑니永春堂 安濂
◉宣川邑니冊肆 安丕
◉義州水口街 崔석浩
◉信川邑四里洋약局 김永植
◉郭山邑冊肆 김大鉉
◉元山港濟生堂支店 박敬鎬
◉北靑新昌港客主 박錫勳
◉江原道本堂出張人 馬婁來
◉德川邑官동洋약局 리丙斗
◉禮山용谷里 리泉赫
◉其他各약店마다 臨機販賣ᄒᆞᆷ
◉仁川港濟生堂告白

現今弊院에서各項事務을一層擴張하오며金裝與銀裝各樣의齒와老小間役數落齒ᄒᆞᆫ데齒床幷齒을隨意製造하오며拔齒與入齒時에毫無苦痛케ᄒᆞᄂᆞᆫ技方도有ᄒᆞ며齒科上面議ᄂᆞᆫ無料接受ᄒᆞ압ᄂᆞ니四方僉君子ᄂᆞᆫ照亮ᄒᆞ심을爲希ᄒᆞᆷ

京南大門內尙洞美人蘭致家
寫齒科醫士 韓大衛 告白

◉懶僞義捐金收入廣告

◉慶北慶州月남 김基豐 一圜 ㅅ奎稷 吳正회 각壹圜 吳國權 六十전
▲道동 徐者洙 壹圜
▲尺 韓榮燦 四拾錢
▲魚淵 金鳳元 二拾전
▲三槐亭 리容瓚 二拾錢
▲月성 昔必復 二圜
▲中里 朱盤容 四拾錢
▲居昌客 許衡斗 二拾錢 合九圜
▲니남面천面里 崔敬목 최景玟 각壹圜

최炳成 崔炳俊 최敬炎
崔尙文 崔景朝 崔尙駿
최尙駿 楊潤澤 崔炳洪
최景鎬 崔道一 최景元
김相회 崔景浩 崔景甲
崔斗喆 崔景玉 崔斗恩
리集選 리星河 최炳稷
각六拾錢 김洪郁 五十錢
박奇玉 崔尙皓 최景坤
千載暫 최景善 각四十錢
金洪鎭 三十錢 吳龍伋
최尙度 김尙濱 최斗玟
金仁哲 各二十錢
合拾八圜四十錢
▲茸德里 朴時采 朴時顯 金述彦
朴英復 김相魯 各六十錢
金幸源 朴時鉉 김相攸
양在鳳 리晚采 金元鉉
리東榮 朱炳옥 各四拾錢
리集大 리圭頊 박時경
朴來賢 리山華 김興福
리鍾順 鄭惠燮 姜碩厚
楊周夏 朱泰源 양應夏
朴時진 安壽元 최인濬
각二拾錢 朱盤瓚 리承聖
각十錢 合九圜四拾錢
▲外東面下薪里 리榮祥 一圜 김宗權 八拾錢
리濬祥 리殷祥 각六拾錢
리定煥 五拾錢 리璣祥
三拾전 鄭斗和 二十전
合四圜

總合四十四圜八十전
前總合六萬〇〇三十圜〇七전
二圜
都總合六萬〇〇七十四圜八十七
錢二圜

發行兼編輯人英國人 裵說
發行所 南署石井洞號外埋三府洋屋家
大韓每日申報社

第六卷

大韓每日申報

第八百拾號

月曜及慶節歲時日休刊

檀君開國四千二百四十一年
箕子元年三千三十年
大韓開國五百十七年
日本明治四十一年
淸國光緖三十四年
陰曆戊申四月大廿二日丙子

論說

●學術獨修ᄒᆞᄂᆞᆫ法 (續)

四書籍選擇 學校生徒ᄂᆞᆫ敎師監督下에서一定ᄒᆞᆫ敎科書로指導啓廸을受ᄒᆞ거니와獨修ᄒᆞᄂᆞᆫ方法은不然ᄒᆞ야我가我를監督ᄒᆞ며我가我를指導ᄒᆞ고凡百書籍이皆我의自由選擇이니此汗牛充棟ᄒᆞᆫ書籍中에何者를選擇ᄒᆞᆯ가此가第一問題오書籍中에善者惡者精者粗者가必有ᄒᆞᆯ지어ᄂᆞᆯ吾의知識으로其善者精者를豈知ᄒᆞᆯ가此가第二問題오多數書籍을涉獵ᄒᆞᆷ과少數書籍을專讀ᄒᆞᆷ이何者가爲可ᄒᆞᆯ가此又第三問題가될지로다嗚乎라蘇季子의刺股ᄒᆞᄂᆞᆫ決心이有ᄒᆞ며라도鬼谷先生의誘導가無ᄒᆞ니將奈何오昔에達爾文이其友人에게贈ᄒᆞ여曰書를擇ᄒᆞ거던君의最好者를擇ᄒᆞ라ᄒᆞ니旨哉라晋乎여余가此로第一問題를解答ᄒᆞ며難擇이曰稱ᄒᆞᄂᆞᆫ者가書籍을擇ᄒᆞ거던世人의定評을察ᄒᆞ라ᄒᆞᆫ語로第二問題를解答ᄒᆞ고白夫司ㅣ曰廣涉不專ᄒᆞ면記性만衰耗ᄒᆞ고理想만擾亂케ᄒᆞᆫ다ᄒᆞᆫ語로第三問題를解答ᄒᆞ노니盖政治法律經濟文學等을一時併讀코ᄌᆞᄒᆞ다가ᄂᆞᆫ腦際가混亂ᄒᆞ야岐路에서彷徨躊躇ᄒᆞ며歲月만浪費ᄒᆞ되니不可不我의目的을從ᄒᆞ야其一을選擇ᄒᆞ고又其一系統에系ᄒᆞᆫ冊子만精籍經史所又ᄒᆞᆫ羅列ᄒᆞ고左右顧眄ᄒᆞ면博而不精의歎이必有ᄒᆞᆯ뿐더러境遇ᄂᆞᆫ狹ᄒᆞ고時間은少ᄒᆞᆫ獨修者로셔엇지餘裕가有ᄒᆞ리오故로少數를取ᄒᆞ야專讀ᄒᆞᆷ이可ᄒᆞᆯ지니라

五外語 嗟夫라目今外語ᄂᆞᆫ一種奴隸學의普通科리英文日語의幾句만能解ᄒᆞ야紫髯碧眼의西歐一名士와握手禮나一行ᄒᆞ며漆齒矮身의東京一少兒와鄙俚業書나一往來하면晏平仲의車前僕夫가大榮光으로自認ᄒᆞᄂᆞ니吾가韓國人이外國語학校에輻湊ᄒᆞᆷ을邊不樂하나然이나今日情形을觀ᄒᆞ건ᄃᆡ語학一門이亦有志學問者의必要不可缺ᄒᆞᆯ학科로다凡一國의학問이其能獨立與否를無論ᄒᆞ고不能不外來의文明을資ᄒᆞ거던況今日韓國의학問이一切有形界無形界를勿問하고其源을究ᄒᆞ면無非外邦에서輸入ᄒᆞᄂᆞᆫ대譯者가旣甚少ᄒᆞ며又其所譯이多不精ᄒᆞ야他人의譯書만坐待ᄒᆞᆷ은愚中之愚라故로曰必要不可缺ᄒᆞᆯ科라ᄒᆞᄂᆞᆫ비나然而外語獨習이實是易々ᄒᆞᆫ事가아니다必也無欲速ᄒᆞ며無怠惰ᄒᆞ고學而時習之ᄒᆞᆫ然後에야彼西文은姑舍ᄒᆞ고日語一科라도可了ᄒᆞᆯ지니라

六偉人信仰 薄弱ᄒᆞ다斯人이여風霜이凄冽ᄒᆞ면全身이戰栗ᄒᆞ며春日이和暢ᄒᆞ면容顔이舒泰ᄒᆞᄂᆞ니彼外境의一時接觸에吾身吾心의變態가萬象이니薄弱ᄒᆞ다斯人이여迅雷霹靂에失著가罔易ᄒᆞ고秋江琵琶에傷心이難無ᄒᆞᄂᆞ니薄弱ᄒᆞ다斯人이여將何術을用ᄒᆞ야此魔障을排除ᄒᆞᆯ고余ᄂᆞᆫ一法이有ᄒᆞ니曰偉人을信仰ᄒᆞᆷ이是라ᄒᆞ노니彼千百年來에偉大ᄒᆞᆫ事業을成就ᄒᆞᆫ英雄은只今은沉々巨石下에長睡不起ᄒᆞ야謦欬와聲容이永邈ᄒᆞ나其勃々ᄒᆞᆫ英氣ᄂᆞᆫ萬古에不死ᄒᆞ야薄弱ᄒᆞᆫ後人을淬勵ᄒᆞᄂᆞ니來ᄒᆞ라斯人이여其遺澤에沐浴ᄒᆞ야其萎靡ᄒᆞᆫ心志를振作ᄒᆞᆯ지어다海內風塵에時局이慘淡ᄒᆞ거던三超臺上에武藝演習ᄒᆞ던林將軍을思ᄒᆞ며人材凋落에학術이委靡ᄒᆞ거던拾年寒齋에治道硏究ᄒᆞ던柳磻溪를慕ᄒᆞ며鄙事賤執에羞愧心이或有ᄒᆞ거던萬乘의尊으로他國工廠에潛往ᄒᆞ야機器製造를學ᄒᆞ던大彼得을念ᄒᆞ며逆境困難에厭退心이或有ᄒᆞ거던凄凉單衣로奔走叫呼ᄒᆞ면서少年伊太利를謳歌ᄒᆞ던瑪志尼를想ᄒᆞ며滔々歲月이遊者不留ᄒᆞ거던失敗ᄂᆞᆫ可復得이어니와失時ᄂᆞᆫ不可挽이라ᄒᆞ던若克孫의言을誦ᄒᆞ며犖々窮都에欲학無暇ᄒᆞ거던打鐵로糊口ᄒᆞ면서二拾貳國方言을次第並通ᄒᆞ던拔德律의事를顧ᄒᆞᆯ지어다偉人의風을聞ᄒᆞ고其懦가不立ᄒᆞ며其頑이不廉ᄒᆞᆫ者ㅣ有乎아雖然이나偉人信仰이獨彼薄弱者에게만有助ᄒᆞᆯ뿐아니라卽彼倫偉斯麥도平生에一偉人傳記로左右常隨하얏스니噫라偉人을崇拜ᄒᆞ며模範ᄒᆞᆷ이奚特獨修者의所宜리오校內학生에도亦不可無니라

以上所陳은學術獨修者의方法을畧論ᄒᆞᆫ비라魏盛ᄒᆞᆫ大의靑年으로此時節을値ᄒᆞ야艱辭所驅와厄境所迫으로其壯懷를消磨ᄒᆞᄂᆞᆫ者ㅣ常多ᄒᆞᆷ을恨惜하야數言을畧陳ᄒᆞ노니嗟我靑年아今果何時오其亦知感與感哉어다 (完)

外報

●革命軍益熾 上海電을據ᄒᆞᆫ즉則孫逸仙의革命軍은남溪를攻擊ᄒᆞ얏ᄂᆞᆫᄃᆡ守備兵이敗走되야臨안府及유단地方이危殆ᄒᆞ고雲貴總督錫良氏ᄂᆞᆫ猶今通海縣에在ᄒᆞ고革命軍은蒙自로向ᄒᆞ라ᄂᆞᆫᄃᆡ該處稅關이閉鎖되얏다더라

●漢口暴動 上海電을據ᄒᆞᆫ즉淸國漢口에在ᄒᆞᆫ淸國警察署에서淸國市街의俄國商店廢止ᄒᆞᆷ을命ᄒᆞᆷ으로俄國商店은停業ᄒᆞ얏ᄂᆞᆫᄃᆡ俄商五千餘人이怒ᄒᆞ야警察署及淸國市街에在ᄒᆞᆫ日本商店을襲擊破壞ᄒᆞ얏ᄂᆞᆫᄃᆡ淸國軍壹大隊及軍艦數隻이臨塲ᄒᆞ야暴徒를鎭定ᄒᆞ라ᄒᆞ나姑未奏功ᄒᆞ얏고去拾五日夜에ᄂᆞᆫ人民이變動될가念慮ᄒᆞ야大警戒中이오又日本軍艦和泉号ᄂᆞᆫ方今漢口에在ᄒᆞ야動靜을觀ᄒᆞ야陸戰隊를上陸케ᄒᆞᆯ設備이라더라

●許淸拒日 東京電을據ᄒᆞᆫ則淸國한口에設立ᄒᆞᆫ俄國俱樂部ᄂᆞᆫ向日에落成되야開館式을行ᄒᆞ얏ᄂᆞᆫᄃᆡ淸人의게ᄂᆞᆫ入會ᄒᆞᆷ을許ᄒᆞ고日人의게ᄂᆞᆫ一切拒絶ᄒᆞ기로決定ᄒᆞ얏다더라

●外人禁酒 淸國齊남電을據ᄒᆞᆫ則山東省紳士等이該城內에外人居住를禁止ᄒᆞᆯ事로上奏書를奉呈ᄒᆞ얏다더라

雜報

●無子而有子 故軍部大臣安경壽氏의血肉으로ᄂᆞᆫ今年十五歲된女子一人뿐으로世上이共知ᄒᆞᄂᆞᆫ바로家系相續을爲ᄒᆞ야其門中에養子ᄒᆞ라ᄒᆞ되아즉定치못ᄒᆞ얏더니近日에故沈相薰氏의別室리氏의所生ᄒᆞᆫ安國泰氏가今年廿三歲인ᄃᆡ安경壽氏의私生子라ᄒᆞ고顯現ᄒᆞ야安氏門中에셔其眞假를確知치못ᄒᆞ야方今探問中이라ᄂᆞᆫᄃᆡ其事實인즉二十三年前에沈相薰씨가鄕第에喪居ᄒᆞᄂᆞᆫ中에리씨가安氏와相關ᄒᆞᆫ바有ᄒᆞ야國泰를生ᄒᆞ고沈氏의怒를致ᄒᆞᆯ가恐ᄒᆞ야三淸洞에現居ᄒᆞᄂᆞᆫ安인娘씨에게托하야養育ᄒᆞ다가安경壽氏에게ᄂᆞᆫ該兒가已死ᄒᆞᆫ樣으로言匿ᄒᆞ얏더니國泰가昨年에셔ᄒᆞ고야自己의父親은安경壽氏라ᄒᆞᄂᆞᆫ言을聞ᄒᆞ고血統을繼코ᄌᆞᄒᆞ나安氏家에셔ᄂᆞᆫ確實ᄒᆞᆫ證據가顯出ᄒᆞ기ᄭᆞ지待ᄒᆞᆫ다더라

●兩校合設 龍川內下面火成洞에셔昨年九月에校長리龍晉씨와總督리辰木시와事務리果晉리世晉시가爲國誠으로學校을刱設ᄒᆞ고生徒二十餘名을敎育ᄒᆞ더니至于今春ᄒᆞ야五十餘名에至ᄒᆞ고夜학課에七拾餘名에達ᄒᆞ얏ᄂᆞᆫᄃᆡ團體的으로元峯私塾에合設ᄒᆞ고校長리德一시와敎師張成達시와贊成리晦根諸시가血誠으로勸奬敎授ᄒᆞᄂᆞᆫᄃᆡ親睦會를結ᄒᆞ고降酒雜技酒色을痛禁ᄒᆞᆫ다고該郡來人이稱讚ᄒᆞ더라

偉人遺蹟

水軍第一偉人 李舜臣

錦頰산人 (續)

第九章

◉李舜臣의第三戰(見乃梁)

其後에我國人被擄生還者의言을據ᄒᆞᆫ즉倭賊將卒等이[illegible]을ᄒᆞ야拔个羅道를西指하며[illegible]戰々慄ᄒᆞ더라니彼가何嘗覺日이나敗走의恥를忘ᄒᆞ리오만은忠武公李舜臣이海上에장城을作ᄒᆞᆫ故로彼가心力만徒勞ᄒᆞ니라

自是로公의威名이敵國의兒啼를止케ᄒᆞ야干戈所向에不戰自克ᄒᆞᄂᆞᆫ故로김海城內外에留屯ᄒᆞᆫ賊徒들은晝夜에遠浦漁火를望見하고全羅左水使리舜臣의兵이來ᄒᆞᆫ다고訛驚ᄒᆞ야幾乎崩潰ᄒᆞᆯ地境에至ᄒᆞ얏더라

第拾章

◉李舜臣의第四戰(釜山)

壬癸年間各地繁華都邑에倭人들이土窟ᄒᆞ고屋을造ᄒᆞ야或四五百家되ᄂᆞᆫ處도有ᄒᆞ며或二三百家되ᄂᆞᆫ處도有ᄒᆞ야(以上은忠武公狀啓中語를撮錄)堂々韓國을渠家의殖民地로觀ᄒᆞᆷ은此乃當日豊臣氏의野心이다隣誼를不思ᄒᆞ고無名之師를興ᄒᆞ야勃々而犯ᄒᆞ다가我絶代豪將李舜臣을遇ᄒᆞ야一敗再敗로三敗에至ᄒᆞ야 萬勇士를海波에盡葬ᄒᆞ니彼가아모리强悍하다ᄒᆞᆫ들戰鬪를安敢再戀ᄒᆞ리오不過是三十六計의上策만思ᄒᆞᆯ而已니

壬辰史를讀ᄒᆞᄂᆞᆫ者ㅣ釜山戰役에至ᄒᆞ야ᄂᆞᆫ一大白을浮ᄒᆞ고朝鮮萬歲朝鮮水軍萬歲朝鮮水軍萬歲李舜臣萬歲를呼ᄒᆞᆯ비로다盖釜山沿海에倭寇의影이頓絶ᄒᆞ고其地에彌滿ᄒᆞ던賊徒들이晝伏夜行ᄒᆞ야逃去ᄒᆞᆯ思想으로海浴에集ᄒᆞ니 未完

雜報

●動駕隆陵 大皇帝陛下께옵서 水原 隆陵에 幸行ᄒ시기 爲ᄒ야 諸般節次를 準備中이던 濱事를 擧乘ᄒ시기로 허신다더라

●統監云遞 伊藤統監이 曾彌副統監의 還任을 待ᄒ야 歸國ᄒ다ᄂᆫ대 伊藤시ᄂᆫ 歸朝ᄒᆫ 後에 淸國에 遊歷을 次로 往ᄒ고 曾彌氏가 統監으로 陞任ᄒ다ᄒ며 總務장官은 廢止ᄒ고 參與官長을 置ᄒᄂᆫ대 鶴原長官이 任命ᄒᆫ다ᄂᆫ 說이 有ᄒ다더라

●帶同 陛見 度支部대臣 高永喜씨가 次官及각監督局장을 帶同ᄒ고 今日上午拾時半에 대皇帝陛下께 陛見ᄒ엿다더라

●沈氏遞任 前督籍司長 沈宜碩氏가 辭職依免ᄒ고 其代가 館末塡任을 얏ᄂᆫ대 ᄒ시의게 宮段門票를 昨日의 諸給ᄒ고 督籍司長을 遷任ᄒ다더라

●運會退定 本日 昌德宮니 秘苑의서 設行ᄒᄂᆫ 京城니 각학校特別聯合대運動을 來日曜日로 退定ᄒ엿다더라

◎勤慢察 宮니府대臣 리允用씨가 該府各院司에 輪諭ᄒ되 現今 刷新의 目的으로 新官制를 編制ᄒᆫ지 已久에 各該官吏의 服務勤慢을 察ᄒ기 爲ᄒ야 秘書官 日本人 多田桓을 派送ᄒ다ᄒ얏다더라

●廢官의 恩金 本年壹月 勅令第八拾二號로써 官制改正에 依ᄒ야 廢官及退官된者와 隆熙元年七月以後官制改正及行政改善의 結果로 廢官과 退官된 判任以上문官에 對ᄒ야 退官者의게 恩賜金을 給與ᄒ기로 決定되얏ᄂᆫ디 該恩賜金請求方法은 각觀務官廳의 證明書를 添付ᄒ야 五個月間니로 請求ᄒᆯ事로 닙閣命令으로 施行細則을 制定ᄒ얏ᄂᆫ디 爾來度支部에 請求ᄒᆫ者ᄂᆫ 壹百六件이오 又同部에서ᄂᆫ 目下調査中인대 不遠間에 給與額이 滲되기에 至ᄒᆯ터이나 아직 請求書를 提出치못ᄒᆫ者가 本月末日ᄭ지 提出치아니ᄒ면 請求ᄒᄂᆫ 權限이 消滅된다더라

●運動基址視察 學部編輯課長 與健植氏와 事務官 小杉시와 主事 리完應시가 昨日下午三時에 昌德宮니 秘苑運動ᄒᆯ 基址를 觀察ᄒ얏다더라

●通牒각校 학部次官이 각학校에 通牒ᄒ되 從來普通학校에서 修학旅行이 往々有之인바 右ᄂᆫ 敎育上에 其亦不無件이나 現時代에ᄂᆫ 誠實敎育ᄒ야 務圖皆及이고 自ᄒ徒父兄으로 其所負擔을 輕減케ᄒ고 宿泊을 要ᄒᆫ은 不得認許이되 학徒所有地에 狀況을 因ᄒ야 不得已ᄒᆫ 境遇가 有ᄒᆫ時ᄂᆫ 特別히 事由를 依ᄒ야 何等의 指揮를 受ᄒᆷ을 望ᄒ다ᄒ얏더라

●司業初試 學部에서 司業의 初試를 經ᄒ얏ᄂᆫ디 入格者가 壹百二十壹名이라더라

◎山坂相持 雲峴宮에서 대院王墓所 松楸를 三拾萬兩으로 決價ᄒ여 日人의게 賣渡ᄒ엿ᄂᆫ나 居間人이 松楸ᄂᆫ 姑舍ᄒ고 山坂ᄭ지 六拾萬兩에 賣渡ᄒᆷ으로 該日人이 雲峴宮에서 方今 相持ᄒᆫ다더라

●工所囑托 度支部所管 鹽解部工業係장 石彌三郞시를 工業傳習所講師로 二個月間 囑托ᄒ엿다더라

●臨時事務 高等女學校臨時事務所ᄂᆫ 學部編輯局 後便家屋으로 定ᄒ엿다더라

●會長選擇 大同會에서 現今 각道에 支會를 設立ᄒᆯ터인대 拾三道에 品行이 端正ᄒᆫ者를 選擇ᄒ야 각道에 支會長을 任ᄒᆫ다더라

●武官學徒參會 來日曜日 秘苑運動에 武官學徒가 參與코ᄌᄒ고 請願ᄒ얏더니 承認되얏ᄂᆫ대 該學徒等은 運動時에 不得不器械를 使用ᄒᆯ터인故로 昨日에 該器械ᄂᆫ 宣인門으로 輸入ᄒ얏다더라

●運動退定 宮니府官吏運動會ᄂᆫ 來日曜日로 更히 退定ᄒ얏다더라

●去則安之 再昨日에 니部官吏가 通譯主事 二拾五人을 領率ᄒ고 京釜鐵道를 搭乘ᄒ고 水原停車場에 下車ᄒ엿ᄂᆫ대 ᄒ남門外에서 ᄒ主事 洪原郡居ᄒᄂᆫ 洪浩시가 不知去處ᄒ야 現今 調探中이라더라

●失家之兒 銅峴分派所警署에서 去月二拾三日에 四歲되ᄂᆫ 失路ᄒᆫ 男子를 收置ᄒ야 嘉民동居 리建陽시家에 委置ᄒ고 각署에 電話ᄒ야 若有失兒人이거던 指揮覓去ᄒ라ᄒ얏ᄂᆫ대 推去人이 尙無ᄒ다더라

●路尸收埋 再昨日 光熙門外 標串峴等地에 何許男人이 致死ᄒ야 南部銅峴分署에서 埋葬ᄒ얏다더라

●校長請邀 昨日 학部학務局에서ᄂᆫ 藏院으로 補助費支給ᄒᆫ 한남학校等九校장을 ᄒ局으로 請邀ᄒ야 校務處理를 協議ᄒ얏다더라

◎[illegible]修費 [illegible]部의 建築은 明年度로 定ᄒ엿스나 爲先居接의 便利키 爲ᄒ야 修理ᄒ엿ᄂᆫ대 ᄒ費가 數千圜이라더라

●服裝費支給 曾往에ᄂᆫ 軍隊에 士官을 敍任ᄒ면 尉官服裝平常服費를 二拾九圜으로 支給ᄒ더니 近日 軍部에서 整理ᄒᆫ後히 費를 又給지아니ᄒ더니 參尉付人에 服장費를 五拾圜으로 支給ᄒ기로 ᄒ얏다더라

●幸有인子 前學部協辦 김[illegible]羽시가 日本에 在留ᄒᆯ時에 一子를 置ᄒ얏ᄂᆫ대 其姓은 인子오 年今二十九歲라 近間에 歸來ᄒ야 其親族을 訪見ᄒ고 將次 韓國에 入籍ᄒᆫ다더라

●會規組織 去日曜日에 城外沿江拾九學校任員이 약峴光興學校에 學務會를 開ᄒ고 박정宗護시와 洪肯燮諸氏를 請邀ᄒ야 會規를 組織ᄒ고 학校維持ᄒᆯ 方針을 協議ᄒ얏다더라

●藥業組合 京城니 洋藥局으로 爲業ᄒᄂᆫ 諸시가 協議ᄒ고 藥業組合所를 設ᄒᆫ다더라

●尹亭閱寶 三湖秋水亭은 尹시 宗위衛勢야 昭在ᄒᆫ 靑氈舊物이라 竹洞宮에서 此亭을 借得ᄒ여 使林哥로 居生케ᄒ다가 林哥가 以竹洞宮牌旨로 買得云ᄒ고 現在相訟中인대 韓동閔輔國某시가 僞買者의 辯護를 辯護士의게 極力周旋ᄒᆫ다더라

●恤金頒下 니部에서 罹災救恤金을 拾三道로 下送ᄒ고 爲民人의게 頒給ᄒ라ᄒ얏다더라

●觀測規程 農商工部에서 觀測所處務規程 三拾條를 修定ᄒ야 日間頒布ᄒᆫ다더라

◎餞別塾장 養正義塾長 嚴柱益시가 昨日上午六時에 京釜鐵道第壹番列車를 搭乘ᄒ고 日本으로 向ᄒ얏ᄂᆫ대 該塾在學講師와 學徒等이 南門外停車塲에 出往ᄒ야 餞別ᄒ얏ᄂᆫ대 登塲ᄒ야 學徒에게 對ᄒ야 登塲勸勉ᄒ얏다더라

●大東新塾 崔鴻淳 金英奎 諸시가 發起ᄒ야 大東義塾을 設立ᄒ고 趣旨書를 發行ᄒᄂᆫ디 其目的인즉 淸語를 敎授ᄒᆫ다더라

●郡主捷報 錦山郡主事 金在薰시가 特異ᄒᆫ 偉績이 有ᄒᆷ으로 該郡士民이 四道에 善績을 枚擧ᄒ야 請願ᄒ얏ᄂᆫ디 該道觀察使가 登用ᄒ다ᄒ고 니部에 褒報ᄒ얏다더라

●리의 被訴 再昨日의 學洞居 리致善시가 南강水를 買ᄒ다가 ᄒ洞內街의서 失足仆地ᄒᆫ제 ᄒ水가 沸飛ᄒ야 人力車軍面部의 犯ᄒ엿ᄂᆫ대 ᄒ人力車이 ᄒ署의 呈訴ᄒ야 리致善시를 捉囚ᄒ엿다더라

●獄中化仙 忠南裁判所의 在囚 私欺推財罪人 남昌희가 日昨의 病斃ᄒ엿다더라

◎寧遠義擾 本月十日頃의 義兵百餘名이 平안道寧遠郡東面古倉里의 突入ᄒ야 民家二拾餘戶를 衝火燒燼ᄒ고 一進會員四名을 砲殺ᄒ엿다더라

◎度兩稅官 度支部에서 각財務監督局及各財務署에 訓令ᄒ되 內藏院所管되얏던 京畿道及忠淸南道에 在ᄒᆫ 庵稅及各道에 在ᄒᆫ 鋼礦稅 鋼山稅 水鐵稅ᄂᆫ 農商工部管理에 移屬인바 右ᄂᆫ 顧ᄒ야 今般別紙와 如히 農商工部와 協議決定ᄒ얏스니 右諸稅徵收務ᄂᆫ 左開 각項을 依ᄒ야 處理ᄒ라ᄒ얏ᄂᆫ대 其條項이 如左ᄒ니

一 庵稅ᄂᆫ 庵稅規分을 依ᄒ야 ᄒ理 鋼礦稅 鋼鑛稅 水鐵稅ᄂᆫ 經理院所管財產收入調及經理院拾三道甲辰度雜稅及從來의 慣例를 參酌ᄒ야 其稅額을 調定ᄒ고 租稅徵收規分을 依ᄒ야 徵收事務를 處理ᄒᆷ이 可ᄒᆷ

二 該入科目은 欵租稅項庵稅又ᄂᆫ 鋼礦稅以下ᄂᆫ 雜稅로 整理ᄒᆷ이 可ᄒᆷ이라ᄒ얏더라

●會席訓示 度支部에서 監督局長會議를 開ᄒ얏다ᄒᆷ은 前報에 累揭ᄒ얏거니와 再昨日에 該대臣 高永喜시가 同會議에 訓示ᄒᆫ 全文이 如左ᄒ니

今回諸君의 會同을 求ᄒᆫ은 官制改正後에 地方財務의 實狀을 聞ᄒ며 將來를 圖코ᄌᄒᆷ에 不外ᄒ니 方今地方財務機關의 定員은 其配置를 終ᄒ야 漸次財務整理의 域의 至ᄒ라ᄒᄂᆫ디 地方紛擾가 其路를 未絕ᄒᆷ은 遺感ᄒᄂᆫ바나 諸君의 勤勵로 昨年度稅와 如ᄒᆷ은 其豫算額의 比ᄒ야 超過ᄒᆷ의 至ᄒᆫ뿐아니라 諸般장碍를 排ᄒ며 稅率外의 徵收와 無名雜稅와 如ᄒᆫ 弊習을 矯正ᄒ야 政府의 公正ᄒᆷ을 漸次人民의게 感知케ᄒᆷ의 至ᄒᆷ은 其勞가 不尠ᄒ며 其他農工銀行금융組合手形組合等의 금융機關의 對ᄒ야ᄂᆫ 諸君의 助力으로 각其效果를 收ᄒ며 新貨交通과 如ᄒᆫ 地方을 隨ᄒ야 困難ᄒᆫ 事情이 有ᄒ나 漸々히 其普及을 見케ᄒᆷ에 至ᄒ얏스며 隆熙元年條驛屯賭徵收事務ᄂᆫ 昨年拾二月爲始ᄒ야 委托을 受ᄒ얏거늘 今日 狀況에 依ᄒᆫ즉 其豫定額이 約六拾萬圜에 達ᄒ야 此를 從前徵收에 比ᄒ면 巨額의 超過를 見ᄒᆷ에 至ᄒ얏스니 事가 創設初期에 如斯ᄒᆫ 傾向을 見ᄒᆷ은 本대臣의 喜ᄒᄂᆫ바라 然이나 將來諸君의 勞를 待ᄒᆷ이 益々히 多ᄒ니 稅制及會計一의 整理와 如ᄒᆫ 從來의 慣例를 參酌ᄒ야 地方의 劇變을 行치勿ᄒ고 漸々租로부터 緖의 入ᄒ야 序를 逐ᄒ야 改善의 進步를 講코저ᄒ며 又財源의 涵養과 如ᄒᆫ은 我國의 最必要로 思ᄒ노니 其詳細에 至ᄒ야ᄂᆫ 事項을 示ᄒ야 諸宜 비有ᄒ려니와 諸君은 地方經驗의 拾分意見을 進ᄒ야써 參考의 資케ᄒᆷ을 望ᄒ다ᄒ얏더라

◀地 方 消 息▶

▲本月十三日 義兵二拾名이 인郡東南方三里地에서 淳昌郡分遣所日兵七名과 交戰ᄒ얏다ᄒ고

▲本月下一日 伊川東北方高地에서 義兵十名이 同郡日守備兵과 交戰ᄒ얏다ᄒ고

▲本月拾六日 果川남方約二里半地点에서 義兵拾餘名이 同郡日憲兵四五名과 交戰ᄒ얏다ᄒ고

▲本月十七日 珍山北方約二里地에서 義兵拾五名이 日憲兵隊와 衝突ᄒ얏다ᄒ고

▲本月九日 漣川郡에서 義兵拾餘名이 鐵原郡分遣所日憲兵과 交戰ᄒ얏다ᄒ고

▲本月十八日에 高陽郡西南約二里地에서 義兵數十名이 同郡分遣所日憲兵隊와 互相衝突ᄒ얏다ᄒ고

▲本月拾八日에 義兵八百名이 奉化郡에 來襲ᄒ얏다ᄒ고

▲本月四日 積城郡東豆川東남方에서 義兵若干이 日兵과 衝突ᄒ엿다ᄒ고

▲本月壹日 淮陽化川東北約一里地에서 多數義兵이 日斥候兵拾三名과 交戰ᄒ엿다ᄒ고

▲去月二拾九日 江界郡남方平南鎭에서 義兵三百名이 日憲兵과 交戰ᄒ엿다ᄒ고

▲本月拾三日 海州郡北方에서 義兵數拾名이 日憲兵十名과 交戰ᄒ엿다ᄒ고

▲去月拾七日 咸鏡道新浦北方에서 義兵約壹百五十名이 日憲兵隊와 交戰ᄒ엿다더라

桑港電報

(廿日發)

●美艦歸航 華盛頓公報를 依ᄒᆫ즉 目下廻航中 美國艦隊ᄂᆫ 壹隻도 太平洋의 殘留치안코 大西洋으로 歸航ᄒᆯ터이라더라

謹告

本支社를左開四處에設置ᄒᆞ고 從此以仰布ᄒᆞ오니本報愛讀ᄒᆞ시ᄂᆞᆫ該附近 僉君子ᄂᆞᆫ該支社로 請求購覽ᄒᆞ심을務望홈

▲醴川남市驛　　　　韓贊弼

▲龍岡郡邑蘇敎堂內　　박중은

▲結성廣川場머林興春家　　韓啓祚

▲龍川府南面松嶼海東書會　　金寶圭

雜報

●事務所請借　勞動夜學會幹事안讓模시가度支部에請願ᄒᆞ되 ᄒᆞᆨ學외ᄂᆞᆫ事務ᄒᆞᆯ가有ᄒᆞ나西署외ᄂᆞᆫ無ᄒᆞ니敎義門ᄂᆡ외在ᄒᆞᆫ前侍衛隊兵守直所四拾間을許借ᄒᆞ라ᄒᆞ엿더라

廣告

●學員募集廣告

本校夜學科에서ᄒᆞᆨ科學員을募集ᄒᆞ오니願學僉員은本月以ᄂᆡ로來臨請願爲要

科程（隨意專科）

한語　日語　算術

期限　壹個年

東署統ᄂᆡ登子洞三統六戶

私立大東義塾　白

鐵山郡下東部里居康勝僊案以頑愚者로有何嫌端인지陰貳月初에悖徒百餘名을領率ᄒᆞ고本人家에突入ᄒᆞ야家產汁物을無難打破ᄒᆞ고行悖無雙ᄒᆞ나究厥所爲則不可尋常置之故로시ᄂᆞᆫ從此裁判ᄒᆞᆯ次로先此廣告홈

同郡下中部里居정道俊告白

海東測量事務所를中署典洞四拾七統一戶에設施ᄒᆞ얏사오니僉君子ᄂᆞᆫ來臨相議ᄒᆞ시옵

海東測量事務所

▲速成夜學員募集廣告

本校夜學科에서第壹回卒業試驗을經ᄒᆞ고各科學員을增募ᄒᆞ오니願學僉員은每夜七時頃에來臨請願爲要

科程（隨意專科）

漢語　日語　英語

簿記　算術

●測量科學員募集廣告

本校內에測量科를特設ᄒᆞ고학員을募集ᄒᆞ오니願학僉員은今月貳拾八日內로入學請願書를提呈ᄒᆞ시옵

但請願紙ᄂᆞᆫ本校에來購홈

試驗科目　國漢문（讀書）

算術（四則以內）

試驗日字　今月二拾九月下午四時

上學時間　自下午四時三拾分至六時三拾分

卒業期限　六個月

典洞私立中東學校　告白

奬文書館開店廣告

本館에서一般학界에數科書와用品을需應ᄒᆞ기爲ᄒᆞ야各種書籍과학界各種用品을多數貿造ᄒᆞ고학生에게ᄂᆞᆫ特別廉價로販賣ᄒᆞ오니학生諸君은陸續來臨ᄒᆞ심을敬要

北部小安동安峴第十統四戶

奬학社附屬　奬文社書館

永興郡각學校가春期聯合大運動會를ᄂᆞ月七日上午九時에龍興

江남岸에大開ᄒᆞ얏ᄂᆞᆫ데學徒가五百餘名이오觀光男女가數千名에達ᄒᆞᆫ지라運動式은蹴步唱歌聯合體操旗取競走騎馬競走高跳廣跳計算競走二人三脚二百步競走등次第로行ᄒᆞ고內外國來賓에게賞與品을分給ᄒᆞ고志士韓昌鉉金광薰兩씨ᄂᆞᆫ養貞義塾女학徒優等五人의게毛紡緞冊襂五件을別賞ᄒᆞ고財務署長金正奎씨와敎師金源祿氏가敎育上必要로演說ᄒᆞᆫ後에萬歲를三唱ᄒᆞ고閉會ᄒᆞ니咸남에初有ᄒᆞᆫ盛況이오其中普通洪明興인三學校學徒의活潑氣像은躰操敎師前副尉金丞洙의熱心이라고嘖嘖稱頌이기廣佈홈

朴昌善　梁昌鎬　告白

永興郡郡運動會發起人權永鎭茶菓等物을多數飮饋ᄒᆞ얏스며同郡居金翼河시ᄂᆞᆫ女學徒외게金壹圜을捐助ᄒᆞ얏스며其歸路에本郡父兄會及有志諸시가五六拾圜價額으로設饗以迎ᄒᆞ얏고又於本月拾三日京성運動會에雖欲往參이나六百餘里程途에車費難辦이라於是에郡ᄂᆡ志士들이爭先出捐ᄒᆞᆫ데本校尊任料敎師리相玉前議官申秉均前主事白成驥前主事白日鉉리礙건ᄂᆡ實亨鍇氏ᄂᆞᆫ各拾圜郡主事김燗起本校幹事리恭燦김廷괴三氏ᄂᆞᆫ각五圜朴남業金正鍊兩시ᄂᆞᆫ각三圜文學濟韓仲休리養涉朴一亨丁用斗諸氏ᄂᆞᆫ각二圜韓人會에서貳圜趙泉淳김鐘國정道烈二시ᄂᆞᆫ各壹圓合壹白六圓으로旅費를助給ᄒᆞ니右諸시ᄂᆞᆫ敎育界熱誠이與四日留連他特殊ᄒᆞᆫ지라及其上京ᄒᆞ야ᄂᆞᆫ에西北學會中리甲張박鄭雲復김達河리鍾浩趙鼎允柳東說諸東作최경亨諸시가各其自家로捐助ᄒᆞ니請以曲饗捐助ᄒᆞ며百餘名生徒를壹齊饋饗以給ᄒᆞ얏스며歸路에漁波停車場側居卓信漢시ᄂᆞᆫ設饌以迎ᄒᆞ얏스니以上 僉君子의多大義捐이其非愛國愛同胞之深者면孰能如是리오不勝感荷ᄒᆞ야玆以仰布홈

永柔郡李花學校　告白

本人이去陰三月望日分에有甚訟事ᄒᆞ야去來龍川境時의信章을見失이옵기玆以廣告홈

義州枇峴面馬山　白敎욱白

本校에서去月拾五日平壤運動會聯合式로男女學徒三百餘名을率往ᄒᆞ얏ᄂᆞᆫ데觀察使朴重陽氏가敎育에進步됨을壹塲賛頌ᄒᆞ고欵中女學徒貳拾五名을內衙로招入ᄒᆞ야茶果를饗ᄒᆞ고欠饋夕飯ᄒᆞ얏스며金主事日煥氏ᄂᆞᆫ女學徒의三日留費를專擔ᄒᆞ고男학徒의點心料五圓을又捐하얏스며박大潤氏ᄂᆞᆫ女學徒외登夕ᄒᆞᆯ費를專擔ᄒᆞ얏스며張敎員淳興시ᄂᆞᆫ鉛筆貳匣을捐助ᄒᆞ얏스며其歸路에順안石岩居朴議官仁祥시ᄂᆞᆫ諸生徒의午餐壹次를專擔하얏스며本郡居丁用傳시ᄂᆞᆫ菓子三箱으로郡南拾里許에出迎以待ᄒᆞ얏고又本月六日安州郡運動會時에金日煥시가女學徒貳拾餘名의來往及留費를專擔ᄒᆞ얏스며安州郡守李寅洽시ᄂᆞᆫ諸生徒의게午餐壹卓을別設以待ᄒᆞ고박物學ᄉᆞ拾三冊을捐助ᄒᆞ얏스며大韓協會에ᄂᆞᆫ菓子及冊子를多數給與ᄒᆞ얏고安昌浩씨ᄂᆞᆫ相天金鎭台三시ᄂᆞᆫ각五圓식으로리鎭恒지ᄂᆞᆫ三圓식으로助給路費ᄒᆞ얏스며關東學會에서ᄂᆞᆫ空冊四拾卷鉛筆貳拾四打를捐助하얏스며朱興均시ᄂᆞᆫ菓子壹箱리容九시ᄂᆞᆫ菓子壹箱을給饋ᄒᆞ얏스며理髮人尹祥勳韓景洙吳興煒리潤基四시ᄂᆞᆫ生徒를延請日吾儕ᄂᆞᆫ理髮爲業者라無物

本人이今月十九日에手僧을見失이온바其中에北部玉동五統十八戶草家七間文券과中部勤洞拾八統七戶瓦家拾壹間半文券과溫陽牙山兩郡所在田沓合二十八石餘斗落用문白釗兩號文券과其他可考書類等物을幷爲見失이온中勤洞家舍ᄂᆞᆫ買居不幾故로新文記ᄂᆞᆫ姑未討置ᄒᆞ고前主人舊券으로置之라가至此見失이옵기玆에告白하오니內外國人은休紙施行홈

中部勤동拾四統七戶리禮祜白

學員募集廣告

本학會에서輔인小학校를新設ᄒᆞ고학員을募集ᄒᆞ오니子弟를入學코ᄌᆞᄒᆞ시ᄂᆞᆫ僉君子ᄂᆞᆫ本月三拾一日（陰五月初一日）內로本학會에來議하시옵

位置　西署內需司內

開학　六月八日（陰五月十日）

年齡　七歲以上拾四歲以下

학科ᄂᆞᆫ普通학校程度

輔仁學會告白

본읍에서부인강습소를설립ᄒᆞ고녀ᄌᆞ학교교ᄉᆞ와녀중학교에비셩ᄒᆞᆫ마르치기위ᄒᆞᆫ와음력오월십오일브터ᄀᆞ학ᄒᆞ오니공부ᄒᆞᆯ뜻시잇ᄂᆞᆫ이ᄂᆞᆫᄀᆞ학젼일에ᄅᆞ림ᄒᆞ심을ᄇᆞ라ᄂᆞ이다

안악읍녀학회　고ᄇᆡᆨ

本會副會長林圭永氏陰本月十八日別世知舊僉照亮仰要

開城學會　告白

本人의子孝鉉이가性本浮浪으로符同雜類ᄒᆞ야去十三日에沒告其父ᄒᆞ고不知何往이오니或僞造文券하야與當用債이되內外國人은切勿見欺하심을爲要

定州葛池面金允成　告白

本校에서本月二十日（木曜）上午九時에齋洞本校內에서開하오니會학員은齊來臨ᄒᆞ시옵

西北協成학校　白

本人에身圖章合記篆字景鉉正字로刻ᄒᆞᆫ四方章을陰四月拾二日見失이오니京鄕知舊僉照亮勿施홈

義州虹峴居金景鉉　告白

本人이四年前喪失ᄒᆞᆫ後數箇稚子를依ᄒᆞ야居生이옵더니장子리인俊이가寡居의老母는不顧ᄒᆞ고靑樓之間에揮如蕩產이온대今復出往平壤하야浮雜之類와酒色之場에留連ᄒᆞ오니毋論內外國人ᄒᆞ고인俊處에錢兩債給이라가緣至白失追悔ᄒᆞ라

安州城內栗北동리召史　告日

補益水大불며

보익슈ᄂᆞᆫ미국인왕보씨가제어외요ᄉᆞ홈을연구ᄒᆞ야이약을발명ᄒᆞ얏ᄂᆞᆫ마부족증뇌졈병자지못ᄒᆞᆫᄂᆞᆫ병도한중허한중젹병속병즁병후오즘소리리졀각쳐후에ᄯᅢ일신효ᄒᆞ오

발매所ᄂᆞᆫ京셩남門內街猷·박文書館　고

蠶堂先生　俞吉濬　譯述

普魯士國厚禮斗益大王七年戰史

全壹冊　定價金三拾錢

此書ᄂᆞᆫ即拾八世紀頃에普魯士厚禮斗益大王이日耳曼列邦中에介在ᄒᆞᆫ弱國으로突然奮起ᄒᆞ야尙武的精神으로人民을鼓勵ᄒᆞ며俄法等諸國과對抗ᄒᆞ서七年戰爭을繼續ᄒᆞ야普魯士國의雄飛ᄒᆞᄂᆞᆫ端緒를啓ᄒᆞᆫ史實이온ᄃᆡ其政略의巧敏홈과其功烈의偉大홈에足히讀者의敵愾心을喚起홀만ᄒᆞ오니 僉君子ᄂᆞᆫ速々講覽ᄒᆞ시옵

發賣元布屛下廣학書舖金相萬

發賣所　京鄕各有名書店

新刊書籍發售廣告

女子讀本　張志淵氏著

全貳冊　定價금六拾錢

初等衛生學　全壹冊拾五錢

初等倫理학　全壹冊貳拾전

國家학綱領　全壹冊拾五젼

國民須知　全壹冊八錢

初等小학　全四冊壹圓三拾錢

中等萬國新地誌　全貳冊壹圓

增補無冤錄大全

國漢文壹冊七拾五錢

伊太利建國三傑傳　全壹冊卅전

新撰理化학　朴晶東시著

全壹冊　定價金三拾전

獨習日語獨학　鄭雲復시著

洋裝壹冊　壹圓貳拾五전

愛國夫人傳　張志淵시著

全壹冊　定價금拾五젼

新小說血淚　리人稙시著

全壹冊　定價금貳拾錢

富國全書養鷄新論　鮮于叡시著

全壹冊　定價금三拾五전

世界三怪物　젼壹冊拾貳전

家庭雜誌　每號拾젼

新訂算術　젼三冊六拾젼

普魯士國厚禮斗益大王七年戰史　젼壹冊定價金三拾젼

發賣所　皇城中署布屛下

廣학書舖　金相萬

京鄕各有名書舖

漢城醫師總會醫學校卒業基督教靑年會醫學部教授慈惠藥房 漢城醫學校卒業生人濟衆院醫學員洪錫厚朴慈惠李觀化告白

本人等이漢城南大門外濟衆院用낙處方으로左記封入낙을製造ㅎ오니京鄕僉遠近勿論ㅎ고此약品信用ㅎ시기爲ㅎ야前醫學校長勳五等池錫永氏에게약方文마다議定ㅎ고有効證明書를受ㅎ고主治効能用法을詳記ㅎ야洋鐵匣紙匣琉璃瓶에封ㅎ야賣약兄弟에게利益이加有ㅎ도록主務ㅎ나이다

治痰平胃丸　男女益補丸
輕腫根治膏　純金鷄蠟丸
濕腫根治膏　蛔虫浸出丸
大瘇拔根膏　四時感冒丸
小兒胎毒瘡膏　淸明眼藥水
積氣神効 保嬰散　消痰鎭咳藥
小兒感冒 靈効散　男女祛根藥
德國製淋疾丸　瘡疾 寸白拔根藥
漢城百應膏　止足汗臭藥
洋藥乾材　止瀉潤腸丸
韓藥唐草材　陳陳旧滯 消積丸
西藥醫方活套　無惡臭疥瘡藥

◎大韓國新發明賣藥

◎修度 靈丹　各樣食滯中暑久滯口臭痰飮吐瀉症價一貼 錢

◎至寶丸　治諸般鬱疾不拘久遠眞有偉効定價金十錢

◎靈效液　外用芳香治疥瘡皮風百發百中定價金二拾錢

◎淸眼水　治諸般眼疾有驗靈異天之妙定價金拾錢

◎通淋丸　治男女急慢淋疾神效無雙速效除毒壹週金五拾錢

製劑發行所　漢城南部大廣橋乔漈第二十九統七戶　共愛堂大藥房　謹白

支店　開城南門內共愛堂第壹支店 群山港開福洞共愛堂第二支店 河東郡赤良面共愛堂第三支店

代理店　皇城北部大安洞　姜助燮 / 仝　鍾路靑年會館前　리春善 / 仝　西部新門外石橋　黃麟秀 / 仁川　仁濟藥房 / 　慈惠藥房 / 　普濟醫院 / 濟生堂　仝　和平局

此外에도東西洋各國有名賣藥과韋材藥이俱備ㅎ오니藥의多少를不拘ㅎ고請求ㅎ시면小包로仰呈ㅎ게ㅅ습

莽於人道之原則ㅎ고重於正義之誠實ㅎ며以親切爲旨ㅎ야訴訟事件幷各官廳請願事件을受依托홈

京城저洞六拾四統二戶

東洋大學前講師

辯護士　木尾虎之助

日本法律學士

月

本人이平남中和看東面壹里貳洞所在田基字丁秋日畊과稼字丁半日畊兩作을甑郡醆面四里四統八戶鄭宗厚處에定價壹百十圜으로買得혼證明書를陰三月廿六日에義兵의게見失ㅎ얏온즉內外國人은勿爲見欺홈

中和東頭面下六里林心오告白

◎新訂方合編　壹部壹圜拾전
針脉經。病論。약性。方案。牛痘法。牛馬病약。洋약用法。診察法。經驗方。이具備ㅎ야醫학家나賣약家에最新要緊ㅎ오며

◎社會勝覽　純國文廿三전
社會에規則과演說에方法과躰格이며東西양雄辯家에演說를譯述ㅎ야社會有志者와勞働人及婦人々지不可不購覽홀者며

◎婦人儀範　純國文廾五전
胄子를教育ㅎ고家庭을整理ㅎ는道로婦人社會의特要혼師範ㅎ이오며

◎中等算學　壹帙　冊壹圜五拾전
自四則至開立方九積數를次第橫布ㅎ야학習에便易ㅎ고我韓算書中에壹具備혼者며各校학生의게는特爲減價발賣홈　入拾二頁

註譯 支那時文類聚　리서雨 編集　定價금 二拾二錢

右冊은近日現用ㅎ는각樣緊要私札往復이며韓淸與日淸間에現行往復을띤公私宴會請帖往復이며其他公函往復과公文照會等式을編成一冊ㅎ야可作高等社會의錦囊要訣이오ㅓ照亮

總發매　皇城中央光東書局

分所매　皇城각書舖

◎大韓國新發明賣藥支店廣告

●陸軍軍醫金孝鉉君特驗方劑 ●陸軍軍醫張兆洪君有効證明 ●四海衛生之新品子常備之靈藥

消化新藥 淸心保命丹

發行所　仁川港杻峴　濟生堂藥房

九十粒入金拾錢

●主治効能 ●痰飮食積中暑中寒 ●咳嗽腹痛水土不服 ●氣鬱吐瀉船車眩暈 ●食傷酒酲口熱惡臭 ▲其他諸般運氣厲疫預方妙藥

●出張代理特約販賣所
京城大廣橋共愛堂大藥房
同鍾路慈惠藥房　리觀化
同梨峴洋약局　리信華
同紛洞博文書館　成谿亭
同西大門外大同運輸會社
同泥峴三丁目新井支店
同泥峴郵便局前　天佑堂
同水橋本堂出張人　리濟鳳
仁川舊邑本堂出張所　金濟贊林
同開城旅館　韓昌根
同奇峴和平堂　리應善
開城西門內萬物商　박圭西
同南門內同店　禹相玉
同南門內冊肆　리禎鎬
同北部忠橋　吳聖模
海州宗路商店　宋在瑛
同二房약舖　김泳泰
同南門內店　리奉植
水原鍾路下약房　金濟九
延安邑내洋약局　邊汝文
江華鍾路店　尹斗鉉
同鍾路店　宋順五
同西門外冊肆　高成根
長湍南門내　趙毅淳
砂利院市場내客主　朴健昌
同　任允字
同耶蘇教堂내　리在二
黃州南門내紅門동　리東蘇
平壤鍾百里濟生局　韓鳳儀
同館前衛生醫院　金龍興
同大興部　里　崔能化
同乎武洞藥局　桂澤宜
同甲乎浦出張人　尹寅赫
鎭南浦鰲동洋약局　김元섭
同僞兩機本堂出張人　吳남奎
群山港開福동　김斗鉉
安州城내義井동回春大약房
安岳邑上場里濟生局林景柱
大邱南門내廣通동　김成浩
釜山港草梁客主　金重佑
德川郡美동商店　朴芝行
殷栗邑後동洋약局　崔九國
忠州東良面早巖　金鎭和
晉州郡司동　박善賢

●公州남門내洋약局리總任　●鐵山邑내洋약局　羅恩彬
●郭山邑내永春亭　安瀛
●宣川邑내冊肆　安奎
●義州本口街　崔석浩
●信川邑四里洋약局　김永植
●郭山邑冊肆　김大鉉
●元山港濟生堂支店　박敬謙
●北靑新昌港客主　박錫勳
●江原道本堂出張人　馬雲來
●德川邑甘동洋약局　리丙斗
●禮山용谷里　리東赫
●其他各약店마다隨意販賣홈
●仁川港濟生堂告白

現今學界에对各項事務을一層擴張하오며金裝與銀裝各樣의齒와洛小齒及齲齒落齒훈데齒床幷齒齦을製造하오며拔齒與入齒時에痛苦無痛케을는技方도有ㅎ며齒科上面議는無料接受ㅎ옵는니四方僉君子는照亮ㅎ심을爲希홈

京南大門內倉洞美人施蘭致家

高齒科醫士　韓大衡　告白

◎報償義捐金收入廣告

◎慶北慶州外東面影地里
薛東鎭一圜　김寬斗　八十전
리鍾喜　薛溶水　각六十錢
김인斗　리晩昊　金영河
박宜傳　각四拾錢　리圭元
徐錫栗　薛형鎭　徐基根
徐錫權　薛인진　各二拾錢
리圭宜　吳世熙　各拾錢
合六圓

▲니남面古舍里
金秉柱　孫秀曄　각八十錢
리致榮　黃奎律　姜斗柄
최洪錫　鄭揆錫　문斗復
김基植　鄭冠錫　白東玉
김濟璜　각六拾전　金致玉
金振玉　각四拾錢　徐行悌
鄭錫鳳　辛相인　김斗明
金成淑　河相ㅣ　박基鎭
孫晋國　리時榮　黃載潤

김祥考　金錫翊　…
리圭ㅏ　吳…衡　尹…
鄭회敏　朴永奎　각二拾錢
合十二圓

▲鳥石里
孫相喜　孫齡　孫相德
文弘準　문奇準　리元泰
孫昆格　孫相학　孫相寬
리元柱　孫소　孫永煥
金海甲　吳辛甲　손永漢
최璉鎔　리德或　각八拾錢
合拾圓二十전

▲平里
奇世觀　朱瑩模　朱瑩萬
각一圓　리鍾宜　奇仕晟
리圭淵　奇宇鉉　리圭浩
奇世淨　奇世弼　리圭復
각八拾錢　朱永哲　奇世熔
리圭祥　朱瑩和　奇祥玖
리鍾入　奇祥元　김基宗
리圭沐　各六拾錢　리鍾謨
리圭夏　각四拾錢　朱瑩寫
奇祥琢　奇仕榮　鄭海五
各二十전　朴璋馨　朱永河
奇祥晋　리圭五　각十錢
合十六圜八拾錢

總合四十五圜○

前錄合六萬○○七十圓八十七

錢二圓

都總合六萬○一百十五圓八十七錢二厘

●本社廣告

○申報價
一張代金　新貨二錢五厘
一個月前納　三十錢
三個月　九錢
六個月　一圓七十錢
一個年　三圓四十錢
郵稅一張　新貨五厘
一個月　十三錢

發行兼編輯人英國人　裴說
發行所　南署石井洞號外砲三層洋屋家
大韓每日申報社

●慈惠藥房附屬印刷社廣告　本社에서慈惠약房東西藥業月報版出ㅎ기爲ㅎ야印刷所를設置ㅎ고數拾年來國문經翻譯ㅎ던洪聖奎氏로國漢文考準主任으로委托ㅎ고英字考準은洪錫厚씨가委任ㅎ고日文考準은劉哲相氏와리觀化氏가卒業ㅎ…

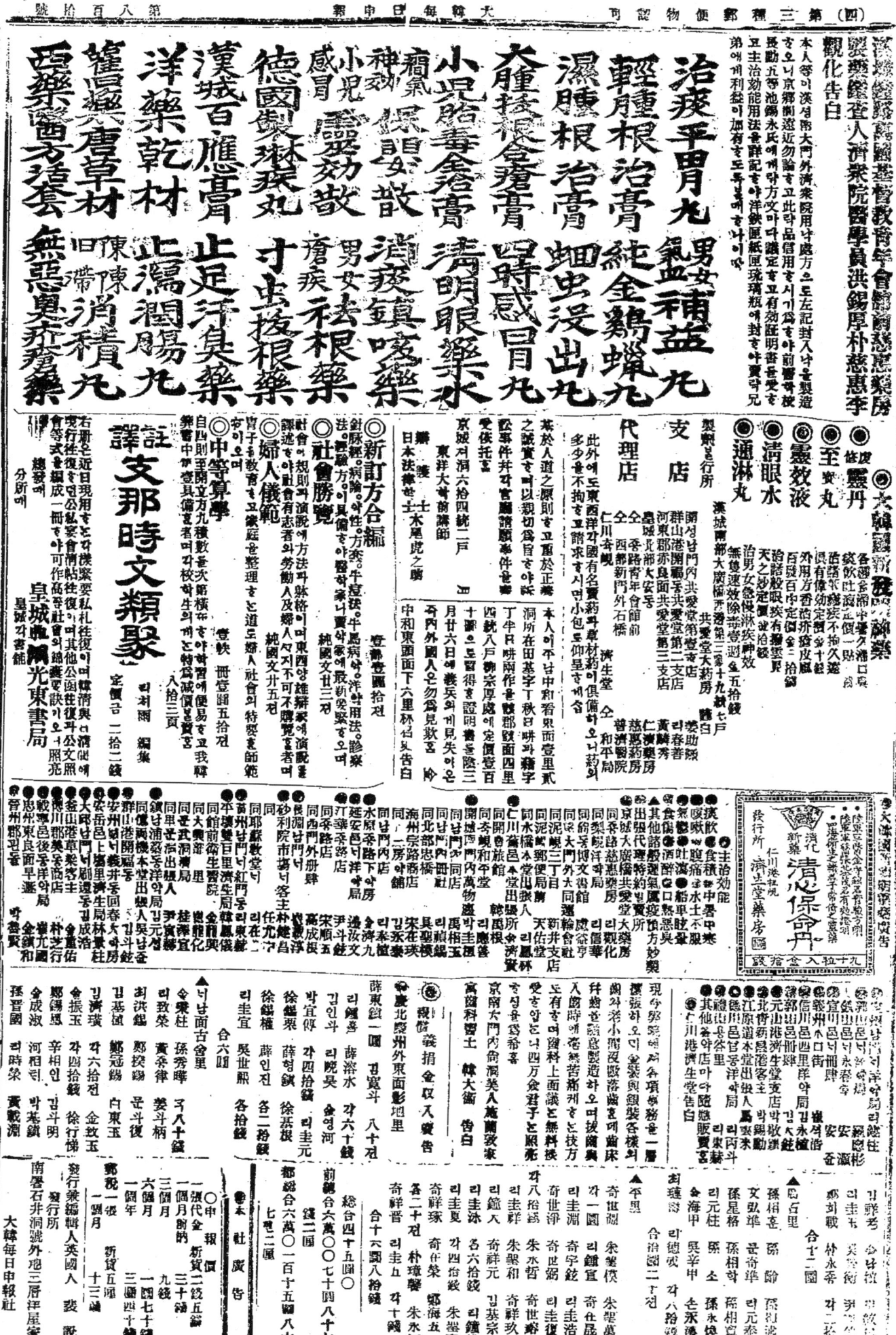

英語와日語와한語를비호시는男女학…

第八百拾壹號

大韓每日申報

第六卷

月曜及慶節歲時日休刊

檀君開國 四千二百四十一年
箕子元年 三千三十年
大韓開國 五百十七年
日本明治 四十一年
淸國光緖 三十四年
陰曆戊申四月大廿三日丁丑

論說

●韓國內情況

神戸每日報가東京에서接受ᄒᆞ揭ᄒᆞᆫ可觀的書類를神戸헐랄드三英字報에發佈ᄒᆞᆷ이如左ᄒᆞᆫ대本申報ᄂᆞᆫ此를揭布ᄒᆞ거前에該每日報의確言에就ᄒᆞ야先히說明코ᄌᆞᄒᆞ노니宣敎師約百名이暴徒를暗助ᄒᆞ다ᄒᆞᆫ事ᄂᆞᆫ全然無實이라韓國에在ᄒᆞᆫ吾儕白人의所知로ᄂᆞᆫ相異ᄒᆞ니盖宣敎師들이韓國의舊政策은不悅ᄒᆞ고日本의現政策을保持ᄒᆞᆷ은難可爭ᄒᆞᆯ證據가有ᄒᆞ거ᄂᆞᆯ彼每日報에京城通信員은丁寧히此實事를未察ᄒᆞ거시로대不幸히彼의虛報가若此히接收되앗스니矜憐ᄒᆞᆫ韓國이艱苦를受ᄒᆞᄂᆞᆫ도다美國英國法國宣敎師의長者들이此等虛詐의陳述에己爲反對論駁ᄒᆞ앗슴時가非乎아不然則彼們이血誓에彌血이毫無ᄒᆞ야此等運動ᄒᆞ기를恐懼ᄒᆞᆫ인가吾儕ᄂᆞᆫ宣敎師들이此에行ᄒᆞᆷ을ᄂᆞᆫ不信ᄒᆞ거니와但吾儕ᄂᆞᆫ宣敎師의多大數가政治上에關ᄒᆞ야ᄂᆞᆫ相關不容ᄒᆞᄂᆞᆫ줄노認ᄒᆞ노라

彼每日報에云ᄒᆞᆫ대

京城에서來到ᄒᆞᆫ最近情報를據ᄒᆞ건대韓國暴徒가現今에極其活動ᄒᆞ며都城外에何處던지敢行ᄒᆞ기危險ᄒᆞ고政治秩序ᄂᆞᆫ去益紊亂ᄒᆞ야日本行政은京城外於里五里라도出去ᄒᆞᆷ을不許ᄒᆞ며全國各處에軍律이施行되ᄂᆞᆫ디向時에當局者들의게歸順ᄒᆞ앗든暴徒들이至今은更起ᄒᆞ야日本軍隊와衝突이出現ᄒᆞᆫ즉彼等은即時兵器를除却ᄒᆞ고安靜快活ᄒᆞᆫ狀態를現示ᄒᆞ니所以로此行動을鎭壓ᄒᆞ기極難ᄒᆞᆫ지라宣敎師約百名이此暴徒를暗助ᄒᆞᄂᆞᆫ것을明確査覈안바此에對ᄒᆞ야當爲者ᄂᆞᆫ只有壹道ᄒᆞ니彼等을命令ᄒᆞ야退韓케ᄒᆞ리로다增派ᄒᆞᆫ日本軍隊가到着ᄒᆞᆫ以上에ᄂᆞᆫ暴徒가鎭靜되려니와然이나彼等이生計를得하기困難ᄒᆞᆷ을因ᄒᆞ야好時機를待ᄒᆞ야定코更起ᄒᆞ기가恐ᄒᆞ니何ᄯᅢ던지韓國內에景況은凶險ᄒᆞ도다稍有識見者ᄂᆞᆫ以爲ᄒᆞᄃᆡ暴徒ᄂᆞᆫ鎭撫ᄒᆞ앗다ᄒᆞᆯ지라도韓國官吏의게嚴酷ᄒᆞᆫ艱難이將有ᄒᆞ리라ᄒᆞ다ᄒᆞ앗더라

外報

●製艦費否決 倫敦電을據ᄒᆞᆫ즉俄國議會豫算委員會에서戰鬪艦四隻建造費를否決ᄒᆞ앗다더라

●法國海軍擴張 同電을據ᄒᆞᆫ즉法國의來年度海軍計劃은戰鬪艦 隻建造案을包含ᄒᆞ앗다더라

●蒙自匪亂 上海電을據ᄒᆞᆫ즉雲南의官軍은蒙自와逕海關直[illegible]附近에서革命黨과交戰ᄒᆞ야勝利ᄒᆞᆫ旨를報告하앗다더라

●亞細亞人排斥 路透電을據ᄒᆞᆫ즉米國에勞動黨의同盟會에서米國各州議員을勸誘ᄒᆞ야詳細亞人排斥案을通過ᄒᆞ리고設計ᄒᆞ다더라

●鐵路豫算 倫敦電을據ᄒᆞᆫ則黑龍江鐵道敷設案에對ᄒᆞ야俄國元老院에서此를反對ᄒᆞ앗ᄂᆞᆫ대위伯은豫算의漸大ᄒᆞᆷ을豫見ᄒᆞ고該鐵道敷設費를三萬二千五百萬留로假量ᄒᆞ다ᄒᆞ앗더라

●比島海軍增置說 紐育電을據ᄒᆞᆫ則米國海軍提督맷카푸氏ᄂᆞᆫ比律賓에海軍을增置하ᄂᆞᆫ것이必要ᄒᆞ다고明言ᄒᆞ앗다더라

●萬國道德會議 壹千八百九拾六年에瑞西國에서萬國道德會議를開ᄒᆞ앗더니今番英國倫理學會에서主唱ᄒᆞ야本年九月에英京倫敦에서第二回會議를開ᄒᆞᆯ터인대歐米各國倫理學會의代表委員等이會同ᄒᆞ야道德上敎育에關ᄒᆞᆫ事로會議를開ᄒᆞᆯ다더라

●日本在留革命黨 日本에在留ᄒᆞᆫ淸國人革命黨대會ᄂᆞᆫ本月七日午後에開催ᄒᆞ앗ᄂᆞᆫ대發起人은劉光漢氏(江蘇省人)오出席者가數百名에達ᄒᆞ야數次演說ᄒᆞ앗스나何如ᄒᆞ던지日貨排斥ᄒᆞᄂᆞᆫ不法ᄒᆞᆫ議를演說ᄒᆞ야議者今國대會에서宣言ᄒᆞᆫ것을是認ᄒᆞ고更히日貨排斥問題ᄂᆞᆫ保皇黨(卽梁啓超 派)와聯絡에係ᄒᆞᆷ으로避ᄒᆞ야決議ᄒᆞ고又委員이淸國各省革命黨에右決議를通牒ᄒᆞ기로決定ᄒᆞ고散會ᄒᆞ앗다더라

雜報

●明校尤明 신川郡邑ㅅ牧童等이陰三月分에四里金泰官시空家에會集ᄒᆞ야夜學校를設始ᄒᆞ고名曰牧童학校라ᄒᆞ야晝則勞動ᄒᆞ고夜則會集하야十餘名이各出壹兩ᄒᆞ야柴油를買用ᄒᆞ며滿是敎師南時勛氏와運動敎監崔明俊氏가熱心敎授ᄒᆞ더니邑ᄂᆡ紳士李悌奎최相植氏等二十餘人이見其熱誠ᄒᆞ고자捐壹圜ᄒᆞ고邑ᄂᆡ鄕廳을修理ᄒᆞ고牧童학校를移接ᄒᆞ야改稱明新夜학校라ᄒᆞ고同力贊助ᄒᆞ시名譽敎師에鄕萬燁최韓祥諸氏가熱心으로勸奬하미학徒가日々增進ᄒᆞ야一月之내에三拾餘名에達ᄒᆞ앗다고該郡來人이稱頌ᄒᆞ더라

●蠶業盛況 江西郡居前監理金應龍시ᄂᆞᆫ大七年前부터實業은國家의如何ᄒᆞᆫ關係가有ᄒᆞᆷ을先覺ᄒᆞ고光武五年分에蠶桑을培養ᄒᆞ기爲하야桑木數千株를植ᄒᆞ고今年에至ᄒᆞ야農商工部에請願ᄒᆞ야蠶業傳習支所로定하고傳習生拾四人을敎授ᄒᆞ며蠶室寄宿舍를新築ᄒᆞᆷ으로去月十壹日에入所式을擧行ᄒᆞᄂᆞᆫ대來賓은男이二百名이오婦女가壹百名이라所장김應룡氏가開所式辭를陳述ᄒᆞᆫ後에午餐은後園에서立食禮를行ᄒᆞ야盛況을呈ᄒᆞ앗다고西來人이稱頌ᄒᆞ더라

●安校運動 安山郡牧童憍堅들이夜學校를七處에設立ᄒᆞ고公立蕊督楊山三학校優等학徒가敎授하야熱心做去ᄒᆞᄂᆞᆫ데各학校에서春期運動을試驗코ᄌᆞ하미邑中某某諸氏가爭先義捐에數十圜을措備ᄒᆞ고去十日에各學徒가齊會하니학徒가百餘人이오觀光人이數千이라國旗를高揭하고運動式을擧行ᄒᆞᆯ시運動體操旗取競走舞術跳躍等次第試驗ᄒᆞᆫ後에下午八時에各학徒가晝耕夜讀ᄒᆞᄂᆞᆫ熱心工夫하ᄂᆞᆫ問題로演說하고賞品을給與ᄒᆞ앗ᄂᆞᆫ대觀光者가莫不稱讚ᄒᆞ앗다더라

●柴炭新社 김敎彬최永遜兩시가股金을鳩合ᄒᆞ야蓮洞에柴炭會社를設施ᄒᆞ고農商工部에請願承認ᄒᆞ야實施기在卽ᄒᆞ앗다ᄂᆞᆫ대其規則인즉柴炭馬馱와卜負가路上에自相衝擊이無케ᄒᆞ며日暮로두遠에失時ᄒᆞᆫ柴馱ᄂᆞᆫ從時價買入케ᄒᆞᆫ다더라

●務尙汾校 通津郡私立汾西學校에서今番運動會에參例치못ᄒᆞ엿더니畿湖학會에서摠代를專送ᄒᆞ야務問ᄒᆞ고金四원卷寄附ᄒᆞ앗스며前軍大趙희淵시도前往務問ᄒᆞ고紙筆物品을優數히寄附ᄒᆞ엿다더라

偉人遺蹟

水軍第一偉人 李舜臣

錦頰산人 續

第拾章

●李舜臣의第四戰(釜山)

强弩의末이其勢가猶壯ᄒᆞ도다賊船이五百餘艘오賊軍이幾數萬이라리舜臣이慶尙右道巡察使金睟의關文을接ᄒᆞ고全羅左右道戰船合七拾四隻을整理ᄒᆞ야癸巳二月二十四日에發船ᄒᆞ야二十七日에熊川으浦에至ᄒᆞ니固성鎭海昌原等地에留屯ᄒᆞᆫ倭ᄂᆞᆫ今羅兵의聲勢를聞ᄒᆞ고逝去ᄒᆞᆫ지已數日이라翌曉에梁山金海兩江前양으로불向ᄒᆞ더니適其時昌原人丁末石이被擄ᄒᆞᆫ지三日만에乘夜逃還ᄒᆞ야倭賊이加德島北邊內岸에隱伏ᄒᆞ앗다고來告ᄒᆞ거ᄂᆞᆯ二拾九日鷄鳴에발船ᄒᆞ야加德島에至ᄒᆞᆫ즉蹤跡이杳無ᄒᆞ고蒙林浦에至ᄒᆞ니倭大船四隻小船二隻이現하ᄂᆞᆫ지라大船一隻을破滅ᄒᆞ고左右로分兵ᄒᆞ야兩江으로入코ᄌᆞᄒᆞᆫ즉江口가狹隘ᄒᆞ야容戰키難ᄒᆞᆷ으로還陣ᄒᆞ고翌日에沒雲臺에過ᄒᆞ니東風에波濤가洶湧ᄒᆞᆫ대倭大船九隻을擊破ᄒᆞ고多大浦에到ᄒᆞ야倭ㅅ船八隻을擊破ᄒᆞ고西平浦에到ᄒᆞ야倭大船八隻을擊破ᄒᆞ고絶影島에到ᄒᆞ야倭大船二隻을擊破ᄒᆞ고釜山前양에到ᄒᆞ야賊船을探偵ᄒᆞᆫ즉大槪五百餘隻이多라船滄東邊에列泊ᄒᆞ고先鋒大船四隻이草梁項에서徘徊ᄒᆞ거ᄂᆞᆯ李舜臣이元均과億祺와約束ᄒᆞ여日我等의兵威로엇지此를不討ᄒᆞ리오ᄒᆞ고麾旗督戰ᄒᆞᆯ새右部將鹿島萬戶鄭運과龜船突擊將軍官李彦良과前部將防踏첨使李純信과左部將中衛將等이先登突進ᄒᆞ야先鋒大船四隻을爲先擊破ᄒᆞ고乘勝長驅ᄒᆞ야장蛇又치挨進ᄒᆞ니鎭城東邊山五里에屯泊ᄒᆞᆫ賊이我 威武를望ᄒᆞ고敢出치ᄂᆞᆫ者ㅣ無ᄒᆞ며我兵이其前에直衝ᄒᆞᆫ즉諸賊 營時山上으로奔登ᄒᆞ야六處에分陣ᄒᆞ고丸箭을俯放ᄒᆞᄂᆞᆫ대雨雹갓치下射ᄒᆞ고或片箭으로發射ᄒᆞ야我船을多中ᄒᆞ거ᄂᆞᆯ我船諸將이憤氣奮發ᄒᆞ야冒死爭先ᄒᆞ서將軍箭及翎箭與片箭小鐵丸大鐵丸이一時에發ᄒᆞ야交戰終日에三道諸將이竝力ᄒᆞ야賊船百餘隻을破滅ᄒᆞ니倭賊等이其死屍를焚燒ᄒᆞᄂᆞᆫ대腥臭가數百步에溺ᄒᆞ더라西日이奄沒ᄒᆞ거ᄂᆞᆯ左右[illegible]에腹背受敵ᄒᆞᆯ가念慮ᄒᆞ야諸將과回棹ᄒᆞ야三更에加德島에到ᄒᆞ야經夜ᄒᆞ고翌日에再計ᄒᆞ야其巢穴을盡剿ᄒᆞ랴ᄒᆞ나但水敗ᄒᆞ면陸走ᄒᆞ고陸敗ᄒᆞ면水走ᄒᆞᆷ은賊等의장技라今에賊船만殲滅ᄒᆞ면彼가又陸地에登ᄒᆞ야擄掠ᄒᆞ야濫行하면生民의酷禍가又何如ᄒᆞ리오ᄒᆞ니公이此를深戒ᄒᆞ야慶尙道陸軍諸將과水陸俱討ᄒᆞ기를決計ᄒᆞ고戰을暫停ᄒᆞ얏다是役에비록本路의[illegible]ᄒᆞᆷ에不過ᄒᆞ나其殺傷의數ᄂᆞᆫ閑山之捷에不下ᄒᆞ더라 (未完)

雜報

●訴訟法提議 民刑訴訟法이日間頒布된다는事는前報에已揭하얏거니와該制定案을再昨日에야내閣會議에提出하얏다더라

●郡守延期 내部에서郡守三拾餘窠을 奏本하다함은前報에揭載하얏더니更聞한즉히奏本이延期되얏다는데其理由인則히部秘書官김裕會씨가身病을因하야一個月受由하고仕進치아니함으로自然延期되얏다더라

●楊守判事 楊州郡守申載永氏를判事로需用하깃다고法部에서내部에承認을請하얏다더라

●兩守請免 黃州郡守韓貞奎 金海郡守鄭澄鎔兩氏는辭職請願하얏다더라

●郡主排置 내部에서今番에試取한郡主事三拾三人을水原公州淸州江陵陰城寧越原州等각郡에排置하얏다니라

●蕩逋將頒 度支部에서甲辰年前郡守의犯逋는壹幷蕩滌하기로統監府에同意를請하얏다함은前報에揭載하얏거니와該同意가日前에承認됨으로將次官報上에頒佈한다더라

●犯逋數額 公錢欠逋된郡守를蕩滌한다함은別項과如하거니와또公錢及金額을調査하얏다는槪算을續聞한즉人員은壹百三拾餘名이오금額은壹百十餘萬圜이라더라

●頑固有用 政府가變更된다는說이寥寥無聞하더니近日巷談을聞한즉地方騷擾를鎭靜키爲하야政略만變更하고政府는仍存할다는대其中에觀察郡守는頑固黨으로敍任한다더라

●山坂尙存 雲峴宮에서孔德里松林는已爲賣却하얏스나山坂인즉初不許賣하얏다더라

●秘苑運動節次 秘苑運動會를退定하엿다더니更聞한즉昨日에設行되얏는대각部大臣과官내府一般官吏가齊進參觀하는대賞品은四種으로分하야金時計一個와銀時計一個와鉛筆四百同과空冊四百部라는대一等賞에金時計오二等賞에銀時計오其他는鉛筆과空冊을頒給하얏다더라

●校費難撥 학部學務局장尹致旿씨가前日經理院에서捐助하던九校任員을再昨日에該部로招致하야曰今年度々지는前日과如히補助金을支撥할터인대此亦姑未可質이며明年度爲始하야는一分도支撥키難하니以此知悉하라하얏다더라

●稅關工事處理 각稅關工事水面埋築에關한件을本部大臣과協議處理하지고내部에서度支部에照會하얏다더라

●銀貨收入 日本舊一元銀貨를收入한다함은前報에揭載하얏거니와該貨幣를淸國芝罘에서五萬五千元을인川港에在한世昌洋行으로送交하얏는대仝洋行에서는該貨幣를關稅局으로越送하얏다더라

●判任停務 各部에서昨日각學校特別選擧에의奏任官以上이入參하얏는대히部次官俵孫一시가判任官의게言하기를上官이無한則判任官만仕進할必要가無하다하야昨日의는仕進치아니하얏다더라

●韓人渡日數 日本大藏省에서本年三月內로韓國人의渡航한數를調査한즉總數가九百六名이라더라

●何不학擧吏部 昨日下午十一時量에鐵路賈酒家에何許平壤人二名이酒를買飮하다가酒價가不足하야酒商에게明日報給하기로言及한즉該酒商이聽從치아니하고派出所에往告하야該兩人을即時中署로押去하얏는대就中一人은現帶巡査라더라

●藥浴資金 慶善宮에서幹事員김基鉉씨를廣州汾院에派送하야藥浴한다는데히資本금은二萬圜으로定하얏다더라

●外人居留地稅則 度支部에서外國人居留地에對한地稅及雜稅徵收事務取扱規程을如左히定하얏는대

第壹條 外國人居留地에對한地稅怠納利子及土地競賣代금의徵收事務는本規程의依하야處理함이可함

第二條 前條地稅其他의收入이有한時는日本國理事官이各項收入금額을所轄財務署의通知가有할터이니財務署長은此通知를因하야韓國政府의收入이될금額을調定하야日本國理事官及居留地會의對하야納入告知書를發할이可함이라하얏더라

●日兵向東 日本守備隊兵卒二百餘名이日昨에江原道寧越等地로발向하얏는대日間에金化等地로又爲발向한다더라

●二賊被捉 天安小井里停車場店幕에서宿泊하는賊漢二名을再昨日에히警務署에서捕捉하얏다더라

●呂邑火變 去拾二日에呂州郡邑내民戶에서失火하야五戶가延燒하얏다더라

●松禾風塵 本月拾一日에松禾郡에서義徒와日兵과接戰하얏는대出戰하기는憲兵二名巡査八名인대左右에被傷은無하얏다더라

●媒花被捉 北部碧동居前參奉宋永九氏가再昨日警視廳에被捉하얏는대其事由는女人을居媒한事이라더라

●病脚稱傷 再昨日에南部五壯洞居리用善씨가히隣居김東完氏와件行하다가히동居留淸人王魁文家門내로暫爲歸觀하얏더니히王哥는本是壹脚病廢之人인대常時所杖으로毆打兩人하매리김兩人이淸人으로說往說來하는대히淸人이返以抑說로孜孜이毆打吾脚하야如此受傷이라하고리用善시家에來到하야即入내堂預隊하야無數詬辱하며히掌니巡査가리김兩人與히淸人을押去銅峴分署하야裁判後淸國巡査廳에交涉하얏는대尙未歸決하엿다더라

●修業總計 臨時財源調査局에서修業하던圖根測量見習生이養蚕者의修業試驗을行하얏는대히見習生이總計三百八名中외及第한者가三拾七名이라더라

●逸氏白放 平山郡居前進士逸東煥氏는何人의誣陷이엿지義兵干連이라하야警廳의被捉하얏더니實犯이無한故로無事白放되얏다더라

●錯認義兵 本月十壹日下午拾一時에義兵數名이松禾郡水橋에入하야留宿하고他處로發向하얏는데該郡에駐在한憲兵二名과巡査五六人이義兵을討伐하기爲하야水橋里로往한則히洞民人이義兵이他處로去하얏다고報告하매起鉀하기爲하야會集하얏거늘日憲兵日巡査가義兵으로誤知하고放銃하야良民二名은即地殺殺하고壹名은被傷하얏다더라

●日刺韓人 水原停車場에居留日人屈彦作이가히地人力車軍權性遠과相戲하다가權哥가拳으로屈彦作의頭部를打하얏더니히日人이言하되以若韓人으로日人을如是無禮히하나냐하고棒子로權哥를毆打하며傍觀之人이挽止한則히日人이即入히家하야食刀를持出하고權哥의腹部를刺하얏는데히日人은히警署에서捉囚하고權哥는病院에治療한다더라

●慶郡騷擾 慶興地方에義徒가大熾하야騷擾하다는傳說이有하더라

●與日醉話 南部筆동居黃龍雲이가日人과飮酒大醉하야橫行路中하는故로히掌니巡査가出하야萬端曉論한則返詰探變하는故로銅峴分署로押去하얏다더라

●沿江學會 沿江각學校에서來日曜日上午拾時에特別會를內部東幕리鄭浩氏家에開하고敎育方針을爛商協議한다더라

●大興新校 安州郡靑山面大興학校는金溪英리寅茂兩氏가熱心勸勉함으로開學한지未過兩朔에학徒가壹百二拾名에達하얏고康柱國氏는素以敎學大方家로敎育에注意하야學舍二拾間을寄付하미一境이咸頌한다더라

●義明可明 鐵山郡餘閑面南谷里에士民이協議하고義明學校를設立하얏는데校長鄭載鳳氏와鄭元翼氏가熱誠敎導하매學徒가日增하야將就之望이有하다고西來人이稱頌하더라

●輸校지학 내需司내에新設한輸인小學校에서來六月八日頃에지學한다더라

●산門校況 陝川海印寺는國내巨刹이라往年의학校를設立하엿스나財政이困難하야敎育이未振함으로一般僧侶가熱心奮발하야寺財及私財로爭先出義하야壹萬五拾圜의資本을鳩聚하야校況이復興한다고人皆稱頌한다더라

●漆郡庶幾 漆川郡守吳泰根시는該郡私立普通학校長으로每日에躬往該校하야熱心勸勉하고其允英媛시는體操敎師를擔任하얏고任員리경浩김甯五氏等諸시가極力勤勉하는대新入學徒龍頑시는年今拾六에自斷頭髮하미數二十名학徒가壹時斷髮하지라히郡紳士가敎育에日就함을感謝하야학徒를爲하야聯合大運動會를經紀하고히費金子棗하는데爭先出義하야五日之내에貳百餘圜에達하얏다고히郡來人이稱頌하더라

●扶西新校 鐵山郡扶西面梨花동의서扶서학校를設立하얏는대校長鄭元晉와校監정仕宗兩시가靑年子弟를熱心敎導함으로校況이日就한다고該郡來人이稱頌하더라

●江郡新校 江서郡必毛里에서劃鳳鎬任貞洙諸시가甚督學校를新設하고敎師를延聘하야熱心敎育하는대校況은大有進就之望이라고서來人의傳觀이有하더라

●龍西運動 太極龍義支會에서各학校를聯合하야春期大運動會를本月拾四日에龍川光化面서郊에서擧行하는대諸般才藝를試驗하며五百餘名學徒의整齊隊伍와活潑氣像은參賓數百名이無不欽歎하얏고賞品을多數히施與하얏고서來人이稱讚하더라

●醫新々校 延安郡서亭村의서紳士諸시가醫新小學校를設立하얏는데延安郡守署理海州郡守韓경履시의熱心贊成한效果로히校가漸次興旺하야학徒가八拾名에達하엿다더라

▲地方消息▼

▲本月十七日에義兵千餘名이孝化郡楼碧里에襲來하야日守備隊를包圍하고猛烈히射擊하는데守備兵과警察官三名이死力을盡하야壹時間을應戰하다가僅僅히一面血路를開하야大邱警察署에急報하미島田警視가巡査拾二名을領率來到하야軍隊와共히榮川方面에서開戰하얏는데日守備伍장一名과通譯一名과巡査二名과巡檢一名외死生이不明이라하고

▲本月十六日甲山郡山嶺외서洪凰道의部下義兵五百名이日守備隊와交戰하엿다하고

▲本月七日原州吹幕北方約拾五里地의서義兵三拾名이日守備隊와交戰하엿다하고

▲本月十九日午後五時에實城郡외서義兵壹團이日巡査隊와三時間을猛烈히交戰하엿다하고

▲本月七日抱川東方二里地의서義兵幾名이加平分遣所日兵九名과交戰하엿다하고

▲本月十壹日橫城서北方昌峯附近의서義兵四拾名과日兵拾餘名이交戰하엿다하고

▲本月五十日인郡외서義兵拾名이廣州駐在分遣隊日斥候隊約名과交戰하엿다더라

東京電報

●上野領事召還 二拾壹日발 日本物品을排斥하는日의就하야香港의駐在한日本領事上野씨의게歸朝를命하얏다더라

●出品費辭印 美國議會의서可決한日本大박覽會의出品費壹百五拾萬弗은大統領의關印을得하얏다더라

社告

本支社를左開四處에設置ᄒᆞ고玆以仰布ᄒᆞ오니本報愛讀ᄒᆞ시ᄂᆞᆫ該附近 僉君子ᄂᆞᆫ該支社로請求購覽ᄒᆞ심을務望홈

▲龍川남市驛 韓贊希
▲龍岡郡耶蘇敎堂內 박중온
▲結성廣川場대朴鼎春家 리啓祚
▲龍川府南面松峴海東書會 金寶圭

雜報

●庠舍不容 廣州郡水西學校ᄂᆞᆫ該校監李종胤씨의熱誠으로維持ᄒᆞᄂᆞᆫ中任員에郭尤煥諸氏가協贊으로校况이增進ᄒᆞ더니本月十一日春期大運動에附近士女가雲集ᄒᆞ야活潑ᄒᆞᆫ精神을據觀ᄒᆞ고莫不喝采ᄒᆞ야각其子弟를勸誘入學ᄒᆞ기로ᄒᆞ미校舍가狹窄ᄒᆞ야增築ᄒᆞ기로協議中이라더라

●捐助爲堂 리川郡校동居金텩永시ᄂᆞᆫ雖非敎人이나該郡蘇敎禮拜堂新建築時에新貨三拾圜을捐助ᄒᆞᆷ으로該敎中에서稱謝不已ᄒᆞᆫ다고來人이稱頌ᄒᆞ더라

●靑校夜學 西來人의傳說을聞ᄒᆞᆫ즉郡山邑ᄂᆡ에私立靑年夜學校任員及講師諸氏가熱誠으로靑年을敎育ᄒᆞ니學生이益進ᄒᆞ야五拾人에達ᄒᆞ미人拾已百ᄒᆞᄂᆞᆫ勇進의心으로學問을勉勵ᄒᆞᆫ다더라

●校宮設校 黃州郡에서官民이協議ᄒᆞ야該郡鄕校에학校를設ᄒᆞ고該郡守林相灝시ᄂᆞᆫ金貳十圜을州捐ᄒᆞ고該郡本々諸시가一二圜式塡寮ᄒᆞ아積立ᄒᆞ이西百圜에達ᄒᆞ엿ᄒᆞ고敎師ᄂᆞᆫ남哲趙安鎭兩시로遷定ᄒᆞ얏ᄂᆞᆫ대大有成就之望이라고히郡來人이稱頌ᄒᆞ더라

●二省校况 楚山郡남面栢幕里三省학校ᄂᆞᆫ該校長咸樞昇러道植兩氏와校監金持喆리基鋼兩氏가創設ᄒᆞ고敎師신伯惠씨를延聘ᄒᆞ야熱心敎授ᄒᆞ미數年內에학徒가卅餘名에達ᄒᆞᆫ지라校舍가狹窄ᄒᆞ나經費가窘拙ᄒᆞ야未由擴張터니金雕浩김麗洙김亨慶諸氏가각出義捐ᄒᆞ야校舍를新築ᄒᆞᄂᆞᆫ대就中木手田泰周김昌鉉朴鳳根三씨ᄂᆞᆫ素以工匠資生ᄒᆞ던者로又無自己子弟入學者로되敎育上에義務로願金을力辭ᄒᆞ고誠心建築ᄒᆞ니該校之將就ᄂᆞᆫ指日可期라고西來人의傳說이有ᄒᆞ더라

●兩氏勸學 今番京성에서官公私立각학校聯合運動會에永柔郡리花學校生徒가壯志를抱有ᄒᆞ고勇往直前ᄒᆞᆯ意思가有ᄒᆞ나近千里旅費가末由ᄒᆞ야以拳扣揣에含淚者居半인대爲其父兄者親睦會를成ᄒᆞ고申泰均金日熙兩氏가발起ᄒᆞ야新貨一百圜을義捐ᄒᆞ고女子敎育次新叔ᄒᆞᆫ婦人會中에五圜金을義捐ᄒᆞ고其餘如干經費ᄂᆞᆫ학校儲置金中支撥ᄒᆞ야京城運動會에往參케ᄒᆞ얏스나申金兩氏ᄂᆞᆫ無子姪之入學ᄒᆞ고如是血誠은出於愛國思想이라고該郡來人이稱頌ᄒᆞ더라

●西興新校 ᄂᆡ山鄕ᄂᆡ麻面耶蘇敎中에서捐金多數히募集ᄒᆞ야학校를設立ᄒᆞ고命名曰西興學校라ᄒᆞ얏ᄂᆞᆫ대학徒가熱心就學ᄒᆞ야將有進就之望이라고히郡來人의稱頌이有ᄒᆞ더라

廣告

本人이平남中和看東面登里貳洞所在田基字丁秋日畊과籍字丁牛日畊兩作을[illegible]郡[illegible]面四里四統八戶鄭宗厚處에定價壹百十圜으로買得호證明書를陰三月廿六日에義兵의게見失이온즉內外國人은勿爲見欺홈
中和東頭面下六里林召史告白

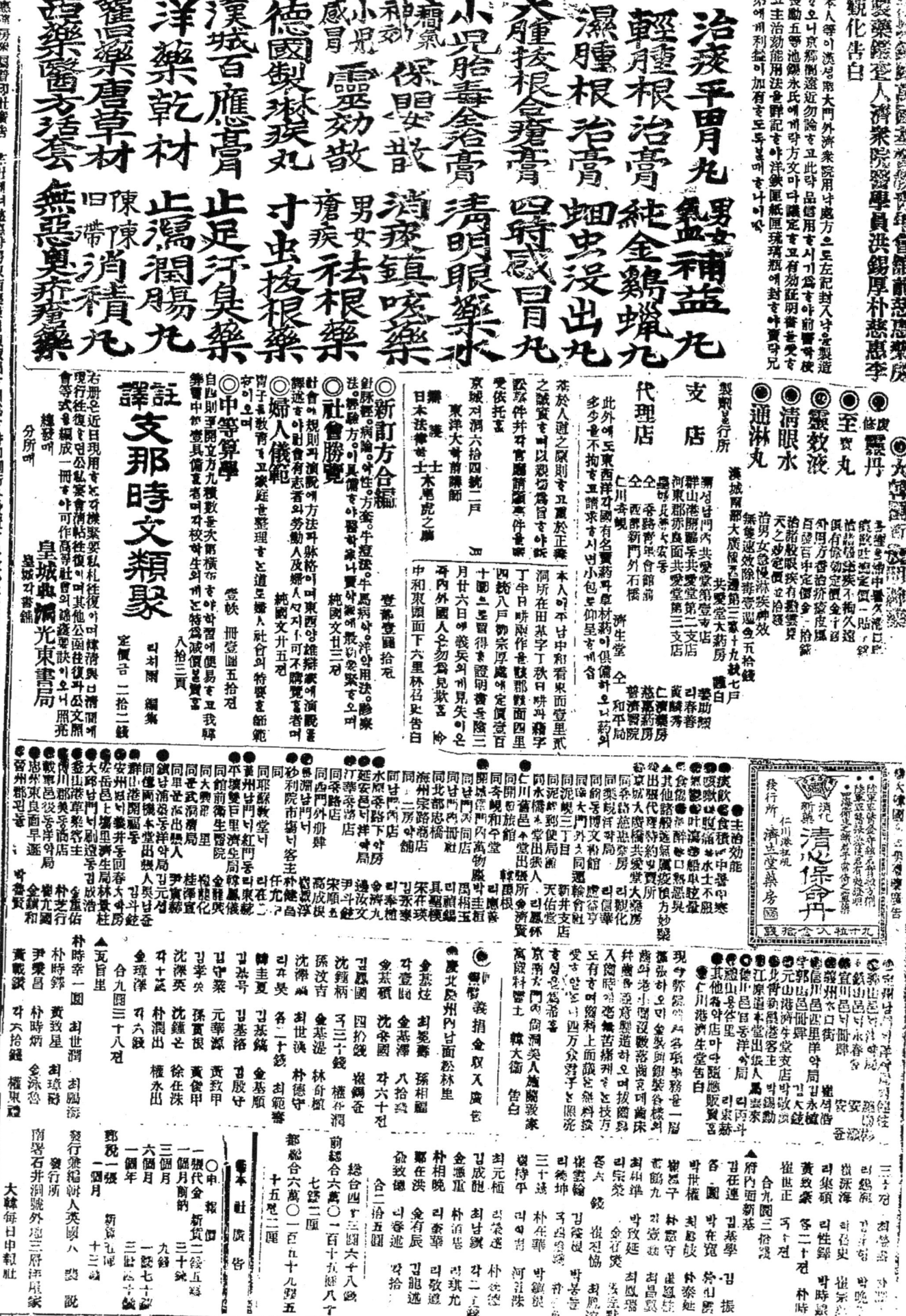

◉新聞義捐金收入廣告
●慶北慶州內남面松林里
金基炷 최冕壽 孫相麗
각壹圓 金基澤 八拾錢
金基碩 沈奎國 각六十전
김鳳國 四拾錢 崔鍚奎
沈鍾柄 각三十錢 權在潤
孫汶吉 金基湜 林命樹
沈澤洲 최世渙 朴德守
리在昊 各二十錢 최範壽
韓圭夏 김基鎬 金基順
김基号 김基洛 김殷守
김守業 元華源 黃致甲
김孝央 孫貫根 黃俊甲
沈澤英 沈鍾老 徐在洙
각十錢 朴潤出 權永出
金璋澤 각六錢
合九圜三十八전
▲瓦旨里
朴時幸一圓 최世潤 최鵬海
朴時鐸 黃致星 최璋敏
尹秉昌 朴時炳 金泳愈
黃載鉉 각六拾錢 權東禮
▲府內面新基
合九圜三拾錢
崔世正 각十전
黃致象 各二十전 朴時雨
리集碩 리性鎔 박時鉉
崔琛海 리召史 崔宗[illegible]
리鍚翰 김[illegible] 박晩[illegible]
三十전 최[illegible] [illegible]
김在連 김基學 김振
各一圜 박在寬 [illegible]
박世權 최鳳岐 朴泰純
崔鳳九 朴顯守 崔[illegible]
崔鶴九 각[illegible] 최昌烈
최相準 박致廷 최鳳瑞
리宗榮 金在燮 [illegible]
各六錢 崔진協 최鳳濟
崔雲輪 김俊根 박봉두
리德坤 각四錢 [illegible]
三十錢 朴在華 박鎭根
崔持平 리[illegible] 河在洙
최元植 리榮運 朴[illegible]
김成酣 최남鎭 각二十錢
金憲重 朴酒[illegible] 리琪九
朴相晩 리在華 리敬道
鄭在洪 金有辰 김龍述
兪致德 리春述 각拾
合二拾五圜
總合四十三圜六十八錢
七錢二厘
前總合六萬○一百十九圜八十
都總合六萬○一百五十九圜五
十五錢二厘

第六卷
大韓每日申報
第八百拾貳號

月曜及慶節 歲時休刊

檀君開國四千二百四十一年
箕子元年三千三十年
大韓開國五百十七年
日本明治四十一年
淸國光緒三十四年
陰曆戊申四月大廿四日戊寅

論說

爲太極學報一祝

吾儕의愛讀ᄒᆞᄂᆞᆫ太極報여太極旗를背負ᄒᆞ고國民의思潮를換發코져ᄒᆞᄂᆞᆫ者ㅣ太極報가아닌가各種學說을蒐集ᄒᆞ야祖國의文明을贊助코자ᄒᆞᄂᆞᆫ者ㅣ太極報가아닌가熱誠을噴ᄒᆞ야靑年의意氣를振作하ᄂᆞᆫ者ㅣ太極報가아닌가唇舌을弊하야舊學界의頑夢을警醒ᄒᆞᄂᆞᆫ者ㅣ太極報가아닌가向者風聞을接ᄒᆞᆫ즉何許障礙를因ᄒᆞᆫ인지太極報가將廢라ᄒᆞ기에吾儕가此를甚惜ᄒᆞ더니只今에無恙獨立하야舊面目을快保ᄒᆞ고有志幾人이大奮발을加ᄒᆞ야二千五百餘圜金을醵集ᄒᆞ야前途擴張을計圖ᄒᆞ다ᄒᆞ니吾儕ᄂᆞᆫ又蹈舞賀祝ᄒᆞᆷ을不勝ᄒᆞ노니

吾儕의愛讀ᄒᆞᄂᆞᆫ大極報여其自愛어다

夫幾年來韓國人의發行ᄒᆞᆫ雜誌가凡幾種인가其性質이政治敎育학術何者에關ᄒᆞᆫ것을勿論ᄒᆞ며其發行이國內와域外何處에在ᄒᆞᆫ것을勿問ᄒᆞ며其已廢及現存도勿言ᄒᆞ고但雜誌라名稱ᄒᆞ던것을統計ᄒᆞ며太畧ᄒᆞᆫ數種에不過ᄒᆞ니此亦大韓國民의一恥인데

某雜誌던지其余部를披閱ᄒᆞ면往々數十張紙葉에塡塞이無策ᄒᆞ야浮漫兩渤ᄒᆞ야雜收拉入ᄒᆞᄂᆞᆫ대或隣國名士의言行을譯ᄒᆞᆫ論文우論說ᄒᆞ야自己姓名으로騰載ᄒᆞᄂᆞᆫ者도有ᄒᆞ며或本國先輩의陳腐ᄒᆞᆫ唾餘를收拾ᄒᆞ야某述이라書ᄒᆞ야刊布ᄒᆞᄂᆞᆫ者도有하며或第 号에ᄂᆞᆫ累加注意ᄒᆞ야精彩가稍有ᄒᆞ다가不過二三號에熱誠이灰冷하야人의欠伸을惹케ᄒᆞᄂᆞᆫ者도有ᄒᆞ며或警告同胞라大書特書ᄒᆞ고閑談生話로支離敷演하야紙面만徒費ᄒᆞᆫ者도有ᄒᆞ니此ᄂᆞᆫ韓國內雜誌界에屢我無論ᄒᆞ고幾乎通病을成ᄒᆞᆫ者라

是故로發行未幾에戛然停鳴者ㅣ太半이오間或稍久支存ᄒᆞᄂᆞᆫ者도國民의頑夢을覺悟케ᄒᆞᆫ能力이缺ᄒᆞ야二千部以上을售되ᄂᆞᆫ者ㅣ殆無ᄒᆞ니仲尼 云ᄒᆞᄉᆞ대禮云々々이나玉帛云乎哉며樂云々々이나鐘鼓云乎哉아ᄒᆞ엿스니夫雜誌라云ᄒᆞᆷ도亦豈論說雜錄等部分만有ᄒᆞᆫ者를是云ᄒᆞᆷ이리오吾儕ᄂᆞᆫ於此에不得不太極報를厚望ᄒᆞ며不得不太極報를愛讀ᄒᆞ노라

然則太極報ᄂᆞᆫ盡善盡美라稱ᄒᆞᆯ가曰未也니라然則太極報ᄂᆞᆫ右陳ᄒᆞᆫ諸弊가絕無ᄒᆞᆫ가曰未也니라曰然則太極報를厚望ᄒᆞ며愛讀ᄒᆞᆫ다云ᄒᆞᆷ은何謂오

曰太極報도彼文明國書類와比肩並驅ᄒᆞ랴면幾年後에나可得ᄒᆞᆯᄂᆞᆫ지難知며本國雜誌界幼稚ᄒᆞᆫ狀態를獨掃ᄒᆞ랴ᄒᆞ야도幾年後에나可得ᄒᆞᆯᄂᆞᆫ지難知니엇지無實ᄒᆞᆫ過譽으로彼에妄加ᄒᆞ리오만은

雖然이나其思想이深ᄒᆞ며其言論이懇切ᄒᆞ며其主旨가緊確ᄒᆞ고又其壽命의延長ᄒᆞᆷ이韓國各種雜誌中에初有ᄒᆞᆯ지니勉哉어다太極報여

來日이方長ᄒᆞ고前途가遼遠ᄒᆞ니益々히思潮를雄放ᄒᆞ야紙面에高揭ᄒᆞᆫ太極旗로半島의國光을輝ᄒᆞᆯ지어다

▲隆熙二年 五月二拾二日 官報

一 官報ᄂᆞᆫ先金이아니면一切발賣치아니ᄒᆞ고又先金이盡ᄒᆞᆫ時ᄂᆞᆫ卽時발送을停止ᄒᆞᆷ

二 官報購覽者ᄂᆞᆫ居住姓名을分明히記載ᄒᆞᆫ書面에少하야도三個月分(郵送에依ᄒᆞᄂᆞᆫ者ᄂᆞᆫ郵稅를添付ᄒᆞᆷ)의代價를添ᄒᆞ야當課에請求ᄒᆞᆷ이可ᄒᆞᆷ

三 官報ᄂᆞᆫ特히指定이無ᄒᆞᆫ購覽請求書가到達ᄒᆞᆫ翌日로부터起算ᄒᆞ야此를發送ᄒᆞᆷ 但特히購覽月日의指定이其購覽請求書到達前에關ᄒᆞᆫ者에對ᄒᆞ야ᄂᆞᆫ殘部가有ᄒᆞᆫ時에限ᄒᆞ야其請求에應ᄒᆞᆷ

四 官報代價를納付ᄒᆞᆫ者ᄂᆞᆫ解約ᄒᆞᄂᆞᆫ事를不得ᄒᆞᆷ但此를第三者에讓渡ᄒᆞᄂᆞᆫ時ᄂᆞᆫ讓渡人讓受人의連署로써其旨趣를當課에通知ᄒᆞᆷ을要ᄒᆞᆷ

五 官報購買者ᄂᆞᆫ居住姓名等을變更ᄒᆞᄂᆞᆫ時ᄂᆞᆫ遲ᄒᆞ야도其前日ᄭᆞ지當課에到達ᄒᆞᆷ을豫量ᄒᆞ야通知ᄒᆞᆷ을要ᄒᆞᆷ

六 官報ᄂᆞᆫ郵送의needs次에依ᄒᆞ야此를발送ᄒᆞ고當課로부터直接配達치아니ᄒᆞᆷ

七 각官廳에서官報를購覽코져ᄒᆞᄂᆞᆫ時ᄂᆞᆫ각會計擔當者가該官廳ᄂᆡ要의部數를各ᄒᆞ야通知ᄒᆞᆷ을要ᄒᆞᆷ

八 각官廳은代價를先納하ᄂᆞᆫ데不及ᄒᆞᄂᆞᆫ納入告知書의指定ᄒᆞᆫ期日에納入치아니ᄒᆞᄂᆞᆫ時ᄂᆞᆫ卽時발送을停止ᄒᆞᆷ

九 地方各官廳은指定의官報代價納入所에官報代價를納入ᄒᆞ고同時에其意를直接當課에通知ᄒᆞᆷ을要ᄒᆞᆷ

隆熙 一年一月 內閣法制局官報課

外報

●英皇의軍隊親閱 倫敦電을據ᄒᆞᆫ즉英國皇帝皇后兩陛下ᄂᆞᆫ올다숏트에셔三萬軍隊를親閱ᄒᆞ셧다더라

●摩洛哥風塵 巴里電을據ᄒᆞᆫ즉法國軍隊ᄂᆞᆫ알제리아境界에셔再次摩洛哥兵과會戰ᄒᆞ야푸레니푸驛을占領ᄒᆞ고敵陣의糧食彈丸等을鹵獲하얏ᄂᆞᆫᄃᆡ摩洛哥兵은多數이死傷ᄒᆞ얏고法國의損傷은渺少하다더라

●通商條約 法國의提議에依ᄒᆞ야英法兩國이通商條約締結ᄒᆞ기를協議中이라더라

●米艦出帆 桑港電을據ᄒᆞᆫ즉米國回航艦隊ᄂᆞᆫ濠洲航路를定ᄒᆞ기爲ᄒᆞ야셔야各船渠로向ᄒᆞ야桑港에셔出帆ᄒᆞ얏다더라

●五月嚴霜 東京電을據ᄒᆞᆫ즉日本長野•前橋•宇都宮等地에本月拾七日에嚴霜이降ᄒᆞ야桑園及其他農作物의被害가不少ᄒᆞ다더라

●蕉實大歉 伯林電을據ᄒᆞᆫ즉中部阿弗利加洲ᄃᆡ도의아•니안드附近地方에蕉實(빠나나)이大歉ᄒᆞ야該地土人數千名이方今餓死ᄒᆞᄂᆞᆫ中이라더라

●英皇訪問俄皇 倫敦電을據ᄒᆞᆫ즉英國皇帝陛下께셔近頃에數週間을豫定ᄒᆞ고俄國皇帝陛下를訪問ᄒᆞ실터이라더라

雜報

●元港運動 元山港內리汝天氏와多數紳士가熱心발起ᄒᆞ야今番에該港內에春期聯合大運動을設行하얏ᄂᆞᆫᄃᆡ附近學校가齊同來參ᄒᆞ야六百餘名學生의活潑ᄒᆞᆫ氣像과當日運動節次의整齊ᄒᆞᆷ이雲集ᄒᆞᆫ士女의觀光을感歎케ᄒᆞᆯ뿐아니라該會費額四百餘圜을紳商諸氏가爭先出捐ᄒᆞ얏다고該港來人이稱頌ᄒᆞ더라

●書齋移校 鳳山郡서湖面都書齋를該郡守의게請願ᄒᆞ야本坊私立학校를移接ᄒᆞ라ᄒᆞᆫᄃᆡ該面頑固之人等은不從ᄒᆞ야更訴ᄒᆞᆫ즉本郡守ᄂᆞᆫ題ᄒᆞ되自願으로協議措處ᄒᆞ라ᄒᆞ미面々長이著論頑固ᄒᆞ야學校를期於히移接ᄒᆞ기로ᄒᆞ엿다고셔來人의傳說이有ᄒᆞ더라

偉人遺蹟

水軍第一偉人 李舜臣

錦頰산人 續

第拾章

◉李舜臣의第四戰(釜山)

凱歌ᄂᆞᆫ耳에洋々ᄒᆞ고萬口가李將軍을讚奬ᄒᆞ니大丈夫의光榮이此에極ᄒᆞ도다만은此時리舜臣의胸中은針이刺하ᄂᆞᆫ듯鏑이攢ᄒᆞᄂᆞᆫ듯하야兩行의悲淚가眼에滂々하니此果何를爲ᄒᆞᆷ인가曰鹿島萬戶鄭運의戰死를吊ᄒᆞᆷ이로다鄭運은變生ᄒᆞᆫ以來로리舜臣과同志同事ᄒᆞᆫ人인ᄃᆡ其忠義가金石에貫ᄒᆞ야每戰에勃々先登ᄒᆞ야巨賊을一口에呑치못ᄒᆞᆷ을恨ᄒᆞ며殺身의生死ᄂᆞᆫ度外에付하ᄂᆞᆫ者러니此戰에賊巢로進突ᄒᆞ다가無道ᄒᆞᆫ賊丸이腦頂을貫ᄒᆞ야遂死ᄒᆞ니公이文으로以祭ᄒᆞ고其哀痛ᄒᆞᆷ을不勝ᄒᆞ더라

第十壹章 第五戰後의李舜臣

(一)리舜臣의陞任三道統制
(二)當時의民情과朝廷의朋黨
(三)李舜臣의多少事煩

勃々五大戰의雄錄으로强虜悍敵을斫倒ᄒᆞᆯᄉᆡ入城生靈을奠安ᄒᆞ니英雄의功烈이果何如하뇨蓋主是에리舜臣의海上生涯가凡三年이니碧海魚龍動、盟山艸木知(忠武公詩)의精忠을抱ᄒᆞ며此讐若滅雖死何憾(忠武公語)의血誠을伏ᄒᆞ야登ᄒᆞ坐ᄒᆞ며夜不眠ᄒᆞ며食不甘ᄒᆞ며病不臥ᄒᆞ고(亂中日記에셔撮錄ᄒᆞᆷ)水國秋光에白髮을撑ᄒᆞ니丈夫의爲國壯志를料揣ᄒᆞ얏도다

於是에朝廷이리舜臣의功을賞ᄒᆞ실ᄉᆡ慶尙全羅忠淸三道水軍統制使를任ᄒᆞ샤三道水使가皆其節制를受케ᄒᆞ더라

此에至ᄒᆞ미必史를讀ᄒᆞᄂᆞᆫ者ㅣ也距躍曲踊ᄒᆞ야曰向者에ᄂᆞᆫ리忠武가全羅左道水使의職權으로도能히功을成ᄒᆞ얏거던況今日三道水軍統制로야何를征ᄒᆞ야不服ᄒᆞ며向者에ᄂᆞᆫ리忠武가全羅左道水軍의少數로도能히功을成ᄒᆞ얏거던況今日三道水軍全部로야何를戰ᄒᆞ야不破ᄒᆞ며向者에ᄂᆞᆫ리忠武가閫權이不專ᄒᆞ고軍令이不一ᄒᆞᆫ時로ᄃᆡ能히功을成ᄒᆞ얏거던況今日은閫權이旣專ᄒᆞ고軍令이始壹ᄒᆞᆫ時니何를攻ᄒᆞ야不克ᄒᆞ리오向者에ᄂᆞᆫ리忠武가兵力이未振ᄒᆞ고威聲이未暢ᄒᆞᆫ時로ᄃᆡ能히功을成ᄒᆞ얏거던況今日은累勝의餘勢를席ᄒᆞ야彼殘賊을壓ᄒᆞᄂᆞᆫ時니何를招ᄒᆞ야不降ᄒᆞ리오ᄒᆞᆯ지나其內容을究ᄒᆞ면統制된以後가統制된以前보다難ᄒᆞ고戰勝ᄒᆞᆫ以後가戰勝ᄒᆞ기以前보다難ᄒᆞ얏다

(未完)

雜報

●御覽女校運動 각女학校학徒가聯合大運動會를西闕너에設行흔다ᄂᆞᆫ事ᄂᆞᆫ已爲報道하얏거니와 太皇帝陛下께옵서와 皇貴妃殿下께옵서自內로 動駕ᄒᆞ샤 御覽하신다더라

●御前寫字 昨日각學校秘苑運動會時에 大皇帝皇后兩陛下께옵서 臨御하옵심은已爲報道인바養園義塾學徒李睿子의筆名을何以 洞燭이시던지李睿子를 命召ᄒᆞ샤使之 御前寫字ᄒᆞ시고 紙筆을 賜與ᄒᆞ심으로卽書 大皇帝陛下萬歲七字以進ᄒᆞ엿더니自上으로大加稱賞ᄒᆞ시고左右侍從及각部大臣과其他傍觀者들이 莫不嘖々稱善ᄒᆞ엿다더라

●徽旨奉讀 再昨日特別運動會時에 皇后陛下께옵서女校에對ᄒᆞ샤 徽旨를下ᄒᆞ셧ᄂᆞᆫ대學部編輯局장魚允迪氏가 奉讀ᄒᆞ얏다더라

●賜饌各校 再昨日特別運動會時에 大皇帝陛下께옵서宮닉府大臣과각大臣에게 賜饌ᄒᆞ셧다더라

●運動會施賞 再昨日秘苑運動會에施賞ᄒᆞᆫ학徒가左와如ᄒᆞ더라

官 立

一等은工業傳習所학徒에張命中 二等은外國語학校에金俊童 三等은師範학校에姜信俊四等에ᄂᆞᆫ大韓의院에리敏昌五等은外國語學校에金永德諸氏오

私 立

壹等은靑年學院에리弘柱二等은中央學校에洪在命三등은海東학校에鄭光先四등은培材學堂에吳東植五등은中東學校에金韺浞諸시오

官立普通學校

壹등은梅동에崔潤鉉二등은미동에申德允三등은仁峴의리大吉四등은인峴의홍順奉五등은인峴의金炳贊諸시오

私立普通學校

壹等은普成小학校에孫丙圭、二等은한南에崔德奉、三等은普成小學校에朴用鎭、四等은한남에鄭延烈、五等은普興에박宗善諸시오

女 學 校

壹等은進明에정昭君、二等은仝金錫恩、三等은仝리慶禧、四等은養園義塾에成宜子、五등은明新에王瑞珠諸氏인딕賞品은壹등에銀時計壹個、兩傘壹件革포壹件이오 등에銀時計壹個、兩傘壹個오三등에兩傘壹個、革포壹件、手帖四個오四등의兩傘壹個、革포壹件이오五등의革포壹件、手帖二個式頒給ᄒᆞ셧다더라

●職員運動 別項과如히再昨日特別運動會時에 大皇帝陛下께옵서職員도運動ᄒᆞ라신勅語를下ᄒᆞ셧ᄂᆞᆫ대侍從院卿以下侍從拾人과承寧府侍從리恒九시等三人이競走運動을擧行ᄒᆞ얏ᄂᆞᆫ대一等은承寧府侍從徐丙協시오四等에ᄂᆞᆫ侍從리恒九시요五等에ᄂᆞᆫ仝侍從嚴柱東시인대賞品은時計와假房及紙匣三種이라더라

●下賜賞品 大皇帝陛下께옵서秘苑運動會에銀時計上品四個와兩傘二個와革포二拾件과手帖六百個와鉛筆四百二拾打와黃毛筆六百柄과海墨三百丁을 下賜ᄒᆞ옵셧다더라

●賜饌學徒 大皇帝陛下께옵서秘苑運動會에各학校職員及학徒에게 賜饌ᄒᆞ옵셧다더라

●下賜鉛筆 大皇帝陛下께옵서運動會參加ᄒᆞᆫ壹般학徒에게鉛筆一打式 下賜하옵셧다더라

●姑錄風說 近日風說을據ᄒᆞᆫ즉義兵所에서統監府派員과交涉ᄒᆞ고三拾二條의要求書를提出ᄒᆞ엿ᄂᆞᆫ대

太皇帝陛下 復位ᄒᆞᆫ실事와統監府 撤還事와 各官廳 의日人官吏退送事와 外交權 還交事와其外의각項重要ᄒᆞᆫ事件이라더라

●蕩逋提議 公錢蕩滌된다ᄂᆞᆫ事ᄂᆞᆫ前號에已揭ᄒᆞ얏거니와更聞ᄒᆞᆫ즉隆熙元年以上에稅務官吏를排置ᄒᆞ야引繼ᄒᆞᆫ以上이던지皆爲蕩滌ᄒᆞ기로現今닉閣에서提議中이라더라

●予請父調 宮닉府大臣리允用씨가順和宮에移接ᄒᆞᆫ事ᄂᆞᆫ前號에屢報ᄒᆞ얏거니와히家舍ᄂᆞᆫ元來 皇室所有인故로家契가無ᄒᆞᆫ지라리宮相의令胤明九씨가宮닉府에請願ᄒᆞ얏더니리宮相이該請願을因ᄒᆞ야漢城府에訓令ᄒᆞ고家契를繕給ᄒᆞ라ᄒᆞ얏다더라

●戶稅改正案 韓國現行戶稅制度ᄂᆞᆫ何等에依ᄒᆞᆫ稅法의制定이無ᄒᆞ고全혀舊慣에依ᄒᆞ야每年에戶稅三拾錢을春秋兩度에分ᄒᆞ야徵收ᄒᆞ얏스되漢城府ᄂᆞᆫ古來로全府의發展을圖ᄒᆞᄂᆞᆫ一策이라ᄒᆞ야免稅ᄒᆞ고府民은今日ᄭᆞ지何等의稅를課치아니ᄒᆞ얏고且現行戶稅制度ᄂᆞᆫ課稅上에不公平의缺點이勘少치아니홈으로써度支部ᄂᆞᆫ新히戶稅法을발布ᄒᆞᆯ方針으로目下草案中이라ᄒᆞ며改定稅法의닉容은土地를因하야等級을定ᄒᆞ야課稅ᄒᆞ고極히貧寒ᄒᆞᆫ者ᄂᆞᆫ免稅ᄒᆞᆯ方針이라ᄂᆞᆫ딕此改正의結果로政府ᄂᆞᆫ數拾萬圜의增收를得ᄒᆞ깃다더라

●日韓臨任 警視廳訊問係警部渡邊秦夫氏ᄂᆞᆫ警視를臨任ᄒᆞᆫ다더라

●恤金請撥 江原道宣諭委員박善斌氏에隨從人김承培氏가宣諭次로洪川麟蹄等地로前往ᄒᆞ다가義徒에게被害ᄒᆞ얏스니相當ᄒᆞᆫ恤金을支給하라고닉閣에서度支部로照會ᄒᆞ얏다더라

●獄基觀察 再昨日에法部次官倉富勇三郎氏가鍾路監獄署와慕華館等地에新建築ᄒᆞᆯ監獄署를觀察ᄒᆞ얏다더라

●三十慰金 학部書記官으로依免된三로忠道의慰勞手當金五百圜을支給ᄒᆞ얏다더라

●地方電話 今番에義徒掃蕩費로二十八萬圜을臨時支出ᄒᆞ기로安定ᄒᆞ얏ᄂᆞᆫ딕此에關ᄒᆞ야각地方에電話를多數히架設ᄒᆞ고憲兵巡査等을後面에排置ᄒᆞ야其目的이十分貫徹된다더라

●鎭定難期 韓國地方義兵의騷擾로日本人營業民의惡影響을及ᄒᆞᄂᆞᆫ거시不少ᄒᆞᆫ즉速히鎭壓홈이當然ᄒᆞ되從來의兵力으로ᄂᆞᆫ到底히此를鎭壓ᄒᆞ기不能ᄒᆞ고彼義兵은去益猖獗홈이極ᄒᆞᆷ을因ᄒᆞ야過日에更히二個聯隊를增派ᄒᆞ얏스나義兵은漸々韓國전部에遍滿ᄒᆞᄂᆞᆫ形勢가有ᄒᆞᆷ으로急速히鎭定ᄒᆞ라면到且兵力이不足ᄒᆞ니鎭定ᄒᆞᆯ時期를預定키難ᄒᆞ다고大韓日報에揭載하얏더라

●日人法官 韓國에渡來ᄒᆞᆫ日本司法官의其數가九百名에達ᄒᆞ야一時에多數人員을赴任케ᄒᆞ라ᄒᆞ되赴任地에建築物等이竣工되지못홀뿐아니라建築工事에着手치아니ᄒᆞᆫ處所도有ᄒᆞ고其他事情도有ᄒᆞ야一時에渡韓키不能홈으로漸次赴任케ᄒᆞ기로決定ᄒᆞ얏ᄂᆞᆫ딕目下擇定ᄒᆞᆫ者ᄂᆞᆫ判檢事가五十三名이오書記가五十餘名인딕本月下旬에漸次渡韓ᄒᆞᆫ다더라

●慶祝費請補 向日 乾元節에한城닉外壹般人民이慶祝하기爲ᄒᆞ야한城府民會를組織ᄒᆞ고提燈慶祝ᄒᆞᆫ事ᄂᆞᆫ業已揭載ᄒᆞ얏거니와該慶祝費中不足額이數千圜인故로각部官人의게補助를請ᄒᆞ얏ᄂᆞᆫ대農商工部에서ᄂᆞᆫ百圜을補助ᄒᆞ기로磨鍊中이오度支部一般官人이隨其등級ᄒᆞ야排斂ᄒᆞᆫ다더라

●龜守給由 龜城郡守尹錫弼氏의家가竹山郡에在ᄒᆞᆫ대昨秋以來로義徒에게家屋을燒蕩ᄒᆞᆫ家眷이散在四方ᄒᆞᆫ中又妻病이添劇ᄒᆞ니限十日加由ᄒᆞ라고닉部에請願承認하얏다더라

●女院移接 金虎門外에在ᄒᆞ던女子普學院은再昨日에芳橋所在東部所管家屋으로移接ᄒᆞ얏다더라

●大同風流 昨日에大同會文社員들이農商務所에서東大門外永道寺에出往ᄒᆞ야妓樂과娼夫等으로一場遊宕히遊ᄒᆞ얏다더라

●兩道稅額 度支部의서隆熙元年二年兩度의慶尙南北道와忠淸北道의稅納에未納額을ᄒᆞᆫ今年二月末ᄭᆞ지調査ᄒᆞᆫ즉元年度調定額이二百六十四萬玖千圓인대收入額이二百四拾萬七千圓이오未納額이二拾萬七千圓이오缺損額이三萬四千圓이오二年度調定額이二百四拾六萬五千圓인대收入額이九拾八萬五千圓이오未納額이壹百四拾七萬九千圓이라더라

●高시更裁 江華郡守高쒀龍시를京畿裁判所의서管壹日度外處ᄒᆞᆫ事ᄂᆞᆫ前報의已揭ᄒᆞ얏거니와히시가不服ᄒᆞ고平理院의申訴ᄒᆞ야昨日의裁判을다ᄒᆞ얏다더라

●運動協議 法官養成所에서任員以下壹般학徒가夏期運動을擧行ᄒᆞ기爲ᄒᆞ야方今協議中이다더라

●消防演習 警視廳에서再昨日에出番ᄒᆞᆫ各巡査를召集ᄒᆞ야消防演習을行ᄒᆞ얏다더라

●巡査修業式 警視廳에서特別巡査의修業式을設行ᄒᆞᆫ다더라

●天然痘流行 全州公州에天然痘가盛行ᄒᆞ얏ᄂᆞᆫ대전州에罹病者가男이九名이오女가七名이오公州에罹病者ᄂᆞᆫ男이三人이오女가三人이라다더라

●兩氏寄金 前局장金彰漢씨와大韓의院학生監池錫永兩시ᄂᆞᆫ本是家勢가不贍ᄒᆞᆫ대該兩시가各壹百圜式을畿湖學會에寄附ᄒᆞ얏다더라

●歸順數爻 五月初로至貳十日ᄭᆞ지각道義徒가각警署及宣諭使委員에게歸順者總數가二千三百七十四名인대각警署에歸順者가一千七百三名이오宣諭歸順者가五百八拾一名이라더라

●誤被捉囚 全남同福校洞居ᄒᆞᄂᆞᆫ前郡守趙진奎氏와前참達정永珍氏ᄂᆞᆫ義兵干涉으로誤認ᄒᆞ고光州警務署에捉囚ᄒᆞᆫ지가于今月餘라더라

●金錢賊警 再昨日東門外往拾里居김化善氏와賊漢四名이突入ᄒᆞ야家藏什物을數百圜價値나奪去ᄒᆞ얏다더라

▲地 方 消 息▼

▲文川高原近處村落에義兵이漸々侵入ᄒᆞᆫ다하며又元山으로부터鹽灘을經道ᄒᆞᄂᆞᆫ沿路와安邊郡天豐社닉葛轉동汝海洞近處에ᄂᆞᆫ義兵의行色이絶少ᄒᆞ더니近頃에風和日暖ᄒᆞ야義兵의行動이便宜ᄒᆞᆫ故로數名或十數名의小集團을作ᄒᆞ야出沒無常ᄒᆞ며村民의게錢財를討索홈으로財產이有ᄒᆞᆫ人民等은恐懼ᄒᆞ야寢食을安堵치못ᄒᆞ며方今農耕이當節ᄒᆞ얏스되農務에從事ᄒᆞ지못ᄒᆞ고山間에潛ᄒᆞᆫ百姓들은他處로多數히避亂ᄒᆞᆫ다ᄒᆞ고

▲本月十五日旌善郡西方三里地의서義兵數拾名이旌郡日守備兵六拾四名과交戰ᄒᆞ얏다ᄒᆞ고

▲本月拾一日陰城郡西方廣雲院의서義兵貳名이日守備隊와交戰ᄒᆞ얏다ᄒᆞ고

▲本月拾五日襄陽郡남方六里동地의서義兵六名이江陵日守備隊와交戰ᄒᆞ얏다ᄒᆞ고

▲本月十六日의義兵二拾名이知禮郡西方義豐場附近의서星州日守備隊와交戰ᄒᆞ얏다ᄒᆞ고

▲泰안郡東方二里地의서義兵十六名이全州日守備兵拾名과交戰ᄒᆞ얏다ᄒᆞ고

▲本月拾日寧邊郡社倉里의서義兵二百七拾名이日憲兵討伐隊와交戰ᄒᆞ얏다ᄒᆞ고

▲本月拾八日盈德郡南方五里地의서義兵拾餘名이同郡日憲兵隊와交互衝突ᄒᆞ얏다더라

東京電報

二十一日發

●萬國教育大會 明治四拾五年東京의開設ᄒᆞᆯ萬國教育大會準備의就ᄒᆞ야日本教育會主로서調査中인대開期ᄂᆞᆫ約壹週間이오出席者ᄂᆞᆫ七八百名의達ᄒᆞᆯ豫定이라더라

社告

本支社를左開四處에設置하고玆以仰布하오니本報愛讀하시는該附近 僉君子는該支社로請求購覽하심을務望함

▲龍川남市驛 林贊希
▲龍岡郡耶蘇敎堂內 박중운
▲結성廣川場대朴鼎春家 리명祚
▲龍川府南面松峴海東書會 金賢圭

雜報

●月銀弄奸 主馬課長리起泓氏가本課員役의四月朔俸給請求할時에舊額壹百名의月銀은依舊例져數推來하고新額四五十名은舊額中人員의姓名을變更하야以新員役으로推來하고其中舊額退役人幾拾名은依前出給하고變姓名한員役幾 名은依等數出給하얏고現任員役幾拾名도一體로依數推來하야分等出給하얏기로變姓名한員役輩가一齊呼訴한즉以橫竪之說로恐喝無常하미稱冤이大端한뎨더러其四五十名의月銀購報推來條百餘圓은歸之私橐하얏다는巷說이有하더라

●鳳民抱狀 鳳山郡舍人坊蘆庄은自昔으로民有地인대不知何許人이忽稱干海地라하고欲爲起墾하니若至開墾之境이면該蘆庄에年々所出利益見奪은姑捨하고附近地水沓千餘石落이被害하여似有廢庄之慮故로民心이㪚々하여該坊數人이呈訴整理局하야以杜此弊를議至多日遲留에尙未決定되얏다더라

●忠烈移安 韓國開國初以來로忠臣烈士를文廟에配享하야功蹟을表彰하얏고甲午以後에는特別히奬忠壇을建築하야血食을春秋에不絶케하얏는대近聞한즉甲午以前 文廟에配享하얏든諸位를壹齊히奬忠壇에移安奉享한다더라

●何事飮鴆 三淸洞孝苑橋等地에居하는前都事徐丙肯氏의夫人宋씨는年今六 餘歲인대如何한事故가有하던지三昨夜에其家君徐氏의게遺書를修置하고因하야鴉片을喫하얏는대再昨日午正에長逝하얏다더라

●潜漁淸人生梗 平安北道渭川江口何日里에서今月貳拾日에淸人潜漁船數隻이潜漁에從事한다는故로同地稅關監視員이淸寧丸을搭乘하고此를取調하야同地五里를距한地에서檢擧하랴할際에淸人等이監視員의게向하야銃을放하며或鐵을擲하야威脅的으로極力反抗하다가遂히監視員을捉去하얏는대死生은不明하고淸國人民은三百名이나된다는電報가定州에來到한故로急히派兵搜索하야生命을傷치아니하얏스나淸寧丸은少爲破傷한지라鐵山稅關에셔는監員을急派하고淸國領事館에셔는巡査長을鼓被害處로急派하야現今調査中이라더라

●稅將閙聲 全羅南北道結民代表宋榮淳邊昇基박海龍等이以均稅事로度支部에屢度請願한은前報에已揭어니와指令內槪에請願은接閱인바稅率을行將平均之意로以訓以指가非止壹再인즉當有實施라하얏더라

●鐵契宜禁 開城郡에서淸人等이所謂五拾六契를設하고愚夫愚婦의錢財를騙取하미該郡警察署에셔契所任四人만爲先京城裁判所로押上痛禁하며近日에는韓人等이納白契(자박계)라고四十餘處에聯設하고男女老少업시入契하는대每個月二三次式契전을收入할際에卒難辨出하면乃至衣服什物까지라도典當賣契하야敗家者比々有之하되尙不禁戢한다더라

●以衆討財 平安南道東亞開進敎育支會及劉智赫徐廷祐兩氏가中和安州兩郡等地에來往하는負商에게會票壹張式勒授하고每名에葉貳兩五전式을勒捧하미負商等에稱冤이漲天하다더라

◎感荷義捐 平壤郡리承鐸리德駿兩시가各其金壹圜式本社의捐助하얏기感謝를表하노라

廣告

本人이方圖章을陰四月初拾日遺失故以後圓圖章으로施行함
남門外盆洞五房洪淳榮告白

本會第一總會를本月二十四日日曜下午一時에徽文義塾內에서開하오니一般學生은多數來臨하심을望함
學生聯合親睦會

土地測量法冊子를普成社內에서現今印刷하옵기預先廣告하오니僉君子는照亮하시옵但發賣期限은來月二拾日內로함
李漢龍 告白

海東測量事務所를中署典洞四拾七統一戶에設施하얏사오니僉君子는來臨相議하시옵
海東測量事務所

本人에親山이在於巨濟郡見乃梁하온데本人이他無男妹하와族人劉定國을養子하얏더니定國은일즉죽고其子相準이가本是浮浪悖類로家業蕩敗하옵기로昨冬에파養하얏삽더니相準이가改名炳元이라하옵고位沓二拾六斗落을欲爲放賣코자하오니內外國人은勿見欺함
신고성모쳐劉召史 告白

本人之子士善이가性本浮浪하야符同雜類하야欺人得債코져하오니內外國人은切勿見欺함
西門外新村弘門洞金鎭元 白

本會에서本月二十四日(陰二拾五日日曜)午正에水口門外靑蓮寺(안정스)로知面禮式을設行하오니 僉會員은 照亮來參하심을望함
大韓殖產獎勵會

本會副會長林圭永氏陰本月十六日別世知舊僉照亮仰要
開城學會 告白

本人이趙光汝鄭星汝許에丁未四月晦日推次紙貨二百圜於音一張을路中서失하얏스니誰某拾得閒休紙施行함
朴基麟 告白

본읍에셔부인강습소를셜립하고녀쇼학교교사와녀즁학교에비성을가르치기위하와음력오월십오일브터개학하오니공부할뜻시잇는이는긔한젼입에래림하심을바라나이다
안악읍면학회 고백

▲速成夜學員募集廣告

本校夜學科에서第壹回卒業試驗을經하고各科學員을增募하오니願學僉員은每夜七時頃에來臨請願爲要

科程(隨意專科)
漢語 日語 英語
簿記 算術

●測量科學員募集廣告

本校內에測量科를特設하고學員을募集하오니願學僉員은今月貳拾八日內로入學請願書를提呈하시옵 但請願紙는本校에來購함

試驗科目 國漢文(讀書) 算術(四則以內)
試驗日字 今月二拾九日下午四時
上學時間 自下午四時三拾分至六時三拾分
卒業期限 六個月

典洞私立中東學校 告白

奬文書館開店廣告

本館에서一般學界에敎科書와用品을需應하기爲하야各種書籍과學界各種用品을多數貿置하고學生에게는特別廉價로販賣하오니學生諸君은陸續來臨하심을敬要

北部小安洞安峴第十統四戶
奬學社附屬 奬文社書館

坡平尹氏前都有司泰興씨在世時에因爲先事하야以收錢事로拾三道各派尹氏宗中에발通하고追後에至有派送有司러니각派所收錢이宗會所에壹無來納하고派送한각有司에私橐에만終歸할慮가有하니以爲先事로收錢하는本意에違反할지라自今以後에는如有不得已할爲先事로收전할境遇면自宗會所로的確發通하고收錢有司는斷不派送하깃스니自各道各派宗中으로別定信實有司하야所收전을直爲來納于宗會所하야都有司와京有司面前에領受證을受去하고自稱京派送有司에게는雖壹分錢이라도給與치勿하야中間乾沒之弊를永杜하고如是宗規하니十三道各派諸氏宗中은照亮하시옵
坡平尹氏 京宗中 告白

學員募集廣告

本學會에서輔仁小學校를新設하고學員을募集하오니子弟를入學코자하시는僉君子는本月三拾一日(陰五月初一日)內로本學會에來議하시옵

位置 西署內需司內
開學 六月八日(陰五月十日)
年齡 七歲以上拾四歲以下
學科는普通學校程度

輔仁學會 告白

本書館에서民智를廣啓하고文明發達하기爲하야新書籍을大發賣하오니僉君子는陸續來臨하심을望함 月

釜山港東關韓興書舖
館 金汝重 權香律

愈堂先生 兪吉濬 譯述

普魯士國 厚禮斗益大王七年戰史 全壹冊 定價金三拾錢

此書는即拾八世紀頃의普魯士厚禮斗益大王이日耳曼列邦中에介在한微弱國으로突然奮起하야尙武的精神으로人民을鼓勵하며俄法等諸國과對抗한七年戰爭을繼續하야普魯士國의雄飛하는端緒를開한事實이온대其政畧의巧妙함과其功烈의偉大함이足히讀者의敢懷心을喚起할만하오니僉君子는速々購覽하시옵

發賣元 布屛下廣學書舖金相萬
發賣所 京鄕各有名書店

新刊書籍發售廣告

女子讀本 全貳冊 張志淵氏著 定價金六拾錢
初等衛生學 全壹冊 拾五錢
初等倫理學 全壹冊 貳拾전
國家學綱領 全壹冊 拾五전
國民須知 全壹冊 八錢
初等小學 全四冊 壹圜三拾錢
中等萬國新地誌 全貳冊 壹圜
增修無冤錄大全 國漢文 壹冊 七拾五錢
伊太利建國三傑傳 全壹冊 卅전
新撰理化學 朴晶東시著 全壹冊 定價金三拾전
演習日語獨學 鄭雲復시著 洋裝壹冊 壹圜貳拾五전
愛國夫人傳 張志淵시著 全壹冊 定價金拾五전
新小說血淚 리人稙시著 全壹冊 定價金貳拾錢
富國全書 叢籍新論群于叔시著 全壹冊 定價金三拾五전
世界三怪物 전壹冊拾貳전
家庭雜誌 每號拾전
新訂算術 전三冊六拾전
普魯士國厚禮斗益大王七年戰史 전壹冊定價金三拾전

發賣所 皇城中署布屛下 廣學書舖 金相萬
京鄕各有名書舖

漢城鐵路萬國基督教靑年會醫學講習慈惠藥房
製藥經驗人濟衆院醫學員洪錫厚朴慈惠李
觀化告白

本人等이漢城南大門外濟衆院用ᄒ는處方으로左記對入ᄒ을製造ᄒ오니京鄕遠近勿論ᄒ고此藥品信用ᄒ시기爲ᄒ야前醫學校監督五等池錫永氏에게藥方文마다鑑定ᄒ고有効證明書를受ᄒ고至治効能用法을詳記ᄒ야洋鐵匣紙匣琉璃瓶에封ᄒ야賣ᄒᄂ兄弟에게利益이加有ᄒ도록ᄒ오니이다

治痰平胃丸　男女補益丸
輕腫根治膏　純金鷄蠟丸
濕腫根治膏　蛔虫瀉出丸
癰疽拔根合瘡膏　四時感冒丸
小兒胎毒合瘡膏　淸明眼藥水
稍氣神効 小兒保嬰安散　消痰鎭咳藥
小兒感冒靈効散　男女瘧疾祛根藥
德國製咳痰丸　寸虫拔根藥
漢城百應膏　止足汗臭藥
洋藥乾材　止瀉潤腸丸
舊貨藥唐草材　陳痞消積丸
西藥醫方活套　無惡臭疥瘡藥

◉大韓國■■■藥
◉皮膚靈丹 各種皮膚病中■久濕
◉至寶丸 痰飮咳喘定價一匙
◉靈效液 治諸般痰疾不拘久遠 俱有偉効定價五十錢
◉淸眼水 外用方香治疥瘡皮膚 百發百中定價金二拾錢 治諸般眼疾有靈要 天之妙定價金拾錢
◉通淋丸 治男女急慢淋疾神效 無雙速效除毒壹週 金五拾錢

製劑發行所 漢城南部大廣橋九統三十九戶 共愛堂大藥房 醫白
支店 南城남門內共愛堂第壹支店 群山港開福동共愛堂第二支店 河東郡赤良面共愛堂第三支店
代理店 皇城北部大安동 婁助賢 仝 鍾路靑年會館前 리春善 仝 西部新門外石橋 黃麟秀 仁川杏峴 仁濟藥房 濟生堂 慈惠藥房 仝 普濟醫院 仝 和平局

此外에도東西洋各國有名賣藥과草材藥이俱備ᄒ오니藥의多少를不拘ᄒ고請求ᄒ시면小包로仰呈ᄒ게ᄉ各

葬於人情之原則ᄒ고重於正義之誠實ᄒ可以親切爲旨ᄒ야訴訟事件幷各官廳請願事件을應受依托ᄒ

京城저洞六拾四統二戶　日
東洋大학前講師
辯護士　日本法律學士 木尾虎之助

本人이平남中和看吳面登里貳洞所在田基字丁秋日畊와精字丁半日畊兩作을載郡鐵面四里四統八戶鄭宗厚處에定價壹百十圜으로買得ᄒ證明書를陰三月廿六日에義兵의게見失아온즉內外國人은勿爲見欺ᄒᄉ라
中和東頭面下六里林台瑛告白

◎新訂方合編　壹部壹圜拾젼
針脈經。病論。약性。方劑。牛痘法。牛馬病약。洋약用法。診察法。經驗方이具備ᄒ야醫學家나賣藥家에最紧要ᄒ오며

◎社會勝覽　純國文廿三젼
社會에規則과演說에方法과脉格이며東西양雄辯家에演說를譯述ᄒ야社會有志者와勞動人及婦人々자不可不購覽ᄒ者며

◎婦人儀範　純國文廿五젼
育子와敎育ᄒ고家庭을整理ᄒᄂ道로婦人社會의特要ᄒ師範ᄒ이오며

◎中等算學　壹帙 冊壹圜五拾젼
自四則至開立方九積數를次第橫ᄒ야학習에便易ᄒ고我韓중等中學壹具備ᄒ者며各校학生의게ᄂ特爲減價로賣ᄒ
八拾三頁

註譯 **支那時文類聚**
리처雨 編集
定價금 二拾二錢

右冊은近日現用ᄒᄂ各樣緊要私札往復이며韓淸與口淸間에現行往復ᄒ던公私宴會請帖往復이며其他公函往復과公文照會等式을編成一冊ᄒ야可作高等社會의綿要訣이오니照亮
總發매
分所매
皇城典洞光東書局
皇城각書舖

●大韓國新■■■■廣告

淸化 新藥 **淸心保命丹**
●陸軍軍醫金守鉉君實驗方劑
●陸軍軍醫張基瀅君有效證明
●四海衛生之諸君子常備之要藥
發行所 仁川港杻峴 濟生堂藥房
九十粒入金拾錢

●主治効能
●痰飮食積●中暑中寒
●咳嗽●腹痛●水土不服
●氣鬱●吐瀉●船車眩暈
●食傷●酒醉●口氣惡臭
其他諸般瘟氣癘疫에方妙藥
出張代理特約販賣所
京城大廣橋共愛堂大藥房

同 鍾路慈惠藥房 리觀化
同 梨峴洋藥局 리信華
同 鍾路문文 藥館、盧啓亨
同 大門外大同運輸會社
同 泥峴三丁目 新井支店
同 泥峴郵便局前 天佑堂
同 水橋ᄋ堂出張人 리鳳林
仁川 藩邑ᄋ堂出張所 金濟賢
同 開城旅館 韓民根
同 寺峴和平堂 리應善
平壤 鍾路門內萬物廳 박圭植
同 南門內同店 禹相玉
同 南門內冊肆 리禎鎬
同 北部忠橋 具聖模
海州 宗路商店 宋在瑛
同 비 二房약舖 김永泰
同 南門內店 리孝植
水原 鍾路下약房 金濟九
延安 邑비洋약局 邊汝文
江華 鍾路店 尹斗鉉
同 鍾路店 宋順五
同 西門外冊肆 高成根
長湍 南門비 崔敬淳
沙利院 市場비客主 朴健昌
同 任九ᄀ
同 耶蘇敎堂비 리在淵
黃州 南門비紅門동 리東植
平壤 雙巨里濟生局 韓鳳儀
同 館前衛生醫院 金龍興
同 大興里 崔濟化
同 武洞 ■局 林澤宜
同 里洞出張人 尹實赫
鎭남浦 ■동洋약局 김元根
同 碑碣 機本堂出張人 吳남奎
群山港 開福동 김斗鉉
安州 城비 義井동 回春大약房
安岳 邑上■里 濟生局 林景桂
大邱 남門비 副達동 김成浩
釜山港 草梁客主 金重佑
春川郡 美동商店 朴芝行
載寧 邑後동洋약局 崔允國
忠州 外東良面早遞 金鍾和
晉州郡 ■ 박春賢

●定州 남門비洋약局 리健柱
●郭山 邑비洋약局 ■顯彬
●鐵山 邑비永春堂 安
●宣川 邑비冊肆 安
●義州 南口街 崔석浩
●信川 邑四里洋약局 김永植
●郭山 邑冊肆 김大鉉
●元山港 濟生堂支店 박敬瀾
●北靑 新昌港客主 박錫勳
●江原道本堂出張人 馬雲來
●信川 邑■동洋약局 리丙斗
●禮山 용谷里 리東赫
●其他各약店마다臨應販賣ᄒ
●仁川港濟生堂告白

現今醫院中에各項事務世一層擴張하오며 義裝與繳裝各樣의齒와老小間沒數落齒를대齒床幷齒를新築造하오며拔齒與人齒時에痛苦絶케ᄒᄂ技方도有ᄒ며齒科上函議ᄂ無料診受ᄒ오ᄂ니四方僉君子ᄂ照亮ᄒ심을爲務ᄒ
京南大門內尙洞美人施蘭致家
齒科醫士 韓大衛 告白

●慶北慶州府내面淺上학校
義捐金收入廣告
教師 리在緝 教監 閔教淳
學員 남翰鎭 리중인 최泳裕
리泳雨 최泳위 庫子 김召史
各壹圜 리錫五 리錫能
各六拾錢 姜慶甲 남極鎭
韓永起 崔次出 리鳳甲
各二十錢 리丁龍 拾젼
合十圜二十錢
●外東面九黃里
최鉉弼 二圜 崔炳星 金利錫
高炳哲 尹德瑛 朴璟壽
姜在鎬 韓聖文 徐柄璟
朴文煥 各壹円 韓聖文妻 리氏
一圜 高奉日 姜濟량
各八十錢 金元植 七十錢
최찬壽 金在淵 김世憲

●外東面北■里
高■■ 合■■
徐柄大 各六十錢 ■■■
金衡植 최興弼 金興元
최翰周 金周煥 朴璟武
각四拾젼 최渭向 韓鎭夏
각三十錢 박진東 金인洙
各二拾젼 韓樂道 金寧■
孫斗範 韓壬述 金鎭明
박璟浩 金宗九 각十錢
二拾四錢
許昌永 정■■ ■桂
許萬潤 盧德道 黃■泊
각六十錢 白兆九 남任朋
朴在鎔 鄭인鉉 박진滿
朴春■ 박夏■ 각九拾젼
리圭煥 崔京■ 朴敏東
黃相근 各四十錢 許萬致
三拾四젼 金■遠 三十錢
남敎和 二十六錢 김永守
리平久 각二拾錢 정九鉉
黃相宜 張月今 各十錢
合拾圜三拾선
總合四十四圜六十錢
前總合六萬〇一百九十九圜五
十五전二厘
都總合六萬〇二百〇四圜十五
錢二厘

●本社廣告
○申報價
一張代金 新貨二錢五厘
一個月前納 三十錢
三個月 九錢
六個月 一圓七十錢
一個年 三圜四十錢
郵稅一張 新貨五厘
一個月 十三錢
發行兼編輯人英國人 裴說
發行所
南署石井洞號外第三層洋屋家
大韓每日申報社

英語와日語와한語를비호시ᄂ男女가
徒와漢文學敎科書가오니売買

第六卷

大韓每日申報

第八百十三號

月曜及慶節歲時日休刊

檀君開國四千二百四十一年
箕子元年三千三十年
大韓開國五百十七年
日本明治四十一年
淸國光緖三十四年
陰曆戊申四月大廿五日己卯

論說

◎今日大韓國民의目的地

嗚乎라今日大韓國民의目的地가何處에在ᄒᆞᆫ가上에在ᄒᆞᆫ가下에在ᄒᆞᆫ가左에在ᄒᆞᆫ가右에在ᄒᆞᆫ가前에在ᄒᆞᆫ가後에在ᄒᆞᆫ가嗚乎라今日大韓國民의目的地가何處에在ᄒᆞᆫ가

目的地ᄅᆞᆯ已知ᄒᆞ거던眼目을着ᄒᆞ며步ᄅᆞᆯ放ᄒᆞ야此地로向ᄒᆞᆯ지며目的地ᄅᆞᆯ未知ᄒᆞ거던腦ᄅᆞᆯ費ᄒᆞ며精을竭ᄒᆞ야此地ᄅᆞᆯ求ᄒᆞᆯ지니思哉어다大韓國民이여

蓋宇宙古今에目的이란二字만無ᄒᆞ면生人이死鬼되며陽界가陰獄되야人民도無ᄒᆞ며英雄도無ᄒᆞ며世界도無ᄒᆞ며歷史도無ᄒᆞ리니試思ᄒᆞ라東西兩半球太陽下에舌ᄅᆞᆯ掉ᄒᆞ고狂叫ᄒᆞᄂᆞᆫ者筆을執ᄒᆞ고呻吟ᄒᆞᄂᆞᆫ者劍을仗ᄒᆞ고躊躇ᄒᆞᄂᆞᆫ者喜劇을演ᄒᆞᄂᆞᆫ者悲劇을演ᄒᆞᄂᆞᆫ者其他歌者舞者哭者笑者一切有情이其誰가目的을抱ᄒᆞ고目的地로趨ᄒᆞᄂᆞᆫ者아닌가此地가無ᄒᆞ면亡ᄒᆞ며此地가有ᄒᆞ면存ᄒᆞ고此地가無ᄒᆞ면滅ᄒᆞ고此地가有ᄒᆞ면生ᄒᆞᄂᆞ니

何處에在ᄒᆞᆫ가今日大韓國民의目的地여

美哉라目的地여目的地만按出ᄒᆞ면飄々孤船이千里茫々의大海도能渡ᄒᆞᆯ지며蹣跚獨驥가萬丈巍々의巨嶽도能蹈ᄒᆞᆯ지라故로華盛頓은窮谷의壹農夫로도美洲十三省의獨立旗ᄅᆞᆯ能建ᄒᆞ며加里波的ᄂᆞᆫ海濱의一舟人子ㅣ로도伊太利九度義勇兵을能起ᄒᆞ며拿破侖은小島의一健兒로도法國大革命을起ᄒᆞ야驚天地의面目을壹新케ᄒᆞ며俾斯麥은獨邦의壹男子로도日耳曼列邦을聯合ᄒᆞ야宇內에雄飛ᄒᆞ얏스니美哉라目的地여彼歧路에彷徨ᄒᆞ며地獄에셔哀哭ᄒᆞᄂᆞᆫ者ᄂᆞᆫ是皆目的地所在處ᄅᆞᆯ不知ᄒᆞᄂᆞᆫ故이니

未知케라今日大韓國民은目的地ᄅᆞᆯ按出ᄒᆞ얏ᄂᆞᆫ가尙未按出ᄒᆞ얏ᄂᆞᆫ가

大抵目的地가兩歧가有ᄒᆞ니其一은個人的의目的地며又其一은國民的의目的地라獨善主義ᄅᆞᆯ抱ᄒᆞ야自家幸福만求ᄒᆞᄂᆞᆫ者ᄂᆞᆫ비록高尙ᄒᆞᆫ宗敎家哲學家라도此ᄂᆞᆫ個人의目的地로趨ᄒᆞᄂᆞᆫ者오壹身을犧牲ᄒᆞ야國家에供ᄒᆞ라ᄒᆞᄂᆞᆫ者ᄂᆞᆫ即一針尖을磨ᄒᆞ며壹燈盞을拭ᄒᆞᄂᆞᆫ者라도不得不國民의目的地에共進ᄒᆞᄂᆞᆫ者로認ᄒᆞᆯ지니라

從前韓國人의目的地를觀ᄒᆞ건ᄃᆡ彼上世ᄂᆞᆫ無論ᄒᆞ고數百年以後로만斷言ᄒᆞ면人人이個人即自己의有ᄒᆞᆷ만是知ᄒᆞ야思想도個人의思想이오行動도個人의行動이오事業도個人의事業이라人도國民의目的地로進行ᄒᆞᆫ者ㅣ無ᄒᆞ거니와挽近에至ᄒᆞ야時局의變遷이倏忽太甚ᄒᆞ야昔日에認定ᄒᆞᆫ目的地가而今에도尙在ᄒᆞᆫ가彼官報에掲載된者ᄂᆞᆫ太半面目生疎ᄒᆞᆫ加藤野田이니仕宦家의目的地가破壞되얏스며斷髮黑衣가城中에已多ᄒᆞ야行衣緇巾의殘喘을保全ᄒᆞᆯ地가殆乏ᄒᆞ니儒敎家의目的地가破壞되얏스며三千里全土에外人이遍滿ᄒᆞ야靑鶴洞愚伏洞도避亂之地가已非이니豫言家의目的地가破壞되얏스며宮門左右에日兵이把守ᄒᆞ고舊日別人侍의出入ᄒᆞᆫ孔隙이杜塞ᄒᆞ얏스니奸細輩의目的地가破壞되얏스며呼風吹沙의許多說은夢寐에杜屬ᄒᆞ고鐵道電線을日々加設ᄒᆞ니雜術客의目的地가破壞되얏스며處々에學校ᄅᆞᆯ創ᄒᆞ야新風潮에興起하미村學究의目的地도破壞되얏스며其外有形無形有用無用의許多目的地가壹幷破壞되얏스니嗚乎라今日大韓國民이여已往破壞된舊目的地ᄂᆞᆫ懸說ᄒᆞ야도無益이어니와將來建築ᄒᆞᆯ新目的地ᄂᆞᆫ何處에在ᄒᆞᆫ가 (未完)

外報

●海軍設置協議 路透電을據ᄒᆞᆫ즉英國政府에서예쓰코풀島에海軍을設置ᄒᆞᆯ件에就ᄒᆞ야方今加州와協議中이라더라

●大統領候補 同電을據ᄒᆞᆫ즉갈니포니아、알파마兩州共和黨大會에셔샤라이안氏를大統領候補者로推擧ᄒᆞ기로決定ᄒᆞ얏다더라

●復線竣工 浦鹽電을據ᄒᆞᆫ즉西比利亞鐵道複線竣工事ᄂᆞᆫ今秋에지구다쓰노안쓰코、일곳코間을竣成ᄒᆞᆫ後에營業을開ᄒᆞᆯ터이라더라

●東三省借款 東三省의財政困難에關ᄒᆞ야唐紹儀氏ᄂᆞᆫ當局大臣과協議한바遂히度支部로부터一千五百萬兩을借入하얏다가他日滿洲에셔外債를募集ᄒᆞᆫ後에償還ᄒᆞ기로決定ᄒᆞ얏다더라

●移民案可決 倫敦電을據ᄒᆞᆫ則加奈陀國下議院에서移民法案을可決ᄒᆞ얏다더라

●獨逸希王이見 同電을據ᄒᆞᆫ則獨國皇帝及皇后ᄂᆞᆫ콜퓨에서希臘國王及皇族을會見ᄒᆞ얏다더라

●海底線復舊請求 同電을據ᄒᆞᆫ則英國은비골商業會議所의東印度及支那部에서印度事務大臣모ㄹ레씨의게向ᄒᆞ야速히海底電線을復舊ᄒᆞᆯ事를請求ᄒᆞ얏ᄂᆞᆫ데其槪意인즉商業의中止ᄒᆞᆫ機이有ᄒᆞᆷ을因ᄒᆞᆷ이라더라

●大使館昇格 同電을據ᄒᆞᆫ則俄國皇帝ᄂᆞᆫ東京의俄國公使館을大使館으로昇格ᄒᆞᆫ法律案을裁可ᄒᆞ얏다더라

●德國滊船沈沒 同電을據ᄒᆞᆫ즉德國도이츠會社滊船호헨오렌號가살지나아에서沈沒ᄒᆞ얏다더라

●日物排斥 紐育電을據ᄒᆞᆫ즉淸國人의日品排斥運動은在桑港淸國居留民들이熱心으로着手ᄒᆞᄂᆞᆫ데同港에發着ᄒᆞᄂᆞᆫ日本滊船에對ᄒᆞ야其行動을開始ᄒᆞ며又日本雜品을貿易치아니ᄒᆞᆯ旨를發表ᄒᆞ얏다더라

●軍艦觀檢 同電을據ᄒᆞᆫ즉德國皇帝ᄂᆞᆫ콜퓨에碇泊ᄒᆞᆫ希臘及英國軍艦을檢閱ᄒᆞ얏다더라

●兵卒訓鍊速成 伯林電을據ᄒᆞᆫ즉法國代議院에셔兵卒의訓鍊期限을短縮ᄒᆞ기로決案ᄒᆞ얏다더라

●兩夫人免禍 同電을據ᄒᆞᆫ즉波斯 데헤란에셔波斯兵一名이俄國公使夫人과澳國公使夫人의게發銃ᄒᆞ얏ᄂᆞᆫ데兩夫人이幸히被傷치아니ᄒᆞ얏고澳國公使夫人은護兵卒의銃器를奪取ᄒᆞ얏다더라

●艦隊訪問 同電을據ᄒᆞᆫ즉米國政府에서回航艦隊의개울라及비지무알르를訪問ᄒᆞ라고派令ᄒᆞ얏다더라

雜報

●鐵校運動 本月九日에鐵原郡公立普通學校에서春期運動會를該郡北門外閱兵館에서設行ᄒᆞᄂᆞᆫ데會장은郡守金彭鉉氏가開會後에學生을兩隊에分ᄒᆞ야각隊課程을次第擧行ᄒᆞ미行伍가井井ᄒᆞ고氣像이活潑ᄒᆞ야關東에初有ᄒᆞᆫ盛況을呈ᄒᆞ얏스며紳士에寄附償品이多數ᄒᆞ고五郡學校가合拾二處요學徒가數百餘人이오外國人觀光者가數千餘人에達ᄒᆞ얏다고該郡來人이稱頌ᄒᆞ더라

●靑年立志 日本紳士大垣丈夫氏가韓國靑年의志氣를振興ᄒᆞ기爲ᄒᆞ야靑年立志編이란一冊을著述ᄒᆞ야現今발行中이라더라

偉人遺蹟

水軍第一偉人 李舜臣

錦頰산人

第十壹章 第五戰後의李舜臣 續

聽者가不信ᄒᆞᄂᆞᆫ가余가此를詳論ᄒᆞ리라리舜臣狀啓에曰「上年六七月之間、六萬兵馬、盡喪於幾甸、民兵所領四萬之軍、亦盡於凍餒、今巡察使又率精軍而北上、五義兵將相繼興師、自是壹境騷動、公私蕩盡、加之以召募使下來、不分內地沿海軍數下宗督之」라하얏스며又日沿海佇觀、捨境下海、左右舟師四萬餘名、皆是農民、耳廢耒耜、更無西成之望、我國八方之中、惟此湖南粗完、兵糧皆由此道、道、丁壯、盡赴水陸之戰、老弱輸粮、境無餘夫。二春已過南畝寂然。非但民生失業、軍國之資、亦無所賴라ᄒᆞ얏스니郡邑의凋弊를可想이오又曰唐兵擁下。出入閭巷。劫掠人財、損傷軒殺。所過板蕩。無知之民、望風奔潰ᄒᆞ다ᄒᆞ얏스니隣國援兵의貽弊도可見이오又曰今年則凶賊據險。處々作窟、畏不敢出、以此海上飢饑之餘、攻彼窟處之賊、其勢誠難이라ᄒᆞ얏스니其勤王方便의困難도可驗이니此時를當ᄒᆞ야壹國上下臣民이會稽의膽을嘗ᄒᆞ며戮兵餼餉에汲々ᄒᆞ야奮발淬勵ᄒᆞᆯ秋어ᄂᆞᆯ朝廷狀態ᄂᆞᆫ果何如ᄒᆞᆫ가龍灣壹隅에地雖가円蹙ᄒᆞ니予將何歸오ᄒᆞ고君臣이相扶痛哭ᄒᆞ자가幸者內地兵民의血心思隣援助의力으로舊都에還ᄒᆞ던第二日인대昨日에ᄂᆞᆫ何辱을當ᄒᆞ얏던지今日에且樂ᄒᆞ리라ᄒᆞ며明日에ᄂᆞᆫ何禍가來ᄒᆞ던지今日에且睡ᄒᆞ리라ᄒᆞ야兄弟와干戈로門내에鬩是非를理ᄒᆞ고天地不共의大讐를忘ᄒᆞ니君子! 壬辰亂을讀ᄒᆞ다가書를廢ᄒᆞ고下淚치아니ᄒᆞᆫ者ㅣ有乎아

然이나掣肘를因ᄒᆞ야躊躇ᄒᆞᄂᆞᆫ者ᄂᆞᆫ男兒가아니며逆境을遇ᄒᆞ야退沮ᄒᆞᄂᆞᆫ者ᄂᆞᆫ英雄이아니니라看ᄒᆞ라忠武公李舜臣씨의數年間排佈ᄒᆞᆫ것을看ᄒᆞ라

閑山島ᄂᆞᆫ要地오敵衝이라ᄒᆞ야此에移陣ᄒᆞ고晝夜로兵卒을其中에셔訓鍊ᄒᆞᆯ셰恒常忠義二字로激勵ᄒᆞ며朝廷에奏請ᄒᆞ고武科를陣中에設ᄒᆞ야人才를識拔ᄒᆞ며軍心을勸奬ᄒᆞ고 未完

雜報

●玉品看品 再昨日에宮內府大臣리允用掌禮院卿리重夏奎章閣卿趙同熙內藏院卿崔錫敏四씨가會同ᄒᆞ야今番三大王追崇時玉册에所用ᄒᆞᆯ玉을度支部에所在ᄒᆞᆫ玉과掌樂院에서樂器로所用ᄒᆞ라ᄂᆞᆫ玉을취ᄒᆞ야所로持來ᄒᆞ야看品ᄒᆞ얏다더라

●徵辦上奏 내部土木局事務官權補紹씨가洪陵前橋梁의修築을不善ᄒᆞᆷ으로惶悚ᄒᆞᆫ處分을蒙ᄒᆞ엿다ᄒᆞᆷ은前報에揭載ᄒᆞ엿거니와此事에對ᄒᆞ야拘拿懲辦ᄒᆞ기로法部대臣趙重應시가上奏ᄒᆞ엿다더라

●觀察陛見 內大任善準氏가來二十六日頃에各道觀察使를帶同ᄒᆞ고昌德宮에陛見ᄒᆞᆫ다더라

●鶴亭風流 近日에ᄂᆞᆫ各部大臣이何事件을因ᄒᆞᆷ인지部務ᄂᆞᆫ不顧ᄒᆞ고黃鶴亭에會同하야每日從射와妓樂으로世慮를消却ᄒᆞᆫ다더라

●移接審院 法部에서昨日에大審院으로移接ᄒᆞ얏다더라

●監女看守 各裁判所監獄署에看守ᄒᆞᄂᆞᆫ日本人으로多數히叙任ᄒᆞ얏ᄂᆞᆫ데更히女看守三拾人을日本女子로任用ᄒᆞ야增設ᄒᆞ기로計劃中이라더라

●韓日人選擇 新設裁判所職員은韓日兩國人으로選任ᄒᆞᄂᆞᆫ데已爲敍任命ᄒᆞᆫ者中日人은大審院法官이二名이오控訴院에六名이오地方裁判所에十六名의部長五名及書記廿名이며又本年度에任命ᄒᆞᆯ日人은法官八名과書記八名과通譯拾名이오韓國人은法官六十名과書記百名과通譯約五拾名인ᄃᆡ目下選擧中이라더라

●韓日人監獄 本年度에新設ᄒᆞᆫ監獄署職員中典獄八名看守장二十五名은日本人으로任命ᄒᆞ얏거니와看守長二十名과看守二百名은韓人中에서折半式任命ᄒᆞᆫ다더라

●度部茶會 度支部監督局에서각地方稅務方針에對ᄒᆞ야連日會議ᄒᆞᆫ다ᄂᆞᆫ事ᄂᆞᆫ前号에已揭ᄒᆞ얏거니와히會議가現今決案되얏ᄂᆞᆫ데該部大臣이고監督局長과該部各等官吏와荒井次官官邸로會同ᄒᆞ야來二拾五日下午二時에茶話會를開ᄒᆞᆫ다더라

●兩守請免 平海郡守李命健密陽郡守金重演兩氏ᄂᆞᆫ내部에辭職請願ᄒᆞ얏다더라

●檢事出張 度支部檢事官申祐善氏ᄂᆞᆫ明日에龍山海關工事部印刷局으로出張ᄒᆞᆫ다더라

●廢課設社 掌禮院所管犧牲課를廢止ᄒᆞ야犧牲社로稱ᄒᆞ고享祀에適排ᄒᆞᄂᆞᆫ犧牲을[illegible]社에서遴排ᄒᆞ기로ᄒᆞᆫ다더라

●局長還京 地段價額給次로鎭海灣에出張ᄒᆞᆫ軍用鐵道調査局長寺義渠씨ᄂᆞᆫ明日에入城ᄒᆞᆫ다더라

●財官還期 度支部會議에參與次로上京ᄒᆞ얏던各財務監督局員이今晦日로歸任ᄒᆞᆫ다더라

●司業再試 학部에서司業初試를經ᄒᆞ얏다ᄒᆞᆷ은前報에揭載ᄒᆞ얏거니와再試ᄂᆞᆫ來六月旬間에試取ᄒᆞᆫ다더라

●司業年限 학部에서漢城府及十三道에訓令ᄒᆞ되今番의司業試驗을經ᄒᆞ엿스나각其入格ᄒᆞᆫ人處의通知ᄒᆞ되四拾歲未滿ᄒᆞᆫ者ᄂᆞᆫ該邑에서除去ᄒᆞ라ᄒᆞ엿다더라

●延民電留 延豐郡守曾斗煥氏ᄂᆞᆫ請願上京ᄒᆞ얏ᄂᆞᆫ데該郡人民等이願留ᄒᆞᄂᆞᆫ電報를內部로送達ᄒᆞ얏다더라

●각廳役費 本年一月로至四月ᄭᆞ지각官廳修繕工事費를度支部에서調査ᄒᆞ얏ᄂᆞᆫ데金額은左와如ᄒᆞ더라

내部에八百二十九圓醫院廳에九百八十三圓漢城府에三百九拾圓대韓의院에二百三十四圓度支部에五百八拾三圓會計檢査局에一百九十四圓建築所에九百二十二圓關稅局에五百三拾二圓軍部에一千九百二拾圓法官養成所에四百八十四圓學部에八百八拾三圓農商工部에八百五十원勸業박物館에二百四十八圓이라더라

●銀券調査 第壹銀行韓國總支店의在ᄒᆞᆫ銀行券을本月九日에調사ᄒᆞᆫ즉金貨가七萬壹千四이오紙貨가二百二萬五千圓이라더라

●외院運動 大韓의院의在勤職員等이今日午前拾時부터同院附近樂山의서運動會를開催ᄒᆞᆫ다더라

●關稅發表 關稅局에서各稅關支署에訓令ᄒᆞ되外國貿易의現況을調査ᄒᆞ야此를發表ᄒᆞᆷ은極히必要ᄒᆞᆫ事項이라其方法으로ᄂᆞᆫ第壹은定期及臨時로貿易統計를編製發示ᄒᆞ며第二ᄂᆞᆫ輸出入貨物과並貿易機關되ᄂᆞᆫ交通業、銀行業、保險業、倉庫業及其他特權의組合事業等의現況及趨向을調査發表ᄒᆞ야當業者及一般參考에供ᄒᆞᆷ에在ᄒᆞ니當國經濟의狀態가漸革ᄒᆞ며貿易의발達이顯著ᄒᆞᆫ今日에在ᄒᆞ야ᄂᆞᆫ貿易現況의調査를必要ᄒᆞ다ᄒᆞᆷ이라然ᄒᆞ나第壹項의統計에關ᄒᆞ야ᄂᆞᆫ本年壹月以後로其組織을改善ᄒᆞ고其發表를迅速히ᄒᆞᆷ을得ᄒᆞ얏슴에不拘ᄒᆞ고第二項에關ᄒᆞᆫ調査가未行ᄒᆞᆷ은頗히遺感되ᄂᆞᆫ바니此에就ᄒᆞ야稅關及支署에서貿易調査事項을開始ᄒᆞ고本年四月條로부터每月此를本局에報告ᄒᆞ라ᄒᆞ엿다더라

●리시將訴 從二品리根培씨가草坪五拾餘萬坪이金浦郡에在ᄒᆞᆫ데一進會에서荒蕪地라稱ᄒᆞ고農商工部에開墾ᄒᆞᆯ次로請願ᄒᆞ야認許를得ᄒᆞ얏ᄂᆞᆫ故로리氏가一進會長리容九氏와大米壤晙氏에게對ᄒᆞ야旣往에賣買ᄒᆞ던文券을提示ᄒᆞ고交涉ᄒᆞ얏더니該會에서此文券이現今에ᄂᆞᆫ所用이無ᄒᆞ다ᄒᆞ고拾分生色ᄒᆞ야日ᄒᆞᆫ坪의折半割給ᄒᆞ겟다ᄒᆞ니開墾에關ᄒᆞᆫ經費工事를擔當ᄒᆞ라ᄂᆞᆫ故로리氏가將次起訴ᄒᆞᆯ터이라더라

●爲子泣訴 인川松林居姜建業시가有何事端인지客年拾二月에發因本府ᄒᆞ야今春에押上平理院ᄒᆞ야監獄署에尙此滯囚ᄒᆞ얏ᄂᆞᆫ데其母親七拾老人이上京ᄒᆞ야平理院에泣訴ᄒᆞ얏다더라

●學費收給 徽文義塾學徒宋致憲氏가日本次로日間上海로발程ᄒᆞᆫ다ᄂᆞᆫ데該門中에서學資費로六百圓을收給ᄒᆞ얏다더라

●花毒檢査 警視廳에서漢城內에秘密賣淫女를嚴密히調査ᄒᆞ야檢査ᄒᆞᆫ다더라

●派遣探偵 警視廳에서各地의義兵을偵探ᄒᆞ기爲ᄒᆞ야再昨日에巡査數十名을派送ᄒᆞ얏다더라

●扶風天痘 扶餘郡方面에天然痘가大熾ᄒᆞ야現今罹病者가男女並ᄒᆞ야千餘名이라더라

●三校補助 內藏院에서補助費支給ᄒᆞ던九校中에私立普成學校와光州學校와江華普昌학校가開發中遺漏가되엿더니三校에서學部에請願ᄒᆞᆫ故로學部에서宮內府에照請ᄒᆞ얏더니宮內府에서照復ᄒᆞ기를校費困拙을不可不念이라ᄒᆞ오신聖旨가有ᄒᆞ시와今年度分支撥이되엿슴이金額은前額으로按月送交ᄒᆞ라ᄒᆞᆫ故로該三校等에因ᄒᆞ야學部에서該三校로訓令ᄒᆞ얏ᄂᆞᆫ대每朔普成學校에二百五拾圜光州학校에貳百圓江華普昌學校에一百八拾五圓으로支給ᄒᆞᆫ다더라

●蔚山風聞 昨日上午三時에義徒三十餘名이蔚山郡某面에侵入ᄒᆞ야日守備隊九名과數時間을交戰ᄒᆞ얏다ᄂᆞᆫ通信이有ᄒᆞ다더라

●日刺韓人 인川港來人의傳說을聞ᄒᆞᆫ즉日本人數名이何處로來ᄒᆞᆫ지韓人三板船價로拾錢에作定ᄒᆞ고至於阜頭ᄒᆞ야ᄂᆞᆫ二拾五錢을出給ᄒᆞ매船人이不受ᄒᆞ고定價를受ᄒᆞ라고相詰之際에同來日人이拔劍刺腰ᄒᆞ야渾倒ᄒᆞ얏ᄂᆞᆫ대被害ᄒᆞᆫ韓人은病院으로移送ᄒᆞ고日人은警署로押去ᄒᆞ얏ᄂᆞᆫ데被害人은卽時致死ᄒᆞ얏다더라

●化城火變 洪州郡化城面에서民家二十三戶가燒燼ᄒᆞ얏고該面長趙光熙시가被害ᄒᆞ얏다고該郡守尹泌시가내部에報告ᄒᆞ얏다더라

●김지慈善 海州郡前參奉김泰鉉시가[illegible]不勝ᄒᆞ야[illegible]柴湯을自備ᄒᆞ고本監獄內에罪囚罹病者를治療ᄒᆞ기爲ᄒᆞ야該部에請願ᄒᆞ엿다더라

●放火被捉 日本福岡縣人土田里吉이가去年以後로인川에서韓人家屋에放火ᄒᆞ얏던지本月二拾日에인川警察署에被捉되얏다더라

●廣州火變 日前에廣州郡無慈洞居民明壹시家에서失火ᄒᆞ야六戶가延燒ᄒᆞ엿다더라

●校費補助 曾彌씨ᄂᆞᆫ經理院에서普成專門학校에補助ᄒᆞ던每月支撥ᄒᆞ다가月前부터補助金을永爲廢止ᄒᆞᆷ으로該學校의維持ᄒᆞᆯ道가無ᄒᆞ더니學部大臣리載崑시가宮내府와累次交涉ᄒᆞ야更히支給ᄒᆞ기로決定되엿다더라

●獎勵會知面 植産獎勵와實業協會가合并ᄒᆞ야實業獎勵會라名稱ᄒᆞ고會長은閔元植시오顧問은日人大垣丈夫씨요總務之助部長之助三시로定ᄒᆞ고該會에서實業雜誌를發刊ᄒᆞ기로決定ᄒᆞ고該會장及會員들이今日에東門外靑寮寺의出往ᄒᆞ야知面會를設行ᄒᆞᆫ다더라

●松山海賊 本月拾六日下午一時에海賊八名이인천松山面天登洞정秀인氏家에突入ᄒᆞ야錢兩을討索ᄒᆞ다가紙貨三十元과其他雜品을多數히奪去ᄒᆞ얏다더라

●朱家被賊 再昨日下午拾壹時에賊漢三名이各持凶器ᄒᆞ고中部鐵谷朱翰榮시家에突入ᄒᆞ야銀釵二介와紙貨一圓을奪去ᄒᆞ얏다더라

●借校承認 西署協成學校에서학部에請願ᄒᆞ기를西大門外[illegible]所를借得ᄒᆞ야學校로使用ᄒᆞ겟다ᄒᆞᆷ으로學部에서依願許認ᄒᆞ얏다더라

●捐助三校 本月에[illegible]成川郡[illegible]小學校와東明學校와[illegible]面의波溢學校가進步ᄒᆞᆫ다ᄂᆞᆫ데本郡居[illegible]希鎭씨가教育을發成ᄒᆞ기爲ᄒᆞ야三校에[illegible]各學獎式捐助ᄒᆞ얏다고該郡人이稱讚ᄒᆞᆫ다더라

●感荷義捐 慶南港居士人欺世生이라稱號ᄒᆞᆫ某氏가本社에金壹圓을捐助하얏기感謝함을表ᄒᆞ노라

▲地方消息▼

▲再昨日午後三時頃의義州郡蘇教會生徒가有何事端이던지該郡日守備兵과衝突ᄒᆞ야其時該校舍를破壞ᄒᆞ얏다ᄂᆞᆫ風說이有ᄒᆞᆫ대事實有無를調査ᄒᆞ기爲ᄒᆞ야日警部가派送되얏다ᄒᆞ고

▲本月十九日同郡郡南三里地에서義兵約一百名이光州郡日守備隊下士六名及巡査二名과交戰ᄒᆞ얏다ᄒᆞ고

▲本月九日全州남方四里橋등附近에서義兵約二十名이全州駐在憲兵大尉以下十一名과交戰ᄒᆞ얏다ᄒᆞ고

▲青陽東北方三十里地에서義兵約八十名이該郡駐在憲兵隊와交戰ᄒᆞ얏다ᄒᆞ고

▲本月十四日洪州北方에서義兵八名이該郡分遣隊將校以下七名憲兵五名과交戰ᄒᆞ얏고又義兵約四五名이同日兵과交戰ᄒᆞ얏다ᄒᆞ고

▲本月拾九日河東郡북方二里地에서義徒四拾名이晉州守備兵七名과交戰ᄒᆞ얏고

▲本月拾三日[illegible]北方三岩里에서義兵[illegible]이[illegible]守備兵拾二名과交戰ᄒᆞ엿다더라

東京電報　二十日發

●米國條約 米國과의條約은特許、意匠、商標及著作等의權利保護에關ᄒᆞᆫ條約이니韓國에서ᄂᆞᆫ米國人은一切統監府의法令을服從ᄒᆞ고[illegible]統監府의決定에[illegible]ᄒᆞ얏ᄂᆞᆫ데此條約은再昨日에米國元老院을通過ᄒᆞ얏다더라

●鐵路協議 宇佐川鐵道局長은近頃에渡韓ᄒᆞᆫ다ᄂᆞᆫ데該鐵道에對ᄒᆞ야陸軍省과協議ᄒᆞ야統監府及長谷川軍司令官과協議ᄒᆞᆯ터이라더라

廣告

本人의子錫雨性本浮浪ᄒᆞ야出沒京鄕에爲挾雜謀ᄒᆞ와以田與畓僞造文券으로欲爲得債이기茲에廣告ᄒᆞ오니勿論內外國人切勿見欺홈

陰波谷九岩居申觀休 告白

本人이東湖裵舜文許에戊申五月晦日推次紙音參千圓於音壹片을路中遺失ᄒᆞ얏사오니誰某拾得ᄒᆞ야도休紙施行홈

李夔命 告白

◉測量速成科學員募集

本校니에測量速成科를設ᄒᆞ고玆에廣告ᄒᆞ오니願學僉員은來六月六日니로請願書를(本校에來購)本校에提呈ᄒᆞ고同月七日下午一時에來校應試홈

試驗科目 國漢文讀書 筭術四則以니

登上學時間 自下午四時卅分 至下午六時卅分

壹卒業期限 五個月

寶洞私立興化學校 廣告

學員募集廣告

本學會에서輔仁小學校를新設ᄒᆞ고學員을募集ᄒᆞ오니子弟를入學코ᄌᆞᄒᆞ시ᄂᆞᆫ僉君子ᄂᆞᆫ本月三拾一日(陰五月初二日)內로本學會에來議ᄒᆞ시옵

位置 西署內需司內

開學 六月八日(陰五月十日)

年齡 十歲以上拾四歲以下

學科ᄂᆞᆫ普通學校程度

輔仁學會 告白

本人이方啣章을陰四月初拾日遺失故以後圖章으로施行홈

남門外盆洞九房成淳集告白

西部盤石坊야田契中洞壹百三統三戶리錫龍妙家六間板劃文券을本月貳拾三日午前에낙峴서漢城府로貫立旨請願ᄒᆞ랴次前往ᄒᆞ다가路中에서見失ᄒᆞ얏스니誰某拾得ᄒᆞ야도休紙施行홈

낙峴福德房 白

本校에測量速成科를特設ᄒᆞ고學員을募集ᄒᆞ오니願學人은請願紙를本校에來效하시오

試驗日字(陽曆三拾壹日)

試驗科目은漢文作文筭術四則

南門內暘洞光成實業學校白

麻浦田圭煥氏今陰四月貳拾三日下午三時中風棄世故廣佈홈

護喪 鄭興澤 訃告

惟我 先祖寬候公墓所在於京畿豐德郡趙鳳山而不意當賊發之變仍爲封築極涉罔措ᄋᆡ二十二日緬奉于果川光明里玆通告

僉宗 照亮

平康蔡氏宗中 告白

●인川港官公私立學校大運動에捐金出員氏名이如左홈

內洞官藝妓 四拾圓 紳商會社 三拾圓 魚商會社 米商會社 多外面中 森致興 酒商契中 紹동官藝妓 각貳拾圓 勸業社 柴炭會社 각拾五圓 轉運社 協同郵船會社 淸潔役夫 三板郡中 信夫淳平 김弘潤 沈能得 査潤所 김澈濟 각拾圓 和田용次 染谷成章 富田耕司 足立瀧二郎 橫山謙 각拾圓 朴三湊 五圓 同夫人 壹圓補助冊壹卷 斗量廳 七桶廳 金眞坤 朱明淳 金有彬 甲哲均 張乃興 池相玉 大浦茂彦 湯淺秀富 김東희 鄭順澤 丁致國 島重治 秦應達 김明哉 리時承

康永澤 각五圓 리敏應 四貼 張世益 정興澤 申昇均 河濟容 吳龜永 綱木仙吉 각三圓 木門桶上陸部中 貳圓五拾錢 安瑞鼎 金成玉 리學인 趙裕九 리亨來 禹戰命 松本鐵三郎 尹組惠 리佑根 林麟瑞 鄭寅錫 각貳圓 盧우根 리學俊 朴인煥 각壹圓 盧良西 五拾錢 內洞々中 六拾六圓貳拾錢 栗木洞々中 三拾三圓拾錢 龍洞々中 三拾貳圓五圓五전 外洞々中 三十四圓四拾五錢 平동々中 三拾圓拾五錢 金谷洞々中 貳拾壹圓四拾七錢五厘 牛角洞々中 貳拾四圓八拾五錢 畓동々中 貳拾圓八拾전 花村洞々中 拾三圓八拾錢 薪昌동々中八圓 萬石동々中 五圓 入合金七百五拾貳圓三拾七전五厘

府尹會濟局 蜜柑七百枚 張箕彬 筆四百柄 全紳父 彈丸七拾貳箇 金季元 鉛筆貳匣 리範玉 鉛筆貳匣 姜準 空彈丸五拾個 捲紙壹百個 리庚鳳 鉛筆貳匣 리應善 空冊四拾卷 榮庚下陸部中 白露紙壹軸 鉛筆貳匣 彩姬 空冊貳拾卷 鉛筆拾貳丹 崔應三 空石四拾立 尹衡叔 空石五拾五立

○약 광 고

본국에서 십년을 연구ᄒᆞ야(사향소창단)이란 약을 발명ᄒᆞ엿ᄂᆞᆫ데 남녀물론ᄒᆞ고 무ᄉᆞᆷ 창병이던지 ᄒᆞᆫ제(十四介)를 미엔 열이씩 먹으면 효험이 빅발빅

[illegible] 가오ᄂᆞᆫ 절벽ᄒᆞᆫ 년 졍위ᄂᆞᆫ 오ᄅᆞᆫ 고셩안과 속히 더딤ᄒᆞ야 본의 ᄒᆞ지며 각 다방이라도 우편으로 부쳐 ᄃᆞ려 오기 죠량ᄒᆞ시옵

우량죵약은 청심보명단 각처발매소마다 수용판매ᄒᆞ오니 그근방에 계신이ᄂᆞᆫ 그곳으로 가셔 문의ᄒᆞ시오

仁川港和平堂 白

製藥所 仁川港柱峴 和平堂약房

發行人 仝 李응善

代理店 仁川港杏峴濟生堂藥房 京城大廣橋共愛堂藥房

胎養調經丸

리양됴경환

대뎌 부인이 변화토록 잉틔치 못ᄒᆞᆫ 병으로 인ᄒᆞᆷ이니 일ᄌᆞᆨ이 연구치 아니ᄒᆞ고 심상이 브려두면 다만 한사ᄅᆞᆷ의 불힝ᄒᆞᆯ 뿐 아니라 또ᄒᆞᆫ 젼국에 크게 관계가 잇ᄂᆞᆫ고로 셩의 십오년을 니외국 고명ᄒᆞ의 신방을 ᄃᆞ젼ᄒᆞ야 셩에 ᄌᆞᆸ으로브터 他人家에 무수시험ᄒᆞᆫ쥭 열에 열사ᄅᆞᆷ이 다효험을 보앗고 ᄎᆞ약이 임뎡만 ᄒᆞᆫ색아니라 (치림)(치젹)ᄒᆞ며 (조경)(조혈)되ᄂᆞᆫ고로 이ᄀᆞᆺ치 광포ᄒᆞ오니 쳠부인은 잇ᄎᆞ 시험ᄒᆞ시며 각디방이라도 우편으로 붓칠터이오니 죠량ᄒᆞ시옵

壹劑壹個月分定價五圜

製藥所 仁川港杏峴 和平堂약房

發行人 仝 리應善

代理店 인川港杏峴 濟生堂약房 京城大廣橋 共愛堂약房

本人之子士善이가性本浮浪ᄒᆞ야符同雜類ᄒᆞ야散人得債코져ᄒᆞ오니內外國人은切勿見欺홈

西門外新村弘門洞金鍾元 白

本會第一總會를本月二十四日日曜下午一時에徽文義塾內에서開ᄒᆞ오니一般學生은多數來臨ᄒᆞ심을望홈

學生聯合親睦會

本會副會長林圭永氏陰本月十六日別世知會聞照亮仰要

開城學會 告白

○活字及印刷機械製造販賣○

其他인기·機械油·膠·名刺紙·色革

金銀各良粉箔·鉛活版石版附屬品一式

시로 ᄉᆞ업을 챵셜ᄒᆞ야 ᄒᆞᆫ번에 오빅원어치 이상 물건을 사셔 가시ᄂᆞᆫ이 ᄒᆞᄂᆞᆫ 본뎜에셔 가ᄉᆞ 한명을 보내셔 ᄒᆞᆫ달동안을 월급도 아니밧고 직공을 가르쳐 쥬겟숩나이다

京城美谷川町二丁目(石井洞)

江川活版製造所支店

本店 東京日本橋區長谷川町 電話浪花八八八番

鐵工場 東京京橋區南傳馬町 電話本局二七二六番

支店 仙台市國分町 電話一一七番

坡平尹氏前都有司蔡興서在世時에因爲先事하야以收錢事로拾三道各派尹氏宗中에通文ᄒᆞ고追後에王有派送有司러니각派所收錢이宗中所에登錄來納ᄒᆞ고派送ᄒᆞᆫ자有司에私藏에만移歸ᄒᆞᆫ處가有ᄒᆞ니以爲先事로收錢ᄒᆞᆫ者凉溫에違反ᄒᆞᆫ지ᄅᆞ自今以後에ᄂᆞᆫ如有不得已ᄒᆞᆫ爲先事ᄂᆞᆫ收전ᄒᆞᆯ境遇면自宗會所로的確發通ᄒᆞ고收錢有司ᄂᆞᆫ斷不派送ᄒᆞᆯ지스니自各道各派宗中으로別定信實有司ᄒᆞ야所收전을直爲來納于宗會所ᄒᆞ야都有司와京有司面前에領受証을受去ᄒᆞ고自稱京派送有司에게ᄂᆞᆫ雖壹分錢이라도給與치勿하야以杜乾沒之弊ᄒᆞ고如是定規ᄒᆞ니十三道各派尹氏宗中은照亮ᄒᆞ시옴

坡平尹氏 京宗中 告白

本書舘에서民智의廣開하기를爲ᄒᆞ야明發達ᄒᆞ기爲ᄒᆞ야新舊書籍을大발賣ᄒᆞ오니僉君子ᄂᆞᆫ陸續購覽ᄒᆞ심을望홈

金山港東關韓興書舘 主 金汝重 權중律

鶴堂先生 兪吉濬 譯述

普魯士國 厚禮斗益大王七年戰史

全壹冊 定價金三拾錢

此書ᄂᆞᆫ即拾八世紀頃에普魯士國厚禮斗益大王이日耳曼列邦中에介在ᄒᆞᆫ微弱國으로突然奮起ᄒᆞ야尙武的精神으로人民을鼓動ᄒᆞ며俄法墺諸國과對抗ᄒᆞᆫ시七年戰爭을繼續ᄒᆞ야普魯士國의雄飛ᄒᆞᆫ端緒를開ᄒᆞᆫ事實이온대其政畧의巧敏ᄒᆞᆷ과其功烈의偉大ᄒᆞᆷ이是可讀者의敵愾心을喚起ᄒᆞᆯ만ᄒᆞ오니 僉君子ᄂᆞᆫ速々購覽ᄒᆞ시옵

發賣元布屛下廣學書舖金相萬

賣買所 京鄕各有名書店

新刊書籍發售廣告

女子讀本 張志淵氏著 全貳冊 定價金六拾錢
初等衛生學 全壹冊 拾五錢
初等倫理學 全壹冊 貳拾전
國家학綱領 全壹冊 金拾五전
國民須知 全壹冊 八錢
初等小학 全四冊 壹圓三拾錢
中等萬國新地誌 全貳冊 壹圓
增補無冤錄大全 國漢文壹冊 七拾五錢
伊太利建國三傑傳 全壹冊 世전
新撰理化학 朴晶東시著 全壹冊 定價金三拾전
獨習日語捷徑 鄭雲復시著 洋裝壹冊 壹圓貳拾五전
愛國夫人傳 張志淵시著 全壹冊 定價金拾五전
新小說血淚 리人稙시著 全壹冊 定價金貳拾錢
富國全書 奎鎭新論 朴于叡시著 全壹冊 定價金三拾五전
世界三怪物 전壹冊 貳拾전
家庭雜誌 每號拾전
新訂筭術 전三冊 六拾전
普魯士國厚禮斗益大王七年戰史 전壹冊 定價金三拾전

發賣所 皇城中署布屛下 廣학書舖 金相萬 京鄕各有名書舖

漢城鍾路萬國基督教靑年會舘前慈惠藥房
製藥鑑查人濟衆院醫學員洪錫厚朴慈惠李
觀化告白

本人等이漢城南大門外濟衆院用낙處方으로左記封入낙을製造ᄒᆞ오니京鄕遠近勿論ᄒᆞ고此낙品을信用ᄒᆞ시기爲ᄒᆞ야前醫學校長勳五等池錫永氏에게낙方文마다鑑定ᄒᆞ고有效證明書를受ᄒᆞ고主治効能用法을詳記ᄒᆞ야洋鐵匣紙匣琉璃瓶에封ᄒᆞ야賣낙兄弟에게利益이加有ᄒᆞ도록ᄒᆞ매ᄒᆞ나이다

治痰平胃丸　男女益氣補益丸
輕腫根治膏　純金鷄蠟丸
濕腫根治膏　蛔虫浸出丸
大瘡發根合瘡膏　四時感冒丸
小兒胎毒全治膏　淸明眼藥水
癘氣保嬰散　消痰鎭咳藥
神效小兒靈妙散　男女
感冒　瘧疾祛根藥
德國製消痰丸　寸虫拔根藥
漢城百應膏　止足汗臭藥
洋藥乾材　止瀉潤腸丸
舊唐藥唐草材　陳陳消積丸　舊滯
西藥醫方活套　無惡臭疥瘡藥

◉大韓醫學校發明神藥
◉修正靈丹　各種食滯中暑久滯口臭
◉至寶丸　治諸般癨疾不拘久遠
◉靈效液　俱有偉効定價金十錢
◉淸眼水　外用眼疾治疥癬皮膚
◉通淋丸　白濁白帶定價金二拾錢
治諸般眼疾有特靈
天之妙定價金拾錢
治男女急慢淋疾神效
無雙速效除毒每壹週五拾錢

製劑發行所　漢城南部大廣橋孔洞第三統十九戶　共愛堂大藥房　趙白

支店　漢성남門外共愛堂第壹支店　姜助娘
群山港開港共愛堂第二支店　리春善
河東郡赤良面共愛堂第三支店　黃麟秀

代理店　皇城北部　仝安洞　仁濟藥房
仝　寺洞府會館前　慈惠藥房
仝　西部新門外石橋　普濟醫院
仁川寺洞　濟生堂　仝　和平局

此外에도東西洋各國有名賣藥과草材藥이俱備ᄒᆞ오니藥의多少를不拘ᄒᆞ고請求ᄒᆞ시면小包로仰呈ᄒᆞ게ᄉᆞᆸ

◎新訂方合編　壹部壹圜拾전
鍼脈新。病論。藥性。方套。牛疫法。牛馬病약。洋약用法。診察法。經驗方。이具備ᄒᆞ야醫학家나賣약家에最히要緊ᄒᆞ오며

◎社會勝覽　純國文廿二전
社會의規則과演說에方法과脉絡이며東西양雄辯家의演說을譯述ᄒᆞ야社會有志者와勞働人及婦人ᄭᆞ지라도可不購覽ᄒᆞᆯ者더라

◎婦人儀範　純國文廿五전
育子와敎育ᄒᆞ고家庭을整理ᄒᆞ는道로婦人社會의特選ᄒᆞᆫ師範이오며

◎中等算學　壹帙　冊壹圜五拾전
自四則至開立方九積數를次第橫布ᄒᆞ야學習에便易ᄒᆞ고我韓兼중中等具備ᄒᆞᆫ者며各校학生의게는特爲減價呈賣홈

註譯 支那時文類聚　리최爾　編集
八拾三頁　定價금二拾二錢

右冊은近日現用ᄒᆞᄂᆞᆫ中緊要私札往復과條淸與日淸間에現行往復을연公私宴會請帖往復과其他公函往復과公文照會等式을編成一冊ᄒᆞ야可作高等社會의錦囊要訣이오니照亮

總發賣所　皇城中部　滙東書局
分所　皇城각書舖

◉大韓國新發明靈藥廣告
陸軍軍醫金守鉉君實驗方劑
陸軍軍醫張基茂君有效發明
上海衛生樂善君子常備之靈藥
消化新藥 淸心保命丹
發行所 仁川港杻峴 濟生堂藥房
九十粒入壹拾錢

落於人道之原則ᄒᆞ고重於正義之誠實ᄒᆞ며以親切爲旨ᄒᆞ야訴訟事件幷各官廳請願事件을受依托홈
東城저洞六拾四統二戶
東洋大학前講師
辯護士 日本法律士 木尾虎之助

◉痰咳氣食中治効能
咳嗽腹痛心腹痛頭瘟不眠
氣鬱吐瀉頭中眩暈
食傷酒醉心熱惡臭
其他諸般瘟氣厲疫良方妙藥

出張代理特約販賣所
京城大廣橋共愛堂大藥房
同香路慈惠藥房　리觀化
同梨峴洋약局　리信華
同銅동博文書館　盧益亨一
同南大門外大同運輸會社二
同泥峴三丁目　新井支店
同泥峴郵便局前　天佑堂
同小橋本堂出張人　리鳳林
仁川舊邑本堂出張所　金濟賢
同豊旅館　韓昌根
同寺峴和平堂　리應春
濟物浦門內萬物商　박圭桓
同南大門內同店　禹相玉
同南大門內冊肆　리禎鎬
同北部忠橋　具聖模
濟州宗路客店　宋在瑛
同二房약舖　김永泰
開城南門內店　리奉樹
水原香路下약房　金濟九
延安邑니洋약局　邊汝文
江華香路店　尹斗鉉
同香路店　宋順五
同南門外冊肆　高成根
砂南門내　趙淑淳
砂利院市場니客主　朴能昌
同　任允?
同耶蘇敎堂니　리在?
益州남門니紅門동　리東純
平壤雙百里濟生局　韓鳳儀
同館前衛生醫院　金龍興
同大興部　里　崔能化
同武洞藥局　桂澤宜
同里門洞出張人　尹寅?
鎭南浦藥동洋약局　김元졔
同儀兩機本堂出張人　吳남奎
群山港開福동　김斗鉉
安州城니義井동回春약房
安岳邑上場里濟生局　林景柱
大邱南門니刷還동　김成浩
釜山港草梁客主　金重佑
博川郡美동商店　朴芝行
忠州東良面早遲　崔允國
載寧邑後동洋약局　金鎭和
晋州郡원동　박春賢
定州남門니洋약局　리鎭柱
郭山邑니洋약局　羅瀾彬
鐵山邑니永春堂　安漢
宜川邑니冊肆　安奎
義州水口街　崔석浩
信川邑四里洋약局　김永植
郭山邑冊肆　김大鉉
元山港濟生堂支店　박敬鎭
北靑新昌港客主　박錫勳
江原道本堂出張人　馬實來
德川邑官동洋약局　리丙斗

◉證明書용代理
◉其他各약店마다隨意販賣
◉仁川港濟生堂告白　리東賢

現今齒院에셔各項事務를一層擴張하오며金裝與銀裝各樣의齒와老小間役數落齒ᄒᆞᆫ齒床人齒를新製造하오며拔齒與齒痛時에各種齒藥과技方도有ᄒᆞ며齒科上面識ᄒᆞᆫ無料施受ᄒᆞ옵ᄂᆞ니四方僉君子ᄂᆞᆫ照亮ᄒᆞ심을望ᄒᆞᆷ

京南大門內尙洞英人施醫院
萬國齒科醫士　韓大衛　告白

◉西面
合四十圜十二錢
桑田里　拾圜
乾川里　六圜
新坪里　十二圜
阿火里　二拾圜
金雞里　三十圜
蛍耳里　拾六圜
大谷里　三十圜
堤內里　六圜
道叱洞　二十圜
合一百五十圜
總合一百九十圜十二錢
前總合六萬○二百○四圜十五
錢二圜
都總合六萬○二百九十四圜二十七錢二厘

◉義捐金收入廣告

◉慶北慶州니南面鎭城里
리圭浩　拾圜　孫秀晃　六圜
리圭爽　六圜　金洙鉉　二圜
孫秀燦　리圭錫　김台鉉
孫永玉　리圭憲　리圭懿
朴基世　姜世濟　리圭白
權宜弼　孫東浩　김在浩
김祥魯　姜在浩　각六十전
최在稷　金相魯　金魯云
리圭春　金必賢　姜濟必
權奎祥　각四十錢　김永祚
리圭旭　리太春　孫永敎
姜卜慾　姜濟錫　姜濟麟
金漢明　洪在浩　黃月連
文一成　劉한重　裵順昊
姜述伊　金鳳魯　金泳鶴
各二拾전　리順斤　姜萬石
金必石　리圭源　權奎祭
許順得　리白文　金己母
金先伊　申得春　俞寬伊
盧ㄲ大　韓順今　남順敬
김哲伊　김相儀　각十전
김坤仲　黃月每　각六錢

○廣告料
四号活字十三字詰
每日每行一寸에新聞代金拾五錢
(每日每行六日에相當홈)
二週日에　二圜五十錢
每日每行四寸五號에相當홈
一個月에　五圜
每日每行四號一寸에相當홈
其期限와長短과字行의多少를依ᄒᆞ야增減홈이有홈

○申報價
一張代金　新貨二錢五厘
一個月前納　三十錢
三個月　九錢
六個月　一圜七十錢
一個年　三圜四十錢
郵稅一張　新貨五厘
一個月　十三錢

發行兼編輯人英國人　裵說
發行所
南署石井洞號外洞三府洋屋家
大韓每日申報社

◉慈惠藥房略歷印刷廣告　本社에서慈惠약房東西藥業月報版出ᄒᆞ기爲ᄒᆞ야印刷所를設置ᄒᆞ고數拾年來國문經驗ᄒᆞᆫ

京城鍾路慈惠낙房에서各種封紙낙을製造ᄒᆞᄂᆞᆫ대方文則낙

第六卷

大韓每日申報

第八百拾四號

月曜及慶節臨時休刊

檀君開國四千二百四十一年
箕子元年三千三十年
大韓開國五百十七年
日本明治四十一年
淸國光緖三十四年
陰曆戊申四月大廿七日辛巳

論說

◎今日大韓國民의目的地 (續)

或曰敎育普及이目的地라ᄒᆞ야學校設立에奔走ᄒᆞ며或曰實業을發達ᄒᆞ야目的地라ᄒᆞ야殖産興利를絶叫ᄒᆞ나니嗚乎라民知가如此闇昧ᄒᆞᆫ時인즉敎育이誠大ᄒᆞ며民産이如此艱窘ᄒᆞᆫ時인즉實業이誠重ᄒᆞ도다만은此를目적地로直認ᄒᆞᆷ은不可ᄒᆞ며

或曰團體集合이目적地라ᄒᆞ야會舘組織에奮분ᄒᆞ며或曰社會改良이目적地라ᄒᆞ야頑習喚醒에熱心ᄒᆞᄂᆞ니嗚乎라人心이如此渙散ᄒᆞᆫ時인즉團體集合이誠要ᄒᆞ며道德이如此墮落ᄒᆞᆫ時인즉社會改良이誠急ᄒᆞ도다만은此도目적地到達ᄒᆞᄂᆞᆫ方法이라ᄒᆞᆯ지언뎡目적地로直認ᄒᆞᆷ은不可ᄒᆞ니라

或은又曰目적地ᄂᆞᆫ不知ᄒᆞ여라도但其目的地到達ᄒᆞᄂᆞᆫ方法만踐行ᄒᆞ면自然到達ᄒᆞᆯ日이有ᄒᆞᆯ지니何必目的地를是究是問ᄒᆞ리오ᄒᆞ나니嗚乎라其然가豈其然가萬里行客이去向ᄒᆞᆯ處所를不定ᄒᆞ고只是瞑目前進ᄒᆞ야荊棘을遇ᄒᆞ거던荊棘으로向ᄒᆞ며坦途를遇ᄒᆞ거던坦途로向ᄒᆞ며山을遇ᄒᆞ거던山으로向ᄒᆞ며水를遇ᄒᆞ거던水로向ᄒᆞ야彷徨이躊躇(마)를探ᄒᆞ듯시遲遲不已ᄒᆞ면稅駕ᄒᆞᆯ地가自有ᄒᆞᆯ가余가恐컨대夸夫의奔走로春粮을費ᄒᆞ고一日數百里를驅ᄒᆞ며라도道中에서老死ᄒᆞᆯ而已니

嗟乎韓國民이여萬目이其觀을一處에注ᄒᆞ며萬口가其聲을一區에揚ᄒᆞ야其目的處를求ᄒᆞᆯ지어다

目을擧ᄒᆞ야世界를察ᄒᆞ라曰美曰法曰德等國은其安樂이已足ᄒᆞ며幸福이已極ᄒᆞᆫ데에尙且帝國主義의目的地를到達ᄒᆞ라고其腦가竭ᄒᆞ며其思가焦ᄒᆞ며其手脚이忙ᄒᆞ고數百年頑嬰保守도見識ᄒᆞ던淸國도政治改革의目的地를到達ᄒᆞ라고上下가紛紜ᄒᆞ며頑微自大의俄國民도立憲要求의目的地를到達ᄒᆞ라고人民이沸騰ᄒᆞ고其外大小各國이莫不一目的을執ᄒᆞ고場蹶爭前ᄒᆞᄂᆞᆫ데此四千載文明歷史를擁ᄒᆞ며八萬二千方里膏腴土地를據ᄒᆞ고聰明慧智의二千萬同胞가有ᄒᆞᆫ大韓國民이여其目的地를未知ᄒᆞᄂᆞᆫ가

黃金이璀璨ᄒᆞ며錦繡가燦爛ᄒᆞᆫ者ᅵ大韓國民의目的地며奇花가馥郁ᄒᆞ며天香이爛熳ᄒᆞᆫ者ᅵ大韓國民의目的地라其門은獨立이며其路ᄂᆞᆫ自由니國家의精神을發揮ᄒᆞ고萬有의事業을國家에供ᄒᆞ야神聖ᄒᆞᆫ國家를保有ᄒᆞᆷ이大韓國民의目的地니라

外報

●米艦各港訪問　紐育電을據ᄒᆞᆫ則米國回航艦隊ᄂᆞᆫ目下푸렛크산드灣에寄港ᄒᆞ얏ᄂᆞᆫ데各港을次第로訪問ᄒᆞᆯ터이라더라

●西太后下問　北京電을據ᄒᆞᆫ則西太后ᄂᆞᆫ雲南의革命軍이平定치못ᄒᆞᆷ과法國의干涉이有ᄒᆞᆷ을憂ᄒᆞ야侍臣과軍機大臣을召ᄒᆞ야本件을下問ᄒᆞᆫ事가有ᄒᆞ다ᄒᆞ얏다더라

●工廠失火　上海電을據ᄒᆞᆫ則上海石油會社工廠에서火災가起ᄒᆞ야全部가燒失되얏다더라

●爆발傷人　同電을據ᄒᆞᆫ則淸國남京府門附近火藥工廠이爆발되야死傷者가五十名이以上이라ᄒᆞ얏더라

●米檢事渡韓　上海電을據ᄒᆞᆫ즉在上海米國控訴院檢事윌킨슨氏ᄂᆞᆫ韓國에서發行ᄒᆞᄂᆞᆫ大韓每日申報발賣禁止事件에關ᄒᆞ야公務를帶ᄒᆞ고二拾日當地에서ᄯᅥ날ᄒᆞ야韓國으로向ᄒᆞ얏다더라

●武器발送　香港電을據ᄒᆞᆫ則雲南總督은武器彈丸等을雲남에供給ᄒᆞ기爲ᄒᆞ야逆付ᄒᆞᆫ旨를北京에電報ᄒᆞ얏다더라

●印度騷擾　倫敦電을據ᄒᆞᆫ즉英國파렛트聯隊의一隊ᄂᆞᆫ아나왈港附近에셔印度阿富汗人二千名과交戰ᄒᆞ야阿富汗人六拾名이死ᄒᆞ고英軍三拾名이死傷ᄒᆞ얏ᄂᆞᆫ데其中士官이三名이라더라

雜報

●勞動夜校　金海郡番谷面人學校敎師리允宰氏가妙年英才로敎育ᅳ에熱心ᄒᆞ야城비普通學校에夜學校를設立ᄒᆞ고勞動者를多數募集ᄒᆞ야實業學文을敎授ᄒᆞ미不過一旬에學徒가五拾名에達ᄒᆞ엿다고該郡來人이稱頌ᄒᆞ더라

●兩齋合校　洪原郡남川晩成兩齋ᄂᆞᆫ元來講習之所인데有志諸氏가靑年子弟를敎育ᄒᆞ기爲ᄒᆞ야學部에請願ᄒᆞ고同兩齋內에私立齊成學校를創設ᄒᆞ고陰三月에開校式을擧行ᄒᆞ얏ᄂᆞᆫ데敎師韓膺敎氏가校務를壹層擴張ᄒᆞ기로晝夜熱心ᄒᆞᆫ다더라

●校務委托　江華郡私立普昌學校創立者리東暉氏가四箇年苦心熱誠으로敎育程度가漸次발達ᄒᆞ야無限ᄒᆞᆫ效果를希望ᄒᆞᄂᆞᆫ바어니와現今該校장리東暉氏ᄂᆞᆫ京鄕學界에擔負ᄒᆞᆫ職務가重大ᄒᆞ야東西奔馳에該校事務를卽接處理키未遑ᄒᆞᆷ으로該校況不振ᄒᆞᆯ憂慮가有ᄒᆞᆫ지라該씨가本校位置를移ᄒᆞ야該鄕敎育上熱心으로聲壹有名ᄒᆞᆫ高成根氏학校로搬運코져ᄒᆞ니高成根氏ᄂᆞᆫ元來리東暉氏와同志同德ᄒᆞᆫ人士라自已의財産을傾ᄒᆞ야巨款의校費를專擔ᄒᆞ고多數ᄒᆞᆫ學徒를養成ᄒᆞᆫ지가已爲二個年이오今春에新建築ᄒᆞᆫ校室이數百人學徒를可容ᄒᆞᆯ지라리東暉氏가壹郡을環顧ᄒᆞ미敎育委托ᄒᆞᆯ後任者가高氏壹人이라該郡紳士를對ᄒᆞ야壹場說明ᄒᆞ고血淚가並流ᄒᆞ얏더니郡니紳士尹相健金命龜兩씨ᄂᆞᆫ元來資本家오愛國的思想으로激切히反動力이生ᄒᆞ야리東暉씨의愛國熱心을感勞ᄒᆞ고該校凡百經費를永遠自擔ᄒᆞ기로決定ᄒᆞ얏다고該郡來人의傳說이有ᄒᆞ더라

●抱狀鳴冤　柳洪根等三人이統監府에原情ᄒᆞ여曰生等은卽對馬島監禁罪人柳濬根李相斗申輔均之弟若子也라現今監禁于馬島者凡八人中三人以外皆孤獨無依顚連無告故生等致此代表鳴冤去丙午春叅判閔宗植兵敗洪州也其時閔宗植씨卽爲避身其鄕下從人見捉者十指衆而自司令部數次訊然後擧皆放送惟獨柳濬根李式南圭振申鉉斗李相斗申輔均崔相集文錫煥八人以韓國之人爲自國事而獲罪然罪在六犯之外而未蒙自國之大赦其所冤抑當復何如哉法貴國之於韓國從平和則雖壹壹律公平裁斷使內無呼冤外無異議然後可也而獨執韓從八人特加重律非慰悅人心之道也大抵罪有首從罰有輕重首者宥還則從者先放自是法所當然而今反首者先放從者尙拘閣下何偏施重律於此八人耶夫區區八人之流死窮溟固不足恤而閣下之行政執法內外所共觀若彼輕此重使壹夫含冤則恐反爲閣下之累也라ᄒᆞ얏ᄂᆞᆫ데此原情을統監府에呈ᄒᆞᆫ즉訴狀을白退ᄒᆞ여曰往呈于領事館ᄒᆞ라ᄒᆞᆷ으로呈于領事館ᄒᆞᆫ즉又爲白退ᄒᆞ여曰呈于韓國法部ᄒᆞ라ᄒᆞᆷ으로法部에往訴ᄒᆞ엿다더라

偉人遺蹟

水軍第一偉人 李舜臣

錦頰산人

第十章 (續)

第五戰後의李舜臣

民을募ᄒᆞ야鹽을煮ᄒᆞ며甕을陶ᄒᆞ며穀을販賣ᄒᆞ고銅鐵을採取又購集ᄒᆞ야銃砲를加製ᄒᆞ며焰硝와火藥을廣蒐ᄒᆞ야軍用ᄒᆞ야各營에分給ᄒᆞ며降倭中射者를擇ᄒᆞ야我軍으로ᄒᆞ여곰其技를學케ᄒᆞ며彼의軍械가我보담精好ᄒᆞ다ᄒᆞ야倭銃倭箭을模製케ᄒᆞ며

流民을招集ᄒᆞ야突山等地에屯田耕作케ᄒᆞ야沿邊으로其生業을安케ᄒᆞ며沿邊은其留資를備케ᄒᆞ고軍餉을分送ᄒᆞ야要害를把守케ᄒᆞ며水陸要害를條陳ᄒᆞ야朝廷의采擇을俟ᄒᆞ며戰船을加造ᄒᆞ고舟師를恊募ᄒᆞ며沿海軍糧兵器의他道로遞移ᄒᆞᆷ을禁ᄒᆞ고ᄒᆞ야海防의聲勢를壯케ᄒᆞ며唯探을四列ᄒᆞ야倭賊의動靜을窺ᄒᆞ더라

從此로兵糧가裕ᄒᆞ고士氣가飽ᄒᆞ야壹戰ᄒᆞ기足ᄒᆞ니萬壹後來群小의交搆가아니러면千艦將으로日本을直擣ᄒᆞᆯ다ᄒᆞ리忠武의略書가實際에見ᄒᆞ얏슬진저

第拾一章

◉李舜臣의拘拿

宣廟丁酉正月二十六日에朝鮮忠淸慶尙全羅三道水軍都統制使李舜臣拿命이下ᄒᆞ야五六年槍霜丸雨下에서拮据鳩集ᄒᆞᆫ軍粮幾萬石과(史에曰陣中所有가九千九百拾四石이오在外諸將의所有ᄂᆞᆫ不論)火藥幾萬斤과銃筒幾千柄과軍艦幾百隻을統將元均에게付ᄒᆞ고二月二十六日에檻車로就途ᄒᆞᆯ시所過沿路에人民老幼男女가其前에遮ᄒᆞ며號哭ᄒᆞ며曰使道ᄂᆞᆫ아我輩를捨ᄒᆞ고何往ᄒᆞᄂᆞᆫ가我輩를捨ᄒᆞ고何往ᄒᆞᄂᆞᆫ가使道가我輩를捨ᄒᆞ시면我輩의前途ᄂᆞᆫ死亡字뿐이라ᄒᆞ고哭聲이雲霄에徹ᄒᆞ더라

民心을撫ᄒᆞ고장城을自壞ᄒᆞ야敵軍의眉를歡動케ᄒᆞ니此果人의道理인가或曰行長의反間也나ᄒᆞ니物이自腐ᄒᆞᆫ然後에虫이生ᄒᆞ나니我廷이無間ᄒᆞ면行長이雖奸ᄒᆞ나何隙을乘ᄒᆞ리오故로我ᄂᆞᆫ曰李忠武의被拿를行長의咎라홈이不可라ᄒᆞᄂᆞᆫ며或ᄂᆞᆫ曰元均의搆誣也라ᄒᆞ나一人의手로萬人의目을掩키難ᄒᆞ나니滿朝가公明ᄒᆞ면元均이雖猜ᄒᆞ나何惡을逞ᄒᆞ리오故로我ᄂᆞᆫ曰李忠武의被拿를元均의罪라홈도不可라ᄒᆞ노라

(未完)

雜報

●兩下賞賚 前報와如히再昨日에宮內府官吏가 景福宮內慶武臺에셔運動會를擧行ᄒᆞᄂᆞᆫ대該費를 大皇帝陛下께옵셔貳百圜을 下賜ᄒᆞ옵시고內藏院에셔三百圜을出給ᄒᆞ야該料理를設ᄒᆞ얏ᄂᆞᆫ대宮內府各官吏에出欵은中止ᄒᆞ얏다더라

●兩宮同意 宮內府의셔承寧府의侍從補와ᄂᆡ丞八名을加設ᄒᆞ기로統監府의同意를請ᄒᆞ얏다더라

●土地所有規則 內閣法制局에셔土地所有權證明規則을現今制定ᄒᆞᄂᆞᆫ中이라더라

●會作反對 內閣에셔土地所有權証明規則을制定ᄒᆞᆫ다ᄂᆞᆫ事ᄂᆞᆫ別項과如ᄒᆞ거니와該規則第某條에制定ᄒᆞ기를何處에던지日本人이先次所有ᄒᆞᆫ土地ᄂᆞᆫ日本理事廳에셔證明ᄒᆞ기로規定ᄒᆞᆫ故로法制局參與官金星奎氏가該條에對ᄒᆞ야反對ᄒᆞᄂᆞᆫ故로現今爭議ᄒᆞᄂᆞᆫ中이라더라

●會議處所 前報와如히昨日에各觀察使會議를開ᄒᆞᄂᆞᆫ대處所ᄂᆞᆫ前度支部로定ᄒᆞ얏다더라

●觀察會議 昨日의觀察使會議를前度支部ᄂᆡ의셔設行ᄒᆞ얏ᄂᆞᆫ대ᄂᆡ部大臣以下勅奏任官은壹切參席ᄒᆞ얏다더라

●任免提議 今番觀察使會議의ᄂᆡ部次官木內重四郞이가官吏任免件에對ᄒᆞ야注意ᄒᆞᆯ事項을提出ᄒᆞ얏다더라

●均稅建議 昨日에中樞院에셔例會를開ᄒᆞ고湖嶺兩남紳民代表人宋淳榮리喆榮兩시가均稅事로獻議ᄒᆞᆫ事件을可否取決ᄒᆞ야ᄂᆡ閣의建議ᄒᆞ얏다더라

●運動施賞 宮內府의셔再昨日의運動會를 景福宮內의設ᄒᆞ얏ᄂᆞᆫ대職員競走壹等은庶務課장吳一琛시오弓射壹等은宮大리允用시오來賓競走壹等은法大趙重應시인대賞品은掌匣一件式頒給ᄒᆞ얏다더라

●巴城宴會 去二十八日下午六時의ᄂᆡ部次官木內시가宴會를巴城館의셔設ᄒᆞ고各觀察使와ᄂᆡ部勅奏任官을請邀宴待ᄒᆞ얏다더라

●判事云任 辯護士리冕宇氏ᄂᆞᆫ漢城地方裁判所判事를被任ᄒᆞᆫ다더라

●四守免官 甲산郡守金璣泳穩城郡守金斗天江華郡守高青龍魚州郡守韓貞奎諸시ᄂᆞᆫ行政上의不法ᄒᆞᆫ事가有ᄒᆞᆷ으로ᄂᆡ部의셔免官ᄒᆞ얏다더라

●察案不滿 事邊觀察使柳赫魯시ᄂᆞᆫ今番觀察使會議를經ᄒᆞᆫ後의ᄂᆞᆫ辭職請願ᄒᆞᆫ다ᄂᆞᆫ대其理由인즉관察使가滿足치못ᄒᆞᆫ所以라더라

●兩시依免 淮陽郡守閔官業慶興府尹金秉鎭兩시ᄂᆞᆫ依免되얏다더라

●歡迎學六 학大의戰崑시가華族學生을領率ᄒᆞ고日本의渡去ᄒᆞ얏다가多日됨으로학學生의父兄들이三昨日의학大歡迎會를三淸동玄暎宅시의亭子의서설行ᄒᆞ얏다더라

●司業留學 학部의서司業合考의서四拾名을選拔ᄒᆞ야勅命으로定ᄒᆞ얏스나그中間의姻親間人이少ᄒᆞᆷ으로初考와도少ᄒᆞᆷ에아니會考의도對ᄒᆞ야無ᄒᆞ더면五名或拾名만이ᄃᆡᆫ選擇ᄒᆞᆫ다더라

●番觀試補 平安남北道와春川光州의警觀의欠闕이有ᄒᆞᆫ대ᄒᆞᆫ警觀을月間警部中으로試取補充ᄒᆞᆫ다더라

●收納理由 學部의서宮稷牧課로廢止ᄒᆞᆫ바稅納社로稱ᄒᆞ얏다ᄂᆞᆫ旣온前報에已揭어니와南部典牲署주居池景根시가祭享時에犧牲을進排ᄒᆞ고該社를設施ᄒᆞ겟다고宮內府로請願ᄒᆞ야承認된所以라더라

●惡衆懇會 前會辦在珣氏가設施ᄒᆞᄂᆞᆫ經濟研究會員이再昨日下午一時에惡場에會同ᄒᆞ야懇親會를開ᄒᆞ얏다더라

●區域分定 ᄂᆡ部에셔地方制度를改革ᄒᆞ기爲ᄒᆞ야將次調查所를設置하고각地方의調査員을派送ᄒᆞ야地方區域을一々히調査ᄒᆞᆫ後의區域를均히十四處로分定ᄒᆞ고觀察道ᄂᆞᆫ히區域ᄂᆡ中央으로設置ᄒᆞᆯ뿐더러각郡도區域을圭角과大小가懸殊게均一히定ᄒᆞᆫ다ᄂᆞᆫ대觀察道ᄂᆞᆫ十四道오郡은前보다幾個郡이加設된다ᄂᆞᆫ대北間島도此區域ᄂᆡ의編入ᄒᆞᆫ다더라

●事關拓殖 度支部臨督局長會議가畢了되얏다ᄒᆞᆷ은前報의揭載ᄒᆞ얏거니와히會議의拓殖會社의關ᄒᆞᆫ件을提出ᄒᆞ얏다더라

●鑿山治道 ᄂᆡ部土木局의셔각地方來往의便利키爲ᄒᆞ야大路를作ᄒᆞᆫ다ᄂᆞᆫ대此道路ᄂᆞᆫ鑿山通路ᄒᆞ야馬車라도通行의無碍케ᄒᆞᆫ다더라

●官司電燈 宮內府각院司에셔從今以後로ᄂᆞᆫ電氣燈을架設ᄒᆞ기爲ᄒᆞ야日昨에該器械를多數히輸入ᄒᆞ얏다더라

●水桶事務 電氣會社에셔水桶事務員을方在募集中이라ᄂᆞᆫ대水桶壹箇에事務員四人式으로定하고月給은每人에三拾圜式으로定ᄒᆞ얏다더라

●竣工退期 龍山印刷局에셔現今印刷ᄒᆞᄂᆞᆫ文獻備考ᄂᆞᆫ來六月頃에竣工된다더니更聞ᄒᆞᆫ즉來七月에야竣工된다더라

●學部促照 沃溝府所在堤堰을群山公立普通學校에付屬ᄒᆞᆫ事로學部에셔度支部로照會ᄒᆞ얏ᄂᆞᆫ대尙無回照ᄒᆞ야히部에셔更照ᄒᆞ고斯速回示ᄒᆞ라ᄒᆞ얏다더라

●裁判延期 龍山人民等이鐵道地段에關ᄒᆞ야漢城府尹張憲植시를法部에起訴ᄒᆞ얏더니히部에셔退却ᄒᆞᆫ故로更히漢城裁判所에起訴ᄒᆞ야裁判期日을昨日로定ᄒᆞ얏더니ᄂᆡ騏시의請願을因ᄒᆞ야延期되얏다더라

●知面會演說 實業獎勵會의셔再昨日의東門外齊淸寺의知面會를設行ᄒᆞᆫ대會員은四百餘名의達ᄒᆞᆫ지라會장閔元植시ᄂᆞᆫ히會趣旨書를說明ᄒᆞ고鄭雲復金谷昇大恒丈夫三시가次第演說ᄒᆞ얏다더라

●南山園遊 再昨日의三井物産會社의서南山에園遊會를設設ᄒᆞ얏다더라

●運場先占 日昨에敎明義塾에셔東門外淸道等에出往ᄒᆞ야運動基址를定ᄒᆞ라ᄒᆞᆫ즉大同會에셔禁止하야日限壹朔을ᄒᆞ고會에서宴遊ᄒᆞ기急하야基址를先占ᄒᆞ얏슨즉不得已給ᄒᆞ기다ᄒᆞᆫ故로히塾에셔運動基址를定치못하얏다더라

●鬪花流血 再昨日에水口門外安淨寺에셔大韓醫院의外部洞에사ᄂᆞᆫ官廳의吏丁等이[illegible]로因ᄒᆞ야壹場風波가大起하야五相毆打에流血이狼藉하얏다더라

●財官被囚 江陵財務主事高致說시ᄂᆞᆫ徵稅上의不法ᄒᆞᆫ事가有ᄒᆞ야히郡警察署의被囚되얏다더라

●探中之賊 日昨에義陽君리戰覺시가今朔月俸五百圜을推來ᄒᆞ야七百圜은用하고其餘四百二十五원은宋中에貯置ᄒᆞ야該舍廊에置ᄒᆞ얏더니當日夜에見失ᄒᆞᆫ故로義陽君이北部警署에通知하얏더니該署에셔該家에信任하ᄂᆞᆫ리用植을捉致審問ᄒᆞᆫ즉히錢을竊取ᄒᆞ야壹圜三拾전만用하고其餘ᄂᆞᆫ桂洞宮大門ᄂᆡ에堀土埋置ᄒᆞ얏다ᄒᆞᆷ으로히錢은리시가推覓ᄒᆞ고리用植ᄂᆞᆫ漢城裁判所로越送하얏다더라

●賊漢疾空 再昨日上午에北部諫洞軍部參尉朴用來시家舍廊에乘其無人ᄒᆞ고賊漢이突入ᄒᆞ야該 외季氏學部主事朴應來시의厚綵古套上下衣와宕巾一件을偸去ᄒᆞ얏다더라

●四賊捉來 昨日警視廳에셔高陽郡等地에有名大賊四五名을捕捉ᄒᆞ야來ᄒᆞ얏다더라

●飮鴉化仙 北署九曲동居ᄒᆞᄂᆞᆫ侍從리吞來시의夫人이三昨日下午拾壹時量에鴉片을喫ᄒᆞ고因히自斃하얏다더라

●還隊費用 度支部의셔特別巡査隊費一萬五千圜을豫備金中으로支出ᄒᆞ얏다더라

●視察向東 再昨日警視廳에셔韓日巡查를多數히楊州等地로派送하얏다더라

●尹訴經理 三湖所在秋水亭은寺洞閔參判家에서買得ᄒᆞᆫ지于今三十八年이라其間에數次易主하얏ᄂᆞᆫ대尹汝求가忽然이債務ᄒᆞ고現居主리東九를起訴하야裁判之際에文券을較考ᄒᆞᆫ즉尹氏所納의文券은間數가不符ᄒᆞ고閔氏ᄂᆞᆫ買有ᄒᆞ야건우源의名이居主의營業케ᄒᆞ얏ᄂᆞᆫ故로分明히故로尹씨의無理起訴ᄒᆞᆫ僞跡이綻露되얏다더라

●仁川幻燈 今日下午八時에靑年會館에서韓國學館總務문에士申學遺失의印度旧川의幻燈으로演說ᄒᆞᆫ다더라

●測量開學 興士國測量科에서本日부터開學하얏ᄂᆞᆫ데出席ᄒᆞᆫ學員이三百餘名에達ᄒᆞ얏다더라

●彰校親睦 今日下午四時에彰化學校에셔倉洞紅葉亭에任員親睦會를設行ᄒᆞᆫ다더라

●親睦開會 去二十四日에學生聯合親睦會의第壹總會를徽文義塾ᄂᆡ에開ᄒᆞ고會장은崔相浩시로副會장은리升爾氏로選定ᄒᆞ고會報ᄂᆞᆫ獎학報로仍用ᄒᆞ기로決定ᄒᆞ얏다더라

●孤院斷役 韓民朋씨가孤兒院經役之說을聞ᄒᆞ고使家人으로秘探該院之慘狀則幼稚兒童의偶々相歎之形이悲懷를難禁ᄒᆞᄂᆞᆫ지라家人으로該院에更送ᄒᆞ야言及ᄒᆞ되役事를勿爲停止ᄒᆞ고卽爲始役ᄒᆞ라吾身이無則已어니와此身이在世이면隨其周旋ᄒᆞ야永爲贊助ᄒᆞ깃다고ᄒᆞ고又曰 皇上陛下雨露之澤이必有維持之策矣리니卽爲始役ᄒᆞ라ᄒᆞ고言畢之際에役價未捧ᄒᆞᆫ諸工匠이來到하엿다가此言을聞ᄒᆞ고欣喜之心이感발하야其翌日에卽爲始役ᄒᆞ얏다더라

●宗財補校 남宗人에傳說을聞ᄒᆞᆫ즉忠南韓山郡私立麒山학校ᄂᆞᆫ創立ᄒᆞᆫ지不過一年之ᄂᆡ에生徒가ᄂᆞᆫ加月增ᄒᆞ야校舍가難以容接키ᄅᆞ 擴張ᄒᆞᆫᄂᆞᆫ대山의正宗中에셔도先山의木放賣ᄒᆞᆫ五百餘圜을存本殖利ᄒᆞ야永爲補用케하야永爲維持ᄒᆞ겟다고 境ᄂᆡ莫不稱頌ᄒᆞᆫ다더라

●山門設校 海남郡大興寺에서ᄂᆞᆫ監禁氏가ᄂᆞᆫ起ᄒᆞ야學校를設立ᄒᆞ고靑年僧徒를敎育ᄒᆞᄂᆞᆫᄃᆡ趣旨書를發行ᄒᆞ얏다더라

▲地方消息▼

▲本月二十日蔚珍郡西北方四拾里地의셔義兵約八十名이朔飯을對ᄒᆞ際의日憲兵拾五名이來襲ᄒᆞ얏ᄂᆞᆫ데義兵은潰散하얏다ᄒᆞ고

▲本月拾四日孟山郡東方約三拾里의셔義兵約四十名이日討伐隊와交戰ᄒᆞ얏다ᄒᆞ고

▲本月拾五日谷城郡남方四里외셔義兵 名이光州駐在日守備隊와交戰ᄒᆞ얏다ᄒᆞ고

▲本月九日同福郡十里地의셔義兵六拾名이韓日巡査拾名과交戰ᄒᆞ얏다ᄒᆞ고

▲本月八日伊川郡東北方約十里地의셔義兵約拾名이日討伐隊와衝突ᄒᆞ엿고拾日壹百年산남方約壹里地의셔義兵約二拾名이討伐隊와交戰ᄒᆞ얏다ᄒᆞ고

▲本月十八日茂長郡東남一拾里地의셔義兵約二拾名이日守備隊와交戰ᄒᆞ얏다ᄒᆞ고

▲本月二日順天郡西北方大谷場의셔義兵約四 名이韓日巡査九名과交戰ᄒᆞ얏다더라

北京電報

(二十四日발)

●武器何來 雲南革命黨의武器ᄂᆞᆫ法國式과國式의精銳ᄒᆞᆫ것인데何處로부터輸送ᄒᆞᆫ지未明ᄒᆞᆫ데淸國政府ᄂᆞᆫ關東中港以外地의도嚴重히[illegible]라ᄒᆞ야

東京電報

(二十四日발)

●淸國留學生彭繹 雲南의暴徒를因ᄒᆞ야東京의在학淸國학生中에[illegible]이絶ᄒᆞ者가有ᄒᆞ야[illegible]戚의消息을不知ᄒᆞ야歸國ᄒᆞᄂᆞᆫ者도有하다더라

●學生暴機 (二十五日발) 淸國雲남학生은昨日의大會를開ᄒᆞ고袁世凱를殺害ᄒᆞᆯ法을[illegible]機를반하얏다더라

雜報

●營業興旺　中署大笠洞前局長崔昌植시가蠶產되얏다는事는更聞ᄒᆞᆫ즉純是虛說이오兩界에營業이現今興旺中이라더라

廣告

南陽洪氏先祖文貞公忠烈公以下歷代墳墓가在於驪州金沙面天陽後谷而京鄕諸子孫이同力守護三百餘年이러니壬寅年分의宗孫運杓가欲爲예用故로宗中이禁止矣러니今自宗中으로有爲先事허야使宗孫으로매松斫伐之際외宗孫三寸淳瓚이가指囑外人허야中間奪取허니諸宗이爲先之地의不用泯默허야方欲歸決로玆先廣告홈

南陽洪氏宗中　告白

北部壯洞第六統九戶立旨를路中셔失ᄒᆞ얏스니誰某拾得이면지休紙施行홈

戶主梁光哲　告白

本會事務所를中部校洞前法語學校로移接ᄒᆞ얏스오니　以此照亮ᄒᆞ시옵

隆熙貳年五月貳拾六日

畿湖興學會　告白

本人身圖章金記篆字景鉉正字刻四方章陰四月拾二日에見失ᄒᆞᆫ意로廣布ᄒᆞ온바拾二日이아니라初八日下午八時기로更布홈

義州　虹峴　金景鉉　白

本人永成門外芳橋昌善許에木月晦日推尋次當伍壹萬兩於音을不知中셔失ᄒᆞ얏스오니誰某拾得ᄒᆞ야도休紙施行홈

華山徐弁允　白

本港居趙錫鈞家承盧哲然承元韓承履朴孝國諸氏가捐設학校ᄒᆞ고晝夜敎育하는바趙씨는학員의宿食을專當ᄒᆞ니慈惠愍心이世界罕有故로玆廣布홈

華山港리錫鎬　告白

●海州吳氏宗中

廣州春橋先塋局內에偷埋ᄒᆞᆫ塚을今二拾三日掘去ᄒᆞ고玆仰布ᄒᆞ니　僉宗照亮　吳泰默告白

海東測量事務所

海東測量事務所를中署典洞四拾七統一戶에設施ᄒᆞ얏사오니僉君子는來臨相議ᄒᆞ시옵

陰四月初三日分에匪徒二十餘名이突入于本人家ᄒᆞ야脅取汁物之際에本人姓名을正字로刻ᄒᆞᆫ圖章見失이오니內外國人은照亮勿施홈

中和看東面干支洞居林秉軾　白

現今時代는男女를勿論ᄒᆞ고營業에從事ᄒᆞ야生活上에充裕케ᄒᆞ는것시正當ᄒᆞᆫ故로本人이비록女子오나裁縫을卒業ᄒᆞ야男女洋服을鮮明製造ᄒᆞ야全國兄弟姊妹의게需求를應ᄒᆞ깃스오니速速來購ᄒᆞ심을仰望홈

中署宮洞拾統七戶　夫人洋服店　告白

本人의養子浚彥이가性本浮浪ᄒᆞ야花柳場에出入ᄒᆞ며蕩敗家產故로累次新聞에廣告이옵거니와今又與浮浪輩數人으로上京이라ᄒᆞ오니京鄕間無論內外國人ᄒᆞ고此子의게債給ᄒᆞ시면白失ᄒᆞᆯ터이오니切勿見欺홈

楊州州內面弘濟洞金召史　告白

本人이方閭資을陰四月初拾日遺失故以後閭圖章으로施行홈

남門外盆洞九房洪淳榮　告白

大韓每日申報七百四拾五號廣告欄內에楊下稷洞二行답八斗落庫文券과姓名圖章을去十二月分에如何凶類가盜去ᄒᆞᆫ故로本人의姓名으로揭載하엿자오니圖章則果셔失이오나楊下稷洞답券則去丙午拾一月分에婚息趙尙鉉處에許給ᄒᆞᆫ것인대本人의不肖姪洛容輩가本人의家產을暗自奪食之凶計로如是偸名立旨ᄒᆞ야告ᄒᆞᆫ것지오니內外國人은以此知悉ᄒᆞ시옵

義州古郡面口義鎬　白

本人외子錫雨가性本浮浪ᄒᆞ야出沒京鄕에爲挾雜輩誘引ᄒᆞ와以田畓僞造文券으로欲爲得債이기玆에廣告ᄒᆞ오니勿論內外國人切勿見欺홈

臨陂郡九岩居申觀休　告白

本人이東湖婁舜文許에戊申五月晦日推次紙貨參千兩於音壹片을路中遺失ᄒᆞ야사오니誰某拾得ᄒᆞ여도休紙施行홈

우夔命　告白

測量速成科學員募集

本校니에測量速成科를設ᄒᆞ고玆에廣告ᄒᆞ오니願學僉員은來六月六日니로請願書를（本校에來購）本校에提呈ᄒᆞ고同月七日下午一時에來校應試홈

試驗科目　國漢文讀書　算術四則以니

上學時間　自下午四時卅分　至下午六時卅分

卒業期限　五個月

壽洞私立興化學校

本人之子士善이가性本浮浪ᄒᆞ야符同雜類ᄒᆞ야欺得債코저ᄒᆞ오니內外國人은切勿見欺홈

西門外新村弘門洞金鍾元　白

奬文書館開店廣告

本館에서一般학界에敎科書와學用品을需要ᄒᆞ야學界爲ᄒᆞ야各種書籍과학界각種用品을多數貿置ᄒᆞ고學生에게는特別廉價로販賣ᄒᆞ오니학生諸君은陸續來臨ᄒᆞ심을敬要

北部小安동安峴第一統四戶

奬학社附設　奬文社書館

本校에測量速成科를特設ᄒᆞ고學員을募集ᄒᆞ오니願학人은請願紙를本校에來呈ᄒᆞ시오

試驗日字（陽曆三拾壹日）

試驗科目　國漢文作文算術四則

南門內倉洞光成實業學校　白

麻浦田圭煥氏令胤四月貳拾三日下午三時中風棄世故廣佈홈

護喪　鄭興澤　訃告

學員募集廣告

本학會에서輔仁小학校를新設ᄒᆞ고학員을募集ᄒᆞ오니子弟를入학코저ᄒᆞ시는僉君子는本月三拾一日（陰五月初一日）內로本학會에來議ᄒᆞ시옵

位置　西署內需司內

開학　六月八日（陰五月十日）

年齡　七歲以上拾四歲以下

학科는普通학校程度

輔仁學會　告白

惟我先祖寶儐公墓所在於京畿豐德郡延鳳山而不意杳當賊變之變仍啓封塋極涉罔措今二十二日緬奉于果川光明里玆通告

僉宗　照亮

平康蔡氏宗中　告白

坡平尹氏前都有司秦興씨在世時에因爲先事하야以收錢事로拾三道各派尹氏宗中에出通ᄒᆞ고追後에至有派送有司러니자派所收錢이宗稧所에無幾來納ᄒᆞ고派送ᄒᆞᆫ각有司의私橐에만歸ᄒᆞ는慮가有ᄒᆞ니以爲先爲로收錢ᄒᆞ는本意에違反ᄒᆞᆯ지라自今以後에는如有不得已ᄒᆞᆫ爲先事로收錢ᄒᆞᆯ境遇면自宗會所로的確發通ᄒᆞ고收錢有司는斷不派送ᄒᆞᆯ것스니自各道各派宗中으로別定信實有司ᄒᆞ야所收錢을直接來納于宗會所ᄒᆞ야都有司와京有司面前에領受證을受去ᄒᆞ고自稱京派送有司에게는雖壹分錢이라도給與치勿하야中間乾沒之弊를永杜ᄒᆞ고如是定規ᄒᆞ니十三道各派尹氏宗中은照亮ᄒᆞ시옵

坡平尹氏　京宗中　告白

釜山港東關韓興書館

本書館에서民智를啓發하고문明發達ᄒᆞ기爲ᄒᆞ야新舊書籍을大발賣ᄒᆞ오니僉君子은陸續來臨ᄒᆞ심을望홈

館主　金汝重　權중律

○약 광고

본국에셔 졉빈을연구ᄒᆞ야（자양소쳥단）이란 약을발명ᄒᆞ엿는대 남녀물론ᄒᆞ고 무ᄉᆞ창병이던지 호제（十四劑）를먹으실열재식 먹으면 효험이비범ᄒᆞ즁 되는고로 미일담지ᄒᆞ와사ᄀᆞ오니 창병잇는 쳠위는오래고성말고 속히더림ᄒᆞ야 본회ᄒᆞ시며 각디방이라도 우편으로 부쳐ᄃᆞ이오니 죠량ᄒᆞ시옵

製藥所　仁川港紐峴　和平堂약房

發行人　仝　李응善

代理店　仁川港츅峴濟生堂藥房　京城大廣橋共愛堂藥房

틱양됴경환

胎養調經丸

대뎌 부인이 년와로록 잉틱치 못홈은 병으로 인홈이니 일쥬이 연구치 아니ᄒᆞ고 심상이 ᄇᆞ려두면 다만 한사롬의 불힝홀ᄲᅮᆫ아니라 ᄯᅩᄒᆞᆫ 젼국에 크게 관계가 잇ᄂᆞᆫ고로 셩의 십오년을 비외국 고명의ᄉᆞ의 실험방을 뒤션ᄒᆞ야 셩예 집으로브터 他人家에 루ᄂᆞ시험ᄒᆞᆫ즉 열에 열사롬이 다효험을 보앗고 ᄎᆞ약이 잉틱만 홀ᄲᅮᆫ아니라（치랑）（치젹）ᄒᆞ며（조경）（조혈）되ᄂᆞᆫ고로 이곳치 광포ᄒᆞ오니 쳠부인은 일ᄎᆞ 시험ᄒᆞ시며 각디방이라도 우편으로 붓칠터이오니 죠량ᄒᆞ시옵

壹劑壹個月分定價五圜

製藥所　仁川港紐峴　和平堂약房

發行人　仝　리應善

代理店　인川港츅峴濟生堂약房　京城大廣橋共愛堂약房

우량즁약온청심보명단각쳐발매소마다수용판매ᄒᆞ오니그근방에계신이는그곳으로가셔문의ᄒᆞ시오

仁川港和平堂　白

雲堂先生　兪吉濬　譯述

普魯士國 厚禮斗益大王七年戰史

全壹冊　定價金三拾錢

此書는即拾八世紀에普魯士國厚禮斗益大王이歐洲列邦中에介在ᄒᆞᆫ貧弱國으로突然奮起ᄒᆞ야尙武的精神으로人民을鼓動ᄒᆞ며俄法奧諸國과對抗ᄒᆞ야七年戰爭을繼續ᄒᆞ야普魯士國의雄飛ᄒᆞ는端緒를開ᄒᆞᆫ實이온데其政畧의巧敏과其功烈의偉大ᄒᆞᆷ이足히讀者의敵愾心을喚起ᄒᆞᆯ만ᄒᆞ오니僉君子는速々購覽ᄒᆞ시옵

發賣元布屛下廣학書舖金相萬

發賣所　京鄕各有名書店

新刊書籍發售廣告

女子讀本　張志淵氏著　全貳冊　定價金六拾錢

初等衛生學　全壹冊拾五錢

初等倫理학　全壹冊貳拾전

國家학綱領　全壹冊拾五전

國民須知　全壹冊八錢

初等小학　全四冊壹圜三拾錢

中等萬國新地誌　全貳冊壹圜

增修無寃錄大全　國漢文壹冊七拾五錢

伊太利建國三傑傳　全壹冊卅전

新撰理化학　朴晶東시著　全壹冊　定價金三拾전

獨習日語獨학　鄭雲復시著　洋裝壹冊　壹圜貳拾五전

愛國夫人傳　張志淵시著　全壹冊　定價金拾五전

新小說血淚　리人稙시著　全壹冊　定價金貳拾錢

富國金書發鐫新論　鮮于叡시著　全壹冊　定價金三拾五전

世界三怪物　전壹冊拾貳전

家庭雜誌　每號拾전

新訂算術　전三冊六拾전

普魯士國厚禮斗益大王七年戰史　전壹冊定價金三拾전

發賣所　皇城中署布屛下　廣학書舖　金相萬

京鄕各有名書舖

◎ 義捐金收入廣告

◎ 慶北慶州니南面上安里
최世俊 奇祥武 각六十전
宋元逸 리元燮 林春伯
全云鉉 丁述伊 각四拾錢
方萬奎 梁尙元 奇祥龍
奇世寬 박閏河 김萬先
박尙裏 奇祥인 각拾八전
崔世根 十六錢
合四圜八拾錢

▲白雲里
최永祚 一圜二十錢 최일壽
최殷春 각壹圜 최世錠
金在衡 姜永壽 각六十전
金道衡 최香春 최海轍
崔鉉萬 蔣夏源 徐得奉
崔道爵 崔世鎬 최圭必
金春麟 김熙錫 각四十錢
徐萬洙 최海泰 崔錫인
金琮衡 鄭在吉 金敬煥
宋錫祚 최鉉局 丁驊燮
최任壽 리泰榮 崔斗在
리春泰 各二十전
合拾二圜

▲靑角里
孫振玄 朴鼎祚 丁國二
朴鎭浩 金載河 金載泳
리宗宣 리萬大 各六拾錢
合四圜八十錢

▲月山里
韓白源 리源周 徐元柄
최경壽 各一圜 최世基
리載運 崔極壽 崔錫玉
리宗振 洪淳斗 權贊運
각八拾錢
崔世卿 權鎭運 리鍾淑
崔世인 최世英 崔世華
崔世星 崔謙壽 崔應壽
崔鉉星 崔世成 鄭潤鐘
吳秉七 리能懷 리集燦
최翰壽 최世益 金俊弼
최晩植 각六十錢 全斗鎬
최潑介 최世敬 리載元
權致輔 리鉉澤 徐榮석
黃致종 黃致湜 徐인秉
리敬濟 리能唐 리宗佑
각四十전 權景燮 全晉鎬
全在석 全永석 金相範
孫在萬 韓澤洙 徐周秉
各二十전 리集碧 리奉伊
趙大白 崔黃龍 尹光宗
金正同 全允卜 朴甲伊
김石奉 韓龍達 各十錢
合二十八圜貳十錢

總合四十九圜八十錢
前總合六萬〇三百九拾四圜二十七錢二圜
都總合六萬〇四百四十四圜〇七錢二圜

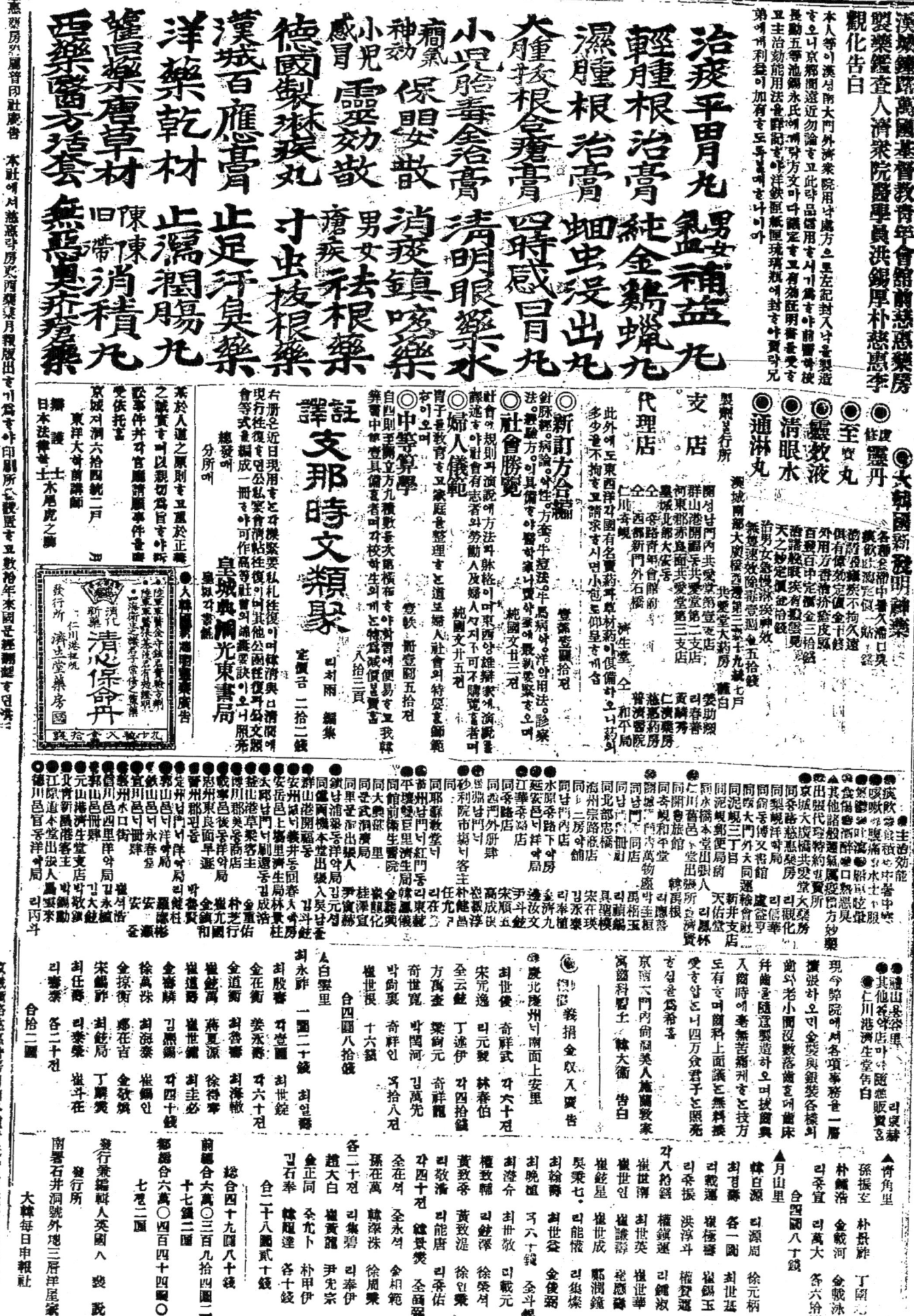

發行兼編輯人英國人　裵說
發行所　南署石井洞號外埋三層洋屋家
大韓每日申報社

第六卷

大韓每日申報

第八百拾五號

月曜及慶節 歲時日休刊

檀君開國四千二百四十一年
箕子元年三千三十年
大韓開國五百十七年
日本明治四十一年
淸國光緒三十四年
陰曆戊申四月大廿八日壬午

論說

◎淸國內叛亂

雲南猖獗이去益滋熾ᄒᆞ니남方에騷擾가方今現出ᄒᆞ야特히法淸兩國邊境에尤甚ᄒᆞᆫ지라北京에셔ᄂᆞᆫ비로소大端히恐怖ᄒᆞᄂᆞᆫ바此猝발ᄒᆞᆫ騷擾가實노非常ᄒᆞ도다今에革命黨이河口港을陷落ᄒᆞ거ᄂᆞᆫ장ᄎᆞᆺ蒙自를陷落ᄒᆞᄂᆞᆫᄃᆡ先導될가恐ᄒᆞ노니蒙自ᄂᆞᆫ該地方에第一緊要ᄒᆞᆫ通商港이오騷擾地의全幅의要害處요往時에太平及匪兩徒黨의窩所로著名ᄒᆞ얏던地라廟堂에셔深慮ᄒᆞᄂᆞᆫ者ᄂᆞᆫ雲南貴州廣東廣西民衆의大團體가總히叛徒의側에傾向ᄒᆞ야(支那ㅣ支那人의支那ㅣ나滿洲人의게ᄂᆞᆫ無關)이라ᄒᆞᄂᆞᆫ膽勇ᄒᆞᆫ題號에同情을表ᄒᆞᆷ에在ᄒᆞ도다其領首孫逸仙氏ᄂᆞᆫ或現場에親自出沒ᄒᆞᄂᆞᆫ지此ᄂᆞᆫ一論端이어니와吾儕ᄂᆞᆫ씨가近者에法國邊界、香港、澳門、新嘉坡等地에在ᄒᆞ고其本部ᄂᆞᆫ東京에在ᄒᆞᆫ줄노知ᄒᆞ노라

現今起擾ᄂᆞᆫ淸國政府가不得已而抵抗ᄒᆞ던中에最히畏縮ᄒᆞᆫ바ᄒᆞᆫ者이니此ᄂᆞᆫ日人이分明히默許ᄒᆞ야ᄊᆡ와게輸送ᄒᆞ던武器를裝載ᄒᆞᆫ第二辰丸을抑留ᄒᆞᆷ으로致ᄒᆞᆫ結果이라此남方의起擾ᄂᆞᆫ浙江匪徒의騷亂이나兩年前의叛徒ᄂᆞᆫ半政治的의叛亂과ᄂᆞᆫ比較ᄒᆞᆯ수업ᄉᆞ니此ᄂᆞᆫ純全ᄒᆞᆫ政治的이오適當ᄒᆞᆫ革命黨이로다

支那에셔三英字報에云ᄒᆞ되此ᄂᆞᆫ淸國과淸國疆土에對ᄒᆞ야外交術노懇切ᄒᆞᆫ友誼를公言稱道ᄒᆞᄂᆞᆫ少不下數個外國政府의官吏들이隱蔽키難ᄒᆞᆫ秘密的默許로東京에셔苦心做成ᄒᆞ고努力ᄒᆞ야完全ᄒᆞᆫ豫備計策을依據ᄒᆞ야機關的으로行動ᄒᆞᄂᆞᆫ거시오而其領首者ᄂᆞᆫ亦是淸國疆土를愛護看顧하기로一撲私囑ᄒᆞᄂᆞᆫ第三國에셔特殊ᄒᆞᆫ自由를安享ᄒᆞ고彼의革命計策을成功ᄒᆞᆯ동안에ᄂᆞᆫ去々來々에准許를蒙ᄒᆞᆷ은不言ᄒᆞᆫ지라此諸般準備로大佐ᄒᆞᆫ備로圖出ᄒᆞᆷ이로다

此革命黨은操鍊이有하고軍器가善備ᄃᆡ야騎兵ᄭᆞ지有ᄒᆞ고且彼等이熱心良策으로行動ᄒᆞᄂᆞᆫ거시明白ᄒᆞ며外國人들이曾往에經驗看過ᄒᆞᆫ諸先進黨들과ᄂᆞᆫ大異ᄒᆞᆫ지라日本에셔留學ᄒᆞ던武官學生들이彼等을領率ᄒᆞ며某國에셔軍器가亦來ᄒᆞ엿스며又此ᄂᆞᆫ一年前에法國과雲南間邊境에在ᄒᆞᆫ不平黨들과東京에留學ᄒᆞ던淸學生들間에셔確定ᄒᆞᆫ密接聯絡으로由ᄒᆞ야된거시라云ᄒᆞᄂᆞᆫᄃᆡ吾儕ᄂᆞᆫ此確證을十分精探ᄒᆞᆫ줄노信ᄒᆞ노라

孫逸仙氏가此叛亂을許久計圖ᄒᆞ야雲남을初頭動作ᄒᆞᄂᆞᆫ場所로擇選ᄒᆞᆫ거슨氏의智能이오且氏가廣大ᄒᆞᆫ淸國邦士의內情을洞悉ᄒᆞᆫ바라今全國十八省中에雲남은策略上에最劣ᄒᆞᆫ處이나彼廣大ᄒᆞᆫ省에新式的軍隊가只是六個小隊인ᄃᆡ此軍隊ᄂᆞᆫ淸日戰爭時에用ᄒᆞ던但只新式兵器를執ᄒᆞᆫ바이ᄃᆡ衛制의肚了ᄒᆞᆫ보담미나少愈ᄒᆞᆷ이로다外國人들이淸國의新軍制隊와又저ᄂᆞᆫ네이지아니ᄒᆞ며況且大數民衆이宮闕에對ᄒᆞ야ᄂᆞᆫ非常히警戒之意를抱ᄒᆞ얏고廣東、廣西、貴州隣近諸省에同情을表ᄒᆞᄂᆞᆫ隣人이亦多ᄒᆞ고現今彼叛徒들의目的地點卽蒙自城越境에雲南省에ᄂᆞᆫ鐵道가無ᄒᆞ니吾儕가彼等이將次未久에陷落ᄒᆞᆯ가恐ᄒᆞᄂᆞᆫ彼城地(蒙自)를據有ᄒᆞᆫ지면北京政府ᄂᆞᆫ北方에셔軍隊를派遣ᄒᆞᆯ現存設備ᄒᆞᆫ鐵道도無ᄒᆞ고便利ᄒᆞᆫ水路도無ᄒᆞ미彼等은安坐ᄒᆞ야以待逸勞ᄒᆞ리로다ᄒᆞ엿더라

▲隆熙二年 五月二拾五日 官報

◎兵器取扱規則을左갓치定ᄒᆞᆷ

隆熙二年五月二十二日 軍部大臣 리秉武

軍部令第二号

兵器取扱規則

總則

第壹條 本規則은平時에兵器를整備ᄒᆞ야專혀戰時事變의供用을完全케ᄒᆞ기爲ᄒᆞ야其方法을定ᄒᆞᆷ

第二條 本則에兵器라稱ᄒᆞᆷ은兵器細目名稱表에揭ᄒᆞᆫ武器彈藥器具材料를總稱ᄒᆞᆷ

制式未定或은舊式에兵器를現에軍用에充ᄒᆞᄂᆞᆫ者ᄂᆞᆫ前項의兵器에準ᄒᆞ야取扱ᄒᆞᆷ

第三條 本則에隊장이라記ᄒᆞᆷ은步兵隊兵의各隊장이며校長이라記ᄒᆞᆷ은武官學校長이며兵器庫라記ᄒᆞᆷ은軍部兵器庫를云ᄒᆞᆷ

保管

第四條 兵器ᄂᆞᆫ此를分ᄒᆞ야兵器庫。隊。學校에配備ᄒᆞ야其保管ᄒᆞᆷ을如左히定ᄒᆞᆷ

兵器庫保管兵器ᄂᆞᆫ兵器廠勤務의將校。隊保管의兵器ᄂᆞᆫ隊長。學校保管의兵器ᄂᆞᆫ校長이保管ᄒᆞᄂᆞᆫ責을任ᄒᆞᆷ (未完)

外報

●英俄親密 路透電을據ᄒᆞᆫ則俄國諸新聞은非常ᄒᆞᆫ熱誠으로英國皇帝의訪問을歡迎ᄒᆞ얏ᄂᆞᆫᄃᆡ交誼가親密ᄒᆞᆷ이確實ᄒᆞ다論ᄒᆞ얏고法國大統領케리엘氏의倫敦訪問에對ᄒᆞ야ᄂᆞᆫ重大ᄒᆞᆫ政治的意味가有ᄒᆞ다ᄒᆞ얏더라

●徐氏意見 北京電을據ᄒᆞᆫ즉徐世昌氏ᄂᆞᆫ間島壹帶의地方을包含ᄒᆞ야武縣을創設하고土地를開拓하기爲하야警察制度를布ᄒᆞ며電線을架設ᄒᆞ야ᄡᅥ淸國의權利를保全ᄒᆞ고外人의窺窬를免ᄒᆞᆯ事로懷奏하얏다ᄒᆞ더라

●雲南의淸國官軍 上海電에曰雲南報道를據ᄒᆞᆫ則廣西軍隊ᄂᆞᆫ總兵白金桂의軍兵과合ᄒᆞ고雲桂官軍은本月拾五日南溪에會ᄒᆞ기爲하야三道로부터河口에進軍ᄒᆞ야壹大會戰에接ᄒᆞ기를期待ᄒᆞ고總督석良氏ᄂᆞᆫ雲남으로向ᄒᆞ얏다더라

●代表入京 淸國國會開設의請願運動은各省에셔各自運動ᄒᆞᆷ이不利ᄒᆞ다ᄒᆞ야江蘇、安徽、江西、浙江、福建五省으로ᄡᅥ一團을成ᄒᆞ야不日間代表者를發ᄒᆞ야入京ᄒᆞ기로酌定ᄒᆞ얏다더라

雜報

●四家出捐 鐵山協成학校에셔日昨부터開학ᄒᆞᄂᆞᆫᄃᆡ該校維持費用은該附近九동人民中財産이有ᄒᆞᆫ者가其資力을ᄯᆞ라各其寄付ᄒᆞ얏ᄂᆞᆫᄃᆡ就中四個資産家에셔捐助ᄒᆞᆷ을不肯ᄒᆞᄂᆞᆫ故로該校학徒中勞動학徒들이壹齊會同ᄒᆞ야揭榜ᄒᆞ되此를不肯ᄒᆞᄂᆞᆫ四個資産家ᄂᆞᆫ非韓國人民의行動인즉不得不韓國境내에居生치못ᄒᆞ게ᄒᆞ다ᄒᆞ얏더니四個資産家에셔不得已ᄒᆞ야亦是捐助ᄒᆞ얏다더라

●捐廉獎학 成從郡守金璿植氏가학徒를熱心勸勉ᄒᆞᄂᆞᆫᄃᆡ今春에鐵山郡平壤聯合大運動에自巳官俸을捐ᄒᆞ야학徒의運動費를擔當ᄒᆞ얏다더라

●何害餘習 西來人의傳說을聞ᄒᆞᆫ則白鹿洞崔觀察官이平壤居金志鼎生存時에紙貨三千六百圓을所捧이有ᄒᆞ다ᄒᆞ고去丙午四月分에平壤郡守李重玉在任時에有何弄奸이던지金志鼎의孫子鎭厚를平壤郡獄ᄒᆞ고嚴飭ᄒᆞ기를汝의祖父가白鹿洞崔觀察宮에所負債紙貨三千六百圓이有ᄒᆞ니卽爲納報ᄒᆞ라ᄒᆞ고標字를出示ᄒᆞ거ᄂᆞᆯ同鎭厚가該標字를見ᄒᆞ니筆跡도自巳祖父의筆跡이아니오圖章도自巳祖父의所用ᄒᆞ던信章이아닌故로該標의僞造를極口說明則當場에標字의僞造된証據가綻露되여無聊放釋ᄒᆞ얏더니其後丁未五月分에崔觀察이日本辯護士志賀를委任下送ᄒᆞ야擧訟ᄒᆞ매當時에該日人이該事를詳探ᄒᆞ기爲ᄒᆞ야김鎭厚를招來ᄒᆞ야質問則鎭厚가自巳祖父生存時所著ᄒᆞᆫ筆跡과所用ᄒᆞ던圖章을幷爲持去ᄒᆞ야互相比較則筆跡의大異와圖章의不同이不啻天淵이라該日人이無辭言退去ᄒᆞ엿ᄂᆞᆫᄃᆡ現又辯護士安秉瓚씨의게該案件을委任ᄒᆞ엿다더라

一偉人遺蹟

水軍第一偉人 李舜臣

第拾一章 錦頰山人 著

◎李舜臣의拘拿

리忠武의被拿가行장의罪도아니며元均의罪도아니라ᄒᆞ니然則其誰의罪인가余敢壹言으로斷ᄒᆞ야曰此ᄂᆞᆫ朝廷敗類私黨者의罪라ᄒᆞ노니

宣廟登極年來로朝臣의黨派가分ᄒᆞ야公義ᄂᆞᆫ捐ᄒᆞ고私見만騁ᄒᆞ니此黨이勢를得ᄒᆞ면彼黨의所爲ᄂᆞᆫ不問是非ᄒᆞ고悉斥ᄒᆞ며彼黨이勢를得ᄒᆞ면此黨의所爲를不問是非ᄒᆞ고悉斥ᄒᆞᄂᆞᆫ故로倭寇動否의問題가何等重大問題완ᄃᆡ金誠壹黃允吉이日本셔使還ᄒᆞ던日에允吉의黨은允吉을附ᄒᆞ야曰必動이라ᄒᆞ며誠壹의黨은誠壹을附ᄒᆞ야曰必不動이라ᄒᆞ니其外만見ᄒᆞ면必動이라唱ᄒᆞᄂᆞᆫ者ᄂᆞᆫ不動이라唱ᄒᆞᄂᆞᆫ者에게比ᄒᆞ면不可同日而語라ᄒᆞᆯ지나其內容을探ᄒᆞ면彼此百步五十步間에不過ᄒᆞ다ᄒᆞᆯ지니何也오我가意昧가有ᄒᆞ야必動이라云ᄒᆞᆷ도아니며知見이有ᄒᆞ야必動이라云ᄒᆞᆷ도아니며爲國爲民ᄒᆞᄂᆞᆫ心에外敵의追與를憂慮ᄒᆞ야必動이라ᄒᆞᆷ도아니오不過是彼ᄂᆞᆫ彼黨을從ᄒᆞ고我ᄂᆞᆫ我黨을從ᄒᆞᆷ이니兩鳥가俱黑에雌雄을誰辨이며蚌鷸이相爭에漁翁을安知아今此李忠武의被拿ᄂᆞᆫ朝廷의壹私字에出ᄒᆞᆷ이니嗚呼라「亂非降自天이라惟人所召라」云ᄒᆞᆫ古語가果然我를不欺ᄒᆞᄂᆞᆫ도다

雖然이나昇平日月에屋中의鬪閧을作ᄒᆞᆷ은猶可라ᄒᆞ려니와今에互賊이未退ᄒᆞ고國脉이未蘇ᄒᆞ야壹步를或蹉ᄒᆞ면死亡이其隨ᄒᆞᆯ地頭인ᄃᆡ舊日惡習이尙存하야政府壹局에鴻溝가中分ᄒᆞ고一派ᄂᆞᆫ東流ᄒᆞ며一派ᄂᆞᆫ西流ᄒᆞᄂᆞᆫᄃᆡ彼猜忌悍愎ᄒᆞᆫ元均이此를利用ᄒᆞ야李舜臣을排擠ᄒᆞ며彼凶怪詭慝ᄒᆞᆫ加藤淸正小西行長은又此를利用ᄒᆞ야李舜臣을謀陷ᄒᆞᄂᆞᆫ도다 (未完)

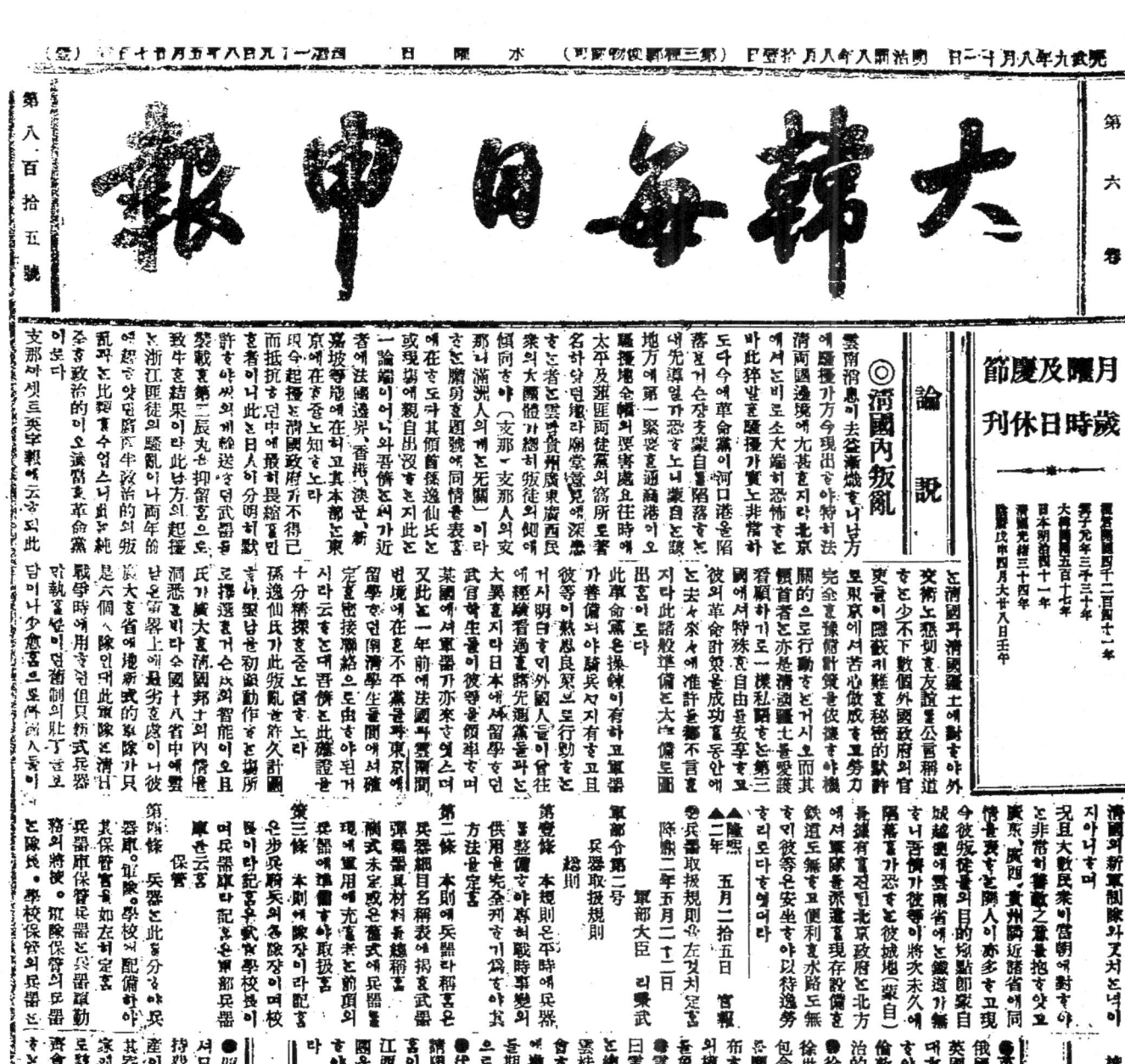

雜報

●奉審太廟 再昨日에宮內府大臣李允用掌禮院卿李重夏奎章閣卿趙同熙內藏院卿崔錫敏四氏가別監董二人을帶同ᄒᆞ고宗廟에前往하야 眞宗 憲宗 哲宗三室에冊寶 奉安處를奉審ᄒᆞ얏다더라

●장生殿奉審 尊號所監董四씨가再昨日에 장生殿에前往奉審ᄒᆞ얏다더라

●虎亭便射 昨日에 義親王殿下께서白虎亭便射에盛設大卓ᄒᆞ시고再昨日에ᄂᆞᆫ永宣君께令饍ᄊᆡ가務亭便射의盛設一卓ᄒᆞ얏다더라

●週報謝交 內閣에서度支部로通牒ᄒᆞ되財務週報를考覽ᄒᆞᆯ事이有ᄒᆞ니각三件式送交ᄒᆞ라ᄒᆞ얏다더라

●統監訪問 伊藤統監이再昨日午後二時에度支部次官荒井을訪問ᄒᆞ고歸路에各國領事를訪問ᄒᆞ얏다더라

●似發背疽 農大宋秉畯시ᄂᆞᆫ近日身病이발ᄒᆞ야仕進도못ᄒᆞ고統監府에出入도못ᄒᆞᆫ다ᄂᆞᆫ데該病의源因인즉旣往自己의所營과伊藤의政策과互相反對됨을外라到今事勢로ᄂᆞᆫ進退가兩難中에現內閣을自己의內閣으로組織ᄒᆞ라ᄒᆞᆫ즉伊藤이如何ᄒᆞᆫ理由이던지一計도採用치아니ᄒᆞᄂᆞᆫ故로熱中ᄒᆞ야食不甘味에寢不安席ᄒᆞᄂᆞᆫ中이라더라

●快哉琰氏 日前의某大臣이晋州郡居前主事姜台熙시를請謂日今番樊本의郡守壹窠를特敍ᄒᆞ마ᄒᆞᆫ즉허시答日出仕ᄒᆞ면自由行動을못ᄒᆞᆯ거시니不如閒散이오且至대臨地位라도吾所不願이라ᄒᆞ고倖々郎去ᄒᆞ얏다더라

●長竹廢止 平理院에서前日에ᄂᆞᆫ자官房에서官吏가장竹을多積ᄒᆞ더니日昨에法部를經接ᄒᆞᆫ後로ᄂᆞᆫ該部大臣趙重應氏의命令으로一齊히廢止ᄒᆞ얏다더라

●漢尹親患 漢城府尹張憲植氏ᄂᆞᆫ近日에親患으로五六日을仕進親務치아니ᄒᆞ야公務가積滯ᄒᆞ얏다더라

●三守免官 端川郡守劉문卿丹陽郡守朴初陽結성郡守리承輔三氏ᄂᆞᆫ免官ᄒᆞ얏다더라

●判事轉移 平理院首判檢事張燾氏ᄂᆞᆫ大審院檢査로因任되다더니更聞ᄒᆞᆫ즉漢城控訴院判事로轉任되얏다더라

●日請必施 法官養成所敎官尹덕榮氏ᄂᆞᆫ該所々장野澤武之助의特請으로法官을被任ᄒᆞ얏다더라

●履歷需用 ㅣ地法律卒業生中旣往에卒業ᄒᆞᆫ者가각官廳에需用ᄒᆞ야履歷이有ᄒᆞᆫ者로ᄂᆞᆫ判檢事로需用ᄒᆞᆫ다더라

●卒業選用 法律卒業生을採用ᄒᆞᆫ다ᄂᆞᆫ說은前報에已揭어니와大審院書記를法官養成所卒業生中拾八人과確修養成專門학校卒業生中三人과養正義塾卒業生中三人合二拾四人을選用ᄒᆞᆫ다더라

●所장特賞 工業傳習所學徒張命中氏가向日秘苑運動會에一等에參加ᄒᆞᆷ으로該所장이喜悅ᄒᆞ야금時計壹個를特別賞品으로出給ᄒᆞ얏다더라

●舊貨收額 度支部所管貨幣整理部에서本月十一日로至十七日ᄭᆞ지舊白銅貨를別上書額이如左ᄒᆞ더라 稅納額이貳百八十三萬元이오交換額이八百四十六萬四拾元이오買上額이三百十四萬三千元이오稅關額이二拾萬七千元이오舊規引繼額이一百拾五萬三千元이더라

●日紙都買 今年度봇터各官廳의서應用ᄒᆞᄂᆞᆫ紙物等屬價를總計ᄒᆞᆫ則拾餘萬원으로定ᄒᆞ야日本人의게都給ᄒᆞ고本國紙廛의ᄂᆞᆫ一張도應用치아니ᄒᆞᆷ으로近日에紙廛의서財政流通의困難이莫甚ᄒᆞ야或撤業ᄒᆞᆯ者가有ᄒᆞ다더라

●會費擔任 經濟硏究會臨時事務所를남部龍洞二層家로定ᄒᆞ고該會確定前에ᄂᆞᆫ財政은前閣장리容復氏가擔任ᄒᆞᆫ다더라

●繼續設戱 前警務官閔宇根씨ᄂᆞᆫ東大門內光武臺에演戱場을繼續施設하ᄂᆞᆫ데該戱臺를將次買入ᄒᆞᆫ다더라

●競賣所賊警 昨日上午三時의銅峴정한用시競賣所의賊한이突入하야鐵舍레洋眼鏡一介와綠레眼鏡一介와其他什物九拾圜八拾전價値를偸去ᄒᆞ얏다더라

●宣告流配 法部에서니亂犯朴慶采를流拾五年에宣告ᄒᆞ얏다더라

●奸狀現露 羅州郡鷄山浦居리有이가自衛團장으로義兵을偵察ᄒᆞᆫ다稱하고남平郡都谷面禮洞居權召史를脅奸ᄒᆞ고權明裕氏의葉錢壹百五拾兩을討索ᄒᆞᆫ事가綻露되야該道裁判所에拿致되야方今審査中이라더라

●辭職請由 洪原公立普通學校訓導韓弼洙ᄂᆞᆫ가學部의請由文로報告ᄒᆞ얏ᄂᆞᆫ데夫物이不平則鳴이오人이有願則訴라ᄒᆞ온則人與物이並在天地涵育之間의窒何相異리오本職이拾餘年積仕의近今四五朔艱掘ᄒᆞᆫ情狀을難以枚陳ᄒᆞ야本校經費각項문簿를帶持ᄒᆞ고呼訴ᄒᆞ기로日間呈程이옵기玆以囑聽仰報ᄒᆞ오니照亮後受由發時ᄒᆞᆯ다ᄒᆞ얏다더라

●光陵脇亂 三昨夜의巡査隊十餘名이東大門外光陵附近의서義兵數百名을遭遇ᄒᆞ야數時間을交戰ᄒᆞ다가巡査四名은殺殺ᄒᆞ고二名은義兵의게生擒되고警部一人과日本巡査部장一人은重傷을被ᄒᆞᆷ으로再昨日上午四時의大韓의院으로擡送ᄒᆞ야方今治療中이라더라

●砲殺十義 警視丁奎봉시가韓日巡査數拾名을領率ᄒᆞ고義兵討伐次로楊州等郡의出張ᄒᆞ얏다가入성ᄒᆞᆫ은前已揭載ᄒᆞ얏거니와히시等이義兵拾名을捉得하야楊州郡의서砲殺ᄒᆞ얏다더라

●校장推選 孫雲臺 학校校장은京畿觀察使리圭桓시로推薦ᄒᆞ얏ᄂᆞᆫ데該시로推定ᄒᆞᆫ理由ᄂᆞᆫ孫雲臺가本是紫성府院君古基인故로特히後孫으로推選ᄒᆞᆫ所以라더라

●會移校舍 畿湖興學會에서前陸軍衛生院으로移接ᄒᆞ얏더니昨日에更히校洞前法語학校로移接ᄒᆞ고前會館은陸軍衛生院은師範學校를設立ᄒᆞᆫ다더라

●喪人白放 楊州郡龍頭面丁奎鳳氏一行이楊州等地에出張ᄒᆞ야壹洞에入ᄒᆞᆫ즉壹喪人이殊常히逗留ᄒᆞ거ᄂᆞᆯ巡査들이何人이냐問ᄒᆞᆫ즉該喪人의所答이余ᄂᆞᆫ義兵으로此地에서把守ᄒᆞᆫ다ᄒᆞᄂᆞᆫ지라巡査들이該喪人을挽執ᄒᆞ야日余도義兵으로此地의至ᄒᆞ얏ᄂᆞᆫ즉同僚가何處의在하랴ᄒᆞ미該喪人所答이方今前後左右의多有하다ᄒᆞ거ᄂᆞᆯ히巡査等이攻擊을被ᄒᆞᆯ가疑ᄒᆞ야喪人만洞外로誘引ᄒᆞ야即時放釋으로押交ᄒᆞ얏ᄂᆞᆫ더히郡의서審査ᄒᆞᆫ즉該喪人의父가義兵大將으로日兵의게被殺ᄒᆞᆫ지不滿幾日인대義兵들이余를勝引ᄒᆞ야日汝의父가日兵의게被殺ᄒᆞ얏ᄂᆞᆫ대渠家의偃臥ᄒᆞᆫ것은人子의道理가아니라ᄒᆞ고無數論毆ᄒᆞᆷ으로不得已ᄒᆞ야義兵의投入ᄒᆞᆫ지가一日의不過라ᄒᆞᄂᆞᆫ지라히郡의서其情理가似然ᄒᆞᆷ을失ᄒᆞ야該喪人을三再日의無事白放ᄒᆞ얏다더라

●賊漢被捉 三昨日下午三時에東門外往拾里居丁桂식氏家에賊한ᄯᅢ賊三이가突入ᄒᆞ야紙貨三百圓을劫取出來ᄒᆞ다가現발되여東部警署에捉囚되얏다더라

●令基承認 太郎來信을據ᄒᆞᆫ즉該城內남北村人民이以幾合市基址로相詰有年인ᄃᆡ該府郡官吏及人民이已爲會判ᄒᆞ기를南邊城壁을毁撤ᄒᆞ고廬屋을建築ᄒᆞ야每年春秋에市를設ᄒᆞ로完定ᄒᆞ되毁城建屋ᄒᆞᆫ浮費一千圜은남邊人民이辦出ᄒᆞ얏ᄂᆞᆫ대觀察使리宗求氏가北邊民에私囑을偏聽ᄒᆞ고남北에分設ᄒᆞ라다가兩邊人民이該郡에呼訴ᄒᆞ야該令市를永히南城邊으로認許되얏다더라

●明倫新校 廣州楚月面酸梨洞居學者김宗洙시가明倫학校를設立ᄒᆞ얏다ᄂᆞᆫ데此ᄂᆞᆫ伊藤統監의周旋으로設立ᄒᆞᆫ것이라將次十三道各郡의도頑固黨으로ᄒᆞ야금明倫학校를設立ᄒᆞᆫ다더라

●奇哉此兒 嶺寧郡有志紳士가敎育에熱誠으로邑니樵童牧兒八十餘名을募集ᄒᆞ야學校를設始ᄒᆞ고夜學專門으로만敎授ᄒᆞᄂᆞᆫ데不過壹週年에快有前達之望이오且日前에觀察吏幾人이携妓佩酒ᄒᆞ고登川送岩이어ᄂᆞᆯ該校學徒中拾二歲된최秀才가適其採薪次登山이다가見히官吏之輿樂ᄒᆞ고正色責之曰現今我韓國勢도如是汲々이어ᄂᆞᆯ有何慶事ᄒᆞ야今作此樂乎아云則히官吏幾人이赧然失色ᄒᆞ야壹辭도未答散歸라ᄒᆞᄂᆞᆫ데其後에海州總巡金鳳濟시가因公事出張히郡이라가聞而讚之曰我韓大小官吏가皆如此壹學徒之思想이면獨立基礎를指日可復ᄒᆞ리라ᄒᆞ고壹場演說ᄒᆞ고金拾圜을히校에寄付ᄒᆞ얏다더라

●홍郡商校 홍原郡장晃鎭시가周旋ᄒᆞ야商名夜學校를設置ᄒᆞ고校장김鍾시와敎師김景호시가熱心敎導ᄒᆞᆫ다더라

●熙明益明 延安郡內居前主事明海一氏가同志로協議하야학校를刱設ᄒᆞ고名之曰熙明학校라ᄒᆞ고名其義捐金ᄒᆞᆯ募集ᄒᆞ야維持ᄒᆞᆯ方針을沃濟이硏究ᄒᆞ야敎師를京城에서雇聘以去ᄒᆞ야熱心敎育ᄒᆞᄂᆞᆫ대生徒入學者가現今五十名이오校舍를 新修理ᄒᆞᄂᆞᆫ中인ᄃᆡ容積이二百名假量이오夜학科를該校內에設ᄒᆞ고히節이已過ᄒᆞᆫ者로募集하야簿記算術等備科로敎授ᄒᆞᄂᆞᆫ대入學者가二十餘名에達ᄒᆞ얏고壹郡을鼓動ᄒᆞ야私塾은永爲撥止ᄒᆞ고新학問발達로目的이라더라

●咸校運動 咸從郡에서今月十四日에각학徒春期大運動을設行ᄒᆞᄂᆞᆫ대三沿五邑男女學校四十四校가齊會ᄒᆞ얏ᄂᆞᆫ대學徒數爻가一千四五百名이오觀光者가數千人이다賞品을多施ᄒᆞ얏다더라

●少年合校 龍川府義와義州三省專對三學校가今五月二十壹日의合成壹校後의少年학校라命名ᄒᆞ얏ᄂᆞᆫ데壹학生은百拾二人이오夜學生이百七拾人이라同時의各郡員與生徒의合餐會를設ᄒᆞ고히校發展目的으로方權시와敎師가敎育方針의對ᄒᆞ야壹場說明ᄒᆞ고任員을選定ᄒᆞ며校장은前郡守김志閑서오總務ᄂᆞᆫ洪瓊洛서오贊成장은김錫玉諸시라더라

▲地方消息

▲成川郡木房에서義兵과日兵이累次交戰ᄒᆞ야行政上에不便ᄒᆞᆫ事가有ᄒᆞᆷ으로該郡守朴箕陽氏ᄂᆞᆫ上京ᄒᆞ얏다ᄒᆞ고

▲本月二十二日甲山西方於蘭洞附西南約壹里의서義兵約三百名이히郡駐在日守備兵과交戰ᄒᆞ얏다ᄒᆞ고

▲本月拾九日星州郡東남五里附近의서多數義兵이히郡守備隊와交戰ᄒᆞ얏다ᄒᆞ고

▲本月拾二日陜川郡서方의서義兵拾八名이히郡守備隊와交戰ᄒᆞ얏다ᄒᆞ고

▲本月二拾一日蔚山郡東方의서義兵拾餘名이히郡守備隊와交戰ᄒᆞ얏다ᄒᆞ고

▲本月二拾日慶州郡남方의서無數義兵이日守備隊와遭遇交戰ᄒᆞ얏다하고

▲本月拾八日槐山郡의서義兵約三拾名이日兵과遭遇交戰ᄒᆞ다가義兵은四散ᄒᆞ얏다ᄒᆞ고

▲本月拾九日夜의谷山郡東方의서義兵二拾餘名이日憲兵과交戰하다가義兵은潰散ᄒᆞ얏다더라

東京電報

●派韓憲兵募集 貳五日發 陸軍省에서今回豫後備兵에서憲兵五百名을募集ᄒᆞ야韓國派遣ᄒᆞ기로決議ᄒᆞ얏다더라

本支社를 左開六處에 設置ᄒᆞ고 玆以仰布ᄒᆞ오니 本報愛讀ᄒᆞ시자ᄂᆞᆫ 僉君子ᄂᆞᆫ 該支社로 請求購覽ᄒᆞ심을 務望홈

▲龍川남市驛 韓贊希
▲龍岡郡[illegible] 박죵온
▲結성廣川場대村黑春家 리啓祚
▲龍川府南面松峴海東會 金賢主
▲定平郡豐川 張禮學
▲洪原南門外耶蘇敎辦事 方萬晟

雜報

◉花柳設技 中奉鉉朴泳煥等이 青年子弟를 誘引ᄒᆞ야 技雜局을 西小門外附近地妓家에 設ᄒᆞ고 晝夜大賭ᄒᆞᄂᆞᆫ디 蕩敗家産者가 多ᄒᆞ다더라

◉老病長逝 三淸洞學苑橋居 前都事徐丙冑氏夫人宋氏가 爲片을 飮ᄒᆞ고 장逝ᄒᆞ얏다ᄂᆞᆫ 事ᄂᆞᆫ 更聞ᄒᆞᆫ즉 老病으로 呻吟卒世ᄒᆞ얏다더라

◉文昌校況 青坡下碑洞에 有志諸氏가 年前에 壹校를 設ᄒᆞ고 孔德里廣成支校가 되얏더니 近日에 該洞居人이 更爲擴張ᄒᆞ야 校況을 維新케ᄒᆞ며 校名은 文昌이오 校長은 김重煥씨오 校監은 奚大振시이오 學監은 리敎廈씨라더라

廣告

本人等이 保寧郡鰲岩浦에 商運會社를 설立ᄒᆞ고 物品販賣에 迅速酬應ᄒᆞ게사오니 勿論內外國商船ᄒᆞ옵고 來訪ᄒᆞ심을 爲要

商運會社社員 全在殷 權稷洙 全석範 告白

◉測量科學員募集

本校에 測量科를 特設ᄒᆞ오니 願學僉員은 請願書를 提呈ᄒᆞ시옵

但請願紙ᄂᆞᆫ 本校에 來購홈

試驗科目 作文 筭術(四則)

試驗 今月三十壹日下午壹時

上學時間 自下午四時三拾分至六時三拾分

卒業 六個月

淸風學校 廣告

本校에 測量速成科를 特設ᄒᆞ고 學員을 募集ᄒᆞ오니 願學人은 請願紙를 本校에 來受ᄒᆞ시옵

試驗日字(陽曆三拾壹日)

試驗科目 國漢文作文 筭術四則

南門內暢동 光成實業學校 白

本郡守김寬鉉氏가 莅任以後로 到底躬行閭里ᄒᆞ야 邑弊民막을 審察ᄒᆞ야 嚴束官隷ᄒᆞ고 慈惠村民ᄒᆞ며 吝交外人ᄒᆞ고 勸奬學校ᄒᆞ야 吏莫容奸ᄒᆞ고 民無冤訟ᄒᆞ며 學徒蔚興ᄒᆞ고 道路修治ᄒᆞ며 匪類가 望風歸順ᄒᆞ야 來不過三朔에 邑弊가 畢祛ᄒᆞ고 境이 賴安ᄒᆞ야 民恐失之에 歌有來暮홈

남陽장安面三홍水村里長 김죵瑞 學校發起 김應植 김應泰 車漢容等 告白

善山金氏大同譜를 今將修正ᄒᆞ니 在京僉宗은 五月初六日에 中部中谷四十五統四戶鎭承家로 來臨商議홈

김鎭承 告白

西部積慶坊契附峴二百六統五戶草家八間半文券을 서 失故로 玆에 廣告ᄒᆞ오니 誰某拾得ᄒᆞ와도 休紙施行홈

家主 方春根 告白

今月初九日에 本人의 正字刻圖章을 城內朴元石家에셔 遺失ᄒᆞ옵기 玆先廣佈ᄒᆞ오며 新刻ᄒᆞᆫ 圖章을 施行爲計이오니 知舊僉照亮홈

平壤斧山坊二里 朴在治 告白

◉[illegible]陽郡私立普興學校補助金廣告

郡守金寬鉉 拾圜 郡主事洪詰厚 財務署장陳庸鎬 李昌會 각五圜 金鍾俊 六圜 地方委員洪益善 三圜 姜世馨 貳圜 姜根亨 朴來煥 에三圜 姜鎭회 洪남善 박仁榮 홍璣杓 홍命善 각二圜 홍承殷 三圜 朴鎭爲 白樂驥 각壹圜 朴潤榮 姜鼎회 李鍾徽 각二圜 홍祿杓 壹圜 徐相五 貳圜 本郡金종瑞 六圜 金應植 拾圜 車性九 車德有 홍衛然 김應善 각六圜 金正順 五圜 김敎석 金汝凡 각四圜 김鐘인 貳圜 車漢貞 정國河 각壹圜 金應남 五拾錢 金應燦 壹圜五拾전 김正萬 五拾전 홍仲植 壹圜 최鶴圭 五拾전 김龍得 三圜 김應泰 車한鍾 車한華 각五十전 車한晟 貳圜 김鎭學 壹圜五拾전 김應鍾 김顯直 김成鎬 김鍾旭 崔晨玉 각五十전 鄭鍾鉉 貳圜九拾전 김尙玉 五圜 김應律 五拾錢 김鶴基 김元敏 각壹圜 정鍾三 貳圜 김應道 五拾전 리종夏 貳圜 金起浩 四圜 趙益西 壹圜 리殷雨 崔弘雨 徐明煥 梁明煥 각五拾전 김昌植 四拾전 田平心 壹圜 崔鎭玉 五拾전 리建相 김洛圭 鄭斗洛 각壹圜 정先甫 정종海 김致玉 각五十전 吳敎鎭 壹圜 김善植 劉鎭洙 宋德元 각五十전 金明化 壹圜(完)

▲測量速成科學員募集廣告

本校에 測量速成科를 設ᄒᆞ고 玆에 廣告ᄒᆞ오니 願學僉員은 來六月六日內로 請願書를(本校에 來購) 本校에 提呈ᄒᆞ고 同月七日下午一時에 本校에 應試홈

一 試驗科目 國漢文讀書 筭術四則以上

一 上學時間 自下午四時卅分 至下午六時卅分

一 卒業期限 五個月

壽洞私立興化學校

南陽洪氏先祖文貞公忠烈公以下歷代墳墓가 在於驪州金沙面天陽後谷而京鄉諸子孫이 同力守護三百餘年이러니 壬寅年分에 宗孫還杓가 欲爲埋用故로 宗中이 禁止矣러니 今自宗中으로 有爲先事ᄒᆞ야 使宗孫으로 매松斫伐之際에 宗孫三寸浮濩이가 指嗾外人ᄒᆞ야 中間奪取ᄒᆞ니 諸宗이 爲先之境에 不用泯默ᄒᆞ야 方欲歸決로 玆先廣告홈

南陽洪氏宗中 告白

本會事務所를 中部校洞前法語學校로 移接ᄒᆞ얏사오니 以此照亮ᄒᆞ시옵

隆熙貳年五月貳拾六日

畿湖興學會 告白

本人의 子鶴兩이 性本浮浪ᄒᆞ야 出沒京鄉에 爲挾雜騙貼ᄒᆞ와 以田與畓을 僞造文券으로 欲爲得債이기 玆에 廣告ᄒᆞ오니 勿論內外國人 切勿見欺홈

臨陂郡九岩府 申觀休 告白

本人身圖章 金記鉉字 景鉉正字 刻四方章을 陰四月拾二日에 見失홈으로 廣布ᄒᆞ온바 拾二日이 아니라 初八日下午八時기로 更布홈

義州 虹規 金景鉉 白

本人이 水成門外芳橋 朴昌善許에 本月晦日推尋次 當伍壹萬兩於音을 不知中에 見失ᄒᆞ얏ᄉᆞ오니 誰某拾得ᄒᆞ야도 休紙施行홈

華山 徐弁九 白

◉海州吳氏宗中

廣州春橋洪씨가 山局內에 偸埋ᄒᆞ온 塚을 今二拾三日 掘去ᄒᆞ고 玆에 仰布ᄒᆞ니 僉宗照亮

吳泰默 告白

現今時代ᄂᆞᆫ 男女를 勿論ᄒᆞ고 營業에 從事ᄒᆞ야 生活上에 充裕케 ᄒᆞᆯ 것이시 正當ᄒᆞᆫ 故로 本人이 비록 女子ᄂᆞ 나 裁縫을 本業ᄒᆞ야 男女洋服을 鮮明製造ᄒᆞ야 全國兄弟姉妹의 隨求酬應ᄒᆞ겟ᄉᆞ오니 速速來購ᄒᆞ심을 仰望홈

中署官洞拾統七戶 夫人洋服店 告白

本人의 養子 洪昌彦이가 性本浮浪ᄒᆞ야 花柳場에 出入ᄒᆞ며 蕩敗家産故로 累次新聞에 廣告이옵거니와 今又與浮雜雜類數人으로 上京이라ᄒᆞ오니 京鄉間無論內外國人ᄒᆞ고 此子의게 債給ᄒᆞ시면 白失ᄒᆞᆯ터이오니 切勿見欺홈

義州州內面弘南洞 金召史 告白

本人之子 七善이가 性本浮浪ᄒᆞ야 符同雜類ᄒᆞ야 欺人得債코저 ᄒᆞ오니 內外國人은 切勿欺紿홈

西門外新村弘門洞 金鎬元 白

惟我先祖寬愼公墓所在於京畿豐德郡鳳山而不意盜賊發之變仍有株渡極涉罔措今二十二日緬奉于果川光明里玆에 廣告

僉宗 照亮

平康채氏宗中 告白

坡平尹氏都有司 李興이 在世時에 因爲先事ᄒᆞ야 以收錢事로 拾三道各派尹氏宗中에 發通ᄒᆞ고 追後에 至有派送有司러니 각派所收錢이 宗會所에 壹無來納ᄒᆞ고 派送ᄒᆞᆫ 有司의 私橐에만 歸ᄒᆞ게되기 有ᄒᆞ니 以爲先事로 收錢ᄒᆞᄂᆞᆫ 本意에 違反ᄒᆞᆫ지라 自今以後에ᄂᆞᆫ 如有不得已ᄒᆞᆫ 爲先事로 收錢ᄒᆞᆯ 境遇면 自宗會所로 的確議題ᄒᆞ고 收錢有司ᄂᆞᆫ 斷不派送ᄒᆞ깃ᄉᆞ니 自各道各派宗中으로 別定信實有司ᄒᆞ야 所收錢을 直以來納于宗會所ᄒᆞ야 都有司와 京有司面前에 領受證을 受去ᄒᆞ고 自稱京派送有司에게ᄂᆞᆫ 雖壹分錢이라도 給與치勿ᄒᆞ야 以杜乾沒之弊ᄒᆞ고 如是定規ᄒᆞ니 十三道諸派尹氏宗中은 照亮ᄒᆞ시옵

坡平尹氏 京宗中 告白

奬文書館開店廣告

本館에서 一般學界에 敎科書와 用品을 需用ᄒᆞ기 爲ᄒᆞ야 各種書籍과 學界各種用品을 多數貿置ᄒᆞ고 學生에게ᄂᆞᆫ 特別廉價로 販賣ᄒᆞ오니 學生諸君은 陸續來臨ᄒᆞ심을 敬要

北部小安洞安峴第十一統四戶

奬學社附屬 奬文社書館

本書館에셔 民智를 啓發ᄒᆞ기 爲ᄒᆞ야 新舊書籍을 大發賣ᄒᆞ오니 僉君子ᄂᆞᆫ 陸續來臨ᄒᆞ심을 望홈

釜山港東關 韓興書舘

舘主 金汝重 權중濬

本人이 方圖章을 陰四月初拾日 遺失故以後圖章으로 是施行홈

남門外 登洞五房 洪洙榮 告白

厚禮斗益大王七年戰史

鍊堂先生 俞吉濬 譯述

全壹冊 定價金三拾錢

此冊은 即拾八世紀頃에 普魯士國 厚禮斗益大王이 日耳曼列邦中에 介在ᄒᆞᆫ 貧弱國으로 突然奮起ᄒᆞ야 尙武的精神으로 人民을 獎勵ᄒᆞ며 俄法等諸國과 對抗ᄒᆞ셔 七年戰爭을 繼續ᄒᆞ야 普魯士國의 雄飛ᄒᆞᄂᆞᆫ 端緒를 開ᄒᆞᆫ 實이온대 其政畧의 巧敏홈과 其功烈의 偉大홈이 足히 讀者의 敵愾心을 喚起홀만ᄒᆞ오니 僉君子ᄂᆞᆫ 速々購覽ᄒᆞ시옵

發賣元 布屛下 廣學書舖 金相萬

發賣所 京鄉各有名書店

新刊書籍發售廣告

女子讀本 張志淵氏著 全貳冊 定價金六拾錢

初等衛生學 全壹冊 金拾五錢

初等倫理學 全壹冊 定價拾五전

國家학綱領 全壹冊 定價拾五전

國民須知 全壹冊 八錢

初等小學 全四冊 壹圜三拾錢

中等萬國新地誌 全貳冊 壹圜

增修無冤錄大全 國漢文 壹冊 七拾五錢

伊太利建國三傑傳 全壹冊 卅전

新撰理化학 朴晶東시著

獨習日語正則 全壹冊 定價金三拾전 鄭雲復시著

洋裝壹冊 壹圜貳拾五전

愛國夫人傳 張志淵시著

新小說血淚 全壹冊 定價금拾五전 李人稙시著

富國全書 黃鎬新論 鮮于叡시著 全壹冊 定價금三拾五전

世界三怪物 全壹冊 拾貳전

家庭雜誌 每號拾전

新訂筭術 全三冊 六拾전

普魯士國厚禮斗益大王七年戰史 全壹冊 定價金三拾전

發賣所 皇城中署布屛下 廣學書舖 金相萬

京鄉各有名書舘

現今弊院에서各項事務를一層擴張하오미金銀與鋼製齒槽外齒와老小圍沒數落齒ᄒᆞᆫ데齒床幷齒을隨意製造하오며拔齒與入齒時에毫無苦痛케ᄒᆞᄂᆞᆫ技方도有ᄒᆞ며齒科上面談ᄂᆞᆫ無料授受ᄒᆞ압ᄂᆞ니四方僉君子ᄂᆞᆫ照亮ᄒᆞ심을爲希ᄒᆞᆷ

京南大門內尙洞美人施蘭敦家
高齒科醫士　韓大衛　告白

◎區內義捐金收入廣告

●慶北慶州ᄂᆡ南面村遠里

金相인　金根셔　金泰吉
자一圓　김萬셔　리榮湖
김潤水　金性煥　張永鎬
김俊支　金인澤　자八十젼
김濟셔　朱憲道　김永셔
김基璞　金潤鎬　김基寬
김正一　김雲奎　박義道
김在煥　김鉉樂　孫在永
정時九　張松夏　孫永奎
정時元　정基鉉　孫永圭
리浩榮　리根生　權興섭
各六十錢
김鋼善　成學善
崔致煥　최鍾英　金浩逸
구成鋼　成潤玉　林春得
金守煥　黃祐寬　리在植
孫永珠　韓桂桂　朴琦鎬
孫世永　鄭來龍　朴昊柱
최成林　김泰洙　金炳학
金瑛浩　김相烈　金基東
金錫煥　孫永舜　김永守
김鍾栄　김鍾漢　尹錫權
김永昱　김致煥　리錦鎬
韓樂浩　리鍾超　김鍾秉
리七龍　김鍾一　金秉洙
리益克　김昌煥　孫인寬
各四十錢
金龍基　김永根
朴在燦　林夏圭　金甲俊

朴遠成　韓盛夏　리渭祚
리起昊　卞必權　김文浩
최喜祚　各二拾錢
合四十圜

▲山내面時多
張武先　리萬榮　최益文
김相宜　韓炳潤　리化榮
김泳淑　金相秀　崔守鉉
박禎洪　各六十錢
合六圜

▲新院
韓桂燦　壹圜拾錢　韓在錫
八拾젼　韓在昭　박正坤
陳有範　陳有종　各六拾錢
朱學魯　河應源　朴指默
文敬華　俞鎭燈　尹永燦
張錫道　각四拾錢　韓英燦
三十錢　鄭起洙　林介直
朱澄셔　朴炳起　文한黑
張周洪　김右昶　文인鎬
최濟남　文敬三　김斗權
리榮錄　리진泰　各二十젼
合十원

▲長仕
리能澄　八拾젼　鄭煥日
鄭煥贇　辛載八　리昌雨
辛戰灌　孫晉休　辛戰혁
辛戰玟　朱在暐　리鍾雨
辛載昊　리在根　김윤元
高興遠　김宗斗　리鳳祥
朴應鎔　金相默　孫銖相
朴泰立　朴在根　辛明鎔
각六拾錢
合十四圜

總合七十圜○
前總合六萬○四百四十四圜○七錢二圜
都總合六萬○五百拾四圜○七전二圜

發行兼編輯人英國人　萬咸
發行所　南署石井洞號外地三層洋屋家
大韓每日申報社

第八百拾六號

大韓每日申報

第六卷

月曜及慶節 歲時日休刊

檀君開國四千二百四十一年
孔子元年二千三十年
大韓開國五百十七年
日本明治四十一年
淸國光緖三十四年
陰曆戊申四月大廿九日癸未

寄書

◎國力振興在乎教育

北部生韓準錫

今之論時務者例言國力之貧弱이由於政治之腐敗와他力之日加ᄒ니果則然矣而其所以馴致於此者ᄂ亦豈非從前用人之應例와國民教育之昧方而乃然也哉아

盖我國이藉累世之昇平ᄒ야久睡漆室之中이라가忽聞隣人之動作ᄒ고開戶觀之ᄒ니所有田園이已屬他人之耕作ᄒ고所處房屋이亦被傍人之棲息하고所存者ᄂ惟身而已니爲我韓臣民者孰不欲大聲疾呼ᄒ야講究其挽回之力耶아

然이나今日我韓之勢正如膏肓痼疾之人이元氣失脫ᄒ고榮衛衰耗하야百病發症이交結闘發ᄒ며外感衰邪가乘虛侵극하야欲攻病則氣敗하며欲補元則痼結일시補瀉兩難ᄒ고矛盾百出ᄒ야不得不兼投而併施則雖有華扁之手라도時日之間에ᄂ難望其功이오必也磨以歲月之久然後에可期其效矣리라顧今殆哉岌々에雖若奄々垂盡而爲孝子慈孫者惡可喩以無可奈何而不試之以生脉回陽之劑耶아然則今日教育之收果를付諸歇后可乎也哉아

古人이有言臨淵羨魚가不如退而結網이라ᄒ니若成二千萬同胞合成團體ᄒ야果能培養於教育之中ᄒ야人々이知有愛國之血誠ᄒ고知有自由之權利則我韓之文明富强이何渠不若於歐美列强之今日乎아是則教育一段이實振興國力之第壹關鍵而然而或者乃謂目今國勢危急이迫在朝夕ᄒ니苦待教育發達하고人民成就然後에國力을可以振興이면此非所謂決西江之波ᄒ야以救涸魚者之說耶아ᄒ나此有不然者ᄒ니鄒傳에不云乎아七年之病에求三年之艾라ᄒ야ᄂ니先儒釋之曰夫病已深而欲求乾久之艾면固難卒辦이나然이나自今畜之則猶或可及이어니와不然則病日益深ᄒ고死日益迫하야도艾終不可得矣라ᄒ시니今日我韓이雖至此極이나檀箕以來四千年自主之精神血脉이遺傳於斯民之身則其壹線生機가豈不伏在乎後來之聰俊子弟乎아嗟我二千萬同胞ᄂ望其憤悱之心ᄒ며滌其痼結之舊ᄒ야爲父兄師友者宜使其子弟後進으로毋徒浪遊於舊習浮文名利技酒之塲하야虛費此青春歲月於石火電光之間而各自開關勸勉ᄒ야俾陶鑄於新智新학之爐鞴ᄒ야以成國家之器用ᄒ야一以挽委靡之勢ᄒ고壹以復還用之權則何患乎國力之貧弱이며何憂乎隣强之侵逼也哉아嗟我同胞ᄂ要在教育이며嗟我同胞ᄂ要在教育이라ᄒ노라

▲隆熙二年五月二拾五日 官報

●兵器取扱規則을左갓치定홈

隆熙二年五月二十二日 軍部大臣 李秉武

軍部令第二号

兵器取扱規則 續

定期報告

第五條 各保管者ᄂ左揭ᄒ兵器表를製ᄒ야軍部大臣에게報告홈

月報

壹兵器庫兵器支給修理員數表 第壹表

年報

壹某隊(學校)(兵器庫)保管兵器員數表 第二表

壹某隊(學校)演習用彈藥消耗表 第三表

兵器委員

第六條 軍隊(학校)에在하야ᄂ兵器의整理를掌ᄒ기爲ᄒ야左에兵器委員을置ᄒ되隊長(校장)이此를選任홈

步兵隊
正尉 一人首座
尉官 一人乃至四人

騎兵隊
尉官 一人

武官學校
尉官 一人

第七條 委員首座ᄂ隊장(校장)에게對ᄒ야兵器整理의責을任하고委員을指揮ᄒ며且兵器彈약의關ᄒ事務를整理홈

第八條 委員은兵器의交給交換貯藏保存에任ᄒ야修理品等의檢査를掌홈

但委員이一名될時ᄂ委員首座의事務를行홈

第九條 委員首座ᄂ下士若干人을選ᄒ야隊장의認可를經하야細務에服케홈 (未完)

外報

●同協會獨立軍 雲남省의革命軍을鎭壓ᄒ기爲ᄒ야北京政府에서法國政府에軍兵을借ᄒ기로決定ᄒ얏다ᄂ飛電이在東京雲南同協會에達홈으로同會에서該問題에對ᄒ態度를決定ᄒ기爲하야本月二十四日午後에神田錦輝館에서大會를開ᄒ고同協會會員日本在留革命黨員學生等二千餘名과革命黨領袖章炳麟과二十餘名의志士가慷慨悲憤의演說을ᄒ야殺氣가堂內에充滿ᄒ지라其論旨에曰淸國政府가法兵을借ᄒ야革命軍을討伐ᄒᄂ데對ᄒ야ᄂ壹齊히同袂歸國ᄒ야劍을携ᄒ고法兵과相戰ᄒ야雲南의獨立을極力補助홈이可ᄒ다ᄒ고此에關하야左와如ᄒ四個條의決議案을可決ᄒ얏ᄂᄃ其大要가如左ᄒ더라

一 雲南人士ᄂ獨立軍을起홀事
一 淸國拾八省은雲南獨立軍을助力홀事
一 雲南獨立政府에서淸國政府에對ᄒ야雲남의獨立을宣言ᄒ고彼와關係를斷홀事
一 淸國政府가于今ᄭ지外國政府와協定ᄒ壹切事件은承認치아니홀事

●賠償還付可決 紐育電을據ᄒ則米國議會에서北淸事件에關ᄒ賠償金의殘額壹千萬弗을淸國政府에還付홀事로可決ᄒ얏다더라

●市長歡迎 路透電을據ᄒ즉德國市장等이파킨감宮殿에서英國皇帝ᄭ셔謁見ᄒ얏ᄂᄃ英國皇帝ᄭ셔德語로써市장諸人을歡迎ᄒ되朕이愉快ᄒ다陳ᄒ며此에對ᄒ야뮤헨市長이謝辭ᄒ되市長等壹行이今回에訪英홈은英德兩國關係의鞏固홈을希望홈이라하얏다더라

雜報

●新日校況 平壤郡中城四里私立新日학校落成兼開학禮式을本月二十二日에設行ᄒᄂᄃ遠近有志紳士及私立大同學校任員以下六拾餘名生徒와新日학校生徒四拾餘名과학員父兄이來參ᄒ야開會時에校監金鎭根氏가학徒父兄에게壹場勸勉ᄒ고兩校生徒百有餘名과其他諸氏가愛國歌를同唱ᄒ後下午三時에茶菓를擺設ᄒ고活潑ᄒ氣像으로當地新市街西便五醫峴에登遊하고同六時에兩校학員이相別之意로壹齊敬禮ᄒ고盡歡而歸ᄒ얏ᄂᄃ觀光者莫不稱頌ᄒ얏다더라

●載郡興學 載寧郡邑內에五個학校가星羅하얏ᄂᄃ학徒가八百餘名이오勞動學徒가九拾餘名이며境內에拾一個學校가基置ᄒ얏ᄂᄃ學徒가五百五拾餘名인ᄃ該郡有志諸氏가愛國思想으로教育에熱心ᄒ야極力勸奬ᄒ效果라더라

●湖東有望 成川郡衙洞面有志紳士리天奎連昌洙리時業諸씨가現今世代의教育이急先務됨을感覺ᄒ야湖東基督학校를設立ᄒ고極力贊成ᄒ며教師리應烈지ᄂ熱心教育ᄒ미大有將進之望이라더라

偉人遺蹟

水軍第一偉人 李舜臣

錦頰山人

第拾一 續

◉李舜臣의拘拿

豐臣씨가我國에入寇ᄒ以來로數百年不習兵革ᄒ人民이此를猝當ᄒ미倭色만見ᄒ면鼠竄ᄒ며倭聲만聞하면鳥散홈으로郭再祐김德齡과鄭起龍諸公又ᄒ絶世偉人이作ᄒ야此를羅集ᄒ며此를獎勵ᄒ얏스나數年後에사民氣가稍振ᄒ얏스며民氣가稍振ᄒ니其時에倭寇가遁退ᄒ故로其東戰西伐ᄒ歷史가遊寇ᄂ蠶擊ᄒ며聲勢나外張ᄒ야倭寇도ᄯ여곰戰慄케홈에不過ᄒ고激烈ᄒ大戰을起ᄒ야海波를淸晏케홈은不能ᄒ며權慄幸州의捷과김時敏晉州의守에數萬賊을斬殺ᄒ야稍正行장의膽을落케하얏스나亦只是陸上에數千名鍊卒을是賴홈이며亦只是戰守主客의勢를是恩이라云홀바어니와리忠武ᄂ兵의鍊不鍊도不問ᄒ며勢의是戰是守를不顧ᄒ고壹級을提ᄒ고海上에孤立ᄒ야弱少ᄒ疲卒로ᄯ日加月增의大敵을抗홀ᄉ守홈에必固ᄒ며進홈에必摧ᄒ야其靜에山과如ᄒ며其閃에電과如ᄒ며其擊에鷹과如ᄒ며其壓에萬斤의重과如ᄒ야旌旗所指에三島가震慴ᄒᄂ中이라

當時豐臣氏諸將卒이「리統制」三字를聞ᄒ미敬ᄒ야其頭를抑ᄒ며恨ᄒ야其齒를切ᄒ며懼ᄒ야其膽이碎ᄒ며畏ᄒ야其身을卑ᄒᄂ故로每戰에遙히頂禮ᄒ야「日奇哉라將軍의水戰이여」ᄒ며每戰敗에鎗釼을遺ᄒ야敬意를表ᄒ야曰「將軍은殆天神이라」ᄒ며諸賊將이豐臣秀吉에게上書ᄒ야曰「朝鮮水軍은天下無敵이라」ᄒ며海陸各地에留屯ᄒ倭가每戰에拔ᄒ야全羅道를擬ᄒ며叩齒下泣ᄒ야曰「吾의將卒가彼에死ᄒ다」云云ᄒ얏스니彼其入寇以後로리統制를或忘ᄒ얏나이有ᄒ가

(未完)

雜報

●興學女會 皇族夫人과각大臣의夫人이 皇后의 勅令을欽承하고再昨日의 雲峴宮의會同호야大韓女子興學會를組織호고總裁는完興君리載冕氏夫人으로副總裁는總理大臣리完用氏夫人으로選定하고會長은海豐府院君尹澤榮씨夫人으로副會장은리載克氏夫人으로選定호고事務員은학務局長尹致旿시夫人과編輯局장魚允迪시夫人으로薦定호고舊政府大臣과現政府大臣은該會顧問으로推定호고男子의事務員은尹致旿魚允迪兩시로定호얏는대壹週間의壹次式討論演說혼다더라

●內下會費 大韓女子興學會를組織홈은別項과如호거니와 皇后陛下께옵서每月壹千圜式該會의 下賜호옵신다더라

●射會移設 각大官들이 慶熙宮內黃鶴亭에서射會를設호더니近日에西部白虎亭으로移射호는理由인즉該宮도係是莫重宮闕인대每日妓樂이無難入宮호는거시事體에未安호다고警務廳에서禁止혼故로白虎亭으로射會를移設호얏다더라

●陞等請示 내閣의서각府部院廳의通牒하되官人의陞等及陞級年月日을本月내로錄交호라호얏다더라

●視察件送交 去年의各部高等官들이日本官廳視察혼件을내閣의서불刊호야壹件式各官廳의送交호얏다더라

●公私共立 학部의서將次地方公立學校와私立學校를合幷하야公立학校라名稱호고該校의日人敎師로敎授케하기로학大리載崑氏가今番觀察使會議의提出호다더라

●稅規更議 度支部의서는去番道書記官會議의地方稅實施件을提出호얏다가道書記官이反對홈으로未決되얏는디今番觀察使會議의更히提出혼다더라

●何事多辭 今番觀察使會議結果後에는各觀察使中因하辭職請願코ᄌᆞ호는者가多數호다더라

●頑固得意 今番春期運動時에伊藤統監이賞品으로論語와小學을給與혼以後로는南北村頑固宰相輩가是乃得意之秋라호고入閣홀運動을壹層强大히혼다더라

●間島觀察 北間島에觀察道를將次設置홀豫定이라는대該島問題가解決되기까지는姑爲停止혼다더라

●檢事請由 全北裁判所檢事尹憲求氏는限三日請由호고日昨에上京호얏다더라

●宿費支給 廟、社 殿에도官員及守僕以下에게直宿費를支給혼다더라

●尹氏裁判 前廣州府尹尹璟씨는公納事件으로因호야差人김某와現今漢城裁判所에서裁判호는中이라더라

●卒業留學 英語學校卒業生崔喜觀氏는外國에留學次로三昨日의上海로발向호얏다더라

●宣敎師交替 本國內의서傳道호는美國宣敎師가交替됨으로美國의서宣敎師五拾名이日間渡來혼다더라

●巡査試取 警視廳의서去月拾四日의巡査를試取호는대應試者가二百餘名中의文官資格으로試取入格혼者가四人의不過홈으로總監이發論호기를文官資格으로試選호다가는募集키難호깃스니普通으로試取호라홈으로當日의更히試取호야數拾名을擇選호얏다더라

●關稅不均 近日海關에서각處로輸入호는物品에對호야稅率을徵收호는데日本으로셔輸入호는物品은依稅規호야徵收호고其他上海와西양으로輸入호는物品은特히加倍호야徵收혼다더라

●安氏追悼 故安昌鎬씨의遺子가現出홈은前報에已揭하얏거니와證據가確實홈으로再昨日에備禮率來호야家督을相續케호기로決定호고陰曆今月三十日은安씨의忌日인故로鍾峴舊楠部洞本第에서追悼會를設行혼다더라

●平服夜巡 近日에漢城五署니에賊警이大熾혼故로남部銅현警署에서는韓日警部及巡査가平服으로夜深도록秘密行巡혼다더라

●衛隊入城 江原道原州로出駐호얏든近衛兵卒壹小隊는再昨日에入城호얏다더라

●投資調査 度支部財務局에서各財務監督局에通牒호되今番國際貿易關係에對호야左記각項과如히詳細히調査送付하라호얏는디其條項이如左호니

入 部

一外國人의韓國內地에投資額 本項에對호야保險會社其他諸種會社及個人經營의事業에對호야는其主張된者를調査호고但銀行及滊船會社는除去홈

一外國人布敎費 本項에對호야는布敎者의俸給、布敎費、敎育費、慈善費等에對호야調査홀事

一外國保險會社의韓國人及韓國府留外國人에게支拂호는保險賠償金 本項에對호야海上、生命、火災에區別호야調査홀事

出 部

一外國人의韓國內投資純益 本項中으로부터銀行滊船會社及保險會社의部分은除去호고此와同時에商人經營事業의會社主張된者의純益을加算홀事

一韓國人及在留外國人이外國保險會社에支拂호는保險料

一外國人仕送金 本項에對호야는日本人淸國人其他外國人에區別하야各壹人壹個年에所得을男女로算出호고在留外國人의數를乘호야總所得額을算出호야日本人淸國人其他外國人이大凡總所得額幾分의壹을仕送홈을見호야調査홀事라호얏는디

右諸種은國니에重要혼調査件인故로迅速히調査호라하얏더라

●韓氏傳道 英國人韓설氏는義兵을不避하고傳道홀次로日昨의楊州等地로發向하얏다더라

●行路阻絶 楊州豊陽附近의는義兵이結陣홈으로近日의來往客이通行치못혼다고該郡來人의傳說이有호더라

●火起無故 內浦來人의傳說을據혼즉結城洪州瑞山等郡의는近日의無故之火가人民家屋積萬上에無起하야損害者가多호다더라

●哀慶相助 남部銅현警署에서韓日警部以下巡査諸氏가哀慶을相助호기로議定하얏는데日昨에該署巡査監督柳秉根氏에今孃이致死호얏는대금十二圓을收合賻儀호얏다더라

●리氏請放 銅현駐漢用씨競賣所에서逃賊을잡앗다는說은昨報에已揭어니와정氏와同業호는리範聲씨를該署에서嫌点호고捉去호얏는디鄭氏가該署에請願호되리範聲은不是竊盜라호야丁寧犯過치아니홀人이니放釋하라호얏다더라

●竊犯窮盜 江原道觀察使黃鐵氏의令允은竊盜犯으로被捉되야한성裁判所에서八個月禁獄에宣告호얏더니平理院에서上訴하야現今決議호는中이라더라

●派巡覓尸 東門外光陵附近의서巡査가義兵의게被害호얏다홈은昨報의揭載호얏거니와警視廳의서被尸와被捉된巡査를推覓키爲호야各署巡査中의身體康健者로二百餘名을選擇하야去二十五日下午三時의該地로派送호얏다더라

●夜行被囚 日昨夜에普光學校學徒三名이大東專門學校에前往호야上學홈을觀光호고歸路에鍾路를經過호는디日巡査가招致호야夜深後에行路홈다고詰問호는中에何等事故이던지卽時中部로押去호야夜를執囚호얏다가其翌日에放送호얏다더라

●獄中强奸 晉州警察署巡査監督俞在호가該道裁判所女罪囚를强奸호야該女囚가因爲自縊호所以로該裁判所에서役終身에宣告호야平理院에申訴하얏더니亦是役終身에照律호야宣告호얏다더라

●金賊警 再昨日下午十時에西部大坪동客主金鳳洪씨家에賊漢四名이各持軍刀호고突入하야金二十二圓과笠子壹介與周衣壹件을奪去호얏다더라

●偸衣被捉 西部館井洞卅兩永이가該隣高應奎家에周衣壹件을竊取하고또리雄植의時計를偸取혼故로南部警署에서捕捉호얏다더라

●落第居半 大東專門學校에서日昨에第壹次月終試驗을經호얏는디落第生이半數以上이라더라

●任員親睦 彰東學校에서倉洞紅葉亭에任員親睦會를開혼다홈은昨報에揭載호얏거니와伊日에校장尹致昨氏가미會趣旨를說明호고吳迎根李聖澤정應설李楣安高主臨氏가次第演說호고特別히洪慶喜氏는금十元을寄附호고茶果禮를行혼後에閉會호얏다더라

●校士推覓 高陽郡鄕校에在혼該郡儒生一二人이暗매營私홈으로學部의서該郡의嚴訓호고該校로壹壹推薦호야學校의附屬호마호얏더라

●事務代辦 靑年會總務吉脇리씨는去火曜日의歸國호얏는디한氏의事務는巴樂滿시가代辦혼다더라

●靑會演說 今日下午八時에靑年會館에서演說會를開호고紳士安國善氏를請邀호야迷信論이란問題로演說혼다더라

●醫校試蹟 私立醫法학校에서卒業試驗을經호얏는디英語科三年級優等生은金明澈리廷泳等七人이오日語科優等生은리源鎔金子朴準星等四人이오及第生은朴과祖徐丙旭二人이라더라

▲廢 寶 更 卯▼

▲病餘廢寶更卯호니曲々含悲未成嗣라諷詠時事寓之歌호니千形萬態變幻호야羞愧홀事許多호다

▲高輯닷덕디官人은人力車의高坐호야街路上의縱橫호니揚揚自得호는貌樣은胸中에無壹策호니外面粧飾이아닌가有識者의羞愧로다

▲각社會의出入하며釣名의擧하는行色有力家의攀緣호야官職暗裏圖得호며國家思想더言論은如見肺腑可僧호니有志士의羞愧로다

▲某輔國某判書는壹時失勢憂歎호다如木門庭寂寞中에滿腹經綸徘徊호나國家事는何如턴지前日官情未忘호니白首國恩이羞恥로다

▲千石君萬石君은壹分이라도飮手호고滔々慾浪如山호야良田美土廣置호고自族身謀區區態는公益事爲高笑호니守錢虜가羞愧로다

▲남北村出入場에埋頭沒身猿官擊는胸中無他壹策호고鷄鳴狗吠가長技로다郡守壹窠圖得호니某大臣의卑食口라鄙陋心膓羞愧로다

▲落拓不遇林下士는變幻時局全昧호고局陳論호는말은太古天皇時代事라더局見을엇지호며孟賁囊前難拔일세頑固舊習이羞愧로다

▲白虎亭上使射場에太平勝事본들바다執勝執負較比호니壹代豪傑이아닌가妻亮妓兒穿衣曲에憂國思想飛去호니皇族貴人이羞耻로다

▲演戲場이어뗘며丘粒聲聲이鬻耳로다新衣催者去飄然호니억개바람이젼이로다春香歌에失魂호야壹擲千金如水라灑子敗習이羞愧로다

▲저괴가는저少年은구두洋服이鮮明호다外樣으로볼작시면開明國人恰似호나胸中茅塞未開호야輕薄態만남엇고나文明化가羞愧로다

社告

本支社를 左開六處에 設置ᄒᆞ고 敎以仰佈ᄒᆞ오니 本報愛讀ᄒᆞ시ᄂᆞᆫ 僉君子ᄂᆞᆫ 該支社로 請求購覧ᄒᆞ심을 務望홈

▲龍川남市驛 韓贊希
▲龍岡郡耶蘇敎堂內 박중온
▲結성廣川場대朴熙春家 리啓祚
▲龍川府南面松峴海東書會 金賢圭
▲定平郡豐川 張禮學
▲洪原南門外耶蘇敎冊肆 方萬晟

雜報

●金校運動 金川郡助浦私立普昌학校에서 本月初八日에 運動會를 擧行ᄒᆞᄂᆞᆫᄃᆡ 學徒가 百餘名이오 觀光者가 數千人에 達ᄒᆞ얏ᄂᆞᆫᄃᆡ 賞品은 리종洪氏가 自擔ᄒᆞ고 午饌은 朴원培 우行健 리汝佐 리燦瑩 諸氏가 自擔ᄒᆞ고 該郡分派所巡査 趙東華씨가 石鉛筆壹匣과 紛筆壹匣을 捐助ᄒᆞ얏ᄂᆞᆫᄃᆡ 算術優等은 池永斗 리性主 諸氏오 作文優等은 리종和 韓宅洙 諸氏라더라

●新昌新校 載寧郡西湖面에서 김炳弼 尹龍權 安載鈺 諸氏가 靑年을 敎育ᄒᆞ기 爲ᄒᆞ야 醵金立資ᄒᆞ야 新昌학校를 設立ᄒᆞ고 去四月六日에 開校式을 設行ᄒᆞᄂᆞᆫᄃᆡ 該郡守 김孝登 郡主事 鄭健裕 財務署長 張석煥 諸氏가 枉臨ᄒᆞ야 熱心贊助ᄒᆞᆷ으로 學徒가 三十餘名에 達ᄒᆞ얏고 附近五處 各학校學徒가 聯合會를 擧行ᄒᆞᆫ고로 각학徒가 期於進就ᄒᆞᆯ 問題로 次第演說ᄒᆞ니 傍聽諸人이 稱讚ᄒᆞ얏다더라

●旅中出捐 平壤郡居 金召史와 校生 春紅 蓮紅 三人이 留川溫井에 來留이다가 回路에 載寧邑을 過去ᄒᆞᆯ시 該邑內 自立ᄒᆞᆫ 校牧童학徒의 悄狀을 憫然히 녀여 김召史ᄂᆞᆫ 首飾月子壹雙을 매ᄒᆞ야 五元價値되ᄂᆞᆫ 國旗壹介를 寄付ᄒᆞ고 春紅 蓮紅 兩妓ᄂᆞᆫ 각 銀指環壹介式 寄付ᄒᆞ얏다고 該郡來人이 稱頌ᄒᆞ더라

●順校盛況 順川郡前參奉 洪鍾叙 前主事 김斗學 儒鄕 諸氏가 熱心出義ᄒᆞᄂᆞᆫᄃᆡ 自百圜으로 至五十圜ᄭᆞ지 乃爲八百圜이오 각處에셔 寄付ᄒᆞᆫ 금額이 亦貳千六百圜이라 合 三千四百圜 資金으로 郡내에 私立順成學校를 設立ᄒᆞ고 靑年子弟 四拾五名을 不日로 募集ᄒᆞ고 학校를 擴張ᄒᆞ기 爲ᄒᆞ야 校장 洪鍾叙 財務員 김斗學 兩씨가 學部에 請願ᄒᆞ야 承認ᄒᆞ얏ᄂᆞᆫᄃᆡ 該校내에서 無依ᄒᆞᆫ 孤兒ᄭᆞ지라도 募集敎育ᄒᆞ기로 決議ᄒᆞ얏다고 西來人이 稱頌ᄒᆞ더라

廣告

漢城醫師硏究會員慈惠藥房
製藥贊成人濟衆院醫學員洪錫厚朴慈惠李
觀化告白　代理店梨峴洋藥局李信華

本人等이漢城南大門外濟衆院用하는處方으로左記封入나을製造ᄒᆞ오니京鄕遠近勿論ᄒᆞ고此藥品信用ᄒᆞ시기爲ᄒᆞ야醫學校長勸五等池錫永氏에게각方文마다議定ᄒᆞ고有效証明書를受ᄒᆞ고主治効能用法을詳記ᄒᆞ야洋鐵匣紙匣琉璃瓶에封ᄒᆞ야賣ᄒᆞᆫ兄弟에게利益이加有ᄒᆞ도록ᄒᆞ며ᄒᆞ나이다

治痰平胃丸　男女氣血補益丸
輕腫根治膏　純金鷄蠟丸
濕腫根治膏　蛔虫汲出丸
大腫拔根金膏　四時感冒丸
小兒胎毒金治膏　清明眼藥水
痲氣神効保嬰散　消痰鎮咳藥
小兒感冒靈効散　男女痔疾祛根藥
德國製咳痰丸　寸虫拔根藥
漢城百應膏　止足汗臭藥
洋藥乾材　止瀉潤腸丸
舊官藥唐草材　陳滞旧滞消積丸
西藥醫方括套　無惡臭疥瘡藥

◉大韓國新發明神藥

◉疲倦靈丹　各種食滯中暑久滯口臭痰飲吐瀉定價一貼十錢
◉至寶丸　治諸般癃疾不拘久遠俱有偉效定價金十錢
◉靈效液　外用方諸濟瘡皮膚百發百中定價金三拾錢
◉清眼水　治諸般眼疾有撥雲見天之妙定價金拾錢
◉通淋丸　治男女急慢淋疾神效無雙速效除毒壹週金五拾錢

製藥본行所　漢城南部大廣橋西邊第三家十九統七戶　共愛堂大藥房　韓白
支店　開城南門內共愛堂第一支店　姜助辦
　群山港開福동共愛堂第二支店　리春善
　河東郡赤良面共愛堂第三支店　黃錫秀
代理店　皇城北部大安동　仁濟藥房
　仝　香路靑年會館前　慈惠藥房
　仝　西部新門外石橋　普濟醫院
　仁川杏峴　濟生堂　仝　和平局

此外에도東西洋각國有名賣藥과草材藥이俱備하오니藥의多少을不拘ᄒᆞ고請求ᄒᆞ시면小包로仰呈ᄒᆞ게ᄉᆞᆸ

◎新訂方合編　壹部壹圓拾전
針灸。脈經。病論。약性。方劑。牛痘法。牛馬病약。洋약用法。診察法。經驗方。이具備ᄒᆞ야醫학家나賣약家에最新要緊ᄒᆞ오며

◎社會勝覽　純國文廿三전
社會에規則과演說에方法과脉格이며東西양雄辯家에演說를譯述ᄒᆞ야社會有志者와勞動人及婦人々지不可不購覽ᄒᆞᆯ者며

◎婦人儀範　純國文卅五전
男子를教育ᄒᆞ고家庭을整理ᄒᆞᄂᆞᆫ道로婦人社會의特殊ᄒᆞᆫ師範이오며

◎中等算學　壹帙　冊壹圓五拾전
自四則至開立方九積數量次第構布ᄒᆞ야학習에便易ᄒᆞ고我韓算書中에完全具備ᄒᆞᆫ者며각校학生의게는特爲減價賣홈

註譯 支那時文類聚　리치雨 編集　八拾三頁　定價금 二拾二錢

右冊은近日現用ᄒᆞᄂᆞᆫ자緊要私札往復이며新聞與各淸國公文照現行往復을모公私宴會請帖往復이며其他公函往復과公文照會等式을編成一冊ᄒᆞ야可作高等社會의緊要訣이오니照亮

總發매　皇城大東書局
分所매　皇城각書舖

●大韓國新發明藥廣告

陸軍軍醫金守鉉君實驗方劑
陸軍軍醫徐基茂君有効證明
四海衛生之諸君子常備之靈藥
消化新藥 清心保命丹
發行所 仁川港杻峴 濟生堂藥房
九十粒入金拾錢

甚於人道之原則ᄒᆞ고重於正義之誠實ᄒᆞ며以親切爲旨ᄒᆞ야訴訟事件幷각官廳請願事件을請受依托홈

京城저洞六拾四統二戶
　東洋大학講師
辯護士
日本法律학士 木尾虎之助

◉主治効能
◉痰飲食積中暑中寒
◉咳嗽腹痛水土不服
◉氣鬱吐瀉船車眩暈
◉食傷醉酒口臭惡臭
▲其他諸般急氣厲疫預防妙藥

◉出張代理特約賣所
京城大廣橋共愛堂大藥房
同香路慈惠藥房　리觀化
同梨峴洋약局　리信華
同鍾동博文書館　盧益亨
同南大門外大同運輸會社
同泥峴三丁目　新井支店
同泥峴郵便局前　天佑堂
同永橋本堂出張人　리基林
仁川舊邑本堂出張所　金濟賢
同開城旅館　韓禹根
同寺峴和平堂　리應善
開城東門內萬物廛　박圭桓
同남門內同店　禹相玉
同남大門冊肆　리禎錫
同北部忠橋　具聖模
海州宗路商店　宋在瑛
同二房약舖　김永泰
同남門內店　리奉植
水原香路下약房　金濟九
延安邑니洋약局　邊汝文
江華香路店　尹斗鉉
同香路店　宋順五
同西門外冊肆　高成浪
長淵남門니　崔觀淳
砂利院市場니客主　朴健昌
同　任允7
同耶蘇教堂니　리在学
義州남門니紅門동　리京林
平壤鍾路里濟生局　韓鳳儀
同館前衛生醫院　金應興
同大興部一里　崔禎化
同邑武洞藥局　桂澤宜
同單邑洞出張人　尹瓚林
鎭남浦新興동洋약局　김元셩
同德興機本堂出張人　吳남奎
群山港開福동　김斗鉉
安州城니義井동回春　大약房
安岳邑上場里濟生局　林奎柱
大邱남門니刷還동　김成浩
益山港草梁客主　金重佑
博川郡美동商店　朴芝行
載寧邑後동洋약局　崔允國
忠州東良面早遯　金鎭和
晉州郡광돌　박容賢
定州남門니洋약局　리健柱
郭山邑니洋약局　羅應彬
鐵山邑니永春堂　安濟
宜川邑니冊肆　安圭
義州水口街　崔석浩
信川邑四里洋약局　김永植
郭山邑冊肆　김大鉉
元山港濟生堂支店　박敬鎭
北靑新昌港客主　박錫勳
江原道本堂出張人　禹張家
德川邑官동洋약局　리丙斗

◉礦山용谷里
◉其他谷약店마다臨廠販賣홈
◉仁川港濟生堂告白

◎賑恤義捐金收入廣告

●慶北慶州山內面魚頭里
리錫韶二圓　리般節　리秉元
리相文　리太榮　各三十錢
리孝根　河亨善　趙晩述
리孝珍　각二十錢　合四圓
▲江西面安康里洞中　一百六十圓
▲外東面長山里洞中　拾二圓
▲末方洞中　十一圓
▲蓮池洞中　二十二圓
▲活城동中　十圓
▲板橋
정甚華　姜周호　許식
김得龍　各一圓　손秀玟
黃致坤　홍享燮　리能秀
리能述　각八十錢　洪종澄
洪종麟　리在彬　洪在範
정致巡　김종元　徐守寬
김載基　洪종榮　具振寬
崔문석　정萬儀　洪종龍
각六十錢　남周英　許　龍
리在基　張得千　김且寬
洪俶燮　洪종賓　각四十전
손秀보　김麟奇　黃永道
손석대　成鎭寬　金濟倍
김璟浩　최鉉국　許晃審
리圭석　郭학善　리且寬
洪花道　각二拾錢
合二十一圓二十전

●檢丹
리紀春　孫일選　孫晉康
孫寶호　孫종模　黃麟龍
各壹원　孫麒選　徐　치
黃應天各一圓二拾錢　최德源
최重源　각八十전　李煥宗

黃應旨　鄭淳一　李鳳瑞
孫兆華　徐　불　徐　[illegible]
孫承大　崔祥源　최夢昫
權宜彩　孔酒浚　韓友仁
리藩伊　리秉祿　金鍾默
朴瓊元　孫壽模　各六十錢
鄭來奎　리元俊　徐　문
任瑞鎬　최鉉達　任敬宰
徐永俊　吳尙文　朴圭元
최季源　최秉斗　張萬翼
黃繼坤　黃應민　리玉周
金斗船　김斗滿　韓文인
리四龍　權明伊　孫秀鎬
리元伊　尹東源　리慶珣
各四拾전　김星斗　三十전
朴貴心　리인秀　任漢宰
任英宰　柳澤龍　최錫賢
徐悳洙　白興俊　孫玄模
黃應碩　金基雲　孔사文
金永壽　趙殷賢　金永先
吳相先　崔武鶴　陳起麟
朴戰永　김宗伊　孫兆碩
孫兆鶴　金凡出　孫귀鶴
리福伊　손萬鶴　리道相
文士龍　黃因坤　孔贊柱
各二十전　林宗伊　리時厚
김泰仲　손晋圭　黃聲甲
朴俊伊　리化律　김召史
金瑞龍　손晋基　各十錢
合三拾八圓九拾錢

總合二百七十九圓拾전
前總合六萬○五百拾四圓○七전二厘
都總合六萬○七百九十三圓拾七錢二厘

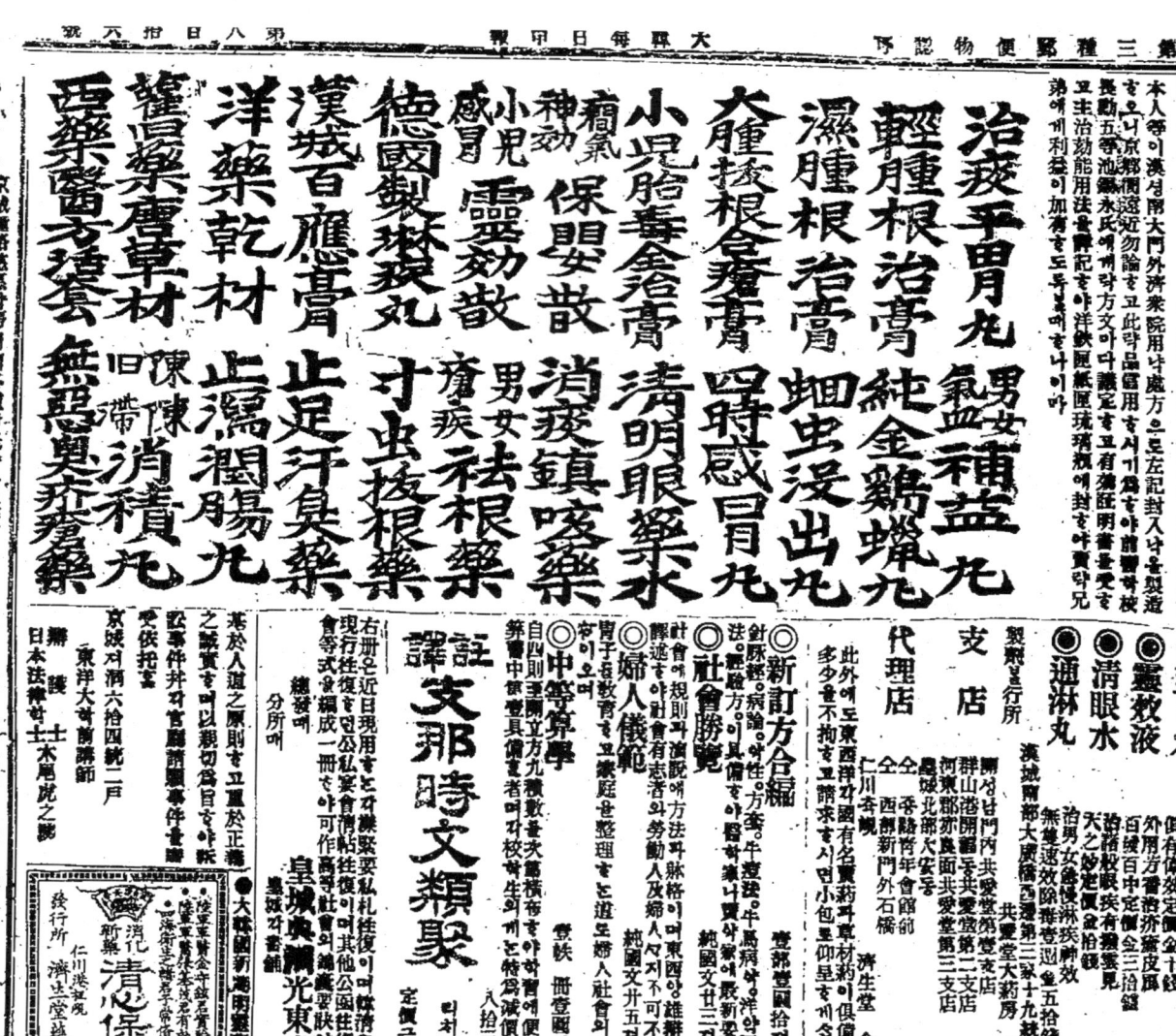

發行兼編輯人英國人 萬咸
發行所 南署石井洞號外地三層洋屋家 大韓每日申報社

第八百拾七號

大韓每日申報

第六卷

月曜及慶節歲時日休刊

檀君開國四千二百四十一年
箕子元年三千三十年
大韓開國五百十七年
日本明治四十一年
淸國光緖三十四年
陰曆戊申四月大三十日甲申

論說

▲時間의貴重

嗟呼韓國의有情同胞아他人은强ᄒᆞᆫ데公等은弱ᄒᆞ며他人은勇ᄒᆞᆫ데公等은怯ᄒᆞ며他人은智ᄒᆞᆫ데公等은愚ᄒᆞ며他人은安樂ᄒᆞᆫᄃᆡ公等은憂愁ᄒᆞ야國事身事를回顧ᄒᆞ매潸然盈淚를不禁ᄒᆞᆯ자니

此果何故오聰明이彼에不及ᄒᆞᆫ으로然歟아曰否라彼此耳目이同有ᄒᆞ니라敏慧가彼에不及ᄒᆞᆫ으로然歟아曰否라彼此心思가同有ᄒᆞ니라

曰然則同是人類로斯世에並生ᄒᆞ야彼ᄂᆞᆫ如彼ᄒᆞ며此ᄂᆞᆫ如此ᄒᆞ니此果何故오曰彼ᄂᆞᆫ時間의貴重을知ᄒᆞ며此ᄂᆞᆫ時間의貴重을不知ᄒᆞᄂᆞᆫ故니라

蓋時間이란者ᄂᆞᆫ生命의根이며進化의源이라

惟我 上帝가東西遠近智愚賢不肖를不擇ᄒᆞ고此時間을無私히賦與ᄒᆞ시니壹時가六拾分이며壹日이貳拾四時며百年이三萬六千日이니東海以東에도只是此時此日이며西海以西에도只是此時此日이라英法德美도爲ᄒᆞ야壹時를拖長ᄒᆞᄂᆞᆫ비아니며波越埃芬을爲ᄒᆞ야壹時를減少ᄒᆞᄂᆞᆫ비아니며盧梭華盛頓拿破倫을爲ᄒᆞ야壹分을增益ᄒᆞᄂᆞᆫ비아니며懦夫愚婦며國賊亡國賊을爲ᄒᆞ야壹分을捐縮ᄒᆞᆷ이아니니此同壹ᄒᆞᆫ時間에同樣히奮發하며同壹히活動ᄒᆞ며同壹히前進不已하며誰ᄂᆞᆫ强ᄒᆞ며誰ᄂᆞᆫ弱ᄒᆞ며誰ᄂᆞᆫ勇ᄒᆞ고誰ᄂᆞᆫ怯ᄒᆞ리오만은

嗚呼라如來法眼에日月이本浮하나盲者가自不見ᄒᆞ나니此無私ᄒᆞᆫ時間을或은善用ᄒᆞ야其國은英法德美가되며其人은盧梭彌文華盛頓拿破倫이되고或은惡用ᄒᆞ야其國은波越埃芬이되며其人은懦夫愚婦며幽奴亡國賊이된所以로다

嗟乎有情同胞아時間의貴重을覺悟하ᄂᆞᆫ가

韓國同胞가三千里內天產의富를枕ᄒᆞ며五百載歷衛의夢을貪ᄒᆞ야競爭이何物인지苦痛이何物인지茫然不知ᄒᆞ고武陵春日에桃花나摘取ᄒᆞᆫ故요家에在ᄒᆞ면衾枕을懶捲ᄒᆞ며路에登ᄒᆞ면疲馬나徐鞭ᄒᆞ고讀書士子ᄂᆞᆫ西廂記登樓가나複習ᄒᆞ며秋燈閑情은春香歌登關이나淚吟ᄒᆞ야悠々乎習與性成에伯夷의淸風을不聞하니懦夫가何로由ᄒᆞ야自立의志가有ᄒᆞ리오所以로今日境遇를遭하고도社會의現ᄒᆞᄂᆞᆫ者ᄂᆞᆫ往々醉談茶話로維新事業을講ᄒᆞ고勇進奮鬪의氣가全缺ᄒᆞᆫ지라

彼日人의言論을觀ᄒᆞᆫ건ᄃᆡ恒常韓人은烟葉이나喫ᄒᆞ며午睡나嗜ᄒᆞᄂᆞᆫ冷血的動物이라ᄒᆞ니嗟呼韓人이여此冷嘲를自甘ᄒᆞ며痛罵도不恥ᄒᆞᄂᆞᆫ가汲々振作ᄒᆞ야此言을壹雪ᄒᆞᆯ지어다

▲隆熙二年 五月二拾五日 官報

◉兵器取扱規則을左又치定홈

隆熙二年五月二拾二日

軍部令第二號　軍部大臣 李秉武

兵器取扱規則 續

檢 查

第十條 兵器의檢查ᄂᆞᆫ軍部大臣이特히命定ᄒᆞᆫ臨時檢查官이此를行홈

檢查를終ᄒᆞ면臨時檢查官이其成績에意見을添付하야軍部大臣에게報告홈

第拾壹條 軍部大臣의命하ᄂᆞᆫ兵器檢查를除ᄒᆞᆫ外에每年에壹回로ᄒᆞ야春季에行홈

第拾二條 檢查ᄂᆞᆫ兵器의手入保存數量其他一般整理의景况을檢查홈

第拾三條 保管官은各保管兵器를適時檢查홈

費 用

第拾四條 兵器費ᄂᆞᆫ全部를軍部에서管理홈

第拾五條 演習에特히必要되ᄂᆞᆫ費用은演習費에서支辨홈

(未完)

▲隆熙二年 五月二十八日 官報

○司 法

平理院裁判長洪鍾檍과判事[illegible]에被告金[illegible]에對ᄒᆞᆫ內亂事件을檢事公訴에由ᄒᆞ야此를審理ᄒᆞᆫ즉被告供稱自我

皇上傳位以後로矣身이痛日人之壓迫ᄒᆞ야以國民義務로不能晏然坐亡ᄒᆞ야더러現政府大臣輩의附日賣國之罪를不可不聲討일시陰曆上年七月二十五日頃에與[illegible]元[illegible]平順等으로謀擧義兵ᄒᆞ야矣身이自爲召募官ᄒᆞ야七八月之間에驪州[illegible]陽根等地에서募集砲軍이不過七十名인디兵無器械ᄒᆞ야每得於所過村里ᄒᆞ고九月初二日에率兵到抱川[illegible]ᄒᆞ야偶逢前正尉[illegible]ᄒᆞ니洪謂矣身曰以若孤單으로安得做大事리요吾之堂叔世泳이家在漢城中署磚洞인바吾於八月初五日自京離發也에堂叔이有양銃二百柄或藏錢三十萬兩早晚辦給之約ᄒᆞ니吾可聚得千當銃矣라ᄒᆞ니君持此書ᄒᆞ고往彼受來ᄒᆞ라ᄒᆞ오기矣身이受其書簡ᄒᆞ야牽牛ᄒᆞᆫ樂而爲笠으로偶換客人ᄒᆞ야傳給其書於洪世泳家ᄒᆞ니世泳이不爲接面하고使其家人으로謂人金郞ᄒᆞ야饋以冷飯ᄒᆞ고謂諸韓[illegible]이러니當夜에告于警署ᄒᆞ야被捉至此이온바七月念間에討政府諸賊檄文과伊藤博文及各國領事에게送致文과布告同胞文二度를著作ᄒᆞ야出給ᄒᆞᆷ平順ᄒᆞ야使之揭載新報케하얏더니終不揭載하야致各度文이幷爲押收於中署이온바討政府諸賊檄文概略에曰嗟爾逆賊完用秉畯址鎔重應善準載崐永喜等아今我等이起忠義之士ᄒᆞ고磨忠義之劍ᄒᆞ야擬以某月某日로斬汝頭於麾下ᄒᆞ고割汝腹於朝市ᄒᆞ야以爲我

皇上雪憤하며以爲我國民復仇ᄒᆞ노라先數汝等之罪惡ᄒᆞ리니爾等은其俯首而聽之ᄒᆞ라往在乙巳에宣言書五條約으로賣我二千萬同胞於奴隸之域ᄒᆞ니大罪一也오今又以七條協約으로爲日人效忠ᄒᆞ니大罪二也오威脅

皇上ᄒᆞ야强行禪位ᄒᆞ니大罪三也오不逾年而改元ᄒᆞ야實行曆文ᄒᆞ니大罪四也오一切權利를莫不讓渡於讐國ᄒᆞ니大罪六也오不知國務之爲何事ᄒᆞ고惟以統監府晩餐會와日本人交涉으로爲事業ᄒᆞ니大罪八也오煽台務民爲名之曰一進會ᄒᆞ야依賴外人ᄒᆞ야殘害同族ᄒᆞ니大罪九也오朋友親戚이奴顔婢膝者를布滿朝廷ᄒᆞ니大罪 也오知有統監而不知有君父ᄒᆞ고知有日本而不知有韓國ᄒᆞ니大罪十一也오俄强則附俄ᄒᆞ고日强則附日ᄒᆞ야不問祖國之利害ᄒᆞ고但圖一身之富貴ᄒᆞ니大罪十八也오日人之一顰一笑로爲憂喜ᄒᆞ며國民之生死禍福은漠然越視ᄒᆞ니大罪拾九也오凡數以二十五大罪이온더其事를今不詳記ᄒᆞ고又因任玉汝供辭하야提起ᄒᆞᆫ檢事公訴內에陰曆上年七月頃에同郡[illegible]家에서被告와宋昌錫[illegible]任玉汝가相會ᄒᆞ야砲軍二十二名을募集ᄒᆞ야隊伍를編製ᄒᆞᆯ시李根豊은都總大將宋昌錫은軍師任玉汝ᄂᆞᆫ左翼將申[illegible]ᄂᆞᆫ右翼將被告ᄂᆞᆫ陣[illegible]將諸常顯은餉官이되야廣州郡[illegible]峴에到着하얏더니李根豊이衆人과意見이不合ᄒᆞ야部下에게被殺ᄒᆞᆷ가ᄒᆞ야逃亡ᄒᆞ앗슴으로更히被告를大將을삼고獐項頭에至ᄒᆞ야午飯을喫ᄒᆞ고利川邑에서日本騎兵과交戰ᄒᆞ야此를擊退ᄒᆞ얏다ᄒᆞᆫ其事實은京畿警務署에서聽取ᄒᆞᆫ任玉汝의供辭에證ᄒᆞ야明白ᄒᆞᆫ因을由ᄒᆞ와更行審理ᄒᆞᆫ즉被告가上年陰七月에李根豊이爲大將이오被告가爲從ᄒᆞ다가李之逃走後砲軍가推被告爲大將ᄒᆞ야仍率衆往楊根仰德里ᄒᆞ얏스니於此登敗에ᄂᆞᆫ不欲苟且說明이오至於交戰ᄒᆞ야ᄂᆞᆫ未曾著手하고經先就捕而若以任供擬律이면誠極寃枉이라ᄒᆞ온바任玉汝之證供을雖不服ᄒᆞ나既爲大將ᄒᆞ야率衆行之ᄒᆞ얏슨즉作亂之責을難免ᄒᆞᆯ지라被告金[illegible]을刑法大全第百九拾五條致事律擬斷ᄒᆞ기爲ᄒᆞ야議를作ᄒᆞᆫ者律에照ᄒᆞ야絞에處홈이何如ᄒᆞ올지議書類를添付ᄒᆞ와玆에質禀ᄒᆞᆷ等因이온바該犯金[illegible]를依該院所擬律處辦執刑之意로法部大臣이上奏ᄒᆞ와可라ᄒᆞ신

旨를奉ᄒᆞᆫ

外 報

●大統領歡迎 路透電을據ᄒᆞᆫ즉英國戰鬪艦二隻과巡洋艦八隻及多數의船舶이法國大統領페리엘씨를歡迎ᄒᆞ기爲ᄒᆞ야도바港에到着ᄒᆞ얏더라

●伊皇臨會 羅馬來電을據ᄒᆞᆫ則伊國皇帝ᄂᆞᆫ同府에서開催ᄒᆞᆫ萬國農業協會開會式에臨席ᄒᆞ얏더라

●三皇將會 伯林電을據ᄒᆞᆫ즉英俄兩皇帝의會見에就ᄒᆞ야伯林新聞界에서非常ᄒᆞᆫ誠意로써其事를歡迎ᄒᆞᆷ을表ᄒᆞ얏ᄂᆞᆫ대且英德俄三皇이今秋에會見ᄒᆞᆫ다ᄂᆞᆫ風說이有ᄒᆞ나아직未詳ᄒᆞ다ᄒᆞ얏더라

●艦隊巡訪남양 同電을據ᄒᆞᆫ즉米國太平洋巡양艦隊가今秋에南양諸島를巡訪ᄒᆞᆫ다ᄂᆞᆫ데其時에사모아島에도來港ᄒᆞᆫ다ᄒᆞ얏더라

●鐵路의慘傷 同電을據ᄒᆞᆫ즉白耳義에서鐵道變이起ᄒᆞ야三十八名이卽死ᄒᆞ얏다더라

●材木社火變 上海電을據ᄒᆞᆫ즉當地滿洲材木輸出入會社에材木貯置場及引鉅場이去二拾四日에火災가起ᄒᆞ야全部가燒失되얏다더라

●長春鐵線매渡 紐育電에曰倫敦報道를據ᄒᆞᆫ즉俄國에서所有ᄒᆞᆫ東淸鐵線中哈爾賓及長春線을淸國에게讓渡ᄒᆞᆫ다云ᄒᆞ얏더라

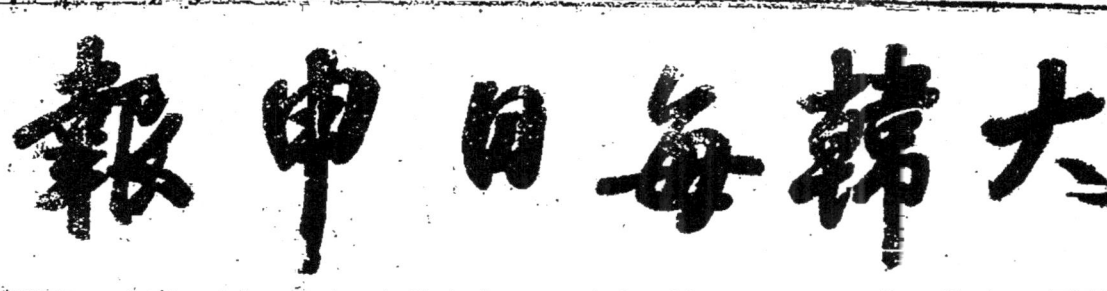

●提督迎接 紐育電을據ᄒᆞᆫ즉米國回航艦隊前司令長官베안쓰提督이華盛頓에到着ᄒᆞ얏ᄂᆞᆫ데米國大統領루쓰벨트氏가同提督을迎接ᄒᆞ야該艦隊回航의大功績에對하야祝辭를表ᄒᆞ얏다더라

雜報

●四色捧定 奎章府侍從補四名과內乘四名을增設혼다는대各部大臣이各其所薦ᄒᆞ야四色으로捧定혼다더라

●觀察增置 今番觀察使會議後에地方制度를改定ᄒᆞ야十四道로分定ᄒᆞ고漢성에도觀察使를置혼다더라

●兩道位置改正 觀察道位置改正件을本月二拾六日에裁可되얏는대忠北觀察道位置는淸州郡으로改定혼事와平北觀察道位置는義州郡으로改定혼事라더라

●課長轉任 내部寺社課장宋之憲氏는秘書課장으로轉任혼다더라

●職員錄請交 내閣에서각官廳의通牒하되新官制實施以後에는職員록을編纂치못ᄒᆞ얏스니來月拾日내로官職品階을昭詳록交ᄒᆞ라ᄒᆞ얏다더라

●餘紙付內 去土曜日下午五時頃의度支部司稅局의서日本主事五人이秘密히圍坐ᄒᆞ야速寫板으로拓殖의關혼件을多數히불刊ᄒᆞ야卽時統監府로送交ᄒᆞ고餘存혼五六張은其時의燒燼하얏다는說이有ᄒᆞ더라

●花ᄒᆞ謝過 永宣君李埈鎔氏와中樞院顧問李址鎔씨와其他皇族四氏가日昨에白虎亭에서便射하다가夕飯을李埈鎔씨가茶房所在宮別室에게委托ᄒᆞ얏더니饌品을準備하노라고夕飯時間에未及되얏는지라李氏가大怒ᄒᆞ야壹場恐喝ᄒᆞ더니後悔가生ᄒᆞ야夜深後更來ᄒᆞ야該別室의게無數謝過ᄒᆞ얏다더라

●女會方針 昨日上午拾壹時에皆經現任勿論ᄒᆞ고각勅任官以上諸夫人이宗親府內에會同[illegible]하고諸般方針을提議하얏다더라

●鎭義協議 日本宇佐川軍務局장이韓國義徒鎭壓事로伊藤統監及장谷川司令官과協議ᄒᆞ기爲하야本月二十五日의東京의서불行하얏는데同局장의談話를據혼즉韓國의今日義徒는鼠賊이도되其地域이日本本州의相當하거늘僅히貳個聯隊의不過혼兵數를排置혼것인故로三里五里의二拾戶三拾戶式散在혼村落間의時々로蜂起하는者인즉其討伐이甚히困難혼지라要컨대韓國의義徒를鎭壓홀진대但軍隊로써威壓하는手段以外의此를慰撫하야日本의德化케하는手段을取홈이必要하다하얏더라

●建築所請借 法部의서區裁判所를建築所로權設ᄒᆞ깃스니附借ᄒᆞ라고度支部의請求ᄒᆞ얏다더라

●觀察會費 觀察使會議에点心麵과與卷烟을內部에서支供ᄒᆞ는대每日히費가五圓式이라더라

●朴氏向西 鐵道調査局장朴義秉氏는軍用地犯入地段價를頒給ᄒᆞ기爲ᄒᆞ야再昨日上午七時의京義線을搭乘하고義州等地로발向하얏는데往還期日은二週日間이라더라

●研究承認 漢城外國語學校장이學部로稟請ᄒᆞ되法語學校卒業生等이法語을研究하기爲ᄒᆞ야研究課를特設ᄒᆞ기로志願ᄒᆞ오니特爲認許ᄒᆞ라ᄒᆞ얏더니該部에서許施ᄒᆞ얏다더라

●員役履歷 宮內府人事課에서掌禮院으로通牒하고各員役等의履歷書를繕送하라ᄒᆞ얏다더라

●物價査報 度支部에서國內[illegible]京城內각校主의게訓飭ᄒᆞ야週々寬報하라ᄒᆞ얏다더라

●風葬嚴禁 警視廳의서從今以後로는天然痘의罹ᄒᆞ야致斃혼風葬은一切嚴禁혼다더라

●流通金額 本月拾一日로至十七日지지市場流通額을調査하얏는데十壹日외는九百七萬九千圓이오十貳日외는八百九拾六萬五千圓이오拾三日외는八百二十萬四千圓이오拾四日외는八百七萬四千圓이오拾五日이는八百三拾一萬六千圓이오拾六日외는八百二十二萬五千圓이오十七日의는八百二拾六萬七千圓이라더라

●日墾請禁 昨日에寧邊郡邑내面居玉日贊氏等拾餘人이내部에請願ᄒᆞ되日本人이本面에來到ᄒᆞ야民有土를勒奪開墾하야壹面民人이暫時라도支保키難하니本郡에訓ᄒᆞ야此를禁止ᄒᆞ라ᄒᆞ얏더라

●何時出給 각學問家에서敎科書를編輯ᄒᆞ야學部에셔于今數年에檢定出給지아니ᄒᆞᆫ故로敎育上에影響이不少ᄒᆞ다더라

●物品價騰 奉常司貢人이自來로祭享需物을元進排後受價ᄒᆞ는대物品은高騰ᄒᆞ며享需物品은如前進排ᄒᆞ는故로該貢人等이難保라는說이稱ᄒᆞ더라

●懸板何之 本年貳月頃의鐵南郡所在ᄒᆞᆫ忠武公勝捷堂懸板을該郡守及警察署장이壹次觀覽ᄒᆞᆫ後懸板을見失되얏스니調査ᄒᆞ야推給ᄒᆞ라고리主事李氏가내部의請願홈으로내部의셔該郡의訓令ᄒᆞ고懸板을覔給하라ᄒᆞ얏더니該郡守가報告ᄒᆞ기를懸板은壹次觀覽뿐이오其失ᄒᆞᆫ蹤跡은頓然不知라ᄒᆞ얏다

●鯉腹有卵 公州一進支會長某씨가漁夫의게鯉魚壹首를買來ᄒᆞ야烹饌次로其魚를割腹혼즉腹中에如雞卵形ᄒᆞ고色은微黃微靑혼卵壹介가在ᄒᆞ얏는대黑夜房中에置혼즉其光彩가明於燈燭ᄒᆞᆫ지라附近住人이七百圓에願買ᄒᆞ는거슬매치아니ᄒᆞ고此是無等寶物이라고히本部로報告ᄒᆞ얏다더라

●無認廢校 학部에서旣往에私立학校中認許가無혼處는該部令으로壹幷廢止ᄒᆞ기爲ᄒᆞ야該部令을現今制定中이라더라

●女校設費方針 학部에서漢城官立女학校를設立ᄒᆞ는대對ᄒᆞ야諸般設費가壹層困難ᄒᆞ다ᄒᆞᆫ되該部次官俵孫壹이가該設立方針에關ᄒᆞ야意見을陳述ᄒᆞ얏다는대槪意를得聞혼즉韓國에對ᄒᆞ야女子敎育이在此壹擧인즉卽女子敎育에其基礎라可稱홀지라然則經費가困難홀지라도該校는不可不設立홀터이니使役은女子로雇入ᄒᆞ고校掃除등者는男子를使用ᄒᆞ되年이六十된者로雇入홈이適當ᄒᆞ다고ᄒᆞ얏다더라

●巳借東校 關東學會장南宮억氏가學部에請願ᄒᆞ고前養士洞普通學校校舍를許借ᄒᆞ라ᄒᆞ얏더니該部에셔東興學校에已爲認許ᄒᆞ얏다고認許치아니ᄒᆞ얏다더라

●壹進活動 衰微ᄒᆞ는傾向이有혼壹進會는頹勢를挽回코져ᄒᆞ야將次他目的이有ᄒᆞ야漸漸活動ᄒᆞ는影響인대近日에麥路附近에셔大集合을開催홀方針을決혼다고京城新聞에揭載ᄒᆞ얏더라

●衣物見失 東萊宿館의서留ᄒᆞ는內部主事金光鉉氏는三昨夜의六十圓餘價値되는衣服[illegible]

●花局被捉 洞口內居吳正一삼종夏鎭諸씨는三昨日의花闘局을設ᄒᆞ고金光이往來홈을際의巡査가入ᄒᆞ야히三氏를捕縛ᄒᆞ야中署로押交ᄒᆞ얏다더라

●何功蹟 順川郡리貢洽씨는一進會頭領이오本郡에多年稅商班首로서近日安州郡守를圖得혼後稅商接장崔鳳煥氏가順川境內稅商中으로서班首의萬世不忘碑를刻立ᄒᆞ고市日마다演說ᄒᆞ는대石子는本郡에前郡守의民의碑도立ᄒᆞ라고磨蠶하얏든石子를買用혼다ᄒᆞ며刻字費石子價及碑閣建築費幷幾百圓을貧寒혼商民의게勒徵ᄒᆞᆷ의怨聲이有ᄒᆞ다고該郡來人의傳說이有ᄒᆞ더라

●蔘病講究 人蔘은我國의特産物이니輸出品中의重要혼地位를占홈은世人이稔知ᄒᆞ는바어니와其産額이最多홀時代의는壹個年拾萬斤以上의達홈이有ᄒᆞ더니近年의其産額이漸次減少ᄒᆞ야昨年외는壹萬斤의不過ᄒᆞ고本年외는五六千斤외不過ᄒᆞ다는데其原因은惡政외도關係가有ᄒᆞ거니와其他人蔘賊漢의게被奪ᄒᆞ는弊도有ᄒᆞ되其他原因은壹種傳染病이有ᄒᆞ야此病毒이逐年繁殖ᄒᆞ야蔘圃의貽害홈이甚ᄒᆞ야惡政을改革ᄒᆞ고賊漢을防止ᄒᆞ더라도此病毒을撲滅치아니ᄒᆞ면人蔘의數額이漸次減少홀지라故로度支部司稅局의서蔘者와其病源預防의方法을研究케ᄒᆞ얏다더라

●校基特借 龍川郡育英학校設立時에其址가無ᄒᆞ야經營數年에尙未建築矣러니義州月化面居張永麟氏에田沓이在洞에在혼대該校情況을聞知ᄒᆞ고基址를貴願許借ᄒᆞ야方今始役中이라더라

씨가五洞居韓汝公氏등勒留於吏廳ᄒᆞ고幾百圓補助를欲爲强制徵收코자ᄒᆞᆫ다는事를聞ᄒᆞᆫ즉郡내의桂昌學校를設立ᄒᆞ고自校中으로隨力補助之意로請求於社會一團내得志人士及面장處ᄒᆞ야募集一百七拾圓錢ᄒᆞ얏는데히面五洞居韓汝公氏가以渠家私塾을謂以私立학校라ᄒᆞ고桂昌학校請求금을敢生移用之計ᄒᆞ야執留不給故로학校諸任員이請致韓氏ᄒᆞ야明其事理之不當則韓시가答以本面中彼此圖析半分用이爲好云矣러니又過幾日의頃無消息故로將設私立학校ᄒᆞ거시니此금任員이不得已具由請願于本官ᄒᆞ야自官으로招致質問則韓시가自知理屈ᄒᆞ고與本面贊成員及面장으로更爲協議ᄒᆞ야五日내로組織人送云故로卽爲出送ᄒᆞᆫ事이라더라

●錦郡灑花 錦山郡居韓元學시가士民을會集勸勉ᄒᆞ야校舍七八間을新建築ᄒᆞ기로酌定ᄒᆞ고학徒三十餘名을募集ᄒᆞ얏고同郡東大面의셔박季化柳化南兩시가學校를設立ᄒᆞ고學徒十餘名을募集ᄒᆞ야熱心敎導혼다고히郡來人이稱頌ᄒᆞ더라

●延郡興學 延安郡太平面姜益三시와朴某俊시가協議ᄒᆞ고學徒를募集ᄒᆞ얏는데二十名외達ᄒᆞ얏고同郡西井里居姜成淑시와某某諸시가協力ᄒᆞ야學校를創설ᄒᆞ고二十餘名學徒를募集ᄒᆞ야熱心敎導혼다더라

東京電報

二拾七日발

●條約公佈 淸日兩國間에締結ᄒᆞᆫ江森林條約은明日公佈된다더라

▲四野黃雲初起ᄒᆞ니大麥將熟南風起라都邑民情言念ᄒᆞ던穀已蕩盡ᄒᆞ고傾에鵠形菜色上面ᄒᆞ야啼歎聲이悲慘ᄒᆞ다

▲南風之薰兮여生장淳古이ᄒᆞ니姓이鑿井耕田ᄒᆞ얀일너니艱辰時節當ᄒᆞ고보니呼訴홀곳全혀업다三旬飢色面黃ᄒᆞ니이民情ᄒᆞ는누가알가보리고개놈혓고나

▲南風之薰兮여하느님만바락더니無辜生靈何罪런고扶幼攜老呼哭ᄒᆞ야溝壑中에顚倒ᄒᆞ니百穀何暇播種홀ᄭᅩ壹年生涯奇然이라보리고개놈혓고나

▲南풍之薰兮여四方山野指ᄒᆞ니鑿壤歌가寂然ᄒᆞ다壹片雲飛來處에水自鳴咽山欲愁ᄒᆞ니粒々辛苦幾作物이歸之鳥有ᄒᆞ니단말가보리고개놈혓고나

▲남風之薰兮여太古民猶誰知런고蝸屋生計可憐ᄒᆞ다조鐵暮靈難繼ᄒᆞ야妻啼飢兮兒呼ᄒᆞᆫ다又逢擾攘엇지하나前村猶有來炊時라보리고개놈혓고나

▲南풍之薰兮여叱牛聲이寂寞ᄒᆞ니拾室殘村荒源處에人烟又是不起로다妻哭其夫兄哭弟ᄒᆞ니東手無策뫼얏고나家頭生活誰를ᄭᅳ보리고개놈혓고나

▲남풍之薰兮여家屋燒燼烟中의滄桑浩劫已經이라魚駭焰鳥驚ᄒᆞ야四散ᄒᆞ야田閭荒廢生無期로다田園이荒廢엇지ᄒᆞ나布穀聲의斷魂일세보리고개놈혓고나

▲남풍之薰兮여四郊來牟未登ᄒᆞ야夕杵空懸憂歎ᄒᆞ네饑饉酷政下에民情壹念不念ᄒᆞ고猛虎又혼더官嫌ᄒᆞ門前催稅難堪일세보리고개놈혓고나

▲南풍之薰兮여麥秋先天富八田하니陳々紅腐山積ᄒᆞ야無厭ᄒᆞ다더堅慾이以富吞貧ᄒᆞ는고는俱是同稱人物로셔壹飽壹飢웬일인가보리고개놈혓고나

社告

本支社를 左開六處에 設置ᄒᆞ고 玆以仰布ᄒᆞ오니 本報愛讀ᄒᆞ시ᄂᆞᆫ 諸位 僉君子ᄂᆞᆫ 該支社로 請求購覽ᄒᆞ심을 務望ᄒᆞᆷ

▲臨川남市驛 韓贊希
▲龍岡郡耶蘇敎堂內 박중윤
▲結성廣川場머리 朴思春家 리應祚
▲龍川府南面松峴海東書會 金寶圭
▲定平郡豐川 張禮學
▲洪原南門外耶蘇敎冊肆 方萬晟

雜報

●成도自服　前永川郡守徐廷誥氏가 該郡在任時에 國債報償金四百圜所犯이 有ᄒᆞ다고 數月前本報에 揭載ᄒᆞ얏더니 月前에 永川郡義捐所財務成琪鎬氏가 總合所에 致函自服曰 該金四百圜은 係是本人所犯而誤至徐郡守損擧故로 緣由成證事라ᄒᆞ얏더라

●發起失例　經濟硏究會發起ᄒᆞᆫ 各廣告에 已報ᄒᆞ얏거니와 更聞ᄒᆞᆫ즉 前贊政李容植씨ᄂᆞᆫ 一未嘗與議ᄒᆞ고 一未嘗參會者도 발起人中에 列名ᄒᆞᆫ 例가 有ᄒᆞ야 公函質問ᄒᆞ고 仍請刊名ᄒᆞ얏다더라

●華山塾況　全羅北道高川郡私立華山義塾장固泳詐씨와 事務員安鍾宋在憲諸氏가 時局을 洞察ᄒᆞ고 靑年子弟를 敎育ᄒᆞ기 爲ᄒᆞ야 本塾을 創設ᄒᆞᆫ지 不過數朔에 學徒가 日增月加ᄒᆞ야 六十餘名에 達ᄒᆞ고 又勞動人의 智識矇昧홈을 深歎ᄒᆞ야 夜學科를 特設ᄒᆞ고 諸般科程을 國文으로 翻譯ᄒᆞ야 熱心敎授홈으로 勞動學徒가 三四拾名에 達ᄒᆞ얏스니 諸씨의 敎育上熱心은 壹鄕人士가 莫不攅賀ᄒᆞᆫ다더라

●兩齋合校　홍原郡남山晩成兩齋ᄂᆞᆫ 元來講習之所인대 有志諸氏가 靑年子弟를 敎育ᄒᆞ기 爲ᄒᆞ야 學部에 請願ᄒᆞ고 該兩齋니에 私立南成學校를 創設ᄒᆞ고 陰三月에 開校式을 擧行ᄒᆞ얏ᄂᆞᆫ대 敎師韓膺敎氏가 校務를 一層擴張ᄒᆞ기로 晝夜熱心ᄒᆞᆫ다더라

●廣郡美擧　廣州郡廣興學校에셔 該郡境內貴成水面漢山貴陵廣明九處學校를 請邀ᄒᆞ야 去十二日에 郡內演武館前에셔 春期聯合大運動會를 設行ᄒᆞ얏ᄂᆞᆫ대 學徒總數가 三百餘名이오 來賓이 百餘名이오 傍觀者가 人山人海를 成ᄒᆞ얏ᄂᆞᆫ대 禮砲로 開會ᄒᆞ고 相見禮를 擧ᄒᆞᆫ 後에 運動會장 本郡守吳葉泳씨가 趣旨를 說明ᄒᆞ고 運動歌를 合奏ᄒᆞ고 旗取計算等諸般競走로 活潑히 運動ᄒᆞ고 壹二三等을 分ᄒᆞ야 多數히 施賞ᄒᆞ얏ᄂᆞᆫ대 一等에ᄂᆞᆫ 石明均宜永설等諸氏라더라

●順郡興學　順安郡金礦에셔 本年新春부터 學校를 設ᄒᆞ고 養新이라 命名ᄒᆞ고 學徒를 募集ᄒᆞᆫ던 未幾에 學徒가 卅人에 達ᄒᆞᆫ지라 學費ᄂᆞᆫ 該郡有志人士가 互相出捐ᄒᆞ야 經費가 豊足ᄒᆞ고 學業이 蔚興ᄒᆞ다고 該郡來人이 稱道ᄒᆞ더라

●彰善新校　龍山郡에셔 沈光澤리懸稷等諸氏가 熱心周旋으로 財政을 辦備ᄒᆞ야 彰善학校를 設施ᄒᆞ고 敎科書籍數百圜價値를 貿去ᄒᆞ고 敎師ᄂᆞᆫ 尹리진氏를 延聘ᄒᆞ야 靑年子弟를 敎導ᄒᆞᆫ다고 該郡來人이 稱頌ᄒᆞ더라

●普光運動　本月二拾四日에 普光학校에셔 春期運動을 東門外塔洞後坪에셔 設行ᄒᆞ얏ᄂᆞᆫ데 來賓中安炳찬리哲相等諸氏가 空冊手帖鉛筆石板石筆等으로 賞品을 優數히 寄付하얏고 壹日토록 愉快히 運動ᄒᆞ다가 提燈還校ᄒᆞ얏다더라

廣告

◉新聞義捐金收入廣告

◉慶北 驪州 江西面 樹溪
리晉인 리鍬号 各二圓
柳鍾道 리晉殷 리晉一
리英錄 리容祐 秋鎭求
秋章求 각壹圓 리容模
一圓六拾錢 리元錄 柳道國
全鎔永 柳東正 김鎭宇
秋秉혁 各八十전 리舜彬
柳道인 權鎭兆 朱順昊
柳道元 리容鎬 全圭兆
孫秀閏 朱義昊 리긔錄
孫秀化 리在恩 柳道明
리幹彬 리在洪 孫永煦
秋慶求 리容淡 張泰直
崔龍壽 리晉斗 리正錄
리鳶号 리紀榮 최종珊
秋秉祥 리樹榮 秋秉許
卓漢周 리容化 朱永昊
秋秉吉 芮基春 各六十錢
芮春一 리殷彬 秋남求
柳鎭禮 秋沃求 朴箕俊
孫秀春 각四十전 秋秉司
리與号 宋秉寅 柳道智
리在桓 리在孝 리基直
리圭柄 孫永守 리인淑

孫[illegible] 리大鉉 [illegible]
朴箕浩 陳榮[illegible] 崔[illegible]
孫亮枝 韓[illegible] 許[illegible]
許壬祥 權 鎔 [illegible]
김春心 최永[illegible] [illegible]
朴一壽 芮基榮 김[illegible]
리容壽 朱鍾昊 各二十錢
合四十六圓

▲川北面芳阿里
김洪金 최英[illegible] 리[illegible]
리종호 리集鎬 [illegible]
리集[illegible] 各一圓 최世[illegible]
리洪雨 김한柱 朴[illegible]
최召史 名六拾錢 [illegible]
五十錢 최[illegible]衡 金斗[illegible]
朴[illegible] 崔世德 리集坡
리集三 최東[illegible] 최[illegible]
리俊榮 각四十錢 리集[illegible]
沈萬龍 리俊儀 朴[illegible]
姜運石 리元儀 리[illegible]
리甲宗 郭[illegible]甲 리圭鍊
김致受 各二十錢 김道[illegible]
黃[illegible]堂 崔振澤 朴平[illegible]
[illegible] 리集大 六 전
前종리門 四[illegible]
[illegible]洞리門 一圓八拾전
崔 門 壹圓八十전
合二十四圓三拾六錢
總合七十圓三拾六전
前總合六萬○七百九拾二圓十七錢二厘
都總合六萬○八百六十三圓五拾三전二厘

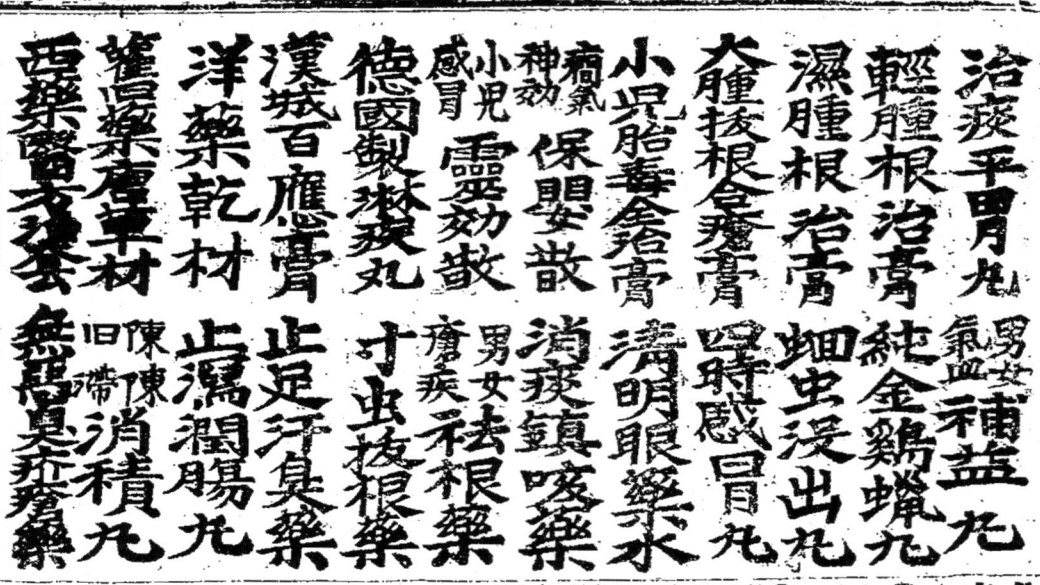

發行兼編輯人 英國人 萬咸
發行所 南署石井洞 [illegible]外地三[illegible] 大韓每日申報社

第六卷 大韓每日申報 第八百拾八號

月曜及慶節 歲時日休刊

檀君開國四千二百四十一年
孔子先年三千三十年
大韓開國五百十七年
日本明治四十一年
清國光緒三十四年
隆熙戊申五月大第一日乙酉

論說

◎日本物品賣買排斥

孟買港에서發行하는印度의드보케이트라는字報에남淸地方에서日本物品을賣買排斥하는問題로興味가잇는論說을記述홈이如左하니

第一辰丸事件에關한天皇의政府의行爲를因하야日本物品과貿易商會에對하야매買排斥홈은擴히土地를見失홈보담도利害가尤甚일듯하도다

廣東米倍을擴한則彼城內에自治會가成立되엿는데此는支那人을幇助하야自己의國事와商業을爲하야經營케하고外國人과는關與홈이無케하는目的이러라

香港에在한淸商二人이日本石炭의有勢홈을排斥코자하야廣東炭礦役事에必需한資本金의半額을擔保하기로約束하고自治會에서는其餘資本金을供給하기도約定하얏다는報消가잇스니此會에서特히日人을反對하기로指揮홈이顯表홀지라

是를因하야香港에淸人들이廣東人과聯合하야擧措하는대此運動이迅速히蔓延되거슨써드니에在한淸人들이조然히日人의物品매買를排斥하다고路透電報에廣示홈거스로可見이로다

日人의方法이針刺에對하야棒擊으로報答하는것은北京에在한列强政府도此時에皆欲趙會하는바인와此淸國商人들의擧動을因하야政府에서는重大히心慮홈을於此에可以想度이라

情狀이旣已此에在하얏스나其紛亂의元素는難可掩匿이로다

聞則廣東에서日人이放매品을持하고城內街路에充塞하얏는대此는彼等이紛亂을釀出코져홈것으로認홀다하엿고又他邊에서는自治會가淸人들을警戒하야日本政府가擧措홀機會를得홀만한動作은行치못하게하얏고政府에서는總督의게飭令하야日人商業上關係에貽害홈이無케注意하라하얏는대

事勢가如此危急한境遇에逢到하얏슨즉火燃之始에燃燒物을加하는것밧긔는必要가無하며廣東에地方當局者들은淸國居民이非常한動作을行치안토록注意홈을놀헤熱心希望하더니와何如던지日本商民의態度는激怒하리로다

極東에서日人이競爭하는것을苦劇疾怨하던도마쓰、써덜넌드와其他諸船積業者들은於其間에서舊時의事業과勢力을稍得하야淸國沿岸航路의貿易權을奪回홀妙機를占有하리로다하더라

▲隆熙二年 五月二拾五日 官報

◎兵器取扱規則을左又치定홈

隆熙二年五月二拾二日

軍部大臣 리秉武

軍部令第二號

兵器取扱規則 (續)

新調修理

第拾六條 左揭호兵器는軍部大臣은兵器課長에게命호며兵器課장은兵器庫勤務의將校에게命호야製造或은調辦케홈

壹、支給交換에要호는兵器及修理材料

二 各種彈藥

三 新規支給에要호는兵器

第拾七條 軍隊學校에서兵器를修理하라는時는兵器委員傳票를製호야隊長或은校長이捺印호后軍部兵器庫에請求홈이可홈

第拾八條 兵器庫는軍隊。학校에서兵器修理의請求가有호時는傳票와發躰現品을受領호야修理가完成호時는軍隊학校에通報홈이可홈

第十九條 軍隊학校는兵器庫로셔修理完成호通報를受호時는兵器庫에往호야現品을受領홈

支給交換

第二拾條 定數外新히支給을受코자호時는隊장「校장」은軍部大臣에게申請호야許可를受호者니軍部大臣은以上의許可를홀時는兵器課에支給을命호고兵器課는更히兵器庫에支給을命홈이可홈

(演習用彈약의支給은附表第五表에依홈)

第廿壹條 軍隊學校는軍部大臣의認可를得호면兵器委員으로호야곰傳票를製케하야隊長或은校장이捺印호后兵器庫에到하야現品을受領케홈

第廿二條 左揭호件의補給은軍隊學校에서直히兵器庫에請求호야受領호는者니其定額은附表第四表第五表에依홈

外報

●無線電雜設 目下無線電信이各地에實行되는中인데日本臺灣九州間에無線通信機를裝置호야通信機關의交換홈을希望호는者不少호야遞信省에서此를調査호얏스나無線電信機의裝置及維持의費用이多홈으로今部爲實行하기는不能하나將來에는必境決行될터이라호얏더라

●米領與貿易絕滅 紐育電을據호則淸國駐劄米國領事파라氏는滿洲貿易이絕滅호얏다고明言하얏다더라

●飛行船失敗 伯林電을據호則米國桑港에서飛行船試驗에大失敗를當호야七人이即死호고十三人이重傷하얏다더라

●官軍投降 淸國總督錫良氏가總장白金桂氏에게對호야河口를回復호라고命令홈은上海電에已報호바어니와雲南省에서本月拾二日에日本某處에達호電報를據호즉總장白金桂씨가麾下四營의兵을率호고小銃七千柄과大砲六門으로써革命軍에게投降하얏다더라

●間島派兵 東京電을據호즉淸國에서軍隊五千名을間島에派遣호다는電報가哈爾賓으로서來하얏더라

雜報

●趙氏設校 趙씨瑞氏가西江牛山學校에財政이困絀호야支保키難홈을聞호고滅中有志紳士與貿業家를躬行호야학校前途의趣旨를到底說明호後擴張홀目的을明識호야維持會를組織호고熱心贊成호다더라

●昌校將設 西部新水鐵里에서壹般有志某々氏가靑年教育에熱心호야巨數의金額을鳩聚호고本洞中央에학校를擴立호다는대校名은昌新學校이라더라

偉人遺蹟

水軍第一偉人 李舜臣 錦頰山人

第拾二章 (續)

◎李舜臣의拘拿

是故로李統制의首에向호는倭艘이幾拾萬艘이지만은檜우折호며李統制는不死호며리統制의頭에擬호는倭劍이幾百萬柄이지만은劍은碎호며李統制는不死호며李統制의身에注호는倭箭倭丸이幾千萬個이지만은箭과丸은盡호되李統制는不死호야彼의傷千百方으로李統制를甘心호는毒計가鷄餅으로盡歸호미秀吉은天만仰호며行長은心을焦홀而已러니今乃朝鮮軍政界에如此間隙可乘홀好消息이漏聞되는드다元均이先鋒舊將으로其位가李舜臣의下되미恒常猜忌의眼으로睥睨호야리舜臣의行動을誹謗호며李舜臣의隊策을沮戱호고朝貴와結호야리舜臣을傾호는대朝臣의東西兩派에元均을助호는派는其勢가强호고리舜臣을助호는派는其勢가弱호지라

如此可乘홀隙이無하야도彼가且來코려던況可乘의際이有호되彼가不개홀의理―有호가豐臣秀吉이即時秩序를揖호고喜色이顯에形호야니만可報라호고於是에小西行長에게訓을授호더라

小西行長部下譯官要時羅가慶尙右兵使金應瑞營下에來호야誠信款狀을願호는대我衣를衣호며我冠을冠호니儼然호盎我國人也라賊中의消息을一一傳報호며且行장의求和코자호는意를家傳호며應瑞와壁亦圖합을求호거놀應瑞가元帥權慄에게報호며니慄이朝廷에上聞하고應瑞를命호야倭情을往探호라호는지라

應瑞는百餘卒을率호며行장은數百卒을率호고會見홀식行長等諸倭가皆我國衣冠을着호고和議를懇乞호며因曰前後和議의不成은皆淸正의罪라我가此人을殺코져호지久矣로대其隙이無호더니今에淸正이日本으로부터再來하나니我가某期를的探호야貴國에指示호리니貴國이統制使리舜臣을命호야海中에셔邀擊호면舟師의百勝의威로此를擒斬호기非難호지니朝鮮의讐를可報오行長의心이可快라호고勤懇不已호거놀權元帥―此를朝廷에狀호대朝廷이此로公에게勅호더라

公의明見達眼이엇지此等奸謀에陷호리오然이나朝廷의狀遣를觀하미明하야無益이라憤慨를獨抱호고海天에坐嘆호얏더니未幾에行장이人을遣호야告호되淸正이多門浦에來泊호얏스니此를急擊擒斬호라고促호더라

리舜臣이便宜를守호고持難不發하더니彼金應瑞는保妻子의策이나講究호고梱外의大局을放하는儒夫輩가本來其隊를返호지라愉論을發호야縱賊으로리舜臣을罪코져호며又湖南에巡省호는御史가仇公者의指嗾를受호야上啓호야曰淸正의船이七日島嶼에擱淺호야運動치못호는것을리舜臣이直擊지아니홈故로逸去를得호얏나이다호대

(未完)

雜報

●宮相請代 宮내府大臣리允用氏가日前에雲峴宮리재鎔氏를訪問ᄒᆞ고봉言ᄒᆞ기를自己代로宮내府大臣을任ᄒᆞ라고請ᄒᆞᆫ즉該氏가許諾지아니ᄒᆞ얏다더라

●請願無答 農商工部大臣宋秉畯씨가數日前에私事緣故를因ᄒᆞ야請願ᄒᆞᆫ意로伊藤統監의게言及ᄒᆞ얏ᄂᆞᆫ데무슴回答이無ᄒᆞ얏다더라

●夫人赴會 女子興학會에서設立ᄒᆞᆫ總會를再昨日에宗親府內에서開ᄒᆞᆫ事ᄂᆞᆫ昨報와如ᄒᆞ거니와其時에각部大臣도亦爲進參ᄒᆞ얏ᄂᆞᆫ대就中法部大臣趙重應씨ᄂᆞᆫ其左夫人과右夫人을帶同ᄒᆞ고往參ᄒᆞ얏다더라

●郡守開會 今番觀察使會議를經ᄒᆞᆫ後의ᄂᆞᆫ각其赴任하야該道內의郡守를會集ᄒᆞ야郡守會議를開ᄒᆞ기로方今協議中이라더라

●학事提議 학部大臣以下각局課장이昨日觀察使會議의학事의關ᄒᆞᆫ事件을提出ᄒᆞ기爲ᄒᆞ야壹切히會의參與하얏다더라

●次官恩금 會計檢査局次장柳正秀시ᄂᆞᆫ度支部次官으로在ᄒᆞ다가遞任됨으로 恩賜金二千圜을支撥ᄒᆞᆫ다더라

●志在射鵠 近日의承寧府摠管以下官吏가該府의暫時仕進ᄒᆞ얏다가每日白虎亭의射會ᄒᆞ기로該府니외ᄂᆞᆫ侍從장과侍從一二員만在ᄒᆞ얏다가仕退ᄒᆞᆫ다더라

●盧遞리任 陸軍武官학校장盧伯麟시遞任ᄒᆞᆫ代의陸軍參將리熙斗시가被任ᄒᆞ기로니定되얏다더라

●辭檢請辯 忠北裁判所檢事洪思憲 ᄂᆞᆫ辭職遞免ᄒᆞ고辯護士를請願ᄒᆞ얏다더라

●請願三還 軍部陸軍副尉玄相시ᄂᆞᆫ辭職請願書를三次提呈ᄒᆞ야도該部의셔却還ᄒᆞ얏스ᄂᆞ該시ᄂᆞᆫ期於하辭免ᄒᆞᆫ다더라

●法部更移 法部ᄂᆞᆫ日間에更히度支部建築所로移接ᄒᆞᆫ다더라

●關稅調査 會計檢査局의셔關稅局會計檢査ᄂᆞᆫ再昨日의了勘ᄒᆞ고昨日봇터ᄂᆞᆫ稅關工事部會計檢査의事務를着手하얏다더라

●官人日語 近日의洪運杓시家의셔日語夜學校를設ᄒᆞ고敎師ᄂᆞᆫ내部主事김光爀시인ᄃᆡ甲班학徒ᄂᆞᆫ내部法制課장홍運杓시오乙班학徒ᄂᆞᆫ내部書記官宋之憲시오丙班학徒ᄂᆞᆫ학部秘書官김思薰시ᄲᅮᆫ이오月謝금은每朔壹人의五圜式이라더라

●餞費醵收 內部警務局에서出勤하던橋本警部가今番에警視로陞任ᄒᆞ야忠州警察署에出勤ᄒᆞᄂᆞᆫ대該局日人官吏壹同이餞別宴을開ᄒᆞ기爲ᄒᆞ야月給中으로每壹人許에二百分之壹式을醵出ᄒᆞ얏다더라

●內吹試取 內吹를二十九名으로定ᄒᆞ얏다가日昨에更히八名을減額ᄒᆞ얏더니更히八名等외稱冤이有ᄒᆞᆷ으로昨日에侍衛隊營內에셔八人名을試取存拔ᄒᆞᆫ다ᄂᆞᆫ대主殿院卿리秉武와同院事黃鎭國씨가臨席觀試ᄒᆞ얏다더라

●風破院窓 大審院을五萬餘圜에日本請負者에게都給으로契約ᄒᆞ야建築ᄒᆞ얏ᄂᆞᆫ데該家屋을如何히建築ᄒᆞ얏던지日昨雨에滲漏될ᄲᅮᆫ아니라昨日大風에琉璃窓이片片破碎되얏다더라

●半額回照 學部에셔師範학校生徒에게ᄂᆞᆫ治療費를半額으로ᄒᆞ던지無料로ᄒᆞ라고內部로照會ᄒᆞ얏더니半額으로定ᄒᆞᆷ이妥當ᄒᆞ다고答照ᄒᆞ얏다더라

●徵稅規則 度支部의셔家屋稅를規定ᄒᆞᆫ다ᄒᆞᆷ은前報에累揭ᄒᆞ얏거니와該規則을去年봇터協議하야日本人居留民의게도徵收ᄒᆞ기로伊藤統監의게同意를請ᄒᆞᆫ則統監이言ᄒᆞ기를日本政府와協議ᄒᆞᆫ後의야居留民의게徵收ᄒᆞᄂᆞᆫ것시妥當ᄒᆞ다ᄒᆞᆷ으로自然壹個年間이延期되얏ᄂᆞᆫ대今番의ᄂᆞᆫ伊藤이渡韓ᄒᆞᆫ後의此規則을制定ᄒᆞ기로協議ᄒᆞᆫ즉日本政府의承認을得ᄒᆞ얏스니居留民의게徵收케하라ᄒᆞᆷ으로今番의야此規程을制定ᄒᆞ얏다더라

●出入額數 度支部의셔本年壹月一日로至四月二十日ᄭᆞ지歲入總額이二百二十八萬四千三百七拾三圜八十錢四厘인ᄃᆡ歲出總額은六拾九万五千二百五十五圜七十九錢八厘라더라

●私校規則 학部의셔私立學校規期을改正ᄒᆞ얏ᄂᆞᆫ대其規則을槪聞ᄒᆞᆫ즉私立학校의셔安寧秩序를紊亂케하던지不適當ᄒᆞᆫ事가有ᄒᆞ면학部大臣命令으로此를閉鎖케ᄒᆞ고每年五月末日니로該校諸般事項을調査ᄒᆞ야其翌日의本部로報告ᄒᆞ고本部의셔ᄂᆞᆫ官員을派送ᄒᆞ야該校會計를檢査ᄒᆞᆯ터이라더라

●私매嚴禁 平壤及鎭南浦間의鐵道의犯入ᄒᆞᆫ民有土地를相當ᄒᆞᆫ價로支給ᄒᆞᆯ터인ᄃᆡ該價를支撥前의私相매買를ᄒᆞ면價文支給時의複雜之弊가有ᄒᆞᆯ터이니私相매買를土價支撥前의ᄂᆞᆫ禁止ᄒᆞ라고내部의셔該道觀察使의게訓飭ᄒᆞ얏다더라

●論駁尹시 向日畿湖興學會의셔總會를開하얏ᄂᆞᆫ대事務局장尹致旿시가出席演說ᄒᆞ되官私立間의학校를設立ᄒᆞ랴면학徒의募集이極難ᄒᆞ니此를因緣ᄒᆞ야학校를設立ᄒᆞᆷ必要가無ᄒᆞ다ᄒᆞ거ᄂᆞᆯ내閣書記官魚鎔善시가尹局장을論駁ᄒᆞ야曰학務當局者로在ᄒᆞ야학校設立ᄒᆞᆷ必要가無ᄒᆞ다ᄒᆞᄂᆞᆫ것은敎育上의妨害가不無ᄒᆞ며학徒募集의困難ᄒᆞ다ᄒᆞ니此ᄂᆞᆫ無他라無論官私立ᄒᆞ고日語만爲主ᄒᆞᆷ으로募集의困難ᄒᆞᆫ것인대畿湖興학會라도學校를大設ᄒᆞ고日語ᄂᆞᆫ除去ᄒᆞ고相當ᄒᆞᆫ科程으로敎授ᄒᆞ면中학徒라도數千名을募集ᄒᆞᆯ터인데何를緣ᄒᆞ야학校設立ᄒᆞᆯ必要가無ᄒᆞ나ᄒᆞ얏다더라

●訓導囂論 公立성津普通학校副訓導김秉洽씨가去月의生母喪을當ᄒᆞ얏ᄂᆞᆫᄃᆡ卽爲奔喪ᄒᆞᄂᆞᆫ것시當然ᄒᆞᆫ事이거ᄂᆞᆯ該府尹의게학部로報告하야以待何如措處라ᄒᆞ고在校月餘의불程치아니ᄒᆞ고학部指令만苦待ᄒᆞᄂᆞᆫ것을該校학徒等이見ᄒᆞ고言ᄒᆞ되聞訃奔喪ᄒᆞᄂᆞᆫ것시人之常情이어ᄂᆞᆯ以待學部措處라ᄒᆞ고聞喪不奔ᄒᆞ니如此訓導의게敎授치못ᄒᆞ깃다ᄒᆞ고壹齊退학ᄒᆞ기로該府尹의게請願ᄒᆞᆷ으로該府尹이학部로報告ᄒᆞ얏ᄂᆞᆫᄃᆡ該部의셔金秉洽시를免官ᄒᆞᆫ다더라

●偉人平否 咸興來鑑을撤ᄒᆞᆫ데駐箚日本軍隊第十七聯隊第一中隊廳舍가倒壞ᄒᆞ야馬一頭가壓死되얏ᄂᆞᆫ대其原因인즉二三日間風雨를因ᄒᆞᆷ이라더라

●到死爲口 日昨에處絞宣告ᄒᆞᆫ金鳳基氏를再昨日에監獄署에셔執刑ᄒᆞ얏ᄂᆞᆫ데執刑ᄒᆞᆯ時에日本僧이來到ᄒᆞ야念佛을ᄒᆞ라ᄒᆞᆫ즉金氏가憤氣大발ᄒᆞ야大吡壹聲에念佛을停止ᄒᆞ고卽時退去ᄒᆞ얏다더라

●尸體覓還 警視廳의셔義兵의게被害ᄒᆞᆫ巡査死體를推覓ᄒᆞ기爲하야巡査를光陵川等地로派送ᄒᆞ얏다ᄒᆞᆷ은前報에揭載하얏거니와該死體를再昨日의覓還ᄒᆞ얏다더라

●有何方策 三陟郡居趙榮植시等三人이내部로請願ᄒᆞ되自己等으로宣諭使를敍任하면義徒를誘還討滅ᄒᆞ깃다고ᄒᆞ얏다더라

●日兵下西 日昨의日本守備隊兵貳拾餘名이義徒를鎭壓次로宣川郡으로派駐ᄒᆞ얏다더라

●三陟風塵 日昨의義兵數百名이三陟郡의突入ᄒᆞ야該郡의駐在ᄒᆞᆫ日守備兵과數時間을交戰ᄒᆞ얏다더라

●永興兵塵 本月二拾五日의義徒百餘名이永興郡의突入ᄒᆞ야該郡守備隊兵과四五時間을交戰ᄒᆞ얏다더라

●人死錢奪 本月上旬間의忠州의駐在ᄒᆞᆫ日本騎兵이해道結錢二萬圜을携帶하고청州郡北面細橋等地의到着ᄒᆞ얏ᄂᆞᆫ대義徒幾名이不意突出ᄒᆞ야해日兵을砲殺ᄒᆞ고해錢을沒數奪去ᄒᆞ얏다ᄂᆞᆫ傳說이有ᄒᆞ다ᄒᆞ더라

●외者化仙 北部碧동냥局爲業하ᄂᆞᆫ崔鳳麟씨가有何事端인지本月二拾五日의洋灰水를飮ᄒᆞ고致死ᄒᆞ얏다더라

●竊盜被捉 日昨의北部玉洞居리泰鎬은竊盜犯으로北部警署의被捉ᄒᆞ얏다더라

●외師慈善 北壯동四街里居리台遠氏ᄂᆞᆫ以勞働資生ᄒᆞ야家勢가艱窘ᄒᆞᆫ터인대其妻가持疾이劇生ᄒᆞ야幾至死境인故로昇往于南門外濟衆院하야治療ᄒᆞᆷ을請ᄒᆞᆫ즉該院의師魚丕信시가自手診察하야한女吏夢旨를식히고病處를割去ᄒᆞ고七八日을留院治療ᄒᆞ야完合後의人力車費를自擔護送ᄒᆞ얏슴으로該시慈善之德을人皆稱頌ᄒᆞᆫ다더라

●學會特會 畿湖興學會에서緊要ᄒᆞᆫ事를因ᄒᆞ야特別總會를來六月壹日(月曜)下午三時에校洞本會館內에서開ᄒᆞᆫ다더라

●龍校請認 龍潭郡의龍岡學校를設立ᄒᆞ얏스니認許하라고該郡守가학部의報告ᄒᆞ얏다더라

●感荷義捐

德川郡魚蘆面上城美村通明學校에서金壹圜을本社에出捐ᄒᆞ얏기感謝ᄒᆞᆫ情을表ᄒᆞ노라

▲地方消息▼

▲京성新聞을據ᄒᆞᆫ즉去月晦間에日本騎兵七名이藍浦地境山谷中으로過去하다가義兵의게六名은被害ᄒᆞ고壹名은逃走ᄒᆞ얏스며또馬兵拾名이藍浦地境에巡行ᄒᆞᄂᆞᆫ대義兵探報軍이지게를지고樵夫貌樣으로偵探ᄒᆞ다가日本馬兵의게被捉遇害하얏다ᄒᆞ고本月拾貳日夜의義兵十餘名이韓山郡邑內의突入ᄒᆞ야巡査廳을破碎ᄒᆞ고服장三件과軍刀三柄과洋銃壹柄과火繩銃貳柄을收取以去ᄒᆞ얏다더라

東京電報

二十八日發

●壹歸壹來 曾彌副統監은來月中旬頃에歸任ᄒᆞ고伊藤統監은同下旬의歸國ᄒᆞᆯ豫定이라더라

▲芳草知時▼

▲滿地芳草如烟碧ᄒᆞ니自由生出能知時라區々ᄒᆞᆫ더人生은摸面塵垢未거ᄒᆞ고百年役々埋沒ᄒᆞ니芳草만도못ᄒᆞ고나

▲芳艸야芳草야權門勢家追逐ᄒᆞ야壹資半級哀乞ᄒᆞᆯ제東顧西走察機ᄒᆞ야蠅營又狗聞奧라가壹平生을虛送ᄒᆞ니네가ᄂᆞᆫ줄네아ᄂᆞ냐

▲芳草야芳草야門外事ᄂᆞᆫ不省ᄒᆞ고閉戶兀々窮經ᄒᆞ니汗牛充棟腹中書ᄂᆞᆫ時局形便全昧ᄒᆞ니壹箇腐儒이아닌가네가ᄂᆞᆫ줄네아ᄂᆞ냐

▲芳艸야芳草야春風花柳더滿情이濟歡妙舞奪魂ᄒᆞ야壹闘恩想金輸하고悠悠泛泛度日타가羅拂白髮可憐ᄒᆞ다네가ᄂᆞᆫ줄네아ᄂᆞ냐

▲芳艸야芳草야竹林七賢본을바다淸談으로消遣ᄒᆞᆯ제卅相酒此世界에海外風氣未味ᄒᆞ고自謂淸致翩翩ᄒᆞ니네가ᄂᆞᆫ줄네아ᄂᆞ냐

▲芳艸야芳艸야山亭水사名勝區에招朋對樽賓々하니紛々ᄒᆞ다此天下를太平時로아랏던가더經綸이무엇잇고네가ᄂᆞᆫ줄네아ᄂᆞ냐

▲芳艸야芳草야江山風月題品ᄒᆞᆯ제肩聳自誇朗吟ᄒᆞ야李杜詩名爭衡ᄒᆞ니優勝劣敗此時代에더興味를安用ᄒᆞᆯ고네가ᄂᆞᆫ줄네아ᄂᆞ냐

▲芳艸야芳艸야爛柯山에어ᄯᅥᆫ고碁局으로消遣ᄒᆞ니觀棋ᄒᆞᆫ더局勢ᄂᆞᆫ當時機關不知ᄒᆞ고手談具을아ᄂᆞᆫ고나네가ᄂᆞᆫ줄네아ᄂᆞ냐

▲芳草야芳草야患得患失더官人은宦海風浪出沒ᄒᆞ야心中無他營爲ᄒᆞ고暫時功名壯知타가南柯春夢自歎ᄒᆞ니네가ᄂᆞᆫ줄네아ᄂᆞ냐

▲芳艸야芳草야遊郞欲覓桃源路ᄒᆞ니拾勝地가何處런오區區壹身求過計ᄂᆞᆫ時局風潮畏避ᄒᆞ야桜曆道路可笑로다네가ᄂᆞᆫ줄네아ᄂᆞ냐

急告社告

▲謹告各支社員

本社가現下經費가比前夥多ᄒᆞ야窘拙이甚ᄒᆞ오니各地方支社에셔ᄂᆞᆫ本報代金을不日收刷ᄒᆞ야來十五日內로郵換送付ᄒᆞ샤以補社費케ᄒᆞ심을希望ᄒᆞᆷ

大韓每日申報社

急急社告

雜報

●靑年討論 靑年會舘에셔今日下午八時에討論會를開ᄒᆞ고富國之源은陸産이勝於海産이란問題로討論ᄒᆞᆫ다더라

●莞校試驗 莞島郡靑英學校에셔去拾日에第三回試驗을經ᄒᆞ고進級禮式을擧行ᄒᆞ엿ᄂᆞᆫ뒤二學年優等生은黃奭哲리士烈二人이오優等及第生은羅道天任大혐等八人이오通常及第生은金奉柱金鎭洪等四人이오二學年優等生은宋乃浩金大同二人이오優等及第生은김陽鉉리南吉等三人이오通常及第生은金義章黃喜周等七人이오壹학年優等生은김洪秋金春水等三人인대該校장에鄭肯朝氏와壹般敎師校任과紳士諸氏가同時參臨ᄒᆞ야優數히賞品을給與ᄒᆞ고益心勸勉ᄒᆞ얏다더라

●觀感學校 信川郡魚蘆面美村私立誦明學校ᄂᆞᆫ有志人士徐麟과會義呂兩氏가設立ᄒᆞᆫ學校인대于今經年에經費窘絀ᄒᆞ야幾至難保矣러니京城居前主事南翊周氏가該洞에過去ᄒᆞ다가學校情狀을聞ᄒᆞ고新貨貳拾圜을寄付ᄒᆞᆫ지라該境人士와學徒父兄이激感南氏之誠意ᄒᆞ야熱心贊助에校勢也興旺ᄒᆞ고學徒也日增ᄒᆞ야四隣餘村의遠하ᄂᆞᆫ다고隣邑人士가無不擧頭ᄒᆞᆫ다더라

●事是無根 警視丁奎鳳氏가韓日巡查十名을領率ᄒᆞ고楊州等地의出張ᄒᆞ야義兵十名을捉得砲殺ᄒᆞ얏다ᄂᆞᆫ事를更聞ᄒᆞᆫ즉純是無根之說이라더라

廣告

本會에셔特別總會를六月一日(月曜)下午三時에校洞本會舘內에셔開ᄒᆞ오니一般會員及有志同胞ᄂᆞᆫ屆期光臨ᄒᆞ시옵

畿湖興學會 告白

本人의妃子가年이拾四오名은福丹이오面은縛ᄒᆞ고黃襦紅裳에木履를着ᄒᆞ고離家不入ᄒᆞ오니誰某護送ᄒᆞ시면厚謝ᄒᆞ깃ᄉᆞᆸ

尾洞九拾七統九戶 리義혁 告白

●靑年立志編 全

太垣丈夫著 鄭文相譯

定價二拾錢 郵送料二錢

本書ᄂᆞᆫ靑年의志氣를活潑케ᄒᆞ며責任이自重ᄒᆞᆷ을發悟케ᄒᆞᄂᆞᆫ壹大明鑑이라壹般靑年은壹讀ᄒᆞ소셔

但多數購買ᄒᆞᄂᆞᆫ 僉位에게ᄂᆞᆫ減價하ᄂᆞᆫ方法도有ᄒᆞᆷ

京城南部牛井洞拾統拾戶 大垣丈夫家內 弘文館

●新發明梅毒특效廣告

陸軍軍醫의실험ᄒᆞᆫ實驗方劑

落梅丹

口疳不發창病去核之특藥

壹劑五百粒定價金 三圜

主治 梅毒「唐창」新舊창 ●淋疾●皮膚病●僂마質私 ●痔病

已上病證外에男女間에不精交合ᄒᆞᆫ後에若疑아之端이有ᄒᆞ야도此藥壹劑만服用ᄒᆞ면完無後慮ᄒᆞ고脾胃도健全ᄒᆞᆷ을擔保ᄒᆞᆷ 此外에도외국機械와精美ᄒᆞᆫ藥材를新備ᄒᆞ고內外科各色疾病을誠心治療ᄒᆞᆷ

皇城北部大安洞 仁濟藥房 高用진 謹白

代理店 京城鐘路 共愛堂약房 仁川港龍洞 濟生堂

國內各處藥局에셔隨應販賣ᄒᆞᆷ

本所에셔左開事務를臨時辦理ᄒᆞ오니僉君子ᄂᆞᆫ來臨相議ᄒᆞ심을務望

一礦山 山林 土地 家屋

廣東測量製圖事務所 告白

남署鑄洞壹統四戶

本事務所에셔田畓山林礦山家屋未墾地에關ᄒᆞᆫ壹切測量及設計等을迅速需應ᄒᆞ깃ᄉᆞ오니僉君子ᄂᆞᆫ來臨商議ᄒᆞ심을敬要

中署大寺洞近統壹戶 協同測量事務所

●貞靜義塾捐助氏諸

玄英運시 壹百圜

리夏榮시 五拾圜

金宗源시 貳拾圜

嚴柱益시 貳拾圜

尹喆圭시 五圜

池錫永시 敎課書

東萊首面私立貞靜義塾告白

◉測量科學員募集

本校에測量科를特設ᄒᆞ오니願學員은請願書를提呈ᄒᆞ시옵

但請願紙ᄂᆞᆫ本校에來購ᄒᆞᆷ

試驗科目 作文 算術(四則)

試驗今月三十壹日下午壹時

上學時間 自下午四時三拾分至六時三拾分

卒業六個月

淸風學校 廣告

本店에夏節양服件이英京倫敦에셔新着ᄒᆞ얏기로玆에廣佈ᄒᆞ오니僉君子ᄂᆞᆫ光顧購買ᄒᆞ심을懸要ᄒᆞᆷ

貞洞華商源泰號 양服裁縫店 謹白

金洛憲氏의出會와張吉相氏의貳拾圜寄附之說은初無是事이기玆에廣告ᄒᆞᆷ

嶠南教育會 告白

本人身圖章金記篆字景鉉正字刻四方表陰曆四月拾二日에見失ᄒᆞᆫ故로廣布ᄒᆞ온바拾二日이아니라初八日下午八時기로更布ᄒᆞᆷ

義州虹峴 金景鉉 白

▲測量速成科學員募集廣告

本校니에測量速成科를設ᄒᆞ고玆에廣告ᄒᆞ오니願學僉員은來六月六日內로請願書를(本校에來購)本校에提呈ᄒᆞ고同月七日下午一時에本校應試ᄒᆞᆷ

壹試驗科目 國漢文讀書 算術四則以上

壹上學時間 自下午四時卅分至下午六時卅分

壹卒業期限 五個月

壽洞私立興化學校

本人之子士善이가性本浮浪で야符同雜類ᄒᆞ야款人得債코져ᄒᆞ오니內外國人은切勿見欺ᄒᆞᆷ

西門外新村弘門洞金鎭元 白

現今時代ᄂᆞᆫ男女를勿論ᄒᆞ고晉業에從事ᄒᆞ야生活上에充滿케ᄒᆞᄂᆞᆫ것시正當ᄒᆞᆫ故로本人이비록女子오나裁縫을卒業ᄒᆞ야男女洋服을鮮明製造ᄒᆞ야全國兄弟姊妹의게隨求酬應ᄒᆞ깃ᄉᆞ오니速速來購ᄒᆞ심을仰望ᄒᆞᆷ

中署官洞七拾統七戶 夫人洋服店 告白

本書舘에셔民智를廣啓ᄒᆞ고文明發達ᄒᆞ기爲ᄒᆞ야新舊書籍을大발賣ᄒᆞ오니僉君子ᄂᆞᆫ陸續來臨ᄒᆞ심을望ᄒᆞᆷ

釜山港東關韓興書舘 金汝重 權중律

▲特別廣告

本社에셔名帖印刷新發明ᄒᆞᆫ各樣活字와新發紙本이低廉ᄒᆞ오며印刷가精美ᄒᆞ고價値도低廉ᄒᆞ오되特別히半價와人외게ᄂᆞᆫ一層低廉ᄒᆞ니僉位ᄂᆞᆫ來臨ᄒᆞ서隨意請求ᄒᆞᆷ

大韓每日申報社 告白

○약광고

본국에셔십년을연구ᄒᆞ야(사향소창단)이란약을발명ᄒᆞ엿ᄂᆞᆫ데남녀물론ᄒᆞ고부숨창병이던지호제(十四介)를먹을덕열기ᄯᅵ먹으면효험이박발박중되ᄂᆞᆫ고로더열당지ᄯᅥ와사가오니창병잇ᄂᆞᆫ쳠위ᄂᆞᆫ오릭고셩말고속히더딤ᄒᆞ야문의ᄒᆞ시며각디방이라도우편으로부칠터이오니죠량ᄒᆞ시옵

製藥所 仁川港龍峴 和平堂약房

發行人 仝 李용善

代理店 仁川港龍峴濟生堂藥房 京城大廣橋共愛堂藥房

뒤양됴경환

胎養調經丸

대뎌 부인이 년과로록 잉틱치 못홈은 병으로 인홈이니 일ᄌᆞᆨ이 연구치 아니ᄒᆞ고 심상이 브려두면 다만 한사ᄅᆞᆷ의 불ᄒᆡᆼᄒᆞᆯᄲᅮᆫ 아니라 ᄯᅩᄒᆞᆫ 져국에 크게 관계가 잇ᄂᆞᆫ고로 본셩의 십오년을 니외국 고명의ᄉᆞ의 실험방문 되션ᄒᆞ야 셩에 집으로브터 他人家에 두ᄉᆞ시험호즉 열에 열사ᄅᆞᆷ이 다효험을 보앗고 ᄎᆞ약이 잉틱만 홀ᄲᅮᆫ아니라 (치ᄃᆡᆼ) (치져) ᄒᆞ며 (조경) (조혈) 되ᄂᆞᆫ고로 이곳치 광포ᄒᆞ오니 쳠부인은 일ᄎᆞ 시험ᄒᆞ시며 각디방이라도 우편으로 붓칠터이오니 죠량ᄒᆞ시옵

壹劑壹個月分定價五圜

製藥所 仁川港龍峴 和平堂약房

發行人 仝 리應善

代理店 인川港龍峴 濟生堂약房 京城大廣橋 共愛堂약房

우량ᄒᆞᆫ약은청심보명단각쳐발매소마다수응판매ᄒᆞ오니그근방에계신이ᄂᆞᆫ그곳으로가셔문의ᄒᆞ시오

仁川港和平堂 白

崔瑩先生 金青海 譯述

厚禮斗益大王七年戰史

全壹冊 定價三拾錢

此書ᄂᆞᆫ即拾八世紀頃에普魯士國厚禮斗益大王이당時要列邦中에介在ᄒᆞᆫ當弱國으로突然奮起ᄒᆞ야其武的精神으로人民을鼓勵ᄒᆞ며俄法等諸國과對抗ᄒᆞ서七年戰爭을繼續ᄒᆞ야普魯士國의權을宇宙에飛揚ᄒᆞᆫ偉大ᄒᆞᆫ事實이온대其發明의巧妙ᄒᆞᆷ과其功烈의偉大ᄒᆞᆷ이足히讀者의敬慨心을喚起ᄒᆞᆯ만ᄒᆞ오니僉君子ᄂᆞᆫ速速購覽ᄒᆞ시옵

發賣元 布屛下廣學書舖 金相萬

發賣所 京鄕各有名書店

新刊書籍發售廣告

女子讀本 張志淵氏著 全貳冊 定價金六拾錢

初等衛生學 全壹冊 拾五錢

初等倫理學 全壹冊 貳拾錢

國家學綱領 全壹冊 拾錢

國民須知 全壹冊 八錢

初等小學 全四冊 壹圜三拾錢

中等萬國新地誌 全貳冊 壹圜

增修無冤錄大全 國漢文壹冊 七拾五錢

伊太利建國三傑傳 全壹冊

新撰理化學 全壹冊 定價金三拾전 朴晶東시著

獨習日語獨학 鄭雲復시著

洋裝壹冊 壹圜貳拾전 愛國夫人傳 張志淵시著

新小說血淚 全壹冊 定價金拾五전 리人稙시著

富國全書新論 全壹冊 定價金三拾五전 鮮于叡시著

家庭雜誌 每號拾전

世界三怪物 全壹冊 定價

新訂算術 전三冊 六拾전

普魯士國厚禮斗益大王七年戰史 全壹冊 定價金三拾전

發賣所 皇城中署布屛下 廣學書舖 金相萬 京鄕各有名書舖

⊙慶北慶州江西面山臺
리文赫　리春赫　리容學
各三圜　리昇赫　리容基
정夫人昭龍 各二圜　리萬赫
權宜인　韓鎭銘　리鎭永
리晋赫　리彦鎬　홍鍾來
리洛埼　各一圜　리容柱
리文久　各八十전　리哲來
리容簡　리容元　리秀赫
리인彬　리容準　리容球
禹允玉　김永碩　리경鎬
리重燮　韓景春　金正祿
리榮守　朴尙祿　黃大石
安白凡　徐享海　리碩彬
徐鎭業　리子彬　徐鎭玉
리濟赫　徐鎭五　리赫來
權貞運　尹興大　리爾來
김元俊　리成彬　張琪守
리昌植　朴鎭琪　朴華永
各六拾전　리容章　리敎彬
리晩赫　김又云　신大善
리容正　리容克　리容석
리支永　리汀久　洪鍾極
洪應섭　吳景文　權衡規
趙有斤　리又範　各四拾錢
리東彬　陳相鎬　權宜鐸
各二十錢　리容玉　鄭致龍
리春永　韓祐俊　리文彬
吳濟湜　權泰室　리性赫

◎申報義捐金收入廣告

隆熙二年四月度收入
總計一千一百三十八圓八十五錢
自光武十一年四月至隆熙二年四月
都總合六萬一千〇四十二圓三十三錢一里

各六十錢
孫星井　朴弘鎭　各四拾錢
權致觀　孫永斗　리經來
리奎彬　洪在主　리
孫允老　리學元　洪爾
方順得　리圭錫　리右석
鄭鳳석　리南赫　金春哲　尹昆伊
리洛坤　리洛久　리寅彬
리萬永　리成水　全鳳祜
崔德源　리順光　리洛源
김斗滿　리元赫　都弼
리致永　리圭祥　김快述
薛道致　리元永　리鳳彬
리신出　박日尙　김古味
柳文海　리琪赫　리容坼
韓新出　리德侃　김宗善
孫亮赫　權執宜　鄭萬석
崔武得　金北伊　權再凡
孫平伊　김俊伊　김萬大
朴鐵律　各二拾錢　리命出
拾錢　合七十九圓三十錢

▲江西面霞谷洞中　二、貳圜
士朴里洞中　十一圓二拾전
艸堤洞中　拾五圓
▲江東面密谷동中　七圓八拾전
山羅동中　二圓五十전
▲外東面人室洞中　十九圓
舜琴洞中　拾一圓
大城洞中　十壹圓
總合一百七十八圓八拾전
前總合六萬〇八百六十三圓五十三錢二厘
都總合六萬一千〇四拾二圓三拾三전二厘

發行兼編輯人英國人 萬咸
發行所
南署石井洞號外堀三層洋屋家
大韓每日申報社

第八百拾九號

大韓每日申報

第六卷

月曜及慶節歲時日休刊

檀君開國四千二百四十一年
箕子元年三千三十年
大韓開國五百十七年
日本明治四十一年
淸國光緒三十四年
陰曆戊申五月大初一日丙戌

論說

△悲淸議之掃地

人民이有ᄒ야社會를成ᄒ면必也一種生氣가勃勃然히表面에露現ᄒᄂᆞᆫ者ㅣ有ᄒ니其名曰淸議라

淸議의爲物이外面으로視ᄒ면國家運命에도無關ᄒᆫ듯ᄒ며民生幸福에도無關ᄒᆫ듯ᄒ며曾孟德又ᄒᆫ者의眼孔에豈贅肉으로視ᄒ기易ᄒᆫ듯ᄒ나(曹操가일ᄌᆞᆨ令을下ᄒ야不忠不義ᄒ고도奇才만有ᄒ면擢用ᄒᆫ다云ᄒᆷ)其實은不然ᄒ야淸議가盛ᄒ면其國이盛ᄒ며淸議가衰ᄒ면其國이衰ᄒ고淸議가强ᄒ면其國이이强ᄒ며淸議가弱ᄒ면其國이弱ᄒ야凡國家安危治亂成敗存亡이莫不淸議의如何를觀ᄒ야可卜ᄒᆯ지니라

何故오曰淸議者ᄂᆞᆫ良心에根ᄒ며正義에基ᄒ야公筆公活로一世를磨礱ᄒᆫ셔鄙夫의頭上에大棒이雨下ᄒ며頑奴의胸際에神斧가霜飄ᄒ야一切凶心悖肚蓋惡弱行을抱ᄒᆫ僞善輩類로光明天日下에擧頭를不敢케ᄒ나니嗚乎可愛哉라淸議며嗚乎可畏哉라淸議여彼가大敎育家인가國民의品行을陶鑄ᄒ며彼가大司法官인가國民의罪惡을彈劾ᄒ며彼가大宗敎家인가國民의國音을宣揚ᄒ며彼가大政治家인가國民의腐敗를改良ᄒᄂᆞᆫ도다

大抵淸議가社會에在ᄒᆷ이空氣가兩間에在ᄒᆷ과如ᄒ야一日이라도空氣가無ᄒ면萬物이消鑠ᄒᆯ지며一日이라도淸議가無ᄒ면人類가滅絶ᄒᆯ지니嗚乎可畏可畏哉라淸議여君子가爲善을樂ᄒᆷ과小人이爲惡을憚ᄒᆷ이皆此淸議의力이아닌가

近今人士가往往數百年以前先輩人物을論ᄒ미每日오活ᄒ다幼稚ᄒ다愚昧ᄒ다云云ᄒᄂᆞᆫ許多惡評을加ᄒ나니聽ᄒ라先輩의耳에歐羅巴阿米利加等名稱이不到ᄒ얏스며先輩의眼에拉丁羅馬伊呂波等文字가不映ᄒ얏스며其手ᄂᆞᆫ一張新聞을未接ᄒ얏스며其身은一番電車를未乘ᄒ얏스며其腦ᄂᆞᆫ法律學政治學豈句를未夢ᄒ얏스며其口ᄂᆞᆫ雪茄烟一葉을未嘗ᄒ얏ᄂᆞᆫ데其經歷을問ᄒ면家內의冠婚喪祭가是也며其學識을驗ᄒ면案頭의肅學論孟이是也며其一生을遂慾榜門道袍幅巾下에셔長埋ᄒ而已니卽今西文外語慣通ᄒᆫ諸氏ᄂᆞᆫ姑舍하고只是垂垂短髮의小童子가幾個日小學校에出入ᄒ야世界地圖만一覽ᄒ고도先輩를罵ᄒ며曰오活,幼稚,愚昧라ᄒ면彼의遺骸이必也九原에含笑首肯ᄒᆯ지나

然이나吾ᄂᆞᆫ以爲ᄒᆫ데萬豈數百年以前의先輩가只今二拾世紀新天地에再生ᄒ야新풍潮를觀察ᄒ며新學說을閱覽ᄒ면其中에셔瑪志尼도可出ᄒᆯ지며華盛頓도可出ᄒᆯ지며毛奇惠령吾도可出ᄒ리니와萬一近今人士가數百年以前에立ᄒ얏스면容足ᄒᆯ地가無ᄒ얏스리라ᄒ노니

蓋一種不可思議의能力이有ᄒ야世界를聳動ᄒᄂᆞᆫ者ᄂᆞᆫ道德家가是라衆을服從케ᄒᆷ도道德에莫過하며弊風을掃除ᄒᆷ도道德에莫過ᄒ나니先輩의道德이太半幼稚의道德이며頑舊의道德이나只今邪僞無道德者에比ᄒ면비아니라故로善이라謂ᄒ가有ᄒ다ᄒ면身을竭하고智를盡ᄒ야此로向하며惡이라謂ᄒ가有ᄒ다ᄒ면寢를廢ᄒ고食을忘ᄒ야此를避ᄒᆷ으로國家에變故事가만有ᄒ면視死如歸ᄒ얏스니此等人物이近世에生ᄒᆫ지다도其顔을遡ᄒ惡의心에自然其頭腦의識見을換變하기易ᄒᆯ지며其識見만變換ᄒ면又其良固의志氣로許多義天動地의事業을成就케易하리니와苟或近今人士를彼時에生出ᄒ얏다假定ᄒ면其邪僞浮薄의情態로何地에見容ᄒ리오

夫古人今人이是一般人으로셔古人의道德과今人의道德이如此天壤의判異가有ᄒᆷ은何故오曰道德은徒行ᄒᄂᆞᆫ力이無ᄒ고必也淸議를藉ᄒ야其維持를始得ᄒᄂᆞ니

數百年以前古人의道德이今人보다優ᄒᆷ은當時淸議가盛行ᄒᆫ所以가아니며數百年以後今人의道德이古人보다劣ᄒᆷ은淸議가掃遷ᄒᆫ所以가아닌가 (未完)

▲隆熙二年 五月二拾五日 官報

◉兵器取扱規則을左又치定ᄒᆷ

隆熙二年五月二拾二日

軍部大臣 리秉武

軍部令第二號

兵器取扱規則 (續)

手入用消耗品

演習用彈藥

第廿三條 軍隊學校에셔修理를請求ᄒ면兵器廠勤務의將校가檢査ᄒᆫ後에其兵器中不用件은交換ᄒ야支給ᄒᆷ

第廿四條 兵器廠에셔交換支給ᄒᆫ時ᄂᆞᆫ屬次審로부터新에及케ᄒᄂᆞᆫ法이오彈藥은製造의舊者을從ᄒ야支給ᄒᆷ

返納

第廿五條 總히兵器ᄂᆞᆫ兵器要第四表第六表의定數에超過ᄒᆷ을不許ᄒ나니故로過數ᄒᆫ件은兵器廠에返納ᄒ고軍部大臣에報告ᄒᆷ이可ᄒᆷ

第廿六條 小銃拳銃의藥莢揷彈子ᄂᆞᆫ每演習의終末에此를集收ᄒ야兵器廠에返納ᄒᆷ

第廿七條 小銃拳銃의藥莢揷彈子를返納ᄒᄂᆞᆫ時藥莢에在ᄒ야ᄂᆞᆫ支給數에百分之五揷彈子에在ᄒ야ᄂᆞᆫ百分之二를滅耗의定限으로ᄒ되此를超過ᄒᆫ時ᄂᆞᆫ隊장或은校장의理由書를添付ᄒᆷ이可ᄒᆷ

(未完)

外報

●戰艦進水 紐育電을據ᄒᆫ즉米國新造戰鬪艦미시간號ᄂᆞᆫ삼덴造船所에셔進水式을擧行하얏ᄂᆞᆫ데同艦의噸數ᄂᆞᆫ一萬六千噸이오十二吋砲八門을備ᄒᆫ다더라

●革命軍尙熾 北京電을據ᄒᆫ즉雲南의官軍은革命軍을攻ᄒ야勝利를得ᄒ얏다ᄂᆞᆫ報ᄂᆞᆫ誤傳이ᄒᆷ이오道히上諭를下ᄒ야其將官의功勞를賞ᄒ고軍隊與戰鬪ᄒ기爲ᄒ야今을下賜ᄒ시고又또河口를占領하라ᄂᆞᆫ勅令가有ᄒ데河ᄂᆞᆫ河口와相拒가四十五哩里에在ᄒ고今回의勝利를得ᄒᆫ것은三日間苦心을因ᄒ야勝ᄒᆫ것이오終始軍을ᄒ河口를拔하기不能ᄒ얏고革命軍의軍容은盛大ᄒ야아직久勝利를得ᄒ기不能ᄒᆫ것은可知이오革命軍의勢力은方今河口北方九淸里間에波及ᄒ얏다더라

●空中船買收說 紐育電을據ᄒᆫ則淸國에셔駐米公使伍廷芳氏에게付托ᄒ야米國라이트兄弟의發明ᄒᆫ空中船을買收ᄒ라하야目下交涉中이라ᄂᆞᆫ風說이有ᄒ다ᄒ얏더라

●三國同盟 倫敦電을據ᄒᆫ즉伊國新聞은法國大統領의英國訪問歡迎ᄒ얏고英法俄國에三國同盟이成立ᄒ얏다ᄒ얏고伊國도亦參與ᄒ기에至ᄒᆯ더이라고揚言ᄒ얏다더라

●歐洲暴風雨 伯林電을據ᄒᆫ즉歐洲에暴풍雨가起ᄒ야街今未齊ᄒ고瑞西에ᄂᆞᆫ大풍雪이有ᄒ얏다더라

●黑龍江鐵道 伯林電을據ᄒᆫ즉俄國議院委員會에셔黑龍江鐵道敷設案을決定ᄒ얏다더라

●水雷搜索 同電을據ᄒᆫ즉近日浦塩附近海峽에셔水雷砲浮流ᄒᆷ을발見ᄒᆷ이頗多ᄒᆫ故로俄國政府에셔義勇艦隊登部와浦塩艦隊를派遣ᄒ야搜索하기에從事ᄒᆫ다더라

偉人遺蹟

水軍第一偉人 李舜臣

錦頰山人 (續)

第拾二章

◉李舜臣의拘拿

於是에朝議가峻厲ᄒ야拿命이遂下ᄒ니倭賊의凶策이竟此에行ᄒ도다

領議政柳成龍이疏救ᄒ야도無益ᄒ며都體察使리元翼이啓救ᄒ야도無補ᄒ고判府事鄭琢은又특의狀으로此를救ᄒ다가反히貽害될가恐하야咄歎ᄒᆯ뿐이러라

三月四日夕에闕門에入ᄒ사親鞫이或來訣ᄒ여日事가不測이니將奈何오리舜臣이徐曰死生은命이니死ᄒ면死ᄒᆯ而已라ᄒ더라

禁獄에在ᄒᆫ지凡一十六日에赦令이未下ᄒ앗ᄂᆞᆫ데

天意가且何如ᄒ심ᄂᆞᆫ지難知라五六年間을公과王事에同死ᄒ자고握手同誓ᄒ던全羅右水使리億祺가奉晉附侯ᄒᆫ셔書伴을送ᄒ며曰舟師가不久에敗沒ᄒ리니我輩가死所를不知ᄒ노라ᄒ고淚下ᄒᄆᆡ未幾에沒ᄒ더다

嗚乎라리忠武壹人의死ᄂᆞᆫ豈但리忠武壹人의死이오卽리億祺等諸將의死ᄒᆷ이며亦豈但리億祺等諸將의死리오卽三道水軍의死ᄒᆷ이며亦豈但三道水軍의死리오卽全國人民의死ᄒᆷ이로다

故로날倫軍民이夜夜로上天에禱告ᄒ야리金臣의代로其身의死를贖ᄒᄂᆞᆫ者ㅣ甚衆ᄒ더라

第十三章

◉리舜臣의入獄 獄間에家國의悲觀

竭忠於國而罪已至欲孝於親而親亦亡이라云ᄒᆫ拾六字ᄂᆞᆫ百世下에讀ᄒ야도人의悲淚를自惹ᄒᄂᆞᆫ도다大抵國家의且厄을遭ᄒ야衆生救濟ᄒᆯ肚懷를斷ᄒ의倫常不顧ᄒ고毅然히北堂에辭ᄒ니大丈夫의行의天賦이固然ᄒ지만은아모리兵馬공摠ᄒᆫ間일지라도每樣首를回ᄒ야太行의白雲을顧하면엇지其情이不痛하리오是故로李忠武亂中日記에每日마다天只(母의叫名)이라不云ᄒ얏스면天只有損이라云하얏스며否則天只安候久阻에鬱이라必云ᄒ얏스니他日功成身退ᄒᆫ後에母子가手를相握ᄒ고往事를歡話ᄒᆷ이李忠武의血願이러니 (未完)

雜報

●梨亭射會 再昨日에 義親王殿下께셔와丞宣君리垂鎔承寧府總管趙民熙氏等이東문外梨花亭의出往ᄒᆞ야弓射를設行ᄒᆞ얏다더라

●墓稅反對 今番觀察使會議에墳墓稅를徵收ᄒᆞ기로提議가되얏ᄂᆞᆫᄃᆡ尹甲炳張憲植兩氏外에ᄂᆞᆫ沒數反對ᄒᆞ얏다더라

●民會將設 黃海道觀察使ᄂᆞᆫ今番觀察使會議를經ᄒᆞᆫ後에赴任ᄒᆞ야民會를設立ᄒᆞᆫ다더라

●宮訓三條 宮內府大臣리允用氏가再昨日에각院司에訓令ᄒᆞᆫ槪意를得聞ᄒᆞᆫ즉第壹은本府內의秘密ᄒᆞᆫ事項이각新聞上에揭載됨은府內官吏中에서傳播홈인즉此後에若有如是之端이면일切嚴懲ᄒᆞᆯ지며第二ᄂᆞᆫ各官吏等이晚進早退ᄒᆞᄂᆞᆫ者가多有ᄒᆞᆫ즉該掌장官이另加迅飭ᄒᆞ야此等弊端이無케ᄒᆞᆯ지며第三은各官吏等이公事를因緣ᄒᆞ야大臣官房에入來ᄒᆞᄂᆞᆫ者ㅣ公事를處辦ᄒᆞᆫ後無端히留連치退ᄒᆞᄂᆞᆫ者와窯事히大臣官房에入來ᄒᆞᄂᆞᆫ者가有ᄒᆞ니從今以後로ᄂᆞᆫ각自警心ᄒᆞ야無有此等弊端케ᄒᆞ라ᄒᆞ얏다더라

●十九條例 法部의셔在監人債還食品規則十九條를規定ᄒᆞ야각監獄署의訓令ᄒᆞ얏다더라

●醫官觀察 內部醫務局丞田巡視官片平巡查部長은咸鏡南北道江原道各警察署를視察ᄒᆞ기爲ᄒᆞ야明日에發程ᄒᆞᆫ다더라

●日語塡代 法部主事韓濟達씨身故ᄒᆞᆫ代에日語卒業ᄒᆞᆫ者로任用ᄒᆞᆫ다더라

●鄭氏還城 農商工部水產局장鄭鎭弘氏ᄂᆞᆫ水產調查次로東萊의下去ᄒᆞ얏다가再昨日下午六時의入城ᄒᆞ얏다더라

●物品保管 각部에셔各局課에所存物品을保管ᄒᆞ기爲ᄒᆞ야該大臣이處辦ᄒᆞ야經ᄒᆞᆫ後物品擔當規則을謄寫印刷ᄒᆞ야六月壹日로施行ᄒᆞ라고ᄒᆞ고部會計課장김한奎씨가各局課에通牒ᄒᆞ얏다더라

●調查船隻 關稅局의셔本月上旬의인川港의船隻出入噸昔을調查ᄒᆞᆫ즉出港ᄒᆞᆫ汽船이二拾三萬三千七百五拾五噸과帆船이二千六百二十二噸이오入港은汽船이二拾萬九千六百二噸과帆船이三千一百六拾九噸이라더라

●臨任施恤 再昨日의東문外光陵川附近의셔被害ᄒᆞᆫ巡查崔翼玄氏ᄂᆞᆫ義葬으로리權用씨ᄂᆞᆫ漢江의셔埋葬ᄒᆞᄂᆞᆫᄃᆡ警視廳의셔警視以下巡查四十餘名이出往護葬ᄒᆞ얏고崔翼玄氏와리權用씨ᄂᆞᆫ警部로陞任ᄒᆞ고遺族의게救恤金八百元式支撥ᄒᆞᆫ다더라

●柴社請願 大안동居김敎彬氏가警視廳의請願ᄒᆞ되農商工部의認許를承ᄒᆞ야柴炭會社를東大문니壯洞의設立ᄒᆞ깃스니東署의訓令ᄒᆞ야柴炭場의拘碍가無케ᄒᆞ라ᄒᆞ얏다더라

●商工雜誌 日本東京의셔諸人이興信社를設立ᄒᆞ고韓日間商業貿易을展ᄒᆞᆯ目的으로商工信行錄雜誌를發刊ᄒᆞ야貴國各所管轄廳의送交ᄒᆞ깃스니각學校와所管官廳의位置及名稱을錄交ᄒᆞ라고각府部院廳의照會ᄒᆞ얏다더라

●開術承認 남門外濟衆院卒業生김弼淳等七人에請願을因ᄒᆞ야內部의셔醫術開業을認許ᄒᆞᆫ다더라

●勸業請認 釜山居리載三씨가成實等이度量衡을製造ᄒᆞ야勸業會社를設立ᄒᆞ깃스니認許ᄒᆞ라고農商工部의請願ᄒᆞ얏더라

●失金還推 尹홍植氏가鎭珍郡國債報償金을盜食事로該郡人民이四五次上來ᄒᆞ야昨日의裁判歸正되얏다더라

●民何聊生 數月內로義擾를鋤壓ᄒᆞᄂᆞᆫ바所謂討伐隊라別巡查隊라平服隊라遊山隊라稱ᄒᆞᄂᆞᆫ形形色色이각地方에橫行ᄒᆞ야傭夫等은義兵偵探이라ᄒᆞ야橫殺ᄒᆞ고或擔負商은義兵餉官이라ᄒᆞ야砲殺ᄒᆞᄂᆞᆫ弊가種種有之ᄒᆞ야民難支保라ᄂᆞᆫ巷說이有ᄒᆞ더라

●傷貧成狂 朴榮來氏ᄂᆞᆫ年今二拾九歲인ᄃᆡ本是鄕人으로文輪이有餘ᄒᆞ야謀生ᄒᆞ더니月前에忽得狂症ᄒᆞ야路上으로周行ᄒᆞ며北部警署에서朴씨를治療次로南門外濟衆院으로護送治療ᄒᆞ야週間에頗有減勢ᄒᆞ더니再昨日에更발狂症하야上衣를脫ᄒᆞ고途中으로橫行하ᄂᆞᆫ거슬金敦氏에母親과妹弟가扶携ᄒᆞ고北署에更來하야救濟ᄒᆞ라立哀乞ᄒᆞ미該署에서巡查를帶同ᄒᆞ야濟衆院으로護送ᄒᆞ면서發病ᄒᆞᆫ所由를問ᄒᆞᆫ즉所答이至貧ᄒᆞ야老親侍下에無壹間斗屋ᄒᆞᆫ所以로成狂이라고ᄒᆞᄂᆞᆫᄃᆡ聞之者가無不落淚ᄒᆞ얏다더라

●日關請退 再昨日에法官養成所에셔成均館丕闡堂에前往ᄒᆞ야運動會를開ᄒᆞ얏ᄂᆞᆫᄃᆡ障碍物運動時에該所日本教授長連恒이가共時에運動審判官으로運動ᄒᆞ던學徒權輝淵을無端히擧蹴足력하야至於重傷ᄒᆞᆫ故로運動은結會ᄒᆞ고壹般學徒等이壹齊激動ᄒᆞ야當場交涉이大端危險ᄒᆞ얏다ᄂᆞᆫᄃᆡ昨日上午九時에該學徒等이壹體會同ᄒᆞ야所장의게請願ᄒᆞ되長連教授를解任ᄒᆞᆫ然後에야上學ᄒᆞ고若不解任이면貳百餘名學員이壹齊退學ᄒᆞ깃다ᄒᆞ며何時던지此事가解決되기前에上學ᄒᆞᄂᆞᆫ者가有ᄒᆞ면不可以人類로待之라고方在문議中이라더라

●谷山雨雹 本月貳拾貳日午後四時頃의谷山地方의天候가不調ᄒᆞ야大雹가約拾時間을降ᄒᆞ고其後의微雨가降ᄒᆞ야農作物의損害가不少ᄒᆞ고又電柱六十株가傾斜ᄒᆞ얏다더라

●三鎗臆斃 三四日前의義兵이水原三鎗의入ᄒᆞ야夕飯을討喫ᄒᆞᄂᆞᆫᄃᆡ討伐隊가該洞을圍立ᄒᆞ고銃丸이連發하야義兵及良民四五十名이沒死하얏다ᄂᆞᆫ巷說이有ᄒᆞ더라

●二義押上 警視廳의셔巡查를光陵川附近의多派ᄒᆞ얏다ᄒᆞᆷ은前報의揭載ᄒᆞ얏거니와該巡查들이義兵副將前正校와運糧官前副校기獻地民家의潛伏ᄒᆞᆷ을探知ᄒᆞ고捉得ᄒᆞ야再昨日의警視廳으로押上하얏다더라

●依報處役 慶北裁判所에서處理ᄒᆞᆫ强盜犯習東奎은依報裁判所報告ᄒᆞ야役拾五年에處ᄒᆞ라ᄒᆞ얏다더라

●失車呼哭 勳洞居承俊이가人力車夫로資生ᄒᆞᄂᆞᆫᄃᆡ再昨夜에所持人力車를賊漢에게見失ᄒᆞ고昨朝에其老母와道路에서呼哭ᄒᆞᄂᆞᆫ情況이目不忍見이더라

●銃賊賊黨 再昨夜에南門外銀杏洞居張台鉉氏家에賊漢三名이各持銃劍突入ᄒᆞ야紙貨八百餘圓과布木雜物等屬百餘圓價値를奪去ᄒᆞ얏다더라

●潛物被捉 南部后동리侯鎭은히隣居朴某家의潛入ᄒᆞ야時計與衣服四百餘圓價値를窃取ᄒᆞᆫ事로警視廳에被捉되얏다더라

●臨漢入窓 再昨日上午十二時量에南署管下居法部秘書官趙鼎州씨家舍廊에何許衣冠ᄒᆞᆫ竊盜壹名이窓門으로越入ᄒᆞ야綢紅과其他物品을窃取逃走ᄒᆞ얏다더라

●歸化外國調禁

法部에서西北各裁判所에訓令ᄒᆞ되現接ᄒᆞᆫ照會書ᄂᆡ에臺據北方來報ᄒᆞᆫ즉該地多數人民이露國에恣意歸化等語인바此를檢查ᄒᆞᆫ즉非但該地人民이라其他我國臣民이或有稱以歸化露國者라도居住我國境ᄂᆡ者ᄂᆞᆫ凡於事爲에當視以韓國臣民而處辦ᄒᆞ야本國律로壹切管轄ᄒᆞᆷ이自是正理이기韓國政府에歸化聲明ᄒᆞ야免致歧二케ᄒᆞᆫ事로統監府에業經行문ᄒᆞ얏더니現接覆文ᄒᆞᆫ즉貴國人으로露國에歸化ᄒᆞ얏다稱ᄒᆞᄂᆞᆫ者라도韓國領土ᄂᆡ에在ᄒᆞᆫ以上은貴國國法으로써此를管轄ᄒᆞᆫ趣旨를露國政府에聲明ᄒᆞᆫ事로客年十一月二十日의貴簡으로써照會ᄒᆞᆫ趣旨를據ᄒᆞ야外務省과協議를遂ᄒᆞᆫ바元來貴國의在ᄒᆞ야ᄂᆞᆫ最初부터歸化에關ᄒᆞ야何等制度가無ᄒᆞᆯ뿐아니라貴國政府에서今日에至ᄒᆞ기ᄭᆞ지貴國臣民이外國의歸化ᄒᆞᆷ을公認ᄒᆞᆫ事實이不在ᄒᆞᆷ으로써貴國臣民이任意로他國의國籍을取得ᄒᆞᆫ事가有ᄒᆞ야도敢히此를由ᄒᆞ야貴國國籍을喪失ᄒᆞᆫ者가아니ᄂᆞᆫ줄노解釋ᄒᆞᆷ이可ᄒᆞ고從ᄒᆞ야右等貴國人及其財產이貴國版圖內에在ᄒᆞᆷ에限ᄒᆞ야ᄂᆞᆫ貴國國法으로써壹切此를管轄ᄒᆞᆷ은當然ᄒᆞᆫ事인즉特히露國政府에對ᄒᆞ야聲明치안코右主義에基ᄒᆞ야實行ᄒᆞᆯ事로決定ᄒᆞ얏스니照亮하기爲ᄒᆞ야玆에回答ᄒᆞᆷ 再本文의趣旨를貴國相當官廳의게示達ᄒᆞᆫ後에露國에歸化ᄒᆞ얏다稱ᄒᆞᄂᆞᆫ貴國人의處辦方法에對하야相當ᄒᆞᆫ訓達이라ᄒᆞ얏기此를准ᄒᆞ야각地方官의게壹切發訓하야郎爲實行케ᄒᆞᆷ이로니部에行文ᄒᆞ고玆以照會ᄒᆞ니照亮ᄒᆞᆷ을爲ᄒᆞᆷ等因ᄒᆞᆫ바本國人民이露國에歸化ᄒᆞ야該國國籍을取得ᄒᆞ얏슬지라도本國國籍을喪失ᄒᆞᆫ者라稱키不然ᄒᆞᆷ으로壹般臣民과無異ᄒᆞ니該等人民及其財產이本國領土ᄂᆡ에在ᄒᆞᆷ에限ᄒᆞ야ᄂᆞᆫ本國法으로써壹切此를管轄하야民刑訴訟을勿問ᄒᆞ고現行法規를一遵施用하야民紀를扶植하고國權을無損ᄒᆞᆷ이可ᄒᆞ기로訓令ᄒᆞ니懍遵施行ᄒᆞ라ᄒᆞ얏더라

●廟宇宜毀 茶洞에셔設立ᄒᆞᆫ共成學校를日前부터始役建築ᄒᆞᄂᆞᆫᄃᆡ該校舍基址內에關帝를奉祀ᄒᆞ던廟宇가有ᄒᆞᆷ에該廟宇를毀撤ᄒᆞ라ᄒᆞᆫ즉該洞人民等이不得毀撤케ᄒᆞᄂᆞᆫ故로方在停役中이라더라

北京電報

●法國交涉報告 五月三十日발 法國의駐箚ᄒᆞᆫ淸國公使가法國政府와交涉ᄒᆞ야革命黨이安南에逃去ᄒᆞᆫ時의ᄂᆞᆫ國交上의處分을嚴히ᄒᆞ기를請ᄒᆞ얏더니法國의셔利從其交換ᄒᆞ기로承諾ᄒᆞᆫ意로答ᄒᆞ얏다고外部의報告ᄒᆞ얏다더라

▲牧丹宮賞▼

▲窓前壹朶牧丹開ᄒᆞ니錦繡春光獨擅이라가昨夜風雨落多少ᄒᆞ니滿地天香可惜ᄒᆞ다人生富貴獨何런고니와又쳐虛事로다

▲壹朶天香牧丹花야萬戰門前蝋燭紅ᄒᆞ니黃屏壹夢가졋고나門外榮辱不省하고黑甜鄕의身遊ᄒᆞ니來頭事를誰知런고拾日紅은업ᄂᆞ니라

▲壹朶天香牧丹花야梨花院落溶溶月은學士風流繁華ᄒᆞ다睡農睡黑洞天에變幻風潮浴浴ᄒᆞ고壹生安樂自期ᄒᆞ나拾日紅은업ᄂᆞ니라

▲壹朶天香牧丹花야華堂錦幌綠窓天에富貴人風情이라左右名花手弄ᄒᆞ야國家興替渾忘ᄒᆞ고竊心志之所樂ᄒᆞ나拾日紅은업ᄂᆞ니라

▲壹朶天香牧丹花야楊柳池塘淡淡風에錦衣玉食사ᄅᆞᆷ들아絃聲에昏迷ᄒᆞ니勝敗時機安知런고壹時榮名浮雲일세拾日紅은업ᄂᆞ니라

▲壹朶天香牧丹花야粧點池臺畵屏深ᄒᆞ니傾國佳人雲雨緣에樂而忘返誤殺人고擾擾ᄒᆞ다此時局에陽臺夢이遠遠ᄒᆞ다拾日紅은업ᄂᆞ니라

▲壹朶天香牧丹花야綾執蜀帛緞緞衣로飄然過去衙門市井雖權識者鄙ᄒᆞ나蜉蝣又主此世上에더奢侈가幾日인고拾日紅은업ᄂᆞ니라

▲壹朶天香牧丹花야楊妃顏態西子巧ᄂᆞᆫ傾國奪家貪ᄒᆞ야身亡家敗ᄒᆞ고獨顧ᄒᆞ니榮華相顧戀戀ᄒᆞ라가金散花飛로다拾日紅은업ᄂᆞ니라

▲壹朶天香牧丹花야鰥寡孤獨光祿寺에方丈自矜ᄒᆞᄂᆞᆫ食肉者無謀ᄒᆞ니世界形便아ᄂᆞᆫ가알어風輪轉環無定期라拾日紅은업ᄂᆞ니라

▲壹朶天香牧丹花야落花遊絲日日靜ᄒᆞ니黃粱夢枕高ᄒᆞ고나千鍾之祿自恃ᄒᆞ고倉庫안享ᄒᆞ다가宦海風波可畏로다拾日紅은업ᄂᆞ니라

急急社告

▲謹告各支社員

本社에現下經費가比前夥多ᄒᆞ야窘拙이益甚ᄒᆞ오니各地方支社에셔ᄂᆞᆫ本報代金을不日收刷ᄒᆞ야來十五日內로郵換送付ᄒᆞ야以補社費케ᄒᆞ심을希望ᄒᆞᆷ

大韓每日申報社

急急社告

雜報

●昌校設 西部新木鍍里에셔壹般有志某某씨가靑年敎育에熱心ᄒᆞ야巨數의金額을鳩聚ᄒᆞ고本宗中央에학校를創設ᄒᆞ고校名은昌新學校라ᄒᆞ더라

廣告

前純陵參奉韓旬埰改名泰奎ᄒᆞᆷ 韓泰奎 告白

前主事金泰淵의淵字를東字로改正ᄒᆞ오니知舊僉照亮ᄒᆞᆷ 金泰東 告白

勝洞基督학校學監金學洙氏男女학校학徒寄付 空冊拾五部 紙石盤四部 鉛筆四東 石板壹匣 洋紙貳拾張

本人等에庄土가廣州郡細村面細谷등此华頭野와沙耕坪과中대面자芝里前後坪에所在畓百餘石落을자芝里居ᄒᆞᄂᆞᆫ리先敬白明心裵학西와細谷洞居ᄒᆞᄂᆞᆫ金敬犯等四人이稱以棄之庄土ᄒᆞ고僞造文券ᄒᆞ야執綱與領任之名을文券下에暗自着名ᄒᆞ야與執得賣코자ᄒᆞ오니內外國人은切勿見欺ᄒᆞᆷ
京居畓主 김恩贊 金永基 김鎭煥 김翼演
南雄居畓主 石璜煥 리東鉉 리明俊 리浩慶等 告白

中署大廣橋西北隅第拾九統拾貳戶에測量事務所를設施ᄒᆞ얏사오니僉君子ᄂᆞᆫ來臨相議ᄒᆞ심을敬要ᄒᆞᆷ 東壹測量事務所

本郡公立普通學校建築時에郡民이欽慕學校ᄒᆞ고基址建築ᄒᆞ기爲ᄒᆞ야人夫壹萬五千三百名을自願出役ᄒᆞ야如意建設矣러니當此農急에所謂委在라四千餘名을出官勒役ᄒᆞ야大端民擾인디又況補助라稱ᄒᆞ고每戶에壹兩式合五千百兩을分排收捧ᄒᆞ니列各私立에도此習은無커ᄂᆞᆯ堂々公立에補助兵若是勒捧이기民聲이嗷々ᄒᆞ야玆廣佈ᄒᆞᆷ
黃州郡民等 崔用材 鄭學斌 金庸植 金鍾訓 高用漢 告白

●蔚山郡內廂面西部基督明학校任員錄
校長尹聖德 副장김永煥 敎師김振洛 領袖김守천 監督李圭漢 김德允 학監宋종翰 宋종夏 宋瀚종 리龍夏 裵成員 申泰敎 김來文 김萬植 리南傑 박泰卿 崔益善 김柄漢 孫석遠 尹正석 禹永贊 尹圭河 金泓默 김成大 김允植

●蔚山內廂面基督明學校捐助諸씨
리鳳珠 宋希彦 각卅三圜 金致俊 金守天 金原永 김敬五 김源一 김인見 崔益善 金商文 禹士洪 朴진卿 申진全 孫亨玉 李璟五 각十二圜 金世煥 宋信五 김俊五 리春化 趙尙文 朴翊하 김敬立 尹周範 各七圜 禹永淑 김孝一 각五圜 張恒五 二圜五十전 黃雨先 三圜五十錢 金致先 孫德兵 朴敬文 각五圜 金宗伊 壹圜五十錢 김祥琪 愈女鳳 김奇鎬 정武生 며其彦 각壹圜 尹鳳珠 二圜五十錢 金甲祚 壹圜 김文祚 金學祚 각七十錢 尹斗布 壹圜 최斗植 愈春伯 며道祥 尹洪銀 리洪俊 각五十전 김佑淑 리化根 김成路 각二圜五拾錢 郭海玟 郭海性 각壹圜 宋종夏 朴奉珙 李敬五 張奎宅 尹奎河 河斤道 金鶴山 朴眷若 尹致石 李明玉 정文七 林春化 김鳳用 孫敬文 吕善若 정其先 李根道 朴奎化 각二圜二十五錢 崔斗數 尹用伊 沈石花 金永久 각壹圜二拾錢
◉婦人中
崔銀海 六圜 리守彦 柳本內 각二圜 리守明 壹圜 김敬順母 五十전 朴貴食母 김成用祖母 각二拾五錢 金福明母 리興出祖母 七十錢 尹欽甫母 盧福道母 壹圜二十錢 각五拾錢 崔用伊母 卅五錢 安妙甲母 七十錢 김永道 祖母 壹圜貳拾錢 리明愛 五拾錢 朴明宗 김應九 각壹圜二十錢 千本心 七拾錢
已上合금三百七拾九圜卅五錢

本人의妃子가年이拾四오名은錫丹이오面은將ᄒᆞ고貫은潘紅堂에木履를着ᄒᆞ고離家不入ᄒᆞ오니誰某던지見ᄒᆞ시면厚謝ᄒᆞ깃슴 尾洞九拾七統九戶 리義철 告白

本所에셔左開事務를隨請酬應ᄒᆞ오니僉君子ᄂᆞᆫ來臨相議ᄒᆞ심을務望
山林 土地 家屋
廣東測量事務所 告白 남署壽洞壹統四戶

本會에셔特別總會를六月一日(月曜)下午三時에校洞本會舘內에셔開ᄒᆞ오니壹般會員及有志同胞ᄂᆞᆫ屆期光臨ᄒᆞ시옵
畿湖興學會 告白

●新ᄒᆞᆫ明梅毒명藥廣告
陸軍軍醫의실험ᄒᆞᆫ實驗方劑
落梅丹
口瘡不發창病去根之명藥 壹劑五百粒定價金三圜
主治 梅毒「唐창」疳瘡창 ●淋疾●皮膚病●便마價私 ●冷病
已上病証外에男女間에不精交合ᄒᆞᆫ後에若疑아之端이有ᄒᆞ야도此藥壹劑만服用ᄒᆞ면完無後慮ᄒᆞ고脾胃도健全ᄒᆞᆷ을擔保ᄒᆞᆷ
此外에도외藥機械와精美ᄒᆞᆫ藥材를新備ᄒᆞ고內外科각色疾病을誠心治療ᄒᆞᆷ
皇城北部大安洞
仁濟藥房 高用진 謹白
代理店 京城鍾路 共愛堂약房 仁川龍洞 濟生堂
國內各處藥局에셔隨應販賣ᄒᆞᆷ

◉測量科學員募集
本校에測量科를特設ᄒᆞ오니願學諸員은請願書를提呈ᄒᆞ시옵 但請願紙ᄂᆞᆫ本校에來購ᄒᆞᆷ
試驗科目 作文 算術(四則)
試驗今月三十壹日下午壹時
上學時間 自下午四時三拾分至六時三拾分
卒業六個月
淸風學校 廣告

本店에夏節양服件이英京倫敦에셔新着ᄒᆞ얏기로玆에廣佈ᄒᆞ오니僉君子ᄂᆞᆫ光顧購買ᄒᆞ심을懇望ᄒᆞᆷ
貞洞華商源泰號 양服裁縫店 謹白

大垣丈夫著 劉文相譯
●靑年立志編 全
定價二拾錢 郵送料二錢
本書ᄂᆞᆫ靑年의志氣를活潑케ᄒᆞ며責任이自重ᄒᆞᆷ을覺悟케ᄒᆞᄂᆞᆫ壹大明鑑이라壹般靑年은壹讀ᄒᆞ소셔
但多數購買ᄒᆞᄂᆞᆫ僉位에게ᄂᆞᆫ減價ᄒᆞᄂᆞᆫ方法도有ᄒᆞᆷ
京城南部牛井洞拾統拾戶 大垣丈夫家內 弘文館

○活字及印刷機械製造販賣○
其他인기·機械油·膠·名刺紙·色革
金銀各良粉箔·鉛活版石版附屬品一式
시도 수업을 창설ᄒᆞ야 한번에 오빅원어치 이상 물건을 사셔 가지ᄂᆞᆫ이ᄒᆞ때ᄂᆞᆫ 본뎜에셔 기ᄉᆞ 한명을 보니셔 한달동안을 월급도 아니밧고 직공을 가르쳐 주겟ᄉᆞᆸ니이다
京城長谷川町二丁目(石井洞)
江川活版製造所支店
本店 東京日本橋區長谷川町 電話浪花八八八番
鐵工場 東京京橋區南傳馬町 電話本局二七二六番
支店 仙台市國分町 電話一一七番

本事務所에셔田畓山林礦山家屋未墾地에關ᄒᆞᆫ壹切測量及設計等을迅速需應ᄒᆞ깃ᄉᆞ오니僉君子ᄂᆞᆫ來臨問議ᄒᆞ심을敬要
中署大寺洞五統壹戶 協同測量事務所

現今時代ᄂᆞᆫ男女를勿論ᄒᆞ고營業에從事ᄒᆞ야生活上에充滿케ᄒᆞᄂᆞᆫ것시正當ᄒᆞᆫ故로本人이비록女子오나裁縫을卒業ᄒᆞ야男女洋服을鮮明製造ᄒᆞ야全國兄弟姊妹의需求를應ᄒᆞ깃ᄉᆞ오니速速來購ᄒᆞ심을仰望ᄒᆞᆷ
中署寺洞七拾統七戶 夫人洋服店 告白

本書舘에셔民智를廣啓ᄒᆞ고저明發ᄒᆞ기爲ᄒᆞ야新刊書籍을大발賣ᄒᆞ오니僉君子ᄂᆞᆫ陸續來臨ᄒᆞ심을望ᄒᆞᆷ
釜山港東關韓興書舘 金汝重 權종律

本人之子士善이가性本浮浪ᄒᆞ야符同雜類ᄒᆞ야欺人得債코저ᄒᆞ오니內外國人은切勿見欺ᄒᆞᆷ
西門外新村弘門洞金鍾元 白

靑堂先生 兪吉濬 譯述
普魯士國 厚禮斗益大王七年戰史
全壹冊 定價金三拾錢
此書ᄂᆞᆫ即拾八世紀頃에普魯士厚禮斗益大王이日耳曼列邦中에介在ᄒᆞᆫ寡弱國으로突然奮起ᄒᆞ야尙武的精神으로人民을鼓勵ᄒᆞ며俄法等諸國과對抗ᄒᆞ야七年戰爭을繼續ᄒᆞ야普魯士國의雄飛ᄒᆞᄂᆞᆫ端緖를開ᄒᆞᆫ實이온대其改革의硏敎ᄒᆞᆫ과其功烈의偉大ᄒᆞᆷ이로讀者의敢愧心을喚起ᄒᆞᆫ단ᄒᆞ오니僉君子ᄂᆞᆫ速々購覽ᄒᆞ시옵
發賣元布屛下廣학書舖金相萬
發賣所 京鄕各有名書店

新刊書籍發售廣告
女子讀本 張志淵氏著 全貳冊 定價金六拾錢
初等衛生學 全壹冊拾五錢
初等倫理학 全壹冊貳拾錢
國家학綱領 全壹冊拾五錢
國民須知 全壹冊八錢
初等小학 全四冊壹圜三拾錢
中等萬國新地誌 全貳冊壹圜
增補無冤錄大全 國漢文壹冊七拾五錢
伊太利建國三傑傳 全壹冊卅전
新撰理化학 朴晶東시著 全壹冊 定價金三拾전
獨習日語獨학 鄭雲復시著 洋裝壹冊 壹圜貳拾五전
愛國夫人傳 張志淵시著 全壹冊 定價금拾五전
新小說血淚 리人稙시著 全壹冊 定價금貳拾錢
富國金書養鷄新論 鮮于叡시著 全壹冊 定價금三拾五전
世界三怪物 全壹冊貳拾전
家庭雜誌 每號拾전
新訂算術 全三冊六拾전
普魯士國厚禮斗益大王七年戰史 全壹冊定價金三拾전
發賣所 皇城中署布屛下 廣학書舖 金相萬
京鄕各有名書舖

製藥發賣人濟衆院醫學員洪錫厚和慈惠堂

觀化告白　代理店梨峴洋藥局　信華

本人等이漢성南大門外濟衆院用낙處方으로左記封入낙을製造ᄒᆞ오니京鄕僉彦近勿論ᄒᆞ고此약品信用ᄒᆞ시기爲ᄒᆞ야新舊약校息勸ᄒᆞ며泥錫水氏에게약方文마다證定ᄒᆞ고有效證明書를交ᄒᆞ고主治効能用法을詳記ᄒᆞ야洋鉄匣紙匣琉璃瓶에封ᄒᆞ야賣약兄弟에게利益이加有ᄒᆞ도록ᄒᆞ엿나이다

治痰平胃丸　男女補益丸

腫根治膏　純金驅蟲丸

濕腫根治膏　蛔虫沒出丸

瘡腫根合瘡膏　四時感冒丸

小兒胎毒合瘡膏　淸明眼藥水

痰氣神效小兒保嬰散　消痰鎭咳藥

小兒感冒靈妙散　男女瘧疾袪根藥

德國製淋疾丸　寸虫拔根藥

漢城百應膏　止足汗臭藥

洋藥乾材　止瀉調腸丸

舊藥唐草材　陳陳旧帶消積丸

西藥醫方書類　無惡臭疥瘡藥

◎修身靈丹 ◎至寶丸 ◎靈效液 ◎淸眼水 ◎通淋丸

各種急滯와暑久滯吐瀉痰飮吐瀉定價一貼二錢

治腸胃不消久滯與有偉効定價金二錢

外用方審治疥瘡皮膚百般百中定價金三拾錢

治諸般眼疾有綠雲見天之妙定價金拾錢

治男女急慢淋疾神效無雙速效除毒壹週金五拾錢

製藥발行所　漢城南部大廣橋西邊第三家十九統七戶　共愛堂大藥房　鄭白

支店
開성남門內共愛堂第一支店　姜助濟
群山港開福동共愛堂第二支店　리春善
河東郡赤良面共愛堂第三支店　黃驥秀
皇城北部大安동

代理店
仝　종路靑年會館前　仁濟藥房
仝　西部新門外石橋　慈惠藥房
仁川 濟生堂　普濟醫院
仝　和平局

此外에도東西洋各國有名賣藥과草材藥이具備ᄒᆞ오니藥의多少를不拘ᄒᆞ고請求ᄒᆞ시면小包로仰呈ᄒᆞ게ᄉᆞᆷ

◎新訂方合編　壹部壹圜拾전
鍼脈經。病論。약性。方套。牛疫法。牛馬病약。洋약用法。診察法。經驗方。이具備ᄒᆞ야醫학家나買약家에最新要緊ᄒᆞ오며

◎社會勝覽　純國文卄三전
社會에規則과演說에方法과脉格이며東西양雄辯家에演說을譯述ᄒᆞ야社會有志者와勞動人及婦人々지不可不購覽ᄒᆞᆯ者며

◎婦人儀範　純國文卄五전
女子를敎育ᄒᆞ고家庭을整理ᄒᆞ는道로婦人社會의特要ᄒᆞᆫ師範書이오며

◎中等算學　壹帙　冊壹圜五拾전
自幽則至高文方九積數를大略橫布ᄒᆞ야학習에便易ᄒᆞ고我粹算書中具備ᄒᆞᆫ者며各학校학生의게는特爲減價발賣ᄒᆞᆷ

譯註 支那時文類聚　리처雨 編集　入拾三頁　定價금 二拾二錢

右冊은近日現用ᄒᆞ는各樣緊要私札往復이며韓淸與日淸間에現行往復을엇公私宴會請帖往復이며其他公函往復과公文照會等式을編成一冊ᄒᆞ야可作高等社會의必要秘訣이오니照亮

總發매 皇城典洞光東書局
分所매 皇城各書舖

●大韓醫新調劑賣藥廣告
蓋於人道之原則ᄒᆞ고置於正義之誠實ᄒᆞ며以親切爲旨ᄒᆞ야賣藥事件幷各官廳請願事件을專受依托ᄒᆞᆷ

京城저洞六拾四統二戶
東洋大학部講師
辯護
日本法律學士　木尾虎之助

●京城大廣橋共愛堂大藥房　리觀化
●出張代理特約販賣所
同종路慈惠藥房　리信華
同梨峴洋약局　盧益亨
同銅峴博文書館　新井支店
同南大門外大同運輸會社　天佑堂
同泥峴三丁目
同泥峴鄕便局前
同水橋本堂出張人　리鳳林
●仁川官邑本堂出張所　金濟賢
同開城旅館　韓昌根
同考峴和平堂　리應善
●開城南門內萬物商　박圭桓
同남대문內同店　崔相玉
同남대문內冊肆　리敬鎬
同北部忠橋　具昭模
濟州宗路商店　宋在瑛
同부二房약舖　김永泰
同남대문內店　리奉植
●水原종路下약房　金濟九
●延安邑내洋약局　楊汝文
●江華종路店　尹斗鉉
同종路店　宋順五
同西門外冊肆　高成與
●鏡城남門내　趙鍾洋
●沙利院市場내客主　朴健昌
同　任元沙
同耶蘇敎堂내　리在浩
●黃州남門내紅門동　리永觀
●平壤鍾巨里濟生局　韓昌儀
同館前衛生醫院　金國興
同大興部一里　洪宗化
同西武洞商局　桂澤宜
同里舍瀞出張人　金敬鎭
●鎭南浦容洋약局　김元겸
●鐵山邑商商店　김유석
群山港開福동　金南善
安州城내華并동國春大藥房
安岳邑上端里濟生局　林東柱
大邱남門내　리運淳成海
●釜山港草梁客主　金應佑
●博川郡樂동商店　朴基行
●載寧邑後동洋약局　朴元國
●忠州東良面早逕　金鎭和
●晋州郡光동　박春義
●定州남門내洋약局　리容柱
●郭山邑내洋약局　李東彬
●鐵山邑내永春堂　安瀾
●宣川邑내書肆　安承
●義州水口街　張喜浩
●宜川邑四星洋약局　김永植
●安山邑慶門　김大鉉
●元山港濟生堂支店　박敎鉉
●北靑新昌濟衆生　박鍾勳
●江原道本堂出張人　張昌來
●德川邑官종洋약局　리丙斗

●仁川港濟生堂告白
●其他ᄒᆞᆫ약局마다販賣

現今齒科에서各項事務는一擴張ᄒᆞ오며金裝與銀裝各樣의齒와老小間假數落齒ᄒᆞᆫ데齒床幷齒을隨意製造ᄒᆞ오며拔齒與入齒時에毫無苦痛케ᄒᆞ는技方도有ᄒᆞ며齒科上面議는無料擬受ᄒᆞᆸ는니四方僉君子는照亮ᄒᆞ심을爲希ᄒᆞᆷ

京南大門內尙洞美人旅舘致家
齒科醫士　韓大鎬　告白

◎國債報償義捐金收入廣告

●安邊郡永春社三里
車鳳周一圜　김奉인二十五전
▲二里
신永紹　金召史　各二拾전
▲下道社立石洞
리昌源　六拾전　신用均
五十전　金弘澤　四十전
▲沙峯洞
金汝仲　金基萬　金亨彬
咸翊澤　金應羽　金基英
각壹圜　咸信宅　咸補奎
各四十전　咸汝宅　三十전
리逢春　김汝楫　林成順
리東華　咸正國　咸準宅
林廷奎　咸正회　咸吳宅
林瑛奕　각貳拾전　金基洋
咸萬宅　各十전
▲新花山社九營洞
朴成伯　朴인셥　各五十錢
▲衛營社砂洞中　五圜五拾錢
下萬湖洞中　四圜五十전
上木宥洞中　三圜
南星남주中　二圜五拾錢
淵洞中　舟川동中
各壹圜五十전
外坪洞中　南星北洞中
各壹圜

昌坪洞中　松浦동中
각五十전
合三拾五圜九拾九전

▲平壤負商等　三圜二拾二錢五厘
▲殷山負商等　拾三圜五十錢
▲順安負商等　四圜
合二拾圜七拾二전五厘
総合五十六圜六拾七전五厘
前総合六萬一千〇四十二圜三拾三전二厘
都総合六萬一千〇九拾九圜〇〇七厘

●本社廣告

○廣告料
國문活字十三字詰
每日每英尺一寸에新聞拾五錢
(每日發行六전에相當홈)
二週日에　二圜五十錢
每日發行四號五厘에相當홈
一箇月에　五圜
每日發行四號一厘에相當홈)
其期限의長短과字行의多寡를依ᄒᆞ야增減홈이有홈

○申報價
壹號代金　新貨二錢五厘
壹個月前納　三十錢
參個月　九拾錢
陸個月　一圜七十錢
壹個年　三圜四十錢
郵稅一張　新貨五厘
壹個月　十三錢

發行兼編輯人英國人　萬咸
發行所
南署石井洞號外壚三層洋屋家
大韓每日申報社

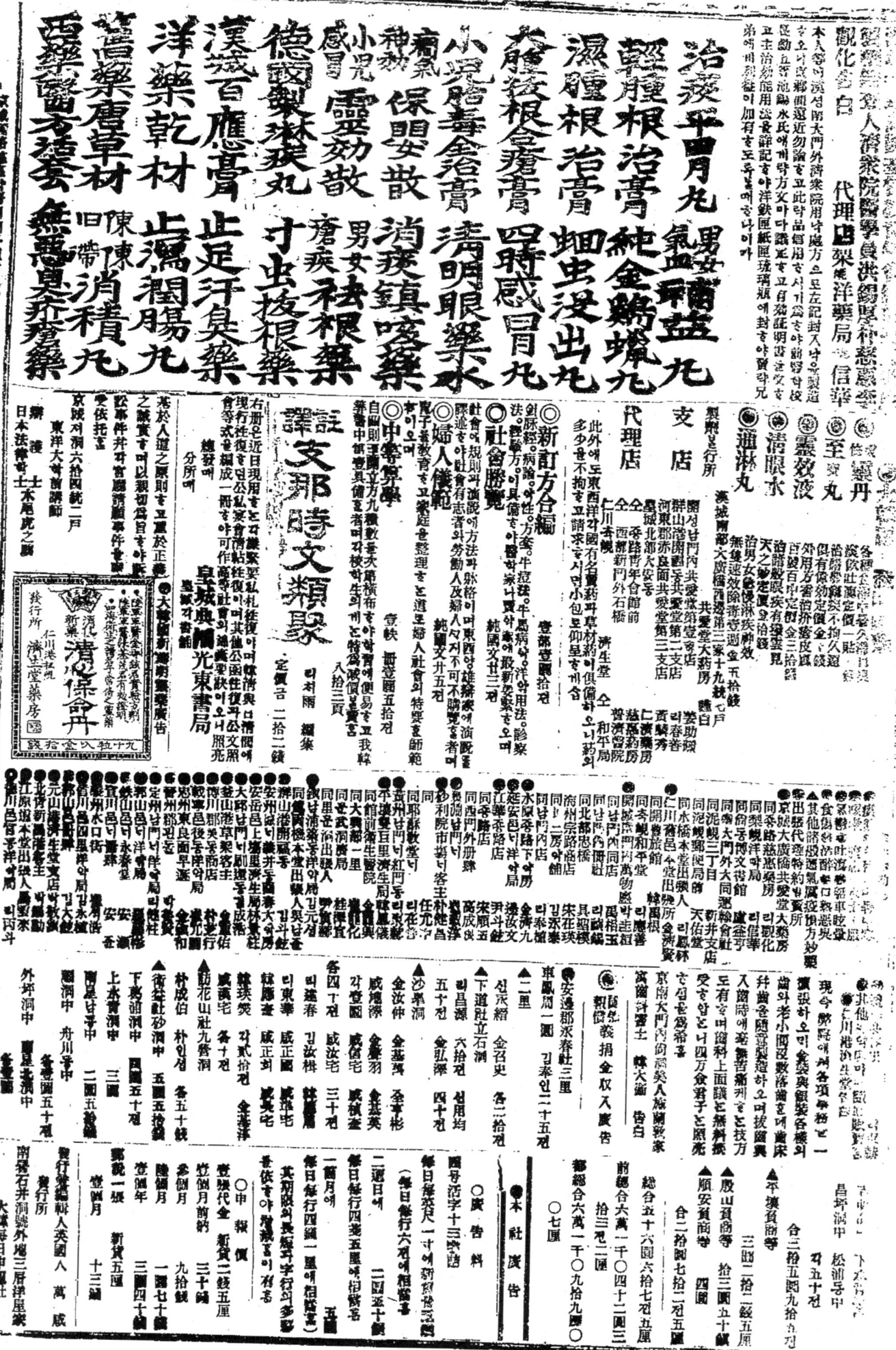

●京城南部藥峴낙房에셔各種封藥낙을製造ᄒᆞᄂᆞᆫ데方文則남大門外濟衆院에셔本國親弼의게數拾年來累驗ᄒᆞᆫ妙方으로製造ᄒᆞ야파오니　製약과賣藥에對ᄒᆞ야說明　製낙ᄒᆞᄂᆞᆫ데藥에本價와紙包印刷價와製

第八百貳拾號

大韓每日申報

第六卷

月曜及慶節歲時日休刊

檀君開國四千二百四十一年
箕子元年三千三十年
大韓開國五百十七年
日本明治四十一年
淸國光緖三十四年
隆熙二年 陰五月大初四日戊子

論說

△悲淸議之掃地 (續)

數百年以前을觀ᄒ라韓國의청議가果然何如히盛行ᄒ얏던지비록林春楨道의才華를抱ᄒ얏더라도一行만缺ᄒ야청議에排ᄒ비되야坎軻終身ᄒ며蘇秦張儀의辯舌을仗ᄒ얏더라도一個만失ᄒ면淸議에懲罰비되야擯斥不容ᄒ야白刃보다嚴ᄒᆫ者ㅣ淸議오鼎鑊보다酷ᄒᆫ淸議라一番淸議의罪人되ᄂᆞᆫ日에ᄂᆞᆫ頭가擧ᄒ야도敢擧치못ᄒ며口가有ᄒ야도敢言치못ᄒ며父母가子라ᄒ기를是羞ᄒ며兄弟가兄弟라ᄒ기를是愧ᄒ며朋友가朋友라ᄒ기를是恥ᄒᆷ으로淸議의勢力이法律以上에突過ᄒ야

政府에入ᄒᄂᆞᆫ者가人마다乙巴素又ᄒᆫ賢相이아니언만淸議ᄂᆞᆫ畏ᄒᆷ으로不得不乙巴素를步趨ᄒ며邊境을守ᄒᄂᆞᆫ者가人마다崔春命이아니언만淸議를畏ᄒᆷ으로不得不淸議를效顰ᄒ며牧民을任ᄒᄂᆞᆫ者가人마다繼承老가아니언만淸議를畏ᄒᆷ으로不得不繼承老가模範ᄒ며諫院ᄀᆡ正ᄒᆫ者ㅣ人마다리存吾가아니언만淸議를畏ᄒᆷ으로不得不리存吾를準則ᄒ야是를趨ᄒ고非를避ᄒ며義에勇ᄒ고不義에겁ᄒ얏스니蓋其時代思想의幼稚와人心풍俗의頑固ᄒᆷ으로或其中에太오活大矯激의弊가不無ᄒ나然이나一般社會에道德心을培養하야國家풍化를維持홈은專是淸議의功이라云홀비러니不幸中間에朋友의軋轢이旣甚ᄒ며民賊의騷動이又酷ᄒ야言論이稍激커ᄂᆞᆫ行事가稍異ᄒ면刑戮이其後를隨ᄒ야芟夷斬伐이無所不至ᄒᆫ故로其餘士所積에士氣가頹敗ᄒ야隨波逐浪으로長策을作ᄒ며正言讜行을畏途로視ᄒ고互相邪僞卑劣ᄒᆫ字로護身符로佩ᄒ야居然一鄕愿世界를化成ᄒᆫ지라如此腐敗ᄒᆫ社會中에서華盛頓林肯을求ᄒ면得乎며格朗乙格蘭斯頓을求ᄒ면得乎며哥倫布立溫斯敦을求ᄒ면得乎아嗚乎라淸議不振의遺禍가乃如此ᄒ도다

挽近에至ᄒ야ᄂᆞᆫ淸議種子가旣已殆絶ᄒᆫ지라此世間에ᄂᆞᆫ蝮類가有ᄒ던지僞善者가有ᄒ던지我가此를何必問이며何必辯이리오ᄒ야又和光同塵의主義로汩泥啜醨의辭를作ᄒᄂᆞᆫ者ㅣ滔々皆是라故로今日에一般社會를觀ᄒ면其中에奸僞者의橫行ᄒᆷ도許ᄒ며荒誕者의橫行ᄒᆷ도許ᄒ며奸細ᄆᆡ國奴의橫行ᄒᆷ도許ᄒ야百鬼夜行의活劇을成ᄒ니噫라淸議의墮落ᄒᆷ을因ᄒ야道德의腐敗ᄒᆷ을可見이오道德의腐敗ᄒᆷ을因ᄒ야社會의衰頹ᄒᆷ을可驗ᄒᆯ지니今日韓國에淸議振作으로自任ᄒᄂᆞᆫ者ㅣ尙無ᄒᆫ가余가眼을拭ᄒ고此를望ᄒ노라 (完)

▲隆熙二年 五月二拾五日 官報

◉兵器取扱規則을左ᄀᆞᆺ치定홈

隆熙二年五月二拾二日

軍部令第二号 軍部大臣 리秉武

第廿八條 空虛ᄒᆫ彈약箱類ᄂᆞᆫ適當ᄒᆫ時期에兵器庫에返納홈

毁損서失及廢兵器의處分

第廿九條 總히兵器를毁損서失ᄒᆫ件은左의二項에依ᄒ야處分ᄒ되但其理由가不可避ᄒᆯ事에起因ᄒ던지或은公務執行中의過失에關ᄒᆫ者ᄂᆞᆫ此限에不在홈

壹 毁損ᄒᆫ兵器의新調를要ᄒᆯ時ᄂᆞᆫ新調代價에三分之一 毁損兵器ᄂᆞᆫ返納ᄒᆯ者니라 修理에止ᄒᆯ者ᄂᆞᆫ修理全價의二分之壹을補償케홈

二 서失ᄒᆫ兵器ᄂᆞᆫ新調代價의半額을補償케홈

第三拾條 毁損서失ᄒᆫ兵器를代價로補償케ᄒᆯ者ᄂᆞᆫ左의各項에依ᄒ야補充홈

壹 서失或은毁損ᄒ야新調를要ᄒᆫ兵器ᄂᆞᆫ保管者의理由書를付ᄒ야保管官이軍部大臣에게支給申請을提出홈

二 毁損ᄒᆫ兵器로修理를要ᄒᆫ者ᄂᆞᆫ兵器庫에保管者의理由書를附ᄒ야修理를請求ᄒ고兵器庫勤務의將校ᄂᆞᆫ兵器課를經ᄒ야軍部大臣에게事由를報告홈

第卅壹條 兵器가其用에不堪ᄒᆷ에至ᄒ야ᄂᆞᆫ廢品으로홈

第卅二條 兵器庫勤務의將校ᄂᆞᆫ倉庫內의兵器或은軍隊學校로서修理請求中의兵器가其用에不堪ᄒᆯ者이有ᄒ면軍部大臣에게申請ᄒ야認可를得ᄒ야廢品處分을行홈

第卅三條 火藥火具類에變敗의徵이有ᄒ야其用에不堪ᄒᆯ慮가有ᄒᆯ時ᄂᆞᆫ兵器課長은軍部大臣의認可를得ᄒ야定檢ᄒᆷ을得홈

附則

本令은頒布日부터施行홈

(以下次出) 完

外報

●派兵理由 路透電에日留彼得堡來電을據ᄒᆫ즉淸兵九千名이吉林省으로부터間島에派遣된다ᄂᆞᆫ대其理由ᄂᆞᆫ日本이同地를韓國의版圖라ᄒ야ᄂᆞᆫ日人民의게徵稅ᄒ라ᄒᆷ을因ᄒᆷ이라더라

●鴉片禁止提議 紐育電을據ᄒᆫ즉布哇의淸國人鴉片禁止同盟會에서鴉片輸入禁止請願을美國議會에提出ᄒ얏다더라

●革命軍遮斷 上海電을據ᄒᆫ즉官軍은七晝夜를激戰ᄒ야河口를回復ᄒ얏ᄂᆞᆫ대方今革命軍을包圍ᄒ야其退路를遮斷ᄒ얏다더라

◉英國兵額 英國陸軍大臣에報告를據ᄒᆫ則目下英國의現役兵이二十四萬六千六百四十四名인ᄃᆡ其中本國兵이十壹萬九千七百拾八名이오印度兵이七萬六千九拾壹名이오植民地及埃及駐屯兵이五萬八百三拾五名이오此外補充兵으로民兵이八萬五千八百拾五名이오預備兵이二萬二千二十壹名이오義勇兵이二拾三萬七千三百十四名이라더라

●星學者豫言 世界星學士等이地球가漸次乾燥ᄒ야海洋이涸渴될줄노確信ᄒᄂᆞᆫ바어니와近者에有名ᄒᆫ우에루敎授가셰쥬리雜誌에此事를論ᄒ야曰火星의表面에海가有ᄒᆷ으로信ᄒ얏스나到今ᄒ야ᄂᆞᆫ火星에海가無ᄒ고地球도幾千年後에ᄂᆞᆫ火星과如히되리라더라

●米技師談話 去月拾四日에雲南에서出發ᄒ야無數ᄒᆫ困難을經ᄒ고香港에前往ᄒ야데몬코라号를搭乘ᄒ고日本長崎에來到ᄒᆫ米國技師의談話를據ᄒᆫ즉孫逸仙은同志者間에義軍의父라ᄂᆞᆫ人望이有ᄒᆫ것은彼淸國近世革命的政治家에서超越ᄒᆫ바이오又히씨의軍律은中外國人과其他會堂을破壞ᄒᄂᆞᆫ者ᄂᆞᆫ死刑에處ᄒ다ᄂᆞᆫ等事와婦人을姦淫ᄒᆫ者ᄂᆞᆫ軍律은卽斬십戒의壹部分을模倣ᄒ야近世公法에適合하다ᄒ고又淸國政府의武力이甚少ᄒᆫ즉雲南地方은彼의占領이될터이라云ᄒ얏더라

雜報

●袁總督病氣 北京電報를據ᄒᆫ즉袁世凱씨ᄂᆞᆫ病氣에罹ᄒ야身熱이甚ᄒ다ᄒ얏더라

●三氏慈善 貝萊邑貞靜義塾學務韓東年氏婦人의母親回甲日이陰五月初六日인ᄃᆡ其母親이言ᄒ기를今發回甲日에酔供은勿設ᄒ고雖幾圜이라도孤兒院에寄附ᄒᆷ이是我所願이라ᄒ기로錢幣人이三圜金을寄附ᄒ야京城孤兒院에寄附ᄒ얏고江東郡內映浦里居ᄒᄂᆞᆫ金秉德氏가金十圜과慶興郡居ᄒᄂᆞᆫ金秉奉某氏가金壹圜을孤兒院에寄附ᄒ얏다더라

偉人遺蹟

水軍第一偉人 李舜臣 錦頰山人

第十三章 (續)

◉리舜臣의入獄과出獄間에家國의悲運

哀哉라天이善人을不祐ᄒᆷ인지리舜臣拿囚의報道를接ᄒ고母夫人卞氏가卽時憂悸를不勝ᄒ야疾을得ᄒ더니四月一日에리舜臣이圜문에出ᄒ야白衣로元帥幕下에立功贖罪ᄒ라ᄂᆞᆫ令을奉ᄒ고海上에赴ᄒᆯ서病親과訣面ᄒᆯ願이豈無ᄒ리오만은朝法의不許를奈何오押去郞을隨ᄒ야四月十三日에牙路에登ᄒ라ᄒᆯ시家僮顚花가來ᄒ야母夫人의訃를傳ᄒ니其哀어已二日이러라

押去郞에게哀懇ᄒ야哆經의登哭을得ᄒ고成服ᄒᆫ後三日에발程ᄒ니라

리忠武의日錄을顧ᄒ다가此에至ᄒ야ᄂᆞᆫ淚가不下ᄒᆫ者ㅣ有ᄒᆫ가支那明末에袁崇煥이일즉人의게語ᄒ야曰「余何人哉아余何人哉아十餘年來로父母ㅣ不得以爲子ᄒ고兄弟ㅣ不得以爲手足ᄒ고妻ㅣ不得以爲夫ᄒ고子ㅣ不得以爲父ᄒ니余何人哉아直名之曰大明國裡壹亡命之徒라ᄒᆯ이可也라」云ᄒᆫ바此言이字字血語淚라可稱ᄒᆯ지니李忠武의境遇에較ᄒ면天上人이아닌가母死에不得訣ᄒ며子死에不得聞(見下)ᄒ고其身이又如此坎軻에陷ᄒ니嗚乎라自古救國救民ᄒᄂᆞᆫ大英雄은逆境이何其多ᄒᆫ가 八月二十七日에都元帥權慄의陣에赴ᄒ니라

向日海上風雲에統制使의斧鉞을杖ᄒ고三道水軍을指揮ᄒ던李舜臣이今乃他人麾下에一兵卒伍가되야東西南北에其命을聽ᄒ니英雄의懷抱가果何如ᄒ고雖然이나리忠武ᄂᆞᆫ天送ᄒᆫ神人이라生死도且度外에付ᄒ거니況壹時의榮辱이야엇지其意에介ᄒ리오만은

但流涕痛哭ᄒᆯ事ᄂᆞᆫ國의悲運이家의悲運과同時突來하ᄂᆞᆫ도다單人隻騎로風雨를冒ᄒ고草溪에行到ᄒ야陸軍諸將卒과相周旋ᄒ며水軍消息은夢想만徒勞ᄒ더니

(未完)

雜報

●御前運會 한셩ᄂᆡ各女學校가聯合ᄒᆞ야春季運動會를明日西闕ᄂᆡ의셔設行ᄒᆞᆫ다ᄒᆞᆫ대 太皇帝陛下ᄭᅦ옵셔[illegible]와 殿貴妃殿下ᄭᅦ옵셔[illegible]옵신다더라

●玉候平復 大[illegible]帝陛下ᄭᅦ옵셔數日前부터泄症으로 玉度違寧ᄒᆞ옵심으로典醫諸시가入直外에輪回 御診察ᄒᆞ얏다ᄂᆞᆫ디漸次平復[illegible]셧다더라

●統監演說 [illegible]昨日下午三時頃의統監官邸에各觀察使及한셩府尹을會同ᄒᆞ고伊藤統監이地方行政의改善事와人民의安堵方針을實施ᄒᆞᆯ意見으로演說ᄒᆞ얏다ᄂᆞᆫ[illegible]도往參ᄒᆞ얏다더라

●議席[illegible]察使會議의演說或調論하ᄂᆞᆫ事項을ᄂᆡ部主事가輪回參與하야其事件을記事ᄒᆞ얏다더라

●婦人亦會 再[illegible]에三淸洞感恩亭에셔ᄂᆞᆫ[illegible]大臣이會同ᄒᆞ야茶話會를[illegible]ᄒᆞᆫ諜동인修宮에셔ᄂᆞᆫ각部大臣의婦人과其他各社會婦人等이會同ᄒᆞ야宴會를開ᄒᆞ얏다더라

●地方官吏[illegible] [illegible]方官吏의任免事件을ᄂᆡ部大臣이主管ᄒᆞ야施行ᄒᆞᆫ다ᄂᆞᆫ디近日巷說을據ᄒᆞᆫ즉從今以後로各道觀察使及道書記官이誰某로薦報ᄒᆞᆫ後의敍任ᄒᆞᆫ다ᄂᆞᆫ說이有ᄒᆞ더라

●未解條調査 政府에셔民商法을制定ᄒᆞ기爲ᄒᆞ야民事와商事에關ᄒᆞᆫ慣習中未解條二百六條를調査ᄒᆞᄂᆞᆫ中이라ᄂᆞᆫ디法학會에셔該未解二百六條를調査하기爲ᄒᆞ야委員을選定ᄒᆞ고爲先五部內의派送ᄒᆞ야將次調査ᄒᆞᆫ다더라

●樞院例會 中樞院議장副議장以下贊議諸氏가昨日에會同ᄒᆞ야月例會를開ᄒᆞ얏다더라

●民情觀察 ᄂᆡ部保安課長齋藤禮三이가地方人民의情況을視察次로昨日의京義鐵道를搭乘ᄒᆞ고平北地方으로向ᄒᆞ얏다더라

●退學圖倅 日本에留學ᄒᆞ더다가日昨에歸國ᄒᆞᆫ前[illegible]光郡守閔丙吉씨ᄂᆞᆫ去番奏本에燕岐郡守로移任ᄒᆞ얏ᄂᆞᆫ대日間發程赴任ᄒᆞᆫ다더라

●筆墨自備 학部文書及秘書兩課外에각局課에셔ᄂᆞᆫ需用ᄒᆞᄂᆞᆫ紙筆墨을壹般官吏가各其自備케ᄒᆞ얏다더라

●從派添付 已往官報에頒布ᄒᆞᆫ司法欄에揭載ᄒᆞᆫ罪名을[illegible]滌ᄒᆞ고追復官爵ᄒᆞᆫ故議政趙孝純外七拾七人의辭令書를ᄂᆡ閣의셔繕給ᄒᆞᆯ터인대其子孫中의宗支를勿論하고自追復以下로世派를昭詳記載ᄒᆞ야請願書의添付ᄒᆞ야ᄂᆡ閣의來納ᄒᆞ고辭令書를推去케ᄒᆞᆫ다ᄂᆞᆫ대請願人의住地及統戶를亦爲昭詳記錄케ᄒᆞ얏다더라

●[illegible]委員設會 ᄂᆡ部의將次地方委員會를設置ᄒᆞ고該部ᄂᆡ壹般官吏로ᄒᆞ야금該會의入參케ᄒᆞ고ᄂᆡ吏의의셔公事를因ᄒᆞ야地方에던지漢셩ᄂᆡ外의出張하라면各時에見聞所見과人民의情況如何와風俗의關係如何를詳々抄錄ᄒᆞ야該會로報告케ᄒᆞ다ᄒᆞ며警察官吏ᄯᅩ도每日警察ᄒᆞᆫ事項을報告케ᄒᆞᆫ다더라

●印局檢査 度支部會計檢査局의셔稅關工務部會計檢査를昨日以內畢了ᄒᆞ고明日붓터印刷局會計를檢査ᄒᆞᆫ다더라

●離院宴會 再昨日下午二時의[illegible]閣[illegible]同회氏가셔學觀前業禮院의셔設宴ᄒᆞ고業禮院粉以下前院官吏를請邀宴待ᄒᆞ얏다더라

●自身代舞 主殿院御리趙濟登與會評議員洪肯섭其他某人諸시가再昨日下午六時頃의宿舞ᄒᆞᆫ次로東大門外明進學校ᄂᆡ와셔三牌二名과音樂으로遊邀ᄒᆞᄂᆞᆫ대三牌의[illegible]舞를命令ᄒᆞ되本無學習홈으로不爲奉行ᄒᆞ거ᄂᆞᆯ其中某々시가[illegible]昧를不勝하야자自起舞ᄒᆞ얏다ᄂᆞᆫ대行進巡査가知ᄒᆞ얏ᄂᆞᆫ즉[illegible]與ᄒᆞᆫ人員를請問ᄒᆞᆫ즉학校의義務員이라고答ᄒᆞ얏다더라

●調査何多 臨時帝室有及國有財産調査局의셔十三道調査委員과ᄌᆞ派員을地方의派遣ᄒᆞ야驛屯土를調査홈은人所共知어니와該調査事項의對하야觀察官吏와稅務官吏와地方委員를도각其調査ᄒᆞᆫ다ᄂᆞᆫ대其理由ᄂᆞᆫ未知ᄒᆞᆫ깃다더라

●日人請墾 釜山港居留日本人장倉이가김海郡의在ᄒᆞᆫ陳荒地五萬餘坪을限五年ᄒᆞ고開墾耕食ᄒᆞᆯ깃스니認許ᄒᆞ라고農商工部의請願ᄒᆞ얏다ᄂᆞᆫ대히部의셔ᄂᆞᆫ其請願書類를統監府로送交ᄒᆞ고處理ᄒᆞ라ᄒᆞ얏ᄂᆞᆫ대統監府의셔히書類를[illegible]部로送交ᄒᆞ고相當措處ᄒᆞ라ᄒᆞ얏다더라

●參與人員諭示 女學校에셔明日에運動ᄒᆞᆫ다홈은別項과如ᄒᆞ거니와昨日承寧府에셔學部로電話ᄒᆞ고該運動에參與ᄒᆞᆯ人員의數를錄交ᄒᆞ라ᄒᆞ얏다더라

●女校課程 官立漢셩高等女학校의학科課程과每週의敎授時間表를學部令으로將次頒布ᄒᆞᆫ다더라

●直行鐵線 인川水原間에直行鐵道를敷設ᄒᆞ기爲하야方在始役中이라더라

●放樂無料 西大門外大同會支社에셔本月五日에奉元寺에前往하야放樂으로送宕히遊ᄒᆞᆫ다ᄂᆞᆫ디該中放生十餘名은該社所屬인故로無料通察ᄒᆞᆫ다더라

●鄕校備[illegible] [illegible]昨에京畿觀察使의[illegible]主[illegible]ᄂᆞᆫ竹山郡守의報告를等因하야[illegible]郡에報告하되去拾八日下午三時의[illegible]水陸[illegible]財田口廣雄以下兵卒拾三名이來到竹山郡ᄒᆞ야[illegible]爲駐在則郡[illegible]鄕校를[illegible]與ᄒᆞ라ᄒᆞ온바莫甫[illegible][illegible]日難[illegible]便이야[illegible]에報告라ᄒᆞ얏ᄂᆞᆫ대[illegible]郡에셔指令ᄒᆞ되셩殿은與他有異ᄒᆞ니相當ᄒᆞᆫ公廨가有하거든[illegible]在케하라ᄒᆞ얏더라

●稚兒迷路 再昨日의七歲된稚兒ᄒᆞ나名兒가迷路履行ᄒᆞᄂᆞᆫ거ᄉᆞᆯ中部警署의執留ᄒᆞ얏다더라

●流矢傷人 日昨의梨花亭射會ᄒᆞᆫ제流矢의觀光하던人貳名이被傷ᄒᆞ얏ᄂᆞᆫ대壹人은頂을傷ᄒᆞ고壹人은面을傷ᄒᆞ야病院으로[illegible]爲[illegible]去治療ᄒᆞᆫ다더라

●葬費[illegible]送 長湍마[illegible]을邊永稷夫人[illegible]氏가[illegible]의게中丸致斃ᄒᆞᆫ事實은旣報에已揭ᄒᆞ얏거니와該[illegible]理葬ᄒᆞᆯ지[illegible]已後에該守備隊에셔[illegible]所任을招致ᄒᆞ야三[illegible]葬費로送致ᄒᆞᆫ故로邊氏가還送ᄒᆞ얏다더라

●拔劍刺尸 日昨에漢江沿岸으로何許人이[illegible]木船에搭載ᄒᆞ고過去하ᄂᆞᆫ[illegible]地支所巡査가該[illegible]를疑訝ᄒᆞ야棺蓋를破ᄒᆞ고[illegible]拔劍亂刺ᄒᆞ야[illegible]出[illegible]放還ᄒᆞ얏다[illegible]

●農夫中丸 [illegible]私立[illegible]學校開校式을再昨日下午四時의擧行ᄒᆞᆯ새[illegible]人이多數홈으로[illegible]地의셔[illegible]徒十二名이[illegible]砲[illegible]近田中에셔耕作ᄒᆞ던[illegible]右脚을中丸被傷ᄒᆞ얏다더라

●囚徒逃走 三昨日下午[illegible]時量에中部警察署에押囚ᄒᆞ얏던罪徒干連罪人[illegible]名이越墻逃走ᄒᆞ야該附近各坊曲人民家를歷日兩巡査가盡心으로搜索ᄒᆞ야竟未發見ᄒᆞ얏다더라

●金家賊警 再昨日下午四時의泥洞金喜洙시家의賊한壹名이突入ᄒᆞ야所衣衣服等物을偸去ᄒᆞ얏다더라

●是父是子 南陽三貴居宋寅洛氏ᄂᆞᆫ所有田土가不過幾石落이오財産이亦無饒足인대只以友愛敦睦之心으로其先妣臨終時에兄弟姊妹의게救助不怠ᄒᆞ라ᄒᆞᆫ遺敎를愛重히녁여셔所有中庄土전穀을兄弟三人과其妹夫崔泰興氏에게每々히均一分給ᄒᆞ얏더니該子榮晩氏가繼承其父之蹟ᄒᆞ야該氏姊妹에게如干所存田土를亦爲分給ᄒᆞ얏스니宋씨父子의友愛周急은今世에初見ᄒᆞ엿다고人皆贊頌하며라

●大雅校繼續 年前의懷인郡의셔有志人士가大雅학校를設立未幾에維持치못ᄒᆞ야廢務周年이더니近日의更히鳩財ᄒᆞ야校舍를新買修理ᄒᆞ고大雅학校를繼續開學ᄒᆞᆫ다ᄒᆞ며校장閔丙義시가학部로報告ᄒᆞ얏다더라

●田土寄付 東子字橫에셔典當營業ᄒᆞᄂᆞᆫ張仕基시가自己所有土地三拾餘坪假量을官立漢城師範학校에寄付ᄒᆞ얏다더라

●出捐學會 三昨日畿湖興學會贊務員會를校洞畿湖會館內에셔開ᄒᆞ얏ᄂᆞᆫ데贊務員諸氏中金容鎭씨가二千圜이오김嘉鎭씨가一千圜이오閔泳韶씨가壹百圜을捐助ᄒᆞ얏다더라

●學友總會 湖西學友親睦總會를礫洞普成학校內에셔去日曜日에設ᄒᆞ얏ᄂᆞᆫ데學生二百餘人이出席ᄒᆞ야任員을組織ᄒᆞ얏ᄂᆞᆫ대會장은리源生副會長徐相[illegible]總務졍弼和會計김載璧諸氏라더라

●法學開會 法學協會에셔來日曜上午九時에定期總會를工賈後洞養正義塾內에셔開ᄒᆞᆫ다더라

●傳道演說 米國慈善富豪김범氏가數日前에到京ᄒᆞ얏ᄂᆞᆫ데該씨의財産을我韓耶蘇敎會에寄附홈이最大ᄒᆞ다하며今日下午八時의靑年會館에셔該씨를請邀ᄒᆞ야如何ᄒᆞᆫ結果로百萬金價値된事業을遣成ᄒᆞ얏나ᄂᆞᆫ問題로演說ᄒᆞᆫ다더라

●壯哉金氏 義州批峴面學對학校에셔三處학校가合設하엿다ᄂᆞᆫ事ᄂᆞᆫ已爲報道ᄒᆞ엿거니와該校장金志闇氏가愛國熱誠으로該校를設始ᄒᆞᆫ지七八年의壹切校費를自己가擔當ᄒᆞ며雖某人士라도지學校와附會間請助가無不隨力捐助ᄒᆞᄂᆞᆫ지라同郡二處學校가該其誠力ᄒᆞ야學校를合設ᄒᆞ기를[illegible]ᄒᆞ엿[illegible]三百餘名[illegible]明明ᄒᆞᆫ强을指目ᄒᆞ미[illegible]에達ᄒᆞ니韓國財政家가皆[illegible]감[illegible]西京人이稱頌ᄒᆞ더라

●외交卒業 남門外濟衆院의學校第壹回卒業式은明日에擧行ᄒᆞᄂᆞᆫ대各高等官을請邀ᄒᆞᆫ다더라

桑港電報

五月三拾壹日발

●拒絶入國 米國에셔淸國勞働者의入國홈을拒絶ᄒᆞ고日本移民을制限ᄒᆞᆫ結果로太平洋郵便事業費一百五十萬弗이不足된다더라

▲問諸白鷗▼

▲飛去飛來自由ᄒᆞᄂᆞᆫ同頭欲問江上鷗ᄒᆞ니[illegible]塵不到水國中에與世相忘已久ᄒᆞ다奔忙ᄒᆞᆫ此世界에獨閑暇하다

▲江湖上에더白鷗야中原消息括耳하니雲雨風塵紛々ᄒᆞ다各自競爭此時代에優勝劣敗爭衡ᄒᆞ야奮挺[illegible]買勇ᄒᆞᆫ데無事客이네로구나

▲江湖上에더白鷗야宦海風波危險ᄒᆞ야運動手段敏活ᄒᆞ니不過他老死ᄒᆞᆯ제五心煩되더行爲ᄂᆞᆫ醜鄙之謗奔忙ᄒᆞᆫ데無事客이네로구나

▲江湖上에더白鷗야芳樹春陰公子驚ᄒᆞ壹時豪情不勝ᄒᆞ야名花密前相歡ᄒᆞᆯ제世上事를渾忘ᄒᆞ고壹平生을誤了ᄒᆞᆫ데無事客이네로구나

▲江湖上에더白鷗야富貴已足公卿家ᄂᆞᆫ登瓏望蜀無厭ᄒᆞ고勢力挽回熱中ᄒᆞ니區々情態可憐ᄒᆞ다巢顧셔笑奔忙ᄒᆞᆫ데無事客이네로구나

▲江湖上에더白鷗야社會上에名譽客子貪慾滔々ᄒᆞ야以名爲釣餌釣名ᄒᆞ니有志者가誹謗ᄒᆞ되면然無恥遑忙ᄒᆞᆫ데無事客이네로구나

▲江湖上에더白鷗야新出官人執樣보면世界形便曖昧ᄒᆞ고殊方語音粗解ᄒᆞ나能言鸚鵡이아닌가世人賤罵交至ᄒᆞ되無事客이네로구나

▲江湖上에더白鷗야富翁腦髓緊固ᄒᆞ야聚斂精神[illegible]이로다公益上[illegible]避ᄒᆞ야壹二分도恐損키[illegible]當[illegible]批評紛紜ᄒᆞᆫ대無事客이네로구나

▲江湖上에더白鷗야金[illegible]緣何入江湖ᄂᆞᆫ[illegible]物價刀翔難禁인가上[illegible]無路ᄒᆞ야魚失水兮遑々ᄒᆞ니商業界가困難ᄒᆞᆫ대無事客이네로구나

▲江湖上에더白鷗야四方民俗嗷々ᄒᆞ야東奔西騷擾擾中에窗烟不起寂寞ᄒᆞ니壹年農作無計ᄒᆞ야士女携手蒼黃ᄒᆞᆫ대無事客이네로구나

社告

急急社告

▲謹告各支社員

本社에셔現下經費가比前夥多홈을ᄒᆞ야窘拙이益甚ᄒᆞ오니各地方支社에셔ᄂᆞᆫ本報代金을不日收刷ᄒᆞ야本十五日內로郵換送付ᄒᆞ야以補社費케ᄒᆞ심을希望홈

急急社告

大韓每日申報社

廣告

海東測量事務所를中署典洞四拾七統壹戶에設施ᄒᆞ얏ᄉᆞ오니僉君子ᄂᆞᆫ來臨相議ᄒᆞ시옴

海東測量事務所

本會에셔甲申以來로國事를因ᄒᆞ야殉死諸氏의追悼ᄒᆞᄂᆞᆫ典을擧行코ᄌᆞᄒᆞ오나多數中에遺落홈慮가不無ᄒᆞ와玆에廣告ᄒᆞ오니其遺族은其死者의事實及履歷을另具ᄒᆞ야南部苧洞四街義城材木柴炭株式會社臨時事務所內本會調査委員申寅淵李圭完兩씨許에送置ᄒᆞ심을務望홈
期限六月十日(陰五月拾二日)內遺族은其居住를明示홈을乞홈

愛國死士追悼會 告白

本人弟取五가性本浮虛ᄒᆞ야酒色에沉溺ᄒᆞ야四處得債云ᄒᆞ니內外國人은切勿見欺홈

古阜居李順集 告白

▲測量學員募集廣告

本塾에셔特別히五個月速成으로測量學을敎授ᄒᆞᆯ터이니願學ᄒᆞᆯ員은本月七日內로請願書를來呈홈

試驗日字本月七日(日曜)上午拾貳時
試驗科目 國漢文讀書 算術四則以內
上學時間 自下午四時至五時半
月謝金 五拾錢

私立廣化新塾長南廷哲
西部西門內陽谷四拾三統七戶

本人의姓名圖章을於陰五月壹日平壤停車場에셔見失ᄒᆞ얏ᄉᆞ오니內外國人은以此照亮

安城內常平洞 李昌瑞 白

●海陸登般 土木 鐵道 道路 橋梁 溝渠 排水等之測量及設計
●礦山 林野 土地之測量及製圖
土木工事之監督及請負
京城旭町二丁目百拾壹番戶
理事廳橫通臣耳義領事館前

片村工務所
所主 片村龜次郞

本人의從弟姓伯이本是浮浪悖類로乘其出他之時ᄒᆞ야所在田畓二石八斗落과田三日耕文券櫃를破碎ᄒᆞ고偸去故로奉賀을由ᄒᆞ야呈于本郡ᄒᆞ얏ᄉᆞ니此文券을休紙施行ᄒᆞ고內外國人은切勿見欺홈

京畿竹山郡府面陵北居 朴性大 白

本人의亡夫申千甫라記名ᄒᆞᆫ家券을遺失ᄒᆞ얏ᄉᆞ오니誰某던지拾得ᄒᆞ야도休紙施行홈

堅平坊典洞三十九統二戶 李召史 告白

本人의本郡所在田畓七石九斗落을不動產證明簿에記載ᄒᆞ야登記方法을履行이온바本人의四寸弟汝가使其子乙龍으로僞造者券ᄒᆞ야欲爲偸賣云ᄒᆞ오니內外國人은切勿見欺ᄒᆞ시옴

珍山邑河大春 白

本人等에庄土가廣州郡細村面細谷等에午頭野와沙耕坪과中대面장芝里前坪에所在畓百餘石落을장芝里居ᄒᆞᄂᆞᆫ前先敎白明心의孫崔弼西와細谷居柳金敬祀等四人이稱以舍庄士ᄒᆞ고僞造文券ᄒᆞ야執稱典領任之名을交付下에暗自着名ᄒᆞ야典執得價코저ᄒᆞ오니內外國人은切勿見欺홈

京居畓主 全永基 金鍾煥 金思瓚 金宗演
南城居畓主 石璞煥 李取鎬 리明俊 리治廣 告白

本人이筆墨商店과典舖를營業이온中今羅南北道각部외行商客主를來月로開施를添ᄒᆞ오니商業紋員은來臨雲集ᄒᆞ시와應用ᄒᆞ심을敬要

西門外盤井洞四拾七統八戶 曺玩承 告白

前純陵參奉韓旬埰改名築奎홈

韓築奎 告白

本所에셔左開事務를隨時開應ᄒᆞ오니 僉君子ᄂᆞᆫ來臨相議ᄒᆞ심을務望

礦山 山林 土地 家屋

廣東測量製圖事務所 告白
남署鑄洞壹統四戶

本郡公立普通學校建築時에郡民이欽慕學校ᄒᆞ고基址建築ᄒᆞ기爲ᄒᆞ야人夫壹萬五千三百名을自願出役ᄒᆞ야如意建設矣러니當此殷急ᄒᆞᆯ所謂等狀라四千餘名을出官勒役ᄒᆞ야大端民擾인ᄃᆡ又補助라稱ᄒᆞ고每戶에壹兩式合計千百兩을分排收捧ᄒᆞ니如此自立에도此害은無ᄒᆞ거든堂々公立에補助ᄒᆞᆫ若是勒捧이야民瘼이滋々ᄒᆞ야玆廣佈홈

黃州郡民等 崔用羽 鄭學斌 金庸楨 金鎭訓 林用漢 告白

●新明梅堂廣告
陸軍撰製經驗實驗方劑

落梅丹

口瘡不瘳창病去此名藥
壹劑五百粒定價壹 三圜
主治 梅毒(唐창)新舊창
●痳瘍의皮膚病의便秘
●淋病
已上病症外에男女間에不精交合ᄒᆞᆫ後에若疑아之端이有ᄒᆞ야도此藥壹劑만服用ᄒᆞ면完無後慮ᄒᆞ고脾胃도健全홈을擔保홈
此外에도외療機械와精美ᄒᆞᆫ藥材를新備ᄒᆞ고內外科각色疾病을誠心治療홈

皇城北部大安洞

仁濟藥房 高用진 謹白

代理店
京城鍾路 共愛堂약房
仁川港龍洞 濟生堂
國內各處藥局에셔隨應販賣홈

本店에夏節양服件이英京倫敦에셔新着ᄒᆞ얏기로玆에廣佈ᄒᆞ오니 僉君子ᄂᆞᆫ光顧購買ᄒᆞ심을懇望홈

貞洞華商源泰號
양服裁縫店 謹白

本人之子壬善이가性本浮浪ᄒᆞ야符同雜類ᄒᆞ야欲入得債코저ᄒᆞ오니內外國人은切勿見欺홈

西門外新村弘門洞金鍾元 白

●靑年立志編 全

大垣丈夫著 劉文相譯
定價二拾錢 郵送料二錢

本書ᄂᆞᆫ靑年의志氣를活潑케ᄒᆞ며責任이自重홈을覺悟케ᄒᆞᄂᆞᆫ寶大明鑑이라靑年은登讀ᄒᆞ소서
但多數購買ᄒᆞᄂᆞᆫ이에게ᄂᆞᆫ減價ᄒᆞᄂᆞᆫ方法도有홈

京城南部牛井洞拾統拾戶
大垣丈夫家內 弘文館

現今時代ᄂᆞᆫ男女를勿論ᄒᆞ고營業에從事ᄒᆞ야生活上에充補케ᄒᆞᄂᆞᆫ것시正當ᄒᆞᆫ故로本人이비록女子오나裁縫을卒業ᄒᆞ야男女洋服을鮮明製造ᄒᆞ야全國兄弟姊妹의게隨求酬應ᄒᆞ깃ᄉᆞ오니速速來購ᄒᆞ심을仰望홈

中署宮洞七拾統七戶 夫人洋服店 告白

本書館에셔民智를廣啓ᄒᆞ고文明發達을기爲ᄒᆞ야新書籍을大발賣ᄒᆞ오니僉君子은陸續來臨ᄒᆞ심을望홈

釜山港東關韓興書館
館主金汝重 權중律

○애광고

한국에서 십년을연구ᄒᆞ야사향소창단)에만 여는말명ᄒᆞ엿는ᄃᆡ 남녀로소ᄒᆞ고 무슨창병이던지 ᄒᆞᆫ제(十四介)을먹음언ᄃᆡ 멕으면 효험이비발ᄒᆞ중 되ᄂᆞᆫ고로 미얼ᄃᆞᆫ지ᄒᆞ와사가오니 창병잇ᄂᆞᆫ 첨위ᄂᆞᆫ오ᄃᆡ묘ᄒᆞᆫ말고 속히ᄃᆡ립ᄒᆞ야 문희ᄒᆞ시며 자ᄃᆡ방이라도 우편으로 부쳐ᄃᆡ리오니 죠량ᄒᆞ시옵

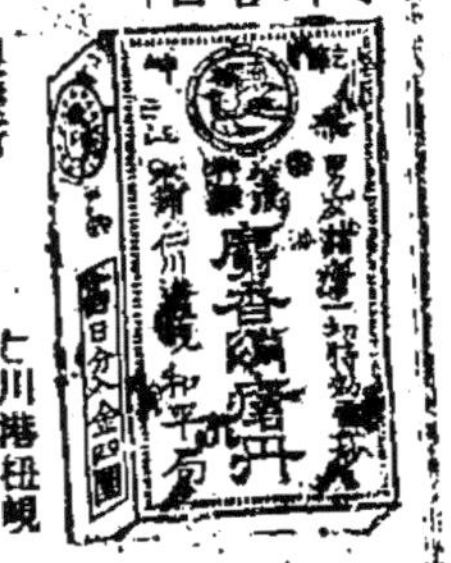

製藥所 仁川港杻峴 和平堂약房
發行人 仝 李용善
代理店 仁川港杻峴濟生堂藥房 京城大廣橋共愛堂藥房

胎養調經丸
리양됴경환

대뎌 부인이 년ᄌᆞ로록 잉ᄐᆡ치 못홈은 병으로 인홈이나 일ᄒᆡ이 연구치 아니ᄒᆞ고 심상이 ᄇᆞ려두면 다만 ᄒᆞᆫ사ᄅᆞᆷ의 불ᄒᆡᆼᄒᆞᆯᄲᅮᆫ 아니라 또ᄒᆞᆫ 젼국에 크게 관계가 잇ᄂᆞᆫ고로 실외 십오년을 ᄂᆡ외국 고명의ᄉᆞ의 실험방을 퇴션ᄒᆞ야 실에 집으로브터 他人家에 무수시험ᄒᆞᆫ즉 열에 열사ᄅᆞᆷ이 다효험을 보앗고 초약이 잉ᄐᆡ만 ᄒᆞᆯᄲᅮᆫ아니라 (치링)(치적)ᄒᆞ며 (조경)(조혈)되ᄂᆞᆫ고로 이ᄀᆞᆺ치 광포ᄒᆞ오니 첨부인은 멀ᄎᆞ 시험ᄒᆞ시며 각디방이라도 우편으로 붓칠터이오니 죠량ᄒᆞ시옵

壹劑壹個月分定價五圜

製藥所 仁川港杻峴 和平堂약房
發行人 仝 리應善
代理店 인川港杻峴 濟生堂약房 京城大廣橋 共愛堂약房

우량죵약은청심보명단과쳐발매소마다수용판매ᄒᆞ오니그근방에계신이ᄂᆞᆫ그곳으로가셔몬져ᄒᆞ시오

仁川港和平堂 白

普魯士國 厚禮斗益大王七年戰史

滄堂先生 金嗣澔 譯述
全壹冊 定價金三拾錢

此書ᄂᆞᆫ卽拾八世紀頃에普魯士厚禮斗益大王이日耳曼列邦中에介在ᄒᆞᆫ窮弱國으로突然奮起ᄒᆞ야尙武的精神으로人民을鼓勵ᄒᆞ며俄法等諸國과對抗ᄒᆞᆫ서七年戰爭을繼續ᄒᆞ야普魯士國의雄飛ᄒᆞᄂᆞᆫ端緖를開ᄒᆞᆫ事實이온ᄃᆡ其政略의巧妙홈과其功烈의偉大홈이足히讀書의敬慨心을喚起ᄒᆞᆯ만ᄒᆞ오니 僉君子ᄂᆞᆫ速々講覽ᄒᆞ시옵

發賣元布屛下廣學書舖金相萬
發賣所 京鄕各有名書店

新刊書籍發售廣告

女子讀本 張志淵氏著 全貳冊 定價금大拾錢
初等衛生學 全壹冊 定價금拾五錢
初等倫理學 全壹冊 定價貳拾전
國家학綱領 全壹冊 拾五전
國民須知 全壹冊 八錢
初等小학 全四冊 壹圜三拾錢
中等萬國新地誌 全貳冊 壹圜
增補無冤錄大全 國漢文壹冊 七拾五錢
伊太利建國三傑傳 全壹冊 卅전
新撰理化학 朴晶東시著 全壹冊 定價金三拾전
獨習日語獨학 鄭雲復시著 洋裝壹冊 壹圜貳拾五전
愛國夫人傳 張志淵시著 全壹冊 定價금拾五전
新小說血淚 리人稙시著 全壹冊 定價금貳拾錢
富國余書養鷄新論 鮮于叡시著 全壹冊 定價금三拾五전
世界三怪物 져壹冊 拾貳전
家庭雜誌 每號拾전
新訂算術 전三冊 六拾전
普魯士國厚禮斗益大王七年戰史 전壹冊 定價金三拾전

發賣所 皇城中署布屛下 廣학書舖 金相萬
京鄕各有名書舖

[illegible]醫學校卒業[illegible]

製藥總監人濟衆院醫學員洪錫厚朴慈惠

觀化告白　　代理田梨峴洋藥局主李信華

本人等이漢城南大門外濟衆院用ᄒᆞᄂᆞᆫ處方으로左記ᄒᆞᆫ各種藥品을製造ᄒᆞ오니京鄕間遠近勿論ᄒᆞ고此藥品信用ᄒᆞ시求爲ᄒᆞ이[illegible]學校長勤五等池錫永氏에게각方文마다議定ᄒᆞ고有效證明書을受ᄒᆞ고主治効能用法을詳記ᄒᆞ야洋鐵匣紙匣琉璃甁에封ᄒᆞ야貴각兄弟에게利益이加有ᄒᆞ도록ᄒᆞ나이다

治痰平胃丸　男女氣血補益丸

輕腫根治膏　純金鷄蠟丸

濕腫根治膏　蛔虫浸出丸

大癰拔根合瘡膏　四時感冒丸

小兒胎毒合瘡膏　清明眼藥水

積氣神効小兒保嬰安散　消痰鎭咳藥

小兒感冒靈効散　男女瘧疾祛根藥

德國製淋疾丸　寸虫拔根藥

漢城百應膏　止足汗臭藥

洋藥乾材　止瀉固腸丸

舊醫藥唐草材　陳陳旧滯消積丸

西藥醫大匯要　無患臭疥瘡藥

◎大韓醫院[illegible]發賣[illegible]

◎修皮靈丹　各種急治中暑久瀉[illegible]飮吐瀉定價一貼[illegible]錢

◎至寶丸　治諸般疳疾不拘久遠俱有偉効定價金十錢

◎靈效液　外用芳香治疥瘡皮風百發百中定價金三拾錢

◎清眼水　治諸般眼疾有雲霧天之妙定價金拾錢

◎通淋丸　治男女急慢淋疾神效無雙速效除毒壹週金五拾錢

製藥發行所　漢城南部大廣橋西邊第二家十九統七戶　共愛堂大藥房　崔白

支店　開성남門內共愛堂第壹支店　姜助[illegible]　群山港開福동共愛堂第二支店　리春善　河東郡赤良面共愛堂第三支店　黃麟秀

代理店　皇城北部大安동　仁濟藥房　仝 종路靑年會館前　慈惠藥房　仝 西部新門外石橋　普濟醫院　仁川畓峴　濟生堂　仝 和平局

此外에도東西洋각國有名賣藥과草材藥이俱備하오니藥의多少을不拘ᄒᆞ고請求ᄒᆞ시면小包로仰呈ᄒᆞ게솜

◎新訂方合編　壹部壹圓拾전
針脉經。病論。약性。方案。午症。牛馬病약。洋약用法。診察法。經驗方。이具備ᄒᆞ야醫학家나賣약家에最新要緊ᄒᆞ오며

◎社會勝覽　純國文廿二전
社會에規則과演說에方法과脉格이며東西양雄辯家에演說를譯述ᄒᆞ야社會有志者와勞動人及婦人々지不可不購覽ᄒᆞᆯ者며

◎婦人儀範　純國文廿五전
育子ᄒᆞᆯ敎育ᄒᆞ고家庭을整理ᄒᆞᄂᆞᆫ道로婦人社會의特要ᄒᆞᆫ師範ᄒᆞ이오며

◎中等算學　壹帙 冊壹圓五拾전
自四則至開立方九積數量次第模範ᄒᆞ야학習에便易ᄒᆞ고我韓算書中에最具備ᄒᆞᆫ者며각校학生의게ᄂᆞᆫ特爲減價발賣ᄒᆞᆷ

註譯 支那時文類聚
리처雨 編集　入拾二頁　定價금 二拾二錢

右冊은近日現用ᄒᆞᄂᆞᆫ各樣緊要私札往復이며請與口請聞에現行往復ᄒᆞᄂᆞᆫ公私宴會請帖往復이며其他公函往復과公文照會等式을編成一冊ᄒᆞ야可作高等社會의總滙要訣이오니照亮

總發賣所 皇城[illegible]光東書局
分所 皇城[illegible]書舖

◎大[illegible]新[illegible]藥廣告
基於人道之原則ᄒᆞ고基於正義之誠實ᄒᆞ며以親切爲旨ᄒᆞ야訴訟事件幷각官廳請願事件을[illegible]受依托ᄒᆞᆷ
京城저洞六拾四統二戶
辯護士　東洋大학前講師
日本法律학士　木尾虎之助

消化新藥 清心保命丹　九十粒入金拾錢
陸軍軍醫總監[illegible]君實驗方劑
陸軍軍醫張基茂君有効證明
四海衛生之諸君子常備之靈藥
發行所 仁川港杻峴 濟生堂藥房

◎漢飮食積　功効能
◎咳嗽腹痛　中暑中寒
◎氣鬱吐瀉　水土不服
◎食傷酒醉　船車眩暈
◎其他諸般運氣　口熱惡臭
▲出張代理特約발賣所　癘疫預防妙藥
●京城大廣橋共愛堂大藥房
同 종路慈惠藥房　리觀化
同 梨峴洋약局　리信華
同 銅동博文書館　盧益亨
同 南大門外大同運輸會社
同 泥峴三丁目　新井支店
同 泥峴郵便局前　天佑堂
同 水橋本堂出張人　리鳳林
●仁川舊邑本堂出張所　金濟賢
同 開城旅館　韓萬根
同 寺峴和平堂　리應善
●開城南門內萬物鹽　박圭植
同 남門內同店　禹栢玉
同 南門內冊社　리禎錫
同 北部忠橋　具聖模
海州宗路商店　宋在瑛
同 ᄂᆞᆫ二房약舖　김永泰
同 남門內店　리奉植
●水原종路下약房　金濟九
●延安邑ᄂᆡ洋약局　邊汝文
●江華종路店　尹斗鉉
同 종路店　宋順五
同 西門外冊肆　高成泳
●長湍남門ᄂᆡ　[illegible]
砂利院市場ᄂᆡ客主　朴健昌
同　仁允淳
同 耶蘇敎堂ᄂᆡ　리在[illegible]
●黃州남門ᄂᆡ紅門동　리東謙
●平壤鍾路里濟生局　韓[illegible]儀
同 館前衛生醫院　金龍興
同 大興部一里　[illegible]化
同 武洞濟局　桂澤宣
同 里[illegible]出張人　[illegible]
●鎭남浦[illegible]동洋약局　김元섭
同 [illegible]本堂出張人　吳남奎
●濟山港開福동　김斗鉉
●安州城ᄂᆡ[illegible]동[illegible]春大약房
●安岳邑上[illegible]里濟生局　林[illegible]柱
●大邱남門ᄂᆡ[illegible]　김成浩
●釜山港[illegible]客主　金[illegible]佑
●[illegible]川郡[illegible]商店　朴芝行
●載寧邑後동洋약局　[illegible]九圃
●忠州東良面早[illegible]　金[illegible]和
●晋州郡[illegible]　박[illegible]
●定州남門ᄂᆡ洋약局　리健柱
●郭山邑ᄂᆡ洋약局　[illegible]
●鐵山邑ᄂᆡ永春堂　安[illegible]
●宣川邑ᄂᆡ[illegible]肆　安[illegible]
●義州水口街　[illegible]
●碧潼邑四里洋약局　김永植
●郭山邑[illegible]肆　김大鉉
●元山港濟生堂支店　박敎[illegible]
●北靑新[illegible]港客主　박[illegible]
●江原道本堂出張人　[illegible]
●德川邑官동洋약局　리丙斗

●其他ᄂᆡ各약店마다[illegible]販賣ᄒᆞᆷ　리[illegible]
●仁川港濟生堂告白

現今弊院에서各項事務을一擴張하오미金裝與銀裝各樣의齒와老小間沒數落齒ᄒᆞᆫ며齒床幷齒을隨意製造하오며拔齒與入齒時에毫無苦痛케ᄒᆞᄂᆞᆫ技方도有ᄒᆞ며齒科上面議ᄂᆞᆫ無料接受ᄒᆞ오ᄂᆞ니四方僉君子ᄂᆞᆫ照亮ᄒᆞ심을敬希ᄒᆞᆷ
京南大門內尙洞美人施齒致家
齒科醫士　韓大衡　告白

●國債報償組合所收入廣告
●京畿水原運水北面壁동
前主事 김永根　韓甲[illegible]
白順五　四拾錢
各八十錢
최允根　김敬之　劉性心
徐[illegible]初　尹順集　安聖連
김[illegible]春　印聖友　김成根
安仲玉　최俊集　김致玉
리春實　甄[illegible]連　리興俊
정道連　각十전
合三圓六拾錢
▲栢峯里
우敬西　朱聖凡　리伯三
吳化實　金敬先　최順根
黃奈玉　최在根　김士有
[illegible]化光　최春甫　趙興三
각十錢
合壹圓二拾錢
▲道念里
김允實　최三汝　韓平甫
정光雲　鄭光汝　鄭光在
김千敎　張永淑　尹平心
許春實　崔萬汝　각拾전
合壹圓十錢
▲東堰里
韓德三　鄭光奭　각四十전
宋伊鎭　韓元奭　정有辭
리한三　정道汝　金甫汝

▲[illegible]洞
前主事 韓明敎　二圓
韓學敎　韓順敎　리興叔
리聖日　尹順日　각十전
合二圓五拾錢
▲黃谷里
崔元八　姜汝實　曺成八
각四十전　崔性운　安國主
최春甫　曺敬인　각十전
合壹圓六拾錢
▲間山洞
主事金元奎　白남赫　各壹圓
白學西　白聖達　各四十錢
崔喜景　白明汝　각二拾錢
白서俊　白인西　리德近
각十錢
合三圓五拾錢
각十錢　合壹圓四十전

●本社廣告

○廣告料
國문活字十三字詰
每日每英尺一寸에新貨十五錢
(每日每行六전에相當홈)
二週日에　二圓五十錢
(每日每行四錢五里에相當홈)
一箇月에　五圓
(每日每行四錢一里에相當홈)
其期限의長短과字行의多寡를依ᄒᆞ야增減홈이有홈

○申報價
壹張代金　新貨二錢五厘
壹個月前納　三十錢
參個月　九拾錢
陸個月　一圓七十錢
壹個年　三圓四十錢
鄭稅一張　新貨五厘
壹個月　十三錢

發行兼編輯人英國人 萬咸
發行所
南署石井洞號外地三層洋屋
大韓每日申報社

京城南大門外濟衆院에서[illegible]製造ᄒᆞᄂᆞᆫ대方文則남大門外濟衆院에서本院製藥의계數拾年來累驗ᄒᆞᆫ妙方으로製造하야파오니 製량과[illegible]에對ᄒᆞ야說明 製냐ᄒᆞᄂᆞᆫ[illegible]藥에本價와紙包印刷價와製[illegible]

第八百廿壹號

大韓每日申報

第六卷

月曜及慶節
發時日休刊

檀君開國四千二百四十一年
箕子元年三千三十年
大韓開國五百十七年
日本明治四十一年
淸國光緖三十四年
陰曆戊申五月大初五日己丑

論說

學生의公憤

日昨法官養成所學徒가權輝潞시와日人敎授장進恒에게歐打를受ᄒᆞᆫ事로장進恒의解任ᄒᆞ기以前에ᄂᆞᆫ一齊退學ᄒᆞᆯ것다ᄒᆞ고所장에게請願ᄒᆞᆫ은前報에已揭하얏거니와吾儕所料에ᄂᆞᆫ彼장進이敎授爲名者로셔學徒에게如此蠻行의事가有ᄒᆞ얏스니彼雖如何觀逐ᄒᆞᆯ지라도학徒를何面目으로更對하며又彼가던然하更對코ᄌᆞᄒᆞᆯ학徒가엇지此를肯許ᄒᆞ며又或학徒가肯許코ᄌᆞᄒᆞᆯ들히所長及히所任員이엇지此를肯許ᄒᆞ며히所장及히所任員이此를肯許코ᄌᆞᄒᆞᆫ들法部에서엇지此를肯許ᄒᆞ리오故로吾ᄂᆞᆫ以爲ᄒᆞ되장進은必也卽日解退ᄒᆞ며學徒ᄂᆞᆫ必卽日上學케되리라ᄒᆞ야耳를傾ᄒᆞ고其消息을待ᄒᆞ더니

迄今四五日을經하도록장進은依舊是敎授位에蹲坐ᄒᆞ며히所에셔ᄂᆞᆫ又只是苟且彌縫으로爲事ᄒᆞ며히所二百餘名의학徒가道路에彷徨ᄒᆞ야時日만虛送하고壹齊上學ᄒᆞᆯ日은何日에在ᄒᆞᆯᄂᆞᆫ지不知ᄒᆞ노니

嗚呼라此ᄂᆞᆫ韓國敎育界를爲ᄒᆞ야壹大悲歎을發ᄒᆞᆯ비로다

彼雖渺小ᄒᆞᆫ壹個學徒ᄂᆞᆫ卽未來의法官이며他日國民의師表며現在養成所全體의一分子라비록如何ᄒᆞᆫ巨過巨惡이有ᄒᆞᆯ지라도학校에서此를罰ᄒᆞ지며罰에處ᄒᆞ야學에黜ᄒᆞᆯ而已어ᄂᆞᆯ今乃天靑日白ᄒᆞᆫ運動場內에셔所謂日人敎授（當時運動審判官）長進恒이拳을揮ᄒᆞ며亂擊ᄒᆞ야全身에重傷을負ᄒᆞ게歐打ᄒᆞ얏스니是엇지法學을養成ᄒᆞᆷ인가卽奴隷를養成ᄒᆞᆷ이며是엇지國民師表를製造ᄒᆞᆷ인가卽涼血的動物을製造ᄒᆞᆷ이니嗚呼라此ᄂᆞᆫ一敎育界의悲觀이로다

諺에云ᄒᆞᄃᆡ壹髮이牽에全身이動이라ᄒᆞ니夫학校도亦壹人格을具有ᄒᆞᆫ法人이며思想作爲가有ᄒᆞᆫ一有生機體어ᄂᆞᆯ此等數敎師의手脚으로養成所全體二百餘名학生을辱ᄒᆞ니余ᄂᆞᆫ此道를循往ᄒᆞ다가各處官立학校에箇々壹長進이有ᄒᆞᆯ가恐ᄒᆞ노라

雖然이나壹編撲賀ᄒᆞᄂᆞᆫ바ᄂᆞᆫ히所학徒가未久에業을卒ᄒᆞ고校門에出ᄒᆞ면학位ᄂᆞᆫ학士며職名은博士오小則書記主事와大則檢事判事가皆倆來의物이어ᄂᆞᆯ一切此等思想은不有ᄒᆞ고只是斷々片心으로學徒의天職을思ᄒᆞ며全校의名譽를顧ᄒᆞ며上帝가賦與ᄒᆞ신權利를愛ᄒᆞ며國家의養成所設置ᄒᆞᆫ本意를念ᄒᆞ야학校에來ᄒᆞᆫ지언뎡此等蠻敎師下에셔ᄂᆞᆫ不能授業하깃다고決誓ᄒᆞ얏다니吾輩ᄂᆞᆫ該학徒等의志氣를欽ᄒᆞ야其前途의光明을祝ᄒᆞ노라

官報

▲隆熙▲二年 五月二十五日 官報

判任待遇되ᄂᆞᆫ監獄職員의給與令을左갓치定ᄒᆞᆷ

法部大臣 趙重應

法部令第五号

判任待遇監獄職員給與令

第壹條 看守及女監取締의月俸은別表에依ᄒᆞᆷ

敎習中에在ᄒᆞᆫ看守의月俸은三圜乃至五圜으로ᄒᆞᆷ

前二項以外에日本國人으로看守及女監取締가된者에게ᄂᆞᆫ月俸外에手當을給與ᄒᆞᆷ但其金額은別로定ᄒᆞᆷ

第二條 初任으로看守를被命ᄒᆞᆫ者의月俸은六級以下며女監取締를被命ᄒᆞᆫ者의月俸은四級以下로ᄒᆞᆷ

判任官以上의官職又ᄂᆞᆫ看守及女監取締에在職ᄒᆞ얏든者로看守又ᄂᆞᆫ女監取締를被命ᄒᆞᆫ者에게ᄂᆞᆫ壹條別表의範圍內에서前俸以內의給額을給與ᄒᆞᆷ을得ᄒᆞᆷ

第三條 六級以上의月俸을受ᄒᆞᄂᆞᆫ看守나四級以上의月俸을受ᄒᆞᄂᆞᆫ女監取締ᄂᆞᆫ六箇月을經過치아니ᄒᆞ면增級ᄒᆞᆷ을得지못ᄒᆞᆷ

第四條 看守部장이된看守나通譯其他特別ᄒᆞᆫ技能이有ᄒᆞᆫ看守及女監取締에게ᄂᆞᆫ前二條第壹項을適用치아니ᄒᆞᆷ

第五條 月俸及第壹條의手當金은新任이轉任과增俸의境遇에ᄂᆞᆫ其翌日로부터計算ᄒᆞ며降俸과減俸의境遇에ᄂᆞᆫ其翌月로부터計算ᄒᆞ고退職이나死亡의境遇에ᄂᆞᆫ當月分의全額을給與ᄒᆞᆷ但懲戒免職又ᄂᆞᆫ自己의任意를因ᄒᆞ야退職ᄒᆞᆫ者에게ᄂᆞᆫ日計로써給與ᄒᆞᆷ

第六條 月俸及第壹條의手當金은每月下旬에支給ᄒᆞᆷ

第七條 疾病으로缺任ᄒᆞᆫ지六十日에踰ᄒᆞᆫ者와私故로貳拾日에踰ᄒᆞᆫ者ᄂᆞᆫ日計로써月俸의半額을減ᄒᆞᆷ

但公務를因ᄒᆞ야傷痍를受ᄒᆞ거나疾病에罹ᄒᆞᆫ者나忌服中에在ᄒᆞᆫ者ᄂᆞᆫ此限에不在ᄒᆞᆷ

附則

本令은頒布로부터施行ᄒᆞᆷ

看守月俸表

外報

●革命黨請討 北京電을據ᄒᆞᆫ즉雲南에서逃走ᄒᆞᆫ革命黨員二百名이㑹境을越ᄒᆞ야法領에入하야法兵의게抑留되야武器를被奪하얏ᄂᆞᆫ대此에對ᄒᆞ야淸國政府에서法國政府에叛徒를討滅ᄒᆞ라고請求하랴ᄒᆞᆫ다ᄒᆞ얏더라

●土耳騷動 土耳其領小亞細亞즈모쓰人民이壹體蜂起ᄒᆞ야總督을叛ᄒᆞ고殺傷이多數ᄒᆞ야形勢가危殆ᄒᆞᆷ으로鎭壓ᄒᆞ기爲ᄒᆞ야軍兵數箇大隊와一艦隊를派送ᄒᆞ얏다더라

●艦隊人員罹疫 桑港電을據ᄒᆞᆫ즉하셋트싸운드에碇泊ᄒᆞᆫ回航艦隊겐다키號에猛烈ᄒᆞᆫ天然痘가발生하얏ᄂᆞᆫ대수艦人員의게傳染ᄒᆞᆯ慮가有ᄒᆞ야同艦隊를二分하얏다더라

●俄法同盟明言 倫敦電을據ᄒᆞᆫ즉俄國皇帝ᄂᆞᆫ伊太利駐在俄國大使네리도氏의게下詔하되俄法同盟은世界平和의基礎를鞏固케ᄒᆞᆷ이라고明言ᄒᆞ얏더라

●英法同盟反對 倫敦電을據ᄒᆞᆫ則法國투란新聞에論ᄒᆞ여曰英國陸軍은俄國陸軍과如히有事日에ᄂᆞᆫ法國을援助ᄒᆞᄂᆞᆫ力이無ᄒᆞᆫ더언故로英法兩國의正式同盟이締結되지아니ᄒᆞᆷ을希望ᄒᆞᆫ다ᄒᆞ엿더라

●兩總督上奏 北京電을據ᄒᆞᆫ則南京總督과江蘇浙江兩巡撫가聯名上奏ᄒᆞ야曰浙江匪徒가旣爲平定되얏슨즉曩者浙江에派送ᄒᆞᆫ江寧軍을召還ᄒᆞᆷ으로남京總督과兩巡撫가上奏ᄒᆞ야裁可를蒙하얏다더라

雜報

●冊子出捐 去二十九日에廣画洞敎化학校第壹回月終試驗을經ᄒᆞᆫ後優等生의게賞品을頒給ᄒᆞᄂᆞᆫ대張在軾시의慈親이銀指環與銀釵을典當ᄒᆞ야給與ᄒᆞ미張在軾시가其母親에敎育熱心를覺ᄒᆞ고히시ᄂᆞᆫ時計를典當ᄒᆞ야並爲補費ᄒᆞ얏다더라

●學徒會葬 開城學會副會長林圭永씨ᄂᆞᆫ慷慨之心을抱ᄒᆞ고敎育에極力하야培義학校를首先발起ᄒᆞ며春雨학校를次第設立ᄒᆞ고壹切經費ᄂᆞᆫ獨自擔當ᄒᆞ야五年之間에急人之風이令人興感ᄒᆞ야각學校가接踵而起ᄒᆞ니實是林氏의鼓勵ᄒᆞᆫ效力이라[illegible]에가愛國慕想으로因以病卒ᄒᆞ니志士之歎이於斯極矣로다각학校紳士와十餘學校學徒千餘名이張旗ᄒᆞ야葬禮를擧行하ᄂᆞᆫ대浮文虛飾은거하고簡略ᄒᆞᆫ禮式을行ᄒᆞ야壹般學徒가挽詞二百二拾餘張을揭ᄒᆞ고靈轝를擁護ᄒᆞ야拾五里山下의葬地하ᄂᆞᆫ대輓歌壹曲中에壹般會葬人이莫不悲淚가如雨하얏다더라

偉人遺蹟

水軍第一偉人 李舜臣

錦頰山人

第十三章 續

◎李舜臣이入獄ᄒᆞ며獄間에家國의憂慮

七月十四日에我船이絶影島前洋에서倭船壹千五百隻을遇ᄒᆞ다가十隻이去處업시漂去ᄒᆞ얏다云ᄒᆞ며翌十五日에我船二拾隻이賊에게又敗ᄒᆞ얏다云ᄒᆞ며又翌拾六日에我師가倭賊과交鋒하다가大將元均이船을棄ᄒᆞ고先逃ᄒᆞᆷ으로各舟艦軍이壹時潰亂하야諸將殉節者ㅣ甚多ᄒᆞ고리舜臣과多年同甘苦ᄒᆞ던全羅右水使李億祺도亦此戰에死ᄒᆞ얏다ᄂᆞᆫ報道를軍官李德馨이來傳ᄒᆞᄂᆞᆫ지라

憤涕를灑ᄒᆞ고長歎을獨發ᄒᆞ더니有頃에元帥가來ᄒᆞ야問曰事가此境에至하얏스니將奈何오리舜臣曰吾가沿海等地에往ᄒᆞ야賊勢를壹察ᄒᆞᆫ後에方策을定ᄒᆞ리라ᄒᆞ되元帥가許諾ᄒᆞ거ᄂᆞᆯ翌拾八日에丹城東山々城에登ᄒᆞ야形勢를觀察ᄒᆞ고十九日에晉州衆盖山下江亭에서留宿ᄒᆞ고二十壹日에早發ᄒᆞ야昆陽郡에到ᄒᆞ니郡民이此離亂中에도實業에勤ᄒᆞ야或牟田도理ᄒᆞ며或早穀도收하거ᄂᆞᆯ리舜臣이過ᄒᆞ다가兩拜ᄒᆞ니라

午獻를罷ᄒᆞ매露梁에到하니巨濟縣令安衛等十餘人이來ᄒᆞ야痛哭相見하거ᄂᆞᆯ其敗ᄒᆞᆫ事를問ᄒᆞᆫ즉皆曰大將이見賊先奔으로所致니이다因ᄒᆞ야船上에宿ᄒᆞᆯ시悲憤이胸에結ᄒᆞ야終夜토록目을不交ᄒᆞ고眼을得ᄒᆞ니라

二十六二拾七兩日에兩를冒ᄒᆞ고鼎城에至ᄒᆞ야元帥의派送ᄒᆞᆫ軍隊를閱ᄒᆞ니槍砲도無ᄒᆞ고弓矢도無ᄒᆞᆫ空拳者幾人뿐이더라

八月五日에玉果에到ᄒᆞ니避亂人士가道路에彌滿ᄒᆞ거ᄂᆞᆯ馬에下ᄒᆞ야入縣及壤ᄒᆞ라ᄒᆞ고開諭ᄒᆞ고六日에軍官宋大立을遣ᄒᆞ야賊情을探ᄒᆞ고七日에順天에往하다가敗難兵壹人과三四弓箭若干을收ᄒᆞ고谷城江亭에來ᄒᆞ니라

［未完］

雜報

●會議密勿 第六回觀察使會議를昨日度支部니에서設行ᄒᆞ얏ᄂᆞᆫ대大臣秘密ᄒᆞ얏고각大臣도參與ᄒᆞ얏다더라

●職員錄頒給 내閣에셔각府部院廳의職員錄을編纂刊出ᄒᆞ야壹件式을頒給ᄒᆞ얏다더라

●例會未開 昨日은各部次官들이統監府의會同ᄒᆞ야火曜例會를開ᄒᆞ고事務處理의順序方針을協議ᄒᆞ얏고各部大臣은觀察使會議의參與를因ᄒᆞ야昨日統監例會를未行ᄒᆞ얏다더라

●顧贊議月俸 中樞院副贊議의月俸을支給ᄒᆞ기로磨鍊中이라ᄂᆞᆫ說이有ᄒᆞ더라

●携妓遊覽 永宜君리준鎔氏ᄂᆞᆫ再昨日에開셩으로봄行ᄒᆞᆯ時에妓生山紅과点紅等兩妓를帶同下往ᄒᆞ얏ᄂᆞᆫ대氏의目的인즉開셩에在ᄒᆞᆫ朴淵瀑布와其他각名勝之地를縱覽ᄒᆞ고更히平壤으로발向ᄒᆞ야각名區를觀覽ᄒᆞᆯ目的이라더라

●勤勞特陞 從壹品김聲根氏가表石所堂上在任時에勤勞가既多ᄒᆞᆷ으로正壹品을特陞ᄒᆞ얏다더라

●兩辯判事 辯護士리冕宇太明식시ᄂᆞᆫ判事를被任ᄒᆞᆫ다ᄂᆞᆫ說이有ᄒᆞ다라

●囑托辯護 辯護士리冕宇氏ᄂᆞᆫ壹進會에서囑托辯護士로任用ᄒᆞᄂᆞᆫ대每朔手當金이壹百圜式이라더라

●敎會公判 壹進會장리容九씨와天道敎主孫秉희씨가既往에壹進會와天道敎를合並ᄒᆞ얏슬時에該財相關으로由ᄒᆞ야再昨日平理院에公開裁判을請求ᄒᆞ얏더니如何ᄒᆞᆫ事故가有ᄒᆞᆷ인지延期ᄒᆞ얏다ᄂᆞᆫ대壹進會辯護士ᄂᆞᆫ리冕宇氏오天道敎辯護士ᄂᆞᆫ下明信氏더라

●日奴罪囚 日本東京第壹中학校장銑勝浦雄이가昨日의警視廳니訊問係罪囚間을視察ᄒᆞ얏다더라

●墓所緬封 故忠正公諸策世ᄋᆞ墓所를陰本月十八日의坡州等地로緬封ᄒᆞᆫ다더라

●軍隊歡迎 昨日의宇佐川軍隊入셩歡迎會를日本軍人들이日本人俱樂部로設ᄒᆞ얏다더라

●納紙施語 曾往의ᄂᆞᆫ三代追贈을依例繕給ᄒᆞ더니近日의ᄂᆞᆫ追贈ᄒᆞᄂᆞᆫ人이官語紙를入送ᄒᆞ여야繕給ᄒᆞᆫ다더라

●舊銅收額 度支部의셔舊白銅貨를引上ᄒᆞᆫ額이如左ᄒᆞ니納稅額이壹百二十三萬五千圜이오交換額이四百三十萬五千圜이오買上額이壹百四十九萬六千圜이오舊規引繼額이五拾八萬六千圜인대已上은五月ᄉᆞ八日로二拾四日ᄭᆞ지計算ᄒᆞᆷ이라더라

●地稅出入 度支部의셔本年壹月壹日붓터五月二十日ᄭᆞ지地稅收入이二百七十七万九千圜인ᄃᆡ支出額은八拾七萬七千七百圜이라더라

●賠償交附 度支部의셔開셩之蔘耕作人을招致ᄒᆞ야昨年의收納ᄒᆞᆫ人蔘賠償金二十六萬二千餘圜을交附ᄒᆞ얏더라

●校員履歷 학部秘書課의셔각公立학校長의게通牒ᄒᆞ되本課의셔參考ᄒᆞᆯ必要가有ᄒᆞ니貴校職員履歷書를來十五日니로壹切繕交ᄒᆞ되貫鄕及生年月日과原居現住郡洞統戶或道郡面里統戶와학業及經歷과任官及依願免官懲戒免官年月日俸級數等諸項을昭詳記送ᄒᆞ야參考의便利케ᄒᆞ라ᄒᆞ얏다더라

●日女師任 官立한셩高等女학校를設立ᄒᆞᆫ은已久ᄒᆞ되學徒ᄂᆞᆫ姑未募集됨으로本日女敎師日本人들은학部니臨時事務所로每日任進ᄒᆞ야校務處理方法과敎授節을商協議中이라더라

●女會々務 昨報와如히女子학校의셔聯合大運動會를今日上午八時의西闕니의셔設行ᄒᆞᆯ터인ᄃᆡ運動會장은학務局장尹致旿시의夫人尹高羅시로推選ᄒᆞ얏더라

●壹百請牒 女子學校運動會장尹高羅시가各部大臣과在京各觀察使와敎育界及其他社會의代表의게請牒을送交ᄒᆞ얏ᄂᆞᆫ대合爲壹百餘張이라더라

●獄中衛生 警視廳訊問係罪囚間이當此夏節ᄒᆞ야汚穢之氣와生病ᄒᆞᆷ念慮가有ᄒᆞ야히間의設ᄒᆞ엿든席子等物을收棄ᄒᆞ고消毒藥을灑ᄒᆞ엿다더라

●果則良心 西來人의傳說을聞ᄒᆞᆫ즉日憲兵司令部明令少尉杉山艇이가客年秋의渡韓後로京畿黃海兩道地方의十餘次巡回ᄒᆞ야良民을曉喩ᄒᆞ야자自安業케ᄒᆞ고義將을請來ᄒᆞ야極力說明ᄒᆞ며討伐思想은小無ᄒᆞ고守備隊通譯輩와壹進會自衛團이若有民弊者면據法嚴處ᄒᆞᆫ다ᄒᆞ며라

●渭原雪雹 위原地方의日氣가寒冷ᄒᆞ야雪雹이降下ᄒᆞ얏다더라

●雞種已絕 地方來信을據ᄒᆞᆫ즉各村落의셔養畜ᄒᆞᄂᆞᆫ雞를討伐隊가發々히攫去ᄒᆞᄂᆞᆫ대雞가無ᄒᆞᆫ村의往ᄒᆞ야ᄂᆞᆫ雞와雞卵을持來ᄒᆞ라ᄒᆞ고人民을無數毆打ᄒᆞᆫ故로地方人民等이齊齊히계를養치아니ᄒᆞ기로決心ᄒᆞᆫ所以로계種이永絕ᄒᆞᆯ境이라더라

●鬱陵被害 三昨日의咸北特別巡査隊警視김興元氏等八名이義徒의게被害ᄒᆞ얏다ᄂᆞᆫ通信이來ᄒᆞ얏다더라

●水官化仙 法部日人主事某氏ᄂᆞᆫ三昨日의한江의出往ᄒᆞ야沐浴타가溺死ᄒᆞ야昨日의泥峴本願寺의셔葬禮를設行ᄒᆞᄂᆞᆫ되히法部勅奏判任官이壹齊會葬ᄒᆞ고紀念ᄒᆞ기爲ᄒᆞ야撮影ᄒᆞ엿다더라

●滿期歸셩 내亂犯으로珍島에流配ᄒᆞ얏던김철發沈雨澤씨等四人은刑期가滿了ᄒᆞᆷ으로再昨日에인川港에到泊ᄒᆞ야即時入셩ᄒᆞ얏다더라

●染症禁止 梨峴居留日本女江頭요가昨日의赤痢를罹ᄒᆞ얏ᄂᆞᆫ대此病은傳染病인故로該女ᄂᆞᆫ病院으로移送治療ᄒᆞ고該家의ᄂᆞᆫ消毒藥을灑ᄒᆞ고該家交通은限五日禁止ᄒᆞ얏다더라

●餘習不悛 大邱郡秋敎鍵氏가該郡陳荒地平島坪과靑셩坪을年前의農商部의承認ᄒᆞ야壹邊은種木ᄒᆞ고壹邊은起田ᄒᆞ얏더니該郡의伯씨觀察府主事崔萬達시等三四拾八人이其中靑坪認狀으로冒稱以符挾府郡ᄒᆞ고勒奪此坪ᄒᆞ야拔八蕃木ᄒᆞ고然起田ᄒᆞ다가秋敎鍵시의呼訴를因ᄒᆞ야府郡及農部의屢次質判ᄒᆞᆫ즉崔萬達等의奸狀이綻露於說面面報及査官之登報ᄒᆞ야永爲落科ᄒᆞ고既自農部로屢々嚴飭ᄒᆞ야崔民等所謂訴訟을還收ᄒᆞ고一幷捉囚ᄒᆞ라ᄒᆞ되崔民等은府郡權力이有ᄒᆞ야農部訓指를登不施行ᄒᆞ더니近日의崔民等이又져運動인지橫行大談曰吾等의現與大邱壹進會員으로合同ᄒᆞ야農部大臣의게緊囑ᄒᆞ엿스니勝訟될터이라고誇張ᄒᆞᆫ다고남來人의傳說이有ᄒᆞ더라

●普校回祿 昨日上午貳時量에西大門外天然亭에所在ᄒᆞᆫ普成小學校니에서偶然失火ᄒᆞ야沒燒되얏다더라

●日語開學 官立日語速成科에서昨日부터開학ᄒᆞ얏ᄂᆞᆫ대位置ᄂᆞᆫ校동日語학校니로定ᄒᆞ얏다더라

●學會程度 畿湖興학會에서再昨日下午壹時에臨時總會를開ᄒᆞ고학校設立ᄒᆞᆯ件을爛商議決ᄒᆞ얏ᄂᆞᆫ대학校程度ᄂᆞᆫ師範으로定ᄒᆞ야本科速成兩科로區別ᄒᆞ고本科에ᄂᆞᆫ卒業期限을滿三個年으로定ᄒᆞ고速成科에ᄂᆞᆫ卒業期限을壹個年半으로定ᄒᆞ얏ᄂᆞᆫ대학徒ᄂᆞᆫ爲先限壹百名ᄒᆞ고募集ᄒᆞᆫ다더라

●決心退學 法官養成所學員이該所日人敎師의違법不法行爲에對ᄒᆞ야退學請願書를提呈ᄒᆞ얏다ᄂᆞᆫ說은已爲揭載ᄒᆞ얏거니와其請願書를該所에接受치아니ᄒᆞ고諸敎授가壹場說明ᄒᆞ야仍爲上學ᄒᆞ기로諭ᄒᆞ되學徒들이言ᄒᆞ기를所謂法律학校生徒의게若是ᄒᆞᆫ不法을無難히恣行ᄒᆞ면後日에ᄂᆞᆫ生殺을任意로ᄒᆞᆯ터이니該日人은處罰치아니ᄒᆞ면寧爲退學ᄒᆞ기언뎡不可相受業이라ᄒᆞ야退학請願書를提呈ᄒᆞ고貳百名學員들이壹齊히決心退去ᄒᆞ얏ᄂᆞᆫ대其中에不應ᄒᆞᄂᆞᆫ學員은某々ᄉᆞ八人인ᄃᆡ昨日에大東俱宿館에會同하야痛憤ᄒᆞᆫ事件으로討論ᄒᆞ얏다더라

●借亭設校 東小門外셩北동居前知事黃延壽씨와該동人民에知識이未達ᄒᆞᆷ을恨歎ᄒᆞ야히동에학校를設立ᄒᆞ고經費ᄂᆞᆫ該氏가自擔ᄒᆞ야該洞靑年을熱心敎育ᄒᆞᄂᆞᆫ되校舍가未備ᄒᆞ야該洞所在閔忠正公亭子를閔忠正公宮堂에借給ᄒᆞᆷ으로懇請ᄒᆞ얏더니該夫人이借與ᄒᆞ얏ᄂᆞᆫ대校名은三山義塾이라ᄒᆞ고贊務長은洪秉潤氏로推定ᄒᆞ얏다더라

●阿峴曙光 阿峴有志人士들이新風潮를感覺ᄒᆞ야학校를發起ᄒᆞᆯ새金俊植氏ᄂᆞᆫ家舍壹坐를劃付ᄒᆞ며김世濂리順巨諸氏ᄂᆞᆫ各其多數出捐ᄒᆞ고高明ᄒᆞᆫ敎師를熱心旁求ᄒᆞ니阿峴壹方이從此로破天荒ᄒᆞᆯ希望이有ᄒᆞ다고人々贊頌ᄒᆞ더라

●張氏熱心 珍郡主事張㒷廈씨가敎育에熱心ᄒᆞ야敎科書를貿來ᄒᆞ야도錢幾千兩을自己가先擔ᄒᆞ야郡人林道賢氏를送京ᄒᆞ고警告文을布告坊曲ᄒᆞ야大有興學之望이라고該郡來人이稱頌ᄒᆞ더라

●女徒云募 官立女학校를上等資格으로募集ᄒᆞᆯ터인ᄃᆡ大韓에셔女子학校를刱設ᄒᆞᆫ以來인故로히女徒募集ᄒᆞ기가大端極難이라ᄂᆞᆫ說이有ᄒᆞ더라

●名節休刊 本日은端陽佳節인故로韓國舊俗을從ᄒᆞ야本報를壹日休刊ᄒᆞᆷ

地方消息

▲松禾郡에義兵壹團이集合ᄒᆞ고長連豐川兩郡에義兵七八十名이來屯ᄒᆞ얏고時義將禹東鮮의部下가極히猖獗ᄒᆞ야松禾왕네를來襲ᄒᆞ고義兵副장方國友와義將申景七에가氣脉이相通ᄒᆞ야五月下旬에日守備隊와衝突ᄒᆞ얏다더라

端陽佳節

▲菖蒲酒壹盃後에今年節序點檢ᄒᆞ니天中佳節이되엿고나撫古據今ᄒᆞ야悲歎ᄒᆞ니老去光陰今幾何오

▲가ᄂᆞᆫ光陰無情ᄒᆞ야[illegible]已偃ᄒᆞ니優勝劣敗此世界에丈夫志業未就ᄒᆞ고慷慨悲歌彷徨ᄒᆞ니浦綠櫻紅滿眼景은天中節이되엿고나

▲가ᄂᆞᆫ光陰無情ᄒᆞ야忠臣烈士已老ᄒᆞ니國家之憂깁헛고나壹朶紅花爛開ᄒᆞ야競渡歌壹曲中에屈三閭를追悼ᄒᆞ니天中節이되엿고나

▲가ᄂᆞᆫ光陰無情ᄒᆞ야靑年子弟壯成ᄒᆞ니敎育事務設備하야곳自奮勵下工ᄒᆞᆫ제成就之望밧부도다今朝蒲草得宜男ᄒᆞ니天中節이되엿고나

▲가ᄂᆞᆫ光陰無情ᄒᆞ야公卿大夫虛老ᄒᆞ니蒼生之憂엇지ᄒᆞ나嵗業ᄒᆞ다이時局에尸位高爵可愧로다宮衣未能答君恩ᄒᆞ니天中節이되엿고나

▲가ᄂᆞᆫ光陰無情ᄒᆞ야有志士가다늙ᄂᆞᆫ다자社會가草刱ᄒᆞ야團體力이未固로다漢水趣旨紛紛하니江心百鍊靑銅鏡이라天中節이되엿고나

▲가ᄂᆞᆫ光陰無情ᄒᆞ야遊子騷人愁殺ᄒᆞ네黃金又흔이時局을風流鄕에虛送ᄒᆞ니放浪氣習可惜ᄒᆞ다歎聽競出垂楊裡ᄒᆞ니天中節이되엿고나

▲가ᄂᆞᆫ光陰無情ᄒᆞ야墨客騷人愁衰顔ᄒᆞ니時局變遷不知ᄒᆞ고把酒論문度了ᄒᆞ야實地上爲學點업다桃符讀帖朗吟ᄒᆞ니天中節이되엿고나

▲가ᄂᆞᆫ光陰無情ᄒᆞ야公子貴人去愁ᄒᆞ下士風이寂寞ᄒᆞ야門前食客已散ᄒᆞ니已知賢於孟嘗君ᄒᆞ던能無愧아天中節이되엿고나

▲가ᄂᆞᆫ光陰無情ᄒᆞ야如花佳人愁衰ᄒᆞ니泉顧西笑百媚態에富貴子가失魂ᄒᆞ니東園春夢片時라王燕釵頭艾虎輕ᄒᆞ니天中節이되엿고나

廣告

急告社告

▲謹告各支社員

本社에現下經費가比前夥多ᄒᆞ야窘拙이尤甚ᄒᆞ오니各地方支社에셔ᄂᆞᆫ本報代金을不日收刷ᄒᆞ야本月十五日內로郵換送付ᄒᆞ야以補社費케ᄒᆞ심을希望흠

急告社告

大韓每日申報社

雜報

●義塾經兄　始興小河里居ᄒᆞᄂᆞᆫ滿哲氏가該洞에養陽義塾을設立ᄒᆞ고校舍를新建ᄒᆞ야去月二拾五日에落成式을擧行ᄒᆞᆫ바遠近有志紳士와學徒父兄數百人이來參ᄒᆞ얏ᄂᆞᆫᄃᆡ當日上午拾壹時에開會ᄒᆞ고趣旨를說明後에來賓諸氏가演說勸勉ᄒᆞ고茶果를進ᄒᆞᆫ後에閉會ᄒᆞ얏ᄂᆞᆫᄃᆡ觀光者들이리氏의熱心을莫不稱道ᄒᆞ더라

●再捐建校　東署梨峴新興학校役金을昨年에該洞人民의義捐金二千圓으로建築ᄒᆞ다가役費가不足ᄒᆞ야停役ᄒᆞ얏더니該洞人民이更히會同ᄒᆞ야昨年에義捐ᄒᆞᆫ金額의半額式을更히分配捐出ᄒᆞ야日昨부터繼續始役ᄒᆞ얏다더라

●寄付感佼　茶洞居李章閎鄭趙同熙氏가晨명學校에前往ᄒᆞ야該학徒의熱心工夫ᄒᆞᆷ을致謝ᄒᆞ고紙筆등을優數히寄付ᄒᆞ얏다더라

●新明漸新　新義州港私立新明女學校에셔今年夏期試驗을經ᄒᆞ엿ᄂᆞᆫᄃᆡ優等에ᄂᆞᆫ鄭寬錄씨오及第에ᄂᆞᆫ林得山김慶錫兩氏인ᄃᆡ監督김漢奎贊成員정洪錫리起攝諸氏가賞品을厚給ᄒᆞ고敎育熱心ᄒᆞᆫ다고該港人이稱頌ᄒᆞ더라

廣告

●學員募集廣告

本學會에셔畿湖學校를設立ᄒᆞ고師範科學員을爲先募集ᄒᆞ니願학僉員은本月拾四日너로請願書와履歷書를粘聯ᄒᆞ야校洞本會館너로提呈ᄒᆞ고同月十五日月曜上午十時에本館으로來ᄒᆞ야應試흠事

但試驗紙ᄂᆞᆫ本會館에來求흠事

一試驗科目은國한文讀書作文地誌歷史算術四則以너

但官公私立學校의普通科以上卒業證書가有ᄒᆞᆫ者ᄂᆞᆫ年齡이相當ᄒᆞ면無試許入흠

一資格은年齡貳十歲以上身體康健ᄒᆞ고品行이端正ᄒᆞᆫ者

一修業年限은本科에ᄂᆞᆫ三個年으로特別科에ᄂᆞᆫ拾八個月노定흠

一學校位置ᄂᆞᆫ建春門外前會館前陸軍衛生院

畿湖興學會

本人이東部인昌坊在十里契東端地三統三戶草家四間을買收ᄒᆞ얏더니該家券을被失ᄒᆞ야壹弓等地에서失故로再換時에此廣告ᄒᆞ오니休紙施行흠　家主　鄭致雲　告白

本人이昨年拾二月에西署남征峴八拾四統拾二戶家券을리龍夏處에典執ᄒᆞ고錢文七千兩을借用ᄒᆞᆫ漢城府認許紙를路上에셔失ᄒᆞ얏기玆에廣告ᄒᆞ오니誰某拾得ᄒᆞ시던지休紙施行흠　金哲豐　告白

本人의子南相勳이가性本浮浪ᄒᆞᆫᄃᆡ禮山邑居白成云과其他雜類에甘誘를聽ᄒᆞ야出債浪費코저ᄒᆞ오니內外國人은南相勳與物品을切勿許給흠　中署洞口內南春熙　告白

官立漢城高等女學校學員募集廣告

今에本校本科豫科각壹學年學員을募集ᄒᆞ야入학志願者ᄂᆞᆫ左開각項을注意ᄒᆞᆫ後에入학請願書에履歷書를添付ᄒᆞ야學部너官立漢성高等女學校臨時事務所에提呈ᄒᆞᆷ事

但入學請願書及履歷書等紙와其他可疑ᄒᆞᆫ事이有ᄒᆞᆫ時ᄂᆞᆫ學部너臨時事務所에問ᄒᆞᆷ事

隆熙貳年五月　日

官立漢城高等女學校

壹　募集員數　本科五拾名　豫科五拾名

壹　학員年齡　本科滿拾四歲以上　豫科滿八歲以上

壹　入학請願提出期限　陰曆戊年六月拾日까지

壹　試驗科目　國문（讀法及書取）

壹　試驗日字及處所ᄂᆞᆫ追後定ᄒᆞ야廣告흠

本店에夏節양服件이英京倫敦에셔新着ᄒᆞ얏기로玆에廣佈ᄒᆞ오니僉君子ᄂᆞᆫ光顧購買ᄒᆞ심을懇要흠　貞洞華商源泰號　양服裁縫店　謹白

洪原郡龍源社에居ᄒᆞᄂᆞᆫ思先齋湧泉齋中洞齋雲龍門齋登瀛齋박愼齋景仰齋望從齋集賢齋追遠齋日新齋登會齋今海齋가有ᄒᆞ야年米粒誦이不絕ᄒᆞ더니際此維新時代ᄒᆞ야本郡守鄭完鎭씨가敎育熱心으로各面에勸諭ᄒᆞ기에社內有志紳士韓命權孫炳俊曹秉璜徐廷淑씨와現金獎源金鐘基陳中澈申永均諸氏가學校를期設ᄒᆞ야名曰學龍이라ᄒᆞ고右拾四齋所有財額四千圜을會合ᄒᆞ고金鍾鳳徐廷淑김燕源徐廷彪徐鶴秀陳中澈씨와商會所까지爭出義捐ᄒᆞ야積立金이優足ᄒᆞ기로激課월百餘秩을得ᄒᆞ고高明ᄒᆞᆫ師延聘次徐丙浩을委送京城ᄒᆞ야方在周旋中이오며校舍ᄂᆞᆫ思先齋四拾餘間廣廈에因置校位ᄒᆞ고募集學徒가乃至九十六名이온ᄃᆡ本倅與諸氏가敎育熱心을莫不稱頌에關北文明是進을可驗於學龍학校之大擴展이오며特此廣告ᄒᆞᆷ　洪原學龍學校　告白

開業　時間每日

陽六月四日　陰五月六日

自上午四時至下午九時

柴炭馱馬가梗塞道路ᄒᆞ야行人을妨碍ᄒᆞ며牛馬의糞尿ᄂᆞᆫ自意 [illegible] ᄒᆞ야衛生上에貽害가不少ᄒᆞ고 [illegible] 本社에셔此弊를 [illegible] 巨欵金額을出資ᄒᆞ야 [illegible] 東大門內蓮池洞 [illegible]

柴炭合名會社　告白

[illegible] 取ᄒᆞ가性本浮虛ᄒᆞ야酒色에沈溺ᄒᆞ야四處得債云ᄒᆞ니內外國人은切勿見欺흠　古阜居李順集　告白

▲測量學員募集廣告

本塾에셔特別히五個月速成으로測量學을敎授ᄒᆞᆯ터이니願學僉員은本月七日內로請願書를來呈흠

試驗日字　本月七日（日曜）上午拾貳時

試驗科目　國한文讀書　算術四則

上學時間　自下午四時至五時半

月謝金　五拾錢

私立廣化新塾長南廷哲　西部昌門內場谷四拾三統七戶

本人의姓名圖章을於陰五月壹日平壤停車場에서見失ᄒᆞ얏스오니內外國人은以此照亮　安城內常平洞　李昌瑞　白

●海陸登毅　土木　鐵道　道路　橋梁　灌漑　排水等之測量及設計

●礦山　林野　土地之測量及製圖

土木工事之監督及請負

京城旭町二丁目百拾壹番戶　理事廳橫亟日耳義領事館前

片村工務所　所主　片村龜次郞

本人의從弟性伯이本是浮浪悖類로寐其出他之時ᄒᆞ야所有田畓二石八斗落과田三日耕文券을破碎ᄒᆞ고倫去故로事實을由ᄒᆞ야呈于本郡ᄒᆞ얏스니此文券은休紙施行ᄒᆞ고內外國人은切勿見欺흠　京畿竹山郡府二面陵北居　朴性大　白

本人의本郡所在田畓三石九斗落을不動産證明簿에記載ᄒᆞ야登記方法을履行이온바本人의四寸弟汝가使其子乙福으로僞造畓券ᄒᆞ야欲爲倫賣云ᄒᆞ오니內外國人은切勿見欺ᄒᆞ시옵　珍山邑河大羿　白

本人等에庄土가廣州郡細村面細谷동前牛頭野와沙耕坪과中대面장芝里前後坪에所在畓百餘石落을장芝里居ᄒᆞᄂᆞᆫ리先敬白明化等西와細谷동居ᄒᆞᄂᆞᆫ金敬犯等四人이稱以渠之庄土ᄒᆞ고僞造文券ᄒᆞ야執綱與領任之名을文券下에瞻自着名ᄒᆞ야典執得債코ᄌᆞᄒᆞ오니內外國人은切勿見欺흠　京居畓主　全永基　全鎭煥　金思贊　金鳳演　南城居畓主　石璣煥　리東鉉　리明俊　리浩慶等　告白

本人이筆墨商店과與舖를營業이온中今番羅南北道각島의行商客主를來月로開施를添ᄒᆞ오니商業僉員은來臨賜顧ᄒᆞ시와應用ᄒᆞ심을敬要　西門外盖井洞四拾七統八戶　曹玩承　告白

本人之子士善이가性本浮浪ᄒᆞ야符同雜類ᄒᆞ야欺人得債코저ᄒᆞ오니內外國人은切勿見欺흠　西門外新村弘門洞　金鍾元　白

現今時代ᄂᆞᆫ男女를勿論ᄒᆞ고營業에從事ᄒᆞ야生活上에充滿케ᄒᆞᄂᆞᆫ것시正當ᄒᆞᆫ故로本人이비록女子오나裁縫을本業ᄒᆞ야男女洋服을鮮明製造ᄒᆞ야金國兄弟姊妹의要求를隨應ᄒᆞᆯ것스오니速速來購ᄒᆞ심을仰望흠　中署寺洞七拾統七戶　夫人洋服店　告白

本會에셔甲申以來로國事를因ᄒᆞ야橫死ᄒᆞᆫ義氏의追悼ᄒᆞᄂᆞᆫ典을擧行코ᄌᆞᄒᆞ오나多數中에遺落ᄒᆞᆫ慮가有ᄒᆞ기로紙ᄒᆞ와玆에廣告ᄒᆞ오니該遺族은其死者의事實과履歷을另具ᄒᆞ야南部苧洞四街漢城材木柴炭株式會社臨時事務所內本會調査委員申竄李圭完處에送致ᄒᆞ심을務望ᄒᆞ되期限六月十日（陰五月拾二日）內遺族은其居住를明示ᄒᆞᆷ을要흠　愛國死士追悼會　告白

西江市基ᄂᆞᆫ各人의買有坐市區인바米廛은生涯殘ᄒᆞ야斥賣ᄒᆞᆫ基址故로西江居金君成은該基所隨菜田壹庫를當錢五百兩에買得ᄒᆞ고該廛의ᄂᆞᆫ自前으로各人이買得商業이더니金君成이暗生不測之計ᄒᆞ야今忽惡藉登片菜田ᄒᆞ고衆人所有市基면區를通稱渠之所有ᄒᆞ며欲爲倫賣ᄒᆞ야向者日人에四五次路게거늘該商民이齊合ᄒᆞ야官廳所在田과各人所有基를昭詳辦明則日人도確知君成之挾雜ᄒᆞ고破意ᄒᆞ야去러니又以三萬九千兩에欺賣於捷大臣宅ᄒᆞ야送人踏驗이기로商民等이金哥所有及各人所有의前後事狀을逐々說明則自捷宅으로各人購買文券과金哥文券을壹々照考後에嚴責金君成之挾雜退還이어ᄂᆞᆯ又欲買認之計로謳訴漢城府ᄒᆞ야圖形以去故로齊訴漢府則細燭君成之挾雜이나土地分爭은理宜質卞於裁判所歸正之意로指令이오니大抵金君成이當錢五百兩에買得ᄒᆞᆫ壹片菜田을憑藉ᄒᆞ야衆人所有ᄒᆞᆫ西江市基쳔區를欲奪倫賣ᄒᆞ니內外國人은照亮ᄒᆞᆷ　西江市民　金相王　申應辰　咸昌楨等　告白

製藥監査人濟衆院醫學員洪鍚厚朴慈惠
視化告白　代理國梨峴洋藥局 李信華

本人等이漢城南大門外濟衆院用낙處方으로左記封入낙은製造ᄒᆞ오니京鄕遠近勿論ᄒᆞ고此라品信用ᄒᆞ시기爲ᄒᆞ야前留畧段展勤五晉池錫永氏에게탁方文마다議定ᄒᆞ고有効證明書를受ᄒᆞ고主治効能用法을詳記ᄒᆞ야洋鉄匣紙匣琉璃瓶에封ᄒᆞ야買락兄弟에게利益이加有ᄒᆞ도록ᄒᆞ나이다

治痰平胃丸　男女 益氣補益丸
輕腫根治膏　純金鷄蠟丸
濕腫根治膏　蛔虫浸出丸
大癰拔根合瘡膏　四時感冒丸
小兒胎毒全治膏　清明眼藥水
痼氣 神効 保嬰散　消痰鎭咳藥
小兒 感冒 靈効散　男女 瘡疾 祛根藥
德國製淋疾丸　寸虫拔根藥
漢城百應膏　止足汗臭藥
洋藥乾材　止瀉調腸丸
韓藥草材　陳滯 旧滯 消積丸
西藥醫治藥　無惡臭疥瘡藥

◎[illegible]

◎役際 靈丹

◎至寶丸

◎靈效液

◎淸眼水

◎通淋丸

製藥並行所　漢城南部大[illegible]第三家十九統七戶 [illegible]堂大藥房 [illegible]白

支店　開城 南門內 [illegible]支店　群山港 [illegible]第二支店　河東郡 [illegible]第三支店

代理店　仝 香路 [illegible]　仝 西部新門 [illegible]　仁川 [illegible] 濟生堂　仝 和平局
婆助櫶　李春番　黃麟秀　仁濟藥房　慈惠藥房　普濟醫院

此外에도東西洋各國[illegible]藥材等이俱備하오니藥의多少를不拘ᄒᆞ고請求ᄒᆞ시면[illegible]郵呈ᄒᆞ깃ᄉᆞᆸ

◎新訂方合編　針脈經。病論。약性。[illegible]洋약用法。診察法。經驗方。이具備ᄒᆞ야[illegible]最新要緊ᄒᆞ오며　定價壹圓拾전

◎社會勝覽　社會에規則과演說에方[illegible]東西양雄辯家에演說를譯述ᄒᆞ야社會有志者와[illegible]人ᄉᆞ지不可不購覽ᄒᆞᆯ者며　紙國文卄三전

◎婦人儀範　育子를教育ᄒᆞ고家庭을[illegible]道로婦人社會의特要ᄒᆞᆫ師範이오며　紙國文卄五전

◎中等算學　自四則至開立方九數을大第橫布ᄒᆞ야학習에便易ᄒᆞ고我韓學堂中等에具備ᄒᆞᆫ者며各校학生의게ᄂᆞᆫ特爲減價발賣홈　八拾二頁　[illegible]　定價壹圓五拾전

總發賣　皇城[illegible]光東書局
分所　[illegible]

註譯 支那時文類聚　리처爾 編集　定價금 二拾二錢

右冊은近日現用ᄒᆞᄂᆞᆫ各樣緊要私札往復이며韓淸與日淸間에現行往復ᄒᆞ던公私宴會請帖往復이며其他公函往復과公文照會等式을編成一部ᄒᆞ야可作高等社會의錦囊要訣이오니照亮

●大韓國新港明堂藥廣告

蓋於人道之原則ᄒᆞ고重於正業之誠實ᄒᆞ며以親切爲旨ᄒᆞ야販賣事件幷各官廳請願事件을敬受依托홈
京城저洞六拾四統二戶
東洋大학前講師
辯護士 日本法律學士 木尾虎之助

消化新藥 淸心保命丹
仁川港杻峴 發行所 濟生堂藥房
九十粒入金拾錢

●其他諸般 [illegible]
●食傷寒醉 口熱惡臭
▲其他諸般避氣厲疫預方妙藥

●出張代理特約발賣所
●京城大廣橋共愛堂大藥房
同 香路 慈惠藥房 리觀化
同 梨峴 洋약局 리信華
同 銅洞 博文書館 盧益亨
同 南大門外大同書輸會社
同 泥峴三丁目 新井支店
同 泥峴郵便局前 天佑堂
同 水標 本堂出張人 리鳳林
●仁川 舊邑 本堂出張所 金濟實
同 開城旅館 韓禹根
同 寺洞 和平堂 리應善
●開城 南門內 萬物商 박圭祖
同 南門內同店 禹相玉
同 南門內冊社 리贊鎬
同 北部忠橋 具興模
濟州 宗路商店 宋在璞
同 二房약舖 김永泰
同 南門內店 리泰植
●水原 香路下약房 金濟九
●延安邑니洋약局 邊汝文
●江華 香路店 尹斗鉉
同 香路店 宋順五
同 西門外冊肆 高成俊
同 南門니 崔斂淳
●砂利院 市場니客主 朴健邑
同 任允[illegible]
同 耶蘇敎堂니 리在[illegible]
●黃州 남門니紅門동 리東敘
●平壤 雙巨里濟生局 韓鳳儀
同 舘前衛生醫院 金龍興
同 大興部一里 [illegible]龍化
同 武洞濟局 桂澤宣
同 里旲洞出張人 尹寅[illegible]
●鎭南浦 [illegible]洋약局 김元성
同 億兩機本堂出張人 吳남奎
●群山港 開福동 김斗鉉
●安州 城니義井동 國春大약房
●安岳邑 上張里濟生局 林景柱
●大邱 南門니 [illegible] 김成裕
●釜山港 草梁客主 金重佑
●博川郡 [illegible]商店 朴芝行
●載寧邑 後동洋약局 崔允國
●忠州 東良面[illegible] 金鎭和
●晉州郡 [illegible] 박春賢
●定州 남門니洋약局 리能柱
●郭山邑니洋약局 羅應彬
●鐵山邑니永春堂 安[illegible]
●宣川邑니冊肆 安[illegible]
●義州 水口街 崔[illegible]
●信川邑 四里洋약局 김永植
●郭山邑 冊肆 김大鉉
●元山港 濟生堂書店 박致謙
●北靑 新昌港客主 박錫勳
●江原 本堂出張人 [illegible]
○德川邑 官동洋약局 리丙斗

●其他各약店마다臨應販賣ᄒᆞᆷ
●仁川港濟生堂告白

現今弊院에서各項事務을一擴張ᄒᆞ오며金裝與銀裝各樣의齒와老小間殘數落齒ᄂᆞᆫ齒床幷齒를隨意製造ᄒᆞ오며拔齒與入齒時에毫無苦痛케ᄒᆞᄂᆞᆫ技方도有ᄒᆞ며齒科上面議ᄂᆞᆫ無料로受ᄒᆞᆸᄂᆞ니四方僉君子ᄂᆞᆫ照亮ᄒᆞ심을爲希홈
京城南大門內尙洞美人蔡爾敦家
齒科醫士 韓大衛 告白

▲特別廣告
本社에서名帖印刷所를另設ᄒᆞ고各樣活字와印刷機械本이俱備ᄒᆞ오며印刷가精美ᄒᆞ고價値도極廉ᄒᆞ오되特別히婦人과夫人외에ᄂᆞᆫ一層低廉ᄒᆞ오니僉位ᄂᆞᆫ來臨ᄒᆞ시와隨意請求ᄒᆞᆷ
大韓每日申報社 告白

本書館에서民智를廣開ᄒᆞ고문明發達ᄒᆞ기爲ᄒᆞ야新舊書籍大발賣ᄒᆞ오니僉君子ᄂᆞᆫ陸續來臨ᄒᆞ심을望홈　月
釜山港東關韓興書館 金汝重 權종錫

●[illegible]八 [illegible]
●京畿水原郡水北面佳川동
朴蔡장二圓 司果朴儀秉　八十錢 최璽云 리有信　朴順化 蔡奉리 承官각二拾錢　리汝天 박致明 朴致在　리하先 朴敎信 리近七　리有玄 朴致根 鄭元先　各十錢 合四圓五十전
▲魚潭里

朴春京 白成七 [illegible]　朴景回 八錢 蔡奉徐 [illegible]　壹圓 白應七八拾전 리圭庚　정順九 朴月龍 각四拾錢　司果김廷植 鄭必煥각八拾전　朴敎必 白昌云 白化仲　宋明哲 羅汝先 羅景友　韓性宅 정奉甲 崔朱鉉　金應五 리公玉 黃善國　白日元 金文益 金舜甫　車英三 蔡寧祿 蔡基 金應三　김顯甲 鄭德哲 徐浦叔　各拾錢 合拾三圓九拾錢
南門外약國主人劉漢模代人 朱基鳳

●本社廣告

○廣告料
四号活字十三字以一寸에[illegible]
(每日發行六전에相當홈)
二週日에 二圓五十錢 (每日發行四錢五里에相當홈)
一個月에 五圓 (每日每行四錢一厘에相當홈)
其期限외長短과字行의多寡를依ᄒᆞ야增減홈이有홈

○申報價
壹號代金 新貨二錢五厘
壹個月前納 三十錢
參個月 九拾錢
陸個月 一圓七十錢
壹個年 三圓四十錢
郵稅一張 新貨五厘
壹個月 十三錢

發行兼編輯人 英國人 萬咸
發行所 南署石井洞號外地三戶洋屋 大韓每日申報社

第八百廿貳號

大韓每日申報

第六卷

月曜及慶節歲時休日刊

檀君開國四千二百四十一年
箕子元年三千三十年
大韓開國五百十七年
日本明治四十一年
淸國光緖三十四年
隆熙戊申五月大初七日辛卯

寄書

●敎育이現今의第一急務

弄雲娘子

本人은一個微賤ᄒᆞᆫ女子라此殘弱ᄒᆞᆫ身子로他人의束縛이나受ᄒᆞ야一平生自由를不得하고人을對ᄒᆞ면言笑를强作ᄒᆞ야其意를或逆ᄒᆞᆯ가恐ᄒᆞᆷ으로年齡이只今十八歲되도록如此無用之身을作ᄒᆞ얏도다

恒常靜寂ᄒᆞᆫ時에枕席을依ᄒᆞ야前後事를自思ᄒᆞ고寒心痛哭ᄒᆞᆷ을不已라가流淚를强收ᄒᆞ고淺陋ᄒᆞᆫ文辭로數字를記ᄒᆞ나言辭가齟齬ᄒᆞ고句節이錯亂ᄒᆞ와足히取ᄒᆞᆯ비無ᄒᆞ나想맘ᄒᆞᆷ을察ᄒᆞ노라

我二千萬同胞姊妹여汲々一困ᄒᆞᆯ지어다今日生存競爭ᄒᆞᄂᆞᆫ時代를當ᄒᆞ야萬國之人이務呑往來ᄒᆞ니此時에何事가不急ᄒᆞ리오마ᄂᆞᆫ

本人의淺見으로ᄂᆞᆫ我國이現今에第一急務가敎育이라ᄒᆞ나니敎育이究존치못ᄒᆞ고야엇지人侮를免ᄒᆞ리오

日前에本人이京城에觀光ᄒᆞ기爲ᄒᆞ야京仁鐵道第一番列車에到着하야女子學校를大槪도閱ᄒᆞᆫ니敎育程度ᄂᆞᆫ女子의眼孔으로猝測키難ᄒᆞ나第一敎育에有志ᄒᆞ다ᄂᆞᆫ君子를見ᄒᆞᆫ즉短髮이나左右로파開ᄒᆞ고濃油로塗ᄒᆞ며紗帽를戴ᄒᆞ고洋鞋를着ᄒᆞ며細足襪이나揉하얏스니此가果然敎育을務ᄒᆞᄂᆞᆫ者인가抑或未開化者나아닌가此가果然文明開化의先導者인가抑或挾雜人이나아닌가又或無實의虛名으로他人效顰이나ᄒᆞᄂᆞᆫ者ㅣ아닌가

嗟呼同胞姊妹兄弟여諸君中에眞實ᄒᆞᆫ敎育家가有乎아無乎아吾ᄂᆞᆫ發見ᄒᆞᆫ비로다

彼輩ᄂᆞᆫ外面上으로新學問이니敎育이니ᄒᆞᄂᆞᆫ語를耳邊에閃聞ᄒᆞ고舊學問論駁이나滋甚ᄒᆞ니惜哉라彼輩여彼輩ᄂᆞᆫ文明敎育界에魔鬼라稱ᄒᆞᆷ이可ᄒᆞ도다

彼泰西列邦은何術을用ᄒᆞ야如彼히文明富强ᄒᆞ나하면敎育의作의效力이라ᄒᆞ노라

彼蒼이斯人을生ᄒᆞ시ᄆᆡ身體髮膚와耳目口鼻와五臟六腑ᄂᆞᆫ均賦ᄒᆞ시고昭々ᄒᆞᆫ靈魂도同與ᄒᆞ얏거ᄂᆞᆯ何故로如此醫劣ᄒᆞ야學問이何物인지敎育이何物인지獨立이何物인지自由가何物인지東西를不分ᄒᆞ면셔民智를보遂ᄒᆞ다國權을恢復ᄒᆞ다고擬爲大談ᄒᆞ여浪々數句니마하면能事를自畢하고實地上研究ᄂᆞᆫ都無ᄒᆞ니엇지可惜ᄒᆞᆯ비아니리오

請컨ᄃᆡ眼을擧하야此言을熟覽ᄒᆞ고耳를傾ᄒᆞ야此聲을細聽ᄒᆞᆯ지어다天地萬物中에最貴最靈ᄒᆞᆫ人類도黑暗ᄒᆞᆫ無媒가腦髓에充滿ᄒᆞ야事或不成ᄒᆞ며時或不利ᄒᆞ면窮巷僻巷에獨立ᄒᆞ야八字며運數라고自問自答ᄒᆞ되此ᄂᆞᆫ我國人의幾百年來習慣이라此ᄂᆞᆫ舊慣을改新ᄒᆞ며洗滌去ᄒᆞᆷ은專혀學校敎育에在ᄒᆞ거ᄂᆞᆯ

我同胞여精神을振ᄒᆞ야祖國思想과大韓魂을勿失ᄒᆞᆯ지어다本人이國文申報를遙號閱覽ᄒᆞ니言論이懇切ᄒᆞ고筆法이光明ᄒᆞ야韓國同胞로獨立自由케ᄒᆞᆯ보게ᄒᆞᄂᆞᆫ故로寢食은廢日閱ᄒᆞᆯ지언뎡申報ᄂᆞᆫ廢日閱하지못ᄒᆞ니時局에警醒가有ᄒᆞᆷ이亦此에由ᄒᆞᆷ이라

今番京城에來ᄒᆞ야各演戲場에觀光ᄒᆞᆫ즉各學徒들이三三五五히作伴入來ᄒᆞᄂᆞᆫᄃᆡ其中女子에계만秋波를頻送ᄒᆞ며淫談悖說이傍人의耳朶를打ᄒᆞ니如此ᄒᆞ고야敎育이발達될가本地에도演戲場이非無ᄒᆞ나彼遊衣遊食ᄒᆞᄂᆞᆫ蕩客遊子不學無識輩의往來地에不過ᄒᆞ고學徒에至ᄒᆞ야ᄂᆞᆫ此等處에足跡이不至ᄒᆞ거ᄂᆞᆯ第壹敎育에中心點되ᄂᆞᆫ京城이如此ᄒᆞ니엇지痛哭處가아니리오

願컨ᄃᆡ學校學徒와敎育에有志ᄒᆞ신君子ᄂᆞᆫ有益ᄒᆞᆫ新書籍을晝夜蒐集ᄒᆞ야韓國民의知識과道德과血性을啓發振興케ᄒᆞᆯ지어다

本人은愚昧ᄒᆞᆷ을自歎ᄒᆞ야不遠間外國에留學하기로確定ᄒᆞ온지라祖國同胞를爲ᄒᆞ야悽愴感歎ᄒᆞᆷ을不勝ᄒᆞᆷ으로蕪文을不顧ᄒᆞ고如此發告ᄒᆞ노니無識ᄒᆞᆫ女子의言論이라고勿斥ᄒᆞ시고留神登覽하소서

記者曰此雖年幼紅裙의所書이나人을警發ᄒᆞᆯ處가甚多ᄒᆞ며京城敎育界를批評ᄒᆞᆫ句語ᄂᆞᆫ壹番三嘆ᄒᆞᆯ處ㅣ又有ᄒᆞ도다嗚呼라京城이仁川을較ᄒᆞ기可愧며許多志士가弄雲女娘을對ᄒᆞ기可愧니悲夫라嘗聞、曰支那人材ᄂᆞᆫ北京과上海武昌에缺了ᄒᆞ다ᄒᆞ더니今茲京城이其亦人材缺了ᄒᆞᄂᆞᆫ處가아닌가

雜報

▲六月四日官報

官報第四千六十四號司法欄內에揭載ᄒᆞᆫ罪名濯滌ᄒᆞ고追復官爵ᄒᆞᆫ故左議政韓孝純外七拾七人의辭令書ᄂᆞᆫ內閣에서繕給ᄒᆞ더이니其子孫中에宗支를勿論ᄒᆞ고自追復以下로世派를詳記載하야請願書에添附ᄒᆞ야本閣에來納ᄒᆞ고辭令書를推去ᄒᆞ되請願人의住址統戶도亦爲詳記ᄒᆞᆷ을要ᄒᆞᆷ

隆熙二年五月三拾日 內閣秘書課

官報發售規程

壹 官報ᄂᆞᆫ先금이아니면壹切發付치아니ᄒᆞ고又先金이盡ᄒᆞᆫ時ᄂᆞᆫ卽時발送을停止ᄒᆞᆷ

二 官報購覽者ᄂᆞᆫ居住姓名을分明히記載ᄒᆞᆫ書面에少ᄒᆞ야도三箇月分(郵送에依ᄒᆞᄂᆞᆫ者ᄂᆞᆫ郵稅 添附ᄒᆞᆷ)의代價를添ᄒᆞ야當課에請求ᄒᆞᆷ이可ᄒᆞᆷ

三 官報ᄂᆞᆫ特히指定이無ᄒᆞᆫ時ᄂᆞᆫ購覽請求者가到達ᄒᆞᆫ翌日로부터起算ᄒᆞ야此를發送ᄒᆞᆷ但特히購覽月日의指定이其購覽請求到達前에關ᄒᆞᆫ者에對ᄒᆞ야ᄂᆞᆫ殘部가有ᄒᆞᆫ時에限ᄒᆞ야其請求에應ᄒᆞᆷ

四 官報代價를納付ᄒᆞᆫ者ᄂᆞᆫ解約ᄒᆞᄂᆞᆫ事를不得ᄒᆞᆷ但此를第三者에讓渡ᄒᆞᄂᆞᆫ時ᄂᆞᆫ讓渡人讓受人의連署로써其旨趣를當課에通知ᄒᆞᆷ을要ᄒᆞᆷ

五 官報購覽者ᄂᆞᆫ居住姓名等을變更하거나時로遲ᄒᆞ야도其前日에지當課에到達ᄒᆞᆯ日을預量ᄒᆞ야通知ᄒᆞᆷ을要ᄒᆞᆷ

六 官報ᄂᆞᆫ郵送의節次에依ᄒᆞ야此를發送ᄒᆞᄆᆡ當課ᄂᆞᆫ부터[illegible]配達치아니ᄒᆞᆷ

七 各官廳에셔官報를購覽코ᄌᆞᄒᆞᄂᆞᆫ時ᄂᆞᆫ各會計擔當者가其官廳所要의部數를合ᄒᆞ야通知ᄒᆞᆷ을要ᄒᆞᆷ

八 各官廳은代價를先納ᄒᆞᄂᆞᆫᄃᆡ不及ᄒᆞᄂᆞᆫ納入告知書의指定ᄒᆞᆫ期日에納入치아니ᄒᆞᄂᆞᆫ時ᄂᆞᆫ卽時발送을停止ᄒᆞᆷ

九 地方各官廳은指定의官報代價納入所에官報代價를納入ᄒᆞ고同時에其證書를直接當課에通知ᄒᆞᆷ을要ᄒᆞᆷ

隆熙二年壹月
內閣法制局官報課

外報

●蘭領叛亂 新嘉坡通信을據ᄒᆞᆫ즉蘭領쓰마트라와諸島에셔人心이離散ᄒᆞ야叛亂이起ᄒᆞᆷ으로方今蘭軍守備隊와交戰ᄒᆞᄂᆞᆫ中인ᄃᆡ아젼파ᄉᆡ。프로세페도ᄊᆞ等數個所ᄂᆞᆫ容易히鎭靜ᄒᆞᆯ[illegible]이無ᄒᆞᆫ지라蘭人은此機를乘ᄒᆞ야勢力을扶植ᄒᆞ기爲ᄒᆞ야秘密히武器彈藥等을供給ᄒᆞᆫ다ᄒᆞ얏더라

●東三省防備 上海電을據ᄒᆞᆫ즉香港漢字新聞與論日報에北京來電을揭載ᄒᆞ얏스되日本에在留ᄒᆞᆫ革命黨員은兵器彈藥을滿洲로輸送ᄒᆞ야大事를起ᄒᆞᆫ다ᄂᆞᆫ旨로東京으로브터電報가有ᄒᆞᆫ故로淸國政府에서東三省督撫의게嚴重히防備ᄒᆞ라고訓令ᄒᆞ얏다더라

●俄艦坐礁 倫敦電을據ᄒᆞᆫ즉俄國軍艦끼ᅳ라、크산드롭가바ᅳ루港近海에서坐礁되야非常ᄒᆞᆫ損害를被ᄒᆞ얏다더라

●馬匹改良 北京電을據ᄒᆞᆫ則淸國陸軍部에서獸醫學校를設置ᄒᆞ고馬匹改良의目的으로蒙古[illegible]를輸入ᄒᆞ얏다더라

●領事設置案 同電을據ᄒᆞᆫ즉淸國外務部에셔和蘭領殖民地와法領安南에領事를置ᄒᆞ기爲ᄒᆞ야兩國公使와交涉中이라더라

●淺間山地震 過日來로日本各地方에數回의地震이有ᄒᆞ얏ᄂᆞᆫᄃᆡ其發源地ᄂᆞᆫ淺間山이라ᄒᆞ얏더라

偉人遺蹟

水軍第一偉人 李舜臣

錦頰山人 著

第十三章

◉舜臣의入獄 獄間에家國의慘禍

八日曉에發程ᄒᆞ야富有倉에過ᄒᆞᆫ즉兵使李暉男이城外에埋伏ᄒᆞ야衝火逃走ᄒᆞᆫ故로眼前에只是灰燼만餘ᄒᆞ야所見이慘然ᄒᆞ고順天에到ᄒᆞᆫ즉郡守와官吏가盡逃ᄒᆞ야城內外에人跡이寂然ᄒᆞᄂᆞᆫ官舍倉穀軍器等은依舊ᄒᆞᆫ지라舜臣曰暫時後에倭寇가此를探知ᄒᆞ리니遲疑치못ᄒᆞ리라하고一切地中에潛埋ᄒᆞ며長片箭若干만派官이持ᄒᆞ게ᄒᆞ고此에서留宿ᄒᆞ니라

九日에樂安에到ᄒᆞ니兵使ᄂᆞᆫ遁ᄒᆞ고邑里ᄂᆞᆫ燒ᄒᆞ야景狀이悽慘ᄒᆞᆫ中에官吏村民들이故將軍舜臣의來ᄒᆞᆷ을聞ᄒᆞ고苦痛에陷ᄒᆞᆫ者가救主의聲音을聞ᄒᆞᆫ듯시無不奔聞石路에셔頭를出ᄒᆞ야爲馬ᄒᆞ며來集ᄒᆞ며攀轡ᄒᆞ며爭獻ᄒᆞ거ᄂᆞᆯ不受ᄒᆞ라ᄒᆞᆫ즉哭ᄒᆞ며强獻ᄒᆞ더라

十日에興陽에到ᄒᆞ야白沙汀에셔馬ᄅᆞᆯ말니고軍營舊址에到ᄒᆞ니登覽이鬱通ᄒᆞ야犬吠聲도無ᄒᆞ더라

賊氣ᄂᆞᆫ海天에瀰ᄒᆞ고士氣와民心은土又崩ᄒᆞ니英雄用武之地가何在ᄒᆞᆫ가觀者ᄂᆞᆫ眼을拭ᄒᆞ야將來舜臣의手腕을觀ᄒᆞᆯ지어다

(未完)

雜報

●宗興陛見　完興君李載冕氏가昨日下午壹時量에　德壽宮에進詣하야　太皇帝陛下씌陛見하얏다더라

●意見提出　伊藤統監이壹進會장리容九氏에게무슨意見書를提呈하라하얏던지該會에셔現今意見會를各其提出하는中이라더라

●辭職勸告　壹進會에셔將次現니閣大臣에게壹齊히辭職退去하기를勸告하다는說이有하더라

●査戶留案　朴李淳金秉薰兩氏가査戶院을設立하기로中樞院에獻議한지가已久矣러니去月曜日에該獻議件을開會提出하얏스나或可或否하야尙留案되얏다더라

●赴府廢仕　總理大臣以下各部大臣이何事故를因함인지昨日統監府의會同함을因하야各其本部의仕進치못하얏다더라

●郡守管稅　각觀察使會議時의結稅는前例와如히地方郡守가收捧케함도又名을국報館의頒布된바어니와追聞한즉該事件이畢竟施行되리라고들하더라

●李氏贈君　闕內鄭協辦李夏銓氏는贈侍原君하얏다더라

●百餘任官　內閣에서名裁判所書記官을日本人으로叙任件을官報課로送交하얏는데合爲百餘名이라더라

●半數陶汰　掌禮院所屬員役의履歷書를宮內府로請送함은前報에揭載하얏거니와該員役額數가壹千五百餘名假量인데半數以上은陶汰가되얏다더라

●辭職留學　師範學校訓導朴齊선시는日本의留學하기로스니本職의任을依免하라고學部에請願하얏다더라

●收金施恤　洪州郡化成面龍谷里의에셔失火하야民家가沒燒하얏다는說은前報의已揭어니와該境니紳士가協議하야救恤금百餘圓을收合하야家屋被燒한人의게分給한姓名과錢數를該郡守가니部로報告하얏다더라

●基地調査　학部會計課장金한奎시는히郡所管基地調査次로日昨에成均館等地와東門外東廟前芹杏與紫踞等地로前往調査하얏고昨日은南門外等地로出往調査하얏다더라

●運場胥紅隊　女子學校에셔前報와如히再昨日에關內에서運動會를設하얏는데運動科目에優等者가如左하더라

計算競走第壹回에金順喜等五人이오第貳回에崔德進等五人이오第三回에李弘子等五人이오晉取第壹回에成義子等三人이오第貳回에趙福禮等五人이오第三回에劉正淳等五人이오穿針의尹昨得等五人이오第貳回의趙恩愛等五人이오第三回의宋[illegible]馬等五人이오旗取第壹回의萬淑子等五人이오第貳回의金千蘭等五人이오第三回의劉福順等五人이오引綱은靑紅兩隊로分하얏는대紅隊의게得勝하얏고諸際의게는特別賞品을贈與하얏더라

●女會演說　女子學校에셔聯合運動會를設行함은別項과如하거니와該會長尹高雛氏가壹般學徒의게對하야勤勉的으로演說하얏다더라

●水商議決　再昨日의京성니汲水商萬餘名이運動次로獨立館의出往하야脚戲를設하고離하야각歸할際의汲水商壹名이演說하되我等이亦是北道之人으로移鄕上京하야賤役을甘受하고汲水資生하며니觀此形便하면各處의水桶을埋置하고實施되는日의는此輩도不遠間失業하고未免餓死할터이니我等의情勢를水道局의壹次請願하야失業되지안도록하저하얏다더라

●警部教鍊　내部警務局에셔地方의派送할警部를養成하기爲하야試取教習한다더라

●郡主鐵碑　龍潭郡主事高喜姪씨가叙任以後稱佐함善蹟이民間의頗有한故로該郡士民이意々의惠澤을紀念하기爲하야鐵碑를鑄成하야該官門前의竪立하얏다더라

●技局濫産　長湍等地外國人雜技局에서朴承穆趙經九等諸氏가逐日賭技하야趙經九씨는自己家産을蕩敗할地境에達하얏다더라

●假銀自服　今年正月分의東村等地에셔白銅의塗銀하야各典市의銀物을欺賣도하고各典當舖의典當도하여被害한人이多數한故로中部警署에셔該事를調査한故로昨日의權泰益이라는者를捕捉하여訊問한즉假銀으로盤床等을造成하여或放賣與典執한事를壹壹自服하얏다더라

●壹害수萬　延安郡原野無水한地에處하며因大池를鑿得하야廣潤한土의灌漑作農하야壹郡賴活이于今貳千餘年이라此池가아니면耕種移秧을擧皆不得하야數萬餘口生命이此池에關係가重大하다謂할지어늘英宗朝의完植兩人이壹時勢力을專恃하고二千年相傳灌漑하는水池와萬餘口互賴資生하는利源을個人의妄計로填充作沓하니萬人이壹人의生命財産을妨害或剝奪하더라도法律의難免其罪어든而況壹貳個人이私益을爲圖하야萬餘口의生命財産을掠奪하니萬口의膣血이沸騰하고壹郡의輿論이激昂하야彼幹事人을該郡境外에逐出하고耕作할時에旱乾한際를當하야填充한池를復毀去한堰을修築함이時日이爲急하야爲先郡民이會集始役하다고陸來人의傳說이有하더라

●偵探下楊　再昨日警視廳에셔地方義兵을偵探하기爲하야巡查隊十餘名을楊州等地로派送하얏다더라

●派巡三郡　再昨日韓國警視廳의셔韓日巡查百餘名을出張하얏는대楊州抱川江華等三郡으로分派하얏다더라

●七義砲刑　義徒의干連으로警視廳의被囚하얏든者七名을再昨日東大門外에셔砲殺하얏다는說이有하더라

●河東風塵　去月의河東郡岳陽面星과村의서義徒四十名과日兵이交戰할時의余後輝徐漢九二名이被害하얏고該邑酒店人김龍金[illegible]兩人의家屋도被燒하얏다더라

●韓山義擾　陰曆去月二十五日夜의義兵이多數히韓山郡邑內에突入하야財務主事金相翊氏를結縛亂打하고結錢七萬五千兩을當場討出하는대金씨는巡查리恩詰하야極刀救護함을得免死하고結錢은現無積儲하야二拾八日에出給하기로手標를書給하얏는대追後頻末은未詳하다더라

●日兵打鷄　陰曆三月二十九日에日兵八九名이韓山郡東上面洞島里에來到하야該隣洞農民家에勿論하고庭後園하고見鷄遇入하야鷄를打殺하며雞卵을討索하는故로壹洞이驚㥘하얏다더라

●偸劍被囚　前報와如히前韶珍郡守尹榮兗氏의子尹弘植氏가昨年分의該珍郡民이募集한國債報償金三百餘圓을沒喫함으로再昨日의該郡民人等과한성裁判所의셔對質裁判하야尹弘植씨의奸狀이綻露되야落科하얏는대監獄署로押交하얏다더라

●使酒被囚　普成학校학員一名이再昨日에泥醉하야東部民家에突入한事로該部警署에押囚하얏는대該署에게言辭不恭한事로尙今까지嚴囚하얏다더라

●銀房賊警　再昨夜에賊漢四名이典洞北初入銀房에突入하야銀屬數兩價値를奪去하얏다더라

●西北例會　西北學會에셔月例通常會를本月六日土曜下午四時에壽進洞前協成학校니에開하다더라

●明校不參　前報와如히再昨日의慶熙宮니의서각女學校가聯合大運動會를設行하얏는대韓흥明新女學校의서는往參치아니하얏다더라

●修校自擔　茶洞諸씨가학校를設立하는데校舍는水茶동으로定하고該校修理는前參領韓龍植氏가擔任하기로昨日의諸員이茶洞趙秉澤氏家로會同하야校務를會議하얏다더라

●數校卒業　三淸洞私立講數院에셔第壹回卒業試驗을經하얏는데第壹回卒業生의는趙秉祿리範綸等三氏오第二回卒業生의는洪寅植南相說諸씨라더라

●農校運動　喬桐郡私立農業학校에셔鄭郡公私立各학校를聯合하여春期運動式을陰四月二拾七日華蓋山下에設行하는데郡賓과觀光하는니外國紳士가入海를成하얏고科程은二拾四種目이오施賞은三等을分하야施與하얏다더라

●開明婦人　郭山郡東面兎峯里居하는김相穆의母親리氏는集是開明婦人이라稱할지라리씨가年滿七旬이되膝下所抱가只有八歲前貳智孫兒뿐인데深知教育之急務하며不顧家産之不贍하고爲其南山里宗中學校를興旺하기爲하야紙貨壹百圓과麥租三十石을輕淸擲付함으로登聞이激感하야隨力爭捐이五百餘圓에至하지라是以로校務가日益振興하며該郡人士의讚聲이양々하다더라

●鳳校運動　私立鳳鳴학校에서再昨日永道寺에前往하야運動會를擧行하얏는데當日費用은前參將金永振氏가擔備하고前協辦리鳳來씨는該學徒壹百二拾八人의게扇子壹柄式頒給하얏다더라

▲地方消息▼

▲五月七日陽德郡서方約四里地主康逋路의義兵九拾名이同郡日守備隊斥候兵과交戰하얏다하고

▲五月廿八日藍浦東北方約三里地의서義兵七拾名이日憲兵數名과交戰하얏다하고

▲五月廿六日豊德郡의義兵四名이巡查隊五名과交戰하얏다하고

▲五月廿九日順天郡의서義兵四拾名이該郡日巡查五名과總巡查三名과交戰하얏다더라

▲啓明高照▼

▲東方明矣將曙하니啓明星이놉핫고나誰問此時即何時오殷々長夜此乾坤이붉어질때잇셧고나

▲西北山川指點하니意斷强硬더性質이家國之憂己深하야각自奮銳奮起하고靑年子弟培養하야西北학會首唱하니啓明星이빗쳣고나

▲畿湖山川指點하니頹敗習性하야仕宦熱에擇中하니滔々壹波橫流하야黑暗世界되엿더니學會意外成立하니啓明星이빗쳣고나

▲嶠南山川指點하니鄒魯遺鄕自稱하나頑氣習尙存하야奔拳空張言論하니長夜睡意漸覺하야嶠學會를起하니啓明星이빗쳣고나

▲湖南山川指點하니奢靡하다더潦時는巧滑風氣成習하야名利心만熱中터니무슨好風吹到하야學會又是成立하니啓明星이빗쳣고나

▲關東山川指點하니淳古遺俗命脈하야忠厚之態可愍이라危急時機憂歎하야稍々振興新精神이壹學會를設하니啓明星이빗쳣고나

▲關西山川指點하니磅礴淑氣餘하야慷慨하더니民이敎育熱하야募集英材敎導하나니新知識이漸振하니啓明星이빗쳣고나

▲海西山川指點하니[illegible]祖國前途深歎하고敎育務[illegible]同心合力勸하야[illegible]資格이아닌가啓明星이빗쳣고나

▲京畿山川指點하니萬國舟車相湊處에商北賈輻湊하야移住[illegible]起하야壹社會를成立하고新業을勸勵하니啓明星이빗쳣고나

▲布哇桑港指點하니嗟我同胞居留하야文明空氣浹髓하니剛毅力이漸生하야自國魂을喚醒함제依와懸가倍切하니啓明星이빗쳣고나

雜報

●府會慈善 平壤商業會議所議員이京성孤兒院情況을特念ᄒᆞ야當齊會議ᄒᆞ고各自傾囊ᄒᆞ야金二十八圜五十젼을募集ᄒᆞ야該會議所總代金觀洙氏가孤兒院에傳致ᄒᆞ얏ᄂᆞᆫᄃᆡ此에ᄡᅥ가亦登圖金을添附以捐助ᄒᆞ얏다더라

廣告

京성中部長橋東谷第二統三戶
辯護士 前檢事 朴星煥
法律事務所

商務社 甘麟鉉이改名麒鉉ᄒᆞ오니知悉照亮ᄒᆞᆷ
甘麒鉉 告白

本人名在榮을改名泰榮ᄒᆞ오니知照燭悉ᄒᆞ시옵
昌原府서上金泰榮 告白

本所에서鑛山、土地、家屋、川林、測量製圖設計等을迅速需應ᄒᆞᆷ
南署會賢洞九統拾壹戶
會同測量事務所
總務金濟吉 事務金鍾樞

本月七日(日曜)上午九時에養正義塾내에서定期總會를開ᄒᆞ오니會員은屆期光臨ᄒᆞ시옵
法學協會 告白

本人이姓名圖章을失ᄒᆞ와玆에廣告ᄒᆞ오니何人이던지無效ᄒᆞᆷ
[illegible]成學校生徒朴京港告白

海東測量學務所를中署典洞四拾七統壹戶에設施ᄒᆞ얏ᄉᆞ오니僉君子ᄂᆞᆫ來臨相議ᄒᆞ시옵
海東測量事務所

●公告
人民의私有財産으로前各宮司院에關係된事件에對ᄒᆞ야近日人民으로부터所請類書에添付ᄒᆞᆫ文券에僞造가屢生ᄒᆞ야處理上眩惑이多ᄒᆞᆫ지라此等犯法者ᄂᆞᆫ押付司法ᄒᆞ야依律懲戒ᄒᆞ려니와關玆에往으로本局에關係가有ᄒᆞ야文券及證類를添付請願ᄒᆞᄂᆞᆫ者ᄂᆞᆫ務守眞實ᄒᆞ야無至抵罪ᄒᆞᆷ이爲可
臨時帝室有及國有財産調査局委員長 宋秉畯

本人이漁業次로延平海面에出ᄒᆞ엿다가沙工尹元植이陰四月廿四日夜에키다리를看檢타가失足溺死인바即時救拯ᄒᆞ되屍體도亦不覓得ᄒᆞᆫ지라親庭이木浦港에居住ᄒᆞᆫ다기玆以廣告ᄒᆞ오니來臨ᄒᆞ시기務望ᄒᆞᆷ
江華吉祥面船頭沈敬三告白

本人이陰五月初五日安성京場市로往返路에令濟弘圖章을中路에서失ᄒᆞ얏ᄉᆞ오니勿論內外國人ᄒᆞ고此章을勿施ᄒᆞᆷ
安성郡場垈居金濟玉告白

中署大廟橋西北隅第拾九統十二戶에測量事務所를設施ᄒᆞ얏사오니僉君子ᄂᆞᆫ來臨相議ᄒᆞ심을敬要ᄒᆞᆷ
東一測量事務所

本人이昨年夏에族中代表로委任ᄒᆞ얏던山訟呈文記四千兩文跡을遺失이옵기玆以廣告ᄒᆞ오니族中僉員은以此想諒ᄒᆞᆷ
慈山郡月灘面居 尹貫一 告白

金主事瀾興氏今陰曆五月初五日別世玆以訃告
金光洋

官立漢城高等女學校學員募集廣告

今에本校本科豫科各壹學年學員을募集ᄒᆞ야入學志願者ᄂᆞᆫ左開각項을注意ᄒᆞᆫ後에入學請願書에履歷書를添付ᄒᆞ야學部니官立漢성高等女學校臨時事務所에提呈ᄒᆞᆯ事
但入學請願書及履歷書等用紙와其他可議ᄒᆞᆯ事이有ᄒᆞ거든隨時ᄒᆞ야學部니臨時事務所로來問ᄒᆞᆷ을要ᄒᆞᆷ
隆熙貳年五月 日
官立漢城高等女學校
一 募集員數 本科五拾名 豫科五拾名
一 入學員年齡 本科滿拾貳歲以上 豫科滿八歲以上
一 入學請願提出期限 隆熙貳年六月貳拾日ᄭᆞ지
一 試驗科目 國문(讀法及書取)
一 試驗日字及處所ᄂᆞᆫ追後에定ᄒᆞ야廣告ᄒᆞᆷ

開業 陽六月四日 陰五月六日
時間每日 自上午四時 至下午九時
柴炭의屬가梗塞道路ᄒᆞ야行人을妨碍ᄒᆞ며牛馬가糞尿를自意放棄ᄒᆞ야衛生上貽害가不少ᄒᆞ기로本社에서此弊를矯正ᄒᆞ고公益을發達키爲ᄒᆞ야農商工部認許를受ᄒᆞ고巨欵金額을出資ᄒᆞ야柴炭場을爲先東大門內蓮池洞에設ᄒᆞ고柴炭駄負를受容ᄒᆞ야賣人이任意放賣케ᄒᆞ오니柴炭을購買코ᄌᆞᄒᆞ시ᄂᆞᆫ僉君子ᄂᆞᆫ本場으로來臨ᄒᆞ시옵
柴炭合名會社 告白

▲測量學員募集廣告

本塾에서特別히五個月速成으로測量學을敎授ᄒᆞ오니入學僉員은本月七日內로請願書를提呈ᄒᆞᆷ
試驗日字本月七日(日曜)上午拾貳時
試驗科目 國漢文讀書 算術四則以內
上學時間 自下午四時 至八時半
月謝金 五拾錢
私立廣化新塾長南廷哲
西部閑門內鳩谷四統三號七戶

本人의姓名圖章을於陰五月登日平壤停車場에서見失ᄒᆞ얏ᄉᆞ오니內外國人은以此照亮
安城內常平洞 李昌瑞 告

●海陸營繕、土木 鐵道 道路 橋梁 灌漑 排水等之測量及設計
●礦山 林野 土地之測量及製圖
土木工事之監督及請負
京城旭町二丁目百拾壹番戶
[illegible]
片村工務所
所主 片村龜次郎

現今時代ᄂᆞᆫ男女를勿論ᄒᆞ고營業에從事ᄒᆞ야生活上에充備케ᄒᆞᄂᆞᆫ것시正當ᄒᆞᆫ故로本人이비록女子오나敎育會卒業ᄒᆞ야男女洋服을鮮明製造ᄒᆞ야全國兄弟姊妹의게隨求關應ᄒᆞ겟ᄉᆞ오니速速來購ᄒᆞ심을仰望ᄒᆞᆷ
中署官洞七拾統七戶 夫人洋服店 告白

本人의子南相鵬이가性本浮浪ᄒᆞᆫᄃᆡ醴山邑居白成云과其他雜類에甘誘를聽ᄒᆞ야出債浪費코ᄌᆞᄒᆞ오니內外國人은關涉財與物品을切勿許給ᄒᆞᆷ
中署洞口內南春熙 告白

本人의本郡所在田답七石九斗落苦不動産證明簿에記載ᄒᆞ야登記方法을履行ᄒᆞ온바本人의四寸弟汝가使其子乙龍으로僞造文券ᄒᆞ야欲爲偸賣云ᄒᆞ오니內外國人은切勿見欺ᄒᆞ시옵
珍山邑河大容 白

本人之子士善이가性本浮浪ᄒᆞ야符同雜類ᄒᆞ야欺人得債코져ᄒᆞ오니內外國人은切勿見欺ᄒᆞᆷ
西門外新村弘門洞金鍾元 白

●學員募集廣告

本會에서畿湖學校를設立ᄒᆞ고師範科學員을爲先募集ᄒᆞ니願學僉員은本月拾四日브터請願書에履歷書를粘聯ᄒᆞ야校洞本會館니로提呈ᄒᆞ고同月十五日月曜上午十時에本館으로來ᄒᆞ야應試ᄒᆞᆯ事
但請願紙ᄂᆞᆫ本會館에來求ᄒᆞᆷ
一試驗科目은國한文讀書作文과國史地誌歷史問對算術四則以니
但官公私立學校의普通科以上卒業證書가有ᄒᆞᆫ人은年齡이相當ᄒᆞ면免試許入ᄒᆞᆷ
一資格은年齡貳拾歲以上身體康健ᄒᆞ고品行이端正ᄒᆞᆫ者
一修業年限은本科에ᄂᆞᆫ三個年으로特別科에ᄂᆞᆫ拾八個月노定ᄒᆞᆷ
一學校位置ᄂᆞᆫ建春門外前會館(前陸軍衛生院)
畿湖興學會

本會에서甲申以來로國事를爲ᄒᆞ야橫死ᄒᆞ신諸氏의追悼ᄒᆞᄂᆞᆫ典을擧行코ᄌᆞᄒᆞ오나多數中에遺落ᄒᆞᆫ慮가不無ᄒᆞ와玆에廣告ᄒᆞ오니其遺族은其死者의事實과履歷을另具ᄒᆞ야南部苧洞以街與城材木柴炭株式會社臨時事務所內本會調査委員申[illegible]李圭完兩氏에게送致ᄒᆞ심을望ᄒᆞᆷ
期限 八月十日(陰五月十二日)內遺族은其居住를明示ᄒᆞ심을乞ᄒᆞᆷ
愛國死士追悼會 告白

西江市基ᄂᆞᆫ各人의買得坐市廛인바米廛은生涯形殘ᄒᆞ야斥賣ᄒᆞᆫ基址故로西江居金君成이買得ᄒᆞᆫ商廛과茶店所有菜田登庫를當錢五百兩에買得ᄒᆞᆫ商廛이더니金君成이暗生不測之計ᄒᆞ야今欲[illegible]片菜田ᄒᆞ고來人所有市基列區를通稱渠之所有ᄒᆞ며欲爲偸賣ᄒᆞ야向者日人에게四五次來踏이거ᄂᆞᆯ各商民이齊會ᄒᆞ야該所有田과各人所有基址昭詳辨明則日人도確知君成之挾雜ᄒᆞ고破意人去러니又以三萬五千兩에欵에於趙大臣宅을誘送人踏驗이기로商民等이各該所有及各人所有와前後事狀을逐々說明則自趙宅으로各人聽買文券과金哥文券을一一昭考後에嚴責金君成之挾雜退還이어ᄂᆞᆯ又欲買趙之計로呈訴漢성府ᄒᆞ야圖形以去故로齊訴漢府則細燭君成之挾雜이나七地分爭은邇宜質下於裁判所ᄒᆞ야正之意로指令이오니大抵金君成이當錢五百兩에買得ᄒᆞᆫ壹片菜田을憑藉ᄒᆞ야衆人所有ᄒᆞᆫ西江市基列區를欲奪偸賣ᄒᆞ니內外國人은照亮ᄒᆞᆷ
西江市民 申慶辰 金相玉 朴禹楨等 告白

厚禮斗益大王七年戰史

[illegible]先生 譯述
全壹冊 定價金三拾錢
此書ᄂᆞᆫ即普魯士國厚禮斗益大王의[illegible]紀頌ᄒᆞᆫ者니其列邦中에介在ᄒᆞᆫ弱國으로突然崛起ᄒᆞ야尚武的精神으로人民을鼓勵ᄒᆞ야俄法奧三國과對抗ᄒᆞᆫ七年戰爭을總括ᄒᆞ야其雄飛ᄒᆞᆫ端緖를詳記ᄒᆞᆫ事實이온ᄃᆡ其政略과戰策과其功烈의偉大ᄒᆞᆷ이足히讀者의敵愾心을喚起ᄒᆞᆯ만ᄒᆞ오니僉君子ᄂᆞᆫ速々購覽ᄒᆞ시옵
發賣元 布屏下廣학書舖 金相萬
發賣所 京鄕各有名書店

新刊書籍發售廣告

女子讀本 張志淵 著 全貳冊 定價금六拾錢
初等衛生學 全壹冊 拾五錢
初等倫理學 全壹冊 貳拾전
國家學綱領 全壹冊 拾五전
國民須知 全壹冊 八錢
新訂小學 全四冊 壹圓三拾錢
中等萬國新地誌 全貳冊 壹圓
增補無冤錄大全 國漢文 全壹冊 七拾五錢
伊太利建國三傑傳 全壹冊
新撰理化학 朴晶東시著
獨習日語新獨학 全壹冊 定價금三拾전 鄭雲復시著
洋裝壹冊 壹圓貳拾五전
愛國夫人傳 全壹冊 定價금拾五전 張志淵시著
新小說血淚 全壹冊 定價금貳拾錢 李人稙시著
富國金書養鷄新論 鮮于叡시著 全壹冊 定價금三拾五전
世界三怪物 全壹冊 拾貳전
家庭雜誌 每號拾전
新訂算術 全三冊 六拾전
乙支文德 眞本寫眞 並壹冊 三拾錢
發賣所 皇城中署布屏下 廣학書舖 金相萬 京鄕各有名書舖

漢城鍾路萬國基督教靑年會館前慈惠藥房
製藥鑑査人濟衆院醫學員洪錫厚朴慈惠李觀化告白　代理慶梨峴洋藥局李信華

本人等이漢城南大門外濟衆院用냐處方으로左記諸方나을製造호오니京鄕間遠近勿論호고此藥品을用호시기爲호야前醫學校長醫五等池錫永氏에게各方文마다讓定호고有効證明書를受호고主治効能用法을詳記호야洋鉄匣紙匣琉璃瓶에封호야賣하兄弟에게利益이加有호도록호옴에호나이다

治痰平胃丸　男女氣血補益丸
輕腫濕根治膏　純金鷄蠟丸
濕腫根治膏　蛔虫浸出丸
大腫拔根合瘡膏　四時感冒丸
小兒胎毒合瘡膏　淸明眼藥水
積氣神効保嬰散　消痰鎭咳藥
小兒感冒靈効散　男女瘡疾祛根藥
德國製淋疾丸　寸虫拔根藥
漢城百應膏　止足汗臭藥
洋藥乾材　止瀉潤腸丸
舊醫藥草材　陳陳旧滯消積丸
西藥醫書類　無痛臭疥瘡藥

●大韓國新發明神藥
◎修製靈丹　各種食滯中暑久滯口臭霍亂吐瀉定價一貼1錢
◎至寶丸　治諸般痰疾不拘久遠俱有偉効定價金1錢
◎靈效液　外用芳香治疥瘡皮風百發百中定價金三拾錢
◎淸眼水　治諸般眼疾有效靈見天之妙定價金拾錢
◎通淋丸　治男女急慢淋疾神效兼爲速效除毒壹週金五拾錢

漢城南部大廣橋西邊第三家十九統七戶　共愛堂大藥房　謹白

製劑본行所
支店　開城南門內共愛堂第一支店　姜助鎭
群山港開福동共愛堂第二支店　리春善
河東郡良面共愛堂第三支店　黃麟秀
代理店　皇城北部大安동　仁濟藥房
仝鍾路靑年會館前　慈惠藥房
仝西部新門外石橋　普濟醫院
仁川杏峴　濟生堂　仝　和平局
此外에도東西洋各國有名賣藥과草材藥이俱備하오니藥의多少를不拘호고請求호시면小包로仰呈호게숍

◎新訂方合編　針脉經。病論。약性。方套。牛疫法。牛馬病。약洋약用法。診察法。經驗方。이具備호야醫학家나賣약家에最新要緊호오며　壹部壹圜拾전
◎社會勝覽　社會에規則과演說에方法과辯論、며東西양雄辯家에演說를譯述호야社會有志者와勞動人及婦人々지不可不購覽할者며　純國文廿三전
◎婦人儀範　胃子를敎育호고家庭을整理호는道로婦人社會의特要호師範이오이다　純國文廿五전
◎中等算學　自四則至開立方九積數를大略横布호야학習에便易호고我韓學界中에壹具備호者며각校학生의게는特爲減價발賣홈　壹帙　冊壹圜五拾전　八拾三頁

註譯支那時文類聚

리치兩　編集　定價금　二拾二錢

右冊은近日現用호는각樣緊要私札往復이며辭典과淸國에現行往復을더公私宴會請帖往復이며其他公函往復과公文照會等式을編成一冊호야可作高等社會의鍼囊要訣이오니照亮
總發매　皇城典洞　光東書局
分所매　皇城각書舖

某於人道之原則호고重於正義之誠實을며以親切爲旨호야訴訟事件幷각官廳請願事件을受依托홈
京城저洞六拾四統二戶
東洋大학前講師
辯護士　日本法律학士　木尾虎之助

●大韓國新發明靈藥廣告
・陸軍參領金英鉉君實驗方劑
・陸軍軍醫姜某俊君有効證明
・四海衛生之諸君子常侍之要藥
消化新藥　淸心保命丹
發行所　仁川港杻峴　濟生堂藥房
九十粒入金拾錢

●主治効能　●痰飮　●食積　●中暑　●中寒　●咳嗽　●腹痛　●水土不服　●氣鬱　●吐瀉　●船車眩暈　●食傷　●酒醉　●口熱惡臭
▲其他諸般癘氣屬疫傳方妙藥
●出張代理特約발賣所
●京城大廣橋共愛堂大藥房
同鍾路慈惠藥房　리觀化
同梨峴洋약局　리信華
同銅峴동博文書館　盧益亨
同南大門外大同運輸會社
同泥峴三丁目　新井支店
同泥峴郵便局前　天佑堂
同水橋本堂出張人　리鳳林
●仁川藩邑本堂出張所　金濟賢
同開城旅館　韓萬根
同杏峴和平堂　리應善
●開城南門內萬物商　박圭祖
同남門內同店　禹相玉
同남門內冊肆　리敬鎬
同北部忠橋　具聖模
瀛州宗路商店　宋在瑛
同ㄴ二房약舖　김泳泰
同남門內店　리奉植
●水原鍾路下약房　金濟九
●延安邑ㄴ洋약局　邊汝文
●江華鍾路店　尹斗鉉
同鍾路店　宋順五
同西門外冊肆　高成渙
●長湍남門ㄴ　鄭殷淳
●砂利院市場ㄴ客主　朴健昌
同　任允宀
同耶蘇敎堂ㄴ　리在[illegible]
●黃州남門ㄴ紅門동　리東薰
●平壤鍾巨里濟生局　韓鳳儀
同館前衛生醫院　金龍興
同大寺洞一里　崔龍化
同종武洞藥局　桂澤宜
同里[illegible]藥出張人　尹寅赫
●鎭남浦洋약局　김元성
同德興機本堂出張人　吳남순
●群山港開福동　김斗鉉
●安州ㄴ義井동　大약房
●安岳邑上ㄴ里濟生局　林景柱
●大邱남門ㄴ劉運동　김成浩
●釜山港草梁客主　金重佑
●博川郡美동商店　朴芝行
●載寧邑後동洋약局　崔允國
●忠州東良面　金鍾和
●晉州郡[illegible]동　박쌍賢
●定州남門ㄴ洋약局　리德柱
●郭山邑ㄴ洋약局　羅應彬
●鐵山邑ㄴ永春堂　安[illegible]
●宜川邑ㄴ冊肆　安濬奎
●義州水口街　崔석浩
●信川邑四里洋약局　김永植
●郭山邑冊肆　김大鉉
●元山港濟生堂支店　박敬鎬
●北靑新昌港客主　박錫勳
●江原道本堂出張人　馬雲來
○德川邑官동洋약局　리丙斗

●稷山各약店
●其他各약店마다隨應販賣홈
●仁川港濟生堂告白　리東赫

本店에夏節양服件이英京倫敦에서新着호앗기로玆에廣佈호오니僉君子는光臨購買호심을務望홈
貞洞華商源泰號　양服裁縫店　謹白

本書館에서民智를廣開하고明發達호기爲호야新書籍을大발賣호오니僉君子은陸續來臨호심을望홈
釜山港東關韓興書館
金汝重　權종[illegible]

●新發明梅毒명藥廣告
陸軍軍의金약현實驗方劑
落梅丹
口瘡不發창病去根之명藥
壹劑五百粒定價金一圜
主治　梅毒「唐창」新瘡창
●瘰癧●皮膚病●便마[illegible]
●천病
已上病症外에男女間에不精交合호後에若疑아之端이有호야도此藥壹劑만服用호면完無後慮호고脾胃도健全홈을擔保홈
此外에도외療機械와精美호藥材를新備호고內外科各色疾病을誠心治療홈
皇城北部大安洞
仁濟藥房　高用진　謹白
代理店
京城鍾路　共愛堂약房
仁川港龍洞　濟生堂
國內各處藥局에서隨應販매홈

現今弊院에서各項事務를一擴張하오며金裝與銀裝各様의齒와老小兩說數落齒를며齒床幷齒를隨意製造하오며拔齒與入齒時에毒無痛케호는技方도有호며齒科上面議는無料接受호옵는니四方僉君子는照亮호심을爲希홈
京南大門內尙洞美人齒科醫家
齒科醫士　韓大衛　告白

▲特別廣告
本社에서名帖印刷所를特設호고各様活字와印刷紙本이具備호오며印刷호기精美호고價直도廉호오되特別히本社員과夫人의게는一層低廉호오니僉位는來臨호시와隨意請求홈
大韓每日申報社　告白

●本社廣告
○廣告料
四號活字十三字詰
每日每英尺一寸에新貨五圜
「每日發行六전에相當
二週日에　二圜五十錢
每日發行四錢五厘에相當홈
一個月에　五圜
每日發行四錢一厘에相當홈）
其期限의長短과字行의多寡를依호야增減홈이有홈
○申報價
壹號代金　新貨二錢五厘
壹個月前納　三十錢
參個月　九拾錢
陸個月　一圜七十錢
壹個年　三圜四十錢
郵稅一號　新貨五厘
壹個月　十三錢
發行兼編輯人英國人　萬咸
南署石井洞號外地三層洋屋
發行所
大韓每日申報社

京城鍾路慈惠藥房에서各種封紙나음製造호는대方文則남大門外濟衆院에서本國兄弟에게數拾年來累驗하妙方으로製造하야오니 製약과賣약에對하야說明 製약호는대藥에本價와紙包印刷價와製[illegible]

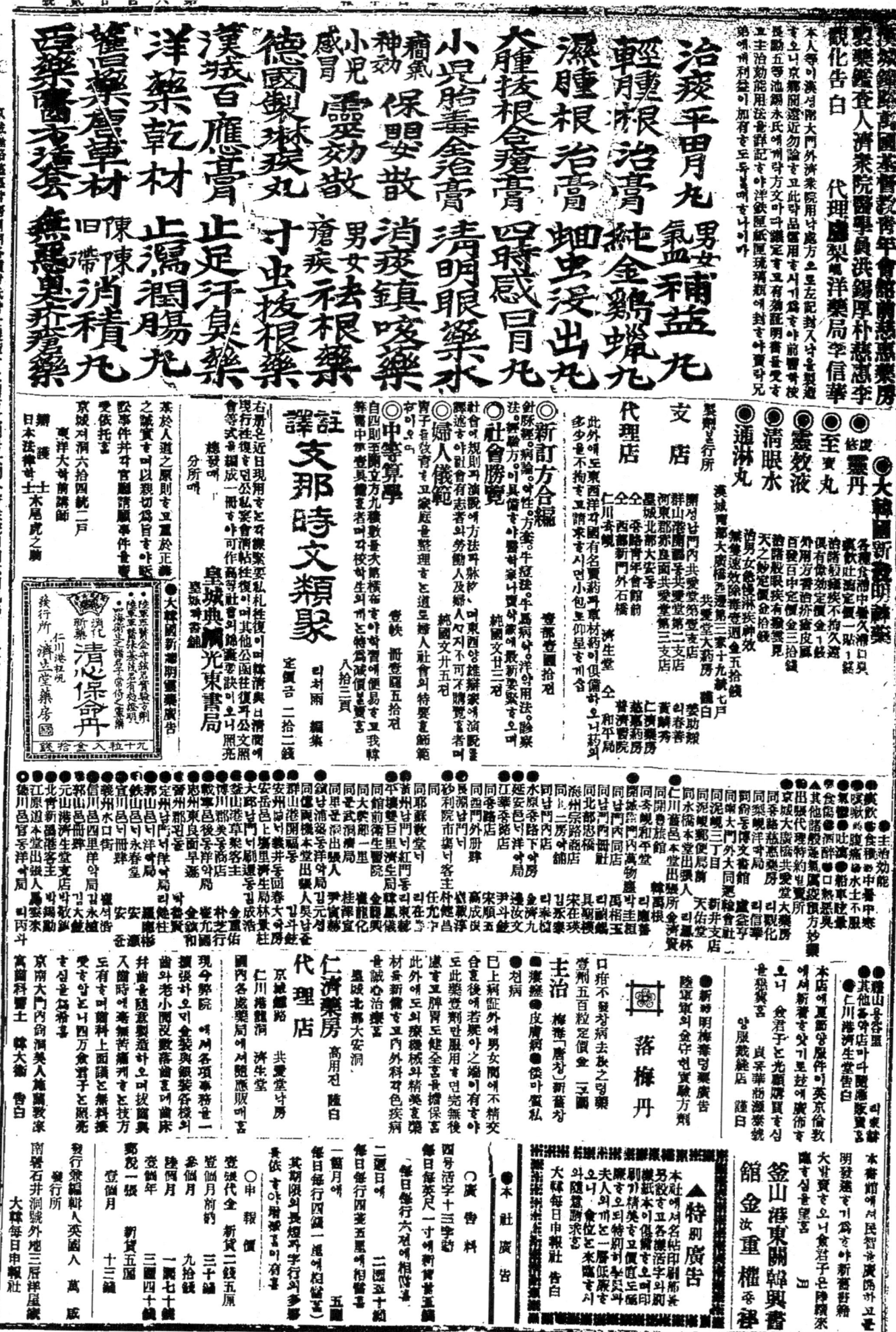

第八百廿三號

大韓每日申報

第六卷

月曜及慶節
歲時日休刊

檀君開國四千二百四十一年
箕子元年三千三十年
大韓開國五百十七年
日本明治四十一年
淸國光緒三十四年
陰曆戊申五月大初八日壬辰

論說

◀賀阿峴

挽近教育風潮가一世를震撼ᄒᆞ야幾百年來杜門蟄居ᄒᆞ던女子도稍々學界에現ᄒᆞ며數千里外王化不及ᄒᆞ던地方의도往々設校方針을講ᄒᆞ는ᄃᆡ唯獨阿峴에至ᄒᆞ야는其寂々寥々ᄒᆞᆷ이幾乎耳無聞目無見者와如ᄒᆞᆫ지久矣라

洞이小ᄒᆞᆫ故로如此ᄒᆞ다ᄒᆞ면猶可어니와今也에不然ᄒᆞ야其洞人家가櫛比ᄒᆞ얏스며財力이無ᄒᆞᆫ故로如此ᄒᆞ다ᄒᆞ면猶可어니와今也에不然ᄒᆞ야京城外近地에稍饒稍富의洞을數ᄒᆞᆯ진ᄃᆡ阿峴도亦其中에得列ᄒᆞᆯ지며況其地는京城의咫尺이며其人은多是實業家오閱見도遐鄕僻人又치留々ᄒᆞᆫ選는無ᄒᆞ거ᄂᆞᆯ

乃者此日此時를當ᄒᆞ야學校는尙矣勿論ᄒᆞ고新聞購覽者도阿峴에는殆稀ᄒᆞ며新書籍購覽者도阿峴에는殆稀ᄒᆞᆫ故로尊榮언뎡不食阿峴魚라云々ᄒᆞ는兩句又치流傳冷嘲가頻煩ᄒᆞ더니

奇哉라彼阿峴一幅沉々장夜中에幾個志士가大木鐸을叩ᄒᆞ야其睡를攪ᄒᆞ며其迷를警ᄒᆞ야光彩輝耀ᄒᆞᆫ國民前途로同進ᄒᆞ시爲先一學校를設立ᄒᆞ니其名曰太極이니阿峴一境이여從此厥幾의望이有ᄒᆞ거져

現今京城及外方各處에私立學校의발起가頻煩ᄒᆞ나大抵其成立의基礎는區々幾千圜의寄附金에不過ᄒᆞ야賢明ᄒᆞᆫ教師를延聘ᄒᆞᆷ도不能이며完備ᄒᆞᆫ教科書를購覽ᄒᆞᆷ도不能ᄒᆞ고又幾月을不過ᄒᆞ야維持困難의歎이頻興ᄒᆞ니今日學校는太半是沙上建屋과同ᄒᆞ거니와

阿峴人에至ᄒᆞ야는眞所謂「不爲也언뎡非不能也」라但其熱心만有ᄒᆞ며誠意만有ᄒᆞ야朝發暮鎖에一昧를減ᄒᆞ며良田美답에幾畝를損ᄒᆞ야黃金으로知識을換ᄒᆞ며學問으로産業을作ᄒᆞ야其子其孫의石崇王ᄀᆡ됨을不願ᄒᆞ고俾斯麥華盛頓됨을是求ᄒᆞ면家國이兩濟ᄒᆞ고福慧가雙足ᄒᆞᆯ뿐더러將來阿峴學校가全國學校中巨擘이되리라ᄒᆞ노ᄂᆞ未知케라阿峴人이其能吾輩의希望에不背ᄒᆞᆯ는지抑或九仞의功을一簣에復虧ᄒᆞ야舊時阿峴을更作ᄒᆞᆯ는지吾輩는目을拭ᄒᆞ고此를察ᄒᆞ노라

外報

●支那移民禁止　倫敦타임스報晩香坡來電을據ᄒᆞᆫ즉同地의淸商會는香港의各商業組에對ᄒᆞ야此際에英領코롬비아州에支那人의大擧渡來ᄒᆞᆷ을中止ᄒᆞ기를請求ᄒᆞ얏다더라

●日物排斥의波及　北京電에云哈爾賓來電을據ᄒᆞᆫ즉滿洲地方에서도多少間日本物品排斥熱이波及ᄒᆞᆫ兆朕이잇다더라

●俄港訪問　倫敦電을據ᄒᆞᆫ즉法國大統領페리엘씨는七月二十七日노써俄國의諸港을訪問ᄒᆞᆫ다더라

●關稅決案　同電을據ᄒᆞᆫ즉濠州上院의셔關稅法案을可決ᄒᆞ얏다더라

●凶謀者處刑　同電에曰埃及가이로報道를據ᄒᆞᆫ즉去月四日에埃及副檢察使은크렛쿠씨暗殺事件에關ᄒᆞ야判決의結果는拾二名은死刑에處ᄒᆞ고八名은終身懲役에處ᄒᆞ고三名은放免ᄒᆞ얏다더라

●到着巴里　伯林電을據ᄒᆞᆫ즉法國大統領은英國倫敦으로부터巴里에到着ᄒᆞ얏다더라

●兩報不同　倫敦電을據ᄒᆞᆫ즉土耳其側의報道에는小亞細亞(스모스)는壹騷擾鎭定ᄒᆞ얏다ᄒᆞ나希臘側의報道는此와一致치못ᄒᆞ얏다더라

●間島派兵　北京電을據ᄒᆞᆫ즉吉林巡撫는壹聯隊의兵을間島에派送ᄒᆞ얏다는ᄃᆡ內에壹大隊는去拾七八日頃에(꼬네이고도)에行ᄒᆞᆫ다稱ᄒᆞ고間島로向ᄒᆞ얏다더라

●日艦沉沒　東京電을據ᄒᆞᆫ즉日本鍊習艦隊指揮官吉松氏가報告ᄒᆞ얏스되軍艦松島號가臺灣淸國海面附近에서火藥庫가爆發ᄒᆞ야瞬息間에全艦이破裂되야從船壹隻도下치못ᄒᆞ고沉沒ᄒᆞ야艦長以下三百名이溺死ᄒᆞ고三拾名이겨우得生ᄒᆞ얏다ᄒᆞ얏더라

●英日將戰　上海에在ᄒᆞᆫ英國商民의言을聞ᄒᆞᆫ즉上海는過去二年以來로商業이不振ᄒᆞ얏ᄂᆞᆫᄃᆡ近來에는尤甚ᄒᆞᆫ지라其原因인즉日本이不公平ᄒᆞᆫ手段으로滿洲貿易의門戶를閉鎖하고獨占코쟈ᄒᆞᆫ結果라又英日同盟으로因之ᄒᆞ야香港과上海에서는衆望을失ᄒᆞ얏고英國人들은上海居留地에在ᄒᆞᆫ三千餘名日人과恆常抵觸ᄒᆞ야惡感情이日甚ᄒᆞ다ᄒᆞ얏다더라

雜報

●大壯九壯　公州郡省口谷面大壯里에大壯學校를復設ᄒᆞ얏는ᄃᆡ校舍는宗谷郡貢儀氏家로定ᄒᆞ고校長은本郡守權濚容氏로推薦ᄒᆞ며生徒가四十名에達ᄒᆞ야頗有將進之望이라고南來人의傳說이有ᄒᆞ더라

●學校懇親　去土曜日下午四時에鳳鳴學校에서學徒父兄懇親會를開ᄒᆞ고百餘學員의父兄이多數히會集ᄒᆞ얏는ᄃᆡ 金永振시가臨時會장으로出席ᄒᆞ미校장金重煥시가本校學徒父兄의懇親ᄒᆞ는本旨를說明ᄒᆞ고學監宋箕浩시는學科를說明ᄒᆞ고贊務員魚允善시는學界에激切ᄒᆞᆫ言論으로說明ᄒᆞ며觀覽者가無不感悅ᄒᆞ얏다더라

●錦校繼續　忠南觀察使署理事務官崔麟洛시가公州郡守報告를等因ᄒᆞ야學部의報告ᄒᆞ되曾往의本郡私立公山학校가財政이窘拙ᄒᆞ야廢校ᄒᆞ얏는ᄃᆡ該郡有志人士가該校를繼續設立ᄒᆞ고校名은私立錦성학校라ᄒᆞ얏다더라

●農民成願　昆陽郡月坪洞리圭夏씨는昨年春에浣仙洑와助坪洑을紙貨八千八百圜으로築造ᄒᆞ야江水를防築ᄒᆞ야以田으로作畓ᄒᆞ야兩里百姓이利益과農業을達이大端ᄒᆞ더니設始初年에收稅가纔爲六十餘石租包를全히未收之境이오八千餘圜巨額의報債이無路ᄒᆞ야今年에更築修補가無策ᄒᆞ와前功이可惜ᄒᆞ더니晉州銀行長金琪濟氏가其形便을可惜히洞悉ᄒᆞ고銀行監理에게交涉ᄒᆞ야紙貨三千圜을借給ᄒᆞ야兩洑을更爲修築ᄒᆞ야全坪이今年에農事가豐登이된다고數千人民이咸頌其惠ᄒᆞᆫ다더라

偉人遺蹟

水軍第一偉人　李舜臣

錦頰山人

第拾三章

◎李舜臣의再任統制와鳴梁의大戰捷

八月三日에閑山島敗報가聞ᄒᆞ미朝野가震駭ᄒᆞ는지라 上이國務諸臣을西召ᄒᆞ사計의所出을問ᄒᆞ신ᄃᆡ皆惶恐莫對라慶林君金命元이從容啓曰此는元均의罪이오니今日善後의策은李舜臣으로統制를再任ᄒᆞᆷ에在ᄒᆞ니이다 上이此를從ᄒᆞ사李舜臣으로忠淸全羅慶尙三道水軍統制使를拜ᄒᆞ시고制曰

嗚乎라國家之所倚以爲保障者는惟在於舟師어ᄂᆞᆯ乃者天未悔禍에凶鋒이再熾ᄒᆞ야遂使三道水軍으로盡仆於登戰之下ᄒᆞ니燒屋之象이迫於朝夕이라目下之策은惟當召集散亡ᄒᆞ며收合船艦ᄒᆞ야急據要害鎭後에사流離之衆이知有所歸ᄒᆞ고方張之賊이庶幾式遏인ᄃᆡ而膺是任者ㅣ非有威惠智幹之素見服於니외면曷能勝斯任哉아惟卿은聲名이早著於超授閫帥之日ᄒᆞ고功業이大著於壬辰大捷之後라邊上軍情이恃爲장성之固어ᄂᆞᆯ乃頃者에遞卿之職ᄒᆞ고俾從戴罪之律라가人謀不臧에以致今日敗衄之辱ᄒᆞ니尙何言哉며尙何言哉아今特起卿于墨衰ᄒᆞ고拔卿于白衣ᄒᆞ야授以忠淸全羅慶尙等三道水軍統制使ᄒᆞ노니卿其至之日에先行招撫ᄒᆞ야搜訪流散ᄒᆞ고團作海營ᄒᆞ야進扼形勢ᄒᆞ라若卿忘身殉國ᄒᆞ며相機進退는在於已試之能ᄒᆞ니予曷敢多誥이리오ᄒᆞ셧더라

八月十九日에李舜臣이諸將을召ᄒᆞ야 勅書를讀ᄒᆞ고肅拜ᄒᆞ고後會寧浦에到ᄒᆞᆫ즉散軍이李舜臣의統制使再任ᄒᆞᆷ을聞ᄒᆞ고稍稍來集ᄒᆞ야兵壹百二十人과戰船十隻을得ᄒᆞᆫ지라全羅右水使金億秋를命ᄒᆞ야兵船을收拾ᄒᆞ며諸將을分付ᄒᆞ야戰船을假粧ᄒᆞ야軍勢를助케ᄒᆞ고約曰吾等이國家를報ᄒᆞᆷ에一死를何惜ᄒᆞ리오ᄒᆞ니諸將이皆感泣ᄒᆞ더라二十四日에蘭浦에進ᄒᆞ얏더니二十八日에賊船八隻이暗來ᄒᆞ야不意에襲코져ᄒᆞ거ᄂᆞᆯ李舜臣이角을鳴ᄒᆞ며旗를揮ᄒᆞ야彼를直突ᄒᆞ니賊이乃退ᄒᆞ고九月七日에賊船十三隻이又來ᄒᆞ다가公이迎擊ᄒᆞ미卽走ᄒᆞ고是夜二更에又來ᄒᆞ야砲를放ᄒᆞ거ᄂᆞᆯ公이軍卒로砲를應ᄒᆞ니又退走ᄒᆞ니此는賊이李舜臣의兵少ᄒᆞᆷ을欺ᄒᆞ야是를嘗試ᄒᆞᆷ이러라

時ᄂᆞᆫ季秋라海天이頗寒ᄒᆞ야士卒이無衣ᄒᆞᆷ을歎ᄒᆞ는ᄃᆡ適許多避亂船이海岸에來泊ᄒᆞᆫ者ㅣ幾百隻이되거ᄂᆞᆯ公이問曰巨賊이海를蔽ᄒᆞ는ᄃᆡ君等이此에留ᄒᆞᆷ은何事를爲코자ᄒᆞᆷ인가皆對曰我等은使道를恃ᄒᆞ고此에留ᄒᆞ노라公曰君等이我言을從ᄒᆞ면生路가有ᄒᆞ려니와不然이면皆死ᄒᆞᆯ지로다皆曰惟公命을是從이라ᄒᆞ거ᄂᆞᆯ公曰將士가飢且寒ᄒᆞ야盡死ᄒᆞᆯ地境이니況賊을禦ᄒᆞᆷ이有ᄒᆞᆯ가若君等이餘衣와餘糧으로軍卒을救ᄒᆞ면此賊을可滅이오汝先를可免ᄒᆞ리라ᄒᆞᆫᄃᆡ衆이皆此를從ᄒᆞ거ᄂᆞᆯ於是에糧米를分ᄒᆞ야戰船에載ᄒᆞ니軍卒이起色이有ᄒᆞ더라 (未完)

雜報

●各陵奉審 奎章閣直閣宋龍在씨가驪諧綏陵하야奉審摘奸ᄒᆞ고仍留監祭ᄒᆞ며還ᄒᆞᆫ뒤의諸陵을奉審 奉審以來ᄒᆞ라신勅敎를下ᄒᆞ옵셧다더라

●鐵稅裁下 慶尙南道熊川郡과咸鏡北道富寧城津兩郡과黃海道載寧郡의所在地의由來免稅結合計六拾八結八拾九負三東은國減ᄒᆞᆫ事로總理大臣과度支大臣이 上奏ᄒᆞ야 裁可ᄒᆞ셧다더라

●內閣云變 現政府大臣의椅子가鞏固ᄒᆞ야完如盤石이라더니近日에무슴事件이有ᄒᆞᆫ지內閣이變更된다ᄂᆞᆫ說이登層喧藉ᄒᆞ더라

●勸告會議 一進會에서ᄂᆞᆫ內閣大臣의게總히辭職ᄒᆞ기를勸告ᄒᆞᆫ다ᄂᆞᆫ說은已爲報道어니와更聞ᄒᆞᆫ즉該會에서각地方委員에對ᄒᆞ야騷擾가已過壹年이되政府大臣이頓無鎭靜之策ᄒᆞ니總히辭職ᄒᆞᄂᆞᆫ것시當然ᄒᆞ다ᄒᆞ며壹邊之論은至今이라도政府大臣이善爲方針ᄒᆞ야地方을鎭靜ᄒᆞ면不必辭職이라ᄒᆞ야此兩端間에勸告ᄒᆞᄂᆞᆫ디會論이不壹ᄒᆞ야昨日評議會에勸告事件을提出ᄒᆞ얏다더라

●統監宴會 伊藤統監이昨日午后六時의統監官邸에서晩餐會를設ᄒᆞ고內閣總理大臣以下各部大臣과統監府高等官을請邀宴待ᄒᆞ얏다더라

●高階訪問 大韓의院副議長日本人高階시가數日前의渡韓ᄒᆞ얏ᄂᆞᆫ데昨日의總理大臣以下各部大臣을輪回訪問ᄒᆞ얏다더라

●此花無情 永宜君李埈鎔씨가於義洞과茶洞兩處에妓妾을數箇兩에買收ᄒᆞᆫ事ᄂᆞᆫ世所共知어니와於義洞의居家ᄒᆞᆫ妓妾은本來該氏와愛情이無ᄒᆞ며不得已作妾ᄒᆞ엿더니近日은遺棄ᄒᆞ얏다더라

●溫井伴沐 宮內府大臣李允用氏가東萊溫井에沐浴ᄒᆞ기爲ᄒᆞ야自己別室山月을帶同ᄒᆞ고再昨日에京釜鐵路로下往ᄒᆞ얏다더라

●運費出捐 三昨日慶熙宮內에서設行ᄒᆞᆫ女학校運動會費를總理大臣李完用氏가五拾圜을出捐ᄒᆞ고前參將嚴俊源氏가五十圜을出捐ᄒᆞ얏다더라

●訓導階會 昨日下午三時의學部에서副訓導參試驗檢定會를開ᄒᆞ얏다더라

●廟拜者社 昨日前判書鄭憲容씨가耆英閣에廟拜ᄒᆞ얏다더라

●在京郡守調査 日前의新任未赴ᄒᆞᆫ郡守와受由上京ᄒᆞᆫ郡守들니部의서壹々調査ᄒᆞ야不日下送케ᄒᆞᆫ다더라

●旅費規則 度支部의셔각財務官吏의旅費規則을規定ᄒᆞ야地方財務監督局장의게訓令ᄒᆞ고施行ᄒᆞ라ᄒᆞ얏다더라

●郡主試取 너郡의셔昨日下午二時頃의郡主事試取를經行ᄒᆞ얏다더라

●書記奔競 法官養成所卒業生中으八人을書記로選用ᄒᆞᆫ다ᄂᆞᆫ說은前報에已揭이니와該卒業生選擇ᄒᆞᆫ拾八人中에도盡參치못ᄒᆞᆫ다ᄒᆞ며또該書記를韓人으로敍任ᄒᆞᄂᆞᆫ事에奔競이大端ᄒᆞ야誰某가敍任ᄒᆞᆯᄂᆞᆫ지未知라더라

●衛生會實施 漢城衛生會를來七月壹日부터實施ᄒᆞᆫ다더라

●觀察道移設 水原觀察道ᄂᆞᆫ新門外前京畿監營으로移設ᄒᆞᆫ다ᄂᆞᆫ說이有ᄒᆞ더라

●論駁韓官 度支部에서地方稅와家屋稅와각郡守에欠逋滯勘條件이各新聞에揭載ᄒᆞᆫ事에對ᄒᆞ야日本官吏가韓國官吏를何樣論駁ᄒᆞ얏던지無數困難을經ᄒᆞ얏다더라

●司法事件更布 日前官報上의頒布된大審院區裁判所控訴院地方裁判所의書記장及判檢事等의區域分排ᄒᆞᆫ給俸件은官報의更布ᄒᆞᆫ다더라

●監督案件承認 各地方의設置ᄒᆞᆫ農工銀行은각히所管財務監督局장이監督ᄒᆞᆯ案件을度支部의셔統監府의請議ᄒᆞ얏더니昨日의承認되얏다더라

●金氏歸國 日本에留學次로日前에渡日ᄒᆞ얏던前侍從김事鍛시가日昨에歸國ᄒᆞ얏다더라

●射行曉喩 韓山郡守라恩喆씨가該記二名과通引壹名과使令壹名을帶同ᄒᆞ고각面村에徒步前行ᄒᆞ야人民을曉喩ᄒᆞ되農者ᄂᆞᆫ農ᄒᆞ고織者ᄂᆞᆫ織ᄒᆞ고商者ᄂᆞᆫ商ᄒᆞ야各安其業ᄒᆞ라ᄒᆞ고家諭戶說ᄒᆞᆫ다더라

●田土請還 去番趙蕃之典을蒙ᄒᆞᆫ趙泰壽시의畓百餘石落과趙羲輝氏의畓三百餘石落과安駉氏家舍三十二間與位畓十六斗落과리奉海氏의답八十餘石落을願爲推給ᄒᆞ라ᄒᆞ니量에請願ᄒᆞ얏더니闕에서度支部의往詢ᄒᆞ라ᄒᆞᆫ故로該部에更爲請願ᄒᆞ얏다더라

●私校調査 各警察署에서五部內각私立학校를壹一調査ᄒᆞ되設校年月日과職校人姓名과학徒數爻와經費를遵遣히調査ᄒᆞᆫ다더라

●日艦遊覽 三昨日仁港에到着ᄒᆞᆫ演習艦隊水軍장校白餘名이昨日上午九時에寺洞公園地를遊覽ᄒᆞ고仍爲景福宮을拜觀ᄒᆞ얏다더라

●校長推選 梨峴新興학校에서校長을推薦ᄒᆞᄂᆞᆫ데內閣法制局長俞星濬氏가被選되얏다더라

●教育部會 大韓協會에서昨日下午四時에教育部臨會를開ᄒᆞ얏다더라

●放蕩處罰 再昨에平理院主事某氏가放蕩ᄒᆞᆷ으로該課에서措置ᄒᆞᆫ近日日本서製造ᄒᆞᆫ沙唖口를擧ᄒᆞᆫ際에適其時派送된醫部에게被露ᄒᆞ야放蕩치못ᄒᆞ얏ᄂᆞᆫ데該醫師가此事를該院日本官人의게告知ᄒᆞᆫ즉히官人은不可無罸이라相當ᄒᆞᆫ罰에處ᄒᆞ라ᄒᆞ고裁判長의게言及ᄒᆞ미勢不得已ᄒᆞ야히主事를罰俸幾日에處ᄒᆞ얏다더라

◉開術許可 世富蘭偲病院의학校의서卒業生徒金殷김延濟시等七人을니該衛生局의서醫術開業許可ᄂᆞᆫ贈與ᄒᆞ얏다더라

●舊式餞會 濟衆院외師英國人魚丕信시가日間歸國次로발程ᄒᆞᆯ預定인디該院의衛卒業生等이發起ᄒᆞ야送別宴을昨日下午의三清洞玄興澤시亭子의셜ᄒᆞ고舊式으로設行ᄒᆞ얏ᄂᆞᆫ데或帽巾道袍도掛着ᄒᆞᆫ人이有ᄒᆞ얏다더라

●草殯禁止 忠州來人의傳說을據ᄒᆞᆫ즉니浦等地에서義兵이草殯을虛設隱身ᄒᆞ엿다가日兵을砲擊ᄒᆞ얏더니壹自其後로該地方郡守가각面에訓飭ᄒᆞ야各望山下의草殯을覺察히埋置ᄒᆞ라ᄒᆞ얏다더라

●義去日來 日昨에廣州蚡勤坪에義徒가拾名이來到ᄒᆞ야村民의게錢財를奪取以去ᄒᆞ얏ᄂᆞᆫ대其後에軍浦場에駐在ᄒᆞ얏던日兵數拾名이히村으로前往ᄒᆞ얏다더라

●槐山義擾 去月二拾日에義徒數名이괴山郡邑니에突入ᄒᆞ야舊九衛將金建洙氏를威脅ᄒᆞ고紙貨數拾圜을奪去ᄒᆞ얏다더라

●避亂內散 近日義徒가괴山郡北面水谷居한郡守김相燮氏를捉去ᄒᆞᆫ다고聲言ᄒᆞᆫ故로該氏家眷이東西奔竄ᄒᆞᆫ다더라

●青年討論 青年會館에서今日下午八時에討論會를開ᄒᆞ고以인服人이勝於以威服人이란問題로討論ᄒᆞᆫ다더라

●金氏落心 益生郡芳峴面남湖里熙明學校擴張事ᄂᆞᆫ屢次揭布ᄒᆞ얏거니와西來人에傳說을據ᄒᆞᆫ즉該校監金基熙氏가教育에熱心ᄒᆞ야該校장本郡守尹錫와로協議ᄒᆞ야學徒百餘名을募集ᄒᆞ고有志紳士에게鳩聚ᄒᆞᆫ젼이數萬餘金을達ᄒᆞ여教師를雇聘次로上京逗留之際에該里가不幸ᄒᆞ여去月二十七日下午三時에偶然失火ᄒᆞ야民家九十六戶가被燒ᄒᆞ얏다고該校舍도이到及故로김氏가驚惶不已ᄒᆞ야該校에發落을乘ᄒᆞ고下去ᄒᆞ얏다더라

◉沁校興旺 江華郡沙器洞私立啓明義塾은설立이旣及期年의校況이擴張ᄒᆞ고晝夜학徒가增加ᄒᆞ야百餘人의達ᄒᆞᆷ으로今春의校舍를壹新建築ᄒᆞᄂᆞᆫ디該校經費ᄂᆞᆫ該校監리善宰시와의範夏兩시가分擔ᄒᆞ얏다ᄒᆞ며該校監리善宰시ᄂᆞᆫ校務의熱心ᄒᆞ야諸般經費를專擔支出ᄒᆞ고하學徒를愛護如家人ᄒᆞ야夜學員中其窮稍遠ᄒᆞᆫ者ᄂᆞᆫ自己家의셔宿食을供ᄒᆞ며燈燭을給ᄒᆞ고학課餘暇의학員의게勸勉不怠ᄒᆞ니해員들이感悅ᄒᆞ야遠近來入者ㅣ漸加ᄒᆞᆫ다더라

●益彰新校 益山郡益彰學校教師리容琦諸씨가熱心敎育ᄒᆞ미로학徒가日加月增ᄒᆞ야將來之頭이有ᄒᆞ다고該郡來人이稱頌ᄒᆞᆫ다더라

●峨山校況 德山郡高山面峨平에서宗中에서以其宗財로設立學校於峨嵋峨山之下ᄒᆞ고因名以峨山학校ᄒᆞ고課程은新舊학問을俱備ᄒᆞ야境內子弟를敎育ᄒᆞᄂᆞᆫ데生徒가既至八拾餘名이오去月貳拾五日에開校式을擧行ᄒᆞ얏ᄂᆞᆫ대來賓은數郡紳士와該境教堂西양教師가來參ᄒᆞ니數百人이盛會ᄒᆞ야教育事務로演說ᄒᆞ고該郡守徐丙紹시가히校를熱心贊助ᄒᆞ야三百金을補助ᄒᆞ미該校進步前頭가無量ᄒᆞ다고人皆稱頌ᄒᆞᆫ다더라

●兩倅興校 宜川郡有志青年이夢欲設校ᄒᆞ되事務未果러니該郡守俞鎭호시와郭山郡守리啓與시가躬巡坊曲ᄒᆞ야在々셜校이다가來到該洞ᄒᆞ야會鐵浩시ᄂᆞᆫ校장으로二、關과리啓與시ᄂᆞᆫ贊成長으로十圜式捐ᄒᆞ고勸設學校ᄒᆞ얏다고該郡來人이稱頌ᄒᆞ더라

▲地 方 消 息▼

▲去月二十七日洪川郡泉北約八里道寬里의서義兵二十名이該郡日守備兵拾名과衝突ᄒᆞ다가義兵이退却ᄒᆞ얏다ᄒᆞ고

▲去月三拾日金川郡니의서義兵八名이該郡駐在日討伐隊와衝突ᄒᆞ얏다ᄒᆞ고

▲去月二十八日茂朱郡南方約四里地의서義兵四拾名이龍潭郡駐在日憲兵二名과林巡査壹名과日守備兵七名과交戰ᄒᆞ얏다더라

▲頑 固 自 歎▼

▲濃陰如海芳草園에南北山下頑固翁이壹盃酒로勸勸ᄒᆞ고不勝淸狂朗吟句ᄂᆞᆫ寓之時로自歎ᄒᆞᆫ다

▲ᄒᆞᆫ頑固가自歎ᄒᆞ되文衡翰林等門閥世襲官自許ᄒᆞ야聲勢ᄒᆞ야墜ᄒᆞ여常反爲上에賤頭되엿스니을엇지ᄒᆞᆯ고

▲또ᄒᆞᆫ頑固自歎ᄒᆞᆫ다詩賦表策으로十年工夫虛費ᄒᆞ고場中에揚名ᄒᆞ야壯元及第自期터니改革時代當ᄒᆞ여서卒業生만錄用ᄒᆞ니이事情을엇지ᄒᆞᆯ고

▲또ᄒᆞᆫ頑固自歎ᄒᆞ다南北村에出入ᄒᆞ야行世ᄒᆞ지정당금黜後黨戰競에니紛紜競爭ᄒᆞ니時代에前日行色을애업다事情을엇지ᄒᆞᆯ고

▲또ᄒᆞᆫ頑固自歎ᄒᆞ다山水佳麗차저가서樂處爲友鷗鷺와與世相忘ᄒᆞ잿더니四方氣...ᄒᆞ야所向無處이지ᄒᆞ니이事情을엇지ᄒᆞᆯ고

▲또ᄒᆞᆫ頑固自歎ᄒᆞ다官職을追從法은니骨先祖淸宦이라門戶榮耀計圖ᄒᆞ나官內入臣스ᄒᆞ야周旋ᄒᆞ되手段업셧스니事情을엇지ᄒᆞᆯ고

▲또ᄒᆞᆫ頑固自歎ᄒᆞ다族譜排設ᄒᆞ고蕩敗ᄒᆞ고錢財收斂ᄒᆞ며時糊口ᄒᆞ려ᄒᆞ나文明風潮處의譜學이民無用하엿셔事情을엇지ᄒᆞᆯ고

▲또ᄒᆞᆫ頑固自歎ᄒᆞ야開化붐에서...開明酬酌...新學問...ᄒᆞ야더賤待을맛ᄂᆞ니이事情을엇지ᄒᆞᆯ고

▲또ᄒᆞᆫ頑固自歎ᄒᆞ다遊閑遊하며登亭生涯樂ᄒᆞ더니時代에廢爲업시悠悠泛泛過去ᄒᆞ니遊ᄒᆞ던일을장久...이事情을엇지ᄒᆞᆯ고

▲또ᄒᆞᆫ頑固自歎ᄒᆞ다衣食聚財ᄒᆞ야學校捐助排斥ᄒᆞ고廣置田庄老去에似之子孫ᄒᆞ니義兵執殺ᄒᆞ엿고나事情을엇지ᄒᆞᆯ고

社說

急急社告

▲謹告各支社員

本社에現下經費가比前夥多ᄒᆞ야發捐이益甚ᄒᆞ오니各地方支社에서ᄂᆞᆫ本報代金을不日收刷ᄒᆞ야本月十五日內로郵換送付ᄒᆞ야以補社費케ᄒᆞ심을希望홈

大韓每日申報社

急急社告

雜報

●明新交務 江西郡擧巖面鶴洞居前參奉金晋洙氏가明新學校를設立ᄒᆞ고熱心敎育ᄒᆞᄂᆞᆫᄃᆡ許多經費를擔當ᄒᆞᆯ뿐더러所持金額으로[illegible]買나收ᄒᆞ야該校徒의志氣를活動케ᄒᆞ얏다고西來人이稱頌ᄒᆞ더라

●山門興學 南來人傳說을聞ᄒᆞᆫ즉東萊梵魚寺에明正學校를設立ᄒᆞ고校長은住持尹韓致憲氏로特請ᄒᆞ고日語算術敎師金敎鎔氏와漢文敎師ᄂᆞᆫ梵河[illegible]一海兩氏ᄂᆞᆫ各擔ᄒᆞ야熱心敎授ᄒᆞᄆᆡ不滿壹年에學徒가三拾餘名이오夜學生이二拾餘名이라더라

●校基特借 龍川郡育英학校設立時에其址가無ᄒᆞ야經營數年에尙未建築矣러니義州月化面居張永麟氏의田畓이本洞에在ᄒᆞᆫ되該校情況을聞知ᄒᆞ고基址로自願許借ᄒᆞ야方今營始中이라더라

●樵牧夜學 廣州廣谷에서有志人士가樵牧兒의夜學을設始ᄒᆞ얏ᄂᆞᆫᄃᆡ不過數日에學徒가四十餘名에達ᄒᆞ야分班敎授ᄒᆞ며諸般設備를熱心硏究ᄒᆞ야晝夜學校를幷爲擴張ᄒᆞᆫ다고郡來人이傳ᄒᆞ더라

廣告

本號由上海分설韓國京城장發隆現因店內各夥與股主均存私意爲此將前店停業如有各夥中在外新張장號隆字號與人니往來訂立契約至於帳目等情均與舊장隆號無涉至後如有生理契約等件認明장隆義記號交涉可也恐有不知者被欺特此佈聞

上海장隆號 告白

本會에서本月七日日曜(陰初九日)下午壹時의定期總會를磚洞普成中학校內의開ᄒᆞ고緊要事務를處理ᄒᆞ오니關東會員은進期齊臨ᄒᆞ심을務望

關東학會 告白

本會에緊急事項이有ᄒᆞ야今月七日下午壹点에特別會를開ᄒᆞ오니 僉會員은屆期來參ᄒᆞ시ᄋᆞᆷ

東亞開發敎育會 告白

本人姓名章을五月三日에서失而他本收還後玆廣佈知舊間照亮

彭鍾奭 告白

民刑事訴訟及各官廳請願等法律事爲를誠實擔務홈

西部毛橋刀字洞八十六統七戶

辯護士前檢事 洪昇憲 事務員前主事 廉徵後 前主事 韓[illegible]鉉 前主事 金正濬

本學會에서本月七日日曜ᄂᆞᆫ例定通常總會이온바小학校開業日字가隔ᄒᆞ와關係가衆有ᄒᆞ옵기玆에廣布ᄒᆞ오니 僉會員은伊日(陰五月九日)下午壹時에齊臨于本事務所ᄒᆞ심을爲荷

輔仁學會 告白

本校에서校舍ᄂᆞᆫ狹隘ᄒᆞ고學徒ᄂᆞᆫ日益增進홈으로願學會員의協議를奉ᄒᆞ야敎化門大闕前前國民敎育會(興士團所管)家舍로移接ᄒᆞ고學徒를更爲募集ᄒᆞ오니願學ᄒᆞ시ᄂᆞᆫ僉員은事務所로來議ᄒᆞ심을敬要

事務所ᄂᆞᆫ前國民敎育會館內

卒業期限은三個年

課程은 國文 國漢文讀本 算術初等 初等地誌本國

學員年齡은貳拾歲以上으로三拾五歲以下(但仕宦家의床奴나營業家의使喚)으로雇傭ᄒᆞᄂᆞᆫ者ᄂᆞᆫ拾四歲以上으로許入홈

本校ᄂᆞᆫ壹般勞働同胞를敎育홈的인故로父母가存在ᄒᆞᆫ兒童二拾歲以下者ᄂᆞᆫ入學을不許홈

隆熙二年六月七日國民夜學校

募集期限은二週日에不過홈

京성中部長橋東谷第二拾統三戶

辯護士前檢事 朴星煥

法律事務所

本所에서鑛山、土地、家屋、山林、測量製圖設計等을迅速擔應홈

南署會동九拾貳統拾壹戶

會同測量事務所

總務 金澤吉 事務 金錫權

本人의本郡所在田畓七石九斗落을不動産證明簿에記載ᄒᆞ야[illegible]記方法을設行ᄒᆞ엿온바本人의[illegible]子[illegible]汝가使其子乙[illegible]으로僞造證券ᄒᆞ야欲爲偸賣云ᄒᆞ오니內外國人은切勿見欺ᄒᆞ심

珍山邑河大容 白

●公告

人民의私有財産으로前宮司院에關係된事件에對ᄒᆞ야近日人民으로부터請願書를添付ᄒᆞᆫ文券에僞造ᄒᆞᆫ者가生ᄒᆞ야處理上眩惑이多ᄒᆞᆫ지라此等犯法者ᄂᆞᆫ押付司法ᄒᆞ야依律懲戒ᄒᆞ려니와嗣玆以往으로ᄂᆞᆫ本局에關係가有ᄒᆞᆫ文券及書類를添付請願ᄒᆞᄂᆞᆫ者ᄂᆞᆫ務要眞實ᄒᆞ야無至抵罪홈이爲可

臨時帝室有及國有財産調査局委員長 宋秉畯

東一測量事務所

中署大廣橋內北隅第拾九統十二戶에測量事務所를設施ᄒᆞ엿사오니 僉君子ᄂᆞᆫ來臨相議ᄒᆞ심을敬要홈

官立漢城高等女學校學員募集廣告

今에本校本科豫科와壹學年學員을募集ᄒᆞ야入학志願者ᄂᆞᆫ左開事項을注意ᄒᆞᆫ後에入학請願書에履歷書를添付ᄒᆞ야學部나官立漢성高等女學校臨時事務所에提呈ᄒᆞᆷ事

但入學請願書及履歷書等用紙와其他可議事이有ᄒᆞ거든隨時ᄒᆞ야該部나臨時事務所에來問홈을要

隆熙貳年五月 日

官立漢城高等女學校

壹 募集員數 本科五拾名 豫科五拾名

壹 學員年齡 本科拾[illegible]歲以上 豫科滿八歲以上

壹 入학請願提出期限 隆熙貳年六月貳拾日ᄭᆞ지

壹 試驗科目 國문(讀法及書取)

壹 試驗日字及處所ᄂᆞᆫ追後에定ᄒᆞ야廣告홈

▲測量學員募集廣告

本塾에서特別히五個月速成으로測量學을敎授ᄒᆞᆯ터이니願學僉員은本月七日內로請願書를來呈홈

試驗ᄋᆞᆫ本月七日(日曜)上午拾貳時

試驗科目 國漢文讀書 算術四則以內

上學時間 自下午四時 至五時半

月謝金 五拾錢

西部盤石坊內陽谷四拾三統七戶

私立廣化新塾長南廷哲

本人의姓名圖章을於陰五月壹日平壤停車場에서見失ᄒᆞ얏사오니內外國人은以此照亮

安城內常平洞

李昌瑞 告

●海陸壹般 土木 鐵道 道路 橋梁 灌漑 排水等之測量及設計

●鑛山 林野 土地之測量及製圖

●土木工事之監督及請負

京城旭町二丁目百拾壹番戶

理事廳橫通右耳義領事館前

片村工務所

所主 片村鎌次郞

現今時代ᄂᆞᆫ男女를勿論ᄒᆞ고營業에從事ᄒᆞ야生活上에充滿케ᄒᆞᄂᆞᆫ것시正當ᄒᆞᆫ故로本人이비록女子오나裁縫을卒業ᄒᆞ야男女洋服을鮮明製造ᄒᆞ야 僉兄弟姊妹의게隨求酬應ᄒᆞ깃스오니速速來購ᄒᆞ심을仰望홈

中署官洞[illegible]拾統七戶 夫人洋服店 告白

本人名在燮改名泰榮ᄒᆞ오니知舊間燭悉ᄒᆞ심

昌原府居上金泰榮 告白

本會에서甲申以來로國事로因ᄒᆞ야殉先烈士의追悼ᄒᆞᄂᆞᆫ與旨를擧行코져ᄒᆞ오나多數中에遺落홈慮가不無ᄒᆞ와玆에廣告ᄒᆞ오니其遺族은其死者의事實及履歷을另具ᄒᆞ야南部[illegible]洞內街城材木柴炭株式會社臨時事務所內本會調査委員申[illegible]李圭完兩氏에許에送致ᄒᆞ심을務望 期限六月十日(陰五月拾二日)內遺族은其居住를明示홈을乞홈

愛國死士追悼會 告白

●學員募集廣告

本會에서鐵湖學校를設立ᄒᆞ고師範科學員을爲先募集ᄒᆞ니願학會員은本月拾四日ᄂᆞᆫ請願書에履歷書를粘聯ᄒᆞ야校洞本會館에提呈ᄒᆞ고

同月十五日月曜上午十時에本館으로來ᄒᆞ야應試홈事

但請願紙ᄂᆞᆫ本會館에來受홈

一試驗科目은國漢文讀書作文이니歷史問對算術四則以내

但官公私立學校의普通科以上卒業證書가有ᄒᆞ거나年齡이相當ᄒᆞ면免試許入홈

一資格은年齡二十歲以上身體康健ᄒᆞ고品行이端正ᄒᆞᆫ者

一修業年限은本科에ᄂᆞᆫ三個年으로特別科에ᄂᆞᆫ拾八個月노定홈

一學校位置ᄂᆞᆫ崇春門外前會館(前陸軍衛生院)

鐵湖興學會

鐵堂先生 兪百濬 譯述

厚禮斗益大王七年戰史

全壹冊 定價金三拾錢

此書ᄂᆞᆫ即拾八世紀頃에歐洲의一大英雄厚禮斗益大王이當時列邦中에介在ᄒᆞᆫ弱國으로突然崛起ᄒᆞ야尙武的精神으로民을鼓動ᄒᆞ며俄法奧諸國과對抗ᄒᆞ며七年戰爭을經ᄒᆞ야普魯士國의雄飛ᄒᆞᄂᆞᆫ端緖를世界에實現ᄒᆞᆫ其政略의巧妙ᄒᆞᆷ과其功烈의偉大ᄒᆞᆷ이足히讀者의愛國心을喚起홀만ᄒᆞ오니 僉君子ᄂᆞᆫ速速購覽ᄒᆞ심

發賣元 廣學書舖 金相萬

賣買所 京鄕各有名書舖

新刊書籍發售廣告

女子讀本 張志淵 著 全貳冊 定價金六拾錢

初等衛生學 全壹冊 定價金拾五錢

初等倫理學 全壹冊 定價貳拾錢

國家學綱領 全壹冊 定價拾五錢

國民須知 全壹冊 八錢

初等小學 全四冊 定價壹圓三拾錢

中等萬國新地誌 全貳冊 定價壹圓

增修無寃錄大全 國漢文 全壹冊 [illegible]拾五錢

伊太利建國三傑傳 全壹冊 [illegible]

新撰理化學 全壹冊 定價金三拾錢 [illegible]

獨習日語獨學 [illegible]

洋裝壹冊 定價貳拾五錢

愛國夫人傳 全壹冊 定價拾五錢 張志淵 著

新小說血淚 全壹冊 定價貳拾錢 李人稙 著

富國[illegible]新論 [illegible]

世界三怪物 全壹冊 定價三拾五錢

家庭雜誌 壹冊 貳錢

新訂算術 第三冊 六拾錢

乙支文德 並壹冊 三拾錢

發賣所 皇城中署布屛下 廣學書舖 金相萬

京鄕各有名書舖

濟藥鑑査人濟衆院醫學員洪錫厚朴慈惠李觀化告白 代理人 梨峴洋藥局李信華

本人等이漢성南大門外濟衆院用낙處方으로左記封入낙을製造ᄒᆞ오니京鄕間遠近勿論ᄒᆞ고此낙品信用ᄒᆞ시기爲ᄒᆞ야前醫學校長西五等池錫永氏에게락方文마다議定ᄒᆞ고有效証明書를受ᄒᆞ고主治効能用法을詳記ᄒᆞ야洋鐵匣紙匣琉璃瓶에封ᄒᆞ야賣ᄒᆞ오니兄弟에게利益이加有ᄒᆞ도록ᄒᆞᄂᆞᆸᄂᆞ이다

治痰平胃丸 男女氣血補益丸
輕腫根治膏 純金鷄蠟丸
濕腫根治膏 蛔虫浸出丸
癰腫拔根合瘡膏 四時感冒丸
小兒胎毒合瘡膏 清明眼藥水
神効積氣保嬰散 消痰鎭咳藥
小兒感冒靈效散 男女瘡疾祛根藥
德國製淋疾丸 寸虫拔根藥
漢城百應膏 止足汗臭藥
洋藥乾材 止瀉調腸丸
舊藥唐草材 陳陳旧滯消積丸
西藥醫方活套 無惡臭疥瘡藥

京城鍾路慈惠낙房에서各種封藏낙을製造ᄒᆞᄂᆞᆫ대方文則남大門外濟衆院에서本國兄弟의게數拾年來果驗ᄒᆞᆫ妙方으로製造ᄒᆞ야파오니 製낙과賣낙에對ᄒᆞ야說明 製낙ᄒᆞᄂᆞᆫ대藥에本價와紙包印刷價ᄭᆞ지

◉大韓國新發明純粹

◉度修靈丹 各種食滯中暑久滯口臭 霍飮吐瀉定價一貼

◉至寶丸 治諸般痰喘不拘久遠 俱有效定價金十錢

◉靈效液 外用方香治疥瘡皮風 百發百中定價金三拾錢

◉淸眼水 治諸般眼疾有發眼見 天之妙定價金拾錢

◉通淋丸 治男女急慢淋疾神效 無毒速效除毒壹週金五拾錢

漢城南部大廣橋西邊第三家十九統七戸 共愛堂大藥房 謹白

發賣所

支店 開城南門內共愛堂第一支店 群山港開福동共愛堂第二支店 河東郡赤良面共愛堂第三支店

代理店 皇城北部大安동 姜助淵 仝 鍾路靑年會館前 리春善 仝 西部新門外石橋 黃麟秀 仁川奇峴 仁濟藥房 慈惠藥房 普濟醫院 濟生堂 仝 和平局

此外에도東西洋各國有名賣藥과草材藥이俱備ᄒᆞ오니藥의多少를不拘ᄒᆞ고請求ᄒᆞ시면小包로仰呈ᄒᆞ게ᄉᆞᆸ

◎新訂方合編 壹部壹圜拾젼 針脉經。病論。藥性。方套。牛疫論。牛馬病약。洋약用法。診察法。經驗方。이具備ᄒᆞ야醫학家나賣약家에最新要緊ᄒᆞ오며

◎社會勝覽 純國文卄三젼 社會에規則과演說에方法과脉絡이며東西양雄辯家에演說을譯述ᄒᆞ야社會有志者와勞働人及婦人ᄭᆞ지不可不購覽ᄒᆞᆯ者며

◎婦人儀範 純國文卄五젼 育子와敎育을ᄒᆞ고家庭을整理ᄒᆞᄂᆞᆫ道로婦人社會의特要ᄒᆞᆫ師範이오며

◎中等算學 壹帙 冊壹圜五拾젼 自四則至開立方九積數를次第橫布ᄒᆞ야학習에便易ᄒᆞ고我韓學界中에最具備ᄒᆞᆫ者며각校학生의게ᄂᆞᆫ特爲減價발賣ᄒᆞᆷ

註譯 支那時文類聚 리치兩 編集 八拾三頁 定價금 二拾二錢

右冊은近日現用ᄒᆞᄂᆞᆫ各機緊要私札往復이며韓淸與日淸間에現行往復ᄒᆞ던公私案會淸帖往復이며其他公函往復과公文照會等式을編成一冊ᄒᆞ야可作高等社會의錦囊要訣이오니照亮

總發賣所 皇城典洞光東書局 分所 皇城各書舖

寡於人道之原則을ᄒᆞ고重於正義之誠實ᄒᆞ며以親切爲旨ᄒᆞ야訴訟事件幷各官廳請願事件을擔受依托홈

京城저洞六拾四統二戸 東洋大학講師 辯護士 木尾虎之助 日本法律學士

●大韓國新發明靈藥廣告

淸化新藥 淸心保命丹
陸軍軍醫金子敏君實驗方劑 陸軍軍醫添田君有効證明 四海衛生之諸君子常備之靈藥
發行所 仁川港柳峴 濟生堂藥房
九十粒入金拾錢

●主治効能 ●飮食積滯中暑中寒 ●咳嗽腹痛水土不服 ●氣鬱吐瀉船車眩暈 ●食傷酒醉口熱惡臭 ▲其他諸般瘟氣癘疫預方妙藥

●出張代理特約발賣所
京城大廣橋共愛堂大藥房
同 鍾路慈惠藥房 리觀化
同 梨峴洋약局 리信華
同 翰동博文書館 盧益亨
同 南大門外大同運輸會社
同 泥峴三丁目 新井支店
同 泥峴郵便局前 天佑堂
同 水橋本堂出張人 리鳳林
●仁川舊邑本堂出張所 金濟賢
同 開城旅館 韓禹根
同 寺峴和平堂 리應善
●開城南門內萬物廛 박圭植
同 南門內同店 禹相玉
同 南門內商社 리禎鎬
同 北部忠橋 具瑞模
海州宗路商店 宋在瑛
同 二房약舖 김永泰
同 南門內店 리奉植
水原宗路下약房 金濟九
延安邑내洋약局 邊汝文
江華宗路店 尹斗鉉
同 宗路店 宋順五
同 西門外冊肆 高成俊
長湍南門내 崔敏淳
砂利院市場내客主 朴健昌
同 任允淳
同 리在常
同 耶蘇敎堂내 리東鎬
黃州南門내紅門동 韓鳳儀
平壤雙巨里濟生局 金間興
同 館前衛生醫院 崔龍化
同 大興部一里 桂澤宣
同 南門武洞濟局 尹寬植
同 南門出張人 김元석
鎭南浦築洞洋약局 吳남奎
同 德岡機本堂出張人 김斗鉉
群山港開福동 回春大약房
安州城내義井동 林景柱
安岳邑上場里濟生局 김成浩
大邱南門내遷동 金重佑
釜山港草梁客主 朴芝行
博川郡美동商店 崔九國
載寧邑後동洋약局 金鎭和
忠州東良面早逆 박容賢
晉州郡셔동 리炳柱
定州南門내洋약局 羅應彬
郭山邑내洋약局 安濟
鐵山邑내永春堂 安
宣川邑내冊肆
義州水口街 김永植
信川邑四里洋약局 김大鉉
郭山邑冊肆 박敬鎬
元山港濟生堂支店 박鶴動
北靑新昌港客主 高榮來
江原道本堂出張人
德川邑官동洋약局 리丙斗

●禮山읍谷里 ●其他各약店마다隨應販賣홈 리東赫
●仁川港濟生堂告白

本店에夏節양服件이英京倫敦에서新着ᄒᆞ얏기로玆에廣佈ᄒᆞ오니 僉君子ᄂᆞᆫ光顧購買ᄒᆞ심을懇望홈 貞洞華商瀛泰號 양服裁縫店 謹白

●新發明梅毒명藥廣告 陸軍軍의醫한實驗方劑

落梅丹

口瘡不發창病去根之명藥 壹劑五百粒定價金 三圜

主治 梅毒「唐창」新舊창 ●瘰癧●皮膚病●便마傷私 ●淋病

已上病証外에男女間에不精交合ᄒᆞᆫ後에若疑아之端이有ᄒᆞ야도此藥壹劑만服用ᄒᆞ면完無後慮ᄒᆞ고脾胃도健全ᄒᆞᆷ을擔保홈 此外에도의療機械와精美ᄒᆞᆫ藥材를新備ᄒᆞ고內外科각色疾病을誠心治療홈

皇城北部大安洞 仁濟藥房 高用진 謹白

代理店 京城鍾路 共愛堂낙房 仁川梅龍洞 濟生堂 國內各處藥局에서隨應販매홈

現今齒院에서各項事務을一擴張하오며金製與銀製各樣의齒와老小間沒數落齒ᄒᆞᆫ데齒床幷齒를隨意製造하오며拔齒與入齒時에毫無苦痛케ᄒᆞᄂᆞᆫ技方도有ᄒᆞ며齒科上面談ᄂᆞᆫ無料接受ᄒᆞᆸᄂᆞ니四方僉君子ᄂᆞᆫ照亮ᄒᆞ심을爲希홈 京南大門內尙洞美人施論教家 高齒科醫士 韓大衛 告白

本書館에서民智를廣啓ᄒᆞ고문明發達ᄒᆞ기爲ᄒᆞ야新舊書籍을大발賣ᄒᆞ오니僉君子ᄂᆞᆫ陸續來臨ᄒᆞ심을望홈

釜山港東關韓興書舘 金汝重 權斗錫

▲特別廣告
本社에셔名帖印刷所를設ᄒᆞ고各樣活字와別樣紙本이俱備ᄒᆞ오며印刷가精美ᄒᆞ고價值도極廉ᄒᆞ오되特別히學校와夫人의게ᄂᆞᆫ一層低廉ᄒᆞ오니僉位ᄂᆞᆫ來臨ᄒᆞ시와隨意請求홈 大韓每日申報社 告白

●本社廣告

○廣告料
四號活字十三字를一行으로 一寸에新貨三拾錢
(每日發行六錢에相當홈)
二週日에 二圜五十錢 每日發行四錢五厘에相當홈
一個月에 五圜 每日發行四錢一厘에相當(當홈)
其期限의長短과字行의多少를依ᄒᆞ야增減홈이有홈

○申報價
壹號代金 新貨二錢五厘
壹個月前納 三十錢
參個月 九拾錢
陸個月 一圜七十錢
壹個年 三圜四十錢
郵稅一號 新貨五厘
壹個月 十三錢

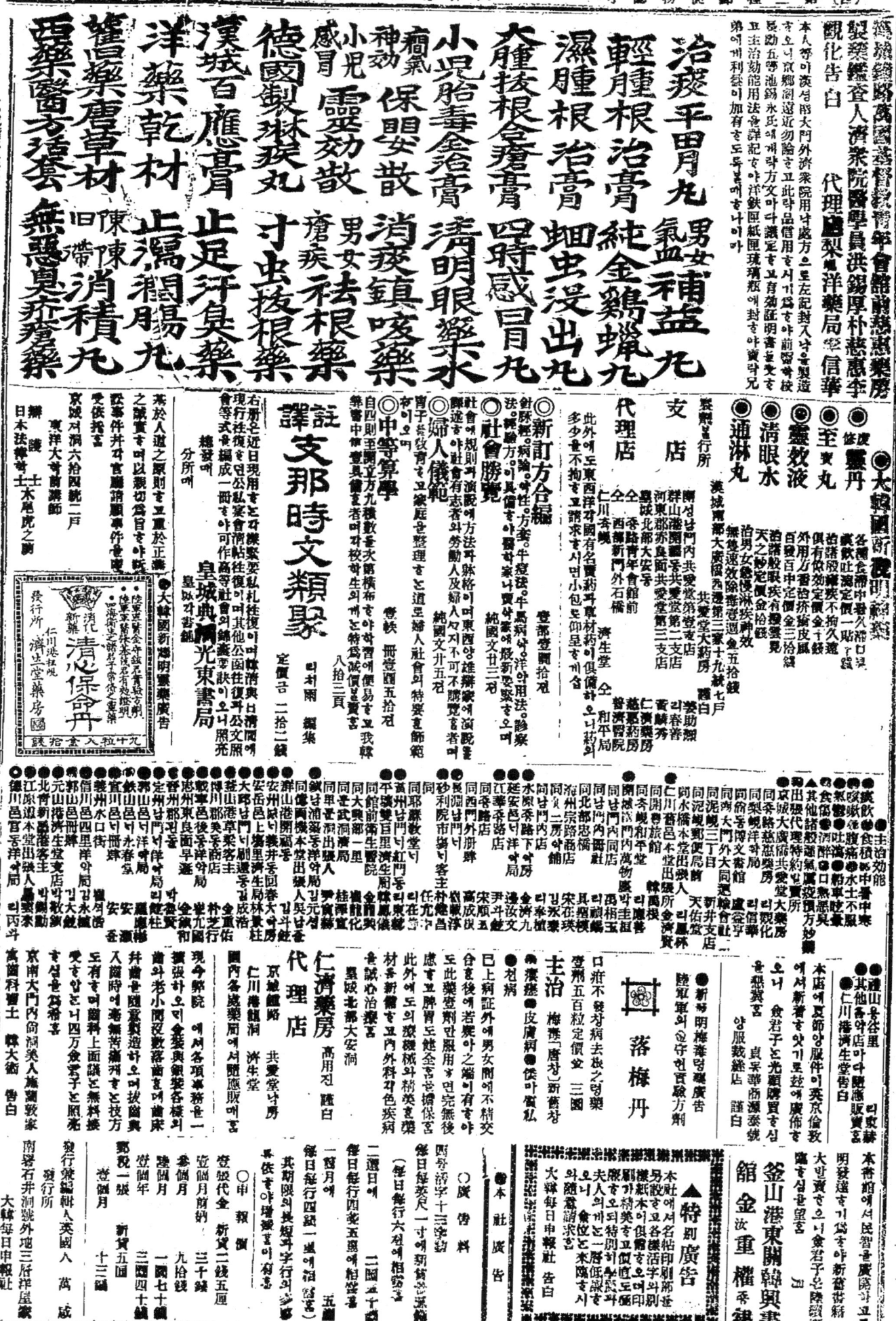

發行所 南署石井洞號外地三層洋屋 大韓每日申報社
發行兼編輯人 英國人 萬咸

第八百卄四號

大韓每日申報

第六卷

定價금二拾錢價値을슈오니從此後前報하시오若非實이면每分着價ᄒᆞ야발賣ᄒᆞᄂᆞᆫ規則이無ᄒᆞ외다

月曜及慶節 發時日休刊

檀君開國四千二百四十一年
箕子元年三千三十年
大韓開國五百十七年
日本明治四十一年
淸國光緖三十四年
陰曆戊申五月大第九日癸巳

寄書

◎工業을宜獎勵

憂時生

何國을勿論하고工業이날運되여야國與民間에貧弱을能却ᄒᆞ며由是而商務가擴張ᄒᆞ야外國에輸出이甚多ᄒᆞ면國與民間에富强을能致ᄒᆞ야對時列强에國民이皆有實業ᄒᆞ야咸受樂生ᄒᆞᆯ것은不待識時者而勢固然矣어ᄂᆞᆯ不此之爲ᄒᆞ고何如是貧國之極度乎아

嗚呼羞恥哉라余國同胞여我之生活程度를比之於彼人之生活界ᄒᆞ라我ᄂᆞᆫ卽無才無能又無所業而生活者也오彼ᄂᆞᆫ卽學問勞力으로擴張實業而生活者也니我ᄂᆞᆫ貧賤ᄒᆞ기極甚ᄒᆞᆫ地境에陷ᄒᆞ고彼ᄂᆞᆫ富貴ᄒᆞᄂᆞᆫ地位를占有ᄒᆞ얏슨즉我與彼間의貧賤富貴之別이如霄壤之分等ᄒᆞ니彼本非別人也오我本非劣品이라思之憤歎이로다

我國의農商工中에惟農業에對ᄒᆞ야ᄂᆞᆫ雖不可謂블達이나不讓於外人이로ᄃᆡ然이나工商兩業은殆乎絶無라可謂ᄒᆞᆯ지로다

何謂也오古昔에ᄂᆞᆫ我國의技術이블達ᄒᆞ야一用器物이燦然俱備而自國所需가供用自足ᄒᆞ야無所求於隣邦ᄒᆞ며或工藝精妙堅完ᄒᆞᆫ物品이有ᄒᆞ면輸出隣邦者도或有之ᄒᆞ야於是乎工業에啓發됨이隣邦을不談하든先進國으로何由ᄒᆞ야因하야中途에至ᄒᆞ야ᄂᆞᆫ如斯時昧ᄒᆞᆫ貧賤國이되얏ᄂᆞ고

噫라近來我國에敗壞習俗은枚擧키不能ᄒᆞ나大抵工商兩業의不振興ᄒᆞᆫ原因을略爲溯考ᄒᆞ건ᄃᆡ我國에所謂士라稱ᄒᆞᄂᆞᆫ者ᄂᆞᆫ不農不工不商業ᄒᆞ고依賴父祖之遺產ᄒᆞ야遊衣遊食ᄒᆞ며仕宦을希望ᄒᆞ며若白首에至토록登第를不得ᄒᆞ야恒產이全無ᄒᆞ고体面을是掌懷하며或因緣囑托ᄒᆞ야洋賻만是圖ᄒᆞ고懶惰自棄ᄒᆞ야工商業을做去ᄒᆞᄂᆞᆫ者ㅣ有하면特以奴隷ᄒᆞ며事以壓制ᄒᆞ야人情이不相親ᄒᆞ고同胞之分이相絶ᄒᆞ야使其業者로厭其賤業ᄒᆞ야棄業而專爲貧困이어ᄂᆞᆯ不欲爲此而殷富ᄒᆞ고自逸自保ᄒᆞ야抑仰於他人之食을自以爲能ᄒᆞ야全國之民俗習慣이如斯ᄒᆞ며卑敗ᄒᆞ고야其國이安得不貧ᄒᆞ며工商兩業이何由從ᄒᆞ야啓發을期ᄒᆞ리오

所謂士라者ᄂᆞᆫ居於四民之首ᄒᆞ야讀書窮理ᄒᆞ고濟世安民之責을擔負ᄒᆞ얏거ᄂᆞᆯ

挽近爲士者ㅣ其實은無ᄒᆞ고其名만冒ᄒᆞ야不學無識ᄒᆞ고惰其四肢ᄒᆞ며皆稱爲士하니百弊의源이皆此에서流ᄒᆞ야至於民俗而亦於懶惰의不肯力食하야數白之貽만有하야便謀暇逸而稍有蓄積者ᄂᆞᆫ高臥捫蝨ᄒᆞ야不知戶外之事ᄒᆞ고家有糊口면聲榮者笑人ᄒᆞ고其餘ᄂᆞᆫ皆仰其衣食ᄒᆞ며加之近來로自外國으로新鮮美麗ᄒᆞᆫ物貨가叢湊ᄒᆞ야全國日用所需與萬般物品을皆資外國ᄒᆞ야人心이漸漸에侈風이日甚ᄒᆞ야已無豐分餘支며所着衣飾은動値千百하니如此ᄒᆞ고야國與民이能不窮且困哉리오

挽近民智가稍開하고慢習이漸醒ᄒᆞ야以敎育으로爲富强的第一急先務라ᄒᆞ야十三道郡ᄉᆞ村ᄉᆞ에學校를자自設立ᄒᆞ야全國의學校가大振ᄒᆞ니誠可欣幸者이나然이나今日我韓人民의日趨困乏ᄒᆞᆷ이急如走坂之勢ᄒᆞ야家ᄉᆞ食積이足以自贍者도餓而視之면瓶盎이枵如矣오巨大廈屋에足以自富者도餓而視之면鄰屋이蕭然矣오鄰屋도猶不能保ᄒᆞ야奔入餘戶하며奔且不得ᄒᆞ야夫携妻幼ᄒᆞ고彷徨道路者ㅣ比ᄉᆞ有之ᄒᆞ니如是不務工商業而又經幾許歲月則畢竟相隣於一轍ᄒᆞ야一片土와一個屋子를能保ᄒᆞᆯ者ㅣ未有ᄒᆞ리니人ᄉᆞ이救死圖活키不暇커든何暇敎育之可論哉아嗚乎識時諸君子여先聖이不云乎아旣富어든又敎之라ᄒᆞ시며又曰衣食足而知禮節也라ᄒᆞ시니蓋以不富면不能以敎之며衣食이不足이면不能以知禮節也로다

諸君子 其或探鑒芻蕘之言否아欲興敎育인ᄃᆡ先發工業ᄒᆞ야校를야務圖技藝블達이現狀之急先務라ᄒᆞ노라一自通商以來로二千今三十餘年에效做이莫在오比前倍蓰而已로다用之者 外人所作이오服之者ㅣ外人所製라許多貨物이無非自外輸來者이니國中의適用ᄒᆞ던百下物品이因此而消絶ᄒᆞ얏시니況吾ᄒᆞ야은今憤歎을不勝ᄒᆞ노라務望하노니今國有志諸君子ᄂᆞᆫ現頗內ᄒᆞ라所謂文明이니富强이니世皆稱道者、莫非工藝블達의實在ᄒᆞᆷ이明若燭火ᄒᆞᆫ지라

惟我同胞ᄂᆞᆫ往事ᄂᆞᆫ已矣어니와來者ᄂᆞᆫ惕然警醒ᄒᆞ야慨然奮발ᄒᆞ야依仰於外國을絶勿僥倖ᄒᆞ며禁遊食ᄒᆞ며節浪費ᄒᆞ고人ᄉᆞ이각修工業ᄒᆞ되就其易知易行而漸進ᄒᆞ면庶幾余國이日躋於文明之域하리니十年生聚而敎訓ᄂᆞᆫ是乃句踐之所以覇越也라凡我同胞ᄂᆞᆫ皆以工業二字로臥薪爲心이면何患乎工業之不成也哉아

外報

◎淸國海軍擴張 淸國海軍再興費ᄂᆞᆫ戰艦購入及海軍根據를設置ᄒᆞ기爲ᄒᆞ야陸軍部度支部가聯合ᄒᆞ야壹千萬兩을支出ᄒᆞᆷ이可ᄒᆞ다ᄒᆞ고每年의維持費ᄂᆞᆫ各省으로均擔ᄒᆞ야支出ᄒᆞ지ᄂᆞᆫ데그러나新海軍은北洋艦隊와南洋(廣東)의艦隊에別ᄒᆞ고各艦隊ᄂᆞᆫ大戰艦壹隻大小巡洋艦十五隻水雷艇驅逐艦砲艦等水艇若干隻으로編成ᄒᆞ고提督이此를指揮ᄒᆞ다하며又各艦隊根據地ᄂᆞᆫ北洋艦隊ᄂᆞᆫ楡林港三門灣으로南洋艦隊ᄂᆞᆫ舟山으로北양艦隊ᄂᆞᆫ芝罘大沽로ᄒᆞ야政院에서海軍條例를起草ᄒᆞᆫ後海軍省을組織ᄒᆞ다ᄒᆞ더라

◎英國新聞記者會議 伯林電을據ᄒᆞᆫ즉英國新聞記者等一團이來九月二日에伯林에서開會ᄒᆞᆯ터인ᄃᆡ或은來年春夏月三十日이란說도有ᄒᆞ다ᄒᆞ얏더라

◎訪問反對處刑 倫敦電을據ᄒᆞᆫ즉英國에서炎爾龕將과의俄國訪問에反對ᄒᆞᆫ暗殺隊에本月二日俄都에서八名을死刑執行ᄒᆞ얏고十六名은死罪宣告ᄒᆞᆫ것은一層猛烈을喚起ᄒᆞ얏다더라

◎大統領落馬 紐育電에曰華盛頓報를據ᄒᆞᆫ즉大統領루스벨트氏ᄂᆞᆫ騎行ᄒᆞ다가馬와共히顚倒ᄒᆞ얏ᄂᆞᆫᄃᆡ씨ᄂᆞᆫ多幸히被傷치아니ᄒᆞᆫ지라氏가更히馬의氣力이恢復ᄒᆞ기를待ᄒᆞ야再次騎行을繼續ᄒᆞ얏다더라

雜報

◎金氏設校 臨陂郡富谷前議官김鏞俊氏가私立普通학校를設立ᄒᆞ고熱心敎育ᄒᆞ기로學徒가日加月增ᄒᆞ야大有進就之望이라고該郡人士가稱頌ᄒᆞᆫ다더라

偉人遺蹟

水軍第一偉人 李舜臣

第拾四章　錦頰山人

◎李舜臣의再任統制와鳴梁의大戰捷

然이나來寡가懸殊ᄒᆞᆷ으로諸將人ᄉᆞ이皆曰舟를捨ᄒᆞ고陸에登ᄒᆞᆷ이可ᄒᆞ다ᄒᆞ거ᄂᆞᆯ舜臣이不聽ᄒᆞ며又朝廷이舟師가孤單ᄒᆞ야賊을禦ᄒᆞ기難ᄒᆞ니陸戰ᄒᆞ라命ᄒᆞ거ᄂᆞᆯ舜臣이又啓曰壬辰으로부터至今五六年間에賊이兩湖를直突치못ᄒᆞᆷ은舟師가其路를扼ᄒᆞᆷ이라今에臣이戰船拾二가有ᄒᆞ니死力을出ᄒᆞ야拒戰ᄒᆞ면賊을可爲也어니와今에舟師를全廢ᄒᆞ면賊이必然湖右로由ᄒᆞ야漢水에達ᄒᆞ리니此가臣의所憂ᄒᆞᆷ이니이다ᄒᆞ고戰船이雖寡ᄒᆞ나微臣이不死ᄒᆞ면賊이我를輕侮치못ᄒᆞᆫ다云ᄒᆞ고右水營前洋에出ᄒᆞ야諸將을會集ᄒᆞ고約束ᄒᆞ야曰一夫當逕에足懼千夫하나니今我의現障ᄒᆞᆫ地가如是ᄒᆞᆫ즉諸將은勿憂ᄒᆞ고但不畏死三字만常佩ᄒᆞ면可戰ᄒᆞ리라ᄒᆞ더라

拾六日早朝에賊이蔽天塞海의勢로鳴梁에서來ᄒᆞ야我陣을向ᄒᆞ거ᄂᆞᆯ舜臣이諸將을率ᄒᆞ고出禦ᄒᆞᆯ시賊船二拾餘隻이悍然前進ᄒᆞ며我船을擁圍코저하거ᄂᆞᆯ舜臣이櫓를促ᄒᆞ야矢衝ᄒᆞ며各軍을促ᄒᆞ야銃丸을亂放ᄒᆞ니賊兵이直犯치못ᄒᆞ야乍進乍退ᄒᆞᄂᆞᆫ貌樣이러라

是時에衆寡의勢만不敵ᄒᆞᆯ뿐이러賊船이我船을十數匝이나包圍ᄒᆞ고長蛇의勢로衝突하니其勢가甚히不測ᄒᆞᆫ지라各船諸將이相顧失色ᄒᆞ거ᄂᆞᆯ李舜臣이笑謂曰彼賊이비록萬隻船으로來하여도我船의擒ᄒᆞᄂᆞᆫ비되리니妄動치勿ᄒᆞ고砲射에나盡力ᄒᆞ라

此數言이何等快濶이며何等自信고將卒人ᄉᆞ이感躍ᄒᆞ야招搖旗를登翻ᄒᆞ며諸船이爭進ᄒᆞ더라

海中에ᄂᆞᆫ兩國兵의戰聲이오山上에ᄂᆞᆫ觀戰人의光景이라李統制만再起ᄒᆞ면倭讐를快復ᄒᆞᆯ줄로信ᄒᆞ고近岸人民이男負女戴ᄒᆞ고百里或千里에서來ᄒᆞ야觀ᄉᆞᄒᆞᆫ萬衆이皆統制와戰况을觀ᄒᆞ더니

我船十一隻이海面에飄요ᄒᆞᆫ데倏然數千隻賊船이一時圍匝ᄒᆞ야黑雲이裹ᄒᆞ며亂霧가合ᄒᆞᄂᆞᆫ듯ᄒᆞᆫ中에我船은何處에埋葬ᄒᆞᆫ지不知ᄒᆞ겟고但空際에白刃의光이閃爍ᄒᆞ며天際에巨砲의聲이鳴震ᄒᆞᆯ뿐이라觀戰人이相扶痛哭曰我將의來가統制使ᄒᆞᆷ이여나今에若此ᄒᆞ니嗚乎惜哉여誰와共生ᄒᆞ리오ᄒᆞ고哭泣이狼藉ᄒᆞ다가猛然히河岳이崩潰하ᄂᆞᆫ듯ᄒᆞᆫ巨聲이作ᄒᆞ며賊船三拾餘隻이粉碎ᄒᆞ고朝鮮三道水軍統制使라大書ᄒᆞᆫ旗号가翩ᄉᆞᄒᆞ며我船이矯矯ᄒᆞ야遊龍又처ᄅᆞᆷ繞出ᄒᆞ니

天歟아神歟아是何偉也오壯哉觀戰人이奕ᄉᆞ拱手로額을拍ᄒᆞ며朝鮮萬歲를呼ᄒᆞ더라

（未完）

雜報

●奉命將扇 年年히扇子進上ᄒᆞᄂᆞᆫ錢萬餘元을年前에 太皇帝陛下ᄭᅦ옵서前副領白南信의게先爲頒給ᄒᆞ신故로白氏가年例로扇子를進ᄒᆞᆫ바 上ᄒᆞᆯ머니今年은進ᄒᆞᆯ限이已過ᄒᆞ야도扇子進 上을아니ᄒᆞᄂᆞᆫ故로日昨에承寧府侍從吳泳氏가 奉命ᄒᆞ고白남信시를平章門外로招待ᄒᆞ야扇子進 上을今年에ᄂᆞᆫ無端히廢止ᄒᆞᄂᆞᆫ理由를責問ᄒᆞᆫ즉白시所答이付上ᄒᆞᆫ거시尙未到着ᄒᆞ얏ᄉᆞ니上來ᄒᆞᄂᆞᆫ대로卽爲進 上ᄒᆞᆯ깃다ᄒᆞ얏다더라

●長谷陛見 再昨日下午拾壹時에長谷川大將이陸軍中將宇佐川을帶同ᄒᆞ고詣闕 陛見ᄒᆞ얏다더라

●各大電請 內閣에서昨日에何事件을因홈이던지각部로電話ᄒᆞ되각大臣이禮帽를帶持ᄒᆞ고卽時入來ᄒᆞ라ᄒᆞ얏다더라

●四大相換 再昨日下午六時에統監官邸에서泰與官들이總相리完用氏와農相宋秉畯氏를請邀ᄒᆞ야會議ᄒᆞᆫ結果로內閣大臣四氏가相換이되얏ᄂᆞᆫ대內部大臣任善準氏ᄂᆞᆫ度支大臣으로農商大臣宋秉畯氏ᄂᆞᆫ內部大臣으로法部大臣趙重應氏ᄂᆞᆫ農商大臣으로度支大臣高永喜氏ᄂᆞᆫ法部大臣으로相換이되얏더라

●各大會同 內閣變更된事ᄂᆞᆫ別項과如ᄒᆞ거니와去四日에總理大臣以下각部大臣이內閣에會同ᄒᆞ야該事件으로因ᄒᆞ야昨日下午六時頃에각其散會ᄒᆞ얏다더라

●親任式擧行 內閣大臣이變更된은別項과如ᄒᆞ거니와親任式은卽時擧行ᄒᆞᆫ다더라

●慶會樓宴待 內閣總理大臣李完用氏ᄂᆞᆫ昨日下午壹時頃에景福宮慶會樓에서宴會를設ᄒᆞ고각部大臣과觀察使 地方衛生局長과其他諸官을請邀宴待ᄒᆞ얏다더라

●聲罪勸告 再昨日壹進會에서評議員會를開ᄒᆞ고政府大臣의게辭職勸告ᄒᆞᆯ事件을提出ᄒᆞ얏ᄂᆞᆫ대總理大臣의罪目을臚列ᄒᆞ야辭職勸告ᄒᆞ기로決議ᄒᆞ고日間總代를派送ᄒᆞᆫ다더라

●法大論難 法官養成所학徒가向今上학지아니ᄒᆞᄂᆞᆫ事件에對ᄒᆞ야度支大臣趙重應氏가論難ᄒᆞ되학徒가敎師의게매맞기도例事오毆迫을受홈도例事인대如是相持홈은大端不可ᄒᆞ다ᄒᆞ얏다더라

●訪問學大 昨日上午十壹時에京畿觀察使리圭桓氏가學部大臣리載崑氏를學部로訪見ᄒᆞ얏다더라

●內大歡迎 昨日西爽會議所에서內大宋秉畯氏를歡迎ᄒᆞ기爲ᄒᆞ야盛宴을排設ᄒᆞ얏다더라

●請邀學大 梨峴梨花학堂에서本月八日上午八時에卒業式을擧行ᄒᆞᆯ터인대學部大臣을請邀ᄒᆞᆫ다더라

●觀察宴待 壹進會에서各觀察使를請邀宴待ᄒᆞ기爲ᄒᆞ야昨日三淸洞感恩亭에셔宴會를排設ᄒᆞ얏다더라

●病可始仕 학部次官俵孫壹氏ᄂᆞᆫ身病으로多日仕進치못ᄒᆞ더니昨日부터仕進ᄒᆞᆫ다더라

●日官頒布 昨日에日本人二拾餘名으로각裁判所에번譯官을補定ᄒᆞ여今日官報에頒布되얏다더라

●免職選補 陸軍參將리熙斗氏ᄂᆞᆫ本職을免ᄒᆞ고陸軍武官학校長을補ᄒᆞ엿더라

●韓官自歎 近日度支部에日本官吏가韓國官吏를何樣壓制ᄒᆞ얏던지韓國官吏가虐待를難堪ᄒᆞ야早自辭免ᄒᆞ고勞動生活홈만又지못ᄒᆞ다고각恨歎ᄒᆞᆫ다ᄂᆞᆫ說이有ᄒᆞ다더라

●辯護試取反對 大審院開廳式을設行ᄒᆞᆫ後의辯護士試驗을法律卒業生으로試取ᄒᆞᆫ다더니法대趙重應시가反對ᄒᆞ엿다ᄂᆞᆫ巷說이有ᄒᆞ다더라

●會計檢査 度支部에서會計檢査局檢事官壹人과主事四人을派送ᄒᆞ야水原대邱釜山元山咸興鏡성各地方官廳會計를檢査ᄒᆞᆫ다더라

●視務水局 內部土木局技師韓옥씨ᄂᆞᆫ鷺梁津水道局으로昨日부터出駐視務ᄒᆞᆫ다더라

●軍物推去 伯卓安시가年前에海關稅務司視務時에대砲一座與彈丸幾万봉과馬鞍幾件을西小門내宣惠廳에留置ᄒᆞ얏더니再昨에軍部대臣命令이라고推去ᄒᆞ얏다더라

●經費詢示 農部所管農林學校와工業傳習所와內部所管大韓醫院敎育部와法部所管養成所와軍部所管武官學校와官立府所管修學院에各項經費와規則을調査移送ᄒᆞ라고學務局長이該各所로照牒ᄒᆞ얏다더라

●公暇聽采 內部衛生局長劉猛氏가該部大臣의敎意를承ᄒᆞ야各觀察使의게公函ᄒᆞ되貴管내警察及同分署에勤務ᄒᆞᄂᆞᆫ警察의로ᄒᆞ야금公退餘暇에關藥을認許홈이有ᄒᆞᆫ바今次該國人에對ᄒᆞ야特別히實費를廉價로治療케홈으로警務局長所屬警察署長同分署장의게訓達ᄒᆞ얏기仰布ᄒᆞ니각府尹郡守와面장의게探飭ᄒᆞ야右趣旨를人民이知悉케ᄒᆞ야警察의의診察을受케ᄒᆞ야新의術의恩澤을涵泳케ᄒᆞ라ᄒᆞ얏다더라

●尉官鍊習 軍部領尉官諸氏等이日前부터每週日에武官學校에會同ᄒᆞ야體操鍊習을擧行ᄒᆞᆫ다더라

◉訓示普校 학部에서各公立普通학校에訓令ᄒᆞ되調査上에必要가有하니別紙의揭載ᄒᆞᆫ項目을塡記ᄒᆞᆫ後從速提出ᄒᆞ되其備考欄에ᄂᆞᆫ左開事項을記入ᄒᆞᆯ事라ᄒᆞ얏ᄂᆞᆫ대

一 학校沿革의概要

一 附設科 設置의認許年月日

但現에附設科를排置ᄒᆞᆫ者인딕現無認許者ᄂᆞᆫ其旨를附記ᄒᆞ야同時에認可를受ᄒᆞᆷ이可홈事

一 其他及參考될만ᄒᆞᆫ事項이라ᄒᆞ엿더라

●校長推選 桂山학校장安종和氏가本任을辭免ᄒᆞᆫ故로昨日下午八時頃에桂洞八十九統학校내에會同ᄒᆞ야校장은趙義陽君리載覺시로推選ᄒᆞ얏다더라

●何爲往訪 本月初壹日夜에朴魯千氏가警視副監具然壽氏家에往訪ᄒᆞ야退出之際에巡査가郞爲捕縛ᄒᆞ야警視廳으로押囚ᄒᆞ얏ᄂᆞᆫ대其事由인즉義兵干連이라云ᄒᆞ더라

●日探假令 本月二日에日本人吉小太郞이가稱以警司令部隱密巡務長ᄒᆞ고前觀察使申泰休씨家에來到ᄒᆞ야虛傳長谷川命令ᄒᆞ고申씨를捉去코저ᄒᆞ거ᄂᆞᆯ申씨가答曰吾本無罪ᄒᆞ니不待捉去라ᄒᆞ고人力車를搭乘ᄒᆞ고躬往코ᄌᆞ홀ᄉᆡ該日人이先爲出去ᄒᆞ거ᄂᆞᆯ適其時傍觀ᄒᆞ던警官壹人이該日人을追蹤ᄒᆞ야寺洞地에追到ᄒᆞ야欲爲捕縛則該日人이拔劍逃走ᄒᆞ얏다더라

●設所揭榜 陰曆去月二十三日韓山郡新市에忠南義兵大將所에서榜文을揭示ᄒᆞ얏ᄂᆞᆫ대其辭意ᄂᆞᆫ近日村閭에籍稱義兵ᄒᆞ고或四五人或六七人式作黨ᄒᆞ야錢財를討索ᄒᆞ거든自該洞中으로結縛ᄒᆞ야義所로押送ᄒᆞ거나待候分派ᄒᆞᄂᆞᆫ로押送ᄒᆞ야積弊之弊가絶케ᄒᆞ라ᄒᆞ얏다더라

◉間島來信 장春來氣를據ᄒᆞᆫ則間島附近의匪徒가蜂起ᄒᆞ야官衙를燒燬ᄒᆞ고良民을威脅ᄒᆞ고七人과聯絡ᄒᆞ야間島의日本人을殺戮홈을聲言ᄒᆞᆫ다더라

●江陵義擾 日昨에江陵郡玉溪面附近에義徒가猖獗ᄒᆞ야人心이不穩ᄒᆞ다홈으로該郡警察分署巡査가出張ᄒᆞ얏다더라

◉朔州消息 昨日上午九時에義徒二拾餘名이朔州郡의榮入ᄒᆞ얏다홈으로新義州警察署에셔巡査를派送ᄒᆞ얏다ᄂᆞᆫ通信이某處에來到ᄒᆞ얏다더라

◉强盜逮捕 대興郡警察分署에서近日에强盜犯田學夫等八名을捕捉ᄒᆞ얏다더라

●吸煙被捉 海州郡巡査金聖根과鄭石이가鴉烟을潛吸ᄒᆞ다가登時에發ᄒᆞ야金聖根은逃躲未捉ᄒᆞ고鄭用石은機具幷ᄒᆞ야捉囚ᄒᆞ얏다고西來人의傳說이有ᄒᆞ더라

●民會新設 全州郡에서民會를組織ᄒᆞ얏ᄂᆞᆫ대民間淸潔方法과道路修補及其他人民의便利方針을改良ᄒᆞᆫ다더라

●孤兒院新設 靜川舊邑에孤兒院을刱設ᄒᆞ얏ᄂᆞᆫ데發起人金利鎬리昌機文鎬환張永夏諸시가爲先慈善金幾拾圜式捐助ᄒᆞ고孤兒等을廣求敎育中이라더라

●公債登錄 法官養成所학員등이장連保의事件으로壹齊退學을請願ᄒᆞᆫ事實은前報의揭載ᄒᆞ얏거니와去四日의法官養成所의셔學員中誰某幾人을業者를招致ᄒᆞ야退學의利害를說明辭喩ᄒᆞ얏더니他諸학員등이憤激ᄒᆞ야再昨日의대同寄宿館의會同ᄒᆞ야前日被招ᄒᆞ얏던諸人의對ᄒᆞ야詰問호대公등이既非首唱者代表者어ᄂᆞᆯ何故로私應招致ᄒᆞ야我등을總히隨應한者로歸케ᄒᆞᄂᆞ뇨ᄒᆞ며其公憤의所激홈이다ᄒᆞ야攻毆ᄒᆞ야方至ᄒᆞᆫ際에法官養成所에셔退學請願書를封還ᄒᆞ얏거날諸학員등이壹齊히再次請願을提ᄒᆞ고ᄒᆞ얏ᄂᆞᆫ디諸학員의團結이益々堅固ᄒᆞ다더라

東京電報

(五日發)

●軍器改良 日本陸軍에셔ᄂᆞᆫ俄日戰役의結果로精兵의敵國과應戰홈이必要홈을認ᄒᆞ고其銃器改良의關ᄒᆞ야研究ᄒᆞ야好成績을得홈으로써目下鑄造中이라더라

●賠償請求 淸國武辰丸抑留事件에就ᄒᆞ야大阪辰馬商會가淸國政府에게請求ᄒᆞᆫ損害賠償額은武拾壹萬八千圓이라더라

●國債現在額 日本國債現在額은貳拾貳億四千萬圓이라더라

廣東電報

●上海의日物排斥 香港의셔日貨排斥은鎭定되얏스나上海에셔ᄂᆞᆫ아직鎭定되지못ᄒᆞ야銀行과貯主와石炭商등이打擊을受ᄒᆞᆫ中이라더라

▲撥 御 興 歌▼

▲揚柳風來面上吹ᄒᆞ니千絲萬縷依々도다 多端心緒惹起ᄒᆞ야去依東風試問ᄒᆞ니人情物態네알니라

▲生憎柳絮飄ᄒᆞ니너갓치輕輕ᄒᆞ고나世界風潮變幻ᄒᆞ니前日局짓姻이라滿室中에憂歎ᄒᆞ니嗚呼晩矣엇지ᄒᆞ나老人柳가네로고나

▲門前楊柳如眉綠ᄒᆞ니公卿家에繁華보다盛衰數此時節에狂風不禁大양舟가浮雲又치無定ᄒᆞ니掀天功名雖恃보다貴人柳가네로고나

▲楊柳當年欹散騎ᄂᆞᆫ聽役子弟發軔初라新知識을開導ᄒᆞ니南溟鵬圖初回ᄒᆞ야九萬前程快濶ᄒᆞ다少年柳가네로고나

▲客舍靑靑柳色新ᄒᆞ니무슴興致陶陶ᄒᆞ야花月樓把성館에각部官吏會集ᄒᆞ야外國人物接待ᄒᆞᆯ제餞別宴이頻數ᄒᆞ니惜別柳가네로고나

▲江邊楊柳麗絲ᄂᆞᆫ酒旗風에飄拂이라世人皆醉未醒ᄒᆞ니時代變遷不知ᄒᆞ고醉夢裏之乾坤ᄒᆞ야與世相忘顚倒ᄒᆞ니醉客柳가네로고나

▲栗里門前五柳春에일양孤節놉흿고나傷世悲懷無寄處ᄒᆞ야拾架神仙自若ᄒᆞ니獨保其身하면날에蒼生之憂엇지ᄒᆞ나處士柳가네로고나

▲門前柳色靑如烟ᄒᆞ니韓朶瓜花爛開보다空手로去하니身後事가孤淚하다部吝一心快滿하야公卿爲ᄒᆞ여보니實幹柳가네로고나

▲章臺春日折楊柳ᄒᆞ니驕矜僭濫이慣ᄒᆞ야韓半日더心腸七國民義務不知ᄒᆞ고遍身綾羅양服風에眼下無人橫行ᄒᆞ니蕩子柳가네로고나

▲枝枝纖腰葉葉眉하니嬋姸嬌媚人이라女子敎育漸就ᄒᆞ되進步思想저昧ᄒᆞ고登時伎倆可手段은缺入子弟너무마라佳人柳가네로고나

雜報

◉關東總會 關東학會에서今日下午壹時에定期總會를普成中학校內에開ᄒᆞ고緊要事項을處理ᄒᆞᆫ다더라

廣告

海東測量事務所를中署典洞西拾七統壹戶에設施ᄒᆞ얏ᄉᆞ오니僉君子ᄂᆞᆫ來臨相議ᄒᆞ시옵

海東測量事務所

矓라惟吾裵씨之上系가自權貧羅麗로至本朝히凡九十三世라繼述遺蹟이累世難合ᄒᆞ야爲其雲仍者由是憂悶ᄒᆞ니事甲申修譜에高麗中和宗中으로錄지東譜에繼繩歷代와謚諱對爵位配葬所가無一遺漏나旣爲修보故付錄于別錄乙下矣러니今乃派會議詢同ᄒᆞ야上系遺篇을復修보牒首編故玆廣布ᄒᆞ오니伏願僉宗은照亮ᄒᆞ시와隆五月晦內來會于京中部석洞議官學周宗宅ᄒᆞ야同議大事仰望ᄒᆞᆷ

興海裵學周　達성裵璜
昆陽裵殷星　星山裵杜璇
慈서裵頣鑊　告白

◉獎學社第六回應募合格榜

論說 貳等尹炳烈 三等李應濟 等外申祐永

小說 三等崔鎬

詞藻 壹等金在成 貳等高基相 三等李星煥 四等李鍾浩 五等三和林廷嶹

作文 壹等朴川리範倫 貳等鄭演寅 三等鄭相煥 四等安東洙 五等리宅求

歷史 壹等尹海榮 貳等鄭寅會 金鼎鉉 三等安東洙 安顯烈 姜文煥 四等리潤職 金容喆 리杜夏 金正琪 五等盧必承 金振東 金正선 朴川리範倫 金元祐

地誌 三等朴川리範倫 四等宋甲用 五等平壤車利鉉 姜文煥

才談 貳等水原리炳台 三等梁璟煥 柳璟致

算術 壹等리哲用 貳等延演鎬 趙鍋夏 三等崔鵬基 洪柔郁 權承祿 四等鄭大鉉 康明燮 金인軾 五等朴泳達 金元祐 朴川리範倫 金義增 리昌林 崔在應 朴準星 鄭爽朝 리在洛 리潤甲 孫俊模 朴泳大 金正琪 金容雲 高丙星 朴泳哲 任璽宰 리杜夏 鄭演寅 會沈友燮

◉第七回問題

論說 小說은不爲懸題
詞藻 麥秋(七律壹首)
作文 學生吸煙의利害
歷史 乙支文德의事蹟
地理 平壤의沿革
算術(壹) 四時後에時計의兩針이反對ᄒᆞ야直線을成ᄒᆞᆯ時를問ᄒᆞ노라
(二)夫婦가有ᄒᆞ야夫年은婦年의七分之九이라結婚時에ᄂᆞᆫ夫ᄂᆞᆫ三拾歲오婦ᄂᆞᆫ二拾二歲라ᄒᆞ니幾年前에結婚ᄒᆞ얏ᄂᆞ뇨
謎語(壹) 첫짜ᄂᆞᆫ뛰고열미짜로여ᄂᆞᆫ거시무엇 三字되ᄂᆞᆫ物名으로」
[一]娥皇女英(漢문壹字로
日語(壹)바람도불ᄯᆞᆺᄒᆞ고비도올ᄯᆞᆺᄒᆞ니춤입하여야죠흘ᄂᆞᆫ지말어야죠흘ᄂᆞᆫ자ᄉᆡᆼ각중이오 (日譯으로)
(貳)彼ᄂᆞᆫ人와執志深이人ᄃᆡᄂᆞᆫ자라恩히込」다事와容易니아제라메마세」 (漢譯으로)

獎學社

本日報와學生聯合親睦會의委託을受ᄒᆞ와學生聯合親睦會榜關獎學報라稱ᄒᆞ더이옵고會員의게ᄂᆞᆫ特別減價ᄒᆞ야壹冊拾五錢으로定ᄒᆞ얏사오니照亮爲要

本會에서甲申以來로國事를因ᄒᆞ야殉難諸氏의追悼ᄒᆞᄂᆞᆫ典을擧行코ᄌᆞᄒᆞ오나多數中에遺落ᄒᆞᆯ慮가不無ᄒᆞ와玆에廣告ᄒᆞ오니其遺族은其死者의事實及履歷을另具ᄒᆞ야南部苧洞內街漢城材木柴炭株式會社臨時事務所內本會調査委員申憲深李圭完兩人의許에送置ᄒᆞ심을務望ᄒᆞᆷ

期限八月十日(陰五月拾二日)內遺族은其居住를明示ᄒᆞᆷ을乞ᄒᆞᆷ

愛國死士追悼會 告白

安城內常平洞

本人의姓名圖章을於隆五月壹日平壤停車場에서見失ᄒᆞ얏ᄉᆞ오니內外國人은以此照亮

李昌瑞 白

本號由上海分設韓國京城於發隆現因店內各股東股主均存私意爲此韓前店停業如有各夥中在外新張長發隆字號與人來往生意訂立契約至於假日等情均與舊長發隆無涉至後如有生理契約等事照明長隆義記號交涉可也恐有不知者被欺特此佈聞

上長隆號 告白

本會에서本月七日日曜(陰初九日)下午壹時의定期總會를磚洞普成中학校內에開ᄒᆞ고緊要事務를處理ᄒᆞ오니關東會員은전期出席ᄒᆞ심을務望

關東學會 告白

本人姓名章五月三日에失而他本改造後玆廣佈知爲閒照亮

彭鍾與 告白

民刑事訴訟及文書顧問等法律事爲ᄒᆞ야誠實擔辦ᄒᆞᆷ

西部毛橋八十六統七戶

辯護士前檢事 洪在憙

事務員 前主事 孫鼎俊　前主事 鄭寅銓　前主事 金正濬

本校에서校舍ᄂᆞᆫ狹隘ᄒᆞ고學徒ᄂᆞᆫ日益增進ᄒᆞᆷ으로願學會員의協意捧副ᄒᆞ기爲ᄒᆞ야教化門大闕前前國民教育會(與壬辰所管)家舍로移接ᄒᆞ고學徒를更爲募集ᄒᆞ오니願學ᄒᆞ시ᄂᆞᆫ會員은事務所로來議ᄒᆞ심을敬要

事務所ᄂᆞᆫ前國民教育會館內

卒業期限은三個年

課程은 國文 國漢讀本 算術初等 初等地誌本國

學員年齡은拾五歲以上으로三拾五歲以下(但仕官者의床奴나營業者의使喚으로雇傭ᄒᆞᆫ者ᄂᆞᆫ拾四歲以上으로許入ᄒᆞᆷ)

本校ᄂᆞᆫ壹般勞動同胞를教育目的인故로父母가存在ᄒᆞᆫ兒童二拾歲以下者ᄂᆞᆫ入學을不許ᄒᆞᆷ

隆熙二年六月七日 國民夜學校

募集期限은二週日에不過ᄒᆞᆷ

京城中部發橋東谷第二拾統三戶
辯護士前檢事 朴星煥
法律事務所

本所에서鑛山、土地、家屋、山林、測量製圖設計等을迅速精密히ᄒᆞᆷ

南署會賢坊九拾貳統拾壹戶

會同測量事務所

總務 金澤吉　事務員 金鎬植

本人의本郡所在田畓七石大斗落을不動産證明簿에記載ᄒᆞ야登記方法을履行이온바本人의四寸弟汝가使其子乙福으로僞造券ᄒᆞ야欲爲偷賣云ᄒᆞ오니內外國人은切勿見欺ᄒᆞ시옵

珍山邑河大容 白

公告

人民의私有財産으로前各宮司院에關係된事件에對ᄒᆞ야近日人民으로부터請願書에添付ᄒᆞᆫ文券의僞造가層生ᄒᆞ야處理上眩惑이多ᄒᆞᆯ지라此等犯法者ᄂᆞᆫ押付司法ᄒᆞ야依律懲戒ᄒᆞ려니와嗣玆以往으로本局에關係가有ᄒᆞᆫ文券及書類를添付請願ᄒᆞᄂᆞᆫ者ᄂᆞᆫ務守實ᄒᆞ야無至抵罪ᄒᆞᆷ이爲可

臨時帝室有及國有財産調査局委員長 宋秉畯

東一測量事務所

中署大寺洞內北隅第拾九統拾二戶에測量事務所를設施ᄒᆞ얏사오니僉君子ᄂᆞᆫ來臨相議ᄒᆞ심을敬要ᄒᆞᆷ

官立漢城高等女學校學員募集廣告

今에本校本科豫科各壹學年學員을募集ᄒᆞ야入학志願者ᄂᆞᆫ左開各項을注意ᄒᆞᆫ後에入학請願書에履歷書를添付ᄒᆞ야學部나官立漢성高等女學校臨時事務所에提呈ᄒᆞᆷ事

但入學請願書及履歷書等用紙와其他可議ᄒᆞᆯ事이有ᄒᆞ거든隨時ᄒᆞ야學部나臨時事務所로來問ᄒᆞᆷ을望

隆熙貳年五月 日

官立漢城高等女學校

壹 募集員數 本科五拾名 豫科九拾名
壹 학員年齡 本科滿拾貳歲以上 豫科滿八歲以上
壹 入학請願提出期限 隆熙貳年六月貳拾日ᄭᆞ지
壹 試驗科目 國문(讀法及書取)
壹 試驗日字及處所ᄂᆞᆫ追後에定ᄒᆞ야廣告ᄒᆞᆷ

▲測量學員募集廣告

本塾에서特別히五個月速成으로測量學을教授ᄒᆞ려ᄒᆞ니願學僉員은本月七日內로請願書를來呈ᄒᆞᆷ

試驗日字本月七日(日曜)上午拾貳時
試驗科目 國한文讀書 算術四則以內
上學時間 自下午참時至五時半
月謝金 五拾錢

私立廣化新塾長南廷哲
西部南門內暘谷四拾三統七戶

◈海陸普通 土木 鐵道 道路 橋梁 灌漑 排水等之測量及設計
◈礦山 林野 土地之測量及製圖
土木工事之監督及請負

京城旭町二丁目百拾壹番戶 理事圖横通日耳義領事館前

片村工務所

所主 片村龜次郎

●學員募集廣告

本學會에서畿湖學校를設立ᄒᆞ고師範科學員을爲先募集ᄒᆞ니願학會員은本月拾四日ᄭᆞ지請願書에履歷書를粘聯ᄒᆞ야校洞本會館으로提呈ᄒᆞ고

同月十五日月曜上午十時에本館으로來ᄒᆞ야應試ᄒᆞᆷ을要

一試驗科目은國漢文讀書作文과本國歷史地誌와算術四則以내
但請願紙ᄂᆞᆫ本會館에來求ᄒᆞᆷ

一資格은年齡貳十歲以上身體康健ᄒᆞ고品行이端正ᄒᆞᆫ者
但官公私立學校의普通科以上卒業證書가有ᄒᆞᆫ者ᄂᆞᆫ年齡이相當ᄒᆞ면免試許入ᄒᆞᆷ

一修業年限은本科에ᄂᆞᆫ三個年으로特別科에ᄂᆞᆫ拾八個月로定ᄒᆞᆷ

一學校位置ᄂᆞᆫ建春門外前會館(前陸軍慮生院)

畿湖興學會

◉活字及印刷機械製造販賣◉

其他인긔・機械油・墨・名刺紙・色革
金銀各良粉箔・並活版石版附屬品一式

새로 ᄉᆞ업을 창셜ᄒᆞ야 ᄒᆞᆫ번에 오백원어치 이상 물건을 사셔 가시ᄂᆞᆫ이ᄂᆞᆫ 본뎜에셔 기ᄉᆞ ᄒᆞᆫ명을 보내셔 활판ᄌᆞᆼ안을 일르도 아니밧고 직공을 ᄀᆞ르쳐 주겟ᄉᆞᆸᄂᆞ이다

京城長谷川町二丁目(石井號)

江川活版製造所支店

本店 東京日本橋區長谷川町 電話浪花八八八番
鐵工場 東京京橋區南傳馬町 電話本局二七三六番
支店 仙台市國分町 電話一一七番

製藥鑑査人濟衆院醫學員洪錫厚朴慈惠李觀化告白　代理店梨峴洋藥局朴信華

本人等이漢성南大門外濟衆院用낙處方으로左記封入낙을製造ᄒᆞ오니京鄉間遠近勿論ᄒᆞ고此낙品信用ᄒᆞ시기爲ᄒᆞ야前醫學校優勳五等池錫永氏의게낙方文마다議定ᄒᆞ고有效證明書를受ᄒᆞ고主治効能用法을詳記ᄒᆞ야洋鉄匣紙匣琉璃瓶에封ᄒᆞ야賣낙兄弟에게利益이加有ᄒᆞ도록발매ᄒᆞ나이다

治痰平胃丸　男女滋陰補益丸
輕腫根治膏　純金鷄蠟丸
濕腫根治膏　蛔虫浸出丸
癰疽拔根合瘡膏　四時感冒丸
小兒胎毒金瘡膏　清明眼藥水
痛氣神効保嬰散　消痰鎮咳藥
小兒感冒靈妙効散　男女療疾袪根藥
德國製淋疾丸　寸虫拔根藥
漢城百應膏　止足汗臭藥
洋藥乾材　止瀉潤腸丸
舊藥唐草材　陳陳旧滞消積丸
西藥醫方活套　無惡臭疥瘡藥

◉大韓醫院藥
◉虎疫靈丹　各種傳染病中暑霍亂吐瀉滯症一切疾病에効驗
◉至寶丸　治諸般癰疾不拘久遠俱有偉効定價金十錢
◉靈效液　外用方香治疥瘡皮癬百發百中定價金二拾錢
◉清眼水　治諸般眼疾有發醫見天之妙定價金拾錢
◉通淋丸　治男女急慢淋疾神效無雙速效除毒壹週金五拾錢

漢城南部大廣橋九統第三家十九戶共愛堂大藥房　謹白

製劑發行所
支店　開성남門內共愛堂第壹支店　群山港開福洞共愛堂第二支店　河東郡赤良面共愛堂第三支店
代理店　皇城北部大安洞 仁濟藥房　仝 香路靑年會館前 慈惠藥房　仝 西部新門外石橋 濟生堂　仁川港 和平局
崔鍾秀　리春善　姜助辦　普濟醫院

此外에도東西洋各國有名賣藥과草材藥이俱備ᄒᆞ오니藥의多少를不拘ᄒᆞ고請求ᄒᆞ시면小包로卯呈ᄒᆞ계ᄉᆞᆸ

◎新訂方合編　針脈經。病論。약性。方套。牛痘法。牛馬病낙。洋약用法。診察法。辨驗方。이具備ᄒᆞ야醫學家나賣약家에最新要緊ᄒᆞ오며　壹部壹圜拾전

◎社會勝覽　社會에規則과演說에方法과脈格이며東西양雄辯家게演說을譯述ᄒᆞ야社會有志者와勞動人及婦人ᄉᆞ지不可不購覽ᄒᆞᆯ者며　純國文卅三전

◎婦人儀範　育子와敎育ᄒᆞ고家庭을整理ᄒᆞᄂᆞᆫ道로婦人社會의特要ᄒᆞᆫ師範이오며　純國文卅五전

◎中等算學　自四則至開立方九積數를次序橫布ᄒᆞ야학習에便易ᄒᆞ고我韓學界中에壹具備ᄒᆞᆫ者며各校학生의게ᄂᆞᆫ特爲減價ᄒᆞᆷ　壹帙冊壹圜五拾전　入拾三頁

註譯 支那時文類聚　리치兩 編集　定價금 二拾二錢

右冊은近日現用ᄒᆞᄂᆞᆫ각樣緊要私札往復이며韓清與日清間에現行往復ᄒᆞ던公私宴會請帖往復이며其他公函往復과公文照會等式을編成一冊ᄒᆞ야可作高等社會의錦囊要訣이오니照亮
總發行에 皇城典洞光東書局
分所에 皇城各書舖

◉大韓國新藥明靈藥廣告
· 陸軍軍醫正金守鉉君實驗方劑
· 陸軍軍醫張基茂君有効證明
· 四海衛生之諸君子常備之靈藥
消化新藥 清心保命丹
發行所 仁川港杻峴 濟生堂藥房
九十粒入金拾錢

現今時代ᄂᆞᆫ男女를勿論ᄒᆞ고各業에從事ᄒᆞ야生活上에充滿케ᄒᆞᄂᆞᆫ것시正當ᄒᆞᆫ故로本人이비록女子오나裁縫을卒業ᄒᆞ야男女洋服을鮮明製造ᄒᆞ야全國兄弟姊妹의需用求購應ᄒᆞ깃ᄉᆞ오니速速來購ᄒᆞ심을仰望ᄒᆞᆷ
中署官洞七拾統七戶　夫人洋服店　告白

◉大韓醫院藥支店　漢城 寺洞中署 中署吐瀉 口齒 水土不服 船車暈
◉其他諸般溫氣疫病方妙藥 口熱惡臭
▲出張代理特約販賣所
京城大廣通 共愛堂大藥房
同香路 慈惠藥房 리觀化
同梨峴 洋약局 리信華
同銅峴 博文書館 盧益亨
同南大門外大同醫院 桂會社
同泥峴三丁目 新井支店
同泥峴 郵便局前 天佑堂
同水標橋 本堂出張人 리鳳林
仁川舊邑 本堂出張所 金濟賢
同開港 旅館 韓鳳根
同寺洞 和平堂 리應善
開城 東門內 萬物商 박圭恒
同南門內同店 禹相玉
同南門內 冊肆 리禎鎬
同北部忠橋 具聖模
海州宗路 商店 宋在瑛
同二房 약舖 김承樂
同南門內 店 리春植
水原香路下 약房 立濟九
延安邑內 洋약局 邊汝文
江華香路 店 尹斗鉉
同香路 店 宋順五
同西門外 冊肆 高成玉
長淵南門內 趙觀淳
砂利院市場內 客主 朴健昌
同 任允ᄀ
同耶蘇教堂內 리在ᄃ
黃州南門內紅門동 리東俊
平壤鐘路巨里 濟生局 韓鳳儀
同館前衛生醫院 金龍興
同大興部一里 崔龍化
同普武湖濟局 桂澤宜
同甲寺前 出張人 尹寅鉉
同德興 本堂出張人 吳남奎
鎭남浦 洋약局 김元석
群山港開福동 김斗鉉
安州城內 義井동 回春大약房
安岳邑上 濟生局 林景桂
大邱南門內 劉邁동 김成浩
釜山港草梁 客主 金重佑
博川郡 商店 朴芝行
載寧邑後동洋약局 崔允國
忠州東良面 早遷 金鎭和
晉州郡 약 박普賢
定州南門內 洋약局 리鎭桂
郭山邑內 洋약局 羅應彬
鐵山邑內 永春堂 安瀛
宜川邑內 冊肆 安奎
義州水口街 崔석浩
信川邑四里 洋약局 김永植
郭山邑冊肆 길大鉉
元山港濟生堂支店 박敬鎬
北靑新昌港客主 박鍾勳
江原道本堂出張人 馬致求
德川邑官동洋약局 리丙斗

◉其他各약店마다臨機販賣ᄒᆞᆷ
◉仁川港濟生堂告白

本店에서洋服件이英京倫敦에서新着ᄒᆞ얏기로茲에廣佈ᄒᆞ오니僉君子ᄂᆞᆫ光顧購買ᄒᆞ심을懇要ᄒᆞᆷ
貞洞華湘源泰號 洋服裁縫店 謹白

◉新發明梅毒명藥廣告
陸軍軍의實驗方劑
落梅丹
口疳不發창病去根之명藥
每劑五百粒定價金 三圜
主治 梅毒「唐창」新舊창 ●疳瘡●皮膚病●倭마質私●천病
已上病證外에男女間에不精交合ᄒᆞᆫ後에若疑아之端이有ᄒᆞ야도此藥壹劑만服用ᄒᆞ면完無後慮ᄒᆞ고脾胃도健全ᄒᆞᆷ을擔保ᄒᆞᆷ
此外에도외療機械와精美ᄒᆞᆫ藥材를新備ᄒᆞ고內外科各色疾病을誠心治療ᄒᆞᆷ
皇城北部大安洞
仁濟藥房　高用진 謹白
代理店　京城鐘路 共愛堂낙房　仁川港龍洞 濟生堂
國內各處藥局에서隨應販賣ᄒᆞᆷ

現今弊院에서各項事務를一擴張하오며金裝與銀裝各樣의齒와老小間役數落齒ᄒᆞᆫ데齒床幷齒를隨意製造하오며拔齒與入齒時에苦痛業케ᄒᆞᄂᆞᆫ技方도有ᄒᆞ며齒科上面議ᄂᆞᆫ無料擬受ᄒᆞ압ᄂᆞ니四方僉君子ᄂᆞᆫ照亮ᄒᆞ심을務希ᄒᆞᆷ
京南大門內尙洞美人施爾毁家
齒科醫士 韓大衡 告白

開發藏ᄒᆞ기爲ᄒᆞ야新著發行ᄒᆞᆫ新書를...大발賣ᄒᆞ오니僉君子ᄂᆞᆫ陸續來購ᄒᆞ심을望ᄒᆞᆷ
釜山港東關韓興書舖
金汝重 權중𤨒

▲特別廣告
本社에서名帖印刷所를另設ᄒᆞ고各樣活字와別樣紙本이俱備ᄒᆞ오며印刷가精美ᄒᆞ고價直도低廉ᄒᆞ오되特別히紳士와夫人의게ᄂᆞᆫ一層低廉ᄒᆞ오니僉位ᄂᆞᆫ來臨ᄒᆞ시와隨意請求ᄒᆞᆷ
大韓每日申報社 告白

◉本社廣告
○廣告料
四号活字十三字詰
每日每英尺一寸에新聞普通欄
（每日每行六전에相當홈）
二週日에 二圜五十錢
每日每行四錢五厘에相當홈
一個月에 五圜
每日每行四錢一厘에相當홈）
其期限외長短과字行의多寡를依ᄒᆞ야增減홈이有홈

○申報價
壹號代金 新貨二錢五厘
壹個月前納 三十錢
參個月 九拾錢
陸個月 一圜七十錢
壹個年 三圜四十錢
郵稅一號 新貨五厘
壹個月 十三錢

發行兼編輯人英國人 萬咸
發行所 南署石井洞號外地三層洋屋
大韓每日申報社

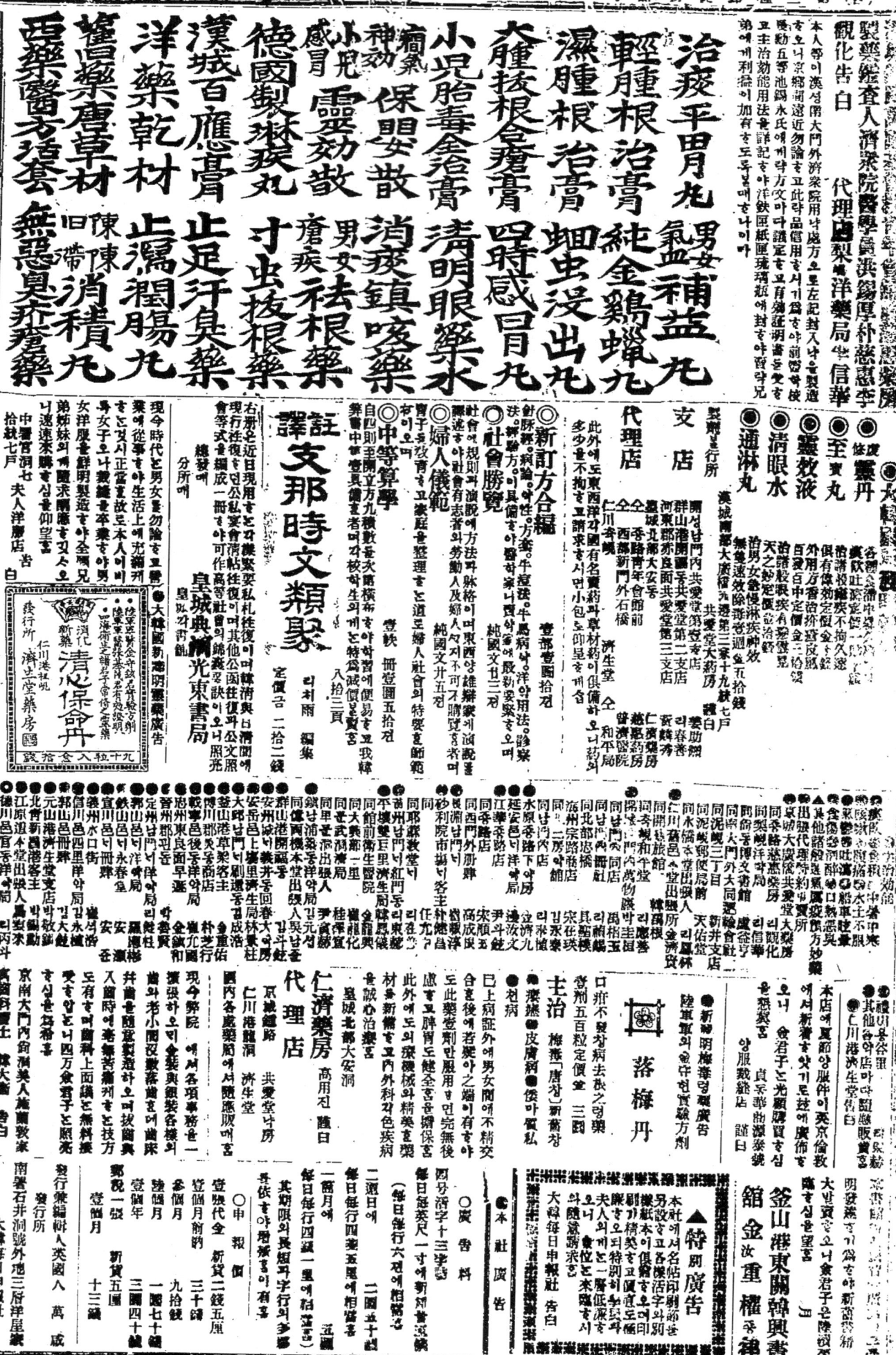

京城南路慈惠낙房에서各種封紙낙을製造ᄒᆞᄂᆞᆫ데方文則남大門外濟衆院에서本國兄弟의게數拾年來累驗ᄒᆞᆫ妙方으로製造ᄒᆞ야파오니　製낙과賣藥에對ᄒᆞ야說明　製낙ᄒᆞᄂᆞᆫ데藥에本價와紙包印刷價와製

第八百卄七號

大韓每日申報

第六卷

月曜及慶節歲時休日休刊

檀君開國四千二百四十一年
箕子元年三千三十年
大韓開國五百十七年
日本明治四十一年
淸國光緒三十四年
陰曆戊申五月大十一日乙未

論說

●記南州之一頑固生

撒左에一頑固生이有ᄒᆞ야少時에ᄂᆞᆫ一進士登及第를目的ᄒᆞ고詩賦表策等功令文字에孜々專攻ᄒᆞ다가甲午乙未頃에淸日戰爭의대砲聲이其槐花의迷夢을攪ᄒᆞ야將來時代ᄂᆞᆫ增廣謁聖等名詞가永廢될줄을自覺ᄒᆞ고我의生命을永遠不壞의樂土에톄ᄒᆞ리라ᄒᆞ야膝을跪ᄒᆞ고心經恩錄에滋味를寄ᄒᆞ야近十年光陰을坐送ᄒᆞ더니旣而오檻中의仙碁를未了ᄒᆞ야晝夜風雨에三千里江山이堅舟又ᄎᆡ泛泛ᄒᆞ미二千萬의腦髓이忽然其腦際에顯觸ᄒᆞᄂᆞᆫ지라如此ᄒᆞᆫ頑固心腸에도此時를當ᄒᆞ미眼際에雙淚가不覺間에流ᄒᆞ더라

於是에此片感情의使ᄒᆞᆫ비되야峨冠을彈ᄒᆞ고門에出ᄒᆞ며日吾가京城에往ᄒᆞ야時局의대勢나觀察ᄒᆞ리라ᄒᆞ고芒鞋竹杖으로數日의勞를致ᄒᆞ야皇城에入ᄒᆞ니時ᄂᆞᆫ光武十年五條約締結ᄒᆞᆫ後凡十餘日이라疏廳의紳儒ᄂᆞᆫ已散ᄒᆞ고閭巷의沸議도稍靜ᄒᆞᆫ데

上으로仰ᄒᆞ야朝廷의威嚴이依舊ᄒᆞ며下으로俯ᄒᆞ야人民의生存이依舊ᄒᆞ고兩村北里의仕宦家ᄂᆞᆫ依舊히獵官捷徑에奔走ᄒᆞ며東閃西忽의挾雜兒ᄂᆞᆫ依舊히欺騙故習에熱中ᄒᆞ고其他背謬歌舞와紅亭遊戲가莫不依舊ᄒᆞ야太平氣象을藹出ᄒᆞᆫ지라

生이於是에自疑ᄒᆞ여曰近今辨士가舌을掉ᄒᆞ매必曰亡國이라ᄒᆞ며文人이筆을下ᄒᆞ미必曰亡國이라ᄒᆞ나余로觀ᄒᆞ건ᄃᆡ此等言說은壹切狂談에不過ᄒᆞ도다現狀을看ᄒᆞᆯ라今日을何故로亡國이라云ᄒᆞᄂᆞ고今日所亡者ᄂᆞᆫ只是先王의憲章과先代의禮教오國家ᄂᆞᆫ非亡이라ᄒᆞ야

如此自信ᄒᆞ며如此自解ᄒᆞ고于是에入山讀書ᄒᆞ야儒道扶植이나ᄒᆞᆯ思想이더니一日은偶然이案上에存在ᄒᆞᆫ萬國史壹帙을抽ᄒᆞ야列邦에興廢를閱ᄒᆞ다가儼然悲感이交集ᄒᆞ야乃喟然曰今日時代ᄂᆞᆫ乃如此ᄒᆞᆫ時代로다優勝劣敗ᄒᆞ고弱肉强食ᄒᆞᄂᆞᆫ時代로다如此ᄒᆞᆫ時代에坐ᄒᆞ야我가數百年來로何事를做ᄒᆞ얏던가ᄒᆞ고卽日에頑固의習染을快滌ᄒᆞ기로自誓ᄒᆞ고新聞도購覽ᄒᆞ며新著籍도閱讀ᄒᆞ더니

居未幾에社會의狀態를觀察ᄒᆞ고一種心疾을得ᄒᆞᆫ지라對人言語에暴怒罵詈가甚多ᄒᆞ야日語學者를遇ᄒᆞ며卽扼腕曰爾가三寸舌을恃ᄒᆞ고外人의勢를依ᄒᆞ야同胞를謀害ᄒᆞᄂᆞᆫ者ㅣ아닌가ᄒᆞ며西文學者를遇ᄒᆞ면卽切齒曰爾가幾句蟹行文을資ᄒᆞ야文明紳士로自處ᄒᆞ고祖國을唾罵ᄒᆞᄂᆞᆫ者ㅣ아닌가ᄒᆞ며斷髮者를遇ᄒᆞ면曰爾가一進會나아닌가ᄒᆞ며衣服燦々者를遇ᄒᆞ면曰爾가偵探奴ㅣ나아닌가ᄒᆞ야無故히嗔ᄒᆞ며無故히悲ᄒᆞ며無故히笑ᄒᆞ며無故히喜ᄒᆞ야其言論行動이專혀狂客과同ᄒᆞᆫ지라由是로朋友가皆絕ᄒᆞ며社會에서不容ᄒᆞ미于是에故山으로返ᄒᆞ야頑固生이라復號ᄒᆞ고隱不出이라云ᄒᆞ더라

記者曰頑固生은狂熱이太過ᄒᆞ야厭世觀이遂生ᄒᆞ얏도다若論難關이當前ᄒᆞ야도此를躍過ᄒᆞ며淒風迷霧가四起ᄒᆞ야도此를排除ᄒᆞ여야於是乎大丈夫의事라可謂ᄒᆞᆯ지어ᄂᆞᆯ不過幾日間狂噴狂悲로腐敗ᄒᆞᆫ社會를改革코ᄌᆞ허다가不如意의歎을발ᄒᆞ고爾然自退ᄒᆞ얏스니其志氣가何其劣弱ᄒᆞᆫ가一友人이此話를傳ᄒᆞ기에其畧을記ᄒᆞ야有志者의一覽에供ᄒᆞ노라

▲隆熙二年 六月六日 官報

部令

農工銀行條例施行規則을左ᄀᆞ치定ᄒᆞᆷ

隆熙二年五月二十三日 度支部大臣 高永喜

度支部令第十五號

農工銀行條例施行規則

第壹條 農工銀行은營業上에使用ᄒᆞᆯ印票을定ᄒᆞᆫ時ᄂᆞᆫ其印鑑을度支大臣에게提出ᄒᆞᆷ이可ᄒᆞᆷ此를變更ᄒᆞ거나改刻ᄒᆞᆫ時도亦同ᄒᆞᆷ

第二條 農工銀行에서貸出規則、不動產價格鑑定規則、農工債券規則其他規定을設ᄒᆞᆫ時ᄂᆞᆫ度支大臣의認可를受ᄒᆞᆷ이可ᄒᆞᆷ此를變更ᄒᆞᆫ時도亦同ᄒᆞᆷ

第三條 株主總會를開코ᄌᆞᄒᆞᆫ時ᄂᆞᆫ開會日로부터一週間前에其日時와會議의目的及決議를要ᄒᆞᆯ事項을所管財務監督局장에게通知ᄒᆞ며且度支部大臣에게申告ᄒᆞᆷ이可ᄒᆞᆷ

第四條 法定業務에屬ᄒᆞᆫ貸付金의利率은每營業年度의終에翌年度에實施ᄒᆞᆯ最高比例를預定ᄒᆞ야年度初內로度支部大臣의認可를受ᄒᆞᆷ이可ᄒᆞᆷ但年賦償還貸付金定期償還貸付金等利率을有異ᄒᆞᆫ者ᄂᆞᆫ各別로其最高比例를定ᄒᆞᆷ을要ᄒᆞᆷ

第五條 擔保物의權利를取得ᄒᆞ거나又ᄂᆞᆫ處置ᄒᆞᆫ時ᄂᆞᆫ左開事項을記載ᄒᆞ야度支部大臣에게申告ᄒᆞᆷ이可ᄒᆞᆷ

壹 取得又ᄂᆞᆫ處置의日月

二 年賦金定期償還貸付金又ᄂᆞᆫ其利子의延滯額

三 擔保物의種類面積及其鑑定價格又ᄂᆞᆫ評價額

四 取得又ᄂᆞᆫ處置를依ᄒᆞ야銀行의被ᄒᆞᆫ바損失이有ᄒᆞᆫ時ᄂᆞᆫ其金額及其處置

五 其他取得又ᄂᆞᆫ處置에關ᄒᆞᆫ情況 （未完）

外報

●敎徒被害 米人基督敎徒二百餘名은波斯土人에게虐殺ᄒᆞᆷ이되얏다더라

●巴奈馬騷亂 巴奈馬에서ᄂᆞᆫ大統領選擧에對ᄒᆞ야非常ᄒᆞᆫ騷亂이起ᄒᆞ야公然運河를破壞ᄒᆞ겟다고唱道ᄒᆞᄂᆞᆫ者가有ᄒᆞ야米國政府의干涉을請ᄒᆞᆫ者ㅣ有ᄒᆞ다더라

●電線架設 北京電報를據ᄒᆞᆫ즉郵傳部尙書가蒙古西藏及回部各邊境에電信線을架設ᄒᆞ기로決定ᄒᆞ얏ᄂᆞᆫ데其預算百萬兩은度支部及外務部와協議ᄒᆞ고京張鐵道의利益金에서支出ᄒᆞᆫ다더라

●小亞細亞鎭定 倫敦電을據ᄒᆞᆫ즉小亞細亞（사모스）의動亂은漸靜에歸ᄒᆞ야政府黨員은多數히希臘으로逃走ᄒᆞ얏고土廷은動搖가止戢ᄒᆞᆫ後에自治制度를恢復ᄒᆞ기로公約ᄒᆞ얏다더라

●淸軍大演習 淸國陸軍部ᄂᆞᆫ兩湖의屬國에서來十一月七日부터同二十日ᄭᆞ지兩江及湖北三省隊의大演習을行ᄒᆞ기로決定ᄒᆞ엿다더라

●黨員引渡要求 淸國政府ᄂᆞᆫ佛國의逮捕ᄒᆞᆫ革命黨員引渡를佛國에向ᄒᆞ야要求ᄒᆞ얏다더라

●淸兵許入佛領 雲南來電을據ᄒᆞᆫ則佛國은革命黨員의逃亡者를逮捕ᄒᆞ기爲ᄒᆞ야拾里境界를限ᄒᆞ고佛領內地에淸國兵을許入ᄒᆞᆫ다더라

雜報

●聯合運動 郭山郡에서去五日에地方聯合運動을設行ᄒᆞᄂᆞᆫ데學徒가七百餘人이오觀光者가千餘人에達ᄒᆞ얏ᄂᆞᆫ데壹等은承昌학校오貳等은靑年夜학校오三等은泗湍학校오四等은新督女학校인ᄃᆡ多數施賞ᄒᆞ얏다고西來人이稱頌ᄒᆞ더라

●莽哉리氏 淸州鎭京部리쯤和시ᄂᆞᆫ前鎭衛隊正校인ᄃᆡ軍除解散後에慨然히靑年敎育에注意ᄒᆞ야城內各학校에軆操敎師로操를熱心敎授ᄒᆞ미人皆稱頌ᄒᆞᆫ다더라

偉人遺蹟

水軍第一偉人 李舜臣 錦頰山人

第拾四章

◉李舜臣의再任統制와鳴梁의大戰捷

於是에數千隻賊船이或破或走或被擒ᄒᆞᄂᆞᆫ데我船十二隻이往來奔突ᄒᆞ며威武를耀ᄒᆞ니壯哉라花粧海波上에諸倭如豬猝의奇叫를呈ᄒᆞ얏도다

是戰也에我船이水中天險을先占ᄒᆞ야金씨ᄃᆡ러戰鏡登台에賊의先鋒船을撞破ᄒᆞ고其無雙驍將馬多時를斬ᄒᆞ야賊氣가先挫ᄒᆞᆫ故로十二船寡弱의兵으로數千隻敵艦을勦滅ᄒᆞᆷ이라李忠武가亦嘗自稱ᄒᆞ여曰吾의鳴梁一捷은新募未練의卒과不滿十數의船으로數千隻賊船數萬名賊軍을克制ᄒᆞ얏스니此ᄂᆞᆫ上天의助오國家의威靈이라偶然ᄒᆞᆫ事機間에想及ᄒᆞ야도登大呼快를不已ᄒᆞ노라云ᄒᆞ더라

翌七日에船을引ᄒᆞ야外島에出ᄒᆞ니避亂人民이其熱誠을歡ᄒᆞ야歌舞拜蹈ᄒᆞ며牛酒를爭獻ᄒᆞ더라

賊이遂遠遁ᄒᆞ거ᄂᆞᆯ於是에李舜臣이日로編神를遣ᄒᆞ야各地에循行ᄒᆞ며流民을曉諭ᄒᆞ고散兵을招集ᄒᆞ니數月之內에將士가雲集ᄒᆞ야聲勢가大振ᄒᆞ더라

雖然이나李統制의神筭이能히國은能保ᄒᆞ면서其身은不能保ᄒᆞ며登國之民은能救ᄒᆞ면서其子ᄂᆞᆫ不能救ᄒᆞ니哀哉라彼秀吉行長淸正輩이元均의舌을借ᄒᆞ야리統制를殺害ᄒᆞ고其野心을逞ᄒᆞ라ᄒᆞ다가幾死ᄒᆞᆫ리統制가更生ᄒᆞ야其區々殆一隻의殘船으로殘賊倭兵을覆滅ᄒᆞ며彼가慚極愧極痛極의心을不勝ᄒᆞ나리統制의慈眼所關에報復을曾ᄒᆞᆯ餘地가無ᄒᆞᆫ故로鳴梁敗後에卽日輕騎를發ᄒᆞ야리統制本鄕牙山錦城村에洞을焚蕩ᄒᆞ고殺戮을肆行ᄒᆞᄂᆞᆫ데리統制의第三子勉이拾數歲不滿ᄒᆞᆫ童子로家에在ᄒᆞ야騎射를習ᄒᆞ다가倭兵의猖入ᄒᆞᆷ을見ᄒᆞ고卽時小砲를放ᄒᆞ야三騎을射殺ᄒᆞ고往來馳驟ᄒᆞ며니噫乎라虎稚虎의獨勇이羣犬狼의爭噬을不敵ᄒᆞ야中途伏刃에殉ᄒᆞ니라 （未完）

雜報

●玉候靡寧 太皇帝陛下께옵셔 玉候가[illegible]옵신것시尙未快復하옵[illegible]每日入診하다더라

●完興陛見 [illegible]陛見시가昨日上午[illegible] 德壽宮의進詣하야 太皇帝陛下께問安하얏다더라

●丞宜還鉞 丞宜君리壺鉉氏가平壤等[illegible]遊覽하다니[illegible]京하얏다[illegible]

●亟妓唾罵 丞宜君리壺鉉氏가今番臨성地에前往할時에該地各학校학徒들이 皇族의登行이라하야[illegible]大로停車場에[illegible]머니該氏가妓生을[illegible]을보고學徒가리되唾罵하고還歸不迎하얏다더라

●壹進忌書 壹[illegible]會의서來水曜日의評議會[illegible]事務를處理한後[illegible]政治得失을擧하야[illegible]하고總辭職하라[illegible]다는說이籍々하더라

●내閣例會 總理大臣以下各部大臣이昨日[illegible]會同하야月[illegible]例會를開[illegible]다더라

●樞院例會 [illegible]中樞院議장副議장以下[illegible]昨日의月曜例會를開하엿다더라

●宮大入城 宮내府大臣리允用氏가其[illegible]山[illegible]을率同하고東萊溫井[illegible]하얏다가再昨日에入城하얏다더라

●何故不知 [illegible]某某大臣選勳할事는當局諸氏도不知하엿던지選法六趙重應시는去土曜日의히部에仕進觀務하다가니閣의서電話를聞知하고即爲起身하여니閣으로入去하엿다더라

●何不行公 新任니部大臣宋秉畯시는何等[illegible]曆節이有한지行公치아니한다는巷說이잇다하더라

●農大謝過 農商工部大臣趙重應씨가有何事端인지東亞開進教育會長과大東專門學校長任名을壹齊請願自退한지進開事爲을壹進會長리容九氏의게節々히謝過하얏다더라

●趙辭리任 東亞開進教育會々장趙重應씨가辭免함을代하야進興會社長리圭恒氏가被選되얏다더라

●各察觀辭 京畿觀察使리圭桓씨는南觀察使金恩默全北觀察使리斗璜咸北觀察使尹甲炳海州觀察使朴[illegible]五氏外諸道觀察使는壹齊히辭職請願하얏다더라

●洪鄕被任 平理院裁判長洪鍾億正三品鄭寅興兩씨는檢査部長을被任하얏다더라

●野豫還任 法官養成所長野澤武之助가歸國하얏다가再昨日의還任하얏다더라

●往訪支氏 表勳院總裁官鄭秉植씨가日前에支[illegible]씨를往訪코자하야上海等地로發往하얏다더라

●脊口率去 [illegible]部書記官三土忠遊시가日本國會議員을被任하야歸國하얏더니其脊口를率去次로再昨日의渡韓하얏다더라

●郭臣不愼 郭山郡守리啓與시는該郡庫間을毀撤한材木으로公廨를修理하는經費에對하야審愼치못한事가有하야譴責의處分이얏다더라

●不愼免官 法部主事리宰榮시는重大한公務上의審愼치못한事가有하다하야免官하엿다더라

●地方檢査 度支部會計檢査局에서現今漢성附屬監督局會計를檢査하는대該檢査를日間畢了하고釜山으로先往하야各地方檢査를着手할터인대往還期限은五十日이라더라

●山林調査 農商工部技師鄭宗香氏가山林을調査할次로該部技手中牟田五郞을帶同하고明再明間에莞島로出張한다더라

●均稅無答 全羅道人民等이結稅를他郡과如히公國으로上納할意로中樞院의累次獻議함으로該院의서는內閣으로照會하고可否間歸決하라고二次나되야도如何한答照가無하다더라

●[illegible]餘[illegible]生 再昨日下午[illegible]時남部水下동居前主事朴[illegible]德씨가의서賓客을會하고妓樂으로遊宕히遊하다가該地失火함야妓生과賓客은각散하고舍廊을毀撤하고即時撲滅하얏는대損害가累拾萬兩이라더라

●비難最嗬 京畿道檢事라[illegible]諱씨의別室은民訴에受賂한情跡이綻露되여該道觀察府에被捉되얏다더라

●撮士受傷 南部学동[illegible]의서梁靜輔[illegible]濕珠兩시가[illegible]前八時에白土採掘하다가土窟이顚落하야梁시는右足이重傷하고林시는胃部가重傷한바治療次로大韓의院으로昇去하얏다더라

●電車審愼 再昨日下午三時에女學徒[illegible]人이東大門內에서電車가未及停住하얏서徑先下車하다가微傷을受하지라電車升降時에는雖男子라도失敗가多하거든況女子의軟弱한體로尤極審愼할事라하노라

●외師餞別 濟衆院醫[illegible]國의師魚丕信씨는我國에來留한지拾有七八年이라神妙한方法과慈善한心德으로幾萬我國生령을廣濟하며靑年의게의학을敎授하야韓國의의學博士가始有케하얏스니氏의功德을壹般國民이稱頌하는비라氏가今月望間의歸國하는대壹般社會紳士들이感意를表코자하야本日下午三時의종路靑年會館의서餞別會를設하고[illegible]字와物次를議定한다더라

●碧동匪擾 去月三十壹日에義兵五十名이碧동郡에突入하야韓日巡査四名과三時間을交戰하얏다더라

●[illegible]義擾 本月三日에義兵三十名이[illegible]성郡[illegible]目面茂檣市場[illegible]突入하야該地居住壹進會員[illegible]敏洙가을放火沒燒힛다더라

●崔氏說明 崔柄淳之家勢가貧寒하야雖托跡於勞働叢中이나慷慨한心을抱한지라昨日에씨가白巾으로纏頭하고本社에來到하야激切히說明하야曰吾가有[illegible]하야남部에滯囚時目擊한비라한되本月四日에前共進會[illegible]羅裕錫氏가泥峴日人布木店에서手巾壹事로興成하야[illegible]是非가忽生하야南部警署에被捉되얏는대孰是孰非는不問하고羅氏는中에在한지三千兩[illegible]贖錢에서發見하고此錢은即義兵所에서所送한[illegible]시라執탈한[illegible]該兵[illegible]가言한즉義兵所에서送함과[illegible]理는업고義兵에參入한事도업다하야證據가無하되終不放送하며該錢은羅氏가가舍[illegible]放매한條인되未及賣舍[illegible]과玉於此境하미羅氏가會拾餘名이鍾路의樓[illegible]하다더라

●或可或否 梨峴新興학校校長兪[illegible]星氏[illegible]가被選되얏다는事는前報어[illegible]已揭어니와更聞한즉該학校贊助員諸氏가分裂二派하야壹派는該會有志人士로校長을選定하기로하야兪씨를薦定하고壹派는極히反對하야曰社會有志人士로校長을選定하는것이好則好矣나我洞[illegible]以自治制度主義로特히壹校를設始한것인즉外他人의干涉을밧치勿하고自[illegible]으로維持함이可하다하야大[illegible]奔[illegible]中인데會氏가校장으로出席하면[illegible]反對하는諸氏는壹分捐助도不爲하깃다聲言하얏다더라

●法學會協議 再昨日法學協會에서養正義塾內에定期總會를開하고諸般事務를處理하는中韓國新編纂된民商法中貳百條에對하야慣習을調査할事項과委員을選定하기로決議하고來第三日曜日에國民演說臺에서討論할事項을協議힛다더라

●靑年幻燈 今日下午八点종에종路靑年會館에서西양의士林大衛씨를請邀하야齒科에緊要한을演說하고兼하야幻燈을設行한다더라

●農務成會 安海郡北外里에서農家壹百拾餘戶가壹心協議하야農務會를設立하고夜학科를設하며遊衣遊食과酗酒技雜을嚴禁하며民事上細訟은自會에辨決하며農時를當하야若有故失農者는自會中으로助耕하며由來桃花歌謠는廢止하고愛國夫歌를新製登歌하는대現今實行하야[illegible]人이稱頌한다더라

●[illegible]冊寄校 玄采씨가東門外興인학校에幼年必讀三[illegible]秩과釋義[illegible]帙을寄付하얏는되該校誠心을感[illegible]校[illegible]般任員與학員이莫不稱頌한다더라

▲地方消息▼

▲本月六日咸興郡東北面에서義將洪範道의率한義兵이該郡日討伐隊와交戰하엿다하고

▲本月二日淸州郡東北細橋의서多數義兵이日分遣隊와交戰하엿다하고

▲去月二十八日公州南北方雜爆附近의서義兵三四拾名이[illegible]郡日守備隊와交戰하엿다하고

▲本月四日洪原郡西北의서初起義兵五拾名이該郡分遣隊장以下九名과交戰하엿다하고

▲去月二拾三日晉州郡東北에서義兵約二十名이春川日守備隊와交戰하얏다하고

▲本月一日淳昌郡남方約拾里의서義兵廿名이日本騎兵五名과交戰하엿다하고同日同郡西方[illegible]水亭東方의新起義兵四拾名이日[illegible]騎兵과交戰힛다하고

▲去月二拾九日平海英陽兩郡界[illegible]의서義兵二百五十名이日分遣隊와接戰하얏다하고

▲去月[illegible]壹日蔚珍郡의서百廿名義兵이大[illegible]駐在警察隊와交戰하얏다하고

▲本月貳日谷성郡의義兵七拾名이日憲兵과交戰하엿다하고

▲去月二十六日江陵郡남方에서義兵約八拾名이日警察隊와交戰하엿다하고

▲去月五日朔州郡에서義兵三拾名이[illegible]성駐在日守備隊와交戰하엿다더라

東京電報 七日발

●露國悔覺 日露戰役以來로露國은黑龍江省愛暉성을中心으로하야附近六拾個所村을戰時에占領하얏[illegible]하고橫領하는故로淸國政府와嚴議를依하야露國은不當홈을覺하야此를還附하얏다더라

●鴨綠森林 鴨綠江森林問題 鴨綠江森林條約細目에就하야[illegible]日부터奉天에서淸日兩國委員의會見이有할터이더라

▲[illegible]漢歌謠▼

▲佈穀處處催東作하니四野擊壤稼秧時라우리大韓農夫들아天下大本이랏던가魚游河壹曲中여稼穡之艱先知로다

▲魚游河魚游河하니神農氏가出[illegible]하나耕作遺業不惰토다田中土에汗滴하니이農事도勤力하야富强國民되여보세얼널네상사뒤야

▲魚游河魚游河하니農會稍稍成立하야新事業을發展이라荒蕪田園丕治하야他人의게讓與말고문明基礎삼어보세얼널네상사뒤야

▲魚游河魚游河하니남山에다種苴하고此郭에다種과를재睦我婦子來엽하니乃積乃倉有秋거든우리學徒養成하세얼널네상사뒤야

▲魚游河魚游河하니놉흔논은乾燥되니이旱炎을엇지하나移秧又是失時하니嗷々하다이民情을하느님이모르시나얼널네상사뒤야

▲魚游河魚游河하니四方山川指點하면滿目氣象愁慘하다兄弟妻子離散하야叱牛聲이寂然하니今年農作엇지하나얼널네상사뒤야

▲魚游河魚游河하니同心同力耘耔하야[illegible]郊[illegible]糞肥熟하거든家々乘[illegible]謳歌[illegible]재[illegible]隣農[illegible]滑勸하고自由生活하야보세얼널네상사뒤야

▲魚游河魚游河하니朝出耕晉廢歇하고夜歸勤工學校하니新思想을發達하야國民資格아든놈에獨立基礎세여보세얼널네상사뒤야

▲魚游河魚游河하니人々擧趾田野闢하야今年大有希望이라公家賦稅已畢하고以[illegible]仰尊堂奉養하니忠國愛親하여보세얼널네상사뒤야

▲魚游河魚游河하니農學篇을硏習하야新規模를做하고登田[illegible]收良起[illegible]하면同胞契活富足하야列强國과同等되세얼널네상사뒤야

社告

▲謹告各支社員

本社에現下經費가比前夥多ᄒᆞ야窘揷이益甚ᄒᆞ오니各地方支社에서ᄂᆞᆫ本報代金을不日收刷ᄒᆞ야本月十五日內로郵換送付ᄒᆞ야以補社費케ᄒᆞ심을希望홈

大韓每日申報社

雜報

●善哉女氏 高陽郡居金潤明氏가境內에一校를設立ᄒᆞ고學徒를募集ᄒᆞ야熱心敎導ᄒᆞ미該郡人士가莫不稱頌ᄒᆞᆫ다더라

●必是虛傳 結城郡守리承輔免官之說은純是虛傳이라더라

廣告

本人이陰四月貳拾九日에姓名及別号圖章을서失ᄒᆞ얏기本姓名章을改造ᄒᆞ고玆에仰布ᄒᆞ오니知舊間僉君子ᄂᆞᆫ諒悉홈

開寧居金聲重 號松隱

本人의陰四月二十九日에姓名及別號圖章을서失ᄒᆞ얏기本圖章을改造ᄒᆞ고仰佈ᄒᆞ오니知舊間僉君子ᄂᆞᆫ照亮홈

京鍮洞居柳枝秀

本人이四形圖章을서失ᄒᆞ고方形圖章을改造施行ᄒᆞ오니僉君子ᄂᆞᆫ照亮홈

麻浦拾六統六戶林元亨 告白

●土木建築測量設計幷監督
●鑛山林野土地之測量及製圖

京城旭町二丁目百拾壹番地
片村工務所
所主片村龜次郞

本人이陰五月初九日에南部정明坊典洞契三拾四統四戶瓦家六間草家四間新舊文券貳張과典當標貳張을路中見失ᄒᆞ오니內外國人은拾得ᄒᆞ와도休紙施行홈

兪喆인 告白

本人이今五月初三日에機張大赤員沓二斗地와同員沓六斗地와淸江邑沓三斗地와射亭員沓四斗地와同員沓三斗地合拾八斗地文券拾文과手掌標壹張을釜港서遺失하엿삽기官立旨ᄒᆞ오니內外國人은切勿施行홈

東萊仙岩寺金福田 告白

本人이水原府南面上峴里畓三石三斗落과果田六日耕을同郡章紀面同竹동名不知金哥로居間매買인바該田畓에有稱折見歎ᄒᆞ얏ᄉᆞ니新買主誰某신지中署貞善坊樓井동四拾貳統八戶에來問ᄒᆞ시와狼狽업게ᄒᆞ시옵

李俊燮 告白

南部落善坊墨洞契十壹統四戶弁家七間半ᄌᆞ券을丁未二月分에見失ᄒᆞ엿사오니가誰某拾得ᄒᆞ던지休紙施行하옵

家主劉相五 告白

本人名在燮을改名泰燮ᄒᆞ오니知舊僉照悉ᄒᆞ옵

昌原府서上金泰燮 告白

平澤北面長李炳佐氏가任行拾餘年에督下가無事ᄒᆞ야太碑가如林ᄒᆞ고民頌이載路ᄒᆞ며而況歎餘麥嶺에以其消貧之勢로得債二萬五千兩ᄒᆞ야壹面種子을備給이有差ᄒᆞ고躬行撫恤ᄒᆞ오니壹面人民의再生之恩은如山海옵기擧實廣告홈

忠남平澤郡北面人民等 告白

本郡이原野無水ᄒᆞᆫ地에僻處ᄒᆞ야廣濶ᄒᆞᆫ土에灌漑ᄒᆞᆯ水를儲ᄒᆞᆯ地가無ᄒᆞ니登郡이議決ᄒᆞ고來民의田답을買收ᄒᆞ야儲水ᄒᆞᆯ池을鑿ᄒᆞ고名之曰南大池라該池의水를儲ᄒᆞ야灌漑의利ᄅᆞᆯ壹邑萬餘口가資生ᄒᆞᆫ지一千餘年에오該池에原結로衆民이公同供稅ᄒᆞᆫ지亦二千餘年이라郡誌에昭載ᄒᆞ고結案이分明ᄒᆞ니是實로以ᄒᆞ야過去時代에權力家와勢力家라도該池를決ᄒᆞ야援收치못ᄒᆞᆫ萬口資生ᄒᆞᄂᆞᆫ公益을個人私計로勒奪치못ᄒᆞᆷ은本是라壹郡이公同供稅의自在ᄒᆞᆫ民有地어ᄂᆞᆯ不意今春에黃宗鉉이溫陽郡溫 賣食ᄒᆞᄂᆞᆫ餘術을使用ᄒᆞ야아리完植을派遣相度하고南大池를陳荒地라 宮內府에誣告承認ᄒᆞ야登郡에公益을撲滅ᄒᆞ고個人의私慾을充得코ᄌᆞᄒᆞ야同聲相應ᄒᆞ고同氣相求ᄒᆞᄂᆞᆫ某太臣을藉挾ᄒᆞ고奸謀ᄒᆞ야詭計로萬餘口生靈을塗炭에驅入ᄒᆞ야生命을魚肉코ᄌᆞᄒᆞ니痛矣哉人類의모賊이終古何恨이리오마ᄂᆞᆫ彼芮ᄂᆞᆫ眇然無識無恥之輩로堅慾이無厭ᄒᆞ야不啣或不食ᄒᆞ면抵死不已ᄒᆞ니彼亦何心고郡民이僉集ᄒᆞ야本郡에呼訴ᄒᆞ면彼芮의機關으로駐在ᄒᆞᆫ巡査가中沮ᄒᆞ고帝室財産整理局에請願ᄒᆞ면彼에의陰謀로簸弄ᄒᆞ니惟我郡民은上無所訴ᄒᆞ고下不得聊生이라勢力이不如에ᄒᆞ고權力이不及에ᄒᆞ니不得不最後手段을用ᄒᆞᆯ지니衆民이僉集ᄒᆞ야行動이非常ᄒᆞᆫ면治安妨害에罪를橫罹ᄒᆞᆯ가恐ᄒᆞ야京城駐箚軍司令部의右事實을條陳ᄒᆞ고彼에리排斥案件을範圍를參酌制限하야請願承認ᄒᆞᆫ後目的을到達ᄒᆞ기로郡民이壹致可決ᄒᆞ얏삽기玆先廣告ᄒᆞ오니全國同胞ᄂᆞᆫ照亮ᄒᆞ시옵

黃海道延安郡民 孫昌燁 吳鶴龜 李顯成 康樂順等 告白

陰六月初旬에米塵堂經濟推次紙貨貳百五拾圓來湖朴瀾許推次紙貨壹百五拾圓을阿峴等地에서遺失ᄒᆞ얏삽기玆에廣告ᄒᆞ오니誰某拾得ᄒᆞ라도休紙施行홈

東幕任道卿 告白

本人의姪衡銓字元仲이性本浮浪ᄒᆞ야蕩敗家産에今無立錐餘地인바元仲이가習ᄂᆞᆫ竣收ᄒᆞ고符同雜類ᄒᆞ야數人得債ᄒᆞᆯ圖之ᄒᆞ오니內外國人은切勿見欺홈

平北定州葛池壹里[illegible]召史 白

本會에서甲申以來로國事를因ᄒᆞ야橫死諸氏의追悼會를與擧行코자하오나多數中에遺落ᄒᆞᆯ虞가不無ᄒᆞ와玆에廣告ᄒᆞ오니其遺族은其死者의遺實及履歷을另具ᄒᆞ야北部學洞西街漢城材木柴炭株式會社臨時事務所內本會調査委員申憲熙李圭宗兩氏許에送致하심을務望홈 期限六月拾日(陰五月拾貳日)內遺族은其居住를明示홈을乞홈

愛國死士追悼會 告白

璿라惟吾璿氏之上系가自檀箕羅麗로至 本朝히凡九十三世라繼述遺蹟이累世難合ᄒᆞ야엇其譜仍者由是憂慨ᄒᆞ여甲申修譜에高祖中和宗中으로錄자ᄒᆞᆫ齊譜에繼繩歷代와諡諱封爵位配墓所가無一遺漏나旣爲修보故付錄于別錄之下矣러니今五派會議詢同ᄒᆞ야上系遺篇을復修보牒首編故玆廣佈하오니伏願僉宗은照亮後陰九月晦內來會于京中部석洞議官學問宗氏家ᄒᆞ야同議大事仰望홈

興海璿學周 達서璿璂 昆陽璿殷星 星山璿柱璇 盆성璿碩鎬 告白

民刑事訴訟及ᄌᆞ官廳請願等法律事爲를誠實擔務홈

西部毛橋八十六統七戶

辯護士 前檢事 洪冕憙

事務員 前主事 孫應駿　前主事 韓章鉉　前主事 兪正濬

京城中部長橋東谷第二拾統三戶
辯護士 前檢事 朴星煥
法律事務所

本所에서鑛山、土地、家屋、山林、測量製圖設計等을迅速需應홈

南署會동九拾貳統拾壹戶
會同測量事務所
總務金澤吉　事務金錫權

●公　告

人民의私有財産으로前各宮司院에關係된事件에對ᄒᆞ야近日人民으로부터請願書에添付ᄒᆞᆫ文券에僞造가層生ᄒᆞ야處理上眩惑이多ᄒᆞᆫ지라此等犯法者ᄂᆞᆫ押付司法ᄒᆞ야依律懲戒ᄒᆞ려니와關玆以往으로本局에關係가有ᄒᆞ야文券及書類를添付請願ᄒᆞᄂᆞᆫ者ᄂᆞᆫ務히眞實ᄒᆞ야無至抵罪홈이爲可

臨時帝室有及國有財産調査局委員長 宋秉畯

本人의本郡所在田답七石九斗落을不動産證明簿에記載하야登記方法을履行이온바本人의四寸兄汝가使其子乙福으로僞造券ᄒᆞ야欲爲倫賣云ᄒᆞ오니內外國人은切勿見欺ᄒᆞ시옵

珍山邑河大容 白

本號由上海分設韓國京城趕發隨現因店內分夥與股主均存私意爲此將前店停業如有本夥中花外所號長發隆字號與入夥往生理訂立契約至於帳目等情均與舊長發隆無涉至後如有生理契約等事須認明長隆發記號交涉可也恐有不知者被欺特此佈聞

上海長隆號 告白

東一測量事務

中署大廣橋西北隅第拾九統十二戶에測量事務所를設施ᄒᆞ얏사오니 僉君子ᄂᆞᆫ來臨相議ᄒᆞ심을敬要홈

●學員募集廣告 畿湖學校

本學會에셔畿湖學校를設立ᄒᆞ고師範科學員을爲先募集ᄒᆞ미願入者ᄂᆞᆫ本月拾四日旦日브터請願書와履歷書를帖聯ᄒᆞ야校洞本會館으로提呈ᄒᆞ고

同月十五日月曜上午十時에本館으로來ᄒᆞ야應試ᄒᆞᆯ事

但請願紙ᄂᆞᆫ本會館에來求ᄒᆞᆯ事

一 試驗科目은國漢文讀書作文과國史地誌歷史問答算術四則以내
但官公私立學校의普通科以上卒業證書가有ᄒᆞᆫ人은年齡이相當ᄒᆞ면免試許入홈

一 資格은年齡二十歲以上身體康健ᄒᆞ고品行이端正ᄒᆞᆫ者

一 修業年限은本科에ᄂᆞᆫ三個年으로特別科에ᄂᆞᆫ拾八個月노定홈

一 學校位置ᄂᆞᆫ建春門外前會館(前陸軍衛生院)

畿湖興學會

厚禮斗益大王七年戰史

普魯士國 觀雲先生 著　兪吉濬 譯述

全壹冊 定價金三拾錢

此書는卽拾八世紀頃에普魯士厚禮斗益大王이日耳曼列邦中에介在ᄒᆞᆫ弱國으로突然奮起ᄒᆞ야尙武的精神으로人民을鼓勵ᄒᆞ며俄法等諸國과對抗ᄒᆞ야七年戰爭을繼續ᄒᆞ야普魯士國의雄飛ᄒᆞᄂᆞᆫ端緖를開ᄒᆞᆫ事實이온데其政畧의巧敏홈과其功烈의偉大홈이足히讀者의感悚心을喚起홀만ᄒᆞ오니 僉君子ᄂᆞᆫ速々講覽ᄒᆞ시옵

發賣元 布屛下廣學書舖 金相萬
發賣所 京鄕各有名書店

新刊書籍發售廣告

女子讀本 張志淵 著 全貳冊 定價金六拾錢
初等衛生學 全壹冊 定價金拾五錢
初等倫理學 全壹冊 貳拾錢
國家學綱領 全壹冊 [illegible]五錢
國民須知 全壹冊 八錢
初等小學 全四冊 壹圓三拾錢
中等萬國新地誌 全貳冊 壹圓
增修無冤錄大全 國漢文壹冊 七拾五錢
伊太利建國三傑傳 全壹冊 卄錢
新撰理化學 朴晶東 著 全壹冊 定價金三拾錢
獨習日語獨學 鄭雲復 著 洋裝壹冊 壹圓貳拾五錢
愛國夫人傳 張志淵 著 全壹冊 定價金拾五錢
新小說血淚 이人稙 著 全壹冊 定價金貳拾錢
富國全書養鷄新論 鮮于叡 著 全壹冊 定價金三拾五錢
世界三怪物 全壹冊 拾貳錢
家庭雜誌 每號拾錢
新訂算術 全三冊 六拾錢
乙支文德 眞本寫眞 並壹冊 三拾錢

發賣所 皇城中署布屛下 廣學書舖 金相萬
京鄕各有名書舖

製藥發賣人濟衆院[illegible]

觀化告白　　代理店 梨峴洋藥局 [illegible] 信華

本人等이漢성南大門外濟衆院附屬處方으로左記封入낙을製造ᄒᆞ오니京鄕間遠近勿論ᄒᆞ고此약品信用ᄒᆞ시기為ᄒᆞ야[illegible]勳五等池錫永氏에게약方文마다議定ᄒᆞ고有効証明書를발ᄒᆞ고主治効能用法을詳記ᄒᆞ야洋鉄匣紙匣琉璃瓶에封ᄒᆞ야賣약ᄒᆞ兄弟에게利益이加有ᄒᆞ도록발매ᄒᆞ나이다

治痰平胃丸
輕腫根治膏
濕腫根治膏
大腫拔根合瘡膏
小兒胎毒金瘡膏
癪氣神効保嬰散
小兒感冒靈効散
德國製鎭痰丸
漢城百應膏
洋藥乾材
舊藥唐草材
西藥醫方活套

男女氣血補益丸
純金鷄蠟丸
蛔虫没出丸
四時感冒丸
清明眼藥水
消痰鎭咳藥
男女瘧疾祛根藥
寸虫拔根藥
止足汗臭藥
止瀉潤腸丸
陳陳旧滯消積丸
無惡臭疥瘡藥

◉[illegible]
◉皮膚修靈丹　各種[illegible]
◉至寶丸　眞飮吐瀉[illegible]一[illegible]　治諸般痰疾不拘久遠 俱有能効定價金一[illegible]錢
◉靈效液　外用方香治[illegible]痔皮膚 百發百中定價金三[illegible]錢
◉清眼水　治諸般眼疾有益靈見 天之妙定價金拾錢
◉通淋丸　治男女急慢淋疾神效 無復速效除毒壹週金五拾錢

製劑發行所　漢城南部大廣橋西邊第三家十九統七戶 共愛堂大藥房 謹白

支店　開성남門內共愛堂第壹支店
群山港開港동共愛堂第二支店
河東郡赤良面共愛堂第三支店

代理店　皇城北部大安동 [illegible]
仝 鍾路青年會館前 [illegible]
仝 西部新門外石橋 [illegible]
仁川舊峴 濟生堂
仝 和平局
仁濟藥房　慈惠藥房　普濟醫院

此外에도東西洋각國有名賣藥과草材藥이俱備하오니藥외多少를不拘ᄒᆞ고請求ᄒᆞ시면小包로仰呈ᄒᆞ게숨

◎新訂方合編　壹部壹圜拾전
針脈經。病論。약性。方套。牛痘法。牛馬病약。洋약用法。診察法。經驗方。이具備ᄒᆞ야醫학家나賣약家에最緊要ᄒᆞ오며

◎社會勝覽　純國文廿三전
社會의規則과演說에方法과脈格이며東西양雄辯家에演說을譯述ᄒᆞ야社會有志者와勞動人及婦人々지不可不購覽ᄒᆞᆯ者며

◎婦人儀範　純國文廿五전
胄子의敎育ᄒᆞ고家庭을整理ᄒᆞᄂᆞᆫ道로婦人社會의特要ᄒᆞᆫ師範이오며

◎中等算學　壹帙 冊壹圜五拾전
自四則至開立方九積數등次第詳布ᄒᆞ야학習에便易ᄒᆞ고我韓學界中唯一貴重ᄒᆞᆫ者며各校학生의게ᄂᆞᆫ特為減價로賣買홈

註譯 支那時文類聚

리쳐雨 編集　入拾三頁　定價금 二拾二錢

右冊은近日現用ᄒᆞᄂᆞᆫ각樣緊要私札往復이며韓淸與너淸國에現行往復ᄒᆞ던公私宴會請帖往復이며其他公函往復과公文照會等式을編成一冊ᄒᆞ야可作高等社會의錦囊要訣이오니照亮

總發매　皇城典洞光東書局
分所매　皇城각書舖

現今時代ᄂᆞᆫ男女를勿論ᄒᆞ고營業에從事ᄒᆞ야生活上에充補케ᄒᆞᄂᆞᆫ것시正當ᄒᆞᆫ故로本人이비록女子오나裁縫을卒業ᄒᆞ야男女洋服을鮮明製造ᄒᆞ야全國兄弟姉妹의게隨求購應ᄒᆞ깃ᄉᆞ오니速速來購ᄒᆞ심을仰望홈
中署宮洞七拾統七戶　夫人洋服店 告白

●大韓國新為明靈藥廣告
●陸軍正尉金鉉[illegible] 貲驗方劑
●陸軍軍醫張[illegible] 有効證明
●四海衛生諸君子常備之要藥
消化新藥 清心保命丹
九十粒入金拾錢
發行所 仁川港杻峴 濟生堂藥房

◉痰[illegible] 中暑中寒
◉咳嗽[illegible]頭痛[illegible] 水土不服
◉氣鬱[illegible]叶瀉 船車眩暈
◉食傷[illegible]醉 口臭惡臭
▲其他諸般癘氣厲疫預方妙藥
◉出張代理特約販賣所
◉京城大廣橋共愛堂大藥房
同 香路慈惠藥房 리觀化
同 梨峴洋藥局 리信華
同 南部[illegible]文書館 盧谷[illegible]
同 南大門外大同運輸會社
同 泥峴三丁目 新井支店
同 泥峴郵便局前 天佑堂
同 水橋本堂出張人 리鳳[illegible]
◉仁川舊邑本堂出張所 金濟賢
同 開城旅館 韓鳳根
同 寺洞和平堂 리應瑩
◉開城南門內萬物商 박圭植
同 南門外同店 西柄玉
同 南門內冊肆 리禎錫
同 北部忠橋 具聖模
海州宗路[illegible]店 宋在瑛
同 二房 약舖 김永泰
同 南門內店 리奉館
◉水原鐘路下 약房 金濟九
◉延安邑 洋약局 邊汝文
◉江華鐘路店 尹斗鉉
同 鐘路店 宋順五
同 西門外冊肆 高成[illegible]
◉長湍남門 趙敎[illegible]
◉砂利院市場 客主 朴健邑
同 任允[illegible]
同 耶蘇敎堂 리在[illegible]
◉黃州남門 紅門동 리東[illegible]
◉平壤雙白里 濟生局 韓鳳儀
同 館前衛生醫院 金龍興
同 大興部一里 崔龍化
同 武洞 濟局 桂澤宣
同 果洞 出張人 尹寅赫
鎭南浦 약局 김元적
同 [illegible]本堂出張人 吳남奎
群山港開福동 洋약局 김斗鉉
安州[illegible]義井동 大약房
安岳邑上場里 濟生局 林景柱
大邱남門 刷還동 김成浩
釜山港草梁 客主 金重佑
博川郡美동 商店 朴芝行
載寧邑後동 洋약局 崔允國
忠州東良面 金鎭和
晉州郡관동 박善賢
定州남門 洋약局 리健柱
郭山邑 洋약局 羅應彬
鐵山邑 永春堂 安濂
宣川邑 冊肆 安奎
義州水口街 崔석浩
信川邑四里 洋약局 김永植
郭山邑 冊肆 김大鉉
元山港 濟生堂支店 박敬鎭
北靑新昌港客主 박錫勳
江原道本堂出張人 崔鍾來
◉德川邑官동 洋약局 리丙斗

◉男女[illegible] 其他각약店마다[illegible] 仁川港濟生堂告白

本店에夏節양服件이英京倫敦에셔新着ᄒᆞ얏기로玆에廣佈ᄒᆞ오니僉君子ᄂᆞᆫ光顧購買ᄒᆞ심을恐望홈
貞洞華盛頓第[illegible]號 양服裁縫店 謹白

◉新發明梅毒藥廣告
陸軍軍醫의經驗方劑

落梅丹

口瘡不發창病去毒之妙藥
壹劑五百粒定價金 三圜
主治 梅毒「唐창」新舊창
疥癬●皮膚病●[illegible]
●淋病
已上病証外에男女間에不精交合ᄒᆞᆫ後에若疑아之端이有ᄒᆞ야도此藥壹劑만服用ᄒᆞ면完無後慮ᄒᆞ고脾胃도健全홈을擔保홈
此外에도외療機械와精美ᄒᆞᆫ藥材를新備ᄒᆞ고內外科각色疾病을誠心治療홈
皇城北部大安洞

仁濟藥房

高用진 謹白

代理店
京城鍾路 共愛堂약房
仁川港龍洞 濟生堂
國內各處藥局에셔隨應販매홈

現今醫院에서各項事務을一擴張하오며金裝與銀裝各樣의齒와老小間役數落齒홈에齒床幷齒을隨意製造하오며拔齒與入齒時에毒無苦痛캐ᄒᆞᄂᆞᆫ技方도有ᄒᆞ며齒科上面談ᄂᆞᆫ無料施受ᄒᆞ압ᄂᆞ니四方僉君子ᄂᆞᆫ照亮ᄒᆞ심을爲希홈
京南大門內尙洞美人施醫家
齒科醫士 韓大衛 告白

明發[illegible]ᄒᆞ야新舊[illegible] 六堂[illegible]ᄒᆞ오니僉君子ᄂᆞᆫ陸續[illegible]ᄒᆞ심을望홈　月

釜山港東關韓興書舘
金汝重 權주律

▲特別廣告
本社에셔名啣印刷部를新設ᄒᆞ고各樣活字와刷機紙本이俱備ᄒᆞ오며印刷ᄒᆞ오되特別히精美ᄒᆞ고價値도極廉ᄒᆞ오니夫人외개ᄂᆞᆫ一層低廉ᄒᆞ오니僉位ᄂᆞᆫ來臨ᄒᆞ시와隨意請求홈
大韓每日申報社 告白

◉本社廣告

○廣告料
四號活字十三字詰
每日每英尺一寸에新價拾五錢
(每日續行六전에相當홈)
二週日에 二圜五十錢
每日續行四錢五厘에相當홈
一個月에 五圜
每日每行四錢一厘에相當홈
其期限의長短과字行의多少ᄅᆞᆯ依ᄒᆞ야增減홈이有홈

○申報價
壹張代金 新貨二錢五厘
壹個月前納 三十錢
參個月 九拾錢
陸個月 一圜七十錢
壹個年 三圜四十錢
郵稅一張 新貨五厘
壹個月 十三錢

發行兼編輯人 英國人 萬成
發行所 南署石井洞號外地三層洋屋 大韓每日申報社

[illegible]大門外廣成究에서本國兄弟의게數拾年來累驗ᄒᆞᆫ妙方으로製造하야파오니 製약과賣藥에對ᄒᆞ야說明 製낙ᄒᆞᄂᆞᆫ대藥에本價와紙包印刷價와製

第八百廿六號

大韓每日申報

第六卷

月曜及慶節時日休刊

檀君開國四千二百四十一年
孔子元年[illegible]
大韓開國五百十七年
日本明治四十一年
淸國光緖三十四年
陰曆戊申五月大十二日丙申

論說

▲農業界新福音

金海郡北外里에서農家一百餘戶가農務會를組織ᄒᆞ고一切農業에關ᄒᆞᆫ事ᄂᆞᆫ同心協議ᄒᆞ며遊衣遊食과訴訟雜技를嚴禁ᄒᆞ고民事上細訟은自會中으로審決ᄒᆞ며此時를當ᄒᆞ야萬一身病家憂로失農ᄒᆞᄂᆞᆫ者ㅣ有ᄒᆞ면會中에서助耕ᄒᆞ며遺來閭巷의無益雜歌ᄂᆞᆫ一倂廢止ᄒᆞ고農夫愛國歌를新製幷唱ᄒᆞ며兼且夜學校를設ᄒᆞ야農夫의知識을啓發ᄒᆞ기로熱心中이라云云ᄒᆞᆷ은昨報에已揭ᄒᆞᆫ바어니와

記者ㅣ此信을聞ᄒᆞ미一片感情이腦根에激觸ᄒᆞ야即踴躍呼曰此ᄂᆞᆫ實業界의曙光이며韓國農方自治制의鼻祖며普般農夫兄弟의新福音이로다其區域은金海北外一面에不過ᄒᆞ며其人衆은一百戶에不滿ᄒᆞ야아주遼遠廣及ᄒᆞᆫ바ᄂᆞᆫ아니나沉沉長夜一雞聲이便是報曉의信이니吾輩가此에對ᄒᆞ야엇지感賀의意를致치안으리오

嗟乎數百年來韓國農民의地位와思想이果然如何ᄒᆞᆫ境遇에在ᄒᆞ얏던가賤莫賤者 農民이오苦莫苦者ㅣ農民이라

嘗片貧山으로生涯를作ᄒᆞ며數尺長犁에身命을託ᄒᆞ야酷炎盛暑의三伏田畦에病ᄒᆞ고又치亂臨ᄒᆞ며深嚴虛雪의窮巖洞天에伏蝟又치蹙縮ᄒᆞ면서辨菜를圖ᄒᆞ야禾黍를培ᄒᆞ며薪檔을採ᄒᆞ야寒凍을備ᄒᆞ니其區々所願이仰足以事父母、俯足以畜妻子란十二字에不過ᄒᆞ건만酷哉라彼許多民賊이此를不許ᄒᆞ야家中에數斗粟이나儲ᄒᆞ며塲圃에一隻牛나繫ᄒᆞ면今日土豪의大棒에其頭가拆ᄒᆞ며明日酷吏의長棍에其脛이裂ᄒᆞ며再明日其令監의牌旨에其眼이回ᄒᆞ며三明日某大監의差使에其脚이慌ᄒᆞ야倏然家庄을傾盡ᄒᆞ고一般家眷이相對悲哭ᄒᆞ다가來歲生活料를回顧ᄒᆞ니당上에貢粱種子數斗穗가枯懸ᄒᆞ얏도다忍餓耐凍ᄒᆞ고窮冬窮春을過ᄒᆞ야如干他人田畓을借ᄒᆞ야艱辛히耕耨을恢復ᄒᆞ고幸히今年이나安過ᄒᆞ랴ᄒᆞ나彼再來ᄒᆞᄂᆞᆫ無賴를何術로能禦ᄒᆞ리오又其一番창書에血淚를灑盡ᄒᆞ야世世黑暗地獄中에生活ᄒᆞ더니

記者曰此雖寥々數語나便是數百年農民의血史

居然一度苦痛이更加ᄒᆞ야非塗非炭의今日을又遭ᄒᆞᆫ디吾儕ᄂᆞᆫ以爲호대韓國農民은元來一斑學問도無ᄒᆞ며團結力도無ᄒᆞ며世界的知識도無ᄒᆞᆫ人民이니何處에서新思想이出ᄒᆞ야新事業을創ᄒᆞ리오只是如此可憐ᄒᆞ야苟生ᄒᆞ야如此可憐히장終ᄒᆞᆯ而已라ᄒᆞ얏더니

異哉라彼郡會의地方도아니오志士中心點도아닌金海邊方에農家入衆이地方自治의先鋒으로奮起ᄒᆞ야農會를創起ᄒᆞ고衆ᄒᆞ야학問을收拾ᄒᆞᄂᆞᆫ디其內容의如何ᄂᆞᆫ姑未詳聞ᄒᆞᆫ바어니와爲先其外形의發表ᄒᆞᆫ者로觀ᄒᆞ건대幾乎西歐文明國에市民自治의制度와暗合ᄒᆞᆫ앗머러況乎幾百年을只是壓制下에서奄々ᄒᆞ야我身은官吏의奮權隷오山峽의發動物이라自認ᄒᆞ고國家의興亡과民族의休戚은夢外에付ᄒᆞ야隣[illegible]에身閑ᄒᆞ면春香傳洪吉童傳이나一讀ᄒᆞ며秋天에興高ᄒᆞ면尋邊歌阿羅郞歌나一唱ᄒᆞ야학問이何事인지愛國이何物인지不知ᄒᆞ던農民이今乃思想이如此大飛躍을得ᄒᆞ야勞動餘暇에ᄂᆞᆫ夜學校에進하고尋常歌謠에도愛國을唱하니壯哉로다

余又此에感을生ᄒᆞᆫ비有ᄒᆞ니金海ᄂᆞᆫ古代駕洛國의都城이라史에考ᄒᆞ건대自治制度가最先發達ᄒᆞ야鄕村의治規가西國民會와彷彿ᄒᆞ고又其尙國民精神이鞏固ᄒᆞ야四方强國을壓倒하던民族이아닌가沉々千百年에今乃再覺ᄒᆞᆫ도다

嗚乎라大韓全國十三道農夫同胞여奮起興起ᄒᆞ야金海를模範ᄒᆞᆯ지어다

▲隆熙二年六月六日 官報

▲部令

農工銀行條例施行規則을左又치定홈

隆熙二年五月二十三日

度支部大臣 高永喜

度支部令第十五号

農工銀行條例施行規則

第六條 農工銀行에셔代理店을設置ᄒᆞ거나又ᄂᆞᆫ(곱리수본덴수)를締結코저ᄒᆞᄂᆞᆫ時ᄂᆞᆫ其契約書案을添付ᄒᆞ야度支部大臣의認可를受홈이可ᄒᆞ며其契約의條款을變更하거나又ᄂᆞᆫ此를廢止ᄒᆞᆯ時도亦同홈

第七條 農工債券을發行코저ᄒᆞᆯ時에ᄂᆞᆫ其募集公告日로븟터少不過二週間前에左開事項을記載ᄒᆞ야度支部大臣에게提出ᄒᆞ고其認可를申請홈이可홈

一 債券발行의總額
二 各債券面의金額
三 債券發行의價格又ᄂᆞᆫ其最低價格
四 募集의初期及最終期
五 證據金을徵收ᄒᆞᆯ時ᄂᆞᆫ其金額及節次
六 募集金辨納期日及節次
七 元金据置年限
八 元金償還方法及時期
九 利子比例及其支撥時期
十 借換ᄒᆞ기爲ᄒᆞ야低利의債券을發行코저ᄒᆞᆯ時에ᄂᆞᆫ借換ᄒᆞᆯ舊債券의豫定償還額及借換의必要된事由

（未完）

外報

●俄德密約 倫敦電을據ᄒᆞᆫ즉德國皇帝ᄂᆞᆫ쓰비묜드港에서俄國과秘密條約을調印ᄒᆞ얏ᄂᆞᆫ대波羅的海의有事日에ᄂᆞᆫ其海軍으로써俄國을援助ᄒᆞ기를約ᄒᆞ얏다더라

●巡洋艦破裂 紐育電을據ᄒᆞᆫ즉米國裝甲巡洋艦센메다스號ᄂᆞᆫ남加州沿岸에셔速力을試驗ᄒᆞᆯ際에機關이破裂ᄒᆞ야死者四名이오負傷者기拾名인ᄃᆡ其內五名은重傷ᄒᆞ고船體의損害ᄂᆞᆫ多大치아니ᄒᆞ다ᄒᆞ얏더라

●偵探者氣脈相通 東京電을據ᄒᆞᆫ즉間島阿南邑在勤淸國黨謀伯又厨란者가過般京城에來ᄒᆞ야某國領事館에出入ᄒᆞᄂᆞᆫ대同氏ᄂᆞᆫ有名ᄒᆞᆫ國事探偵으로間島問題爭議에關하야日本의對韓政策內容을調査ᄒᆞ다가去月末에忽地에芝罘로向ᄒᆞ야出發ᄒᆞ고其部下韓某가二三同志를率ᄒᆞ고京城에又入ᄒᆞ니此ᄂᆞᆫ日本의對韓政策의狀態를偵探하야伯文府와氣脈을相通ᄒᆞᆫ듯ᄒᆞ다ᄒᆞ얏더라

●日使公電 東京電을據ᄒᆞᆫ즉華盛頓에셔調印ᄒᆞᆫ日米間에韓淸에셔特許商標條約에關ᄒᆞᆫ米國大統領의批准은去八日華盛頓에셔日發ᄒᆞᆫ郵便으로日本에向ᄒᆞ야發送ᄒᆞᆫ旨로去七日高平大使로셔븟터外務省에公電이有ᄒᆞ얏다더라

●淸日森林經營 鴨綠江森林會社經營에關ᄒᆞᆫ細目을研究ᄒᆞ기爲ᄒᆞ야徐總督은既爲委員을任命ᄒᆞ고其交涉을開始ᄒᆞᆯ事를奉天日本總領事의게請求ᄒᆞᆷ으로日本政府에셔도過般來協議의結果로其委員을任命ᄒᆞ야來拾日頃부터奉天에셔兩國政府가會見ᄒᆞᆯ事를決定ᄒᆞ얏다云ᄒᆞ얏다더라

雜報

●輔校上學 輔仁學會의셔學校를設立ᄒᆞᆫ다ᄒᆞᆷ은已報ᄒᆞ엿거니와日昨븟터上학ᄒᆞ엿다더라

偉人遺蹟

水軍第一偉人 李舜臣 錦頰山人 譯

第拾四章

◉李舜臣의再任統制와鳴梁의大戰捷

膽畧이有ᄒᆞ고騎射를善ᄒᆞ야將來自己의遺蹟을繼ᄒᆞ며國家의長城을作ᄒᆞ리라고認定ᄒᆞ던第三子의凶音을接ᄒᆞ미多情英雄의心事가果何如ᄒᆞᆯ고詐書를抱ᄒᆞ고哭曰「哀我小子、棄我何歸、英氣脫凡、天不留世耶、今我在世、竟將何依」오ᄒᆞ고（日記中所載）夜를半又치度ᄒᆞ니哀哉라此又母喪을遭ᄒᆞᆫ後로大哀痛ᄒᆞᆫ淚러라

第拾五章

◉倭寇의末路
（壹）豊臣秀吉의死와宇喜多秀家의走
（二）行長과淸正의生路哀乞
（三）明兵의來援
（四）李舜臣의陣將交際
（五）李舜臣의與賊俱碎의決心

豐臣秀吉이登超로大明國의快言을發ᄒᆞ야假途滅虢의計로我國을謀ᄒᆞ다가不成ᄒᆞ미即時宇喜多秀家加藤淸正小西行장等諸將을遣ᄒᆞ야三十萬兵을率ᄒᆞ고三路로入寇ᄒᆞ야其勃々ᄒᆞᆫ野心이八城을洞呑ᄒᆞᆯ듯ᄒᆞ더니居然慶尙全羅의海口에登大天降名將의扼ᄒᆞᆫ비되야諸倭將은較騙又치局促하며諸倭兵은魚腹에葬ᄒᆞ고其憤腦가欲裂ᄒᆞ야八年兵革을繼續ᄒᆞ되累度敗衄만遭ᄒᆞᆯ지라於是에恨血을腦ᄒᆞ고死倒ᄒᆞ니兩國間의禍가稍々消滅될機가到ᄒᆞ얏더라

水軍勝利를入言自撤ᄒᆞᆫ宇喜多秀家가此에至ᄒᆞ미其敗兆를先察ᄒᆞ고師를棄ᄒᆞ야遁逝ᄒᆞᄂᆞᆫ대彼無厭의行長과淸正은我內地에深入ᄒᆞ얏다가陸에發ᄒᆞᆫ즉發兵이環回ᄒᆞ고水로向ᄒᆞᆫ즉三道水軍이阻遏ᄒᆞ야進退維谷의境遇를當하얏ᄂᆞᆫ디

行長은順天에屯ᄒᆞ며淸正은蔚山에屯ᄒᆞ야困獸猶鬪의志를抱ᄒᆞ고咨地에轉戰ᄒᆞ다가淸正은都元帥權慄과李德馨에게見圍하야島山城中에勺水를不得ᄒᆞ고累日을飢困ᄒᆞ며行長은全羅道海陸交線中間에서徘徊ᄒᆞ야其勢의不敵ᄒᆞᆷ을自知ᄒᆞ고累々히行人을遣ᄒᆞ야和親을請ᄒᆞ더라

（未完）

雜報

●四宮動駕 大皇帝 皇后兩陛下께옵셔本日에 動駕ᄒ샤 毓祥宮 延祐宮 宣禧宮 景祐宮에 展拜ᄒ옵신다ᄂᆞᆫᄃᆡ出御時刻과 御路節次ᄂᆞᆫ如左ᄒ니上午拾壹時拾分에 敎化門으로出 御ᄒ샤罷朝橋鐵橋鍾路前十字閣光化門前路西拾字橋迎秋門前路石隱橋敎化門前路로從ᄒ샤 毓祥宮 延祐宮의 展拜ᄒ시고 宮前新作上小石橋新橋로從ᄒ샤 宣禧宮에 展拜ᄒ시고 宮前新橋孝子橋로從ᄒ샤 景祐宮에 展拜ᄒ옵시고下午四時三拾分에 還 御ᄒ옵신다더라

●敎化門祗迎 大皇帝陛下께셔와 皇后陛下께옵셔今日에 動駕ᄒ옵시ᄂᆞᆫ別項과如ᄒ거니와各府部奏任官들이 敎化門前의셔祗迎ᄒ다더라

●再奏裁可 四大臣變遷ᄒᆞᆫ內容을漏聞ᄒᆞᆫ즉去金曜日下午六時量에總理大臣李完用氏가四大臣任命件을統監府에協議ᄒᆞᆫ結果로 昌德宮으로卽入ᄒ야 裁下ᄒ옵시기를上 奏ᄒᆞᆫ즉 大皇帝陛下께옵셔該任命件에ᄃᆡᄒ야 奏ᄒᆞᆷ을疑訝ᄒ옵셔不肯 裁下ᄒ옵신ᄃᆡ完用氏가再次稟奏曰若不 裁下ᄒ시면伊藤統監이將次 陛見ᄒ고 奏ᄒᆞᆯ터이오니卽爲 裁下ᄒ옵소셔ᄒᆞᆫ대 大皇帝陛下께옵셔不得已 裁可ᄒ옵샷다ᄂᆞᆫ傳說이有ᄒ다더라

●徽旨頒포 皇后陛下께옵셔女子敎育에對ᄒ샤 徽旨를頒포ᄒ옵신은已報어니와學部의셔該徽旨를刊出ᄒ야各奏勅任官의게分給ᄒ고姉妹或令孃의女子學校의入學케ᄒ라ᄒ얏다더라

●帶同陛見 本日上午拾壹時에伊藤統監이陸軍少將丸井政亞와小野寺實과陸軍步兵大佐橋本三郎과加藤丈太田郎과安東貞康과向井齊輔等拾八人을帶同 陛見ᄒ다더라

●統府會議 昨日午後壹時부터統府會議를統監府의開ᄒ고各大臣以下參與官이列席ᄒ얏ᄂᆞᆫᄃᆡ地方行政의關ᄒ야重要ᄒᆞᆫ問題가有ᄒᆞᆫ模樣이라더라

●壹去壹來 曾彌副統監은本月十九日頃에渡韓ᄒ다ᄂᆞᆫ電報가其處에到達ᄒ얏고伊藤統監은二十二日頃에歸國ᄒᆞᆯ預定이라더라

●三淸茶會 現內閣諸大臣과中樞院顧問諸씨가茶話會를組織ᄒ고輪回設行ᄒᆞᆷ은累報어니와來拾四日에ᄂᆞᆫ中樞院顧問리根澤氏가三淸洞玄興澤氏亭子의셔設宴ᄒ다더라

●總相罪目 總理大臣李完用氏의게對ᄒ야一進會에셔臚列罪目ᄒ야辭職勸告ᄒᆞᆫ다ᄂᆞᆫ說은前報에已揭어니와該罪目이五條이라ᄂᆞᆫ說이有ᄒ다더라

●內大意見 新內相宋秉畯氏ᄂᆞᆫ地方行政改善에第壹着으로新制度를不解ᄒ고新智識이無ᄒᆞᆫ觀察使ᄂᆞᆫ免官ᄒ고此代의ᄂᆞᆫ新進ᄒᆞᆫ者로任ᄒ고郡守ᄂᆞᆫ漸次地方人의聲望이有ᄒᆞᆫ者로觀察使의게推選任命ᄒ게ᄒ고面長里長은郡守가任命ᄒ고地方行政의關ᄒ야中央으로부터干涉ᄒᆞᆷ을禁止ᄒ고地方官吏ᄂᆞᆫ責任을當케ᄒ야行政의改善을圖ᄒᆞᆯ方針으로觀察使更任의關ᄒ야ᄂᆞᆫ八日閣議로決定ᄒᆞᆫ模樣이라云ᄒ고且同大臣은地方民情視察與地方官吏狀을巡視ᄒ기爲ᄒ야七八月頃의全國各地의旅行ᄒ기로ᄒ얏다더라

●擧國拓殖 農大宋秉畯氏가內大로轉任ᄒ고法大趙重應씨가農大로轉任된理由를漏聞ᄒᆞᆫ즉東洋拓植會社를實施ᄒᆞᆫ所以라ᄂᆞᆫ巷說이有ᄒ다더라

●兼任不可 農大趙重應氏가大東학校長의任을辭免ᄒᆞᆷ은國務大臣으로셔학校校長의任이不可라ᄒᆞᆫ所以라더라

●有何憂慮 學部大臣李載崑氏ᄂᆞᆫ何事件을因ᄒᆞᆷ인지數日來로顔色이不好의憂愁思慮ᄒᆞᄂᆞᆫ貌樣이라ᄂᆞᆫ說이有ᄒ다더라

●辭職理由 咸觀察使가辭職疏를奉呈ᄒ고欲爲辭免ᄒᆞᄂᆞᆫ理由를漏聞ᄒᆞᆫ즉今番觀察會議의結果로因ᄒᆞᆷ인대某觀察은隱結을偷食ᄒᆞᆫ事가綻露되고某某觀察ᄂᆞᆫ資格의不及ᄒᆞᆷ으로內閣諸大臣이辭職勸告ᄒ얏다더라

●慶察이移說 慶北觀察使尹甲炳氏가選任되야中樞院贊議를被任ᄒ기로내定이되얏다더라

●老鍊選擇 各道觀察使가多數히請願ᄒᆞᆷ은已爲報道어니와新任觀察使ᄂᆞᆫ五拾以上老鍊ᄒᆞᆫ政略이有ᄒᆞᆫ人을選擇ᄒ야地方人民을安撫케ᄒᆞᆫ다더라

●忠察辭疏 某某觀察使가辭職疏를奉呈ᄒᆞᆷ은前報의已揭어니와忠北觀察使리鎬成씨도昨日의辭職疏를奉呈ᄒ얏다더라

●法官更囑 法官을運動ᄒ던人들이本地에法大가改遞되미所望이絶矣라更히新任ᄒᆞᆫ法大高永喜氏의게請囑ᄒ랴고至ᄒ다더라

●非徒免官 私立성律普通학校副訓導金璣洽씨가母喪에奔喪치아니ᄒᆞᆷ으로학部에셔免官ᄒ얏다ᄂᆞᆫ事ᄂᆞᆫ前報와如ᄒ거니와韓감셔도免官만ᄒ얏ᄂᆞᆫ거시風化所關에壞悖ᄒ다ᄒ야不可仍置ᄒ고학部에셔法部로照會ᄒ야懲罰ᄒ다ᄂᆞᆫ說이有ᄒ다더라

●兩氏使酒 再昨日午後拾時에倡동학校학監김學洙氏와把成학校敎官리範與씨가飮酒大醉ᄒ야남部后洞等地에셔何許人과無端相詰ᄒ다가歸路의廟竹동巡査派出所의到着ᄒ야興巡査로鬪爭이不明이라ᄒ고無雙惹鬧ᄒᆞᄂᆞᆫ故로該巡査가押付ᄒ야銅峴分署로ᄒ야該署의셔說諭放送ᄒ얏다더라

●運會撮影 學部에셔大運動時撮影ᄒᆞᆫ寫眞을各학校에頒張式分送ᄒ얏다더라

●米師渡韓 米國紐育學部에셔宣敎師九人이渡韓ᄒ야平壤公州等地의宣敎次로往ᄒ얏다더라

●壹進盜動 去六日의壹進會重立者數十名은리田良平을景福宮後某시別所의招待ᄒ야何事인지凝議가有ᄒᆞᆫ模樣인대越八日에ᄂᆞᆫ리容九시以下總務委員等二十餘名이ᄂᆞᆫ田邸의參集ᄒ야數時間을密議ᄒᆞᆫ結果로壹進會何事던지決定ᄒᆞᆫ듯ᄒ나何事인지果然何事를做出코ᄌᆞᄒᆞᆷ인가

●是何妖物 東大門外紅樹동居盲者金參奉爲名人이年令六拾壹歲인대男女의吉凶禍福을能言ᄒ야卜債ᄂᆞᆫ每人의拾錢式受ᄒᆞᆫ대每日問卜者가數百名이오宮內某國宮도金二百圓을送付祈禱ᄒ얏다더라

●撚痘實數 水原觀察府에셔五月中旬에該郡내種痘ᄒᆞᆫ人民을調査ᄒ얏ᄂᆞᆫ대男子가壹千四拾壹名이오女子가七百拾貳名이더라

●意見書發刊 興士團副團長吉善宙씨가小學校敎育의對ᄒ야意見書를刊出ᄒ야敎育界의有志人士의게分給ᄒ얏다ᄂᆞᆫ대其槪意ᄂᆞᆫ得聞ᄒᆞᆫ즉大韓國兒童의祖國思想을養成ᄒ기爲ᄒ야國文을專主케ᄒᆞᄂᆞᆫ것이安當ᄒᆞᆫ듯ᄒ다ᄒ얏더라

●爲라請願 楊州別성面廣岩里居리德鉉이가賣柴次로上京ᄒ다가東門外東廟等地에셔別巡査에게義兵干連으로捕捉되얏ᄂᆞᆫ데該里居民리建銘等數十名이리德鉉이가初無所犯은壹동이共知이니放送ᄒ야달라고昨日警視廳에請願ᄒ얏다더라

●火源難探 再昨日下午十時에남部大안峴居리後慶氏家에起火ᄒ야旋卽撲滅ᄒ얏ᄂᆞᆫ대該起因은何許人이放火인지火起處에燐寸幾介와萬壽香에同東말之ᄒᆞᆫ故로何人所爲를銅峴分署에셔嚴密調探中이라더라

●鴉毒大行 近日에鴉片을喫ᄒ고自斃ᄒᆞᄂᆞᆫ人이連續不絶ᄒ야西部館井동에ᄂᆞᆫ三日之內에鴉片으로致斃者가二名이오貞동等地에셔ᄂᆞᆫ自斃ᄒᆞᆫ者鴉片을喫ᄒᆞᆫ人을用藥ᄒ야得活ᄒᆞᆫ者이幾名이라더라

●鴉能殺人 西署館井동居宋昌洙씨ᄂᆞᆫ今年六十三인대本是장安居間으로資生ᄒᆞᄂᆞᆫ대年前에장安市井리興善씨가貸與壹萬千兩을小木匠의게先給ᄒᆞᆫ際에宋씨가居間ᄒ얏ᄂᆞᆫ대該小木匠이ᄂᆞᆫ彼日彼日ᄒ고物件을製造以給지아니ᄒ미日昨에리興善이가宋씨의對ᄒ야言ᄒ되物件價金을汝가居間ᄒ야持給于小木匠ᄒ야于今延拖ᄒ니汝의官庭에呈訴ᄒ야徵受ᄒ겟다ᄒ고不絶之說이無數ᄒ얏더니宋昌洙氏가再昨日에鴉片을喫ᄒ고卽爲致死ᄒ얏다더라

●西北總會 西北學會에셔時別總會를本日(水曜)下午兩時에開ᄒ고新舊兩件을處理ᄒ다더라

●醫校維持 醫學專門학校卒業生諸씨가該校를繼續維持ᄒ기爲ᄒ야日前에維持會를開ᄒ고安承龜並赫鎭리秉承尹圭祐四氏로繼維委員을選定ᄒ얏ᄂᆞᆫ대財政은卒業生中으로擔備ᄒ기로決定ᄒ고來日上午十時에ᄂᆞᆫ通常會를開ᄒ고來日曜上午十時에ᄂᆞᆫ總會를開ᄒ다더라

●大東義塾移接 大東義塾에셔時部前進明학校로移接ᄒ얏ᄂᆞᆫ데校務를擴張ᄒ기爲ᄒ야暫時停止ᄒ얏다더라

●感荷義捐

昌原郡紳士具春會씨가金壹圓을本社에思捐ᄒ기感荷ᄒᆞᆫ情을表ᄒ노라

地方消息

▲本月四日眞寶郡四方約二十里地의셔義兵約六十名이日本連絡隊와交戰ᄒ얏다ᄒ고

▲本月四日河東郡東北四拾里地의셔義兵約八拾名이日分遣隊와遭遇交戰ᄒ얏다ᄒ고

▲去月貳十九日孟山郡邑내의天三層地의셔義兵約四拾名이順川駐在巡査隊와交戰ᄒ얏다더라

東京電報

(八日發)

●東京雹災 今日午後拾五分間에東京에ᄂᆞᆫ雹이降ᄒ야二寸이나積ᄒ고雹이屋上을打ᄒᆞᄂᆞᆫ聲의兩耳가如聾ᄒ얏ᄂᆞᆫ대其中負傷者도有ᄒ고硝子天井은總히破碎ᄒ얏고其他被害가多ᄒ다더라

浮萍換局

▲靑邱江山壹幅上에時局風潮變遷ᄒ야逆旅舍에늙ᄂᆞᆫ人生朝變夕改莫測이라萬事難定搖々ᄒ니水上浮萍이아닌가

▲浮萍이나浮萍이나昨夜東風吹到處의政海波瀾飜覆ᄒ야舊時山燈影을나慣眼奉仕ᄒ니世上事를難測이라너와又치變幻ᄒ다

▲浮萍이나浮萍이나五百年來저진舊慣沿革時代當코보니新制度가增ᄒ야前日聞見無用이라新世界가되얏스니너와又치變幻ᄒ다

▲浮萍이나浮萍이나外官制改正ᄒ야新面官吏主權ᄒ니舊日官人退步ᄒ야局外袖手傍觀ᄒ다新人舊人이아닌가너와又치變幻ᄒ다

▲浮평이나浮평이나義冠博帶舊人物이競爭時代生丁ᄒ니海外風氣流入ᄒ야衣巾々지變改ᄒ다昨日今日卽是太古너와又치變幻ᄒ다

▲浮평이나浮萍이나酒食是議深閨中에幾百年을固守ᄒ더니女子敎育新就ᄒ야新知識을培養ᄒ니括目相對되엿고나너와又치變幻ᄒ다

▲浮평이나浮평이나操觚短唇毁撤ᄒ고新聞紀綱ᄒ니揷天三層新洋製屋이聳出翼然이라舊時屋이變ᄒ니너와又치變幻ᄒ다

▲浮평이나浮평이나工藝學이不振ᄒ야製造品이已空ᄒ니外國物品輸入ᄒ야各商店에陳列ᄒ고初見奇品競買ᄒ니너와又치變幻ᄒ다

▲浮평이나浮평이나古蹟에生長ᄒ야杜門高眠無事ᄒ더니四方氣殺怨起ᄒ야荒原村閭推燬中에각自離散援擾ᄒ니너와又치變幻ᄒ다

▲浮평이나浮평이나耕田鑿井居生ᄒ야舊日阡陌守ᄒ더니處處拓殖請願ᄒ고荒蕪山野ᄒ야壹朝失際되얏다너와又치變幻ᄒ다

廣告

謹告各支社員

本社에셔 現下經費가 比前夥多ᄒᆞ야 窘拙이 甚ᄒᆞ오니 各地方支社에셔ᄂᆞᆫ 本報代金을 不日收刷ᄒᆞ야 本月十五日內로 郵送ᄒᆞ야 以補社費케ᄒᆞ심을 希望홈

大韓每日申報社

本人이 外國人間에 本紙價用홈이 온데 不意今陽六月二日에 日本人 赤井代理人弓削逸造에 五月拾六日字가 以郵來到本人而不知何許人之견을 備報하라ᄒᆞ얏기와 對質詳査歸正之意請願于남部日本警察署이옵더니 本署에셔 査問次로 往捉則赤井은 已死이기 赤井家同居人을 捉致査問則該人言에 赤井本無此事이오 赤井과 弓削이 每多交際而已爲撤家還去本國이오며 此又是弓削之所爲나 虛誑이라ᄒᆞ온고로 本署에셔 本人에게言ᄒᆞ되 虛無ᄒᆞᆫ 事니 勿慮ᄒᆞ고 若有後弊어든 來訴라 ᄒᆞ얏사오니 事已歸正이오며 此必是本人弟泰承字發府에 挾雜而數年來屢攪新聞이올뿐더러 雜類가 隨年이 自警廳으로 被捉當律이오며 今又廣告ᄒᆞ오니 內外國人은 照亮切勿見欺홈

廣州彦州面嚴谷居 曹翰承 告白

雜報

◎花山新校 晉성과 石성兩郡間에 私立학校를 創설ᄒᆞ고 花山학校라 名稱ᄒᆞ나 凋殘ᄒᆞᆫ 村落에 財政이 無路ᄒᆞ야 如干補助를 細々히 鳩合ᄒᆞ야 草々히 設立ᄒᆞ고 본起ᄒᆞᆫ 中秀殷 盧리종漢 諸시가 相捐ᄒᆞ고 以其外會數間舍를 修補ᄒᆞ야 爲先開學ᄒᆞᆫ다고 該郡 各人의 傳說이 有ᄒᆞ더라

◎正誤 本報第八百二拾壹號雜報欄니 滿期歸城이란 題下에 니 亂犯으로 珍島에 流配ᄒᆞ얏던 金喆榮 沈雨澤 等 四氏가 刑期가 滿了홈으로 歸城ᄒᆞ얏다ᄂᆞᆫ 事ᄂᆞᆫ 誤聞홈이니 亂犯이 아니라 保安法에 依ᄒᆞ야 該島에 移置홈이라더라

廣告

前參尉 甘泰鉉이 改名麒鉉하오니 知舊間照亮홈

因　甘麒鉉 告白

北部 齋洞三拾統六戶에 測量事務소를 設立ᄒᆞ고 諸般測量을 迅速施行ᄒᆞ오니 僉彦來議ᄒᆞ심을 爲要

北部測量事務所主 吳殷泳 告白

本人이 北署順化坊契戶狗동五ᄌᆞ六統拾戶 買券을 遺失ᄒᆞ엿스니 誰某拾得ᄒᆞ던지 休紙施行ᄒᆞᆷ

因　鄭惠欽 告白

本號由上海分設韓國京城長發鹽現因店內各夥與股主均存私意爲此將前店停業如有各夥中在外新張長發鹽字號與本往生理訂立契約至於帳目錢債均與福發隆無涉至後如有生理契約等事記明福隆記號交涉可也恐有不知致被欺特此佈聞

川　上海長隆號 告白

本所에서 鑛山、土地、家屋、山林、測量製圖設計等을 迅速辦理

應盛　人

南署會洞九拾貳統拾壹戶

會同測量事務所

總務 金澤吉　副務 金鍚權

本會에셔 甲申以來로 國事를 因하야 死橫諸人의 遺掉ᄒᆞᆫ 典을 擧行코자ᄒᆞ오나 多數中에 遺落홀 慮가 不無ᄒᆞ와 茲에 廣告ᄒᆞ오니 其遺族은 其死者의 姓實及履歷을 另具ᄒᆞ야 南部苧洞四街에 성材木柴炭株式會社臨時事務所內 本會調査委員中 嚴駿 李圭完 兩氏許에 送致ᄒᆞ심을 務望홈 期限六月拾日（陰五月拾貳日）內 遺族은 其居住를 明示ᄒᆞ심을 乞홈

愛國死士追悼會 告白

川

民刑事訴訟及官廳請願等法律事爲를 誠實擔務홈

西部毛橋八十六統七戶

辯護士 前檢事 洪冕憙

事務員 前主事 孫應駿　前主事 鄭章鉉　前主事 金正濬

健胃 ▲八寶丹 九拾五粒
消滯 ▲팔보단 入金拾錢

承學府與의 正三品 洪哲普閣下 實驗處方과 陸軍의 學校敎 官醫 某茂君 有効證明으로 此丹을 불行이온바 新久滯積과 急癨亂과 霍亂사 脹과 胃腹疼痛과 頑痰固飲과 新久泄瀉와 七情鬱結과 水土不服과 船車眩暈諸症에 壹服見效ᄒᆞ오니 衛生君子ᄂᆞᆫ 光願試可ᄒᆞ심을 爲希홈

瘡病神藥 ▲사향소창단 ▲麝香消瘡丹

猪封匣廣告銅版印搭可也

此丹이 於諸瘡에 無論男女老少ᄒᆞ고 若服壹劑ᄒᆞ면 實有神效ᄒᆞ야 百發百中ᄒᆞ오니 非例方可及也라 若論主治則楊梅ㅏ 疳連珠風濕頭瘡諸症에 俱見奇效ᄒᆞ오니 發病ᄒᆞᆫ 君子ᄂᆞᆫ 壹次試驗ᄒᆞ시옵

婦人 ▲리양됴경환
調藥 ▲胎發調經丸
壹個月分入 定價 五圜

六抵婦人이 年過ᄒᆞ도록 不受孕者ᄂᆞᆫ 由於有病也ᄂᆞ 若不趁早研究ᄒᆞ고 等閒看過則非但壹個人에 不幸이라 抑亦全國生育之理의 關係가 不淺ᄒᆞ니 僕이 十년을 消費ᄒᆞ야 內外國名明의 士에 實驗方을 選擇ᄒᆞ야 先自僕家로 從及他人ᄒᆞ야 累試普驗에 十불而拾効ᄒᆞ옵고 且此藥이 非但孕之神劑라 治冷 治積 調經 調血에 俱有實効ᄒᆞ옵기 玆以廣佈ᄒᆞ오니 僉員ᄂᆞᆫ 壹次試驗ᄒᆞ시면 靈驗을 可知이옵

製藥所 仁川港寺峴 和平堂藥房
發行人 仝 리應香
代理店 인川港寺山洞 신堂藥房
京城大廣橋 共愛堂藥房

右三處와 其他各處有名한 藥店마다 隨應販賣ᄒᆞ옵고 地方遠處이라도 郵便으로 請求ᄒᆞ오면 小包로 傳致ᄒᆞ게ᄉᆞᆷ

仁川港寺峴和平堂 白

本人이 陰四月貳拾九日에 姓名及別號圖章을 見失ᄒᆞ앗기 不姓名章은 改造ᄒᆞ고 玆에 仰佈ᄒᆞ오니 知舊間 僉君子ᄂᆞᆫ 諒悉홈

開寧居 金聲 號松隱　川

◎土木事業測量設計升監督
●鑛山林野土地之測量及製圖

京城旭町二丁目百拾壹番地

片村工務所

所主 片村龜次郎

本洞香七斗地只在女巫將嘆運氏의게 賣渡ᄒᆞ엿더니 意外去丁未七月分에 寓居延秉學이가 捉奪附近에 本人等의 所有累百年守護先山松田禁養地에 使日人木手로 廣点쳥抹ᄒᆞ야 無理勒奪이기 今月六日에 該木標를 會同拔去ᄒᆞ고 玆에 廣布홈

釜山港草梁洞 山主 朴允直
秋聖奎　金子文　金鏞國
李周三　秋月梧　河漢明 白

水原府而上面里畓三石三斗落과 果因六日耕을 同郡潭谿面同竹동名不知姓에 居間賣買인바 該田畓에 有稱折見欺ᄒᆞ얏스니 新買主 誰某신지 中署直洞坊慶尙동四拾貳統八戶에 來問ᄒᆞ시와 狼狽업게 ᄒᆞ시옵

李俊燮 告白

川

本郡이 原野新水ᄒᆞᆫ 坮에 僻處ᄒᆞ야 廣潤ᄒᆞᆫ 土에 灌漑ᄒᆞᆯ 水를 儲ᄒᆞᆯ 溝가 無ᄒᆞ니 壹郡이 議決ᄒᆞ고 衆民의 田답을 買收ᄒᆞ야 儲水ᄒᆞᆯ 池을 鑿ᄒᆞ고 名之曰 南大池라ᄒᆞ고 池의 水를 儲ᄒᆞ야 灌漑의 利를 壹郡萬餘口가 資生ᄒᆞᆫ지 二千餘年이오 該池에 關ᄒᆞᆫ 結을 衆民이 公同供稅ᄒᆞᆫ지 亦二千餘年이라 郡誌의 昭載ᄒᆞ고 結案이 分明ᄒᆞ니 是로 以ᄒᆞ야 過去時代에 權力家와 勢力家라도 該池를 決然攫取치 못ᄒᆞ고 萬口가 資生ᄒᆞᆫ 公益을 個人私慾으로 勒奪치 못ᄒᆞ겟소ᄂᆞᆫ 是라 壹郡이 公同供稅의 自在ᄒᆞᆫ 民有地어날 不意今에 秀峰 芮宗錫이 溫陽郡溫泉貴食ᄒᆞᆫ 巳餘術로 使用의야리 完權을 派遣相度ᄒᆞ고 南大池ᄂᆞᆫ 陳荒地라 宮內府에 誣告承認ᄒᆞ야 壹郡에 公益을 撲滅ᄒᆞ고 個人의 私慾을 充得코자ᄒᆞ야 同聲相應ᄒᆞ고 同氣相求ᄒᆞᄂᆞᆫ 某大臣을 藉挾ᄒᆞ고 奸謀ᄒᆞᆫ 秘計로 萬餘口生靈을 塗炭에 驅入ᄒᆞ야 生命이 魚肉코자ᄒᆞ니 痛矣라 人類의 모賊이 終古何恨이리오마ᄂᆞᆫ 彼芮ᄂᆞᆫ 眇然無識無恥之輩로 堅慾이 無厭ᄒᆞ야 不飢或不食을면 抵死不已ᄒᆞ니 彼亦何心고 郡民이 會集ᄒᆞ야 本郡에 呼訴ᄒᆞ면 彼芮의 秘嚼으로 駐在ᄒᆞᆫ 巡査가 中沮ᄒᆞ고 帝室財產整理局의 請願ᄒᆞ면 彼예의 陰謀로 簸弄ᄒᆞ니 惟我郡民은 無所訴ᄒᆞ고 下不得聊生이라 勢力이 不如에ᄒᆞ고 權力이 不及에ᄒᆞ니 不得不最後手段을 用ᄒᆞ지나 衆民이 會集ᄒᆞ야 行動이 非他ᄒᆞ면 治安妨害에 罪를 犯罹ᄒᆞᆯ가 恐ᄒᆞ야 京성駐箚軍司令部의 右ᄒᆞᆫ 實을 條陳ᄒᆞ고 예리 排斥案件을 範圍參酌制限ᄒᆞ야 請願承認ᄒᆞᆫ 後目的을 到達ᄒᆞ기로 郡民이 壹致可決ᄒᆞ얏습기 玆先廣告ᄒᆞ오니 全國同胞ᄂᆞᆫ 照亮ᄒᆞ시옵

瓮海道延安郡 郡民 鄭昌業
吳俊鎬　리鼎成
康樂順等 告白

川

聽라 惟吾裵씨之上系ᄂᆞᆫ 自檀箕羅麗로 至本朝히 凡九十三世라 繼述遺蹟이 累ᄒᆞ 難合ᄒᆞ야 爲其[illegible]仍舊是憂慨ᄒᆞ니 裵甲申修譜에 孫孫中和宗中으로 錄지ᄒᆞ 後諸譜繼繼歷代ᄒᆞ 諡諱封爵位配墓所가 無一遺漏ᄒᆞ 旣爲修보 故付錄于別錄之下矣러니 今[illegible]派會議詢同ᄒᆞ야 上系遺篇을 復修보 襲首編故玆廣佈ᄒᆞ오니 伏願 僉宗은 照亮[illegible] 丙午會于京中部[illegible]學間 宗氏家ᄒᆞ야 同議大事仰望홈

興海 裵學周　達城 裵璜
昆陽 裵殷星　星山 裵林燮
盆城 裵碩鎬 告白

川

京城中部長橋東谷第二拾統三戶

辯護士 前檢事 朴星煥

法律事務所

本人의 姪御銓 字元伸이 性本浮浪ᄒᆞ야 蕩敗家產에 今無立錐餘地인데 元伸이가 留不悛改ᄒᆞ고 符同雜類ᄒᆞ야 欺人得債ᄒᆞ圖之ᄒᆞ오니 內外國人은 切勿見欺홈

平北定州葛池壹里 朴召史 白　川

[illegible]堂先生 徐昌濬 譯述

普魯士國 厚禮斗益大王七年戰史

全壹冊 定價金三拾錢

此役은 卽[illegible]普魯士厚禮斗益大王이[illegible]列邦中에 介在ᄒᆞ야[illegible]國으로[illegible]然奮起ᄒᆞ야[illegible]民을 鼓勵ᄒᆞ며 俄法諸國에 對抗ᄒᆞᆫ지 七年戰爭을 繼續ᄒᆞ야 普魯士國의 雄飛ᄒᆞᆫ 基礎를 成ᄒᆞᆫ 實이오 其[illegible]其功烈의 偉大ᄒᆞᆷ이 足히[illegible]敵愾心을 喚起ᄒᆞᆯ지오니 僉君子ᄂᆞᆫ 速々購覽ᄒᆞ시옵

發賣元 布屛下 廣學書舖 金相萬
發賣所 京鄕各有名書店

新刊書籍發售廣告

女子讀本　張志淵氏著　全貳冊 定價금六拾錢
初等衛生學　全壹冊 定價金拾五錢
初等倫理學　全壹冊 定價金五錢
歷史學綱　全壹冊 定價金[illegible]五전
國民須知　全壹冊 八錢
初等小學　全四冊 壹圓三拾錢
中等萬國新地誌　全貳冊 壹圓
增補無冤錄大全　國漢文壹冊 [illegible]拾五錢
伊太利建國三傑傳　全壹冊 卄錢
新撰理化學　全壹冊 定價金三拾전
獨習日語獨學　洋裝壹冊 壹圓貳拾五전
愛國夫人傳　張志淵시書　全壹冊 定價金拾五전
新小說血淚　리人稙시書　全壹冊 定價金貳拾錢
富國全書發鍋新論　鮮于叡시書　全壹冊 定價金三拾五전
世界三怪物　정壹冊 拾貳전
家庭雜誌　每號拾전
新訂算術　정三冊 六拾전
乙支文德　眞本寫眞　並壹冊 三拾錢

發賣所 皇城中署布屛下 廣學書舖 金相萬
京鄕各有名書舖

第六卷

大韓每日申報

第八百廿七號

月曜及慶節時日休刊

檀君開國四千二百四十一年
箕子元年三千三十年
大韓開國五百十七年
日本明治四十一年
淸國光緖三十四年
陰曆戊申五月大十三日丁酉

論說

▲家族敎育의前途

數年來敎育風潮의傾向에各地方有志君子가往々自己一門中에就ᄒ야學校를設ᄒ고同族子弟啓발하기로目的ᄒᆫ者 不無ᄒ나然이나其範圍區域이遐則一姓七八寸內에幾及ᄒ며近則一洞三四拾戶에不過ᄒᆯ而已라故로其影響이實로多대치논못ᄒ더니近今에申氏休氏가덩川學契를組織하고리容植시가韓山學會를組織ᄒ야ㅈ其一般家族을團結ᄒ야八域너何地를勿論ᄒ고凡同祖後孫의多數很據ᄒᆫ地方에ᄂᆫ학校를建設ᄒ기도經營中에오其次開風興起ᄒᄂᆫ者ㅣ漸多ᄒ다더라

記者曰韓國敎育世家族으로起點ᄒ며其善이有四하도다비두公益思想을滿抱ᄒ야一家事業에만局促ᄒ지안ᄂᆫ者라도終是自己子弟를愛ᄒᆷ이他人子弟보다深ᄒᆫ지며自己族屬을親ᄒᆷ이他人族屬보다重ᄒᆫ지라故로古語도亦云ᄒᆫᄃᆡ吾弟則愛之ᄒ고秦人之弟則不愛也라ᄒᆷ이니今에각自切近ᄒᆫ가族을結ᄒ야子孫의知識을謀ᄒ면必也眞誠熱心이薄ᄒᆫ設立ᄒᆫ他校를對ᄒᆷ과不同ᄒ리니其善이(一)이오

元來韓國人民의家族思想이腦際에蟠據ᄒ야已往甲午以前令은字를習ᄒᆫ時代에도必其同宗中으로講堂을設ᄒ야리氏講堂金氏講堂等의名稱이紛紜ᄒ며科擧에入ᄒ야도必其同宗等과團聚ᄒ야朴氏科接정시科接等의族黨가相對하야家族團體力이從古厚大ᄒ얏스니今에此習慣을利用ᄒ야敎育을興ᄒ고ᄌᄒ면眞所謂事半功倍니其善이(二)오

尙今지지鄕黨閭巷에風力이宏대ᄒᆫ者ᄂᆫ各其地대姓씨族이라幾百年來로根基를厚樹ᄒ며勢力을廣布ᄒ야布衣로宰相의權을有ᄒ며匹夫로守令의威를抗하야一咳唾一動作에閭境이靡然ᄒ던餘風이尙存ᄒ야萬一某대姓이某事業에用力ᄒᆫ다ᄒ면其下에無數小姓族이爭趨ᄒ리니其善이(三)이오

全國十三道에許多대姓만新事業에從事하논日이면風草가偃ᄒ듯시령水가注하듯시次々漸漬ᄒ야全國維新을屈指可待ᄒ리니其善이(四)니善哉라家族敎育이여

但只眞誠을仗ᄒ며公德心을抱ᄒ야族譜收歛에挾雜ᄒ던舊年惡習은破除ᄒ며暫時釣名計로外飾虛飾ᄒᄂᆫ頑想은掃却ᄒ고今日競爭界에幷列ᄒᆯ一大希望으로前進ᄒ면家族敎育의發達이沛然莫禦의勢가有ᄒᆯ진저

雖然이나余가又一警告ᄒᆯ바有ᄒ니世界에就ᄒ야國家를觀ᄒ면國家가卽壹大族이라檀君扶婁가便是公等의一本血祖며扶芬乙支가皆是君家의歷代名祖오四千載歷史가是其傳來의譜牒이며三千里山河가是其世守의田園이니二千萬兄弟姊妹에其誰가天倫至親이아니리오故로利害가相參ᄒ고憂樂이相關ᄒ야東道民族이損害를被ᄒ는데西道民族이獨利ᄒᆯ수無ᄒ며南道民族이禍亂을與遭ᄒᄂᆫ데北道民族이獨樂ᄒᆯ수無ᄒᆷ은宇宙不滅ᄒᆯ一大原則이니家族敎育에有志ᄒᄂᆫ諸君子여敎育範圍ᄂᆫ小家族(卽同姓)에限定ᄒᆫ지라도敎育精神은大家族(卽國家)維新에長存ᄒᆯ지어다

▲隆熙二年六月六日 官報

▲部令

農工銀行條例施行規則을左又치定ᄒᆷ

隆熙二年五月二十三日

度支部大臣 高永喜

度支部令第五號

農工銀行條例施行規則

第八條 債券金額의辦納을畢ᄒᆫ時ᄂᆫ左開事項을記載ᄒᆫ計算書를添付하야度支部大臣에게申告ᄒᆷ이可ᄒᆷ

壹, 應募券面額及其價格(証據金을徵收ᄒᆫ時ᄂᆫ其辦納額)

二 請人價格最高低及平均

三 募入의口數及金額

四 確定募入券面額과價格(卽銀行의實收ᄒᆫ金額及其較差額)

第九條 農工債券의抽籤償還을執行코ᄌᄒᆫ時ᄂᆫ抽籤ᄒᆷ이可ᄒᆫ債券面額及其日時處所를通知ᄒ고所管監督局長에게其會同을請求ᄒᆷ이可ᄒᆷ

第十條 農工債券의償還을爲ᄒᆫ時ᄂᆫ其債券의枚數金額을記載하야度支部大臣에게申告ᄒᆷ이可ᄒᆷ

第拾壹條 農工銀行은左開計表를調製ᄒ야翌月五日너로發送ᄒ야度支大臣에게提出ᄒᆷ이可ᄒᆷ

壹 每月實際貸出表(第壹號樣式에準ᄒ야調製ᄒᆷ이可ᄒᆷ)

貳 貸出金日歸表(第二號樣式에準ᄒ야調製ᄒᆷ이可ᄒᆷ)

第拾二條 農工銀行은每營業年度定時總會에서利益금分配案을議決ᄒᆫ時ᄂᆫ次條第三號損益勘定表를添付ᄒ고度支部大臣의認可를申請ᄒᆷ이可ᄒᆷ

第拾三條 農工銀行은左開計表及報告를調製ᄒ야每營業年度經過後壹個月以內로此를發送ᄒ야度支部大臣의게提出ᄒᆷ이可ᄒᆷ但天災其他不得已ᄒᆫ事故가有ᄒ야本條의期日너로送치못ᄒᆯ時ᄂᆫ預히度支部大臣에게延期를申請ᄒᆷ이可ᄒᆷ

壹 營業報告書

二 半期實際報告表

三 損益勘定表(第三號樣式에準ᄒ야調製ᄒᆷ이可ᄒᆷ)

(未完)

外報

●憲政會開設 北京電을據ᄒᆫ즉楊度氏가首領이되야北京憲政公會를組織ᄒ얏ᄂᆫ데該會ᄂᆫ東京憲政會의支部로전國의同志者와氣脈을相通하야議會開設運動을ᄒᆫ다ᄒ얏더라

●波斯太子逃走 波斯國皇太子ᄂᆫ親俄黨의顧問과共히首府테헤란으로逃走ᄒ얏ᄂᆫ데騷亂의再發ᄒᆯ慮가잇다더라

●巴里暴動 巴里電을據ᄒᆫ則前日에同盟罷工ᄒ고暴動을始起ᄒᆫ隊에勞動者及憲兵若干이死傷ᄒ얏더니今番에勞動者數千名이右罷工事件의死人葬式을爲ᄒ야集會ᄒ고殺히現내閣을反抗의態度를表示ᄒ얏ᄂᆫ지라然ᄒᆫ뒤葬式後에彼等은又諸處의酒店에서探索을恣行ᄒ고模動ᄒᆫ乘客의게금額을徵取ᄒ얏다더라

●哈爾賓市政問題 淸國政府에서哈爾賓의俄國市政에對ᄒ야該市政을撤廢하라고俄國에抗議를提出ᄒ야俄淸兩國間에數次交涉ᄒ더니淸國에서逆書에駐淸各國公使에對ᄒ야哈爾賓에淸國總事務를設置ᄒ야該市自治를專掌케ᄒᆯ趣로遍照會발하고又哈爾賓道臺雇擧로同議總督을任ᄒ야俄國의市政에反對케ᄒ얏다ᄂᆫ데淸國政府에서東淸鐵道會社와市政擧行에反對ᄒ면其影響이俄國에만及ᄒᆯ뿐이아닌故로哈爾賓에在ᄒᆫ日本總領事가北京에서英國代理公使와ᄒ議ᄒ얏ᄂᆫ데此結果로日本政府에서淸國政府에對ᄒ야우상協議ᄒᆯ必가有ᄒ다더라

●俄國議會의默議 俄國議會豫算委員會에서能히實戰에堪耐ᄒᆯ만ᄒᆫ艦隊를製造ᄒᆯ事와海軍令部를編制ᄒᆯ事와陸地防禦法을改正ᄒᆯ事와高薩灣外自治制度를設始ᄒ기로默議ᄒ얏더라

●蒙事善後策 北京電을據ᄒᆫ즉蒙古總督錫良氏가蒙古善後策을電奏ᄒ야曰民團兵으로蒙匪를保護ᄒ되經費ᄂᆫ自官支出ᄒᆯ것이오且其兵器만支給ᄒᆷ이上策이라ᄒ얏더라

雜報

●測量開學 大東學校에測量科ᄂᆫ本月初一日부터開學ᄒᆫ預定이라더라

偉人遺蹟

水軍第一偉人 李舜臣

錦頰山人

第拾五章 續

◎倭寇의末路

倭酋와不共戴天ᄒ기로自誓ᄒᆫ미對臣이엇지此를肯許ᄒ리오來使를却ᄒ고益々히軍을勵ᄒ야賊上를扼ᄒᆯ식

宣廟戊戌 月二十七日에古今島에移陣ᄒ니此ᄂᆫ全羅海口의緊要害處러라

舜臣이募ᄒ야各地를屯守하며農民을集ᄒ야島中에셔耕作케ᄒ고精騎를分ᄒ야四處로出ᄒ야遊寇를剿滅케ᄒ고行伍를調正ᄒ고天塹內에囚ᄒ야其兵을老케ᄒᆫ然後에掃除ᄒ기로計를定ᄒ더니

七月拾六日에明國水軍都督陳璘이水兵五千名을率ᄒ고海에下ᄒ야我軍과合ᄒ니水軍의形勢가益層順壯ᄒ더라

然이나陳璘은元來粗猛暴怒로聞ᄒᆫ者라其國에同列諸將과相善ᄒᄂᆫ者도無하거던況諸不過ᄒ고俗習不同ᄒᆫ他國將軍과始終無作ᄒ기를엇지可望ᄒ리오兩將이齟齬ᄒ면兩國兵이必決裂이오兩國兵이決裂ᄒ면倭賊討平하기ᄂᆫ姑舍하고反히其術陷ᄒᆫ비되기도易ᄒᆯ지라

故로朝廷이此를憂ᄒ야 主上이陳璘을厚待ᄒ라고旨諭ᄒ시며領相이陳璘을善交ᄒ라고親簡을致ᄒ얏더라

雖然이나李統制心中에ᄂᆫ부已壹良策을定ᄒ야恢々遊刃의手段으로陳璘을待ᄒ더라

陳린의軍이始至ᄒ미리舜臣이卽時牛를殺ᄒ며酒를辦ᄒ야陳營諸將을大饗케ᄒ더니既而오彼軍이四出ᄒ야我民의財를掠奪ᄒᄂᆫ지라 (未完)

雜報

●御駕節次 昨報와如히 大皇帝 皇后兩陛下께옵셔昨日明宮에動駕하옵시는데前後에衛隊와騎兵及騎兵은前과如하고前導에는禮式官李弼均掌與官李世益兩氏가同乘하고皇后宮大夫尹德榮氏가乘車하고宮大李允用씨가乘車하엿고大皇帝 皇后兩陛下께옵셔소乘하셧는데侍從卿閔丙奭氏와女官이陪乘하얏고完興君李載冕氏가同夫人을乘하고海豐府院君尹澤榮氏는夫人과同乘하얏고侍從院明九氏가參乘하고總理대完用氏가參乘하고女官四人이參乘하고니大宋秉畯氏가參乘하얏고各勅奏任官이陪從하얏더라

●龍袍展拜 別項과如히昨日大皇帝陛下께옵셔四宮에展拜하실時에 眞殿에 貢龍袍를 御奉하옵시고 行禮하옵셧다더라

●入額裁下 隆熙貳年度歲入歲出總預算에追加할新로編理大臣이完用度支大臣任善準兩씨가 上奏裁可되얏는데官業收入金과礦業稅入金과礦業官營費와採掘及運搬費等合각三拾五萬二千六百圜으로定하얏다더라

●學徒祇迎 昨日 太皇帝陛下께옵셔驚하실時에碍동明新女학校는普昌門外에서祇迎하얏고官立梅洞普通學校학徒와私立進明女학校와私立漢城學校학徒들은各其校門前에서 祇迎하얏다더라

●何故不知 今番에四大臣變動된事件은報道하얏거니와長谷川大將은전然不知하얏다는데該事件으로憾情이有한듯하다는巷說이有하더라

●會長招去 伊藤統監이有何協議事인지再日正午에一進會長容九氏를招去하얏다더라

●次官은不動 今番大臣交迭의結果로次官中의도貳三名이交迭된다는說이有하더니元來今回大臣交迭은대臣側으로觀할時는리宋兩씨勢力의均衡을保하기爲하야起할것이오又此를統監側으로觀할時는地方行政改善의必要上으로統監의意見을實現하기便宜함으로宋씨를니相地位에置할것이니今又次官이交迭된다는傳說은韓國側에서推想함에不過함이라더라

●牽牛其皮 各道觀察使가多數히辭職을代에擇入塡充할터인대總理大臣李完用氏는一進會員中某某三氏를敍任하자다가고니부大臣宋秉畯氏는此를反對하는中이라더라

●其倚哉矣 曾大趙重應씨가去八日에統監府參與官石塚과一進會顧問니田良平을訪問하고落淚懇請하되副統監曾禰氏가渡韓한後에此職文之任을永久勿遞하도록另誦保證하야달나하얏다더라

●學大夜會 학部大臣리載崐씨가今日下午七時에日本人俱樂部에서晩餐會를設하고外國語학校敎授와前학部書記官三十巷選씨를請邀宴待한다더라

●之次云辭 내部次官木내重四郞은有何事端인지辭職疏를奉呈하다는說이有하더라

●乘機運動 某某觀察使가辭職하야其遞任된다는說이喧藉하미엽窠를圖得次로東西奔走하는者不知其數라더라

●權限廣闊 各道觀察使의職務範圍와權限을已往보다廣闊케磨鍊하다는說이有하더라

●遞守亦多 전國郡守中日下缺員이四拾九窠인데又地方行政改善의必要로觀察使의交迭할時에交迭될郡守도多하다더라

●警視復任 江原道警視로遞任한文圭復氏로警視를更任하기로니部에서擬議中이라더라

●警官請復 종城郡溪北面林泉동김在璣氏는已往에警務로任으로三年을勤務하다가親喪을當하야遞任이되얏는대自巳履歷書를粘連하야某警官이든지敍任하라고昨日니部로請願하얏다더라

●刑法將頒 新任在京法官及法部主幹部諸시의審議를經한行刑法改正案은既爲審議하엿은了함으로써不遠에내閣회議에附하야統監의承認을經過한後量者에審議를擧한訴訟手續法과共히불포한다더라

●官廳檢查 度支部檢查局次長柳正秀氏가檢查官壹人과主事署干人을帶同하고大邱釜山元山咸興等地各官廳會計를檢査하기爲하야十五日頃에發往한다더라

●李勝孫敗 再昨日平理院에서一進會長리容九씨와天道敎主孫秉熙씨의裁判事件은裁判하얏는데孫秉熙氏가落科하얏다라

●餘章請還 學部에서各官公立학校長에게通知하되日本國皇太子殿下渡韓時紀念章을職員과學徒에게配付한其剩餘는本書到時의還付하되從至遲滯케하라하얏다더라

●圭角忽生 一進會에서派三觀察使가宋秉畯氏와내部大臣으로就任한同時에辭去함은該外의感이有한지라一進會側에서發言하는바를擬할者此로니情이有한대宋氏와一進會間에何等阻格을生함이아니오元來부터一進會側의觀察使가辭意를抱하던바오宋氏의내部大臣就職함으로써飜覆됨은아니라더라

●民訴越交 전羅南北道結稅代表民邊昇奎와海龍시等이結稅를八圜式으로納할意로니部大臣에게請願하얏다는데部에서該事件을度支部에照會하얏다더라

●用達引繼 宮내府用達회社는壹般事務員의執務가妥當치못한事가多有함으로他人에게引繼하얏다는說이有하더라

●私校聯絡 大韓協會敎育部에서本月第三日曜日에各私立학校任員을請邀하야聯絡會를開하고敎育上緊要한事件을議理한다더라

●牛疾漸蔓 釜山郡니게面速동에牛疫이漸熾하야牝牛壹首가致斃하고蔓延할念가有하다고該警察署에서니部衛生局으로報告하얏다더라

●牛痘 釜山居留日人瀨原 玉木 灘本等三人이天然痘에罹하야重痛한다더라

●服装參推 主殿院前例巡檢服裝을每年參夏服을製給하는例인대別巡檢은元是수服인故로傳掌하얏던바該院에서五年年이服裝費로支給한것인데該巡檢等이番解散이되어掌件을推尋할傳掌服자를無한故로該巡檢等에探問한데限장費를該院監督으로推移하는人이分食하지라巡檢等이該院監督黃信러시家에齊會하야出給하라한대黃시所答이何處分付가有한後에出給한다는지라該等이宮內府大臣에게請願한다더라次持라하야更히黃시家에회集하야服장壹百件을出給하라고現今留持中인데壹百件價文은二拾萬兩이라더라

●更求螟孫 昌原府東上里居卞君化씨의子婦具씨가年纔廿三에寡居하며壹箇血肉이無하야今至十二年에欲得螟嗣하나至親에無率養할者가無할지라卞씨가悶自巳之年老無子하고方求嗣子하는데子婦具씨가泣告曰小婦가十餘年守節하야欲求嗣子하야以繼亡夫後러니今舅男이서率養하시면亡夫之後는斷絕될거시니雖同姓이라도亡夫之後를繼하야僻伸小婦之望하소서한대卞씨가感其深誠하야自巳繼養을永破하고廣求繼孫이라고其父婦를남來人이稱頌한더라

●冊價携貳 孫秉熙氏가普文館에資金四千圜을揭出하고敎科書五千圜價值의印刷以去한後該價文은今年四月間으로備納하기로約証서지하얏더니過限하도納지아니하고總代를派送하야印刷價文이太高하다하고壓爲延拖하다가去日曜日에株主總會를開하고權東鎭尹鉉兩씨를代表人으로委送하야該館主人總務를對하야辱說이大端하얏다더라

●經費支出 義州府에駐在한日守備隊兵과耶蘇敎堂의학徒間에互相爭詰하야해敎堂을毁破하얏다는事는再昨新聞에揭佈하얏거니와辨明하기爲하야兵隊에서五百圜을支出하야학校를修理以給하기로結果되엿다더라

●三水來信 三水郡討伐隊김興元以下八名이義徒의게被害한事로其情況을偵察次로巡査三名이該郡附近에出發하다가亦爲被害하얏다는說이有하더라

●韓國火葬 前郡守閔泳殷시는元來愛酒하는터이라再昨夜에泥醉하야其再從閔泳綺시家에서留宿하다가醉中打燈하야因爲被燒致死하얏다더라

●被酒押去 再昨日남部美동居김회龍者가被酒하고韓동居張石祚氏를無端亂打하야幾至死境故로해巡査가銅峴警署에押去하얏다더라

●廣州消息 本月六日에廣州郡니官동等地에서義兵百餘名이來到하야軍需錢을討索以去한後에日兵四名이追到하야午飯을對하야際에義兵이還爲來到하야互相交鋒에日兵四名이盡死하얏다고該郡來人의傳說이有하더라

▲地方消息▼

▲去月二拾八日求禮郡東남拾五里地에서義兵數拾名이分遣隊와以下十名과遭逢壹名으로交戰하얏다하고

▲本月四日에晉州郡남方四拾里地에서義兵七拾名이討伐隊와交戰하얏다하고

▲本月二日茂朱郡東方約拾里地에서義兵約七拾名이逗留한다는報를高敞郡駐在日分遣隊에서接하고騎兵八名을急派赴戰하야義兵은退却되엿다하고

▲本月五日旌善郡西南五十里地에서七十名義兵이日討伐隊와交戰하얏다더라

東京電報 (九日發)

●批准遞送 日英商標條約은英國大統領의批准을終하야昨日遞送하얏다는電報가高平大使로부터來到하얏다더라

▲壺中天地▼

▲醉來推窓拭雙眸하니非烟非霧濃霧ㅣ니壹幅山河陸沉이라昏黑世界되엿도다

▲眼花朦朧大霧中에官海渡頭風急하니去波來波相遇되야部沙工이失魂이라壹片孤舟擾擾하야不分東西忙走하니昏黑世界되엿고나

▲眼花朦朧大霧中에觀察會議頻數터니무슨意로提出타가暗裏風波忽生하야勢不兩立되는데에平地風波意外로다昏黑世界되엿고나

▲眼花朦朧大霧中에壹進會가蠢動하야不平思想각抱하고紛紛亂耳偶語하야무슨事件做出하나未知成敗未可知라昏黑世界되엿고나

▲眼花朦朧大霧中에遞法大臣窮廐씨니幽椅子變幻時에自己進退不知런가法部任進退無聊라無事走奔이아인가昏黑世界되엿고나

▲眼花朦朧霧中에學部大臣리載崐은顔色燋悴憂慮하니学상事端關心인가任官熱이成祟하던바약無效難治로세昏黑世界되엿고나

▲眼花朦朧大霧中에國政兵타대官君을携妓東山한은바다松亭名區遊覽타가各學徒가唾罵하나自愧之心能無런가昏黑世界되엿고나

▲眼花朦朧大霧中에籠罩奏本在하다猶且醜習依舊하야蠅營狗苟대엿고壹居奔忙圖囑하야傍·鼻笑·顧하니昏黑世界되엿고나

▲眼花朦朧大霧中에각官廳에會議하야方針靜提起하나地方消息喧聒이라무슨方針實施하야人民安堵期할가昏黑世界되엿고나

▲眼花朦朧大霧中에三淸洞裏烟霞界에각大官茶話會는世上是非渾忘하고鎭日樂嬉陶陶하야太平乾坤醉臥하니昏黑世界되엿고나

廣告

謹告各支社員

本社의現下經費가比前膠多혼야艱拙이甚심호오니各地方支社에셔 는該新報代金을不日收刷하야本月十五日內로郵便換送付하야以補社費케하심을希望홈

大韓每日申報社

本支社를本國六處에設置하고該地外新聞을訂正하야本報를愛讀하시는諸君子난該支社로來購覽하심을務望홈

▲稱川남市驛　韓贊希
▲醴泉郡耶蘇敎당너　박중온
▲結성廣川場내朴熙春家　리啓祚
▲龍川府西面松峴海東書會　金贊圭
▲定平郡豊川　張禮學
▲洪原南門外耶蘇敎冊肆　方萬晟

雜報

●畿湖賢合　畿湖興學會에셔는通常總會를本月十四日下午壹時에該校舍該會館내에셔開하고壹般事務를處理하다더라

●靑會演說　靑年會館에셔今日下午八時에演說會를開하고紳士金壹濟氏가希望은生活와線에라問題로演說하다더라

●有志熱心　全州居鄭士旺씨는相시로敎育에從事하야不惜財産에捐助하야校를工勸告하고靑年을爲하야壹般人民이欽仰한다고該郡來人이傳說하더라

●夜校移接　城在學館重吉南사의設立한國民校야학校도學徒가日益增加하야校舍가難容함으로興士團所管의敎育舍로移接하고學徒를更爲募集혼다더라

●洋制營校　茶洞居紳士諸氏가발起하야學校를設立하였다함은各報의已揭하바어니와校舍를洋制로建築하는中이라더라

●倫理督刷　三和舊郡及新학校財政의入簿를調査中이라는句語는前已揭布하거니와繼續探問한즉前校監財務리炳魯김桂烈等諸人의게査徵하야統合四百三十餘圓의逐하여方今自府로督刷中이라더라

●趙氏設校　順천郡沙飛灘里趙鼎瑞시가自家에新務학校를設하고熱心敎育하는대去月二十壹日에近境각학校를聯合하야運動會를開하미觀光者三四百名이讚하며該郡人士가感發하야子弟를學校에入학키를來請者多하다더라

廣告

濟衆院長醫學博士魚不信氏가來留我邦이于玆拾有七八年에醫我同胞之生命者ㅣ不知幾千萬人은壹般世人之所共見聞者어니와今聞同氏가本月念間의得暇歸國云이기本人等이同시를爲하야餞別會를本月拾六日下午三時의개催하깃솝기玆에佈告하오니同情을表하시는僉君子는本月拾貳日下午貳時의鐘路靑年會館으로來臨하시와諸般事務를議定하심을切盼

發起人壹同　告白

輔仁學會告白

本學會에셔學校觀覽하시기爲하야本月拾三日(陰五月拾五日)土曜下午四時에特別總會를開하오니僉會員은尋常看過치勿하시고期於來臨하심을爲要

華東測量學務所

華東測量學務所를南部西門外尾洞白八統五戶에設施하얏스오니僉君子는來臨相議하시옵

本會通常總會

를本月十四日(日曜)下午壹時에校洞
本會館內에셔開하오니壹般會員과有志人士는居期來臨하심을望홈

畿湖興學會　告白

京城大寺洞路東新設壹藥子店字號義生號自製各色菓子茶食諸品酒藥物品俱佳材料加工精製價額格外公道童叟不欺亦有買食過者傳聞味氣比別家佳美而且價廉特此廣佈

本校에經費窘拙혼事에對하야義捐하신諸氏及金額을玆以廣佈하야僉員의誠意를感謝하옵

金斗衛拾圓　김敬淮參圓
張德允　張世德　김酒發
정尙益　정濟原　리世勳
權京植　김東文　김鉉昇
安思英　申子熙　김性炳
김達源　各壹圓
김斗植壹圓五拾錢　김炯淵
김來河　김敬念　白學淵
김志리　김樂珍　각五拾錢
김基稷三拾錢　박世明
李秀淳　각貳拾錢

龍川府光化面錦巖學校　白

初等大東歷史
初等小學修身書
新撰尺牘完編　朴晶東著
新小說　銀行界
新小說　血淚下卷　리人稙著
意大利獨立史　定價四拾전
國際公法志　定價四拾錢
經濟原論　定價四五錢
新撰家政學　定價二拾錢
發行人　정喜鎭　金泰玉
發賣所　各書舖

前參書甘泰鉉이改名甘麒鉉하오니知舊間照亮홈

甘麒鉉　告白

北部齋洞三拾統六戶에測量事務所를設立하고諸般測量을迅速周旋하오니該隣面測量事를爲要하시는僉君子는本所로來議하심을望홈

速成測量事務所主吳殷泳告白

民刑事訴訟과各官廳請願等法律事務를誠實擔當홈
西部毛橋八十六統七戶

辯護士　洪在憙

前檢事

事務員　前主事　孫應殷
前主事　鄭章鉉
前主事　兪正濬

本人이北署涵化坊契白狗洞五十六統拾戶家券을遺失하엿스니誰某가得하던지休紙施行홈

張恩煥　告白

▲八寶丹　九拾五粒
▲활보단　五拾錢

滯健胃消滯承專府典의正三品洪哲普閣下實驗處方과藥事에의學校教官張基茂君의有效証明으로此丹을발行이온바新久滯積과急瞀亂의霍亂과脹과胃腹疼痛과頑痰固飮과新久泄瀉와七情鬱結과水土不服과船車眩暈諸症

每壹服이見效하오니衛生君子는光顧試可하심을爲希홈

▲사향소창단　麝香消瘡丹

特對匪廣告鉛版印搭可也
此丹이於諸瘡에無論男女老少하고若服壹劑하면實有神效하야百무一中하오니非例方可及也라若論主治則楊梅瘡·連珠癧·濕瘡·諸症에俱見奇效하오니養疴하시는君子는壹次試驗하시옵

▲태양조경환
▲胎産調經丸

婦人藥

壹個月分入　定價金五圜

大抵婦人이年過하도록不受孕함은非由於身病也라若能早研究하고等閑看過則非但壹個人에不孕이라抑亦全國生育之理와關係가不淺니僕이十五年을消費하야內外國高明의士에게實驗方을選擇하야先自僕家로及他人하야累試皆驗에十분而始効하옵고且此藥이非但受孕之神劑라治冷。治積。調經。調血에俱有奇效하오니玆以廣佈하오니僉員은壹次試驗하시면實效를可知이옵

製藥所仁川港外洞和平堂藥房
發行人　仝　리應善
代理店　仁川港外山濟生堂약房
京城大廣橋共愛堂藥房
右三種藥은地方各處有名藥店마다購買하옵고地方遠處에라도郵便으로請求하오면小包로傳致하깃솜

仁川港外洞和平堂白

本所에셔鑛山、土地、家屋、山林、測量製圖設計等을迅速辦應홈

會同測量事務所

南署會洞九拾貳統拾壹戶
總務金澤吉　事務金錫權

●土木事業測量設計井監督
●鑛山林野土地之測量及製圖
京城旭町二丁目百拾壹番地

片村工務所

所長片村龜次郞

京城中部長橋與谷第二十統三戶

前檢事辯護士　朴星煥

法律事務所

本店에셔夏節양服件이英京倫敦에서新着하얏기로玆에廣佈하오니僉君子는光顧購買하심을懇望홈

양服裁縫所　貞洞華府源泰號　謹白

●新發明梅毒당藥廣告

陸軍軍醫金命煥氏實驗方劑

落梅丹

●주治　梅毒「唐창」○新舊창·癩疹·皮膚病·便毒·下疳·私病
口瘡不發창病去根之명藥
壹劑五百粒定價金三圜

已上病證外에男女間에精交合혼後에若疑아之端이有하야도此藥壹劑만服用하면完無後慮하고脾胃도健全홈을擔保하오며此外에도외療機械와精製한藥材를新備하고內外科各色疾病을誠心治療홈

皇城北部大安洞

仁濟藥房

高用진　謹白

代理店

京城鍾路　共愛堂약房
仁川港龍洞　濟生堂
國內各處藥局에서隨應販賣홈

厚禮斗益大王七年戰史

全壹冊　定價金三拾錢
普魯士國皇帝厚禮斗益大王이各耳曼列邦中에介在한壹小國으로突然奮起하야自由的精神으로人民을勵하야俄法等諸國과對抗하야七年戰爭을經하야普魯士의雄飛하는端緒를開혼事實인바其致勝의巧妙홈과其功勳의偉大홈이足히讀者의敵愾心을喚起홀만하오니僉君子는速速購覽하시옵

發賣元布屛下廣학書舖金相萬
發賣所　京鄕各有名書舖

新刊書籍發售

女子讀本　張志淵氏著
全二冊　定價金六拾錢
初等倫理學　全壹冊拾五錢
初等倫理학　全壹冊　定價貳拾錢
國家學綱領　全壹冊　定價貳拾錢
國民須知　全壹冊八錢
初等小학　全四冊壹圓三拾錢
中等萬國新地誌　全貳冊壹圓
增修無冤錄大全
國漢文壹冊七拾五錢
伊太利建國三傑傳全壹冊
新撰理化학　朴晶東시著
全壹冊　定價金三拾전
獨習日語捷學　鄭雲復시著
洋裝壹冊　壹圓貳拾五전
愛國夫人傳　張志淵시著
全壹冊　定價금拾五전
新小說血淚　리人稙시著
全壹冊　定價금貳拾錢
萬國全書演繹新論鮮于叡시著
全壹冊　定價금三拾五전
世界三怪物　정壹冊拾貳전
家庭雜誌　每號拾전
新訂算術　정二冊六拾전
乙支文德　眞本寫眞並壹冊　三拾錢

發賣所　皇城中署布屛下
廣학書舖　金相萬
京鄕各有名書舖

漢城醫師研究會會員醫師 製藥鑑査人濟衆院醫學士洪錫厚朴慈惠李觀化告白

代理店 梨峴洋藥局 李信華

本人等이漢城南大門外濟衆院用나處方으로左記封入나을製造ᄒᆞ오니京鄕遠近勿論ᄒᆞ고此약品을信用ᄒᆞ시기爲ᄒᆞ야前醫學校長池錫永氏에게약方文마다議定ᄒᆞ고有効證明書을受ᄒᆞ고各治効能用法을詳記ᄒᆞ야洋鐵匣紙匣琉璃瓶에封ᄒᆞ야賣약兄弟께게利益이加有ᄒᆞ도록供ᄒᆞ나이다

治痰平胃丸　男女氣血補益丸
輕腫根治膏　純金鷄蠟丸
濕腫根治膏　蛔虫浸出丸
大瘡拔根合瘡膏　四時感冒丸
小兒胎毒合瘡膏　清明眼藥水
補氣保嬰散　消痰鎭咳藥
神効小兒感冒靈效散　瘡疾男女祛根藥
德國製淋痰丸　寸虫拔根藥
漢城百應膏　止足汗臭藥
洋藥乾材　止瀉潤腸丸
舊醫藥唐草材　陳旧滯消積丸
西藥醫方活套　無惡臭疥瘡藥

◉大韓國新藥廣告

◉慶條靈膏 各種痛症久遠不拘 一貼

◉至寶丸 治諸般癱瘓不拘久遠 漢飮吐瀉定價 金二十錢

◉靈效液 俱有傳效定價金三錢 外用方書治疥瘡皮膚

◉清眼水 百發百中定價金三拾錢 治諸般眼疾有發雲見

◉通淋丸 天之妙定價金拾錢 治男女急慢淋疾神效 無雙速效除毒壹週金五拾錢

漢城南部大廣橋乃洞第三家十九統七戶 共愛堂大藥房 謹白

製劑發行所

支店
漢성남門內共愛堂第壹支店
群山港開福洞共愛堂第二支店
江原道鐵原郡赤良面共愛堂第三支店

代理店
皇城北部六安洞 　仝 香鄰春
仝 香路靑年會館前 　仝 鄰壽 이春善
仝 西部新門外石橋 　仁濟藥房 慈惠藥房 普濟醫院
仁川杏峴 濟生堂 仝 和平局

此外에도東西洋各國有名賣藥과草材藥이俱備ᄒᆞ오니藥의多少을不拘ᄒᆞ고請求ᄒᆞ시면小包로仰呈ᄒᆞ게ᄉᆞᆷ

●大韓國新藥 消化新藥 清心保命丹 廣告

•陸軍軍醫試驗賞驗方劑 •陸軍軍醫張基茂君有効發明 •四海衛生之諸君子必備之靈藥

消化新藥 清心保命丹

九十粒入 金拾錢

發行所 仁川港杻峴 濟生堂藥房

●主治効能
●滯飮食積 ●中暑中寒
●咳嗽腹痛 ●水土不服
●氣鬱吐瀉 ●船車眩暈
●食傷酒醉 ●口熱惡臭
▲其他諸般邪氣瘟疫預方妙藥
●田賢代理特約발賣所
京城大廣橋共愛堂大藥房
同 香路慈惠藥房 리觀化
同 藥峴洋약局 리信華
同 翁동博文書館 盧益亨
同 南大門外大同運輸會社二
同 泥峴三丁目 新井支店
同 泥峴郵便局前 天佑堂
同 水橋本堂出張人 리鳳林
仁川舊邑本堂出張所 金濟賢
同 開城旅館 韓萬根
同 杏峴和平堂 리應善
開城南門內萬物商 박圭相
同 남門內同店 禹相玉
同 남門內鍾路 리祖鎬
同 北部忠橋 具聖模
海州宗路商店 宋在瑛
同 ᄉᆞ二房약舖 김泳秦
同 남門內店 리奉權
水原香路下약房 金濟九
延安邑내洋약局 邊汝文

●江華香路店 尹斗鉉
●同 香路店 宋順玉
同 西門外冊肆 高成根
長湍남門內 趙載淳
砂利院市場내客主 朴健昌
同 　任允석
同 耶蘇敎堂內 리在善
黃州남門內紅門洞 리東藏
平壤巨里濟生局 韓鳳儀
同 館前衛生醫院 金龍興
同 大興部一里 崔龍化
同 일武洞出局 桂澤宣
同 里일洞出張人 尹寅穆
鎭南浦吳洋약局 김元서
同 信通機本堂出張人 吳남奎
群山港開福동 김斗鉉
安州城내朴井동 大舟房
安岳邑上回春局 朴春柱
大邱남門내長生局 林貴洞
公山遷草紫客主 김成浩
海州郡內美동商店 金重佑
載寧邑後동洋약局 朴芝行
忠州東良面早華 崔九圖
晉州郡일곡 金鍾和
定州남門내洋약局 박春賢
郭山邑내洋약局 리健柱
鐵山邑내永春堂 羅秉彬
宜川邑내藥肆 安濟源
義州水口街 安嘉秦
信川邑四里洋약局 석浩
郭山邑內藥肆 김永植
元山港濟生堂支店 길大鉉
北靑新昌港客主 박敬銀
江原道本堂出張人 박陽勳
德川邑官동洋약局 馬雲來
通山용谷里 리丙斗
其他各약店마다販賣 리東赫
●仁川港濟生堂 告白

本洞셰七斗地只奉文樂寺前後麓 氏의게買渡ᄒᆞ엿ᄂᆞᆫ되伐木去丁 未七月分에商所謂乘事이가該 香附近에本人等의所有累百年 守護先山松田禁養地에使日人 木手로廣斥姿抹ᄒᆞ야無理勒奪 이기今月六日에該木材을會同 拔去ᄒᆞ고玆에廣布ᄒᆞᆷ

釜山港草梁洞山主 朴允憲
秋溪 金子文 金鍾國
李周三 秋月梧 河漢明 白

●學員募集廣告

本學會에서 畿湖學校 를設立ᄒᆞ고師範科學員을爲先募集ᄒᆞ니願학僉員은本月拾四日이니請願書에履歷書를粘聯ᄒᆞ야校洞本會舘니로提呈ᄒᆞ고

同月十五日月曜上午十時 에本舘으로來ᄒᆞ야應試ᄒᆞᆷ事

但請願紙ᄂᆞᆫ本會舘에來求ᄒᆞᆷ事

一試驗科目 은國한文讀書作文니國地誌歷史問對算術四則以니

但官公私立學校의普通科以上卒業證書가有ᄒᆞᆫ人은年齡이相當ᄒᆞ면免試許入ᄒᆞᆷ

一資格 은年齡貳十歲以上身體康健ᄒᆞ고品行이端正ᄒᆞᆫ者

一修業年限 은本科에ᄂᆞᆫ三個年으로特別科에ᄂᆞᆫ拾八個月노定ᄒᆞᆷ

一學校位置 ᄂᆞᆫ延春門外前會館(前陸軍衛生院)

畿湖興學會

男女驗濟 一瓶 麝香蘇合丹 和平局

製藥所 仁川港杻峴 和平堂약房
發行人 仝 李용善
代理店 仁川港杏峴濟生堂藥房 京성大廣橋共愛堂藥房

리양됴경환

胎養調經丸

대뎌 부인이 년과 도록 잉티치 못ᄒᆞᆷ은 병으로 인ᄒᆞᆷ이니 일죽이 연구치 아니ᄒᆞ고 심상이 ᄇᆞ려두면 다만 한사ᄅᆞᆷ의 불힝ᄒᆞᆯᄲᅮᆫ 아니라 ᄯᅩᄒᆞᆫ 젼국에 크게 관계가 잇ᄂᆞᆫ고로 ᄯᅩ 셩의 십오년을 니외국 고명ᄒᆞᆫ 의ᄉᆞ와 실험방문 뒤션ᄒᆞ야 싱예 집으로브터 他人家에 무수시험ᄒᆞᆫ즉 열에 열사ᄅᆞᆷ이 다효험을 보앗고 ᄌᆞ약이 잉티만 ᄒᆞᆯᄲᅮᆫ아니라 (치림)(처젹)ᄒᆞ며 (조경)(조혈)되ᄂᆞᆫ고로 이ᄀᆞᆺ치 광포ᄒᆞ오니 쳠부인은 일츠 시험ᄒᆞ시며 각디방이라도 우편으로 붓쳐 더이오니 죠량ᄒᆞ시옴

壹劑壹個月分定價五圜

製藥所 仁川港杏峴 和平堂약房
發行人 仝 리應善
代理店 인川港杏峴 濟生堂약房 京城大廣橋

○약 광 고

본국에셔 셜년ᄇᆞᆫ 연구ᄒᆞ야 사향소창단)이란 약을 발명ᄒᆞ엿ᄂᆞᆫ데 남녀를 론ᄒᆞ고 무ᄉᆞᆼ창병이 ᄋᆞ던지 ᄒᆞᆫ제 (十四介)를 더 ... 셔 ... 더바ᄂᆞᆫ 그 ... 아 ... 현과 ... 젹 ... 오 ... 과 여 쥬 ... 을 ... 다 ... 가 ... 이 ... 의 ... 우 ... 구 ... 지 ... 나 ... 본 ... 으 ...

병이 낫지 아니ᄒᆞ오면 약갑은 도로 무르고 ... 졔로 쥬흘지라 참 신효ᄒᆞᆫ 약 ... 이오 ... 당약을 셔로 ... 보실터이오니 ... 병 이 ... 시 ... 우량ᄒᆞᆫ약으로 ... 보셩단을 ... 매소마다 ... 수ᄒᆞ오니 ... 빗에 ... 계신이ᄂᆞᆫ 그곳으로 가셔 ... 외ᄒᆞ시오

共愛堂약房

仁川港 和平堂 白

▲特別廣告

本社에셔名帖印刷部를另設ᄒᆞ고各樣活字와印機를精美ᄒᆞ게準備ᄒᆞ오며價値도極廉ᄒᆞ오되特別히刷工과夫人의게ᄂᆞᆫ一層低廉ᄒᆞ오니僉位ᄂᆞᆫ來臨ᄒᆞ시와隨意請求ᄒᆞᆷ

大韓每日申報社 告白

●本社廣告

○廣告料

四號活字十三字詰每日二回一寸에新貸拾五錢

(每日每行六錢에相當홈)

二週日에　二圜五十錢
每日每行四錢五厘에相當홈
一個月에　五圜
每日每行四錢一厘에相當홈
其期限의長短과字行의多寡를依ᄒᆞ야增減홈이有홈

○申報價

壹張代金　新貸二錢五厘
壹個月前納　三十錢
參個月　九拾錢
陸個月　一圜七十錢
壹個年　三圜四十錢
郵稅一張　新貸五厘
壹個月　十三錢

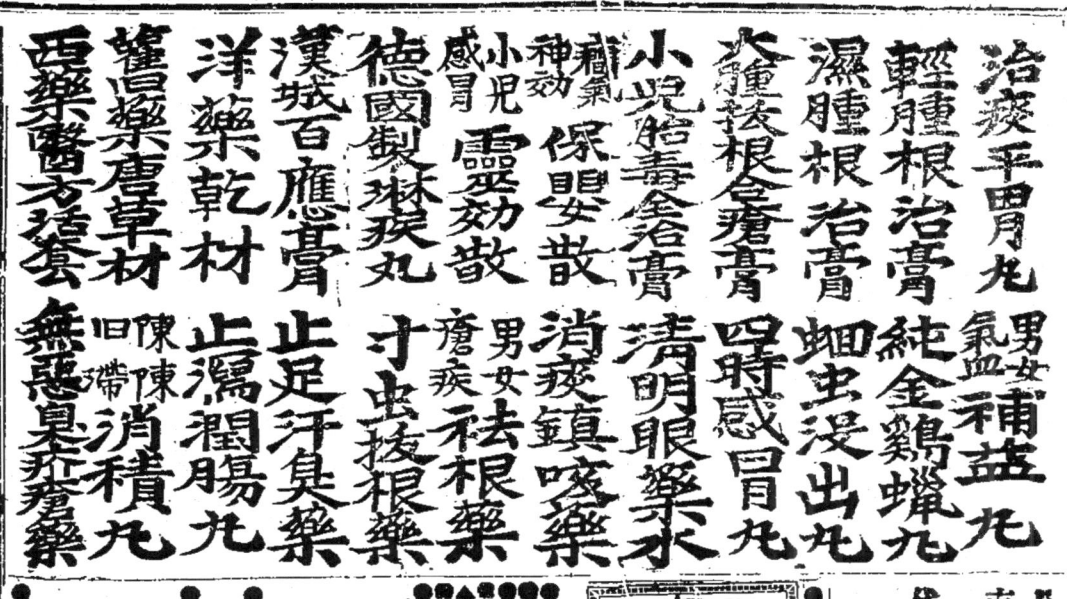

發行兼編輯人 英國人 萬咸
發行所 南署石井洞號外地三層洋屋家 大韓每日申報社

第八百廿八號

大韓每日申報

第六卷

月曜及慶節 臨時休刊

檀君開國四千二百四十一年
孔子元年三千三十年（?）
大韓開國五百十七年
日本明治四十一年
淸國光緒三十四年
陰曆戊申五月大十四日戊戌

論說

◎薄志弱行者看

記者ㅣ過去數年前에韓國을觀ᄒᆞ건ᄃᆡ國家의悲運이日로深ᄒᆞ야四國의憂患이八域의士를來拍하니前途의危險이何境에지至ᄒᆞᆯ는지難知라此時를當하ᄆᆡ誰가韓國을爲ᄒᆞ야恐懼를抱치안으며誰가韓國을爲ᄒᆞ야歔欷를發치안으리오만은稍且多少樂觀ᄒᆞᆯ바有ᄒᆞ도다

如此悲劇中에樂觀ᄒᆞᆯ바何인가曰伊時社會의狀態를觀ᄒᆞ건ᄃᆡ窮醉가漸醒ᄒᆞᆷ과如ᄒᆞ며頑夢을忽覺ᄒᆞᆷ과如ᄒᆞᆫ지라眼을擧ᄒᆞ야此世界가何世界인가彷徨ᄲᅥ顧ᄒᆞ며耳를凝하야此時代가何時代인가悄然獨思ᄒᆞ고淚를灑ᄒᆞ야幾年後에ᄂᆞᆫ國權을恢復ᄒᆞᆯ가演論ᄒᆞ며血을報館에灑ᄒᆞ야幾年後에나國威를宣揚ᄒᆞᆯ가疾呼하며尋常談話에도其舌이獨立自由一句에不離ᄒᆞ며遊戲文字에도其筆이文明富强四字에不出ᄒᆞ고甚至於閭巷人家立春門비에도獨立萬歲民知발達等字를特筆로大書하야紛紜亂揭ᄒᆞ고未來幸福이敎育에在ᄒᆞ다ᄒᆞ면敎育에奔趨ᄒᆞ고實業에在ᄒᆞ다ᄒᆞ면實業에奔趨ᄒᆞᄂᆞᆫ狀態가漸著ᄒᆞ니

비록多大ᄒᆞᆫ悲劇中이나此是一段樂觀ᄒᆞᆯ비라故로慧眼을具ᄒᆞᆫ者ㅣ此中消息을着眼研究ᄒᆞᄂᆞᆫ者러니

近頃에至ᄒᆞ야頭를更向ᄒᆞᆫ즉世事ᄂᆞᆫ昨今이不同ᄒᆞ고人心은朝夕에倏變ᄒᆞ야志士의悲淚를惹케ᄒᆞᄂᆞᆫ도다或許多慷慨를抱하야爲國獻身으로自誓ᄒᆞ던靑年이忽然壯志가幻滅ᄒᆞ야靑樓紅塲에沉溺ᄒᆞᆫ者도有ᄒᆞ며或國民同胞의頑夢을悶惜ᄒᆞ야文明輸入으로發願ᄒᆞ던男兒가忽然銳氣摧磨ᄒᆞ야博奕輪墨으로消遣ᄒᆞᄂᆞᆫ者도有ᄒᆞ고其或某會의會員이니某校의學徒니ᄒᆞᄂᆞᆫ諸君도外面은團體에加盟ᄒᆞ며工夫에留意ᄒᆞ나尙今ᄭᆞ지何如ᄒᆞᆫ希望을抱有ᄒᆞᆫ듯하나其實은熱心이已冷ᄒᆞ며壯懷가已散ᄒᆞ야國民的責任은念頭에不留ᄒᆞ고只是我가此中에서逗遛ᄒᆞ다가或名譽로郡守나被任ᄒᆞ면宅號나換ᄒᆞᆯ가ᄒᆞ며卒業後에學校敎師나被任하면幾十圓月料나得ᄒᆞᆯ가ᄒᆞ야其思想의墮落은彼와一般이니라

嗚乎라其志가何其薄ᄒᆞ며其行이何其弱ᄒᆞᆫ가

何等險阻도不冒ᄒᆞ고退步를遽作ᄒᆞ며何等困難도不經ᄒᆞ고銳氣를自挫ᄒᆞ니哀哉라

若此墮落不已ᄒᆞ면民知가日頹ᄒᆞ고民氣가日渙ᄒᆞ야漸々自殺穴로入ᄒᆞᆷ이니엇지可惜ᄒᆞᆯ비아니며

我一身이雖小나即社會의一員이오國民의一分子라一善을造하미善業이此社會此國家에遺ᄒᆞ며一惡을造하미惡業이此社會此國家에遺ᄒᆞ나니엇지可戒ᄒᆞᆯ비아닌가

嗟乎薄志弱行者여彼驚天動地의大事業을做出ᄒᆞᆫ偉人도別人이아니라但其薄弱二字의惡魔를戰退ᄒᆞ고奮發의精神과忍耐의能力으로ᄡᅥ如此ᄒᆞᆫ偉人을作ᄒᆞ얏나니라

官報

▲隆熙二年六月六日 官報

▲部令 續

農工銀行條例施行規則을左갓치定ᄒᆞᆷ

隆熙二年五月二十三日 度支部大臣 高永喜

度支部令第拾九號

農工銀行條例施行規則

第十四條 營業報告書ᄂᆞᆫ營業年度에處理ᄒᆞᆫ事務顚末及營業全般의景況을詳述ᄒᆞ되左揭事項을除ᄒᆞᆫ外ᄂᆞᆫ總히光武十年度支部令第九號銀行條例施行細則附屬書式에準ᄒᆞ야此를調製ᄒᆞᆷ이可ᄒᆞᆷ

一 農工債券에關ᄒᆞᆫ事項은金額出納의次에記載ᄒᆞ고第四号樣式에準ᄒᆞ야其景況을詳記ᄒᆞᆷ이可ᄒᆞᆷ

二 貸付ᄂᆞᆫ法定業務에屬ᄒᆞᆫ者와認可業務에屬ᄒᆞᆫ者를區別ᄒᆞ되法定業務에屬ᄒᆞᆫ者ᄂᆞᆫ定期償還貸付와年賦償還貸付에細別ᄒᆞ고第五號樣式에準하야其事項을詳說ᄒᆞᆷ이可ᄒᆞᆷ

三 預金이有ᄒᆞ거든貸付의次에該事項을設ᄒᆞ야定期當座를區別ᄒᆞ고第六号樣式에準ᄒᆞ야調製ᄒᆞᆷ이可ᄒᆞᆷ

四 損益勘定欄에該事項을設하고第七号樣式에準하야株式讓渡에關ᄒᆞᆫ事項을詳記ᄒᆞᆷ이可ᄒᆞᆷ

(未完)

外報

●德國親王拜英皇 路透電을據ᄒᆞᆫ즉英國皇帝의座乘ᄒᆞᆫ快走船ᄒᆞ제ㅣ얼號가運河에到着ᄒᆞ얏ᄂᆞᆫ데德國軍艦은滿艦飾을施ᄒᆞ야禮砲를發ᄒᆞ고헨리親王及同妃殿下ᄂᆞᆫ快走船에赴ᄒᆞ야英國皇帝皇后兩陛下ᄭᅴ拜謁ᄒᆞ얏다더라

●功臣後孫特恩 北京電을據ᄒᆞᆫ즉淸國 皇帝께셔長髮賊으로始ᄒᆞ야咸豐同治以來內亂討伐에從事ᄒᆞᆫ功臣의子孫으로現在要職ᄒᆞᆫ地位에不在ᄒᆞᆫ者拾五名에對ᄒᆞ야特別ᄒᆞᆫ恩典으로ᄡᅥ拔擢ᄒᆞᆫ깃다고勅諭를ᄂᆞ리얏다더라

●俄國海軍權限 倫敦電을據ᄒᆞᆫ즉俄國政府海軍改革案은波羅的、黑海、太平洋에各本艦隊司令長官을置ᄒᆞ고廣大ᄒᆞᆫ權限을附與ᄒᆞ야海軍省의職務責任은總히同司令長官의게移ᄒᆞ다ᄒᆞ얏더라

●實非漫遊 華盛頓電을據ᄒᆞᆫ즉大統領루쓰벨트氏ᄂᆞᆫ任滿ᄒᆞᆫ後從ᄒᆞ야來年四月노ᄡᅥ埃及가이로에向ᄒᆞ야紐育에셔出發ᄒᆞᆯ터인대氏의此行은亞弗利加蠻野에셔壹大獸獵을試ᄒᆞ기爲ᄒᆞᆷ이오其際에ᄂᆞᆫ別노히他國을訪問치아니ᄒᆞᆯ터인則右ᄂᆞᆫ次期大統領候補者에無意ᄒᆞᆷ을示ᄒᆞᆷ으로見ᄒᆞᆯ것인즉偶然ᄒᆞᆫ漫遊가아니라ᄒᆞ얏더라

●英皇訪問과露紙 路透電을據ᄒᆞᆫ則俄國半官報新聞노보시야ᄂᆞᆫ英皇의俄國訪問에關하야一篇의論說을揭ᄒᆞ야此로ᄡᅥ世界平和를確保ᄒᆞᆷ이라ᄒᆞ얏고德國과英國의友睦에干緊要ᄒᆞᆫ데ᄂᆞᆫ說을極力否認ᄒᆞ얏다더라

雜報

●弟哭其師 去日曜日에徽文義塾敎師김滄溪葬禮時에該塾任員及學徒數百人이齊會ᄒᆞ야哀輿柩後에排列隨行ᄒᆞ고葬費與祭奠等節을주擔ᄒᆞ얏스며其祭文이如左하니

隆熙二年五月乙酉朔九日癸巳之辰徽文義塾諸學生等謹以菲薄之奠哭告于滄溪김先生大歸之령筵曰嗚呼東海之水以爲墨池磨白山之石以爲硯研折남岡之楮以爲簡紙探中山之毫以爲筆無以先生大書特書敎育我本塾之同胞以啓我文明之邦會以復我四千年舊疆之國權惜光拳乎廿万挫不折之素志而胡然乎遽々然與莊周夢蝶同化于二十九歲之春秋耶嗚呼哀哉爲家ㄷ嚴父母俱存倚閭無望反哺無養中聞背淸少壑獨在月姑結縭纔過旬日而曾點血統又無繼傳則先生之目必不瞑矣先生之心必不死矣先生之志必不滅矣嗚乎哀哉西山白落東嶺月出執紼同學之友登以哭其公善以哭其私豈曰哭其志也太華臨其後江漢經其前里名孔塾擇必處仁魂兮歸來倘佯于斯登孟貧澗庶此降鑒嗚乎哀哉

偉人遺蹟

水軍第一偉人 李舜臣 錦頰山人 著

第拾五章

◎懲毖의末路

李舜臣이軍民에게令을下ᄒᆞ야大小船舶을同時毁撤케하며自己의衣衾枕具도船中에搬運케ᄒᆞ더니陳린이處處毁棄ᄒᆞᄂᆞᆫ光景을觀ᄒᆞ고心에甚怪ᄒᆞ야人을遣하야來問ᄒᆞᆫ거ᄂᆞᆯ李舜臣이曰貴國皇帝陛下가本國을爲ᄒᆞ야人民이不堪ᄒᆞᄂᆞᆫ故로各각撤兵撤從ᄒᆞᄂᆞᆫ데我가大將이되야何面目으로此에獨留ᄒᆞ리오我도從此陳都督을叩辭ᄒᆞ고浮海避遁ᄒᆞ려ᄒᆞ노라陳璘이此言을聞ᄒᆞ더니大驚ᄒᆞ야舜臣의手를挽執하야曰公이若去ᄒᆞ면린이誰와議ᄒᆞ리오ᄒᆞ며懇詰不已ᄒᆞ거ᄂᆞᆯ舜臣이乃慷慨流涕曰敵邦이倭賊의禍를被ᄒᆞᆫ지今ᄭᅡ지八年이라我의城邑을焚毁ᄒᆞ며我의人民을殺害ᄒᆞ며我의墳墓를발掘ᄒᆞ며我의財產을掠奪ᄒᆞ야父母된者ᄂᆞᆫ其子孫을哭ᄒᆞ며夫人된者ᄂᆞᆫ其丈夫를哭ᄒᆞ며家屋이有ᄒᆞᆫ者ᄂᆞᆫ其家屋을失ᄒᆞ며錢財가有ᄒᆞᆫ者ᄂᆞᆫ其錢財를失ᄒᆞ야今八域人民이倭寇二字를提及ᄒᆞ미莫不其心骨이疼痛ᄒᆞ나니舜臣이雖孱弱武夫에不過하나亦是舜性을稟ᄒᆞ야國恥民辱을粗知ᄒᆞᄂᆞᆫ者로셔今에將軍이敵邦을爲ᄒᆞ야千里赴援ᄒᆞ얏ᄂᆞᆫ데舜臣이將軍ᄭᅴ辭ᄒᆞ고獨逝코ᄌᆞ하니엇지如此不近人情ᄒᆞᆫ思想을忍做ᄒᆞ리오만은雖然이나即今貴國陛下의將卒이無賴盜賊을敢作ᄒᆞ니嗟我生령이엇지此苦를堪ᄒᆞ리오舜臣이此를忍見ᄒᆞᆯ슈無ᄒᆞ야如此徑去코ᄌᆞᄒᆞ노라陳린이此를聞ᄒᆞ더니赧然然외色이有ᄒᆞ야作하야曰舜이敢此를殿下를嚴束하야秋毫를不犯케ᄒᆞ리니公은少留ᄒᆞ소셔ᄒᆞ더라舜臣이曰不可ᄒᆞ다禁門이嚴分하야我民이毆或冤憤을入訴코ᄌᆞᄒᆞ야도其路가甚難ᄒᆞᆫ지니將軍이雖明ᄒᆞ나엇지貴國陛下의出外作奸ᄒᆞᄂᆞᆫ事를燭照ᄒᆞ리오將軍이舜臣을留코ᄌᆞᄒᆞᆯ진대노쟈ᄒᆞᆫ事가有ᄒᆞ니將軍이此를肯從ᄒᆞᆯᄂᆞᆫ지陳린曰惟公命을是從ᄒᆞ리니公은此를明言하라

(未完)

雜報

●成均館動駕 大皇帝陛下께옵셔日間成均館에動駕호샤講經호옵신다는說이有호더라

●六大臣以下 總理大臣以下각部大臣이有何緊急호事項인지昨日內閣에會同호야本部仕進은各其廢止호얏다더라

●下賜勳章 宮內府秘書官尹世鏞氏는勳五等八卦章으로該府書記官井上雅武는勳四等八卦章으로度支部囑托英國人후외루씨는勳五等八卦章을下賜호셧다더라

●帶同陛見 昨日上午十時五拾分에伊藤統監이該府附武官陸軍少將村田惇等二拾六人을帶同호고 昌德宮에 陛見호얏다더라

●總理勸退 總理大臣李完用氏가一進會에서總히辭職勸告홈을預知하고自巳椅子를鞏固호기爲호야內大宋秉畯氏를暗理和同호야四大臣坐席만變遷相換호얏스나一進會에서는李總理와宋內大의和同홈은激忿호야期於히勸告호다하며李總理는畢竟遞任이되리라는輿論이喧藉하다더라

●兩大訪問統邸 總理大臣李完用軍部大臣李秉武兩氏가何事件을因홈인지再昨日下午六時頃에統監官邸에前往호야數時間을談話호後에各歸호얏다더라

●連日招待 三昨日에伊藤統監이一進會長李容九氏를招去호事는已爲報道어니와李氏가統監府에往호즉適値座擾하야不得關酌而空還호얏고其翌日에又爲招去호얏스나如何히問答호顚末은未知하깃다더라

●總代五派 再昨日에賣國會에서特別評議會를開호고內閣大臣의辭職勸告事件을爛商協議호얏는디總理大臣李完用氏의罪目을逐條臚列호야總代를派送호기로妥決되얏는디總代貳拾四人을推選호야何日何時서지期於히辭職勸告호다호며內部大臣宋秉畯氏의게는總代를派遣호야勸告호되即爲辭職還來호야會務를觀察홀意로可決되얏스나會長李容九氏가統監府에連日被招되야出席치못호故로會員이出席호後에總代를派送홀터이라더라

●各察奏免 某々觀察使가辭職疏를奉呈호얏다홈은已爲累揭호바어니와諸觀察使의 奏免件을내部에서內閣으로送交호얏다는디日間遞任이頒布되리라더라

●三察會同 平北觀察柳赫魯江原觀察黃鐵慶南觀察金思默三氏가有何公務인지昨日內部에會同하얏다가散會各歸호얏다더라

●一進分派 近日一進會의行動을聞호즉內部大臣宋秉畯氏의派가三分의一이오獨立派가三分의二라더라

●宴席參員 學部大臣李載崑氏가昨日下午七時에日本人俱樂部에서晚餐會를開催호다는說은昨報에已揭이니와該宴에請待호기를該部次官俵孫一 秘書課長上村正巳學務局長尹致旿編輯局一二課長及外國語학校教師馬太乙西양教師諸氏等과英語教師로解雇호英米伯土氏와該部前書記官三土忠造等諸氏라더라

●日醫陞任 內部衛生局醫部橋本이가淸州郡警察署醫官로陞任되야昨日上午八時에當地로發程호얏다더라

●韓日官譴責 法部文書課長土谷榮太郎과書記官申宇永兩氏는所掌호公務上에소忽이有호다호야譴責에處호다더라

●委員設會 學部에서將次漢城及각地方에學務委員會를組織設置호다는디會長은각府尹及郡守로推選홀다더라

●英人就學 官立語學校教師英米伯土氏를解雇홈이已爲多日인대該씨가教育上에效勞가頗多호다호야賦勞金九千圓을支給호다더라

●女子禮服擬定 리鍾翔尹高羅氏等이本日下午七時頃에尹高羅氏家에會同호야女子의禮服實施홀規範을擬定홀다더라

●監獄事務引繼 過日來로法部에서照催호각監獄署典獄會議는今明間畢了될터인디각典獄은本月拾六日頃에任所로向호야出發赴任호後各警察署로서監獄事務를引繼호야即時開廳홀터이라더라

●訓導何之 公立寧邊普通학校副訓導□□星氏는叙任以來로恪勤觀務라가去月二拾一日터는無故缺席이幾至數三週니에所覓無處라하야校長李冀鎭씨가學部로報告호얏다더라

●充捉務報 李恭烈이가稱以度支部財務監督局委員호고彰義門外에來到호야稅等地居民의實果實生호는果木을一々히調査하야勿論大小하고每株에稅錢에銅貨三分式督納호되當場所納은昨年條로追後所納은今秋條라호야是火督捧홈으로該동人民數百名이會集호야度支部로呈訴호얏는디該部에서初無是事이니退去安堵하고若有此等事거든先捉即報하라호얏는디該糾察員이라는人은警視廳에서偵探中이라더라

●延倅促赴 新任延豐郡守曹斗煥氏가不可承任이라고내部에請願호얏더니指令이니에國勢民情이追於後望하야如非良手면莫可鎭靜홀지라本郡守가家在本土하야熟諳士俗호니雖有身病이나夏勿煩辭호고即赴視務호라호얏더라

●水商會同 漢城內外水商等이本月二拾五日에壹齊히新門外新寺로會同호야生活方針을研究호다더라

●商會請認 咸興郡商民盧昇洙氏等이該業을開進호기爲호야商業會議所를設施호고認許호라고農商工部에請認호엿다더라

●舊俗忽變 信川郡舊俗에每當端陽佳節호면紅粧鮮服으로士女가穿柳登山호야如雲出游터니至於今年호야는壹無出游者故로問其所以則咸日此時代를當호야趣向이일시迭宕無度하면實非國民義務라호얏다고西來人의傳說이有호더라

●寺士請附 海州觀察署巡事務官李熙穆씨가職務郡守김孝益氏報告를因하야學部에報告호얏는디本郡自抗하校長金基鼎監督□□鍊顯호接準示開에募集勞動完童호야鄰校敎授가已經周年에資本이窮乏하야有始無終을常恨憂歎이온바本郡境內鳳凰山妙音寺는即金佛修道之刹인데所謂主僧錦順이가罔念事意호고妻妾을排置에專事酒色호야不少寺財를都皆消耗하고서司有所有物이共同之物이온대只充一箇淫僧之私橐호오니豈不痛歎哉잇가特念本校之情況호시와該寺所有沓七拾斗落與田拾三日耕을移付本校호시와使此勞働生徒로期進文明之域이라호얏스니共同之物로付之壹僧之橐이甚涉慨歎이와郡報民願이如是호옴에報告호노니特付該校호와益加奬勵케호라호얏다더라

●此費厚那 再日午後八時에泥峴居호는日本人奧山留藏이가水下동居人力車軍朴承化를無端毆打하야面部가重傷호야流血이淋漓호故로該同務가偏覗分署에呼訴호야治療費三十전을該日人에게徵給호얏다더라

●日刺淸人 再昨日下午五時에西小門내日人이設置호動物場에서何許淸人이玩賞호다가欄中에在호虎를向호야嘲笑호얏더니該場日人이拔劍호야刺淸人의右臂를刺호야流血이淋漓호앗는디附近處淸人이會集호야壹場風波가起호고淸巡查를請來호야壓擾를鎭靜하얏기日人은押去호얏다더라

●秦妻指賊 宮內府大臣李允用 家屬從金秀가都染洞居徐相益과二拾七年同居호던妻를誘奸誘引하야宮々廓下에掩匿호고荷杖之習으로本夫徐相益을毆打이라指目호는故로徐也가不勝寃抑호야漢城裁判所에呼訴호얏다더라

●嬰兒妻推給 北部벽동居名不知尹益役家廊下에居호는吳成明의妻張拾貳歲女를該人岳母姜姓女가受價五百兩호고仁川港淸國人의계賣渡하얏는지라吳哥가銅峴分署에呼訴하미허署에서姜姓女를捉囚嚴査호야該女를推覓以給호얏다더라

●三人被捉 東大門外紅樹洞居金泰奉等名者와梁哥洪哥等三人이再昨日에警視廳에被捉되얏다더라

●金女被捉 鷺梁津居金姓女가稱以 關聖現夢호고惑世誣民호야問卜女人이有日數百名에達호다니再昨日下午에警視廳에被捉되얏다더라

●金家小火 再昨日上午六時에남部笠井동居前主事川築河氏家니厨에서失火호야若干被燒호고旋即撲滅호얏다더라

●私校云設 法官養成所學徒等이該所教授와連恒의事件으로昨日大東寄宿館에會同하야協議하기를該事件이處決前에는他學校를借得허야修業하기로議定하고該敎授를免官치아니허면하학徒들이私立學校를設設修業하기로決定하앗다더라

▲地方消息▼

▲本月八日當平郡附近에서義兵三十名이該地分遣隊와交戰하얏다하고

▲本月七日咸平郡現方約一里地에서義兵三十名과同郡日守備中隊騎兵少尉以下十名과交戰하얏다하고

▲五月三十日寶城郡에서義兵三十名이同郡憲兵七名과交戰하얏다하고

▲本月八日安邊郡에서義兵貳拾名이同郡分遣所憲兵四名과衝突하얏다하고

▲五月三十一日漣川郡니에서義兵約五拾名이鐵原郡分遣所憲兵下士以下四名과交戰하얏다하고

▲本月六日載寧郡에서義兵六十名이同郡分遣所憲兵九名과交戰하얏다더라

▲問諸碧溪▼

▲滔々狂瀾此世界에萬事확양難測이라日夜不息到海情을區別코欲問碧溪水하니塵間是非知否아

▲碧溪水야碧溪水야政界風潮激烈하야碁局又치飜覆하니黑白相換勝負場에拾九路를不分이라自退者가有誰런고이事機를네아나냐

▲碧溪水야碧溪水야內部大臣宋秉畯은一進會의效力으로登第功名再圖하고暗中靈顯冷視하니飽則揚去이아닌가이事機를네아나냐

▲碧溪水야碧溪水야農商大臣云誰런고自己地位念慮하야東奔西走運動홀제萬端哀乞落淚하며副統監을畏封하니이事機를네아나냐

▲碧溪水야碧溪水야觀察使가毎年中에走者飛者並起하야各自流離奔忙하니八々洞爲大將이라未知鹿在誰手로다이事機를네아나냐

▲碧溪水야碧溪水야四拾九郡見闕하니郡守奏本當頭로다南北村에仕宦客은요혼時代맛낫고나採護取物唾手하니이事機를네아나냐

▲碧계水야碧계水야孫秉熙李容九는俱是東學黨派로서敎會를立門戶하고如干錢財爭訟하니說君仇讐뿐이로고나이事機를네아나냐

▲碧계水야碧계水야外國貨幣輸入하야假銀銅紙片遍滿한데만物價日々刀騰하고全國귀응枯渴하야生活情勢々難保로다이事機를네아나냐

▲碧계水야碧계水야 華族貴族々覺하면仙々보다適別하야家國之憂는倍어늘豪華風流從事하야登庭延覩々忘返하니이事機를네아나냐

▲碧계水야碧계水야多學誅외李範興은教育事務主幹으로酒街路더行色이醫吏에계被責호니好爲人師弊患이라이事機를네아나냐

社告

▲謹告各支社員

本社에셔現下經費가比前夥多ᄒᆞ야難堪이益甚ᄒᆞ오니各地方支社에셔ᄂᆞᆫ本報代金을不日收刷ᄒᆞ야本月十五日內로本社로換送付ᄒᆞ야以補社費케ᄒᆞ심을希望ᄒᆞᆷ

大韓每日申報社

本支社ᄅᆞᆯ左開六處에設置ᄒᆞ고玆以仰布ᄒᆞ오니本報愛讀ᄒᆞ시ᄂᆞᆫ該附近 僉君子ᄂᆞᆫ該支社로請求購覽ᄒᆞ심을務望ᄒᆞᆷ

▲義川남市邑 韓贊希
▲龍岡郡耶蘇敎會니 박종운
▲結城廣川場대朴熙春家 리啓祚
▲龍川府南面松峴海東書會 金賢圭
▲定平郡豐川 張禮學
▲淡原南門外耶蘇敎冊肆 方萬辰

雜報

●女校運動　順川郡西城女子學會에셔幼年女學校를設立ᄒᆞᆫ지數年에進就之望이有ᄒᆞᆷ은已爲贊賀ᄒᆞᆫ바어니와去五月十四日에本會自志婦人들이多數捐助ᄒᆞ여女學校運動會를擧行ᄒᆞ엿ᄂᆞᆫ대計算競走와證書競走ᄂᆞᆫ리와拾珠와五指步競走와旗取競走ᄂᆞᆫ리와百步競走ᄂᆞᆫ리와拾金五圜이오點頭諸 인대賞品을優數施給ᄒᆞ고婦人諸시와學徒諸員이愛國熱誠으로次第演說ᄒᆞ야盛況을呈ᄒᆞ얏다더라

廣告

本人姓名圖章을서失故新刻後姓名圖章을 廣告

金正運　告白

本人의五歲女兒名千禰이洋木赤衫紅洋紗裳足跣으로昨日上午八時量에失故廣告ᄒᆞᆷ
中署泥동七拾四統八戶 李丙爵家同居 黃璨性 告白

本所에서諸般測量製圖設計等을迅速需應ᄒᆞᆷ
北部中學橋拾六統四戶 韓興測量製圖所總務 盧炳祥

西部桃花洞金泰根草家六間板劵을本人家契中典執ᄒᆞ엿더니非冬失火時幷爲燒火故廣告ᄒᆞᆷ
西署麻浦 金敬玉 白

中央使性均氏家內南原梁氏今月拾二日子時以宿患別世京鄕僉知舊照亮
護喪 申庸均 告白

本人圖章與二百兩於音見失於漢陽內外國人照亮後切勿見欺ᄒᆞᆷ

平壤南村김起澤 告白

世之逸勞寡業者何限豈有如本里前參奉趙光午氏哉趙氏財產不過鄕村壹小康家今年本會堂建築時特許長田壹區以作基址又捐二百圜義金其盛德厚恩非直筆舌不能殫記抑又帶垂報於冥々中何必此壹片紙之爲哉區々之心不能自已玆以佈告于全國同胞惟願信徒爲鑑而祝福財產家以效此作範千萬　上
殷州古邑南齋동耶蘇會堂告白

本人의子春成이四五日에今聞所傳則方今諸債來각處來往云이옵기玆에廣告ᄒᆞ오니內外國人은切勿去來이시고或有貸與라도永無還報ᄒᆞ깃스오니照亮하십을爲要
西署盤松坊車子里契阿峴壹百三十八統大戶 金泰允 白

南部落善坊墨洞契拾一統四戶草家七間半文劵을丁未二月分에見失ᄒᆞ얏스오니雖某處得ᄒᆞ시면지休紙施行ᄒᆞᆷ
家主 劉佑玉 告白

濟衆院長醫學博士 **魚不信**

氏가來留我邦에于玆十有七八年에醫我同胞之生命者ㅣ不知幾千萬人은壹般世人之所共見聞者어니와今聞同시가本月念間의得暇歸國云이기本人等이同시를爲ᄒᆞ야**餞別會**를本月拾六日下午三時의에擧行ᄒᆞ깃ᄉᆞ오니同情ᄒᆞ시ᄂᆞᆫ僉君子ᄂᆞᆫ本月拾貳日下午貳時의鍾路靑年會館으로來臨ᄒᆞ시와諸般事務를議定ᄒᆞ심을切盼
發起人 壹同 告白

本學會에서學校觀覽을爲ᄒᆞ야本月拾三日(陰九月拾五日)土曜下午四時에特別總會를開ᄒᆞ오니僉會員은尋常看過치勿ᄒᆞ시고期於來臨하심을爲要
輔仁學會 告白

本會通常總會를來月十四日(日曜)下午壹時에**校洞本會館內**에서開ᄒᆞ오니壹般會員과有志人士ᄂᆞᆫ屆期來臨ᄒᆞ심을望ᄒᆞᆷ
畿湖興學會 告白

華東測量所를西部西門外屈동八統五戶에設施ᄒᆞ얏스오니僉君子ᄂᆞᆫ來臨相議ᄒᆞ시옵
華東測量事務所 告白

京城大寺洞路東新設壹菓子店宇號義生號와製各色菓子茶食諸品酒類物品俱備材料加工精製價錢格外公道童叟不欺亦有買食過者傳聞味美光別家佳矣而且價廉特此廣聞

北部齋洞三拾統六戶에測量事務所를設立ᄒᆞ고諸般測量을迅速需應ᄒᆞ오니[illegible]
養成測量事務所主幹 殷泳 告白

初等 **大東歷史**
初等 **小學修身書**
新撰尺牘 完編 朴晶東 著
新小說 **銀世界**
政治小說 **血의淚** 下卷 李人稙 著
意大利獨立史 五十錢
國際公法志 四十錢
經濟原論 三拾五錢
新撰**家庭學 二拾錢**
發行人 金泰玉 정[illegible]
發賣所 各書舖

辯護士 前檢事 **洪[illegible]憙**
民刑事訴訟及其他法律事爲委托辦理
西部毛橋八十六統七戶
事務員 前主事 孫[illegible] 前主事 [illegible] 前主事 金正[illegible]

健胃 ▲八寶丹 九拾五粒
消滯 ▲[illegible]보단
承寧府典의正三品洪哲普閣下實驗處方과[illegible]々외의學校敎官張基茂君有效證明으로此丹을봉行이온바新久滯積과食滯와霍亂사服과胃腹疼痛과頭痰固飮과新久泄瀉와七情鬱結과水土不服과船車眩暈諸症

에壹服ᄒᆞ야效ᄒᆞ오니衛生君子ᄂᆞᆫ先服試可ᄒᆞ심을希望ᄒᆞᆷ

賣藥 ▲사향소창단 麝香消瘡丹
衛生局版印搭可也
此丹이於諸瘡에無論男女老少ᄒᆞ고若服壹劑ᄒᆞ면實有神效ᄒᆞ야百日內ᄒᆞ오니非例方可及也라若論主治則梅毒下疳連珠風濕癩瘡諸症에俱見立效ᄒᆞ오니養病僉君子ᄂᆞᆫ壹次試驗ᄒᆞ시옵

婦人 ▲리앙묘경환
靈藥 ▲胎養調經丸
壹個月分入 定價金五圜
大抵婦人이年過ᄒᆞ도록不受孕ᄒᆞᆷ은由於病也라若不早研究ᄒᆞ고醫理에不達ᄒᆞ면個人의不幸이라抑亦國家生育之關係가不少ᄒᆞ니[illegible]十有年을精研ᄒᆞ야內外醫書와士에實驗方을選擇ᄒᆞ야先自僕家로實驗ᄒᆞ야十분而拾效ᄒᆞ고其外에幷但受孕之神劑라治[illegible]治積。調經。[illegible]血에俱有實效ᄒᆞᆷ기玆以廣佈ᄒᆞ오니僉君子ᄂᆞᆫ壹次試驗ᄒᆞ시면其實效를可知이옵
製藥所 仁川港축峴和平堂藥房
發行人 소 이應善
代理店 인川港축山濟生堂약房
京성大廣橋共愛堂藥房
右三種藥은地方各處有名藥店마다隨意販賣ᄒᆞ고地方遠處이라도郵便으로請求ᄒᆞ오면小包로傳致ᄒᆞ옵

仁川港 축峴**和平堂白**

本所에서鑛山、土地、家屋、山林、測量製圖設計等을迅速需應ᄒᆞᆷ
南署會동九拾貳統拾壹戶
會同測量事務所
總務 金濚吉 事務 金[illegible]

土木業測量設計升量督
●鑛山林野土地之測量及製圖
京城旭町二丁目百拾壹番地
片村工務所
所主 片村龍次郎

京성中部長橋東谷第二拾統三戶
辯護士 前檢事 **朴星煥**
法律事務所

本店에서夏節양服과洋服부이英京倫敦에서新着ᄒᆞᆫ[illegible]를廣佈ᄒᆞ오니僉君子ᄂᆞᆫ光臨購買ᄒᆞ심을務望ᄒᆞᆷ
양服裁縫 貞洞[illegible] 謹白

陸軍軍醫[illegible]明梅毒명藥廣告 實驗方劑

落梅丹

口瘡小發창病去毒之명藥
壹劑五百粒 定價金 三圜
主治 梅毒「唐창」新舊창 療癧皮膚病●便마[illegible]
●천病
已上病證外에男女間에不精交合ᄒᆞᆫ後에若疑아之端이有ᄒᆞ야도此藥壹劑만服用ᄒᆞ면完無後慮ᄒᆞ고脾胃도健全ᄒᆞᆷ을擔保ᄒᆞᆷ
此外에도의療械와精藥을準備ᄒᆞ고內外科각色疾病을誠心治療ᄒᆞᆷ
皇城北部大安洞
仁濟藥房 高用진 謹白
代理店
京城鐘路 共愛堂약房
仁川港龍洞 濟生堂
國內各處藥局에서隨意販賣ᄒᆞᆷ

著者 金吉濬 譯述
厚禮斗益大王七年戰史
全壹冊 定價金三拾錢
此書ᄂᆞᆫ距今百[illegible]紀頃에普魯士國厚禮斗益大王이區々小邦으로俄佛奧三國의突然襲擊ᄒᆞᆷ을當ᄒᆞ야武術精鍊으로人民을鼓勵ᄒᆞ고俄法諸國과對抗ᄒᆞ야七年戰爭을經ᄒᆞ도록[illegible]ᄒᆞ야普國의基礎를鞏固케ᄒᆞᆫ[illegible]가其戰略의巧妙ᄒᆞᆷ과其功烈의偉大ᄒᆞᆷ이足히[illegible]니僉君子ᄂᆞᆫ速々購覽ᄒᆞ시옵
發賣元 布屛下 廣學書舖 金相萬
發賣所 京鄕各有名書舖

新刊發售廣告

女子讀本 張志淵 著 全貳冊 定價금六拾錢
初等衛生學 全壹冊 附錄拾五錢
初等倫理學 全壹冊貳拾전
國家學綱領 全壹冊 貳拾五전
國民須知 全壹冊八錢
初等小學 全四冊 壹圜三拾錢
中等萬國新地誌 全貳冊壹圜
增修無冤錄大全 國漢文 壹冊 七拾五錢
伊太利建國三傑傳 全壹冊 貳拾전
新撰理化學 朴晶東 시著
獨習日語獨學 全壹冊 定價金三拾전 鄭雲復 시著
洋裝壹冊 壹圜貳拾五전
愛國夫人傳 全壹冊 定價금拾五전 張志淵 시著
新小說 血淚 全壹冊 定價금貳拾錢 李人稙 시著
富國全書 壹類新論 于數 시著
世界三怪物 全壹冊 定價금三拾五전
家庭雜誌 每號拾전 매壹冊 貳전
新訂算術 全三冊 六拾전
乙支文德 眞本寫眞 並壹冊 三拾錢
發賣所 皇城中署布屛下 廣學書舖 金相萬
京鄕各有名書舖

漢城醫院醫學士 基督敎青年會醫學講師 藥房
製藥鑑査人 濟衆院醫學員 洪錫厚 朴慈惠 李
觀化 告白　代理店 梨峴 洋藥局 李信華

本人等이 漢城南大門外濟衆院用낙處方으로左記對入낙을製造ᄒ오니京鄕遠近勿論ᄒ고此약品을信用ᄒ시기爲ᄒ야前醫學校長 五等池錫永氏에게약方文마다鑑定ᄒ고有效證明書를受ᄒ며主治効能用法을詳記ᄒ야洋鐵匣紙匣琉璃類에封ᄒ야賣약兄弟에게利益이加有ᄒ도록보매ᄒ나이다

治痰平胃丸　男女氣血補益丸
輕腫根治膏　純金鷄蠟丸
濕腫根治膏　蛔虫滚出丸
大癰拔根兪瘡膏　四時感冒丸
小兒胎毒兪治膏　清明眼藥水
稱氣神効小兒保嬰散　消痰鎭咳藥
感冒小兒靈妙散　男女瘡疾祛根藥
德國製淋疾丸　寸虫拔根藥
漢城百應膏　止足汗臭藥
洋藥乾材　止瀉潤腸丸
舊舊藥唐草材　陳陳舊滞消積丸
西藥醫方活套　無惡臭疥瘡藥

◉大韓醫院 發賣
◉皮膚靈丹　各種皮膚病 久滞口臭 瘡病 一貼十錢
◉至寶丸　治諸般雜疾不拘久遠 俱有偉効 定價金十錢
◉靈效液　外用方香治疥瘡皮膚 百發百中 定價金三拾錢
◉清眼水　治諸般眼疾有驗 天之妙定價金拾錢
◉通淋丸　治男女急慢淋疾神效 無雙速效除毒壹週 金五拾錢

發賣所　漢城南部大廣通北邊第三家十九統七戶 共愛堂大藥房 謹白

支店
開城南門內 共愛堂第壹支店　李助然
群山港開福洞共愛堂第二支店　리春善
河東郡赤良面共愛堂第三支店　黃鱗秀

代理店
星城北部大安洞　仁濟藥房
仝 鐘路青年會館前　慈惠藥房
仝 西部新門外石橋　普濟醫院
仁川奇峴 濟生堂　仝 和平局

此外에도東西洋各國有名賣藥과草材藥이俱備ᄒ오니藥외多少를不拘ᄒ고請求ᄒ시면小包로仰呈ᄒ개습

◉大韓國新藥明靈藥廣告

陸軍軍醫金守鉉君實驗方劑
陸軍軍醫張基茂君有効證明
四海衞生之諸君子常備之靈藥
消化新藥 清心保命丹
發行所 仁川港龍岡 濟生堂藥房
九十粒入金拾錢

◉主治効能
◉飮食積滯 ◉中暑 ◉中寒
◉暴瀉霍亂 ◉水土不服
◉頭痛眩暈 ◉舟車眩暈
◉氣鬱吐瀉 ◉口熱惡臭
◉金瘡止血 ◉霍亂疫預防妙藥
▲其他諸般疾病
◉出張代理特約販賣所
◉京城大廣橋共愛堂大藥房
同 香鍾路靈藥房　리觀化
同 藥峴洋약局　리信華
同 銅峴寫文藝館　盧益亨
同 南大門外大同運輸會社二
同 泥峴三丁目　新井支店
同 泥峴郵便局前　天佑堂
同 水標橋本堂出張人　리鳳林
◉仁川舊邑本堂出張所　金濟賢
同 開城旅館　韓鳳根
同 寺峴和平堂　리應善
◉開城南門內萬物廛　박圭相
同 남門內同店　禹相玉
同 남門內藥社　리禎鎬
同 北部忠橋　具聖模
海州宗路商店　宋在瑛
同 二房약舖　김永泰
同 남門內店　리奉植
水原鍾路下약房　金濟九
延安邑내洋약局　邊汝文

◉江華鍾路店　尹斗鉉
同 鍾路店　宋順五
同 西門外册肆　高成淑
長湍남門내　鄭觀淳
◉砂利院市場내客主　朴健昌
同　任允후
◉同 邪蘇敎堂내　리在후
黃州남門내紅門동　리東鉉
平壤豊百里濟生局　韓鳳俊
同 舘前衞生醫院　金龍興
同 大興部一里　崔龍化
同 里武洞藥局　桂澤宣
同 里문洞出張人　尹賓蘇
鎭남浦潑동洋약局　김元섬
同 傳兩機本堂出張人　吳남奎
群山港開福동　김두鉉
安州城내井동回春大약房
安岳邑上栅里濟生局　林安柱
大邱남門내鄭雲동　高成浩
釜山港草梁客主　金重佑
陽川郡長흥商店　朴芝行
載寧邑後동洋약局　崔允國
忠州東良面旱溪　金鎭和
晉州郡川동　박普賢
定州남門내洋약局　리健柱
郭山邑내洋약局　張應裕
鐵山邑내永春堂　安基潤
宜川邑내册肆　安
瑞州水口街　崔석浩
信川邑西里洋약局　김永植
郭山邑册肆　길大鉉
元山港濟生堂支店　박敬鎭
北靑新昌港客主　박錫勳
江原道本堂出張人　吳雲來
德川邑官동洋약局　리丙斗
龍山용谷里　리東華
其他各약店마다隨應販賣홈
◉仁川港濟生堂告白

本洞居ᄒ는朴蔚只等李錫瑛
氏의게賣渡ᄒ엿더니意外去丁
未七月分에尙居延營學이가該
香附近에本人等의所有栗百年
守護先山松田禁養地에使日人
木手로放恣斫伐ᄒ야無難勒奪
이기今月六日에該木柵을會同
拔去ᄒ고玆에廣布홈
　釜山港草梁洞山主　朴允直
　秋聖書　金子文　金鍾國
　李周三　秋月梧　河漢明白

● 學員募集廣告
本學會에서畿湖學校를設立ᄒ고師範科學員을爲先募集ᄒ니願학人員은本月拾四日너로請願書에履歷書를粘聯ᄒ야校洞本會舘너로提呈ᄒ고
同月十五日月曜上午十時에本館으로來ᄒ야應試ᄒ事
但請願紙ᄂ本會舘에來求ᄒ事
一試驗科目은國한文讀書作文너國歷史問對算術四則以너
一資格은年齡貳十歲以上身體康健ᄒ고品行이端正ᄒ者
但官公私立學校의普通科以上卒業證書가有ᄒ人은年齡이相當ᄒ면免試許入홈
一修業年限은本科에ᄂ三個年으로特別科에ᄂ拾八個月노定홈
一學校位置ᄂ建春門外前會舘(前陸軍衞生院)
畿湖興學會

○약 광고
본국에서 십년을 연구ᄒ야 사방소창단)이란 약을 발명ᄒ엿는데 남녀물론ᄒ고 무슨창병이던지 ᄒ제 (十四介) 를먹으면 잉큼이 나오니 ᄒ시기를 아모도 여러분 병증이 ᄒ여 ᄒ시며 조량ᄒ시옵 알나 주미에 다 ...

胎養調經丸
디양됴경환
대뎌 부인이 년과로록 잉태치 못ᄒ은 병으로 인ᄒ이니 일쥭이 연구치 아니ᄒ고 심상이 브려두면 다만 한사ᄅ의 분할ᄒ뿐 아니라 또ᄒ 젼국에 크게 관계가 잇ᄂ고로 도성외 십오년을 니외국 의소의 실험방문 뫼젼ᄒ야 성에 집으로브터 他人家에 ᄒ수시험ᄒ즉 열에 열사ᄅ이 다효험을 보앗고 ᄎ약이 잉티만 ᄒ뿐아니라 (치링) (치적)ᄒ며 (조경)(조혈)되ᄂ고로 이ᄀ치 광포ᄒ오니 쳠부인은 일ᄎ 시험ᄒ시며 자디방이라도 우편으로 붓쳐디이오니 죠량ᄒ시옵
壹劑壹個月分定價五圜
製藥所　仁川港奇峴 和平堂약房
發行人　仝 리應善
代理店　인川港奇峴 濟生堂약房
　京城大廣橋

乳...
製藥所　仁川港栍峴 和平堂약房
發行人　仝 李응善
代理店　仁川港奇峴濟生堂藥房 京성大廣橋共愛堂藥房

일긔서 먹으면 효험이 비ᄀ치 ᄌ 되ᄂ고로 ᄯ 경험지 ᄋ니ᄒ가오니 창병잇ᄂ 쳠위ᄂ 오ᄅ 고셩말고 속히 디립ᄒ야 쇼외 ᄒ시며 자디방이라도 우편으로 부칠터이오니 죠량ᄒ시옵
仁川港和平堂 白
우랑종약은 정심보명단 ... 처발매소마다수용판매ᄒ오니그근방에계신이ᄂ그곳으로 가서 문의ᄒ시오
共愛堂약房

▲特別廣告
本社에서名牌印刷部를另設ᄒ고各樣活字와刷樣紙本이俱備ᄒ오며印刷가精美ᄒ고價値도極廉ᄒ오되紹介와發送ᄒ며夫人의게ᄂ一層低廉ᄒ오니僉位ᄂ來臨ᄒ시와隨意請求홈
大韓每日申報社 告白

●本社廣告
○廣告料
四号活字十二字詰
每日發刊一寸에 ...
(每日發行六回에相當홈)
二週日에　二圜五十錢
一個月에　五圜
每日發行四週一個月에相當홈
每日發行四錢一厘에相當홈
其期限外長短과字行의多寡을依ᄒ야增減이有홈
○申報價
壹張代金　新貨二錢五厘
壹個月前納　三十錢
參個月　九拾錢
陸個月　一圜七十錢
壹個年　三圜四十錢
郵稅一張　新貨五厘
壹個月　十三錢

發行兼編輯人 英國人 萬咸
發行所
南署石井洞號外地三府洋屋家
大韓每日申報社

第六卷

大韓每日申報

第八百廿九號

月曜及慶節祝時日休刊

檀君開國四千二百四十一年
箕子元年三千三十年
大韓開國五百十七年
日本明治四十一年
淸國光緒三十四年
陰曆戊申五月大十五日己亥

論說

●間接의 利害와 未來의 禍福

彼濁浴社會에紛紛往來ᄒᆞᄂᆞᆫ者ㅣ其誰가利를愛ᄒᆞ며害를惡ᄒᆞ고禍를避ᄒᆞ며福을求ᄒᆞᄂᆞᆫ者ㅣ아니리오만은其思想이一間을未達ᄒᆞ며識見이一紙를未透ᄒᆞ야間接의大利害와未來의大禍福은能知ᄒᆞᄂᆞᆫ者ㅣ殆無ᄒᆞ니嗚乎라間接의利害와未來의禍福을不知ᄒᆞᄂᆞᆫ者ᄂᆞᆫ비록擇利避禍의心이甚切ᄒᆞ나終乃害途禍坑에長陷ᄒᆞᆯ而已로다

今에吾人이敎育에熱心ᄒᆞ며公益에奮發ᄒᆞ야多方으로贊助ᄒᆞᄂᆞᆫ것이直接으로ᄂᆞᆫ吾人에些小利益이無ᄒᆞᆯ뿐더러或害도有ᄒᆞᆯ기易ᄒᆞ나間接으로論ᄒᆞ면國家의人材도輩出ᄒᆞ며實業도興旺ᄒᆞ야外國이敢히其國과爭衡ᄒᆞ지못ᄒᆞ며外人이敢히其民을慢侮ᄒᆞ지못ᄒᆞ야壹切生命財産이泰山盤石又치鞏固ᄒᆞ면我에及ᄒᆞᄂᆞᆫ利益도自然多大無量ᄒᆞ려니와萬一此에反ᄒᆞ야凡事를我의身만肥코져ᄒᆞ며我一家만保코져ᄒᆞ고公益이라云ᄒᆞᄂᆞᆫ者를了幷仇視ᄒᆞ야居官ᄒᆞ거던酷吏의風稜을逞ᄒᆞ며在鄕ᄒᆞ거던土豪의手段을肆ᄒᆞ야百姓의血로一個의資에供ᄒᆞ며萬家의哭으로一家의樂을換ᄒᆞ면愚者ᄂᆞᆫ此를利益으로認ᄒᆞ지나然이나此等惡果로由ᄒᆞ야全國이瓦解ᄒᆞ며人心이沸騰ᄒᆞ야四强의懸侮를招ᄒᆞ고人民의權利가墜에陷ᄒᆞ며推我가其能獨樂을享ᄒᆞᆯ가是必不能이라故로直接의利害만知ᄒᆞ고間接의利害ᄂᆞᆫ不知ᄒᆞ면是ᄂᆞᆫ其直接所得의利도終乃見失ᄒᆞ지며

又ᄂᆞᆫ吾人이現在에勞働ᄒᆞᆷ은未來를爲ᄒᆞ미라未來의明朝를爲ᄒᆞ야今日에勞働ᄒᆞᆷ이오未來의明年을爲ᄒᆞ야今年에勞働ᄒᆞᆷ이오萬世를爲ᄒᆞ야ᄂᆞᆫ未來의億萬世를爲ᄒᆞ야勞働ᄒᆞᆷ이어ᄂᆞᆯ嗚乎라韓國同胞ᄂᆞᆫ未來의思想이何其微弱ᄒᆞ야眼孔이現在만有ᄒᆞ고未來ᄂᆞᆫ無ᄒᆞ야今夕에且樂이어니明日을奚憂ᄒᆞ며今年에且安이어니明年을誰知오ᄒᆞ야陰雨의兆가已至ᄒᆞ야도綢繆의方策을不究ᄒᆞ고東隅의失이已多ᄒᆞ야도桑楡의追補를不思ᄒᆞ니未來의思想이如此劣乏ᄒᆞ고야엇지未來幸福을可望ᄒᆞ리오

噫라直接의利害와現在의禍福은禽獸도猶知하나니人類의知識이此에만止ᄒᆞ면엇지競爭界에生存ᄒᆞᆷ을得ᄒᆞ리오凡我同胞ᄂᆞᆫ進步를更進ᄒᆞ야孜孜研究ᄒᆞᆯ지어다

官報

▲隆熙二年六月六日 官報

●部令 續

農工銀行條例施行規則을左又치定홈

隆熙二年五月二十三日 度支部大臣 高永喜

度支部令第拾五號

農工銀行條例施行規則

第十五條 第十四條及第十三條의諸計表及報告書에ᄂᆞᆫ年月日年度의末日又ᄂᆞᆫ營業을記載ᄒᆞ고銀行長又ᄂᆞᆫ支配人이此에署名捺印ᄒᆞ며社印을押捺홈이可홈但每營業年度의營業報告書에ᄂᆞᆫ各理事又ᄂᆞᆫ支配人이此에連署ᄒᆞ며且監査役의副署를要홈者라支店出張所의每日報告表에ᄂᆞᆫ副支配人又ᄂᆞᆫ主任書記에署名捺印ᄒᆞ며社印을押捺홈이可홈

附則

本令에抵觸又ᄂᆞᆫ重複되ᄂᆞᆫ諸達은此를廢止홈

(以下次出) 完

外報

●英貢電報 倫敦電에云ᄒᆞ되西공丞電을據ᄒᆞᆫ즉淸國正規兵은팔논灣附近에서淸國叛兵의武器를收容ᄒᆞ던法國偵察隊에發砲ᄒᆞ얏ᄂᆞᆫ데此偵察隊ᄂᆞᆫ法國少尉壹名과東京狙擊隊兵卒六名으로組織ᄒᆞᆫ것인ᄃᆡ少尉ᄂᆞᆫ卽死ᄒᆞ고兵卒四名은負傷ᄒᆞ얏ᄂᆞᆫ지라法國軍隊ᄂᆞᆫ二個中隊의兵을現場에派遣ᄒᆞ얏더라此에就ᄒᆞ야巴里駐剳淸國公使ᄂᆞᆫ佛外相의게對ᄒᆞ야非常ᄒᆞᆫ遺憾의意를表ᄒᆞᆷ을申出ᄒᆞ얏고法國은附近物貨上及精神上의損害賠償을提起ᄒᆞ고且雲貴總督을召喚ᄒᆞ라고要求ᄒᆞ기로決定ᄒᆞ얏더라又其後報를據ᄒᆞᆫ즉淸國正規兵은廣西省과接境되ᄂᆞᆫ地에在ᄒᆞᆫ東京의村落을겁掠ᄒᆞ얏ᄂᆞᆫ디法國政府ᄂᆞᆫ此에對ᄒᆞ야도賠償을要求ᄒᆞ리라더라

●米艦出發 米國同航艦隊와戰鬪艦에위号와아라바마號와艦은포旺島湖鶯樓港과馬尼刺와蘇士等地로向ᄒᆞ야桑港에서出발ᄒᆞ얏ᄂᆞᆫ대此와同時에內務大臣빠피엘드卿은移民問題를調査ᄒᆞ기爲ᄒᆞ야聯國鐵道에便乘ᄒᆞ고湖鶯樓港으로向ᄒᆞ얏더라

●兩國相持 歐羅巴塞比亞國公使ᄂᆞᆫ旣히몬테늬그로國首府세텐야에서退去ᄒᆞ얏스니塞比亞國首府베엘그레에드에서ᄂᆞᆫ兩國間의國交ᄂᆞᆫ事態가切迫ᄒᆞᆷ에依ᄒᆞ야아주絶斷되기에至ᄒᆞ지아니ᄒᆞ얏다고斷言ᄒᆞ며塞比亞國은몬테늬그로國에辭退ᄒᆞ기를待ᄒᆞᆫ다더라

●政黨言論 伯林電을據ᄒᆞᆫ즉俄國議會의各政黨首領은테팔에서英俄兩帝가會見ᄒᆞᆷ에關ᄒᆞ야發言ᄒᆞ얏ᄂᆞᆫ데然이나英國과俄國의政治上에干涉ᄒᆞᄂᆞᆫ者ᄂᆞᆫ皆此를反對ᄒᆞ고反히德俄의關係를說道ᄒᆞ며且英俄同盟은決코希望치못ᄒᆞᆯ바라고觀破ᄒᆞ지라於此에議會ᄂᆞᆫ沈默ᄒᆞ야此에反對ᄒᆞᆷ을表ᄒᆞ얏다더라

雜報

●拓社株劵引受 日本大谷派本願寺에서ᄂᆞᆫ東洋拓殖會社의株劵을引受ᄒᆞ야自己信徒의移住ᄒᆞᆷ을獎勵ᄒᆞᆯ計劃이라더라

●兩校盛況 楊城郡北部梨井里居崔東都李升均諸氏가該里附近地에學校가無ᄒᆞᆷ을慨歎ᄒᆞ야학務區域를特定ᄒᆞ고私立點文學校를設立하야普通學科를敎授ᄒᆞᄂᆞᆫ대學徒가不過壹朔에四五十名이되어漸進之望이有ᄒᆞ고同郡私立승明學校ᄂᆞᆫ開성學會에서設立ᄒᆞᆫ바學生이日日增加하며학徒父兄諸氏와職員이會同ᄒᆞ야擴張方針을硏究ᄒᆞ고학徒父兄贊成會를組織ᄒᆞ야贊成金을每人每月二拾錢式收入ᄒᆞ야校비消耗와學徒父兄會가擔當ᄒᆞ기로決定ᄒᆞ얏다고稱頌이藉藉ᄒᆞ더라

●特出義捐 關西來信을據ᄒᆞᆫ즉東城稅前主事南翊熙氏ᄂᆞᆫ敎育界에思想이激熱ᄒᆞ야安岳信川殷栗等郡의商路失로來往路에勿問何學校ᄒᆞ고逢則義助ᄒᆞᆫ다고頌聲이藉藉ᄒᆞ더라

●文興興旺 文化郡草里面二里德泉등义興學校ᄂᆞᆫ該面面長鄭武麟及有志士洪在鏡諸氏가慨然乎敎育之未發ᄒᆞ고爭出義捐四五百元ᄒᆞ고聘ᄒᆞᆫ有志士鄭封元氏ᄂᆞᆫ自擔名譽敎師이고鄭東輝씨ᄂᆞᆫ以漢文敎師로不過數月에生徒가日就ᄒᆞ야六拾餘名에達ᄒᆞ엿ᄂᆞᆫ데晝夜學을孜孜ᄒᆞ며將就之望이有ᄒᆞ다고莫不稱頌ᄒᆞᆫ다더라

●文昌試驗 齊坡鋼設ᄒᆞᆫ文昌학校에서昨日에第壹回月終試驗을設行ᄒᆞᄂᆞᆫ대甲班優等金潤培이오及第ᄂᆞᆫ朴昌善[?]이오乙班優等金萬鵬이오副優等은崔弘[?]이오及第ᄂᆞᆫ張光[?]金濬培이오丙班優等은李点[?]이오副優等은리南圭金劍同이오及第ᄂᆞᆫ李武純林成萬諸씨인데校監與大振시가賞品을優敗이滿與ᄒᆞᆫ後에學問의進就로壹層勸勉ᄒᆞ얏다더라

偉人遺蹟

水軍第一偉人 李舜臣 錦頰山人 譯

第拾五章

◎倭寇의末路

李舜臣曰貴虜下가我國來援ᄒᆞᄂᆞᆫ勢力을恃ᄒᆞ고忌憚이都無ᄒᆞ야如此亂行ᄒᆞᆷ이니將軍이萬壹我에게便宜를假하야其罪를治캐ᄒᆞ면兩國軍民이相안홀가ᄒᆞ노라陳璘曰諾다惟公命을是從ᄒᆞ리라此後로明兵이犯ᄒᆞᆷ이有ᄒᆞ면舜臣이此를嚴治ᄒᆞ니於是에百姓이安堵ᄒᆞᆷ을得ᄒᆞ고明兵이舜臣畏愛ᄒᆞ기를陳璘에過ᄒᆞ더라十八日에賊船百餘隻이鹿島를來犯ᄒᆞᆫ다고偵探兵이飛報ᄒᆞ거ᄂᆞᆯ리統制陳都督이戰船을率領ᄒᆞ고金堂島에至ᄒᆞ니不但只二隻賊船이在ᄒᆞ다가我船을望見ᄒᆞ고遁逃ᄒᆞ거ᄂᆞᆯ李統制ᄂᆞᆫ八船을發ᄒᆞ며陳都督은二十船을發ᄒᆞ야折爾島에埋伏ᄒᆞ고同還ᄒᆞ며二拾四日에李舜臣이酒를運滿堂에置ᄒᆞ고陳璘을邀ᄒᆞ야對飮ᄒᆞ더니陳璘의麾下千總者가來報ᄒᆞ되曉에賊船六隻을遇ᄒᆞ야朝鮮舟師가此를盡捕ᄒᆞ니이다ᄒᆞ나陳린이大怒ᄒᆞ야退ᄒᆞ나李舜臣이其意를解ᄒᆞ고婉言으로勸ᄒᆞ며該所獲船과倭頭六十九級을付하며曰將軍이到陳ᄒᆞᆫ지數日이不過ᄒᆞ야卽時膚功으로貴朝에奏ᄒᆞ면엇지美事가아닌가ᄒᆞ니陳린이大喜ᄒᆞ야遂移ᄒᆞ고醉飽ᄒᆞ고自後로欽服ᄒᆞᆷ을尤加ᄒᆞ며且自家의勝蹟이雖多ᄒᆞ나察眼에不適ᄒᆞᆷ을自覺ᄒᆞᆫ지라我板屋船을乘ᄒᆞ고李舜臣의節制를甘受ᄒᆞ며恒常李爺라稱ᄒᆞ고不名ᄒᆞ더라九月十四五日間에各處賊將이小西行長의順天陣으로並聚ᄒᆞ거ᄂᆞᆯ李舜臣의慧眼이其撤歸코자홈을早察ᄒᆞ고慨然曰吾가엇지千古讐賊의生還홈을許하리오是日에陳린과共히舟師를率ᄒᆞ고拾九日에左水營前洋에過ᄒᆞ야廿日에順天曳橋에至ᄒᆞ니此ᄂᆞᆫ卽小西行長의陣所이라兵을四列ᄒᆞ야其歸路를遮ᄒᆞ고精騎를遣ᄒᆞ야獐島를襲ᄒᆞ야賊의糧餉을奪取ᄒᆞ더라

(未完)

雜報

●御覽勤植 大皇帝陛下께옵서再昨日에勤植兩閣에臨御하샤各色物品을御覽하옵셧다더라

●動駕門路 大皇帝陛下께옵서今日永禧殿에展謁하옵시고文廟에展拜하신다는대出宮時刻과御路節次는如左하더라上午九時에敦化門으로出御하샤罷朝橋太廟前路梨峴四街一橋於義洞新作路로經하샤永禧殿에展謁하옵시고永封殿前로廣通橋와芹橋前로로從하샤文廟에展拜하옵시고同拾二時에不關堂北門을從하샤淸和門으로還御하옵신다더라

●勤奏任陪從 大皇帝陛下께옵서今日에永禧殿及文廟에動駕하옵심은別項과如하거니와各府部勅奏任官들은敦化門前에서祗迎하얏다가仍爲陪從하기로[illegible]

●補助員募集 大皇帝陛下께옵서暴徒의騷擾를安寧秩序의維持하기를爲하샤憲兵補助員을募集하야韓國駐箚日本憲兵隊에依托하는件을裁可頒布하셧다더라

●總相擬占 總理大臣李完用氏가遞任이될터인대後補者可堪之人이無하야某處에서新任總相之才를擬占이라더

●自會聲望 伊藤統監이連日進會長李容九氏를招去홈은已爲累報어니와伊藤統監이日會長에對하야日進會에서政府大臣의總辭職을勸告하라總相可堪之才를薦呈하라하얏다더라

●任員請辭 一進會의서再昨日에會의任員及會員들이會同하야內閣總理大臣의辭職勸告事를再次協議하고今番拾日나되도록派送하는대有何協同치못홈이더니지금會員中에서寺般任員의게對하야詰難하기를任務를壹切辭免하라하얏다더라

●嚴明和協 農商大臣趙重應氏가政部에任進하야壹般官吏를會集하고嚴明하되韓日官吏가無論某事하고和協妥判하야無事歡去하기를希望이라하얏다더라

●[illegible] 去番에內閣이變動되면北村頑固宰相某々氏가[illegible]殿이壹層喧藉하時[illegible]大臣에相換된後로는[illegible]少하야門庭이冷落하[illegible]

●[illegible] 京畿觀察李圭桓[illegible]

[illegible] 江原觀察黃鐵氏[illegible] 咸南觀察[illegible]

[illegible] 各觀察[illegible]使[illegible]同方針議論하다더라

●家眷催還 咸鏡觀察使가今番遞任된줄會議夫로上京할時에遞任된줄은全然不知하고速히遞任視務할意로其食口의게大談上來하얏더니會議가試才와無異하야觀察被任되미各該道留連하는食口의게速히上來하라는書簡을學付하얏다더라

●會長云棄 農商工部大臣趙重應氏가大東專門學校長을辭免하는事는已爲報道어니와該校辭免代에該校監洪肯哲氏가校長署理로任하얏는대該學會長은申箕善氏가兼任하다더라

●甲宴禁止 前議政趙秉鎬氏가昨日이甲辰인대其子某々가[illegible]하려하다가[illegible]之時에設宴하는거슨不可하다하야[illegible]禁止하얏다더라

●[illegible]移照 [illegible]例[illegible]

●[illegible] [illegible]敎育會[illegible]

●[illegible] [illegible]東[illegible]關皇廟[illegible]

●追悼設會 愛國殉死士追悼會를甲申以로國事를因하야橫死흔諸氏를追悼會를擧行코ᄌ흔다는대橫死흔人中에伸冤치못흔人은[illegible]

●校印頒送 學部에서新設흔官立漢城高等女學校와今年度에新設흔八處公立普通學校에校印大小並壹個와校長印壹個를各校로發送하고准數査領後에領收證을卽爲繕呈하라고각히校長의게訓令하얏다더라

●退學決議 法官養成所學徒等이數個長連恒事件으로幾日間上學치못흠은累々報道흔바어니와詳聞흔즉該學徒等은法部에서退學하기로決定이되얏다더라

●該徒上學 法部에서法官養成所學徒를退學하라흠은別項과如하거니와該學徒中에程度가優勝흔[illegible]人으로敎師를推選하고壹般任員을組織하야本日부터普成專門學校講堂을借得하야上學하기로하고敎授時間은上午十時半으로同八時半까지定하얏다더라

●梨花卒業 梨花學堂에서第壹回卒業式을本月十八日下午八時에該學堂에서設行흔다는대[illegible]名大臣에게도請牒하얏다더라

●弄[illegible] 蔚山郡[illegible]八面人民等이昨年七八月間에國債報償金數千元을[illegible]民이其使[illegible]

[illegible]

剩利하니國納은每年壹分加增하고民間加納은每郡에數萬金이거늘禁銅之官吏는無事하고今於受紙貨時에乃反日納葉郡은推加計하야加四圓이라하니當初納葉이是豈日民願이리오是以로累訴政府에得蒙平均許施之令하나尙無如何之措處흠으로今又呼訴次로라上來라하더라

●死松生筍 往拾里甘察前의松樹를斬艾하야[illegible]作하얏는데傍筍이生하야靑々히蓋長흔지라遠近男女의觀者가每日답至흔다더라

●北漢幾擾 再昨日上午拾一時에北漢山城에義徒拾五名이襲擊하야校塲居民을威脅하다가退去하얏다더라

●李也被捉 昨報에已揭흔彰義門外果不說徵收하러던[illegible]烈을昨日北部警署에서訓捉하야訊問흔즉財務主事로免官된者라二次[illegible]者라더라

●玄召史被捉 中部勝洞居玄召史가今月[illegible]日下午十二時에[illegible]淸人蘇丕善[illegible]에往하야鴉片吸烟器子를請借흔則淸人이借與치안흔디玄召史弟玄壑天이介板으로꾸히淸人을打傷흔대玄壑天과玄召史[illegible]逃走하얏[illegible]中部[illegible]押去하얏다더라

●[illegible] [illegible]大韓協會에서[illegible]本日下午壹時에[illegible]

●[illegible] [illegible]

●湖西總會 湖西學生親睦會에서[illegible]

●[illegible]討論 [illegible]에서本日下午八時에討論會를開하고局量이勝於學問이라問題로討論홀다더라

●貞校卒業 本日下午二時에蓮洞貞信女中學校第二回卒業式을蓮洞耶蘇敎禮拜堂에서擧行하는데卒業生은五人이라더라

●測量委托 北部中[illegible]居廬炳祥씨가日昨에測量所某某諸氏와協議하고測量所를設立하다同씨家에韓與測量所京鄕實業家에서測量을陸續委托하더라

▲地方消息

▲本月四日奉化郡東方六里地에서己酉年의率흔義兵約七百名이安東日守備兵少尉와率흔討伐隊와交戰하얏다하고

▲五月二拾五日原州郡附近에서義兵幾名이同地分遣隊와交戰하얏다하고

▲本月三日忠州郡장湖院에서義兵五名이同地分遣隊兵二名과衝突하얏다하고

▲本月平昌郡에서義兵六名이同郡一里地에潛伏하얏다가日守備隊와衝突하얏다하고

▲江陵郡日守備隊에서派遣흔討伐隊는三陟郡南方九里地에서義兵約壹百名을遭遇하야交戰하얏다더라

東京電報

「壹發」

●岩皇賜品 今에韓國皇太子殿下께옵서日皇陛下의게賜與흔物品이如左

○銀鍾壹個 晴雨器壹個

黨派相分

▲[illegible]片[illegible]人情物態[illegible]世界[illegible]黨[illegible]自然流[illegible]胡越膽相照[illegible]다

▲聚散無常터人情은風雲變動[illegible]此天地에沿革時機不諒하고東西南北朋黨人은由來舊習成癖하야各立門戶猜疑하니四色派의分流로다

▲聚散無常터人情은각大臣이憂慮하야地位鞏固運動흠제壹抹疑雲暗濃하야自偶語密勿하니령犀相照幾人인고內閣派의分流로다

▲聚散無常터人情은不穩情態各抱하고무슨議案紹介하야岐派가壹分이오獨立派가貳分이라無數疑山對峙하니壹進派의分流로다

▲聚散無常터人情은民間體唱道하나假志士가輩出하야仕宦捷徑相尋흠제徒弄寸舌求榮하미有志者가恨歎하니社會派의分流로다

▲聚散無常터人情은甲午亂機同作타가天道敎와侍天敎가有何未見分張하야東敎餘燼未息하고煽民殘黨取歛하니東學派의分流로다

▲聚散無常터人情은時局變幻昧하고蓋古論依俗하야性理之說辨明흠제曰湖曰洛各立門戶是々非々爭競하니儒林派의分流로다

▲聚散無常터人情은二五百年遺弊는王室[illegible]繼解[illegible]俱是同祖一孫으로貴執賤已判하야[illegible]餘習[illegible]嫡庶派의分流로다

▲聚散無常터人情은頑固開明相雜하야水炭[illegible]器[illegible]이라天賦聰明[illegible]一般인[illegible]主見不同하야或暗或明適[illegible]新舊派의分流로다

▲聚散無常터人情은權門勢家[illegible]奔競居[illegible]니某大臣의[illegible]食口요某令監의切姻客이自相忌疑指目하니猫官派의分流로다

社告

▲謹告各支社員

本社의現下經費가比前夥多ᄒᆞᆯ뿐아니라購覽者의批評이益甚ᄒᆞ오니各地方支社에셔ᄂᆞᆫ本報代金을不日收刷ᄒᆞ야本月十五日內로換送付ᄒᆞ야以補社費케ᄒᆞ심을務望홈

大韓每日申報社

本支社를左開六處에設置支社ᄒᆞ고玆以仰佈ᄒᆞ오니本報愛讀ᄒᆞ시ᄂᆞᆫ僉君子ᄂᆞᆫ該支社로請求購覽ᄒᆞ심을務望홈

▲龍川남市驛 林贊爀

▲龍岡郡耶蘇教堂내 박종은

▲結城廣川場대林熙春家 [illegible]

▲龍川府南面松峴海東書會 金贊生

▲定平郡豐川 張禮學

▲洪原南門外耶蘇教冊肆 方[illegible]

雜報

●資興府興 龍川郡府東下面法興兵實興學校ᄂᆞᆫ金基河文鎬諸氏의熱心으로設立ᄒᆞ얏ᄂᆞᆫ뒤其理由를概聞ᄒᆞᆫ즉基鎬氏가自京城으로卒業歸鄕ᄒᆞ야鄕中人士와國運의盛衰ᄂᆞᆫ國民敎育의普及與否에在ᄒᆞ다ᄂᆞᆫ意로激切히說明ᄒᆞ고其祖先時부터傳來ᄒᆞ던財産四五百圓價値를沒數寄附ᄒᆞ야卽日學校를設立ᄒᆞ고該郡子弟를教育ᄒᆞ기로ᄒᆞᆷ으로人人이感荷ᄒᆞ야出捐時에各其盡力ᄒᆞ야多數히集合ᄒᆞᆫ다더라

[illegible]金基仲시와事務員[illegible]其斌[illegible]國[illegible]河諸시가熱心敎務ᄒᆞ며教師諸씨가熱心教授ᄒᆞ야[illegible]되야[illegible]이新[illegible]ᄒᆞ고[illegible]郡人이稱誦ᄒᆞᆫ다더라

●義捐 再昨日關東學會定期總會에서各會員의寄附ᄒᆞᆫ一百餘圓을公佈ᄒᆞ얏ᄂᆞᆫ니當日出席中에特別顯哲兩시ᄂᆞᆫ各壹百圓식義捐ᄒᆞ시ᄂᆞᆫ五拾圓식合ᄒᆞ고김永寬兩씨ᄂᆞᆫ五圓洪選杓김영秀沈宜昇씨ᄂᆞᆫ四시ᄂᆞᆫ各十圓朴炳祜시ᄂᆞᆫ二圓을捐助ᄒᆞ얏ᄂᆞᆫ대時의西北學會會員安昌浩시가來ᄒᆞ야簡要ᄒᆞᆫ辭意로說明ᄒᆞ고三十圓을特捐ᄒᆞ얏다더라

●[illegible]新 [illegible]北靑[illegible]建[illegible]시와郡主事[illegible]시가學校를擴張ᄒᆞ기爲ᄒᆞ야各坊谷에勉勵設立ᄒᆞ고每月에巡回勸獎ᄒᆞ야士氣가啓發ᄒᆞ야[illegible]德新學校에至ᄒᆞ야試驗을經ᄒᆞ고優等[illegible]人을選ᄒᆞ야相當ᄒᆞᆫ資格으로獎勵ᄒᆞ니學徒六拾名이分除를是惜ᄒᆞ야學業이日就ᄒᆞ기ᄂᆞᆫ郡守發展之方과教師李학[illegible]시善教之方이라더라

廣告

本月拾三日(土曜)下午壹時에西署夜珠峴官人俱樂部內에셔通常總會를開ᄒᆞ고會務를處理ᄒᆞᆫ後에左開題目으로演說ᄒᆞ오니會員은來臨ᄒᆞ시옵

演題 (傍聽許入)

政黨과政府의關係 吳世昌

社會敎育 金重煥

大韓協會

本人이三年前에麻醉機惡病에罹ᄒᆞ야何幸著名醫師[illegible]氏의施術的機能으로斷症拔劑에其所崇가至今은快寶라該藥을何者要求[illegible]ᄒᆞ오만은不勝感賀ᄒᆞ야玆以廣布홈

平壤[illegible]樹[illegible] 告白

本人의[illegible]歲女兒名千欄이洋木赤紗紅紗[illegible]跣ᄒᆞ고昨日上午八時量路失故廣佈홈

中署泥洞七拾四統八戶

李丙[illegible]居[illegible]性 告白

本所에셔諸般測量製圖設計等을迅速需應홈

北部中學橋拾四統六戶

韓興測量製圖所總務盧炳[illegible]

申吳使姓均氏室內南原梁氏今月拾二日子時以宿患別世京鄉間知會顯亮

[illegible] 申膺均 告白

湖西學生親睦會

本會에서래四日(日曜)下午壹時에臨時總會를中橋義塾내에開ᄒᆞ오니會員은趁期來臨ᄒᆞ심을爲要

本會通常總會

본本月十四日(日曜)下午壹時에校洞本會舘內에셔開ᄒᆞ오니會員과有志人士ᄂᆞᆫ屆期來臨ᄒᆞ심을爲要

畿湖興學會 告白

北部[illegible]三拾統六戶에測量事務所를設ᄒᆞ고諸般測量을迅速需應ᄒᆞ오니僉彦來臨ᄒᆞ심을爲要

府成測量事務所主吳殷泳 告白

湖南學會通常總會를本月十四日(日曜)下午壹時에本會舘내로開ᄒᆞ오니會員及有志人士ᄂᆞᆫ來臨홈

湖南學會 告白

初等大東歷 史

西署盤松坊南子里契阿峴壹百三十八統六戶 金[illegible]九白

本人의子春成이[illegible]家[illegible]에今聞所傳則方今請債次[illegible]處來往云이오니玆에廣告ᄒᆞ오니內外國人은切勿去來ᄒᆞ시고或有貸與者라도永無還償ᄒᆞᆯ터이오니照亮ᄒᆞ심을爲要

初等小學修身書 [illegible]晶東著

新撰尺牘完編

政治小說 銀世界

新小說 血淚 下卷 李人稙著

意大利獨立史 五十錢

國際公法志 四十錢

經濟原論 三拾五錢

新撰家庭學 三拾錢

發行人 [illegible] 정喜鎭

發賣所 各書舖

辯護士 洪冕憙

前主事 [illegible]

前主事 [illegible]章鉉

前主事 金正濬

西部毛橋八十[illegible]統七戶

民刑事訴訟及行政官廳請願等法律事爲誠實擔務홈

▲大韓國新發明 령藥

▲淋病 ▲瘡毒

▲淋病 九拾五粒 ▲瘡보단 入金拾錢

[illegible]府與正三品洪哲普閣下[illegible]의外學校教官[illegible]有効證明으로此丹을發行이온바新久滯積과急[illegible]腹疼痛과[illegible]固飲과新久泄瀉와七情鬱結과水土不服과船車眩暈諸症

會同測量事務所

南署會동九拾貳統拾壹戶

本所에셔鑛山、土地、家屋、山林、測量製圖設計等을迅速需應홈

總務金澤吉 事務金[illegible]

仁川港杏洞和平堂白

[illegible]包로傳致ᄒᆞ게ᄉᆞᆷ

光顯試可ᄒᆞ심을爲希홈

[illegible]壹服에效ᄒᆞ오니衛生君子ᄂᆞᆫ光顯試可ᄒᆞ심을爲希홈

▲瘡病 ▲사향소창단 ▲秘藥 ▲麝香消瘡丹

特對匣廣告鋼版印搭可也

此丹이於諸창에無論男女老少ᄒᆞ고消服ᄒᆞ면實有神效ᄒᆞ야百불一失ᄒᆞ오나非例方可及也라若論其治則樹梅下疳濕珠[illegible]濕疹[illegible]창諸症에俱見立效ᄒᆞ오니養病ᄒᆞ시ᄂᆞᆫ君子ᄂᆞᆫ壹次試驗ᄒᆞ시옵

婦人 ▲태양丘경환

蠶藥 ▲胎孕調經丸

壹個月分入 定價金五圜

大抵婦人이年過ᄒᆞ도록不受孕ᄒᆞᆷ은由於病也라若[illegible]早研究ᄒᆞ야[illegible]開痛則非但壹個八[illegible]

에[illegible]不孕이라[illegible]抑[illegible]之理의關係오不孕이니[illegible]十五年을消費ᄒᆞ야內外國高明의士에實驗方을選擇ᄒᆞ야先自[illegible]家로後及他人ᄒᆞ야累試普驗에十분而拾効ᄒᆞ옵고且此약이非但受孕之神劑라治冷。治積。調經。調血에俱有奇效ᄒᆞ옵기玆以廣布ᄒᆞ오니會員ᄂᆞᆫ壹次試驗ᄒᆞ시면[illegible]效驗을可知이옴

약製所인川港杏洞和平堂藥房

발行人 소 [illegible]膺善

代理店 인川港杏山濟生堂약房

京성大廣橋共愛堂藥房

右三種藥은地方各處有名藥店마다隨應販賣ᄒᆞ옵고地方遠處이라도郵便으로請求ᄒᆞ오면小包로傳致ᄒᆞ게ᄉᆞᆷ

京城大寺洞路東新設壹菓子店

字號義[illegible]號自製與[illegible]菓子茶食諸品酒槳物品俱係材料加工精製價值格外公道[illegible]更不敷亦有買食過客傳聞味氣比別家佳次而且價廉特此廣聞

[illegible]

華東測量事務所를[illegible]部西門外尾동白八統五戶에設施ᄒᆞ얏ᄉᆞ오니僉君子ᄂᆞᆫ來臨相議ᄒᆞ시옴

華東測量事務所 告白

京성中部長橋東谷第二統三戶

辯護士 前檢事 朴星煥

法律事務所

落梅丹

[illegible]明梅毒[illegible]廣告

[illegible]實驗方劑

[illegible]口瘡不發ᄎᆞᆯ病去[illegible]靈藥

壹劑五百粒定價金 三圜

主治 梅毒「唐창」[illegible]瘡 [illegible]痿[illegible]皮膚病[illegible]痔마腫私

●花病

已上病証外에男女間에不精交合ᄒᆞᆫ後에若疑아之端이有ᄒᆞ야도此藥壹劑만服用ᄒᆞ면完癒後[illegible]脾胃도健全ᄒᆞᆷ을補保ᄒᆞᆷ此外에도의療機械와精美[illegible]藥材를新備ᄒᆞ고內外科各色疾病을誠心治療홈

皇城北部大安洞

仁濟藥房 高用진 謹白

代理店

京城鍾路 共愛堂약房

仁川港龍洞 濟生堂

國內各處藥局에서隨應販賣ᄒᆞᆷ

厚禮斗益大王七年戰史

譯述 [illegible]堂先生 金[illegible]

全壹冊 定價金三拾錢

此書ᄂᆞᆫ卽拾八世紀[illegible]에[illegible]列邦中士國厚禮斗益大王이[illegible]介[illegible]弱國으로突然[illegible]武[illegible]民[illegible]動ᄒᆞ야俄法等諸國과對抗ᄒᆞᆫ七年戰爭을紀[illegible]ᄒᆞᆫ것이니其雄飛[illegible]ᄂᆞᆫ端緒와其政[illegible]巧妙[illegible]其功烈의偉大ᄒᆞᆷ이[illegible]讀者의敬[illegible]을喚起ᄒᆞᆷ만ᄒᆞ오니僉君子ᄂᆞᆫ速々購覽ᄒᆞ시옴

發賣元 [illegible]

發賣所 [illegible]各書舖

新刊書籍發售廣告

女子讀本 全貳冊 張志淵著 定價금六拾錢

初等衛生學 全壹冊 定價[illegible]五錢

初等倫理學 全壹冊 [illegible]

國家學綱領 全壹冊 [illegible]

國民須知 全壹冊 八錢

初等小學 全四冊 [illegible]

中等萬國新地誌 全貳冊 [illegible]

增修無冤錄大全 國漢文壹冊 七拾五錢

伊太利建國三傑傳 全壹冊 [illegible]

新撰理化學 朴晶東 [illegible]

全壹冊 定價金三拾錢

獨習日語獨學 鄭雲復 [illegible]

洋裝壹冊 壹圓貳拾五錢

愛國夫人傳 張志淵 [illegible]

全壹冊 定價금拾五錢

新小說血淚 李人稙 [illegible]

全壹冊 定價금貳拾錢

萬國全書叢錄新論鮮于叡[illegible]

全壹冊 定價금三拾五錢

世界三怪物 [illegible]壹冊拾貳錢

家庭雜誌 每號[illegible]

新訂算術 全三冊六拾錢

乙支文德 眞本寫眞 並壹冊 三拾錢

發賣所 皇城中署[illegible]屛下

廣學書舖 金相萬

京鄉各有名書舖

●學員募集廣告
本學會에서畿湖學校를設立하고師範科學員을募集하니願학會員은本月拾四日니로請願書에履歷書를帖聯하야校洞本會館니로提呈하고同月十五日月曜上午十時에本館으로來하야應試홀事
但請願紙는本會館에來求홀事
一試驗科目은國漢文讀書作文니國地誌歷史問對算術四則以니
一資格은年齡貳十歲以上身體健康하고品行이端正한者
但官公私立學校의普通科以上卒業證書가有한人은年齡이相當하면免試許入홈
一修業年限은本科에는三個年으로特別科에는拾八個月노定홈
一學校位置는建春門外前會館(前陸軍衛生院)
畿湖興學會 告白

○廣告料
國漢文每行二十五字 每日發行一行(每日發行五行에相當홈)
二週日에 二圜五十錢
一個月에 五圜
其期限의長短과字行의多少를依하야增減홈이有홈

○申報價
壹號代金 新貨二錢五厘
壹個月前納 三十錢
參個月 九拾錢
陸個月 一圜七十錢
壹個年 三圜四十錢
號外一張 新貨五厘 壹個月 十三錢

發行兼編輯人 英國人 萬咸
發行所 南署石井洞號外地三層洋屋 大韓每日申報社

第八百三拾號

大韓每日申報

第六卷

月曜及慶節翌日休刊

檀君開國四千二百四十一年
箕子元年三千三十年
大韓開國五百十七年
日本明治四十一年
淸國光緒三十四年
陰曆戊申五月大十六日庚子

論說

◎舊書蒐集의必要

世界가旣新에書籍도亦新ᄒᆞ야政治法律을學ᄒᆞ라ᄒᆞ야도新政治新法律을學ᄒᆞᆯ지며倫理哲學을學ᄒᆞ라ᄒᆞ야도新倫理新哲學을學ᄒᆞᆯ지어ᄂᆞᆯ此陳腐ᄒᆞᆫ舊書를蒐集ᄒᆞ야將何에用ᄒᆞ며西歐東洋에日로輸入ᄒᆞᄂᆞᆫ者ㅣ將彼新書籍이며文人學士가日로譯出ᄒᆞᄂᆞᆫ者ㅣ將彼新書籍이라後生少年이彼新書籍만閱覽ᄒᆞ라ᄒᆞ야도抑且無暇를歎ᄒᆞᆯ지어ᄂᆞᆯ此汗漫ᄒᆞᆫ舊書를蒐集ᄒᆞ야將何에用ᄒᆞ며山林社會에結髮讀書ᄒᆞᆫ頑固無生이舊書에汎博ᄒᆞ지아님은아니언만其常識에通ᄒᆞᆷ은國語讀本을幾讀ᄒᆞᆫ小學校의尺童世是讓ᄒᆞᆯ지며南山老屋에挑燈話古ᄒᆞᄂᆞᆫ守舊老宰가舊習에精篤ᄒᆞ지아님은아니로ᄃᆡ其時宜를解ᄒᆞᆷ이國文新聞을僅閱ᄒᆞᄂᆞᆫ勞働社會의役夫를是遜ᄒᆞᆯ지어ᄂᆞᆯ此千萬無益ᄒᆞᆫ舊書를蒐集ᄒᆞ야將何에用ᄒᆞ리오新布로舊衣를繼ᄒᆞ면必裂ᄒᆞ고新酒로舊囊에盛ᄒᆞ면必潰ᄒᆞᄂᆞ니此新書籍世界를遭ᄒᆞ야舊書籍蒐集을提論ᄒᆞᆷ은何意인가

曰嗚乎라本報의右揭ᄒᆞᆫ問題(舊書籍蒐集)를관ᄒᆞ면必也此等言論으로相詰ᄒᆞᆯ者 有ᄒᆞ지만은然이나此ᄂᆞᆫ其一만知ᄒᆞ고其二ᄂᆞᆫ不知ᄒᆞᄂᆞᆫ者로다

今日을當ᄒᆞ야人々이皆舊書의廣布치못ᄒᆞᆷ만歎ᄒᆞ나吾則舊書의將亡ᄒᆞᆷ을惜ᄒᆞ노니大抵外國文明을輸入ᄒᆞ미祖國思想을沒却ᄒᆞ야風俗도惟外國의風俗을是趨ᄒᆞ며人物도惟外國의人物을是拜ᄒᆞ면駸々不知不覺間에附外奴를是作ᄒᆞᆯ지라故로一般文明國에셔ᄂᆞᆫ莫不其國粹를鼓吹ᄒᆞ며國性을發揮ᄒᆞᄂᆞᆫ뎌現今京城內一般社會를觀ᄒᆞ건대媚新棄舊의心이太熾ᄒᆞ야先輩의發ᄒᆞᆫ議論이라ᄒᆞ면비록如何히精切ᄒᆞᆫ言論이라도必日腐敗陳談이라ᄒᆞ야此를恥道ᄒᆞ며舊籍에現ᄒᆞᆫ事蹟이라ᄒᆞ면비록如何히宏大ᄒᆞᆫ事實이라도必日荒殉往跡이라ᄒᆞ야此를愧稱ᄒᆞ고惟西哲近賢의咳唾ᄂᆞᆫ其精粗를不問ᄒᆞ고是欣是讚ᄒᆞ니此亦奴性의致然ᄒᆞᆫ바아닌가余가일즉某學校一卒業生과對話하다가日本年代를問ᄒᆞᆫ즉足利時代德川時代等을氷上에瓠를ᄒᆞᆫ듯시誦下ᄒᆞ며歐羅巴近史도壹班을略記ᄒᆞ기에余乃本國史記로提問ᄒᆞᆫ즉新羅百濟가何處邦國인지不知ᄒᆞ며東明溫祚가何代君主인지不記ᄒᆞᄂᆞᆫ지라余가此를對ᄒᆞ고大驚歎惜ᄒᆞᆷ을不發ᄒᆞ얏더니社會를觀ᄒᆞᆫ즉太半此等人物의嫺慢ᄒᆞ도다 未完

官報

▲隆熙二年六月拾三日 官報

勅 令

朕이暴徒의蜂起와安寧秩序의維持ᄒᆞᆷ을爲ᄒᆞ야憲兵補助員을募集ᄒᆞ야韓國駐劄日本憲兵隊에依托ᄒᆞᆫ件을裁可ᄒᆞ야玆에頒布ᄒᆞ노라

隆熙二年六月十一日

御名 御璽

內閣總理大臣 李完用

軍部大臣 李秉武

勅令第三拾壹號

憲兵補助員募集에關ᄒᆞᆫ件

第壹條 暴徒의蜂起와安寧秩序의維持ᄒᆞᆷ을爲ᄒᆞ야韓國駐劄日本憲兵補助員을募集ᄒᆞ야本憲兵隊에依托ᄒᆞ고該隊長의指揮를從ᄒᆞ야服務케ᄒᆞᆷ

第二條 憲兵補助員은軍屬으로ᄒᆞᆷ

軍部大臣은韓國駐劄日本憲兵隊長의要求ᄒᆞᄂᆞᆫ事項에就ᄒᆞ야憲兵補助員에關ᄒᆞᆫ事務를處理ᄒᆞᆷ

第三條 憲兵補助員의缺員補充은韓國駐劄日本憲兵隊長이此를行ᄒᆞᆷ

但軍部大臣은必要를應ᄒᆞ야地方官에게命令ᄒᆞ고此를援助케ᄒᆞᆷ

第四條 憲兵補助員에關ᄒᆞᆫ諸般規則은韓國駐劄日本憲兵隊長의定ᄒᆞᄂᆞᆫ바를依ᄒᆞᆷ

附 則

第五條 本令은頒布日로봇터施行ᄒᆞᆷ

第六條 憲兵補助員은右膊部에赤色李花徽章을附着ᄒᆞᆷ

外報

●兩帝會見 倫敦電報를據ᄒᆞᆫ즉英露兩皇帝게셔ᄂᆞᆫ(레우아ᄅᆞᆫ)에서會見하셧고隨行ᄒᆞᆫ兩國大臣도同時에幾時間을費하야密議가有ᄒᆞ엿고兩邊에서勳章의贈答ᄒᆞᆫ禮가有ᄒᆞ얏다더라

●海軍名譽大將 同電을據ᄒᆞᆫ즉露帝씌셔ᄂᆞᆫ英國海軍의名譽大將號를贈ᄒᆞᆷ을致ᄒᆞ얏다더라

●敎師被殺 上海電을據ᄒᆞᆫ즉淸國江西省萍鄕에在ᄒᆞᆫ羅馬敎宣敎師와ᄂᆞᆫ地方亂民을因ᄒᆞ야被燒되고信徒四名이殺害를當ᄒᆞ얏ᄂᆞᆫ대暴徒를鎭定하기爲하야軍隊를南昌에서急派ᄒᆞ얏다더라

●英俄皇帝相見 路透電을據ᄒᆞᆫ즉英國皇帝의御用船빅토리야、알파르號ᄂᆞᆫ去九日朝에發ᄒᆞᆫ時에二隻의俄國軍艦이擁護ᄒᆞ고俄國水雷艇이引導ᄒᆞ야쓰발루에到着ᄒᆞ야英國皇帝에셔海軍大將의服裝을着ᄒᆞ고皇后와共同히立ᄒᆞ야祝砲를受ᄒᆞ얏고英皇의快走船스탄다드、포라쓰크兩船間에碇泊ᄒᆞ얏ᄂᆞᆫ데俄國皇帝ᄂᆞᆫ卽時스탄다드號에御ᄒᆞ샤英國皇帝를訪問ᄒᆞᆫ後共히스탄다드號에셔同伴ᄒᆞ야午餐을御ᄒᆞ얏ᄂᆞᆫ데俄國皇太后皇后皇太子總理外務兩大臣並陸海軍兩大將이陪席ᄒᆞ고英國側에셔ᄂᆞᆫ해스팅크、푸란취等海軍大將이扈從ᄒᆞ야壯麗ᄒᆞᆫ盛況이極ᄒᆞ얏ᄂᆞᆫ뒤俄國新聞紙ᄂᆞᆫ모다更히滿足ᄒᆞᆫ意를表ᄒᆞ얏다더라

●軍艦注文 伯林電을據ᄒᆞᆫ則俄國國民議會에서保護巡洋艦壹隻을英國위커쓰造船會社에注文ᄒᆞᆫ件에關ᄒᆞ야政府의報告가滿足치못ᄒᆞ다ᄒᆞᆫ結局으로政府에셔審査ᄒᆞ라ᄒᆞ얏더라

●汽鑵破裂 紐育電報를據ᄒᆞᆫ則米國加州로셕젤쓰市에碇泊ᄒᆞᆫ戰鬪艦드넷스号에서汽鑵이破裂ᄒᆞ야死者가五名이라ᄒᆞ얏더라

雜報

●學校設立 定州郡德達面에有志諸씨가靑年을敎育ᄒᆞ기爲ᄒᆞ야私立經濟學校를創設ᄒᆞ고高明ᄒᆞᆫ敎師를延聘ᄒᆞ기爲ᄒᆞ야該校任員이上京廣求ᄒᆞᆫ다더라

●小學敎育에對ᄒᆞᄂᆞᆫ意見

小學은國民의根本敎育이라高尙ᄒᆞᆫ文學을主ᄒᆞᆷ이아니오普人의普通知識을幼年者의腦中에浸染ᄒᆞ야習이性으로더부러成ᄒᆞ야將來善良ᄒᆞᆫ國民이되게ᄒᆞᆷ이니故로其敎育ᄒᆞᄂᆞᆫ方法이

壹。國語로以ᄒᆞᄂᆞᆫ事

二。國體에協ᄒᆞᄂᆞᆫ事

三。普及을圖ᄒᆞᄂᆞᆫ事

蓋其國語로以ᄒᆞᄂᆞᆫ所以ᄂᆞᆫ兒童의講習에便易케ᄒᆞᄂᆞᆫ同時에自國의精神을養成ᄒᆞ기爲ᄒᆞᆷ이라故로大韓國兒童의敎科書籍은大韓國語를用ᄒᆞᆷ이可ᄒᆞ거ᄂᆞᆯ近來行用ᄒᆞᄂᆞᆫ小學敎科書籍을觀ᄒᆞ건대國漢字를混用ᄒᆞ얏시나漢字를主位에置ᄒᆞ야音讀ᄒᆞᄂᆞᆫ法을取ᄒᆞ고國字ᄂᆞᆫ附屬이되야小學用으로ᄂᆞᆫ國文도아니며漢文도아닌一種蝙蝠的書籍을成ᄒᆞᆫ지라是以로滿堂ᄒᆞᆫ小兒가敎師의口音을隨ᄒᆞ야蛙聲蛙鳴ᄒᆞ고或其意義를叩ᄒᆞᆫ則茫然히雲霧中에坐ᄒᆞ야其方向에迷ᄒᆞᆫ者가拾의八九에是居ᄒᆞ니此ᄂᆞᆫ國中子女에게鸚鵡敎育을施ᄒᆞᆷ이라替奬ᄒᆞᆯ效果를豈得ᄒᆞ리오故로曰小學敎科書ᄂᆞᆫ國語를專用치아님이可치안타ᄒᆞ노라

且其國體에協ᄒᆞ기를求ᄒᆞᄂᆞᆫ國家의基礎를鞏固케ᄒᆞᆷ과社會의秩序를維持ᄒᆞᆷ을爲ᄒᆞᆷ이니假令君主國에ᄂᆞᆫ忠君ᄒᆞᄂᆞᆫ主義를先ᄒᆞ고共和思想을鼓吹ᄒᆞᄂᆞᆫ書籍의敎科書를許치아니ᄒᆞᆷ이오普及을圖ᄒᆞ기ᄂᆞᆫ國中子弟로ᄒᆞ야곰不學ᄒᆞᄂᆞᆫ者가업도록ᄒᆞᆷ이라故로强制力을用ᄒᆞ야도可ᄒᆞ야幼年者의保護者로敎育ᄒᆞᄂᆞᆫ義務를納稅及徵兵외와아니치못ᄒᆞᆯ지치ᄒᆞᆷ이니益此二者ᄂᆞᆫ多言을不贅ᄒᆞ야도世人의熟知ᄒᆞᄂᆞᆫ바ㅣ듯

今我 學 育에對ᄒᆞ야最難最大ᄒᆞᆫ問題ᄂᆞᆫ

壹。國文專行

二。漢文全廢

當年長者가表面歷史ᄒᆞᆫ此言을聞ᄒᆞ면必驚ᄒᆞ야惡聲을白晝에關ᄒᆞᄂᆞᆫ듯疑懼ᄒᆞᆯ지며幾百年世傳ᄒᆞ든家資를强盜에게見奪ᄒᆞᄂᆞᆫ듯憤怒ᄒᆞᆯ지며又或大鐵椎가頭上에落下ᄒᆞᄂᆞᆫ듯精神이眩慌ᄒᆞᆯ지나愛國ᄒᆞᄂᆞᆫ眞性으로幽民의繼續者되ᄂᆞᆫ幼稚子女의未艾ᄒᆞᆫ知覺을涵養開發ᄒᆞᄂᆞᆫ事에對ᄒᆞ야深思熟考ᄒᆞ야其亦首肯ᄒᆞ야案을拍ᄒᆞ고快哉를稱ᄒᆞ기도ᄒᆞᆯ뜻新生來成ᄒᆞᆫ腦髓에堅硬難消ᄒᆞᆫ材料를與ᄒᆞ야身軀에滋養되지못ᄒᆞ가ᄂᆞᆫ疾病을ᄒᆞ고發生ᄒᆞᆫ癌腫을必成ᄒᆞᆯ지니此와如ᄒᆞ야複雜難解ᄒᆞᆫ漢文으로脆軟未熟ᄒᆞᆫ頭腦를攪亂ᄒᆞ면知識을增長치못ᄒᆞᆯ뿐아니라精神을耗損ᄒᆞ야百年의疾崇을釀成ᄒᆞᆯ지라故로此問題의解決이自然理上으로도本人의論에左袒ᄒᆞᆯ지오너然則小學敎科書의編纂은國文을專主ᄒᆞᆷ이可ᄒᆞᆯ가曰然ᄒᆞ다然則漢字ᄂᆞᆫ不用ᄒᆞᆷ이可ᄒᆞᆯ가曰否라漢字를烏可廢리오ᄒᆞᆫ갓오廢ᄒᆞ며漢字ᄂᆞᆫ可廢치못ᄒᆞ나니라曰漢字를用ᄒᆞ며是乃한문이니子의全廢라ᄒᆞᄂᆞᆫ說은吾人의未解하ᄂᆞᆫ바이로다曰한字를連綴ᄒᆞ야句讀을成ᄒᆞᆫ然後에始可曰한문이니字々別用ᄒᆞᆫ이豈可曰한문이리오且夫吾人이한字를借用ᄒᆞᆷ이已久ᄒᆞ야其同化ᄒᆞᆫ習慣이國語의一部를成ᄒᆞ얏시니苟其訓讀ᄒᆞᄂᆞᆫ法을用ᄒᆞᆫ則其形이雖曰한字이나卽吾國문의附屬物이며補助物이라英人이羅馬字를取ᄒᆞ야其國語를記ᄒᆞᆷ과同ᄒᆞ니한字取用ᄒᆞᆫ緣由로誰人이敢히大韓國語를指ᄒᆞ야한문이라ᄒᆞ리오英文中에希臘語와拉丁語化ᄒᆞᆫ者가有ᄒᆞᆷ으로英문을希臘語라稱ᄒᆞᄂᆞᆫ者ᄂᆞᆫ吾人의未聞ᄒᆞᄂᆞᆫ바이로라

未完

雜報

●갓袍展拜 昨報와如히昨日上午九時에 大皇帝陛下께옵셔 勳駕ᄒ옵셔 永禧殿과 文廟에 展謁ᄒ오실時에 御着冕琉冠과사袍ᄒ셧다더라

●慰生勞問 昨報와如히 大皇帝陛下께옵셔 永禧殿에 展謁ᄒ옵시고 文廟에 展拜ᄒ신後에居齋生徒들을招見ᄒ셧ᄂᆞᆫ대該학生들은曲拜의禮를行ᄒ얏고 大皇帝陛下께옵셔ᄂᆞᆫ학生의게 勞問의 處分을下ᄒ옵셧다더라

●大東校祗迎 大皇帝陛下께옵셔昨日 문廟의勳駕ᄒ실은別項과如ᄒ거니와大東학校生徒ᄂᆞᆫ二橋等地의羅立ᄒ얏다가 祗迎ᄒ얏다더라

●新察陛見 今番에轉任ᄒ觀察及新任觀察들이昨日下午二時頃의詣闕受勳ᄒ얏고因ᄒ야陛見ᄒ지ᄒ얏다ᄒ며總理大臣以下각部大臣이會同ᄒ야각觀察使의게對ᄒ야地方行政의刷新ᄒ方針을訓諭ᄒ얏다더라

●法部同陛見 法部大臣高영喜氏가大審院의渡邊 審院長과國分檢事總長倉富次官以下諸官二십四名과典獄七名을率同陛見ᄒ얏다더라

●新內閣組織說 新內閣이組織되ᄂᆞᆫ데ᄂᆞᆫ實政府幾人과現政府幾人과一進會幾人과國事犯으로[illegible]諸人中幾人을相合組織ᄒ다ᄂᆞᆫ說이有ᄒ더라

●內大困難 一進會에서ᄂᆞᆫ內部大臣宋秉畯씨를對ᄒ야日現今行政이何等오ᄒ고論駁이日甚ᄒ故로宋大臣이方在困境中이라더라

●法大宴會 法部次官高永喜씨ᄂᆞᆫ本月十五日下午二時에日本人俱樂部로각部大臣及次官과局長을請邀款待ᄒ다더라

●訓諭各察 昨日니閣에서拾三道觀察使를壹齊히招入訓諭ᄒ얏다더라

●日語觀察 拾三道觀察使中에拾壹觀察은善爲日語ᄒ고二觀察使김思默尹甲炳兩씨만日語를未解ᄒ다ᄂᆞᆫ說이有ᄒ더라

●權吳二代 慶北觀察使尹甲炳으로가今番觀察使遞任時의仍任이되얏ᄂᆞᆫ대將次尹氏가中樞院贊議로移되고其代의ᄂᆞᆫ前贊議權東鎭吳仲昌兩氏中의被任된다더라

●防疫記事送交 昨日統監府에서防疫記事二百部를니部로送交ᄒ얏다더라

●賞花設宴 昨日下午에學部日本人官吏가日本人俱樂部에셔賞花宴을盛設ᄒ얏다더라

●奸淫免職 新義州警部樸東煥氏가該地居民의小室을勒奪ᄒ야同爲居生ᄒ다가不法行爲가綻露되야自니部로免官ᄒ얏다더라

●學部留學生 宮니府所管日本留학生等의게對ᄒ監督을학部所管費留학生과同히ᄒ기爲ᄒ야각個人의原籍과現年齡及在學ᄒ學校와并히入학年月及卒業年限을敵部所管日本留학生監督신永의게詳覽表를製來ᄒ얏기로本部照會ᄒ라고학部에셔宮내府에通牒ᄒ얏다더라

●韓幣將行 韓國에在ᄒ日本각銀行에셔ᄂᆞᆫ壹圓額面銀行券을發行ᄒ얏ᄂᆞᆫ데商業界의恐慌이大起ᄒ은世所共知어니와其收入ᄒ[illegible]聞ᄒ즉[illegible]收入ᄒᄂᆞᆫ銀行券을今年七月壹日爲始ᄒ야大韓紙幣壹圓價格되ᄂᆞᆫ거을發行ᄒ고其次에五圓額面을收入絶斷ᄒ다ᄂᆞᆫ데八月壹日爲始ᄒ야大韓紙幣五圓價格되ᄂᆞᆫ거을發行ᄒ고其次에拾圓額面銀行券을收入絶斷ᄒ더인바九月壹日爲始ᄒ야大韓紙幣拾圓價格되ᄂᆞᆫ거을발行ᄒ다ᄂᆞᆫ대其模型인즉數字ᄂᆞᆫ韓國國문으로ᄒ고額面에ᄂᆞᆫ三角山을印出ᄒ얏다더라

●水座調査 昨日電氣會社니水道事務所에서城니각水商을招集ᄒ야水座價금을出給ᄒ기로說明ᄒ고該座문簿를調査ᄒ얏다더라

●前社長과裁判

本報ᄂᆞᆫ公言直筆노世人이共知ᄒᄂᆞᆫ바인데某處에셔ᄂᆞᆫ何由를以ᄒ야前社長裴說氏가義兵煽動이라指目ᄒᄂᆞᆫ지不知어니와今番에淸國에在ᄒ英國控訴院檢事의來韓ᄒ은專히裴說氏의對ᄒ야裁判審査ᄒ러ᄒ이라明日(月曜)부터裁判을開廷ᄒ다더라

●釜山水道條例 釜山水道敷設에從事ᄒ官吏에關ᄒ件을昨日에勅令으로頒布되얏ᄂᆞᆫ대其條件이如左ᄒ더라

第一條 內部大臣은政府及釜山居留民團共同經營에屬ᄒ釜山水道敷設事務를處理케ᄒ기爲ᄒ야臨時로內部에技師主事技手를增置ᄒ며又ᄂᆞᆫ所屬官吏로ᄒ야곰臨時로其事務의從事케ᄒᄂᆞᆫ事를得ᄒ

第二條 前條增置ᄒ官吏의게對ᄒ야ᄂᆞᆫ俸給及手當을停止ᄒ며族費其他給與를支給치아니ᄒ

第三條 所屬官吏가前條의事務의從事ᄒᄂᆞᆫ間의도亦同ᄒ

●祭官都數 宮니府와각府部院廳의屬官이각祭享祭官을當時의察習ᄒ되[illegible]의致를因ᄒ야排比가困難ᄒ로每患壹人之疊役而多有허기로각府部院廳의壹年祭官을都差排定ᄒ외以便差祭케ᄒ이安當ᄒ오ᄆ로都差件記를帖聯仰呈ᄒ라ᄒ얏ᄂᆞᆫ데壹年祭享都數와親勳奏判任의都數가如左ᄒ니宮니府에ᄂᆞᆫ親任이壹次勅任이九次奎章閣의ᄂᆞᆫ勅任이四次奏任이六次判任이四次니藏院와ᄂᆞᆫ判任이六次典膳司의ᄂᆞᆫ勅任이壹次判任이貳次主殿院의ᄂᆞᆫ判任이二次掌禮院의ᄂᆞᆫ勅任이八次奏任이四십二次判任이三百六拾八次帝室會計監査院의ᄂᆞᆫ奏任이壹次判任이五次帝室財産整理局의ᄂᆞᆫ判任이三次侍학院의ᄂᆞᆫ勅任이三次判任이三次承寧府의ᄂᆞᆫ勅任이二次侍從院의ᄂᆞᆫ判任이三次니閣의ᄂᆞᆫ親任이貳次勅任이壹次判任이五次니部의ᄂᆞᆫ親任이六次勅任이二次奏任이四次判任이拾次度支부에ᄂᆞᆫ勅任이三次奏任이一次判任이拾次軍部의ᄂᆞᆫ親任이貳次勅任이拾次奏任이拾八次判任拾九次法部의ᄂᆞᆫ奏任이四次判任이三次학부의ᄂᆞᆫ親任이貳次奏任이三次判任이七次農商工부의ᄂᆞᆫ勅任이壹次奏任이二次判任이八次表勳院의ᄂᆞᆫ奏任이[illegible]次判任이五次[illegible]ᄂᆞᆫ勅任이一次奏任이一次中樞院의ᄂᆞᆫ勅任이六次奏任이二次判任이十次漢城府에ᄂᆞᆫ奏任이貳次判任이六次인대壹年祭享都數가壹百八拾四次니의親任이拾次오勅任이三拾八次오奏任이八拾七次오判任이四百八拾西次라더라

●商界財渴 近日韓國의財政이甚히枯渴ᄒ야商業界에壹大恐慌을惹起ᄒ다ᄂᆞᆫ데近日에韓人破産者가[illegible]中部等地에四[illegible]處가有ᄒ다더라

●巡査試取 한城及地方각警察署에派送ᄒ巡査들니部에서試取ᄒ은累々報道ᄒ바어니와昨日의도幾拾名을試取ᄒ얏다더라

●日報將刊 日人某也가國한문으로混用ᄒ야新聞을不久의發刊ᄒ다더라

●大同風流 大同會支會社稷洞事務所에셔昨日妓生과舞童의風流가宏壯ᄒ얏다더라

●偸食監役 前蔚珍郡守尹榮兌氏의子尹弘植이가蔚珍郡民의國債報償錢을中間偸食ᄒ事로裁判ᄒ다ᄂᆞᆫ說은已揭前報어니와히씨ᄂᆞᆫ監役拾五年에處ᄒ다ᄂᆞᆫ說이有ᄒ더라

●朴氏病篤 학部繙譯官朴成圭씨가得病ᄒ야治療末由ᄒ故로日昨에大韓醫院으로昇去治療ᄒᄂᆞᆫ대病勢가添加하야必死乃已라더라

●豪華被縛 日前夜의何許演戱場의셔別巡査가엇던富豪子弟壹名을捕捉以去ᄒ야賄賂로審問ᄒ즉數人所答이自己家舍를幾千圓에外債를得ᄒ야如是蕩遊ᄒᄂᆞᆫ대무슴關係가업다ᄒ으로卽爲放送ᄒ얏다더라

●貞烈所感 智島郡居士人崔玟桂氏의夫人김氏ᄂᆞᆫ奢事舅姑ᄒ며承訓所天ᄒ더니及其夫君이罹病ᄒ미新天身代ᄒ고夫死ᄒ後에廬墓三年ᄒ셔隆冬에異草가挺生ᄒ고乾谷에령泉이湧ᄒ지라貞烈所感을壹郡이齊誦ᄒ야自士林中으로掌禮院에呼訴ᄒ얏다더라

●辯護移館 辯護士의會館을中署許屛에設ᄒ얏더니該館을臨時로西署松橋玉東壹法律事務所로移設ᄒ얏다더라

●敎明請認 私立敎明義塾을去年九月分에設校ᄒ야敎授ᄒᄂᆞᆫ대尙未認許러니近日에認許ᄒ다고該校長리戴克氏가학部로請願ᄒ얏더라

●親睦總會 大韓學生親睦會에서定期總會를今日上午十一時에北部桂洞桂山學校니에開ᄒ다더라

●學生總合 本日下午壹時에學生聯合親睦會에셔第貳總會를興士團測量學校니에開ᄒ다더라

●安氏演說 湖西학生親睦會의셔本日下午壹時의開ᄒᄂᆞᆫ總會의演說은安昌浩씨가ᄒ다더라

△地方消息▽

▲去月九日襄陽郡附近의셔義兵二百五拾名이히郡日分遣隊와交戰ᄒ얏다ᄒ고

▲本月九日廣州郡西南約壹里地의셔義兵三名이同郡日守備兵과衝突ᄒ얏다ᄒ고

▲本月七日宜寧郡北方約三里地의셔義兵卅名이同郡日分遣隊와交戰ᄒ얏다ᄒ고

▲本月壹日山淸郡東北方二里地의셔義兵二拾名이히郡分遣隊兵六名과衝突ᄒ얏다ᄒ고

▲本月六日德川郡東南方倉坪附近의셔義兵約五십名이日本少尉의率ᄒ討伐隊와交戰ᄒ얏다ᄒ고

▲本月七日旌善郡東南方의셔義兵約百名餘가히郡分遣隊兵十名以下십名과衝突ᄒ얏다ᄒ고

▲本月八日保寧郡니의셔義兵六십名이日憲兵과衝突ᄒ다가義兵은退却ᄒ얏다ᄒ고

▲本月[illegible]日楊州郡니의셔義兵數십名이[illegible]陽分遣隊憲兵과交戰ᄒ얏다더라

△長醉不醒▽

▲當世人物閔[illegible]이如狂如醉ᄒ야晉壹平生에酒泉星이來照ᄒ야晉朦世界되엿ᄂᆞᆫ가泰山雷성當頭ᄒ나不省人事可憐ᄒ다

▲酒國春에늙ᄂᆞᆫ人生合屍月輪已滿ᄒ니盈虛之理會昧ᄒ고恬然無愧不退타가다시地位가搖動ᄒ야後補望占紛紜ᄒ니精神收拾難堪일세

▲酒國春에늙ᄂᆞᆫ人生三觀察은轉遞ᄒ고七觀察이新任ᄒ니逆旅又흔政海上에去船來船相換ᄒ야迎送無常難測ᄒ니精神收拾難堪일세

▲酒國春에늙ᄂᆞᆫ人生壹進會가激昂ᄒ야辭職勸告ᄒ제무合意不同ᄒ야自中之乱忽起ᄒ니孰勝孰敗未可知라精神收拾難堪일세

▲酒國春에늙ᄂᆞᆫ人生內閣首席變動ᄒ제某總宰가云云ᄒ니冷落如水門庭下에來賓이湊成市ᄒ야雞鳴狗吠爭前ᄒ니精神收拾難堪일세

▲酒國春에늙ᄂᆞᆫ人生演戱臺가日增ᄒ야外國模制稱ᄒ고滿子錢財網羅ᄒ니新知識[illegible]ᄒ나利益은만效顯ᄒ니[illegible]收拾難堪일세

▲酒國春에늙ᄂᆞᆫ人生남北村에高談客은變幻潮망昧ᄒ고今日時機憂歎ᄒ며過去事를回想ᄒ나悠悠ᄒ海虛ᄒ니精神收拾難堪일세

▲酒國春에늙ᄂᆞᆫ人生新出官人貌樣보소品服鮮明ᄒ나事務處理ᄒ得意之秋맛ᄂᆞᆫ듯시揚揚ᄒ니精神收拾難堪일세

▲酒國春에늙ᄂᆞᆫ人生學部大臣晩發하고豈時酒暢解鬱ᄒ나平合頭致自省ᄒ사官[illegible]淚盡處ᄒ야萬端愁緖攢眉ᄒ니精神收拾難堪일세

▲酒國春에늙ᄂᆞᆫ人生合玉貴人技局上의[illegible]除[illegible]聚散ᄒ니龍斷賤丈虛慾나[illegible]家産蕩盡不顧ᄒ고埋頭沒身誤了ᄒ니精神收拾難堪일세

社告

◎謹告各支社員

本社에셔現下經費가比前夥多ᄒᆞ야窘措이甚甚ᄒᆞ오니各地方支社에셔ᄂᆞᆫ本報代金을不日收刷ᄒᆞ야本月十五日內로郵便換送付ᄒᆞ야以補社費케ᄒᆞ심을希望ᄒᆞᆷ

大韓每日申報社

雜報

●學校可望　公立普通學校副訓導金夏종시가赴任ᄒᆞᆫ지于今數月에實心敎育ᄒᆞ야登校學徒의固有ᄒᆞᆫ熱心을十層激勵ᄒᆞ니該校學徒의成就ᄂᆞᆫ時日을可待ᄒᆞᆯ것이오該郡來人이稱頌ᄒᆞ더라

廣告

本所에셔測量製圖ᄅᆞᆯ精速需응ᄒᆞ오니僉彦은來臨問議ᄒᆞᆷ

中署大廟동廿二統六戶

東彰測量事務所　告白

◎活字及印刷機械製造販賣◎

其他인ᄭᅴ·機械油·膠·名刺紙·色革
金銀各良粉箔·並活版石版附屬品一式

새로 ᄉᆞ업ᄒᆞᆫ 창셜ᄒᆞ야 ᄒᆞᆫ번에 오뵉원어치 이상 물건을 사셔 가시ᄂᆞᆫ이ᄒᆞᆫ대ᄂᆞᆫ 본뎜에셔 기ᄉᆞ ᄒᆞᆫ명을 보내셔 ᄒᆞᆫ달동안을 월급도 아니밧고 직공ᄒᆞᆯ ᄀᆞᄅᆞ쳐 주겟ᄉᆞᆸᄂᆞ이다

京城長谷川町二丁目（石井洞）

江川活版製造所支店

本店　東京日本橋區長谷川町　電話浪花八八八番

鐵工塲　東京京橋區南傳馬町　電話本局二七二六番

支店　仙台市國分町　電話一一七番

南署樂善坊墨동拾六統拾戶壹人　崔在[illegible]處에拾貳圜貸給ᄒᆞ얏더니壹年이지나도록推尋ᄒᆞ야도失故ᄒᆞ기로廣告ᄒᆞᆷ　家主韓順興―

悖類是廣告　[illegible]出沒京鄕托名於萱進會府同郡主事裵相진ᄒᆞ야永宜大監逮捕ᄒᆞ심前莫匪　宮庄勒捧편財라하遞宮하신後以其財圖得宮監陰謀宮人全奎儀完뮤야欺誤該郡商民김道汝與守直崔成振等上年十二月漢城裁判所락落科拘囚獄중得蒙放下來具罪又裁判落科數朔守直崔成振이逐出商民김道汝身死罪免墻牛梨鳥之嫌廣告

김海居民崔成振等　告白

本會에셔第二總會를本日下午壹時에磚洞興士團測量學校니에셔開ᄒᆞ오니僉會員은屆期來臨ᄒᆞ심을爲要

學生聯合親睦會　告白

本會에셔本月十四日（日曜）下午壹時에臨時總會를中橋義塾니에셔開ᄒᆞ오니僉회員은繼期리臨ᄒᆞ심을爲望

湖西學生親睦會

本人이去己丑年에無父孤兒李泰成을收養ᄒᆞᆫ後에姓名은김敎顯이오字ᄂᆞᆫ公敏으로稱呼ᄒᆞ야六年前에成娶시지ᄒᆞ얏더니性本浮浪ᄒᆞ야雜類와符同ᄒᆞ야酒色塲에出沒ᄒᆞ야往々出去不還ᄒᆞ며數人出債와看作能事하야敎訓을不遵키로昨年七月分에收養의名義ᄅᆞᆯ破ᄒᆞ고還其本姓ᄒᆞ야買屋出居케ᄒᆞᆫ後에李泰成이가脫收養還本姓ᄒᆞᆫ意로繕成證書ᄒᆞᆫ은壹洞共知이온바同李泰成이가假稱김敎顯이라ᄒᆞ고外債ᄅᆞᆯ得用ᄒᆞ야本人의게移徵코ᄌᆞᄒᆞ다ᄒᆞ니雖有如此悖習이나本人은壹分錢이라도擔徵ᄒᆞᆯ理가無ᄒᆞ기玆以廣告ᄒᆞ오니內外國人은切勿見欺ᄒᆞ시옴

阿峴勸檣김敎仲　告白

漢城松檣法律事務所

辯護士　玉東奎

民事代理와刑事辯護ᄅᆞᆯ기爲ᄒᆞ와出張所ᄅᆞᆯ如左히定ᄒᆞᆷ

第一出張所

平壤　觀察道前拾三統貳戶

事務員　李寅根

第二出張所

海州　至政門前工洞文斗景家

事務員　李鼎圭

通常總會를本月十四日（日曜）下午壹時에繼동本會館니로開ᄒᆞ오니壹般會員及有志人士ᄂᆞᆫ來臨ᄒᆞᆷ

湖南學會　告白

本人의五歲女兒名千欄이洋木紅袴紗襪足跣昨日上午八時量路失故廣佈ᄒᆞᆷ

中署泥동七統四戶

李丙韶家同居黃璿性告白

本人이三年前에麻醉樸鬱病이러니何幸著名醫師金雲韶氏의神術的技能으로對症投劑에其所祟가近ᄌᆞᆷ快差ᄒᆞᆷ으로爲ᄒᆞ야役何贊頌이라오만은不勝感賀ᄒᆞ야玆以廣布ᄒᆞᆷ

平壤東林徐應彪　告白

本會通常總會를本月十四日（日曜）下午壹時에校洞本會館內에셔開ᄒᆞ오니一般會員과有志人士ᄂᆞᆫ屆期來臨ᄒᆞ심을望ᄒᆞᆷ

畿湖興學會　告白

初等大東歷史

初等小學修身書

新撰尺牘完編　朴晶東著

政治小說　銀世界

新小說　血淚下卷　李人稙著

意大利獨立史　五十錢

國際公法志　四十錢

經濟原論　三拾五錢

國文新撰家庭學　三拾錢

發行人　金泰玉

發賣所　名齊舖　정寶鎭

▲大韓國新發明　명藥

健胃▲八寶丹　九拾五粒

消滯▲팔보단　一金拾錢

承事府典의正三品洪哲普閣下實驗處方과趙[illegible]々외외學校敎官張燕茂君有効證明으로此丹을발行이온바新久滯積과急滯關格과霍亂사腹과胃腹疼痛과頑痰固飮과新久泄瀉와七情鬱結과水土不服과船暈眩暈諸症

에壹服見效ᄒᆞ오니衛生君子ᄂᆞᆫ光顧試可ᄒᆞ심을爲希ᄒᆞᆷ

瘡病神藥　▲사향소창단　▲麝香消瘡丹

特對匣廣告銅版印搭可也　此丹이於諸창에無論男女老少ᄒᆞ고若服壹劑하면實有神效ᄅᆞᆯ奏ᄒᆞ야百불白中ᄒᆞ오니非例方可及也라若論主治則楊梅ᄂᆞ疳連珠瘰癧咽창諸症에俱見立效ᄒᆞ오니瘡病의君子ᄂᆞᆫ壹次試驗ᄒᆞ시옴

婦人寶藥　▲태양도경환　▲胎養調經丸

壹個月分入　定價金五圜

大抵婦人이年過ᄒᆞ도록不受孕者ᄂᆞᆫ由於有病也라若不趁早研究ᄒᆞ고專聞看運則非但壹個人의關係가不淺也니僕이十五年에不辛이라抑亦全國生育之理ᄅᆞᆯ消費ᄒᆞ야內外國高明의士에實驗方을選擇ᄒᆞ야先自僕家로及他人ᄒᆞ야累試普驗에十분而神效ᄅᆞᆯ용고且此약이非但究孕之神劑라治瘡。治積。調經。調血에俱有實效ᄒᆞ옵기玆以廣布ᄒᆞ오니僉員ᄂᆞᆫ壹次試驗ᄒᆞ시면其價를可知이옴

약製所인川港츅峴和平堂藥房

발行人　仝　리應善

代理店　인川港츅山濟生堂약房

京성大廣橋共愛堂藥房

右三種藥은地方各處有名藥店마다隨應販賣ᄒᆞ옵고地方遠處이라도郵便으로請求ᄒᆞ오면小包로傳致ᄒᆞ깨ᄉᆞᆷ

仁川港츅峴和平堂白

本所에셔鑛山、土地、家屋、川林、測量製圖設計等을迅速需應ᄒᆞᆷ

南署會동九拾貳統拾壹戶

會同測量事務所

總務金澤吉　事務金錫禎

北署齋洞三拾統六戶에測量事務所ᄅᆞᆯ設立ᄒᆞ고諸般測量을迅速精確ᄒᆞ게爲ᄒᆞ야要求ᄒᆞ시ᄂᆞᆫ대로完成測量ᄒᆞᆯ事務所主宋殷洙告白

民刑事訴訟及官廳請願等法律事務ᄅᆞᆯ誠實擔當ᄒᆞᆷ

西部毛橋八十六統七戶

辯護士　前檢事　洪鍾憶

事務員　前主事　孫惠駿

前主事　韓章鉉

前主事　金正濬

京성中部長橋東谷第二拾統三戶

辯護士　朴星煥

前檢事

法律事務所

特新發明梅毒명藥廣告

陸軍軍醫의治中特實驗方劑

落梅丹

口瘡不發창病去根ᄒᆞᆫ명藥

壹劑五百粒定價金三圜

主治　梅毒「唐창」新舊창毒性癩瘋皮膚病便毒마鼠私創疾病

已上病證外에男女間에不精交合ᄒᆞᆫ後에若疑아之端이有ᄒᆞ야도此藥壹劑만服用ᄒᆞ면完無後慮ᄒᆞ고脾胃도健全ᄒᆞᆷ을擔保ᄒᆞᆷ此外에도외療機械와精藥良材ᄅᆞᆯ新備ᄒᆞ고內外科各色疾病을誠心治療ᄒᆞᆷ

皇城北部大安洞

仁濟藥房　高用진　謹白

代理店

京城鍾路　共愛堂藥房

仁川港龍洞　濟生堂

國內各處藥局에셔隨處販賣ᄒᆞᆷ

韓國史談　金澤榮先生　編述

士國王厚禮子益大王七年戰史　全壹冊　定價三十錢

此書ᄂᆞᆫ即拾八世紀頭에普魯士厚禮斗益大王이日耳曼列邦中에介在ᄒᆞᆫ弱國으로突然崛起ᄒᆞ야武的精神으로人民을鼓勵ᄒᆞ며俄法等諸國과對抗ᄒᆞ야七年戰爭을繼續ᄒᆞ야普魯士國의雄飛ᄂᆞᆫ奇績을成ᄒᆞᆫ事實이온대其政畧의巧敎와其功烈의偉大ᄒᆞᆷ이足히讀者의敬慨心을喚起ᄒᆞᆯ지니僉君子ᄂᆞᆫ速々購覽ᄒᆞ시옴

發賣元　京城[illegible]　發賣所　京城各書店

新刊書籍發售廣告

文字讀本　金亨洙[illegible]

初等衛生學　全壹冊　定價金六拾錢

初等倫理學　全壹冊拾五錢

國家學綱領　全壹冊定價金五전

國民須知　全壹冊八錢

初等小學　全四冊壹圓三拾錢

中等萬國新地誌　全貳冊壹圓

增修無寃錄大全

國民文壹冊七拾五錢

伊太利建國三傑傳　全壹冊　定價三拾전

新撰說記학

獨習日語獨학　全壹冊　定價金三拾전

洋裝壹冊　壹圓貳拾五전

愛國夫人傳　全壹冊　定價금拾五전

新小說血淚　全壹冊　定價금貳拾錢

最新會議新論　全壹冊　定價금三拾五전

世界三怪物

家庭雜誌　每號拾錢

新訂算術　全三冊六拾전

乙支文德　並壹冊三拾錢

發賣所　皇城中署布屛下

廣學書舖　金相萬

京鄕各有名書舖

漢城醫師會總務 製藥院監督 洪錫厚 朴 李
製藥鑑査入濟衆院醫學員洪錫厚朴䕫惠李
銳化告白　代理[illegible]梨峴洋藥局 李信華

本人等이漢城南大門外濟衆院用낫處方으로左記對入낫을製造ᄒᆞ오니京鄕遠近勿論ᄒᆞ고此樂品을用ᄒᆞ시기爲ᄒᆞ야諸醫學校及協立等池錫永氏에게각方文마다議定ᄒᆞ고有効證明書를受ᄒᆞ고主治効能用法을詳記ᄒᆞ야洋鉄匣紙匣琉璃瓶에封ᄒᆞ야賣ᄒᆞᄂᆞᆫ바兄弟에게利益이加有ᄒᆞ도록ᄒᆞ나이다

治痰平胃丸　男女益補益丸
輕腫根治膏　純金鷄蠟丸
濕腫根治膏　蛔虫浸出丸
大腫拔根金瘡膏　四時感冒丸
小兒胎毒金治膏　清明眼藥水
癨氣神効保嬰散　消痰鎮咳藥
小兒感冒靈效散　男女癆痰祛根藥
之殺虫德國痰丸　寸虫拔根藥
漢城百應膏　止足汗臭藥
洋藥乾材　止瀉潤腸丸
舊藥唐草材　陳陳旧滯消積丸
西藥醫方活套　無[illegible]疥瘡藥

◉大韓國新[illegible]藥
◉修度靈丹　各種痰滯中暑久滯口臭嘔飲吐瀉定價一貼十錢
◉至寶丸　治諸般疾不拘久遠俱有偉効定價金十錢
◉靈效液　外用方香治疥瘡皮膚百發百中定價金三拾錢
◉清眼水　治諸般眼疾有特效
◉通淋丸　天之妙定價金拾錢　治男女急慢淋疾神效無雙速效除毒定價金五拾錢

製藥兼發行所　漢城南部大廣橋西邊第三家十九統七戶　共愛堂大藥房　謹白

支店
漢城南門內　共愛堂第壹支店　리춘흥 李春馨
群山港開福洞　共愛堂第二支店　리춘긔 李春祚
河東郡赤良面　共愛堂第三支店　黃麟秀

代理店
平壤北部大安洞　仁濟藥房
仝 鍾路靑年會館前　慈惠藥房
仝 西部新門外石橋　普濟醫院
仁川奇峴　濟生堂
仝　和平局

此外에도東西洋各國有名賣藥과草材藥이俱備하오니藥의多少를不拘ᄒᆞ고請求ᄒᆞ시면小包로仰呈ᄒᆞ겟슴

◉大韓國新發明製藥廣告
●陸軍醫官金守鉉君實驗方劑
●陸軍軍醫張基茂君有効證明
●四海衛生諸君子常備之靈藥
消化新藥 清心保命丹
發行所 仁川港杻峴 濟生堂藥房
九十粒入盒拾錢

●主治効能
●飲食積滯中暑中寒
●咳嗽痲疹水土不服
●[illegible]腦痛車舩暈
●[illegible]口熱惡臭
●全其他諸般疫氣瘟疫預防方妙藥
●出張代理特約販賣所
●京城大廣橋共愛堂大藥房
同 香路靑年會惠藥房 리觀化
同 藥峴洋藥局 리信華
同 銅峴博文書館 盧益亨
同 南大門外大同運輸會社 二
同 泥峴三丁目 新井支店
同 泥峴郵便局前 天佑堂
同 水標橋本堂出張人 리鳳林
●仁川舊邑本堂出張所 金濟賢
同 開城旅館 韓國根
同 奇峴和平堂 리應善
●開城南門內萬物廛 박圭相
同 南門內同店 閔相玉
同 南門內書社 리祥鎬
同 北部毗橋 具聖模
海州宗路商店 宋在瑛
同 二房藥舖 김永泰
同 南門內店 리奉植
水原鍾路下藥房 金濟九
延安邑藥房 [illegible]汝文

●江華鍾路店 尹斗鉉
●同 鍾路店 宋順五
同 西門外冊肆 高成叔
長湍南門 [illegible]
●砂利院市場客主 朴[illegible]昌
●同 任允[illegible]
同 耶蘇敎堂 리在[illegible]
黃州南門紅門 리東鎬
平壤鍾巨里濟生局 [illegible]
同 館前衛生醫院 全龍興
同 大興部一里 [illegible]
同 西武洞藥局 [illegible]
同 里[illegible]洞出張人 桂澤宜
鎭南浦 洋藥局 [illegible]
同 [illegible]本堂出張人 김元[illegible]
群山港[illegible]洞 吳[illegible]
●安州[illegible]藥房 김斗鉉
●安岳邑上[illegible]濟生局 [illegible]
●大邱南門[illegible] 林[illegible]柱
●錦山[illegible] 金成浩
●仁川郡[illegible]藥店 金重佑
●載寧邑[illegible]洋藥局 朴之行
●忠州東良面[illegible] [illegible]允國
●晉州郡[illegible] 金鎭和
●[illegible]南門[illegible]洋藥局 박[illegible]
●郭山邑[illegible]洋藥局 [illegible]
●鐵山邑[illegible]永春堂 安[illegible]
●宣川邑[illegible]冊肆 安[illegible]
●義州水口街 [illegible]
●[illegible]川邑西里洋藥局 김永植
●郭山邑[illegible] 김大鉉
●元山港濟生堂支店 박[illegible]
●北靑新昌港客主 박[illegible]
●江原道本堂出張人 [illegible]
●[illegible]川邑官洞洋藥局 리丙斗
●稷山용谷里 리東[illegible]
●其他各藥店마다販賣함
●仁川港濟生堂謹白

◉土木[illegible]築測量設計幷監督
◉鑛山林野土地之測量及製圖
京城旭町二丁目百拾壹番地
片村工務所
所主片村龜次郎

本店에셔夏節양服件이英京倫敦에셔新着ᄒᆞ야기로玆에廣佈ᄒᆞ오니 僉君子ᄂᆞᆫ光顧購買ᄒᆞ심을望ᄒᆞᆷ
貞洞華商源泰號 양服裁縫店 謹白

製藥所 仁川港杻峴 和平堂약房
發行人 仝 李응春
代理店 京성入廣橋共愛堂藥房　仁川港奇峴濟生堂藥房
胎養調經丸
리양됴경환
대뎌 부인이 년과로부 임신ᄒᆞ미니 처 못ᄒᆞᆷ은 병으로 인ᄒᆞᆷ이니 일쟉이 연구치 아니ᄒᆞ고 살상이 ᄇᆞ려두면 다만 한사ᄅᆞᆷ의 불ᄒᆡᆼᄒᆞᆯ뿐 아니라 또ᄒᆞᆫ 젼국에 크게 관계가 잇ᄂᆞᆫ고로 본셩의 십오년을 ᄂᆡ외국 고명ᄒᆞᆫ의스와 실험방문 뎐ᄒᆞ야 심예 집오로브터 他人家에 루〃시험ᄒᆞᆫ즉 열에 열사ᄅᆞᆷ이 다효험을 보앗고 ᄎᆞ약이 잉ᄐᆡᄒᆞᆯ만 ᄒᆞᆯ뿐아니라 (치료) (치뎌)ᄒᆞ며 (조경)(조혈)되ᄂᆞᆫ고로 이것치 광포ᄒᆞ오니 쳠부인은 일ᄎᆞ 시험ᄒᆞ서며 각디방이라도 우편으로 부쳐 더이오니 죠량ᄒᆞ시옴
壹劑壹個月分定價五圜
製藥所 仁川港奇峴 和平堂약房
發行人 仝 리應春
代理店 인川港奇峴 濟生堂약房　京城大廣橋

엇지셔 먹으면 효험이 계발ᄒᆞ여 증되ᄂᆞᆫ고로 더 말ᄒᆞ지 ᄒᆞ와사 가오니 찰병잇ᄂᆞᆫ 쳠위ᄂᆞᆫ 오ᄅᆡ 고셩말고 속히 ᄃᆡ입ᄒᆞ야 쓸와 ᄒᆞ시며 각디방이라도 우편으로 부칠터이오니 죠량ᄒᆞ시옵
우량중약은 졍심으로 명단각쳐발매소마다 수응판매ᄒᆞ오니 그근방에 계신이ᄂᆞᆫ 그곳으로 가셔 몬외ᄒᆞ시오
共愛堂약房
仁川港和平堂 白

●學員募集廣告
本學會에셔 徽 湖學校를設立ᄒᆞ고 師範科學員을爲先募集ᄒᆞ니願학ᄒᆞ는人員은本月拾四日내로請願書에履歷書를帖聯ᄒᆞ야校洞本會館내로提呈ᄒᆞ고
同月十五日月曜上午十時에本館으로來ᄒᆞ야應試ᄒᆞᆯ事
但請願紙ᄂᆞᆫ本會館에來求ᄒᆞᆯ事
一試驗科目은國漢文讀書作文내國史歷史問對算術四則以내
但官公私立學校의普通科以上卒業證書가有ᄒᆞᆫ人은年齡이相當ᄒᆞ면免試許入ᄒᆞᆷ
一資格은年齡貳十歲以上身體康健ᄒᆞ고品行이端正ᄒᆞᆫ者
一修業年限은本科에ᄂᆞᆫ三個年으로特別科에ᄂᆞᆫ拾八個月노定ᄒᆞᆷ
一學校位置ᄂᆞᆫ建春門外前會館(前陸軍衛生院)
畿湖興學會

○약 광 고
본국에셔 십년을연구ᄒᆞ야 사향소창단)이란 약을발명ᄒᆞ엿ᄂᆞᆫ데 남녀몬ᄒᆞ고 무슨창병이던지 쎠제 (十四介)를먹으

◉本社廣告
○廣 告 料
國문활字十三字詰
每日每英尺一寸에新貨參拾五錢
(每日發行六次에相當ᄒᆞᆷ)
二週日에　二圜五十錢
每日發行四次五號에相當ᄒᆞᆷ
一箇月에　五圜
每日發行四號一號에相當ᄒᆞᆷ)
其期限의長短과字行의多少를依ᄒᆞ야協議ᄒᆞᆷ이有ᄒᆞᆷ
○申 報 價
壹號代金　新貨二錢五厘
壹個月前納　三十錢
參個月　九拾錢
陸個月　一圜七十錢
壹個年　三圜四十錢
廣告一號　新貨五厘
壹個月　十三錢
發行兼編輯人英國人 萬 咸
發行所
南署石井洞號外地三層洋屋
大韓每日申報社

▲特別廣告
本社에셔名帖印刷局을設ᄒᆞ고各樣活字와洋紙本이俱備ᄒᆞ오며印刷의精美ᄒᆞ고價値의低廉ᄒᆞ오니特別히多數購覽ᄒᆞ시와夫人의게ᄂᆞᆫ一層低廉ᄒᆞ오니隨意請求ᄒᆞ시ᄋᆞᆷ
大韓每日申報社 告白

第八百卅壹號

大韓每日申報

第六卷

月曆及慶節
歲時日休刊

檀君開國四千二百四十一年
箕子元年三千三十年
大韓開國五百十七年
日本明治四十一年
淸國光緒三十四年
陰曆戊申五月十八日壬寅

論說

◎舊書蒐集의必要 (續)

昔者勝朝(高麗)以前에東方이固是强國으로著名ᄒ야日今日唐日鮮卑日契丹日日本等의巨寇强賊이皆其手中에就擒ᄒ며皆其膝下에來伏ᄒ야域外列邦이皆此國民族의特色을欽歎ᄒ더니其誰의作孽로崇拜華夏主義를大吹ᄒ야末流文弱이此에至하얏는가不過是幾個文士詩客의崔致遠김富軾又ᄒ諸人이支那에留學或旅行하야眼은한官儀에眩ᄒ며心은中原文獻에醉ᄒ야本國歷史는一切唾棄ᄒ며本國精華는一切掩却하고死筆을執ᄒ야奔走呼號ᄒ민遺其時此를據歷ᄒ平ᄒ偉人이無ᄒ고許多夢中人이其思潮에遂傾하야畢竟神聖國土도如此無熱性無腦筋의奴隷世界를幻成홈이니此는千古志士의扼腕長歎홀비어니와余는即今爭國新識學士들回顧하미一大恐怖를抱하노니彼政治法律等科를學ᄒ며美國日本等각處에留ᄒ는內外諸학生이어或者其中에第一崔致遠第一김富軾이나不有홀가

假使本國에文獻이自足ᄒ야도外來의新思潮가四圍로震感ᄒ야慧魂失魄의慮가十中八九인데况韓國은幾百年來에自家書籍을輕視하結果로家々에三經四書니大家는高儒는얏스나本土의傳來ᄒ는書籍는晨星갓치不多ᄒ야東國通鑑懲毖錄等書籍은日本셔購得ᄒ기는甚易ᄒ나皇城內書舖에셔는見影이殆難ᄒ고只是는獻古家의塵箱中蠹蝕物을作ᄒ니噫라此日此時에舊書를蒐輯하야其煩瑣는去ᄒ며其精은撥ᄒ야此를刊出ᄒ며此를流布ᄒ야後進의要求에應ᄒ면此亦祖國精神을喚起ᄒ는一法門이될지오

且自國에書籍은是乃幾千載以來에國民先祖先輩의思想心血의結集ᄒ者라國民의精神도此에셔觀홀지며國民의性質도此에셔驗홀지며其他山川人物風俗政治等의搜探沿革도莫非此에셔藉ᄒ지니엇지輕視치아니리오

昔에李勣이高句麗에入寇ᄒ야平壤城을陷落ᄒ고高麗藏書庫를閱하며니喟然日東表小邦으로文籍의具備홈이엇지此에至ᄒ고萬一此를留存ᄒ야句麗遺民으로得見케하면懸者가知하며懦者가勇ᄒ야他日王師를更勞홈에至ᄒ지라ᄒ고卽時火에投하야灰燼을成ᄒ얏다云々ᄒ더니(出紀年兒覽)今日狀態를觀ᄒ건대리勸世不待ᄒ야不過幾年만에國內舊書가絶種에殆至ᄒ지라

余가此를懼ᄒ야有志有資의人士에게廣搜精擇홈을望ᄒ노니苟或幾多星霜을又過ᄒ면此志를抱하는者ㅣ有ᄒ야도其散逸이更多ᄒ야一般故紙가되야求홈이秦家火後에詩書를求홈보다更難ᄒ지로다

鳴乎라世界文明의三大原因에印刷業의發達이其一에居ᄒ얏는대韓國은鋼版活字의製造가列邦中最先發明된國으로文獻의寥々가如此ᄒ니此亦國民의責이아닌가 完

外報

●兩帝平和　路透電을據혼則德國은英俄兩國의會見을批評ᄒ야自然히不安ᄒ念을起ᄒ지라此會見ᄒ結果는歐洲의政策은特히馬基頓問題의變動을豫想ᄒ기로主홈이오그러나兩帝ᄭ셔極力히平和를固執ᄒ는것은他國의恐怖念을無케ᄒ는傾向이有하다ᄒ얏더라

●治權干涉防止　上海電을據ᄒ則西太后ᄭ셔慶親王과袁世凱의게對하야法國이安南治權에干涉ᄒ야如何ᄒ要求가有ᄒ더인지此를防止ᄒ기로用意ᄒ라고셔袁氏의게下諭ᄒ라命ᄒ얏다더라

●後補充滿　美國志加高來電을據ᄒ즉共和黨大統領豫選擧에서타푸트씨는確實히大統領後補者되기에足하다는充滿ᄒ品數를得ᄒ얏다더라

●法國要求拒絶　北京電을據ᄒ즉法國은雲南叛亂에關ᄒ損害及雲貴總督셔良氏任免의件을要求ᄒ는대對ᄒ야淸國政府에셔셔良氏는有功ᄒ者다ᄒ야該要求홈을拒絶ᄒ얏더라ᄒ얏더라

●島嶼測量　同電을據ᄒ즉淸國海軍部創設並海軍再興을準備하기로각省督撫의게對ᄒ야沿海각島嶼에委員을派ᄒ야測量調査ᄒ後提出ᄒ라고命令ᄒ얏다더라

●賠償請求　倫敦電을據ᄒ즉加奈陀勞動大官은晚香坡暴動에遭難ᄒ淸國人의損害賠償에關ᄒ야調査홀事로갓는대大畧淸國人의要求ᄒ는대로貳萬六千弗의賠償ᄒ事로政府에請구ᄒ얏다더라

●日人被傷　路透電을據ᄒ즉米國칼니포니아州카메론에서로열소市街에在ᄒ白人等이日本人所有荷車를破壞ᄒ고所有者를負傷케ᄒ고且日本人群集ᄒ處에向ᄒ야石을投ᄒ야重傷을被하얏다더라

雜報

●汾校運動盛況　通津郡汾陽學校에셔端陽日에境內각學校와江華김浦各學校를聯合ᄒ야大運動會를設行ᄒ얏는대體合體操와機械體操唱歌脫帽抛球騎馬競走決勝徒步競走算術競走防禦攻擊諸科目을次第擧行ᄒ는대학員은五百七十餘人이오觀光男女가數萬名에達ᄒ고김浦郡女學徒가來參ᄒ얏는데算術穿針姊妹送旗諸競走로盡ᄒ愉快히運動하고趙東善리舜夏朴容禧諸氏가次第로演說하야登校學員을勸勉獎賞ᄒ고防禦攻擊ᄒ時에騎兵은西北方에擁據ᄒ거는砲兵은南方으로襲擊ᄒ야大砲를連放ᄒ고步兵二隊는東南으로分ᄒ야左右로挾攻ᄒ고衛生隊는負傷兵을救護ᄒ야登時半을戰鬪러니兩方으로決死隊二십名이突擊하야賊障을攻破ᄒ고大極旗가半空에飄揚ᄒ며凱旋歌를齊唱ᄒ고軍樂聲과曲呼聲이迭奏挽舞ᄒ는지라一般男女가莫不欽歎ᄒ고子女를幷히入校授業케ᄒ기로決心ᄒ엿다고觀光人이來傳ᄒ더라

●小學教育에對ᄒ는意見　倫吉奎 寄

然則小學教科와書籍은國한字로交用ᄒ야訓讀ᄒ는法을取ᄒ면可ᄒ거니와此에對하야國中父兄의參考에供홀者는言語의種類이니蓋世界가廣하고人類가衆ᄒ대其行用하는言語의要與上으로剖析ᄒ則

壹。錯節語이니即한語英語又티上下交錯ᄒ야其意를表示ᄒ는者

二。直節語이니即我國語及日本語又티直下ᄒ야其意를表示ᄒ는者

人이其思想을聲音으로表示ᄒ는者는言語이며形像으로表示ᄒ는者는文字이라今에國한字交用ᄒ는書에錯節體法을用ᄒ면是는文을不成홈이한문에直節體法行홈과同ᄒ지라是以로音讀하는文이라도此를務避ᄒ여야可ᄒ니訓讀ᄒ然後에此弊가自絶ᄒ지라小學의敎育은國民子弟의思想을啓發ᄒ며性質을陶冶ᄒ며氣節을培勵ᄒ야國家의其國家되는體統을立하며民族의其民族되는血系를承하야此國의可愛홈을知케ᄒ며此國의可敬홈을知케ᄒ야此國을爲ᄒ야生케ᄒ지며此國을爲ᄒ야死케ᄒ진대此國의語와此國의문자를主用치안코可ᄒ가敢히贅言으로써國中父兄에게質ᄒ노라　完

偉人遺蹟

水軍第一偉人 李舜臣　錦頰山人

第拾六章

◎陳璘의中變과露梁의大戰

陳曰天下不如意事가拾常八九라ᄒ더니果然이로다李忠武의統制使拜任ᄒ以後에는朝廷의倚賴가旣專ᄒ고中又外國의援兵이來ᄒ야聲威益壯ᄒ니此는虎服에翼을附홈이라稱ᄒ만ᄒ대况彼國將卒이李忠武에게登心誠服ᄒ야李爺라稱ᄒ며天下名將으로仰ᄒ며經天緯地의才와浴天浴日ᄒ手段을讚歎ᄒ야(陳璘이宣廟에上書ᄒ야曰李舜臣은經天緯地云々)惟命是從ᄒ니此는李忠武의成功을江河의決ᄒ는듯沛然莫禦ᄒ듯ᄒ며니嗚呼라나忠武一生歷史는艱苦로始하야艱苦로終홈이是乃彼蒼의故意인지今乃將退將落ᄒ日寇를殲ᄒ지一番魔戱가又來ᄒ는도다

蓋當時에那援將의其面에는忠憤의色을帶ᄒ며其口도는慷慨의辭을發ᄒ나然이나彼等는賁금幾片만見ᄒ면其忠憤其慷慨가天外로飛去ᄒ고全身이彼賁금에向ᄒ야恭敬下拜하는者니如此ᄒ輩는何를能放하리오故로彼賊의게援ᄒ李舜臣에게尺寸도不ᄒ나小利는重ᄒ는다

리舜臣이猝然에敵하야賊의歸路를斷ᄒ고劉提督은兵을擁ᄒ勢難홀ᄲᅮᆫ더러陳璘이陳린과日人進攻ᄒ야連攻連勝ᄒ민行長이大窘ᄒ야明將劉綎에게人을陰遣ᄒ야賂物을厚遣ᄒ고歸途假道를乞ᄒ거는劉綎이厚賂에貪ᄒ야陳린에게告ᄒ야曰行長이將次撤歸ᄒ라ᄒ니此를無阻ᄒ라ᄒ고行長이十餘騎를發ᄒ야猫島에出ᄒ거는리舜臣과陳린의軍이此를攻ᄒ야盡殺ᄒ미니行長이劉綎의無信을責ᄒ더명日陳璘가陳린의게乞和ᄒ라行長이於是에銀貨와寶劍을陳린에게遺ᄒ며乞曰兵이흘貴ᄒ는니我途를假ᄒ라린노貪夫라此를許ᄒ고又리舜臣다려借途를勸ᄒ거는臣曰大將이和를論홈이不可ᄒ며讐賊을縱遣홈이不可公이何故로此言을出ᄒ는고린이默然ᄒ더니行長이다시야日兵가리陳璘에게乞和

(未完)

雜報

●賜勤奮緣 新舊觀察使가 壹齊히 昨日에 詣闕 陛見ᄒᆞ얏ᄂᆞᆫ대 新舊觀察使의게ᄂᆞᆫ 勤章을 下賜ᄒᆞ옵셧다더라

●齋生斷髮 大皇帝陛下께옵셔 日前 文廟에 幸行ᄒᆞ실時에 居齋生들을 招見ᄒᆞ시고 斷髮ᄒᆞ라신 處分이 有ᄒᆞ옵셧ᄂᆞᆫ지 該生徒들이 壹體히 斷髮ᄒᆞ얏다더라

●內閣例會 總理大臣以下 各部大臣이 ᄂᆡ閣의 會同ᄒᆞ야 月曜例會를 開ᄒᆞ고 行政上의 緊要ᄒᆞᆫ 事項을 協議ᄒᆞ얏다더라

●統監永駐 伊藤統監이 今當歸國ᄒᆞᆫ 日統監은 永히 遞任된다ᄂᆞᆫ 說이 有ᄒᆞ더라

●內大件渡 伊藤統監의 歸國ᄒᆞᆯ 期日이 在邇ᄒᆞᆫ데 內部大臣 宋秉畯氏가 作件渡去ᄒᆞᆫ다ᄂᆞᆫ 說이 有ᄒᆞ더라

●會中決死 壹進會에서 內閣總辭職勸告事件으로 評議會를 開ᄒᆞ고 可決ᄒᆞᆫ後 總務會에 提出ᄒᆞ야 亦爲可決ᄒᆞ야 總代를 派送ᄒᆞᆯ터인데 會長 李容九氏가 伊藤統監의게 連日 被招되야 當何擔之端이 되던지 李容九氏가 諸總務員의게 切切懇請ᄒᆞ되 來水曜日ᄭᆞ지만 特爲停留ᄒᆞ고 留待下回ᄒᆞ라ᄒᆞᆫ 故로 會長의 所請을 亦難退却ᄒᆞ야 因爲停留ᄒᆞ얏더니 各地方會員 千餘名이 該事件에 對ᄒᆞ야 壹層激忿ᄒᆞ야 日前부터 特別會를 開ᄒᆞ고 內閣大臣의게 總辭職勸告ᄒᆞ기로 決死隊를 組織ᄒᆞᄂᆞᆫ데 地方會員 千餘名中에 湯火를 不避ᄒᆞ고 誓死決議ᄒᆞᆫ 人이 八拾九人이라더라

●總理討罪 壹進會에서 地方會員 八拾九人이 決死隊를 組織ᄒᆞᆫ事ᄂᆞᆫ 別項과 如ᄒᆞ거니와 該決死會員인즉 擧皆 西北人이오 皆所勸告ᄒᆞᄂᆞᆫ 理由인즉 總理大臣 李完用氏가 職在首揆에 地方이 騷擾ᄒᆞ야 生령이 塗炭에 在ᄒᆞ되 不能鎭靜ᄒᆞᄂᆞᆫ 事와 各地方結稅를 不能均壹收納ᄒᆞᄂᆞᆫ 事와 郡守의 公道를 濫勸ᄒᆞ야 國庫를 枯渴ᄒᆞᄂᆞᆫ 事와 家族社會를 設始ᄒᆞ야 挾私不公ᄒᆞᄂᆞᆫ 事와 官家를 奪取ᄒᆞᄂᆞᆫ 諸般事에 對ᄒᆞ야 此等內閣大臣은 不可久任이라ᄒᆞ야 期於히 攻擊ᄒᆞ기로 決死ᄒᆞ얏다더라

●月銀增加 觀察使月俸은 四百圓以上으로 郡守月俸은 百圓以上으로 磨鍊ᄒᆞᆫ다ᄂᆞᆫ 說이 有ᄒᆞ더라

●生色無光 內部次官 木內가 昨日上午八時에 歸國次發程ᄒᆞ기로 該部壹般官吏의게 預先通知ᄒᆞᆫ 故로 該部官吏들이 餞別次로 南門外停車場에 進去留待ᄒᆞ더니 秘書官 川上이가 停車場에 來到ᄒᆞ야 曰 木內가 歸國期限을 退定ᄒᆞ야 伊藤統監이 發程ᄒᆞᆯ時에 同件渡去ᄒᆞ기로 酌定ᄒᆞ얏다 ᄒᆞᆫ 故로 餞別次로 前往ᄒᆞ얏던 諸官吏들이 空行ᄒᆞ얏다더라

●紙幣取決 大韓紙幣를 將次發行ᄒᆞᆫ다ᄂᆞᆫ 說은 前報에 已揭어니와 近日에 元老大臣들이 該紙幣發行에 對ᄒᆞ야 會議를 開ᄒᆞ고 該紙幣를 韓國境內에서만 發行ᄒᆞ던지 日本과 淸國ᄭᆞ지 流行케ᄒᆞ던지 可否를 取決ᄒᆞᄂᆞᆫ中이라ᄂᆞᆫ 傳說이 有ᄒᆞ더라

●柳氏出發 度支部會計檢査局장 柳正秀씨가 地方各官廳의 會計를 査察ᄒᆞᆫ다홈은 已爲報道ᄒᆞᆫ바어니와 檢査壹人과 主事壹人을 帶同ᄒᆞ고 昨日上午八時의 京釜鐵道를 搭乘ᄒᆞ고 水原府로 下去ᄒᆞ엿다더라

●委員被命 度支部司計局長 元應常 書記官 李度翼 農商工部山林局長 崔相敦 ᄂᆡ部書記官 羅壽淵 諸氏ᄂᆞᆫ 國有森림山野審査委員을 被命ᄒᆞ얏더라

●繙譯試取 法官養成所에서 日前부터 各裁判所繙譯補를 試取ᄒᆞ얏다더라

●調査局引繼 帝室有及國有財産調査局의 諸般事項을 度支部로 引繼ᄒᆞ얏ᄂᆞᆫ대 該局은 將次度支部에 移接ᄒᆞᆫ다더라

●水道調査 釜山의 水道局數設ᄒᆞᆫ다ᄒᆞᆷ은 累累報道ᄒᆞᆫ바어니와 其敷設ᄒᆞᆯ 地段을 壹壹調査ᄒᆞ얏다더라

●崔氏歸國 曾彌副統監歸國時의 伴往ᄒᆞ얏던 農商工部山林局長 崔相敦씨가 三昨日下午八時의 還國ᄒᆞ얏다더라

●匿名投書 日昨의 何許人이 內部警務局에 座下라고 南廟後築을 其部語許도 無ᄒᆞᆫ대 日人이 占領ᄒᆞᆫ 事로 匿名書를 該局의 投書ᄒᆞ얏다더라

●取扱方法 學部의셔 官立學校의 現金取扱方法을 定ᄒᆞ야 實施ᄒᆞ기로 各히 校長의게 訓令ᄒᆞ얏다더라

●壹進雲集 地方壹進會員이 何事故를 因ᄒᆞᆷ인지 數百名으로 上京ᄒᆞᄂᆞᆫ 者가 多大ᄒᆞ다ᄂᆞᆫ 巷說이 有ᄒᆞ더라

●壹進遇害調査 義兵이 各地方壹進會의게 迫害를 加ᄒᆞᄂᆞᆫ 事ᄂᆞᆫ 世人의 所共知어니와 地方의 義兵은 同會員을 殺戮ᄒᆞ기로 目的ᄒᆞᄂᆞᆫ 者가 有ᄒᆞᆫ대 同會本部의셔 昨年七月붓터 本年五月ᄭᆞ지 拾壹箇月間의 同會員이 義兵의게 被害數와 財産損害數를 調査ᄒᆞᆫ 것이 如左ᄒᆞ니

道名	被死數	負傷數
京畿	六百八拾名	七拾名
江原	七百六십名	○
忠南	四십名	○
忠北	四百八십名	○
慶남	六십名	貳名
慶北	八십名	○
全南	四百八拾名	○
全北	四百四拾名	○
黃海	七百六拾名	廿名
平南	壹百拾名	○
仝北	三拾名	○
咸南	五千二百七拾名	卅名
仝北	七십名	○

被死數合計 九千二百六십名
負傷數合計 壹百四십名
家屋被燒數가 십六道의 合ᄒᆞ야 三百六십戶오 財産損害數가 合이 五萬九百壹圓卅壹錢이라더라

●妓樂和人 平壤通信을 據ᄒᆞᆫ즉 平壤郡 內川坊 四里居 金鎭灝氏ᄂᆞᆫ 同郡居 金灝根氏로 償訟事件에 對ᄒᆞ야 錄事辯護士 安秉瓚氏의게 委任ᄒᆞᆫ時 謝金은 成功後에 依例히 拾一條로 五千二百五十元을 償與ᄒᆞᆯ 意로 已爲契約書給而及其成功ᄒᆞ야 安氏가 謝金을 要ᄒᆞ되 金氏가 野心이 忽生ᄒᆞ얏던지 癡辭이 發ᄒᆞ야 該謝金을 不借코져ᄒᆞ야 契約標를 推尋ᄒᆞ야 以手裂破ᄒᆞ야 以口呑下ᄒᆞᆫ지라 安氏ᄂᆞᆫ 激憤莫甚ᄒᆞ야 大賜大責曰 約書裂破ᄂᆞᆫ 法律違反이니 期於히 擧公ᄒᆞ야 歸正ᄒᆞ다ᄒᆞᆫ즉 金氏ᄂᆞᆫ 終乃恐懼之心이 有ᄒᆞ얏던지 方興周ᄒᆞ야 居間ᄒᆞ야 百方周旋ᄒᆞ야 一千二百五十元에 兩方이 互相和協ᄒᆞ야 謝金을 淸帳ᄒᆞ고 大同江에 船遊ᄒᆞ며 妓樂으로 迭宕홈으로 兩人間 軋轢은 消除ᄒᆞ고 和衷이 恐懇ᄒᆞ얏ᄂᆞᆫ대 此ᄂᆞᆫ 方氏의 平生善終홈 周旋手段과 籠絡ᄒᆞᆫ 效力이라더라

●遺金付署 三昨日下午五時의 銅峴分派所越邊의 駐在ᄒᆞᆫ 人力車夫 崔興日이가 該히 附近途中의셔 封套壹張을 拾得ᄒᆞᆫ즉 其中의 紙貨三圓이 有ᄒᆞ미 該分署의 付ᄒᆞ얏ᄂᆞᆫ대 該封套外面의 調査課라ᄒᆞ얏다더라

●竊取者被捉 西部新門外冷동居 咸明식이가 五月십四日 泥峴日人 石矢家의셔 洋雨傘二箇를 竊取ᄒᆞ고 本月拾壹日下午拾壹時의 同地日人 山縣儀作家의셔 銀時計壹箇를 竊取ᄒᆞ다가 南部警察署의 捉囚ᄒᆞ엿다더라

●姜家賊警 再昨日上午四時의 南部 ᄀᆞ宮동 姜順五氏家의 賊漢壹名이 突入ᄒᆞ야 新製白苧周衣等屬을 取去ᄒᆞ얏다더라

●餞席演說 皇城ᄂᆡ壹般人士가 濟衆院長 魚조信氏를 餞送ᄒᆞ기 爲ᄒᆞ야 本日下午三時에 三淸동 玄興澤氏亭子의셔 餞別會를 設ᄒᆞ고 李商在 尹致昊 安昌浩 三씨가 演說ᄒᆞᆫ다더라

●印度山川幻燈 今日下午八時에 靑年會館에셔 該敎師 申興雨氏가 印度山川幻燈을 繼續ᄒᆞ야 演說ᄒᆞᆫ다더라

●靑年會卒業 鍾路基督敎靑年會館의셔 昨日의 卒業式을 擧行ᄒᆞ얏ᄂᆞᆫ데 各社會의 代表者와 壹般敎育界의 代表人이 多數來參ᄒᆞ얏고 總務局長 尹致昊氏ᄂᆞᆫ 勸勉的으로 學生의게 對ᄒᆞ야 壹場演說ᄒᆞ얏다더라

●不削宜退 大東專門學校校監 洪祐哲氏가 該學徒中存變ᄒᆞᆫ 者를 對ᄒᆞ야 說明ᄒᆞ되 斷髮치아니ᄒᆞᆫ 者ᄂᆞᆫ 退學ᄒᆞ라ᄒᆞ얏다더라

▲地方消息▼

▲本月六日 奉化郡의셔 李康年이 率ᄒᆞᆫ 義兵이 영川日守備討伐隊와 交戰ᄒᆞ얏다ᄒᆞ고

▲本月九日 金浦남方約四里地의셔 義兵六십名이 日憲兵五名과 衝突ᄒᆞ얏다ᄒᆞ고

▲本月십日 鎭川郡北方一里地의셔 義兵二십五名이 該郡日憲兵隊와 交戰ᄒᆞ얏ᄂᆞᆫ데 死傷은 不明이라ᄒᆞ고

▲本月七日 洪川郡東北方約三십里地의셔 義兵約二십二名이 日憲兵九名과 衝突ᄒᆞ얏다ᄒᆞ고

▲本月七日 安東郡北方約四십里地의셔 義兵九십名이 日守備隊와 衝突ᄒᆞ다가 義兵은 退却ᄒᆞ엿다ᄒᆞ고

▲本月십二日 永興郡北方十십里地의셔 義兵이 日騎兵과 交戰ᄒᆞ얏다ᄒᆞ고

▲本月십壹日 綾州郡內의셔 義兵約四십名이 同郡日憲兵下士以下 名과 交戰ᄒᆞ엿다ᄒᆞ고

▲本月십壹日 順天郡西北方五里地의셔 義兵六십名이 同郡警察署長과 日巡査貳名과 韓巡査壹名과 廣州店日守備兵五名과 交戰ᄒᆞ엿다더라

北京電報 (십四日發)

●淸法談判 雲남蒙自附近에셔 法國鐵道守衛隊樂校以下 數名은 淸國兵의게 殺害를 當ᄒᆞ얏고 又安남境界에셔 法人이 淸兵의게 掠奪을 被ᄒᆞᆫ지라 駐淸法國公使ᄂᆞᆫ 淸國外務部를 訪問ᄒᆞ고 嚴重히 談判을 開ᄒᆞᆫ中이라더라

東京電報 (십三日發)

●森林條約協定 淸國鴨綠江森林條約細目協定은 來廿日早터 奉天의셔 開始ᄒᆞ야 來月初의 終了ᄒᆞᆯ 預定이라더라

▲聞笛興感▼

▲夕陽山下 芳草路에 牛背蝌笛더 牧童에 托ᄒᆞ고 時時放調ᄒᆞ기로 聞者躊躇ᄒᆞ야 不忍去ᄒᆞ고 萬端懷緖를 惹起ᄒᆞᆫ다

▲ᄒᆞᆫ曲調가 淸閑ᄒᆞ다 繁華紅塵富貴客아 晝夜奔忙 謀底ᄒᆞ오 沿沿慾浪激起ᄒᆞ야 患得患失 焦燥ᄒᆞ니 可憐ᄒᆞ다 뎌 人生아 ᄂᆡ 身世만 못ᄒᆞ도다

▲또ᄒᆞᆫ曲調 悽悵ᄒᆞ다 四方山川 指點ᄒᆞ니 愁雲慘霧 滿目ᄒᆞᆫ데 起問此時 卽何時오 斜陽在苒ᄒᆞ山時라 우리同胞 喚起ᄒᆞ야 悠悠昔夢 驚醒ᄒᆞ세

▲또ᄒᆞᆫ曲調 慷慨ᄒᆞ다 唐虞世가 已遠ᄒᆞ니 我안遠歸 憂歎이다 장남落日 馬上雄은 우리 牧童뿌러ᄒᆞᆫ다 經綸乙丑 어대갓나 蒼生之淚 難禁일세

▲또ᄒᆞᆫ曲調 凄凉ᄒᆞ다 孤烟村落 바라보면 三戶楚가 되얏고나 夕杵無聲 寂寞ᄒᆞᆫ대 堆燒餘痕 남엇스니 四郊芳草 暮烟中에 이 農事를 엇지ᄒᆞ나

▲또ᄒᆞᆫ曲調 放蕩ᄒᆞ다 紅亭夜月 笙歌中과 靑樓佳人 盃酒間에 精神업ᄂᆞᆫ 뎌 豪客은 變幻時機 전昧ᄒᆞ고 歷流中에 老去ᄒᆞ니 靑春光陰 可惜ᄒᆞ다

▲또ᄒᆞᆫ曲調 紛雜ᄒᆞ다 남山下에 나무ᄒᆞ고 溪水에 釣魚ᄒᆞ야 傳巖莘野 指點ᄒᆞ며 隱倫者와 同伴ᄒᆞ니 澄淸豈 釣餐이 漁樵中에 숨엇ᄂᆞ냐

▲또ᄒᆞᆫ曲調 哀怨ᄒᆞ다 저 각가ᄂᆞᆫ 뎌 少年은 洋服ᄒᆞ야 短杖집고 바람ᄀᆞᆺ치 ᄂᆞᆫ 銳開化子弟 分明ᄒᆞ다 新思想은 半點업고 輕薄之態ᄂᆞᆫ 增일세

▲또ᄒᆞᆫ曲調 悲慘ᄒᆞ다 南隣某 西隣李ᄂᆞᆫ 砲聲나의 相別ᄒᆞ야 死生存沒 杳然ᄒᆞ니 靑山欲顚 水欲咽ᄒᆞ니 心懷ᄒᆞ얏지ᄒᆞ나 龍鍾淚痕 滿袖로다

▲또ᄒᆞᆫ曲調 激切ᄒᆞ다 白石路의 樵牧ᄒᆞ야 夜學校의 下工ᄒᆞᆫ제 寸陰是競 孜孜ᄒᆞ야 祖國思想 注入ᄒᆞ면 括目相對 ᄒᆞᆯ 날의 自由活動ᄒᆞ여보세

廣告

國債報償金中에 婦人이 銀釵佩物로 本社에 來納호 者甚許久積置하엿스나 卽爲放賣하야 銀行에 殖利하는것만又지못하기로 玆에 廣告하오니 或有願買人이어든 本社에 來問흠

本社 告白

本人子復錫年今二십二歲루同難類欲得償저處故玆以廣포니 外國人의 勿見欺曰失之地敎望

西部石橋下 劉致衡 告白

本人의 장姪公善이가 性本浮浪而早失父母하고 本人家暫寓時의 百端凶計를 做出타가 今陰正月分에 偶然出去後 三四朔蹤跡이 杳然더니 外國挾雜輩를 符同하야 本人의 圖章을 僞造成票하야 錢幾萬兩을 欲爲徵出이온바 豈有如許挾雜乎아 本人之圖章을 自今으로 勿施하고 改造施行하겟사오니 外國人은 切勿見欺하시옵 三

西署盤石坊第二百五십五統三戶 金桂植 告白

西部奉常司洞內 同濟測量學校에서 量測速成科를 設하고 學員을 募集하오니 願學僉員은 本月二十日內로 臨時事務所로 來議하심을 望흠 四

西大門外京釜鐵道停車場越邊 運輸會社內

同濟測量學校 臨時事務所 告白

洪性䕫의 성字를 蘭字로 改正하오니 知舊間照亮흠 川

殷栗郡據方委員 洪性蘭 白

本人의 名字 鉅字를 雄一로 改正하엿사오니 知舊間照亮하시옵

咸鏡甲山郡 김雄一 告白

本人이 今月拾日에 朴문賑處錢票壹張與興國形姓名圖章을 壹箇幷失墜故로 自今以後則方體圖章을 行用爲計하오니 見失圖章與朴氏票字는 雖某拾得이라도 間영勿施行흠

定州 山承憲 告白

●林業速成科學員募集廣告

本校에서 夜學林業速成科及測量科를 合設하고 兩科의 學理技術을 敎授키 爲하야 高明한 敎師를 延聘敎授하겟사오니 願學僉員은 本月貳拾五日內(陰五月貳拾七日)로 入學請願書를 本校에 提呈하고 七月五日(日曜日)上午拾時에 來校應試흠

壹 試驗科目 國文 漢文 讀書 作文 算術四則以內

但 相當한 卒業證書가 有한 人은 免試許入흠

壹 修業期限은 拾個月로 定흠

壹 上學時間은 自下午七時로 至拾時 三時間

壹 修業課程 造林學總論 造林各論 苗圃論 森林保護學 森林經理學 森林利用學 植物學 測樹學 土壤學 肥料學 農學大意 測量學術及實習

但 敎科書籍은 本校에서 無償給與흠

隆熙二年六月拾三日

西部新門內 (前西北鐵道局)

私立普成學校

北部齋洞三拾統六戶에 測量事務所를 設立하고 諸般測量을 迅速調應하오니 僉彦來議爲要

廣成測量事務所主 吳殷泳 告白

義州郡對學校校長前郭山郡守 김志은氏가 敎育에 熱心하야 本學校자지 贊成長으로 五拾圓금을 補助而永爲維持를 希望故로 感謝흠을 表하와 玆에 廣佈흠

郭山私立興襄學校 告白

大邱府春秋令市를 남門左右段城廣濶地에 復久完設키로 農商府訓令과 認許를 伏承하엿사오니 各道僉員은 照亮하신後 該地로 枉臨하시옵 川

慶北大邱府 남門外 황ㅁ 光鄭봉來 告白

本人姓名章을 五月二十七日에셔 失하엿기 玆廣告知舊照亮 壹

平南中和郡 金ㅁ根 告白

水原남陽居高英國이 本以悍毒者로 其妻를 毆打殺死하고 逃躲하니 所到處에 譏察하시고 官吏는 捕縛하시고 通知于洪씨本家南陽郡니 洪允明을 望흠 高英國이 年今三십九 面鐵色과 無 川

洪允明 告白

漢城私立法律事務所

辯護士 玉東奎

民事代理와 刑事辯護를 爲하야 出張所를 如左히 定흠

第一 平壤 出張所 觀察道前拾三統貳戶 事務員 李寅根

第二 海州 出張所 至敎門前工洞文斗景家 事務員 李鼎圭

京城中部長橫東谷第二拾統三戶

辯護士 前檢事 朴星煥

法律事務所

▲大韓國新發明(명)

總胃 ▲八寶丹 九拾九粒

消滯 ▲팔보단 八拾錢

承寧府典의 正三品洪哲普閣下 實驗處方과 陸軍위學校敎官 服其茂君의 效證으로 此丹을 보行이온바 新久滯積과 急暑團格과 霍亂사腹과 胃腹疼痛과 頑痰固飮과 新久滯泄와 七情鬱結과 水土服과 船車眩暈諸症에 壹服見效하오니 衛生君子는 光顧試可하심을 爲希흠

瘧病 ▲사향소창단
瘧藥 ▲麝香消瘡丹

獨封匣廣告 銅版印搭이也 此丹이 於諸창에 無論男女老少하고 若服壹劑하면 實有神效하야 百봉ㅁ하오나 非例方可及이라 若論主治則 楊梅창 諸症에 俱見其效하오니 養病하는 君子는 壹次試驗하시옵

▲婦人 ▲뒤양됴경환
靈藥 ▲胎産調經丸

壹個月分入 定價金五圜

大抵婦人이 年過하도록 不受孕者는 由於有病也라 若不早研究하고 등閑看過則 非但壹個人에 不幸이라 抑亦全國生育之理의 關係가 不淺也니 僕이 十五年을 消費하야 內外國高明의 士에 實驗方을 選擇하야 先自僕家로 後及他人하야 累試普驗에 十분而奇效하옵고 且此약이 非但受孕之神劑라 治冷。治積。調經。調血에 俱有奇效하옵기 玆以廣佈하오니 僉員는 壹大試驗하시면 효應을 可知이옴

발行人 仝 리應善

약製所 인川港축峴和平堂藥房

代理店 인川港축山濟生堂약房
京성大廣橋共愛堂藥房

右三種藥은 地方各處有名藥店마다 隨應販賣하옵고 地方遠處이라도 郵便으로 請求하오면 小包로 傳致하옴

仁川港 축峴 和平堂 白

辯護士 前檢事 洪冕憙

事務員 前主事 孫盧駿
前主事 ㅁ章鉉
前主事 ㅁ正濬

民刑事訴訟과 官廳請願等法律事爲를 誠實擔務흠

西部毛橋八十六統七戶

本人의 名圖章을 陰五月拾日夜에 爲竊盜見失故로 知舊間照亮하시라고 廣告를 敬要흠

戊申五月拾壹日

全南光陽 인德面 우桐吉 白

本所에서 測量製圖을 精速請應흠 四

中部中谷第四拾五統四戶

廣興測量製圖事務所 白

林野法令

定價금 卄五錢

本法令은 最近에 頒布된바 壹般臣民이 此法令書를 不覽하면 特大한 利益을 失하고 其山林에 關한 規則을 未行에 揭載혼과 如하며 本冊은 山林에 關한 勅令及部令壹切法則을 編成혼 者니 斯速來購하시옵 入

發賣所

布屛下 廣학書舖
香路 大東書市
大廣橋 滙東書館
鍾路 博文書館
罷帽橋越邊 中央書館
香路 古今書海
銅峴 박학書館
紫岩 新舊書林

本所에서 鑛山、土地、家屋、山林、測量製圖와 計等을 迅速應흠 入

南署會賢洞九拾貳統拾壹戶

會同測量事務所

總務 ㅁ澤吉 事務 ㅁ錫權

●土木事業測量設計幷監督
●鑛山林野其他之測量及製圖

京城旭町二丁目拾壹番地

片村工務所

所主 片村繼次郞 入

前參奉 金永基 永字를 洪字로 改定하오니 知舊僉照亮흠

金洪基 告白

●學員募集廣告

本學會에서 畿湖學校를 設立하고 師範科學員을 爲先募集하오니 願學僉員은 本月拾四日내로 請願書와 履歷書를 粘聯하야 校洞本會館으로 提呈하고 同月十五日月曜上午十時에 本館으로 來하야 應試흠을 事

一 試驗科目은 國漢文讀書 作文 本國歷史 算術四則以上

但 請願紙는 本會館에 來求흠을 事

但 官公私立學校의 普通科以上 卒業證書가 有한 人은 年齡이 相當하면 免試許入흠

一 資格은 年齡二十歲以上 身體康健하고 品行이 端正한 者

一 修業年限은 本科에는 三個年으로 特別科에는 拾八個月로 定흠

一 學校位置는 建春門外 前會館(前陸軍衛生院) 入

畿湖興學會

厚禮斗益大王七年戰史

白堂先生 著 兪吉濬 譯述

全壹冊 定價 三拾錢

此書는 卽今八世紀頃에 普魯士國 厚禮斗益大王이 歐洲列邦中에 介在한 弱國으로 突然奮起하야 尙武的精神으로 人民을 鼓勵하며 俄澳等諸國과 對抗혼 七年戰爭을 繼續하야 普魯士國의 雄飛하는 端緖를 開혼 事實이 온데 其政略의 巧敏혼과 其功烈의 偉大홈이 足히 讀者의 敢慨心을 喚起할지오니 速々講覽하시옵

發賣所 京鄕各有名書店

新刊書籍發售廣告

女子讀本 全貳冊 張志淵氏著 定價금六拾錢
初等衛生學 全壹冊 拾五錢
初等倫理學 全壹冊 貳拾전
國家學綱領 全壹冊 拾五전
國民須知 全壹冊 八錢
初等小學 全四冊 壹圜三拾錢
中等萬國新地誌 全貳冊 壹圜
增修無冤錄大全 國漢文壹冊 七拾五錢
伊太利建國三傑傳 全壹冊 朴晶東 시著
新撰理化學 全壹冊 定價金三拾전
獨習日語捷徑 鄭雲復 시著 洋裝壹冊 壹圜貳拾五전
愛國夫人傳 全壹冊 定價금拾五전 張志淵시著
新小說血淚 全壹冊 定價금貳拾錢 ㅁ人植 시著
富國全書 蠶桑新論 鮮于叡 시著 全壹冊 定價금三拾五전
世界三怪物 全壹冊 拾貳전
家庭雜誌 每號拾전
新訂算術 全三冊 六拾전
乙支文德 漢文本 ㅁ 並壹冊 五拾錢

發賣所 皇城中署布屛下 廣학書舖 金相萬

京鄕各有名書館

八

廣告

●公函

國債報償募集光武十壹年三月六日에志願으로支收所를海州邑니에設立호고邑村人民이互相勸諭호야錢之多少를不拘호고誠力義捐호온隨收隨錄으로收合호던此或有面々里長이나或各個人이時急義務로鄙悉호나擬利猝難호야追後辦納호겟다로出義각人의姓名을爵子에列錄호야本支所에來懇하며新聞에揭佈홈을要請이온바事固不施이오되壹般人民을勸勉호는義務의不施之境에至호면志願者의誠意도阻遏홀뿐아니라本支所勸勉호는本意에違返홀뜻호와勉强許施호야 實額외揭佈호얏더니昨年八月以後에各地方騷擾所致로愚昧人民들이動靜을觀望호야繼續出義호는者뿐아니라勿論호고已公佈호金額을尙未刷來이올기以言以書에屢々責論호되收捧沒策호야勢不已以原錢으로前後收合호實數와姓名居住호更爲抄錄正誤公佈홈

●黃海道海州郡國債報償志願金收合實數正誤廣告

▲海州邑州內面

李承駿三百圜 李승모三百圜
金應奎壹百圜 莊明成
金泳澤 각五拾圜 李圭昇
三十圜 朴元敎 金人璧
趙永漢 崔회昇 金鳳輝
각二拾圜 金鴻程 金義석
각拾五圜 朴在龍 申審明
元壽顯 崔俊杓 元敬召
리承烈 崔承錫 김夏鉉
리致幹 각拾圜 金澤熙
張용祚 각六圜 朴昌鐵
리鵬培 吳鴻洞 吳命煥
重張與中 각五圜 吳鳳甚
元容鎭 崔允楨 張빈根
리圭晃 朴仁瑞 김永根
池憲夏 각四圜 리承憲
김義台 리成根 리英善
리和成 朴能文 리基豊
각三圜 리永浩 崔顯化
丁時燮 簡德裕 宋淳良
趙承祿 孔昌磨 姜允泳
吳基淑 신昭宗 리良根
리承培 리芝永 洪奎식
김汝煥 김鼎七 韓允鎬
김永權 孔台史 각二圜
宋允煥 尹昌奎 尹德弘
리華文 張元恭 金載儀
金鍾淳 元炳喜 元炳석
김承朝 宋秉喆 鄭仁敎
李仁根 김基彦 김行深
孔伯源 리應祿 任公弼
姜完吉 妓金銀河 朴翼晃
최載霖 송基浩 김元錫
崔熙元 吳益三 吳昌永
金致善 오宗煥 朴承祚
元尙植 최昌鉉 오鳳源
張昌淳 정環永 김輔봉
리召史 妓尹花峯 簡天洙
리光弼 김容九 元鳳生
정斗燮 張澤俊 高鎭哲
韓源吳 각壹圜 孫允善
壹圜八拾錢 오世暐
壹圜六拾錢 정義坤 金洛雲
리德行 리學善 정召史
許召史 각六拾錢 리賢敎
김致鴻 김永實 박鳳輝
朴奎晃 오君集 宋貞敎
劉致道 리致瑞 張得圭
리成春 김宗한 최斗한
簡昌洙 오世昌 리斗星
각五拾錢 리和實 卓鎭淳
奇明吉 김鳳석 오昌洽
각四拾錢 송剛玉 十壹圜
張東显 拾圜 김瑞圭 貳圜
張召史 리秉浚 각壹圜
關召史 五錢 盤房都中
貳拾圜 리昌祜 孫炳창
각五圜 妓리映紅 劉召史
각四圜 黃洛鏞 趙永亨
김□和 각三圜 김輔燮
朴季煥 林明圭 리成祚
田子有 리君善 趙秉祜
崔鎭膺 河인寬 각貳圜
趙承駿 리在根 리鎭源
田萬吉 리成煥 최宗鎬
리景出 趙秉驛 각壹圜
김召史 六拾錢 박容和
신行元 盧應斗 張文三
각五拾錢 卓한用 四拾錢
송창運 三十錢 朴한俊
康在明 각廿錢 呂巨福
拾貳錢 轉務署罪囚等
三圜四拾錢 誠信契 三拾圜
崔창俊 六圜 송鎭國 五圜
김淳彦 리鳳岩 각四圜
崔창運 宋根孝 각貳圜
朴永淳 朴永祚 金인鶴
박乃文 姜應三 張斗한
오在元 오在明 林仲鎬
각壹圜 리召史 六十錢
오鳳煥 拾圜 리鳳植
七圜拾七錢 元오常 김貞和
孔泰勛 각五圜 정基明
四圜 김潤成 김응道
朴敎景 各三圜 리기祚
오雲三 宋伯心 리영相
리濟勳 김在明 리秉斗
김炳根 各貳圜 리良植
二圜六拾전 金인포
卞景珣 각三圜 김在雨
리重根 尹定弼 蔣順芳
姜基彦 김基正 孫齊浩
김昌식 元容諾 韓鎭丘
吳炳인 김창日 各壹圜
朱興達 二圜 리魯益
二圜八十錢 張明淳 魯京煥
각六拾錢 리承源 리模浩
김孝鎬 金炳玉 各五十錢
김良浩 四拾전 安承澤
김學模 高桂秀 김영煥
各三拾錢 김乃益 二十錢
김正圜 趙汝九 김益哲
즈一圜 박能秀 八十錢
최良基 五拾錢 卢宗在
四十전 吳千伯 各三十錢
梁學善 趙회瑞 趙行龍
김世官 吳性鎭 許宗友
吳元三 韓인傑 韓升和
尹龍守 홍永俊 김錫명
각廿전 吳永瑞 十七錢
리인坤 十五錢 리可連
趙亡瑞 吳然八 오卓官
梁학敎 洪道恒 梁학인
각拾전 김致善 七圜
海園齋 四圜四十錢
育英學中 十圜 海州駐隊
貳十九圜九拾전 김한奎
三十圜 黃근七 四圜
徐明淳 고창培 각三拾錢
尹敎亨 리玄奉 김允尙
각貳圜五十錢 車金元
김基淵 각貳圓 崔寅守
壹圜五拾錢 리창守 김吉伊
전應順 車道吉 리乃善
黃七星 劉星模 各壹圜
리明善 김基永 각六拾錢
리창鉉 오允조 리正華
安泰倫 黃順興 리元厚
김允繼 리辰五 姜正九
김福인 각五十錢 김孝健
韓仲叔 리成實 安召史
김召史 黃在華 리善敎
車道敬 沈成運 黃順甫
각四拾錢 고인善 崔錫範
趙先彬 安龍默 리義敎
송召史 리淳서 송致영
전石道 黃替石 각廿錢
崔善旭 니鴻龍 魯順點
김致實 林贊守 尹龍孫
朴顯李 車道京 張二善
김吉長 高、星 朴明壽
崔柱實 鄭重連 閔孝誠
니正弼 吳國瑞 니영錄
니承憲 강善九 강正宅
니용천 김致官 김召史
金溢永 金聲吉 安景善
김明瑞 李용善 尹召史
金正吉 金石俊 鄭永哲
김德孝 김창용 김寬吉
高응丘 元石史 리창丘
리錫天 徐永淳 리行吉
安成瑞 成○星 朴正元
리世富 리順宅 리白光
各廿전 崔仲三 吳쌍丘
崔濟석 林召史 朴응華
韓順學 各十錢 黃永석
一元廿錢 리鋼圭 리東彬
各五十錢 朴善良 朴善哲
朴敎瑞 朴응奎 朴金奎
崔京玉 各廿錢 針匠都中
十壹元 車錫周 三元
崔仲玉 吳인華 各二圜
김亨模 姜仕萬 各壹圜
宋順任 朴鳳奎 白鳳米
各壹圜 리영燮 三十錢
장창培 二十錢 宋順西
八錢 鄭인和 五拾錢
朴鍾拾月 六拾錢 趙明瑞
六拾錢 리창瑞 朴鳳九
각一圜 車光允 리壽山
리二孫 각五拾錢 리致善
四拾錢
合壹千五百八拾圜二拾四錢

▲海東面

孔大圭拾圜 鄭斗麟四圜
孔圭一二圜 吳圭鎬 金益烈
김庚潤 吳圭南 李友善
김浩善 鄭안七 김圭潤
金任善 김永守 안光玉
정俊元 張明三 각一圜
정貞석 孔俊兼 孔伯三
각五拾전 김純남 安行善
李惠伯 安庚七 리東淑
각四拾전 丁益鉉 安致達
嚴德石 정河連 김基俊
韓良文 方庚順 각廿錢
김仁權 김문석 姜智善
김希元 김文三 兪辰明
각廿錢 리觀敎拾圜 리발환
高閒 林□ 리鍾學
사二圜 리주淑四圜 김相基
壹安承俊、安成鎬 각壹圜
리濟龍 리判용 각六拾錢
鄭益祚 五拾錢 安敬烈
元容燦 김又亨 白남轍
각四十錢 최仁瑞 김德淳
김元淳 高孝喜 김用成
각卅錢 리最永 최觀輸
安明鎬 김相哲 김基俊
安관鎬 김景成 安成模
安贊永 김景杓 林昌模
安龜鎬 리俊基 각廿錢
김又浩 김弘鉉 각拾錢
김仁奎 리昌浩 각三圜
宋仁瑞一圜 宋連元 黃龍燮
리貞浩 姜仁洙 김子恒
高先日 宋汝奮 姜用孫
宋東燮 宋宗範 김行善
김順祚 각壹圜 宋永周
宋雄元 印益煥 김承창
김允和 陳德哉 리元汝
리在權 田元奎 각六拾錢
崔允口 宋永和 姜利燮
각五拾錢 崔學孫 林善好
김可明 李仲七 김伯顯
各四十錢 김圭成 최成甫
宋元汝 崔根甫 각廿전
김先明 徐仁壽 兪泰岩
金巨福 김用文 리昌五
安泰集 최汝宅 高鳳孝
김永實 洪宅珠 趙行默
리在兼 宋伯인 姜守兼
김承權 嚴吉祚 梁任叔
김應權 徐相順 각拾전
김德元 高秋石 리元永
김始年 姜成守 각拾錢
김洛良 김貞三 각壹圜
김豊泳 김守命 각六拾錢
김錫石十錢 김任玉 최斗鉉
李秉武 리秉杜 리容丞
安承禹 각廿錢 金士國
리時旭 각拾錢 김魯善
高在善 朴利善 각壹圜
洪尙永 洪亨永 각六十錢
崔承杰 白汝道 白樂興
高宗允 김禹成 各五十錢
김漢興 리良照 김錫燮
김成浩 김德在 김周成
崔德和 최東植 各四十전
金華善 김浩孫 劉士淳
劉啟元 金리善 김良淳
각廿錢 崔應俊四圜 尹淳永
金鳳文 각二圜 리明根
김明五 김學吉 卞成玉
김圭元 각壹圓 曹允京
六十錢 安道永 卞元敎
劉時彦 金有良 金永煥
邊奎鉉 宋錦山 各五十전
洪致雲 朴德淳 朴相煥
安敎석 오顯善 각四十錢
金창云卅錢 安連三 安周京
兪良福 卞廷益 安漢永
兪容云 承根永 김七克
오敎淳 申永福 卞學培
孫應選 高창連 리秉俊
리益二 玄河淡 오京順
김致석 안영祿 각廿錢
김용洛 十五錢 김允習
김學瑞 각拾전
合壹百四十四圜九拾五전

未完

發行兼編輯人英國人 萬咸
發行所
南署石井洞號外鬼三房洋屋
大韓每日申報社

第六卷

大韓每日申報

第八百卄貳號

月曜及慶節諸時日休刊

檀君開國四千二百四十一年
箕子元年三千三十年
大韓開國五百十七年
日本明治四十一年
清國光緒三十四年
陰曆戊申五月大十九日癸卯

寄書

●歷史에對ᄒᆞᆫ管見

一則 史癖生

余ᄂᆞᆫ元來歷史의癖을抱ᄒᆞ야寢을忘ᄒᆞ고是를讀ᄒᆞ며食을廢ᄒᆞ고是를讀ᄒᆞ야是로師ᄒᆞ며是로友ᄒᆞ며是로生命을作ᄒᆞᆫ지玆에삼數年을經ᄒᆞ얏ᄉᆞ니歷史를愛ᄒᆞᄂᆞᆫ者ㅣ余에孰過ᄒᆞ리오만ᄋᆞᆫ但已往에ᄂᆞᆫ今本通鑑纂要綱目等만歷史로知ᄒᆞ고本國史에至ᄒᆞ야ᄂᆞᆫ一寓目을不肯ᄒᆞ고此로滿國에來ᄒᆞ얏ᄉᆞ니歷史를不知ᄒᆞᄂᆞᆫ者ㅣ亦余에孰過ᄒᆞ리오然이나挽近數年來로此ㅣ大頑夢을覺ᄒᆞ고久旅者가故鄕에歸返ᄒᆞᆫ야眼을自家事에幾奮ᄒᆞ니一進으로ᄂᆞᆫ前非를回想ᄒᆞ며愧汗이背에沾ᄒᆞ며一退으로ᄂᆞᆫ既悟를自幸ᄒᆞ야手足의舞蹈홈을不覺ᄒᆞ갯도다

雖然이나近今刊行ᄒᆞᄂᆞᆫ歷史가豈二三謬例를剛强ᄒᆞ야讀者로ᄒᆞ야곰不滿의感情을抱케홈ᄋᆞ로敢히豈得의愚를陳ᄒᆞ노라

一國號

土壤와人民이有ᄒᆞ미必也國家가有ᄒᆞ고國家가有ᄒᆞ미必也一種代名詞(即國號)가有ᄒᆞ나니然則本國의代名詞ᄂᆞᆫ何라云ᄒᆞᄂᆞᆫ가朝鮮乎아三韓乎아高句麗乎아抑新羅百濟渤海等乎아曰否라此ᄂᆞᆫ當時朝廷의代名詞라朝廷의範圍ᄂᆞᆫ狹ᄒᆞ며國家의範圍ᄂᆞᆫ廣ᄒᆞ고朝廷의運命은短ᄒᆞ며國家의運命은長ᄒᆞᄂᆞ니朝廷의代名詞를將ᄒᆞ야國家의代名詞로認홈이不可ᄒᆞ며又彼外國人이往々我를코리안民族이라稱ᄒᆞ나然이나此ᄂᆞᆫ高麗의譯音에不過ᄒᆞ니此를取ᄒᆞ야國號로認홈이尤不可ᄒᆞ도다然則我國의國號ᄂᆞᆫ將次何라云홀고曰東國二字가其可乎인저東洋에在ᄒᆞᆫ國이我國뿐아니나前人의習用(如東國通鑑東國文獻錄之類)ᄒᆞ던비며吾輩의慣稱ᄒᆞᄂᆞᆫ비니此를捨ᄒᆞ고其將何에求ᄒᆞ리오近僞가史를編ᄒᆞ미此를國號로認明ᄒᆞᆫ者ㅣ實無ᄒᆞ니

噫라此가細事인듯ᄒᆞ나實로國民의國家精神을抱晦케ᄒᆞ야豈國家의存滅을朝廷의存滅로妄認ᄒᆞ며ㅣ民族의興廢ㅣ一姓豈家의興廢로誤解ᄒᆞ야曰故史를看ᄒᆞ라新羅가衰에高麗가代ᄒᆞ며金氏가顚에王씨가繼ᄒᆞ니古往今來何國이不亡이리오ᄒᆞ야國家에對ᄒᆞᆫ觀念이薄弱ᄒᆞ리니

此ᄂᆞᆫ歷史著述者의一大注意ᄒᆞᆯ바오

二紀年

現今各國의紀年을觀ᄒᆞ건대或建國始祖로紀元ᄒᆞ며或宗敎始祖로紀ᄒᆞ야其紀元以前의事를記ᄒᆞ미曰紀年前第幾年이라ᄒᆞ며其紀元以後의事를記ᄒᆞ미曰紀元後第幾年이라ᄒᆞ야讀史者의記憶에便易를與ᄒᆞ며抑亦國民精神을統一케ᄒᆞᄂᆞᆫ豈法門이니今에我史도此를效則ᄒᆞ야復雜繁多ᄒᆞᆫ歷代君主의紀年을去ᄒᆞ고我韓國肇祖檀君으로記ᄒᆞ야某年은檀君後第幾十年이라書ᄒᆞ며某年은檀君後第幾百幾年이라書ᄒᆞ면一般讀者의腦際에煩悶도除ᄒᆞ며且歷史를對ᄒᆞᄆᆡ同祖同族의觀念이油然自生ᄒᆞ야愛國心을喚起홈이大裨益이有ᄒᆞ리라ᄒᆞ노라

外報

●英艦演習 倫敦電을據ᄒᆞᆫ則今年英國軍艦演習은盛大히擧行ᄒᆞᆯ터인ᄃᆡ軍艦約二百隻이參加홀터이라더라

●法紙批評 同電을據ᄒᆞᆫ則佛國新聞은 國艦隊를批評ᄒᆞ얏ᄉᆞ되英國이ᄉᆞᄉᆞ로太平洋에셔占得ᄒᆞᆫ海軍의優勢를抛棄ᄒᆞᄂᆞᆫ것은世界平和의基礎를危殆케홈이라ᄒᆞ얏다더라

●米國洪水 紐育電을據ᄒᆞᆫ則米國칸써스州칸써스市에셔大洪水가有ᄒᆞ야損害가多大ᄒᆞ얏다더라

●米艦隊回航 伯林電을據ᄒᆞᆫ則目下桑港에在ᄒᆞᆫ米國回航艦隊中에인、알파마兩戰鬪艦은同港을出發ᄒᆞ야蘇士運河를經由ᄒᆞ야太西洋으로歸還ᄒᆞᆯ터이라ᄒᆞ얏더라

●副統領推薦 紐育電을據ᄒᆞᆫ則米國現政府에셔次期副統領으로아이와州選出ᄒᆞᆫ元老院議員드라바氏를推薦ᄒᆞ기로決定ᄒᆞ얏다ᄂᆞᆫ說이有ᄒᆞ다더라

雜報

●商業雜誌 近日南大門內鄭周澤 가남部鑄峴等地에商興合을組織ᄒᆞ고商業雜誌를發刊ᄒᆞᆯ次로目下準備中이라ᄂᆞᆫᄃᆡ該會目的은但히商業界에必要ᄒᆞᆫ關係가有ᄒᆞᆫ야一般商界에國會가될다더라

●張氏熱心 中部農圃洞居張志淵씨子仁軾씨가自己私邸에特設學校ᄒᆞ고校名은私立敎化義塾이라稱ᄒᆞ고其目的을鄕曲에셔初來ᄒᆞ야학校試驗에日語와算術로因ᄒᆞ야入학을不得ᄒᆞᄂᆞᆫ操을痛歎ᄒᆞ야特別夜학校를設ᄒᆞ고日語와算術을敎授ᄒᆞ며身爲塾監ᄒᆞ야諸般經費를自擔ᄒᆞ고算術敎師徐廷烋씨와日語敎師金熙純諸시ᄂᆞᆫ以名譽로熱心敎授ᄒᆞ더니去五月二拾九日金曜에第壹回月終試驗을經ᄒᆞ얏ᄂᆞᆫᄃᆡ最優等은박弼善崔在綸等이오其次優等生은李駿應等이오及第生은李憲興申星均等七人인ᄃᆡ賞品은紙石盤各壹箇式과鉛筆石筆空冊양紙等을多數施與ᄒᆞ고敎育의必要와學問의如何란問題로敎師徐廷烋씨가勸勉的으로演說ᄒᆞ고塾監張在軾시ᄂᆞᆫ本塾創立과開校式祝詞로김熙純氏ᄂᆞᆫ학員의勸勉으로一場說明ᄒᆞ니學生中에박弼棄氏가其感祝홈을答辭ᄒᆞ고該셰주以若官立高等學校학徒로晝學夜勤으로熱心奬學ᄒᆞ미ᄃᆡ豈般학徒와有志紳士가莫不稱頌ᄒᆞᆫ다더라

●孤兒營業 京城孤兒院을維持ᄒᆞ고該院路邊家屋世坐市ᄒᆞᆫ廛으로變作ᄒᆞᆫ後에該院學徒中長成之人으로營業케ᄒᆞᆯ터인ᄃᆡ內外國人의게義捐金을限壹萬圜收合ᄒᆞ기로定ᄒᆞ고收合ᄒᆞᆯ限은本年拾月晦日ᄭᅡ지定ᄒᆞ고該義捐金委任은大垣丈夫로定ᄒᆞ기로ᄒᆞ얏다더라

●爭鬪自縊 再昨日上午拾壹時와梨太院居成云培氏ᄂᆞᆫ南山松林中에셔結項致死ᄒᆞ얏ᄂᆞᆫᄃᆡ其理由인즉其子成大山이가釜山에役失金命壽金致公兩人으로飮酒大醉ᄒᆞ야爭鬪홈所以라더라

●私塾請願 近日에남門外靑坡等地私塾으로何許人들이聯行ᄒᆞ며日禁止ᄒᆞᆫ私塾을設ᄒᆞ얏다ᄒᆞ고該學敎授人이나或家主를執랍ᄒᆞ면셔該學에某所로捉去ᄒᆞ깃다ᄒᆞᄂᆞᆫ弊가此之有之ᄒᆞᆫ故로該等地에私塾을廢止ᄒᆞ고該학敎授諸氏가각處에학校擴張ᄒᆞ기前에ᄂᆞᆫ私塾을不可廢止라고학部에請願ᄒᆞ얏다더라

●宜賓父兄 인川來人의傳說을聞ᄒᆞᆫ則倉동近處의耶蘇敎人들이協議ᄒᆞ고學校를新建ᄒᆞ야高明ᄒᆞᆫ敎師를延聘ᄒᆞ야熱心敎授ᄒᆞᆫ다ᄂᆞᆫᄃᆡ兒童就學치안ᄂᆞᆫ兒童에게ᄂᆞᆫ其父兄의게罰金을徵出케ᄒᆞᆫ자ᄂᆞᆫᄃᆡ學員이日增ᄒᆞᆫ다더라

●醫師慈善 濟동三可病院主任醫師朴회遠씨가慈善婦人會棄兒收養所에셔收養ᄒᆞᄂᆞᆫ豈般棄兒를診察ᄒᆞ고無料로施療ᄒᆞ며將來의診察及治療를無料로ᄒᆞ기로自願홈으로該씨의慈善心을豈般會員이感謝ᄒᆞᆫ다더라

●商界熱心 開城來人의傳說을聞ᄒᆞᆫ즉開城商業會議所의셔商業學校를設立ᄒᆞ고日間開學ᄒᆞᆯ터인ᄃᆡ廣木洋木石油軍絲商諸物外口每收入ᄒᆞ야學校經費의充用ᄒᆞ기로預定ᄒᆞ고壹個月間收捧貯置ᄒᆞᆫ金額이多數ᄒᆞᆫ지라商業家諸氏의熱心 實業人皆贊賀ᄒᆞᆫ다더라

偉人遺蹟

本軍第一偉人 李舜臣 錦頰山人

第拾六章 續

◎陳璘의中變과露梁의大戰

行長이於是에又리賊制에게人을遣ᄒᆞ야銃劍과寶貨를多遺ᄒᆞ야歸途를乞하거ᄂᆞᆯ舜臣曰壬辰以來로我가倭寇에게捕獲ᄒᆞᆫ銃劍及寶貨가丘山과可齊ᄒᆞ니汝의所遺를受ᄒᆞ야ᄡᅳᆯ用ᄒᆞᆯ바가無ᄒᆞ며且我國은倭人의頭를實貨로認ᄒᆞ노라ᄒᆞ고此를退却ᄒᆞ며行장의出送ᄒᆞᆫ船十隻을勦殺ᄒᆞ더니

陳璘이賊을縱歸코ᄌᆞᄒᆞᄂᆞᆫ心이賊의脫去코ᄌᆞᄒᆞᄂᆞᆫ心보다尤切ᄒᆞ야壹日은리순신에게告ᄒᆞ야曰我가남海賊을往討코ᄌᆞᄒᆞ노라리순신曰남海ᄂᆞᆫ太半是敵擄人民이니將軍이討賊의任으로來ᄒᆞ야賊은不討ᄒᆞ고人民을反討코ᄌᆞᄒᆞᆷ은何意오璘曰既已附賊이니賊과壹般이니라ᄒᆞ얏ᄂᆞᆫᄃᆡ今에韓撈者를엇지賊과同律討滅ᄒᆞ리오ᄒᆞᆫᄃᆡ陳이愧屈ᄒᆞ더니

行장이討旣綱에게又猪와酒를맛에게屢饋ᄒᆞ며巨路를開附ᄒᆞ며仍請曰今處諸倭屯에게 음送ᄒᆞ야渡海ᄒᆞᆯ約을共定ᄒᆞ리니提督은此를俯許ᄒᆞ라ᄒᆞ미陳린이饋賂를貪ᄒᆞ야其言을信ᄒᆞ고船路를潜開ᄒᆞ야賊의通信ᄒᆞᄂᆞᆫ一小船을許出ᄒᆞ니라

린의麾下가리순신을誠心服事ᄒᆞᄂᆞᆫ者豈人이有ᄒᆞ더니此信을來報ᄒᆞ거ᄂᆞᆯ리순신이大驚歎을不覺ᄒᆞ야曰賊의此去가必也後處諸屯倭와聲息을相通ᄒᆞ야應援을會集ᄒᆞ고期日을約ᄒᆞ야我를犯코ᄌᆞᄒᆞᆷ이니我가爲先此에셔援兵을ᄒᆞ다가腹背로敵을受ᄒᆞ면吾衆이立盡ᄒᆞ리니大洋에移兵ᄒᆞ야豈戰에死를決ᄒᆞᆷ이可ᄒᆞ도다惜乎라陳氏여幾片賞金에流連ᄒᆞ야大事를誤ᄒᆞ엿도다ᄒᆞ고於是에柳珩宋希立等과議定ᄒᆞ고린에게事機의危迫홈을로告ᄒᆞ니린이ᄯᅩ驚悟ᄒᆞ야自責不已ᄒᆞ거ᄂᆞᆯ순臣曰往事ᄂᆞᆫ雖悔나無及이니今에計策은惟大洋에出ᄒᆞ야彼를邀擊홈에有ᄒᆞ다ᄒᆞ고 (未完)

雜報

●御臨秘苑　再昨日下午三時에　大皇帝　皇后兩陛下께옵서秘苑에出　御하옵셧다가今日下午六時三십分에還　御하옵셧다더라

●賜饌新察　再昨日에各觀察使가　陛見하얏다는說은已爲報道하얏거니와　陛見한後에各觀察使를濬慶堂으로　賜饌하셧는대食品은韓國料理라더라

●商次相換　農商工部次官岡喜七郞內部次官木內兩人에相換件을再昨日에奏呈하야　裁可하셧다더라

●佩勳裁下　日本國으로勳章을領受한陸軍副領金永憲慶北觀察使박重陽시等이該勳章을佩用할事로表勳院에請願하얏더니該院總裁李載克시가該事由를上　奏　裁可되얏다더라

●郡奏上奏　內部에서郡守奏本을修正하얏는대遷轉幷하야五六葉을上　奏하얏다더라

●帶同陛見　昨日上午十時二十分에伊藤統監이各國領事를帶同　陛見하얏다더라

●陛見理由　伊藤統監이昨日에　陛見함은別項과如하거니와類數히　陛見함은將次歸國함을因이라고들한다더라

●統邸例會　總理以下各部大臣이昨日下午壹時에統監官邸에會同하야火曜例會를開하얏다더라

●可退難圖　伊藤統監이壹進會長李容九氏를招待하야擴相可堪之人을薦擧하라한대李容九氏所答에現任總相은國民이不服하니辭職勸告는할려니와後補之人은不可擅薦이라하얏다더라

●李去閔來　宮內府大臣李允用氏가日間辭職疏를奉呈한다는대其代에는侍從院卿閔丙奭氏가被任한다는說이有하더라

●閔遞尹任　侍從院卿閔丙奭氏가宮相으로轉任한代에　皇后宮大夫尹德榮氏가被任된다더라

●以官請和　宮內府大臣李允用氏가日昨에壹進會長李容九氏의게電話하되李容九氏의妻男某氏의姓名과履歷書를錯交하면齋郞壹窠는敍任하겟다하는李容九氏가李宮大를嘲罵하야曰齋郞壹窠를初無所托할뿐더러政府에此等不正한大臣이有하니國事가寒心치아니하리오하고壹場論駁이大端하얏다더라

●次官協議　昨日統監府에서各部次官이火曜例會를開하고事務處理의如何히進就할方針을協議하얏다더라

●兩大家族調査　據相李完用氏와宮相李允用氏兄弟의家族으로政府官吏를被任한者가合爲六十餘戶인대壹進會에서該人의姓名을現今壹々調査中이라더라

●畿察云辭　新任京畿觀察使金思默시는期於히辭免不赴하기로決定하얏다는說이有하더라

●醫卒採擇　十三道事務官을法律卒業生中에서擇用하되年齡은二十八歲以上人으로敍任한다더라

●警署區域改定　內部에서地方에設置한各警察署同分署의區域을改定하얏다더라

●三淸宴會　去日曜日에中樞院顧問李根澔氏가三淸洞玄興澤氏亭子에設宴하고各部大臣과中樞院顧問諸氏와海豐府院君尹澤榮　皇后宮大夫尹德榮兩氏를請待하얏다더라

●稅務署會議　昨日下午二時에各稅務署長이本廳에會同하야稅務에關한事項을會議하얏다더라

●嚴氏被任　前令嚴柱鵬시는中樞院副贊議를被任하얏다더라

●議察發論　日前統監府에서觀察使會議時에伊藤統監이各觀察에게地方에在한日本官吏의情況을問한則新任京畿觀察金思默시가論하기를道書記官으로論之하야도上等國人物로下等國에人을對하야酬酌할時에도或怒視하는機微가有하고事務處理에도或固執不通의事가有하야韓日兩國官吏間에或感情이有함은此等事를由함이니統監閣下는深諒處之하야日後라도此等事項이無케하는것이妥當하다고壹場說明하얏다는說이有하더라

●兩守免官　楚山郡守李章遠　慶山郡守金䡵憲兩시는行政上에新式을暗昧하고民財를誅求한事가綻露되야免本官하얏다더라

●槐守免官　괴山郡守沈奎澤氏는不法行政으로免官된다더라

●邀接委員　昨日三淸洞玄興澤씨亭子에서有志紳士가會同하야魚丕信씨의送別會를設함은已報에已揭어니와魚丕信시와邀接委員은學務局長尹致旿시와其夫人尹高羅시로擇定施行하얏다더라

●位牌調覓　宮內府에서豐德郡으로調飭하야見失한德物山崔將軍位牌를覓上하라하얏다더라

●水商數爻　電氣會社에서京城及水商을調査한數爻가一千四百餘名이라더라

●承認規例

內閣에서日本人으로帝國官吏任用하는節次에對한統監府照會를因하야각部로照會하는대從玆以往으로本閣請議에別紙各項의規定에依하야統監府로부터推薦又承認한如何에節次를區別分記하심을爲要라하얏는데

壹　韓國政府는統監府로부터直任命케하는官職俸給手當額을規定하야推薦한者를任命하는境遇에限하야統監에同意를經하는事를省略함을得함

壹　但本人이官吏면韓國政府에應聘許可된旨를統監府로부터通知가有한後에此를任命함이可함

壹　韓國政府에서日本人에게事務又는技術을囑托하거나又는官吏로任命치안코單히此를聘하고又其從事케할職務手當額及手由를具하고履歷書를添하야當該大臣으로부터統監의承認을受한然後에囑托又는聘用할事

壹　但本人이官吏로서必要가有한時는前項의但書의例에依함

壹　統監에推薦又는承認한日本人으로官吏로任用하거나又는囑托或은聘用할時는韓國政府는直히官職氏名等級手當任命의年月日을統監의게通知할事

壹　陞級轉任免官解囑解傭에境遇도亦仝이라하얏더라

●老人風流　全州郡에서는老人들이風流契를組織하고巨金을鳩聚하야律客과樂工을京城에서雇聘하야白雲亭에서每日迭宕遨遊하는대當此時代하야傍人의鼻笑를不顧한다고남來人의傳說이有하더라

●雹災後聞　本月八日東京에서大雹이時間을暴注하얏는대小者는如雞卵하고大者는如橙子하야傷人이甚多하고烏鵲이觸死하며且窓瓦가破碎者不知其數오某處某家庭에鮑魚三拾이隨雹而下하지라東京人이亦云初有한災變이라더라

●官有民有已別　彰義門外經理門契人民等이官有私有地를區分하고定賭하야俾無抑冤하라고訴于한城財務署러니指令內에官有地査正之日에私有는自有區分이니不必煩訴오賭地壹款은官有地外에無定賭之例라하니該地人民이自官으로明査民막하야的無後慮라고各歸欣感하얏다더라

●巡査向北　昨日上午七時에韓日巡査는擔銃하고平服巡査四五名과合一五名이彰義門外로出往하얏다더라

●蓮子被捉　巫女壽蓮이가昨年에警視廳에被捉될時에該窟에尊奉하얏던　大皇帝御眞과　顯皇畵像等二십壹枚를　儲慶宮前獨逸人某시家에匿置하얏더니該巫女가今春에蒙放이되얏는대又有何意思든지該畵像二십壹枚를再昨日에使其子박淳源으로推來타가該掌內巡査에게現露되야박淳源을남部警署로並畵本押致하얏다더라

●日兒窃盜　昨日未明에泥峴野田太郞家에서雇傭하는日本兒子高喜壹十四歲兒가십圓二枚五圓四枚其他銀貨十五圓을窃取逃走하얏다더라

●烟賊被捉　廣州郡龍津面泥村居李창稙이가再昨日下午四時에泥峴日人藤野榮吉家에서卷煙卿敷島大和等三圓四十五錢價値를窃取하다가남部警署에捉去하얏다더라

●李氏出捐　靑坡下隅吳文창學校에서去十六日에組織會를開하얏는대隣居하는李漢根氏가歷路傍聽하다가閉會한後金二圓을捐助하얏다더라

●徽校卒業　私立徽新학校에서本月貳십日下午一時에第三回卒業式을擧行한다더라

●大校放學　大東學會에서將次學期試驗을經한後에夏期放學한다더라

▲地方消息▼

▲本月一日成川郡上里에서日守備隊少尉以下십一名이留營中에義兵五십名이來襲하야數時刻을交戰하다가義兵은退却하얏다하고

▲本月壹日孟山郡倉坪附近에서義兵約三百名이該郡日守備隊와交戰하다가義兵은退却하얏다하고

▲本月九日高原郡栢山里附近에서義兵八십名이日分遣隊와交戰하엿다하고

▲本月四日海州郡栗枝面方附近에서義兵八名이戰奪分遣所憲兵卄名과交戰하고翌日同郡進摩山에서義兵卅名이同憲兵隊와衝突하얏다하고

▲再昨日咸平郡에서義兵約卅名이羅州郡日分遣所上等兵以下五名과衝突하얏는대彼此損害는不明이라하고

▲本月십二日江界郡용林附近에서義兵四십名이同郡警察隊와交戰하얏다하고

▲本月십三日祥原郡附近에서義兵卅名이該郡日守備隊兵과交戰하얏다더라

▲仙廚金丹▼

▲仙家火廚九轉丹은腐敗心腸에登試하면發前日之大非하고沉痼之症快거하야換骨脫胎하는神方靈丹이아닌가

▲食巢水가滿腔하야來頭榮辱不顧하고七椅子에占據하야左右攻擊당至하되視若尋常自若하나沒廉症이成痼로다內閣大臣의게한簡式

▲白首國恩기났스니胃腸上에許연몸이忽落望憂歎한재國家深憂無關하고勢力挽回奔忙하니老去宦慾成柴보다元老大臣의게한簡式

▲雙々玉珂手鳴하니五陵豪華餘習이라珠簾翠閣美人盃에相對黎渦多情하야家國事를已忘하니精神昏到難治로다皇族貴人의게한簡式

▲海外風霜閱盡타가무삼好風吹到하야復見天日하던날에藩屛之任榮耀보다國家殊恩欲答커든新精神을喚醒하소新觀察의게한個式

▲俱是自國同胞로서壹種看名橫出하야壹室中에反目하니骨肉相殘되엿고나近日總會激烈하니倘或悔心初萌인가壹進會의게한個式

▲空言無實壹平生에晉代餘風可惜하다固守營窩自是하고驕杜鼓謠不移타가今日時代當코보니孫夢深鎖未攬로다守舊黨의게한簡式

▲政海風浪既望타가臨水涕淚奔泊하야壹觀察壹郡守로大事業을삼엇스니무슴繁榮잇슬손가仕宦癖이沉苦하다獵官者의게한簡式

▲厚祿古稀人力車는街路上에橫馳하니新出官人分明하다月給分에眼昏하야東奔西馳揚々하니虛勢症이又生이라더官吏의게한簡式

▲社會團에出入하야志士二字爭買하며有力家에攀緣하니終南捷徑되엿나니外面假飾더人物은社會病根從此始라假志士의게한簡式

廣告

◎私立漢城商業學校趣旨書

世之言文明者ᄂᆞᆫ動稱三代ᄒᆞ고言富强者ᄂᆞᆫ咸曰歐米라ᄒᆞᄂᆞ니其所以文明富强之道ᄂᆞᆫ槪ᄒᆞ究矣라文明을何由而致오本乎敎育이며富强을何由而致오原之實業이니敎育與實業은勿論東西古今ᄒᆞ고有國之先務라嗚呼라我韓現狀을觀察ᄒᆞ건ᄃᆡ國勢가何境에至ᄒᆞ얏스며民智가何級에居ᄒᆞ얏ᄂᆞᆫ가文明國人의批評은姑捨ᄒᆞ고自我自問이라도不得不謂貧弱이오不得不謂野昧로다悲哉痛哉라以若三千里疆土와二千萬人衆으로胡爲乎陷此極慘之境인가蓋敎育의不敷와實業의不振에根因ᄒᆞᆷ이라伊來有志之士가扼腕奮臂而起ᄒᆞ야曰敎育이며曰實業이라ᄒᆞ야勞心焦舌이已拾數年이로ᄃᆡ杳々然効果를莫覩ᄒᆞᆷ은抑又何也오敎育에汲々ᄒᆞᆫ者ᄂᆞᆫ實業을不務ᄒᆞ며實業에勞々ᄒᆞᆫ者ᄂᆞᆫ敎育을不受ᄒᆞᆫ所以라然故로敎育과實業이互相表裡ᄒᆞ야同行並進치아니ᄒᆞ면決코國家의前途希望이無ᄒᆞᆯ지라我漢城은俗尙忠毅ᄒᆞ고都會文物이亞於京師오特히商業의著名을獨擅ᄒᆞᆯ지라近又公私立學校가簇後相繼ᄒᆞ야自紳士大夫로以至勞働社會가莫不醵金以爲之資ᄒᆞᄃᆡ惟商業家壹席가命今寥々ᄒᆞ니豈殊士의嘆惜ᄒᆞᆫ바라況且萬國通商以來로時勢異宜ᄒᆞ니港市商會社法이며人物權簿記學을苟不講習이면決코商行爲를不得ᄒᆞ며大營業을難圖ᄒᆞᆯ지니엇지已失ᄒᆞᆫ利權을挽回ᄒᆞᆯ餘望이有ᄒᆞ리오於是에商業家全部가壹同協議ᄒᆞ야商業學校를特設ᄒᆞ고使其子弟로晝夜從事於實踐ᄒᆞ며夜以入學於각科케ᄒᆞ오니始乃實業敎育이互相表裡ᄒᆞ야同行並進이라謂ᄒᆞᆯ지니三代의文明과歐米의富强을將可期待라祖國의幸福과人民의義務가엇지此에不在ᄒᆞᆫ가勉之哉며日助之哉어다

隆熙二年六月拾五日

發起人 崔文鉉 孫基祥 黃壹淵 최봉烈 李禎석 박圭桓 龐基正 李白汝 李昌鎭

本社에義助ᄒᆞᆫ諸氏의게感謝ᄒᆞᆷ을不勝ᄒᆞ야其氏名과義助額을第二回로廣告ᄒᆞᆷ

前參將 李起泓 柱壹百拾介 前郡守 沈宜惠 柱八십七介 椽五十壹介 李仁壽 椽一千一百介 申成浩 椽三百介 鄭澤夏 柱六拾介 李喜吉 柱二십介 北面面內柱二百介 椽二百五十介 前主事남台熙 柱二百介 金十三圓五拾錢 前參判 朴齊泓 금二십六圓 金致順 금拾六圓 前僉使 李寶之 금二十圓 前參奉李秀健 금二十壹圓六拾錢

양根燒戶建築期成社 告白

本所에서諸般測量을迅速關應ᄒᆞ오니 西署社稷골三十五統四戶

◎◎◎普興測量事務所 白

未人에六寸永岩爲名者가本是不良悖類之人으로치穆芝俞丙先亞名漢을符同ᄒᆞ고永照永元百餘永옥容鎬等宗中이다無圖章僞名ᄒᆞ고日債를得用이다하오나用不用을本人等은初無相關이옵기玆以廣佈ᄒᆞ오니內外國人은切勿見欺ᄒᆞᆷ

黃海道봉山西湖坊一洞居 金永弼等 告白

測量學員募集廣告

本校內에서測量科를特設ᄒᆞ고學員募集ᄒᆞ오니願學僉員은今月廿七日(陰五月廿九日)內로入學請願書를提呈ᄒᆞ시옵 但請願紙ᄂᆞᆫ本校에來覓ᄒᆞᆷ

試驗科目 (算術) 四則以內

試驗日字今月廿七日下午四時

上學時間自下午四時四拾分至六時四拾分

卒業期限五個月

南部履洞德南鄕內 私立進明學校 告白

本人의子炳國이가昨年五月分에無故出他而尙無消息ᄒᆞ와爲父之道의倚閭之望이無日無之故로玆以仰告ᄒᆞ오니炳國之居住를探知通奇則致賀金拾圓을實給爲計오니從速通知ᄒᆞ시옵기切企ᄒᆞᆷ

龍川東下面松山居李秉식 告白

信川郡聯合大運動時洋亭收萬學校捐助諸氏

載寧郡養元學校三圓 生徒中三圓四拾五錢 敎師김秉鉉一圓 自立학校二圓 西湖月光학校壹圓 任員김能權九十錢 讀華·五십七전 閔炳德壹圓 申啓東二圓 都仁權時計壹坐 김亨根 林鳳周 各五十錢 松禾龍門自强學校敎師黃起勛壹圓 任員權承文 五十전 安岳屹紅鳳泉學校 壹圓 栗里鎭壹圓 金宗元九十錢 本郡貞禮洞基督校五拾錢 載成학校壹圓 升明학校三圓 리悌浩二圓 徐光汝壹圓 김奉넘 帽子十介 長淵議官和順婦人朴氏銀指環壹座 京城校동리承溁 壹圓 觀光人中十壹圓四十壹錢

本校校長吳雲根 告白

本人所양靑色雄驢子今月十壹日에絕繼橫走無論內外國人誰某獲得則通奇宜川淸江站切望

宜川인洞里桂業根 告白

水原남部龜川동居高英國이本以悍毒者로其妻홍氏을毆打殺死ᄒᆞ고逃躲ᄒᆞ니所到處에警察ᄒᆞ시ᄂᆞᆫ官吏ᄂᆞᆫ捕縛ᄒᆞ시고通知于洪씨本家南陽郡니洪允明을望ᄒᆞᆷ高英國이年今三십五面鉄色과無

川 洪允明 告白

國債報償金中에婦人이銀釵佩物로本社에來納ᄒᆞᆫ者를許久積置ᄒᆞ엿스나卽爲放賣ᄒᆞ야銀行에殖利하ᄂᆞᆫ것만ᄀᆞ지못ᄒᆞᆯ기로玆에廣告ᄒᆞ오니或有願買人이거던本社에來問ᄒᆞᆷ

本 告白

●林業速成科學員募集廣告

本校에서夜學林業速成科及測量科를合設ᄒᆞ고兩科에關ᄒᆞᆫ學理技術을敎授ᄒᆞᆯ터이니願學僉員은本月貳拾五日內(陰五月貳拾七日)로入學請願書(本校에來求)를本校에提呈ᄒᆞ고七月拾二日(日曜日)上午拾時에來校應試ᄒᆞᆷ

壹 試驗科目 國文 漢文 讀書作文 算術四則以內 但相當ᄒᆞᆫ卒業證書가有ᄒᆞᆫ人은免試許入ᄒᆞᆷ

壹 修業期限은拾個月로定ᄒᆞᆷ 上學時間은自下午七時로至拾時三時間

壹 修業課程 造林學總論 造林各論 苗圃論 森林保護學 森林經理學 森林利用學 植物學 測樹學 土壤學 肥料學 氣象大意 測量學 術及實習

但敎科書籍은本校에서無價給與ᄒᆞᆷ

隆熙二年六月拾三日

中部 西大門內普成學校

西部奉常司洞內前司內同濟測量學校에서量測速成科를設ᄒᆞ고學員을募集ᄒᆞ오니願학僉員은本月二十日內에臨時事務所로來議ᄒᆞᆷ을심부望ᄒᆞᆷ

西大門外京釜鐵道停車場越邊運輸會社니

同濟測量學校臨時事務所 告白

大邱府春秋會市ᄂᆞᆫ南門左右毁城廣濶地에復久完設기로農商部訓令과認許을伏承ᄒᆞ여사오니各道商賈은照亮ᄒᆞ신後該地로赶臨ᄒᆞ시옵

慶北大邱府南門外황鄭부鄭奉來 告白

한城松橋法律事務所

辯護士 玉東奎

民事代理와刑事辯護ᄒᆞ기爲ᄒᆞ와出張所를如左히定ᄒᆞᆷ

第一 出張所 平壤 觀察道前拾三統貳戶 事務員 李寅根

第二 出張所 海州 巫政門前工洞文斗景家 事務員 李鼎圭

●土木事業測量設計幷監督

●鑛山林野土地之測量及製圖

京城旭町二丁目百拾壹番地

片村工務所

所主片村龜次郎

本所에서鑛山、土地、家屋、三林、測量製圖設計等을迅速需應ᄒᆞᆷ

南署會동九拾貳統拾壹戶

會同測量事務所

總務 會澤吉 事務 金鎔植

遂安郡主事金炳善氏ᄂᆞᆫ本郡에就任周年의行政甚明ᄒᆞ야壹境無事이기談然을贊誦ᄒᆞ기爲ᄒᆞ야玆以廣布ᄒᆞᆷ

李順九 告白

洪性欽의선字를以商字로改正ᄒᆞ오니知舊間照亮ᄒᆞᆷ

殷栗郡地方委員 洪性商 白

▲大韓國新發明 령藥

▲八寶丹 九拾五粒 ▲팔보단 健胃 消滯

承政府典의正三品洪哲桿閣下實驗處方과陸中々외의勞效敎官張基茂君의効證이로此丹을呈行이온바新久滯積과急警關格과霍亂사腸과胃腹疼痛과頑痰痼飲과新久泄瀉와七情鬱結과水土不服과船車眩暈諸症에壹服見效ᄒᆞ오니衛生君子ᄂᆞᆫ光顧試可ᄒᆞ심을爲希ᄒᆞᆷ

▲瘡病 ▲사향소창단 ▲妙藥 ▲麝香消瘡丹

特封匣廣告銅版印搭可也

此丹이於諸瘡에無論男女老少ᄒᆞ고若服ᄒᆞ면實有神效ᄒᆞ야百發百中ᄒᆞ오니非例方可及也라若論主治則楊梅下疳連珠風濕頭瘡諸症에俱見立效ᄒᆞ오니養病ᄒᆞᆫ君子ᄂᆞᆫ幷以試驗ᄒᆞ시옵

▲婦人 ▲태양도경환 ▲靈葯 ▲胎養調經丸 壹個月分入 定價金五圓

大抵婦人이年過ᄒᆞ도록不受孕者ᄂᆞᆫ由於有病也니若不趁早研究ᄒᆞ고尋閱看過則非但壹個人에不幸이라抑亦全國生育之理의關係가不淺ᄒᆞ니僕이十五年을消費ᄒᆞ야各外國高明의士와實驗方을選擇ᄒᆞ야先自僕家로從及他人ᄒᆞ야屢試普驗에十불而拾効ᄒᆞ온고로此약이非但受孕之神劑라治冷、治積、調經、調血에俱有特效ᄒᆞ옵기玆以廣布ᄒᆞ오니僉員ᄂᆞᆫ覓次試驗ᄒᆞ시면證價을可知이옴

약製所인川港亭峴和平堂藥房 發行人 全 리應善

代理所인川港亭山濟生堂藥房 京성大廣橋共愛堂藥房

右三種藥은總方合處有名藥店마다隨應販賣ᄒᆞ옵고地方遠處이라도郵便으로請求ᄒᆞ오면小包로傳致ᄒᆞ게솜

仁川港 亭峴 和平堂 白

民刑事訴訟ᄒᆞ오며官廳請願等法律事務를誠實擔務ᄒᆞᆷ

西部毛橋八十六統七戶

辯護士 前檢事 洪冕熹

事務員 前主事 孫應敎 前主事 韓章鉉 前主事 金正澤

本人의姓名圖章을陰五月拾日夜에爲竊盜見失故로知舊間照亮ᄒᆞ서라고廣告을敬要ᄒᆞᆷ

戊申五月拾壹日全南光陽 인德面우楠吉 白

林野法令

定價 金 廿五錢

本法令은最近에頒布된바壹般臣民이此法令을不覽ᄒᆞ면特ᄒᆞᆫ利를全失ᄒᆞ고各其山坐도倂棄될注意件되온本冊第五頁本行에揭載ᄒᆞᆷ과如ᄒᆞ며抑히本冊은山林에關ᄒᆞᆫ勅令及部令壹切法則을編成ᄒᆞᆫ者니斯速來購ᄒᆞ시옵

古今

發賣所 布屛下 廣학書舖 大廣橋 大東書市 滙東書館 博文書館 寬勳橋越邊 中央書館 鍾路 古今書海 銅峴 박학書館 新舊書林

廣告

●黃海道府州郡國債報償志願金收合實數正誤廣告 續

李在明三拾원
倅居不明 八 二圓四十錢
許 김 貳선圓 許瑩
許 林 許漲 강文彙
朴汝玲 汝九 許晩
許潑 許영 許海 李주영
許 주 각二錢 許潑
許泰 新從 許浩 김德裁
召인珠 각拾錢 許秤
二應錢 崔召史 安順基
四시錢 東載坤 십二圓
辛應주 三拾錢 리東積
召延석 韓順先 각貳十錢
金石姑 리禎釉 각拾錢
趙發孝 朴景善 각五십錢
朴湖敎 四십錢 리承모
리承龍 元福亨 각二십錢
趙鳳鉉 五拾圓 리承政
四圓 金宅洙 貳圓 高석範
壹圓 姜洪九 九拾錢
리남祐 리允植 崔元석
金致根 각六十錢 김永祿
김行洙 리鼎在 崔致祥
蔡良熙 최在玉 張仲烈
조贊文 리석亨 리석寅
李望言 李致江 李種德
金行元 각五拾錢 金順根
박乐善 姜敏秀 리장德
리長福 리根在 각四拾전
김順昌 姜玄秀 리承章
김致明 정昌祿 각三拾錢
趙光鎬 조用孫 張善文
전孝達 高俊祿 高聖範
白吉福 李서鎭 尹永서
김炳善 리福伊 姜恒秀
金容健 張海鍾 리昌浩
洪秀綏 김益河 高仁龍
김興祚 趙壽天 리景稙
리庚順 韓金巨 리昌燁
洪君杓 洪年道 각廿錢
未完

漢城銅峴萬國基督教青年會館前慈惠藥房
製藥鑑査人濟衆院醫學員洪錫厚朴慈惠李觀化告白
代理店梨峴洋藥局李信華

本人等이漢城南大門外濟衆院用의處方으로左記封入약品을製造호오니京鄕間遠近勿論호고此약品을信用호시기를호야前醫學校長五等池錫永氏에게각方文에認定호고右藥證明書를受호고主治効能用法을詳記호야洋鐵匣紙匣琉璃瓶에封호야賣藥兄弟에게利益이加有호도록發賣호나이다

治痰平胃丸 男女氣血補益丸
輕腫根治膏 純金鷄蠟丸
濕腫根治膏 蛔虫滚出丸
大癰拔根金瘡膏 呼吸感冒丸
小兒胎毒金瘡膏 淸明眼藥水
積氣神効保嬰散 消痰鎭咳藥
小兒感冒靈效散 男女痰疾祛根藥
德國製淋疾丸 寸虫拔根藥
漢城百應膏 止足汗臭藥
洋藥乾材 止瀉潤腸丸
舊唐藥草材 陳陳旧滯消積丸
西藥醫方活套 無惡臭疥瘡藥

●大韓國新發明神藥

◉修度靈丹 各種食滯中暑久滯口渴欬吐瀉定價一貼
◉至寶丸 治痢殺痲疾不拘久遠俱有偉效定價金十錢
◉靈效液 外用方書治疥癬皮膚百發百中定價金三拾錢
◉清眼水 治諸般眼疾有效豎見天之妙定價金拾錢
◉通淋丸 治男女急慢淋疾神效無雙速效除痔壹週定五拾錢

製藥發行所 漢城南部大廣橋西邊第三家十九統七戶 共愛堂大藥房 告白

支店
開성남門內共愛堂第壹支店
群山港開福동共愛堂第二支店
河東郡赤良面共愛堂第三支店

代理店
仝 臺城北部大安동 雲助醫 리春善
仝 鍾路靑年會館前 黃麟秀
仝 西部新門外石橋 仁濟藥房 慈惠藥房 普濟醫院
仁川奇峴 濟生堂 仝 和平局

此外에도東西洋各國有名賣藥과草材藥이俱備호오니藥외多少을不拘호고請求호시면小包로仰呈호깃숩

●大韓國新發明靈藥廣告

陸軍軍醫金鉉升君實驗方劑
陸軍軍醫張基茂君有效證明
四海衛生之諸君子常備之要藥
消化新藥 清心保命丹
發行所 仁川港杻峴 濟生堂藥房
九十粒入金拾錢

●主治効能 ●飲食積滯中暑中寒 ●咳嗽腹痛水土不服 ●氣鬱吐瀉船車眩暈 ●食傷酒酔口熱惡臭 ●其他諸般運氣瘟疫預方妙藥

▲出張代理特約발賣所
●京城大廣橋共愛堂大藥房
同鍾路慈惠藥房 리觀化
同梨峴洋약局 리信華
同銅峴博文書館 盧益亨
同南大門外大同運輸會社二
同泥峴三丁目新井支店
同泥峴郵便局前 天佑堂
同水橋本堂出張人 리鳳林
●仁川舊邑本堂出張所 金濟賢
同開城旅館 韓禹根
同奇峴和平堂 리應善
●開城南門外萬物廛 박奎鎬
同南門外同店 禹相玉
同南門外冊肆 리禎錫
同北部忠橋 具聖模
海州宗路商店 宋在瑛
同二房약舖 김永泰
同南門內店 리奉植
水原鍾路下약房 金濟九
●延安邑내洋약局 邊汝文

●江華鍾路店 尹斗鉉
同鍾路店 宋順五
同西門外冊肆 高成㐽
長湍남門내 崔秉淳
●砂利院市場내客主 朴健昌
●同 任允오
同耶蘇敎堂내 리炳鎬
黃州남門내紅門동 리○○
平壤雙巨里濟生局 韓鳳儀
同館前衛生醫院 金龍興
同大興部一里 崔龍化
同壬武洞濟局 桂澤宜
同里巫洞出張人 尹寅鎬
●鎭남浦築동洋약局 김元섭
同信川邑本堂出張人 吳남奎
群山港開福동 김斗鉉
●安州城내義井동回春大약房
安岳邑上場里濟生局 林景柱
●大邱남門내刷還동 김成浩
●釜山港草梁客主 金重佑
●仁川郡美동商店 朴芝行
●載寧邑後동洋약局 崔允國
●忠州東良面阜遜 金鎭和
●晉州郡邑동 박善賢
●定州남門내洋약局 리健柱
●郭山邑내洋약局 羅應彬
●鐵山邑내永春堂 安瀛
●宣川邑내冊肆 安丕
●義州水口街 崔석浩
●信川邑四里洋약局 김永植
●郭山邑冊肆 김大鉉
●元山港濟生堂支店 박敬鎭
●北靑新昌港客主 박錫勳
●江原道本堂出張人 黃塋家
●德川邑官동洋약局 리丙斗
●黃山용谷里 리東赫
●其他各약店마다賤應販賣홈
●仁川港濟生堂告白

◎약광고

본국에서 십년을연구호야(사향소합단)이라 약을발명호엿는더 남녀물론호고 무숨병이던지 큰제(十四劑)를더 설이쳐 먹으면 효험이발발 죵 되겟는고로 어린딜지호와사 가오니 칭명잇는 첨위는오떠 고셩말고 속히미심호야 본회로 사셔 각디방이라도 우편으로 부칠터이오니 죠량호시옵

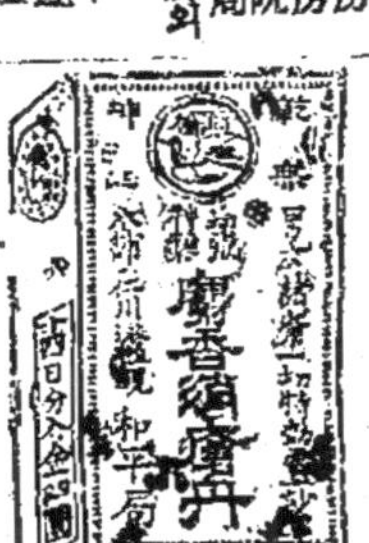

製藥所 仁川港杻峴和平堂약房
發行人 仝 리應善
代理店 인川港奇峴濟生堂약房 京城大廣橋共愛堂약房

우리당좋약은 청심보명단과 저처발매소마다수용판매호오니그근방에계신이는그곳으로가셔문외호사오

仁川港和平堂 白

胎養調經丸 티양됴경환

製藥所 仁川港杻峴和平堂약房
發行人 仝 李응善
代理店 仁川港奇峴濟生堂藥房 京성大廣橋共愛堂藥房

대뎌 부인이 년과도록 잉틱치 못홈은 병으로 인홈이니 일쥭이 연구치 아니호고 심상이 브려두면 다만 한사룸의 불힝홀뿐 아니라 또혼 젼국에 크게 관계가 잇는고로 본당에서 십오년을 너외국 고명호 의스의 실험방법을 튁션호야 성에 집으로브터 他人家에 루〃시험호죽 열에 열사룸이 다효험을 보앗고 초약이 잉틱만 홀뿐아니라 (치뎡)(치젹)호며 (조경)(조혈)되는고로 이것치 광포호오니 첨부인은 일추 시험호시며 각디방이라도 우편으로 붓쳐더이오니 죠량호시옵

壹劑壹個月分定價五圓

本所에서測量製圖을精速請應홈
中部中谷第四拾五統四戶
廣興測量製圖事務所 白

●本社廣告

○廣告料
四号活字十三字로每日每英尺一寸에對하야(每日每行六전에相當홈)
二週日에 二圓五十錢 每日每行四錢五厘에相當홈
一箇月에 五圓 每日每行四錢一厘에相當홈(以上)
其期限의長短과字行의多少를依호야酌減홈이有홈

○申報價
壹號代金 新貨二錢五厘
壹個月前納 三十錢
參個月 九拾錢
陸個月 一圓七十錢
壹個年 三圓四十錢
郵稅一號 新貨五厘 壹個月 十三錢

發行兼編輯人英國人 萬咸
發行所 南署石井洞號外地三層洋屋 大韓每日申報社

第六卷

大韓每日申報

第八百四十三號

月曜及慶節歲時日休刊

檀君開國四千二百四十一年
箕子元年三千三十年
大韓開國五百十七年
日本明治四十一年
清國光緒三十四年
陰曆戊申五月大二十日甲辰

論說

◎悔改者得釋

稗說에云古者 成廟朝時에常殺人犯을捉囚호바獄吏가不愼홈을乘홈이던지夜를乘호야가鎖를破호고越獄逃躲호얏는대蹤迹을發호야追捕호야도不得호며懸賞을布호야偵探호야도不得호고大索십日에形影이杳然호며不得已罪囚在逃로懸錄호而已러니後數月에壹個漢이刑曹廳吏에突入호야伏地告曰某月某日殺人犯某는敢來自現하노라 刑吏等이且驚且愕호며此를不信호야曰汝가或者狂人이야넌가前犯은兩目이俱存호거날今汝는左眼이瞎廢호얏스니可疑者ㅣ壹이오前犯은容貌가肥厚호거놀今汝는雙頰이骨立하얏스니可疑者ㅣ二오且越獄逃走호던犯이靑天白日에自來送死홀理가萬無호니汝가비록前犯이라自鳴호나吾輩는此롤狂言으로만認호노라호대該漢이淚를拭하며獻欷言曰生을好호고死를惡홈은斯人의常情이지만은余에至호야는生人의趣가實無호야一刻이라도速死홈을是甘호노라蓋余가人을始殺하고獄에見囚호던日에는畏홀는비是死며悲홀는비是死라故로智를竭호며力을竭호야一條生路를求홈셔敢此越獄後逃외凶謀를做호고又或他人의發覺을被홀가念慮호야自刃으로目을瞎破호바어니와在逃數月에身世를回顧호니如此히百年苟生홈이一朝快死홈만不如호도다夜半旅店에夢寐가正酣호다가庭畔에葉聲만偶作호야도何處官差가我를來捉호는가호야四肢가戰慄호며春後名亭에遊興이方濃호다가林際에人影만倏見하야도何許捕校가我를來探호는가하야兩眼이顧迴호고八珍을對호야도其味를不知호며狐貉을衣호야도其溫을不知하고容貌만自然日削호니嗚乎라余에果然生存의趣가有홀者ㅣ언가故로今日에自來호야速死를乞호노라

刑官이此를聞호더니愴然히其情을憫호며且其言의哀痛홈을感호야其悔改心이己發호者라하야死를減호고遠壤에配호니라

外史氏曰余가此言을讀호다가卷을閉호고歎息홈을不覺호얏노라蓋人性이本善호건만은只是情慾의所動으로一念이差에千里를謬호나니彼古今來極惡大대인들其初心에야엇지極惡되물自甘하며大대될을自喜호리오만은不過是貪欲貪圖의結果가駸駸然不知不覺間에此惡業을竟造홈이로다

然이나其靈々昭々혼壹點良知는終乃泯滅치아니호야往々中夜邊床에惴々三歎홈을不免호나니

己覆의水는難收며騎虎의勢가雖下라호야彼殺人犯의瞎眼掩迹호效하는者도有하나悔改自現의事를擧호는者는無호야寡기地獄에自墮호니悲夫라

嘗聞컨대一念을自新호면百惡이皆消라호니彼 切誤鬪毆民호며欺人騙財호는罪人들이며千手萬舌의惡黨도不懼호며青史白簡의嚴誅도不憚호는가早々改圖自勵호야前惡을快滌호고上帝의免罪文憑을受홀지어다

▲隆熙二年六月拾七日 官報

訓 令

法部令第壹號 各監獄

在監人領置金品處理規程을左又치定호얏기茲에訓令호니此를依호야施行事

隆熙二年六月十五日

法部大臣 高永喜

在監人領置金品處理規程

第壹條 在監人의所持에係호는金錢及物品은本規程에依호야處理홈이可홈

第二條 監獄에左開職員을置홈

壹 在監人領置金處理主任

二 在監人領置物品處理主任

前項의職員은典獄이部下의官吏로命호고報告홈이可홈

第三條 在監人領置金處理主任은典獄의命令을承호야領置혼金錢의出納及保管을行홈이可홈

第四條 領置혼金錢은堅牢혼金櫃에藏置호고確實히保管홈이可홈

若銀行에預入코ᄌ홀時는其名稱及信用의有無와契約의事項等을具하야認可를請홈이可홈

第五條 在監人領置金處理主任은左開帳簿를備置홈이可홈

壹 在監人領置金出納簿(第壹號樣式)

二 在監人領置金人別簿(第二號樣式)

三 在監人領置金收受簿(第三号樣式)

本簿에는領置홀際에其金額을登記호고本人으로호야곰認證케호되但携帶金을除혼外에는他書類로써認證케홈도無妨홈

四 在監人領置金支拂領收簿(第四号樣式)

本簿에는領置金을支拂홀際에其金額을登記하고領收人으로호야곰認證케호되但他書類로써認証케홈도無妨홈

五 不有金者氏名登記簿(第五号樣式) 未完

外報

●法國政府請求件 路透電을據호즉本月十六日東京支那國境의騷動에對호야法國政府에서要求件이如左호니

壹、暴行兵士教唆者懲罰

壹、雲남總督其他官吏의免官

壹、被害家族에게賠償金給與

壹、總督의惡政으로因호야東京운南鐵道會社에對혼損害賠償

壹、운南鑛山特許權所有者가法國人에게將來安全의保証을與홈

諸等事件이라더라

●英國婦人示威 同電을據혼則英國에서一萬三千人의女壯士가베쓰민쓰르寺院으로부터行列을整齊호고알파르홀에進行호야婦人參政權에就호야示威大運動을行호얏다더라

●施政將圖反駁 東京電을據혼則淸國政府는又哈爾賓施政問題에關호야俄國及東淸鐵道會社에抗議書를提出홈으로써東淸會社에셔此에關호야淸國의誤解혼諸点을一々指摘호야反駁하는回答을送호얏다더라

雜報

●閔家設校 稷山郡內里居閔觀祺시가自家의私塾을設立하고聰從子弟를選集호고敎師를延聘호야誠心敎導호미生徒가日增혼다고하郡來人의傳說이有호더라

●壯哉趙氏 去廿五日의日本守備隊가鐵原郡公立普通學校에自意駐接호미多數學生이無處可依하야將至解散矣러니하郡倅趙옹人시가학徒의情況을切悶하야自己家舍에학生을駐接케호야課工을因繼케호니하徒의向學이增加勤篤호다고東來人이稱頌호더라

偉人遺蹟

水軍第一偉人 李舜臣 錦頰山人 譯

第拾六章

◎陳璘의中變과露梁의大戰

探望船을遣호야賊情을探호며니십八日酉時量에昆陽泗川南海各處賊이露梁으로向혼다호거놀李舜臣이陳璘과相約호고是夜二更에同發홀시

三更에船上에獨立호야盥手焚香호고上帝께祝호야曰此讐를可滅홀진된即死라도無憾이니이다

四更에露梁에到하야浦嶼間에兵船을伏호고以待호더니

俄而오賊船五百餘艘가光州洋으로自호야露梁에至하거놀左右兩軍이突發호야此를砲擊호니賊船이紛散하다가良久에復合이라李舜臣曰我等의勝敗死活이此戰에在호다호고포를援호야右手로鼓호며大呼先登호니諸軍이其後에爭附호야賊을鏖호시賊이不支호야觀音浦에退入호얏다가

天明에賊이出路가無홈을知하고兵을還호야死戰호거는李舜臣과陳린이合力血戰호더니

副摠兵鄧子龍(亦明將)의船이失火호야登軍이驚擾호며船이傾호는대賊이此를乘호야子龍을殺호고其船을焚호거는我軍이鑑見호고互相指認호여曰賊船이又焚호며하고各々歡呼호며각々奮進호는지라

賊將三人이樓船上에並坐호야戰을督호거는李舜臣이砲를放호야其壹을射殺호고

虎蹲砲를連發호야賊船을碎하는中에

忽然壹大鐵丸이飛來호야李舜臣의左腋을貫穿혼지라

劍을握호고仆호더니

卽超호야鼓를鳴호며徐々히船樓에入호야將帥에게招호야腋을擊호고痛을示호여曰我난且死호리니公은努力호라호며防牌로蔽호고其子姪薈莞과侍奴金伊를顧호여曰戰事가方亟호니我死커던哭聲을勿發호라軍心이驚動홀가是恐호노라호며言訖에瞑호다가我軍의叫呼聲을聞호더니喜氣가眉間에溢호며悠然逝호는지라

麾下가其遺言을依하야喪을秘호고旗를麾하며戰을督호시柳행이六次를丸에中호고宋希立이壹次를丸에中호야船上에昏倒다가少頃에復起호야帶를裹호고督戰호는데

兩船이互觸호며長劍이相拍호고兩箭雷丸이海面에暴注하며니

曉로始호야午에至호미賊氣가大挫호지라我軍이益益追擊하야賊船二百艘를擊沉호고賊兵數千名을俘斬호니 (未完)

雜報

●鳳含丹綸 拾六日에 大皇帝陛下게옵서 詔書를下ᄒᆞ사曰宮內府前大臣李允用의辭疏ᄂᆞᆫ幾已許副矣라當此府務整理之秋ᄒᆞ야以若斷斷悃悃으로豈宜便辭리오、朕이知其病實故로不忍强聘以供劇ᄒᆞ노니從壹品李允用을特命宮中顧問ᄒᆞ고以大臣禮遇노ᄒᆞ라ᄒᆞ셧더라

●齊生新學 大皇帝陛下께옵서日前 講學ᄒᆞ실時에學部大臣리載崑에게成均館學生의新學問을修業ᄒᆞᄂᆞᆫ與否를 下詢ᄒᆞ신事ᄂᆞᆫ已報ᄒᆞ얏거니와成均館學員의新學問發展ᄒᆞᆯ主意를學部에셔現今協議ᄒᆞᄂᆞᆫ中인ᄃᆡ從速實施ᄒᆞᆯ다더라

●裁判終了 本社前社長裴說氏의裁判ᄒᆞᄂᆞᆫ事ᄂᆞᆫ前報에已揭어니와昨日午後三時에裁判을畢ᄒᆞ얏ᄂᆞᆫᄃᆡ今日下午四時에判決이된다더라

●統府晩餐 昨日下午六時에伊藤統監이新任觀察使諸氏를統監府로請邀ᄒᆞ야晩餐會를開催ᄒᆞ얏다더라

●爲何畏겁 總相李完用氏가有何畏겁事인지自己家産을他處로移置ᄒᆞ얏다더라

●親任式擧行 再昨日에新任宮內府大臣閔丙奭侍從院卿尹德榮宮中顧問리允用三씨가親任式을擧行ᄒᆞ얏다더라

●顧問年俸 宮內府閔大臣리允用氏가宮中顧問을被任ᄒᆞᆷ은別項과如ᄒᆞ거니와該顧問의年俸은三千圜으로확定하얏다더라

●遞任下鄕 宮內府大臣李允用氏가該職을遞任됨으로金海私田로日間退臥ᄒᆞᆫ다더라

●李氏辭職 侍從副卿李會九氏가日間辭職疏를奉呈ᄒᆞᆫ다더라

●內次別宴 內部次官木內重四郞씨가農商工部次官으로轉任ᄒᆞᆷ은前報에已揭어니와內部高等官들이만論ᄒᆞ되幾朔同情之誼에不可晏然이라ᄒᆞ야該木內次官을爲ᄒᆞ야惜別宴을設行ᄒᆞᆫ다ᄂᆞᆫ說이有ᄒᆞ다더라

●摠管云遞 承寧府總管趙民熙氏ᄂᆞᆫ遞任되고신大均氏가被任ᄒᆞᆫ다ᄂᆞᆫ說이有ᄒᆞ고其他承寧府侍從某某三氏도遞任된다ᄂᆞᆫ說이有ᄒᆞ더라

●新察赴任 新任ᄒᆞᆫ各觀察使ᄂᆞᆫ地方의情況이騷擾ᄒᆞᆷ을特念ᄒᆞ야不可延期라ᄒᆞ야日間에次第發行ᄒᆞᆫ다더라

●金氏請願 內藏院出納課長金澤氏ᄂᆞᆫ再昨日에請願ᄒᆞ고主殿院理事黃鐵國氏도昨日에請願ᄒᆞ얏다더라

●去就同盟 宮內府出納課長金澤氏가再昨日에辭職請願ᄒᆞ얏다ᄒᆞᆷ은別項과如ᄒᆞ거니와該氏가辭職ᄒᆞᆫ理由인즉該課長敍任時에選官內府大臣李允用氏와同去就ᄒᆞ기로決定ᄒᆞᆫ故로辭遞ᄒᆞᆫ다더라

●宮府官吏變更 宮內府奏任官과多數ᄒᆞ게變更된다더라

●典祀補服歷 宮內府에셔典祀補에服歷書를精呈ᄒᆞ라ᄒᆞ얏다더라

●郡主頒布 內部에셔地方郡守事를累次試取ᄒᆞᆫ은各郡館에已爲頒布ᄒᆞᆫ바어니와其合格者四십餘名을今日에頒佈하얏다더라

●摠理와官相의家族 摠理와官相의家族政府ᄂᆞᆫ昨報에已揭어니와其氏名을槪聞ᄒᆞᆫ則侍從李恆九ᄂᆞᆫ其子오侍從李明九ᄂᆞᆫ其姪이오侍從副卿李會九ᄂᆞᆫ其堂姪이오禮式官李仁用은其三從이오侍從院卿閔丙奭은其妻內從이오承寧府摠官趙民熙ᄂᆞᆫ其妻男이오奎章閣卿趙同熙ᄂᆞᆫ其妹夫弟오侍從洪運杓ᄂᆞᆫ其女婿오侍從趙重國은其甥姪이오奎章閣書記官金天洙ᄂᆞᆫ其戚姪이오侍從韓相鶴은其甥姪이오侍從金永譓은其親査오懿孝殿令金晋圭ᄂᆞᆫ其妹夫오奎章閣記注官李龍九ᄂᆞᆫ其堂姪이오典製官尹喜求ᄂᆞᆫ其連査오東宮侍從尹滋承ᄂᆞᆫ其査오南殿提調韓光洙ᄂᆞᆫ其切戚이오耆老所典務官리丙瓚은其三從孫이오侍從金永甲은其切戚이오侍從리甲承은其戚係이오侍從徐璜鎭은其査오度大任善準은其親査오中樞院贊議趙英희ᄂᆞᆫ其妹夫오內閣秘書課長金明秀ᄂᆞᆫ其甥姪이오侍從武官洪完식은其姪婿오其食口와親切ᄒᆞᆫ시從朴齊斌이오시從오壹泳이오典籍司長김珏鉉이오宮內府秘書官尹世鏞이오시從리롱漢이오隆陵令ㄴ觀鎬이오睿陵令尹起與이오宮內府典醫徐內李오洪陵參奉오慶恩이오內藏院理事김澤이오主殿院理事黃鐵國이오寶務課技師徐상선오修學院教官尹始鏞이오宮內府書記官리起泓이오全事務官김觀鎬오시從리圭元이오시從리照默이오시從리喬永시從洪奎植과시從補徐內台과禮式官朴鐵陽과禮式官리상弼과掌典官김查희와시從徐丙協과시從김澄培와시從김德鎭과承寧府副總管朴齊斌이오現政府官人에ᄂᆞᆫ法部大臣高永喜와軍部大臣리秉武와學部大臣리載崑과中樞院贊議리在正과內閣外事局長리建春과內閣書記官洪遐杓와全高源植과全리源鎔과全魚용善과平理院判事洪祐晳과度支部司計局장元應常과漢城府尹張憲植과高等學校長洪與鉉과中樞院贊議洪承穆과中樞院贊議남奎희와시從武官리秉規와表勳院書記官장東식과成均館장김有濟와학部編輯局長魚允廸과漢城裁判所首班判事김喆鉉諸氏라더라

●委員會規則 漢城及各地方에新設ᄒᆞᆫ學務委員會를設置ᄒᆞᆫ다ᄒᆞᆷ은已揭前報어니와該委員會의規程을現今學部의셔起艸中이라더라

●日語擇長 新募集ᄒᆞᄂᆞᆫ憲兵補助員의隊長을日今編制ᄒᆞᄂᆞᆫ中이라ᄂᆞᆫᄃᆡ日語嫺熟ᄒᆞᆫ尉官으로擇用ᄒᆞᆫ다ᄂᆞᆫ說이有ᄒᆞ더라

●手當金磨鍊 觀察使月俸을四百元以上으로磨鍊ᄒᆞᆫ다ᄂᆞᆫ說은前報에已揭ᄒᆞ얏더니와更聞ᄒᆞᆫ즉月俸外에手當金壹百圜式으로磨鍊ᄒᆞ얏다더라

●壹百決死 壹進會에셔地方會員八拾九人이決死隊를組織ᄒᆞ얏다ᄂᆞᆫ說은已爲報道어니와拾壹人이添入ᄒᆞ야合壹百人이團體決死를ᄒᆞᆫ다더라

●三泉看審 承寧府侍從二人이日本醫師壹人을帶同ᄒᆞ고再昨日에三淸洞과星泉과靜武門外五處內井水를看審ᄒᆞ얏다더라

●醫院移接 大韓醫院에工事를畢ᄒᆞᆫ故로本院에各部가移接ᄒᆞᆫ다라

●歌謠許頒 學部에셔各官公立普通學校長에게通知ᄒᆞ되通俗教育上에參考ᄒᆞ기爲ᄒᆞ야地方流行의俚謠와歌謠等을査察ᄒᆞᆯ必要가有ᄒᆞ니期圖細採ᄒᆞ야來九月十五日內로報來이되左記區別을依ᄒᆞ야無或소漏케ᄒᆞ라ᄒᆞ얏ᄂᆞᆫᄃᆡ

壹 現에流行ᄒᆞᄂᆞᆫ것及其地方

貳 現에流行치아니ᄒᆞ고曾往流行ᄒᆞ던것(流行의期間이分明ᄒᆞᆫ것은其期間을記載)及其地方

●二孫爭嗣 柳鳳輝及외籍沒ᄒᆞ얏던田土三百餘石落을現今還推次로度支部에請願하얏ᄂᆞᆫᄃᆡ該氏의嗣孫二人이互相爭詰ᄒᆞᆫ다더라

●貧載上京 近日以來로地方의騷擾ᄒᆞᆷ이去益猖獗ᄒᆞᆷ을因ᄒᆞᆷ인지不知어니와男負女戴ᄒᆞ고上京ᄒᆞᄂᆞᆫ者가多數ᄒᆞ다더라

●砲聲虛驚 再昨日下午六時三十分에남署美洞等地에셔統監府屬備日人이自起貢으로走狗를向ᄒᆞ야誤擲ᄒᆞ얏ᄂᆞᆫᄃᆡ砲聲이震動ᄒᆞ야該近人民이驚動ᄒᆞ얏다더라

●二義移囚 再昨日에日兵二名이義兵三名을漢城裁判所로押來ᄒᆞ얏ᄂᆞᆫᄃᆡ韓犯을自爲山浦로捕來하얏ᄂᆞᆫᄃᆡ壹名은江陵人이오壹名은長湍人이오壹名은大邱人이라ᄂᆞᆫᄃᆡ監獄署에卽爲下囚하얏다더라

●德人化去 海關洋風建築囑托德國人華茲氏ᄂᆞᆫ再昨日에卒地化去ᄒᆞ얏다더라

●燗傷可慘 再昨日下午五時에小安동居鄭某家에셔失火ᄒᆞ야八九歲假量된壹兒가燗傷ᄒᆞ고火災ᄂᆞᆫ旋卽撲滅ᄒᆞ얏다더라

●院長餞別 濟衆院長魚丕信씨가歸國次로昨日上午八時三십分에京釜鐵道停車場列車를搭乘발行ᄒᆞᆫᄂᆞᆫᄃᆡ有志紳士諸씨가남大門外停車場에餞別ᄒᆞ얏다더라

●畿湖開學 本月二십日부터畿湖學校에셔開학ᄒᆞ고稱炎前저지ᄂᆞᆫ上학ᄒᆞᆫ다ᄂᆞᆫᄃᆡ教育학理化諸科全部森林학의高等學問으로爲主ᄒᆞ고教師ᄂᆞᆫ社會에最高明ᄒᆞᆫ人으로聘請ᄒᆞ얏다더라

●靑年停會 今日下午八時에鍾路靑年會館에셔演說會를開ᄒᆞ고紳士김奎植씨를請邀ᄒᆞ야靑年은國之元氣란問題로演說ᄒᆞ고二十日停會ᄒᆞ얏다가秋期에개會ᄒᆞᆫ다더라

●文校運動 去月二십九日에文化郡에셔私立文成학校니에셔각학校가聯合運動을設行ᄒᆞ얏ᄂᆞᆫᄃᆡ학校가十八이오生徒가五百餘라觀光士女ᄂᆞᆫ如雲來集ᄒᆞ야拍手唱采에莫不贊賞하엿다더라

●華山那校 京新門外華山동有志諸氏가本동에학校를設立ᄒᆞᆯ意로槪論ᄒᆞᆫ結果로昨日國民演說臺에셔一동老少들이大會集ᄒᆞ야義務的으로長時間互相勸勉ᄒᆞᆫ後校舍建築費ᄂᆞᆫ每戶踏民이分擔ᄒᆞ고維支金은每朔逐戶幾許間分等排擔ᄒᆞ기로滿場壹致ᄒᆞ야可決ᄒᆞᆫ後에各自散會ᄒᆞ엿다더라

▲地方消息▼

▲本月十四日茂朱郡西北方二里地에셔義兵십名이日兵十名과交戰ᄒᆞ얏다ᄒᆞ고

▲本月十日居창郡漁水寺에셔義兵二十名이同郡日守備兵下士以下八名과交戰ᄒᆞ얏다ᄒᆞ고

▲本月十五日洪川郡北方西里에셔義兵四十名이同郡日分遣隊兵과交戰ᄒᆞ얏다더라

▲莊蝶化身▼

▲世上事를閱歷ᄒᆞ니蘧蘧壹夢方深이라精神渾忘터人生이名利場에爭競하야時局變態不知하니莊園化蝶이아닌가

▲人耶아蝶耶아棣園烟閑富貴花ᄂᆞᆫ總理官相榮耀로다夜來東風最急處에壹朶기萎綠底事오餘香散盡難拾ᄒᆞ니隣家春色却疑로다

▲人耶아蝶耶아政界上에老去花ᄂᆞᆫ或開或落紛紛ᄒᆞ다各自耳語密勿ᄒᆞ야暗裏偸香奔忙ᄒᆞ나壹抹疑山濃翠ᄒᆞ니眉端春愁深鎖로다

▲人耶아저耶아元老門前離披花ᄂᆞᆫ三春時節已過로다家國思想망然ᄒᆞ야局外傍觀袖手로세草沒深巷車馬稀ᄒᆞ니滿頭柳絮惟催老라

▲人耶아접耶아觀察門前新開花ᄂᆞᆫ暗借風力催發이라分憂之任아닛던가塗炭民情엇지ᄒᆞ나四方呼哭浪藉하니蕭涼氣色可矜ᄒᆞ다

▲人耶아접耶아公子家中錦繡花ᄂᆞᆫ繁華濟濟幾時런고淺唱低斟佳人盃에繾綣餘情不勝ᄒᆞ야江湖之憂等閒事로白鷗同伴相忘일세

▲人耶아蝶耶아權貴門前落溷花ᄂᆞᆫ猶官爵의醜習이라咽臭蠅이聚散ᄒᆞ야不離傍人唾面하나役役ᄒᆞ다뎌生은薬맥中에虛老로다

▲人耶아접耶아學界上에開明花ᄂᆞᆫ靑春銳氣將熊이라新知識을培養ᄒᆞ니非役오兒叢이라空氣中에酒泳ᄒᆞᆫ니天心新來回일세

▲人耶아蝶耶아茶話宴席灼灼花ᄂᆞᆫ各大官의歡情이라太平勝事본ᄯᅡ밧아把酒逸樂度ᄒᆞᄂᆞ니門外事ᄂᆞᆫ關인가더興致만陶陶하다

▲人耶아蝶耶아宗商叢中寂寞花ᄂᆞᆫ春事已盡不知ᄒᆞ고悠悠閒夢欲偸ᄒᆞ야漆室中에鼾鼻ᄒᆞ니變幻風潮此世界에空自愁老可憐ᄒᆞ다

廣告

相議홀事가有ᄒ오니壹二年級과預科 僉學員은今月(陰二拾日)上午十時에本所로齊來臨ᄒ시옴
法官養成所學員等 告

本人이爲山驛三光社에서事務를視ᄒ올서昨年拾月分에本社事務員孫宗默趙亨奎兩人이擔保ᄒ고李淳奎로財務員을定ᄒ야同處稅務ᄒ더니左右債用이不小中에李淳奎가既財掌ᄒ故로任之無疑러니拾次ᄂ置之度外ᄒ고捧次ᄂ促之督之ᄒ야捧音二百四拾六圜九拾八錢과予受文簿를同帶ᄒ고渺無蹤跡인바李淳奎가專恃耶蘇敎ᄒ고視本人을若草介ᄒ니世豈有如許强盜者乎아內外國 僉員은照亮ᄒ심을爲要홈
陽智古洞面月谷居金公文告白

本會에서今月貳拾壹日(日曜)下午拾壹時에夜珠峴官人俱樂部內로討論會를開ᄒ오니 僉會員은來臨ᄒ시옴
問題와討論員은如左홈
(許傍聽)
經濟 租稅賦課에屢趨稅法을用ᄒᄂ可否如何
積極主義 俞承兼 南亨祐
消極主義 崔秉瓚 尹成熙
政治 國家의政治ᄂ專制政體가可乎아立憲政體가可乎아
專制主義 李丸宇 李基燦
立憲主義 金祥演 權成九
法律 債權讓與와當事者交替에法因更改中特히債權者交替에基因ᄒ更改를區別홈이可乎否乎
第壹 積極主義 石鎭衡 김癸根
第貳 消極主義 김基賢 尹宇植
法學協會

本人姓名章路中見失故今既刻則舊章勿施홈
阿峴芹동李俊燮 白

本人에白龍珠圖章을서失ᄒ얏기로龍基로新刻ᄒ오니知舊間照亮홈
西氷庫白龍基 告白

●金海郡府三回北內里桃동
農務會趣旨書
世界가有ᄒ後에人이有ᄒ고人이有ᄒ後에食이有ᄒ니世界의所以賴存홈은人이오人의所以賴存홈은食이라是以로分命稷ᄒ사食哉惟艱이라ᄒ시고洪範八政에唯曰食이라ᄒ엿시며況乎今日은世運이進化ᄒ며人智가愈開ᄒ야列國이競爭에各種實學이日月就新ᄒ니吾儕者들도亦以最貴ᄒ人으로最貴ᄒ食物에原素되ᄂ農業을責任ᄒ야其發舊用新ᄒ方向을壹層務圖ᄒ지아니ᄒ리오於是에吾會를集合ᄒ니凡吾會人은業心을弌ᄒ며群力을合ᄒ야各其自助ᄒ며同히相愛홀지어다團計의豊裕도吾等의農業開발홈의職由ᄒ며國力의堅緻홈도吾等의會團體結홈에亦由홈이니子與試看ᄒ라東方에欲曙에明星이甦々ᄒ도다
隆熙二年五月八日發起人
發亨煥 李容駿 박大根

本人에六寸承岩爲名者가本是不良悖類之人으로치德玄會內先塋名漢에符同ᄒ고永弼永元百錢永옥容龜等宗中이다無圖章偸名ᄒ고日債를得用이다ᄒ오나用不用을本人等은初無相關이옵기玆以廣佈ᄒ오니內外國人은切勿見欺홈
黃海道봉山內湖坊흥동居 김永弼等 告白

測量學員募集廣告

本校內에서測量科를特設ᄒ고學員을募集ᄒ오니願學 僉員은今月廿七日(陰五月廿九日)內로入學請願書를提呈ᄒ시옴 但請願紙ᄂ本校에來要홈
試驗科目(算術)四則以內
試驗日字今月廿七日下午四時
上學時間自下午四時四拾分至六時四拾分
卒業期限五個月
南部履洞衙南部內
私立進明學校 告白

本人의子炳國이가昨年五月分에無故出他而尙無消息ᄒ와爲父之道의倚閭之望이無日無之故로玆以仰告ᄒ오니炳國之居住를探知通奇則致賀金拾圜을賞給爲計오니從速通知케ᄒ시옵기切企홈
龍川東下面松山居李秉식 告白

本社에義助ᄒ諸氏의게感謝홈을不勝ᄒ야其氏名과義助額을第二回로廣告홈
前參將 李起泓 柱壹百拾介
前郡守 沈宜憲 柱八십七介
椽五十壹介 李仁壽 椽一
千一百介 申成浩 椽三百介
정瓚夏 柱六拾介 李喜吉
柱二십介 北面內柱二百介
椽二百五十介 前主事남台熙
柱二百介 金十三圜五拾錢
前參判李寅泓 금二십六圜
金致順 금拾大圜 前儀使
李寬之 금二十圜 前參奉李
秀健 금二十壹圜六拾錢
양根燒戶建築期成社 告白

本所에서測量製圖를精速需應홈
中部中谷第四拾五統四戶
廣興測量製圖事務所 白

李天鉉의字를惠字로改正ᄒ오니知舊間照亮홈
齋洞李惠鉉 白

國債報償금中에婦人의銀釵佩物로本社에來納홈을許久積置ᄒ엿스나卽爲放賣ᄒ야銀行에殖利ᄒᄂ것만곳지못ᄒ기로玆에廣告ᄒ오니或有願買人이거던本社에來問홈
本社 告白

西部奉常司洞內贈司內同濟測量學校에서量測速成科를設ᄒ고學員을募集ᄒ오니願ᄒ 僉員은本月二十日內에臨時事務所로來議ᄒ심을望홈
西大門外京釜鐵道停車場越邊運輸會社니
同濟測量學校 臨時事務所 告白

初等 大東歷史
初等 小學修身書
政治小說 銀世界
新撰尺牘完編 朴晶東著
新小說血淚下卷 李人稙著
意大利獨立史 五十錢
國際公法志 四十錢
經濟原論 三拾五錢
國文新撰家庭學 三拾錢
發行人 金泰玉 정喜鎭
發賣所 各書舖

●土木事業測量設計丹監督
●鑛山林野土地之測量及製圖
京城旭町二丁目百拾壹番地
片村工務所
所主片村龜次郞

漢城松橋法律事務所
辯護士 玉東奎
民事代理와刑事辯護를爲ᄒ야出張所를如左히定홈
第一出張所 平壤 觀察道前拾三統貳戶
事務員 李寅根
第二出張所 海州 巡政門前工洞
事務員 李鼎圭

本所에서鑛山、土地、家屋、三林、測量製圖設計等을迅速需應홈
古川

會同測量事務所
南署會동九拾貳統拾壹戶
總務 梁澤吉 事務 金錫權

本店에서新節양服件이英京倫敦에서新着ᄒ얏기로玆에廣佈ᄒ오니 僉君子ᄂ光臨購買ᄒ심을懇望홈
貞洞事商西瀨泰號 양服裁縫店 謹白

●林業速成科 學員募集廣告

本校에서夜學林業速成科及測量科를合設ᄒ고兩科에關ᄒ學理技術을敎授ᄒ겟사오니願學ᄒ 僉員은本月貳拾五日內(陰五月貳拾七日)로入學請願書(本校에來求)를本校에提呈ᄒ고七月拾二日(日曜日)上午拾時에來校應試홈
壹 試驗科目 國文 漢文 讀書作文 算術四則以內 但相當ᄒ卒業證書가有ᄒ人은免試許入홈
壹 修業期限은拾個貳月로定홈
壹 上學時間은自下午七時로至拾時三時間
壹 修業課程 造林學 總論 造林論 苗圃論 森林保護學 森林經理學 森林

西大門內普成學校

利用學 植物學 測樹學
土壤學 肥料學 農學大意
測量學 術及實習
隆熙二年六月拾三日

▲大韓國新發明

健胃 ▲八寶丹 九拾五粒
消滯 ▲활보단 又壹拾錢

承事府典의正三品洪哲普閣下實驗處方과陸軍々醫學校敎官張基茂君의効證으로此丹을발行이온바新久滯積과急瞥霍亂사服과胃腹疼痛과頑疾固飲과新久泄瀉와七情鬱結과水土不服과船車眩暈諸症에登服見效ᄒ오니衛生君子ᄂ光顧試可ᄒ심을爲希홈

瘡疥 ▲사향소창단
瘡藥 ▲麝香消瘡丹

特封匣廣告銅版印搭이也
此丹이於諸창에無論男女老少ᄒ고若服登時ᄒ면寬有神效ᄒ야百발百中ᄒ오니非例方可及也라若論主治則梅毒ㆍ疳瘡ㆍ連珠瘋濕頭瘡諸症에俱見立效ᄒ오니燒病ᄒ君子ᄂ壹次試驗ᄒ시옵

婦人 ▲리양됴경환
靈藥 ▲胎養調經丸
壹個月分入 定價金五圜
大抵婦人이年過ᄒ도록不受孕者ᄂ由於身病也라若ㆍ趁早研究ᄒ고等閒看過則非但壹個人의不幸이라抑亦全國生育之關係가不淺世니僕이十五年外國高明의士에게消費ᄒ야內外國의實驗方을選擇ᄒ야先自僕家로及他人ᄒ야累試習驗에十분而始効ᄒ옵고且此약이非但孕之神劑라治冷ㆍ治積ㆍ調經ㆍ調血에俱有奇效ᄒ옵기玆以廣布ᄒ오니僉員ᄂ壹次試驗ᄒ시면靈驗을可知이옵
製藥所仁川港畓峴和平堂藥房
發行人 仝
代理店 仁川港畓山濟生堂藥房
京성大廣橋共愛堂藥房
右三種藥은地方各處有名ᄒ店마다隨應販賣ᄒ옵고地方遠處이라도郵便으로請求ᄒ오면小包로傳致ᄒ게ᄉ
仁川港畓峴和平堂白

民刑事訴訟와行政官廳請願等法律事爲ᄂ誠實擔務홈
西部毛橋八十六統七戶
辯護士 前檢事 洪憙
事務員 前主事 孫廬駿 前主事 韓章鉉 前主事 兪正濬

本人의姓名圖章을隆熙二年五月拾日夜에爲竊盜부失故로知舊間照亮ᄒ시라고廣告홈을敬要홈
戊申五月拾壹日 全附光陽
인德面우桐吉 白

林野法令

定價금 廿五錢

本令은最近에頒佈된바壹般臣民이此法令書를不覽ᄒ면時大ᄒ利益을全失ᄒ고라其山林도併業됨法에件이됨은本冊第五頁末行에揭載홈과如ᄒ며持히本冊은山林에關ᄒ勅令及部令壹切法則을編成ᄒ者니斯速來購ᄒ시옴

發賣所
布屛下 廣학書舖 罷朝橋越邊 中央書館
鍾路 大東書市 鍾路 古今書海
大廣橋 滙東書館 銅峴 박학書館
博文書館 紫岩 新舊書林

廣告

●黃海道海州郡國債報償志願金收合金數正誤廣告 續

리廷赫 리寅植 각貳圓
리亮在 리萬植 朴壽남
朴壽衡 각壹圓 리承우
朴昌璇 각六拾錢 박昌允
呂■瑚 리殷載 각廿錢
四拾錢 리承鳳 三拾錢
金根禧 拾錢 리昌植
六拾錢 리漢植 壹圓
리耘植 리承綸 리承獻
리承堯 리承者 리命植
각五拾錢 리남식 六十錢
리源和 리源泉 리光珪
각四拾錢 리承㦤 리大植
리殷지 리鴻지 리大珪
각廿錢 리完載 리源節
李源燮 李源保 리遂行 李承烈
리承瑩 리承鶴 리承億
리承光 리致範 각廿錢
리源亨 리勉지각拾貳錢五厘
리承龜 리世지 각卄錢
柳明允 周明祿 宋秉守
各五拾錢 吳成膺 姜敏鶴
각四拾錢 金溶浩 三拾錢
吳致壽 吳致秉 吳秉宅
柳長汝 리相宇 宋根식
김公三 朴元松 孫龍鳳
각廿錢 리賢植 리杭龍
宋致瑞 各拾전 김 棕
리源辰 각四拾錢 安致達
奇先宅 리承堯 리學培
허天汝 김景健 각廿錢
趙完식 四拾전 韓鎭文
拾圓
合四百七拾三圓五錢

▲來城面
劉壎榮 壹百圓 黃豊局
拾三圓 申蒼우 二十圓
趙泰殷 二圓 홍景植 二圓
金仁燮 壹圓 鄭在珪
三拾錢 鄭在鶴 金裕泳
趙景鉉 崔養善 리東煥
朴彛秉 각壹圓 高承英
리仁煥 張在仲 張在鉉 張在文
辛允祚 李承煥 玉自然 니遠源
각五十錢 朴鼎業 六拾錢
리鳳珪 趙承培 崔元善
각四拾錢 김周善 리明順
鄭周瑞 崔基俊 각卄錢
김仲善 김明善 김炳燮
鄭秉鉉 姜昌龍 朴成俊
丁埼셥 趙夏三 高宗英
리東益 申秉日 趙成日
周在豊 니亨基 니奉煥
각卄錢 니寬珪 拾錢
合壹百五십五圓九拾젼

▲海南面
리種大 十貳圓 리德敏
壹圓 孔필 二圓 孔비俶
니春儀 尹相淳 各壹圓
니智宇 孔昶胄 尹相昌
姜周會 각六十錢 方元伯
니景宇 李寶宇 니益茂
鄭壽鉉 니與茂 니禎宇
각五十錢 정勳永 金正植
정壽鎬 元春瑞 니智茂
니웅茂 김基致 각四拾錢
閔致祚 리會允 崔花喜
리珽茂 리時茂 리昌宇
각卅錢 許鎭 리최永
吳基善 각卄錢 姜孝源
許 弘 각四圓 吳興常
姜台元 김益亨 김仲善
김秉鎬 朴春東 각貳圓
김顯度 리在鎬 김린鉉
吳致泳 許 읍 각壹圓
姜偱洙 姜탁消 姜년元
박長欽 각六십錢 김祚麟
朴鎭鳴 崔鳳炯 강齊會
각五拾錢 朴能鐸 徐恒道
趙吉孫 朴昌淳 각四拾錢
김永介 김用孫 김秉劭
姜致泳 姜信庸 김永浩
■康燮 閔憲煥 安承鎬
李鎭洙 吳濟元 각三拾전
朴相益 김相鳳 김相호
김昌召 정允永 吳性泳
김汝洙 姜仁元 姜得元
姜暉泳 姜雲泳 姜景元
姜연琢 리種善 오致鉉
林永壽 林永岩 姜信赫
각卄錢 정國鉉 四圓
정召史 貳圓 鄭濟鉉
리將七 趙召史 각壹圓
崔昌善 鄭在益 鄭德鉉
朴民弼 崔在錫 鄭在植
鄭吉鉉 정履鉉 崔炳東
최載일 각五拾錢 최敏炯
니應善 鄭寬範 각四拾錢
崔士强 黃鼎浩 각卅錢
정在亨 鄭在根 鄭道鉉
니源弼 崔載舜 閔國燮
鄭富鎔 각四전 梁元奎 貳圓
리良淑 壹圓 鄭泰星 鄭泰鳳
閔貞祜 각五拾錢 趙炳允
四拾錢 리亨永 二拾錢
리種宇 貳圓 리必茂
리擊茂 韓京弼 姜秀元
각壹圓 朴召史 六拾錢
車秀東 五拾전 리重茂
리會茂 리恒茂 니殷弼
니永壽 니致永 金化實
각廿錢 朴云成 十전
合九拾七圓九拾전

▲가佐面
니根洙 十貳圓 朴元奎
拾圓 니敏範 三圓
朴香春 六拾錢
合貳拾五圓六拾전

▲古壯面
정秀元 拾貳圓 崔영善
五拾圓 최載心 최載응
각六圓 최達善 崔興善
車亨大 池吉亨 洪口文
각五십전 崔道善 崔性善
崔承年 金承烈 각卅전
최承鳳 최承龍 각四십전
김德汝 림士彬 金敬正
우邦鎭 張士七 趙元昌
辛景春 김永實 김應二
柳斗馨 朴昌엽 김致澤
김致彬 吳永善 洪華孫
田命得 田在文 니根澤
崔永石 田允協 김俊吉
리俊傑 각卄錢 鄭九元
壹圓 鄭俊夏 五十錢
合八拾四圓四拾錢

▲高山面 朴孝欽 三圓

▲白新面 金致郁 二圓
四里洞中 八圓
徐相鎭 二圓 김秉鎭 김泰鎭
김承鎬 崔永稷 申泰應 劉雲叔
崔■浩 趙千瑞 趙鍾成
김京培 각壹圓 吳永燦
김春甫 각六拾전 김昌鎬
정泰永 리白祿 崔汝尙
朴元益 리鳳哉 方元四
리東元 각五拾錢 리鳳岡
趙益鉉 趙종元 趙종弼
리汝化 각四十錢 崔桂明
김善有 劉仲三 김致成
朴淳實 니成成燁 정汝善
김春澤 니仲佑 각卄전
石岐■ 김昌和 洪承明
劉致鈞 崔允甫 丁寬弼
니時培 韓永彦 韓大吉
정興成 趙應圭 朴仲석
劉致守 김永三 니長命
吳泰元 石최實 尹鎬秉
尹鎬杲 趙雲瑞 趙學京
김君三 니根玉 方卓官
方成官 김順祚 金成雲
林甘龍 趙學仁 高富輿
각廿전 趙宗祿 리元摹
김成三 趙得瑞 각拾전
김震培 김在恒 各六圓
김任鳴三圓 邊석漢 김元燮
각二圓 丁憲燮 김承輔
秋在淳 니斗英 徐景烈
각壹圓 姜士奎 김相默
각六십전 니允永 니成九
최光弼 崔元植 宋孝鳳
김允栽 宋根五 김元浩
니小白 김王論 각九십전
車允三 劉秋實 박乃元
姜鳳于 姜鳳석 김突金
각四十전 김官植 최■周
김稷鉉 최乃文 邊成哉
김成祚 김官秀 정在元
各卅전 宋天汝 高光深
吳昌浩 崔舜日 車允五
吳雲瑞 박希瑞 니承祿
任景周 各廿전 趙東根
吳龍係 崔景順 申致順
박永和 崔有福 各십錢
최來鳳 二십圓
合九拾九圓七拾錢

▲松林面
리相登 二圓 최載萬 김光洙
각壹圓 朴彦鎭 四圓 朴基東
吳在基 김鼎三 각壹圓
吳昌雲 吳炮信 朴根輔
각五拾錢 吳成祚 吳德二
吳成俊 吳成道 吳龍文
吳明鶴 吳元默 吳雲鶴
각廿錢 韓亨履 四圓 韓明履
韓競석 金永厚 각二圓
리최林 貳圓五拾錢 리최玉
리최夏 韓永敎 리記德
崔鼎漢 趙亨석 김士元
安汝潮 趙鐘석 각壹圓
김炳熙 리會正 리秉圓
文學甫 김君三 崔載煥
조泰宗 니龍化 各五십錢
奇京夏 三拾錢 니寅永
니최永 각壹圓 최鴻標
三圓 김善恒 壹圓 니昌業
金良在 각五십전 宋相烈
朴鑒七 니鍾寅 朴喜然
朴元智 각壹圓 박乃鍚
五십전 朴文植 貳십전
合五십貳圓六十전

▲三谷面
니天永 三元 金東郁 壹圓
合四圓

▲錦山面
金영晚 四圓 김喆善 壹圓
김奎元 二圓 김公立
니正祿 김允夏 각四拾저
劉鍾瑞 金行達 劉億用
김奎完 各貳십전 니爽健
玄基煥 黃德三 니興相
孔春瑞 최云■ 洪永華
각拾錢 정在淋 三拾전
姚鳳吉 貳拾錢 吳良煥
六顯 박承元 김順汝
김洛守 각貳圓 金之升
니鳴九 元圭錫 各壹圓
朴永和 六十五錢 崔仁守
趙成鎬 呂聖三 元明汝
趙德石 김周伯 각六拾錢
김學訥 니鎭永 오敬有
김福汝 김昌成 朴應相
니應瑞 呂乃文 各四拾錢
니國瑞 梁春成 박永三
김元植 김敏식 金洛汝
니君弼 各卅錢 柳季安
嚴弼文 黃光宇 니鳳卅
조順五 趙寶汝 尹順甫
정應權 趙順吉 車德守
朴仁伯 朴允鍚 박可行
니仲壹 朴창葉 朴元江
朴承祚 朴敎三 오道玄
니伯三 丁三信 金益守
김古長 김在成 朴允行
朴永伯 각廿錢 申元汝
許京實 尹聖三 朴京석
최旻之 朴치幹 朴善長
池相記 니應七 니鳳석
니長석 柳君春 各十錢
김承範 六拾錢 오鳳泳
貳十圓 宋堯鐸 姜公瑞
오瓊根 沈鴻澤 各三圓
김在範 김寬秀 최鎭圭
■■範 최鳳善 정允洙
柳東식 各壹圓 奇鍾俊
六十錢 김益與 김寅善
趙東식 강웅九 강召潭
김益祚 니取瑞 申基堯
각五、전 김在善 四十錢
朴敏孝 吳宜泳 各二圓
金昌道 박成禹 리景雲
各壹圓 김智元 魯可淳
최行伯 各六십錢 魯우範
김明二 리成鶴 姜信化
白汝楫 白운善 吳成默
각卜십錢 박敏夏 安인格
김士石 김우景 鄭浩景
김元泳 김益瑞 김益鉉
각四십錢 許 달 洪 攝
元永和 池玄植 김在善
김成老 김成元 김平健
각三십錢 리允乙 오良元
정君서 김儀서 김良守
黃日日 정圭五 김允河
김光彬 각二십錢 오瓊根
三圓 合壹百四圓四십五錢

▲泉決面
리在潤 六圓

▲靑山面
최봐문 십圓 리敎文
壹圓 合십一圓

▲彌勒面
趙光夏 십圓 최鴻舍二圓
洪在俊五圓 김天爵 三圓
朴祐泳 김永식 각二圓
김魯洙一圓 김裕東 奉元종
각四십錢 奉弼先 리根成
각一십錢 최鴻식 리源宇
각십錢
合貳십六원四십錢

未完

發行兼編輯人英國人 萬 咸
發行所
南署石井洞號外三層洋屋
大韓每日申報社

第六卷

大韓每日申報

第八百卅四號

月曜及慶節
歲時日休刊

檀君開國四千二百四十一年
箕子元年三千三十年
大韓開國五百十七年
日本明治四十一年
淸國光緒三十四年
陰曆戊申五月大廿一日乙巳

論說

●結習의難破

其勢가强國의軍隊보다大ᄒᆞ며其力이雄都의城壁보다堅ᄒᆞ야江海ᄂᆞᆫ可超어니와此ᄂᆞᆫ超ᄒᆞ기ᄂᆞᆫ難ᄒᆞ며高山은可越이어니와此ᄂᆞᆫ越ᄒᆞ기ᄂᆞᆫ難ᄒᆞ며萬斤의重은可擧어니와此ᄂᆞᆫ擧ᄒᆞ기ᄂᆞᆫ難ᄒᆞ며鐵石의剛은可碎어니와此ᄂᆞᆫ碎ᄒᆞ기ᄂᆞᆫ難ᄒᆞᆫ者 是何物고曰惟固結의習慣이是니라

甚矣라結習의難解여嶺東僻邑에山谷中生長ᄒᆞᆫ人民이土室에是居ᄒᆞ며脫粟飯을是食ᄒᆞ다가踰嶺西來하야繁華都會에留居ᄒᆞ야瓦屋도土室을代ᄒᆞ며梁肉으로脫粟을代ᄒᆞ면數月에不過ᄒᆞ야百病이俱生ᄒᆞ고身體가疲羸ᄒᆞ며壹片思鄕心을不禁ᄒᆞ야故土로言歸하나니結習의難解가如此ᄒᆞ도다

彼山谷의民이都野를不樂홈이엇지其天性의由홈이리오만은但此에서生ᄒᆞ며此에서長ᄒᆞ며此에서老ᄒᆞ면自然其衣服飮食居處風俗等이其身體에浹洽ᄒᆞ야居然膏肓痼癖을成ᄒᆞ야天性의然ᄒᆞᆷ과無異ᄒᆞ나니信哉라習慣을謂 의天性이라云홈이여

古昔에云々하던老少南北湖洛屛廢等論이數百年全國人ᄂᆞᆫ를驅ᄒᆞ야蝸牛角上에蠻觸의苦戰을續ᄒᆞ시甲派의人은乙派를小人黨이라ᄒᆞ며乙派의人은甲派를小人黨이라ᄒᆞ야子々孫々이此를相守ᄒᆞ고其範圍外에超出ᄒᆞ야此를公許ᄒᆞᆫ者ᄂᆞᆫ罕稀ᄒᆞ니嗟라甲派의人物들은其天性이甲派議論을好ᄒᆞ야然홈이며乙派의人物들은其天性이乙派議論을好하야然홈인가曰否라亦只是習慣見에拘囿ᄒᆞ야黑白을不分ᄒᆞ며是非를不知ᄒᆞ고私鬪에從事ᄒᆞ야數百年怪現象을成홈이니習慣勢力의多大홈이誰如此ᄒᆞ도다

嗚乎라卽今二十世紀新天壤에坐ᄒᆞ야尙且前官與職이腦에逗ᄒᆞ며先祖名賢이何에據ᄒᆞ며華夷辨論이舌에染ᄒᆞ며勝錄達觀이心에結ᄒᆞ야一般新學을嘲冷笑或仇視ᄒᆞᄂᆞᆫ者여不過是結習에纏縛ᄒᆞ야國權日이萎靡ᄒᆞ니엇지可惜홈비아니리오記者ㅣ此를悶ᄒᆞ야如右히壹論을草ᄒᆞ비이니

凡百君子ᄂᆞᆫ虛心精察ᄒᆞ야其積習을早거ᄒᆞ고東西數拾國政教風俗史와古今數千載각種學說을壹堂上에羅列ᄒᆞ야此를辨批ᄒᆞ며此를精擇ᄒᆞᆫ後에至善을準的ᄒᆞ야是步是習ᄒᆞᆷ을切祝ᄒᆞ노라

▲隆熙二年六月拾七日 頒官報

訓令

法部令第壹號 各監獄

在監人領置金品處理規程을左又치定ᄒᆞ얏기玆에訓令ᄒᆞ니此를依ᄒᆞ야施行事

隆熙二年六月十五日

法部大臣 高永喜

在監人領置金品處理規程

第六條 典獄은每月壹回以上으로在監人領置金人別簿及不有金者氏名登記簿를現時在監ᄒᆞᆫ者의人名과對照홈이可홈

第七條 典獄은每月末日에在監人領置金人別簿의殘額을總計ᄒᆞ야在監人領置金出納簿의殘額과現金과對査ᄒᆞᆫ後在監人領置金處理主任으로하야곰集計表(第六號書式)를調製케ᄒᆞ야此에證印ᄒᆞᆫ後遞送홈이可홈

第八條 在監人領置金處理主任은每半年度經過ᄒᆞᆫ後二拾日以內로在監人領置金出納計算書(第七号書式)를調製ᄒᆞ야第五條第三四號의簿書를添付ᄒᆞ야典獄에게提出홈이可홈

第九條 典獄이前條의計算書及簿書를受ᄒᆞᆫ時ᄂᆞᆫ其計數及事實을調査ᄒᆞᆫ後計算書를添付ᄒᆞ야其狀况을報告홈이可홈

第拾條 在監人領置物品處理主任은典獄의命令을承ᄒᆞ야領置ᄒᆞᆫ物品의出納及保管을行홈이可홈

第拾壹條 在監人領置物品處理主任은在監人領置物品人別簿(第八號樣式)를備置ᄒᆞ고物品의種類・數量・評價及出納의年月日과受授의證明顚末을登記홈이可홈

第拾二條 領置物品에ᄂᆞᆫ本人의氏名과番號를表示ᄒᆞ고又所持者의區別을明曉케홈이可홈

領置物品中金銀寶石懷中時計와其他貴重ᄒᆞᆫ物品과有價의證券證書及印章類ᄂᆞᆫ鎖鑰을施ᄒᆞᆫ堅牢ᄒᆞᆫ函에納置ᄒᆞ고保管홈이可홈

前項以外의物品은倉庫內에藏置하고保存홈이可홈

(未完)

外報

●革命黨所爲 上海電을據ᄒᆞᆫ즉淸國官憲은安南國境에서法國將卒을死傷케ᄒᆞᆫ것은官兵의所爲가아니오革命黨의所爲라고ᄒᆞ얏더라

●英艦製造提議 倫敦電을據ᄒᆞᆫ즉英國海軍省에서ᄂᆞᆫ今年秋季에大戰鬪艦壹隻을製造ᄒᆞᆯ라ᄒᆞᄂᆞᆫ議가有ᄒᆞᆫ데其排水量은二萬噸이오工費ᄂᆞᆫ二千二百五拾萬圓豫算이라ᄒᆞ얏더라

●再次會期 同電을據ᄒᆞᆫ즉德國皇帝ᄂᆞᆫ今年夏季에波羅的海에서再次俄國皇帝와會見ᄒᆞᆯ模樣이有ᄒᆞ다ᄒᆞ얏더라

●二局設置裁可 北京電을據ᄒᆞᆫ즉各省에新設ᄒᆞᆫ諮議局、自治局設立에就ᄒᆞ야編方及江蘇巡撫等은日本을模倣ᄒᆞ야規則을編成ᄒᆞ야局長以下의官吏를任命하ᄂᆞᆫ規則의裁可를得ᄒᆞ얏다더라

●交涉道台設置 同電을據ᄒᆞᆫ즉理藩部衙署ᄂᆞᆫ庫倫伊犁、亞馬泰、科布四個所交涉道台를置ᄒᆞ고俄國과交涉에充滿케ᄒᆞ라ᄒᆞ얏더라

雜報

●舊弊尙存 始興郡에官有地無稅畓坪八處가有ᄒᆞᆫ대私立學校에附屬ᄒᆞ다稱托ᄒᆞ야其利益은郡衙에付하며百度維新之際의所謂監査名色은郡吏와舉稱인대該監査之任을仍置之ᄒᆞ고每戶에斗一斗와租一斗式收捧ᄒᆞᆫ다고該郡人의寃聲이有ᄒᆞ더라

●華校新建 華山學校발起ᄒᆞᆫ事ᄂᆞᆫ已爲報道ᄒᆞᆫ비어니와最中李聖鎬氏가自費校以後로諸般設備를熱心贊助ᄒᆞ고校舍建築費二百圓을先擔ᄒᆞ고該洞中에其氏ᄂᆞᆫ義名詞出을不肯ᄒᆞ고補助中에資者보다倍數로出捐ᄒᆞ얏고敎基ᄂᆞᆫ廣立卅個空데三百餘坪을永認ᄒᆞ야ㄷ國建築을着手ᄒᆞ얏다더라

●普校親睦 普川永信을據ᄒᆞᆫ즉良賢義英학校와壯觀泉明학校와光後學校와廣泉학校等七학校生徒가聯合ᄒᆞ야化成親睦會를組織ᄒᆞ얏ᄂᆞᆫ데每日曜日에會同ᄒᆞ야聯合運動과試驗批評과學問討論으로友誼敦睦ᄒᆞ고愛國精神이愉益發展ᄒᆞ며더라

●普岡新校 普川沙洞은元來貧村인데有志人士가家產을半賣ᄒᆞ야學校를新設ᄒᆞ고生徒數十名을募集ᄒᆞ야敎授ᄒᆞᄂᆞᆫ되一寒斷綆을ᄒᆞ고任員諸氏ᄂᆞᆫ該校事務를專擔ᄒᆞᆫ다고該郡來人이稱頌ᄒᆞ더라

偉人遺蹟

水軍第一偉人 李舜臣

錦頰山人 譔

第拾六章

◎陳璘의中變과露梁의大戰

陳璘의健將悍卒이此戰에盡亡ᄒᆞ고陳의資財器械가此戰에盡落ᄒᆞ얏ᄂᆞᆫ되天網이恢々ᄒᆞ야彼行장을俯藏ᄒᆞ얏도다(行장은兇船을乘ᄒᆞ고猫島에出하야遁歸홈)

倭船이奔陷ᄒᆞ고戰艦이倭擒ᄒᆞ며三道水軍將卒이棹을擊ᄒᆞ며洋々히凱歌를唱ᄒᆞ고船을回ᄒᆞᄂᆞᆫ데㦖澹ᄒᆞᆫ船樓上에서壹片凄凉聲이悲風의響을雜ᄒᆞ야出來ᄒᆞ니李莞等이李統制의喪을發ᄒᆞᆷ이러라

嗚呼慘耶아公去何速고兩國將卒이李舜臣의戰沒홈을始知ᄒᆞ고我軍에弁해以下、兩軍에陳璘以下數萬將卒이皆國軍仗을捨ᄒᆞ고相向放哭ᄒᆞ니聲이海天에殷ᄒᆞ더라

第拾七章

◎李舜臣의喪還과及其遺恨

戊戌拾壹月貳十日에朝鮮効忠仗義迪毅協力宣武功臣全羅右道水軍節度使兼忠淸慶尙全羅三道水軍都統制使리순臣의柩가古今島에서發ᄒᆞ야牙山으로返ᄒᆞᆯ서沿路男女가喪車를挽하며哀哭不赦ᄒᆞ야哭聲이千里에不絕ᄒᆞ고八域人民이皆切戚感又치落ᄒᆞ더라

嗚乎라壬辰으로戊戌에至ᄒᆞ기凡首尾七年間歷史를考ᄒᆞ건대我大東民族의耻辱과苦痛이果然何如ᄒᆞ얏던가老弱은溝壑에轉ᄒᆞ며壯丁은鋒刃에隕ᄒᆞ며飢호대其食을不得ᄒᆞ며寒호대其衣를不得ᄒᆞ고留에闔家ᄒᆞ얏던父母妻子가夕々에相失ᄒᆞ며夕에欣握ᄒᆞ던兄弟朋友가朝에相訣ᄒᆞ야死者ᄂᆞᆫ勿論ᄒᆞ고도即當般生者도其死가已久홈으로可認이더니

多幸히千古名將李統制가作ᄒᆞ사其手로我의溺을援ᄒᆞ며其舌로我의賤을呼ᄒᆞ며血을瀝ᄒᆞ야骨을我에肉ᄒᆞ며心을竭ᄒᆞ야死로我를生ᄒᆞ며니我가再生ᄒᆞᆫᄂᆞᆫ其日에公의死가忽然하니斯民이李忠武에對하야可哭할者(壹)이며我의生存은公의賜호비며我의安居ᄂᆞᆫ公의莫홈비며我의絲身穀腹은公의與홈비며我의床琴閨瑟은公의賜홈비라我의壹起壹坐와壹歌壹哭이莫非公의恩澤인데我輩ᄂᆞᆫ公의恩澤을旁毫도報答지못하고公의七年臨問에我輩를爲ᄒᆞ야勞苦ᄒᆞ던歷史를回顧ᄒᆞ니엇지悲愴처아니리오斯民이李忠武에對ᄒᆞ야可哭할者(二)오 (未完)

雜報

●御幸秘苑 大皇帝 皇居兩陛下께옵셔再昨日午後二時三十分에例와如히運動ᄒ시기爲ᄒ야秘苑에出 御ᄒ샤同七時에還 御ᄒ옵셧다더라

●御眞奉安 各觀察道에 御眞을奉安ᄒ다ᄒᆷ은已載어니와留守 奉安치못ᄒᆫ道에ᄂᆫ今番에新任觀察使들이赴任時에因爲 奉安以去ᄒ기로決定ᄒ얏다더라

●下賜勳章 外國語學校敎師奚ᄉ伯士仝佛岩敎ᄂᆫ敘勳四等ᄒ시고학部書記官閔健植仝全漢奎ᄂᆫ敘勳五等으로各賜太極章ᄒ시고外國語學校敎師勳五等馬太乙은敘勳四等으로日本國第壹中學校長勝浦ᄉ雄은敘勳四等으로外國語學校敎師杜方城日本國人渡瀨常吉財務署財務官本間九介內閣書記官高源植은敘勳四等으로日本國第壹中學校敎授遞邊盛衛ᄂᆫ敘勳六等으로漢城裁判所判事金譜銓以下二拾八人의勳章條例를依ᄒ야壹切敘勳ᄒ옵신다더라

◉英廷判決 (前本統監府書記官京城理事三浦彌五郎의控訴로因ᄒ야倫敦長裵說씨에對ᄒ야英國總領事館에서裁判ᄒᆷ은前報의已掲어니와昨日下午四時의判決이되얏ᄂᆫᄃᆡ裵說氏가治安의妨害로三週日監禁「第壹等輕罪」에處ᄒ얏더라

◉判決示意 裵說氏의게處罰ᄒᆷ은別問題이되거니와此英廷의裁判이公平ᄒ지라吾儕ᄂᆫ此判決의對ᄒ야ᄂᆫ同意치아니ᄒ거니와此宣告ᄂᆫ英國政府의며純全히其同盟國의日本人도幇助ᄒ며且又自國臣民도扶護ᄒᆷ을表示ᄒᆷ이라ᄒ노라

●巷說難信 昨日閭巷風說을據ᄒᆫ즉總相은尹用求內大ᄂᆫ李道宰度支大ᄂᆫ閔泳徽軍大ᄂᆫ尹雄烈法大ᄂᆫ兪吉濬諸氏가被任ᄒ다ᄒ더라

●訪問統監 再昨日上午拾時에宮內府大臣閔丙奭氏가伊藤統監을訪見ᄒ얏다더라

●新大臣相見禮 再昨日에宮內府及帝室財産整理局課長諸氏가登齊ᄒ야大臣處所에會同ᄒ야該府大臣과相見ᄒ얏다더라

●運動者誰 還宮相李允用氏의家族官吏가多數減除되리라ᄒᆷ의其代를被任ᄒ라고運動ᄒᄂᆫ者가多數ᄒ다더라

●下鄉停止 還宮相李允用氏가鄕第에下去閑養ᄒ랴더니地方騷擾를因ᄒ야不虞의禍가有ᄒᆯ까恐ᄒ야姑爲中止ᄒ얏다ᄂᆫ說이有ᄒ더라

●憲兵募集提議 昨日은木曜日인故로總理大臣以下各部大臣이內閣에例會를開ᄒ고憲兵募集件에對ᄒ야經費支出件과其他重要ᄒᆫ事務를協議ᄒ얏다더라

●地方官制改正 今回地方行政의刷新을圖ᄒ기爲ᄒ야地方官의게責任을負케ᄒ야其權限을擴大케ᄒ기로決定된結果로地方官의官制를改正ᄒᆯ必要가有ᄒ야目下當局에셔調査中인ᄃᆡ不遠에其改正件을發表ᄒ리라더라

●憲隊經費 憲兵補助員에게支給ᄒᆯ經費가本年度에ᄂᆫ四십四萬七千餘圓으로明年度에ᄂᆫ七십七萬八千八百餘圓으로立算ᄒ얏다더라

●三輪巡察 會計檢査院檢査官三輪씨ᄂᆫ目下京城에滯在中인ᄃᆡ二三日後에鎭남浦平壤義州方面으로向ᄒ야該地方視察을終了後再次京城을經由ᄒ야三南等地로向ᄒ야更히北韓地方을巡視ᄒᆯ터이라더라

●憲兵募集期限 憲兵募集事件에對ᄒ야軍部에셔告示ᄒ되本年 勅令第三拾壹號에依ᄒ야憲兵補助員을募集ᄒ니志願者ᄂᆫ速히憲兵分隊分遣所及派遣所와或은郡衙에請願書를呈出ᄒᆷ이可ᄒ고其詳細ᄂᆫ軍部令第三号에依ᄒᆷ但採用은七月一日로爲始ᄒ야志願者가多數ᄒ야採用人員이充足ᄒ면募集令을停止ᄒᆫ다ᄒ얏더라

●登進會集理由 近日以리로地方登進會가多數上京ᄒ얏다ᄒᆷ은已報ᄒ얏거니와其理由를得聞ᄒᆫ즉地方의騷擾를因ᄒ야家屋及財産을被燒ᄒᆫ者도有ᄒ고且生命을被害ᄒᆫ者도許多ᄒ야리國支保가爲無ᄒ되登進會本部에셔ᄂᆫ生命財産을如何히保護ᄒ겟다ᄂᆫ方針이無ᄒᆫ즉可謂難選雜谷인즉別般區處하라ᄒᆷ으로該會에셔任員과評議員諸氏가現今困ᄉ히心이라고ᄒᆯᄒ더라

●學部觀察 學務局長尹致昨씨가宜川郡普通學校開校式에參與키爲ᄒ야本月二十壹日에發向ᄒ다ᄂᆫᄃᆡ該式에參與後에ᄂᆫ平南北道의學事를觀察ᄒ고歸任ᄒᆯ豫定이라더라

●錦陵尉解歸說 濟州島에安置ᄒᆫ錦陵尉朴泳孝씨가從當解歸ᄒᆫ다ᄂᆫᄃᆡ該氏의家人이日前濟州郡으로下去ᄒ얏다ᄂᆫ說이有ᄒ더라

●規則請交 養正義塾規則을參考ᄒᆯ必要가有ᄒ니送交ᄒ라고學部에셔該塾으로通知ᄒ얏다더라

●平京絶影 漢城內에大同商務支社마다平涼笠을賛ᄒᆫ負商牌가盛行ᄒ더니何等件을由ᄒᆷ인지數日以來로平涼笠의影子도無ᄒ다고들ᄒ더라

●欺良爲賤 廟동居吉召史가年前에칠歲兒를山林동居朴喜業氏의게收養女로定ᄒᆫ제朴氏가錢貳百兩를吉召史에게給與ᄒ더니該召史가厥量에我女를棄之收養으로定ᄒ미厚意로生活을補助하는줄노知ᄒ고受去ᄒ얏더니該女兒가年今十壹歲인대朴氏가該女兒를婢子로使用ᄒᄂᆫ故로該召史가朴氏를對ᄒ되敗養女로定ᄒ고賤人을婢子로使用ᄒᄂᆫ境遇가有ᄒ나ᄒᆫ즉朴氏의所答이二百兩의買ᄒ얏스니婢子가아니냐ᄒ고繼而ᄌ하거든二百兩을俱還ᄒ야오라하니吉召史가不勝冤抑ᄒ야南部警署에呼訴ᄒ얏다더라

●賊老花愁 南部惡民동居咸석九씨ᄂᆫ年今五拾七歲인대昨春에合七歲된安召史를作妾ᄒ야前年을同居ᄒ다가咸氏妾安召史가再昨日에鋼嘴分署에來訴ᄒ되咸人은家勢ᄂᆫ至貧ᄒ고年期가衰暮ᄒ야更無餘望이오衣使青春으로恐有嘆苦之慮故로敢此來訴하니特憐情勢하와招致咸氏ᄒ야互相罷意케ᄒ라ᄒ미該署에셔咸씨를招來ᄒ야安召史의所訴를傳諭ᄒᆫ즉答ᄒ기를雖死다도不釋이라ᄒ얏다더라

●路呈被囚 慶尙北道大邱郡結民代表徐ᄒ환南道河東郡代表유万秀씨等이拾三道內에西北及畿湖各道ᄂᆫ皆以八元擇稅ᄒ되惟獨慶尙全羅남北四道ᄂᆫ皆以십二圓으로賣擇ᄒ나生民이塗炭이라고度支部에屢次請願ᄒᆫ즉指令內槪에用葉郡에加四圓은自是定率이라云ᄒᆷ故로民等이再昨日度支大臣이路上에셔挽其乘車하고附願書를呈納ᄒ라ᄒᆫ즉巡檢及日巡査가發怒打擊ᄒ고該民等을押囚該部ᄒ야問其由ᄒᆫ後에受其請願ᄒ고卽爲放送ᄒ얏다더라

●兒童打罵 安州西門外居ᄒᄂᆫ安甲昌씨ᄂᆫ年前에座首로擧行ᄒ더니目下에前郡守로協議ᄒ고安州城內蓮塘을外國人處에放賣分食ᄒ얏ᄂᆫᄃᆡ觀察使劉猛氏가來到ᄒ야郡守李寅拾씨를大端히論駁ᄒ야曰塘非汝塘이어ᄂᆯ汝何以國土를擅賣乎아ᄒ야該說明ᄒ얏ᄂᆫᄃᆡ市鹿便喚兒童等이此事를聞知ᄒ고不勝忿激ᄒ야日夜切齒하며니日前에安甲昌씨가市上에過去ᄒ거ᄂᆞᆯ壹時에兒童等數十名이會集하야冠宕을裂破ᄒ고大責曰汝ᄂᆫ賣國賊인즉吾等은雖日兒童이나너갓ᄒᆫ賣國賊을此世上에不可置之라ᄒ고取石擲國ᄒ야無數亂打ᄒ며니氏가千辛脫身ᄒ야郡主事金應三家底에避身ᄒ얏다가以待日暮ᄒ야城外로逃走ᄒ얏다고ᄒ며郡人의傳說이有ᄒ다더라

●眞像偸去 江陵鄕校에尊奉ᄒ던 문宣王眞像을去月頃에何許賊漢이竊取以去ᄒ얏다고該郡主事의通信이其處에來到ᄒ얏다더라

●盜賊被捉 日昨新門外石橋김致善이가竊盜犯으로北署에警署에被捉ᄒ얏다더라

●畫敎請捺 畫동敎堂에셔ᄃᆞ二十日下午三時에卒業式을擧行ᄒ다ᄂᆫᄃᆡ敎育界에代表와各大臣에게請捺ᄒ얏다더라

●西北定礎式 西北學會에셔定礎式을今月二십日(陰二十二貳日)下午四時에擧行ᄒ다ᄒ며라

●學校總會 警察專門學校卒業生諸氏가該校를維持ᄒ기爲ᄒ야去日曜日에總會를開ᄒᆷ은前報에已掲어니와伊日會況을得聞ᄒᆫ즉維持委員五人을加選ᄒ야輪回視務케ᄒ고其他必要ᄒᆫ事項을議定하얏스며未洽ᄒᆫ事件과任員의選定은追後에行ᄒ리인ᄃᆡ擴張ᄒ기까지ᄂᆫ日曜日마다總會를開ᄒ고校務上重要案을協議ᄒ기로決定ᄒ얏다더라

●數理講所 昇一宣氏가今年夏期에도第二回로數理學講習所를繼續하ᄂᆫᄃᆡ京城에ᄂᆫ安一英씨로代辦講述케ᄒ고該氏ᄂᆫ平壤에往ᄒ야講述ᄒᆫ다더라

▲地方消息▼

▲本月五日新溪郡桐川里西方高地에셔義兵십六名이日守備隊以下十七名과交戰ᄒ얏다ᄒ고

▲本月七日午後二時에藍浦郡附近에셔義兵五拾名이鴻山郡分遣隊兵卒六拾四名과交戰ᄒ얏다ᄒ고

▲本月拾九日朝江陵郡北方에서義兵約壹百三拾名이同郡守備出십名과交戰ᄒ얏다ᄒ고

▲本月칠二日江界郡에셔義兵約四拾名이日分遣隊五名及憲兵四名과交戰ᄒ얏다ᄒ고

▲本月拾五日廣州郡小雲동에서義兵三십名이日守備隊와交戰ᄒ다가義兵은退却ᄒ얏다ᄒ고

▲本月拾六日唐津郡附近에셔義兵約五拾名이沔川郡駐在巡査貳名及韓巡査壹名及日憲兵과交戰ᄒ얏다더라

▲聽雨有感▼

▲夜來聞四聲ᄒ니雨鈴聲滴勝千金이라天同雲幕來時에旱魃餘威已消로다登時驅滿三農望ᄒ니天公造化有誰知오

▲喜雨來喜雨來ᄒ니赤松禪師施功ᄒ야山野焦靑渥々然가登時欣蘇歡悅ᄒ니洋々恩波所及處에炭業ᄒᆫ은此時局을이와又치刷新ᄒᆯ사

▲喜雨來喜雨來ᄒ니冥々太空無私ᄒ샤雨露之澤均施ᄒ니枯渴ᄒ던草木이須臾欣々沃若이라塗炭中에잇ᄂᆫ蒼生이와又치蘇生ᄒᆯ사

▲喜雨來喜雨來ᄒ니造化翁이弄權ᄒ야神功無跡普及이라百苗勃然興起ᄒ니旱氣를洗更好로다儒弱ᄒᆫ民志도이와又치振作ᄒᆯ사

▲喜雨來喜雨來ᄒ니神農師의陰功으로病者欲蘇喜ᄒ다金銷石鑠此山河가消凉世界되엿스니魚躍鳥飛百姓도이와又치安堵ᄒᆯ사

▲喜雨來喜雨來ᄒ니飛龍在天興行ᄒ야治水神權方施로다登望田疇龜坼愁가甘霈中에掃去ᄒ니部陋官人더心腸도이와又치洗滌ᄒᆯ사

▲喜雨來喜雨來ᄒ니何來豐隆助功하야雲氣彌空醞釀인中谷有리愁乾터니滿地禁臟更斂로다貧弱ᄒ다우리人生이와又치扶起ᄒᆯ사

▲喜雨來喜雨來ᄒ니風伯怒翅奏功ᄒ야雩雨를吹送이라고々紅ᄂᆫ飮彩ᄒ야芳艸更碧如烟이라呼哭ᄒᄂᆫ民情도이와又치慰撫ᄒᆯ사

▲喜雨來喜雨來ᄒ니滿天火傘已退ᄒ야비비烟霧凝葉ᄒ다桑麻村中더農夫ᄂᆫ擊壤歌ᄅᆯ更起ᄒ니紊亂ᄒ다地方政治이와又치更新ᄒᆯ사

▲喜雨리喜雨리ᄒ니夏天虐炎洪爐中에汗滴田中辛苦터니潤物無聲知時하니有秋之望이아닌가擾攘ᄒᆫ온더氣殿도이와又치鎭靜ᄒᆯ사

社告

◎警告各支社員◎

本社에經費窘摑홈으로本報代金을不日收刷ᄒᆞ야本月廿五日內로郵換付送ᄒᆞ시와多日廣告에尙不換送處가幾至十餘社이기로玆更寬限ᄒᆞ오니本月終內로期於換送ᄒᆞ와以補社費케ᄒᆞ시되若過此限이면該支社ᄂᆞᆫ卽爲廢止ᄒᆞᆯ터이오니 照亮ᄒᆞ시옴

本支社를寧邊郡六里에設置ᄒᆞ고玆以知佈ᄒᆞ오니本報愛讀ᄒᆞ시ᄂᆞᆫ諸君子ᄂᆞᆫ該支社로請求購覽ᄒᆞ심을務望홈

▲寵川남市驛 林贊希
▲龍岡郡耶蘇敎堂너 박중온
▲結성廣川場대林黑春家 이啓祚
▲龍川府南面松峴海東書會 金寶圭
▲定平郡豐川 張禮學
▲洪原南門外耶蘇敎冊肆 方萬晟

大韓每日申報社 白

雜報

◎黃氏辨明 主殿院解散別巡檢等이服裝推尊次黃信濂氏家에會集ᄒᆞᆫ事에對ᄒᆞ야黃氏가本社에辨明ᄒᆞ기를服裝은已爲傳學於其後氏의計課ᄒᆞ이고本職外에上官이現有ᄒᆞ고本人이又非會計之任則給與不給은非本人의所管이라ᄒᆞ더라

廣告

本人에姓名章與手標入價會陰五月初九日에白鐵驛에서逢賊見失이오니知舊間照亮홈 五
義州古城面龍上동白世俊告白

本會의定期總會를來日曜日(陰廿三日)下午壹時에典洞本會館(前漢語學校)니에開ᄒᆞᆯ것사오니在京本道會員은屆期光臨을敬要
嶠南敎育會 五

本所에서測量製圖를精速需應ᄒᆞ오니 僉員은來臨問議홈
中署大廟洞廿二統六戶
東彰測量事務所 告白

경상도김천거金雄이去年分에우연이나와서盡城인川으로去리云故로其祖母今年이八十이라不顧生死ᄒᆞ고京鄕으로찻다가인천사리자金尙斗家에잇스니첨군ᄌᆞᄂᆞᆫ출자궁지ᄒᆞ샤와노신이각ᄉᆞᆯ를免케ᄒᆞ여주시옵

本人이鳥山驛三光社에서事務를視ᄒᆞ시昨年拾月分에本社事務員孫完默趙亨奎兩人이擔保ᄒᆞ고李淳奎로財務員을定ᄒᆞ야同處視務ᄒᆞ더니左右債用이不小ᄒᆞ에李淳奎가旣財擧ᄒᆞᆫ故로任之無疑러니給次ᄂᆞᆫ置之度外ᄒᆞ고擇次만促之督之ᄒᆞ야擇金二百四拾六圜五拾八錢과予受文簿를同帶ᄒᆞ고涉踪跡인바李淳奎가事情耶蘇敎ᄒᆞ고視本人을若草芥ᄒᆞ니世豈有如許强盜者乎아內外國 僉員은照亮爲要홈 六
陽智古洞面月谷居金公文告白

本郡守韓顧奎氏가莅任數載에前後美蹟은難以筆話記載而躬行閭巷ᄒᆞ야傳居父老를壹々勸勉而靑年子弟를熱心敎育케ᄒᆞ며民情을愛恤保護ᄒᆞ야善政이稱頌ᄒᆞ기로玆以廣告홈 五
黃州郡民人等 黃석潤 高亨鉉 告白

本人의田八日耕과畓五斗落과家一坐가固友園林兩處가在於新남嶼兆汀面이온대該洞居金寶根이가僞造文券ᄒᆞ와竊賣于外國人ᄒᆞ오니內外國人은切勿見欺 六
社洞畓主徐廷德 白

前局長徐丙珪氏大夫人조州李氏以宿恙今月拾六日(陰五月拾八日)別世知舊照亮 七
護喪李석瀅 告白

本人의子炳國이가昨年五月分에無故逃他而尙無消息ᄒᆞ와爲父之道와倚閭之望이無日無之故로玆以仰告ᄒᆞ오니炳國之居住을探知通奇則致賀金拾圜을賞給爲計오니從速通知케ᄒᆞ시옵기切企홈 八
龍川東下面松山居李東식 告白

本會에서今月貳拾壹日(日曜)下午拾壹時에夜珠峴官人俱樂部內로討論會를開ᄒᆞ오니 僉會員은來臨ᄒᆞ시옵
問題와討論員은如左홈
(許復議)
經濟 租稅賦課에屢進稅法意를用ᄒᆞᆷ이可否如何
積極主義 兪承兼 南亨祐
消極主義 崔東璨 尹成熙
政治 國家의政治ᄂᆞᆫ專制政體가可乎아立憲政體가可乎아
專制主義 李晃宇 李基燦
立憲主義 金祥演 趙成九
法律 債權讓與와當事者交替에基因ᄒᆞᆫ更改中特히債權者交替에基因ᄒᆞᆫ更改를區別ᄒᆞᆷ이可乎否乎
第壹 積極主義 石鎭衡 김癸根
第貳 消極主義 김基賢 尹宇植
七 法學協會

測量學員募集廣告

本校內에서測量科를特設ᄒᆞ고學員募集ᄒᆞ오니願學 僉員은今月廿七日(陰五月廿九日)內로入學請願書를提呈ᄒᆞ시옵
但請願紙ᄂᆞᆫ本校에來要홈
試驗科目(筭術)四則以內
試驗日字今月廿七日下午四時
上學時間自下午四時四拾分至六時四拾分
卒業期限五個月
南部履洞舊南署內
私立進明學校 告白 八

國債報償金中에購入ᄒᆞᆫ銀飯佩物로本社에來納ᄒᆞᆫ者를許久積置ᄒᆞ엿스나販得放賣ᄒᆞ야銀行에殖利ᄒᆞᄂᆞᆫ것만叉지못ᄒᆞᆫ기로玆에廣告ᄒᆞ오니或有願買人이거던本社에來問홈
本社 告白

初等 大東歷史
初等 小學修身書
新撰尺牘完編 朴晶東著 四
政治小說 銀世界
新小說 血淚下卷 李人稙著
意大利獨立史 五十錢
國際公法志 四十錢
經濟原論 三拾五錢
國文新撰家庭學 三拾錢
發行人 ◎泰玉 정喜鎭
發賣所 各書舖

●土木事業測量設計弁監督
●鑛山林野土地之測量及製圖
京城旭町二丁目百拾壹番地
片村工務所
所主片村龜次郎 八

한城松橋法律事務所
辯護士 玉東奎
民事代理와刑事辯護ᄒᆞ기爲ᄒᆞ야出張所를如左히定홈 八
第一 平壤 出張所 觀察道前拾三統貳戶 事務員 李寅根
第二 海州 出張所 至政門前工洞女子景家 事務員 李鼎圭 二七

本所에서鑛山、土地、家屋、三林、測量製圖設計等을迅速需應홈
南署會洞九拾貳統拾壹戶 廿三
會同測量事務所
總務 會澤吉

本店에夏節양服件이英京倫敦에서新着ᄒᆞᆫ것기로玆에廣佈ᄒᆞ오니 僉君子ᄂᆞᆫ來臨購買ᄒᆞ심을祭要홈
양服製造店 貞子商源泰號 謹白 人

●林業速成科學員募集廣告

本校에서夜學林業速成科及測量科를合設ᄒᆞ고兩科에關ᄒᆞᆫ學理技術을敎授ᄒᆞ겟ᄉᆞ오니願學 僉員은本月貳拾五日內(陰五月貳拾七日)로入學請願書(本校에來求)를本校에提呈ᄒᆞ고七月拾二日(日曜日)上午拾時에本校에來ᄒᆞ야試驗ᄒᆞᆷ
壹 試驗科目 國文 漢文 讀書作文 筭術四則以內
但相當ᄒᆞᆫ卒業證書가有ᄒᆞᆫ人은免試許入홈
壹 修業期限은拾個貳月로定홈
壹 上學時間은自下午七時로至拾時三時間
壹 修業課程 造林學總論 造林保護學 林政論 苗圃論 森林經理學 森林

本所에서學生의研究便宜를圖키爲ᄒᆞ야夏期講習所를特設하오니願入 僉員은左開를依ᄒᆞ야早速請願하심을望홈
▲科 程▼
英語課(以上兩科ᄂᆞᆫ각히甲乙兩班에分ᄒᆞ야甲班은時文慣
日語課(便宜케홈)語ᄂᆞᆫ乙班은簡易會話ᄂᆞᆫ秋期각學校語學科就學을
測量課(本課ᄂᆞᆫ速成ᄒᆞᆫ個月내畢了ᄒᆞ겟고筭術全部를要解ᄒᆞᄂᆞᆫ人의게限ᄒᆞ야募集홈)(實地測量並行홈)
代數課(甲乙班에分ᄒᆞ야甲班은二次方程式으로至終乙班은自初至壹次方程式)
算術課(甲乙班에分ᄒᆞ야甲班은名數로至求積法乙班은自整數至小數)
▲入 學 規 定
壹本所각課에入學코ᄌᆞᄒᆞᄂᆞᆫ時ᄂᆞᆫ入學請願書에願學科程을明記ᄒᆞ야六月晦內로本所投書函에投入홈
壹本所敎授期間은七月壹日로八月三拾日ᄭᆞ지定홈
壹本所敎授時間은上午七時로十二時ᄭᆞ지限ᄒᆞ되時間表ᄂᆞᆫ募集了된後學生의便宜를隨ᄒᆞ야決定홈
壹本所각課ᄂᆞᆫ每日壹時間式敎授홈(測量科實地測量은此限에不在홈)
壹本所各科에何科班이던지應募人員이二十人에未滿ᄒᆞᆫ時ᄂᆞᆫ該班은不設홈
壹學生卅人以上의聯名請願이有ᄒᆞᆫ時ᄂᆞᆫ他課를更設ᄒᆞᆷ도得홈
壹月謝金은每月三日以內에辦納ᄒᆞ야聽講券을領携홈
壹修業期가滿ᄒᆞᆫ時ᄂᆞᆫ成績을試驗ᄒᆞ야修業證書를授與홈
(但測量課ᄂᆞᆫ卒業證書)
壹細則은本所規則을依홈 六
講師氏名 李敎承 曾田嘉伊智 김澤吉 陸定洙 宋彥用
皇城鐘路基督敎靑年會學館內
數語夏期講習所 所長李商在

林野法令

定價金廿五錢

本法令은最近에頒布된바壹般臣民이此法令書를不覽ᄒᆞ면特大ᄒᆞᆫ利益을失ᄒᆞ고각其山林도併業ᄒᆞᆫ注意件될은本冊第五頁未行에揭載ᄒᆞᆷ과如ᄒᆞ며特히本冊은山林에關ᄒᆞᆫ勅令及部令壹切法則을編成ᄒᆞᆫ書니斯速來購ᄒᆞ시옵 廿六

發賣所
布屛下 廣학書舖
鍾路 大東書市
大廣橋 滙東書館
尙洞 博文書館
罷朝橋越邊 中央書館
鍾路 古今書海
銅峴 박학書館
樂岩 新舊書林

◉[illegible]國債報償義捐[illegible]收合數正誤廣告 續

▲睡鴨面
文學翊五십전 宋乃주 三원
申[illegible] 文[illegible] 각一원
宋允[illegible] 文宗五 각六십전
文聖寬 五십錢 宋창주
宋[illegible] 魯[illegible]天 尹汝相
박運浩 文[illegible] 각四십錢
김敬順 林培根 宋相默
宋永順 [illegible] 文聖孝
각二십錢 [illegible]三 십錢
合五十圓四십전
▲延坪島 張子[illegible] 김永八
金[illegible]圓 文士元 三圓
李致三 姜相五 文士俊
김應和 최元三 各二圓
박[illegible]善 최局元 李根培
方君三 [illegible] 李鳳九
趙致良 李子三 김成模
崔允守 김春成 김成實
박善浩 咎[illegible]圓 박子[illegible]
박昌堯 각六十錢 김元五
黃召史 黃明化 趙창淑
張致敎 鄭根五 趙順建
姜利成 각五十錢 崔允七
정根玉 김寬宅 李元培
林蒙秀 정根八 方慶心
各四십錢 김浩連 박奉二
劉成權 白良甫 李正直
張敎千 김士明 李士彥
張發서 각三십錢 洪龍甫
김慶善 丁慶汝 張淳明
姜淳三 李창雲 姜世창
김成彥 魯창浩 김창信
林德信 張학丕 朴根滄
張弘祿 김基浩 孫慶七
김德淳 김聖鶴 김鍚仁
각二十錢 朴淳之 李子順
김行甫 리永權 林連淑
徐貞燁 각십錢
合四십九圓一전
未完

◉[illegible]藥鑑査人濟衆院醫學員[illegible]
[illegible]化告白　代理 梨峴洋藥局主 信華

本人等이漢城南大門外濟衆院用냑處方으로左記對入냑을製造ᄒ오니京鄕遠近勿論ᄒ고此약品信用ᄒ시기爲ᄒ야前醫學校[illegible]勵五等池錫永氏에게약方文마다議定ᄒ고有功証明書를受ᄒ고主治効能用法을詳記ᄒ야洋鐵匣紙匣琉璃瓶에封ᄒ야賣략兄弟에게利益이加有ᄒ도록발매ᄒ나이다

治痰平胃丸　男女氣血補益丸
輕腫根治膏　純金鷄蠟丸
濕腫根治膏　蛔虫浸出丸
大腫拔根合瘡膏　四時感冒丸
小兒胎毒合瘡膏　淸明眼藥水
積氣神効保嬰散　消痰鎭咳藥
小兒感冒靈妙散　男女瘡疾祛根藥
德國製淋疾丸　寸虫拔根藥
漢堪百應膏　止足汗臭藥
洋藥乾材　止瀉潤腸丸
舊泡藥膏草材　陳陳旧滯消積丸
西藥醫文珍套　無惡臭疥瘡藥

◉[illegible]靈[illegible] [illegible]
◉至寶丹 俱有偉効定價金十錢
◉靈效液 外用芳香治拆皆皮器 百發百中定價金三拾錢
◉淸眼水 治諸般眼疾各種[illegible]見 天之妙定價金拾錢
◉淸淋丸 治男女急慢淋疾神效 無雙速效除毒[illegible] 定價五拾錢

製劑발行所 漢城南部大廣橋西邊第三統十九戶七戶 共愛堂大藥房 謹白
支店 漢城南門內共愛堂第壹支店 / 群山港開福洞共愛堂第二支店 / 河東郡赤良面共愛堂第三支店
代理店 皇城北署大安洞 [illegible]藥房 / 仝 香橋青年會館前 [illegible]藥房 / 仝 西部新門外石橋 [illegible]醫院 / 仁川杻峴 濟生堂 / 仝 和平局
此外에도東西洋각國有名賣藥과草材藥이俱備ᄒ오니藥외多少를不拘ᄒ고請求ᄒ시면小包로仰呈ᄒ게ᄉ옴

◉大韓國新發明醫藥廣告

●陸軍正尉金守鉉君特驗方劑
●陸軍正尉張基茂君有効證明
●四海衛生之諸君子常備之靈藥
新藥 消化 淸心保命丹
發行所 仁川港杻峴 濟生堂藥房
九十粒入 金拾錢

●主治効能
●食積 ●中暑中寒
●咳嗽 ●霍亂 ●水土不服
●氣鬱 ●吐瀉 ●頭痛 ●車暈眩暈
●食傷 ●酒醉 ●口熱 ●惡臭
▲其他時令疫氣瘴氣[illegible]預方妙藥
●出張代理特約販賣所
京城大廣橋共愛堂大藥房
同鍾路濟衆藥房 리觀化
同梨峴洋藥局 리信華
同銅峴博文書館 盧益亨
同南大門外大同運輸會社
同泥峴三丁目 新井支店
同泥峴郵便局前 天佑堂
同水標橋本堂出張人 리鳳林
●仁川港邑本堂出張所 金濟賢
同開城旅館 韓禹根
同寺洞和平堂 리應善
●開城南門內萬物廬 박圭祖
同南門內同店 馬相玉
同南門內冊肆 리鎭鍚
同北部忠橋 具聖模
海州宗路商店 宋在瑛
同九二房약舖 김張奉
同南門內店 리奉擷
水原鍾路下약房 金濟九
●延安邑내洋약局 潘汝文

●江華鍾路店 尹斗鉉
同鍾路店 宋順五
●同西門外冊肆 高成汝
民濶남門내 崔報淳
●砂里院市場내客主 朴健昌
●同 任允양
●同耶蘇敎堂내 리在학
●黃州남門내紅門동 리東稷
平壤壁巨里濟生局 韓鳳儀
同館前衛生醫院 金龍興
同大興部一里 崔龍化
同西武洞濟局 桂澤宜
同里武洞出張人 尹寅赫
●鎭남浦新동洋약局 김元섭
同僧兩橋本堂出張人 吳남奎
●群山港福동 김斗鉉
●安州城내黃弁동回春大약房
●安岳邑上芝里濟生局 林景柱
●大邱남門내劇遠동 김成浩
●釜山港草梁客主 金重佑
●博川郡美동商店 朴芝行
●載寧邑後동洋약局 崔允國
●忠州東良面早遲 金鎭和
●晉州郡內 박春賢
●定州남門내洋약局 리鍵柱
●郭山邑내洋약局 崔應彬
●鐵山邑내永春堂 安[illegible]
●宜川邑내冊肆 安[illegible]
●義州水口街 崔서浩
●信川邑四里坪약局 김永植
●郭山邑冊肆 김大鉉
●元山港濟生堂支店 박敬鎭
●北靑新昌港客主 박鍚勳
●江界道本堂出張人 馬毅來
●德川邑官동洋약局 리丙斗
●猪山용谷里 리東赫
●其他各약店마다隨應販賣홈
●仁川港濟生堂告白

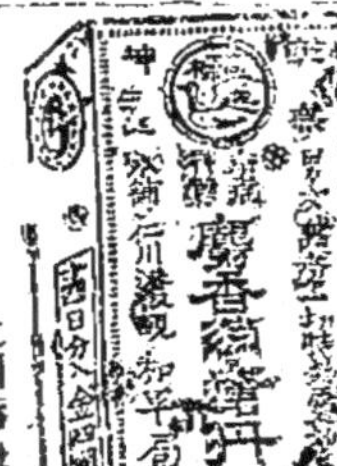

[illegible]
향소향(麝香)에향[illegible]엇
논뎌 냠새를본ᄉ고 [illegible]
이면지 본제(干麵介)를다엇
일미서 먹으면 [illegible]
향 되는고로 미감담새ᄒ자
가오니 창명잇논 [illegible]
고성말고 속히디뢰ᄒ야 판외
ᄒ시며 작디방이라도 우편으
로 부쳐드리오니 조량ᄒ사홈

發行人 仝 [illegible]
代理店 인川港杻峴 濟生堂약房 / 京城大廣橋 共愛堂약房
우탄ᄉ약은[illegible]
매소마다수응판매ᄒ오니그근
[illegible]

製藥所 仁川港杻峴 和平堂약房
發行人 仝 리응善
代理店 仁川港杻峴濟生堂藥房 / 京성大廣橋共愛堂藥房

胎養調經丸
틱양됴경환

대뎌 부인이 년파로록 잉티치 못홈은 병으로 인홈이니 일즉이 연구치 아니ᄒ고 삼상이 브려두면 다만 한사롬외 불힝홀뿐 아니라 또혼 젼국에 크게 관계가 잇는고로 싱의 십오년을 닉외국 고명의ᄉ의 실험방을 퇴션ᄒ야 셩에 집으로브터 他人家에 루〃시험ᄒ쥬 열에 열사롬이 다효험을 보앗고 초약이 잉티만 ᄒ쥴아니라 (처쥥)(처졀)ᄒ며 (조경)(조혈)되는고로 이것치 광포ᄒ오니 쳠부인은 일추 시험ᄒ시며 각디방이라도 우편으로 붓칠터이오니 조량ᄒ시옵

壹劑壹個月分定價五圓

仁川港和平堂 白

本人에 白銅琺圖章을 失ᄒ얏기로 該章은 新刻ᄒ오며 知照ᄒ오니 照亮ᄒ심

西氷庫 白龍基 告白

◉本社廣告

○廣告料
國文活字十三字詰
每日掲載尺一寸에 新聞 壹號
(每日發行六저에 相當홈)
二週日에 二圓五十錢
每日每行四字五號에 相當홈
一個月에 五圓
每日每行四錢一號에 相當홈
其期限의長短과字行의多少를依ᄒ야價額을酌定홈

○申報價
壹張代金 新貨二錢五厘
壹個月前納 三十錢
參個月 九拾錢
陸個月 一圓七十錢
壹個年 三圓四十錢
郵稅一號 新貨五厘
壹個月 十三錢

發行兼編輯人 英國人 萬咸
發行所 南署石井洞號外地三層洋屋 大韓每日申報社

第八百卅五號

大韓每日申報

第六卷

月曜及慶節歲時日休刊

檀君開國四千二百四十一年
箕子元年三千三十年
大韓開國五百十七年
日本明治四十一年
淸國光緖三十四年
陰曆戊申五月大廿二日丙午

別報

◉裴說氏의公判顚末

第一日

本月十五日朝에韓淸間大英國皇帝陛下의高等裁判所에서京城日人通事官三浦彌五郞이가告訴함에基하야本社前社長裴說씨의對한公判을京城에在한英國總領事館內에서開廷하얏는데上海에駐在한에푸、에쓰、에이、쏘온判事閣下가裁判官으로執權하야坐定하고英國皇帝陛下의頭等辯護士에취、피、윌킨손씨가出訴하고神戶에在한英人씨、엔、크로쓰씨가裴說氏의委托을受하야辯護하는데公判할동안에裴說氏는其側에坐함을許하고京城에駐在한英國副領事官홈쓰씨는裁判의錄事로、으로쓰氏는書記로執務하고日人菱田씨는日英語通譯으로前間씨는韓英語通譯으로參席하고原告人三浦씨는檢査官윌킨손氏의側에坐하고

此訟案件의關係잇는多數한傍聽人의게證을立하얏는데卽士와夫人들이裁判廷內에滿登하얏고列國領事官員의幾人式參席하얏더라

仝上午拾點鐘에嚴正히整頓하고裁判을開始하셔錄事가左開한告訴狀을朗讀하니曰

刑事裁判에關한京城에在한韓淸間大英國皇帝陛下의高等裁判所에서韓國에在한日本皇帝陛下의統監府에書記官京城駐在三浦彌五郞은充分正當히宣誓함으로告訴하옵느니韓國京城에在留한新聞所有主又編輯人英國臣民이、듸、베셀(裴說)이京城에서西曆一千九百零八年(隆熙二年)四月十七日에大韓每日申報라하는國漢文交用한新聞紙에共同會別報에서照謄하야須知分砲殺詳報라題目으로論說을發刊하야且發售하얏스며其論說을英語로翻譯하야甲一과甲一로表하야玆에粘呈하오니該論說은秩序를紊亂하며暴動을激勵하며尙且韓國의政府와人民間에仇讐之意를激勵케하는줄노量度하는治安妨害件이되오며

且仝四月二十九日에仝新聞紙에百梅特担이不足以壓一伊太利라題目한論說을發刊하야且發售하엿스며其論說을英語로翻譯하야乙壹과乙二로表하야玆에粘呈하오니該論說은秩序를紊亂하며暴動을激勵하며尙且韓國에政府와人民間에仇讐之意를激動케하는줄노量度하는治安妨害件이되오며

且仝五月拾六日에仝新聞紙에學界의花라題目한論說을發刊하야且發售하엿스며其論說을英語로翻譯하야丙一과丙二로表하야玆에粘呈하오니該論說은秩序를紊亂하며暴動을激勵하며尙且韓國에政府와人民間에仇讐之意를激勵케하는줄노量度하는治安妨害件이되나이다

一千九百零八年此五月廿七日에韓國京城에서宣誓함이라

韓國에在한日本皇帝陛下의統監府書記官三浦彌五郞㊞

英國皇帝陛下의頭等辯護士윌킨손㊞

次에招引狀을如左히朗讀하니曰

千九百零八年六月壹日에在上海라

이、듸、베셀(裴說)의게晉하노니汝가京城에在하야本年四月十七日、仝廿九日、又仝五月十六日에秩序를紊亂하며暴動을激勵하며尙且韓國의政府와人民間에仇讐之意를激動케하는줄노量度하는治安妨害件을包有한大韓每日申報란新聞紙를發刊且발售하야昨年에發布한樞密院令第五條에違反함으로由하야本年五月廿七日에告發된지라

是以로　陛下의名으로汝를命하야六月十五日(月曜)上午拾點鐘에京城에在한韓淸間大英國皇帝陛下의高等裁判所에出現하야該告발에對하야答辯을지며法律에依하야處辦할지라

判官에프、에이、애쓰、쏘온

被告人은裁判官의게無罪홈을辯解하고

크로쓰氏의請求로被告人은其側에坐함을許하고

크로쓰氏가被告와同邦人으로陪審官을定하야審査케홈을請求하미윌킨손氏가辯論하야兩方의爭論이張皇타가移乃騷之하고

於是에크로쓰氏가招引狀에包有한秩序를紊亂하며暴動을激勵하며尙且韓國의政府와人民間에仇讐之意를激動케하는줄노量度하는治安妨害件이란함詞에論及하야曰此是　罪乎잇가二罪乎잇가

裁判官이辯論을더此는秩序를紊亂케하며暴動을激動케하는줄노量度하는新聞에보刊된如何한件을從하야被告人이其罪에服케함이니此는自然히特別한立法이라

크로쓰曰然則各殊한兩件事로取하겟나이다　未完

▲隆熙二年六月拾七日　觀官報

訓　令

法部令第壹號　各監獄

在監人領置金品處理規程을左又치定하얏기玆에訓令하니此를依하야施行홈

隆熙二年六月十五日

法部大臣　高永喜

在監人領置金品處理規程

第拾三條　典獄은每年壹回以上으로領置物品人別簿와現在品을点檢홈이可홈

第拾四條　在監人에게對하야金젼又는物品의送附或差入이有한時는迅速히領置의節次를行하고領收證(第九號書式)을交付홈이可홈
但該隔한地에在한者(官廳을除홈)에게對하야는特히請求가有한者의게만交附홈을得홈

第拾五條　領置한金錢及物品을他官廳에保管轉換한境遇에는其官廳의責任이有한官吏의領收證을徵홈이可홈

第拾六條　領置한金錢及物品으로官有에關한事由가生한者ㅣ有한時는每度로곳主任이典獄에게報告하야相當히處置홈이可홈

第拾七條　領置한金젼及物品을써失又는毁損한時는典獄이其事實을調査하야若故意나怠慢에基因한者인則意見을付하야報告홈이可홈

第拾八條　各主任이交替하는時는典獄이部下의官吏로檢査員을命하야新任者와後任者의引繼에立會케하고檢査員으로하야금檢査調書를調製케홈이可홈

附　則

第拾九條　本規程은隆熙二年七月壹日로부터施行홈

(以下次出)　(完)

●兵器廠創設　淸國政府에서現在德州機器局을擴張하야兵器製造廠을設置할計畫이有하야直隸總督에게其所入經費를調査하라하얏더니同總督이近者에報告하되其經費가壹千六百萬兩에達하깃다하얏더라

●比律賓防備　美國에서發表한바를據한則本年四月壹日부터比律賓兵備가多少改正된事件이有하니卽該島를三大隘에分하야馬尼拉에師團司令部及第壹旅團司令部、이로이로에第二旅團司令部、사보운가에第三旅團司令部를置하야各要害地에는兵備를嚴重히하고此外土人兵으로成한偵察隊는中隊를各地에排置하얏다더라

偉人遺蹟

水軍第一偉人　李舜臣

錦頰山人　續

第拾七章

◉李舜臣의喪還과及其遺恨

公이七年以前에死하얏슬지라도我族은此亂에盡死할지며公이七年以後에生하얏슬지라도我族은此亂에盡死할지며公이七年戰爭의第壹年에死하얏거나第二年에死하얏거나或第三年第四年第五六年에死하얏슬지라도此亂에我族의저를救할者ㅣ無할지어놀乃若公이不先不後히此時에生하야此七年을經歷할시其間에는丸에中하야도不死하며獄에刑하야도不死하며獄에下하야도不死하며千槍萬砲가爭來하야도不死하고許多風霜海上生涯를七年戰爭結局되던露梁에至하야畢了하니公은必是上帝의下送하신天使로大難에下하사其勞苦와其慘血로我族의生命을救援하고倏然逝去하신이니斯民이李忠武에對하야可哭할者ㅣ(三)이니斯氏이李忠武에對하야는此情이無키難하도다만古英雄의心事는元來如此한것이아니라其霜雪白한肝膽이富貴도無하며貧賤도無하며安樂도無하며憂苦도無하고只是此國此民에對한從雙眼光이閃爍無際한故로我身을殺하야國과民에有利케하면朝에生한我가夕에死함도可하며夕에生한我가朝에死함도可하니天地가有한以來로不死하는人이必無하며旣死한後에는不朽하는骨이必無하야富貴한者도其終에는塋草骨이며貧賤한者도其終에는塋草骨이며安樂한者도其終에는塋草骨이며憂苦한者도其終에는塋草骨이며天을怨하는者도其終에는塋草骨이라終乃千萬古不易之理로塋草骨될倜我의身을殺하야未來億萬世長存할此國此民에利케할진대엇지此를避하며엇지此를不爲하리오

(未完)

雜報

●下賜勳叙 大韓醫院醫育部長臨池永우陞叙勳四等으로江陵郡守池邊操와前陸軍正尉崔興植은陞叙勳七等太極章을下賜ᄒᆞ옵셧다더라

●內閣議案 再昨日內閣會議를經ᄒᆞᆫ즉各府部奏任官中에功蹟이有ᄒᆞᆫ人의게叙勳件과外國人으로각裁判所檢事叙任件과官吏叙陞件이다더라

●曾彌云渡 曾彌副統監은數日後에歸任ᄒᆞᆯ預定이라ᄂᆞᆫ說이有ᄒᆞ더라

●據此哀乞 據聞大臣李完用氏가自己椅子를鞏固ᄒᆞ기爲ᄒᆞ야伊藤統監의게無數哀乞ᄒᆞ되前日罪惡을洗滌ᄒᆞ고精神을快覺ᄒᆞ야百度를壹新ᄒᆞᆯ터이니據理之任을勿遞케ᄒᆞ야달나ᄒᆞᆫ故로伊藤統監이其懇乞之情을難忍ᄒᆞ야從速會同李容九氏를招誘ᄒᆞ야數朔만留俟下回ᄒᆞ라ᄒᆞ얏다더라

●總理憂慮 總理大臣李完用氏ᄂᆞᆫ近日壹進會에關係가有ᄒᆞᆷ을因ᄒᆞᆷ인지憂愁思慮ᄒᆞᄂᆞᆫ貌樣이라더라

●□□□□ 總理大臣李完用氏가近日로自己家에셔留宿지못하고他處에셔留宿ᄒᆞᆫ다더라

●私邸密公 新任내部大臣宋秉畯氏ᄂᆞᆫ從今사자壹系任進ᄒᆞᆫ緊要ᄒᆞᆫ公務ᄂᆞᆫ秘密ᄒᆞ야私邸에前往ᄒᆞ야議論決定ᄒᆞᆫ다더라

●兩願辭疏 宮內院顧問박齊純李址鎔兩氏가辭職疏를奉呈ᄒᆞ얏다더라

●宮吏陞級 方今宮吏中에陞級ᄒᆞᆯ者ᄂᆞᆫ陞級ᄒᆞ야次ᄒᆞ되鄧의現今調査ᄒᆞᄂᆞᆫ中이라더라

●內次到着 新任內部次官岡喜七郞이歸國ᄒᆞ얏다가新任次官으로昨日下午四時量에南門外停車場에到着入城ᄒᆞ얏다더라

●松井署理 新任내部次官岡喜七郞이歸國ᄒᆞᆫ기前의事務ᄂᆞᆫ警視局長松井茂가署理ᄒᆞᆫ다더라

●餞宴발起 遞任ᄒᆞᆫ內部次官木內重四郞을爲ᄒᆞ야내部高等官들이惜別宴을設行ᄒᆞᆫ다ᄒᆞᆷ은已報ᄒᆞ얏거니와追聞ᄒᆞᆫ즉該宴會를行ᄒᆞᆫ次로地方局長兪吉濬衛生局長劉猛醫務局長松井茂三氏外에其他某某氏가발起ᄒᆞ얏다더라

●接見後發 各道新任觀察使諸氏가內部次官岡喜七郞이가視務ᄒᆞᆫ後에相爲接見ᄒᆞ고因爲發程ᄒᆞᆫ다더라

●日人囑托 日人住野嘉吉이가侍從院囑托을被任ᄒᆞ얏다더라

●壹進風波 再昨日壹進會總務室에셔議決ᄒᆞᆫ事를각報에揭載ᄒᆞ얏거니와該事件에對ᄒᆞ야評議室諸員이壹齊反對하야日昨總務室을打破ᄒᆞ고內閣에셔其危凜ᄒᆞᆫ狀態를見ᄒᆞ고韓錫振尹□□兩氏로擦代ᄒᆞ기로定ᄒᆞ야評議員諸의게說明ᄒᆞᆫ바各會員들이毆之打之ᄒᆞ야重傷을被ᄒᆞ얏고俞鶴柱廉仲模兩씨ᄂᆞᆫ其氣色이不緊ᄒᆞᆷ을知機ᄒᆞ고越墻逃走ᄒᆞ야壹進風波가激起ᄒᆞᆫ지라兩國警察官吏들은其結果의如何ᄒᆞᆷ을偵探次로該本部에顧問觀光ᄒᆞ얏다ᄒᆞ며其理由인즉地方支會員中에驅擾를因ᄒᆞ야妻子를被害ᄒᆞᆫ者가不知其數오父母의喪을當ᄒᆞᆫ會員이五십餘名인데該本部에셔壹邊痛哭하얏다더라

●地方壹進密議 壹進會本部內에셔地方會員이每日下午九時에開會ᄒᆞ고同拾二時까지무삼事件을秘密議決ᄒᆞ야他會員은不得傍聽ᄒᆞᆫ다더라

●李氏逃走 再昨日에壹進會評議室의셔風波가大起ᄒᆞᆫ事ᄂᆞᆫ別項과如ᄒᆞ거니와該會를被ᄒᆞᆫ主殿院卿李址鎔氏ᄂᆞᆫ驚겁逃走ᄒᆞ얏다더라

●勸退協議 壹進會의動靜은別項과如ᄒᆞ거니와昨日에도地方支會員들이特別總會를開ᄒᆞ고期於히總理大臣을勸告辭職케ᄒᆞᆯ意로協議하얏다더라

●下待難受 承寧府내乘輿院侍從以下판官人이下待ᄒᆞᄂᆞᆫ弊가有ᄒᆞ야乘輿院等이下待를受코ᄂᆞᆫ服任치못ᄒᆞ깃다고將次壹齊히自退ᄒᆞᆫ다ᄂᆞᆫ說이有하더라

●內乘代任 承寧府내乘一人이自退ᄒᆞᆫ代의仕員으로監差ᄒᆞ얏다더니壹案ᄂᆞᆫ히府總督趙氏와氏家人이오壹案만仕員으로監任ᄒᆞ얏다더라

●會費未撥 漢城衛生會의셔事務를漸次實施ᄒᆞᆫ다ᄂᆞᆫ說이연대度支部의셔其所入經費를姑未支出ᄒᆞᆷ으로事務進就의困難이莫甚ᄒᆞ다더라

●測量技手請願 民有土地家屋及山林을三年내의測量ᄒᆞ야確實ᄒᆞᆫ證據圖得케ᄒᆞᆷ은已爲頒佈ᄒᆞᆫ바어니와各地方人民들이測量所의測量技手를請願ᄒᆞᄂᆞᆫ者가數百에至ᄒᆞᆫ다더라

●宮人恩金 明禮宮龍洞宮壽進宮於義宮은革罷ᄒᆞᆫ後에數四宮人의擬后宮公主翁主與保瀅將家를留安ᄒᆞ얏던神堂에倚存ᄒᆞ야茶禮와享祀를奉하얏더니日昨의宮內府에셔神堂을毁撤ᄒᆞ고四宮守直宮人等을解散ᄒᆞ고恩賜金을支給ᄒᆞᆫ다더라

●金融窘況 近日各地方에錢財付送ᄒᆞᆯ時의郵換法이自在ᄒᆞᆫ거늘不此之爲ᄒᆞ고書封中에紙貨를胎送ᄒᆞ다가中路에見失ᄒᆞᄂᆞᆫ弊가多ᄒᆞ니亦豈可歎ᄒᆞᆯ事라ᄒᆞ노라

●食貨收斂 韓山來人의傳說을得聞ᄒᆞᆫ즉該郡에日兵二拾五名이義擾를經歷次로來駐ᄒᆞᄂᆞᆫ대其支供等節은각面面長이五日式輪回支供ᄒᆞ고該費額은民間에收斂ᄒᆞᆫ다더라

●洪門爭訟 侍從院侍從洪運杓씨의累代先塋이呂州郡川陽에在ᄒᆞᆫ대히사의堂叔祖判書洪淳瓚씨가山販으로松楸를日本人의게五千圜의暗自典執ᄒᆞᆫ事로히사宗中에셔宗會를開ᄒᆞ고裁判ᄒᆞ기로決定ᄒᆞ얏다ᄂᆞᆫ事ᄂᆞᆫ已報ᄒᆞ얏거니와洪永杓씨가洪氏의壹門代表로洪淳瓚씨와漢城裁判所의셔數次裁判ᄒᆞ야再昨日의判決되얏ᄂᆞᆫ대洪淳瓚씨가理屈ᄒᆞᆷ의遂間諸般經費와訴訟費用까지沒數償還하게되얏다더라

●權氏蒙放 公錢犯逋事件으로被捉하얏던權錫相氏ᄂᆞᆫ日昨에蒙放이되얏다더라

●獄囚慘狀 監獄署罪囚가本月五、六日之間에因病致斃者가十四五名이라더라

●見習可懲 前局長洪世基氏의子ᄂᆞᆫ中國說見私欺取財로日昨의警廳의被捉ᄒᆞ얏더니再昨日의漢城로押交ᄒᆞ얏다더라

●飲灰化仙 再昨日에館井洞居吳勞卿가其妻와相詰ᄒᆞ얏더니該妻가洋灰차를飮ᄒᆞ고自甑ᄒᆞ얏다더라

●困債自甑 奉常寺공人이享需物品을니外商人處의外上으로貿易遝排ᄒᆞ야受價後報給ᄒᆞᄂᆞᆫ데受價ᄂᆞᆫ有限ᄒᆞ고物價ᄂᆞᆫ高騰ᄒᆞ야番々히未給條가巨大ᄒᆞ야니外商人等이히공主務有司池經萬氏家의來하야督促ᄒᆞ던셔若不出給이어던각공人의姓名과각其家를指示하라詰難ᄒᆞ얏ᄂᆞᆫ데히主務有司池經萬氏가不勝困督ᄒᆞ야日昨의鴉片을喫ᄒᆞ고自甑ᄒᆞ얏다더라

●嘉校盛況 加平郡嘉陵普成學校의셔春期大運動을擧行ᄒᆞ얏ᄂᆞᆫ데四十名學徒의隊伍가整齊ᄒᆞ고志氣가活潑ᄒᆞ며各般競走도竟日愉快ᄒᆞᆫ지라觀光來賓이嘖々稱善ᄒᆞ며각競走優等生은劉然호김英호쯤입대境내紳士諸氏가賞品을頒給하야勸奬之意를表하얏다더라

●何學退校 鳳鳴學校長김宣煥氏가華興學校生徒六人을壹個年내의卒業식히마ᄒᆞ고鳳鳴學校로入學케ᄒᆞ얏더니更히該校生徒六人이還爲退校ᄒᆞ얏다더라

●酒政敎師 三和僉郡內의公立普通學校副訓導김석元씨ᄂᆞᆫ性頑口險ᄒᆞ야生徒敎導ᄂᆞᆫ辱說노爲主ᄒᆞ더니日學酒政을ᄒᆞ야害及他校라고該郡來人의傳說이有ᄒᆞ더라

●養校運動 本月拾八日公州私立養英학校의셔春期運動會를設行ᄒᆞ얏ᄂᆞᆫ데該校生徒壹百壹人과其他學生徒二百五십餘人의隊伍가整齊ᄒᆞᆫ데內外官人과각社會의來賓과左右觀光의人이林立ᄒᆞᆫ데觀察李建鎬氏가五圜금을賞與ᄒᆞ고贊成員張環旭氏가紅綠欄십冊과鉛筆五拾柄과檢事尹憲求씨가筆墨拾柄과鉛筆七拾二柄으로賞品을給與ᄒᆞ얏고李建鎬氏가諸生徒의對ᄒᆞ야活발과勤勉으로演說ᄒᆞ고尹憲求씨가工夫와原因과結果두數之一字로演說ᄒᆞ고십一歲童宋한奭이가答辭ᄒᆞ야盛况을呈ᄒᆞ얏다고南來人의稱頌이有ᄒᆞ더라

▲地方消息▼

▲本月十二日全州郡의셔郵便遞衛官兵三名이義兵의게被害ᄒᆞ얏다ᄒᆞ고

▲本月拾二日夜溫陽郡의셔義兵三名이日人二名을銃殺하얏다ᄒᆞ고

▲本月십四日太田驛의셔義兵六십名이聞慶郡守備兵과交戰ᄒᆞ얏다ᄒᆞ고

▲本月七日榮川郡의셔李康年의部下박某의率ᄒᆞᆫ義兵壹百五拾名이醴泉郡及榮川郡守備隊及討伐隊와交戰ᄒᆞ얏다ᄒᆞ고

▲本月拾壹日朔寧郡約一里高浪외셔尹甫支의率ᄒᆞᆫ義兵六名이同郡日守備兵과交戰ᄒᆞ얏다ᄒᆞ고

▲本月十四日午前八時抱川郡의셔義兵五拾名이同郡守備兵七名과交戰ᄒᆞ얏다ᄒᆞ고

▲本月拾五日靈光郡西方　里地陰村의셔義兵卄名이古阜守備隊와約壹時間을交戰ᄒᆞ얏다ᄒᆞ고

▲本月십五日交河郡의셔義兵卄名이同郡守備兵四名과交戰ᄒᆞ얏ᄂᆞᆫ데死傷이不明이라더라

▲靑山樵歌▼

▲靑山細雨白石路에저긔가ᄂᆞᆫ저牧童이數闋兩歌亂唱ᄒᆞ니愛國誠이激切ᄒᆞ야天良之心發現일세

▲太白山에降臨ᄒᆞ샤與方人文物開ᄒᆞ니四千餘年遺業이라貳千萬衆同胞들아俱是同祖壹孫으로千枝萬葉되얏고나우리나라ᄉᆞ랑ᄒᆞ세

▲錦繡江山三千里ᄂᆞᆫ天府金城萬年基라生斯老斯ᄒᆞ니箕聖遺風相傳ᄒᆞ야라때上界指點ᄒᆞ니懷古之懷절노난다우리나라ᄉᆞ랑하세

▲耕田而食鑿井飮은先王遺澤酒泳이라不知干戈幾百年에昇平世界樂土라가今日時局當코보니安不忘危이아닌가우리나라ᄉᆞ랑ᄒᆞ세

▲昏沉夢喚起ᄒᆞ야新精神을刷勵ᄒᆞ제列强風氣는날방고壹心團結ᄒᆞ면님에白刃을養成ᄒᆞ면固守疆土不失이라우리나라ᄉᆞ랑ᄒᆞ세

▲鐵石갓치굿은心膓水火同盟ᄒᆞ야斷々無他壹心으로각自睡手書銃ᄒᆞ야新世界에注目ᄒᆞ면莫强離敵ᄒᆞᆯ싸우리나라ᄉᆞ랑ᄒᆞ세

▲白鶴靑山壹年土ᄂᆞᆫ祖先의骨墳墓로다죽더리도大韓鬼오살아셔도韓人이라食此ᄒᆞ며居此ᄒᆞᄂᆞᆫ데自國思想업슴손가우리나라ᄉᆞ랑ᄒᆞ세

▲兄弟弟兄壹室中에兄弟鬩墻近來計나互相友誼不失ᄒᆞ면肢體腹心壹身되여明城의齊進ᄒᆞ니壹等國人可期로다우리나라ᄉᆞ랑ᄒᆞ세

▲瑤圖寶幅開闢ᄒᆞ니錦繡江山時期ᄒᆞ야淑氣中에生出하니聰明智慧特異로다前日痼習脫去ᄒᆞ고新世界를幻作하쟈우리나라ᄉᆞ랑하세

▲靑春子弟學徒들아黃金時間浪費말고明倫殿效倣하야國家實力培養ᄒᆞ며參天豫樟能成ᄒᆞ야棟樑之材可作이라우리나라ᄉᆞ랑ᄒᆞ세

雜報

●學校設立 東大門外往十里居ㅎ는 [illegible]氏가 新門外華山洞에 學校設立ㅎ음을 聞之ㅎ고 十元金을 寄附ㅎ얏다더라

廣告

六月二十日부터 株主總會終畢ㅎ기ᄭᆞ지 株式名義換書를 停止홈

隆熙二年六月拾九日

株式會社 漢湖農工銀行

本社에서 昨年拾月分에 李淳奎處에 金壹百五拾圜을 每朔貳分邊으로 貸給ㅎ얏더니 淳奎가 陽智府金公文으로 同事라가 三月分에 會計ㅎ즉 零條가 七十四圜○九錢이온바 月二拾五日內로 淸帳ㅎ기로 云云ㅎ고 李淳奎兩人이 各成手標ㅎ야 以給于本社ㅎ고 各處에 來捧條收刷次로 同是出去矣러니 淳奎ᄂᆞᆫ 不還ㅎ고 公文이 暗自上京ㅎ야 廣告에 淳奎가 捧金ㅎ라 予受文簿를 同帶ㅎ고 不知去處라ㅎ야ᄉᆞ니 錢財ᄂᆞᆫ 姑舍ㅎ고 淳奎然後에 乃已라 公文이 右金七拾四圜○九錢을 乾沒之意로 反生不測之凶計ㅎ야 彼之同行者蹤跡을 掩匿ㅎ고 還爲强盜라ㅎ얏ᄉᆞ니 豈容如許無嚴頑悖之習乎아 內外國僉員은 照亮敬要

南大門外三光運輸會社 告白

本郡守洪範植氏가 莅任以來로 政令이 務從淸平ㅎ야 弊막을 除去ㅎ고 巨細ㅎ고 勤恤ㅎ는 心이 專在安民이라 本郡內山外面等地가 以僻峽으로 自昨冬至于今 騷擾未安ㅎ되 以郡守之撫摩로 民民은 安堵不妄動ㅎ고 猶爲安業而尤況 [illegible]所行ㅎ야 多撞衝에 被捉之人拾餘名을 交涉白釋除ㅎ야 辨其玉石ㅎ고 分其類伍ㅎ야 活我衆命ㅎ옵고 且外他面衆民도 保其姓名者 不可指數오니 如是郡守ᄂᆞᆫ 本郡開局後初見이라 滿街不碑는 猶屬例事오 立祠繡像은 難忘永世오니 地球上同胞는 咸須諒悉홈

全羅北道[illegible]郡山外面

李喜鳳　宋象衍　李致善
金憲明　閔泳坤　장國환
李權奭　宋順祚　金顯斗　金善述
김永석　김[illegible]
前參奉　李喜斗　정龍圭
前參奉　朴寬[illegible]　김明善 등

●高桐郡私立華興學校運動會捐助諸氏及金額

郡主事金在燮 貳拾五圜
日本巡査 鶴留七太郎 久野鹿藏 成田駒次郎 川又安二郎 各壹圜
巡査[illegible] 貳圜　書記[illegible] 三圜
韓金源 四圜　黃世鍊
權英植　趙숭基　方鎭鉉
羅柄奭 各三圜　김炯奎
方[illegible]星　박承[illegible]　羅柄寬
劉完鍾　羅秉源　注文朴容泰
松家洞中 각二圜　趙인增
全萬協　리호承　趙存衡
申文永　리敎敏　方昌主
리須한　黃致八　方한泳
高楨敏　黃競夏　方鱗範
車지鉉　朴根茂　方學根
丁奎權　김ㅎ보夫人鄭씨
ᄌ登元

任員 諸氏　校長 감顯奎
書記員에 김濟元
學監 朴容元　事務員 김鳳權

경상도김전거 金雄이 去年分에 우연이 나와서 皇城인川으로 去ᄒᆞᆫ云故로 其祖母가 今年이 八十이라 不顧生死ㅎ고 京鄕으로 찻다가 인천ᄭᆞ지 金商의 家에 잇ᄉ니 첨군ᄌᆞ는 흉ᄉᆞ 긍지ㅎ사와 노신이 ᄀᆡᆨ사를 免케ㅎ여 주시옵

雄이 祖母 告白

本人이 烏山驛三光社에서 事務를 視ㅎ더니 昨年拾月分에 本社事務員 孫完默 趙亨奎兩人이 擔保ㅎ고 李淳奎로 財務員을 定ㅎ야 同處에 業務ㅎ더니 左右濟用이 不小ᄒᆞᆫ 中에 李淳奎가 旣財擧ᄒᆞᆫ 故로 任之㪅疑러니 給次已置之度外ㅎ고 華次만 促之督之ㅎ야 捧二百四拾六圜四拾八錢과 予受文簿를 同帶ㅎ고 渺然蹤跡인바 李淳奎가 專恃耶蘇敎ㅎ고 視本人을 若草介ㅎ니 世豈有如許强盜者乎아 內外國僉員은 照亮ㅎ심을 爲要홈

陽智古潮面月谷居金公文 告白

本會에서 今月貳拾壹日(日曜)下午壹時에 夜珠峴 YMCA俱樂部內로 討論會를 開ㅎ오니 僉會員은 來臨ㅎ시옵 (許傍聽)

問題와 討論員은 如左홈

經濟 租稅賦課에 屢進稅主義를 用ㅎ는 可否如何
積極主義 俞承兼 南亨祐
消極主義 崔秉瓚 尹成熙

政治 國家의 政治는 專制政體가 可乎아 立憲政體가 可乎아
專制主義 李冕宇 李基燦
立憲主義 金祥演 趙聲九

法律 債權讓與와 當事者交替에 基因ᄒᆞᆫ 更改中 特히 債權者交替에 基因ᄒᆞᆫ 更改를 區別홈이 可乎否乎
積極主義 石鎭衡 김癸根
消極主義 김基賢 尹宇植

法學協會

本人의 子炳國이가 昨年五月分에 無故出他而尙無消息하와 爲父之道의 惆悵之情이 無日無之故로 玆以仰告ㅎ오니 炳國之居住를 採知通奇則致賀金拾圜을 貴給爲計오니 從速通知케ㅎ시옵기 切企홈

龍川東下面松山居李泉식 告白

本人의 田八日耕沓拾斗落家二十間及園林兩處가 在於南陽郡汀面馬山이온ᄃᆡ 故居金윤根이가 僞造文券ㅎ와 竊賣ㅎ야 外國人ㅎ오니 內外國人은 切勿見欺

社洞沓主 徐延德 白

前局長徐內珪氏 大夫人金州李氏以宿患 今月拾六日(陰五月拾八日) 別世知舊照亮

護喪 李석澄 告白

測量學員募集廣告

本校內에서 測量科를 特設ㅎ고 學員募集ㅎ오니 願學僉員은 今月廿七日(陰五月廿九日)內로 入學請願書를 提呈ㅎ시옵 但請願紙는 本校에 來要홈

試驗科目(算術) 四則以內
試驗日字 今月廿七日下午四時
上學時間 自下午四時四拾分至六時四拾分
卒業期限 五個月

南部履洞齋南部內 私立進明學校 告白

國債報償金中에 婦人이 銀釵佩物로 本社에 來納ᄒᆞᆫ 者를 許久積置ㅎ엿ᄉᆞ나 卽爲放賣ㅎ야 銀行에 殖利하는 것만 又지 못ㅎ기로 玆에 廣告ㅎ오니 或有願買人이거던 本社에 來問홈

本社 告白

本店에 夏節양服件이 英京倫敦에서 新著ㅎ얏기로 玆에 廣佈ㅎ오니 僉君子는 光顧購買ㅎ심을 望홈

양服裁縫店 貞洞華商源泰號 謹白

●土木事業測量設計并監督
●鑛山林野土地之測量及製圖

京城旭町二丁目百拾番地

片村工務所

所主 片村龜次郎

漢城松橋法律事務所

辯護士 玉東奎

民事代理와 刑事辯護를 ㅎ기 爲ㅎ야 出張所를 如左히 定홈

第一出張所 **平壤** 觀察道前路三統貳戶
事務員 李寅根

第二出張所 **海州** 西城門內工洞[illegible]統[illegible]戶
事務員 李鼎圭

會同測量事務所

本所에서 鑛山、土地、家屋、森林、測量製圖設計等을 迅速應辦홈

南署會賢洞九統貳拾壹戶
總務 金澤吉　事務 [illegible]錫禧

●林業速成科學員募集廣告

本校에서 夜學林業速成科及測量科를 合設ㅎ고 兩科에 關ᄒᆞᆫ 學理技術을 敎授ㅎ깃스니 願學僉員은 本月貳拾五日內(陰五月貳拾七日)로 入學請願書(本校에 來求)를 本校에 提呈ㅎ고 七月拾二日(日曜日)上午拾時에 來校應試홈

一 試驗科目 國文 漢文 讀書作文 算術四則以內 但相當ᄒᆞᆫ 卒業證書가 有ᄒᆞᆫ 人은 免試許入홈
一 修業期限은 拾個貳月로 定홈
一 上學時間은 自下午七時로 至拾時三時間
一 修業課程 造林學總論 造林各論 苗圃論 森林保護學 森林經理學 森林利用學 植物學 測樹學 土壤學 肥料學 農學大意 測量學術及實習

隆熙貳年六月拾三日

西大門內普成學校

夏期講習所

本所에서 學生의 硏究便宜를 圖키 爲ㅎ야 夏期講習所를 特設하오며 募入僉員은 左開를 依ㅎ야 早速請願ㅎ심을 望홈

學科程

英語課 **日語課** (以上兩科는 각히 甲乙兩班으로 分ㅎ야 甲班은 時文慣語로 乙班은 簡易會話로 秋期각學校語學科就學을 便宜케홈)

測量課 本課는 速成(個月에 畢了ㅎ깃기 算術全部를 畢解ᄒᆞᆫ 人외게 限ㅎ야 募集홈 (實地測量兼行홈)

代數課 (甲乙班에 分ㅎ야 甲班은 二次方程式으로 至終 乙班은 自初至壹次方程式)

算術課 (甲乙班에 分ㅎ야 甲班은 名數로 至求積法 乙班은 自整數至小數)

入學規定

一 本所各課에 入學코ᄌᆞᄒᆞᄂᆞᆫ 時는 入學請願書에 願學科程을 明記ㅎ야 六月晦內로 本所에 投函ㅎ심
一 本所敎授期間은 七月壹日로 八月三拾日ᄭᆞ지로 定홈
一 本所敎授時間은 上午七時로 十二時ᄭᆞ지 限ㅎ되 時間表는 應募가 畢了된 後 學生의 便宜를 隨ㅎ야 決定홈
一 本所各課는 每日壹時間式 敎授홈(測量科實地測量은 此限에 不在홈)
一 本所各科에 何科班이던지 應募人員이 二十人에 未滿ᄒᆞᆫ 時는 該班은 不設홈
一 學生卅人以上의 聯名請願이 有ᄒᆞᆫ 時는 他課를 更設홈도 得홈
一 月謝金은 每月三日以內에 請納ㅎ야 聽講券을 領携홈
一 修業期가 滿ᄒᆞᆫ 時는 成績을 試驗ㅎ야 修業證書를 授與홈 (但測量課는 卒業證書)
一 細則은 本所規則을 依홈

講師氏名 李敎承 晉田嘉伊智 宋彦用 김澤吉 陸定洙

皇城鍾路基督敎靑年會學館內

數語夏期講習所　所長 李商在

林野法令

定價金 廿五錢

本法令은 最近에 頒布된바 一般臣民이 此法令을 不覺ㅎ면 時時로 利益을 全失ㅎ고 각其山壁도 倂奪될 注意件이 됨은 本冊第五頁末行에 揭載홈과 如ㅎ며 特히 本冊은 山林에 關ᄒᆞᆫ 勅令及部令壹切法則을 編成ᄒᆞᆫ 者니 斯速來購ㅎ시옵

發賣所

布屛下 廣학書舖　大廣橋 大東書市　鍾路 匯東書館　銅峴 博文書館　[illegible]
中央書館　古今書海　박학書館　新舊書林

廣告

●黃海道海州郡國債報償志願金收合實數正誤廣告 續

▲大德面
鄭斗馨 四圜八十錢 김永植
貳圜六拾전 林鼎浩 四圜
鄭海종 安秀鳴 崔載鉉
각貳圜 崔載懋 尹碩默
安元根 각壹圜 鄭창壽
鄭海永 鄭히運 리哲圭
정源석 김泳準 姜在成
각五拾전 김瓚식 정圭鵬
각卅전 朴基陽 廿五전
鄭天馨 鄭히龍 鄭弘馨
鄭文馨 정圭益 洪淳基
리圭鄉 朴우석 尹敎漢
韓汝燮 鄭豐馨 정圭星
류히燮 류觀馨 류基馨
각廿전 최承석 리괴식
鄭斌煥 정承煥 각十전
김裕智 壹圜 김益祚
六십錢 김路性 五錢
金益龍 三拾錢 김龍식
김益彥 리仁鵬 吳在俊
金益希 리京山 安明叔
張仁哲 吳明玉 각廿錢
김益弘 김益深 김夏植
李老潤 김益彩 리會習
리繼善 朴繼석 김裕伯
각拾전 리瑩稷 五錢
崔奉奎 吳宗益 白春蘭
尹永祚 각廿錢 崔奉龍
崔敬玄 리河永 리濟明
각十錢 김丞白 七圜
尹元默 貳圜 尹定根
최寬식 각壹圜 최戰蕃
八拾錢 박喜元 六십전
김仲□ 七십錢 尹宅鉉
尹麗漢 박賢錫 리相淳
각四拾錢 尹昌漢 尹世根
尹智漢 리錫永 김永默
리萬浩 朴秀煥 朴春彥
각卅錢 尹旭鉉 尹宗根
尹駿漢 尹鳳根 尹相根
尹漢喆 尹春漢 최載필
최承五 최承俊 최昌植
崔仲식 咸石突 리學奉
朴壽洪 朴보孫 安明三
閔百福 최承弼 朴俊錫
韓得文 崔敬華 田承烈
奇鳳恒 崔觀仲 許 玉
리元章 각廿錢 閔敎남
廿五錢 尹成根 ㅎ天漢
김인默 김昌年 朴春成
김容默 김益禮 각拾錢
合五십七圜九拾五錢

▲花陽面
崔鴻喙 십圜 김仲實 壹圜
孫允五 崔京漢 리昌淳
각六十錢 朴平叔 오得夏
각四拾錢 김昌인 리大連
김宗식 車今石 박在淸
각卅錢 김弼孫 李國汝
高成桑 安昌毅 劉漢甫
千殷三 千友迹 김文敎
김官玉 라京善 奉京孫
각廿錢 趙瑞恒 八十錢
오性根 김應文 박永祚
각六拾錢 오致祿 三십錢
오斗煥 鄭學敎 김應五
車益善 김應瑞 리天實
각廿錢 朴宇秉 三圜
오性文 吳敎식 김益燁
각壹圜 吳殷煥 四拾錢
吳允寬 최明甫 吳金彥
리化三 劉貞煥 오用與
崔載根 오昌五 崔禮善
각廿錢 최應三 김聖五
吳仲植 任大奎 오河煥
崔戰春 劉昌瑞 김根權
劉元範 張德淳 각拾錢
오鳳根 五錢
合三拾圜六十五전

▲雲谷面
리駿淳 리회喆 리회珍
각壹圜 리회鳳 六拾錢
리회瓚 三拾전 리회高
리完圭 리元圭 각廿전
리錫祚 張志和 리昌根
각拾錢 崔漢章 貳拾圜
朴世珣 五圜 朴貞敎
오圭鎬 각貳圜 김圭邦
孔貞鉉 김東植 孔舜九
각壹圜 朴在린 徐辰述
金德哉 김元達 羅우卿
각六拾전 김利成 五십전
任仁守 金明圭 김子叔
徐行文 各四拾錢 朴在鳳
安학인 김百年 김永年
오大吉 尹俊甫 각廿錢
崔七星 閔泳二 任季弘
尹召史 林亨根 김汝祚
姜召史 리龍明 리奉학
許致亨 각廿錢 趙鍾欽
趙挺奎 趙時仲 각永鳳
趙鳳식 趙性基 각壹圜
趙聖說 六拾錢 趙晩식
趙亨奎 趙性華 趙璇奎
최景鉉 각五십전 趙性회
趙性복 각廿錢 安敎星
閔鳳鎬 각貳圜 安承文
閔裕鎬 각壹圜 安 鎬
安용鎬 각五拾錢 安承默
리士鉉 各卅錢 안圭鎬
안岐鎬 각廿전 최應稷
六拾錢 리東圭 리相集
각廿錢
合六拾七圜二十錢

▲秋武面
車종응 拾圜 閔泳泰
閔亨식 閔俊식 閔衡基
각四圜 閔泰식 五拾圜
閔章식 壹百圜 閔泳健
四拾圓 閔憲식 閔庚爽
각십圓 閔悌식 閔光鎬
각貳圓 閔瑞鎬 閔斗鎬
閔觀支 閔泳창 閔蘭식
閔武支 閔好식 閔鳴鎬
閔在식 閔丙卓 각壹圓
閔泳哲 閔丙린 각六拾錢
閔天鎬 五十전 閔泳瓚
閔泳孝 閔泳憲 각四拾전
閔丙鳳 閔泳斗 각卅錢
閔泳玉 閔泳日 閔在식
閔仁식 閔泳仁 閔泳信
각廿錢 韓일煥 박容회
각四圜 리塤奎 許 運
리廣來 各貳圓 鄭範석
韓道敎 리恒來 姜積熙
趙昶夏 리寶會 許 邏
최賢來 許善鵬 각壹圓
尹德老 六십錢 리우석
리容完 姜養熙 리寅석
리仲明 리山玉
각五拾錢 姜允元 吳善默
趙南夏 리正順 리永瑞
리京七 각四拾錢 리福萬
許學哉 朴奉文 趙秉益
각卅錢 리容稷 許 邏
리秉鴻 리자成 姜伯元
리明善 許周瑞 김熙道
각十전 趙萬錫 孫顯模
각拾錢 김平瑞 六拾錢
姜智석 四拾전 車鐘린
貳圜 韓相東 리可用
車益均 車鎭夾 리福祿
김明在 각壹圓 리元甫
六十錢 김汝三 咸順永
車亨三 車龍岩 張元龍
김鴻壁 車종賢 각五拾錢
車殷鶴 鄭召史 각四拾錢
劉國伯 리善汝 각卅錢
魯景甫 車종國 차益甫
니世卿 車致煥 千致建
鄭基煥 리贊用 車信永
김致澤 咸福鎭 오順成
김順善 趙世奕 각廿전
千景安 김應吉 車鍾植
劉古吳 각十錢 金鶴卿
車益濟 각三圜 박舜萬
니鶴舜 張潤식 리潤英
각貳圜 朴永培 리奉漢 김貞煥
崔龍洙 김京弼 劉澤西
張順九 崔尙五 各壹圓
니仲闔三圜 니容云二圜
朴永彥 七十錢 辛貞國
吳韻煥 각六십錢 최達俊
白鎭夏 김根默 尹大鉉
洪麟守 金水祚 각五拾전
金致澤 韓元孫 各四十전
김可云 니宗西 朴仁奎
니古長 高己永 張承丞
令召史 朴山碧 孫永斗
各三十錢 김山得 吳允燁
吳山龍 김順석 金淳洛
申守日 康在植 김淳昌
니元圭 니南星 리成道
辛正三 니成云 張君子
朴七星 萬七星 김永守
각二拾錢 리致培 拾錢
金召史四圜
合三百四十七圜三十전

▲青雲面
니基榮 二圜 車益支
응在郁 리元永 梁在禹
各壹圜 池成九 朴俊弘
各五십전 鄭老京 洪在先
니仁範 朴準傑 金亨培
니春永 니濟義 김奉永
니學成 박俊식 니石坤
車浩식 니炳連 各四십錢
梁在夏 김鉉世 各三拾錢
安柏坤 金允範 朴俊敏
各二十전 安根五 십전
柳秉東 柳斗泳 김仁紹
류召史 白樂榮 김泰福
各二圜 柳秉實 張興敎
張辰永 김鶴韶 車順七
리雲泉 各壹圜 張根範
劉孔厚 池石山 리元在
김興丞 張儀叔 류석우
류석範 류鎭鳳 류京春
秋德三 各五拾전 김元俊
五圓 루士奎 柳樂幹
柳召史 張儀夏 張基浩
金俊永 各六십錢 朴永祺
梁明叔 張東吳 羅日寅
金義默 劉達成 니文伯
各四拾錢 張承敎 張之安
각三십錢 柳伯仲 柳□實
柳致康 류景實 張之煥
張子輔 張千萬 張錫卿
우士賢 魯창培 우順京
金士辰 高昌五 申于善
張錫丞 김仲會 洪允仲
김永二 니元會 吳俊杓
채益丞 趙文祥 朴汲模
孫有成 孫永守 김永順
니貳淵 孫應□ 박광順
車有永 니云三 劉可善
각二십錢 張東植 壹圜五
십錢 우永實 八十錢
리應欽 니康範 趙鎭增
方泰就 김炳德 각二圜
盧基洛 니汝來 각壹圓
車斗亨 니智會 류義丞
各五十錢 리康文 四십錢
趙창洛 김基浩 리秉鉉
각三十錢 니季丁 김元敎
朴用得 니秉孝 盧泰燮
各二십錢 陳道환 三圜
리康五 니承徹 安京信
崔大석 各壹圓 정인文
五拾錢 劉敬三 리永祿
김召悌 各四십錢 최允弘
魯學明 각卅錢 리康國 김秉律
김敏敎 崔允□ 김容三
趙君甫 韓癸山 우順仲
각廿 김致秉 김容夏
趙京老 선永守 최昌龍
각拾錢 孔창成 壹圜
池子日 魯在文 각六拾錢
김癸長 五十錢 니官보
四十錢 류寬汝 三拾錢
토巨福 니允식 각廿錢
우永命 김貞玉 각十錢
林容諾 五圜 신永석 貳圜
崔千華 五拾錢
合九拾六圜四十錢

▲白雲面
姜俊求 십九圜 朴正華
壹圜
合십六圜

▲席洞面
韓士임 五십錢 鄭泰元
김行權 김亨權 各四십錢
김인權 林正浩 朴창俊
박基成 朴□駿 김基鎬
리華壽 김守明 吳觀濟
各三십錢 鄭景元 鄭泰仲
김창成 趙君칠 吳炳實
朴창九 吳鎭述 박鳳欽
김士善 김勝善 柳식永
盧德七 김根元 朴창남
朴창河 김基석 김正殷
吳始漢 朴창丞 리敎弼
리敎義 吳善茂 리種ㅁ
尹창玉 吳善鳳 吳善鎭
각二십錢 金君範 김益亨
박京有 朴順永 각십錢
吳善遠 五원 吳룡濟
三圜 오國東 오元東
각二圜 오기東 오觀東
오必鉉 각一圜
吳鶴龍 吳興룡 김基秀
金良善 金周善 各五拾錢
김益明 金奎善 김纘善
吳道東 各六拾錢 吳善裕
김基萬 金益永 朴淵裕
朴基善 각四십전 김吉石
高所回 김리平 裵允成
吳長連 각二拾錢 김順八
二十五錢 오國제 徐학敎
徐敬淳 徐 洙 김泰稷
남仲伯 김益鉉 각壹圓
尹是鉉 김鎭五 최承燁
장漢圭 김君七 김貞三
김敎祥 各六십전 오善明
尹益淳 朴相鉉 정漢西
김根永 徐周成 김子玉
各五十錢 未完

發行兼編輯人英國人 萬咸
發行所 南署石井洞號外地三層洋屋
大韓每日申報社

第八百卄六號

大韓每日申報

第六卷

月曜及慶節歲時日休刊

檀君開國四千二百四十一年
箕子元年三千三十年
大韓開國五百十七年
日本明治四十一年
淸國光緖三十四年
陰曆戊申五月大廿三日丁未

別報

◉裵說氏의公判顛末

第一日 續

然後에크로쓰씨가辯白ᄒᆞᆫ證說人들을召入ᄒᆞ려ᄒᆞ시韓人의證據人들을招來ᄒᆞᄂᆞᆫ것은統監府를經由케ᄒᆞᆷ이適當ᄒᆞᆫ處置인즉ᄂᆞᆫ觀察케ᄒᆞ기爲ᄒᆞ야裁判廷에請求ᄒᆞ고韓人誰某某의名을呼出ᄒᆞ야召人ᄒᆞ기를請願ᄒᆞ고又他事件을提出ᄒᆞ야昨年에발포된樞密院令第三條에論及ᄒᆞ니윌킨손氏가此ᄂᆞᆫ單히商標에適用ᄒᆞᄂᆞᆫ거시라고指出ᄒᆞ미裁判廷에셔ᄂᆞᆫ此異論을支助ᄒᆞ얏고

然後에윌킨손씨가出訴ᄒᆞ야訟案을始ᄒᆞ니被告가治安妨害件을包有ᄒᆞᆫ新聞紙를印刷又발行ᄒᆞ야昨年에발포ᄒᆞᆫ樞密院令第五條에違背됨으로告발이되여刑事裁判에係ᄒᆞ얏고治安妨害件이란解義ᄂᆞᆫ該令中第三項에在ᄒᆞ니卽是秩序紊亂이나暴動을激勵ᄒᆞ거나韓國의政府와人民間에仇讐之意를激動케ᄒᆞᄂᆞᆫ줄노暗度ᄒᆞᄂᆞᆫ件이니該條項에對ᄒᆞ야如何ᄒᆞᆫ干犯이되ᄂᆞᆫ줄노服認ᄒᆞᆫ진데秩序紊亂과暴動의激勵이나政府와人民間에仇意를激動ᄒᆞᆫ罪이나又或兩罪俱犯이될지오其論說三件이訴狀에已爲出訴ᄒᆞ얏고招引狀에亦已提及ᄒᆞ얏스니此論說三件中에何者이던지第五條에違背된줄노證據가確立ᄒᆞ면玆에提起ᄒᆞᆫ刑罰을當ᄒᆞᆯ줄노認ᄒᆞᆯ지로다

此에對ᄒᆞ야윌킨손씨가時局의形便과韓國의現狀을擧ᄒᆞ야張皇辯論ᄒᆞ다가終末에至ᄒᆞ야乃言曰現今에韓國의景況과何如ᄒᆞ며此告訴된論說의暗示를受ᄒᆞᆫ人民은其誰오韓國의景況은旣是不靜ᄒᆞ야現政府의勢力을武裝으로抗逆ᄒᆞ며此告訴된論說의暗示를受ᄒᆞᆫ人民들은武裝ᄒᆞᆫ人民의同類인데此新聞은國漢文으로記述ᄒᆞ얏슨즉其意見을有識ᄒᆞᆫ者들노曉得케ᄒᆞᆷ이로다

裁判官曰其人民의게暗示ᄒᆞᆫ國漢文이란解釋을可得乎아

윌킨손氏曰對證을擧ᄒᆞ리이다國漢文은公衆의게國語이니이다

크로쓰氏曰國漢文이公衆의言語云乎아

윌킨손氏曰否라我가若此히言ᄒᆞᆷ이아니로다ᄒᆞ고簡短히辯論ᄒᆞᆫ後에

統監府書記官三浦氏를招人ᄒᆞ야此新聞發行件과韓國現政府의問題를証據케ᄒᆞ며且韓國의景況과大韓每日申報를購覽ᄒᆞᄂᆞᆫ者와購覽ᄒᆞᆫ者의게關ᄒᆞᆫ問題를査問ᄒᆞ기를請ᄒᆞ며通信管理局書記官服部氏를招人ᄒᆞ야韓國의景況과裵說氏의新聞紙가廣擴ᄒᆞᆫ各地方에送達되ᄂᆞᆫ紙數를査問ᄒᆞ기를請ᄒᆞ며仁川港에駐在ᄒᆞᆫ英國領事레이氏를招入ᄒᆞ야其新聞論說을英文으로飜譯ᄒᆞᆫ件을問ᄒᆞ기를請ᄒᆞ얏ᄂᆞᆫ대此告訴ᄂᆞᆫ裵說氏가國漢文에某某新聞을揭載ᄒᆞ야某某人으로購讀케ᄒᆞᆫ所以니氏가此에對ᄒᆞ야其全然히曖昧ᄒᆞ고意外엣事件인줄노發明ᄒᆞ지못ᄒᆞ면他人이著作ᄒᆞᆫ論說을揭ᄒᆞ야金을受ᄒᆞ고불刊ᄒᆞᆷ을許與ᄒᆞᆷ이던지金을望ᄒᆞ고新聞에發刊ᄒᆞᆫ것이라ᄒᆞᆷ이니原告의辯論은更히要ᄒᆞᆯ것이無ᄒᆞ면윌킨손씨의料知ᄒᆞᆫ바證據가止此矣로다

三浦彌五郎氏를第一證人으로招人ᄒᆞ야크로쓰氏가其宣誓狀에通例를依ᄒᆞ야署名치아니ᄒᆞᆫ事由를問ᄒᆞᆫ대

三浦氏가答曰吾ᄂᆞᆫ日語로用ᄒᆞᄂᆞᆫ데ᄂᆞᆫ印章을用ᄒᆞ얏스나其他에ᄂᆞᆫ不用하얏나이다

윌킨손氏曰汝의姓名이三浦彌五郎乎아曰然하오이다

汝의官職은何오曰韓國에在ᄒᆞᆫ統監府書記官이로소이다

汝가京城理事官에責任도有乎아曰然하오이다

何時로부터執務乎아

一千九百六年二月이로소이다

汝가此案件에原告乎아

答曰然ᄒᆞ오이다

汝가告訴의權을統監의게受ᄒᆞ얏나뇨曰然ᄒᆞ오이다

汝의告訴狀에大韓每日申報에論說三條를告訴ᄒᆞᆷ이有ᄒᆞ니該紙나該論說을持有乎아曰旣有添付이니이다

윌킨손氏가該論說三件을壹壹히讀ᄒᆞᆫ後問曰大韓每日申報의발行者及所有者ᄂᆞᆫ誰也오曰발行者兼編輯人은裵說이니이다

크로쓰氏曰現今乎否아

윌킨손씨曰我가方問이로다크로쓰씨曰其誰오

윌킨손氏曰君의反覆橫詰을姑俟之가如何오

裁判官曰裵說氏가其時에所有者及編輯人인줄을知得ᄒᆞ노라

윌킨손氏曰發行者及所有者가誰다ᄒᆞ고記ᄒᆞᆷ이有ᄒᆞ뇨曰我가呈出ᄒᆞᆫ바ᄒᆞ히表面에漢文으로英國人裵說이라ᄒᆞ얏나이다

此와ᄒᆞ히新聞의配達數爻가多乎아少乎아

曰ᄒᆞ히事ᄂᆞᆫ遞信管理局書記官服部시의게問ᄒᆞᆯ바ㅣ로소이다

汝가知ᄒᆞᄂᆞᆫ되로ᄂᆞᆫ幾何오

曰我가知ᄒᆞᄂᆞᆫ바로ᄂᆞᆫ甚多ᄒᆞ오이다

裵說시가他種新聞도發刊ᄒᆞ나뇨

曰又有二種新聞이로소이다

何種新聞乎아

曰諺文으로出刊ᄒᆞᄂᆞᆫ大韓每日申報及코리아데일리뉴쓰올시다

裁判官曰ᄒᆞ히兩種新聞을并히韓文으로發刊ᄒᆞᄂᆞ뇨

윌킨손씨曰코리아데일리뉴쓰ᄂᆞᆫ英文으로發刊ᄒᆞᄂᆞ이다

불刊ᄒᆞᄂᆞᆫ中에諺文이라ᄂᆞᆫ것은何오曰純諺ᄒᆞᆫ韓國文이올시다

何人이던지大韓每日申報를讀ᄒᆞᄂᆞᆫ것을汝가親히見하얏나뇨

曰韓國人이讀하ᄂᆞᆫ것을我가見ᄒᆞ얏나이다

自讀乎아抑佗人의게供聽乎아

曰漢文을稍知ᄒᆞᄂᆞᆫ者ᄂᆞᆫ朗讀ᄒᆞ야衆聽에供ᄒᆞ더이다

韓日兩國間에履行ᄒᆞᄂᆞᆫ條約과現政府의對ᄒᆞᆫ協議가有乎아

曰最重ᄒᆞᆫ兩件條約이有ᄒᆞᆫ대其一은昨年七月廿四日에締結ᄒᆞᆫ韓日新協約이오又其一은一千九百五年(光武九年)十一月十七日의締結ᄒᆞᆫ韓日協約이니이다

此ᄀᆞ光武九年新協約의公式上謄本이뇨曰此ᄂᆞᆫ光武九年件이오此ᄂᆞᆫ光武紀登年件이로소이다

윌킨손씨가光武九年新協約을引用ᄒᆞ야政府의關ᄒᆞᆫ事를三浦시의게問ᄒᆞ되

日本政府及此地의在ᄒᆞᆫ其代表者等이何如히行動ᄒᆞ며現時日本代表者의地位ᄂᆞᆫ何如ᄒᆞ뇨曰한國現政府ᄂᆞᆫ該協約을依ᄒᆞ야統監府指揮下의在하니이다

未完

▲隆熙二年 六月拾九日 授官

部令

憲兵補助員採用에關ᄒᆞᆫ件을左갓치定ᄒᆞᆷ

隆熙二年六月十六日

軍部大臣 李秉武

軍部令第三號

憲兵補助員採用에關ᄒᆞᆫ件

第壹章 勤務

第壹條 憲兵補助員은憲兵과同體히各地方에駐在ᄒᆞ야憲兵의勤務를補助ᄒᆞ야安寧秩序의維持에關ᄒᆞᆫ勤務에服ᄒᆞᆷ

第二章 採用方法

第二條 憲兵補助員은左記각号에該當ᄒᆞᆫ者로ᄒᆞ되志願者로써採用ᄒᆞᆷ

壹 年齡滿二拾歲以上四拾五歲以下된者

二 禁獄以上의刑에處치아니ᄒᆞᆫ者

三 素行이善良ᄒᆞᆫ者

四 身體健全ᄒᆞᆫ者

五 國文을能解ᄒᆞᄂᆞᆫ者

第三章 服務

第三條 憲兵補助員은滿二年間服務케ᄒᆞ되但本人의志願에因ᄒᆞ야滿期後에更히年限을定ᄒᆞ야服務를繼續케ᄒᆞᆷ

(未完)

外報

●僭王과各國 伯林電報를據ᄒᆞᆫ즉摩洛哥國僭王무라이하피드를國王으로承認ᄒᆞᆫ다ᄂᆞᆫ說은아직何國에서도발表ᄒᆞᆷ이無ᄒᆞ다하얏더라

●淸軍大演習 今秋에擧行ᄒᆞᆯ淸國陸軍大演習에參加ᄒᆞᆯ隊ᄂᆞᆫ武備學堂이오其衝突地ᄂᆞᆫ大湖縣인ᄃᆡ同地方은交通이不便ᄒᆞᆷ으로觀람武官은制限ᄒᆞ다ᄒᆞ얏더라

●僭王推戴宣言 倫敦電報를據ᄒᆞᆫ즉摩洛哥王압둘아지스의軍隊ᄂᆞᆫ王室을背反ᄒᆞ고僭王무라이하피드를同國王으로推戴ᄒᆞ기로宣言ᄒᆞ얏다더라

●俄皇巡航 伯林電報를據ᄒᆞᆫ즉俄國皇帝皇后兩陛下ᄂᆞᆫ其期巡航ᄒᆞ기爲하야芬蘭셔렌뷔로向ᄒᆞ얏다더라

●葛藤易生 本月五日法領印度東京來電에曰昨日法國官憲에게達ᄒᆞᆫ報道를據ᄒᆞᆫ즉法國웨간尉官가法領으로逃來ᄒᆞᆫ革命軍의武裝을解ᄒᆞᆯ時에淸國官兵의攻擊을受ᄒᆞ야卽死ᄒᆞ고士人兵四名이負傷ᄒᆞ고六名은去處가未詳ᄒᆞᆫ지라此尉官은東京과南淸國境에在ᄒᆞᆫ화론地方에駐在ᄒᆞ야革命軍과官兵의動靜을觀察ᄒᆞ고又其侵害를防禦ᄒᆞ던者인ᄃᆡ화론地方에ᄂᆞᆫ法軍의士人兵九拾人이有ᄒᆞᆯ뿐이오其前面에ᄂᆞᆫ淸國兵二千名이在ᄒᆞ야其態度가驕慢無禮ᄒᆞᆷ으로葛藤을生ᄒᆞᆯ慮가有ᄒᆞ다ᄒᆞ얏더라

●輕氣球彈射禁止 海牙萬國平和會議에서議定ᄒᆞᆫ輕氣球로投射物等을投下ᄒᆞᄂᆞᆫ事의禁止에關ᄒᆞᆫ條約은六月三十日까지各國批準을終了ᄒᆞᆯ터이라더라

雜報

●遣主日子 眞宗大王 憲宗大王 哲宗大王 追崇造製主日字를陰七月三日로推擇하얏다더라

●兼行大祭 宗廟秋享大祭正日이陰七月四日인ᄃᆡ三 大王追崇上冊禮와別祭享을伊日에兼行ᄒᆞᄂᆞᆫᄃᆡ 大皇帝陛下ᄭᅦ옵서 親行ᄒᆞ실다더라

●問安使回程 皇太子殿下ᄭᅦ問安使로日本에前往ᄒᆞᆫ祗候官嚴柱益氏가回國次로東京서再昨日에發程ᄒᆞ얏다ᄂᆞᆫ電報가該氏家에來到ᄒᆞ얏다더라

◎裴說氏監禁處所

各新聞購覽諸시의共知ᄒᆞᆷ과如히裴說시가韓國의在ᄒᆞ야秩序를紊亂ᄒᆞ며暴動을煽動이라ᄒᆞᄂᆞᆫ日本政府의告訴를因ᄒᆞ야三週間監禁에處ᄒᆞ얏ᄂᆞᆫᄃᆡ英國判事가其監禁處所ᄂᆞᆫ上海로定ᄒᆞ고最輕罪로自家의在ᄒᆞᆷ과無異ᄒᆞ도록上等待遇를命ᄒᆞ얏더라 吾儕ᄂᆞᆫ한國의나日本의在ᄒᆞᆫ日人들이此ᄂᆞᆫ放逐하ᄂᆞᆫ宜告로思料홀줄노確신ᄒᆞ나決코不然ᄒᆞ니此ᄂᆞᆫ無他라但只京城의ᄂᆞᆫ비說시를拘囚ᄒᆞ고上等待遇홀處所가無ᄒᆞᆫ故로上海로定ᄒᆞᆷ이오四週日너의ᄂᆞᆫ將次京城의還到ᄒᆞᆯ터이라ᄒᆞ더라

●비說시발程 비說시ᄂᆞᆫ昨日下午五時에?分의仁川列車를乘ᄒᆞ고上海로발向ᄒᆞ얏더라

●宮大親祭 再昨日宮內府大臣閔丙奭氏가掌禮院에前往ᄒᆞ야 追崇都監事務를視察ᄒᆞ얏다더라

●職員銓交 統監府에서各府部에通知ᄒᆞ고各司各局課의配置ᄒᆞᆫ韓日人壹般官吏의數爻와且其任務의名稱을銓交ᄒᆞ라ᄒᆞ얏다ᄂᆞᆫ說이有ᄒᆞ더라

●兩大風波 再昨日內閣에서摠相各部大臣이會同ᄒᆞ얏ᄂᆞᆫᄃᆡ摠相李完用시가內大宋秉畯氏를對ᄒᆞ야曰余가有何罪目ᄒᆞ야壹進會에서如是論駁하되內大가該會頭領으로도不能禁止ᄒᆞ니是何經綸乎아ᄒᆞ거ᄂᆞᆯ宋內相이答曰李摠相의罪目은證據가自在ᄒᆞᆯ썬더러衆口公言을何可禁止리오ᄒᆞ고詈語往言來에壹場風波가大起ᄒᆞ얏다더라

●非公事不入 內部大臣宋秉畯氏가再昨日에始爲仕進ᄒᆞ야該部官吏의게說明ᄒᆞ되자局課長이라도公事와本大臣이招待ᄒᆞ기前에ᄂᆞᆫ大臣官房에勿爲擅入ᄒᆞ라ᄒᆞ얏다더라

●去益鞏固 近日以來로政府가變動된다하야某某시가大臣을被任ᄒᆞᆫ다ᄒᆞ고壹時喧藉ᄒᆞ더니更聞ᄒᆞᆫ즉變動은姑舍ᄒᆞ고現內閣의地位가比前보담尤爲鞏固ᄒᆞ다고들ᄒᆞ더라

●似近欺騙 摠相李完用氏가年前에北觀察使被任時에李根培氏를何樣威脅ᄒᆞ얏던지每朔에錢壹口圓式自已本第에支給ᄒᆞ고議時에ᄂᆞᆫ幾百圓式支給ᄒᆞ면觀察遞任後에依數報償ᄒᆞ마ᄒᆞ기로李根培氏가幾千圓을依約繼給ᄒᆞ얏더니李完用氏가于今ᄭᅡ지該錢을壹分도報償치아니ᄒᆞ얏다더라

●宮大晩餐 新任宮內府大臣閔丙奭씨가昨日下午三時에貞洞孫澤孃邸에서該府勅任官以上人을請邀ᄒᆞ야晩餐會를設ᄒᆞ얏다더라

●法師宴會 法語學校教師馬太乙지가昨日下午壹時에自己私邸에午餐會를設ᄒᆞ고學部大臣李載崐氏와部次官表孫壹兩시를請邀宴待ᄒᆞ얏다더라

●設宴協議 壹進會長李容九副會長洪肯燮兩시가再昨日에地方壹進會頭領를明月館으로請邀協議ᄒᆞ얏다ᄂᆞᆫ說을聞ᄒᆞᆫ즉現今如此히沸鬱ᄒᆞᄂᆞᆫ것이事或然矣나少勿妄動ᄒᆞ고姑待下回ᄒᆞᄂᆞᆫ것이妥當ᄒᆞ니安心經過ᄒᆞ라ᄒᆞ얏다더라

●逃走後聞 日前壹進會風波中에逃走ᄒᆞᆫ人을詳聞ᄒᆞᆫ즉主殿院卿李謙濟氏ᄂᆞᆫ脫帽脫靴와如電越墻逃走ᄒᆞ고地方局장嚴仲模氏와侍從殿柱東시ᄂᆞᆫ脫靴失魂ᄒᆞ야挾門으로逃走ᄒᆞ고俞鶴柱氏ᄂᆞᆫ逃避ᄒᆞᆫ事가無ᄒᆞ다더라

●否者除汰 再昨日壹進會에서評議員諸시가開會ᄒᆞ고議論이不壹ᄒᆞ되或은摠務員을壹齊히罷之ᄒᆞ고評議室에서臨時會長을推薦ᄒᆞ야勸誘事件을速히着手ᄒᆞ자하며或은總務員中可決擧手ᄒᆞᆫ元世基俞鶴柱崔永年三씨와合議決處ᄒᆞ고否者廉仲模等諸씨ᄂᆞᆫ壹幷除汰ᄒᆞ기로衆議가紛紛ᄒᆞ얏다더라

●評議支離 別項과如히地方壹進支會員들이히會本部외서每日評議會를ᄀᆡᄒᆞ고內閣의對ᄒᆞ야沸鬱ᄒᆞᆫ狀況은累累報道ᄒᆞ얏거니와昨日의도閉會ᄒᆞ고壹場協議ᄒᆞᆫ事가[illegible]하다ᄂᆞᆫᄃᆡ히會議事ᄂᆞᆫ何時의나畢了될ᄂᆞᆫ지不知ᄒᆞ깃다더라

●辯護規則 辯護士會에서각地方辯護出張員의規則을改定ᄒᆞᆫ故로出張ᄒᆞ얏던該씨들이該規則을受去次로壹齊히上京ᄒᆞ얏다더라

●追悼講究 愛國志士追悼會會장金允식시와其他幹部員諸시가昨日下午七時의惠泉湯의會同ᄒᆞ야追悼事件을講究ᄒᆞ고兼ᄒᆞ야新任각觀察使를請邀ᄒᆞ야送別의情을表ᄒᆞ얏다더라

●志願薦報 法部에서각法律專門학校에通知ᄒᆞ고法律卒業生中書記로薦報ᄒᆞ라ᄒᆞ얏ᄂᆞᆫᄃᆡ該卒業生들이不願者가多數ᄒᆞᆫ지라法部에서更히通知ᄒᆞ되書記級任件이時急ᄒᆞ니卒業生中志願者로斯速薦報하라ᄒᆞᆫ故로志願者로薦報하얏다더라

●媒花偷金 남部儲慶宮內梁召史가年今二拾五歲인대現今寡居ᄒᆞᆫ지라東小門닉居崔永三과結誼男妹ᄒᆞ얏더니최永三이가梁召史를誘引ᄒᆞ되青春에何以獨生가하고於義洞居韓仁洙ᄂᆞᆫ富人으로方今求妾中이니我가居媒ᄒᆞ마고屢屢懇勸ᄒᆞᄂᆞᆫ故로强而許諾ᄒᆞ고韓家에往ᄒᆞᆫ즉히家孝勢가難保中인대不過數日에韓哥가欲爲賣淫코자ᄒᆞ미히召史가即爲本家로來ᄒᆞ얏더니韓哥가남部警署에來訴ᄒᆞ되得妾時에所費가四千貳百五拾兩이니自法所推給ᄒᆞ라ᄒᆞ미梁召史及其父母與崔永三을招致審問ᄒᆞ미梁召史家에서ᄂᆞᆫ壹分도受ᄒᆞᆫ事가無ᄒᆞ다ᄒᆞ미韓哥더러錢을何人의게給與ᄒᆞ얏ᄂᆞ냐ᄒᆞᆫ즉崔哥의게出給하얏다ᄒᆞᄂᆞᆫ지라梁召史及其父母ᄂᆞᆫ放送ᄒᆞ고崔永三은히署의嚴囚ᄒᆞ얏다더라

●指令苦待 平壤郡綾羅島에서民有地官有地歸正事로該島民人과各田主가崔觀洙朱孝信兩人을總代로選送ᄒᆞ야調査局에呼訴ᄒᆞᄂᆞᆫ되李島各人의買文券三拾壹軸에九拾壹張을粘連ᄒᆞ얏ᄂᆞᆫ되該摠代가該局歷員으로壹壹而考接受ᄒᆞ고京城에逗留ᄒᆞ며指令을苦待ᄒᆞᄂᆞᆫ되不知何日이라고大端悶鬱中이라더라

●從夫致命 法部主事趙濟運氏가身死ᄒᆞᆫ後에히氏의夫人林씨가年今二拾二歲인ᄃᆡ其夫를從死코져하야穀氣를絕口ᄒᆞ거ᄂᆞᆯ其家人들이不然ᄒᆞᆫ理由를說明ᄒᆞ야月餘를僅保縷命ᄒᆞ다가去拾八日夜에遺書壹幅과壽衣壹襲을自手製置ᄒᆞ고香水로沐浴剪爪ᄒᆞ고鴉烟을呑下ᄒᆞ야奄然長眠ᄒᆞ얏ᄂᆞᆫᄃᆡ昨日에春川郡第로運柩前往ᄒᆞ얏다더라

●何事飲鴉 南部茶洞居前議官朴弘逸씨의子婦가有何事故인지再昨日에鴉片을喫하고自斃ᄒᆞ얏다더라

●謙盜被捉 永川郡居鄭先이가남門外桃동居留日人商店에서雇傭ᄒᆞ다가再昨日에窃盜犯으로南部警署에被捉ᄒᆞ얏다더라

●[illegible]鳥[illegible]擧 再昨日에京畿監獄署에서在囚罪人二名이逃躲ᄒᆞ얏다더라

●扶興新校 扶餘郡窺巖里寓居[illegible]尹權重與시가青年教育의熱心하야營設학校ᄒᆞᆫ즉壹境이風從ᄒᆞᆫ지라三百五십兩을先爲捐出ᄒᆞ야普通학校를設立ᄒᆞ고趣旨書를발行ᄒᆞ미境닉紳士가爭出義捐ᄒᆞ야五千五拾兩외至ᄒᆞ얏고陰四月五日의開校式을擧行ᄒᆞᄂᆞᆫᄃᆡ四方來賓이雲集ᄒᆞᆫ지라茶果로接待ᄒᆞ고同九日의開學ᄒᆞᄂᆞᆫᄃᆡ學生이五십名외達ᄒᆞᆫ지라權璉興시ᄂᆞᆫ校長을擔任ᄒᆞ고勸勉趣旨로一場說明ᄒᆞ얏고副校장俞致亨시와總務趙인元시와漢文教師李翔薰시가熱心敎導ᄒᆞᆷ으로學徒가日增ᄒᆞ야八十餘名의達ᄒᆞ엿다ᄒᆞ고南道人이稱頌ᄒᆞ더라

●學校日新 平安北道寧邊郡龍山面의서去年春봇터학校를新設ᄒᆞ고教英이다命名ᄒᆞ고학徒를募集ᄒᆞᄂᆞᆫᄃᆡ김承闊김龍奎兩시ᄂᆞᆫ巡思勸奬의學徒가七십餘名의至하얏고김承鎔김學조諸시ᄂᆞᆫ學校義務를壹層擴張ᄒᆞ기爲ᄒᆞ야諸般經費를預先自擔ᄒᆞ고教師申錫均시ᄂᆞᆫ熱心教導ᄒᆞᄂᆞᆫ대進就之望이有ᄒᆞ다ᄒᆞ고히郡內人이稱頌ᄒᆞ더라

●崔氏慈善 龍川郡東門外居崔時健시가自設東明學校ᄒᆞ고教育上에對ᄒᆞ야不惜產業ᄒᆞ고孤兒等을廣收하야衣之食之ᄒᆞ고히校教師李昌楫시ᄂᆞᆫ熱心教育ᄒᆞ야將來進就之望이有ᄒᆞᆯ뿐不啻라崔시之慈善을人皆擴頌ᄒᆞᆫ다더라

◎感荷義捐

北青郡教育會에서本社의金壹圜을出捐ᄒᆞ엿기感謝ᄒᆞᆫ情을表ᄒᆞ노라

▲地方消息▼

▲本月三日茂長郡西方約二里地魯동附近에서義兵十名이日騎兵少尉以下二拾四名과交戰ᄒᆞ얏고又咸平郡東方約壹里地에서[illegible]先錄의率ᄒᆞᆫ義兵三拾名이同騎兵隊와交戰ᄒᆞ얏다ᄒᆞ고

▲本月九日金城郡에서義兵三拾名이日守備兵과交戰ᄒᆞ얏다ᄒᆞ고

▲本月二十五日甲山郡에서義兵三拾名이三水郡分遣所憲兵과交戰ᄒᆞ얏다ᄒᆞ고

▲本月十壹日장津郡에서義兵九名이江界分遣所憲兵七名과交戰ᄒᆞ얏다ᄒᆞ고

▲本月拾三日扶餘郡公泊里에서義兵十名이히郡分遣所憲兵과衝突ᄒᆞ얏다하고

▲惠山으로부터長津에到ᄒᆞᄂᆞᆫ間의電線及電柱를義兵이絕斷ᄒᆞ얏다더라

▲可憐身世▼

▲世上事를歷數ᄒᆞ니聲盛聲衰於焉間에百年人生이老로다富貴功名眼際過ᄒᆞ니泡沫風燈可憐ᄒᆞ다

▲政府首席早發花ᄂᆞᆫ灼灼紅艷翁ᄒᆞ도다地位搖動憂慮ᄒᆞ니平頭之勢되엿고나有力家에哀乞ᄒᆞ야萬端陳情懇聯ᄒᆞ니더身世가可憐하다

▲遷宮大監落望ᄒᆞ미山水鄉에下去하야壹壑消暢하랴ᄒᆞ나塊方驛擾未淨ᄒᆞ니疑懼之心忽生ᄒᆞ야坐之不遷焦燥ᄒᆞ니더身世가可憐ᄒᆞ다

▲誰家花樹生色하야宦海要地占據ᄒᆞ니滿腔春光爛熳ᄒᆞ야敢侮予揚揚타가其根忽地擢倒ᄒᆞ니臨枝鳥夢已危ᄒᆞ제더身世가可憐하다

▲壹進會에頭領으로左之右之某某人이乎呑不平擡首中에黨爆風波激起ᄒᆞ야拳脚雨下猛打ᄒᆞ미로敗傷逃走紛紛ᄒᆞ니더身世가可憐ᄒᆞ다

▲近日政界擾擾하미各自延頸觀機ᄒᆞ야人人以爲大將이라兩脚如浮奔忙ᄒᆞ야不顧傍人嘲罵ᄒᆞ고逕逕備態披露ᄒᆞ니더身世가可憐ᄒᆞ다

▲塵冠方着老學究ᄂᆞᆫ硯田舌耕生涯라가各學校가稍稍ᄒᆞ야新學問이발展ᄒᆞ니史略初卷固陋見은漢文教師難堪이라더身世가可憐ᄒᆞ다

▲鄉曲[illegible]富饒客은壹分壹粒肝川하야[illegible]山穀包積置ᄒᆞ고以待高價作錢ᄒᆞ더니義兵의게執留되여亦[illegible]之勢憂歎ᄒᆞ니더身世가可憐ᄒᆞ다

▲遊衣遊食[illegible]平生에[illegible]事閑身되엿고나남隣에서招朋ᄒᆞ고西舍에서呼酒ᄒᆞ야無[illegible]歲月虛送ᄒᆞ다가[illegible]留[illegible]塵歎ᄒᆞ니더身世가可憐ᄒᆞ다

▲雜技[illegible]에沒身ᄒᆞ니金玉貴人精神업다가幾百萬이往來ᄒᆞ니焰焰火慾難禁ᄒᆞ야蕩盡家產ᄒᆞ고보니喪子冤怨어지[illegible]더身世가可憐ᄒᆞ다

社告

◀警告各支社員

本社의經費窮拙홈으로本報代金을不日收刷홀야本月十五日內로郵換付送호시라多日廣告에尙不換送處가幾至十餘社이기로玆更寬限호오니本月終內로間於換送호와以補社費케호시되若過此限이면該支社는卽爲廢止홀터이오니照亮하시옵

大韓每日申報社

廣告

壹小兒가脂環壹件을本典舖에來要典執故問其居住則云居東門外故로其拾近來還之由를詳聞則該兒所答이本路街上에서拾得云故로還本主가義上爲好라고勸諭호즉該兒도亦知其可而諾從故로玆에廣告호오니該物셔失人은該脂環의物質과製度形式을相照推覓호심을爲要

鐵物橋吉泉社典當局 告白

本人의姓名圖章을서失故玆廣告하오니誰某拾得間勿施홈

闕東部谷面校동 文壽若 告白

南部薰陶坊政承契履洞第六拾壹統六戶草家八間文券을서失이기玆에廣告홈

李明均 告白

本所에서左開課程을講授홀터이니早速請願入學호심을望홈

科) 英語 日語 算術
程) 測量 代數

諸般規定은六月十九二十兩日本報廣告를熟覽홈

京城基督教靑年會學館內
數語夏期講習所 告白

本人이陰五月拾六日仁川埠에서又따오다가中路에서强盜를맛나姓名圖章을見失호엿ᄉᆞ오니勿論內外國人호고切勿見欺홈

松禾龍門坊上里完亭村 崔炳益 告白

本事務所에서山林土地家屋測量製圖設計等請求를謹密迅速需應홈

西部新門外餘洞壹百八拾六統三戶
明信測量事務所
主計 丁明燮　總務 李炳甲

◉釜山港草梁協信契趣旨書

攜覽호즉人生의交際上要點은和沖을是主하며信義를相守홈에在홈은余言을不俟홀바라邇來各社會가次第蜂起홈에其名稱은各히目的을隨호야不同하나組織호는方針은協同호團體를成호야何事業을做去호얏던衆人의게信仰됨을企圖홈은壹也로다惟我諸員은壹國內에生호야鄕同里同을며連垣接屋에呼吸相通호고朝夕相對호야壹室同居호는親屬과如호니情契에敦睦홈이天然호壹團體라然이나此를維持호야軌道가無호고規程이無호면心力을永遠團合키難호리니隣交稍소호야慶不相賀호고哀不相弔호야秦人의肥瘠이越人의게關係가無호境遇에至호면엇지同里居生호는人類라是稱호리오壹里人의團體가漸次擴張호면將來全國同胞의團體基本이되깃기今與本洞諸氏로相議호고何事던지協心協力호야法律範圍內에셔自由勤作을完전히信義를致호기爲호야契를條호고協信으로稱號홈이是를諸氏로호야금顧名思義호야天然호團體를鞏固케호고隣誼를敦睦케호며外侮를防遏호야幸福을永享케호는目該洞落睦團이란壹名但本洞籍居之人만合議호고寓居人이는該團設時不參호人은勿論某事호고同議홈이無호지나莫非壹般洞民으로是惡에善을不言호며臨公에正直을不言홈ᄉᆞ此는權限을自由홈이오民心을團體케못호니落睦團員中李乃玉朴文玉李奎昶氏가不然之理로壹舌知曆에累々說明이되藩團中박采吉崔朋恩金洛駿諸氏가期於反對則議不兩立호야李乃玉朴文玉李奎昶三씨가欲免羞恥호야熱心注意호고更成協信契호야惟我契員三百餘人으로左記條項을遵守無違케홈을此名譽는不可不公布世界이기玆以廣告홈

姜重晃 告白 七

本人의子炳國이가昨年五月分에無故出他而尙無消息하와爲父之道의倚閭之望이無日無之故로玆以仰告호오니炳國之居住를擦知通奇則致賀金拾圜을貴給爲計오니從速通知케호시옵기切企홈

龍川東下面松山居李東식 告白 人

前局長徐丙珪氏大夫人金州李氏以宿患今月拾六日(陰五月拾八日)別世知舊照亮

護喪李석濬 告白 七

本會에서今月貳拾壹日(日曜)下午壹時에夜珠峴官人俱樂部內로討論會를開호오니僉會員은來臨호시옵(許傍聽)

問題와討論員은如左홈

經濟 租稅賦課에屢進稅主義를用호는可否如何
積極主義 兪承兼 南亨祐
消極主義 崔秉瓚 尹成熙

政治 國家의政治는專制政體가可乎아立憲政體가可乎아
專制主義 李冕宇 李基燦
立憲主義 金祥演 趙聲九

法律 債權讓與와當事者交替에落因호更改中特히債權者交替에基因호更改를區別홈이可乎否乎
積極主義 石鎭衡 김癸根
消極主義 김基賢 尹字植

法學協會 七

경상도김천거金雄이去年分에우연이나와셔皇城인川으로去호云故로其祖母今年이八十이라不顧生死호고京鄕으로찻다가인천싸리재金商斗家에잇스니천군ᄌᆞᄂᆞᆫ즉시긍지호사와노신이라ᄉᆞ로免케호여주시옵

雄이祖母 告白

本人의田八日耕沓拾斗落家二十間及園林兩處가在於新남陽鴨汀面馬山이은대該洞居金윤根이가僞造文券호와竊賣于外國人호오니內外國人切勿見欺

社洞沓主徐廷億 白

本人等이京城沿江勞動運送會社를設立次로農部認許를承하고本社는西部唐皮동西統拾戶로支社는蠶島漢江龍山麻浦玄湖의置홈

徐肯淳 告白 七

測量學員募集廣告

本校內에셔測量科를特設호고學員募集호오니願學僉員은今月廿七日(陰五月廿九日)內로入學請願書를提呈호시옵
但請願紙는本校에來要홈
試驗科目 (算術)·四則以內
試驗日字今月廿七日下午四時
上學時間自下午四時四拾分至六時四拾分
卒業期限五個月

南部履洞舊南署內
私立進明學校 告白 人

本店에夏節양服件이英京倫敦에셔新着호얏기로玆에廣佈호오니僉君子는光顧購買호심을懇望홈

貞동華商源泰號
양服裁縫店 謹白 人

●林業速成科學員募集廣告

本校에서夜學林業速成科及測量科를合設호고兩科에關호學理技術을敎授홀터이니願學僉員은本月貳拾五日內(陰五月貳拾七日)로入學請願書(本校에來求)를本校에提呈호고七月拾二日(日曜日)上午拾時에本校廳試홈

壹 試驗科目 國文 漢文 讀書作文 算術四則以內
但相當호卒業證書가有호人은免試許入홈
壹 修業期限은拾個貳月로定홈
壹 上學時間은自下午七時로至拾時三時間
壹 修業課程 造林學總論 造林各論 苗圃論 森林保護學 森林經理學 森林利用學 植物學 測樹學 土壤學 肥料學 農學大意 測量學術及實習

隆熙貳年六月拾三日
西大門內普成學校 七五

◉土木業測量設計幷監督
◉鑛山林野土地之測量及製圖
京城旭町二丁目百拾壹番地
片村工務所
所主片村龜次郞 人

◉新明梅瘡영藥廣告
陸館軍의發明實驗方劑 人

落梅丹

口瘡不疑창病去根之명藥
壹劑五百粒定價金三圜
主治 梅毒「唐창」新舊창 痳瘡淋病 皮膚病 便毒

◉淋病
已上病證이女間에不精交合호後에若疑아之端이有호야도此藥壹劑만服用호면完瘳後慮호고胖冒도安全홈을擔保홈
此外에도外療械와精美藥材을新備호고內外科各色疾病을診治療홈

皇城北部大安洞
仁濟藥房 高用전 謹白
代理店
京城鍾路 共愛堂藥房
仁川港內洞 濟生堂
關內各處藥局에서隨應販賣홈

◉活字及印刷機械製造販賣◉

其他인쇄機械油·膠·名刺紙·色革
金銀各良粉箔·並活版石版附屬品一式

새로 수업을 창셜호야 본뎜에 오ᄇᆡᆨ원어치 이상 물건을 사셔 가시는이호매는 본뎜에셔 기ᄉᆞ 호명을 보내셔 호몽안을 월급도 아니밧고 직공을 가르쳐 주게ᄉᆞᆸᄂᆞ이다

京城長谷川町二丁目(石井)
江川活版製造所支店
本店 東京日本橋區長谷川町 電話浪花八八八番
鐵工場 東京京橋區南傳馬町 電話本局二七六番
支店 仙台市國分町 電話一一七番

慈善婦人會●慈善演奏會

處所는 新門內前協律社
期限은 自陰曆五月二十三日로 至仝月廿ㆍ日ᄭᅡ지
時間은 下午八時로 至拾二時ᄭᅡ지

●最新改良大演劇

●최신 개량 대 연극
처소는 신문안 젼 협률사
긔한은 음력 오월 이십삼일로 음력 오월 이십오일ᄭᅡ지
시간은 하오 팔시로 십이시ᄭᅡ지

자션부인회●자션연주회

廣告

●黃海道海州郡國債報償志願金收合實數正誤廣告 續

洪忠業 윤芝淳 徐學魚
장德三 徐允伯 崔元보,
尹承奎 安德환 尹鼎鎭
洪吉係 각四십錢, 尹明鉉
趙致星 김明보 김觀奉
鄭秀朝 金昞老 金京보
金元보 김南順 각三십錢
尹鳳鉉 尹周順 吳富玉
윤弘模 吳圭濟 吳權鎭
鄭근永 許 濟 趙在圭
尹義모 尹子仲 김德보
리인坤 金昌晉 리京云
리允永 徐塔根 徐京云
金周玉 徐京安 김子二
김晉瑞 리明보 金德三
김鐵히 김圭黃 徐子成
김창範 徐順永 김貞燮
鄭熙汝 徐元日 崔成九
徐繹伯 吳俊석 崔元三
崔在吉 김壽默 洪萬吉
金晧智 김致晅 김成章
오龍玉 오聖寬 김鳳瑞
元濟石 김祥律 김成律
김成魯 金召史 최能伯
김致守 각廿전 오義明
趙致良 趙尙汝 尹子玉
김瑩濟 오玄錫 각[illegible]錢
朴昌應 貳圜 林衡浩 壹圜
合六十八圜五十五錢

▲栗枝面
리世창 五錢 리宗國
奉仁泳 각貳錢 리世亮
리鐘舜 각壹圜 김金弼
王鉉 孫東健 姜達周
姜敏珪 각壹圜 千明守
尹文叔 오錫鉉 元致瑞
각六十錢 김昌憲 姜貞九
각五십전 千창鉉 裵喜祚

강範우 黃賢澤 尹京汝
각四十錢, 오致瑞 徐聖守
각卄錢 김行善 梁奎煥
리敏夏 金응成 리敏羲
리春成 元道成 김遇成
金祥鼎 리容敎 리敏喆
김允祚 리敏禮 김弘九
崔承元 林允植 서相鉉
김元植 徐周叔 김昌孝
崔千根 孫東完 오德辰
김鳳根 朴孝元 田元稷
각卄전 金大吉 車有山
리允恒 최永祿 김貞植
김永植 朴炳喜 姜炳老
김尙玉 각拾錢
合三拾壹圜拾전

▲東江面
김仁俊 貳圜 張世基
리元儀 韓基源 張宇根
장漢臣 姜永周 安允九
각壹圜 정基永 五十錢
張 任 김長成 朴春成
정협영 각四拾錢 張均영
리周明 張世奎 정均영
정根영 김奉益 각卅錢
張世文 鄭元習 각廿錢
張 炯 拾전 段相丕
黃聖祐 각六十錢 段德鉉
韓宗鉉 최成錢 陰子鶴
黃基亨 각六拾錢 黃達亨
최君化 金永浩 각四拾錢
黃齊允 黃連植 각卅錢
장萬甫 黃雲鶴 黃泰平
段德天 각卄錢 오庭환
趙영奎 각壹圜 金仁伯
尹相道 윤相彬 오圭烈
尹滋能 尹相哲 尹相穆
김齊孝 각五拾錢 오圭壹
吳圭弼 오吉 한김仁孝 姜國秀
姜蘇秀 각四十전 윤相弼
姜冕秀 金鉉淳 리鳳인
姜稷永 姜恒秀 오京환
오圭憲 姜敏秀 尹相默
각卅錢 오弼煥 尹相泰

尹성邦 尹殷京 姜弼秀
金흥三 리道先 오連根
黃在창 金창初 각卄錢
尹滋東 오國환 오鳳환
姜錫永 姜德秀 姜인秀
김應浩 김用鎬 鄭在龍
리龍孫 김濟賢 김弼善
姜季弘 姜明汝 김京日
각십錢 오俊환 五십錢
김桐順 四十전
合三拾五圜五拾錢

▲平山郡 趙永增 壹圜
▲麟山郡 오學寬 壹圓
▲延安郡 洪淳弼 十전
洪鍾善 二圜
合拾二圜
▲長淵郡 李世元 一圜

▲豐津郡萬山面
김弼三 리周永 오士元
리相淳 各二圜 김泰雲
金基福 白雲燁 劉 하
朴衡正 裵京祿 成永振
박창順 윤應点 元時亨
尹華三 丕永日 張應周
리京浩 김良瑞 趙永祜
各一圜 박禧植 金奉右
各壹圜二十錢 金永道
金濟석 成召史 宋鎭弼
리允命 金昌俊 各五십錢
權三羲 金守千 張成允
각三拾錢 박召史 박永祐
鄭順永 김永丕 任七星
각二십전
合三拾壹圜三십錢

▲康翎郡晨峴面
리起秀 五拾錢 韓用淳
三十錢 韓明履 鄭孟東
韓重敎 김益奇 김益濟
오宗善 車浩奎 各二拾錢
宋良淑 羅영煥 각十錢
合二圜四拾錢

▲康영郡捲洲面
金容鍊 四圓 車處坤

朴致文 劉允益 車瑗轍
車應轍 각壹圓 韓明祿
七拾錢 김鳳求 趙영直
각六십錢 차鍊轍 리永奎
차德丕 閔哲鎬 金德七
각五十전 김鳳求 閔應天
각四拾錢 金石坤 鄭元默
黃汝道 각二拾五錢 林聖相
林萬永 박士範 鄭順永
金有善 姜致俊 오日坤
朴士文 朴信俊 金永善
羅聖達 文學西 羅福仁
金泰喜 박仁厚 朴興瑞
차根丕 李興壽 차公習
洪乃慶 차致順 차汝日
각二拾錢
合십九圜三十五錢

▲雲谷面
韓應信 차貞인 리서租
오官成 張德喬 각壹圓
朱順吉 裵成道 각五錢拾
리明租 四拾錢 韓聖弼
리尙租 리昌租 오根涉
徐昌甫 崔成官 김奉龍
각二拾錢 리根浩 金元有
각拾전
合八圜

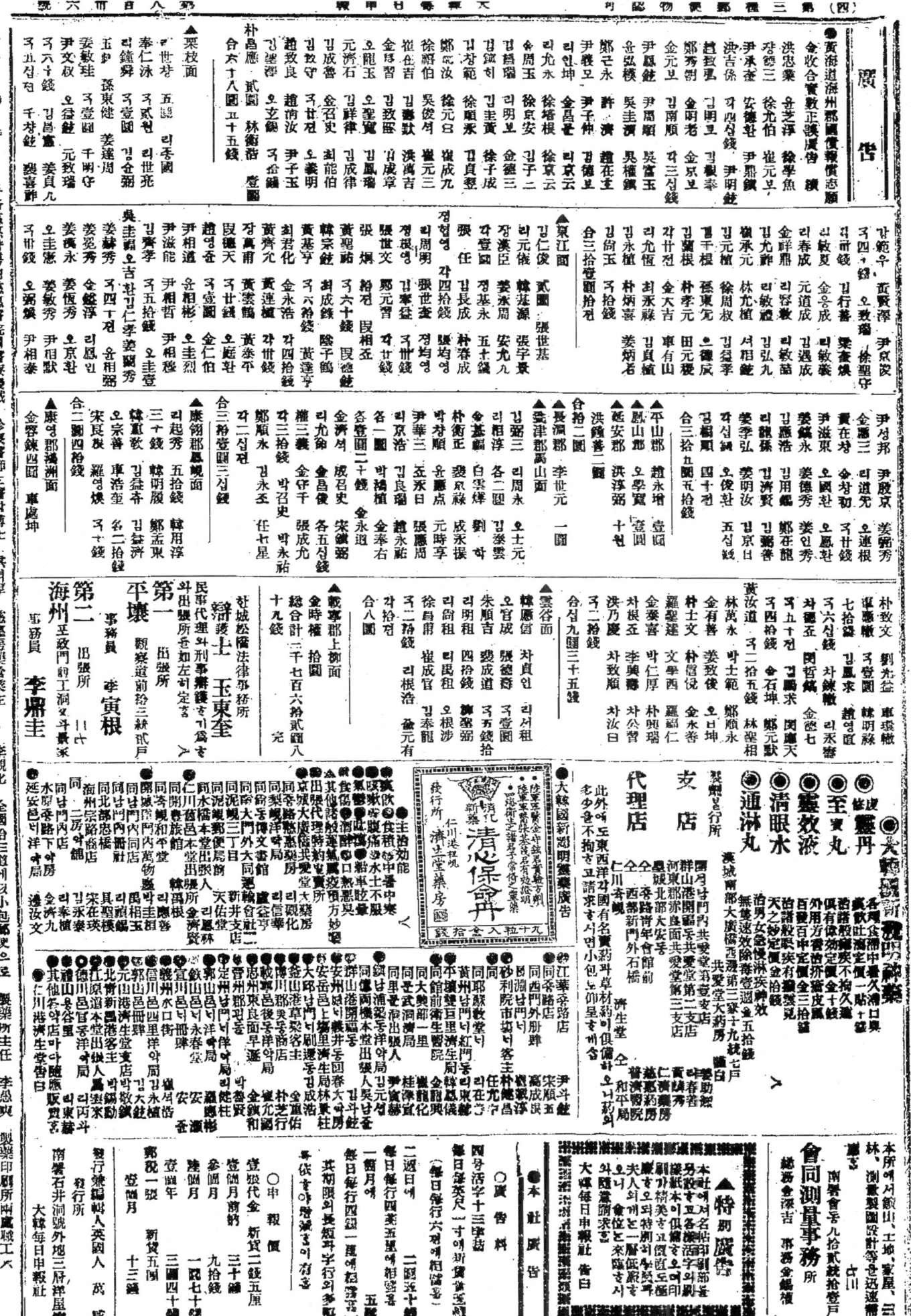

▲載寧郡上梧面
金時權 拾圓
總合計 二千七百六拾貳圜八十九錢 完

第八百廿七號

大韓每日申報

第六卷

月曜及慶節 歲時日休刊

檀君開國四千二百四十一年
孔子元年三千三十年
大韓開國五百十七年
日本明治四十一年
淸國光緖三十四年
陰曆戊申五月大廿五日己酉

別報

◉裴說氏의公判顚末

第一日 續

크로쓴氏曰日本政府ᄀ韓國政府를指導ᄒ며(聽衆이大笑)

윌킨손氏曰汝가該新聞配達數호問題에對ᄒ야多數라고答ᄒ얏나뇨曰詳細ᄒ數호를指示ᄒᆯ證人이存ᄒ오니此證人으로ᄒ야금答케ᄒ리이다ᄒ고畢竟에乃曰近者韓國全部에大韓每日申報의每日配達되ᄂ數호가約七千五百張이되오리이다

問現今國內情形이何如ᄒ뇨答曰現今情形이干戈騷亂에存ᄒ오이다

問壹道에然乎아壹郡에然乎아統히然乎아曰此ᄂ答키甚히難하오이다五六道에此影響이有ᄒ오니即全國에半이되오리이다

問汝가韓國何地方에起擾가最甚홈을知ᄒ나뇨曰其道名을擧ᄒ오릿가

왈諾다答曰江原道西便인지오

裁判官曰江原道가何處에在ᄒ뇨曰韓國東便이니이다

問此가韓國地圖뇨

其證人이的確히答ᄒ고京畿道와慶尙南道南便과慶尙南道西北便과其他多數ᄒ方을言明ᄒ더라

裁判官曰저國之半乎아曰然ᄒ오이다

윌킨손氏曰此告訴ᄒ論說은國漢文으로著作ᄒ것인ᄃ此를翻譯ᄒ이有하며汝가此의意味를知ᄒ며此翻譯文을讀ᄒ얏나뇨曰레이ᄃ가翻譯ᄒ것이我의게有ᄒ오이다

問其外에日本文으로翻譯ᄒ것도讀ᄒ얏ᄂ뇨曰我의게其原本이有ᄒ오이다

問其論說이何樣의性이뇨曰太强硬ᄒ言論과非常ᄒ煽動이러이다

問該論說은統監府의셔去益反對ᄒ며去益厭惡ᄒ고韓國政府에關係가有ᄒ뇨曰然ᄒ오이다

問此를汝가不好하야此訴訟을起하얏지然乎아曰然ᄒ오이다

윌킨손氏가證人의게對ᄒ야曰韓國皇室의安寧이內亂으로以ᄒ야危險에至ᄒᄂ境遇에ᄂ日本政府가其要求ᄒᄂ事情을依ᄒ야必要ᄒ方針을取ᄒ다ᄒ光武八年韓日議定書第四條의關ᄒ야亂民을鎭壓ᄒ大로軍隊를派送ᄒ이有ᄒ뇨曰多數ᄒ日本兵丁과憲兵과巡査를騷亂地方에派送ᄒ이有ᄒ오이다

問近日에更히增派ᄒ이有ᄒ뇨曰思料컨대去四五月에步兵二箇聯隊와憲兵의增員을日本으로셔招來ᄒ이有ᄒ오이다

問該增派兵은此地에旣爲駐屯ᄒ報隊에添付ᄒ이뇨曰然ᄒ오이다

問韓國內에京城에在ᄒ政府外에其他組織ᄒ政府가有ᄒ뇨曰無ᄒ오이다只是一個政府ᄋ시다自稱ᄒᄂ義兵中에도政府와如히組織ᄒ것은無ᄒ오이다

問韓國政府에셔裵說씨를告訴ᄒ미今是初次乎아曰思料컨대昨年十月에도裵說氏를對ᄒ야訴訟이有하얏나이다

問汝의知ᄒᄂ바대로ᄂ該訴訟이如何히結果되얏더뇨曰氏를六個月間謹愼에處ᄒ얏나이다

問此論說을其六個月間에發刊ᄒ얏어뇨抑其後이더뇨曰昨年十月十六日로始하야六個月이過滿ᄒ後四月十五日後에此問題되ᄂ新聞이發現되얏ᄂ이다

論說을英文으로翻譯ᄒ件에關ᄒ야레이씨의게質問이有ᄒ것ᄂ고로크로쓰氏ᄂ其反覆橫詰을留存ᄒ다

證人(레이氏)이윌킨손氏의問辭에對ᄒ야畧陳曰本人은仁川에在ᄒ英國領事로셔國漢文人韓每日申報에其論說을翻譯ᄒ기로請託을受ᄒ야譯出하얏나이다ᄒ며라氏ᄂ國漢文을旣往에學習ᄒ얏ᄂ대盡其識盡其力ᄒ야此를譯出ᄒ얏더라

윌킨손씨ᄂ即時該三件論說을並讀ᄒ고證人은該翻譯文을着心考閱ᄒ고크로쓰氏ᄂ其橫詰ᄒ을辭讓ᄒ다

遂閉廷ᄒ얏다가

下午二點鐘에開廷하고

크로쓰氏가三浦氏의게反覆橫詰ᄒ야曰裵說氏를爲ᄒ야數箇를問코ᄌᄒ노니汝가韓國에在ᄒ統監府의書記官이오壹千九百六年三月부터京城理事官이되라言ᄒ얏거니와共히幾許間在留乎아曰六年前에此地에來ᄒ얏나이다

問何事로

答曰馬山浦日本領事로任ᄒ얏다가後에京城理事官으로轉任ᄒ얏나이다

問其時부터其職에在하얏나뇨

日其時부터올시다

至今도理事官이뇨曰然ᄒ오이다

問韓語를能知ᄒ며亦能讀乎아曰多少知之ᄒ오이다

問國漢文大韓每日申報를能讀乎아曰然ᄒ나純韓文은甚是難解나漢文을能解故로國漢文交用件은容易ᄒ도소이다

裁判官曰此를能讀乎아曰然ᄒ오이다

未完

部令

▲陸軍 六月拾九日 敍官

▲二等

憲兵補助員採用에關ᄒ件을左갓치定홈

隆熙二年六月十六日 軍部大臣 李秉武

軍部令第三號

憲兵補助員採用에關ᄒ件

第四條 志願者를採用決定前에壹箇月以內에見習을命ᄒᄂ니此境遇에ᄂ憲兵補助員見習외勤務ᄂ憲兵補助員과異홈이無하고又其定員中에算홈

憲兵補助員은服務年限內라도疾病行狀其他官의事勢에依ᄒ야此를解免ᄒ이有홈

第四章 志願者心得

第五條 憲兵補助員을志願ᄒᄂ者ᄂ別紙樣式에據ᄒ야志願書를居住地附近의憲兵分隊分遣所(派遣所)又ᄂ郡衙에提出홈

第六條 志願者應募의爲ᄒ야旅行의旅費를給ᄒᄂ事無ᄒ고又憲兵補助員見習中에在ᄒ者가不合格하야解免ᄒ命ᄒ時도亦旅費를不給홈

第五章 給與

第七條 憲兵補助員은左의等級에應ᄒ야月給을給홈

壹級俸	二級俸	三級俸	四級俸
拾四圓	拾三圓	拾二圓	拾壹圓
五級俸	六級俸	七級俸	八級俸
拾圓	九圓	八圓	七圓

第八條 採用當初의月俸은第壹回應募의者에限하야七級俸으로ᄒ고再後ᄂ八級俸以下로홈

但特殊의經歷이技能이有ᄒ者ᄂ此限에不在ᄒ고又憲兵補助員見習中에在ᄒ者ᄂ七圓으로홈

第九條 月俸은勤務의成績을考査ᄒ야逐次增給홈

外報

◉敗軍黨蜂起 西貢으로부터巴里에達ᄒ電報를據ᄒ則其南境上에셔所謂敗軍派라稱ᄒ고强勇ᄒ二個隊가國境을越ᄒ야으로카이地方에侵入ᄒ야軍兵을徵發ᄒ기를試ᄒᄂ中인ᄃ孫斥하기爲ᄒ야軍隊가派遣되얏다ᄒ얏더라

◉俄國軍港 倫敦電을據ᄒ則俄國海軍省에셔黑海세바스트폴노써純然ᄒ陸海軍々港으로定ᄒ고從來同港으로往來ᄒ던商船은撤히얼손이나或오르싸로通行케ᄒ事로決定ᄒ얏다ᄂ傳說이有ᄒ다ᄒ얏더라

◉德國軍備擴張 同電을據ᄒ즉德國군平台社에셔大砲及裝甲板製造所를擴張ᄒ기爲ᄒ야社債一千五百萬圓을募集ᄒ라ᄒ다ᄒ얏더라

◉大統領候補 桑港電을據ᄒ즉大統領候補者로指名ᄒ던타프트氏ᄂ陸軍卿을辭ᄒ고候補者가되얏다더라

偉人遺蹟

水軍第一偉人 李舜臣

錦頰山人

第拾七章 續

◉李舜臣의喪還과及其遺恨

設或廣成子又치壽ᄒ며石崇又치富ᄒ야口로粱肉을含하고嬉々變로귀然長存ᄒ지라도國恥民辱이日甚ᄒ야四邊에發哭發怨發恨發呻吟發히來集ᄒ면我의獨生獨樂을可忍ᄒ가大抵英雄의眼光은此點에早々미破ᄒᄂ故로李忠武ᄂ頑ᄒ지라도當時災銓又處의華職을不羨ᄒ고草鞋를投ᄒ야人皆賤視히ᄂ武班에登ᄒ야大東武士的精神을發揮ᄒ기로自出ᄒ며登期樣臣黨賊을草芥로視ᄒ야足跡을其門에不投ᄒ고我의操守를勵ᄒ다가及乎水南의怪雲이登噓ᄒ야國勢가槍攘ᄒ미家도不顧ᄒ며身도不顧ᄒ고長劍을揮ᄒ야我의公仇에向ᄒ다가其目的의旣遂ᄒ미溘然長暝ᄒ을不辭하엿스니嗚呼라誰가李忠武의死를哭ᄒᄂ가大丈夫一心殺身을拋ᄒ고國難에赴ᄒᄂ變의大敵을撲滅ᄒ며南衆의蒼生을拔救ᄒ고我身은鐵丸에死ᄒ야巍々의銘旌을妖氛快晴ᄒ海天에揚ᄒ며煥々의靈車를桑拓無恙ᄒ寫山에返ᄒ야全國八道萬歲洋々의凱歌聲裡에ᄂ喪禮를擧行하니嗚呼壯哉라誰가李忠武의死를哭ᄒᄂ가오不謂歌蹈舞ᄒ이可ᄒ니라

雖然이나後人이李忠武를爲ᄒ야發哭홀비有ᄒ니誰李忠武의發身ᄒ던初에許多黨私의嫉妬ᄒ弱ᄒ徒가英雄을蹋縮케ᄒ야早用치못홈으로其功이僅此에止ᄒ얏스며中國에又幾個의臣이鬼才를嫉ᄒ야數年拮据의戰備를瀦盡홈으로其功이又僅此에止ᄒ얏스며天이偉人을生ᄒ사我國民의武士的精神을如此鼓吹ᄒ얏거ᄂ又彼氏賊夫가蹂躪ᄒ야公死後數百年間에國恥民辱의至홈이頻煩ᄒ얏스니此가後人의李忠武를爲하야發哭홀비로다然이나又豈但後人의哭홀비뿐而已리오抑亦地下李忠武의目이不暝홀진져

(未完)

雜報

●幸不傷人　義親王殿下께서 再昨日에 翠雲亭에 前往ᄒ야 弓矢를 習射ᄒ시는대 何許兒가 流矢邊으로 過去ᄒ다가 幸不中矢ᄒ얏스나 同殿下께서 該兒를 招慰ᄒ시고 壹圜錢을 下賜ᄒ셧다더라

●雲亭習射　永宣君李埈鎔씨가 去土曜日下午에 翠雲亭에 前往ᄒ야 弓矢를 習射ᄒ얏다더라

●嚴氏入城　前報와 如히 皇太子陪安使嚴柱益시가 再昨夜에 入城ᄒ얏다더라

●내閣協議　昨日내閣諸大臣이 내閣의 會同ᄒ야 月曜例會를 開ᄒ고 緊急公務를 協議ᄒ얏다더라

●樞院例會　中樞院議長以下贊議議諸시가 中樞院의 會同ᄒ야 再昨日月曜例會를 開ᄒ얏다가 卽時閉會ᄒ얏다더라

●保護增置　總相李完用씨가 近日自巳私邸에 保護巡査幾人을 增置ᄒ얏다더라

●農大調論　昨日의 農商大臣趙重應시가 各觀察使를 하部로 會同ᄒ야 農商工業의 발達ᄒ 趣旨로 壹場調論ᄒ얏다더라

●訓論各察　내部次官岡喜七郎이가 昨日各觀察使를 會同ᄒ야 地方行政事務刷新ᄒ 意로 一場調論ᄒ 後의 各其赴任케ᄒ다더라

●檢事轉任　忠北裁判所檢事尹寬求시는 公州地方裁判所檢事로 轉任ᄒ얏다더라

●宮顧徒步　宮中顧問李允用시는 宮내府大臣으로 在任時의 保護巡査와 廳從別培가 前後로 羅列ᄒ더니 宮大臣遞任以後로는 洋服을 着ᄒ고 徒步로 出入ᄒ다는대 前日의 氣焰이 今忽挫頓ᄒ얏슨즉 可謂炎凉世界라고 들ᄒ더라

●勸諭不聽　去土曜日夜에 壹進會長李容九氏가 各地方會員決死隊中某某人貳拾餘名을 明月館으로 請邀宴待ᄒ고 內閣勸告事件에 對ᄒ야 數朔만 留俟下回ᄒ기를 屢屢說明ᄒ되 決死隊諸員이 不聽而散ᄒ얏더니 其翌日土曜下午壹時에 內大宋秉畯시가 該事件에 對ᄒ야 總務員五人과 評議員拾人과 地方會員拾餘名을 自己私邸로 請邀ᄒ야 數朔만 留俟下回ᄒ기를 屢屢懇請ᄒ되 總務員以下諸시가 亦爲不聽而辭ᄒ야 評議會를 開催ᄒ고 李容九宋秉畯兩시의 挽留ᄒ는 事件으로 可否를 取決ᄒ다가 地方會員한郡시가 抵死ᄒ고 不可ᄒ즁노 至於拔劍惹鬧之境ᄒ야 因爲停會ᄒ얏다더라

●喪服預着　再昨日에 地方會員韓郡氏가 頭巾을 製着ᄒ고 壹進會本部內評議室에 儼然來坐ᄒ얏거늘 該會員이 其理由를 詰問ᄒ즉 韓郡씨가 答曰 現政府李完用氏手下에 二千萬生명이 必死乃已故로 同胞之誼에 預爲成服이라ᄒ거늘 該會員이 脫巾却置ᄒ기로 數數曉諭ᄒ되 韓씨가 期於히 李總理退去之前에는 不可脫巾이라ᄒ얏다더라

●頒布錄後　平漢兩裁와 韓國人判檢事敍任件은 開廳式後의 頒布ᄒ다는 說이 有ᄒ더라

●開廳延期　大審院開廳式을 七月壹日의 擧行ᄒ다는 說은 前報의 已揭ᄒ얏거니와 七月中旬으로 退定ᄒ다더라

●郡主依免　中和郡主事姜時鎔시는 民事의 受賂ᄒ 事로 내部의셔 免官ᄒ얏다더라

●吉田月給　吉田季秋가 警部을 敍任ᄒ다는대 千富金과 年俸金額을 合ᄒ야 六百元이라더라

●整理局移接　帝室所有及國有財産調査整理局을 度支部에셔 引繼ᄒ다는 說은 已爲報道어니와 該局을 日間度支部內로 移設ᄒ다더라

●地方會計檢査　度支部會計檢査局次長柳正秀시가 各地方官廳의 會計를 檢査次로 來月旬부터 着手ᄒ야 畢了ᄒ얏는대 日間元山等地로 발向ᄒ기로 預定이라더라

●治料費補　學部翻譯官박成圭시가 身病으로 大韓醫院의셔 治療ᄒ다는 說은 前報의 已揭어니와 治療費를 該部大臣李載寬시가 設置ᄒ야 學部次官俵孫壹이가 兩國이 ... 該部奏任官은 壹圜式이오 判任官도 如干收合ᄒ야 補給ᄒ얏다더라

●三士說明　去七曜日학部의셔 각普通학校職員會를 開ᄒ고 意見書를 提出ᄒ얏는대 官立漢城普通학校長意見書의 각普通학校에 地誌와 歷史를 添入ᄒ는 거시 可ᄒ고 학課의 壹年級幼稚학員의게는 日語를 廢止ᄒ기로 ᄒ얏더니 학部書記官三士忠造가 此事件의 對ᄒ야 日語科發止ᄒ는 거시 不可ᄒ 意로 說明ᄒ얏다더라

●講會組織　中樞院議長金允植前特進官俞吉濬시等以外某某諸시가 講會를 組織ᄒ은 前報의 已揭어니와 其趣旨書槪要를 閱ᄒ즉 凡吾會中之人이 雖臭味가 不同ᄒ고 行藏이 或殊라도 其爲國獻身之誠則皎如白日ᄒ고 生死壹趾이니 宜不變素志ᄒ고 勿以往事로 爲戒ᄒ고 各輸熱誠의 共成國體ᄒ야 鞏堅愛國之心ᄒ고 克篤後死之責이 此本會의 選라 古人云數見顏面의 情質昔時라ᄒ니 情誼常然也라 玆於每月壹會ᄒ야 以杯酒相勞ᄒ고 講討舊誼ᄒ며 交換新知ᄒ니 會規는 倣鄕約之意ᄒ야 德業相勸ᄒ며 失相規ᄒ며 禮俗相交ᄒ며 患難相恤ᄒ야 거其業文ᄒ고 壹以誠愛로 相接ᄒ야 視之如骨肉ᄒ고 守之如金石ᄒ야 愛及後世子孫ᄒ되 無渝此意라ᄒ얏더라

●女校相見禮　官立漢城高等女학校敎授李貞和시가 昨日學部의 前往ᄒ야 각高等官과 相見禮를 行ᄒ얏다더라

●飮烟禁止　漢城內人民이 鴉片烟을 呑下ᄒ야 夭死ᄒ는 弊가 多數ᄒ故로 此를 禁止코저ᄒ야 警視廳에셔 淸領使와 交涉ᄒ야 無論韓淸兩國人ᄒ고 鴉片烟을 吸ᄒ는 者有ᄒ면 兩國巡査가 互相捕捉ᄒ기로 酌定ᄒ얏다더라

●農形報告　農商工部의셔 漢城府尹과 各觀察使의게 訓令ᄒ되 每年의 其管轄내의 農桑統計를 調査報告ᄒ되 風雨霜雹水旱虫病의 被害가 有ᄒ거든 隨時報告ᄒ라ᄒ얏더라

●大同會益固　大同會가 革罷된다는 事는 更聞ᄒ즉 革罷는 姑舍ᄒ고 會務가 益興旺ᄒ다더라

●演戲時間　漢城內各演戲場에셔 演戲를 下午十二時가 過ᄒ도록ᄒ는 故로 觀覽客과 比隣家의 安寢妨害됨이 多ᄒ지라 警視廳에셔 衛生에 關係됨을 依ᄒ야 每日下午十二時後에는 不得演戲케ᄒ고 若違背ᄒ는 者면 違警罪로 科罰ᄒ기로 壹體嚴禁ᄒ다더라

●戲場云賣　寺洞演興社를 將次放賣ᄒ되 四千圜으로 呼價ᄒ는 故로 願買者가 稀少ᄒ다더라

●爲祖斷指　永柔郡宵池面龍泉里居朱麟燁兄弟兩시가 其父親은 巳沒ᄒ야 其祖父를 奉養ᄒ더니 其祖父가 得病ᄒ야 本月九日의 死ᄒ얏는대 兩시가 斷指ᄒ야 血을 灌口ᄒ얏더니 仍爲回生ᄒ얏다가 其翌日申時의 永爲長逝ᄒ얏다더라

●日人偸銀　三昨日에 梨峴布木廛에는 千喜許시 廛에셔 何許日人이 布木數尺을 買ᄒ야 價文은 紙貨壹張을 出給ᄒ고 餘錢을 換給ᄒ際에 該日人이 三十錢銀錢九介를 偸去ᄒ얏다더라

●日何結項　去十九日의 新門外西部芹洞所在閔忠正公亭子後門外杏木의 年可許日人이 綿紬松花色手巾으로 結項致死ᄒ얏다는대 其木下의 木履와 紙匣을 燐寸으로 燒火ᄒ얏는지라 韓日巡査가 來到ᄒ야 檢察ᄒ얏다더라

●破獄逃躲　咸北警察署의 在囚된 巳決囚六名과 未決囚三名이 本月六日의 破獄逃躲ᄒ얏다더라

●大同興式　大同會에셔 日前에 特別會를 開ᄒ고 陰六月旬前으로 開會式을 設行ᄒ기로 決定ᄒ얏는대 新舊式을 參互ᄒ야 節次를 預備中이라더라

●牧師入京　衛理會堂主幹ᄒ는 全州牧師 氏가 각敎會傳道次로 事邊郡各지 巡行傳道ᄒ고 本月拾巳에 入城ᄒ얏다더라

●協會演說　法學協會에셔 前報와 如히 再昨日官人俱樂部內에 討論會를 設行ᄒ고 各問題로 演說ᄒ는대 傍聽人이 六百餘名에 達ᄒ얏고 日氣가 甚熱ᄒ미 人民衛生을 顧慮ᄒ야 法律問題는 停止ᄒ고 來秋期에 設行ᄒ기로 公佈ᄒ얏다더라

●廣校復設　洪川郡志士宋知善金鼎基諸시가 縣立基督敎會니 於郡下ᄒ고 仍設小學校於會內ᄒ야 名之曰廣成學校라ᄒ고 募集聽徒ᄒ야 敎育에 熱心ᄒ더니 義務를 因ᄒ야 停務ᄒ가 已久ᄒ러니 今乃稍解ᄒ미 敎友諸시가 不計艱難ᄒ고 奮發心力ᄒ며 或傾囊而出捐ᄒ며 或捐飯而助金ᄒ야 買屋數ᄒ고 依舊立校ᄒ니 學徒日進에 敎課更新ᄒ니 維持之鞏固와 發達之效果가 比前倍勝ᄒ야 壹境이 生光ᄒ다고 該郡人이 稱頌ᄒ더라

●學資講究　畿湖興학會에셔 김容鎭씨는 二千圜 김嘉鎭氏는 壹千圜을 出義ᄒ後로 諸大官及資産家諸씨와 有兩內外者勢不瞻ᄒ 處로 互額을 出捐ᄒ學에 感動ᄒ야 該會創立金五萬圜을 協議立辨ᄒ기로 類數ᄒ 會議講究ᄒ다더라

●感荷義捐　永興郡金升昱시가 紋磨圜과 筆三柄을 本社의 寄付ᄒ얏기 感謝ᄒ 情을 表ᄒ노라

▲地方消息▼

▲黃澗郡陽坪里에셔 義兵約三拾名이 太郎派遣日兵을 逢着接戰ᄒ야 村人壹名을 致斃ᄒ엿고 該村權主事와 김五衛將兩씨家에셔 錢財與什物을 多數見失하엿다ᄒ고

▲本月拾壹日三陟郡田巨附近의셔 義兵五十名이 慶尙北道西碧里日守備隊兵六拾四名과 交戰ᄒ얏다ᄒ고

▲本月拾五日丹陽郡의셔 義兵三十名이 醴泉郡日守備討伐隊와 交戰ᄒ얏다더라

▲夏至天氣▼

▲天根月窟互往來ᄒ니 光陰無情如擲梭ᄅ 案頭星曆按節序ᄒ니 夏至天氣忽至로다 極必消ᄒ 自在理ᄂ 天時人事壹般일세

▲長々하다夏至日에 政界競爭又起ᄒ야 據內大爭衡ᄒ니 兩虎相鬪疾視보다 是日非紛紜ᄒ나 孰勝孰敗未可知라 더風波가 支離ᄒ다

▲長々하다夏至日에 地方壹難暴集하야 沸鬱心懷자抱ᄒ고 每日衆頭偶語ᄒ니 暗裏風色激起ᄒ나 可否就決杳然이라 더擧措가 支離ᄒ다

▲短々ᄒ다夏至日에 官次의 說纂업는 蜚時엉耀睛이 다무상 興味自若ᄒ야 近日宴會頻頻ᄒ가 昇平宰相과 흘일세 더風流가 支離ᄒ다

▲長々ᄒ다夏至日에 離방蕃閣深深ᄒ야 燕子聲에 孫眠이라 前日功名已足하니 家國興替誰知런고 好風吹到自得ᄒ나 더歲月이 支離하다

▲長々하다夏至日에 滿目悲慘難禁ᄒ니 山野荒蕪烟塵起라 妻子相失溝壑中에 呼哭聲이 不絶ᄒ니 可憐兄을 誰憐ᄒ고 더慘況이 支離ᄒ다

▲長々ᄒ다夏至日에 壁上山川圖掛ᄒ니 挫拙經綸 김ᄒ고 나서 生之憂焦眉ᄒ니 的盧馬ᄅ 不到ᄒ니 帅堂睡眠睡 ... 더睡魔가 支離ᄒ다

▲장々ᄒ다夏至日에 韓環時機茫昧ᄒ고 自分局外雜化ᄒ야 腦髓中에 堅固ᄒ니 安得龍門鑿山斧ᄒ야 關破前日痼習을 ... 더頑習이 支離ᄒ다

▲장々ᄒ다夏至日에 心頭無 ... 虛度ᄒ다가 幻國潮流世界에 夢天地되엿스니 저散者流 ... 더支離ᄒ다

▲장々ᄒ다夏至日에 공財物로 生涯ᄒ야 鄕曲愚氓誘引ᄒ며 紙錢 ... 고 流當君에 ... 인지權門 ... ᄒ니 더支離ᄒ다

社告

◀警告各支社員◀

本社經費窘拙홈으로本支社代金을不日收刷호야來月二十日內로郵換付送호시되多日廣告에尙不換送處가幾至十餘社이기로玆更寬限호오니本月終內로郵於換送호와以補社費케호시되若過此限이면該支社는卽爲廢止호올터이오니照亮하시옵

雜報

●部長新任 畿湖興學會에서教育部長은金嘉鎭씨로財務部長은李舜夏씨로選定호얏논대兩씨가諸般事務를熱心整理호다더라

●發校路況 金山郡에有志紳士呂錫武呂達麗諸시가與隣近面諸시로協議호야養成學校를設立호얏논디不過三四朔의學徒가四拾名의達홀지라한郡守朴齊陽시가極力贊成호고普通敎師南相復시가熱心敎授호며漢文敎師李馨遠시는名譽로敎導호며本月三日의한郡五學校諸學徒가合系의서聯合大運動會를設行호얏눈디前參書李昌淳시가諸學徒의수飯을自擔供饋호얏시의敎育上의熱心贊成홈은南來人의傳說이籍籍호더라

●誣是無根 茶洞居朴泓鎭氏子婦가自斃호얏다는事는純是誤傳이라더라

廣告

測量夜學募集廣告

本校夜學科에서**測量**登科를特設호고學員을募集호오니**願學**僉員은**本月**貳拾七日브터本月貳拾八日(日曜)下午三時에本校로來臨應試홈

但請願紙는本校用紙로要홈

試驗科目　筭術四則

年齡　拾五歲以上

上學時　下午八時半至九時半

卒業期限　六個月

典洞私立中東學校

本人草家拾壹間半在京畿昌善坊於義洞六統四戶而昨年拾月拾日路中逢賊汁物與家券見失內外人見欺勿홈
白雲상　白

茶洞居朴泓鎭子婦가鴉片을喫호고自斃호얏다는說이誤傳이기로正誤홈
朴泓健　告白

本校敎師崔□烈氏는名譽로熱心敎授호고據務邊韻勸호는報務로血誠動奬호미生徒가日增月加호야大有將就之望이기兩氏의義務를表호기玆에廣佈홈
郭山私立靑年夜學校長金淡業
監督金庚咸
敎監李元實　告白

稷山郡成歡養成學校捐助金廣告 本校에서本月拾九日開校式을設行호얏더니任員及來賓諸氏의捐助金이如左호기로感謝홈을表호기爲호야玆에廣告

韓應履五十圜閔玉鉉崔斗鄕洪毅華葛夏圭김鳳珏각五十圜方德俊拾二圜婁始馨徐相憲김東圭趙尙振각十圜李琮稙吳鉉國吳●尹敦絢鄭汲敎김鍊集김孝珏任東鎬鄭喆圭葛夏淳葛夏弘宋基潤鞋韓日本守備隊각五圜李順道八圜李학水四圜劉永조三圜宋在協元競潤李寿韓圓秦榮李思謙박祝회李應稙崔浚用尹顯鵬김貞培宋召史각二圜金炳業李석珪趙雨李香九徐廷佑李仁圭李尊來김讚振南石佑卞永植김在李鄭龍和洪恩默許泳각壹圜趙鎭식壹圜五拾錢巖崎商店二圜荒木樣千綿岸吉小谷龜丁郎각壹圜嚴恩直一十錢

本書舖에서各種書籍을備置호엿더니邑隣有志僉彦은隨時購覽호심을務望但書冊正價는原發行所와同一홈
平北博川邑梅洞乾材藥局內
博新書館　魚命龍

本館設立은旣經四載에有志諸氏가誠心贊成호야新聞縱覽之員이日益頻繁호고圖書發售之道가稍稍興況일서敎育書籍及외樣介를自任홈本館은不得不僖徒擴張호고新舊書籍과學校用品及衛生良藥을俱備發賣하오니僉君子는光顧호심을切望홈
海州南門內書籍館朴昌鎬　白

暑疾預備丹

每於夏秋之交에虎列剌暑疾(쥐ㅅ병)之流行은若不該服藥則□□死爲慮故로太方家所製暑疾丹은□言廣布호니凡我同胞는勿遲來購호옵
發賣所慈惠藥房廬基昌　告白

本人의姓名圖章을서失故玆廣告하오니雖某拾得間勿施홈
禮曹部谷中谷洞校동　文善若　告白

●土木事業測量設計并監督
●鑛山林野土地之測量及製圖
京城旭町二丁目百拾壹番地
片村工務所
所主片村龜次郎

本人의子相翊이가性本浮浪호야署千家産을蕩盡無餘호고陰四月拾八日夜에不知何往이오니無論內外國人호고錢物間切勿相關無至見失을암
海州日新村尹玆萱　告白

國債報償金中에婦人이銀釵佩物로本社에來納호名公許欠積置하엿스나郞爲放賣호야銀行에殖利하는것만又지못호기로玆에廣告호오니或有願買人이거던本社에來問홈
本社　告白

本事務所에서山林土地家屋測量製圖設計等請求를謹密迅速需應홈
西部新門外錢峯壹百八拾六統三戶
主計丁明燮　明信測量事務所　總務李炳甲

本人의子炳國이가昨年五月分에無故出他而尙無消息하와爲父之道의俯圓之念이無日無之居住을探知通奇則致賀金拾圓을賞給爲計오니從速通知케호시옵기切企홈
龍川東下面松山居李泳식　告白

경상도김천거金雄이去年分에우연이나와서皇城인川으로去릿云故로其祖母今年이八十이라不顧生死호고京鄕으로찻다가인천싸리저金商斗家에잇스니쳠군ᄌᆞ는불상이여기사와노친이기수돌兇케호여주시옵
雄이祖母　告白

本人等이京城沿江勞働運送會社를設立次로農商部認許를承하와本社는西部唐皮동四統拾戶로支社는麻浦漢江龍山麻浦西江湖의置홈
徐育淳　告白

測量學員募集廣告

本校內에서測量科를特設호고學員募集호오니願學僉員은今月廿七日(陰五月廿九日)內로入學請願書를提呈호시옵
但請願紙는本校에來要홈
試驗科目(筭術)四則以內
試驗日字今月廿七日下午四時
上學時間自下午四時四拾分至六時四拾分
卒業期限五個月
南部履洞會南鄕內
私立進明學校　告白

本店에夏節양服件이英京倫敦에서新着호얏기로玆에廣佈호오니僉君子는光顧購買호심을懇望홈
貞洞華商源盛號
양服裁縫店　謹白

●林業速成科學員募集廣告

本校에서夜學林業速成科及測量科를合設호고兩科에願學할學員은本月貳拾五日內(陰五月貳拾七日)로入學請願書(本校에來求)를本校에提呈호고七月拾二日(日曜日)上午拾時에來校應試홈

一 試驗科目　國文　漢文　讀書作文　筭術四則以內
　但相當한卒業證書가有한人은免試許入홈
一 修業期限은拾個貳月로定홈
一 上學時間은自下午七時로至拾時三時間
一 修業課程　造林學總論　造林學林各論　苗圃論　森林保護學　森林經理學　森林利用學　植物學　測樹學　土壤學　肥料學　農學大意　測量學術及實習

隆熙貳年六月拾三日
西大門內普成學校　七五

本所에서學生의硏究便宜를圖키爲호야**夏期講習所**를特設호오니願人僉員은左開科程에依호야早速請願호심을望홈

▲科程▼

英語課(以上兩科는各히甲乙兩班을分호야甲班은時文讀解)
日語課(乙班은簡易會話로秋期各學校語學科試驗에便宜케홈)
測量課 本課는速成貳個月에畢了하깃기筭術全部를學한人의게限하야募集홈(實地測量을兼行홈)
代數課 甲乙班에分호야甲班은二次方程式으로至終 乙班은自初至壹次方程式
算術課 甲乙班에分호야甲班은名數로至求積法 乙班은自整數至小數

▲入學規定

一 本所各課에入學코저하는時는入學請願書에願學科程을明記하야六月晦內로本所投書函에投入홈
一 本所敎授期間은七月壹日로八月三拾日까지定홈
一 本所敎授時間은上午七時로拾二時까지限호되時間表는募集了한後學生의便宜를隨호야決定홈
一 本所各課는每日壹時間式敎授홈(測量科實地測量은此限에不在홈)
一 本所각科에何科班이던지應募人員이三拾人이未滿한時는該班은不設홈
一 學生卅人以上의聯名請願이有한時는他課을更設홈도得홈
一 **月謝金**은每課班에壹圓式辦納하되貳課或以上을兼修하는時는每課는每課에五拾錢式計受홈
一 月謝金은每月三日以내에辦納하야聽講券을領携홈
一 修業期가滿한時는成績을試驗하야修業證書를授與홈(但測量課는卒業證書)
一 細則은本所規則을依홈

講師氏名　李敎承　曾田嘉伊智　宋彦用　金澤吉　陸定洙

皇城鍾路基督敎靑年會學館내
數語夏期講習所　所長李商在　白

慈善婦人會●慈善演奏會

處所는　新門內前協律社
期限은　自陰曆五月二十三日로 至仝 仝月廿五日까지
時間은　下午八時로 至拾二時까지
●最新改良大演劇
●최신 개량 대 연극
처소는 서문안 전 협률사
긔한은 음력 오월 이십삼일로 음력 오월 이십오일까지
시간은 하오 팔시로 십이시까지

자션부인회●자션연주회

本社 廣告

○廣告料 四號活字十三字를 每日一寸에 [illegible] 二圜五十錢 [illegible] 一個月에 [illegible]

其期限과 長短과 字行의 [illegible] 依ᄒᆞ야 [illegible]

○申報價
壹號代金 新貨二錢五厘
壹個月前納 三十錢
參個月 九拾錢
陸個月 一圜七十錢
壹個年 三圜四十錢
郵稅一張 新貨五厘
壹個月 十三錢

發行兼編輯人 英國人 萬咸

發行所 南署石井洞號外地三層洋屋 大韓每日申報社

第六卷

大韓每日申報

第八百廿八號

月曆及慶節
歲時日休刊

檀君開國四千二百四十一年
孔子誕降二千四百五十九年
大韓開國五百十七年
日本明治四十一年
淸國光緖三十四年
陰曆戊申五月大廿六日庚戌

別報

◉裵說氏의公判顚末

第一日 續

裁判官曰容易乎아曰甚히容易치ᄂᆞᆫ못ᄒᆞ오이다

크로쓰氏曰此告訴된三種論說은已有讀乎며亦了解耶아曰然ᄒᆞ다了解矣로이다

問此를能著作乎아曰然하오이다

問純韓語로能讀乎아曰否라略知之로이다

問旣爲告訴ᄒᆞ엿슨則事實上으로曾有讀過矣리라왈然히다讀過矣로소이다

問裵說을反對ᄒᆞ야告訴ᄒᆞᆫ거시汝의發端이뇨抑他人의敎唆이뇨汝가最初본論著이뇨曰其權限을統監府에서受ᄒᆞ얏슴나이다

問該權限을受ᄒᆞ기前에何人이던지新聞에統監의게牴言ᄒᆞ얏더뇨曰此ᄂᆞᆫ不知로소이다

問汝가告ᄒᆞ얏더뇨曰此ᄂᆞᆫ不知ᄒᆞ소이다

問統監閣下가何如히運動ᄒᆞ얏더뇨汝가能說道乎아曰何謂乎잇가

問誰가閣下의게請ᄒᆞ야今朝에共看ᄒᆞᆫ書類에捺印ᄒᆞ얏ᄂᆞ뇨曰自己가ᄒᆞ얏나이다

問自己가ᄒᆞ얏서ㅣ曰然ᄒᆞ외다

問然則吾ᄂᆞᆫ統監閣下가此訟案의實際告訴者인줄노取得ᄒᆞ노라曰그러ᄒᆞ외다

問昨年十月에裵說氏가告訴訟者當時에汝가此地에在ᄒᆞ얏더뇨曰然ᄒᆞ오이다

問該訴訟은誰가申出ᄒᆞ얏ᄂᆞᆫ지汝가能說道乎아曰不知로이다

크로쓰氏가乃言曰彼의言을大韓로審察컨ᄃᆡ日本政府로셔提出ᄒᆞ얏다ᄂᆞᆫ言인가보이다

裁判官曰그야誰某던지원컨ᄃᆡ은氏曰其答은然라ᄒᆞ려니와昨年拾月에告訴가有하얏고彼ᄂᆞᆫ法에依ᄒᆞ야施行되얏나이다

裁判官曰昨年拾月에裵說氏를反對ᄒᆞ야訴訟이된該書物이我의게有ᄒᆞᆫ바氏를六個月謹愼에處ᄒᆞ엿더라

크로쓰氏가證人의게對ᄒᆞ야曰汝ᄂᆞᆫ不知라고言ᄒᆞ나뇨答曰思料컨ᄃᆡ此ᄂᆞᆫ흠쓰氏인듯ᄒᆞ외다

問汝가韓國政府의臣下이뇨日本政府의臣下이뇨韓國政府에官人이뇨日本政府에官人이뇨何로指言ᄒᆞ나뇨曰日本政府에屬ᄒᆞ얏나이다

問汝가韓國政府와日本政府를兩個政府로分立ᄒᆞᆫ줄노認悉乎아曰兩個政府로소이다

問韓國政府의資格이何如라고言ᄒᆞ깃ᄂᆞ뇨曰韓國政府와日本政府가有ᄒᆞ되韓國政府ᄂᆞᆫ協約을依ᄒᆞ야統監府指揮下에在ᄒᆞ니이다

問韓國에서何者가上等政府乎아韓國政府乎아日本政府乎아日本人이快히聽知치못ᄒᆞ엿노니上等이란ᄒᆞᆷ은何謂乎잇가

問上等이란言이아니뇨曰韓政府가曰政府指揮下에在ᄒᆞᆫ진ᄃᆡ統監의指揮下에在ᄒᆞᆷ인즉日政府下에在ᄒᆞᆷ이라故로日本政府가上等이올시다

問然이나彼此行政上에關하야ᄂᆞᆫ日政府가韓政府에對ᄒᆞ야於千萬事에上位가되ᄂᆞᆫ줄노區別ᄒᆞ야言ᄒᆞᄂᆞ뇨曰於千萬事에ᄂᆞᆫ非也로ᄃᆡ自然히政治事에만이올시다

問政治事에ᄂᆞᆫ全關乎아曰然ᄒᆞ오이다

問然則韓國政府ᄂᆞᆫ無ᄒᆞ다言ᄒᆞᆯ것이라고ᄒᆞ여도可ᄒᆞ도다曰有ᄒᆞᆷ이니이다

問然이나何爲而然乎아曰日本政府指揮下에在하야도政治事ᄂᆞᆫ施行ᄒᆞᆷ이니이다

問此「政府」란言辭ᄂᆞᆫ汝가或曉知ᄒᆞᄂᆞᆫ지吾ᄂᆞᆫ不知케라한國政府ᄂᆞᆫ獨立權도전無ᄒᆞ고自主權도전無ᄒᆞᄂᆞ니汝가能言之ᄒᆞ라汝가知ᄒᆞᄂᆞᆫ바니吾가汝의言을聽코져ᄒᆞ노라汝가言ᄒᆞ기를한國政府ᄂᆞᆫ日本政府의指揮가無ᄒᆞ고ᄂᆞᆫ某事件이던지能行ᄒᆞᆯ勢力이나威權이無ᄒᆞᆫ政府인줄노言ᄒᆞ엿지ㅣ曰然하여이다

問然則追此以上의ᄂᆞᆫ한國이卽日本이뇨答曰吾ᄂᆞᆫ不知로소이다(聽衆大笑)更言曰此ᄂᆞᆫ外他問題로소이다

問汝言이壯히有才ᄒᆞ도다然則吾가만일平常談話로ᄒᆞᆷ이한國의保護者라고ᄒᆞ엿더면還是誤錯이될번ᄒᆞ엿고ᄂᆞᆫ曰然ᄒᆞ여이다한國이日本의被保護者이올시다

問然이나汝가日本이한國을已取ᄒᆞᆫᄂᆞᆫ가不取ᄒᆞᆫᄂᆞᆫ가(證人이反問왈合倂이란言乎잇가왈然ᄒᆞ다)乃答왈不取니이다

問其地位가異常ᄒᆞ도다然則汝ᄂᆞᆫ日本의被保護로附屬되ᄂᆞᆫ地位의在ᄒᆞᆫ것으로써한國의獨立이라고云ᄒᆞᆷ이뇨

월킨슨시왈不然ᄒᆞ다彼ᄂᆞᆫ如此ᄒᆞ게言ᄒᆞᆷ이아니올시다

크로쓰시왈方今彼가吾의게言ᄒᆞᆫ것이올시다

裁判官이乃曰君은當然히事件대로事實上에關ᄒᆞᆫ問題만質問ᄒᆞᆯ것사요何如ᄒᆞ여야宜當ᄒᆞ다던지何如ᄒᆞᆫ結果ᄂᆞᆫ如何히된다던지自己心中에何如ᄒᆞᆫ推想이有ᄒᆞ다던지ᄒᆞᄂᆞᆫ理論家의意見은採問치말지어다彼證人이明白히答辯ᄒᆞᆫ바韓國政府ᄂᆞᆫ日本政府의指揮를不從ᄒᆞ고ᄂᆞᆫ何事이던지能行ᄒᆞᆯ權限이無ᄒᆞ다ᄒᆞ얏나니事實上明白ᄒᆞᆫ問題만査問ᄒᆞᆯ지어다

이에크로스씨가다시三浦氏의게問曰汝ᄂᆞᆫ日本政府에셔任命ᄒᆞ엿나뇨曰然ᄒᆞ오이다

問汝가韓國政府에도또ᄒᆞᆫ服務ᄒᆞᄂᆞᆫ줄노量度ᄒᆞ나뇨曰寬恕ᄒᆞ소셔(此ᄂᆞᆫ彼의語意를未解ᄒᆞ야再說ᄒᆞ기를請ᄒᆞᄂᆞᆫ辭)問者再次說聽ᄒᆞ니乃答曰不然ᄒᆞ오이다

問雖然이나汝가韓國의政府와及其人民間에仇嫌之感을煽動케ᄒᆞ다고此告訴를呈ᄒᆞᆷ이아니뇨曰然ᄒᆞ오이다

問汝가日本政府의官人으로셔行此乎아曰然ᄒᆞ오이다

問今에ᄂᆞᆫ吾가他事故를欲問ᄒᆞ노니汝가發言ᄒᆞ기를此國의景狀이目今에騷動及紊亂에在하다하엿슨즉此騷動及紊亂의景狀이何府에始起ᄒᆞ엿ᄂᆞᆫ지能說道乎아曰昨夏頃에이며特히自昨夏以來로起ᄒᆞ엿나이다

問此起擾의緣由가何오曰解散된韓兵幾許와또ᄒᆞᆫ韓國의實狀을以ᄒᆞ야不平을懷ᄒᆞᆫ人民幾許가桑徒를作ᄒᆞ야紊亂이從生ᄒᆞ엿나이다

問汝가昨夏前에ᄂᆞᆫ不穩及紊亂이全無ᄒᆞ엿다ᄒᆞ나뇨曰若是히言ᄒᆞᆷ이아니올시다

問昨夏前에ᄂᆞᆫ不穩과騷動과及紊亂이有ᄒᆞ엿다ᄒᆞᆷ이뇨曰昨夏에略有ᄒᆞ엿소이다

問西曆壹千九百五年十壹月拾七日에汝가此地에在ᄒᆞ얏나뇨曰然ᄒᆞ오이다

問何處에在ᄒᆞ얏나뇨答馬山浦에在ᄒᆞ얏나이다

問伊時에도此國이紊亂ᄒᆞᆫ景況에在하얏ᄂᆞ뇨答幾部分地方에有ᄒᆞ얏소이다

問其理由를能히言及乎아曰日本人이思慮컨ᄃᆡ此도또ᄒᆞᆫ韓日協約(五條約)을締結ᄒᆞᆫ後에韓國現狀을關係ᄒᆞᆫ것신이니다

問光武九年拾壹月에韓日協約이國內에紊亂을引起케ᄒᆞᆷ이아니뇨曰純然ᄒᆞᆫ原因은아니나本人思量에ᄂᆞᆫ此가其機會를作ᄒᆞᆫ것사올시다

問此가其原因의壹部分이뇨曰然ᄒᆞ오니다

問여보三浦公—然則大韓每日申報가現今狀態에原因이라고하깃소曰純然ᄒᆞᆫ原因은아니오ᄂᆞᆫ但幾部分에助力ᄒᆞᆷ이올시다

問現今不平ᄒᆞᆫ狀態에他緣由ᄂᆞᆫ能히言ᄒᆞ깃나뇨曰大韓每日申報가此告訴된것과如ᄒᆞᆫ論說等을居常에揭佈ᄒᆞᆫ시ᄃᆡ이올시다

未完

▲隆熙二年六月拾九日 官報

▲部令

軍部令第三號

憲兵補助員採用에關ᄒᆞᆫ件을左갓치定ᄒᆞᆷ

隆熙二年六月十六日 軍部大臣 李秉武

憲兵補助員採用에關ᄒᆞᆫ件

第五章 給與

第十條 月俸은新任增俸의境遇에ᄂᆞᆫ總히발令의翌日로부터給하고解免의時ᄂᆞᆫ其當日까지日計로써給홈

第 壹條 憲兵補助員은營外居住홈

但現今에憲兵所屬宿舍內에起臥케ᄒᆞ고其食餌ᄂᆞᆫ各其自辦홈

第拾二條 憲兵補助員은別定ᄒᆞᆫ規則에依ᄒᆞ야初年에ᄂᆞᆫ現品으로써官服을給하고又年年被服保續ᄒᆞ기爲ᄒᆞ야現品或은代金을給홈 (未完)

外報

●禁烟規則 奉天電을據ᄒᆞᆫ則徐總督이각官廳의鴉片喫烟ᄒᆞᆷ을嚴禁하기爲ᄒᆞ야官吏喫烟檢査所를設立ᄒᆞ고鴉片을喫하ᄂᆞᆫ者가有ᄒᆞᆫ時에ᄂᆞᆫ該官吏의其責任을自擔ᄒᆞ기로七個條規를頒布하얏다더라

●三國同和 伯林電을據ᄒᆞᆫ즉法國外務卿피숀씨가院議會席上에셔演說ᄒᆞ되英法俄三國은毫末도戰意가無ᄒᆞ다하얏다더라

●海軍出駐 紐育電을據ᄒᆞᆫ즉米國大統領루쓰벨트氏ᄂᆞᆫ陸海軍總司令官資格을以ᄒᆞ야八百名의海軍을巴奈馬로出駐ᄒᆞ기를命ᄒᆞ얏다더라

●鐵道借款承認 北京電을據ᄒᆞᆫ則兩江總督端方이가開封西江間鐵道敷設費로英國會社에셔五十萬磅을借款ᄒᆞ기로契約을締結ᄒᆞ고外務部의承認을得ᄒᆞ얏다더라

●鐵道敷設議決 同電을據ᄒᆞᆫ則俄國議會에셔本月十六日에第二西伯利亞鐵道敷設案을可決ᄒᆞ얏다더라

●波斯禍亂 同電을據ᄒᆞᆫ즉波斯의形勢ᄂᆞᆫ他人의大疑慮를入ᄒᆞᆫ바인ᄃᆡ將次大禍亂을起ᄒᆞᆯ處가有ᄒᆞ다ᄒᆞ얏더라

雜報

●以對處分 遞宮大李允用氏가太和亭으로搬移흠은已爲揭載하얏거니와更聞흔즉塞이城外ᄒ야往還ᄒ기가稍遠不便흠을 大皇帝陛下씌옵셔特別洞燭ᄒ시고李允用은太和亭으로順和宮은嚴俊源家로嚴俊源은李允用家로移接ᄒ게ᄒ셧ᄂ니搬移ᄒ境遇에至ᄒ야ᄂ嚴俊源도不應하ᄂ故로不得已ᄒ야順和宮과互相移接ᄒ얏스며追後에李允用이가太和亭을還納ᄒ意로上 奏흔즉 大皇帝陛下씌옵셔當有措處ᄒ니以待處分ᄒ라ᄒ셧다더라

●永宣問候 永宣君李埈鎔씨가昨日上午十壹時에 德壽宮에進詣ᄒ야 太皇帝陛下씌問候ᄒ얏다더라

●帶同陛見 伊藤統監이昨日上午十壹時에英國海軍中將과大韓駐箚高等官吏를帶同ᄒ고 大皇帝陛下씌陛見ᄒ얏다더라

●各大協議 昨日은總理大臣以下各部大臣이統監府에宴會를因ᄒ야火曜例會ᄂ停止ᄒ얏ᄂ디今日에會同協議ᄒᆞᆫ다더라

●尉官請議 憲兵補助員의領尉官叙任件을軍部에셔修正ᄒ야昨日內閣의請議하얏다더라

●艦長請宴 伊藤統監이昨日下午二時에該官邸에宴會를設ᄒ고英國海軍艦長의壹行을請邀ᄒ얏다더라

●農次告別 內部次官岡喜七郎이가昨日의農商工部의前往ᄒ야同部韓日官吏를對ᄒ야ᄂ니部次官으로移去ᄒᄂ告別을訓諭ᄒ되職務上의恪勤勸務ᄒ고韓日官吏가和和케ᄒ라ᄒ얏다더라

●評議叉停 再昨日壹進會에셔評議會를開ᄒ고連日議決ᄒᄂ事項을提出ᄒᄂ대衆論이不壹ᄒ야評議會長金澤鉉氏가辭免ᄒ자지ᄒ얏다가該會員의公議를因하야金澤鉉씨가評議長으로更히出席하얏스나議案을또停止ᄒ얏다더라

●主院移接 昌德宮內宣政門前에在ᄒ던主殿院은秘苑皆有當로再昨日에移接ᄒ얏다더라

●卒業判事 法官養成所卒業生李基燦氏ᄂ咸興地方裁判所判事로同尹克榮씨ᄂ晋州地方裁判所判事를被任ᄒ다더라

●卒業主事 普成專門학校卒業生尹約榮金鉉台兩氏ᄂ度支部主事를被任ᄒ다더라

●韓人看守 法部에셔監獄署를京鄕에八處를設置하ᄂ대韓人看守長은履歷이有ᄒ人을選任ᄒ야每署에壹人式分署ᄒ다더라

●委員任免 학務委員被囑年月日을迅速히報來ᄒ라고학部의셔拾二道觀察使及漢城府尹의게訓令ᄒ얏다더라

●宮府退官恩 宮內府退官恩賜金을本月晦內로分給ᄒ다더라

●敝院借與 度支部의셔中樞院의照會ᄒ고北壯동의在ᄒ前中樞院空閒을國有財產管理上의必要가有ᄒ니此廳舍를借與ᄒ라ᄒ얏다더라

●地段價額 義州等地에鐵道犯入ᄒ地段價支給ᄒ額數가二十萬七千三百餘圜이라더라

●軍用地調查 鎭海灣軍用地의犯入ᄒ山林價額과墳墓移葬費支給次로調查委員長朴義秉씨가本日上午九時의前往ᄒ다더라

●預算繕呈 學部의셔各官立普通學校의預算草案을來七月五日內로繕呈ᄒ라ᄒ얏다더라

●勸入女校 學部大臣李載崑씨가再昨日에該部奏任官을大臣官房으로召集ᄒ야說明ᄒ되官立高等女학校學徒募集이尙今零星ᄒ니勅奏任官中에若有令孃이어든卽爲應募케ᄒ고若無令孃이어든雖姻婭族戚間이라도隨其有女ᄒ야卽爲入校케ᄒ라ᄒ얏다더라

●知機逃避 前承旨閔丙星씨ᄂ有何事件인지未知ᄒ거니와警視廳에셔詗探中인데該氏가知機先避ᄒ지라警視廳에셔閔氏家人김창식을捉去ᄒ야閔氏의去就를訊問ᄒ고旋卽放送ᄒ얏다더라

●卒業歸國 東京留學生김鎭初씨가現今日本大學校에셔農科를卒業ᄒ고來月三십日頃에歸國ᄒ다더라

●莫顧平隱 金光濟氏ᄂ名譽를釣取ᄒ며不善을掩ᄒᄂ人物이라本社에ᄂ有何關係이완대本社의名譽를損傷코저흠이던지自己의凶慾을田코저흠이던지前觀察使申黍休씨를屢度往見ᄒ고稱以本社補助金ᄒ고千餘圜을勸捐ᄒ다가警視廳에推捉質問흔後施爲放免ᄒ얏다더라

●不必見欺 近日의地方所聞을據聞흔즉或稱本社任員이라ᄒ고懇懃히請助ᄒᄂ弊가不無ᄒ다ᄒ니本社社員과擔務가不知ᄒᄂ事가豈有ᄒ리오如有此等弊端이라도更勿見欺ᄒ기를切望ᄒ노라

●反對又生 去土曜日에愛國志士追悼會長金允植氏와其他幹事員諸氏가惠泉湯의會同ᄒ야追悼會事件을講究ᄒ얏다ᄂ說은前報에已揭어니와甲申爲始로至甲辰以後愛國志士를追悼ᄒ기로提議ᄒᄂ대甲辰以後愛國志士ᄂ拔去ᄒ기로反對가有ᄒ야昨日에決定치못ᄒ고閉會ᄒ얏다더라

●日沮警權 鍾路廣通橋上에來往하ᄂ行人을來左去右케ᄒ야互相便利흠은壹般人民이共知ᄒᄂ바어니와再昨日上午에可許日人壹名이當地巡查의警權을違背ᄒᄂ지라巡查가日人을阻遏흔대日人曰行路左右가任余自由어ᄂ巡查가何可阻遏乎아ᄒ고警察權을違反ᄒ되巡查가不能禁止ᄒ미傍觀者가皆曰巡查도日人의게ᄂ莫敢誰何라ᄒ더라

●聯合宴會 漢城內에在흔各大同商務社에셔聯合ᄒ야今日에宴會를訓鍊院의設ᄒ고伊藤統監을請邀흔다ᄂ說이有ᄒ더라

●大同宴樂 黃土峴貧商任房에셔本日에東門外紫芝洞에出往ᄒ야宴樂ᄒᄂ데妓生이三十壹名이라더라

●虎患又生 近日以來로龍山附近地에虎列剌가發生ᄒᄂ慮가有흠으로日本軍司令部에셔預防檢疫所를設置ᄒ고該檢疫事務를設備ᄒᄂ中이라더라

●檢疫所委員 日本軍司令部에셔預防檢疫所를設置흠은別項과如ᄒ거니와軍部의셔도日本司令部의通知를因ᄒ야預防檢疫所를設置ᄒ고事務委員若干人을選置ᄒ기로現今準備中이라더라

●日巡募集 昨日警視廳에셔日本巡查數拾名을募集ᄒ얏다더라

●巡查下揚 日昨의楊州等地로出張ᄒ얏던韓日巡查三拾名이招還ᄒ고警視廳의셔昨日의韓日巡查三拾名을更히楊州等地로派送ᄒ얏다더라

●江華風塵 江華郡에셔日憲兵과巡查合十八人이義兵과交戰ᄒᄂ대壹進支會長과副會長이再昨日에避禍上京ᄒ얏다더라

●漢津義擾 三昨日에水原郡漢津에義兵數拾名이來到ᄒ야該洞人民을威脅하고錢財를討索ᄒ얏다더라

●楊谷警擾 楊谷郡의셔本月六日下午拾壹時半의義徒拾名이各持銃砲突入ᄒ야該郡巡查二名을殘害하고七日上午三時의該郡私立普明學校의放火ᄒ미十時半의至ᄒ야該學校가沒燒無餘ᄒ얏ᄂ대該郡守洪鐘瀚氏ᄂ該徒入郡時의銃聲을聞ᄒ고蒼荒脫身ᄒ야避匿於三里許山頂茂林岩石間이라가七日六時의轉進於拾五里許沿海民家의暫住라가最後의認知該徒之逃去하고還郡調查흔즉校舍拾二間과冊床椅子時計硯具燈具敎授各項書冊器物이都入燒燼ᄒ야無壹保完이오其他文頂損害件記ᄂ姑未整頓ᄒ야未得壹々調查하얏고該郡守가翌日의人民을壹々招集ᄒ야曉諭安心케하얏스나校舍ᄂ姑無定處라고該郡守가學部로報告ᄒ얏다더라

●校基無價 南署明洞에在흔學部所管垈六拾餘坪을隣商業학校에無價讓渡흘案件을학部의셔內閣의請議ᄒ얏다더라

●高校經用 高原郡守李應식씨가因該郡私立灩光學校長李容과氏에報告ᄒ야學部로報告ᄒ얏ᄂ대本月三日에義徒約四十名이來到該校하야放火校舍하야學校所有物品及書籍을幷燒ᄒ고且贊成員安鐵衡卓承茂等을捉得ᄒ야紙貨八十圜을奪去흠으로校況이極爲慘惻이라ᄒ얏더라

●退此入彼 法官養成所에셔今番退學生이百餘名인대養正義塾에入學ᄒ기로現今決定中이라더라

●維持起會 李敏應趙漢鏞其他某々諸씨가發起ᄒ야私立中橋義塾을維持ᄒ方針을研究ᄒ기爲ᄒ야維持會를組織ᄒ얏다더라

●改稱獎勵 大韓殖產獎勵會長閔元植氏가會名을實業獎勵會로改稱ᄒ고會務를壹層刷新ᄒ기爲ᄒ야連次評議會를開ᄒᄂ대本月貳拾六日下午壹時의ᄂ特別通常會를駱洞本會事務所의셔開設ᄒ다더라

▲地方消息▼

▲本月六日谷山郡의셔義兵五拾名이日分遣隊와交戰ᄒ얏다ᄒ고

▲本月拾日兔山郡栢동의셔義兵拾五名이日守備隊長以下拾貳名과衝突하얏다ᄒ고

▲本月拾七日安東郡附近의셔義兵二拾名이日守備隊下士以下八名과交戰ᄒ얏다하고

▲咸興郡南浦里山中의셔義兵約五拾名이日憲兵과交戰ᄒ얏다ᄒ고

▲本月拾九日楚山郡의셔義兵八拾名이日分遣隊와交戰ᄒ얏다더라

▲志士憂歎▼

▲當時形便牢籠ᄒᄂ經濟之志김헛스나如掌小局槿花域의變幻時機術發하면嗚呼短歎결로ᄒ다

▲五百年來意惰習慣變幻風潮莊味ᄒ고武陵桃源深邃處에支離春夢未攪ᄒ야欲網流花飲勝ᄒ니이民志를엇지흘고有志者의恨歎이오

▲瞽盲又치合眼ᄒ고時局形便不見이라각自競爭此天地에官芽已塞空々ᄒ게宦海中에沒身ᄒ니더官吏를엇지흘고有志者의恨歎이오

▲社會가戎立ᄒᄂ實地事爲杳然ᄒ고各自奔競鈞名ᄒ야捷徑惹되얏스니鄙悖心腸可愧로다더人士를엇지ᄒ나有志者의恨歎이오

▲物理學을未學ᄒ니製造法을全昧ᄒ고外國品만輸入흔다固陋ᄒ다이眼目에別物로瞠視ᄒ니더工業을엇지ᄒᄂ有志者의恨歎이오

▲詩酒席에會集ᄒ야論當世而解頤ᄒ니無益空談紛紜ᄒ고無情時間浪度ᄒ야實心實學업섯고나더人士를엇지ᄒ나有志者의恨歎이오

▲各학校를設置ᄒ고育年敎導ᄒ다ᄒ나語學으로爲主ᄒ고他課程이蕪疎되니通詞資格培養흘가더敎育을엇지ᄒ나有志者의恨歎이오

▲農業務를設始ᄒ나西亞當烟依舊ᄒ야叱牛聲이撤出ᄒ미片々玉土不治ᄒ야稼穡艱難未免이라더農民을엇지ᄒ나有志者의恨歎이오

▲孤弱自棄成習ᄒ야維新思想全無ᄒ고悠々泛々度日ᄒ야下等國人自處ᄒ고時運不塞冤懟ᄒ니더貧賤을엇지ᄒ나有志者의恨歎이오

▲術技局이成風하니同胞財產虛憊나셔不惜千金爭賭ᄒ야家產忽地奪取ᄒ니骨肉相殘이야ᄂ가더惡嵐을엇지ᄒ나有志者의恨歎이오

廣告

測量夜學員募集廣告

本校夜學科에서 測量登科를 特設ᄒ고 學員을 募集ᄒ오니 願學僉員은 本月貳拾七日로 至ᄒ야 請願書를 提呈ᄒ시고 來八月一日(日曜)下午三時에 本校로 來臨ᄒ야 隨應試ᄒᆷ

但請願紙ᄂ 本校用紙로 要ᄒᆷ

試驗科目 筭術四則

年齡 拾五歲以上

上學時 自下午八時半至九時半

卒業期限 六個月

典洞私立中東學校 次

天然堂寫眞

擴張減價

本堂에서 寫眞美術大擴張ᄒ기 爲ᄒ야 新式器械諸品을 多數貿來ᄒ고 壹邊으로 生徒를 無手料教授ᄒ며 壽歲不變ᄒᄂ 素銀色寫眞과 白金五色寫眞을 隨請需應ᄒ며 婦人네ᄂ 內館에서 禁雜人撮影ᄒ오며 價額은 中小本에 壹圓 小本에 五拾錢 大本에 四圓半으로 永爲改定ᄒ앗ᄉ오니 僉君子ᄂ 照亮ᄒ시오

또 德門外에서 皇壇으로 向ᄒᄂ 新作路左便

天然堂寫眞館主人 金圭鎭 告白

本人의 家券을 年前의 不知中서 失故ᄒ야 漢城府의 請願ᄒ야 新家券을 出給ᄒ게ᄉ기 玆의 廣告ᄒᆷ

東部壹洞統拾二戶 金泰元 白 (三)

◎特別廣告

自甲申至甲辰間의 愛國死士追悼會를 本月二十七日(土曜)正午拾二時에 訓鍊院에서 設行ᄒ오니 左開追悼諸位遺族諸氏와 愛國同胞ᄂ 屆期來參ᄒ시와 追悼ᄒ 忱을 共表ᄒ심을 敬要

但當日雨則翌日 再雨則次土曜

愛國死士追悼會 告白 次

左開追悼諸位氏名

趙寅夏 閔台鎬 閔泳穆 李祖淵 韓圭稷 尹泰駿 柳存賢 洪英植 박泳敎 尹泳觀 朴응學 申箕模 申寅模 徐載昌 白樂雲 鄭行증 李寅鐘 金鳳均 南興喆 리殷종 리建英 吳昌模 高永석 尹景舜 黃龍澤 리熙正 리秉虎 河應善 崔殷東 리殷돌 리昌圭 리熙奎 崔榮植 高興종 劉鴻基 朴齊형 吳 鑑 卞璧淵 邊 樹 白春培 徐光轍 朴泳斌 兪亨濬 金玉均 리회惠 리潤相 金鶴羽 박準陽 리泰容 韓員會 洪啓薰 리耕稙 리冠會 리學承 安宗洙 박應陽 박錠基 申百회 리龍憲 梁濟換 徐相者 曹寅承 金圭軾 權 숙 孫鎭憲 丁存寬 會炳爀 朴基仁 金顯中 金봉準 孫化中 김介南 朴東緖 朴世綱 金弘集 정秉夏 魚允中 리喜和 安경壽 權瀅鎭 閔洛善 林炳吉 리基善 리彭烈 卞河진 嚴柱鳳 趙永斗 吳埋模 리秉礎 朴共浩 張泰允 리容旭 金蕃鉉 리錫日 趙宅顯 張浩敬 權浩善 金鴻鎭 金益鎭

暑疾預備丹

每於夏秋之交에 虎列剌暑疾(쥐ᄉ병)之流行은 若不快服預備면 橫死爲慮故로 太方家所製 暑疾預備丹을 廣布ᄒ오니 凡我同胞ᄂ 勿遲來購ᄒᆷ

發賣所 慈惠藥房 羅薦昌 告白 入

本人의 正則圖章과 大銀壹圓과 金出振의 五拾兩標와 崔志彦 李景와의 去來日記를 六日에 龍川下北서 見失ᄒ엿사오니 內外國은 雖拾無效ᄒᆷ

回 張英麟 告白

魯桑椹

新種이 本社에 來到ᄒ얏ᄉ오니 僉君子ᄂ 來購ᄒᆷ

西部廉동廿壹統壹戶 蠶桑廣益會社 社長 金秉先 白 ᄉ

本人이 本是 西江之人으로 家夫 成禮後生時 去庚子年分에 恩津郡으로 落鄕居生ᄒ다가 其翌年 辛丑에 家夫 德俊이 不幸身死ᄒ니 오직 只率壹女而殖利措生이옵더니 去甲辰年分에 錦山郡邑下居 金在浩爲名人이 來往恩津이다가 得聞本人之寡居ᄒ고 與동人互相符同ᄒ야 稱云觀像客ᄒ고 來觀本人이더니 第幾日後 夜半에 踰墻入室ᄒ야 强誘無雙故로 勢不奈何ᄒ야 受其辱ᄒ온 後 因適錦山金門ᄒ야 觀其金哥之家勢則 三旬九食而未易이온 中病妻가 在家이온지라 本人이 儲置ᄒ얏던 錢葉三千七百兩으로 供饋金在浩之妻子ᄒ며 先祖에 香火를 奉ᄒ며 資本으로 在浩가 殖利ᄒ다가 再昨年分에 都書員을 納賂圖差ᄒ고 又於昨年分에 納賂移任錦郡郡主事ᄒ야 適其勢力ᄒ야 本年잣에 少이 妾作ᄒ야가지고 本人을 逐出ᄒ옵기 本人이 不勝忿恨ᄒ야 若然則 錢葉三千七百兩을 還給ᄒ라ᄒ온즉 金哥言내에 三千七百兩은 萬不還給ᄒ터이니 ᄀ年食費를 反爲出給ᄒ라ᄒ며 赤手空拳之人을 不時逐出ᄒ오니 從古以來에 豈有如許尤甚賊盜者乎잇가 至冤極痛ᄒ야 如是廣告ᄒ오니 內外國僉君子ᄂ 覽此至文ᄒ시고 爲此寡女之情景ᄒ시와 向金在浩之面而唾之ᄒ소서 (三)

京中部磚동居 見逐人 姜召史 白 次

本社掌運車手가 乘客에게 不敬ᄒᆷ을 禁止ᄒ기 爲ᄒ야 玆에 佈告ᄒ오니 自今으로 掌運車手가 親務ᄒᆯ 時의 驛車의서나 休憩時의 閭巷의서 言語行動이 壹毫라도 無禮或設忽ᄒ야 耳目의 不合ᄒᆫ 일을 當ᄒ시거든 該人의 所佩號票의 號數를 記錄ᄒ야 本社據務의게로 寄函或親枉說明ᄒ시면 當該敦厚調查ᄒ고 該人의 所行輕重대로 斷當處治逐出ᄒ야 以絶後弊케ᄒ겟사오니 僉君子ᄂ 照亮ᄒ시와 通奇ᄒ심을 望ᄒᆷ

韓美電氣會社 告白 次

本館이 設立이 旣經四載에 有志諸氏가 誠心贊成ᄒ야 新聞縱覽之員이 日益頻繁ᄒ고 圖書發售之道가 稍呈端兒일석 教育書及外國書籍은 本館의 自任ᄒ고 不得不擴張ᄒ야 新舊書籍과 學校用品及衛生良藥을 俱備發賣ᄒ오니 僉君子ᄂ 光顧ᄒ심을 切望ᄒᆷ

海州南門內 書籍館 朴昌鎭 白 入

本人의 姓名圖章을 失故ᄒ기로 玆에 廣告ᄒ오니 誰某든지 得ᄒ거든 勿施ᄒᆷ

學部認許 谷面校동 文咨若 告白 (三)

本書舖에서 各種書籍을 俱備發售ᄒ오니 邑隣有志僉彦은 隨時購覽ᄒ심을 務望 但發冊正價ᄂ 原發行所와 同壹ᄒᆷ

平北博川邑梅洞乾材藥局內 博新書館 魚命鎭 次

奬學社

本社에서 北部大安洞別宮後前 普語學校內로 移接ᄒ고 定頓치 못ᄒᆷ으로 施賞은 今二拾七日로 定ᄒ고 應募答案은 廿八日로 七月壹日ᄭ지 接受ᄒᆷ 奬學社 告

國債報償金中에 婦人이 銀環銀佩物로 本社에 來納ᄒᆫ 者를 許久積置ᄒ엿ᄉ나 卽爲放賣ᄒ야 銀行에 殖利ᄒᄂ 것만 ᄀ지못ᄒ기로 玆에 廣告ᄒ오니 或有願買人이 거던 本社에 來問ᄒᆷ

本社 告白

本店에 夏節양服件이 英京倫敦에서 新着ᄒ앗기로 玆에 廣佈ᄒ오니 僉君子ᄂ 光顧購買ᄒ심을 無窮望ᄒᆷ

貞洞華商源泰號 양服裁縫店 謹白 入

●林業速成科學員募集廣告

本校에서 夜學林業速成科及測量科를 合設ᄒ고 兩科에 關ᄒᆫ 學理與技術을 教授ᄒ겟ᄉ오니 願學僉員은 本月貳拾五日內(陰五月貳拾七日)로 入學請願書(本校에 來求)를 本校에 提呈ᄒ고 七月拾二日(日曜日)上午拾時에 來校應試ᄒᆷ

壹 試驗科目 國文 漢文 讀書作文 筭術四則以內

但相當ᄒᆫ 本業證書가 有ᄒᆫ 人은 免試許入ᄒᆷ

壹 修業期限은 拾個貳月로 定ᄒᆷ

壹 上學時間은 自下午七時로 至拾時三時間

壹 修業課程 造林學總論 造林各論 苗圃論 森林保護學 森林經理學 森林利用學 植物學 測樹學 土壤學 肥料學 農學大意 測量學術及實習

隆熙貳年六月拾三日

西大門內普成學校 七五

夏期講習所

本所에서 學生의 研究便宜를 圖키爲ᄒ야 夏期講習所를 特設ᄒ오니 願入僉員은 左開를 依ᄒ야 早速請願ᄒ심을 望ᄒᆷ

▲科程▼

英語課 日語課 (以上兩科ᄂ 各ᄒ야 甲乙兩班에 分ᄒ야 甲班은 時文慣詳ᄒ고 乙班은 簡易ᄒᆫ 語로 秋期各學校語學科就學ᄒ에 便宜케ᄒᆷ)

測量課 本課ᄂ 速成貳個月에 畢了ᄒ게 ᄒ고 筭術ᄭ지 全部를 畧解ᄒᆫ 人의게 限ᄒ야 募集ᄒᆷ (實地測量을 兼行ᄒᆷ)

代數課 甲乙班에 分ᄒ야 甲班은 二次方程式으로 至終 乙班은 自初至壹次方程式

算術課 甲班은 名數로 至求積法 乙班은 自整數至小數

▲入學規定

壹 本所各課에 入學코자 ᄒᄂ 時ᄂ 入學請願書에 願學科程을 明記ᄒ야 六月晦內로 本所投書函에 投ᄒᆷ

壹 本所教授期間은 七月壹日로 八月三拾日ᄭ지 定ᄒᆷ

壹 本所教授時間은 上午七時로 拾二時ᄭ지 限ᄒ되 時間表ᄂ 應募가 畢了ᄒᆫ 後 學生의 便宜를 隨ᄒ야 決定ᄒᆷ

壹 本所各課ᄂ 每日壹時間式 教授ᄒᆷ (測量은 實地測量은 此限에 不在ᄒᆷ)

壹 本所에ᄂ 何科든지 應募ᄒᆫ 員이 三拾人이 未滿ᄒᆫ 時ᄂ 該班은 不設ᄒᆷ

壹 學生卅人以上의 聯名請願이 有ᄒᆫ 時ᄂ 他課를 更設ᄒᆷ도 得ᄒᆷ

壹 月謝金은 每課班에 壹圓式 排納ᄒ되 貳課或以上을 兼修ᄒᄂ 時ᄂ 何兼修課ᄂ 每課에 五拾錢式 計受ᄒᆷ

壹 月謝金은 每月三日以內에 排納ᄒ야 聽講券을 領携ᄒᆷ

壹 修業期가 滿ᄒᆫ 時ᄂ 成績을 試驗ᄒ야 修業證書를 授與ᄒᆷ (但測量課ᄂ 卒業證書)

壹 細則은 本所規則을 依ᄒᆷ

講師氏名 李敎承 曾田嘉伊智 宋彦用 金澤吉 陸定洙

皇城鍾路基督敎靑年會學館내

數語夏期講習所 所長 李商在 次

林野法令

定價金 廿五錢

本法令은 最近에 頒布된바 壹般臣民이 此法令書를 不覽ᄒ면 特大ᄒᆫ 利害를 失ᄒ고 각其山壟도 併棄ᄒᆯ 注意件은 本冊第五頁 本行에 揭載ᄒᆷ과 如ᄒ며 持ᄒ 本冊은 山林에 關ᄒᆫ 勅令及部令壹切法則을 編成ᄒᆫ 者니 斯速來購ᄒ시오 (六)

發賣所 布屛下 廣학書舖 罷朝橋越邊 中央書館 鍾路大廣橋 大東書市 鍾路銅峴 古今書海 南洞 匯東書館 博文書館 紫岩 박학書館 新舊書林

廣告

壹小兒가 脂環壹件을 本典舖에 來要典執故로 問其居住則云居東門外故로 其拾近來認之由를 詳問則該兒所答이 委路街上에서 拾得云故로 覺還本主가 爲養上爲好라고 勸諭호즉 該兒도 亦知其可而諾從故로 玆에 廣告호오니 該物의 失主는 該脂環의 物質과 製度形式을 相照推覔호심을 爲要

鐵物橋吉星社典當局 告白

本人이 陰五月拾六日 儒川場에 又 오다가 中路에서 强盜를 맛나 姓名圖章을 見失호엿사오니 勿論內外國人호고 切勿見欺홈

松禾龍門坊上里完亭村
崔炳益 告白

한城松橋法律事務所
辯護士 玉東奎

民事代理와 刑事辯護호기 爲호와 出張所를 如左히 定홈

第一 平壤
出張所 觀察道前拾三統貳戶
事務員 李寅根

第二 海州
出張所 포政門前工洞 호子景家
事務員 李鼎圭

○약 광 고

(…)

製藥所 仁川港栢峴 和平堂약房
發行人 仝 李용善
代理店 仁川港奇觀濟生堂藥房 京성大廣橋共愛堂藥房

부인의 양 도 경 환

胎 養調經丸

대더 부인이 년과로독 잉티치 못홈은 병으로 인홈이니 일쥭이 연구치 아니호고 심상이 브려두면 다만 한사름의 불힝뿐 아니라 또호 젼국에 크게 관계가 잇는고로 도성외 십오년을 너외국 고명의 스의 실험방을 뎐젼호야 성애 집으로브터 他人家에 루々시험호즉 열에 열사룸이 다효험을 보앗고 초약이 잉티만 호뿐아니라 (치경)(치젹)호며 (조경)(조혈)되는고로 이곳치 광포호오니 첨부인은 일추 시험호시며 각디방이라도 우편으로 붓쳐 디이오니 죠량호시옵

壹劑壹個月分定價五圜

製藥所 仁川港奇觀 和平堂약房
發行人 仝 리應善
代理店 인川港奇觀 濟生堂약房 京城大廣橋 共愛堂약房

우량종약은 청심보명단각처발매소마다 수응판매호오니 그근방에 계신이는 그곳으로 가셔 문의호시오

仁川港和平堂 白

漢城鍾路藏園基督敎靑年會館前 慈惠藥房 製藥監査人 濟衆院醫學員 洪錫厚 朴慈惠 李觀化 告白 代理 ■製■洋藥局 李信華

本人等이 漢城南大門外濟衆院에서 十餘年을 經驗한 方으로 左記 對入낙을 製造호오니 京鄕間遠近勿論호고 此약品價를 定호시기 爲호야 前日에 該局販藥五等消藥人 朴永氏에 特히 方文을 讓定호고 有效證明書를 受호와 主治効能用法을 詳記호야 洋鉄匣紙匣琉璃瓶에 封호야 賣藥兄弟에게 利益이 加有호도록 廉價로 賣호나이다

治痰平胃丸	男女 益氣補血丸
輕腫根治膏	純金鷄蠟丸
濕腫根治膏	蛔虫沒出丸
癰拔根金瘡膏	四時感冒丸
小兒胎毒金瘡膏	淸明眼藥水
癩氣 神効 保嬰散	消痰鎭咳藥
小兒 感冒 靈効散	男女 淋疾根藥
德國製淋疾丸	寸虫拔根藥
漢城百應膏	止汗臭藥
洋藥乾材	止瀉濕腸丸
舊藥唐草材	陳滯消積丸
西藥醫方法套	無惡臭疥癬藥

◉大韓國 ■ 發明神藥

◉ 修度 靈丹 各種食滯中暑久滯口臭 痰飮吐瀉定價一貼十錢
◉ 至寶丸 治諸般疾■不拘久遠 俱有偉効定價金十錢
◉ 靈救液 外用方藥疥癬皮風 百發百中定價金三拾錢
◉ 淸眼水 治諸般眼疾有■■見 天之妙定價金拾錢
◉ 通淋丸 治男女■■淋疾神效 無雙速效除毒壹週金五拾錢

製藥發行所 漢城南部大廣橋西邊第三統十九戶 共愛堂大藥房 姜助淵 告白

支店 南大門內 共愛堂第一支店 李春善
群山港開福洞 共愛堂第二支店 黃麟秀
河東郡赤良面 共愛堂第三支店 仁濟藥房

代理店 漢城北部大安洞 慈惠藥房
仝 鍾路靑年會館前 普濟醫院
仝 西部新門外石橋 濟生堂
仁川奇觀 仝 和平局

此外에도 東西洋各國有名賣藥과 草材藥이 俱備호오니 藥의 多少를 不拘호고 請求호시면 小包로 仰呈호게숩

◉大韓國新發明賣藥廣告

陸軍軍醫金守鉉君實驗方劑
陸軍軍醫張基茂君有効證明
四海衛生之諸君子常備之寶藥

消化新藥 淸心保命丹

發行所 仁川港栢峴 濟生堂藥房

九十粒入金拾錢

◉主治功能 … 不服
◉ … 車眩暈
◉ … 口渴
◉ … 瘦痰 … 方妙藥
◉出張代理所 …
◉京城大廣橋共愛堂大藥房
同 종路 … 藥房 리觀化
同 梨峴 洋약局 리信華
同 銅峴 博文書館 盧益亨
同 南大門外大同運輸會社 … 二
同 泥峴三丁目 新井支店
同 泥峴郵便局前 天佑堂
◉仁川舊邑本堂出張所 金濟賢
同 水標橋本堂出張人 리鳳林
同 開城府旅館 韓昌根
同 奇觀和平堂 리應善
◉開城南門內萬物屋 박圭植
同 남門內同店 呂相玉
同 남門內冊肆 리碩鎬
同 北部惠橋 具顯模
◉海州宗路商店 宋在瑛
同 二房약舖 기永燮
同 남門內店 리奉植
水原종路下약房 金濟九
◉延安邑니洋약局 洪敎文

◉江華종路店 尹斗鉉
同 종路店 宋順五
同 西門外冊肆 高成俊
◉楊州남門니 ■■■
◉利院市場니客主 朴健昌
◉同 … 任允中
同 耶 … 堂니 리在쑨
◉黃州남門니紅門동 리東■
◉平壤箕營下里濟生局 韓鳳儀
同 館前衛生醫院 金■■
同 大興部一里 ■■化
同 平武洞藥局 桂澤宜
同 黃州出張人 尹■■
◉鎭남浦 … 洋약局 김元석
同 … 本堂出張人 吳남奎
◉群山港開福동 김斗鉉
◉公州 … 井동 … 大약房
◉安岳邑上 … 里濟生局 林景柱
◉大邱남門니 … 동 김成浩
◉釜山港草梁客主 金重佑
◉德川郡 … 商店 朴芝行
◉載寧邑後동洋약局 崔允國
◉晉州東良面早遜 金鎭和
◉晉州郡관동 박魯賢
◉定州남門니洋약局 리健柱
◉郭山邑니洋약局 羅鳳彬
◉鐵山邑니永春堂 安 ■
◉宜川邑니冊肆 安
◉義州本口街 김석浩
◉信川邑四里洋약局 김永植
◉郭山邑冊肆 김大鉉
◉元山港濟生堂支店 박敬鎭
◉北靑新昌港客主 박錫勳
◉江原道本堂出張人 ■雲來
◉德川邑官동洋약局 리丙斗
◉楊口용谷里 리東赫
◉其他各약店마다 隨處販賣홈
◉仁川港濟生堂 告白

本所에서 鑛山、土地、家屋、山林、測量製圖設計等을 迅速 辦理홈

南署會동九拾貳統拾壹戶
會同測量事務所
總務 ■澤吉 事務 金錫權

▲特別廣告

本社에서 名帖印刷하기를 專設하고 各種活字와 紙를 本이 俱備하오며 印刷가 精美하고 價直도 極廉하오되 特別히 婦人外에는 一層低廉하오니 僉位는 來臨하시와 隨意請求홈

大韓每日申報社 告白

●本社廣告

○廣告料

四号活字十三字詰每日壹行一寸에 新貨弐拾五錢

(每日每行六箇에 相當홈)

二週日에 二圜五十錢
每日每行四號五號에 相當홈
一箇月에 五圜
每日每行四號一至에 相當홈
其期限외 長短과 字行외 多寡를 依호야 增減홈이 有홈

○申報價

壹號代金 新貨二錢五厘
壹個月前納 三十錢
參個月 九拾錢
陸個月 一圜七十錢
壹個年 三圜四十錢
郵稅一號 新貨五厘
壹個月 十三錢

發行兼編輯人 英國人 萬咸
發行所 南署石井洞號外地三層洋屋 大韓每日申報社

종路慈惠약房內慈惠醫院에 醫療機械 診察醫師는 醫학博士 洪석厚 慈惠房藥賣業主 李觀化 全國拾三道에 以小包郵便으로 製藥所主任 李愚與 製藥印刷所兩職工 入 安宇榮 月度에 三十六名에 達홈

光武九年八月十一日 明治卅八年八月拾壹日 (第三種郵便物認可)

第八百卅九號

大韓每日申報

第六卷

月曜及慶節歲時日休刊

檀君開國四千二百四十一年
箕子元年三千三十年
大韓開國五百十七年
日本明治四十一年
淸國光緖三十四年
陰曆戊申五月大廿七日辛亥

別報

◉裵說氏의公判顛末

第一日 續

問大韓每日申報의發刊ᄒᆞᆫ暴動及秩序紊亂을惹起ᄒᆞᆫ論說外의其他緣由ᄂᆞᆫ何오曰實地의現狀을反對ᄒᆞᄂᆞᆫ多少韓國人民들의不平을懷ᄒᆞᆫ者들이올시다

問何人을反對ᄒᆞ며何事를反對ᄒᆞᄂᆞ뇨曰韓國政府가日本指揮下의在ᄒᆞᆷ을因ᄒᆞ야日本과韓國政府를反對ᄒᆞᆷ이올시다

曰所以로其怨恨이日本을直指ᄒᆞ야反對ᄒᆞᆷ이라ᄒᆞᄂᆞᆫ구려答曰本人은如此히言키ᄂᆞᆫ不能이로소이다

於是에裁判官의게向ᄒᆞ야曰閣下여本人은原告가如此히言ᄒᆞᆷ인줄노知悉ᄒᆞ나이다

裁判官曰原告의言은其他原因인즉韓人들이日本政府에對ᄒᆞ야不平을懷ᄒᆞᆷ이란고ᄒᆞᆫ것이로다

크로쓰氏가다시드、浦氏의게問曰此其然乎아答曰然ᄒᆞ오、若干他種由도或有ᄒᆞᆯ올시다

問曰大韓每日申報에現出ᄒᆞᆫ此等論說노從生ᄒᆞᆫ暴動이나秩序紊亂의分明ᄒᆞᆫ例證을汝의所知대로言ᄒᆞᆯ수잇나뇨答曰卽今으로ᄂᆞᆫ此를爲ᄒᆞ기不能이어니와此等論說이其言論이甚是强硬ᄒᆞ고其性質이大端히激昻ᄒᆞᆫ줄노思量ᄒᆞᆯ而已로소니其言이오只此라但其例證이오卽今으로擧言키不能이로소이다

問曰以余思想으로ᄂᆞᆫ高聲大讀이韓人의習慣인줄노認ᄒᆞᆷ이可也로니其然乎아答曰然ᄒᆞ이다

問曰現時에日本軍卒이幾多히韓國에在ᄒᆞ뇨答曰此ᄂᆞᆫ不能指言이나既往에貳個師團이有ᄒᆞ다가壹師團을撤還ᄒᆞ엿고今에更加來駐ᄒᆞ엿나이다

問曰貳千或三千以內라言ᄒᆞ나뇨壹萬五千或貳萬이라言ᄒᆞ나뇨答曰約二萬으로量度ᄒᆞ나이다

問曰壹師團에軍額이幾何오答曰約壹萬인줄노量度ᄒᆞ거니와詳悉치ᄂᆞᆫ못ᄒᆞ노니只是推想이로소이다

問曰其全軍이秩序를維支ᄒᆞ노라고此地에在ᄒᆞ뇨答曰然ᄒᆞ여이다

問曰然而其不穩狀態ᄂᆞᆫ甚是蔓延乎아答曰然ᄒᆞ오이다

問曰今朝에汝가與等辯護士의訊問ᄒᆞ기를騷亂이最甚ᄒᆞᆫ데ᄂᆞᆫ卽某々處다ᄒᆞ얏지ᅵᄒᆞ며(彼가旣爲枚擧ᄒᆞᆫ바各道名을크로스氏가讀聽ᄒᆞ고」乃曰其然乎아ᄒᆞ니彼가更히全羅北道를加言ᄒᆞ더라

裁判官曰彼證人이全國之半이라말ᄒᆞ얏나니라

크로쓰氏再問曰其지地方이皆是北方에在ᄒᆞ뇨答曰暴徒의行動이甚是敏捷ᄒᆞ야今日此處明日他處에出沒無常ᄒᆞ니此ᄂᆞᆫ鎭制가元無ᄒᆞᆫ故라此가甚難ᄒᆞ도소이다

問왈此新聞의京城에서만發賣되ᄂᆞᆫ張數가幾何오왈其詳細ᄒᆞᆫ數爻ᄂᆞᆫ不知ᄒᆞ오나國漢文報와國文報를合ᄒᆞ야京城과及其附近에約六千五百張은되나이다

問왈壹日에然乎아왈國漢文報와純國文報를幷ᄒᆞ야然하오이다

問왈兩報를分別ᄒᆞ야說明치못하깃나뇨왈今此엔不能ᄒᆞ오이다

問曰京城人民도不平ᄒᆞ뇨答曰然ᄒᆞ다問接으로不平ᄒᆞ외다

問曰此坰에暴動이有ᄒᆞ뇨答曰城內에ᄂᆞᆫ無ᄒᆞ나問接으로亦有ᄒᆞ오昨年八月壹日에南門內戰鬪를可言인바此가壹大特別景狀이러이다

問曰此ᄂᆞᆫ特別ᄒᆞᆫ時機라日本騎兵隊武官壹人이衆人中에又ᄒᆞ던時가非此際耶아汝가談話에在ᄒᆞ엿더뇨答曰然ᄒᆞ오이다

問曰此가軍隊를解散ᄒᆞ던時뇨答曰卽其日이올시다

問曰軍隊解散이卽其原因을作ᄒᆞ엿더뇨答曰然ᄒᆞ오이다其間에大韓每日申報가號外를發布ᄒᆞᆷ을本人이可히言ᄒᆞ깃나이다

問曰其號外에何가有ᄒᆞ며뇨韓國軍隊를解散ᄒᆞ엿다ᄒᆞ엿더뇨答曰否라本人이壹貳件을可以記憶인바韓國이日本의게其將校等이라ᄒᆞᆫ것과其他事件이有ᄒᆞ엿나이다

問曰其號外에如何他件이有ᄒᆞ며뇨答曰此를잘記憶치못ᄒᆞ나이다

問曰其號外ᄂᆞᆫ此法庭에不現ᄒᆞ엿스니告訴의壹部關題가아니어니와盖何人이韓國軍隊의解散을命令ᄒᆞ엿나뇨答曰韓國政府가統監指揮下에셔行ᄒᆞ엿나이다

問왈日本政府指揮下이뇨왈然ᄒᆞ오이다

問曰然則軍隊를解散케ᄒᆞᆫ거슨日本政府라ᄒᆞᆷ이지答曰間接으로日本政府가行ᄒᆞ엿ᄂᆞ이다

問曰韓國軍隊解散으로從生ᄒᆞᆫ騷亂의責任이日本政府에不在ᄒᆞ뇨曰責任을言하나뇨

曰然ᄒᆞ다답曰韓國政府ᄂᆞᆫ責任이無ᄒᆞᆫ줄노意ᄒᆞ나뇨

曰否라日本政府의責任이라言ᄒᆞ노라답曰其責任이兩政府에俱在ᄒᆞ오이다

曰雖然이나韓國政府ᄂᆞᆫ責노出言치아니ᄒᆞ엿고但日本政府의敎言대로不得已而行之ᄒᆞᆫ거시지果其然乎아答曰日本指揮下에在ᄒᆞ오이다

問曰雖然이나日本政府가指揮ᄒᆞ면韓國政府ᄂᆞᆫ踐行ᄒᆞᆯ而已뇨答曰此其難言處라依例히日本政府ᄂᆞᆫ韓國政府의所請을委囑ᄒᆞ자오

曰雖云委囑이나日否다ᄒᆞ며不此之爲ᄒᆞ고委囑은云々而已니吾ᄂᆞᆫ其主旨가若此ᄒᆞᆫ줄노認ᄒᆞᆷ비라若韓國政府가此冊을彼處로移置코져ᄒᆞ면此를行키前에日本政府에先向ᄒᆞ야其許可를必請ᄒᆞᄂᆞᆫ대日本政府가曰否라ᄒᆞ면此冊을移置키ᄂᆞᆫ能이지답曰若日本政府가韓國政府의所言을是로認ᄒᆞ면該請求를委囑ᄒᆞᆯ뜻ᄒᆞ오이다

問曰暴徒中에解散兵이多有ᄒᆞ뇨答曰多有ᄒᆞᆫ줄노量度ᄒᆞᄂᆞ이다

問曰日本에일新報를知乎아答曰然ᄒᆞ오이다

曰汝가此新報에同意ᄒᆞᆫ지願問이로다ᄒᆞ고크로스氏가該新報에記述ᄒᆞᆫ바韓國暴徒가何如ᄒᆞᆫ等類를聚集되엿ᄯᅥᆫ壹句를朗讀ᄒᆞ미證人(原告)은其記述의全部가正確하나但離遠치못ᄒᆞᆫ줄노量度ᄒᆞ며라

原告邊辯護士윌킨손氏왈問답間에不必要히阻碍케ᄒᆞ기ᄂᆞᆫ不願이나然이나此件에詰問ᄒᆞ옴히違規요

크로스氏왈判事여此問답을插入케ᄒᆞ려ᄂᆞᆫ잇가

判事왈然라

크로스氏왈本人은判事의規定을踐行ᄒᆞ고我高友의規定은不守ᄒᆞᄂᆞ이다

證人이이에日本메일新報에記述되지못ᄒᆞᆫ他件이有ᄒᆞᆷ을更言ᄒᆞ다

크로스氏가更問왈公이京城理事로此港에裁判職務를奉ᄒᆞᄂᆞ뇨답왈然ᄒᆞ오이다

問曰此時에居留ᄒᆞᄂᆞᆫ貴國民의失體ᄒᆞᆫ行爲卽貴國民의惡行을反對ᄒᆞ야控訴ᄒᆞᆷ이多有ᄒᆞᆫ뇨答曰不幸히果有ᄒᆞ오이다 (未完)

▲隆熙二年六月拾九日 官報

▲部令

憲兵補助員採用에關ᄒᆞᆫ件을左곳치定ᄒᆞᆷ

隆熙二年六月十六日

軍部大臣 李秉武

第十三條 憲兵補助員公務旅行의境遇에ᄂᆞᆫ左의旅費를支給ᄒᆞᆷ

壹移轉旅費ᄂᆞᆫ壹日壹圓으로ᄒᆞᆷ

但壹日六拾里로算ᄒᆞ고三十里以上六拾里未滿은半額으로ᄒᆞ고又其他旅行에在ᄒᆞ야ᄂᆞᆫ壹泊에五拾錢으로ᄒᆞᆷ

第六章 制服

第十四條 憲兵補助員에初度官給ᄒᆞᆫ制服蹈査ᄒᆞ기까지ᄂᆞᆫ壹時자自의時服을着用ᄒᆞᆷ

但所定의徽章을附着ᄒᆞᆷ

附則

第拾五條 本令은頒布日로부터施行ᄒᆞᆷ

(志願書樣式)

憲兵補助員志願

何郡何面何洞何戶何職

何某長男何職

何某

何年何月生

右ᄂᆞᆫ今年勅令第三拾壹號에依ᄒᆞ야憲兵補助員志願이옵기採用ᄒᆞ심을願ᄒᆞᆷ

隆熙何年何月何日

右何某 印

何郡何面何洞何戶

保證人何某 印

(完)

外報

●外遊中止 伯林電을據ᄒᆞᆫ즉俄國皇帝皇后兩陛下ᄂᆞᆫ本年中外遊를中止ᄒᆞ얏고英國訪問도明年으로延期되얏다더라

●比島獨立要求 紐育電을據ᄒᆞᆫ則比律賓議會에서同島의獨立을急速히要求ᄒᆞᆫ決議를通過ᄒᆞ얏다더라

●統領候補被選 路透電을據ᄒᆞᆫ즉米國志加高市에서共和黨大會를開ᄒᆞ고壹回投票에타푸트氏ᄂᆞᆫ大統領候補者로被選ᄒᆞ얏다더라

●日本物排斥 哈爾賓에서日本商品에對하야排斥이起ᄒᆞ얏ᄂᆞᆫ데同地淸國商人은更히日本商品貿易을拒絶ᄒᆞ고既爲買入된物品은本月二拾四日까지전部를賣却ᄒᆞ기로處決하야規則을定ᄒᆞ얏ᄂᆞᆫ데此ᄂᆞᆫ淸國新聞의煽動에因ᄒᆞᆷ이라ᄒᆞ얏더라

●摩王卽位公布 同電을據ᄒᆞᆫ즉摩洛哥國僭王무라이、파잇ᄃᆞᆫ써ᄂᆞᆫ리차안에서卽位의宣言을公布ᄒᆞ얏다더라

●饑饉預備 北京電을據ᄒᆞᆫ즉今年에麥作이不良ᄒᆞᆷ으로府縣山東에饑饉의兆가有ᄒᆞᆫ지라直隸總督은賑恤ᄒᆞ기爲ᄒᆞ야食穀買入金을支出ᄒᆞ다하얏더라

雜報

●紀念節次準備 本七月ᄀ九日은 大皇帝陛下ᄭᅴ옵서 卽位ᄒᆞ신慶日인故로漢城府民會에셔紀念式을擧行ᄒᆞᆯ가爲ᄒᆞ야將次發起ᄒᆞ고預紀念式節次를準備ᄒᆞᆫ다더라

●叙勳三人 統監府武官海軍少將岩崎達人은特叙勳五等賜八卦章ᄒᆞ시고日本國海司港事務官明石幸橘과同吉川新次郞兩人은特叙勳四等賜八卦章ᄒᆞ셧다더라

●陛見人員 本月二拾三日上午拾壹時에伊藤統監의帶同陛見ᄒᆞᆫ人員의數가如左ᄒᆞ니駐京城英國總領事와英國支那艦隊司令長官과海軍中將과隨行員海軍中佐와參謀海軍大尉와秘書官等이더라

●永宣批評 永宣君李埈鎔氏가某々등對ᄒᆞ야新聞을批評하되無論某人ᄒᆞ고法律內에逸遊ᄒᆞᆷ은關係가無ᄒᆞ거ᄂᆞᆯ近日吾人의弓矢習射ᄒᆞᆷ을新聞上에揭載ᄒᆞᆷ이似不穩當이라ᄒᆞ얏다더라

●統府協議 前報와如히內閣總理大臣以下各部大臣이昨日統監府와會同ᄒᆞ야重要事項을協議ᄒᆞ얏다더라

●用於何處 總相李完用氏가巨額을何處에費用ᄒᆞ얏ᄂᆞᆫ지自巳田土와家屋을沒數典執ᄒᆞ얏다ᄂᆞᆫ說이有ᄒᆞ더라

●李氏運動 前內部大臣李容泰氏ᄂᆞᆫ政界가變動ᄒᆞᄂᆞᆫ時에ᄂᆞᆫ大臣椅子를期於히占據ᄒᆞᆫ다ᄂᆞᆫ說이有ᄒᆞ더라

●技師聘請 ᄂᆡ部土木局技師金倫求씨ᄂᆞᆫ前報와如히藏院勅任技師를聘任ᄒᆞ얏더라

●黃氏云辭 主殿院庶務課長黃鎭國氏가議院의解散ᄒᆞᆫ員役의恩賜ᄒᆞ옵신賞額給ᄒᆞᆫ後에卽時辭職請願ᄒᆞ기로斷定ᄒᆞ얏다더라

●參會赴官 前報와如히各觀察使를今日內部에會同ᄒᆞ야地方行政의改善刷新ᄒᆞᆯ方針으로내部大臣及次官이登場訓諭ᄒᆞ고下午六時의ᄂᆞᆫ日本人俱樂部로請邀宴待ᄒᆞᆫ다더라

●訓促各發 各觀察使를今月晦ᄂᆡ의發程赴任ᄒᆞ라고ᄂᆡ部에셔訓飭ᄒᆞ얏다더라

●官吏多散 帝室財產整理局을度支部의引繼ᄒᆞᆷ으로該局官吏ᄂᆞᆫ多數解散이되얏ᄂᆞᆫ대其情景이慽々ᄒᆞ다더라

●茶酒醉臥 壹進會에셔地方會員壹百名이決死隊를組織ᄒᆞ야速히着手하기로每日開會ᄒᆞ고特別研究ᄒᆞ더니日前該會長李容九氏의明月舘麥酒幾壺와總務員宋秉畯氏私邸에셔香茶幾椀을勸飮ᄒᆞᆫ後에渾然醉臥ᄒᆞ야長眠ᄒᆞ고不醒ᄒᆞᆫ다ᄂᆞᆫ巷說이壹層喧藉ᄒᆞ더라

●法律調查 內閣法典調查局事務官補安藤靜과同繙譯官補權重顯兩氏가三南各郡에法律을調查하고今月貳拾八日에上京ᄒᆞᆫ다더라

●牌本燒火 明禮宮龍洞宮壽進宮於義宮에奉安ᄒᆞᆫ無后公主翁主와自余宮名ᄒᆞᆫ神主位牌與假主箋物을燒火ᄒᆞᆫ다ᄂᆞᆫ說은前報에已揭ᄒᆞ얏거니와燒火ᄒᆞᆫ次로再昨日에掌禮院韓日主事兩人이該四宮에前往ᄒᆞ야各位牌와假主를燒火ᄒᆞ고該神堂에所在ᄒᆞᆫ衣載와表裏ᄂᆞᆫ該院에셔燒火ᄒᆞ기로收去ᄒᆞ얏다더라

●認許無效 農商工部의告示ᄒᆞᆫ바를據ᄒᆞᆫ즉光武拾壹年勅令第六拾四號의各種認許의效力及期限의關ᄒᆞᆫ件과光武拾壹年法律第四號의國有未墾地利用法의依ᄒᆞ야起墾及植木과養魚等認許地中의無效로된個所가四百六拾餘處라더라

●徽章規則 敎育効績者의褒賞及徽章規則을學部의셔部令으로頒布ᄒᆞᆫ다더라

●三費支出 葬禮費壹萬三千九百圓과暴徒에게被害者遺族救恤費三千六百圓과義徒鎭靜費 萬九千六百圓을預備金中으로支出ᄒᆞ얏다더라

●閔氏更訴 前判書閔種默씨와進士李薰植씨가稷山停車場近處鐵路에犯入ᄒᆞᆫ土地段價事件에對ᄒᆞ야平理院에裁判ᄒᆞ야閔氏가理屈落科ᄒᆞ얏더니閔氏가更法部에伸訴ᄒᆞ얏다더라

●團遞風流 東亞開進教育會에셔昨日東大門外業芝洞에前往ᄒᆞ야盛宴을排設ᄒᆞ고妓樂이迭宕ᄒᆞ얏다더라

●李氏處役 李洛泳氏가李東根씨의계典券出債ᄒᆞ야過限不報ᄒᆞ고延拖時니의他人이出債ᄒᆞᆫ것이오非渠出債라ᄒᆞᆷ으로李東根氏가漢城裁判所의呼訴ᄒᆞ야李洛泳氏ᄂᆞᆫ無理ᄒᆞᆫ事件으로役三年의處ᄒᆞ얏다더라

●觀相何爲 張錫祚氏ᄂᆞᆫ觀相의藻鑑이有ᄒᆞ다ᄂᆞᆫ대前ᄂᆡ部大臣李道宰氏의令男은張氏를自巳居處하ᄂᆞᆫ舍廊으로請邀ᄒᆞ야言論ᄒᆞ기를余의家親大監이何時의나再仕ᄒᆞ실ᄂᆞᆫ지運의遲速如何를問ᄒᆞ얏다ᄂᆞᆫ說이有ᄒᆞ더라

●電氣觸傷 去二십日於義洞警署分派所前에셔工手黃順圭가電線을修改ᄒᆞ다가送電線高壓電氣에觸傷ᄒᆞ얏다더라

●嫌少花老 平壤城內鹽奬部舘後居金用瑩가年今二拾四歲인대弱情이忽生하야老妓四十二歲된娟紅과月姥紅緇으로百年佳約을結ᄒᆞ야數年을居生ᄒᆞ다가尊長別室은今始初見이라ᄒᆞ고西來人에傳說이有ᄒᆞ더라

●尸露江岸 蘇島居崔貴男이가年今拾四歲인대瘋狂症이有ᄒᆞ더니本月十五日의無故히出家ᄒᆞ야去處를不知하더니去二拾日의該兒尸身이漢江沿岸의셔露出ᄒᆞ야龍山分署의셔拯檢ᄒᆞ얏다더라

●社會主義者騷擾 東京電을據ᄒᆞᆫ즉二拾二日夜에社會主義者로셔出獄者歡迎ᄒᆞᆯ錦輝舘에開ᄒᆞ고不穩의文字를寫ᄒᆞᆫ旗를立ᄒᆞ고練行ᄒᆞᆷ으로警官과衝突ᄒᆞ야壹時間을格鬪ᄒᆞ얏ᄂᆞᆫ대巡查四名이負傷ᄒᆞ고嫌疑者로拾五名이捉囚되얏ᄂᆞᆫ데婦人이四名이더라

●義將脅綿 義兵將許蔿씨가日本憲兵隊에被囚ᄒᆞᆫ後에第二次訊問을經ᄒᆞ얏ᄂᆞᆫᄃᆡ近日의炎氣가甚熱ᄒᆞ되許씨의所着衣服은綿着이尙不脫去ᄒᆞ얏다ᄒᆞ더라

●胡不對質 東關屛門下隔居ᄒᆞᆫ木廛安昌默씨의市業ᄒᆞ던基址를隣居朱錫榮과居民黃某가每朔井國式給與ᄒᆞ겟시니幾朔만借給ᄒᆞ면演戲場을設ᄒᆞ야暫爲生涯이것다ᄒᆞ고懇請ᄒᆞᄂᆞᆫ故로特約ᄒᆞᆫ後에李昌善張繼暎爲名人과日本人中川으로聯合ᄒᆞ야家屋을建築ᄒᆞ고名稱團成社로爲業ᄒᆞ며니永爲掘據之計로宮內府宮有地로認許ᄒᆞ야標木을揷ᄒᆞ고基址를奪코ᄌᆞᄒᆞᆫ즉該主安昌默씨가私相買ᄒᆞ던民有地를無故見奪ᄒᆞᆷ을由가無ᄒᆞ야責其無據ᄒᆞ고拔去標木이나다시中川은聽而不聞ᄒᆞ고惟恐宮內府認許ᄒᆞᆫ지相詰ᄒᆞ며終末에安昌默씨가訴冤於帝室財產整理局ᄒᆞ야至爲對卞數朔之地에日本人中川은不爲應訴卞買이라ᄒᆞ니其曲이彼에在ᄒᆞ야應訴치아니ᄒᆞᆷ은可知요該局에셔民有地官有地를何不分揀決給인지寃聲이在路라ᄒᆞ더라

●校費延請 普成專門학校經費를ᄂᆡ藏院의셔支給ᄒᆞ더니近來의ᄂᆞᆫ支撥치아니ᄒᆞ야該校經費總辦ᄒᆞᆫ事에對ᄒᆞ야學部의셔宮內府主張ᄒᆞᆫ答照ᄒᆞ기를帝室財產이不足ᄒᆞ야支給지못ᄒᆞᆫ다ᄒᆞ니該校의셔該校가已爲成立ᄒᆞ야中途廢止ᄒᆞᆯ學校의廢ᄒᆞᆫ境遇의至ᄒᆞᆫᄂᆞᆫ거시可惜ᄒᆞ니多少間補助支給ᄒᆞ라고更照ᄒᆞ얏다더라

●起墾非所 南來人의傳說을聞ᄒᆞᆫ즉忠南沔川合德防築은湖中巨浸이오韓藩物로千餘年來로貯水灌漑ᄒᆞ야其防築下數千石落畓을灌漑耕作ᄒᆞᆫ대其防築下ᄂᆞᆫ無壹点生水處ᄒᆞ야以其防築貯水로壹邦食水矣러니近日에不知何許人이其防築內의起墾ᄒᆞ라고農商工部의請願ᄒᆞᆫ지라近處居民數百口가不勝憤寃ᄒᆞ야會同議決ᄒᆞ기를萬若其防築內의起墾ᄒᆞᆫ人이有ᄒᆞᆫ境遇에ᄂᆞᆫ吾等의命脈을從此永絕ᄒᆞᆯ터이니起墾ᄒᆞᆫ人은無論何樣人ᄒᆞ고期於코齊起ᄒᆞ야別般擧措를生ᄒᆞ기로內定ᄒᆞ얏ᄂᆞᆫ대現此亢旱의民心이大端騷動되얏다더라

●慈善會盛況 慈善婦人會의셔會況을擴張ᄒᆞ고棄兒收容의費用을充補ᄒᆞ기爲ᄒᆞ야慈善演奏會를開設ᄒᆞᆷ을經營ᄒᆞᆫ지多日이러니二三處所妓生社會의셔慈善心이感發ᄒᆞ야三日演藝ᄒᆞ기를奮身自願ᄒᆞ고官人俱樂部의三個日을開設ᄒᆞ얏ᄂᆞᆫ대壹般觀光者ᄂᆞᆫ觀覽만供ᄒᆞᆯ뿐不啻라慈善心의感發ᄒᆞᆫ바되여紳士貴婦人의捐助ᄒᆞᆷ이多ᄒᆞ고妓生社會의셔三日努力ᄒᆞᆫ中안眼宮等三處所의셔合七拾圓을捐助ᄒᆞ얏고趙東潤씨大夫人은三拾圓과閔恒[illegible]氏가壹百圓을捐助ᄒᆞ얏고其外의ᄂᆞᆫ自拾圓으로壹圓ᄭᆞ지捐助ᄒᆞᆫ者가多數ᄒᆞ얏다더라

●奬社又移 前郡守李昶夏씨가前德語學校를宮內府에借得ᄒᆞ야該校壹區를奬學社에借ᄒᆞ더니奬學社에셔退接ᄒᆞᆫ지經日에李昶夏氏가言ᄒᆞ되我ᄂᆞᆫ本來酒食으로爲業ᄒᆞ야奬學社에酒食을賣ᄒᆞᆯ計料로許借ᄒᆞ얏더니酒食을賣치아니ᄒᆞᆫ즉我의酒賣踏ᄒᆞᆫ닭狽되니他處로移轉ᄒᆞ라ᄒᆞᄂᆞᆫ故로奬學社에셔該氏의無理ᄒᆞᆫ論駁도ᄒᆞ고安峴前出張所로還接ᄒᆞ얏다더라

●興化卒業 興化學校에셔來七月一日에卒業式을新門外蛤洞閔泳煥씨亭子에前往擧行ᄒᆞᆫ다더라

●李 熱心 龍川郡人成學校贊成員李厚觀씨가該校를創立ᄒᆞ더니至今은學界熱誠이壹層激昂ᄒᆞ야大凡吾人의生活은學校의在하고學校基礎ᄂᆞᆫ夜學에在ᄒᆞᆫ다ᄒᆞ야一般人民이貧富老少無論ᄒᆞ고晝耕夜學의孜孜勤勸ᄒᆞ야現今夜學生이百有餘名의達ᄒᆞᆫ지라該郡人士가莫不稱善ᄒᆞᆫ다더라

●箭是逝箭 義親王殿下ᄭᅴ옵서翠雲亭에習射ᄒᆞ실時에何許兒가流矢邊으로過去ᄒᆞᆷ으로更聞ᄒᆞᆫ즉義親王殿下에流矢가아니라他射員의流矢라더라

▲孀 婦 歎▽

▲孤寡殘村經援後에杜鵑聲이凄凉ᄒᆞ야萬端心緖惹起ᄒᆞ고제ᄯᅴ春情惟愁歎ᄒᆞ며九曲肝腸이녹ᄂᆞᆫ다

▲出嫁ᄒᆞᆫ지幾年만에兩人情緒未洽ᄒᆞᆫ대壹陣氣厥忽起ᄒᆞ야東西奔散蒼黃中에郎君影響不見ᄒᆞ니生離死別웬일인가이셜음을엇지ᄒᆞᆯ고

▲昨夜孤枕夢中에우리良人相逢ᄒᆞ니顏色憔悴緣何오四寂之憂깁헛던가語不分明離別ᄒᆞ라가서고보니虛事로다이셜음을엇지ᄒᆞᆯ고

▲膝下담壹個兒ᄂᆞᆫ厥父儀形酷肖ᄒᆞ다하루밧비養成ᄒᆞ야丈夫事業敎導ᄒᆞ재蓬질午擇ᄒᆞ라ᄒᆞ나植松亭亭然ᄒᆞ야이셜음을엇지ᄒᆞᆯ고

▲堂兩親北堂ᄒᆞ니去何處而不歸런고寂々空山落時에反哺鳥가우ᄂᆞᆫ고나冷村寒厨이寡鵠에奉養之節難堪ᄒᆞ다이셜음을엇지ᄒᆞᆯ고

▲蕭烟不起田園裏에叱牛聲이寂然ᄒᆞ니相對知賓ᄒᆞ던노ᄅᆡ엇彼南畝的졀일세豆年歲作全廢ᄒᆞ면秋糧擔石孟浪ᄒᆞ다이셜음을엇지ᄒᆞᆯ고

▲寂寞殘村無人處에紅閨殘月虛照로다輾轉反側失睡ᄒᆞ니此身世가憐憐ᄒᆞ다隔牆外漢往來ᄒᆞ나彌縫學關心업세이셜음을엇지ᄒᆞᆯ고

▲舊郞君別後에滿面紅粧洗滌ᄒᆞ니悅巳爲容쓸ᄃᆡ업다撰ᄒᆞ다此誰依庇生活ᄒᆞ재泣然雙淚절노ᄒᆞᆫ다이셜음을엇지ᄒᆞᆯ고

▲鏡裏孤鸞相對ᄒᆞ니내八字와일般이라從夫地下ᄒᆞ쟈ᄒᆞ나家國將晋盛ᄒᆞ면蒼生을不忍瞑目ᄒᆞ겟고나이셜음을엇지ᄒᆞᆯ고

▲우리팔자엇더ᄒᆞ야又나灰燼中에드럿고나五心煩惱ᄒᆞ야閨閣剪刀擲起ᄒᆞ나失侶歸鴈落ᄒᆞ리다내心懷ᄂᆞᆫ悲慘ᄒᆞ다이셜음을엇지ᄒᆞᆯ고

雜報

◎齋生辨明 成均館居齋生이 薙髮斷髮ᄒᆞᆫ다ᄂᆞᆫ說은 大錯이라 殿下게셔 學生을招見勤勉ᄒᆞ신事ᄂᆞᆫ有ᄒᆞ셧스나斷髮處分은無ᄒᆞ셧다고該學生들이本社에來辨ᄒᆞ더라

◎爲捐孤院 京城孤兒院修理費가不足ᄒᆞ야停役ᄒᆞ얏더니諸紳士趙□□氏等이該院役費를捐助ᄒᆞ기爲ᄒᆞ야발起ᄒᆞ고圓成社演劇場을本月二拾九日부터六月五日ᄭᆞ지借ᄒᆞ야演奏會를催ᄒᆞᆫ다더라

廣告

本人에姪壻□가年前沒覺ᄒᆞ와欲以僞券賭債ᄒᆞ오니內外國人은錢物間勿爲相關勿見失ᄒᆞ옵
北署溫井洞金□□ 告白

測量夜學員募集廣告

本校夜學科에셔測量壹科를特設ᄒᆞ고學員을募集ᄒᆞ오니願學僉員은本月貳拾七日내로入學請願書를提呈ᄒᆞ시고貳拾八日(日曜)下午三時에本校로來臨應試ᄒᆞᆷ
但請願紙ᄂᆞᆫ本校用紙를要ᄒᆞᆷ
試驗科目 算術四則
年齡 拾五歲以上
上學時 自下午八時半至九時半
卒業期限 六個月
典洞私立中東學校 告

本人의圖章을賊漢의게見失ᄒᆞ얏ᄉᆞ오니內外國人은照勿見欺ᄒᆞᆷ
黃海道長連郡金昌大 告白

江陵郡□□順이貪財ᄒᆞ야校任을請囑于該郡守ᄒᆞ야該郡西面에校用費를□設二百三拾圓ᄒᆞ고校財를□□ᄒᆞ며有司와數處에路金을受ᄒᆞ고任意出秒ᄒᆞ며聖殿門戶를소忽ᄒᆞ야孔夫子影幀原圖一位를見失ᄒᆞ얏기로本郡에셔捉囚ᄒᆞ얏다ᄒᆞ엿더라
江陵儒生 李□翊 川 權□昇 告白

慶南昌寧郡主事成樂夏가素以奸猾豪富로誤聽□納賂圖得ᄒᆞ야父子叔姪이挾□是謀ᄒᆞᄂᆞᆫ中兄弟□□ᄒᆞ야壹郡訟이莫非謀奪이라民不堪其虐ᄒᆞ야呼訴內部而再出皇城新聞호대內部에셔ᄂᆞᆫ知而不知ᄒᆞᄂᆞᆫ지壹郡이부지ᄒᆞᆯ슈업기로玆에廣布ᄒᆞᆷ
曹錫大 盧□贊 成□鎬 河相□ 告白

西署養生坊大平洞五拾統七戶瓦家九間 草家九間半 全□家券壹張과 同七統六戶□景瑞家券壹張과 同六拾八統五戶朴永祐家券壹張과 南署會賢坊司畜동七拾二統拾壹戶瓦家八間 정昌善家券壹張과 北署金□行家券壹張과 同 金思□家券壹張과 家券合七張과北署□동藥局金義行處에戊申五月晦日推次當坪壹萬兩於音壹片幷ᄒᆞ야紙匣에入置ᄒᆞ얏다가今月拾壹点에紙匣을서失故로壹邊漢城府에立旨成出次로訴ᄒᆞ며玆에廣告ᄒᆞᆫ則右列家券七張及於音壹片은自然休紙施行ᄒᆞᆯ터이니內外國人ᄒᆞ고或有拾得이라도勿爲見欺ᄒᆞ시옵
隆熙二年六月二拾四日 倉洞全□默 白

殷栗郡南面史□洞本是僻鄉山谷也라該洞□鄭□□李□洛李炳玉鄭□□□□□□覺于時局之變遷慨乎國權之日墜會同壹洞男女老少現以教育不務生命不得保之論으로壹洞激昂爭先捐金不過二拾餘戶新建校舍名曰殷成學校以聘高明之教師募集青年熱心教育期至就緒之境見者莫不嘆服聞者莫不攢賀故不勝欣感玆以廣告
鄭□源 白

◎特別廣告

自甲申至甲辰間의愛國死士追悼會를本月二十七日(土曜)正午拾二時에訓鍊院에셔設行ᄒᆞ오니左開追悼諸位遺族諸氏와壹般同胞ᄂᆞᆫ居期來參ᄒᆞ시와追悼ᄒᆞ시ᄂᆞᆫ忱을共表ᄒᆞ심을敬要
但當日雨則翌日再雨則次土曜

愛國死士追悼會告白

左開追悼諸位氏名

趙□夏 閔台鎬 閔泳稷
李□淵 韓圭稷 尹□殷
□在賢 洪英植 박泳□
尹□顯 朴□學 申□模
申□模 徐載昌 白樂□
鄭行중 李寅鍾 金□均
南興□ 리殷중 리健英
吳昌模 高永석 尹□舜
黃□澤 리□正 리□虎
河□春 崔殷東 리殷돌
리昌圭 리□□ 崔□植
高□중 劉鴻基 朴齊형
吳 □ 卞□淵 邊 樹
白春培 徐光□ 朴泳□
俞亨濬 金玉均 리희惠
리潤相 金鶴羽 박準陽
리□容 韓□會 洪啓薰
리□□ 리□會 미學□
安宗洙 박□陽 박錠基
申百현 리□□ 梁□換
徐相□ 曹寅承 金圭軾
權 令 □鍾□ 丁□寬
金炳□ 朴□仁 金□中
金□準 孫化中 김介南
朴東□ 朴□綱 金弘集
정秉夏 魚允中 리喜和
□□□ 權□鎭 □洛善
林炳吉 리□善 □彰烈
卞河진 嚴柱□ □永와
吳□模 리秉□ 朴基浩
□奎允 리容旭 金□鉉
리□□ 趙□顯 張浩□
權浩□ □□□ 金□□

獎學社

本社에셔不得已ᄒᆞᆫ事故가有ᄒᆞ야安峴으로還接ᄒᆞ야施賞ᄒᆞ고定期ᄒᆞ기爲ᄒᆞ야應募答案은今月廿七日로七月二日ᄭᆞ지接受ᄒᆞ기로定ᄒᆞᆷ
獎學社 告白

本書舖에셔各種書籍을俱備ᄒᆞ얏ᄉᆞ오니邑隣有志僉彥은臨時購覽ᄒᆞ심을務望但書冊定價ᄂᆞᆫ原發行所와同ᄒᆞᆷ
平安博川邑梅洞乾材藥局內 博新書館 魚命□ 告

暑疾預備丹

每於夏秋之交에虎列剌(暑疾)(쥐ㅅ병)之流行이若ᄒᆞ야預服腸胃ᄒᆞ면橫死를預防故로太万家所製藥을屢試屢驗ᄒᆞ니凡我同胞ᄂᆞᆫ勿遲ᄒᆞ시ᄋᆞᆷ
發賣所 □惠藥房 盧□昌 告白

本人의正□圓과大銀貨圓과金田換의五拾兩標와□志彥李愛관의개去來日記를拾六日에龍川下北서見失ᄒᆞ엿사오니內外國은雖拾無效ᄒᆞᆷ
張英麟 告白

本店에夏節양服件이英京倫敦에셔新着ᄒᆞ얏기로玆에廣佈ᄒᆞ오니僉君子ᄂᆞᆫ光臨購買ᄒᆞ심을務望ᄒᆞᆷ
貞洞韓商漢陽號 양服裁縫□ 謹白

◎魯桑椹

新種이本社에來到ᄒᆞ얏스니참君子ᄂᆞᆫ來購ᄒᆞᆷ
西部□洞廿壹統壹戶 蠶業廣盛會社社長 金□先 白

本社業邊車手가乘客의게不敬ᄒᆞᆷ을禁止ᄒᆞ기爲ᄒᆞ야玆에佈告ᄒᆞ오니自今으로業邊車手가說務ᄒᆞᆯ時의服裝의서나休憩時의困巷의서言語行動이寬容ᄒᆞ고도無禮或謾忽ᄒᆞ야耳目의不合ᄒᆞᆫ을當ᄒᆞ시거든該人의服佩號票의號數를記錄ᄒᆞ야本社搆稽의게로寄送或親枉說明ᄒᆞ시면當該를厚謝ᄒᆞ고該人의所行輕重에로斷當處治ᄒᆞ며以無後弊케ᄒᆞ깃사오니 僉君子ᄂᆞᆫ照亮ᄒᆞ심을盼望ᄒᆞᆷ
韓美電氣會社 告白

◎林業速成科學員募集廣告

本校에셔夜學에林業速成科及測量科를合設ᄒᆞ고兩科에學員을募集ᄒᆞ오니願學僉員은本月貳拾五日內(陰五月貳拾七日)로入學請願書(本校에來求)를本校에提呈ᄒᆞ고七月拾二日(日曜日)上午拾時에來校應試ᄒᆞᆷ

一 試驗科目 國文 漢文 讀書作文 算術四則以內
但相當ᄒᆞᆫ卒業證書가有ᄒᆞᆫ人은免試許入ᄒᆞᆷ
一 修業期限은拾個貳月로定ᄒᆞᆷ
一 上學時間은自下午七時로至拾時三時間
一 修業課程 造林學總論 造林各論 苗圃論 森林保護學 森林經理學 森林利用學 植物學 測樹學 土壤學 肥料學 農學大意 測量學術及實習

隆熙貳年六月拾三日 西大門內普成學校 告

夏期講習所

本所에셔學生의研究便宜를圖키爲ᄒᆞ야夏期講習所를特設ᄒᆞ오니願入僉員은左開를依ᄒᆞ야早速來參ᄒᆞ심을望ᄒᆞᆷ

△科 程

英語課 日語課(以上兩科ᄂᆞᆫ各히甲乙兩班으로分ᄒᆞ야甲班은時文讀解乙班은簡易文法及秋期各學校語學科就學을便宜케ᄒᆞᆷ)
測量課 本課ᄂᆞᆫ速成貳個月에畢了케ᄒᆞ되算術全部를略解ᄒᆞᆫ人에限ᄒᆞ야募集ᄒᆞᆷ(實地測量을兼行ᄒᆞᆷ)
代數課 甲乙班에分ᄒᆞ야甲班은二次方程式으로至終 乙班은自初至聯立方程式
算術課 甲乙班에分ᄒᆞ야甲班은分數로至求積法 乙班은自整數至小數

△入學規定

一 本所各課에入學코ᄌᆞᄒᆞᄂᆞᆫ時ᄂᆞᆫ入學請願書에履歷科程을明記ᄒᆞ야六月晦內로本所投書函에投入ᄒᆞᆷ
一 本所教授期間은七月壹日로八月三拾日ᄭᆞ지定ᄒᆞᆷ
一 本所教授時間은上午七時로拾二時ᄭᆞ지限ᄒᆞ되時間表ᄂᆞᆫ應募가畢了된後學生의便宜를隨ᄒᆞ야決定ᄒᆞᆷ
一 本所各課ᄂᆞᆫ每日壹時間式教授ᄒᆞ되測算과測量은此限에不在ᄒᆞᆷ
一 本所各科에何科든지應募人員이三拾人에未滿ᄒᆞᆫ時ᄂᆞᆫ該班을不設ᄒᆞᆷ
一 學生卅人以上의聯名請願이有ᄒᆞᆫ時ᄂᆞᆫ他課를更設ᄒᆞᆷ도得ᄒᆞᆷ
一 月謝金은每課班에壹圓式先納ᄒᆞ되試課或以上을兼修ᄒᆞᄂᆞᆫ時ᄂᆞᆫ兼修課ᄂᆞᆫ每課에五拾錢式計受ᄒᆞᆷ
一 月謝金은每月三日以內에辦納ᄒᆞ야聽講券을領携ᄒᆞᆷ
一 修業期가滿ᄒᆞᆫ時ᄂᆞᆫ成績을試驗ᄒᆞ야修業証書를授與ᄒᆞᆷ
(但測量課ᄂᆞᆫ卒業證書)
一 細則은本所規則을依ᄒᆞᆷ

講師氏名 李敎承 曾田嘉伊智 宋彥用 金澤吉 陸定洙

皇城鍾路基督敎靑年會學館內
數語夏期講習所 所長李商在 告

林野法令

定價金廿五錢

本法令은最近에頒布된바壹般臣民이此法令을不讀ᄒᆞ면時大ᄒᆞᆫ利를全失ᄒᆞᆯ터이오각其山地ᄂᆞᆫ併業과注意件됨은本冊第五頁末行에揭載ᄒᆞᆷ과如ᄒᆞ며特히本冊은山林에關ᄒᆞᆫ勅令及部令과一切法則을編成ᄒᆞᆫ者니斯速來購ᄒᆞ시옵

發賣所
布屏下 廣학書舖
鍾路 大東書市
大廣橋 滙東書館
南濟 博文書館
罷朝橋越邊 中央書館
鍾路 古今書海
銅峴 박학書館
紫岩 新舊書林

廣告

本館剏立이旣經四載에有志諸氏가誠心贊成ᄒᆞ야新聞縱覽之員이日益頻繁ᄒᆞ고圖書發售之道가稍至盛況일ᄉᆡ敎育普及의媒介를自任ᄒᆞᆫ本書館이不得不倍從擴張ᄒᆞ고新舊書籍과學校用品及衛生良藥을俱備發賣ᄒᆞ오나 僉君子ᄂᆞᆫ光顧ᄒᆞ심을切望

海州南門내書籍館朴昌鎭 白

本人이陰五月拾六日仁川場에갓다오다가中路에서强盜를맛나姓名圖章을見失ᄒᆞ엿ᄉᆞ오니勿論內外國人ᄒᆞ고勿爲見欺ᄒᆞᆷ

松禾龍門坊上里完亭村人 崔炳益 告白

漢城松禾法律事務所
辯護士 玉東奎
民事代理와刑事辯護ᄒᆞ기爲ᄒᆞ와出張所를如左히定ᄒᆞᆷ

第一出張所
平壤 觀察道前拾三統貳戶
事務員 李寅根

第二出張所
海州 至政門前工洞女子學校三七
事務員 李鼎圭

◎약광고

본국에서 집안젼으로연구ᄒᆞ야(사향소합단)이란 약을발명ᄒᆞ엿ᄂᆞᆫᄃᆡ 남녀물론ᄒᆞ고 무슴병이던지 졍졔(十四丸)를더일열이식 먹으면 효험이대단ᄒᆞ온중 져ᄂᆞᆫ고로 미리발셔ᄒᆞ와사가오던 잡병업ᄂᆞᆫ 졍신도오ᄃᆡ 고셩말고 수ᄒᆡ디일ᄒᆞ야 각외방에셔며 각ᄃᆡ방이라도 우편으로 무찰ᄒᆞ여오니 죠량ᄒᆞ시옵

胎養調經丸

ᄃᆡ양됴경환 ᄃᆡ더 부인이 년과도록 잉ᄐᆡ치 못ᄒᆞᆷ은 병으로 인ᄒᆞᆷ이니 일족이 연구치 아니ᄒᆞ고 잠상이 ᄇᆞ려두면 다만 한사ᄅᆞᆷ의 불ᄒᆡᆼᄒᆞᆯ뿐 아니라 또ᄒᆞᆫ 젼국에 크게 관계가 잇ᄂᆞᆫ고로 고명ᄒᆞᆫ의 십년을 ᄂᆡ외국 의ᄉᆞ의 실험방을 탁젼ᄒᆞ야 셩애 집으로브터 他人家에 루ᄉᆞ시험ᄒᆞᆫ즉 열에 열사ᄅᆞᆷ이 다효험을 보앗고 ᄎᆞ약이 잉ᄐᆡ만 될ᄲᅮᆫ아니라 (치령) (처적)ᄒᆞ며 (조경) (조혈)되ᄂᆞᆫ고로 이것치 광포ᄒᆞ오니 쳠부인은 일ᄎᆞ 시험ᄒᆞ시며 각디방이라도 우편으로 붓쳐드리오니 죠량ᄒᆞ시옵

壹劑壹個月分定價五圜

製藥所 仁川港杻峴 和平堂약房
發行人 仝 李응善
代理店 仁川港杻峴濟生堂藥房 京성大廣橋共愛堂藥房

製藥所 仁川港杻峴 和平堂약房
發行人 仝 리應善
代理店 인川港杻峴 濟生堂약房 京城大廣橋 共愛堂약房

우량ᄒᆞᆫ중약은청심보명단과처발매소마다수용판매ᄒᆞ오니그근방에ᄀᆡ선이ᄂᆞᆫ그곳으로가져올위ᄒᆞ시오

仁川港和平堂 白

漢城鍾路懸惠醫院醫師와醫學博士慈惠藥房
製藥監查人濟衆院醫學員洪錫厚朴慈惠李
觀化告白 　代理[illegible]梨峴洋藥局李健華

本人等이漢城南大門外濟衆院用낙處方으로左記諸入낙을製造ᄒᆞ오나京鄕間遠近勿論ᄒᆞ고此諸品을用ᄒᆞ시기爲ᄒᆞ야前醫學校長勳五等魚永氏에게라方文마다議定ᄒᆞ고有效證明書를受ᄒᆞ고主治效能用法을詳記ᄒᆞ야洋鐵匣紙匣琉璃瓶에封ᄒᆞ야賣하兄弟에게利益이加有ᄒᆞ도록볼ᄒᆞ나이다 　人

治痰平胃丸　男女補益丸
輕腫根治膏　純金鷄蠟丸
濕腫根治膏　蛔虫沒出丸
瘡腫根治膏　四時感冒丸
小兒胎毒治膏　淸明眼藥水
癲氣保嬰散　消痰鎭咳藥
神効小兒靈效散　男女祛根藥
感冒德國製痰丸　寸虫拔根藥
漢城百應膏　止足汗臭藥
洋藥乾材　止瀉潤腸丸
唐藥草材　陳滯消積丸
西醫治法　[illegible]

◎大韓醫院新製明神藥

◎修養靈丹 各種食滯中暑久滯口臭吐瀉定價一貼十錢
◎至寶丸 治寒瘧諸般不拘久遠俱有其效定價金十錢
◎靈效液 外用芳香治疥瘡皮風百發百中定價金三拾錢
◎淸眼水 治諸般眼疾有效可見天之妙定價金拾錢
◎通淋丸 治男女急慢淋疾神效發賣速效除毒壹週金五拾錢

製劑發行所
漢城南部大廣橋西邊第三統十九統七戶 共愛堂大藥房 謹白

支店
南署남門內共愛堂第壹支店
群山港開福동共愛堂第二支店
河東郡赤良面共愛堂第三支店

代理店
鏡城北部大安동 李助淵
仝 鍾路靑年會館前 리春善
仝 西部新門外石橋 黃麟秀
仁川杻峴 仁濟藥房 濟生堂 普濟藥房 仝 和平局 高濟醫院

此外에도東西洋各國有名藥料과草材藥이俱備ᄒᆞ오니多少를不拘ᄒᆞ고請求ᄒᆞ시면小包로仰呈ᄒᆞ게ᄉᆞᆸ

◎大韓國新製淸心保命丹廣告

新藥 消化 淸心保命丹
陸軍軍醫金守鉉先生驗方劑
陸軍軍醫兼醫學校長魚允迪先生有效證明
四海衛生之諸君子常備之靈藥
發行所 仁川港杻峴 濟生堂藥房
九十粒入定價拾錢

◎主治効能
◎飮食積滯中暑中寒
◎腹痛痞脹水土不服
◎嘔吐酒酸暈車眩暈
◎頭痛胸熱口熱惡臭
◎其他諸般惡氣傳染預防方妙劑 人
◎出張代理特約販賣所
◎京城大廣橋共愛堂大藥房
同鍾路懸惠藥房 리觀化
同梨峴洋약局 리信華
同銅峴博文書館 盧益亨
同南大門外大同書籍會社 新井支店
同泥峴三丁目 天佑堂
同泥峴郵便局前 리鳳林
同水標橋本堂出張人 金濟貿
◎仁川杻邑本堂出張所 韓鳳根
同開城書館 리應善
同杻峴和平堂 呂相玉
同南門內同店 리前錫
同南門內商社 具聖根
同北部中橋 宋在璞
海州宗路商店 김永泰
同九三房약舖 리奉權
同남門內店 金濟九
水原鍾路下약房 趙汝文
◎延安邑니洋약局

◎江華鍾路店 尹斗鉉
◎同鍾路店 宋順五
◎同西門外冊肆 高成均
◎長湍南門니 崔錫浩
◎砂利院市場니客主 朴健昌
◎同耶蘇敎堂니 任光允
◎黃州南門니紅門동 리在善
◎平壤貞洞里濟生局 리東根
◎同館前衛生醫院 韓鳳儀
◎同大興部一里 金舜英
◎同武洞濟局 韓用化
◎同里출張出張人 桂源宜
◎鎭南浦新浦洋약局 韓龍祿
◎同德洞本堂出張人 吳남奎
◎群山港開福동 김元석
◎安州場니 김斗鉉
◎安岳邑上濟生局 林文柱
◎大邱南門니濟生局 圃春大약房
◎金山港藥局 金成浩
◎博川郡商店 金重佑
◎載寧邑後洋약局 朴芝行
◎晋州東良面早遲 李光國
◎晋州郡니 金錫和
◎定州南門니 朴楊賢
◎郭山邑니洋약局 리陽柱
◎鐵山邑니永春堂 李鍾和
◎宣川邑니冊肆 安瀾
◎義州水口街 安奎
◎宣川邑四里洋약局 金達浩
◎郭山邑冊肆 김永植
◎元山港濟生堂支店 김大鉉
◎北靑新昌港客主 박敬鎭
◎江原道本堂出張人 박錫勳
◎潭川邑官동洋약局 李昇來
◎龍山용谷里 리丙斗
◎其他各약店마다販賣함 리東赫
◎仁川港濟生堂告白

◎白川順興安氏宗中義捐金收入廣告

▲白川順興安氏宗中
安圭鎬 安承淑 安敎夏
安敎殷 각壹圜 安寶鎬
壹圜五十錢 安瑛鎬 三十전
安承武 二十전 安星鎬
安憲鎬 각三十전 安憲鎬
安明烈 安敎龍 安興烈
安敎奎 安敎仁 安敎福
안敎敏 安敎明 安敎天
安相鎬 각四十錢 安斗成
安翼鎬 安翼鎬 安敎玉
安敎詠 안敎稷 안光烈
安敎昇 각壹圜 安承殷
安乘鎬 安昌烈 각六拾錢
安乘鎬 安承呂 安鍾主
안徽主 안敎勵 安敎奭
安敎鎰 安貞主 안敎羲
안英主 각二拾錢 안應功
안承軒 안敎協 각五十錢
안敎天 안裁齊 안重烈
안成烈 안敎洪 안敎俊
各三十전 안明祿 안興明
안敎閔 각四십전 안彰烈
안政烈 안敎七 안敎一
안敎春 안公允 안敎晉
윤鎭允 안永賓 안承云
안聖七 안敎達 안承鎰
안敎학 각二十錢 안敎五
안成萬 안奎主 안敎信
안顯主 안命主 각十전
合二十圜七十錢

前號摠合六萬壹千○九十九圜○○七厘
都總合六萬壹千壹百二十九圜七拾錢○七厘

發行兼編輯人 英國人 萬咸
發行所 南署石井洞號外廣三層洋屋　大韓每日申報社

第六卷

大韓每日申報

第八百四十六號

檀君開國四千二百四十一年
箕子元年三千三十年
大韓開國五百十七年
日本明治四十一年
清國光緒三十四年
陰曆戊申五月大廿八日壬子

月曜及慶節歲時休日休刊

別報

◉裵說氏의公判顚末

第一日 續

問曰英國人이나其他外國人의怨訴ᄅᆞᆯ多受ᄒᆞᄂᆞ뇨答曰何等怨訴니잇가
왈外國人의게行ᄒᆞᄂᆞᆫ日人의惡行으로 答曰若有ᄒᆞ다可稱이올시다
問셔울프레쓰라ᄒᆞᄂᆞᆫ新聞을知乎아曰知之니다
問其編輯人이誰오曰頭本씨니다
問該新聞에須知分氏砲殺事件으로桑港韓人新聞에셔膽戰ᄒᆞᆫ論說이有乎아曰不知로소니其發布與否ᄂᆞᆫ不可言이로소이다
問汝가該說씨ᄅᆞᆯ相知乎아曰相知ᄒᆞ소이다
問南門內騷亂된翌日에其家에尋訪ᄒᆞ엿더뇨答曰其翌日인지ᄂᆞᆫ未知ᄒᆞ오이다
問汝가騷亂ᄒᆞᆫ號外新聞을발布ᄒᆞᆷ으로됨이라ᄒᆞ야裵說氏가其責任을當ᄒᆞ리라고歸罪ᄒᆞ얏ᄂᆞ뇨曰純全이ᄂᆞᆫ아니로ᄃᆡ稍有ᄒᆞᆫ줄노하엿나이다
問其外他困難으로裵說씨ᄅᆞᆯ怨答ᄒᆞᆷ이有乎아曰二三細瑣件이有ᄒᆞ니다
問汝ᄂᆞᆫ裵說氏와私相怨恨이有乎아曰無ᄒᆞ니다
至此에反覆橫詰은完了하고윌킨슨씨가다시詰問ᄒᆞ미證人은自己外에ᄂᆞᆫ城理事ᄂᆞᆫ無ᄒᆞᆫ줄노供證ᄒᆞ다
問京城에居住하ᄂᆞᆫ義兵은無乎아왈無ᄒᆞ며東門外及南門外에셔ᄂᆞᆫ騷亂이有ᄒᆞ엿스며自京城六里許北漢에暴徒가來ᄒᆞ엿ᄂᆞᆫ데該暴徒等은大韓每日申報ᄅᆞᆯ購讀ᄒᆞᆫ줄노知하나이다
問暴徒中에英語論說을知ᄒᆞᄂᆞᆫ者ㅣ有ᄒᆞ다ᄂᆞᆫ公論가有乎며韓人들이定規로英語ᄅᆞᆯ用乎아答曰不然ᄒᆞ다若學ᄒᆞ니이다
於是에三浦氏ᄂᆞᆫ退出ᄒᆞ고其次에嚴閔氏ᄅᆞᆯ證人으로招入ᄒᆞ야菱田氏가通譯ᄒᆞ다
證人은統監府通信管理局通信書記官이라供證ᄒᆞ고韓國과壹樣으로製作ᄒᆞᆫ地圖ᄅᆞᆯ提出ᄒᆞ니自己가表ᄒᆞᆫ바自第壹番號로至第八ᄭᆞ지皆騷亂ᄒᆞᆫ區域을示ᄒᆞᆷ이러라
裁判官曰此地圖ᄂᆞᆫ騷亂의原質대로區分ᄒᆞᆷ이로다
其外他番號ᄂᆞᆫ大韓每日申報와國漢文과純諺文兩報의騷亂區城이란番号와對ᄒᆞ야每日보送되ᄂᆞᆫ張數ᄅᆞᆯ表示ᄒᆞᆷ인대兩報幷ᄒᆞ야第壹區에發送數ᄂᆞᆫ壹千壹百五拾九張이오第二區에七百五十七張第三區에三百六十五張第四區에九十八張第五區에九百三拾九張第六區에八百六십壹張第七區에壹百二十六張第八區에三百零壹張이러라
問第八番號ᄂᆞᆫ廣入ᄒᆞ히島嶼ᄭᆞ지包含ᄒᆞᆷ이非耶아하니證人이此윌킨슨씨의說明을求ᄒᆞᆫ卽答辯ᄒᆞ니聽衆이大笑라」乃曰島嶼ᄂᆞᆫ水續之地니이다
繼次에彼가京城地方에分傳되ᄂᆞᆫ張數와幾何도分明히言及지못ᄒᆞ며但每日에郵便發送되ᄂᆞᆫ것시約七百張으로思量ᄒᆞ며다
윌킨슨씨曰韓人들은小包紙로包ᄒᆞᆷ乎아ᄒᆞ니(聽衆이大笑라) 答曰然ᄒᆞ다或裏或襁ᄒᆞ나이다(若此說)
크로쓰乃曰呈出ᄒᆞᆫ此地圖ᄂᆞᆫ騷亂이重大ᄒᆞᆫ곳대로區域을定ᄒᆞ얏거니와其區分이全然不合ᄒᆞ도다大韓每日申報國漢諺兩報의발送數가第壹區에壹千壹百五拾九張이오第五區에九白三拾九張이라ᄒᆞ니第壹區ᄂᆞᆫ豈非拾倍이며第五區ᄂᆞᆫ豈非大倍乎아胡爲乎此地圖ᄅᆞᆯ如此製作인지能答ᄒᆞᆯ乎아曰此ᄂᆞᆫ斟酌으로ᄒᆞᆷ이니自然其面積은他地圖보다廣大히되엿나이다
問其然乎아不其然乎아ᄒᆞ니證人은未嘗詳悉이라再曰此ᄂᆞᆫ斟酌으로ᄒᆞᆷ이니다
問此新聞의每日郵便發送이七百張이라고當初에汝의言을聽知ᄒᆞᆫ비로라
裁判官曰京城附近이라云ᄒᆞᆷ이니라하니
於是에證人이其數交ᄅᆞᆯ五千張으로正誤ᄒᆞ얏고其新聞紙의郵便發送이各地方에無事安全히到達되ᄂᆞᆫ與否等他事件은不知오通信管理局에勤務ᄂᆞᆫ己有三年인대彼ᄂᆞᆫ大韓每日申報가保安法을犯ᄒᆞᆷ으로郵便局에셔停止식힌것은줄노理會ᄒᆞ더라
裁判官曰該新聞은因何而停止이며其法令은因何而繳出乎아曰上官들이該新聞의記事ᄂᆞᆫ公衆의治安妨害로認定ᄒᆞ얏습니이다
크로쓰氏曰何時에此新聞이郵便局으로셔停止되엿스며且停止식키라고ᄂᆞᆫ誰가指揮ᄒᆞ얏며뇨
윌킨슨氏乃曰此ᄂᆞᆫ反對ᄒᆞᄂᆞᆫ것시吾의義務로다此件은無足與論이로다
於是에크로쓰氏가其辯護의職務ᄅᆞᆯ取ᄒᆞ야五條約七條約과兩國政府에關ᄒᆞᆫ事로簡短히說明ᄒᆞ고又曰最後韓日協約은其事態가縮約ᄒᆞᆫ中에셔보담變改ᄒᆞᆫ것시無ᄒᆞᆷ을表示ᄒᆞ엿슨즉最緊ᄒᆞᆫ關係者라若其時에韓國政府가有ᄒᆞ엿스면今日에도韓國政府가必有ᄒᆞᆯ지라於此에表面上之言ᄒᆞᆫ것시維何오日本及韓國政府뿐이라ᄒᆞ엿스니英人이나或國內普通學校에在ᄒᆞᆫ딘何許人이던지此ᄅᆞᆯ何處ᄂᆞᆫ認ᄒᆞ리오茲에兩個政府가有ᄒᆞ얏슨즉其壹은日本이오其壹은韓國인딘統監閣下ᄂᆞᆫ至極히遵承ᄒᆞᄂᆞᆫ此地曰本官人의口中에屬在ᄒᆞᆫ것시아니어ᄂᆞᆯ엇지彼等이卽韓國政府라指言ᄒᆞ리오
裁判官曰原告所言이此國의政府ᄂᆞᆫ卽日本指揮下에在ᄒᆞᆫ韓國政府로實行되다ᄒᆞ엿나니라

未完

外報

●法外相答辯 倫敦電에曰巴里報ᄅᆞᆯ據ᄒᆞᆫ즉法國下議院에셔摩洛哥問題에關ᄒᆞ야激烈ᄒᆞᆫ討論이有ᄒᆞᆫ데社會黨領袖쪼레씨가德國은法國의行動을監視ᄒᆞᆷ이라ᄒᆞᆫ言에對ᄒᆞ야外相피숀씨가答辯ᄒᆞ되政府ᄂᆞᆫ列國과漸次撤兵ᄒᆞᆷ을實行ᄒᆞ고平和ᄅᆞᆯ克復ᄒᆞᆯ것이오摩洛哥王압라라치쓰ᄂᆞᆫ正統의王인쥭무라이파잇드ᄅᆞᆯ王으로承認ᄒᆞᆷ이不可ᄒᆞ다ᄒᆞ얏다ᄒᆞ더라

●採礦技師雇聘 淸國政府에셔內外蒙古의礦山이甚히豐富ᄒᆞᆫ데아즉調査에着手치아니ᄒᆞᆫ故로各國에셔其採掘을請願ᄒᆞ야往々히國際上紛議ᄅᆞᆯ惹起ᄒᆞᄂᆞᆫ故로今番에政府에셔此等礦山을採掘ᄒᆞ기로ᄒᆞ고日德兩國에셔鍊熟ᄒᆞᆫ技師ᄅᆞᆯ雇聘ᄒᆞ야爲先其調査에着手ᄒᆞ기로ᄒᆞ엿니라

●探防隊突敀 北京電을據ᄒᆞᆫ則兩江總督端方氏가長江探防隊ᄅᆞᆯ新設ᄒᆞ야革命黨과搜探ᄒᆞᆫ結果로突奕ᄒᆞ야殺傷이甚衆하얏다더라

●淸國有惡感情 同電을據ᄒᆞᆫ즉法國이雲南事件으로淸國에셔巨額의賠償을請求ᄒᆞ고又鐵礦山에對ᄒᆞ야도請求ᄒᆞᆷ이不少ᄒᆞᆫ故로淸國에셔詳知ᄒᆞ되아즉調査ᄅᆞᆯ畢了치아니ᄒᆞ얏슨즉其畢了ᄒᆞᆷ을待ᄒᆞ야回答ᄒᆞ깃다ᄒᆞ고又法國에셔賠償金뿐아니라其他請求도ᄒᆞᆷ을不可ᄒᆞ다ᄒᆞ야淸國官憲이法國에對ᄒᆞ야惡感情을抱ᄒᆞᆫ다더라

●歡迎準備 米國艦隊가寄港ᄒᆞᆯ際에ᄂᆞᆫ淸國政府도特히大官을派送ᄒᆞ고且巨額의費用을支出ᄒᆞ야優待ᄒᆞᆫ다ᄒᆞ고又北洋南洋兩艦隊司令長官薩提督은日下厦門에在ᄒᆞ야米國艦隊歡迎ᄒᆞ기爲準備ᄒᆞᄂᆞᆫ中이라더라

雜報

●捐土寄會 堤川郡議官李熙直氏가西北學會에畓百斗落을寄付ᄒᆞᆫ公函이如左ᄒᆞ니
夫國家의自立과民族의生存은敎育발達에在ᄒᆞ고敎育발達은社會合力에在ᄒᆞᆫ지라現今時代ᄂᆞᆫ世界列强의文明競爭이非常히劇烈ᄒᆞ야優勝劣敗가勢所固然인데惟我大韓民族이幾百年을閉鎖中習慣으로姑息爲事에夢이自若하야歲月을不知ᄒᆞ얏스니焉得免今日慘境이리오乃於斯際에 貴學會가特然崛起ᄒᆞ야國紛紛理와敎育事業이逐漸보達ᄒᆞ야全國社會에標準을建立ᄒᆞ얏스니孰ㅣ同情이며孰不贊成哉아本人은湖西人으로 貴學會員이熱心奮발과熱力逐就ᄒᆞᆷ에對ᄒᆞ야贊感이特深ᄒᆞ고欽服이已久ᄒᆞᆫ바盖 貴학會의보達은卽我大韓보발達機關이니本人도大韓國民의壹分子로敎育事業에贊成義務ᄂᆞᆫ卽自己의擔負인故로堤川郡所在畓百斗落을貴學會에寄付ᄒᆞ오니
幸
諒此鄙忱ᄒᆞ시와保存土ᄒᆞ야永久히學校經費之助ᄅᆞᆯ是望이오며會勢及校況이益々隆步ᄒᆞ야全般國民의文明基礎ᄅᆞᆯ永遠鞏固케ᄒᆞ심을千萬이라ᄒᆞ얏더라

●朴氏善擧 龍岡郡居ᄒᆞᆫ主事朴濟賢氏가該郡基督小學校에每月三圜式義捐ᄒᆞ기로酌定ᄒᆞ얏ᄂᆞᆫ대該氏의敎育上熱心은該郡人士가莫不稱頌ᄒᆞᆫ다더라

●김氏熱心 洪州郡처面面長金基兆씨가躬行面村ᄒᆞ야聽從子弟와其父兄의게說諭勸勉ᄒᆞ되若業時機ᄅᆞᆯ當ᄒᆞ야新學問을不可不학이니該郡普通학校에入學ᄒᆞ라ᄒᆞᆫ대莫不樂從ᄒᆞ야入學者多ᄒᆞ다더라

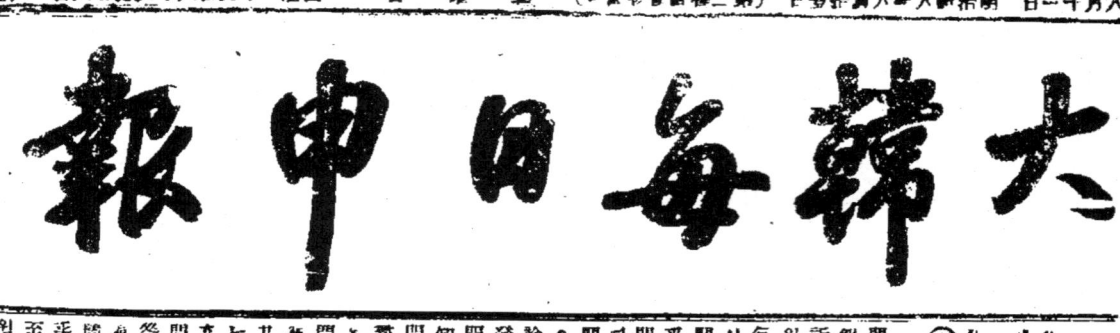

●賓興口興 龍川府東下面法興平賓興學校ᄂᆞᆫ김孝善김基仲等諸氏의熱心中ᄋᆞ로出來ᄒᆞᆷ인대加之任員諸氏와敎師諸氏가熱心奬학ᄒᆞᆷ으로該校의事務가漸漸擴張되고生徒의학業이日々新進ᄒᆞᆫ다고西來人의稱頌이有ᄒᆞ더라

雜報

●內閣例會 內閣諸大臣이昨日內閣에會同ᄒᆞ야木曜例會를開ᄒᆞ고各其主務의事項과進就ᄒᆞᆯ方針을提議ᄒᆞ얏다더라

●因會廢仕 再昨日에各部大臣이統監府會議를因ᄒᆞ야各部仕進視務ᄂᆞᆫ壹體廢止ᄒᆞ얏다더라

●何事回程 曾彌副統監이有何事件인지渡韓次로馬關ᄭᆞ지出發ᄒᆞ얏다가更히回程ᄒᆞ야渡韓日字가延期되얏다ᄂᆞᆫ說이有ᄒᆞ더라

●訪問閔家 永宣君李埈鎔氏가去木曜日에前輔國閔泳徽前協判閔衡植兩氏를往訪ᄒᆞ고數時間을談話ᄒᆞ얏다더라

●攝官云辭 承寧府攝督趙民熙氏ᄂᆞᆫ何事件을因ᄒᆞᆷ인지辭職疏를奉呈ᄒᆞ기로決定ᄒᆞ얏다ᄂᆞᆫ說이有ᄒᆞ더라

●大夫被任 從貳品尹寓善氏ᄂᆞᆫ 皇后宮大夫를被任ᄒᆞ얏다더라

●云有長書 總理大臣李完用氏가施政上에錯誤ᄒᆞᆫ事에有ᄒᆞᆫ을前내部主事李玄九氏가列擧ᄒᆞ야該大臣에게長書를ᄒᆞ얏다ᄂᆞᆫ巷說은有ᄒᆞ나其的確與否ᄂᆞᆫ姑未詳知ᄒᆞ겟다더라

●政海風靜 壹進會에서風波가稍定ᄒᆞ미現政府大臣의椅子가如前鞏固ᄒᆞ고壹般輿論이喧藉ᄒᆞ더라

●新察讌宴 昨日下午六時에內部大臣宋秉畯씨가明月館에宴會를設ᄒᆞ고各觀察使壹同과內部高等官을壹齊히請邀宴待ᄒᆞ얏다더라

●息擾方針 壹進會決死隊가茶酒에醉臥ᄒᆞ얏다ᄂᆞᆫ事ᄂᆞᆫ昨報에已揭어니와更聞ᄒᆞᆫ즉該隊長으로地方郡守를敍任ᄒᆞ기로經員乘內部大臣宋秉畯氏가決定ᄒᆞ얏다더라

●觀察云赴 京畿觀察事金思默씨ᄂᆞᆫ明再明間에발程赴任ᄒᆞ기로決定ᄒᆞ얏다더라

●難恕何多 公州觀察使崔廷德氏ᄂᆞᆫ赴任ᄒᆞ기前에郡守囑托에難괄處가近百名이라더라

●運動者落心 瑞興郡守가四拾餘圓인ᄃᆡ地方官制를改正ᄒᆞᆫ後의敍任ᄒᆞᆫ다ᄒᆞ미政府大官의게各其緊路捷徑으로郡守를熱心運動ᄒᆞ던人들이落心千萬ᄒᆞ야金神이不動ᄒᆞᆫ다더라

●判檢分掌 韓國官吏某某氏와各法律卒業生中으로判檢事를敍任ᄒᆞᆷ은已爲頒포ᄒᆞ얏거니와該諸씨를各地方裁判所로分掌ᄒᆞ얏다더라

●臨任警部 地方에討伐隊로出張ᄒᆞ얏다가殺害ᄒᆞᆫ巡査ᄂᆞᆫ警部로臨任ᄒᆞ가로擬議中이라더라

●觀察醫務 江原道에醫務를觀察ᄒᆞ기爲ᄒᆞ야內部醫務局에서官吏幾名을派送ᄒᆞ기로擬議中이라ᄂᆞᆫ說이有ᄒᆞ더라

●曾館摠裁 安峴에設置ᄒᆞᆫ普文館株主와孫秉熙氏間에有何未安ᄒᆞᆫ事인지不知ᄒᆞ거니와傳聞ᄒᆞᆫ즉將次裁判이되리라ᄂᆞᆫ說이有ᄒᆞ더라

●宴席演戲 日昨에宮內府大臣閔丙奭씨가該部勅任官孫澤孃邸의設宴請待하얏다ᄂᆞᆫ說은前報에已揭어니와該宴時의宮大閔丙奭히部次官小宮三保松遜宮相李允用承寧府總督趙民희와藏院卿최錫敏五지가演戲ᄒᆞᆫ것을略聞ᄒᆞᆫ즉遜宮相李允用시가先爲演說ᄒᆞ되官職을敍任ᄒᆞᆫ後의年久이職務ᄒᆞ여야就緖之樂이有ᄒᆞᆯ터이나余ᄂᆞᆫ無才無能ᄒᆞᆫ中遷任되얏스니新任ᄒᆞᆫ宮相께서才能이有餘ᄒᆞ신ᄃᆡ이니宮相之任을十年만가지고善爲處事ᄒᆞ시기를祝願ᄒᆞ노라ᄒᆞᆫᄃᆡ宮相閔丙奭시가演說ᄒᆞ기를余ᄂᆞᆫ此任을被ᄒᆞ미事務가重大ᄒᆞᆫᄃᆡ堪任키도難ᄒᆞᆯ뿐더러府ᄂᆡ局課長을多數히變更ᄒᆞ리라ᄂᆞᆫ說이有ᄒᆞ엿스나我ᄂᆞᆫ確實히變改ᄒᆞᆯ事가無라ᄒᆞ얏고小宮次官이演說ᄒᆞ기를當此剛新之際ᄒᆞ야各盡其任ᄒᆞ겟고日本官吏ᄂᆞᆫ韓國官人보담月俸이多ᄒᆞ매憾情이有ᄒᆞᆯ듯ᄒᆞ되此理由인즉日本官吏ᄂᆞᆫ先進之人인대韓官吏의뷔無異先生인故로他人에先生된者가月俸이多ᄒᆞᆯ거시니感情이此ᄒᆞᆯ理由가無ᄒᆞ니아못조록幾年之內의速々히학習하면其後의ᄂᆞᆫ日本官吏ᄂᆞᆫ退去ᄒᆞᆯ터이니虛心開悟하라ᄒᆞ얏고承寧府總督趙民희시가演說ᄒᆞ되宮大가新任된後의我介遷任된다ᄂᆞᆫ說이盛行ᄒᆞᆯ뿐더러각新聞의도總督이遞任되고後任될人의姓名ᄭᆞ지揭戰가되얏기太端히念慮ᄒᆞ얏더니今席의서宮相演說ᄒᆞ시ᄂᆞᆫ거슬聞하니更無他慮라ᄒᆞ얏고內藏院卿최錫敏사가演說ᄒᆞ되今日의大臣이ᄒᆞ시ᄂᆞᆫ演說은後日ᄭᆞ지變改치아니ᄒᆞᆯ실줄도知ᄒᆞ것고遞大臣演說이本大臣이拾年만게시라ᄒᆞ셧지니大臣이職務를善爲ᄒᆞ시면非但拾年이라도遞任치아니하시기를望ᄒᆞᆯ터이오若不善察ᄒᆞ시면何待拾年이리오不日間遞任하여야當然ᄒᆞ다ᄒᆞ얏다더라

●奚獨遷用 法官養成所卒業生某某氏가今番에判檢事를被任ᄒᆞᆷ은人所共知어니와養正義塾ᄒᆞᆫ徒와普成學校의徒法律卒業生들은設學에對ᄒᆞ야或發論ᄒᆞ기를卒業ᄒᆞᆫ法律科程과其他資格이法官養成所卒業生과同壹ᄒᆞᆫ處地에惟獨法官養成所학徒만敍用ᄒᆞᆫ것시不公平ᄒᆞᆫ듯ᄒᆞ다ᄒᆞ고外他物議도有ᄒᆞ다더라

●老宮可憐 四宮神堂에奉安ᄒᆞ얏던位牌與假主를焚燒ᄒᆞ얏다ᄂᆞᆫ事ᄂᆞᆫ昨報에已揭어니와焚燒次로掌禮院韓日主事兩人이於義宮에前往ᄒᆞ야假主를焚燒ᄒᆞᆯ際에該堂奉香ᄒᆞ던人拾三歲者宮女가落淚而言曰幼時에內人으로選入ᄒᆞ야出嫁치못ᄒᆞ여子女도無ᄒᆞᆯ뿐더러私家도亦無ᄒᆞ고年當衰暮ᄒᆞ야命在朝夕之境의解散을當하니何處의依托ᄒᆞ여餘年을終ᄒᆞ리오ᄒᆞ고痛哭ᄒᆞᄂᆞᆫ情狀은目不忍見인故로韓人主事가好語으로慰勞ᄒᆞ얏ᄂᆞᆫᄃᆡ其情勢ᄂᆞᆫ日人主事도悲憐ᄒᆞ엿다더라

●勝於親母 故承旨金成圭氏의小室●召史ᄂᆞᆫ年二拾九에所天에喪을當ᄒᆞ고無限艱苦를經ᄒᆞ야嫡子김潤鎭氏를撫育ᄒᆞ얏더니今春의金潤鎭시가全南調查派員金永찬서를隨ᄒᆞ야寶城郡驛土를調查ᄒᆞ시驛人等이聚衆의隱匿이綻露ᄒᆞᆯ자懼하야敎徒를陰嗾ᄒᆞ야兩人의被害ᄒᆞ지라金潤鎭시의被害ᄒᆞᆷ을聞ᄒᆞ고김召史가卽往ᄒᆞ야見ᄒᆞᆫ즉金永찬시ᄂᆞᆫ恤금이有ᄒᆞ나金潤鎭시ᄂᆞᆫ返柩ᄒᆞᆯ計策이末由ᄒᆞᆫ지라김召史가不分晝夜ᄒᆞ며不避風雨ᄒᆞ고號哭道路ᄒᆞ야喪柩를未返ᄒᆞ면尸側의서自盡키로決心ᄒᆞ엿더니該地方官員이此情境을見ᄒᆞ고會集演說ᄒᆞ야義捐을發起ᄒᆞ니觀察使及隣近各郡守以下諸官吏와士民及往來行人ᄭᆞ지至於外國人々지莫不捐助ᄒᆞ야竟得返柩ᄒᆞ얏스니김召史의熱苦守節은已極欽歎이오亦平生終身으로千里運柩ᄒᆞᆷ은丈夫도能行치못ᄒᆞᆯ事라고人皆稱頌ᄒᆞᆫ다더라

●觀光者如海 前報와如히再昨日下午八時에慈善婦人會에서 皇太子殿下의御活動寫眞을官人俱樂部에서設行하얏ᄂᆞᆫᄃᆡ觀光ᄒᆞᄂᆞᆫ諸氏가담至ᄒᆞ야人山人海를作하얏다더라

●湖中雨洽 南來人의傳說을聞ᄒᆞᆫ즉湖西公州鷄山等郡에ᄂᆞᆫ近日雨水가洽注ᄒᆞ야人心이如蘇라더라

●鐵道觸傷 水原郡正林面居김京八이가西部業岩婆允회시家에서雇傭ᄒᆞ더니今月二拾二日에西小門外鐵道에觸傷하야頭部가重傷ᄒᆞ얏다더라

●小火撲滅 南部履동居김永南가再昨夜에其妻와相詰ᄒᆞ다가金永南가石油罐으로打擊하야窓戶에犯火ᄒᆞ야起火ᄒᆞ미該擧ᄂᆡ分派所에서消往撲滅ᄒᆞ얏다더라

●關東更擾 江原道義兵은歸化者가多數ᄒᆞ야該地方이寢靜ᄒᆞᆫ貌樣이더니其歸化者를間間捕捉殺害之弊가有ᄒᆞᆫ故로擧情이激昂ᄒᆞᆫ다더라

●事務所移接 漢城高等女學校敎授李秉利씨等이學部로仕進ᄒᆞ야敎授ᄒᆞᆯ方針과事務處理ᄒᆞᆯ事項을協議ᄒᆞ더니昨日에該事務所를女學校로移接하얏다더라

●答論開會 官立日語학校학徒가來土曜日에答論會를開ᄒᆞᄂᆞᆫᄃᆡ答論ᄒᆞᆯ학徒ᄂᆞᆫ每課에二人式抄選ᄒᆞ야該部官吏와答論會를設ᄒᆞᆫ다더라

●女校擴學 官立漢城高等女學校에서ᄂᆞᆫ近日內로入學請願하ᄂᆞᆫ人이增加ᄒᆞᆷ으로來七月壹日爲始ᄒᆞ야擴학ᄒᆞ기로決定ᄒᆞ얏다더라

●測量所興旺 美洞等地合同測量事務所에서ᄂᆞᆫ設計書와圖畵를精密히ᄒᆞ고手數料를公正히領受ᄒᆞᄂᆞᆫ故로事務가日益興旺ᄒᆞ다더라

●何斯借舍 三昨日에瑞雲학校에서贊成會를ᄒᆞᆯ터인ᄃᆡ히洞鄭泰煥시舍廊를暫借하라ᄒᆞᄃᆡ鄭시가借與치아니ᄒᆞ얏다고衆議가紛々하얏다더라

●大校試驗 大東專門學校의서夏期放學試驗을來月曜日로定ᄒᆞ고去月曜日부터壹週日을復習ᄒᆞ기爲하야休學ᄒᆞ얏다더라

▲地方消息▼

▲本月拾三日旌原郡住珠동東北方高地의서義兵三名이히郡日守備隊와交戰ᄒᆞ얏다하고

▲本月拾二日永興郡大和里西北山中의서義兵約九拾名이孟山日守備隊少尉以下討伐隊와衝突ᄒᆞ얏다ᄒᆞ고

▲本月十九日橫城郡山ᄂᆡ里에서黃在錫의率ᄒᆞᆫ義兵約三십名이同郡日守備隊와北方山林中의서交戰ᄒᆞ얏ᄂᆞᆫᄃᆡ死傷이不明이라ᄒᆞ고

▲本月二十四日咸平郡의서義兵幾名이同郡分遣所隊長以下三名을遭遇ᄒᆞ야三十分間을交戰하얏다ᄒᆞ고

▲本月拾九日茂仁郡남方約四里地의서義兵二拾名이히郡分遣所日兵四名과衝突하야二拾分間을交戰ᄒᆞ얏다더라

▲聞簫興感▼

▲高樓近更倚枕聞ᄒᆞ니如泣如訴玉簫聲이寫之時逐曲々悲ᄒᆞ야洞簫欲眠리嬬哭ᄒᆞ니丈夫心事正難裁라

▲唐虞世가已遠ᄒᆞ니鳳凰來儀何時런고擊壤ᄒᆞᄂᆞᆫ더農夫야帝力何有아럿던가擊壤時代當코보니含飽鼓腹ᄒᆞᆯ수잇나더曲調가凄凉ᄒᆞ다

▲雞鳴山秋夜月에歸錦先生弄調ᄒᆞ야思鄉之懷激起로다易散難合더人情이各社會가鄒起ᄒᆞ나團體되기渺然일세더曲調가凄凉ᄒᆞ다

▲吳市乞食彼壹時라不平數曲難和로다事々人物此世界에英雄志氣誰知런고懷抱利器彷황ᄒᆞᆫ들據是肉眼可歎일세더曲調가凄凉ᄒᆞ다

▲何山老竹七孔中에聲聲據人心緖ᄒᆞ나兩耳如聾世人睡ᄂᆞᆫ寄到滿室難攬하야此山河에擧目ᄒᆞ니雲愁雨冥寂寞도다더的調가凄凉하다

▲滿城芳草日落時에落梅笛을相和ᄒᆞ니背郎風氣怨變ᄒᆞ야非復前日顏面이라人間萬事閱歷ᄒᆞ면轉換風輪可憐이라더曲調가凄凉ᄒᆞ다

▲何處管絃歌聲中에如樓不絶知送ᄒᆞ다鳥安社사어떠매요各部官人雲集ᄒᆞ야精神渾失忘返ᄒᆞ니家國事를安知런고더曲調가凄凉ᄒᆞ다

▲眼洋數關何論ᄒᆞ나漢水欲咽北岳愁라兩邊吾牙相逢ᄒᆞ야形影答解操도다變幻時局飛量ᄒᆞ면當局事를誰知ᄒᆞᆯ고더曲調가凄凉ᄒᆞ다

▲秦樓弄玉歸何處오奪人心情妙曲中의梨園春情不勝하야壹時花心怨生ᄒᆞ니佳人不今缺了다가悲慘境에빠젓고나더曲調가凄凉ᄒᆞ다

▲蘇仙何夜依歌和오良夜風流清閑하다願今誰人陶々與온우各趣味自若ᄒᆞᆯ제幾事太平逍遊ᄒᆞᆫ니夢中天地되얏고나더曲調가凄凉ᄒᆞ다

社告

◎警告各支社員

本社에 經費窘搦홈으로 本報代金을 不日收刷ᄒᆞᆯ야 本月十五日內로 郵換付送ᄒᆞ시라 多日廣告에 頗不換送ᄒᆞ니 幾至十餘社이기로 茲更寬限ᄒᆞ오니 本月終內로 期於換送ᄒᆞ와 以補社費케ᄒᆞ시되 若過此限이면 該支社ᄂᆞᆫ 卽爲廢止ᄒᆞᆯ터이오니 照亮하시옵

雜報

●金씨仁心　海州西邊面前議官金奎鉉씨ᄂᆞᆫ 本來有志紳士라 近日에 該郡醫務署監獄署罪囚數拾名이 罹于時感ᄒᆞ야 方在苦痛인ᄃᆡ 治療ᄒᆞᆷ을 聞ᄒᆞ고 醫務署에 請願ᄒᆞ고 醫士李仁叔씨로 相議ᄒᆞ야 藥餌와 看護費를 專擔施濟ᄒᆞᆷ을 人皆稱頌ᄒᆞᆫ다더라

廣告

本人이 文成辰浒의 土地價五百六拾圓을 陰五月晦日出次ᄒᆞ기로 於音壹張成給矣러니 文書가 此地契券은 外國人의게 僞造ᄒᆞ야 現露되야 方今是非中인즉 外國人은 勿論ᄒᆞ고 於音을 切勿見欺ᄒᆞ고 休紙施行ᄒᆞᆷ

西署 ... 坊 ... 統四戶　李起鳴 告白

本會의 緊急事項이 有ᄒᆞ야 陰曆本月三拾日下午壹時의 特別通常會를 開ᄒᆞ오니 僉會員은 屆期來參ᄒᆞ시옵

東亞開進教育會 告白

測量夜學募集廣告

本校夜學科에서 測量壹科를 特設ᄒᆞ고 學員을 募集ᄒᆞ오니 願學僉員은 本月貳拾六日브터 三十八日(日曜)下午三時에 本校로 來臨應試ᄒᆞᆷ 但請願紙ᄂᆞᆫ 本校用紙를 要ᄒᆞᆷ

試驗科目　算術四則
年齡　拾五歲以上
上學時　自下午八時半至九時半
卒業期限　六個月

典洞私立中東學校

暑疾預備丹

每於夏秋之交에 虎列剌(暑疾)(쥐ᄂᆞᆫ병)之流行은 若不預服調胃면 橫死爲慮故로 太方家所製黑劑를 屢試廣布ᄒᆞ니 凡我同胞ᄂᆞᆫ 勿遲來議ᄒᆞ옵

發賣所 慈惠藥房 處基昌 告白

天然堂寫眞

擴張減價

本堂에서 寫眞藝術大擴張ᄒᆞ기 爲ᄒᆞ야 新式器械諸品을 多數貿來ᄒᆞ고 堂邊에 學生을 募集ᄒᆞ야 手料敎授ᄒᆞ며 萬歲不變具案觀色寫眞과 白黃五色寫眞을 隨請需應ᄒᆞ며 婦人네ᄂᆞᆫ 內館에서 禁雜人撮影ᄒᆞ오며 價額은 中本에 壹圓 小本에 五拾錢 大本에 四圓半으로 永爲改定ᄒᆞ엿ᄉᆞ오니 僉君子ᄂᆞᆫ 照亮下시오

西署德門外에서 果峴으로 向ᄒᆞᄂᆞᆫ 新作路左便

天然堂寫眞舘主人 金圭鎭 告白

敬啓者 徽文義塾故教師金鴻卿氏追悼會를 來貳拾八日(日曜)上午拾貳時에 設行于東門外永道寺矣 知舊僉照亮來臨敬要

發起人 任環宰　具然祖　沈友燮　劉鎭烈等 告白

本申報第八百三拾九號雜報欄內 錯是趙台이란 趙下의 趙命九氏ᄂᆞᆫ 趙命熙로 正誤ᄒᆞᆷ

五　朴準一 告白

本人이 慈善演奏會에 壹百元捐助ᄒᆞ얏다고 本申報八百三十九號雜報中에 揭載ᄒᆞ얏스나 本人은 捐助ᄒᆞᆫ 事가 初無ᄒᆞ기 正誤ᄒᆞᆷ

五　禹恒鼎 告白

◎特別廣告

自甲申至甲辰間의 愛國死士追悼會를 本月二十七日(土曜) 正午拾二時에 訓鍊院에서 設行ᄒᆞ오니 左開追悼諸位遺族諸氏와 愛國同胞ᄂᆞᆫ 屆期來參ᄒᆞ시와 追悼之忱을 共表ᄒᆞ심을 敬要 但當日雨則翌日再雨則次土

愛國死士追悼會 告白

左開追悼諸位氏名

趙寧夏　閔台鎬　閔泳穆
李祖淵　韓圭稷　尹泰駿
洪在羲　洪英植　박泳教
尹泳觀　朴응學　申錫模
申寧模　徐戴昌　白樂崑
鄭行중　李貫鍾　金鳳均
南興喆　리殷중　리建英
吳昌模　高永석　尹景舜
黃龍澤　리熙正　리몽虎
河應善　崔殷東　리殷돌
리昌圭　리熙善　崔榮植
高應중　劉鴻基　朴齊경
吳鏡　卞燧淵　邊樹
白春培　徐光範　朴泳斌
俞亨洛　金玉均　리최應
리潤相　金觀羽　박準陽
리泰容　韓耆容　洪啓薰
리耕稙　리揚ᄋᆞ　리學永
安宗洙　박應陽　박鉉基
申百희　리龍慶　梁翊煥
徐相耆　曹貫承　金主軾
權令　洪鍾憲　丁和寬
金炳麟　朴基仁　金彌中
金봉準　孫化中　김介南
朴東鎭　朴正綱　金弘集
정秉夏　魚允中　리喜和
崔景國　權瀅鎭　禹洛善
林炳吉　리奎응　리彰烈
卞河진　河元泓　嚴柱鳳　趙永斗
吳聖模　리寅碩　朴莎浩
張漢允　리容旭　金甲鉉
리聖日　趙宅顯　張浩翼
權浩善　全鴻鐵　金益鏞

●蠶桑椹新種이 本社에 來到ᄒᆞ얏스니 첩잡子ᄂᆞᆫ 來購ᄒᆞᆷ

西部膳洞廿壹統壹戶　蠶業廣達會社 社長 金燦先 白

本社電車運轉手가 乘客에게 不敬홈을 禁止ᄒᆞ기 爲ᄒᆞ야 茲에 佈告ᄒᆞ오니 自今으로 電車運轉手가 親務ᄒᆞᆯ 時의 電車外에서나 休憩時의 圖番外에 若言語行動이 壹毫라도 無禮或褻慢ᄒᆞ야 耳目의 不合홈을 當ᄒᆞ시거든 該人의 所佩號票의 號數를 記錄ᄒᆞ야 次計據ᄒᆞ야 本社에게로 寄書或親枉說明ᄒᆞ시면 當該厚謝ᄒᆞ고 該人의 所行輕重대로 斷當處治逐出ᄒᆞ야 以懲後弊케ᄒᆞ깃ᄉᆞ오니 僉君子ᄂᆞᆫ 照亮通奇ᄒᆞ심을 望홈

韓美電氣會社 告白

本所에서 鑛山、土地、家屋、森林、測量製圖設計等을 迅速請應홈

南署會賢坊九拾貳統拾壹戶

合同測量事務所

總務 金鎭極　事務 金鉉權

國債報償금中에 婦人이 銀簪佩物로 本社에 來納ᄒᆞᆫ 者를 許久積置ᄒᆞ엿ᄉᆞ나 卽爲放賣ᄒᆞ야 銀行에 殖利하ᄂᆞᆫ것만 곳지 못ᄒᆞ기로 茲에 廣告ᄒᆞ오니 或有願買人이 거던 本社에 來問홈

本社 告白

本書舖에서 各種書籍을 俱備ᄒᆞ엿사오니 邑鎭有志僉彦은 臨時購覽ᄒᆞ심을 務望 僉册正價ᄂᆞᆫ 原發行所와 同壹홈

平北博川邑梅洞乾材藥局內　博新書館 魚命驥 告白

本店에 夏節양服件이 英京倫敦에서 新着ᄒᆞ얏기로 茲에 廣佈ᄒᆞ오니 僉君子ᄂᆞᆫ 光臨購買ᄒᆞ심을 望홈

鍾路 商店 泰號 양服裁縫店 謹白

●林業速成科學員募集廣告

本校에서 夏學林業速成科及測量科를 合設ᄒᆞ고 兩科에 關ᄒᆞᆫ 學理技術을 敎授ᄒᆞ겟ᄉᆞ오니 願學僉員은 本月貳拾五日內(陰五月貳拾七日)로 入學請願書(本校에 來求)를 本校에 提呈ᄒᆞ고 七月拾二日(日曜日)上午拾時에 來校應試홈

壹 試驗科目　國文　漢文　讀書作文　算術四則以內
　但相當ᄒᆞᆫ 本業證書가 有ᄒᆞᆫ 人은 免試許入홈
壹 修業期限은 拾個貳月로 定ᄒᆞᆷ
壹 上學時間은 自下午七時로 至拾時三時間
壹 修業課程　造林學總論　造林學　林材論　苗圃論　森林保護學　森林經理學　森林利用學　植物學　測樹學　土壤學　氣象學　農學大意　測量學術及實習

隆熙貳年六月拾二日　七五

西大門內普成學校

林野法令

定價 廿五錢

本法令은 最近에 頒布된바 壹般臣民이 此法令을 不覽ᄒᆞ면 特大ᄒᆞᆫ 利益을 全失ᄒᆞ고 尤其山主와 係業者注意件은 本冊第五頁以下에 揭載홈과 如ᄒᆞ미 持此本冊은 山林에 關ᄒᆞᆫ 勅令及部令을 壹切法則을 編成ᄒᆞᆫ 者니 斯速來購ᄒᆞ시옵

發賣所　布屛下 廣학書舖　鍾路 大東書市　大廣橋 匯東書館　南 博文書館　廣明橋越邊　銅峴　古今書海　鍾路 中央書館　新舊書林

夏期講習所

本所에셔 學生의 研究便宜를 圖키爲ᄒᆞ야 夏期講習所를 特設ᄒᆞ오니 願入僉員은 左開를 依ᄒᆞ야 早速請求ᄒᆞ심을 望홈

▲科程▼

英語課　**日語課**　(以上兩科ᄂᆞᆫ 各히 甲乙兩班에 分ᄒᆞ야 甲班은 時文讀解와 乙班은 簡易會話로 秋期各學校에 入學ᄒᆞ기 便宜케홈)

測量課　本課ᄂᆞᆫ 速成貳個月에 畢了ᄒᆞ깃기 算術全部를 畢解ᄒᆞᆫ人의게 限하야 募集홈 (實地測量을 兼行홈)

代數課　甲乙班에 分ᄒᆞ야 甲班은 二次方程式 乙班은 自初至壹次方程式

算術課　甲乙班에 分ᄒᆞ야 甲班은 名數로 至求積法 乙班은 自整數至小數

▲入學規定

壹 本所各課에 入學코자 ᄒᆞᄂᆞᆫ 時ᄂᆞᆫ 入學請願書에 學科程을 明記ᄒᆞ야 六月晦內로 本所投書函에 投入홈
壹 本所教授期間은 七月壹日로 八月三拾日ᄭᆞ지 定홈
壹 本所教授時間은 上午七時로 拾二時ᄭᆞ지 限ᄒᆞ되 時間表ᄂᆞᆫ 募集了後 學生의 便宜를 隨ᄒᆞ야 決定홈
壹 本所各課ᄂᆞᆫ 每日壹時間式 敎授ᄒᆞ고 測量科實習은 此限에 不在홈
壹 本所科에 何科班이던지 應募人員이 三拾人이 未滿ᄒᆞᆫ 時ᄂᆞᆫ 該班은 不設홈
壹 學生卅人以上의 聯名請願이 有ᄒᆞᆫ時ᄂᆞᆫ 他課를 更設ᄒᆞᆷ도 得홈
壹 月謝金은 每課班에 壹圓式 排納ᄒᆞ되 貳課或以上을 兼修ᄒᆞᄂᆞᆫ 時ᄂᆞᆫ 兼修課ᄂᆞᆫ 每課에 五拾錢式 計受홈
壹 月謝金은 每月三日以내에 排納ᄒᆞ야 聽講券을 領換홈
壹 修業期限이 滿ᄒᆞᆫ 時ᄂᆞᆫ 成績을 試驗하야 修業證書를 授與홈 (但測量課ᄂᆞᆫ 卒業證書)
壹 細則은 本所規則을 從홈

講師씨名　李敎承　曾田嘉伊智　宋彦用　金澤吉　陸定洙

皇城鐘路基督教青年會學館내

數語夏期講習所　所長 李商在

廣告

漢城南大門外濟衆院方藥
前醫學校長勳五等池錫永氏有効證明
醫學博士　洪錫厚氏　實驗方劑
製藥鑑查人　朴慈惠　李觀化

四時靈藥 治痰靈寶丸　一包에九十丸入 定價金拾錢

此丸藥은大韓兄弟腸胃에適當ᄒᆞ도록調製ᄒᆞᆫ數十年來累試累驗ᄒᆞᆫ藥인ᄃᆡ主降生一千九百八年에醫學博士洪君이精細改良ᄒᆞ야中暑中寒諸症에虎列剌怪疾과毒感瘟疫을預方케ᄒᆞ고健胃淸滯ᄒᆞ야諸般滯積을順下ᄒᆞ며卒地嘔吐泄瀉와赤痢白痢이며胸腹刺痛과警咳白痰을能治能止ᄒᆞᄂᆞᆫ靈藥이오

製造本舖　漢城鐘路萬國基督敎靑年會館前西洋藥都賣業慈惠藥房

[illegible]

現今關山地에怪疾이流行ᄒᆞ다고每日新聞上에記載ᄒᆞ니怪疾預防藥治痰平胃丸을不可不廣告ᄒᆞᆯ지라治痰平胃丸廣告ᄒᆞ기爲ᄒᆞ야言語行動이正直見信ᄒᆞᆯ만ᄒᆞᆫ兄弟三員을擇定ᄒᆞ오니누구시던지藥說明잘ᄒᆞ시ᄂᆞᆫ兄弟ᄂᆞᆫ長來永久ᄒᆞᆫ生計을遠遠來議于鐘路慈惠藥房ᄒᆞ시오此事務가財錢出納에關係가잇사오니누구시던지保證이有ᄒᆞ여야事務을委任ᄒᆞᆯ것ᄉᆞᆷ

全國內地十三道各郡慈惠藥所支店에以小包郵便으로藥品發送主任

洪載厚　告白

本人이陰五月拾六日仁川場에ᄀᆞ싸오다가中路에서强盜를맛나姓名圖章을見失ᄒᆞ엿ᄉᆞ오니勿論內外國人ᄒᆞ고[illegible]勿見欺ᄒᆞᆷ
松禾龍門坊上里完亭村人　崔炳益　告白

本館設立이旣經四載에有志諸氏가誠心贊成ᄒᆞ야新聞縱覽之員이日漸頗衆ᄒᆞ고國家發展之道가稍至[illegible]ᄒᆞ야敎育會及외株介를自任ᄒᆞᆫ本書館이不得不擴張ᄒᆞ고新舊書籍과學校用品及衛生良藥을俱備發賣ᄒᆞ오나僉君子ᄂᆞᆫ光顧ᄒᆞ심을切望
海州南門外書籍館朴昌鎭　白

黃城松都法律事務所
辯護士　玉東奎
民事代理와刑事辯護ᄒᆞ기爲ᄒᆞ와出張所를如左히定ᄒᆞᆷ
第一出張所　平壤觀察道前拾三統貳戶　事務員　李寅根
第二出張所　海州巫遷門前工洞又과景家　事務員　李鼎圭

○약광고
본국에서 십년을 연구ᄒᆞ야 사향소창단이란 약을 발명ᄒᆞ엿ᄂᆞᆫᄃᆡ 남녀물론ᄒᆞ고 무ᄉᆞᆫ 창병이던지 한재(十四貼)만 먹으면 효험이 백발백중 되ᄂᆞᆫ고로 [illegible] 가오니 창병잇ᄂᆞᆫ 쳠위ᄂᆞᆫ [illegible] 포셩ᄒᆞᆯ고 속히 [illegible] ᄒᆞ시며 자ᄃᆡ방이라도 우편으로 부쳐드리오니 조량ᄒᆞ시옵

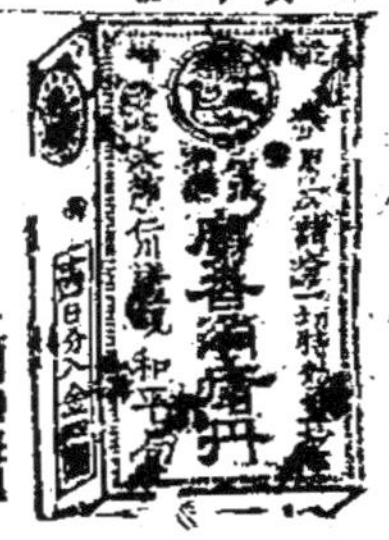

製藥所　仁川港桂洞　和平堂약房
發行人　仝　리용善
代理店　仁川港龍岡濟生堂藥房　京城大廣橋共愛堂藥房

胎養調經丸
ᄃᆡ양료경환
대뎌 부인이 변화ᄒᆞ도록 영ᄒᆞ치 못ᄒᆞᆷ은 병으로 인ᄒᆞᆷ이니 일죽이 연구치 아니ᄒᆞ고 살이 버려두면 다만 한사ᄅᆞᆷ의 불ᄒᆡᆼᄒᆞᆯ뿐 아니라 또ᄒᆞᆫ 젼국에 크게 관계가 잇ᄂᆞᆫ고로 고명ᄒᆞᆫ 셩의 십오년을 너외국 의ᄉᆞ의 실험방을 ᄐᆡᆨ션ᄒᆞ야 집으로브터 他人家에 ᄭᆞ지 시험ᄒᆞᆫ즉 열에 열사ᄅᆞᆷ이 다효험을 보앗고 ᄎᆞ약이 일뎐만 ᄒᆞᆯ뿐아니라 (치량)(치젹)ᄒᆞ며 (조경)(조혈)되ᄂᆞᆫ고로 이ᄀᆞᆺ치 광포ᄒᆞ오니 쳠부인은 일추 시험ᄒᆞ시며 각디방이라도 우편으로 부쳐드리오니 조량ᄒᆞ시옵
壹劑壹個月分定價五圜

製藥所　仁川港龍岡　和平堂약房
發行人　仝　리용善
代理店　인川港龍岡 濟生堂약房　京城大廣橋 共愛堂약房
우량ᄒᆞᆫ약은졍심보명단각쳐방방에계신이ᄂᆞᆫ그곳으로가셔쳥ᄒᆞ시오
仁川港和平堂　白

●大韓國新明靈藥廣告
●大韓國新明靈藥[illegible]
●廣濟靈丹　[illegible]
●至寶丸　[illegible]
●靈效液　[illegible]
●淸眼水　[illegible]
●通淋丸　[illegible]

製藥發行所　漢城南部大廣橋西邊第三家十九統七戶　共愛堂大藥房　謹白

支店　開城南門內共愛堂第壹支店　群山港[illegible]共愛堂第二支店　[illegible]共愛堂第三支店

代理店　仝香路靑年會館前　仝西部新門外石橋　仁川港龍岡濟生堂　仝和平局
此外에도東西洋各國有名賣藥과藥材[illegible]多少를不拘ᄒᆞ고請求ᄒᆞ시면小包로郵呈ᄒᆞ게ᄉᆞᆷ

新藥 消化 淸心保命丹
陸軍軍醫[illegible]
發行所　仁川港龍岡　濟生堂藥房
九十粒入金拾錢

●主治効能
[illegible]

●京城大廣橋共愛堂大藥房
同 鍾路慈惠藥房
同 梨峴洋藥局
同 廟洞文書館
同 南大門外大同書館
同 泥峴三丁目新井支店
同 泥峴郵便局前天佑堂
同 水標橋本堂出張所
●仁川港本堂出張所
同 開城旅館
同 寺洞和平堂
同 開城[illegible]萬物商
同 南門內同店
同 北部[illegible]
同 三房[illegible]
同 南門內店
水原鍾路下藥房
●延安邑內洋藥局

●江華香路店
同 香路店
同 西門外冊肆
[illegible]
[illegible]
[illegible]
●平壤[illegible]濟生醫院
同 大興部一里
同 安武洞[illegible]局
同 里[illegible]出張人
●鎭南浦[illegible]洋藥局
同 [illegible]本堂出張人
●群山港[illegible]
●安州[illegible]
●安岳邑[illegible]
●大邱[illegible]
●[illegible]
●[illegible]
●[illegible]
●[illegible]
●[illegible]
●其他各藥店마다[illegible]販賣所
●仁川港濟生堂告白

●賑恤金收入廣告
●加平郡外西面網石村
[illegible]
合拾七圜
前號總合六萬壹千〇九十九圜〇〇七厘
都總合六萬壹千壹百十六圜〇〇七厘

特別廣告
[illegible]
大韓每日申報社　告白

發行兼編輯人　英國人　萬咸
發行所　南署石井洞號外　大韓每日申報社

光武九年八月十一日 明治三十八年八月十一日 (第三種郵便物認可) 十 日曜 日

第六卷

大韓每日申報

第八百四拾[illegible]號

月曜及慶節
翌時日休刊

建陽紀元四千二百四十一年
箕子元年三千三十年
大韓開國五百十七年
日本明治四十一年
淸國光緖三十四年
陰曆戊申五月大廿九日癸丑

別報

◉裵說氏의公判顚末

第一日 (續)

크로스氏가論駁ᄒᆞ야曰彼二人들이裵說氏를指言ᄒᆞ며韓國의政府와及其人民間에仇讐之意를煽動ᄒᆞ다ᄒᆞ얏슨즉彼等은此에셔加害府하게行爲ᄒᆞᆫ자라若如其言인ᄃᆡ韓國政府가必有ᄒᆞᆯ지어ᄂᆞᆯ日人所言이韓國政府가名有ᄒᆞ얏스나實地로ᄂᆞᆫ成立지못ᄒᆞ엿스며韓國政府가旣有ᄒᆞ얏스나全然히無資格無能力ᄒᆞ야自國事를不能整頓ᄒᆞ엿시故로「吾儕仁善人民들이純然公服ᄒᆞᆫ目的을持ᄒᆞ고來此ᄒᆞ야汝等을從順ᄒᆞ며汝等을善導ᄒᆞ야其進行之路를指示ᄒᆞ노라」ᄒᆞᄂᆞᆫ바不請客이自來干涉ᄒᆞ면災難이必生ᄒᆞᆷ은常例인즉如此災難을裵說氏나其所有新報에歸咎치못ᄒᆞᆯ지며亦此로由ᄒᆞ야激動된것도아니오彼對韓策에誤想ᄒᆞᆫ日本政府로由ᄒᆞ야激動된것이로다

크로스氏가尙且韓日條約을引用하야曰韓國이其外洋에在ᄒᆞᆫ臣民에關係ᄂᆞᆫ日本代表者의게委托ᄒᆞ얏스나韓國政府를廢撤ᄒᆞᆫ다ᄂᆞᆫ件은條約上에無ᄒᆞ얏스니日本은但韓國을保護者요今日韓國內의主權은韓國政府에在ᄒᆞ며且韓國歷史를閱覽ᄒᆞᆫ人士의所知와如히韓國政府ᄂᆞᆫ君主專制니 皇帝陛下ᄭᅴ셔何時에던지壹班大臣을能爲免職ᄒᆞ시ᄂᆞᆫ지라俄國皇帝의專制와無異시나 皇勅이無ᄒᆞᆫ韓國政府가豈能有之리오此國內에 皇帝主權이廢絶에歸乎아否乎아若旣至廢絶이면無所更論이어니와現今에主權治轄이存ᄒᆞ야何時에何人이던지能히隨意免職ᄒᆞᆯ시리로다

事實이如右ᄒᆞᆫ대日本官憲이英國裁判官前에來하야曰(吾等이即韓國政府이니設或政府ᄂᆞᆫ아니라ᄒᆞᆯ지라도韓國政府ᄂᆞᆫ吾等의所導를從行ᄒᆞᆫ다」하ᄂᆞᆫ도다我判事閣下도過去五六年間에極東歷史를洞悉ᄒᆞ엿거니와大韓帝國을爲ᄒᆞ야壹大血戰이有ᄒᆞᆫ거슨壹般所共知라戰勝者의게戰利品은可也나然이나若日本이此地에來ᄒᆞ야日本國旗를早已高揭ᄒᆞ엿스면已矣어니와此ᄂᆞᆫ旣是未有ᄒᆞ야韓國을來取ᄒᆞ엿ᄂᆞᆫ지라若日本이此國을旣取ᄒᆞ엿더면今日被告의報紙를停止케ᄒᆞ려고奉訴ᄒᆞᆫ問題가無ᄒᆞ엿스려니와日本이此를未取ᄒᆞ엿도다彼가門房內에直入ᄒᆞ야緊着坐定치아니ᄒᆞ고但登大試見이라가退而言曰吾將掠奪이라ᄒᆞ야如此ᄒᆞᆫ狀態로迂曲ᄒᆞᆫ方法을用ᄒᆞ야此地에來ᄒᆞ얏고壹千九百七年七月二拾四日에統監府를設置ᄒᆞᆫ지라韓日條約을調印ᄒᆞᆫ後未滿壹年에彼等이此國內에主權이도라고來言ᄒᆞ기로自斷ᄒᆞ엿스나然이나彼非主權인거슬竟服ᄒᆞ엿도다若有主權이면日本皇帝가卽是韓國에皇帝려니와日本皇帝陛下ᄭᅴ셔此國을治轄ᄒᆞ시라ᄂᆞᆫ些少ᄒᆞᆫ意想은無ᄒᆞᆯ줄노確信ᄒᆞᄂᆞᆫ바요伊藤公爵閣下ᄂᆞᆫ韓國을保護者의代表라彼가此國을合倂ᄒᆞ야體與骨을幷呑하ᄂᆞᆫ邦國의代表者가된것과ᄂᆞᆫ大相不同ᄒᆞ도다

裵說氏의如此辯論은被告가韓國의政府及臣民間에仇讐之意를煽動ᄒᆞ얏다ᄂᆞᆫ歸咎에對ᄒᆞ야政府ᄂᆞᆫ臣民을皆有ᄒᆞᆫ것스도最先暗示ᄒᆞᆷ이러라同氏ᄂᆞᆫ常時에量度ᄒᆞ기ᄅᆞᆯ壹人은但壹國主의臣民이니同氏가에드워드王第七世의臣民이오에스킈드氏의臣民은아인줄노態度ᄒᆞ며曰裵說氏가韓國의政府及臣民間에仇讐之意를煽動ᄒᆞ얏다ᄒᆞᆷ은三浦氏나或其他何人이라ᄃᆞ不得開口ᄒᆞᆯ비라韓日兩政府가此國內에何許事項만處理하기위ᄒᆞ야聯合ᄒᆞᆯ뿐이오韓國政府ᄂᆞᆫ特有ᄒᆞ야日本政府와ᄂᆞᆫ全然明白히分開되얏스니此實地를因ᄒᆞ야今其罪의壹部를其必免除ᄒᆞᆯ거시다ᄒᆞ야如此히法庭에論告ᄒᆞ고五條約은閱讀ᄒᆞᆷ이必要치아니ᄒᆞᆯ줄노量度ᄒᆞ며但法庭에韓國議定書가有ᄒᆞᆫ가請問ᄒᆞᆫ더裁判官曰議定書ᄂᆞᆫ廢止된거시요

크로쓰氏曰日本人이不得知悉이오나廢止되지아니ᄒᆞᆫ줄노思料ᄒᆞ노이다

윌킨손氏曰壹千九百七年의締結된七協約이其所遇事의最近陳述이어ᄂᆞᆯ前議定書ᄂᆞᆫ關係ᄒᆞᆷ이是何好事인지不知로이다

三浦氏曰議定書가有ᄒᆞ엿나이다

裁判官이尙曰議定書가尙今有效耶아 日尙今有效ᄒᆞ니이다

크로쓰氏가議定書를引用ᄒᆞᆫ바其日日本及韓國間에永久鞏固ᄒᆞᆫ友誼를維支ᄒᆞ며極東에平和를設立ᄒᆞᆫ目的으로(此가甚히奏效치못ᄒᆞᆫ듯ᄒᆞ도다其不然乎아)大韓帝國政府ᄂᆞᆫ大日本帝國政府에全然依恃ᄒᆞ야施政改善에關ᄒᆞ야其勸告를採用ᄒᆞᆫ다ᄒᆞ엿스며其第二條ᄂᆞᆫ日本帝國政府가韓國의獨立과其疆土完全을確證ᄒᆞᆫ다ᄒᆞ엿스며其第四條에ᄂᆞᆫ韓國皇室의安寧이나或其疆土完全이第三國의侵害를因ᄒᆞ야危險ᄒᆞᆫ데在ᄒᆞᆫ境遇에ᄂᆞᆫ日本帝國政府가其事情에必要ᄒᆞᆫ方針을取ᄒᆞᆫ다ᄒᆞ얏노다同氏曰今此行動에韓國獨立을保證ᄒᆞᆫ것이何在오日本當局者들은「吾等이即韓國政府라」ᄒᆞ며(此地에在ᄒᆞᆫ多數人民들이責任이無ᄒᆞ니吾等이不可不其所槃을指示ᄒᆞ리라)ᄒᆞᄂᆞᆫ言辭나ᄒᆞ려此地에來ᄒᆞ얏ᄂᆞᆫ가此其不然가此其不然가하며强硬ᄒᆞ고明確ᄒᆞ게再言復言ᄒᆞ여曰今日韓國은獨立國이니日本은此議定書下에在ᄒᆞ야此國을永續强壯케ᄒᆞ기로擔任ᄒᆞᆫ거시어ᄂᆞᆯ還是彼等은來此ᄒᆞ야又他壹說노發言曰韓國政府ᄂᆞᆫ無ᄒᆞ다ᄒᆞᄂᆞᆫ도다尙且韓國은主權도有ᄒᆞ며外交或其他名辭로坐하고强制로不出ᄒᆞᄂᆞᆫ君主의代表者도有ᄒᆞᆫ壹獨立國이라若日本政府가此壇에最上權이有ᄒᆞ면此國의旗號가維何오此乃日本旗耶아

未完

外報

●憲法採用 北京電을據ᄒᆞ즉在北京淸國憲政考察大臣于式枚씨ᄂᆞᆫ日本及德國을模倣ᄒᆞ야欽定憲法을採用ᄒᆞ기로上奏ᄒᆞ얏ᄂᆞᆫ데此奏[illegible]議에交付ᄒᆞ얏다더라

●德國의小官報 路透電을據ᄒᆞᆫ즉德國皇帝ᄭᅴ셔觀兵式을言際에外國武官面前에셔言ᄒᆞ되列國이德國을包圍ᄒᆞ야窮境에陷케ᄒᆞ랴ᄒᆞᆷ은拒ᄒᆞ기不敢ᄒᆞ나然이나我ᄂᆞᆫ旣爲準備가有ᄒᆞ다述ᄒᆞ얏다ᄂᆞᆫ事에就ᄒᆞ야德國半官報루ᄃᆡ츠新聞에왈此ᄂᆞᆫ全히誤報이라德帝演說中에自國將校의게對ᄒᆞ야德國陸軍이프레데릭大王時代의士氣를以ᄒᆞ야凡軍務에服務ᄒᆞᆯ時期가來ᄒᆞᆷ을確信ᄒᆞᆫ다ᄂᆞᆫ旨를述ᄒᆞᆫ뿐이오其論旨ᄂᆞᆫ單히軍事上에止ᄒᆞᆷ이라毫末도政治上事에ᄂᆞᆫ不關ᄒᆞᆷ이오且왈列國의聯合에依ᄒᆞ야刻下問題를處理ᄒᆞ라ᄒᆞᆷ에容易치아니ᄒᆞ다ᄒᆞ야憂慮ᄒᆞᆷ은不必要ᄒᆞᆷ인즉安慰ᄒᆞᆷ이宜當ᄒᆞ다ᄒᆞ얏고又ᄂᆞᆫ同紙가土耳其、波斯、阿富汗斯旦、極東及其他問題에關ᄒᆞ야擾亂의因子라고恒常誤解ᄒᆞᆷ은甚히憤慨ᄒᆞ다ᄒᆞ얏다ᄒᆞ얏더라

●淸國憲隊組織 北京電을據ᄒᆞᆫ則淸國陸軍部에서陸軍警察隊憲兵組織의裁可를得ᄒᆞᆷ으로旣設ᄒᆞᆫ憲兵학堂卒業生으로憲兵隊를組織하야北洋軍을統轄케ᄒᆞ며旣成ᄒᆞᆫ後에ᄂᆞᆫ全國各地에分派ᄒᆞ고北京에本部를置ᄒᆞ야總轄ᄒᆞᆯ터이라ᄒᆞ얏더라

●美大統領出狩 紐育電을據ᄒᆞᆫ則美國大統領루쓰벨트씨ᄂᆞᆫ令息과同伴ᄒᆞ야明春四月에猛獸를狩ᄒᆞ기爲ᄒᆞ야亞弗利加로出遊ᄒᆞᆯ旨를今月二拾三日에發表ᄒᆞ얏다더라

雜報

●[illegible]學會 [illegible]議官[illegible]氏가田畓壹百斗落ᄒᆞ야畿湖興學會에寄附ᄒᆞᆫ公函全文이如左ᄒᆞ니

夫國家의隆替와民族의勝敗ᄂᆞᆫ社會ᄂᆞᆫ教育如何로以ᄒᆞ나니彼世界列强을觀ᄒᆞᆫ건대社會의發展이何如ᄒᆞ며教育의進就가何如오至於我韓ᄒᆞ야ᄂᆞᆫ社會의腐敗가何如ᄒᆞ며教育의衰頹가何如오若是ᄒᆞ고야國家의維持와民族의生存을何可望也리오然則今日教育義務ᄂᆞᆫ即吾國을維持ᄒᆞᄂᆞᆫ基礎오吾族의生存ᄒᆞᄂᆞᆫ方針이니苟其動物의영覺이有ᄒᆞᆫ者면엇지教育事業에對ᄒᆞ야袖手傍觀의態度를作ᄒᆞ고竭力幇助의思想이無ᄒᆞ리오況我畿湖ᄂᆞᆫ世臣巨室과大姓名族이落落相望ᄒᆞ니於國家에休戚與共하ᄂᆞᆫ分義가有ᄒᆞ고於國民에標準을著示ᄒᆞᄂᆞᆫ責任이有ᄒᆞᆫ지라今日畿湖學會의발起ᄂᆞᆫ即我大韓의教育機關이니孰不同情이며孰不贊成哉아本人도畿湖中壹個人으로本會에對ᄒᆞ야贊成ᄒᆞᆫ義務가他人의責任이아닌故로堤川所有沓百斗落을爲之寄付하오니幸領此鄙忱ᄒᆞ야以爲學校經費之助를是望이오며抑區々貢慮가有不能自已者이오니惟 僉君子ᄂᆞᆫ부諒之어다盖本會之發起也에曠日月許에有ᄒᆞ야曰我畿湖人은黨派의缺[illegible]ᄒᆞ고性質의腐敗가甚[illegible]ᄒᆞ야眞實ᄒᆞᆫ[illegible]去ᄒᆞᆫ思想과活潑進取의氣像이缺乏ᄒᆞ니本會目的을到達키無望이라ᄒᆞ니本人도此等批評에對ᄒᆞ야實로憤慨을不勝ᄒᆞ오니仰惟 僉君子ᄂᆞᆫ十分猛省ᄒᆞ고速[illegible]ᄒᆞ야教育事業이더益發展ᄒᆞ야局外批評을掃洗ᄒᆞ고完全鞏固ᄒᆞᆫ文明基礎를成立ᄒᆞ시기를千萬바라ᄒᆞ엿더라

雜報

●御札奉書 日本東京의 御留學ᄒ시ᄂᆞᆫ 皇太子殿下ᄭ옵서學業이日進ᄒ시다ᄂᆞᆫᄃᆡ每日上午六時에起枕ᄒ샤 太皇帝陛下ᄭ 問安書簡을 親筆로奉呈ᄒ옵신다더라

●總相仕進 總理大臣李完用씨가身病이有ᄒᆷ으로數日仕進치못ᄒ얏다가再昨日부터仕進視務ᄒ얏다더라

●往訪內大 農商工部大臣趙重應씨ᄂᆞᆫ何事件인지再昨日에內部大臣宋秉畯씨를內部로訪問ᄒ얏다더라

●各說意見 前號와如히內部大臣宋秉畯씨가再昨日下午六時에明月館에서晩餐會를設ᄒ고各觀察使暨同部次官及各局長諸씨를請邀款待ᄒ얏ᄂᆞᆫᄃᆡ參席ᄒᆫ諸씨가地方行政刷新事의對ᄒ야각其意見대로演說ᄒ고妓生幾名도參與ᄒ얏다더라

●不請自來 內部大臣宋秉畯씨가再昨日明月館에서晩餐會設行ᄒᆫ은別項과如ᄒ거니와其時의他大臣은壹人도參與ᄒᆫ이가無ᄒ며請邀치아니ᄒᆫ農商工部大臣趙重應시ᄂᆞᆫ往參ᄒ얏다더라

●云云掛念 承寧府總管趙民熙씨ᄂᆞᆫ近日에遞任된다ᄂᆞᆫ說이閭巷과新聞에喧藉ᄒᆷ을聞ᄒ고言ᄒ되西洋各國의도有力大官이變改되면親近人도改遞되ᄂᆞᆫ例事인즉我가遞任ᄒ다ᄂᆞᆫ說은掛念ᄒᆯ바ㅣ無ᄒ다ᄒ더라

●花月宴待 內部次官岡喜七郎이再昨日下午六時에各道觀察使를花月樓에請邀款待ᄒ얏다더라

●古器會 奎章閣卿趙同熙와掌禮院卿李重夏兩시가發起ᄒ야宮內府高等官某某諸시와古器를持ᄒ고今日上午拾時의三淸洞太和宮에서開催ᄒᆫ다더라

●遞任 內藏院出納課長金澤씨依免ᄒᆫ代에宮內府秘書官尹世鏞씨가轉任ᄒ다더라

●登轉任 內藏院出納課長金澤씨遞任된事ᄂᆞᆫ別項과如ᄒ거니와 三大王追崇都監堂上任하얏ᄂᆞᆫᄃᆡ不可無替職이라奏任勅任典祀轉任ᄒ얏고前參書官한龍植시ᄂᆞᆫ三代追贈ᄒ기爲ᄒ야勅任典祀로自求被任ᄒ얏다더라

●左右亦難 平北觀察使朴重陽시가今番의地方官任用令發定ᄒᆫ事와對ᄒ야對人說話ᄒᆷ을聞ᄒ즉百姓의恩量ᄒ야도其實報ᄒᆯ時의資格의如何를操知ᄒ기가極難ᄒᆫ터이오或聞實報ᄒ즉人의誤薦의慮가不無ᄒᆫ즉果是難處ᄒᆯ事이라고ᄒ더라더라

●兩察發程 咸南觀察使李範來平南觀察使李軫鎬兩시ᄂᆞᆫ陰曆本月初九日내로發程赴任ᄒᆫ다더라

●趙李相換 李宗爾의서日語翻譯ᄒ던官人을置ᄒ기爲ᄒ야宮內府主事日語能通하ᄂᆞᆫ趙漢默시와議府主事李相鎬시와相換ᄒ얏다더라

●紹戴雜擬 錦陵尉박泳孝씨가不久에放還될터인故로其家人이迎接次로下往ᄒ얏다더니更聞ᄒ즉往船費와姑不準備ᄒ얏ᄂᆞᆫ故로尚未發程ᄒ다더라

●領尉官組織 憲兵補助員將校가任命되얏ᄂᆞᆫᄃᆡ憲兵本部駐兵參領은朴榮喆步兵正尉ᄂᆞᆫ兼京城分隊步兵正尉는張寅根天安分隊步兵正尉는徐丙德咸鏡分隊砲兵正尉는權承祿平壤分隊工兵副尉는金碩彬大邱分隊步兵參尉는林東元柴山浦分隊步兵參尉는李秉喬諸氏라더라

●節祀廢錄 四宮의奉安ᄒᆫ公翁主의假主를焚燒ᄒ얏다ᄂᆞᆫ說은前報와已爲屢報ᄒ엿거니와詳聞ᄒ즉撫居ᄒᆫ公翁主拾三位神主ᄂᆞᆫ儲宮에奉安하고節祀로擧行ᄒ기로掌禮院의셔預爲謄錄ᄒ얏다더라

●日人韓語 漢城官立高等女學校의日本人中韓語通譯教師를登名으로選置ᄒ기爲ᄒ야學部의서現今擬議ᄒ다ᄂᆞᆫ說이有ᄒ다더라

●宮屬洋服 宮內府에서廷監播丁柴炭手等을自七月로黃蠟洋服을着케ᄒ기로該洋服을士幌日本人洋服店에注文ᄒ얏다더라

●貳百志願 昨日明洞日憲兵隊에서한人憲兵補助員을募集ᄒ얏ᄂᆞᆫᄃᆡ志願者가二百餘名의達ᄒ얏다더라

●警察聯遊 大同商務社의서今日의西署蓮寺의出往ᄒ야消暢計劃으로準備ᄒ고該事由를該警察署의게通知ᄒ얏더니該警察署의서商務社頭領을招致ᄒ야其遊樂ᄒᄂᆞᆫ目的을問ᄒᆫ즉答ᄒ기를商業발達의方針도協議ᄒ고兼ᄒ야消暢키爲ᄒᆷ이라ᄒᆫ즉警官이答ᄒ기를商業上의方針을協議ᄒ라면無論某處던지妥當ᄒᆫ즉何必寺刹이며且會費ᄂᆞᆫ必是不少ᄒᆯ터인즉現今財政困難ᄒᆫ時를當ᄒ야大段不可ᄒ니生意말나고激勵ᄒ며指飭ᄒ얏다더라

●稍稍廢社 近日以來로大同商務社의서무合曆節에有ᄒᆫ지漢城내의在ᄒᆫ各支社가稍稍廢止ᄒᄂᆞᆫ境의至ᄒ얏다ᄂᆞᆫ說이有ᄒ더라

●南宮氏婚禮 木浦基督學校教師남宮혁시와遂洞貞信女中學校卒業生金합나시가來月曜日의新門내教堂의서婚禮를成ᄒᆫ다더라

●妓夫請願 漢城내妓夫等이協律俱樂部를設立하깃다고警視廳의請願ᄒ얏다더라

●狂兒就留 昨日上午六時의何許未滿拾歲된狂症ᄋᆞᆫ女兒가반병蠶와匙를持ᄒ고鐘峴路로過去ᄒᄂᆞᆫ거슬該分署의서執留ᄒ고該兒를勸ᄒᄂᆞᆫ人을待ᄒᆫ다더라

●義將三訊 日憲兵隊에在囚ᄒᆫ義兵將某를再昨에第三回訊問ᄒ얏ᄂᆞᆫᄃᆡ該시의居處飮食을甚爲便利케厚待ᄒᆫ다더라

●拾貳假義 假稱義兵ᄒ고鄕內로橫行ᄒ며民財를討索ᄒ던拾貳人을警視廳에서捕捉ᄒ야訊問하고日昨漢城裁判所로越交ᄒ얏다더라

●冗世被捉 元世性로가宗路件庫에서各種新학文과敎會冊을放賣ᄒ야糊口資生ᄒ더니有何事端이던지日昨警視廳에被捉되얏다더라

●藥峴讓館 三昨에의藥峴館內主人李文馥ᄂᆞᆫ家와賊漢五名이各持銃劍突入ᄒ야銀等物六百餘원價値를偸去ᄒ얏다더라

●水賊捕捉 通津郡東里居水賊等 名은本是有名ᄒᆫ賊인ᄃᆡ警視廳의서捕捉하야訊問ᄒᆫ後漢城裁判所로送交ᄒ얏다더라

●通郡賊警 去拾三日上午時의通津郡半村面瑪松里居納至事洪鐘宜시家의賊漢八名이各持銃砲突入ᄒ야二兩紙銀指環與銀匙와紙貨二拾餘원을奪去ᄒ고且該洞居沈시家에突入ᄒ야二拾餘圓價値衣服[illegible]去ᄒ얏ᄂᆞᆫᄃᆡ[illegible]擧ᄒ얏다더라

●賊反荷杖 女子教育會々長金雲谷氏와該會總務朴氏가自再昨年以來로教育會을維持ᄒ고多數捐助ᄒ야幾千元과皇貴妃殿下ᄭ셔頒給하신壹千元을沒食ᄒ고此亦不足ᄒ야前年에會中에協得社를組織하고閑雜ᄒᆫ少年婦人과幼稚ᄒᆫ女學生을夜々會集ᄒ야耳目을亂好케ᄒ야幾千元을從來爲沒食하고議政府朝房을會館本部로改建ᄒ다ᄒ고關堂及左右附所를擧皆毀撤ᄒ고今春에女子普學院을因ᄒ야待從院에서移接ᄒᆯ時에自宮內府로修繕費四百八十餘元을領給ᄒ야其中을擂沒ᄒ고학校에無壹分出給하며至今은取財ᄒᆯ術法이無路ᄒ니학校를藉稱ᄒ고取財코ᄌᆞᄒ야學校機關을勒奪ᄒᆯ凶計가有ᄒ다더라

●私塾困難 近日以來로某校의事務員이나稱ᄒᄂᆞᆫ人들이各私塾에廢止ᄒ라고勸告ᄒ며或工夫上에沮戲ᄒᄂᆞᆫ人도有ᄒᆷ으로各私塾의困難을種種當ᄒᆫ다ᄂᆞᆫ說이有ᄒ더라

●無過廿餘 官立漢城高等女學徒募集ᄒᄂᆞᆫ事ᄂᆞᆫ人所共知어니와入學志願者가[illegible]不過二拾五人이라더라

●二回卒業擧行 私立興化학校에서來七月壹日에三回卒業式을擧行ᄒᆫᄃᆡ二回卒業式을擧行ᄒᆫ다더라

●女校雜文 女子普學院은前年에女子教育會長金雲谷와總務朴寅培시名譽가不美ᄒᆫ딩여러基本이無ᄒ야永遂치못ᄒᆯ念慮가有ᄒᆫ故로正當ᄒᆫ紳士와婦人이維持會를組成ᄒ고校名은普興學校라改定ᄒ고校務方針을熱心研究ᄒᆫ다더라

●善哉此人 北靑郡仲坪面居前議官李泰鉉氏ᄂᆞᆫ元來教育家의熱心者인바其子榮洙로ᄒ야곰勤送上京ᄒ야入學於西北協成學校ᄒ고其程을觀覽코저ᄒ야發費二百圜을帶持上京ᄒ야勤勉其子ᄒ기를微工兼讀ᄒᄂᆞᆫ國家에獻身的이라고勸勉ᄒ얏다더라

●私校總會 各私立學校聯合會를去土曜日에組織ᄒ얏ᄂᆞᆫᄃᆡ該會에서本月二十七日(土曜)下午三時에塔洞大韓協會事務所에서總會를開ᄒ고該會規則을議定ᄒᆫ다더라

●任員更定 靑坡下馬碑동에有志諸氏가文昌학校를設立ᄒ고校務를金庸植씨가萬定ᄒ야校況이繼新ᄒ얏ᄂᆞᆫᄃᆡ前報에揭載어니와金씨가他處學校에視務多端ᄒ야仍爲辭免ᄒᆫ故로該校에서日昨에臨時會를開ᄒ고任員을改選ᄒ얏ᄂᆞᆫᄃᆡ校長은李會寅評議長은鄭喬氏요[illegible]成은尹光普씨오校監은金[illegible]씨오學監은申陳씨오經務는[illegible]씨오[illegible]務長은吳大振씨로選定ᄒ얏다더라

▲地方消息▼

▲某府 拾日江華郡西北方約二里許山伊浦의서義兵三拾名이豐德郡守備隊와서派遣ᄒᆫ日兵几名과駐在巡査三名과交戰ᄒ얏다더라

▲獵官者歎▼

▲槐院朝暮夕陽의邂逅相逢兩三人이傾蓋話舊盃酒로야辭餘象의怨發ᄒ니有何懷目歎ᄒᆫ다

▲任官者에生長ᄒ야父兄以是敎講ᄒ니門戶之計길헛고나七拾年을役々타가郡守를不得ᄒ고白首殘年되엿스니이情勢를누가알소

▲拾年燈下硏磨하야日賦日詩成工하고實才巨擘偶號ᄒ며國新榮바랏더니謝日勤勞附虛ᄒ고變朝仕에潦倒ᄒ니이情勢를누가알소

▲某大臣과某將은知遇之誼切近이라同是初年困窮ᄒᆯ제死生之誼ᄆᆡ졋더니先爲顯達ᄒ고보니視若楚越ᄒᄂᆞ나이情勢를누가알소

▲近日官職敍任件은姓名不知더人物을門闕前下에許ᄒ고本業者만需用ᄒ니如我老物無用이라開化二字怨望ᄒ다이情勢를누가알소

▲政界風波爭衡中에變動時機雜搜ᄒ고孰勝孰負暗觀ᄒ야他人의게讓ᄒ안코爭先登步趨向ᄒ나事竟不成ᄒᄂᆞᆫ고나이情勢를누가알소

▲權門勢家出入ᄒᆯ제衣裳娟麗안홀손가家徒四壁貧窮ᄒ야八寶粧典執ᄒ야燦燦紬衣外飾ᄒ나實廚烟屢일세이情勢를누가알소

▲不避寒暑風雨ᄒ고朝往夕逐問安ᄒ제某大監의顧眄을엇자若登龍門希望ᄒ야局課長希望이니鳥가되얏스니이情勢를누가알소

▲時局變化早知런들海外風氣遊覽ᄒ고新學問을論難ᄒ며照明ᄒ고自稱ᄒ고官職도得容易ᄒᆯ걸晚時에悔恨일세이情勢를누가알소

▲日日日新成立ᄒᆫ무상廳員新出ᄒ야壹時登祿取俸에者力ᄒ야結托ᄒ야終南捷徑欲尋ᄒ나[illegible]多ᄒ다ᄒ니이情勢를누가알소

廣告

漢城南大門外濟衆院方藥
前醫學校長勳五等池錫永氏有効證明
醫學博士 洪錫厚氏 實驗方劑
製藥鑑查人 朴慈惠 李觀化

四時靈藥 **治痰平胃丸** 一包에九十丸入 定價金拾錢

此丸藥은大韓兄弟腸胃에適當ᄒᆞ도록調製ᄒᆞᆫ藥인ᄃᆡ數十年來累試累驗ᄒᆞ야七降生一千九百八年에醫學博士洪君이精細改良ᄒᆞ야中暑中寒諸症에虎列刺怪疾과毒感瘟疫을預方케ᄒᆞ고健胃消滯ᄒᆞ야諸般滯積을順下ᄒᆞ며卒地嘔吐泄瀉와赤痢白痢와胸腹刺痛과聲咳白痰을能治能止ᄒᆞᄂᆞᆫ靈藥이오

製造本舖 漢城鐘路萬國基督教青年會舘前西洋藥都賣業慈惠藥房

現今龍山地에怪疾이流行ᄒᆞ다고各新聞上每日記載ᄒᆞ니怪疾預防藥治痰平胃丸

月銀拾貳圜

胃丸은不可不廣告ᄒᆞᆯ지라治痰平胃丸廣告ᄒᆞ기爲ᄒᆞ야言語行動이正直見信ᄒᆞᆫ만ᄒᆞᆫ兄弟三員을擇定ᄒᆞ오니누구사던지藥說明잘ᄒᆞ시ᄂᆞᆫ兄弟ᄂᆞᆫ長來永久ᄒᆞᆫ生計를速速不讓于鐘路慈惠藥房ᄒᆞ시오此事務가財錢出納에關係가잇사오니누구시던지保證이有ᄒᆞ여야事務를委任ᄒᆞᆯ것ᄉᆞᆸ

全國內地十三道各郡慈惠藥所支店에以小包郵便으로藥品發送主任
洪載厚 告白

本人이陰五月拾六日仁川場에갓싸오다가中路에서强盜를맛나姓名圖章을見失ᄒᆞ엿ᄉᆞ오니勿論內外國人ᄒᆞ고切勿見欺ᄒᆞᆷ
松禾龍門坊上里完亭村 入 崔炳益 告白

本館刱立이旣經四載에有志諸氏가誠心贊成ᄒᆞ야新聞縱覽之員이日益頻繁ᄒᆞ고圖書發售之道가稍稍暢旺ᄒᆞ오니일시教育普及의媒介를自任ᄒᆞᆫ本書館은不得不倍從擴張ᄒᆞ고新書書籍과學校用品及衛生良藥을俱備發賣ᄒᆞ오니僉君子ᄂᆞᆫ光顧ᄒᆞ심을切望ᄒᆞᆷ 入
海州南門내書籍館朴昌鎭 白

한城松陽法律事務所
辯護士 玉東奎
民事代理와刑事辯護ᄒᆞ기爲ᄒᆞ와出張所를如左히定ᄒᆞᆷ 入
第一出張所 平壤 觀察道前拾三統貳戶 事務員 李寅根
第二出張所 海州 西政門前工洞文斗素家 二七 事務員 李鼎圭

○약광고
본국에서십년을연구ᄒᆞ야(자양소창단)이란약을발명ᄒᆞ엿ᄂᆞᆫᄃᆡ남녀를물론ᄒᆞ고무슨창병이던지혼재(十四介)를디엽열긔식먹으면효험이빅발빅중되ᄂᆞᆫ고로더옥닶지ᄒᆞ와사가오니창병잇ᄂᆞᆫ첨위ᄂᆞᆫ오ᄃᆡ포셩밀고속히터림ᄒᆞ야문외로부쳐ᄃᆞ야각디방이라도우편으로ᄒᆞ시며죠량ᄒᆞ시옵

製藥所 仁川港栓峴 和平堂약房
發行人 仝 李용善
代理店 仁川港濟生堂藥房 京城大廣橋共愛堂藥房

ᄐᆡ양됴경환 **胎養調經丸**

대뎌부인이변과로록잉ᄐᆡ치못ᄒᆞᆷ은병으로인ᄒᆞᆷ이니일즉이연구치아니ᄒᆞ고삼삼이ᄇᆞ려두면다만한사ᄅᆞᆷ의불힝ᄒᆞᆯ뿐아니라또ᄒᆞᆫ젼국에크게관계가잇ᄂᆞᆫ고로도셩외십오년을니외국의의소의실험방을뒤션ᄒᆞ야셩에집으로브터他人家에루ᄉᆞ시험ᄒᆞᆫ쥭얼에열사ᄅᆞᆷ이다효험을보앗고초약이잉ᄐᆡ만ᄒᆞᆯᄲᅮᆫ아니라(치림)(치질)(조경)(조혈)되ᄂᆞᆫ고로이것치광포ᄒᆞ오니쳠부인은업ᄂᆞᆫ시험ᄒᆞ시며각디방이라도우편으로붓쳐드리오니죠량ᄒᆞ시옵
壹劑壹個月分定價五圜

製藥所 仁川港栓峴 和平堂약房
발行人 仝 리應善
代理店 인川港栓峴 濟生堂약房 京城大廣橋 共愛堂약房

우량죵약은청심보명단과쳐발매소마다수응판매ᄒᆞ오니그근방에게신이ᄂᆞᆫ그곳으로가셔문의ᄒᆞ시오
仁川港和平堂 白

●大韓國新製明神藥
◎靈丹 各種食滯中暑入滯口臭定價一貼十錢
◎至寶丸 俱有傷寒諸症不拘久遠金十錢
◎靈效液 外用方諸般瘡疥皮膚
◎清眼水 諸般眼疾有效百發百中定價金三拾錢
◎通淋丸 男女諸般淋疾神效 無毒速效除毒壹週金五拾錢

製藥發行所 漢城南部大廣橋西邊第三統十九戶 共愛堂大藥房 謹白 入
支店 開城南門內共愛堂第壹支店 群山港開福동共愛堂第二支店 海東郡交通面共愛堂第三支店
代理店 京城北部大安동 仝鍾路靑年會館前 仝西部新門外石橋 仁川栓峴 濟生堂 仝 和平局
리助卿 리春善 黃麟秀 仁濟藥房 慈惠藥房 普濟醫院

此外에도東西洋各國有名賣藥과草材藥이俱備ᄒᆞ오니多少를不拘ᄒᆞ고請求ᄒᆞ시면小包로郵呈ᄒᆞ게ᄉᆞᆸ

●大韓國新製藥廣告

●江華종路店 尹斗鉉
同종路店 宋順五
同西門外冊肆 高成根
●長湍남門내 韓炳淳
●砂利院市場내客主 朴健昌
同 任允中
●同耶蘇敎堂내 리在榮
●黃州남門내紅門동 리聖珍
●平壤鍾路百里濟生局 韓鳳儀
同館前衛生醫院 金鼎興
同大興部一里 韓龍化
同武洞齊局 桂澤宜
同里포洞出張人 李貞赫
●鎭남浦築동洋약局 김元서
同本堂出張人 吳남奎
●群山港開福동 김斗鉉
●安州城내義井동回春大약房
●安岳邑上場里濟生局 林景柱
●大邱남門내顯道동 권成洛
●釜山港草梁客主 金秉佑
●川郡북동商店 朴芝行
●載寧邑後동洋약局 崔允國
●忠州東良面早遜 金鎭和
●善州郡관동 약善賢
●定州남門내洋약局 리瀅在
●郭山邑내洋약局 羅景彬
●鐵山邑내永春堂 安濟淵
●宜川邑내冊肆 安奎
●義州水口街 崔亨浩
●영川邑四里洋약局 김永植
●郭山邑冊肆 김大鉉
●元山港濟生堂支店 박敬鎭
●北青新昌港客主 박錫勳
●江原道本堂出張人 馬翼來
●德川邑官동洋약局 리丙斗
●釜山용谷里 리東赫
●其他各약店마다隨應販賣ᄒᆞᆷ
●仁川港濟生堂告白

●主治效能
●滯飲●食積●暑中●暑中寒
●咳嗽●胸膈●水土不服
●氣鬱●吐瀉●船車眩暈
●食傷●酒醉●日熱惡臭
▲其他諸般瘴氣瘟疫預方妙藥 入
●出張代理特約販賣所
●京城大廣橋共愛堂大藥房
同鍾路慈惠藥房 리觀化
同梨峴洋藥局 리信華
同銅峴博文書館 盧益亨
同南大門外大同書館
同泥峴三丁目 新井支店
同泥峴郵便局前 天佑堂
同水橋本堂出張人 리鳳林
●仁川舊邑本堂出張所 金濟賢
同開成旅館 林鳳根
同寺峴和平堂 리應善
●開城南門內萬物廛 박圭昭
同남門內同店 禹相玉
同남門內郵便社 리碩鎬
同北部忠橋 具聖模
海州宗路商店 宋在珙
同州二房약館 김永變
同남門內店 리奉植
水原종路下약房 金濟九
●延安邑내洋약局 邊孜文

●新發明梅毒仙藥廣告
陸軍軍醫金守鉉實驗方劑
落梅丹
口瘡不要창病去毒之神藥
壹劑五百粒定價金三圜
主治 梅毒(唐창)新舊창 ●瘰癧 ●皮膚病 ●便마瘡私 ●痔病
已上病証外에男女間에不精交合ᄒᆞᆫ後에若疑아之端이有ᄒᆞ야도此藥을劑만服用ᄒᆞ면完無後慮ᄒᆞ고脾胃도健全ᄒᆞᆷ을擔保ᄒᆞᆷ
此外에도외療機械와精美ᄒᆞᆫ藥材를新備ᄒᆞ고內外科각色疾病을誠心治療ᄒᆞᆷ
漢城北部大安洞
仁濟藥房 高用진 謹白
代理店 京城鍾路 共愛堂약房 仁川港龍洞 濟生堂
國內各處藥局에서隨應販賣ᄒᆞᆷ

▲特別廣告
本社에셔名帖印刷所를設ᄒᆞ고各種活字와印刷機가精美ᄒᆞ고價値도極廉ᄒᆞ오되特別히紳士와夫人의게ᄂᆞᆫ一層低廉ᄒᆞ오니僉位ᄂᆞᆫ來臨ᄒᆞ시와隨意請求ᄒᆞᆷ
大韓每日申報社 告白

發行兼編輯人 英國人 萬咸
發行所 南署石井洞號外地三層洋屋內
大韓每日申報社

第六卷

大韓每日申報

第八百四十二號

禮拜日외는休業ᄒᆞ오

月曜及慶節 歲時休日刊

檀君開國四千二百四十一年
箕子元年三千三十年
大韓開國五百十七年
日本明治四十一年
淸國光緒三十四年
隆熙戊申五月大三十日甲寅

別報

◉裵說氏의公判顚末

第一日 續

氏가日人을若此히擯斥ᄒᆞᆯ거슨日人의所言이日韓은壹邦이니難可分離라ᄒᆞᆷ을駁論ᄒᆞᆷ에對ᄒᆞ야彼邊辯護가氏의辯論이正直ᄒᆞᆷ을노同意ᄒᆞᆷ엿슬거시오日人도雖然ᄒᆞᆷ을自覺하얏고法庭에셔도彼日人의道理上背反되는行動을擯斥ᄒᆞ야彼等의蹝色을動起케ᄒᆞ기에는氏가薄情ᄒᆞᆫ言辭를不用ᄒᆞ고셔는此를說明ᄒᆞᆯ에已無他道ᄒᆞᆷ을노看破ᄒᆞ엿더라

且說氏가今此英國法庭에셔裁判으로英國臣民을對ᄒᆞ야呈訴ᄒᆞᆫ行動은只是失錯을表證ᄒᆞᆷ이라ᄒᆞ고冒險而言ᄒᆞ엿스며又辯論曰日本政府와韓國政府가全然分離ᄒᆞ야確有兩體라日本政府가如何ᄒᆞᆫ行政上에關ᄒᆞ야韓國政府를指揮ᄒᆞ는거슨實情이어니와韓國政府가尙今現存ᄒᆞ니若韓國 皇帝陛下께셔何人이던지逮官코져ᄒᆞ시며能行ᄒᆞ실비라ᄒᆞ고於是에氏가其所陳辯白을締斷코져ᄒᆞ야曰裵說氏가大韓每日申報에暴動이나紊亂을激勵ᄒᆞ며尙且韓國의政府及臣民間에仇讐之意를煽動ᄒᆞᆫ줄노斷度ᄒᆞ는治安妨害件을呈刊ᄒᆞ야不貲ᄒᆞ엿다는告訴를致ᄒᆞ엿스니治安妨害라거ᄉᆞᆯ解義가雖何오

裁判官曰此義는樞密院令에精密히解釋ᄒᆞ엿스니今에此를熟考ᄒᆞ려ᄒᆞ고煩勞를勿爲ᄒᆞ라

크로쓰氏曰然이나該樞密院令을正當히奉遵ᄒᆞ는ᄃᆡ該令에治安妨害란거슨變更ᄒᆞ기不能ᄒᆞᆫ즉本人은此를權限外라ᄒᆞ고言ᄒᆞ깃나이다

該樞密院令의趣意와新聞紙의權限과告訴된新報論說의關係에對ᄒᆞ야裁判官의說明과크로쓰氏의辯論이互相間에數拾次에至ᄒᆞᆫ後에

翌日六月拾六日(火曜)上午拾點鐘에다시開廷ᄒᆞ기로裁判을延期하다 (未完)

外報

●製艦提唱 伯林電을據ᄒᆞᆫ즉俄國上議院에셔海軍法案을修正ᄒᆞ고軍艦은波羅的、黑海兩造艦所에相分ᄒᆞ야製造케ᄒᆞᆷ을提唱하얏다더라

●無烟射砲 倫敦電을據ᄒᆞᆫ즉法國陸軍技術委員은電氣速射砲를試驗ᄒᆞ얏는ᄃᆡ此砲는壹分間에發射數가壹千二百발에至ᄒᆞ며火藥을使用치아니ᄒᆞᆷ으로불熱과불烟이無ᄒᆞ다더라

●兩使公文 波斯皇帝는革命軍을歸歷ᄒᆞ얏는ᄃᆡ官兵은議員의家屋을包圍ᄒᆞᆫ지라英俄兩國公使는同皇帝께公文을呈ᄒᆞ야秩序의回復ᄒᆞᆷ을忠告ᄒᆞ고歐人의保安ᄒᆞ는의責務라ᄒᆞ얏더라

●革命領首處絞 波斯革命黨下議院首領二名은絞刑에處ᄒᆞ얏다더라

●德皇訪墺典 伯林電을據ᄒᆞᆫ즉德國皇帝及皇后께셔來八月八日에公式으로墺國皇室을訪問ᄒᆞᆯ터이라ᄒᆞ얏더라

●美艦集合 紐育電을據ᄒᆞᆫ즉美國太平洋艦隊는豫定ᄒᆞᆫ計劃을依ᄒᆞ야再次桑港으로集合中이라ᄒᆞ얏더라

●摩國과列國 伯林電을據ᄒᆞᆫ즉西班牙首府마드릿드에流行ᄒᆞ는風說에關ᄒᆞ야伯林에셔公言ᄒᆞ는바를據ᄒᆞᆫ즉歐洲列國은海軍聯合示威運動을設行치아니ᄒᆞ고又佛西兩國의軍隊가단치야에上陸치아니ᄒᆞᆷ은摩洛哥國僭王을承認ᄒᆞ기爲ᄒᆞ야會議를開ᄒᆞ랴ᄒᆞᆷ인듯ᄒᆞ다云하얏더라

●俄艦歡迎 同電을據ᄒᆞᆫ즉俄國黑海艦隊는演習ᄒᆞ기爲ᄒᆞ야土耳其海岸으로向ᄒᆞ얏는ᄃᆡ同艦隊는數個의港灣을訪問ᄒᆞᆯ터이오同港灣에셔는土耳其皇帝의特別ᄒᆞᆫ命令을依ᄒᆞ야同艦隊를歡迎ᄒᆞᆯ터이라더라

雜報

●以文慰魂 韓등普成專門授業학生吳柄善시가去二月에卒逝ᄒᆞ얏는ᄃᆡ該校會長石鎭衡署具非薄之奠遣人替告于故校友吳君之靈曰嗚呼君有令姿蔭暎數人君有儲行爲席上珍早從擊世馳譽文化博通科史致遠子深藩遊普成學競寸陰動工卒業將逸初心何幸同時獲聯膏襟依君末光早婚追尋梲惝倚王契諧斷金違然登別道山之行天不暇年資志未成郢斤不斲逕鏈無聲悲亂白楊落日丹旐登杯絮酒禮追徐生千里執梯情達亘卿職際數閑遊彼佳城緬昔聞旋泥先沾誤雜령不昧歆此菲觴

●親睦開會 本日下午八時에학生聯合親睦會를齋洞興士團內測量학校에서開ᄒᆞ고崔炳憲李商在鄭寅復三시가演說ᄒᆞᆫ다더라

●樵童夜校 信川郡西部面良井洞居鄭文勝시가該洞에夜學校를設ᄒᆞ고面內樵童을募集ᄒᆞ야體操國文算術地誌歷史를熱心敎授ᄒᆞ니學徒가三拾餘名에達ᄒᆞᆫ지라洞내吳雲根鄭爲業等諸시가其前途에望이有ᄒᆞᆷ을感悅ᄒᆞ야各其隨力贊助ᄒᆞᆷ으로漸漸擴張이러니去登日該郡聯合大運動時에三十餘名學徒가각기木巾을着ᄒᆞ고太極國旗와牧童夜學校라大書ᄒᆞᆫ旗를高揭하고運動場에臨ᄒᆞ니각학徒가叩拏歡迎ᄒᆞ고運動式을擧行ᄒᆞᆫ後該樵童發元학校敎師某ᄂᆞ가牧童夜學이愛國誠으로從起ᄒᆞᆫ者아니면엇지樵牧餘暇에修학을啓하리오此是我國에初有ᄒᆞᆫ慶事이니遊衣遊食ᄒᆞ는者豈無愧怍가ᄒᆞ며셔感泣落淚에登場演說하고捐出金三圜하니傍聽男女가莫不感發ᄒᆞ야或銀指環或帽子等物로各기現帶ᄒᆞᆫ것을隨ᄒᆞ야合四十三圜에價値로捐補ᄒᆞ매同학校가尤極擴張ᄒᆞ리라고西來人의稱賀이有ᄒᆞ더라

●明校漸明 平北義州비峴面藍남동明新學校敎師朴오植氏가名譽로熱心敎育ᄒᆞ며暨夜學生이六七十名에達ᄒᆞ얏다더라

●信校盛況 信川郡邑內紳士李元卿朴宗현方錫權씨等二拾餘人이聯合大運動을거月登日에設行ᄒᆞ얏는ᄃᆡ각學徒가演說會를開ᄒᆞ고各其自問題로演說ᄒᆞ는ᄃᆡ其中에十三四歲된女學徒本邑六里黃汝貞씨女와三里李源國씨女二兒가當此時局ᄒᆞ야慨歎ᄒᆞ는趣旨로登壇演說ᄒᆞᆷ즉滿場諸人이無不欽嘆ᄒᆞ얏고其翌日五月初一日上午八時에는該郡郡下西部坊淙亭村牧童學徒二十餘名이綿巾標身ᄒᆞ고身被犢褌케運動場內에入來則該學養元學校敎師全炳鉉과鄭寅權兩氏가見其形狀ᄒᆞ고不勝慨歎ᄒᆞ야先出捐金與時計壹介ᄒᆞ고登場演說에銀指環壹雙과捐助金四拾餘圜이瞬息間에集合ᄒᆞ얏다ᄒᆞ고該郡來人이稱頌ᄒᆞ더라

●青會施設 青友獎學會에셔每朔二次式討論會를開ᄒᆞ는ᄃᆡ會長全泓國副會長姜允熙評議長韓錫錫評議員리柱諸씨가會員의知識을激勵ᄒᆞ기爲ᄒᆞ야玉篇雙國精神世界三怪物空冊等幾十部와鉛筆幾十打와잉크幾拾壺式各自辦捐ᄒᆞ야討論優等人의게償與ᄒᆞᆫ다더라

●牛校維持 趙최淵氏가牛山學校維持會를組織ᄒᆞᆫ다ᄒᆞᆷ은已爲揭載ᄒᆞ얏거니와更聞ᄒᆞᆫ즉該동紳士尹永培와某々諸시로同心做去ᄒᆞ야完全無缺ᄒᆞᆫ意로동中父老會를本月拾四日에開ᄒᆞ고維持方針을商議ᄒᆞ시父老를이感其兩시之熱誠ᄒᆞ고敎育으로興國家之登大義務가可也라ᄒᆞ고自洞中으로收欲費用ᄒᆞ기로登致可決되어義務敎育이實施된다더라

偉人遺蹟

水軍第一偉人 李舜臣

錦頰山人

第拾八章

◉李舜臣의諸將과李舜臣의遺跡及其奇談

鄭運은其幼時부터忠義로自許ᄒᆞ며貞忠報國四字로劍에銘ᄒᆞ더니壬辰亂에李舜臣을從ᄒᆞ야賊을累破ᄒᆞ고每戰에奮勇先登ᄒᆞ는故로李舜臣이倚任ᄒᆞ며敬歎ᄒᆞ더니釜山戰役에賊丸을中ᄒᆞ야竟死ᄒᆞ니李舜臣이大慟曰國家가右臂를失하얏다ᄒᆞ더라(宣廟中興志와嶺巖鄭志)

魚泳潭은光陽縣監을被任ᄒᆞ더니壬辰倭寇를遭ᄒᆞᆯ지라李舜臣을見ᄒᆞ고釜山赴援ᄒᆞᆷ을力主ᄒᆞ고李舜臣이水路險夷를不知ᄒᆞᆷ으로恐ᄒᆞ더니泳潭이慨然히先鋒되기를自請ᄒᆞ거ᄂᆞᆯ此를許諾ᄒᆞ야累次大功을建ᄒᆞ며李舜臣이朝廷에啓ᄒᆞ야其水戰守備에能ᄒᆞᆷ과海路形勢에熟ᄒᆞᆷ과及其忘身爲國ᄒᆞ는忠誠을褒ᄒᆞ고助防將을命ᄒᆞᆷ을請ᄒᆞ니라(朝野輯要와李忠武狀啓)

李億祺는水使로李舜臣을從ᄒᆞ야賊을累破ᄒᆞ엿더니及李舜臣이被拿ᄒᆞ미哭曰吾輩가死ᄒᆞᆯ所不知ᄒᆞᆯ지라ᄒᆞ더니元均이敗走ᄒᆞ미戰에竟殉ᄒᆞ니라(李億祺行狀)

宋大立希立兄弟는俱是忠勇氣가人에過ᄒᆞ더니大立은尖山戰에死節ᄒᆞ고希立은獐島戰役에丸을中ᄒᆞ며力戰ᄒᆞ야李舜臣死後에能히軍威를振ᄒᆞ고賊을大破ᄒᆞ니라

鄭哲은南海縣監으로李舜臣을從ᄒᆞ야賊을討하더니右議政李德馨이일즉李舜臣에게密問ᄒᆞ야日公의手下諸將이公의後任을繼ᄒᆞᆯ者有乎아ᄒᆞᆫ즉答曰忠義膽略이帥행과才에出ᄒᆞᆫ者無ᄒᆞ니可히大用ᄒᆞᆯ人은[illegible]니라ᄒᆞ며니舜臣이旣卒에리德馨이朝廷에薦ᄒᆞ야統制使를拜ᄒᆞ니라

리純信은中衛將으로리舜臣을從ᄒᆞ야倭亂初에元均을往救ᄒᆞ니固城前洋에셔賊을三戰三勝ᄒᆞ고其後에도恆常奮勇先登ᄒᆞ야리舜臣의信任ᄒᆞᆫ비되니라(리純信狀稿) (未完)

洪 全
盧漢창
朴成仁

雜報

●待秋擧行 眞宗 憲宗 哲宗三 大王追 崇ᄒᆞ다ᄂᆞᆫ事ᄂᆞᆫ已爲累報ᄒᆞ거니와其追 崇節次ᄅᆞᆯ來秋享大祭時에擧行ᄒᆞᆫ다더라

●玉冊修飾 眞宗 憲宗 哲宗 三 大王의追 崇節次ᄅᆞᆯ擧行ᄒᆞᆷ은別項과如ᄒᆞ거니와方今掌禮院에셔 玉冊修飾等節을勤務ᄒᆞᄂᆞᆫ中이라더라

●祭禮擬議 廟 社 殿의祭官을減少ᄒᆞᆫ다ᄒᆞᆷ은已報어니와更聞ᄒᆞᆫ즉 宗廟에ᄂᆞᆫ忌辰祭及朔祭兩次만設行ᄒᆞ고各 陵에ᄂᆞᆫ正朝及淸明兩祭만設行ᄒᆞ기로掌禮院에셔現今擬議ᄒᆞᆫ다ᄂᆞᆫ說이有ᄒᆞ다더라

●萬壽提燈 漢城府民會에셔 來七月拾九日에 大皇帝陛下 卽位ᄒᆞ옵신紀念式節次ᄅᆞᆯ準備ᄒᆞᄂᆞᆫ事ᄂᆞᆫ已爲報道ᄒᆞ얏거니와燈萬介ᄅᆞᆯ製造ᄒᆞᆫ다더라

●病院設置 義親王殿下께옵서慈善的으로四千餘圜을排辦ᄒᆞ야病院을設置ᄒᆞ신다더라

●一進政府 一進會에셔內閣總辭職을勸告ᄒᆞ기로決議ᄒᆞᆷ은一般世人이共知ᄒᆞᄂᆞᆫ바어니와更히巷說을聞ᄒᆞᆫ則該會々長李容九氏ᄂᆞᆫ總理ᄅᆞᆯ任ᄒᆞ고洪肯燮洪允祖俞鎭柱具然壽崔永年金澤鉉韓教淵諸氏ᄂᆞᆫ皆該會中名望이有ᄒᆞᆫ人이라ᄒᆞ야各部大臣을分任ᄒᆞ고定植元世基兩氏ᄂᆞᆫ宮內府要任을被任ᄒᆞᆫ다더라 一云有葛藤 新任宮大閔丙奭氏가李總理兄弟間에何不合하야葛藤의貌樣이有하다ᄒᆞ고傳說이藉々ᄒᆞ더라

●胡不仕進 學部大臣李載崑氏ᄂᆞᆫ何事件을因ᄒᆞᆷ인지內部大臣의不爲仕進ᄒᆞ고視務ᄅᆞᆯ못ᄒᆞᆫ다더라

●問答糢糊 學部大臣李載崑氏가去日臨日의高等學校의前往ᄒᆞ야該校職員及學徒ᄂᆞᆫ休暇ᄒᆞᆫ日인故로登校ᄒᆞᆫ者ᄂᆞᆫ無ᄒᆞ고다만使役人이在校ᄒᆞ얏ᄂᆞᆫ대學部大臣이本校使役人의게問ᄒᆞ되現今修學ᄒᆞᄂᆞᆫ學徒數가幾何며且今春의新募集ᄒᆞᆫ生徒數가幾何오ᄒᆞᆫ대使役人은本校事項을不知ᄒᆞᄂᆞᆫ故로自意臆對ᄒᆞ얏다ᄂᆞᆫ데月終試驗의生徒數ᄅᆞᆯ修呈ᄒᆞ얏ᄂᆞᆫ즉本大臣은月終報告ᄅᆞᆯ未得披見ᄒᆞ얏ᄂᆞᆫ지ᄒᆞ고物議가有ᄒᆞ더라

●農場視察 再昨日에各道觀察使가一齊히水原農業模範場에前往ᄒᆞ야農業事務ᄅᆞᆯ視察ᄒᆞ얏다더라

●觀察告別 京畿觀察使金思默氏ᄂᆞᆫ明日의발程ᄒᆞᆫ다ᄒᆞ야昨日學部에前往ᄒᆞ야一般高等官의게作別ᄒᆞ얏다더라

●金朴豪興 再昨夜에金思濬朴泳好等某々씨가寺동演興社에前往ᄒᆞ야演戲ᄅᆞᆯ觀覽ᄒᆞ얏다더라

●各祭參會 각觀察使가昨日愛國死士追悼會에一齊히往參ᄒᆞ얏ᄂᆞᆫ대赴任次로一二日間次第발程ᄒᆞᆫ다더라

●追悼例會 愛國死士追悼會에셔每月例會ᄅᆞᆯ一次式開催ᄒᆞ기로決定ᄒᆞ얏다더라

●張氏反對 今番追悼會에셔愛國死士諸氏ᄅᆞᆯ列錄하ᄂᆞᆫ데惟獨乙未十月에處絞ᄒᆞᆫ林最洙李道徹兩氏ᄂᆞᆫ張博씨가反對하야該會錄에參與치못ᄒᆞ얏다더라

●何事被責 主殿院理事黃鐵國씨가有何事端이던지日昨侍從諸氏의게無數ᄒᆞᆫ論駁을當ᄒᆞ얏다더라

●事務官被任 前摠巡權泳洙씨ᄂᆞᆫ忠淸北道事務官을被任ᄒᆞ얏다더라

●爲任ᄒᆞᆫ人 農商工部의셔較人書記官二人을該部技師로移任ᄒᆞ고該書記官二窠ᄂᆞᆫ日人으로叙任ᄒᆞᆫ다더라

●通譯赴任 內部에셔選擇ᄒᆞᆫ通譯主事ᄅᆞᆯ日本守備隊駐在ᄒᆞᆫ地方으로將次赴任ᄒᆞᆫ다더라

●任員請宴 法官養成所長野澤武之助가昨日下午五時에該所任員諸사를該私邸로請邀宴待ᄒᆞ얏다더라

●東洋史檢閱 兪吉濬씨가東洋史數千秩을발刊ᄒᆞ야學部의檢閱하얏다더라

●私塾規則 漢城니外의셔或者들이各私塾을革罷ᄒᆞ라고勸告ᄒᆞᄂᆞᆫ者가有ᄒᆞᆷ은已揭어니와私塾의注意ᄒᆞᄂᆞᆫ人들은此等弊端이學部의셔敎唆ᄒᆞ얏ᄂᆞᆫ가致疑ᄒᆞ야激仰ᄒᆞᄂᆞᆫ者가或有ᄒᆞ다ᄒᆞ고入聞됨으로학部의셔ᄂᆞᆫ此事의對ᄒᆞ야別般規則을制定ᄒᆞ랴ᄒᆞ고現今協議中이라더라

●同日開廳 地方재판所開廳式은大審院式과同日擧行ᄒᆞᆫ다더라

●會集禁止 日昨에日警部가東亞開進教育會에來到ᄒᆞ야會集ᄒᆞᆫ人員을解散ᄒᆞ야曰此後에ᄂᆞᆫ拾名以上人員은更勿會集ᄒᆞ라ᄒᆞ고又大同會로前往ᄒᆞ야該會顧問高橋를訪見ᄒᆞ고會員拾名以上은不得會同케하라ᄒᆞᆫ즉高橋가其理由를質問ᄒᆞ거ᄂᆞᆯ警部所答이近日一進會가暴動ᄒᆞᆯ慮가有ᄒᆞ니非但此會彼會ᄒᆞ고各社會에多數會集ᄒᆞᆷ을禁止ᄒᆞᆷ이라ᄒᆞ얏다더라

●白々妖說 順川慈山等地에所謂白々道ᄒᆞᄂᆞᆫ者이盛行하야愚昧ᄒᆞᆫ民心을迷惑ᄒᆞᄂᆞᆫ대白々々赤々々衣々々感應々々이라ᄂᆞᆫ祝文을誦하며夜々로淸水를上帝께上ᄒᆞ면兵亂도可免이요疾病도可免이요凶年도可免이오世人은不久히滅亡ᄒᆞᆯ터이라ᄒᆞ며도白々道人은長生不死라ᄒᆞ며不遠間白々道先生이出來ᄒᆞ면與變ᄒᆞᆫ人은消滅ᄒᆞᆫ다ᄒᆞ며別々怪說이層生ᄒᆞ야至愚昧ᄒᆞᆫ人民이該道에入參ᄒᆞᄂᆞᆫ者가多ᄒᆞ다더라

●穿壁逃走 再昨日下午拾時와漢城裁判所未決囚四名이穿壁逃走하얏다더라

●賤人勞動 京城니汲水商一千餘名이水桶ᄆᆞ賃錢後에ᄂᆞᆫ生涯가無路인則不可不勞動生活ᄒᆞᆯ터이니勞動會의入會ᄒᆞ겟다고該會의請願하얏다더라

●一活兩人 鐵原郡巡査吳昇欽씨가義徒를捕獲次로昨五日上午拾一時에日兵六名과一進會員壹名을帶同하고往于豐川郡山內坊ᄒᆞᆫ즉義徒ᄂᆞᆫ已退ᄒᆞ얏지라憲兵이積洞金國鉉家에突入ᄒᆞ야其家産을搜索ᄒᆞᆫ後에其父子를方欲砲殺ᄒᆞ거ᄂᆞᆯ其時에吳昇欽氏가愛惜其父子之無辜被禍ᄒᆞ고執其銃ᄒᆞ고百般說明ᄒᆞ야幸免危險ᄒᆞ얏다고該郡來人이與皆稱頌不已ᄒᆞ다더라

●三郡不穩 順川价川殷山等地에셔義兵이라稱ᄒᆞᄂᆞᆫ七八人式或十餘名式村閭에橫行하며軍仗과穀物을稍饒人民에게討索ᄒᆞᄂᆞᆫ故로人心이一層驚慌ᄒᆞ다더라

●看護婦募集 大韓醫院에셔看護婦見習生을募集ᄒᆞᆫ다ᄂᆞᆫ대此에注意ᄒᆞᄂᆞᆫ人은該院에問議ᄒᆞᆷ이可要ᄒᆞ다더라

●靑年講習 靑年會館에셔夏期停學ᄒᆞᆷ은已揭ᄒᆞ얏거니와該會幹事諸氏ᄂᆞᆫ每日視務ᄒᆞ며書籍室과遊戲室을開ᄒᆞ야一般會員으로閱覽玩遊케ᄒᆞ고該會學館은數語夏期講習所로使用ᄒᆞᆫ다더라

●興化卒業式 私立興化學校에셔第貳回卒業式을來七月壹日水曜下午四時에昭義門外蛤洞故閔忠正公別庄에셔擧行ᄒᆞᆫ다더라

●進明卒業 進明女학校에셔來月三日(金曜日)下午二時半에第壹回卒業式을設行ᄒᆞᆫ다더라

●金家女校 南署公洞居金召史가年今五拾七歲오別號ᄂᆞᆫ松露라稱ᄒᆞ고國漢文을能通ᄒᆞᄂᆞᆫ대新학問에有意ᄒᆞ야自己家舍貳拾餘間을학校로許設ᄒᆞ고校費ᄂᆞᆫ自己針工儲金數萬金으로支用ᄒᆞ기로決定ᄒᆞ고女학徒五拾名을爲限募集ᄒᆞ야教育發達ᄒᆞ기로학部에請願ᄒᆞ얏다더라

●學校漸就 長湍邑耶蘇教堂에셔小학校를設立ᄒᆞᆫ지數歲에經費가窘乏ᄒᆞ고教人이出行에過ᄒᆞᆷ으로常經費窘迫ᄒᆞ더니本邑居김甫涉氏ᄂᆞᆫ已往該邑中학校학徒로教育에熱心ᄒᆞ야名譽로學生을教授ᄒᆞ며任長韓晶五氏가極力協助함으로學徒가六七拾名에達ᄒᆞ야學校形況이興旺ᄒᆞ야進就之望이有ᄒᆞ다ᄒᆞ고人皆稱頌ᄒᆞᆫ다

●一校復興 一城郡公立小학校가設立幾年에財政이困難ᄒᆞ야校舍도一無完備하야至於廢止之境이러니該郡郡主事李鍾喆시가先出數百金ᄒᆞ여完修校舍ᄒᆞ고郡內紳士로維持方針을協議ᄒᆞ야각각出義捐에乃至巨額ᄒᆞ고該郡守李永植씨가熱心으로每日巡校ᄒᆞ고熱心勸勉ᄒᆞᆷ으로학徒가日增ᄒᆞᆫ다고北來人이稱頌ᄒᆞ더라

▲地方消息▼

▲瑞山郡芙蓉村에義兵이衝火ᄒᆞᆫ後에該郡駐在日兵이保護次로往來ᄒᆞᄂᆞᆫ대陰五月십二日에該郡同面石橋里의過去ᄒᆞ다가每戶의突入ᄒᆞ야婦女를겁奸ᄒᆞ고저ᄒᆞ미婦女가渙散逃走ᄒᆞ즉抱卵雞를捉去ᄒᆞ얏고同郡內塘李乃元氏家의突入ᄒᆞ야三日新嫁婦를겁奸ᄒᆞᄂᆞᆫ대短刀를拔持ᄒᆞ고萬端威脅ᄒᆞᄂᆞᆫ디衣服이裂破ᄒᆞ고全身이被傷ᄒᆞ얏스나其時光景은一目難說이오畢竟軍刀와房니의遺置而去ᄒᆞ다가送ᄒᆞ야覓去ᄒᆞ얏스니開明國人도엇지此等行爲가有ᄒᆞ리오同里百姓들이其悽狀을目擊ᄒᆞ고滿心沸鬱ᄒᆞ야一齊히等訴ᄒᆞᄂᆞᆫ데適爲空其이라署理郡守가日兵隊의게照會ᄒᆞᆫ즉日兵을卽送調査ᄒᆞ미事是的實ᄒᆞᆫ지라어이엽서百姓을對ᄒᆞ야아니ᄒᆞᆯ말을ᄒᆞ얏다고抑勒으로따짐을勒捧ᄒᆞ니署理郡守도亦是忿ᄒᆞ야日兵隊長과同往調査ᄒᆞᆫ즉겁奸ᄒᆞᆫ日兵이自服하ᄂᆞᆫ지라署理郡守가日兵隊長을對ᄒᆞ여日軍物을遺置以去ᄒᆞᆫ事와暴行으로겁奸ᄒᆞᆷ이法律上의何如ᄒᆞ뇨日兵隊長曰貳個月의處罰이合當ᄒᆞ나自下私和ᄒᆞᄂᆞᆫ것이甚好다ᄒᆞ미郡守曰官人이犯罪ᄒᆞᆫ人을對ᄒᆞ야私和ᄒᆞ라ᄒᆞᄂᆞᆫ것이經緯의安當乎아ᄒᆞ니百姓들이此言을聞ᄒᆞ고忿心이復발ᄒᆞ여一齊히木棒을持ᄒᆞ고겁奸ᄒᆞᆫ日兵을卽時打殺코ᄌᆞᄒᆞ거ᄂᆞᆯ該日兵은蒼黃逃走하ᄂᆞᆫ지라郡守가百姓을挽執ᄒᆞ야緣由를上部의報ᄒᆞᆫ後依法調處ᄒᆞ미고騷擾한故로姑爲寢息되얏다고京鄕新聞의揭載ᄒᆞ얏더라

▲退宮自歎▼

孤燈一點紗窓下에白首宮退臥ᄒᆞ야過去事를思量타가泫然雙淚難禁ᄒᆞ니可憐ᄒᆞ다이身世여

▲우리 皇上님은恩德貴자合花水報로다靑年부터近侍ᄒᆞ야偏被寵愛하던몸이蕭淸中에退歸하니世上事ᄅᆞᆯ누가아나내八字가可憐ᄒᆞ다

▲深々宮闕中에處女時節選入ᄒᆞ야雙鶴繡針妙手法이粉袋囊中第一이라가壹擲剪刀長歎하니霧中眼花朦朧일세내八字가可憐ᄒᆞ다

▲蒼々宮樹含情하니拜辭黃扉平安否아起倚北斗五更夜에望美恩를難忘이라頭邊霜雪箇々愛은丹墀에늙엇ᄂᆞᆫ데내八字가可憐ᄒᆞ다

▲不接外人一平生에固守芳心自若이라室家之樂엇엇스니人間滋味잇슬소냐鏡裏蛾眉盧老ᄒᆞ니上苑花鳥怨이라내八字가可憐ᄒᆞ다

▲恩賜金이已盡ᄒᆞ니來頭生活茫然ᄒᆞ다忽地困窮되고보니親戚도無情ᄒᆞ다此家一窮彼一宿의流離身世되엿고나내八字가可憐ᄒᆞ다

▲螟蛉嗣를欲繼ᄒᆞ나무슴姓지ᄒᆞ여오나身後事를生覺ᄒᆞ면泡沫又치無跡ᄒᆞ야生世影響已絶ᄒᆞ니누가능히紀念ᄒᆞᆯ고내八字가可憐ᄒᆞ다

▲變幻時代當ᄒᆞ야셔所營ᄒᆞᆯ事업다ᄒᆞ야學校에入參ᄒᆞ야新학問을稍解커든郵母一窠ᄒᆞ려ᄒᆞ나次面無用되얏고나내八字가可憐ᄒᆞ다

▲綾絲綿繡감던몸이懸鶉百結되얏스니依誰托此一身이木不附兮石不附라一朶殘紅落溷花ᄂᆞᆫ衰敗情狀一般일세내八字가可憐ᄒᆞ다

▲鳥獸도養雛ᄒᆞ야生世之樂自在거ᄂᆞᆯ嗟我孤影自吊ᄒᆞ니薄命紅顔엇지하나靑山黃昏月에孤魂되얏고나내八字가可憐ᄒᆞ다

雜報

●大同辨明　大同商務社외셔白蓮寺의 遊를 라다가헌近일察署의셔禁止호얏다는事는大同社가아니라進教育會라호얏고또大同商務支社가稍々廢止된다는事는大同會의셔는商務局이라稱호고商務社라稱치아니호니他會事實會部會로指目稱호것시誣惑호다고大同會의셔辨明호더라

●傳之者誤　괴山郡守沈奎澤氏의不法호事로免官되얏다는事는更聞호즉傳之者誤라더라

廣告

●本校에義捐호諸氏가如左
本郡守　李興雨　拾圜
前主事　安利鉉　貳圜
　　　　李鍾倜　壹圜
成川　　連昌洙　壹圜　古
順川幼年女學校事務李始馥白

本人等이孤兒院修繕費에不足호經費를補助호기爲호야團成社를壹週ㄴ借得호야慈善演奏會를개催하오니慈善僉君子는特爲枉臨을望홈
自陰五月貳十九日로始호야至六月初五日까지개회홈　若雨則閉회홈
개회順序
壹　奏樂
壹　紳士及夫人演說
壹　倡夫聯合各項演藝
壹　預妓의各項演藝　大
壹　舞童
壹　말타기演藝
發起人　錦雲部　等　告白

●本校에補助金이如左홈
仁川府尹金潤晶씨　五圜
魚商會社　丁致國
拾圜　紳商會社五圜　孫星七
五圜　朱仁默　一圜　리應春
一圜　리愚榮　壹圜　劉鎭泰
五圜　김弘潤　貳圜　沈能德
三圜　勤業社　五圜　趙在謙
五　젼　리庚烈　壹圜　김胤福
壹圜　朴三洪　朱明준　二圜
金泰斗　壹圜　韓運社　五圜
鄭貞坤　張世益　三圜
　수　　琉雲學校　告白

隆熙二年六月日城津府公私立學校運動會補助員姓名記
許泰和　崔雲鶴　각貳拾圜
李元榮　拾五圜　崔錫永
于得水　呂泰麟　俊昌號
각五圜　李舜在　三圜　權
鍾　貳圜　金澄성　朴在坤
각壹圜　馬회秉　妻李시　壹
圜二拾錢　金正元　金如寬
崔炳奎　白米紙石　商회所
白紙九拾四束　市井각店
周紙九拾四軸　墨二十丁
木筆二拾枚　石筆九拾四枚
紙板七拾四枚　埠頭廳　果
子壹櫃　櫻島店　埠壹甬
自起火壹櫃　封套紙五匣
竹尾　手帖二拾箇　古城恒
三　小筆一拾五枚　稅關
周紙三拾軸　木筆三拾箇
金錦哲　手帖三拾箇　崔日
恆　石板拾箇　石筆壹匣
金회哲　果子壹俗　李金花
妻　果子壹俗　大

暑疾預備丹

每於夏秋之交에虎列剌(暑疾)(쥐ㅅ병)之流行은若不預備調胃면橫死爲慮故로太方家所製藥劑를屢試廣布호니凡我同胞는勿遲來議호옵
發賣所慈惠藥房盧基昌告白　八

本郡守沈奎澤氏은莅臨五朔의刷新圖治하야依訓公決호오며匪徒根探과外人交涉의주謀躬行하야壹境賴安이옵고郡主事洪承奎시는壹邇邑規의視務公平호야壹口稱誦이거늘近日奸細輩가種種搆誣於各新聞上을니嗣後로는外國人은切莫準信호시옵　古
괴山拾二面面長諸의等告白

測量學員募集廣告

本校內에設速成測量科호고학員을募集홀願호人은七月十壹日(陰六月　三日)內로請願事
卒業期限四個月
上學時下午六点三十分至九点
入學試驗(陰六月拾四日)
國漢文讀書　筭術(四則以內)
南部長橋　　　　　　　　　金

長湍學校內測量科　告白

本校에서安州運動會往參時에旅費義捐호諸시는如左호니安秉璞시는拾圜金乘시五圜金賢文시는三圜金相範시는二圜李東成시壹圜車圖俊시貳圜梁東衛시貳圜이오价川運動會에서는郡守朴承健시가茶果壹箱을寄付호얏습기感銜호읍을表호야茲에廣佈홈
古　寧邊私立維新학校
　　教師　　張大焌　告白

本店에夏節양服件이英京倫敦에서新着을얏기로茲에廣佈호오니　僉君子는光顧購買호심을務望홈
　　　　　　貞洞華商源泰號
　　　　　　양服裁縫店　譚白　丫

本人이本以平壤世居之人으로間已移居于專還閣이온대不肖孫本人의堂姪道濟를姦賊의朝先의분墓를掘移賣喫호얏스니不肖之心은已無可言이어니와今에本人의先親며셔營建호南兄田六里洞에所在墓幕을又欲暗賣호오니勿論니外國人호시고如是廣告後若有暗相買호오면該人은告法勿施호깃스오니咸須諒燭호시고切勿見欺홈
寧遠郡居金美卿　告白　木

本組合은警視廳認可를承호야五署內壹般庖肆營業者가集團組織이온바牛肉이公衆衛生上關係가重大하온故로腐敗호肉種販賣호던惡習과無益호競爭하던弊端을痛革호며價格을均壹케호야營業이發達되기를期圖이온대本組合外에壹二箇人이組合을反對홈凶心으로牛肉時價가飛騰호얏다고無根訛說을鑄出호오니事不寒心哉잇가自今日로牛肉價文을각新聞에每日揭載하오려니와本組合諸員은叮嚀코比前호야壹里라도加抹호理가無호온즉牛肉需用호시는僉位는切勿欺疑호시고倍加愛顧호심을敬要
正肉壹斤舊貨拾壹兩　新貨二兩二分
　　均興組合　告白　水

本會는本日下午壹時에壽洞興士團內測量學校(路由前壽進宮碑洞後)에開會호고紳士鄭箕夏李商在崔炳憲三시가演說호오니會員은多數枉臨홈
學生聯合親睦會

◉測量學員募集

本所에서午后測量課에學員을增募호기爲호야試驗날은陽六月三拾日上午拾二時로開學日은陽七月壹日로改定홈　大
皇城齋路基督教靑年會學館內
數語夏期講習所　告白

本人의表弟廉登鎬는原居共原이오年今三拾壹歲요前職은主事온데去乙巳年五月分에無故出門호야于今四年에終不歸家故로西下探索호되蹤跡이杳然호와玆以廣告호오니京鄕僉君子中廉登鎬의留處를　指示호시면厚謝를깃습
京南門外染洞秦興社客主留
鄭召祜　告白　大

任官上推薦의必要로相議事가有호기茲에廣布하오니　照亮後自筆호履歷書二度를携帶호시고至急光臨호심을爲要
隆熙二年六月二拾七日　大
法官養成所
自一回至四回
卒業生　貴中

本人의子弟이가性이浮浪하야不顧家學호고雜類의甘誘를聽호야累巨萬財產을已爲浪費호얏더러雜類로符同호야僞造文券과假稱於音의로欲爲出債코자호오니內外國人은切勿見失홈
京西郡松橋郭校鉉　告白　大

天然堂寫眞

擴張減價

本堂에서寫眞美術大擴張호기爲호야新式器械諸品을多數貿來하고登遠學生을無手料教授호며萬歲不變見棠銀色寫眞과白金玉色寫眞을隨請需應호며婦人네는內館에서禁雜人撮影호오며價額은中本에壹圓小本에五拾錢大本에四圓半으로永爲改定호엿스오니　僉君子는照亮호시오
王德門外에서皇壇으로向호는新作路左便
天然堂寫眞館主人
金圭鎭　告白　八

◉活字及印刷機械製造販賣◉

其他인긔·機械油·■·名刺紙·色革
金銀各良紛錯·並活版石版附屬品一式
새로　스업을　창설호야　이번에　오빅원어치　이상　물건을　사셔　가시는이호에는　본뎜에서　기수　호명을　보내셔　호달동안을　월급도　아니밧고　직공한　ㄱ른쳐　주겟숩니이다
京城長谷川町二丁目(石井酉)
江川活版製造所支店
本店　東京日本橋區長谷川町　電話浪花八八八番
鐵工場　東京京橋區南傳馬町　電話本局二七二六番
支店　仙台市國分町　電話一一七番

●啓蠶桑　新種이本社에來到호얏스니청求者는來購홈
西部盤동十壹統壹戶
蠶桑廣諸合勸業先　白　乂

●林業速成科學員募集廣告

本校에서夜學林業速成科及測量科를設호고教授호려니願學僉員은陽七月貳拾五日內(陰五月貳拾七日)로入學請願書(本校에來求)를本校에提呈호고七月拾二日(晦日)上午拾時에來校應試홈
壹　試驗科目　國文　漢文　讀書作文　筭術四則以內
但相當호卒業證書가有호人은免試許入홈
壹　修業期限은拾個貳月로定홈
壹　上學時間은自下午七時로至拾時三時間
壹　修業課程　造林學總論　造林學各論　苗圃論　森林保護學　森林經理學　森林利用學　植物學　測樹學　土壤學　肥料學　農學大意　測量學術及實習
隆熙貳年六月拾三日　七五
西大門內普成學校

第二回講習生募集廣告

七月二日부터本所에서第二回數理學講習所를繼續호오니願學僉員은速々來臨講호옵
課(筭術科　代數科　幾何科
程(三角科　用器畫科　博物科
(細則은本所에來議호사요)
尚洞靑年學院內
第二回夏期數理學講習
　　　　　　所　八

廣告

漢城南大門外濟衆院方藥
前醫學校長勳五等池錫永氏有効證明
醫學博士 洪錫厚氏 實驗方劑
製藥鑑查人 朴慈惠 李觀化

四時靈藥 **治痰平胃丸** 一包에九十丸入 定價金拾錢

此丸藥은大韓兄弟腸胃에適當ᄒᆞ도록調製ᄒᆞ야數十年來累試累驗ᄒᆞᆫ藥인ᄃᆡ主降生一千九百八年에醫學博士洪君이精細改良ᄒᆞ야中暑中寒諸症에虎列刺怪疾과毒感瘟疫을預方케ᄒᆞ고健胃消滯ᄒᆞ야諸般滯積을順下ᄒᆞ며卒地嘔吐泄瀉와赤痢白痢와胸腹刺痛과聲咳白痰을能治能止ᄒᆞᄂᆞᆫ靈藥이오

製造本舖 漢城鐘路萬國基督敎靑年會館前 西洋藥都賣業慈惠藥房

現今龍山地에怪疾이流行ᄒᆞ다고各新聞上每日記載ᄒᆞ니怪疾預防藥治痰平胃丸을不可不廣告ᄒᆞᆯ지라治痰平胃丸廣告ᄒᆞ기爲ᄒᆞ야言語行動이正直見信ᄒᆞᆯ만ᄒᆞᆫ兄弟三員을擇定ᄒᆞ오니누구사던지藥說明잘ᄒᆞ시ᄂᆞᆫ兄弟ᄂᆞᆫ長來永久ᄒᆞᆫ生計를速速來議于鐘路慈惠藥房ᄒᆞ시오此事務가財錢出納에關係가잇사오니누구시던지保證이有ᄒᆞ여야事務를委任ᄒᆞᆯ것ᄉᆞ옴

月銀拾貳圜

全國內地十三道各郡慈惠藥房支店에以小包郵便으로藥品發送主任 洪載厚 告白

本所에서鑛山、土地、家屋、山林、測量製圖設計等을迅速擔當ᄒᆞᆷ
南署會동九拾貳統拾壹戶 古川
會同測量事務所
總務金澤吉 事務金鎔權

本館創立이旣經四穀에有志諸氏가誠心贊成ᄒᆞ야新聞縱覽之員이日至頻繁ᄒᆞ고圖書發售之道가稍呈盛況일ᄉᆡ敎育書及外傳媒介를自任ᄒᆞᆫ本書館은不得不倍從擴張ᄒᆞ고新舊書籍과學校用品及衛生良藥을俱備發賣ᄒᆞ오니僉君子ᄂᆞᆫ光顧ᄒᆞ심을切望ᄒᆞᆷ
海州南門니書籍館朴昌鎭 白

漢城松峴法律事務所
辯護士 玉東奎
民事代理와刑事辯護ᄒᆞ기爲ᄒᆞ와出張所를如左히定ᄒᆞᆷ
第一出張所 平壤 觀察道前拾三統貳戶 事務員 李寅根
第二出張所 海州 포政門前工洞文과景家 二七 事務員 李鼎圭

◎약 광고
본국에서 십년을연구ᄒᆞ야(사향소창단)이란 약을발명ᄒᆞ엿ᄂᆞᆫᄃᆡ 남녀물론ᄒᆞ고 무슴창병이던지 호제(十四介)를미일 연ᄒᆞ야 먹으면 효험이 ᄲᅡᆯ니 ᄂᆞᆺ게 되ᄂᆞᆫ고로 더일단지ᄒᆞ와사가오니 창병잇ᄂᆞᆫ 쳠위ᄂᆞᆫ오뎌 고생말고 속히더딤ᄒᆞ야 봄의ᄒᆞ새며 각디방이라도 우편으로 부칠터이오니 됴량ᄒᆞ시ᄋᆞᆸ

胎養調經丸
리양됴합환

대뎌 부인이 년과로독 잉ᄐᆡ치 못ᄒᆞᆷ은 병으로 인ᄒᆞᆷ이니 일쟉이 연구치 아니ᄒᆞ고 심상이 ᄇᆞ려두면 다만 한사ᄅᆞᆷ의 불힝ᄒᆞᆯᄲᅮᆫ 아니라 ᄯᅩᄒᆞᆫ 젼국에 크게 관계가 잇ᄂᆞᆫ고로 됴셩의 십오년을 니외국 고명ᄒᆞᆫ 의ᄉᆞ와 실험방을 틱션ᄒᆞ야 셜졔 집으로브터 他人家에 무수시험ᄒᆞᆫ즉 연에 열사ᄅᆞᆷ이 다효험을 보앗고 ᄎᆞ약이 잉티만 ᄒᆞᆯᄲᅮᆫ아니라 (쳐경)ᄒᆞ며 (조경)(조혈)되ᄂᆞᆫ고로 이것치 광포ᄒᆞ오니 쳠부인은 일ᄎᆞ 시험ᄒᆞ시며 각디방이라도 우편으로 보쳥ᄒᆞ시ᄆᆡ 더이오니 됴량ᄒᆞ시ᄋᆞᆸ

壹劑壹個月分定價五圜
製藥所 仁川港杻峴 和平堂약房
발行人 仝 리應善
代理店 인川港杻峴濟生堂약房 京城大廣橋共愛堂약房

우리쌍ᄒᆞ온쳥심보명단과쳐방에소마다수응판매ᄒᆞ오니그곤방에계신이ᄂᆞᆫ그곳으로가셔블ᄂᆞᆫ외ᄒᆞ시오
仁川港和平堂 白

◎**大韓國新發明諸藥**
◎皮膚靈丹 各種食滯中暑久滯口臭痰飲吐瀉定價一貼十錢
◎至寶丸 治諸般瘡疾不拘久遠俱有特效定價金十錢
◎靈效液 外用方藥治疥瘡皮風百發百中定價金三拾錢
◎淸眼水 治諸般眼疾有驗藥見天之妙定價金拾錢
◎通淋丸 治男女急慢淋疾神效無雙速效除毒定價金五拾錢
漢城南部大廣橋西邊第三家十九統七戶 共愛堂大藥房 謹白
製藥發行所
支店 同月남門內共愛堂第壹支店 群山港開福동共愛堂第二支店 河東郡赤良面共愛堂第三支店
代理店 皇城北部大安동 蔡助燮 仝 香路靑年會館前 리春善 仝 西部新門外石橋 黃錫秀 仁川杻峴 仁濟藥房 濟生堂 慈惠藥房 仝 和平局 普濟醫院
此外에도東西洋各國有名賣藥과藥材藥이俱備ᄒᆞ오니藥외多少를不拘ᄒᆞ고請求ᄒᆞ시면小包로仰呈ᄒᆞ게ᄉᆞᆷ

消化新藥 **淸心保命丹**
陸軍軍醫金守鉉名實驗方劑
發行所 仁川港杻峴 濟生堂藥房
九十粒入金拾錢

●大韓國新發明藥廣告
●主治效能 ●飲食滯中暑中寒 ●嘔吐霍亂水土不服 ●腹痛車暈船暈 ●吐瀉口熱惡臭 ●氣鬱酒醉瘟疫預方妙藥 ●食傷 ▲其他諸般臟氣
●出張代理特約販賣所
●京城大廣橋共愛堂大藥房 同香路慈惠藥房 리觀化 同樂峴洋藥局 리信華 同府동博文書館 盧益亨 同南大門外大同書館 新井支店 同泥峴二丁目 天佑堂 同泥峴郵便局前 同水橋本堂出張人 仁川杻峴本堂出張所 金濟寶 同開城旅館 韓爲根 同杻峴和平堂 리應善 開城南門內萬物廛 박圭照 同남門內同店 馬相玉 同남門內書館 리熙鎬 同北部忠橋 吳聖模 海州宗路藥店 宋在瑛 同九二房약舖 김永泰 同남門內店 리洙煥 水原香路下약房 全濟九 延安邑내洋약局 邊敬文

●江華香路店 尹斗鉉 同香路店 宋順五 同西門外册肆 高成長 長湍남門니 崔敬淳 砂利院市塲니客主 朴能昌 同耶蘇敎堂니 任允中 同 리在晉 黃州남門니紅門동 리東稷 平壤鐘巨里濟生局 韓鳳儀 同館前衛生醫院 金鎭興 同大興部一里 崔龍化 同巫武洞藥局 桂澤宜 同里文洞出張人 尹寬國 鎭남浦築동洋약局 김元성 同倭橋本堂出張人 吳남奎 群山港開福동 김斗鉉 安州內門쇄井동回春大약房 安岳邑上場里濟生局 林觀柱 大邱남門니劉達동 권成浩 釜山港草梁客主 金重佑 晉川郡美동商店 朴芝行 載寧邑後동洋약局 崔允國 忠州東良面早遷 全鎭和 晉州郡원동 박啓賢 定州남門니洋약局 리德柱 郭山邑내洋약局 張成彬 鐵山邑내永春堂 安秉杰 宜川邑내册肆 安 義州水口街 崔석浩 信川邑四里胖약局 김永禎 郭山邑册肆 김大鉉 元山港濟生堂支店 박敬鎬 北靑新昌港客主 박錫勳 江原道本堂出張人 馬聖來 德川邑官동洋약局 리丙斗 通山용谷里 리東赫 ●其他各약店마다販賣 ●仁川港濟生堂告白

●新發明梅毒藥廣告
陸軍軍醫金守鉉實驗方劑
落梅丹
口疳不發창病去根之명藥
壹劑五百粒定價金三圜
主治 梅毒「唐창」新舊창 ●瘰癧●皮膚病●便毒 ●痔瘻 ●滑病
已上病証外에男女間에不潔交合ᄒᆞᆫ後에若疑아之端이有ᄒᆞ야도此藥壹劑만服用ᄒᆞ면完無後慮ᄒᆞ고脾胃도健全ᄒᆞᆷ을擔保ᄒᆞᆷ
此外에도외療機械와精美ᄒᆞᆫ藥材를新備ᄒᆞ고內外科각色疾病을誠心治療ᄒᆞᆷ
皇城北部大安洞
仁濟藥房 高用진 謹白
代理店 京城鍾路 共愛堂약房 仁川杻峴 濟生堂
國內各處藥局에서隨應販賣ᄒᆞᆷ

◎國債報償義捐金收入廣告
●富平石串面佳丁子洞中 十圜
●富平毛月串面古連里동中 五圜五十錢
合拾五圜五十錢
前總合六萬壹千壹百十六圜○○七厘
都總合六萬壹千壹百三拾壹圜五拾錢○七厘

發行兼編輯人 英國人 萬咸
發行所 南署石井洞號外地三層洋屋 大韓每日申報社

第六卷

大韓每日申報

第八百四拾三號

月曜及慶節
歲時日休刊

檀君開國四千二百四十一年
箕子元年三千三十年
大韓開國五百十七年
日本明治四十一年
淸國光緖三十四年
舊曆戊申六月小初二日丙辰

別報

裴說氏公判顚末 (續)

第二日

六月十六日(火曜)上午十點鐘에다시開廷ᄒ얏ᄂᆞᆫ대被告便의韓國證據人들이不來ᄒᆫ지라크로쓰시가遂히其托訟者裴說시를證人席에出케ᄒ야宣誓後에乃口供而答曰本人의姓名은어네스트、도마쓰、베셀(裴說)이오英國臣民으로서京城니에在留이오며年은三十五歲오業은新聞記者인데本年四月十七日에나五月十六日에나又其間에ᄂᆞᆫ코리아、데일늬、늬우쓰報와大韓每日申報國漢文報와國文報의編輯人이러니現今외ᄂᆞᆫ非編輯人이니이다ᄒ고

次에氏가元來倫敦每日報의通信員으로서渡韓ᄒᆫ과新聞社設始之初의日公館의眞心贊助ᄒᆷ과未幾에日人長森藤名者의陳荒地經營을論詰홈으로惡感情을買ᄒᆫ前後來歷을說明ᄒ고乃曰

本人이新聞을公平正直ᄒ게做去ᄒᆫᄂᆞᆫ바國漢文報에對ᄒᆫ本人의指揮가甚히嚴烈ᄒ온대無論某新聞ᄒ고其責任되ᄂᆞᆫ記者의許可업시何件이던지潛揭되ᄂᆞᆫ弊가比々有之ᄒᆫ지라一二年前에도本人의게通知업시揭載ᄒᆫ事이有ᄒ야編輯部의二人을黜送ᄒ얏고於此於彼에本人우治外特權의卑少ᄒᆫ利益잇지라도取得홈이都無ᄒ고此에關ᄒ야淸白ᄒᆫ良心을발ᄒ야親自措念ᄒ던지國力監察ᄒ던지ᄒ야正直ᄒᆫ新聞을做成ᄒ도록計圖ᄒ얏고

須知分에事件으로論ᄒ면元來須知分氏ᄂᆞᆫ本人의親友이지마ᄂᆞᆫ政治上으로ᄂᆞᆫ自然히爭端이多有ᄒ야本報論說에指斥ᄒ얏ᄉᆞ나其訃音電報를接受ᄒ야ᄂᆞᆫ悲哀를抱ᄒᆫ바無ᄒ얏스며此問題와論說은桑港에서純國文으로發刊ᄒᄂᆞᆫ韓人新聞에發現ᄒᆫ것인데該桑港新聞에서拔萃ᄒᆫ것을本人의게交付ᄒ며其辭意를問ᄒ기로本人의補佐韓人이晉ᄒ기를此ᄂᆞᆫ卽該報의評報라ᄒ기로揭載ᄒ기를許ᄒ얏ᄂᆞ이다

크로쓰氏曰此를汝의게晉ᄒᆫ人의姓名이何오曰梁起鐸이오며該論說에不適當ᄒᆫ句節을本人이注意치못ᄒᆫ바ㅣ라여其裏許를知得ᄒᆫ後에ᄂᆞᆫ痛嘆을不勝이오며該論說에對ᄒ야陳謝ᄒ온本人이其責任을謀免ᄒ야ᄂᆞ니ᄒ거니와其死人으로ᄒ야금遺恨을懷케홈은深切히後悔ᄒᄂᆞ이다

크로쓰氏曰該件이揭載됨을知得ᄒᆫ後에ᄂᆞᆫ如何히措處ᄒ얏ᄂᆞ뇨答曰本人이該補佐韓人을呵責ᄒ얏ᄉᆞ나時已晩矣라追之無及이러이다

雖本人이其全文을飜譯ᄒ엿드리도桑港에事實을明ᄒᆫ것이此地와人民들을騷動紊亂케激動이되깃다고홀슈업나이다

昨日에三浦氏가騷亂이起ᄒ얏對ᄒ야責任되ᄂᆞᆫ問題를證言ᄒ엿거니와其日字가誤錯되얏ᄉᆞ니卽八月二日이로소이다

裁判官曰其騷亂은何如오答曰此騷亂은韓國 皇帝ᄭ셔셔讓位ᄒ셧다ᄂᆞᆫ所聞을因ᄒ야生ᄒᆫ인대闕門外에서起ᄒ얏스며其日字ᄂᆞᆫ七月拾九日인듯ᄒ오이다

三浦씨日本人이誤錯ᄒ얏나이다

裴說氏乃왈韓國 皇帝陛下ᄭ셔海牙平和會議에陳情ᄒ셧ᄂᆞᆫ대시던事에對ᄒ야 裁히日本에幸行ᄒ샤謝過하시거나 讓位를行ᄒ시거나兩件中에其壹을擇ᄒᆯ事를當ᄒ셧다ᄂᆞᆫ報를接受ᄒ얏기로此를揭載ᄒ얏ᄂᆞᆫ대 皇上ᄭ셔셔旣爲讓位ᄒ엿슨즉該事件이的確ᄒ고且的確홈이壹半分이나證據가되엿스며本人이獨히此를揭載홈이아니라同時에日本에잇ᄂᆞᆫ各種新聞에도日本通信員들이電報ᄒ야此를記載ᄒ얏고漢城內에서도壹般으로知悉하ᄂᆞᆫ事오此等ᄒᆫ聞이此地에條約飛傳ᄒᆫ미本人이此를發刊ᄒ기前에多數ᄒᆫ人民이會集하야 宮闕을繞圍ᄒ며漸益增加ᄒ얏ᄂᆞᆫ대本社ᄂᆞᆫ正히大關東南角隅越便에在ᄒ고此자三層洋屋인故로該擾亂經過를歷歷觀察ᄒᆫ바 闕門으로向ᄒ야縱橫하ᄂᆞᆫ五條大路와幾條小路가有하며또 闕門前에空虛地가有ᄒᆫ지라壹大團으로來集ᄒᆫ韓人들이國體權限의說을ᄒ야大皇帝陛下ᄭ셔셔如何히措處ᄒ실事와自己等이如何히施措ᄒᆯ事에對ᄒ야會議ᄒ며또該兩件要求를拒絶ᄒ시기를懇乞ᄒ기로請願疏를 陛下ᄭ奉呈ᄒ려ᄒᄂᆞᆫ디皆是沈靜有規ᄒ야日人이其空處에趨入ᄒᆷ을禁斷ᄒ얏ᄉᆞ나次日午後ᄭ지ᄂᆞᆫ何等의騷亂과惹起됨徵兆가無ᄒ얏나이다

裁判官曰吾ㅣ汝의말홈ᄃᆞᆺ고ᄌᆞ願ᄒᄂᆞᆫ諸般事를快說ᄒ게機會를與ᄒ거니와汝ᄂᆞᆫ此告訴에關ᄒᆫ事件만記憶ᄒ며措念ᄒᆯ지어다

(未完)

外報

●排日運動　倫敦電을據ᄒᆫ즉米國加州에서ᄂᆞᆫ如前히日本人排斥을運動ᄒ고亞西亞人排斥同盟會에서ᄂᆞᆫ志加高市共和黨大會에서壹切亞西亞人排斥ᄒᆯ을宣言케ᄒ라ᄒ얏ᄉᆞ되失敗ᄒᆯ當홈으로써民主黨大會에서ᄂᆞᆫ期於히此를政綱中에加入케ᄒ라ᄒ야目下盛히運動中이라ᄒ얏더라

●德艦製造　同電을據ᄒᆫ즉德國은大戰鬪艦壹隻을단티크市세호造船所에서隱密히製造ᄒᆫᄂᆞᆫ中이라더라

●馬基頓叛亂　伯林電을據ᄒᆫ즉馬基頓모나쓰칠市에서土耳其軍隊가叛亂을起ᄒ얏다더라

●波斯議會紛亂　路透電을據ᄒᆫ則去月二十四日早朝에哥薩克兵壹隊가波斯國會議院을包圍ᄒ고議員若干名을出給ᄒ기를强請ᄒ얏ᄉᆞ나此를拒絶ᄒᆫ故로砲火로相交ᄒ얏ᄂᆞᆫ대哥薩克兵數名이死ᄒᆫ지라此時에砲兵을帶同ᄒᆫ援兵이到着ᄒ야更히數時間을交戰ᄒ얏다더라

雜報

●維新益新　西來人의傳說을據ᄒᆫ즉寧邊維新학校ᄂᆞᆫ該郡有志紳士가昨年에設立하얏ᄂᆞᆫ디本郡守梁鳳秀氏가此를擴張ᄒ기爲ᄒ야각面々長을會同ᄒ고靑年敎育의必要홈을極口說明ᄒᆫ後合面靑年子弟ᄅᆞᆯ澄齊ᄒ야케ᄒ미各面長과學徒父兄이莫不感服에互相勸勉ᄒ야爭先上학ᄒ고若有학校難辦者면각其里私塾으로擴張應用케ᄒ미現今上학生徒가壹百五十餘名에達ᄒ얏ᄂᆞᆫ대敎師ᄂᆞᆫ素有名譽ᄒᆫ楊大祿씨라더라

●壯哉斯翁　博川郡南部里養成學校々長朴昌朝氏ᄂᆞᆫ年滿六拾에義務的으로該部靑年을募集說明ᄒᆫ대壹施口叟를決自先斷ᄒ야般以決心하며瀰沂靑年이壹聞次서者不知其數오該氏에熱誠은八皆壯之ᄒ더라

●島中設校　義州郡九里島ᄂᆞᆫ本府西北의在ᄒᆫ壹小島인대島內人民이학校ᄅᆞᆯ設立ᄒ야明新이라命名ᄒ고熱心敎育ᄒᆫᄂᆞᆫ中該島洞長羅汝敏氏가多數捐金ᄒ고학校事務에極力贊助ᄒ며其境이無不稱頌ᄒᆫ다더라

偉人遺蹟

水軍第一偉人 李舜臣

錦頰山人

第拾八章

◉李舜臣의諸將과李舜臣의遺跡及其奇談

丁景達은리슌臣의從事官이되야奇功을累建ᄒ고後에入朝ᄒ야리슌臣의忠國忠義와禦敵才略을極陳ᄒ고元均의搆誣ᄒᆷ을力辨ᄒ니라(丁氏家乘)

宋汝悰은리슌臣과露梁에셔會戰ᄒᆯ새賊兵이大敗ᄒ야海水가赤ᄒ니此戰이中興戰功의第壹이오汝悰의功은又部下諸將中의第壹이러라(宋汝悰碑銘)

리英男은助防將으로리슌臣을從ᄒᆫ새每戰에齒髮ᄒ며身을不顧ᄒ더라(錦川縣志)

黃世得은리슌臣의妻從兄이라慷慨ᄒ고氣節이有ᄒ더니鳴梁戰役에力鬪ᄒ야死ᄒᆫ대리슌臣曰王事에死ᄒ얏스니其死가榮ᄒ다ᄒ니라(稷山縣志와李忠武實記)

金浣은調餉ᄒᆫ功도有ᄒ고斬倭도極多ᄒ다(永川郡志)

吳得麟은智畧이過人하더니李舜臣이幕府에擢置하다(羅州牧志)

陳武晟은晉州被圍時에李舜臣이信息을通코ᄌᆞᄒᆫ디武晟이倭服을變着ᄒ고潛伏夜行ᄒ야事機를竟達ᄒ고其後從征ᄒ야奇功을累立ᄒ다(興陽縣志)

諸萬春은慶尙右水營의校卒出身ᄒ야勇力과射藝로有名ᄒ더니壬辰九月에右水使元均의將令을受ᄒ야小船을乘ᄒ고楷卒拾名을率ᄒ고熊川賊勢를往探ᄒ더니永登浦에還至하야倭船六艘를過ᄒᆫ지라同舟人과登時被縛하야日本大阪으로繫去ᄒᆫ비되얏더니癸巳七月廿四日夜半에成石同朴檢孫等拾二人과同謀ᄒ야倭船을偸騎ᄒ고六岐島에到ᄒ야東萊水營下에舟를泊ᄒ고八月十五日에三道四水使合陳處에來謁ᄒ니時에李舜臣이萬春의被辱不死홈을怒ᄒ야斬코ᄌᆞᄒ다가其眞死無冒하고逃還歸國홈을奇特히너여狀啓使爲隨ᄒ야京師에上ᄒ야倭情을細刑하더니朝廷이其罪를釋ᄒ고李舜臣의陣中으로復送ᄒᆫ지라是時에南中이用兵ᄒᆫ지二年에能且倭奴의情狀及倭人器械의利害를不知ᄒᆫᄂᆞᆫ次萬春을得ᄒ미李舜臣이其容을不勝ᄒ야卽時自辟ᄒ야啓準軍官의職을授ᄒ니萬春도亦感奮ᄒ야裁整ᄒᆫ바多ᄒ고每戰射에百發百中ᄒ야賊兵이皆畏ᄒ더라(諸萬春傳)

(未完)

雜報

●壇祠廢止 大報壇과 宣武祠와 靖武祠ᄂᆞᆫ 廢止혼다ᄂᆞᆫ 說이 有ᄒᆞ더라

●祭享合設 각 宮의 享祀ᄒᆞ던 神位를 毓祥宮의 合設奉安ᄒᆞ며 享祭를 設行ᄒᆞᄂᆞᆫ데 該各 宮은 廢止혼다ᄂᆞᆫ 說이 有ᄒᆞ더라

●但置兩廟 崇義廟와 北廟ᄂᆞᆫ 追後建設혼 廟인故로 廢止ᄒᆞ고 東묘外 關皇廟만 置혼다더라

●兩君問安 完興君李載冕氏와 永宣君李埈鎔氏가 昨日下午登時에 德壽宮에 詣ᄒᆞ야 太皇帝陛下씌 問候ᄒᆞ얏다더라

●日醫陛見 今春의 渡韓ᄒᆞ얏다가 歸國ᄒᆞ얏던 佐藤醫學博士가 三昨日下午八時의 更爲渡韓入城ᄒᆞ얏ᄂᆞᆫ데 昨日의 德壽宮의 陛見ᄒᆞ얏다더라

●殿柱又渡 殿柱益씨가 來月初旬間에 皇太子殿下께 問安次로 日本에 前往혼다더라

●白米分送 慶善宮殿下께셔 前長興庫에 所儲白米를 去日曜日에 雲峴宮과 樓洞宮에 數拾石式分送ᄒᆞ셧다더라

●虎亭射會 三昨日의 完順君李載完씨等拾餘人이 白虎亭의셔 射會를 설ᄒᆞ얏다더라

●內閣例會 總理大臣以下各部大臣이 昨日下午壹時의 內閣의 會同ᄒᆞ야 月曜例會를 開ᄒᆞ고 各大臣의 所管된 緊急事項을 協議ᄒᆞ얏다더라

●樞院協議 中樞院議長以下 贊顧議諸氏가 昨日 曜例會를 開ᄒᆞ고 議院官吏의 陞級ᄒᆞᆯ 件을 協議ᄒᆞ얏다더라

●邀待ᄒᆞᆫ二 再昨日의 伊藤統監이 前議政李根命소閔泳奎輔國閔泳韶前議官徐正淳中樞院議員閔泳綺장김允植소全剛議長申箕善大提學김鶴鎭前判書李憲永南廷哲시等拾二人을 설宴接待ᄒᆞ얏다더라

●農大說明 農商工部大臣趙重應氏가 去土曜日의 各觀察使를 帶同ᄒᆞ고 工業傳習所의 前往ᄒᆞ야 該所학徒의 實地情況을 觀覽ᄒᆞ고 各觀察使를 ᄃᆡᄒᆞ야 其赴任後의 此等實地上業務를 人民의게 曉論ᄒᆞ야 次第설始ᄒᆞ게 ᄒᆞ라고 大臣이 說明ᄒᆞ얏고 該所의셔 當日午餐을 支供ᄒᆞ얏다더라

●預先納賂 地方官任用令을 改定ᄒᆞ야 各觀察使가 專任ᄒᆞᆷ은 ᄒᆞᆫ 曾臨域니 有風力ᄒᆞᆫ者를 薦報ᄒᆞ야 地方政務를 刷新ᄒᆞᄂᆞᆫ 所以인ᄃᆡ 十三道觀察使가 姑未赴任ᄒᆞᆷ은 人所共知어니와 某觀察使ᄂᆞᆫ 郡守運動者에게 受賂ᄒᆞᆷ이 多數ᄒᆞ다ᄂᆞᆫᄃᆡ 該道가 他道보담 自來로 鄕廣ᄒᆞ다ᄒᆞ나 現今郡守의 窠闕이 如是히 多ᄒᆞᆫ지 未知ᄒᆞ것다고 輿論이 藉藉ᄒᆞ다더라

●以病遞任 內部秘書官金璿은 身病으로 多日廢務ᄒᆞ더니 遞任되고 其代에ᄂᆞᆫ 事務官吳在豊씨가 轉任되얏다더라

●以日換日 內部書記官鶴岡丞太郞과 農商工部書記官澤田은 相換이 되얏다더라

●鶴岡移轉 ᄂᆡ部及農商工部의 日本人官吏가 多數히 相換이 되다더니 내部地方局府郡課長鶴岡은 爲先農商工部官吏로 轉任되다더라

●比前尤甚 郡守運動者들이 其捷徑을 得ᄒᆞ야 該所管觀察使의게 關節書札을 圖得ᄒᆞ라고 東西奔走ᄒᆞᄂᆞᆫ者가 比比有之ᄒᆞ며 ᄯᅩᄒᆞᆫ 其運動者의 弊端은 比前尤甚ᄒᆞ다ᄂᆞᆫ 巷說이 喧藉ᄒᆞ더라

●警務觀察 내部警務局警視境喜明이가 該局主事二員을 帶同ᄒᆞ고 視察次로 再昨日에 江原道等地로 發程ᄒᆞ얏다더라

●尉官請願 日本人이 軍醫署竹동等地에 技術場을 設置ᄒᆞ고 演劇ᄒᆞᄂᆞᆫ데 軍部에 請願ᄒᆞ되 近衛隊領尉官及兵士와 騎兵을 每日派送ᄒᆞ야 觀覽케ᄒᆞ라ᄒᆞᆫ故로 尉官及兵士가 每日前往觀覽ᄒᆞᆫ다더라

●調査局移轉 帝室有財産調査局을 勅令으로 廢止가 되얏ᄂᆞᆫ데 該局의 諸般事務ᄂᆞᆫ 度支部로 附屬이 됨으로 日間度支部로 移轉ᄒᆞᆫ다더라

●兩費支出 地方騷擾事件에 關ᄒᆞ야 死亡ᄒᆞᆫ 警察官吏吊祭費及遺族慰藉金六萬八千百圓을 豫備金中으로 支出ᄒᆞᆫ다더라

●結稅蹈正 兩南結稅均定事로 結民代表邊升基박海龍氏等이 度支部에 屢度請願ᄒᆞ고 內閣에 屢次長書ᄒᆞᆷ은 前報에 已揭어니와 政府에셔 從民願均定ᄒᆞ기로 採擇ᄒᆞ야 兩남結稅를 八圓으로 實施ᄒᆞ얏다더라

●敎書未備 日昨에 沃川郡居宋종悅氏가 某書舖에 來到ᄒᆞ야 各種敎科書를 買去ᄒᆞᄂᆞᆫ데 中學科가 二種이 無ᄒᆞ고 專門科에 八種이 無ᄒᆞᆫ지라 宋氏가 該舖主를 對ᄒᆞ야 日 昔聞京城에 學校를 設立ᄒᆞ고 卒業生이 多數ᄒᆞ다더니 敎科書가 今지 完備치 못ᄒᆞ얏스니 何書를 卒業하얏ᄂᆞᆫ지 未知ᄒᆞ깃다고 慨歎不已ᄒᆞ더라더라

●柴社建築 漢城니 某某氏가 柴炭會社를 셜立次로 農商工部의 請願承認ᄒᆞ야 蓮池동의 社屋建築中이라더라

●醫士會同 去二十七日의 大韓醫院日人의 工某시가 銅峴等地외 藥局爲業ᄒᆞᄂᆞᆫ 諸人을 明月館으로 招集宴饗ᄒᆞ고 壹場勸告ᄒᆞ되 會集ᄒᆞᆫ 諸시의 子姪을 학校의 入학敎授ᄒᆞ야 大韓同胞의 疾病를 診察ᄒᆞ야 痛苦ᄒᆞᆷ이 업도록 ᄒᆞ라ᄒᆞ고 每朔壹次式會同ᄒᆞ자 ᄒᆞ얏다더라

●演藝寄附 譜東郡某某氏가 孤兒院修理費에 補充ᄒᆞ기爲ᄒᆞ야 慈善演奏會를 圓成社에 開催ᄒᆞ엿ᄂᆞᆫ데 李事務長朴春卿諸人이 詩로 藝妓康津의 色選ᄒᆞᆫ 柳色紅桃瓊琚玉葉彩瓊(州)牧丹碧桃桃花叢香翡翠弄玉梅花眞紅錦紅蘭珠花仙康津明玉娟蓮月出弄仙月姬竹葉桂心桂花蟾月桃花弄珠蓮紅杏花玉香鳳姬李花弄月等三拾八人을 領率ᄒᆞ고 以演藝로 寄附ᄒᆞ기로 酌定ᄒᆞ얏다더라

●日車犧牲 昨日上午拾壹時에 小廣橋等地에셔 何許日人이 人力車를 搭乘ᄒᆞ고 過去ᄒᆞᄂᆞᆫᄃᆡ 六七歲假量된 小兒를 蹴而壓去ᄒᆞ야 面部가 重傷ᄒᆞ얏ᄂᆞᆫᄃᆡ 當地에 把守ᄒᆞᄂᆞᆫ 巡査가 該日人을 銅峴分派警察所로 押付ᄒᆞ얏다더라

●派警請護 商業會議所議員白濬洙씨가 江華郡矢島人民을 保護ᄒᆞ기爲ᄒᆞ야 警官派送ᄒᆞᆷ을 警視廳의 請願ᄒᆞ얏다더라

●事關釜鎭 警視廳에 被囚ᄒᆞᆫ 元世性氏ᄂᆞᆫ 釜山鎭關係가 有ᄒᆞᆫ이라더라

●賭技被捉 日昨校洞李冕宇氏別室家에셔 雜技局을 設ᄒᆞ고 賭技ᄒᆞ다가 李起興等諸人이 警視廳에 被捉되얏ᄂᆞᆫ데 贓金은 壹百五拾圓이라더라

●此弊宜禁 前參尉金奎顯氏와 前郡守權直相氏及其他 女人貳名이 鴉片烟을 吸ᄒᆞ다가 발覺되야 昨日警視廳의 被捉되얏다더라

●禍入禁網 中部下於義洞居ᄒᆞᄂᆞᆫ 前大邱退妓介회가 隣家居ᄒᆞᄂᆞᆫ 退妓玉香柳色이를 誘引ᄒᆞ야 唱夫崔得宋宗烈姜有福等六七名으로 不分晝夜ᄒᆞ고 放蕩ᄒᆞᆫ 呼習과 鴉片烟을 吸ᄒᆞ다가 再昨夜에 中部로 被捉되얏다가 玉香柳色은 昨日에 放送되고 崔得宋宗烈姜有福介회等은 警務廳으로 押送ᄒᆞ얏다더라

●西賊甚怪 仁川港遞信官擄ᄒᆞᆫ즉 西洋何國人物인지ᄂᆞᆫ 不知ᄒᆞ거니와 白人種二人이 該港韓人商店에셔 物價를 問ᄒᆞ고 其言을 不通ᄒᆞᄂᆞᆫ故로 貨幣로 指目ᄒᆞ야 答ᄒᆞ얏더니 該人去後에 錢物도 不知去處ᄒᆞ얏고 各客主와 米商等의 見失ᄒᆞᆫ 金額이 千餘圓假量이 되ᄂᆞᆫ故로 該港巡査가 探知中이라더라

●緣雨退期 再昨日은 官立於義동普通학校설校紀念日인故로 再昨日의 紀念式을 設行ᄒᆞ라ᄂᆞᆫᄃᆡ 雨勢를 因ᄒᆞ야 退期ᄒᆞ얏다가 昨日의 設行ᄒᆞ얏다더라

●何事嚴禁 三和港碑石洞耶蘇敎학校에셔 今年年終試驗을 畢ᄒᆞ고 運動時에 生徒及其敎師들 餞別次로 行陣ᄒᆞ여 埠頭로 出往ᄒᆞᆯ時에 理事廳에셔 禁止ᄒᆞ되 吹喇叭擊鼓等을 ᄒᆞ지말고 隊伍를 整齊치말고 登路도 合去치도 말고 各各散去ᄒᆞ라고 嚴禁하얏다고 該校人의 傳說이 有ᄒᆞ더라

●鳳校贊成 日前에 鄭鳳時와 敎熊兩시가 鳳鳴학校에 前往ᄒᆞ야 敎員을 勸勉ᄒᆞ고 後 義捐을 多數施與ᄒᆞ고 李奉天시ᄂᆞᆫ 西洋鐘壹座를 寄付ᄒᆞ고 今番試驗에 各班優等生이 二十八인데 校主李鳳(?)시ᄂᆞᆫ 優數로 紙筆墨과 鄭燦秀씨ᄂᆞᆫ 太極扇拾柄空冊十卷大韓地圖發賣乙未事變報告書신書籍을 賞與ᄒᆞ얏고 庚과 鉉시ᄂᆞᆫ 扇子空冊手巾大韓地圖萬國歷史로 施賞ᄒᆞ얏다더라

●島民敎育 仁川府尹김潤晶氏ᄂᆞᆫ 敎育에 熱心ᄒᆞ야 街路에셔 遊戲ᄒᆞᄂᆞᆫ 兒童輩를 各학校에 引導ᄒᆞ며 或無父母兒童은 衣食도 當ᄒᆞ며 或冊子도 買給ᄒᆞ고 近日永宗島에 渡去ᄒᆞ야 各洞人民을 招集ᄒᆞ고 我國急務ᄂᆞᆫ 敎育이라ᄒᆞ야 演說ᄒᆞ고 學校를 建設ᄒᆞ라고 勸勉ᄒᆞ얏더니 該島人民이 自願捐助ᄒᆞ야 學校를 創設ᄒᆞᄂᆞᆫ 中이라더라

◎感荷義捐 平北楚山郡時務學校에셔 金五十錢을 本社에 出捐ᄒᆞ엿기 感謝ᄒᆞᆷ을 表ᄒᆞ노라

▲地方消息▼

▲去月十四日實城郡東方三里地에셔 義兵拾名이 日憲兵ᄒᆞ五名과 衝突ᄒᆞ얏다ᄒᆞ고

▲本月六日同郡ᄂᆡ에셔 義兵約五十名이 同郡分遣所日憲兵과 交戰ᄒᆞ얏다ᄒᆞ고

▲去月十六日永興郡東南方約三里에셔 義兵十九名이 該郡警察分署巡査二名과 同地日守備隊兵五名과 共히 交戰ᄒᆞ얏다ᄒᆞ고

▲去月二拾六日樂山郡北方三里黃山驛에서 義兵(?)名이 釜山日守備隊特隊警務의 率한日兵과 交戰ᄒᆞ얏다ᄒᆞ더라

▲白衲浩歎▼

▲夕陽山門빗긴길에 중호아가 나려온다 淸溪日石深谷ᄒᆞᆫ디 彩버셔낭게걸고 족갈버셔손의들며 吳吁短歎하ᄂᆞᆫ말이

▲父母의게 得罪런가 國民의게 得罪런가 不老不少이내몸이 落髮爲僧웬일인가 天地間에 棄物이라 이내계무숨罪惡인고 중노릇 金破意ᄒᆞ자

▲부처님에 佛供ᄒᆞ야 무숨功德닷것던가 蓮花世界간다ᄒᆞ나 身後事를 누가아나 萬八千門壓々劫은 虛無寂滅이아닌가 중노릇 金破意ᄒᆞ자

▲小僧聞於드릴적의 人々의게 奴隸보다 人種인즉 賤役인데 下等之人自處ᄒᆞ야 壓制中에 드럿스니 이身世를 엇지ᄒᆞᆯ고 중노릇 金破意ᄒᆞ자

▲浮雲又치 無跡ᄒᆞ야 是非업시 단닐적의 人間苦樂몰낫스니 枯木死灰이아닌가 禮數間에 活動物로 枯死殿穴하잔말가 중노릇 金破意ᄒᆞ자

▲生此七居此土하야 國家興亡 不關ᄒᆞ고 歡覆風雲岸視ᄒᆞ며 淸淨自守ᄒᆞ던 놈에 阿彌陀佛虛事되니 印度餘波自在로다 중노릇 金破意ᄒᆞ자

▲釋家삭敎稍起ᄒᆞ나 與世相忘 더 痲習이 地誌歷史新書籍을 口難誦而心不到 각自圖精神難醒ᄒᆞ니 發展되기 杳然ᄒᆞ다 중노릇 金破意ᄒᆞ자

▲萬疊靑山깁흔곳에 僧쇠소리 寒心ᄒᆞ다 錫杖집고 차저가니 三尺闍梨迎接ᄒᆞ나 네前程을 生覺ᄒᆞ니 나와又치 凄凉ᄒᆞ다 중노릇 金破意ᄒᆞ자

▲列强風氣嘘人ᄒᆞ니 世上漸々 밝어가나 叢林花雨黑洞中에 不知東方旣白ᄒᆞ고 支離豊夢曾倒ᄒᆞ야 더 思想이 暗昧ᄒᆞ다 중노릇 金破意ᄒᆞ자

▲壹瓢鉢踏ᄒᆞ며 셔울로 施主ᄒᆞ라 懸乞ᄒᆞᆯ제 村々家々投宿ᄒᆞ니 乞人行色이아닌가 不得自由平生에 活潑氣像저허업다 중노릇 金破意ᄒᆞ자

雜報

虛役虛說　李洛泳氏와李東揆氏의債訟事로李洛琛氏가虛役ᄒᆞᆫ事ᄂᆞᆫ更聞ᄒᆞᆫ즉雖有爭訟이나虛役ᄒᆞᆫ事ᄂᆞᆫ無ᄒᆞ다더라

廣告

東署崇信坊發幕宮契朱동本人외四拾二統八戶瓦家十二間半文券을五月七日夜賊漢突入時에失故廣佈홈
中部中谷四拾二統一戶　安俊永　告白

師範科大募集
本校에서小學界를爲ᄒᆞ야限貳箇月ᄒᆞ고師範科를敎授ᄒᆞ오니殊速應募ᄒᆞ심을伏望홈
課程左開
聖經　算術　衛生學
本國歷史　萬國地誌　師範學
圖畫　運動　作文　讚美
講師　校長　密義斗
牧師郭安連　李敎承
吳天卿　金道熙
但各科에願意專門도無妨옴
七月壹日上午九時開學試驗홈
月謝金　五拾錢
入學金　壹圜
蓮洞儆信學校　告白

本月二拾四日本人廣告欄內의北部觀光坊大安洞四拾九統五戶김義行은北部嘉會坊東谷二拾四統六戶김義行으로同桂洞契七桂동十三統一戶김思준은木桂동拾二統三戶김思弼노並正誤하오며北部七統六戶全宣瓚ᄂᆞᆫ統下의倉동二字流漏와남部誠明坊草동契銀杏동九統三戶鄭家九間半鄭襄顚에判斷文券을閪失이亦是並失이廣告中漏落되야玆又廣告ᄒᆞ오니勿論內外國人ᄒᆞ고誰某拾得이어든休紙施行하시옴
西署大平동金與猷　告白

本人이農工銀行股金標五張을家中에서失故로本銀行에更標ᄒᆞ얏기玆以廣告ᄒᆞ오니내外國人은前標를以休紙로施行홈
中部長橋　李根澤

◉測量科學員募集廣告
本校에서測量科를特設ᄒᆞ고學員을募集ᄒᆞ오니願學僉員은來月拾日內로請願書를提呈ᄒᆞ고拾五日來臨試驗홈
一 試驗科目　算術(四則)　作文(國漢文)
一 月謝金　五拾錢式請納홈
一 卒業期限　六箇月로홈
義州批峴兩山私立育英學校

本人의舍弟敬純이積病多年에連試刀圭ᄒᆞ되移無奏效더니何幸히新門外盤石坊壯元동百統拾五戶居前主事朴容熙氏를拜邀하야治療ᄒᆞ지六日의積塊를口吐ᄒᆞ고完人을便成ᄒᆞ야幾死之弟를更蘇케하니如此卓古ᄒᆞᆫ高明大手를感荷하기表ᄒᆞ야玆에廣布ᄒᆞ니내外國僉彥은照亮ᄒᆞ심을敬要
南門外桃洞嚴敬五　告白

龍潭郡守吳思麟氏ᄂᆞᆫ時務에鍊熟ᄒᆞ야外交內治에咸得其宜ᄒᆞ고自郡戶稅와家財로捐當ᄒᆞᆯ뿐아니라設校方便에義金을優助ᄒᆞᆷ으로民樂士悅ᄒᆞ야村村壹片木이星列惠政碑ᄒᆞ고家家數分錢이鑄成永世碑ᄒᆞ니此豈非政化之所施也리오本道各郡에皆有如此治蹟이면我同胞幸福이式可至ᄒᆞ기로玆에廣佈홈
全北龍潭儒生
許淪　黃璟鎭
林炳郁　黃大炫
崔[illegible]鳳　金永根　告白

[illegible]小학校를新設ᄒᆞ고學員을募集ᄒᆞ오니子弟入학코ᄌᆞᄒᆞ시ᄂᆞᆫ僉君子ᄂᆞᆫ七月三日내로臨時事務所의來臨ᄒᆞ시옴
기학日字ᄂᆞᆫ八月십日
年齡은十歲以上十四歲以下
학科ᄂᆞᆫ普通학校程度

私立[illegible]雲小學校 告白

趣旨書
庠序학校를設ᄒᆞᆷ은三代의盛典이오士農工商의分ᄒᆞᆷ은四民의名稱이온國의元氣가攸在ᄒᆞᆷ의人의至寶ᄒᆞᆫ盡忠ᄒᆞ오現今風潮가震盪ᄒᆞ야東洋四千年來의未曾聞未曾視ᄒᆞ든二十世紀競爭時代를當ᄒᆞ지라萬國의火焚ᄒᆞᄂᆞᆫ滄海의陸沈ᄒᆞᄂᆞᆫ日의坐ᄒᆞ야噫々然이古만思ᄒᆞ고夢을未覺ᄒᆞ면其幽를能存ᄒᆞ며其族을能全ᄒᆞᆯ々有志者의憂歎ᄒᆞᆯ비此의在ᄒᆞ도다嗟呼々々本동이城西壹隅의僻在ᄒᆞ야閭兒이諛障ᄒᆞᆫ此非是라舊想이腦髓의貫徹ᄒᆞ야爲夫莫ᄀᆡ의勇刀이有ᄒᆞᆫ듯하나隨時通變은聖門의垂訓이니古만遵守ᄒᆞ고今을阻遏ᄒᆞᆯ理가有ᄒᆞ리오是로以ᄒᆞ야鄙等의敎育思想을實現ᄒᆞᆫ故로玆의學校設立ᄒᆞᆷ을發起ᄒᆞ오니願컨대　僉君子ᄂᆞᆫ今日城中을回顧ᄒᆞ시고速途을ᄆᆡ示ᄒᆞ시며財源을啓발케ᄒᆞ심을切望ᄒᆞ오며或說이財政을未辦ᄒᆞ면無辦의不托이라謂ᄒᆞᆯ지나周易의日二人同心의其利斷金이라ᄒᆞ고然ᄒᆞ니此의日有志者事竟成이라ᄒᆞ니此로由ᄒᆞ야觀ᄒᆞ면此校ᄂᆞᆫ決코進就됨을確認ᄒᆞ고辦財後의成立ᄒᆞ다ᄒᆞᆷ은未遑ᄒᆞ느니團體만成ᄒᆞ면敎育이興ᄒᆞᆯ줄을仰ᄒᆞᄂᆞ이다
隆熙二年五月　日　發起人　金鐵宇

◎學員募集廣告
西部仁達坊七十六統第二戶의

張悌根　金鳳煥
池학源　李載榮

水人等이孤兒院維持費에不足ᄒᆞᆫ經費를補助ᄒᆞ기爲ᄒᆞ야圓成社를壹週日間借得ᄒᆞ야慈善演奏會를ᄀᆡ催하오니慈善　僉君子ᄂᆞᆫ特爲枉臨ᄒᆞ심을望홈
自陰五月貳十九日로始ᄒᆞ야至六月初五日ᄭᆞ지ᄆᆡ회홈　若雨則閒회홈
기회順序
一 奏樂
一 紳士及夫人演說
一 倡夫聯台各項演藝
一 預妓各項演藝
一 舞童
一 랄량픽演藝
發起人　趙秉郁　金忠錄　等　告白

隆熙二年六月日城津府公私立학校運動會補助員姓名記
許秦和　崔雲鵬　各貳拾圜
李元榮　拾五圜　崔錫永
于得水　呂泰嶠　俊昌號
各五圜　李舜在　三圜　權鎬
貳圜　金濬선　朴在坤
各壹圜　馬쥐秉李시　壹圓一拾錢　金正元　金如寬
崔炳奎　白米貳石　商회所
白紙九拾四束　市井각店
周紙九拾四軸　墨二十丁
木筆二拾枚　石筆九拾四枚
紙板七拾四枚　埠頭廳　果子壹櫃　櫻島店　蝟壹甬
自然火壹櫃　封套紙九匣
竹尾　手帖一拾箇　古城恒
三　小筆拾五枚　稅關
周紙三拾軸　木筆三拾箇
金尙哲　手帖三拾箇　崔日
恆　石板拾箇　石筆壹匣
金희哲　果子壹帒　李金在
妻　果子壹帒　木

測量學員募集廣告
本校內에設速成測量科ᄒᆞ고학員을募集ᄒᆞ오니願入人은七月十壹日(陰六月十三日)內로請願홈
卒業期限　四個月
上學時下午六点三十分至九点
入學試驗(陰六月拾四日)
國漢文讀書　算術(四則以內)
南部罷橋　長蓮學校內測量科　告白

本人이本以平壤舊居之人으로間已移居于鎭南浦이온대不肖ᄒᆞᆫ本人의堂叔道濟가其祖先의先墓를移賣ᄒᆞ얏스니不肖之心은已無可言이어니와今에本人의先親씨서營建ᄒᆞᆫ南兄山六里德大동所在墓幕을又欲暗賣ᄒᆞ오니勿論내外國人ᄒᆞ시고如是廣告後若或暗相買ᄒᆞ오면本人은依法勿施ᄒᆞ깃ᄉᆞ오니咸須諒燭ᄒᆞ사고與勿見欺홈
平壤郡居　金美卿　告白

本組合은農商部認可를承ᄒᆞ야五署內壹般庖肆營業者가集團組織이온바牛肉이公衆衛生上에關係가至大하온故로廣諸肉種販賣ᄒᆞ든弊習과無益ᄒᆞᆫ競爭을하든弊端을痛거ᄒᆞ며價格을均壹히ᄒᆞ야公益營業이發達되기를圖ᄒᆞ온대本組合外에壹二箇人이組合을反對ᄒᆞᆫ凶心으로無根訛說을發出ᄒᆞ오니事不寒心哉잇가自十日로牛肉價文을刷新ᄒᆞ야每日揭載하오려니와本組合諸員은可謂比前ᄒᆞ야減価ᄒᆞᆫ理라도加排ᄒᆞᆯ理가無ᄒᆞ온즉牛肉을購買ᄒᆞ시ᄂᆞᆫ　僉位ᄂᆞᆫ切勿歎疑ᄒᆞ시고倍加愛顧ᄒᆞ심을敬要
正肉壹斤價貨拾壹兩　一전五分
均肉組合　告白

救啓者稱川外上面鄕山居申召史가以其不饒之家勢로本학校에經費와捐補홈은觀念ᄒᆞ야金拾圜을義捐ᄒᆞᆫ바ᄒᆞ기其敎育에熱誠ᄒᆞ심을感荷ᄒᆞ야玆에廣佈홈
鐵山郡陽鳳鳴학校
校長金師淡
校監金[illegible]恆　告白

◉測量學員募集
本所에서午后測量課에學員을增募ᄒᆞ기爲ᄒᆞ야試驗ᄒᆞ기ᄂᆞᆫ陽八月三拾日上午拾二時로開學은七月壹日로改定홈
皇城鍾路基督敎靑年會學館內
數學夏期講習所　告白

本人의表弟尹鎔은原籍平原이오年今三拾壹歲요面貌은主事온데去乙巳年五月分에無故出門ᄒᆞ야于今四年에終不還家故로四下探索ᄒᆞ되蹤跡杳然ᄒᆞ와玆以廣告ᄒᆞ오니京鄕僉君子ᄂᆞᆫ中原郡韓錫의留處를指示ᄒᆞ시면厚謝ᄒᆞ깃슴
京南門外業興泰興社客主留　鄭영祜　告白

任官上推薦의必要로相議ᄒᆞᆯ事가有ᄒᆞ기玆에廣布하오니照亮後自筆履歷書二度를携帶ᄒᆞ시고至急光臨ᄒᆞ심을爲要
隆熙二年六月二拾七日

法官養成所
自一回至四回
卒業生　貴中

本人의子弟이가性本浮浪하야不顧家事ᄒᆞ고雜類의甘誘를聽ᄒᆞ야累巨萬財産을已爲浪費ᄒᆞᆫ바어려雜類로符同ᄒᆞ야僞造文券과假稱於音으로欲爲出債코ᄌᆞᄒᆞ오니내外國人은勿見欺害ᄒᆞ심
京西部松橋郭柱鉉　告白

◉蠶桑種　新種이本社에來到ᄒᆞ얏ᄉᆞ니청컨子ᄂᆞᆫ來購홈
西部踏동廿壹統壹戶
蠶業廣達會社　京乘先　白

◉林業速成科學員募集廣告
本校에서夜學科桑速成科及測量科을合設ᄒᆞ고兩科에關ᄒᆞᆫ學理技術을敎授홀터이니願學僉員은本月貳拾五日內(陰五月貳拾七日)로入學請願書를本校에來求ᄒᆞ야本校에提呈ᄒᆞ고七月拾二日(日曜日)上午拾時에來校應試홈
一 試驗科目　國文　漢文　讀書作文　算術四則以內
　但相當ᄒᆞᆫ本業證書가有ᄒᆞᆫ人은免試許入홈
一 修業期限은拾個貳月로定홈
一 上學時間은自下午七時로至拾時三時間
一 修業課程　造林學總論　造林各論　苗圃論　森林保護學　森林經理學　森林利用學　植物學　測樹學　土壤學　肥料學　農學大意　測量學術及實習
隆熙貳年六月拾三日
西大門內普成學校

第二回講習生募集廣告
七月一日븟터本所에서第二回數理學講習所를繼續ᄒᆞ오니願學者ᄂᆞᆫ速々來臨講ᄒᆞ옵
學課(算術科　代數科　幾何科
　程(三角科　用器畫科　博物科)
(細則은本所에來議ᄒᆞ시요)
尙洞靑年學院內
第二回夏期數理學講習所

廣告

本人의姪子趙永三이가性本浮浪ᄒ야本人의柱字沓十斗落文券을盜得逃躱이온故로呈官立旨修成矣니內外國人은見欺치勿ᄒᆷ

金浦邑居朴臺三 告白

◉女子敎育會卞明書

本會ᄂᆞᆫ自再昨年創設이온바불過ᄒ야經費ᄂᆞᆫ從務員中六拾九圓債用이고會館費用은壹般會員과據親閣下와會長金雲谷과總務秦肯이借用ᄒ와僅僅支過라가昨年五月分의 天恩隆洽ᄒ샤壹千圜下賜ᄒ옵시니數三年의經用은四千餘圜인데生財은無過 下賜金千圜이온즉此後經費ᄅᆞᆯ何以備報所회中經用을署陳ᄒ오니壹般同胞ᄂᆞᆫ知悉ᄒ옵소서待澼院修理費四百八十三圜戠十八젼과昨年四月紀念費千圜과議政府朝房을下賜ᄒ시며本會館으로居據時大廳與墻垣과共立病院修理費壹千九拾圜과貸傷兵八拾三名衣服各壹襲과路需각二圜式補助ᄒ合計二百九十八圜八十錢이오普成院創立費壹百圜과每朔敎師轎馬費拾圜과紙筆墨費拾圜인즉周年總計合二百貳十圓과本會通常會二拾六箇月五拾二次經費七百八拾圜 一拾錢인즉以上據計가四千圜內외 下賜金壹千圜으로辨償ᄒᆞ온즉未報條가三千圜이온바各處債主督促太甚方ᄒ困難之中이거늘本月二拾七日大韓每日申報第八百四拾壹號雜報中賊反荷杖題下의以萬不擄理之說로搆捏太甚ᄒ야女子社會의壹般婦人을凌辱無端罔有其極이며本會의捐助金幾千圜과前年에中協律社組織ᄒ고未開少年婦人과幼稚ᄒ女학生을夜夜會集ᄒ야耳目觀好케ᄒ야幾千圜을沒食ᄒ며단일은萬萬無根之說을世所共知오니不必枚陳이오며昨年八月分의財政顧問所致로外國規例를依倣ᄒ야幾日間捐助會를設ᄒ엿다가捐助金은且盟ᄒ고각項設備金과각才人處罹金並發于三拾七圜이니외收入金額은三百二拾八圜인즉不足이七百五圜이ᄂᆞᆫ妓生計會외셔本會損害不少홈을알고蕩減ᄒ얏고其餘五百四拾五圜은惠泉宮居劉聖和處의得償債報ᄒ얏고議政府朝房毁罷ᄒ얏다ᄂᆞᆫ말과宮니府로修理費四百八拾餘圜領給ᄒ신것을中間潛沒ᄒ얏다ᄂᆞᆫ말은全是曖昧ᄒ말언뎟시朝房毁撥之事ᄂᆞᆫ都無ᄒ옵고修理費四百八拾餘圜領給ᄒ신것을潛沒ᄒ얏다ᄂᆞᆫ말은不當ᄒ엿시發覺ᄒ下時會長과副會長ᄒ壹般會員이領受ᄒ고其時의普學院長도看ᄒ고학堂經費條로該院長이五拾圜을持去ᄒ얏스니中間潛沒은是何孟浪之說乎아學校機關勅奪ᄒᆫ凶計라ᄒᆫ것은眞所謂賊反荷杖이오며女子普학院은自本회로創設已久其間經費自本會支出而過壹年後自昨年拾二月로婁윤회씨가自謂敎育上別有熱성이라ᄒ야會長과總務을訪見ᄒ고말ᄒ기를女子敎育會외ᄂᆞᆫ學校가僞壹機關인즉敎育을贊成ᄒ깃다ᄒ기로本會의셔該院長을囑托ᄒ얏더니 三朔世敎授다가啫生不測之心ᄒ야女子雜誌외普학院을讓與ᄒ야다ᄒ고各處婦人의게買囑ᄒ야히院을維持ᄒ깃다ᄒ고維持金幾千圜을收入後會中외壹無公議ᄒ고韓하院을改名發源學校라ᄒ고旣作已物ᄒ야養院학校懸版을高掛ᄒ고학校與諸般什物과壹般學徒를勒占ᄒ니此ᄂᆞᆫ敎育界壹大賊漢故로玆以廣佈ᄒᆷ

女子敎育會 告白

本所에서鑛山、土地、家屋、山林、測量製圖設計等을迅速晴辦ᄒᆷ

南署會동九拾貳統拾壹戶 古川

會同測量事務所

總務 金澤吉 事務 金鎬植

本店에夏節양服件이英京倫敦에서新着ᄒ얏기로玆에廉價ᄒ오니 僉君子ᄂᆞᆫ光顧購買ᄒ심을懸望ᄒᆷ

貞洞華商源泰號 洋服裁縫店 謹白 人

本館設立이旣經四載에有志諸氏가誠心贊成ᄒ야新聞縱覽之員이日益頻繁ᄒ고圖書發售之道가稍基礎ᄒ얏시敎育書及외媒介를自任ᄒ本書館은不得不備蓰擴張ᄒ고新舊書籍과學校用品及衛生良藥을俱備發賣하오니 僉君子ᄂᆞᆫ光顧ᄒ심을切盼ᄒᆷ

海州南門니書籍館朴昌鎭 白

○약 광고

본국에서 십년을연구ᄒ야(사향소창단)이란 약을발명ᄒ엿ᄂᆞᆫ데 남녀물론ᄒ고 무슨창병이던지 흔재 (十四介)를먹엇엇더시 먹으면 효험이백발백중 되ᄂᆞᆫ고로 번영달지ᄒ와사가오니 창병잇ᄂᆞᆫ 첨위ᄂᆞᆫ오셔 고성말고 속히 듸냥ᄒ야 볼외ᄒ시며 각다방이라도 우편으로 부쳐드리오니 죠량ᄒ시ᄋ

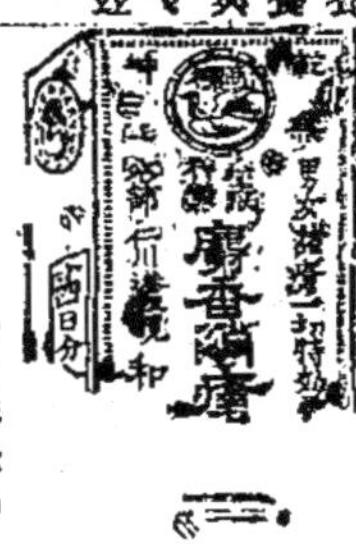

製藥所 仁川港龍岡 和平堂약房

發行人 仝 李응善

代理店 仁川港龍岡濟生堂藥房 京성大廣橋共愛堂藥房

뒤양됴경환

胎養調經丸

대뎌 부인이 년과로독 잉틔치 못홈은 병으로 인홈이니 일즉이 연구치 아니ᄒ고 삼상이 ᄇ려두면 다만 한사룸의 불힝홀ᄲᅮᆫ 아니라 ᄯᅩ흔 젼국에 크게 관계가 잇ᄂᆞᆫ고로 셩의 십오년을 ᄂᆡ외국 고명의ᄉᆞ의 신험방을 ᄯᅡ라셔ᄒ야 셩에 집오로브터 他人家에 무수시험ᄒ즉 열에 엽사룸이 다효험을 보앗고 ᄎᆞ아이 잉틔만 홀ᄲᅮᆫ아니라 (치림)(처져)ᄒ며 (조경)(조혈)되ᄂᆞᆫ고로 이것치 광포ᄒ오니 첨부인은 ᄯᅢᄎᆞ 시험ᄒ시며 각디방이라도 우편으로 붓쳐ᄃᆞ리오니 죠량ᄒ시ᄋ

壹劑壹個月分定價五圜

製藥所 仁川港龍岡 和平堂약房

발行人 仝 리응善

代理店 인川港龍岡濟生堂약房 京城大廣橋共愛堂약房

우당즁와온청심보명단각처발매소마다수응판매ᄒ오니그근방에게신이ᄂᆞᆫ그곳으로가셔몬외ᄒ시오

仁川港和平堂 白

廣告

漢城南大門外濟衆院方藥
前醫學校長勳五等池錫永氏有効證明
醫學博士 洪錫厚氏 實驗方劑
製藥鑑査人 朴慈惠 李觀化

四時靈藥 治痰平胃丸

一包에九十丸入 定價金拾錢

此丸藥은大韓兄弟腸胃에適當ᄒ도록調製ᄒᆫ數十年來累試累驗ᄒᆫ藥인대主降生一千九百八年에醫學博士洪君이精細改良ᄒ야中暑中寒諸症에虎列剌怪疾과毒感瘟疫을預方케ᄒ고健胃消滯ᄒ야諸般滯積을順下ᄒ며卒地嘔吐泄瀉와赤痢白痢와胸腹刺痛과聲咳白痰을能治能止ᄒᄂᆞᆫ靈藥이오

製造本舖 漢城鍾路萬國基督敎靑年會舘前 西洋藥都賣業 慈惠藥房

現今龍山地에怪疾이流行ᄒ다고各新聞上에每日記載ᄒ니怪疾預防藥 治痰平胃丸을不可不廣告ᄒᆯ지다治痰平胃丸廣告ᄒ기爲ᄒ야言語行動이正直見信ᄒ만ᄒᆫ兄弟三員을擇定ᄒ오니누구시던지藥說明 잘ᄒ시ᄂᆞᆫ兄弟ᄂᆞᆫ長來永久ᄒᆫ生計를速速來議于鍾路慈惠藥房ᄒ시오此事務가財錢出納에關係가잇사오니누구시던지保證이有ᄒ여야事務를委任ᄒᆯ것소옴

月銀拾貳圜

全國內地十三道各郡慈惠藥所 支店에
以小包郵便으로藥品發送主任

洪載厚 告白

◉新발明梅毒령藥廣告

陸軍軍의企守한實驗方劑

落梅丹

口瘡不發창病去根之령藥

壹劑五百粒定價金 三圜

主治 梅毒「唐창」新舊창 ●瘰癧●皮膚病●倭마짐私 ●淋病

已上病証外에男女間에不精交合ᄒᆫ後에若疑아之端이有ᄒ야도此藥壹劑만服用ᄒ면完無後慮ᄒ고脾胃도健全홈을擔保홈此外에도외療機械와精美ᄒ藥材를新備ᄒ고內外科各色疾病을誠心治療홈

漢城北部大安洞

仁濟藥房 高用진 謹白

代理店 京城鍾路 共愛堂약房 仁川港龍洞 濟生堂

國內各處藥局에서隨應販賣홈

○廣告料

四號活字十三字詰
每日每英尺一寸에新貨金拾錢
(每日發行次에相當홈)
二週日에 二圜五十錢
(每日發行四英五里에相當홈)
一箇月에 五圜
(每日發行四英一里에相當홈)
其期限의長短과字行의多寡를依ᄒ야增減홈이有홈

發行兼編輯人英國人 萬咸
發行所 南署石井洞號外地三層洋屋
大韓每日申報社

…鍾路慈惠약房內慈惠醫院에醫療機械 醫藥醫師ᄂᆞᆫ醫學博士 洪석厚 慈惠房藥營業主 李觀化 全國拾三道에以小包郵便으로 製藥所主任 李恩興 製藥所印刷所兩處職工六

第六卷

大韓每日申報

第八百四拾四號

月曜及慶節歲時日休刊

檀君開國四千二百四十一年
箕子元年三千三十年
大韓開國五百十七年
日本明治四十一年
淸國光緖三十四年
陰曆戊申六月小初三日丁巳

別報

◉裴說氏의公判顚末

第二日 續

裴說氏又曰本人의新聞社ᄂᆞᆫ日韓人巡査가人民을遮攔ᄒᆞ든路傍에在ᄒᆞᆫ온바伊時의日本巡査ᄂᆞᆫ馬上銃을帶ᄒᆞ고韓國巡檢은環刀를持ᄒᆞ고關門前空虛地에群衆이進入ᄒᆞᆷ을壓退ᄒᆞᆯ제群衆이二拾人或二十五人의首尾相接으로雜沓簇立ᄒᆞ야通行이甚難ᄒᆞᆫ때日本武官壹人이乘馬來到ᄒᆞ야其群衆ᄒᆞᆫ後面으로부터馳人ᄒᆞ며其前面에서ᄂᆞᆫ巡査가擊打ᄒᆞ니群衆이一場風波를惹起ᄒᆞ야二三分間의騷亂을作ᄒᆞ며該騎馬武官은空虛地로橫馳疾走ᄒᆞᄂᆞᆫ지라本人의新聞社近傍에在ᄒᆞ던群衆은大叫吶喊ᄒᆞ니其後路에在ᄒᆞ던人民들도此喧鬧之聲을聞ᄒᆞ며其騎馬人의疾走ᄒᆞᆷ을見ᄒᆞ고憤氣를淘湧ᄒᆞᆫ際에本人이躬往ᄒᆞ야其後便路上으로履行ᄒᆞ다가日巡査가群衆을向ᄒᆞ야放銃ᄒᆞᆷ을目睹ᄒᆞᆫ바本人은其音聲으로發射ᄒᆞᆷ을初見ᄒᆞ얏스며

또此場에서其他騷擾를見ᄒᆞ얏ᄂᆞᆫ대南山에居住ᄒᆞᄂᆞᆫ韓國人民들이自已의掃除를禁奪ᄒᆞᆷ에對ᄒᆞ야滿足ᄒᆞᆫ辦償이無ᄒᆞᆷ을因ᄒᆞ야內部署前에서騷動을惹起ᄒᆞᆫ바此韓人들이許多ᄒᆞᆫ理由로日人의게對ᄒᆞ야怨恨을蓄抱ᄒᆞᄂᆞᆫ貴ᄒᆞᆫ本人이覺悟ᄒᆞ오며

또事實上으로日人이韓人으로ᄒᆞ야금暴動ᄒᆞ며紊亂케ᄒᆞᄂᆞᆫ줄노量度ᄒᆞᆫ事ᄂᆞᆫ千百擧措가有ᄒᆞ엿셔도人民을懷柔ᄒᆞᆫ實效ᄂᆞᆫ毫無ᄒᆞᆫ줄노知得ᄒᆞ나이다

昨年八月一日에西小門內에在ᄒᆞᆫ韓國兵營이日人의게暴擊占領ᄒᆞᆫ바되엿슬時에外國人中에本人이該營內에最先進入ᄒᆞᆫ바伊時에ᄂᆞᆫ魚丕信씨와同伴ᄒᆞ야負傷人을病院에昇送ᄒᆞᆯ기를幫助ᄒᆞ얏ᄂᆞᆫᄃᆡ多數의兵丁은逃避ᄒᆞ고許多ᄒᆞᆫ死亡이有ᄒᆞᆫ中壹韓人은拾八歲에鐵鋸의被剿ᄒᆞᆫ傷口가有ᄒᆞ며이다此人等이目今에義兵中에在ᄒᆞ오니此ᄂᆞᆫ本人이恐動케ᄒᆞᆫ은아니지오

壹千九百五年十壹月十七日에本人이闕門外에서殆히達夜토록在ᄒᆞ얏ᄂᆞᆫᄃᆡ少不下二十名의騎兵이披鉞ᄒᆞ고闕門外에서把守하며日人들은自行自止ᄒᆞ고韓人들은其行路를禁止ᄒᆞ며其無嚴ᄒᆞᆷ이極ᄒᆞ더이다

크로쓰氏曰該騎兵이韓人이며뇨日人이며뇨答曰日人이러이다ᄒᆞ고他事件으로써言曰원컨ᄃᆡ閣下ᄂᆞᆫ我國의享有하ᄂᆞᆫ治外法權의利益에就ᄒᆞ야預據ᄒᆞ얏거니와韓國人民은如斯ᄒᆞᆫ利益이無ᄒᆞ며日人의管治下에在ᄒᆞ야其壓迫ᄒᆞᄂᆞᆫ대服從ᄒᆞᄂᆞᆫ것을痛心ᄒᆞ야暴動에加勢ᄒᆞᄂᆞᆫ줄노本人은知得ᄒᆞ오며茲에呈出ᄒᆞᄂᆞᆫ片紙ᄂᆞᆫ本申報社에送到ᄒᆞᆫ韓籍得이온ᄃᆡ其言辭가太奮激ᄒᆞᆷ으로拋棄ᄒᆞ고揭佈치아니ᄒᆞᆫ것이올시다

원컨ᄃᆡ氏曰吾가該事에對ᄒᆞ야反對ᄒᆞ깃ᄉᆞ나然이나吾ㅣ思料컨ᄃᆡ被告의게無限ᄒᆞᆫ自由를與ᄒᆞᄂᆞᆫ것이妥當ᄒᆞᆫ줄노ᄒᆞ야其制限內에何等反對를不提코ᄌᆞᄒᆞ노라

裴說氏曰本申報를太强硬ᄒᆞ게下筆하지안ᄂᆞᆫ다ᄒᆞ야義兵의게셔本人을恐嚇ᄒᆞᄂᆞᆫ文字도有ᄒᆞ얏스며또桑港에셔來ᄒᆞᆫ爆雷라稱ᄒᆞᄂᆞᆫ文書가此에有하나이다（衆聽大笑）

裁判官曰此ᄂᆞᆫ亞剌伯之夜다고稱ᄒᆞ던書보다尤益强硬이로다吾思料컨ᄃᆡ汝가此를揭載하얏더면快히滿足ᄒᆞᆯ번ᄒᆞ얏고나

裴說씨曰此書類等의包含ᄒᆞᆫ事件을收擧ᄒᆞ오릿가說中에伊藤及長谷川의게寄書와各道人民의게檄文과各國領事의게開興書와義兵各隊의告示와日本物貨를排斥ᄒᆞᄂᆞᆫ告諭書와賊臣及각大臣을攻擊하ᄂᆞᆫ檄書等件이오며本人이提書ᄒᆞᆫ바又壹他事件이有ᄒᆞ니本人이韓國에留住ᄒᆞᆫ지于今四年이오亦是壹分도儲財ᄒᆞᆷ이無ᄒᆞ오며如何方法으로던지受金ᄒᆞ고煽動ᄒᆞᄂᆞᆫ者도아니오且別般營爲도厭世ᄒᆞ얏든蹤跡을有得ᄒᆞ얏슴더이언마ᄂᆞᆫ猶不爲此ᄒᆞ야私囊을充ᄒᆞᆷ은少無하오이다

크로쓰氏曰汝의所有物에何等公式上書類가有ᄒᆞ뇨答曰有ᄒᆞ오이다

問汝가能히此를呈出ᄒᆞ며其何物인지言告乎아曰然하오리다

問汝가其繙譯件을持ᄒᆞ얏나뇨曰持ᄒᆞ얏나이다此를讀ᄒᆞ오리니卽「大韓每日申報社長裴說노新聞及通信에全權者로特이委任ᄒᆞᆷ事 光武拾年二月拾日」此ᄂᆞᆫ卽壹千九百五年인ᄃᆞᆺ하오이다

問誰의게서委任이되엿나뇨曰韓國 皇帝陛下께로서委任이되엿나이다

원컨ᄃᆡ氏問曰何 皇帝를謂ᄒᆞᆷ이뇨

크로쓰問曰現 皇帝뇨曰太皇帝로소이다

問該委任狀이廢棄되얏나뇨曰否로소이다

크로쓰氏曰然則該委任狀이殿大緊重ᄒᆞᆫ것이라此를記入하기를願ᄒᆞ노라

원컨ᄃᆡ氏問曰 大皇帝陛下에서新聞에何等關係가無ᄒᆞ뇨答日本人이知了ᄒᆞᄂᆞᆫ바로ᄂᆞᆫ全無ᄒᆞ오며此에對ᄒᆞ야證明이無ᄒᆞ니이다

問汝가 陛下께新聞壹枚도奉呈ᄒᆞᆷ이無ᄒᆞ뇨曰何種物을勿論ᄒᆞ고 陛下께納呈ᄒᆞᆷ이不能ᄒᆞ옴ᄂᆞ니無他라彼人이不肯하ᄂᆞᆫ所以로소이다

問該或彼人이 陛下로ᄒᆞ야곰此를頒케ᄒᆞᆫ境遇면汝能納呈乎아否乎아曰不然ᄒᆞ오이다假使願ᄒᆞᆷ이有ᄒᆞ야셔도不能이로소이다

問然則汝가其委任下에在ᄒᆞ야何事던지徵去ᄒᆞᆷ이無ᄒᆞ고나何時에其業務를停止하얏나뇨曰新聞발行의業을廢止ᄒᆞ던時이온ᄃᆡ五月貳拾六日이로소이다

問汝가何等他事業이有ᄒᆞᆫ지能言乎아曰外國新聞에通信ᄒᆞᆷ이有ᄒᆞ오이다

問但只精神的으로韓國을爲ᄒᆞ야韓國人의게友誼를交ᄒᆞᆷ主旨이뇨答曰如斯히徵去ᄒᆞ얏스나如斯히約定ᄒᆞᆫ바ᄂᆞᆫ無ᄒᆞ오이다

（未完）

▲隆熙二年六月廿九日 報實

●法 律

朕이地稅에關ᄒᆞᆫ件을裁可하야玆에頒佈ᄒᆞ노라

隆熙二年六月二拾五日

御名 御璽

內閣總理大臣 李完用
度支部大臣 任善準

法律第十號

地稅에關ᄒᆞᆫ件

第壹條 地稅ᄂᆞᆫ結價에依ᄒᆞ야土地所有者에게此를徵收ᄒᆞᆷ

但地方의習慣又ᄂᆞᆫ契約에依ᄒᆞ야小作人其他土地使用者가納稅ᄒᆞᆷ이可ᄒᆞᆫ境遇에在ᄒᆞ야ᄂᆞᆫ爲先其使用者로부터徵收ᄒᆞ고其使用者가滯納ᄒᆞᆫ境遇에在ᄒᆞ야ᄂᆞᆫ土地所有者로부터此를徵收ᄒᆞᆷ

第貳條 地稅의結價ᄂᆞᆫ新貨幣로換算低減ᄒᆞ고全國을通ᄒᆞ야別表와갓치此를定ᄒᆞᆷ

第三條 未宗價及未ᄒᆞ數의地稅에在ᄒᆞ야ᄂᆞᆫ從來元으로ᄡᅥ定ᄒᆞᆫ者ᄂᆞᆫ壹元에對ᄒᆞ야金五拾錢、兩으로ᄡᅥ定ᄒᆞᆫ者ᄂᆞᆫ壹兩에對ᄒᆞ야金拾錢의比例로換算ᄒᆞ야此를徵收ᄒᆞᆷ

但厘位未滿의端數를生ᄒᆞᆫ時ᄂᆞᆫ此를拾去ᄒᆞᄂᆞᆫ者로ᄒᆞᆷ

附 則

本令은隆熙二年戊申條地稅로부터此를施行ᄒᆞᆷ

別 表

舊結價 元	新結價 圜
壹六〇〇	八〇〇〇
壹三。三三四	六。六〇〇
壹壹。七三四	
壹〇。六六六	五三〇〇
九。〇六六	
八。八九〇	四。一〇〇
八。五三四	
八。〇〇〇	四。〇〇〇
七。四六六	三。七〇〇
七。壹壹〇	
六。四〇〇	三。二〇〇
五。三三四	二。六〇〇
四。二六六	二。壹〇〇
三。九三二	
三。七三四	
三。二〇〇	壹。三〇〇
二。六六六	
二。壹三四	壹。〇〇〇
二。〇八〇	
壹。八六六	
壹。三三四	五〇〇
壹。〇八六	
五三四	二〇〇

未完

外報

●電報借款 淸國郵電部에서電信을改良ᄒᆞ기爲ᄒᆞ야香港과上海銀行에셔壹百萬兩의借款을締結하얏다더라

●國會請願 淸國安徽江蘇浙江의有志士等은國會開設ᄒᆞ기를請願ᄒᆞ기爲ᄒᆞ야本月初에北京에赴ᄒᆞᆫ다더라

●洪水慘傷 廣東省西江沿岸에大洪水가有하야三千餘名이溺死ᄒᆞ얏다더라

●波斯黨敗走 伯林電을據ᄒᆞᆫ즉波斯國王의軍隊ᄂᆞᆫ國民黨을攻擊ᄒᆞ야敗走케ᄒᆞ얏다더라

●常備軍請設 同電을據ᄒᆞᆫ즉米國陸軍次官오리바氏ᄂᆞᆫ政府에셔常備軍二拾五萬人을設ᄒᆞ자고言하얏다더라

●德皇詔勅 同電을據ᄒᆞᆫ즉德國皇帝ᄂᆞᆫ漢堡汽船會社의米國에航行ᄒᆞᄂᆞᆫ汽船노제아나號에行幸ᄒᆞ야其船上에셔詔勅을下ᄒᆞ야曰德國의商業은日就月進되야今에稅收及財政의改革이率相뷰노公의幫助를依하야充滿ᄒᆞᆫ結果를擧ᄒᆞᆫ지라將來益々發展을遂ᄒᆞᆯ줄노信ᄒᆞᆫ다ᄒᆞ얏더라

●王師包擊議院 紐育電을據ᄒᆞᆫ즉波斯의騷亂은極度에達ᄒᆞ야王師ᄂᆞᆫ終乃議院을砲擊ᄒᆞᆫ故로議員五拾名이被殺ᄒᆞ얏다더라

雜報

●[illegible] 再昨日은 皇太子殿下게옵서 修학院에 入학ᄒᆞ시던 日인 故로 太皇帝陛下게옵서 承寧府摠管趙民熙와 侍從[illegible] 兩을 命送ᄒᆞ옵서 [illegible] 賜ᄒᆞ셧는데 [illegible]院長閔丙奭氏가 祗受ᄒᆞ야 諸학員을 對ᄒᆞ야 天恩을 [illegible]ᄒᆞ옵신것을 [illegible]ᄒᆞ얏는데 祗候官[illegible] 皇太子殿下께옵셔는 日本에 入학ᄒᆞ신지가 未久ᄒᆞ신데 언마는 通辯이 無ᄒᆞ야도 日語로 對ᄒᆞ야 言語ᄒᆞ옵시는데 학員諸氏는 年期도 殿下보다 長成ᄒᆞᆫ데 학業이 不足ᄒᆞ얏다가 日後의 殿下께서 歸國ᄒᆞ시면 殿下工夫보다 勝ᄒᆞᆷ을 수는 엄ᄂᆞ리도 下詢하시는 학問은 能答하여야 ᄒᆞ리이니 학業을 成就ᄒᆞ라고 勸勉하얏다더라

●[illegible]射會 再昨日 翠雲亭에 [illegible] 義親王殿下께서 往臨ᄒᆞ셧고 承宣[illegible] 李鍾宜 閔君李畯[illegible]覺中樞院[illegible]觀察使申[illegible]休 諸[illegible] 總命[illegible] 自擇ᄒᆞ얏[illegible]

[illegible] 昨日下午 [illegible] 統監府[illegible] 大臣以下 參與大臣이 統監 次[illegible]例[illegible]開 [illegible] 對ᄒᆞ야 [illegible]協議 [illegible]

[illegible] 伊藤[illegible] 伊藤統監[illegible] 唱和ᄒᆞ얏다더라

●學士獨仕 各部大臣들이 昨日[illegible]例會도 因ᄒᆞ야 仕進치 아니ᄒᆞ얏는데 학部大臣 李載崑氏는 仕進視務ᄒᆞ다가 往[illegible]ᄒᆞ얏다더라

●次官參會 各部次官들이 昨日에 각大臣과 同參ᄒᆞ야 統監府에서 次官例會를 開ᄒᆞ얏다더라

●農業視察 各道觀察使가 去日[illegible]에 [illegible]農業模範場에 前往ᄒᆞ야 農業을 視察ᄒᆞ얏다더라

●發程延期 各道에 新任된 觀察使諸氏가 明日의 發程ᄒᆞ기로 決定ᄒᆞ얏더니 內部에서 旅費를 支給지 못ᄒᆞ야 延期가 되얏다더라

●旅費成大 遞任된 京畿觀察使李圭桓씨는 職任時에 五萬餘圜을 負債ᄒᆞ얏다는데 其理由인즉 內外國官等官들이 往來ᄒᆞᆯ時에 [illegible]迎等節에 對ᄒᆞ야 自然消耗費가 多有ᄒᆞᆷ이라더라

●視察歸國 統計課[illegible]視察次로 日本에 前往ᄒᆞ얏던 度支部統計課長 [illegible] 歸國ᄒᆞ야 [illegible] 日에 入城ᄒᆞ얏다더라

●水原云任 李秉暉氏는 水原郡守를 被任ᄒᆞ얏[illegible]

[illegible] 鍾城郡守 李翼鎬 [illegible] 統監府[illegible]

●私校[illegible] 학部[illegible]高等官 [illegible]

●學士[illegible]

●學部規模制定 학部에서 [illegible]私立學校의 [illegible]方針과 他[illegible]行ᄒᆞᆯ 規程을 協議取決ᄒᆞ얏는데 [illegible]大方針과 如何ᄒᆞᆫ [illegible] 預定이라더라

●學會規模 學部에서 各辯論하야 各[illegible]學會에 對ᄒᆞ야 [illegible]施케 ᄒᆞ다더라

●學生留國 日本東京에 留학ᄒᆞ는 林永恭 [illegible] 六人이 親[illegible]夜[illegible]

●樂工減額 學禮[illegible]樂工이 元來 [illegible]百餘名이더니 [illegible]百四十名을 選[illegible] 樂工은 [illegible]

●推選學部 江陵郡儒生等이 [illegible] 文宣王의 影[illegible] 학館에 [illegible]

[illegible]

雜報

[illegible] 金思益 朴泳孝 [illegible] 無是事 [illegible]

廣告

本人이漢城中署水標橋西河崖新設酒國料理店包辦各色酒肴價廉味美並且樓房潔淨伺候週到於本曆六月初二日開市 各國僉尊等知此照亮
會英樓主人 徐鴻洲 謹白

本人이梨峴崔盛有와共同營業ᄒᆞᄂᆞᆫ바不幸ᄒᆞᆫ盛有가他人處所負債務多故라當商에[illegible]外國負債ᄂᆞᆫ五年後報償之意로[illegible]五年許給ᄒᆞ신貴公[illegible]停止ᄒᆞ시고許給아니ᄒᆞᆫ[illegible]은本人處에枉臨ᄒᆞ옵셔五年許給지아니ᄒᆞᆫ通奇ᄒᆞ시기를望ᄒᆞᆷ 壹人이라도不許ᄒᆞᆫ言이有ᄒᆞ면若廢業ᄒᆞ깃合니다此後悔之事無케ᄒᆞ라
京南門外山비支店 梨峴崔盛春 告白

白木廛八房典舖主人金允湜의典舖가今已撤廢ᄒᆞ온것은衆所共知인바典舖典物은各該捧次諸員이將欲調査措處ᄒᆞ깃ᄉᆞ기陰六月初七日上午九時로同日下午七時ᄭᆞ지定限關門ᄒᆞ깃ᄉᆞ오니典執ᄒᆞ신僉員은實照ᄒᆞ신後右限ᄂᆡ時에典物을推去ᄒᆞ심을務望 若經限則[illegible]入은右限日에來臨ᄒᆞ시옵
債務人等 告白

東部蓮花坊蓮洞契二拾九統九戶瓦家四拾間典當契約書二張을失故로茲以廣告誰某雖得勿施
李甲承 告白

[illegible]失ᄒᆞ앗스니誰某拾得ᄒᆞ야도[illegible] 木洞竹洞陳某 告白

[illegible] 保寧居李百[illegible]白

新訂等算術教科書

精理台조八鄕一宣氏著作

洋裝壹秩壹冊定價新貨九拾錢 三拾冊以上을購ᄒᆞᆯ時ᄂᆞᆫ原價의二割引을減ᄒᆞᆷ 但遠方에서百冊以上을請求ᄒᆞᆯ時ᄂᆞᆫ郵費ᄅᆞᆯ自擔ᄒᆞᆷ 本書ᄂᆞᆫ算術大家鄭一宣氏가我國의算學이甚淺ᄒᆞ기爲ᄒᆞ야積年의腦力을費盡ᄒᆞᆫ바ᅵ온ᄃᆡ算術의原理와術法을昭詳論釋ᄒᆞ야在學受敎의必須ᄒᆞᆫ書ᄅᆞᆯ發刊則易曉에ᄂᆞᆫ可獨習ᄒᆞᆷ
發賣元京西部[illegible]後洞七拾貳統六戶 鄭象煥

本人이三湖李斗連許의去四月晦日推次於音一張壹千二百兩壹片과壹萬三百兩壹片을路上에遺失故로廣告ᄒᆞ오니誰某拾得ᄒᆞ와도休紙施行ᄒᆞᆷ
東湖李振發 告白

九品李殷弼之弼字를以命字로改正ᄒᆞᆷ
李殷命 告白

本人의所居ᄒᆞᄂᆞᆫ西部龍山坊兄弟井契第六拾七統六戶瓦家貳十壹間과金學根處에移賣而右家官契及文券中遺失ᄒᆞ얏기로本家官契ᄅᆞᆯ更出官契次로茲以廣告ᄒᆞ오며舊官契ᄂᆞᆫ雖現出이라도休紙施行ᄒᆞᆷ
朴召史 告白

◉測量科學員募集廣告
本校에서測量科ᄅᆞᆯ特設ᄒᆞ고學員을募集ᄒᆞ오니願學僉員은本月拾日ᄂᆡ로請願書ᄅᆞᆯ提呈ᄒᆞ고拾五日來臨應試ᄒᆞᆷ
試驗科目 算術(四則) 作文(國漢文)
月謝金 五拾錢式排納ᄒᆞᆷ
卒業期限 六箇月ᄒᆞᆷ
義州批峴山私立育英學校

[illegible]의[illegible]失ᄒᆞ얏스니誰某得之라도[illegible] [illegible]

强宏ᄒᆞ야學校ᄅᆞᆯ新設ᄒᆞ고學員을募集ᄒᆞ오니弟入코져ᄒᆞ시ᄂᆞᆫ僉君子ᄂᆞᆫ六月三十日로臨ᄒᆞ시ᄋᆞᆷ 年齡은七歲以上 [illegible] 科ᄂᆞᆫ普通學科[illegible]

天然堂寫眞

擴張減價

本堂에서寫眞技術을擴張ᄒᆞ기爲ᄒᆞ야諸式器械諸品을多數買來ᄒᆞ고寫眞料敎授[illegible]不變[illegible]色寫眞과[illegible]白金寫色寫[illegible]晴雨[illegible]撮影[illegible]內館에서[illegible]撮影ᄒᆞ오며價格은[illegible]五拾錢大本에[illegible]改定ᄒᆞ얏ᄉᆞ오니僉君子ᄂᆞᆫ陸續惠臨ᄒᆞ시오
南大門外에서鍾路로向ᄒᆞᄂᆞᆫ新作路左便
天然堂寫眞館主人
金圭鎭 告白

師範科大募集
本校에서小學界를爲ᄒᆞ야限貳箇月ᄒᆞ고師範科ᄅᆞᆯ敎授ᄒᆞ오니殊速應募ᄒᆞ심을伏望ᄒᆞᆷ
課程左開
經學 算術 衛生學 本國歷史 萬國地誌 師範學 圖式 運動 作文 讚美
講師 敎授 密義斗 敎師郭安連 李敎承 吳天卿 金道熙
但各科에隨意專門도無妨ᄒᆞᆷ
七月壹日上午九時開學試驗ᄒᆞᆷ
月謝金 五拾錢
入學金 壹圜
渼洞徽信學校 告白

◎學員募集廣告
西部仁達坊七十六統第二戶의[illegible]

私立照雲小學校趣旨書

庠序學校를設ᄒᆞᆷ은三代의盛典이오士農工商의分ᄒᆞᆷ은國家의命脈이온國의元氣가此에在ᄒᆞᆷ이라 嗚呼人의至혐ᄒᆞᆫ[illegible]이오 [illegible]震潮ᄒᆞ야東洋四千年來의大會[illegible]曾聞未有ᄒᆞᆫ二十世紀競爭時代ᄅᆞᆯ當ᄒᆞ얏시라崑岡의火焚ᄒᆞ고滄海의陸沈ᄒᆞᄂᆞᆫ日의坐ᄒᆞ야懵然이古時思ᄒᆞ고夢을未覺ᄒᆞ면其國이能存ᄒᆞ며其族이能全ᄒᆞ리오 有志者의憂歎ᄒᆞᆫ바此의在ᄒᆞ도다嗟呼々々本洞이城西壹隅의僻在ᄒᆞ야聞見이諛陋ᄒᆞᆫ바非是라舊想이腦髓의貫徹ᄒᆞ야爲夫莫ᄭᅴ의勇力이有ᄒᆞ듯ᄒᆞ나隨時通變ᄒᆞᆫ學門의垂訓이니古만遵守ᄒᆞ고今을阻遏ᄒᆞᆫ理가有ᄒᆞ리오是로以ᄒᆞ야部內의敎育思想이發現ᄒᆞᆫ故로茲의照雲學校設立ᄒᆞᆷ을發起ᄒᆞ오니願컨ᄃᆡ僉君子ᄂᆞᆫ今日城中을回顧ᄒᆞ시고速途ᄅᆞᆯ指示ᄒᆞ시며財源을啓發케ᄒᆞ심을切望ᄒᆞ오며或說이財政을未辦ᄒᆞ면無夠의不托이라謂ᄒᆞ지나履易의曰二人同心의其利斷金이라ᄒᆞ엿스니諸의日有志者事竟成이라ᄒᆞ니此로由ᄒᆞ야觀ᄒᆞ면此校ᄂᆞᆫ決코速就됨을確認ᄒᆞ고辦ᄒᆞᆫ後의成立ᄒᆞ다ᄒᆞᆷ은未信ᄒᆞᄂᆞ니團體만成ᄒᆞ면敎育이興ᄒᆞᆯ줄을信仰ᄒᆞ나이다
隆熙二年五月　日
發起人 金錫宇

[illegible]孤[illegible]院[illegible]不足[illegible]開放[illegible]慈善演奏[illegible]君子[illegible]
張[illegible]根 金鳳[illegible] 池[illegible] 李敏榮
[illegible]特設桂臨[illegible]陰五月貳十九日로始ᄒᆞ야至六月初五日ᄭᆞ지ᄒᆞᆷ 若雨則[illegible]
마회順序
一 奏樂
一 紳士[illegible]演說
一 倡夫聯合[illegible]演藝
一 預妓各項演藝
一 舞童
一 [illegible]演藝
發起人 趙[illegible]郡 金[illegible] 等 告白

隆熙二年六月日城津府公私立學校運動會補助員姓名記
許泰和 崔雲鶴 各貳拾圜
李元榮 拾五圜 崔[illegible]永
于得水 呂泰[illegible] 俊昌號
[illegible]各五圜 李舜在 三圜 權[illegible]
[illegible]貳圜 金澄[illegible] 朴在坤
[illegible]各壹圜 馬[illegible]李[illegible] 壹圜一拾錢 金正元 金如寬
崔炳奎 白米貳石 商[illegible]所
白紙九拾四束 市井各店
周紙九拾四軸 [illegible]二十丁
木筆二拾枚 石筆九拾四枚
紙板七拾四枚 埠頭[illegible] 果子壹櫃 櫻島店 [illegible]壹甬
自[illegible]壹櫃 封套紙九匣
竹尾 手帖二拾箇 古城恒
三 小筆一拾五枚 稅[illegible]
周紙三拾軸 木筆三拾箇
金[illegible]哲 手帖三拾箇 崔[illegible]
恆 石板拾箇 石筆壹匣
金[illegible]哲 果子壹帶 李[illegible]在
[illegible] 果子壹帶

測量學員募集
本校內에速成測量科를特設ᄒᆞ고學員을募集ᄒᆞ오니願ᄒᆞ시ᄂᆞᆫ人은七月十壹[illegible]六[illegible]請願ᄒᆞᆷ
卒業期限 四個月
上學時間 下午[illegible]至九點
入學試驗(陰六月拾四日) 國漢文讀書 算術(四則以內)
[illegible]

長[illegible]學校內測量科 告白

本人이本以不壞世居之人으로[illegible]移居于[illegible]이온ᄃᆡ不肖ᄒᆞᆫ本人의[illegible]祖先의墳墓를掘移[illegible]니不肖之心은已無可言[illegible]와[illegible]親[illegible]南兄山六里[illegible]在[illegible]又欲暗賣ᄒᆞ오니勿論內外國人ᄒᆞ시고如是廣告後若有暗相買賣ᄒᆞ오면ᄂᆞᆫ[illegible]法勿施ᄒᆞᆯ것이오니僉須諒燭ᄒᆞ시고切勿見欺ᄒᆞᆷ
[illegible]郡居 金美卿 告白

本組合은警視廳認可를承ᄒᆞ야五署內壹般庖肆營業者가集團組織이온바牛肉이公衆衛生上關係가重大ᄒᆞᆫ故로腐敗ᄒᆞᆫ肉種販賣ᄒᆞᄂᆞᆫ惡習과無益ᄒᆞᆫ競爭ᄒᆞᄂᆞᆫ弊端을痛改ᄒᆞ며價格을均壹히ᄒᆞ야衆庖營業이發達되기를[illegible]圖이온ᄃᆡ本組合外의壹二箇人이組合을反對ᄒᆞᆫ凶心으로牛肉時價가飛騰ᄒᆞ얏다고[illegible]說을[illegible]出ᄒᆞ오니寧不寒心哉잇가自今으로牛肉價文을各新聞에每日揭載ᄒᆞ오려니와本組合諸員은可比前ᄒᆞ야價를[illegible]ᄒᆞ시ᄂᆞᆫ[illegible]位ᄂᆞᆫ切勿疑欺ᄒᆞ시고倍加愛顧ᄒᆞ심을敬要
正肉壹斤新貨拾[illegible]錢五分
[illegible]庖組合 告白

[illegible]廣告欄內[illegible]六寸[illegible]岩이가[illegible]

全偶[illegible]

[illegible]鳳山西湖坊[illegible]告白

龍潭郡[illegible]時務[illegible]勤[illegible]高ᄒᆞ야外交[illegible]治[illegible]成得[illegible]宜[illegible]고壹郡戶稅[illegible]家財로[illegible]當[illegible]아니라[illegible]校方[illegible]金[illegible]ᄒᆞ오[illegible]樂[illegible]村村立片木이星列[illegible]碑[illegible]鐵이[illegible]成[illegible]碑[illegible]此[illegible]非政化之[illegible]道各郡에[illegible]有如此治蹟이[illegible]我同胞幸福이式日可至ᄒᆞ기로茲에廣告ᄒᆞᆷ
全北龍潭儒生
許[illegible] 黃璨[illegible]
林炳郁 黃大[illegible]
[illegible] 金水根 告白

◉測量學員募集
本所에서午后測量課에學員을增募ᄒᆞ기爲ᄒᆞ야試驗日字ᄅᆞᆯ陽六月三拾日上午拾二時로開學日은陽七月壹日로改定ᄒᆞᆷ
皇城鍾路基督敎靑年會學館內
數語夏期講習所 告白

本人의表弟[illegible]居洪原이오年今三拾壹歲요[illegible]職은主事온데去乙巳年九月分에無故出門ᄒᆞ야于今四年에終不還家故로四下探索ᄒᆞ되蹤跡이杳然ᄒᆞ와茲以廣告ᄒᆞ오니京鄕僉君子中[illegible]聲[illegible]의留處를指示ᄒᆞ시면厚謝ᄒᆞ깃合
南門外[illegible]客主留[illegible] 告白

廣告

●女子運動會에寄付錢品
嚴俊源 五十圜 李完用 五十圜 西北학會 鉛筆六打
空冊二十部 安峴書館
婦人儀範 愛國精神讀 十部 紙石版五個 石筆
十柄 李海朝 世界文明 新法拾部 [illegible] 鉛筆
壹打 萬國地圖 一部
婦人必知十部 社会勝覽
五部 劉元杓 家庭雜誌 二十部 김雨均 新撰家庭
二拾部 大東書市 金基鉉
初等女학讀本 壹冊 [illegible] 初階
壹冊 新撰家庭학 壹冊
大韓全圖 壹張 空冊 二卷
鉛筆 二柄 各十二包
金[illegible] 家庭雜誌 四십冊
盧益亨 空冊 五拾部 鉛筆 六打
決勝義走特別賞 朱翰榮
萬國形勢指掌全圖 壹帖 兒
학篇 壹冊 新編家政학 壹冊 愛
國精神讀 十챡 婦人儀範 拾챡
婦人必知 十챡 玄公廉
高等通科 二拾部 싸퀴 일르진
二拾部 新編家政학 拾部
女子運動會々長 尹高羅 告白

第二回 講習生募集　廣告

七月二日붓터 本所에서 第二回 數理學講習所를 繼續 ᄒ오니 願學 첨僉은 速々來臨聽講ᄒ오
課 (筭術科 代數科 幾何科 [三角科 用器畵科 博物科]
程 (細則은 本所에來議ᄒ시오)

尙洞靑年學院內
第二回 夏期數理學講習所
八

漢城南大門外濟衆院方藥
前醫學校長勳五等 池錫永氏 有効證明
醫學博士 洪錫厚氏 實驗方劑
製藥鑑査人 朴慈惠 李觀化

四時靈藥 治痰平胃丸

一包에 九十丸入 定價金拾錢

此丸藥은 大韓兄弟腸胃에 適當ᄒ도록 調製ᄒ야 數十年來 累試累驗ᄒ 藥인ᄃ 壬降生一千九百八年에 醫學博士 洪君이 精細改良ᄒ야 中暑 中寒 諸症에 虎列刺 怪疾과 毒感 瘟疫을 預方케ᄒ고 健胃消滯ᄒ야 諸般滯積을 順下ᄒ며 卒地嘔吐 泄瀉와 赤痢 白痢와 胸腹刺痛과 嗽咳 白痰을 能治能止ᄒ는 靈藥이오

製造本舖 漢城鐘路萬國基督敎靑年會館 前西洋藥 都賣業 慈惠藥房

月銀拾貳

現今龍山地에 怪疾이 流行ᄒ다고 各新聞上 每日說戰ᄒ니 怪疾 預防藥 治痰平

胃丸은 不可不廣告ᄒ지라 治痰平胃丸廣告ᄒ기爲ᄒ야 言語行動이 正直良善ᄒ 兄弟二員을 擇定ᄒ오니 누구 사던지 藥說明 잘ᄒ시ᄂ 兄弟ᄂ 長久永久ᄒ 生計를 遠遠來議于 鐘路慈惠藥房ᄒ시오 此事務가 財錢出納에 關係가 잇사오니 누구시던지 保證이 有ᄒ여야 事務를 擔任ᄒ 것ᄉ옴

全國內 十三道 各郡 慈惠藥所 支店에 以小包郵便으로 藥品發送主任
洪 載厚 告白

本店에 夏節양服件이 英京倫敦에서 新着ᄒ얏거 도착에 廣佈ᄒ오니 僉君子ᄂ 光臨購買ᄒ심을 懇望ᄒ
貞洞 [illegible]號 洋服裁縫店 謹白

本館 期立ᄒ지 旣經四載에 有志諸氏가 誠心贊成ᄒ야 新聞雜誌之類이 日益頻繁ᄒ고 國內學校及外道가 稍稍盛况일시 敎育書籍을 媒介를 自任ᄒ 本書館은 不得不 倍徙擴張ᄒ고 新舊書籍과 學校用品及衛生良藥을 俱備發賣ᄒ오니 僉君子ᄂ 光顧ᄒ심을 切望
海州南門 뇌 書書館 朴[illegible] 白

巍堂先生 兪吉濬 譯述
普魯士國 厚禮斗益大王七年戰史
全壹冊 定價 金三拾錢
此書ᄂ 即拾八世紀頃에 普魯士厚禮斗益大王이 日耳曼列邦中에 介在ᄒ 殘弱國으로 突然奮起ᄒ야 尙武的精神으로 人民을 鼓勵ᄒ며 俄法等諸國과 對抗ᄒ서 七年戰爭을 繼續ᄒ야 普魯士國의 雄飛ᄒ는 端緒를 開ᄒ 事實이 온ᄃ 其政略의 巧妙ᄒ과 其功烈의 偉大ᄒ이 足히 讀者의 敬服心을 喚起ᄒ만ᄒ오니 僉君子ᄂ 速々購覽ᄒ시오
發賣元 布屛下 廣학書舖 金相萬
發賣所 京鄕各有名書店

會同測量事務所
總務 合澤吉 事務 [illegible]
南署會洞 九拾貳統拾壹戶
古川
本[illegible] 林、測量製圖設計等을 迅速[illegible]
[illegible]

(新)女子讀本 張志淵氏著 全貳冊 定價금 六拾錢
初等衛生學 全壹冊 拾五錢
[illegible] 全壹冊 [illegible]
國文학 全壹冊 [illegible]
國民須知 全壹冊 八錢
初等小학 全四冊壹圜三拾錢
中等萬國新地誌 全貳冊 壹圜
增補 [illegible] 大全
國漢文 壹冊 七拾[illegible]錢
伊太利 建國三傑傳 [illegible]
新撰 [illegible] 朴晶東 시著
[illegible] 全壹冊 定價金三拾전
獨習 日語獨학 [illegible]
洋裝 壹冊 壹圜貳拾五전
愛國夫人傳 張志淵 시著 全壹冊 定價금拾五전
新小說 血淚 미人植 시著 全壹冊 定價금 貳拾[illegible]
[illegible] 新論 [illegible] 全壹冊 定價금 三拾五전
世界三怪物 全壹冊 拾貳전
[illegible] 每號拾전
新訂筭術 全三冊 六拾전
乙支文德 眞本 三拾錢 壹冊
發賣所 皇城中署布屛下 [illegible] 京鄕各有名書舖

◎약 광 고
본국에서 십년을 연구ᄒ야(사향소창단)이란 약을 발명ᄒ엿ᄂ데 남녀불문ᄒ고 무슴 창병이던지 소재(十四介)를 먹으면 효험이 얼마ᄂ 퇴된 [illegible] 조로 [illegible] 지ᄒ와 사가 오니 창병잇ᄂ 첨위ᄂ 오ᄃ 로 열 [illegible] 약 [illegible] 을 시험ᄒ시며 각디방이라도 우편으로 보실 [illegible] 조량ᄒ시옵

胎養 [illegible] 丸
[illegible] 부인이 [illegible] 도록 잉태치 못ᄒ [illegible] 일와이 연구치 아니ᄒ고 삼상이 버려두면 다만 한사름의 불힝ᄒ뿐 아니라 또ᄒ 전국에 크게 관계가 잇ᄂ 고로 성의 섭으 [illegible] 외국 고명의 수의 실험방을 [illegible] 션ᄒ야 싱에 징으로브터 他人家에 무수시험ᄒ즉 열에 열사ᄅ이 다 효험을 보앗고 초약이 잉 티만 ᄒ 아니라 (치령)(처저)ᄒ며 (조경)(조혈)되ᄂ고로 이것치 광포ᄒ오니 첨부인은 일초 시험ᄒ시며 각디방이라도 우편으로 보칠 터이오니 조량ᄒ시옵
壹劑壹個月分 定價五圜
製藥所 仁川港畓峴 和平堂 약房
발行人 仝 리[illegible]
代理店 인川港畓峴 濟生堂약房 京城大廣橋 共愛堂약房
우랑중와 온청심보명단 각처발매소마다 수응판매ᄒ오니 그곳으로 가셔 [illegible] 방에 계신이ᄂ 그곳으로 가셔 [illegible] 의ᄒ시오
仁川港 和平堂 白

[illegible] 香 [illegible] 店
製藥所 仁川港畓峴 和平堂약房
발行人 仝 李응善
代理店 仁川港畓峴 濟生堂藥房 京城大廣橋 共愛堂藥房

陸軍軍醫 [illegible] 實驗方劑
落梅丹
口瘡不[illegible] 病去[illegible]之良藥
壹劑 五百粒 定價金 三圜
主治 梅毒「瘡독」新舊창 [illegible]
●瘰癧●皮膚病● [illegible]
●[illegible]
已二期 [illegible] 合ᄒ 後에 [illegible] 此藥을 [illegible] 後 [illegible] 此外에도 [illegible] 材를 新 [illegible] 外科 [illegible] 色疾病을 誠心治療ᄒ
皇城北部 [illegible]
代理店 仁濟藥房
京城鐘路 共愛堂약房
仁川港 [illegible]洞 濟生堂

廣告料
四號活字 十三字詰 每日每次 一寸에 [illegible] 金 [illegible] (每日發行에 [illegible])
二週日에 二回以上 [illegible]
每日每行 四[illegible] 五[illegible]에 [illegible]
一個月에 五圜
每日每行 四錢 一[illegible] [illegible]
其期限의 長短과 字行의 多寡를 [illegible]

發行兼編輯人 英國人 萬 [illegible]
發行所 南署石井洞號外 [illegible] 三層洋屋 大韓每日申報社

濟衆 [illegible] 慈惠약방內 [illegible] 院에 [illegible] 機械 [illegible] 診察醫師ᄂ 醫학博士 洪석厚 慈惠房藥劑士 李觀化 [illegible] 全國拾三道에 以小包郵便으로 製藥所主任 李[illegible] 製藥所印刷所 [illegible] 工大
[illegible] 世界各國 [illegible] 診察 [illegible] 婦人醫學生 [illegible]

第八百四拾五號

大韓每日申報

月曜及慶節翌日休刊

大韓開國五百十七年
日本明治四十一年
淸國光緖三十四年
戊申六月小第四日戊午

論說

◉確實ᄒᆞᆫ言論

英國政府에서日本政府의請求ᄅᆞᆯ依하야本社前社長裴說所有主張說의對ᄒᆞᆫ訴訟에關하야日本에서發刊ᄒᆞᄂᆞᆫ各日人新聞紙의揭載ᄒᆞᆫ것이讀ᄒᆞ기의滋味도有ᄒᆞᆯ뿐더러驚愕ᄒᆞᆯ만도ᄒᆞᆫ대其中「日本」이라ᄒᆞᄂᆞᆫ新聞에張皇ᄒᆞᆫ論說을述ᄒᆞ야曰韓國은韓人의無識ᄒᆞᆷ을利用ᄒᆞ야國際上政畧을干涉ᄒᆞᄂᆞᆫ某外國人輩의蠢動場이作ᄒᆞᆫ지라故로日本에對ᄒᆞ야多大ᄒᆞᆫ妨害와困難을生ᄒᆞ케ᄒᆞᆫ다ᄒᆞ얏고又曰上海에在ᄒᆞᆫ某外國人이向者에日本名譽의損傷되ᄂᆞᆫ事件을言ᄒᆞ얏다ᄒᆞ고又海牙의往ᄒᆞᆫ韓國代表와連合ᄒᆞ얏다ᄒᆞᄂᆞᆫ說話의事도論ᄒᆞ며曰該事件을因ᄒᆞ야韓國大皇帝陛下의讓位가되얏다ᄒᆞ고又曰大韓每日申報ᄅᆞᆯ發行ᄒᆞᄂᆞᆫ裴說氏ᄂᆞᆫ韓國內의日本行政을荒誕ᄒᆞᆫ言論이批評ᄒᆞ야世界에刊播ᄒᆞ기ᄅᆞᆯ從事ᄒᆞ얏다ᄒᆞ얏스니以上陳述이不測ᄒᆞᆫ虛誕이로다本報가韓國內의日本行政을批評ᄒᆞ얏다ᄒᆞᆷ은果然的實ᄒᆞ도다其行政이不善ᄒᆞᆫ故로批評ᄒᆞᆫ것이오若其行政이良善ᄒᆞ얏더면宜乎讚揚ᄒᆞ얏슬지며其不良ᄒᆞᆫ事ᄂᆞᆫ其不良ᄒᆞᆷ을明白히言明ᄒᆞᆷ이本報가韓國의日本行政을讚許ᄒᆞᄂᆞᆫ世界에刊播ᄒᆞ야ᄂᆞᆫ新聞紙의職責이어ᄂᆞᆯ日本政府의交涉을受치아니ᄒᆞ며其恩寵과其保護ᄅᆞᆯ願치아니ᄒᆞᄂᆞᆫ韓人中의上等人과韓國의在ᄒᆞᆫ外國人은誰何誰某ᄅᆞᆯ勿論ᄒᆞ고日本이韓國에서如何히行動ᄒᆞᄂᆞ나問ᄒᆞᆫ지精探ᄒᆞ고乃曰日本이韓人을殺害ᄒᆞᄂᆞᆫ事에對ᄒᆞ야不避做去ᄒᆞ리니大韓每日申報ᄂᆞᆫ騷動及叛亂世上에張ᄒᆞᆷ이아니오其同胞兄弟姉妹의게對ᄒᆞ야正直ᄒᆞ고仁善ᄒᆞᆫ것만願ᄒᆞᄂᆞᆫ비라若日本이韓國의主權이될진ᄃᆡ仁善ᄒᆞ고寬厚ᄒᆞ야韓民이無智ᄒᆞᆫᄃᆞᆺᄒᆞ거든發達되도록觀術ᄒᆞ며幫助ᄒᆞ되韓人이不良ᄒᆞᆫ行事ᄅᆞᆯᄒᆞ고日人이同樣으로不良히行事ᄒᆞ거든統監府로ᄒᆞ여금兩人을幷히同樣의刑罰로治ᄒᆞ여야可ᄒᆞ고韓人은重罰을當ᄒᆞᄂᆞᆫᄃᆡ日人은全然히免罰ᄒᆞᆷ이不可ᄒᆞ거ᄂᆞᆯ如此等事에公平이無ᄒᆞ고單히壓制로만行ᄒᆞᆷ은도다英國은印度나緬甸이나南亞弗利加나中央亞弗利加ᄂᆞᆫ其他各處의人民의게ᄂᆞᆫ殘忍ᄒᆞᆷ과不義ᄒᆞᆷ을行치아니ᄒᆞ고仁善ᄒᆞᆷ과愛恤ᄒᆞᆷ으로써親結ᄒᆞ야英國本土人民을待遇ᄒᆞᆷ과秋毫도無異ᄒᆞᆫ지라吾輩의嘗聞ᄒᆞᆫ바ᄂᆞᆫ日本도如許이行ᄒᆞᆯ가日本大臣들이公言ᄒᆞ기를日本이韓民을如何이發達식히며敎育에ᄒᆞ기도盡力ᄒᆞᆫ다ᄒᆞᆫ言論은聞ᄒᆞ얏스나吾輩의見ᄒᆞᆫ바ᄂᆞᆫ只是村落燒燼과田野廢荒과多數死亡뿐이로다殘忍ᄒᆞᆫ行爲와壓制의行動으로稱揚ᄒᆞᄂᆞᆫ國은混雜ᄒᆞ며正直ᄒᆞ고善ᄒᆞ고寬厚ᄒᆞ며人民을自由케ᄒᆞ여야得勝ᄒᆞᆫ다ᄂᆞᆫ道理라ᄒᆞ노라

▲隆熙二年六月廿九日 官報 續

●勅 令

朕이臨時帝室有及國有財產調査局官制廢止에關ᄒᆞᆫ件을裁可ᄒᆞ야玆에頒布케ᄒᆞ노라

隆熙二年六月二拾日

御名 御璽

內閣總理大臣 李完用

勅令第三拾八號

隆熙二年勅令第二號臨時帝室有及國有財產調査局官制ᄂᆞᆫ廢止ᄒᆞᆷ

附 則

本令은頒布日로부터施行ᄒᆞᆷ

朕이宮內府所管及慶善宮所屬財產의移屬과帝室債務의整理에關ᄒᆞᆫ件을裁可ᄒᆞ야玆에頒布케ᄒᆞ노라

隆熙二年六月二拾五日

御名 御璽

內閣總理大臣 李完用

度支部大臣 任善準

勅令第三拾九號

第壹條 宮內府所管及慶善宮所屬의不動產은此를國有로移屬ᄒᆞᆷ

但宮殿 太廟의基址及本朝의陵 園 墓의內垓字內ᄂᆞᆫ此限에不在ᄒᆞᆷ

第二條 漁磯洑稅其他宮內府에셔從來徵收ᄒᆞᄂᆞᆫ諸稅ᄂᆞᆫ此를國有로移屬ᄒᆞᆷ

第三條 帝室債務의整理에關ᄒᆞᆫ事務ᄂᆞᆫ度支部大臣이此를掌理ᄒᆞᆷ

附 則

本令은頒布日로부터此를施行ᄒᆞᆷ

(未完)

外報

●英使憤怒 經育電을據ᄒᆞᆫ즉英國公使ᄂᆞᆫ波斯國王이英國公館으로避亂ᄒᆞᆫ人을去ᄒᆞᆷ을不得케ᄒᆞ라고兵隊로써英國公館을包圍ᄒᆞ기ᄅᆞᆯ憤怒ᄒᆞ야卽時撤退치아니ᄒᆞ면砲擊ᄒᆞ기다ᄒᆞ고威嚇ᄒᆞ얏다더라

●軍艦注文 北京電을據ᄒᆞᆫ즉淸國北洋海軍所屬巡洋艦二隻과南洋海軍所屬巡洋艦二隻과海防艦三隻과水雷艇四隻은五個年間에竣成ᄒᆞ기로豫定이오代金은追後로支給ᄒᆞ리라ᄒᆞᄂᆞᆫᄃᆡ陸軍部及南北洋兩大臣이各半額을支出ᄒᆞ기로決ᄒᆞᆫ지라英德兩國은此艦隻의製造ᄒᆞᆷ을擔任ᄒᆞ기爲ᄒᆞ야競爭이生ᄒᆞ얏고張之洞씨ᄂᆞᆫ日本에注文ᄒᆞ고져ᄒᆞᄂᆞᆫᄃᆡ鐵良씨ᄂᆞᆫ此를贊成ᄒᆞᆫ다더라

●淸其庶幾乎 同電을據ᄒᆞᆫ즉淸國政府에셔ᄂᆞᆫ目下海軍擴張과軍艦製造와憲法頒布의期限을酌定ᄒᆞᆯ事件으로甚히奔忙이라더라

●速開要請 同電을據ᄒᆞᆫ즉淸國諮議官은國會開設의期限을斷定ᄒᆞ기爲ᄒᆞ야協議ᄒᆞ얏ᄂᆞᆫᄃᆡ五年六年或七年後에開設ᄒᆞ자ᄂᆞᆫ者가十二名이오拾年論者가拾壹名이오二拾年論者가壹名이언ᄃᆡ其中日本留學生은拾五名이오歐米留學生九名은漸派遣ᄒᆞ얏더라

●郵稅輕減 倫敦電을據ᄒᆞᆫ즉巴黎郵便委員會에셔英法兩國間에郵便及電信稅를輕減ᄒᆞ기로決定ᄒᆞ얏다더라

雜報

●女校開學 官立高等女學校ᄂᆞᆫ校舍를英語學校로定ᄒᆞ고臨時事務所를學部에設置ᄒᆞ얏다ᄂᆞᆫᄃᆡ學員은已揭이어니와入學生을募集ᄒᆞ야英語學校로其校舍를ᄒᆞ고今日부터開學ᄒᆞᆫ다더라

別報

◉裴說氏의公判顚末

(第二日) 續

월킨손씨曰汝가此訴訟이有ᄒᆞᆯ줄預想ᄒᆞ고져新聞을萬咸씨의게讓渡ᄒᆞ얏나뇨曰本人이何等의訴訟이有ᄒᆞᆯ줄一年前부터預想ᄒᆞ엿나이다

問今此訴訟을預想ᄒᆞ얏ᄂᆞ뇨曰否라未知ᄒᆞ엿나이다

問其讓渡ᄒᆞᆫ日字ᄂᆞᆫ何오曰五月二十六日로소이다

問訴訟이萬咸씨의게到達ᄒᆞᆫ줄已知乎인저我가二十七日에來到ᄒᆞ얏노니敏捷ᄒᆞᆫ新聞記者로셔此事件에何等逃作이有ᄒᆞᆯ줄은二十六日前에可知哉인저答曰旣爲言告ᄒᆞᆷ과如히二年前에知ᄒᆞ얏나이다

問新聞을萬咸씨의게讓渡ᄒᆞᆷ에對ᄒᆞ야其辨償의額이幾何이뇨曰此ᄂᆞᆫ私事이올시다

裁判官曰汝須答ᄒᆞ라此가問題&案件이로다

월킨손씨曰裁判官이的히讓渡ᄒᆞᆫ것인지或其責任을避免ᄒᆞ려ᄒᆞᆷ인지問悉ᄒᆞᆫ案件이니其辨償額이幾何이뇨曰壹千五百元이로소이다

問約束手形이뇨曰不然ᄒᆞ오이다

問正金이뇨曰當該條件을說明ᄒᆞ기ᄂᆞᆫ尙有便利ᄒᆞ오나其事實을言ᄒᆞ면此額中에大部分은萬咸氏의게幾個月間債의殘額으로除ᄒᆞ고其餘ᄂᆞᆫ正金으로受ᄒᆞ얏나이다

월킨손씨가乃高聲曰予忖度之건대正金으로壹元이나辨償ᄒᆞᆫ것보다無給이지—答曰其忖度에對ᄒᆞ야ᄂᆞᆫ萬咸氏의게其文簿를提出ᄒᆞ야質問ᄒᆞ기를願ᄒᆞ나이다

問大韓每日申報及其國文報가各殊ᄒᆞᆫ兩個社界에購讀이되ᄂᆞ뇨曰然ᄒᆞ오이다

問韓國本土人의社界에셔만購讀ᄒᆞᄂᆞ뇨答曰日人들도購讀ᄒᆞᄂᆞᆫ者 太多ᄒᆞ니이다

問코리아、데일니、뉴우쓰(英字報)ᄂᆞᆫ此等에在ᄒᆞᆫ外國人의게나韓國地方에在ᄒᆞᆫ人士의게나韓國事件의關係가有ᄒᆞᆫ社界에普通人士의게購覽을供ᄒᆞ나뇨曰然ᄒᆞ오이다

問當日間코리아、데일니、뉴우쓰報ᄂᆞᆫ財政困難을因ᄒᆞ야五月末에停止가되얏다ᄒᆞ니果然乎아曰然ᄒᆞ오이다

問桑港에셔來ᄒᆞᄂᆞᆫ新聞을韓國本土人中에廣布ᄒᆞᆷ보다此英字報를由ᄒᆞ야韓國의顚覆所聞을海外의到達케ᄒᆞᄂᆞᆫ것이韓國黨의게ᄂᆞᆫ利益이更多치아니ᄒᆞ나뇨曰然ᄒᆞ오이다

問然則裵英字報를續刊ᄒᆞ얏드면好ᄒᆞ얏슬것을—答曰本人이財政이有ᄒᆞ얏드면此를續刊ᄒᆞ엿지마ᄂᆞᆫ行치不能ᄒᆞᆷ을알ᄂᆞᆫ이다

問曰其他兩種新聞을購讀ᄒᆞᄂᆞᆫ人들은某種의文字들嗜好ᄒᆞᄂᆞᆫ지라萬若此新聞에假兵息戈ᄒᆞ기를主論ᄒᆞᄂᆞᆫ論說을記載ᄒᆞ얏으면新聞購覽이不得停止ᄒᆞ얏슬ᄯᅡ니汝ᄂᆞᆫ彼等이問議ᄒᆞ기를好ᄒᆞᄂᆞᆫ論說노供給ᄒᆞ지—答曰然ᄒᆞ오이다各種新聞이皆如是ᄒᆞ거나와但其問議를嗜好치안케ᄒᆞ엿더면購覽이停止되얏스리라言ᄒᆞᆷ이此ᄂᆞᆫ本人의게合意치못ᄒᆞ니이다

問汝가此職에到來ᄒᆞᆫ時에ᄂᆞᆫ汝ᄂᆞᆫ良心을守ᄒᆞ야可及的ᄃᆡ로事實로日眼目으로每事를細査ᄒᆞ기를預備ᄒᆞ엿며뇨答曰預備ᄒᆞ얏ᄂᆞ이다

未完

雜報

●恤金協議　地方騷擾를因ᄒᆞ야家屋을被燒ᄒᆞᆫ者와生命을被害ᄒᆞᆫ者를내部에셔調査ᄒᆞ야上奏ᄒᆞ얏다ᄂᆞᆫ데勿論內外國人ᄒᆞ고被害及被燒ᄒᆞᆫ者의게救恤金幾圓式을支給ᄒᆞ기로내部에셔現方協議ᄒᆞᆫ다더라

●監紙提議　監獄期限이滿了ᄒᆞᆫ地方各郡守를내부에셔列錄ᄒᆞ야내閣會議에提出ᄒᆞᆫ後에頒布케ᄒᆞᆫ다더라

●書記叙任　各裁判所書記叙任件을再昨日法부에셔修正ᄒᆞ야내閣으로送交ᄒᆞ얏다더라

●內閣観術台　내閣에셔발起ᄒᆞ야本月四日에観術會를夜照現官人倶樂部에셔設行ᄒᆞᆫ다ᄂᆞᆫ대各府部親勅任官의게請牒ᄒᆞ얏다더라

●執務時間改定　내閣에셔近日暑氣를因ᄒᆞ야仕進時間을改定ᄒᆞ얏다ᄂᆞᆫ대壹般官吏가上午八時에仕進ᄒᆞ얏다가同拾二時에任退ᄒᆞᆫ다더라

●事甚奇怪　日昨統監府에셔拾貳元老를請邀宴待ᄒᆞ고地方鎭靜方針과七條約時로唱和ᄒᆞ얏던事ᄂᆞᆫ已爲報道어니와其槪意를詳聞ᄒᆞᆫ즉伊藤氏ᄂᆞᆫ演說ᄒᆞ야日我가韓國事를盡心爲之ᄒᆞ건만은韓國人民이不信ᄒᆞᆫ지라我의心腸을韓人의게不能披示ᄒᆞ니事甚奇怪ᄒᆞ며又至於法官의게曉飭ᄒᆞ기를凡於訴訟ᄒᆞᆯ時에韓人은拾分의六ᄒᆞᆫ誤ᄒᆞ고日人은拾分의四만誤ᄒᆞ더라도日人을落科시키고韓人을極盡保護케ᄒᆞ라ᄒᆞ얏스며地方人民斷髮ᄒᆞᄂᆞᆫ것을禁ᄒᆞ야急速斷髮케ᄒᆞᄂᆞᆫ것이穩當치아니ᄒᆞᆫ것은萬若人皆斷髮ᄒᆞ면笠匠網巾匠工이失業ᄒᆞᆯ[illegible]匠工等은他工業을敎育ᄒᆞ야生活之方이有ᄒᆞᆫ後에斷髮ᄒᆞᄂᆞᆫ것시當然ᄒᆞ다ᄒᆞ얏다더라

●免官擔任　總相李完用氏가伊藤統監의게何樣論責을當ᄒᆞ얏ᄂᆞᆫ지趙氏의家族官吏를擔히免官ᄒᆞ기로擔任ᄒᆞ얏다ᄂᆞᆫ說이有ᄒᆞ더라

●會員俸給　總理大臣李完用氏ᄂᆞᆫ壹進會任員의月俸을支給ᄒᆞ기로擬議中인대月俸의等級은會長은壹百元이오副會長은九拾元이오總務員은八拾元이오評議員은七十元이오其他任員은或三四拾元으로磨鍊ᄒᆞ고地方會長은評議員과同等으로磨鍊ᄒᆞᆫ다ᄂᆞᆫ巷說이有ᄒᆞ더라

●行動偵探　具完喜氏가丞宜君李埈鎔氏를往見ᄒᆞ고有何運動之說이던지李埈鎔氏가具氏의게緊客徐某를委送ᄒᆞ야其行動을偵察ᄒᆞ얏다더라

●事察不參　再昨日獨立館에셔壹進會員이十三道觀察使를請邀ᄒᆞ야餞別宴을設ᄒᆞ얏ᄂᆞᆫ데惟獨平北觀察使柳赫魯氏ᄂᆞᆫ緊急ᄒᆞᆫ事故가有ᄒᆞ야不得往參ᄒᆞ얏다더라

●觀察運動　名不知洪委員이昨年文義等地에서創義타가忽復歸化ᄒᆞ야昨年會의도入參하얏다稱ᄒᆞ고侍天敎의도入參ᄒᆞ얏다稱ᄒᆞ야前忠南觀察使梁在翼氏의指揮로觀察使를運動ᄒᆞᆫ다ᄂᆞᆫ說이有ᄒᆞ더라

●平察先發　平南觀察使리軫鎬氏ᄂᆞᆫ本月三日에발程赴任ᄒᆞ다ᄒᆞ며其他各觀察使도將次赴任ᄒᆞᆫ다더라

●奏任相換　前報와如히農商工部書記官李範益氏ᄂᆞᆫ내部書記官으로轉任하얏고내部及農商工部에韓日兩國官吏中에奏任官幾名이相換되얏다더라

●兩守促還　金海郡守鄭鎭洛密陽郡守김重演兩氏가내部에請願ᄒᆞ얏더니該請願者를撤還ᄒᆞ고赴任視務하기를催促ᄒᆞᆫ다더라

●除虫費額　南山森林의害虫을驅除ᄒᆞ기爲하야人夫二百名假量을使用ᄒᆞᆫ다ᄒᆞᆷ은各報館에揭佈ᄒᆞᆫ바어니와其所入經費가不少ᄒᆞᆷ으로日間내閣會議에提出ᄒᆞᆫ다더라

●課長演說　내부警務課長이各地方에派送ᄒᆞᆫ巡査幾名을昨日하부내의會同ᄒᆞ야警察事務의注意件으로壹場演說ᄒᆞ엿다더라

●恩金遲下　내部에셔昨年에除汰ᄒᆞᆫ官吏들이恩賜金을推尋ᄒᆞᆫ次로該部에請願ᄒᆞᆫ즉該部에셔度支部로委任狀을繕交ᄒᆞᆫ지가于今幾朔에頓無如何下回故로除汰ᄒᆞᆫ官吏들이旅館에셔逗遛生費ᄒᆞᆫ다더라

●樂工恩金　昨報와如히再昨日에掌禮院所管掌樂課樂工을解散ᄒᆞᆫ대該院卿과理事와掌務官日人이該課에前往하야從志願試才하야九十餘名을解散ᄒᆞ엿ᄂᆞᆫ대각兵十年々俸으로恩賜金을支給ᄒᆞᆫ터인대此工等이自兒時부터服役ᄒᆞᆫ故로擧皆三십年以上을服役ᄒᆞᆫ지라薄俸이라도十年々俸이壹百餘圓式이라더라

●[illegible]八減額　兼내吹原額이六拾六名인대再昨日樂工解散時의兼내吹를招集ᄒᆞ야樂工과如히四拾八名을試才選拔ᄒᆞ야掌樂課의付屬하고其餘拾八名은解散ᄒᆞ얏다더라

●私校監督　학部에셔壹般高等官들이協議ᄒᆞ야各私立學校를制定ᄒᆞ얏다ᄒᆞᆷ은已報어니와將次經議奏裁後에頒布ᄒᆞᆫ다ᄂᆞᆫ대同會의規則을探聞ᄒᆞᆫ즉地方私立學校ᄂᆞᆫ所管府尹及郡守가監督케ᄒᆞᆫ다더라

●受賂當懲　地方官吏任用事의對ᄒᆞ야각히所管觀察使가受賂ᄒᆞ엿다ᄂᆞᆫ醜說이入聞되ᄂᆞᆫ境遇이면當히觀察使ᄂᆞᆫ斷當免官도ᄒᆞ려니와別般懲戒하기로내부의셔目下協議中이라ᄂᆞᆫ說이有ᄒᆞ더라

●請願不受　帝室有及國有財産調査局을度支부로移屬ᄒᆞᆷ은前報의已揭ᄒᆞ얏거니와地方人民이該局의請願ᄒᆞᄂᆞᆫ者有ᄒᆞ면該請願狀을領受치아니ᄒᆞᆫ다더라

●校宮廢享　彰化郡에駐箚ᄒᆞᆫ日本守備隊가該郡明倫堂과東西兩廡에居接ᄒᆞ얏다ᄂᆞᆫ대本郡儒林들이壹切囫圇ᄒᆞ야協議ᄒᆞ기를該兵撤還ᄒᆞᆯ際에ᄂᆞᆫ春秋大祭及朔日의焚香例를廢止ᄒᆞ자ᄒᆞ얏다더라

●厚俸薄俸　학부의한人大廳直의月給은八圓이오日人大廳直의月給은拾圓或拾壹圓인대히月給이不足ᄒᆞ야今春爲始ᄒᆞ야日人만加給ᄒᆞᆫ터이오日人大廳直等夏服도製給ᄒᆞ고한人大廳直中의日語能解ᄒᆞᄂᆞᆫ者二名만夏服을支給ᄒᆞ고其外ᄂᆞᆫ支給지아니ᄒᆞ다ᄒᆞ니壹視之下의向隅之歎이不無ᄒᆞ다ᄂᆞᆫ說이有ᄒᆞ더라

●月例民會　漢城府民會에셔昨日月例會를開ᄒᆞ고事務를處理ᄒᆞ얏다더라

●養校試驗　養源학校에셔第壹학期를試驗ᄒᆞ얏다ᄂᆞᆫ대最優等生에金順熙柳好基오優等生에리永珍리光鈴等諸人이오及第生의金慶진等십七人이라더라

●楊守願留　楊州郡守로셔平壤控訴院判事로今番에來移ᄒᆞᆫ申觀永氏가該郡守在任時에該郡所駐兵站所와警察署에善爲交涉ᄒᆞ야該郡民弊를救濟ᄒᆞ야安堵ᄒᆞ얏더니현氏가移遷된故로該郡各面各里人民이願留次로會同ᄒᆞ야京畿觀察道에爲先等訴ᄒᆞᆫ다더라

●沈ᄉ逢辱　前承旨沈九澤氏가掌禮院에翻訴를得葉ᄒᆞ야光州等地에前往하야忠義錄을발刊放賣ᄒᆞ야收入金이數萬金에達하얏더니有何不正之事이던지該地人民의게無數逢辱을當ᄒᆞ얏다더라

●技犯卽放　校동李兒宇氏와別室家에셔賭技ᄒᆞ다가李基東諸氏가被捉하얏다ᄒᆞᆷ은前報에已揭어니와追聞ᄒᆞᆫ즉該家ᄂᆞᆫ李氏別室家이아니라圓동金正尉別室家인대賭技者ᄂᆞᆫ李基東幷六人을中部警署에셔捉囚ᄒᆞ얏다가有何曆折이던지暫時間만에六人이壹時卽放되얏고김씨의別室은其翌日에卽爲移家ᄒᆞ얏다더라

●麥秋收斂　鎭岑來人의傳說을據ᄒᆞᆫ則郡主事李相렴地方委員趙東震兩씨가該郡境내人民을會同演說ᄒᆞ되麥秋時에ᄂᆞᆫ每戶에麥壹斗式收斂ᄒᆞ야各面[illegible]의게補助ᄒᆞ고秋成時에ᄂᆞᆫ租壹斗式收斂ᄒᆞ야各面長의게補助ᄒᆞ라고各面에告示ᄒᆞ지ᄒᆞᆫ故로民怨이載路ᄒᆞ다더라

●巡査向來　昨日上午에特派隊에셔韓日巡査數拾名을楊州等地로派送ᄒᆞ얏다더라

●義將云捉　義兵將李麟榮氏가日昨의被捉上京ᄒᆞ얏다ᄂᆞᆫ說이有ᄒᆞ더라

●總會改定　輔仁학會에셔月例總會를每月第壹日曜日에開ᄒᆞ더니事務處理에便利ᄒᆞ기爲ᄒᆞ야第壹土曜日로改定ᄒᆞ고本月四日에總會를開ᄒᆞᆫ다더라

●湖南會紀念　湖남학會에셔本月五日에第壹回紀念式을設行ᄒᆞ고各社會와各학校任員을請邀하얏다더라

●瘟疫停學　官立梅동普通학校基址내의寓居ᄒᆞᄂᆞᆫ人家에셔天然痘가發生ᄒᆞ야傳染ᄒᆞᆯ까憂慮ᄒᆞ야該校職員이停학을ᄒᆞ던지該人을送ᄒᆞ던지指壹訓示ᄒᆞ라고하부의報告ᄒᆞ얏ᄂᆞ니三日停학ᄒᆞ라ᄒᆞ야再昨日부터停학ᄒᆞ얏다더라

●齋生放學　成均館에셔年例를依ᄒᆞ야壹般儒生을昨日부터放학ᄒᆞ얏다더라

●幼年成會　金海郡私立涵[illegible]한校에셔會勇明裵德守等諸氏가愛國幼年會를組織ᄒᆞ고趣旨書를發行ᄒᆞᆫ다더라

▲地　方　消　息▼

▲去月二拾五日豐德郡東남方約三里地의셔義兵三拾名이該郡駐在分遣隊兵七名과交戰ᄒᆞ얏다ᄒᆞ고

▲去月二拾七日廣州郡남方의셔義兵二拾名이討伐隊兵二拾名과交戰ᄒᆞ얏다ᄒᆞ고

▲去月二拾一日安東郡남方一里의셔義兵約三拾名이該分遣隊[illegible]以下[illegible]名과交戰[illegible]ᄒᆞ고

▲去月二十日德山郡西北二拾里地의셔義兵拾餘名이日分遣隊兵八名과交戰ᄒᆞ얏다더라

▲世　事　難　測▼

▲翻覆時局術變ᄒᆞ니風雲又치變幻ᄒᆞ야壹散壹聚無常하니從上事ᄂᆞᆫ難測일세

▲政界危機暗生ᄒᆞ야首揆椅子搖動터니某會風波稍靜ᄒᆞ미盤石又치更固ᄒᆞ야前日勢力挽回ᄒᆞ니무合平反籠絡인지世上事를누가알고

▲明月館晩餐會에農商大臣往參ᄒᆞ니不請客이自來로다無事奔走壹平生에名不虛得ᄒᆞ엿스니더注意ᄒᆞ가安在런고世上事를누가알고

▲承府摠管누구던고地位變遷憂念터니有何運機喜悅ᄒᆞ야宴席上에演說ᄒᆞᆯ제鄙陋情態難掩ᄒᆞᄂᆞᆫ太平乾坤되엿고ᄂᆞᆫ世上事를누가알고

▲運動高手李容泰氏ᄂᆞᆫ鳥賦을朗吟ᄒᆞ고無限風霜飽閱라가北山下의歸臥ᄒᆞ야黃粱枕을高倚ᄒᆞ고前日夢想欲遣ᄒᆞ니世上事를누가알고

▲地方覺進激起ᄒᆞ야不平心事各抱ᄒᆞ고決死隊를結成ᄒᆞ미壹般世人疑慮터니誘以官職吉口ᄒᆞ야雲消氷釋되얏스니世上事를누가알고

▲總理內大爭衡ᄒᆞ야向日辨詰紛々터니壹片猜雲解散ᄒᆞ야風靜浪息되얏스니膠漆之情復合ᄒᆞᆫ제其甘如蜜密勿이라世上事를누가알고

▲總方[illegible]御取正ᄒᆞ미權門下에出入客이郡守運動落心라[illegible]觀[illegible]前輻湊ᄒᆞ야自稱壹鄉物望ᄒᆞ고左右圖囑奔汨ᄒᆞ니世上事를누가알고

▲學部大臣李載崑이高等學校往訪ᄒᆞ시帝壹使役을招致ᄒᆞ야학徒實數採問ᄒᆞ니月終報告不考런가敎育主管엇지ᄒᆞᄂᆞᆫ世上事를누가알고

▲각大官의陶陶興은山亭水사[illegible]樂ᄒᆞ야湖之憂已忘ᄒᆞ고擧盃淸談消暇ᄒᆞ니同是韓國之民으로憂樂何其不同ᄒᆞᆫ가世上事를누가알고

社告

謹告各支社員

本社에셔 經費窘絀홈으로 本報代金을 不得收刷ᄒᆞ야 本年月十五日으로 發換付送을 시작ᄒᆞ야 多日廣告ᄒᆞ엿스나 尙不換送處가 幾至十餘社이기로 茲에 寬限ᄒᆞ오니 本月終內로 送卽於換送ᄒᆞ와 以補社費케ᄒᆞ시되 若過此限이면 該支社ᄂᆞᆫ 卽爲廢止ᄒᆞ올터이오니 照亮ᄒᆞ시옵

雜報

●金發明 前判書金世基씨가 安峴技術에서 七萬餘圜見失ᄒᆞᆫ事ᄂᆞᆫ 同氏ᄂᆞᆫ 勒態干涉이라고 本社에 送人발明ᄒᆞ더라

廣告

仁川港牛角洞洋人基地內拾七統七戶艸家六間文券을 見失ᄒᆞ엿스오니 誰某拾得이라도 休紙施行홈　李雲采 告白

本人東部東門外與農里所在田三作一日耕文記三張見失而來知誰某偸去故廣告니 外國人切勿見欺休紙施行　鄭点山 告白

癸卯至月分에 親知人朴勝金來言曰 大韓人民號牌會社를 將欲設行而本人이 其時版籍局長인故로 號牌壹欵은 局所管인즉 局旋ᄒᆞ야 달나ᄒᆞ기에 相議同僚則 不可타하기 罷議ᄒᆞ와더니 會計에셔 獻誠ᄒᆞ야 달나ᄒᆞ며 毛木緞二疋尾白木五拾疋을 朴勝金이 領來故로 卽時還送後의 無壹言矣라 昨年七月分의 金弼東來言曰 其時物種은 我自領來則還給云故로 本人이 答曰 物種之還送本處事를 汝豈不知言乎아ᄒᆞ야 々不當之意로 責之러니 幾朔後 更爲大韓辯護士提訟故로 本人도 亦請辯護士ᄒᆞ야 逐々說明則 金弼東之非理健訟은 衆所共知而退却이온바 怨於再逢ᄒᆞ니 又是聲說隱ᄒᆞ야 招致平人故로 訊問之場의 壹々說明이온즉 知其平人之曖昧ᄒᆞ고 卽爲放送이오나 究其金弼東所爲ᄒᆞ면 無異賊心이옵기 玆의 廣告홈

中署蛤洞拾壹統壹戶　李容世 白

◉瑞興郡私立瑞明學校趣旨書

本郡守李駿鎬氏가 與稅務官崔文鉉氏로 每對郡내 多少民人ᄒᆞ야 勸奬학校設立이 非止再三則有志紳士寧南林敎相文德烈尹滋龍金龍文崔明瑞等諸氏와 詢謀僉同ᄒᆞ야 出捐義金ᄒᆞ며 創計議ᄒᆞ야 昨年九月分에 刱設學校而名曰瑞明學校라ᄒᆞ고 其趣旨文如左ᄒᆞ니

夫家國之存亡在於학校之興廢推考古今歷史可知其所以然也豈不重且慎歟余以非才猥荷分憂之任到郡視廣以학校設立之意詢議父老曉喩人士則僉論非不欲設학而重由於財力之維艱未遑經紀極庸慨歎者久矣何幸稅務官崔文鉉氏亦爲熱心於興학務協贊來任外國諸公出義勸勉此境니 父老紳士同心合力敎立학校名之曰瑞明瑞明之義何也使部내子弟並入於학校新學問文학而時習至于開明發達瑞邑壹變爲賢明之鄕則瑞之開明即壹國之開明此亦國家之上瑞故曰瑞明願我諸生々々孜々於新학問上不負瑞明之義不亦可乎嗚呼我國雖僻在海隅壞偏小嘗稱禮義東方文明小華挽近國勢不競自朝廷以下至于閭巷不知新학之如何自受外侮而不知其恥訟不痛歎也哉從玆以往盡棄前日之習慣恒思當局之急務莫失自主之權柄期成獨立之基礎非但尊奬於今世抑亦照鑑於後代烏乎無乃亡於存而廢於興之理乎嗟我諸生勉旃勉旃

校長 李駿鎬　校監 崔文鉉　副校長 洪祚致　評議 文德烈　贊成長 尹滋龍　金龍文　崔明瑞　文斗淳　鄭渭祐　渡邊新太郞　金錫烈　敎師 鄭炳一　李寅煥　李鍾弼

白木廛八房與舖主人金允提家로 廣告ᄒᆞ니 勿施홈　債務人等 告白

測量學員募集廣告

本校에서 迅速成測量科ᄒᆞ고 學員을 募集ᄒᆞ오니 願ᄒᆞ시ᄂᆞᆫ 人은 七月十一日(陰六月十三日)以內로 請願홈

卒業期限四個月

上學時下午六点三十分至九点

南部長橋長薰學校 백

本宮에 所有ᄒᆞᆫ 水原郡南北部所在畓八十七石拾三斗落量案을 見失ᄒᆞ야 不知去處ᄒᆞᆫ 故로 方欲撰擇賣告官ᄒᆞ야 更出量案ᄒᆞ오니 設或有盜取作奸者라도 本宮에 原文券이 昭然自在ᄒᆞᆫ즉 見失ᄒᆞᆫ 量案은 自歸休紙오니 내外國人은 切勿見欺ᄒᆞ시옵　毓祥宮李海昇 告白

●最新刊書籍廣告

新編動物學　全壹冊　定價四拾錢

右書ᄂᆞᆫ 動物界에 現象原因과 生活狀態를 精確研究ᄒᆞ야 簡明編輯ᄒᆞᆫ者ㅣ니 普通敎科에 適宜홈

初等小學　全四冊　壹圓卄錢

現行刑法大全　全貳冊　壹圓

華盛頓傳　全壹冊　貳拾錢

政治小說 雪中梅　全壹冊　貳拾錢

演說法方　全壹冊　貳拾錢

新訂算術　全參冊　六拾錢

中等算學　全貳冊　壹圓半

敎育叢　全貳冊　卄五錢

無冤錄　全壹冊　四拾錢

世界叢覽　全壹冊　貳拾錢

大韓帝國新地圖　全壹冊　五拾錢

刑法新論　全壹冊　貳圓

貳拾世紀朝鮮論　全壹冊　卅五錢

日語獨習　全壹冊　四拾錢

皇城南署大廣橋三拾七統四戶　發賣所 滙東書館

啓者漢城中署水標橋西河崖新設清國料理店包辦各色酒席價廉味美並且樓房潔淨伺候週到於陰曆六月初二日開市各國僉君子知此照亮

會英樓主人徐鴻洲 謹白

本人이 梨峴崔盛有로 共同營業ᄒᆞ다가 不和홈으로 盛有가 他人處所負債夥多故라 營商에 害이 外國負債ᄂᆞᆫ 五年後報償之意로 ᄒᆞ얏다ᄒᆞ니 五年許給ᄒᆞ야 公유停止ᄒᆞ시고 許給을 선責公은 本人處에 枉臨ᄒᆞ오셔 五年許給지아니ᄒᆞ면 通奇ᄒᆞ시기를 望ᄒᆞ옵 豈人이라도 不許ᄒᆞᆫ言이 來ᄒᆞ면 若廢棄하깃습니다 此後悔之事無케ᄒᆞ라

京南門外山ㅂ安店 告白

本人의 安岳島派送所貯手帒을 子汝坤爲名人의 抑奪已去後更聞則暗往該島云島民勿爲見欺홈　保寧郡居李吉鎬 告白

◉初等算術敎科書　精理舍主人柳一宣氏著作

洋裝壹秩壹冊定價新貨九拾錢 三拾冊以上을 求購ᄒᆞᆯ時ᄂᆞᆫ 原價외二割引을 減홈 但地方에서 百冊以上을 請求ᄒᆞᆯ時ᄂᆞᆫ 船車運費를 發賣者가 自擔홈

本書ᄂᆞᆫ 算術大家柳一宣氏가 我國의 算學을 發達ᄒᆞ기 爲ᄒᆞ야 積年의 腦力을 費盡ᄒᆞᆫ바이온 算術의 原理原則을 昭詳詮釋ᄒᆞ야 在學受敎의 必須ᄲᅮᆫ不啻라 覽則易曉에 人可獨習홈

發賣元 京西部社稷後洞七拾貳統六戶　鄭象煥 백

本人의 所居ᄒᆞᆫ 西部龍山坊兄弟井契第六拾七統六戶瓦家貳十壹間을 金聖根處에 移賣而右家官契를 文奇中遺失不給故로 更出官契次로 玆以廣告ᄒᆞ오며 舊官契ᄂᆞᆫ 雖現出이라도 休紙로 施行홈　朴召史 告白

師範科大募集

本校에서 小學界를 爲ᄒᆞ야 限貳個月ᄒᆞ고 師範科를 敎授ᄒᆞ오니 殊速應募ᄒᆞ심을 伏望홈

課程左開

聖經　算術　衛生學

本國歷史　萬國地誌　師範學

圖式　運動　作文　讚美

講師 校長 崔義斗

牧師 郭安連　李敎承　吳天卿　金道顯

但各科에 該選專門도 無妨홈

七月壹日上午九時開學試驗홈

月謝金　五拾錢

入學金　壹圓

蓮洞儆新學校 告白

本人이 今年五月分에 中部通坊三洞契壹戶艸家九間을 千兩에 買得ᄒᆞ오ᄂᆞᆫ 家券을 失ᄒᆞ여 文記을 壹張推尋이 온즉 家券을 自留으로 持爲成給 僉君子 照亮ᄒᆞ시옵　家主 李興淳 告白

第二回講習生募集廣告

七月二日부터 本所에서 第二回數理學講習所를 繼續ᄒᆞ오니 願學ᄒᆞ시ᄂᆞᆫ 愈君子ᄂᆞᆫ 速々來臨聽講ᄒᆞ시요

學課 (算術科　代數科　幾何科　三角科　用器畫科　博物科)

〔細則은 本所에 來議ᄒᆞ시요〕

尙洞靑年學院內

第二回夏期數理學講習所

●魯桑椹 新種이 本社에 來到ᄒᆞ앗스니 僉君子ᄂᆞᆫ 來購홈

西部廣同廿壹統壹戶　蠶桑廣達會 總務長 金鎭先 白

本館刱立이 既經四載에 有志諸氏가 誠心贊成ᄒᆞ야 新聞縱覽之員이 日益頻繁ᄒᆞ고 圖書發售之道가 稍呈盛況일ᄉᆡ 敎育普及의 媒介를 自任ᄒᆞᆫ 本書館은 不得不倍徒擴張ᄒᆞ고 新舊書籍과 學校用品及衛生良藥을 俱備發賣ᄒᆞ오니 僉君子ᄂᆞᆫ 光顧ᄒᆞ심을 切望홈

海州南門내 書籍館 朴昌鉉 白

本店에 夏節양服件이 英京倫敦에서 新着ᄒᆞ얏기로 玆에 廣佈ᄒᆞ오니 僉君子ᄂᆞᆫ 光顧購買ᄒᆞ심을 懇冀홈

洋服裁縫店 貞洞華商源泰號 謹白

本所에서 田、畓、山林、家屋、礦山、築港等測量設計를 迅速精確ᄒᆞ오니 僉彦ᄂᆞᆫ 來臨問議홈

南部積善坊匠洞第五統五戶 大韓測量製圖事務所 總務 閔健秀 謹白

本人의 姓名圖章을 陰六月壹日에 遺失ᄒᆞ엿기로 改造ᄒᆞ오니 知舊間 照亮ᄒᆞ시옵　紫巖 金聖都 告白

去三月二十日 第八百三十三號 廣告欄內에 本人이 寸家이 假得用이라ᄒᆞᆫ 當限卽報이거 會偽造圖章ᄒᆞ여 兩人을 浮動債用이라ᄒᆞᆫ 誤認ᄒᆞ고 廣告ᄒᆞ앗ᄉᆞ오니 詳探則 少無不善之事故로 玆에 更告홈

北西湖坊壹洞 金永弼 告白

國債報償金中에 婦人이 銀饌物로 本社에 來納ᄒᆞᆫ者가 許久積置하엿스나 卽爲放賣ᄒᆞ야 銀行에 殖利하려 ᄒᆞ거니와 지못ᄒᆞ기로 玆에 廣告ᄒᆞ오니 或有願買人이거든 本社에 來問홈

本社 告白

本所에서 鑛山、土地、家屋、山林、測量製圖設計等을 迅速酬應홈

南署會동九拾貳統拾壹戶 古川

會同測量事務所　總務 金麟吉　事務 金錫禧

暑疾預備丹

每於夏秋之交에 虎列剌(괴질)之流行은 若不預服則 横死爲虞故로 太方家所製藥劑를 屢試廣布ᄒᆞ니 凡我同胞ᄂᆞᆫ 勿遲來購ᄒᆞ옵

發賣所 惠民藥房 告白

前醫學校長勳五等池錫永氏有効證明
醫學博士 洪錫厚氏 實驗方劑
製藥鑑査人 朴[illegible]惠 李觀化

四時靈藥 消痰[illegible]胃丸 一包에九十丸入 定價金拾錢

此丸藥은大韓兄弟腸胃에適當ᄒᆞ도록調製ᄒᆞᆫ數十年來累試累驗ᄒᆞᆫ藥인데主降生一千九百八年에醫學博士洪君이精細改良ᄒᆞ야中暑中寒諸症에虎列剌怪疾과毒感瘟疫을預方케ᄒᆞ고健胃消滯ᄒᆞ야諸般滯積을順下ᄒᆞ며卒地嘔吐泄瀉와赤痢白痢와胸腹刺痛과咳嗽白痰을能治能止ᄒᆞᄂᆞᆫ靈藥이오

製造本舖 漢城鐘路萬國基督敎靑年會舘 前西洋藥都賣業慈惠藥房

[illegible]月報

隆熙二年六月二十二日內部許可를得ᄒᆞ고每月式陽曆十五日에發行
編輯主筆 大韓醫院敎授 劉世煥
醫藥論說著述 前醫學校長勳五等 池錫永
英米處方藥錄譯述 醫學博士 洪錫厚
發行兼 慈惠藥房營業主 李觀化
印刷者 慈惠藥房附屬普印社主任 洪 金

目的
德國新製藥　德國新製藥
日本新製藥　英國新製藥
淸國新製藥　美國新製藥
以上藥品의主治效能과用法과定價金을以國漢文으로飜譯ᄒᆞ고
洋藥乾材　唐材　鄕材
但漢城銅峴時價만每月報告ᄒᆞᆷ

學員募集廣告

本校에서夜學林業速成科及測量科를合設ᄒᆞ고兩科에關ᄒᆞᆫ學理技術을敎授ᄒᆞᆯ터이니願學僉員은本月貳拾五日內(陰五月貳拾七日)로入學請願書(本校에來求)를本校에提呈ᄒᆞ고七月拾二日(日曜日)上午拾時에本校應試ᄒᆞᆷ
一 試驗科目 國文 漢文 讀書作文 算術四則以內 但相當ᄒᆞᆫ卒業證書가有ᄒᆞᆫ人은免試許入ᄒᆞᆷ
一 修業期限은拾個月로定ᄒᆞᆷ
一 上學時間은自下午七時로至拾時三時間
一 修業課程 造林學總論 造林各論 苗圃論 森林保護學 森林經理學 森林利用學 植物學 測樹學 土壤學 肥料學 農學大意 測量學術及實習
隆熙貳年六月拾三日
西大門內普成學校

濟衆 麝香消滯丹 一
仁川港奇峴 和平堂
製藥所 仁川港奇峴 和平堂약房
발行人 仝 李응善
代理店 仁川港奇峴濟生堂藥房 京성大廣橋共愛堂藥房

胎養調經丸

대뎌 부인이 병과로록 잉틱치 못ᄒᆞᆷ은 병으로 인ᄒᆞᆷ이니 일죽이 변구치 아니ᄒᆞ고 삼신이 보려두면 다만 한사ᄅᆞᆷ에 불ᄒᆞᆼᄒᆞᆯ 뿐 아니라 또ᄒᆞᆫ 계ᄉᆞ에 크게 관계가 잇ᄂᆞᆫ고로 ᄇᆞᆫ당에셔 여러ᄒᆡ 연구ᄒᆞᆫ 나외국 고명ᄒᆞᆫ 의ᄉᆞ의 경험방을 틱뎡ᄒᆞ야 [illegible] 他人家에 무수시험ᄒᆞᆫ즉 열에 열사ᄅᆞᆷ이 다 효험을 보앗고 초약이 잉틱만 ᄒᆞᆯ뿐아니라 (치령)(치젹)ᄒᆞ며 (조경)(조혈)되ᄂᆞᆫ고로 이ᄀᆞᆺ치 광포ᄒᆞ오니 쳠부인은 일추 시험ᄒᆞ시며 각디방이라도 우편으로 붓쳐드리오니 죠량ᄒᆞ시옵
壹劑壹個月分定價五圜
製藥所 仁川港奇峴 和平堂약房
발行人 仝 리應善
代理店 京城大廣橋 共愛堂약房 仁川港奇峴 濟生堂약房

○약 광고

본국에서 쳐음 발명ᄒᆞ야 사향소창단이라 ᄒᆞᄂᆞᆫ 약을 발명ᄒᆞ엿ᄂᆞᆫ데 남녀를 물론ᄒᆞ고 무슨 창병이던지 ᄒᆞᆫ제(十四丸)씩 먹으면 효험이 만발ᄒᆞ야 [illegible] 중 되ᄂᆞᆫ고로 미리 [illegible] 가오니 창병잇ᄂᆞᆫ 쳠위ᄂᆞᆫ 오랴 고성말고 속히 사다 잡수시며 각디방이라도 우편으로 부쳐드리오니 죠량ᄒᆞ시옵 우리 향중약은 쳥심보명단 각처발매ᄒᆞ오니 그근방에 계신이ᄂᆞᆫ 그곳으로 가셔 사오
仁川港和平堂 白

◉靈丹 ◉至寶丸 ◉靈效液 ◉淸眼水 ◉通淋丸
製藥發行所 漢城南部大廣橋 共愛堂藥房
支店 [illegible]
代理店 [illegible]

淸心保命丹
發行所 仁川港 奇峴 濟生堂藥房
定價 [illegible]

主治効能 [illegible]
同 [illegible]

落梅丹
口瘡不癒창病去核之령藥
壹劑五百粒定價三圜
主治 梅毒(唐창) 疳瘡 [illegible] 皮膚病 [illegible]
已上病証外에男女間에不精交合ᄒᆞᆫ後에若疑心之端이有ᄒᆞ야 [illegible]
此外에도 [illegible]
仁濟藥房 代理店
京城銅峴 共愛堂약房
仁川港 濟生堂

廣告料 [illegible]
每日每行四號活字로 二回五十錢
每月에 五圜
發行兼編輯人 英國人 萬咸
發行所 漢城署石井洞號外地三層洋屋 大韓每日申報社

本路慈惠藥房內慈惠醫院에醫療機械 監察醫師는醫學博士 洪錫厚 慈惠藥房營業主 李觀化 全國拾三道에以小包郵便으로 製藥所主任 李[illegible] 製藥所印刷所兩處職工六

第一千八百四拾六號

大韓每日申報

第六卷

月曆及慶節

歲時日休刊

檀君開國四千二百四十一年
箕子元年三千三十年
大韓開國五百十七年
日本明治四十一年
淸國光緒三十四年
陰曆戊申六月小初五日己未

論說

◉賀教育月報刊行

某々志士諸氏가教育月報를刊行ᄒᆞᆫ다ᄒᆞᆷ은各報에已記ᄒᆞᆫ바어니와

記者ㅣ此를讀ᄒᆞ고歎曰賢哉라此報의刊行이여挽近韓國이維新을談ᄒᆞ며文明을談ᄒᆞ나其術이將次何로從出ᄒᆞᆯ가大抵大韓全國人民이二千萬이라云ᄒᆞ나此二千萬中에國民의知識을備有ᄒᆞᆫ者ㅣ能히幾人이나될가漢文이東來ᄒᆞᆫ以後로此國內에使用된지已久ᄒᆞ나他國의文이自國의語와元來壹致가못되ᄂᆞᆫ故로此가貴族少數人民間에만行ᄒᆞᆯ而已오

神聖易解ᄒᆞᆫ國文에至ᄒᆞ야ᄂᆞᆫ自來로諺文이라排斥ᄒᆞ야閨閣女子及勞働社會에만流行ᄒᆞ얏스니韓國의文化가到底히發達ᄒᆞ기難ᄒᆞᆯ뿐더러況乎漢文학者ᄂᆞᆫ性理大全과綱目等의支那學文만謳歌ᄒᆞ며國文學者ᄂᆞᆫ沈靑傳蘇大成傳의荒誕說話만讀習ᄒᆞ고競步를進ᄒᆞ야本國興替의歷史와世界古今의大勢를硏究ᄒᆞᆫ者ᄂᆞᆫ曉星又ᄎᆞ稀ᄒᆞ야祖國歷史에歷代朝廷이幾變遷을告ᄒᆞ얏ᄂᆞᆫ지過去의聰哲豪傑이幾人이나有ᄒᆞ얏던지名山大川이幾個가有ᄒᆞ며何處에在ᄒᆞᆫ지是ᄅᆞᆯ都不知하고ᄯᅩ吉利와利堅이何處邦國인지華盛頓拿破倫이何國人物인지十九世紀二拾世紀가何를指ᄒᆞᆷ인지是ᄅᆞᆯ都不一解ᄒᆞ니

然則文字를能識ᄒᆞᄂᆞᆫ者ㅣ或有ᄒᆞᄂᆞ實로登字不讀ᄒᆞᆷ과無異ᄒᆞ고二千萬人口가有ᄒᆞ나實로國民知識을備有ᄒᆞᆫ者ᄂᆞᆫ幾箇人이無ᄒᆞᆫ지로다嗚呼라此知識이全無ᄒᆞᆫ國民으로ᄒᆞ여금維新의進케ᄒᆞ려ᄒᆞᆷ을將次何로써維新ᄒᆞ며文明의達케ᄒᆞ려ᄒᆞᆷ을將次何로써文明ᄒᆞ리오此ᄂᆞᆫ吾輩의慨歎不已ᄒᆞᄂᆞᆫ바이러니

今玆에敎育月報를讀ᄒᆞᆫ건ᄃᆡ歷史地誌等各部門을列ᄒᆞ고詳細說明ᄒᆞ야國民의常識을與코ᄌᆞᄒᆞ니賢哉라諸氏의此擧여

然이나諸氏의게警告하ᄂᆞᆫ바ㅣ有ᄒᆞ니此ㅣ此時를當ᄒᆞ야國民知識을啓發코ᄌᆞᄒᆞᄂᆞᆫ者ㅣ但只器械的으로史眼을敎ᄒᆞ며文明學說을輸ᄒᆞᆷ이最急ᄒᆞᆫ者ㅣ아니라國粹를鼓吹ᄒᆞ며國魂을培養ᄒᆞᆷ이可ᄒᆞ니不然이면雜誌月報가日增ᄒᆞᆫ들是果何益이有ᄒᆞ리오

▲隆熙二年六月廿九日 官報 續

●勅 令

朕이驛屯土管理에關ᄒᆞᆫ件을裁可ᄒᆞ야玆에頒佈케ᄒᆞ노라

隆熙二年六月二拾五日

御名 御璽

內閣總理大臣 李完用

度支部大臣 任善準

勅令第四拾號

驛屯土管理에關ᄒᆞᆫ件

第壹條 各驛屯土의管理ᄂᆞᆫ自今으로度支部에서此를掌케ᄒᆞᆷ

第二條 隆熙元年條以前의驛屯土賭租升賭錢은宮內府의收入으로定ᄒᆞ고隆熙二年條以後ᄂᆞᆫ國庫의歲入으로定ᄒᆞᆷ

附 則

本令은頒佈日로부터施行ᄒᆞᆷ

朕이葉錢通用價格에關ᄒᆞᆫ件을裁可ᄒᆞ야玆에頒布ᄒᆞ노라

隆熙貳年六月二拾六日

御名 御璽

內閣總理大臣 李完用

度支部大臣 任善準

勅令第四拾壹號

葉錢通用價格에關ᄒᆞᆫ件

第壹條 葉錢通用價格은壹枚에對ᄒᆞ야金二厘로ᄒᆞ고五枚로써當錢으로ᄒᆞᆷ

第二條 葉錢은金壹圓에지를限ᄒᆞ야法貨로ᄒᆞ야其通用을認ᄒᆞᆷ

附 則

本令은隆熙二年七月壹日로부터施行ᄒᆞᆷ (完)

外報

●仲裁要求 北京電을據ᄒᆞᆫ즉日本의第二辰丸賠償請求事件에關ᄒᆞ야淸國政府에서異議가有ᄒᆞ야第三國에裁定ᄒᆞᆷ을要求ᄒᆞᆫ다ᄂᆞᆫ說이有ᄒᆞ다ᄒᆞ얏더라

●墨國革命黨 桑港電을據ᄒᆞᆫ즉北米墨西哥에革命黨이起ᄒᆞ야官軍과相戰ᄒᆞ야兩軍의戰死者가壹百名以上에達ᄒᆞ얏ᄂᆞᆫᄃᆡ墨國政府公報를據ᄒᆞᆫ즉革命軍이大敗ᄒᆞ야米國으로逃走ᄒᆞ얏다더라

●金剛石坑發見 伯林電을據ᄒᆞᆫ즉德國領地西南阿弗利加로잇데리피트에서五吉路米突되ᄂᆞᆫ地에서大金剛石礦을발見ᄒᆞ얏다더라

●裁判令議定 大連電을據ᄒᆞᆫ則不遠에發포될淸國關東州裁判令은州內各民政署에領事裁判權과同一ᄒᆞᆫ權을附與ᄒᆞ야民刑事裁判과諸登錄等을處理케ᄒᆞᆯ事로施行ᄒᆞᆯ細則을殊議ᄒᆞ기爲ᄒᆞ야民政府에서각民政支署長을召集ᄒᆞ야會議를開ᄒᆞᆫ더이다ᄒᆞ얏더라

雜報

●論校復旺 忠南恩津郡私立論山학校가設立ᄒᆞᆫ지三四年에校務가凋殘ᄒᆞ야振興無期더니自今年二月로히潤有志人士金顯鉉崔相斌諸氏가校務를熱誠周旋ᄒᆞ고敎授에盡力ᄒᆞ야發展擴張ᄒᆞᆷ으로학徒가壹百五十餘名에達ᄒᆞ얏다더라

●塢塾設校 北靑郡양川面上里西塢塾에서학校를刱設하고校長김亨종諸씨가敎育上에熱心ᄒᆞ야校費ᄂᆞᆫ各社會諸紳士義捐으로擴張ᄒᆞ야校舍를擴張케ᄒᆞ고靑年학徒를募集敎授케ᄒᆞᄂᆞᆫ데학徒가百餘名에達ᄒᆞ얏다더라

別報

◉裵說氏의公判顚末

第二日 續

알킨손氏曰코레아、데일니、뉘우쓰報가아니면不能有爲라ᄒᆞ야此를創設하엿스며其報設ᄒᆞᆷ은汝의資本으로以ᄒᆞ얏ᄂᆞ뇨或他人의資金으로以ᄒᆞ얏ᄂᆞ뇨答曰資本을要求ᄒᆞᆷ이無ᄒᆞ얏노니本人等이元來에ᄂᆞᆫ活版所가無ᄒᆞ야其印刷費를辦備ᄒᆞ얏ᄂᆞ이다

問汝가資本이無히此를刊刑ᄒᆞ얏나뇨曰千元假量은有하얏나이다

問敎助ᄒᆞᆫ約束은無ᄒᆞ얏나뇨曰有ᄒᆞ오이다

問韓人에約束ᄒᆞ얏나뇨曰然ᄒᆞ오이다

問汝가何時외던지韓國의在ᄒᆞᆫ附俄黨의게親近ᄒᆞ야汝의本心으로彼等의政策을贊成ᄒᆞᆫ바有ᄒᆞ뇨曰無ᄒᆞ오이다

問汝가韓人編輯員의게ᄂᆞᆫ何以指揮하얏나뇨曰韓人이英語를知하나뇨曰然ᄒᆞ오이다韓人이對話에嫺熟ᄒᆞᆫ者ᄂᆞᆫ아니나英文에ᄂᆞᆫ恰分熟達ᄒᆞ고日語도知ᄒᆞ며ᄯᅩ今人도日語를知ᄒᆞ나이다

問汝가該新報에揭載件을小心ᄒᆞ라고히人의게嚴烈히指揮하면時가其領事館裁判을ᄒᆞ얏던以前이뇨其以後뇨曰此指揮ᄂᆞᆫ恒常施ᄒᆞ얏나이다

問히人의게指揮ᄒᆞᄂᆞᆫ문字ᄂᆞᆫ無乎아曰無ᄒᆞ오이다

問汝가此須知分의論說이揭載되여死人을懲抑케ᄒᆞᆷ에汝가殺任되ᄂᆞᆫ줄을世知得ᄒᆞᆫ後에ᄂᆞᆫ其暗殺에同意를表ᄒᆞᆫ惡戱로解弛케爲ᄒᆞ야新聞上에論說을記載ᄒᆞᆷ이有ᄒᆞ뇨該論說에暗殺은政治上에仇敵이라고敗評은無ᄒᆞᆫ만명反히登外國人을暗殺ᄒᆞᆫ거시韓國悲慘에對하야世界列邦의注意ᄅᆞᆯ惹起케ᄒᆞᄂᆞᆫ好個職具인줄노證揚하얏도다答曰本人은如此히思料치안노니某論說은毋暗殺ᄒᆞᆫ韓人等의審判에對ᄒᆞ야注意를惹起케ᄒᆞᆷ다ᄒᆞᆷ인듯ᄒᆞ외다

問ᄂᆞᆫ暗殺事가今日此政府의臣民이아닌外國人의게延及ᄒᆞᆫ事가有ᄒᆞᆫ을汝ㅣ聞知乎아此가勸有事이뇨答曰然ᄒᆞ옵고日人이韓人을暗殺ᄒᆞᆫ것을聞知ᄒᆞ얏ᄂᆞ니例컨대韓國王后事件이니이다

問尙且須知分氏ᄂᆞᆫ該事件에責任이有ᄒᆞ니라其外他案件을聞知ᄒᆞ얏ᄂᆞ뇨曰他事件도有ᄒᆞ나目擊ᄒᆞᆫ은아니니法國軍艦에서一水兵을幾許人이虐殺ᄒᆞ얏다ᄒᆞ더이다

問百擔特換이不足以壓登藏太利ᄒᆞᆫ論說을譯出ᄒᆞᆷ이有乎아日有ᄒᆞ니이다

問此論說에對ᄒᆞ야汝意에ᄂᆞᆫ意太利를韓國으로比喩ᄒᆞ고梅特捏을伊藤으로比喩ᄒᆞ야愛國心이有ᄒᆞᆫ韓國子弟를이蜂起ᄒᆞ야壓制를扫ᄒᆞ고彼와對抗하라ᄂᆞᆫ意味가明白지아니며其總結主旨ᄂᆞᆫ梅特捏이施ᄒᆞᆫ바惜惡行을韓國內에日本이施ᄒᆞᄂᆞ니人民을은蹶起ᄒᆞ야彼人을逐出ᄒᆞ라고指示ᄒᆞᆷ이아니나答曰本人의意見에ᄂᆞᆫ不然ᄒᆞ다只是歷史無私ᄒᆞᆫ言論이니無愚ᄒᆞ不屬ᄒᆞ도소이다

問此論說은外國人의說이어가略載ᄒᆞᆫ거시何許意味를含包ᄒᆞᆫ을노韓人中에有無識輩에思量ᄒᆞ얏겟나뇨答曰不然ᄒᆞ도소이다

(未完)

雜報

●兩殿云廢 水原 華寧殿과 忍城 穆淸殿의 奉安ᄒᆞᆫ 御眞을 永禧殿으로 奉安ᄒᆞ고 此兩 殿은 廢止된다ᄂᆞᆫ 說이 有ᄒᆞ다더라

●德壽宮問安 大皇帝陛下ᄭᅴᄋᆞᆸ서 今日上午拾時三十分에 出御ᄒᆞ샤 德壽宮에 幸ᄒᆞᆸ신다ᄂᆞᆫᄃᆡ 各府部勅任官들은 數日前에 [illegible]門에서 祇迎ᄒᆞ다가 仍爲陪從ᄒᆞ겟다더라

●玉度靡寧 大皇帝陛下ᄭᅴᄋᆞᆸ서 德壽宮에 親幸ᄒᆞ심은 別項과 如ᄒᆞ거니와 太皇帝陛下ᄭᅴ서 玉度가 靡寧ᄒᆞ시다ᄂᆞᆫ 說이 有ᄒᆞ더라

●登邏遲速 曾禰副統監이 本月五六日頃에 渡韓ᄒᆞᆫ다더니 更聞ᄒᆞᆫ즉 拾日頃ᄭᆞ지 延期가 되얏다ᄒᆞ며 伊藤統監은 本月中旬頃에 歸國ᄒᆞᆫ다더라

●摠理伴渡 伊藤統監이 本月中旬頃에 歸國ᄒᆞᆫ다ᄒᆞᆷ은 別項과 如ᄒᆞ거니와 總理大臣 李完用氏ᄂᆞᆫ 同件渡去ᄒᆞᆫ다ᄂᆞᆫ 說이 有ᄒᆞᆫᄃᆡ 其理由인즉 皇太子殿下의 少師資格으로 同 殿下의 修學ᄒᆞ시ᄂᆞᆫ 節을 陪觀도ᄒᆞ고 兼ᄒᆞ야 日本國各省廳도 觀察ᄒᆞᆯ 經營이라더라

●總理署理 總理大臣 李完用氏가 別項과 如히 日本에 渡去ᄒᆞᄂᆞᆫ 境遇에ᄂᆞᆫ 往來間 署理ᄂᆞᆫ 內部大臣 宋秉畯氏가 代務ᄒᆞᆫ다ᄂᆞᆫ 說이 有ᄒᆞ더라

●巷說難信 曾禰副統監이 赴任ᄒᆞᆫ 後에 政府大臣이 一體變更된다ᄂᆞᆫ 巷說이 喧藉ᄒᆞ더라

●各察赴任 黃海忠南江原道等 各 觀察使ᄂᆞᆫ 今日에 各其赴任ᄒᆞᆯ 터인ᄃᆡ 忠北觀察使 權鳳洙氏ᄂᆞᆫ 來五日에 赴任次로 發程ᄒᆞᆫ다더라

●法官多變 平理院官吏가 多數히 變動된다ᄂᆞᆫ 說이 有ᄒᆞ더라

●壹任難變 今番의 敍任ᄒᆞᆫ 각 裁判所書記와 看守長을 法部의서 招集ᄒᆞ야 從志願 敍任ᄒᆞᄂᆞᆫᄃᆡ 敍任頒布된 後의 職所가 不合ᄒᆞ야 他處로 移任ᄒᆞ기를 請囑ᄒᆞ거나 或 圖免ᄒᆞ라ᄂᆞᆫ 弊가 有ᄒᆞ면 該員은 法部의서 格別措處ᄒᆞ기로 酌定ᄒᆞ얏다더라

●私校卒業任用 學部高等官들이 再昨日 該部 內에 會同ᄒᆞ야 各私立학校 卒業生의 任用認定件을 協議ᄒᆞ얏다더라

●法官餞別 法學協會에서 來火曜日에 地方에 出張ᄒᆞᄂᆞᆫ 判事와 書記等 諸氏를 餞別ᄒᆞ기 爲ᄒᆞ야 明月館에서 盛宴을 開設ᄒᆞᆫ다더라

●事務引繼 帝室有及國有財產調査局 事務를 再昨日부터 度支部에서 引繼ᄒᆞ얏다더라

●警察權限 京畿各郡警察權이 警視廳管轄下의 在ᄒᆞ더니 今年壹月壹日 新官制頒布時의 該道各郡 警察權限을 改定ᄒᆞ야 他道와 如히 내부 警務局으로 還屬ᄒᆞ고 警視廳의서ᄂᆞᆫ 漢城五署니 警察權만 主管ᄒᆞ기로 日間頒布가 된다더라

●韓日語試取 漢城 내 각 支署에서 勤務ᄒᆞᄂᆞᆫ 韓日巡査 內에 日語嫻熟ᄒᆞᆫ 韓人巡査와 韓語能通ᄒᆞᆫ 日巡査를 昨日 警視廳에서 試才ᄒᆞ얏다ᄂᆞᆫᄃᆡ 其緣因은 手當金을 壹圓으로부터 乃至 십圓ᄭᆞ지 磨鍊ᄒᆞᆫ다더라

●市稅排用 安城市에서 每朔 稅金收額이 合爲三百十六圓刻數인ᄃᆡ 就中 貳百圓은 該郡普通학校經費로 捐付ᄒᆞ고 五拾圓은 淸潔費로 用下ᄒᆞ고 六十六圓刻數ᄂᆞᆫ 該市收稅人 [illegible]으로 支撥ᄒᆞᆫ다고 京畿觀察使가 該郡守報告를 因ᄒᆞ야 학部에 報告ᄒᆞ얏ᄂᆞᆫ니 該部에서 承認ᄒᆞ얏다더라

●漆川實施 漢城內 漆川이 時急ᄒᆞᆷ을 因ᄒᆞ야 내部에서 勞働夜學會의 委托ᄒᆞ야 行將實施ᄒᆞᄂᆞᆫ 故로 該會에서 各部事務員을 組織ᄒᆞ야 指揮ᄒᆞᆫ다더라

●巫盲有勢 日昨의 海豐府院君 尹澤榮氏家大廳 양上의서 雌雄蛇가 交合ᄒᆞ다가 廳上의 墮落ᄒᆞ얏ᄂᆞᆫᄃᆡ 該家에서 大驚ᄒᆞ야 [illegible]니와 有名ᄒᆞ다ᄂᆞᆫ 巫女와 盲者의게 問卜ᄒᆞᆫ다더라

●通牒學校 本年度에 增設ᄒᆞᆫ 九個所 普通학校에 對ᄒᆞ야 학部次官이 通牒ᄒᆞ되 本校에서 壹切授業을 開始ᄒᆞᆯ 時ᄂᆞᆫ 학校令規則五條에 依ᄒᆞ야 府尹或郡守로부터 遲滯말고 其年月日을 학部大臣의게 報告ᄒᆞ야 整[illegible]上에 相碍됨이 無케ᄒᆞ라ᄒᆞ얏다더라

●鎭民將訴 鎭岑郡主事와 地方委員이 面長을 爲ᄒᆞ야 每戶에 麥租壹斗式 收斂ᄒᆞ다ᄂᆞᆫ 說은 昨報에 已揭어니와 人民은 會同濟議[illegible]時에 [illegible]永氏가 反對ᄒᆞ야 日面에ᄂᆞᆫ 이 結錢每兩頭에 有五分實錢ᄒᆞ고 且有二分例給則壹爲兩頭錢이 合爲七百兩이거ᄂᆞᆯ 有何收斂補助리오ᄒᆞ고 壹[illegible]說明ᄒᆞ얏고 且該郡人民等이 히 主事之將員餘習과 委員之奸鄕遺弊를 痛憤ᄒᆞ야 將次京部에 控訴ᄒᆞᆯ다더라

●支社設置 東亞開進敎育會에서 各郡에 商務支社를 設置ᄒᆞ고 都司務를 壹人式 派送ᄒᆞᄂᆞᆫᄃᆡ 平安北道와 咸鏡南北道에만 司務員을 姑未擇定ᄒᆞ얏다더라

●婚期議定 [illegible] 김允[illegible]氏의 令孃婚禮를 去月[illegible]日에 定行ᄒᆞᆯ다고 已爲[illegible]ᄒᆞ엿거니와 更聞ᄒᆞᆫ즉 該家에서 相値ᄒᆞᆫ 事가 有ᄒᆞ야 本日下午四點에 進參教會堂내에서 擧行ᄒᆞᄂᆞᆫᄃᆡ 各社會紳士와 夫人들이 多數往參ᄒᆞᆫ다더라

●日兵處罰 去月拾六日의 日本憲兵卒壹名이 平壤南山峴耶蘇教堂前의서 放馬吃草ᄒᆞᆯ 際에 韓人壹名과 說往說來타가 爭鬪가 忽起ᄒᆞ야 韓人을 毆打ᄒᆞ거ᄂᆞᆯ 韓人이 美國宣敎師 노불氏家로 逃入躲避ᄒᆞᆫ즉 該日兵이 追入更打ᄒᆞ야 屋內의 血痕이 滴々ᄒᆞᆫ지라 노불氏의 夫人이 此를 [illegible] 憲兵分隊의 急報ᄒᆞ얏ᄂᆞᆫᄃᆡ 該日兵은 家宅侵入毆打爭鬪事件으로 二箇月重禁錮의 處ᄒᆞ얏다더라

●環主苦待 壹 兒가 脂環壹件을 鐵物橋吉星社典當局에 來要典執故로 問其居住則云居東門外故로 其拾近來還之由를 詳問則該兒所答이 鍾路街上에서 拾得云故로 覓還ᄒᆞ라 主가 [illegible]上에 爲好라ᄒᆞ고 勸論ᄒᆞᆫ즉 該兒도 亦知其可而諾從故로 該典舖에서 證物을 失人은 其物質製度를 擧證對照推去ᄒᆞ리라고 新聞에 廣告ᄒᆞ고 太路通街에 揭示도ᄒᆞᆫ지가 已過累日에 向無來覓ᄒᆞ야 該典舖에서 苦待ᄒᆞᆫ다더라

●罰以削髮 東來人의 傳說을 據ᄒᆞᆫ즉 義兵에 投入ᄒᆞ얏다가 歸化在家ᄒᆞᆫ 者의 대ᄒᆞ야 其前後事狀을 詳問後의 削髮ᄒᆞ고 [illegible] 削ᄒᆞᆫ 後의 放送ᄒᆞᆫ다더라

●崔家被擾 江華郡 도道面上防洞德谷居 崔[illegible]濟承默氏家의 義兵이 來到ᄒᆞ야 [illegible]錢 [illegible]兩을 勒討ᄒᆞ다가 不給ᄒᆞᆫ즉 [illegible]承默씨의 子奎煥氏를 捉去ᄒᆞ얏다더라

●嫌疑被捉 高陽郡[illegible]琴[illegible]居 面長 [illegible]某가 義兵의 干連이 有ᄒᆞ다ᄒᆞ야 日兵의 捉去ᄒᆞ얏다더라

●飮鴉促仙 去[illegible]日에 학部大臣李載崑氏家[illegible]가 有何事件이 엇던지 鴉烟을 呑下ᄒᆞ고 因爲長眠ᄒᆞ얏다더라

●宋賊被捉 楊州濟院居宋仁植이가 强盜犯으로 日昨 警視廳의 被捉되얏다더라

●藝妓慈善 趙秉郁某々氏가 孤兒院修理費의 補充ᄒᆞ기 爲ᄒᆞ야 慈善演奏會를 開成社로 開催ᄒᆞ얏ᄂᆞᆫᄃᆡ 高桂天 殿[illegible]植 [illegible]舜澤 張從玉 金化瑞 諸人이 河橋藝妓 玉珍 [illegible]蘭 湖[illegible] 藕珠 紅[illegible]香 心花 香香 蘭彩 瓊錦 紅 拾人을 領率ᄒᆞ고 以演藝著附ᄒᆞ엿다더라

●但願識荊 李琡暉氏가 永興郡守를 被任ᄒᆞᆫ다ᄂᆞᆫ 說이 傳播되미 該郡人民은 如逢杜召ᄒᆞ야 擧皆歡忭ᄒᆞ며 有志人士ᄂᆞᆫ 以若驚心家로셔 必不染塵이라 確評ᄒᆞ며 或 該郡出 人中 物望이 有ᄒᆞᆫ 人으로 數三人 薦[illegible]에 首望으로 決定되얏다ᄒᆞ며 又當說은 李氏被任說은 [illegible]ᄒᆞ고 [illegible]某가 斷々圖得云ᄒᆞ니 吾儕ᄂᆞᆫ 所[illegible] 蓄氣像을 抱聞ᄒᆞᆫ바 有志紳士의 確評을 從ᄒᆞᆫ지며 有人이 [illegible]게 對ᄒᆞ야 被任을 致賀ᄒᆞᆫ대 시가 正色曰 吾若有意於官路이면 當[illegible] 責善이어ᄂᆞᆯ 以無根之說로 反爲致賀ᄒᆞ니 [illegible]所志가 [illegible]者是之甚고 ᄒᆞᆫ대 該人이 憮然而退ᄒᆞ엿다더라

●農務設校 [illegible]達郡 [illegible]面 [illegible]栗[illegible] 諸氏가 發起ᄒᆞ야 [illegible] 農務학校를 設立ᄒᆞ얏ᄂᆞᆫᄃᆡ 校長은 [illegible]氏로 選定ᄒᆞ고 趣旨書를 發行ᄒᆞ얏다더라

●女校試驗 學部大臣李載崑氏가 昨日午前拾時에 漢城高等女學校에 前往ᄒᆞ야 該學徒의 入學試驗을 視察ᄒᆞ얏다더라

●資格調査 高等女學校에서 昨日에 入學試驗을 經ᄒᆞᆷ은 別項과 如ᄒᆞ거니와 學部書記官 上村과 其他官人 二名이 該學徒의 資格如何를 調査ᄒᆞ얏다더라

●漢校試驗 官立漢城高等학校에서 학期試驗을 昨日爲始ᄒᆞ얏ᄂᆞᆫᄃᆡ 來六日의 畢了ᄒᆞᆫ다더라

●任員開會 經濟硏究會의서 來日 [illegible]時의 任員이 會同ᄒᆞ야 任員會를 ᄒᆞᆫ다더라

●師範試驗 官立師範학校의서 本日부터 학期試驗을 始作ᄒᆞᆫ다더라

●募集延期 私立中東學校에서 夜학測量課 학員募集期限은 更聞ᄒᆞᆫ즉 壹週日이 延期되얏다더라

●桂校卒業 私立桂山普興학校의서 本月五日(日曜日)上午拾二時의 第三回卒業式을 擧行ᄒᆞᆫ다더라

▲地 方 消 息▼

▲去月二拾六日 寧越郡約九里의서 義兵百名이 日守備隊와 交戰ᄒᆞ얏다ᄒᆞ고

▲六月二十六日 順天郡니의서 義兵約四拾名이 該郡 日守備隊와 交戰ᄒᆞ얏다ᄒᆞ고

▲六月廿三日 [illegible]郡東남約十里地의서 義兵二拾名이 新院分遣所 憲兵과 交戰ᄒᆞ얏다ᄒᆞ고

▲溫陽郡溫泉里南登里의 [illegible]에 義兵約拾九名이 同里分遣所 憲兵 [illegible]名과 衝突ᄒᆞ얏ᄂᆞᆫᄃᆡ 死傷은 不明ᄒᆞ다더라

▲眼 目 初 新▼

▲南山流水絕峽裏에 鑿井耕田ᄒᆞ던 老者[illegible]이 [illegible]漢陽城에 葛衣竹杖으로 到ᄒᆞ니 壯觀ᄒᆞᆯ 事 許多ᄒᆞ다

▲各社會가 成立ᄒᆞ니 多數人士의 熱心ᄒᆞ야 演說趣旨紛々ᄒᆞ며 拍掌歡呼ᄒᆞ니 爭[illegible]ᄒᆞ제 必其知識發展ᄒᆞ야 團合力을 養成인가 新世界가되얏고나

▲二層 三層 洋制屋은 鑿出半空 屹立ᄒᆞ니 昔日[illegible] 幾閒의 宏傑[illegible]ᄒᆞ아 잇더니 居處를 볼작시면 外面인즉 華麗ᄒᆞ다 新世界가되얏고나

▲新髮下에 洋服ᄒᆞ고 人力車에 兀坐ᄒᆞ야 左右顧眄 揚頭ᄒᆞ니 [illegible] 時威儀 [illegible] 生ᄒᆞ야 好時節 如逢일세 新世界가되얏고나

▲通衢大路 五夜中에 [illegible] 燈燭 明朗ᄒᆞ다 漆黑中에 잇던 人生 分東西 昏倒ᄒᆞ니 何時[illegible]色 回ᄒᆞ야 와 又[illegible]어 절세 新世界가되얏고나

▲四方鐵線 逕亘ᄒᆞ니 鑿山通路 幾千里에 指南指北 離潤ᄒᆞ니 瞬間에 往來ᄒᆞ니 沿路邊에 居生人은 [illegible]笛聲에 夢驚일세 新世界가되얏고나

▲各學校가 星羅ᄒᆞ니 靑年子弟 勇進이라 愛國歌를 高唱ᄒᆞ니 氣像이 新鮮ᄒᆞ다 歷史講習聲은 [illegible]聞이 아닌 新世界가되얏고나

▲女學徒가 往來ᄒᆞ니 燦爛衣制 鮮明ᄒᆞ다 深[illegible]紅閨[illegible]ᄒᆞ다ᄂᆞ 行動이 自由ᄒᆞ야 活潑精神 喚醒ᄒᆞ니 幽閉之態 전혀 업다 新世界가되얏고나

▲大盛特[illegible]公拍[illegible]街門미 高揭ᄒᆞ고 陳列物品 競賣ᄒᆞ니 別模樣 가지[illegible]이 [illegible]與成ᄒᆞ제 爭先呼價 紛紜ᄒᆞ니 新世界가되얏고나

▲農業[illegible] 成立ᄒᆞ니 土地之宜 能知ᄒᆞ다 耕稼器械 [illegible]ᄒᆞ야 費人力 有秋ᄒᆞ니 閒荒蕪[illegible] 開拓ᄒᆞ야 他人의게 不讓ᄒᆞ니 新世界가되얏고나

雜報

◎初無其間　具完喜氏가永宣君의金錫昌을訪問한後에리시가具시의行動을送人偵探한얏다는事는既聞한즉具시가리를錄시를訪問한事가初無하다더라

廣告

◎正誤　本報第八百四拾二號廣告欄內瑞雲學校補助金寄附人中金鎭燮氏의金字를劉字로誤植이가茲에正誤함

貞陵藥水에沐浴治病하시는이의게沐浴하기便易하시기爲하야本社에서　官許를承有하야藥泉을淸潔케修築하고帳幕을準備하되特等幕特等湯과上等幕上等湯과中等幕中等湯과下等湯에四等으로區分하야沐浴하시는이의要請대로簡便케供給하오며遂히錢을設置하고興趣에하야觀覽하시는이의게安心病蘇케酬應하오니　僉君子와僉大人閣下는陸續來顧하심을務望함　藥泉社　告白

本人의以內某孫으로本洞道遵峯下先祖墓以外五拾步地에父親을入葬함　六寸建九가犯近於先祖墓云하고無難掘移하얏스오니同非法行爲를內外國人은咸須知悉하시옵　成남永興郡古寧面斗武浦　崔齊鉉　告白

去五月二拾日第八百三三號廣告欄內에本人　寸米岩이가借得用이다가當限即報한거合僞造圖章하여채劉兩人을浮動借用이다함은誤認한고廣告하얏더니詳探則채德鉉劉秉善우少無不善之事故로茲에更告함　鳳山西湖坊豐洞金永弼告白　五

本人의眠島派監文簿所貯手備을干汝坤이押奪手備하야暗往該島하야本派是名人의或稱是承或稱朴槙陽爲名人의或稱本人姓名하고自進士하야남北奔走에滿臨斗忌之心하야敗稱하야干汝坤이白無하고干氏을本報第八百四拾四戶廣告欄에謀陷揭하얏스기爲先正誤하며如此無法人은從法懲治하고次正誤함　保寧郡居李吉鎬　謹白

本郡은背山臨海하야農로가爲少하고中에商工業도姑未發達하야居民生理가困難이殊甚하더니本郡守高최駿氏가時務에錬熟하고民情을周察하야商工會를組織하고熱心贊成함으로農業工務가倍加擴張하고民情生理가稍稍發展하고際에農商工部水產局長鄭錫弘氏가水產調査次로抵到鎭남郡하야贊成商業後에壹場演說이時務에適當한故로該郡商民이感服하야九極進步하기로感荷함을表하야茲에仰至　鎭남商業會議所白

◎北靑郡新浦私立養成學校教室增築費捐金廣告　校長宋鳳元　拾圓　教師南百祐　拾圓　財務長金治鉉　廿圓　校監張春伯　三拾圓　贊成員金基環　三圓　河千九　三圓　金奇偶　五圓　事務員李秉洙　貳拾圓　金璟柱　林春化　李成根　金永植　各拾圓　李成學　吳基憲　申道賢　金亨五　李鉉俊　安廷協　朴相根　盧基鳳　各五圓　禹現　朴惠采　安澤洙　各三圓　河相洛　洪允植　梁萊淳　鄭順永　李容善　金奇鍊　梁基鐘　禹鼎夏　李聲遐　李君五　各貳圓　次

啓者漢城中部水標橋西河崖新設　**滿國料理**　店包辦各色酒席價廉味美並且樓房潔淨伺候週到於陰曆六月初二日開市　望各國貴君子知此照亮　**會英樓**主人徐鴻洲謹白

天然堂寫眞

擴張減價

本堂에서寫眞美術大擴張하기爲하야新式器械諸品을多數買來하고壹邊學生을無手料教授하며歲歲不變與紫銀色寫眞과白及五色寫眞을臨時需應하며婦人네는內館에서禁雜人撮影하오며價額은中本에壹圓小本에五拾錢大本에四圓半으로永爲改定하얏사오니　첨君子는惠顧하시고　又德門外에서　皇壇으로向하는新作路左便

天然堂寫眞館主人　金圭鎭　告白

安城道基居李鼎薰이年今拾七에遊學次로上京而未知留處이옵기玆以廣告하오니無論某人하고若或探知하시와通奇于本人留家하시면宜當厚謝이옵고亦以浮浪之心으로欲爲出債라도내外國人은切勿施款하시고亦不立保證하시기望함　京小廣橋金銀貿賣家李潤廣家留　李觀薰　告白

結事에對하야本人等이兩年勤勞에農商工部하고長官各部大臣府에呈하여裁하사特蒙哀獻減하옵시니黎民再生之恩을感荷하기表하야玆廣佈함　大邱府民代表人　崔水煥　劉秉基等告白

◎敎員募集廣告　西署仁達坊七拾六統第二戶의新設小學校를新設하고學員을募集하오며學第八學年不拘하시고本校敎師는七月三十日以內로臨時來校하와來臨하시옵　開學日字는八月念日　年齡은七歲以上으로拾四歲以下　學科는普通學校程度

私立畿湖小學校告白

趣旨書

庠序學校를設함은三代의盛典이오士農工商의分함은四民의名稱이온國의元氣가收在함의人의至情을盡思함이오現今臨潮가震蕩하야東洋四千年來의未曾聞未曾觀을目도呑한十世紀競爭時代를當하지라崑岡의火焚을고滄海의陸沈을目의坐하야嘐嘐然히古만思하고夢世未覺하면其國을能存하며其族을能全하리오有志者의憂歎함이此에在하도다噫呼噫呼라本院이城西壹隅의僻在하야聞見이謏陋하나惟非是라舊想의腦髓의貫徹하야萬夫莫격의勇力이有함도나國時通變은聖門의垂訓이니古만遵守하고今을阻遏함理가有하리오是로以하야鄙洞의敎育思想을발現한故로茲의溺學校設立함을발起하오니　願컨대　僉君子는今日城中을回顧하시고速速히開示하시며財源을唱發케하심을切望하오며或說이財政을未辦하면擴張의不日이라謂하지나周易의曰　一人同心의其利斷金이라하고漢書의曰有志者事竟成이라하니此로由하야觀하면此校의決코遭就됨을確認하고辦財後의成立하다함은未聞하니知團體만成하면敎育이興함을信仰하니이다　隆熙二年五月　日

發起人　金鎭宇　張淳根　金鳳煥　池학源　리敎榮　次

◎**最新刊書籍廣告**

新編動物學　全壹冊　定價四拾錢

右書는動物界에現象原因과生活狀態를精確研究하야簡明編輯한者ㅣ니普通敎科에適宜함　次

初等小學　全四冊　壹圓卅錢

現行刑法大全　全貳冊　壹圓

華盛頓傳　全壹冊　貳拾錢

政治小說　雪中梅　全壹冊　貳拾錢

說演法方　全壹冊　貳拾錢

新訂算術　全參冊　六拾錢

中等[?]學　全貳冊　壹圓半

教育議　全貳冊　廿五錢

無冤錄　全壹冊　四拾錢

世界一覽　全壹冊　貳拾錢

大韓帝國新地圖　全壹冊　五拾錢

刑法新論　全壹冊　貳圓

二十世紀朝鮮論　全壹冊　卅九錢

日語獨習　全壹冊　四拾錢

皇城南署大廣橋三拾七統四戶　發賣所　東書館　八

測量學員募集廣告

本校內에서速成測量科를고學員을募集하오니有志하신人은七月十日(陰六月十三日)內로請願하시오

卒業期限四個月

上學時下午六点三十分至九点

南部長橋長薰學校　次

太宮에所有한水原郡南北部所在沓八十七石拾二斗落圖案을見失하야不知去處한온故로方今擬推貨官하야更門延案하오니設或有盜取作奸하라도本宮所願券이昭然自在하온즉見失한圖案은自歸休紙오더내外國人은切勿見欺하시옵　洞宮李海昇　告白

次人이梨峴僑居하고共同營業하는되不意에離나가他人處의負債形多故로但이되어外國負債도三年後發覺之弊이왓더나五年許給하시停止하시고許給아니하실公은本人處에臨하와五年許給지아니할通奇하시기를望함證人이라도不許한言이하면若事하갯습니다此後悔之事無케하라　京南門外山너支店　告白

●**初等算術教科書**

精理舍主人鄭一宣氏著作　洋裝壹秩壹冊定價新貨九拾錢　三拾冊以上을來購한時는原價의二割引을減함　但地方에서百冊以上을請求함時는船車運費를發賣者自擔함　本書는算術大家鄭一宣氏가我國의算學을發達하기爲하야積年의腦力을費하야研究한바이라온바算術의原理原則을昭詳論釋하야在學受敎의必須할뿐아니라覽則易曉에人可獨習함　發賣元京西部社稷後洞七拾貳統六戶　鄭象煥　八

師範科大募集

本校에서小學界敎師를養成하야限貳箇月하고師範科를敎授하오니殊速應募하심을伏望함

課程左開　聖經　算術　衛生學　本國歷史　萬國地誌　師範學　圖式　運動　作文　讚美

講師　校長　崔義斗　牧師　郭安連　李敎承　吳天卿　金道熙

但各村에서隨意專門도無妨함

七月壹日上午九時開學試驗함

月謝金　五拾錢　入學金　壹圓　五

嶺洞儆信學校　告白

第二回講習生募集廣告

七月二日부터本所에서第二回數理學講習所를繼續하오니願學첨位는速々來臨聽講하옵

課程（算術科　代數科　幾何科　三角科　用器畵科　博物科）（細則은本所에來議하시오）

尙洞靑年學院內　第二回夏期數理學講習所　八

本所에서田畓、山林、家屋、礦山、隄堰、築狀等測量設計를迅速精確하오니　僉彦은來臨問議함

西部積善坊唐皮洞五統五戶　廣信測量製圖事務所　總務　盧健秀　謹白

本館이設立以來四年에有志諸氏가誠心贊成하야新聞縱覽之員이日益繁多하고圖書發售之道가稍稍呈況하여以教育普及의媒介을自任한本館이不得不倍加擴張하여新舊書籍과學校用品及衛生良藥을俱備發賣하오니　僉君子는光顧하심을切望함　海州南門內書籍館朴昌鎮　白

漢城南大門外濟衆院方藥
前醫學校長勳五等池錫永氏有効證明
醫學博士 洪錫厚氏 實驗方劑
製藥鑑查人 朴慈惠 李觀化

西時 靈藥 清暑胃丸 一包에 九十丸入 定價金拾錢

此丸藥은大韓兄弟腸胃에適當ᄒ도록調製ᄒᆫ數十年來累試累驗ᄒᆫ藥인ᄃᆡ主降生一千九百八年에醫學博士洪君이精細改良ᄒ야中暑中寒諸症에虎列剌怪疾과毒厲瘟疫을預方케ᄒ고健胃消滯ᄒ야諸般[illegible]을順下ᄒ며卒地嘔吐泄瀉와赤痢白痢와胸腹刺痛과謦咳白痰을能治能止ᄒᄂᆞᆫ靈藥이오

製造本舖 漢城鐘路萬國基督教青年會舘 前西洋藥 都賣業慈惠藥房

[illegible]

隆熙二年六月二十二日內部許可를得ᄒ고每日壹次式陽曆十五日에發行

編輯主筆大韓醫院教授 劉世煥
醫藥論說著述前醫學校長勳五等 池錫永
英米處方藥錄譯의學博士 洪錫厚
發行者慈惠藥房營業主 李觀化
印刷者慈惠藥房附屬普印社主任 洪슌

目的

韓國新製藥 德國新製藥
日本新製藥 英國新製약
淸國新製약 美國新製약

以上藥品의主治效能과用法과定價金을以國漢文으로翻譯ᄒ고
洋藥乾材 唐材 鄕약材
但漢城銅峴時價만每月證告홈

林業速成科學員募集廣告

本校에서夜學林業速成科及測量科를合設ᄒ고兩科에關ᄒ學理技術을敎授ᄒ겟더이니願學僉員은本月貳拾五日內(陰五月貳拾七日)로入學請願書(本校에請求)를本校에提呈ᄒ고七月拾二日(月曜日)上午拾時에來校應試홈

壹 試驗科目 國文 漢文 讀書作文 算術四則以內
但相當ᄒ卒業證書가有ᄒ人은免試許入홈
壹 修業期限은拾個貳月로定홈
壹 上學時間은自下午七時로至拾時三時間
壹 修業課程 造林學總論造林각論 苗圃論 森林保護學 森林經理學 森林利用學 植物學 測樹學 土壤學 肥料學 農學大意 測量學術及實習

隆熙貳年六月拾三日 七五
西大門內普成學校

○약 광고

본국에서 십년을연구ᄒ야 사향소창단(이란 약을발명ᄒ엿는ᄃᆡ 효험이 [illegible] 무슴 적병이던지 한제(十四介)를미염열에서 먹으면 효험이 [illegible] 중 되는고로 [illegible] 첨위논오리가오니 창병잇는 첨위는 [illegible] 고싱말고 속히 [illegible]ᄒ시며 각디방이라도 우편으로 부쳐드리오니 죠량ᄒ시옵

胎養調經丸
ᄃᆡ양됴경환

대더 부인이 년과로록 잉태치 못홈은 병으로 인홈이니 일쳬히 연구치 아니ᄒ고 ᄉᆞ상이 ᄇᆞ려두면 다만 한사뿐 의 불힝홀ᄲᆞᆫ 아니라 또ᄒᆞᆫ 집 국에 크게 관계가 잇ᄂᆞᆫ고로 고명 ᄒᆞᆫ의 십오년을 니외국 의ᄉᆞ의 실험방을 턱션ᄒ야 셩에 집으로브터 他人家에 루々시험ᄒ즉 얼에 열사름이 다효험을 보앗고 초약이 잉 ᄃᆡ만 홀ᄲᆡ 아니라 (처량)(처 젹)ᄒ며 (조경)(조혈)되ᄂᆞᆫ고 로 이ᄀᆺ치 광포ᄒ오니 쳠부인은 일ᄎᆞ 시험ᄒ시며 각디방이라도 우편으로 보쳘 더이오니 죠량ᄒ시옵

壹劑壹個月分定價五圜

製藥所 仁川港栗峴 和平堂약房
발行人 仝 리應善
代理店 인川港栗峴 濟生堂약房
京城大廣橋 共愛堂약房

우랑중약은정심보명답각처발매소마다수용판매ᄒ오니그근방에게신이ᄂᆞᆫ그곳으로가서본의ᄒ시오

仁川港和平堂 白

全國專賣
製藥所 仁川港栗峴 和平堂약房
代理店 京城大廣橋共愛堂藥房 仁川港濟生堂약房
仝 平용[illegible]

至寶丹
至寶丸
靈效液
清眼水
通淋丸

漢城[illegible]
[illegible]

發行所

支店
代理店

此外에도東西洋各國有名藥材와醫療器械를多少를不拘ᄒ고請求ᄒ시면小包로即時發送ᄒ겟슴

大韓國新藥廣告

消化新藥 清心保命丹
仁川港栗峴 濟生堂藥房
發行所
九十粒入 金拾錢

主治效能
●漢飲食積 ●中暑中寒 ●咳嗽 腹痛 ●水土不服 ●氣鬱 吐瀉 ●船車眩暈 ●食傷 酒毒 ●口熱惡臭 ●其他諸般瘟疫預防方妙藥
▲出張代理特約販賣所
●京城大廣橋共愛堂大藥房 리觀化
同 鍾路慈惠藥房 리信華
同 梨峴洋약局 建誠亨
同 銅峴博文書館 同
同 南大門外大同運輸會社 新井支店
同 泥峴三丁目 天佑堂
同 泥峴郵便局前 리鳳林
同 水標橋本堂出張人 金濟賢
仁川舊邑本堂出張所
同 開城旅舘 韓國根
同 寺峴和平堂 리應善
同 城門內萬物廛 박圭相
同 南門內同店 高相玉
同 北部忠橋 리商鎬
海州宗路商店 具聖模
同 二房약舖 宋在瑛
同 南門內店 김秉泰
水原香路下약房 리奉植
延安邑니洋약局 金濟九
 洪敬文

●江華郡客店 尹斗鉉
●同 客路店 宋順玉
●同 西門外旅肆 高成文
●砂利院市場니客主 朴健昌
●同 鉢坪 [illegible]
●同 郡衙裏 任允[illegible]
●同 大鳥部一里 리[illegible]
●同 竿山 [illegible]
●平壤[illegible] 濟生局 [illegible]
●同 館前[illegible]
●同 [illegible]
●同 里[illegible] 桂[illegible]
●同 [illegible] 尹[illegible]
●安州[illegible]
●[illegible] 本堂出張人 김斗鉉
●安州邑上[illegible] 濟生局 林聚柱
●安岳邑上[illegible]
●大邱[illegible]
●[illegible] 朴芝行
●[illegible] 崔允國
●[illegible] 金鎭和
●[illegible] 박[illegible]
●定州[illegible] 리[illegible]
●[illegible] 安[illegible]
●信川邑四里洋약局 김永[illegible]
●元山港濟生堂支店 김大鉉
●北青新昌[illegible] 박[illegible]
●江原道本堂出張人 [illegible]
●德川邑官동洋약局 리丙斗
●谷山 [illegible] 리東[illegible]
●其他各약店마다隨應販賣홈
●仁川港濟生堂告白

陸軍[illegible]의[illegible]發方劑

落梅丹

口疳不發창病去根之良藥
壹劑[illegible] 三圜

主治 [illegible]

●痰[illegible]
●천病

已上病證外에男女間에不精交合ᄒ後에若疑아之端이有ᄒ야도此藥을服ᄒ면完無後慮ᄒ고脾胃도健全ᄒ을擔保홈此外에도의療器械와精英ᄒ藥材를新備ᄒ고內外科와色疾病을誠心治療홈

墨城北部大安洞
仁濟藥房 高用진 謹白

代理店
京城鐘路 共愛堂약房
仁川港龍洞 濟生堂
國內各處藥局에셔隨應販賣홈

○廣告料
매ᄒ활자十三字ᄒ每日每五尺一寸에[illegible]
(每日每行六전에相當홈)
二遍日에 二圜五十錢
每日每行四錢五厘에相當홈
一箇月에 五圜
每日每行四錢一厘에相當홈)
其期限의長短과字行의多寡를依ᄒ야增減홈이有홈

發行兼編輯人英國人 萬咸
發行所
南署石井洞號外地三層洋屋
大韓每日申報社

慈惠藥房
秀路慈惠약房內慈惠醫院에醫療機械 藥業醫師と醫학博士 洪錫厚 慈惠房藥營業主 李觀化 全國拾三道에以小包郵便으로 製藥所主任 李應爽 製藥所印刷所兩處職工六

第六卷 大韓每日申報 第八百四拾七號

月曜及慶節歲時日休刊

檀君開國四千二百四十一年
箕子元年三千三十年
大韓開國五百十七年
日本明治四十一年
淸國光緖三十四年
陰曆戊申六月小初六日庚申

論說

◉疾視忠告

再昨日本報에「確實ᄒᆞᆫ言論」이라題ᄒᆞ고壹文을揭ᄒᆞᆫ바此가何處에壹毫過實ᄒᆞᆫ言辭도無ᄒᆞ며壹毫煽動ᄒᆞᆫ意도無ᄒᆞ고字々確實句々確實ᄒᆞ며言々語々가皆確實ᄒᆞ야本報의意를不背ᄒᆞ얏거ᄂᆞᆯ嗚呼異哉라此壹文도乃者押收를逢ᄒᆞ얏도다

此題가又確實ᄒᆞᆷ뿐아니라亦是日本의對ᄒᆞ야大忠告大忠告ᄒᆞᆫ바라日本이韓國에對ᄒᆞᆫ政策이不良ᄒᆞ야韓人의多大ᄒᆞᆫ惡感情을起ᄒᆞᆷ으로觀察者가憤慨를不勝ᄒᆞ야從今以後로ᄂᆞᆫ昨非를覺ᄒᆞ고正直。仁善。寬厚。에注意ᄒᆞ라ᄒᆞᆷ에不過ᄒᆞ니此가韓國人의排日思想을鼓ᄒᆞ며反抗暴動을煽動ᄒᆞᆫ언가異哉라彼의押收여身에不潔ᄒᆞᆫ惡臭를蒙ᄒᆞ고他人의掩鼻를仇視ᄒᆞᆷ이아닌가

然則從此韓國에言論을主張ᄒᆞᄂᆞᆫ者ᄂᆞᆫ惟日本을暴諂ᄒᆞ며惟日本을是附ᄒᆞ야黑ᄒᆞᆫ日人도白ᄒᆞ다ᄒᆞ며曲ᄒᆞᆫ日人도直ᄒᆞ다ᄒᆞ며醜ᄒᆞᆫ日人도姸ᄒᆞ다ᄒᆞ며矮ᄒᆞᆫ日人도長ᄒᆞ다ᄒᆞ며狹ᄒᆞᆫ日人도廣ᄒᆞ다ᄒᆞ며惡ᄒᆞᆫ日人도善ᄒᆞ다ᄒᆞ며愚ᄒᆞᆫ日人도賢ᄒᆞ다ᄒᆞᆷ이可ᄒᆞᆯ가

嗟哉라彼의此思想이여韓人도亦是耳가有ᄒᆞ며目이有ᄒᆞ니日人이果然黑ᄒᆞ고醜ᄒᆞ고惡ᄒᆞ고凶ᄒᆞᆫ事만是行ᄒᆞ면吾輩가아모리白ᄒᆞ다姸ᄒᆞ다善ᄒᆞ다賢ᄒᆞ다고辨護ᄒᆞ야도韓人은終是。黑。醜。惡。凶으로觀ᄒᆞᆯ지며日人이果然白ᄒᆞ고姸ᄒᆞ고善ᄒᆞ고賢ᄒᆞ면吾輩가아모리黑ᄒᆞ다醜ᄒᆞ다凶ᄒᆞ다惡ᄒᆞ다고詆毁ᄒᆞ야도韓人이終是白。姸。善。賢으로信ᄒᆞᆯ지어ᄂᆞᆯ

惜哉라彼가今에抑勒으로白者姸者善者賢者의稱을得코ᄌᆞᄒᆞᄂᆞᆫ대苟或一言一句라도其耳의少逆ᄒᆞ면勃然히變色ᄒᆞ야爾가排日ᄒᆞᆫ다々々ᄒᆞ니惜哉라

諺의도毒藥이苦口利於病、忠言逆耳利於行이라云치아니ᄒᆞ얏ᄂᆞᆫ가且其心을平ᄒᆞ며氣를下ᄒᆞ야自省ᄒᆞ고壹時善惡의性을抑ᄒᆞ야忠言을不拒ᄒᆞᆷ이何如ᄒᆞᆯᄂᆞᆫ지

然則韓日兩國人의惡感이自消ᄒᆞ야本報의筆도此等批評을弄ᄒᆞᆯ餘地가無ᄒᆞ리라ᄒᆞ노라

外報

●社會黨反對 倫敦電을據ᄒᆞᆫ즉社會黨은大統領의俄國訪問ᄒᆞᆷ을反對ᄒᆞᄂᆞᆫ動議를提出ᄒᆞ얏다더라

●軍艦編製說 同電을據ᄒᆞᆫ즉南米伯拉西共和國에서三拾隻의戰艦을本國에注文ᄒᆞ야日本海軍에對抗ᄒᆞᆯ大艦隊를編製ᄒᆞ라ᄂᆞᆫ事를密議中이라더라

●海軍國是 同電을據ᄒᆞᆫ즉米國에서兩大洋海軍國의標準되ᄂᆞᆫ主義를採用ᄒᆞ야艦隊를太平洋北太平洋에常置ᄒᆞ기로決定ᄒᆞ얏다더라

●鴉片密輸入 同電을據ᄒᆞᆫ즉淸國에서鴉片烟의密輸入이盛大ᄒᆞ다ᄒᆞ얏더라

●民會政綱起草 紐育電을據ᄒᆞᆫ즉本月에덴파市에서開催ᄒᆞᆯ民主黨大會의政綱은目下브라이안씨가起草中인데强硬ᄒᆞᆫ東洋人排斥ᄒᆞᆯ意見을挿入ᄒᆞᆫ다ᄒᆞ얏더라

●張氏反對 東京電을據ᄒᆞᆫ즉淸國々會開設期에就ᄒᆞ야再昨日에王文韶氏以下辦理政務處大臣會議를ᄒᆞ얏ᄂᆞᆫ데袁世凱ᄂᆞᆫ十年後에開設ᄒᆞ자ᄂᆞᆫ說을主張ᄒᆞ니張之洞氏가尙早ᄒᆞ다ᄒᆞ야反對ᄒᆞ얏더라

●賠償金督促 同電을據ᄒᆞᆫ즉法國公使ᄂᆞᆫ本月二日淸國外務部에對ᄒᆞ야雲南事件의賠償金을督促ᄒᆞ얏다더라

●烟店廢止 同電을據ᄒᆞᆫ즉上海英國居留地에鴉片烟店을廢止ᄒᆞ얏다더라

●救濟米輸送 同電을據ᄒᆞᆫ즉淸國政府에서今番洪水의被災ᄒᆞᆫ者를救濟ᄒᆞ기爲ᄒᆞ야救濟米拾二萬石을廣東에輸送ᄒᆞ얏다더라

雜報

●請助反對 洪原郡[illegible]旣成兩齋合設ᄒᆞᆫ私立남成학校ᄂᆞᆫ登自학部承認ᄒᆞᆫ后로有志諸시가極力贊成ᄒᆞᆷ만不留ᄒᆞ며敎師諸位敎시가新舊學敎育을晝夜熱心ᄒᆞᆷ으로遠近학徒가風聞聚集ᄒᆞ야大有成就之望이온대近日本郡[illegible]ᄒᆞ야학校의補助를數次强請ᄒᆞ기로학校士論이學校의셔他學校의補助ᄒᆞᄂᆞᆫ前例가本無ᄒᆞ다ᄒᆞ야期於反對ᄒᆞ얏다더라

●旣成可成 雲衆을旣成학校의셔今番春期運動을務行ᄒᆞ얏ᄂᆞᆫ대優等生白升基尹正誥等諸人의게賞與品을多數分給ᄒᆞ고校長朴鳳陽시와敎師尹炳斗시의熱誠敎授ᄒᆞᆷ으로학員智識이發ᄒᆞ야日就月將ᄒᆞᆫ다더라

●新校始役 殷栗源시가設立ᄒᆞᆫ權南동신明小학校基址를친洞後麓의定ᄒᆞ고昨日부터始役ᄒᆞᄂᆞᆫ대히동人民이壹齊히自願出役ᄒᆞᆫ다더라

●江郡新校 江華郡下道面知此里와興旺동兩동有志紳士諸씨가出義發校ᄒᆞ얏ᄂᆞᆫ대校舍拾餘間을新建築ᄒᆞ고校名은私立普興義塾이라ᄒᆞ고학員五六十名을募集敎授ᄒᆞᄂᆞᆫ대塾長박衆吉斅監리秉榮兩씨와학員父兄諸씨가敎育上에熱心ᄒᆞ미히학徒의進就도可期라더라

●義進益進 稷山郡下[illegible]面內에有志紳士張洪鎬玄相弘諸씨가私立普通학校를設立ᄒᆞ미학員이日加月增ᄒᆞᄂᆞᆫ대其校經持方針을諸씨가熱心研究ᄒᆞ야大端興旺ᄒᆞ기로高明敎師를現今延聘ᄒᆞᆫ다더라

別報

◉裵說氏의公判顚末

第二日 續

월킨슨氏曰學界의花라ᄒᆞᆫ論說에論及ᄒᆞᆫ人士中에其臂를斷ᄒᆞᆫ者가誰인지知ᄒᆞᄂᆞᆫ냐答曰此人의事蹟은漢文傳記에載ᄒᆞ니이다問彼학生等의行事ᄂᆞᆫ某諸學勇進ᄒᆞ며實習ᄒᆞ야其目的을達ᄒᆞ려ᄒᆞᆷ에니와其處事方法은論說에記述ᄒᆞᆷ이無ᄒᆞ도다此ᄂᆞᆫ自己等의熱血에셔自己等의血肉을裁斷ᄒᆞᆷ이니이다

問汝ᄂᆞᆫ此가誤解이며又自己等의熱血도아닌줄노ᄂᆞᆫ思慮치아니ᄒᆞ며且此論說을讀ᄒᆞᄂᆞᆫ人들이互相傳讀ᄒᆞ면此ᄂᆞᆫ但只學術上의熱血노만慮ᄒᆞ야其激熱을稍冷케ᄒᆞᆯ줄노만思量ᄒᆞᄂᆞᆫ뇨曰本人의思見에ᄂᆞᆫ韓人들이其肉身의情慾ᄂᆞᆫ滅絶ᄒᆞ고必須耐苦라가期有成功ᄒᆞ라ᄂᆞᆫ줄노知察ᄒᆞᆯ지니이다

裁判官曰貴國의現狀을知悉ᄒᆞ노ᄂᆞ뇨曰今韓國人民의狀況이如此ᄒᆞᆫ데其民心에對ᄒᆞ야若是ᄒᆞᆫ記事를提給ᄒᆞᆫ效果로人民이如何히思想ᄒᆞᆯᄂᆞᆫ지智者ᄂᆞᆫ不問可知ᄒᆞ리니此에對ᄒᆞ야汝ᄂᆞᆫ質辯이어다答曰今人은該論說等이壹個人도煽動케ᄒᆞᆷ이無ᄒᆞᆫ줄노確認ᄒᆞ노이다

월킨슨氏曰然則汝의揣來不揃ᄒᆞᆫ讀者類等을送致ᄒᆞᆫ人民들은汝가彼等의所志를解조ᄒᆞ여줄줄노思料ᄒᆞᆫ듯ᄒᆞ니彼等이汝를此에適當ᄒᆞᆫ者로仰望ᄒᆞ얏도다答曰彼等의所志ᄂᆞᆫ能히發刊ᄒᆞ시히가에ᄂᆞᆫ本人의新聞이獨[illegible]ᄒᆞᆫ줄노彼等이仰望ᄒᆞ엿나이다

問新聞中에何者ᄂᆞᆫ不揭ᄒᆞ얏스니此ᄂᆞᆫ太히强硬ᄒᆞᆫ緣由를拋棄不揭ᄒᆞ얏나뇨曰總히此緣由로以ᄒᆞᆷ이니이다

問以前類等이太히感昧ᄒᆞ더뇨太히痛殺ᄒᆞ더뇨何如ᄒᆞ더뇨曰個中或否ᄂᆞᆫ此兩意를幷包ᄒᆞ엿에니이다

問汝ᄂᆞᆫ六箇月間治安을保守ᄒᆞ기로拘束된동안에大韓每日申報論說에對ᄒᆞ야明白히注意ᄒᆞ얏나뇨曰然ᄒᆞ얏나이다

問續報汝가五月壹日에刊佈ᄒᆞᆫ論說을記憶ᄒᆞ깃나뇨曰記憶ᄒᆞ지못ᄒᆞ깃나이다

問汝ᄂᆞᆫ該論說은作文而已오且書翰ᄒᆞ야何人이던지煽動케ᄒᆞᆷ이無ᄒᆞ다ᄒᆞ얏스나吾ᄂᆞᆫ該論說이可以煽動되깃고且這思想을包含ᄒᆞ야全論破ᄒᆞ노니五月壹日에刊佈ᄒᆞᆫ[illegible]驚어다論說欄內에當日을經過ᄒᆞ면壹層苦痛이添ᄒᆞ며二日을經ᄒᆞ면二層苦痛이添ᄒᆞ다云々ᄒᆞᆫ句語ᄂᆞᆫ人民을激起ᄒᆞ야日人을反對ᄒᆞ라고勸告ᄒᆞᆷ이아니뇨

問汝가汝의補佐員을招來ᄒᆞ라ᄂᆞᆫ뇨曰然ᄒᆞ오리다

問該員의[illegible]오曰吾ㅣ[illegible]의主筆로此報에在ᄒᆞ야韓人의게同情을表ᄒᆞ기爲ᄒᆞ야日人의政策進行에[illegible]ᄒᆞᆫ汝가知ᄒᆞᄂᆞᆫ대로[illegible]야自由로韓人을幇助ᄒᆞ며且韓人中에愛國熱의勢焰을[illegible]ᄒᆞ기로擔當ᄒᆞᆫ줄[illegible]니ᄒᆞᄂᆞᆫ뇨答曰此ᄂᆞᆫ[illegible]오이다(再問ᄒᆞᆫ대)[illegible]나이다

問韓國內에現今에日人이實施ᄒᆞᄂᆞᆫ政府外에又他政府가有ᄒᆞ뇨此外에他政府를知ᄒᆞ나뇨曰然ᄒᆞ여이다韓國政府니이다

問誰가韓國政府에首가되ᄂᆞ뇨曰 大皇帝陛下로소이다

問現 皇帝ᄂᆞᆫ何오曰現 皇帝陛下니이다

問 陛下에셔各大臣을任命ᄒᆞ시ᄂᆞ뇨曰然ᄒᆞ오이다

問誰가從前을任命ᄒᆞ나ᄂᆞ뇨[illegible]勅令으로叙任ᄒᆞ나이다

問該勅令이伊藤公爵의勸告나指揮로施行되나뇨曰[illegible]로소이다

問韓國내에警察權은[illegible]에셔直히管轄ᄒᆞ시나뇨[illegible]에有ᄒᆞᆫ若干名뿐이니이다

問坊曲巡査의管轄은誰오曰彼等은韓國政府에警務顧問으로被任된丸山씨가管轄[illegible]

問統監의勸告로[illegible]被任ᄒᆞᆫ지已[illegible]에셔九時[illegible]

(未完)

雜報

●拜謁各殿 昨報와如히昨日大皇帝陛下께옵셔 德壽宮에親幸ᄒᆞ옵셔 太皇帝陛下께拜覲ᄒᆞ옵시고 景孝殿에 拜謁ᄒᆞ시고下午五時에 璿源殿의 拜禮ᄒᆞ옵시ᄂᆞᆫᄃᆡ 懿孝殿에御臨ᄒᆞ옵셧다더라

●御駕陪從 別項과如히 大皇帝陛下께옵셔ᄂᆞᆫ 馬車를 御乘ᄒᆞ셧ᄂᆞᆫᄃᆡ 侍從院卿尹德榮氏가隨乘陪坐ᄒᆞ얏고 義親王殿下께옵셔ᄂᆞᆫ本宮附官金鎭善을帶同ᄒᆞ야乘車陪從ᄒᆞ얏고現任各大臣들은次第陪從하얏고각元老大臣들은亦수陪從하얏더라

●修院學徒祗迎 別項과如히大皇帝陛下께옵셔昨日動 駕ᄒᆞ시ᄂᆞᆫ때에各學校中修學院學徒만壽洞屛門等地에셔 祗迎하얏다더라

●執務時間 再昨日에 閣諸大臣이木曜例會를ᄒᆞ고結果로各府部院廳에在職官吏의執務時間을改定ᄒᆞ야官報에頒포ᄒᆞᆫ다더라

●兩 疏遞 奎章閣祗候官尹用求關提學閔泳徽兩氏ᄂᆞᆫ疏遞되얏다더라

●金氏會長云 대한協會會長隱退에ᄂᆞᆫ有何事端인지三數次會長任을辭免ᄒᆞᆫᄂᆞᆫᄃᆡ諸會員이極力挽留ᄒᆞ되期於히辭免ᄒᆞ고其代에ᄂᆞᆫ金嘉鎭柳瑾二氏가推薦되얏ᄂᆞᆫᄃᆡ金嘉鎭氏가首望으로被選된다더라

●代辦視務 內部土木局長이新官制以後에正任을尙未叙任ᄒᆞᆫ故로同部衛生局長劉猛氏가代辦視務ᄒᆞᆫ다더라

●完察發程 全남觀察使申應熙氏가赴任次로本日에발程ᄒᆞᆫ다더라

●善守放免 蔚山郡守丁喜燮氏가吉泳洙의田畓의對ᄒᆞ야證明規則을輕易히繕給ᄒᆞᆫ事로裁判所의被拿되얏다가現今間의放免이되얏다더라

●佐藤回程 內部水道局技師佐野藤次郎이ᄂᆞᆫ釜山水道視察ᄒᆞ고日昨에回還ᄒᆞ얏다더라

●獨立設局 帝室有財產을度支部로引繼ᄒᆞᆫ은屢報어니와其調査局을革罷ᄒᆞᆫ다ᄒᆞ더니更聞ᄒᆞᆫ즉獨立局으로設立ᄒᆞ고多少官吏를設置ᄒᆞᆫ다ᄂᆞᆫ巷說이有ᄒᆞ더라

●學事協議 學部高等官들이昨日下午壹時의會同ᄒᆞ야私立학校의補助金支撥件과私塾의施行ᄒᆞᆯ條件을爛商協議하얏ᄂᆞᆫ대日間頒포된다더라

●陽曆施行 陰曆은永爲廢止ᄒᆞ고陽曆을實施ᄒᆞᆫᄂᆞᆫᄃᆡ各忌辰祭享과誕辰을陽曆月日로設行ᄒᆞ기로改定된다ᄂᆞᆫ說이有ᄒᆞ다더라

●銀券調査 隆熙貳年六月拾四日로부터同月卄日ᄭᆞ지第壹銀行券發行額平均表를度支部에셔調査ᄒᆞᆫ즉八百九拾貳萬二千六百圓내의正貨準備發行額이三百拾一萬八千六百圓이오保證準備發行額이五拾七萬九千四百圓이라더라

●宴費各辦 法學協會에셔來火曜日에各地方에出張ᄒᆞᆫᄂᆞᆫ判檢事와書記를請邀餞別ᄒᆞᆫ다ᄂᆞᆫ說은已爲報道어니와當日宴費ᄂᆞᆫ該會員이各其壹圓式辦備ᄒᆞᆫ다더라

●兩件調査 閔泳綺ᄂᆞᆫ가釜山鑛敲賣ᄒᆞᆫ事와申箕善氏가咸南觀察使在任時에公廨를放賣ᄒᆞᆫ事에對ᄒᆞ야現今內部에셔還々調査ᄒᆞᆫ다더라

●遞辭知縣 陰本月初旬에懿孝殿提調李載德氏가該 殿에서焚香次로入來ᄒᆞ얏다가該殿所在時鍾을袖에ᄯᆞ야暗自持去ᄒᆞ얏ᄂᆞᆫᄃᆡ該 殿令等에權力으로ᄂᆞᆫ推索無路ᄒᆞ고該 殿令이宮內府로報告ᄒᆞᆫ故로該府에셔掌禮院으로査得ᄒᆞ라ᄒᆞ야再昨日에掌禮院에셔李載德씨를招來ᄒᆞ야査問ᄒᆞᆫ즉李시所答이修改次로入直令의게言ᄒᆞ고持來라ᄒᆞ며其日入直ᄒᆞ얏던令은招來對質ᄒᆞᆫ즉該令言ᄂᆡ에伊日은焚香日이니非但入直令이라諸令等이會同ᄒᆞ얏ᄂᆞᆫᄃᆡ修改次로持去ᄒᆞ라ᄂᆞᆫ說은不聞이라ᄒᆞᆫ대李시가無聊히退去ᄒᆞ얏고其處罰은姑未可知라더라

●開廳延期 大審院及各裁判所의開廳式을本月仲旬에同日擧行ᄒᆞᆫ다ᄂᆞᆫ說은前報에已揭어니와新任ᄒᆞᆫ각裁判官吏가趲爲赴任後擧行ᄒᆞᆯ터인ᄃᆡ日限의未及ᄒᆞᆯ터인故로八月初旬으로延期가된다더라

●治療額半減 각官立普通학校生徒가或罹病ᄒᆞᆫ境遇이면大韓醫院의委托ᄒᆞ야治療ᄒᆞ되該治療費ᄂᆞᆫ半價로支撥ᄒᆞᆯ意로學部大臣이ᄂᆡ部와交涉ᄒᆞ야協議中이라더라

●辦費贈與 工業傳習所學徒壹人이梨花亭射會時에中矢ᄒᆞ야大韓醫院에셔治療ᄒᆞ다가致死ᄒᆞ얏ᄂᆞᆫᄃᆡ永宣君李埈鎔氏가葬費로金五百圜을贈與ᄒᆞ얏다더라

●開放叉奪 西來人의傳說을聞ᄒᆞᆫ즉平壤郡外城廓附近에停車場基址ᄂᆞᆫ昨春의박義秉氏가上官訓令과圖本壹幅으로幷爲揭示인바니와저紅線以ᄂᆡᄂᆞᆫ軍用地의屬ᄒᆞ며茶褐線以ᄂᆡᄂᆞᆫ督理府의屬ᄒᆞ고以外ᄂᆞᆫ卽ᄀᆡ放逐ᄒᆞ야自由居生云이ᄀᆡ로壹般人民이ᄀᆡ放ᄒᆞ야移接居生ᄒᆞ더니不意今春의ᄀᆡ放ᄒᆞᆫ田畓千三百戶家一千九戶地段을稱以停車場基址라고擅揮標木故로總代二人이ᄂᆡ부의呼訴次로上京ᄒᆞ얏다더라

●是何聲也 完順君李載完氏家에셔每日上午六時量이면무舍砲響 嚴발ᄒᆞ야爆藥으로碎岩聲과도如ᄒᆞ고放銃聲과도如ᄒᆞ야聞者가拾分驚訝ᄒᆞᆫ다더라

●金門開會 韓國金璧根氏家에셔諸金氏들이會同ᄒᆞ야宗約所를組織ᄒᆞᆫᄃᆡ當日義捐ᄒᆞᆫ田土가壹百五拾餘石落이오錢額이千餘圜에達ᄒᆞ얏고該所目的인즉敎育殖產二件이오任員을選定ᄒᆞ얏ᄂᆞᆫᄃᆡ宗約所長은金璧根氏오副所長은金宗漢氏오敎睦部長은金鎭鎬氏오敎育部長은金嘉鎭氏오財務部長은金炳錫氏오捷務員은金鼎漢氏로定ᄒᆞ얏다더라

●巡査向東 再昨日下午七時에警務廳韓日巡査三拾名이東門外로出往ᄒᆞ얏다더라

●鐵郡雹災 去月十五日에鐵原郡에雨雹이壹息頃을大下ᄒᆞ미田穀이大爲損害되얏다더라

●秘跡偵探 東來人의傳說을聞ᄒᆞᆫ즉廣州郡南方의셔義兵과討伐隊와交戰타가義兵은退去ᄒᆞᆫ後討伐隊의셔人民의게偵探ᄒᆞᆫ則退去ᄒᆞᆫ義兵의參謀官鄭寅八(或은鄭寅玉)이가秘密偵探次로上京ᄒᆞ얏다고人民의言論이浪藉ᄒᆞ다고討伐의셔京城憲兵司令部로交涉ᄒᆞ야警令部警察署의셔摘捉次로各署管內로調察ᄒᆞᆫ다더라

●是何人斯 再昨日下午六時量에安洞分派警察所에何許洋服人이姓名을捕稱ᄒᆞ야北部警察署로押付ᄒᆞ얏다더라

●親睦開會 학生聯合親睦會에셔去日曜日에雨驟ᄒᆞᆷ因ᄒᆞ야開會치못ᄒᆞ고更히來日曜日下午壹時로退定ᄒᆞ야講習興士團測量학校ᄂᆡ에開ᄒᆞ고辯士鄭雲復씨ᄂᆞᆫ成功의秘訣과商在셔ᄂᆞᆫ本會의希望과滋炳憲씨ᄂᆞᆫ時代的問題로演說ᄒᆞᆫ다더라

●西北通常會 西北學會에셔今日下午四時에月例通常會를齋洞本學校內에셔開ᄒᆞᆫ다더라

●進明卒業 進明女學校에셔昨日에卒業式을擧行ᄒᆞᆫᄃᆡ有志婦人이多數請邀ᄒᆞ얏다더라

●講習所卒業 法學講習所에셔本日下午二時에本業式을擧行ᄒᆞᆫᄂᆞᆫᄃᆡ有志人士多數請牒ᄒᆞ얏다더라

●醫徒募集 大한醫院敎育部에셔夜學課를設施ᄒᆞ고학徒를募集ᄒᆞ야敎授ᄒᆞ기로決定ᄒᆞ얏다더라

●宗財助校 鐵原郡西邊面龍潭里居ᄒᆞᆫ李漢夏氏ᄂᆞᆫ敎育에熱心ᄒᆞ야學校를設立ᄒᆞ고該氏宗中에셔도財政을不惜ᄒᆞ고合心贊助ᄒᆞᆫ다더라

●宗中助校 光山金氏宗中의셔發起ᄒᆞ야測量學校를設立ᄒᆞ고宗中靑年을敎育ᄒᆞᆫ다ᄒᆞᆷ은已報어니와其敎育方針을更聞ᄒᆞᆫ즉生徒ᄂᆞᆫ五拾名으로定限募集ᄒᆞ야ᄒᆞᆫ며經費ᄂᆞᆫ京鄕에各親戚의게收斂ᄒᆞᆫ다ᄂᆞᆫᄃᆡ冠外ᄂᆞᆫ三拾錢으로童蒙은十錢으로醵集ᄒᆞ기로現今協議中이라더라

●克校親睦 義州郡批峴面堂后洞에克明학校를設立ᄒᆞ얏ᄂᆞᆫᄃᆡ校監金龍淵시와학監金載謙씨세시ᄂᆞᆫ俱以학問大家요自己邸木을新伐ᄒᆞ야校舍를宏大히建築ᄒᆞ고各捐五百圜ᄡᅵ購址ᄒᆞᆫ勸ᄒᆞ야各其壹貳百圜式出捐ᄒᆞ고其子弟를入校ᄒᆞ니當학徒가百餘名이오夜학徒가壹百五拾餘員인ᄃᆡ兩氏가ᄒᆞᆫ近학校任員을勸勉ᄒᆞ야親睦會를組織ᄒᆞ니千餘名학徒가壹心團結ᄒᆞ엿다고張順擧氏가目擊來傳ᄒᆞ더라

●釋家新校 陝川郡海印寺ᄂᆡ와海印寺校를設立ᄒᆞ고靑年子弟를敎育ᄒᆞᄂᆞᆫᄃᆡ副校長李晦光氏가任員諸시로더부러愛國誠三字의銘心ᄒᆞ야敎育ᄒᆞᆫ바ᄃᆡ기敎育지가不過二三朔之間의靑학生이七拾名이오夜학生이二拾餘名인ᄃᆡ本月拾三日土曜日의三班學員을募集ᄒᆞ야試才ᄒᆞᄂᆞᆫᄃᆡ優等生은丁日和金永允等諸人이라더라

●慈善會慈善 慈善婦人會의셔慈善演奏會의結果로純利益金이三百餘圜의達ᄒᆞ얏ᄂᆞᆫᄃᆡ還退ᄒᆞᆫ入場券이金二百餘圜이오其些少ᄒᆞᆷ으로不拘ᄒᆞ고金五拾圜을京城孤兒院의寄附ᄒᆞ야該院經費의百分이라도補用케ᄒᆞ라ᄒᆞ엿다더라

▲地方消息▼

▲去月二拾七日沔川郡東北面ᄒᆞᆫ里地의셔義兵約五 名이日分遣隊와衝突ᄒᆞ얏다더라

▲去月二拾五日北靑郡東남約二拾里地의셔義兵約七拾名이討伐隊와交戰ᄒᆞ얏다더라

▲形形色色▼

▲大抵形便俯察ᄒᆞ니紛紛又치擾擾ᄒᆞ야變幻無常難測이로新舊式이交錯ᄒᆞ니形形色色可觀

▲形々色色며人物은엇던者ᄂᆞᆫ中宿ᄒᆞ고엇던者ᄂᆞᆫ未化ᄒᆞ야各樣主義不同ᄒᆞ니鳥獸不可同群이라笑目相笑嘲ᄒᆞ니均壹ᄒᆞ기杳然ᄒᆞ다

▲形々色色며行色은存舊改變相雜ᄒᆞ니半僧半俗되얏고나俱是同國同種으로性難近而習遠ᄒᆞ야黑白何其適別ᄒᆞᆫ가均壹ᄒᆞ기杳然ᄒᆞ다

▲形々色色며服色은삽보下의周衣입고義冠下의구두신어新舊衣制渾雜ᄒᆞ야揚揚自得하ᄂᆞᆫ貌樣半僧半ᄒᆞ야未分ᄒᆞ니均壹ᄒᆞ기杳然ᄒᆞ다

▲形々色色며官人은니外官人同任ᄒᆞ니風氣又是殊ᄒᆞ고語習又是難通이라事務處理難便ᄒᆞ야終日相對厭々ᄒᆞ니均壹ᄒᆞ기杳然ᄒᆞ다

▲形形色色며女子ᄂᆞᆫ或者洋服鮮明ᄒᆞ고或者長衣依舊ᄒᆞ야街路上에過去ᄒᆞ니不當其規莫測ᄒᆞ야旁人耳目ᄒᆞᄂᆞᆫ고나均壹ᄒᆞ기杳然ᄒᆞ다

▲形形色色며社會ᄂᆞᆫ有志士ᄂᆞᆫ熱誠ᄒᆞ야國體未固恨歎ᄒᆞ고假志士ᄂᆞᆫ求榮ᄒᆞ야國家思想啓斂이오仕宦熱이擇中ᄒᆞ니均壹ᄒᆞ기杳然ᄒᆞ다

▲形形色色며黨派ᄂᆞᆫ此黨彼黨相爭ᄒᆞ야暗裏猜忌濃吠ᄒᆞ니競爭氣習不息이라色派中由來弊ᄂᆞᆫ至今ᄭᆞ지存立ᄒᆞ니均壹ᄒᆞ기杳然ᄒᆞ다

▲形形色色며性質은君子小人已分ᄒᆞ니其進其退不同이라豈消長自在理ᄂᆞᆫ隆盛弊窮此時代의氷炭不可同器ᄒᆞ니均壹ᄒᆞ기杳然하다

▲形形色色며門閥은班常元來適別ᄒᆞ며中庶派派中이라五百年來已成習이外面雖稱同胞ᄒᆞ나內抱感假우의요均壹ᄒᆞ기杳然ᄒᆞ다

社告

本支社를 左開六處에 設置ᄒ고 該支社에 委任ᄒ오니 本報愛讀ᄒ시ᄂ 僉君子ᄂ 該支社로 請求購覽ᄒ심을 務望홈

▲龍川 남市驛　韓贊希
▲龍岡郡 耶蘇教堂니　박종온
▲結성 廣川場 朴熙春家　리啓祚
▲龍川府 南面 松峴海東書會　金贊圭
▲定平郡 豐川　張禮學
▲洪原 南門外 耶蘇教冊肆　方萬辰

大韓每日申報社

雜報

◎華校發達　華山학校設立事ᄂ 已爲揭載ᄒ엿거니와 該校事務所의셔 校舍建築費를 方在準備中인대 該所油商柴商豆粥商等도 自願出捐ᄒ야 現今二千餘圜의 達ᄒ얏고 其外附近諸시도 多數出捐ᄒ리라 聞者ㅣ 莫不稱頌ᄒ다더라

●完順발明　完順君리 戰完시가 亭의셔 射會를 설ᄒ엿다ᄂ 事ᄂ 허시가 初無是事라고 本社의 送人발明ᄒ더라

廣告

平남赴任次本月三日第壹車로 行而知舊間未遑面々告別ᄒ와 極爲悵悚ᄒ와 茲以仰布伸情ᄒ오니 幸須 僉知照宥恕ᄒ심을 반

平남觀察리軫鎬　告白

本會에서 本月五日(陰七日)日曜下午壹時에 定期總會를 開ᄒ고 諸般事務를 變化ᄒ기에 對ᄒ야 處理ᄒ오니 僉會員은 屆期來臨ᄒ심을 務望

東關學會　告白

本會에서 本月五日午後壹時에 磚동興士團뇌 測量학校(路由前路員宮後門)에서 開ᄒ고 鄭雲復리 諸在崔炳憲三씨가 演說ᄒ오니 居期來臨ᄒ심을 望홈

學生聯合親睦會

本月五日(日曜)下午壹時에 本會紀念禮式을 訓鍊院에서 設行ᄒ오니 道內

人士及學生

諸氏ᄂ 來臨ᄒ시옵

湖南學會　告白

本人姓名員諺雙行方圖章을 去月에서 失遺ᄒ옵　李會九

本人의 所有溫陽郡東一面山谷時에 在ᄒ 長字畓壹石七斗落과 田壹斗落과 同郡壹北面梅谷前坪에 在ᄒ 母字畓六斗落과 同面如思岑坪에 在ᄒ 遺字畓十斗落과 證明券을 本年理院에셔 本人의게 還出給ᄒ기로 受持ᄒ고 未及下陷에 茶房居金鶴爲名人이 無類輩를 多率ᄒ고 本人의 手로 口吸ᄒ고 右證明券을 창奪ᄒ야 去ᄒ얏스니 金然鶴이 若以此證券으로 盜賣ᄒ거든 內外國人은 見欺치 勿홈　온양郡內面松峴居趙伯濟　白

貞陵藥水에 沐浴ᄒ시ᄂ 이의게 沐浴ᄒ기 便易ᄒ시기 爲ᄒ야 本社에셔 官許를 承有ᄒ야 藥泉을 淸潔케 修築ᄒ고 幕을 準備ᄒ되 特等幕 特等湯과 上等幕 上等湯과 中等幕 中等湯과 下等湯에 四等으로 區分ᄒ야 沐浴ᄒ시ᄂ니 要請대로 使供給ᄒ오며 遠路 設置ᄒ고 興趣를 助ᄒ야 閱覽ᄒ시ᄂ 니의게 安心病을 痊케ᄒ오니 僉君子와 僉大人閣下ᄂ 陸續來顧ᄒ시옵 務望홈

藥泉社　告白

會英樓　主人 徐鴻洲　謹白

啓者 漢城中署水標橋西河崖新設 淸國料理店 包辦各色 酒席價廉味美 並且樓房潔淨 伺候週到 於陰曆六月初二日 開市 合國僉君子 知此照亮

本人의 姓名圖章을 家內見失ᄒ 故로 玆에 廣告ᄒ오니 誰某시든지 切勿見欺홈　宮洞七拾二統五戶 李載乾　白

本郡은 背山臨海ᄒ야 農으로 가稀少ᄒ 中에 商工業도 姑未발達ᄒ야 居民生理가 困難이 殊甚ᄒ더니 本郡守 리駿氏가 時務에 鍊熟ᄒ고 民情을 周察ᄒ야 商工會를 組織ᄒ고 熱心贊成ᄒ으로 農桑工務가 倍前擴張ᄒ고 民情生産가 稍稍發展ᄒ 際에 農商工部 水産局長 鄭鎭弘씨가 水産調查次로 抵到ᄒ 鎭남郡에 而ᄒ야 贊成商業後에 壹場演說이 時務에 適當ᄒ 故로 該郡商民이 感服ᄒ야 九極進步ᄒ깃기로 感荷를 表ᄒ야 玆에 仰포　鎭남商業會議所 白

◉北靑郡新浦私立叢成學校 教室增築費義捐金廣告
校長 朱鳳元 拾圜　教師 南百祐 拾圜　財務長 金治鉉 廿圜　校監 張春伯 三拾圜　贊成員 金基環 二圜　河千九 三圜　金奇偶 五圜　事務員 李秉洙 貳拾圜
金環柱　林春化　李成根
金永植 各拾圜　李成學
吳基憲　申道賢　金亨五
李鉉俊　安廷協　朴占根
盧基鳳 各五圜　馬　現
朴惠來　安澤洙　各三圜
河相洛　洪允植　梁基淳
鄭順叢　李容善　金奇鍊
梁基鎬　馬鼎夏　李鏞憲
李君五 各貳圜 次

最新教科書籍廣告

新編動物學　全壹冊　定價四拾錢
右書ᄂ 動物界에 現象과 因과 生活狀態를 精確研究ᄒ야 簡明編輯ᄒ者ㅣ니 普通教科에 適宜홈

初等小學　全四冊　壹圓卅錢
現行刑法大全　全貳冊　壹圓
華盛頓傳　全壹冊　貳拾錢
政治小說 雪中梅　全壹冊　貳拾錢
說演法方　全壹冊　貳拾錢
新訂算術　全參冊　六拾錢
中等算術　全貳冊　壹圓半
教育議　全貳冊　廿錢
無冤錄　全壹冊　四拾錢
世界一覽　全壹冊　貳拾錢
大韓帝國新地圖　全壹冊　七拾錢
刑法新論　全壹冊　貳圓
二十世紀朝鮮論　全壹冊　卄九錢
日語獨習　全壹冊　四拾錢

皇城南署大廣橋三拾七統四戶
發賣所　滙東書館
全州南溪七書房　張在彥

測量學員募集廣告

本校內에 速成測量科를 設立ᄒ고 學員을 募集ᄒ오니 願學ᄒ시ᄂ 이ᄂ 七月十壹日(陰六月十二日)內로 請願ᄒ시오
上學時 下午六点三十分至九点
卒業期限四個月
南部長橋長薰學校　白

本官에 所有ᄒ 本郡南北部所在畓 八十七石拾斗落 量案을 見失ᄒ야 不知去處ᄒ온 故로 方今擬換措給ᄒ야 更出量案ᄒ오니 設或有盜取作奸者라도 該官에 見限從事ᄒ오며 昭然自在ᄒ온즉 見失ᄒ온 量案은 自歸休紙오니 내外國人은 一切勿見期시옵　稷山官 李海昇　告白

精理舍主人 柳一宣 著作
●初等算術教科書
洋裝壹秩壹冊定價新貨九拾錢
三拾冊以上을 來購ᄒ時ᄂ 原價의 二割引을 減홈
但地方에셔 百冊以上을 請求ᄒ時ᄂ 郵遞費를 發賣者自擔홈
本書ᄂ 算術大家柳一宣氏가 我國의 算學을 發達ᄒ기 爲ᄒ야 積年의 腦力을 費盡ᄒ바이온 算術의 原理와 法則을 昭詳詮釋ᄒ야 在學受教의 必須할 不啻라 自修自習에도 易曉ᄒ야 可獨習홈
發賣元 京西部社稷後洞七拾貳統六戶　鄭象煥

國債報償金中에 有人이 假仮으로 銀行本社에 來納홈을 許久積置ᄒ엿스나 節爲放賣ᄒ야 銀行에 殖利ᄒ기로 ᄒ것만 ᄒ지못ᄒ기로 玆에 廣告ᄒ오니 或有願買人이 거던 本社에 來問홈

本社　告白

本所에서 鑛山、土地、家屋、山林、測量製圖設計等을 迅速需應홈
商署會동 九拾貳統拾壹戶
會同測量事務所
總務 金澄吉　事務 金錫禧

●魯桑椹 新種이 本社에 來到ᄒ얏스니 청君子ᄂ 來購ᄒ심
西部雁동卄壹統壹戶
蠶業廣蓮會社社長 金秉先　白

暑疾預備丹

每於夏秋之交에 虎列剌(暑疾)之流行은 若不預服調劑면 橫死爲慮故로 大方家所製 驗劑를 屢試廣布ᄒ니 凡我同胞ᄂ 勿遲來購ᄒ옵
發賣所 慈惠藥房 成基昌 告白

本店에 英京倫敦에서 新着ᄒ 양服件이 有ᄒ기로 玆에 廣佈ᄒ오니 僉君子ᄂ 光臨購買ᄒ심을 懇望홈
洋服裁縫店　貞洞華商源泰號　謹白

第二回講習生募集廣告

七月一日븟터 本所에셔 第二回 數理學講習所를 繼續ᄒ오니 願學諸員은 速々來臨聽講ᄒ시옵
學課〔算術科　代數科　幾何科　三角科　用器畫科　博物科〕
〔細則은 本所에 來議ᄒ시요〕
尙洞青年學院內
第二回夏期數理學講習所

本所에셔 田畓、山林、家屋、鑛山、築墊、築狀等 測量製圖 設計를 迅速需應ᄒ오니 僉彥은 來臨問議홈
西部積善坊居皮洞五統五戶
廣信測量製圖事務所
總務 廣健秀 謹白

本館의 設立이 旣經四載에 有志諸氏가 誠心贊成ᄒ야 新聞縱覽之員이 日益頻繁ᄒ고 國家發奮之道가 稍是盛況이온ᄃ 教育普及의 媒介를 自任ᄒ 本館이 不得不 擴張ᄒ고 新書籍과 學校用品及衛生良藥을 俱備發賣ᄒ오니 僉君子ᄂ 光顧ᄒ심을 切望
海州南門外 新書館 朴昌俊　白

太白山人 厚禮斗益大王七年戰史

譯述 全壹冊 定價 金三拾錢
此書ᄂ 即拾八世紀에 普國의 厚禮斗益大王이 四圍列强中에 介在ᄒ야 弱國으로 突然奮起ᄒ야 尙武的精神으로 人民을 鼓動ᄒ며 俄法等諸國과 對抗ᄒ야 七年戰爭을 繼續ᄒ야 普魯士國의 强盛을 造成ᄒ 實蹟이니 其政略의 巧妙ᄒ과 其功烈의 偉大ᄒ이 足히 讀者의 感情을 喚起ᄒ만ᄒ오니 僉君子ᄂ 速々購覽ᄒ시옵
發賣元 南部上犁峴 廣學書舖　京鄕各書店

新刊書籍發售廣告

女子讀本　張志淵氏著　全貳冊　定價金六拾錢
初等衛生學　全壹冊　拾五錢
初等倫理學　全壹冊　貳拾錢
國家學綱領　全壹冊　二十錢
國民須知　全壹冊　八錢
初等小學　全四冊　壹圓三拾錢
中等萬國新地誌　全貳冊　壹圓
增補無冤錄大全
國漢文壹冊　七拾五錢
伊太利建國三傑傳　全壹冊　卅錢
新撰理化學　朴晶東 著
全壹冊　定價金三拾錢
獨習日語獨學　鄭雲復 著
洋裝壹冊　壹圓 貳拾五錢
愛國夫人傳　張志淵 著
全壹冊　定價金拾五錢
新小說血淚　李人稙 著
全壹冊　定價金貳拾錢
富國全書 養鷄新論　鮮于叡 著
全壹冊　定價金三拾五錢
世界三怪物　全壹冊 拾貳錢
家庭雜誌　每號拾錢
新訂算術　全三冊 六拾錢
乙支文德　眞本寫眞 並壹冊　三拾錢
發賣所　皇城中署布屛下　廣學書舖　金相萬
京鄕各有名書舖

○廣告料

(每日發行活字十三字 [illegible])
每日 [illegible] 英尺一寸에 新貨 [illegible]
(每日發行六個月 相當ᄒᆞᆷ)

二週日에　二圜五十錢
每日發行四號五號에 相當ᄒᆞᆷ
一個月에　五圜
每日發行四號一號에 相當ᄒᆞᆷ
其期限의 長短과 字行의 多寡ᄅᆞᆯ 依ᄒᆞ야 增減ᄒᆞᆷ이 有ᄒᆞᆷ

發行兼編輯人 英國人 萬咸
發行所
京署石井洞號外 [illegible] 三層洋屋
大韓每日申報社

大韓每日申報

月曜及慶節 臨時日休刊

檀君開國四千二百四十一年
孔子先年三千三十年
大韓開國五百十七年
日本明治四十一年
淸國光緖三十四年
陰曆戊申六月小初七日辛酉

論說

◎家庭及社會

嗚呼라今日社會의腐敗여頭를擧하야當世를回顧건ᄃᆡ人物이何其渺然ᄒᆞᆫ가

心理가淸白ᄒᆞ야不義의金을石과如히見ᄒᆞᄂᆞᆫ者ᄂᆞᆫ無하고東西滔々ᄒᆞᆫ者ㅣ貪夫鄙夫뿐이오眞誠을抱ᄒᆞ야身을國家에供獻ᄒᆞᄂᆞᆫ者ᄂᆞᆫ無ᄒᆞ고比肩擁立ᄒᆞᆫ者ㅣ頑昧派뿐이오瑩潔ᄒᆞᆫ理想으로未來의國民前途를經營ᄒᆞᄂᆞᆫ者ᄂᆞᆫ無ᄒᆞ고得々自鳴ᄒᆞᄂᆞᆫ者ㅣ淺見輩뿐이오慷慨ᄒᆞᆫ意氣로國家當頭의悲運을憂慮하ᄂᆞᆫ者ᄂᆞᆫ無ᄒᆞ고于々往來ᄒᆞᄂᆞᆫ者ㅣ旁觀客뿐이니嗚呼라「荊棘剪不去芝蘭種不榮。二者無奈何。徘徊感嘆暮라」云ᄒᆞᆫ古詩를吟ᄒᆞ미愀然三歎ᄒᆞᆷ을不覺ᄒᆞ리니今日에苟或有志者其人이有ᄒᆞᆯ진ᄃᆡ爲先社會改良이第一着手者이될진저

然이나社會改良은將又何術로ᄡᅥᄒᆞᆯ가故로代偉人傑士의歷史를盛溯ᄒᆞ야此를喚醒ᄒᆞᆯ가道德倫理의新說을輸入하야此를啓發ᄒᆞᆯ가

曰否라不可ᄒᆞ다大抵社會를造ᄒᆞᄂᆞᆫ者ᄂᆞᆫ家庭이是라故로腐敗ᄒᆞᆫ社會를改良코ᄌᆞᄒᆞᆯ진ᄃᆡ家庭의腐敗를改良ᄒᆞᆷ에從事ᄒᆞᆯ지니斯人이始生ᄒᆞᆷ에ᄂᆞᆫ渾然是淸淨無垢의腦髓ㅣ나此腦髓가美에習ᄒᆞ면美ᄒᆞ며惡에習ᄒᆞ면惡ᄒᆞᆷ이譬컨대靑紫質를此에懸ᄒᆞ고紅을染ᄒᆞ면此가紅ᄒᆞ며黑을染ᄒᆞ면此가黑ᄒᆞᆷ과如ᄒᆞᆫ故로人의爲善爲惡이大半家庭敎導에在ᄒᆞᆫ바ㅣ라

落地呱呱ᄒᆞᆫ以後부터母가其懷에抱ᄒᆞ며父가其膝에置ᄒᆞ고道餘年의長歲月間에道德心을培ᄒᆞ며沉鷙勇敢의氣를養ᄒᆞ면彼가自然正大的冒險的人物이될지어ᄂᆞᆯ

今에誰某의家庭에入ᄒᆞ던지其子弟敎導ᄒᆞᄂᆞᆫ方法을觀ᄒᆞ건ᄃᆡ旁蹊曲逕으로求仕하ᄂᆞᆫ手段이나談ᄒᆞ며浮僞詐媚로處世ᄒᆞᄂᆞᆫ秘訣이나授ᄒᆞ며鄙夫黠奴의富貴履史나講ᄒᆞ며鄕愿俗士의爲我主義나說ᄒᆞ야許多魔談鬼話로其幼稚時代의腦髓를敗壞ᄒᆞᆫ後社會에出現ᄒᆞ야惡世遷授에惡象을種ᄒᆞ니惜哉라

故로社會의腐敗를醫코ᄌᆞᄒᆞᆯ진ᄃᆡ各自家庭敎育에注意ᄒᆞᆷ이可라ᄒᆞ노라

外報

●憲政會認可 東京電을據ᄒᆞᆫ則淸國民政府에서憲政公會組織의請願을認可ᄒᆞ얏ᄂᆞᆫᄃᆡ此ᄂᆞᆫ淸國政黨의開始라ᄒᆞ얏더라

●國會開設期 淸國은國會開設期ᄂᆞᆫ光緖四十年度로決定ᄒᆞ얏다더라

●通商條約調印 淸國은瑞典國과通商條約을上月日에調印하얏다더라

●洪水之弊 淸國廣東省은今番에洪水가四十萬方里에被入되야盜賊이橫行ᄒᆞ며又飢饉의憂慮가有ᄒᆞ다ᄒᆞ얏더라

●伯國의造艦 日本倫敦電을據ᄒᆞᆫ즉英國에루스우잇구造艦所에서남米伯剌西政府의注文을應ᄒᆞ야排水量壹萬九千噸以上되ᄂᆞᆫ大戰艦을製造ᄒᆞ고又과에쓰造艦所에서도伯國政府를爲ᄒᆞ야戰鬪艦數雙을製造中인ᄃᆡ法國巴里에서ᄂᆞᆫ此等軍艦을日本에서間接으로注文ᄒᆞ야其製造費를秘密히該會社에出給ᄒᆞᆷ이的確ᄒᆞ다ᄂᆞᆫ說이有ᄒᆞ더라

●波斯의憲法維持 伯林電을據ᄒᆞᆫ즉波斯皇帝ᄭᅴ셔詔勅을下ᄒᆞ야憲法維持ᄒᆞᆷ을保證ᄒᆞ고又三箇月以內에議會의選擧를得ᄒᆞᆷ을命ᄒᆞ얏다더라

雜報

●私校景況 楚山郡私立普通時學校를光武九年間의設立ᄒᆞ엿스되經費가缺乏ᄒᆞ고生徒가寥星ᄒᆞ야振興之望이若無ᄒᆞ더니客年秋에本郡有志紳士諸시가學校의有名無實ᄒᆞᆷ과生徒의有退無進ᄒᆞᆷ을慨歎ᄒᆞ야校費를出義捐助ᄒᆞ미巨額에至ᄒᆞ엿고校任을選定ᄒᆞᆯ식郡校長은本郡守리○○시로副校장은리琫雨시로評議는成○○시로師範員의咸會○鼎三諸시로選任ᄒᆞ고敎師ᄂᆞᆫ○○○시로雇聘ᄒᆞ야勸奬敎育이未過一週의生徒ᄂᆞᆫ一百拾餘名의達하얏고體操敎監과나ᄡᅥ敎監을非選ᄒᆞ고以時錬習하야…拾餘人은運動體操의嫺熟ᄒᆞ고二拾餘人은算術과筆術의勇進하야今次試驗의一學年과二學年及第生은리祺ᄇᆞ리○蘭ᄇᆞ等二시오二學年及第生은今하行卒業禮等諸시다더라

●壯說李氏 暴山郡居리朴勳시가中東測量校의上學ᄒᆞ얏ᄂᆞᆫᄃᆡ學費가未出ᄒᆞ야廢工ᄒᆞᆫ다ᄂᆞᆫ說을同郡居리泰源시가聞ᄒᆞ고學費를擔給ᄒᆞ며熱心做工ᄒᆞ라고壹壎勸勉ᄒᆞ얏ᄂᆞᆫᄃᆡ該시의義務를人皆稱頌ᄒᆞᆫ다더라

●雁校景況 雁川東上沙洞雁岡學校ᄂᆞᆫ設立이未久에晝夜學生이八拾餘名에達ᄒᆞ얏ᄂᆞᆫᄃᆡ校長박雉九씨와敎師林基元僉得夏諸氏가熱心敎授ᄒᆞᆫ다고西來人에傳說이有ᄒᆞ더라

●新成日新 義州光城面彌勒동私立新成學校ᄂᆞᆫ昨年五月分에創設하얏ᄂᆞᆫᄃᆡ經費가不足ᄒᆞ야校務가不成ᄒᆞ더니該校々長李寅秀씨가先出四十元ᄒᆞ야學校々舍를新建築ᄒᆞ고前後所入을擔當ᄒᆞ미生徒가日增ᄒᆞ야五拾餘名에達ᄒᆞ야頗有前進之望이라고西來人이稱頌ᄒᆞ더라

●志士寄函

敬啓者ᄂᆞᆫ貴每日申報社ᄂᆞᆫ英國人裵說氏之所設立也而以來我大韓의悲運을奮慨ᄒᆞ야爲政府而攻擊ᄒᆞ며爲人民而叫呼ᄒᆞ니所謂我大韓魂者ㅣ治存於貴每日申報故로本義成學校ㅣ雖謂不似나我大韓魂을祝ᄒᆞᆯ無物故로玆에金壹圜을以郵便爲替로奉呈ᄒᆞ야護祝我大韓每日申報萬歲ᄒᆞ노니照亮ᄒᆞ신後에勿爲少ᄒᆞ시고貴報說辭金으로推領ᄒᆞ심을敬要라ᄒᆞ얏더라

社長裵說閣下 南百祐

別報

◎裵說氏의公判顚末

第二日 續

월긴손氏曰義兵은中央政府나或主治者가無ᄒᆞ노曰彼等은無學識ᄒᆞᆫ愚昧ᄒᆞᆫ群衆으로ᄡᅥ全然히未將ᄒᆞ無ᄒᆞ니이다ᄒᆞ고

被告가更히證言曰本人이各種日韓協約과「韓國의情狀」이라ᄒᆞᆫ姿堅時氏의著書와韓國事에關ᄒᆞᆫ諸種書籍을讀過하얏스며義擧者에崇出ᄒᆞᆫ 勅令은 太皇帝陛下에서出ᄒᆞᆷ이도소니京釜鐵道會社에도如此ᄒᆞᆫ 勅令等이有ᄒᆞ거니와現 皇帝陛下ᄭᅦ셔出ᄒᆞᆫ同意ᄒᆞᆫ 勅令은ᄂᆞᆫ無ᄒᆞ도소이다

월긴손氏曰義兵이汝를蹴務ᄒᆞᆷ은汝가汝의論說을崇拜치못ᄒᆞᆫ緣由이며其曰義兵이公平치홀顧ᄒᆞ야其作의揭載를謝絶ᄒᆞ얏더니本社有司와게對ᄒᆞ야暴行ᄒᆞ얏슴이니다

問然則汝의新聞社에서義兵과通信이有ᄒᆞ얏ᄂᆞ뇨曰然ᄒᆞ오며本社ᄂᆞᆫ서울本巡査와도交通ᄒᆞᆷ이有ᄒᆞ니彼等이往々入來ᄒᆞ나이다

問然이나彼等을相違ᄒᆞᆷ은未有乎아又問曰現此論說을新聞上에揭載ᄒᆞᆫ意向은其購覽者들이愛讀ᄒᆞ도록供給ᄒᆞᆷ인가其意向이何에在ᄒᆞ고何故로此等意味ᄒᆞᆫ論說을揭佈ᄒᆞ게許諾하얏ᄂᆞ뇨曰此ᄂᆞᆫ偶然히出ᄒᆞᆷ이니다

월긴손氏의反覆質詰은於此에止하다

크로쓰氏曰汝가何故로彼等의書類를揭佈ᄒᆞ기에ᄂᆞᆫ汝의新聞이獨然ᄒᆞᆫ줄노認ᄒᆞ얏나뇨曰此地에在ᄒᆞᆫ外他各新聞은日人의檢閱을應치아니치못ᄒᆞᄂᆞᆫ緣由니이다

於是에晝食을因ᄒᆞ야閉廷하다

再會ᄒᆞᆫ後에크로쓰氏가起立ᄒᆞ야裵說氏曰已의韓人證人等이것不現出ᄒᆞ얏스나二時十五分에ᄂᆞᆫ到着하라告ᄒᆞ얏슨즉彼等은此時刻이過ᄒᆞ면無用인줄노思量ᄒᆞ더ᄂᆞᆫ지分가라도遲延ᄒᆞᆷ이無ᄒᆞ오며因中政府ᄂᆞᆫ統監府에請求하야招來ᄒᆞ얏나이다ᄒᆞ고

其間에월긴손氏가陪審官을定치아닌理由를說明ᄒᆞ다

此際에被告의韓人編輯員梁起鐸이出現ᄒᆞ야證人席에入去하야公判廷에卓越ᄒᆞᆫ發言으로由ᄒᆞ야供證ᄒᆞᆯ시

크로쓰氏가審問하미證人이答曰本人은大韓臣民이오大韓每日申報國漢文兩報의編輯員이니其資格에就ᄒᆞ야ᄂᆞᆫ論說及其他記事에從事ᄒᆞ얏스며論說이나其他雜報에何許事件이던지緊重ᄒᆞ야重大問題에關ᄒᆞᆫ者가有ᄒᆞᆫ時에ᄂᆞᆫ恒常編輯長裵說氏의게問議ᄒᆞ야決定ᄒᆞ얏ᄂᆞᆫᄃᆡ四月十七日大韓每日申報에揭載ᄒᆞᆫ須知分氏에關ᄒᆞᆫ論說은桑港에在ᄒᆞᆫ韓人共同會別報에서翻騰ᄒᆞᆷ인ᄃᆡ該論說의元質이로揭至ᄒᆞ기를裵說氏의게問議ᄒᆞᆫ즉裵說氏가此를揭佈ᄒᆞᆫ도ᄃᆡ自作으로된某件이던지添入지말나ᄒᆞ기에特別히揭至ᄒᆞ얏스며

從來에裵說氏가本人의게指揮ᄒᆞ기를諸般緊重事件은奇知ᄒᆞ되不然ᄒᆞᆫ事項으로特別ᄒᆞᆫ判斷에關ᄒᆞ지아닌者ᄂᆞᆫ不在此限이라ᄒᆞ얏기ᄂᆡ四月二十九日論說은裵說氏의게問議치아니ᄒᆞ얏스며

學界의花라ᄂᆞᆫ題目ᄒᆞᆫ五月拾六日論說은記者가余에敎育에關ᄒᆞᆷ이니此ᄂᆞᆫ不須問議라自認ᄒᆞ야曾往裵說氏가指揮ᄒᆞᆫ바대로問議치아니ᄒᆞ얏스며

且裵說씨가何件을記載하며何件은廢棄하라고本人의게指揮ᄒᆞᆷ이有ᄒᆞᆫ例ᄂᆞᆫ一曰義兵을激起케ᄒᆞᄂᆞᆫ記事ᄂᆞᆫ揭載치말며二曰氏衆이나個人生死의關ᄒᆞᆫ緊要事件은揭載치말며三曰敎育의趣旨나其他個人의私事에關ᄒᆞᆫ件은揭載ᄒᆞ라ᄒᆞ얏ᄂᆞ니이다(未完)

雜報

●歲祭云廢 宗廟各 陵의設享ᄒᆞ든歲峯 祭享을廢止된다ᄂᆞᆫ說이有ᄒᆞ더라

●並合社稷 四山川壇과各郡의設置ᄒᆞ얏든各 壇을並廢止하고 社稷의合設ᄒᆞᆫ다ᄂᆞᆫ說이有ᄒᆞ더라

●採礦法改正 己任의 勅令으로頒布된礦業法과砂礦採取法中의二三件을改正ᄒᆞ야 勅令으로頒布ᄒᆞ얏다더라

●日內閣組織 日本내閣의總辭職은由ᄂᆞᆫ財政의困難과總理西園寺氏의病氣를因홈인대日本皇帝陛下ᄭᅦ셔桂伯爵을命召ᄒᆞ야新내閣을組織하라ᄒᆞ얏다더라

●日本新內閣 日本總理大臣西園寺公望以下各大臣은總辭職을提出ᄒᆞ야遞任되고如左히新내閣이組織되얏다더라

내閣總理大臣侯爵桂太郎
내務大臣男爵大浦兼武
農商務大臣子爵淸浦奎吾
大藏大臣男爵平田東助
遞信大臣 山縣伊三郎
外務大臣伯爵小村壽太郎

●副統監發程 曾禰副統監은本月旦日新橋의셔出發ᄒᆞ야赴任路의就ᄒᆞᆫ다ᄂᆞᆫ데今夕關의到着ᄒᆞᆫ듯ᄒᆞ다ᄒᆞ고伊藤統監은拾日頃의歸國ᄒᆞᆫ다더라

●請邀伊統 去番伊藤統監이各元老大臣을請邀宴待ᄒᆞᆫ은已爲報道어니와閔泳奎閔泳徽閔泳韶三氏가伊藤을回餞ᄒᆞ기爲ᄒᆞ야日間李址鎔시家에셔盛宴을設ᄒᆞ고伊藤시를請待ᄒᆞ기로발起ᄒᆞ얏다더라

●吾亦斷髮 別項과如히向日統監府의셔各元老大臣을請邀宴待ᄒᆞᄂᆞᆫ대李容元시의所着笠子가庵中의最大ᄒᆞᆫ지라伊藤시가默然良久日大監의笠子가若是博大ᄒᆞ니雖大臣을被任ᄒᆞᆫ대도頭髮을愛ᄒᆞ야畢竟辭職ᄒᆞ깃소ᄒᆞᆫ대李氏答日大臣만被任ᄒᆞ면吾亦斷髮ᄒᆞ깃다ᄒᆞ얏다더라

●兩氏兼任 내部衛生局長劉猛氏ᄂᆞᆫ土木局長으로轉任ᄒᆞ야衛生局長을兼任視務ᄒᆞ고書記官李範益氏ᄂᆞᆫ秘書官을兼任視務ᄒᆞᆫ다더라

●事關濬川 衛生局長劉猛氏가土木局長으로轉任ᄒᆞᆫ은別項과如ᄒᆞ거니와其內容을聞ᄒᆞᆫ則濬川事務를擔任ᄒᆞ기爲홈이라더라

●兩察發程 忠南觀察使崔廷德시ᄂᆞᆫ昨日에발程ᄒᆞ고咸남觀察使李範來氏ᄂᆞᆫ再昨日에발程ᄒᆞ야振威郡第에暫爲歷入旋發ᄒᆞ얏다더라

●携眷發程 江原道觀察使李圭完氏가昨日에발往ᄒᆞ얏ᄂᆞᆫ대自己一家眷屬을領率赴任ᄒᆞᄂᆞᆫ대該地方은尙今匪擾홈으로巡查幾名을帶同發程ᄒᆞ얏다더라

●四氏陞資 前觀察使李圭桓리忠求리錫成朴彝陽四氏ᄂᆞᆫ觀察使在任時의善蹟이頗有홈으로並爲陞資ᄒᆞᆫᄃᆡ李圭桓氏ᄂᆞᆫ從二品으로忠求錫成朴彝陽三씨ᄂᆞᆫ嘉善이되얏다더라

●日本轉任 내部事務官吳任豐씨ᄂᆞᆫ該部秘書官으로轉任되얏고農商工部日本判任官幾人이內部主事로轉任되얏다더라

●減俸捐補 내部警務局警視四王天數馬와農商工部書記官[illegible]三氏가該局登股官吏가月俸中百分의壹을出義捐助ᄒᆞ다더라

●尉官旅費 各地方에派送ᄒᆞᆫ尉官旅費ᄂᆞᆫ[illegible]憲兵補助員尉官의旅費ᄂᆞᆫ每日로拾圜式支撥ᄒᆞᆫ다더라

●贊成員辭免 殖產獎勵會에셔內部參與官局長廉仲模氏로贊成員을選定ᄒᆞ얏더니廉氏가辭免ᄒᆞ얏다더라

●內部淸潔 내部의셔衛生關係로昨日에該部內各局課를掃除ᄒᆞ야壹新淸潔케ᄒᆞ얏다더라

●內人處所毀撤 昌德宮내의內人住接ᄒᆞ던處所를昨日부터毀撤ᄒᆞᆫ다ᄂᆞᆫ說이有ᄒᆞ더라

●情景垂憐 除汰를當ᄒᆞᆫ內人들이日前竹洞宮의前往하얏다가困히矜惻ᄒᆞᆫ情狀을說明ᄒᆞᆫ즉내人中의尤極可矜ᄒᆞᆫ者幾名을該宮의住接케하얏다더라

●拾分危殆 西部警察署權任李範仁氏ᄂᆞᆫ[illegible]李德珪氏의心腹인데今番의監獄署看守長을圖給하라고李德珪氏가百方運動ᄒᆞᄂᆞᆫ今番叙任ᄒᆞᆫ看守長은曾往監獄者官吏도履歷이有ᄒᆞᆫ人으로만叙用ᄒᆞ기로서定이된故로拾餘年을監獄署의셔從勤ᄒᆞ든權任某々도採用이되지못ᄒᆞᆫ다더라

●呼價不販 中部砂器洞東壹洋服店主吳鎭五鄭弘植兩人시가發起ᄒᆞ야洋服店規則을組織ᄒᆞ고價格을壹致케ᄒᆞ야需應ᄒᆞᆯ方針을爛商協議ᄒᆞ얏다더라

●檢查團社 再昨日團成社의新中層이壞破ᄒᆞ야觀光之人이多數破傷ᄒᆞᆫ故로昨日警視廳의셔檢查次로巡檢을派遣ᄒᆞ얏다더라

●株式組人 漢城柴炭株式會社에셔本月拾五日부터諸般事務를組織ᄒᆞ기로決定ᄒᆞ얏ᄂᆞᆫ대股金未支入ᄒᆞᆫ諸員의게對ᄒᆞ야期日내에支入지못하면株主權을不許ᄒᆞ고保證金은不還ᄒᆞᆫ다더라

●回祿可慘 昨日下午二点鐘의西小門내館北洞[illegible]餠商[illegible]日人家의셔起火ᄒᆞ야消防隊의셔鐵火機械를持來ᄒᆞ야卽時滅火ᄒᆞᆫ지라該日人家와接連ᄒᆞᆫ一層淸人家도延燒ᄒᆞ얏다더라

●收金逃走 鐵山郡地方委員趙[illegible]鎭시와公州金융組合所員李圭應시가金융組合股金收合ᄒᆞᆯ새不分貧富勒捧ᄒᆞ야該組合所의ᄂᆞᆫ壹分도納入지아니ᄒᆞ고李金兩시가分食ᄒᆞᆫ後李圭應시ᄂᆞᆫ不知去處라더라

●得衆可知 燕山郡豆磨面面長이公納收刷時의公錢을壹分도犯用치아니ᄒᆞ얏스나因公負債가不少ᄒᆞᆫ故로該財務署主事徐志默시가壹郡衆民의게公負債를脫免ᄒᆞ기로每戶의壹兩式收斂ᄒᆞᆯ事를說明ᄒᆞ미衆氏이應諾ᄒᆞ야脫債하야주엇다더라

●私鑄被捉 仁川居金基鉉은私鑄犯으로ᄂᆞᆫ日昨北部警署의被捉되얏다더라

●關東總會 關東학회에셔今日(日曜)下午壹時에定期總會를淵進洞興化학校내에개ᄒᆞ고會中諸般事務를處理ᄒᆞᆫ다더라

●湖南紀念 湖南學회에셔今日에紀念式을設行ᄒᆞᆫ다ᄂᆞᆫ說은已爲報道어니와該所ᄂᆞᆫ訓鍊院으로選定ᄒᆞ고當日經費ᄂᆞᆫ百餘圜預算이라더라

●女校入學 淑明女학校에셔昨日上午時의官立漢城高等女학校의셔入학式을擧行ᄒᆞᄂᆞᆫ대壹般職員과학徒間의賜見禮를設ᄒᆞ얏고학部大臣及次官과校長尹致旿諸氏가勸勉的으로說明ᄒᆞ고 皇后陛下의徽旨를本校장이朗讀ᄒᆞ얏고학徒父兄中의代表者도祝辭ᄒᆞᆫ後閉式ᄒᆞ고各生徒의게[illegible]製造ᄒᆞᆫ加花果와菓子를壹封式分給ᄒᆞ얏다더라

●維持擔保 女子普學院名稱은女子敎育會에還送ᄒᆞ고校名은養源學校로擇定하얏ᄂᆞᆫ대本學校ᄂᆞᆫ永遠維持ᄒᆞ기ᄂᆞᆫ養源학校維持會에셔擔保ᄒᆞ얏다더라

●校主勤勉 廉鳴夏校々主리鳳來시가該校設立의熱心周旋홈은已報어니와近聞ᄒᆞᆫ즉該校主가間々히壹般諸生徒의게或紙筆과菓子等物을分給ᄒᆞ고학問着實ᄒᆞᆯ方針으로勸勉ᄒᆞᆫ다ᄂᆞᆫ대該校生徒가無不感服ᄒᆞᆫ다더라

●任員組織 養源학校維持會에셔日前의任員을組織ᄒᆞ얏ᄂᆞᆫ대會長은李鍾[illegible]씨오副會長은尹高麗씨오總務ᄂᆞᆫ尹宗淑시오副總務ᄂᆞᆫ[illegible]시오評議員은紳士中諸시로定ᄒᆞ고本學校任員은校長은[illegible]시오校監은金在益시오學監은李[illegible]시오會計ᄂᆞᆫ金[illegible]李[illegible]兩시로選定ᄒᆞ고[illegible]ᄂᆞᆫ李實和시오講師ᄂᆞᆫ崔[illegible]黃[illegible]三氏로擇定ᄒᆞ얏다더라

●運送新會 徐尙淳씨가沿江勞働運送회社를設立ᄒᆞ야請願ᄒᆞ얏ᄂᆞᆫ대其趣旨인즉資本金五拾圜을合資ᄒᆞ야沿江의役夫를組織ᄒᆞ야船舶運送의雇價를酌定ᄒᆞ야航路를便利케ᄒᆞ고勞働中病者ᄂᆞᆫ救助ᄒᆞ며死者ᄂᆞᆫ埋葬케ᄒᆞᆫ다더라

●向明漸明 金海郡左部面[illegible]濟龍瑾諸씨가敎育靑年ᄒᆞ기熱心ᄒᆞ야六面公有財產과各里洞有物과[illegible]錢으로基本을各立ᄒᆞ고篤志者의捐義金을募聚ᄒᆞ야維持ᄒᆞᆯ法을確定ᄒᆞ야向明학校를本面府院里에設立ᄒᆞ고陰曆拾月拾日에開校式을擧行ᄒᆞ얏ᄂᆞᆫ대面內各里에萃集ᄒᆞᆫ학徒가五拾餘名의達ᄒᆞ얏ᄂᆞᆫ대聞風蝟集ᄒᆞᆫ人의稱說이不已ᄒᆞ더라

●育英新校 寧邊郡龍山面[illegible]동里의셔김承弼씨學齡兩시가[illegible]育英之義로私校를設立ᄒᆞ고名之曰育英이라ᄒᆞ며編纂若干基本ᄒᆞ야募集학徒하니遠近子弟가如雲회集ᄒᆞᆫ다고西來人이稱頌ᄒᆞ더라

●校長歡迎 旺新학校々長洪[illegible]潤씨가該校創設부터熱心主務ᄒᆞ면셔自己財產을多數捐助ᄒᆞ고又동中諸紳士에게血心勸勉하야補助數ㅣ萬兩을收合ᄒᆞ야校舍도宏大ᄒᆞ게建築ᄒᆞ고其餘錢ㅣ餘萬兩은各人處에殖邊利만收捧ᄒᆞ야學校에需用케ᄒᆞ얏ᄂᆞᆫ대今月까지該校가維持ᄒᆞ더니洪泰潤시가觀察을當ᄒᆞᆫ後에期於히辭免ᄒᆞ미其代에李載克시가被任되야日前에歡迎式을擧行ᄒᆞ얏다더라

●興學發起 稷山郡成歡의興歡학校를設立ᄒᆞ고[illegible]諸시의熱心으로維持의望이有ᄒᆞ나財政의窘絀을因ᄒᆞ야暫時廢校ᄒᆞ얏더니發起諸시의熱心으로該校를擴張코자ᄒᆞ야校名을義成이라改稱ᄒᆞ고교장은[illegible]시를推薦ᄒᆞ고敎師ᄂᆞᆫ全[illegible]시로延聘ᄒᆞ야熱心敎授ᄒᆞᆫ지不過幾日의학員이十餘名의達ᄒᆞᆫ지라本月二九日의開校式을擧行ᄒᆞ고壹大盛況을呈하얏다더라

▲地方消息▼

▲[illegible]川郡남方約四拾里許의[illegible]

▲燈[illegible]紅淚▼

▲微月은更紗窓下에照ᄒᆞ고八花[illegible]

▲人生世間ᄒᆞᆫ번에[illegible]何其不均인가貳八靑春이내몸이父母血肉이로나셔娼妓되얏ᄂᆞᆫ[illegible]만賣身籍生ᄒᆞᆫ단말가이고이고내身世야

▲綾羅錦繡[illegible]身ᄒᆞ니外面인즉燦爛ᄒᆞ나[illegible]會辟招合에暫無間隙ᄒᆞ얏스니指揮ㅣ에服從ᄒᆞᄂᆞᆫ奴隷行色되얏고나이고이고내身世야

▲南北村에외입장이除々遂々會集ᄒᆞ야나를보면滿心나셔境界分析風波中에此壹身을粉破ᄒᆞᆯ[illegible]每、悅之ᄒᆞᆯ수잇나이고이고내身世야

▲女子賤賞全昧ᄒᆞ니[illegible]從夫ᄒᆞᆯ수잇나無情歲月如流ᄒᆞ야於焉間에髮白ᄒᆞ면[illegible]ᄒᆞ노면몸이無依無托되깃고나이고이고내身世야

▲各大臣의晩餐會에炎凉世態살펴보면[illegible]西笑奔忙ᄒᆞ니내情態가恰似ᄒᆞ다淸歌中에托[illegible]ᄒᆞᆫ제恨唱聲이절노난다이고이고내身世야

▲或情로흔貴公子와纏綿ᄒᆞᆫ[illegible]ᄒᆞᆫ번두번錦衣玉食華麗屋의[illegible]平生을安樂ᄒᆞᆯ가[illegible]色在隣家라이고이고내身世야

▲女학校에入학하야新知識을[illegible]하고開明을爲ᄒᆞ려ᄒᆞᆫ들[illegible]中[illegible]되여不得自由[illegible]ᄉᆞ니誤了此生이아닌가이고이고내身世야

▲남의[illegible]이라ᄒᆞᆫ들누가[illegible]歷[illegible]月晴生ᄒᆞ야[illegible]와[illegible]ᄂᆞᆫ가에이고이고내身世야

▲[illegible]低唱[illegible]悅之心[illegible]가애고애고내身世야

雜報

[illegible]業의留命 工業傳習所학員이[illegible]矢卒逝ᄒ얏다更聞ᄒ즉當[illegible]射場에永宣君은適其時先歸ᄒ얏고李顯問址鎔씨流矢에所傷되얏으ᄆ該學徒가亦不卒逝ᄒ고永宣君이五百圜給與ᄒᆫ事도無ᄒ다더라

廣告

本所에서諸般測量製圖設計等를精確迅速히請應ᄒ오니僉君子ᄂᆫ急速來議ᄒ시옵

西部西門外帽동四拾三號七戶

廣化測量事務

總務 金澄植 技師 吳鳳根 兪致郁

[illegible]에山林未墾地川澤[illegible]測量製圖를迅速明細ᄒ오니僉員은照亮ᄒ심을爲要

西部[illegible]洞七拾號五戶 [illegible]測量製圖事務所 吳[illegible]模

[illegible]京[illegible]許所推登首圖於[illegible]失廢告[illegible]某拾得休紙[illegible]旅行[illegible] 李敬恒 告白

[illegible]月四日[illegible]行而[illegible]

韓國料理 店包辦合色[illegible]

會英樓主人 徐鴻洲 告白

[illegible]失效ᄒᆷ 李會九

女學院은本以昨年春에女子教育會總裁李鈺卿氏의事業인ᄃ昨年夏間에本人이학生監督在任時에학生四拾餘名을募集ᄒ것을보ᄂ陰七月分에偶然히學務에就任되엿다가至今이分에蒙放되여해학院에가본즉학生은不過拾名에오教師ᄂᆫ李基夏氏壹人뿐이기에本人이以愛惜ᄒ고忿痛ᄒᆫ생각으로理由를問ᄒ즉李基夏의說明ᄒ기를其間에本院의學費도無ᄒᆯ뿐더러教育ᄒᄂᆫ學度가完全치못ᄒᆫ故로學生이擧皆退去ᄒ고殘餘ᄒᆫ學生도未久에廢解散ᄒᆯ境遇라ᄒ며同心同力ᄒ야此학校를完全ᄒᆫ教育機關을成立ᄒᆯ자ᄒ며女子教育會總務秦學胄言도亦是本人다려教育機關을아쥬맛타가지고찰ᄒ면經費ᄂᆫ本會에서支擔ᄒ마ᄒ기에本人이二三同志와契約ᄒ고今年壹月分에任員教師를正當ᄒᆫ人으로擇定ᄒ고各樣經費를[illegible]支撥ᄒ며학生을募集ᄒ니학生이五拾餘人에至ᄒ얏고程度가日就月將ᄒ오나本人이身分은不顧ᄒ고東[illegible]食西家留ᄒ며各樣物品은新上으로輸入ᄒ고財政은僅々價代ᄒ옵다가經費窘拙이莫甚ᄒ온바女子教育會에서經費支撥ᄒ기ᄂᆫ姑舍ᄒ고前後[illegible]房[illegible]四百八拾餘圜은與學校[illegible]費오非女子教育會修理費가ᄂᆫ普[illegible]에서本人이修理費[illegible]ᄒ야推[illegible]ᄒᄂᆫ[illegible]會[illegible]谷及[illegible]自意推[illegible]ᄒ야無[illegible]言ᄒ야[illegible]何[illegible]用ᄒ온지此[illegible]全無ᄒ옵[illegible]不[illegible]ᄒ옵기本人이[illegible]教育ᄒ[illegible]百[illegible]之ᄒ온[illegible]女子教育會에서ᄒ학校維持ᄒᆯ希望이全無ᄒ고反害학校ᄒᆯ念慮가有ᄒᆫ故로持有壹團體를組成ᄒ야壹學校를永遠히維持ᄒᆯ目的으로任員을組織ᄒ고[illegible]維持會를同爲가校名을改ᄒ[illegible]此正當ᄒ다ᄒ야[illegible]維持ᄒᆯ[illegible]이壹致可決ᄒ야資源학校로改定ᄒ고維持會任員을組織ᄒ[illegible]會長은本以普成[illegible]李鈺卿로選定ᄒ고諸任員을次第로選定ᄒ얏더니女子教育會에서학校諸般凡節經費도無壹資助이고修理費ᄂᆫ[illegible]用ᄒᆫ다만[illegible]ᄒ고학校를維持ᄒ고쟈ᄒ얏은全昧ᄒ고다가校名改定ᄒ것을[illegible]托ᄒ고教育을反害ᄒ옵기[illegible]壹학期試驗[illegible]二昨[illegible]畢ᄒ고[illegible]任[illegible]講師가壹齊히讓步以退ᄒ얏ᄉᆞᆸ더니連日新聞上에廣告하되[illegible]婦人의게冒觸ᄒ야維持[illegible]幾千圜[illegible]收人[illegible]句語와校與諸[illegible]汁物과學徒를勒占ᄒ얏단句語와教育界에大賊漢이라ᄒᆫ[illegible]句語가[illegible]世[illegible]如此無用虛誕之[illegible]手아孰是孰非ᄂᆫ壹般同胞가不知ᄒ옵기로[illegible]教育家로壹次[illegible]同[illegible]斷[illegible]是非ᄂᆫ分析ᄒ려니와[illegible]弊[illegible]豫防ᄒ여야國民教育에妨害업시ᄂᆫ全을더오며壹般教育家에서ᄂᆫ晤悉注意ᄒ심을爲望

姜윤熙 告白

精理舍主人 柳一宣 著作

◉初等算術教科書

洋裝壹秩 壹冊 定價金九拾錢 三拾冊以上을購ᄒᆯ時ᄂᆫ原價외二割引을減ᄒᆷ

但[illegible]方에셔五冊以上을請求ᄒᆯ時[illegible]發賣[illegible]自擔ᄒᆷ 本書ᄂᆫ[illegible]一宜[illegible]我國[illegible]算術[illegible]年의[illegible]術의原理[illegible]學[illegible]必須[illegible]

發賣元 京城西部[illegible]洞 拾貳統六戶 [illegible]

新刊書籍廣告

- 新編動物學 全壹冊 定價四拾錢 — 右書ᄂᆫ動物界의現象과生活狀態를精確研究ᄒ야簡明編輯ᄒ야學校의教科에適宜ᄒᆷ
- 初等小學 全四冊 壹冊拾錢
- 刑法大全 全貳冊 壹圜
- 華盛頓傳 全壹冊 貳拾錢
- 政治小說 雪中梅 全壹冊 貳拾錢
- 演說法方 全壹冊 貳拾錢
- 新訂算術 全參冊
- 中等算學 全貳冊 壹圜半
- 教育議 全壹冊 廿錢
- 無冤錄 全壹冊 四拾錢
- 世界一覽 全壹冊 貳拾錢
- 大韓帝國新地圖 全壹張
- 刑法新論 全壹冊 貳圜
- 二十世紀朝鮮論 全壹冊
- 日語獨習 全壹冊 四拾錢

皇城南署大廣橋三拾七統四戶 發賣所 滙東書館

全州南溪ᄃᆞ書房 張在彦

本社의壹回募收入이四分의三以上에達ᄒ얏스나餘額이多日遲延ᄒ야組織이不能ᄒ지라不容不淡本月中旬에榮炭을買收ᄒ야營業[illegible]ᄒ기로[illegible]株主權을不許ᄒ고保證金은不還ᄒᆷ

漢城材木柴炭株式會社 告白

本會에서本月五日(陰七月[illegible]日)下午[illegible]時에[illegible]總會를開ᄒ고[illegible]興化학校[illegible]事務를處理ᄒ오니[illegible]期來臨ᄒ심을[illegible]

關東學會 告白

本月五日(日曜)下午[illegible]時에本會紀念禮式을[illegible]訓錄[illegible]擧行ᄒ오니道內人士及學生諸氏ᄂᆫ來臨ᄒ시옵

湖南學會 告白

第二回講習生募集廣告

七月二日봇터本所에셔第二回數理學講習所를[illegible]開ᄒ오니學[illegible]諸員은速々來臨聽講ᄒ시옵

課程 (算術科 代數科 幾何科 三角科 用器畫科 博物科)

(細則은本所에와서聞ᄒ시옵)

尙洞靑年學院內 第二回夏期數理學講習所

本所에서田沓、山林、家屋、墳山、[illegible]等測量製圖를迅速精確ᄒ오니僉彦은來臨問議ᄒᆷ

西部積善坊唐皮洞五統五戶 廣信測量製圖事務所 總務 [illegible]健秀 告白

本館에셔文明[illegible]有志諸氏가協力贊成ᄒ야新聞縱覽之員이日益顯著ᄒ고[illegible]發售之道[illegible]教育及외[illegible]本館[illegible]不得不[illegible]新舊書籍과學校用品及衛生良藥을俱備發賣ᄒ오니僉君子ᄂᆫ光顧ᄒ심을望ᄒᆷ

灣州南門外 衛生館 朴[illegible] 告白

厚禮斗益大王七年戰史

[illegible] 定價[illegible]

此書ᄂᆫ即十八世紀[illegible]厚禮斗益大王이[illegible]列邦[illegible]七年戰爭[illegible]對抗[illegible]其功烈[illegible]速々講覽ᄒ시옵

發賣元[illegible]

新刊書籍發售廣告

- 六字讀本 全貳冊 定價金六拾錢
- [illegible]衛生[illegible] 全壹冊 [illegible]
- 初等倫理學 全壹冊 貳拾[illegible]
- [illegible] 全壹冊 [illegible]
- [illegible] 全壹冊 八錢
- [illegible] 全四冊 [illegible]
- 伊太利建國三傑傳 全壹冊 [illegible]
- [illegible] 全壹冊 定價金三拾錢
- 語獨學 [illegible] 定價金[illegible]
- 夫人傳 [illegible] 張志淵 [illegible]
- [illegible]血淚 [illegible] 定價金拾五錢
- [illegible] 全壹冊 定價金貳拾錢
- [illegible]論 [illegible]
- 世界怪物 全壹冊 [illegible]
- [illegible] 每號[illegible]
- [illegible] 定價金三拾[illegible]
- 乙[illegible] 眞本寫眞 並壹冊 三拾錢

發賣所 皇城中署[illegible] 金相萬

京鄕各有名書舖

公告

지금부터 [illegible]셩 쟝곡쳔졍 동쳠 활판졔조소지졈에셔 본국과 굿은졍가로 써 국제품을 널니 판매홈

隆熙二年六月 龍山印刷局

◉活字及印刷機械製造販賣◉

其他인늬·機械油·[illegible]·名刺紙·色紙

金銀各良粉紙·並活版石版附屬品一式

새로 소업[illegible] 창셜ᄒ야 [illegible]에 오[illegible] 이상 물건[illegible] 사셔 가시[illegible] [illegible]본뎜에셔 기ᄉ [illegible]을 보내셔 [illegible]도 월급도 아니밧고 직공을 ᄀᄅ쳐 주겟ᄉᆞᆸᄂᆞ이다

京城長谷川町二丁目(石井舊)

江川活版製造所支店

本店 東京日本橋區長谷川町 電話浪花八八八番

鐵工場 東京京橋區南傳馬町 電話本局二七二六番

支店 仙台市國分町 電話一一七番

본국졔조인주[illegible]빗치 아름답고 또 [illegible]변[illegible] 지너드릭 또 [illegible]빗치변[illegible]넘려가업고 졔[illegible]혼품이오며 [illegible]셔음[illegible]구ᄒ고 ᄉ가시기를 [illegible]

漢城南大門外濟衆院方藥

前醫學校長勳五等池錫永氏有効證明

醫學博士　洪錫厚氏　實驗方劑

製藥鑑查人　朴慈惠　李觀化

四時靈藥

治痰平胃丸

一包에九十丸入 定價金拾錢

此丸藥은大韓兄弟腸胃에適當ᄒᆞ도록調製ᄒᆞᆫ바數十年來累試累驗ᄒᆞᆫ藥인ᄃᆡ

主降生一千九百八年에醫學博士洪君이精細改良ᄒᆞ야中暑中寒諸症에虎列剌怪疾과毒感瘟疫을預方케ᄒᆞ고健胃消滯ᄒᆞ야諸般滯積을順下ᄒᆞ며卒地嘔吐泄瀉와赤痢白痢와胸腹刺痛과警咳白痰을能治能止ᄒᆞᄂᆞᆫ靈藥이오

製造本舖　漢城鍾路萬國基督敎靑年會舘前西洋藥都賣業慈惠藥房

[illegible]

隆熙二年六月二十二日內部許可를得ᄒᆞ고每日壹次式陽曆十五日에發行

編輯主筆大韓의院敎授　劉世煥

醫藥論說著述醫學校敎授勳五等　池錫永

英米處方藥錄譯의學博士　洪錫厚

發行者慈惠藥房營業主　李觀化

印刷者慈惠藥房附屬普印社主任　洪　[illegible]

目　的

韓國新製藥　德國新製藥

日本新製藥　英國新製나

淸國新製나　美國新製약

以上藥品외에治效能과用法과定價金을以國漢文으로飜譯ᄒᆞ고

洋藥乾材　唐材　藥材

何漢城銅峴時價만每月報告ᄒᆞᆷ

● 林業速成科 學員募集廣告

本校에서夜學林業速成科及測量科를合設ᄒᆞ고兩科에關ᄒᆞᆫ學理技術를敎授ᄒᆞ리니願學僉員은本月貳拾五日內(陰五月貳拾七日)로入學請願書(本校에來求)를本校에提呈ᄒᆞ고七月拾二日(日曜日)上午拾時에來校應試ᄒᆞᆷ

壹 試驗科目 國文 漢文 讀書作文 算術四則以內

但相當ᄒᆞᆫ卒業證書가有ᄒᆞᆫ人은免試許入ᄒᆞᆷ

壹 修業期限은拾個貳月로定ᄒᆞᆷ

壹 上學時間은自下午七時로至拾時三時間

壹 修業課程 造林學總論 造林各論 苗圃論 森林保護學 森林經理學 森林利用學 植物學 測樹學 土壤學 肥料學 農學大意 測量學術及實習

隆熙貳年六月拾三日

西大門內普成學校

七五

製藥所 仁川港經峴 和平堂약房

發行人 仝 리應善

代理店 仁川港奇峴濟生堂藥房 京城大廣橋共愛堂藥房

[illegible]

胎養調經丸

대뎌 부인이 년과도록 잉ᄐᆡ치 못ᄒᆞᆫ 병으로 인ᄒᆞᆷ이니 일죽이 연구치 아니ᄒᆞ고 심상이 버려두면 다만 한사ᄅᆞᆷ의 불ᄒᆡᆼ할ᄲᅮᆫ 아니라 ᄯᅩᄒᆞᆫ 젼국에 크게 관계가 잇ᄂᆞᆫ고로 ᄯᅩ 셩의 십오년을 니외국 고명ᄒᆞᆫ 의ᄉᆞ의 실험방을 ᄃᆡ션ᄒᆞ야 셩에 집으로브터 他人家에 무수시험ᄒᆞᆫ즉 열에 열사ᄅᆞᆷ이 다효험을 보앗고 ᄎᆞ약이 일뒤만 효ᄒᆞᆷ아니라 (쳐령)(쳐젹)ᄒᆞ며 (조경)(조혈)되ᄂᆞᆫ고로 이것치 광포ᄒᆞ오니 쳠부인은 일ᄎᆞ 시험ᄒᆞ시며 각디방이라도 우편으로 붓칠터이오니 죠량ᄒᆞ시옵

壹劑壹個月分定價五圜

製藥所 仁川港奇峴 和平堂약房

발行人 仝 리應善

代理店 인川港奇峴 濟生堂약房 京城大廣橋 共愛堂약房

우리당약은청심보명단각쳐발매소마다수응판매ᄒᆞ오니그근방에계신이ᄂᆞᆫ그곳으로가서문의ᄒᆞ시오

仁川港和平堂 白

○약 광 고

본국에셔 십년을연구ᄒᆞ야(사향소창단)이란 약을발명ᄒᆞ엿ᄂᆞᆫᄃᆡ 남녀물론ᄒᆞ고 부종창병이던지 혼제(十四介)등미열 열기시 먹으면 효험이비ᄇᆞᆫ바 종되ᄂᆞᆫ고로 미열단지ᄒᆞ와사가오니 창병잇ᄂᆞᆫ 쳠위ᄂᆞᆫ오셔 고셩말고 속히디됨ᄒᆞ야 문의ᄒᆞ시며 각디방이라도 우편으로 부칠터이오니 죠량ᄒᆞ시옵

● 大韓國[illegible]製[illegible]

◎ 改良 靈丹　各種食滯中暑久滯口臭嘔吐滑[illegible]定價一貼一錢

◎ 至寶丸　治諸般痰疾不拘久遠俱有偉効定價金十錢

◎ 靈效液　外用芳香治疥瘡皮膚百發百中定價金三拾錢

◎ 淸眼水　治諸般眼疾有特靈見天之妙定價金拾錢

◎ 通淋丸　治男女急慢淋疾神效無雙速效除毒壹週金五拾錢

製藥兼發行所　漢城南部大廣橋西邊第二家十九統七戶 共愛堂大藥房 白

支店　開城南門內共愛堂第一支店　群山港開福洞共愛堂第二支店　河東郡赤良面共愛堂第三支店

代理店　京城北部大安洞 高明濟藥房　仝 鍾路靑年會館前 仁濟藥房　仝 西部新門外石橋 普濟醫院　仁川奇峴 濟生堂　仝 和平局

此外에도東西洋各國有名賣藥과藥材와藥이俱備ᄒᆞ오니藥의多少를不拘ᄒᆞ고請求ᄒᆞ시면小包로卽呈ᄒᆞ게ᄉᆞᆸ

● 大韓國新發明靈藥廣告

●主治效能 ●暴飮食積 ●中暑中寒 ●咳嗽腹痛 ●水土不服 ●氣鬱吐瀉 ●船車眩暈 ●食傷酒醉 ●口熱惡臭 ●其他諸般瘴氣癘疫預方妙藥

●田驛代理特約販賣所

●京城大廣橋共愛堂大藥房　同鍾路慈惠藥房 리觀化　同藥峴洋藥局 리信華　同府洞博文書館 盧益亨　同南大門外大同運輸會社 [illegible]　同泥峴三丁目新井支店　同泥峴郵便局前 天佑堂　同水標橋本堂出張人 리鳳林　●仁川舊邑本堂出張所 金濟賢　同開城旅館 韓鳳根　同奇峴和平堂 리應善　●開城西門內萬物商 박圭相　同南門內同店 馬相玉　同南門內廣通社 리鎭鎬　同北部忠橋 具昭模　海州宗路商店 宋在瑛　同 二房약舖 김永泰　同南門內店 리奉植　水原鍾路下약房 金濟九　●延安邑내洋약局 一邊汝文

●江華鍾路店 尹斗鉉　同鍾路店 宋順玉　同西門外冊肆 高成俊　●長湍南門내 [illegible]　●砂利院市場내客主 朴炳昌　●同耶蘇敎堂내 任允中　同 리在[illegible]　●公州南門내紅門동 리東稙　平壤鍾路里濟生局 韓鳳儀　同館前衛生醫院 金鎭興　同大興部一里 [illegible]　同武洞濟局 桂來宦　同興浦出張人 尹寶鉉　同鎭南浦洋약局 김元섭　同 機本堂出張人 吳남奎　群山港開福동 김斗鉉　安州[illegible]泰回春 [illegible]　安岳邑濟生局 林景[illegible]　大邱南門內 [illegible] 김成浩　益山[illegible]客主 金[illegible]佑　[illegible] 朴芝行　[illegible] 洋약局 [illegible]　忠州東門 [illegible]　晋州[illegible] 박[illegible]賢　定州[illegible]洋약局 리[illegible]　●郭山邑内洋약局 [illegible]　●鐵山邑내永春[illegible] 安[illegible]　宣川邑내冊肆 安　義州水口街 [illegible]　信川邑四里洋약局 김永[illegible]　郭山邑冊肆 김大[illegible]　元山港濟生堂支店 박敬[illegible]　北靑新浦客主 박[illegible]　江原道本堂出張人 馬[illegible]　德川邑官洞洋약局 리丙斗　禮山[illegible]谷里 리東[illegible]　其他各약店마다販賣홈　●仁川港濟生堂告白

● 新發明梅毒靈藥廣告　陸軍軍醫金守鉉實驗方劑

落梅丹

口瘡不[illegible]梅毒病去根之[illegible]藥　壹貼五百粒定價金三圜

主治　梅毒「[illegible]」新舊창 ●癃瘡 ●皮膚病 ●便[illegible]

●천病

已上病症外에男女間에不精交合ᄒᆞᆫ後에若疑아之端이有ᄒᆞ야도此藥壹劑만服用ᄒᆞ면完無後慮ᄒᆞ고脾胃도健全ᄒᆞᆷ을擔保ᄒᆞᆷ

此外에도외療機械와精美ᄒᆞᆫ藥材를新備ᄒᆞ고內外科각色疾病을誠心治療ᄒᆞᆷ

北部大安洞　仁濟藥房　高明진 謹白

代理店　京城鍾路 共愛堂약房　仁川港龍洞 濟生堂

國內各處藥局에셔[illegible]販매홈

○廣告料

[illegible]

（每日發行六號에相當홈）

二週日에 二圜五十錢

每日發行四號五號에相當홈

每月에 五圜

每日發行四號一[illegible]

其期限외長短과字行의多寡를依ᄒᆞ야增減홈이有홈

發行兼編輯人英國人 萬咸

發行所

南署石井洞號外地三層洋屋

大韓每日申報社

鍾路慈惠약房內慈惠醫院에醫療機械　診療醫師ᄂᆞᆫ醫학博士 洪석厚　慈惠房藥營業主 李觀化　全國拾三道에以小包郵便으로　製藥所主任 李[illegible]　製藥所印刷所[illegible]工 六

第八百四十九號

大韓每日申報

第六卷

月曜及慶節 歲時日休刊

檀君開國四千二百四十一年
箕子元年三千三十年
大韓開國五百十七年
日本明治四十一年
淸國光緖三十四年
陰曆戊申六月小初九日癸亥

論說

◎通俗教育의必要

一師의이難聽ᄒᆞ나幾千萬聽者의耳를代表ᄒᆞ야聽ᄒᆞ기不能ᄒᆞᆫ지며一瞻者가雖明ᄒᆞ나幾百萬盲者의目을代表ᄒᆞ야覩ᄒᆞ기不能ᄒᆞᆫ지며孔子라두소、아리스도르와如ᄒᆞᆫ聖人이有ᄒᆞᆫ지라도全國의幾千萬頑昧國民의思想動作을代表ᄒᆞ야敏慧開通ᄒᆞᆫ他國人과敵ᄒᆞ기不能ᄒᆞᆯ지니故로國民을教育ᄒᆞᄂᆞᆫ者ㅣ個々上等知識은與치못ᄒᆞᆯ지언정普通知識은與ᄒᆞ여야可ᄒᆞᆯ지며國民된責任을有ᄒᆞᆫ者ㅣ個々上等知識은修치못ᄒᆞᆯ지언정普通知識은修ᄒᆞ여야ᄒᆞᆯ지라

現今二十世紀盲風怪雨가四隣을日拍ᄒᆞᄂᆞᆫ데尙且枕을高ᄒᆞ야子々ᄒᆞᆫ醉倒ᄒᆞ야太古鴻荒時事나夢ᄒᆞ고諸語ᄅᆞᆯ闡發ᄒᆞ야曰天體ᄂᆞᆫ圓ᄒᆞ고地形은方이라ᄒᆞ며日은君象이오月은臣象이라ᄒᆞ고故代歷史ᄅᆞᆯ粉ᄒᆞ미人身牛首의황談이紛ᄒᆞ며世界國名을數ᄒᆞ미貫貿等目의怪号가繁ᄒᆞ니此ᄂᆞᆫ비록其耳其目이有ᄒᆞ나더라도視是而不見、聽而不聞ᄒᆞᄂᆞᆫ盲聾的國民이니盲聾的國民은厭ᄒᆞ야彼眼明耳快ᄒᆞᆫ者와世界舞臺에並列ᄒᆞ여엇지劣退를免ᄒᆞ리오

是故로今日歐國의天文與理學等의新學問研究를按ᄒᆞᆫ즉大哲學家가출이新機械術政師를多得ᄒᆞᆫ만不如ᄒᆞ며發光電氣等의新器械製造를보ᄃᆞ며ᄒᆞᄂᆞᆫ大藝術家有ᄒᆞᆷ이燐寸製造會社의廣設됨만不如ᄒᆞᆯ지니

嗚呼ㅣ라凡今有志ᄒᆞᆫ如此히注意ᄒᆞ야古代詩人의云ᄒᆞᆫ비黃金時代(卽宇宙大同的國家)를空想치말고爲先國民同胞와共進的方針을講究ᄒᆞ야通俗教育卽普通知識啓導ᄒᆞᄂᆞᆫ데熱心貫注ᄒᆞᆯ지어다

外報

●反徒更盛 紐育電을據ᄒᆞᆫ즉墨西哥共和國고취라州에서叛亂이益甚ᄒᆞ야暴徒의餘波가國境을越ᄒᆞ야米國텍사쓰州方에迸出ᄒᆞᆷ에至ᄒᆞᆫ지라此에對ᄒᆞ야텍사쓰州에서ᄂᆞᆫ遊騎兵으로써目下警戒中인데고취라州叛徒ᄂᆞᆫ이의試個所의市街를占領ᄒᆞ얏다더라

●財政校設立 北京電을據ᄒᆞᆫ즉淸國度支部에서設立ᄒᆞᆫ財政학校ᄂᆞᆫ秋季에開校ᄒᆞᆯ터인대其教師ᄂᆞᆫ英國人만用ᄒᆞᆯ터이오日本人은或別科教師로雇用ᄒᆞᆯ깃다ᄒᆞ얏더라

●先否後可 彼得堡電을據ᄒᆞᆫ즉露國議院에서否決ᄒᆞᆫ戰艦四隻의製造案을參議院에서可決ᄒᆞ얏다더라

●經費節略 倫敦電에云ᄒᆞ되國議를據ᄒᆞᆫ則 獨國海軍部에서ᄂᆞᆫ內國各大艦의平時定員을減ᄒᆞ야經費二百餘萬磅으로節略ᄒᆞ자ᄂᆞᆫ議가有ᄒᆞ다ᄒᆞ얏더라

●反對案否決 同電을據ᄒᆞᆫ則法國下議院에서大統領페리에氏의俄國訪問費에對ᄒᆞ야壹萬六千磅을支出ᄒᆞ기로可決ᄒᆞ얏ᄂᆞᆫ데社會黨이該訪問을中止케ᄒᆞᆯ目的으로써提出ᄒᆞᆫ修正案은否決ᄒᆞ얏나니라同案件提出者를擁護ᄒᆞᆷ에至ᄒᆞ고外相피숀氏ᄂᆞᆫ俄法同盟으로써當然히外交政策의基礎를定ᄒᆞᆫ意로宣言ᄒᆞ얏다더라

●波斯反徒猖獗 路透電을據ᄒᆞᆫ즉北波斯타부릿쓰市에서起ᄒᆞᆫ바暴徒의勢가甚히猖獗ᄒᆞ며나造兵廠에闖入ᄒᆞ야銃器彈약을奪去ᄒᆞ고有力ᄒᆞᆫ保守黨員의弟某氏를虐殺ᄒᆞ얏ᄂᆞᆫ데首府테헤란外交團에서波斯외지國大臣과其他政黨首領等으로協議ᄒᆞ야調停로ᄌᆞᄒᆞ얏더라

雜報

●尹氏出捐 平壤部居尹鼎運씨ᄂᆞᆫ素著ᄒᆞᆫ志士러니三和港館井洞耶蘇敎學校의經費窘絀ᄒᆞᆷ을慨惜ᄒᆞ야紙貨約圓을寄付ᄒᆞ얏다고西來人이稱頌ᄒᆞ더라

●兩校試驗 金浦郡私立新明夜學校와에夏期試驗을經ᄒᆞ얏ᄂᆞᆫ데甲班優等生李根成鄭容夏兩氏요乙班에ᄂᆞᆫ姜顯周씨等三人이오丙班에ᄂᆞᆫ趙貴先洪順卜氏等六人이라더라

●長校聯合運動 長湍郡有志諸시가境니各小學校學徒를培養ᄒᆞ기爲ᄒᆞ야陰五月五日의聯合運動회를設行ᄒᆞᄂᆞᆫ대小學校ᄒᆞ二學도學生三百餘名이會集ᄒᆞ얏고課程은旗取競爭設高跳競走이온대最優等生許大寬彝術壹等見成根女학徒優等生趙女三씨의게觀光諸시가하生의前途ᄅᆞᆯ感謝ᄒᆞ야紙筆等物을多數補助ᄒᆞ얏다고西

●講所新設 安岳郡勉학회의서師範講習所를設立하고陰六月壹日의開학하ᄂᆞᆫ데學文의有志ᄒᆞᆫ션이ᄂᆞᆫ多數來臨ᄒᆞ와入학ᄒᆞ심을希望ᄒᆞᆫ다ᄒᆞ얏더라

●開塾贊助 利城北部池波里墨응의有志紳士ᄂᆞᆫ準學權東郁諸氏가私立資明義塾을設立ᄒᆞ고學員을募集ᄒᆞ야熱心教授ᄒᆞᄂᆞᆫ데兩城學會諸시가極力贊助ᄒᆞᆫ다더라

別報

◎裵說氏의公判顚末

第二日 (續)

크로쓰氏問曰該三種論說中에沒數이던지或某件이던지其全文을裵說氏의게交付ᄒᆞᆷ이有ᄒᆞ뇨證人答曰無ᄒᆞ니其須知分외論說은全文으로交付ᄒᆞᆫ은無ᄒᆞ나其桑港新聞에발刊ᄒᆞᆫ대로揭佈ᄒᆞ기를願ᄒᆞ노라고裵說氏의게問議ᄒᆞ얏나이다ᄒᆞ고

又曰本人은日本巡査와直接關係되ᄂᆞᆫ事樣은無ᄒᆞᆫ데向於에警視廳에서服裝ᄒᆞᆫ韓人巡査나日人巡査도아니오平服ᄒᆞᆫ韓人別巡檢을送ᄒᆞ야本人을來招ᄒᆞᆫ바本人이辭却不就ᄒᆞ얏스며又他時에往々이日憲兵과日兵丁이本社에入來ᄒᆞ얏스나此ᄂᆞᆫ本人私身上에關係ᄂᆞᆫ아닌줄노會得ᄒᆞ엿스니原來本人은社中에在ᄒᆞ야服務ᄒᆞᆫ거시但只新聞上에關ᄒᆞᆫ般事項으로來問ᄒᆞᄂᆞᆫ者外에ᄂᆞᆫ關涉을不與ᄒᆞ엿ᄂᆞ이다

問汝가捕縛의威嚇을被ᄒᆞᆫ이有ᄒᆞ뇨答曰平服ᄒᆞᆫ韓人이來招ᄒᆞᆫ事外에ᄂᆞᆫ無ᄒᆞ니이다

問該事에ᄂᆞᆫ如何히措處ᄒᆞ얏나뇨答本人이留ᄒᆞ기를余ᄂᆞᆫ本社長裵說시의雇用下의在ᄒᆞ야社中에關係가有ᄒᆞ나此事情을裵說氏의게說明ᄒᆞ기前에ᄂᆞᆫ就去치못ᄒᆞ짓다ᄒᆞ얏나이다

問其事由를裵說시의게說明ᄒᆞ얏나뇨答曰裵說시가適其時에不在ᄒᆞᆷ으로萬咸시의게說明ᄒᆞ며萬咸시가不須就去라ᄒᆞ더이다

問汝가社內에留ᄒᆞ고自家에ᄂᆞᆫ歸치아니ᄒᆞ얏나뇨答曰其日로부터歸家치아니ᄒᆞ얏나이다

월킨손시가反覆橫詰ᄒᆞ야曰往年에日人이來ᄒᆞ기前에ᄂᆞᆫ 皇帝계셔不悅ᄒᆞ시ᄂᆞᆫ記事나政府를反對ᄒᆞᄂᆞᆫ記事를陳述ᄒᆞᆫ韓人의게何如히處置ᄒᆞ얏ᄂᆞ뇨曰往年에ᄂᆞᆫ其人이禁獄을當ᄒᆞ얏나이다

問或刑首ᄒᆞ얏ᄂᆞ뇨曰否라但只禁獄ᄒᆞ얏나이다

問汝가現今新聞社內에留宿ᄒᆞᆷ은捕縛을恐ᄒᆞᆷ이뇨裁判을恐ᄒᆞᆷ이뇨何을恐ᄒᆞᆷ이뇨曰憲則社에에順利를爲ᄒᆞᆷ이오憲司逮捕의提擭도爲ᄒᆞᆷ이니이다

問證據與何를謂ᄒᆞᆷ이뇨曰日人을提擭ᄒᆞᆷ이니이다

問汝가 太皇帝陛下ᄒᆞ선勅命書를裵說씨가持有ᄒᆞᆫ줄을知ᄒᆞᆫ乎아曰此를見치ᄂᆞᆫ못ᄒᆞ얏스나此가有ᄒᆞᆫ줄은暗想ᄒᆞ얏나이다

問此가有ᄒᆞᆫ줄만엇지汝를充分히保護치못ᄒᆞ랴曰本人이設或此를見ᄒᆞ얏더라도此ᄂᆞᆫ裵說氏의게만適用케ᄒᆞ심이어니와況乎本人이야엇지도못ᄒᆞᆯ것으로保護가된다ᄒᆞ리오잇가

問然則汝ᄂᆞᆫ裵說시의雇人이뇨或他人의雇人이뇨其月俸은誰가支給ᄒᆞᄂᆞ뇨曰日本人은裵說氏의雇傭人이오니비說씨의게서月俸을受ᄒᆞ나이다

問汝가비說씨의雇用人이니自身上에나或其事務上에對ᄒᆞ야保護를適用ᄒᆞᆷ이有ᄒᆞ며비說씨ᄂᆞᆫ英國人이니此를由ᄒᆞ야保護됨을快樂ᄒᆞᄂᆞ뇨曰비說시ᄂᆞᆫ英國人이오本人은氏의雇用人이니保護될줄은知ᄒᆞ오나或時ᄂᆞᆫ人이비說氏의家에도擅入ᄒᆞᆷ이有ᄒᆞᆫ즉若시가不在ᄒᆞᆫ時에ᄂᆞᆫ本人의保護를難期리니本人은此의特權을全數히快樂ᄒᆞᆫ다고ᄂᆞᆫ說키難ᄒᆞ외다

월킨손시가乃(證人의手寫ᄒᆞᆫ연문英文書類를取示ᄒᆞ며)曰此ᄂᆞᆫ汝가訴情ᄒᆞᆷ이뇨又汝가手寫ᄒᆞᆷ이뇨證人曰然ᄒᆞ오이다

월킨손氏가乃(證人의게直接으로說道ᄒᆞ여)曰汝가英文을如斯히能寫ᄒᆞᆯ진ᄃᆡ英語도能說ᄒᆞ깃도다(證人이乃英語로答)曰然ᄒᆞ다說明能ᄒᆞ나聽得은未能이로이다

問汝가日本警視廳秋吉氏가新聞社에入來ᄒᆞᆷ을說明ᄒᆞ야비說氏의게送信ᄒᆞᆷ이有ᄒᆞᆫ나平服巡査ᄂᆞᆫ아니며뇨曰秋吉은但只本新聞을押收ᄒᆞ러入來ᄒᆞ얏더이다

問裁判官曰秋吉이가汝의說及ᄒᆞᆫ平服巡査이며뇨答曰不是라平服ᄒᆞ엿던者ᄂᆞᆫ韓人이러이다

월킨손시曰汝를內部大臣의게招去코져ᄒᆞ던者가日人이며뇨韓人이며뇨(未聽ᄒᆞ야無答答ᄒᆞ다)

問汝가此訴情을手寫ᄒᆞ야英國官憲의게傳致ᄒᆞ라고비說氏의게送ᄒᆞ얏스며氏가依此而行ᄒᆞᆯ줄을知ᄒᆞ얏나뇨(於此에更히通譯을由ᄒᆞ야)答曰本人이此ᄅᆞᆯ비說씨의게交付ᄒᆞ엿而已러이다

問비說시가汝의게說報指揮ᄒᆞᆫ文字도잇ᄂᆞ냐ᄒᆞ얏ᄂᆞ뇨曰誕노以ᄒᆞ얏나이다

(未完)

雜報

●奉審各陵 奎章閣直閣朴齊賢은聽旨 貴陵하야奉審摘奸하야仍爲攝祭하고局니諸 陵을登體奉審以來하라신 勅敎를 下하옵셧다더라

●雲亭射會 再昨日에 義親王殿下께옵셔翠雲亭에서前參將金昇圭氏와射會를設하앗다더라

●病院新築 義親王殿下께셔慈善病院을設置하다홈은已報하앗거니와該病院建築基址와其他諸般事務를現今準備中이라더라

●催裝歸國 伊藤統監이日本內閣變更된事에對하야急速히發程歸國할預定이라더라

●曾禰迎接 曾禰副統監이再昨日下午八時三十分頃에入城하얏다는대據한즉大臣以下各部大臣들이南大門外停車場에서迎接하얏다더라

●請謝統監 伊藤統監이元老大臣을請邀宴待홈은已報어니와元老諸氏가發起하야此를答禮次로昨日國分李址鎔氏家에設宴하고伊藤統監과該府高等官數人을請邀同歡하얏다더라

●統監의使者 京城日報號外를據한즉伊藤統監의게侍從[illegible]秋父宮[illegible]昨夜宮大寺侍從장은統監邸에電報가有홈이侍從은昨日東京에서出發하야來七日에入京할터인대高侍從은從來事故가有홈으로時마다統監의게使者로差遣홈이例라더라

●例會未開 昨日中樞院에서例會를開하기로하엿더니該人員이未備하야會치못하얏다더라

●趙邸談話 農商趙重應氏가再昨日下午四時에趙命熙氏私邸에前往하야數時間을談話하얏다더라

●雲亭風流 學相李載崑氏가再昨日翠雲亭에서宴會를設하고各大官을請邀宴待하얏다더라

●兩大言詰 再昨日에學部大臣李載崑氏가各部大臣을宴待하얏다는說은別項과如하거니와該宴席에서有何事端인지總理大臣李完用內部大臣宋秉畯兩씨가暫時爭詰하얏다더라

●발程延期 忠北觀察使權鳳洙氏는赴任次로再昨日에發程하고全北觀察使李斗璜氏와光州觀察使申應熙氏는湖南학會紀念式에往參하기爲하야발程이數日延期가되얏다더라

●完蘂還赴 全北觀察使李斗璜시는還官次로本日에發程혼다더라

●織組執務 江原觀察使李圭完시가[illegible]率去홈우已爲報道어니와更聞홈즉織組[illegible]還去하얏는대其[illegible]우織組爲業혼다더라

●代表參會 學部編輯局長魚允迪씨가再昨日에該部大臣李載崑시의代表로湖남學會紀念式에往參하얏다더라

●李家喜兄 武官學校長李회斗씨가昨日自己부日에盛宴을設하고外國人을請待하얏는대鼓樂이送宕하얏다더라

●會館移接 辯護士會長李冕宇시가控訴院判事被任한故로該會館은典동後李容相氏家로移定하얏다더라

●記者懇親 去日曜日下午六時에各新聞記者가明月館에同하야懇親會를設行하얏다더라

●何等渡日 大韓新報社長李人稙시가有何所幹인지日昨日本에渡往하얏다더라

●違例處罰 臨時財源調查局技手文錫柱시等四人이不由歸欵한事로譴責에處하얏다더라

●朴氏還城 鎭衛[illegible]用地段價를分給次로出張하얏던朴義秉시는日昨에入城하얏다더라

●尹氏入城 宜川郡普通學校開校式에參觀키爲하야발向하얏던학務局長尹致昨씨는今日入城하얏다더라

●官屬錄示 內藏院出納課長[illegible]川信[illegible]이가宮內府所屬各院司에通牒하고解散혼員役等의職務를支給方法에對하야參考홀터이니該員役等의姓名居住年齡을不日錄交하라하얏다더라

●恩金支給 宮內府에서解散혼員役의恩賜金을支給혼다는說은本報에屢揭어니와昨日부터恩賜金을支發혼다는대昨日은司鑰과別監武監等을支給하고本日은扈衛局을支給혼다더라

●日人都給 昌德宮內仁政殿修理工役을再昨日부터着手하얏는대該修繕工事는日人利光小三郞이가都給으로人夫數百名을領率就役하얏다더라

●派主治喪 學部翻譯官朴成圭씨가大韓醫院에서治療홈다는事는已爲報道하얏거니와昨日上午八時에因爲[illegible]逝하얏는대學部에서主事幾人을派送하야治喪中이라더라

●柴炭許可 城內가商業니에柴炭[illegible]雜하더니農商工部에서[illegible]許可하얏다더라

●醫禮 大韓醫院[illegible]諸[illegible]招待[illegible]가有혼대此를答禮키爲하야[illegible]昨明月館에設宴하고大韓醫院의士를請邀宴待하얏다더라

●消防鍊習 昨日警視廳에서巡查를會集하야消防鍊習을擧行하얏다더라

●驚哉斯人 本月五日下午四時量에西小門外居하는某시가紙貨貳圜을路上에서遺失하얏더니[illegible]다리에서草笠[illegible]宗植시가拾得하고某시에게傳하얏는대[illegible]의廉直은人皆稱頌하더라

●秩賊逐捕 再昨日下午壹時에大漢門外床廛에서何許人이洋秩을竊取라가現發되여逃走하는것을巡查가逐捕하얏다더라

●協會疑點 大韓協會는社會界에有志者와名譽士가組織홈으로世人의希望이特異하더니至于近日에兩個大疑點이發生하니壹은該會長南宮억氏가數次辭免請願홈時에는不爲許遞다가猝然히會長의게譴責을加하얏스니會界에初有之事라하며壹은會長의候補者는有力혼原任大官을推薦하기로某某氏의運動이有하니壹般物論이[illegible]大疑點을惹起혼다더라

●壹土再賣 溫陽居趙伯濟이가渠之田답을典執하얏다가該田답을放賣혼後에該田답을又爲疊賣하얏다더라

●請酒非時 湖남학會에서第一回紀念式을再昨日訓鍊院에서設行홀새各社會有志人士와其他來賓諸시가會同하야國歌를奏홀時에會壹般任員과其他來賓諸시들[illegible]鄭喬시가酒壹杯를請飮하는지라[illegible]가놀내여壹傍에[illegible]가論駁하기를國歌를奏홀時에如此慢行을施하나냐하얏다더라

●女學旋放 官立漢城高等女學校에서昨日부터하학을爲始하얏다니各學校의休학하는例를依하야極炎中에放학홀預定이라더라

●湖南特會 湖南학生親睦會에서任員을補缺하기爲하야來水曜日上午十時에特別總會를普成학교내에서開하겟다더라

●會長代任 再昨日關東학會에서定期總會를開하고諸般事務를處辦홀새會長朴勝彬시가平壤檢事로赴任하기爲하야辭免하고其代에[illegible]被選되얏다더라

●彰校特會 倉洞彰東學校에서今日下午四時에校長尹致昨시가本校내에任員特別會를開하고校務를擴張하기로協議혼다더라

●不過九十 畿湖興학會에서請願혼학員이數百人인대漢文에不熟혼人은擧皆落第하고破選혼學員이九十人에不過혼다더라

●三山義塾新設 東門外城北동三山義塾은[illegible]借得設施하고[illegible]報道에[illegible]校長金泳燮씨[illegible]黃海延齋術數師方漢[illegible]師[illegible]協及敎師李允회諸시가熱心敎導홈으로學員이[illegible]七名에至하얏는대校舍[illegible]

●[illegible] [illegible]

●文[illegible] [illegible]학校에서去九月에終試驗을[illegible]經하고[illegible]씨가熱心勸勉혼後에金[illegible]을捐助하얏다더라

●[illegible]成績 [illegible]開城[illegible]

[illegible]에서體成學校를設立하고本月九日에開校式을擧行하는대西北學會에서委員梁基道徐光勳兩氏를派遣하야勸勉祝辭로演說하미壹洞人民이無不感興하야義務敎育의責任을擔負하고校長李成茂校監李貞烈擔務朴基淳金顯宅諸氏가極力周章하고敎師韓相健李學天李華宜諸氏가名譽로敎授하미該郡人民이無不稱頌혼다더라

●金氏熱心 咸興郡김昇煥시가敎育에熱心하야千金을不惜하고敎育에從事하야壹般靑年을鼓動勸勉하야滿進之望이頗有하다고北來人이稱頌하더라

●新付漢校 私立漢남學校의運動費로前觀察使閔泳徽시가二十圜과[illegible]盧鳳嶽시가十圜[illegible]光興社에서喇叭四箇를寄付홈으로感謝不已혼다더라

●校舍增築 龍川府楊西面彰[illegible]梁東의新成四동有志人士들이私立廣明學校를出捐하야設立혼지已過兩年인대敎師金昇[illegible]시가熱心敎育하고校[illegible]諸[illegible]와[illegible]資本으로校舍二間을[illegible]하야生徒가[illegible]成式을擧行하얏다더라

▲地方消息▼

●去月貳拾三日에安東郡北方約[illegible]에서[illegible]兵貳拾[illegible]名과[illegible]川郡守備隊에서派遣혼日本討伐隊와交戰하얏다더라

▲特報人物▼

[illegible]風俗이深[illegible]時代[illegible]成痼[illegible]此是[illegible]已[illegible]

▲府園提학追榮法을[illegible]紛々하야生前徽而死後貴之[illegible]日發等淸官이라網先白骨光榮으로世戶之計含업스니[illegible]이그저잇다

▲各部大官出入時에前擁後衛森嚴하야街路上에橫馳하니氣揚々自得하니來人去客[illegible]하야不敢近하고나더[illegible]이그저잇다

▲外面雖是破[illegible]나[illegible]色[illegible]內存하야其世에徽嫌으로是日非先天事로[illegible]하야[illegible]이그저잇다

▲仕宦으로爲[illegible]相傳하니新世界[illegible]開日智難改하야[illegible]計하고登第[illegible]이그저잇다

▲來々去々[illegible]鐵立하나兩班之別自[illegible]陽厲하揷地[illegible]動이之字步[illegible]이그저잇다

▲處女行[illegible]鮮明하다頭邊兩鬢[illegible]右顧眄過去[illegible]面이니外之別分明[illegible]이그저잇다

▲削髮毛髮[illegible]無用하야[illegible]外[illegible]品[illegible]하야當時榮名[illegible]이그저잇다

▲[illegible]院[illegible]自稱하고[illegible]監之稱自[illegible]이그저잇다

▲남北山下[illegible]挨問[illegible]心膽[illegible]니兩班抵[illegible]이그저잇다

雜報

[illegible]學校　桂[illegible]興學校에서 [illegible]第二回卒業式을[illegible]行호얏는데 卒業生의 林[illegible]洪元[illegible]等 尋常壹年級進級生이 [illegible]昌[illegible] 等九人이오 二年級[illegible]均 李南燮이오 [illegible]級卒業生이 徐[illegible]五人이오 高等[illegible]級은 吳[illegible]等 三十六人이라더라

[illegible]新設　熊川郡加[illegible]面에 勞働者[illegible]餘名이 勞働夜學을 設立[illegible]崔[illegible]家舍三間을 永爲許給[illegible]等諸氏[illegible]熱心勸[illegible]敎師 尹漢式 박[illegible]仁兩氏[illegible]敎授[illegible]傳說이 [illegible]더라

廣告

本會에서 **特別總會**를 本月[illegible]日 水曜[illegible]午拾時에 [illegible]成學校[illegible]壹般會員은 [illegible]臨[illegible] 敬要

湖西學生 **親睦會** 告白

南署[illegible]洞第七拾[illegible]統五戶瓦七間 草家二間 家屋高奉集[illegible]板刻文券壹張과 梨峴倉內[illegible]本[illegible]推尋條[illegible]千八百二拾五兩 於音壹張을 今月三日夜盜賊時에 物種과 同爲見失이기로 右事를 新聞에 廣告[illegible]家券과 於音은 休紙施行[illegible]

南署[illegible]竹洞五拾八統壹戶 申[illegible]元 白

[illegible]人의 [illegible]圖章을 陰六月四日에 遺失[illegible]기 玆以廣告[illegible]勿[illegible]시옴

高平堂山面上野里居 金魯洙 白

[illegible]、圖章遺失[illegible]他[illegible]刻[illegible]知舊[illegible]

江景[illegible]村[illegible]樂[illegible] 白

溫陽居 趙伯演이 [illegible]癸卯[illegible]月分[illegible]渠之田[illegible]文券을 典執[illegible]三[illegible]以三分邊貸去[illegible]다[illegible]乙巳九月分에 同田畓을 放賣[illegible]于茶洞居 金祐鎬[illegible] 右債錢[illegible]俱[illegible]未[illegible]訟[illegible]屢次[illegible]訟[illegible]가[illegible] 理院[illegible]判決[illegible]全然[illegible]己[illegible]은 無[illegible]分還給之[illegible]其[illegible]交[illegible]證[illegible]金祐鎬[illegible]本人[illegible]非理[illegible]田畓을 指導[illegible]云故 [illegible]祐鎬家[illegible]探[illegible]在[illegible]趙伯演言[illegible]丙午四月分에 [illegible]을 疊賣他處[illegible]金前[illegible]盜[illegible]處[illegible]賊은 決不可爲[illegible]指示[illegible]渠之所有田畓[illegible]拾斗落[illegible]先以代土로 推去云故 無限爭詰[illegible]田畓[illegible]貳萬兩折價[illegible]即成新文記後 仍出證明[illegible]以[illegible]平理院[illegible]金祐[illegible]가 乃至[illegible]訴法部[illegible]本人이 竟圖[illegible]科에 即爲[illegible]訴法部[illegible]伸冤矣[illegible]未免法部之[illegible]退[illegible]勢不得已 徵給[illegible]價後[illegible]本人이 已徵畓價[illegible]證明[illegible]本人이 當然推[illegible]趙漢이 何如[illegible]平理院이 [illegible]自平理院으로 [illegible]證明券을 出給[illegible]趙伯演[illegible]시고 汝自措處[illegible]本人이 欲推則 趙伯演이 非[illegible]으로 不肯出給[illegible]本人[illegible]畓價 七萬餘兩 巨額을 徵[illegible]此證明券도 又未推[illegible]有如許[illegible]乎아[illegible]勢如右[illegible]證明券을 [illegible]이 以荷杖之證[illegible] 無[illegible]廣告[illegible]于申報[illegible]此非盲賊之頑悖乎아[illegible]痛駭[illegible]玆에 辨明[illegible]位[illegible]勿欺[illegible]

京茶洞居 金然鎬 白

[illegible]家屋等 測量製圖를 迅速[illegible]地山林未墾地 川澤[illegible]

[illegible] 金[illegible]亮[illegible]要

南部[illegible]統[illegible]戶 [illegible]測量製圖事務所 [illegible]완根

[illegible]所에서 [illegible]家屋山林礦山及未墾[illegible]測量製圖設計를 迅速[illegible]關應[illegible] 僉君子는 來議[illegible]

南部[illegible]橋第九[illegible]統九戶 聯昌測量製圖事務所 技術員 李康年 告白

[illegible]堂總[illegible]工[illegible]陰曆三[illegible]日로 定[illegible]이 左[illegible]委員은 [illegible]左[illegible]數[illegible] 敎友[illegible]廣[illegible]

[illegible] 朝亮[illegible]

天道敎中央總部 告

左개 [建築委員]

羅[illegible]	洪基兆	洪[illegible]	[illegible]煥
[illegible]協	劉漢[illegible]	金洛[illegible]	
[illegible]八	張[illegible]	韓賢[illegible]	
吳明運	安國珍	[illegible]垢	
林永秀	[illegible]坤	崔碩連	
鄭[illegible]洙	全致範	鄭[illegible]	
張[illegible]坤	金秉駿	朱明[illegible]	
金宗範	吳榮昌	김應元	
方燦斗	[illegible]應五	朴宗[illegible]	
韓[illegible]勳	[illegible]丁局	鄭[illegible]玩	
趙[illegible]鳳	[illegible]岐玩	金鳳[illegible]	
文益賢	[illegible]承祐	金炳柱	
채炳淑	[illegible]鎭[illegible]	[illegible]漢式	
林澤顯	徐[illegible]淳	朴용台	
劉化仁	[illegible]영字	鄭承德	
리炳春	박準承	林[illegible]圭	
[illegible]榮[illegible]	金炳[illegible]	[illegible]봉秀	
박化[illegible]	張남香	리永夏	
吳昌根	趙[illegible]然	朴洛[illegible]	
申光雨	全熙淳	宋[illegible]浩	
白永魯	[illegible]奉雨	[illegible]哲[illegible]	
閔泳[illegible]	리東洙	박[illegible]然	
辛精集	리象鉉	宋相浩	

新刊書籍

新編**動物學** 全壹冊 定價[illegible]錢
右書는 動物界에 現象[illegible]因과 生活狀態를 精確研究[illegible]簡明[illegible]者ㅣ니 普通敎科에 適宜홈

初等小學 全四冊 壹[illegible]冊[illegible]錢

刑法大全 全貳冊 壹圜

政治小說 **雪中梅** 全壹冊 貳拾錢

華盛頓傳 全壹冊 [illegible]錢

演說法方 全壹冊 貳[illegible]錢

[illegible]訂**算術** 全參冊 六[illegible]錢

中等[illegible]學 全貳冊 壹圜半

敎育議 全貳冊 廿[illegible]錢

無[illegible]錄 全壹冊 [illegible]拾錢

世界一覽 全壹冊 貳拾錢

大韓[illegible]新**地圖** 全壹冊 [illegible]拾錢

刑**法**新論 全壹冊 [illegible]圜

二十世紀朝鮮論 全壹冊 卅九錢

日語獨習 全壹冊 四拾錢

皇城南署大廣橋三拾七統四戶
發賣所 滙**東書**館

全州南溪[illegible]書房 **張在彥**

本所에서 **諸般測量製圖設計等**을 **精確迅速**히 **需應**호오며 僉**君子**는 **急速來議**호시옵

西署南門外[illegible]第三號七戶
廣化測量事務所
總務 黃[illegible]柱 ㅅ
[illegible] 吳鳳根 [illegible]致都

[illegible]學術講習[illegible]成[illegible]가[illegible]研[illegible]로 今月八日[illegible]時[illegible]別[illegible]外 本[illegible]三時[illegible]의 남[illegible]受[illegible]致[illegible]者[illegible]式을 [illegible]知[illegible]照亮[illegible]시옴
隆熙二年十月七日
[illegible] 白

[illegible]大
[illegible]寅[illegible]
友人 리院[illegible]

[illegible]人姓[illegible] 直[illegible]行[illegible]去[illegible]失[illegible]

李[illegible]九

啓者 漢城[illegible]西[illegible]
淸國料理[illegible]包辦이[illegible]色酒席價廉味美並[illegible]房潔淨[illegible]候週到[illegible]僉君子[illegible]照[illegible]

會英樓主人 **徐鴻洲** 謹白

本社[illegible]收入[illegible]分의 三以上의 速[illegible]餘額이 多[illegible]遲延[illegible]組織[illegible]能[illegible]容不[illegible]月中[illegible]柴炭을 買收[illegible]여야[illegible]途[illegible]妨害가 無[illegible]깃[illegible]別[illegible]方策[illegible]月[illegible]五日[illegible]의 [illegible]於組織[illegible]고[illegible]니[illegible]決[illegible]얏사오니[illegible]壹回金[illegible]諸君은 洞諒後 期[illegible]又延期[illegible]依章程[illegible]株主權[illegible]許[illegible]고 保證[illegible]을 不還홈
[illegible]材木柴炭株式會社 告白

本所에서 田畓、山林、家屋、礦山、[illegible]測[illegible]計[illegible]迅速需應[illegible]오니 僉[illegible]來臨[illegible]議홈
[illegible]部[illegible]坊[illegible]洞[illegible]統五戶
[illegible]測量製圖事務所
總務 [illegible]鍵秀 [illegible]

[illegible]擴張減價
[illegible]寫眞[illegible]
[illegible]

天然堂寫眞館主人 **金圭鎭** 告白

精[illegible]一[illegible]宜[illegible]著作
新訂[illegible]**算術敎科書**
洋裝壹[illegible]定價[illegible]九拾錢
三拾冊[illegible]割引[illegible]減[illegible]
[illegible]時[illegible]原價
[illegible]割引[illegible]

[illegible]學[illegible]本書[illegible]學數[illegible]一[illegible]
[illegible]數學[illegible]
年[illegible]發[illegible]
術의 原理[illegible]論釋[illegible]야
[illegible]學受敎의 必須[illegible]則
易曉[illegible]獨習[illegible]
發賣元 京西部[illegible]後洞[illegible]拾貳
[illegible] 鄭[illegible]

本館[illegible]旣[illegible]有志諸
[illegible]發成[illegible]新聞[illegible]之
[illegible]益繁[illegible]發售之
[illegible]稍[illegible]民[illegible]
[illegible]媒介[illegible]自任[illegible]不
倍[illegible]擴[illegible]新[illegible]學校
用品[illegible]衛生[illegible]藥[illegible]發賣[illegible]
[illegible]僉君子[illegible]切
[illegible]
[illegible]門[illegible]書籍[illegible] 白 ㅅ

王七[illegible]
[illegible]

新刊書籍發售廣告

女子讀本 [illegible]著 定價 古[illegible]
初等[illegible] 全貳冊 [illegible]
初等倫理[illegible] 全壹冊 [illegible]
國家[illegible]綱[illegible] 全壹冊 [illegible]
國民須知 定價 [illegible]八錢
初等小學 全[illegible]三拾錢
中[illegible]新[illegible] 貳冊壹圜
增[illegible]無冤錄 六[illegible]
國[illegible]文 壹冊 七拾[illegible]錢
伊太利建國三傑傳 [illegible]冊[illegible]
[illegible]進化[illegible] [illegible]
獨習日語[illegible] [illegible]
[illegible]裝壹冊 [illegible]
[illegible]人傳 [illegible]
[illegible]血淚 [illegible]
[illegible]壹冊 定價 [illegible]
[illegible]新論[illegible]
世界三怪物 定價 [illegible]三拾五전
家庭雜誌 每號 [illegible]
[illegible]新算術 [illegible]
乙支文德
眞本寫眞 並壹冊 三拾錢
[illegible]發賣所 [illegible]
[illegible]書館 [illegible]

漢城南大門外濟衆院方藥

前醫學校長勳五等池錫永氏有効證明
醫學博士　洪錫厚氏　實驗方劑
製藥鑑查人　朴慈惠　李觀化

四時靈藥 **治痰平胃丸** 一包에 九十丸入 定價金拾錢

此丸藥은大韓兄弟腸胃에適當ᄒᆞ도록調製ᄒᆞᆫ數十年來累試累驗ᄒᆞᆫ藥인ᄃᆡ士降生一千九百八年에醫學博士洪君이精細改良ᄒᆞ야中暑中寒諸症에虎列剌怪疾과毒厲瘟疫을預方케ᄒᆞ고健胃消滯ᄒᆞ야諸般滯積을順下ᄒᆞ며卒地嘔吐泄瀉와赤痢白痢이腑腹刺痛과聲咳白痰을能治能止ᄒᆞᄂᆞᆫ靈藥이오

製造本舖　漢城鐘路萬國基督敎靑年會舘　前西洋藥都賣業慈惠藥房

[illegible]

隆熙二年六月二十二日內部許可를得ᄒᆞ고 [illegible]
登次式陽曆七月五日에發行

編輯主筆 大韓醫院敎授　劉世煥
藥學論說著述 前醫學校敎授勳五等　池錫永
英米處方藥翻譯 醫學博士　洪錫厚
發行者 慈惠藥房營業主　李觀化
印刷者 慈惠藥房附屬普印社主任　洪 [illegible]

目的

韓國新製藥　德國新製藥
日本新製藥　英國新製나
淸國新製나　美國新製약
以上藥品의本性效能과用法과定價金을以國漢文으로翻譯ᄒᆞ고
漢藥乾材　鄕나唐材　鄕약鄕村
但漢城鍾路時價마每月報告홈

▲大韓國新發明ᄒᆞᆫ藥

▲八寶丹 九拾五粒入金拾錢
▲팔보단

健胃消滯

承事府典의正三品洪哲普閣下實驗處方과陸軍의의學校敎官騐基茂君有効證明으로此丹을발行이온바新久滯積과飲食膈格과霍亂사脹과腹疼痛과頑痰固飲과新久泄瀉와七情鬱結과水土不服과船車眩暈諸症에俱服見效ᄒᆞ오니衛生君子ᄂᆞᆫ光顧試可ᄒᆞ심을爲希홈

▲사향소창단 ▲麝香消瘡丹

瘡病 妙藥

此丹이於諸창에無論男女老少ᄒᆞ고若服會則ᄒᆞ면實有神效ᄒᆞ야百불白中ᄒᆞ오니非例方可及也라若論主治則楊梅下疳連珠風濕頭창諸症에俱見立效ᄒᆞ오니養病ᄒᆞ신君子ᄂᆞᆫ登來試驗ᄒᆞ시옵

▲태양됴경환 ▲胎養調經丸

婦人 藥新

每個月分人 定價金五圓

大抵婦人이年過ᄒᆞ도록不受孕者ᄂᆞᆫ出於有病也라若或早嫁究ᄒᆞ고等閒看過則非但豈個人에不幸이라抑亦全國生育之理와關係가不少ᄒᆞ니僕이十五年을消費ᄒᆞ야內外國名醫의士에實驗方을選擇ᄒᆞ야於自僕家로從及他人ᄒᆞ야累試普驗에十분而拾効ᄒᆞ옵고且此약이非但受孕之神劑라治冷·治帶·調經·調血에俱有實効ᄒᆞ옵기玆以廣布ᄒᆞ오니僉員ᄂᆞᆫ第次試驗ᄒᆞ시면實驗을可知이옵

발行人
약製所인川港奇觀和平堂藥房
仝 취應善
右三種약은各地方이라도請求ᄒᆞ면우편으로부치ᄂᆞᆫ수도잇소
京城支店 鍾路衣廛下和平堂
代理店仁川港奇觀제生堂약房

▲發賣所

京城大廣橋共愛堂약房
仝 남門內水標橋濟生堂支店
仝 仝大東書市支店
仝 仝前동博文書舘
仝 [illegible]동 上鬧三司病院
仝 大寺동 共濟病院
○仁川港內리동開豐旅館韓禹根
仝 읍內 全濟鉉
○江華鐘路 宋順五店
○開城 남門內朴圭相商店
仝 南門內明新冊사李貞鎬
○水原 남門內 金濟九약舖
○海州 남門內李寧植商店
○延安읍내 邊汝文洋藥局
○長湍 남門내 崔在淳
仝 砂里院耶蘇敎堂李任善
○黃州남門내 紅門동李東赫
○平壤 雙巨里 韓應儀藥舖
仝 舘前 김龍興藥舖
仝 文武洞 桂濟善약포
○鎭남浦 [illegible]동 金元성藥포
仝 제生堂出張 吳南駿
○群山港 開福洞 金斗鉉
仝 大井동 李香善약房
○禮山 龍谷里 李東赫
○大邱 南門내 李明直약局
○元山港 남甲元약局
仝 제生堂支局 朴啟鎬
○利川 西門내 박致ㄱ약局
○[illegible]場 鄭聖瑞약局
○釜山港 제生堂出張朴昌綏
○安州성니 鐵井동回春大약房
○安岳邑上場 제生局林普景
○義州남문外木口街義和약房
○載寧읍後동 洋약局崔允峴
○定州남문니 洋약局李鍵柱
○郭山읍 洋약局 羅鳳彬
○宣川읍 冊사 安 [illegible]
鐵山읍 永春堂 安 [illegible]

仁川港 和平堂 白

◎大韓[illegible]

◎[illegible]靈丹
各種[illegible]中暑久滯吐瀉[illegible]　定價一貼[illegible]
◎至寶丸
諸般[illegible]疾不拘久遠　俱有偉効定價金十錢
◎靈效液
外用方藥治疥癬皮風　百發百中定價金三拾錢
◎淸眼水
治諸般眼疾有靈見　天之妙定價金拾錢
◎通淋丸
治男女急慢淋疾神效　無變速效除毒壹週 定五拾錢

製劑發行所
漢城南部大廣橋南邊第三統十九戶 共愛堂大藥房 [illegible]白

支店
開城남門內共愛堂第壹支店 劉助卿
群山港開福동共愛堂第二支店 申春善
河東郡赤良面共愛堂第三支店 黃麟秀

代理店
漢城北部大安동 仁濟藥房
仝 중路靑年會舘前 慈惠藥房
仝 西部新門外石橋 普濟醫院
仁川奇觀 濟生堂
仝 和平局

此外에도東西洋各國有名賣藥과草材藥이俱備ᄒᆞ오니藥의多少를不拘ᄒᆞ고請求ᄒᆞ시면小包로仰呈ᄒᆞ계솝

●大韓國新發明藥廣告

◎九十粒入金拾錢

·[illegible]
·[illegible]
·四海衛生之[illegible]

消化新藥 **淸心保命丹**

仁川港奇觀　發行所　濟生堂藥房

●主治効能
●飮食積滯中暑中寒
●咳嗽腹痛水土不服
●氣鬱吐瀉船車眩暈
●食傷酒酲口熱惡臭
●其他諸般運氣厲疫瘴方妙藥

出張代理特約販賣所
●京城大廣橋共愛堂大藥房
同 奇路慈惠藥房 리觀化
同 梨峴洋약局 리信善
同 銅峴동博文書舘 盧益亨
同 南大門外大同書館 韓會社二
同 泥峴三丁目 新井支店
同 泥峴郵便局前 天佑堂
同 水標橋本堂出張人 리鳳林
●仁川舊邑本堂出張所 全濟賢
同 開城旅館 韓禹根
同 奇峴和平堂 리應善
●開城南門內萬物商 박圭相
同 남門內同店 馮相玉
同 남門內冊社 리禎鎬
同 北部忠橋 具聖模
海州宗路商店 宋在璞
同 二房약舖 김永樂
●水原奇路下약房 리奉植
同 남門內店 全濟九
●延安邑니洋약局 邊汝文

●江華奇路店 尹斗鉉
同 西門外冊肆 宋順五
同 奇路店 高成文
長湍남門니 [illegible]
砂利院市場니客主 朴[illegible]昌
●同 耶蘇敎堂니 任允中
同 [illegible]
黃州남門니紅門동 리東赫
平壤雙巨里濟生局 韓鳳儀
同 舘前衛生醫院 金龍興
同 大興部一里 [illegible]
同 文武洞濟局 桂濟宣
同 里문洞出張人 尹實彬
鎭남浦 [illegible]동洋약局 김元성
同 [illegible]機本堂出張人 吳남吾
群山港開福동 김斗鉉
安州성니義井동回春大약房
安岳邑上場제生局 林景柱
大邱남門니刷還동 김成浩
釜山港草梁客主 金現佑
陜川郡文宗商店 朴芝行
載寧邑後동洋약局 崔允國
忠州東良面早遷 金鎭和
晉州郡 [illegible] 박善賢
郭山邑니洋약局 리鍵柱
定州남門니 [illegible]
鐵山邑니永春堂 安[illegible]
宣川邑니冊肆 安[illegible]
義州木口街 [illegible]
信川邑四里洋약局 김永植
郭山邑冊肆 김大鉉
元山港濟生堂支店 박敎鎬
北靑新昌浦客主 박錫勳
江原道本堂出張人 馬[illegible]來
德川邑官동洋약局 리丙斗
禮山용谷里 리東赫
其他各약店마다販賣홈
●仁川港濟生堂告白

陸軍軍醫[illegible]實驗方劑

落梅丹

口瘡不發창病去根之령藥
每州五百粒定價金 三圜
主治 梅毒[唐창]新舊창 一
●瘰癧●皮膚病●[illegible]
●花病
已上病證外에男女間에不精交合홈後에若疑心之端이有ᄒᆞ야도此藥을劑만服用ᄒᆞ면完無後慮ᄒᆞ고脾胃도健全홈을世擔保ᄒᆞ며此外에도의療機械와精良홈藥材를新備ᄒᆞ고內外科各色疾病을誠心治療홈
皇城北部大安洞
仁濟藥房 高用진 謹白

代理店
京城鍾路 共愛堂약房
仁川港龍洞 濟生堂
國內各處藥房에서發賣ᄒᆞᆷ

○廣告料
[illegible]活字[illegible]
每日每行一寸[illegible]
(每日發行六行에相當홈)
二週日에 二圜五十錢
每日發行四號五號에相當홈
一箇月에 五圜
每日發行四號一號에相當홈
其期限외長短과字行외多少를從ᄒᆞ야增減홈이有홈

發行兼編輯人英國人 萬咸
發行所
南署石井洞號外地三層洋屋
大韓每日申報社

第八[illegible]號

大韓每日申報

第六卷

月曜及慶節歲時日休刊

檀箕開國四千二百四十一年
箕子元年三千三十年
大韓開國五百十七年
日本明治四十一年
淸國光緖三十四年
陰曆戊申六月小十日甲子

論說

◎近今國文小說著者의注意

余가嘗謂ᄒᆞᆫ대天下大事業은乙支文德泉蓋蘇文又ᄒᆞᆫ大英雄大豪傑의做ᄒᆞᄂᆞᆫ비아니라婦孺走卒의做ᄒᆞᄂᆞᆫ비며社會大趨向은宗教政治法律갓흔大哲家大學問으로定ᄒᆞᄂᆞᆫ비아니라諺々小說의正ᄒᆞᄂᆞᆫ비라ᄒᆞ노라

何故오ᄒᆞ면大抵全國々民의腐敗가稗史에進ᄒᆞ야道德도無ᄒᆞ며知識도無ᄒᆞ고丈夫ᄂᆞᆫ蘇大成의春睡나試ᄒᆞ야永日을消ᄒᆞ며女子ᄂᆞᆫ釋迦佛前에叩頭ᄒᆞ고他生極樂이나願ᄒᆞ야奄々無趣步的의國民을成ᄒᆞᆷ以上에ᄂᆞᆫ設或其中에何許偉大ᄒᆞᆫ人物이有ᄒᆞ더라도豈事功을成ᄒᆞ기難ᄒᆞ리니故로曰天下大事業은婦孺走卒의做ᄒᆞᄂᆞᆫ비라ᄒᆞᆷ이며

莊人正士가莊嚴ᄒᆞᆫ辛比에臨ᄒᆞ야天然正大ᄒᆞᆫ面目으로心性事物의與理를談ᄒᆞ며古今興亡의歷史를說ᄒᆞᆷ에ᄂᆞᆫ其傍에서環聽ᄒᆞᄂᆞᆫ者ㅣ幾個有文識者에不過ᄒᆞᆯ뿐더러日此로由ᄒᆞ야多少聞知識은啓ᄒᆞ드리도其氣質을轉移ᄒᆞ야惡者를善케ᄒᆞ고凶者를順케ᄒᆞ기ᄂᆞᆫ難ᄒᆞᆫ지오彼俚談俗語로撰出ᄒᆞᆫ小說冊子ᄂᆞᆫ不然ᄒᆞ야壹切婦孺走卒의酷嗜ᄒᆞᄂᆞᆫ바인되萬壹其思潮가稍奇ᄒᆞ며筆力이稍健ᄒᆞ면百人이傍聽에百人이賞歎ᄒᆞ며千人이傍聽에千人이賞歎ᄒᆞ되甚至其精神魂魄이紙上에移ᄒᆞ야悲慘ᄒᆞᆫ事를讀ᄒᆞ며淚의滂타를不覺ᄒᆞ며壯快ᄒᆞᆫ事를讀ᄒᆞ면氣의噴湧을不禁ᄒᆞ고其薰陶浸染의旣久에自然其德性도感化를致ᄒᆞ리니故로曰社會의大趨向은國文小說의正ᄒᆞᄂᆞᆫ비라ᄒᆞᆷ이니라

嗚呼라英雄豪傑의麻醉를助ᄒᆞ야天下事業을做ᄒᆞᄂᆞᆫ者ᄂᆞᆫ婦孺走卒等이是오婦孺走卒等下等社會로始ᄒᆞ야人心을轉移ᄒᆞᄂᆞᆫ能力을具ᄒᆞᆫ者ᄂᆞᆫ小說이是니然則小說을是豈易說ᄒᆞᆯ비인가

委靡淫蕩的小說이多ᄒᆞ면其國民도此의感化를受ᄒᆞᆯ지며俠情慷慨的小說이多ᄒᆞ면其國民이此의感化를受ᄒᆞᆯ지니西儒의云ᄒᆞᆫ바「小說은國民의魂」이라ᄒᆞᆷ이誠然ᄒᆞ도다

韓國에傳來ᄒᆞᄂᆞᆫ小說이太半桑間박上의淫談과崇佛乞福의怪話라此亦人心風俗을敗壞케ᄒᆞᄂᆞᆫ壹端이니各種新小說을著出ᄒᆞ야此를壹掃ᄒᆞᆷ이亦汲々ᄒᆞ다云ᄒᆞᆯ지로다

年前에幾個志士가中樞院에獻議ᄒᆞ야凡壹般坊間에發傳되ᄂᆞᆫ舊小說의買賣를禁止ᄒᆞᆷ이可ᄒᆞ다ᄒᆞᆫ者ㅣ有ᄒᆞᆫ되余가其意ᄂᆞᆫ敬ᄒᆞ고其方策은反對ᄒᆞ노니綾羅로葛衣를換ᄒᆞ면不暖者가無ᄒᆞ고粱肉으로脫粟을易ᄒᆞ면不樂者가無ᄒᆞᆷ과갓치奇妙瑩潔ᄒᆞᆫ新小說만多出ᄒᆞ면舊小說은自然絶跡退藏ᄒᆞᆯ지어ᄂᆞᆯ何必此等壓制的으로民心을逆ᄒᆞ야難行의事를行ᄒᆞ리오

然而近今新小說이라云ᄒᆞᄂᆞᆫ者ㅣ刊出이稀罕ᄒᆞᆯ뿐더러又其刊出者를觀ᄒᆞᆫ즉只是壹時牟利的으로蚌々撰出ᄒᆞ야舊小說에比ᄒᆞ면便是百步五拾步의間이라足히新思想을輸入ᄒᆞᆯ者ㅣ無ᄒᆞ니噫다

余가此를慨ᄒᆞ야管見을陳ᄒᆞ야小說著者에게警ᄒᆞ노라

外報

●海軍回復 淸國에서八年間에壹等國海軍을回復ᄒᆞ기로決定ᄒᆞ얏다더라

●救恤金特賜 淸國皇帝께서廣東水災를救恤ᄒᆞ기爲ᄒᆞ야十萬圓을下賜ᄒᆞ셧다더라

●洪水何多 湖北安徽兩省에도洪水가氾濫ᄒᆞ얏다더라

●試才委員任命 北京電을據ᄒᆞᆫ즉各部大臣과各省督撫中으로셔推擧ᄒᆞᆫ人材登用試驗委員은那桐、榮慶、陸潤庠、瑞良、嚴修游等六名으로任命ᄒᆞ얏다더라

●反亂者의蠢毒 西貢報道를據ᄒᆞᆫ즉同地에駐屯ᄒᆞᆫ歐洲軍隊中에突然히二百名의發病ᄒᆞᆫ者가生ᄒᆞ얏ᄂᆞᆫ대其原因인즉海賊이七人과分謀ᄒᆞ야叛亂을起ᄒᆞᆫ目的으로駐屯軍隊의全部를毒殺코ᄌᆞᄒᆞᆷ이라ᄒᆞ야目下嚴査ᄒᆞ檢査中이라더라

●空中船新發明 伯林電을據ᄒᆞᆫ즉德國쳬페린伯의研究ᄒᆞᆫ新空中船으로써쌔헤쓰큰쓰호쓰湖水의四面으로航行ᄒᆞ야數時間을經過ᄒᆞ얏ᄂᆞᆫ대何等의障碍가無ᄒᆞ다ᄒᆞ얏더라

●記者禁錮 同電을據ᄒᆞᆫ즉英國에서海軍演習을擧了ᄒᆞ얏ᄂᆞᆫ대此에參加ᄒᆞᆫ軍艦은三百隻이오新聞記者ᄂᆞᆫ參觀ᄒᆞᆷ을禁ᄒᆞ얏다더라

別報

◉裴說氏의公判顚末

第二日 (續)

윌킨손氏問曰汝ᄂᆞᆫ民衆이나個人의殺害를暗殺노指定ᄒᆞ나뇨汝가敎育의事項은談論ᄒᆞ얏스되叛亂과嫉猜ᄒᆞᄂᆞᆫ事와個人의流血에關ᄒᆞᆫ事ᄂᆞᆫ記載치아닛나뇨曰然ᄒᆞ오이다

問汝가梅特捏을指ᄒᆞᆫ論說을記載ᄒᆞ얏나뇨曰然ᄒᆞ오이다

問汝가學界의花라題ᄒᆞᆫ論說을記載ᄒᆞ얏나뇨曰然ᄒᆞ오이다

裁判官曰此ᄂᆞᆫ其指血의件이로다(聽衆大笑)

윌킨손氏曰又其他ᄂᆞᆫ桑港新聞에서轉載ᄒᆞᆫ것인되汝가ᄒᆞ新聞을持ᄒᆞ얏나뇨曰無ᄒᆞ오이다ᄒᆞᆫ新聞의全數를日本郵便局이나警視廳의서押收ᄒᆞ엿나이다

問彼等이ᄒᆞᆫ處所의使人ᄒᆞ야汝의所持ᄒᆞᆫ新聞은押收치못ᄒᆞ얏깃지ㅣ證人答曰但只壹枚를持ᄒᆞ얏다가此로因ᄒᆞ야問題가生ᄒᆞᆯ가ᄒᆞ야裂破ᄒᆞ얏나이다

問現今我의問題ᄂᆞᆫ此를見코ᄌᆞᄒᆞᄂᆞᆫ바汝가此를保留키殆히危險ᄒᆞᆷ으로裂破ᄒᆞ얏나뇨答曰此論說이出現ᄒᆞᆫ지數日後에新聞紙에關ᄒᆞᆫ條例가頒布된바其槪意에云某論說을閱讀或保留ᄒᆞᆫ者ᄂᆞᆫ罰金幾元을徵ᄒᆞᆫ다ᄒᆞᆫ지라本人이此로써或是問題가生ᄒᆞᆯ가思料ᄒᆞ얏슴이니다

問汝가ᄒᆞ新聞을裂破ᄒᆞᆷ을設說씨의게問議ᄒᆞ얏나뇨曰商議ᄒᆞᆷ이無ᄒᆞ니이다

問其裂破ᄒᆞᆷ을追後言及ᄒᆞᆷ도無ᄒᆞ나뇨曰然ᄒᆞ오이다

問ᄒᆞ論說末에叛逆我同胞라ᄒᆞᆫ句語를見ᄒᆞ라彼韓人等이尙且訊問도無ᄒᆞ고死刑宣告도無ᄒᆞ거니와此論說全文을汝가自作ᄒᆞᆫ줄노吾ᄂᆞᆫ提出ᄒᆞ노니汝의所言을吾ᄂᆞᆫ不信ᄒᆞ노라

크로쓰氏가(윌킨손씨의게對ᄒᆞ야)曰汝의所言을吾ᄂᆞᆫ不信이라」ᄒᆞ신言을余ᄂᆞᆫ實노反對ᄒᆞ노니王上의辯護士로셔壹個賢明ᄒᆞᆫ韓國紳士의게此等言辭를試ᄒᆞᆷ은格外라此是何用인고於是에裁判官이此反對를聽許ᄒᆞ다

윌킨손氏曰「該論說中에」「吾輩가如此ᄒᆞᆫ境遇를當ᄒᆞ지ᄂᆞᆫ못ᄒᆞ얏스나(某句節은彼地(韓國」에서起事ᄒᆞᆫ지울此地에서記述ᄒᆞᆫ줄노吾ᄂᆞᆫ想出ᄒᆞ노라答曰此全文을桑港新聞論說에서勝載ᄒᆞ얏스며其本文에ᄂᆞᆫ添言이尙多ᄒᆞ되此ᄂᆞᆫ發表ᄒᆞ기에適宜ᄒᆞᆫ事件이아니기로刪去ᄒᆞ얏ᄂᆞ이다裁判官曰其全文의尾末ᄭᆞ지지桑港新聞에서轉載ᄒᆞᆷ이뇨曰字々이然ᄒᆞ니이다

問桑港에ᄂᆞᆫ韓國에서와如히警察權을實踐ᄒᆞᄂᆞᆫ日人의政府나官吏가無ᄒᆞ뇨又汝ᄂᆞᆫ壹事件이桑港에서揭布되것은韓國에서도所히揭佈ᄒᆞᆯ지며其經驗도同樣인줄노思料ᄒᆞᄂᆞ뇨答曰無壹問題에對ᄒᆞ야ᄂᆞᆫ余所知로ᄂᆞᆫ彼地에日本領事가有ᄒᆞ고韓人들은彼의保護下에在ᄒᆞ다ᄒᆞ며反逆者에論及ᄒᆞ야ᄂᆞᆫ彼地에有ᄒᆞᆫ지本人은不知오며彼地此地間에揭布된事件에論及ᄒᆞ야ᄂᆞᆫ此事實이外他各報에旣爲揭載ᄒᆞ엿슨즉他報에揭載ᄒᆞᆫ되로事實만轉載ᄒᆞᆷ일己니이다

問四月二拾九日論說에百梅特逆이란□下에「然이나畢竟은伊太利[illegible]가蜂起ᄒᆞ야正義의織[illegible]를ᄒᆞ며自由의鐘을撞ᄒᆞ고彼와對抗ᄒᆞ되彼鬼魅狐狸又ᄒᆞᆫ梅特捏의怪傑노ᄯᅩ云々」ᄒᆞᆫ句語가韓國人民을直接으로煽動ᄒᆞ야韓國內日本官人을驅出ᄒᆞ라ᄒᆞᆷ이아니며梅特捏을指ᄒᆞ야間接으로도伊藤公爵閣下를指目ᄒᆞᆷ이아니뇨然乎아否乎아

日本人이如此히思想ᄒᆞᆷ은아니오但只歷史上事實을擧ᄒᆞ얏스며至於末句ᄒᆞ야ᄂᆞᆫ單是誰某던지梅씨의龜鑑을從치말나ᄒᆞᆷ이로소이다

問雖然이나其地方購覽者中에誰가能히梅特捏의事實을偶然之事로看做ᄒᆞ리오汝가此論說을地方에在ᄒᆞᆫ四千名購覽者의게配布ᄒᆞ얏나뇨彼等은秋收ᄂᆞᆫ兩下等說을樂爲樂聽ᄒᆞᄂᆞ니ㅣ(聽衆大笑)ㅣ梅特捏이되지말나警戒ᄒᆞᆷ이何에有益ᄒᆞᆷ이아答曰本人은廢棄的新聞記者가아니오昔新聞은廢棄的新聞이아니니ㅣㅣ(聽衆哄然大笑)ㅣㅣ吾們의新報ᄂᆞᆫ各項論事로記述ᄒᆞᄂᆞᆫ바或時에ᄂᆞᆫ社會事項、或時에ᄂᆞᆫ學界事項、或時에ᄂᆞᆫ政治事項이니다

裁判官曰此論說이政治的事項이아니뇨曰不然ᄒᆞ오이다此ᄂᆞᆫ但只歷史上事實을記ᄒᆞᆷ이니이다(聽衆大笑)

裁判官曰此論說이韓國에現存ᄒᆞᆫ事情을指稱ᄒᆞᆷ이아닌가問ᄒᆞ노라 少後에又曰 誰某던지汝가愛國者이라고可謂ᄒᆞᆯ者ᄂᆞᆫ無ᄒᆞ니吾儕ᄂᆞᆫ但只其實情을顧問ᄒᆞ노라

證人曰此論說의本質이歷史上事實을包含ᄒᆞ얏슨즉自然히或者ᄂᆞᆫ政治問題로歸之ᄒᆞᆯ뜻도ᄒᆞ오이다

裁判官曰其殿末段에云ᄒᆞᆫ바「梅氏又치野心을抱ᄒᆞᆫ者ᄂᆞᆫ此를可鑑ᄒᆞ라」ᄒᆞᆫ거슨誰를指ᄒᆞᆷ이뇨答曰誰某던지梅氏와又치謀ᄒᆞᄂᆞᆫ者를謂ᄒᆞᆷ이니다

(未完)

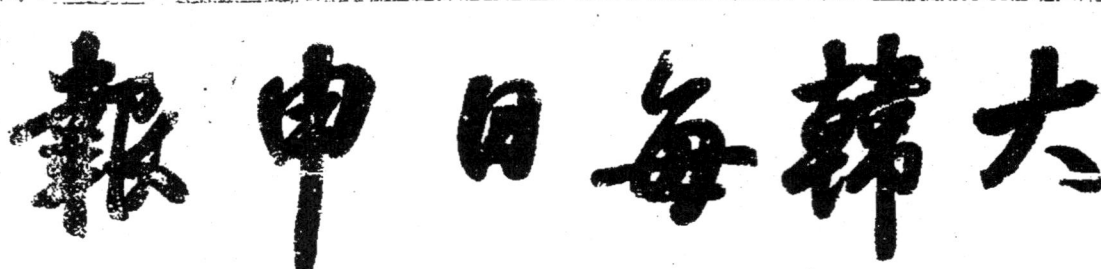

雜報

●兩宮勅使 三昨日에 曾彌副統監이 還任ᄒᆞ야 南大門外停車場에 到着時에 德壽宮에서ᄂᆞᆫ 侍從 李恒九로 勅使를 派送ᄒᆞ시고 昌德宮에서ᄂᆞᆫ 禮式官高羲誠을 勅使로 派遣ᄒᆞ셧다더라

●統監云爲 伊藤統監은 本月 旬望間에 歸國ᄒᆞᆯ 預定이라ᄂᆞᆫ데 太皇帝陛下ᄭᅴ 辭陛ᄒᆞᆫ다더라

●曾彌陛見 曾彌副統監이 昨日 上午三時에 太皇帝陛下ᄭᅴ 陛見을 ᄒᆞ얏다더라

●總府例會 總理大臣以下各部大臣이 昨日下午一時에 統監官邸에 會同ᄒᆞ야 大韓例會를 開ᄒᆞ얏고 各府部次官도 參會ᄒᆞ야 諸般施設에 多少事項을 協議ᄒᆞ얏다더라

●曾彌謝客 曾彌副統監이 入城ᄒᆞᆫ後로ᄂᆞᆫ 休養ᄒᆞ기 爲ᄒᆞ야 杜門謝客ᄒᆞᆫ다더라

●餞宴發起 總理大臣以下各部大臣이 발起ᄒᆞ야 伊藤統監歸國ᄒᆞᆷ에 對ᄒᆞ야 餞別宴을 設行ᄒᆞᆫ다ᄂᆞᆫ 說이 有ᄒᆞ더라

●兩親勸靜 近日地方騷擾ᄒᆞᆫ事에 對ᄒᆞ야 會員들이 憤鬱ᄒᆞ야 伊藤統監과 會長李容九氏의 勸告를 因ᄒᆞ야 鎭靜된 은 人皆熟知ᄒᆞᄂᆞᆫ 바어니와 該會員들이 內閣總理大臣의 行動을 觀望ᄒᆞ기 爲ᄒᆞ야 尙今留京이라더라

●學大往訪 學部大臣李載崑氏ᄂᆞᆫ 再昨日下午五時量에 前觀察使李圭桓氏를 訪問ᄒᆞ얏다더라

●[illegible] 再昨夜團成社에 孤兒院演奏會를 設ᄒᆞ얏ᄂᆞᆫ대 [illegible] 와 [illegible] 總督 諸氏와 [illegible] 會長李容九서 [illegible] 李金鎔씨와 [illegible] 兩氏ᄂᆞᆫ 각 壹百圓式捐付ᄒᆞ고 李容九氏ᄂᆞᆫ 貳百圓을 捐付ᄒᆞ얏다더라

●私塾規揭佈 學部의서 規定ᄒᆞᆫ 各私塾의 施行規則을 日間官報上에 頒布ᄒᆞᆫ다더라

●夫人出迎 학務局長尹致旿氏가 再昨日에 入城ᄒᆞ얏ᄂᆞᆫ대 其夫人尹高羅사ᄂᆞᆫ 開城ᄭᆞ지 前往ᄒᆞ야 迎接以歸ᄒᆞ얏다더라

●洪氏再醮 侍從李喬永씨가 喪配ᄒᆞ얏ᄂᆞᆫ데 日前에 制度局擬[illegible] 趙允植氏를 往見ᄒᆞ고 自己에 寡居ᄒᆞᄂᆞᆫ 外孫女洪召史로 自請結婚ᄒᆞ야 定日成禮ᄒᆞ얏다더라

●朴氏葬禮 學部繙譯官박成圭시가 卒逝ᄒᆞᆷ은 昨報에 已揭ᄒᆞ얏거니와 今日下午四時에 [illegible] 青年학院의서 葬禮를 擧行ᄒᆞᄂᆞᆫ대 학部高等官과 其他紳士諸시들도 壹齊往參ᄒᆞᆫ다더라

●葬需出義 학部繙譯官박成圭시의 葬禮를 今日에 擧行ᄒᆞᆷ은 別項과 如ᄒᆞ거니와 明進學校에서 精神及衣衾等節을 擔當ᄒᆞ고 青年學院에서ᄂᆞᆫ 葬費를 擔當ᄒᆞ고 學部壹般官吏ᄂᆞᆫ 多少不拘ᄒᆞ고 幾圓式을 捐助ᄒᆞ얏다더라

●然氏恤金 討伐隊로 出張ᄒᆞ얏다가 被傷ᄒᆞ야 大韓醫院의서 割股ᄒᆞᆫ 金鍋鉉시의 治療費一千七百圓과 [illegible] 시와 救恤金三千圓을 [illegible] 部의서 支給ᄒᆞ기로 擬議中이라더라

●經義應試 經義時務策의 應試를 來十日上午九時에 成均館의서 設行ᄒᆞᆯ 預定이라ᄂᆞᆫ대 應試ᄒᆞᆯ 多士가 書冊은 勿爲携入케 ᄒᆞᆫ다더라

●大同風波 大同會壹般任員들이 再昨日에 本會事務所에 會同ᄒᆞ야 會務를 協議ᄒᆞ다가 任員 [illegible] 總理夏氏가 地方支會를 設置 [illegible] 에 對ᄒᆞ야 有何弊端이 잇지 會員이 壹齊憤鬱ᄒᆞ야 證人을 打殺ᄒᆞ다고 聲言ᄒᆞ미 證人ᄂᆞᆫ 見機逃走ᄒᆞ얏다ᄂᆞᆫ데 該事件을 因ᄒᆞ야 會長徐肯淳副會長리학宰兩시가 該任名을 辭免請願ᄒᆞ얏다더라

●島民敗訴 智島郡荷衣上台下台三島田畓은 宣廟朝ᄯᅢ에 貞明公主의게 下賜ᄒᆞ신 비라 去己亥秋에 地方委員의 誤報로 內藏院에 奪入ᄒᆞ얏더니 今番財産調査局의셔 洪시家의 量案과 文蹟을 調査ᄒᆞᆫ즉 昭然的確ᄒᆞᆫ지라 自내閣으로 上奏하야 裁可ᄒᆞ심을 經ᄒᆞ야 貞明公主八代孫洪祐祿시의게 三島田畓을 還給ᄒᆞ라ᄒᆞ신것을 島民이 民爲地라稱ᄒᆞ고 調査局의 來訴ᄒᆞ다가 敗訴ᄒᆞ얏다더라

●會場厲色 再昨日 湖남학會에셔 紀念式을 訓鍊院에셔 擧行ᄒᆞᆷ은 已爲報道어니와 禮式을 畢ᄒᆞᆫ後 茶果를 進ᄒᆞ미 郞應섭씨를 對ᄒᆞ야 [illegible] 總務鄭喬씨가 [illegible] 酒ᄒᆞ기를 請ᄒᆞᆫ대 [illegible] 奏ᄒᆞ미 鄭씨가 國歌를 奏ᄒᆞ나 姑俟ᄒᆞ라ᄒᆞ나 歌曲雜담之聲에 鄭喬씨ᄂᆞᆫ 茶及問知ᄒᆞ더니 鄭云 [illegible] 復씨가 鄭喬씨를 論駁ᄒᆞᄂᆞᆫ지라 鄭喬씨가 對下코저ᄒᆞᆫ대 會諸員과 其他來賓들이 挽留ᄒᆞ야 停止ᄒᆞ얏스나 憤懣厲色이 須臾不佳라ᄒᆞ더라

●船社新設 金華俊韓尙鎬 [illegible] 시가 資本金二千圓式각出ᄒᆞ고 沿江木船運輸會社를 設施하ᄂᆞᆫ대 位置ᄂᆞᆫ 麻湖等地로 定ᄒᆞᆫ다더라

●[illegible] 姓名不錄 [illegible] 明女學校 [illegible] 卒業式을 擧行 [illegible] 諸氏가 [illegible] 數 [illegible] 麻般弊冠 [illegible] 에衣服이 草率ᄒᆞᆫ 壹個人이 北廊에서 濁酒一瓶을 寄付하야 來ᄒᆞᆫ 人에 敎育熱心ᄒᆞᆷ을 慰勞ᄒᆞ고 姓名은 不通而去ᄒᆞ얏다더라

●事係倫綱 北部居羅成鎭시가 無端히 其兄嫂를 恐喝ᄒᆞ기를 渠의 父를 毒약으로 致命케ᄒᆞ얏다ᄒᆞᆷ으로 警視廳에서 該女人을 再昨日에 招致審問ᄒᆞᆫ즉 白地曖昧ᄒᆞᆷ으로 卽地放送하얏다ᄂᆞᆫ대 羅成鎭ᄂᆞᆫ 相當ᄒᆞᆫ 律文으로 懲戒ᄒᆞᆫ다더라

●消防再鍊 警視廳의서 巡査를 會集ᄒᆞ야 消防을 鍊習ᄒᆞᆫ다ᄂᆞᆫ 說은 昨報의 已揭어니와 三昨日에 消防鍊習ᄒᆞᆫ 巡査ᄂᆞᆫ 甲番巡査인대 再昨日의 鍊習을 畢了ᄒᆞ얏고 再昨日부터ᄂᆞᆫ 乙番巡査가 鍊習을 始作ᄒᆞᄂᆞᆫ데 限은 三日이라더라

●睿質活動 大韓實業獎勵會에서 大韓皇太子殿下 御渡日留學時 睿質活動을 與協律社에서 本月八日로부터 拾日ᄭᆞ지 設行ᄒᆞ기로 趣旨書를 發行ᄒᆞ얏다더라

●演奏又設 團成社의서 設ᄒᆞᆫ 演奏會와 如히 日前西大門內官人俱樂部의서 孤兒院役費를 捐助ᄒᆞ기 爲ᄒᆞ야 皇太子殿下ᄭᅴ옵서 渡日ᄒᆞ셔 御運動ᄒᆞ시ᄂᆞᆫ 活動寫眞과 其他로 演奏會를 開ᄒᆞᆫ다더라

●間島消息 傳說을 聞ᄒᆞᆫ즉 間島等地에 在ᄒᆞᆫ 韓人內五千名이 起擾ᄒᆞᆫᄃᆡ 其中三千名은 양銃과 彈丸을 携帶하얏고 越江進行ᄒᆞᆫ다 云ᄒᆞ더라

●元氏云放 元世性氏가 警視廳에 多日被囚ᄒᆞ얏더니 日間無事放釋이 된다더라

●張氏被捉 張志淵氏子張지軾시가 何事件인지 日昨警視廳에서 捉囚ᄒᆞ고 하시家壹般書類를 沒數搜索ᄒᆞ얏다더라

●朴氏被囚 前參領박有秦氏가 有何事件인지 日昨警視廳에 被捉되야 監獄署로 移囚ᄒᆞ얏다더라

●馬港民議 [illegible]原郡馬山港에서 朴成珠 [illegible] 振巨諸시가 發起ᄒᆞ야 民議會를 設立ᄒᆞ고 選[illegible]를 擧行ᄒᆞ얏다더라

●法會評議 法學協會에서 昨日下午二時에 臨時評議會를 開ᄒᆞ고 [illegible] 을 議決ᄒᆞ얏다더라

●興感出捐 弼雲學校를 建築ᄒᆞᆫ다ᄂᆞᆫ 說은 已爲報道어니와 該校舍를 半洋製로 因舊屋修葺ᄒᆞ다가 [illegible] 壁이 破壞됨으로 [illegible] 新히 建築ᄒᆞᆯ터인대 財力이 不足ᄒᆞ야 [illegible] 二百餘戶의 通ᄒᆞ고 再昨日의 壹동을 會集ᄒᆞ야 捐財方針을 會議ᄒᆞᄂᆞᆫ대 該洞居ᄒᆞᄂᆞᆫ 理院主事崔우燮시 夫人가 演說ᄒᆞ되 貧洞의서 학校를 建設ᄒᆞ려다가 財政이 窘拙ᄒᆞ야 始終이 無直境遇에 至ᄒᆞ얏스나 捐助ᄒᆞᆯ것이 無ᄒᆞ고 但頭변의 金銀壹個라도 抽出捐助ᄒᆞ겟다ᄒᆞ고 卽時夫人이 金釵를 拔助ᄒᆞᆷ을 見ᄒᆞ고 當洞의 [illegible] 以下捐助ᄒᆞᆫ 合三百餘圓의 至ᄒᆞ얏다더라

●花樹佳會 韓山李氏宗中에서 花樹會를 [illegible] ᄒᆞ얏다ᄂᆞᆫ 說은 已爲報道ᄒᆞ얏거니와 日昨에 總會를 開ᄒᆞ고 會長은 李容植氏로 [illegible] 評議員은 李 [illegible] 諸氏로 選定ᄒᆞᆫᄃᆡ 來日曜日에 平동華泉學校내로 總會를 又開ᄒᆞᆫ다더라

●蓮校試驗 蓮동小학校에서 去六月二十六日夏期放학試驗을 經ᄒᆞ고 [illegible] 同卒業禮式을 擧行ᄒᆞ얏ᄂᆞᆫ대 卒業生은 咸翼昇 [illegible] 默等九人이오 五年級優等 [illegible] 三年級優等呂盤石 二年級優等리俊 [illegible] 珠 壹年級優等리壹龍이오 其他各年級進級학徒가 二十餘名이라더라

●徽新卒業 去六月二拾日의 蓮동徽新中學校에서 夏期放學時에 第三回卒業禮式을 行ᄒᆞ얏ᄂᆞᆫ대 卒業生은 朴元求 朴根七等五人이오 預備班優等 姜思欽 壹年級優等 [illegible] 二年級優等 리相晉이오 其他進級生이 五拾九人이라더라

●李氏設校 忠남溫陽郡左部居前郡守리昌相氏ᄂᆞᆫ 教育에 熱心ᄒᆞ야 自己洞里에 學校를 建築ᄒᆞ고 子弟를 敎導ᄒᆞᆫ다ᄒᆞ미 郡人이 稱頌ᄒᆞᆫ다더라

▲地 方 消 息▼

▲去月二十五日 [illegible] 川郡의서 義兵約壹百五十名이 高原守備隊와 交戰ᄒᆞ얏다ᄒᆞ고

▲去月二拾七日楊口郡北方約 [illegible] 里許에서 義兵 [illegible] 名이 同郡分遣所와 衝突ᄒᆞ얏다

▲去月廿八日鐵原郡南方約 [illegible] 里에서 義兵二拾名이 同郡分遣所憲兵 [illegible] 名과 衝突ᄒᆞ얏ᄂᆞᆫ대 死傷은 不明ᄒᆞ다ᄒᆞ고

▲去月廿九日의 盈德郡비의서 義兵 [illegible] 拾名이 淸河部分遣所憲兵八名과 衝突ᄒᆞ얏다ᄒᆞ고

▲本月一日和順郡비에서 義兵 [illegible] 光州警察署巡査와 守備隊가 交戰ᄒᆞ얏다ᄒᆞ고

▲本月壹日堤川郡警察署巡査가 犯罪人을 淸州로 護送ᄒᆞᆯ 途中의서 義兵을 逢遇ᄒᆞ야 被殺ᄒᆞ얏다더라

白 髮 何 來▼

▲人生百年 [illegible] 石火又치 倏忽ᄒᆞ야 試把靑鏡對衰顔ᄒᆞ니 蕭々霜髮自何來오 내心이 悲悵ᄒᆞ다

▲白髮아白髮아 人生世間ᄒᆞ던 英雄豪傑落志와 聖賢君子道德家가 [illegible] 成就ᄒᆞ고 보니 數莖霜雪空自悲라 네가 ᄒᆞᆫ 것이로구나

▲白髮아白髮아 [illegible] 紅顔을 [illegible] 忠臣烈士志節이라 [illegible] 로 同老ᄒᆞ야 斷々從此 [illegible] 愛國誠忠未伸하니 네가 ᄒᆞᆫ 것이로구나

▲白髮아白髮아 此時代에 [illegible] 風雨長夜 [illegible] 東西南北未分ᄒᆞ니 [illegible] 歎이 [illegible] 네가 ᄒᆞᆫ 것이로구나

▲白髮아白髮아 朦朧睡眠 [illegible] 中에 擧世滔々昏倒ᄒᆞ야 [illegible] 人生漆園蝶身이 [illegible] 老而未醒ᄒᆞ얏스니 네가 ᄒᆞᆫ 것이로구나

▲白髮아白髮아 舟車萬國交通時에 日々所聞皆新 [illegible] 列强風 [illegible] 方寸 [illegible] 네가 ᄒᆞᆫ 것이로구나

▲白髮아白髮아 今自競爭時代에 新知識이 未開ᄒᆞ야 [illegible] 狹窄ᄒᆞ고 坐井觀天 [illegible] 區々情態難免이니 네가 ᄒᆞᆫ 것이로구나

▲白髮아白髮아 中葉 [illegible] 習은 仕宦界에 出沒ᄒᆞ야 [illegible] 垢 [illegible] 虛送居諸ᄒᆞ얏스니 네가 ᄒᆞᆫ 것이로구나

▲白髮아白髮아 丈夫의 業云何 [illegible] 런고 登山攬轡 [illegible] 下未遂하니 如我老物 [illegible] 今日垂柳生左肘라 네가 ᄒᆞᆫ 것이로구나

▲白髮아白髮아 擊打 [illegible] 放歌 [illegible] 이 志氣를 누가 알 [illegible] 雖不過ᄒᆞ고 千里志 [illegible] 壹老驥가 되얏스니 네가 ᄒᆞᆫ 것이로구나

廣告

[illegible]部寺洞第統九戶林錫石家六間家券을典執ᄒᆞ얏다가遺失故로廣佈ᄒᆞ오니誰某拾得ᄒᆞ와도休紙施行ᄒᆞᆷ 三
京部[illegible]八里박潤培 告白

本[illegible]等이大韓賣藥奬勵會에經營費를補助ᄒᆞ기爲ᄒᆞ야賣藥演[illegible]會ᄅᆞᆯ[illegible]圓覺社에셔[illegible]二十四日[illegible]自[illegible]午後七時至[illegible]二時[illegible]設行ᄒᆞ오니賣藥界[illegible]君子는[illegible]紅臨ᄒᆞ심을望ᄒᆞᆷ

發會順序
壹 奏樂
貳 紳士賣藥演說
參 皇太子殿下 御渡日留學時 [illegible]活動
肆 一俄戰爭時活動
伍 [illegible]唱[一等셩챵]
陸 奏樂
隆熙 年 七月 日
發起人 劉[illegible] [illegible] 白

本書館에서[illegible]明을廣達ᄒᆞ기爲ᄒᆞ야內外明書籍의最新最要實用書와各種新舊書籍을六發賣ᄒᆞ오며各[illegible]教[illegible]及學徒帽子[illegible]洋[illegible]雜貨等物을[illegible]備이오니伏願僉君子는倍加光顧ᄒᆞ심을敬要
京城[illegible]耶蘇教書館金致[illegible] 白

吾宗中[illegible]가金海崇[illegible]修[illegible]理[illegible]라[illegible]族[illegible]이라稱[illegible]各宗ᄒᆞ야稱曰名錢ᄒᆞ고[illegible]附云ᄒᆞ니[illegible]宗人은按法[illegible]니更或有侵ᄒᆞ기든告官懲治ᄒᆞ며京宗中은[illegible]知通知ᄒᆞ야別般嚴懲ᄒᆞᆷ 三
金海 金氏 宗中有司 告白

本人圖書遺失故以他名[illegible]知會[illegible]
江[illegible]村白[illegible] 白

溫陽居趙伯演이가癸卯五月分에[illegible]渠之田畓文券을執ᄒᆞ고三爲五千兩을以三分邊貸去이다가乙巳九月分에同田畓을放賣于[illegible]居金[illegible]ᄒᆞ고[illegible]價錢을[illegible]月分에金[illegible]訟ᄒᆞ야[illegible]決[illegible]還給之理[illegible]田畓을指[illegible]伯演言내에[illegible]前[illegible]盜[illegible]은決不可[illegible]고渠之所[illegible]先[illegible]

本人이[illegible]不得已[illegible]如[illegible]으로[illegible]서고汝自[illegible]人이欲推[illegible]으로不肯[illegible]담假七萬餘[illegible]此證明券도又未推[illegible]有如[illegible]經[illegible]證明券[illegible]이以荷杖之[illegible]于中[illegible]手ᄒᆞ야[illegible]오셔金位[illegible]
京[illegible]金[illegible] 白

本人이先墓가在於[illegible]山[illegible]尺之[illegible]心[illegible]照[illegible]
[illegible]

果川郡[illegible]龍[illegible]新[illegible]東於[illegible]之[illegible]訟[illegible]受依托[illegible]
[illegible]

[illegible]五日[illegible]依[illegible]

京城[illegible]浚[illegible]材木柴炭株式會社 告白

濟國料理 店[illegible]
京城中署[illegible]

會英樓 主人徐[illegible] 白

本所에셔土地家屋山林礦山及[illegible]等測量製圖設計를迅速[illegible]ᄒᆞ오니僉君子는[illegible]
[illegible]北坊孝橋第九拾統九戶
[illegible]測量製圖事務所技術員
[illegible]康年 告白

本所[illegible]七地山林未墾[illegible]川澤家屋等測量製圖을迅速[illegible]ᄒᆞ오니僉君子는[illegible]
[illegible]南部[illegible]七拾統五戶
普昌測量製圖事務所 吳완根 三

天道教中央總部 告白

[illegible]敎人[illegible]月二十日[陰六月[illegible]五日]로定[illegible]ᄒᆞ오니一般敎友[illegible]
左개[額[illegible]]
[illegible]

[illegible]	洪基兆	
[illegible]	金[illegible]	
安[illegible]	金明[illegible]	
[illegible]	[illegible]	
[illegible]	[illegible]甘	
[illegible]	朱明得	
金宗範	吳[illegible]	김應元
方[illegible]	馬[illegible]	[illegible]宗[illegible]
韓[illegible]	[illegible]	鄭桂玩
趙[illegible]	[illegible]	金[illegible]
文益[illegible]	[illegible]	金炳柱
[illegible]	[illegible]	金[illegible]式
林[illegible]	徐[illegible]	林용台
劉化仁	[illegible]	鄭[illegible]德
리炳[illegible]	[illegible]承	林來圭
魯[illegible]	金炳[illegible]	姜[illegible]秀
박化[illegible]	張[illegible]	리永[illegible]
具昌根	趙[illegible]	朴[illegible]
申光雨	金[illegible]	宋[illegible]浩
[illegible]	[illegible]	全[illegible]鎭
閔[illegible]	리東[illegible]	박在然
辛[illegible]	리象[illegible]	宋[illegible]浩

新刊書籍 發售

新編動物學 全[illegible]冊 定價[illegible]錢
右書ᄂᆞᆫ動物界에現象原因과生活狀態를精確研究ᄒᆞ야簡明[illegible]著者ㅣ니普[illegible]敎科에適宜ᄒᆞᆷ

初等小學 全[illegible]冊 [illegible]
現行刑法大全 全[illegible]冊 [illegible]
蘇[illegible]盛頓傳 全壹冊 [illegible]錢
政治小說 雪中梅 全[illegible]冊 [illegible]錢
演說法方 全壹冊 貳[illegible]錢
新訂算術 全參冊 六拾[illegible]
中等[illegible]學 全[illegible]冊 壹圓半
教育[illegible]議 全[illegible]冊 廿五錢
無[illegible]錄 全[illegible]冊 四拾錢
世界一[illegible] 全[illegible]冊 [illegible]錢
大韓[illegible]圖 全[illegible]冊 [illegible]錢
刑法新論 全[illegible]冊 [illegible]
二十世紀朝鮮論 全壹冊 廿[illegible]錢
日語獨習 全[illegible]冊 [illegible]拾錢
皇城南署大廣橋三拾[illegible]統[illegible]戶
發兌所 滙東書館
全州南[illegible]七書房 張在彥

本所의셔諸般測量製圖設計等을精確迅速히需應ᄒᆞ오니僉君子ᄂᆞᆫ急速來議ᄒᆞ시옵
西部[illegible]門[illegible]拾[illegible]統七戶
廣化測量事務所
總務 黃[illegible]
事務員 吳[illegible]根 俞[illegible]

本會에서特別總會를本月八日[水曜]上午拾時에[illegible]普成學校[illegible]ᄒᆞ[illegible]員은屆期來臨ᄒᆞ심을敬要 三
湖西學生親睦會 白

魯[illegible]桑[illegible] [illegible]到ᄒᆞ얏스니[illegible]西部[illegible]
本所에서[illegible]山、[illegible]、築[illegible]等測量設計를迅[illegible]ᄒᆞ오니 僉[illegible]
西部積善坊[illegible]洞[illegible]統五戶
廣[illegible]測量製圖事務所
總[illegible] [illegible]健[illegible] 謹白

初等算術教科書
[illegible]洋裝壹秩[illegible]三拾錢[illegible]의二割引[illegible]
但[illegible]時[illegible]本[illegible]國의[illegible]年[illegible]術의原理原則을[illegible]在學受敎의必[illegible]易曉에[illegible]發賣元京西部[illegible]統六戶
[illegible]

本館[illegible]立이[illegible]氏가誠心[illegible]民이日益[illegible]道가稍[illegible]媒介를自任[illegible]倍[illegible]用品及衛生[illegible]오니 僉君子ᄂᆞᆫ光顧ᄒᆞ심을[illegible]
[illegible]州[illegible]門[illegible]書館[illegible] 白

[illegible]先生[illegible] 厚禮斗[illegible] 王七年戰史 全壹冊 定價[illegible]
此書ᄂᆞᆫ[illegible]厚禮斗益大王이[illegible]動ᄒᆞ며[illegible]七年戰爭[illegible]
[illegible]

新刊書籍發售廣告

初等衛生學 全壹冊 [illegible]
初等倫理學 [illegible]
國家學綱領 [illegible]
國民須知 [illegible]
初等小學 [illegible]
中等[illegible]
[illegible]
女子讀本 全貳冊 定價[illegible]
伊太利獨立三傑傳 [illegible]
新撰理化學 [illegible] 定價金三拾전
獨習日語[illegible] [illegible]
洋裝壹冊 [illegible]
愛國夫人傳 [illegible]
[illegible] 定價金拾五전
[illegible] 定價金貳拾[illegible]
富國[illegible] 定價金三拾五전
世界[illegible] [illegible]
家庭雜誌 [illegible]
新[illegible] [illegible]
乙支文德 [illegible]
發賣所 京鄕各有名書舖
[illegible]

漢城南大門外濟衆院方藥
前醫學校長勳五等池錫永氏有効證明
醫學博士　洪錫厚氏　實驗方劑
製藥鑑查人　朴慈惠　李觀化

四時靈藥　**治痰平胃丸**　一包에九十丸入　定價金拾錢

此丸藥은大韓兄弟腸胃에適當ᄒᆞ도록調製ᄒᆞ야數十年來累試累驗ᄒᆞᆫ藥인ᄃᆡ主降生一千九百八年에醫學博士洪君이精細改良ᄒᆞ야中暑中寒諸症에虎列剌怪疾과毒感瘟疫을預方케ᄒᆞ고健胃消滯ᄒᆞ야諸般滯積을順下ᄒᆞ며卒地嘔吐泄瀉와赤痢白痢와胸腹刺痛과警咳白痰을能治能止ᄒᆞᄂᆞᆫ靈藥이오

製造本舖　漢城鍾路萬國基督教青年會館前西洋藥都賣業慈惠藥房

[illegible]

隆熙二年六月二十二日內部許可를得ᄒᆞ고翌日壹次式陽曆十五日에發行

編輯主筆大韓의院教授　劉世煥
醫藥論說著述前의學校長勳五等　池錫永
英米處方藥翻譯의學博士　洪錫厚
發行者慈惠藥房營業主　李觀化
印刷者慈惠藥房附屬普印社主任　洪　[illegible]

目　的

韓國新製藥　德國新製藥
日本新製藥　英國新製낙
淸國新製낙　美國新製약

以上藥品의主治效能과用法과定價金을以國漢文으로繙譯ᄒᆞ고

藥乾材　唐材　鄕材

但漢城銅峴時價와每月廣告ᄒᆞᆷ

▲大韓國新發明(명)藥

健胃▲八寶丹　九拾丸粒
消滯▲팔보단　入金拾錢

承寧府典의正三品洪錫普閣下實驗處方과睦軍々의외學校教官驗基茂君有効証明ᄒᆞᆫ此丹은본行이온바新久滯積과急督關格과霍亂사腸과胃腹疼痛과頑痰固結과新久泄瀉와七情鬱結과本으로不服과食飧毒等諸症에登服見效ᄒᆞ오니衛生君子ᄂᆞᆫ光顧試可ᄒᆞ심을爲希ᄒᆞᆷ

瘡病神藥▲사향소창단▲麝香消瘡丹

此丹이於諸창에無論男女老少ᄒᆞ고若服壹劑ᄒᆞ면實有神效ᄒᆞ야百불白中ᄒᆞ오니非例方可及也라若論主治則楊梅卜疳連珠風濕頭창諸症에俱見立效ᄒᆞ오니養病ᄒᆞᄂᆞᆫ君子ᄂᆞᆫ壹次試驗ᄒᆞ시옵

婦人靈藥▲뒤양됴경환▲胎養調經丸　每個月分入　定價金五圜

大抵婦人이年過ᄒᆞ도록不受孕者ᄂᆞᆫ由於有病也라若不趁早研究ᄒᆞ고等閒看過則非但壹個人에不幸이라抑亦全國生育之理와關係가不淺也니僕이十五年을消費ᄒᆞ야內外國高明의七에實驗方을選擇ᄒᆞ야先自僕家로從及他人ᄒᆞ야累試普驗에十분而拾效ᄒᆞᆷ으로且此약이非但受孕之神劑라治冷。治積。調經。調血에俱有實效ᄒᆞᆷ기玆以廣布ᄒᆞ오니僉員ᄂᆞᆫ壹次試驗ᄒᆞ시면그靈驗을可知이옴

발行人　약製所인川港夆峴和平堂藥房　仝　미應善

右三種약은각地方이라도請求ᄒᆞ면우편으로부치ᄂᆞᆫ슈도잇소

京城支店　鍾路衣廛下和平堂
代理店仁川港夆峴제生堂약房

京城大廣橋共愛堂약房

▲發賣所

仝남門內水標濟生堂支店
仝　仝大東書市支店
仝紵洞博文書館
仝　壽進동　上帳三可病院
仝　大寺동　共제病院
○仁川港內弯關豐旅館韓昌根
仝　음內　金濟鉉
○江華鍾路　宋厚五店
○開城　남門內朴圭植商店
仝　南門內明新冊사李貞鎬
○水原　남門內　金濟九약舖
○海州　남門內李章植商店
○延安읍니　邊汝文洋藥局
○松濟　남門니　崔在淳
仝　砂里院耶蘇教堂李任善
○黃州남門니　紅門宋李東赫
○平壤　雙巨里　韓鳳儀藥舖
仝　館前　김龍興藥舖
仝　文武洞　桂澤善약포
○鎭남浦　湶동　金元섭藥포
仝　제生堂出張　吳爾駿
○羣山港　開福洞　金斗鉉
仝　大井동　李春善약房
○禮山　龍谷里　李東赫
○大邱　南門니　李明直약局
○元山港　남甲元약局
仝　제生堂支局　朴敬鎭
○영川　西門니　박致心약局
◉會寧場　鄭聖瑞약局
○釜山港　제生堂出張朴昌鎭
○安州셩니義井동回春大약房
○安岳邑北場　제生局林普京
○義州남문外本口街義和약房
○載寧읍後동　洋약局崔允國
○定州남문니　洋약局李健柱
◉郭山읍　洋약局　羅應彬
○宣川읍　冊사　安　善
鐵山읍　永春堂　安　灝

仁川港　和平堂　白

◉大韓國新發明神藥

◉修攻靈丹　各種食滯中暑久滑口乾嘔飲吐瀉定價一貼十錢
◉至寶丸　治諸般痰疾不拘久遠俱有偉効定價金十錢
◉靈效液　外用芳香治疥瘡皮風百發百中定價金三拾錢
◉清眼水　治諸般眼疾有痛聾見天之妙定價金拾錢
◉通淋丸　治男女急慢淋疾神效無雙速效除毒壹劑金五拾錢

製劑發行所　漢城南部大廣橋西邊第二家十九統七戶共愛堂大藥房　謹白

支店
開성남門內共愛堂第壹支店
群山港開福동共愛堂第二支店
河東郡赤良面共愛堂第三支店

代理店
皇城北部大安동　李春善
仝　夆路青年會館前　黃麟秀
仝　西部新門外石橋　仁濟藥房
仁川夆峴　濟生堂　慈惠藥房
仝　和平局　普濟醫院

此外에도東西洋각國有名賣藥과草材藥이俱備ᄒᆞ오니藥의多少ᄅᆞᆯ不拘ᄒᆞ고請求ᄒᆞ시면小包로仰呈ᄒᆞ게ᄉᆞᆸ

●大韓新발明藥廣告

●長淵남門內　崔瞰淳
●砂里院驛內客主　任允中
仝　耶蘇教堂內　리瞰善
●瑞興邑內　許　완
●汗浦驛東樊送部　金奉圭
●黃州남門內紅門동　李東혁
●安岳邑上垣里제生局　林景朴
●載寧邑後동洋藥局　崔允國
●忠州東良面早遷　金鎭和
●信川邑四里洋약局　金永楨
●長連邑東與冊肆文與冠

陸軍軍醫長金守鉉有効證明
陸軍軍醫長蔡從淳有効證明
四海衛生之諸君子常備之靈藥

消化新藥　**清心保命丹**

發行所　仁川港夆峴　濟生堂藥房

九十粒入金拾錢

●右의主治効能은如左
●당飲咳嗽◎吐瀉◎水土不服
●氣鬱腹痛◎酒醉◎中暑中寒
●食積食傷◎咽喉◎口熱惡臭
●其他諸般運氣屬疫預防妙약
◉總發行所京성南大門內濟生堂支店李庚鳳
●미城門外　제生堂支店　具又賢
●元山港銘石院
●代理店京城大廣橋共愛堂　仝夆路慈惠약房
●京　泥峴三丁目新井약店　仝　鍾便局前天佑堂약房　仝　남々門內博文書館盧益亨　仝　梨峴洋약局李信華　仝　大安洞　仁濟약房　仝　貞동三可病院　朴喜遠
●仁川夆峴和平堂　李應善
●同本町　新井藥房
●海州남門內　宋在瑛
●仝　仝　仝商店　李奉植
●水原夆路下약房　金濟九
●延安邑內洋약局　邊汝文
●江華夆路店　尹斗鉉

●平壤里門동出張所　尹寅혁
●仝　雙巨里濟生局　韓鳳儀
●仝　館前濟生醫院　金龍興
●仝　文武동제生局　桂澤宣
●仝　大興部堂里藥局　崔庸化
●鎭남浦本堂출張사　김元燮
●仝　后浦本堂出張人　吳爾駿
●安州성니義井동回春大약房
●博川邑美동藥店　朴芝行
●定州남門니洋藥局　李健柱
●郭山邑大街冊사　金大鉉
●宣川邑니冊사　安　濬
●鐵山읍니永春堂　安　灝
●義州南門外水口街　崔錫浩
●寧川읍官洋약局　李丙斗
●群山港開福동　金斗鉉
●大邱남門니劉運洞　김成浩
●釜山港東館本町商店　李炳夏
●北青新昌港客主　朴鍚勳
●木浦各國居留地松房　徐岐見
●全國니各藥店마다隨應販賣
仁川港夆峴　京城남大門內　濟生堂　白

●新研明梅瘡良藥廣告
陸軍軍醫金守鉉實驗方劑

囗　落梅丹

口瘡不發창病去根之良藥
壹劑五百粒定價金　三圜

主治　梅毒「唐창」新舊창一
●便毒●皮膚病●瘰마옴와

●老病
已上病証外에男女間에不精交合ᄒᆞᆫ後에若疑아之端이有ᄒᆞ야도此藥壹劑만服用ᄒᆞ면完無後慮ᄒᆞ고脾胃도健全ᄒᆞᆷ을擔保ᄒᆞᆷ此外에도의療機械와精奧ᄒᆞᆫ藥材를新備ᄒᆞ고內外科각色疾病을誠心治療ᄒᆞᆷ

皇城北部大安洞
仁濟藥房　高用진　謹白

代理店
京城鍾路　共愛堂낙房
仁川港龍洞　濟生堂
國內各處藥局에서隨應販賣ᄒᆞᆷ

○廣告料

四號活字十三字詰
每日每英尺一寸에新貨拾淺錢
每日每行六전에相當ᄒᆞᆷ)
二週日에　二圜五十錢
每日每行四錢五厘에相當ᄒᆞᆷ
一箇月에　五圜
每日每行四錢一厘에相當ᄒᆞᆷ)
其期限의長短과字行의多寡를依ᄒᆞ야增減ᄒᆞᆷ이有ᄒᆞᆷ

發行兼編輯人英國人　萬咸
發行所
南署石井洞號外地三層洋屋樓
大韓每日申報社

仝路慈惠약房內慈惠醫院에醫療機械　診藥醫師ᄂᆞᆫ醫학博士　洪석厚　慈惠房藥營業主　李觀化　全國拾三道에以小包郵便으로　製藥所主任　李應興　製藥所印刷所兩處職工六

第六卷

大韓每日申報

第八百五十四號 發行

月曜及慶節歲時休日休刊

檀君開國四千二百四十一年
箕子元年三千三十年
大韓開國五百十七年
日本明治四十一年
淸國光緖三十四年
陰曆戊申六月小初十日甲子

論說

◎志氣鄙悖ᄒᆞ면天才何爲

近日日人의新聞雜誌를讀ᄒᆞᆫ즉凡韓國人을談及ᄒᆞ다가其語學天才에至ᄒᆞ야ᄂᆞᆫ非常히嗟訝讚歎ᄒᆞ야曰是ᄂᆞᆫ到底不可及이라云ᄒᆞ얏도다

彼가韓人의他種性質과他種行事ᄂᆞᆫ不遺餘力ᄒᆞ고無餘地로毀抉嘲笑ᄒᆞ며粉壁熱罵ᄒᆞ야句々本種族의筆가紙上에紛ᄒᆞᆫ대獨此語學壹件을天才로服ᄒᆞ얏스니噫라韓人의天才가엇지此에但僅止ᄒᆞ리오간은然이나此語學壹件은彼嘲侮者의口로도天才二字의評을遂加ᄒᆞ엿ᄉᆞᆫ즉韓人의語學天才를此에可想ᄒᆞᆯ지로다

嗚乎라韓人이果然語學의天才가有ᄒᆞᆫ가韓人이果然語學의天才가有ᄒᆞᆫ가外國學術을研究코자ᄒᆞ야도語學을舍ᄒᆞ고ᄂᆞᆫ不能ᄒᆞᆯ지며外國政治를考察코자ᄒᆞ야도語學을舍ᄒᆞ고ᄂᆞᆫ不能ᄒᆞᆯ지며其他壹切外國文明을輸入ᄒᆞᆷ에不得不語學으로紹介物을作ᄒᆞᆯ지즉語學의適用이誠亦大ᄒᆞᆫ바니然而語學에天才有ᄒᆞᆫ韓人이文明吸收ᄒᆞᆷ에ᄂᆞᆫ事半功倍의効果를收ᄒᆞᆯ터인데

乃者語學天才가韓人에不及ᄒᆞᆫ日人을觀ᄒᆞ라彼國(此所謂彼國은日本과淸國을云ᄒᆞᆷ이니彼國의韓漢의不同ᄒᆞᆷ)ᄒᆞ지不幾年에歐西의新政治新學說을多方輸來ᄒᆞ야維新의功을奏ᄒᆞ얏거ᄂᆞᆯ至今韓人에ᄂᆞᆫ西文西史에精通ᄒᆞᆫ者를壹二人도得키難ᄒᆞ며語學天才가韓人에不及ᄒᆞᄂᆞᆫ淸人을觀ᄒᆞ라即今北京上海等地에羅列ᄒᆞᆫ書舖에英法文으로譯出ᄒᆞᆫ書冊의種類가許多ᄒᆞ거ᄂᆞᆯ至今韓國皇城니各書舖에ᄂᆞᆫ直接으로英法文에서譯出ᄒᆞᆫ者ᄂᆞᆫ壹卷도尙無ᄒᆞ니其語學의天才가安在오嗟乎라此ᄂᆞᆫ才가無ᄒᆞ야然ᄒᆞᆷ이아니라志가無ᄒᆞ야然ᄒᆞᆷ이로다元來他國語를學ᄒᆞᄂᆞᆫ目的이外國文明의壹班을窺코ᄌᆞᄒᆞᆷ에서由出ᄒᆞᆯ비아니라但只外人의通辯者나作ᄒᆞ야幾分月銀을得ᄒᆞ랴ᄒᆞᆷ이며否則外人과交際ᄒᆞ야其多少勢力을借得ᄒᆞ야同胞나凌踏加害코ᄌᆞᄒᆞᆷ而已니奚暇에高尙ᄒᆞᆫ思想이出ᄒᆞ야文明의淵源을探討ᄒᆞ리오語學에留意ᄒᆞᄂᆞᆫ同胞야汲々히志氣를振ᄒᆞ야如此天才로人의嘲笑唾罵를勿受ᄒᆞᆯ지어다挽近京鄕各處에日語學者가日多ᄒᆞ니知彼知己의意로此를學ᄒᆞᄂᆞᆫ者ㅣ幾人이有ᄒᆞᆫ고

▲隆熙二年七月壹日 官報

●部令

光武拾年九月度支部令第拾七號關稅及委托出納事務處理順序別表中左갓치改正ᄒᆞᆷ

隆熙二年六月二拾七日

度支部大臣 任善準

度支部令第拾六號

壹 忠淸남道全義郵便取扱所의出納區域中木川을削去ᄒᆞ고此를天安郵便取扱所의出納區域中에加ᄒᆞᆷ

壹 慶尙남道咸陽郵便取扱所의出納區域中山淸을削去ᄒᆞ고此를三嘉郵便取扱所의出納區域中에加ᄒᆞᆷ

壹 慶尙北道盈德郵便取扱所의出納區域中淸河를削去ᄒᆞ고此를浦項郵便取扱所의出納區域中에加ᄒᆞᆷ

壹 江原道金城郵便所(金城邑)를金化郵便局(金化邑)으로改ᄒᆞᆷ

壹 平안北道宣川郵便電信取扱所의出納區域中郭山을削去ᄒᆞ고此를定州郵便局의出納區域中에加ᄒᆞᆷ

附 則

本令은隆熙二年七月壹日부터此를施行ᄒᆞᆷ

外報

●鴉片法制定 路透電에云ᄒᆞ되加奈陀오타와來電을據ᄒᆞᆫ즉勞働次官킹크씨ᄂᆞᆫ稅關破事變에對ᄒᆞ야淸國人의損害賠償要求에關ᄒᆞ야調査報告를提出ᄒᆞᆫ즉右要求者中에鴉片을製造ᄒᆞᄂᆞᆫ者二名이有ᄒᆞ야巨利를占得ᄒᆞᆫ다ᄒᆞᆷ을述ᄒᆞᆫ지라故로加奈陀에셔ᄂᆞᆫ鴉片賣買禁止法律을制定ᄒᆞ랴ᄒᆞᆫ다더라

●摩洛騷擾 路透電을據ᄒᆞᆫ즉摩洛哥우지에셔去月貳拾六日에法國騎兵隊를襲擊ᄒᆞᆫ土民의게對ᄒᆞ야法國縱隊가懲罰ᄒᆞᆫ次로同方面의派出ᄒᆞ얏다가土民의大軍을遭遇ᄒᆞ야不得已壹時退却ᄒᆞ얏ᄂᆞᆫ데目下多數의土民은남部오랑地方에聚合ᄒᆞᆫ지라法國軍隊ᄂᆞᆫ更히西方으로부터軍隊를派送ᄒᆞ야土民을攻擊하라고方今進行中이라ᄒᆞ얏더라

●人命懸樹 伯林電을據ᄒᆞᆫ즉德國의軍用風船壹個가飛行中에雷鳴과旋風을遭ᄒᆞ야忽然에落下ᄒᆞ얏ᄉᆞ나樹枝에懸ᄒᆞᆷ으로써人命은損害가無ᄒᆞ고機械만若干破損하얏다더라

●裁判權給與 北京電을據ᄒᆞᆫ즉淸國과瑞典國間에締結ᄒᆞᆫ通商條約은最惠國條約으로領事裁判權을瑞典에與ᄒᆞ얏다더라

●波斯王의苦情 路透電에曰波斯首府데헤란에셔發ᄒᆞᆫ德國電報를據ᄒᆞᆫ則英國公館에셔目下亡命者를收容保護ᄒᆞᆷ에關ᄒᆞ야波斯王이英國皇帝의苦情을申出ᄒᆞ얏ᄂᆞᆫ데英國皇帝ᄂᆞᆫ此에對ᄒᆞ야審問을經過치아니ᄒᆞ고死刑에處ᄒᆞᆫ者가夥多ᄒᆞ다ᄂᆞᆫ事實을指摘ᄒᆞ고公館에셔處置ᄒᆞᆫ것은正當ᄒᆞ다고回答ᄒᆞ얏다ᄒᆞ고 露國外務省에셔ᄂᆞᆫ皇帝와波斯王間에電報交通이有ᄒᆞᆷ은實事이되其內容은發表ᄒᆞᆷ을不得ᄒᆞᆫ다云ᄒᆞ얏다ᄒᆞ얏더라

●波斯首府戒嚴 伯林電을據ᄒᆞᆫ則波斯首府데헤란에셔戒嚴令을施行ᄒᆞ얏다더라

●探險旅行의準備 紐育電을據ᄒᆞᆫ즉有名ᄒᆞᆫ北極探險家美國海軍少佐페리氏ᄂᆞᆫ또北極探險旅行을準備ᄒᆞ야不日니로出發ᄒᆞᆯ터이라더라

雜報

●鐵郡新校 鐵山郡餘閑面雙峯里居鄭攢鉉林瓚兩兩氏가私立小學校를剏設ᄒᆞ고敎師二人을延聘ᄒᆞ야普通科로敎育ᄒᆞ고諸般經費ᄂᆞᆫ傳來ᄒᆞ던學契錢을應用ᄒᆞ며洞民出捐이益多ᄒᆞ고生徒ᄂᆞᆫ三四拾名의達ᄒᆞ야前進之望이有ᄒᆞ다ᄒᆞ더라

●運動費分擔 江華郡各學校聯合運動의盛況은本報에已揭ᄒᆞ엿거니와該運動의所費가二萬餘金에達ᄒᆞ얏ᄂᆞᆫ대該郡有志紳士들이川義分擔ᄒᆞ얏다더라

別報

◎裵說氏의公判顚末

第一日 續

원킨손氏曰「學界의花」라ᄒᆞᆫ것은敎育上이뇨政治上이뇨證人答曰其題目에表示ᄒᆞᆷ과如히學界의事情을關ᄒᆞᆷ이니다

問「自古靑史에名譽的紀念碑를堅ᄒᆞᆫ英雄兒들이其誰가流血中出來ᄒᆞᆫ者이니던가」ᄒᆞᆫ句節에其情을斷ᄒᆞ야神光을誰며其鎭을硏究ᄒᆞᆫ異斯夫ᄂᆞᆫ誰오ᄒᆞ니證人이ᄒᆞᆫ兩人의事蹟을舉實ᄒᆞ야答辯하다

問「噫라個人의事業이나國家의事業을無論하고其發願ᄒᆞᆫ血로以ᄒᆞ며其實行을血로以ᄒᆞ여야其結果의宏大ᄒᆞᆷ을可期하나니」ᄒᆞᆫ句語ᄂᆞᆫ政治의條欵이뇨敎育의條欵이뇨答曰此題目은學界上이니學界上論旨ᄂᆞᆫ其件이던지自然이政治上主義에關ᄒᆞᆫ事件에延及ᄒᆞ거나와此記者의本意ᄂᆞᆫ單히學界上事項으로만指示ᄒᆞᆷ이니此ᄂᆞᆫ槪言컨ᄃᆡ只是堅心不撓ᄒᆞ며苦工涉難이라야乃可遂志成功이라ᄒᆞᆷ이니이다

問其十七學生이斷指ᄒᆞᆫ原由ᄂᆞᆫ韓國의現狀으로論示ᄒᆞᆷ이뇨曰本人이言ᄒᆞᆷ과如히學界上事件은自然히政治上問題에延及도ᄒᆞ고抑又歸向도ᄒᆞ나이다

問此論說外에ᄂᆞᆫ國ᄂᆡ情況에關ᄒᆞ야政治上論說을記載ᄒᆞᆫ常習이有乎아無乎아曰無ᄒᆞ오이다

問「英國을勿論ᄒᆞ고其國權을旣失ᄒᆞᆫ以後에ᄂᆞᆫ人民이人民이아니라牛馬와同類며」(此ᄂᆞᆫ五月壹日에不必假驚이라ᄒᆞᆫ論題中에包含ᄒᆞᆷ)云々ᄒᆞᆫ論說은汝가記載하얏ᄂᆞ뇨

裁判官曰吾ㅣ此件을更知치不願ᄒᆞ노니此意ᄂᆞᆫ吾已快知로라

원킨손氏曰閣下여好哉々々로소이다ᄒᆞ고更히証人의게問曰近者에裵說氏가新聞社에來ᄒᆞ며뇨曰不來ᄒᆞ엿나이다

問何時로부터不來ᄒᆞ얏나뇨曰本人이其的確ᄒᆞᆫ日字ᄂᆞᆫ記憶지못ᄒᆞ나去月某日부터올시다

問其新聞上에揭載치못ᄒᆞᆫ檄文等과又其論說을太强硬히記載치못ᄒᆞ게合으로裵說의게嚴禁을當ᄒᆞᆫ事가有ᄒᆞᆷ을汝ㅣ聞知乎아曰聞知ᄒᆞ엿나이다

問彼等이排斥ᄒᆞᆫ論說은嗜好ᄒᆞ얏ᄂᆞ뇨

裁判官曰此論說은其人이自作ᄒᆞᆫ것은如此히ᄒᆞ엿ᄉᆞ리라

원킨손氏가其反覆橫詰을止ᄒᆞ고乃證人의게對하야敢問ᄒᆞᆫ거시過失이로다고言ᄒᆞ다

辯證ᄒᆞᆫ韓人證據人等이又不來ᄒᆞ엿合으로更히延滯되엿더니究竟에韓人盧泰豐氏가出現ᄒᆞ야起立ᄒᆞ고證言曰本人은測量事務員이오京城에住在ᄒᆞᄂᆞᆫ바幾年干連은無ᄒᆞ며大韓每日申報漢文報를購讀ᄒᆞ얏ᄂᆞᆫ데本人의所知로ᄂᆞᆫ此申報가秩序紊亂을激動케ᄒᆞᆷ은絶無ᄒᆞ오며且本人의親知間에此를購讀ᄒᆞᄂᆞᆫ者던지아니購讀ᄒᆞᄂᆞᆫ者던지라도秩序를紊亂케ᄒᆞᆫ者ᄂᆞᆫ壹人도無ᄒᆞ오이다

원킨손氏曰汝ᄂᆞᆫ大韓每日申報를購讀ᄒᆞᆫ다ᄒᆞ니미純質ᄒᆞ고不讀ᄒᆞᆫ人이뇨曰然ᄒᆞ오이다

裁判官曰其人이原讀를購讀하ᄂᆞ라고罰하ᄂᆞᆫ터인데自巳가不證ᄒᆞᆫ人은아니로라고言ᄒᆞᆷ을待望치ᄋᆞᆫ不可ᄒᆞ니라(聽衆大笑)

(未完)

雜報

●醫官入診 太皇帝陛下ᄭᅴ옵셔 玉度가尙今 靡寧ᄒᆞ신故로每日下午二時와侍從長이와醫官들同入診ᄒᆞᆫ다더라

●皆彈上奏 皆彈副議長이再昨日에 太皇帝 大皇帝兩陛下ᄭᅴ 謁見ᄒᆞᆫ時에 皇太子殿下의 御留ᄒᆞ시ᄂᆞᆫ動靜을上奏ᄒᆞ얏다더라

●俸給令裁可 太皇帝陛下ᄭᅴ옵셔壹般官人의官等俸給令을裁可ᄒᆞ야頒布되얏다더라

●緣何奔忙 近日何事件을因ᄒᆞᆷ인지不知어니와內閣諸大臣이奔忙ᄒᆞᆫ貌樣이라ᄂᆞᆫ巷說이有ᄒᆞ더라

●副監已盟 前判書李容元氏가伊藤統監의嘱託을請ᄒᆞ기를現今鄕第로下去ᄒᆞᆫ자ᄒᆞ되可謂無而渡江東이니仕官登庸을留念ᄒᆞ라ᄒᆞ얏다ᄂᆞᆫ說이有ᄒᆞ더라

●畫出何故 政府變動된다ᄂᆞᆫ風說이姑爲此息ᄒᆞ얏더니近日以來로巷說이有ᄒᆞ기를李容元氏가摠理大臣을被任되리라더라

●內大又伴 摠理大臣李完用氏가伊藤統監이歸國ᄒᆞᆯ時에同伴渡去ᄒᆞᆫ다ᄒᆞᆷ은已爲報道ᄒᆞ얏거니와更聞ᄒᆞᆫ즉內部大臣宋秉畯氏도同伴渡去ᄒᆞᆫ다ᄂᆞᆫ巷說이有ᄒᆞ더라

●民國爲急 前京畿觀察使李坐桓氏ᄂᆞᆫ遞任以後로近日絶火之境이라ᄂᆞᆫ데水原府民國에셔此를聞知ᄒᆞ고二拾三圜을寄付ᄒᆞ얏다더라

●尙衣追榮 曾往에ᄂᆞᆫ勅任官中에各協辦이나尙衣院卿以上에야三代追贈을하더니近年에追贈法이廢止되얏다가今年에更爲頒佈ᄒᆞ얏ᄂᆞᆫ대雖某勅任이라도三代追贈ᄒᆞᄂᆞᆫ例가有ᄒᆞᆫ지라追榮ᄒᆞ기爲ᄒᆞ야曾經正三品들이勅任典祀를圖得하라고左請右囑ᄒᆞᆫ다더라

●時間已違 各部官吏의仕進時間을改定ᄒᆞ얏ᄂᆞᆫ데上午九時에仕進ᄒᆞ야同十二時에仕退ᄒᆞ기로決定ᄒᆞ얏스나壹般官吏가皆九時後十時間에仕進ᄒᆞᆫ다더라

●謬錄何多 宮內府解散員役의恩賜金을頒給ᄒᆞᆯ時에姓名과年條가謬錄이多數ᄒᆞᆷ으로主殿院爵李謙濟氏가該事件에對ᄒᆞ야該院典事黃鐵國氏를大端論責曰請願退去ᄒᆞ라ᄒᆞ얏다더라

●毁城役夫 城垣毁撤事務를從速着手ᄒᆞᆫ다고役夫拾長等이役夫를組織ᄒᆞᆫ다더라

●衛生事務引繼 本年八月壹日부터京城과龍山의汚穢物掃除其他衛生施設의着手ᄒᆞᆯ漢城衛生會의物品賠入과其他準備의諸般事務ᄂᆞᆫ從來警官으로主幹ᄒᆞ야內部衛生局의서處理ᄒᆞ든대今番警視廳의同署行政員이繼續ᄒᆞ기로定ᄒᆞ고昨日에其事務를引繼ᄒᆞ얏다더라

●民會特會 漢城府民會에셔昨日例會를開ᄒᆞᆫ다더니有何緊急事件인지未知ᄒᆞ거니와該會長이特別開會ᄒᆞ기로諸會員의게通牒ᄒᆞ얏다더라

●醫不醫人 南署罷洞居尹某의三歲兒子가有ᄒᆞᆫ데偶然得病ᄒᆞ야數日苦痛에命在頃刻이라再昨日上午에該兒의母가抱其病兒ᄒᆞ고其隣山林洞居醫員李寅珍氏家에前往懇請ᄒᆞ기를命을살려주시와診脈用藥케ᄒᆞ시옵소서ᄒᆞ고數時間을哀乞ᄒᆞ되聽而不聞ᄒᆞ고視而不見이라該女人의抱兒號泣ᄒᆞᆷ은自不忍見이라元來의者ᄂᆞᆫ博施濟衆이어ᄂᆞᆯ如此醫員은今始初見이라고該洞人言이有ᄒᆞ더라

●符ㅂ致常 溫陽郡居趙兒山의女婿李德伯氏가趙密陽의弟汝九씨와日人을符同ᄒᆞ야債給錢이有하다稱ᄒᆞ고其兒와妻父를威脅毆打ᄒᆞ면서錢財幾萬兩式을徵出ᄒᆞᆫ대趙兒山家에셔ᄂᆞᆫ婦女ᄭᆞ지毆打를當ᄒᆞ얏다고怨聲이載路ᄒᆞᆫ다더라

●死作[illegible] 昨日上午八時量에宋昌植氏의妹氏宋召史가鴉烟을吞下ᄒᆞ고漢城高等학校後에셔致斃ᄒᆞ얏ᄂᆞᆫ데該召史ᄂᆞᆫ李瑗夏씨의拾餘年同居ᄒᆞ던小室이라該年에見逐ᄒᆞᆫ所以로李瑗夏氏의姓名을自己綱緞에書付ᄒᆞ얏다더라

●支社請設 嶺南人士가興社支國을設始하기로興社國에請願ᄒᆞ얏다더라

●農工摠會 城內人士諸氏가農工을奬進ᄒᆞ기爲ᄒᆞ야農工研究會를設立ᄒᆞ야臨時事務所를李晋鎬氏家에定ᄒᆞ고臨時會長은[illegible]ᄒᆞ야셔로推薦ᄒᆞ얏ᄂᆞᆫ데本月[illegible]日에總會를開ᄒᆞ고諸般事務를處理ᄒᆞᆫ다더라

●麥藥先製 農工研究會設始ᄒᆞᆷ은別項과如ᄒᆞ거니와工業은爲先麥藥子를多數製造ᄒᆞᆫ다더라

●宴席吟咏 各元老大臣이日昨에李址鎔氏家에設宴ᄒᆞ고伊藤統監을請邀接待ᄒᆞᆷ은已報ᄒᆞ얏거니와當日에伊藤統監이絶句壹首를題ᄒᆞ얏ᄂᆞᆫ데群仙相會是桃源•半日淸遊共登樓•不見逃藥人來處•榴紅과綠傍涼軒이라ᄒᆞ얏고伍總理大臣李完用氏ᄂᆞᆫ[illegible]和韻ᄒᆞ야曰萬里滄海壹孤舟•手披狂瀾試泳游•若問浮沈身世路•蒼天笑指水中漚라ᄒᆞ얏다더라

●人固未易知 許위氏의被捉ᄒᆞᆫ根因을得聞ᄒᆞᆫ則呂永祖朴大위兩人이元來許위氏와同鄕之人으로親舊故友ᄯᅡ니라交誼가親密ᄒᆞ야凡事를互相爲周旋之意로擧扉가逐照ᄒᆞ더니登日은呂朴兩人이許위氏의게來到ᄒᆞ얏거ᄂᆞᆯ許위氏가拾分嫌譏曰君或捉我乎아ᄒᆞᆫ데呂朴兩人이執許위氏之手ᄒᆞ고落淚情話ᄒᆞᆯ際에日憲兵이忽地突入ᄒᆞ야許위씨를捕縛上京ᄒᆞ얏다더라

●呂朴狼狽 義兵將許위氏가呂永祖朴大위의[illegible]詐로被捉ᄒᆞᆷ은別項[illegible]來呂朴兩人이許위氏를捕[illegible]면巨額의賞與를受ᄒᆞᆫ다ᄂᆞᆫ[illegible]가발ᄒᆞ야[illegible]罰을行ᄒᆞ야[illegible]提ᄒᆞᆫ後의二拾五圜딸給與ᄒᆞ얏다ᄂᆞᆫ巷說이紛紛ᄒᆞ더라

●許氏供辭 許위氏가[illegible]司令部在囚時에[illegible]ᄒᆞ얏다ᄂᆞᆫ說[illegible]의셔質問ᄒᆞ[illegible]之ᄯᅢ六[illegible]지가答曰[illegible]은日人이[illegible]於我乎아ᄒᆞᆫ대而今番의셔迫[illegible]再三ᄒᆞ거ᄂᆞᆯ許위氏가答曰[illegible]使之者ᄂᆞᆫ伊藤이오大將은[illegible]也니라ᄒᆞ엿다더라

●兩郡旱騷 近日旱[illegible]이始興安山兩郡이最甚[illegible]兩郡客人에傳說이有[illegible]

●安賊被捉 西部社稷洞居允[illegible]根家에留ᄒᆞᄂᆞᆫ安平祖ᄂᆞᆫ日昨에强盜犯으로警視廳에被捉되얏다더라

●一義捉來 楊州等地에셔義[illegible]ᄒᆞ얏던巡査가昨日에義兵二名을捕捉ᄒᆞ야警視廳으로入來ᄒᆞ얏다더라

●彼何人斯 再昨日下午一時에日憲兵壹名이何許衣冠人을捕縛ᄒᆞ야警視廳에押交ᄒᆞ얏다더라

●日捉陵官 日昨에交河章陵參奉을有何事端인지憲兵隊에셔捉去하얏다더라

●陵洞鬪砲 日昨龍仁陵洞居[illegible]家에日兵幾名이來到ᄒᆞ야午飯을對ᄒᆞ얏ᄂᆞᆫ데該洞後山에셔義兵이放砲ᄒᆞ며日兵이亦爲放砲交戰하야義兵은退却하얏ᄂᆞᆫ데交戰時該洞長登名이日兵에게中丸致命ᄒᆞ얏고日兵이該洞男女老少를逐[illegible]利[illegible]지撈去[illegible]放火[illegible]하다더라

●日兵占校 端川郡鄕校에日守備隊가駐紮ᄒᆞ얏다ᄂᆞᆫ데[illegible]何故不安ᄒᆞᆫ지郡時因[illegible]郡守가學部의報告ᄒᆞ얏다더라

●往[illegible]設 昨日下午二時에特成학校에셔卒業證式을擧行ᄒᆞ얏ᄂᆞᆫ데학務局長尹致昨[illegible]ᄒᆞ얏다더라

●[illegible]之計 花開洞居金明九[illegible]川郡所在畓七拾石落을典當次로去五月分에居間人崔秉協씨의게委託ᄒᆞ얏더니崔씨가其所親李德根과日本人三根甚吉의게八千圜에典執ᄒᆞ기로相約ᄒᆞ더니日人이言ᄒᆞ되畓案을持來ᄒᆞᆫ後債錢을銀行所로劃給ᄒᆞ마ᄒᆞ기로畓案을無疑出給ᄒᆞ얏더니債錢은不給ᄒᆞ고同日人이該所在處에前往ᄒᆞ야該作人을結縛威脅ᄒᆞ야勒捧者ᄒᆞ며無數作梗ᄒᆞᄂᆞᆫ故로답王奴明九씨가日本理事廳의擧實呈訴ᄒᆞ얏ᄂᆞᆫ대該日人을懲律次로捉囚ᄒᆞ얏다더라

●校費中止 廣州郡守吳榮泳시가學部에셔補助ᄒᆞᆫ該郡學校十五朔經費를沒數乾沒하얏ᄂᆞᆫ데該학校에셔推薦ᄒᆞᆫ卒吳榮泳시가半額만出給ᄒᆞᄂᆞᆫ故로學校任員과吳郡守가現今相持中이라더라

●醫院試驗 大韓醫院醫育部에셔第五回卒業及各年試驗을經ᄒᆞ얏ᄂᆞᆫ데卒業生은李寬鎬金[illegible]範李明華三人이오及第生은李範緒等兩人이오優等壹年進級生은柳鎭永吳滋英等三拾四人이라더라

●牛校試驗 西江牛山학校에셔夏期試驗을經ᄒᆞ얏ᄂᆞᆫ대高等[illegible]ᄂᆞᆫ金[illegible]玉成永鎬[illegible]乙班[illegible]證査昌이오丙班에[illegible]等諸人이라더라

▲地方消息

▲去月三十日豐德郡東남約二十五里[illegible]江附近에셔義兵約九十名이開城郡守備隊下士以下經六名과交戰ᄒᆞ얏다ᄒᆞ고

▲去月廿九日榮川郡남方에서近에義兵卅名이守備隊와交戰ᄒᆞ엿다ᄒᆞ고

▲去月廿六日報성郡에셔騎兵廿名이同地分遣隊騎兵과交戰ᄒᆞ엿다ᄒᆞ고

▲去月廿日儒山郡內에셔義兵五十名이[illegible]郡駐在巡査五名과守備隊兵五名과交戰ᄒᆞ얏다더라

▲決死何意

▲地方騷擾何事로向日風波醞出하고決死隊를組織ᄒᆞ얏다니무슨變事忽生ᄒᆞ야雲消冰釋되얏ᄂᆞᆫ고나

▲決死隊야決死隊야[illegible] 蕩産하야如干田土歸虛ᄒᆞᆫ고 錐之地無餘ᄒᆞ니妻子呼寃滿天ᄒᆞ야不勝飢寒하얏던가무슨決死하얏든고

▲決死隊야決死隊야觀察郡守 됴흔官職人人마다希望ᄒᆞ더니有力者에所奪이라逐雞望籬되얏스니激忿之氣撑中인가무슨決死ᄒᆞ얏든고

▲決死隊야決死隊야驛屯土를分排ᄒᆞ면生計自足豫料ᄒᆞ더니其權力挾私ᄒᆞ야殘弱를困冷視ᄒᆞ니徹天冤恨入骨인가무슨決死ᄒᆞ얏든고

▲決死隊야決死隊야民會籍稱 効力으로登大官이[illegible]黜陟되얏고나[illegible]ᄒᆞ니冤死寃案遺憾인가무슨決死ᄒᆞ얏든고

▲決死隊야決死隊야關東遊俠 [illegible]黑인가不平心懷各抱ᄒᆞ되反[illegible]勸勵ᄒᆞᄂᆞᆫ視線危言悖說挽脫ᄒᆞ니睚眦之怨欲報린가무슨決死ᄒᆞ얏든고

▲決死隊야決死隊야[illegible]ᄒᆞ야生廢ᄒᆞ니됴흔佩號얻엇고나同胞의게成讐ᄒᆞ야貊曲出入極難ᄒᆞ니是誰使之然也런가무슨決死ᄒᆞ얏든고

▲決死隊야決死隊야鬱沸ᄒᆞ다 더心事가明白ᄒᆞᆫ[illegible]酒ᄒᆞ야稱歸已奔倒ᄒᆞ야登時衝激纖芥嫌이雲消冰釋되엿던가무슨決死ᄒᆞ얏든고

▲決死隊야決死隊야某氏私邸 登茶碗에若登龍門喜悅ᄒᆞ니心頭快快蔬結事가滿面喜色變作ᄒᆞ야萬事無心되얏ᄂᆞᆫ가무슨決死ᄒᆞ얏든고

▲決死隊야決死隊야危險行爲 徉作ᄒᆞ야幾葉郡守得諾ᄒᆞ니以力服人ᄒᆞᄂᆞᆫ手段더會中에目的이라今來又是得計ᄒᆞ니무슨決死ᄒᆞ얏든고

雜報

金美硏氏 二和港後浦居康乃淑이가有寡婦ᄒᆞᆫ데其妙年의貌貌矜恤이녀여職業文務ᄒᆞ燒火ᄒᆞ야良夫를擇ᄒᆞ야出嫁ᄒᆞ얏다라

廣告

本人이陰六月初三日夜의逢賊ᄒᆞ온바其時의圓形圖章을亦爲見失而現行圖章則以方形改造ᄒᆞ고前者는廢ᄒᆞ오니內外國人은照亮ᄒᆞ심을望ᄒᆞᆷ
漢城龍山坊孔德里契大峴下新村壹百號壹戶
戶主 李春儀 告白

本人等이大韓實業獎勵會에經營을補助ᄒᆞ기爲ᄒᆞ야實業演說을協律社에서陰六月初二日로十二日까지（每日下午七時로至拾二時）設行ᄒᆞ오니實業界僉君子는枉臨ᄒᆞ심을望ᄒᆞᆷ

演會順序
一 奏樂
一 紳士實業演說
一 皇太子殿下御渡日留學時寫眞活動
一 日俄戰爭時活動
一 立唱（뎍셩지）
一 奏樂

隆熙 年 七月 日
發起人 劉秉澈 方漢德等 白

白木廣ノ典主人金允植이...典主...共知이바...將欲調查措處ᄒᆞ야...月 日上午九時로下午六時까지定限ᄒᆞᆫ故로玆以廣告ᄒᆞ오니...典物을...限日에...去ᄒᆞ시ᄋᆞᆷ
債務人等 白

舊聞發表 主尊千年會年字改定ᄒᆞ야知照ᄒᆞᆷ
千年會 告白

金華駿等이沿江木船運輸合名會社를組織ᄒᆞ고六月四日에農商工部認許를承ᄒᆞ야趣旨書를左에揭載ᄒᆞᆷ

太初鴻濛ᄒᆞ야巢居實食而氏名을不記ᄒᆞ며隣界를莫通ᄒᆞ더니於是乎黃帝作而舟車行ᄒᆞᆫ미人與物의通行이始得利涉ᄒᆞ얏도다現今制度가愈益繁昌ᄒᆞ야陸地의運輸와水路의航漕ᄒᆞᆷ이ᄒᆞᆷ非書籍의所可擬比니此는不待明智而易解也로다然이나我國商界가尙今未達ᄒᆞ야陸路에運輸會社가建立ᄒᆞ얏스나水路에ᄂᆞᆫ運漕에關ᄒᆞᆫ社會가無ᄒᆞᆷ은非他라人智가未開ᄒᆞ야商業을猶爲賤視ᄒᆞᄂᆞᆫ故로다願我同志여商業에經營가便行此로從ᄒᆞ야財源의융活ᄒᆞᆷ이民產에潤殖ᄒᆞ야民이殷富ᄒᆞ면國이富强ᄒᆞ리니此는...運漕를...會社가不可壹日無者인즉玆로立議ᄒᆞ야國內에水路로從ᄒᆞᄂᆞᆫ大小舟楫을團合ᄒᆞ기爲ᄒᆞ야會社를組織ᄒᆞ야會名曰沿江木船運輸合名會社라ᄒᆞ고木商의通行과保護를經圖ᄒᆞ노니惟我同志는旅旗贊成ᄒᆞ심을望ᄒᆞᆷ
發起人 金華駿
韓洪祜 金鼎植

本館에서民智를開發ᄒᆞ고實業을振興ᄒᆞ기爲ᄒᆞ야內外明書籍의最新發刊用者와各種新書籍을大發賣ᄒᆞ오며其價를特減ᄒᆞ오며科學書籍及學校用品과雜誌等을無不具備ᄒᆞ오니僉君子는惜陰光顧ᄒᆞ심을敬要
耶蘇敎書館 金致俊 白

平人의先墓가在於廣州南山里射麗谷이온데拾寸族弟時和가心懷不良ᄒᆞ야自先塋兄墓下咫尺之地에偸埋ᄒᆞ고出來ᄒᆞ엿다고方今周旋中이오니世豈有如此悖逆之族乎아遠近僉君子는照亮ᄒᆞ신後切勿見欺ᄒᆞ시ᄋᆞᆷ
龍川龍殿新坪里金寬弼 白

其於人道之原則ᄒᆞ고理於正義之誠實ᄒᆞ며以親切爲旨ᄒᆞ야訴訟事件並其官廳請願事件을受依托ᄒᆞᆷ
京城苧洞六拾四號貳戶
東洋大學前講師
辯護士 木尾虎之助
日本法律學士

啓者漢城中署水標橋西河邊新設淸國料理店包辦各色酒席價廉味美並且樓房潔淨伺候週到於陰曆六月初二日開市各國僉君子知此照亮
會英樓主人徐鴻洲 謹白

天然堂寫眞

擴張減價

本堂에서寫眞美術大擴張ᄒᆞ기爲ᄒᆞ야新式器械諸品을多數貿來ᄒᆞ고壹邊學生을無手料敎授ᄒᆞ며萬歲不變吳案銀色寫眞과白金色寫眞을陰晴無關ᄒᆞ며婦人비ᄂᆞᆫ內館에서禁雜人撮影ᄒᆞ오며價額은前本壹圓小本에五拾錢大本은四圓半으로永爲改定ᄒᆞ얏스오니 첨君子ᄂᆞᆫ照亮ᄒᆞ시오
西德門外에서 皇壇으로向ᄒᆞᄂᆞᆫ新作路左便
天然堂寫眞館主人
金圭鎭 告白

本所에서土地家屋山林礦山及未墾地等測量製圖設計를迅速謂協ᄒᆞ깃ᄉᆞ오니 僉君子ᄂᆞᆫ來議ᄒᆞ심을望ᄒᆞᆷ
東部蓮花坊孝橋第九拾號八戶
聯昌測量製圖事務所技術員
이康年 告白

本會總會를來日曜（陰六月拾四日）下午二時에新門外平洞華興學校內로開ᄒᆞ겟ᄉᆞ온데不能壹壹通知ᄒᆞ와玆에廣告ᄒᆞᆷ
韓山李氏花樹會

吾敎々會堂建築에工日字를分月십三日（陰六月拾五日）로定ᄒᆞ며建築委員은如左選定이옵기玆에廣告ᄒᆞ오니壹般敎友ᄂᆞᆫ照亮ᄒᆞᆷ

天道敎中央總部 告白

左기（建築委員） 羅龍煥

林殷燦	洪基億	洪基光
羅仁協	劉漢基	金洛엽
金鎭八	張泳宣	韓貫業
吳明運	安國珍	金明哲
林永秀	崔永坤	崔顯達
鄭翊洙	全致範	鄭鶴남
張應坤	金鍾駿	宋明得
金宗範	吳榮昌	김應元
方燦斗	高應五	朴宗勳
韓秀鎔	高丁局	鄭桂玩
趙鳳鳳	리岐玩	金鳳珊
文益賢	리承祐	金炳柱
채炳淑	리鍾奭	金衡式
林亨顯	徐應祥	柳용白
劉化仁	리祥宇	鄭秉德
리炳春	박準來	林來圭
魯榮학	金炳默	吳昌秀
박化生	張남春	리永眞
具昌根	趙영燦	朴洛陽
申光雨	全應淳	宋年浩
白永善	리奉雨	全哲鎭
閔泳軫	리東奎	박在然
辛精集	리象鉉	宋杞浩

新刊書籍廣告

新編動物學 全壹冊 定價四拾錢
右書ᄂᆞᆫ動物界에現象原因과生活狀態를精確硏究ᄒᆞ야簡明編輯ᄒᆞᆫ者ㅣ니普通敎科에適宜ᄒᆞᆷ

初等小學 全四冊 壹圓卄錢
現行刑法大全 全貳冊 壹圓
羅盛傾傳 全壹冊 貳拾錢
政治小說 雪中梅 全壹冊 貳拾錢
演說法方 全壹冊 貳拾錢
新訂算術 全參冊 六拾錢
中等算學 全貳冊 壹圓半
敎育議 全貳冊 卄五錢
無冤錄 全壹冊 四拾錢
世界一覽 全壹冊 貳拾錢
大韓帝國新地圖 全壹冊 五拾錢
刑法新論 全壹冊 貳圓
二十世紀朝鮮論 全壹冊 卄五錢
日語獨習 全壹冊 四拾錢
皇城南署大廣橋三拾七統四戶
發賣所 滙東書館
全州南溪 七書房 張

本所에서諸般測量製圖設計等을精確迅速히酬應ᄒᆞ오니僉君子는急速來議ᄒᆞ시ᄋᆞᆷ
西部西門外四拾三統七戶
廣化測量事務所
總務 黃義性
事務員 吳鳳根

本會에서特別總會를本月八日（水曜）上午拾時의本普成學校ᄂᆡ에서開ᄒᆞ오니會員은屆期來臨ᄒᆞ심을敬要!!!
湖南學生親睦會 白

醫桑椹 新種이本社에來到ᄒᆞ얏스니첨君子ᄂᆞᆫ來購ᄒᆞᆷ
西部廉洞卄壹統壹戶
蠶業廣通會 販賣所 賣藥先 白

本店에서洋服이英京倫敦에서新着ᄒᆞ얏기로玆에廣佈ᄒᆞ오니僉君子ᄂᆞᆫ光臨購買ᄒᆞ심을懸望ᄒᆞᆷ
貞洞華商源泰號
洋服裁縫店 謹白

精理舍主人柳一宣氏著作
初等算術敎科書
洋裝壹秩壹冊定價新貨九拾錢
三拾冊以上을來購ᄒᆞᆯ時ᄂᆞᆫ原價외二割引을減ᄒᆞᆷ
但地方에서百冊以上을請求ᄒᆞᆯ時ᄂᆞᆫ郵費를發賣者自擔ᄒᆞᆷ
本書ᄂᆞᆫ學數人宋都一宣氏가我國의學算을發達ᄒᆞ기爲ᄒᆞ야積年의勞力을費ᄒᆞᆫ바이온데算術의原理原則을昭詳論釋ᄒᆞ야在學受敎의必須ᄒᆞᆯ不啻라覽則易曉이니獨習ᄒᆞᆷ
發賣元京西部社稷後洞七拾貳統六戶
鄭象煥

本館이設立ᄒᆞᆫ지旣經四載에有志諸益의熱心贊成ᄒᆞᆷ을得ᄒᆞ야新聞縱覽之益은益頻繁ᄒᆞ고圖書發售之道가稍遂ᄒᆞᆷ況일시敎育界及외媒介를自任ᄒᆞᆫ本書館에不得不從此擴張ᄒᆞ고新舊書籍과學校用品과衛生良藥을俱備發賣ᄒᆞ오니僉君子ᄂᆞᆫ光顧ᄒᆞ심을切望ᄒᆞᆷ
海州南門內普濟館朴昌鎭 白

翻譯先生 金吉浩 譯述
普魯士國 厚禮斗益大王七年戰史 全壹冊 定價金三拾錢

此書ᄂᆞᆫ即拾八世紀頃에普魯士厚禮斗益大王이日耳曼列邦中에介在ᄒᆞᆫ壹弱國으로突然崛起ᄒᆞ야尙武的精神으로人民을鼓動ᄒᆞ며俄法等諸國과對抗ᄒᆞ야七年戰爭을繼續ᄒᆞ야普魯士國의雄飛ᄒᆞᄂᆞᆫ端緒를開ᄒᆞᆫ事實이니대其政略의巧妙ᄒᆞᆷ과其功烈偉의大ᄒᆞᆷ이足히讀者의敵愾心을喚起ᄒᆞᆯ만ᄒᆞ오니 僉君子ᄂᆞᆫ速々講覽ᄒᆞ시ᄋᆞᆷ
發賣元 京城廣屛下廣學書舖 金相萬
發賣所 京鄕各有名書店

新刊書籍發售廣告

女子讀本 張志淵氏著 全貳冊 定價금六拾錢
初等衛生學 全壹冊 拾五錢
初等倫理學 全壹冊 貳拾전
國家學綱領 全壹冊 四十五전
國民須知 전壹冊 八錢
初等小學 全四冊 壹圓三拾錢
中等萬國新地誌 全貳冊 壹圓
增修無冤錄大全
國漢文 壹冊 七拾五錢
伊太利建國三傑傳 全壹冊 卄전
新撰理化學 朴晶東시著
獨習日語獨學 전壹冊 定價金三拾전
洋裝 壹冊 鄭雲復시著
愛國夫人傳 壹冊 貳拾五전 張志淵시著
全壹冊 定價금拾五전
新小說血淚 미人稙시著
全壹冊 定價금貳拾錢
富國策 ... 新論 鮮于叡시著
全壹冊 定價금三拾五전
世界三怪物 전壹冊 拾貳전
家庭雜誌 每號拾전
新訂算術 전三冊 六拾전
乙支文德 並壹冊 三拾錢
寫眞本
發賣所 皇城中署布屛下 廣學書舖 金相萬
京鄕各有名書舖

○廣告料
假號活字十三字詰
每日每英尺一寸에新貨拾錢
(每日發行六저에相當홈)
二週日에 二圓五十錢
每日每行四號五號에相當홈
一箇月에 五圓
每日每行四號一號에相當홈
其期限의長短과字行의多寡을從하야增減홈이有홈

發行兼編輯人英國人 萬咸
發行所
南署石井洞號外埠三層洋屋
大韓每日申報社

香路慈惠약房內慈惠의院에醫療機械 診察의師는외학博士 洪석厚 慈惠房藥營業主 李觀化 全國拾三道에以小包郵便으로 製藥所主任 李愚英 製藥所印刷所兩處職工六

第六卷

大韓每日申報

第八百五拾貳號

月曜及慶節歲時休日休刊

檀君開國四千二百四十一年
箕子元年三千三十年
大韓開國五百十七年
日本明治四十一年
清國光緒三十四年
陰曆戊申六月小十二日丙寅

論說

◎怠惰遊食의禍

今日世界ᄂᆞᆫ競爭의世界며優勝劣敗의世界며駸々競々臨深履薄의世界라

故로安坐홈이不可라疾走홈이可ᄒᆞ며酣臥홈이不可라奮迅홈이可ᄒᆞ며因循홈이不可라勇斷홈이可ᄒᆞ며沉吟홈이不可라狂叫홈이可ᄒᆞᆫ世界어ᄂᆞᆯ

乃者青年同胞ᄂᆞᆫ怠惰二字가成習ᄒᆞ야光明의路를捨ᄒᆞ고黑暗의域으로趨ᄒᆞ며生存의方을去ᄒᆞ고死亡의途에登ᄒᆞᄂᆞᆫ도다此世界가何世界완ᄃᆡ彼故家華族은生計가蕩無ᄒᆞ야도尙且奢侈를肆ᄒᆞ며廉恥를不顧ᄒᆞ야曰餓死를當ᄒᆞᆯ지언뎡怠惰가賤役ᄒᆞᆷ은終不可라ᄒᆞ며傑士라自稱ᄒᆞᄂᆞᆫ者ᄂᆞᆫ壹分錢價値되ᄂᆞᆫ營業을不做ᄒᆞ야只是天命의兩至ᄒᆞᆷ만是望ᄒᆞ며中年以上된人士ᄂᆞᆫ每日再登ᄂᆞᆫ已晩이라何處學校에入學ᄒᆞᆯ도辛酸ᄒᆞ며何等實業에留意ᄒᆞᆯ도不可라ᄒᆞ고靑年新進의子弟ᄂᆞᆫ太半無思無慮히岐路에彷徨ᄒᆞ며父兄의遺産이나坐耗ᄒᆞᄂᆞ니

噫라此時代가何時代완ᄃᆡ尙此怠惰遊食을是事ᄒᆞᄂᆞᆫ가泰西諸國은姑舍矣어니와卽目下全國에彌漫ᄒᆞᆫ日本人의擧動을觀ᄒᆞᆯ지어다何地에往ᄒᆞᆫ던지窮而愴々ᄒᆞ며奮勵ᄒᆞ야罔晝夜錮々의狀態로擧ᄒᆞ되一掌을握ᄒᆞ며笲을持ᄒᆞ야錐末利를計ᄒᆞ며骨을磨ᄒᆞ며力을竭ᄒᆞ야勞役에赴ᄒᆞ며所至에學校를立ᄒᆞ야自家子女를敎育ᄒᆞ며田土를墾ᄒᆞ야億年永住萬世子孫의計를作ᄒᆞᄂᆞᆫ대韓人은獨是不然ᄒᆞ야不戚々於貧賤ᄒᆞ고不汲汲於富貴ᄒᆞᄂᆞᆫ葛天的生活로過去ᄒᆞᄂᆞ니嗚乎八域同胞여此世界가何世界오記者가일즉京仁京釜等滊車를乘ᄒᆞ고車中光景을察ᄒᆞᆫ즉日人은往々地圖나歷史나新聞雜誌等을手ᄒᆞ야終日不釋ᄒᆞ고且看且讀ᄒᆞᄂᆞᆫ대韓國衣冠을着ᄒᆞᆫ人士ᄂᆞᆫ壹卷書冊을擁覽ᄒᆞᄂᆞᆫ者를見키難ᄒᆞ니此事가雖小나亦是兩國人의誰怠誰勤과誰精誰荒을察ᄒᆞᆯ비라故로記者ᄂᆞᆫ此를眼ᄒᆞ고도數日不樂을抱ᄒᆞᆫ비로라嗚乎라此世界ᄂᆞᆫ舊世界가아니니怠惰遊食의習을壹洗거ᄒᆞ고他人과同進ᄒᆞᆯ지어다

外報

●法國陸軍卿의辯論 伯林電을據ᄒᆞᆫ則法國元老院에서陸軍卿이辯論ᄒᆞ야曰極東의法國艦隊ᄂᆞᆫ印度支那를防禦ᄒᆞᆷ에必要ᄒᆞ니撤回하기不能ᄒᆞ다ᄒᆞ얏다더라

●俄國軍艦의擴張 同電을據ᄒᆞᆫ則俄國々防議會에서極東에使用ᄒᆞᆯ軍艦을製造ᄒᆞ기爲ᄒᆞ야各造船所를擴張ᄒᆞ기로要請ᄒᆞ얏다더라

●俄國財政의窘困 倫敦電을據ᄒᆞᆫ즉俄國度支大臣코코뎁ᄒᆞ氏ᄂᆞᆫ俄國이財政의困難ᄒᆞ다ᄒᆞᄂᆞᆫ世論을極力辯駁ᄒᆞ얏ᄂᆞᆫ대本年度國庫收入은不足되나財政의基礎ᄂᆞᆫ堅固ᄒᆞ야決코破綻生ᄒᆞᆯ事가無ᄒᆞ다고說ᄒᆞ얏더라

●英國將校의帶劒 同電을據ᄒᆞᆫ즉英國陸軍省에서俄日戰爭中에經驗을觀ᄒᆞ고現役將校로ᄒᆞ야곰다시帶劒케ᄒᆞᆯ事를議定ᄒᆞ얏다더라

●俄國艦隊沉沒 海參威電을據ᄒᆞᆫ즉俄國義勇艦隊아물号ᄂᆞᆫ去六月夜二時頃에失火ᄒᆞ야沉沒ᄒᆞ얏다더라

●統監政治反對 同電을據ᄒᆞᆫ즉朴求楠氏가俄人사미ᄒᆞ이로더부러又치海參威에서統監政治를反對ᄒᆞᄂᆞᆫ漢字新聞을발行ᄒᆞ라ᄒᆞᆫ다더라

●紐育酷暑 紐育에서ᄂᆞᆫ暑熱을因ᄒᆞ야三日間에死者가三十五名이라ᄒᆞ얏다더라

雜報

●布哇寄聞 美國에留學ᄒᆞ다가歸國ᄒᆞᆫ李起龍氏의談話를據ᄒᆞᆫ즉布哇島에居留ᄒᆞᄂᆞᆫ韓人들이風潮所激에祖國을對ᄒᆞ야忠愛ᄒᆞᆫ義務도학問과事業을晝夜勉勵ᄒᆞ고또敎를爲信ᄒᆞ야熱心團合으로建設ᄒᆞᆫ敎堂이四拾餘處에至ᄒᆞ얏스며此ᄂᆞᆫ同族信李支盛씨等이耕地所留諸氏와協力ᄒᆞ야오敎會內학校에寄宿舍를設立ᄒᆞ야壹家屋을購買ᄒᆞ서各處義捐이總然ᄒᆞ며家主美人ᄉᆞ지此擧를欽歎하야廉價로五千圓을捐助ᄒᆞ니此後로資本이撫育하며委托이便利ᄒᆞ야襟逈ᄒᆞᆫ處가無ᄒᆞᆯ지라該地東양人居留數를比較ᄒᆞ면韓人이淸人과日人의拾分에壹이不過ᄒᆞ나日人의敎堂은拾餘處에不過ᄒᆞ고淸人의敎堂은僅히幾處에不過하되韓人의敎堂은如此ᄒᆞ니韓人의熱心團結홈을可知ᄒᆞᆯ지라又此擧에서東양人中韓人을優待홈은亦비知라宣敎師위드민氏가德義와慈善의心을滿抱하야韓人愛護力을大展ᄒᆞᄂᆞᆫ대壹千九百五年으로부터會事務를竭力周旋홈지于今四五年에該校認可ᄉᆞ지美國政府에得ᄒᆞ야確立ᄒᆞᆫ基礎와整齊ᄒᆞᆫ順序가公立과無異ᄒᆞ야狀況이漸盛ᄒᆞ다ᄒᆞ니國李兩氏等의有志ᄒᆞᆷ은國民資格으로自國同胞와携手進步홈에獨可歎服ᄒᆞᆯ뿐이로ᄃᆡ위드민氏ᄂᆞᆫ殊邦人民으로如此홈은果是感荷ᄒᆞᆯ비라ᄒᆞ더라

●有志竟成 堤川郡連溪에對ᄒᆞ야農工銀行에得貸코ᄌᆞᄒᆞᆷ은展爲報道어니와此是地方事件인故로內部에交涉ᄒᆞᆫ즉答曰該道郡의報告가來到ᄒᆞ면卽時交涉于銀行所하야期於圖得云이라더니該報告가上來ᄒᆞ얏다니留意ᄒᆞᆯ可就ᄒᆞ리라더라

●惜哉此人 端川郡東上里居金東俠씨가客秋에敎明義塾에入學ᄒᆞ야熱心受業ᄒᆞ더니學資를不繼ᄒᆞ야今雖炎天이라도덥衣를不脫ᄒᆞ고學年試驗에進級狀을受ᄒᆞ얏스나學費가漸拙ᄒᆞ야中途而廢ᄒᆞᆯ境에至ᄒᆞ얏다고人皆歎惜ᄒᆞᆫ다더라

●壹發新校 价川郡加介坊居鄭榮東黃智明諸氏等이壹發學校를設立ᄒᆞ고開學禮式을行ᄒᆞᄂᆞᆫ대觀光者가如山ᄒᆞ얏고리학習生은募集ᄒᆞᆫ學員이三四拾名에達ᄒᆞ얏다고西來人의稱頌이籍籍ᄒᆞ더라

別報

◎裵說氏의公判顚末

第一日 續

然後에統監府를經由하사招致ᄒᆞᆫ바遞送人二名이不來ᄒᆞᆷ과其他來布ᄒᆞᆫ者에就ᄒᆞ야兩便의多少辯論이有ᄒᆞ고

於是에크로쓰氏가辯論ᄒᆞ야曰被告의議論이暴動과秩序紊亂을激動ᄒᆞ며韓國의政治와人民間에仇讐之意를激動케ᄒᆞ다고告訴를當ᄒᆞ엿슨즉大抵激動이되리라ᄂᆞᆫ人民은其誰를謂홈이뇨自然이此大韓皇帝의臣民이리니然則陛下나本人이나何許平常內人이나乃至何許日本人이煽動되리라ᄂᆞᆫ問題ᄂᆞᆫ아니어니와但此가或是韓人의心事를煽動케ᄒᆞᆯ가量度ᄒᆞᆫ다ᄂᆞᆫ것도韓人外에ᄂᆞᆫ亦無他人이라殺使流血이나謀殺等事에何許人을煽動ᄒᆞᆫ다ᄒᆞᆯ量先히損害를醸出ᄒᆞ엿다고ᄂᆞᆫ言키難ᄒᆞᆯ지니大抵「煽動」二字의意義가何오字典에考閱ᄒᆞᆫ즉其義가簡單ᄒᆞ니卽「勵起」(起ᄒᆞᆫ것을勵홈)이라溯源컨ᄃᆡ煽ᄂᆞᆫ卽勵이오動은卽起니然則暴動과紊亂을煽動ᄒᆞ다ᄒᆞᆷ은既是此를釀成ᄒᆞᆫ것도아니오且此가起生ᄒᆞᆫ後에奬勵ᄒᆞᆫ것도아니오但其暴動及紊亂의初頭原因이自有ᄒᆞᆫ즉此ᄂᆞᆫ彼等에無料量ᄒᆞᆫ에서發生ᄒᆞ야此新聞의本年四月拾七日과四月廿九日과五月拾六日論說을發刊ᄒᆞ기前에此國이既爲紊亂ᄒᆞᆫ境遇에陷在ᄒᆞ엿거날此論說中에何件이던지暴動及紊亂을煽動ᄒᆞ엿다고豈敢爭論이리오此ᄂᆞᆫ彼等이奬勵ᄒᆞ엿슬거시며彼等이養成ᄒᆞ엿슬거시며彼等이動力ᄒᆞ엿슬거시니至於煽動ᄒᆞ야도煽動이已久ᄒᆞ얏나니此論說中에何件이던지發刊되기前에既爲喚起ᄒᆞ얏스며既爲動作ᄒᆞ엿도다此告訴ᄂᆞᆫ既是量度二字로提出ᄒᆞᆫ바此ᄂᆞᆫ暴動及紊亂을喚起ᄒᆞᆯ量度ᄒᆞᆫ다홈이나喚起홈은此를增加케홈도아니오此를擴張케홈도아니오但擧喚起而已라今에三浦氏의證據로ᄂᆞᆫ光武九年拾壹月拾七日부터此韓國이暴動과騷亂ᄒᆞᆫ境遇에既爲陷入ᄒᆞ엿다ᄒᆞᆫ지라을謂홈이뇨

엘긴손氏曰 王后의暗殺事件

크로쓰氏曰三浦氏ᄂᆞᆫ此를暗害ᄒᆞ지아니ᄒᆞ엿다ᄒᆞ면셔도三浦氏가此를快言ᄒᆞ엿ᄂᆞᆫ드시料度ᄒᆞ고乃曰光武二年에韓國 王后陛下께서暗殺을當ᄒᆞ시던其紀念夜부터此氏가騷亂에陷入하엿슨즉此ᄂᆞᆫ煽動의原因이非면何오當初에 王后陛下의暗殺은日本黨의行爲로從出ᄒᆞᆷ인즉노公佈되엿더니畢竟에ᄂᆞᆫ極度에達ᄒᆞ야光武九年拾壹月拾七日에協約인지條約인지締結하엿도다

此王后陛下께서暗殺을當ᄒᆞ신後에彼等이其時日本公使三浦子爵의當ᄒᆞᆫ事를登錄에記入ᄒᆞ고하ᄂᆞᆫ데를日本으로召還ᄒᆞ야其行動을審問ᄒᆞ고其職位를削奪ᄒᆞ얏다가其後에復職ᄒᆞ엿더라今에說明ᄒᆞᆫ證書으로見之라도ᄒᆞᆷ氏가韓國에到來ᄒᆞᆫ時에ᄂᆞᆫ附日ᄒᆞ야雖少許라도自己의能力ᄒᆞ엿데는日本當局者를贊助ᄒᆞ야其新聞上에提說ᄒᆞ려ᄒᆞ얏더니厥未에ᄂᆞᆫ히시가携手緣홈을知得ᄒᆞ고卽時其補助를拒絶ᄒᆞ며自身分立ᄒᆞᆯ지라於此에余既嘗ᄒᆞᆫ바其騷亂의光景이此際에早已有之라ᄒᆞ고暗合ᄒᆞ니不然이면日本當局者가何故로[illegible]問題에對ᄒᆞ야[illegible]彼等의[illegible]으로最近[illegible]에[illegible]因ᄒᆞ야韓國에在ᄒᆞᆫ外[illegible]新聞紙를利用ᄒᆞ야[illegible] [illegible]彼等의[illegible] [illegible] (未完)

雜報

●內閣例會 總理大臣以下各部大臣이昨日內閣에會同ᄒᆞ야水曜例會를開ᄒᆞ고緊急事項을協議ᄒᆞ얏다더라

●書記叙任頒佈 法部大臣高永喜氏가各裁判所書記官叙任件을內閣의請議據决ᄒᆞ얏ᄂᆞᆫᄃᆡ今明間頒布가된다더라

●因病廢仕 各大臣이昨日水曜例會를因ᄒᆞ야各其本部仕進을廢止ᄒᆞ얏다더라

●後補兩派 近日政府가壹體變更된다ᄂᆞᆫ說이閭巷間에喧藉ᄒᆞ되壹說은南北村頑固黨中可堪之人이後補가된다ᄒᆞ며壹說은國事犯되얏던諸씨가壹齊히着手ᄒᆞᆫ다ᄂᆞᆫ說이有ᄒᆞ더라

●大臣在前 前判書李容元氏가近日何慾으로充코ᄌᆞ홈인지千金又求를買ᄒᆞ야頭變을壹刀勇斷ᄒᆞ얏다ᄂᆞᆫ說이有ᄒᆞᆫ디ᄒᆞ시와勇敢力을無不贊道ᄒᆞᆫ다더라

●丹禽呈瑞 本月六日에鶴壹雙이德壽宮에飛入ᄒᆞ얏ᄂᆞᆫᄃᆡ該鶴을現今宮內府에서馴養ᄒᆞᆫ다더라

●海獨不動 日本政府變動說은本報의已揭ᄒᆞᆫ바어니와就中齋藤海軍大臣의地位ᄂᆞᆫ不動ᄒᆞᆯ터이나寺內陸軍大臣의地位ᄂᆞᆫ疑問点이有ᄒᆞᆫᄃᆡ宇佐川中將과或은[illegible]山將이其椅子를占得ᄒᆞᆯᄂᆞᆫ지不知ᄒᆞ겟다더라

●知人最難 各道觀察使가地方郡守薦擧ᄒᆞᄂᆞᆫ事에對ᄒᆞ야曰持心維公이되知人最難ᄒᆞ니是所可欽이라ᄒᆞ얏다더라

●繙譯拒絶 학部繙譯官朴成[illegible]ᄒᆞᆫ緣故로辭를ᄒᆞ야학部大臣이貴裕의不當ᄒᆞᆫ人으로塡充ᄒᆞ려ᄒᆞ야帝國新聞社主筆鄭雲復氏로叙任ᄒᆞ라ᄒᆞ되該鄭氏ᄂᆞᆫ社會上의多事홈을爲ᄒᆞ야辭絶ᄒᆞ얏다더라

●經義合試 本日에학部大臣李載崑氏가成均館에前往ᄒᆞ야經義同對合試와面試ᄒᆞᆫ다더라

●測量組合 其大臣이漢城內各量學校를組合ᄒᆞ기로現今深議中이라더라

●試才後給 日語能解ᄒᆞᄂᆞᆫ자官吏ᄂᆞᆫ手當金을支給ᄒᆞᆫ다ᄂᆞᆫ說은前報의已揭어니와手當金은試才ᄒᆞᆫ後의支給ᄒᆞᆫ다ᄂᆞᆫ說이有ᄒᆞ더라

●陵員月俸 各陵士의收入ᄒᆞ고陵員役은月俸으로磨錬된다ᄂᆞᆫ說이有ᄒᆞ더라

●員役恩金 宮內府에서解散ᄒᆞᆫ員役에 恩賜金을日昨爲始ᄒᆞ야支給ᄒᆞᆫ다ᄂᆞᆫ說은已報ᄒᆞ얏거니와再昨日에ᄂᆞᆫ該府解散ᄒᆞᆫ員役에게支給ᄒᆞ얏고昨日에ᄂᆞᆫ侍從院員役의게支給ᄒᆞ얏다더라

●壹進再會 近日巷說을據ᄒᆞᆫ즉地方壹進評議員들이再次評議會를開ᄒᆞᆫ다더라

●日習韓語 學部에서地方각普通學校의日人敎授를壹齊招上ᄒᆞ야休業間韓語를講習케ᄒᆞ기로協議ᄒᆞ얏다더라

●學校通知 各校用品海關稅免除事의對하야[illegible]日의總稅務司의照會가有ᄒᆞᆫ바書籍雜誌地圖海圖와用米突測量器權衡類等의學校用品으로認ᄒᆞᆫ物에對ᄒᆞ야ᄂᆞᆫ當然히免稅節次에及ᄒᆞ려니와其他의就ᄒᆞ야ᄂᆞᆫ其義의及키難ᄒᆞ나最히公用品으로本職의證明이有ᄒᆞᆫ者ᄂᆞᆫ簡易히取扱ᄒᆞᆯ意로回答이有ᄒᆞ니學校用品을外國으로셔購入ᄒᆞᄂᆞᆫ境遇에ᄂᆞᆫ其品名品質積載船名價額及出付主의住所씨名을具ᄒᆞ야證明書의添附提出홈을爲要ᄒᆞ라고학部次官俵孫壹이가各公立普通학校長의게通知하얏다더라

●學部回電 端川郡鄕校의日守備隊가駐在ᄒᆞᆫ事로該郡守가학部의電稟ᄒᆞᆫ은昨報의已揭어니와答電ᄒᆞ기를該隊의交涉ᄒᆞ야先 聖의各位牌ᄂᆞᆫ如前奉安ᄒᆞ게ᄒᆞ고焚香及祭享時의ᄂᆞᆫ別로히妨害가無케ᄒᆞ라ᄒᆞ얏다더라

●他廨可借 江原觀察使李圭完氏가학部의報告ᄒᆞ되日本守備隊가鄕校의駐接ᄒᆞᆫ다ᄒᆞᆫ즉事係難擅ᄒᆞ니卽爲回示ᄒᆞ라ᄒᆞ얏ᄂᆞᆫᄃᆡ答電ᄒᆞ기를該隊와交涉ᄒᆞ야他公廨를借與ᄒᆞ라하얏다더라

●新聞禁讀 宮內府庶務課調査課及內藏院官吏의新聞購讀을禁止하얏다ᄂᆞᆫ說이有ᄒᆞᆫ데曾往에俄國宮中에서此等禁止의令이有ᄒᆞ얏다더니閔大臣及小宮次官이俄國方法을模倣홈인지不可解得의事이라고ᄒᆞ더라

●日人增加 四月末에調査ᄒᆞᆫ즉韓國에在留ᄒᆞᆫ日人數가拾壹萬壹千二百九拾九名인대前日에比ᄒᆞ면四千八百八拾名이增加ᄒᆞ얏다더라

●民會請願 漢城府民會에셔內閣에請願ᄒᆞᆫ事가有ᄒᆞᆫ데再昨日特別例會를開ᄒᆞ고會長兪吉濬副會長趙鎭泰兩氏와常般任員韓[illegible]趙允鏞鄭[illegible]諸씨가該事件을爛商協議ᄒᆞ얏다더라

●朴氏慈善 辯護士朴星[illegible]가當然伸訴홀事가有ᄒᆞ나實費가無ᄒᆞᆫ人이면無料伸冤ᄒᆞ야주기로ᄒᆞ시와慈善을稱頌ᄒᆞᆫ다더라

●風流非所 再昨日安國洞光東학校內에셔ᄂᆞᆫ附近商務支社員들이每々ᄒᆞ야風流場을設ᄒᆞ고送宕戲遊ᄒᆞ미학徒들이困難ᄒᆞ다ᄂᆞᆫ巷說이喧藉하더라

●風流殺景 黃七峴商務所支社에서再昨日紫芝洞에前往ᄒᆞ야妓樂이送宕ᄒᆞ더니警視廳에서東部警察署로電話ᄒᆞ야巡査를派送ᄒᆞ야妓樂風流를壹齊逐送케ᄒᆞ얏다더라

●演劇準備 金相天朴晶東李人稙三氏가西門內官人俱樂部와演劇場을設施ᄒᆞᆯ次로現今準備中이라더라

●積冤乃伸 慶南大邱居ᄒᆞᄂᆞᆫ金基洪시가民事訴訟에對ᄒᆞ야積年抑鬱ᄒᆞ더니日前의辯護士洪羲憲시의게委任ᄒᆞ야平理院에出廷ᄒᆞ야壹回下論에即時得訟ᄒᆞ얏다더라

●百圓可賞 去月卅二日利原附近海岸의셔浮流ᄒᆞᆫ水雷壹個를李具在氏의발見ᄒᆞᆫ바되여該日의同郡守備隊의셔此를爆發케ᄒᆞ얏ᄂᆞᆫᄃᆡ此水雷ᄂᆞᆫ大鼓形이라더라

●油商被傷 去五日의泥峴居日人太平三郞이가短銃을修理ᄒᆞᄂᆞᆫ대石油商李萬用이가其傍의在ᄒᆞ다가銃裏空丸이발ᄒᆞ야該商의面部가重傷ᄒᆞᆫ故로該日人을南部警察署에서提致ᄒᆞ야相當ᄒᆞᆫ治療費를徵給케ᄒᆞ얏다더라

●飛去何處 감蚕擴사ᄂᆞᆫ許위시麾下의將壹勇將인대인천等地의셔日兵의게被捉되얏더니許위시의所在處를指覓코ᄌᆞ하야該시를綑縛嚮導ᄒᆞ고江原道地方으로進向ᄒᆞ다가中路의셔該시가綑縛을斷ᄒᆞ고飛去하얏다ᄂᆞᆫ說이有ᄒᆞ더라

●白晝賊習 金山郡金泉市居金士益爲名者가日語를粗解하야該市場內日守備隊에出入ᄒᆞ며自稱該隊通譯ᄒᆞ고鄕曲饒戶人民을義兵干連이라고恐嚇ᄒᆞ고任意捉致ᄒᆞ야木棒鐵釘으로毆打ᄒᆞ야勒奪財產이不知其數요該郡北面鳳下洞居李春吉氏를花[illegible]에誘入ᄒᆞ야數次花[illegible]로自言勝負하야葉三千兩賭格이라稱ᄒᆞ고該李春吉시를惡刑으로猛施ᄒᆞ야李시의家產을沒數攫奪ᄒᆞ고又同郡ᄂᆞᆷ居金煥激시의子致鳳시를酒店에誘入ᄒᆞ야以葉四兩으로雜技局을設ᄒᆞ고初似弄賭라가終言負債가乃至葉貳千壹百兩이라하며該致鳳시를無限惡刑ᄒᆞ미其父煥激시가其語을聞ᄒᆞ고往探其理由ᄒᆞᆫ즉金士益이結縛猛打ᄒᆞ며該技債를當場倍徵ᄒᆞ야葉四千二百兩을勒捧ᄒᆞ고猶爲不足ᄒᆞ야田답々劵을勒奪以去故로金煥激씨가其抑冤을不勝ᄒᆞ야大邱警察署에呼訴ᄒᆞ얏ᄂᆞᆫ대方令裁判中이라더라

●飛丸傷命 前進士沈相[illegible]시의鄕第가提川郡의在ᄒᆞᆫ대日前의日兵과義兵이交戰ᄒᆞᆯ時의飛丸의被傷ᄒᆞ야因即致死ᄒᆞ얏다ᄒᆞ고其他農民들도幾名이被害ᄒᆞ얏다ᄂᆞᆫ說이有하더라

●落井致命 本月五日上午四時에果川郡果동居李[illegible]永시에妻가隣家井에汲水타가失足誤落ᄒᆞ야致命ᄒᆞ얏다더라

●意見請示 湖남학會에셔師範學校를設立ᄒᆞᆯ次로會員의게意見書를提出ᄒᆞ라ᄒᆞ얏다더라

●定期總會 畿湖興學會에셔諸般事務를處理ᄒᆞ기爲ᄒᆞ야本月拾二日(日曜)下午壹時에定期總會를開ᄒᆞᆫ다더라

●太韓會開會 太韓協會에셔本月十壹日下午壹時에該會事務所內에셔通常總會를開ᄒᆞ고會務를處理ᄒᆞᆫ다더라

●校費自擔 金吉[illegible]씨가[illegible]梁等地에학校를現今設始ᄒᆞ얏ᄂᆞᆫᄃᆡ該校費二千圜을該시가擔當ᄒᆞ야壹千五百圜을辦備ᄒᆞ고五百圜은募集ᄒᆞᄂᆞᆫ中이라더라

●演央試驗 김海郡漢英학校에서夏期試驗을經ᄒᆞ얏ᄂᆞᆫ데四年級優等生은金璣楨이오及第生은金在龍外等二人이오三年級々第生은[illegible]珍吳等六人이오二年級優等生은洪殷祚오及第生은李仟昊等四人이오壹年級優等生은孫今好오及第生은비永柱等十五人이라더라

●崔氏出捐 忠北開進支會總學務員崔齊恒시가本郡學務員을招集ᄒᆞ고兩校의凋殘홈을慨惜히녀여壹場勸勉ᄒᆞᆫ後에五圜을出捐ᄒᆞ얏다고人皆稱頌ᄒᆞᆫ다더라

●女校放學 本月二日上午拾時에西江長老女학校에서夏期放학禮式을經ᄒᆞ얏ᄂᆞᆫ대傳道師趙乃懸시가開會趣旨를說明ᄒᆞ고牧師[illegible]懸시가壹場勸勉ᄒᆞᆫ後空冊[illegible]等物을補助ᄒᆞ고前參將[illegible]시가空冊等物을幾數買送ᄒᆞ고紳士趙羲元씨와英國哲學博士趙元時夫人이鉛筆等物을贈貸ᄒᆞ얏ᄂᆞᆫ데甲班優等生朴유넷쓰金바우씌복金梁의젼이오乙班優等生趙간난이趙金득이오丙班優等生李天人南간난婦[illegible]娘이라더라

▲地方消息▼

▲去月二十七日咸陽郡東남約四里地의셔義兵六十名이該郡駐在分遣隊下士以下六名과交戰ᄒᆞ얏고

▲本月二日海美郡의셔義兵貳十名이鴻山駐在守備隊와交戰ᄒᆞ얏다더라

▲漁歌晩唱▼

▲有약蓑笠이壹竿竹을手持ᄒᆞ고滄浪歌數曲中에堤上事ᄂᆞᆫ托意ᄒᆞ야竟日忘歸하ᄂᆞᆫ고나

▲滄浪兮歌壹曲이니翻覆ᄒᆞᄂᆞᆫ더波濤ᄂᆞᆫ世界風潮難測이라前浪起處後浪退ᄂᆞᆫ水面泡花無數ᄒᆞ고滿地濁浪何時靜고俟河之淸支離ᄒᆞ다

▲滄浪兮歌貳曲이니蘆花深處鷗鷺群이壹片釣臺뿐이로다能合壹綠扶九鼎은當時經綸깁헛고나더隱倫이何之런고環顧壹世莽蒼도다

▲滄浪兮歌三曲하니擧世皆濁我獨清은獨善者의志氣로다波上白鷗同伴ᄒᆞ야江湖深憂欲忘ᄒᆞ나葬壤ᄒᆞ다此時代에蒼生之憂엇지홀고

▲滄浪兮歌四曲ᄒᆞ니淸溪明月依舊ᄒᆞ나釣璜漁翁不見이라楓天壤地길혼韜畧아ᄂᆞᆫ者가누구런고濟世責任自負로세子子干旄來何遲오

▲滄浪兮歌五曲ᄒᆞ니政海萬里風濤中의來船去舶攘々도다招々舟子相問ᄒᆞ니利涉ᄒᆞᆫ者幾人인고壹時功名貪치마라前程危險未可知라

▲滄浪兮歌六曲ᄒᆞ니若濟巨川艱險ᄒᆞᆫ대舟楫材를誰有런고四方氣殺ᄒᆞ니民猶魚矣可矜ᄒᆞ다懷襄與水滔天ᄒᆞ나龍門疏鑿時晩일세

▲滄浪兮歌七曲ᄒᆞ니隨水逐浪混督禁ᄂᆞᆫ滔々慾浪渟줌이라殺多入生出沒ᄒᆞ야不分東西ᄒᆞᄂᆞᆫ고나貪泉水를灌入ᄒᆞ니胃海淸淨無期로다

▲滄浪兮歌八曲ᄒᆞ니淮陰城下壹困蹤은不遇歌가슯호도다釣臺工에彷徨ᄒᆞᆯ제수世肉眼何歎이라壹漂母를未逢ᄒᆞ면丈夫氣概誰揚ᄒᆞ랴

▲滄浪兮歌九曲ᄒᆞ니觀其濁兮有術ᄒᆞ야手招壹派澄淸ᄒᆞ다前日腐見己化ᄒᆞ고新空氣에快浴ᄒᆞ니壹國思想灑落ᄒᆞ야물이맛처淸潔하다

特別社告

平壤支社를 [illegible]浩淵氏가 本日報代金을 滯納이 太多ᄒᆫ 故로 該支社를 停廢ᄒᆞ고 平壤鍾路太極書館 安泰國氏로 支社를 改定ᄒᆞ얏기 玆以仰佈ᄒᆞ오며 前日本報購覽諸氏ᄂᆞᆫ 其代金을 壹切 安氏의게로 傳ᄒᆞ시며 本報에 對ᄒᆞᆫ 諸般事務ᄂᆞᆫ 自今으로 安氏와 交涉ᄒᆞ심을 爲要홈

大韓每日申報社

雜報

李熱心　江東巴陵[illegible]學校敎師李惠疇씨ᄂᆞᆫ 本是有志人으로 該學校에 延聘된지 不過幾朔에 熱心敎育ᄒᆞ기로 學徒가 三十餘人에 達ᄒᆞ야 將來有進就之望이라고 讚揚이 喧藉ᄒᆞ다더라

◎徐氏熱心　六郎居[illegible]徐[illegible]氏ᄂᆞᆫ 本來有志紳士로 敎育에 熱心ᄒᆞ야 學校를 躬行勸勉ᄒᆞ야 學徒가 [illegible]感ᄒᆞ다고 稱頌ᄒᆞ다더라

廣告

本館에서 每週土、日、兩曜日로 演戲를 設行ᄒᆞ옵더니 陰六月九日부터 名唱游州等노리와 [illegible]每日下午壹時로 至六時ᄭᆞ지 設場ᄒᆞ오니 僉君子ᄂᆞᆫ 來臨완상ᄒᆞ시옵

東門外 淸凉館 告白

學員募集廣告

本所에서 數學測量兩科를 敎授ᄒᆞ기 爲ᄒᆞ야 本月十四日(陰六月十六日)노 開學ᄒᆞ며 科目班次及時間은 左와 如ᄒᆞ와 玆以廣告ᄒᆞ오니 願學ᄒᆞᄂᆞᆫ 僉彦은 趁期入學ᄒᆞ시옴

科目及班次　測量科　下午五時至六時

數學科　時間
自加減至對約法　自分數至小數　下午四時至五時
自諸等至百分算　自개平至求積法　自代數加減至立方根　下午六時至七時
幾何三角追後添入事

修業期限　每科三個月

月謝　每科四十錢　兩科五十錢

入學金　八十錢

入學日來納事

速成 洞私立徽新中學校內 數學隨意講習所

所長 [illegible]　所監 閔[illegible]鎬
講師 김演培　李命七
崔在[illegible]

麻浦客主[illegible]五處에 樣木과 長所를 並以任置而會置ᄒᆞᆫ 票와 麻浦普信號客主에 樣木과 長所를 任置而留置ᄒᆞᆫ 票를 同爲留置於紙匣中이라가 今七月七日에 路中에서 右票를 遺失이옵기로 廣告이오니 右兩票ᄂᆞᆫ 拾得ᄒᆞ시더라도 休紙로 施行홈

西署阿峴합井洞第二百三拾統六戶　李鳳根 告白

本會 通常總會를 本月十二日(日曜) 下午一時에 校洞本會館內에셔 開ᄒᆞ오니 評議員과 有志人士ᄂᆞᆫ 屆期來臨ᄒᆞ심을 望홈

畿湖興學會 告白

本月拾壹日「土曜」下午壹時에 本會事務所內에셔 通常集會를 開ᄒᆞ고 會務를 處理ᄒᆞ오니 僉會員은 來臨ᄒᆞ시옴

大韓協會 告白

◎平北定州私立[illegible]校義捐諸氏

校監任 盧[illegible]金五拾圓　校[illegible]盧[illegible]道[illegible]拾圓　敎師 [illegible]淳根 金二拾五圓　財務 李炳[illegible]圓　贊成員 洪[illegible]麟　李鐵　金[illegible] 各十圓　리承濟 二十圓　리根[illegible] 五圓　全[illegible] 三圓　[illegible] 五拾圓　박金번 三拾圓　趙賢均 三十圓　리龍根　리樂深　盧用範　朴淳寶　金基向 各拾五圓　金周欽　盧德孝 各十圓　리[illegible]揖　김贊午 各七圓　趙[illegible]　趙贊均　趙斗均　洪[illegible]行　金用九　리致善 각五圓　趙元旭 四圓　崔[illegible]浩　盧인則　최永[illegible] 각二圓　盧永根　리鍾聲　文月弘　宋始彩 각二圓　趙衡均　趙亨均 각壹圓

本書館에서 民智를 開發ᄒᆞ고 文明을 廣達ᄒᆞ기 爲ᄒᆞ야 內外明書籍의 最新最要ᄒᆞᆫ 實用ᄒᆞᄂᆞᆫ 各種新舊書籍을 大發賣ᄒᆞ오며 敎科書籍及學徒帽子[illegible]洋鼓雜[illegible]等物을 不具備이오니 伏願 僉君子ᄂᆞᆫ 倍舊光顧ᄒᆞ심을 敬要

[illegible]橋耶蘇敎書館 金致億 白

白木廛八房典과 手人金允提이가 典포[illegible]已撤廢ᄒᆞ거ᄂᆞᆫ 衆所共知인바 [illegible]典物을 各各捧來ᄒᆞ야 諸員이 將欲調査措處ᄒᆞ야 除本月拾七日上午九時로 下午六時ᄭᆞ지 定限ᄒᆞᄂᆞᆫ 故로 玆에 廣告ᄒᆞ오니 與物ᄒᆞ신 諸氏ᄂᆞᆫ 右限日에 典物을 覓去ᄒᆞ시옴

債務人等 白

本所營業事故가 有ᄒᆞ야 廢止ᄒᆞ옵기 委託바든 物品을 [illegible]橋越便競賣所로 移付放賣케 ᄒᆞ오니 委託ᄒᆞ신 僉員은 照亮ᄒᆞ옵

[illegible]路[illegible]競賣所 白

本人의 先墓가 在於義州南山里射鵰谷이온데 拾[illegible]年前에 族弟時和가 心懷不良ᄒᆞ야 自先塋[illegible]尺之地를 埋葬ᄒᆞ니 [illegible]故로 方今周旋中이오니 世豈有如此悖逆之族乎아 [illegible]照亮ᄒᆞ신 後 勿見欺ᄒᆞ시옴

龍川龍巖浦新坪里 金寬弼 白

天道敎中央總部 告白

吾敎々堂繼續ᄒᆞᆯ 工日字로 今月십三日(陰六月拾五日)로 定ᄒᆞ며 建築委員을 如左選定이옵기 玆에 廣告ᄒᆞ오니 一般敎友ᄂᆞᆫ 照亮홈

左개 (建築委員) 羅龍煥

林[illegible]煥　洪基[illegible]　洪基兆
羅仁協　劉漢[illegible]　金洛[illegible]
金鎭八　張承官　韓贊[illegible]
吳明運　安國珍　金明垢
林永秀　崔[illegible]坤　崔[illegible]運
鄭頭洙　全致範　鄭[illegible]남
張應坤　金[illegible]駿　朱明得
金宗範　吳[illegible]昌　김應元
方燦斗　禹應五　朴宗勳
韓泰勳　高丁[illegible]　鄭桂玩
趙鶴鳳　리枝玩　金鳳[illegible]
文益賢　리承範　金炳柱
채炳淑　리鍾[illegible]　金[illegible]式
林淳顯　徐[illegible]淳　朴용台
劉化仁　[illegible]祥宇　[illegible]承德
리炳春　[illegible]準[illegible]　林來圭
魯榮학　金炳[illegible]　魯[illegible]秀
박化生　張[illegible]善　리永夏
[illegible]根　趙[illegible]　朴洛[illegible]
申光雨　金[illegible]　崔[illegible]浩
白永魯　리奉雨　金哲鎬
閔泳軫　리東洙　박在然
辛精集　리[illegible]　宋祀浩

新刊書籍發售

新編動物學　全壹冊　定價[illegible]錢
右書ᄂᆞᆫ 動物界에 現象과 因과 生活狀態를 精確研究ᄒᆞ야 簡明히 編輯ᄒᆞᆫ 者ㅣ니 普通敎科에 適宜홈

初等小學　全四冊　壹圓卄錢
現行刑法大全　全貳冊　壹圓
[illegible]傳　全壹冊　[illegible]錢
政治小說 雪中梅　全壹冊　貳拾錢
演說法方　全壹冊　貳拾錢
新訂算術　全參冊　六拾[illegible]
中等算學　全貳冊　壹圓半
敎育議　全貳冊　卄[illegible]錢
無冤錄　全壹冊　四拾錢
世界一覽　全壹冊　貳拾錢
大韓帝國新地圖　全壹冊　[illegible]拾錢
新論刑法　全壹冊　[illegible]圓
二十世紀朝鮮論　全壹冊　卄九錢
日語獨習　全壹冊　四拾錢

皇城南署大廣橋三拾七統四戶
發賣所 滙東書館
全州南溪[illegible]書房 張在彦

本所에셔 諸般測量製圖設計等을 精確迅速케 需應ᄒᆞ오니 僉君子ᄂᆞᆫ 急速來議ᄒᆞ시옴

西部南門內[illegible]四拾三統七戶
廣化測量事務所
總務 黃[illegible]性
事務員 吳鳳根

啓者 漢城中署水標橋西河邊新設 淸國料理 店包辦各色酒席價廉味美並且[illegible]潔淨伺候週到 於陰曆六月初一日開市 各國僉君子 知此照亮

會英樓 主人 徐鴻洲 謹白

◎僞蔘根 新種이 本社에 來到ᄒᆞ얏ᄉᆞ오니 僉君子ᄂᆞᆫ [illegible]購홈

西部[illegible]卄壹統壹戶 [illegible]先 白

本店에셔 各種洋服件이 [illegible]僉君子ᄂᆞᆫ 光臨購買ᄒᆞ심 [illegible]

洋服裁縫店 謹白

◎初等算術敎科書

精理舍主人 [illegible] 著作
洋裝[illegible]全壹冊 定價新貨九拾錢
三拾冊以上을 一時에 購ᄒᆞᆯ 時ᄂᆞᆫ 原價에 二割引[illegible] 但 地方에셔 [illegible]以上을 請求ᄒᆞᆯ 時ᄂᆞᆫ [illegible]自擔홈 [illegible]學校의 必須[illegible]易曉ᄒᆞ야 獨習홈

發賣元 西部[illegible]七拾貳統六戶 鄭象[illegible]

本館創立이 [illegible]有志諸氏가 誠心贊成ᄒᆞ야 新聞縱覽之[illegible]學校用品及衛生良藥을 俱備發賣ᄒᆞ오니 僉君子ᄂᆞᆫ 光顧ᄒᆞ심을 [illegible]

海州[illegible]門[illegible]書籍館 白

韓堂先生 [illegible] 譯述
厚禮와益大王七年戰史
全壹冊　定價 金三拾錢

此書ᄂᆞᆫ 即拾八世紀頃에 普魯士厚禮와益大王이 日耳曼列邦中에 介在ᄒᆞᆫ 壹弱國으로 突然崛起ᄒᆞ야 尙武的精神으로 八民을 鼓動ᄒᆞ며 俄法等諸國과 對抗ᄒᆞ야 七年戰爭을 繼續ᄒᆞ야 普魯士國의 雄飛ᄒᆞᄂᆞᆫ 端緖를 肇開ᄒᆞ얏ᄉᆞ니 其政界의 巧數와 其功烈의 偉大홈이 足히 讀者의 敢懷心을 喚起홀만ᄒᆞ오니 僉君子ᄂᆞᆫ 速々購覽ᄒᆞ시옴

發賣元 平壤 廣學書舖 金相萬
發賣所 京鄕各有名書店

新刊書籍發售廣告

女子讀本　全貳冊　張志淵氏著　定價금六拾錢
初等衛生學　全壹冊　拾五錢
初等倫理학　全壹冊　貳拾錢
國家학綱領　全壹冊　[illegible]전
國民須知　全壹冊　八錢
初等小학　全四冊　壹圓三拾錢
中等萬國新地誌　全貳冊　壹圓
增修無冤錄大全　國漢文壹冊　七拾五錢
伊太利建國三傑傳　全壹冊　[illegible]전
新撰理化학　朴[illegible]東 著　全壹冊　定價金三拾전
獨習日語獨학　鄭雲復 著　壹圓貳拾五전
洋裝壹冊
愛國夫人傳　張志淵 著　全壹冊　定價금拾五전
新小說血淚　리人稙 著　全壹冊　定價금貳拾錢
富國全書 資福新論　鮮于叡 著　全壹冊　定價금三拾五전
世界三怪物　全壹冊　拾貳전
家庭雜誌　每號拾전
新訂算術　全三冊　六拾전
乙支文德　眞本寫眞　並壹冊　三拾錢

發賣所 皇城中署布屛下 廣學書舖 金相萬
京鄕各有名書舖

漢城南大門外濟衆院方藥
前醫學校長勳五等池錫永氏有効證明
醫學博士　洪錫厚氏　實驗方劑
製藥鑑查人　朴慈惠　李觀化

四時靈藥 **治痰平胃丸** 一包에九十丸入 定價金拾錢

此丸藥은大韓兄弟腸胃에適當ᄒᆞ도록調製ᄒᆞ야數十年來累試累驗ᄒᆞᆫ藥인ᄃᆡ醫學博士洪君이主降生一千九百八年에精細改良ᄒᆞ야中暑中寒諸症에虎列剌怪疾과毒感瘟疫을預防케ᄒᆞ고健胃消滯ᄒᆞ야諸般滯積을順下ᄒᆞ며卒地嘔吐泄瀉와赤痢白痢와胸腹刺痛과嗜咳白痰을能治能止ᄒᆞᄂᆞᆫ靈藥이오

製造本舖　漢城鐘路萬國基督教青年會館　前西洋藥都賣業慈惠藥房

[illegible]

隆熙二年六月二十二日內部許可를得ᄒᆞ고每日壹次式陽曆十五日에發行
編輯主筆　大韓의院教授　劉世煥
醫藥論說著述　前의學校長勳五等　池錫永
英米處方藥飜譯　의學博士　洪錫厚
發行者　慈惠藥房營業主　李觀化
印刷者　慈惠藥房附屬普印社主任　洪　[illegible]

目　的

德國新製藥　德國新製藥
日本新製藥　英國新製藥
淸國新製藥　美國新製藥
以上藥品의主治效能과用法과定價金을以國漢文으로翻譯ᄒᆞ고
洋藥乾材　唐材　鄕材
但漢城銅峴時價마每月報告ᄒᆞᆷ

▲大韓國新發明
健胃消滯 ▲八寶丹 ▲팔보단　九拾九粒入　金拾錢
承宰府典의正三品洪哲普閣下實驗處方과隆熙의學校教官張基茂君有効証明으로此丹을발行이온바新久滯積과急瘧關格과霍亂사腹과胃腹疼痛과頑痰固飮과新久泄瀉와七情鬱結과水土不服과船車眩暈諸症에壹服見效ᄒᆞ오니衛生君子ᄂᆞᆫ光顧試可ᄒᆞ심을爲希ᄒᆞᆷ

瘡病神藥 ▲사향소창단 ▲麝香消瘡丹
此丹이於諸창에無論男女老少ᄒᆞ고若服壹劑하면實有神效ᄒᆞ야百발百中ᄒᆞ오니非例方可及也라若論主治則楊梅下疳連珠風濕頭창諸症에俱見立效ᄒᆞ오니養疴ᄒᆞ君子ᄂᆞᆫ壹次試驗ᄒᆞ시옵

婦人靈薬 ▲타양됴경 ▲胎養調經丸
壹個月分入　定價金五圜
大抵婦人이年過ᄒᆞ도록不受孕者ᄂᆞᆫ由於有病也ᄃᆞ若不趁早研究ᄒᆞ고等閑看過則非但壹個人에不幸이라抑亦全國生育之一大關係가不淺也니僕이十五年을消費ᄒᆞ야內外國諸般의士에實驗方을選擇ᄒᆞ야先自僕家로後及他人ᄒᆞ야累試普驗에十분而治效를용고且此약이非但受孕之神劑라治冷。治積。調經。調血에俱有實效ᄒᆞ옵기玆以廣佈ᄒᆞ오니會員ᄂᆞᆫ壹次試驗ᄒᆞ시면眞價을可知이옵
약製所인川港축峴和平堂藥房
발行人　仝　리應善
右三種약은각地方이라도請求ᄒᆞ면우편으로부치ᄂᆞ(?)도엇소
京城支店　鐘路衣廛下和平堂
代理店仁川港축峴제生堂략房

▲發賣所　京城大廣橋共愛堂략房
仝남문ᄂᆡ水橋濟生堂支店
仝　仝大東書市支店
仝　仝尙洞博文書館
仝　洞口ᄂᆡ　相信號奐當포
仝　鐵物橋　毛衣房리洛瑞
仝　小廣橋　毛衣房리學根
仝　壽進동　北陽三可病院
仝　大寺동　共濟病院
○仁川港畓동開豐旅館韓禹根
仝　읍ᄂᆡ　金濟鉉
○江華鐘路　宋順五店
○開성　남문ᄂᆡ朴圭植商店
仝　남문ᄂᆡ明新冊사리貞鎬
○水原　남문ᄂᆡ　김濟九약舖
○海州　남문ᄂᆡ리寧植商店
○延安읍ᄂᆡ　邊汝文洋藥局
○長淵　남문ᄂᆡ　崔在淳
仝　砂里院耶蘇教堂리在善
○黃州남문ᄂᆡ　紅문동리東赫
○平壤　雙巨里　韓鳳儀藥舖
仝　館峒　김龍興藥舖
仝　文武洞　桂濟善약포
○鎭남浦　發동　김元성藥포
仝　제生堂出張　吳庸駿
○群山港　開福洞　金斗鉉
仝　大井동　리春善약房
○禮山　吳谷里　리東赫
○大邱　남문ᄂᆡ　리明直약局
○元山港　남甲元약局
仝　제生堂支局　朴敬鎭
○尙川　西문ᄂᆡ　박致(?)약局
◉(?)泉塲　鄭聖瑞약局
○釜山港　제生堂出張　朴昌鎬
○安州성ᄂᆡ義井동回春大약房
○安岳邑上場　제生局林贊景
○義州남문外木口街義和약房
○載寧읍後동　洋약局崔允國
○定州남문ᄂᆡ　洋약局리健柱
◉郭山읍　洋약局　羅應彬
○宣川읍　冊사　安　丞
鐵山읍　永春堂　安　瀕

仁川港　和平堂　白

◉大韓國新發明藥廣告
◉修德靈丹　◉至寶丸　◉靈效液　◉淸眼水　◉通淋丸
各種食滯中暑久滯口臭霍亂吐瀉定價一貼十錢
治諸般瘴疾不拘久遠俱有偉效定價金十錢
外用方書治疥瘡皮風百發百中定價金三拾錢
治諸般眼疾有神靈見天之妙定價金拾錢
治男女急慢淋疾神效無雙速效除毒壹遲(?)五拾錢
製藥發行所　漢城南部大廣橋西邊第三第十九統六戶共愛堂大藥房　謹白(?)
支店　開城남門內共愛堂第二支店　群山港開福동共愛堂第二支店　河東郡赤良面共愛堂第三支店
代理店　皇城北部大安동　리春善
仝　香路靑年會館前　鄭殷秀
仝　西部新門外石橋　仁濟藥房
仁川축峴　濟生堂　慈惠藥房
仝　和平局　普濟醫院
此外에도東西洋各國有名賣藥과草材藥이俱備ᄒᆞ오니多少을不拘ᄒᆞ고請求ᄒᆞ시면小包로卽발送ᄒᆞ게ᄉᆞᆸ

●大韓新발明靈藥廣告
[illegible] 淸心保命丹　新藥消化
九十粒入壹拾錢
發行所　仁川港축峴　濟生堂藥房

●右藥의主治効能은如左
●당飮咳嗽●吐瀉●水土不服
●氣鬱腹痛●酒醉●中暑中寒
●食積食傷●咽喉●口熱惡臭
●其他諸般●運氣厲疫豫防妙약
◉總發行所京성南大門ᄂᆡ　濟生堂支店李廣應
●경城南문外　제生堂支店具又賢
●元山港銘石院濟生堂支店박敬鎬
●代理店京성大廣橋共愛堂
仝　香路慈惠약房
●京泥峴三丁目　新井약店
仝　鄭便局前天佑堂약房
仝　남大남ᄂᆡ博文書館盧益亨
仝　梨峴洋약局　리信華
仝　大安洞　仁濟약房
仝　駱동三可病院　朴容遠
●仁川축峴和平堂　리應善
同　本町　新井藥房
●海州남문ᄂᆡ　宋在璞
仝　仝商店　리奉植
●水原종路下약房　金濟九
●延安邑內洋약房　邊汝文
●江華종路店　尹斗鉉

●長淵남門ᄂᆡ　崔觀淳
●砂里院場ᄂᆡ客主　任允中
仝　耶蘇教堂ᄂᆡ　리敏善
●瑞興邑ᄂᆡ　許완
●汗浦驛東美巡捕部　김奉圭
●黃州남문ᄂᆡ紅문동　리東赫
●安岳邑上場里제生局　林景柱
●載寧邑後동洋藥局　崔允國
●忠州良面早運　김錫和
●信川邑西里洋약局　김永植
●長連邑東里冊肆文爽冠　鄭鳳儀
●平壤里문동出張人　尹寬히
仝　雙巨里濟生院　金鼎興
仝　館洞衛生의院　桂瀅宜
仝　文武동제生局　崔鎭化
仝　人興部壹里藥局　김元燮
仝　南浦築동冊사　吳庸駿
●鎭南浦本堂出張人
●安州성ᄂᆡ發井동回春大약房
●博川邑美동商店　朴芝行
●定州남문ᄂᆡ洋藥局　리健柱
●郭山邑大街冊사　김大鉉
●宣川邑ᄂᆡ冊사　安　濬
●鐵山읍ᄂᆡ永春堂　安　瀕
●義州남문外木口街　崔錫浩
●德川읍宮洋약局　리丙斗
●群山港開福동　김斗鉉
●大邱남門ᄂᆡ劉還洞　김成浩
●釜山港東館本町商店　리炳夏
●北靑新昌港客主　朴錫勳
●木浦各國居留地松戶徐岐兒
●全國ᄂᆡ各약店마다隨感販賣
仁川港축峴
京성남大문ᄂᆡ　濟生堂　白

陸軍軍醫正金守哲實驗方劑　新發明梅毒根治藥廣告
落梅丹
壹劑五百粒定價金三圜
主治　梅毒「唐창」外科창
口瘡不發창病去核之명藥
●淋疾●皮膚病●痔나侵毒
●천病
已上病証外에男女間에不精交合ᄒᆞᆫ後에若疑아之端이有ᄒᆞ야도此藥壹劑만服用ᄒᆞ면完無後慮ᄒᆞ고脾胃도健全ᄒᆞᆷ을擔保ᄒᆞᆷ
此外에도외療機械와精美ᄒᆞᆫ藥材를新備ᄒᆞ고內外科각色疾病을誠心治療ᄒᆞᆷ
皇城北部大安洞
仁濟藥房　高用진　謹白
代理店
京城鍾路　共愛堂약房
仁川港龍洞　濟生堂
國內各處藥局에서隨應販賣ᄒᆞᆷ

○廣告料
每日發行六號活字十三字詰每行每英尺一寸에新貨拾錢(每日發行六號에相當ᄒᆞᆷ)
一個月에　二圜五十錢
二週日에　二圜五十錢
每日發行四號每行新貨五錢相當ᄒᆞᆷ
一個月에　五圜
每日發行四號一號에新貨(?)ᄒᆞᆷ
其期限의長短과字行의多寡를從ᄒᆞ야增減ᄒᆞᆷ이有ᄒᆞᆷ

發行兼編輯人英國人萬咸
發行所
南署石井洞號外地三層洋屋
大韓每日申報社

李路慈惠약房內慈惠의院에醫療機械를新備ᄒᆞ고世界各약을精選ᄒᆞ고診察ᄒᆞᆷ
診察의師ᄂᆞᆫ의學博士　洪석厚
慈惠房藥營業主　李觀化
全國拾三道에以小包郵便으로
製藥所主任　李忠奐
製藥所印刷所兩處職工　六

第六卷 第八百五拾三號

大韓每日申報

月曜及慶節翌日休刊

檀君開國四千二百四十一年
箕子元年三千三十年
大韓開國五百十七年
日本明治四十一年
淸國光緖三十四年
陰曆戊申六月小十三日丁卯

論說

◎論學校用歌

歌의人을感ᄒᆞᆷ이其亦深哉ㄴ저山谷의人을ᄒᆞ야農歌를聞ᄒᆞ면悠然히稼桑績麻의思想이起ᄒᆞ며武營의過ᄒᆞ다가軍歌를聞ᄒᆞ면慨然히提槍上馬의意氣가生ᄒᆞ며靑樓의向ᄒᆞ야妓歌를聞ᄒᆞ면藹然히看花醉月의情懷가作ᄒᆞ며江湖에適ᄒᆞ야漁歌를聞ᄒᆞ면爽然히浮家泛宅의觀念이起ᄒᆞᄂᆞᆫ故로비록四十五十되도록門을閉ᄒᆞ고儒案下에坐ᄒᆞ야歌曲의趣味를深解치못ᄒᆞᄂᆞᆫ者라도一唱三歎의淸歌가其耳에激ᄒᆞ면自然鼓節舞往ᄒᆞᆷ을不禁ᄒᆞᄂᆞ니歌曲의人을感ᄒᆞᆷ이果然深ᄒᆞ도다

然則學校의用歌가但只當時의精神을愉快케ᄒᆞ며血氣를通暢케ᄒᆞᆯ뿐아니라抑亦不知不識間에氣質을變化ᄒᆞ며心惡를轉移ᄒᆞᄂᆞᆫ大能力을具有ᄒᆞᆫ者인즉此도本是敎育者의注意ᄒᆞᆯ바인ᄃᆡ試ᄒᆞ야近今各校用歌를閱ᄒᆞᆫ즉其理想의深淺何如ᄒᆞᆷ과意義의冷熱何如ᄒᆞᆷ은姑勿論ᄒᆞ고爲先多少不滿의缺憾이有ᄒᆞ도다

其製歌의下字用語에就ᄒᆞ야壹論컨ᄃᆡ太雅太奧ᄒᆞ야通俗敎育에不適ᄒᆞᆫ者ㅣ多ᄒᆞᆫ지라無■無■春秋佳節에大韓運動時에國旗를揭ᄒᆞ고隊伍를整ᄒᆞ고闊步並唱ᄒᆞᄆᆡ歌聲이作ᄒᆞ며觀者ㅣ市갓치閭巷의人民도耳를傾ᄒᆞ야諦聽ᄒᆞ지ᄒᆞᆫ字ᄒᆞᆫ字의編成ᄒᆞᆫ歌(如光武日月富康安泰等이是)를到底히解釋이難ᄒᆞ야盲者가ᄒᆞ色을觀ᄒᆞᆷ과無異ᄒᆞ고又ᄂᆞᆫ聽者ᄲᅮᆫ아니라卽此를唱ᄒᆞᄂᆞᆫ者多小學童子도必也其語가何語인지不知ᄒᆞ고只是蜩蟬의咏로前後相酬ᄒᆞᆯ而已니噫라其裏面에或字字句句愛國의義를說ᄒᆞ얏슬지라도佶屈ᄒᆞᆫ殷盤周誥를乳臭의舌로習하며深奧ᄒᆞᆫ哲理玄談을幼稚의眼으로閱ᄒᆞᆷ과如ᄒᆞ야其爲은雖勤ᄒᆞ나奏功은難ᄒᆞ리니此가何益이有ᄒᆞ리오

大抵歌란者ᄂᆞᆫ人의感情을刺ᄒᆞ며義氣를鼓ᄒᆞ야興起奮發케ᄒᆞᄂᆞᆫ者인즉其辭ᄂᆞᆫ簡明易曉로爲主ᄒᆞ며其意ᄂᆞᆫ直切痛快로爲務ᄒᆞ여야此歌를讀ᄒᆞ야其感奮이봉ᄒᆞᆯ지어ᄂᆞᆯ今에漢字를多用ᄒᆞ고國字로補助ᄒᆞ며俗語ᄂᆞᆫ抹殺ᄒᆞ고雅辭만趨重ᄒᆞ야畢竟其意가晦甚ᄒᆞᆷ에至ᄒᆞ니此ᄂᆞᆫ不察의甚ᄒᆞᆫ者인저

余가又ᄒᆞᆫ感이有ᄒᆞ니卽彼各校에未入ᄒᆞᆫ巷間兒童이學徒의唱歌가自然耳에熟ᄒᆞ야每花朝月夜에愛國歌運動歌等을聯袂曲唱ᄒᆞ니萬壹歌曲의意義가淺近ᄒᆞ야解ᄒᆞ기易ᄒᆞ면幾月을不過ᄒᆞ야坊曲中諸俚雜歌가自然絶跡되고擧國兒童이皆此의校用歌를解唱ᄒᆞ리니然則其此腦感이旣久에漸漸讀者가修學思想도起ᄒᆞᆯ지며冷淡者가愛國感念도作ᄒᆞᆯ지어늘惜乎ㅣ라今日學校用歌의艱晦ᄒᆞᆷ이여此亦不可不汲汲改良ᄒᆞᆯ者로다

外報

●露國炭坑破裂 六日東京電을據ᄒᆞᆫ즉露國의[언손후스가]炭坑이破裂ᄒᆞ야職員과坑夫幷二百八拾名이慘死ᄒᆞ얏다더라

●露國政案通過 同電을據ᄒᆞᆫ즉露國議會ᄂᆞᆫ哈爾賓에總領事館을設置ᄒᆞᄂᆞᆫ政府案을通過ᄒᆞ얏다더라

●貿易權의附與 路透電에云ᄒᆞ되菲律賓報道를據ᄒᆞᆫ즉比律賓島에土人이大集會를開催ᄒᆞ고美國々民이比律賓에서自由貿易을行ᄒᆞᄂᆞᆫ權利를比律賓人의게附與케ᄒᆞᆷ도諸願ᄒᆞ기로決議案을可決ᄒᆞ얏다더라

●瑞西禁酒 倫敦電을據ᄒᆞᆫ즉瑞西國々民議會에서非常ᄒᆞᆫ大多數로써압산드酒의輸入及釀造ᄒᆞᆷ을禁止ᄒᆞᄂᆞᆫ決議를可決ᄒᆞ얏다더라

●俄國議會決案 同電을據ᄒᆞᆫ즉俄國議會에셔哈爾賓、奉天에總領事館、吉林、齊齊哈爾、大連에領事館과寬城子에副領事館을設置ᄒᆞ기로政府案을可決ᄒᆞ얏다더라

●日本政變과英國 紐育電을據ᄒᆞᆫ즉華盛頓에셔今番日本內閣總辭職에關ᄒᆞ야論評이盛ᄒᆞᆫ지라然ᄒᆞ나壹般人들은今回日本의政變은日英關係에何等影響이不及ᄒᆞ리라確信ᄒᆞᆫ다더라

●增稅增收計劃 北京電을據ᄒᆞᆫ즉淸國度支部에셔增稅를計劃ᄒᆞᆫᄃᆡ約四五百萬兩을得ᄒᆞ야阿片稅減少에塡補ᄒᆞ고又半額은軍事發揚方面에充ᄒᆞᆯ事로淸曆七月壹日노부터施行ᄒᆞ기로裁可ᄒᆞᆷ을得ᄒᆞ얏다더라

雜報

●無線電의設置 俄國陸軍省에셔ᄂᆞᆫ彼得堡로부터海參威間에無線電信을設置ᄒᆞ기로計畫中이라ᄒᆞ얏다더라

●夜校刱設 金山郡川面有志人士가勞働夜學會를廣興學校에設ᄒᆞ고安瑩金成弼兩氏ᄂᆞᆫ經費를自擔ᄒᆞ고會長은李建爾시오敎師ᄂᆞᆫ京城居ᄒᆞᄂᆞᆫ韓相東시와當地普明學校敎師李容俊시ᄂᆞᆫ名譽로熱心敎授ᄒᆞᄂᆞᆫ대學徒가不過壹朔에四拾餘名에達ᄒᆞ얏ᄂᆞᆫ대將就之望이有하다더라

●光校試驗 果川郡私立光明學校에셔夏期試驗을經ᄒᆞ얏ᄂᆞᆫ대三年級優等生에李承玉及第生에朴擧鉉李先俊等三人이오二年級及第生에孫思默이오壹年級及第生에李允用李重七等拾人이오半年級及第生에李先奉崔大元諸人인ᄃᆡ校監邊定基시와學監金鎭厲씨가施賞勸勉ᄒᆞ얏다더라

●慈善演奏 京城孤兒院役事費에補充ᄒᆞ기爲ᄒᆞ야官妓百餘名이慈善之意로協議ᄒᆞ고陰曆今月拾三日洞口內長安社로官妓慈善演奏會를開催ᄒᆞ고該收入金은沒數히京城孤兒院에寄附ᄒᆞᆫ다더라

別報

◎裴說氏의公判顚末

(第二日) (續)

證據上으로韓國은甚ᄒᆞᆫ不幸ᄒᆞᆫ邦國이오其國民은非常히愛國ᄒᆞᄂᆞᆫ國民이라然而裴說氏의所當으로ᄂᆞᆫ日本政府ᄂᆞᆫ韓國에對ᄒᆞ야諸般改良과諸般進益을實施ᄒᆞᆷ이都無ᄒᆞᆫ지라氏가幾年前에此地에渡來ᄒᆞ야見ᄒᆞᆫ즉此國이挽回치못ᄒᆞᆯ줄노確實히自信ᄒᆞᆫ바ㅣ니氏가日本政策을誹謗코저ᄒᆞᆷ이아니언마ᄂᆞᆫ氏가昨日에言ᄒᆞᆷ과如히日人이韓國을卽刻에全然히占取ᄒᆞ얏드면此問題를提起치아니ᄒᆞ엿스련마ᄂᆞᆫ彼等이此를行치못ᄒᆞ엿스미現今에ᄂᆞᆫ韓國人民을反對ᄒᆞ며此國의主權을擅占ᄒᆞᆫ지라韓人들이此를知覺ᄒᆞ얏나니彼等이雖然平和的臣民이나日本이韓國을戰勝ᄒᆞ야取ᄒᆞ엿거나開廟로得ᄒᆞ야統治權이有ᄒᆞ면證據가旣無ᄒᆞᆫ즉無想ᄒᆞᄂᆞᆫ바에야憤恨이豈無ᄒᆞ리오今에彼韓人들이此訴訟에對ᄒᆞ야三浦氏의圓滿ᄒᆞ고便宜ᄒᆞ고適當ᄒᆞᆫ證據를登便之誓만聽得ᄒᆞ엿스나其證據ᄂᆞᆫ全然히無價値ᄒᆞᆫ지라只此論說이提出만되고審問ᄒᆞᆫ되엿슬而已로다然而아모리十分承認ᄒᆞᆫ다ᄒᆞᆯ지라도裴說氏가彼辯護士린킨손씨와反覆協詰에對ᄒᆞᆫ供辭를取見ᄒᆞᆫ지라도其所行이何等危險的事件이有하며何等險果가生ᄒᆞ얏나뇨何事件에던지何樣騷動ᄒᆞᆷ이無ᄒᆞ거나ᄯᅩᄂᆞᆫ新聞紙를地方에遞送ᄒᆞ기困難ᄒᆞᆫ細事ᄂᆞᆫ有ᄒᆞᆯ뇨어다該三種論說에掲佈ᄒᆞᆫ事件이或是騷動이나騷亂을激動ᄒᆞ며韓國의政府와人民間에仇讐之意를激動케ᄒᆞᆫ줄노量度ᄒᆞᆫ판ᄒᆞᆫ件이라ᄒᆞ고反對ᄒᆞᆫ爭點이有何오全是虛無ᄒᆞ도다且裴說氏의韓人編輯員이紋剿官에口供ᄒᆞ기를其第壹論說은全文으로裴說氏의게問議ᄒᆞᆷ이오其第二第三論說은社主裴說氏가自己의게委任ᄒᆞ야敎育이나社會의記事等件에ᄂᆞᆫ專히自鑑定ᄒᆞ라고指揮ᄒᆞ엿ᄂᆞᆫ고로自作記載ᄒᆞ엿다고確實히證據ᄒᆞ엿ᄂᆞᆫᄃᆡ裴說氏ᄂᆞᆫ昨日所言과如히自己의雇用員의所行을自已擔任ᄒᆞ다하엿거니와此에在ᄒᆞ야ᄂᆞᆫ只是彼便에ᄂᆞᆫ三浦氏오此便에ᄂᆞᆫ裴說氏與裴說氏다裁判開始之初에辯日ᄒᆞ야其證判官에셔도洞悉ᄒᆞ시ᄂᆞᆫ바昨日法廷에셔確證을立ᄒᆞ고저ᄒᆞ야韓人三名을招來하야此統監府에셔證人을招致ᄒᆞᆫ다ᄒᆞ야其氏名을交付ᄒᆞ얏더니日本裁判官曰君이彼等을的實히要求ᄒᆞᆫ진ᄃᆡ君이設力招來ᄒᆞᆯ것이안다ᄒᆞ나國現ᄒᆞᆫ은無ᄒᆞ오이다ᄏᆞ로ᄯᅡ氏曰閣下ᄂᆞᆫ眞實若此히恩量乎잇가本人은何以招致ᄒᆞᆯ지未知로이다裁判官曰君은其裴說氏의責任된新聞에揭載件만處理ᄒᆞᆯ거시니라ᄏᆞ로ᄯᅡ氏曰此가眞是閣下前에所供이올거니와該件이或是暴動이나紊亂을激動케ᄒᆞᆷ으로量度ᄒᆞᆯ지ᄂᆞᆫ閣下에셔斷決ᄒᆞ기에잇삽나이다適時ᄒᆞ야閣下에셔ᄂᆞᆫ本人의心意에ᄂᆞᆫ此凡事가眞是石이라도本意見을變更ᄒᆞ실지라도本韓人證據人三人이不來ᄒᆞᄂᆞᆫ事가統監府를經由ᄒᆞ야招致ᄒᆞᆫ事가流水와類似ᄒᆞ도소이다ᄒᆞ야兩便의辯論이無數ᄒᆞᆫ後明日(六月拾七日(水曜)上午拾點鍾에다시開廷ᄒᆞ기로裁判長이延期ᄒᆞ다 (未完)

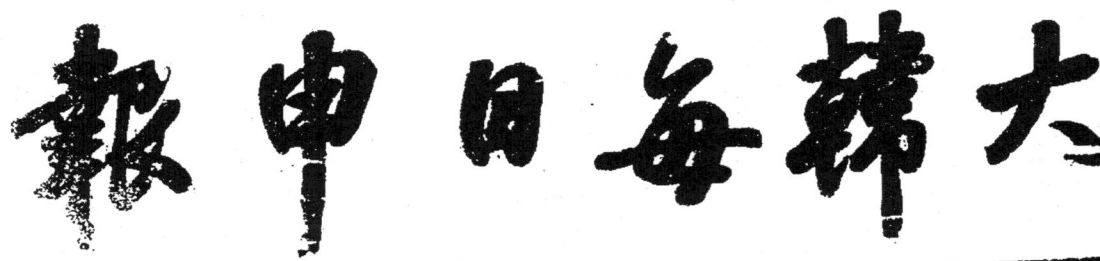

雜報

●下賜女官 太皇帝陛下께옵서再昨日에北闕內에居接ᄒᆞᄂᆞᆫ女官의悄狀을矜惻히 軫念ᄒᆞ옵서白米二石과牛魚等物을下賜ᄒᆞ옵셧다더라

○豫備金裁可 再昨日에內閣諸大臣이各官廳에預備金支出件을提議ᄒᆞ와上 奏裁可되얏다더라

●免結裁可 咸鏡北道會寧郡의軍用鐵及鐵道用地와犯入ᄒᆞᆫ元續結과東萊郡水道用地元結合三拾二結九拾壹負를免除ᄒᆞᆯ事로內閣會議를經ᄒᆞᆫ後의 上奏裁可되얏다더라

○入直料擬議 內閣에서各府部院廳官吏入直事件을改定ᄒᆞ야輪次入直은廢止ᄒᆞ고壹人으로入直케ᄒᆞ고入直料ᄂᆞᆫ廿圓으로磨鍊ᄒᆞ기로擬議中이라더라

○院長轉任說 伊藤統監은日本樞密院長으로轉任ᄒᆞᆫ다ᄂᆞᆫ說이有ᄒᆞ더라

○曾禰伊代 副統監曾禰氏가遞任되고伊東巳代治氏가被任ᄒᆞᆫ다ᄂᆞᆫ說이有ᄒᆞ더라

○徐黃相換 主殿院理事黃[illegible]씨와[illegible]電務課長徐相[illegible]氏와相換이되얏다더라

●崔遞金代 度支部書記官崔[illegible]氏ᄂᆞᆫ財務官으로轉任되고其代의ᄂᆞᆫ前內部書記官金[illegible]氏가被任ᄒᆞ기로決定되얏다ᄂᆞᆫ說이有ᄒᆞ더라

○[illegible]意見 韓國의商業界에[illegible]에關ᄒᆞᆫ事項에對ᄒᆞ야[illegible]後方針을提[illegible]伊藤統監의[illegible]相當ᄒᆞᆫ意見書[illegible]商業會議所[illegible]始ᄒᆞ기로議[illegible]ᄒᆞ얏더라

●渡日觀察 內閣書記官洪運杓씨와梁山直彦은日本內閣觀察次로明日의京釜鐵道第壹番列車를搭乘發向ᄒᆞ기로預定ᄒᆞ얏다더라

●四拾入格 前報와如히昨日成均館에서經義時務策의復試를設行ᄒᆞᆫ지라학部大臣及학務局長과事務官이出席ᄒᆞ얏ᄂᆞᆫ데應試合格者ᄂᆞᆫ四十餘名의選ᄒᆞ얏다더라

●局課長意見 學部에서來十五日부터各局課長이會同ᄒᆞ야敎科書를發行ᄒᆞᆯ터인데各局課長이必要ᄒᆞᆫ意見書를各其提出ᄒᆞ기로定ᄒᆞ얏다더라

●判檢同伴 今番에敍任된各裁判所書記ᄂᆞᆫ昨日에受帖ᄒᆞ얏ᄂᆞᆫ데赴任발程은각判檢事와同伴發行ᄒᆞᆫ다더라

●法官餞宴 法學協會會員中에서今番地方裁判所判事檢事를被任ᄒᆞᆫ人이七人인데該會에서昨夜에明月관으로判檢事諸氏를請邀ᄒᆞ야餞別宴을設行ᄒᆞ얏다더라

●宜平免官 財務署主事沈相圭씨ᄂᆞᆫ咸安財務署長으로丁未年稅納을欠逋逃躲ᄒᆞ얏고同李宗國시ᄂᆞᆫ高靈財務署長으로公錢領受ᄒᆞᆷ을符同ᄒᆞ야稅錢을直接徵收後의欠逋逃走ᄒᆞᆷ으로右兩씨를免官ᄒᆞ얏다더라

●履歷調報 [illegible]陵官以下陵員役의履歷書를精送ᄒᆞ라고掌禮院에서各陵에訓令ᄒᆞ얏다더라

●漢府移接 한성府를將次商務工部로移接ᄒᆞᆫ다ᄂᆞᆫ說이有ᄒᆞ더라

●暑天休暇 度支部登敍官吏가各其輪回ᄒᆞ야一週日式暑中休暇ᄒᆞ기로協議ᄒᆞ얏ᄂᆞᆫ데日間爲始ᄒᆞ야施行ᄒᆞᆫ다더라

●預[illegible] 학部의서[illegible]학校의通知되明年度預算表를詳細編纂交ᄒᆞ라ᄒᆞ얏다더라

●恩金何還 軍部所管武官학校의서減額을當ᄒᆞᆫ員役들이恩賜金을卽速支撥ᄒᆞ라고昨日軍部門前의齊進呼訴ᄒᆞ얏다더라

●戰臣逐守 傳說을聞ᄒᆞᆫ즉郡守를該地方人으로任用令이頒佈된으로載寧郡人民等이該郡守金孝[illegible]氏의게勸告하야卽爲上京ᄒᆞ라ᄒᆞᆷ으로該郡守가不得已ᄒᆞ야上京ᄒᆞ얏다ᄂᆞᆫ說이有ᄒᆞ더라

●紙葉難通 南來人의傳說을據ᄒᆞᆫ則嶺南等地에紙貨가絶乏ᄒᆞ고葉錢만通行ᄒᆞᄂᆞᆫ故로興販界에서巨額을交換無路ᄒᆞ야困難이莫甚ᄒᆞ다더라

●八百偵探 近日漢城內外及各地方에義兵의行動을偵探ᄒᆞ기爲ᄒᆞ야秘密探知ᄒᆞᄂᆞᆫ人이八百餘名이라더라

●藥川設店 城內某々諸氏가惠化門外貞陵약川近地에沐浴湯과食物店을設施爲業ᄒᆞ깃다고警視院에請願ᄒᆞ야警院에서認許ᄒᆞᆫ故로現今設店中이라더라

●島民鬱歎 南陽郡大阜島民人等이以前[illegible]賭稅免徵ᄒᆞᆷ으로己亥以來로奔訴不止에衣食減下ᄒᆞ야民情이嗷々ᄒᆞ더니昨年八月分에[illegible]臨時 帝室有及國有財産調査局을特設ᄒᆞᆫ後에擧實請願ᄒᆞ라關查歸決의指令이有ᄒᆞᆫ바關查已久에向無喜望ᄒᆞ야該民等이更以請願次로表足之來러니現在該局이革罷ᄒᆞ고付屬度支部ᄒᆞ얏ᄂᆞᆫ데該局官吏가始未叙[illegible]故로請願無處ᄒᆞ야鬱歎中이더라

●執心不變 [illegible]安郡居ᄒᆞᄂᆞᆫ元聰[illegible]氏ᄂᆞᆫ[illegible]ᄒᆞᆫ데本月六日의上京ᄒᆞ야相當ᄒᆞᆫ學校의入學ᄒᆞᆯ者로西門外客主家의서留宿ᄒᆞᄂᆞᆫ데近衛隊兵丁李夏根爲名者가該元시와初面不知客인데元시의게言ᄒᆞ기를학校의入학ᄒᆞᆯ것이別無新奇인즉近衛隊兵丁의나參入ᄒᆞ라고勸告ᄒᆞ매該元시가應諾ᄒᆞ고李夏根과作伴ᄒᆞ야近衛隊의入去試取ᄒᆞᆯ時의李夏根이가元시의所有新貨二十三圜을物取逃走ᄒᆞ얏다더라

●藝妓演說 詩谷居藝妓蓮心이가團成社慈善演奏會를關ᄒᆞᆫ時에孤兒院情形에對ᄒᆞ야激切ᄒᆞᆫ言辭로登場演說ᄒᆞ얏ᄂᆞᆫ데滿座諸씨가莫不嘆賞ᄒᆞ얏다더라

●討除還城 廣州等地로出張ᄒᆞ얏던討伐隊巡查拾餘名이日昨의無事上京ᄒᆞ얏다더라

●巡査向東 昨日午前에警視廳巡査三拾餘名이東門外로出張ᄒᆞ얏다더라

●國巡被殺 黃海道新溪財務署에義兵이來襲ᄒᆞ야韓巡査壹名을砲殺ᄒᆞ얏다더라

●義將入城 三昨日에日兵數名이義兵將壹人을捕縛ᄒᆞ야人力車에捲載入城ᄒᆞᄂᆞᆫ데該義將의容貌ᄂᆞᆫ紅顏에白鬚가飄拂ᄒᆞ야左右顧眄에義氣가自若ᄒᆞ더라

●爲子報讐 去月拾五日原州郡貿林의서義兵壹人이突入ᄒᆞ야日本下士를加害ᄒᆞ고韓人壹名도被傷ᄒᆞ얏고翌日은義兵이登進會員貳名을向ᄒᆞ야放銃ᄒᆞ야壹名은肩臂가被傷ᄒᆞ지라義兵이大路를[illegible]ᄒᆞ야拳銃ᄒᆞ고[illegible]人의傳[illegible]다가其[illegible]貿林으로向ᄒᆞᆷ에日兵이探知ᄒᆞ고捕捉ᄒᆞ라다가不得捕捉ᄒᆞᆷ으로除忿을移ᄒᆞ야無罪ᄒᆞᆫ酒店主人을無數毆打하며該店主가病身이되얏ᄂᆞᆫ지라該義兵의子가日兵의게被死ᄒᆞᆫ故로自己가雖至死境이라도日兵을逢則殺之ᄒᆞ기로心盟ᄒᆞ고消路에獨行ᄒᆞ야日兵九名을加害ᄒᆞ얏다고京鄕新聞의揭載ᄒᆞ얏더라

●花媒被捉 南署[illegible]趙[illegible]九씨家에寓居ᄒᆞᄂᆞᆫ媒婆李召史가農圃金璜鎭씨家에寓接ᄒᆞᄂᆞᆫ朴召史로符同ᄒᆞ야該家에紹介ᄒᆞ야錢財를討出ᄒᆞ다가警視廳에被捉ᄒᆞ얏다더라

●西北總會 西北학會에서特別總會를今日下午四時에警동本學校內에開ᄒᆞᆫ다더라

●青年志士 三和郡又新中학校生徒魯貞鎭시ᄂᆞᆫ年少有志之士라學業에熱心ᄒᆞ고或有學資不擴者면傾棄出捐하며[illegible]敬友의來學京城者가학資가不足ᄒᆞ야困難ᄒᆞᆷ을聞ᄒᆞ고多數金額을卽捐上送ᄒᆞ얏다고該시의妙年壯志를人皆稱頌ᄒᆞᆫ다더라

●[illegible]進 北來人의傳說을聞ᄒᆞᆫ즉咸興郡商民等이發士齋[illegible]壹白[illegible]買得ᄒᆞ야商業학校를設立ᄒᆞ고학徒를募集ᄒᆞ[illegible]百餘名[illegible]遂一[illegible]ᄒᆞ다더라

●[illegible]成 [illegible]桃[illegible]馬[illegible]現[illegible]私立[illegible]學校[illegible]校[illegible]已와五[illegible]家로校舍[illegible]許[illegible]ᄒᆞ고敎師[illegible]自[illegible]夜學[illegible]餘名[illegible]人의傳[illegible]다

●[illegible]婦 仁川居王召史ᄂᆞᆫ業以青孀으로所生子가兄弟인데其長子ᄂᆞᆫ今春에五千金을學校에補助ᄒᆞ얏고其次子ᄂᆞᆫ浪費財産ᄒᆞ거ᄂᆞᆯ王氏가大責曰當此岌業時代ᄒᆞ야學校에義捐은可커니와壹分이라도浪費ᄒᆞᆷ은不可ᄒᆞ니汝兄과如히學校義捐이나ᄒᆞ라ᄒᆞ얏다고西來人이稱頌ᄒᆞ더라

●明新試驗 日前에[illegible]明新義塾에서夏期試驗을經ᄒᆞ얏ᄂᆞᆫ데甲班優等生은梁炳文申學均이오乙班優等生은宋縣在尹相呂等五八人이오及第生이三十二人인대優等生에게賞品을給與ᄒᆞ고敎師諸시가登場勸勉ᄒᆞ얏다더라

●仁校禮式 仁川港通信을據ᄒᆞᆫ즉私立永化學校에서進級禮式을擧行ᄒᆞ얏ᄂᆞᆫ데男학徒壹百七拾名과女학徒壹百五拾名이次第會集ᄒᆞ얏고各社會와外賓客과學徒의父兄들이多數來參ᄒᆞ야義務敎育의時急ᄒᆞᆷ을勸勉ᄒᆞ얏다더라

△地方消息▼

▲[illegible]月壹日安州郡南大德里의서義兵[illegible]餘名이守備隊少尉以下와交戰ᄒᆞ다가退却ᄒᆞ엿[illegible]堤川郡의[illegible]義兵五拾名이[illegible]交錄ᄒᆞ얏다ᄒᆞ고

▲五月二十八日橫城郡남方約拾里地의서義兵[illegible]拾名이守備隊와交戰ᄒᆞ고

▲本月二日淳昌郡에서義兵[illegible]餘名이巡[illegible]隊와交戰ᄒᆞ얏다더라

▲[illegible]青[illegible]

▲[illegible]時代[illegible]가[illegible]成[illegible]貴[illegible]時[illegible]度[illegible]悲慘可戒[illegible]

▲競爭ᄒᆞᄂᆞᆫ此時代의壹等業을不成ᄒᆞ고遊衣遊食일슴다가頭邊白髮是星ᄒᆞ면天下棄物될거시니後悔ᄒᆞᆫ들엇지오이것도可戒ᄒᆞᆯ事

▲變幻風潮此世界의區々局見固守ᄒᆞ야漆室마의習倒라가新思想을未得ᄒᆞ면이天地가雖廣ᄒᆞ나三尺壹軀難容이라이것도可戒ᄒᆞᆯ事

▲南村北村出入場에親舊相從업슬소나拍肩聯袂往來ᄒᆞᆯ제甘誘中에陷落ᄒᆞ야此日彼日浪度타가誤了壹生엇지ᄒᆞ나이것도可戒ᄒᆞᆯ事

▲青樓路ᄂᆞᆫ珠簾裏에八字蛾眉多情ᄒᆞ야沿溺春心怨生ᄒᆞ니秋波中에奪魂ᄒᆞᆯ제雲雨陽臺깁흔言約黃金散盡已絶이라이것도可戒ᄒᆞᆯ事

▲某大官家花鬪局에紛々紙片如雪飛ᄂᆞᆫ如山堅慾怨ᄒᆞ야發千萬[illegible]길에忽地巨富睡ᄒᆞ라가내家産蕩盡이라ᄒᆞ니이것도可戒ᄒᆞᆯ事

▲外國物品輸入ᄒᆞ야綾羅錦繡내奢侈를孰優孰劣比較ᄒᆞᆯ제錦步障에네가ᄂᆞ나雖是揚揚過去ᄒᆞ나有識者ᄂᆞᆫ唾罵ᄒᆞᄂᆞ니이것도可戒ᄒᆞᆯ事

▲[illegible]歌光武[illegible]와[illegible]妙舞長安社의花柳[illegible]綠髮[illegible]제某々官[illegible]作件ᄒᆞ야[illegible]手段[illegible]自許ᄒᆞ[illegible]忘返[illegible]이것도可戒ᄒᆞᆯ事

▲花[illegible]外[illegible]님相從ᄒᆞᆯ제假[illegible]頻數[illegible]珍[illegible]接待ᄒᆞᆯ제[illegible]可戒ᄒᆞᆯ事

▲[illegible]合[illegible]招朋ᄒᆞ야酒[illegible]長遊ᄒᆞᆯ제[illegible]水[illegible]與[illegible]門[illegible]省[illegible]敗家[illegible]이것도可戒ᄒᆞᆯ事

特別社告

[illegible] 金浩淵 [illegible] 太多 [illegible]

安泰國氏 [illegible] 鍾路太極 [illegible] 支

改定 [illegible] 茲以 [illegible] 安氏와 交涉 [illegible]

大韓每日申報

雜報

[illegible] 桂山 [illegible] 學校에 紙貨 [illegible] 不已 [illegible]

廣告

[illegible] 學 [illegible] 募集 [illegible]

簿記速成科

一個月速成 [illegible] 敎授 [illegible] 七月拾六 [illegible] 下午六時至八時 [illegible] 敎堂 [illegible] 攻玉學校

簿記速成科

[illegible] 海隅 [illegible] 士 [illegible] 習 [illegible] 舊 [illegible] 新學 [illegible] 本浦港內에 [illegible] 公立 [illegible] 學校이나 只有港民子姪之 [illegible] 無 [illegible] 人子弟之入校 [illegible] 由道里不均 [illegible] 之故 [illegible] 前 [illegible] 六品 [illegible] 氏

學 [illegible] 集廣告

本所에서 數學測量兩科를 敎授 [illegible] 六月 [illegible] 開學 [illegible] 班次及時間은 左記 [illegible] 廣告 [illegible] 入學 [illegible]

科目及班次

測量科　[illegible] 時至六時

數學科　時間

[illegible] 小數 [illegible] 分數 [illegible] 平方根 [illegible] 三角 [illegible]

下午四時至五時

下午六時至七時

修業期限　每科 [illegible] 個月

月謝　每科 四十錢

兩科 五十錢

入學金　八十錢

入學 [illegible] 來納事

蓮洞私立中學校內 數學隨意講習所

[illegible] 新長 [illegible] 講師 [illegible]

[illegible] 李命七

天道教中央總部 告白

[illegible] 右 [illegible]

[illegible]

大韓協會 [illegible]

[illegible]

畿湖興學會 告白

本會 通常總會를 本月十二日(日曜) 下午一時 [illegible]

湖南學會 告白

本會 通常總會 [illegible] (陰拾四日)下 [illegible]

本 [illegible] 每週土日兩 [illegible]

東門外 [illegible] 告白

林 [illegible]	洪 [illegible]	洪 [illegible]	
[illegible]	劉 [illegible]	[illegible]	
[illegible]	張 [illegible]	韓 [illegible]	
吳明 [illegible]	安 [illegible]	[illegible]	
林 [illegible]	[illegible] 坤	[illegible]	
鄭 [illegible]	全致範	鄭 [illegible]	
[illegible]	[illegible]	宋明得	
[illegible] 宗範	吳 [illegible]	[illegible] 元	
方 [illegible]	[illegible]	[illegible] 宗 [illegible]	
[illegible]	[illegible]	鄭 [illegible]	
趙 [illegible]	[illegible]	金 [illegible]	
文益 [illegible]	[illegible]	金炳 [illegible]	
[illegible]	[illegible]	漢式	
林 [illegible]	徐 [illegible]	林 [illegible]	
劉化仁	[illegible]	林 [illegible]	
[illegible]	[illegible]	[illegible]	
[illegible]	金 [illegible]	姜 [illegible] 秀	
[illegible] 化	張 [illegible]	[illegible] 永 [illegible]	
[illegible]	趙 [illegible]	[illegible]	
申 [illegible]	全熙 [illegible]	宋 [illegible]	
[illegible] 永 [illegible]	[illegible]	[illegible]	
閔 [illegible]	[illegible]	[illegible]	
辛 [illegible]	[illegible]	宋 [illegible]	

其於人道之原則 [illegible] 正義之誠實 [illegible] 訴訟事件 [illegible] 受依托 [illegible]

京城 [illegible] 洞六拾 [illegible] 統貳戶

辯護士 [illegible]

東洋大學前講師

日本法律學士 [illegible]

發兌新刊書籍

[illegible] 動物 [illegible]

[illegible] 小學 [illegible]

刑法 [illegible] 全貳冊

[illegible] 傳 [illegible]

[illegible] 梅 全壹冊

演說法方 全壹冊 貳拾錢

新訂算術 全參冊 六拾錢

中等算學 全貳冊 壹圓半

敎會議 全貳冊 廿五錢

無 [illegible] 全壹冊 [illegible]

世界一覽 全壹冊 貳 [illegible]

大韓帝國新地圖 全壹冊 [illegible]

刑法新論 全壹冊 [illegible]

二十世紀朝鮮論 全壹冊 廿五錢

日語獨習 全壹冊 [illegible]

皇城南署大廣橋三拾七統四戶

發賣所　[illegible] 東書館

全州南溪 [illegible]　張在彥

本所에서 諸般測量製圖設計等을 精確迅速 [illegible] 君子는 急速來議 [illegible]

西部 [illegible] 四拾三統七戶

廣化測量事務所

總務 黃 [illegible]

事務員 吳 [illegible]

[illegible]

漢城南大門外濟衆院方藥
前醫學校長勳五等池錫永氏有効證明
醫學博士 洪錫厚氏 實驗方劑
製藥鑑查人 朴慈惠 李觀化

四時靈藥 **治痰平胃丸** 一包에九十丸入 定價金拾錢

此丸藥은大韓兄弟腸胃에適當ㅎ도록調製ㅎ나數十年來累試累驗ㅎ藥인데
壬降生一千九百八年에醫學博士洪君이精細改良ㅎ야中暑中寒諸症에虎列剌怪疾과毒感瘟疫을預方케ㅎ고健胃消滯ㅎ야諸般滯積을順下ㅎ며卒地嘔吐泄瀉와赤痢白痢와胸腹刺痛과謦咳白痰을能治能止ㅎ눈靈藥이오

製造本舖 漢城鍾路萬國基督敎靑年會館 前西洋藥 都賣業慈惠藥房

[illegible]

隆熙二年六月二十二日內部許可를得ㅎ고每日壹次式陽曆十五日에發行
編輯主筆 大韓醫院敎授 劉世煥
醫藥論說著述 前醫學校長勳五等 池錫永
英米處方藥譯 醫學博士 洪錫厚
發行者 慈惠藥房營業主 李觀化
印刷者 慈惠藥房附屬普印社主任 洪 金

目的
韓國新製藥 德國新製藥
日本新製藥 英國新製나
淸國新製나 美國新製약
以上藥品의本治效能과用法과定價金을以國漢文으로翻譯ㅎ고
洋藥乾材 韓약材 韓약料材
但漢城銅峴時價마每月報告홈

[illegible]
종路慈惠약房內慈惠의院에醫療機械 診察의師는의학博士 洪석厚 慈惠房藥業主 李觀化 全國拾三道에以小包郵便으로 製藥所主任 李忠興 製藥所印刷所兩處職工六 [illegible]

▲大韓國新發明령藥
健胃消滯 ▲八寶丹 ▲팔보단 九拾九粒 入金拾錢
承事府典의正三品洪哲普閣下實驗處方과臨床々의의學校敎官驗基茂君有効證明으로此丹을발行이온바新久滯積과急霍亂과靈亂사腹과實腹疼痛과頑痰固飮과新久泄瀉와七情鬱結과本至不服과識取證量諸症에益服見效ㅎ오니衛生君子는光願試可ㅎ심을爲希홈

瘡病神藥 ▲사향소창단 ▲麝香消瘡丹
此丹이於諸창에無論男女老少ㅎ고若服壹劑하면實有神效ㅎ야百불白中ㅎ오니非例方可及也라若論主治則楊梅下疳連珠風濕頭창諸症에俱見立效ㅎ오니養痾僉君子는壹次試驗ㅎ시옵

婦人靈葯 ▲되양됴경환 ▲胎養調經丸
壹個月分入 定價金五圜
大抵婦人이年過ㅎ도록不受孕者는由於有病也라若가越早研究ㅎ고等閑看過則非但壹個人에不幸이라抑亦全國生育之障외關係가不淺也니僕이十五年을消費ㅎ야內外國高明의士에實驗方을選擇ㅎ야先自僕家로後及他人ㅎ야累試普驗에十분而終効ㅎ옴고且此약이非但受孕之神劑라治冷。治積。調經。調血에俱有實効ㅎ옵기玆以廣布ㅎ오니僉員는壹次試驗ㅎ시면自驗을可知이옴
발行人 仝 리應善
右三種약은각地方이라도請求ㅎ면우편으로부치는슈도잇소
약製所인川港축峴和平堂藥房
京城支店 鐘路衣廛下和平堂
代理店仁川港축峴제生堂약房

京城大廣橋共愛堂약房
▲發賣所
仝남문ㅣ水標濟生堂支店
仝 仝大東書市支店
仝 仝府동博文書館
仝 洞口ㅣ 和豐號與當포
仝 鐵物橋 毛衣房리洛瑞
仝 小廣橋 毛衣房리厚根
仝 慕逝동 上隅三可病院
仝 大寺동 共濟醫院
○仁川港ㅣ룡開豐旅館韓禹根
仝 읍ㅣ 金濟鉉
○江華鍾路 宋順五店
○開성 남문ㅣ朴圭植商店
仝 남문ㅣ明新冊사리貞鎬
○水原 남문ㅣ 김濟九약舖
○海州 남문ㅣ리泰植商店
○延安읍ㅣ 邊汝文藥局
○長淵 남문ㅣ 崔在淳
仝 砂里院耶蘇敎堂리在善
○黃州남문ㅣ 紅문동리東赫
○平壤 雙巨里 韓鳳儀藥舖
仝 館洞 김龍興藥舖
仝 文武洞 桂澤善약포
○鎭남浦 흥동 김元섭藥포
仝 제生堂出張 吳南駿
○羣山港 開福洞 金斗鉉
仝 大井동 리春善약房
○禮山 용谷里 리東赫
○大邱 남문ㅣ 리明直약局
○元山港 남甲元약局
仝 제生堂支局 朴致鎭
○錦川 西문ㅣ 박致心약局
◉[illegible]場 鄭致瑢약局
○釜山港 제生堂出張朴昌鎬
○安州성ㅣ義井동同春大약房
○安岳邑上場 제生局林普景
○義州남문外木口街義和약房
○載寧읍後동 洋약局崔允國
○定州남문ㅣ 洋약局리健柱
◉郭山읍 洋약局 羅應彬
○宣川읍 冊사 安奎
鐵山읍 永春堂 安瀬
仁川港 和平堂 白

◉大韓國新發明神藥
◉靈丹 各種食滯中暑久滯口瘡 霍飮吐瀉定價一貼十錢
◉至寶丸 治諸般痰疾不拘久遠 俱有奇效定價金十錢
◉靈效液 外用方藥治疥瘡皮風 百發百中定價金三拾錢
◉淸眼水 治諸般眼疾有特效見
◉通淋丸 治男女淋疾神效 天之妙定價金拾錢 無論遠近效除壽登週金五拾錢
製劑발行所 漢城南部大廣橋西邊第二家十九統七戶 共愛堂大藥房 謹白
支店 開城남門內共愛堂第壹支店 群山港開福동共愛堂第二支店 河東郡赤良面共愛堂第三支店
代理店 漢城北部大安동 리春善 實驗壽 仁濟藥房 慈惠藥房 普濟醫院
仝 종路靑年會館前
仝 西部新門外石橋
仁川축峴 濟生堂 仝 和平局
此外에도東西洋각國有名賣藥과草材藥이俱備하오니藥의多少을不拘ㅎ고請求ㅎ시면小包로仰呈ㅎ게습

●大韓新발明靈藥廣告
●延安邑內洋약局 邊汝文
●江華종路店 尹斗鉉
●長淵남門ㅣ 崔觀淳
●砂里院ㅣ客主 任亢中
仝耶蘇敎堂ㅣ 리敬善
●瑞興邑ㅣ 許완
●汗浦驛東美盞送部 김奉圭
●黃州남문ㅣ紅문동 리東혁
●安岳邑上場里제生局 林景辰
●載寧邑後동洋藥局 崔允國
●忠州東良面早遲 김鍾和
●德川邑四里洋약局 김永植
●長連邑東里冊肆文爽冠
●平壤里문동出張 尹實
仝雙巨里濟生局 韓鳳儀
仝館洞牛의院 金龍興
仝文武동제生局 桂澤宜
仝大興洞發里藥局 崔觀化
仝鎭남浦흥동冊사 김元燮
仝后浦本堂出張人 吳南駿
●安州성ㅣ義井동同春大약房
●博川邑美동商店 朴芝行
●定州남문ㅣ洋藥局 리健柱
●郭山邑大街冊사 김大鉉
●宣川邑ㅣ冊사 安濬
●鐵山읍ㅣ永春堂 安瀬
●義州남문外木口街 安
●龍川읍官洋약局 리丙斗
●群山港開福동 김斗鉉
●大邱남門ㅣ鋪遷洞 김成浩
●釜山港東館本町商店 리炳夏
●北靑新昌港客主 朴錫勳
●木浦各國居留地松房 徐岐見
●全國ㅣ各약店마다隨應販賣
仁川港축峴 京성남大문ㅣ 濟生堂 白

陸軍正尉金亨鉉君實驗方劑
陸軍軍醫張基茂君實效證明
四海衛生之諸君子常備之靈藥
消化新藥 **淸心保命丹**
仁川港축峴 發行所 濟生堂藥房
九十粒入 金拾錢

●右와外主治效能은如左
●水土不服 ●吐瀉 ●中暑中寒
●당飮咳嗽 ●酒醉 ●口熱惡臭
●氣鬱腹痛 ●咽喉
●食積食傷 ●瘟疫預防妙약
●其他諸般惡氣厲
總發行所 京城南大門內 濟生堂支店 李庚鼎
●개城 남문外 濟生堂支店 具又賢
●元山港銘石院 濟生堂支店 박 敬鎭
代理店 京성大廣橋 共愛堂
●京 泥峴三丁目 仝鍾路慈惠약房
仝 郵便局前 新井약店
仝 남大문ㅣ博文書館 大佑堂약房
仝 梨峴洋약局 盧啓亭
仝 大安洞 리信善
仝 齊동三可病院 仁濟약房
●仁川축峴和平堂 朴喜逵
同 本町 리應善
●海州남문ㅣ 新井藥房
仝 仝商店 宋在瑛
●水原종路下약房 리奉植 金濟九

●新發明梅毒령劑廣告
陸軍軍의金守현實驗方劑
落梅丹
主治 梅毒「唐창」新舊창
●橫痃●皮膚病●疳瘡
●花病
壹劑五百粒定價金三圜
口瘡不發창病去根之령藥
已上病證外에男女間에不精交合혼後에若疑아之端이有ㅎ야도此藥壹劑만服用ㅎ면完無後慮ㅎ고脾胃도健全홈을擔保홈
此外에도외科機械와精良혼藥材를新備ㅎ고內外科各色疾病을誠心治療홈
皇城北部大安洞
仁濟藥房 高用진 謹白
代理店
京城鍾路 共愛堂낙房
仁川港龍洞 濟生堂
國內各處藥局에서隨應販賣홈

○廣告料
四號活字十三字詰 每日每英尺一寸에新貨金五錢
每日每行六戔에相當홈
二週日에 每日每行四戔五厘에相當홈 二圜五十錢
個月에 每日每行四錢一厘에相當홈 五圜
其期限의長短과字行의多寡를從ㅎ야增減홈이有홈

發行兼編輯人 英國人 萬咸
發行所 南署石井洞號外地三府洋屋
大韓每日申報社

第六

第八百五拾四號

大韓每日申報

月曜及慶節
議時日休刊

檀君開國四千二百四十一年
箕子元年三千三十年
大韓開國五百十七年
日本明治四十一年
淸國光緒三十四年
陰曆戊申六月小十四日庚辰

論說

◎劇界改良論

記者가엇지韓國劇界를忍害하며엇지韓國劇界를忍害ᄒᆞ리오韓國의劇界를觀ᄒᆞᆫ즉只是傷律團成社等의劇場을設ᄒᆞ야許多淫蕩의演戲로許多靑年子弟를引ᄒᆞ야其心志를亂케ᄒᆞ며其財産을蕩케ᄒᆞ며其思想을迷케ᄒᆞᆷ으로學問에留意ᄒᆞ던者ㅣ此에往ᄒᆞ면其學問을棄ᄒᆞ며實業에留意ᄒᆞ던者ㅣ此에往ᄒᆞ면其實業을棄ᄒᆞ야無數人才를皆此에서壞了ᄒᆞᄂᆞ니

嗚乎라韓國의現今所謂劇場은眞切無疑打破ᄒᆞᆯ者어니와雖然이나此等劇場은人心을蠱惑ᄒᆞ며風俗을壞ᄒᆞ야社會에惡影響을貽케ᄒᆞᄂᆞᆫ故로打破無疑라ᄒᆞᆷ이어니와萬壹人心風俗에有益ᄒᆞ야社會에好影響을貽ᄒᆞᄂᆞᆫ劇場이起ᄒᆞᆯ진ᄃᆡ余가此를贊成ᄒᆞ며此를祝望ᄒᆞ나니

蓋何如ᄒᆞᆫ演劇이人心風俗에有益ᄒᆞᆫ者인가曰昔者에拿破崙이優孟劇場에往ᄒᆞ야演劇을觀ᄒᆞ되必也悲劇이아니면不觀ᄒᆞ며且悲劇의功效를讚頌ᄒᆞ야云하되人物을陶鑄ᄒᆞᄂᆞᆫ能力이歷史보다尖過ᄒᆞ다ᄒᆞ얏ᄂᆞ니彼悲劇이人心風俗에有益ᄒᆞᆷ은可想ᄒᆞᆯ지로다

大抵劇場에悲劇을演ᄒᆞ야英雄豪傑의淋漓壯快ᄒᆞᆫ往蹟을觀ᄒᆞ면비록庸夫懦兒라도此에서感興ᄒᆞᆯ지며忠臣烈士의凄凉貞烈ᄒᆞᆫ遺模를觀ᄒᆞ면비록奴劣僕이라도此에서奮起ᄒᆞᆯ지니歷史에如何ᄒᆞᆫ偉人을傳ᄒᆞ던지但只其言行과事實을記록ᄒᆞᆯ나니와劇에至ᄒᆞ야ᄂᆞᆫ不然ᄒᆞ야千古以上의人物이라도其容顔을接ᄒᆞᄂᆞᆫ듯咳唾를聽ᄒᆞᄂᆞᆫ듯ᄒᆞ야十分精神의七分을可得이라今에假令成忠階伯朴堤上諸公을演ᄒᆞ며其慘深ᄒᆞᆫ狀態가腦에印하며林慶業尹瓘鄭夢周諸賢을演ᄒᆞ면其雄壯ᄒᆞᆫ實蹟이眼에照ᄒᆞ야擧覺心을往感移ᄒᆞ야高尙純潔ᄒᆞᆫ心腦가自生ᄒᆞᆯ지니所以로극을可貴라ᄒᆞᆷ이어ᄂᆞᆯ

乃者今日國內에存在ᄒᆞᆫ극은只是有害無益의극이오曾個可觀의극이無하니此等人民의恥오다

鳴이나今後에荷或극界改良에留意ᄒᆞᄂᆞᆫ者ㅣ有ᄒᆞ거던惟彼歷史에從事ᄒᆞ야國民의心理와聲情을陶鎔ᄒᆞᆯ지어다

官報

▲隆熙二年七月二日 官報

●訓令

學部訓令第六拾六號 漢城府 拾三道

土地情況에依ᄒᆞ야必要ᄒᆞᆷ을應ᄒᆞ야普通學校所在地에學務委員을置ᄒᆞ고普通敎育의普及發達ᄒᆞᆷ을圖ᄒᆞᆷ은方今急先務이기로今回學務委員規程準則을左와如히定ᄒᆞᆫ所以이라觀察使及漢城府尹은此趣旨를深諒ᄒᆞ야適當히本準則을據하야規程을制定ᄒᆞ고幷히實施ᄒᆞᆯ期日을定ᄒᆞ야斯速히本大臣에게報告ᄒᆞᆷ이爲宜ᄒᆞᆫ事

隆熙二年六月二拾二日

學部大臣 李載崑

學務委員規程準則

第一條 官公立普通學校所在地에서ᄂᆞᆫ必要ᄒᆞᆷ을應ᄒᆞ야學務委員을置ᄒᆞᆷ을得ᄒᆞᆷ

第二條 學務委員은官公立普通학校에關ᄒᆞ야左開事項에就ᄒᆞ야府尹郡守와學校長을補佐ᄒᆞ며又ᄂᆞᆫ其諮問을應ᄒᆞ야意見을陳述ᄒᆞᆷ

壹、入學과勤務及出席의督促에關ᄒᆞᆫ事

二、設備에關ᄒᆞᆫ事

三、其他普通敎育獎勵에關ᄒᆞᆫ事

第三條 학務委員數ᄂᆞᆫ官公立普通學校에對ᄒᆞ야七人以下로定ᄒᆞᆷ

第四條 학務委員은觀察使及漢城府尹이囑託ᄒᆞᆷ

第五條 학務委員의任期ᄂᆞᆫ二個年으로ᄒᆞ되但補缺就任者의任期ᄂᆞᆫ前任者의餘任期로ᄒᆞᆷ

第六條 학務委員은名譽職으로ᄒᆞᆷ

第七條 府尹或郡守가必要로認ᄒᆞᆫ時又ᄂᆞᆫ학校長의請求가有ᄒᆞᆫ時ᄂᆞᆫ學務委員會를開ᄒᆞᆷ이可ᄒᆞᆷ

第八條 學務委員會에ᄂᆞᆫ府尹或郡守ᄂᆞᆫ會長이되고學校長及敎員은參與ᄒᆞᆷ이可ᄒᆞᆷ

外報

●英國艦隊消息 美國太西양의回航艦隊ᄂᆞᆫ桑港에서比律賓에向ᄒᆞ야拔錨ᄒᆞᆫ準備를ᄒᆞᆫ다ᄒᆞ며又스페리提督은麻尼剌에太西양常備艦隊를留駐ᄒᆞ고其殘部를率ᄒᆞ고歸國ᄒᆞ라ᄂᆞᆫ政府의命令을受ᄒᆞ얏다더라

●淸國砲艦의製造 淸國總督端方氏ᄂᆞᆫ砲艦三隻을今年九月ᄭᆞ지建造코저하야 日造船所에注文하얏다더라

●香港借金의決議 香港英國領事가本月貳日에立法會를開ᄒᆞ고廣東地方水災에對ᄒᆞ야救恤金三萬弗을支出하기로決議ᄒᆞ고其他外國商人中에서도救恤金을寄附ᄒᆞᄂᆞᆫ者가多ᄒᆞᆫ대其中스탄닷石油會社에서ᄂᆞᆫ五千弗外에食料物을寄附ᄒᆞ얏다더라

●英國民黨의大會 美國골나三州民主黨大會委員會에서亞細亞人排斥及海軍擴張의決議案을可決ᄒᆞ얏고又會員壹人이日米戰爭을豫言하ᄂᆞᆫ대聽衆이其演說을中止케ᄒᆞ얏다더라

●各國人商況 淸國남淸地帶에서商業이不振ᄒᆞᆷ을因ᄒᆞ야外國商人의破産者가多ᄒᆞ고日本商人壹人도破産ᄒᆞ얏다더라

雜報

●申門學契州捐 申門에서家族教育을先唱ᄒᆞ야各報에已揭ᄒᆞ얏거니와申氏ᄂᆞᆫ素是淸寒家族인ᄃᆡ在京人士가各其熱誠으로該學契에捐補ᄒᆞᆫ金額이五百餘圜에達ᄒᆞ얏고鄕方宗中에聽從ᄒᆞᆫ年少幾人式을選上ᄒᆞ야京성學校에爲先修業케ᄒᆞᄂᆞᆫᄃᆡ該留泊費ᄂᆞᆫ總監申泰休氏가自擔ᄒᆞ얏고曰昨該學校에서宗族諸학生을會集ᄒᆞ야敎說과학業을講獎勸勉ᄒᆞ얏ᄂᆞᆫᄃᆡ總務申圭澈氏가新書籍을多數히寄附하얏다더라

別報

裴說氏의公判顚末 (續)

第三日

六月拾七日(水曜)上午拾點종에다시開廷ᄒᆞ고

원긴손씨가起而言曰王上의使[원긴손氏ᄂᆞᆫ英王陛下의辯護士이오首班檢事인대原來此訟訴ᄂᆞᆫ日本統監府에서英廷에告發ᄒᆞ야英廷에서特히王上의名으로公訴ᄒᆞᆫ것인故로此를謂ᄒᆞᆷ이오]에서ᄂᆞᆫ證據人이幾許이던지異論이毫無ᄒᆞ노다

크로쓰氏曰其言이如此ᄒᆞ니證據人을將招ᄒᆞ짓노다

三浦氏가再入ᄒᆞ야口供ᄒᆞ되其招致ᄒᆞ기를請求ᄒᆞᆫ證據人等은閔宗植金澈榮沈雨澤三人이온바本人이韓國巡査를命ᄒᆞ야皆爲招致ᄒᆞ라ᄒᆞ얏더니閔金兩人은昨日拾時에招致來待ᄒᆞ얏스나沈雨澤은인川에在ᄒᆞ다ᄒᆞ오로巡査를該地에派遣ᄒᆞ얏스나索得지못ᄒᆞ얏나이다

問汝가彼等으로誰某誰某라고表示ᄒᆞᆫ公式書類를持ᄒᆞ얏나뇨曰然ᄒᆞ오이다 閔氏ᄂᆞᆫ閔族中人氏오故明成皇后의親族이오며金氏ᄂᆞᆫ前宮內府電務課技師이온ᄃᆡ該兩人은招致ᄒᆞ얏스며沈氏ᄂᆞᆫ不參ᄒᆞ얏나이다

크로쓰ㅣ曰沈씨ᄂᆞᆫ居常에何處에駐在ᄒᆞᄂᆞᆫ지知乎아曰不知로소이다

問然則其人이인川에下往ᄒᆞ엿ᄂᆞᆫ지何以知之오曰韓國警吏의게聞知ᄒᆞ얏나이다

問인천에人口ᄂᆞᆫ幾何이뇨曰韓人을謂ᄒᆞᆷ이냐가曰然ᄒᆞ다答曰本人은確知치못ᄒᆞ나七八千이나될듯ᄒᆞ오이다曰不然ᄒᆞ다萬餘名이니다

問汝가沈雨澤의履歷을知ᄒᆞ나냐曰沈氏ᄂᆞᆫ韓國宮內府主事로[illegible]의保護로以ᄒᆞ야[illegible]拔擢任ᄒᆞ얏나이다

問此가其人과現解職이뇨曰其人이行爲不善으로因하야昨年七月에韓國官吏의處分으로六個月을珍島에放逐되얏다가今年에京城으로放還되엿나이다

問其人이放逐되기前에ᄂᆞᆫ獄中에在囚ᄒᆞ얏ᄂᆞ뇨曰然ᄒᆞ오이다

問此人을索得ᄒᆞ려고去日曜日부터百方殷力하엿다지 曰然ᄒᆞ오이다

問其人이昨日에ᄂᆞᆫ此壇에在ᄒᆞ얏지ㅣ日本人은其人이인川에在ᄒᆞ얏고此地에ᄂᆞᆫ不在ᄒᆞ엿든줄노思ᄒᆞ나이다

원긴손씨ᄂᆞᆫ三浦씨가沈씨를故意로抑留不現케ᄒᆞᆫ줄노크로쓰씨가疑ᄒᆞᄂᆞᆫ것을反對ᄒᆞ니

크로쓰氏曰吾ᄂᆞᆫ如此히疑ᄒᆞᆷ은아니나吾ᄂᆞᆫ存於心者를不吐於口ᄒᆞᄂᆞᆫ事ᄂᆞᆫ無ᄒᆞ노라

於是에壯年高貌ᄒᆞᆫ韓人閔宗植氏가韓服을着ᄒᆞ고證人席에出ᄒᆞ니

크로쓰氏가審問ᄒᆞ미通譯을經由하야口供ᄒᆞ기를本人은前者에盛官ᄒᆞ이러니現今은特別ᄒᆞᆫ職業이無ᄒᆞ오이다

問汝가裵說에對壹主筆이며뇨曰然ᄒᆞ오이다

問汝가韓國騷亂에未將되엿든理由를裁判官에說明ᄒᆞ짓ᄂᆞ뇨

裁判官이[크로쓰氏의게]曰君可小心이어다此諸의托訟者의關係로因ᄒᆞ야此人의性命을擁護치말나自己의關係ᄒᆞᄂᆞᆫ外에ᄂᆞᆫ某件이던지說出ᄒᆞᆯ것아니라고言及ᄒᆞ라

크로쓰氏曰此人이被囚되엿다가赦典에放釋되엿스니本人은彼가再次處罰되지아니ᄒᆞᆯ줄노道斷ᄒᆞ나이다

裁判官曰吾ᄂᆞᆫ其人의게損害될事件을自言ᄒᆞ라고強制ᄒᆞᄂᆞᆫ거슬不願ᄒᆞ노라

원긴손氏曰日本領事가此人을更不處罰ᄒᆞ기로擔保ᄒᆞ다ᄒᆞ얏나이다 (未完)

雜報

●奉勅渡日 中樞院議長金允植氏가將次日本의渡去홈은日本의셔 御留하시는 皇太子殿下씌셔暑中休學時의承候以來ᄒ라신 大皇帝陛下의勅敎을 奉承홈이라더라

陛下씌셔 中樞院議長김允식시기ᄂᆞᆫ本國의奉 命前往홈다는事는別項과如ᄒ거니와히시의旅費를 德壽 昌德兩宮의셔壹千圜式 下賜ᄒ옵시고니閣의셔六千圜을支給ᄒ다더라

●赦免罪案 李子光等二十壹人의罪名赦免復官併录로內閣會議를經ᄒᆞᆫ後의復官併案은閣其罰查ᄒ야再當 奏聞홀터인바罪名赦條案은列錄ᄒ야總理大臣과法部大臣이爲先 上奏ᄒ얏다더라

●規程裁可 各部出納官吏의身上保証規程中에改正件을裁可頒布하셧는대
第壹條各部大臣은必要로認ᄒ는境遇의在ᄒ야現金又는物品의出納을掌ᄒ는官吏의게身上保證金의納付를命홈을得홈
第三條身上保証金의代用케ᄒ는公債證書及土地의價格은各部大臣이相當으로認ᄒ는時價의依홈이可홈이라더라

●淸和亭餞別 總理大臣以下各部大臣이昨日下午六時三拾分에淸和亭의서伊藤統監의送別會를設行ᄒ얏는대我政府各部大官들請邀ᄒ얏스나中樞院顧問諸氏는請邀치아니하얏다더라

●宋椅不動 總理大臣以下各大臣이官服變更된다는대惟獨內部大臣宋秉畯씨의椅子는如前蹤固ᄒ다는說이有ᄒ더라

●隨員內定 中樞院議長김允식시가日本의渡去홈은別項과如ᄒ거니와隨員은鄭萬朝씨로內定이되얏다더라

●金往李來 典膳司長金玉鉉氏가遞任되고其代에는侍從副卿李會九氏가轉任ᄒ다더라

●提調相換 景孝殿提調閔種默과孝殿提調李載覺兩씨는相換이되얏다더라

●趙氏敍任 前敎員趙觀增시가法部主事를被任ᄒ얏다더라

●部院相換 학部大臣李載崑大官從孫李[illegible]兩시가昨日中樞院의前往ᄒ야該公廨를壹々視察ᄒ얏다는대其理由인즉학部와相換ᄒ기를計劃인듯ᄒ다더라

●法務院移去 中樞院내의幷設ᄒ얏던法務院은日間統監府로移去ᄒ다더라

●記者懇親 韓日兩國新聞記者가本日明月館에會集ᄒ야懇親會를開催ᄒ다더라

●試儒待榜 再昨日成均館의서經義時務策의應試ᄒ儒生等은昨日學部門前의齊進待榜ᄒ얏다는데合試의新學文壯元은朴晋燮씨라더라

●車費交涉 善隣商業학校의서放學ᄒ얏는대허학徒中居鄉ᄒ는人의下鄉旅費를統監府로交涉ᄒ야半額으로定ᄒ얏다더라

●謄錄送交 日昨의掌禮院의서奉常司의存案傳來ᄒ는각祭享祭物謄錄冊子上下卷을送交ᄒ라ᄒ야히司의셔送交ᄒ얏다더라

●違規出學 法官養成所학徒中의二年生高인銘과壹年生李榮勳시等九人은학則을違反ᄒ事가有ᄒ야[illegible]出學에當ᄒ얏다더라

●曆書印刷 曆書刊行ᄒ기를自今으로本板에刻ᄒ야發件이던지刊出ᄒ던것신대明年曆書는壹件만正本ᄒ야印刷局의셔刊出ᄒ기로擬議中이라더라

●服裝注文 軍部의셔武官학校生徒及近衛隊兵丁服장을九千圜의日本으로注文ᄒ다더라

●松林落馬 再昨日의軍部主計日人松林이가龍山의出往ᄒ얏다가回路의落馬重傷ᄒ얏다더라

●材木輸入 法部修理ᄒ材木을昨日부터히部로輸入ᄒ다더라

●典川擔役 城內의典川을實施ᄒ다ᄒᆷ은新聞의已揭ᄒ바어니와典川의關ᄒ諸事務는國內務協同으로擔當ᄒ얏다는대히役事를日間開始ᄒ다더라

●五百獄囚 京城監獄署의現時在囚가五百壹名이라더라

●新學有效 今番司業試取의新학問의嫺熟ᄒ儒生은個々被榜이되얏다는대此로由ᄒ야新학問이發展될것이可期ᄒ깃다고들ᄒ더라

●營進所爲 戰事郡守金孝益氏의上京事는昨報에已揭어니와同사가莅任幾日에輒日恣惡로諸般行政이治于民心ᄒᆞᆫ대郡의選擧會員들이無端히吹毛覓疵ᄒ야加以無禮가非壹非再라該郡에派駐ᄒᆞᆫ日憲兵隊長이郡守를對ᄒ야團躰를請ᄒ즉主客之誼로辨難忍却ᄒ야亂其所請하얏더니選擧會員이公堂上에서團躰를度ᄂᆫ다고揭榜ᄒ故로即時郡主事鄭健裕시가選擧會長의게悖擧를質問ᄒ則所答이以若郡守를如此ᄒ爲는仕體에不當ᄒ니郡守는去가可也라ᄒ則該郡人民이激擧憤激ᄒ야該會員들詰責ᄒᆞᆫ至欲毆打之境인대郡守는開諭曉諭ᄒ야使之調停ᄒ얏고郡守는決意上京ᄒ는故에憲兵隊長이入來ᄒ故로郡守가書以示之曰吾는上京ᄒ깃노라ᄒ則憲兵隊長이答曰好라云ᄒ얏고及其郡守가束裝離發ᄒ야沙里院에至ᄒ則憲兵隊長이名啣에數字를書送曰去就를相議爲之ᄒ조ᄒ지라郡守曰吾已發程到此ᄒ얏스니吾의去就는憲兵隊長의게相議홀事가無ᄒ다ᄒ고仍爲上京ᄒ얏다더라

●飲食商被害 北部諫洞等地의在ᄒ商務支社에셔는各飲食商人의게外上으로許多買喫ᄒ는其價額은진不償報ᄒᆷ으로如干資本으로營業ᄒ는飲食商人들은隱然中에損害가多大ᄒᆷ으로怨聲이喧藉ᄒ다더라

●獄囚慘命 再昨日監獄署在囚罪人二名이身病으로致死ᄒ얏다더라

●李氏押交 前令李瑗夏시가日昨의北署警察署의被捉ᄒ얏더니再昨日의警視廳으로押交ᄒ얏다더라

●討伐隊行動 京鄕新聞을據ᄒ즉陰四月二拾八日에寧越昌原等地에서日兵六拾餘名이慶尙道安東郡近處로進行ᄒ고져ᄒ야丹陽邑에서留宿ᄒ고其翌日에豊基郡으로行ᄒ야竹嶺下에至ᄒ즉折草ᄒ는人과採菜ᄒ는女子가多有ᄒᆷ을見ᄒ고空然히多數放銃ᄒ야人民의死傷이多ᄒᆫ中女子壹名은折脚이되얏고三名은即死ᄒ얏고又壹名은死生을未知ᄒ겟는대該洞人民이皆ᄒ되狂犬眼下에는농枝만見ᄒ다더니可明이라自稱ᄒ는日兵眼中에는義兵만但見이라ᄒ며方今農節에折草도못ᄒ고採菜도못ᄒ야飢饉도ᄒ깃고餓死도ᄒ것다ᄒ고冤聲이漲天ᄒ다ᄒ며陰五月拾四夜에嶺南討伐隊拾六名이寧越郡南面德村동中에突入ᄒ야四面을包圍ᄒ고無數放銃ᄒ즉該處에張시夫人壹名이驚惶逃避ᄒ다가中丸即死ᄒ얏고又各동長及居民을逐첩則毆打ᄒ야死境에至ᄒ者가多數ᄒ얏슨즉大抵討伐隊가到處마다如此ᄒ기로人心이大端散々ᄒ다ᄒ얏더라

●自鐵自鑿 江界邑住在郵便局遞送人村山平兵衛가六月廿四日午後二時頃의히郡郵便局으로부터熙川郵便局으로向ᄒ는데히郡高峴面只山古什동附近道路의셔郵便物을장載ᄒ驢子가倦步ᄒᆷ으로加鞭ᄒ時의郵便物이墜落ᄒ가慮ᄒ야驢子를停止ᄒ다가郵便物과同載ᄒ連發銃의手가觸ᄒ야爆발되얏는대同人의腹部가中ᄒ야即時致死ᄒ얏다더라

●被捉其誰 昨日上午十壹時에巡查가何許衣冠人壹名을捕縛ᄒ야警視廳으로押付하얏다더라

●測量所新設 天然堂寫眞師金圭鎭시가測量技師를雇聘ᄒ야典동에測量事務所를特設ᄒ다더라

●修學夏試 修學院에셔昨土曜日에夏期試驗을經了ᄒ얏는대自春以後로敎授與課학을擴張勤實ᄒ야貳拾名학員에優等이金성鎭朴리陽等七人인대院長閔丙鎬[illegible]가玉篇과和[illegible]字典과[illegible]文辭林[illegible]冊子로特賞을施ᄒ얏다더라

●李氏熱心 楊州上동而답동等地에서基仁學校를設立ᄒ얏는대該校長李健白시는本是該동에居ᄒ는紳士로靑年敎育에熱心ᄒ야貧窮家勢에財政도多數히擔當ᄒ고學校事件에對ᄒ야極力維持ᄒ다고該氏의熱誠을人皆稱頌ᄒ더라

●光校卒業 私立光東學校에서第壹回卒業式을本月拾二日日曜下午壹点鍾의擧行ᄒ다더라

●夏期施賞 昨日師範小학校와서夏期試驗을經ᄒ얏는대一等優等生田潤福[illegible]等優등生池龍鎬朴泳恩등이오三등洪會植四등金德孫등을筆記帳壹件과筆筒壹件式施賞ᄒ얏다더라

●普專試驗 再昨日에礡洞普成專門學校法經兩科에셔학期試驗을畢ᄒ얏는되法律科二年級優等生은金瑞經金鳳용씨四人이오及第生은李蓮河宋義根等拾二人이오壹年級優等生은尹圭漢趙奎九等五拾八人이오經濟科優等生은崔인俠康錫龜等七人이오及第生은朴正鉉李종殷等二拾壹人이라더라

●農會發校 海州郡守羅寅[illegible]의서振興敎김麟紹諸시가同心協議ᄒ야農務會를設立ᄒ고各其資本을鳩聚ᄒ야히會니의農務夜학校를設置ᄒ얏는되會長은柳台永시로選定ᄒ고敎師는[illegible]시로推擇ᄒ야六月廿九日에開學式을擧行ᄒ엿는대학徒가三十餘名이오會員과贊成員諸시가百餘名의達ᄒ엿는대熱心團體와勸勉敎育이農業界新福音이라고人皆稱頌ᄒ다더라

◉感荷義捐 固城郡德明학校에서錢入ᄒ錢을本社에出捐ᄒ얏기感謝ᄒ情을表ᄒ노라

血脈光線

▲半島江山倉卒히드니國力雖是微弱ᄒ나外弱니强ᄒ며氣가至今ᄭ지不滅ᄒ야壹脈光線所及處에可信홀事가有ᄒ다

▲밋헌일이무엇인고有志者가激昂ᄒ야曾倒人士唤醒ᄒ제世界形便唱道ᄒ니先覺者가이아닌가國體力이將成ᄒ나各社會가잇섯고나

▲밋헌일이무엇인고英年志氣培養ᄒ제列强硬氣嘘人ᄒ야植材自庇ᄒ던날에國家楨幹可期로다新精神을猛醒ᄒ니各學徒가잇섯고나

▲밋헌일이무엇인고四大山川指點ᄒ니啓明星이照ᄒ야發大經刧더人民이自治制度聞知런가各相勸勉組織ᄒ니民議會가잇섯고나

▲밋헌일이무엇인고荒蕪所陌開拓ᄒ면沃野千里되는이라森外耕作模倣ᄒ야新器械를製造ᄒ니不費人力有秋ᄒ제殖務會가잇섯고나

▲밋헌일이무엇인고舟車萬國相通ᄒ니通商積이自在ᄒ되直輸入과陳列品은興販規模稍成ᄒ야富强基礎將期ᄒ니商業會가잇섯고나

▲밋헌일이무엇인고鐵工場을初設ᄒ야各樣機械新備ᄒ제奇巧手法學得ᄒ야人造物이豊盛ᄒ면輸出品이倍加ᄒ니工業所가잇섯고나

▲밋헌일이무엇인고金融不通憂慮ᄒ야資本家中幾人士가互相勸勉出資ᄒ니財政界에實業지라貨源漸次開發ᄒ제銀行所가잇섯고나

▲밋헌일이무엇인고樵歌牧曲더牧童도國民中의壹分子라晝出夜歸勤勞ᄒ며愛國誠이激切ᄒ야新知識을키불ᄒ제夜學校가잇섯고나

▲밋헌일이무엇인고俱是雲祖百孫으로敦睦之誼適別이라各其門中設會ᄒ고학業發展同盟ᄒ니事半功倍이아인가花樹會가잇섯고나

雜報

●呂氏不明 本報第八百五拾[illegible]號雜報欄內에固來易知라呂朴[illegible]宿[illegible]弟[illegible]將[illegible]시며呂永福박大위兩人이議計[illegible]捕捉ㅎ엿다ㅎ事件에對ㅎ야呂[illegible]氏가[illegible]에[illegible]言ㅎ기를余[illegible]被捉根因에[illegible]所[illegible]共謀ㅎ[illegible]바[illegible]夫[illegible]因[illegible]此等無據ㅎ[illegible]余가[illegible]相[illegible]者[illegible]名[illegible]大[illegible]名[illegible]字[illegible]與[illegible]字[illegible]似[illegible]誤[illegible]明ㅎ기로[illegible]노라

廣告

南部[illegible]坊[illegible]里余[illegible]五統[illegible]戶李[illegible]家[illegible]果同[illegible]統人戶田在[illegible]家[illegible]券[illegible]號與合戶[illegible]不知中[illegible]失[illegible]故玆以廣告[illegible]休紙施行

戶主 [illegible] 告白

本人의弟明[illegible]이[illegible]浮浪[illegible]야自己의家[illegible]出[illegible]ㅎ고[illegible]本人의田畓을典執或賣渡[illegible]偽造文券ㅎ야出沒[illegible]오니內外國人은勿見欺ㅎ[illegible]

吳 [illegible] 告白

南原郡居[illegible]七斗石[illegible]이[illegible]郡[illegible]理院[illegible]昨秋에播還[illegible]指令[illegible]下[illegible]際에郡人[illegible]京[illegible]指令을帶還[illegible]旋[illegible]春[illegible]金[illegible]西洋雜[illegible]石畓[illegible]私[illegible]光[illegible]郡民[illegible]表[illegible]石畓[illegible]還[illegible]教育上公益事業[illegible]全州裁判所[illegible]交涉[illegible]廣佈[illegible]京[illegible]君子[illegible]照亮[illegible]於[illegible]六統五戶李喜[illegible] 白

西署[illegible]華坊[illegible]井洞[illegible]九拾[illegible]統八戶[illegible]元[illegible]九[illegible]六八月二日에金三百八拾[illegible]價[illegible]家券[illegible]路中[illegible]失[illegible]故로玆에廣告[illegible]內外國人은[illegible]休紙施行

梁 [illegible] 告白

●學員募集廣告 (二個月) 簿記 速成科

本校에서[illegible]本月拾六日(陰六月拾八日)內로入學請願[illegible]本校에[illegible]上學時間下午六時至八時[illegible]門[illegible]洞教堂[illegible]攻玉學校[illegible]但時間[illegible]時改定[illegible]

本所營業[illegible]事故가有[illegible]야廢止[illegible]委托[illegible]物品[illegible]越便競賣所로移[illegible]留[illegible]委托[illegible]

[illegible]路[illegible]競賣所 白

●學員募集廣告

本所에서數學[illegible]教授[illegible]

時間 下午五時至六時

科目及 [illegible] 數學科

自加減至[illegible]約法
自分數至小數
下午四時至五時
自諸等至百分算
自開平至求積法
自代數加減至立方根
下午六時至七時
幾何三角追後添入事

修業期限 每科二個月

月謝 每科 四十錢
兩科 五十錢

入學金 八十錢

●入學私立[illegible]來納事

[illegible]私立[illegible]新中學校

[illegible]講習[illegible]

所[illegible] 李命七

崔在[illegible]

本人[illegible]

本會通常總會를本月十二日(日曜)下午一時[illegible]本會館內에서[illegible]오니[illegible]有志人士[illegible]屆期[illegible]

畿湖興學會 告白

本會通常總會[illegible]來日曜[illegible]午[illegible]壹時[illegible]有志人士[illegible]屆期光[illegible]

湖南學會 告白

[illegible]天道教中央總部 告白

左開 [illegible]

林[illegible] 洪[illegible] 洪[illegible]光
羅[illegible] 劉漢[illegible] 金洛[illegible]
[illegible] 張[illegible] 韓[illegible]
吳明[illegible] 安[illegible] 金明[illegible]
林永秀 [illegible] 崔[illegible]
鄭[illegible] 金[illegible] 鄭[illegible]
張[illegible] [illegible] 朱明得
方[illegible] 吳[illegible] [illegible]
[illegible] 金[illegible] [illegible]
趙[illegible] [illegible] 金[illegible]
[illegible] [illegible] 金[illegible]
[illegible] [illegible] 鄭[illegible]
[illegible] 金[illegible] 黎[illegible]
朴化生 張[illegible] [illegible]永[illegible]
具昌根 趙[illegible]休 朴洛[illegible]
中光[illegible] 全[illegible] 宋年浩
白永[illegible] [illegible] 全[illegible]
閔泳[illegible] [illegible]東[illegible] 朴在然
辛[illegible]集 [illegible] 宋[illegible]浩

其於人道之原則ㅎ고重於正義之誠實ㅎ며以親切爲旨ㅎ야訴訟事件並代官廳請願事件을受依托ㅎ

京城[illegible]洞六拾四統貳戶
東洋大學前講師
辯護士 日本法律學士 木尾虎之助

新刊書籍廣告

新編動物學 全壹冊 定價四拾錢
初等小學 全四冊 壹圓卅錢
現行刑[illegible] 全貳冊 壹圓
[illegible]傳 全壹冊 [illegible]
政治小說 雪中梅 全壹冊 貳拾錢
演說法方 全壹冊 貳拾錢
新訂算術 全參冊 六拾錢
中等算學 全貳冊 壹圓
教育議 全貳冊 廿五錢
無[illegible]錄 全壹冊 四拾錢
世界一覽 全壹冊 貳拾錢
大韓帝國新地圖 全壹冊 五拾錢
刑法[illegible] 全壹冊 [illegible]
二十世紀[illegible] 全壹冊 卅九錢
日語獨習 全壹冊 四拾錢

發賣所 滙東書館
[illegible]城南署大廣橋[illegible]拾七統四戶
全州南溪[illegible] 張在彥

本所에서諸般測量製圖設計等을精確迅速ㅎ오니僉君子ㅣ需應ㅎ오니急速來議ㅎ시오

西部南門外[illegible]四拾三統七戶
廣化測量事務所
總務 [illegible] 事務員 [illegible]

設 清國料理店 包辦各色

[illegible]漢城中[illegible]西河[illegible]新設[illegible]酒席價廉味美並且樓房潔淨[illegible]於陰曆六月初二日開市[illegible]僉君子知此照亮

會英樓 主人徐鴻洲 謹白

本館[illegible]立[illegible]有志諸氏가[illegible]成ㅎ야新聞縱覽之[illegible]亦[illegible]發傳之[illegible]教育[illegible]不得不[illegible]學校用品及衛生良藥을[illegible]發賣ㅎ오니僉君子ㅣ光顧ㅎ심을[illegible]

[illegible]州南門[illegible]商館朴[illegible] 白

●參茶 新種이本社에來到ㅎ얏스니[illegible]君子[illegible]購[illegible]郵便送[illegible]郵便送交[illegible]

西部[illegible]井洞[illegible]發賣[illegible] 白

●初等算術教科書

精[illegible]會主人鄭[illegible] 氏著作洋裝壹秩[illegible]定[illegible]三拾冊以上을[illegible]외二割引을減ㅎ[illegible]但地方에셔百冊以上을請求ㅎ[illegible]時ㅣ[illegible]本書[illegible]數大家[illegible]國의算學[illegible]年의[illegible]術[illegible]原理原則[illegible]在學[illegible]必須[illegible]易[illegible]獨習[illegible]

發賣元京西部[illegible]統六戶 鄭[illegible]

本店에[illegible]洋服[illegible]에서新[illegible]오니僉君子[illegible]

洋服裁縫店 [illegible]

公告

지금부터 경성 [illegible] 본국과 [illegible]

隆熙二年六月

龍山印刷局

◉活字及印刷機械製造[illegible]

其他[illegible]機械[illegible]金銀各[illegible]並活版石版[illegible]一式[illegible]

새로 수업을 창설ㅎ야 [illegible]
[illegible] 사셔 가시는이[illegible] 본점에셔 [illegible]
보내셔 [illegible] 아니밧고 직공을
주겟슴는이다

京城長谷川町二丁目(石井家)

江川活版製造所支店

本店 東京日本橋區長谷川町 電話浪花八八八番
鐵工場 東京京橋區[illegible]町 電話本局二七二六番
支店 仙台市[illegible]分町 電話一一七番

본국제조인주ㅣ빗치 아름답고 또 유빅년을 지내드리도 결단코 빗치변ㅎ거나 가업고 재료[illegible]이 오며 또 만코 저금을 [illegible]구ㅎ고 [illegible]가시기를 [illegible]

漢城南大門外濟衆院方藥
前醫學校長勳五等池錫永氏有效證明
醫學博士　洪錫厚氏　實驗方劑
製藥鑑查人　朴慈惠　李觀化

四時靈藥 **治痰平胃丸** 一包에九十丸入 定價金拾錢

此丸藥은大韓兄弟腸胃에適當ᄒᆞ도록調製ᄒᆞ야數十年來累試累驗ᄒᆞᆫ藥인ᄃᆡ主降生一千九百八年에醫學博士洪君이精細改良ᄒᆞ야中暑中寒諸症에虎列剌怪疾과毒感瘟疫을預方케ᄒᆞ고健胃消滯ᄒᆞ야諸般滯積을順下ᄒᆞ며卒地嘔吐泄瀉와赤痢白痢와胸腹刺痛과聲咳白痰을能治能止ᄒᆞᄂᆞᆫ靈藥이오

製造本舖 漢城鐘路萬國基督教青年會館 前西洋藥 都賣業慈惠藥房

[illegible]

隆熙二年六月二十二日內部許可ᄅᆞᆯ得ᄒᆞ고每日壹次式陽曆十五日에發行

編輯主筆大韓의院教授　劉世煥
醫藥論說著述前의學校長勳五等　池錫永
英米處方藥翻譯의學博士　洪錫厚
發行者慈惠藥房營業主　李觀化
印刷者慈惠藥房附屬普印社主任　洪　金

目的

韓國新製藥　德國新製藥
日本新製藥　英國新製나
淸國新製나　美國新製약
以上藥品의本治效能과用法과定價金을以國漢文으로翻譯ᄒᆞ고
洋藥乾材　韓약材　韓약乾村
但漢城銅峴時價ᄅᆞᆯ每月報告홈

▲大韓國新發明 령약
健胃 ▲八寶丹 九拾五粒
消滯 ▲팔보단 入金拾錢

承寧府典의正三品洪哲普閣下實驗處方과陸軍々의의學校教官張基茂君有效證明으로此丹을발行이온바新久滯積과急霍關格과霍亂사腸과胃腹疼痛과頑痰固飲과新久泄瀉와七情鬱結과本土不服과頭暈眩暈諸症에壹服見效ᄒᆞ오니衛生君子ᄂᆞᆫ光顧試可ᄒᆞ심을爲希홈

瘡病 ▲사향소창단
神藥 ▲麝香消瘡丹

此丹이於諸창에無論男女老少ᄒᆞ고若服壹劑하면實有神效ᄒᆞ야百발百中ᄒᆞ오니非例方可及也라若論主治則楊梅下疳連珠風濕頭창諸症에俱見立效ᄒᆞ오니養痾僉君子ᄂᆞᆫ壹次試驗ᄒᆞ시옵

婦人 ▲태양됴경환
靈莉 ▲胎養調經丸
壹個月分入 定價金五圜

大抵婦人이年過ᄒᆞ도록不受孕者ᄂᆞᆫ由於有病也라若不趂早研究ᄒᆞ고等閒看過則非但壹個人에不幸이라抑亦全國生育之理와關係가不淺也니僕이十五年을消費ᄒᆞ야內外國高明의士에實驗方을選擇ᄒᆞ야先自僕家로從及他人ᄒᆞ야累試普驗에十분而捨效ᄒᆞ옵고且此약이非但受孕之神劑라治冷。治積。調經。調血에俱有實效ᄒᆞ옵기玆以廣布ᄒᆞ오니僉員ᄂᆞᆫ壹次試驗ᄒᆞ시면價值을可知이옵

발行人　仝　리應善
약製所인川港축峴和平堂藥房
右三種약은各地方이라도請求ᄒᆞ면우편으로부치ᄂᆞᆫ슈도잇소
京城支店　鍾路衣廛下和平堂
代理店仁川港축峴제生堂약房

京城大廣橋共愛堂약房
發賣所
仝 남대大廣橋濟生堂支店
仝 仝大東書市支店
仝 何동博文書館
仝 洞口내 相信號典當포
仝 鐵物橋 毛衣房리洛瑾
仝 小廣橋 毛衣房리厚根
仝 壽進동 上隅三可病院
仝 大寺동 共濟病院
○仁川港내리閘豐旅館韓禹根
仝 읍내 金濟鉉
○江華鍾路 宋順五店
○開성 남문내朴圭植商店
仝 남문내明新冊사리貞錫
○水原 남문내 김濟九약舖
○海州 남문내리東植商店
○延安읍내 邊汝文洋藥局
○長淵 남문내 崔在淳
仝 砂里院耶蘇教堂리在善
○黃州남문내 紅문동리東赫
○平壤 雙巨里 韓鳳儀藥舖
仝 館前 김龍興藥舖
仝 文武洞 桂澤善약포
○鎭남浦 竝동 김元섭藥포
仝 제生堂出張 吳南駿
○群山港 開福洞 金斗鉉
仝 大井동 리春善약房
○禮山 용谷里 리東赫
○大邱 남문내 리明直약局
○元山港 남甲元약局
仝 제生堂支局 朴敬鎭
○肅川 西문내 박致心약局
◉會寧場 鄭聖瑞약局
○釜山港 제生堂出張錫昌鎭
○安州성내義井동回春大약房
○安岳邑上場 제生局林普景
○義州남문外木口街義和약房
○載寧읍後동 洋약局崔允國
○定州남문내 洋약局리健柱
◉郭山읍 洋약局 羅應彬
○宣川읍 冊사 安　奎
鐵山읍 永春堂 安　灝
仁川港和平堂白

◉大韓國新發明神藥
◉修腹靈丹 各種食滯中暑久滯口臭霍飲吐瀉 定價一貼十錢
◉至寶丸 治諸般雜疾不拘久遠俱有偉效 定價金十錢
◉靈效液 外用芳香治疥瘡皮風 百發百中 定價金三拾錢
◉清眼水 治諸般眼疾有神靈見 天之妙 定價金拾錢
◉通淋丸 治男女急慢淋疾神效 無雙速效除壽壹週金五拾錢
漢城南部大廣橋西邊第三家十九統七戶 共愛堂大藥房 謹白
製劑발行所
支店 開城남門內共愛堂第壹支店 群山港開福동共愛堂第二支店 河東郡弥坪面共愛堂第三支店
代理店 漢城北部大安동 仝 香路靑年會館前 仝 西部新門外石橋 濟生堂 仁川축峴 仝 和平局
發勳樑 리春善 黃鍾秀 仁濟藥房 慈惠藥房 普濟醫院

●大韓新발明靈藥廣告
此外에도東西洋各國有名賣藥과草材藥이俱備하오니藥의多少를不拘ᄒᆞ고請求ᄒᆞ시면小包로仰呈ᄒᆞ게ᄉᆞᆸ

• 陸軍軍醫金守鉉君實驗方劑
• 陸軍軍醫張基茂君有效證明
• 四海衛生之諸君子常備之良藥
消化新藥 **淸心保命丹** 九十粒入金拾錢
發行所 仁川港杻峴 濟生堂藥房

●右丹의主治効能은如左
●담飮咳嗽 ●吐瀉 ●水土不服
●氣鬱腹痛 ●酒醉 ●中暑中寒
●食積食傷 ●咽喉 ●口熱惡臭
●其他諸般疫氣癘疫預防妙약
總發行所京城南大門內 濟生堂支店李應鳳
●리城內문外 제生堂支店具又賢
●元山港銘石院 濟生堂支店박敬鎭
代理店京성大廣橋共愛堂
●京泥峴三丁目 仝 鍾路慈惠약房
仝 鄭便局前天佑堂약房 新井약店
仝 남大남문내博文書館盧益亭
仝 梨峴洋약局 리信華
仝 大安洞 仁濟약房
仝 壽동三可病院 朴喜遠
●仁川축峴和平堂 리應善
同本町 新井藥房
●海州남문내 宋在瑛
仝 仝商店 리奉鎬
●水原종路下약房 金濟九

●延安邑內洋약局 邊汝文
●江華종路店 尹斗鉉
●長淵남門내 崔觀淳
●砂里院嫡내客主 任允中
仝 耶蘇教堂내 리淑善
●瑞興邑내 許완
●汗浦驛東美送部 김奉圭
●黃州남문내紅문동 리東혁
●安岳邑上場里제生局 林景선
●載寧邑後동洋藥局 崔允國
●忠州東良面早逝 김鎭和
●信川邑四里洋약局 김永植
●長連邑東里冊肆文爽冠
●平壤里관동出張人 尹寬혁
仝 雙巨里濟生局 韓鳳儀
仝 館前衛生의院 金龍興
仝 文武동제生局 桂澤宣
仝 大興部壹里藥局 崔龍化
●鎭남浦竝동冊사 김元燮
仝 后浦本堂出張人 吳南駿
●安州성내義井동回春大약房
●博川邑美동商店 朴芝行
●定州남문내洋藥局 리健柱
●郭山邑大街冊사 김大鉉
●宣川邑내冊사 安　濬
●鐵山읍내永春堂 安　灝
●義州남문外水口街 崔錫浩
●龍川읍宣洋약局 리丙斗
●群山港開福동 김斗鉉
●大邱남門내劉還洞 김成浩
●釜山港東館本町商店 리炳夏
●北靑新昌港客主 朴錫勳
●木浦各國居留地松房 徐岐見
●全國내各약店마다隨隨販賣
仁川港축峴
京성남大문내 濟生堂白

●新發明梅毒당藥廣告
陸軍軍의金守현實驗方劑
落梅丹
口瘡不發창病去根之당藥
壹劑五百粒定價金 三圜
主治 梅毒「唐창」新舊창
●寒熱●皮膚病●倭마瘡私
●뎌病
已上病證外에男女間에不精交合ᄒᆞᆫ後에若疑아之端이有ᄒᆞ야도此藥壹劑만服用ᄒᆞ면完無後慮ᄒᆞ고脾胃도健全홈을擔保홈
此外에도의療機械와精美ᄒᆞᆫ藥材ᄅᆞᆯ新備ᄒᆞ고內外科各色疾病을誠心治療홈
皇城北部大安洞
仁濟藥房 高用진 謹白
代理店
京城鍾路 共愛堂약房
仁川港龍洞 濟生堂
國內各處藥局에서隨應販賣홈

○廣告料
四号活字十三字詰每日每英尺一寸에新貨金五錢
(每日每行六전에相當홈)
二週日에 二圜五十錢
每日每行四錢五厘에相當홈
一箇月에 五圜
每日每行四錢一厘에相當홈
其期限의長短과字行의多寡ᄅᆞᆯ依ᄒᆞ야斟酌홈이有홈

發行兼編輯人英國人　萬　咸
發行所
南署石井洞號外壯三府洋屋內
大韓每日申報社

[illegible] 診察의師ᄂᆞᆫ외科博士 洪錫厚 慈惠房藥房營業主 李觀化 全國拾三道에以小包郵便으로 製藥所主任 李惠[illegible] 製藥所印刷所南廛職工大[illegible]

第六卷

大韓每日申報

第八百五拾五號

月曜及慶節
誕時日休刊

檀君開國四千二百四十一年
箕子元年三千三十年
大韓開國五百十七年
日本明治四十一年
淸國光緒三十四年
陰曆戊申六月小十六日庚午

寄書

▲其民이怠惰奢侈면其國이必亡

金昇璣

余嘗讀布哇島歷史ᄒ니該島ᄂᆞᆫ元來人種이千萬이오兼且氣候溫和ᄒ야每歲三四度穫稼이有ᄒ고奇花佳樹ᄂᆞᆫ四時同然故로世稱別天地라然而人民의習性이怠惰ᄒ야食力을不肯하고遊食을全事ᄒ야每日勞役에十日遊宴ᄒ고壹人耕作에拾人聚食라가畢竟他族의壓迫ᄒ바共滅ᄒ야現今生存者幾千名에不過ᄒ니良可痛歎이오且以眼前時事로論ᄒ면本部南去五十里越隔ᄒᆫ가島ᄂᆞᆫ甘泉沃土가可活萬人ᄒᆯ大勝區라昔前該島春夏耕作과秋冬樵伐로勤儉爲業하며夏葛冬綿도本土所産으로自衣自食이剩得有餘ᄒ야幾百名人口가曲々處々에櫛比成聚러니壹自甲午淸日戰爭後로該土人民이比前窮困은良有以也라當年避亂入島者의豪富ᄒᆫ儀態와華麗ᄒᆫ器具와鮮美ᄒᆫ衣服을土人들이驚目欽心ᄒᆫ지라於是乎自己物産은棄如弊ᄉᆞᄒ고外地物品을輸入ᄒ야日用凡節이極奢華麗ᄒ니耳目所使ᄂᆞᆫ快好나腸胃所飢에奈何오以是舀債如山에辦拙莫甚이라自古及今에怠侈而不亡者未之有也니殷鑑不遠에覆轍을可戒로다

嗟我大韓은土地가八萬二千方里오人民이二千萬衆同胞라山川秀麗ᄒ고水土肥沃ᄒᆫ바以若堂々 帝國으로外債如邱하며民心解瓦ᄂᆞᆫ何故오良有以也니請申其槪ᄒ리다普通人情으로觀察ᄒ면貴賤男女를勿論하고遊衣遊食하ᄂᆞᆫ所以로官人社會에서ᄂᆞᆫ某部視務ᄂᆞᆫ積滯不敍라ᄒ면서도觀覽會니苑遊會니ᄒ야壹次宴會에幾百元幾千元式虛費ᄒ고壹般民會ᄂᆞᆫ始勤終怠之習慣으로不能爲々々라고만ᄒ고通常會가何ㅁ인줄도줄昧者拾常八九오學會ᄂᆞᆫ政革黨이라自稱ᄒ지만其中不正行爲가種々有之ᄒ니完全ᄒᆫ改革이라稱ᄒᆯ分無ᄒ도다

其餘如農如賈之人民은外國物品而華麗而易用이라고日々買用ᄒ기로爲業ᄒ야自國物品이應用ᄒᆯ者有之라도壹分實買에視如楚越ᄒ고甚至於양灰水와胡燒酒와양말鴉片沙器木箸等屬々지輸入快用키로作定ᄒ고所謂乾遲者流ᄂᆞᆫ壹分錢不備하고도狠心猿性으로幾兩幾元價値되ᄂᆞᆫ物品을無代金而任用ᄒ야數人驕財로爲壹能事ᄒ니如此ᄒ고야國家保存을爲足以預辨乎아今後로ᄂᆞᆫ自國所産으로製造通用ᄒᆯ方針도研究ᄒ며所産製造가雖不如彼라도自國精神으로强作通用하며外物當用者ᄂᆞᆫ用之ᄒ고如于本國에도自足ᄒᆫ物品이有之ᄒᆫ대何必苟々從外輸入ᄒ야消耗全國之財政ᄒ니布哇島民의怠而遊食과가島土人의金本好奢之懶性과何如하오

嗚平惜哉라如是遊宴所費와濫用等節에ᄂᆞᆫ濡手不恡다가有勸之以敎育事業ᄒ면聚首而相嗇曰當此時代에何暇敎育이리오ᄒ야反有妨於敎育ᄒ니此非有何繹綸而然也라出於吝財之情慾ᄒ니然則如是投北不受之類를龍門山大禹鑄斧로劈其腦筋ᄒ며傅浪沙張良狙椎로驚其骨髓然後에야祖國精神을換注腦髓ᄒᆯ진뎌

嗟我大韓同胞여怠惰不勤과奢侈濫用習慣으로遊衣遊食ᄒ던惡念은一刀斷去ᄒ고千百事業과壹般敎育으로熱心做去ᄒ야上報 殿恩ᄒ며下答同胞하옵시다

外報

●兩帝會見의預期 伯林電을據ᄒᆫ즉俄國皇帝ᄂᆞᆫ法國大統領페리엘시와會見ᄒ기爲ᄒ야本月廿六日에레불港에到着ᄒᆯ터이오大統領은其日에同港에到着ᄒᆯ豫定이라ᄒ얏더라

●米國酷暑의發熾 紐育電을據ᄒᆫ則米國에ᄂᆞᆫ酷暑가繼續ᄒ야又本月八日에九名이致死하얏다더라

●波斯王打電 倫敦電을據ᄒᆫ즉波斯國王은駐法公使의게打電ᄒ야曰波斯情形이危急ᄒ다言ᄒᆷ은訛傳이오且憲法을維持하기로誓ᄒ다ᄒ얏다더라

●南米革命 路透電을據ᄒᆫ즉남美파라귀共和國에革命黨이起ᄒ야激戰ᄒᆫ後에政府가敗ᄒ야內閣員은亞爾然丁公使館으로避難ᄒ얏다더라

●日語講座新設 同電을據ᄒᆫ즉英國옥쓰포-드大學校에서日本語學及文學의講座를新設ᄒ기로承認ᄒ얏다더라

●烟草場失火 日本山形縣北村山郡東根村烟草分工場에서出火ᄒ야同工場及事務所民家等三戶가燒火ᄒ얏ᄂᆞᆫ데烟草燒失의損害額만三千餘圓이라ᄒ얏더라

●米國民黨宣言 桑港電을據ᄒᆫ즉米國코로라도州에서民主黨大會가政綱을宣言ᄒᆷ이如左ᄒ니

本黨은亞細亞人種移民의入國ᄒᆷ을反對ᄒᆷ

彼等은我國國民과混雜ᄒ야同化ᄒᆷ事를不許ᄒᆯ지니彼等의入國은人種問題를釀出하야東洋諸國政府와外交上爭論을惹起ᄒᆯ慮가有ᄒ다云ᄒ얏더라

●回航艦隊出발 路透電을據ᄒᆫ즉米國回航艦隊ᄂᆞᆫ뇌우잔드로向ᄒ야桑港에서出發ᄒ얏다더라

●日船被捉 東京電을據ᄒᆫ즉日本獵虎船拾六隻內에三井丸은勘察加沿岸에서俄國監視船의게捕捉되야船長以下三拾壹名이政廳에引致되얏다더라

雜報

●德校漸進 固城郡私立德明학校에서開校兩載에財政이不敷ᄒ야困難이莫甚하더니該郡守俞肇淳시가熱心贊助ᄒᆷ으로校況이漸進ᄒᆫ다고남來人이稱道ᄒ더라

●月校試驗 楊州郡月山培인학校의셔日昨의夏期試驗을經ᄒ고壹般優等生及第生의게ᄂᆞᆫ本校總務姜秀遠시가洋紙學冊石筆等物로優數獎賞ᄒ얏다더라

別報

◎裴說氏의公判顚末

第三回 續

크로쓰씨乃曰君이義兵의主將되얏ᄂᆞᆫ理由를言ᄒ라曰條約에韓國政府가日本과列强으로더부러條約을成立ᄒᆫ以來로ᄂᆞᆫ吉兆가殆得ᄒ더니光武九年五條約이成立된以後로ᄂᆞᆫ政府의狀況이變替되야 皇威與政權이殆乎日本保護下에在ᄒ니本人은卽韓臣이라日人을逐出ᄒ고此國의失墮ᄒᆫ獨立權을恢復ᄒᄂᆞᆫ거시自己의職責인줄노覺得ᄒ얏나니다

크로쓰 問君이此로因ᄒ야受刑ᄒᆷ이無乎아(閔)曰無ᄒ니이다

월킨손시曰彼가斬에處ᄒ얏다가赦免이되얏나니다

크로쓰시問君이被囚되얏더뇨

閔曰然ᄒ오이다

裁判官曰 如吾ᄒ야ᄂᆞᆫ「免死나되얏노라」고答ᄒ깃도다(聽衆이大笑)

크로쓰시問幾多時나被囚乎아

(閔)曰九個月이니이다

크로쓰시問何處에뇨(閔)曰京城監獄署니이다

크로쓰시問君이在囚時에何等待遇를受乎아(閔)曰審問만ᄒ얏나이다

크로쓰시問何謂乎아(閔)曰裁判廷에서各樣審問ᄒᆷ에對ᄒ야答言ᄒᆷ이니다

크로쓰시問何等壓迫을當ᄒᆷ이有乎아(閔)曰審問ᄒᆯ際에ᄂᆞᆫ壓迫을當ᄒ얏사오나訊問後에ᄂᆞᆫ治安妨害의行動인지무엇인지라고ᄒ야死刑에宣告ᄒ미本人이無罪ᄒᆷ으로辯解ᄒ얏스나無效가되얏나이다

크로쓰시問出獄ᄒᆫ지幾許間이뇨 閔曰昨年陰六月에本國內閣에判決노南方珍島로流配되얏나이다

크로쓰시問解放된지幾許間이뇨(閔)曰六個月後에放逐되얏나이다

크로쓰시問沈雨澤이라ᄂᆞᆫ人을知乎아(閔)曰然하다珍島에서見ᄒ얏나이다

크로쓰시問沈시ᄂᆞᆫ珍島에서何事를做ᄒ얏나뇨 閔曰彼等은保諾다ᄒᆫᄂᆞᆫ韓人組織會의關係로來ᄒ얏더이다(原來沈氏ᄂᆞᆫ保安法에依하야移附되얏ᄂᆞᆫ뒤閔씨ᄂᆞᆫ保安會로意ᄒᆷ이던지且保安會保諾도誤言ᄒᆷ이러라)

크로쓰시問沈시가放逐이되얏더뇨(閔)曰其人이內部의監守下에在ᄒ더이다放逐도ᄂᆞᆫ新章程과特別監督도人民을處置ᄒᄂᆞᆫ等件에關하야ᄂᆞᆫ本人은明白히了解치못ᄒᆫ故로沈씨가如何關係나緣由로彼地에來ᄒ얏든것은未能快知ᄒ나이다

裁判官曰政府에서君을彼地로送ᄒᆫ것은君이知乎아「閔」曰니部에서送하얏나이다

크로쓰시曰大韓每日申報라ᄒᄂᆞᆫ新聞을購覽ᄒ거나或曾往에閱覽ᄒᆷ이有乎아「閔」曰往昔에居鄕ᄒ야ᄂᆞᆫ此를不讀ᄒ얏스나昨年拾壹月에京城에來ᄒᆫ後로부터親自購覽은아니ᄒ나他人의게서借覽은하얏나이다

크로쓰시曰賀人也로다(聽衆이大笑)

閔曰昨春爲始ᄒ야ᄂᆞᆫ親知의게서如是히借覽ᄒ얏나이다

크로쓰시曰俱樂部에서보앗나부(此ᄂᆞᆫ購覽ᄒᆫ다說出ᄒ기畏憚ᄒᆷ을嘲笑ᄒᆷ」聽衆이大笑」

월킨손시曰아마曰送件(선샤로보낸것)이나讀하ᄂᆞᆫ가부군(購覽하기吝嗇ᄒᆷ을嘲笑ᄒᆷ」聽衆이再笑)

월킨손시가反覆權詰ᄒ시閔曰汝가閔씨의有名ᄒᆫ親族이아니며 皇族之親이아니뇨閔曰帝쎠이엿고또高位에在ᄒ얏나이다

(未完)

禮拜日외ᄂᆞᆫ休業ᄒ오
洪晉
盧基창
朴成仁

雜報

◎祭台增廢 前報와如히京城肅淸殿과水原華寧殿廢止件과名陵園祭享節次를改定홈과各宮祭享은毓祥宮으로合設홈事와四山川과各壇은社稷으로合설홈事와地方各壇에享祀하던各壇殿止홈事를掌禮院에셔修正하야宮內府로呈納하야日間頒布홀다더라

◎春宮御講說 皇太子殿下셔셔近日暑炎을因하옵셔休學하신故로太皇帝陛下셔問候次로從近御殿하신다는說이有하다더라

◎東宮問候 承宣君李埈鎔氏가昨日午前時에太皇帝陛下에問候하얏다더라

◎兩闕辭陛 伊藤統監이再昨日下午壹時에村田少將과國分書記官을帶同하고大皇帝陛下에辭陛한後同二時에德壽宮으로轉進하야太皇帝陛下에辭陛하얏다더라

◎賜饌統監 伊藤統監이再昨日昌德宮에辭陛한事는別項과如하거니와宙合樓에셔賜饌하신디總理大臣以下各部大臣이同參하얏다더라

●同件統監 中樞院議長金允植과[illegible]統監과作件하야日本에渡去할터인故로昨日上午拾壹時에大皇帝陛下께와太皇帝陛下셔辭陛하얏다더라

◎賜勳日官 日本國內務省參事官法學博士水野鍊太郎氏를特敍勳貳等太極章을下賜하옵셧더라

◎義王回暢 義親王殿下셔옵셔消暢次로再昨日에塔골僧房에行啓하셧다가卽時還城하옵셧다더라

◎李義命選 桂山學校長義陽君李載覺氏가請願한代에俞星濬氏가被選되얏다더라

◎禮卿辭疏 掌禮院卿李載克氏는今番에各祭享減省件에對하야國初로셔設施하야至于今셜行하든祭享을曷히氏가掌禮院卿으로셔或減或廢하는것시未安之心이有하야日昨에辭職疏를奉呈하고該院의仕進치아니한다더라

◎統監晩餐 伊藤統監이昨日下午七時에統監官邸에셔晩餐會를設하고各大臣과中樞院顧問諸氏를請邀款待하얏다더라

◎餞宴答辭 總理以下各大臣이伊藤統監을爲하야昨日送別宴을設行할時에統監이各大臣에對하야政府刷新上關係로壹場說明하얏는대總理大臣李完用氏가各大臣의代表로答辭하얏다는대當日參宴諸公이合六臣과統監府高等官以下라더라

◎軍艦接待 伊藤統監이歸國할터인대搭乘할軍艦이再昨日仁港에到泊하얏다더라

◎送孃留學 總理大臣李完用氏의令孃이高等女學校에入學하얏는대將次日本에留學할計料라더라

◎郡守免件 各道府郡守의任免件을已往에는內部에셔擬하더니今番地方官官制令改正에對하야觀察使가同閣으로直接修報하야官報에揭載케한다더라

◎知事變動 本月十三日東京電報를據한즉今番日本府縣이交迭된結果로東京府知事와北海道長官其他五六人의知事가變動되얏다더라

◎郡主免官 博川郡主事朴承文시는該郡財務署에셔公廨를借給하란거슬越時借與치아니한事로免官되얏다더라

◎員役解散 奉常司는原來各壇과山川位牌를奉安하얏더니別項과如히各壇과山川祭가廢止되는故로該員役等을解散하얏다더라

◎調査局組織 帝室有及國有財產調査局에諸般文簿를壹々調査하야再昨日度支部로沒數引繼하얏는데該局에셔觀務하던官吏는度支部로仕進視務한다더라

◎顧問旅費 日本內閣所屬各官廳顧問[illegible]洪運构等山直彥兩氏가前報와如히昨日上午九時에京釜鐵道發車를搭乘發向하얏는대旅費는各其三百圓式을支給하얏다더라

◎三倅辭退 各地方郡守를選送하는대現帶京城執務하는者中六人으로各方郡守로執務하라하되該郡守等은薄俸으로는地方의下去하야難支하깃다고辭退하얏다더라

◎履歷繳送 掌禮院에셔[illegible]履歷書를繳送하라하얏다더라

◎經義再試 日昨成均館에셔經義問對四書策의被格된者가合爲三十二名이라는대他人의試驗을代表하야應試한者가有하다는[illegible]入門이有함으로學部에셔今番에被格한三十二名을招致하야再次試驗을施한다더라

◎拓殖延期 東洋拓殖會社創立은今年秋期까지延期된다더라

◎農銀合併 咸興農工銀行은再昨日에漢城農工銀行과合幷하야[illegible]新설하얏다더라

●市街土地競賣 咸鏡北道淸津港의市街土地를八月二拾二日에競賣할旨로發表되얏더라

◎馬港牛疫 馬山港의셔去月二十八日以來로四個日을經過할기시지牛八頭가發病하야不食하고晝夜間의斃死할지라臨近牛疫이라云云하는대又七月拾日牛壞의셔牛壹頭가疫疾의罹死하고또馬山地方의셔는其後로牛疫이益々流行할兆짐이有함으로獸醫를請하야豫防法을講究中이라더라

◎疑是虎患 本月五日江原道金城郡[illegible]虎[illegible]死傷[illegible]

◎淸日協商不協 鴨綠江採木公司協定의細則은日下來天의셔淸日兩國委員의協議[illegible]互相衝突[illegible]

◎自行車競走 漢城內各國人民等이再昨日訓鍊院에會同하야自行車競走會를設行하얏다더라

◎花月同窓 日本國慶應義塾에셔修學한韓日兩國人이昨昨下午六時에花月樓에셔同窓會를設行하얏다더라

◎兩氏贊成 池[illegible]兩氏는[illegible]測量[illegible]務所를設立하고測量製圖設計等을精密하게[illegible]로領收하며貧寒한同胞의家屋은無料로多數測量하는故로稱頌이有하다더라

◎[illegible] 殖工研究會設立總會를來水曜日下午[illegible]開催한다더라

◎開會時間改定 輔仁學會에셔總會日字를改定홈은已爲揭載하얏거니와開會時間은每月第壹土曜下午二時로改定하얏다더라

◎協會云選 大韓協會會長南宮억氏의辭免한代에[illegible]

◎普校試驗 三湖普成學校에셔夏期試驗을經하얏는대甲班優等生은[illegible]徐玩泳이오乙班優等生은朴仁男金商松等六人이오丙班優等生은金學[illegible]等三人이오丁班優等生은朴興元崔巨福등諸人이러라

◎義校有望 [illegible]州郡에셔錦陵尉朴泳孝씨가該郡人士와協議하고義信學校를設立하얏는대[illegible]長을自任하고教師는師範科[illegible]延聘하야熱心教導함으로[illegible]前進之望이有하다더라

◎[illegible] 桂山學校[illegible]毀撤[illegible]桂洞壹洞[illegible]金玉之氏[illegible]勞働[illegible]校舍修治와木石運搬[illegible]決議[illegible]

◎是謂敎睦 文義紳士辛昇求씨가[illegible]宗中學契에對하야極力贊成[illegible]는該郡宗中學校設備에對하야器械器具物品을自擔하기로學契總事務所에通知가來하얏는대該郡年熱誠家人皆稱讚한다더라

◎熱心義捐 北靑郡[illegible]合大運動會를去五月端陽日에盛設하얏는대本郡新昌浦居趙炳烈씨가金貳百圜을該會에捐付함으로其義를人皆讚揚한다더라

▲地方消息▼

▲本月六日鳥致院所北[illegible]義兵約[illegible]名이[illegible]交戰하얏다하고

▲本月九日淸州郡에셔義兵約三拾名이警察署巡査와交戰하엿다하고

▲本月壹日麟蹄郡拾三里[illegible]附近에셔義兵約五拾名이[illegible]守備隊曹長以下五名과交戰하엿다하고

▲橫城郡北方高地에셔義兵約[illegible]名이[illegible]守備隊中尉以下二[illegible]名과交戰하엿다하고

▲本月四日橫城郡[illegible]에셔義兵八拾名이日兵과交戰하엿다하고

▲本月四日襄陽郡西南約四拾里[illegible]洞에셔義兵三十四名이日守備隊[illegible]曹長以下三四名과交戰하엿다하고

▲本月壹日高山郡中興里西方約二拾里附近에셔義兵四拾名이騎兵十餘名과交戰하다가義兵은退却하엿다하고

▲本月九日海州郡雲峯面二十里地方에셔義兵約拾名이日警察隊와交戰하엿다더라

▲庚日時評▼

▲今日은初庚也다炎火相迫더玄理로天時人事를點檢하니苦炎中에잇는人生淸涼世界어더도다

▲炎炎火傘滿天하니炎帝乾坤되엿도다[illegible]材는[illegible]虐炎을엇지할고

▲扶桑東天[illegible]炎[illegible]을엇지할고

▲[illegible]을엇지할고

▲[illegible]을엇지할고

▲海外列强留學하니[illegible]을엇지할고

▲伏日[illegible]을엇지할고

▲日中[illegible]을엇지할고

▲習中慾火發生[illegible]을엇지할고

▲各學徒[illegible]夏期放學[illegible]을엇지할고

雜報

正誤 本報第八百四拾八号雜報欄內에農務設立題下에會長金鍾淳氏의金字ᄂᆞᆫ李字의誤植이오淳字ᄂᆞᆫ謨字의誤이기로正誤홈

廣告

求禮郡華嚴寺李晦山陳震應等이居郡境內泉隱寺燕谷寺三刹이合今年募集青諸侶附近村人子弟訓導新學並就文明ᄒᆞ기爲ᄒᆞ야新明學校를本寺內設立ᄒᆞ고八月三日爲始開校式을行ᄒᆞ와玆以廣佈홈

華嚴寺李晦山 陳震應 告白

[illegible]

有志分所 右文館 元賣所 分賣所

[illegible]

本人의 長子廣濟가李君範이가狂悖ᄒᆞ야徐同雜類와[illegible]不從ᄒᆞ고[illegible]三千兩을[illegible]ᄒᆞ니內外國人은一切勿施ᄒᆞ시되[illegible]

[illegible]

本人所有[illegible]三地田[illegible]山林[illegible]名[illegible]地[illegible]九戶[illegible]位置를定ᄒᆞ고玆以仰告ᄒᆞ오니[illegible]君子ᄂᆞᆫ照諒ᄒᆞ시옵

誠信測量製圖所 [illegible] 李[illegible] 權[illegible] 洪淳哲 告白

失切勿誤ᄒᆞ시옵 鄭好亭 告白

弊院에[illegible]今月[illegible]遺棄兒收養으로坊曲揭示與新聞廣告를累々이온바今陰曆六月十日皇城新聞揭載則明日乎午橋下에新產兒를投棄云ᄒᆞ니累次廣告를不得辭免이지大抵天地間物好生之中에最貴ᄒᆞᆫ人命을如棄弊ᄒᆞ니此非本然之性이라但掩於耳目之羞也ᄅ其生之也何恩이며其殺之也一何毒ᄒᆞᆫ以其父母로言之ᄅ도豈無慈愛之情與不忍之心이리오마ᄂᆞᆫ自顧體貌ᄒᆞ야行此不忍之事ᄒᆞ니天理蔑矣오神明이怒矣라엇지忍言哉아本人之設孤兒院於京城者ᄂᆞᆫ救濟人命之急故로設幼稚部ᄒᆞ야雇聘乳母ᄒᆞ야收養幼兒故로特此廣告ᄒᆞ오니遭此境遇之婦人은護送棄兒於本院ᄒᆞ야孤兒院이되若嫌其耳目이어든本人之家舍가在於光化門西拾字閣月後동四十七統七戶이오나直到本人之家ᄒᆞ면當秘密周旋ᄒᆞ오며又或臨產而居室이未定이어든來訪本人之家ᄒᆞ면別定產室ᄒᆞ야使產母與乳兒로極爲便利케ᄒᆞ거시오繼續周旋傳播之處ᄒᆞ야如或棄兒於路上이라도[illegible]論某人ᄒᆞ고卽其時에護送于弊院ᄒᆞ야以救垂死之殘命則豈非大慈德乎아惟願僉君子ᄂᆞᆫ一個微命이라도同胞之一分子로重視而留念ᄒᆞ야全ᄒᆞ本人이言ᄒᆞᆫ同則非但弊院之無賢이라得蒙於神明ᄒᆞ야勿責此廣告之誠을切望ᄒᆞ

京城孤兒院主李弼先 告白

黃海道延安停舟面鄭十允爲名人이以亂[illegible]族人好事로[illegible]右鄭哥가未捺印章判決書를乘機[illegible]隱身逃走ᄒᆞ왓기玆以廣告ᄒᆞ오니內外國人은以此照亮ᄒᆞ시옵

平壤郡[illegible]東面 告白

本人이[illegible]柔康[illegible]英處[illegible]萬餘兩을債給이러니定州難召史가康[illegible]의土地를買得ᄒᆞᆫ證明券을平壤城鄭基[illegible]處에典執ᄒᆞ고萬圓을債用에對ᄒᆞ야康哥推尋ᄒᆞᆯ條로鄭哥ᄂᆞᆫ[illegible]本人推尋次로三人而質於鄭哥於[illegible]歸正ᄒᆞ고此ᄂᆞᆫ彼[illegible]다[illegible]人에金商浩處宿債二千七百圓을備報ᄒᆞ고[illegible]加利로六千餘圓果를勸捧ᄒᆞ고當[illegible]於音條를不給ᄒᆞ와必竟西洋牧師大韓教師及領首諸시가教會中裁判ᄒᆞᆯ科에여러번審裁判時외鄭哥ᄂᆞᆫ供內[illegible]居間金亨[illegible]의偷名이며宗烈之書相信章을僞造事와羅召史의庄土를擅自賣食ᄒᆞ며[illegible]秋收數를擅賣能食ᄒᆞᆫ情跡이綻露ᄒᆞ야[illegible]當[illegible]科되얏ᄂᆞᆫ데

學員募集廣告

本校에서測量算術法律(實務)演習[illegible]日語(初步)等科를速成ᄒᆞ로教授ᄒᆞ겟ᄉᆞ오니願學僉員은本月拾九日로二十一日上午拾時에來校應試ᄒᆞ심을

試驗課目 作文 國漢文交用 讀書 算術 [illegible]

中部中麻洞成南夜學校 告

本人이[illegible]ᄂᆞᆫ三年財政去[illegible]年西月分으로[illegible]

前秘書丞[illegible] 告白

西部漢江坊中[illegible]十六統五戶[illegible]玆以廣告홈

南大門外皇壇去新作路左便天然堂寫眞館主人金圭鎭

測量技師[illegible] 金相都 白

本人等이[illegible]門[illegible]口新測量事務所를合設ᄒᆞ고寫價[illegible]ᄒᆞ오니僉君子ᄂᆞᆫ[illegible]天然堂寫眞館에[illegible]

西署皇華坊館井동五拾壹統八戶에元[illegible]家九半間을去六月二日에金三百八拾[illegible]價買收ᄒᆞᆫ바家券은漢城府에[illegible]出ᄒᆞ로皮甲에入ᄒᆞ야다가路中에셔失ᄒᆞᆫ故로玆에廣告ᄒᆞ오니內外國人은拾得ᄒᆞ야도休紙施行홈

梁貢澤 告白

學員募集廣告

本校에셔簿記速成科(二個月)를特設ᄒᆞ오니願學僉員은本月拾六日(陰六月拾八日)內로入學請願書를本校에提呈ᄒᆞ시옵

上學時間下午六時至八時

[illegible]門[illegible]洞教堂니攻玉學校 白

但時間臨時改定홈

天然堂寫眞

擴張減價

本堂에셔寫眞美術大擴張ᄒᆞ기爲ᄒᆞ야新式器械諸品을多數買來ᄒᆞ야[illegible]生ᄂᆞᆫ無料教授ᄒᆞ며歲不變色寫眞을臨時應ᄒᆞ며婦人네ᄂᆞᆫ內館에셔禁雜人撮影ᄒᆞ오며價額은中[illegible]壹圓小本에五拾[illegible]大本에四圓半으로永爲改定ᄒᆞ얏ᄉᆞ오니[illegible]君子ᄂᆞᆫ照亮ᄒᆞ시요

五德門外에셔皇壇으로向ᄒᆞᄂᆞᆫ新作路左便

天然堂寫眞館主人 金圭鎭 告白

安州谷面在田里 金教勉 字斗叟 告白

本人이於六月三日夜의[illegible]名圖章壹介와家圖[illegible]介를見失ᄒᆞ얏기自今으로該章은勿施ᄒᆞ오니內外國人은諒悉ᄒᆞ심을要홈

新刊書籍廣告

新編動物學 全壹冊 定價四拾錢

右書ᄂᆞᆫ動物界의現象과因果生活狀態를精確硏究ᄒᆞ야簡明編輯ᄒᆞᆫ者ㅣ니普通教科에適宜홈

初等小學 全四冊 壹圓卅錢

現行刑法大全 全貳冊 壹圓

萬國頒傳 全壹冊 卅拾錢

政治小說雪中梅 全壹冊 貳拾錢

演說法方 全壹冊 貳拾錢

新訂算術 全參冊 六拾

中等算學 全貳冊 壹圓半

教育議 全貳冊 廿五錢

無冤錄 全壹冊 四拾錢

世界一覽 全壹冊 貳拾錢

大韓帝國新地圖 全壹冊 五拾錢

刑法新論 全壹冊 貳圓

二十世紀朝鮮論 全壹冊 卅九錢

日語獨習 全壹冊 四拾錢

皇城南署大廣橋三拾七統八戶

發賣所 滙東書館

全州南溪七書房 張在彥

本所에셔鑛山、土地、家屋、山林、測量製圖設計等을迅速繕應홈

南署會동九拾貳統拾壹戶

會同測量事務所 總務[illegible]澤吉 事務員[illegible]

啓者漢城中署水標橋西河崖新設淸國料理店包辦各色酒席價廉味美並且樓房潔淨伺候週到於陰曆六月初二日開市

淸國料理主人 徐鴻洲 謹白

會英樓主人徐鴻洲 謹白

魯菜棧 新種이本社에來到ᄒᆞ얏ᄉᆞ니諸君子ᄂᆞᆫ來購ᄒᆞ되鄉第에郵便送錢ᄒᆞ오면桑棋도郵便送交홈

西部廣井동廿壹統壹戶 蠶桑廣達會社[illegible] 白

初等算術教科書

精理舍主人柳一宣氏著作 洋裝壹帙壹冊定價新貨九拾錢

三拾冊以上을來購ᄒᆞᆯ時ᄂᆞᆫ原價의二割引을減홈

但僻方에셔百冊以上을請求ᄒᆞᆯ時ᄂᆞᆫ船車運費를賣者自擔홈

本書ᄂᆞᆫ學數大家柳一宣氏가我國의算學을發達ᄒᆞ기爲ᄒᆞ야積年의腦力을費盡ᄒᆞᆫ바이온바算術의原理原則을昭詳論釋ᄒᆞ야在學受敎의必須ᄒᆞᆯ不啻라說明易曉ᄒᆞ야人可獨習ᄒᆞᆯ

發賣元京西部[illegible]後洞七拾貳統六戶 鄭象[illegible]

本店에夏節양服件이英京倫敦에서新着ᄒᆞ얏기로玆에廣佈ᄒᆞ오니僉君子ᄂᆞᆫ光臨購買ᄒᆞ심을懇要홈

洋服裁縫店 貞洞華[illegible]源泰號 謹白

厚禮斗爺六士國王七年戰史 全壹冊 定價三拾錢

此書ᄂᆞᆫ距今一八世紀頃에普魯士厚禮斗爺大王이歐洲列邦中으로介在ᄒᆞᆫ蕞爾弱國으로突然奮起ᄒᆞ야尙武的精神으로人民을鼓勵ᄒᆞ며假法露諸國과對抗ᄒᆞᆫ지七年戰爭을繼續ᄒᆞ야普魯士의雄飛ᄒᆞᆫ端緒를開ᄒᆞᆫ事實이니매其政略의巧妙ᄒᆞᆷ과其功烈偉大ᄒᆞᆷ이足히讀者의敵愾心을喚起ᄒᆞᆯ만ᄒᆞ오니僉君子ᄂᆞᆫ速々購覽ᄒᆞ시옵

發賣元 皇城[illegible]書舖 金相萬

新刊書籍發售廣告

發賣所 京鄉各有名書店

女子讀本 全貳冊 張志淵氏著 定價金六拾錢

初等衛生學 全壹冊 拾五錢

初等倫理學 全壹冊 貳拾錢

國家學綱領 全壹冊 四拾五전

國民須知 全壹冊 八錢

初等小學 全四冊 壹圓二拾錢

中等萬國新地誌 全貳冊 壹圓

增補無冤錄大全

國漢文 全壹冊 七拾五錢

伊太利建國三傑傳 全壹冊 卅전

新撰理化學 全壹冊 定價金三拾전 朴晶東 著

獨習日語獨學 鄭雲復 著

洋裝壹冊 壹圓貳拾五전

愛國夫人傳 張志淵 著

全壹冊 定價금拾五전

新小說血淚 李人稙 著

全壹冊 定價금貳拾錢

富國全書 經濟新論 鮮于叡 著

全壹冊 定價금三拾五전

世界三怪物 定壹冊 [illegible]

家庭雜誌 每號拾전

新訂算術 第三冊 六拾전

乙支文德 眞本寫眞 並壹冊 三拾錢

發賣所 皇城中署布屛下 廣學書舖 金相萬 京鄉各有名書館

漢城南大門外濟衆院方藥
前醫學校長勳五等池錫永氏有効證明
醫學博士　洪錫厚氏　實驗方劑
製藥監查人　朴慈惠　李觀化

四時靈藥 治痰平胃丸

一包에九十丸入 定價金拾錢

此丸藥은大韓兄弟腸胃에適當ᄒᆞ도록調製ᄒᆞ야數十年來累試累驗ᄒᆞᆫ藥인ᄃᆡ主降生一千九百八年에醫學博士洪君이精細改良ᄒᆞ야中暑中寒諸症에虎列剌怪疾과毒感瘟疫을預方케ᄒᆞ고健胃消滯ᄒᆞ야諸般滯積을順下ᄒᆞ며卒地嘔吐泄瀉와赤痢白痢와胸腹刺痛과聲咳白痰을能治能止ᄒᆞᄂᆞᆫ靈藥이오

製造本舖漢城鍾路萬國基督教青年會館前西洋藥都賣業慈惠藥房

[illegible]

隆熙二年六月二十二日內部許可를得ᄒᆞ고每日壹次式陽曆十五日에發行

編輯主筆 大韓의院教授　劉世煥
醫藥論說著述 前醫學校長勳五等　池錫永
英米處方藥翻譯 의學博士　洪錫厚
發行者 慈惠藥房營業主　李觀化
印刷者 慈惠藥房附屬普印社主任　洪[illegible]

目的

韓國新製藥　德國新製藥
日本新製藥　英國新製냐
淸國新製냐　美國新製약
以上藥品의主治效能과用法과定價金을以國漢文으로翻譯ᄒᆞ고
洋藥乾材　唐약材料　鄕약材料
但漢城銅峴時價만每月報告홈

▲大韓國[illegible]
▲八寶丹 健胃 ▲팔보단 消滯
承寧府典의正三品洪哲[illegible]下實驗處方과陸軍々의의學校教官驗基藏君有効証明으로此丹을발行이온바新久滯積과急瘤關格과霍亂사腸과胃腹疼痛과頑痰固飲과新久泄瀉와七情鬱結과水土不服과舩車眩暈諸症에發服見效ᄒᆞ오니衛生君子ᄂᆞᆫ光顧試可ᄒᆞ심을爲希홈

▲瘡病神藥 ▲사창소창단 ▲麝香消瘡丹

此丹이於諸창에無論男女老少ᄒᆞ고若服壹劑하면實有神效ᄒᆞ야百불百中ᄒᆞ오니非例方可及也라若論主治則楊梅下疳連珠風濕頭창諸症에俱見立效ᄒᆞ오니養痾僉君子ᄂᆞᆫ壹次試驗ᄒᆞ시옵

婦人靈藥 ▲리양됴경환 ▲胎養調經丸
壹個月分入　定價金五圜

大抵婦人이年過ᄒᆞ도록不受孕者ᄂᆞᆫ由於有病也라若不早硏究ᄒᆞ고等閒看過則非但壹個人에不幸이라抑亦全國生育之理와關係가不少也니僕이十五年을消費ᄒᆞ야內外國高明의士에實驗方을選擇ᄒᆞ야先自僕家로從及他人ᄒᆞ야累試普驗에十분而十效ᄒᆞ옵고且此약이非但受孕之神劑라治冷。治積。調經。調血에俱有實効ᄒᆞ옵기玆以廣布ᄒᆞ오니僉員ᄂᆞᆫ壹次試驗ᄒᆞ시면其價을可知이옵

약製所인川港총峴和平堂藥房
발行人　仝　리應善
右三種약은各地方이라도請求ᄒᆞ면우편으로부치ᄂᆞᆫ슈도잇소
京城支店　鐘路衣廛下和平堂
代理店仁川港총峴제生堂약房

京城大廣橋共愛堂약房

▲發賣所

仝남문니水橋제生堂支店
仝　仝大東書市支店
仝　仝帽동博文書館
仝　洞口니　相[illegible]號吳[illegible]
仝　鐵物橋　毛衣房리洛瑞
仝　小廣橋　毛衣房리厚根
仝　壽進동　上隅三可病院
仝　大寺동　共제病院
○仁川港니　롱開[illegible]旅館韓[illegible]根
仝　읍니　金제鉉
○江華鐘路　宋順五店
○開성　남문니朴圭植商店
仝　남문니明新冊사리貞鎬
○水原　남문니　김재九약舖
○海州　남문니리[illegible]商店
○延安읍니　邊汝文洋藥局
○長淵　남문니　崔在淳
仝　砂里院耶穌教堂리在善
○黃州남문니　紅문동리東[illegible]
○平壤　雙巨里　韓[illegible]儀藥舖
仝　館洞　김龍興藥舖
仝　文武洞　桂澤善약포
○鎭남浦　榮동　김元성藥포
仝　제生堂出張　吳南駿
○群山港　開福洞　金斗鉉
仝　大井동　리春善약房
○禮山　동谷里　리東根
○大邱　남문니　[illegible]明[illegible]약局
○元山港　남甲元약局
仝　제生堂支局　朴敬鎭
○徇川　西문니　박致心약局
◉泉場　[illegible]聖瑞약局
○釜山港　제生堂出張朴昌鎬
○安州성니義井동回春大약房
○安岳邑上場　제生局林贊景
○義州남문外木口街養和약房
○載寧읍後동　洋약局崔允國
○定州남문니　洋약局리健柱
◉郭山읍　洋약局　羅應彬
○宣川읍　冊사　安蚕
鐵山읍　永春堂　安灝

仁川港 和平堂 白

◉大韓國新發明神藥
◉修製靈丹
◉至寶丸
◉靈效液
◉淸眼水
◉通淋丸

各種食滯中暑久滯口臭飮吐泄定價一貼十錢
諸般痰疾不拘久遠俱有神効定價金十錢
外用方書治疥瘡皮膚百發百中定價金三拾錢
治諸般眼疾有靈見天之妙定價金拾錢
治男女急慢淋疾神效無雙速效除毒壹週金五拾錢

製劑발行所 漢城南部大廣橋西邊第三家十九統七戶 共愛堂大藥房 謹白

支店
開성남門內共愛堂第壹支店
群山港開福동共愛堂第二支店
河東郡赤良面共愛堂第三支店

代理店
皇城北部大安동 婁助瑚
仝鍾路靑年會館前 리春善
仝西部新門外石橋 眞聯秀
仁川율峴 仁濟藥房
　　　　　慈惠藥房
　　　　　普濟醫院
濟生堂 仝 和平局

此外에도東西洋각國有名賣藥과草材藥이俱備하오니藥外多少을不拘ᄒᆞ고請求ᄒᆞ시면小包로仰呈ᄒᆞ게슴

●大韓新발明靈藥廣告

陸軍軍醫[illegible]全[illegible]鉉君實驗方劑
[illegible]醫[illegible]有效證明
●四海衛生之諸君子[illegible]

消化新藥 淸心保命丹
仁川港율峴 發行所 濟生堂藥房
九十粒入 金拾錢

●右藥의主治効能은如左
●水土不服 ●吐瀉 ●咳嗽 ●飮담
●中暑中寒 ●酒醉 ●腹痛 ●氣鬱
●口熱惡臭 ●咽喉 ●食傷 ●食積
○其他諸般運氣厲疫預防妙약

總發行所 京城南大門內 제生堂支店李庚鳳
가城南문外 제生堂支店具又賢
●元山港銘石院 제生堂支店박敬鎭

代理店 京성大廣橋共愛堂
仝鍾路慈惠약房
●京泥峴三丁目新井약店
仝郵便局前天佑堂약房
仝남大남니博文書館　金益亭
仝梨峴洋약局　리信華
仝大安洞　仁제약房
仝壽동三可病院　朴喜達
●仁川총峴和平堂　리應善
同本町　新井藥房
●海州남문니　宋在瑛
仝　仝商店　리奉[illegible]
●水原종路下약房　金제九

●延安邑內洋약局 邊汝文
●江華종路店 尹斗鉉
●長淵남門니客主 崔[illegible]淳
●砂里院耶穌教堂니 任凡中
仝 리[illegible]善
●瑞興邑니 許완
●汗浦驛東美運送部 김奉圭
●黃州남문니紅문동 리東혁
●安岳邑上場里제生局 林[illegible]根
●載寧邑後동洋藥局 崔允國
●忠州東良面早遞 김鎭和
●信川邑四里洋약局 김永植
●長連邑東里冊肆文爽冠
●平壤里문동出張人 尹寅혁
仝雙巨里제生局 韓[illegible]儀
仝館동衛生의院 金能興
仝文武동제生局 桂澤宜
仝大興部堂里藥局 崔能化
●鎭남浦榮동冊사 김元燮
仝后浦本堂出張人 吳南駿
●安州성니義井동回春太약房
●博川邑美동商店 朴芝行
●定州남문니洋藥局 리健柱
●郭山邑大街冊사 김大鉉
●宣川邑니冊々 安濬
●鐵山읍니永春堂 安灝
●義州남문外木口街 [illegible]
●德川읍官洋약局 리丙斗
●群山港開福동 김斗鉉
●大邱남門니新還洞 김成浩
●釜山港東館本町商店 리炳夏
●北靑新昌港客主 朴錫勳
●木浦各國居留地松房 徐岐見
●全國니各약店마다隨應販賣
仁川港총峴 京성남大문니 濟生堂 白

●新發明梅毒良藥廣告
陸軍軍의金[illegible]實驗方劑

落梅丹

口瘡不擇창病去根之良藥
壹劑五百粒定價金 三圜

主治 梅毒「唐창」新舊창 ●瘰癧 ●皮膚病 ●倭마疳私 ●花病

已上病証外에男女間에不精交合ᄒᆞᆫ後에若疑아之端이有ᄒᆞ야도此藥壹劑만服用ᄒᆞ면完無後慮ᄒᆞ고脾胃도健全ᄒᆞᆷ을擔保ᄒᆞᆷ此外에도외療機械와精美ᄒᆞᆫ藥材를新備ᄒᆞ고內外科각色疾病을誠心治療ᄒᆞᆷ
皇城北部大安洞

仁濟藥房 高用진 謹白

代理店
京城鍾路　共愛堂낙房
仁川港龍洞　濟生堂
國內各處藥局에서隨應販매홈

○廣告料
四號活字十三字行每日每英尺一寸에新貨貳拾錢(每日發行六전에相當홈)
二週日에　二圜五十錢
每日發行四號五號에相當홈
一箇月에　五圜
每日每行四號一號에相當홈)
其期限의長短과字行의多寡를依ᄒᆞ야增減홈이有홈

發行兼編輯人英國人　萬咸
發行所
南署石井洞號外塊三層洋屋內
大韓每日申報社

종路慈惠약房內慈惠의院에醫療機械 診察의師ᄂᆞᆫ의학博士 洪석厚 慈惠房藥營業主 李觀化 全國拾三道에以小包郵便으로 製藥所主任 李恩[illegible] 製藥所印刷所兩處職工 大

大韓每日申報

第六卷

第八百五拾六號

月曜及慶節歲時日休刊

檀君開國四千二百四十一年
箕子元年三千三十年
大韓開國五百十七年
日本明治四十一年
淸國光緖三十四年
陰曆戊申六月小十七日辛未

論說

▲思想界에奴性을快袪홈이爲可

自主는人마다樂호는바며人마다願호는바요奴隸는人마다耻하는바며惡호는바라

然이나彼의樂可願의自主는得키難호며可耻可惡의奴隸는作호기易호나니是가曷故오由홈인뎌호면莫是其一片丹田裡에奴隸의根核을先抱홈바니라

嗚呼라自主를願호는者여天賦의平權을恢復호랴거던必須此를先治홀지어다

蓋丹田裡의奴隸根核은卽是思想界의奴隸性을謂홈이니

哀哉라思想界의奴隸性을抱有호者여其耳가有호되自聞치못호고必也人의耳를待호며其目이有하되自視치못호고必也人의目을借호며其手足百體가有하되其壹步壹動壹舉壹移를皆我가自爲치못호고惟人의命令만是俟호는者로다

余言을不信호는者ㅣ有홀가余가且此를痛論홀진저

大抵韓國讀書士子中에此奴性惡根이最深호者ㅣ多호니此는何故오蓋數百年以來로韓國에十禍라호는것이稠煩호며其起禍된原因은太半文字獄이是오文字獄의羅網가亦多호나其中最多호者는儒賢이是라

人心의不同이其面과如호니今我가古人의言을讀하며古人의事를思호면古人은비록大聖大賢이오我는大愚大昏일지라도自然其不服홀者도有호며不合홀者도有호며其不服의思想이旣有호면自然其言論에發表될지어늘

本朝中葉브터此를嚴禁호야朋友對話에先賢의往蹟을偶批호거나文字著述에聖賢의遺義를或違호면便是斯文亂賊의律로或死或竄호며或全家가淪沒호야慘狀의歷史를枚舉키難홀지라草薙禽獮이旣烈호매人人이皆畏口畏文의戒를抱호야父가其子를敎호고兄이其弟를勸홈에無非愼口二字라幼時挾冊호는日로부터凡當時古先聖哲의事蹟을聞하고或致疑詰駁호는비有호면父兄長者의大呵責大撻楚를遭호야駸駸習與性成홈으로思想界에自由二字를安置홀餘地가無호야當中외言이라호면是非曲直을壹切不敢問호고便納拜曰唯唯라하니劣性을如此養成호後에는熱寶가何로從호야生하며毅性이何로自호야立호리오

嗚乎凡百人士여自由를得코쟈호거든爲先思想界의奴性을廓淸홀지어다

外報

●德東京等　伯林電을據호즉法國져푸港에서所催호萬國自働車競走會에서德國人멀세르쓰의製造호自動車가第壹等賞을得호얏더라

●美日과戰論說　桑港電을據호즉本月八日에桑港덴파市에서뎀크랏트黨大會가成立되얏는데開戰論者홉손氏가演說하야曰余가數週日前에大統領의게美日兩國이不得不開戰될다는說을聞호지라故로萬若本黨에서大統領이出호면其任期中에卽時開戰될터이니沿岸에防備와日本人排斥을決行홈이目下急務라호얏더라

●日本牛疫　日本島根縣에서牛疫이蔓延호야去九日에致死호牛가四拾九頭에達호얏다더라

●露國民會의運動　倫敦電을據호則俄國各民議會委員百餘名이死刑廢止法案을議會에提出코자호야運動中이라호얏더라

●兩帝會見의風說　伯林電을據호則德國皇帝는마렌파루에서法國大統領페리에엘氏와會見이有홀터이라는風說이有하나其眞僞는未詳하다호얏더라

雜報

●全倅施賞　全義郡大同학校의서夏期시험을經호얏는대高등小학課優등生李興宗林宗德등七人이오及第生朴四重朴有慶등五人이오尋常課優등生朴禮敎李戰範兩人이오及第生朴泰熙朴夏慶等五人인대該郡守張寅源시가空冊鉛筆石筆等多數호賞品을授與호고勸勉的으로登壇演說호니학徒와來賓이叩頭欣悅호야無不稱頌호얏다더라

●女校試驗　順川郡西觀幼年女學校에서今月二十三日에夏期試驗을經호얏는대一班優등生에趙羅爾이오及第生에李点典金五福등兩人이오一班優等生에김寶實오及第生에리花實韓確實이오三班優등生에朴萱菊이오及第生에鄭壽品金善富등諸人인대校監鄭山顥氏가優數施賞호얏다더라

●六校運動盛況　吉州郡私立普成中학校와彰善小學校에서泰成吉明隆成吉興四校를聯合호야春期大運動을本月六日本郡浮囉川左岸에設行호얏는대학員이二百五十餘人에達호얏고內外來賓과數萬觀光者가人海를作하얏는대會費는該郡紳擧根씨가金六拾圓을出호야學員의午餐을準備호고학員을長中幼로三隊에分호야旗環競走世界遊覽高跳廣跳打毬奪取提燈奉毬諸般競走等科目을次第設行호고各科中壹等多數호학員七人을特別하야特別優等을施賞호얏는대朴宗鎰박[illegible]燮諸씨오一等徐承驥李相洙諸씨인대該大盛況을呈호얏다더라

●錦校試驗　錦山郡錦新학校校長本郡守金宇植씨와事務長金在薰諸시가학務를壹層擴張하고去五月分의月終試驗을經호얏는대甲班優등生은김泰球김泰淵등拾人이오全及第生은高道燁鄭和奎등拾二人이오乙班優등生은文鍾奭朴贊文等拾二人이오全及第生의柳世春김甲宗등七人이라더라

別報

◎裵說氏의公判顚末

第三日　續

월컨슨씨問曰沈雨澤이가學識이有餘호며西洋學問이有호며超等호人乎아閔氏曰沈氏는珍島에서初見호얏슴으로不知하오며放逐되야京城에還來後에는更逢치못호얏나니다

問前日에도其黨族等이政府에對호야何等注意事를做호境過에其彼人等을제州島로流配되얏나뇨曰然호오이다

問日本의保護를受혼以後에도同地에流配됨이有호얏스며또汝가珍島에在홀時에各種社會人을相逢호얏며뇨曰然호오이다

問汝가義將으로在홀時에城邑을占領호얏스며汝가捕捉이되야死刑에處호얏다호니我는思想컨더汝가城邑을占領호얏스니有名호戰士인줄知하거니와其城邑은洪州며뇨曰然호오이다

問昔者日本人未來時에誰某던지自己가宰相으로서城邑을占領호後에其人이捕捉이되면其人이新刑을受호앗느뇨曰在昔太平時代에는此等事가未曾有하엿거니와但今日擾攘之時를當호야는日本指揮外에는韓國　皇室이나政府에서擅行호는權限이無호니所以로其起援호온政府히韓國政府를反對호야作홀거스로思料치아니홈이로소이다

閔氏의口供은此에止호고金澈榮氏가口供호야曰日本人은特別호聽衆은無호고京城西部에居住호나이다

問汝가昔往에治安을妨害홈이有호뇨曰治安妨害는何를指홈이니잇고

政府를反對호야暴行호거나革命을企圖홈이有호요曰無호오이다

問汝가何等罪過로警視廳에被捉홈이有호얏더뇨曰本人이昨年七月二拾二日夕에宮內府警衛院에被招되엿스나其理由는罪過는不知호느이다

其時에本人이宮內府庶務課技師오沈氏도同職에在호얏는더伊時에某某人이本人及沈氏를該課에서暫出케라홈으로某人及沈氏가同出호야該課門에到호야當初招出之人과同件호니其人은卽元殺容이라該門을出호야는平服을着호人四名이其處에在호더니其人이卽巡檢與否는未詳호나但彼等이本人等다려同去홈을請하얏는대該去向處는卽警衛院이라卽時警官이說明하기를勅命을依호야捉來호얏스니衣冠을脫下호라호고卽時本人은第六間에因호고沈氏는第三間에囚호엿다가其翌나朝에訊問을開호얏는더該處에官人三名이在廳호야曰汝等에　太皇陛下讓位호신事에對호야何等事를敎唆홈에干連이有홈으로捉來호엿다호옵너이다

問汝가虐待를受호얏나뇨曰不有홀것又호면本人의壹身으로는獨行키不能호니設或此等事가有홈으로認홀진디其證據人이必有홀지니其人을出示호라호야不問曲直호고毆打를始하얏나이다

問誰가毆打호며뇨曰其姓名及何人은不知호오나但官吏와命令으로毆打홈만知호나이다

問汝를毆打호바其人이韓人乎아日本人乎아曰日本人이其毆打를受홀時에는此를辨別키不能호얏고彼晩에數朔을滯在홈으로其後에야日本人이毆打혼줄을知호얏나이다

問何物로汝를毆打호며뇨曰長棒이니이다

問幾度를打호더뇨曰假令貳三拾度나此를計算치못호얏나이다　(衆聽大笑)

問汝가何部를被打호얏나뇨

월킨슨씨가乃言曰此는官吏의恥辱이로다　(衆聽大笑)

證人이爾辯世疑호야言曰肩部及頭部와또他處니이다

未完

雜報

●餞別統監 伊藤統監이昨日에發程ᄒᆞᄂᆞᆫ데內外國高等官吏가餞別ᄒᆞ얏고壹進會長李容九副會長洪肯燮兩氏와總務員諸씨가該會代表로南門外停車場에出往餞別하얏다더라

●嚴ᄒᆞᆫ亦伴 中樞院議長金允植씨와齊行과奎章閣祗候官殷林益氏와齊行은本日에京仁鐵道로仁川港에下往ᄒᆞ야伊藤統監과同伴渡日ᄒᆞᆫ다더라

●下仁餞別 金允植氏가今日發程ᄒᆞᆷ은別項과如ᄒᆞ거니와總理大臣以下各部大臣이仁川港ᄭᆞ지前往ᄒᆞ야金氏와伊藤統監을餞別ᄒᆞᆫ다더라

●例會未開 昨日은統監府와셔該與官會議와大臣會議를開ᄒᆞᆯ터인데統監의歸國ᄒᆞᆷ을因ᄒᆞ야開치못ᄒᆞ얏다더라

●春色在隣 宮中顧問李允用氏가宮相을選任ᄒᆞᆫ後로來賓이稍々稀少ᄒᆞ야門庭이寥寥ᄒᆞ다더라

●農務視察 農商工部大臣趙重應氏가農務를視察ᄒᆞ기爲ᄒᆞ야來月下旬頃에本國通譯主事壹人과日人技師壹人을帶同發程ᄒᆞ기로預定ᄒᆞ얏다더라

●辭退決心 掌禮院卿李[illegible]夏氏가辭職疏를奉呈ᄒᆞ얏다ᄂᆞᆫ說은昨報에已揭어니와해氏가期於遞任ᄒᆞ기로決心ᄒᆞ얏다더라

●禮卿署理 掌禮院理事[illegible]氏가院卿署理事務를兼任ᄒᆞ얏다더라

●韓徹可戒 陵官二窠가現今有闕인데閔府에某人이宮內府大臣閔丙奭씨의게被任ᄒᆞ기를屬囑ᄒᆞ얏던지該大臣이牢却ᄒᆞ야曰前宮大臣은自己族戚을多數收用ᄒᆞ얏다가各社會에셔親族政府란論駁을當하얏스니余亦此등批評을聞ᄒᆞᆯ가念慮ᄒᆞᆫ다ᄒᆞ얏다더라

●司藥招諭 學部大臣李載崑氏가昨日上午十壹時에今番被選ᄒᆞᆫ司藥諸씨를學部로招請ᄒᆞ야從今以後로子弟를各學校에入學ᄒᆞ야新學問을勸勉敎導케ᄒᆞ야雜說의望이有케ᄒᆞ라하엿고또副詞로無試驗檢定을請願ᄒᆞ라고詳細說明ᄒᆞ얏다더라

●俞氏自服 龍川府尹俞鎭哲씨가帝室有及國有財產調査局의訓令을奉承ᄒᆞᆷ이던지該府니에在ᄒᆞᆫ人民의土地幾十石落을[illegible]官所管으로證明ᄒᆞᆫ지라니部에셔向日에某某局長과日本官吏와ᄒᆞᆷ의府尹俞鎭哲씨가會同하야[illegible]을調査ᄒᆞᆫ時에俞府尹이此事件處理에對ᄒᆞ야未安ᄒᆞᆫ樣으로個々自服ᄒᆞ얏다ᄒᆞ며日本官吏에게論責을當ᄒᆞ얏다더라

●俵孫通牒 學部次官俵孫一이가公立各普通學校長의게通牒하되暑中休暇中에校舍管理及學徒의關ᄒᆞᆫ注意等에對ᄒᆞ야必要件이有ᄒᆞ니職員이協議ᄒᆞ야各自休暇의順次와日數를定ᄒᆞ야壹人式히校所在地에輪次交留케ᄒᆞ라ᄒᆞ얏다더라

●金氏自退 京城及各地方監獄入箇處의韓人看守長을爲先壹人式排置ᄒᆞ기爲ᄒᆞ야法部의셔可堪之人을選擇ᄒᆞ야現今監獄의在勤하ᄂᆞᆫ看守長리셔求洪錫恒리基庸三氏外의前總巡金[illegible]全權[illegible]烈前主事權喆洙仝金基俊前副尉閔泳甲씨等五人을新히叙任ᄒᆞ야日間頒布가된다ᄂᆞᆫ데前警務監獄主事金殷종仝顯台範兩氏도今番에看守長을採用ᄒᆞ乃法部의셔招請ᄒᆞ야其志願을問ᄒᆞᆫ즉하ᄃᆞᆫ등ᄒᆞ答이才能도不堪ᄒᆞ거니와地方의出往ᄒᆞ야셔ᄂᆞᆫ如干薄俸으로支過末由라고不願ᄒᆞᆫ다ᄒᆞ얏다더라

●內部告示 내部에셔告示ᄒᆞ기를海州郡용塘浦間道路用地의收用出畢了ᄒᆞᆫ지라左記各面니에在ᄒᆞᆫ土地家屋을賣買交換讓與貸與典當ᄒᆞ거나又ᄂᆞᆫ히面니에家屋墳墓를賣買新建ᄒᆞᄂᆞᆫ事를禁止ᄒᆞᆫ바ᄂᆞᆫ데其區域은沙川面及州니面等地라더라

●典舖組合 京城內외에在ᄒᆞᆫ典當업은今番의同業組合을설立ᄒᆞ고規則을定ᄒᆞ야商業上去來와外他事件을豊定케ᄒᆞ야同業者의利益을保護ᄒᆞᆯ目的으로農商工部의請願ᄒᆞᆫ다더라

●人力車團束法 警視廳의셔人力車夫의團束法을廳令으로磨鍊ᄒᆞ야公佈ᄒᆞᆯ計畫으로히法의起草件을畢ᄒᆞ얏ᄂᆞᆫ데內部大臣의게認許ᄒᆞᆷ을請求ᄒᆞᆫ다더라

●身先就役 再昨日興社團內庫間을毀撤ᄒᆞᄂᆞᆫ데兪吉濬兪星濬崔석敏諸氏가躬任着手ᄒᆞ며在傍ᄒᆞᆫ衣冠之人이壹齊히運役ᄒᆞ얏다더라

●亂石傷人 再昨日上午의京仁第二番汽車가富平桐樹亭에過去ᄒᆞᄂᆞᆫ대히近鑿山ᄒᆞᄂᆞᆫ暴發藥이適其時에發ᄒᆞ야石塊가車니로亂入ᄒᆞ야車中乘客이壹場驚動ᄒᆞᆫ지라韓人四名이或頭部或手臂를傷ᄒᆞ야차中의流血이浪藉ᄒᆞ얏ᄂᆞᆫ데受傷ᄒᆞᆫ人은永登浦病院으로昇送治療케ᄒᆞ얏다더라

●電線多絶 本月八日午後五時頃의鐵山郡차蔘館과東林間의鐵道管理局의셔專用ᄒᆞᄂᆞᆫ電線과電桿이多數히斷折되얏다더라

●採木公司設置 鴨綠江採木公司設置ᄒᆞᆷ은昨報와如ᄒᆞ거니와諸般採木公司細則協定은本月中에完成하야發布될貌樣인대同公司ᄂᆞᆫ該細則發布後에設置ᄒᆞᆯ計畫이라더라

●大同會設計 大同會에셔商務局에所屬ᄒᆞᆫ地方役員都班首及都接長을各道에壹人式을置ᄒᆞ야支局役員을設立코자ᄒᆞᆫ計劃으로希望者를勸誘ᄒᆞ야多數金額을騙取ᄒᆞᄂᆞᆫ事가甚多ᄒᆞᆷ으로探査ᄒᆞᆫ즉元來大同會에셔商務局을設置ᄒᆞ고商務負商을誘合ᄒᆞ야壹箇團體를成코ᄌᆞᄒᆞᄂᆞᆫ지라是乃總監督이라可稱ᄒᆞᆯ都班首都接장을各道의各壹人式을置ᄒᆞ고都班首ᄂᆞᆫ道內의各支局을設ᄒᆞ며班首接長을置ᄒᆞ야道內의셔商民을會員으로統稱ᄒᆞ야入會金은壹人의게貳拾錢式徵收ᄒᆞ야其內의八錢은支局으로八錢은都班首의게로又六錢은本會經費로充用ᄒᆞᆫ다稱ᄒᆞ고都班首ᄂᆞᆫ道內의셔會員의게對ᄒᆞ야相當ᄒᆞᆫ權力이有ᄒᆞ다ᄒᆞ나入會者를得ᄒᆞᆯᄂᆞᆫ지疑點이有ᄒᆞ다더라

●因暑休暇 官立漢城高等女학校에셔도日前부터暑中休暇ᄒᆞ얏다더라

●桂校風波 桂山學校를增築ᄒᆞᄂᆞᆫ대桂山壹동이公同運役ᄒᆞᆷ은昨報에揭載ᄒᆞ얏거니와해事件에對ᄒᆞ야前主事申學均氏가獨爲反對ᄒᆞ야金星奎李儁崔석敎二人으로日昨에登場風波가大起ᄒᆞ얏다더라

●演奏會盛況 孤兒院慈善演奏會長安社에셔開設ᄒᆞᆷ은已爲報道어니와再昨夜에觀光者가千餘名외達하얏고紳士及官校의義捐金이百餘圓외至ᄒᆞ얏스며孤兒院情形에對ᄒᆞ야尹致昊씨演說ᄒᆞᄂᆞᆫ대激切ᄒᆞᆫ言辭와諸會諸氏의慈善熱誠은人皆稱頌ᄒᆞ더라

●任員滿期改選 湖南학會에셔規則을依ᄒᆞ야壹個年任期가滿ᄒᆞᆷ으로任員總改選例를行ᄒᆞ얏ᄂᆞᆫ대會장리載亮氏ᄂᆞᆫ仍任ᄒᆞ고副會장崔昺洛總務員尹敬求評議長沈宜甲敎育部長曺康煥經理部長白寅基編輯部長[illegible]海昌諸씨ᄂᆞᆫ新히被選되얏ᄉᆞ며評議員二十人敎育員拾人經理員十人編輯員拾人을增置ᄒᆞ얏다더라

●得暇觀察 日本東京高等師範학校四年生張응震시ᄂᆞᆫ拾貳年留學에其高尙ᄒᆞᆫ思想과超凡ᄒᆞᆫ學識은吾人의日常欽慕ᄒᆞᄂᆞᆫ바어니와此氏의卒業ᄒᆞᆯ期가明春인故로今年은特別ᄒᆞᆫ休暇를得ᄒᆞ後日本全國니에名高ᄒᆞᆫ學校를觀察ᄒᆞ기爲ᄒᆞ야日間發程ᄒᆞᆫ다더라

●高明測量 北部觀峴普信測量事務所ᄂᆞᆫ高明ᄒᆞᆫ技術家의셔設立ᄒᆞᆫ것인되器械ᄂᆞᆫ精美하고事務도敏活케ᄒᆞ며測量ᄒᆞᆫ人으로ᄒᆞ야금可히[illegible]ᄒᆞᆯ만ᄒᆞ다더라

●李氏義捐 北靑郡龍니東村에貞義女學校를設立ᄒᆞ얏ᄂᆞᆫ되本村居李性遠시가壹百圓을해校에寄付ᄒᆞ고該校務에熱心做出ᄒᆞᆷ으로壹境人士가無不稱頌ᄒᆞᆫ다더라

●中學卒業 本月三拾日私立中橋義塾의셔今夏期의普通학科三年級第五期間卒業試驗을經ᄒᆞ고本月四日의卒業禮式을擧行ᄒᆞ얏ᄂᆞᆫ되優等生은權寧福李康海等三人이오及第生은沈聖澤成樂觀等四人이오修業生은尹泳述이오二年級進級生은宋台植等拾五人이라더라

●廣校試驗 孔德里私立廣成學校에셔夏期試驗을經ᄒᆞ얏ᄂᆞᆫ대甲班優等에劉根洪黃成俊等四人이오乙班優等에劉根홍張子永等六人이오丙班優等에朴泰運張永男등四人인대冊子紙筆墨등으로優數施賞ᄒᆞ얏다더라

●青年熱心 廣州彦州面坪村金國培시ᄂᆞᆫ年今二十餘歲인대聞日才학도穎敏ᄒᆞ거니와興학義務에熱心하야晝夜학校를設立ᄒᆞ고四拾餘名學徒를熱心敎育ᄒᆞᄂᆞᆫ고로鄕之人이莫不贊頌ᄒᆞᆫ다더라

●張氏熱心 長連郡居志士張義澤시의敎育熱心은世所共知어니와히시가今年夏期休暇를利用ᄒᆞ여郡니에師範講習所를設立ᄒᆞ고邑村間小學校敎員을募集ᄒᆞ야血心敎育ᄒᆞᄂᆞᆫ대生徒가百餘名에達ᄒᆞ얏다더라

●熱心興學 남衆人의傳說을聞ᄒᆞᆫ즉河東郡居鄭煥武朴[illegible]基等諸씨가私立學校를新建ᄒᆞ고方今학徒를募集中인대同郡東村居金洛善鄭權蘇시가水洞齋畓八斗락升落과黃山山林을該校에寄附ᄒᆞ얏ᄂᆞᆫ데諸시의熱心勸勉은人皆撥頌ᄒᆞᆫ다더라

●女校褒証 昨日下午壹時에養源女學校學生의褒証授與式을三淸洞玄興澤시亭子에셔設行ᄒᆞ얏다더라

▲八幅畵屏▼

▲漆室中에寶男兒가慷慨之懷를不勝ᄒᆞ야仰天研地ᄒᆞ야歎後에案頭筆을高擬ᄒᆞ고人情物態를畵出ᄒᆞ니八幅屏이悅惚ᄒᆞ다

▲壹幅에畵出ᄒᆞ니政府諸가窈然ᄒᆞ다官海風波如天高에救濟之責是誰런고內閣諸公이아닌가蒼生塗炭不顧ᄒᆞ고紹[illegible]ᄒᆞ러타是爭의가於藥沉沒엇지ᄒᆞᆯ고君亦不免可危로다

▲貳幅에畵出ᄒᆞ니各社會가窈然ᄒᆞ다腐敗臭氣如魚市에敗亡之責是誰런고有志諸公이아닌가熱心做去不圖ᄒᆞ고虛張聲勢嫌에是東西가於淵灰엇지ᄒᆞᆯ고君亦不免可危로다

▲三幅에畵出ᄒᆞ니元老家가窈然ᄒᆞ다特恩君恩如明에報效之責是誰런고舊臣諸公이아닌가宗社顚覆의思ᄒᆞ고塵凡世乘是較라가於端衰頹엇지ᄒᆞᆯ고君亦不免可危로다

▲四幅에畵出ᄒᆞ니各生徒가窈然ᄒᆞ다知識競爭如虎鬪에對抗之責是誰런고靑年諸公이아닌가學問優劣不計ᄒᆞ고虛名奔走是醜라가於端顚倒엇지ᄒᆞᆯ고君亦不免可危로다

▲五幅에畵出ᄒᆞ니學問家가窈然ᄒᆞ다晨鐘夢夢如深夜에治平之責是誰런고山林諸公이아닌가時局變遷不知ᄒᆞ고陳舊禮說是謬라가於端紫嘆엇지ᄒᆞᆯ고君亦不免可危로다

▲六幅에畵出ᄒᆞ니商業界가窈然ᄒᆞ다錢穴不通如泉涸에興販之責是誰런고實業諸公이아닌가些微利害不計ᄒᆞ고目前爭利是物라가於端潤蔘엇지ᄒᆞᆯ고君亦不免可危로다

▲七幅에畵出ᄒᆞ니資本家가窈然ᄒᆞ다社會情形如累危에維持之責是誰런고積財諸公이아닌가盜賊不夢ᄒᆞ고花柳送[illegible]是寒라가於端破滅엇지ᄒᆞᆯ고君亦不免可危로다

▲八幅에畵出ᄒᆞ니遊宦輩가窈然ᄒᆞ다蠅營狗苟蒸臭移에治安之責是誰런고仕宦諸公이아닌가鑽營方針不究ᄒᆞ고碌碌[illegible]短是扁라가於端陷沒엇지ᄒᆞᆯ고君亦不免可危로다

特別社告

平壤支社員金浩灝氏ᄂᆞᆫ申報代金滯納이太多ᄒᆞᆫ故로該支社를停廢ᄒᆞ고平壤鐘路太極書館安泰國氏로支社員을改定ᄒᆞ얏기玆以仰佈ᄒᆞ오니前日本報購覽諸氏ᄂᆞᆫ報代金을該安氏의게로傳致ᄒᆞ시며本社에對ᄒᆞᆫ諸般事ᄂᆞᆫ自今으로安氏와交涉ᄒᆞ심을望ᄒᆞᆷ

大韓每日申報社

雜報

●光校試驗　藥峴光興學校에서夏期試驗을經ᄒᆞ얏ᄂᆞᆫᄃᆡ高等科級등卞은申順萬이오進級生은高壹濟李酷ᄎᆞ등九人이오尋常科卒業生은崔到憲、洪金漢命等四人이오三學年進級生은宋鍾九張志晟等拾三人이오二學年進級生은潘壽亚박光鳳等拾七人이오一學年進級生은리小甲宋三鳳等九人이오特別科日語卒業生은金泓源、吳秀泳이오甲班進級生은朴連鎬、韓基東이오乙班進級生은리晩秀、宋千萬等三人이오丙班進級生은潘麟男、洪福祿等三人인ᄃᆡ日語外該校內에서卒業式을擧行ᄒᆞᆫᄃᆡ有志諸시들이多數金額을寄付ᄒᆞ얏다더라

●夜校興旺　中部中廊洞二拾三統三戶咸南夜學校를設ᄒᆞᆫ지今爲四五朔에校費가不贍ᄒᆞ야教道不振이더니該校校長金鎬로와其他任員諸氏가與其校況之不振ᄒᆞ야各捐幾十圜義金而校具與學費를改良擴張ᄒᆞ고益加勉勵ᄒᆞ니該校가大有興旺之望이라고稱頌不已ᄒᆞᆫ다더라

[illegible]傳之者誤　北部誅子蹈善支

社에서各飮食商에게發害케ᄒᆞᆫ다ᄒᆞᆫ것은純是虛傳이라더라

●正誤　固城德明學校에서本社에捐助金中八十錢이八字ᄂᆞᆫ五字에誤植이기玆에正誤ᄒᆞᆷ

廣告

本所에서鑛山田畓家屋山林測量製圖를精密迅速需應ᄒᆞᆷ

南署詩洞二拾九統八戶

普光測量事務所　趙寅璧　告

本人이木浦港務동所在田四千餘坪保管地契壹張과證據先許紙貨二百七拾六圜推尖手標壹張을並以서失故玆以仰告ᄒᆞ오니誰某拾得이라도休紙施行ᄒᆞᆷ

李得珠　告白

本人이漢江居李德植爲名人의도數三年財政去來이더니自今年四月分으로相關이無ᄒᆞ옵기玆以廣告ᄒᆞᆷ

西部漢江坊中洞拾六統五戶

前秘書丞林暎洙　告白

一回學員募集廣告

本校에서江華衍扶律(實務演習並日語(簿記)등科를四個月速成으로設ᄒᆞ엿ᄉᆞ오니願學僉員은本月拾九日로二拾壹日上午拾時에來校請願ᄒᆞ심을要ᄒᆞᆷ

試驗課目　作文　國漢文交用　讀書　算術　加減乘除內

中部中廊洞咸南夜學校　告白

木浦南灘等小石山等處國港之園은無主荒蕪之地라國港後遠近人民이漸漸來接成村而有家契地契가今有拾餘年矣라本동居白文謹之長子가同居壹村이近於拾年에[illegible]前에買得이라ᄒᆞ고巳死ᄒᆞᆫ文使이가鞍山與山下土地를拾餘年[illegible]

承業主ᄂᆞᆫ假定ᄒᆞ고交券ᄒᆞ야僞造ᄒᆞ야裁判所에呈訴落科後에自爲가自知欺人取物之罪ᄒᆞ고逃避不現이乃至於數月이다가叙興[illegible]訴于平理院ᄒᆞ야左右暗鬪에缺席裁判書를得ᄒᆞ얏다ᄒᆞ고該山與山下居拾九人之家基田土를沒數執行ᄒᆞ기로該洞人民이今貳月初에平理院에呼訴ᄒᆞ야本月七日判決書에白카諸單大榮訟案에對ᄒᆞ야單大榮以外之人에屬ᄒᆞᆫ物權은執行ᄒᆞᆷ을不得ᄒᆞᆯ事라ᄒᆞ얏기該동代表人이更히判決書를得ᄒᆞ야下去ᄒᆞ오니有識ᄒᆞ신世所從情이라　僉君子ᄂᆞᆫ照亮ᄒᆞ시옵

該동代表人金性洙　告白

●安州々北面曾興學校趣旨書

現今二拾世紀ᄂᆞᆫ智識의競爭ᄒᆞᄂᆞᆫ時代요智識은教育으로自ᄒᆞ야生ᄒᆞᆷ으로西士가有曰ᄒᆞ되此世界ᄂᆞᆫ教育者의中에落ᄒᆞ야無教育者ᄂᆞᆫ장次實足ᄒᆞᆯ地가無ᄒᆞ다ᄒᆞ니誠矣慎哉라是言也여我韓民族이過去에猶太波蘭을自處코자ᄒᆞ면已矣어니와만일此競爭風潮가擴漲ᄒᆞᄂᆞᆫ今日에他族으로더부러生存活動을要ᄒᆞᆯ진ᄃᆡ教育을舍ᄒᆞ고何를務ᄒᆞ리요그러무로我國有志人士가教育을熱心唱導ᄒᆞ야各地方에學校가林々然蔚興ᄒᆞ고青年이濟々然活潑ᄒᆞ야足히他日富强을計圖ᄒᆞᆯ지라然ᄒᆞ나本郡은關西雄府로學校의數가四五에不過ᄒᆞ니此等小數에教育機關으로엇지多大ᄒᆞᆫ青年에게普及ᄒᆞ리요然ᄒᆞᆷ으로本郡守李侯와相論設校方法後에本面에立壹學校ᄒᆞ고命名曰曾興이라ᄒᆞ엿스니有志ᄒᆞᆫ僉彦君子ᄂᆞᆫ三樂之心으로共

[illegible]

本人의長子度濟字君範이가發狂悖ᄒᆞ야徐同雜類와骨牌鬪技에蕩敗家産이되와續々債用ᄒᆞ고要人出債ᄒᆞ야如渴求飮이옵기玆以先告ᄒᆞ오니內外國人은切勿見欺給債를伏望ᄒᆞᆷ

平北定州郡南面二里居白鶴卿　白

本事務所ᄂᆞᆫ土地田畓家屋山林鑛山墾地等을測量ᄒᆞ기爲ᄒᆞ야北部桂洞十壹統九戶로位置를定ᄒᆞ고玆以仰告ᄒᆞ오나僉君子ᄂᆞᆫ來臨請求ᄒᆞ시옵

誠信測量製圖事務所

所長　李相晚　評議員　李冀鍵

測量技手　權麟洙　洪淳哲

西署皇華坊館井동五拾壹統八戶金元俊의家九牛間을去八月二日에金三百八拾圓에放賣ᄒᆞᆯ計로此家券을漢城府에換出ᄒᆞ야도家甲에入ᄒᆞ얏다가路中에서失ᄒᆞᆫ故로玆에廣告ᄒᆞ오니內外國人은拾得ᄒᆞ야도休紙施行ᄒᆞᆷ

梁寅澤　告白

本人이漢江居李德植爲名人으로數三年財政去來이더니自今年四月分으로相關이無ᄒᆞ옵기玆以廣告ᄒᆞᆷ

西部漢江坊中동十六統五戶

前秘書丞林暎洙　告白

弊院에서昨年以來로遺棄兒收養事로坊曲揭示與新聞廣告를累々이온바今見陰曆六月十日皇城新聞揭載則拚棄兒童者ᄂᆞᆫ不得辭兒인지大抵天地萬物好生之中에最貴ᄒᆞᆫ人命을如棄矣々ᄒᆞ니此非本然之性이라何拘於耳目之羞也리오其生之也ᄂᆞᆫ何恩이며其殺之也ᄂᆞᆫ一何毒고以其父母로言之라도豈無慈愛之情與不忍之心이리오마ᄂᆞᆫ自顧體貌ᄒᆞ야行此不忍之事ᄒᆞ니天理蔑矣오神明이怒哉라歟忍哉아本人之設孤兒院於京城者ᄂᆞᆫ救濟人命之危故로設幼稚部ᄒᆞ야雇聘乳母ᄒᆞ야收養幼兒故로特此廣告ᄒᆞ오니遺棄兒ᄒᆞᄂᆞᆫ幾路官은護送棄兒於本院이되若嫌其耳目이어든本人之寓舍가在於光化門西拾字閣月後동四十七統七戶이오니直到本人之寓ᄒᆞ야面當秘密周旋이오又或臨産而産室이未定이어든來訪本人之家ᄒᆞ면別定産室ᄒᆞ야使産母與乳兒로極爲便利케ᄒᆞ거시오無漏濫傳播之慮ᄒᆞ리이며此廣告를不聞不知ᄒᆞ야如或棄兒於路上이라도無論某人ᄒᆞ고即其時에護送于弊院ᄒᆞ야以救垂死之殘命則豈非大陰德乎아惟願　僉君子ᄂᆞᆫ壹個微命이라도同胞之壹分子로重視而留念焉ᄒᆞ소셔本人이言事不同則非但弊院之無實이라得罪於神明ᄒᆞ리니勿負此廣告之意를切望ᄒᆞᆷ

京城孤兒院主李愚현　告白

黃海道海州府安停舟居鄭十九爲名人이無立錐地者族人好亨의田庄을僞造文券ᄒᆞ야換賣外欺人略買之意로逗遛京城ᄒᆞ오니內外國人은勿論ᄒᆞ고相關白失切勿見欺ᄒᆞ시옵

鄭好亨　告白

本人等이典圜局門外右邊拾壹統四戶에新測量事務所를設ᄒᆞᆷ同時ᄒᆞ오니僉君子ᄂᆞᆫ該處及天然堂寫眞館에往臨面議ᄒᆞ시옵

崇德門外宗壇去邊作路左邊天然堂寫眞館主人金圭鎭

測量技師金相郁　白

本人이於六月三日夜의盜漢의게名圖章壹介와字圖章壹介를見失이옵기自今으로該圖章을勿施ᄒᆞ오니內外國人은諒悉ᄒᆞ시옵

安州雲谷面在田里

金教勉　字斗東　告白

●魯桑樹新種이本社에來到ᄒᆞ얏스니청君子ᄂᆞᆫ來購ᄒᆞ되遠鄕은郵便送錢ᄒᆞ오면桑樹를郵便送致ᄒᆞᆷ

西部廣井동廿壹統壹戶

蠶業擴張會社事務員金　發先　白

●初等算術教科書

精理舍主人柳一宣氏著作

洋裝壹秩壹冊定價新貨九拾錢三拾冊以上을一時購求ᄒᆞᄂᆞᆫ時ᄂᆞᆫ原價外二割引을減ᄒᆞᆷ

但地方에서百冊以上을請求ᄒᆞᆯ時ᄂᆞᆫ船車運費를該實將自擔ᄒᆞᆷ

本書ᄂᆞᆫ學數大家柳一宣氏가我國의算學을發達ᄒᆞ기爲ᄒᆞ야積年의腦力을費盡ᄒᆞᆫ바이온ᄃᆡ算術의原理原則을昭詳解釋ᄒᆞ야在學受教의必須ᄒᆞᆯ不啻라覽則獨學에人可獨習ᄒᆞᆷ

發賣元京西部社稷後洞七拾貳統六戶

鄭象燠

本所에서鑛山、土地、家屋、山林、測量製圖設計等을迅速需應ᄒᆞᆷ

南署會동九拾貳統拾壹戶

會同測量事務所

總務金澤吉　事務員金鎬櫃

崇堂先生著　愈宮洪　譯述

厚禮斗發大王七年戰史

全壹冊　定價金三拾錢

此書ᄂᆞᆫ即拾八世紀頃에普魯士厚禮斗發大王이[illegible]耳曼列邦中에介在ᄒᆞᆫ壹弱國으로突然奮起ᄒᆞ야尙武的精神으로人民을鼓勵ᄒᆞ며俄法等諸國과對抗ᄒᆞ서七年戰爭을繼續ᄒᆞ야普魯士國의雄飛ᄒᆞᄂᆞᆫ端緖를開ᄒᆞᆫ事實이니며其政略의巧敏ᄒᆞᆷ과其功烈의偉大ᄒᆞᆷ이足히讀者의敬慕心을喚起ᄒᆞᆯ만ᄒᆞ오니　僉君子ᄂᆞᆫ速々購覽ᄒᆞ시옵

發賣元　皇城布屛下廣學書舖金相萬

發賣所　京鄕各有名書店

新刊書籍發售廣告

女子讀本　張志淵氏著　全貳冊　定價金六拾錢

初等衛生學　全壹冊　拾五錢

初等倫理學　全壹冊　貳拾전

國家學綱領　全壹冊　拾五전

國民須知　전壹冊　八錢

初等小學　全四冊　定價金三拾錢

中等萬國新地誌　全貳冊壹圓

增修無冤錄大全　國漢文壹冊　七拾五錢

伊太利建國三傑傳　全壹冊　拾전

新撰理化學　朴晶東시著

獨習日語正則　定價金三拾錢

洋裝壹冊　鄭雲復시著　貳拾五전

愛國夫人傳　張志淵시著　全壹冊　定價금拾五전

新小說血淚　李人稙시著　全壹冊　定價금貳拾錢

萬國公法　全壹冊　拾五錢

世界三怪物　全壹冊　정價금三拾五전

家庭雜誌　每號拾전

新訂算術　全三冊　大拾전

乙支文德　全壹冊　三拾錢

發賣所　皇城中署布屛下廣學書舖　金相萬

京鄕各有名書舖

漢城南大門外濟衆院方藥
前醫學校長勳五等池錫永氏有効證明
醫學博士 洪錫厚氏 實驗方劑
製藥鑑查人 朴慈惠 李觀化

四時靈藥 **治痰平胃丸** 一包에九十丸入 定價金拾錢

此丸藥은大韓兄弟脾胃에適當케도록調製ᄒᆞ야數十年來累試累驗ᄒᆞᆫ藥인ᄃᆡ主降生一千九百八年에醫學博士洪君이精細改良ᄒᆞ야中暑中寒諸症에虎列剌怪疾과毒感瘟疫을預方케ᄒᆞ고健胃消滯ᄒᆞ야諸般滯積을順下ᄒᆞ며卒地嘔吐泄瀉와赤痢白痢와胸腹刺痛과聲咳白痰을能治能止ᄒᆞᄂᆞᆫ靈藥이오

製造本舖 漢城鐘路慈惠大藥房
濟衆院藥品代理專賣特約
大韓東西藥業月報社

[illegible]

隆熙二年六月二十二日內部許可를得ᄒᆞ고每日壹次式陽曆十五日에發行
編輯主筆大韓의院敎授 劉世煥
藥論說著述前醫學校長勳五等 池錫永
英米處方藥飜譯의學博士 洪錫厚
發行者慈惠藥房營業主 李觀化
印刷者慈惠藥房附屬普印社主任 洪 ○

目的
韓國新製藥　德國新製藥
日本新製藥　英國新製나
淸國新製나　美國新製약
以上藥品의主治效能과用法과定價金을以國漢文으로飜譯ᄒᆞ고
洋藥乾材　舊나唐材　舊약鄕村
但漢城銅峴時價만每月報告ᄒᆞᆷ

▲大韓國新發明 명
健胃消滯 ▲八寶丹 九拾五粒
▲팔보단 入金拾錢
承事府典의正三品洪哲普閣下實驗處方과陸軍々의의學校敎官張基茂君有効証明으로此丹을발行이온바新久滯積과飲食傷과新久泄瀉와七情鬱結과霍亂사脹과胃腹疼痛과諸과水土不服과船車陸暈諸症에壹服見效ᄒᆞ오니衛生君子ᄂᆞᆫ光顧試可ᄒᆞ심을爲希ᄒᆞᆷ

痞病神藥 ▲사향소창단 ▲麝香消瘡丹

此丹이於諸창에無論男女老少ᄒᆞ고若服壹劑하면實有神效ᄒᆞ야百불白中ᄒᆞ오니非例方可及也라若論主治則楊梅下疳連珠風濕頭창諸症에俱見立效ᄒᆞ오니愛痾ᄒᆞᆫ君子ᄂᆞᆫ壹次試驗ᄒᆞ시옵

婦人靈藥 ▲티양됴경환 ▲胎養調經丸
壹個月分入 定價金五拾

大抵婦人이年過ᄒᆞ도록不受孕者ᄂᆞᆫ由於有病也라若不趁早硏究ᄒᆞ고等閒看過則非但壹個人에不幸이라抑亦全國生育之理와關係가不淺也니僕이十五年을消費ᄒᆞ야內外國高明의士에實驗方을選擇ᄒᆞ야先自僕家로從及他人ᄒᆞ야累試皆驗에十분而始効ᄒᆞᆸ고且此약이非但受孕之神劑라治疝。治積。調經。調血에俱有實効ᄒᆞᆸ기玆以廣布ᄒᆞ오니僉員ᄂᆞᆫ壹次試驗ᄒᆞ시면自覽을可知이옵
약製所인川港奇峴和平堂藥房
발行人 仝 리應善
右三種약은각地方이라도請求ᄒᆞ면우편으로부치ᄂᆞᆫ슈도잇소
京城支店 鐘路衣廛下和平堂
代理店仁川港奇峴제生堂약房

▲發賣所 京城大廣橋共愛堂약房
仝남문ᄂᆡ水橋제生堂支店
仝 仝大東書市支店
仝 仝苧동博文書館
仝 洞口ᄂᆡ 梧梧號與富巫
仝 鐵物橋 毛衣房리洛瑞
仝 小廣橋 毛衣房리厚根
仝 壽進동 上隅三可病院
仝 大寺동 共제病院
○仁川港ᄂᆡ롱關豐旅館韓禹根
仝 읍ᄂᆡ 金제鉉
○江華鐘路 宋順五店
○開성 남문ᄂᆡ朴圭樞商店
仝 남문ᄂᆡ明新冊사리貞錫
○水原 남문ᄂᆡ 김재九약舖
○海州 남문ᄂᆡ리章樞商店
○延安읍ᄂᆡ 邊汝文洋藥局
○長淵 남문ᄂᆡ 崔在淳
仝 砂里院耶蘇敎堂리在善
○黃州남문ᄂᆡ 紅문동리東赫
⊙平壤 雙巨里 韓鳳儀藥舖
仝 館前 김龍興藥舖
仝 文武洞 桂澤善약포
○鎭남浦 菜동 김元섭藥포
仝 제生堂出張 吳閑駿
○載山港 關福洞 金斗鉉
仝 大井동 리春善약房
○禮山 景谷里 리東赫
○大邱 남문ᄂᆡ 리明直약局
○元山港 남甲元약局
仝 제生堂支局 朴敬鎭
○開川 西문ᄂᆡ 박致心약局
◉金泉場 鄭聖瑞약局
○釜山港 제生堂出張朴昌鎬
○安州성ᄂᆡ藥井동回春大약房
○安岳邑上場 제生局林晋景
○義州남문外木口街養和약房
○載寧읍後동 洋약局崔允鉉
○定州남문ᄂᆡ 洋약局리健柱
◉郭山읍 洋약局 羅聖彬
○宣川읍 冊사 安 ○
鐵山읍 永春堂 安 瀷
仁川港 和平堂 白

◉大韓國新發明神藥
◉修腹靈丹 各種食滯中暑久滯口臭積飲吐瀉定價一貼十錢
◉至寶丸 治諸般痰疾不拘久遠俱有偉効定價金十錢
◉靈效液 外用芳香治疥瘡皮風百發百中定價金三拾錢
◉清眼水 治諸般眼疾有翳障見天之妙定價金拾錢
◉通淋丸 治男女急慢淋疾[illegible]無與速效除[illegible]定價金五拾錢
製劑본行所 漢城南部大廣橋西[illegible]大藥房 [illegible]白
支店 第정남門內共愛堂支店 群山港開福동共愛堂第二支店 河東郡赤良面共愛堂第三支店
代理店 京城北部大安동 仝 종路寄年會館前 仝 西部新門外石橋 仁川奇峴 濟生堂 仝 和平局
裴助卿 리春書 黃麟秀 仁濟藥房 慈惠藥房 普濟醫院
此外에도東西洋각國有名賣藥과草材藥이俱備하오니藥의多少를不拘ᄒᆞ고請求ᄒᆞ시면小包로仰呈ᄒᆞ게습

●大韓新발明靈藥廣告
●陸軍支醫金주鉉君實驗方劑 ●陸軍軍醫朴某君有効證明 ●海衛生之諸君子常備之靈藥
消化新藥 **清心保命丹** 九十粒入金拾錢
發行所 仁川港柳峴 濟生堂藥房
●右藥의主治効能은如左
●吐瀉●水土不服●담飲咳嗽●暑中寒●氣滯腹痛●酒醉●食積食傷●咽喉●口熱惡臭●其他諸般運氣厲疾預防妙약
總發行所 京城南大門內 제生堂支店李庚□
●귀城西문外 제生堂支店具又賢
●元山港銘石院 제生堂支店박敬鎭
代理店 京셩大廣橋共愛堂
●京泥峴三丁目 仝 종路慈惠약房
仝 郵便局前天佑堂약房 新井약店
仝 남大남ᄂᆡ博文書館盧益亨
仝 梨峴洋약局 리信華
仝 大安洞 仁제약房
仝 壽동三可病院 朴喜達
●仁川奇峴和平堂 리應善
同本町 新井藥房
●海州남문ᄂᆡ 宋在瑛
仝 仝商店 리奉樞
●水原종路ᄂᆡ약房 金제九

●延安邑內洋약局 邊汝文
●江華종路店 尹斗鉉
●長淵남門ᄂᆡ 崔毅淳
●砂里院場ᄂᆡ客主 任元中
仝 耶蘇敎堂ᄂᆡ 리報善
●瑞興邑ᄂᆡ 許완
●汗浦驛東美運送部 김奉圭
●黃州남문ᄂᆡ紅문동 리東혁
●安岳邑上場里제生局 林景柱
●載寧邑後동洋藥局 崔允國
●忠州東良面早遞 김鎭和
●信川邑四里洋약局 김永植
●長連邑東里冊肆文爽冠
●平壤里문동出張人尹寅村 韓源儀
仝 雙巨里제生局 金能與
仝 館前衛生의院 桂澤宜
仝 文武동제生局 崔敬化
仝 大興部掌里藥局 김元燮
●鎭남浦菜동冊사
仝 后浦本堂出張人 吳南駿
●安州성ᄂᆡ發井동回春大약房
●博川邑美동商店 朴芝行
●定州남문ᄂᆡ洋藥局 리健柱
●郭山邑大街冊사 김大鉉
●宣川邑ᄂᆡ冊사 安 ○
●鐵山읍ᄂᆡ永春堂 安 瀷
●義州남문外木口街 崔錫浩
●德川읍官洋약局 리丙斗
●群山港開福동 김斗鉉
●大邱남門ᄂᆡ劉還洞 김成浩
●釜山港東館本町商店 리炳夏
●北靑新昌港客主 朴錫勳
●木浦各國居留地松房 徐岐兒
●全國ᄂᆡ各약店마다隨應販賣
仁川港奇峴 京셩남大문ᄂᆡ 濟生堂 白

●新發明梅毒명藥廣告
陸軍軍醫金守현實驗方劑
落梅丹
壹劑五百粒定價金三圜
主治 梅毒「唐창」疳瘡 ●癩瘡 ●皮膚病 ●便毒 ●下疳 ●橫痃 口瘡不愈창病去根之명藥
●淋病
已上病証外에男女間에不精交合ᄒᆞᆫ後에若疑아之端이有ᄒᆞ야도此藥壹劑만服用ᄒᆞ면完無後慮ᄒᆞ고脾胃도健全ᄒᆞᆷ을擔保ᄒᆞᆷ
此外에도의療機械와精良ᄒᆞᆫ藥材를新備ᄒᆞ고內外科각色疾病을誠心治療ᄒᆞᆷ
漢城北部大安洞
仁濟藥房 高用진 謹白
代理店 京城鐘路 共愛堂낙房
仁川港龍洞 濟生堂
國內各處藥局에서隨應販賣ᄒᆞᆷ

○廣告料
四號活字十三字詰每日每英尺一寸에新貨金五錢(每日每行六錢에相當ᄒᆞᆷ)
二週日에 二圜五十錢 每日每行四錢五厘에相當ᄒᆞᆷ
一箇月에 五圜 每日每行四錢一厘에相當ᄒᆞᆷ
其期限의長短과字行의多寡를從ᄒᆞ야減額ᄒᆞᆷ이有ᄒᆞᆷ

發行兼編輯人英國人 萬咸成
發行所 南署石井洞號外地三層洋屋 大韓每日申報社

漢城鐘路慈惠大藥房에서漢城남大門外濟衆院藥品을代理專賣ᄒᆞ기로特約ᄒᆞ고[illegible]

第六卷

大韓每日申報

第八百五拾七號

月曆及慶節 歲時日休刊

檀君開國四千二百四十一年
箕子元年三千三十年
大韓開國五百十七年
日本明治四十一年
淸國光緖三十四年
陰曆戊申六月小十八日 壬申

論說

◉世界近世史를 不可不覽

此ᄯᅢ登人이有ᄒᆞ야 其耳가雖聰ᄒᆞ며 其目이雖明ᄒᆞ며 其腦經이雖頴悟ᄒᆞ더라도 四面無人ᄒᆞᆫ絶海의孤島나 深山의窮峽에處ᄒᆞ야 鳥獸를伍ᄒᆞ며 魚鼈을友ᄒᆞ야 桃源이寂寞ᄒᆞ야 漁父가不來ᄒᆞ며 高臺가沼瀟ᄒᆞ야 鼎喧이不聞ᄒᆞᄂᆞᆫ바에 生ᄒᆞ야 杜門不出ᄒᆞ면 或者其天稟의良知로 端正ᄒᆞᆫ善人은作ᄒᆞᆯ지언뎡 時勢로適用ᄒᆞᄂᆞᆫ風雲兒됨은 是到底不可能의事라 然則此交通ᄒᆞᄂᆞᆫ下便ᄒᆞ고 安眠에最入ᄒᆞᆫ韓國同胞가 비록如何히逈出ᄒᆞᆫ理想과 絶大ᄒᆞᆫ氣魄이有ᄒᆞᆯ지라도 엇지哭ᄒᆞ랴橘中의基局을推ᄒᆞ고 宣變至道ᄒᆞᆫ勇敢力이生ᄒᆞᆯ슈有ᄒᆞ리오 故로卽今二十世紀東西大潮의日을待ᄒᆞ야 韓人이方是自覺ᄒᆞᆫ日이며 鮎頭ᄒᆞᆫ日이며 鼾睡ᄒᆞᆫ日이며 左右顧眄ᄒᆞᆫ日이라ᄒᆞᆯ지로다 然이나文明의狀態가複雜ᄒᆞ며 科學의名目이繁多ᄒᆞᆫ中 世界의變幻ᄒᆞᄂᆞᆫ情況은走馬燈又치環ᄒᆞ며 他人의進步ᄒᆞᄂᆞᆫ能力은火輪車又치速ᄒᆞ니 吾韓同胞ᄂᆞᆫ日不暇給의歎이有ᄒᆞ야 비록學生少年이라도汲汲不暇ᄒᆞᆯ時代인ᄃᆡ 況學齡이已過ᄒᆞᆫ四五拾以上人物이며 비록資財가稍足ᄒᆞ야安心從事ᄒᆞᆯ人士라도 加讀催지ᄒᆞᆫ時代인ᄃᆡ 況乎從事無暇ᄒᆞᆫ貧窶의人士리오

余가此等人士에게一個簡易ᄒᆞᆫ方法을贈與ᄒᆞ야 曰世界近世史를讀ᄒᆞᆷ이其可ᄒᆞ다ᄒᆞ노라

愛國心을培養ᄒᆞᆷ에ᄂᆞᆫ本國史를不可不讀이며 文明淵源을硏究ᄒᆞᆷ에ᄂᆞᆫ各國古代史를不可不讀이나 登線捷徑에據ᄒᆞ야天下大勢를探코자ᄒᆞ면 唯此世界近世史幾篇이足ᄒᆞ다ᄒᆞᆯ지라

國家興亡의原理도此에畿ᄒᆞ며 民族消長의眞狀도此에畿ᄒᆞ며 偉人傑士의面目도此에畿ᄒᆞ며 歐風亞雨의境槪로此에畿ᄒᆞ며 政治外交의奇變도此에畿ᄒᆞ며 學術技藝의發達도此에畿ᄒᆞ고 其他過去數千載聖哲英豪의夢想不到ᄒᆞ던 今日新世界의烈風壯潮를歷歷히畵出ᄒᆞ얏스니 釋迦가靈山會에서說法ᄒᆞ듯시 諄諄히衆生을諭ᄒᆞ되 善因을種ᄒᆞ면善果가生ᄒᆞ며 惡因을種ᄒᆞ면惡果가生ᄒᆞ고 若何ᄒᆞ면生ᄒᆞ며 若何ᄒᆞ면死ᄒᆞ고 若何ᄒᆞ면興ᄒᆞ며 若何ᄒᆞ면亡ᄒᆞ고 若何ᄒᆞ면文明ᄒᆞ며 若何ᄒᆞ면黑暗ᄒᆞ고 若何ᄒᆞ면優勝ᄒᆞ며 若何ᄒᆞ면劣敗ᄒᆞᄂᆞ니라ᄒᆞ야 吾輩迷腦를大澈不悟의不二法門을得케ᄒᆞᄂᆞᆫ者ᄂᆞᆫ 卽近世史가是라

故로今日天地에近世史를不讀ᄒᆞ면 是ᄂᆞᆫ暗夜에燭을棄ᄒᆞ고 昏衢에饑ᄒᆞᆷ이며 大病에藥石을惡ᄒᆞ고 二豎의猖獗ᄒᆞᆷ이니 是엇지生存을得ᄒᆞ며 是엇지安樂을得ᄒᆞ며 是엇지光明을得ᄒᆞ리오

現世史란者ᄂᆞᆫ知識이有ᄒᆞᆫ者던지 學問이有ᄒᆞᆫ者던지無ᄒᆞᆫ者던지 不可不壹帙을座右에置ᄒᆞ고 朝夕諷誦ᄒᆞᆯ者나 九彼年長未學에ᄂᆞᆫ眷?據ᄒᆞᆫ者에게ᄂᆞᆫ更히必要ᄒᆞ니 何故오 盖歷史者ᄂᆞᆫ萬學의源泉이며 近世史者ᄂᆞᆫ又歷史의含鹽인然故니라

問者曰今日韓國에太勢를瑩察ᄒᆞ고 國情에啓照ᄒᆞ야 ?精選ᄒᆞᆫ世界史가無ᄒᆞ니奈何오 曰此固?籍界에缺憾이나 卽今各種刊出된東洋史西洋史等을熟覽善讀ᄒᆞ면 抑亦世界大勢의一斑을推測ᄒᆞᆯ뿐더러 國民前途에利用ᄒᆞᆯ者도多ᄒᆞ니라

外報

●淸帝不豫 淸國皇帝陛下께서ᄂᆞᆫ病氣가甚重ᄒᆞᆫ故로 目下醫藥을選擇中이라더라

●憲政視察上奏 淸國의駐德國現憲政視察大臣于式枚氏ᄂᆞᆫ 漸進主義를執ᄒᆞᆷ이可ᄒᆞ다고 皇帝께上奏ᄒᆞ얏다더라

●船渠新設의拒絶 北京電을據ᄒᆞᆫ즉 駐淸德國公使ᄂᆞᆫ山東省某處에船渠를新設ᄒᆞᆯ것다고 淸政府에要求ᄒᆞ얏더니 同政府에서拒絶ᄒᆞ얏다더라

●米淸同盟演說 倫敦電을據ᄒᆞᆫ즉 米國홉손大佐가民主黨大會委員會에서演說ᄒᆞ야曰 日本은野心을抱ᄒᆞ야種種諸方面의陰謀와術計를行ᄒᆞᆫ즉 米國은實力表現ᄒᆞᆷ을得ᄒᆞ기ᄭᆞ지 淸國과同盟ᄒᆞ야極東의均勢를維持ᄒᆞᆯ計畫이라ᄒᆞ얏더라

●米委斷交 東京電을據ᄒᆞᆫ즉 北米合衆國과委內瑞와間에 外交가斷絶ᄒᆞ얏다더라

●鹿傳霖反對 同電을據ᄒᆞᆫ즉 目下淸國에서北京과其他各省에서 國會開設ᄒᆞᆷ을頻數히請願ᄒᆞᄂᆞᆫ대 張之洞袁世凱兩氏ᄂᆞᆫ其附設期限을定ᄒᆞ자ᄒᆞ고 鹿傳霖氏ᄂᆞᆫ反對ᄒᆞ얏다더라

雜報

●平民請願 平壤郡外城人民代表金尙鎬洪秉灝氏等이 日人이該地段을加占ᄒᆞᆫ事로 內部에請願ᄒᆞᆫ全文이如左ᄒᆞ니

伏以登外城面積의方이於餘里요 田이拾七萬畝이오나 人口가稠密ᄒᆞ야 每畝二三兩價値이옵더니 光武八九兩年에軍用停車場基址로 三次勒占編出ᄒᆞᆫ地段이 乃爲田四萬三千五百餘畝와 家四百戶이옵고 初無地價與地說도討給ᄒᆞ오니 哀此殘命이懸於남畝다가 不意壹朝에赤手數逐이 此何人斯오 叩地號天에流離丐乞이옵더니 光武拾年丙午拾二月에 軍用地調査委員林朴義東氏가 右地段損害를頒給次로專來當地ᄒᆞ야 上部訓令과圖本壹幅을並爲揭示인바니 開에該圖本中紅線以內ᄂᆞᆫ軍用地에屬ᄒᆞ고 茶褐線以內ᄂᆞᆫ管理局에屬ᄒᆞ고 以外ᄂᆞᆫ卽開放之地니 移接安堵ᄒᆞ며自由居生ᄒᆞ라ᄒᆞ얏고 右兩線以內ᄂᆞᆫ以每坪?錢으로勒給驅出ᄒᆞ오니 哀此四五次被逐ᄒᆞᆫ仇仇萬死餘生之民이 於放之地니로 買家者買家ᄒᆞ고 建築者建築ᄒᆞ야 以作安堵之計이옵더니 不意今春에又於開放之地니에 田壹千六百畝와家三拾戶地段을 稱以停車場用地ᄒᆞ고 擅揷標木이옵고 田畓價를推去ᄒᆞ라 星火督促ᄒᆞ오니 噫라 前所累爲加占도 紅茶兩線以內地段이 乃爲一外城十分之九요 開放地ᄂᆞᆫ僅爲拾分之壹也라 今開放地以外加占之地段도 既廣且潤ᄒᆞ야 停車場及軍事上使用이不過於分之壹이요 其餘ᄂᆞᆫ使外國人으로或耕作或陳廢이거ᄂᆞᆯ 今日加占은莫知其所爲也요 夫前日屢屢加占地段을壹如其指揮ᄒᆞᆷ은 以其先遵又明日本國으로 既稱軍用之下에 以謂必無他意러니 今此加占之行動은 其反覆無厭之求와 過公營私之計가昭然無疑ᄒᆞ온지라 本人等의前者被逐이況附大而 今日에又當此境ᄒᆞ니 明日之被逐은可期而待也니 與其日日被逐而卽終作顚壑之鬼也론 寧死守此地ᄒᆞ야 不失民權이豈不愈乎 앗가 諸郡兩度本狀을玆以貼連仰籲ᄒᆞ오니 伏乞特軫此矜惻民情ᄒᆞ시와 依照于統監府ᄒᆞ야 交涉撤帖後에?本道ᄒᆞ시와 今春所揷所謂停車場標木을永爲拔去ᄒᆞ야 使此垂死之民으로得保生命케ᄒᆞ심을伏望이다ᄒᆞ얏다더라

別報

◎裵說氏의公判顚末

第三日 續

問汝가脫衣施刑을被ᄒᆞ얏ᄂᆞ뇨 曰不脫衣而被打니이다

問他人의虐待도受ᄒᆞ얏나뇨 曰?無ᄒᆞ오이다

問幾許間이나該處에拘留되얏더뇨 曰十壹月에야獄에移ᄒᆞ고 珍島에流配되얏스나 獄에ᄂᆞᆫ七月부터拾壹月ᄭᆞ지五個月을拘留되얏나니다

問汝가該處에서沈雨澤을見ᄒᆞ엿나뇨 曰然ᄒᆞ오이다

問汝가沈氏의虐待受ᄒᆞᆷ을見ᄒᆞ얏나뇨 曰否라 本人이未見이로소이다

問汝가何를見ᄒᆞ얏나뇨 裁判官이엽긴손외게言ᄒᆞ야 曰顧問件을表示ᄒᆞ야 其人의說明을催促ᄒᆞ시오 其人이說明ᄒᆞ라면 半時나許費ᄒᆞ깃소 (聽衆大笑)

크로쓰씨曰 汝가沈씨가獄房에서出ᄒᆞᆷ을見ᄒᆞ얏ᄂᆞ뇨 曰其日夕에沈씨를招出ᄒᆞᆷ을見ᄒᆞ얏스며 還來ᄒᆞᆷ도見ᄒᆞ얏나이다

問其人의景狀이何如ᄒᆞ더뇨 曰此ᄂᆞᆫ夜間인故로見ᄒᆞ기不能ᄒᆞ얏나이다

問汝가목ᄒᆞᆫ바沈氏를獄房으로接界ᄒᆞ야來ᄒᆞ더뇨 或扶人而來ᄒᆞ더뇨 曰昏夜인故로見ᄒᆞ기不能ᄒᆞ얏나이다

엽긴손氏曰 汝가能히誰某의惡行이던지 無碍而言ᄒᆞᆯ機會가有ᄒᆞ니 枚擧言明ᄒᆞ라

問宮闕과叛徒間에交涉이有ᄒᆞ야 汝의게歸罪ᄒᆞᆷ이아니며 叛徒를激起ᄒᆞ며 宮闕과 皇帝와叛徒間에交涉이有ᄒᆞ얏다ᄒᆞ야 沈씨의게歸罪ᄒᆞᆷ이아니며 汝가其歸罪에對ᄒᆞ야不服ᄒᆞᄂᆞᆫ바가 宮闕과叛徒間에隱謀事件에關係가有ᄒᆞ다ᄒᆞᆷ이아니뇨

크로쓰氏曰 此ᄂᆞᆫ殆히證人에게안ㅈ好ᄒᆞ이로다 (聽衆大笑)

證人曰 叛徒와關聯타ᄒᆞᆷ이아니뇨 但只 皇位를運動ᄒᆞᆫ事에 其人이何等關係가有ᄒᆞ다ᄒᆞ야 歸罪ᄒᆞᆷ이러이다

問此事件에對ᄒᆞ야不服ᄒᆞ얏슨즉 其他陰謀事件에도不服ᄒᆞ얏나뇨 曰其人이政府를反對ᄒᆞᄂᆞᆫ事件에結連이有ᄒᆞ다고歸罪ᄒᆞ얏ᄂᆞᆫ대 其人이言ᄒᆞ기를 此事件을自己壹人이能爲치못ᄒᆞᆯ바인즉 該事件에對ᄒᆞᆫ證人을示ᄒᆞ라ᄒᆞ얏나이다

問韓國舊法律에證人이나被告가審問ᄒᆞᄂᆞᆫ대로對答지아니ᄒᆞ면 何樣結果가有ᄒᆞ뇨 曰舊法律은不知로소이다

問我ᄂᆞᆫ質言ᄒᆞ노니 舊法律에도ᄒᆞ면 其、이必也毆打를受ᄒᆞᆷ이 汝의警廳에셔當ᄒᆞᆫ바와同ᄒᆞ던지 或此에셔尤加ᄒᆞ리로다 日本人이不幸히舊法律下에서告訴를當ᄒᆞ여보지못ᄒᆞ얏나이다 (聽衆大笑)

裁判所書記도셔氏가沈雨澤씨를三次呼名ᄒᆞᆫ後에 此証人은不參ᄒᆞᆷ으로公佈ᄒᆞ다 未完

雜報

●茶禮擧行 今日이 純祖皇帝陛下 誕辰인故로 眞殿茶禮를擧行ᄒᆞ시ᄂᆞᆫ데 義親王殿下로擧行ᄒᆞ셧다더라

●下賜扇子 太皇帝陛下ᄭᅴ옵서拾貳日夜에扇子壹百七拾九柄을 昌德宮醫祭職員壹同의게 下賜ᄒᆞ셧다더라

●恤金頒下 義兵의게家屋을被燒ᄒᆞ거나또殺害를當ᄒᆞᆫ者의게對ᄒᆞ야 太皇帝陛下ᄭᅴ옵서救恤金으로 內帑金拾萬圜을下賜ᄒᆞ옵셧다ᄂᆞᆫ事ᄂᆞᆫ前報에揭載ᄒᆞ얏거니와被燒ᄒᆞᆫ家屋壹戶에ᄂᆞᆫ拾二圜이오殺害ᄒᆞᆫ人의게ᄂᆞᆫ壹名에，圜式인데外國人은統監府에委托ᄒᆞ고韓國人은地方官으로ᄒᆞ야금分給케ᄒᆞ셧다더라

●康氏獻議 正二品康洪斗氏가中樞院에獻議를되東西諸國의文明ᄒᆞᆫ美規를効倣ᄒᆞ야男女信徒가互相嫁娶ᄒᆞ야 大皇帝陛下化育의 德澤을蒙承케ᄒᆞ자ᄒᆞ얏다더라

●統府變說 東京日々新聞을據ᄒᆞᆫ즉統監府의組織을變更ᄒᆞᆫ다ᄂᆞᆫ說이有ᄒᆞ다더라

●論駁種々 總理李完用氏와相宋秉畯兩氏가近日以來로爲何不協ᄒᆞᆫ事件인지未知ᄒᆞ거니와李總理가宋씨의게間々論駁을當ᄒᆞᆫ다더라

●往還期限 中樞院議長金允植氏가今番日本之行의往還期限은五拾日로酌定ᄒᆞ얏다더라

●院長代辦 中樞院議長金允植씨가日本에渡去ᄒᆞᆫ時에其事務ᄂᆞᆫ該院章程을依ᄒᆞ야副議長申箕善씨가代辦處理ᄒᆞᆫ다더라

●成氏云任 掌禮院卿李㝡夏氏가辭職ᄒᆞ얏ᄂᆞᆫ바ᄂᆞᆫ前報에揭載어니와後選가되얏ᄂᆞᆫ데前中樞院副議長成岐運氏가該院卿을被任ᄒᆞ다더라

●調査局官制 帝室有及國有財産調査局을度支部로引繼ᄒᆞᆫ事ᄂᆞᆫ已爲報道어니와該局官制ᄂᆞᆫ現今磨鍊中인데局長壹人次長壹人主事幾人을設置ᄒᆞᆫ다더라

●鏡察遞任 咸北觀察使尹甲炳氏가赴任次로昨日京義線第壹番列車로發往ᄒᆞ얏다더라

●趙氏轉任 法部秘書官趙重鼎씨ᄂᆞᆫ農商工部秘書官으로轉任ᄒᆞ얏다더라

●朴代任 法部秘書官趙重鼎씨가遞任ᄒᆞᆫ代에中樞院副贊議朴泰駿시가被任ᄒᆞ얏다더라

●兩氏陞資 承寧殿提調韓光洙씨ᄂᆞᆫ陞正二品으로成均館長金有濟씨ᄂᆞᆫ從一品으로陞資가되얏다더라

●尹氏免官 星州稅務官尹榮兌씨ᄂᆞᆫ免官이되얏다더라

●財務免官 財務官安한鐘씨ᄂᆞᆫ雜稅를隱匿ᄒᆞ얏ᄂᆞᆫ대發覺後에該金을還納ᄒᆞ얏스나據諸官紀에不可仍置라ᄒᆞ야免本官ᄒᆞ얏다더라

●二家相換 中樞院顧問李根澤氏ᄂᆞᆫ諸兄弟에家舍와連墻居生ᄒᆞ기爲ᄒᆞ야笠洞리根培氏家舍와相換ᄒᆞ얏다더라

●日人主事被害 本月八日新溪財務署主事김진옹(?)씨가義兵의게被害ᄒᆞ얏다ᄂᆞᆫ대該日人이該地方財務를調査ᄒᆞ기爲ᄒᆞ야通譯一名을領率ᄒᆞ고出張ᄒᆞ야江原道黃海道地境石동에서午飯을將占ᄒᆞᆯ時에義兵數拾名이突入ᄒᆞ야通譯壹人과日人主事ᄂᆞᆫ被害ᄒᆞ고通譯壹人은逃傷ᄒᆞ얏다더라

●云謂樞說 學部에서假倉庫를建築ᄒᆞᆯ次로度支部에照會ᄒᆞ얏더니答照ᄒᆞ기를貴部에接ᄒᆞᆫ中樞院의倉庫ᄂᆞᆫ現今閉鎖ᄒᆞ얏스니該院에請求ᄒᆞ라ᄒᆞ얏다더라

●許氏訊問 監獄署에滯囚ᄒᆞᆫ許위氏ᄂᆞᆫ日昨에理院에서第次訊問을經ᄒᆞ얏ᄂᆞᆫ대韓人官吏가訊問ᄒᆞ미許위氏曰余ᄂᆞᆫ被捉於日人ᄒᆞ얏슨즉本國官人은勿問ᄒᆞ라ᄒᆞ거ᄂᆞᆯ日人補佐官이出席訊問ᄒᆞ얏다더라

●登繼暴行 去月一拾日頃에橫根郡下道面檜洞壹進會員김順入이가鼓面龍門川에서他人으로飲酒相鬪ᄒᆞ다가被打ᄒᆞᆷ을憤히녀겨加平郡壹進會長七名을領率ᄒᆞ고龍門川으로來ᄒᆞ야守備隊使者라稱ᄒᆞ고人民을脅迫ᄒᆞ고前日에相鬪ᄒᆞ던人六名을斬殺ᄒᆞ고財物을掠奪逃走ᄒᆞ얏다더라

●航路開始請助 咸鏡南北道及江原道沿岸에汽船航路를開始ᄒᆞ기爲ᄒᆞ야元山港志者가政府에補助를請ᄒᆞᆯ次로上京ᄒᆞ야運動中이라ᄂᆞᆫ대某當局者의語를依ᄒᆞᆫ즉此乃適當ᄒᆞᆫ漁業上에必要ᄒᆞ나現今財政이困難ᄒᆞ야民業의補助餘暇가無ᄒᆞ다ᄒᆞ얏다더라

●侍天敎堂新築 壹進會에서靑石동等地에買置ᄒᆞ얏던家屋을毁撤ᄒᆞ고侍天敎堂을新建築ᄒᆞᆫ다ᄂᆞᆫ대建築費ᄂᆞᆫ約五拾萬圜豫算이라더라

●水道竣工不遠 陸(?)紹(?)에서水道竣工이不遠間될터인故로英國水道局技師가事務를處理ᄒᆞ기爲ᄒᆞ야韓人中英語를解ᄒᆞᄂᆞᆫ者를幾許間採ᄒᆞ야灌漑方法을敎授ᄒᆞ기로準備中이라더라

●金空花故 再昨日에妓生四五名이慕華館附近악박골에出往ᄒᆞ야飲水避暑ᄒᆞᄂᆞᆫ데花宴을弄ᄒᆞ다가西署巡査의게發現되야登前捕縛以去ᄒᆞ다가賄賂錢이無ᄒᆞᆷ으로還爲放送ᄒᆞ얏다더라

●通郡棄援 通津郡의義兵將이前日該郡守로在任ᄒᆞᆫ人이라該郡에入來ᄒᆞ야人民을多數引入ᄒᆞ야現今에大集團을成ᄒᆞ고該郡巡査駐在所韓日巡査를殺害ᄒᆞ짓다ᄒᆞ고發言ᄒᆞ다더라

●捐俸設校 皇族諸氏가發起ᄒᆞ야宗正府내에宗親學校를설立ᄒᆞᆫ다ᄒᆞᆷ은累報어니와本年秋에叛立ᄒᆞ기로預定ᄒᆞ얏다ᄒᆞ고 皇族諸氏의學校經費의支用方침은諸氏의月俸中百分의五分式을捐出補助케ᄒᆞᆫ다더라

●任員改選 再昨日中樞義塾에서任員選擧를開ᄒᆞ고幹事任員을推選ᄒᆞ얏다ᄂᆞᆫ대塾長은前觀察使리圭相시로副塾長은池州洙시로被選되얏ᄂᆞᆫ대該塾의履行規則을改定ᄒᆞᆯ事로主相시家에會同ᄒᆞ야擬商協議ᄒᆞ얏다더라

●高守行政 高山郡守李秉民氏가赴任以後에學校를設立ᄒᆞ야民을敎育ᄒᆞ고山訟은無論遠近ᄒᆞ고躬行摘査ᄒᆞ며村閭에周行ᄒᆞ야農商을勸勉ᄒᆞᆫ다더라

●學會組織 安岳郡守李寅奎시가學校를擴張ᄒᆞ기爲ᄒᆞ야今八十日下午三時에學務會를開ᄒᆞ얏ᄂᆞᆫ대循塾ᄂᆞᆫ廢止ᄒᆞ며開校를設立ᄒᆞ기로決定ᄒᆞᆫ後에閉會ᄒᆞ얏다더라

●戰校擧式 戰事郡養元學校에서今月壹日에四周年紀念式을擧行ᄒᆞᄂᆞᆫ데本郡各校學徒가整伍下集ᄒᆞ니其規模와整肅ᄒᆞᆫ行動의愉快가使人欽慕ᄒᆞ고本校第壹學年試驗選賦式을并行ᄒᆞ얏ᄂᆞᆫ데高等科優等生은崔熙(?)聲樂等三人이오尋常科優等生에鄭智善元應九人이오劣第生에ᄂᆞᆫ晩都央伯鎭等四拾壹人인데當日盛況을呈ᄒᆞ얏다더라

●論校試驗 恩津郡論산補論學校에서校科를特別撰(?)ᄒᆞ야熱心敎育ᄒᆞ야第壹回學期試驗을經ᄒᆞ얏ᄂᆞᆫ대最優等林允七鄭錫壹등三人이오二등方化益朴昌相등七人이오三등權在得金성제등八人인대多數賞品을施與ᄒᆞ얏다더라

●抵必歸正 去십一日夜에警視廳翻譯도변씨가本社總務梁起鐸씨에게相對啟辭ᄒᆞᆯ게가有ᄒᆞ다고請ᄒᆞ기에無髮前往ᄒᆞ얏더니도변이가日巡察隊를招出ᄒᆞ야該廳으로押去ᄒᆞ얏ᄂᆞᆫ대警問ᄒᆞᆫ後에ᄂᆞᆫ事實의是非ᄂᆞᆫ終當歸正되려니와此事ᄂᆞᆫ英國總領事가交涉辨正ᄒᆞᆫ다더라

●維持講會 識籍洲시가敎育上에熱心ᄒᆞᆷ은本報에屢揭ᄒᆞ얏거니와要聞ᄒᆞᆫ즉去日西江牛山學校第六回維持會를開ᄒᆞ고坊內七洞父老師ᄌᆞ가各其洞殺務로捐金을收ᄒᆞ야…시가先히每朔五圓式捐補ᄒᆞ기로擔任ᄒᆞ고特出ᄒᆞ야校未備品을鮮케ᄒᆞ니父老의게對ᄒᆞ야維持ᄒᆞᆯ意를表ᄒᆞᆫ後에閉會ᄒᆞ얏다더라

●藥明放學 藥峴藥明學校에서夏期試驗을經ᄒᆞ얏ᄂᆞᆫ데甲班優等生은朴淳文리北상等二八이오乙班優等生은李点奎金錫成等三人이오丙班優等生은呉富甲辛顯男等六八이오丁班及第生은金錫富上直等三十二人인대該校說法國宣敎師丁加彌씨가特別施賞ᄒᆞ얏더라

●永明設立 連山郡官民居申相奎시가該郡耶蘇敎堂을建築ᄒᆞ고該敎堂내에永明學校를設立ᄒᆞ야學員을募集ᄒᆞ야英語算術雜誌歷史地學修身衛生漢文體操等課를敎授ᄒᆞᄂᆞᆫ대漢文敎師ᄂᆞᆫ白南浩시가자擧自擔ᄒᆞ고敎員우小利樂牧師로議定ᄒᆞ고校監은該郡地方委員리玄浩시로議員은徐炳哲都相八李純(?)諸氏인지校況이新進ᄒᆞᆫ다더라

▲地方消息▼

▲去月二十八日丹城郡大坪附近에서義兵十數名이 郡守備隊下士以下十名과交戰ᄒᆞ얏다ᄒᆞ고

▲本月初壹日咸興郡北方約拾餘里西方高地에서義兵約五拾名이討伐隊와交戰ᄒᆞ야가義兵은退却ᄒᆞ얏다ᄒᆞ고

▲去月二十八日德川郡西남西拾里地에서義兵約拾三名이日守備隊將校曹長以下六名과交戰ᄒᆞ얏다ᄒᆞ고

▲本月八日利川郡北方四十里地에義兵二拾九名이日守備隊와交戰ᄒᆞ얏다ᄒᆞ고

▲本月九 漣陽郡寶통에서義兵五拾名이日討伐隊와交戰ᄒᆞ얏다ᄒᆞ고

▲本月六日石市場에서義兵約餘名이日巡査隊ᄂᆞᆫ三名과交戰ᄒᆞ얏다ᄒᆞ고

▲本月三日梨田場附約六拾里地에서義兵八名이ᄂᆞᆫ分遣隊兵四名과遭遇ᄒᆞ야交戰ᄒᆞ얏다더라

▲時計莫留▼

▲時計分針自轉環을仙翁彈指恰似ᄒᆞ다開歲이此다催。니丈夫ᄒᆞᆫ業未就ᄒᆞᆫ제鬢邊霜雪老去愁라

▲世界風雲何傑疑ᄒᆞ니萬事如夢悠悠ᄒᆞ다志在千里未展ᄒᆞ니伏櫪老驥가엽고나宇宙斜陽浩歌에英雄豪傑다늙ᄂᆞᆫ다더時針아가지마라

▲이江山을살펴보니鬱乎蒼々相繆ᄒᆞ야錦繡佳麗ᄒᆞ니天府金湯이아닌가崢嶸淑氣依舊ᄒᆞᆫ데人傑은出ᄒᆞᄂᆞᆫ다더時針아가지마라

▲沉沉漆夜風雨中에軒轅제혼장ᄂᆞᆫ人安得博浪壹擊椎ᄒᆞ야喚起中國萬十耳ᄒᆞ相枕聆倒ᄒᆞ니不知東方既白일세더時針아가지마라

▲議鼓論더ᄂᆞᆫ備ᄂᆞᆫ變遷機全昧ᄒᆞ고自守舊見難化ᄒᆞ야坐井觀天ᄒᆞ고나腦髓中에저진習慣洗滌ᄒᆞ기無期로다더時針아가지마라

▲宦海風波노ᄂᆞᆫ物滔滔殿撲中ᄒᆞ야不分東西沒ᄒᆞᆫ제前頭危險不顧ᄒᆞ고各自奔忙ᄒᆞᄂᆞᆫ貌風靜浪息어느ᄯᅢ요더時針아가지마라

▲貪權樂勢ᄂᆞᆫ너머마쇼妨妨樂ᄒᆞ던날에不知火之將至ᄒᆞ니다소燕이그아닌가滿腔熱情發ᄒᆞ니精神何時喚醒ᄒᆞ려니더時針아가지마라

▲遡ᄒᆞ산川指點ᄒᆞ니其烟塵漠漠이라哀我同胞蒼黃ᄒᆞ야各自奔竄悲慘ᄒᆞ다滿腔大晴無ᄒᆞ니濟世良手來何晩ᄒᆞ니더時針아가지마라

▲權貴遺藥相傳ᄒᆞ니根生은當然ᄒᆞ이라各自漢散爲心ᄒᆞᆫ제志氣가根斷ᄒᆞ니各國國會勸縉ᄒᆞ나國台되기容遲ᄒᆞ니더時針아가지마라

▲新知識을培養ᄒᆞ야國家棟樑稱望ᄒᆞ니各學校가蹶起ᄒᆞ고成功若年材敎育ᄒᆞᆫ제年齡漸漸多ᄒᆞ다더時針아가지마라

特別社告

本壤支社員安浩淵氏と申報代金滯納이太多흔故로該支社를傳廢す고平壤鐘路太極書舖 安泰國氏로支社員을改定す얏기玆以仰佈す오니前日本報購覽諸氏と申報代金、壹切安氏의게로傳致하시며本社에對흔諸般事務도自今으로安氏와交涉す심을務望홈

本支社를六隅大處에設置す고敎以仰布す오니本報愛讀す시と紳士 僉君子と該支社로請求購覽す심을務望홈

▲溶川남市驛　韓贊希

▲龍岡郡耶蘇敎會니　박종온

▲結城廣川場대村無春家　리啓祚

龍川府南面松峴海東書會　金賢圭

▲定平郡豐川　張護學

▲洪原南門外耶蘇敎冊肆　方萬晨

大韓每日申報社

雜報

●光被興明　光興學校에서經費가窘絀홈으로因爲停廢하게되얏더니本校主李奉夏氏가維持方針을熱心籌圖す고今次會合을永成門外東越海事로定す고校舍と東明學校로改稱す야再昨日부터開학す고 대校장은李秉稷시오該校長은李秉秀一시로推薦되야諸般校務가漸次就緖す얏と되各有志學員이關西[illegible]進す다더라

●長湖設校　北靑郡海濱新有志이通明學校를設立す고該新有志卞安과鍾韓琦年李聖鎬諸[illegible]

시가伍가勸勵호다더라

●新明有校　殷栗郡南面新明學校と今春에創立す얏と되任員鄭興敎金麗與諸시가募集靑年す야熱心教育에生徒가四五拾名에達す얏다더라

廣告

本會故摠務田圭鎭氏의追悼會를來土曜日下午壹時에三湖普成學校內에서設行하오니本會員과田氏知舊間 僉彥은光臨す시기務望

城外沿江學務會　告白

本人의叔母文召史가本以悖習으로與其데밀스위金東鎭字性賢者로符同す야本人의父子와隣里數人을誣告す고京鄉出沒す야幾圖因嫌す面內外에謄욤이浹知어니와悖習을不知하시고人은見欺す기易す깃습기如是廣告す오니內外國人은勿見欺害

文義郡縣內始面大灘동新村里居徐元建　告

本人이本濠港郡弓洞在田四千餘味奥官廳契壹張과[illegible]模先許紙貨二百七拾六圜推次手票壹張을並以서失敗玆以仰告す오니誰某拾得す이라도休紙施行홈

李得球　告白

本人이本年五月晦日에남大門外停車場에서國債을見失하얏기玆에廣告す오니內外國人은勿施す음

文炳[illegible]　告白

其於人道之原則す고還於正義之誠實す며以[illegible]旨す야訴訟事件을[illegible]受依托홈

京城西部[illegible]六拾四統[illegible]戶

東洋大學專門部[illegible]

辯護士　木尾虎之助

日本法律學士

去陰曆中辰에貳月分에本人이自京寓居하는故로威德의妾婆가[illegible]年에[illegible]다가江界等地에往來す다가酒窟生에[illegible]之習이[illegible]す더니威德의子가犯用す고酒場에壹次相關後濟家矣러니威德과債數千을[illegible]す고其庶母妾女의게胎孕す야其實을自[illegible]す며本人의게妾女爲乞人이라하며本人春大爲名人者を兩次尋送す니故로妾女と因爲小室同居五年터니其女가以蛇眼鷹嘴로書札을[illegible]す야本人의七旬母親이不孝莫甚す야無日不相關す더니今年正月則相詰時에母親에對す야呼汝す며黑髮이如雪す고目[illegible]滕行步로독살아道上에投す고且本妻가年前에忽作癱脚病す야身而無異偶人인ㄷ妾女가據待す고本人은往京不在す더니昨年에分產す야九月以後로本妻胎를猜忌す야且哭且曰不胎於厥女す고反胎於病身妻라す고落胎시기자고[illegible]す며無數惡談이라す고共相出다本妻가不耐其惡す야事爲溺死不見其怪す니本人이自京下來에責其無禮す고觀今同病[illegible]女가本人보담[illegible]以上인ㄷ斷產き故로爲生子息す야今春에又爲得妾す야妾女之妬忌가甚하야每以此事로詰라가這故稱す야[illegible]多年與因す고情하야[illegible]之所持家產計物을數收す야取殖錢[illegible]す고[illegible]人을[illegible]す야紙貨七百餘圜[illegible]す다가上京す야壹郡所共知す오니[illegible]之[illegible]錦山郡金在浩　告白

本人이一年財政去來す이더니自今이數三年財政去來이더니自今兹以廣告홈

西部漢江坊中洞稅契統五戶

前秘書丞林暎洙　告白

鼎明會

鼎明會と[illegible]

會長[illegible]

總務[illegible]

本人이長子度濟字君顯이가浪狂悖を야符同雜類す야家產을[illegible]す니[illegible]す오니內外國人은勿勿欺騙す고[illegible]す오니

平北定州남面一里居白[illegible]　告白

天然堂寫眞

擴張減價

本堂에서寫眞美術大擴張す기爲す야新式器械諸品을多數貿來하고美妙한[illegible]す야精緻不變혼寫眞色寫眞을[illegible]す며白色寫眞과[illegible]す오며價額은中에[illegible]婦人에と內館에서[illegible]大本에四圓半으로本에五拾錢으로[illegible]定す오니[illegible]す오

本堂新作路左便

[illegible]門外洞[illegible]

天然堂寫眞館主人

金圭鎭　告白

本所에서鐵山田畓家屋山林을[illegible]

普光測量事務所　證[illegible]　告白

[illegible]院에서昨年壹月에以遺棄兒收養事로坊曲揭示與新聞廣告[illegible]六月十日皇城新聞揭載則[illegible]日東[illegible]産兒를投棄[illegible]不得[illegible]大抵天地萬物好生之中에最貴혼人命인ㄷ如棄獘之[illegible]此非本然之性이라但拘於耳目之羞也니[illegible]何事오以其父母之[illegible]何恩이며其殺之也[illegible]其生之也[illegible]本人之設孤兒院於城[illegible]收[illegible]

京城孤兒院主李[illegible]　告白

本人이[illegible]屛門入右[illegible]統四戶에[illegible]新測量事務所를[illegible]同時設す고[illegible]價[illegible]す오니僉君子と[illegible]及天然堂寫眞館에枉臨面議하시옵

[illegible]外[illegible]去新作路左便

天然堂寫眞館主人金圭鎭

測量技師[illegible]金相郁[illegible]

●象棊　[illegible]이本社에來到す얏스니청君子と來購す고郵便送錢す오면象棋도郵便送交홈

西部[illegible]壹統壹戶

[illegible]發兌　白

●初等算術教科書

精理舍主人[illegible]著作

洋裝壹秩壹冊定價新貨九拾錢

三拾冊以上을購す는時と原價외二割引을減홈

但地方에서百圜以上을請求す는時と郵遞費를[illegible]自擔홈

本書と學數大家[illegible]一宣氏가我國[illegible]學을發達す기爲す야積年勞力으로[illegible]す바이온바算術의原理原則을昭詳論釋す야[illegible]學受敎의必須[illegible]則

[illegible]

發賣元京西部[illegible]後洞七拾貳統六戶

鄭[illegible]煥

國債報償金中에婦人이銀簪銀佩物로本社에來納흔者[illegible]許久積置하엿스나回還放賣를[illegible]す야[illegible]에殖利하는것만갓지못す기로玆에廣告す오니或有願買人이거던本社에來問홈

本　告白

本店에셔新양服件이英京倫敦에셔新着す얏기로玆에廣佈す오니僉君子と光臨購買す심을敬要홈

洋服裁縫店[illegible]

厚禮斗益大王七年戰史

[illegible]堂先生　金[illegible]　譯述

全壹冊　定價金三拾錢

此書と即拾八世紀[illegible]普魯士國厚禮斗益大王이[illegible]列邦[illegible]介在흔壹弱國으로突然[illegible]す야[illegible]的精神으로[illegible]七年戰爭을繼續す야普魯士[illegible]의[illegible]る等諸國과對抗す[illegible]其政略의巧[illegible]與其功[illegible]偉의大흠이足히讀者의敵[illegible]을喚起흠만す오니僉君子と速速購覽す시옵

發賣元[illegible]

發賣所　京鄉各有名書[illegible]

新刊書籍發售廣告

女子讀本　張志淵氏著　全貳冊　定價금大拾錢

初等衛生學　全壹冊拾五錢

初等倫理學　全壹冊貳拾五錢

國家학綱領　全壹冊八錢

國民須知　全壹冊八錢

初等小學　全四冊壹圜三拾錢

中等萬國新地誌　全貳冊壹圜

增修無冤錄大全　國漢文壹冊七拾五錢

伊太利建國三傑傳　全壹冊[illegible]

新撰理化학　朴晶東시著

獨習日語捷徑　全壹冊　定價金三拾전

鄭雲復시著

洋裝壹冊　定價貳拾五전

愛國夫人傳　全壹冊　定價금拾五전

張志淵시著

新小說血淚　全壹冊　定價금貳拾錢

李人稙시著

富國全書[illegible]新論[illegible]于觀[illegible]

世界三怪物　全壹冊　定價금三拾五전

家庭雜誌　전壹冊拾貳전

每號拾전

新訂算術　전三冊大拾전

乙支文德　寫本寫眞

全壹冊　三拾錢

發賣所　皇城中署布屛下

[illegible]書舖　金相萬

京鄉各有名書舖

漢城南大門外濟衆院方藥
前醫學校長勳五等池錫永氏有效證明
醫學博士　洪錫厚氏　實驗方劑
製藥鑑查人　朴慈惠　李觀化

四時靈藥 **治痰平胃丸** 一包에 九十丸入 定價金拾錢

此丸藥은大韓兄弟腸胃에適當하도록調製하야數十年來累試累驗한藥인대主降生一千九百八年에醫學博士洪君이精細改良하야中暑中寒諸症에虎列剌怪疾과毒厲瘟疫을預方케하고健胃消滯하야諸般滯積을順下하며卒地嘔吐泄瀉와赤痢白痢와胸腹刺痛과謦咳白痰을能治能止하는靈藥이오

製造本舖

漢城鍾路慈惠大藥房
濟衆院藥品代理專賣特約
大韓東西藥業月報社

醫藥月報 [illegible]

隆熙二年六月二十二日에部許可를得하고每日
壹次式陽曆十五日에發行
編輯主筆大韓醫院教授　劉世煥
醫藥論說著述醫學校長勳五等　池錫永
英米處方藥錄譯의學博士　洪錫厚
發行者慈惠藥房營業主　李觀化
印刷者慈惠藥房附屬普印社主任　洪 [illegible]

目的

韓國新製藥　德國新製藥
日本新製藥　英國新製와
淸國新製와　美國新製약
以上藥品의主治效能과用法과定價余를以國漢文으로翻譯하고
洋藥乾材　舊약唐材　鄕약艸村
但漢城銅峴時價만每月報告홈

▲大韓國新發明 [illegible]
健胃 ▲八寶丹 九拾五粒 定價金拾錢
消滯 ▲팔보단 [illegible]
承寧府典의正三品洪哲普閣下
實驗方과[illegible]學校教
官張基茂君有効證明으로此丹
을발행이온바新久滯積과[illegible]
[illegible]과霍亂사瘧과胃腹疼痛과
頑痰固飮과新久泄瀉와七情鬱
結과水土不服과暈車[illegible]諸症
에服用見效하오니衛生君子는
光顧試可하심을爲希홈

▲發賣所 京城大廣橋共愛堂약房
仝남문니水標제생支店
仝　仝大東書市支店
仝[illegible]동博文書館
仝　洞口니　相信號典當포
仝　鐵物橋　毛衣廛리洛[illegible]
仝　小廣橋　毛[illegible]厚根
仝　[illegible]동　上隅三可病院
仝　大寺동　共濟病院
○仁川港니[illegible]旅館韓[illegible]
仝　읍니　金제[illegible]
○江華鍾路　宋[illegible]五店
○開성　남문니朴圭[illegible]商店
仝　남문니明新冊사리貞[illegible]
○水原　남문니　김제九약舖
○海州　남문니리[illegible]商店
○延安읍니　邊汝文洋藥局
○長湍　남문니　崔在[illegible]
仝　砂里院耶蘇教당리在[illegible]
○黃州남문니　紅문동리東[illegible]
○平壤　雙巨里　韓[illegible]藥舖
仝　館前　김龍[illegible]藥舖
仝　文武洞　桂澤善약포
○鎭남浦　[illegible]동　김元섭藥포
仝　제생당出張　吳[illegible]
○群산港　[illegible]洞　金[illegible]
仝　大井동　리春[illegible]약房
○礼산　[illegible]谷里　리東[illegible]
○大邱　남문니　리明[illegible]약局
○元山港　남甲元약局
仝　제生堂支局　朴[illegible]
○錦川　서문니　박致[illegible]약局
◉金泉[illegible]　[illegible]약局
○釜山港　제生당出張[illegible]
○安州성니　[illegible]井동回春大약房
○安岳邑上[illegible]　제生局林[illegible]
○義州남문外木口街[illegible]和약房
○載寧읍後동　洋약局崔[illegible]
○定州남문니　洋약局리[illegible]
◉郭山읍　洋약局　羅[illegible]
○寶川읍　冊사　安[illegible]
鐵山읍　永春堂　安[illegible]
仁川港 和平堂 白

婦人靈藥 ▲태양丘경환 ▲胎養調經丸
壹個月分入 定價金五圜
大抵婦人이年過하도록不受孕
者는出於有病也라若不趂早研
究하고等閒看過則非但壹個人
에不幸이라抑亦全國生育之理
와關係가不淺也니僕이十五年
을消費하야內外國高明의士에
實驗方을選擇하야先自僕家로
從及他人하야累試普驗에十불
而拾効하옴고且此약이非但受
孕之神劑라治冷。治積。[illegible]
調血에俱有實效하옵기玆以廣
布하오니僉員은壹次試驗하시
면藥價을可知이옵
발行人　仝　리應善
약製所인川港축峴和平堂藥房
右三種약은각地方이라도請求
하면우편으로부치는유도엇소
京城支店　鐘路衣廛下和平堂
代理店仁川港축峴제生堂약房

瘡病神藥 ▲사향소창단 ▲麝香消瘡丹
此丹이於諸창에無論男女老少
하고若服壹劑하면實有神效하
야百불百中하오니非例方可及
也라若論主治則楊梅下疳連珠
風濕頭창諸症에俱見立效하오
니養疴僉君子는壹次試驗하시
옵

◉大韓國新發明神藥
◉[illegible]靈丹 [illegible]
◉至寶丸 [illegible]
◉靈效液 [illegible]
◉淸眼水 [illegible]
◉通淋丸 [illegible]
漢城南部大廣橋西邊第二家十統[illegible]戶
共愛堂大藥房　[illegible]白
發賣所
[illegible]남門內共愛堂第壹支店
[illegible]동共愛堂第二支店
河東郡[illegible]共愛堂第三支店
支店
[illegible]北部大安동
仝　[illegible]陸靑年會館前
仝　西部新門外石橋
代理店
仁川축峴　濟生堂
仝　和平局
[illegible]
此外에도東西洋각國有名買藥과草材藥이俱備하오니藥의多少을不拘하고請求하시면小包로仰呈하깃습

●大韓新발明靈藥廣告
[illegible]
消化新藥 **淸心保命丹**
發行所 仁川港[illegible] 濟生堂藥房
九十粒入 金拾錢

●右藥의主治効能은如左
●吐瀉●水土不服
●[illegible]●中暑中寒
●[illegible]●口熱惡臭
●食[illegible]●咽喉[illegible]
○其他諸般邪氣厲疫預防妙약
總發行所 京城南大門內 제生당支店李慶[illegible]
●미城[illegible]문外　제生당支店具[illegible]
●元山港銘石院　제生당支店박敎[illegible]
代理店 京성大廣橋共愛堂
●京泥峴三丁目　仝종路慈惠약房
仝　仝郵便局前天佑堂약房　新井약店
仝　남大문니博文書館[illegible]
仝　梨峴洋약局　리信[illegible]
仝　大安洞　仁제약房
仝　壽동三可病院　朴喜[illegible]
●仁川축峴和平당　리應善
同　本町　新井藥房
●海州남문니　宋在[illegible]
仝　全商店　리奉[illegible]
●水原종路下약房　金제九

●延安邑니洋약局　邊汝文
●江華종路店　尹斗鉉
●長湍남門니　崔[illegible]
●砂里院니客主　任[illegible]中
仝　耶蘇教堂니　리[illegible]
●瑞興邑니　許[illegible]
●汗浦驛東美[illegible]送部　김[illegible]圭
●黃州남문니紅문동　리東[illegible]
●安岳邑上場里제生局　林[illegible]
●信川邑四里洋약局　김[illegible]
●[illegible]州東良面早[illegible]　김[illegible]和
●載寧邑後동洋藥局　崔允[illegible]
●長連邑東里冊肆文[illegible]
●平壤里[illegible]동出張[illegible]尹[illegible]
仝　雙巨里제生局　[illegible]
仝　館前[illegible]生의院　金[illegible]
仝　文武동제生局　桂澤宣
仝　大[illegible]部堂里藥[illegible]　崔[illegible]化
●鎭남浦[illegible]동冊사　김元[illegible]
仝　[illegible]浦本堂出張人　吳[illegible]
●安州성니[illegible]井동回春大약房
●博川邑美동商店　朴芝[illegible]
●定州남문니洋藥局　리[illegible]
●郭山邑大街冊사　김大[illegible]
●宜川邑니冊[illegible]　安[illegible]
●鐵山읍니永春堂　安[illegible]
●義州남문外木口街　崔[illegible]浩
●德川읍[illegible]洋약局　리丙斗
●群山港開[illegible]동　김斗[illegible]
●大邱남門니[illegible]洞　김成浩
●釜山港東館本町商店　리炳[illegible]
●北靑新昌港客主　朴[illegible]
●木浦各國居留地松房徐[illegible]
●全國니各약店마다隨應販賣
仁川港축峴
京성남大문니 濟生堂 白

◉新發明梅毒명藥廣告
陸軍軍의金[illegible]實驗方劑
落梅丹
口疳不發창病去[illegible]之명藥
壹劑五百粒定價金 三圜
主治 梅毒「唐창」新舊[illegible]
●[illegible]●皮膚病●[illegible]
●[illegible]病
已上病証外에男女間에不精交
合한後에若疑아之端이有하야
도此藥壹劑만服用하면完無後
慮하고脾胃도健全함을擔保하
此外에도외科機械와精美한藥
材를新備하고內外科각色疾病
을誠心治療홈
皇城北部大安洞
高用진 謹白
仁濟藥房
代理店
京城鍾路　共愛堂약房
仁川港龍洞　濟生堂
國內各處藥局에서隨應販賣홈

○廣告料
四號活字十三字詰
每日[illegible]英尺一寸에新貨[illegible]
(每日發行大洋에相當홈)
二週日에 二圜[illegible]
每日每行四戔五厘에相當홈
一個月에 五圜
每日每行四錢一厘에相當홈
其期限의長短과字行의多寡
를依하야[illegible]有홈

發行兼編輯人英國人 萬咸
發行所
南署石井洞號外地三層洋屋
大韓每日申報社

漢城鍾路慈惠大藥房에서漢城남大門外濟衆院藥品을代理專賣하기로特約하고丸劑와散劑와

第六卷

大韓每日申報

第八百五十八號

月曜及慶節 歲藏日休刊

檀君開國紀元四千二百四十一年
孔子降生二千四百五十九年
大韓開國五百十七年
隆熙二年
耶蘇降生一千九百八年
陰曆戊申六月十九日癸酉

論說

▲先進의責任

韓國未來의運命을掌握ᄒᆞ야障礙를除ᄒᆞ고前途를開ᄒᆞ며苦痛을除ᄒᆞ고幸福을積ᄒᆞᄂᆞᆫ國民的大責任을雙肩에擔ᄒᆞᆫ者ᄂᆞᆫ即彼前途有望의靑年兒가是이니와然이나此靑年을善導ᄒᆞ며靑年을指導ᄒᆞ야惡路로不陷ᄒᆞ고正路를向ᄒᆞ게ᄒᆞ며風潮에不眩ᄒᆞ고快帆을懸ᄒᆞ며暗黑ᄒᆞᆫ方面에서出ᄒᆞ야漸々光明을先導ᄒᆞ며現今에書ᄂᆞᆫ到底히先進諸君子에在ᄒᆞᆯ바라不謂ᄒᆞᆷ이不可ᄒᆞ도다

見今如石ᄒᆞᆫ純潔ᄒᆞᆫ默默의志操로嚴父와如ᄒᆞᆫ激發을兼ᄒᆞ야儼然特立ᄒᆞ야社會에趨向을定正ᄒᆞᄂᆞᆫ者도先進이아니면不可ᄒᆞ며爲國忠誠을斷々不變ᄒᆞᆫ眞理로啓發ᄒᆞ야[illegible]도先進[illegible]ᄒᆞ며茫々大海에羅盤을持ᄒᆞ고東西洋國의方針을正ᄒᆞ야船師가彼岸에達ᄒᆞ듯이國民의目的을指示ᄒᆞᄂᆞᆫ者도先進이아니면不可ᄒᆞ며沉々長夜에警鍾을叩ᄒᆞ야時勢를覺ᄒᆞ고時局의趨勢를顧慮ᄒᆞᆫ者도先進이아니면不可ᄒᆞ니

保護라先進의責任이여苟或精力이前日보다倍ᄒᆞ며銳意가新鴻보다盛ᄒᆞᆯ지라도不可不[illegible]城上에鋼器를執ᄒᆞ야靑人의聲勢를助ᄒᆞ듯시靑年의後援을作ᄒᆞᆯ지어다

噫라今日先進이여其能此責任을知ᄒᆞᄂᆞᆫ者有ᄒᆞᆫ가其能此責任을行ᄒᆞᄂᆞᆫ者有ᄒᆞᆫ가

彼舊習을株守ᄒᆞ야近日思潮를逆ᄒᆞᄂᆞᆫ者ᄂᆞᆫ姑舍ᄒᆞ고口로[illegible]人間에世界的知識이有ᄒᆞ다自稱ᄒᆞᄂᆞᆫ諸公을觀ᄒᆞ건ᄃᆡ喟然二歎을不發ᄒᆞᆯ바로다

今日先進界諸公들이文明勝人의方策을不講ᄒᆞᆷ은아니나價値잇ᄂᆞᆫ것을다ᄒᆞ면不肯ᄒᆞ며國家振興의事業을不顧ᄒᆞᆷ은아니나務力을獻ᄒᆞ라ᄒᆞ면不欲ᄒᆞ고又其甚者ᄂᆞᆫ私益主義만其胸에膨滿ᄒᆞ며賣外思想만其腦에鋼着ᄒᆞ야其發動들作이純然ᄒᆞᆫ市人의市道에不過ᄒᆞ야今日某會明日某會에出入ᄒᆞᄂᆞᆫ狀態가只是事件騷擾에名譽를得코ᄌᆞ홈이라

是故로國民을組織ᄒᆞ며其內容을[illegible]物보다更善ᄒᆞ고其目的의[illegible]臨은求堂求錢에不過ᄒᆞ니彼後來靑年이將次何를模範ᄒᆞ며將次何를步驟ᄒᆞ리오

余가今日先進을爲ᄒᆞ야浩歎을발ᄒᆞ고其勉强悔悟를祝ᄒᆞ노라

外報

●少壯大臣說明 倫敦電을據ᄒᆞᆫ則英國內閣中에少壯ᄒᆞᆫ大臣은新規國民軍의兵員을減ᄒᆞ고近衛騎兵 個聯隊를解散ᄒᆞ고海外守備砲兵隊及工兵隊定員을減ᄒᆞᄂᆞᆫ거시不可ᄒᆞ다고說明ᄒᆞᄂᆞᆫ中이라더라

●美國民黨의政綱 路透電을據ᄒᆞᆫ則美國民主黨大會에서[乎]라이안씨를大統領候補者로選定ᄒᆞ얏ᄂᆞᆫᄃᆡ同黨의政綱中에ᄂᆞᆫ一般輸入稅를輕減ᄒᆞᆯ事、生産品과競爭ᄒᆞᄂᆞᆫ各貨物을免稅ᄒᆞᆯ事又生活品에ᄂᆞᆫ大減ᄒᆞᆯ事、條約上權利로由因ᄒᆞ야美國에住在ᄒᆞᆫ外國人을保護ᄒᆞᆯ事、但論東洋人의入國은人種上爭論을惹起ᄒᆞ야東洋諸國과紛議를釀出ᄒᆞᆯ慮가有ᄒᆞᆷ으로써反對ᄒᆞᆯ事等의條目이有ᄒᆞ다ᄒᆞ얏더라

●酋長承認 伯林電을據ᄒᆞᆫ즉德領西南亞弗利加[illegible]포랑크의各酋長은德國의主權을承認ᄒᆞ얏다더라

●俱知安의燒失 日本俱知安에서去月二十日에[illegible]火ᄒᆞ야家屋百五十戶가燒失ᄒᆞ얏다더라

●滿洲鼠疫 淸國滿洲開城으로부터鼠疫이蔓延ᄒᆞ얏ᄂᆞᆫᄃᆡ今日下日本憲兵隊와四平街에分之要이此疫의侵入을防고[illegible]面日本軍隊에도此疫이發生ᄒᆞ얏다더라

●美國民主黨大會 路透電을據ᄒᆞᆫ則美國에셔民主黨大會에셔辯護士[illegible]ᄂᆞᆫ大統領候補者로指名되얏다더라

●日本靑森의大水 日本靑森에大雨가降ᄒᆞ얏ᄂᆞᆫᄃᆡ諸川이增漲되야家屋이多數히頹沒되얏다더라

●馬關牛疫 日本馬關에셔發生ᄒᆞᆫ牛疫은去益猖獗ᄒᆞ야去月三日ᄭᆞ지牛二百六頭가死ᄒᆞ얏ᄂᆞᆫᄃᆡ尙今蔓延ᄒᆞᆯ兆候가有ᄒᆞ다더라

雜報

●[illegible]校기하 廣州[illegible]會[illegible]미[illegible]서가廣彦학校를設立ᄒᆞ고五月二十三日에개學ᄒᆞ얏ᄂᆞᆫᄃᆡ當日의學徒가四拾人이오夜學徒가五拾人에達ᄒᆞ얏다더라

●海東試驗 本月六日에海東義塾에셔夏期試驗을經ᄒᆞ고放學禮式을擧行ᄒᆞ얏ᄂᆞᆫᄃᆡ英語科優等은崔完浮李完應等七人이오及第ᄂᆞᆫ卞濬等九人이오日語科二年及優等生은[illegible]獻春[illegible]天錫等六人이오及第ᄂᆞᆫ[illegible]宅等九人이오同年級優等生은吳永鎭金正武等八人이오及第ᄂᆞᆫ李鍾羅等十壹人이라더라

●新民頗新 新昌郡有志人士諸씨가新民學校를設立ᄒᆞ고紳士[illegible]씨를敎師로延聘ᄒᆞ야血心敎育ᄒᆞᆷ으로學徒가百五拾餘名에達ᄒᆞ얏다ᄂᆞᆫᄃᆡ該校의旺盛ᄒᆞᆷ이頗著ᄒᆞ다더라

●金郡向明 金堤郡左郡面에서金義瓚[illegible]씨가各出義捐ᄒᆞ고本面內에公有ᄒᆞᆫ財産과各里에濟有物과[illegible]契錢으로基本金을合ᄒᆞ고向明學校를本面府院洞에設立ᄒᆞ고陰曆正月二拾日에開校式을擧行ᄒᆞ고熱心敎育ᄒᆞᆷ으로學徒가五拾餘名에達ᄒᆞ얏다더라

●大成試驗 安山郡瓦里面元上里私立大成學校에셔晝夜學을分設ᄒᆞ야晝學員이三拾壹人이오夜學員이二十壹人에至ᄒᆞᆫ지라去月二拾七日의第壹學期試驗을經ᄒᆞᆫ듸晝學科各班優等生은甲班의李[illegible]敎乙班의尹成漢丙班의鄭[illegible]完氏이오夜學科各班優等生은甲班의孫正日乙班의[illegible]二鳳等인ᄃᆡ校長本郡守李[illegible]시와校監代辨尹선시와敎師[illegible]시가熱心勸勉後의紙筆墨等物을施賞ᄒᆞ얏다더라

●長城興學 長城郡守金[illegible]씨가紳士를會同勸勉ᄒᆞ야該郡明倫堂에明新學校를設立ᄒᆞ얏ᄂᆞᆫᄃᆡ爲先設立費ᄂᆞᆫ郡守가自當ᄒᆞ고郡內紳士의出義金이千餘圓이오學徒가五拾餘名에達ᄒᆞ얏다더라

別報

◎裴說氏의公判顚末 (續)

第三日

크로쓰씨曰我의高明ᄒᆞᆫ親友(即윌킨슨씨)가揭載ᄒᆞᆫ바其證人이無辭出言ᄒᆞᆷ도此依에在ᄒᆞ다ᄒᆞ니我ᄂᆞᆫ眞實로稱謝ᄒᆞ노라然이나我ᄂᆞᆫ但以二三證人으로ᄂᆞᆫ說씨의新聞을購覽ᄒᆞᆷ으로暴動이나紊亂을激發되지아니ᄒᆞᆫ其確據를明白히證치못ᄒᆞᆷ을恨ᄒᆞ노라

韓人金[illegible]씨가口供ᄒᆞ야曰本人은學生으로써集社ᄒᆞ이던지人을殺ᄒᆞᆷ이無ᄒᆞ오며本人이大韓每日申報를購覽ᄒᆞ나此의記述ᄒᆞᆫ바가本人을激論ᄒᆞ야何等의亂暴을作케ᄒᆞᆷ이無ᄒᆞ얏나이다

윌킨슨씨曰始無所激이지(聽衆大笑)

證人曰余ᄂᆞᆫ何等의激動ᄒᆞᆷ事를未見ᄒᆞ얏나이다

윌킨슨씨曰汝가大韓每日申報購讀ᄒᆞᆷ이無ᄒᆞ뇨曰無ᄒᆞ오이다

問汝가妻子가有ᄒᆞ뇨曰然ᄒᆞ오이다

其次에金과孫씨가口供ᄒᆞ기를本人은漢文敎師요大韓每日申報를購讀ᄒᆞ얏스나本人을激勸ᄒᆞ야亂暴케ᄒᆞᆫ說은未聞ᄒᆞ얏나이다

윌킨슨氏曰妻子가有ᄒᆞ뇨曰妻ᄂᆞᆫ無ᄒᆞ고但其母親을侍ᄒᆞ고居生ᄒᆞᄂᆞ이다

윌킨슨氏曰汝가母親을侍ᄒᆞ고[illegible]生ᄒᆞ면此에對ᄒᆞ야快히辨ᄒᆞ리로다(聽衆大笑)

其次에金[illegible]시가口供ᄒᆞ기를本人은職業이無ᄒᆞ나이다

크로쓰시曰好多數의人이로다其有保護而本業을可知로다(聽衆大笑)

證人은三拾七歲오大韓每日申報를購讀ᄒᆞᄂᆞ니이다

크로쓰氏曰汝의職業이卑是讀新聞而已則我ᄂᆞᆫ其人의卑賤職業을不欲詳問ᄒᆞ노라(聽衆大笑)

該新聞의記述이汝의亂暴을激動ᄒᆞᆷ이有ᄒᆞ얏나뇨曰無ᄒᆞ얏나이다

크로쓰氏曰我ᄂᆞᆫ我의高明ᄒᆞᆫ親友와[illegible]ᄒᆞᆫ것을不顧ᄒᆞ고汝의妻子有無를問ᄒᆞ노니此ᄂᆞᆫ可히汝의保證을作ᄒᆞ리로다(聽衆大笑)

證人曰本人은妻가有ᄒᆞ나子女ᄂᆞᆫ無ᄒᆞ오이다

윌킨슨씨曰我ᄂᆞᆫ汝가何職業에從事ᄒᆞᆷ을付託ᄒᆞ노니汝의責任이[illegible]檢이로다汝의妻子가安在오證證人이[illegible]子를不敢ᄒᆞ얏더라

日本人이已往韓人에도在ᄒᆞ얏스며[illegible]逃走에도在ᄒᆞ엿나이다此其所以[illegible]起ᄒᆞ니로다[illegible]지法庭에在ᄒᆞᄂᆞᆫ[illegible]子를不敢ᄒᆞ나어라(聽衆大笑)

크로쓰씨曰證人[illegible]此次ᄂᆞᆫ余의事件이아니라ᄒᆞ오니昨日에裁判官이셔言ᄒᆞ기를其各訴訟條件에對ᄒᆞ야余의意見을聽코ᄌᆞ云ᄒᆞ얏ᄂᆞ니이다ᄒᆞ고於是에其各訴訟條件을次第[illegible]明ᄒᆞ시된지須知分의事件이오其次에[illegible]의事件이오又其次ᄂᆞᆫ學界의花라云ᄒᆞᆫ事件을提出ᄒᆞ야曰何如ᄒᆞᆫ지學界의花라云ᄒᆞ거ᄂᆞᆯ[illegible]ᄒᆞ면余의意見으로ᄂᆞᆫ此乃[illegible]界를合見ᄒᆞ야도全無仙意ᄒᆞ리이다 未完

雜報

●完興陛見 完興君李載冕氏가昨日上午拾貳時에 太皇帝陛下ᄭᅴ 問候ᄒᆞ얏다더라

●坤元慶節 皇后陛下誕辰의慶節을 坤元節로爲定ᄒᆞ라신勅旨를下ᄒᆞᄋᆞ셧다더라

●加算裁下 隆熙貳年度歲入歲出總預算追加事로總理大臣李完用度支部大臣任善準兩氏가上 奏ᄒᆞ야 裁可ᄒᆞᄋᆞ셧다더라

●加算據金 隆熙貳年度支部總預算追加豫算을 裁可ᄒᆞ샤頒布ᄒᆞ셧다ᄒᆞᆷ은別項과如ᄒᆞ거니와度支部所管歲出臨時部에據計金이貳拾貳萬六千貳百六拾六圜이라더라

●王子惱氣 義親王殿下ᄭᅴᄋᆞ서日本에 遊學ᄒᆞ실時에生育率來ᄒᆞᆫ王子가再昨夜에身病으로作故ᄒᆞ얏다더라

●獻官改差 再昨日 眞殿茶禮獻官은 義親王殿下ᄭᅴᄋᆞ서攝行ᄒᆞ신다ᄂᆞᆫ說은已爲報道ᄒᆞ얏거니와同 殿下ᄭᅴᄋᆞ서慽척을當ᄒᆞ신故로進參치못ᄒᆞ시고獻官을完順君李載完氏로改差ᄒᆞ셧다더라

●禮院惶悚 別項과如히 眞殿茶禮獻官이變遷되기로行禮時間이晩時되미同 殿에서禮院으로電話가連續來到ᄒᆞ미禮院에서大端惶悚히지니얏다더라

●訪問金家 永宣君李埈鎔氏가再昨日에前承旨金益燮氏를訪問ᄒᆞ얏다더라

●獨爲發餞 再昨日에各部大臣이壹齊히仁川港ᄭᆞ지前往하야中樞院議長金允植氏를餞別ᄒᆞ얏ᄂᆞᆫ데惟獨農商工部大臣趙重應氏ᄂᆞᆫ有何緊急事件이던지往別치못ᄒᆞ얏다더라

●淸和宴待 官立師範학校에서京鄕各官公立校監을會同ᄒᆞ야再昨日부터連四日ᄭᅵ會ᄒᆞᄂᆞᆫ데昨日上午拾時에ᄂᆞᆫ學部大臣李載崑次官俵孫一兩氏以下와各部勅任官高等官이壹齊往參ᄒᆞ야敎育事를協議後에該部內外國奏任官이會費三圜式各出ᄒᆞ야今下午六時에校監與學監諸氏를淸和館에서宴待ᄒᆞ얏다더라

●監有其責 地方官任用令의權利를各觀察使가專擅ᄒᆞᆫ事에對ᄒᆞ야地方郡守가中央政府의戒飭ᄒᆞᆷ을不能對揚ᄒᆞ면該郡守ᄂᆞᆫ依例免官ᄒᆞ고所管觀察使도其懲戒를免치難ᄒᆞ다더라

●每年壹會 從今以後로每年壹次式觀察使를內部에서招上ᄒᆞ야觀察會議를開ᄒᆞ고行政上成績과公務處理上에意見如何를疏通ᄒᆞ야期於히地方政府를整頓改善케ᄒᆞᆫ다ᄂᆞᆫ說이有ᄒᆞ더라

●尙未視務 度支部에서內部로轉任ᄒᆞᆫ書記官李範益氏ᄂᆞᆫ仕進은ᄒᆞ나該部大臣이分掌을식이지아니ᄒᆞᆷ으로아직視務치아니ᄒᆞᆫ다더라

●卒業發表 普成專門學校卒業生金健舍尹秉變兩氏ᄂᆞᆫ前報에揭載ᄒᆞᆫ바와如히果然度支部主事로敍任ᄒᆞ얏다더라

●新訟規則 民利事新訟規則을壹定ᄒᆞᆫ條件로規定ᄒᆞ얏ᄂᆞᆫ대勅令으로頒布ᄒᆞᆫ다더라

●軍隊費額 軍部所管憲兵補助員의經費ᄂᆞᆫ七拾萬口千八百九拾圜으로豫定ᄒᆞ얏다더라

●民會停止 漢城府民會에서再昨日에總會를開催ᄒᆞ고 農稅徵收로協議ᄒᆞ다가不參ᄒᆞᆫ會員이多ᄒᆞᆷ으로아직停止ᄒᆞ얏다더라

●拔刀自刎 昨日上午拾二時量에鐘路上에서咸鏡道居ᄒᆞᄂᆞᆫ金錫仁氏가무ᄉᆞᆷ長書를世界에公佈ᄒᆞᆫ次로左手에揭持ᄒᆞ고右手에ᄂᆞᆫ小刀를拔持ᄒᆞ고演說ᄒᆞ되二千萬同胞가東方禮義之國에生장ᄒᆞ야日人의게如此히壓制를酷受ᄒᆞ니生不如死라ᄒᆞ고壹場說明ᄒᆞᆯ際에當地派出所巡査가禁止ᄒᆞ미該金氏가引刀自刎ᄒᆞ야流血이淋漓ᄒᆞᆫ디長書ᄂᆞᆫ巡査가持去ᄒᆞ고金氏ᄂᆞᆫ治療次로大韓病院으로昇送ᄒᆞ얏다더라

●陵卒敝々 各陵園守卒이陵畓을每名에多則拾斗落이오薄則六七斗落式作農耕食ᄒᆞ고陵官以下每日支供ᄒᆞᄂᆞᆫ米와醬油及柴炭等物를壹名式入直三日에輪回支供ᄒᆞ고陵上除草와掃雪及修護等節을奉行ᄒᆞ야恒常所食은薄ᄒᆞ고服役은重ᄒᆞ야圖避코ᄌᆞᄒᆞ되世代로陵底에서居生ᄒᆞ야守卒로服役ᄒᆞᄂᆞᆫ바現今에陵畓을收入國庫ᄒᆞᆫ다ᄂᆞᆫ說이有ᄒᆞᆷ애五拾餘陵園守卒二千餘名이渙散되면數千名의情形이敝々ᄒᆞᆯ지로다ᄂᆞᆫ議論이藉々ᄒᆞ다더라

●公物私用 法部囚使令日人이該部內에서燈燭官吏에게午飯을放置ᄒᆞᄂᆞᆫ데柴炭等物은該部公用物로써日人이任自私用ᄒᆞᆫ다더라

●雨澤均洽 各地方來人의所傳을據ᄒᆞᆫ즉今年雨水가治洽ᄒᆞ야近年以來로初有ᄒᆞᆫ雨澤이라ᄒᆞ더라

●江倅不法 江界郡守[illegible]氏가莅任三載에頭鄕을符同ᄒᆞ야鄕長與學議差帖을發ᄒᆞ야饒民의게勒徵ᄒᆞ고壹張에百五拾兩式或三四拾兩式勒收ᄒᆞᆫ것이壹百八拾餘張에至ᄒᆞ미民情이嗷々ᄒᆞ더니該郡日兵分遣隊에서該符同者金健植金淳齊等三人을捉囚ᄒᆞ고該郡守의賣帖勒討ᄒᆞᆫ贓錢을徵出ᄒᆞ야民間에還給ᄒᆞᆫ次로方在調査中이라고西來人의傳說이有ᄒᆞ더라

●義將訊問 義兵將李康秊氏가被捉되얏ᄂᆞᆫ데去月曜日에入城ᄒᆞ야憲兵司令部에押囚ᄒᆞ고現今訊問中이라더라

●何事被捉 井邑郡居金相泰氏가有何事端인지日昨日憲兵司令部에被捉되얏다더라

●鄭家小火 昨日上午十壹時에相思洞居前承旨鄭萬朝氏家行廊의서失火ᄒᆞ야二間을燒燼ᄒᆞ얏다더라

●日人重傷 日本人壹名이昨日上午九時에韓美電氣會社附近電車에서下車ᄒᆞ다가失足顚落하야頭部가破傷하고左足이絶斷되얏다ᄂᆞᆫ데大韓醫院으로卽時昇去하얏다더라

●日憲分配 昨日補助員으로憲兵九十이京城本部에到着ᄒᆞ야各分隊에分配ᄒᆞ얏ᄂᆞᆫ데將來二百餘個所의分遣隊ᄂᆞᆫ四百餘個所가되얏다더라

●平市牛疫 瑞山郡松店등居住ᄒᆞᄂᆞᆫ安鏡順씨ᄂᆞᆫ其所有의牛壹隻을販賣ᄒᆞᆫ次로本月六日平壤西門外니川面壹距牛市場에牽去하얏더니其牛ᄂᆞᆫ㬥然致死ᄒᆞᆫ故로平壤警察署에서解剖檢査ᄒᆞᆫ즉炭疽病이라ᄒᆞ고又拾壹日에該牛市場에셔牛壹頭가同疫에罹ᄒᆞ야斃死ᄒᆞ얏ᄂᆞᆫ되此原因은鎭남浦로부터發生ᄒᆞ얏다더라

●通常會員謝絶 經濟硏究會에서殷商兩務에實施ᄒᆞᆯ目的을이오演說이나討論은無ᄒᆞ기로通常會員의願入은謝絶ᄒᆞᆫ다미다

●慈善 北部帝宮居李寅完氏가千餘圜巨額으로私立大韓醫院을新設ᄒᆞ고治療費ᄂᆞᆫ有餘ᄒᆞᆫ人의게ᄂᆞᆫ相當料를受ᄒᆞ고貧寒ᄒᆞᆫ人의게ᄂᆞᆫ無料로施給ᄒᆞᆫ다ᄂᆞᆫ대該氏ᄂᆞᆫ本是醫術이高明ᄒᆞᆫ中如此慈善的을人皆稱譽ᄒᆞᆫ다더라

●産婆新校 南村居李鍾汶氏가生産救護院을茶洞等地에設置ᄒᆞ고趣旨와規則을發起組織ᄒᆞ고니部에將次請認ᄒᆞᆫ다ᄂᆞᆫ데其目的인즉韓國니에産婆敎育이無하야生産之際에易致傷命ᄒᆞᆷ을深憂ᄒᆞ야히院니에産婆學校를설立하고外國高明ᄒᆞᆫ産婆를雇聘ᄒᆞ야婦人을募集敎育ᄒᆞᆫ다ᄒᆞ니該氏의慈善心을人皆稱頌ᄒᆞ더라

●均明試讀 萬里峴私立均明학校의서夏期試驗을經ᄒᆞ얏ᄂᆞᆫ대尋常科第壹回卒業生에嚴南斗李容圭등六人이오乙班進級生에李斗釗金福男等十人이오丙班進級生에李龍直洪貞男등執人이오改級生에安德成金鳳雲등二十壹人인대校長洪鍾억氏와任員諸시가多數ᄒᆞᆫ賞品으로特別施與ᄒᆞ얏다더라

●師範開學 安岳郡勉학會에서師範講習所를設立ᄒᆞᆫᄂᆞᆫ대所長은本郡守李寅榮씨로副所長은李麟培씨로選定ᄒᆞ고博학士崔光玉金斗和體操敎師崔享來三씨를延聘ᄒᆞ야陰本月初三日에開學式을擧行ᄒᆞᄂᆞᆫ대學徒가三百餘名이오傍聽이男女幷四五百名에達하얏ᄂᆞᆫ대其盛況은令人嘆賀ᄒᆞᆫ다더라

●普昌復舊 豊德郡領井洞私立普昌學校ᄂᆞᆫ經費가窘拙ᄒᆞ야不得已廢止하얏더니該郡居鄭鉉善李弼學兩氏 奮發熱心ᄒᆞ야維持方針을協議ᄒᆞ고生徒를更招ᄒᆞ며且校內에夜學科를設ᄒᆞ고儀童을募集ᄒᆞ야晝夜敎育에熱心ᄒᆞ고該兩시가通行洞中ᄒᆞ야告以忠愛ᄒᆞ고晝夜校務에勞苦를不願ᄒᆞ며忠愛에言論으로ᄒᆞ야其良心ᄒᆞ야課業上에進步됨이日就月長이라고히시에稱贊이藉藉ᄒᆞ다더라

●鄭氏義捐 鄭炳朝시ᄂᆞᆫ家勢赤貧으로彰東學校校監家에借居하얏더니該校經費窘拙ᄒᆞᆷ을爲ᄒᆞ야金壹圜을寄附日貴校夏期放學이不近云則此雖薄小나賞品의補用하라ᄒᆞ미該校외셔他人의幾拾圜寄附보다壹層感謝ᄒᆞᆫ다더라

●恩校現況 恩津郡守李尙萬시가該郡鄕校에학校를設立ᄒᆞ고普通科目을熱誠敎育하ᄂᆞᆫ데該校兩載에壹夜生徒가八拾餘名에達ᄒᆞ얏고願학入校者가日增月加하야庠舍가不能容이라더라

●藥城運動 寧邊郡有志諸시가發起ᄒᆞ야平安南北道各학校聯合大運動會를組織ᄒᆞ야天中의節에行ᄒᆞᆫᄂᆞᆫ데來參ᄒᆞᆫ學校ᄂᆞᆫ三十二校오학徒의數爻ᄂᆞᆫ壹千二百餘員이라觀光者數萬人이壹般學徒의活潑氣像을莫不歎賞ᄒᆞ얏고優等학徒의게授與ᄒᆞᆫ賞品은各現代의切要ᄒᆞᆫ新書籍施設儀式이오池思榮시ᄂᆞᆫ遠地來參ᄒᆞᆫ學校에對ᄒᆞ야特히金拾圜式義捐ᄒᆞ얏다고西來人의傳說이有ᄒᆞ더라

▲雲 靄 變 幻▼

▲嶺北白雲多奇峯ᄒᆞ야如車如蓋又如狗라 斯須推遷無跡이라人情翻覆이이와ᄀᆞᆺ치變幻ᄒᆞᆫ다

▲各部官制改正件에局課長을換置ᄒᆞᆫ제名稱日日新니ᄒᆞ며來者去者頻煩ᄒᆞ야生疎面目彌滿ᄒᆞ니太半이나主人非라구름ᄀᆞᆺ치變幻ᄒᆞᆫ다

▲劈破門閥ᄒᆞ던날에四色之別이ᄉᆞᆯ아나서兩班이多出ᄒᆞ야要任淸官占據로다名門巨族無用이오舊日氣習敗殘이라구름ᄀᆞᆺ치變幻ᄒᆞᆫ다

▲衣制改良ᄒᆞ고보니義冠博帶前日儀ᄂᆞᆫ先天事가되얏고나飄飄新衣換着ᄒᆞ니상쟉鏡에短杖집고다行色이揚々이라구름ᄀᆞᆺ치變幻ᄒᆞᆫ다

▲各學校가星羅ᄒᆞ미家家私塾自廢ᄒᆞ니天皇地皇古代史ᄂᆞᆫ荅古閣談爲用ᄒᆞᆫ々地誌歷史算術中에靑年聞見已新ᄒᆞ니구름ᄀᆞᆺ치變幻ᄒᆞᆫ다

▲城郭壹時毀破ᄒᆞ고道路修治廣濶ᄒᆞ니四方通衢縱橫ᄒᆞ야舊時閭巷難辨이라行人彷황指點ᄒᆞᆯ제別天地가되엿스니구름ᄀᆞᆺ치變幻ᄒᆞᆫ다

▲某韓國과某判書ᄂᆞᆫ沿革時代當ᄒᆞ고보니前日勢力忽墮ᄒᆞ야四自恨歎ᄒᆞᄂᆞᆫ模樣壹閑氓이되야스니世上事를누가알쏘구름ᄀᆞᆺ치變幻ᄒᆞᆫ다

▲三層新制新家屋은處々相望巍如ᄒᆞ야琉璃窓이玲瓏ᄒᆞ니新築城가壯麗ᄒᆞ다挾地矮簷比鄰하면平地仙境이아닌가구름ᄀᆞᆺ치變幻ᄒᆞᆫ다

▲深々紅閨藏身ᄒᆞ야壹步不出閨門外라가女學校에入學ᄒᆞ야新知識을發展ᄒᆞᆯ제通衢上에來往하야前日規模忽改ᄒᆞ니구름ᄀᆞᆺ치變幻ᄒᆞᆫ다

▲櫛比閭閻各地方에市井物色繁華터니氣數壹番經過하면荒堆灰燼餘存이라蕭涼氣色悲慘ᄒᆞ너寂寞地가되얏고나구름ᄀᆞᆺ치變幻ᄒᆞᆫ다

特別社告

大邱支社員業務[illegible]씨ᄂᆞᆫ辭免故로大邱西門外友弦書樓舖李正由씨로認定ᄒᆞ얏스니本報購覽諸시ᄂᆞᆫ本社에對ᄒᆞᆫ凡務ᄅᆞᆯ李시와交涉ᄒᆞ심을務望ᄒᆞᆷ

平壤支社員金浩潤氏ᄂᆞᆫ申報代金滯納이太多ᄒᆞᆫ故로該支社ᄅᆞᆯ停廢ᄒᆞ고平壤鐘路太極書舘安泰國氏로支社員을改定ᄒᆞ얏기玆以仰佈ᄒᆞ오니前日本報購覽諸氏ᄂᆞᆫ申報代金壹切을安氏의게로傳致ᄒᆞ시며本社에對ᄒᆞᆫ諸般事ᄅᆞᆯ自今으로安氏와交涉ᄒᆞ심을務望ᄒᆞᆷ

大韓每日申報社

雜報

●蓮池美擧　南門外蓮池洞에서奬學民李始發廉數輿三시及洞中有志諸氏가三昨日에銀杏洞[illegible]家에會同ᄒᆞ야教育의急務ᄅᆞᆯ互相說明ᄒᆞ고學校ᄅᆞᆯ設立ᄒᆞ기로議定ᄒᆞ얏다ᄒᆞ니蓮池諸시의教育思想은可히欽賀ᄒᆞᆯ만ᄒᆞ다더라

●鄕人熱誠　[illegible]州郡挑峴面來平洞覺後學校ᄂᆞᆫ本來資本이窘絀ᄒᆞᆫ대漢文教師[illegible]義璜시ᄂᆞᆫ月俸을該學校에添補ᄒᆞ고熱心教授ᄒᆞᆷ으로該校學生徒가四十餘名이오夜學生徒가六[illegible]名에達ᄒᆞ얏다더라

●昌校盛況　昌城郡有志紳士[illegible]某々諸시가郡內에學校ᄅᆞᆯ設立ᄒᆞ고靑年을募集ᄒᆞ야教育에熱心ᄒᆞ더니又本郡守金相範시가赴任ᄒᆞᆫ後에鄕老ᄅᆞᆯ會集ᄒᆞ야學校興학之義로說明ᄒᆞ야普通學校拾九處ᄅᆞᆯ各面에設立ᄒᆞ고熱心教授ᄒᆞ미不過兩年에학徒之多數進就ᄂᆞᆫ無不稱頌ᄒᆞ며其中本郡紳士許演許[illegible]諸시ᄂᆞᆫ貳處學校經費ᄅᆞᆯ自擔ᄒᆞ고極力勤勉ᄒᆞᆫ다고該郡人士의稱頌이藉々ᄒᆞ다더라

●崇校試況　三和港碑石洞基督崇學校에셔陰五月二十六日에第貳回卒業式을擧行ᄒᆞ얏ᄂᆞᆫ대卒業生은李奎完鄭[illegible]등七人이오進級生은盧止[illegible]林炳[illegible]등三拾三人이오女學徒進級生은崔智尹合羅등二拾七人인대京鄕國有志人士와生徒父母들이多數ᄒᆞᆫ物品을賞與ᄒᆞ얏다더라

●鳳郡設校　鳳山郡[illegible]泉面帽谷居鄭東準趙熙達兩시가洞내에[illegible]書堂을廢止ᄒᆞ야[illegible]學校로設立ᄒᆞ고教師[illegible]시ᄅᆞᆯ延聘ᄒᆞ야教授ᄒᆞᄂᆞᆫ대[illegible]任責의勤勉ᄒᆞᆷ으로[illegible]三十餘名에達ᄒᆞ얏고[illegible]西來人의稱頌이藉々ᄒᆞ다더라

●中校試驗　中校義塾內小學校에셔七月十日에第三學期試驗을經ᄒᆞᆫ대甲班優等生은金世顯[illegible]이오乙班優等生은尹[illegible]李寅昌이오丙班優等生은[illegible]金圭東씨[illegible]教育方針에對ᄒᆞ야[illegible]勤勉ᄒᆞ얏다더라

●[illegible]　[illegible]台上面下[illegible]居[illegible]初四日에[illegible]百餘名을會[illegible]式을擧行ᄒᆞ얏ᄂᆞᆫ대[illegible]數百兩을自擔ᄒᆞ야各학徒ᄅᆞᆯ善爲接待ᄒᆞ며優等生의게特別賞品을多數히施賞ᄒᆞ얏다ᄒᆞ야該郡人士의稱頌ᄒᆞ다더라

廣告

漢城南大門外濟衆院方藥
前醫學校長勳五等池錫永氏有効證明
醫學博士　洪錫厚氏　實驗方劑
製藥鑑查人　朴慈惠　李觀化

四時靈藥 治痰平胃丸 一包에九十丸入 定價金拾錢

此丸藥은大韓兄弟腸胃에適當ᄒᆞ도록調製ᄒᆞ야數十年來累試累驗ᄒᆞᆫ藥인ᄃᆡ主降生一千九百八年에醫學博士洪君이精細改良ᄒᆞ야中暑中寒諸症에虎列剌怪疾과毒感瘟疫을預方케ᄒᆞ고健胃消滯ᄒᆞ야諸般滯積을順下ᄒᆞ며卒地嘔吐泄瀉와赤痢白痢와胸腹刺痛과謦咳白痰을能治能止ᄒᆞᄂᆞᆫ靈藥이오

製造本舖
漢城鍾路慈惠大藥房
濟衆院藥品代理專賣特約
大韓東西藥業月報社

[illegible]

隆熙二年六月二十二日부部許可를得ᄒᆞ고每日
登次式陽曆十五日에發行
編輯主筆大韓외院教授　劉世熲
醫藥論說著述員의學校長勳五等　池錫永
英米處方藥飜譯의學博士　洪錫厚
發行者慈惠藥房營業主　李觀化
印刷者慈惠藥房附屬普印社主任　洪　全

目　的
德國新製藥　德國新製藥
日本新製藥　英國新製약
清國新製약　美國新製약
以上藥品의主治效能과用法과定價金을以國漢文으로飜譯ᄒᆞ고
藥院材　唐材　鄕材
價漢城銅貨時價며每月報告홈

▲大韓國新發明 광고
健胃消滯 ▲八寶丹 九拾五粒 ▲팔보단 入金拾錢
承寧府典외正三品洪哲會閣下實驗處方과陸軍々의의學校教官張基茂君有効證明으로此丹을발行이온바新久滯積과急暫關格과霍亂사脹과胃腹疼痛과頑痰固飮과新久泄瀉와七情鬱結과永至不服과暈車眩暈諸症에登服見效ᄒᆞ오니衛生君子ᄂᆞᆫ光顧試可ᄒᆞ심을爲希홈

瘡病神藥 ▲사향소창단 ▲麝香消瘡丹

此丹이於諸창에無論男女老少ᄒᆞ고若服數劑하면實有神效ᄒᆞ야百불白中ᄒᆞ오니非例方可及이라若論主治則梅下疳連珠鳳瀝頭창諸症에俱見立效ᄒᆞ오니養病君子ᄂᆞᆫ壹次試驗ᄒᆞ시옵

婦人靈藥 ▲태양됴경환 ▲胎養調經丸
壹劑月分入　定價金五圜
大抵婦人이年過ᄒᆞ도록不受孕者ᄂᆞᆫ由於有病也라若不趁早研究ᄒᆞ고聽開看過則非但壹個人에不幸이라抑亦全國生育之理와關係가不淺也니僕이十五年을消費ᄒᆞ야內外國高明의士에實驗方을選擇ᄒᆞ야先自僕家로暨及他人ᄒᆞ야累試普驗에十분而始効ᄒᆞ올고且此약이非但受孕之神劑라治冷。治積。調經。調血에俱有實効ᄒᆞ온기玆以廣布ᄒᆞ오니僉員ᄂᆞᆫ壹次試驗ᄒᆞ시면靈驗을可知이옴
발行人　仝　리應善
약製所인川港축峴和平堂藥房
右三種약은각地方이라도請求ᄒᆞ면우편으로부치ᄂᆞᆫ슈도잇소
京城支店　鍾路衣廛下和平堂
代理店仁川港축峴제生堂약房

京城大廣橋共愛堂약房
▲發賣所
仝남문너水標橋제生支店
仝　仝大東書市支店
仝대동博文書館
仝　洞口너　[illegible]
仝　鐵物橋　毛衣廛리洛瑞
仝　小廣橋　毛衣廛[illegible]
仝　[illegible]進동　上隅三可[illegible]
仝　大寺동　共[illegible]
○仁川港너[illegible]館[illegible]
仝　읍너　[illegible]
○江華鍾路　宋順五店
○開성　남문너朴圭植商店
仝　남문너明新冊사리[illegible]
○水原　남문너　김재九약舖
○海州　남문너리[illegible]商店
○延安읍너　[illegible]
○[illegible]　남문너　崔在淳
仝　砂里院耶蘇教당리在善
○黃州남문너　紅문谷리寅[illegible]
○平壤　雙巨里　韓[illegible]
仝　館洞　김[illegible]藥舖
仝　文武洞　桂澤善약포
○[illegible]남浦　[illegible]동　김元석[illegible]
仝　제生당出張
○[illegible]산港　[illegible]洞　金[illegible]
仝　大井동　리春善약房
○[illegible]산　룡谷里　리東[illegible]
○大邱　남문너　리明[illegible]약局
○元山港　남甲元약局
仝　제生堂支局　[illegible]
○[illegible]川　서문너　박致[illegible]약房
◉[illegible]泉場　[illegible]
○釜山港　제生당出張[illegible]
○安州성너[illegible]井동回春大약房
○安岳邑上[illegible]　제生[illegible]
○義州남문外木口街[illegible]和약房
○[illegible]읍後동　洋약局[illegible]
○定州남문너　洋약局[illegible]
◉郭山읍　洋약局　[illegible]
○[illegible]川읍　冊사　安[illegible]
[illegible]山읍　永春堂　安[illegible]

仁川港 和平堂 白

◉大韓國新發明神藥
◉慶[illegible]靈丹
◉至寶丸
◉[illegible]效液
◉清眼水
◉通淋丸
各種[illegible]滯中暑久滯口[illegible]下[illegible]定價一貼十錢
[illegible]定價金十錢
外用方[illegible]皮風
[illegible]定價金三拾錢
[illegible]
天之妙定價金拾錢
[illegible]男女[illegible]疾神效
[illegible]定價金五拾錢
製劑발行所　漢城南部大廣[illegible]第三家十九統七戶　共愛堂大藥房　謹白
支店　[illegible]共愛堂第一支店　[illegible]共愛堂第二支店　[illegible]共愛堂第三支店
代理店　[illegible]北部大安[illegible]　仝　[illegible]路靑年會館前　仝　西[illegible]新門外石橋　仁川[illegible]　濟生堂　仝　和平局
此外에도東西洋各國有名貴藥과草材藥이俱備ᄒᆞ오니藥材多少를不拘ᄒᆞ고請求ᄒᆞ시면小包로仰呈ᄒᆞ깃솜
[illegible]
[illegible]

●大韓新發明[illegible]廣告
消化新藥 清心保命丹
[illegible]
發行所　仁川港[illegible]　濟生堂藥房
九十粒入　定價金拾錢
●右藥의主治効能은如左
●[illegible]●吐瀉●水土不服
●[illegible]●中暑中寒
●[illegible]●咽喉●口氣惡臭
●其他諸般[illegible]氣瘟疫預防妙약
總發行所京城南大門內　제生당支店李[illegible]
●개城[illegible]문外　제生당支店[illegible]
●元山港銘石院　제生당支店박[illegible]
代理店　京성大廣橋共愛堂
●京泥峴三丁目　新井약店
仝　全[illegible]路[illegible]
仝　남大남너博文書館[illegible]
仝　大[illegible]洋약局　[illegible]
仝　大安洞　[illegible]
仝　[illegible]동三[illegible]病院　[illegible]
●仁川축峴和平당　[illegible]
●[illegible]本町　新井藥房
●[illegible]州남문너　宋[illegible]
仝　全商店　리奉[illegible]
●水原[illegible]路下약房　[illegible]九

●延安邑너洋약局　邊汝文
●江華[illegible]路店　尹斗[illegible]
●[illegible]淵남門너　[illegible]
●砂里院[illegible]너客主　任[illegible]中
仝　耶蘇教堂너　리[illegible]
●瑞興邑너　許[illegible]
●汗浦[illegible]東[illegible]送部　김[illegible]
●黃州남문너紅[illegible]　리東[illegible]
●安岳邑上場里제生局　林[illegible]
●[illegible]邑後동洋[illegible]房　[illegible]
●[illegible]州東良面[illegible]　김[illegible]
●信川邑四里洋약局　김[illegible]
●[illegible]連邑東里冊[illegible]文[illegible]
●平壤里[illegible]出張人[illegible]
仝　雙巨里제약局　[illegible]
仝　館洞[illegible]　[illegible]
仝　文武[illegible]제生局　[illegible]
仝　[illegible]里[illegible]局　[illegible]
●鎮남浦[illegible]冊사　김元[illegible]
仝　[illegible]本堂出張人　[illegible]
●安州성너[illegible]井동回春大약房
●[illegible]川邑[illegible]商店　朴之行
●定州남문너洋藥局　리[illegible]
●[illegible]山邑大街冊사　김大[illegible]
●宣川邑너冊사　安[illegible]
●鐵山읍너[illegible]春堂　安[illegible]
●義州남문外木口街　[illegible]
●[illegible]川읍[illegible]약局　리丙斗
●[illegible]浦港[illegible]　김斗[illegible]
●大邱남門너[illegible]洞　김[illegible]
●釜山港東[illegible]本町商店리[illegible]
●北[illegible]新島港[illegible]主　朴[illegible]
●木浦各國[illegible]松房徐[illegible]
●全國너各약店마다[illegible]販賣
仁川港축峴　京성남大문너　濟生堂白

●新[illegible]明梅瘡[illegible]廣告
陸軍[illegible]實驗方劑
落梅丹
口瘡不[illegible]창病去[illegible]之[illegible]
[illegible]五百粒定價金三圜
主治　梅毒[illegible]新舊창
●[illegible]●皮膚病●[illegible]
●淋病
已上病症外에男女[illegible]不[illegible]
合ᄒᆞᆫ後에若[illegible]之[illegible]이有ᄒᆞ야
도此[illegible]服用ᄒᆞ면[illegible]後
[illegible]保[illegible]
此外에도외[illegible]와[illegible]
材를新[illegible]ᄒᆞ고內外科각色[illegible]
을[illegible]治[illegible]
[illegible]北部大安洞
仁濟藥房 [illegible] 謹白
代理店
京城[illegible]　共愛堂약房
仁川[illegible]洞　濟生堂

[illegible]內各[illegible]에서[illegible]販賣ᄒᆞᆷ

○廣告料
[illegible]字十三[illegible]
每日[illegible]一寸에[illegible]
每日[illegible]
二[illegible]日에　二[illegible]十[illegible]
每日發行[illegible]
一箇月에　五[illegible]
每日發行[illegible]一[illegible]
[illegible]
[illegible]ᄒᆞ야[illegible]

發行兼編輯人英國人　萬咸
發行所
[illegible]石井洞[illegible]
大韓每日申報社

漢城鍾路慈惠大藥房에서漢城남大門外濟衆院藥品을代理專賣ᄒᆞ기로特約ᄒᆞ고丸劑와散劑와

第六卷

大韓每日申報

第八百五拾九號

月曜及慶節
歲時日休刊

檀君開國四千二百四十一年
箕子元年三千三十年
大韓開國五百十七年
日本明治四十一年
淸國光緒三十四年
陰曆戊申六月小二十日庚戌

論說

▲尙未晩矣

布哇에留ᄒᆞᄂᆞᆫ韓國學生壹人이本報에寄函ᄒᆞ야時事를憂嘆ᄒᆞ다가其末段에云

近者合成協會某地方支會에서ᄒᆞᆫ學校를設立ᄒᆞ고學徒를募集ᄒᆞ야夜학에熱心ᄒᆞ니敎育이發達되ᄂᆞᆫ듯ᄒᆞ나然이나其內容을察ᄒᆞᆫ즉年齡이三四十歲이ᄂᆞᆫ已過ᄒᆞᆫ人들이國文을初학ᄒᆞ니其年은雖老成이나其知識은尙是童蒙이니噫라我韓二千萬兄弟가太半此等童蒙的國民을驅ᄒᆞ야엇지此競爭世界에立ᄒᆞ리오云々ᄒᆞ얏더라

記者ㅣ此를讀ᄒᆞ다가卽蹶然曰斯言이誤矣로다斯言이其大誤矣로다余ᄂᆞᆫ以爲ᄒᆞ노대此를壹個學校로觀ᄒᆞᆯ것이아니라卽太國民的運動試驗場으로觀ᄒᆞᆯ지며此를壹段國文初學者로觀ᄒᆞᆯ것이아니라卽國家精神養成所로觀ᄒᆞᆯ지며此를知識幼稚ᄒᆞᆫ童蒙으로觀ᄒᆞᆯ것이아니라卽心腦完健ᄒᆞᆫ大男兒로觀ᄒᆞᆯ지며此를焦悴疏離ᄒᆞᆫ苦學生徒로觀ᄒᆞᆯ것이아니라光明普照ᄒᆞᄂᆞᆫ救世活佛로觀ᄒᆞᆯ비니

何故오云ᄒᆞ면曰彼等의身分을思ᄒᆞ라離親戚棄墳墓ᄒᆞ고壹身의貧窮을救ᄒᆞ랴고天涯萬里에漂往ᄒᆞ야勞働으로得食ᄒᆞᄂᆞᆫ者이니寒暇에修할暇隙이有ᄒᆞ며幼時에失학ᄒᆞ야三四十歲光陰을過로록國文의反切壹行도不讀하얏스며自家의姓名三字도不記ᄒᆞ다가筋骨이已頹ᄒᆞᆫ中年을奄當하얏스니何處에서修學ᄒᆞᆯ思想이出ᄒᆞ리오만은彼等이乃不然ᄒᆞ야老蒼ᄒᆞᆫ丈夫가初學의童蒙樣으로本綱世宗大王이著作ᄒᆞ신國文第壹章其伊隱부터次第受業ᄒᆞ야知識을進步ᄒᆞ랴ᄒᆞᆯ시終日勞働ᄒᆞᆫ餘의疲憊ᄒᆞᆫ頭身을大勉强大策勵ᄒᆞ야夜々學校에參席ᄒᆞ니嗚乎壯哉라彼等이여誰가彼等다려蠢々無識ᄒᆞ다云ᄒᆞᄂᆞᆫ가自國의民知가未開ᄒᆞᆷ을不恥ᄒᆞ면能히此等思想이出ᄒᆞ지못ᄒᆞᆯ지며自國의實力이不振ᄒᆞᆷ을不痛ᄒᆞ면能히此等思想이出하지못ᄒᆞᆯ지니誰가彼等다려蠢々無識ᄒᆞ다云ᄒᆞᄂᆞᆫ가

彼가檀君扶婁高句麗廣開土新羅太宗文武의王號ᄂᆞᆫ未聞ᄒᆞ얏더라도祖國運命을驅歌ᄒᆞᄂᆞᆫ其心은已誠ᄒᆞᆫ者며彼가乙支文德金庾信崔瑩李舜臣의歷史ᄂᆞᆫ未見ᄒᆞ얏더라도偉人産出을祈禱ᄒᆞᆷ에ᄂᆞᆫ其情이已熱ᄒᆞᆫ者요彼가國家主義民族主義等說은未究ᄒᆞ얏스나自家幸福을犧牲ᄒᆞ야國과同胞에獻ᄒᆞᆷ은已悟ᄒᆞᆫ者며彼가生存競爭優勝劣敗等字ᄂᆞᆫ未聞ᄒᆞ얏스나二十世紀此世界眞面目이何如ᄒᆞᆷ은已覺ᄒᆞᆫ者니

彼等은童蒙으로嘲ᄒᆞᆷ이不可ᄒᆞᆯ뿐아니라卽大國民大男兒로不認ᄒᆞᆷ이不可ᄒᆞ도다

內地同胞에도果然年長ᄒᆞᆫ童蒙이甚多ᄒᆞ다ᄒᆞᆯ지라或世界大勢를擧々坐談ᄒᆞ면서室中嬉戲만是甘ᄒᆞ고爲國買險을不肯ᄒᆞ니此亦壹童蒙이며或資財를厚擁ᄒᆞ야糖餅魚肉의買喫만是樂ᄒᆞ고學校를創立ᄒᆞ야民知를啓發ᄒᆞ라ᄒᆞ면挨走不顧하니此亦壹童蒙이며或政黨社會라自稱ᄒᆞ면서民國治亂을不念ᄒᆞ고私權細利만苟圖코ᄌᆞᄒᆞ야滔天風浪에家宅이야覆沒ᄒᆞ던지目前에大梨小梨만爛嚼ᄒᆞ니此亦壹童蒙이오或官吏의身分되야幾分月銀이나得ᄒᆞ면歡天喜地에的踊三百ᄒᆞ야彼貧家兒輩가自家의泰山갓ᄒᆞᆫ債務가有ᄒᆞᆷ은不知ᄒᆞ고當然에紅唐木綿衣壹件간得着ᄒᆞ면他人을向ᄒᆞ야誇ᄒᆞᄂᆞᆫ狀態와恰似ᄒᆞ니此亦壹童蒙이오其他許多社會를遍觀ᄒᆞ니便是許多童蒙뿐이니

噫라此等童蒙이라云ᄒᆞᆯ지언뎡誰가彼等을童蒙이라ᄒᆞ며此等을憂ᄒᆞᆯ지언뎡誰가彼等을憂ᄒᆞ나뇨

且三四十에國文을始讀ᄒᆞ야아모조록自己知識을鍊코ᄌᆞᄒᆞᄂᆞᆫ誠力으로必也其子弟를不敎ᄒᆞᆯ者ㅣ無ᄒᆞ리니萬壹全國民이皆彼等을模範ᄒᆞ면雖或日暮途遠ᄒᆞᆫ然故로自己學問은大成치못ᄒᆞᆯ지라도第二世二千萬或三四千萬의國民을養ᄒᆞᆯ지니人々이此意로써前進ᄒᆞ면雖今日이라도吾ㅣ曰尙未晩矣라ᄒᆞ노라

▲隆熙二年 七月拾七日 官報

◎法 律

朕이民刑訴訟規則에關ᄒᆞᆫ件을裁可ᄒᆞ야玆에頒布케ᄒᆞ노라

御名 御璽

隆熙二年七月拾三日

內閣總理大臣 李完用

法部大臣 高永喜

法律第拾三號

民刑訴訟規則

第壹章 通則

第壹條 裁判所의審問及裁判宣告ᄂᆞᆫ公開ᄒᆞᆷ但公安이나風俗을害ᄒᆞᆯ虞가有ᄒᆞᆫ時ᄂᆞᆫ審問의公開를停止ᄒᆞᆷ

第二條 本法에定ᄒᆞᆫ期間에ᄂᆞᆫ初日을算入지아니ᄒᆞᆷ但時效期間의初日은時間을論치아니ᄒᆞ고全壹日로計算ᄒᆞᆷ

壹個月의期間은三拾日이며壹個年의期間은曆을從ᄒᆞᆷ

期間의末日이休暇日에當ᄒᆞᆫ時ᄂᆞᆫ時效期間을除ᄒᆞᆫ外에ᄂᆞᆫ此를期間에算入치아니ᄒᆞᆷ

第三條 本法에定ᄒᆞᆫ期間은訴訟行爲를行ᄒᆞᆯ者가裁判所所在地에居住치아니ᄒᆞᆫ時ᄂᆞᆫ其距離를從ᄒᆞ야陸海路每八十里에一日을伸長ᄒᆞ며八十里未滿이라도三拾里以上될時도亦同ᄒᆞᆷ

外國이나交通不便ᄒᆞᆫ地에在ᄒᆞᆫ者에게ᄂᆞᆫ裁判所ᄂᆞᆫ特히附加期間을定ᄒᆞᆷ을得ᄒᆞᆷ此境遇에ᄂᆞᆫ前項의規定을適用차아니ᄒᆞᆷ

第四條 官吏分吏의作成ᄒᆞᆯ書類에ᄂᆞᆫ年月日及處所를記載ᄒᆞ야署名捺印ᄒᆞ며每葉에契印ᄒᆞᆷ이可ᄒᆞᆷ　未完

外報

●偵探捕縛　東京電을據ᄒᆞᆫ則日本軍部上機密을露國에賣ᄒᆞ랴ᄒᆞᄂᆞᆫ前檢査札幌의辯護士石山遼郎이가捕縛되얏ᄂᆞᆫ디其他에도連累者가有ᄒᆞᆫ模樣이라ᄒᆞ얏더라

●暗殺捕縛　波蘭에서露國皇帝를暗殺코ᄌᆞᄒᆞ다가百五拾名의嫌疑者가捕縛되얏다더라

●瑞典國騷動　路透電을據ᄒᆞᆫ즉瑞典國鐵渠에서人夫가騷動[illegible]하야英國人의[illegible]몰포에壹船舶上에爆烈彈을投發ᄒᆞ야英國人壹名이死ᄒᆞ고七名이負傷ᄒᆞᆫ지라同地附近에滯在ᄒᆞᆫ國王陛下ᄂᆞᆫ同地病院에가셔負傷ᄒᆞᆫ英國人을慰問ᄒᆞ얏다더라

●大統領援助　伯林電을據ᄒᆞᆫ즉米國大統領루쓰벨트씨ᄂᆞᆫ타푸트씨를爲ᄒᆞ야國니에巡廻ᄒᆞ야大統領選擧ᄒᆞᆷ에援助를與하랴ᄒᆞᆫ다더라

雜報

●城校盛況　城津府尹李元榮氏가敎育에熱心ᄒᆞ야昨年三月分에留學生拾六人을京城에派送ᄒᆞᄂᆞᆫ디壹面으로府內의有志人士와協議ᄒᆞ야中小女學校를設立ᄒᆞ며各面村에ᄂᆞᆫ躬行勸勉ᄒᆞ야小學校를廣設ᄒᆞᆫ後去六日에各校聯台大運動會를府下에擧行ᄒᆞᆯᄉᆡ中小學校拾壹處에生徒五百餘名이隊伍가整齊ᄒᆞ고氣像이活潑ᄒᆞᆫ디內外國紳士가聯席指揮ᄒᆞ야上午九時에開會ᄒᆞ고運動節次를次第擧行ᄒᆞ얏ᄂᆞᆫ디運動科目은徒步競走計算競走障碍物競走高跳廣跳閉目拾毬人毬競爭旗取競走拉繩脚力等이오各科登等人은金河鎭黃永澤鄭容熙諸人인디觀光者莫不喝采稱讚이러라

別報

◎裵說氏의公判顚末

第三日 續

몬저須知分氏의事件을言ᄒᆞᆫ진디此에對하야ᄂᆞᆫ裵說氏가已死人의事를自己가張ᄒᆞᆫ新聞에發表ᄒᆞ야死者로하야곰抱恨케ᄒᆞᆫ것이甚히不安ᄒᆞ다ᄒᆞ엿스니裁判官에서도裵說氏의實情을確實히認하는줄노信ᄒᆞᄂᆞᆫ바ㅣ오며須知分論說에曰須知分氏ᄂᆞᆫ所謂韓國外交顧問이라記載ᄒᆞᆫ바其人의職任은統監府設立前에成ᄒᆞᆷ이오氏가此地에到來ᄒᆞᆫ것이外飾을作ᄒᆞ얏다ᄒᆞᆫ것이韓國政府가勸告(크로쓰氏ᄂᆞᆫ勸告보다尤爲稱讚ᄒᆞᆫ言을用ᄒᆞᆯ란마ᄂᆞᆫ勸告라고만ᄒᆞ얏더라)ᄒᆞᆷ을因ᄒᆞ야須知分씨가米國人이라ᄒᆞ야外交顧問官으로敍任ᄒᆞᆷ을許諾ᄒᆞ얏스며須知分氏가韓國顧問이되기前에ᄂᆞᆫ其履歷을詳考ᄒᆞ면日本政府에服務ᄒᆞᆫ所以로韓國政府에顧問官된것이韓國人의게非常히不滿足을與ᄒᆞ얏노다韓國人等은本國人中에日本에連絡이無ᄒᆞ고高尙ᄒᆞᆫ資格의人으로外交顧問을敍任ᄒᆞ야各國交際上에公平ᄒᆞᆫ關係되기를願ᄒᆞ엿다ᄒᆞ라須知分氏가韓國顧問官되기前에ᄂᆞᆫ東京領事에在ᄒᆞᆫ日本公使館書記官으로在ᄒᆞᆫ자로我가困ᄒᆞ노니其人이該書記의職任에熱心으로赴ᄒᆞ얏ᄂᆞᆫ지라此事情으로自然韓國人ᄃᆞ이其人의行動이外飾을作ᄒᆞ야陰謀事爲를日本人의心臟으로行하ᄂᆞᆫ줄로思量ᄒᆞᆫ지라此數件事가足히桑港에서其論說을發刊ᄒᆞᆫ韓國人新聞(共同會報)의狀態를說明ᄒᆞᆯ만ᄒᆞ도다此國에在ᄒᆞᆫ韓人뿐아니라美國에나他地에在ᄒᆞᆫ韓人ᄭᆞ지라도須知分이가顧問官敍任된것을怨讎ᄒᆞ게知ᄒᆞᆫ結果로其論說이記載되얏스며如此ᄒᆞᆫ事情으로憤激ᄒᆞᆫ바ㅣ되야須知分씨가桑港에到着ᄒᆞ야何如ᄒᆞᆫ人의게政治上行動을遭遇하얏거ᄂᆞᆯ因ᄒᆞ야其發刊된바註旬을擧ᄒᆞ야私訟ᄒᆞ얏스니如此ᄒᆞᆷ으로韓國人의大部分이須知分씨와因ᄒᆞ야私訟을當ᄒᆞᆷ이證據ᄒᆞ야實狀이無ᄒᆞ다ᄒᆞᆷ이로다

(未完)

雜報

●葬禮謄錄 義親王宮 王子의상逝ᄒᆞᆫ事ᄂᆞᆫ昨報에已揭ᄒᆞ얏거니와葬禮之節을自掌禮院으로依謄錄錄을ᄒᆞ얏다더라

●王子葬禮 別項과如ᄒᆞ 義親王殿下의 王子葬禮ᄅᆞᆯ昨日上午九時頃에綏陵外垓字內의經行ᄒᆞ엿ᄂᆞᆫ데警視廳의셔警部壹名과巡査四名을派送護衛ᄒᆞ얏고宮內府官吏幾員이護喪ᄒᆞ얏다더라

●大獻慰 再昨日에各部大臣이 義親王宮에前往ᄒᆞ야 殿下ᄭᅴ慘척ᄒᆞ신것을致慰ᄒᆞ얏다더라

●裴說氏到仁 本社前社長裴說氏가上海에셔出發ᄒᆞ야昨日仁川港에到泊ᄒᆞ얏ᄂᆞᆫ報道를接ᄒᆞ고裴說氏의夫人이迎接次로出往ᄒᆞ얏다더라

●局長受勅 內部土木局장劉猛씨ᄂᆞᆫ昨日에詣 闕受勅ᄒᆞ얏다더라

●兩官代辦 內閣秘書官洪運杓씨와築山直彦이가日本國各官廳視察次로日本에渡去ᄒᆞ야往殘間에ᄂᆞᆫ內閣記錄課長李源鎔씨가代辦視務ᄒᆞ고主事李哲圭씨ᄂᆞᆫ築山直彦의事務를代辦ᄒᆞᆫ다더라

●果有是事 前臨時帝室有及國有財産調査局의項趣費와家屋稅ᄅᆞᆯ調査ᄒᆞ든幹事魚용善氏의出職이四百圓假量이라傳ᄒᆞ더라

●防疫記分給 昨年度의衛生預防事務所를設置ᄒᆞ고京城及各地方에更ᄒᆞᆫ事務의豫預ᄒᆞ얏던人의게韓國防疫記事라ᄂᆞᆫ冊子ᄅᆞᆯ刊出ᄒᆞ야登部式各其分給ᄒᆞ얏다더라

●互相移轉 議者의法部의셔開廳ᄒᆞᆫ大審院과城控訴院과京城地方裁判所職員이建築ᄒᆞᆫ平理院廳舍로移轉ᄒᆞ엿ᄂᆞᆫ대該舍가狹窄ᄒᆞ야執務上의不便홈으로目下臨時財源調査局과度支部前廳舍後建 所居ᄒᆞᆫ三新建築ᄒᆞᆫ廳舍로移轉홈으로因ᄒᆞ야財源調査局과度支部現統計課廳舍로移轉ᄒᆞᆯ事로決定ᄒᆞ엿다더라

●有冤必伸 永柔郡遞任郡守朴容觀氏의贓錢四萬八千五百兩을事ᄒᆞ야該郡民金濟輝氏가平南裁判所에告發ᄒᆞ얏다가該道檢事金鍾克氏가該決ᄒᆞ야金濟輝氏로反以誣訴律에照ᄒᆞ야役壹年에宣告홈으로金濟輝씨가不服ᄒᆞ고平理院에申訴ᄒᆞ얏더니朴容觀氏가雖百般運動이나公眼을不欺ᄒᆞ야金濟輝氏ᄂᆞᆫ無罪放免이되얏다더라

●禽獸被押 再昨日下午五時量에警視廳에셔各分署에指揮가有ᄒᆞᆫ不지各商鋪에所有ᄒᆞᆫ禽獸會議錄이라ᄂᆞᆫ冊子를壹々搜探ᄒᆞ야去ᄒᆞ얏ᄂᆞᆫ대書籍界의押收홈은初有라더라

●日貼伊態 從來韓國에流行ᄒᆞᆫ銀行券은日本男爵澁澤榮壹의眞影을揷ᄒᆞᆫ것을近間에更爲改刷ᄒᆞ야水原華虹門眞影을揷ᄒᆞ고新銀行券과同時交換ᄒᆞᄂᆞᆫ대鄕客의傳說을聞ᄒᆞᆫ즉鄕谷人民이新銀行券이發行ᄒᆞᆫ다ᄂᆞᆫ說을聞ᄒᆞ고舊銀行券은廢止되ᄂᆞᆫ줄로誤認ᄒᆞ야半價에新貨幣와交換ᄒᆞ야損害ᄀᆞ多大홈으로民情이嗷々ᄒᆞ다ᄒᆞ니果實則人民의愚昧홈을可歎이더라

●語學調査 近日에外部警察에셔家々戶々히語學ᄒᆞᄂᆞᆫ人을調査ᄒᆞᆫ다더라

●樂花被捉 日昨에妓生四五名이集華館약박골에셔花籠을弄ᄒᆞᄂᆞᆫ거슬西署巡査가捕縛ᄒᆞ엿다가解締ᄒᆞ얏다ᄂᆞᆫ說은前報에已揭ᄒᆞ어니와該署에셔該妓生등이有無罪間에已爲捕來ᄒᆞ다가有何思想으로自意解放ᄒᆞ얏다고該巡査를論責仍囚ᄒᆞ얏다더라

●虎列豫防 近日日氣가酷熱홈으로虎列刺가發生ᄒᆞᆯ慮가有ᄒᆞ야警視廳의셔虎列刺預防注意ᄒᆞᆯ件의十餘條를列出ᄒᆞ야各防曲巡査가各其所管區域ᄂᆡ人民家에分給ᄒᆞ얏더라

●潮溢沉屋 再昨日新義州의潮水가濫溢ᄒᆞ야江岸의在ᄒᆞᆫ韓人의家屋六戶及街路가浸水되얏ᄂᆞᆫ대外他損害ᄂᆞᆫ無ᄒᆞ다더라

●敎育會提議件 目下開會ᄒᆞᆫ官公立及普通學校敎員協議會의提出ᄒᆞᆫ協議事項이如左ᄒᆞ니

一。學年末의學徒의게褒賞方法의關ᄒᆞᆫ件

二。唱歌科을必要科로ᄒᆞ라ᄂᆞᆫ部에셔歌調를撰ᄒᆞᆯ件

三。珠算을課홈必要가無ᄒᆞ니若珠算을課ᄒᆞ려ᄒᆞ면何學年으로부터始홈이適當ᄒᆞᆯ가其計算法에如何ᄒᆞᆫ件

四。學徒의訓鍊科目을調査ᄒᆞᆯ件

五。諸般表簿를登定ᄒᆞ야學部의셔發行ᄒᆞᆯ件

六。必要ᄒᆞᆫ器械를調査ᄒᆞᆯ件

七。各學校의幻燈器를設備ᄒᆞᆯ件

八。學生은如何히ᄒᆞᆯ件

九。學徒와家庭의聯絡法의如何

拾。학徒募集及其法의如何ᄒᆞ며學徒의出席獎勵及其法와如何ᄒᆞᆫ等諸件이더라

●大同總會 大同會의셔去拾五日午後貳時의臨時總會를開ᄒᆞ고會長閔ᄒᆞ고會議ᄒᆞ니總務部事務後善後及旬警局長김光燦兩씨가目下韓國事務와研究됨으로씨最後策을講코저ᄒᆞ야其決議ᄒᆞᆫ事項이如左ᄒᆞ니(壹)總務善後ᄂᆞᆫ總務部長을解任ᄒᆞ고適當ᄒᆞᆫ人을擇ᄒᆞᆯ事(貳)顧問高橋와幷任ᄒᆞᆫ商務局長은辭任을許ᄒᆞᆯ事(叄)李理夏梁鳳煥武人의復命을許ᄒᆞᆯ事등으로決議ᄒᆞ고午後九時의閉會ᄒᆞ얏다더라

●軍人悖習 再昨日에新橋前에셔判書李鍾健以來與人金學根박允燮兩人이被酒泥醉ᄒᆞ야新橋附近路上에顚臥ᄒᆞ얏ᄂᆞᆫ대近衛隊兵丁六七名이過去ᄒᆞ다가兩人과設往說來ᄒᆞᄂᆞᆫ隊에히兵丁이히兩人을毆打ᄒᆞ야頭部가重傷ᄒᆞ엿고히兵丁등은中部警署로押致ᄒᆞ얏다더라

●被招旋還 前軍部大臣尹雄烈씨ᄂᆞᆫ何事件을因홈인지再昨日警視廳에被招되얏다가卽時還來ᄒᆞ얏다더라

●誰放誰囚 去拾四日의警視廳의被捉ᄒᆞ얏던李하榮尹景學諸씨등外餘人中의李尹兩氏ᄂᆞᆫ放釋이되고其他諸씨ᄂᆞᆫ尙在滯囚中이라더라

●是何怪說 再昨日上午拾時에北部東ᄒᆞ宇橋東川邊軍部經理局長李康夏氏家에多年된日本製石油燈柱에셔竹筍이叢生ᄒᆞ고又李衣服所掛壁柱에셔ᄂᆞᆫ松筍이叢生ᄒᆞ얏다ᄂᆞᆫ대觀光諸人이如市ᄒᆞᆫ지라該支所巡査가人民의會集을禁止홈으로李氏ᄂᆞᆫ家門戶를閉鎖ᄒᆞ고觀光諸人을拒絶ᄒᆞ얏다더라

●何處去了 去月二拾七日의楊根分遣所日憲兵六名이橫城으로去ᄒᆞᆫ디瑞嶋東南으로三拾里되ᄂᆞᆫ遠江에셔義兵五拾名과交戰ᄒᆞ얏ᄂᆞᆫ대憲兵壹名이不知去處ᄒᆞ야方在搜索中이라더라

●日兵討索 京鄕新報를據ᄒᆞᆫ즉昨五月晦拾日頃에原州觀水兼天主堂에日兵이蹂躪突入ᄒᆞ야雞貳首及雞卵幾數를討索ᄒᆞᆫ故로該處法國宣敎師가堤川邑守備隊에躬往ᄒᆞ야隊將에게言ᄒᆞᆫ즉該隊將이嚴待ᄒᆞᆫ後에該兵은斷當嚴治ᄒᆞ겟다ᄒᆞ얏다더라

●入會捐金 經濟硏究會에셔會員의入會金은圓式이오學費ᄂᆞᆫ拾錢式이라더라

●朴氏熱心 南門外居朴景二은饒富之人으로敎育에無意ᄒᆞᆫ인지去三月日蓮池동에셔學校를設立ᄒᆞᆫ事로開會ᄒᆞ고朴景二氏를請來ᄒᆞ야贊成ᄒᆞ라ᄒᆞᆫ즉該人이同內에來人이雖附近洞이나西門外學校의贊成任名을已擔ᄒᆞ얏스니捐助事論ᄒᆞ다가曰滿入中安台煥氏가論責ᄒᆞ야曰同이西門外學校의贊成ᄒᆞ名만處辨ᄒᆞ고心은如此ᄒᆞᆫ等人의心腸은卽豚犬이니不可同席이라ᄒᆞ며박시가無顏退去ᄒᆞ얏다더라

●任員培設 藥峴光興학校에셔再昨의任員會를開ᄒᆞ고任員을選定ᄒᆞ얏ᄂᆞᆫ대評議員은陳博氏요贊成長은김晩秀氏요校監은命瀨씨라더라

●志士設校 平北雲山大藏운開礦以來로各道郡勞働人累千名이往來ᄒᆞᄂᆞᆫ大市어ᄂᆞᆯ皆無學의汨沒ᄒᆞ야無他思想이러니有志紳士가敎育學校를設ᄒᆞ가設起ᄒᆞ되吾儕가白髮으로來寓幾年에只以口腹爲累ᄒᆞ고不思國家ᄒᆞ면是ᄂᆞᆫ無異禽獸이라現今發業時代에來此勞働ᄒᆞᄂᆞᆫ多數同胞의敎育이無ᄒᆞ면他日所望이何에在ᄒᆞ리오ᄒᆞ고勞働學會를組織ᄒᆞ고學校設立ᄒᆞᄂᆞᆫ대當時에入學ᄒᆞᆫ人員이六拾人이오常홈指金이六百餘圓에至ᄒᆞ얏다더라

●寄附三校 三和港碑石洞居督三崇학校來館을據ᄒᆞᆫ즉金允丘等諸시가該校經費에窘拙홈을愛恤ᄒᆞ야爲先金四拾五圓을贊助ᄒᆞ얏다고壹般生徒父兄들이感謝不已ᄒᆞᆫ다더라

●智校夏試 智島郡智明학校에셔夏期試驗을經ᄒᆞ얏ᄂᆞᆫ데六十名학徒中에最優등은金斗萬福成등이오優等은朴鉉相皮璜炳등이오及第ᄂᆞᆫ박奉琨林弘圭千鳳述인대今月四日에諸學徒及任員이聚會ᄒᆞ야施賞ᄒᆞ고該校에채淑瞭시와校監金炳哲시와其他諸시가勤勉的으로慨然히演說ᄒᆞ고師鐵員梁鱗植시가祝賀ᄒᆞ고學徒代表金斗萬시가答辭ᄒᆞᆫ後에茶菓로相勸ᄒᆞ며午后七時에歡散ᄒᆞ얏ᄂᆞᆫ대數百名傍觀者들이其學校의熾興隆旺홈을無不歎賞ᄒᆞ고賞品은該校師範員朴珍奎시가學徒의勸勉으로爲ᄒᆞ야自辦施與ᄒᆞ얏ᄂᆞᆫ데登境人士가莫不稱頌ᄒᆞ얏다더라

▲地方消息▼

▲今日西에漢江右岸實安西方新溪에日兵十八名이守備隊와交戰ᄒᆞ얏다ᄒᆞ고

▲去十三日古阜郡西남靈光郡西남새斗里에셔義兵九拾名이日守備隊와交戰ᄒᆞ얏다ᄒᆞ고

▲本月拾六日和順郡西에屆隊上에셔義兵數十名이日分遣隊上등以下六名과交戰ᄒᆞ얏고

▲本月拾日高原郡에셔義兵二十九名이日分遣隊와交戰ᄒᆞ얏다ᄒᆞ고

▲本月八日來禮郡에셔義兵壹千名이日守備隊와交戰ᄒᆞ얏다더라

▲[illegible]靑年▼

[illegible]國形便俯察ᄒᆞ니保國責任在誰런고妙年英材兩肩上에로다負擔ᄒᆞ니重大ᄒᆞ다

▲靑年들아靑年들아鼉土에生長ᄒᆞ야國民義務모ᄅᆞᄂᆞ냐國勢漸々微弱ᄒᆞ니强壯力을養成ᄒᆞ야扶起方策自在ᄒᆞ다시精神을ᄎᆡ려보세

▲靑年들아靑年들아大厦將傾頹ᄒᆞ니壹木으로難支로다敎育上에勇進ᄒᆞ야愛國誠을感發ᄒᆞ면國台力이可固로다시精神을ᄎᆡ려보세

▲靑年들아靑年들아頹波中에屹立ᄒᆞ니萬丈砥柱이아닌가同聲相應工夫ᄒᆞ야斷々無他一心으로回狂瀾於旣倒ᄒᆞᆯ제시精神을ᄎᆡ려보세

▲靑年들아靑年들아列强氣吸收ᄒᆞᆯ제先進國을效則ᄒᆞ야新世界를變作ᄒᆞ고換骨脫態ᄒᆞ고보면文明域에共躋ᄒᆞ도다시精神을ᄎᆡ려보세

▲靑年들아靑年들아肩勢가裂業ᄒᆞ니밋곳이적어업다肅以離彼勤勞ᄒᆞ야新空氣를盡浴ᄒᆞ면英雄之姿可作ᄒᆞ라시精神을ᄎᆡ려보세

▲靑年들아靑年들아石火ᄀᆞᆺ치가ᄂᆞᆫ光陰登期를虛度ᄒᆞᆯ소냐中에鑽堅拊ᄒᆞ고丈夫事業成功ᄒᆞ면居天下之廣居ᄒᆞ도다시精神을ᄎᆡ려보세

▲靑年들아靑年들아半島江山風雨夜에暗黑時代되엿스니當今之際誰런고學徒가잇셔사니國家棟梁可期ᄒᆞ도다시精神을ᄎᆡ려보세

▲靑年들아靑年들아浪躍에初躍ᄒᆞ고北溟鯤鵬步方展이라日期自大ᄒᆞ니惰怠之心누지말고功斯效登可成ᄒᆞ리시精神을ᄎᆡ려보세

▲靑年들아靑年들아花ᄀᆞᆺ흔月未來를活潑ᄒᆞ게活潑ᄒᆞ야光線挽回ᄒᆞ야우리同胞濟天下能事畢矣ᄒᆞ다시精神을ᄎᆡ려보세

●特別社告

大邱支社員梁鍾◯咸從支社員金昰敍兩氏를辭免故로大邱西門外友弦君橡側 李正由 咸從郡蘇敎에 張炳日 兩氏로認定ᄒᆞ얏ᄉᆞ니右兩處關近僉紳覽諸氏ᄂᆞᆫ本社에對ᄒᆞᆫ凡務를右兩氏와交涉ᄒᆞ심을務望홈

平壤支社員金浩淵氏ᄂᆞᆫ申報代金滯納이太多ᄒᆞᆫ故로該支社를停廢ᄒᆞ고平壤鐘路太極書舘 安泰國氏로支社員을改定ᄒᆞ얏기玆以仰佈ᄒᆞ오니前日本報購覽諸氏ᄂᆞᆫ代金壹切安氏의게로傳致ᄒᆞ시며本報에對ᄒᆞᆫ諸般事를自今으로安氏와交涉ᄒᆞ심을務望홈

大韓每日申報社

雜報

◯雜校出捐　富川郡郡山面長◯◯◯의私立進新學校를設立ᄒᆞ고各其出捐ᄒᆞ야校舍를安頓ᄒᆞ얏ᄂᆞᆫ대學徒金孝明金永年洪龍◯諸氏가自五拾圜으로拾五元ᄭᆞ지出義ᄒᆞ얏고該郡王召史ᄂᆞᆫ靑年寡居로紡績爲業ᄒᆞ더니拾圜金을特捐ᄒᆞ얏다고該郡人이稱頌ᄒᆞ더라

◯通譯五人　◯◯金炳옥등十人이日語通譯으로試驗ᄒᆞ야合格ᄒᆞᆫ者가五人이되얏다더라

◯義學試驗　順天郡◯面開發義學校에셔夏期試驗을經ᄒᆞ고施賞ᄒᆞ얏ᄂᆞᆫ대甲班優等金斗衛이오及第ᄂᆞᆫ◯◯◯人이오乙班優等은金晉冰이오及第ᄂᆞᆫ金炳侃이오丙班優等韓◯淡外◯振翰金成麟이오丁班優等田達信이오及第ᄂᆞᆫ李武鉉朴鎭玉等이라더라

廣告

本人이丙午年四月分에安城木村居ᄒᆞᄂᆞᆫ李◯◯氏의게◯◯當文書를典으로허셔대畓八斗落文券을典執而賭七石拾五斗式推約이더니錢을限三年內備納後畓券을還推ᄒᆞ기로成標矣러니賭ᄂᆞᆫ年年無滯石推捧이고本錢은都無辭意며其畓을暗自斥賣ᄒᆞ깃다ᄒᆞ오니玆以廣告ᄒᆞ오니勿論內外國人ᄒᆞ고切勿見欺ᄒᆞ시옴

京南部◯洞廿八統◯戶　趙召史

承事府侍從吳◯泳씨가妓生◯香에게◯惑ᄒᆞ야除役作妾ᄒᆞᆫ意로水原등地所在庄土를放賣ᄒᆞ오니不顧名◯오如是放蕩ᄒᆞ니慨歎不已홈

◯◯◯　白

本人所居南署◯◯坊大龍洞拾九統二戶草家拾壹間半家券을隆熙元年拾月分에◯失ᄒᆞ얏기玆에廣告ᄒᆞ오니誰某拾得ᄒᆞ던지休紙施行홈

金◯◯　告白

●講習生募集廣告

本會의셔夏期放學(四拾日)間을爲ᄒᆞ야講習ᄒᆞ기爲ᄒᆞ야玆에廣告ᄒᆞ오니願學僉員은本月二拾日(陰六月二拾二日)內로請願書를提呈홈

左開

算術、算術四則、分數

日語、日語初等、中等

日語ᄂᆞᆫ特히日本人으로敎授홈

隆熙二年◯月八日　◯◯◯◯所　告白

會館은南大門內◯◯光成實業學校內

時間은下午七時半至九時半

光武九年乙巳九月◯日에支入ᄒᆞᆫ倉庫◯◯股保證◯百圜◯銀◯領受證을◯失ᄒᆞ와合◯玆以廣告ᄒᆞ오니外國人間誰某拾得ᄒᆞ와도休紙施行

張◯衡

本◯에셔諸◯測量◯◯ᄒᆞ오니有志僉君子ᄂᆞᆫ陸續來議ᄒᆞ시옴

中部寺洞二統八統六戶東◯

測量◯務所

所主李仁◯　務總金◯熙

本會에셔緊急◯◯事務가有ᄒᆞ야本月十九日(日曜)(陰二十一日)下午壹時에靜洞興化學校에特別總會를開하오니關東僉會員은多數來臨ᄒᆞ심을務望

關東學會　告白

本人이陰拾月晦日東部崇信坊◯◯安光鎬◯推次當坪九千二百七拾五兩◯◯片路中遺失玆以廣告誰某拾得休紙施行홈

東部於義宮◯◯統三戶　李在濟　告白

◯◯◯◯稱◯ᄒᆞ다가◯務洪主◯가◯奸◯人ᄒᆞ야◯數◯◯ᄒᆞ며◯◯四◯非宮故◯廣告홈

大邱◯延極　劉乘基

本人의名山◯◯以◯◯으로改名ᄒᆞ오니知舊僉照亮ᄒᆞ시옴

順川郡◯洞◯◯　白

●測量算術預備科

廣告

本校內에算術專門科를特設ᄒᆞ고三個月內로敎授ᄒᆞ깃ᄉᆞ오니願學僉員은今月二拾九日◯二拾七日內로請願書를提呈홈

但請願紙ᄂᆞᆫ本校에셔購得

科程自加法으로◯◯數理論

開學은本月◯下午二時로三時

南部◯洞◯◯部內◯明學校　白

本人養母◯◯셔只有一子◯年今貳拾六歲◯名◯尤故去歲◯◯去陰甲辰正月◯人於美國布哇港加◯◯而于今五年矣◯◯消息種々來到彼此◯知咫尺自昨年以來書信[illegible]去厲亦[illegible]漸々[illegible]呼于口不絶聲人是不忍見聞玆以廣告無論誰某[illegible]君子念此[illegible]勞苦[illegible]千萬泣祝

大韓◯城中部◯◯坊沙◯店契內非洞拾三統五戶

白◯主◯妹　告白

本人이西部◯◯下契拾九統壹戶金光◯家三間文券을典執ᄒᆞ야置於手中이더니今月初六日[illegible]遺失故로玆廣告ᄒᆞ오니誰某지◯◯切勿相關홈

金在英　告白

本人의叔母文◯◯가本以◯◯으로與其◯◯金東◯字性[illegible]ᄒᆞ야本人의父子와[illegible]不知ᄒᆞ시고◯人은◯◯ᄒᆞᆫ가如是廣告ᄒᆞ오니內外國人은一切勿◯

京畿◯◯郡◯◯大◯◯　告

[illegible]

本會故◯[illegible]臨日下午時◯三湖◯成學校에서設行ᄒᆞ오니本會員及田氏知舊僉愛은光臨務望

城外沿江學◯會　告白

◯◯院에셔昨年◯壹月에以遺棄兒收養ᄒᆞ야◯坊曲揭示與新聞廣告ᄒᆞ온바◯◯六月十日皇城新聞揭載則◯◯日◯◯下에新産兒를投棄去ᄒᆞ니累次廣告를不得◯見인지大抵天地萬物好生之中에最貴ᄒᆞᆫ人命을如棄弊◯ᄒᆞ니此非◯然之性이라但掩於耳目之羞也且其生之也何恩이며其殺之也何事오以其父母之言之라도豈無慈愛之情且不忍之心이리오마ᄂᆞᆫ自顧◯◯ᄒᆞ야◯此忍之事ᄒᆞ니天理蔑矣오神明이怒矣라何忍行此오本人之設孤兒院於京城者ᄂᆞᆫ救濟人命之急故로設幼稚部ᄒᆞ야顧聘乳母ᄒᆞ야收養幼兒故로特此廣告ᄒᆞ오니違此境遇之婦人은遺棄之兒於本院이되若有◯其耳目이어든本人之家舍가在於光化門[illegible]七統七戶이오니直到本人之家ᄒᆞ야◯當秘密[illegible]又或臨産而産室을未定ᄒᆞ야◯防本人之家ᄒᆞ면別定産室ᄒᆞ야使産母與乳兒로◯爲◯利케ᄒᆞ거시오[illegible]此廣告를不聞不知ᄒᆞ야如或棄兒於路上이라도[illegible]即時에護送于弊院ᄒᆞ야以救垂死之殘命則豈非[illegible]君子ᄂᆞᆫ[illegible]소셔本人이[illegible]院之無實이라[illegible]勿負此廣告之至意切望홈

京城孤兒院主李◯◯　告白

本人等이◯平屏門外右便拾壹統◯戶에新測量◯所를◯設ᄒᆞ고◯價◯ᄒᆞ깃ᄉᆞ오니僉君子ᄂᆞᆫ◯◯及天然堂寫眞舘[illegible]ᄒᆞ시옴

◯◯門外◯去◯作路左便天然堂寫眞舘主人◯生◯

測◯師◯◯　金相◯　白

●魯桑枝　新種이本社에來到ᄒᆞ얏ᄉᆞ니◯君子ᄂᆞᆫ來購ᄒᆞ◯[illegible]送錢ᄒᆞ오면桑◯도[illegible]

西部◯井동廿◯統◯戶

◯桑廣◯[illegible]金◯先　白

●初等算術敎科書

◯◯◯一宜氏著作

洋裝◯冊定價新貨九拾錢

三拾冊以上을◯購ᄒᆞᆯ時ᄂᆞᆫ原價의二割을減홈

但◯方에셔百冊以上을請求ᄒᆞᆯ時ᄂᆞᆫ[illegible]自擔홈

本書ᄂᆞᆫ學數◯◯一宜氏가我國의◯學[illegible]ᄒᆞ야積年◯腦力을費盡ᄒᆞᆫ바이온ᄃᆡ筭術의原理原則을昭詳論釋ᄒᆞ야在學◯敎◯必須◯不啻라◯易曉ᄒᆞ야可◯獨習홈

發賣元京西部◯後洞七拾貳統六戶　鄭◯◯　白

本店에셔洋服件이◯京◯에셔新製ᄒᆞ얏기로玆에廣佈ᄒᆞ오니僉君子ᄂᆞᆫ光顧購買ᄒᆞ심을◯홈

◯◯◯◯　洋服裁縫店　謹白

國債報償金中에婦人이銀指環이라物도本社에來納ᄒᆞᆫ者가許久積置ᄒᆞ엿ᄉᆞ나◯爲放賣ᄒᆞ야銀行에殖利ᄒᆞᄂᆞᆫ것만又지못ᄒᆞ기로玆에廣告ᄒᆞ오니或有願買人이거든本社에來議홈

本社　告白

◯◯先生　◯◯◯　譯述

厚禮斗益大王七年戰史

全壹冊　定價金三拾錢

此書ᄂᆞᆫ即拾八世紀◯◯厚禮斗益大王이◯耳曼列邦中에介在ᄒᆞᆫ壹弱國으로突然奮◯ᄒᆞ야尙武的精神으로人民을◯勵ᄒᆞ며俄法等諸國과對抗ᄒᆞᆫ七年戰爭을◯ᄒᆞ야普魯士의雄飛ᄒᆞᄂᆞᆫ端緖를開ᄒᆞᆫ事實이니其政略의巧敏ᄒᆞᆷ과其功偉의大ᄒᆞᆷ이足히讀者의◯◯을喚起ᄒᆞᆯ만ᄒᆞ오니僉君子ᄂᆞᆫ速々購覽ᄒᆞ시옴

發賣元　京◯下廣◯書舖金相◯

發賣所　京鄕各有名書◯

新刊書籍發售廣告

女子讀本　全貳冊　張志淵氏著　定價금六拾◯

初等衛生學　全壹冊　定價拾五◯

初等倫理學　全壹冊　貳拾◯

國家學綱領　全壹冊　◯五◯

國民須知　全壹冊　八錢

初等小學　全四冊　壹圜三拾

中等萬國新地誌　全貳冊　壹◯

增修無冤錄大全　國漢文壹冊　七拾五錢

伊太利建國三傑傳　全壹冊　◯

新撰理化學　朴晶東　全壹冊　定價金三拾전

獨習日語◯學　鄭雲復　洋裝壹冊　壹圜貳拾五전

愛國夫人傳　張志淵　全壹冊　定價금拾五전

新小說血淚　◯人◯　全壹冊　定價금貳拾錢

萬國公法◯新論　鮮于叡　全壹冊　定價금三拾五전

世界三怪物　◯◯　全壹冊　◯

新訂算術　◯◯　全三冊　六拾◯

乙支文德　◯◯　全壹冊　三拾◯

發賣所　皇城中署布屏下　◯◯書舖　金相萬

京鄕各有名書舖

漢城南大門外濟衆院方藥
前醫學校長勳五等池錫永氏有効證明
醫學博士 洪錫厚氏 實驗方劑
製藥鑑査人 朴慈惠 李觀化

四時靈藥 治痰平胃丸

一包에 九十丸入 定價金拾錢

此丸藥은大韓兄弟脾胃에適當す도록調製す야數十年來累試累驗혼바인대主降生一千九百八年에醫學博士洪君이精細改良す야中暑中寒諸症에虎列刺怪疾과毒感瘟疫을預方케す고健胃消滯す야諸般滯積을順下す며卒地嘔吐泄瀉와赤痢白痢와胸腹刺痛과聲咳白痰을能治能止す는靈藥이오

製造本舖

漢城鐘路慈惠大藥房
濟衆院藥品代理專賣特約
大韓東西藥業月報社

大韓東西藥業月報

隆熙二年六月二十二日 部許可를得す고每日
登次式隔曆十五日에發行
編輯主筆 大韓醫院教授 劉世煥
醫藥論說著述 前醫學校長勳五等 池錫永
英米處方藥譯 醫學博士 洪錫厚
發行者 慈惠藥房醫業士 李觀化
印刷者 慈惠藥房附屬普印社主任 洪 [illegible]

目 的

韓國新製藥 德國新製藥
日本新製藥 英國新製약
淸國新製약 美國新製약

以上藥品의 主治效能과 用法과 定價金을 以國漢文으로 飜譯す고
洋藥乾材 唐약鄕材 唐약鄕材
伯漢城銅峴時價와 每月報告홈

▲大韓國新發明當藥

健胃▲八寶丹 九拾九粒 消滯▲활보단 入金拾錢

承寧府典의正三品洪哲普閣下實驗處方과陸中々외의學校教官張基茂君有効証明으로此丹을발行이온바新久滯積과急暑霍亂사腹과胃腹疼痛과頑痰固飲과新久泄瀉와七情鬱結과水土不服과暈眩諸症에當服見效す오니衛生君子는先驗試可す심을爲希홈

瘡病 ◉사향소창단 疳藥 ◉麝香消瘡丹

此丹이各種瘡에無論男女老少す고若服一劑에有神效す야百日白中에非例方可及也라若論主治則梅毒과頭瘡諸症에俱見立效す오니愛商君子는試驗す시옵

婦人 ▲리양도경환 調經 ▲胎産調經丸
壹個月分入 定價金五圜

大抵婦人이年過す도록不受孕者는由於有病也라若是研究す면婦人看過則非但壹個人에不幸이라抑亦國生育之理에關係가不淺也니僕이十五年을消費す야內外國高明의士에實驗方을選擇す야先自僕家로從及他人す야試驗에十분而治效す음고且此약이非但受孕之神劑라治治積治積이되오며調血에俱有實效す기茲以廣佈す오니僉員은變次試驗す시면靈驗을可知이옵

發行人 全 리應善
약製所인川港奇峴和平堂藥房
右三種약은각地方이라도請求す면우편으로부치는슈도잇소
京城支店 鍾路衣廛下和平堂
代理店仁川港奇峴제生堂약房

京城大廣橋共愛堂약房

▲發賣所

仝남문니水橋제生支店
仝 仝大東書市支店
仝府 哥傳文書館
仝 洞口니 相會號與當王
仝 鐵物橋 毛衣廛리洛瑢
仝 小廣橋 洛衣房리厚根
仝 鐘路 上隅三可病院
仝 大寺동 共제病院
○仁川港니 홍剛盤旅館韓昌根
仝 을니 仝 [illegible]
○江華鐘路 宋應九店
○開성 남문니新主藥店
仝 남문니驛前사리貞鎬
○水原 남문니 김재九약舖
○海州 남문니리盛韓商店
○延安읍니 邊汝文藥鋪局
○新溪 남문니 [illegible]
仝 砂里院耶蘇教당 [illegible]
○黃州남문니 [illegible]
○平壤 鍾巨里 [illegible]
仝 館洞 [illegible]
仝 文武洞 [illegible]
○鎭南浦 發동 [illegible]
仝 제生당出張 [illegible]
○群산港 [illegible] 金의 [illegible]
仝 大井동 리春齊약房
○禮산 동谷里 [illegible]
○大邱 남문니 리明[illegible]
○元山港 남中元약局
仝 제生堂支局 [illegible]
○南川 서문니 박致心약局
○甘泉場 [illegible]
○釜山港 제生당出張 [illegible]
○安州성니 [illegible]井동回春大약房
○安岳邑上[illegible] 제生局 [illegible]
○義州남문外太口街義和약房
○殷栗읍後동 洋약局 [illegible]
○定州남문니 洋약局리健柱
○郭山읍 洋약局 [illegible]
○宣川읍 冊사 [illegible]
○鐵山읍 永春堂 [illegible]

仁川港 和平堂 白

◉大韓國 [illegible]
◉ [illegible] 靈丹
◉ 至寶丸
◉ 靈[illegible]液
◉ 淸眼水
◉ 通滯丸

[illegible]

漢城南部 [illegible] 共愛堂大藥房 [illegible]

發賣所

支店

開성남門[illegible] 共愛堂 [illegible] 支店
[illegible]
[illegible] 大安[illegible]

代理店

仝 [illegible]
仝 [illegible]
仁川奇峴 和平局

此外에도東西洋各國有名賣藥材料를具備す오니藥材多少를不拘す고請求す시면小包로郵送す겟숨

大韓新發明臘藥廣告

濟衆新藥 淸心保命丹
仁川港松峴 濟生堂藥房
九十粒入壹角拾錢

◉右藥의主治効能은如左
◉食飲毆吐 ◉吐瀉水土不服
◉[illegible] ◉酒醉 ◉中暑中寒
◉其他諸般 ◉咽喉 ◉口熱惡臭
迷氣厲疫預防妙藥

總發行所 京城南大門內
개生당支店李庚[illegible]
리城西문外 제生당支店吳又賢
◉元山港 鋸石院 제生당支店박敬鎭

代理店 京성大廣橋共愛堂
京 泥峴三丁目 新井약房
仝 鍾路慈惠약房
仝 郵便局前 [illegible]佑堂약房
仝 남大문니博文書館 [illegible]
仝 梨峴洋약廛 리信[illegible]
仝 大安洞 仁제약房
仝 壽동三可病院 [illegible]
仁川奇峴和平당 리應[illegible]
同本町 新井藥房
◉海州남문니 [illegible]
◉全商店 리奉[illegible]
◉水原종路下약房 金제九

◉延安邑니洋약局 邊汝文
◉江華종路店 尹斗鉉
◉砂里院당니客主 [illegible]
仝耶蘇教堂니 任[illegible]中
◉瑞興邑니 리[illegible]
◉汗浦驛東與遞送部 野[illegible]
◉黃[illegible]남문니紅[illegible]객 김[illegible]
◉安岳邑上場里제生局 리[illegible]
◉載寧邑後동洋藥局 [illegible]
◉忠州東良面早遞 김[illegible]
◉[illegible]川邑西里洋약局 김永[illegible]
◉[illegible]邑東里冊肆文[illegible] [illegible]
◉平壤鍾里[illegible]동出張人 尹[illegible]
仝雙巨里제生局 金[illegible]
仝館[illegible]외院 [illegible]
仝文武동제生局 [illegible]
仝大與部[illegible]里藥局 김[illegible]
◉鎭남浦[illegible]동冊사 김元[illegible]
仝后浦本堂出張人 吳[illegible]
◉安州성니[illegible]井동回春大약房
◉博川邑美동商店 朴[illegible]行
◉定州남문니洋藥局 리健柱
◉郭山邑大街冊사 김大[illegible]
◉宣川邑니冊々 安
◉鐵山읍니永春堂 安 [illegible]
◉義州남문外水口街 [illegible]
◉[illegible]川읍官[illegible]약局 리丙斗
◉群山港開福동 김斗[illegible]
◉大邱남門니[illegible]洞 김成[illegible]
◉釜山港東館本町商店 리炳[illegible]
◉北靑新昌港客主 朴[illegible]
◉木浦各國居留地[illegible]
◉全國니各약廊에다[illegible]販賣

仁川港奇峴 京성남大문니 濟生堂 白

◉新發明[illegible]廣告
[illegible]軍軍와金守[illegible]實驗方劑

落梅丹

口瘡不覺[illegible]病去[illegible]之[illegible]
壹劑五百粒定價金 三圜

主治 梅毒(唐창)新舊창 ◉痔[illegible] ◉皮膚病 ◉[illegible]마質[illegible] ◉[illegible]病

已上病症外에男女[illegible]不[illegible]合[illegible]後에[illegible]之[illegible]니有[illegible]도此藥[illegible]만服用す면完無[illegible]す고脾胃도[illegible]此外에도외[illegible]械와[illegible]藥과新[illegible]す고內外科[illegible]色[illegible][illegible]治[illegible]

漢城北部大安洞

仁濟藥房 高[illegible] 白

代理店

京城[illegible] 共愛堂약房
仁川港[illegible]洞 濟生堂
國內各處藥局에서隨應販賣

○廣告料
四號活字十三字[illegible]
每日[illegible]英尺一寸에[illegible]
每日[illegible]行[illegible]
二個日에 (二圜五十錢)
每日發行[illegible]
一個月에 五圜
每日發行[illegible]
[illegible]期限[illegible]
[illegible]

發行兼編輯人 英國人 萬 咸
發行所
南署石井洞號外[illegible]
大韓每日申報社

漢城鍾路慈惠大藥房이셔漢城남大門外濟衆院藥品을代理專賣す기로特約す고丸劑와散劑와 [illegible]

第六卷

大韓每日申報

第八百[illegible]號

月曜及慶節歲時休日休刊

檀君開國四千二百四十一年
箕子元年三千三十年
大韓開國五百十七年
日本明治四十一年
淸國光緖三十四年
隆熙戊申六月小廿一日乙亥

論說

◉告湖南學會

古來로湖南人이全國同胞의擯斥ㅎ논바되야曰彼ㄴ熱心도無하며慷慨도無ㅎ며義俠心도無ㅎ며未來思想도無ㅎ고只是詐僞的人物의產出地라ㅎ惡評을加ㅎ던바近日에至ㅎ야瀛湖에感奮ㅎ야湖南學會가起ㅎ미人皆曰此ㄴ東籬의效嚬이라ㅎ며朝華의晳秀라ㅎ야傍觀者의冷笑가甚ㅎ더니[illegible]의組織된後幾朔이不過[illegible]結의力이漸聚ㅎ며壯步의態가漸著ㅎ야道內各地에學校組織의方針을講得ㅎ며於是乎各郡會上壹段談客이莫不曰湖南이其庶幾라ㅎ야前日輕侮ㅎ던者가去ㅎ고驚賀ㅎ논者가來ㅎ며非笑ㅎ던者가退하고讚美ㅎ논者가進ㅎ며其刊行ㅎ논月報第壹號를捧讀ㅎ미湖南人士의磅礡ㅎ思潮를一斑을推測ㅎ지로다

記者曰湖南人士ㄴ妄自菲薄지말지어다不佞이近世學者ㅣ唱道ㅎ논地運의說을執ㅎ야湖남을察ㅎ건ㄷ高壹麗國이古代의希臘이되면湖남은斯巴達을作ㅎ지며韓國이近冊德意志가되면湖남은普魯士를作하리라ㅎ노니湖남人士ㄴ妄自菲薄지말고愈々히奮勇前進ㅎ을是祝ㅎ노바로다

嗟乎湖남人士여已往四千餘年湖남의地位를思ㅎ지어다湖남이此國에關係됨이甚淺ㅎ야輕重을足稱ㅎ바도無ㅎ며綴念에足特ㅎ바도無ㅎ니當時湖南民族의蒙昧迷劣을可思ㅎ지라舊籍以前은不可考어니와有史以後로試論하건ㄷ馬韓이當初湖남을根據ㅎ야三韓의霸主를作ㅎ얏스나箕準이敗國殘王으로區々數千兵을擁ㅎ고浮海壹人ㅎ미拱手俯伏ㅎ얏스며後來百濟가此地를用ㅎ야武力은羅麗와幷峙ㅎ며文化ㄴ日本에遠暨ㅎ얏스나其全邦實力이擧竟嶺남民族에不及ㅎ논故로修局勝利를新羅에讓ㅎ얏고羅運이將末에甄萱이又此地를用ㅎ야四拾餘年을秦封及高麗와相持ㅎ얏스나此亦暴風의驟過ㅎ矣시其亡이忽焉하얏고旣而오麗祖가創業ㅎ미甄萱을憤惡ㅎ던餘怒를江남(全羅ㄴ麗代에稱曰江남道)壹道에移ㅎ야日錦江以外人은其性이奸僞ㅎ니朝廷에勿立케ㅎ라ㅎ으로勝朝四百七拾年間에湖남全境이殷不平ㅎ待遇를受ㅎ얏스니此ㄴ湖남民族이政治歷史上에劣敗를遭ㅎ바어니와其他文學實業美術等의發達도諸道民族에居後ㅎ얏도다噫라已往古昔時代登家內의小々競爭에孰勝孰敗를擧ㅎ야湖남人의恥辱이라云ㅎ이아니라但只地理文明의遐邇로陳跡을擧ㅎ야湖남의地位를驗ㅎ즉當時南方의迷劣을可歎ㅎ바어니와

本朝中葉以來로湖남同胞가嶷發發達의消息을報ㅎ야壬辰大創에至國이瓦解ㅎ논ㄷ全羅左右道水軍의名譽가獨히八域을照耀하야李舜臣李億祺魚泳潭諸公으로歷史上偉人을長作ㅎ얏스며其他辭家文學家가輩出ㅎ야徐居正氏의云ㅎ바湖남은人材의淵藪라ㅎ이虛語가아니며距今百餘年前에桂巷逸民魏伯陽이經世學大家로歷代政治變革을研究ㅎ바其時務에恭達ㅎ言論이甚多ㅎ며又所著磻溪隨錄ㄴ是저滿實志略國圖志에比肩ㅎ만ㅎ며最近에盧沙奇正鎭氏가儒學에用力ㅎ야蘆然히壹壁壘를別築ㅎ얏고甲午의湖남東匪ㄴ壹時狂亂的에不過하나此로由ㅎ야內外關係의密接을促ㅎ며淸日戰爭의導火線을作ㅎ은識者의同認ㅎ바이라

噫라幾千載寂寞ㅎ던湖남이恒常全國의重大ㅎ關係를與ㅎ고偉人學士도多出ㅎ니地理支阿에自北而南ㅎㄴ兆朕이아닌가慧眼을具ㅎ者ㅣ有ㅎ면此를壹究ㅎ바로다

記者가如此ㅎ異感이腦際에浮現ㅎ을不覺ㅎ야湖남학會諸君子의前壹大敬告를加ㅎ노니此飛騰의時運을乘ㅎ야西歐學術輸入에努力ㅎ며靑年敎育에熱心ㅎ야積極的主義로相勸相勉ㅎ야大韓文明發達의先鋒됨을頃에手ㅎ고三祝ㅎ노라

外報

●法國人心의激昂 倫敦電을據ㅎ즉德國政府에서淸國政府에對ㅎ야德國은今後로法國을伐ㅎ야淸國에滯在ㅎ土耳其臣民을保護ㅎ다ㄴ旨를通告ㅎ얏다ㄴ報가巴里에達ㅎ을因ㅎ야人心이激昂되지라同地半官報에發表ㅎ바를據ㅎ즉法國은十八世記以來로土耳其人의保護責擔任ㅎ것인ㄷ目下如此히[illegible]에關ㅎ야ㄴ全然不知라ㅎ얏더라

●英國海軍 同電을據ㅎ즉英國下議院議員리쓰써가英國의艦隊計畫을批評ㅎ야曰壹千九百拾參年에至ㅎ면德國은드레드노트及인빈쓰블式의大戰艦이[illegible]國을凌駕ㅎ리라ㅎ고論ㅎ지라此에對ㅎ야海軍大臣이答曰壹千九百拾壹年에ㄴ我國海軍을德國에比ㅎ면新式戰艦三隻의多數와舊式艦의非常ㅎ優勢를有ㅎ터이오壹千九百十二年의吾地位ㄴ今에斷定치못ㅎ이로되然이나明年度海軍計畫立定ㅎ에ㄴ列國海軍의擴張을斟酌ㅎ야壹千九百拾二年々지ㄴ我國海軍의地位를確保ㅎ기에充足ㅎ을準備ㅎ다고說明ㅎ얏다더라

●馬關牛疫猖獗 門司電을據ㅎ즉馬關及其附近에서去拾三日부터拾四日々지牛二百二十四頭가死ㅎ얏다더라

雜報

●龍尹公函 龍川府尹兪鎭哲氏가本社에公函ㅎ全文이如左하니

敬啓者本人이現任龍川府尹이온ㄷ本府郡西面에雲峴宮土地가在ㅎㄷ該地가年來에殆乎江落ㅎ얏다가今復泥生ㅎ얏슨즉此地가雲峴宮所有됨은確實無疑뿐더러혀官所在量案과圖本을考閱ㅎ지라도雲峴宮所有가的確ㅎ며此在地에躬往踏査ㅎ야도四標와界限이分明ㅎ며土在地面洞長의게査問ㅎ야도爲口壹談이雲峴宮所有라ㅎ며近동父老도皆曰此地ㄴ江落新生[illegible]으로作畓ㅎ라ㅎ지라도秋[illegible]不幸라爲供인즉此에對ㅎ야誰가雲峴宮에有로認定치아니ㅎ리오設或他人의所有를作코저ㅎ나他人의所有가되지아니ㅎ온定ㅎ理致라故로本尹은緊實이如右ㅎ뿐더러且曾內閣으로還付証書成給ㅎ雲峴宮을로關查局으로本府에通牒ㅎ야證明書를繕給雲峴宮케ㅎ라ㅎ기本尹이面旁使에認証 書繕하야證明書를繕給인즉此ㄴ正當ㅎ證明書다法律이認定ㅎ지라然而本尹이受由上京後에自內部로有招命이가四五個 貴連往즉自비部로訴訟明書에對ㅎ야本尹을詰駁ㅎ야曰汝가該土在地面洞長을壓迫ㅎ야勒出認證이라ㅎ며且國本內所在地ㄴ證明書繕給이可케나와雲峴宮監案中所穀地證明繕給ㅎ이不可하다ㅎ으로本尹은雲峴宮所有가確實ㅎ을無數說明하나니那에서ㅎ 證明이不正當이라고多日論責ㅎ면서誤證ㅎ얏다고證據書를奉納ㅎ라ㅎ기本尹이困難과煩勞를不勝ㅎ야不察ㅎ얏다고證據書를奉納ㅎ얏스나此ㄴ無効ㅎ證據書오雲峴宮에繕給ㅎ證明書ㄴ正當ㅎ오니査照後以此記載ㅎ심을爲要ㅎ다ㅎ얏더라

別報

◎裴說氏의公判顚末

第三日 續

韓人等은皆ㅎ가로ㄷ日本이韓國을指揮ㅎ以來로ㄴ韓國은利益을得ㅎ이無하며韓日間交誼ㄴ和合지도못하게되얏스니萬若韓日間交誼가和合이되얏스면其利益은日本에歸ㅎ지요韓國에ㄴ不歸ㅎ줄노思ㅎ논지라英國에서比律賓에對ㅎ行爲이韓國人의對ㅎ논關係ㄴ無ㅎ엿더러且韓國人은此와如히韓國이日本의管轄됨을不願하얏노니尙若比律賓 等이如此히衆聞이自己等을管轄ㅎ논것을不顧ㅎ얏스면比律賓人等도또ㅎ如此ㅎ事를相關치아니ㅎ엿슬이도라裁判官閣下도應當韓國人뇨은至極히愛國的民族인줄노洞燭ㅎ얏스리니日本人이韓國의主張ㅎ논關係으로到來ㅎ얏다ㅎ나韓國人은壓迫을當ㅎ니所以로韓國人民은日人이此地에在ㅎ것을反對ㅎ이라此兩個惡結果를被ㅎ의心点으로擇ㅎ다ㅎ면何를擇ㅎ다ㅎ미오蹂躪ㅎ고壓迫을當ㅎ논것보다已往과如히獨立을形便이도幾百年化國되ㄴ것이太平分離ㅎ기를願하ㄴ도다此가至今에桑港에在ㅎ韓國紳士等이須知分을砲擊ㅎ所以인ㄷ北砲擊이不幸히其命을傷ㅎ논ㄷ至ㅎ얏도다我ㄴ其殺害ㅎ이兇殺이아인罪를辯護치ㄴ못ㅎ나〔我ㄴ確信ㅎ논바日本의高等裁判官이被告三浦梧樓의韓國 王后를暗殺ㅎ事件에對ㅎ야其行爲가第一隊部分에第壹隊利[illegible]ㅎ야此를留案ㅎ과如히須知分의行爲가韓國이[illegible]ㄴ人民의感動을[illegible]ㅎ을聞ㅎ얏노니[illegible]모須知分의生命[illegible]知分온不幸ㅎ事이나然[illegible]이가桑港에서韓人[illegible]見ㅎ時에其邪伴을干涉[illegible]此히危險ㅎ事이로다其歸人[illegible]血誤ㅎ沸騰ㅎ야能히抑制[illegible]이요本來其人等은[illegible]으로自己等의憤怒을抑制치못홈을因ㅎ야[illegible]ㅎ얏도다

未完

雜報

◉裵說氏入城 本社前社長裵說가自上海로再昨日에平安히京城에還到하얏ᄂᆞᆫ데서울프레쓰新聞에裵說氏가美國으로去ᄒᆞᆫ다ᄂᆞᆫ電報를揭載ᄒᆞ얏스나此ᄂᆞᆫ全然無根之說일ᄲᅮᆫ더러裵氏의家宅이京城에在ᄒᆞᆫ바長久히京城에居留ᄒᆞᆯ터이라더라

●蔘政將管 紅蔘製造法을近三拾餘條로酌定ᄒᆞ야 勅令으로頒布ᄒᆞ얏다ᄂᆞᆫ대其槪意를聞ᄒᆞᆫ즉製造及輸出ᄒᆞᄂᆞᆫ事를政府의셔專管하기로定ᄒᆞ얏다더라

●修理費額 慶德宮內 仁政殿을半洋製로修理ᄒᆞ고該殿越廊도毁撤ᄒᆞ고半洋製로新建築ᄒᆞᄂᆞᆫ役費가十二萬八千圜假量이라더라

●風說難信 中樞院議長金允植氏가伊藤統監과同件渡日ᄒᆞᆫ事ᄂᆞᆫ傳說이揭載하얏거니와曾往에九疑山光은世人의眼을瞭悅케ᄒᆞ며世人의耳를喧聒케ᄒᆞ나七拾衰境에有何所求인지不知ᄒᆞ거니와或云總理를運動ᄒᆞᆫ다ᄒᆞ며或云某氏를願留ᄒᆞᆫ다ᄒᆞ나此等風說은不欲深信하노라

●往參晬宴 再昨日은學部大臣李載崐氏의母親花甲인故로該部奏任官以上이往參ᄒᆞ얏다더라

●風流殺景 再昨日下午八時의承寧府摠管趙民熙全副摠管李載斌侍從長金春熙奎章閣卿趙同熙侍從卿李會九中樞院贊議趙英熙諸氏가內想思夢ᄒᆞ야議李某氏의亭을借得設宴ᄒᆞ고平壤날탕패와紅桃牌를招來ᄒᆞ야歌唱ᄒᆞ며迭宕하ᄂᆞᆫ대警掌內巡査가來言ᄒᆞ되本支所의本告와警視廳에許可도無ᄒᆞᆫ대唱歌ᄒᆞ라ᄂᆞᆫ것이不可ᄒᆞ다고禁止ᄒᆞ미該兩牌ᄂᆞᆫ即時解送ᄒᆞ고但歌者別監幾名으로消暢하얏다더라

●學大宴會 師範學校內의敎職會ᄂᆞᆫ四日로定限되얏다더니未盡ᄒᆞᆫ事項이有ᄒᆞ야本日上午十點時ᄭᆞ지延期協議ᄒᆞ고學部大臣이該會場에設宴을ᄒᆞ고各學校敎授와學部參與官吏를會同遊樂ᄒᆞᆫ다더라

●兩提調相換 毓祥宮提調李載克씨와景孝殿提調閔鍾默氏가相換이되얏더라

●黃轉任 主殿院電務課主事黃鐵國시ᄂᆞᆫ同院技師로轉任이되얏다더라

●義尹兼任 義州府尹徐相勉氏ᄂᆞᆫ督林驛事務官을兼任하얏다더라

●未赴免官 龍田郡守白樂均씨ᄂᆞᆫ叙任五六拾日의尙不赴任ᄒᆞ얏다고觀察使曾思默시가內部로報告ᄒᆞᆷ으로免官되얏다더라

●司業敎官 今番에優等으로司業에被選ᄒᆞᆫ李學善씨等三人은官立漢城高等학校奏任敎官으로叙任ᄒᆞᆫ다더라

●宋氏云辭 三昨夜의廣州仁陵의義兵五六拾名이意外突入ᄒᆞ며該陵의入直參奉宋鍾夏氏가驚겁避身ᄒᆞ엿다ᄂᆞᆫ대將次辭職請願ᄒᆞᆫ다더라

●樞院容照 學部에서中樞院의附屬倉庫를借與ᄒᆞ라ᄒᆞᆷ은已報어니와同院에서答照ᄒᆞ기를樊院附屬倉庫五間이有ᄒᆞ나統監府法務院의서雜物品을積置ᄒᆞ얏스니同院의交涉ᄒᆞ야從便使用ᄒᆞ라ᄒᆞ얏다더라

●書押人放 再昨日의警視廳의셔貪獸會議錄을押收以去ᄒᆞ얏다ᄒᆞᆷ은昨報의已揭하얏거니와更聞ᄒᆞᆫ즉該會에서冊子著作ᄒᆞᆫ者安國善시를押去ᄒᆞ야二時間을拘囚ᄒᆞ얏다가該冊子著作ᄒᆞᆫ趣旨·槪意를訊問ᄒᆞᆫ後當夜十二時半의放送ᄒᆞ고該冊시數類를搜去ᄒᆞ얏다더라

●應用品自擔 今日부터漢城니金川事務를開始ᄒᆞᆫ다ᄂᆞᆫ데該所의셔應用ᄒᆞᄂᆞᆫ物品은役夫를이各其自擔ᄒᆞᆫ다더라

●印刷機械購入 龍山度支部印刷局은今回에約四·萬元의經費를加하야營務를擴張ᄒᆞᆯ計畫으로電力應用印刷機械을昨日부터着手ᄒᆞ얏ᄂᆞᆫ대且版木事務官을日本에遣ᄒᆞ야印刷業觀察及擴張에必要ᄒᆞᆫ諸機械를購入ᄒᆞᆫ다더라

●日擇撚室 廣州 獻陵齋室에日前討伐隊가來留ᄒᆞ얏다더라

●爲夫斷指 軍部經理局長李康夏氏ᄂᆞᆫ身病으로屢月沉苦ᄒᆞ다가月前에公州鄕第로下去ᄒᆞ야病勢深劇ᄒᆞᆫ즉同氏夫人이斷指灌血ᄒᆞᆷ으로漸有差道라더라

●檢疫設所 虎列剌發生ᄒᆞᆫ處가有하야檢疫費三拾萬圜을支撥ᄒᆞ얏다ᄂᆞᆫ대同部의서將次檢疫所를設置하고檢疫事務를實施ᄒᆞᆫ다더라

●兩郡傳染 平壤堤川兩郡의近日以來로傳染病이發生ᄒᆞ얏다더라

●法官有志 漢城裁判所首班判事金鎔鉉氏가大東書館館主鄭均燦氏에公益事務를極圖贊成ᄒᆞ나該館이設置ᄒᆞᆫ債訟에對ᄒᆞ야不得已鄭氏를拿囚ᄒᆞ엿다가債權人閔泳徽氏와交涉ᄒᆞ야好相妥和케ᄒᆞ고鄭氏를出放ᄒᆞ고該館을維持ᄒᆞ라고協贊ᄒᆞ엿다더라

●義將三訊 再昨日에平理院에서義兵大將으로現囚된許爲氏를三次訊問ᄒᆞ얏다더라

●關島憲兵增派 本月十四日에京城憲兵本部에서憲兵若干名을關島로增派ᄒᆞᆫ다더라

●獄囚調査 再昨日의京城監獄署에在囚ᄒᆞᆫ罪人을調査ᄒᆞᆫ즉五百二十三名이라더라

●妓着洋服 妓生等에服色을洋服으로改着ᄒᆞ다ᄂᆞᆫ說은前報에已揭어니와昨日의登齋히半洋服으로變着ᄒᆞ얏다더라

●黃寡欺人 慶尙金璜鐵씨家에寓接ᄒᆞᆫ黃寡가圖謀ᄒᆞ야中媒를隣家에紹介하야所著物品을請求準擇後不赴於隣家故로隣家ᄂᆞᆫ서警視廳에呼訴ᄒᆞ야朴寡를捕捉之際에知機逃避ᄒᆞ얏ᄂᆞᆫ대此寡ᄂᆞᆫ元來黃寡寡婦로欺人取物ᄒᆞ기만專爲事業ᄒᆞ다고期於嚴捉中이라더라

●好傑賊漢 再昨日下午九時量의削髮平服의麥藁帽子를着ᄒᆞᆫ賊漢二名이홍口內某시典當局의突入ᄒᆞ야紙貨百餘圜을奪取ᄒᆞ고且各種寶物을盡奪코자ᄒᆞ거ᄂᆞᆯ該主人이高聲哀乞ᄒᆞ야日若與ᄒᆞᆫ物品을盡給이면各人處의困迫이必至ᄒᆞ야生命을難保라ᄒᆞ되該賊이拔劍ᄒᆞ야主人의肩部를刺倒ᄒᆞᆫ後의金銀等寶物을收拾以去ᄒᆞ거ᄂᆞᆯ該主人이潛步隨後ᄒᆞ다가廟洞屛門의至ᄒᆞ야該漢의衣服을堅執ᄒᆞ고大呼賊漢ᄒᆞᆫ際의巡査가適至ᄒᆞ야捕縛以去ᄒᆞ얏다더라

●關東特會 關東學會의셔今日下午八時의審査化학校에의特別總會를開하고特別事務를處辨ᄒᆞᆫ다더라

●農校方法 政府에서設立ᄒᆞᆫ地方金融組合所에ᄂᆞᆫ農學校卒業程度의日本人農業技手를配置ᄒᆞ고農具肥料及其他農事改良에關ᄒᆞ야現實의效用을自知케ᄒᆞᆯ方針으로써度支部의셔ᄂᆞᆫ全國十餘箇所의組合을配置ᄒᆞᆫ事로其選擇方法을木原模範農場長本田博士의게依賴ᄒᆞᆫ다云ᄒᆞ더라

●留學生卒業 日本에留學ᄒᆞᄂᆞᆫ各科學生中拾人이今七月학期에優等의成績으로卒業ᄒᆞ얏ᄂᆞᆫ대法科에七人이오政治科에一人이오農業에二人이라皆海外十餘年風霜에無數ᄒᆞᆫ辛酸을嘗ᄒᆞ고勇往直前ᄒᆞᄂᆞᆫ心力이不屈於困難ᄒᆞ야始有今日而壹般留學生之模範이오大韓前途之光線이될지라大韓學會에셔祝賀會를開ᄒᆞ고數百名留학生이會於監督部內ᄒᆞ야祝賀를ᄒᆞ고祝賀를舉ᄒᆞᆫ後登同이撮影ᄒᆞ고餘興으로時出料理店에서夜會를設ᄒᆞ고各合十分의興을盡ᄒᆞᆫ後閉會ᄒᆞ얏ᄂᆞᆫ대政治學士卒業生은法律科에서夏全水爵李東初梁大鄕洪承瀏李寅徹李義景農學에鎭初沈相駿諸氏오就中에法科卒業生全永爵氏ᄂᆞᆫ商業학을兼ᄒᆞ야卒業ᄒᆞ얏다더라

●培英漸進 吉陽郡活岬里有志紳士가協議同聲ᄒᆞ야培英學校를設立ᄒᆞ고校長은洪承씨로校監은洪鶴厚씨로敎師ᄂᆞᆫ學源으로學監은洪秉裕씨로選定하얏ᄂᆞᆫ대校務를經紀ᄒᆞ며하務를擴張하고熱心敎誨ᄒᆞᆷ으로出席ᄒᆞᆫ學員이三十餘名에至ᄒᆞ니該郡之望이頗有ᄒᆞ다ᄒᆞ니該郡人이稱頌ᄒᆞᆫ다더라

●勞働熱心 順川郡內金尙鎬李學淵諸씨가勞働學校를設立ᄒᆞ야學徒가四拾名에達ᄒᆞ얏ᄂᆞᆫ대除暑方節이오夜短之時엇마ᄂᆞᆫ忍耐勞苦ᄒᆞ며熱心修학ᄒᆞᆫ다더라

●崔氏高義 安岳郡講習所事ᄂᆞᆫ本報에累次揭載ᄒᆞ얏거니와講師崔光玉이ᄂᆞᆫ教授費도不受ᄒᆞ고名譽로熱心敎育ᄒᆞ니崔시의高義ᄂᆞᆫ實로敎育界에模範大方家라고人皆稱頌ᄒᆞᆫ다더라

●廣校將就 本月十壹日孔德里廣成학校에서城外沿江의諸會를開ᄒᆞ고本洞紳士가多數會集ᄒᆞ야義務資施를慨然協議ᄒᆞᄂᆞᆫ대會員張博이와該校長金鎭煥시가激切히演說ᄒᆞ미會中이撲手應說ᄒᆞ얏고當日茶飯等節은本洞有志紳士리秉박斗秉諸시가熱心贊助ᄒᆞ야盛况을呈ᄒᆞ엿스니校務가自此進就ᄒᆞ깃다더라

●玄校試驗 玄石里私立玄成학校에서夏期試驗을經ᄒᆞ얏ᄂᆞᆫ대三年級優等生李輔卿高內珪등五人이오二年級優等生김延珪吉範一人이오壹年級優等生趙俗哲登八인대冊子와紙筆등으로優數施賞ᄒᆞ얏다더라

●江校熱心 江西郡三面中의學校面必毛里基督學校敎師宋炳華學務員金贊益氏元柱三氏와西面面外동養成學校敎師崔炳씨와全面都興學校洪俊學洪基勳兩씨와沙津面雜竹학校黃仲鶴시와字房面上興里實龍學校崔承寬시와全向沙里眞明學校敎師文晉奐시와全面伊老島普明學校敎師吳斗炳李濟淵兩시及其他各地諸시의熱心으로敎育이漸々進就되야遠近人士의稱譽가藉々ᄒᆞ다ᄒᆞ더라

▲長笛壹聲▼

▲孔更倚樓何處笛이月中寒亮徹聲聲이雜而雜兮壹曲中에寓之時事弄調ᄒᆞ니何人倚枕不成眠ᄒᆞ야壹種新愁又添結고

▲雜而雜ᄒᆞ니槿花古城二千里에上天同雲霧ᄒᆞ야黑洞々이되엿스니咫尺難辨ᄒᆞ야乾坤이閉제之日杳然일세더曲調가淒凉ᄒᆞ다

▲雜而雜ᄒᆞ니政海波濤杳茫ᄒᆞ야來船去船擾々ᄒᆞᆫ데滿目烟霧朦朧ᄒᆞ야前路深淺難測이라尚津子가誰也런고더曲調가淒凉ᄒᆞ다

▲雜而雜ᄒᆞ니武陵桃源深遂處에壹睡當々夢中人은莊周인가化蝶ᄒᆞ야不辨爾我忘形 나蝶이蝶가寂然이라더曲調가淒凉ᄒᆞ다

▲雜而雜ᄒᆞ니滔滔洪水此江山이懷襄世界되얏고나浩無涯岸坐歎ᄒᆞ니治水良醫何處去오餘糧斧未下로세더曲調가淒凉ᄒᆞ다

▲雜而雜ᄒᆞ니方病大命이人生이沉吟辛苦幾年인고雜症又是淒劇ᄒᆞ야二堅枕에頹臥ᄒᆞ니痕門登針何遲오더曲調가淒凉ᄒᆞ다

▲雜而雜ᄒᆞ니仕宦界에出沒ᄒᆞ야紅塵中에노ᄂᆞᆫ人物區區情態不變ᄒᆞ고挾肩諂笑하ᄂᆞᆫ樓棟時形徒沒覺이라더曲調가淒凉ᄒᆞ다

▲雜而雜ᄒᆞ니擧世皆醉昏倒ᄒᆞ야酒鄕長春되얏고나此時代가何時런고忘世間之甲子ᄒᆞ야醉鄕에셔기無期로세더曲調가淒凉ᄒᆞ다

▲雜而雜ᄒᆞ니何天酷炎熾到하야人々떠苦惱々이라洪爐中에來坐ᄒᆞ니ᄭᆞᆷ鎖石鑠이畏ᄒᆞᆫ데一陣凉風來遲々ᄒᆞ다더曲調가淒凉ᄒᆞ다

▲雜而雜ᄒᆞ니滿地氛祲未霽ᄒᆞ야山川艸木炎熱로다雨飛雹散ᄒᆞᄂᆞᆫ中에鎭靜方針無聞ᄒᆞ니우리同胞可矜이라더曲調가淒凉ᄒᆞ더

▲特別社告

大邱支社員梁務益咸從支社員金弘敍兩氏는辭免故로大邱西門外友弦書樓側李正由咸從邑蘇敎煥兩氏로認定하얏스니右兩處附近本報購覽諸氏는本社에對한凡務를右兩氏와交涉하심을務望함

雜報

●鐵郡私校　鐵山郡餘間面雙峰里居鄭秉鉉林璟爾兩氏가私立小學校를設立하고敎師二人을延聘하야普通科로敎育하고諸般經費를傳來하던學契錢을應用하며當民出捐이益多하고生徒가三四十名에達하야前進之望이有하다더라

●觀者虛還　北署東十字橋東川邊李康夏氏家에發生한壁柱의松竹筍이叢生하얏다함은昨報에已揭하얏거니와更探聞한則該筍이的實한松竹의筍도아니오또卽時剪去하얏가追後로觀光次로往한人은虛還하얏다더라

●正誤　三昨日本報雜報欄內외海東試讀이라한題下의千澗석은卞澗석으로誤植하고梁大煥은梁天煥으로誤植이기玆에正誤함

廣告

本所에서諸般測量製圖設計等을精密擔當하오니僉君子는照亮하심

南署美洞卄三統八戶　關東測量事務所事務員　成孝國　崔俊相　告白

本人所居南署明禮坊大龍洞拾九統二戶草家拾壹間半家券을隆熙元年拾月分에紛失하얏기玆에廣告하오니誰某拾得하던지休紙施行함

金鎭秉　告白

[illegible]

圖成社演藝演奏會時京城孤兒院에寄附한氏名與金額과그收入代金이如左

第壹回　趙氏釆　三拾圓　ㅁ曾九　貳拾圓　鄭協朝　五拾圓　詩谷桃花　拾圓　ㅁ影春　妓生山紅　河橋杏心　錦紅　詩谷紅桃　錦紅　ㄱ五圓　박秦錄　四圓　李東奎　金士演　姜우錫　ㅁ德三　趙東鎬　詩谷紅桃　月色　瓊珠　河橋蘭珠　玉香　金州玉頃　鄭시夫人　趙東淵　各貳圓　ㅁ世用　王시夫人　尹시夫人　各壹圓　合壹百拾三圓　實收價六拾貳圓

第貳回　鄭協明大夫人　貳拾圓　河橋彩月　詩谷桂花　蓮心　河橋玉珍　花香　ㄱ四圓　金潤基　詩谷旋律　彩月　玉葉　桂心　河橋弄玉　ㄱ貳圓　明淑宗　壹圓　合五拾三圓　實收價三拾四圓

第三回　廣州海州　六圓　詩谷蓮心　四圓　晉州　翡紅　弄珠　月姬　蘭珠　各貳圓　合貳拾圓　實收價卄五圓

第四回　趙秉承　拾圓　無名시　四圓　鄭秦敏　ㅁ秀鎭　趙시夫人　詩谷翠蓮　花仙　錦色　錦丹　明玉　各壹圓　合三拾圓　實收價六拾七圓

第五回　姜시夫人　詩谷蓮紅　芙蓉　蓮花　各貳圓　ㅁ英九　壹圓　無名시　五拾錢　ㅁ以基　四拾錢　合九圓九拾錢　實收價九拾七圓

第六回　無名시　五拾錢　實收價五圓一四圓八拾錢

第七回　趙氏鼎　壹百圓　妓生小紅　花蓮　各拾圓　ㅁ根榮　貳圓　金敏珠　壹圓　合壹百貳拾三圓　實收價五圓四圓八拾錢

以上寄附金與票價摠合七百七拾八圓이니該成社來厯八日費金三百四拾과雜費三십七圓九십二錢五厘를除하니實入金이四百四十一圓大錢九厘「未完」

右外에는現今오로領收함을隨하야揭載하깃슴

京城孤兒院　告白

本人이北署花開洞三拾四統七戶居生이다가今春에所居家舍를月貰放賃이옵고往于水原地러라가上來時에所帶衣裸를逃車에見失하고其中에家券이在하와多少沓劵을衣裸中에藏置而券이亦在其中하니誰某拾得하시거든本人의게傳하야주시면厚謝하오리다

北署花開洞二十四統七戶　田召史　告白

●講習生募集廣告

本會에서夏期放學(四拾日)間에左開學科를講習하기爲하야講習生을募集하오니願學僉員은本月二拾日(陰六月二拾二日)內로請願書를提呈함

左開　簿記、算術(四則、分數)、日語(初等、中等)

日語는特히日本人으로敎授함

隆熙二年七月十八日　夏期講習所　告白

會館은남大門內商業會議所內　時間은下午七時半至九時半

●測量算術預備科廣告

本校內에算術專門科를特設하고三個月內로敎授하깃사오니願學僉員은今月二拾九日內로請願書를提呈함

但請願紙는本校에서購함

科程自加法으로至開方及理論

開學은本日下午二時로三時

南部會洞測量學校　白

本人의同生金贊九가性本浮浪하야不受父兄之敎하고數年來로無賴雜流와酬酢이有한바外人이往往詐財하야家産을蕩敗하고所存之餘本郡西面沓貳拾壹斗落으로奉先保命이더니昨年分에贊九가日人處에錢貳千兩價用이고右沓與他人沓並貳拾餘斗落을僞造成文永遠放賣라하고禾穀貳拾石과債錢貳千貳百兩을勒徵於本人이오니生家數拾名人口가方在丐乞流散之境이오니外國人은此買收誑詐計策에更勿見欺하심을[illegible]告白

●初等算術教科書

精理會主人鄭一宣氏著作

洋裝壹秩壹冊定價新貨九拾錢

三拾冊以上을購하는時는原價의二割引을減함

但地方에서百冊以上을請求하는時는郵費를發賣所에서自擔함

本書는學數大家鄭一宣氏가我國의算學을發達하기爲하야積年의腦力을費盡하바이온대算術의原理原則을昭詳論釋하야在學受敎의必須한不啻라覽則易曉에人可獨習함

發賣元京西部竹洞後洞七拾貳統六戶　鄭象煥

本會에서緊急한事務가有하야本月十九日(日曜)(陰二十壹日)下午壹時에鄭寬洞興化學校내에特別總會를開하오니關東會員은多數來臨하심을務望

七　關東學會　告白

光武九年乙巳九月十八日에支入한食車會社股本保證書壹百圓을韓一銀行에領受證券을見失하와今可玆에廣告하오니外國人이誰某拾得하와도休紙施行

二　[illegible]

●碧桑樵

所著이本社에來到하얏스니청君子는求購함 遠鄕은郵便送錢하오면郵便送交함

西部廣井洞卄壹統壹戶　碧桑廣告會社發賣人　金聚先　白

本人이西部東孝下契拾九統壹戶金光基家二間及券을典執하여置於手中이옵더니今月初六日遺失故로玆廣告하오니誰某시든지切勿相關함

金在英　告白

本人等이典圜局門外右便拾壹統四戶에新測量事務所를合同特設하고眼價를減하깃사오니僉君子는該處及天然堂寫眞館에枉臨面議하시옵

佑營門外阜堤去作路左便　天然堂寫眞館主人　金圭鎭　測量技師　金殿斗　金相郁　白

[illegible]

本所에서諸般測量을精細擔當하오니有志僉君子는陸續來議하시옵

中部寺洞二拾八統六戶　測量事務所　所主李仁用　事務金○源

本事府侍從吳世沐씨가妓生眞香에게[illegible]을移除役作[illegible]水原所在庄土를[illegible]하오니不願名者오如是放歎不已함

[illegible]蔡植　白

公告

지금부터 견셩 잡곡천정 공평 강천활판제조소지뎜에서 본국과 갓흔정가로 씨 국제품을 넘너 판미홈

隆熙二年六月　龍山印刷局

◉活字及印刷機械製造販賣所

其他인긔•機械油•膠•名刺紙•色革

金銀各貝粉箔•並活版石版附屬品一式

재조소업을 창셜호야 호번에 오백원어치 이상 불건을 사서 가시는이에게는 본뎜에셔 기소 호명을 보내셔 운돈동안을 월급도 아니밧고 직공을 그로쳐 주겟슴니다

京城長谷川町二丁目(石井町)　江川活版製造所支店

本店　東京日本橋區長谷川町　電話浪花八八八番

鐵工場　東京京橋區南傳馬町　電話本局二七二六番

支店　仙台市國分町　電話一一七番

본국졔조인쥬ㅅ빗치 아름답고 또 슈백년을 지나드리도 결단코 빗치변흐는념려가업고 졔일조흔좋이오며 만코 저금을불구호고 스가시기를 원호옵

[illegible]

○廣告料

國文活字十三字號 每日發英尺一寸에 新貨 [illegible]

每日發行 六頁에 [illegible]

二週日에 [illegible]
每日發行四頁 一個月에 [illegible] 五圜

其期限의 長短과 字行의 多少를 甘依ᄒ야 [illegible]ᄒ미 可ᄒ

發行兼編輯人 英國人 高 [illegible]

發行所 南署石井洞號外 [illegible]

大韓每日申報社

光武九年八月拾壹日 明治卅八年八月拾壹日 第三種郵便物認可 火曜日 西曆一千九百八年七月廿壹日

第六卷

大韓每日申報

第八百六拾壹號

月曜及慶節翌日休刊

檀君開國四千二百四十一年
孔子元年[illegible]
大韓開國五百十七年
日本明治四十一年
淸國光緒三十四年
陰曆戊申六月小廿三日丁丑

論說

▲棄兒收養의大慈善

嗚乎慘哉라棄兒의惡習이여飛禽도其子를愛하며走獸도其子를愛ᄒᆞ며昆虫魚鼈도其子를愛하며凡天地間에一切有情動物이莫不其子를愛ᄒᆞ야恩斯勤斯에撫悴養育ᄒᆞ거날人類라爲名ᄒᆞ면서其所生子를林間道上或山谷等處에棄ᄒᆞ야蠅蚋蚊虻의饑에是充ᄒᆞ니噫라此等人은彼飛禽走獸昆虫魚鼈만도不如ᄒᆞ도다

噫라斯人의其子를愛ᄒᆞ는情이엇지彼飛禽走獸昆虫魚鼈에不及ᄒᆞ리오余ᄂᆞᆫ想컨ᄃᆡ其棄擲ᄒᆞ는時에肝膽이寸裂ᄒᆞ며毛髮이竦立ᄒᆞ야數日悲懷를不禁ᄒᆞ리라ᄒᆞ노니何也오彼가其棄子의惡習은能行ᄒᆞᆯ지언뎡愛子의天性은能抑치못ᄒᆞᆷ이니라

愛子의天性을能抑치못ᄒᆞ면서棄子의惡習을能行ᄒᆞᆷ은何故오曰大抵棄兒의事는恒常淫婦奸家에서出하는바인ᄃᆡ本朝成廟朝時에改嫁子孫勿許淸宦의句를典章에垂ᄒᆞᆫ以來로所謂士夫家에서淸宦을或失ᄒᆞᆯ가念慮ᄒᆞ야萬若其家에孀婦寡女가有ᄒᆞ면束縛을嚴加ᄒᆞ야改嫁의路를塞ᄒᆞ니嗚乎라改嫁의路는人力으로塞ᄒᆞᆯ지나情欲의發은엇지人力으로塞ᄒᆞ리오是故로彼曠夫怨女가桑濮相從ᄒᆞ다가往々胚胎가有ᄒᆞ면內로ᄂᆞᆫ家長의詬吒이可畏며外로ᄂᆞᆫ閭巷의批評이可愧라於是乎蔽情掩跡ᄒᆞ고不得已慘淡의手段을行ᄒᆞ야或毒藥으로其胎를落下ᄒᆞ야腹中의人命을殺死하며或暮夜에潛棄ᄒᆞ야出世ᄒᆞᆫ孩兒를殺死ᄒᆞ니此等暗中殺死ᄒᆞᄂᆞᆫ것을如何ᄒᆞᆫ調査統計ᄒᆞᆫ바ᄂᆞᆫ無ᄒᆞ나大畧壹歲全國內에如此死夭ᄒᆞᄂᆞᆫ新生命이幾何인지不知ᄒᆞᆯ지니悲夫라

國民의分子가此로由ᄒᆞ야減損ᄒᆞᄂᆞᆫ者ㅣ幾何며未來의英雄豪傑이此로由ᄒᆞ야溟死ᄒᆞᄂᆞᆫ者ㅣ幾何오此ᄂᆞᆫ吾儕衆生의悲號動地ᄒᆞᆯ바ㅣ라

乃者某某[illegible]發ᄒᆞ야棄兒收養所를[illegible]ᄒᆞ고乳母를多數雇聘ᄒᆞ야一切棄兒를收養ᄒᆞ기로目的ᄒᆞ고且棄兒ᄒᆞᄂᆞᆫ者ᄂᆞᆫ其兒를勿棄ᄒᆞ고自家로送하라고累々廣告ᄒᆞᆫ바從此로棄死ᄒᆞᄂᆞᆫ兒孩ᄂᆞᆫ漸々少ᄒᆞᆯ지라余가此를必喜賀祝ᄒᆞ거니와

文明이益進ᄒᆞ야此등棄兒의習이永絶ᄒᆞᆷ을尤祝ᄒᆞ노라

▲隆熙二年七月拾七日 官報

●法律第拾三號

民刑訴訟規則 續

第壹章 通則

第五條 官吏公吏가書類를作成ᄒᆞᆷ에ᄂᆞᆫ文字를改竄ᄒᆞᆷ이可치아니ᄒᆞ고若挿入이나削除ᄒᆞᆫ時ᄂᆞᆫ欄外에記入ᄒᆞ고其字數를記載ᄒᆞ야此에認印ᄒᆞᆷ이可ᄒᆞ고但削除ᄒᆞᆫ部分은讀得ᄒᆞ기爲ᄒᆞ야字體를仍存ᄒᆞᆷ이可ᄒᆷ

第六條 官吏公吏가아닌者의作成ᄒᆞᆫ書類에ᄂᆞᆫ年月日을記載ᄒᆞ야署名捺印ᄒᆞᆷ이可ᄒᆞᆫ若署名ᄒᆞ기能치못ᄒᆞᆫ時ᄂᆞᆫ他人으로代書케ᄒᆞ며捺印ᄒᆞ기能치못ᄒᆞᆫ時ᄂᆞᆫ指押ᄒᆞ거나拇印ᄒᆞᆷ이可ᄒᆷ

他人으로代書케ᄒᆞᆫ境遇에ᄂᆞᆫ代書人이其事由를記載ᄒᆞ야署名捺印ᄒᆞᆷ이可ᄒᆷ

第七條 書類의送達은審廷에서ᄂᆞᆫ其他裁判所의定ᄒᆞᆫ送達者나郵便이나公示의方法을依ᄒᆞ야此를行ᄒᆷ

第八條 送達者ᄂᆞᆫ書類의送達을受ᄒᆞᆯ者나其同居者로부터領受證書를徵ᄒᆞᆷ이可ᄒᆞ고若此等者가無故히送達을受치아니ᄒᆞ거나領受證書를提出치아니ᄒᆞᆫ時ᄂᆞᆫ其報告書를作成ᄒᆞᆷ이可ᄒᆷ

前項의境遇에ᄂᆞᆫ領受證이나報告書에記載ᄒᆞᆫ日로부터送達의效를生ᄒᆷ

第九條 郵便으로送達ᄒᆞᄂᆞᆫ境遇에配達證明郵便이아닌時ᄂᆞᆫ裁判所의定ᄒᆞᆫ期間이滿了ᄒᆞᆫ日에서送達의效를生ᄒᆞᆷ但配達ᄒᆞ기能치못ᄒᆞᆫ時ᄂᆞᆫ此限에在치아니ᄒᆷ

第十條 裁判所ᄂᆞᆫ送達者나郵便의依ᄒᆞ야送達ᄒᆞ기能치못ᄒᆞᆷ으로認ᄒᆞᆫ時ᄂᆞᆫ送達은送達ᄒᆞᆯ書類나其抄本을裁判所의揭示場이나其他適當ᄒᆞᆫ處所에公示ᄒᆞ야此를行ᄒᆷ

前項의境遇에ᄂᆞᆫ裁判所의定ᄒᆞᆫ期間의滿了ᄒᆞᆫ日에서送達의效를生ᄒᆷ

第十一條 裁判所가審問이나裁判宣告를行ᄒᆞᆷ에ᄂᆞᆫ裁判長이其期日을定ᄒᆞ야呼出狀으로訴訟關係人의게送達ᄒᆞ거나適當ᄒᆞᆫ方法으로其期日을告知ᄒᆞᆷ이可ᄒᆷ

第拾二條 裁判所의審問及裁判宣告ᄂᆞᆫ定數의判事及書記가出廷ᄒᆞ야此를行ᄒᆞᆷ但刑事에ᄂᆞᆫ檢事의立會를要ᄒᆷ

第十三條 裁判長은公廷에서訴訟事件에當ᄒᆞ야審問及指揮를ᄒᆞ며裁判所의威嚴이나公廷의秩序를維持ᄒᆞ기爲ᄒᆞ야必要로認ᄒᆞᆫ時ᄂᆞᆫ在廷者에게退出ᄒᆞᆷ을命ᄒᆷ

第拾四條 裁判長은必要로認ᄒᆞᆫ時ᄂᆞᆫ訴訟關係人에게對ᄒᆞ야訴訟行爲에關ᄒᆞᆫ指導를行ᄒᆞᆷ을得ᄒᆷ

第十五條 裁判所ᄂᆞᆫ職權으로나申請을因ᄒᆞ야證人訊問、檢證、鑑定其他一切證據調査及物件押收를ᄒᆞ거나部員에게命ᄒᆞ야此를行케ᄒᆞᆷ을得ᄒᆷ

第拾六條 裁判所ᄂᆞᆫ證人及鑑定人의請求를因ᄒᆞ야旅費及日當金을給ᄒᆷ 「未完」

外報

●淸帝痼疾 東京電音을據ᄒᆞᆫ則淸國皇帝ᄭᅴ셔痼疾이再發ᄒᆞ얏다더라

●開放反對上奏 淸國張家口의開放ᄒᆞᆯ時期가尙早ᄒᆞ다ᄒᆞ야外務部에셔反對로上奏ᄒᆞ얏다더라

●四公使의請願 北京電音을據ᄒᆞᆫ則英美德蘭四個國에駐在ᄒᆞᆫ淸國公使가聯名電報로國會를速히開設ᄒᆞ라고政府에請願ᄒᆞ얏다더라

●是何風說 鐵嶺電에曰近來蒙古에서淸俄兩國이同盟ᄒᆞ야日本과開戰ᄒᆞᆫ다ᄂᆞᆫ說도有ᄒᆞ고淸日兩國이同盟ᄒᆞ야俄國과開戰ᄒᆞᆫ다ᄂᆞᆫ說도有ᄒᆞ고俄日兩國이協商ᄒᆞ야蒙古를二分ᄒᆞᆫ다ᄂᆞᆫ風說이有ᄒᆞ야人心이恂々ᄒᆞᆫ다더라

ᄒᆞ얏더라

雜報

●自立試驗 載寧郡私立自立學校에서陰六月拾日에第壹回學期試驗을經ᄒᆞ얏ᄂᆞᆫᄃᆡ最優等은金國潔、優等은[illegible]元平、崔洛璇等二人이오及第生은[illegible]吉用宋[illegible]等拾人인ᄃᆡ同[illegible]拾五日의進級證書授與式을擧行ᄒᆞ얏다더라

●明新試驗 咸天郡沙川面明新學校에서去月二拾六日에夏期試驗을經ᄒᆞ얏ᄂᆞᆫᄃᆡ優等生에李淵文、姜述尹、[illegible]澈洙오及第生에李[illegible]等諸人인ᄃᆡ校長이賞品을施與ᄒᆞ얏다더라

別報

◎裵說氏의公判顚末

第三日 續

大韓每日申報ᄂᆞᆫ故意로其干犯ᄒᆞᆫ者를激動ᄒᆞ고容恕ᄒᆞ고자ᄒᆞᆷ이아니라但桑港新聞에傳ᄒᆞᆫ消息을如何ᄒᆞ던지自己의感想으로評論을記載ᄒᆞᆫ바ㅣ無ᄒᆞ거ᄂᆞᆯ我의高明ᄒᆞᆫ親友日氏ᄂᆞᆫ其論說末端에ᄂᆞᆫ梁起鐸氏의自由著作을隨付ᄒᆞᆫ것으로料度ᄒᆞ나其料量이大誤로다梁起鐸氏가答ᄒᆞ기를其記載ᄒᆞᆫ論說은但其事實을擧ᄒᆞᆷ이요自意로評論ᄒᆞᆷ이거나追加ᄒᆞᆫ者ㅣ無ᄒᆞ얏ᄂᆞᆫᄃᆡ裁判官ᄭᅴ셔도如此ᄒᆞᆫ事인줄로信ᄒᆞ얏도다大抵須知分氏가韓國政府에顧問官으로被任ᄒᆞ야시의家屋도韓政府에서給與ᄒᆞ얏고月俸도韓政府에셔受ᄒᆞ얏스니何時ᄭᆞ지[illegible]ᄒᆞ고其人이盡心竭力ᄒᆞ야日本의利益을保護ᄒᆞ얏도다其人이[illegible]에往ᄒᆞ야自己國에在ᄒᆞ지아니ᄒᆞ도다往에獻議ᄒᆞ던日本參謀ᄒᆞ얏스니其行爲ᄂᆞᆫ騷亂과紊亂을激動ᄒᆞ엿다ᄒᆞ깃스며且其行爲ᄂᆞᆫ韓國政府와韓人民間에怨讐를作ᄒᆞ엿다ᄒᆞ깃스며日本政府와韓國政府間에敵意를挑撥ᄒᆞ얏다ᄒᆞ깃나뇨此ᄂᆞᆫ丁寧코[illegible]新聞에記載ᄒᆞᆫ것보다尤甚ᄒᆞ도다韓國人民等이大然히오로此裁判에[illegible]ᄒᆞᆫ日本人들[illegible]此와如히[illegible]激ᄒᆞ엿스리다[illegible]니其原因을推究ᄒᆞ면日本人도須知分을[illegible]ᄒᆞ야[illegible]ᄒᆞ다ᄒᆞᄂᆞᆫ바인즉須知分의所行은[illegible]分明히[illegible]力ᄒᆞ얏스니[illegible]者가아니니[illegible]心이[illegible]치아니ᄒᆞ며[illegible]

須知分氏가桑港의下에坐ᄒᆞ야當時此人등에對ᄒᆞ야自己가[illegible]操心者[illegible]치아니ᄒᆞᆫ理由[illegible]ᄒᆞ얏스니此ᄂᆞᆫ自己를[illegible]ᄒᆞᄂᆞᆫ人의手를咬ᄒᆞᆷ과如ᄒᆞ도다

自己의食者ㅣ[illegible]이니自己가保護ᄒᆞᆫ바[illegible]人의利益이오其人의所爲도何如오[illegible]에在ᄒᆞᆫ韓國人등이此를憤[illegible]히感覺ᄒᆞᆷ이何怪之有리오彼韓人等은此地에在ᄒᆞᆫ親友의[illegible]此地韓人等도[illegible]ᄒᆞ나[illegible]ᄒᆞᆯ것도怪異치아니ᄒᆞ고起ᄒᆞ야[illegible]地에서[illegible]事를[illegible]害ᄒᆞᆷ도怪異ᄒᆞᆫ事이아니로다 未完

◎特別廣告

[illegible]人의姓名四方圖章을僞造ᄒᆞ[illegible]者를[illegible]ᄒᆞ야[illegible]ᄒᆞ[illegible]願ᄒᆞ오니[illegible]仁[illegible]賃[illegible]

雜報

●葬費下賜 太皇帝陛下께옵셔今番 義親王宮王子葬費壹萬兩을 下賜ᄒᆞ옵셧다더라

●帶同陛見 本月十八日上午十時頃에曾禰副統監이塡國軍鑑長과德國總領使를帶同ᄒᆞ고大皇帝陛下씌 陛見ᄒᆞ얏다더라

●驛屯收入金額 歲入歲出追加事로니閣總理大臣과度支部大臣이 上奏 裁可되얏다ᄂᆞᆫ대該入經理部에ᄂᆞᆫ驛屯賭收入金이七拾五萬圜이라더라

●內閣例會 昨日은月曜日인故로니閣諸大臣이昨日上午十時에니閣에會同ᄒᆞ야緊要ᄒᆞᆫ事項을協議ᄒᆞ얏다더라

●有何關心 內部大臣宋秉畯氏ᄂᆞᆫ該部에仕進은ᄒᆞ나何事件을因ᄒᆞᆷ인지處辦視務ᄒᆞᆷ은都無ᄒᆞ다ᄂᆞᆫ說이有ᄒᆞ더라

●禮卿云任 中樞院副議長成岐運氏가掌禮院卿을被任ᄒᆞᆫ다ᄂᆞᆫ說은前報에已揭어니와該氏에叙任件을統監府에同意를經ᄒᆞ야今明間頒佈가된다더라

●典祀被任 從一品韓鎭元氏ᄂᆞᆫ掌禮院典祀를被任ᄒᆞ얏다더라

●餞宴再設 去十曜日에너部大臣宋秉畯氏家에서一進會總務員諸氏가會集ᄒᆞ야너田良平와餞別次로茶話會를設ᄒᆞ고當日夜에明月館으로會集ᄒᆞ야宴會를再次設行ᄒᆞ얏다더라

●內田歸國 一進會顧問內田良平이가歸國次로再昨日에發程ᄒᆞ얏다더라

●可堪何多 大邱觀察使朴重陽씨가郡守可堪人으로三十餘名을너部에擬薦ᄒᆞ얏다더라

●歷代園陵主管 歷代 帝王陵은掌禮院所管이더니從今以後로ᄂᆞᆫ너部에서主管ᄒᆞ게된다ᄂᆞᆫ說이有ᄒᆞ더라

●旌閭更褒 孝烈忠旌閭를自來로掌禮院에서主管ᄒᆞ든거슬新官制의廢止가되얏더니更히該院에서主管ᄒᆞ기로酌定ᄒᆞ얏다더라

●太和宴會 再昨日에宮너府用達會社諸員이三淸동太和宮에서宴會ᄒᆞ얏다더라

●活民會承認 活民勞働會組合所를設施次로李根澔鄭寅復李時宇諸氏가警視廳에請願承認ᄒᆞ얏다더라

●新紙貨輸入說 來八月壹日爲始ᄒᆞ야通用ᄒᆞᆯ新紙貨五百萬圜이日昨에日本으로부터渡來ᄒᆞ얏다ᄂᆞᆫ說이有ᄒᆞ더라

●連會未了 師範學校너에서連日開會ᄒᆞ던敎監會ᄂᆞᆫ尙不結了ᄒᆞᆷ으로本日에도開會協議ᄒᆞᆫ다더라

●演劇承認 李人稙朴晶東兩氏가官人俱樂部의演劇場을設施ᄒᆞᆫ다ᄂᆞᆫ說은本報에已爲報道ᄒᆞ얏거니와昨日에該場設施ᄒᆞᆯ許願을警視廳에서承認ᄒᆞ얏다더라

●監司員推選 漢城材木柴炭株式會社에서再昨日鍾路商業會議所너에任員選擧會를開ᄒᆞ고實業家中으로監司員五人을推選ᄒᆞ얏다더라

●叫呼萬歲 官妓百餘名이壹齊히洋服을穿着ᄒᆞ고去土曜日에大漢門前에齊進ᄒᆞ야萬歲를崇呼ᄒᆞ얏다더라

●龜倅善政 龜城郡方峴面남湖里民家九拾六戶가去四月來拾七日의偶然失火ᄒᆞᆫ事ᄂᆞᆫ前報의已揭어니와現今該郡來人의言을聞ᄒᆞᆫ즉本郡守尹석翊氏가月俸의得由上京이라가仍卽還官ᄒᆞ야與郡主事李春秀氏로協商協議後失巢之民을還逼召集ᄒᆞ야小米三十石을備給ᄒᆞ며壹종內民家가如前結搆中二戶가增築되얏ᄂᆞᆫ대히倅의頌聲이載路라더라

●龍倅惜去 龍田郡守白樂均氏가赴任初에郡內面長執綱과有志紳士를齊會ᄒᆞ야明倫堂으로聯議ᄒᆞ야學校方針을壹々組織ᄒᆞ야庶幾將就之望이러니不意自觀察道로本郡守가滿限未赴라고하며內部에免官報告ᄒᆞ얏ᄂᆞᆫ대히郡守赴任報告가旣館到便來到ᄒᆞ니赴任이業已七八日前矣라叅恕意도是報內部나然이나公格上에難以挽留故로觀察使ᄂᆞᆫ譴責ᄒᆞ고郡守ᄂᆞᆫ免官ᄒᆞ얏ᄂᆞᆫ대郡守의免官ᄒᆞᆷ을同郡人民이愛惜ᄒᆞᆫ다더라

●幸不狼狽 陰五月分에殷栗郡內居殷學舍館主人金泰聲氏가因病治療次로京城南大門外濟衆院에來留ᄒᆞ더니忽於六月拾四日에三和港後浦客主李學健씨가金씨의게打電ᄒᆞ기를京城五拾八銀行에서錢壹百四拾圜을推尋ᄒᆞ라ᄒᆞ얏슨즉金氏ᄂᆞᆫ當初에如何ᄒᆞᆫ事를不知ᄒᆞ고該錢은依電推尋ᄒᆞ야換錢을寢由를詢問ᄒᆞᆫ즉回答너에去拾壹日貴函中에錢壹百四拾圜을換送ᄒᆞ라ᄒᆞ얏기換送이라ᄒᆞ얏스니金氏ᄂᆞᆫ初無委托인대此等事가有ᄒᆞᆷ은必是中間挾雜輩가金氏의筆跡을僞造ᄒᆞ야用코저ᄒᆞ다가其計를莫遂ᄒᆞᆷ이오金씨ᄂᆞᆫ幸不至狼狽ᄒᆞ얏다더라

●人蔘稅法細則

度支部에서人蔘稅法施行細則을條定ᄒᆞ야頒佈ᄒᆞ얏다ᄂᆞᆫ디其條件이如左ᄒᆞ니

第壹條 人蔘耕作者ᄂᆞᆫ度支部大臣의定ᄒᆞᆫ期限너에人蔘稅法第四條에揭載ᄒᆞᆫ事項을所轄財務署에申告ᄒᆞᆷ이可ᄒᆞᆷ

但人蔘稅法第三條에該當ᄒᆞᆫ者ᄂᆞᆫ其意를幷ᄒᆞ야申告ᄒᆞᆷ이可ᄒᆞᆷ

第二條 人蔘稅ᄂᆞᆫ人蔘稅法大條에依ᄒᆞᆫ査定間數에依ᄒᆞ야此를徵收ᄒᆞᆷ

第三條 前項의査定間數를行코저ᄒᆞᆯ時ᄂᆞᆫ財務署長은預히其期日을定ᄒᆞ야此를公示ᄒᆞᆷ

第四條 人蔘耕作者가人蔘稅法大條에當ᄒᆞᆫ境遇ᄂᆞᆫ其事由를具ᄒᆞ야所轄財務署에報告ᄒᆞᆷ이可라ᄒᆞ얏더라

●玄氏云歿 前參將玄暎運씨가警視廳에被捉되얏다ᄂᆞᆫ說은已爲報道어니와該氏가日間放免된다ᄂᆞᆫ說이有ᄒᆞ더라

●幾將訊問 義兵大將으로被捉되야監獄署에在囚ᄒᆞᆫ李康秊氏ᄂᆞᆫ二昨日에平理院에서押致ᄒᆞ야壹次審問ᄒᆞ얏ᄂᆞᆫ디文簿與印과를收去ᄒᆞ얏다더라

●兩郡義擾 東來人의傳說을聞ᄒᆞᆫ則黃澗永同동地에서近日義兵이大熾ᄒᆞ야村閭가騷擾ᄒᆞᆫ다더라

●沐湯化仙 再昨日下午六時半假量에何許老人이廣橋水月樓沐浴湯에서沐浴ᄒᆞ다가偶然長逝ᄒᆞ얏다더라

●死亦何妨 去金曜日에東闕前水門동等地에서强盜三名이警視廳에被捉되얏ᄂᆞᆫ디就中壹名은辛殿院卿李謙濟氏의妾男이라稱ᄒᆞ고翌日에鴉片을呑下ᄒᆞ고仍卽致斃ᄒᆞ얏다더라

●破壁逃躱 再昨日上午七時量에監獄署에서罪囚幾人이間壁을破碎ᄒᆞ고逃去之際에巡査동이捕捉코ᄌᆞᄒᆞᆫ대該罪囚等이巡査의軍刀를倒拔ᄒᆞ야日巡査手掌을斫斷ᄒᆞ고仍卽逃去ᄒᆞ얏다더라

●二逃還捉 監獄署罪囚가穿壁逃出ᄒᆞᆫ은別項과如ᄒᆞ거니와美洞武橋等地에서二名은還爲被捉되얏다더라

●三洞經期 別項과如히再昨日에監獄署罪囚逃走ᄒᆞᆫ거슬韓円巡査와別巡査等이逐捕ᄒᆞ라고남部中某곳毛橋與동等地로四散ᄒᆞ야閭家에突入搜索ᄒᆞᄂᆞᆫ대히동等地居民이壹切驚動ᄒᆞ얏다더라

●日本牛疫 目下日本에發生ᄒᆞᆫ牛疫은昨今에益益猖獗ᄒᆞ야壹日之間에八百八十五頭가致死ᄒᆞ얏다더라

●日本洪水 去拾七日夜에日本靜岡에降雨ᄒᆞ야非常ᄒᆞᆫ洪水가生ᄒᆞ얏ᄂᆞᆫ되目下富士郡潤川堤防이破壞ᄒᆞ야狂濤가道路에橫流ᄒᆞ 鈴川大宮間에鐵道馬車가不通ᄒᆞ고潤川以外에又江川에도강水가甚大ᄒᆞ다더라

●日本水災 日本河內郡郊黑村을貫流ᄒᆞᄂᆞᆫ田川의서去十六日來로大雨가降ᄒᆞ야增水가大尺以上의及ᄒᆞᆫ지라同村字中里로부터宇都宮의通ᄒᆞᄂᆞᆫ道路가浸水되야人馬交通이杜絕ᄒᆞ고又同村字金田의番壹百二拾町步와田三拾四町及家屋二拾戶가沉沒ᄒᆞ얏다더라

●賣人惡風 新門外京橋居李仁圃이가得壹美女ᄒᆞ야色酒家로爲業ᄒᆞ다가히女를仁川花開동의放賣ᄒᆞᆯ次로當錢三千兩의越價ᄒᆞᆯ際의히女親家가呂州인대其母가適其時上來ᄒᆞ더히女가泣訴事狀ᄒᆞᆫ즉其母曰吾鄉下鄕ᄒᆞ야히錢兩을辦來ᄒᆞ야放身을辦爲抽去ᄒᆞ리니姑待幾日ᄒᆞ라ᄒᆞᆫ즉히女의所答이母親이下去ᄒᆞ면自然幾日이될것시니其間의越價ᄒᆞᆯ慮가有ᄒᆞ나余가下鄕ᄒᆞ야히錢을上送ᄒᆞᆯ것시니母親은此處의幾日만留連ᄒᆞ라ᄒᆞ미從其言ᄒᆞ야李哥의게ᄂᆞᆫ通치아니ᄒᆞ고히女가暗去ᄒᆞ얏ᄂᆞᆫ데李哥가히婆며러其女를踪跡ᄒᆞ얏다고西署의呈訴ᄒᆞ야히婆를拘致ᄒᆞ야三日니로覓來ᄒᆞ라고受限放送ᄒᆞ미히婆의弟가京畿ᄒᆞᄂᆞᆫ故로李哥의게히弟로擔保ᄒᆞ고下鄕ᄒᆞ야三日이過ᄒᆞ얏ᄂᆞᆫ대李哥가立保ᄒᆞᆫ女人을酒店都家의捉來ᄒᆞ야無數亂打ᄒᆞ미當錢一千六百兩을辦給于李哥ᄒᆞ얏더니再昨日의更招히召史ᄒᆞ야否ᄒᆞ되三千兩은不足ᄒᆞ니六千兩을持來ᄒᆞ라고萬端恐喝ᄒᆞ미히女人이不勝威脅ᄒᆞ야小刀로今上午十點時의自刎ᄒᆞ얏ᄂᆞᆫ대幾至死境이라더라

▲地 方 消 息▼

本月拾壹日高原內方坪里附近에서義兵四拾名이元山日守備隊와對伐隊로더부러衝突ᄒᆞ얏다ᄒᆞ고

▲本月拾四日三水西方德樓와서義兵三拾名이同郡日守備隊少尉以下拾六名과交戰ᄒᆞ얏다ᄒᆞ고

▲本月念壹日鐵寶郡東方約五里城외서義兵約七拾名이同郡日守備隊와交戰ᄒᆞ얏다ᄒᆞ고

▲去月廿九日海州郡의서義兵約四拾名이日守備隊와交戰ᄒᆞ얏다ᄒᆞ고

▲本月拾六日交河郡臨津江의서義兵約四拾名이乘船而去하다가日憲兵五名을遭遇ᄒᆞ야四拾分間을交戰ᄒᆞ얏다더라

▲鐘 閣 寃 說▼

▲南窓에月白ᄒᆞ고高枕에夜闌이라黙坐夢을欲闌未闌이니有壹奇角이突開에飛下키로折而觀之ᄒᆞᆫ즉乃鐘閣寃說會請帖이라卽往參席ᄒᆞ니會長의賓客은主席에據坐ᄒᆞ고各종이次第演說ᄒᆞᄂᆞᆫ데其激切ᄒᆞᆫ言辭가令人所感이로다

▲독々당々內閣종이曰我종이大양萬里에大韓을渡來ᄒᆞᆯ제堂々獨立帝國으로認知ᄒᆞ고內閣에入居하야獨々堂々으로時日聲告ᄒᆞ며各部大臣이議ᄒᆞ면良方針과議政論은聽入不聞이오事自稱息하야地位만保ᄒᆞ니寃痛ᄒᆞ야못살깃소

▲제뎡동々社會鐘 日本종도大洋萬里에大韓을渡來ᄒᆞ야各社會組織할제我先掛止ᄒᆞ야齊力同聲으로不息警告ᄒᆞ더니熱心敎育은唇舌에盡粧이라時快談에不過ᄒᆞ고官吏들禁腦髓에印籠이라曾伏吉乞ᄒᆞ며ᄒᆞ니寃痛하야못살깃소

▲보국보국世界鐘이日本鐘도大洋萬里에大韓을渡來ᄒᆞ던제義烈尙欽慕ᄒᆞ고喬木世臣同하야報國義國으로忠誠勸告권만은報國思想姑舍ᄒᆞ고滿腦輪不報도다報不報無誤고東西奔走ᄒᆞ야苟々情願可ᄒᆞ니寃痛ᄒᆞ야못살깃소

▲뭉뭉奇奇國門鐘이日本鐘도大洋萬里에大韓을渡來ᄒᆞᆯ제絶貞淑徳仰ᄒᆞ야鐵卧而卑多이라文明의基礎가家庭에在ᄒᆞ故로洞々燭々으로時々警告ᄒᆞ건만은妬忌淫巧事ᄒᆞ고毅榮蔑昧ᄒᆞ야家勢替々니寃痛ᄒᆞ야못살깃소

▲來賓中으로彩衣華幍壹鈴이日本食은梧桐의鳳凰이오의志趣가高尙ᄒᆞ고行爲가仁ᄒᆞᆫ은壹般共知ᄒᆞ시려니와의鄙悖人物上效則코저ᄒᆞ야니淫婦蕩子手에飜覆出入常ᄒᆞ야靑年을誘ᄒᆞ며賭博을ᄒᆞ니寃痛ᄒᆞ야못살깃소

▲이홍이홍賓鐘이答辭ᄒᆞ되位의寃事가悉々會長의니實上慚愧ᄒᆞ나余ᄂᆞᆫ中央에居ᄒᆞ야以與齊字로하건만은腐敗ᄒᆞᆫ習慣을革이라願諸位ᄂᆞᆫ本意를勿損ᄒᆞ고壹心激勸ᄒᆞ야文明共蹴ᄒᆞᆷ을切望ᄒᆞ오

特別社告

大邱支社員梁務咨咸從支社員金弘叙兩씨ᄂᆞᆫ辭免故로大邱西門外友弦書樓側 李正由咸從耶蘇敎堂내 張炳日 兩씨로擇定ᄒᆞ얏스니右兩處附近本報購覽諸시ᄂᆞᆫ本社에對ᄒᆞᆫ凡務를右兩시와交涉ᄒᆞ심을務望홈

平壤支社員金浩潤氏ᄂᆞᆫ申報代金滯納이太多ᄒᆞᆫ故로該支社를停廢ᄒᆞ고平壤鍾路太極書舘 安泰國氏로支社員을改定ᄒᆞ얏기玆以仰佈ᄒᆞ오니前日本報購覽諸氏ᄂᆞᆫ申報代金을壹切安氏의게로傳致ᄒᆞ시며本社에對ᄒᆞᆫ諸般事務를自今으로安氏와交涉ᄒᆞ심을務望홈

大韓每日申報社

雜報

●關東支會 再昨日關東學會에셔特別總會를開ᄒᆞᆷ은已報ᄒᆞ얏거니와該會에셔緊要事務를處理ᄒᆞ고橫城郡有志人士의支會請願을決議認許ᄒᆞ얏ᄂᆞᆫ되外他關東各郡에셔도支學會請願이繼續興起ᄒᆞᆯ貌樣이라더라

●宗錄去 金海金氏宗中에셔學校를設立ᄒᆞᆫ事로昨日에金海金氏二人이너部民籍課에入來ᄒᆞ야김氏의所居地를謄錄次로戶籍錄者을錄去ᄒᆞ얏다더라

●小學徒熱心 平壤靑山學校ᄂᆞᆫ去年月에設立ᄒᆞᆫ바經費가缺乏ᄒᆞᆷ으로困難中에在ᄒᆞ더니該校生徒들이該校를維持ᄒᆞ기爲ᄒᆞ야放學時에藥艾를採ᄒᆞ야散賣ᄒᆞ미觀者마다稱讚ᄒᆞ녀여壹二三校에艾를二三元에買ᄒᆞᄂᆞᆫ者도有ᄒᆞ며義捐ᄒᆞᄂᆞᆫ者도有ᄒᆞ야該學徒의可尙ᄒᆞᆫ思想을稱頌ᄒᆞ고贊助ᄒᆞᄂᆞᆫ者가多ᄒᆞ얏다더라

●問哉夜校 平安北道博川郡에셔養成夜學校를設立ᄒᆞ고校長박鳳敎시와有志諸시가熱心贊成ᄒᆞ미生徒가七拾餘名에達ᄒᆞ얏ᄂᆞᆫ되校舍를未營ᄒᆞ야樓閣ᄒᆞᄂᆞᆫ情況은可悶이라고西來人의傳說이有ᄒᆞ더라

●豊校運動盛況 京畿道豊德郡公立학校에셔去月二拾二日에該郡너의학校와江華大東학校를聯合ᄒᆞ야夏期運動을擧行ᄒᆞᆫᄂᆞᆫ되聯合體操唱歌脫帽拾珠兩人三脚計算作文旗取騎馬競走와防禦攻擊諸科目을次第擧行ᄒᆞᄂᆞᆫ되학員이二百五十人이오觀光男女가數千餘人에達ᄒᆞ야盡ㄴ活潑ᄒᆞ게運動ᄒᆞ얏ᄂᆞᆫ데作文壹等林星형 一等李有德徐合鍾計算壹等韓奎錫김振擧二等邊永鈺旗取壹等朴舜남貳등馬長玉騎馬壹등尹億哲이오防禦攻擊ᄒᆞᆯ時에賊兵이乾亥方에在ᄒᆞ거ᄂᆞᆯ砲兵은巽內方에셔突起ᄒᆞ야大砲를連放ᄒᆞ며步兵二隊ᄂᆞᆫ東南角으로從來ᄒᆞ야左右挾攻ᄒᆞᄂᆞᆫ中衛生隊ᄂᆞᆫ負傷兵을救護ᄒᆞ야壹時頃을猛烈히戰鬪ᄒᆞ더니南方으로셔決死隊壹陣이奮若長蛇에猛烈突出ᄒᆞ야鐵嶽彈聲에賊陣을退却ᄒᆞ고凱旋歌를齊唱ᄒᆞ고萬歲를三呼ᄒᆞᆫ後에本會長李아鑑시와各학校來賓諸시가次第演說ᄒᆞ야壹般學員을勸勉ᄒᆞ얏고又父老들이莫不欽歎ᄒᆞ야相顧咨嗟曰人之有子ᄒᆞ면將不校修학이라야오ᄒᆞ고稱頌不絶ᄒᆞ얏다더라

●安校試驗 安州郡安興學校에셔夏期試驗을經ᄒᆞ얏ᄂᆞᆫ대第四學年優등生은文昌憲洪承業等三人이오第三學年優등生은尹奉洙金炳도等三人이오及第生은金應洙外太鎭이오第貳學年優등生은崔鎭運리養彬등拾人이오及第生은玄光玉延昌善等拾人이오第壹학年優等生은吳光胤朴昌殷等拾人이오及第生은洪承律金義李等三人이라더라

●正誤 本報八百五二拾号ᄂᆞᆫ八百六拾號의誤植이기玆에正誤홈

廣告

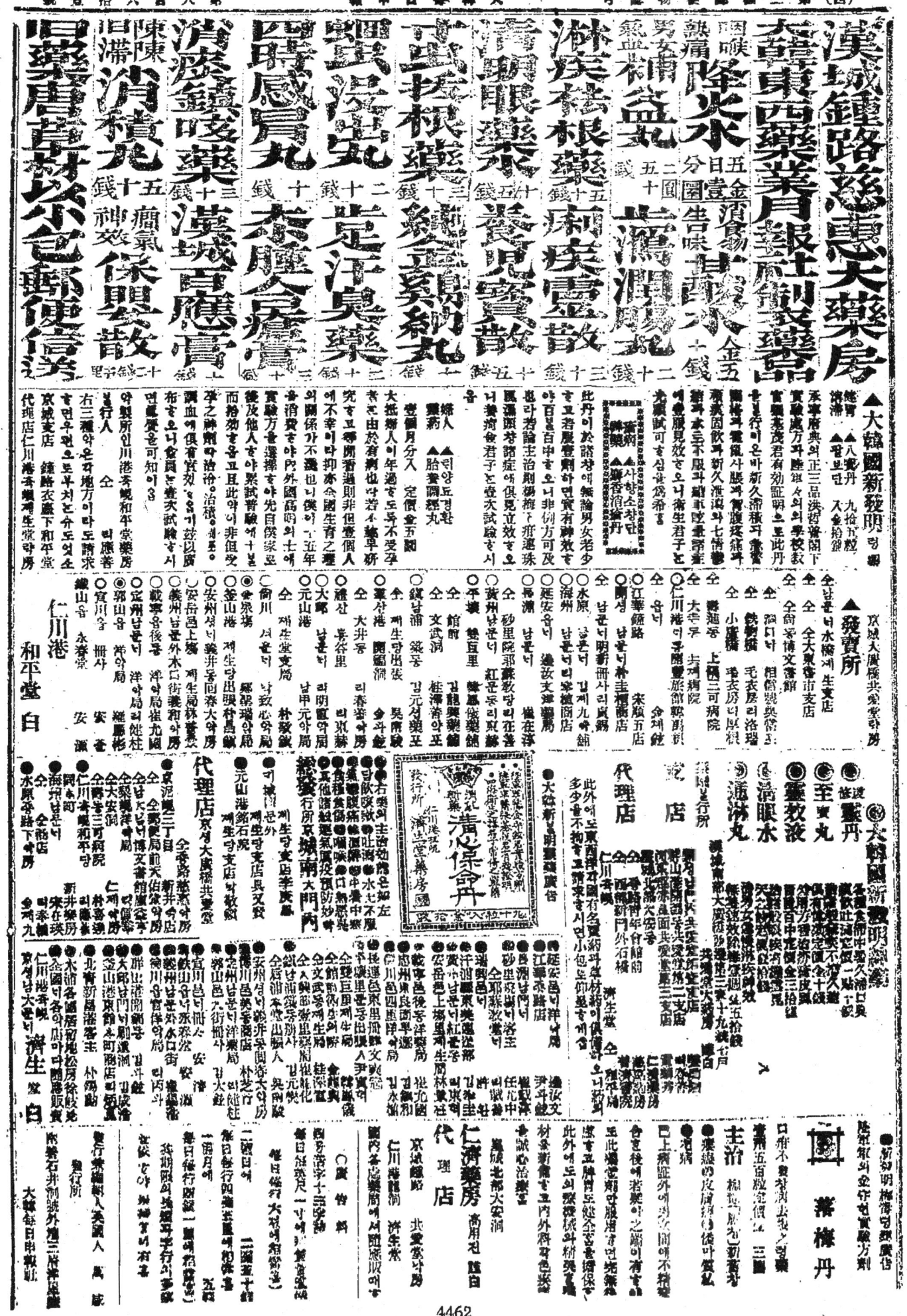

光武九年八月拾壹日 明治三十八年八月拾壹日 (第三種郵便物認可) 水曜日 西曆一千九百八年七月廿二日

第六卷 **大韓每日申報** 第八百六拾貳號

月曜及慶節 [illegible]日休刊

檀君開國四千二百四十一年
箕子元年三千[illegible]十年
大韓開國五百十七年
日本明治四十一年
西曆[illegible]
陰曆戊申六月小 廿四日戊寅

論說

◎妖怪迷信을何術로打破

哥白尼의天文學이興ᄒᆞ며迷[illegible]文의生物學이作ᄒᆞ고其他有形학無形학각種學問이燦然並呈ᄒᆞ야數千年來可惡可怖ᄒᆞᆫ太災로個ᄒᆞ던日食星出地震海溢山崩等이據是天然界固有ᄒᆞᆫ原則이오人事에無與타ᄒᆞ야豈々迷々의許多迷信분子를打破無餘ᄒᆞ야卽今如此光明世界에生ᄒᆞ야迷室의黨門을堅掩ᄒᆞ고頑固不敢出ᄒᆞ며原人時代에蒙昧ᄒᆞᆫ[illegible]見을尙守ᄒᆞ니哀哉라彼何人斯오

[illegible]宮에黑雲이飛入ᄒᆞ얏다ᄒᆞ면耳를傾ᄒᆞ야曰此가何祥인가ᄒᆞ며李씨家世에極數가臨生ᄒᆞ얏다ᄒᆞ면眼을回ᄒᆞ야曰此가何災인가ᄒᆞ며門神에禱祭ᄒᆞ면毛髮이豎ᄒᆞ야曰吾家門가將不安이라ᄒᆞ며前山에祈禳ᄒᆞ면必曾[illegible]搖ᄒᆞ야曰吾家가將多憂라ᄒᆞ니哀哉라迷信이며陋哉라迷信이여

迷信이如此ᄒᆞᆫ故로孔究가痛熱ᄒᆞ면醫藥을不求ᄒᆞ고巫覡을招ᄒᆞ며迷信이如此ᄒᆞᆫ故로家勢가貧寒ᄒᆞ면自家怠惰ᄂᆞᆫ不悔ᄒᆞ고葬地를咎ᄒᆞ며迷信이如此ᄒᆞᆫ故로此經濟競爭의時代를當ᄒᆞ야農工商等實業을不務ᄒᆞ고[illegible]의生門方福[illegible]이나是問ᄒᆞ[illegible]迷信이如此ᄒᆞᆫ故로此[illegible]明[illegible]의世界에[illegible]ᄒᆞ야政治法律等의科學은不幸ᄒᆞ고四柱의宴宮財界[illegible]ᄂᆞᆫ是究ᄒᆞ나哀哉라迷信이여[illegible]哉라迷信이여

迷信이如此ᄒᆞᆫ故로國勢의陵夷를見ᄒᆞ며民族主義精粹主義를唱ᄒᆞ야西人의狂潮를排却ᄒᆞᆯ思想은無ᄒᆞ고但閉目冥想曰雞龍에石白ᄒᆞ면時運이迴泰ᄒᆞᆫ다ᄒᆞ며迷信이如此ᄒᆞᆫ故로同胞의悲境을見ᄒᆞ며精神的國民敎育을主ᄒᆞ야時의頹運을挽迴ᄒᆞᆯ熱誠은無ᄒᆞ고但據掌自奉曰[illegible]將軍이出來ᄒᆞ면日人이沒死ᄒᆞᆫ다ᄒᆞ며迷信이如此ᄒᆞᆫ故로環海의戰艦과漲天의雷砲ᄂᆞᆫ見ᄒᆞ며접曰彼가비록强大ᄒᆞ나엇지呼風喚雨의神術을當ᄒᆞ리오ᄒᆞ며迷信이如此ᄒᆞᆫ故로蛛絲羅列의電線과國中橫貫의鐵道를見ᄒᆞ며청曰彼가비록奇妙ᄒᆞ나엇지關山縮地의鬼呪를當ᄒᆞ리오ᄒᆞ며迷信이如此ᄒᆞᆫ故로偉人을崇拜ᄒᆞ며其眞誠意氣ᄂᆞᆫ不師ᄒᆞ고[illegible]說로歷史를誣ᄒᆞ야曰林元帥가壬辰倭亂을討平ᄒᆞᆯ時手下神將三拾萬이有ᄒᆞ얏다ᄒᆞ며迷信이如此ᄒᆞᆫ故로時事를談論ᄒᆞ며危局大勢ᄂᆞᆫ不究ᄒᆞ고夢中譫語로壯志를盟ᄒᆞ야曰濟州漢外남朝鮮國에許多三國次將의壯士가林立ᄒᆞ얏다ᄒᆞ야自己를欺ᄒᆞ고他人을欺ᄒᆞ니哀哉라迷信이며陋哉라迷信이여國을亡ᄒᆞᄂᆞᆫ者도迷信이며家를亡ᄒᆞᄂᆞᆫ者도迷信이로다

然則斯人은迷信이無ᄒᆞᆫ然後에可ᄒᆞᆯ가曰否라不然ᄒᆞ다狹的迷信은有害ᄒᆞ니不可ᄒᆞ나實的迷信은無害이不可ᄒᆞ며狂的迷信은有害이不可ᄒᆞ나數的迷信은無害이不可ᄒᆞ니夢的狂的의迷信은自己의迷信이어니와實的敎的迷信은聖賢의迷信이니

彼希臘의新羅에生ᄒᆞ야孔子의綱領을自認ᄒᆞ고雙手로三國을統壹ᄒᆞ던金角干의迷信이果然何如ᄒᆞᆫ迷信이며羅亡麗衍ᄒᆞᆫ에出ᄒᆞ야區々五千兵으로도大勢를能挽ᄒᆞᆯ다自稱ᄒᆞ고壹戰에舊疆을恢復ᄒᆞ던大祚榮의迷신이果然何如ᄒᆞᆫ迷신이며其他東西數千載歷史上에其跡을留ᄒᆞᆫ許多風雲兒들이其誰가迷신二字로事業을成就ᄒᆞᆫ者ㅣ아닌가

余가登嶽迷신에陷ᄒᆞᆫ全國男女를招ᄒᆞ야其狹的迷신을破ᄒᆞ고大國民的迷신을喚ᄒᆞ노라

▲隆熙二年 七月拾七日 官報 ▲

●法律第拾三號

民刑訴訟規則 續

第壹章 通則

第十七條 書記ᄂᆞᆫ審問 物件押收裁判宣告其他重要ᄒᆞᆫ處分에當ᄒᆞ야調書를作成ᄒᆞᆷ이可ᄒᆞᆷ

調書에ᄂᆞᆫ裁判長과書記가共히署名捺印ᄒᆞᆷ이可ᄒᆞᆷ若署名捺印ᄒᆞ기能치못ᄒᆞᆫ時ᄂᆞᆫ判事이署名捺印ᄒᆞ야其事由를記載ᄒᆞᆷ이可ᄒᆞᆷ

第拾八條 判決의宣告ᄂᆞᆫ裁判長이其主文을朗讀ᄒᆞ야此를行ᄒᆞᆷ判決의理由ᄂᆞᆫ判決의宣告와同時에朗讀ᄒᆞ거나口頭로其要領을告ᄒᆞᆷ이可ᄒᆞᆷ

第十九條 判決原本은判事가作成ᄒᆞᆷ

判決原本에ᄂᆞᆫ左開諸件을記載ᄒᆞᆷ이可ᄒᆞᆷ

壹 判決을受ᄒᆞᄂᆞᆫ者의表示
二 判決의主文
三 事實及理由
四 裁判所名

檢事의立會가有ᄒᆞᆫ時ᄂᆞᆫ其官氏名도此를記載ᄒᆞᆷ이可ᄒᆞᆷ

第二拾條 判事中에判決原本에署名捺印ᄒᆞ기能치못ᄒᆞᆫ者가有ᄒᆞᆫ時ᄂᆞᆫ他判事가其事由를記載ᄒᆞᆷ이可ᄒᆞᆷ

第貳十壹條 判決原本에ᄂᆞᆫ書記가其宣告ᄒᆞᆫ年月日을記入ᄒᆞ고署名捺印ᄒᆞᆷ이可ᄒᆞᆷ

第二拾二條 判決書의謄本及抄本은申請에因ᄒᆞ야此를送達ᄒᆞᆷ但裁判所ᄂᆞᆫ必要로認ᄒᆞᆫ時ᄂᆞᆫ職權으로써此를送達ᄒᆞᆷ을得ᄒᆞᆷ

「未完」

外報

●戰艦必要의論辯 倫敦電을據ᄒᆞᆫ즉英國衆議院에서海軍問題討論中議員數名이日露戰爭의經驗을徵ᄒᆞ야드레드노트式의大戰鬪艦은絶對的으로必要ᄒᆞᆫ旨를論辯ᄒᆞ얏더라

●英俄兩帝會見 同電을據ᄒᆞᆫ즉來九月에俄國陸軍演習時에英俄兩國皇帝가會見ᄒᆞᆫ다ᄂᆞᆫ說이有ᄒᆞ더라

●回航艦隊到着 東京電을據ᄒᆞᆫ즉美國回航艦隊拾六隻은去拾五日布哇에到着ᄒᆞ야大歡迎을受ᄒᆞ얏다더라

●船渠建設의決定 倫敦電을據ᄒᆞᆫ즉英國政府에서ᄂᆞᆫ[illegible]에海軍造船所設立計畫을中止ᄒᆞ고浮船渠若干을造築ᄒᆞ기로決定ᄒᆞ얏다云ᄒᆞ얏더라

●雷艇根據의講究 同電을據ᄒᆞᆫ즉德國海軍省에서近頃에北ᄑᆞ리산群島中某島에水雷艇根據地를設定ᄒᆞᆯ可否에就ᄒᆞ야講究中이라ᄒᆞ얏더라

●英國夫人의會議 桑港電을據ᄒᆞᆫ즉英國夫人의參政權運動者ᄂᆞᆫ去拾六日會議의結果로從來採用ᄒᆞ던手段을停止ᄒᆞ고政府의主意를主張ᄒᆞ기로決定ᄒᆞ얏다더라

●換錢革案準備 伯林電을據ᄒᆞᆫ즉葡萄牙에서ᄂᆞᆫ目下爲替換錢法革案을準備中이라ᄒᆞ얏더라

●俄國豫算案可決 東京電을據ᄒᆞᆫ즉俄國衆議院에셔本年度豫算을可決ᄒᆞ얏ᄂᆞᆫ데此ᄂᆞᆫ立法部의協贊을經ᄒᆞᆫ最初의豫算이라ᄒᆞ더라

●平和同盟의秘密 同電을據ᄒᆞᆫ즉法國大統領及外相은瑞典那威와俄國을訪問ᄒᆞ기爲ᄒᆞ야巴里에셔出發ᄒᆞ얏ᄂᆞᆫ데此行의目的은世界의平和와又同盟의親密키爲ᄒᆞᆷ이라ᄒᆞ얏더라

別報

◎裵說氏의公判顚末

第三日 續

桑港에셔韓國紳士四名이須知分을旅館으로往見ᄒᆞᆫ時에須知分이가其透場에셔韓國 太皇帝씌셔大失德ᄒᆞ심과言ᄒᆞ고且韓國은伊藤公爵과如ᄒᆞᆫ稱贊이有ᄒᆞᆫ것이幸福이라ᄒᆞ며且韓國에만幸福뿐아니라東洋에幸福이라ᄒᆞ얏도다 크룬쓰시가此言을裁判官前에셔辨論ᄒᆞ야曰此言이何如ᄒᆞᆫ지自己主人[illegible]須知分이言曰 皇帝[illegible]伊藤시ᄂᆞᆫ[illegible]人이라然ᄒᆞ나余ᄂᆞᆫ 皇帝의臣子로다ᄒᆞ얏스니此가其[illegible]의適當ᄒᆞᆫ言이라云ᄒᆞᆫ것숨나이다須知分이[illegible]韓國[illegible]悉識ᄒᆞ야[illegible]日本이其國을取치아니ᄒᆞ얏더면其國은俄人手中에必陷ᄒᆞ얏스리라ᄒᆞ고且證據ᄒᆞ야曰自己ᄂᆞᆫ日本政策을贊成ᄒᆞᆫ다ᄒᆞ얏ᄂᆞᆫ지라然則其韓人들이其證을知ᄒᆞ며須知分이其生命을失ᄒᆞ얏나이다크로스시가其次에ᄂᆞᆫ其事件의末端을請ᄒᆞ심先曰余의親友에게告ᄒᆞ오니此論說은何言이뇨此書가雖哭ᄒᆞ나何如ᄒᆞᆫ意ᄂᆞᆫ無ᄒᆞ도다

裁判官曰此問題ᄂᆞᆫ韓國이創ᄒᆞᆫ과如히擾擾ᄒᆞᆫ形便이라도裵說시ᄂᆞᆫ其事件을懲罰記載ᄒᆞ얏슴거시發說시ᄂᆞᆫ其事件을記載ᄒᆞᆫ대對ᄒᆞ야何如ᄒᆞᆫ懲罰을거ᄂᆞᆫ無疑ᄒᆞᆫ故로此處에셔記載ᄒᆞ기를許ᄒᆞ얏도다

크ᄂᆞᆫ쓰시問曰何如ᄒᆞ야如此ᄒᆞᆫ거슨他處에셔ᄂᆞᆫ記載ᄒᆞᆷ을許ᄒᆞ야니ᄒᆞ나잇가裁判官이答曰他가樞密院令第五條에外國人이特別ᄒᆞᆫ地方에在ᄒᆞ야其地人民을煽動ᄒᆞ야叛逆을作케ᄒᆞᆷ을禁ᄒᆞᆫ다ᄒᆞᆷ을違反ᄒᆞᆷ이니其故로裵說시가己往에도審判을當ᄒᆞ얏나이다

크룬쓰시問曰[illegible]特別ᄒᆞᆫ地方淸國及韓國에셔도壹千九百七年지치ᄂᆞᆫ무슴樞密院令第五條에違背ᄒᆞᆫ것을未聞ᄒᆞ얏스니異常ᄒᆞᆫ도소이다九日樞密院令에[illegible]ᄒᆞᆫ致나[illegible]ᄒᆞᆫ데對ᄒᆞᆫ律이有ᄒᆞ나然이나如此疑亂ᄒᆞᆫ作케ᄒᆞᄂᆞᆫ데對ᄒᆞᆫ律은無ᄒᆞ얏나이다 未完

雜報

●陵園測量說 各陵園垓字를測量調査ᄒᆞ야更히定界ᄒᆞ다ᄂᆞᆫ說이有ᄒᆞ다더라

●嚴氏奏禀 嚴柱益氏ᄂᆞᆫ昨日東京에到着ᄒᆞ야 皇太子殿下ᄭᅴ 拜謁ᄒᆞ고 太皇帝陛下ᄭᅴ셔와 大皇帝陛下ᄭᅴ셔와 皇貴妃殿下의近節을 奏禀ᄒᆞ얏다더라

●提燈云渡 大皇帝陛下 即位ᄒᆞ신日에漢城府民會에서慶祝ᄒᆞ기爲ᄒᆞ야提燈萬介를製造ᄒᆞᆫ다ᄂᆞᆫ說은已爲報道어니와허 提燈을特別히製造ᄒᆞ기爲ᄒᆞ야日本에注文ᄒᆞ얏ᄂᆞᆫᄃᆡ日間渡來ᄒᆞᆫ다더라

●警官減額 警視廳官制改定件은再昨日 裁可를經ᄒᆞᆷ으로써本日官報에發表될터인ᄃᆡ定員中警視四名警部拾五名及多數의巡査를減員ᄒᆞᆫ다더라

●地方官制改正 地方官制를改正ᄒᆞᆫ은別項과如ᄒᆞ거니와警視廳官制改正과갓치 裁可를經ᄒᆞ얏ᄂᆞᆫᄃᆡ其內容인즉道內에니務警察의兩部를置ᄒᆞ고비警部長은道書記官으로充ᄒᆞ고警察部長은道警視로置ᄒᆞ고且道勤務의警部警名及巡査三名을新置ᄒᆞ고又경視廳으로부터減員된職員을迎ᄒᆞ야定員에加ᄒᆞᆫ다더라

●清領事公函 駐京清國總領事馬廷亮氏가內閣에公函ᄒᆞ기를本月二拾六日은即貴曆二拾四日인ᄃᆡ惟我 大皇帝의 萬壽聖節이라適値伏暑ᄒᆞ야伊日에貴客枉臨이恐有其勞ᄒᆞ야本署에서受賀의例를停止ᄒᆞ얏스니照亮ᄒᆞ라ᄒᆞᆷ으로內閣에셔此意로各府部院廳에通知ᄒᆞ얏더라

●李遞成任 掌禮院卿李[illegible]夏씨ᄂᆞᆫ依免이되고其代에ᄂᆞᆫ正二品成岐運씨가被任ᄒᆞ얏다더라

●權當次 議政府大臣과中樞院顧問諸氏가茶話會를組織ᄒᆞ고輪回設行ᄒᆞᆷ은人皆知了ᄒᆞᄂᆞᆫ바어니와來日曜日은中樞院顧問權重顯시의當次인故로北部壹營에서設會ᄒᆞ고諸大臣을請邀ᄒᆞᆫ다더라

●閔氏開宴說 宮內府大臣閔丙奭시가該府壹般官吏와半洋服ᄒᆞᆫ官妓百餘名을帶同ᄒᆞ고日間盛宴을開設ᄒᆞᆫ다ᄂᆞᆫ說이有ᄒᆞ더라

●委員被任 韓完教씨ᄂᆞᆫ학部委員을被任ᄒᆞ얏다더라

●副訓導請願 北靑郡居ᄒᆞᄂᆞᆫ韓中洙씨가今番에成均館司業에被選되얏ᄂᆞᆫᄃᆡ本郡學校에副訓導를叙任ᄒᆞ라고志願書를學部에提呈ᄒᆞ얏다더라

●警察配置改正 地方警察配置改正의案件을昨日에已爲裁可ᄒᆞ심으로全國內四拾五個所의警察分署中龍岩浦分署를除ᄒᆞᆫ外에全國警察署ᄂᆞᆫ從來二拾壹個所를加ᄒᆞ야共히六十五個所가된다더라

●內部告示 內部에서官報上에告示ᄒᆞ기를公州郡小井里間에道路用地의收用을畢了ᄒᆞ기ᄭᆞ지公州郡東部面要堂面正安面과全義郡大西面德坪面과天安郡邀二面內에在ᄒᆞᆫ土地家屋賣買交換讓與貸與及典當ᄒᆞᆷ을禁止ᄒᆞ얏다더라

●陽倅上京 陽川郡守洪在箕시가其父親甲宴을爲ᄒᆞ야日昨에得由上京ᄒᆞ얏다더라

●拓殖調査進셤 東洋拓殖會社創立準備에關ᄒᆞᆫ諸般調査ᄂᆞᆫ東京에셔方今進셤中인대本月內로曾禰副統監의게送還ᄒᆞᆯ터이라云ᄒᆞ더라

●新貨行用次第 新紙貨를行貨ᄒᆞᆫ다ᄂᆞᆫ說은屢揭어니와初次에ᄂᆞᆫ壹圜枚紙貨를行ᄒᆞ고其次에ᄂᆞᆫ五圜枚를行ᄒᆞ고又其次에ᄂᆞᆫ拾圜枚를行用ᄒᆞᆫ다더라

●陰下陽上 陰曆은廢止ᄒᆞ고陽曆을施行ᄒᆞᆫ다ᄂᆞᆫ說은本報에已揭어니와現用하ᄂᆞᆫ陰曆下에陽曆書懸ᄒᆞᆫ것과加히陰曆을陽曆日註下에懸ᄒᆞ기로酌定ᄒᆞᆫ다ᄂᆞᆫ說이有ᄒᆞ다더라

●貢人請願 奉常司공人들이內外國商人에게負債가夥多ᄒᆞ야貢人八等이會集ᄒᆞ야觀察ᄒᆞ던都獄를放賣報償ᄒᆞ려인ᄃᆡ所接無處이나司庫田處에로借給ᄒᆞ라고掌禮院에請願ᄒᆞ얏다더라

●頑固夫人 金允植시의外孫女洪召史가李喬永시와成婚治行ᄒᆞᆫ後李喬永시太夫人이新婦도不受ᄒᆞ얏거니와新婦ᄂᆞᆫ[illegible]呼母를못ᄒᆞ게ᄒᆞᆫ故로家庭이自然不和ᄒᆞᆫ樣이라더라

●待後起工 今番[illegible]川工役과五間水門城役을勞働夜學會에셔擔負하야再明日二十三日에始役ᄒᆞ기로內部와契約ᄒᆞ얏ᄂᆞᆫ대該會에서會員을組織ᄒᆞ야壹号에壹百拾名式組合ᄒᆞ야每日壹百三拾三號式赴役ᄒᆞ기로ᄒᆞ얏ᄂᆞᆫ디付屬機械板木과大삽外國삽鐵耳木丁等屬을壹々準備ᄒᆞ야窮塞ᄒᆞᆷ이無ᄒᆞ나但雨事가過度ᄒᆞ야再明日에着手ᄒᆞ기難ᄒᆞᆷ으로數日後에起工ᄒᆞᆫ다더라

●鐵線不通 昨日來로降雨가多大ᄒᆞᆷ으로京義線壹山驛以西五六處에大破損이生ᄒᆞ야線路가不通ᄒᆞ고又京仁線은素砂驛으로부터仁川間에鐵路가破損ᄒᆞ야不通ᄒᆞᆫ다더라

●留學勞役 日本에私費留學ᄒᆞᄂᆞᆫ前侍從鉉炳協氏의完姻君李觀鎔씨의婿인대學費가窮拙莫措ᄒᆞ야晝則學校에工夫ᄒᆞ고夜則勞働ᄒᆞᆫ役을行ᄒᆞ야學費를補去ᄒᆞᆫ다더라

●新律廣刊 近日裁判上에關ᄒᆞᆫ新法令이繼續頒布ᄒᆞᄂᆞᆫ대官民間에或誤解ᄒᆞᆯᄭᅡ顧念ᄒᆞ야殷裕漢氏가法部에[illegible]認許ᄒᆞ야法律을翻譯ᄒᆞ고詳細ᄒᆞᆫ注解과韓日兩文으로發刊ᄒᆞ야法律에概念이無ᄒᆞᆫ人이라도壹覽瞭然케ᄒᆞ야日間發賣ᄒᆞ나니訴訟關係될人民을爲ᄒᆞ야指남이될만ᄒᆞ다더라

●哀願呼訴 掌禮院主事鄭某시ᄂᆞᆫ家舍를放賣ᄒᆞ야他債를報給ᄒᆞ고掌禮院奉常司公廨壹處를借居ᄒᆞ라고百般運動ᄒᆞ야도事不如意ᄒᆞ더니日昨에該司雇員을招致ᄒᆞ야雇員廳을出給ᄒᆞ고汝等은該司大廳으로移接ᄒᆞ라ᄒᆞ니雇員이答ᄒᆞ되多數ᄒᆞᆫ文簿를遷動이難便ᄒᆞ오며大廳이堂上處所이니不敢移接이라ᄒᆞ고該雇員等이自言하되解散之說이喧藉ᄒᆞᆫ吾輩의去就가非朝即夕인대處所ᄭᅡ지先出ᄒᆞ게되니窮厄事機ᄒᆞ야呼訴于該院ᄒᆞ얏다더라

●外侮宜禦 前承旨閔丙淑씨가同居하ᄂᆞᆫ妾張召史의家券을其友金濟東씨와符同ᄒᆞ야假文券을更出ᄒᆞ야日人의게典執得債ᄒᆞ야閔金兩氏가分食ᄒᆞᆫ事로該兩氏가漢城裁判所에被捉되야屢月滯囚ᄒᆞ얏는대金濟東씨의所食錢은金氏諸友가出捐報給ᄒᆞ야放免되고閔氏ᄂᆞᆫ其伯氏閔丙浚시의家勢가該錢을辦給辨償ᄒᆞ고其季氏를救出ᄒᆞᆯ것이니人理에當然ᄒᆞᆫ事인데頓不顧念ᄒᆞ야히시가如此暑炎에獄中苦楚를不堪ᄒᆞ야幾至死境이어늘兄은如友라ᄂᆞᆫ巷說이藉々ᄒᆞ다더라

●[illegible]困厄 前警務使朴來祖李氏承靖시가公州居崔洪植시의畓券을典執ᄒᆞ고錢萬兩을出給ᄒᆞ야互相興利ᄒᆞ다가有何層折인지未知ᄒᆞ거니와崔洪植시ᄂᆞᆫ疑之ᄒᆞ고其弟崔昌植을何樣聯囑ᄒᆞ얏던지十餘日을中部警察署에捉囚ᄒᆞ얏다가警視廳으로押付ᄒᆞ야現今監獄署에滯留ᄒᆞᄂᆞᆫ데崔昌植시의無辜困厄은慘不忍見이라더라

●洪廊頹覆 再昨夜暴雨에溝渠가漲溢ᄒᆞ야齋洞洪承領淳環시家行廊一間이頹覆되얏다더라

●花樹叙懷 安東金氏宗中에서發起ᄒᆞ야懇親會를來日曜日清[illegible]溪大古亭에設ᄒᆞ고花樹의懷를暢叙ᄒᆞᆫ다더라

●或有反對 安東金氏宗約所에셔學校를設立ᄒᆞᆯ次로協議中이라ᄒᆞᆷ은已報를ᄒᆞ얏거니와該金氏中에頑固人들은反對ᄒᆞᄂᆞᆫ者가有ᄒᆞ다더라

●宜有罰金 鐵山郡八面谷學校任員이陰六月拾八日에該邑中新明學校에會集하야聯合會議ᄒᆞᆯ새本郡境內에ᄂᆞᆫ無論某學校ᄒᆞ고若校內에셔沽酒宴飲ᄒᆞ면罰金貳拾圜式徵捧ᄒᆞ기로決定ᄒᆞ얏다더라

●漢校寄附 漢江漢남學校의熱心教育은果爲稱道어니와數洞光興社에셔ᄂᆞᆫ金三十元과友信契에셔喇叭四箇를寄付ᄒᆞ야該校의熱誠을贊助ᄒᆞ얏다더라

●永校補助 仁川港永化學校에셔經費가窘拙ᄒᆞᆷ을因ᄒᆞ야該校贊務員박三弘씨가生徒二名을領率ᄒᆞ고自京城으로釜山ᄭᆞ지出往ᄒᆞ얏다더라

●李씨寄付 鳳山郡萬永坊居前承旨李台健시가[illegible]小학校에金貳拾圜을寄付ᄒᆞ고壹般學徒에게對ᄒᆞ야熱心勸獎ᄒᆞ얏다더라

●壯哉林氏 海州郡[illegible]明新學校校長林壇根시가靑年子弟를敎育ᄒᆞ기爲ᄒᆞ야校舍位置ᄒᆞᆫ田壹日耕과數千金價値되ᄂᆞᆫ材木을捐補建築ᄒᆞ미시의熱心을人皆稱頌ᄒᆞᆫ다더라

●贊成盛況 金山郡[illegible]私立贊成學校校長呂海武씨와敎師南相俊李學選校監崔昌燮事務李延韶諸씨가該郡附近에學校를新設ᄒᆞ야現今學生이四拾餘人에達ᄒᆞ고月前에該地에셔該郡五學校가聯合大運動會를擧行ᄒᆞ얏ᄂᆞᆫᄃᆡ優等生에呂貞東呂善東等拾餘人인대觀光者가莫不讚頌ᄒᆞ얏다더라

●申明新校 海州郡花陽面松亭申門中에서申錫夔申泰鵬等諸시가其里居李相哲羅閣鶴兩시로協議ᄒᆞ고爲先申氏宗中有物로學校를設立ᄒᆞ야申明學校라名稱ᄒᆞ고敎師三人을延聘ᄒᆞ야該中子弟를熱心教授ᄒᆞ미人皆稱頌ᄒᆞᆫ다더라

▲漢陽八景▼

▲竹枝芒鞋瓢子로太和峯頭올나가셔漢陽山川俯察ᄒᆞ니奇怪八景可觀일다

▲含春園下夕陽斜ᄒᆞ니三層岸壓悅惚하다花開天地文明氣에功成身退是誰런고頂戴黑點더大臣은田園阡拓奔忙이라昨年에退靈籠ᄒᆞ고今春에退從網ᄒᆞ江花鳥閑閑生涯下末路計自足ᄒᆞ야더景致가可觀일세

▲삼山松栢鬱葱々ᄒᆞᆫ데數間堂寂寞ᄒᆞ다滿床에秩有貧足空馳心神是誰런고半僧半俗大臣은位極人臣不足ᄒᆞ가名文학小數ᄒᆞᆫ가後泉臺[illegible]去에象村이如何間이던何辭可ᄒᆞ려ᄂᆞᆫ지더景致가可觀일세

▲竹里街上陰雲起하니中央部沉深ᄒᆞ다壹騷波興亂時滿腸憤鬱是誰런고金之李之員은生命財產覆沒하고樓情形엇지ᄒᆞᆯ고其首領의壓處온快受ᄒᆞ고音ᄒᆞᆫ지鵝ᄂᆞᆫ拘아니될ᄭᅡ더景致가可觀일세

▲靑龍亭下黃昏暮ᄒᆞ니高樓閣依稀ᄒᆞ다喚岑明月丹桂影우凉徘徊是誰런고半面毛公大臣은好樣乎毁去後에度餘銀巳盡ᄒᆞ고運動費ᄀᆞ不足가新建家屋何欲賈오家僧主ᄒᆞ려ᄂᆞᆫ지더景致가可觀일세

▲七層古塔朝日出ᄒᆞ니門號字分明하다百度維新此時代擔負皿任是誰런고七大綱領副會ᄂᆞᆫ全國希望不知ᄒᆞ고發雲先起도다各自爲巳是斷가壹朝缺裂되고보면外人蠶엇지ᄒᆞᆯ고더景致가可觀일세

▲金虎門前午烟歇ᄒᆞ니飄然塾文明ᄒᆞ다坐作遡退兩年後依杖彷徨是誰런고昨非今是大臣은剝奪督悔ᄒᆞ고數恩想換養이라勿陷其志省야愼終有始ᄒᆞ당이면舊日聲可聽이지더景致가可觀일세

▲校寺洞天曉色高ᄒᆞ니木覓堅宏壯ᄒᆞ다萬戶長安晝夢中先起警醒是誰런고忠心團結學會ᄂᆞᆫ各自義務擔着ᄒᆞ고不日成之ᄒᆞ고나勇往直進不退ᄒᆞ면大韓文明ᄒᆞᆫ날에執鞭前驅되련마ᄂᆞᆫ더景致가可觀일세

▲特別社告

大邱支社員梁濟益威從支社員金弘叙兩씨ᄂᆞᆫ辭免故로大邱西門外友弦書樓側李正由威從耶蘇教堂내張炳日兩씨로認定ᄒᆞ얏ᄉᆞ니右兩處附近本報購覽諸시ᄂᆞᆫ本社에對ᄒᆞᆫ凡務를右兩시와交涉ᄒᆞ심을務望ᄒᆞᆷ

大韓每日申報社告

雜報

●吉校頌吉　吉州郡내에普成中學校를設立ᄒᆞᆫ지已過年餘에該郡有志紳士崔學範呂鳳鳴等諸시가繼續維持ᄒᆞ야擴張코ᄌᆞᄒᆞ더니該郡守趙性根氏가莅任後로治蹟이公明ᄒᆞᆯᄲᅮᆫ아니라敎育을勸興키爲ᄒᆞ야학校에贊成ᄒᆞᆷ을境內人士가莫不讚頌이오又顧시의子九顯시를敎師로延聘ᄒᆞᆫ즉해시가名譽로熱心敎授ᄒᆞᆫ다고人皆稱頌ᄒᆞᆫ다더라

●興東再興　朔州郡興東學校ᄂᆞᆫ設立이于今四載에興旺이無期터니自昨秋以後로敎師洪在明시가熱心敎授ᄒᆞ야生徒가五十名에至ᄒᆞ고夏期試驗을經ᄒᆞ얏ᄂᆞᆫ대甲班優等에ᄂᆞᆫ洪鍵等二人이오乙班에ᄂᆞᆫ崔鎰淳等三人이오丙班에ᄂᆞᆫ崔曉夢等六人인ᄃᆡ郡主事김時華시가賞品을多數施與ᄒᆞ고熱心勸勉ᄒᆞ미壹般生徒가金씨의誠心을壹層感歎ᄒᆞ얏다고西來人이稱道ᄒᆞ더라

●英明文明　海州郡靑龍雲面門洞에셔有志諸시가靑年子弟를敎育ᄒᆞ기로協議ᄒᆞ고明學校를設立ᄒᆞ고六月初三日에開學ᄒᆞᆫᄂᆞᆫ대校務ᄂᆞᆫ金鍾呂시로校長은林應根시로定ᄒᆞ고敎師ᄂᆞᆫ安秉璉시와林容夏시가名譽로敎授ᄒᆞᄂᆞᆫ대해徒가三 名의還

ᄒᆞ되當日醵捐이壹百四十餘圜의至ᄒᆞ야大有進就之望이라더라

廣告

三國학務會를設ᄒᆞᆫ時에贊助ᄒᆞᆫ諸시의金額이如左ᄒᆞ니金永璜씨와襄各二圜李祐珪씨戴씨徐相丞林錫鎭씨昌鉉宋明憲李聖浩黃翊周各壹圜金鶴鼎으로兩集李신榮金순회宋性喜씨洛西姜俊欽金命圭李亨來各五拾錢이기盛蒞를廣佈ᄒᆞᆷ　廣成학校白 三

本人이驚梁津에居生이年久이온바六同會班首曹致雲과安重護의有何誣訴本人於水道局警察署이든지本月拾八日午後에韓人巡査가來到ᄒᆞ야本人을捕縛故로不知如何委折ᄒᆞ고捉去于該署矣러니銅峴警察署勤務로派送에出張ᄒᆞᆫ日人巡査山崎誠豊씨와竹村虎太郎氏가言ᄒᆞ되君是學校事務員인대何爲被捉來此乎아ᄒᆞ기에以無罪被捉之意로逐々辨明則卽爲解縛ᄒᆞ고招致大同會人員ᄒᆞ야無事公判ᄒᆞ얏ᄉᆞ오니此兩氏의愛民惠澤과公決正直은卓乎難及이기로玆에告白ᄒᆞ야世人이皆爲稱頌케ᄒᆞᆷ

驚梁津下加次山第壹統九戶
崔舜韶 告白

本人이驚梁津에年久居生이온바以大同會班首曹致雲과安重護의誣訴事로被捉于水道局警察署ᄒᆞ와幸以日人巡査山崎誠豊과竹村虎太郎氏의公決ᄒᆞᆷ擇으로無故放釋을ᄒᆞ얏ᄉᆞ오니抵死難忘이올ᄲᅮᆫ더러韓巡査李宅珪氏ᄂᆞᆫ適其時出他未見이라가追後還署ᄒᆞ야得聞如此褥許ᄒᆞ고本人家에來書ᄒᆞ되韓巡査幾名이在署ᄒᆞ나不得盈決勸務가萬萬不可ᄒᆞ니夫曹安兩人者ᄂᆞᆫ期

於히無故之律에陷ᄒᆞ야懲壹朔百洲ᄒᆞ다ᄒᆞ옵기本人이不勝感激ᄒᆞ와玆에告白ᄒᆞᆷ

驚梁津下加次山第壹統九戶
崔舜韶 告白
再 三

去月分에好陰公決과崔舜韶敎提의公決ᄒᆞᆫ七洞民人等이水道局警察署에ᄂᆞᆫ以巡査三以로ᄎᆞᆨᄎᆞᆨ出張勤務케ᄒᆞ기를希望

本社創立總會

期日은業已廣告이온바總會와被選된任員은如左ᄒᆞ고營業을自今爲始ᄒᆞᆯ터이오니材木柴炭賣買渡ᄒᆞ실僉君子ᄂᆞᆫ來議于本社ᄒᆞ시옵

隆熙貳年七月二十日 四

左記

總務員 趙秉允
張輔衡
全台憲
趙彰漢
監査員 沈宜顯
李 鵬

苧洞四巨里
漢城材木柴炭株式會社 告白

陰今月貳拾一日下午六時半假量에何許不知老人(年今六拾餘歲可量)이本人沐浴湯에來ᄒᆞ여獨히沐浴ᄒᆞ다가偶然不能動作故로卽時醫師를請來ᄒᆞ야執脈ᄒᆞᆫ則已爲別世ᄒᆞᆫ바南部에通寄ᄒᆞ야韓日巡査가來于本湯ᄒᆞ여尸體를臨監ᄒᆞ고尸體主人오로四方廣問則于今것主人不到故로玆以廣告ᄒᆞ오니尸體主人은速히運去ᄒᆞ심을切望 三

廣橋木月樓沐浴湯主人李憲基

本人이華成測量學校를南門外里門洞百七十六統七戶에設ᄒᆞ얏ᄉᆞ오니僉君子ᄂᆞᆫ照亮ᄒᆞ심 王
박正彛 告白

[illegible]

其於人道之原則ᄒᆞ고重於正義之誠實ᄒᆞ며以親切爲目ᄒᆞ야訴訟事件並行政請願을作ᄒᆞ야受依托ᄒᆞᆷ

京城苧洞六拾四統貳戶
東洋大學前講師
辯護士 日本法律學士 木尾虎之助 入

本人의庶母金召史가本人에家產與洪州靑陽結城所在畓文券을搜奪ᄒᆞ야公州邑로出往ᄒᆞ얏ᄉᆞ니내外國人ᄒᆞ照亮ᄒᆞ시와切勿見欺ᄒᆞ시옴 三

洪州西谷面俗隱居尹相吉告白

國債報償금中에義人이銀飯儀物로本社에來納ᄒᆞᆫ者를許久積置ᄒᆞ엿스나即爲放賣ᄒᆞ야銀行에殖利ᄒᆞᄂᆞᆫ것만又지못ᄒᆞ기로玆에廣告ᄒᆞ오니或有願買人이거던本社에來問ᄒᆞᆷ

本社 告白

●魯桑椹　新種이本社에來到ᄒᆞ얏ᄉᆞ니첨君子ᄂᆞᆫ來購ᄒᆞᆷ
遠鄕은郵便送錢ᄒᆞ오면桑椹도郵便送交ᄒᆞᆷ 三
西部廉井동廿統壹戶 入
蠶業廣進會社社長金濂先 白

歡堂先生 鄙言 譯述

厚禮斗發大王七年戰史

全壹冊 定價金三拾錢

此書ᄂᆞᆫ卽拾八世紀頃에普魯士厚禮斗發大王이日耳曼列邦中에介在ᄒᆞᆫ壹弱國으로突然奮起ᄒᆞ야尙武的精神으로人民을鼓勵ᄒᆞ며俄法等諸國과對抗ᄒᆞ야七年戰爭을繼續ᄒᆞ야普魯士國의雄飛ᄒᆞᄂᆞᆫ端緒를開ᄒᆞᆫ바이니대其政略의巧妙ᄒᆞᆷ과其功烈의偉大ᄒᆞᆷ이足히讀者의敢懷을喚起ᄒᆞᆯ만ᄒᆞ오니 僉君子ᄂᆞᆫ速々購覽ᄒᆞ시옵

發賣元 玉屛下廣學書舖金相萬
發賣所 京鄕各有名書肆

新刊書籍發售廣告

女子讀本 張志淵 著 全貳冊 定價금大拾錢
初等衛生學 全壹冊 拾五錢
初等倫理學 全壹冊 貳拾錢
國家學綱領 全壹冊 拾五錢
國民須知 전壹冊 八錢
初等小학 全四冊 壹圜三拾錢
中等萬國新地誌 全貳冊 壹圜
增修無冤錄大全
國漢文壹冊 七拾五錢
伊太利建國三傑傳 全壹冊
新撰理化학 朴晶東 시著
獨習日語獨학 전壹冊 定價金三拾전
洋裝壹冊 鄭雲復시著 壹圜貳拾五전
愛國夫人傳 全壹冊 張志淵시著 定價금拾五전
新小說血淚 全壹冊 李人稙시著 定價금貳拾錢
富國全書發鷄新論 全壹冊 鮮于叡시著 定價금三拾五전
世界三怪物 전壹冊 拾貳錢
家庭雜誌 每號拾전
新訂算術 전三冊 大拾전
乙支文德 國漢本寫眞 並壹冊 三拾錢

總賣所 臺墟中署布屛下 廣學書舖 金相萬
京鄕各有名書舖

本店에夏節양服件이英京倫敦에서新着ᄒᆞ얏기로玆에廣佈ᄒᆞ오니 僉君子ᄂᆞᆫ光顧購買ᄒᆞ심을懸望ᄒᆞᆷ

洋服裁縫店 貞洞華商源泰號 謹白 入

精理舍主人 鄭一宣氏著作

●初等算術敎科書

洋裝壹秩四冊定價新貨九拾錢
三拾冊以上을來購ᄒᆞᆯ時ᄂᆞᆫ原價外二割引을減ᄒᆞᆷ
但地方에셔百冊以上을請求ᄒᆞᆯ時ᄂᆞᆫ船車運費를發賣者自擔ᄒᆞᆷ

本書ᄂᆞᆫ數學大家鄭一宣氏가我國의算學을發達ᄒᆞ기爲ᄒᆞ야積年의腦力을費盡ᄒᆞᆫ바이온ᄃᆡ算術의原理原則을昭詳論釋ᄒᆞ야在學受教의必須ᄲᅮᆫ不啻라覽則易曉에人可獨習ᄒᆞᆷ

發賣元京西部社稷後洞七拾貳統六戶 鄭象烘 入

●測量算術預備科

廣告 三

本校內에算術專門科를特設ᄒᆞ고三個月內로敎授ᄒᆞ깃ᄉᆞ오니願學 僉員은今月二拾五日以二拾七日內로請願書를提呈ᄒᆞᆷ
但請願紙ᄂᆞᆫ本校에來購ᄒᆞᆷ
科程自加法으로完全數理論
開學은本日下午二時로三時

南部屛洞南部內進明學校白

胎養調經丸

대뎌 부인이 년파로록 잉ᄐᆡ치 못ᄒᆞᆷ은 병으로 인ᄒᆞᆷ이니 일즉이 연구치 아니ᄒᆞ고 ᄉᆡ상이 ᄇᆞ려두면 다만 한사ᄅᆞᆷ의 불ᄒᆡᆼᄲᅮᆫ 아니다 또ᄒᆞᆫ 국에 크게 관계가 잇ᄂᆞᆫ고로 ᄇᆡᆨ셩의 십오년을 ᄂᆡ외국 고명ᄒᆞᆫ 외ᄉᆞ의 실험방문 뎌션ᄒᆞ야 셜에 집으로브터 他人家ᄭᆞ지 무ᄉᆞ시험ᄒᆞᆫ즉 열에 열사ᄅᆞᆷ이 다효험을 보앗고 ᄎᆞ약이 이리만 ᄒᆞᆫ색아니라 (치병)(조경)(조혈)되ᄂᆞᆫ 뎌)ᄒᆞ며 도 이ᄀᆞᆺ치 광포ᄒᆞ오니 쳠부인은 일ᄎᆞ 시험ᄒᆞ시 각디방이라도 우편으로 곳쳐ᄒᆞ이오니 죠량ᄒᆞ시옴

壹劑壹個月分定價五圜

製藥所 仁川港杻峴 和平堂약房
발行人 仝 리應韓
代理店 인川港杻峴 濟生堂약房
京城大廣橋 共愛堂약房

우랑죵약은청심보명단과처ᄇᆡ에소마다수응판매ᄒᆞ오니그구방에계신이ᄂᆞᆫ그곳으로가셔무ᄋᆡᆨᄒᆞ시오

○약광고

본국에서 십년을연구ᄒᆞ야(사향소창판)이란 약을발명ᄒᆞ엿ᄂᆞᆫ데 남녀물론ᄒᆞ고 무슨창병이던지 ᄒᆞᆫ제(十四介)를디엿양단셔 먹으면 효험이대단ᄒᆞ되 죵되ᄂᆞᆫ고로 미열단지ᄒᆞ와사가오니 창병잇ᄂᆞᆫ 쳠위ᄂᆞᆫ오미모셩말고 속히디림ᄒᆞ야 발외ᄒᆞ시며 각디방이라도/우편오로 무청ᄒᆞ미오니 죠량ᄒᆞ시옴

仁川港和平堂 白

漢城鍾路慈惠大藥房

大韓東西藥業月報社發售

咽喉 熱痛 降火水 五日分 金壹圓

消化 告味 甘露水 金三十五錢

男女 氣血 補益丸 二圓五十錢

蘆潤消毒丸 二十錢

淋疾根治藥 五十錢

痢疾靈書散 三十錢

清明眼藥水 十五錢

養兒寶書散 十五錢

寸白根藥 三十錢

鱉金鷄納丸 十錢

鼻淡靈丸 二十錢

止汗臭藥 二十錢

四時感冒丸 十錢

太腫合膏 三十錢

消痰鎭咳藥 三十錢

漢城百應膏 十錢

陳滯消積丸 五十錢

癇氣神效保嬰散 二十五錢

買藥處[illegible]郵便送

▲大韓國新發明 [illegible]

健胃 消滯 ▲八寶丹 九拾五粒 ▲[illegible]보단 [illegible]拾錢

承[illegible]府與의正三品洪哲普閣下[illegible]實驗[illegible]方과[illegible]數々의와學校教[illegible]育[illegible]黃君有効証明으로此丹을발行이온바新久滯積과食[illegible]關格과霍亂사陽과胃腹疼痛과痰疾固飮과新久泄瀉와七情鬱語과水土不服과[illegible]에[illegible]服見效ᄒᆞ오니衛生君子는光顧試可ᄒᆞ심을爲希홈

▲婦人 ▲사향소창단 ▲[illegible]

此丹이於諸창에無論男女老少ᄒᆞ고若服[illegible]ᄒᆞ면實有神效ᄒᆞ야百보百中ᄒᆞ오니非例方可及이라若論主治則[illegible]下疳連珠[illegible]頭창諸症에俱見立效ᄒᆞ오니養病僉君子는[illegible]試驗ᄒᆞ시옵

婦人 靈藥 ▲뎡양됴경환 ▲胎養調經丸

壹個月分入 定價金五圜

大抵婦人이年過ᄒᆞ도록不受孕者는由於病也라若[illegible]究ᄒᆞ고[illegible]則非但[illegible]個人에不幸이라[illegible]國生育之[illegible]의關係가不[illegible]也니僕이十五年을消費ᄒᆞ야內外國高明의士에實驗方을[illegible]ᄒᆞ야先自僕家로[illegible]及他人ᄒᆞ야累試[illegible]驗에十분而[illegible]効ᄒᆞ옵고且此약이非但受孕之神劑라治冷。治積。[illegible]調血에俱有實効ᄒᆞ옵기玆以廣布ᄒᆞ오니僉員은壹次試驗ᄒᆞ시면[illegible]을可知이옵

약製所인川港객關和平堂藥房

발行人 仝 [illegible]應春

右三種약은各地方이라도請求ᄒᆞ면우편으로부치ᄂᆞᆫ슈도잇소

京城支店 鐘路衣廛下和平堂

代理店仁川港객關제生堂약房

▲發賣所

京城大廣橋共愛堂약房

仝남문밧水標제生支店

仝 仝大東書市支店

仝向동博文書館

仝 洞口너 相[illegible]號[illegible]

仝 鐵物橋 毛衣房리洛[illegible]

仝 小廣橋 毛衣房리[illegible]

仝 [illegible]洞 上[illegible]三可病院

仝 大寺동 共濟病院

○仁川港너[illegible]旅館[illegible]

仝 읍너 [illegible]

○江華鐘路 宋順五店

○開성 남문너朴[illegible]商店

仝 남문너明新[illegible]사리[illegible]

○水原 남문너 김제九약舖

○海州 남문너[illegible]商店

○延安읍너 邊汝文洋藥局

○長湍 남문너 [illegible]

仝 砂里院耶蘇教당리[illegible]

○黃州남문너 紅문동리東[illegible]

○平壤 [illegible]里 [illegible]藥舖

仝 館[illegible] 김[illegible]藥舖

仝 文武洞 [illegible]약포

○鎭남浦 [illegible]동 김元선藥포

仝 제生당[illegible] 吳[illegible]

○[illegible]산港 [illegible]洞 金[illegible]

仝 大井동 리春[illegible]약房

○[illegible]산 [illegible]谷里 [illegible]

○大邱 남문너 리明[illegible]약局

○元山港 남甲元약局

仝 제生堂支局 朴[illegible]

○[illegible]川 서문너 박[illegible]약局

○[illegible] [illegible]

○[illegible]山港 제生당[illegible]

○安州성너義井동[illegible]大약房

○[illegible]邑上[illegible] 제生局[illegible]

○義州남문外木口街義和약房

○[illegible]읍後동 洋약局[illegible]

○定州남문너 洋약局[illegible]

◉郭山읍 洋약局 [illegible]

○宣川읍 冊사 安[illegible]

[illegible]山읍 永春堂 安[illegible]

仁川港 和平堂 白

[illegible]大韓[illegible]

[illegible]靈丹

至寶丸

[illegible]效液

清眼水

通[illegible]丸

發賣[illegible]行所

支店

代理店

此外에도東西洋各國有名[illegible]材料이[illegible]多少를不拘ᄒᆞ고[illegible]小包로仰呈ᄒᆞ계숍

濟生堂 仝 和平局

大韓新[illegible]廣告

消化 新藥 清心保命丹

發行所 仁川港[illegible] 濟生堂藥房

九十粒入 金拾錢

代理店 京성大廣橋共愛堂

仝 全[illegible]藥房

●京泥峴三丁目 新井약店

仝 全[illegible]局前天佑堂약房

仝 [illegible]博文書館

仝 [illegible]

仝 [illegible]三可病院 仁제약房

●仁川[illegible]和平당

同本町 新井藥房

●海州남문너 宋[illegible]

仝 全[illegible]店 리[illegible]

●水原[illegible]路下약房 金제九

●元山港[illegible]院 제[illegible]당支店 박[illegible]

●[illegible] 城[illegible]문外 제生당支店 [illegible]

[illegible] 제生당支店 李[illegible]

[illegible]行所 [illegible]大門內

仁川港[illegible]濟生[illegible]白

仁濟藥房 高用진 謹白

代理店

京城鐘路 共愛堂약房

仁川港[illegible]洞 濟生堂

國內各處藥局에서[illegible]販賣ᄒᆞ

皇城北部大安洞

[illegible]誠心治療[illegible]

材多新備ᄒᆞ[illegible]外科각色[illegible]

此外에도[illegible]와精美[illegible]

[illegible]

落梅丹

●新發明梅瘡[illegible]

○廣告料

每日發行 大[illegible]

國[illegible]活字十三字詰

每日[illegible]英尺一寸에[illegible]

每日發行[illegible]

二[illegible]

一[illegible]月에

每日發行四[illegible]

[illegible]期限의長短과字行의多[illegible]

[illegible]依ᄒᆞ야[illegible]

發行兼編輯人英國人 萬 咸
Responsible for Publication Alfred Weekley Marnham
發行所
[illegible]署石井洞號外[illegible]三[illegible]洋屋[illegible]
大韓每日申報社

第六卷

大韓每日申報

第八百六十三號

月曜及慶節
該時日休刊

檀君開國四千二百四十一年
箕子元年三千三十年
大韓開國五百十七年
日本明治四十一年
淸國光緖三十四年
陰曆戊申六月小廿五日己卯

論說

▲嬰兒的國民은 不適於今世

中世以上一國의原動力은恒常一二少數人卽朝廷君臣에在ᄒᆞ고近世以來ᄂᆞᆫ一國의原動力은恒常全體大多數人卽全國々民에在ᄒᆞ나니萬一近世에國民된者도서尙且國民의知識이缺ᄒᆞ며國民의能力이乏ᄒᆞ야中世以上狀態又치但只在上者의撫我育我만是希望ᄒᆞ면此ᄂᆞᆫ嬰兒的國民이라今世에生存ᄒᆞᆷ을不得ᄒᆞᆯ진저

近하支那로論ᄒᆞ건대彼가四億萬人口를擁有ᄒᆞ얏스며彼가十八行省四百餘州를據有ᄒᆞ얏스니人口로論ᄒᆞ던지土地로論ᄒᆞ던지此ᄂᆞᆫ世界無比의龐然大國이라不稱ᄒᆞᆯ이不可ᄒᆞᆯ지라然이나彼가大國의形質을有ᄒᆞ고도大國의名譽가無ᄒᆞ니是가果然何故인가

此ᄂᆞᆫ壹言으로道破ᄒᆞᆯ진ᄃᆡ謂其嬰兒的狀態를至今保有ᄒᆞᆫ然故라ᄒᆞᆷ이可ᄒᆞ도다

昔에唐堯氏가微服으로康衢에遊ᄒᆞ더니其民이壤을擊ᄒᆞ며歡ᄒᆞ야曰鑿井而飮、耕田而食、日出而作、日入而息、粒我烝民、莫非爾極、不識不知、順帝之則이라云々ᄒᆞᆫ바此로써堯의聖化를可驗ᄒᆞᆯ지며陶唐의至治를可想ᄒᆞᆯ지나然이나此時代를當ᄒᆞᆫ人身上에此ᄒᆞ면卽乳哺時代가是라乳哺時代의嬰子다며父母를依賴치말고自立ᄒᆞ다ᄒᆞ면必不能ᄒᆞ며乳哺時代의人民다려在上者를依賴치말고自治ᄒᆞ라ᄒᆞ면必不能ᄒᆞ리니彼不識不知、順帝之則이此時代에在ᄒᆞ야ᄂᆞᆫ固不得不然ᄒᆞ거니와後來强壯時代를當ᄒᆞ야ᄂᆞᆫ宜乎成人의狀態를做ᄒᆞ고嬰兒의狀態를去ᄒᆞᆷ이可ᄒᆞᆯ지어ᄂᆞᆯ彼乃四千年以後今日이四千年以前當日과無異ᄒᆞ야長是嬰兒的狀態를保有ᄒᆞᄂᆞᆫ도다

堯舜이來ᄒᆞ면乳를衆ᄒᆞ다가桀紂가來ᄒᆞ면飢를啼하며羿착이來ᄒᆞ면飢를啼ᄒᆞ다가湯武가來ᄒᆞ면乳를衆ᄒᆞ고桀雄俘夫의漢高祖唐太宗이來ᄒᆞ야도乳만與ᄒᆞ면是喜是躍ᄒᆞ며異族別種의成吉思汗哈赤이來ᄒᆞ야도飢만救ᄒᆞ면是歌是舞ᄒᆞ야百年을過ᄒᆞ고도嬰兒됨을不免ᄒᆞ며千年을過ᄒᆞ고도嬰兒됨을不免ᄒᆞ고國民이自覺ᄒᆞ야國民事業을成就ᄒᆞᆫ日이都無ᄒᆞᆫ故로歷代民賊이其狡詐ᄒᆞᆫ心術을敢肆ᄒᆞ야或恩或威로써此를能히籠絡ᄒᆞ며外來客族이其陰鷙ᄒᆞᆫ手段을敢弄ᄒᆞ야或仁或力으로써能히此를羈制ᄒᆞ야엇篇歷史에恥辱의爛擾ᄒᆞ비니

蓋近世에ᄂᆞᆫ嬰兒的國民의生活ᄒᆞᆯ時代가아니라故로支那又ᄒᆞᆫ龐大ᄒᆞᆫ國으로도猶此老朽를不免ᄒᆞ얏거던況土廣民衆이支那에不及ᄒᆞᄂᆞᆫ者乎아

新史氏曰近世文明國에ᄂᆞᆫ堯舜이有ᄒᆞ야도堯舜되기不能ᄒᆞ며桀紂가有ᄒᆞ야도桀紂되기不能ᄒᆞ나니法律의制定을人民이與知하며租稅의增減을人民이與知ᄒᆞ며一切國論國是를皆人民이造出ᄒᆞᄂᆞ니堯舜이雖聖이나何善을能爲며桀紂가雖暴나何惡을能爲리오嗚乎라近世ᄂᆞᆫ上世와不同ᄒᆞ니國民된者ㅣ各其義務를履行ᄒᆞ며各其權利를主張ᄒᆞ고共同의利害를感ᄒᆞ며共同의責任을擔ᄒᆞ야互相團結ᄒᆞ며互相策勵하여야生存을可得ᄒᆞᆯ지니萬一土窟石室中에頭를藏ᄒᆞ고堯舜又ᄒᆞᆫ聖君과皐夔稷契又ᄒᆞᆫ賢相만待ᄒᆞ면滅亡만招ᄒᆞᆯ지니라

▲隆熙二年七月拾七日 官報

●法律第拾三号

民刑訴訟規則 續

第貳拾三條 區裁判所及地方裁判所ᄂᆞᆫ事件에當하야管轄을有치아니ᄒᆞᆷ으로認ᄒᆞᆫ時ᄂᆞᆫ其事件을管轄裁判所로移送ᄒᆞᄂᆞᆫ判決을行ᄒᆞᆷ이可ᄒᆞᆷ但地方裁判所ᄂᆞᆫ事件이區裁判所의管轄에屬ᄒᆞᆫ것으로認ᄒᆞᆫ時라도第壹審의判決을行ᄒᆞᆷ을得ᄒᆞᆷ

移送의判決은其移送을受ᄒᆞᆫ裁判所를羈束ᄒᆞᆷ

第二拾四條 民事의原告나被告나或은刑事의被告가審問期日에出廷치아니ᄒᆞᆫ時ᄂᆞᆫ裁判所ᄂᆞᆫ缺席判決을行ᄒᆞᆷ을得ᄒᆞᆷ

第二十五條 第壹審이나第二審의裁判所에서行ᄒᆞᆫ缺席判決에對ᄒᆞ야ᄂᆞᆫ缺席者로부터故障의申提를行ᄒᆞᆷ을得ᄒᆞᆷ

第貳拾六條 故障期間은民事에ᄂᆞᆫ判決送達의日로부터拾四日이며刑事에ᄂᆞᆫ罰金刑을宣告ᄒᆞᆫ判決에當ᄒᆞ야ᄂᆞᆫ其判決送達이나判決이有ᄒᆞᆷ을知ᄒᆞᆫ日로며其他의刑을宣告ᄒᆞᆫ判決에當ᄒᆞ야ᄂᆞᆫ判決이有ᄒᆞᆷ을知ᄒᆞᆫ日로부터五日로ᄒᆞᆷ

第貳拾七條 故障은缺席判決을行ᄒᆞᆫ裁判所에其申提書를提出ᄒᆞ야此를行ᄒᆞᆷ

第二拾八條 裁判所가故障을受理ᄒᆞᆫ時ᄂᆞᆫ訴訟은缺席前의程度에復ᄒᆞᆷ

外報

●希臘暴徒의運動 路透電을據ᄒᆞᆫ則希臘의暴徒ᄂᆞᆫ秩序的으로組織ᄒᆞ야土耳其靑年國과壹致ᄒᆞ야運動ᄒᆞᆫ다ᄂᆞᆫᄃᆡ同國은聯合及讓步을標榜ᄒᆞ야改革運動을行ᄒᆞᆫ다더라

●空氣水雷專賣 倫敦電을據ᄒᆞᆫ즉德國루푸會社에서ᄂᆞᆫ瑞典國人의研究ᄒᆞᆫ新空氣水雷砲의專賣特許權을得ᄒᆞᆫ지라此水雷ᄂᆞᆫ發射ᄒᆞᆯ時에反動이不起ᄒᆞ고又音響이無ᄒᆞ야最히可恐ᄒᆞᆫ兵器라云ᄒᆞ얏더라

●印度甘霖 同電을據ᄒᆞᆫ즉上部印度에서多量의降雨가有ᄒᆞ야特히饑害地方을潤ᄒᆞ게ᄒᆞᆫ故로一般印度의農作이目下現象으로ᄂᆞᆫ豐年이라ᄒᆞ얏더라

●探檢準備 同電을據ᄒᆞᆫ즉北極探檢家페리씨ᄂᆞᆫ北極地方으로向하야케푸푸레든에서出發ᄒᆞ얏ᄂᆞᆫᄃᆡ同氏ᄂᆞᆫ北極에到達ᄒᆞ기ᄭᆞ지三箇年을經ᄒᆞ야도念慮가無ᄒᆞᆯ만콤需用品을準備中이라더라

●日本雹災 日本宇都宮電을據ᄒᆞᆫ즉去四日下都賀郡中村茶碗入에서降雹가三拾分間을繼續ᄒᆞ야穗積村寒川村等地에서壹千餘町步農作物의被害額이六萬餘圓에達ᄒᆞ얏다더라

●德皇巡遊 伯林電을據ᄒᆞᆫ則德國皇帝ᄂᆞᆫ八月六日瑞典을訪問ᄒᆞᆫ後에波羅的海에서巡遊ᄒᆞ고八月十二日에쓰비네뮨三港으로還御ᄒᆞᆫ다ᄒᆞ얏더라

雜報

●汾校試驗 通津郡私立汾남學校에서第壹回夏期試驗을經ᄒᆞ얏ᄂᆞᆫᄃᆡ壹班優等李寅善等三人二班優等成舜基李鍾燮班優석及第李圭容李元夏等二拾人등擢中東及第沈相根等拾五人인ᄃᆡ及第施賞ᄒᆞ고又當勸勉ᄒᆞ엿다더라

●桂昌試驗 富平郡私立桂昌學校에서今月拾三日에夏期試驗을經ᄒᆞ얏ᄂᆞᆫᄃᆡ甲班優等生의박容均씨오乙班의朴渡遠宋四明等三人이오丙班의李公雨奇興吉等四人이오丁班의洪時석洪鍾泰等諸人인ᄃᆡ當般任員가會同하야紙筆墨及冊子등多數施賞ᄒᆞ얏다더라

別報

◎裵說氏의公判顚末

第三日 續

裁判官曰法律은分明히新聞紙들이西國人들의管轄이나主張되면서卽時頒布되얏나니라

크로쓰씨曰淸國에在ᄒᆞᆫ新聞紙들은西國人들의管轄上多年을在ᄒᆞ얏나니다

裁判官曰英國政府ᄂᆞᆫ韓國에在ᄒᆞᆫ人民으로ᄒᆞ여금不可不正當ᄒᆞᆫ法律을制定ᄒᆞ야韓國에在ᄒᆞᆫ國人民을管轄ᄒᆞᆯ지니此ᄂᆞᆫ彼等의當豫ᄒᆞᆯ者로亦當不犯ᄒᆞᆯ것이어날今에發ᄒᆞ얏가不幸히其法律을犯ᄒᆞᆫ다

크로쓰氏曰大에서聚會ᄒᆞᆫ者給出ᄒᆞ야日本世投ᄒᆞ고邊境世越ᄒᆞ야靑魚를滿載ᄒᆞ이로다齊邊에ᄂᆞᆫ三浦ㅅ가我에게言ᄒᆞ기를日本이此國에軍兵二萬名을置ᄒᆞ얏다ᄒᆞ고又登遲으로ᄂᆞᆫ新聞紙를壓抑迫ᄒᆞ니此兩件에適當ᄒᆞ도소이다

裁判官曰彼ᄂᆞᆫ若新聞紙가反逆ᄒᆞᄂᆞᆫᄃᆡ干涉이有ᄒᆞᆷ으로知ᄒᆞ면不得不然ᄒᆞᆷ은職責이니政府ᄂᆞᆫ人民이社會의安寧을危殆케ᄒᆞᄂᆞᆫ것을禁止ᄒᆞᆷ이職務ㅣ니다

크로쓰氏曰此樞密院令이但壹千九百七年二月에야始頒布된거시格外의事로소이다

裁判官曰令히不然ᄒᆞ다此ᄂᆞᆫ已在樞密院令의發條件이니다

크로쓰氏曰此ᄂᆞᆫ添附ᄒᆞᆫ條件이로소이다

裁判官曰此ᄂᆞᆫ英國人民의利益을爲ᄒᆞ야如此特別ᄒᆞᆫ犯罪에對ᄒᆞ야地方裁判所를代ᄒᆞ야共同裁判所에서處理ᄒᆞᄂᆞᆫ權限을與ᄒᆞᆷ이니다

크로쓰氏曰閣下ᄂᆞᆫ必何如히樞密院令이至今에在ᄒᆞᆫ거슬詳細히知ᄒᆞ시ᄂᆞᆫ잇가

裁判官曰余ᄂᆞᆫ何如ᄒᆞ얏든지至今在ᄒᆞᆫ거슬分明히知ᄒᆞ노라

크로쓰氏曰余ᄂᆞᆫ其說를聞코ᄌᆞᄒᆞᄂᆞ니다

裁判官曰已往樞密院令은改正ᄒᆞᆫ令과如히方便치못ᄒᆞᆫ故이니余ᄂᆞᆫ已往令과改正ᄒᆞᆫ것이何如케異ᄒᆞᆫ지分明히知치못ᄒᆞ나其改正ᄒᆞᆫ意ᄂᆞᆫ此等特別ᄒᆞᆫ罪犯은地方裁判所를代ᄒᆞ야共同裁判所에서處理케ᄒᆞᆷ이니라

크로쓰氏曰至今編輯이라ᄒᆞ야制限ᄒᆞᆷ을過ᄒᆞ게ᄒᆞᄂᆞᆫ것시余의意見으로ᄂᆞᆫ斷ᄒᆞᆯ진ᄃᆡ議會의起草ᄒᆞᆫ것과異ᄒᆞ오이다

裁判官曰其本의語며外商으로ᄒᆞ야ᄒᆞ노라

(未完)

雜報

●差備官運動 貞宗 憲宗 哲宗三 大王 追崇ᄒᆞᆫ冊寶行禮時에各差備官의陞資의陛六이된다ᄂᆞᆫ說이有ᄒᆞᆷ으로差備官을豫爲運動하ᄂᆞᆫ人이多數ᄒᆞ다더라

●敍勳受勳 新任掌禮院掌禮岐運씨ᄂᆞᆫ今日에詔勳受勳ᄒᆞ다더라

●兩氏轉任 度支部書記官閔泳五崔錫彰兩씨ᄂᆞᆫ財務署財務官으로轉任이되얏다더라

●隨等分金 各郡判任官의手當金을日語嫺熟ᄒᆞᆫ人과勤慢을分別ᄒᆞ야隨等支給ᄒᆞᆫ다더라

●二十日官 日本人으로ᄂᆞᆫ韓部技手及主事近二十名의叙任件이今明間頒布된다더라

●禮服擬定實施院 國民禮服擬定會에서男子의禮服擬定件과婦人의禮服擬定件을將次中樞院에서獻議ᄒᆞ야內閣에移照ᄒᆞ야實施ᄒᆞᆫ다더라

●兩部事務 地方에內務部及警察部를設置ᄒᆞᆫ다ᄒᆞᆷ은各新聞에揭布ᄒᆞᆫ바어니와其管轄事務ᄂᆞᆫ聞ᄒᆞᆫ즉內務部장은救恤及慈善에關ᄒᆞᆫ事와土木地籍及享祭에關ᄒᆞᆫ事項이오警察部長은衛生上에關ᄒᆞᆫ事項과民籍에關ᄒᆞᆫ等事件을各其擔觀務ᄒᆞ다더라

●宜有措處 地方郡守를圖得ᄒᆞ기爲ᄒᆞ야京城에居住ᄒᆞ던者들이觀察使所觀區域內로搬移ᄒᆞᄂᆞᆫ者가或有ᄒᆞ다ᄂᆞᆫ風說이浪籍ᄒᆞᆷ으로內部에서ᄂᆞᆫ此에對ᄒᆞ야另加探知ᄒᆞ야此等事가果有ᄒᆞᆫ境遇이면別般措處를ᄒᆞᆫ다ᄂᆞᆫ說이有ᄒᆞ다더라

●道務掌理 地方官制를改正ᄒᆞᆷ에對ᄒᆞ야道事務官은觀察使及書記官의命을承ᄒᆞ야道務를掌理ᄒᆞᆫ다더라

●語學校預算額 外國語學校를明年度에ᄂᆞᆫ校舍及諸般設備를擴張ᄒᆞᆯ計劃이라ᄂᆞᆫ데所入經費豫算額이六万餘圓假量이라더라

●法惟歸正 尹敬重氏와孫錫基氏의爭訟事로三昨日平理院에서諸法官吏가會席公判ᄒᆞᆫᄂᆞᆫ데自承事府로奉承 皇勅ᄒᆞ고尹敬重氏의沓券을出給ᄒᆞᄂᆞᆫ內機를孫錫基氏가暗先密探ᄒᆞ고尹益炳을符同ᄒᆞ야委任狀을僞造ᄒᆞ야私自橫推ᄒᆞᆫ事件이며新文券을僞造ᄒᆞ고某氏勢力을收托ᄒᆞ야賤價勒買ᄒᆞᆫ事件이며尹益炳氏ᄂᆞᆫ沓主라稱ᄒᆞ고新文記와列名捺章ᄒᆞᆫ事件이며沓價를沓主尹益炳의게出給치아니ᄒᆞ얏다ᄂᆞᆫ諸般事實이供案에明白ᄒᆞ얏ᄂᆞᆫ데判事某씨ᄂᆞᆫ有何用私이던지諸法官들이大端論責ᄒᆞ얏다더라

●逢彼之怒 平壤外城停車場附占事로該處人民代表洪鍾觀金昌鎬兩氏가內部에請願ᄒᆞᆫ은已爲報道어니와하面面長黃奎祜씨가本社에來言ᄒᆞ기를調査局에서히請願에對ᄒᆞ야洪金兩氏를秘密押囚코저ᄒᆞᆫ다云ᄒᆞ나果然인지

●曠職多日 廣州 仁陵은設令이辭職請願ᄒᆞ야輸同入直치못하고參奉만獨히入直ᄒᆞ얏다가前報와如히參奉은因ᄒᆞ야히入直參奉이避身上京ᄒᆞᆫ데數日來로入直無人ᄒᆞ야曠ᄒᆞ고空齋가되얏다더라

●蔘圃護衛 內部警務局에서度支部에請求ᄒᆞᆷ을依ᄒᆞ야開城蔘圃를護衛ᄒᆞᆯ次로警部壹名과巡査七名을四五日內로派送하고來月에ᄂᆞᆫ更히十名을增派ᄒᆞᆫ다더라

●兩礦又許 山郡에在ᄒᆞᆫ石炭礦은京城居山田又壹에게로昭安郡에在ᄒᆞᆫ金礦은平壤滿穎官治夢에게로並爲許可ᄒᆞ얏다더라

●日船漸減 龍山仁川間에昨年에ᄂᆞᆫ日本商船來往하ᄂᆞᆫ거시壹百十隻이더니今年에ᄂᆞᆫ義擾를因ᄒᆞ야纔爲八十隻이라더라

●風流解散 去拾九日東亞開進敎育會所屬商務局員四拾餘名이中署下漢동李起鉉家에서酒宴을設ᄒᆞ고多數ᄒᆞᆫ妓生을請ᄒᆞ야豪遊하ᄂᆞᆫ대公安의妨害하ᄂᆞᆫ者가有ᄒᆞᆫ故로所管警察署에서解散을命ᄒᆞ얏다더라

●武校游泳 武官學校壹般任員과學徒等이日前龍山에出往ᄒᆞ야游泳을設行ᄒᆞ얏다더라

●籍沒請還 安邦烈李鳳雨氏等이其籍沒되얏던家舍與田土를還出給ᄒᆞ라고度支部에再次請願ᄒᆞ얏다더라

●太極支會視察 日本東京에在ᄒᆞᆫ韓人太極學會々長金洛泳시가內地에在ᄒᆞᆫ太極學會支會를視察次로今月二十五日에到京ᄒᆞᆯ預定이라더라

●卒業歸國 日本東京에在ᄒᆞᆫ農業大學校卒業生金鎭初씨ᄂᆞᆫ三昨日에到京ᄒᆞ얏다더라

●調査崩壞 再昨日大雨後에警視廳에서五部內人戶傾頹ᄒᆞᆫ거슬調査ᄒᆞ얏ᄂᆞᆫ대남部管內에頹戶가二戶오石垣崩壞가五介所오道路損壞가七箇所오墻垣破壞가三箇所오東部에ᄂᆞᆫ道路損壞가壹個所오沉水家屋이拾餘戶인대히所管ᄂᆞᆫ巡査가人民을指揮ᄒᆞ야防築케ᄒᆞ고銅峴管ᄂᆡ에ᄂᆞᆫ半頹家가壹戶인데損害가大拾圓이오龍山管ᄂᆡ에ᄂᆞᆫ道路陷落이壹個所오電氣會社軌道橋損壞가壹個所오北部管ᄂᆡ에ᄂᆞᆫ土壁倒壞가貳拾壹個所인데延長이二拾五間半이라더라

●幸無損害 日昨來로大雨가連日注下ᄒᆞ야漢江에增水가拾八尺이되고各河川도亦爲汎濫ᄒᆞ야京城各方面에交通이壹切杜絶되얏ᄂᆞᆫ대人畜間에損害가無ᄒᆞ다더라

●爲防水患 麻도等堤에서ᄂᆞᆫ再昨夜에道路의客水가人民家에灌入ᄒᆞ야或釜鼎等屬이浮壞된者도有ᄒᆞ고人民等은橫流ᄒᆞᆫ堤防하기爲ᄒᆞ야達夜從事ᄒᆞ얏다더라

●滊車不通 近日에大水가出ᄒᆞᆷ을因ᄒᆞ야水原과始興間에鐵道線路가破壞ᄒᆞ야滊車가不通이라더라

●張家困況 警視廳에被囚ᄒᆞᆫ張觀軾씨ᄂᆞᆫ原來家勢가至貧ᄒᆞ야히씨에周旋으로僅々糊口ᄒᆞ더니히氏가被囚ᄒᆞᆫ後로主張無人ᄒᆞ야數多眷率이桂玉을難謀하야可憐ᄒᆞᆫ情況은令人難見이라더라

●幸不致命 再昨日下午五時에北部苑동居戚某의子가有何事端인지히동井에墮溺ᄒᆞ매其父가其子를拯濟ᄒᆞ려다가亦爲墮溺ᄒᆞ얏ᄂᆞᆫ대其家人이救父子를拯出ᄒᆞ얏스나幾至死境이라더라

●延民呼冤 延安郡所在南大池ᄂᆞᆫ壹郡이公同議決ᄒᆞ야旱災를防禦ᄒᆞ고灌漑ᄒᆞ利源을預備ᄒᆞ기로良田美畓을各捐ᄒᆞ야周圍壹萬二千五百步를劃定鑿成ᄒᆞᆫ바掘去ᄒᆞᆫ田畓總結이田結七拾四負八束과답結二十壹結壹負八束을公同供稅ᄒᆞ고保守傳來ᄒᆞᆫ지가至今二千餘年이라同池의證據書類가自在ᄒᆞ야不變不易ᄒᆞ고壹定ᄒᆞᆫ民有의남大池니天然ᄒᆞᆫ沼澤이나或國有荒蕪地와ᄂᆞᆫ性質이超異ᄒᆞ거ᄂᆞᆯ該宗석李宗錫等이光武拾壹年度의荒蕪地라宮內府의認許承認ᄒᆞᆫ後李完鎔를當地의派遣ᄒᆞ야同池를墳元하고田답을起墾ᄒᆞ며壹進會를符同ᄒᆞ야本郡의派送하야郡守를威脅하고衆民을겸制코자ᄒᆞ야農商工部에認囑ᄒᆞ야該郡의嚴飭ᄒᆞ되李完鎔의作답工役을幇助케하고各官廳에秘囑ᄒᆞ야郡民을捉囚橫侵ᄒᆞ며國民新聞을機關으로認定ᄒᆞ야百方誣陷이罔有其極ᄒᆞ니舊儲ᄒᆞᆫ池水ᄂᆞᆫ疏決無餘ᄒᆞ고春種ᄒᆞᆫ秧苗ᄂᆞᆫ焦枯無遺ᄒᆞ야二千餘年仰灌ᄒᆞ던數千石落답이壹朝陳廢케되야壹郡萬口의灌漑賴活ᄒᆞ던利源이永絶ᄒᆞᆯ지라民衆이生命攸關에濱死不遠ᄒᆞᆷ을見ᄒᆞᆷ의父老의眼의冤淚가交流ᄒᆞ고婦女의口에痛嘆이不絶ᄒᆞ야村閭之間의彼此를不論하고樓屑彷황ᄒᆞᄂᆞᆫ景況이壹大悲觀을呈ᄒᆞ니大抵國有民有를勿論ᄒᆞ며天然人作을不計ᄒᆞ고是를沼澤利用하ᄂᆞᆫ方法이라謂ᄒᆞ리오右悲慘ᄒᆞᆫ情形을擧ᄒᆞ야所管府部의請願書를提呈ᄒᆞ고同黨李외兪有남大池認許를亟即取消ᄒᆞ기를日日苦待ᄒᆞ나彼의勢力이偉大ᄒᆞᆷ으로公決이無日하야嗷嗷ᄒᆞᆫ民情이壹層倍加ᄒᆞ다고該郡人의傳說이有ᄒᆞ더라

●卒業後敎授 徽文義塾에서將次商業課를設置ᄒᆞᆯ預定인대適當ᄒᆞᆫ敎師가無ᄒᆞᆷ으로히塾據務員大槻이가物理化學을卒業以來ᄒᆞ야敎授ᄒᆞᆯ意로日間日本으로발程ᄒᆞᆫ다더라

●勞働夜學 勞働夜學會를朴庸臣씨가학部에請願ᄒᆞ되勞動ᄒᆞᄂᆞᆫ八을敎育ᄒᆞ기爲ᄒᆞ야夜학校를設立ᄒᆞᆫ깃스니認許ᄒᆞ라ᄒᆞ얏ᄂᆞᆫ대指斷ᄒᆞ기를학校維持ᄒᆞᆯ方針과敎授ᄒᆞᆯ方法을昭詳ᄒᆞ야告ᄒᆞ라ᄒᆞ얏다더라

●尹氏捐金 西江牛川학校長尹容植시ᄂᆞᆫ萬定하얏ᄂᆞᆫ대히시가特念校況之艱窘ᄒᆞ야金五十圓을捐助ᄒᆞ고每朔五圓式捐助ᄒᆞ야히校를期於擴張하기로做去ᄒᆞᆫ다고西江人士들이贊揚不已ᄒᆞᆫ다더라

●志士設校 熊川郡加德面有志紳士金炳鎭羅經회徐璟淳諸씨가敎育에熱心으로加壹學校를設立하고其經費를本社에送ᄒᆞ얏ᄂᆞᆫ데激切ᄒᆞᆫ言論과維持ᄒᆞᆯ方針이可히贊賀ᄒᆞᆯ깃더라

●林氏興學 京城雨林氏相시가開城郡謹成江里에서寓接ᄒᆞᆫ後에學費가頗有ᄒᆞ더니現時代의急務를先覺ᄒᆞ고該里人士와協同發起ᄒᆞ야禮成學校를粗設ᄒᆞ고該동內所在一十四間家屋을買得하야該校舍로寄附ᄒᆞ고役費를自擔ᄒᆞ야新鮮修理ᄒᆞᆫ다고人皆稱頌ᄒᆞᆫ다더라

▲地方消息▼

▲本月拾四日長과郡남方七里場에서義兵七名이日分遣隊兵七名과衝突ᄒᆞ얏다ᄒᆞ고

▲本月拾壹日青松郡北方約二十里地에서義兵拾貳名이日守備隊兵과交戰ᄒᆞ얏다ᄒᆞ고

▲本月拾三日長水郡東方拾里地에서義兵四拾名이日守備隊와衝突ᄒᆞ얏다더라

▲留聲歌曲▼

▲月色如練通街上에風流數曲如怨慕ᄒᆞ나但聞歌曲不見人이라是時人情如有感ᄒᆞ니留聲器가도ᄂᆞᆫ고나

▲숨々도ᄂᆞᆫ고동소리。 水양々장川義ᄒᆞ니古今事를네알이라三尺劍을빗기안고如斯操英出ᄒᆞ니英雄豪傑몃々친고而今無聞。 뎌曲調가分明ᄒᆞ다

▲숨々도ᄂᆞᆫ고동소리。 世界風潮ᄉᆞᆯ펴보니浮萍갓치變幻ᄒᆞᄂᆞ다百年인ᄃᆞᆯ얼마되나니浮生이로곤일세大丈夫의營爲ᄒᆞᆯ事ᄂᆞᆫ名留千秋。 뎌曲調가分明ᄒᆞ다

▲숨々도ᄂᆞᆫ고동소리。 뎌塵土에무친人物몃々ᄒᆞ다平生에日下樂學짤님몸이發榮ᄒᆞᆫ이局勢를成敗關頭袖手ᄒᆞ고壹身事만。 뎌曲調가分明ᄒᆞ다

▲숨々도ᄂᆞᆫ고동소리。 이世界가어나뗘ᄂᆞ夕陽山川되얏고나腐敗思想못버히고與歲驅馱患ᄒᆞ다心頭經營末就ᄒᆞ되冤讎生變。 뎌曲調가分明ᄒᆞ다

▲숨々도ᄂᆞᆫ고동소리。 逆旅中에노ᄂᆞᆫ人事에고春秋알엇던가運々奔日길히돈잠眞梨枕ᄒᆞᆯ推却ᄒᆞ니世上漸々붉어간다富貴如夢。 뎌曲調가分明ᄒᆞ다

▲숨々도ᄂᆞᆫ고동소리。 人國萬事商量ᄒᆞ니水面泡花起滅이라奔忙하ᄂᆞ더蹤跡이紅塵中에埋沒ᄒᆞ야門外事를不省하고混沌天地。 뎌曲調가分明ᄒᆞ다

▲숨々도ᄂᆞᆫ고동소리。 掀天功名뎌貴人은壹時勢力밋지마라合屏上에놉흔담은원박휘가다ᄎᆞᆺ도다天下之理推究ᄒᆞ면盛盛衰。 뎌曲調가分明ᄒᆞ다

▲숨々도ᄂᆞᆫ고동소리。 寄蜉蝣於天地ᄒᆞ니無情歲月虛誕ᄒᆞ다豈事業도不成하면草木同腐悲慘ᄒᆞ다爲國事에獻身ᄒᆞ야名垂竹帛。 뎌曲調가分明ᄒᆞ다

▲숨々도ᄂᆞᆫ고동소리。 青年들아무러보자吾生須臾네알이라競爭時代當코보니胸中才器蘊抱ᄒᆞ고時局事를籠락ᄒᆞ면男兒得意。 뎌曲調가分明하다

◉特別社告

大邱支社員業務員咸從支社員金弘叙兩씨ᄂᆞᆫ辭免故로大邱西門外友弦書樓側李正由咸從耶蘇敎堂니張炳日兩씨로認定ᄒᆞ얏스니右兩處附近本報購覽諸시ᄂᆞᆫ本社에對ᄒᆞᆫ凡務ᄂᆞᆫ右兩시와交涉ᄒᆞ심을務望홈

平壤支社員金浩淵氏ᄂᆞᆫ申報代金滯納이太多ᄒᆞᆫ故로該支社를停撤ᄒᆞ고平壤鐘路太極書館安泰國氏로支社員을改定ᄒᆞ얏기玆以仰佈ᄒᆞ오니前日本報購覽諸氏ᄂᆞᆫ申報代金을壹切安氏의게로傳致하시며本社에對ᄒᆞᆫ諸般事를自今으로安氏와交涉ᄒᆞ심을務望홈

大韓每日申報社

雜報

●漢校復設　京城南大門外漢陽學校ᄂᆞᆫ近來有志靑年의私設ᄒᆞᆫ바인ᄃᆡ其間校舍의困難홈을因ᄒᆞ야不得已停學되얏더니今에更히復設ᄒᆞ고學員을募集ᄒᆞᆫ다더라

廣告

本館에셔新舊書籍과學徒의所用諸般物品을具備販賣ᄒᆞ오니　僉君子ᄂᆞᆫ來購ᄒᆞ시옴

平壤鍾路太極書館　館主 李昇薰　主任 安泰國　事務 李德煥　白

本人이去乙巳年五月分에中署貞善坊大廟洞契第拾六統七戶瓦家拾四間草家八間合貳拾貳間을李用善許에移買ᄒᆞ와新造文券을漢城府而得承認許ᄒᆞ야瓦家三拾半間을新造하얏삽ᄂᆞᆫᄃᆡ該認許狀을路中에셔失故로玆以廣佈ᄒᆞ오니誰某拾得ᄒᆞ와도休紙施行ᄒᆞ시옴

安順在　告白

學員募集廣告

今에本校夜學科를復設ᄒᆞ고本科及測量(六箇月速成)兩科學員을募集ᄒᆞ오니志願者ᄂᆞᆫ陰本月二拾七日內로本校에來議ᄒᆞ되但年齡은拾五歲以上으로限홈

科目　本科 簿記 算術 日語　測量科 測量 筭術

西署南門外紫岩亭子洞　私立漢陽學校　告白

本人與曹致雲安軍護無嫌故人等搆於驚樂醫學被提而山崎誠壹竹村虎太郞리宅拄二氏之愛護公決故三氏之公平正直布告

驚梁　崔舜韶

本人이年才五歲에入爲族叔繼嫂公諱滋鼎之繼子ᄒᆞ니其時에所后家先親이內外俱存ᄒᆞ고上有祖母ᄒᆞ야諸族孫中에祖母가本人을特愛ᄒᆞᄂᆞᆫ故로先親이乃率以爲己子ᄒᆞ야祖母와先비게極受撫養을無加於親孫與己出이러니本人이拾歲時에遭祖母喪ᄒᆞ야爲承服人ᄒᆞ고拾壹歲時에先비患候가危急홈으로本人에婚姻을不卜日過行ᄒᆞᄂᆞᆫᄃᆡ聞訃於醮席ᄒᆞ야本人內外가馳赴發喪ᄒᆞ야三年을仍過ᄒᆞ엿ᄉᆞ니孫行子職에粗盡情文이고先親이仍卽卜姓ᄒᆞ야幸有已出相呂ᄒᆞ야兄兄弟弟가初無間言더니又遭庶母喪ᄒᆞ야本人이爲服其服ᄒᆞ고先親이又爲卜姓ᄒᆞ니即今本人에庶母而其性行則有不敢斥言이나庶母入門之不過五六朔에本人에게貝錦之讒이無所不至ᄒᆞ야難枚擧ᄒᆞ야入后無慾者拾六年之久而壹朝見黜ᄒᆞ니自古異母養子之間에無不相容ᄒᆞ야爲養子者無故遭讒者盖亦何限而先親이本人內外를送之生庭曰姑爲退待ᄒᆞ면將有以善處니신故로雨露霜雪을莫敢恩怨ᄒᆞ고以待處分者瞬過八年에先親이欲爲率還者非止再三이나庶母가從中力沮ᄒᆞ야竟不能行ᄒᆞ고至昨年拾月初九日에先親이見背而本人을率來發喪之意로有遺敎이시나又此隱秘ᄒᆞ고本人이侍湯去路에得承諱音ᄒᆞ고馳赴尸側ᄒᆞ야自手袒括則庶母가大聲橫出ᄒᆞ야手攫拔髮ᄒᆞ고毆之拍之에性命이立判일시私自成服ᄒᆞ고以待死滅러니庶母가先使赤거之相呂로起訴ᄒᆞ고又使芝炳으로紛訴府郡ᄒᆞ야至於本郡審査之擧에本郡城主가題飭于열方西谷兩面長ᄒᆞ야率致尹門々長及兩家主管人ᄒᆞ야至于再査者節々明白而文於官庭ᄒᆞ야原被告를對卞辨査ᄒᆞ야本人에依章程入后ᄒᆞ야斷不可已ᄒᆞ고判決ᄒᆞ야繕給故로事當宜卽奉几筵而庶母가卽自撤几筵ᄒᆞ니世豈有如許悖擧乎大抵喪家魂魄이葬時造主ᄒᆞ야題主於墓庭ᄒᆞ고魂魄을埋安은禮經故로本人이仍卽造主ᄒᆞ고題主於先親墓庭ᄒᆞ야陰六月拾二日에奉安于先親舊第ᄒᆞ고祗奉几筵ᄒᆞ얏ᄉᆞ니　僉君子ᄂᆞᆫ照亮ᄒᆞ시오

洪州西谷面俗隱居尹相吉告白

國債報償金中에婦人이銀釵佩物로本社에來納ᄒᆞᆫ者를許久積置하엿ᄉᆞ나即爲放賣ᄒᆞ야銀行에殖利하ᄂᆞᆫ것만又지못ᄒᆞ기로玆에廣告ᄒᆞ오니或有願買人이거던本社에來問홈

本社　告白

本社創立總會

期日은業已廣告이온바總會의被選된任員은如左하고營業을自今開始홀터이오니材木柴炭을賣買ᄒᆞ실僉君子ᄂᆞᆫ來議于本社ᄒᆞ시옴

隆熙貳年七月二十日

左記

總務員　趙鼎允　張輔衡　全台憲

監查員　趙彰漢　沈宜碩　李　鵬

亭洞四上里

漢城材木柴炭株式會社　告白

[illegible]

●魯桑椹　新種이本社에來到ᄒᆞ얏ᄉᆞ니請君子ᄂᆞᆫ來購ᄒᆞ되鄕第의郵便送錢ᄒᆞ오면桑椹도郵便送交홈

西部康井동廿壹統壹戶　蠶業廣達會社社長金秉先　白

淵雪先生　金百潽　譯述

普魯士國 厚禮斗益大王七年戰史

全壹冊　定價金三拾錢

此書ᄂᆞᆫ即拾八世紀頃에普魯士國厚禮斗益大王이百耳曼列邦中에介在ᄒᆞᆫ壹弱國으로突然奮起ᄒᆞ야尙武的精神으로人民을鼓勵ᄒᆞ며俄法等諸國과對抗ᄒᆞᆫ지七年戰爭을繼續ᄒᆞ야普魯士國의雄飛ᄒᆞᄂᆞᆫ端緖를開ᄒᆞᆫ事實이니며其政略의巧敏홈과其功烈의偉大홈이足히讀者의敬慕心을喚起홀만ᄒᆞ오니　僉君子ᄂᆞᆫ速々購覽ᄒᆞ시옴

發賣元　巫屛下廣학書舖金相萬

發賣所　京鄕各有名書店

新刊書籍發售廣告

女子讀本　張志淵氏著　全貳冊　定價금六拾錢

初等衛生學　全壹冊拾五錢

初等倫理학　全壹冊貳拾전

國家학綱領　全壹冊五전

國民須知　져壹冊八錢

初等小학　全四冊壹圜三拾錢

中等萬國新地誌　全貳冊壹圜

增修無冤錄大全　國漢文壹冊七拾五錢

伊太利建國三傑傳　全壹冊卅전

新撰理化학　朴晶東시著　져壹冊　定價金三拾전

獨習日語正則　鄭雲復시著　洋裝壹冊　壹圜貳拾五전

愛國夫人傳　張志淵시著　全壹冊　定價금拾五전

新小說血淚　리人稙시著　全壹冊　定價금貳拾錢

萬國全書叢纂新論　鮮于叡시著　全壹冊　定價금三拾五전

世界三怪物　져壹冊拾貳전

家庭雜誌　每號拾전

新訂算術　전三冊六拾전

乙支文德　眞本寫眞並壹冊　三拾錢

發賣所　皇城中署布屛下　廣학書舖　金相萬　京鄕各有名書舖

本人이華成測量事務所를南門外里門洞百七十六統七戶에設ᄒᆞ얏ᄉᆞ오니　僉君子ᄂᆞᆫ照亮홈을 뮝

박正夢　告白

本店에夏節양服件이英京倫敦에셔新着ᄒᆞ얏기로玆에廣佈ᄒᆞ오니　僉君子ᄂᆞᆫ光顧購買ᄒᆞ심을懇望홈

洋服裁縫店　貞洞華商源泰號　謹白

精理舍主人柳一宣氏著作

●初等算術教科書

洋裝壹秩壹冊定價新貨九拾錢

三拾冊以上을來購홀時ᄂᆞᆫ原價의二割引을減홈

但地方에셔百冊以上을請求홀時ᄂᆞᆫ船車運費를發賣者自擔홈

本書ᄂᆞᆫ學數大家柳一宣氏가我國의算學을發達ᄒᆞ기爲ᄒᆞ야積年의腦力을費盡ᄒᆞᆫ바이온ᄃᆡ算術의原理原則을昭詳論釋ᄒᆞ야在學受教의必須ᄂᆞᆫ不啻라覽則易曉에人可獨習홈

發賣元　京西部社稷後洞七拾貳統六戶　鄭象燠　白

本人等이壹般학界에便宜를供ᄒᆞᆯ次로資本을合同하고業務를擴張ᄒᆞ야新舊書籍과學校用品을俱備發賣ᄒᆞ오니　僉君子ᄂᆞᆫ稍稍光降ᄒᆞ심을望홈

海州남門니四街

韓昌書商館主　李承駿　朴晶鉉　白

○약 광 고

본국에셔 십년을연구ᄒᆞ야(사향소창단)이란 약을발명ᄒᆞ엿ᄂᆞᆫᄃᆡ 남녀물론ᄒᆞ고 무숨창병이던지 효제(十四介)를ᄯᅥ엇일키식 먹으면 효험이ᄇᆡ발ᄇᆡᆨ즁 되ᄂᆞᆫ고로 ᄆᆡ일답지ᄒᆞ와사가오니 창병잇ᄂᆞᆫ 쳠위ᄂᆞᆫ오ᄃᆡ고셩말고 속히ᄃᆡ입ᄒᆞ야 관외ᄒᆞ시며 ᄌᆞ디방이라도 우편으로 부칠터이오니 죠량ᄒᆞ시옴

製藥所　仁川港奇峴　和平堂약房

발行人　仝　李용善

代理店　仁川港奇峴濟生堂藥房　京城大廣橋共愛堂藥房

胎養調經丸

ᄐᆡ양됴경환

대뎌 부인이 년과로혹 잉틱치 못홈은 병으로 인홈이니 일죽이 연구치 아니ᄒᆞ고 심상이 ᄇᆞ려두면 다만 한사ᄅᆞᆷ의 불힝홀ᄲᅮᆫ 아니라 또ᄒᆞᆫ 젼국에 크게 관계가 잇ᄂᆞᆫ고로 셩의 십오년을 ᄂᆡ외국 고명의ᄉᆞ와 실험방을 택션ᄒᆞ야 셩예 집오토브터 他人家에 무수시험ᄒᆞᆫ즉 열에 열사ᄅᆞᆷ이 다효험을 보앗고 ᄎᆞ약이 잉티만 홀ᄲᅮᆫ아니라 (치림)(처져)ᄒᆞ며 (조경)(조혈)되ᄂᆞᆫ고로 이ᄀᆞᆺ치 광포ᄒᆞ오니 쳠부인은 일ᄎᆞ 시험ᄒᆞ시며 각디방이라도 우편으로 붓칠터이오니 죠량ᄒᆞ시옴

壹劑壹個月分定價五圜

製藥所　仁川港奇峴　和平堂약房

발行人　仝　리康善

代理店　인川港奇峴濟生堂약房　京城大廣橋共愛堂약房

우량죵약은 청심로명단각처발매소마다 수용판매ᄒᆞ오니 그근방에계신이ᄂᆞᆫ 그곳으로가셔 ᄉᆞ외ᄒᆞ시오

仁川港和平堂　白

雜報

●暑中慰問 日皇陛下ᄂᆞᆫ大韓皇太子殿下ᄭᅦ暑中의慰問ᄒᆞ얏다더라

●內閣協議 總理大臣以下各部大臣이昨日內閣에會同ᄒᆞ야水曜例會를開ᄒᆞ고各其所管ᄒᆞᆫ公務處理事件을協議ᄒᆞ얏다더라

●奚不相適 內部大臣宋秉畯氏가該部次官岡喜七郞으로氣味가不相適하야壹切事務處理에都不干涉ᄒᆞᆫ다ᄂᆞᆫ說이有ᄒᆞ더라

●樞顧云任 兪吉濬張博趙羲淵三氏가中樞院顧問을被任ᄒᆞᆫ다ᄂᆞᆫ說이有ᄒᆞ더라

●誰得其任 表勳院書記官鄭東植氏가勅任據務局長으로陞差ᄒᆞ고其代에ᄂᆞᆫ技師三人中에某氏로塡任ᄒᆞ기로現今總理大臣李完用氏가極力運動中이라더라

●議郞仕進 新任ᄒᆞᆫ掌禮院郞成岐運氏ᄂᆞᆫ再昨日該院에仕進ᄒᆞ야該院官吏를相見ᄒᆞᆫ後에新官制章程을閱覽하얏다더라

●規定頒布 度支部에셔地稅徵收와臺帳調制規程과收稅事項에關ᄒᆞᆫ注意件을規定ᄒᆞ야部令으로頒布ᄒᆞ얏다더라

●警權移屬 昨日의發布된警視廳官制及地方官制改定의結果로京畿道地方警察事務ᄂᆞᆫ警視廳管轄을離ᄒᆞ야京畿道觀察使所管의移ᄒᆞ얏ᄂᆞᆫ대經費分割事類의引渡件은旣히準備를了홈으로不遠間各道警察部長을任命ᄒᆞᆫ同時의引繼를定了ᄒᆞ야事務를開始ᄒᆞᆫ다더라

●入參壹進 前侍從副卿朴遠氏가壹進會에入參ᄒᆞ야評議員으로被選되얏다더라

●法部移接 法部에셔日間의前度支部로移接ᄒᆞᆯ터이라더라

●行政衙門 大審院의廳式後에法部ᄂᆞᆫ行政衙門만된다더라

●曠官何多 現今地方郡守窠闕이合爲九拾餘郡인ᄃᆡ就中의許久曠官홈은或貳年或三年이되야地方이騷擾中에民情이尤極嗷々ᄒᆞ야支保無路라더라

●有贓必免 成川郡守朴容觀氏ᄂᆞᆫ永柔郡守在任時에貪贓이有ᄒᆞ다ᄒᆞ야該郡守ᄂᆞᆫ將次免官된다ᄂᆞᆫ說이有ᄒᆞ더라

●兩々無事 內部警務局警視鏡明主事沈夏景兩씨의消息이絶ᄒᆞᆷ으로該局官吏가憂慮ᄒᆞ다ᄯᅥ니更聞ᄒᆞᆫ즉該兩氏가現今平壤等地에留連ᄒᆞᄂᆞᆫ中이라고言ᄒᆞ더라

●誤記譴責 法部主事李善榮氏ᄂᆞᆫ公文處辦件에對ᄒᆞ야不爲審愼하고誤記ᄒᆞᆫ事가有홈으로譴責에處ᄒᆞ얏다더라

●敎授見遞 江陵郡普通學校敎授洪俊杓氏ᄂᆞᆫ學徒의게何如히處身ᄒᆞ얏ᄂᆞᆫ지生徒의게見遞를當ᄒᆞ얏다ᄂᆞᆫ說이有ᄒᆞ더라

●日人過半 京城에居ᄒᆞᆫ人으로看守를被選ᄒᆞᆫ者를地方으로派送하미自退ᄒᆞᆫ人이四名인ᄃᆡ各地方看守ᄂᆞᆫ日人이韓人보다過半이라더라

●區裁加設 各裁判所開廳式을八月壹日에設行ᄒᆞᆫ다ᄂᆞᆫ說은本報에已揭ᄒᆞ얏거니와本年九十兩月間에第二回開廳式을設行ᄒᆞᆯ터이오京畿道에區裁判所가京城과仁川港兩處뿐이더니更히水原開城兩郡에도區裁判所를設置ᄒᆞᆯ터이라더라

●開廳後仕進 大審院과控訴院判檢事로敍任ᄒᆞᆫ李冕宇李秉和太明軾諸氏ᄂᆞᆫ該院位置가姑未確定인故로尙未仕進ᄒᆞ고開廳式을擧行ᄒᆞᆫ後에仕進ᄒᆞᆯ터이라더라

●伏中休暇 平漢兩裁에셔民事訴訟을每年에暑中이면依例停訟ᄒᆞ더니今年에ᄂᆞᆫ停訟치아니ᄒᆞ고三伏中에만兩裁官吏를壹朔休暇케ᄒᆞᆫ다더라

●冏奴壹新 承宣君李埈鎔씨가自己의廳直이와床奴等을壹新히洋服을製着ᄒᆞ고時計ᄭᆞ지佩用ᄒᆞ얏다더라

●壹進紀念 陰曆七月拾四日은壹進會第四回紀念日인故로獨立館에盛宴을排設ᄒᆞ고內外國高等官과各社會代表者를請邀宴待ᄒᆞᆫ다더라

●三郡難保 남來人의所傳을據ᄒᆞᆫ즉保寧藍浦靑陽等地에義兵과日兵이互相蹤至하야其關聯交涉之節에實難支保라하더라

●館長困難 東小門外三仙坪에居生ᄒᆞᄂᆞᆫ人民等이成均館長의게呼冤ᄒᆞ기를何如히調査ᄒᆞ야本洞田土家垈를官有地로혀部에報告ᄒᆞ얏나요ᄒᆞ고此土地를萬壹官有地로認定ᄒᆞᄂᆞᆫ境遇이면數萬生靈이將至渙散之境이니別般恩量ᄒᆞ야前ᄃᆡ로如히民有地로耕作케ᄒᆞ라홈으로該관長金有濟氏ᄂᆞᆫ此事件에對ᄒᆞ야何如히措處ᄒᆞᆯᄂᆞᆫ지現今困難中이라더라

●鐵線修理 水原及始興間에鐵道線路가今番雨水에破壞되야現今修理工役에着手ᄒᆞ얏다ᄂᆞᆫ데二三日後에나滊車가交通될豫定이라더라

●日巡學習 各地方에派送ᄒᆞᆫ日本巡査十餘名을日前內部에서試取ᄒᆞ얏ᄂᆞᆫ데將次內部에會同ᄒᆞ야警察事務를學習ᄒᆞᆫ다더라

●寃犯校基 什齊顯氏가官立師範學校外隅空垈에瓦家拾餘間을新建築하얏ᄂᆞᆫ데該校基址七間이犯入ᄒᆞ얏다고昨日學部會計課에서該家主를招致하야該屋七間은撤去하라ᄒᆞ얏다더라

●書籍收入 再昨日警視廳에서韓日警官이活版所에在ᄒᆞᆫ壹般書籍을搜探ᄒᆞ야就中의伊太利三傑傳乙支文德傳越南亡國史及飮氷室自由書와其他數種의書籍을各壹帙式收入ᄒᆞ얏다더라

●邵家情況 西小門內館井동步行客主邵宗云家에서黃海道載寧居金冕祚가以何事件으로壹個年을留食ᄒᆞ다가不報食價ᄒᆞ고潛自逃走ᄒᆞᆫ지라該主人이推尋食價次로今年正月分에下去하야尙今未還ᄒᆞᆫ즉其妻가稚子를率ᄒᆞ고生計沒策ᄒᆞ야賣盡家産ᄒᆞ고巢穴이無ᄒᆞ야接遑途路ᄒᆞᄂᆞᆫ情形은令人難見이라더라

●貪欲所致 陰城郡長湖院分遣所守備隊가忠州郡內의셔義兵金某를捕捉ᄒᆞ얏ᄂᆞᆫ대該義兵이旣히歸順ᄒᆞᆫ意를說明ᄒᆞᆫ故로免罪憑文을調査ᄒᆞᆫ즉番號를壹百一号라記ᄒᆞ얏ᄂᆞᆫ대該標中央의陰城郡壹進會之章이라彫刻ᄒᆞᆫ大印을押捺ᄒᆞ얏ᄂᆞᆫ대同壹進會의셔交付홈이明白ᄒᆞᆫ지라更히金某의게調査ᄒᆞᆫ즉陰城郡壹進會員이義兵의게對ᄒᆞ야任意로歸順標를交付ᄒᆞ고標壹張의二圜으로乃至五圜을强請ᄒᆞᄂᆞᆫ대該金某가歸順標를同會의셔授ᄒᆞᆯ際의錢財를要求ᄒᆞ나錢財가無홈으로其代의四圜價値의食鼎壹坐와太四斗豆二斗及干醬四器를交付ᄒᆞ얏다홈으로目下同地分遣所의셔壹進會의不正ᄒᆞᆫ行爲를調査ᄒᆞᄂᆞᆫ中이라더라

●日人家崩頹 今番에大雨가連日降下ᄒᆞ야漢城內人民의家屋及墻垣의損害가多ᄒᆞᆷ은已報ᄒᆞ얏거니와龍山等地에新建築ᄒᆞᆫ日本人家屋도多數崩壞ᄒᆞ야損害가多大하다더라

●道路不通 數日以來로大雨水가漲溢ᄒᆞ야淸州鳥致院間의昨日부터交通이杜絶되얏다더라

●偸金被捉 再昨日修學院에셔壹般官吏의俸金推覓ᄒᆞᆫ出給命令書를該院下隸輩의게委任ᄒᆞ야月俸을推來ᄒᆞ라하얏더니該隸輩가金額을沒數推尋ᄒᆞ야因爲逃走ᄒᆞ얏다ᄂᆞᆫᄃᆡ該院의셔警察官吏의게通知ᄒᆞ야南大門外停車場에서該漢을捕捉ᄒᆞ얏다ᄂᆞᆫ說이有ᄒᆞ더라

●漁業法脫稿改正

農商工部水産局에서漁業法制定ᄒᆞ기爲ᄒᆞ야全國內水産을調査ᄒᆞ야法案을起草ᄒᆞᄂᆞᆫ事와同法制定의關ᄒᆞ야當局者의意見은今回에同草案이脫稿ᄒᆞᆫ故로再昨日의統監府參與官會議와大臣會議의提出ᄒᆞ얏ᄂᆞᆫᄃᆡ其내容을聞ᄒᆞᆫ즉漁業의免許、許可、請願의三件인대免許漁業은左의五種으로二拾箇年以내의期間으로써農商工部大臣이此를許可ᄒᆞ고請願의對ᄒᆞᆫ期間은更新ᄒᆞᆫ事를得ᄒᆞ기爲ᄒᆞ야每年壹定의免許料를納付ᄒᆞ기로定ᄒᆞ얏ᄂᆞᆫ대

壹 壹定의水面의壹定ᄒᆞᆫ漁期間과漁具를建設又ᄂᆞᆫ敷設ᄒᆞᆯ漁業

貳 壹定ᄒᆞᆫ區域니의셔養殖又ᄂᆞᆫ採操ᄒᆞᄂᆞᆫ漁業

三 陸地又ᄂᆞᆫ岩礁等의셔壹定ᄒᆞᆫ地占ᄒᆞ야漁網의曳揚과又ᄂᆞᆫ曳寄의場所를壹定ᄒᆞᆫ漁期間繰返ᄒᆞ야使用ᄒᆞᆫ漁業

四 壹定ᄒᆞᆫ水面에漁網敷設의場所를壹定ᄒᆞ고漁期間繰返ᄒᆞ야使用ᄒᆞᆫ漁業

五 前項의外의壹定ᄒᆞᆫ水面의對ᄒᆞ야資本과勞力을費ᄒᆞ야人爲的의魚類를集合ᄒᆞᄂᆞᆫ漁法으로써經營ᄒᆞᄂᆞᆫ漁業의關ᄒᆞ야漁業者의請願을依ᄒᆞ야農商工部大臣이漁業의免許를與ᄒᆞ고此를保護ᄒᆞᄂᆞᆫ事를得홈

以上漁業權은相續、讓渡、共有、擔保及貸付의目的되ᄂᆞᆫ事를得ᄒᆞ고又ᄂᆞᆫ許可漁業은左의五種으로地方長官의許可를受ᄒᆞ야此를營爲홈

壹 陸地又ᄂᆞᆫ岩礁等의셔壹定ᄒᆞᆫ地占의漁網의曳揚又ᄂᆞᆫ曳寄ᄒᆞᄂᆞᆫ漁業의셔其據点을壹定ᄒᆞᆫ場所의셔使用ᄒᆞᄂᆞᆫ漁業

二 風力、潮力、又ᄂᆞᆫ潮流로셔漁網을水中의引曳ᄒᆞᄂᆞᆫ漁業

三 機力을應用ᄒᆞ고又ᄂᆞᆫ人力으로漁網을執ᄒᆞ고魚類를包圍ᄒᆞ야漁船의操上ᄒᆞᄂᆞᆫ漁業

四 潛水機械를使用ᄒᆞᄂᆞᆫ漁業

五 壹定ᄒᆞᆫ區域니의셔養殖又ᄂᆞᆫ採操ᄒᆞᄂᆞᆫ漁業의免許를受ᄒᆞᆯ事라더라

▲地方消息▼

▲去月三拾日瑞山郡東方拾五里地에서義兵三拾名이瑞山郡日守備隊와交戰ᄒᆞ얏다더라

▲苦霖長歎▼

▲霖雨連注三四日에滿地橫流成川渠ᄒᆞ야懷疑世界되얏스니此江山이如舟ᄒᆞ야浮游又處擾々ᄒᆞ다

▲支離ᄒᆞ다비人소리에陰의之氣發生ᄒᆞ야殺殺乾坤되얏고나雷公風伯助力ᄒᆞ야窒天地가霾覆이라亂注雨脚泗麻ᄒᆞ니淸朗時節언제보나

▲支離ᄒᆞ다비人소리에平地波如山ᄒᆞ니壹時怒濤居生이家屋處々顚覆ᄒᆞ야此時民情々모다河伯望洋長歎ᄒᆞ니救離手障읍자

▲支離ᄒᆞ다비人소리에天似晉沉陰ᄒᆞ니炎天蒸氣難堪이漲天烟霧霏々ᄒᆞ니咫尺難辨이다마苦ᄒᆞᆫ此世界ᄂᆞᆫ撥雲見靑期보다

▲支離ᄒᆞ다비人소리에욕홉中訴ᄂᆞᆫ人爭生世情況頓無ᄒᆞ니水國乾坤怨歎ᄒᆞ니濟世高手人이라舟楫之材去何處오之變告然ᄒᆞ다

▲支離ᄒᆞ다비人소리에可埋蟻封穴은陰雨之備有ᄒᆞ나沼々洪水此山河에民猶魚지ᄒᆞᆫ至預防之策全沒하니可入而不如彼야

▲支離ᄒᆞ다비人소리에早時情乾라가非時甘雨滂沱長夏苦熱仍作이다天意均인가蒼生之憂轉深ᄒᆞ니之心절노ᄂᆞᆫ다

▲支離ᄒᆞ다비人소리에싸冥劇戲ᄒᆞ야滿天同聲嘘此乾坤이忽變하야黑淵에고나商羊鼓舞實國俗必憂水災로다

▲支離ᄒᆞ다비人소리에窮情名혀보니沉痛產蛙ᄃᆡ桂玉之愁又生이라炊烟絶ᄒᆞ야苦海中에愁歎하涯가可憐ᄒᆞ다

▲支離ᄒᆞ다비人소리에何處波橫流ᄒᆞ야江山如島出沒屹立砥柱不見ᄒᆞ니眼際泥岸辨이라測水機械손의잡고長吁短歎ᄒᆞᄂᆞ고나

▲特別社告

大邱支社員梁禧益 咸從支社員 金弘叙 兩씨ᄂᆞᆫ 辭免 故로 大邱 西門 外友弦書樓側 李正由 咸從耶蘇敎堂 張炳日 兩씨로 認定ᄒᆞ얏스니 右兩處附近本報購覽諸시ᄂᆞᆫ 本社에 對ᄒᆞᆫ 凡務를 右兩시와 交涉ᄒᆞ심을 務望홈

平壤支社員金浩淵씨ᄂᆞᆫ 申報代金滯納이 太多ᄒᆞᆫ 故로 該支社를 停廢ᄒᆞ고 **平壤鍾路太極書館 安泰國氏**로 支社員을 改定ᄒᆞ얏기 玆以仰佈ᄒᆞ오니 前日本報購覽諸氏ᄂᆞᆫ 申報代金을 壹切安氏의게로 傳致ᄒᆞ시며 本社에 對ᄒᆞᆫ 諸般事務ᄂᆞᆫ 自今으로 安氏와 交涉ᄒᆞ심을 務望홈

大韓每日申報社

廣告

本館에서 新舊書籍과 學徒의 所用諸般物品을 具備販賣ᄒᆞ오니 僉君子ᄂᆞᆫ 來購ᄒᆞ시옵 八

平壤鍾路太極書館
館主 李昇薰
主任 安泰國
事務 李德煥

本人의 圓形陽刻圖章을 本月拾九日에 路上서 失而舊章은 勿施ᄒᆞ고 新章으로 施行홈
西部餘慶坊武橋契上刀洞八拾六統五戶 五
裁判所繙譯官補 劉僖鍾 告白

漢城中部黃土峴法律事務所
繪登出張所 位置忠南公州郡邑內大通橋
辯護士 黃鎭菊
事務員 朴齊升

本人이 姓名章을 見失ᄒᆞ얏삽기 前章과 特異ᄒᆞ기 改造ᄒᆞ옵고 廣告ᄒᆞ오니 知舊間照亮홈 五
咸北鍾城郡禹昌命 告白

本書館을 開業ᄒᆞᆫ지 未過壹年에 壹般同胞께셔 愛助ᄒᆞ사와 營業이 興旺之故로 本館을 壹層擴張ᄒᆞ고 各種新舊書籍與敎育物品을 多數準備ᄒᆞ야 特別廉價로 大發賣ᄒᆞ오니 四方僉君子ᄂᆞᆫ 陸續來臨ᄒᆞ심을 爲要홈 八
釜山港東關韓興書館
金汝重 權鍾律

沿江木船運輸合名會社趣旨書를 七月九日大韓每日申報廣告에 廣佈ᄒᆞ얏서나 關領 一字ᄂᆞᆫ 便宜로ᄒᆞ고 발起人中金熙植三字ᄂᆞᆫ 拔去ᄒᆞ기로 正誤홈 五

吾先親이 相吉을 率養인바 及長에 讀經叩治ᄒᆞ며 奸件有夫女遣逃七次오 酒技悖習無雙하고 打破先親窓戶에 加以詬辱하며 毆打庶母與齊渠之老族夫人幾至死境故로 罷養하고 呈單宗中ᄒᆞ니 至於斷譜타 隔絕八年인데 先親五朔重患에 壹無相問ᄒᆞ고 昨冬下世時近拾日舌瘖은 登郡所知인데 相吉이 謂有臨終命召ᄒᆞ고 夜哭入欲破變故로 親戚이 責其不義則自愧退去ᄒᆞ야 華服兩月後에 乃聽趙崗顯敎唆ᄒᆞ야 始着喪服에 出沒府郡曰若多少給財면 不訟云이기 自顧袴子이 難以應訟ᄒᆞ야 錢千兩畓壹石落零을 給與하니 當場脫喪後에 永不相關意로 成標而去터니 鄙再從姪芝納聞此憤激訴於警察署覓還設財ᄒᆞ니 相吉이 更着衰服ᄒᆞ며 嚇官厳責曰 今則半分財産이라 아 止鬪云ᄒᆞ니 本人이 爲避時厭ᄒᆞ야 奉几筵搬移京中後에 相吉이 率妻入鄙郡ᄒᆞ야 造主設筵云ᄒᆞ니 豈有疊設几筵之禮法乎며 况先親이 埋安先世之主而身後에 必勿造主로 屢敎者乎아 即凌蔑先親之死不能盡責也니 稱有蔑其人而勒求爲其子之理乎 倫常大變이어ᄂᆞᆯ 洪州官決曰 新式에 無罷養例라云이라ᄒᆞ니 罷養八年後에 先親이 下世則欲使相吉로 據新式無罷養之例而裁判於地下ᄒᆞ되 是ᄂᆞᆫ 不可抗力也오 欲使本人으로 違父命而許相吉繼后면 是ᄂᆞᆫ 蔑倫也니 如許官決은 決不可奉行故로 相吉所造神主를 拭去粉面ᄒᆞ고 相吉內外ᄂᆞᆫ 出送次로 玆에 廣告ᄒᆞ오며 洪州齊陽大衆結城에 在ᄒᆞᆫ 鄙庄을 出證明次請願則各郡守曰 尹相呂面諸郡에ᄂᆞᆫ 雖有其擄章請願이라도 斷不可許認云ᄒᆞ니 四守明白우令人欽服이라 家舍田畓文券을 京第로 沒數持來ᄒᆞ왓스니 本人面請에ᄂᆞᆫ 鄙庄證明이 設或誤出이라도 休紙施行ᄒᆞᆷ 再毁或相呂不在라도 義當率養他處오 相吉은 決不可許人이오며 今見相吉廣告ᄒᆞ니 先親을 蹈於極暗ᄒᆞ고 葬母金氏ᄂᆞᆫ 陷於極惡ᄒᆞ니 更覺駭완이라 先親의 仁明行義ᄂᆞᆫ 遠近所知오 金氏ᄂᆞᆫ 人稱純厚ᄒᆞᄂᆞᆫ 外에 本人家內田畓文券을 幷其素有畓券ᄒᆞ야 盡付於本人ᄒᆞ니 誠心을 可知오 且罷養時宗單改題旨ᄒᆞ니 公眼을 難掩이어ᄂᆞᆯ 專掩渠罪하고 勒欲繼后ᄒᆞ야 搆我父母ᄒᆞ니 豈非不共戴天者乎잇가 次
京校洞十三統九戶 尹相呂 告白

本人이 李殷秀許에 紙貨壹百圜 推次票紙를 見失하얏스니 誰某 拾得ᄒᆞ와도 休紙施行홈 五
李奎鴻 告白

本人이 日本에 留學ᄒᆞ오무로 左開田畓與山坂文券을 持往日本ᄒᆞ오니 或有放賣之件ᄒᆞ와도 內外國人은 勿見欺ᄒᆞ시옵
永登浦九老里所在田畓山坂
壹 舍家
壹 水原大皇橋畓 水春
壹 果川梧木坪畓
壹 남大門外巡동在家屋菜田
壹 西門外菜田
壹 廣州草月面亭子洞田畓
남大門外巡동居
日本東京留在軍人故副領 金鼎禹子 顯忠 告白 次

生徒募集廣告

本學校에서 第壹學年級生徒를 募集ᄒᆞ오니 志願者ᄂᆞᆫ 八月貳拾七日內로 本校에 入학請願書를 呈出事 入學試驗日은 八月三十日上午九時
試驗科目 讀書·作文·算術初步·身體檢査
但年齡은 自十五歲至二十五歲 八

漢城私立普成中學校

學員募集廣告

今에 本校夜學科를 復設ᄒᆞ고 本科及測量(六個月速成)兩科學員을 募集ᄒᆞ오니 志願者ᄂᆞᆫ 陰本月二拾七日內로 本校에 來議ᄒᆞ되 但年齡은 拾五歲以上으로 限홈
科目 本科 簿記 算術 日語
測量科 測量 算術
西部南門外紫岩亭子洞 私立西湖學校 告白 次

國債報償금中에 婦人이 銀釵와 物로 本社에 來納ᄒᆞᆫ 者를 許久積置하엿스나 即爲放賣ᄒᆞ야 銀行에 殖利하ᄂᆞᆫ 것만 ᄀᆞᆺ지 못ᄒᆞ기로 玆에 廣告ᄒᆞ오니 或有願買人이 거든 本社에 來問홈
本社 告白

本社創立總會

期日은 業已廣告이온바 總會의 被選된 任員은 如左하고 營業을 自今開始홀터이오니 **材木柴炭** 賣買를 실ᄒᆞ실 僉君子ᄂᆞᆫ 來議于本社ᄒᆞ시옵 四
隆熙貳年七月二十日
左 記
總務員 趙鼎允 張輔衡 金台憲
監査員 趙彰漢 沈宜碩 李[illegible]
學洞四三里
漢城材木柴炭株式會社 告白

[illegible]

◉蠶桑樹新種이 本社에 來到ᄒᆞ얏스니 僉君子ᄂᆞᆫ 來購ᄒᆞ되 遠鄕은 郵便送錢ᄒᆞ오면 桑樹도 郵便送交홈 八
西部廳井동廿壹統壹戶 蠶桑廣達會社社長 金秉先 白

本人이 華成測量事務所를 南門外里門洞百七十六統七戶에 設ᄒᆞ얏사오니 僉君子ᄂᆞᆫ 照亮홈 五
박正薰 告白

本店에 夏節양服件이 英京倫敦에서 新着ᄒᆞ얏기로 玆에 廣佈ᄒᆞ오니 僉君子ᄂᆞᆫ 光臨購買ᄒᆞ심을 懇望홈
南署華商源發號
洋服裁縫店 謹白 八

精理舍主人柳一宣氏著作
◉初等算術敎科書
洋裝壹秩壹冊定價新貨九拾錢 三拾冊以上을 來購ᄒᆞᄂᆞᆫ 時ᄂᆞᆫ 原價외 二割引을 減홈 但地方에서 百冊以上을 請求ᄒᆞᆯ 時ᄂᆞᆫ 船車運費를 發賣者自擔홈 本書ᄂᆞᆫ 算數大家柳一宣氏가 我國의 算學을 發達ᄒᆞ기 爲ᄒᆞ야 積年의 腦力을 費盡ᄒᆞᆫ바이온ᄃᆡ 算術의 原理原則을 昭詳論釋ᄒᆞ야 在學受敎의 必須ᄲᅮᆫ不啻라 覽則易曉에 人可獨習홈
發賣元 京西部社稷後洞七拾貳統六戶 鄭象煥 八

其於人道之原則ᄒᆞ고 重於正義之誠實ᄒᆞ며 以親切爲旨ᄒᆞ야 訴訟事件並各官廳請願等件을 應受依托홈
京城苧洞六拾四統貳戶
東洋大學前講師
辯護士 日本法律學士 木尾虎之助 八

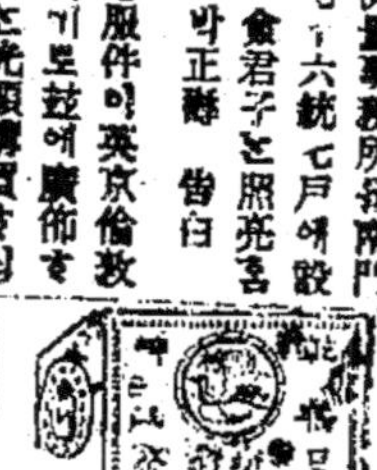

製藥所 仁川港栢峴 和平堂약房
發行人 仝 李용齊
代理店 仁川港栢峴濟生堂藥房 京城大廣橋共愛堂藥房

胎養調經丸 ᄐᆡ양됴경환

대뎌 부인이 녀ᄌᆞ로 잉태치 못ᄒᆞᆷ은 병으로 인ᄒᆞᆷ이니 일죽이 연구치 아니ᄒᆞ고 상이 ᄇᆞ려두면 다만 한사로 외 불ᄒᆡᆼ ᄲᅮᆫ 아니라 또ᄒᆞᆫ 져 국에 크게 관계가 잇ᄂᆞᆫ고로 셩의 심오ᄒᆞᆫ 니외국 고명 의ᄉᆞ의 실험방을 ᄒᆞᆨ젼ᄒᆞ야 ᄉᆡᆼ에 집으로브터 他人家에 무수시험ᄒᆞ쟈 열에 열사ᄅᆞᆷ이 다효험을 보앗고 ᄎᆞ약이 잉태만 ᄒᆞᆯᄲᅮᆫ아니라 (치병)(처저)ᄒᆞ며 (조경)(조혈)되ᄂᆞᆫ고로 이ᄀᆞᆺ치 광포ᄒᆞ오니 쳠부인은 일ᄎᆞ 시험ᄒᆞ시며 자다방이라도 우편으로 부칠 터이오니 죠량ᄒᆞ시옴

壹劑壹個月分定價五圜
製藥所 仁川港栢峴 和平堂약房
발行人 仝 이康齊
代理店 인川港栢峴 濟生堂약房 京城大廣橋 共愛堂약房

○약 광 고
본국에서 졉년을 연구ᄒᆞ야 (사향소창단)이란 약을 발명ᄒᆞ엿ᄂᆞᆫ디 남녀를 물론ᄒᆞ고 무산창병이면지 호제 (十四分)ᄡᅳᆷ미연 엽ᄃᆡ셔 먹으면 효험이 ᄯᅧ나ᄂᆞᆫ 중 되ᄂᆞᆫ고로 미엽담지ᄒᆞ와사 가오니 창병잇ᄂᆞᆫ 쳠위ᄂᆞᆫ 오ᄃᆡ 죠셩만ᄒᆞ고 속히 매입ᄒᆞ야 ᄇᆞᆫ외ᄒᆞ시며 자다방이라도 우편의로 부칠터이오니 죠량ᄒᆞ시옵 우량ᄒᆞᄂᆞᆫ 약은 쳥심보명단과 저방 매소마다 수응ᄒᆞᆫ대ᄒᆞ오니 그근방에 계신이ᄂᆞᆫ 그곳으로 가서 ᄉᆞᆫ외ᄒᆞ시오
仁川港和平堂 白

[illegible]

漢城鍾路慈惠大藥房

大韓東西藥業月報並新發賣藥品

咽喉熱痛 除炎水 五合 金五十錢

五日壹分 消毒 金壹圓 吉味兒酒水

男女補氣血 補益丸 二圓五十錢 萬病潤腸丸 二十錢

淋疾梅毒根藥 五十錢 痢疾靈藥散 三十錢

清肺止咳藥水 十五錢 瘧疾藥散 十五錢

草根木皮藥丸 三十錢 十錢

興奮藥 二十錢 汗臭藥 二十錢

胃腸藥 十錢 太陽膏 三十錢

消化藥 三十錢 漢城萬應膏 十錢

陳陳消積丸 十五錢 瘧氣保腎散 二十錢

胃藥 五錢 郵便 送

▲大韓國新發明藥 ▲八寶丹 九拾九粒入金拾錢 ▲當보단

承蒙前典醫正三品涉哲普閣下 實驗處方과 皆勸々외 各學校教官과 鼓勵君有効證明으로 此丹 世上에 行이온바 新久滯積과 食傷腹痛과 頭疾固飲과 新久泄瀉와 七情鬱結과 水土不服과 船車眩暈諸症에 服見效하오니 衛生君子는 試可하심을 爲希함

▲사향소차단 ▲麝香消滯丹

此丹이 於諸창에 無論男女老少하고 若服壹劑하면 實有神效하야 百발百中하오니 前例方可及하라 若論主治則 …… 消連珠 …… 諸症에 俱奇效하오니 …… 君子는 …… 試驗하시옵

▲귀양丘경환 ▲胎發調經丸 婦人調藥 壹個月分入 定價金五圜

大抵婦人이 年過하도록 不受孕者는 由於經病也라 若早研究하고 等閑看過則 非但壹個人에 不幸이라 抑亦全國生育之理의 關係가 不淺…… 年實驗方을 選擇하야 …… 而治効하오니 此藥이 非但受孕之神劑라 治冷○治積○ 調血에 俱有效…… 布하오니 …… 試驗하시면 …… 可知이오

發行人 仝 리應善

약製所인 仁川港 西京 和平堂藥房

右三種약은 各地方이라도 請求하면 우편으로 부치오며 ……

京城支店 鍾路衣廛下 和平堂

代理店 仁川港 西京 제生堂 약房

▲發賣所 京城 大廣橋 共濟堂 약房

仝 남문 너水 ……재 生 ……

仝 全大東 …… 市 支店

仝 全南 博文 書館

仝 泥口너 相信號 ……

仝 鐵物橋 毛衣房 리治瑞

仝 小廣橋 毛衣房 ……

仝 …… 上限三可 ……

仝 大寺동 共濟病院

○仁川港 …… 旅館 ……

仝 읍너 ……

○江華鐘路 …… 店

○開성 남문너 ……店

仝 남문너 明新冊사 리貞……

○水原 남문너 김재九약舖

○海州 남문너 ……商店

○延安읍너 …… 藥局

○瓮津 남문너 ……

仝 砂里院 ……

○黃州 ……

○平壤 ……

仝 館洞 ……

仝 文武洞 ……

○鎭남浦 …… 김元석藥 ……

仝 재生당 出張 ……

○群산港 …… 리春谷 약房

仝 大井동 ……

○禮산 ……

○大邱 남문너 리明道약局

○元山港 남문元약局

仝 제生堂 支局 ……

○利川 …… 박致 약局

◎金泉場 …… 약局

○釜山港 재生당 出張 ……

○安州 ……井동 ……大약房

○安岳邑 …… 재生당 ……

○義州 남문外 太口街 ……和약房

○鐵原 …… 洋약局 崔允……

○定州 남문너 洋약局 리健柱

◎郭山읍 洋약局 ……

○宣川읍 冊사 ……

鐵山읍 永春堂 安……

仁川港 和平堂 白

●健康靈丹 ●至寶丸 ●萬救液 ●消腫水 ●通滯丸

製藥發行所 漢城 …… 大廣 …… 共濟堂 ……

支店 …… 全州 …… 群山 …… 共濟 ……

代理店 仁川 …… 仝 …… 新門外 ……

此外에 至東西洋各國有名藥料와 …… 多少를 不拘하고 請求을 ……

●大韓新發明 …… 廣告

仁川港 …… 濟生堂藥房 消化 新藥 清心保命丹 發行所 九十粒入 金拾錢

經驗 …… 石 …… 主治 …… 飲食 …… 腹痛 …… 嘔吐 …… 其他 諸般 …… 氣 …… 預防 ……

總發行所 …… 南門內 …… 제生당 支店 李 ……

元山港 …… 제生당 支店

代理店 京城 大廣橋 共濟堂

仝 …… 新井 …… 약房

仝 …… 大佑 …… 약房

仁川 …… 和平당

全州 남문너 ……

水原 종路 …… 약房

漢城鍾路慈惠大藥房에서 漢城남大門外 …… 代理 ……

……

仁川港 …… 濟生堂 白

發行兼編輯人 英國人 ……

Responsible for Publication Alfred Weekly Marnham

發行所 …… 大韓每日申報社

第六卷

大韓每日申報

第八百六拾五號

月曜及慶節休日時發刊

檀君開國四千二百四十一年
箕子元年三千三十年
大韓開國五百十七年
日本明治四十一年
淸國光緒三十四年
陰曆戊申六月小廿七日辛巳

論說

▲韓國과 滿洲

韓國과壹衣帶水를隔하야韓國榮辱禍福의機關을作하는壹地가有하니此地가何地오曰滿洲가是已라記者ㅣ韓國四千載歷史上에彼此關係된實跡을擧하야學問에有志하신諸君子의研究에供하노라

檀君이首出하사神聖人으로朝鮮國을創建하실시滿洲를兼觀하샤其子扶婁로此를開拓하시고後世子孫의用武地를貽하시더니

其後裔가中微하야故土를多失하고幾百年歷史上에光榮이不現하얏스나然且滿洲舊域은據有한故로東明王朱蒙이此를藉籍하야營轢으로東指하매衛氏漢氏(漢代의四郡貳府類)等支那族의幾百年蓄積한勢力을壹朝에征服하얏고

記者曰檀君王朝가北遷한後로其子孫이壇內干戈에從事하야曷思國扶餘國高句麗國等이自相屠滅하고外競에不遑하얏스나其建國年代가古記와總目에大略載有하얏거늘韓國歷史家가箕氏王朝는說하고扶餘王朝는闕하야主權과主族과客族의區別이無하니可歎이로다

其後에大武神王이[illegible]繼嗣起하야七千里疆土를闢하고大帝國을建하얏스니此가비록聖王雄主의宏才大略에셔出한비나抑亦其根據한地理가形勝을占有한所以니滿洲는韓國에重要關係가有한地方인뎌

謡而오高句麗가駸駸東徙하야平壤으로用武地를作하고滿洲를輕視한以來로國勢가亦中落하야비록乙支文德의才略으로隋煬의百萬大兵을屠하며泉蓋蘇文의手腕으로李世民의驕膽을挫하얏스나畢竟寶藏王의壹片白旗가新羅國史의汚點을遺하얏스니嗚呼라當時男生男建의庸才가朝權을握하며又康廣土王의同種과和好한遺旨를全忘하야新羅와連年相攻하니高句麗滅亡한原因이其多하다하지나滿洲를輕視함이其亦要한原因이될지라

故로大祚榮父子가高句麗의遺燼을再燃하야渤海國을創立할새其舊壹者이滿洲에入據하야用武의中心點을作하얏스니千載以上千載以下英雄의所見이略同한져

大祚가此를繼하야三百年을雄行虎步하며니後世에大因譔이契丹에게亡하고太子光顯이衆數萬戶를率하야母國(即高麗)에復歸한後로契丹蒙古等의相爭地를作하며니後百餘年에女眞那贊이滿州에서契丹을破하매渤海遺民이此를聞하고齊跡蹶하야大祚榮의後裔를擁하고契丹東京을攻하며祖國의威명을復하고渤海國을恢復하라하야請援使者가道路에絡繹한대宋朝의腐臣等이劃疆自守의主義를唱하고進取思想이寒無한故로彼渤海遺黎가孤城을枕하고二載血戰하며니畢竟刀缺援絕하야大將이自刎하고邦國이遂墟하얏스니此가엇지千古讀史者의拍案發歎할處가아닌가自後로韓國民族의旗幟가此地에不見함이今已累百年이오

己往에滿淸先祖되는金俊이本是韓人으로此에入하야新殖民地를開拓하고當時에支那를幷呑하야大金國을建設하고今日에至하야滿淸朝廷이되얏스나其言語가韓國과異하며風俗이韓國과異하야居然兩民族의觀念이有하도다

然이나挽近數拾年來로滿淸의權力도全墜하야俄國人이染指하다가不成하고而今에는日本勢力圈內에入하얏도다

以上略列한滿洲歷史를觀하라韓國과滿洲의關係密切이果然如何한가韓民族이滿洲를得하면韓民族이强盛하며他民族이滿洲를得하면韓民族이劣退하고又는他民族中에도北方民族이滿洲를得하면韓國이北方民族勢力圈內에入하며東方民族이滿洲를得하면韓國이東方民族勢力圈에入하나니嗚呼라此는四千年鐵案不易의定例로다

滿洲가韓國과如此密接한關係가有함을知한者ㅣ幾百年間人物이幾人이能得한가高麗太祖가契丹과絕和하야舊疆을恢復하라하다가[illegible]不假하야[illegible]崩하고尹瓘이女眞을斥逐하야九城을築하고國境을讚하라다가群臣의沮撓하야[illegible]하고崔瑩이明將을[illegible]討斥코자하야滿洲門戶는遼瀋을恢復코자하야[illegible]獨斷으로獨行하시快劍을拔하야明太祖의使者拾餘人을斬하고大兵을出하며니朝家羣臣의異論을嫌하야大志를未就하고其身이先死하얏스니哀哉라

本朝五百年間에는[illegible]內에서酣睡하고門外事를不知하매滿주壹幅은夢寐도不及하니人物이凋殘하이엇지此에至하오東西開通한以來로此地가尤是東亞競爭의燒點이되야俄日兩國이滿주問題로十數年을相爭하는데韓國은其傍에袖手樂觀하며니

今滿주는何如며韓國은何如오東隣의失策을驚하며昆明의刼灰를恨하야此篇을草하노니未知케라將來韓國에眼孔偉大한風雲兒가幾個나出할는지

▲隆熙二年七月拾七日 官報

●法律第拾三號

民刑訴訟規則 續

第壹章通則

第三十九條 上告의對手者는其判決이有하기前에附帶上告를行함을得함刑事에는上告裁判所와檢事도亦同함

第四拾條 上告裁判所는原判決을破毀하는境遇에事實에當하야審理함이必要가有함으로認할時는事件을原裁判所로還送하거나原裁判所와同等되는他裁判所로移送하는判決을行함이可함

事件의還送이나移送을受한裁判所는其事件에當하야上告裁判所의行한法律上判斷에基하야更히審問及判決을行함이可함

第四十壹條 上告判決은宣告는送達에依하야此를告知함但刑事에는送達前이라도判決의執行을行함도無妨함

第四十二條 上告에關하야는第三拾條乃至第三十三條의規定을準用함

第四拾三條 抗告는本法에서特許한境遇에限하야此를行함을得함 未完

外報

●日本陶器의失火 去二十日日本愛知郡鷹場村日本陶器合資會社陶器工場에서出火하야二層屋三百二十四坪되는工場所가沒燒할時에職工幾名이燒死하고損害額은三萬五千元이라더라

●淸國宮中의大事 淸國新聞에揭載한바宮中에大事가有할模樣이라고北京電報가有하다하얏는데宮中大事라함것은淸國皇帝의서崩御하셧다는風說을指因함인듯하다하얏더라

●鐵路讓渡說 德國에서膠州灣濟南間鐵道를淸國에讓渡한다더라

●北波斯의現況 露國來電을據한즉北波斯타브리三에서革命黨數千名이起하야官軍과交戰하기爲하야巴里에서만에陣地를進擊하얏는대騎兵은此를抗拒키不能하야逃走하다가타브리三市에서再次革命黨의게見敗되얏다더라

●德國戰役의豫算 倫敦電을據한則德國參謀部에서는歐洲大陸戰에德國에서受할損害等에就하야如左히豫想額을計算하얏는데出兵數는四百七十五萬이오戰備는壹個年에三億磅이오死傷은八十万으로豫算하얏다더라

別報

◎裴說氏의公判續記 (續三日)

는不常한人을招聘하기로部大라하는字를其論說에寫하고거시何方面으로든지其人을欲하勳하였든지問하면余는其人이敎或部夫라도其論說에其人을誹보다感情이九生치아니할가하나이다那起錄에서裁判官이己言한바自己는其事件이不當한揀擇員의報告인줄을知하며其贖殺&人을稱贊함도然하며死人을誹謗함도無하다하얏스니余는其論說의部天다稱하거시嘗雖不能하나何方面으로던지暴動이나紊亂을煽動될줄노料量치아니하나이다須知分氏는韓國의發論高等官된外國人이라自己[illegible]하는人을외로[illegible]할事을拒할거시쇼當치도니하고[illegible]할事이라然其人을이皆하기를往하거다等은如此한外國人을는此에함을不願하노라韓國은韓國의韓國이라하얏스니此가天生的으로祖國을愛하는人情이다須知分의事件은此에止다

午飯을畢한後에午後二點에復開廷하고크로쓰가更言하되須知分의事件은已爲辨明하얏스니梅特捏의事件을辨明하리라하고曰裁判官에게이의其論說이有하니余는其論說을讀聞하는거시必要치아니하고자余는分明히其論說은韓國人의을激烈치아니한것이어날日本官人들이被告를攻擊하려고汝聞하고竟하다가二件論說을擇하야告訴한바此가其中에뎌라起錄씨가읽긴손氏에게發하는此新聞은農業의新聞이라하기되余는[illegible]此新聞이政治上[illegible]上新聞이라하나이다 (未完)

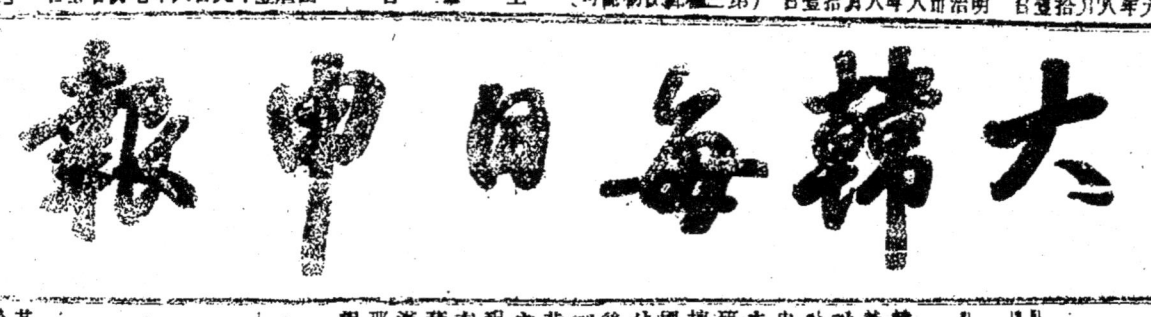

雜報

●追崇禮式協議 三 大王의追崇禮式을擧行할日字가漸近홈을因하야掌禮院에서其禮式事務를現今協議中이라더라

●冊寶準備 中樞院顧問朴齊純權重顯李址鎔三씨는今番에三大王 追崇玉冊 奉安時에差備官으로差下되얏다더라

●刑法中改定件 現行刑法大全中에未適當한條件은將次改定하야 勅令으로頒布한다는說이有하더라

●會議案件 去水曜日에내閣例會를開홈은已報하얏거니와會議案件을聞한즉區裁判所에事務處理할方法과森林法에關한件을爛商協議하얏다더라

●訓示刊布 月前에各觀察使를統監府로會同하야伊藤統監이訓示한거슬발刊하야各部로發送交付하얏다더라

●森林法協議 農商工部에서森林法에依하야漢城니에在한森林을保安法에編入하기로現今協議中이라더라

●典祀被任 前郡守李範喜씨는掌禮院典祀를被任한다는說이有하더라

●法官移付 平漢兩裁判所官吏를控訴院과京城地方裁判所와京城區裁判所三處官吏로移付하기로決定하얏다더라

●兩課新築 學部文書會計兩課의家屋을毁撤하고二層洋屋으로新建築하야大臣官房以下各局課를團聚設置케한다는데本月晦初間에工役을着手한다더라

●建築費請撥 學部文書會計兩課를新建築한다홈은別項과如하거니와其所入經費를豫算支拏二萬圓假量에至하얏다는대度支部에照會하고豫外支出하라하얏다더라

●敎科書改正 興士團副團長兪吉濬씨가幼年敎科書編纂한件을學部에서檢定을許치아니홈으로編纂中에未安한條件은將次改定하야學部에檢定을更請한다더라

●警署位置改正 各道니에警察分署巡査駐在所의位置를改正하야日間頒포된다더라

●訴訟管轄 江原道에는區裁判所가原州뿐인故로該道民事訴訟을京城地方裁判所에서姑爲管轄하기로磨鍊하얏다더라

●控訴後裁判 平漢兩裁에서는近日에民事訴訟을太審院及控訴院京城地方裁判所開廳式하기까지訴狀만接受하고該開廳式後에裁判할터이오現今裁判하는거슨已往處務를끈것만繼續한다더라

●曆書營業請願 曆書를自來로觀象所에서句管하던拾人이每年의翌年曆書를刊하야拾壹月에粧冊進上하고其剩餘를放賣營業하더니新官制改正時에觀象所는廢止되고曆書는學部所管이되얏더니至於今年하야는已酉年曆書를半年이已過토록尙未刊行홈얼머러句管하던諸씨가失業이되얏슴으로金載霖씨等이納稅製曆하야還爲營業하기로日昨에學部에請願하얏다더라

●國民妄報 昨日國民新報에記載하얏는대大韓每日申報總務梁起鐸씨와發說자가國債報償金을犯用한形跡이綻露라하얏스니此는全히無根의說이라梁起鐸씨는尙今日本官吏의拘留中에在함대國民의게는何等提論이無하거늘國民新報는其所聞의眞假를採出하는데無誤홈故로塗聽途說을眞的으로認하야揭載하니國民新報는其塗聽途說을準信치아니홈知覺이應有할지라右兩氏의犯用等說은全屬虛誕하니將次其虛誕의證據가有하리라

●地制改正辟報 地方官制改正한事는前報에已揭하니와其條目이如左하니

第壹條中書記官次에「警視奏任」을加하고事務官次에「警視奏任」을削除홈

第貳條中(二十七人)을「卅壹人」으로改正홈

第三條中(百四拾七人)을(百六拾二人)으로改正홈

第八條第壹項中(書記官)을「首席高等官」으로改正하고第二項을削除홈

第十條各道의內務部及警察部를置하고如左히事務를分掌케홈

內務部

壹 地方行政의關한事項
二 救恤及慈善의關한事項
三 享祭의關한事項
四 宗敎及祠社寺의關한事項
五 土木의關한事項
六 地籍及土地收用의關한事項
七 敎育學藝의關한事項
八 勸業의關한事項
九 外國人의關한事項

警察部

壹 警察의關한事項
二 衛生의關한事項
三 民籍의關한事項
四 移民의關한事項

第拾壹條 內務部長은書記官으로警察部長은警視로此를充하되觀察使를補佐하여部下의官吏를指揮監督하야所部事務를掌理홈

第十二條 警察部長은警察署長과의執行의關하야警察署長以下를指揮홈을得홈

第十三條 事務官은觀察使及書記官의命을承하야道務를掌理홈

第拾四條 各道의警察署를置하되其位置及管轄區域은內部大臣이此를定홈

警察署長은警視又는警部로此를充하되上官의命을承하야警察事務를掌理하고部下의官吏를指揮監督홈

附 則

本令은頒포日로부터施行홈이라더라

●法律改定件 去貳拾二日의法律의 裁可한事項이如左하니

壹 公貸欠逋處斷例廢止의關한件
壹 度支部官制中改正의關한件
壹 警察留置場의對한留置場及刑罰執行의關한件
壹 民事訴訟期限規則의關한件
壹 裁判所構成法中改正의關한件
壹 納入告知書를發布하야關稅其他諸收入徵收의關한件
壹 未開廳區裁判所事務處理의關한件
壹 刑法大全改正의關한件

等諸事項이미더라

●江高壹丈 去十九日降雨한以來로平壤대同江과各河川이대漲하얏스나該地方의는少無損害하얏는대대同江은壹丈이나增水되얏다더라

●鐵路閉鎖期限 今番霖雨에各鐵路軌橋가壞破하야通行치못하는대京仁京釜兩處鐵道는今明間개通이될터이오京義鐵道는軌橋가多數破壞된所以로개通이杳然하다더라

●活民所贊助 李根滿氏等이活民勞働組合所를發起하야請願承認하얏다는說은本報에已揭하니와諸氏가勞働하는同胞로專爲營業資生케홈인디각資本家에서隨力贊助한다더라

●都客主請禁 自甲午更張以後로各浦口都客主를無論有券無券하고丞永革罷之意로度商工部訓令과各道觀察府訓令과郡守의告示가年年히申飭하야都客主名色이畢皆革罷하되獨晉州郡舊海倉은都客主名色이尙存하야百弊滋生에商路가幾絶하니昨年拾月拾六日發한晉示壹張에都客主를嚴禁하라農商部訓令을等因한郡守告示也니該浦都客主도亦爲禁止하라고商民等이農商工部에呼訴하다더라

●李氏長眠 軍部經理局長李康夏氏가身病으로屢月沉苦한다는說은前報에已揭하니와日昨에因爲長眠하얏다더라

●太校任員 阿峴私立太極학校에서去月曜日에개校式을行하고任員을選定하얏는대贊成長은洪肯燮氏로校長은金重煥씨로校監은趙中根씨로학監은洪淳泌氏로推薦하얏다더라

●請願書偸去 釜山港居李敏述氏等이學校를建築할次로整理局에請願하고數朔을留連터니朴敎又白奎見李來伊等이有何雜念이던지李敏述의請願書를偸去한故로將次裁判歸正할다더라

●果則善政 嘉山郡守梁在萬氏는邑村을勿論하고學校를設立하야熱心敎育할뿐아니라徽奬勵停車場의地段價를各該田主處에支給홈이不均홈에對하야郡主도參用하고徵奬里에躬往하야田主들의齊히招集하고口舌說論하대其濫受한人의게還推하야其未受한人의게均壹支給하니壹民도寃抑이無하고事事便宜하며六七日間에壹行旅費百餘金을自官으로擔當하미土民이悅樂하야萬口成碑하다고人皆稱頌한다더라

●眼盲心明 金山郡贊成學校夏期試驗景況은別項과如하거니와該동居李馨과시는家勢도不贍할뿐더러業疾廢盲을平生抱恨인바慈善의天稟으로좌贍이有名하온데今回本校試驗時에午餐을盛備하야四拾名學生과百餘名任員及觀光者를供饋하니참시와敎育上熱心한人皆贊不容口이니와世上의有眼有錢者로現時代를當하야敎育上의不爲贊成할뿐더러反爲沮戲하는것은狗彘不若이라고하시가壹場演說하얏다더라

▲地 方 消 息▼

▲本月拾四日三陟郡남方約四拾里地의서義兵約二拾名이江陵郡日守備隊와交戰하얏다하고

▲本月拾六日高陽郡盤山里의서義兵三名이日斥候兵三名과日憲兵壹名으로衝突하얏다하고

▲本月拾五日河東郡東北約六里淸水동附近의서義兵約四拾名이日本分遣隊와交戰하얏다하고

▲本月拾六日丹陽郡內의서義兵二十名이日守備隊와交戰하얏다더라

▲依 舊 人 物▼

▲人情物態閱歷하면變幻하는이風潮에外面雖是刷新이나舊部情態依舊하니拾年功夫虛事로다

▲各郡官制改正하야許多職員出하니洋裝又치職服하야面目이改하얏스나事務處理如하야刷新消息未聞하니도로彌陀佛

▲各官人의祝辭보면洋服體鮮明하야人力車를橫騎하明國人恰似하나鄙悖行色하니其中인즉未必有리도로彌陀佛

▲各社會에出入하야演說紛紛하나有力家에攀緣하書客을自稱하고壹室官職하니假志士가分明하다도로彌陀佛

▲破壞時代當하야서劈破하다하나四色中庶自別하々遷々相從하며某之子와孫을誰優誰劣比較하니도로彌陀佛

▲新世界가된다하나前日餘存하야直閣提學壹等淸榮法이又出하야白骨官職하제門戶榮耀希望하니도로彌陀佛

▲觀察郡守敍任할제人材하다하나某太臣에卑食口世據에久勤人이各自援脫하야如取囊物容易하니도로彌陀佛

▲罷除舊式하나各大威儀보면前進後擁嚴하稱又흔대行次는人皆畏避하야不敢近前하는고나도로彌陀佛

▲財政整理하는方針銀錢流行하나全國金융不通하源枯時枯渴이라商界民情하야涸轍魚가되엿스니도로彌陀佛

▲內閣會議頻繁하야地方提出한것別般方策設備하殘碎此不息하야東奔西馳民은呼哭聲이不絶하니도로彌陀佛

特別社告

大邱支社員梁務益威從支社員金弘叙兩씨と辭免故로大邱西門外友弦書樓側李正由威從耶蘇敎堂니張炳日兩씨로認定ᄒᆞ얏ᄉᆞ니右兩處附近本報購覽諸시と本社에對ᄒᆞᆫ凡務를右兩시와交涉ᄒᆞ심을務望ᄒᆞᆷ

大韓每日申報社

廣告

本會에셔緊急ᄒᆞᆫ事務를因ᄒᆞ야本月二拾六日日曜下午壹時에齋洞興化學校內에셔特別總會를開ᄒᆞ오니僉會員은多數來臨ᄒᆞ심을務望

關東學會 告白

本人等이壹般학界에便宜를供ᄒᆞ기로資本을合同ᄒᆞ고業務를擴張ᄒᆞ야新舊書籍과學校用品을俱備發賣ᄒᆞ오니 僉君子と稍稍光降ᄒᆞᆷ을務望ᄒᆞᆷ

海州남門니四街

韓昌書舖館主 李承駿 朴昌鉉

慶南地方調査派員金英駢氏가巨濟郡屯驛에公土를調査ᄒᆞᆫ다ᄒᆞ고畓々田々을無壹遺漏ᄒᆞ고熱心踏査ᄒᆞᄂᆞᆫᄃᆡ河淸里辛守兼이拾年前誣訴僞川ᄒᆞᆫ屯답拾斗落과竹土里玉昌煥이僞川屯답四斗落과其外村々僞川을壹々摘査와知々如鱗이다ᄒᆞ니官有民有도百般辯審ᄒᆞᆫ故로民皆稱服ᄒᆞ고或僞川者가以路欲餌則嚴斥嚴責故壹境외行令이郡守보다더ᄒᆞ다고近郡의稱道가滋溢ᄒᆞᆷ

固城 孔鳳會 鎭南 林☐明 仝

陰曆六月二拾八日上午十壹時花樹會開設于北部壯洞清溪太古亭凡我宗族屆期來臨敬要

安東金氏宗約所 告白

本人이尹敬重의게被訴ᄒᆞᆫ事를新聞에셔尹敬重의擧辭ᄒᆞᄂᆞᆫ言만偏聽記載ᄒᆞ얏기如左卞明ᄒᆞ오니 僉位은照亮ᄒᆞ시옵 昨年陰曆拾壹月初에尹敬重이使其伯父益炳으로來謂本人曰我家의田답을納 宮ᄒᆞ얏다가今에推還ᄒᆞ얏ᄉᆞ나君其買收ᄒᆞ라屢回慫慂ᄒᆞ야賣買를成立ᄒᆞᆯ際에敬重이其伯父와相議ᄒᆞ야數田답中로品最好者全州印川에在ᄒᆞᆫ田답을拔出ᄒᆞ고其餘로만業坪二拾萬兩에定價ᄒᆞ야新文記를成ᄒᆞ얏ᄂᆞᆫᄃᆡ價文을塡ᄒᆞᆫ上에답主尹敬重이라書ᄒᆞᆫ下에並히尹敬重의姓名章을捺ᄒᆞ고其次에尹益炳이라書ᄒᆞᆫ下에도捺章ᄒᆞ고其次에證人을書ᄒᆞ고捺章ᄒᆞ얏ᄂᆞᆫ기舊券有無를問ᄒᆞᆫ즉答曰舊券은 宮에셔失ᄒᆞᆫ故로出給ᄒᆞᆫ文蹟이有ᄒᆞ다ᄒᆞ기其文券與文蹟과價錢으로交易ᄒᆞ야賣買를成ᄒᆞᆫ바其文券文蹟을益炳이持來故로하價를無疑出給이러니今에敬重이其伯父와符同ᄒᆞ야답價中折半은其伯父가中間에用ᄒᆞ얏ᄉᆞ니답價를未盡捧이라稱ᄒᆞ고還退를깃다起訴ᄒᆞ다가奸狀이綻露ᄒᆞ야漢裁에셔敗訴ᄒᆞᆫ즉敬重言니에답답를運動費로盡入ᄒᆞ야도期於히申訴ᄒᆞᆫ다ᄒᆞ고平理院에申訴ᄒᆞ며니裁判ᄒᆞᆯ時에首班判事洪祐晳이越例出席ᄒᆞ야本人을嚇喝壓制故로本人이허判事의公正判決ᄒᆞ기希望치못ᄒᆞ깃ᄉᆞ니公正ᄒᆞᆫ判事를選擇ᄒᆞ야裁判ᄒᆞ라고申請ᄒᆞ지ᄒᆞᆫ바事實이如右故로廣告ᄒᆞᆷ

孫錫基 告白

本人이梨峴倉內雜貨商恩根游處에今月二拾五日推尋次當五二百四拾兩於音壹片을中路에셔失ᄒᆞ얏ᄉᆞᆸ기茲에廣告ᄒᆞ오니誰某拾得ᄒᆞ와도休紙施行ᄒᆞᆷ

金振鏞 告白

敬啓者吾儕以國債報償爲國民自擔的義務不謀而同擧國壹致雖鰥寡流丐至窮之氓亦惜傾囊倒橐이是愛國之血性攸在然而我國素是貧乏雖未達原額十分之壹此不可以多寡論中間因國步多難地方騷擾勢不得不收合齊是然誤解風聞者或不無浮訛胥煽乃至有自意還給且逗遛觀望初不捐金者存自以爲得策事不慨歎本事發起已過壹週有不可因時騷而泯默者然則此事之繼續也臨處也不容遲緩而事係重大非全國民大同決議則果難若個人私敢措處故本人等不勝憂悶玆以左開條陳照亮後共同協成千萬敬要

左開

壹 各郡은此事에對ᄒᆞ야如何히歸決ᄒᆞ면得當ᄒᆞᆯ을博採壹鄕公議ᄒᆞ야意見을陳述ᄒᆞᆫ書와壹鄕收金總額과所佇何處를明細附記ᄒᆞ야各其道事務所에賓送ᄒᆞᆯ事

壹 各道에ᄂᆞᆫ代表人壹二員式公選ᄒᆞ야委任狀을繕給ᄒᆞ고管下各郡意見書와收金總額印鑑을帶持ᄒᆞ고陰七月三十日로京城志願金總合所에來會ᄒᆞᆯ事

壹 各道代表人員이半數以上七道人員만會集ᄒᆞᆫ時ᄂᆞᆫ開會議決ᄒᆞᆷ을得ᄒᆞᆯ事

壹 京城에現存各社會와各收金所와各新聞社에代表員壹人式參會決議ᄒᆞᆯ事

大邱斷烟償債所臨時事務所

西門外壽昌會社

李玄주 徐相돈 鄭在하

金炳淳 崔時敎 趙大林

朴昇東 박基敎 李宗勉

徐丙五 李壹雨 鄭圭鉉 仝

敝所先發通告文想已抵鑑而各郡之鄕論如何收金總額詳細探錄幸須京據會前先示之俾無至臨時失責之歎切혜

慶北各郡國債義務金收合所

大邱斷烟償債所 告白

本書館을開業ᄒᆞᆫ지未過壹年에僉同胞게셔愛助ᄒᆞ시와益益興旺之故로本館을壹層擴張ᄒᆞ고各項新舊書籍與教育物品을多數準備ᄒᆞ야特別廉價로大發賣ᄒᆞ오니四方僉君子ᄂᆞᆫ陸續來臨ᄒᆞ심을爲要ᄒᆞᆷ

釜山港東關韓興書館

金汝重 權鍾律

漢城中部黃土峴法律事務所

辯護士 黃瀅菊

☐☐出張所

位置忠南公州郡邑內大通橋

事務員 朴齊升

初等算術教科書

私理舍主人鄭一宜氏著作

洋裝壹秩壹冊定價新貨九拾錢三拾冊以上을來購ᄒᆞᆯ時ᄂᆞᆫ原價외二割引을減ᄒᆞᆷ

但地方에셔百冊以上을請求ᄒᆞᆫ時ᄂᆞᆫ船車運費를發賣者自擔ᄒᆞᆷ

本書ᄂᆞᆫ學數大家鄭一宜氏가我國의算學을發達ᄒᆞ기爲ᄒᆞ야積年의腦力을費盡ᄒᆞᆫ바이온ᄃᆡ算術의原理原則을昭詳論釋ᄒᆞ야在學受敎의必須ᄒᆞᆯ不啻라獨學ᄒᆞᄂᆞᆫ時라도易曉에入ᄒᆞ야獨習ᄒᆞᆷ

發賣元京西部社稷後洞七拾貳統六戶 鄭象煥

本人이壹兩五錢重金指環을去月貳拾日見失矣러니吉星社典當舖에셔屢次推去廣佈ᄒᆞ야推尋ᄒᆞ엿ᄉᆞᆫ즉如此ᄒᆞᆫ同胞義謹를不勝感荷ᄒᆞ야茲以廣佈ᄒᆞᆷ

鍾路東便紙廛後銀房朴德汝 白

隆熙貳年七月拾八日大韓每日申報第貳千八百三拾貳號後面廣告欄니揭載ᄒᆞᆫ바惟我拾貳世祖巽信男往在建房之變에韓潤姜弘立등과同扶號의響將가되얏ᄯᆞᄂᆞᆫ紙貨를句語가玄杂氏所述幼年必讀釋義中誤戴됨ᄋᆞᆯ質判申明ᄒᆞᆯ깃다廣告ᄒᆞᆷ은實노爲其子孫者의當然ᄒᆞᆫ意想어나及其玄氏의實蹟을溯考ᄒᆞᆫ즉當初玄氏의此句語를騰刊ᄒᆞᆷ이美國人訖法의所刊ᄒᆞᆫ所謂東紀年이란新書中譯載ᄒᆞᆫ바이오玄氏가人家先祖의事蹟에對ᄒᆞ야筆說노毀斥ᄒᆞᆷ은아닌바玄氏도請質ᄒᆞᆫ理由가無ᄒᆞ옵기我先祖의當時向國盡節은載在ᄒᆞᆫ公蹟을照考ᄒᆞ야自可辨白이건과彼美國人訖法시의刊布ᄒᆞᆫ所謂大東紀年이란新書ᄂᆞᆫ彼以不同話不同文ᄒᆞᆫ外國人으로內國文欲을全昧ᄒᆞ고何등荒誕妄說을刊포ᄒᆞᆫ즐ᄒᆞ지弟當請質申白이오며玄杂氏를請質ᄒᆞᆫ다聲言ᄒᆞᆷ이事理에不遠ᄒᆞᆫ을기茲에更告ᄒᆞ오니幸須照亮更布ᄒᆞ시옵

全南康津郡巽中元等 白

吾先親이相吉을率養인바及長에讀經ᄒᆞ고治ᄒᆞ며奸伴有夫女逃亡ᄒᆞᆫ奸夫오酒技悖習無雙ᄒᆞ고打破先親窓戶에加以詬辱ᄒᆞ며毆打庶母與育渠之老妓夫人幾至死境故로罷養ᄒᆞ고呈廉宗中ᄒᆞ니至於勘譜ᄒᆞ야隔絶八年인ᄃᆡ先親五朔眞患에壹無相問ᄒᆞ고昨冬下世時近拾日舌瘡은壹郡所知인ᄃᆡ相吉이謂有臨終命召ᄒᆞ고夜哭入欲被禦故로親戚이責其不義則自愧退去ᄒᆞ야華服ᄒᆞ야月後에乃聽趙府顯敎唆ᄒᆞ야始請喪服에出沒府郡曰若多少給財면不訟云이기自顧孳子이難以應訟ᄒᆞ야錢千兩畓壹石落을給與ᄒᆞ니當場脫喪後에永不相關意로成標而去ᄒᆞ더니鄙再從姪芝炳이聞此憤激訴於警署竟還推財ᄒᆞ니相吉이更齊衰服에囑官稱冤曰今則半分財産이라야止鬧云ᄒᆞ더니本人이爲避時騷ᄒᆞ야奉几筵撤移京中後에相吉이率妻入居鄙第ᄒᆞ야還主設筵云ᄒᆞ니世豈有壘設几筵之禮法乎며況先親이埋安先世神主而身後에必勿遊宗意로屢敎者乎아鄙家我先親之死不能發責也ᄂᆞ니獨有蔑其人而勸求爲其子之理乎倫常大變이어ᄂᆞᆯ洪州官決曰新式에無罷養例라云ᄒᆞ니라ᄒᆞ니能養八年後에先親이下世則欲使相吉로撮新式無罷養之例而欺判於地下ᄒᆞᆫ들是ᄂᆞᆫ不可抗力也오欲使本人으로違父命而許相吉繼后면是ᄂᆞᆫ蔑倫也ᄂᆞ니如許官決은決不可奉行故로相吉所造神主를拭去粉面ᄒᆞ고相吉內外ᄂᆞᆫ出送次로茲에廣告ᄒᆞ오며洪州齊陽大興結城에在ᄒᆞᆫ鄙庄을出證明次請願則各郡守曰尹相呂面請前에ᄂᆞᆫ雖有其捺章請願이라도斷不可許認云ᄒᆞ니四明白온令人欽服이라家舍田畓文券을京第로沒數持來ᄒᆞ와ᄉᆞ니本人面請前에ᄂᆞᆫ鄙庄證明이設或誤出이라도休紙施行ᄒᆞᆷ再設或相呂不在라도義當率養他屬오相吉은決不可許入이오며今見相吉廣告ᄒᆞ니先親을歸於極暗ᄒᆞ고罪母金氏ᄂᆞᆫ陷於極惡ᄒᆞ니更覺嚴완이라先親의仁明行義ᄂᆞᆫ遠近所知오金氏ᄂᆞᆫ人稱純厚ᄒᆞᄂᆞᆫ外에本人家대田畓文券을幷其兼有爲券ᄒᆞ야盡付於仝本人ᄒᆞ니誠心을可知오且有罪養時宗巽改題旨ᄒᆞ니公眼을難掩이어날專掩渠罪ᄒᆞ고勒欲繼后ᄒᆞ야擠我父母ᄒᆞ니豈非不共戴天者乎잇가 仝

京校洞十三統九戶 尹相呂 告白

本人이日本에留學ᄒᆞ오무로左開田답家屋山坂文券을持往日本ᄒᆞ오니或有放賣之件ᄒᆞ와도內外國人은切勿見欺ᄒᆞ시옵

永登浦九老里所在田畓三坂 合家

壹 水原大皇橋畓水畓침

壹 果川梧木坪畓

壹 남大門外巡동在家屋菜田

壹 西門外菜田

壹 廣州草月面亭子洞田畓

壹 남大門外巡동居

日本東京留在輩人故副領金鼎禹子 順忠 告白

生徒募集廣告

本校에셔第壹學年級生徒를募集ᄒᆞ오니志願者ᄂᆞᆫ八月貳拾七日內로本校에入學請願書를呈出ᄒᆞᆷ 入學試驗日은八月三十日上午九時

試驗科目 讀書。作文。算術初步。身體檢査

但年齡은自十五歲至二拾五歲

漢城 私立普成中學校

學員募集廣告

今에本校夜學科를復設ᄒᆞ고本科及測量(六箇月速成)兩科學員을募集ᄒᆞ오니志願者ᄂᆞᆫ陰本月二拾七日內로本校에來議ᄒᆞᆷ

但年齡은拾五歲以上으로限ᄒᆞᆷ

科目 本科 簿記 算術 日語

測量科 測量 算術

西部南門外紫岩亭子洞

私立漢城學校 告白

○廣告料
[illegible]
每日發行大정[illegible]
一箇月에 [illegible]
每日發行[illegible]

發行兼編輯人 英國人 萬咸
Responsible for Publication Alfred Weekley Marnham.
發行所
南署石井洞號外[illegible]三層洋屋
大韓每日申報社

光武九年八月十一日 明治卅八年八月十一日 第三種郵便物認可 號一百 西曆一千九百八年七月廿六日 日曜

大韓每日申報

第六卷 第八百六十六號

月曜及慶節 歲時日休刊

檀君開國四千二百四十一年
箕子元年三千三十年
大韓開國五百十七年
日本明治四十一年
淸國光緖三十四年
隆熙戊申六月小廿八日壬午

論說

◎醫國如醫人

壹國의病을醫홈이壹人의病을醫홈과相類ᄒᆞ니今에多年沈痼ᄒᆞᆫ壹人이此에在ᄒᆞᆫᄃᆡ其病根의由來ᄒᆞᆫ바ᄂᆞᆫ不知ᄒᆞ고但其外部의現症만顧ᄒᆞ야寒ᄒᆞ거던熱藥을下ᄒᆞ며熱ᄒᆞ거던寒藥을下ᄒᆞ면是ᄂᆞᆫ其病만治ᄒᆞ지못ᄒᆞᆯ뿐아니라將且其人을殺ᄒᆞ리니嗚乎라此가엇지可惜ᄒᆞᆯ바아니며此가엇지可戒ᄒᆞᆯ바아닌가是故로名醫가病을治ᄒᆞ라면반다시其由來의病源을深察ᄒᆞ야其根더부러攻治ᄒᆞᄂᆞᆫ故로太效를竟奏ᄒᆞᄂᆞ니彼壹國의病을治ᄒᆞᄂᆞᆫ者ㅣ亦此와何異ᄒᆞ리오

挽近에域內志士가國勢의殿夷ᄒᆞᆷ을悲ᄒᆞ며民力의凋落ᄒᆞᆷ을痛ᄒᆞ야其治療의方法을講究ᄒᆞᆯ새慨然히說을議ᄒᆞ야曰某也ᄂᆞᆫ[illegible]外患의모뎐이라ᄒᆞ며[illegible]이實을叩ᄒᆞ야曰某也ᄂᆞᆫ[illegible]가是我國의公敵이라ᄒᆞ며湫然히李을據ᄒᆞ야曰某年某日이是我國을禍ᄒᆞᆫ厄年이라ᄒᆞ며勃然히辯을振ᄒᆞ야曰某事某件이是我民을緊ᄒᆞᆫ鐵鎖라ᄒᆞ야

其語를發ᄒᆞᄂᆞᆫ거ᄃᆡ但只政府上에某某職人만歸ᄒᆞ고社會上에某某幾 만無ᄒᆞ면獨立旗가六大洲天地에飄揚ᄒᆞᆯ줄로圖ᄒᆞ며但只某壹年某條然히安過ᄒᆞ고某壹件ᄆᆡ가適然히不成ᄒᆞ얏스면自由鍾이三千里山河에喧傳ᄒᆞ얏슴을노認하니此人은其壹은知ᄒᆞ고其二ᄂᆞᆫ不知ᄒᆞᆫ者라

嗚乎라民德의腐敗가壹日의積ᄒᆞᆫ비아니며民知의愚劣이壹日의放ᄒᆞᆫ비아니며民力의凋殘이壹日의致ᄒᆞᆫ비아니며民氣의墮落이壹日의來ᄒᆞᆫ비아니라數千年來로內에對ᄒᆞ야壓勒을加ᄒᆞ며外에對ᄒᆞ야卑劣을甘ᄒᆞᄂᆞᆫ衆雄民賊과失麻臣腐儒輩가生靈의其口로膏血을食ᄒᆞ며其腦으로痛瘵를灌ᄒᆞ며其手、其足、其三百六拾骨節、其八萬四千毛孔으로膠이怪氣를嘘出ᄒᆞ야旣蒸旣蒸ᄒᆞ며旣鬱旣積ᄒᆞ야渺々綿綿懷山襄陵의大洪水를作ᄒᆞ야檀君의創造ᄒᆞ신壹大帝國이此間에在ᄒᆞ야浮沈ᄒᆞᆫ지今已幾拾百年을經ᄒᆞᆫ지라王建太祖의國粹保全策으로도此를限擬치못ᄒᆞ며[illegible]로도此를[illegible]치못ᄒᆞ며[illegible]로도此를[illegible]의緣甲船으로도此를能ᄒᆞᆫ藥치못ᄒᆞ고壹回流淚ᄂᆞᆫ國을飽ᄒᆞᆫ神吟呻泣ᄒᆞ다가居然今日優勝劣敗의時代를當ᄒᆞ야此悲境을致ᄒᆞᆷ이어ᄂᆞᆯ

彼醫術讓ᄂᆞᆫ現象에就ᄒᆞ야現象을救코자ᄒᆞ니哀哉며愚哉라志를抱ᄒᆞᆫ男兒며志를抱ᄒᆞᆫ男兒며憂國의心이有ᄒᆞ야爲國의實을行ᄒᆞ라거던四千載歷史의根저를探ᄒᆞ며二千萬民族의頭腦를觀ᄒᆞ야其受病處부터尋針을下ᄒᆞ지어다

官報

▲隆熙二年七月拾七日 官報

◉法律第拾三號

民刑訴訟規則 續

第壹章通則

第四十四條 抗告期間은裁判宣告브로부터民事에ᄂᆞᆫ七日이며刑事에ᄂᆞᆫ三日로ᄒᆞᆷ但宣告치아니ᄒᆞᆫ裁判에當ᄒᆞ야ᄂᆞᆫ其送達日이나裁判이有ᄒᆞᆷ을知ᄒᆞᆫ日로부터起算ᄒᆞᆷ

第四拾五條 抗告ᄂᆞᆫ其申提書를原裁判所에提出ᄒᆞ야此를行ᄒᆞᆷ

原裁判所ᄂᆞᆫ抗告를理由가有ᄒᆞ다ᄒᆞᆯ時ᄂᆞᆫ前裁判을更正ᄒᆞ고理由가無ᄒᆞ다ᄒᆞᆯ時ᄂᆞᆫ速히訴訟記錄을抗告裁判所로送致ᄒᆞᆷ이可ᄒᆞᆷ

第四拾六條 抗告裁判所ᄂᆞᆫ抗告를理由가無ᄒᆞ다ᄒᆞᆯ時ᄂᆞᆫ此를却下ᄒᆞ고理由가有ᄒᆞᆯ時ᄂᆞᆫ原裁判을取消ᄒᆞ고更히裁判을行ᄒᆞᆷ이可ᄒᆞᆷ

第四拾七條 訴訟關係人이天災其他避치못ᄒᆞᆯ事變에因ᄒᆞ야故障이有ᄒᆞ야控訴나上告나抗告에關ᄒᆞᆫ一定ᄒᆞᆫ期間을遵守치能치못ᄒᆞᆫ時ᄂᆞᆫ原狀回復의申提를行ᄒᆞᆷ을得ᄒᆞᆷ

第四十八條 原狀回復의申提ᄂᆞᆫ障碍의止ᄒᆞᆫ日로부터民事에ᄂᆞᆫ十四日이며刑事에ᄂᆞᆫ五日로ᄒᆞᆷ

第四十九條 原狀回復의申提ᄂᆞᆫ其申提와同時에原裁判所에提出ᄒᆞ야此를行ᄒᆞᆷ

第五拾條 原狀回復의申提를行ᄒᆞᄂᆞᆫ者ᄂᆞᆫ其申提와同時에此를行ᄒᆞ지能치못ᄒᆞᆫ訴訟行爲를追行ᄒᆞᆷ이可ᄒᆞᆷ

第五十壹條 原狀回復의申提가有ᄒᆞᆫ時ᄂᆞᆫ裁判所ᄂᆞᆫ決定으로써裁判의執行을停止ᄒᆞᆷ을得ᄒᆞᆷ

第五十二條 裁判所가原狀回復의申提를受理ᄒᆞᆫ時ᄂᆞᆫ申提人은期間을經過ᄒᆞᆷ을因ᄒᆞ야失ᄒᆞᆫ權利를回復ᄒᆞᆷ

第五拾三條 再審의申提ᄂᆞᆫ確定判決에對ᄒᆞ야左開ᄒᆞᆫ境遇에此를許ᄒᆞᆷ

壹 裁判에干與ᄒᆞ얏든判事가該裁判에關ᄒᆞ야刑罰에處된時

二 判決의憑據로ᄒᆞᆫ證書나證言이나鑑定이나通譯의虛僞ᄒᆞᆷ이確定判決을依ᄒᆞ야證明된時

三 同壹事件에當ᄒᆞ야二個以上의確定判決이有ᄒᆞᆫ時

刑事에ᄂᆞᆫ前項에記載ᄒᆞᆫ境遇外에同壹事實에當ᄒᆞ야共犯이아니고別로刑의宣告를受ᄒᆞᆫ者가有ᄒᆞᆫ時나殺人事件에當ᄒᆞ야其被殺로認ᄒᆞ얏든者가犯罪後에生存ᄒᆞ거나犯罪前死去ᄒᆞᆫ確證이有ᄒᆞᆫ時도亦同ᄒᆞᆷ

第五十四條 再審의申提ᄂᆞᆫ再審의原由가有ᄒᆞ다ᄒᆞᄂᆞᆫ判決을行ᄒᆞᆫ裁判所가此를管轄ᄒᆞᆷ上告를因ᄒᆞ야確定判決이된事件에當ᄒᆞ야ᄂᆞᆫ上告裁判所의判事에게前條第壹項第二號에記載ᄒᆞᆫ原由가有ᄒᆞᆷ을申提ᄒᆞᄂᆞᆫ境遇를除ᄒᆞᆫ外에ᄂᆞᆫ控訴判決을行ᄒᆞᆫ裁判所가此를管轄ᄒᆞᆷ

第五十五條 再審의申提ᄂᆞᆫ其申提書를管轄裁判所에提出ᄒᆞ야此를行ᄒᆞᆷ 未完

外報

◎祝婚贈皿 伯林電을據ᄒᆞᆫ즉法國巴里外交官에서法國大統領페리에ᄂᆞᆫ令孃의結婚ᄒᆞᆷ을祝ᄒᆞ기爲ᄒᆞ야銀製大皿을送ᄒᆞ얏다더라

◎兌換券建議 上海外人商業會議所에서兌換券에就ᄒᆞ야北京外交團에建議ᄒᆞ얏다더라

◎領事館設置交涉 北京電報를據ᄒᆞᆫ즉淸國政府에서法領南防河內地方에領事館을設置코져ᄒᆞ야駐北京法國公使와交涉ᄒᆞ다가外務部에서更히法國政府와交涉ᄒᆞᆯ次로駐法淸國公使의게電訓ᄒᆞ얏다더라

◎美艦探礦破裂 紐育電報를據ᄒᆞᆫ즉目下布哇에碇泊ᄒᆞᆫ美國回航艦隊所屬艦에셔[illegible]에探礦이破裂되야五名이死傷ᄒᆞ얏다더라

雜報

◎養校夏試 金山郡耆老[illegible]私立養成學校에서夏期試驗을經ᄒᆞ얏ᄂᆞᆫᄃᆡ優等生은甲班에呂貞東呂耆東三人이오乙班의宋錫祥等이오丙班의呂利東崔仁燮等이라더라

◎醫院新設 紳士李寅完金顯證諸씨가北部[illegible]洞等地에私立大東醫院을新設ᄒᆞ고高明ᄒᆞᆫ醫士를延聘ᄒᆞ야內外醫學實驗ᄒᆞ法을精細考究ᄒᆞ야百中靈仙丸이란藥을新製ᄒᆞ얏ᄂᆞᆫᄃᆡ諸般雜症에無不神效ᄒᆞ다더라

別報

◎[illegible]民의公判顚末

續三日 續

此新聞의論說을記載ᄒᆞᆫ거시은實上哲學上事狀과歷史上事件이라有識持此ᄒᆞ고[illegible]限定ᄒᆞ야指言ᄒᆞ야[illegible]紊亂을煽動된것서라ᄒᆞᆫ何等이都無ᄒᆞᆫ도ᄃᆡ余ᄂᆞᆫ余의所述에ᄂᆞᆫ其論說의價値를暂ᄒᆞ노니此論說은但論說이오로證據가아님을提起ᄒᆞᆫ거신즉余ᄂᆞᆫ裁判官의質言ᄒᆞ노니此ᄂᆞᆫ何人의面으로ᄃᆞ지暴動과紊亂을煽動ᄒᆞ야政府와人民間에怨讐되ᄂᆞᆫ感을激動된은都無ᄒᆞᆫ줄노忠告ᄒᆞ노이다此新聞附에되ᄂᆞᆫ韓人內의幾年間에梅特[illegible]의惡行을發表ᄒᆞ야辨論ᄒᆞ얏스면韓國의暴動과紊亂을煽動이라思想ᄒᆞ깃ᄂᆞᆫ요其第二ᄒᆞᆫ學界의花다ᄒᆞᆫ論說을言ᄒᆞᆫ진데其意가何인고其意가何意더하깃ᄂᆞᆫ고裁判官께셔ᄂᆞᆫ此가何意인줄을知ᄒᆞ깃ᄂᆞᆫ이가閣下ᄂᆞᆫ裁判官으로在ᄒᆞ야셔如此ᄒᆞᆫ學界의花라ᄒᆞᆫ論說을暴動과紊亂을煽動이라ᄒᆞ면厭間에이시리이다其英文으로譯ᄒᆞᆯ時에ᄂᆞᆫ其論說이他ᄂᆞᆫ無ᄒᆞ고但其言이實狀이少ᄒᆞᆷ而已ㄹ다

余ᄂᆞᆫ其論說은何意思가永無ᄒᆞᆫ줄노知ᄒᆞ노니君韓國人心이如此히他意가永無ᄒᆞᆫ뎨에激動이된地境에ᄂᆞᆫ此ᄂᆞᆫ甚히危險ᄒᆞᆫ狀態라ᄒᆞ기어其論說全面의寫ᄒᆞᆫ闡明은血노된다ᄒᆞ얏스니聖經거시血이라血이라血이라ᄒᆞ야의[illegible]ᄒᆞ면此와如ᄒᆞᆫ거시[illegible]羊의血이精ᄒᆞ게ᄒᆞ얏다ᄒᆞ얏스니眞人을도其외如[illegible]가有ᄒᆞ야도鑑此血의行爲로煽動ᄒᆞᆫ거시無ᄒᆞ고但關係이血로因ᄒᆞ야된다ᄒᆞᆷ이라我國人도此와如히信ᄒᆞᄂᆞᆫ[illegible]有ᄒᆞ니我가모다我를救ᄒᆞ主의血노救援을得ᄒᆞ얏다云ᄒᆞᆫ[illegible] 未完

雜報

●追贈時寫官
眞宗昭皇帝 追尊時 題主書寫官侍從院卿尹德榮
孝純昭皇后 追尊時 題主書寫官中樞院顧問朴齊純
憲宗成皇帝 追尊時 題主書寫官從二品李容元
孝顯成皇后 追尊時 題主書寫官正一品金甲圭
孝定成皇后 追尊時 題主書寫官從二品洪淳馨
哲宗章皇帝 追尊時 題主書寫官興陽君李載覺
哲宗章皇后 追尊時 題主書寫官從二品金昇圭諸氏라더라

●差備單子送交 昨日掌禮院에서三 皇帝 追尊玉冊奉安時에各差備單子를宮內府로送交ᄒᆞ얏다더라

●慶祝日字改正說 各慶節日을陽曆日字로改正ᄒᆞᆫ다ᄂᆞᆫ事項은各新聞上에頒포된바어니와其改正ᄒᆞᆫ日字를覓聞ᄒᆞᆫ즉乾元節은三月二拾五日로 萬壽聖節은九月八日로 坤元節은九月十九日로 千秋慶節은八月二拾日로 開國紀元節은八月拾四日로 繼天紀元節은十月二十日로 卽位禮式日은八月二拾七日로頒포가될터이라더라

●詔勅頒下 今月二拾四日에詔勅이頒포되얏ᄂᆞᆫ대未決囚已決囚押送規則에關ᄒᆞᆫ件과臨時財産整理局官制에關ᄒᆞᆫ件과文官任用令에關ᄒᆞᆫ事라더라

●下賜馬車 總理大臣李完用씨의게今回宮中의셔馬車壹輛을下賜ᄒᆞ셧다더라

●享祀減省 各享祀에關ᄒᆞᆫ祭享數次를減損ᄒᆞ고各新聞에已佈ᄒᆞᆫ바어니와所聞과如히改定ᄒᆞ얏다ᄂᆞᆫ說을聞ᄒᆞᆫ즉壹年內에不過壹二次式이라더라

●清皇帝慶節 再昨日은清國皇帝陛下의萬壽聖節인대暑氣를因ᄒᆞ야同國總領事의祝賀時接見홈을辭ᄒᆞ얏스나曾禰副統監은石塚總務長官代理小松外務部長代理三浦理事官等이名刺를送ᄒᆞ야敬意를表ᄒᆞ얏고又同관에셔ᄂᆞᆫ年例와如히同관니外祝賀ᄒᆞᄂᆞᆫ意를飾ᄒᆞ얏고正午에館員이壹同히祝宴을行ᄒᆞ고各淸人이家家戶戶히國旗를揭ᄒᆞ얏더라

●成均館制改正說 學部에서成均館官制를改正ᄒᆞ야將次內閣會議에提出ᄒᆞᆫ다ᄂᆞᆫ대改正案件을槪聞ᄒᆞᆫ즉任員中에司業壹人을增置ᄒᆞᆫ다ᄒᆞ며學科目은前日과如ᄒᆞ고新학問壹科를添入ᄒᆞᆫ다ᄂᆞᆫ說이有ᄒᆞ더라

●統邸晩餐 曾禰副統監은昨日午後七時에統監官邸에서韓國각法官及大審院長以下四拾名을請ᄒᆞ야晩餐會를開ᄒᆞ얏다더라

●記者懇親委員 本日下午壹時에韓日新聞記者가三淸洞感恩亭에懇親會를設ᄒᆞ고各部大臣과曾禰副統監과鶴原總務長官과長谷川丸山重俊副監具然壽警視總監府尹張憲植諸氏와其他내外高等官을請邀宴待ᄒᆞᆫ다더라

●三察勳章 前忠南觀察使梁在翼全南觀察使金奎昌咸南觀察使韓남奎諸氏의敍勳敍章件을表勳院에셔修定ᄒᆞ야內閣에送交ᄒᆞ얏다더라

●府尹辭免 漢城府尹金榮鎭氏가[illegible]辭職請願이[illegible]이되[illegible]니[illegible]의依免件은內閣에會議ᄒᆞ얏다가今明間頒포가되얏다더라

●三倅免官 白川郡守金寅基龍川郡守睦允遠長興郡守박永太三氏ᄂᆞᆫ免本官이되얏다더라

●欠結免官 財務官李錫稙氏ᄂᆞᆫ昨年度隱結을耗損ᄒᆞᆫ事가有ᄒᆞ야免官이되얏다더라

●暑中休暇 내部官吏의暑中休暇를日前官報上에頒포되얏ᄂᆞᆫ대내部에서ᄂᆞᆫ來八月中에각人이十五日間式交代ᄒᆞ야休暇홈을許ᄒᆞᆯ事로決定ᄒᆞ얏다더라

●家主職業査實 漢城府에서近日各坊曲의家僧를招致指揮ᄒᆞ기를各其所管區域내에在ᄒᆞᆫ家主의營業有無와實職有無를詳細査實ᄒᆞ라ᄒᆞ얏다더라

●紙冊請換 日本造紙商店日人이各部에可考치아니ᄒᆞᆫ舊簿冊萬兩重과手數料貳拾四圜式을給與ᄒᆞ면萬兩重에美濃紙三萬枚以上四萬枚以내로換呈ᄒᆞ겟다니給與ᄒᆞ라고各部에請願ᄒᆞ얏다더라

●[illegible]下事項 二拾四日에裁可ᄒᆞ옵신件이如左ᄒᆞ니
壹 強盜罪人朴齊英等五名을處絞件
壹 退官 恩賜金壹萬八千六百圜九拾錢을預備金으로支出ᄒᆞᆫ件
壹 官報不足額金壹千四拾六圜을預備金中으로支出ᄒᆞᆫ件
壹 逢安金鑛損害賠償金五拾圜을預備金中으로支出ᄒᆞᆫ諸事項이라더라

●內訓各道 今番各道에警察部를新設ᄒᆞ고日本人警部를補職ᄒᆞᆫ事에對ᄒᆞ야ᄂᆞᆫ內部大臣이其執務上方針에關ᄒᆞ야各觀察使의게詳細히訓令ᄒᆞ미如左ᄒᆞ니
壹 巡査의道내에排置에關ᄒᆞᆫ事項
壹 巡査의賞與懲罰에關ᄒᆞᆫ事項
壹 巡査의監督任免에關ᄒᆞᆫ事項（但日本人巡査의懲罰免職하ᄂᆞᆫ時ᄂᆞᆫ除）
壹 警視以下의官내出張에關ᄒᆞᆫ事項
壹 巡査의轉地療養（外國轄地ᄂᆞᆫ除）看護歸省休暇省墓等에關ᄒᆞᆫ事項이라더라

●罪囚越交 警視廳에被囚ᄒᆞ얏든竊盜罪人八拾餘名을昨日에漢城裁判所로越交ᄒᆞ얏다더라

●鐵線開通 今番雨水에破壞된京釜鐵道線을修理ᄒᆞ고再昨日下午부터開通이된다더라

●演戲設行 李寅稙氏가警視廳에承認을得ᄒᆞ야演劇場은本日下午七時에設行ᄒᆞᆫ다더라

●李召史起訴 安州郡居李召史가田畓事로閔泳徽씨와相持ᄒᆞᆫ다ᄂᆞᆫ說은本報에累揭ᄒᆞ얏거니와該李召史가日昨漢城裁判所에起訴ᄒᆞ얏다더라

●剃後接見 괴山郡守沈奎澤氏가延命次로該觀察道에前往ᄒᆞ얏더니該觀察使權鳳洙氏가剃髮치아니ᄒᆞ다고拒絶ᄒᆞ얏더니沈郡守가卽爲剃髮ᄒᆞ고相見ᄒᆞ얏다더라

●醫院雨害 近日降雨가多大ᄒᆞᆷ을因ᄒᆞ야大韓의院의下層灰壁이破壞되야該醫院의貯置ᄒᆞ얏던藥料萬餘圜價値가損害되얏다더라

●强辨何益 三和酒郡公立普通학校副訓導金碩元氏ᄂᆞᆫ酒政敎師라ᄒᆞᆫ가佛校씨지延及ᄒᆞ니教育界에不當ᄒᆞᆫ人物인故로本郡에셔此를的確히探覈ᄒᆞ야發표ᄒᆞ얏더니該氏의게黨阿ᄒᆞᄂᆞᆫ者가有ᄒᆞ야頻々히此를無實ᄒᆞᆫ事라라고公函强辨ᄒᆞ니此ᄂᆞᆫ김氏와同流人인가ᄒᆞ노라

●平壤壹大書館 平北定州李昇薰氏ᄂᆞᆫ元來敎育界에熱心ᄒᆞᄂᆞᆫ志士인대平壤安泰國리德煥兩氏의게委托ᄒᆞ야平壤鍾路에壹大書관을新創ᄒᆞ야太極書관이라名稱ᄒᆞ고各種新書籍을廣購ᄒᆞ미該道의文明前進之望이愈大ᄒᆞ다고人々讚頌ᄒᆞ더라

●關東特會 關東學會에셔緊急ᄒᆞᆫ事務로來月定期總會ᄭᆞ지留案치못ᄒᆞ야今日下午壹時에齋洞興化學校內에特別總會를[illegible]ᄒᆞᄂᆞᆫ대會員이多數往參ᄒᆞ[illegible]다더라

●暮年熱心 龜城居前正言許綸씨가宦路를擲却ᄒᆞ고田里에退臥ᄒᆞᆫ지已久ᄒᆞ며내靑年子弟를教育ᄒᆞ기爲ᄒᆞ야同郡紳士로協議ᄒᆞ고학校를設立ᄒᆞᆫ後에書籍을購買ᄒᆞ며七拾暮境에勞苦를不憚ᄒᆞ고上京ᄒᆞ얏ᄂᆞᆫ데더히써에老年熱心은莫不贊賀ᄒᆞᆫ다더라

●學校熱心 咸南夜學校와興化學校의報의已揭어니와該校經旺은校長崔鎬씨가獨自擔當ᄒᆞ고再昨日에校式을擧行ᄒᆞᄂᆞᆫ대히시가학員諸시를對ᄒᆞ야激切히演說ᄒᆞ야國光者가稱頌ᄒᆞ엿다더라

●賞品寄附 私立普成小學校卒業式의賞品寄附ᄒᆞᆫ人員은本校監鄭靖시ᄂᆞᆫ空冊貳拾三件前校長金重煥시ᄂᆞᆫ六貳地圖貳拾三部教師安登泰시ᄂᆞᆫ初等算術二冊學徒父兄尹鎔柢시ᄂᆞᆫ鉛筆拾貳打申元均시ᄂᆞᆫ空冊[illegible]件西北協成學校의셔ᄂᆞᆫ瑞士建國史二拾冊壹週會ᄂᆞᆫ空冊二拾件鉛筆[illegible]打라더라

●徐[illegible]奬學 大邱郡協成학校贊成長前參判徐相夏시가각학校生徒의旅費難辦者拾名을招集于自己家ᄒᆞ고朝夕供給과進校退校를每日看檢ᄒᆞ야與子姪로同視ᄒᆞ야不過數朔에該生徒等이感其熱誠ᄒᆞ야勤勵做工ᄒᆞᄂᆞᆫ데더러今月初次日曜에各學校生徒와親睦ᄒᆞ기爲ᄒᆞ야達城公園에討論會를開ᄒᆞ고討論優等六人은物理학等冊式其他生徒四百餘人은年紙壹張式賞與ᄒᆞ고全國文明進步가該生徒에課工勤篤에在ᄒᆞ다고壹場演說ᄒᆞ니壹般學界人士가該씨의勤奬義務를稱頌不已라고남來人에傳說이有ᄒᆞ더라

●楚郡校況 楚山郡城內耶蘇教會堂內에培信男小學校二處와貞信女小學校壹處를設立ᄒᆞ고教授ᄒᆞᄂᆞᆫ대男小학校教師咸석洛이奉薰女小學校教師崔順信三시가男女學徒를熱心教授ᄒᆞᆷ으로男學徒가六拾餘名이오女學徒가二十餘名에達ᄒᆞᆫ지라月前에夏期月終試驗을經ᄒᆞ얏ᄂᆞᆫ대諸學徒가或落課될가念慮ᄒᆞ야熱心爭進ᄒᆞ거날諸씨가學務에勉力ᄒᆞᆫ뿐더러貧寒ᄒᆞᆫ學徒에月捐을先當ᄒᆞ야校況의漸進ᄒᆞᆷ을人皆稱頌ᄒᆞᆫ다더라

▲地方消息▼

▲本月拾七日盈德郡西方三十里知에서義兵二十名이日守備隊와交戰ᄒᆞ얏다ᄒᆞ고

▲本月拾八日扶安郡南二十里地에서義兵十五名이日守備隊特務曹長以下拾八名과交戰[illegible]ᄒᆞ얏다

▲本月二[illegible]日[illegible]郡[illegible]二拾里地에[illegible]名이[illegible]郡分遣隊[illegible]二名과交戰ᄒᆞ얏다더라

▲鄕下嘆生▼

▲三層屋에高坐ᄒᆞ야門戶閉ᄒᆞ고보니面々監이各殊ᄒᆞ다上事를談評ᄒᆞ제各種嘆息이ᄂᆞᆫ다

▲各學會가蔚興ᄒᆞ니敎育進可期ᄒᆞ나有體無肢不完이오餘蕪棄不盛이라今日學界顚ᄒᆞ니支會零星可嘆일세

▲桂山洞에某尙長은運搬時에親自擔負重傷ᄒᆞ야日呻吟不起ᄒᆞ니熱心所致此病은曾不傳染可嘆일세

▲李侍從의大夫人은新婦呼拒絶ᄒᆞ야天理人和並失이라會批評爭起ᄒᆞ니劈破嫡庶此代의頑固惡習可嘆일세

▲金山郡의李馨斗ᄂᆞᆫ兩眼雖廢盲ᄒᆞ나傾家産不惜ᄒᆞ고徒逕設自擔ᄒᆞ니壯哉美矣此ᄂᆞᆫ何而有斯疾可嘆일세

▲徵文義塾閔總務ᄂᆞᆫ師範科를欲設ᄒᆞ나師範材料難得키로外國留學不願ᄒᆞ고決心留學遊ᄒᆞ니不能早覺可嘆일세

▲南北村의求官輩ᄂᆞᆫ地方官改定後에[illegible]願得ᄒᆞ야[illegible]所親落鄕ᄒᆞ니人其村必인대仕宦狂熱可嘆일세

▲信川邑에玉召史ᄂᆞᆫ有子兄弟人이[illegible]教育急務先覺ᄒᆞ고子弟助上額ᄒᆞ니積財能散此人은不爲[illegible]可嘆일세

▲南門外에蓮池洞은義務教欲施ᄒᆞ고發起家々會議ᄒᆞ니公有志獻賀터가尙此寥々無이러不始無終可嘆일세

廣告

南署誠明坊倫洞五拾六統六戶戶主金景鎭家券與執時漢城府認許貳張內壹張路中에서失故로廣佈홈

金景鎭 白

本社에서七月貳拾六日로부터演劇을始이온바京城內에第壹屈指ᄒᆞᄂᆞᆫ歌妓가貳拾四名이오唱夫ᄂᆞᆫ名唱으로著名ᄒᆞᆫ金昌煥等四拾人이온ᄃᆡ處所ᄂᆞᆫ夜珠峴前協律社이오每時間은每日下午七時에開ᄒᆞ야全拾貳時에閉ᄒᆞ깃ᄉᆞ오니僉君子ᄂᆞᆫ如雲來臨ᄒᆞ심務望

圓覺社 白

量地法 全

定價金八拾錢　百部以上特別減價

本書ᄂᆞᆫ圖根登錄地各般測量이完備ᄒᆞ옵고測量上必要ᄒᆞᆫ算術對數表ᄭᆞ지附入ᄒᆞ엿ᄉᆞᆸ 本對數表ᄂᆞᆫ我國에創出ᄒᆞᆫ者이온ᄃᆡ代數以上高等算學에亦必要ᄒᆞᆫ者이옵 本書의文法은簡明易解ᄒᆞ야初學及獨習에도便宜ᄒᆞ옴

發行所 漢城中部中學橋中橋測量事務所　發賣所 漢城西部銅峴博學書館 京鄕各有名冊肆

發行人 李聖賚 告白

國債報償金中에本人이銀鈑佩物로本社에來納ᄒᆞᆫ者를許久積置ᄒᆞ엿ᄉᆞ나即爲放賣ᄒᆞ야銀行에預利ᄒᆞᄂᆞᆫ것만又지못ᄒᆞ기로玆에廣告ᄒᆞ오니或有願買人이ᄂᆞᆫ本社에來ᄒᆞ야問ᄒᆞᆷ

本社 告白

本會에서六月二十日下午壹時에第壹總會를碑洞普成中學校內에서開ᄒᆞ오니 僉會員과有志ᄒᆞ신學友ᄂᆞᆫ屆期來臨ᄒᆞ심을敬要홈

同志學友親睦會

大邱警務署在囚蔚山人金鳳祚ㅣ口告內에本人의게紙貨壹百圜을任置ᄒᆞ얏다ᄒᆞ고招致本人ᄒᆞ야文簿도昭考ᄒᆞ나本無捧置錢이온ᄃᆡ金鳳祚의口告가的實ᄒᆞ니壹百圜을納上ᄒᆞ라ᄒᆞ온즉勢不得已慈給이오나以被漢之亂招로謂實的이라ᄒᆞ고無證徵納을慾捧ᄒᆞ니商民이何以支保乎며더明法律이若是ᄒᆞ온지極爲冤抑ᄒᆞ와玆仰佈홈

大邱大市場客主李善如 白

本人의名鍾明二字를以鶴圭로改付ᄒᆞ오니知舊間照亮홈

金海郡內東上 林鶴圭 告白

本人의草家七間文券初次立旨壹張을休紙中破傷故로更呈漢府認許ᄒᆞ기로廣佈홈

西部盤石坊二百拾五統 鄭弘□

本是總務局은萬務를圖奈ᄒᆞ옵고組織도未成인ᄃᆡ下加次山壹統九戶崔舜韶가鄧首而班首曹承祐等治安妨害와暴動人民之事가不小ᄒᆞ다五人民處共巫ᄒᆞ기로非壹非再ᄒᆞ기曹承祐氏가不勝冤屈ᄒᆞ야此緣由를水道局警察署에呼訴ᄒᆞ얏더니獨來崔舜韶ᄒᆞ야曉喩私和러니該崔舜韶自過不知ᄒᆞ고誣訴廣告ᄒᆞ더니本洞人民이崔舜韶의誣訴所爲를不勝冤屈ᄒᆞ야玆以辨明홈

辨明人 鷺梁津大統四戶梁彭洙　新壹統新壹戶 리春化　拾一統八戶 리洞國　三統四戶 최相玉

本人이□□□錢을指環을去陰曆二十日見失矣러니吉星社典當舖에서屢次推去廣佈ᄒᆞ야推尋ᄒᆞ온즉如此ᄒᆞᆫ同胞義俗을不勝感荷ᄒᆞ야玆以廣布홈

銘感其誠盛後銀房박德汝 白

●利川郡邑內日新學校趣旨書

蓋夫欲治其國者ᄂᆞᆫ先啓其民ᄒᆞ고欲新其民者ᄂᆞᆫ先開其智하나니開智之道ᄂᆞᆫ無他라必自學校始니然而我太韓이自四千年以來로倫常禮敎가世世彬彬ᄒᆞ니可謂世界上有道之國이나然而值此氣數之大變ᄒᆞ야世人膠守舊聞ᄒᆞ며憚於改圖ᄒᆞ야壹向遵循於腐敗之俗ᄒᆞ고不合時宜ᄒᆞ야未知有國民之義務ᄒᆞ니當今生存競爭ᄒᆞ야優勝劣敗之世에堅執舊習은抑獨何心고竊觀泰西列强컨ᄃᆡ人生七八歲則無論男女ᄒᆞ고捉入學校ᄒᆞ야終受卒業然後에經其義務라故로所以先進於文明ᄒᆞ야雄飛六合者也라現今新舊間은即前日舊學問之支流餘習也라雖今日이라도勇猛奮發ᄒᆞ야實心做去ᄒᆞ야能明此理則自新者ᄂᆞᆫ富强而興ᄒᆞ고頑固而不能自新者ᄂᆞᆫ弱殄滅ᄒᆞᄂᆞ니必受其禍ᄂᆞᆫ所必然이니其在人情에豈有惡而自下者乎아但當惕然改圖ᄒᆞ야去舊從新ᄒᆞ야敎育英才로爲能事則安知後日에不齒於列强ᄒᆞ야而駕乎六洲之內耶아本郡則知縣리基榮씨下車之初에敎育上의尤加熱心ᄒᆞ샤丈勸設校ᄒᆞ야誘喩戶戶ᄒᆞ시니民不勝感賀之忱이온ᄇᆡ且面內有志紳士壹貳人亦奮發捐義而起ᄒᆞ야校舍를定于本郡邑面大ᄃᆡ里ᄒᆞ야晝夜學을幷課ᄒᆞ고名其校曰日新이라ᄒᆞ니其要旨ᄂᆞᆫ非欲吾人으로畧棄其舊而從新也라勉厲其所本有而新之ᄒᆞ고又ᄒᆞᆫ其所本無而新之ᄒᆞ야二者幷臻發達ᄒᆞ야日新又日新則祖國獨立精神이漸次培養ᄒᆞ야一切文明基礎가庶有望矣리니惟願僉君子ᄂᆞᆫ互相勸勉ᄒᆞ고競爭發助ᄒᆞ야期有後日之實效를千万注意焉

隆熙二年六月　日

發起人 崔基鎬 崔基惠

●補助員錄

李樂龍拾六圜　崔基惠拾二圜　崔基鎬拾圜　崔基駿六圜　崔基亨五圜　邊長석四圜　李迥燦拾圜　李德煥六圜　李鳴世六圜　崔興燮□圜　李承祜四圜　李□秀四圜　徐潤河五圜　郡主事鄭錫鎔二圜　崔基學　최基鵬　崔基升　徐在河　李基昌　李興世　韓榮教　李昭□　李鵬□　李晩貞　金秉린　김秉□　大升학校合二圜　崔台석　朴在英　최昌錢　李□□　黃基天　韓元奎　李范□　李□□　국영□　柳興□　壹圜五拾錢　閔□鎬五拾錢

本人等이壹般商界에便宜를供ᄒᆞ기爲ᄒᆞ야資本을合同ᄒᆞ고業務를擴張ᄒᆞ야新舊書籍과學校用品을俱備發賣ᄒᆞ오니僉君子ᄂᆞᆫ稍稍光降ᄒᆞ심을望홈

海州남門니內街

韓昌書舖

舘主 李承駿 朴昌鎬

陰曆六月二拾八日上午十壹時花樹會를設于北部壯洞淸風溪太古亭ᄒᆞᆫ바凡我宗族은屆期來臨ᄒᆞ심敬要

安東金氏宗約所 告白

本人이尹敬重의게被訴ᄒᆞᆫ事件은新聞紙에서尹敬重의揭載ᄒᆞᆫ바와ᄀᆞᆺ치偏聽記載ᄒᆞ얏기如左下明하오니

僉尊은照亮ᄒᆞ시옵昨年陰曆拾壹月初에尹敬重이使其伯父金炳으로來謂本人曰我家의田답을放賣ᄒᆞ려ᄒᆞ니買納ᄒᆞ라ᄒᆞ야推薦ᄒᆞ얏스나君其買收ᄒᆞ라屢回來勸ᄒᆞ야賣買를成立ᄒᆞᆯ際에敬重이其伯父와相議ᄒᆞ야該田답中으로品最好者全州印川에在ᄒᆞᆫ田답을拔出ᄒᆞ고其餘로만秉□二拾萬兩에定價ᄒᆞ야新文記를成ᄒᆞ얏ᄂᆞᆫᄃᆡ價文을償還ᄒᆞ고ᄯᅡ답主尹敬重이라ᄒᆞ고下에箇□ᄒᆞ야敬重의姓名章을捺ᄒᆞ고其次에尹益炳이라書ᄒᆞ고下에는捺章ᄒᆞ고其次에證人을書ᄒᆞ고捺章ᄒᆞ얏ᄂᆞᆫ바舊券은存否를問ᄒᆞᆫ즉答曰舊券이無ᄒᆞ고宮에셔失ᄒᆞᆫ故로出給ᄒᆞᆫ文牌이有ᄒᆞᆫ다ᄒᆞ기其文券與文牌와價錢으로交易ᄒᆞ야買賣完成ᄒᆞᆫ바其文券交牌를金炳이持來故로되價를無疑出給이러니今에敬重이其伯父와符同ᄒᆞ야답價中折半은其伯父가中間費用ᄒᆞ얏스니답價를未盡捧이라稱ᄒᆞ고還退ᄒᆞᆯ깃다起訴하다가奸狀이綻露ᄒᆞ야漢城裁判所에서敗訴ᄒᆞᆫ敬重이가답을運動ᄒᆞ야도盤人ᄒᆞ야도期於히申訴ᄒᆞ더니裁判ᄒᆞᆯ時에首班判事洪祐晳이越例出席ᄒᆞ야本人을嚇脅壓制故로本人이判事의公正判決을希望치못ᄒᆞᆯ깃스니公正ᄒᆞᆫ判事를選擇ᄒᆞ야裁判ᄒᆞ라고申請ᄒᆞ얏지ᄒᆞᆫ바事實이如右故로廣告홈

孫鍾基 告白

大東寄宿館

本館에서夏期間算術講習所를設立ᄒᆞ고各科를下午에敎授ᄒᆞ오니願學僉員은屆期來臨홈

館長 鄭熙燮　敎師 全聖旭 敬告

四則科　分數科　比例科　代數科

八月壹日로同三拾日ᄭᆞ지

學資金은 每科參拾錢

敬啓者吾輩以國債報償爲國民自擔的義務而同擧國壹致雖錙銖寡하나至窮之氓不惜傾囊倒橐이苟深愛國之血誠攸在然而我國業是貧乏雖未達原額十分之壹이此不可以多寡論中斷因國步多難地方騷擾勢不得不收合零星然誤解風聞者或不無浮訛胥動乃至有自意還給且逗遛實繳初不捐金者存自以爲得覺寧不慨歎本事發起已過壹週年不可因時勢而泯默者然則此事之繼續也勢壓也不容遲緩而事係重大非全國民大同決議則果難若個人私敢措處故本人等不勝憂悶玆以左開條陳照亮後共同協贊千萬敬要

左開

壹各郡은此事에對ᄒᆞ야如何히歸決ᄒᆞᆷ을可得當ᄒᆞᆷ을博探壹鄕公議ᄒᆞ야意見을陳述ᄒᆞᆫ事와壹鄕收金總額과所佇何處를明細附記ᄒᆞ야各其道事務所에寄送ᄒᆞᆯ事

壹各道ᄂᆞᆫ代表人壹二員式公選ᄒᆞ야委任狀을繕給ᄒᆞ고管下各郡意見書와收金摠額印鑑을帶持ᄒᆞ고陰七月三十日로京城志願金總合所에來會ᄒᆞᆯ事

壹各道代表人員이半數以上來會ᄒᆞᆫ時ᄂᆞᆫ總會를開ᄒᆞ야決定ᄒᆞᆯ事

大邱斷烟償債所臨時事務所

西門外壽昌會社

李玄卒　徐相든　鄭在학　金炳淳　崔時敎　崔大枚　朴昇東　박珠敎　李宗勉　徐內九　李壹雨　鄭老鉉

嶺南各郡所先發通告文想已抵鑑而其各郡之輿論如何收金總額詳細採錄ᄒᆞ야須京擔負前先示之爲要至臨時失誤之歎切望

慶北各郡國債報償金收合所

大邱斷烟償債所 告白

本書館은開業ᄒᆞᆫ지未過壹年에壹般同胞계셔愛助ᄒᆞ심을外와信任興旺之故로本館에서擴張ᄒᆞ야各項新舊書籍與敎育物品을多數準備ᄒᆞ야特別廉價로大賣ᄒᆞ오니四方僉君子ᄂᆞᆫ陸續光臨ᄒᆞ심을爲要홈

釜山港東關韓興書館

金汝重　權鍾律

精理舍主人鄭一宣氏著作

初等算術敎科書

洋裝壹秩定價新貨九拾錢 三拾冊以上을一次購ᄒᆞᆫ時ᄂᆞᆫ原價외二割引을減홈 但地方에셔百冊以上을請求ᄒᆞᆫ時ᄂᆞᆫ郵遞費ᄂᆞᆫ發賣者自擔홈

本書ᄂᆞᆫ學數大家鄭一宣氏가多年의腦力을費ᄒᆞᆫ바이온ᄃᆡ算術의原理原則을昭詳論釋ᄒᆞ야在學受敎의必須ᄒᆞᆫ書와獨習ᄒᆞᄂᆞᆫ容易明瞭케홈

發賣元 □□□□□統六戶 鄭東□

○廣告料 每日四號字十三字 [illegible]
每日發行六[illegible]
二週日에 [illegible] 一個月에 [illegible] 五圜
其期限의 長短[illegible]
發行兼編輯人 英國人 萬咸
Responsible for Publication Alfred Weekley Marnham.
發行所 [illegible]石井洞 [illegible] 大韓每日申報社

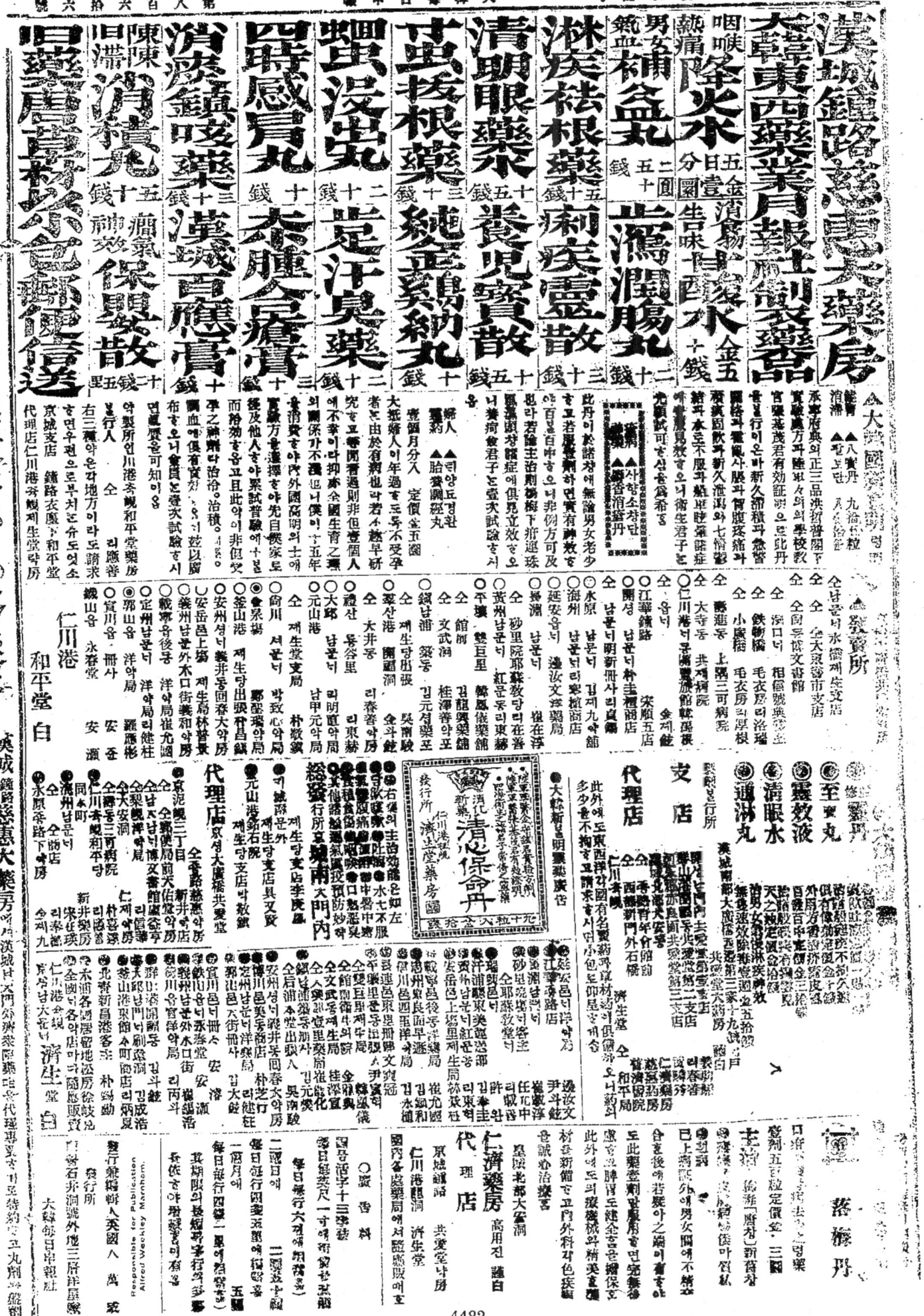

第六卷

大韓每日申報

第八百六拾七號

第十五卷

月曜及慶節 歲時日休刊

檀君開國四千二百四十一年
箕子元年三千三十年
大韓開國五百十七年
日本明治四十一年
淸國光緖三十四年
陰曆戊申七月大初一日甲申

論說

▲韓人可教不可教에對혼一論

近間日人이發行ᄒᆞᄂᆞᆫ「朝鮮」이라名稱ᄒᆞᆫ雜誌에「韓人可教乎不可教乎」라ᄒᆞᆫ壹問題를懸ᄒᆞ고[illegible]篇式討論的으로逐號著布ᄒᆞ얏ᄂᆞᆫᄃᆡ或長或短ᄒᆞ며作反作覆ᄒᆞ야甲의論調를乙이難ᄒᆞ며丙의熱罵를丁이伸ᄒᆞ얏더라

記者曰嗚乎라韓國同胞가此를보며何如ᄒᆞᆫ感念이發ᄒᆞᆯᄂᆞᆫ지비록旁觀ᄒᆞᄂᆞᆫ外國人이라도此를見ᄒᆞ면口氣가激ᄒᆞᆷ을不覺ᄒᆞᆯ비로다

嗚乎라韓國同胞여公等이四千載神聖歷史를擁ᄒᆞᆫ者가아닌가公等이三千里天府金湯을據ᄒᆞᆫ者가아닌가公等이聰明慧悟ᄒᆞᆫ黃種人中上等人이아닌가公等이文明偉大ᄒᆞᆫ檀君苗裔가아닌가公等이禮義之邦으로自稱ᄒᆞ든朝鮮國人이아닌가公等이數千年前에文化가已開ᄒᆞ야日本을敎導ᄒᆞ든韓民族이아닌가

嗚乎公등이여昔日에如彼ᄒᆞ던民族으로今日에至ᄒᆞ야韓人可教乎不可教乎가他人의口에亂唱ᄒᆞ며他人의筆로亂題케ᄒᆞ니其憐如許婢娼賤를何故如今作본大오(此二句ᄂᆞᆫ丁茶山詩)君子ᄂᆞᆫ此에語及ᄒᆞᆯ때撫古傷今의歎이作ᄒᆞᆯ지로다

嗚乎公等이여此問題를揭ᄒᆞᆫ者ᄂᆞᆫ日人인가

嗚乎라此問題를揭ᄒᆞᆫ者ᄂᆞᆫ日人이나揭케ᄒᆞᆫ者ᄂᆞᆫ韓人이며此問題를唱ᄒᆞᆫ者ᄂᆞᆫ日人이나唱케ᄒᆞᆫ者ᄂᆞᆫ韓人이니

嗚乎公等이여此言을不然타ᄒᆞᄂᆞᆫ가頭腦를冷靜히ᄒᆞ고余言을且聽ᄒᆞᆯ지어다

公等이數十年前부터世界大勢를早々自覺ᄒᆞ야一邊으로國粹를保全ᄒᆞ며壹邊으로新學을輸入ᄒᆞ야國民知識이大發達ᄒᆞ고國家地位가大活躍ᄒᆞ얏더면今日日人이此題를懸코자ᄒᆞᆫ들可懸ᄒᆞᆯ地가無ᄒᆞᆯ지며數十年前은姑舍ᄒᆞ고今日부터라도公等이心으로獻ᄒᆞ며富으로獻ᄒᆞ며口로獻ᄒᆞ며歌로獻ᄒᆞ며血로ᄂᆞᆫ淚를獻ᄒᆞ야東에서敎育을唱ᄒᆞ거던西에서和ᄒᆞ며右에서敎育을呼ᄒᆞ거던左에서答ᄒᆞ야「四千載大韓人之大韓國」의個字를腦에深刻ᄒᆞ고國民的敎育을勵行ᄒᆞ면今日日人이此題를懸코자ᄒᆞ야도可懸ᄒᆞᆯ地가無ᄒᆞᆯ지어늘

嗚乎라公等이여前車가旣覆에後轍이又蹈ᄒᆞ야已往甲午以來十數年千載難得의好光陰을[illegible]切[illegible]用ᄒᆞ고日로百尺竿頭의苦海難關을又如是汎忽看過ᄒᆞᄂᆞᆫ도다或者ᄂᆞᆫ敎育을蔑視ᄒᆞ며父兄이子弟를不敎ᄒᆞ며先進이後進을不勗ᄒᆞ고只是博奕酒色優遊閑談으로生涯를作케ᄒᆞ고或者ᄂᆞᆫ敎育에注意ᄒᆞᆫ다ᄒᆞ나其敎育ᄒᆞᄂᆞᆫ바가專혀通鑑史畧論孟等으로爲主ᄒᆞ고新敎育은反對ᄒᆞ야歐風米雨에其耳가聾케ᄒᆞ며古跡今務에其目이盲케ᄒᆞ고或者新敎育을主張ᄒᆞᆫ다ᄒᆞᄂᆞᆫ者ᄂᆞᆫ時로目的ᄒᆞᆫ愛國에冷淡ᄒᆞ야敎育者被敎育者의將來希望이皆記誦의幾千國文字而已니如此ᄒᆞ고야彼의此「韓人可教乎不可教乎」壹題의懸ᄒᆞᆷ을又何足怪며又何足怪리오故로曰此問題를揭ᄒᆞᆫ者ᄂᆞᆫ日人이나揭케ᄒᆞᆫ者ᄂᆞᆫ韓人이며此問題를唱ᄒᆞᆫ者ᄂᆞᆫ日人이나唱케ᄒᆞᆫ者ᄂᆞᆫ韓人이라ᄒᆞ노니

嗚乎公等이여三思三思ᄒᆞᆯ지어다

▲隆熙二年七月拾七日官報

●法律第拾三号

民刑訴訟規則 續

第五拾六條 裁判所가再審의申提를受ᄒᆞᆫ時ᄂᆞᆫ其審級에從ᄒᆞ야通常手續을依ᄒᆞ야更히審理及判決을行ᄒᆞᆷ이可ᄒᆞᆷ

第五拾七條 控訴나上告나抗告나再審의申提ᄂᆞᆫ民事에ᄂᆞᆫ當事者로부터ᄒᆞ며刑事에ᄂᆞᆫ檢事나被告로부터此를行ᄒᆞᆷ을得ᄒᆞᆷ

第五拾八條 在監者가故障이나控訴나上告나抗告나原狀回復이나再審의申提를行ᄒᆞᆯ時ᄂᆞᆫ司獄官을經由ᄒᆞ야其申提書를提出ᄒᆞᆷ을得ᄒᆞᆷ此境遇에ᄂᆞᆫ司獄官에셔提書를領受ᄒᆞᆫ日로써裁判所에提出ᄒᆞᆷ으로看做ᄒᆞᆷ

第五拾九條 故障이나控訴나上告나抗告를行ᄒᆞᆷ을得ᄒᆞᆫ者ᄂᆞᆫ期間內라도其權利를拋棄ᄒᆞᆷ을得ᄒᆞᆷ

第六拾條 不適法ᄒᆞᆫ故障이나控訴나上告나原狀回復이나再審의申提ᄂᆞᆫ其申提書의提出을受ᄒᆞᆫ裁判所가決定으로써此를却下ᄒᆞᆷ原狀回復及再審의申提가理由가無ᄒᆞᆫ時도亦同ᄒᆞᆷ前項의決定에對ᄒᆞ야ᄂᆞᆫ抗告를行ᄒᆞᆷ을得ᄒᆞᆷ

第六十壹條 本法中裁判長에關ᄒᆞᆫ規定은區裁判所判事受命判事及受托判事에게此를準用ᄒᆞᆷ

第六十二條 上級裁判所의裁判이나其他事由를因ᄒᆞ야訴訟이完決된時ᄂᆞᆫ訴訟記錄은上級裁判所의裁判謄本과共히第壹審裁判所에保存ᄒᆞᆷ이可ᄒᆞᆷ

第二章 民事訴訟手續

第六十三條 訴訟目的의價額은起訴時의價額을依ᄒᆞ야此를算定ᄒᆞᆷ

利息其外果實損害賠償及訴訟費用은主된請求에附帶ᄒᆞ야請求ᄒᆞᆫ時ᄂᆞᆫ此를算入치아니ᄒᆞᆷ

第六拾四條 訴ᄂᆞᆫ被告의居地를管轄ᄒᆞᄂᆞᆫ裁判所가此를管轄ᄒᆞᆷ

居所가無ᄒᆞᆫ者나居地를知치못ᄒᆞᆫ者에게對ᄒᆞ야ᄂᆞᆫ其最後의住地를居地로看做ᄒᆞᆷ

法人에當ᄒᆞ야ᄂᆞᆫ其官衙나事務所의所在地를居地로看做ᄒᆞᆷ

第六十五條 不動產을目的으로ᄒᆞᄂᆞᆫ訴ᄂᆞᆫ其不動產의所在地를管轄ᄒᆞᄂᆞᆫ裁判所가此를管轄ᄒᆞᆷ을得ᄒᆞᆷ

第六十六條 二人以上의被告에對ᄒᆞ야訴를提起ᄒᆞᆯ境遇에被告의居地를管轄ᄒᆞᄂᆞᆫ二個以上裁判所가有ᄒᆞᆫ時ᄂᆞᆫ原告ᄂᆞᆫ其中에就ᄒᆞ야選擇ᄒᆞᆷ을得ᄒᆞᆷ

前條의規定을從ᄒᆞ야訴를提起ᄒᆞᆯ境遇에不動產이二個以上裁判所의管轄區域內에在ᄒᆞᆫ時도亦同ᄒᆞᆷ 未完

外報

●鐵道敷設竣工 淸政에서日下新民屯齊々哈爾街에鐵道를急速히敷設ᄒᆞᄂᆞᆫᄃᆡ遼河의架橋ᄂᆞᆫ本年夏期中에竣工될터이라더라

●日本의虎患 現下日本安藝郡吉浦村에虎列剌가發生ᄒᆞ얏다더라

●日本牛疫 目下日本名賀郡矢持村에朝鮮으로부터輸入된牛六頭가牛疫에罹ᄒᆞ야卽時斃死ᄒᆞ얏다더라

別報

◎裴說氏의公判顚末

第三回 續

且東洋人으로亦此思想을有ᄒᆞ야見ᄒᆞᆯ지라此論說[illegible]欲[illegible]ᄂᆞᆫ其韓人記者가自國의人으로勉強[illegible]引導ᄒᆞ기를試ᄒᆞᄂᆞᆫᄃᆡ其花로營ᄒᆞᆷ이貴ᄒᆞᆫ줄노知ᄒᆞ얏스니此國은所以[illegible]樂士라ᄒᆞᆯ것스니(聽衆大笑)如許ᄒᆞᆫ事實은諸傳道人들이何時부터던지傳道ᄒᆞ기를其救援은血로因ᄒᆞ야得ᄒᆞᆫ다ᄒᆞ야敎人들이此를[illegible]ᄒᆞ야至今東洋에敎會가有ᄒᆞᆫ지라其感情될을說明ᄒᆞᆷ미文字만持ᄒᆞ고ᄒᆞᆫ거시아니라但韓國形便을說ᄒᆞᆷ거시로다

至今其事件에對ᄒᆞ야裁判官前의在ᄒᆞᆫ거슬更爲辯護ᄒᆞ야判決ᄒᆞᆷ이되ᄂᆞᆫᄃᆡ裁判官國의從ᄒᆞᆫ거슨何이뇨其三件論說은英文으로翻譯ᄒᆞ여서라[illegible]쓰며와證說外에英文飜譯이[illegible]양외有名ᄒᆞᆫ學生의手段으로精密히ᄒᆞᆫ게ᄒᆞᆫ거신줄노容納ᄒᆞ나然ᄒᆞ나裁判官[illegible]其前의從ᄒᆞᆫ其論說을[illegible]무슨證據로分別ᄒᆞ얏나뇨但其論說을이煽動되ᄂᆞᆫ거신지[illegible]動된것인지[illegible]ᄒᆞᆷ二浦씨의證據뿐이로다余ᄂᆞᆫ此를월킨손氏의게證明ᄒᆞ라ᄒᆞ기ᄂᆞᆫ必要치아니ᄒᆞ나然ᄒᆞ나此가不可不裁判官前에셔官人의證據보다何許ᄒᆞᆫ人이던지韓國人들의意見으로證據ᄒᆞᄂᆞᆫ거슨確實히必要ᄒᆞᆫ줄노知ᄒᆞᄂᆞᆫ거시此ᄂᆞᆫ不可不韓國人의意見으로此論說의煽動되여擾亂을作ᄒᆞᆯᄂᆞᆫ지料量ᄒᆞᆯ거시오英國人이ᄂᆞᆫ그韓人의意見을料量ᄒᆞᆷ뿐아니라所以로그의諸證據人들을裁判官前에招集ᄒᆞ얏스니彼가言ᄒᆞ기를彼ᄂᆞᆫ悉皆[illegible]人이이니요且皆新聞을見ᄒᆞᄂᆞᆫ그것을煽動되야反逆ᄒᆞᆯ줄은無ᄒᆞ얏도다其老兩班閔宗植씨의게何事가有ᄒᆞ얏나뇨

其兩班의言이已往反逆ᄒᆞ얏다가되고但大韓每日申報ᄂᆞᆫ昨年부터始見ᄒᆞ얏다ᄒᆞ니余도如此히知ᄒᆞ깃소閔씨의言이其新聞을見ᄒᆞᆫ以後로何事를ᄒᆞᆯ거시無ᄒᆞ얏스니大韓每日申報를見ᄒᆞᄂᆞᆫ人은眠을請ᄒᆞ려고見ᄒᆞᆷ이아니요(聽衆大笑)其新聞을見ᄒᆞ기前에ᄂᆞᆫ閔시가强勁ᄒᆞᆫ義民將이되얏다가此新聞을見ᄒᆞᆫ後로至今은永히和平ᄒᆞᆫ人이되얏스며余도今日閔氏를見ᄒᆞᆫ즉如許히猛烈ᄒᆞᆫ人도아닌것곳고且新聞紙가其人을激動ᄒᆞᆫ것것지아니ᄒᆞ도다(聽衆大笑)

월킨손시ᄂᆞᆫ韓國證據人을招ᄒᆞ지아니ᄒᆞ얏스니其엇지ᄒᆞᆫ뜻이뇨若韓國證據人을請ᄒᆞ기만ᄒᆞ엿스면何如ᄒᆞᆫ人이라도來ᄒᆞ지아니ᄒᆞ얏스리오其人들이壹個도來ᄒᆞ야其新聞紙로因ᄒᆞ야誤解ᄒᆞᆷ이有ᄒᆞ다던지或治安에妨害되게[illegible]ᄒᆞ얏다던지或擾動ᄒᆞ야紊亂을煽動ᄒᆞᆫ것을證據케ᄒᆞ려ᄒᆞ[illegible]도다 未完

雜報

●御眞合奉 各處에 御眞을奉安ᄒᆞ고享祀를設行ᄒᆞ던 御眞을 永禧殿에合設 奉安ᄒᆞ기로和衷議決되얏다더니 永禧殿ᄭᆞ지廢止가되고 璿源殿으로合設ᄒᆞ기로再議ᄒᆞ얏다더라

●減享詔勅頒布 各祭享을減省ᄒᆞ다ᄂᆞᆫ說은각新聞에已揭어니와昨日에祭享減損ᄒᆞᄂᆞᆫ 詔勅이頒布되얏다더라

●內閣例會議案 昨日은月曜日인故로內閣諸大臣이內閣에會同ᄒᆞ야月曜例會를開ᄒᆞ얏ᄂᆞᆫᄃᆡ地方郡守依免件과成均館官制改定件을提議ᄒᆞ얏다ᄂᆞᆫ說이有ᄒᆞ더라

◎服色分排 今番三 皇帝追崇時에各差備官의服六과加資를四色으로分排ᄒᆞᆫ다더라

●內大反對 宮內府大臣閔丙奭氏가今番三 皇帝 追崇時借臨六과加資ᄒᆞᆯ人을錄交ᄒᆞ라ᄒᆞ고各部大臣의게通知ᄒᆞ얏더니內部大臣宋秉畯氏ᄂᆞᆫ服六과加資ᄒᆞᆯ人이無하다ᄒᆞ얏다더라

◎兩氏準備官 內部大臣宋秉畯氏가該部官吏中加資服六ᄒᆞᆷ을反對ᄒᆞ엿다ᄒᆞᆷ은別項과如ᄒᆞ거니와該地方局長廉仲模와衛生局長劉猛兩氏ᄂᆞᆫ今番에加資ᄒᆞ기로差備官差下가된다더라

◎陞資何多 永宣君李埈鎔氏ᄂᆞᆫ輔國을被任ᄒᆞ고各元老大臣中壹品을못ᄒᆞᆫ人은壹齊히壹品으로陞資ᄒᆞᆫ다더라

◎茶會爭參 內閣諸大臣과中樞院顧問諸氏가茶話會를組織ᄒᆞ야次序設行ᄒᆞᆷ은累報어니와然次에參入參ᄒᆞᆫ人이多ᄒᆞᆫ다ᄂᆞᆫᄃᆡ爲先閔商鎬씨도該會參에入錄ᄒᆞ얏다더라

●夢亭茶話 前報와如히中樞院顧問權藤氏가昨日夢踏亭에茶話會를設ᄒᆞ얏ᄂᆞᆫᄃᆡ參與ᄒᆞᆫ人員은二十餘人에達ᄒᆞ얏고現任大臣及中樞院顧問諸氏와或政治에關ᄒᆞᆫ事項도談話하고或風俗改良에關ᄒᆞᆫ件도討論ᄒᆞ고下午五時頃에閉會하얏다ᄂᆞᆫᄃᆡ所入經費ᄂᆞᆫ近二百圓에達ᄒᆞ얏다더라

●評議又起 去番壹進會에서現政府大臣의게辭職을勸告ᄒᆞᆫ時에伊藤統監이六月七月兩朔만留待하야措置ᄒᆞ回ᄒᆞᆯ라ᄒᆞᆫ故로該會에서評議會와地方會를停止ᄒᆞ얏더니該方會員들이更히開會ᄒᆞ고辭職勸告ᄒᆞ기를酌定ᄒᆞᆫ다더라

●渡邊晩餐 大審院長渡邊이가八月壹日下午七時에日人俱樂部에서晩餐會를開催ᄒᆞ고各部勅任官以上을請邀宴待ᄒᆞᆫ다더라

◎副議長被任說 中樞院前議長徐正淳氏ᄂᆞᆫ中樞院副議長을被任ᄒᆞᆫ다ᄂᆞᆫ說이有ᄒᆞ더라

●院卿云任 中樞院副議長申箕善氏가監査院卿을現今兼任인ᄃᆡ將次該院卿으로轉任된다더라

●典祀依免 典祀劉光杓시ᄂᆞᆫ依免이되얏다더라

●內大論駁 廢止된宮室及國有財産調査局幹事員魚容善씨가該事務處理와財政上에或潛食ᄒᆞᆫ金額이有ᄒᆞᆫ지該帳籍을調査後에內部大臣宋秉畯氏가魚氏에게對ᄒᆞ야大段論駁ᄒᆞ얏다더라

●整理局官制 度支部에셔臨時財産整理局을設置ᄒᆞ고官制를條定ᄒᆞ얏ᄂᆞᆫᄃᆡ長官次長이各壹人式이오書記官及技師가七八人이오主事가一百餘名이오技手가三百餘名이라더라

◎樞院年俸 中樞院贊議의年俸을千圓으로議定ᄒᆞ고度支部에交涉ᄒᆞ얏더니度支部에셔支撥치아니ᄒᆞᆷ으로昨月曜例會時에八百圓으로支出케되얏다더라

◎內官恩金支給 昨日에減額ᄒᆞᆫ內官의게 恩賜金을支給ᄒᆞ얏다더라

●恩金頒給 減額을當ᄒᆞᆫ侍從院員役等의게 恩賜金을昨日光化門前에셔壹々頒給ᄒᆞ얏다더라

◎莞島森林調査 農商工部技師劉晃鎭氏와全中牟田五郎이가莞島森林調査後三昨日에還來ᄒᆞ얏다더라

◎典舖視察 近日에農商工部商務局主事가韓國周行ᄒᆞ야漢城내各典當舖를壹壹觀察ᄒᆞᆫ다더라

●有何不精 私立東興學校副校長高承柱씨가學校事務處理하ᄂᆞᆫ方法과학生에게何等屈節이有ᄒᆞᆫ지學徒의父兄들이聯署ᄒᆞ야學部에請願ᄒᆞ되該校長의行爲를論ᄒᆞ면陰凶이行ᄒᆞᆷ이存ᄒᆞᆫ즉히校장을除汰ᄒᆞ여야子任弊를入학ᄒᆞᆯ깃다ᄒᆞᆷ으로學部에서其代表人幾名을招致하야問ᄒᆞ야曰陰凶이行이라ᄒᆞᆷ이何를指斥ᄒᆞᆷ이냐ᄒᆞᆫ즉代表人中에셰言ᄒᆞ기를該學徒에게不精ᄒᆞᆫ事가有ᄒᆞ다ᄒᆞ얏다더라

●太極會長歸國 太極學會々長金洛泳氏ᄂᆞᆫ前報와如히三昨日下午九点에無滯到着하야現今京城에住留ᄒᆞᄂᆞᆫ中이라더라

◎放學歸國 日本에留學次로渡去ᄒᆞ얏던趙氏熙氏의令胤과趙同熙氏의令胤이暑月放學ᄒᆞᆷ을因ᄒᆞ야昨日昨에歸國ᄒᆞ얏다더라

●留學生歸覲 日本東京留學生[illegible]拾九人이現今夏期放學을因ᄒᆞ야親親次로三昨日에京城에到着ᄒᆞ얏다더라

◎洋服店組合 京城各洋服店主가組合되얏다ᄒᆞᆷ은前報에揭載ᄒᆞ얏거니와日本卒業生羅壽泳李承根兩氏等貳拾八人이發起ᄒᆞ야組合成立ᄒᆞ얏다더라

●典舖總會任員 漢城典圜會에셔事務所를中部鉢洞拾統拾戶에設置ᄒᆞ고日昨에總會를開ᄒᆞ고任員을選定ᄒᆞ얏ᄂᆞᆫᄃᆡ總務에金華楨ᄭᆞ務에尹永培씨라더라

●雨水破壞 本月二十日自正午로至下午八時ᄭᆞ지仁川港松板花園町에崩壞ᄒᆞᆫ人家屋이二戶오浸水家屋이壹百四拾五戶內에日人家屋이五拾壹戶에墻壁崩壞가三拾處오道路毁壞에延長이拾間이오溝渠破壞가四間이라더라

●京義線交通 今番雨水에破壞된京義鐵道를現今修築ᄒᆞᆫ다더니該工役이竣工됨으로本日부터鐵道가交通된다더라

●無聊退去 前報와如히李八稙氏가殊蜆官人俱樂部에適劇場을再昨日부터設始ᄒᆞᆫᄃᆡ日人久保田三郎이가來到ᄒᆞ기를此家屋修理工役을[illegible]씨가余의게委任建築ᄒᆞ고該役費三千圓을尙未報償ᄒᆞ얏슨즉此家舍가我의所有라ᄒᆞ고ᄒᆞᆫᄃᆡ李人稙시가此家舍를내關여承認ᄒᆞ얏다고拒絶ᄒᆞᆫ즉日人이自意로巡査를率來ᄒᆞ야李人稙시를威脅ᄒᆞ더니시가理由를說明ᄒᆞᆫ즉日人及巡査가無顔退去ᄒᆞ얏다더라

◎荒蕪地開墾 咸興居韓啓宰氏ᄂᆞᆫ本以有志紳士로本郡內有結地가[illegible]畓一百餘石[illegible]壹身이[illegible]ᄒᆞ야晝夜熱心으로坑塡作畓ᄒᆞᄂᆞᆫᄃᆡ現今移種ᄒᆞᆫ것이二百餘石落이오將爲開墾ᄒᆞᆯ것이八拾餘石落이니自己之營業만爲ᄒᆞᆷ이아니라莫重國土之廢拓과貧民救濟之方針이[illegible]以也라고壹郡이稱頌ᄒᆞᆫ다더라

◎紙島民冤 殷栗鎭南郡紙島外에民의漁基七處가有ᄒᆞ야ᄒᆞ主의祖曾祖以上으로數百年[illegible]傳之物인ᄃᆡ咸安郡民魚命商이가漁基를欲奪ᄒᆞ야日國初에其先祖가李施愛를討平ᄒᆞᆫ功으로紙島를賜牌ᄒᆞ엿스니島外漁面도亦爲附屬이라ᄒᆞ고漁基主와相訟ᄒᆞ야郡裁에落訟ᄒᆞ고逆裁에落訟ᄒᆞ야判決書가有ᄒᆞ고平理院裁判에亦爲落科ᄒᆞ야判決書가有ᄒᆞᆫᄃᆡ魚命商이가何等謀略이有ᄒᆞ던지平理院判決을爲諸爲圖ᄒᆞ야여러ᄃᆡ該漁基主七人이上來呼訴ᄒᆞ되紙島가魚哥의當有라云ᄒᆞᆫ바丹書鐵券이無ᄒᆞ고島主ᄂᆞᆫ猶有賜牌언당漁面을何可附屬이며且紙島田結을自郡上納ᄒᆞᆫ니賜牌라도還收를可知오原告被告의兩判決書를合爲繕給ᄒᆞ엿스니事之曲直이何在오ᄒᆞᆫ다더라

◎白氏白放 警視廳에屢月滯囚ᄒᆞ얏던前副尉白樂正시가三昨日에無罪放免ᄒᆞ얏다더라

●路聚遺失 倉洞居崔占孫이가他人의委托으로昨日上午拾点에昨日推次關文於音壹千五百兩壹張과貳拾七日推次壹千兩於音壹張과二拾八日推次漢文於音二千兩壹張을推覓次로持去ᄒᆞ다가路中에서遺失ᄒᆞ고大端憂慮中이라더라

◎關東支會 再昨日關東學會

[illegible]發起ᄒᆞ야學校[illegible]摠會를開ᄒᆞ고緊要事務[illegible]定ᄒᆞ고[illegible]州郡紳士[illegible]을認許ᄒᆞ얏ᄂᆞᆫᄃᆡ該校[illegible]桑ᄒᆞ야該校를設立ᄒᆞ고 敎師를延聘ᄒᆞᆫ다더라

●果則良倅 咸安郡守李紹鍾시ᄂᆞᆫ莅任以後로學校를新設ᄒᆞ고靑年을募集ᄒᆞ야熱心勸勉ᄒᆞ기로生徒가百餘名에達ᄒᆞ얏다고ᄒᆞ며郡人이稱頌이藉ᄒᆞ다더라

●農校復旺 龍潭郡居林炳梓씨가該郡南面에農林學塾을設立ᄒᆞ고敎育을擔任ᄒᆞ엿더니昨年八月에時擾를値ᄒᆞ야敎授를停止ᄒᆞ얏다가更히本郡[illegible]에龍岡校를創立ᄒᆞ미該郡이協同ᄒᆞ야財政이漸旺ᄒᆞ고學徒가日進ᄒᆞᆫ다더라

●竜校盛況 去六月ᄒᆞ旬日은龍岡郡養新學校第壹回紀念日인ᄃᆡ학期試驗式을合行ᄒᆞ얏ᄂᆞᆫᄃᆡ甲乙優等은襃賞이有ᄒᆞᆫ此求等諸人이오乙班優等은盧鎭觀李斗燠諸人인ᄃᆡ來賓이觀光者如堵ᄒᆞ야成就之望을頂祝ᄒᆞ엿壹校盛況을呈ᄒᆞ얏다더라

●高明選擇 仁同郡守徐相奎씨가학校를設立ᄒᆞ고敎育을擴張코자ᄒᆞ야漢人京中ᄒᆞ여高明敎師를選擇ᄒᆞᆫ中이라더라

▲地方消息▼

▲本月二十七日平海郡內에셔義兵約二拾名이日守備隊와交戰하다가義兵은退却ᄒᆞ얏다더라

▲悔心初萌▼

▲雙袖翩拂夕陽天에破落戶가相逢ᄒᆞ야提手欣欣喜ᄒᆞ나漢乏壹文卒困ᄒᆞ야身世自歎ᄒᆞᄂᆞᆫ

말이

[illegible]悠悠歲月虛送ᄒᆞ니悔之莫及이아닌가

▲南鄰에셔招朋ᄒᆞ고西舍에셔喚酒하야니天地가香다ᄒᆞ고傍若無人性ᄒᆞ야제陶陶醉興ᄒᆞ야誤了壹生ᄒᆞ고보니悔之莫及이아닌가

▲靑樓落日에雲雨夢이如花佳人相逢ᄒᆞ야秋波로送情ᄒᆞ고百年佳約相結ᄒᆞ니如山黃金散盡ᄒᆞ야ᄒᆞ니春色在鄰ᄒᆞ다悔之莫及이아닌가

▲不顧不商少年時에博場遊衆自在ᄒᆞ야用之不竭計料ᄒᆞ고某大官象花蠶局에幾爲圖로相賭ᄒᆞ가覺手濁殘ᄒᆞ니ᄉᆞ니悔之莫及이아닌가

▲遊身綾羅華麗ᄒᆞ야新衣催着强盜ᄒᆞ고長安市上橫行ᄒᆞ제梁華遊中比肩ᄒᆞ니錦繡大地[illegible]보ᄅᆞ懸鶉百結可愧로세悔之莫及이아닌가

▲各學徒에卒業限이當ᄒᆞ거遲遲ᄒᆞ야嗚乎晩矣嗟歎ᄒᆞ고仕官捷徑차저갈제行乃謬에沒外라가竟歸烏有ᄒᆞ얏스니悔之莫及이아닌가

▲變幻時局不知ᄒᆞ고遊衣遊食從事하야高樓巨閣數百間을才人典至典執ᄒᆞ야此日彼日不覺타가歸於虛地ᄒᆞ얏스니悔之莫及이아닌가

▲長田美土賑貸ᄒᆞ야吊之如水ᄒᆞ던手段千金散盡不復來라寒廚冷烟屢空ᄒᆞ야呼怨聲이浪藉ᄒᆞ니妻子의게罪人이라悔之莫及이아닌가

▲某某官人追逐하야料理店上餞迎送에官職運動秘密ᄒᆞ제酒外別品幾卓中에數百圓忘返ᄒᆞ고壟畝殘産不覺ᄒᆞ니悔之莫及이아닌가

雜報

●金氏卞明　釜山港居李敏述의學校建築請願書를倫去ᄒᆞ얏다ᄂᆞᆫ事로文白奎見李築三시가本社에來ᄒᆞ야日人民의所居其址를李敏述시가稱以空閑地ᄒᆞ고居民의姓名을冒錄ᄒᆞ야經理院에誣訴ᄒᆞᆫ故로人民等이卞明請願ᄒᆞ고李敏述시를質判코ᄌᆞᄒᆞ나住處를隱匿ᄒᆞᄂᆞᆫ故로方在搜索中이라더라

正誤

本報第八百四拾号와八百四拾一號國債報償廣告欄에三拾圓〇七拾錢이誤錯되얏기左開正誤홈

第八百四拾號ᄂᆞᆫ前據合六萬壹千〇九拾九圓〇〇七里로六萬壹千壹百貳拾九圓七拾錢〇七里로

都據合六萬壹千壹百拾六圓〇〇七里ᄂᆞᆫ六萬壹千壹百四拾六圓七拾錢〇七里로

第八百四拾一号內前總合六萬壹千壹百拾六圓〇〇七里ᄂᆞᆫ六萬壹千壹百四拾六圓七拾錢〇七里로

都總合六萬壹千壹百三拾壹圓五拾錢〇七里ᄂᆞᆫ六萬壹千壹百六拾貳圓二拾錢〇七里로正誤홈

廣告

[illegible]

本人의家券을廣通坊日人處典執이다가今에旣還推放賣而典執契約等書件을遺失ᄒᆞ얏기廣告홈　西江下水壹里朴章혁　告白

教育月報

壹冊에價拾子錢　每月二拾五日刊

壹般同胞의男女老少有無識을勿論ᄒᆞ고各其事情과年限에拘碍되야學校에入學지못ᄒᆞᄂᆞᆫ이에게普通學術을發達키爲ᄒᆞ야各種緊要ᄒᆞᆫ學問을純國文으로簡易케繙譯ᄒᆞ야敎育月報를發行ᄒᆞ오니此를逐號購覽ᄒᆞ시ᄂᆞᆫ同胞ᄂᆞᆫ皆有識ᄒᆞᆫ學者가될터인故로本社와京鄉各書肆에서發賣홈

京城中部校洞拾九統四戶　敎育月報社

本所에서諸般測量을精細히廉價酬應ᄒᆞ오니　僉君子ᄂᆞᆫ陸續來議爲要

北部壯洞新橋四拾貳統貳戶　金重漢家新興測量製圖事務所

技術員　趙重翊　沈遠聲　金基誠　洪大妻　박희鳳

五月八日　開業　**石版印刷**

獎堂에서石版　寫眞版　寫眞銅版　電氣銅版등印刷와鉛版　木版　銅版等彫刻을開業ᄒᆞ오며左記ᄒᆞᆫ課目대로指揮ᄒᆞ印刷ᄒᆞ오니　僉君子ᄂᆞᆫ來臨相議ᄒᆞ심을敬要

●商標　地圖　株券　書冊　挿畫　卒業證書　●藥封紙　冊衣　각色彩畵　古書畵模寫　●寫眞藥　寫眞帖等其他種々應用美術印刷

京城中部鐵物橋大路北便五拾二統六戶

文雅堂印刷所

本人이日前에中路에서各處與受標와受証ᄂᆞᆫ紀冊子를遺失ᄒᆞ얏ᄉᆞ오니誰某던지拾得ᄒᆞ셧거던每日申報社로持來ᄒᆞ시면特別感謝ᄒᆞ깃ᄉᆞ오니照亮하시옵

鍾路三丁目漢城洋服店主金永周

本人이孫錫基와訴訟事에對ᄒᆞ야孫錫基之特勢抑勒과本人之孤子冤枉은各新聞社에서屢次揭佈ᄒᆞ온바本人所遭를執ᄒᆞ야曰孫哥惻哀憐고擧世所共知어니와孫氏之飾詐粧奸이拾目難掩이오衆口의所唾라孫시의廣告를逐條辨明ᄒᆞ니　僉尊은公眼으로照亮ᄒᆞ시옵彼之前後際謀가尹益炳시를假托ᄒᆞᆷ으로黨與能ᄒᆞ야掩人耳目ᄒᆞ니嗚呼痛哉라益炳시ᄂᆞᆫ本人의生家叔父也라爲侄之道에詎敢斥言가骨肉傷恩이不啻라外人唾罵도亦可畏也故로于今含默ᄒᆞ더니孫시가益炳시를誘引ᄒᆞ야使人絶倫之境에到ᄒᆞ야ᄂᆞᆫ不得不說明乃已라益炳시가壬寅年에本人畜士養納　宮畓ᄒᆞᆫ것은世所共知오癸卯年에孫시가愚弄益炳시ᄒᆞ며奇貨可居라ᄒᆞ야圖給井邑郡守ᄒᆞ고葬七萬五千兩은本人의게勒徵而去ᄒᆞ얏고無厭之慾에猶爲不足ᄒᆞ야益炳시의게又有所捧葉四拾餘萬兩이라ᄒᆞ고孫시差人과外國人을下送于本人家ᄒᆞ야威脅惹鬧에擧措罔測하고本人의祖母八十老人을脅迫捉去于江景浦ᄒᆞᄂᆞᆫ데二十餘里雪程에從跳顚仆ᄒᆞ야氣息이奄々ᄒᆞᆫ面惻情景은于今寃血이在中이라奉巷領袖와의狀判ᄒᆞ야無畏安粘이나因此覆産ᄒᆞ얏ᄉᆞ니叔侄間傷恩은孫시使然이라今番　勅令으로還給답土ᄒᆞᄂᆞᆫ內에ᄂᆞᆫ本人은無由得聞而孫氏가益炳氏와又利以誘之ᄒᆞ야僞造委任狀으로推寃ᄒᆞ密謀ᄂᆞᆫ鬼蜮莫測이오又使姜燁으로來言ᄒᆞ되訟담보總相이推還ᄒᆞ엿ᄉᆞ나九拾萬兩價値라도三拾萬兩欵價로總相의게許給ᄒᆞ라若不從이면總相이訴답ᄒᆞ　宮에還納ᄒᆞᆷ을假稱ᄒᆞ고威脅勸買ᄒᆞ기로本人叔父와初對面이라彼日本人이使益炳氏로屢勸賣買ᄒᆞ니이可乎며許與之場ᄒᆞ야欲價盡賣가果是至冤ᄒᆞ야田답二分之壹은爲其世紀念ᄒᆞ야拔出ᄒᆞ고三分之二만以貳拾萬兩으로決價ᄒᆞ데本人叔父ᄂᆞᆫ於此時에도亦無對面이어ᄂᆞᆯ彼曰與其叔父로相議定價라ᄒᆞ니可乎며成券之時의本人의姓名만捺章ᄒᆞ야新券을證給ᄒᆞ얏ᄂᆞ니何許新券四度를僞造ᄒᆞ야益炳氏도列書捺章ᄒᆞᆫ것이第壹番判에發出ᄒᆞ엿스니彼曰新上에益炳氏도同爲捺章이라ᄒᆞ니可乎며孫氏가僞造委任狀으로自　宮還給ᄒᆞ시ᄂᆞᆫ답券을自橫推ᄒᆞ고縱路裁判之際에自　承寧府로覺知其奸狀ᄒᆞ고招致孫氏ᄒᆞ야嚴推還給于本人ᄒᆞ얏거ᄂᆞᆯ彼曰文券與文蹟과價錢으로交易이라ᄒᆞᆷ이可乎며所謂답價ᄂᆞᆫ六萬兩만纔給ᄒᆞ고其餘ᄂᆞᆫ都不給之ᄒᆞ얏거ᄂᆞᆯ彼曰尹益炳氏의게出給이라ᄒᆞᆷ이如見其肺肝이며孫氏가益炳氏를前後誘引ᄒᆞ야事々利用ᄒᆞ고返謂本人이其伯父와猜鬩이라ᄒᆞᆷ이衆目難掩이라漢裁落科ᄂᆞᆫ勢力所壓이어니와今此申訴ᄂᆞᆫ至冤所由라彼之諸般奸狀이供案에明白綻露ᄒᆞᆫ故로首班判事決裁氏가莫阻　勅令으로出給답券을中間橫推ᄒᆞᆫ事와眷價를非답ᄒᆞ尹益炳의게出給하얏단數語로堂々正論ᄒᆞ얏거ᄂᆞᆯ彼曰噏喝壓制라ᄒᆞ니積勢無憚이胡至此極고冒之痛矣라白日之下에如彼誣告를不可掩置이기玆에據實廣告홈

尹敬重　告白

咸興東溪居李宗培與欽爲齋宗孫李東源으로相訟ᄒᆞ야自本道裁判所로本郡에受明査判決인바東源이觀察府에何以申訴運動이던지得訟ᄒᆞᆫ지라門人李性哲이不勝老弱者宗培之抑冤ᄒᆞ야平理院에代言申訴ᄒᆞ야又爲明査公決ᄒᆞ고已出判決書ᄒᆞ얏ᄂᆞᆫ데東源이又生凶計ᄒᆞ야健訟次로運動ᄒᆞᆫ다ᄒᆞ니如此蔑倫者ᄂᆞᆫ기廣告홈

咸興東溪居李性哲　告白

釜山港草粱居崔子玉萬琅兄弟ᄂᆞᆫ此廣告를보ᄂᆞᆫ대로卽來ᄒᆞ소君之父親께서待時中이오니治喪凡節은勿慮ᄒᆞ고卽來ᄒᆞ소

釜山三洞居從兄尙雲

本社에서七月貳拾八日로부터演劇을始ᄒᆞ온바京城내에第壹屈指ᄒᆞᄂᆞᆫ歌妓가貳拾四名이오唱夫ᄂᆞᆫ名唱으로著名ᄒᆞᆫ金昌煥等四拾人이온데處所ᄂᆞᆫ夜珠峴前協律社이오며時間은每日下午七時에開ᄒᆞ야仝拾貳時에閉ᄒᆞ깃ᄉᆞ오니壹般　僉君子ᄂᆞᆫ如雲來臨ᄒᆞ심을務望

圓覺社　白

量地法　全

定價金八拾錢　百部以上特別減價

本書ᄂᆞᆫ圖根登錄地各般測量이完備ᄒᆞ옵고測量上必要ᄒᆞᆫ算術對數表々지附入ᄒᆞ엿ᄉᆞᆸ本對數表ᄂᆞᆫ我國에創出ᄒᆞᆫ者이온데代數以上高等算學에도必要ᄒᆞᆫ者이옵　本書의文法은簡明易解ᄒᆞ야初學及獨習에도便宜ᄒᆞ옵

發行所　漢城中部中學橋中橋測量事務所

發賣所　漢城西部銅峴博學書館　京鄉各有名冊肆

發行人　李聖賓　告白

本館에서新舊書籍과學徒의所用諸般物品을具備販賣ᄒᆞ오니　僉君子ᄂᆞᆫ來購ᄒᆞ시옵

平壤鍾路太極書館

館主　李昇薰

主任　安泰國

事務　李德煥

生徒募集廣告

本學校에서第壹學年級生徒를募集ᄒᆞ오니志願者ᄂᆞᆫ八月拾七日內로本校에入학請願書를呈出事

入學試驗日字八月三十日上午九時

試驗科目　讀書。作文。算術初步。身體檢査

但年齡은自十五歲至二拾五歲

漢城　私立普成中學校

[illegible]

本館에서夏期間算術講習所를設立ᄒᆞ고各科를下午에教授ᄒᆞ오니願學　僉員은居期來臨홈

大東寄宿館

館長　鄭熙燦

教師　全聖旭　敬告

四則科　分數科　比例科　代數科

八月壹日로同三拾日ᄭᆞ지

學資金은　每科參拾錢

本店에夏節양服件이英京倫敦에서新着ᄒᆞ얏기로玆에廣佈ᄒᆞ오니　僉君子ᄂᆞᆫ光顧購買ᄒᆞ심을懇望홈

貞洞華商源泰號　洋服裁縫店　謹白

本人等이壹般학界에便宜를供ᄒᆞ기爲ᄒᆞ야資本을合同하고業務를擴張ᄒᆞ야新舊書籍과學校用品을俱備發賣ᄒᆞ오니　僉君子ᄂᆞᆫ稍稍光降ᄒᆞ심을務望홈

海州남門니四街

韓昌書館　館主　李承駿

大邱警務署在囚罪人金鳳祚口告內에本人의게紙貨壹百圜을任置ᄒᆞ얏다ᄒᆞ고招致本人ᄒᆞ야文簿를昭考ᄒᆞ나本無排置ᄒᆞ엿ᄂᆞᆫ대金鳳祚의口告가的實ᄒᆞ다ᄒᆞ야壹百圓을納上ᄒᆞ라ᄒᆞ온즉勢不得已懲納이오나以賊漢之亂招로謂實的이라ᄒᆞ고無證徵納을懲捧ᄒᆞ니商民이何以支保乎며기明上法律에若是ᄒᆞ온지極爲寃抑ᄒᆞ와玆仰布홈

大邱大市場客主李善如　白

本書館을開業ᄒᆞᆫ지未過壹年에壹般同胞게서愛助ᄒᆞ시와益益興旺之故로本館에ᄂᆞᆫ壹層擴張ᄒᆞ고各項新舊書籍與教育物品을多數準備ᄒᆞ야特別廉價로大發賣ᄒᆞ오니四方僉君子ᄂᆞᆫ陸續來臨ᄒᆞ심을爲要홈

釜山港東關韓興書館

金汝重　權鍾律

精理舍主人鄭一宣氏著作

●初等算術教科書

洋裝壹秩壹冊定價新貨九拾錢

三拾冊以上을來購ᄒᆞᆯ時ᄂᆞᆫ原價의二割引을減홈

但地方에서百冊以上을請求ᄒᆞᄂᆞᆫ時ᄂᆞᆫ船車運費를發賣者自擔홈

本書ᄂᆞᆫ學數大家鄭一宣氏가我國의算學을發達ᄒᆞ기爲ᄒᆞ야積年의腦力을費盡ᄒᆞᆫ바이온데算術의原理原則을昭詳論釋ᄒᆞ야在學受教의必須ᄒᆞᆫ不啻라覽則易曉에人可獨習홈

發賣元京西部社稷洞七拾貳統六戶　鄭象煥

漢城鍾路慈惠大藥房
大韓東西藥業月報社製藥部

咽喉熱痛 降火水 五日分 金壹圓	消痰甘露水 金五十錢
男女氣血 補益丸 二圓五十錢	滑潤腸丸 二十錢
淋疾拔根藥 五十錢	痢疾靈散 三十錢
淸明眼藥 十五錢	養兒寶散 十五錢
甘瘡拔根藥 三十錢	純金鷄納丸 十錢
蟲瀉丸 二十錢	無汗臭藥 二十錢
四時感冒丸 十錢	太腫瘡膏 三十錢
消痰鎭咳藥 三十錢	漢城百應膏 十錢
陳陳胃滯 消積丸 五十錢	瘴氣神效 保嬰散 二十錢五里
胃藥 廣告 小包郵便信送	

▲大韓國新發明 령약

▲八寶丹 九拾五粒 入金拾錢 ▲칠보단

承寧府典의正三品洪哲普閣下實驗良方과歷歷의의學校敎官[illegible]有效證明으로此丹을발行이온바新久滯積과急暫關格과[illegible]服과胃腹疼痛과頑痰固飮과新久泄瀉와七情鬱滯와水土不服과船車眩暈諸症에[illegible]效호오니衛生君子는先願試可호심을爲希홈

▲사향소창단 ▲麝香消瘡丹

此丹이於諸창에無論男女老少호고[illegible]하면實有神效호야百불百中호오니非例方可及也라若論主治則楊梅下疳遠瘡風濕頭창諸症에[illegible]니養痾僉君子는[illegible]試驗호시옵

▲태양됴경환 ▲胎養調經丸

壹個月分入 定價金五圓

大抵婦人이年過호도록不受孕者는由於有病也라若不趁早研究호고等閒看過則非但壹個人에不幸이라抑亦全國生育之理의關係가不[illegible]也니僕이十五年을消費호야內外國高明의士에實驗方을選擇호야先自僕家로後及他人호야累試皆驗에十불[illegible]而始効를음고且此약이非但受孕之神劑라治[illegible]調血에俱有實效호[illegible]玆以廣布호오니僉員는[illegible]試驗호시면價을可知이옵

약製所인川港[illegible]和平堂藥房 발行人 全 리應善

右三種약은各地方이라도請求호면우편으로부치는介도잇소

京城支店 鍾路衣廛下和平堂
代理店仁川港[illegible]제生堂약房

▲發賣所

京城大廣橋共愛堂약房
仝남문안 水標제生支店
仝 仝大東書市支店
仝 仝[illegible]博文書館
仝 洞口안 相信號[illegible]
仝 鐵物橋 毛衣廛리洛璟
仝 小廣橋 毛衣房리厚根
仝 [illegible]洞 上隅三可病院
仝 大寺동 共[illegible]
○仁川港[illegible]
仝 읍니 [illegible]
○江華[illegible] 宋[illegible]五店
○開성 남문안朴圭[illegible]商店
仝 남문안[illegible]新冊사리貞鎬
○水原 남문안 김제九약舖
○海州 남문안리[illegible]商店
○延安읍니 過汝文洋藥局
○長湍 남문안 [illegible]
仝 砂[illegible]
○黃州남문니 [illegible]
○平壤 鍾巨里 [illegible]
仝 館[illegible] 김[illegible]
仝 文武洞 桂[illegible]약포
○鎭남浦 [illegible] 길元섭藥포
仝 제生당出張 吳[illegible]
○群산港 [illegible]
仝 大井동 리春善약房
○禮산 용谷里 리[illegible]
○大邱 남문니 리明[illegible]약局
○元山港 남甲元약局
仝 제生堂支局 朴[illegible]
○尙川 서문니 박致心약局
◉[illegible] [illegible]
○釜山港 제生당出張 [illegible]
○安州 [illegible]大약房
○安岳邑上[illegible] 제生局[illegible]
○義州남문外木口街義和약房
○載寧읍後동 洋약局崔允國
○定州남문니 洋약局리健柱
◉郭山읍 洋약局 [illegible]
○宣川읍 冊사 [illegible]
鐵山읍 永存堂 安[illegible]

仁川港 和平堂 白

◉[illegible]明丹
◉至寶丸
◉靈效液
◉淸眼水
◉淋疾丸

[illegible]

製劑發行所

支店 代理店

漢城南部大廣橋[illegible] 共愛堂大藥房 謹白

◉大韓新[illegible]明藥廣告

此外에도東西洋各國有名藥材와[illegible]多少를不拘호고請求호시면小包로[illegible]

仝 北部大安동 [illegible]
仝 西部新門外石橋
仁川 [illegible]
全 和平局

淸心保命丹 九十粒入 金拾錢

新藥 消化 仁川港[illegible] 發行所 濟生堂藥房

◉右藥의主治効能은如左
◉日飮[illegible] ◉吐瀉 ◉水土不服
◉氣[illegible]腹痛 ◉酒醉 ◉中暑中寒
◉食積食傷 ◉咽喉 ◉口熱惡臭
◉[illegible] ◉[illegible]氣厲疫預防妙藥

總發行所 京城南大門內 제生당支店李[illegible]
◉ 개城[illegible]문外 제生당支店具[illegible]
◉ 元山港銘石院 제生당支店박敎[illegible]

代理店 京城大廣橋共愛堂

◉京[illegible] 仝 鍾路慈惠약房
仝 [illegible] 新非[illegible]약店
仝 남[illegible] 博文書館[illegible]
仝 梨[illegible]洋약局 리信[illegible]
仝 大安洞 仁제약房
仝 壽동三可病院 朴喜[illegible]
◉仁川[illegible]和平당 리應善
同本町 新非樂房
◉海州남문니 宋在[illegible]
仝 仝商店 리奉[illegible]
◉水原[illegible]路下약房 金제九

◉延安邑니洋약局 尹斗鉉
◉江華[illegible]
◉[illegible]
◉砂[illegible]
仝 [illegible]
◉瑞興邑니 [illegible]
◉汗浦[illegible]東[illegible] 許[illegible]
◉黃州남문니紅[illegible] 김[illegible]
◉安岳邑上[illegible]제生局 林[illegible]
◉載寧邑後동洋藥局 崔允國
◉忠州東良面[illegible] 김[illegible]
◉[illegible]川邑四里洋약局 김永[illegible]
◉長連邑東[illegible] 文[illegible]
◉平[illegible]里[illegible] 韓[illegible]
仝 雙巨里제[illegible]局 金[illegible]
仝 館[illegible] 桂[illegible]
仝 文武동제生局 桂[illegible]
仝 大[illegible] 김元[illegible]
仝 鎭남浦[illegible] 吳[illegible]
仝 后浦本[illegible]出張人
◉安州성니[illegible] 朴[illegible]
◉博川邑[illegible] 朴芝行
◉定州남문니洋藥局 리健柱
◉郭山邑[illegible]冊사 김[illegible]
◉宣川邑니冊사 [illegible]
◉鐵山읍니永春堂 安[illegible]
◉義州남문外木口街 崔[illegible]
◉[illegible]川읍[illegible]약局 리[illegible]
◉群山港開[illegible]동 김斗鉉
◉大邱남門니[illegible] 김成治
◉釜山港東館本町商店 리炳夏
◉北靑新昌港客主 朴[illegible]
◉木浦各國居留地松房 徐[illegible]
◉全國니各약店마다隨應販賣
仁川港[illegible]
京성남大문니 濟生堂 白

[illegible]

◉[illegible]義捐金收入廣告

[illegible]

仝 泉[illegible]洞中 三圓[illegible]
[illegible]大位[illegible]동中 八圓
[illegible]谷동中 六十錢
仝 東[illegible]店동中 [illegible]拾五錢
仝 [illegible]外[illegible]里洞中 二圓
仝 [illegible]谷동中 [illegible]拾錢
仝 朴[illegible] 五拾錢
仝 七城[illegible]동中 四圓
仝 訥[illegible]里洞中 二圓
仝 上城里동中 九圓
仝 於音[illegible]洞中 壹圓
新西面[illegible]村洞中 三圓
仝 [illegible]谷里동中 七圓五拾錢
仝 上公[illegible]里동中 壹圓五拾錢
金五十七圓九拾五錢

自隆熙元年拾壹月至二年五月
七朔利文 十二圓十六錢
合七拾圓十壹錢
[illegible]大[illegible]納

前總合六萬壹千壹百六十二圓二十錢七厘
都總合六万壹千二百三拾二圓三十壹錢七厘

發行兼編輯人英國人 萬咸
Responsible for Publication Alfred Weekley Marnham
發行所
南署石井洞號外地三層洋屋
大韓每日申報社

漢城鍾路慈惠醫院診 醫學校卒業後濟衆院卒業 의학博士
漢城[illegible] 濟衆院의학[illegible]
[illegible]病人[illegible]
此[illegible]院[illegible]西洋[illegible]術[illegible]호고男女間病人을至誠으로診察호고[illegible]醫師가診察호고病이危重호야入院호야治療할病人은卽接으로濟衆院上等病室에病이낫도록治療호야주으며[illegible]

第六卷

大韓每日申報

第八百六拾八號

月曜及慶節 歲時日休刊

開國紀元四千二百四十一年
箕子紀元三千三十年
大韓開國五百十七年
日本明治四十一年
淸國光緖三十四年
陰曆戊申七月大初二日 乙酉

論說

◎城上舌戰

壹頑固生과壹新學少年이崇禮門樓上에서相遇ᄒᆞ얏더니先生이依欄徘徊ᄒᆞ다가喟然長歎曰美哉此金湯의山河여惜哉今日現象을致ᄒᆞ얏도다

昔者에百濟始祖溫祚가拾臣으로漢江에濟ᄒᆞ야負兒岳에登ᄒᆞ야山川形勝을周覽ᄒᆞ고此가可居之地라ᄒᆞ야都를定ᄒᆞ고城을築ᄒᆞ더니遼來에歷代帝王이皆此地를重觀ᄒᆞ야累々히城闕을加築ᄒᆞᄂᆞᆫ데新羅ᄂᆞᆫ此에北京을置ᄒᆞ며高麗ᄂᆞᆫ此에남京을置ᄒᆞ더니本朝에至ᄒᆞ야遂此에定鼎ᄒᆞ니此城의年齡을計컨ᄃᆡ至今二千餘年이라此二千餘年間에惟我有吏가此城內에在ᄒᆞ며惟我人民이此城內에在ᄒᆞ더니而今에當ᄒᆞ야ᄂᆞᆫ街路에縱橫ᄒᆞᄂᆞᆫ者ㅣ太半外人이오闤闠에錯雜ᄒᆞᆫ者ㅣ許多外人의家屋이니嗚乎라作俑者ㅣ其誰오四門을不閉에電車가往來ᄒᆞ고南山을鑿破에地形이頓非ᄒᆞ니吾가作俑者를不得不咎로다

少年이曰先生의心은可ᄒᆞ나先生의所見은不可ᄒᆞ도다今에先生의語를聞컨ᄃᆡ但只城門만閉ᄒᆞ며關險만保ᄒᆞ고鎖攘夷主義를復唱ᄒᆞ면國家가無憂ᄒᆞᆯ줄노信ᄒᆞᄂᆞᆫ가此ᄂᆞᆫ歐米三尺童子가聞ᄒᆞ야도鼻笑를發ᄒᆞᆯ바로다

今日은萬古新闢의世界라汽船이作에浩々無際의太平洋이其廣을失ᄒᆞ며鐵道가出에茫々不毛의西伯利亞가其遠을失ᄒᆞ얏스니此世界에坐ᄒᆞ야ᄂᆞᆫ비록譏岩大城을喜馬拉耶山ᄀᆞᆺ치高築ᄒᆞ며崇禮門樓를埃及大金字塔ᄀᆞᆺ치新創ᄒᆞ더라도實로自衛에不足ᄒᆞᆯ지며人笑만適招ᄒᆞᆯ지니何益이有ᄒᆞ리오

先生이果然國家를爲하야此城을築코ᄌᆞᄒᆞᄂᆞᆫ가余가壹新法을指示ᄒᆞ노라

愛國精神으로基礎를作ᄒᆞ며各種科學으로土杵를作ᄒᆞ고權利思想으로石材를作ᄒᆞ며殖産興業으로工匠을作ᄒᆞ야今日에一寸을築ᄒᆞ며明日에壹尺을築ᄒᆞ야五年不成이어던十年으로期ᄒᆞ며十年不成이어던百年으로期ᄒᆞ야太極八卦獨立旗를遐大ᄒᆞᆫ目的地에堅ᄒᆞ고念々前進ᄒᆞ면其庶矣인져

先生이聽甚不然ᄒᆞ야頑抗不屈ᄒᆞ고泥古生義를執하야說是說非ᄒᆞ더니少年이萬國歷史를擧ᄒᆞ야其盛衰興亡ᄒᆞᆫ往跡을擧ᄒᆞ야壹場痛論ᄒᆞ미先生이乃唯々라ᄒᆞ고携手同去ᄒᆞ더라

記者曰伊人이爲誰오雲樹迢々에我懷實勞로다

▲隆熙二年 七月拾七日 官報

●法律第拾三號

民刑訴訟規則 續

第六拾八條 官廳의當事者될時ᄂᆞᆫ其長官이나其長官의指定ᄒᆞᆫ所屬官吏로써其代表者로ᄒᆞᆷ

第六十九條 當事者ᄂᆞᆫ辯護士나其他者에게委任ᄒᆞ야訴訟을代理케ᄒᆞᆷ을得ᄒᆞᆷ但辯護士아닌者로訴訟代理人으로ᄒᆞᆯ時ᄂᆞᆫ裁判所의許可를受ᄒᆞᆷ이可ᄒᆞᆷ

訴訟代理人은訴의取下ᄂᆞᆫ控訴ㅣ上告ᄂᆞᆫ或은其取下나再審의申提나復代理의委任이나和解나强制執行에關ᄒᆞᆫ訴訟行爲를行ᄒᆞᆷ에當하야ᄂᆞᆫ特別委任을受ᄒᆞᆷ을要ᄒᆞᆷ

第七十條 共通ᄒᆞᆫ權利를有ᄒᆞᆫ者ᄂᆞᆫ共同ᄒᆞ야訴를提起ᄒᆞᆷ을得ᄒᆞᆷ

共通ᄒᆞᆫ義務를有ᄒᆞᆫ者에게對ᄒᆞ야ᄂᆞᆫ共同被告로ᄒᆞ야此를訴ᄒᆞᆷ을得ᄒᆞᆷ

第七拾壹條 訴ᄂᆞᆫ訴狀을裁判所에提出ᄒᆞ야此를行ᄒᆞᆷ

訴狀에ᄂᆞᆫ左開諸件을記載ᄒᆞᆷ이可ᄒᆞᆷ

壹 當事者의表示

二 訴訟의目的

三 請求의原因된事實關係

四 裁判所名

第七拾二條 訴狀은此를被告의게送達ᄒᆞᆷ이可ᄒᆞᆷ

第七十三條 被告ᄂᆞᆫ答辯書를提出ᄒᆞᆷ을得ᄒᆞᆷ

第七十四條 裁判所ᄂᆞᆫ當事者의主張及證據方法을明確히ᄒᆞ기爲ᄒᆞ야部員에게命ᄒᆞ야準備審理를行케ᄒᆞᆷ을得ᄒᆞᆷ

準備審理ᄒᆞᆯ際에主張치아니ᄒᆞᆫ事項이나提出치아니ᄒᆞᆫ證據方法은審問에서此를制限ᄒᆞᆷ을得ᄒᆞᆷ

第七十五條 裁判所ᄂᆞᆫ無故히呼出에應치아니ᄒᆞᄂᆞᆫ證人의拿引을命ᄒᆞᆷ을得ᄒᆞᆷ

前項의拿引에關ᄒᆞ야ᄂᆞᆫ第百五十八條及第百五十九條의規定을準用ᄒᆞᆷ

第七十六條 當事者ᄂᆞᆫ裁判所의定ᄒᆞᆫ바에從하야訴訟費用을豫納ᄒᆞᆷ이可ᄒᆞᆷ

第七十七條 訴訟의結果에當ᄒᆞ야法律上利害關係를有ᄒᆞᆫ第三者가有ᄒᆞᆫ時ᄂᆞᆫ其事件의繫屬ᄒᆞᆫ裁判所ᄂᆞᆫ申請에因ᄒᆞ야決定으로써其利害關係人으로ᄒᆞ야곰訴訟에參加케ᄒᆞᆷ을得ᄒᆞᆷ

前項의決定에對ᄒᆞ야ᄂᆞᆫ抗告를行ᄒᆞᆷ을得ᄒᆞᆷ

參加人에對ᄒᆞ야ᄂᆞᆫ當事者에關ᄒᆞᆫ規定을準用ᄒᆞᆷ

第七十八條 原告가裁判所에繫屬ᄒᆞᆫ事件으로更히訴ᄒᆞᆫ時ᄂᆞᆫ裁判所ᄂᆞᆫ決定으로써其訴를却下ᄒᆞᆷ이可ᄒᆞᆷ

前項의決定에對ᄒᆞ야ᄂᆞᆫ抗告를行ᄒᆞᆷ을得ᄒᆞᆷ

第七拾九條 當事者雙方이審問期日에出廷치아니ᄒᆞᄂᆞᆫ時ᄂᆞᆫ裁判所ᄂᆞᆫ更히期日을定ᄒᆞ야呼出狀을發ᄒᆞᆷ이可ᄒᆞᆷ

裁判所ᄂᆞᆫ原告에對ᄒᆞᆫ呼出에新定ᄒᆞᆫ審問期日에當事者雙方이出廷치아니ᄒᆞᄂᆞᆫ時ᄂᆞᆫ訴ᄂᆞᆫ取下ᄒᆞᆫ者로看做ᄒᆞᆷ이可ᄒᆞᆫ旨를附記ᄒᆞᆷ을得ᄒᆞᆷ

前項의附記를行ᄒᆞᆫ境遇에新定ᄒᆞᆫ審問期日에當事者雙方이出廷치아니ᄒᆞᄂᆞᆫ時ᄂᆞᆫ소ᄂᆞᆫ取下ᄒᆞᆫ者로看做ᄒᆞᆷ 未完

外報

●淸國의反對 倫敦電을據ᄒᆞᆫ즉德國皇帝가淸國에在ᄒᆞᆫ土耳其臣民의保護權利를取ᄒᆞ랴ᄒᆞᄂᆞᆫ되對ᄒᆞ야淸國에서德國에向ᄒᆞ야外交上으로反對ᄒᆞ얏다ᄂᆞᆫ說이有ᄒᆞᆫ대然而淸國에서如此ᄒᆞᆫ行動이出ᄒᆞᆷ은英法日三國이北京政府를贊助ᄒᆞ고德帝가極東回々敎의最高保護者가되랴ᄒᆞᄂᆞᆫ野心을打破코져ᄒᆞᆷ이라ᄒᆞ얏더라

●日人露兵의衝突 海參威에서露人의게被捉된一井丸員三十六名이警送兵과衝突ᄒᆞ야彼此重傷이有ᄒᆞᆫ데露國軍法會議에서六名을死刑에宣告하얏다더라

●日本商店破壞 海參威에在ᄒᆞᆫ韓國人이日本商店을破壞하얏다더라

●日本役夫의暴動 日本高島炭坑에서役夫가暴起ᄒᆞ야壹名은卽死ᄒᆞ고二名은重傷ᄒᆞ고二拾名은輕傷ᄒᆞ고六拾名은拘引되얏다더라

別報

◎裴說氏의公判顚末

(第三日) 續

此訟事ᄂᆞᆫ全히三浦시의證據와其三件論說만依據하야ᄒᆞᆫ거시로다若干事히裁判官이此論說이眞實暴動과紊亂을煽動이라思量하ᄂᆞᆫ거슬言ᄒᆞ라問ᄒᆞᆫ地境이면當裁判官의眞實其新聞의煽動으로暴動과紊亂을作ᄒᆞᆫ證據人이有ᄒᆞᆫ거시어날訟ᄒᆞ나壹個도無ᄒᆞ얏고且加言ᄒᆞᆯ지면아니ᄒᆞ얏다ᄂᆞᆫ證據人은有ᄒᆞ얏소余ᄂᆞᆫ己聽ᄒᆞᆫ證據人들을招來ᄒᆞ야其新聞紙의煽動으로暴動과紊亂을作지아니ᄒᆞᆫ거슨證據ᄒᆞ얏스나彼邊에ᄂᆞᆫ如此ᄒᆞᆫ證據人이無ᄒᆞ얏소若此訟事가他原因이無ᄒᆞ면證據人이無ᄒᆞᆫ緣故에訟事가違ᄒᆞᆫ깃소此가閣下가裁判官으로在ᄒᆞ야確實ᄒᆞᆫ證據人이如此히ᄒᆞ얏다고言ᄒᆞᄂᆞᆫ者無ᄒᆞ고ᄂᆞᆫ閣下의心으도나君見으로煽動이라料量ᄒᆞ다고言ᄒᆞᆷ슈無ᄒᆞ리이다

裁判官曰此가其樞密院令에如此ᄒᆞᆫ줄노料量ᄒᆞ나니如此特別ᄒᆞᆫ言이暴動과紊亂을作出ᄒᆞᆯ줄노料量치아니ᄒᆞᆫ깃ᄂᆞ뇨

크로쓰氏曰然ᄒᆞ나吾儕ᄂᆞᆫ무슴證據가有하오此問題ᄂᆞᆫ證據로소이다

裁判官曰其論說이自爲證據ᄒᆞ나니吾儕ᄂᆞᆫ君이已精密ᄒᆞᆫ飜譯이ᄂᆞᆫ其論說飜譯이此에在ᄒᆞ나余ᄂᆞᆫ此를讀ᄒᆞ야보앗고無ᄒᆞ도다且此國의時局形便을察ᄒᆞᆫ즉此論說들의煽動으로擾亂을作ᄒᆞ고政府와人民間에猜釁되게ᄒᆞᆯ줄노料量ᄒᆞᆯ지오아니ᄒᆞᆫ意見이有하노라

크로쓰曰然今閣下의判決노ᄒᆞ면余ᄂᆞᆫ何事이던지余를決案ᄒᆞᆯ거시有ᄒᆞᆫ가問ᄒᆞ나니다余ᄂᆞᆫ此訟案의終末을候聞하얏슨즉至ᄒᆞ야ᄂᆞᆫ余가不可不余의意見을思量ᄒᆞ야見ᄒᆞᆯ거시오余가余의意見을思量ᄒᆞᆷ즉不可不他人의意見을亦斷ᄒᆞ야見ᄒᆞᆯ지니至今彼原告의편에ᄂᆞᆫ余가何書이던지所聞ᄒᆞᆫ거시全無ᄒᆞ얏고此被告의邊으로ᄂᆞᆫ余가幾箇證據이나余에게言ᄒᆞᆫ거슬聞ᄒᆞ얏스니彼ᄂᆞᆫ云ᄒᆞ되吾儕ᄂᆞᆫ本國人으로此論說을見ᄒᆞ얏스나吾儕意見에ᄂᆞᆫ此가暴動이나紊亂과煽動이되깃다고料量치못ᄒᆞ깃소

且實事를冒ᄒᆞ야도此新聞이吾儕를煽動ᄒᆞᆫ것시無ᄒᆞ다ᄒᆞ얏스니此人들은皆有識ᄒᆞᆫ人들이라無識ᄒᆞᆫ人들은指論ᄒᆞᆯ것시無ᄒᆞᆷ은蓋新聞을不能讀ᄒᆞᄂᆞᆫ人이야此를因ᄒᆞ야暴動이나紊亂을作ᄒᆞᆷ슈가無ᄒᆞᆯ터이오但新聞을讀聽케ᄒᆞᆯ터이면他事보다睡氣가尤侵ᄒᆞᆯ뿐이로다(聽衆大笑)

크로쓰氏가更히裁判官의强勤히言ᄒᆞ야云ᄒᆞ되至今ᄭᆞ지도此訟에關ᄒᆞ야閣下가實余를對히야決案ᄒᆞᆯ事가無ᄒᆞ도소이다 未完

雜報

◎大祭肄儀 宗廟秋享大祭의肄儀를本日早朝에 宗廟에서設行혼다더라

◎誓戒奉行 再昨日에 宗廟秋享大祭誓戒의例를 明政殿에서擧行ᄒ얏다ᄂᆞᆫ디讀誓文官은中樞院顧問李址鎔씨오聽戒文官은中樞院顧問權重顯씨가奉行ᄒ얏다더라

◎圜丘壇告由 三 皇帝의追崇日字가臨迫홈으로掌禮院鄭成較選ㄴ가再昨日 圜丘壇에告由의禮를 奉行ᄒ얏다더라

◎命醫救病 近日에日氣가甚熱ᄒ야 德壽宮에 奉侍ᄒ얏던官吏以下員役에罹病者가多혼故로 太皇帝陛下께옵서典醫를 命ᄒ샤救護ᄒ라ᄒ옵셧다더라

◎樞顧問安 中樞院顧問官李址鎔씨가昨日上午拾二時에德壽宮에進詣ᄒ야 太皇帝陛下씌問候ᄒ고同下午二時에退闕ᄒ얏다더라

◎三氏差備官 前判書徐臣輔前參判鄭寅學前承旨鄭萬朝三氏ᄂᆞᆫ今番三 皇帝 追崇玉冊奉安時에差備官으로差任이되얏다더라

◎陞六紛競 今番三 皇帝追崇에對ᄒ야陞六壹款으로紛競이有홈은已報ᄒ얏거니와該榮處理方法으로再昨日宮內府에서議論이不登ᄒ야壹殺官吏의詰難이有ᄒ얏다더라

◎統府例會 總理大臣以下各部大臣及次官이昨日統監府에會同ᄒ야例會를開ᄒ얏다가同日下午壹時頃에閉會ᄒ얏다더라

◎文官任命 內閣에서文官任用令을改正頒布ᄒ얏ᄂᆞᆫ데曾往判任官으로滿壹年勤務혼人이라야判任官을更히復職케ᄒ고奏任官으로滿二年五級俸을據혼人이라야更히復職케ᄒ기로磨鍊ᄒ얏다더라

◎法部令頒布 法部에서土地家屋所有權證明規則에施行細則을條定ᄒ야部令으로頒布혼다더라

◎同意將請 學部에서公私立學校에關혼件을規定ᄒ야將次統監府에同意를請혼다더라

◎整理局官吏 度支部內에臨時財產整理局을設置홈은昨報에已揭ᄒ얏거니와該局內官吏ᄂᆞᆫ調査局事務員들이多數히被任혼다더라

◎隨年限敍任 度支部所管測量敎習生徒ᄂᆞᆫ修業年限을隨ᄒ야該部技手로敍任혼다ᄂᆞᆫ說이有ᄒ더라

◎綿花栽培費額 農商工部所管綿花栽培費의支出件을辨定ᄒ얏ᄂᆞᆫ데政府에서支出金이壹萬四千十八圜이라더라

◎公貨欠逋處斷 再昨日官報에廢止된公貨欠逋處斷例ᄂᆞᆫ公錢消費罪에關혼規定인데同規定을據혼則公貨百圜以上을欠逋혼者ᄂᆞᆫ懲役壹年에處ᄒ되順次로金額을應ᄒ야加役ᄒ고壹千圜以上을欠逋혼者ᄂᆞᆫ終身役에處ᄒ고二千圜以上을欠逋혼者ᄂᆞᆫ處絞ᄒ기로定ᄒ얏ᄂᆞᆫ디終身以下에當혼者ᄂᆞᆫ六個年以內와絞罪에當혼者ᄂᆞᆫ壹個年以內에還納ᄒ면處分을容許ᄒ고假令此期間을過ᄒ더ᄅᆡ도刑期內에淸帳ᄒ면免罪放釋혼事를今番에刑法을改正ᄒ야官公錢消費의關혼規定을設혼結果로此處斷令을廢止홈이라더라

◎卒業歸國 日本早稻田大學校에서政治學을卒業혼崔學軾씨ᄂᆞᆫ日前에歸國ᄒ얏다더라

◎敎習所請借 學部에서試選혼巡査의敎習所가無홈으로中樞院에照會ᄒ고所管廳院을辭借ᄒ기를要求ᄒ얏다더라

◎孤兒呼嵩 孤兒院學徒가昨日 大漢門前에齊進ᄒ야萬歲를三呼ᄒ얏다더라

◎會員歡迎 西北學會에서太極學會々長金洛泳시의歸國홈에對ᄒ야昨日下午六時에惡樂調에서歡迎會를ᄒ얏다더라

◎閔氏滯囚內容 前參判閔京鎬氏가滯囚ᄒ얏다ᄂᆞᆫ디其理由를得聞혼즉閔氏가平北觀察使在任時에錢財被奪혼崔某가閔家에來到ᄒ야日無罪히葉錢二千兩을納上ᄒ얏스니還爲出給ᄒ라ᄒ거ᄂᆞᆯ閔氏曰其時에捉囚혼事ᄂᆞᆫ有ᄒ거니와請錢二千兩은今始初聞이라혼대崔某曰其時에衛客朱某의게傳給ᄒ얏다ᄒ거ᄂᆞᆯ閔氏曰然則朱某를率來ᄒ야木明이可ᄒ다혼대崔某曰朱某之家不來ᄂᆞᆫ令監之處分이오非吾에相關이라ᄒ고漢城裁判所에起訟ᄒ야閔氏가監獄署에滯囚ᄒ中인대該錢二千兩은已爲出給ᄒ얏다더라

◎發明可疑 閔京鎬씨의滯囚혼事ᄂᆞᆫ別項과如ᄒ거니와事변觀察使在任時에自辟主事安龍植氏가漢城裁判所에請願ᄒ되崔某의게請錢二千兩을自己가受賂ᄒ야某々七人이分食ᄒ고閔京鎬氏ᄂᆞᆫ初不相關이라고這々히發明ᄒ되該裁判所에셔安씨ᄂᆞᆫ卽爲出送ᄒ고閔氏ᄂᆞᆫ至今ᄭᆞ지滯囚ᄒ얏다더라

◎高氏卞明 東興學校生徒父兄들이該校副校長高承柱시가臨囚豐行이라고學部에請願ᄒ얏ᄂᆞᆫ디已本報에揭載혼바이어니와該校副校長高시ᄂᆞᆫ不精혼點이無ᄒ다고卞明書를學部의提呈ᄒ고自己ᄂᆞᆫ校長의名을前과如히視務케ᄒ라ᄒ얏다더라

◎李逃洪捉 全州居人李錫漢이가惠民署洪召史家에來留ᄒᄂᆞᆫ데学校居李允玉씨와有何嫌疑인지再昨日下午九時에洪召史家에서李允玉씨를毆打ᄒ야眼部가重傷홈으로幾至死境인대李錫漢은脫身逃走혼故로銅峴警察署에서李錫漢은嗣捉中이오該家主外三人은證査人으로該署의捉致ᄒ얏다더라

◎親睦總會決議 去貳十六日에磚洞普成專門학校內에서同志親睦會定期總會를ᄒ얏ᄂᆞᆫ데出席혼會員이九十壹名이오不參者가五十名인데會錄을報告ᄒ고顧問은俞吉濬張博李鍾在安昌浩李東暉박重華閔泳徽權東鎭玄采金宗漢씨等拾人中에서安昌浩씨를顧問으로選定ᄒ고又評議員拾名을新任ᄒ고贊成員五拾名을選定홈等事를評議員의게委任ᄒ기로決定혼後閉會ᄒ얏다더라

◎朴氏有志 開城韓英書院學員二拾餘名이上京ᄒ야鐘路基督青年學院內測量科에修業ᄒᄂᆞᆫ디對ᄒ야開城北部立岩居前議官박性浩氏가空冊百餘卷을寄付ᄒ엿고其학員中任義淳시의게ᄂᆞᆫ四十圓을학資로特爲補助ᄒ고孫宗烈시의게ᄂᆞᆫ三拾圓價値되ᄂᆞᆫ器械壹部를付送ᄒ엿다ᄒ니시의有志홈은世所稀罕이라ᄒ야人皆稱頌혼다더라

◎齊東新塾 齊동青年拾餘人이齊東義塾을齊洞侍從李範錫氏家의創設ᄒ고科程은日語算術作文三課로酌定ᄒ고敎授時間을費ᄒ야餘暇에夜學을受케ᄒᄂᆞᆫ데尹致求李範錫兩氏가熱心贊成ᄒ다더라

◎漢山校況 廣州郡慶安面有志紳士崔凞元諸氏가再昨年七月에財政을鳩聚ᄒ고壹學校를設立ᄒ야漢山學校라稱ᄒ고青年을募集ᄒ야熱心敎育ᄒ기로現今學徒가壹百三拾餘名에達ᄒ얏다더라

◎漢山校試驗 別項과如히廣州郡慶安面漢山學校에서夏期試驗을經ᄒ얏ᄂᆞᆫ데優等生은甲班에黃在熙南相顯等三人이오乙班에朴柱英姜秀學等拾壹人이오丙班에최春根南相舜等三人인대空冊筆墨等物노優數施賞ᄒ얏다더라

◎申氏熱心 [illegible]津郡主事申奉雨씨ᄂᆞᆫ壹郡境內數拾處에學校를設立ᄒ고青年子弟를熱心敎育ᄒ며優等生을選擇ᄒ야上京留學케ᄒ되學費로每朔八圜式捐給ᄒ고至於外國留學生ᄒ야도學費를多數捐助ᄒ라ᄒ고稱頌이藉々ᄒ다더라

◎壯哉廉氏 南門外蓮池洞에셔ᄒ學校를剏立혼事로壹동紳士가數次會議ᄒ야도方針이渺然ᄒ더니前監理廉致弘시가敎育思想이奮發ᄒ야以若不贍家勢로二百圓을捐助ᄒ얏다ᄒ니該洞학校ᄂᆞᆫ順序發立되리라고稱頌藉々ᄒ다더라

◎果郡志士 果川郡私立光明學校ᄂᆞᆫ設立三載에經費가窘拙ᄒ야幾乎廢止之境矣러니有志紳士邊弘基趙彭鎭諸氏等이慨歎히校之情況ᄒ야各出義捐ᄒ고熱心贊成ᄒ야校務가漸至擴張에可望青年之成就라고히시熱心을無不讚頌혼다더라

◎明新校設立 海州郡秋伊面鄭鳳顯諸氏가[illegible]에熱心ᄒ야學校를設立ᄒ얏ᄂᆞᆫ대校名은明新學校라稱ᄒ고학徒를募集ᄒ야四五十名에達ᄒ얏다더라

◎有實必成 鐘남洞碑石洞三崇女學校卒業生박仁德이가年今十三에聰明慧悟가迥出他人혼지라其母親이仁德을京城으로上送ᄒ야中學校에留學코ᄌᆞᄒ나家勢가甚貧ᄒ야學資를辦出홀道가無홈으로慨歎不已ᄒ더니鎭港有志紳士諸시가憐才成就之心으로義捐을共出ᄒ야秋期開學에ᄂᆞᆫ上京留학케혼다더라

◎旺校義務 旺新학校校長李觀克氏가本校에委往ᄒ야該校區域內就學諸員을會同ᄒ야校內財政이窘拙홈을維持ᄒ기極難홈과敎育에如何혼影響이有홈을登壇說明後에不可不維持홀方針으로壹個人이나二個人이資本을辦出ᄒ여敎育費에補充ᄒ기ᄂᆞᆫ極難혼즉自洞으로義務收捐ᄒ와義務敎育을實施ᄒ미正當ᄒ다ᄒ고勸勉ᄒ미二拾餘동統監이各自義捐ᄒ고丞中父老의熱誠으로義務敎育을實施혼다더라

◎青蓮校試驗 青坡青蓮學校에서夏期試驗을經ᄒ얏ᄂᆞᆫ대卒業生에丁寅燮盧甲敬等四人이오優等生에禹鐘冠壹星等拾五人이오及第生에朴基星李昭容等二拾人이라더라

▲地方消息▼

▲本月二十日洪原郡北方約七十里地에서義兵五拾名이日守備隊兵과交戰ᄒ얏다ᄒ고

▲本月二拾壹日北青郡內에서義兵約三百餘名이日守備隊兵과交戰ᄒ얏다더라

◆對症投劑◆

(金[illegible]河)

▲大抵國이란稱호은人衆을合ᄒ야成立혼者ㅣ니民이無ᄒ면國이라稱키難홀지라今에韓國人民이困憊ᄒ야勢將發衆ᄒ도다

▲醫國良手가國脉을診察ᄒ니病源이已深ᄒ야呻吟幾年에病入骨髓ᄒ야百藥이無效ᄒ니六味八味가不足爲奇요淸心丸蘇合元이亦不足爲治로다

▲報館과各學會와各學校에有志士가會集ᄒ야病勢를痛論ᄒ며熱誠을揮盡ᄒ야喪性發狂者도有ᄒ고演說痛哭者도有ᄒ야治療方針을講究홀제

▲扁鵲의秘訣을解得ᄒ야壹良劑를得ᄒ니名之曰國民敎育丸이라歷史地誌各拾兩重이오算術體操各九兩重이오物理化學經濟法律政治各八兩重에和合ᄒ야二千萬包를製ᄒ야全國兄弟姊妹의게面面히壹包式散播ᄒ야

▲元氣를大補ᄒ며邪辟之氣가自可退去홀거시니

▲用藥方法은能言能食홀初로부터貳拾三拾四拾지服ᄒ야間斷이無케홀지니

▲爲先家庭敎育으로小兒의게衛生劑를用홀지니身躰를强健ᄒ며常習을正導ᄒ야志氣를發越케홀거시오六歲부터學校에入學ᄒ야各種藥石으로德智體三育을次第進就케홀지니

▲若躁急症이湧出ᄒ야朝送學校ᄒ고暮求顯效ᄒ면殆若宋人의揠苗ᄒ니何益之有리오

▲勿謂晚時ᄒ고更思七年之病에求三年之艾ᄒ야益加勵精ᄒ면眞元을可回ᄒ야强國을自成홀지니嗟我同胞여

廣告

本人이 金永化船에 載來 壇白四拾四石을 三湖梁泰煥에게 積置ᄒᆞᆫ 票를 셔 失故로 爲成出ᄒᆞ얏스니 誰某던지 拾得ᄒᆞ야도 休紙施行ᄒᆞ시오

団　李鍾林　告白

本所事務를 擴張ᄒᆞ고 諸般測量及製圖를 廉價酬應ᄒᆞ오니 慶尙南道金山郡 泉坊鐵台家의 分事務所롤 出張ᄒᆞ얏ᄉᆞ오니 在近僉員은 該所로 請來ᄒᆞ시오 五　漢城北部齋洞成測量事務所

辯護士 明法學士 高橋章之助 民事訴訟代理ᄅᆞᆯ 爲ᄒᆞ야 出張所ᄅᆞᆯ 錦川郡에 置홈

団　代理人　朴裕泰　告白

本人이 陰本月二拾七日夜 逢賊時에 燒酒古里下隻과 紙貨四圜과 家券貳張과 果田四日耕落文券 二拾壹張과 本洞百二拾二統五戶草家文券 一張을 並爲셔 失ᄒᆞ얏ᄉᆞ오니 誰某시든지 見欺치 勿ᄒᆞ시옵　五

西部盤石坊租田契三合井洞壹百二拾三統七戶 金顯聲　告白

杆城金剛山乾鳳寺 萬日蓮社를

開國四百九拾年辛巳四月拾九日에 始ᄒᆞ야 大韓隆熙戊申九月初三日에 終ᄒᆞ니 於今三拾年 念佛功德이 其安在哉아 大地含生이 各得其所ᄒᆞ야 有緣無緣이 同得勝利ᄒᆞ는 回向法會를(陰)七月拾六日로 爲始ᄒᆞ오려 仰布ᄒᆞ오니 遐邇諸山에 僉尊宿과 遠近各處에 信心檀徒는 齊赴道場ᄒᆞ시와 皆回向ᄒᆞ옵기 望홈

化主萬化寬俊
監院太虛宗圓　稽首奉載　五

中署貞善坊金萬年契上麻洞二拾九統加七戶 草家三間 立旨壹張을 陰六月貳拾五日 見失故茲에 廣告ᄒᆞ니 誰某拾得이던지 休紙施行홈

姜鍋恒　告白　三

本人의 子 鄭泰興이 年幼沒覺ᄒᆞ야 潛偷 西署餘慶坊 毛橋 刀洞 八拾六統八戶 家契ᄒᆞ고 不知去處ᄒᆞ니 潛賣與典執할 慮가 有ᄒᆞ야 玆에 廣告ᄒᆞ오니 內外國人은 切勿見欺홈

高召史　告白　三

本人이 姓名章을 本月貳拾七日 셔 失ᄒᆞ얏기 玆에 廣告ᄒᆞ오니 僉君子는 照亮홈

団　朴弼遠　告白

平壤太極書館은 有志紳士의 公益을 爲ᄒᆞ야 建設ᄒᆞᆫ바이 ᄂᆞ 와 義州替市 少年書舖는 此館에 支店으로 新舊書籍과 各學校所用物品을 廉價應賣ᄒᆞ오니 僉君子는 陸續來購ᄒᆞ시옵　八

書舖主　朴奉燁　韓用權

日報　[illegible]

五日八月　開業　石版印刷

獎堂에서 石版 寫眞版 寫眞 銅版 電氣銅版 等 印刷와 像版 木版 銅版 等 彫刻을 開業ᄒᆞ옵고 左記ᄒᆞᆫ 課目대로 指揮ᄒᆞ야 印刷ᄒᆞ오니 僉君子는 來臨相議ᄒᆞ심을 敬要

●商標 地圖 株券 書冊 挿畵 卒業證書 藥封紙 冊衣 각色彩畫 古書畵模寫 の寫眞業書 寫眞帖 等 其他 種種 應用美術印刷　八

京城中部鐵物橋大路北邊五拾二統六戶

文雅堂印刷所

量地法 全

定價金八拾錢
百部以上特別減價

本書는 圖說 壹筆地 各般 測量이 完備ᄒᆞ옵고 測量上 必要ᄒᆞᆫ 算術對數表ᄭᆞ지 附入ᄒᆞ엿ᄉᆞ온 本對數表는 我國에 創出ᄒᆞᆫ 者이온 되 代數以上 高等算學에도 必要ᄒᆞᆫ 者이오

本書의 文法은 簡明易解ᄒᆞ야 初學及獨習에도 便宜ᄒᆞ옵　四

發行所　漢城中部中學橋 中橋測量事務所
發賣所　漢城南部銅峴博學書館 京鄕各有名冊肆

發行人　李聚實　告白

敎育月報

壹冊 定價拾五錢
每月二拾五日刊

壹般同胞의 男女老少와 無識을 勿論ᄒᆞ고 各其事情과 年限에 拘碍되야 學校에 入學지 못ᄒᆞ는 이에게 普通學術을 發達키 爲ᄒᆞ야 各種緊要ᄒᆞᆫ 學問을 純國文으로 簡易케 繙譯ᄒᆞ야 敎育月報를 發行ᄒᆞ오나 此를 逐號購覽하시는 同胞는 皆有識ᄒᆞᆫ 學者가 될터인 故로 本社와 京鄕各書肆에서 發賣홈　八

京城中部校洞號拾九統四戶　敎育月報社

本館에서 新舊書籍과 學徒의 所用 諸般物品을 具備販賣ᄒᆞ오니 僉君子는 來購하시옵

平壤鐘路太極書館

館主　李昇薰
主任　安泰國
事務　李德煥

本人이 豆셔 동白敎鹽處의 貸債壹千五百圜 音紙를 借貸ᄒᆞ얏더니 不幸遺失ᄒᆞ얏ᄉᆞ온즉 誰某拾得이든지 休紙施行홈 川昌原 金永秀　告白

陰本年三月廿六日夜의 賊漢四五名이 各持銃劍ᄒᆞ고 突入內庭ᄒᆞ야 錢與衣服雜物을 取以去時에 本人의 家券을 見失ᄒᆞ얏기 玆以廣告홈　三　西署盤石坊萬里峴 馬壹百廿統拾戶 朱德植　告白

本館에서 夏期圖算術講習所를 設立ᄒᆞ고 各科를 下午에 敎授ᄒᆞ오니 留學 僉員은 居期來臨홈

大東寄宿館

館長 鄭熙燦
敎師 全聖旭　敬告

四則科　分數科　比例科
代數科
八月壹日로 同三拾日ᄭᆞ지
學資金은 每科參拾錢　三

本人等이 書籍商界에 便宜를 供ᄒᆞᆫ 大로 資本을 合同하고 業務를 擴張ᄒᆞ야 新舊書籍과 學校用品을 俱備發賣ᄒᆞ오니 僉君子는 稍稍光降을 務望홈　八

海州南門外西街
韓昌書館主　李承駿　朴晶鎭

本社에서 七月貳拾六日로부터 演劇을 始이온바 京城녀에 第壹屈指ᄒᆞᄂᆞᆫ 歌妓가 貳拾四名이오 唱夫는 名唱으로 著名ᄒᆞᆫ 金昌煥 等 四拾人이온대 處所는 夜珠峴 前 協律社이오며 時間은 每日 下午七時에 귀ᄒᆞ야 全拾貳時에 閉ᄒᆞ깃ᄉᆞ오니 壹般 僉君子는 如雲來臨하심을 務望

圓覺社　白　三

本書館을 開業ᄒᆞᆫ지 未過壹年에 壹般同胞게서 愛助ᄒᆞ사와 益益興旺之故로 本館을 壹層擴張ᄒᆞ고 各項新舊書籍與敎育物品을 多數準備ᄒᆞ야 特別廉價로 大發賣ᄒᆞ오니 四方僉君子는 陸續來臨ᄒᆞ심을 爲要홈　八

釜山港東關韓興書館

金汝重　權鍾律

精理舍主人 鄭一宣氏 著作

●初等算術敎科書

洋裝壹秩壹冊 定價新貨九拾錢 三拾冊以上을 來購ᄒᆞᆫ 時는 原價의 二割引을 減홈 但地方에셔 百冊以上을 請求ᄒᆞᆫ 時는 船車運費를 發賣者 自擔홈

本書는 學數大家 鄭一宣氏가 我國의 算學을 發達ᄒᆞ기 爲ᄒᆞ야 積年의 腦力을 費盡ᄒᆞᆫ바이온 뎌 算術의 原理原則을 詳論釋ᄒᆞ야 在學受敎의 必須뿐 不啻라 實則 易曉에 人可獨習홈

發賣元 京西部社稷後洞七拾貳統六戶　鄭象煥　八

○약광고

본국에셔 신년을 연구ᄒᆞ야 사향소창단)이란 약을 발명ᄒᆞ엿는ᄃᆡ 남녀물론ᄒᆞ고 무슴창병이던지 ᄒᆞᆫ재 (十四分)을 더먹어셔 먹으면 효험이 ᄯᅵᆨ발 ᄒᆞ되는고로 디연답지ᄒᆞ와사 가오니 창병잇는 첨위는 오ᄃᆡ 셔탈말고 속히더림ᄒᆞ야 본와 ᄒᆞ시며 ᄯᅩ 무뎌ᄒᆞ방이라도 우편으로 ᄃᆡᆨ첩ᄒᆞ오니 죠량ᄒᆞ시옵

製藥所　仁川港杻峴 和平堂약房
발行人　仝　李용春
代理店　仁川港杻峴濟生堂藥房　京셩大廣橋共愛堂藥房

胎養調經丸

ᄃᆡ양됴경환

대뎌 부인이 년파로록 잉ᄐᆡ치 못홈은 병으로 인홈이니 일죽이 연구치 아니ᄒᆞ고 심상이 보려두면 다만 한사롬의 불힝홀ᄲᅮᆫ 아니라 ᄯᅩᄒᆞᆫ 젼국에 크게 관계가 잇는고로 셩의 십오년을 닉외국 의ᄉᆞ의 실험방을 뒤션ᄒᆞ야 셩에 집으로브터 他人家에 루ᄉᆞ시험ᄒᆞᆫ즉 열에 열사롬이 다효험을 보앗고 ᄎᆞ약이 잉ᄐᆡᄯᅡᆫ 홀ᄲᅮᆫ아니라 (쳐링)(쳐젹)ᄒᆞ며 (조경)(조혈)되는고로 이굿치 광포ᄒᆞ오니 쳠부인은 입ᄎᆞ 시험ᄒᆞ시며 각디방이라도 우편으로 붓쳐 드리오니 죠량ᄒᆞ시옵

壹劑壹個月分 定價五圜

製藥所　仁川港杻峴 和平堂약房
발行人　仝　李용春
代理店　仁川港杻峴濟生堂약房　京城大廣橋共愛堂약房

우리당종약은 청심보명단각처발매소마다수용판매ᄒᆞ오니그근방에계신이는그곳으로가셔문의ᄒᆞ시오

仁川港和平堂　白　八

蘿堂先生 金吉洛 譯述

普魯士國 厚禮斗益大王七年戰史

全壹冊　定價三拾錢

此書는 卽拾八世紀頃에 普魯士 厚禮斗益大王이 日耳曼列邦中에 介在ᄒᆞᆫ 壹弱國으로 突然奮起ᄒᆞ야 尙武的 精神으로 人民을 鼓勵ᄒᆞ며 俄法等 諸國과 對抗ᄒᆞ야 七年戰爭을 繼續ᄒᆞ야 普魯士國의 雄飛ᄒᆞ는 端緒를 開ᄒᆞᆫ 事實이니 대 其政略의 巧敏홈과 其功烈의 偉大홈이 足히 讀者의 敢愾心을 喚起홀만ᄒᆞ오니 僉君子는 速速購覽ᄒᆞ시옵

發賣元 布屛下 廣學書舖 金相萬
發賣所 京鄕各有名書店

新刊書籍發售廣告

女子讀本	張志淵氏著 全貳冊	定價금六拾錢
初等衛生學	全壹冊	拾五錢
初等倫理學	全壹冊	貳拾전
國家學綱領	全壹冊	拾五전
國民須知	전壹冊	八錢
初等小학	全四冊	壹圜三拾錢
中等萬國新地誌	全貳冊	壹圜
增修無冤錄大全	國漢文壹冊	七拾五錢
伊太利建國三傑傳	全壹冊	三拾전
新撰理化학	朴晶東시著	
獨習日語正則	전壹冊	定價金三拾전
洋裝壹冊	鄭雲復시著	貳拾五전
愛國夫人傳	張志淵시著 全壹冊	定價금拾五전
新小說血淚	李人稙시著 全壹冊	定價금貳拾錢
富國全書	養鷄新論 石于敬시著 全壹冊	定價금三拾五전
世界三怪物	전壹冊	拾貳전
家庭雜誌	每號	拾전
新訂算術	전三冊	六拾전
乙支文德	國漢文 眞本 並壹冊	三拾錢

發賣所　皇城中署布屛下 廣學書舖 金相萬
京鄕各有名書舖　八

漢城鍾路慈惠大藥房

大韓東西藥業月報社創設發賣

咽喉痛 降火水 五錢　金五十錢

五臟 滑膈 甘酸水 金五錢 分一圓 壹日 告味

男女補氣血 補益丸 二圓 五十錢　清潤膓丸 二十錢

淋疾祛根藥 五十錢　痢疾靈散 三十錢

清明眼藥 十五錢　養兒寶散 十五錢

苛疹祛根藥 三十錢　純金寶納丸 十錢

[illegible] 二十錢 [illegible] 二十錢

[illegible] 十錢 [illegible] 三十錢

[illegible] 十錢 [illegible] 二十錢

消積丸 十錢 [illegible] 散 二十五錢里

[illegible] 藥局 [illegible] 病院 [illegible] 遺

▲大韓國新發明 당藥

▲八寶丹 九拾五粒 入 金拾錢　▲보단 消滯

承寧府典의正三品洪哲普閣下實驗方과醫學校教官醫藥諸君有効證明으로此丹을발行이온바新久滯積과急暑霍亂사眼과胃腹疼痛과痰病固滯과新久泄瀉와七情鬱結과水土不服과暈車暈船諸症에急服見效ᄒᆞ오니衛生君子ᄂᆞᆫ先驗試可ᄒᆞ심을爲希ᄒᆞᆷ

▲사향소창단 麝香消瘡丹

此丹이於諸瘡에無論男女老少ᄒᆞ고若服用ᄒᆞ면實有神效ᄒᆞ야百발百中ᄒᆞ오니非例方可及이라若論主治則楊梅下疳連珠風濕頭瘡諸症에俱見立效ᄒᆞ오니養病僉君子ᄂᆞᆫ壹次試驗ᄒᆞ시옵

婦人 ▲리양됴경환 ▲胎養調經丸 良藥

壹個月分入 定價金五圓

大抵婦人이年過ᄒᆞ도록不受孕者ᄂᆞᆫ由於有病也라若早研究ᄒᆞ면非但壹個人에不幸이라抑亦全國生育之理와關係가不淺이니僕이十五年을消費ᄒᆞ야內外國病의主效實驗方을選擇ᄒᆞ야 [illegible] 後及他人ᄒᆞ야累試實驗에 [illegible] 而 [illegible] 孕之神劑라治冷治積 [illegible] 調血에俱有實効 [illegible] 니僉員은壹次試驗ᄒᆞ시면實效를可知이오

발行人 仝 리應善

약製所인川港축峴和平堂藥房

右三種약은각地方이라도請求ᄒᆞ면우편으로부치ᄂᆞᆫ슈도잇소

京城支店 鍾路衣廛下和平堂

代理店仁川港축峴제生堂약房

▲發賣所 京城大廣橋共愛堂약房

仝남문너水標橋제生支店

仝 仝大東書市支店

仝 仝鍋洞博文書館

仝 洞口너 相信號典當所

仝 鐵物橋 毛衣房리洛瑞

仝 小廣橋 毛衣房리厚根

仝 [illegible] 上縣三可病院

仝 [illegible] 寺동 共濟病院

○仁川港너 [illegible] 旅館 [illegible]

仝 용너 金재銓

○江華鍾路 宋順五店

○開성 남문너朴圭植商店

仝 남문너明新冊사리良[illegible]

○水原 남문너 김재九약舖

○海州 남문너리承植商店

○延安읍너 邊汝文洋藥局

○[illegible]淵 남문너 崔在[illegible]

仝 砂里院耶蘇敎당리[illegible]

○黃州남문너 紅문동리東[illegible]

○平壤 雙巨里 韓[illegible]藥舘

仝 館洞 김龍興藥舖

仝 文武洞 桂澤善약포

○鎭남浦 藥동 김元서藥포

仝 제生당出張 [illegible]

○三浪津 [illegible] 朴斗銓

仝 [illegible]井동 리春[illegible]약房

○[illegible]산 용산里 리東[illegible]

○大邱 남문너 리明[illegible]약局

○元山港 남甲元약局

仝 재生堂支局

○[illegible]州 [illegible]문너 박[illegible] 약局

◉[illegible] 鄭[illegible]약局

○釜山港 제生당出張所[illegible]

○安州셩너 [illegible]井동回春大약房

○安岳읍上[illegible] 제生局[illegible]

○義州남문外本口街 義和약房

○載寧읍後동 洋약局崔允國

○定州남문너 洋약局리健柱

◉郭山읍 洋약局 羅[illegible]彬

○[illegible]川읍 冊사 安[illegible]

鐵山읍 永春堂 安[illegible]

仁川港 和平堂 白

大韓國新發明 淸心保命丹

●陸軍[illegible]金[illegible]鉉君[illegible]方劑

●陸軍軍醫[illegible]君有効證明

●四海衛生之[illegible]君子[illegible]藥

發行所 仁川港[illegible] 濟生堂藥房

九十粒入 金拾錢

●右丹의主治効能은如左

●[illegible]飮[illegible] ●吐瀉 ●[illegible]

●氣[illegible]腹痛 ●[illegible]醉 ●[illegible]暑[illegible]

●食積[illegible]傷 ●咽喉 ●[illegible]熱[illegible]

●其他諸般[illegible]氣[illegible]疫預防妙약

總發行所 京城南大門內

제生당支店 [illegible]

[illegible]城[illegible]문 제生당支店 [illegible]

◎元山港 [illegible] 제生당 [illegible]

代理店 京城大廣橋共愛堂

◎京 泥峴三丁目 仝 鍾路慈惠약房

仝 仝郵便局前大佑堂약房 新[illegible]

仝 남너남너博文書館 [illegible]亭

仝 梨[illegible]洋약局 리[illegible]華

仝 大安洞 仁제약房

仝 齋동三可病院 [illegible]

◉仁川축[illegible]和平당 리[illegible]

同 [illegible]町 新井藥房

◉海州남문너 宋[illegible]瑛

仝 仝商店 리春植

◉水原종路下약房 金재九

◉大韓國新發明神藥

◉修改 靈[illegible]丹

◎至寶丸

◎[illegible]救液

◎清明水

◎通淋丸

◉大韓新發明靈藥廣告

發行所 漢城南部大廣橋西邊第三統十九戶 共愛堂大藥房 [illegible] 白

支店

代理店

此外에도東西洋各國有名[illegible]材料과[illegible]用[illegible]이俱備ᄒᆞ오니藥의多少를不拘ᄒᆞ고請求ᄒᆞ시면小包로[illegible]ᄒᆞ겟숨

◉延安邑너洋약局 邊汝文

◉江華各路[illegible]

◉長淵남門너 [illegible]

◉砂里院[illegible] 任允中

◉[illegible]耶蘇敎堂너 許[illegible]

◉瑞興邑 [illegible] 김[illegible]

◉洋[illegible] [illegible]

◉戰[illegible]邑後동洋[illegible]局 張允國

◉[illegible]州[illegible] 김[illegible]

◉[illegible]川邑[illegible] [illegible]

◉仁川港축峴 濟生堂 白

●新發明梅毒당藥廣告

陸軍軍의金[illegible]實驗方劑

落梅丹

口瘡不發창病去根之당藥

壹劑 五百粒 定價金 三圓

主治 梅毒(매창) 新瘡창

●瘰癧 ●皮膚病 ●便毒 ●[illegible]

●淋病

已上病証外에男女間에不精交合ᄒᆞᆫ後에若疑아之端이有ᄒᆞ거든此藥壹劑만服用ᄒᆞ면完無後慮ᄒᆞ고脾胃도[illegible]

此外에도외療機械와精美ᄒᆞᆫ藥材등新備ᄒᆞ고內外科各色疾病을誠心治療喜

皇城北部大安洞

仁濟藥房 高用진 謹白

代理店

京城鍾路 共愛堂약房

仁川港[illegible] 濟生堂

國內各處藥房에셔[illegible]發賣홈

[illegible]

發行所 [illegible] 大韓每日申報社

Responsible for Publication Alfred Weekly Marnham.

發行兼編輯人 英國人 萬咸

隆熙二年[illegible] 皇城[illegible]

漢城鍾路 [illegible] 醫學校卒業後 [illegible] 院卒業 [illegible] 病人[illegible]謹

此의院에서西洋의衛生機械을[illegible]新ᄒᆞ게俱備ᄒᆞ고藥品도精擇ᄒᆞ고男女間病人을至誠으로診察ᄒᆞ고[illegible]病人

光武九年八月拾壹日 第三種郵便物認可 (明治卅八年八月十一日) 木曜日 西曆一千九百八年七月三拾日 「壹」

第六卷

大韓每日申報

第八百六拾九號

月曜及慶節臨時休刊

檀君開國四千二百四十一年
箕子九年三千三十年
大韓開國五百十七年
日本明治四十一年
淸國光緖三十四年
陰曆戊申七月大初三日丙戌

論說

◎民族과國民의區別

國民이라云ᄒᄂᆫ名詞ᄂᆫ民族二字와區別이大有ᄒ거ᄂᆯ不知者가往々此를混稱ᄒ니此ᄂᆫ不可의甚ᄒᆫ者라今에此를界辨ᄒ노라民族이란者ᄂᆫ只是同一ᄒᆫ血統에系ᄒ며同一ᄒᆫ土地에居ᄒ며同一ᄒᆫ歷史를據ᄒ며同一ᄒᆫ宗敎를奉ᄒ며同一ᄒᆫ言語를用ᄒ면便是同一ᄒᆫ民族이라稱ᄒᄂᆫ바어니와國民二字ᄂᆫ如此히解釋ᄒ면不可ᄒᆯ지라

大抵血統歷史居住宗敎言語의同一홈이國民되ᄂᆫ要素가아님은아니나但只此가同一홈으로便是國民이라云홈을不得ᄒ나니譬컨ᄃᆡ彼骨筋脈絡이固是動物의要素나若彼散亂ᄒᆫ骨筋脈絡[illegible]對彼變幻沙的으로聚居ᄒᆫ民族을指ᄒ야國民이라稱홈이奚可ᄒ리오

國民이란者ᄂᆫ其血統歷史居住宗敎言語의同一ᄒᆫ外에又必同一ᄒᆫ精神을有ᄒ며同一ᄒᆫ利害를感ᄒ며同一ᄒᆫ行動을作ᄒ야其內部의組織이一身의骨絡과相同ᄒ며其對外의精神이一營의軍隊와相同ᄒ여야是를國民이라云ᄒᄂ니라

嗚呼ㅣ라古代에ᄂᆫ國民資格이無ᄒᆫ民族이라도可히一隅를據ᄒ야土宗를闢ᄒ야子孫을長ᄒ며水草를逐ᄒ야生活을作ᄒ얏거니와今日에到ᄒ야ᄂᆫ眞壹國民資格이無ᄒᆫ民族이면大地上에側足ᄒᆯ隙地가無ᄒᆯ지라是以로美洲의紅種이其初에ᄂᆫ固是繁多ᄒᆫ民族이며澳洲의黑人이其初에ᄂᆫ亦是衆盛ᄒᆫ民族이며其他東西兩球上腐敗國土에奄奄漸盡ᄒᄂᆫ人種들도其始에ᄂᆫ莫非橫中世界에셔自家의太支百世를唱ᄒ던民族이언마ᄂᆫ但只國民資格이未具ᄒᆫ故로此優二十世紀優勝劣敗의時代를遭ᄒ미自然情見勢絀ᄒ야天演의公例를莫逃ᄒᄂᆫ所以가아닌가

嗚呼ㅣ라此時代를遭ᄒᆫ者여耳가有ᄒ거던其聰을鍊ᄒ며目이有ᄒ거던其明을務ᄒ며靈性이有ᄒ거던其才智를修ᄒ며肢體가有ᄒ거던其强勇을務ᄒ고[illegible]同胞로心臟을同ᄒ고[illegible]步調를[illegible]國民의資格을[illegible]

△隆熙二年七月拾七日 官報

●法律第拾三號

民刑訴訟規則 續

第八拾條 裁判所ᄂᆫ當事者의死亡이나其他當事者에關ᄒᆫ事由를因ᄒ야訴訟을進行ᄒ기能치못홈으로認ᄒᆫ時ᄂᆫ決定으로써訴訟手續을中止홈이可홈

中止ᄒᆫ日로부터壹當年內에訴訟手續을繼續ᄒᄂᆫ申請이無ᄒᆫ時ᄂᆫ前에行ᄒᆫ訴訟行爲ᄂᆫ此를無効로ᄒ고其申請이有ᄒ야도却下된時ᄂᆫ亦同홈

第八十壹條 中止ᄒᆫ訴訟手續에當ᄒ야繼續의申請이有ᄒᆫ時ᄂᆫ裁判所ᄂᆫ其許否에關ᄒ야決定을行홈이可홈

當事者의死亡을因ᄒ야訴訟手續을中止ᄒᆫ境遇에其繼續의申請에關ᄒ야行ᄒᆫ決定에對ᄒ야ᄂᆫ抗告를行홈을得홈

第八十二條 裁判所ᄂᆫ他訴訟의結果가裁判에影響을及ᄒᆯ者로認ᄒᆫ時ᄂᆫ決定으로써他訴訟이完結홈에至ᄒ기ᄭᆞ지訴訟手續을中止홈이可홈

第八十三條 裁判所ᄂᆫ判決을行ᄒᆯ時에訴訟費用의負擔에當ᄒ야도判決을行홈이可홈

第八拾四條 證據方法이滅失ᄒ거나其使用이困難케됨을虞ᄒᆯ事由가有ᄒᆫ時ᄂᆫ證據保全ᄒ기爲ᄒ야證據調査의申請을行홈을得홈

前項의申請은訴의提起後에ᄂᆫ受訴裁判所로셔其提起前에ᄂᆫ證據調査의目的이될人의[illegible]이나物件所在地를管轄ᄒᆫ區裁判所[illegible]

第八拾五條 和解를[illegible]住址[illegible]管轄ᄒᄂᆫ區裁判所에和解ᄒ기爲ᄒ야對手者의呼出을申請홈을得홈

第八拾六條 裁判所ᄂᆫ訴訟의如何ᄒᆫ程度에在홈을勿問ᄒ고和解를勸誘ᄒ며又ᄂᆫ部員에게命ᄒ거나他裁判所判事에게囑託ᄒ야此를勸誘케홈을得홈

第八拾七條 第二條의境遇에和解가成立된時ᄂᆫ其和解에當ᄒ야調書를作成홈이可홈

第八十八條 原告ᄂᆫ訴를取下홈을得홈但訴狀을送達ᄒᆫ後에ᄂᆫ被告의承諾이有홈을要홈

第八拾九條 第七拾九條의規定은此控訴에準用ᄒ고第七十二條及第[illegible]條의規定은此控訴及上告에準用홈

第九拾條 强制執行은確定判決에基ᄒ야此를行홈

裁判所에셔行ᄒᆫ和解ᄂᆫ强制執行에關ᄒ야ᄂᆫ此를確定判決로看做홈

第九拾壹條 强制執行은執行文을附記ᄒᆫ判決謄本에依ᄒ야此를行홈

執行文의附記ᄂᆫ訴訟記錄이存在ᄒᆫ裁判所書記가裁判長의命을受ᄒ야此를行홈

第九拾二條 執行文의附記ᄂᆫ判決謄本의末尾에此를行홈 其文式은左와如홈

此謄本은債權者某를爲ᄒ야債務者某에對ᄒ야强制執行을行ᄒᄂᆫ効力을有홈

第九拾三條 判決謄本에執行文을附記ᄒᆫ時ᄂᆫ書記ᄂᆫ判決原本이나上級裁判所로부터其旨를送付를受ᄒᆫ判決謄本에其旨[illegible]記載[illegible]

未完

雜報

●美國大海軍 伯林電을據ᄒᆫ즉美國大統領루스벨트氏ᄂᆫ海軍軍人에게演說ᄒ야曰專守防禦艦隊ᄂᆫ英國에必要가無ᄒ니有力ᄒᆫ戰艦隊를不可不造이오美國에入ᄒᄂᆫ移民에對ᄒ야其入國홈을不許ᄒᄂᆫ實力이無ᄒ면不可ᄒ다고ᄒ얏다더라

●米大統領演說 紐育電을據ᄒᆫ즉米國大統領루스벨트氏가華盛頓市費城所屬大學校에셔登壇演說ᄒ되米國艦隊ᄂᆫ敵을粉碎키足ᄒᆫ海軍을不可不豎ᄒ니前과如히但防禦를目的ᄒᄂᆫ兵力으로ᄂᆫ不滿足ᄒ다고明言ᄒ얏다더라

●改革과外國干涉 倫敦電에曰波斯國民黨首領의言ᄒᆫ바를據ᄒᆫ則吾黨人民의改革運動을行키不能ᄒᆯ진ᄃᆡ吾黨ᄂᆫ歐洲人을攻擊홈이可ᄒ다ᄒ얏다더라

●土國靑年黨運動 伯林電을據ᄒᆫ則土耳其靑年黨의運動은益々猖獗ᄒ지라列國에셔도今에ᄂᆫ此改革運動에對ᄒ야決코干涉지아니ᄒᆯ터이라ᄒ얏더라

●無線電局設議 同電을據ᄒᆫ則羅馬法王廳에셔無線電信局開設ᄒ기로決ᄒ야當事者와商議를[illegible]ᄒ얏다더라

別報

◎裵說氏의公判顚末

第三日 續

裁判官曰其論說과且二人의證據가有ᄒ노라

크로쓰氏曰余ᄂᆫ他證人을忘ᄒ노라[illegible]도[illegible]余ᄂᆫ實노其人이[illegible]것을不知ᄒ노[illegible]其人이持ᄒ얏던地圖ᄂᆫ必是匠個沒精神ᄒᆫ人이識出ᄒᆫ것시러이다(聽衆大笑)

余ᄂᆫ思量컨ᄃᆡ他畵片이구락엇슬ᄯᅢ에生覺되도크게畵出ᄒᆫ것시니何其然홈고하면何物이其地圖보다可笑ᄒ게製造ᄒᆫ것시有ᄒ리오余ᄂᆫ到底히想像ᄒ여도閣下가能히그것으로發明ᄒ슈업슬뜻ᄒ오이다(聽衆大笑)其地圖를見ᄒ면甚是加意製造ᄒ야무슨證據로저ᄒᆫ것과如ᄒ나然이나첫재地方에騷擾動이甚ᄒ다ᄒᄂᆞᆫ處에千數百[illegible]ᄒ얏ᄂᆞᆫ것이이다五拾九號新聞이傳布되ᄂᆫ제初次地方보다六分之壹에不過ᄒᆫ第四地方에ᄂᆫ四百五拾張이分傳되다ᄒ얏스니余의所見으로ᄂᆫ핫노리氏의證據ᄂᆫ登笑退却홀만ᄒ도다

크로쓰가또繼續發言ᄒ되余ᄂᆫ不可不핫노리氏의證據ᄂᆫ無效로돌니노니閣下ᄂᆫ아취볼드의法律第貳拾三章을引用ᄒ거시오但其發刊ᄒᆫ論說노證據를삼아셔罪를定ᄒ고저ᄒ거시아니노다

裁判官曰我法律은但民事에平常ᄒᆫ法律이니라

크로쓰씨曰然이나裁判官은판다시무슴職을依賴홈이有ᄒ여야ᄒᆯ거시로소이다

裁判官曰余ᄂᆫ其論說의翻譯을仔細히閱覽ᄒ얏고또韓國의形便과兩證據가有ᄒ도다

원긴ᄉᆞᆫ氏曰또其告訴狀이有ᄒ지오

裁判官이又曰然則余ᄂᆫ此案件은騷動과紊亂과煽動이라思量ᄒ더니오또被告의證據로其告訴를發ᄒ고아니ᄒᆫ거슬能知ᄒ노라

크로쓰[illegible]因[illegible]個人도此[illegible]회가論說노因ᄒ야煽動되다ᄒ지도아니ᄒᆫ즉또其論說이煽動될줄노料量ᄒ다ᄒᆫ者ㅣ無ᄒ도다

裁判官이曰其論說을見ᄒ면그것시煽動될疑心이라도有ᄒᆯ터이어니와況其外面에顯出ᄒ얏스니不得不證案에提出될지니라

크로쓰씨曰如何ᄒ던지我ᄂᆫ偏僻되지아니케ᄒ고또무엇이던지余의所欲爲대로ᄒ야면證據人을限五拾名招來ᄒ얏더면必要ᄒ얏ᄂᆞᆫ것이이다

未完

雜報

●下冊節次　昨日丁時에各差備官이　追崇都監에進去하야三　皇帝　追崇　玉冊을陪進詣闕하앗고今日丙時　宗廟에陪進하야各寢室에　上冊하다더라

●追崇稱賀　本日에三　皇帝追崇時에　三擂를　上하실터인故로明日　仁政殿에서　大皇帝陛下께옵서　御坐하시고百官의陳賀를受하신다더라

●差備官服色　三　皇帝　追崇節次를今日에前侍從院에서擧行하다는데　玉冊差備官은冠朝服을着하고其他差備官은黑團領으로擧行하다는데服色을區處치못한人들은差備擧行에對하야困境이莫甚하더라더라

●二百差備　三　皇帝　追崇時肄儀를昨日掌禮院에서擧行하앗는대各差備官이近二百名에達하앗다더라

●大審院開宴　八月壹日부터大審院以下各裁判所를開廳하고同日午後七時부터日本人俱樂部에서披露宴을開催하고統監府高等官壹同과各部大臣次官其他高等官及長谷川軍司令官以下師團長과辯護士等二百餘名의게招待狀을發하앗다더라

●非擢伊勤　中樞院前議長徐正淳氏가副議長으로敍任된다는說은前報에已揭하앗거니와更聞한즉表勳院總裁로敍任되기로內定이되앗다더라

●緣病未仕　侍從院卿金春熙氏는近日身病이有하야仕進치못한다더라

●調査局移接　度支部財源調査局은前度支部에居接하앗더니昨日에新度支部로移去하앗다더라

●果則宜懲　地方郡守들圖得하라고所管各觀察使에給路한다는弊가有하다고人間이됨으로內部에서將次秘密調査하야別般懲戒한다는風說이喧藉하다더라

●宦熱杜絕　判任及奏任官壹窠를圖得하랴고運動하든者들이近日官報에發佈한奏判任官任用令에對하야所望이杜絕이라고遜遜說話하는者가多하다더라

●整理局官吏擇用　度支部內에設置한臨時財産整理局에서事務官及技師를敍任할터인대幾窠는前調査局事務員으로陞敍任하고其他는日本留學生中으로擇任하기로內定이되앗다더라

●養天休暇　學部에서는八月壹日부터壹般官吏가間五日式休暇를施行한다더라

●獨不休暇　別項과如히學部에서來八月壹日부터二週日間을輪回休暇하는데該部文書課는仍爲觀務한다더라

●女院維持請示　女子普學院에서人員을學部大臣李載崑氏의게派送하야該院來歷을說明하고維持方針을指示하라고懇請하앗다는說이有하더라

●女學徒請還　女子普學院學徒幾拾名이月謝에說明하기를此院에서는修學하기가不願인故로養源學校에轉學하깃다고新聞上에廣포하자지금앗는데女子敎育會長金雲谷씨는昨日學部에請願하기를養源學校長姜允熙氏가普學院의學徒를誘引率去하앗스니該學徒를本學院으로還爲入學케하야달나고하앗다더라

◉鴨綠江의義擾

鴨綠江附近에서義兵이淸國馬賊과氣脉을通하야其勢가宏大한故로可히輕視치못하리라고東京日日新聞에揭載하앗더라

●探還城　內部警務局長松井茂氏와警務主事沈夏燮氏가各地方에秘密調探次로出去하앗다가再昨日上午에入來하앗다더라

●破傷道路調査　今番霖雨에破壞된道路及橋梁等을修理하기爲하야內部에서現今準備中이라는데漢城內各坊曲에官吏를派送하야破傷處를調查할터이라더라

●人蔘種地指定　人蔘耕作區域을指定하앗다는데開城長湍金川平山豐德等郡이라더라

●河船運送新社　京城內有志諸氏가各沿江船商의物品을便利토록運送키爲하야資本金壹萬元으로河船運送營業社를南部草동에創立하고拾三道必要한區域에支社를漸次設立한다더라

●以待其主　南部羅동居甲春根씨家에留하는吳明先氏가再昨日上午十二時에鷺梁津附近月波亭漢車橋邊에서三層紙匣을拾得하앗는대其中에陸軍步兵參尉金顯培씨의名刺三片과片鐵壹個와日本鐵梳壹個와其他書類四張이有함으로銅峴分署에交付하앗다더라

●寺刹田土保護　內部에서拾三道에訓令하앗는대其全文이如左하니各地方寺刹의所有田畓及山林은本是附近士民의慈善的寄付金과古代僧侶의誠心積聚金額으로買置하야或千餘年守護하고或幾百年保管한지라挽近以來로地方官吏가物權의攸在를不顧하고教育費에補用한다藉稱하고私有財産을學校에移付하는弊가種々히有한故로各寺僧侶가互相疑懼함을不是하니僧侶의誤解가緣此滋生하니下各府郡에即爲另飭하야嗣後로는地方官憲이擅自히寺有田畓及山林을移付하는弊가無케하지며寺有財産保存함에對하야另加注意하고此訓辭를各寺刹에壹壹指飭하야壹般僧侶로하야금咸須知悉케하고雖如小菴이라도無壹遺漏하야壹僧이라도不聞不知하는弊가無케하라하앗다더라

●得衆可知　江華來人에傳說을聞한즉該郡普昌學校校主李東暉氏가學校를設始하고敎育에熱心을다하다가昨年兵擾時에家屋을燒燼하고接屑無依한事狀을該郡有志紳士諸人이慨然히發起하야府內에其接濟할方針을協議中이라더라

●東校維持演奏　西部芳橋私立東明學校에서經費가窘拙하야維持키難함으로該校任員諸氏가維持演奏會를陰曆七月初三日로爲始하야同月七日々지洞口內長安社에서開催한다더라

●蓮池義擧　南大門外蓮池洞에서有志諸氏가會集하야學校를設立하기로財政을搗聚하는데捐金을爭出하야壹千貳拾餘圜에達하얏는대任員中吳聖根徐丙奭兩씨는午餐을盛設하얏다더라

●新校贊成　學部學務局長尹致旿氏가平安南北道學務觀察次로定州郡에到着하야該郡新安女學校에情况을監察하고金貨壹百圜을寄付하며永遠維持할意로熱心贊成함으로該郡境內諸氏가尹氏의熱心發成함을效則하야該校에出捐한金額이七百餘圜에達하얏다고該郡人士의稱頌이有하더라

◉校旌賞　昨日三山齋에서夏期放學禮式을行하엿는데來賓中韓鎬鄭道九兩씨가多數한空冊과鉛筆로施賞하엿고韓誥씨는學業上勸勉的으로演說하앗다더라

●臨陂校試驗　臨陂郡富谷里韓壹學校는該洞居議前官金鍾煥氏가巡勢의貧寒함을不顧하고校務를自擔하는中郡守林慶燮氏가熱心贊助하고該校의第二學年夏期試驗을經하앗는데甲班優等은李宗來金始煥兩人이오及第는李因紹崔圭鴻兩人이오乙班優等은趙元禧崔贊激李諸人이오校外優等은申完均이오及第는朴炳根沈相善等諸人인데成蹟이頗好하다더라

●彰德校試驗　慶尙道彰德學校에서日前에夏期試驗을經하앗는데甲班最優等의崔秉元延昌求等이오優等의延圭남池聖浩等이오乙班最優等의申泰翼崔錫等이오優等의金命萬崔貴남동四人이오及第에박東約李点本等七人인데空冊鉛筆紙石板等物로施賞하앗다더라

●測量發散　利川郡邑面大里日新學校에서從速히山林土地測量科를添付設置할터인대該敎師는自京延聘할次로目下議中이라더라

●陽校試驗　陽德郡陽春學校에서夏期試驗을經하앗는데甲班優等生은박澤英李命煥等五人이오乙班優等生에孫承根이오及第生에金昌燮等二人이오丙班優等生은任化秀金鐵模等四人인데該校長本郡守鄭雲岐씨가茶菓와午餐을盛設하앗고贊成員財務署長崔鍾國시는多數한紙物로施賞勸勉하앗다더라

◉彰校盛況　龍川郡楊市彰明夜學校는自該商會로建設하고本以該校生徒로義務를自擔하고名譽로教授하고校監黃菊保氏와事務白壹元文汝彬兩씨가熱心教導함으로生徒가七十餘名에達하앗다더라

●天興可興　林川郡私立天興學校校監趙熏九사가校務를擔하며學徒를熱心勸導하고敎師林圭商시는贊役을不分하고熱心敎授함으로學徒들이大端感服한다더라

◉咸賀義捐

臨陂郡富谷里韓壹學校에셔金壹圜을本社에出捐하엿기感謝한情을表하노라

▲地方消息▼

▲去月二十日三嘉郡貳拾里地에서義兵約三拾名이日分遣隊兵五名과交戰하앗다하고

▲本月五日順興郡北方三拾里鳥項西北方山中에서義兵四十名이日守備隊斥候兵과交戰하앗다하고

▲光州郡三十里地에서義兵三拾名이日騎兵七名과交戰하앗다하고

▲靈巖郡東北方二拾里地에서義兵六十名이日騎兵과交戰하앗다하고

▲本月二拾五日端川郡西方二十里地에서義兵七拾名이城津郡守備隊兵十名과交戰하앗다하고

▲本月二拾五日咸平郡內에서義兵約壹百名이日憲兵補助員五名과交戰하앗다더라

▲爲國壹祝▼

▲深山中에서樵童牧豎天良之心發現하야爲國祈禱하니誠心이壹炷淸香으로夜半에晴地祝天하는고나

▲비ᄂᆞ이다비ᄂᆞ이다檀君貴子遺業으로至今에疆土를保有하니泱泱한如彼白頭山이如砥토록磨而永存勿替케하오하ᄂᆞ님젼비ᄂᆞ이다

▲비ᄂᆞ이다비ᄂᆞ이다四千年曾相傳하니禮義之邦分明하다不知干戈昇平日에國勢以是微弱하니强壯之力默佑하오하ᄂᆞ님젼비ᄂᆞ이다

▲비ᄂᆞ이다비ᄂᆞ이다錦繡江山三千里는天府金城이아닌가天產物이豐盈하야人民生涯自足하니固守勿失心誓하제하ᄂᆞ님젼비ᄂᆞ이다

▲비ᄂᆞ이다비ᄂᆞ이다文恬武嬉幾百年에末流之弊層生하야酷吏貪官許多하니骨肉相殘하던날에必厭穢德하시리니하ᄂᆞ님젼비ᄂᆞ이다

▲비ᄂᆞ이다비ᄂᆞ이다優勝劣敗此時代에우리同胞奮發하야歐雨米風櫛沐하고自國思想激起하야雄飛宇內하여보세하ᄂᆞ님젼비ᄂᆞ이다

▲비ᄂᆞ이다비ᄂᆞ이다俱是兄弟姊妹로서同種之誼全沒하고反目相觀웬일인가天意人心相孚하면同醇反漓容易하다하ᄂᆞ님젼비ᄂᆞ이다

▲비ᄂᆞ이다비ᄂᆞ이다人々마다猛省하야文化潮運挽回할제海外列强同等되고上等人민自許하면國民資格이아닌가하ᄂᆞ님젼비ᄂᆞ이다

▲비ᄂᆞ이다비ᄂᆞ이다靑年子弟培養하니方興未艾氣像이라速成課에卒業하야國家棟樑自作하니後日基礎企待로다하ᄂᆞ님젼비ᄂᆞ이다

▲비ᄂᆞ이다비ᄂᆞ이다四方山川指點하니滿目氛祲忽起하야哭聲이混雜로다紛々消息喧聒하니海晏天晴何日인고하ᄂᆞ님젼비ᄂᆞ이다

▲特別社告

大邱支社員梁瑩益咸從支社員金弘叙兩씨ᄂᆞᆫ辭免故로大邱西門外友弦書樓側李正由咸從耶蘇教堂내張炳日兩씨로認定ᄒᆞ얏스니右兩處附近本報購覽諸시ᄂᆞᆫ本社에對ᄒᆞᆫ凡務를右兩시와交涉ᄒᆞ심을務望홈

大韓每日申報社

雜報

◎學校漸新　龍川郡古舍洞에셔數三有志士가學校를新設ᄒᆞ고命名曰維新學校라ᄒᆞ고校費를籌策ᄒᆞᄂᆞᆫ데七八百兩에不過ᄒᆞᆫ지라該校事務員李基鶴氏가家勢가素貧ᄒᆞ야農業에資生ᄒᆞ더니當自設校以後로不顧自家之窮拙ᄒᆞ고新書籍과新器物을依數加備ᄒᆞ얏스며且該里居蔡千年시夫人李召史가三拾餘年寡居ᄒᆞ야年今六十인데及其本校運動홈을當日觀光라가含淚感歎ᄒᆞ며又見洋鼓之未備ᄒᆞ고特捐壹圜ᄒᆞ야使之買鼓케ᄒᆞ얏다고該郡來人이稱頌ᄒᆞ더라

◎事是無根　本報第八百四拾七號雜報欄내에務勝偵探이란題下에廣州居鄭寅八氏가幾兵隊謀官으로偵探次로上京ᄒᆞ얏다고司令部警察署에서網案中이란投書를因ᄒᆞ야揭載ᄒᆞ얏더니鄭씨가本社에來卞ᄒᆞ기를此ᄂᆞᆫ純是無根之說이오此等虛說을因ᄒᆞ야困境을當ᄒᆞ얏다ᄒᆞ기로其投書에歸妄을正誤홈

廣告

日本東京에셔團體로本月貳拾五日에到京ᄒᆞᆫ學生은三拾壹日正午에南門外濟衆院으로來臨ᄒᆞ시옵

金洛泳　告白

本人의外從任李戰九가本是悖類로挾雜從事인바本人의所有田畓과僞造文券ᄒᆞ야放賣又ᄂᆞᆫ典執ᄒᆞ며리도니外國人은切勿見欺ᄒᆞ시옵

尹宗섭　告白

本寺에再剏은藥久로되退俗은不禁ᄒᆞ고도貧ᄒᆞ면爲僧ᄒᆞ고富ᄒᆞ면還俗ᄒᆞ니自此不禁則僧侶가專無ᄒᆞᆯ자念慮故로壹般組織ᄒᆞ노라慶이飢ᄒᆞ면附人ᄒᆞ고飽ᄒᆞ면揚去도同ᄒᆞ니人心踈薄이如此可乎아色界上에無英雄節士라ᄒᆞ니洞外置艸藥은容或無怪어니와自今以後로治産人이나紳念與教育人이어나背僧歸俗ᄒᆞ면有財者ᄂᆞᆫ治産을奪ᄒᆞ야附於學校ᄒᆞ와人材教育ᄒᆞ고無財者ᄂᆞᆫ寺中懲役ᄒᆞ기로牢定ᄒᆞ오니如前例觀ᄒᆞ다가犯科ᄒᆞ거든毋至後悔홈을銘念ᄒᆞ시오

慶尙南道梁山郡通度寺明新學校事務所　告白

西部盤松坊車子里契貳百九號三戶朴景鎬草家九間初次立旨壹張을數年前休紙中破傷故如是廣告

朴景鎬　告白

本院에서我國女人中看護婦見習生을募集ᄒᆞ니希望ᄒᆞᄂᆞᆫ者ᄂᆞᆫ本院에從速來議홈事

東署城內　大韓醫院

本月拾日挾囊見失時本名半刻圖章與各人의會計記를并失이옵기圖章은改刻ᄒᆞ고會計記ᄂᆞᆫ休紙로施行이오니內外國人은勿以此票承紙

鍾路古寧新洞大廟洞金鳳瑞白

本人의兄戰璉이가本以浮浪悖類로蕩敗家產ᄒᆞ고浮遊爲事이기本人이本郡同卌只所在父親山文券과江西郡篋津所在母親山文券兩度를次持深藏이러니今陰六月六日誘其子盲人禹鉉ᄒᆞ야同文券兩度를并爲竊取逃去ᄒᆞ얏기玆以廣告ᄒᆞ오니有或欺賣之凶計다도內外國人은切勿見欺ᄒᆞ시옵

平南咸從郡南里面洪範里居　李戰珉　告白

本人이尹敬憲과의訟事實은已爲廣告이온바尹敬憲이不思自反ᄒᆞ고虛無ᄒᆞᆫ說노本人을構誣ᄒᆞ야廣告ᄒᆞ얏기玆又答卞ᄒᆞ오니僉尊은照亮ᄒᆞ시옵尹敬憲廣告에其叔益炳의井邑郡畓을本人이圖給ᄒᆞ고押錢ᄒᆞᆫ樣으로爲說ᄒᆞ얏스나此ᄂᆞᆫ仁川李奎彦과益山李國珍이益炳에게所捧條가有ᄒᆞ야相與是非ᄒᆞᆫ事ᄂᆞᆫ世所共知이온데本人의所爲로書ᄒᆞ얏스니何其無據乎아造言之律이自在ᄒᆞ니此將於法庭歸正이오其日採步가僞造委任狀으로自宮還給ᄒᆞ기ᄂᆞᆫ畓券을暗自横推ᄒᆞ얏스니果如是면何不告訴刑事ᄒᆞ고只訴民事ᄒᆞ며渠言대로晉ᄒᆞ야도新券壹度인들何爲晉給乎아其伯父를曰叔父라ᄒᆞ고渠에搖事ᄒᆞᆫ文券을曰僞造라ᄒᆞ고以僞鑄交易之文蹟을曰暗自横推라ᄒᆞ야公眼을欺蔽코저ᄒᆞ나靑天白日之下에豈可得哉아敬憲의廣告가都是搆誣故로大畧卞明이오니從玆以往으로ᄂᆞᆫ敬憲의所晉이雖至千萬이라도晉不近理者를不必勞卞이오惟俟公議ᄒᆞᆫ깃슴

孫德基　告白

本人이姓名章을本月貳拾七日서失ᄒᆞ얏기玆에廣告ᄒᆞ오니僉君子ᄂᆞᆫ照亮ᄒᆞ심

朴弼瑾　告白

本書林에新舊書籍과학徒의各項紙筆이俱備ᄒᆞ오니僉彥은來購ᄒᆞ시옵

海州남門내首陽書林　主任裵命欽　書林主李奉楨

本人의父가倭儀鳩聚ᄒᆞ야稍有不貲之名이온데陰五月廿日夜외賊黨二拾餘名이各持器械ᄒᆞ고突入夜半ᄒᆞ야所謂財産與價券標記와姓名圖章을沒數見奪ᄒᆞ고只有赤身이오니毋論內外國人ᄒᆞ고諸般文記에對ᄒᆞ야勿爲見欺홈

扶安乾先面新里 金永寅　白

本所事務를啓層擴張ᄒᆞ고諸般測量及製圖를廉價酬應ᄒᆞ오니慶北金山郡金泉場旅館合家의分事務所를出張ᄒᆞ얏스오니在近僉員은該所로請求ᄒᆞ시오

漢城北部齋洞廣成測量事務所

城金剛山乾鳳寺

萬日蓮社를

開國四百九拾年辛巳四月拾五日에始ᄒᆞ야大韓隆熙戊申九月初三日에終ᄒᆞ니於今三拾年念佛功德이其安在哉아大地含生이各得其所ᄒᆞ야有緣無緣이同得勝利ᄒᆞᄂᆞᆫ回向法會를(陰)七月拾六日로爲始ᄒᆞ오려仰布ᄒᆞ오니遠邇諸山에僉員尊宿과遠近各處에信心檀徒ᄂᆞᆫ齊赴道場ᄒᆞ사普皆回向ᄒᆞ옵기를望홈

化主萬化寬俊　監院太虛宗圓　禪首李承鎭

本人의父가陰本月二拾七日夜逢賊ᄒᆞ야紙貨四圜과緣券貳張과果田四日耕落文券二拾壹張과本洞百二拾二統五戶草家文券七張을並爲서失ᄒᆞ얏스오니誰某시든지見欺치勿ᄒᆞ시옵

西部盤石坊租田契三合井동登百二拾三統七戶金顯聲　告白

平壤太極書館은有志紳士의公益을爲ᄒᆞ야建設ᄒᆞᆫ바어니와義州書市少年書舖ᄂᆞᆫ此館에支店으로新舊書籍과學校所用物品을廉價賣買ᄒᆞ오니僉君子ᄂᆞᆫ陸續來購ᄒᆞ시옵

書舖主 朴奉燁　韓用楨

開業 石版印刷

八月五日

曉堂에서石版　寫眞版　寫眞銅版　電氣銅版等印刷와鑄版木版　銅版等彫刻을開業ᄒᆞ옵고左記ᄒᆞᆫ課目대로指導ᄒᆞ며印刷ᄒᆞ오니　僉君子ᄂᆞᆫ來臨相議ᄒᆞ심을敬要

●商標　地圖　株券　書冊　掛畵　卒業證書　藥封紙　冊衣　각色彩畵古今各種寫眞

●寫眞業　寫眞帖等其他種々應用美術印刷

京城中部鐵物橋大路北변五拾二統六戶

文雅堂印刷所

本館에서新舊書籍과學徒의所用諸般物品을具備販賣ᄒᆞ오니　僉君子ᄂᆞᆫ來購ᄒᆞ시옵

平壤鍾路太極書館

館主　李昇薰
主任　安泰國
事務　李德煥

本人等이壹般學界에便宜를供ᄒᆞ기爲ᄒᆞ야資本을合同ᄒᆞ고業務를擴張ᄒᆞ야新舊書籍과學校用品을俱備發賣ᄒᆞ오니　僉君子ᄂᆞᆫ稍稍光降ᄒᆞ심을務望홈

海州남門내四街

韓昌書館主

李承駿　朴昌鎬

量地法 全

定價金八拾錢
百部以上特別減價

本書ᄂᆞᆫ圖根登錄地各般測量이完備ᄒᆞ옵고測量上必要ᄒᆞᆫ算術對數表와지附入ᄒᆞ엿습本對數表ᄂᆞᆫ我國에創出ᄒᆞᆫ者이온바代數以上高等算學에도必要ᄒᆞᆫ者이오

本書의文法은簡明易解ᄒᆞ야初學者獨習에도便宜ᄒᆞ옴

發行所　漢城中部中學橋中樞測量事務所　發賣所　漢城南部銅峴博學書館　京鄉各有名冊肆

發行人　李鍾寶　告白

教育月報

壹冊代價拾五錢
每月二拾五日刊

壹般同胞의男女老少有無識을勿論ᄒᆞ고各其事情과年限에拘碍되야學校에入學지못ᄒᆞᄂᆞᆫ이에게普通學術을發達키爲ᄒᆞ야各種緊要ᄒᆞᆫ學問을純國文으로簡易케編譯ᄒᆞ야教育月報를發行ᄒᆞ오니此를逐號購覽하시ᄂᆞᆫ同胞ᄂᆞᆫ皆有識ᄒᆞᆫ學者가될터인故로本社와京鄉各書肆에서發賣홈

京城中部校洞貳拾九統四戶　教育月報社

本館을開業ᄒᆞᆫ지未過壹年에壹般同胞게서愛助ᄒᆞ시와益益興旺之故로本館을壹層擴張ᄒᆞ고各項新舊書籍與教育物品을多數準備ᄒᆞ야特別廉價로大發賣ᄒᆞ오니四方僉君子ᄂᆞᆫ陸續來臨ᄒᆞ심을爲要홈

釜山港東關韓興書館

金汝重　權鍾律

學徒募集廣告

本學校에서第壹學年級生徒를募集ᄒᆞ오니志願者ᄂᆞᆫ八月貳拾七日內로本校에入學請願書를呈出事　入學試驗日은八月三十日上午九時

試驗科目　讀書。作文。算術初步、身體檢査

但年齡은自十五歲至二拾五歲

漢城 私立普成中學校

本人이金永化船에載米壇白四拾四石을三湖渠漿에게積置ᄒᆞᆫ票를서失故更爲成出ᄒᆞ얏스니誰某던지拾得ᄒᆞ야도休紙施行ᄒᆞ시오

李鍾林　告白

簡明教育學

本書ᄂᆞᆫ教育의目的과方法과諸制의種類를簡易明瞭히編成ᄒᆞ야教育家의迷津寶筏을作홈

元賣所　右文館
分賣所　有名各書舖

本店에夏節양服件이英京倫敦에서新着ᄒᆞ얏기로玆에廣佈ᄒᆞ오니　僉君子ᄂᆞᆫ光顧購買ᄒᆞ심을懇冀홈

洋服裁縫店　貞洞(?)華商源泰號　謹白

雜報

●追崇儀節擧行 今番三 皇帝 追崇에 對ᄒᆞ야 冊寶ᄅᆞᆯ 宗廟로 進詣ᄒᆞᆫ時에 祇迎等節은 勿爲磨鍊ᄒᆞ고 親上 冊寶ᄂᆞᆫ 遣大臣攝行ᄒᆞ고 三拾壹日에 宗廟秋享大祭ᄅᆞᆯ 行ᄒᆞᆯ時에 太臣을 遣ᄒᆞ야 攝行ᄒᆞ되 親祭例ᄅᆞᆯ 依ᄒᆞ야 磨鍊ᄒᆞ고 祭官은 仍用ᄒᆞ라신 勅旨ᄅᆞᆯ 下ᄒᆞ옵셧다더라

●大祭祭官 本日秋享 大祭ᄅᆞᆯ 擧行ᄒᆞᆯ時에 內閣官吏와 各差備官만 選擧ᄒᆞᆫ다ᄂᆞᆫ 說이 有ᄒᆞ더라

●東宮起居 皇太子殿下께옵셔 暑熱을 因ᄒᆞ옵셔 停學ᄒᆞ옵셧스나 睿學을 留且不廢硏究ᄒᆞ시ᄂᆞᆫ데 每日上午六時에 起寢ᄒᆞ시고 下午九時에 就寢ᄒᆞ시며 下午三時에 水剌ᄒᆞ시고 朝夕은 洋料理로 進御ᄒᆞ시고 正午에ᄂᆞᆫ 日料理로 進御하옵신다더라

●瑞寶章奉呈 中樞院議長 金允植氏가 日本에 奉命前往ᄒᆞᆫ時에 自 上으로서 瑞寶章二個ᄅᆞᆯ 製送ᄒᆞ옵셧ᄂᆞᆫ데 該瑞寶章을 日本皇后陛下께와 日本太子妃殿下께 奉呈ᄒᆞ엿다더라

●樞院議長電奏 皇太子殿下께옵셔 停學ᄒᆞ시고 工夫ᄅᆞᆯ 全廢치아니ᄒᆞ시ᄂᆞᆫ事와 瑞寶章貳個ᄅᆞᆯ 日本皇后陛下께와 日本太子妃殿下께 奉呈ᄒᆞᆫ事ᄂᆞᆫ 別項과 如ᄒᆞ거니와 中樞院議長金允植氏가 該事件을 宮內府로 電報ᄒᆞ야 上 奏ᄒᆞ얏다더라

●差備官紛競 三 皇帝 追崇時에 差備官壹欵으로 紛競이 大端ᄒᆞ다ᄒᆞᆷ은 累報ᄒᆞ얏거니와 更聞ᄒᆞᆫ즉 掌禮院副卿[illegible] 宮內府大臣閔丙奭 侍從院卿尹德榮 二氏가 差備官壹窠ᄅᆞᆯ 互相爭

用ᄒᆞ려ᄒᆞ야 壹擔坦持가 되얏다ᄂᆞᆫ 說이 喧藉ᄒᆞ다더라、

●故參叙任 齋郞과 闕이 拾餘年인ᄃᆡ 今番三 皇帝 追崇公故後에ᄂᆞᆫ 壹齊히 叙任ᄒᆞᆫ다더라

●內閣例會 內閣總理大臣以下各部大臣들이 再昨日內閣에 會同ᄒᆞ야 水曜例會ᄅᆞᆯ 開ᄒᆞ얏다더라

●壹進審問說 法部大臣高永喜氏가 尹敎重孫석基兩人訴訟案件을 押收ᄒᆞᆫ事에 對ᄒᆞ야 壹進會에서 總代ᄅᆞᆯ 派送質問ᄒᆞᆫ다ᄂᆞᆫ 說이 有ᄒᆞ더라

●各郡合幷 全國의 郡邑이 三百四十二個所가 有ᄒᆞ나 就中의 狹少ᄒᆞᆫ 郡은 三四個小面에 不過ᄒᆞ니 如此等郡은 或合幷ᄒᆞ야도 無妨ᄒᆞ고 或兼任ᄒᆞ야도 亦可ᄒᆞ며 當局者ᄂᆞᆫ 此廢合에 對ᄒᆞ야 干涉치아니ᄒᆞ고 觀察使의 申請을 依ᄒᆞ야 合幷及兼任을 許可ᄒᆞᆯ方針인ᄃᆡ 已爲壹貳處의 申請이 來到ᄒᆞ얏다더라

●敎官贈勳說 學部에서 各학校敎官의 特別效績과 其他效績이 有ᄒᆞᆫ 人의게ᄂᆞᆫ 慰勞ᄒᆞ기 爲ᄒᆞ야 勳章을 贈與ᄒᆞ기로 協議ᄒᆞ얏다ᄂᆞᆫ 說이 有ᄒᆞ더라

●事務官還任 忠北事務官元大奎氏가 得由上京ᄒᆞ얏다가 還任次로 再昨日에 發程ᄒᆞ얏다더라

●調査局移轉 臨時財源調査局은 再昨日度支部內統計課로 移轉ᄒᆞ얏다더라

●法部移轉 法部ᄅᆞᆯ 移轉ᄒᆞᆫ다ᄂᆞᆫ 事ᄂᆞᆫ 前報와 如ᄒᆞ거니와 來土曜日부터 日曜日ᄭᆞ지 限ᄒᆞ고 光化門前度支部內臨時財源調査局으로 移轉ᄒᆞ고 現廳舍新築家屋은 大審院控訴院地方裁判所區裁判所等四個所ᄅᆞᆯ 開廳ᄒᆞ

기로 決定ᄒᆞᆫ다더라

●印紙賣下頒布 度支部에서 印紙賣下에 關ᄒᆞᆫ 件으로 各地方에 告示ᄒᆞ고 部令으로 頒布ᄒᆞᆫ다더라

●國文施行協議 學部에서 昨日下午壹時頃에 國文硏究委員들이 會同ᄒᆞ야 該硏究의 關ᄒᆞᆫ 緊要事件과 施行方法을 爛商協議ᄒᆞ얏다더라

◉韓日衝突 上海電을 據ᄒᆞᆫ則 韓國人七千餘名이 吉林省과 韓國國境에서 日兵과 交戰ᄒᆞ얏ᄂᆞᆫ데 日兵四拾名과 同將校三名이 致死ᄒᆞ얏고 又韓國亡命者가 連續ᄒᆞ야 吉林省으로 入來ᄒᆞᆫ다ᄒᆞ얏더라

●北方消息 去七日慶興郡附近에서 義兵이 蜂起ᄒᆞ야 同地日守備隊下士斥候ᄅᆞᆯ 襲ᄒᆞ고 同時에 豆滿江壹帶地와 及鍾城의 對岸(酒島니 冷水泉子)에서 又義兵이 蜂起ᄒᆞ야 斥候隊ᄂᆞᆫ 旣爲同地四平街에서 三拾里되ᄂᆞᆫ 滿洞에서 出沒ᄒᆞᆫ지라 故로 日人이 恂々ᄒᆞ야 安堵치못ᄒᆞᄂᆞᆫ 情況이 有ᄒᆞᆷ으로 拾七日에 至ᄒᆞ야ᄂᆞᆫ 日本人이 義勇兵을 組織하야 各々武器ᄅᆞᆯ 備ᄒᆞ야 日夜警戒ᄒᆞ고 日憲兵隊ᄂᆞᆫ 會寧武陵間에서 警戒ᄒᆞᄂᆞᆫ 中인ᄃᆡ 鍾城會城訓戎慶興慶源古邑等各地에 在ᄒᆞᆫ 義兵約千名이 各處에 出沒ᄒᆞᆷ으로 日守備隊ᄂᆞᆫ 卽時出戰하ᄂᆞᆫ 中인ᄃᆡ 其結果ᄂᆞᆫ 姑未詳知오 義兵은 俄國式軍銃을 携帶ᄒᆞ고 黃色服裝으로 少行李ᄅᆞᆯ 件ᄒᆞ얏ᄂᆞᆫ대 多少의 訓鍊을 經ᄒᆞᆫ 模樣인ᄃᆡ 行動이 敏捷ᄒᆞ다ᄒᆞ고 何時던지 間島에 在ᄒᆞᆫ 日本人을 襲擊ᄒᆞᆯ 目的이오 夜에ᄂᆞᆫ 武裝ᄒᆞᆫ대로 就寢ᄒᆞᆫ다더라

●大同增水 再昨夜에 降雨ᄒᆞ야 平壤大同江에 二丈尺이 增水되얏ᄂᆞᆫ데 被害ᄂᆞᆫ 未詳이라더라

●恭陵市水災 今番雨水가 多大ᄒᆞ야 坡州恭陵場前坪에 洪水가 漲溢ᄒᆞ야 附近民家가 半沉半沒者太半이오 禾畝豆壠을 蕩爲沙汰ᄒᆞ야 西成之望이 無ᄒᆞ리라더라

●吸鴉被捉 今月二拾九日에 西部下大昌동居李範麟이가 詩洞閭人家에서 鴉烟을 吸ᄒᆞ다가 南部警署에 被捉ᄒᆞ얏다더라

●醉兵押交 今月十七日上午壹時에 近衛步兵宋元八이가 泥醉ᄒᆞ야 포德門前에서 人力車ᄅᆞᆯ 乘ᄒᆞ라ᄒᆞ며 人力車夫와 無端相詰하미 大貞洞派出所日巡査가 該兵을 西署로 捉送ᄒᆞ얏더니 該署에서ᄂᆞᆫ 憲兵本部로 越送ᄒᆞ얏다더라

●松顚人壓 本月二十九日下午九時에 東門外進八里남麓에서 松不一株가 風雨를 因ᄒᆞ야 顚仆ᄒᆞᆫ際에 該洞居洪求植씨夫人鄭召史年今二十者와 許龍鎬씨夫人年今六拾者가 俱爲壓傷ᄒᆞ얏다더라

●困債呑鴉 東門外往拾里居徐柱燮氏가 去乙巳年分에 蓮동居張錫英氏處에셔 六拾圓을 貸用ᄒᆞ고 尙未報給ᄒᆞ얏더니 去月初에 張氏가 來督ᄒᆞ미 徐氏가 晦內로 辦給ᄒᆞ마ᄒᆞ고 當限ᄒᆞ야 辦備無路인 故로 陰六月晦日에 徐氏가 鴉烟을 呑下ᄒᆞ고 致死ᄒᆞᆷ애 ᄂᆞᆫ딕 張錫英氏ᄅᆞᆯ 東署에서 捉囚ᄒᆞ얏다가 壹日만에 放送ᄒᆞ얏다더라

●呑鴉化仙 北部三淸동李世永의 家에 寓ᄒᆞᄂᆞᆫ 元順登은 元來無室無家ᄒᆞ야 恒時身勢ᄅᆞᆯ 自歎ᄒᆞ더니 本月二十四日에 鴉片을 呑下ᄒᆞ고 自斃ᄒᆞ얏다더라

●葬費徵給 仁川松林居柳在鉉씨의 夫人이 土車에 壓死ᄒᆞ얏ᄂᆞᆫ대 該府警察署에서 査實ᄒᆞ야 土工식이던 日人의게 葬禮費三拾圓을 徵給ᄒᆞ얏다더라

●總巡善蹟 仁川府總巡金允복은 外人交涉에도 嫻熟ᄒᆞᆯ뿐아니라 外人租界內에 在ᄒᆞᆫ 本國人民을 極力保護ᄒᆞ기로 該港洞人民이 金씨의 善蹟을 表現코ᄌᆞᄒᆞ야 街路마다 大碑를 森立ᄒᆞ얏더니 金氏가 聞卽拔去ᄒᆞ얏다고 該港來人의 傳說이 有ᄒᆞ더라

●自治會組織 義州비峴面院洞에셔 有志紳士金炳欽金武坤박世敏諸씨가 발起ᄒᆞ야 衛生自治會ᄅᆞᆯ 組織ᄒᆞ고 其趣旨書ᄅᆞᆯ 本郡에 送致ᄒᆞ얏ᄂᆞᆫ대 激切ᄒᆞᆫ 言論과 明確ᄒᆞᆫ 方針이 令人可賀ᄒᆞᆯ지로다

●頹戶捐助 仁川港坪동等地에서 今番霖雨에 韓人家屋四戶가 破壞ᄒᆞ야 道路에 樓屑ᄒᆞᄂᆞᆫ 故로 該港面議所에서 頹戶의 五拾圓式 捐助ᄒᆞ얏다더라

●西北學會月例 西北學會員例通常會ᄅᆞᆯ 來八月壹日土曜下午四時에 會洞本校에서 開催ᄒᆞᆫ다더라

●天興校試驗 林川郡私立天興學校에서 本月拾五日의 夏期試驗을 經ᄒᆞ얏ᄂᆞᆫ대 中學科壹年級優等生의 朴璋煥李用右等拾人이오 及第生의 林鳳善等四人이오 尋常科壹年級甲班優等生의 金鍾甲趙贊九等四人이오 及第生은 趙齡九等七人이오 乙班優等生은 尹瑞甲金翔培等七人이오 及第生은 金顯과라더라

●新校日新 龍川府內面明新學校敎師崔丙運氏ᄂᆞᆫ 活潑ᄒᆞᆫ 志氣와 義務的思想으로 名譽로 敎授ᄒᆞᆷ이 校長金用珍學務黃憲祿兩氏와 有志諸員이 熱心贊助ᄒᆞᆷ으로 生徒가 日益進就ᄒᆞᆫ다고 西來人의 稱頌이 有ᄒᆞ더라

●幼稚新校 城內有志人士某某씨가 幼稚學校ᄅᆞᆯ 設立ᄒᆞ야 敎育의 前途ᄅᆞᆯ 發達ᄒᆞ기로 注意ᄒᆞ고 校舍와 財政ᄋᆞᆯ 硏究中이라더라

●兩校相持 괴山郡私立普明학校에서 經費ᄅᆞᆯ 鄕校遺財로 補用ᄒᆞ라ᄒᆞ미 某某氏가 발起ᄒᆞ야 明倫堂에 私立明倫학校ᄅᆞᆯ 設立ᄒᆞ고 校財ᄅᆞᆯ 讓與치아니ᄒᆞ라ᄒᆞᄂᆞᆫ 故로 兩學校가 現今相持ᄒᆞᄂᆞᆫ 中이라더라

▲地方消息▼

▲本月二十壹日高陽郡壹山里西方에서 義兵五名이 該郡分遣隊兵九名과 衝突ᄒᆞ얏다ᄒᆞ고

▲本月拾八日三登郡東北方約二里地에서 義兵約拾八名이 該郡分遣隊와 交戰ᄒᆞ얏다ᄒᆞ고、

▲本月拾八日河東郡北方約四拾里地에서 義兵二拾名이 該郡分遣隊下士以下六名과 交戰ᄒᆞ얏다ᄒᆞ고

▲本月十八日順天郡西北約五十里西峙에서 義兵三十名이 該郡守備隊上等兵以下五名과 韓巡査二名과 交戰ᄒᆞ얏다ᄒᆞ고

▲本月拾五日長城郡東北約五十里地에서 義兵約二拾名이 該郡分遣隊憲兵以下八名과 衝突ᄒᆞ얏다ᄒᆞ고

▲本月拾七日長城郡東北約二拾里地에서 義兵拾五名이 日分遣隊와 交戰ᄒᆞ얏다ᄒᆞ고

▲本月拾九日寧海郡내에서 義兵約六十名이 日分遣隊憲兵以下九名과 交戰ᄒᆞ얏다ᄒᆞ고

▲本月拾四日甲山郡내에서 義兵約五拾名이 日分遣隊憲兵과 交戰ᄒᆞ얏다하고

▲本月拾九日湖山郡내에서 義兵約三拾名이 該郡日分遣隊와 交戰ᄒᆞ얏다더라

▲屛門閑話▼

▲拾路街上夕陽大ᄒᆞᆫ데 蓬頭突鬢八九人이 或坐或臥無序ᄒᆞ야 各自壹言酬酌ᄒᆞ재 傾耳之聽ᄒᆞ니 頗多ᄒᆞ다

▲紙灯籠의 橫長竹은 頑固兩班이아닌가 開化時代不知ᄒᆞ고 驕傲舊習尙存ᄒᆞ야 左之右之橫步ᄒᆞ니 그體格이 第壹입데

▲人力車의 呂宋烟은 輕薄少年이아닌가 學問思想毫無ᄒᆞ고 色技場에 出入ᄒᆞ재 前後揚々顧瞻ᄒᆞ니 그體格이 第壹입데

▲色長衣의 金腰帶ᄂᆞᆫ [illegible]君子가아닌가 産業整理全廢ᄒᆞ고 眩人心目自大ᄒᆞ야 東西追逐ᄒᆞ니 그體格이 第壹입데

▲紅周衣의 圓帽子ᄂᆞᆫ 小學生徒아닌가 上學時間頓忘ᄒᆞ고 蘇丸店에 沉惑ᄒᆞ야 蘇中分錢益多ᄒᆞ니 그體格이 第壹입데

▲黑戰笠의 塔洞鞋ᄂᆞᆫ 勢家驅從이아닌가 狐假虎威悖慢ᄒᆞ야 殘疲人民相對ᄒᆞ면 無端壓制滋甚ᄒᆞ니 그體格이 第壹입데

▲平凉子의 綿花朶ᄂᆞᆫ 隨從官員이아닌가 興業方針不究ᄒᆞ고 較榮逐官專事ᄒᆞ야 妻子飢寒不顧ᄒᆞ니 그體格이 第壹입데

▲高樓上의 大堂屋ᄂᆞᆫ 豪富貴人이아닌가 同胞魚肉不救ᄒᆞ고 肥己之欲充滿ᄒᆞ야 永久勿替自信ᄒᆞ니 그體格이 第壹입데

▲客主家의 談諧聲은 求仕鄕客이아닌가 大官鼻頭壹見ᄒᆞ면 谷自退館聚坐ᄒᆞ야 花套博奕相爭ᄒᆞ니 그體格이 第壹입데

▲自適不知諸君ᄋᆞᆯ아 屛門同僚이아닌가 汗血金錢不惜ᄒᆞ고 毋酒場에 消遣ᄒᆞ야 明朝無食不思ᄒᆞ니 그體格이 第壹입데

▲特別社告

大邱支社員梁濟益威從支社員金弘叙 兩씨는 辭免 故로 大邱西門外友兹書樓側 李正由威從耶蘇敎회니 張炳日 兩씨로 認定ᄒ얏스니右兩處附近本報購覽諸지는本社에對ᄒ凡務을右兩시와交涉ᄒ심을務望ᄒᆷ

大韓每日申報社

雜報

○外城人民代表者의質問 平壤郡外城八民代表金禹鎔洪鍾啟兩씨가ᄒ야에請願ᄒᆫ事로調査局에셔秘密히押囚ᄒ라ᄒ다ᄒᆷ은前報에已揭ᄒᆫ바右事由를質問ᄒ次로兩氏가調査局에委往ᄒ야言曰續續申報則該請願에對ᄒ야調査局에셔秘密히押囚코ᄌᄒᆫ다云ᄒ얏스니失請願에何罪며且欲押囚인된正當히押囚가可ᄒ어늘秘密은何故오秘密云者는或知逃躲者나或不知居住者를捉囚ᄒᆫ에對ᄒᆫ名稱이어늘生등이每日本局에來ᄒ얏고又居住가分明ᄒ거늘胡用此秘密爲哉오ᄒ되局長曰去月에傳說을聞ᄒᆫ즉日本政府에關顧次로渡去ᄒᆫ다ᄒ기로若渡去ᄒ라면內部에請願ᄒᆫ事를ᄒ리니其時에拘留ᄒ야平壤警署로移囚ᄒ라ᄒ고日本에運動ᄒᆷ이오調査局의意見은아니라ᄒ되

兩씨가笑曰官吏가盡心公決則必然渡日之理오設或渡ᄒ니이라도欲爲押囚ᄂᆫ何故오ᄒ되局長이不答而署他日請願書中의排日思想과治安妨害되ᄂᆫ條件을探ᄒ야此人이起案하얏다ᄒ고本事를命하야調案을持來ᄒ야兩씨의게示ᄒ되兩氏曰此案은押囚時의訊問ᄒ條件이어ᄂᆯ今日私示ᄂᆫ非公格이오且如是羅織而尙不押囚ᄂᆫ何故오局長曰姑不被押은我의極力斗護ᄒᆫ바以라ᄒ더 未完

廣告

日本東京에셔團體로本月貳拾五日에到京ᄒ學生은三拾壹日正午에南門外濟衆院으로來臨ᄒ시옵

金洛泳 告白

本院에셔我國女子中看護婦見習生을募集ᄒ니希望하ᄂᆫ諸ᄂᆫ本院에從來ᄒ야議ᄒᆫ事

東署[illegible]內 大韓醫院

●補助錄告

仁川港永化학校에셔經費가窘拙ᄒᆷ을因ᄒ야贊務員(朴三洪)氏가生徒武人을領率ᄒ고自京城으로釜山港々지往還ᄒ얏ᄂᆫᄃ愛國志士諸氏가如斯히補助ᄒ얏기로玆에廣告ᄒᆷ

京城鐵湖興學會貳十원 順信昌李用錫三圜 釜山港吳仁圭九圜 釜山港崔柱賢貳圜 金인吉五圜 김聖담貳圜 李敬伯五圜 安敬伯三圜 김聖佑拾圜 박在奎三圜 김洛駿貳圜 朴泳吉貳圜 河義順貳圜 金順贊五十錢 崔有鵬五圜 金汝玉貳圜 玄長振貳圜 朴周彥五十錢 金建約壹圜 김子文貳圜 安順克貳圜 金在旭貳圜 金致澔二圜 鄭箕과貳圜 金文若貳圜 徐顯伍壹圜 鄭子範貳圜 朴塋九貳圜 金永圭二圜 洪承希參圜 吳[illegible]源壹圜 會興社拾圜 김子發五圜 咸興崔文伯貳圜 釜山항彰興社五圜 北背新昌崔德武貳圜 金舜鳳五圜 釜山항李龜三貳圜 吉州鄭子貫七十錢

合壹百參拾圜○七拾錢

本人의外從任李戩九가本是悖類로挾雜從事인바本人의所有田답舊價證文券을放賣又ᄂᆫ典執ᄒ더리도니外國人은切勿見欺ᄒ시옵

尹宗섭 告白

本寺에再創은經久로되退俗은不禁ᄒ고先貧ᄒ면爲僧ᄒ고富ᄒ면還俗을ᄒ니自此不禁則僧侶가專無ᄒᆯ자念慮故로壹般組織을ᄒ노라ᄂᆫ饑ᄒ면附人을ᄒ고飽ᄒ면揚去로同ᄒ니人心疎薄이如此可乎아色界上에無英雄節士라하니洞外僧舞은容或無怪어니와自今以後로治產人이나禪念與敎育人이어ᄂᆫ背僧歸俗ᄒ면在財者ᄂᆫ治產을奪ᄒ야附於學校ᄒ야人材敎育ᄒ고無財者ᄂᆫ寺中懲役ᄒ기로牢定ᄒ오니如前例犯科되거든毋至後悔ᄒᆷ을銘念ᄒ시오

慶尙南道梁山郡通度寺明新學校事務所 告白

本月拾日挾囊兒失時本名牛桀測圖章與各人의會計記를并失이온ᄇ圖章은收刻ᄒ고會計記ᄂᆫ休紙로施行ᄒ오니內外國人間以此照亮伏望

義州古寧面天摩동金鳳瑞 白

本人의兄戩璉이가本以浮浪悖類로蕩敗家產ᄒ고浮遊爲事이기本人이本郡同體只所在父親山문券과江西郡篋津所在母親山文券兩度를更持深藏이러니今陰六月六日誘其子盲人鳳鉉ᄒ야同文券兩度를并爲竊取逃去ᄒ얏기玆以廣告ᄒ오니有或欺賣之凶計라도內外國人은切勿見欺ᄒ시옵

平南咸從郡南里面洪範里居 李戩珉 告白

本書舖의新舊書籍과학徒의各項書籍이俱備ᄒ오니 僉彥은來購하시옵

海州남門外首陽書林 書林主李奉緒 主任裴命欽

本人의父가僅僅鳩聚ᄒ야稍有不貧之名이온ᄃ陰五月廿日夜의賊黨二拾餘名이各持器械ᄒ고突入夜半ᄒ야所謂納產與債券標記와姓名圖章을沒數見奪ᄒᆫ고只有赤身이오니毋論內外國人ᄒ고諸般文記에對ᄒ야勿爲見欺ᄒᆷ

扶安乾先面新里金永寅 白

本所ᄂᆫ業務를擴張ᄒ고諸般測繪及製圖를廉價酬應ᄒ오니[illegible]各課務ᄂᆫ本所로請求ᄒ시오며在近僉員은臨所ᄒ請求ᄒ시오며

漢城北部齋洞廣成測量事務所

杆城金剛山乾鳳寺 萬日蓮社

開國四百九拾年辛巳四月拾五日에始ᄒ야大韓隆熙戊申九月初三日에移ᄒ니於斯三拾年念佛功德이其安在哉아大地含生이咸得其所ᄒ야緣緣이同得勝利ᄒᄂᆫ回向法會를(陰)七月拾六日로爲始ᄒ오려仰佈하오니遐邇諸山에僉尊宿과遠近各處에信心檀徒ᄂᆫ齊赴道場ᄒ스와普皆回向ᄒ옴기를望ᄒᆷ

化主萬化寬俊 監院太虛宗圓 稽首拜謹

本店에셔夏節양服을新式京倫敦에셔新着ᄒ얏기로玆에廣告ᄒ오니 僉君子ᄂᆫ光臨購買ᄒ심을敬要ᄒᆷ

貞洞華商源泰號洋服裁縫店 謹白

本人이昨年六月分에南部明哲坊南小동板井契第百七統七戶瓦家五間文券을閪失ᄒ야卽時廣告ᄒ얏거니와今에漢城府에更出立旨次로玆에再次廣告ᄒᆷ

南部明哲坊남小동板井契第百七統七戶 李明雲 白

本人이陰本月二拾七日夜逢賊時에燒酒古甕下隻과紙貨四圜과家券貳紙과果田四日耕落文券二拾壹張과本洞百二拾二統五戶草家文券七張을並爲失ᄒ얏사오니誰某시든지見欺치勿ᄒ시옵

西部盤石坊租田契三合井동壹百二拾三統七戶金顯聲 告白

八月五日開業 石版印刷

奬堂에셔石版 寫眞版 銅版 電氣銅版등印刷와鉛版 木版 銅版版等彫刻를醒榮ᄒ옴고左記ᄒᆫ課目대로指樊히印刷ᄒ오니 僉君子ᄂᆫ來臨相議하심을敬要

●商標 地圖 株券 書冊 揮畵 卒業證書
●藥封紙 冊衣 각色彩畵 古書 寫模寫
●寫眞業書 寫眞帖等其他種々應用美術印刷

京城中部鍾物橋大路北邊五拾二統六戶
文雅堂印刷所

本館에셔新舊書籍과學徒의所用諸般物品을具備販賣ᄒ오니 僉君子ᄂᆫ來購하시옵

平壤鍾路太極書館
館主 李昇薰
主任 安泰國
事務 李德煥

平壤太極書館은有志紳士의公益을爲ᄒ야建設ᄒᆫ바어니와義州邑市少年書舖ᄂᆫ此館에支店으로新舊書籍과各學校所用物品을廉價應賣ᄒ오니 僉君子ᄂᆫ陸續來購ᄒ시옵

書舖主 朴奉燁 韓思權

本人等이壹般학界에適宜供ᄒ기爲ᄒ야資本을合同ᄒ고業務를擴張ᄒ야新舊書籍과學校用品을俱備發賣ᄒ오니 僉君子ᄂᆫ稍稍光降ᄒᆷ을務望ᄒᆷ

海州남門外四街
韓昌書館 館主 李承駿 朴昌鎭

教育月報

壹冊定價拾五錢 每月二拾五日刊

壹般同胞의男女老少를無識世勿論ᄒ고各其事情과年限을拘碍되야學校에入學치못ᄒᄂᆫ이에게普通學術을發達키爲ᄒ야各種業要ᄒᆫ學問을純國文으로簡易케編譯ᄒ야敎育月報를發行ᄒ오니此를逐號購覽ᄒ시ᄂᆫ同胞ᄂᆫ皆有識ᄒᆫ學者가될터인故로本社와京鄕各書肆에셔發賣ᄒᆷ

京城中部校洞貳拾九統四戶
敎育月報社

本書館이開業ᄒᆫ지未過壹年에壹般同胞게서愛助ᄒ시와商業興旺之故로本館을壹層擴張ᄒ고各種新舊書籍與敎育物品을多數準備ᄒ야特別廉價로大發매ᄒ오니四方僉君子ᄂᆫ陸續來臨ᄒ심을爲要ᄒᆷ

釜山港東關韓興書館
金汝重 權[illegible]律

鹽堂先生 兪吉濬 譯述

普魯士國 厚禮斗益大王七年戰史 全壹冊 定價金三拾錢

此書ᄂᆫ卽十八世紀頃에普魯士厚禮斗益大王이日耳曼列邦中에介在ᄒᆫ壹弱國으로突然奮起ᄒ야尙武的精神으로人民을鼓勵ᄒ며俄法等諸國과對抗ᄒ서七年戰爭을繼續ᄒ야普魯士國의雄飛ᄒᄂᆫ端緖를開ᄒᆫ事實이니대其致果의巧敏ᄒᆷ과其功烈偉의大ᄒᆷ이足히讀者의敵愾心을喚起ᄒᆯ만ᄒ오니 僉君子ᄂᆫ速々講覽ᄒ시옵

發賣元 玉屛下廣학書舖 金相萬
發賣所 京鄕各有名書店

新刊書籍發售廣告

女子讀本 全貳冊 張志淵氏著 定價금六拾錢
初等衛生學 全壹冊 拾五錢
初等倫理學 全壹冊 貳拾전
國家학綱領 全壹冊 貳拾五전
國民須知 전壹冊 八錢
初等小학 全四冊壹圜三拾錢
中等萬國新地誌 全貳冊壹圜
增修無冤錄大全 國漢文壹冊七拾五錢
伊太利建國三傑傳 全壹冊卅전 朴晶東시著
新撰理化학 전壹冊 定價金三拾전
獨習日語正則 洋裝壹冊 壹圜貳拾五전 鄭雲復시著
愛國夫人傳 全壹冊 定價금拾五전 張志淵시著
新小說血淚 全壹冊 定價금貳拾錢 리人稙시著
富國[illegible]新論 全壹冊 定價금三拾五전 鮮于叡시著
世界三怪物 정壹冊拾貳錢
家庭雜誌 每號拾전
新訂算術 전三冊六拾전
乙支文德 眞本寫眞 並壹冊 三拾錢

發賣所 皇城中署布屛下 廣학書舖 金相萬 京鄕各有名書舖

漢城鍾路慈惠大藥房

韓東西醫藥業月報社製藥部

咽喉痰嗽 隆光水 五錢

日本製 消食物 甘酸水 金五錢

男女氣血 補益丸 二圜五十錢

蘄潤腸丸 二十錢

淋疾祛根藥 五十錢

痢疾靈散 三十錢

淸明眼藥水 十五錢

養兒寶散 十五錢

痣瘡拔根藥 三十錢

純金鷄納丸 十錢

[illegible]丸 二十錢

是汗臭藥 二十錢

四時感冒丸 十錢

太腫合瘡膏 三十錢

消痰鎭咳藥 三十錢

漢城百應膏 十錢

陳滯消積丸 五十錢

瘧氣神效保嬰散 二十錢五里

胃藥[illegible] 外邑郵便信遞

▲大韓國新發明 ▲八寶丹 九拾五粒 ▲보단

…三品洪哲 … 外學校敎 … 有効証 … 此丹 … 行이온바新久滯積과 … 腹疼痛과 … 飮과新久滯瀉와七情 … 本三不服 … 諸症 … 病見效ㅎ오니衛生君子 … 試可ㅎ심을敬希

▲사향소창단 ▲麝香消脹丹

此丹이於諸창에 … 論男女老少 … 實有神效ㅎ … 百보百中ㅎ오니 … 方可及 … 라者 … 通珠 … 諸症에俱見立效ㅎ오니 … 君子는 … 試驗ㅎ시옵

▲▲태양丘경환 婦人 ▲胎養調經丸 壹個月分入 定價金五圜

大抵婦人이年過ㅎ도록不受孕 … 由 … 早研究ㅎ고 … 則非但 … 側人에不幸이라 … 國生育之 … 관계가不 … 僕이 … 五年을消費ㅎ야內外國高明의 … 實驗方을選擇ㅎ야先自僕家로從及他人ㅎ야累試 … 而神効ㅎ옵고且此약이非但受孕之 … 治冷治積 … 調血에 … 布ㅎ오니僉員 … 試驗ㅎ시면 … 可知이옵

약製所인川港奇峴和平堂藥房 發行人 仝 리應善

右三種약은 各地方이라도請求ㅎ면우편으로부치는 …

京城支店 鍾路衣廛下和平堂 代理店仁川港奇峴제生堂약房

仁川港 和平堂 白

◎發賣所 京城大廣橋共愛堂약房 … 仝 남문밧水橋제生堂支店 … 仝 大東書市支店 … 仝 朝陽書館 博文書館 … 仝 鐵物橋 … 仝 小廣橋 毛衣房 … 仝 壽進동 上縣三丁目病院 … 仝 大寺동 共濟藥房 … ○仁川港 … ○江華邑 … ○開성 남문내 … ○水原 남문내 김제九 … ○海州 남문내 리奉植商店 … ○延安읍내 遜汝文書局 … ○平壤 … ○黃州 … ○砂里院 耶蘇敎당 … ○鎭남浦 … 仝 文武洞 … 仝 館前 김龍興藥舖 … 仝 재生당出張 김元섭藥포 … ○三산港 … 吳聖敎 … 仝 大井동 리春善약房 … ○鐵산 용谷里 리東赫 … ○大邱 남문내 리明直약局 … ○元山港 남甲元약局 … 仝 재生堂支局 朴敬鎬 … ○義州 서문내 박致心약局 … ◉金泉場 … ○釜山港 재生당出張 … ○安州성내 養非동 … 春大약房 … ○安岳邑上場 재生局 … ○義州남문外 木口街義和약房 … ⊙載寧읍後동 洋약局 崔允國 … ○定州남문내 洋약局 리健柱 … ◉郭山읍 洋약局 羅應彬 … ○宣川읍 冊사 安 … 鐵山읍 永春堂 安瀨

◉大韓國新發明 … 保命丹 … 一包丸 … 至寶丸 … 淸眼水 … 靈效液 … 遠浴丸 …

發賣總行所 … 支店 … 代理店 … 仁川奇峴 … 西部新門外石橋 …

此外에도東西洋各國…請求ㅎ시면…

◉製藥人三世…保命丹 九十粒入 金拾錢

發行所 仁川港杻峴 濟生堂藥房

總發行所京城南大門內

代理店 京성大廣橋共愛堂 … 仝 鍾路 … 新井약房 … ◉京城泥峴三丁目 … ◉元山港 … 재生당支店 … ◉開城 … 재生당支店 吳又賢 … 仝 南大門 … ◉仁川 … 和平당 … ◉海州남문내 … ◉水原 … 路下약房 … 金제九

…宣川邑 … 安州 … 釜山港 … 大邱 … 全國의各약店 … 仁川港奇峴 濟生堂 白 …

◎諸病治療 … 落梅丹 …

仁濟藥房 高用진 謹白

代理店 京城鍾路 共愛堂약房 仁川港 濟生堂 皇城北部大安洞

◉本社廣告 國內各處藥局에서 …

○廣告料 … 每日 … 一行 … 二圓 … 一個月에 … 每日每行 …

發行兼編輯人英國人 萬咸 Responsible for Publication Alfred Weekley Marnham

發行所 西署石井洞號外地三層洋屋 大韓每日申報社

漢城鍾路慈惠醫院診 醫學校卒業後濟衆院卒業 病人看護

此外院에서西洋의術機械를新式으로 … 男女病人 …

대한매일신보 4

인쇄일: 2023년 06월 15일
발행일: 2023년 06월 25일
지은이: 편집부
발행인: 윤영수
발행처: 한국학자료원
서울시 구로구 개봉본동 170-30
전화: 02-3159-8050 팩스: 02-3159-8051
문의: 010-4799-9729
등록번호: 제312-1999-074호

잘못된 책은 교환해 드립니다.
정가 350,000원